DICTIONNAIRE
DES LETTRES FRANÇAISES

Le Moyen Age

DICTIONNAIRE DES LETTRES FRANÇAISES

publié sous la direction du

Cardinal Georges Grente

Le Moyen Age

ouvrage préparé par

Robert Bossuat, Louis Pichard

et Guy Raynaud de Lage

Édition entièrement revue et mise à jour
sous la direction de

Geneviève Hasenohr et Michel Zink

Professeurs à la Sorbonne

Ouvrage publié avec le concours du Centre National des Lettres

FAYARD

Les mises à jour de la présente édition ont été réalisées sous la responsabilité scientifique de l'Institut de Recherche et d'Histoire des Textes (C.N.R.S.).

Avertissement de la nouvelle édition

Depuis bientôt trente ans le volume *Le Moyen Âge* du *Dictionnaire des Lettres Françaises* est constamment sous le coude ou au bout des doigts de tous les étudiants, de tous les médiévistes, débutants ou chevronnés, comme de tous ceux qui, au détour de leurs lectures ou de leur curiosité, sont en quête d'une information précise et rapide touchant la littérature française médiévale.

Depuis bientôt trente ans... Le défaut de l'ouvrage était son âge. Toujours aussi utile, il n'était plus disponible. Il fallait donc le rééditer. Que cette nouvelle édition en fasse un volume de la Pochothèque ajoute à ses qualités propres celles d'une présentation élégante, solide, maniable et d'un prix accessible. Toujours aussi utile, il avait cependant vieilli. Une nouvelle édition impliquait une actualisation.

On a d'abord pensé limiter celle-ci à la mise à jour des bibliographies et à un léger dépoussiérage des articles. Mais des circonstances favorables ont permis de pousser le travail beaucoup plus loin et d'offrir aujourd'hui une édition entièrement revue, presque refondue. Qu'on en juge : 20 % seulement des articles environ sont restés à peu près inchangés, à la bibliographie près, traitée dans tous les cas avec une ampleur nouvelle ; tous les autres ont été profondément remaniés ou sont entièrement nouveaux.

La liste même des articles, leur pondération, le champ couvert par le *Dictionnaire* ont été quelque peu modifiés. Dans sa version primitive, le *Dictionnaire* avait résolu d'une façon empirique et extensive — ce qu'on ne saurait lui reprocher —, mais aussi peu cohérente parfois, la difficulté qu'il y a à fixer les frontières de la littérature dite « française » au Moyen Âge (en réalité française et occitane), frontières mouvantes selon que la perspective adoptée est linguistique, géographique, historique. À côté de la littérature d'oc et d'oïl il abordait ainsi le domaine catalan et celui des lettres latines, mais dans les deux cas de façon très incomplète, souvent superficielle, et au prix de choix arbitraires. Fallait-il sur ce point rester entièrement fidèle aux choix initiaux ? Certes, l'utilisateur du *Dictionnaire* est souvent heureux de trouver des pistes qui l'entraînent un peu plus loin que le pré carré de la littérature française. Mais ne ferait-il pas mieux alors d'avoir recours directement aux instruments adéquats ?

Pour ce qui est du catalan, il appartient à l'évidence au domaine ibérique. À tant faire que d'en traiter, pourquoi ne pas englober de proche en proche toutes les langues romanes ? On a donc décidé d'exclure les auteurs catalans de cette nouvelle version du *Dictionnaire*, à l'exception de ceux qui se sont exprimés ou ont été traduits en langue d'oc ou d'oïl. Le cas des lettres latines médiévales est beaucoup plus difficile. D'un côté elles sont indissociables de la littérature vernaculaire qui, pour une large part, ne se comprend pas sans elles. D'un autre côté, s'il fallait leur accorder une place en rapport avec leur importance réelle, elles mériteraient à elles seules un volume plus gros que celui-ci. En outre, elles offrent une continuité géographique à l'échelle de tout l'Occident, qui est leur espace culturel commun. Il est donc artificiel de séparer ce qui s'est écrit en latin en France de ce qui s'est écrit en latin ailleurs. Mais ce qui s'est écrit en latin hors de France n'a en principe guère de place dans un *Dictionnaire des Lettres Françaises*. Face à ces contradictions, on a dans l'ensemble respecté le parti choisi avec sagesse par les premiers auteurs du *Dictionnaire* en faisant une place, souvent plus grande même que dans la version première, aux figures majeures de la latinité médiévale et aux principaux courants de pensée qui s'y sont incarnés. Pour les auteurs dont la présence ne s'imposait pas absolument, on les a admis lorsque leur œuvre a été traduite en français au Moyen Âge. L'application de ce critère a permis d'ailleurs d'en introduire un certain nombre qui étaient primitivement absents du *Dictionnaire*. En revanche, certains noms qui étaient suivis d'une notice d'une ligne ou deux, annonçant parfois que leur œuvre est perdue ou que sa réalité est douteuse, ont été supprimés. Enfin, par le jeu des entrées et des renvois, on a parfois modifié l'éclairage et l'accent, par exemple en plaçant un développement sous une œuvre française et non plus sous l'œuvre antique qui en est la source ou le modèle.

Dira-t-on que l'exclusion du catalan et de quelques auteurs latins appauvrit le *Dictionnaire* ? Non, puisqu'elle est compensée, et bien au-delà, par l'introduction de noms nouveaux et plus utiles, dans le domaine latin, mais plus encore français, où des oublis ont été réparés. Non encore, puisque l'extension des bibliographies, le remaniement, la récriture et l'allongement de nombreux articles accroissent sensiblement le volume de l'ouvrage et souvent aussi, ne craignons pas de le dire, sa densité.

Le travail considérable qu'a nécessité cette révision totale a pu être mené à bien grâce à la rencontre de la science, du labeur et de la bonne volonté. Les directeurs du *Dictionnaire* avaient en leur temps su faire appel à de nombreux jeunes savants parmi les meilleurs. Beaucoup, devenus aujourd'hui des maîtres, ont bien voulu prendre de leur temps pour revoir et mettre à jour eux-mêmes les notices qu'ils avaient rédigées. Quand, hélas, ils ne pouvaient plus le faire, d'autres chercheurs ont pris la relève avec conscience et avec ardeur. Une grande partie de la tâche a été accomplie par la Section romane de l'Institut de Recherche et d'Histoire des Textes (CNRS), qui a en outre centralisé, organisé et réparti le travail. Les ressources scientifiques et humaines exceptionnelles de l'IRHT sont les meilleurs garants de la sûreté et de la qualité du *Dictionnaire* renouvelé qui voit aujourd'hui le jour.

Geneviève HASENOHR et Michel ZINK.

Note : on a cru pouvoir se dispenser d'ouvrir cette version revue du Dictionnaire sur les textes de circonstance qu'étaient la Note liminaire de Mgr Pichard et l'Avant-propos de Robert Bossuat. En revanche, on a conservé sans changement aucun l'Introduction d'Edmond Faral. Il ne pouvait être question de toucher à un exposé de cette qualité, même s'il accuse par certains traits son âge, et encore moins d'en priver le lecteur.

Introduction

Le présent ouvrage, qui est un dictionnaire, ne se compose, par définition, que d'une série d'articles indépendants et que rien ne relie entre eux. On pouvait songer à faire précéder le premier volume, consacré à la littérature du Moyen âge, par un tableau de cette littérature, analogue à celui qui ouvrira chacun des volumes suivants. L'utilité en a paru douteuse. On ne voit clairement ni que, d'une notice particulière insérée parmi d'autres, on puisse profitablement se reporter à un exposé liminaire pour situer dans un ensemble les renseignements fragmentaires qu'elle contient, ni que l'exposé liminaire, s'agissant d'une période de plusieurs siècles, puisse recevoir l'ampleur nécessaire pour donner aux notices le caractère de pièces justificatives auxquelles le texte inviterait à se reporter. En fait, ceux qui consulteront l'ouvrage seront des lettrés et auront déjà de notre ancienne littérature une certaine connaissance. Ils seront informés des grands noms, des grands faits, des grandes dates. Ce qu'on peut espérer leur apporter de profitable en une introduction, ce sont peut-être quelques réflexions propres à attirer l'attention sur un genre de faits qui ne trouvent point naturellement place dans des notices. Il est difficile de s'y essayer sans réagir contre une trop habituelle façon de lire et sans provoquer par là même des réactions en sens inverse : mais il n'est point interdit de penser que la meilleure façon de présenter notre littérature du Moyen âge est de montrer, par la possibilité du doute et de la controverse, à quel point l'étude en est excitante pour l'esprit.

LES FORMES

L'examen des formes employées par nos vieux auteurs montre bien l'illusion de ceux qui tiennent le Moyen âge pour une époque de simplicité, qui l'ont défini comme tel dans leurs essais critiques et qui, dans leurs imitations ou parodies, ont cru approcher la véritable manière des modèles par une affectation de naïveté. Rien n'est moins naïf que l'art de ce temps-là ; et, dans ses façons de procéder, il n'y a d'autre ingénuité qu'un respect trop appliqué des règles. A cet égard, il en va des lettres comme de la peinture et de la sculpture, où a régné, durant les siècles qui nous occupent, une religieuse obéissance à des conventions que les modernes n'ont pas toujours su reconnaître. De là bien des contresens dans les interprétations. Même la raideur, même la sécheresse, même une apparente tendance au rabâchage, loin d'être le signe de l'indigence et de la gaucherie, n'ont été bien des fois que l'effet d'un calcul. En une foule de cas cette loi-ci se vérifie qu'écrivains et artistes se sont également astreints, dans le maniement des formes, à l'application de canons traditionnels, sans se permettre d'autres nouveautés que le trait nécessaire et discrètement suffisant pour faire paraître, en même temps que leur maîtrise, leur originalité de créateurs.

Les genres et les styles. — Les genres littéraires qu'a cultivés le Moyen âge sont nombreux, tant latins que français. A profusion nous sont parvenues des œuvres en vers ou en prose des types les plus divers : vies de saints et histoires bibliques, poèmes héroïques et chansons de geste, romans d'aventure et d'amour, contes dévots et contes à rire, annales, chroniques, histoires, mémoires, poèmes moraux, poèmes dramatiques (parmi lesquels se comptent des jeux liturgiques, des mystères, des miracles, des mimes, des farces, des soties), poèmes lyriques de toute sorte, qui sont des hymnes ou des tropes, des séquences ou des chansons d'amour, des pastourelles ou des jeux-partis, des serventois, des motets, des rondeaux, des ballades, et toute une longue série de dits et de traités.

Chacun des genres entre lesquels se distribuent ces œuvres se distingue des autres genres par la nature des sujets et le tour de l'inspiration. Mais chacun d'eux est aussi caractérisé par certaines particularités de forme ; chacun d'eux a obéi à des traditions et à des règles qui en ont commandé le style et l'ont soumis, en matière de versification, à une technique rigoureusement définie.

Parmi tant d'études auxquelles a donné lieu notre littérature médiévale, il est regrettable que nous n'ayons point encore d'histoire générale ni des langues, français et latin, en tant qu'elles se sont façonnées à des fins littéraires, ni des styles, en tant qu'ils ont traduit l'idéal des diverses écoles, ni de la versification. Et pourtant, on ne saurait vraiment comprendre la position d'un écrivain dans l'histoire des lettres sans savoir faire, dans son œuvre, la part du métier et du maniement, appris à l'école ou dans la vie sociale, des moyens d'expression.

Des origines à la seconde moitié du XIe siècle, ce ne sont guère que les œuvres de langue latine qui sont en question. Et pour cette période, le fait capital est la résurrection, à partir de l'an 800, de la latinité antique. L'époque mérovingienne, qui précéda ce renouveau, est caractérisée par une incorrection de langage où la littérature n'a pas trouvé son compte et qui n'offre d'intérêt que dans la mesure où les documents témoins de cette dégradation permettent de distinguer une langue vulgaire en formation. Venu le règne de Charlemagne, c'est l'antiquité qui reparaît, révélée par les maîtres irlandais ; et, dès ce moment, la règle reprend tous ses droits. Sans doute les spéculations théoriques n'exercent-elles point encore la grande influence qu'elles auront par la suite : les traités n'enseignent que les principes essentiels de la grammaire et de la métrique ; quant à l'art d'écrire, les auteurs l'apprennent par empirisme, plus ou moins heureusement, à la fréquentation des modèles classiques ou des écrivains chrétiens de la décadence : Virgile ou Fortunat, Horace ou Juvencus, Ovide ou Sedulius. Mais on reconnaît déjà chez quelques-uns, un Loup de Ferrières ou un Paschase Radbert, la pratique des principes de la rhétorique cicéronienne.

Quand commence le XIIe siècle, il est clair, au premier aspect des œuvres, que déjà la technique a fortement imposé son autorité dans toutes les parties du domaine littéraire.

On ne verra apparaître qu'au XIIIe siècle les premiers traités où seront enseignés dogmatiquement les principes de la distinction des genres et des styles afférents à chacun d'eux. Mais il existe des textes qui prouvent que, dès le XIe siècle, cette distinction des genres et des styles existait comme règle, et une étude serrée montre que le vocabulaire et la langue ne sont point les mêmes selon que les œuvres appartiennent à tel ou tel genre. Le fait se vérifie pour la poésie latine : il y a un lexique du poème héroïque, comme il y a un lexique du poème religieux, qui n'est point celui de la poésie érudite, lequel n'est point celui de la poésie goliardique. De même en français : la langue des chansons de geste n'est point celle des romans courtois ; et celle-ci n'est point celle des poèmes moraux, encore bien moins celle des contes profanes.

Ce qui est vrai de la langue l'est aussi du style. Dans la littérature latine, la construction des phrases, le jeu des effets de symétrie, le tour de l'expression ont si bien dépendu de la théorie que les œuvres, rien qu'à des signes stylistiques, sont reconnaissables comme les productions de l'époque où a prévalu telle ou telle doctrine de l'art d'écrire. Le *De inventione* de Cicéron et la *Rhétorique à Herennius* ont formé, conjointement, le manuel fondamental dont l'étude, à partir de la seconde moitié du XIe siècle, a déterminé, plus ou moins complètement, la façon de procéder des écrivains pendant plus de deux siècles : c'est l'école des Marbode, des Hildebert, et de tous leurs successeurs. Mais, vers le milieu du XIIe siècle, la voix d'un nouveau maître se fait entendre : des lettres et des poèmes de Sidoine Apollinaire, on a déduit tout un ensemble de préceptes ; et c'est l'école de Mathieu de Vendôme, de tous ses émules et imitateurs. L'*Art poétique* d'Horace, un peu plus tard, reçoit de Jean de Hanville une interprétation dont l'effet devient aussitôt sensible en plusieurs poèmes. Toutes les productions du genre épistolaire portent, au XIIe et au XIIIe siècle, la marque de l'enseignement rigoureux que nous ont conservé les *Artes dictaminis*. Le style « orléanais », inauguré par Hugues le Primat en ses poèmes rythmiques, a ses caractères propres, qui le distinguent au premier coup d'œil. De même en français. Dès la *Chanson de Roland* apparaît le style de l'épopée, avec tous ses procédés, formules stéréotypées, « recommencements » épiques, assez savants pour que la reprise d'idée, exigée par la mobilité d'un public bruyant et distrait, ne soit jamais une redite de forme condamnable aux regards de l'art. Vers 1150, le *Roman de Thèbes*, où l'on remarque la survivance de quelques traits propres à la chanson de geste, introduit des nouveautés qui dénoncent l'influence de l'école latine. Chrétien de Troyes et ses successeurs utilisent surabondamment tous les artifices de style en usage parmi les clercs. Et, au siècle suivant, malgré le retour à plus de liberté, la même rhétorique laissera encore son empreinte dans l'œuvre d'un Jean de Meung.

La versification. — C'est dans la versification que la préoccupation des règles de l'art et le soin de la forme apparaissent avec la plus immédiate évidence : là, en effet, les preuves de la recherche sautent aux yeux des moins avertis.

L'antiquité classique et l'antiquité décadente ont légué au Moyen âge la double tradition de la poésie métrique et de la poésie rythmique. Des mètres anciens, les auteurs de l'époque carolingienne ont principalement adopté l'hexamètre et le distique dactylique. Et ces deux formes de vers garderont toute leur vogue pendant les XIIe et XIIIe siècles. Mais, dès le Xe siècle, on voit s'établir, dans ce système même de versification, l'usage de la rime léonine ; et la rime sera utilisée plus tard, à la fois dans l'hexamètre et dans le pentamètre, pour des jeux de plus en plus compliqués. Quant au système de la versification rythmique, déjà illustré au IVe siècle par Prudence, il a offert à notre poésie nationale de larges possibilités nouvelles, dont l'exploitation a été favorisée par le développement de la musique et du chant ecclésiastique : on le voit clairement par l'exemple, entre beaucoup d'autres, du poème sur la bataille de Fontenoy (842), dont la musique nous a été conservée et où les tétramètres trochaïques catalectiques vont par couplets de trois vers. Cette forme de poésie ne connaissait que deux sortes de pieds, l'ïambe et le trochée rythmiques ; mais la combinaison de ces pieds en des vers de longueur et de structure diverses, purs ou catalectiques, groupés en strophes de types variés, et liés par la rime de toutes sortes de façons, a donné naissance à des formes extrêmement nombreuses, dont les poètes ont fait un savant usage aussi bien dans les œuvres profanes que dans les œuvres de caractère religieux.

En français, ceux qui ont usé du vers semblent s'être amoureusement donnés à un véritable culte de la forme. La laisse décasyllabique de la chanson de geste, avec son nombre irrégulier de vers et ses simples assonances finales, représente, en principe, une forme assez rudimentaire : mais le vers est toujours coupé de façon régulière, et, dès une époque ancienne, dans les chansons du cycle de Guillaume d'Orange, apparaît en fin de laisse l'enjolivure d'une clausule ; puis, vers la fin du XIIe siècle, par souci de donner plus d'ampleur au débit, le vers de douze syllabes remplacera parfois le décasyllabe, de même que, pour raffiner et répondre à un public plus exigeant en fait d'art, un Adenet le Roi substituera en ses laisses la rime à l'assonance.

Le couplet de vers octosyllabiques rimés, employé d'abord dans des poèmes où, par séries plus ou moins régulières, il conservait toujours sa valeur d'unité nettement sensible, s'est peu à peu assoupli pour se prêter, chez un Chrétien de Troyes, par exemple, au mouvement de la pensée et du sentiment.

Dans la poésie lyrique, le mécanisme des mesures, des rythmes et des rimes est des plus savants : ces strophes symétriquement construites qui vont par trois, suivies d'une strophe-clausule de constitution particulière, ces coupes régulières introduites dans chaque strophe en des points correspondants, les dessins de la rime, si variés, si élégants, et qui, en se répétant de façon identique dans toutes les strophes, en assurent l'unité et l'effet d'ensemble, le tout épousant les intérêts de la mélodie : c'est une structure aussi délicatement et savamment imaginée que tout ce qui s'est fait et conçu en n'importe quelle littérature. Le public, comme les auteurs, a dû se complaire à ces effets d'un art subtil et difficile ; et sans doute sa curiosité pour des jeux purement formels a-t-elle été cause de la dégénérescence du lyrisme quand l'effort des poètes, absorbé en majeure partie par les soins de la versification et presque uniquement soucieux d'une virtuosité qui était devenue sa propre fin, a perdu de vue la première raison d'être du poème, à savoir les besoins d'une idée ou d'un sentiment désireux de s'exprimer. C'est ainsi qu'au XIIIe siècle, dans les motets, la préoccupation musicale a pris le pas sur la considération du texte littéraire. C'est ainsi qu'au XIVe siècle, un Guillaume de Machaut excepté, la recherche de la perfection métrique, l'élément musical venant lui-même à manquer, est devenue, au détriment du fond, le but principal de l'activité poétique. A quel point cette prépondérance de l'élément formel a pu devenir impérieuse, on le voit par les *Arts de seconde rhétorique* : à quel point il faut le déplorer, l'œuvre si creuse et si tourmentée des grands rhétoriqueurs a vite fait de nous l'apprendre. La seule institution des genres fixes du rondeau et de la ballade a consacré, malgré plusieurs réussites heureuses, la mise en servitude des poètes, dont le succès se borne à porter d'un air dégagé le poids de leurs chaînes.

Il en allait bien autrement au XIIe siècle, où la loi de la chanson courtoise non seulement n'interdisait pas, mais même commandait que le poète s'arrangeât toujours pour introduire dans les formes imposées un élément de variété qui était sa marque propre. En tout cas, le choix de la forme répondait toujours à une intention de servir la pensée inspiratrice du poème ; et c'est là qu'apparaît la préoccupation d'art, en ce qu'elle a de plus légitime et de plus profondément utile. Le scandaleux fabliau de *Richeut* ne serait qu'une basse gauloiserie s'il ne se sauvait par la parodie spirituelle, quoique risquée, de certaines formes de la poésie morale et religieuse : pour les contemporains, le seul emploi de la strophe qui y est adoptée, et qui était propre à un genre déterminé, en était un avertissement suffisant ; pour les contemporains, le seul emploi des quatrains de vers monorimes de douze syllabes par lesquels commence le *Jeu de la Feuillée* conférait à la confession d'Adam de la Halle un caractère comique, du simple fait que, pour dire ses lassitudes conjugales et son envie de retourner à la vie d'écolier, l'auteur adoptait la forme poétique traditionnellement utilisée par les écrivains moralistes.

Ainsi, pendant les plus belles périodes de la poésie médiévale, l'art mettait au service de l'idée des ressources dont il faut savoir reconnaître le prix. Et c'est pourquoi l'étude des formes, quand il s'agit de la littérature de ce temps, ne doit jamais être tenue pour un élément secondaire.

LES IDÉES

Littérature et pensée. — C'est certainement aller contre l'opinion commune, mais au profit de la vérité, de dire que la littérature française du Moyen âge est aussi riche en idées que n'importe quelle autre. Il suffit, pour le rendre sensible, de s'entendre sur le sens du mot *idée*.

En puisant presque uniquement, comme ils l'ont fait, dans les écrits de langue latine, pour y retrouver les éléments de ce qu'on appelle la pensée médiévale, les historiens modernes ont accrédité l'opinion que la littérature de langue vulgaire était, en cet ordre de recherches, un facteur négligeable ; et ils ont diminué d'autant la force significative de beaucoup d'œuvres.

Sans doute est-il exact que le latin a été spécialement employé pour les compositions savantes, pour les exposés de caractère proprement intellectuel, qui trouvaient audience dans le monde des clercs. Le français, lui, était la seule langue intelligible au commun du peuple ; il était la langue la plus commode pour ceux-là même qui, pourtant instruits, vivaient de la vie du monde : il a donc été ordinairement employé pour les ouvrages destinés aux laïques.

Mais il ne faut pas croire que la différence des publics ait entraîné, pour le fond des choses, une différence absolue entre la littérature latine et la littérature française. La principale raison en est que ces publics n'étaient point, par l'esprit, si différents les uns des autres. On pourrait bien, au XIIe siècle, par exemple, distinguer à première vue certaines classes d'hommes, que les moralistes du temps ont eux-mêmes pris soin de dénombrer : gens du petit peuple, bourgeois, seigneurs, clercs et ecclésiastiques. Mais le développement de l'instruction et de la culture a produit, surtout à partir du XIIe siècle, l'effet qu'il a souvent produit en d'autres âges : il a tendu au mélange et à la confusion des classes.

Plus d'un seigneur, plus d'un chevalier, plus d'un bourgeois avait fait, à l'école, des études poussées. D'autre part, on doit bien se garder de considérer les clercs comme une catégorie d'hommes retranchés du siècle et fermés à l'esprit mondain. Si c'était parmi eux que se recrutaient habituellement les prêtres, les prélats et, d'une façon générale, le personnel ecclésiastique, il n'en résultait point que la cléricature fût nécessairement l'antichambre des ordres. Étaient clercs, au sens large du mot, tous ceux qui, sous la tutelle de l'Église, dans les écoles épiscopales ou monacales, avaient reçu les bienfaits de la culture. Cette culture était loin d'avoir une fin exclusivement religieuse : l'idée que la pensée suprême de l'homme devait être tournée vers Dieu dominait assurément l'institution ; mais c'était de très haut, et la part faite par les maîtres et par les programmes à toutes les études libérales, même profanes, était extrêmement large. La théologie, l'étude des Écritures et des dogmes n'étaient que le couronnement d'une longue activité intellectuelle, qui s'était d'abord exercée dans le cadre des sept arts : arts du *trivium*, grammaire, rhétorique, dialectique, arts du *quadrivium*, arithmétique, géométrie, musique, astronomie. Et si ces arts avaient bien pour fonction, dans l'idée de ceux qui en avaient organisé l'enseignement, de préparer les voies à la connaissance des vérités divines, ils n'en présentaient pas moins, dans le fait et tels qu'ils étaient pratiqués, le caractère d'un libre effort de l'esprit pour étendre ses vues dans tous les domaines accessibles à l'intelligence humaine. De là, les inquiétudes manifestées, au XIIe siècle principalement, par certains esprits plus exclusivement orientés vers les préoccupations religieuses et qui auraient voulu restreindre la part de la poésie et des poètes dans l'étude de ce qu'on appelait la grammaire. De là, cette « querelle des auteurs » qui mit alors aux prises les admirateurs des anciens et les partisans d'une méditation sévèrement limitée aux Écritures saintes. En fait, les premiers l'emportèrent d'une victoire éclatante. On peut le dire : jamais les maîtres de l'antiquité n'exercèrent une domination comparable à celle qui leur fut assurée de Charlemagne à saint Louis.

Cette ferveur, qui portait les légions studieuses non seulement vers les théoriciens de l'art, mais vers tous les créateurs, philosophes et poètes, provoqua, au temps de la plus grande effervescence religieuse, un épanouissement surprenant de toutes les formes de l'imagination et de la sensibilité profanes. La lettre latine a servi, dans le monde même des clercs, à l'expression d'une foule d'idées, de rêves et de fictions, dont la floraison ne se serait guère attendue qu'en des milieux laïques. Les clercs, eux aussi, ont donné dans l'esprit du siècle, et peut-être plus audacieusement que la plupart des mondains, si l'on songe qu'il y avait dans leur hardiesse moins une frivolité instinctive qu'un propos délibéré.

Il y a donc, dans la littérature latine médiévale, un côté profane, qui souvent l'apparente aux productions les plus libres de la littérature en langue vulgaire. Dès le IXe siècle, les poèmes des Angilbert, des Naso, des Sedulius Scottus, avec le goût qu'ils dénotent pour la grâce, pour le luxe, pour le badinage, procèdent d'une inspiration mondaine. A partir du XIIe siècle, la fantaisie qui alterne, dans les vers d'un Marbode ou d'un Hildebert, avec des préoccupations plus graves ; l'enjouement des épîtres d'un Baudry de Bourgueil ; les dissertations, mêlées aux anecdotes, d'un André le Chapelain sur l'amour courtois ; les spirituels débats qui concluent à la supériorité en amour des clercs sur les chevaliers ; d'innombrables parodies des textes sacrés ; les truculences attribuées au mythique Marcoulfe, véritable prototype de Panurge ; les fabliaux des Mathieu de Vendôme et des Guillaume de Blois ; cent chansons qui célèbrent les invitations du printemps, du vin et de l'amour ; les tableaux dessinés par les Goliards de leur vie déréglée ; les descriptions d'un réalisme complaisant et aventuré qui ornent les poèmes pourtant élevés d'un Alain de Lille ou d'un Jean de Hanville : toutes ces œuvres de clercs, écrites pour le plaisir de clercs, débordent d'une inspiration qui les apparente entre elles ; et, par la liberté du ton et des sentiments, par l'appétit de la jouissance, par le libertinage et par l'abandon aux délices d'un paganisme tentateur, elles expriment, à certains égards, toute la turbulence d'une force populaire et indisciplinée.

Inversement, la littérature en langue vulgaire, souvent jusqu'en ses développements les plus profanes, a subi profondément l'influence du travail d'esprit qui s'opérait dans le monde des écoles. La chose est manifeste, et naturelle, dans tous les cas où il s'agit d'œuvres de langue française composées par des clercs : la première rédaction de la *Vie de saint Alexis*, au XIe siècle, porte évidemment la marque, dans le fond et dans la forme, de l'homme d'Église qui en fut l'auteur. Au XIIe siècle, le roman d'*Éracle*, de Gautier d'Arras, est, en sa seconde partie, une adaptation de la légende de l'Invention de la Croix et suppose la connaissance précise de traditions ecclésiastiques. Au XIIIe siècle, plusieurs fabliaux, avant de passer à la forme française, ont été contés en latin par des gens d'école. Le théâtre religieux français n'a fait que continuer et élargir une initiative venue de l'Église. Certaines œuvres, qui sont vraiment des œuvres de pensée, comme le *Roman de la Rose* de Jean de Meung, charrient des idées empruntées pour la plupart à des écrits de clercs. Et l'on en peut dire autant des traités politiques du XIVe siècle.

Il serait enfin arbitraire de n'accorder de valeur intellectuelle aux œuvres de langue française que dans la mesure où elles ont été la suite et la conséquence directe d'un travail antérieurement préparé par des hommes d'étude. On ne reconnaît habituellement comme idées que celles qui ont trouvé leur expression dans les formules de l'école : ces idées-là, minutieusement élaborées, revêtent, en effet, une apparence qui les porte, dans les esprits, à un éminent degré de clarté. Mais d'autres idées vivent aussi, souvent mélangées d'apports sentimentaux, dont l'ensemble constitue le corps brumeux de systèmes mystiques et qui, impliquées dans les diverses manifestations de la vie sociale, démontrent leur exigence par leur aptitude à se traduire en actes. Flottant dans des régions ombreuses de l'âme, n'émergeant qu'en formes indécises à la surface de la conscience, elles n'en sont pas moins dominatrices de l'être humain. C'est en ce sens que la littérature française du Moyen âge est une littérature d'idées :

c'est, plus qu'on ne croit, une littérature fortement orientée. Il y a un esprit de cette littérature, un esprit qui s'est porté en des sens divers, qu'il est intéressant de définir et de suivre en la pluralité de ses tendances et selon la ligne de son évolution.

La pensée dans les écrits religieux et philosophiques. — Il n'est pas besoin de l'initiation du spécialiste pour apercevoir, dans les écrits de caractère religieux et philosophique, la multiplicité de tendances qui, s'agissant de sujets et de doctrines à peu près identiques, les fait pourtant si différents les uns des autres.

Si le genre hagiographique, par exemple, présente tant d'œuvres d'une lecture attachante malgré le péril de monotonie auquel il semblerait naturellement exposé, c'est moins à cause de la diversité des sujets et des thèmes que de la variété des conceptions morales qui s'y trouvent engagées et qui en ont fourni la sève. La *Vie de saint Alexis*, composée au XIe siècle par un poète anonyme, est une apologie de l'esprit de mortification sous sa forme la plus âpre et la plus rudement contraire aux sentiments de tendresse humaine ; mais la *Vie de saint Gilles*, composée au XIIe siècle par Guillaume de Berneville, porte les marques évidentes d'une impénitente indulgence pour les choses du monde et ne met de pathétique, dans la fin édifiante du héros, que ce qu'en peut tolérer une âme moyenne.

Le thème de la mort, traité par un Hélinand avec une sombre et poignante éloquence, prête chez un Villon à des mouvements de poésie qui émeuvent la pitié plus qu'ils n'inspirent de terreur et d'effroi.

Il n'est pas jusqu'aux exposés de doctrine, relevant en principe du pur intellect, qui ne laissent transparaître des attitudes et des préoccupations étrangères aux stricts besoins de la raison et qui ne prennent, d'un auteur à l'autre, en dépit de l'identité apparente des thèses, des aspects aussi distincts que les tempéraments individuels. La notion de nature, telle que l'a définie au IXe siècle un Jean Scot en s'inspirant des enseignements du néo-platonisme, se développe en son œuvre avec une tranquille inconscience du dommage qui en peut résulter pour une conception chrétienne de l'univers : trois siècles plus tard, reprise par les philosophes de l'école chartraine, elle met un Thierry de Chartres, un Gilbert de la Porrée, surtout un Guillaume de Conches en difficulté patente avec l'orthodoxie ; et, quand un Alain de Lille ou un Jean de Hanville en tirent le principe fondamental de toute sagesse, c'est-à-dire d'une éthique, il est clair qu'ils donnent à la morale une possibilité de se constituer en dehors de la loi religieuse et sans doute aussi d'aboutir, dans la pratique, à des commandements d'un libéralisme assez neuf : à preuve, vers le même temps, l'apparition du positivisme presque païen des Goliards, cette sorte de réhabilitation de la sensualité ou, si l'on veut, cette revendication de l'instinct contre l'austère domination de l'idéal ascétique. Plus tard encore, au XIIIe siècle, la même notion de nature devient pour un Jean de Meung une machine de guerre dont il se sert, de propos délibéré et audacieusement déclaré, pour saper les principes traditionnels des institutions politiques, sociales et religieuses.

C'est ainsi qu'en fouillant les intentions profondes des auteurs, la pensée médiévale, loin de présenter l'unité et l'immobilité d'un système figé, offre l'image d'une force en continuel effort pour trouver son interne satisfaction. Libre parfois jusqu'à l'audace, elle a souvent été tout le contraire de l'esprit de soumission au dogme. L'institution des universités et la place prise en celle de Paris, à partir de 1230 environ, par les religieux des Ordres mendiants n'ont pas suffi à la réduire en obéissance. Exclue de l'enseignement officiel, la doctrine des philosophes du XIIe siècle qui s'étaient remis à l'école de l'antiquité profane a eu de lointaines répercussions à travers les siècles suivants, et jusqu'à la Renaissance. La réputation d'Abélard, en son temps et surtout après sa mort, a été due moins à la solidité de ses écrits qu'à son esprit d'indépendance. Le long conflit qui, pour l'établissement d'une représentation de l'univers, a mis aux prises la croyance chrétienne en la primauté de la foi et le rationalisme hérité des Grecs, les conquêtes progressives de la raison sur le principe d'autorité, l'effort renouvelé des penseurs pour faire à l'expérience sa place aux côtés des constructions idéologiques, le sentiment peu à peu dégagé que la recherche de la vérité consiste moins à marcher dans les voies du mysticisme et de la contemplation qu'à lutter, d'un continuel mouvement, pour arracher à l'univers le secret de ses lois : tout cela, c'est l'histoire intellectuelle de plusieurs siècles, où n'ont manqué, ni pour les esprits ni pour les âmes, les sujets d'inquiétude et de tourment.

La pensée dans les œuvres d'imagination. — L'un des sentiments les plus ordinaires qu'implique la conception des œuvres en langue française du Moyen âge est le plaisir à s'affranchir du réel et à bâtir un monde imaginaire, où tout se passe avec le minimum de vraisemblance nécessaire pour l'illusion, où tout est plus grand, plus tragique, plus comique que dans la vie de tous les jours. Qu'il s'agisse des voyages merveilleux d'un saint Brendan parmi des îles enchantées, ou des prodigieux exploits des héros de chansons de geste, ou des fêtes éblouissantes décrites en tant de romans, ou de cet Orient fabuleux qui a communiqué ses couleurs à tant de récits, ou du burlesque des contes à rire et des fabliaux, ce ne sont partout que rêves, fantaisies et jeux.

Cet univers créé par la fantaisie des poètes offre aux regards le plus varié des spectacles : une profusion d'images, de personnages et de péripéties. Mais, quelles qu'aient été la richesse et la bigarrure des talents individuels, on discerne, dans la littérature d'imagination ici en cause, deux orientations générales du goût, selon que les écrivains ont recherché des effets de beauté ou bien des effets de laideur et de vulgarité. Par exemple, les auteurs de chansons de geste ou de romans courtois ont demandé le succès à la peinture des grands sentiments, sublimes même quand ils étaient coupables, à la description des merveilles de l'art, aux récits d'aventures propres à provoquer l'admiration et à remuer dans les cœurs les généreuses sympathies ou les vertueuses détestations. Au contraire, beaucoup d'autres auteurs, comme par défi à la morale, se sont plu à peindre les hommes et les choses avec un réalisme systématiquement brutal : de là, ces contes latins en vers où le fini d'une forme extrêmement travaillée jure avec la grossièreté de l'inspiration ; de là, certaines pastourelles ; de là, les fabliaux.

Quand leur préférence les a portés vers la recherche des effets comiques, nos auteurs se distinguent par un tour d'esprit assez caractéristique de leur époque. Ils s'amusent à outrer le trivial et l'absurde, à débiter des bourdes, à montrer des sots victimes de leur balourdise, des truands qui se querellent, des naïfs qu'on dupe ou qu'on rosse ; ils aiment à parodier, à railler, à bafouer. Et rien de tout cela, qui suppose plus d'agilité d'esprit que de tact et de délicatesse, ne suffirait à faire lire l'abondante littérature facétieuse de ce temps, si l'esprit gaulois, dont elle s'inspire, n'était pas quelque chose de plus qu'une jovialité licencieuse, s'il n'exprimait pas aussi l'attitude des gens qui ne sont dupes de personne ni de rien, qui gardent leur indépendance de jugement et qui ne déguisent pas leur plaisir à parader de leur liberté d'esprit : tel le jongleur d'Ély. Or, sous sa forme plaisante et son air de badinage, ce n'est là rien de moins que la prétention à un droit illimité de n'être que soi-même et de ne penser que par soi-même.

Quand c'est dans l'ordre des sujets sérieux que les auteurs ont cherché leur inspiration, ils ont couru un grand risque. Malgré tous les jolis portraits et tous les frais tableaux qu'ils ont peints, malgré toutes les scènes émouvantes ou riantes qu'ils ont imaginées, le genre de sentiments auquel ils font appel est d'une simplicité dont on peut se lasser : ils ne visent le plus souvent qu'à provoquer l'admiration ou l'horreur par la peinture du beau ou du laid, du bon ou du mauvais, et rarement ils ont procédé à cette étude des hommes et des choses qui, par elle-même, simplement parce qu'elle est vraie, retient l'esprit et le captive. Le caractère de leurs œuvres est beaucoup plus affectif qu'intellectuel ; il est celui d'une époque où la curiosité de l'esprit ne s'éveille que dans la mesure où les forces sentimentales lui donnent le branle. Mais, si l'on ne trouve point chez eux ce jeu désintéressé de l'intelligence qui observe, analyse, fouille et scrute pour le seul régal de voir et de comprendre, on y découvre, outre le désir d'émouvoir, l'intention d'agir sur les âmes par l'exaltation d'un certain idéal. Ils ne se bornent pas à provoquer une admiration passive ; ils incitent à l'imitation des héros qu'ils représentent ; ils recommandent une morale, ils sèment la passion et la foi. C'est-à-dire que les œuvres d'imagination de ce temps traduisent le plus souvent une attitude spirituelle devant les choses de la vie et qu'elles sollicitent plus ou moins ouvertement l'adhésion du lecteur à une doctrine. C'est par là qu'elles conservent aujourd'hui encore le plus solide de leur intérêt : elles reflètent les efforts divers des hommes d'autrefois pour orienter leurs convictions au sujet des problèmes moraux et sociaux, petits ou grands, et pour arrêter en conséquence les principes de leur conduite.

Ce que ces dispositions d'esprit ont donné à notre ancienne littérature de richesse morale, on peut le voir aux façons si diverses dont ont été traités, selon les auteurs et selon les époques, les thèmes de l'aventure chevaleresque et de l'aventure d'amour.

Le concept de l'héroïsme. — Le culte des héros, tel que le célèbre la *Chanson de Roland*, est un renouvellement du culte des martyrs : qui défendait la chrétienté par les armes était, lui aussi, un soldat du Christ, et Roland meurt en martyr. Roland est donc un fils de l'Église ; il l'est puisqu'il tombe en combattant le païen ; il l'est encore puisque, par sa fidélité sans défaillance à Charlemagne, il sert le dessein profond de Rome, qui a conçu l'établissement d'un empire temporel comme le moyen et le signe de la catholicité chrétienne. Voilà la mystique d'une première chanson de geste.

Une autre chanson, une autre idée morale. Il s'agit de la légende de Guillaume d'Orange. Là encore, l'idée de la guerre sainte contre l'infidèle est embrassée de toutes ses forces par le noble baron ; mais le thème se double de cette donnée que la foi agissante du vassal s'est substituée à la volonté défaillante du suzerain, de l'empereur dégénéré, de l'indigne successeur de Charlemagne : donnée poétique sous laquelle apparaissent la déception de l'Église après l'effondrement de l'empire carolingien et le fait qu'en l'absence d'un prince universellement reconnu comme chef des chrétiens, les seigneurs féodaux ont hérité la mission de maintenir, chacun pour sa part, l'idéal conquérant du christianisme. Voilà l'idée du cycle de Guillaume d'Orange.

Autre chanson et autre idée encore, quand un nouveau poète, contant la légende d'Isembard, montre en sa tragique horreur l'aveuglement d'un seigneur dressé par rancune personnelle contre sa patrie et contre l'Église et qui ne trouvera le repos de son âme que dans la pénitence finale : sombre histoire, où trouvaient leur application les paroles de malédiction d'Urbain II contre les barons livrés à leurs passions égoïstes, de même que ses paroles à la gloire des héros tombés pour l'Église impliquaient qu'on saluât Roland comme un martyr et Guillaume d'Orange comme un saint.

Effacez le souvenir de l'empire carolingien, le souvenir de la chute de cet empire, le souvenir d'une féodalité turbulente qu'il fallait ramener de ses instincts pillards au sentiment des intérêts supérieurs de la chrétienté : les Chansons de Roland, de Guillaume, d'Isembard se vident du meilleur de leur substance ; elles n'ont plus de signification ; elles perdent leur force de grandes œuvres littéraires. En réalité, elles vivent de l'idée du devoir, assigné à la chevalerie, de vouer toutes ses forces à la défense de l'Église.

D'autres figures viendront plus tard s'imposer à l'admiration du public comme des modèles de vertu chevaleresque : les Gauvain, les Yvain, les Lancelot, les héros de la Table-Ronde. Eux aussi excelleront aux armes ; mais leur lance ne sera plus au service du même idéal. Ils ne combattront plus pour une idée religieuse : leur chevalerie deviendra comme un dilettantisme, le besoin d'une perfection guerrière qui les fera briller dans le monde, devant les dames. Les romans où ils paraissent ne remuent plus les grands sentiments éprouvés d'une foi unanime par tout l'univers chrétien : ils répondent aux préoccupations de cours aristocratiques, fermées au sentiment des intérêts qui ne sont pas les leurs ; ils peignent et célèbrent le type du chevalier courtois, qui deviendra plus tard le cavalier mondain.

Le concept de l'amour. — Nulle part peut-être la diversité de l'inspiration poétique du Moyen âge n'apparaît plus grande que dans l'analyse et la représentation du sentiment amoureux.

Pas plus aux premiers siècles de cet âge qu'aux autres époques de l'histoire, les exemples de grande passion amoureuse n'ont dû manquer : la littérature n'en porte pas trace avant le XIIe siècle. C'est en ce XIIe siècle que l'amour commence à prendre dans l'inspiration des poètes une place qui ira s'élargissant de plus en plus.

Les principes de la morale chrétienne ne favorisaient guère la complaisance du cœur et de l'esprit pour les manifestations de l'amour humain. C'est vers Dieu qu'ils appelaient les forces affectives de l'âme : de là, les écrits consacrés par les grands animateurs de la foi à l'étude et à la pratique de l'amour divin. Il est notable que le *Cantique des cantiques*, dont la lecture pouvait éveiller, par certains côtés, une curiosité profane, n'ait jamais été interprété, dans les si nombreux commentaires qui en ont été faits du Xe au XIVe siècle, que dans le sens du sentiment religieux et du mysticisme. Pas un auteur laïque n'y a reconnu, pour s'en inspirer, les signes de la passion humaine.

On ne saurait dire en quelle mesure le même sentiment chrétien a été l'origine de la misogynie qui se manifeste en tant d'œuvres de nos écrivains, clercs ou laïques. Il n'est pas douteux qu'à tous les hommes de religion la femme ait apparu comme l'incarnation continuée de l'Ève tentatrice et corruptrice : à preuve ce qu'on lit dans les sermons et dans les commentaires de la Bible ; et cette disposition, qui s'affirme dans les poèmes d'un Marbode et d'un Hildebert dès le début du XIe siècle, se retrouve encore dans le *Roman de Lancelot* en prose au début du XIIIe siècle. Mais on peut croire, en outre, que la tradition de l'antiquité profane a fourni aux hommes d'école les principaux éléments de leur réquisitoire contre le sexe féminin. La poésie ovidienne, où la femme est peinte et traitée avec tant d'irrespect, a certainement exercé, surtout au XIIe siècle, une influence qui atteignait le fond même des esprits. Entremetteuses, magiciennes, marâtres, épouses légères, perverses, concupiscentes : autant de types venus des livres du vieil auteur latin. A quoi s'ajoutait la rivalité naturelle des sexes, ces dissentiments, désaccords et rancunes, qui étaient la fleur vénéneuse de la vie commune des ménages : d'où ces proverbes, brutaux ou facétieux, dardés contre les femmes ; d'où ces pamphlets des moralistes auxquels font écho les facéties populaires ; d'où ces fabliaux latins et français si crus et si durement ou cyniquement désobligeants.

Pourtant, une autre tendance, qui portait vers des sentiments contraires, se manifeste dans les lettres dès le début du XIIe siècle. Les mêmes Marbode et Hildebert, qui se montrent si sévères à la faible femme, savent aussi faire l'éloge de la femme forte. Il y a eu des saintes : on raconte leur vie. Parmi les hautes dames de leur temps, des clercs, des prêtres reconnaissent des exemples de vertu : ils les célèbrent, ils composent pour elles. Et où donc est-il écrit que l'homme devra mépriser toute femme ? D'autre part, une certaine prospérité matérielle, accompagnée d'une culture nouvelle, a développé dans les cours, dès la fin du XIe siècle, une forme de vie sociale où le luxe, où les fêtes, où les jeux de l'esprit appelaient naturellement la participation des femmes. L'exemple vint, semble-t-il, du Midi ; il se propagea dans le Nord à la faveur d'expéditions militaires entreprises en commun, à la faveur d'alliances matrimoniales. La femme prit alors, dans la société, une place de plus en plus relevée et de mieux en mieux défendue. L'homme s'avisa, d'instinct, que la femme ne pouvait plus se conquérir seulement par le droit de la force, qu'il l'obtiendrait souvent par son mérite, en se faisant valoir ; qu'il devrait plaire ; qu'il devrait professer un respect qui ouvrît les voies du cœur. Par une fiction qui allait devenir de mode pendant plus d'un siècle, il représenta la dame de son choix comme une suzeraine féodale, dont il prétendait gagner les faveurs par sa soumission, par l'humilité et la ferveur de son service d'homme lige. Et voilà née la notion, voilà né le sentiment de ce qu'on appellera l'amour courtois : une mystique nouvelle, une exaltation de l'âme qui, pour l'amour de la dame, ne rêve que d'atteindre aux perfections de la vertu chevaleresque et de la pureté du cœur, par lesquelles l'amant méritera sa récompense.

Ce qui en est résulté de raffinements intellectuels et sentimentaux, on le voit par cent et cent chansons savantes, par vingt et vingt romans où s'est exprimé le nouvel idéal. L'élévation morale dont cette conception des choses fut le point de départ atteignit à un tel degré qu'on vit paraître une foule de chansons où la dévotion à la Vierge, devenue si active à partir de la première moitié du XIIe siècle, put user, sans crainte de blasphème, des formules poétiques créées par la lyrique profane. Et qui sait même si le sentiment de l'amour divin, tel que l'ont analysé certains moralistes, n'a pas dû quelque chose à l'expérience des nouvelles aspirations de l'amour mondain ?

La doctrine de l'amour courtois fait le fond d'une foule de chansons dont les auteurs ont été des chevaliers, des seigneurs et des princes, mais aussi, tant la mode avait gagné, des hommes de condition moins relevée, comme l'étaient par exemple les chansonniers de l'école bourgeoise d'Arras ; elle a fourni la matière de tous ces jeux-partis, où étaient débattus entre deux tenants des problèmes de casuistique amoureuse : elle a été exposée en des traités, comme le *De arte amandi* d'André le Chapelain, et en divers dialogues en prose française ; elle a enfin donné leur substance à de nombreux romans où, comme en ceux de Chrétien de Troyes, se trouvait implicitement discutée quelque question d'amour. Plus d'un roman, en effet, doit être lu autrement qu'une simple suite d'aventures faites pour le seul plaisir de l'imagination ; on y trouve beaucoup plus : le roman d'*Érec* pose la question de la primauté du devoir chevaleresque ou du devoir d'amour ; le roman de *Lancelot* défend la thèse que le chevalier se doit à sa dame jusqu'à exécuter la plus inattendue de ses volontés, dût-elle heurter son sentiment des lois de la chevalerie ; et ainsi d'une foule d'autres romans, dont les brillants épanouissements se développent sur une idée maîtresse qui leur apporte la vie.

Concevoir l'amour comme la force inspiratrice des belles actions, comme l'idéal fécond des âmes nobles, comme une morale propre à élever les cœurs et à les rendre capables des grandes missions, ce ne pouvait être, à la vérité, que la doctrine d'une société aristocratique et mondaine, dont les préoccupations, quelque prestige qui s'attache aux modes des grands, devaient provoquer l'inévitable réaction des milieux de culture différente.

Même dans les cours, l'idéal courtois a dégénéré dès le milieu du XIIIe siècle. De l'exaltation primitive qui avait soulevé tant d'activités ardentes, il ne subsista plus, au bout d'un certain temps, que des gestes conventionnels ; le rituel tint lieu de foi ; les formes survécurent seules, sans plus recouvrir ni pensées, ni sentiment sincère. La chanson poursuivit son existence littéraire sous les espèces du rondeau et de la ballade, où les jeux d'une technique constamment plus exigeante dispensèrent les poètes de la découverte d'un sujet. Le roman se continua en des narrations où s'évanouit peu à peu la curiosité du fait moral et où le récit d'aventures plus ou moins compliquées ne laissa à l'étude des âmes qu'une place de plus en plus étroite. Plus de cet effort vers le sublime dont témoignaient les chansons d'un Châtelain de Coucy ou d'un Conon de Béthune : seulement les ballades d'un Guillaume de Machaut, d'un Eustache Deschamps, ou même d'un Charles d'Orléans, dont les mérites ne sont pas ceux d'un puissant élan. Plus de cette application à situer l'aventure dans le cadre d'une religion de l'amour, comme on le voyait au fond d'un roman de *Lancelot* ou de *Perceval*, plus de cette curiosité psychologique qui promettait la vie au *Lai de l'Ombre* ou à la *Châtelaine de Vergi* : seulement des romans, comme *Méliador*, comme le *Petit Jean de Saintré*, comme *Jean de Paris*, auxquels des aventures, plus ou moins heureusement contées, et des épisodes pittoresques ou gracieux ne donnent point la force des œuvres qui plongent leurs racines en quelque coin profond de l'âme.

D'autre part, avant que se fût épuisée, avant même qu'eût commencé à monter, la sève des grandes productions de la littérature courtoise, le sentiment de l'amour avait pris, en beaucoup d'œuvres, une forme très différente de celle qu'on lui voit dans les poèmes mondains. Au XIIe siècle, les divers récits consacrés à la légende de Tristan procèdent d'une inspiration tout à fait particulière. Thomas a eu beau s'appliquer pour donner à cette légende un tour qui lui permît d'entrer dans le cadre de la poésie courtoise : elle jurait, par la donnée fondamentale, avec l'esprit des milieux pour lesquels il travaillait ; elle heurtait la délicatesse d'une Marie de Champagne ; et, si risqués que fussent, à certains égards, les principes du dogme courtois, elle les dépassait de beaucoup : car elle est traversée par un souffle de révolte contre la loi sociale ou, pour parler plus juste, sans que les choses en soient moins graves, elle invite à une ardente pitié et demande au lecteur sa secrète complicité de cœur quand les deux amants, répudiant tout devoir au profit de leur passion, conquièrent quelques instants de bonheur. L'indulgence dont les poètes ont usé en contant l'histoire de Tristan se retrouve, sous une forme atténuée, mais significative, dans les jolis romans de *Floire et Blancheflor* et d'*Aucassin et Nicolette*, où triomphe, de manière plus innocente, il est vrai, contre la volonté de leurs parents, l'amour de jeunes et frêles enfants.

Comment certains poètes, d'accord sans doute avec une certaine opinion, ont-ils été conduits à prendre cette attitude ? Peut-être par simple franchise de tempérament, par libre abandon au penchant de leur nature. Mais, plus ou moins consciemment, leurs contes étaient imaginés et écoutés avec une pointe de volupté hardie, avec le plaisir intimement savouré de voir la passion briser le frein des conventions sociales. La brutale licence de certains fabliaux, la grossièreté du réalisme qui s'y étale ne sont pas ici en question : l'intention de provoquer le rire ôte toute signification sérieuse aux récits, en raison même de leur crudité. Il en va de ces contes, comme des pastourelles, où l'affectation de cynisme est un hommage indirect rendu à la morale. Mais beaucoup de poèmes lyriques ou narratifs, composés en latin, sont imprégnés, malgré la pointe plaisante qu'on y relève, d'un naturalisme qui rappelle l'esprit païen. De fait, l'imitation des poètes latins de l'antiquité n'a pas été sans communiquer à ceux qui les étudiaient quelque chose d'une philosophie peu conciliable avec l'attitude chrétienne ; et, à cet égard, Ovide, qui a fait tant d'élèves, était un guide fort dangereux. Même des maîtres d'école, dont on n'a pas de raison de suspecter particulièrement la moralité, lui ont emprunté sans scrupule des thèmes souvent scabreux. Quant à ceux qu'on appelle les Goliards, ils ont poussé plus loin la hardiesse : car, sans qu'on puisse plus alléguer la convention littéraire, ils en sont venus à penser et à sentir comme les plus libres des poètes romains, obéissant à l'appel des sens sans plus de remords qu'un Catulle, et rejetant toute contrainte avec un besoin d'affranchissement qui rappelle Lucrèce. La page est piquante où le jeune Aucassin renonce joyeusement au paradis pour aller retrouver en enfer tous les gais damnés de ce monde : d'autres pages sont plus graves, où, sans qu'il y ait plus boutade, des clercs ont chanté en matérialistes leur désir et leur joie de vivre.

Dans le foisonnement des textes qui, au XIIe siècle, expriment les attitudes de cette sorte, on pourrait croire à un effet de la rudesse profane et populaire ; mais c'est un étonnement d'observer que le naturalisme a fleuri précisément dans la littérature cléricale de langue latine, poèmes goliardiques, chants d'écoliers, élégies, contes licencieux, compositions philosophiques, tandis que la poésie profane multipliait ses efforts vers un spiritualisme dont les aspirations, pour être mondaines, n'en étaient pas moins d'une essence supérieure. L'intérêt de cette constatation échappe à ceux qui n'envisagent les faits que par le détail : il apparaît en sa pleine force quand on examine, au cours des temps, l'ensemble des événements intellectuels et l'évolution des systèmes moraux.

Un double conflit a opposé, pendant le XIIe siècle, l'idéal des mondains à l'idéal concurrent de ceux qui, en d'autres milieux, pouvaient prétendre à la culture ; et de ce conflit, c'est l'idéal mondain qui, au XIIIe siècle, est sorti vaincu.

Il s'était heurté, d'abord, à la forte tradition ecclésiastique, qui plaçait l'amour divin au-dessus de tout amour humain. La morale courtoise qui fleurissait dans la poésie lyrique et dans le roman était une morale de luxe, qui dissimulait, sans s'en douter, beaucoup d'égoïsme et de préjugés et qui oubliait que le culte de la femme, poussé au-delà de ce que commande le respect, prenait figure d'idolâtrie. Là-contre, vers l'année 1225, le mysticisme s'est assuré une éclatante revanche dans le roman en prose de *Lancelot*, où une poussée profondément religieuse a repris les mythes et les fantaisies de l'imagination mondaine pour confondre ceux qui les avaient créés et pour ramener vers Dieu les besoins d'amour du cœur humain. L'œuvre est restée isolée ; mais elle eut un grand retentissement. Et, si aucun autre romancier n'a osé, par la suite, renouveler cet essai pour rappeler ses lecteurs vers les sommets de la foi, on verra, plus humble, mais émouvant lui aussi, un sentiment nouveau s'introduire dans les histoires d'amour : le sentiment d'une tendre pitié pour ceux qui, par fidélité à leurs serments, ont souffert en loyaux époux.

Le même idéal mondain, difficilement conciliable avec la doctrine chrétienne, a provoqué une réaction d'une autre sorte dans la classe des clercs. Durant le XIIe siècle, le besoin de trouver une explication à la formation et à la constitution de l'univers n'avait pas rencontré dans les écrits des Pères de quoi se satisfaire. Quelques pages de saint Augustin ne pouvaient lui suffire. Et saint Augustin lui-même invitait à rechercher une information plus large du côté des philosophes païens. De là, une étude de l'antiquité gréco-latine qui, pour la cosmologie, devait aboutir à une résurrection du système platonicien, et qui, pour l'éthique, devait remettre en honneur l'enseignement des moralistes latins. C'est sur la seule idée du respect dû aux commandements de la Nature que reposent des écrits comme le *De planctu Naturae* d'Alain de Lille et l'*Architrenius* de Jean de Hanville. Et certes, ce mouvement, né dans les écoles, devait tourner court, dans ces mêmes écoles, dès la première moitié du XIIIe siècle : les événements des années 1229 et 1230, relatifs à la grève des maîtres de l'Université de Paris, ont eu pour conséquence une mainmise et un contrôle désormais efficace de l'autorité ecclésiastique sur l'enseignement et son orientation. Mais la leçon des penseurs du XIIe siècle n'était pas perdue pour autant : les laïques recueillirent la tradition ; et le *Roman de la Rose* de Jean de Meung, cette étrange encyclopédie, marque le passage de la doctrine d'école dans le domaine du grand public. Fini, pour ce Jean de Meung, le temps des idoles mondaines ; fini l'âge de la courtoisie, du docile émerveillement devant une brillante chevalerie, fini le culte de la dame et ses duperies : et heureusement, pense le poète ; car à quoi bon cette exaltation puérile des cœurs amoureux, et ces grâces mignardes, et ces hommages et ces frais d'héroïsme ? L'amour n'a qu'un but : la conservation de l'espèce, et foin de ceux qui voudraient raffiner là-dessus !

La tempête déchaînée par le cynisme fougueux de Jean de Meung, par son prosaïsme de raisonneur à qui l'on n'en conte point, prolongea et amplifia ses remous jusqu'au fond du XVe siècle. Il y eut une querelle du *Roman de la Rose*, qui opposa au cours des ans les tenants du contempteur tourangeau et les vengeurs du sexe offensé : Christine de Pisan, Martin le Franc. Les femmes, tellement décriées par le poète, trouvèrent de belles répliques et de nobles défenseurs. N'importe : même pour ceux qui s'instituèrent leurs avocats les plus convaincus, les politesses et les raffinements de l'amour courtois n'étaient plus que choses d'un autre temps et l'on aura descendu bien des degrés quand la mode aura tourné à la galanterie des *Cent nouvelles nouvelles*.

Les préoccupations politiques. — L'idée politique a été, elle aussi, l'un des ferments actifs de notre littérature médiévale et, comme les idées religieuses, philosophiques, morales ou sociales, on la découvre souvent là où on l'attendrait le moins. Elle s'étale au grand jour et en toute sa franchise dans l'œuvre française ou latine des théoriciens, un Hincmar au IXe siècle, un Nicole Oresme au XIVe ; mais elle circule également en beaucoup d'œuvres qui ne sont point des traités, qui n'ont point un caractère proprement didactique et qui ont certainement exercé sur les esprits une influence d'autant plus efficace qu'elle était plus discrète et moins ouvertement avide de conquête.

C'est elle qui a inspiré des chansons satiriques, des dits, des complaintes de jongleurs, comme sont plusieurs des écrits de Rutebeuf, qui avaient trait à des événements d'actualité et qui servaient, sans trop en avoir l'air, les intérêts d'un parti ou d'un prince. La propagande politique est une très vieille invention : elle a envahi anciennement plus d'un compartiment de notre littérature et il faut bien avouer que plusieurs des livres d'histoire dont la lecture est restée la plus attachante ont été composés pour les besoins d'une cause.

Assurément, ceux des écrivains du Moyen âge qui ont touché à l'histoire l'ont souvent fait pour répondre au simple besoin d'un public désireux de savoir et à la naturelle curiosité des hommes pour les actions des hommes. Les auteurs d'annales et de chroniques latines n'ont généralement pas obéi à d'autres intentions ; et, se gardant, quand il s'agissait du passé, de rien changer à ce qu'ils lisaient en des auteurs plus anciens ou, quand il s'agissait du présent, de rien ajouter au témoignage de leurs informateurs, ils n'ont trop souvent été que des compilateurs ou des greffiers. A moins — et c'est surtout le cas d'auteurs français — que, se passionnant pour un sujet, ils n'aient tâché de communiquer à leurs lecteurs quelque chose de leur propre sentiment : alors l'animation, le pittoresque, parfois même le pathétique ont donné à leurs œuvres un attrait dont aujourd'hui encore nous éprouvons le charme. Le pèlerinage de Rome, la visite des monuments antiques de la Grande Ville, les croisades, la conquête de l'Angleterre, les guerres occidentales des XIVe et XVe siècles ont été l'occasion, pour plus d'un bon conteur, de dire, par plaisir, les ravissements de son imagination, ses enthousiasmes, ses antipathies. Un Wace, un Robert de Clari, un Philippe de Novare, un Jean le Bel, un Froissart, et aussi l'auteur anonyme des *Faits des Romains* comptent, par la seule vertu de leurs tempéraments, dans l'histoire de notre littérature et aussi ceux qui, comme un Suger, un Joinville ou un Commines, se sont attachés à un personnage qui les avait conquis et qu'ils ont essayé de dépeindre avec fidélité selon l'impression qu'ils en avaient reçue.

Mais il est arrivé fréquemment, et de très bonne heure, que la relation historique, inspirée d'un certain esprit, soit devenue un instrument aux mains de ceux qui, ayant à compter avec l'opinion, avaient intérêt à la tourner en leur faveur. Les premiers qui se soient avisés d'utiliser l'histoire en la bâtissant à leur avantage ont été les princes anglo-normands. Ils ont fait exalter les premiers ducs de leur race par les Wace, par les Benoît de Sainte-Maure, en même temps que, devenus rois d'Angleterre, ils ont fait célébrer par les Guillaume de Malmesbury, les Henri de Huntingdon, et d'autres encore, les rois anglais qu'ils avaient supplantés, mais dont la gloire pouvait accroître leur propre dignité du moment qu'ils en étaient, comme ils le prétendaient, les héritiers légitimes. Leur jeu fut si bien compris de quelques-uns, qu'en Angleterre même, on vit un Geoffroy de Monmouth forger son *Histoire des rois de Bretagne* dans l'intention de faire valoir aux yeux du roi Henri Ier les titres de la race bretonne à la considération des conquérants et de les associer aux bénéfices de la politique de ralliement que les nouveaux venus pratiquaient alors à l'égard des Anglo-Saxons. C'est de même que l'histoire de la *Vie de Thomas Becket*, contée par le Français Guernes de Pont-Sainte-Maxence, fut inspirée, toujours en Angleterre, par le parti qui soutenait contre la royauté les droits et privilèges de l'Église indépendante. Quant à la France, ce fut pendant longtemps la préoccupation de ses rois de faire défendre devant l'opinion l'idée qu'ils étaient, eux Capétiens, les héritiers légitimes des empereurs carolingiens et de mettre ainsi leur dynastie sous la protection du grand nom de Charlemagne. Plusieurs d'entre eux, comme Philippe Auguste, prirent en outre soin de faire écrire leur éloge sous la forme d'un récit de leur vie et de leurs actes.

Quant à la nature des idées et des préoccupations que traduisent les histoires de cette sorte, il serait long de la préciser pour chaque cas particulier : il suffit d'avoir signalé, en des écrits qui ne paraissent viser qu'à l'information, le travail des intentions secrètes qui recherchent les profits de la persuasion.

LES ÉPOQUES

On parle volontiers de la « pensée médiévale », de la « littérature médiévale », de l'« art médiéval », comme s'il s'agissait d'unités homogènes, définissables en bloc. En réalité, le Moyen âge n'est pas un. Entre les bornes chronologiques qui en marquent les limites, ce sont les tendances les plus diverses et parfois les plus contradictoires qui se sont manifestées. Les conflits d'idées et de sentiments, à l'occasion de sujets petits ou grands, attestent la multiplicité des forces qui se partageaient les esprits et les consciences. On vient de voir que la littérature reflète l'image d'un monde intellectuel et moral dont le spectacle est des plus variés et la complexité profonde des plus délicates à analyser.

Cette richesse d'une pensée étonnamment libre et féconde apparaît souvent rien qu'à considérer la position des problèmes humains et les solutions qui leur ont été données en une même et unique période. Par exemple, un même siècle, le XIIIe, a pu voir coexister, exprimées en des œuvres différentes mais contemporaines, des conceptions morales d'essence radicalement différente : ici, la morale chrétienne (avec toutes les possibilités de nuances dont le même sentiment de la foi est susceptible en des âmes diversement orientées) ; ailleurs, la morale mondaine des milieux courtois ; ailleurs, la morale à fondement rationnel des philosophes antiquisants ; ailleurs encore, la morale naturaliste et sensualiste de poètes soumis à l'influence du paganisme.

Mais c'est aussi dans l'histoire et au cours des époques successives qu'on voit apparaître, lutter, dominer ou péricliter les doctrines et les systèmes. Les siècles viennent les uns après les autres, amenant leur cortège d'idées nouvelles, qui développent, doublent ou supplantent des idées plus anciennes. En politique, au temps des Carolingiens, l'idée d'un empire universel bâti pour le triomphe de la foi, puis, au temps des Capétiens, celle d'une monarchie française faite pour la mise à la raison de vassaux turbulents, puis, au XVe siècle, la notion d'une France une et douloureuse, qu'il s'agit de défendre contre les égoïsmes de l'esprit de classe et de l'esprit de parti ; en morale, aux IXe et Xe siècles, la pure doctrine chrétienne, puis, au XIIe siècle, dans les écrits d'école, la recherche d'un dogme fondé sur la seule raison et, quand la tentative a été enrayée parmi les clercs, la propagation de l'idée à travers les ouvrages des laïques ; en philosophie, les effets alternés des systèmes pour concilier les besoins de la foi et de la raison, le triomphe surprenant du principe d'autorité sur le principe de libre examen, mais, à partir du XIVe siècle, les premières apparitions de l'idée que les leçons de l'expérience limitent les droits de la tradition et la portée des constructions *a priori* ; dans la vie courante, après les rudes et dures manières appliquées à la conduite des faibles, femmes et enfants, après la théorie courtoise d'une royauté de la femme aimée, les premières pointes du sentiment, perceptibles au XIVe siècle, que la femme est plus qu'une sujette de l'homme et mieux qu'une princesse d'amour, qu'elle reçoit de la maternité ses titres de noblesse et que la grâce de son jeune enfant appelle la tendresse, comme ses souffrances émeuvent la pitié : toutes ces manifestations successives d'idées, d'opinions, de goûts, d'appréciations sont comme autant d'actes d'un grand drame où l'homme joue sa destinée d'être pensant, sentant et agissant.

Des solutions qui furent alors données à tant de problèmes, des attitudes qui furent adoptées, des principes de conduite qui furent embrassés, en est-il aujourd'hui qui méritent, dogmatiquement, d'être retenus ? Ce n'est point ici le lieu d'en discuter. Mais il est certain que ces luttes des individus, des groupes, de la nation, poursuivies pendant plusieurs siècles, pour atteindre le vrai dans l'ordre de la connaissance et le bien dans la façon de vivre, animent singulièrement les ouvrages de notre ancienne littérature, où elles ont laissé tant de traces. Il se peut qu'en lisant nos vieux auteurs avec la curiosité de pousser au-delà des jeux de l'imagination et des pétillements de l'esprit, tel y découvre ce qu'on néglige trop souvent : un riche fond d'idées, plus ou moins clairement conçues, mais fortement ressenties, fruit de ce travail de cœur et d'esprit, toujours si émouvant, dont nous faisons justement honneur aux hommes qui l'ont fourni.

Edmond FARAL.

Collaborateurs

Section Romane de l'Institut de Recherche et d'Histoire des Textes (C.N.R.S.)

Geneviève BRUNEL-LOBRICHON G.B.L.
Françoise FERY-HUE F.F.H.
Anne-Françoise LABIE-LEURQUIN A.F.L.L.
Sylvie LEFÈVRE S.L.
Christine RUBY C.R.
Gillette TYL-LABORY G.T.L.

Jean LONGÈRE (Section Latine) J.L.
Françoise GASPARRI F.G.

Auteurs des notices

ADLER (Alfred) A.A.
AÏACHE-BERNE (Mauricette) M.A.B.
AIGRAIN (René) R.A.
AMARGIER (Paul A.) P.A.A.
ANCELET-HUSTACHE (Jeanne) J.A.H.
ANDERSON (R.) R.An.
ANDRIEUX-REIX (Nelly) N.A.R.
ARNOULD (E.J.) E.J.A.
ASTON (Stanley C.) S.C.A.
AUGÉ (Marie-Louise) M.L.A.

BANNIARD (Michel) M.B.
BAR (Francis) F.B.
BARBET (Jeanne) J.Ba.
BARROUX (Marius) Ma.B.
BARROUX (Robert) R.Ba.
BASCETTA (Carlo) C.B.
BEAUJOUAN (Guy) G.B.
BEC (Pierre) P.Be.
BECKER (G.) G.Be.
BEICHNER (Paul E.) P.E.B.
BÉRIOU (Nicole) N.B.
BERLIOZ (Jacques) J.B.
BERTHOD (Sylvie) S.B.
BIARD (Joël) J.Bi.
BOGAERT (Pierre M.) P.M.B.

BOGDANOW (Fanni) F.Bo.
BOISARD (Pierre) P.B.
BOISARD (Geneviève) Ge.B.
BOSSUAT (Robert) R.B.
BOUET (Pierre) P.Bo.
BOULARD (Dom Édouard) É.B.
BOURGAIN (Pascale) Pa.B.
BOUSQUET (Jacques) Ja.Bo.
BOUTON (R.P. Jean de la Croix) J.L.C.B.
BOUVET (Chanoine Jean) Je.Bo.
BRAULT (Gérard J.) G.J.B.
BRAYER (Édith) É.Br.
BRERETON (Georgine E.) G.E.B.
BRESSOLLES (Mgr Adrien) A.B.
BRUNEL-LOBRICHON (Geneviève) G.B.L.
BRUNELLI (Giuseppe-Antonio) G.A.B.
BUSCHINGER (Danielle) D.B.

CAHEN (Claude) Cl.C.
CALLU-TURIAF (Florence) F.C.T.
CAMPROUX (Charles) C.Ca.
CARMODY (Francis) F.C.
CHAILLEY (Jacques) J.Ch.
CHÂTILLON (Jean) J.C.
CHAUBET (Daniel) D.C.
CHENU (Marie-Dominique) M.D.C.
CHÉRAU (Françoise G.) F.G.C.
CHEVALIER (Jean-Claude) J.C.C.
CIGADA (Sergio) S.Ci.
CIORANESCU (Alexandre) A.C.
CLUZEL (Irénée-Marie) I.M.C.
COHEN (Gustave) G.C.
COLKER (Marvin-L.) M.L.C.
COLLET (Olivier) O.C.
CORBETT (James) Ja.C.
CORBIN (Solange) S.C.
CORDOLIANI (Alfred) A.Co.
COURCELLE (Pierre) P.C.
COUSIN (Jean) Je.C.
CRÉCY (Marie-Claude de) M.C.C.
CREMONESI (Carla) C.C.

DALY (Kathleen) K.D.
DEAN (Ruth J.) R.J.D.
DECANTER (Jacques) J.De.
DELBOUILLE (Maurice) M.D.
DE POERCK (Guy) G.D.P.
DIMIER (Anselme) A.D.
DOLBEAU (François) F.D.
DOUGHERTY (David M.) D.M.D.
DUBOIS (Marguerite-Marie) M.M.D.
DUCHESNE (Annie) A. Du.
DUFEIL (Michel-Marie) M.M.Du.
DUFOURNET (Jean) J.D.
DUPARC-QUIOC (Suzanne) S.D.Q
DUTTON (Paul-Edward) P.E.D.

FALLANDY (Yvette-Marie) Y.M.F.
FAUCON (Jean-Claude) J.C.F.
FERY-HUE (Françoise) F.F.H.
FLUTRE (Louis-Fernand) L.F.F.
FOREVILLE (Raymonde) R.F.
FOULET (Alfred) A.F.
FOULON (Charles) C.F.
FOULON (Jean-Hervé) J.H.F.
FOVIAUX (Jacques) J.F.
FRIEDMAN (Lionel J.) L.J.F.
FRITZ (Jean-Marie) J.M.F.

GABRIEL (Astrik L.) A.L.G.
GALLET-GUERNE (Danielle) D.G.G.
GANSHOF (François-Louis) F.L.G.
GARAPON (Robert) R.G.
GARDETTE (Pierre) P.G.
GARNIER (Annette) A.G.
GASPARRI (Françoise) F.G.
GATHERCOLE (Patricia M.) P.M.G.
GENEST (Jean-François) J.F.G.
GIELE (Maurice) M.G.
GILLET (Dom Robert) D.R.G.
GOOSSE (André) A.Go.
GOUGENHEIM (Georges) G.G.
GUIETTE (Robert) R.Gu.
GUYOT (Isabelle) I.G.

HACKETT (Mary) M.Ha.
HAM (Edward B.) E.B.H.
HARCOURT (Marie d') M.d'H.
HASENOHR (Geneviève) G.H.
HENRY (Albert) A.H.
HERBIN (Jean-Charles) J.C.H.
HERVAL (René) R.H.
HOLMES (Urban-Tigner) U.T.H.
HORRENT (Jules) J.H.

IBOS-AUGÉ (Anne) A.I.A.
IOGNA-PRAT (Dominique) D.I.P.

JAMES (Sara I.) S.I.J.
JEANROY (Alfred) A.J.
JEAUNEAU (Édouard) É.J.
JEUDY (Colette) C.J.
JODOGNE (Omer) O.J.
JOLIVET (Jean) J.J.
JULLIEN (Marie-Hélène) M.H.J.

KALUZA (Zénon) Z.K.
KEITH (Georges) G.K.
KLENKE (M. Amelia) M.A.K.
KNOWLES (Christine) C.K.
KNUDSON (Charles A.) C.A.K.
KOENIG (V. Frederic) V.F.K.

LABIE-LEURQUIN (Anne-Françoise) A.F.L.L.
LACAZE (Yvon) Y.La.
LACHET (Claude) C.L.
LAFONT (Robert) R.L.
LALOU (Elisabeth) E.L.
LANOË (Guy) G.La.
LEBÈGUE (Raymond) Ra.L.
LEFÈVRE (Sylvie) S.L.
LEFÈVRE (Yves) Y.L.
LE GENTIL (Pierre) P.L.G.
LEJEUNE (Rita) Ri.L.
LEMOINE (Michel) M.L.
LIBÉRA (Alain de) A.de L.
LIVINGSTON (Charles H.) C.H.L.
LLINARÈS (Armand) A.Ll.
LOBRICHON (Guy) G.L.
LODS (Jeanne) J.Lo.
LONGÈRE (Jean) J.L.
LOOMIS (Roger Sherman) R.S.L.
LUSIGNAN (Serge) S.Lu.

MAILLARD (Jean) J.Ma.
MANTOU (Reine) R.Ma.
MARICHAL (Robert) R.M.
MARSHALL (John H.) J.H.M.
MARTEL (Dom Gérard de) D.G.M.
MARTIN (Henri-Jean) H.J.M.
MARTIN (Jean-Pierre) J.P.M.
MATHIEU (René) Re.M.
MATHIEU-PINTO (Elisabeth) E.M.P.
MAZALEYRAT (Jean) J.Maz.
MICHA (Alexandre) A.M.
MILLARDET (Georges) G.Mi.
MORA (Francine) F.M.
MORABITO (Pasquale) P.M.
MOUZAT (Jean) J.M.
MURAILLE (Guy) G.M.
MUSSET (Lucien) L.M.

NAÏS (Hélène) H.N.
NEWSTEAD (Helaine) He.N.
NURMELA (Tauno) T.N.

OURY (Dom Guy) D.G.O.
OUY (Gilbert) G.O.

PALERMO (Joseph) J.P.
PALES-GOBILLIARD (Anne) A.P.G.
PASCAL (France) F.Pa.
PATTIN (R.P. Adrian) Ad.P.
PAUPHILET (Albert) A.P.
PAYEN (A.) A.Pa.
PAYEN (Jean-Charles) J.C.P.
PERELMAN (Françoise) F.P.
PEYREBRUNE (Georges) G.P.
PICHARD (Louis) L.P.
PICKFORD (Cedric Edward) C.E.P.
POIREL (Dominique) Do.P.
POIRION (Daniel) D.P.

POLO DE BAULIEU (M.A.) M.A.P.B.
POMMEROL (Marie-Henriette de) M.H.P.
PONS (Nicole) N.P.
PORTER (Lambert C.) L.C.P.

RAOUL (Le R.P.) P.R.
RAYNAUD DE LAGE (Guy) G.R.L.
RÉGNIER (Claude) Cl.R.
RÉGNIER-BOHLER (Danielle) D.R.B.
REYDELLET (Marc) M.R.
RICHARD (Jean) J.R.
ROBERT (Dom Léon) L.R.
ROBSON (C. Alan) C.A.R.
ROQUES (René) R.Ro.
ROSIER (Irène) I.R.
ROSTAING (Ch.) Ch.R.
ROUSSEL (Henri) H.R.
RUBY (Christine) C.R.
RUELLE (Pierre) P. Ru.
RYCHNER (Jean) J.Ry.

SALVAT (Chanoine Joseph) J.S.
SANDQVIST (Sven) Sv.S.
SAULNIER (Verdun-Louis) V.L.S.
SCHNERB-LIÈVRE (Marion) M.S.L.
SEGRE (Cesare) Ce.S.
SEIGNEURET (Jean-Charles) J.C.S.
SELMER (Carl) C.S.
SEVESTRE (Nicole) N.S.
STRUBEL (Armand) A.S.

TESNIÈRE (Marie-Hélène) M.H.T.
TILANDER (Gunnar) G.T.
TILLIETTE (Jean-Yves) J.Y.T.
TOPSFIELD (Leslie T.) L.T.T.
TURCAN (Anne-Marie) A.M.T.
TYL-LABORY (Gillette) G.T.L.

VAN STEENBERGHEN (Mgr Fernand) F.V.S.
VERNET (André) A.V.
VIARRE (Simone) S.V.
VINAVER (Eugène) E.V.
VLEESCHOUWER (M. de) M.V.
VORREUX (Damien) D.V.
VULLIEZ (Charles) C.V.

WALPOLE (Ronald N.) R.N.W.
WATHELET-WILLEM (Jeanne) J.W.W.
WATKINS (John H.) J.H.W.
WÉBER (R.P. Édouard-Henri) É.H.W.
WEBER (Édith) É.W.
WEILL (Isabelle) I.W.
WILLIAMS (Harry F.) H.F.W.
WIND (Bartina H.) B.H.W.
WITCHARD (Glenys) G.W.

ZINK (Michel) M.Z.
ZUMTHOR (Paul) P.Z.

Indications bibliographiques

PRINCIPAUX SIGLES UTILISÉS

Les titres en italique correspondent aux manuels ; les titres en romain aux revues, aux collections et dictionnaires.

AASS : Acta Sanctorum
AHDLMA : Archives d'Histoire doctrinale et littéraire du Moyen Âge
Annales ESC : Annales. Économie, Société, Civilisation
AM : Annales du Midi
ANTS : Anglo Norman Text Society
Archiv SNSL : Archiv für das Studium der neueren Sprachen und Literaturen
Arxiu : Arxiu de Textos Catalans Antics
BEC : Bibliothèque de l'École des Chartes
BEHE : Bibliothèque de l'École des Hautes Études
BEFAR : Bibliothèque des Écoles françaises d'Athènes et de Rome
BGPTM : Beiträge zur Geschichte der Philosophie und Theologie des Mittelalters
BHL : Bibliotheca hagiographica latina, 2 vol., Bruxelles, 1898-1901 ; Supplementum, 1911 ; Novum Supplementum, 1986
BHR : Bibliothèque d'Humanisme et Renaissance
C. Brunel : Clovis Brunel, *Bibliographie des manuscrits littéraires en ancien provençal*, Paris, 1935 ; réimp. Genève-Marseille, 1973
Brunhölzl : F. Brunhölzl, *Geschichte der lateinischen Literatur des Mittelalters*, t. 1, *Von Cassiodor bis zum Ausklang der karolingischen Erneuerung*, Munich, réimp. 1965 et 1975 ; *Histoire de la littérature latine du Moyen Âge*, t. 1 en 2 vol., Turnhout, 1990, 1991 [trad. française de H. Rochais, avec mise à jour par F. Brunhölzl et compléments bibliographiques par J.P. Bouhot]

BSMV : Biblioteca degli Studi mediolatini e volgari

BBSIA : Bulletin bibliographique de la Société internationale arthurienne

BBSR : Bulletin bibliographique de la Société Rencesvals

CAIEF : Cahiers de l'Association internationale des études françaises

CC : Corpus Christianorum

CCCM : Corpus Christianorum, Continuatio Medievalis

CCSL : Corpus Christianorum, Series latina

CCSG : Corpus Christianorum, Series graeca

CCM : Cahiers de civilisation médiévale

CFMA : Les Classiques français du Moyen Âge

CN : Cultura neolatina

CRAIBL : Comptes rendus des séances de l'Académie des Inscriptions et Belles-Lettres

CSEL : Corpus scriptorum ecclesiasticorum latinorum

DACL : Dictionnaire d'archéologie chrétienne et de liturgie

DAEM : Deutsches Archiv für Erforschung des Mittelalters

DAI : Dissertation Abstracts International

DHGE : Dictionnaire d'histoire et de géographie ecclésiastiques

DS ou *DSAM* : Dictionnaire de spiritualité ascétique et mystique

DTC : Dictionnaire de théologie catholique

EETS : Early English Text Society

FMLS : Forum for Modern Language Studies

GRM : Germanisch-romanische Monatsschrift

GRLMA : *Grundriss der Romanischen Literaturen des Mittelalters*, Heidelberg
vol. 1 : *Généralités*, 1972
vol. 2 : *Les genres lyriques*, t. 1, fasc. 4, 1980 ; 5, 1979 et 7, 1990, *La lyrique occitane* (cf. p. LIX)
vol. 3 : *Les épopées romanes*, t. 1, fasc. 2, 1981, *L'épopée en France*
vol. 4 : *Le roman jusqu'à la fin du* XIIIe *siècle*, t. 1, 1978, et 2, 1984
vol. 6 : *La littérature didactique, allégorique et satirique*, t. 1, 1968, et 2, 1970
vol. 8 : *La littérature française aux* XIVe *et* XVe *siècles*, t. 1, 1988
vol. 11 : *La littérature historiographique des origines à 1500*, t. 1, 1986

GSLI : Giornale storico della letteratura italiana

Hofer : G. Gröber, *Geschichte der Mittelfranzösischen Literatur*, 2 vol., édition entièrement revue par S. Hofer, Berlin et Leipzig, 1933, 1937

HLF : Histoire littéraire de la France

JMRS : The Journal of Medieval and Renaissance Studies

JWCI : The Journal of the Warburg and Courtauld Institutes

Lewicka : Halina Lewicka *Bibliographie du théâtre profane français des* XVe *et* XVIe *siècles*, Breslau - Varsovie - Cracovie - Gdansk - Paris, 1980 ; *Supplément* par Halina Lewicka et Teresa Jaroszewska, 1987

Lexikon : *Lexikon des Mittelalters*, 5 vol., Munich et Zurich, 1977-1991 [Le vol. 5 va jusqu'à la fin de la lettre L]

Linker : R.W. Linker, *A Bibliography of Old French Lyrics*, Univ. of Mississippi Press, 1979 (*Romance Monographs*, 31)

Manitius : M. Manitius, *Geschichte*

der lateinischen Literatur des Mittelalters, t. 1, *Von Justinian bis zur Mitte des zehnten Jarhrhunderts*, Munich, 1911, réimp. 1965

MB : R. Bossuat, *Manuel bibliographique de la littérature française du Moyen Âge*, Melun, 1951 ; 1er et 2e *Suppléments*, avec le concours de J. Monfrin, 2 vol., Paris, 1955 et 1961

MBS ou *S* : F. Vielliard et J. Monfrin, *Manuel bibliographique de la littérature française du Moyen Âge de Robert Bossuat*, 3e *Supplément*, 2 vol., Paris, 1986 et 1991

MGG : *Die Musik in Geschichte und Gegenwart*, 14 vol., Cassel et Bâle, 1949-1968 ; *Supplément*, 2 vol., 1973, 1979 ; *Index*, 1 vol., 1986

MGH : Monumenta Germaniae historica

MLN : The Modern Language Notes

MLQ : Modern Language Quarterly

MLR : The Modern Language Review

Molinier : A. Molinier, *Les sources de l'histoire de France*, 6 vol., Paris, 1902-1906

Nouveau Potthast : *Repertorium fontium historiae medii aevi primum ab Augusto Potthast digestum, nunc cura collegii historicorum e pluribus nationibus emendatum et auctum*, 6 vol., Rome, 1962-1990 (le vol. 6 va jusqu'à la fin de la lettre K)

PC : A. Pillet et H. Carstens, *Bibliographie der Troubadours*, Halle, 1933

PL : Patrologie latine

PMLA : Publications of the Modern Language Association of America

R. : Gaston Raynaud, *Bibliographie des chansonniers français des* XIIIe *et* XIVe, Paris, 1884

RBPH : Revue belge de philologie et d'histoire

RBM : Revue belge de musicologie

RCCM : Rivista di cultura classica e medioevale

RHE : Revue d'histoire ecclésiastique

RHEF : Revue d'Histoire de l'Église de France

RHF : Recueil des Historiens de la France

RHL : Revue d'histoire littéraire de la France

RHT : Revue d'histoire des textes

RLingR : Revue de linguistique romane

RLR : Revue des langues romanes

RMAL : Revue du Moyen Âge latin

RTAM : Recherches de théologie ancienne et médiévale

RZLG : Romanistische Zeitschrift für Literaturgeschichte

SATF : Société des anciens textes français

SC : Sources chrétiennes

Schanz : M. Schanz, C. Hosius, G. Krueger, *Geschichte der römischen Literatur bis zum Gesetzgebungswerk des Kaisers Justinian*, t. 4, 2 vol., Munich, 1914 et 1920, réimp. 1959

Schneyer : J.B. Schneyer, *Repertorium der lateinischen Sermones des Mittelalters*, Münster, 9 vol., 1969-1979

SHF : Société de l'Histoire de France

SMV : Studi mediolatini e volgari

Spanke : Hans Spanke, *Bibliographie des altfranzösischen Liedes*, Leyde, 1955 [complète l'ouvrage de Gaston Raynaud]

Stegmüller : Friedrich Stegmüller, *Repertorium biblicum Medii Aevi*, Madrid : tome I : *Initia biblica, Apocrypha, Prologi,* 1940 ; tomes

II-VII : *Commentaria*, 1950-1961 ; tomes VIII-IX : *Supplementum*, 1976-1977 ; tomes X-XI : *Initia graeca, Initia latina*, 1979-1980

TLF : Textes littéraires français

TraLiLi : Travaux de linguistique et de littérature

Woledge : B. Woledge, *Bibliographie des romans et nouvelles en prose française antérieurs à 1500*, Genève, 1954, réimp. 1975 ; *Supplément*, 1975

Woledge et Clive : B. Woledge et H.P. Clive, *Répertoire des plus anciens textes en prose française depuis 842 jusqu'aux premières années du* XIIIe *siècle*, Genève, 1964

ZFSL : Zeitschrift für französische Sprache und Literatur

ZRPh : Zeitschrift für romanische Philologie

CLASSEMENT DES ARTICLES

Tous les auteurs sont classés d'après leur prénom avec les renvois indispensables.

Les écrivains occitans le sont d'après l'orthographe de leur prénom, et non d'après l'équivalent français : on cherchera donc *Guilhem* et non Guillaume. *Uc* et *Ugo*, et non Hugues ; *Peire* et non Pierre ; *Raimon* et non Raymond.

La particule *de* n'est pas prise en compte pour l'ordre alphabétique. En revanche, *du*, *des*, *le* et *la* le sont : Guillaume de Machaut doit être cherché à « Guillaume M. », Guillaume le Maréchal à « Guillaume L. ».

L'astérisque a sa fonction habituelle de signe de renvoi.

Mélanges

Mél. M. Andrieu : *Mélanges en l'honneur de Monseigneur Michel Andrieu*, Strasbourg, 1956 (*Revue des Sciences Religieuses*, n° spécial).

Mél. C. Appleton : *Études d'histoire du droit dédiées à M. Charles Appleton (...) à l'occasion de son XXVe anniversaire de professorat*, Lyon, 1903.

Mél. R. Aramon i Serra : *Estudis de llengua i literatura catalanes oferts a R. Aramon i Serra en el seu setantè aniversari*, Barcelone, 1979-1984, 4 vol. (*Estudis universitaris catalans*, n^{os} spéciaux).

Mél. M. A. Arnould et P. Ruelle : *Hommages à la Wallonie. Mélanges d'histoire, de littérature et de philologie wallonnes offerts à Maurice A. Arnould et Pierre Ruelle*, Bruxelles, 1981 (*Université libre de Bruxelles. Faculté de philosophie et lettres*, 80).

Mél. R. Aubenas : *Mélanges Roger Aubenas*, Montpellier, 1974 (*Recueil de mémoires et travaux publié par la Société d'histoire du droit et des institutions des anciens pays de droit écrit*, fasc. 9).

Mél. N. Backmund : *Secundum regulum vivere. Festschrift für P. Norbert Backmund, O. Praem.*, Windberg, 1978.

Mél. R. Baehr : *Romanisches Mittelalter. Festschrift zum 60. Geburtstag von Rudolf Baehr*, Göppingen, 1981 (*Göppinger akademische Beiträge*, 115).

Mél. W. Bal : *Langues et cultures. Mélanges offerts à Willy Bal*, Louvain, 1984 (*Cahiers de l'Institut de linguistique de Louvain*).

Mél. K. Baldinger : *Festschrift Kurt Baldinger zum 60. Geburtstag*, Tübingen, 1979.

Mél. Balduino-Bianchi : *Miscellanea di studi offerta a Armando Balduino e Bianca Bianchi per le loro nozze*, Padoue, 1962.

Mél. C. Balić : *Studia mediaevalia et mariologica P. Carolo Balić, O.F.M. dicata*, Rome, 1971.

Mél. É. Baratier : *Histoire de la Provence et civilisation médiévale. Études dédiées à la mémoire d'Édouard Baratier*, Marseille, 1973 (*Provence historique*, t. 23).

Mél. H. Bascour : « *Sapientiae doctrina* ». *Mélanges de théologie et de littérature médiévale offerts à Dom Hildebrand Bascour, O.S.B.*, Louvain, 1980 (*Recherches de théologie ancienne et médiévale*, n° spécial, 1).

Mél. A. C. Baugh : *Studies in Medieval Literature in Honor of Professor Albert C. Baugh*, Philadelphie-Londres, 1961.

Mél. P. Bec : *Mélanges de langue et de littérature occitanes en hommage à Pierre Bec*, Poitiers, 1991.

Mél. T. G. Bergin : *Italian Literature : Roots and Branches. Essays in Honor of Thomas Goddard Bergin*, New Haven-Londres, 1976.

Mél. saint Bernard : *Mélanges saint Bernard. XXIVe congrès de l'Association bourguignonne des Sociétés savantes (8e centenaire de la mort de saint Bernard)*, Dijon, 1954.

Mél. R. R. Bezzola : *Orbis mediaevalis. Mélanges de langue et de littérature médiévales offerts à Reto Raduolf Bezzola à l'occasion de son quatre-vingtième anniversaire*, Berne, 1978.

Mél. L. Bianchi : *Studi in onore di Lorenzo Bianchi*, Bologne, 1960.

Mél. L. Bieler : *Latin Script and Letters A. D. 400-900. Festschrift presented to Ludwig Bieler on the occasion of his 70th Birthday*, Leyde, 1976.

Mél. G. Billanovich : *Vestigia. Studi in onore di Giuseppe Billanovich*, Rome, 1984.

Mél. A. Biscardi : *Diritto greco antico. Arnaldo Biscardi*, Milan, 1982.

Mél. A. Blaschka : *Orbis mediaevalis. Festgabe für Anton Blaschka zum 75. Geburtstag...*, Weimar, 1970.

Mél. A. Blinkenberg : *Études romanes dédiées à Andreas Blinkenberg à l'occasion de son 70e anniversaire*, Copenhague, 1963 (*Orbis litterarum. Supplementum* 3).

Mél. L. Blondel : *Mélanges d'histoire et d'archéologie offerts en hommage à M. Louis Blondel*, Genève, 1963 (*Genava*, nouv. série, t. 2).

Mél. P. Bohigas : *Miscellània Pere Bohigas*, Montserrat, 1981, 2 vol. (*Estudis de llengua i literatura catalana*, 3 et 4).

Mél. W. Boetticher : *Convivium Musicorum, Festschrift Wolfgang Boetticher zum 60. Geburtstag*, Berlin, 1974.

Mél. M. Boni : *Critica testuale e esegesi del testo. Studi in onore di Marco Boni*, Bologne, 1984.

Mél. C. de Borman : *Recueil de mémoires relatifs à l'Histoire, à l'Archéologie et à la Philologie offerts au Baron [Camille] de Borman...*, Liège, 1919.

Mél. J. G. Bougerol : *Bonaventuriana. Miscellanea in onore di Jacques Guy Bougerol, O.F.M.*, Rome, 1988, 2 vol.

Mél. A. Boutemy : *Hommages à André Boutemy*, Bruxelles, 1976 (*Collection Latomus*, 145).

Mél. J. Boutière : *Mélanges de philologie romane dédiés à la mémoire de Jean Boutière (1899-1967)*, Liège, 1971, 2 vol.

Mél. R. Boutruche : *La noblesse au Moyen Âge, XIe-XVe siècles. Essais à la mémoire de Robert Boutruche*, Paris, 1976.

Mél. C. Brown : *Essays and Studies in honor of Carleton Brown*, New York, 1940.

Mél. R. A. Brown : *Studies in Medieval History presented to R. Allen Brown*, Woodbridge, 1989.

Mél. C. Brunel : *Recueil de travaux offerts à M. Clovis Brunel (...) par ses amis, collègues et élèves*, Paris, 1955, 2 vol. (*Mémoires et documents publiés par la Société de l'École des Chartes*, 12).

Mél. F. Brunhölzl : *Festschrift für Franz Brunhölzl zum 65. Geburtstag*, Sigmaringen, 1989.

Mél. W. Bulst : *Medium aevum vivum. Festschrift für Walther Bulst*, Heidelberg, 1960.

Mél. Cabrières : *Mélanges de littérature et d'histoire religieuses, publiés à l'occasion du jubilé épiscopal de Mgr de Cabrières, évêque de Montpellier, 1874-1899*, Paris, 1899.

Mél. F. Calot : *Mélanges d'histoire du livre et des bibliothèques offerts à M. Franz Calot*, Paris, 1960 (*Bibliothèque elzévirienne*, n.s., *Études et documents*).

Mél. C. Camproux : *Mélanges de philologie romane offerts à Charles Camproux*, Montpellier, 1978, 2 vol.

Mél. F. Cavallera : *Mélanges offerts au R.P. Ferdinand Cavallera, s.j. (...) à l'occasion de la quarantième année de son professorat à l'Institut catholique*, Toulouse, 1948.

Mél. C. Chabaneau : *Mélanges Chabaneau. Volume offert à Camille Chabaneau à l'occasion du 75e anniversaire de sa naissance (4 mars 1906) par ses élèves, ses amis et ses admirateurs*, Erlangen, 1907 (*Romanische Forschungen*, t. 23) ; réimp. Genève, 1973.

Mél. C. R. Cheney : *Church and Government in the Middle Ages. Essays presented to C. R. Cheney on his 70th Birthday*, Cambridge, 1976.

Mél. M.-D. Chenu : *Mélanges offerts à Marie-Dominique Chenu*, Paris, 1967 (*Bibliothèque thomiste*, 37).

Mél. G. Cohen : *Mélanges d'histoire du théâtre du Moyen Âge et de la Renaissance offerts à Gustave Cohen*, Paris, 1950.

Mél. colombaniens : *Mélanges colombaniens. Actes du Congrès international de Luxeuil*, Paris, 1951 (*Bibliothèque de la Société d'Histoire ecclésiastique de la France*).

Mél. G. Contini : *Studi offerti a Gianfranco Contini dagli allievi pisani*, Florence, 1984.

Mél. G. Coopland : *War, Literature and Politics in the late Middle Ages. Essays in honour of G. Coopland*, Liverpool, 1976.

Mél. J. Coppin : *Littérature et religion. Mélanges offerts au chanoine Joseph Coppin à l'occasion de son 80e anniversaire*, Lille, 1966 (*Mélanges de science religieuse*, 23e année [1966], tome supplémentaire).

Mél. B. M. Craig : *Essays in Early French Literature presented to Barbara M. Craig*, York (South Carolina), 1982.

Mél. V. Crescini : *Miscellanea di Studi critici in onore di Vincenzo Crescini*, Cividale, 1927 ; réimp. Turin, 1960.

Mél. A. C. Crombie : *The Light of Nature. Essays in the History and Philosophy of Science presented to Alistair Camero Crombie*, Dordrecht-Boston-Lancaster, 1985 (*International Archives of the History of Ideas*, 110).

Mél. R. Crozet : *Mélanges offerts à René Crozet (...) à l'occasion de son soixante-dixième anniversaire par ses amis, ses collègues, ses élèves et les membres du CESCM*, Poitiers, 1966, 2 vol.

Mél. R. Davis : *Studies in Medieval History presented to Ralph H. C. Davis*, Londres, 1985.

Mél. J. De Boer : *Estudis sobre el catalá, volum en memória de Josephine De Boer*, Barcelone, 1977 (*Collecció Lacetania*, 4).

Mél. A. Dees : *Distributions spatiales et temporelles, constellations des manuscrits. Études de variation linguistique offertes à Antonij Dees à l'occasion de son 60e anniversaire*, Amsterdam-Philadelphie, 1988.

Mél. M. Delbouille, Gembloux, 1964 : *Mélanges de linguistique romane et de philologie médiévale offerts à M. Maurice Delbouille [I. Linguistique romane. II. Philologie médiévale]*, Gembloux, 1964, 2 vol.

Mél. M. Delbouille, Liège, 1973 : *Hommage au professeur Maurice Delbouille*, Liège, 1973 (*Marche Romane*, numéro spécial).

Mél. P. Delsemme : *Théâtre de toujours d'Aristote à Kalisky. Hommages à Paul Delsemme*, Bruxelles, 1983 (*Université de Bruxelles, Faculté de philosophie et lettres*, 87).

Mél. T. De Marinis : *Studi di bibliografia e di storia in onore di Tammaro De Marinis*, Vérone, 1964, 4 vol.

Mél. M. De Vries : *Feestbundel ter gelegenheid ziejner veertigjaarige ambtsbediening (...) [Matthias De Vries]*, Utrecht, 1989.

Mél. A. Dimier : *Mélanges à la mémoire du Père Anselme Dimier*, Beernem, 1984 (*Histoire cistercienne*, t. 2).

Mél. A. H. Diverres : *The Legend of Arthur in the Middle Ages. Studies presented to Armel H. Diverres (...)*, Cambridge, 1983 (*Arthurian Studies*, 7).

Mél. A. Duraffour : *Mélanges A. Duraffour. Hommage offert par ses amis et ses élèves, 14 juin 1939*, Paris-Zurich-Leipzig, 1939.

Mél. A. M. Elliott : *Studies in honor of A. Marshall Elliott*, Baltimore, 1911, 2 vol.

Mél. J. Ellul : *Religion, Société et Politique. Mélanges en hommage à Jacques Ellul*, Paris, 1983.

Mél. E. Elorduy : *Homenaje a Eleuterio Elorduy. Miscellanea en honor de E. Elorduy con ocasiòn de su 80 aniversario*, Bilbao, 1978 (*Publ. de la Univ. de Deusto. secc. de filosofia*, 2).

Mél. A. Ewert : *Studies in Medieval French presented to Alfred Ewert in honour of his seventieth Birthday*, Oxford, 1961.

Mél. P. Fabre : *Mélanges Paul Fabre. Études d'histoire du Moyen Âge*, Paris, 1902.

Mél. G. Falco : *Miscellanea di storia ligure in onore di Giorgio Falco*, Milan, 1962 (*Univ. degli Studi di Genova, Fonti e studi*, 6).

Mél. L. Falletti : *Mélanges offerts au professeur Louis Falletti*, Paris, 1971 (*Annales de la Faculté de droit et des sciences économiques de Lyon*, 1971 - II).

Mél. G. Favati : *Studi filologici, letterari e storici in memoria di Guido Favati*, Padoue, 1977-1978, 2 vol. (*Medioevo e Umanesimo*, 28 et 29).

Mél. R. Feenstra : *Satura Roberto Feenstra sexagesimum quintum annum aetatis complenti*, Fribourg, 1985.

Mél. A. Feuillerat : *Essays in honor of Albert Feuillerat*, New Haven, 1943 (*Yale Romanic Studies*, 22).

Mél. W. Fischer : *Festschrift für Walther Fischer [zu seinem 70. Geburtstag]*, Heidelberg, 1959.

Mél. H. Fitting : *Mélanges Fitting. [LXXVe anniversaire de M. le Professeur Hermann Fitting]*, Montpellier, 1907-1908, 2 vol.

Mél. K. Flasch : *Mélanges K. Flasch*, Amsterdam, 1991 (*Historia philosophiae Medii Aevi*).

Mél. H. Flasche : *Studia Iberica. Festschrift für Hans Flasche*, Berne-Munich, 1973.

Mél. H. M. Flasdieck : *Britannica. Festschrift für Hermann M. Flasdieck zu seinem 60. Geburtstag (...)*, Heidelberg, 1960.

Mél. A. Fliche : *Études médiévales offertes à M. le doyen Augustin Fliche (...) par ses amis, ses anciens élèves, ses collègues*, Paris, 1953 (*Publications de la Faculté des lettres de l'Université de Montpellier*, 4).

Mél. W. Foerster : *Beiträge zur romanischen und englischen Philologie. Festgabe für Wendelin Foerster zum 26. Oktober 1901*, Halle, 1902.

Mél. G. Folena : *Mélanges Gianfranco Folena*, Modène, 1980 (*Cultura neolatina*, t. 40 (1980), fasc. 1, 2 et 3).

Mél. J. Fontaine : *De Tertullien aux Mozarabes. Mélanges offerts à Jacques Fontaine (...), à l'occasion de son 70e anniversaire par ses élèves, amis et collègues*, Paris, 1992, 2 vol. (*Institut d'Études augustiniennes*).

Mél. R. Foreville : *Mediaevalia christiana, XIe-XIIIe siècles. Hommage à Raymonde Foreville*, Tournai, 1989.

Mél. P. Fouché : *Mélanges de linguistique et de philologie romanes dédiés à la mémoire de Pierre Fouché*, Paris, 1970.

Mél. C. Foulon : *Mélanges de langue et littérature françaises du Moyen Âge et de la Renaissance offerts à Charles Foulon*, Rennes, 1980, 2 vol. [t. 1, Rennes, 1980 ; t. 2 dans *Marche Romane*, t. 30 (1980), n°s 3-4].

Mél. P. Fournier : *Mélanges Paul Fournier*, Paris, 1929.

Mél. I. Frank : *Mélanges de linguistique et de littérature romanes à la mémoire d'Istvan Frank (...)*, Universität des Saarlandes [Sarrebrück], 1957.

Mél. J. Frappier : *Mélanges de langue et de littérature du Moyen Âge et de la Renaissance offerts à Jean Frappier (...) par ses collègues, ses élèves et ses amis*, Genève, 1970, 2 vol. (*Publications romanes et françaises*, 112).

Mél. G. Fransen : *Mélanges Gérard Fransen*, Bologne-Rome, 1953, 2 vol. (*Studia gratiana*, t. 19 et 20) ; réimp. Rome, 1976.

Mél. H. Friedrich : *Sprachen der Lyrik. Festschrift für Hugo Friedrich zum 70. Geburtstag*, Francfort-sur-le-Main, 1975.

Mél. R. Fromilhague : *Mélanges offerts au professeur René Fromilhague*, Paris, 1984 (*Littératures*, t. 9 et 10).

Mél. A. Galmés de Fuentes : *Homenaje a Alvaro Galmés de Fuentes*, Madrid, 1985 et 1987, 3 vol.

Mél. E. Gamillscheg, Tübingen, 1952 : *Festgabe Ernst Gamillscheg zu seinem 65. Geburtstag (...)*, Tübingen, 1952.

Mél. E. Gamillscheg, Tübingen, 1958 : *Syntactica und Stilistica. Festschrift für Ernst Gamillscheg, zum 70. Geburtstag (18 mai 1958)*, Tübingen, 1958.

Mél. M. de Gandillac : *L'art des confins. Mélanges offerts à Maurice de Gandillac*, Paris, 1985.

Mél. R. Gandolfo : *Civiltà del Piemonte. Studi in onore di Renzo Gandolfo nel suo settantacinquesimo compleanno (...)*, Turin, 1975.

Mél. P. Gardette : *Mélanges de linguistique et de philologie romanes offerts à Monseigneur Pierre Gardette, à l'occasion de son soixantième anniversaire (...)*, Strasbourg, 1966 (*Travaux de linguistique et de littérature publiés par le Centre de philologie et de littérature romanes de l'Université de Strasbourg*, 4, 1).

Mél. G. Gasca Queirazza : *Miscellanea di Studi romanzi offerta a Giuliano Gasca Queirazza*, Alessandria, 1988.

Mél. L. Geschiere : *Mélanges de linguistique et de littérature offerts à Lein Geschiere (...)*, Amsterdam, 1975.

Mél. É. Gilson : *Mélanges offerts à Étienne Gilson (...)*, Toronto-Paris, 1959 (*Études de philosophie médiévale*, hors série).

Mél. C. M. Girdlestone : *Essays presented to C. M. Girdlestone*, Newcastle-upon-Tyne, 1960.

Mél. W. Goetz, Leipzig, 1927 : *Kultur-und Universalgeschichte. Walter Goetz zum 60. Geburtstag*, Leipzig, 1927.

Mél. W. Goetz, Marburg-am-Lahn, 1948 : *Lebenskräfte in der Abendländischen Geistesgeschichte. Dank-und Erinnerungsgabe an Walter Goetz zum 80. Geburtstag*, Marburg-am-Lahn, 1948.

Mél. C. T. Gossen : *Mélanges offerts à Carl Theodor Gossen*, Berlin-Liège, 1976.

Mél. F. Grat : *Mémoires dédiés à la mémoire de Félix Grat*, Paris, 1946 et 1949, 2 vol.

Mél. H. Grégoire : ΠΑΓΚΑΡΠΕΙΑ. *Mélanges Henri Grégoire*, Bruxelles,

1949-1953, 4 vol. (*Université libre de Bruxelles. Annuaire de l'Institut de philologie et d'histoire orientales et slaves*, t. 9-12).

Mél. J. L. Grigsby : *Continuations. Essays on Medieval French Literature and Language in honor of John L. Grigsby*, Birmingham, 1989.

Mél. G. Gröber : *Beiträge zur romanischen Philologie. Festgabe für Gustav Gröber*, Halle, 1899.

Mél. A. Guarino : *Sodalitas. Scritti in onore di Antonio Guarino*, Naples, 1984.

Mél. C. Guerrieri-Crocetti : *Omaggio a Camillo Guerrieri-Crocetti*, Gênes, 1971 (*Studi e Testi romanzi e mediolatini*, 2).

Mél. R. Guiette : *Fin du Moyen Âge et Renaissance. Mélanges de Philologie française offerts à Robert Guiette*, Anvers, 1961.

Mél. H. Guiter : *Mélanges de philologie et de toponymie romanes offerts à Henri Guiter*, Perpignan, 1981.

Mél. M. Hackett : *The Troubadours and the Epic. Essays in Memory of W. Mary Hackett*, Université de Warwick, 1987.

Mél. R. A. Hall jr. : *Homenaje a Robert A. Hall, Jr. Essayos linguisticos y filologicos para su sexagesimo aniversario*, Madrid, 1977.

Mél. L. Halphen : *Mélanges d'histoire du Moyen Âge dédiés à la mémoire de Louis Halphen*, Paris, 1951.

Mél. E. B. Ham : *Romance Studies in memory of Edward Billings Ham*, Hayward, 1967 (*California State College Publications*, 2).

Mél. J. Handschin : *In memoriam Jacques Handschin*, Strasbourg-Limoges, 1962.

Mél. H. A. Hatzfeld : *Linguistic and Literary Studies in honor of Helmut A. Hatzfeld*, Washington, 1964.

Mél. F. Hausmann : *Festschrift Friedrich Hausmann*, Graz, 1977.

Mél. H. Hauvette : *Mélanges de philologie, d'histoire et de littérature offerts à Henri Hauvette*, Paris, 1934.

Mél. J. Havet : *Recueil de travaux d'érudition dédiés à la mémoire de Julien Havet (1853-1893)*, Paris, 1895.

Mél. E. Heischkel-Artelt et W. Artelt : *Medizingeschichte in unserer Zeit, Festgabe für Edith Heischkel-Artelt und Walter Artelt zum 65. Geburtstag*, Stuttgart, 1971.

Mél. A. Henry : *Mélanges de linguistique, de philologie et de littérature offerts à M. Albert Henry*, Strasbourg, 1970, 2 vol. (*Travaux de linguistique et de littérature publiés par le Centre de philologie et de littérature romanes de l'Université de Strasbourg*, 8).

Mél. N. Hepp : *Travaux de littérature offerts en hommage à Noémie Hepp*, Strasbourg, 1990 (*Travaux de littérature*, 3).

Mél. G. Hilty : *Romania ingeniosa. Festschrift für Prof. Dr. Gerold Hilty zum 60. Geburtstag*, Francfort-sur-le-Main-Berne, 1987.

Mél. E. Hoepffner : *Mélanges de philologie romane et de littérature médiévale offerts à Ernest Hoepffner par ses élèves et ses amis*, Paris, 1949 (*Publications de la Faculté des lettres de l'Université de Strasbourg*, 113).

Mél. U. T. Holmes : *Medieval Studies in Honor of Urban Tigner Holmes Jr.*, Chapel Hill, 1965 (*University of North Carolina Studies in the Romance Languages and Literatures*, 56).

Mél. J. Horrent : *Études de Philologie Romane et d'Histoire Littéraire offertes à Jules Horrent à l'occasion de son soixantième anniversaire*, Liège, 1980.

Mél. J. Hubschmid : *Festschrift für Johannes Hubschmid zum 65. Geburtstag. Beiträge zur allgemeinen, indogermanischen und romanischen Sprachwissenschaft*, Berne, 1982.

Mél. R. W. Hunt : *Mediaeval Learning and Literature. Essays presented to Richard William Hunt*, Oxford, 1976.

Mél. H. Husmann : *Speculum musicae artis. Festgabe für Heinrich Husmann zum 60. Geburtstag (...)*, Munich, 1970.

Mél. P. Imbs : *Mélanges de linguistique française et de philologie et littérature médiévales offerts à M. Paul Imbs par ses collègues, ses élèves et ses amis à l'occasion de son 65e anniversaire*, Strasbourg, 1973 (*Travaux de linguistique et de littérature publiés par le Centre de philologie et de littérature romanes de l'Université de Strasbourg*, 11, 1).

Mél. A. Janssen : *Miscellanea moralia in honorem Arthur Janssen*, Louvain, s. d. [1948], 2 vol. (*Bibliotheca ephemeridum theologicarum Lovaniensium*).

Mél. A. Jeanroy : *Mélanges de linguistique et de littérature offerts à M. Alfred Jeanroy par ses élèves et ses amis*, Paris, 1928.

Mél. H. Jedin : *Festgabe Hubert Jedin zum 75. Geburtstag*, Paderborn, 1975 et 1976 (*Annuarium historiae conciliorum*, t. 7 [1975] et t. 8 [1976]).

Mél. C. Joisten : *Croyances, récits et pratiques de tradition. Mélanges d'ethnologie, d'histoire et de linguistique en hommage à Charles Joisten (1936-1981)*, Grenoble, 1982 (*Le Monde alpin et rhodanien*, t. 10 (1982), nº 1-4).

Mél. A. G. Jongkees : *Excursiones medievales : opstellen aangeboden aan Prof. Dr. A. G. Jongkees door zijn leerlingen*, Groningue, 1979.

Mél. P. Jonin : *Mélanges de langue et littérature françaises du Moyen Âge offerts à Pierre Jonin*, Aix-en-Provence, 1979 (*Senefiance*, 7).

Mél. F. Kempf : *Aus Kirche und Reich. Studien zu Theologie, Politik und Recht im Mittelalter. Festschrift für Friedrich Kempf zu seinem fünf-und-siebzigsten Geburtstag und fünfzigjährigen Doktorjubiläum*, Sigmaringen, 1983.

Mél. N. R. Ker : *Medieval Scribes, Manuscripts and Libraries. Essays presented to N. R. Ker*, Londres, 1978.

Mél. E. Köhler : *Mittelalterstudien. Erich Köhler zum Gedenken*, Heidelberg, 1984 (*Studia romanica*, 55).

Mél. G. Kurth : *Mélanges Godefroid Kurth. Recueil de mémoires relatifs à l'histoire, à la philosophie et à l'archéologie*, Paris-Liège, 1908, 2 vol.

Mél. S. Kuttner : *Studies in the History of Medieval Canon Law [S. Kuttner]*, Washington, 1990 (*Collected Studies Ser.*).

Mél. E. R. Labande : *Études de civilisation médiévale,* IXe-XIIe *siècles.*

Mélanges offerts à Edmond-René Labande (...) à l'occasion de son départ à la retraite et du XXᵉ anniversaire du CESCM par ses amis, ses collègues, ses élèves, Poitiers, 1974.

Mél. H. Landais : *Art, objets d'art, collections. Études sur l'art du Moyen Âge et de la Renaissance, sur l'histoire du goût et des collections. Hommage à Hubert Landais*, Paris, 1987.

Mél. K. Langosch : *Literatur und Sprache im europäischen Mittelalter. Festschrift für Karl Langosch zum 70. Geburtstag*, Darmstadt, 1973.

Mél. A. Lanly : *Études de langue et de littérature françaises offertes à André Lanly*, Nancy, 1980 (*Publications de l'Université de Nancy II*).

Mél. R. Lapesa : *Studia hispanica in honorem R. Lapesa*, Madrid, 1972.

Mél. J. Larmat : *Regards sur le Moyen Âge et la Renaissance (histoire, langue et littérature)*, Paris, 1982 (*Annales de la Faculté des lettres et sciences humaines de Nice*, 39).

Mél. H. Lansberg : *Texte-Etymologie. Festschrift für Heinrich Lansberg*, Stuttgart, 1987.

Mél. F. Lecoy : *Études de langue et de littérature du Moyen Âge offertes à Félix Lecoy par ses collègues, ses élèves et ses amis*, Paris, 1973.

Mél. P. Le Gentil : *Mélanges de langue et de littérature médiévales offerts à Pierre Le Gentil (...) par ses collègues, ses élèves et ses amis*, Paris, 1973.

Mél. P. Lehmann : *« Liber floridus », mittellateinische Studien. Paul Lehmann zum 65. Geburtstag am 13. Juli 1949*, St Ottilien, 1950.

Mél. R. Lejeune : *Mélanges offerts à Rita Lejeune*, Gembloux, 1969, 2 vol.

Mél. H. Liebaers : *Liber amicorum Herman Liebaers*, Bruxelles, 1984.

Mél. G. I. Lieftinck : *Neerlandica Manuscripta. Essays presented to G. I. Lieftinck*, Amsterdam, 1976 (*Litterae textuales*).

Mél. E. Li Gotti : *Saggi e ricerche in memoria di Ettore Li Gotti*, Palerme, 1962, 3 vol. (*Centro di Studi filologici e linguistici siciliani. Bollettino*, nº 6-8).

Mél. J. Lods : *Mélanges de littérature du Moyen Âge au XXᵉ siècle offerts à Mademoiselle Jeanne Lods (...) par ses collègues, ses élèves et ses amis*, Paris, 1978, 2 vol. (*Collection de l'École Normale Supérieure de Jeunes Filles*, 10).

Mél. E. Lommatzsch : *Philologica Romanica Erhard Lommatzsch gewidmet*, Munich, 1975.

Mél. G. S. Loomis : *Medieval Studies in memory of Gertrude Schoepperle Loomis*, Paris-New York, 1927.

Mél. F. Lot : *Mélanges d'histoire du Moyen Âge offerts à M. Ferdinand Lot par ses amis et ses élèves*, Paris, 1925.

Mél. R. Louis : *La chanson de geste et le mythe carolingien. Mélanges René Louis publiés par ses collègues, ses amis et ses élèves à l'occasion de son 75ᵉ anniversaire*, Saint-Père-sous-Vézelay, 1982, 2 vol.

Mél. H. Löwe : *Geschichtsschreibung und geistiges Leben im Mittelalter. Festschrift für Heinz Löwe zum 65. Geburtstag (...)*, Cologne-Vienne, 1978.

Mél. H. de Lubac : *L'homme devant Dieu. Mélanges offerts au Père Henri de Lubac*, Paris, 1964, 3 vol.

Mél. J. Ludvikovsky : *Classica atque Mediaevalia Jaroslao Ludvikovsky octogenario oblata*, Brno, 1975.

Mél. H. Lülfing : *Studien zur Buch-und Bibliotheksgeschichte. Hans Lülfing zum 70. Geburtstag am 24. November 1976*, Berlin, 1976.

Mél. D. McMillan : *Guillaume d'Orange and the Chanson de geste. Essays presented to Duncan McMillan in Celebration of his seventieth Birthday by his Friends and Colleagues of the Société Rencesvals*, Reading, 1984.

Mél. J. Macqueron : *Études offertes à Jean Macqueron*, Aix-en-Provence, 1970.

Mél. P. Mandonnet : *Mélanges [Pierre] Mandonnet. Études d'histoire littéraire et doctrinale du Moyen Âge*, Paris, 1930, 2 vol. (*Bibliothèque thomiste*, 13 et 14).

Mél. R. Mandrou : *Histoire sociale, sensibilités collectives et mentalités. Mélanges Robert Mandrou*, Paris, 1985.

Mél. J. Manson : *Hispanic Studies in Honour of Joseph Manson*, Oxford, 1972.

Mél. J. Marouzeau : *Mélanges de philologie, de littérature et d'histoire anciennes offerts à Jules Marouzeau par ses collègues et élèves étrangers*, Paris, 1948.

Mél. R. J. Martin : *Studia mediaevalia in honorem admodum reverendi patris Raymundi Josephi Martin, O.P.*, Bruges, 1949.

Mél. F. Martroye : *Mélanges en hommage à la mémoire de François Martroye*, Paris, 1941 (*Société nationale des Antiquaires de France*).

Mél. F. Masai : *Miscellanea codicologica F. Masai dicata*, Gand, 1979.

Mél. J. E. Matzke : *Matzke Memorial Volume Containing Two Unpublished Papers by John E. Matzke and Contributions in his Memory by his Colleagues*, Stanford, 1911.

Mél. H. Meier : *Sprache und Geschichte, Festschrift für Harri Meier zum 65. Geburtstag*, Munich, 1971.

Mél. J. Melander : *Mélanges de philologie offerts à M. Johan Melander*, Uppsala, 1943.

Mél. A. W. Mellon : *Carolingian Essays. Andrew W. Mellon lectures in Early Christian Studies*, Washington, 1983.

Mél. R. Ménage : *Recherches et travaux. Lectures du Moyen Âge. Hommage à René Ménage*, Grenoble, 1987 (*Université de Grenoble, Bulletin*, 32).

Mél. R. Menéndez Pidal : *Estudios dedicados a Ramón Menéndez Pidal*, Madrid, 1950-1962, 8 vol.

Mél. G. Mercati : *Miscellanea Giovanni Mercati*, Vatican, 1946, 6 vol. (*Studi e testi*, 121-126).

Mél. J. Metman : *Études d'histoire du droit médiéval en souvenir de Josette Metman*, Dijon, 1988 (*Mémoires de la Société pour l'histoire du droit et des institutions des anciens pays bourguignons, comtois et normands*, 45).

Mél. K. Michaëlsson : *Mélanges de philologie romane offerts à M. Karl Michaëlsson par ses amis et ses élèves*, Göteborg, 1952.

Mél. J. M. Millás Vallicrosa : *Homenaje a José Maria Millás Vallicrosa*, Barcelone, 1954, 2 vol.

Mél. J. Misrahi : *Jean Misrahi Memorial Volume. Studies in Medieval Literature*, Columbia, 1977.

Mél. C. Moeller : *Mélanges d'histoire offerts à Charles Moeller (...)*, Louvain, 1914, 2 vol. (*Recueil de Travaux... des conférences d'histoire et de philologie... de l'Université de Louvain*, 40 et 41).

Mél. G. Monod : *Études d'histoire du Moyen Âge dédiées à Gabriel Monod*, Paris, 1896.

Mél. A. Monteverdi : *Studi in onore di Angelo Monteverdi*, Modène, 1959, 2 vol.

Mél. J. Mourot : *Le génie de la forme. Mélanges de langue et littérature offerts à Jean Mourot*, Nancy, 1982.

Mél. F. Munari : *Kontinuität und Wandel. Lateinische Poesie von Naevius bis Baudelaire. Franco Munari zum 65. Geburtstag*, Hildesheim, 1986.

Mél. A. Mussafia : *Bausteine zur romanischen Philologie. Festgabe für Adolfo Mussafia zum 15. Februar 1905*, Halle, 1905.

Mél. H. Naïs : *De la plume d'oie à l'ordinateur. Études de philologie et de linguistique offertes à Hélène Naïs*, Nancy, 1986.

Mél. P. Nardin : *Hommage à Pierre Nardin (Philologie et littérature françaises)*, Paris, 1977 (*Annales de la Faculté des lettres et sciences humaines de Nice*, 29).

Mél. W. Noomen : *Non nova sed nove. Mélanges de civilisation médiévale dédiés à Willem Noomen*, Groningue, 1984 (*Mediaevalia Groningana*, 5).

Mél. A. Noyer-Weidner : *Interpretation. Das Paradigma der europäischen Renaissance-Literatur, Festschrift für Alfred Noyer-Weidner zum 60. Geburtstag*, Wiesbaden, 1983.

Mél. T. Nurmela : *Mélanges de philologie et de linguistique offerts à Tauno Nurmela*, Turku, 1967 (*Annales Universitatis Turkuensis, Humaniora*, 103).

Mél. F. Ohly : *Verbum et signum. Friedrich Ohly zum 60. Geburtstag*, Munich, 1975, 2 vol.

Mél. L. N. d'Olwer : *Estudis de llatì medieval i de filologia romànica dedicats a la memòria de Lluis Nicolau d'Olwer*, Barcelone, 1966, 2 vol. (*Institut d'Estudis catalans*).

Mél. J. Orr : *Studies in Romance Philology and French Literature presented to John Orr*, Manchester, 1953.

Mél. E. Panofsky : *Miscellanea Erwin Panofsky. Zur Erinnerung an eine Reihe von Gastvorlesungen (...)*, Bruxelles, 1955 (*Bulletin des Musées Royaux des Beaux-Arts*, 4).

Mél. B. Paradisi : *Diritto e potere nella storia europea. Atti del 4° Congresso internazionale della Società italiana di storia del diritto in onore di Bruno Paradisi*, Florence, 1982, 2 vol.

Mél. G. Paris : *Études romanes dédiées à Gaston Paris le 29 décembre*

1890 (25e anniversaire de son doctorat ès lettres), par ses élèves français et ses élèves étrangers des pays de langue française, Paris, 1891.

Mél. J.-C. Payen : *Hommage à Jean-Charles Payen. Farai chansoneta novele. Essais sur la liberté créatrice au Moyen Âge*, Caen, 1989.

Mél. A. C. Pegis : *Essays in Honour of Anton Charles Pegis*, Toronto, 1974 (*Pontifical Institute of Mediaeval Studies*).

Mél. G. B. Pellegrini : *Scritti linguistici in onore di Giovan Battista Pellegrini*, Pise, 1983, 2 vol.

Mél. S. Pellegrini : *Studi di filologia romanza offerti a Silvio Pellegrini*, Padoue, 1971.

Mél. A. Perosa : *Tradizione classica e letteratura umanistica. Per Alessandro Perosa*, Rome, 1985, 2 vol.

Mél. P. Petot : *Études d'histoire du droit privé offertes à Pierre Petot*, Paris, 1959.

Mél. F. Petri : *Landschaft und Geschichte. Festschrift für Franz Petri zu seinem 65. Geburtstag am 22. Februar 1968*, Bonn, 1970.

Mél. F. Piccolo : *Romania. Scritti offerti a Francesco Piccolo nel suo LXX compleanno*, Naples, 1962.

Mél. É. Picot : *Mélanges offerts à M. Émile Picot (...) par ses amis et ses élèves*, Paris, 1913, 2 vol.

Mél. J. M. Piel : *Philologische Studien für Joseph M. Piel*, Heidelberg, 1969.

Mél. A. Planche : *Mélanges de langue et de littérature médiévales offerts à Alice Planche*, Paris, 1984, 2 vol. (*Annales de la Faculté des lettres et sciences humaines de Nice*, 48).

Mél. H. Plomteux : *Langue, dialecte, littérature. Études romanes à la mémoire de Hugo Plomteux*, Louvain, 1983.

Mél. É. Podechard : *Mélanges É. Podechard. Études de science religieuse (...)*, Lyon, 1945 (*Bibliothèque de la Faculté catholique de théologie de Lyon*, 1).

Mél. M. K. Pope : *Studies in French Language and Mediaeval Literature presented to Professor Mildred K. Pope by Pupils, Colleagues and Friends*, Manchester, 1939 (*Publications of the University of Manchester*, 268).

Mél. J. D. Powell et R. Hodgins : *Voices of Conscience. Essays on Medieval and Modern French Literature in Memory of James D. Powell and Rosemary Hodgins*, Philadelphie, 1977.

Mél. H. Rahn : *Ainigma. Festschrift für Helmut Rahn*, Heidelberg, 1987 (*Bibliothek der klassischen Altertumswissenschaften*, Neue Folge 2, Reihe 78).

Mél. P. Rajna : *Studi letterari e linguistici dedicati a Pio Rajna nel quarantesimo anno del suo insegnamento*, Milan, 1911.

Mél. E. K. Rand : *[E.K. Rand.] Classical and Mediaeval Studies*, New York, 1938.

Mél. G. Reese : *Aspects of Medieval and Renaissance Music. A Birthday offering to Gustave Reese*, New York, 1966.

Mél. T. B. W. Reid : *History and Structure of French. Essays in honour of Pr. T. B. W. Reid*, Oxford, 1972.

Mél. P. Remy : *Studia occitanica in memoriam Paul Remy*, Kalamazoo, 1986, 2 vol.

Mél. M. Renard : *Hommages à Marcel Renard*, Bruxelles, 1969, 3 vol. (*Collection Latomus*, 101-103).

Mél. H. Rheinfelder : *Medium Aevum Romanicum. Festschrift für Hans Rheinfelder*, Munich, 1963.

Mél. M. de Riquer : *Studia in honorem prof. M. de Riquer*, Barcelone, 1986 (*Universitat. Quaderns Crema*).

Mél. R. L. G. Ritchie : *Studies in French Language, Literature and History, presented to R. L. Graeme Ritchie*, Cambridge, 1949.

Mél. R. H. Robins : *Studies in the History of Western Linguistics in honor of Robert Henry Robins*, Cambridge, 1986.

Mél. G. Rohlfs, Halle, 1958 : *Romanica. Festschrift für Gerhard Rohlfs*, Halle, 1958.

Mél. G. Rohlfs, Tübingen, 1968 : *Serta romanica. Festschrift für Gerhard Rohlfs zum 75. Geburtstag*, Tübingen, 1968.

Mél. G. Rohlfs, Tübingen, 1980 : *Romania Cantat. Lieder in alten und neuen Chorsätzen mit sprachlichen, literarischen und musikwissenschaftlichen Interpretationen (Gerhard Rohlfs zum 85. Geburtstag gewidmet), I. Notenteil, II. Interpretationen mit einem Verzeichnis der Schriften von Gerhard Rohlfs (1967-1980)*, Tübingen, 1980.

Mél. A. Roncaglia : *Miscellanea di studi in onore di Aurelio Roncaglia a cinquant'anni dalla sua laurea*, Modène, 1989, 4 vol.

Mél. L. Ronga : *Scritti in onore di Luigi Ronga*, Milan-Naples, 1973.

Mél. M. Roques, Paris, 1946 : *Études romanes dédiées à Mario Roques par ses amis, collègues et élèves de France*, Paris, 1946.

Mél. M. Roques, Paris, 1950 : *Mélanges de linguistique et de littérature romanes offerts à Mario Roques*, Paris, 1950-1953, 4 vol. [t. 1, 1950 ; t. 2, 1953 ; t. 3 et 4, 1952].

Mél. de littérature française : *Mélanges de littérature française du Moyen Âge. Études [de Gaston Paris] réunies par Mario Roques*, Paris, 1912.

Mél. D. J. A. Ross : *The Medieval Alexander Legend and Romance Epic. Essays in honour of David J. A. Ross*, New York, 1982.

Mél. C. Rostaing : *Mélanges d'histoire littéraire, de linguistique et de philologie romanes offerts à Charles Rostaing*, Liège, 1974, 2 vol.

Mél. J. Rychner : *Mélanges d'études romanes du Moyen Âge et de la Renaissance offerts à Monsieur Jean Rychner*, Strasbourg, 1978 (*Travaux de linguistique et de littérature publiés par le Centre de philologie et de littérature romanes de l'Université de Strasbourg*, 16, 1).

Mél. G. Sanders : *Aevum inter utrumque. Mélanges offerts à Gabriel Sanders*, Steenbrugge, 1991 (*Instrumenta patristica*, 23).

Mél. M. Sandmann : *« Le Gai Savoir. » Essays in Linguistics, Philology and Criticism dedicated to the Memory of Manfred Sandmann*, Madrid-Potomac, 1983.

Mél. V.-L. Saulnier : *Mélanges sur la littérature de la Renaissance à la mémoire de V.-L. Saulnier*, Genève, 1984.

Mél. G. Schlumberger : *Mélanges offerts à M. Gustave Schlumberger (...) à l'occasion du 80e anniversaire de sa naissance (17 oct. 1924)*, Tours-Paris, 1924, 2 vol.

Mél. F. J. Schmale : *Ecclesia et regnum. Beiträge zur Geschichte von Kirche, Recht und Staat im Mittelalter. Festschrift für Franz-Josef Schmale zu seinem 65. Geburtstag*, Bochum, 1989.

Mél. L. Schrade : *Gattungen der Musik in Einzeldarstellung. Gedenkschrift Leo Schrade*, Berne-Munich, 1973.

Mél. P. E. Schramm : *Festschrift Percy Ernst Schramm zu seinem siebzigsten Geburtstag*, Wiesbaden, 1964.

Mél. A. H. Schutz : *Essays presented to honor Alexander Herman Schutz. French and Provençal Lexicography*, Columbus, 1964.

Mél. K. von See : *Idee, Gestalt, Geschichte. Festschrift Klaus von See. Studien zur europäischen Kulturtradition*, Odense, 1988.

Mél. J. Séguy : *Hommage à Jean Séguy*, Toulouse, 1978, 2 vol. (*Via Domitia*, numéro spécial).

Mél. I. Siciliano : *Studi in onore di Italo Siciliano*, Florence, 1966, 2 vol. (*Biblioteca dell'Archivum romanicum*. Serie 1. *Storia, letteratura, paleografia*, 86).

Mél. F. Simone : *Tradition et originalité dans la création littéraire. Mélanges Franco Simone*, Genève, 1983 (*Bibliothèque Franco Simone*, 9).

Mél. R. Sindou : *Mélanges d'onomastique, linguistique et philologie offerts à M. Raymond Sindou*, Clermont-Ferrand, 1986.

Mél. R. C. Smail : *Crusade and Settlement. Papers read at the first Conference of the Society for the Study of the Crusades and the Latin East and presented to R. C. Smail*, Cardiff, 1985.

Mél. B. Smalley : *The Bible in the Medieval World. Essays in Memory of Beryl Smalley*, Oxford, 1985 (*Studies in Church History, Subsidia*, 4).

Mél. J. R. Smeets : *Mélanges de linguistique, de littérature et de philologie médiévales offerts à J. R. Smeets*, Leyde, 1982.

Mél. L. F. Solano : *Essays in honor of Louis Francis Solano*, Chapel Hill, 1970 (*North Carolina Studies in the Romance Languages and Literatures*, 92).

Mél. R. W. Southern : *The Writing of History in the Middle Ages. Essays presented to Richard William Southern*, Oxford, 1981.

Mél. W. Spiewok : *Sammlung - Deutung - Wertung Ergebnisse, Probleme, Tendenzen und Perspektiven philologischer Arbeit. Mélanges de littérature médiévale et de linguistique allemande offerts à Wolfgang Spiewok à l'occasion de son soixantième anniversaire*, Amiens, 1988.

Mél. L. Spitzer : *Studia philologica et litteraria in honorem Leo Spitzer*, Berne, 1958.

Mél. A. J. Steele : *Myth and Legend in French Literature. Essays in honor of A. J. Steele*, Londres, 1982 (*Publications of the Modern Humanities Research Association*, 11).

Mél. J. Stiennon : *Mélanges d'histoire, d'histoire de l'art et d'archéologie offerts à Jacques Stiennon à l'occasion de ses vingt-cinq ans d'enseignement à l'Université de Liège*, Liège, 1982 (*Clio et son regard*).

Mél. G. Straka : *Phonétique et linguistique romanes. Mélanges offerts à M. Georges Straka*, Lyon-Strasbourg, 1970, 2 vol.

Mél. K. Strecker, Dresde, 1931 : *Studien zur lateinischen Dichtung des Mittelalters. Ehrengabe für Karl Strecker zum 4. September 1931*, Dresde, 1931 (*Zeitschrift für Geschichtswissenschaft und für lateinische Philologie des Mittelalters*).

Mél. K. Strecker, Leipzig, 1941 : *Corona Quernea. Festgabe für Karl Strecker zum 80. Geburtstag*, Leipzig, 1941.

Mél. E. Stutz : *Philologische Untersuchungen gewidmet Elfriede Stutz zum 65. Geburtstag*, Vienne, 1984 (*Philologica germanica*, 7).

Mél. H. Suchier : *Forschungen zur romanischen Philologie. Festgabe für Hermann Suchier zum 15. März 1900 dargebracht von seinen Schülern*, Halle, 1900.

Mél. O. Temkin : *Medicine, Science and Culture. Historical Essays in Honor of Owsei Temkin*, Baltimore, 1968.

Mél. B. Terracini : *Linguistica e filologia. Omaggio a Benvenuto Terracini*, Milan, 1968.

Mél. A. Thomas : *Mélanges de philologie et d'histoire offerts à M. Antoine Thomas par ses élèves et ses amis*, Paris, 1927.

Mél. L. Thorpe : *An Arthurian Tapestry. Essays in Memory of Lewis Thorpe*, Glasgow, 1981.

Mél. E. Tisserant : *Mélanges Eugène Tisserant*, Vatican, 1964, 7 vol. (*Studi e testi*, 231-237).

Mél. A. Tobler, Halle, 1895 : *Abhandlungen Herrn Prof. Dr. Adolf Tobler zur Feier seiner fünfundzwanzigjährigen Thätigkeit als ordentlicher Professor an der Universität Berlin*, Halle, 1895.

Mél. A. Tobler, Braunschweig, 1905 : *Festschrift Adolf Tobler zum siebzigsten Geburtstag dargebracht von der Berliner Gesellschaft für das Studium der neueren Sprachen*, Braunschweig, 1905.

Mél. L. Topsfield : *Chrétien de Troyes and the Troubadours. Essays in Memory of the late Leslie Topsfield*, Cambridge, 1984.

Mél. J. Trier : *Festschrift für Jost Trier zu seinem 60. Geburtstag am 15. Dezember 1954*, Meisenheim-am-Glan, 1954.

Mél. B. L. Ullman : *Classical, Mediaeval and Renaissance Studies in honor of Berthold Louis Ullman*, Rome, 1964, 2 vol. (*Storia e letteratura*, 93 et 94).

Mél. F. Valls i Taberner : *Derecho constitucional europeo*, Barcelone, 1988 (*Estudios interdisciplinares en homenaje a Ferran Valls i Taberner con ocasiòn del centenario de su nacimiento*, v. 7).

Mél. K. Varty : *Rewards and Punishments in the Arthurian Romances and*

Lyric Poetry of Medieval France. Essays presented to Kenneth Varty on the occasion of his sixtieth Birthday, Cambridge, 1987.

Mél. G. Verbeke : *Images of Man in Ancient and Medieval Thought. Studia G. Verbeke ab amicis et collegis dicata*, Louvain, 1976.

Mél. J. Veremans : *Hommages à Jozef Veremans*, Bruxelles, 1986 (*Collection Latomus*, 193).

Mél. E. Vinaver : *Medieval Miscellany presented to Eugène Vinaver by pupils, colleagues and friends*, Manchester, 1965.

Mél. C. Wahlund : *Mélanges de philologie romane dédiés à Carl Wahlund, à l'occasion du cinquantième anniversaire de sa naissance (7 janvier 1896)*, Mâcon, 1896 ; réimp. Genève, 1972.

Mél. M. Wandruszka : *Interlinguistica, Sprachvergleich und Übersetzung. Festschrift zum 60. Geburtstag von Mario Wandruszka*, Tübingen, 1971.

Mél. W. von Wartburg : *Festschrift Walther von Wartburg zum 80. Geburtstag, 18. Mai 1968*, Tübingen, 1968, 2 vol.

Mél. J. Wathelet-Willem : *Mélanges de philologie et de littératures romanes offerts à Jeanne Wathelet-Willem*, Liège, 1978 (*Marche Romane*, numéro spécial).

Mél. M. Wehrli : *Tipologia litterarum. Festschrift für Max Wehrli (zum 60. Geburtstag)*, Zurich-Fribourg, 1969.

Mél. K. F. Werner : *Media in Francia... Recueil de mélanges offerts à Karl Ferdinand Werner à l'occasion de son 65ᵉ anniversaire*, Paris, 1989.

Mél. R. W. Linker : *Medieval Studies in Honor of Robert White Linker*, Valence, 1973.

Mél. F. Whitehead : *Studies in Medieval Literature and Languages in Memory of Frederick Whitehead*, Manchester, 1973.

Mél. J. Wilhelm : *Festgabe für Julius Wilhelm zum 80. Geburtstag*, Wiesbaden, 1977 (*Zeitschrift für französische Sprache und Literatur, Beiheft*, n. s. 5).

Mél. B. Wilkinson : *Essays in Medieval History presented to Berti Wilkinson*, Toronto, 1969.

Mél. R. Willard : *Studies in Language, Literature and Culture of the Middle Ages and later. These Studies (...) are prepared in his honor [Rudolf Willard] (...)*, Austin (Texas), 1969.

Mél. M. Wilmotte : *Mélanges de philologie romane et d'histoire littéraire offerts à M. Maurice Wilmotte à l'occasion de son 25ᵉ anniversaire d'enseignement*, Paris, 1910, 2 vol.

Mél. B. Woledge : *Studies in Medieval French Language and Literature presented to Brian Woledge in honour of his 80th Birthday*, Genève, 1987 (*Publications romanes et françaises*, 180).

Mél. M. Wolff : *Festschrift für Martin Wolff. Beiträge zum Zivilrecht und internationalen Privatrecht*, Tübingen, 1952.

Mél. J. Yver : *Droit privé et institutions régionales. Études historiques offertes à Jean Yver*, Paris, 1976.

Mél. P. Zumthor : *Le nombre du temps. En hommage à Paul Zumthor*, Paris, 1988 (*Nouvelle Bibliothèque du Moyen Âge*, 12).

LYRIQUE OCCITANE — COMPLÉMENT BIBLIOGRAPHIQUE

Pour les troubadours suivants, se reporter en outre au *GRLMA*, II/1, 7.

Ademar de Rocaficha p. 24, 250 ; Ademar lo Negre p. 23-24 ; Aicart del Fossat p. 250-251, 453 ; Aimeric de Belenoi p. 24-26, 242, 251, 422, 426, 433, 518 ; Aimeric de Peguilhan p. 26-29, 242, 251, 375, 384, 422, 426, 433, 453(?)-454 ; Aimeric de Sarlat p. 29-30 ; Albert Marques de Malaspina p. 433 ; Albertet (de Sisteron) p. 30-32, 242-243, 252, 454-455 ; Aldric del Vilar p. 252 ; Alegret p. 32-33, 252, 532 ; Amanieu de Sescars p. 532 ; Anfos p. 33-34, 433 ; Arnaut Catalan p. 34, 433, 518 ; Arnaut Daniel p. 35-40, 253 ; Arnaut de Comminges p. 252 ; Arnaut de Mareuil p. 40-47, 532-534 ; Arnaut de Tintinhac p. 48-49 ; At de Mons (N') p. 328, 399 ; Austorc d'Aurillac p. 253 ; Azalaïs de Porcairagues p. 49-50 ; Berenguier de Palazol p. 52-53, 375 ; Bernart d'Aurillac p. 54, 253-254, 385, 518 ; Bernart de Rovenac p. 255 ; Bernart de Ventadorn p. 57-68, 434-435 ; Bernart de Venzac p. 256-257, 494 ; Bernart Marti p. 54-56, 254-255 ; Bernart Sicart de Marvejols p. 255 ; Bertolome Zorzi p. 68-70, 257, 376, 422, 426, 502, 519 ; Bertran Carbonel p. 73-74, 272, 386-388, 427, 435 ; Bertran d'Alamanon p. 70-71, 257-258, 385, 426, 435, 455, 494 ; Bertran de Born p. 71-73, 258-271, 376, 386, 422, 426-427 ; Bertran de Born le fils p. 271-272 ; Bertran de Paris de Rouergue p. 272-275 ; Blacasset p. 74-75, 276, 389-390, 427, 436 ; Blacatz p. 75, 276, 390-391, 436, 456 ; Boniface de Castellane p. 278-279 ; Bonifaci Calvo p. 75, 243, 276-278, 427, 456 ; Cadenet p. 77-79, 279, 485, 494-495, 519 ; Calega Panzan p. 279 ; Castelloza (Na) p. 79-81 ; Cercamon p. 81-83, 279-281, 376-377, 427-428, 436-437, 519 ; Cerveri de Girona p. 231-232, 247, 362-369, 383, 405-406, 431, 491-492, 499, 512-514, 528 ; Clara d'Anduze p. 83-84 ; Comtesse de Dia p. 50-52, 434 ; Dalfin d'Alvernhe p. 281-282, 391-392, 437, 457 ; Dante da Maiano p. 84 ; Daude de Pradas p. 84-88, 428, 519-520 ; Eble d'Ussel p. 392, 457-458 ; Elias Cairel p. 91-93, 243, 283, 422, 438 ; Elias d'Ussel p. 392, 438, 458-459 ; Elias de Barjols p. 88-91, 243, 458 ; Elias Fonsalada p. 93-94 ; Falquet de Romans p. 99-100, 283, 378, 393, 422-423, 495-496, 521, 534-535 ; Ferrari de Ferrare p. 392 ; Folquet de Lunel p. 94, 283, 377-378, 461, 520-521 ; Folquet de Marseille p. 94-99, 393, 422, 428, 461 ; Garin d'Apchier p. 243, 283-284 ; Garin lo Brun p. 438 ; Gaucelm Faidit p. 100-107, 378, 393, 423, 429, 438-439, 461-463 ; Gausbert Amiel p. 107 ; Gausbert de Puicibot p. 107-109, 284, 439, 463 ; Gavaudan p. 284-286, 423, 429, 485, 521-522 ; Gormonda de Montpellier p. 286 ; Gui d'Ussel p. 115-117, 395, 464-465, 485-486 ; Gui de Cavaillon p. 290, 394, 439 ;

A

Abbon de Fleury. Né à Orléans vers 940, il est présenté par ses parents à l'abbaye de Fleury (Saint-Benoît-sur-Loire) entre 946 et 950. Après des séjours d'étude à Paris et à Reims, Abbon devient écolâtre à Fleury vers 965. Il exerce ses fonctions pendant près de vingt ans, puis effectue un séjour en Angleterre, au monastère nouvellement fondé de Ramsey et entre en relation avec l'évêque de Cantorbéry, Dunstan. Il en est rappelé pour prendre le gouvernement de l'abbaye de Fleury. Il gouverne son monastère avec intelligence et fermeté, il défend les droits de celui-ci en même temps que les prérogatives du Saint-Siège, il attaque les abus de son temps, la simonie et la possession par les laïcs de biens d'Église. En même temps il est le conseiller et l'ami du roi Robert Ier et il effectue, comme ambassadeur de celui-ci, deux fois le voyage de Rome pour rencontrer le pape et obtient de celui-ci un très important privilège d'exemption en faveur de son abbaye (en 995 et 997). Et il intervient dans différents monastères pour apaiser les querelles entre les moines et leur abbé. Il se rend en 1004 au monastère de La Réole, dépendance de son abbaye, qui contestait l'autorité de celle-ci ; il est tué au cours d'une révolte des moines de cette abbaye unis à la population gasconne. Son corps est ramené à Fleury, où il sera dès lors considéré comme saint. Une *Vita Abbonis* est composée peu après sa mort par son disciple Aimoin de Fleury*.

Les principales œuvres d'Abbon sont :

a) Les *Canones Abbonis*, recueil canonique en 52 chapitres, écrit entre 994 et 996, compilation de prescriptions importantes tirées des canons conciliaires, des décrétales, des homélies des Pères, des Novelles de Justinien, des capitulaires carolingiens, etc.

b) Une *Apologie aux rois Hugues et Robert* (rédigée en 994), dans laquelle l'abbé de Fleury s'efforce de justifier l'attitude d'hostilité prise par lui dans la question des dîmes contre l'évêque Arnoul d'Orléans ; de longues digressions sur des questions canoniques occupent presque la moitié de l'ouvrage.

c) Les *Quaestiones grammaticales*, recueil de réponses faites par Abbon pendant son séjour à Ramsey à des questions grammaticales posées par ses élèves ; et deux traités sur les syllogismes hypothétiques et catégoriques, écrits entre 975 et 985.

d) Divers ouvrages d'histoire : la *Vie de saint Edmond*, roi d'East Anglia et martyr, composée pour les moines de Ramsey en 987 ; et un abrégé des Vies des papes recueillies par le *Liber pontificalis*.

e) Une série de traités scientifiques : deux petits traités d'astronomie sur le soleil et les planètes, un catalogue d'étoiles, un commentaire du *Calculus* de Victorius d'Aquitaine, un traité de comput en deux livres. Ce dernier ouvrage présente une grande importance dans l'histoire du comput pour deux raisons : l'auteur y a multiplié les systèmes de lettres lunaires et les tables et a construit ainsi, pour la première fois, un calendrier julien perpétuel ; il y a formulé, d'autre part, sa première critique de l'ère dionysienne, corrigeant celle-ci en l'avançant de vingt et un ans.

f) Des pièces de vers sur des sujets variés.

g) Dix-sept lettres d'étendue et de caractère très différents. Certaines constituent de petits traités complets : sur une question d'exégèse, sur le serment, sur les rapports des évêques avec les monastères, sur la correction de l'ère dionysienne ; dans cette dernière, Abbon renouvelle l'exposé fait sur le même sujet dans son traité de comput. D'autres ont pour objet de prêcher le rétablissement de la paix dans diverses communautés monastiques et complètent par là son œuvre de canoniste.

ŒUVRES. — *Collection canonique* : éd. *PL*, t. 139, col. 471-508. — *Liber apologeticus* : col. 461-472. — *Quaestiones grammaticales* : éd. et trad. A. Guerreau-Jalabert, Paris, 1982. — *Passio sancti Eadmundi* : éd. M. Winterbottom, dans *Three Lives of English Saints*, Toronto, 1972 (*Toronto Medieval Latin Texts*), p. 67-87 [éd. non critique]. — *Excerptum de gestis Romanorum pontificum* : éd. *PL*, t. 139, col. 535-570. — *Commentarius in circulos beati Cyrilli et Dyonisii romani ac Bedae praefatio* : éd. A. Cordoliani, dans *Abbon de Fleury, Hériger de Lobbes et Gerland de Besançon sur l'ère de l'incarnation de Denys le Petit*, dans *Revue d'histoire ecclésiastique*, t. 44 (1949), p. 474-476. — *Commentarius in cyclum Victorii* : éd. *PL*, t. 139, col. 569-572 [préface du commentaire du *Calculus* de Victorius d'Aquitaine]. — *Carmen acrostichum ad Ottonem imperatorem* : éd. G.A. Bezzola, *Das ottonische Kaisertum in der französischen Geschichtesschreibung des 10 und beginnenden 11 Jahrhunderts*, Graz et Cologne, 1956, p. 160-163. — *Tria carmina ad Dunstanum* : éd. W. Stubbs, dans *Three Letters to Saint Dunstan*, dans *Memorials of Saint Dunstan*, Londres, 1874, n° 34. — *Syllogismorum categoricorum et hypotheticorum enodatio* : éd. A. Van de Vyver, dans *Abbonis Floriacensis opera inedita*, t. 1, Bruges, 1966, p. 29-95. — *Recueil épistolaire* : éd. *PL*, t. 139, col. 419-462 ; *Epistula ad Dunstanum* : éd. W. Stubbs, *op. cit.*, p. 376-377 ; *Epistula ad Geraldum et Vitalem* : éd. A. Cordoliani, *op. cit.*, p. 476-480.

L'éd. de la coll. canonique et de la correspondance d'Abbon, ainsi que celle de la *Vita Abbonis* d'Aimoin de Fleury, sont en cours de préparation par R.H. et A.M. Bautier et G. Labory dans la collection des sources d'histoire médiévale publiée par l'*IRHT*.

→ A. Van de Vyver, *Les œuvres inédites d'Abbon de Fleury*, dans *Revue Bénédictine*, t. 47 (1935), p. 125-169. — J.-F. Lemarignier, *L'exemption monastique et les origines de la réforme grégorienne*, dans *À Cluny : Congrès scientifique... Travaux du congrès... publiés par la Société des amis de Cluny*, Dijon, 1950, p. 288-315. — P. Cousin, *Abbon de Fleury-sur-Loire*, Paris, 1954. — A. Cordoliani, *Les mss de la Bibl. de Berne provenant de l'abbaye de Fleury au* XI*e siècle. Le Comput d'Abbon*, dans *Revue d'Histoire ecclésiastique suisse*, t. 52 (1958), p. 135-150 [à propos du ms. de Berne 250]. — A. Vidier, *L'historiographie à Saint-Benoît-sur-Loire et les miracles de Saint-Benoît*, Paris, 1965 [œuvre posthume publiée par les moines de Saint-Benoît]. — R.H. Bautier, *Le monastère et les églises de Fleury-sur-Loire sous les abbatiats d'Abbon, de Gauzlin et d'Arnaud, 988-1032*, dans *Mémoires de la société nationale des antiquaires de France*, t. 4 (1969), p. 71-154 ; *La place de Fleury dans l'historiographie française*, dans *Études ligériennes d'histoire et d'archéologie médiévale (1969)*, Auxerre, 1975, p. 25-34. — J. Batany, *Abbon de Fleury et les théories des structures sociales vers l'an mil*, *ibid.*, p. 9-18. — A. Guerreau-Jalabert, *Grammaire et culture profane à Fleury au* X*e siècle. Les Quaestiones grammaticales d'Abbon de Fleury*, dans *Positions des thèses de l'École des Chartes*, Paris, 1975, p. 95-101 ; *À propos des Quaestiones grammaticales d'Abbon de Fleury : essai de statistique lexicale*, dans *Archivum latinitatis medii aevi*, t. 42 (1982), p. 85-128. — O. Guillot, *Un exemple de la méthode suivie par Abbon de Fleury pour recueillir et ordonner les textes...*, dans *Le istituzioni eccl. della societa christiana dei secoli* XI-XII*... Atti della sesta settimana internaz. di studio, (Milan, 1974)*, Milan, 1977, p. 399-405. — R. Folz, *Naissance et manifestation d'un culte royal : saint Edmond, roi d'East-Anglie*, dans *Mél. H. Löwe*, Cologne-Vienne, 1978, p. 226-246. — J. Grant, *A New Passion Beati Edmundi regis et martyris*, dans *Mediaeval Studies*, t. 40 (1978), p. 81-95. — A. Davril, *Le culte de saint Abbon au Moyen Âge*, dans *Actes du colloque du millénaire de la fondation du prieuré de La Réole*, Bordeaux, 1980, p. 3-18. — R. Frank, *Viking Atrocity and Skaldic Verse : the Rite of Blood Eagle*, dans *English Historical Review*, t. 99 (1984), p. 332-343. — N.J. Green-Pedersen, *The Tradition of the Topics in the Middle Ages. The Commentaries on Aristotle's and Boethius' « Topics »*, Munich-Vienne, 1984 [cf. la 3e partie où il est question de l'*enodatio* d'Abbon]. — G.R. Evans et A.M. Peden, *Natural Science and Liberal Arts in Abbo of Fleury's Commentary on the Calculus of Victorius of Aquitaine*, dans *Viator*, t. 16 (1985), p. 109-127. — R.B. Thomson, *Two Astronomical Tractates of Abbo of Fleury*, dans *Mél. A.C. Crombie*, Dordrecht, Boston, Lancaster, 1985, p. 113-133. — M. Mostert, *Le séjour d'Abbon de Fleury à Ramsey*, dans *BEC*, t. 144 (1986), p. 199-208 ; *The Political Theology of Abbo of Fleury*, Hilversum, 1987 (*Middeleeuwse Studies en Bronnen*, 2) [à compléter par le compte rendu de J. Batany, dans *CCM*, t. 33 (1990), p. 402-403] ; *Die Urkundenfälschungen Abbos von Fleury*, dans *Fälschungen im Mittelalter. Internazionaler Kongress der MGH (Munich, 1986)*, 4e partie : *Diplomatische Fälschungen*, t. 2, Hanovre, 1988, p. 287-318 ; *The Library of Fleury. A Provisional List of manuscripts*, Hilversum, 1989 (*Middl. St. en Br., 3*) [mentionne les mss des œuvres d'Abbon et ceux qui comportent une « Abbonic Script », certains étant en partie autographes ou contenant des notes de sa main]. — P. Riché, *Nouvelles vies parallèles : Gerbert d'Aurillac et Abbon de Fleury*, dans *Mél. K.F. Werner*, 1989, p. 419-427. — J. Dufour, « *Pio Abbone orbati sumus* » : *l'annonce du décès d'Abbon, abbé de Fleury (1004)*, dans *L'écrit au Moyen Âge*, Paris, 1992, p. 25-38. — Molinier nos 960, 1982. — Nouveau Potthast, t. 2, p. 98-100.

A.Co. et G.T.L.

Abbon de Saint-Germain-des-Prés. Originaire de Neustrie (c'est-à-dire de la région située entre Seine et Loire), Abbon fut moine à Saint-Germain-des-Prés, où il étudia sous la férule d'Aimoin de Saint-Germain-des-Prés, auteur de *Miracula S. Germani*. Encore très jeune, il assista au siège de Paris de 885-886. Il en a laissé le récit dans un poème de près de 1 400 vers répartis en trois livres ou chants, qui comprennent respectivement 660, 618 et 115 hexamètres ; il en commença la rédaction après le couronnement du roi Eudes (29 septembre 888) et la termina avant 898. Les deux premiers livres racontent les faits depuis l'arrivée des Normands (24 novembre 885) jusqu'à leurs dernières attaques (juillet 889) ; la fin du livre 2 est consacrée aux victoires d'Eudes jusqu'en 896 et à un retour offensif des Normands. Abbon y décrit soigneusement les combats, les stratégies militaires, le matériel de guerre. Mais déçu par la conduite des chefs francs, il termine le second livre par une tirade morale dans laquelle il apostrophe la France et ses vices en termes amers. Le troisième livre, beaucoup plus court, est complètement différent des deux premiers par la matière et par le vocabulaire. Ajouté dans une intention symbolique, pour atteindre le chiffre trinitaire, il contient des préceptes à l'usage des jeunes clercs. C'est aussi un répertoire de mots rares, dont un grand nombre sont empruntés au grec — ce qui a valu à Abbon une détestable réputation de pédant. D'après une hypothèse récente, il aurait écrit ce livre dans un but parodique, pour se moquer de la mode grécisante du temps : façon de répliquer aux critiques d'Aimoin qui avait mal accueilli le brouillon des deux premiers livres. Conscient des difficultés que pouvaient rencontrer ses lecteurs, Abbon a accompagné ce texte obscur d'abondantes gloses lexicologiques, de quelques gloses grammaticales et de gloses littéraires. Les deux premiers livres sont aussi pourvus de gloses, dont il est vraisemblablement l'auteur. Le troisième livre a rencontré un grand succès en Angleterre tout au moins, où il fut copié et pourvu de gloses anglo-saxonnes. Abbon est aussi connu comme prédicateur ; les évêques Fulrad de Paris et Frotier de Poitiers lui auraient ordonné de constituer le recueil de ses sermons. On connaît au moins sept manuscrits contenant les sermons et florilèges par lui réunis ; il n'en existe que des éditions partielles. Abbon a vécu jusqu'en 922 au moins. On sait seulement qu'il est mort un 9 mars.

ŒUVRES. — *Bella Parisiacae urbis* : éd. P. von Winterfeld, dans *MGH, Poetae Latini Aevi Carolini*, 4, 1, Berlin, 1899, p. 77-122 ; réimpr. 1978. — Éd. du livre 3 avec trad. anglo-saxonne interlinéaire : W.H. Stevenson, *Early Scholastic Colloquies*, dans *Anecdota Oxoniensia, Medieval and Modern Series*, 15, Oxford, 1929, p. 103-112. — Éd. et trad. françaises des deux premiers livres : H. Waquet, *Le siège de Paris par les Normands*, Paris, 1942, réimpr. 1964 (*Les classiques de l'histoire de France au Moyen Âge*). — Éd. et trad. allemandes : A. Pauels, Francfort, Berne, New York, Nancy, 1984 (*Lateinische Sprache und Literatur des Mittelalters*, 15) [le livre 1 seulement, d'après le texte des *MGH* sporadiquement retouché sur les mss]. — *Sermons* : éd. U. Önnerfors, *Abbo von Saint-Germain-des-Prés, 22 Predigten. Kritische Ausgabe und Kommentar*, Francfort, Berne, New York, Nancy, 1984 (*Lat. Sprache und Lit. des Mittelalters*, 16).

→ J. Leclercq, *Le florilège d'Abbon de Saint-Germain*, dans *RMAL*, t. 3 (1947), p. 113-140. — J. Soubiran, *Prosodie et métrique des Bella Parisiacae Urbis d'Abbon*, dans *Journal des savants*, 1965, p. 204-331. — D.R. Bradley, *The Glosses on Bella Parisiacae Urbis I and II*, dans *Classica et Mediaevalia*, t. 28 (1967), p. 344-356 [pour lui, seules les gloses du livre 3 sont l'œuvre d'Abbon]. — P. Lendinara, *The Third Book of the Bella Parisiacae urbis by Abbo of Saint-Germain-des-Prés and its Old English Gloss*, dans *Anglo-Saxon England*, t. 15 (1986), p. 73-89 ; *The Abbo Glossary in London British Library, Cotton Domitian I, ibid.*, t. 19 (1990), p. 133-149. — Molinier, n° 864. — Nouveau Potthast, t. 2, p. 100. G.T.L.

Abbreviatio gestorum regum Francorum. Cette chronique composée au début du XIIe siècle par un moine de Saint-Denis, est sans doute la plus ancienne des œuvres historiques émanant de l'abbaye. C'est un essai d'histoire nationale qui retrace l'histoire des rois de France depuis les origines troyennes jusqu'à 1108 pour la plus ancienne rédaction, puis avec diverses continuations, qui vont jusqu'à 1265. L'*Abbreviatio* a précédé les *Gesta gentis Francorum* et les *Nova gesta Francorum*, autres compilations rédigées aussi à Saint-Denis au XIIe ; toutes trois témoignent de l'activité historiographique qui se manifeste à Saint-Denis au début du siècle, dès avant Suger*. Ces compilations serviront de sources complémentaires à l'auteur des

*Grandes Chroniques de France** pour la période qui précède le règne de Louis VI.

ŒUVRE. — Éd. G. Waitz, dans *MGH*, *SS*, t. 9 (1851), p. 395-406 [sous le titre *Historia regum Francorum monasterii sancti Dionysii*] ; *PL*, t. 163, col. 911-940 [d'après l'éd. Waitz].

→ J. Lair, *Mémoire sur deux chroniques latines composées au* XII*e siècle à l'abbaye de Saint-Denis, dans BEC*, t. 35 (1874), p. 543-580. — G. Waitz, *Über die sogenannte Abbreviatio gestorum regum Franciae*, dans *Neues Archiv*, t. 7 (1882), p. 385-390. — R.N. Walpole, *Philip Mouskès and the Pseudo-Turpin Chronicle*, dans *Publications in Modern Philology*, t. 26, 4, Berkeley-Los Angeles, 1947, p. 361-362, 367-420. — G. Spiegel, *The Chronicle Tradition of Saint-Denis : a Survey*, Brookline, Leyde, 1978, p. 39-44. — Molinier n° 2530. — Nouveau Potthast, t. 2, p. 100-101 [voir à *Vet.transl.* pour la trad.-adaptation en français qui fut faite au XIIIe siècle]. G.T.L.

Abuzé en court. Longtemps attribué à René d'Anjou* par le fait même de certains manuscrits, donné de façon plus récente à Charles de Rochefort, ce roman reste finalement anonyme pour son dernier éditeur. Celui-ci cependant considère que les traits dialectaux de la langue de l'auteur lui confèrent pour origine le Nord-Est de la France ; il date l'œuvre entre 1450 et 1470.

Allégorique, ce texte met en scène les personnages suivants : l'Acteur, l'Abuzé, Abuz, Le Temps, La Court, Pacience, Povreté, Maladie… De fait, devenu vieux, pauvre et malade, l'Abuzé retrace pour l'Acteur l'histoire de sa vie à la Cour où il a perdu son temps et son crédit. Œuvre anticuriale qui appartient à un mouvement inauguré par Alain Chartier*, elle use de toutes les ressources des Rhétoriqueurs*, en prose et en vers. *L'Abuzé* eut au XVe siècle une vogue importante dont témoignent cinq éditions (la première est de Colard Mansion*) ; son succès se maintint au XVIe siècle ; ainsi Rabelais le fait figurer parmi les livres de la bibliothèque de Saint-Victor sous un titre travesti mais transparent : le *Beliné en court*.

ŒUVRE. — Éd. R. Dubuis, Paris-Genève, 1973 (*TLF*, 199).

→ Woledge, n° 2. — Cf. *MB* nos 4312, 4322, 6814 ; *S* 7490. S.L.

Académie et École du Palais. Charles Martel, après ses conquêtes sur les Frisons, les Saxons et les Arabes, se préoccupa de la réorganisation intellectuelle du *Regnum* en s'entourant d'hommes de lettres et en faisant rédiger de nouvelles lois. La famille carolingienne prend conscience de son destin historique et de celui du peuple qu'elle commence à gouverner. Des relations privilégiées s'établissent avec le monde monastique et, avant tout, avec l'abbaye de Saint-Denis à laquelle Charles confie l'éducation de son fils Pépin. Une réforme s'amorce, d'abord plus morale qu'intellectuelle. Pépin à son tour resserre ses relations avec Rome, d'où l'on rapporte des manuscrits. Des Italiens s'installent à la cour franque. En 754 eut lieu le premier voyage d'un pape dans l'Occident barbare et c'est moyennant une alliance très étroite que Pépin est sacré à Saint-Denis par le pape Étienne II, avec le titre de « Patrice des Romains ».

C'est donc une cour déjà ouverte à la vie intellectuelle et aux échanges avec l'Italie que Charlemagne connaît dès son enfance. Bien que l'on ignore tout de son éducation, on observe qu'il connaît bien le latin, qu'il comprend le grec, qu'il fait preuve d'une curiosité intellectuelle extraordinaire et d'une hospitalité aux étrangers peu commune. Rien donc d'étonnant à ce que le nouveau souverain ait cherché à s'entourer des plus grands savants, penseurs et poètes de l'Europe occidentale. Charlemagne fera trois voyages en Italie, avant le sacre impérial de l'an 800. Il reviendra tout d'abord avec le grammairien Pierre de Pise, suivi en 776 d'un autre grammairien Paulin*, futur archevêque d'Aquilée. En 782, c'est le Lombard Paul Diacre*, précepteur des enfants royaux à Pavie puis moine au Montcassin, qui rejoint la cour franque. L'année précédente, Charlemagne avait rencontré à Parme l'Anglais Alcuin*, ancien élève puis maître de l'école d'York, dont il fera son véritable conseiller culturel. Ensuite ce furent des Scots, avec Clément, Dungal et Dicuil, puis Theodulf, un Espagnol d'origine gothique, réfugié en Septimanie, qui rencontra Charlemagne lui aussi en Italie et suivit la cour royale.

Charlemagne avait un respect instinctif de la science. Esprit curieux, il ne craint pas de se mettre lui-même à l'école, celle de Pierre de Pise tout d'abord, qui lui enseigna la grammaire et les arts du *Trivium*, puis celle d'Alcuin, qui lui apprit toutes les autres disciplines, et eut une influence déterminante sur ce que l'on a improprement appelé l'École du Palais. Cette école n'est autre, en effet, que l'ensemble des clercs formant la *scola* (scribes, notaires, chantres et copistes, chaque groupe dirigé par un *magister*, ceux qui, aux dires d'Alcuin, qui les appelle les *pueri palatini (epist. 101 ad Carolum)*, apprennent à rédiger les chartes, à chanter et à écrire). L'École du Palais n'est pas une école enfantine, car à ces groupes se joignent le roi lui-même, son entourage, ses fils et filles et probablement des jeunes gens de noble naissance qui font leurs débuts à la cour et bénéficient ainsi des leçons des maîtres retenus par le roi, peut-être aussi des enfants de condition modeste, des *nutriti*, y étaient-ils admis, choisis pour leurs aptitudes aux études et leur ambition, et promis à de hautes fonctions ecclésiastiques ou politiques. Dans ce sens, l'école palatine ne fut pas une création carolingienne. L'École du Palais est, en effet, la survivance d'une institution antique puis mérovingienne, où Francs et Gallo-Romains apprenaient l'administration et la guerre, pour parvenir aux charges les plus élevées. Sous Charlemagne, l'enseignement s'y développa, plus étoffé de science, sous l'effet du projet politique du roi — réforme liturgique, instruction du clergé, renaissance de l'écrit — du programme et des travaux d'Alcuin, dont les manuels prouvent, par leur simplicité même, qu'ils étaient destinés à l'enseignement élémentaire, mais qui fut surtout l'organisateur de l'enseignement réparti en *trivium* et *quadrivium*, modèle de l'enseignement médiéval des siècles à venir.

L'École du Palais doit être mise en relation très étroite avec l'existence à la cour de ce groupe de savants et lettrés, hommes d'Église et hommes d'État qui formèrent, autour du roi, une sorte d'Académie, sans doute le foyer de culture le plus actif et le plus élevé du royaume. Malgré la comparaison établie par Alcuin lui-même (*epist. 164 ad Carolum*), ici, le mot d'académie n'a aucun rapport avec l'institution antique, l'Académie athénienne fondée par l'école philosophique de Platon et mise à l'index par Justinien (529), qui était une réunion privée de savants, constituée selon des règles et siégeant régulièrement dans une maison privée. Elle n'a rien à voir non plus avec ce que sera bien plus tard l'Académie florentine, qui se réunissait au couvent Santo Spirito autour de Coluccio Salutati, ou l'Académie romaine autour de Pomponio Laeto, ou encore à Venise, autour d'Alde Manuce. L'Académie palatine n'est qu'un petit cercle composé des savants vivant à la cour, du roi lui-même, de ses proches et familiers, un milieu assez libre de personnes déjà instruites — les *Academici* — d'où sont bannis toute étiquette, tout protocole, malgré les noms antiques ou bibliques que se donnent ses membres, selon leurs caractères, leurs goûts et leurs connaissances. La pratique des surnoms n'était pas une habitude franque ; elle était usitée en Angleterre où Alcuin l'avait pratiquée à York avec ses collègues et ses élèves. Elle marquait une communauté d'esprit. C'est donc Alcuin qui l'introduisit à la cour franque. Charlemagne lui-même, roi de cette assemblée savante, se fait appeler David ; Alcuin est Flaccus (c'est-à-dire Horace), ou Albinus ; Angilbert*, enfant de la cour, ministre de la chapelle et primicier du palais, l'un des plus grands poètes de l'entourage du roi, est surnommé Homère ; Paulin d'Aquilée, Timothée ; Théodulf*, Pindare, Modoin le poète, Naso ; l'historien Eginhard*, Nardulus ou Beseleel ; les élèves d'Alcuin eux-mêmes portaient des surnoms : le diacre Fridugise, Nathanael ; Beornrad d'Echternach, Samuel ; les Saxons Wiso et Sigulf, Candidus et Vetulus ; Rigbod de Trèves, Macharius ; Riculf, archevêque de Mayence, Flavius Damoetas ; les membres de la famille royale ont également des pseudonymes : Adalhard*, cousin germain de Charlemagne, plus tard abbé de Corbie, Antoine (l'ermite) ou Augustin ; son frère Wala, Arsène ou Jérémie ; sa sœur Guntrade, Eulalie ; la sœur de Charles, Gisèle, Lucia ; son fils Pépin, Julius ; sa fille Rotrud, Columba. Les palatins, fonctionnaires de la cour, font eux aussi partie de ce cercle de savants : le chambrier Meginfried, Thirsis ; l'échanson Eberhard, Nemias ; l'écuyer Andulf, Menalcas ; le chapelain Adalbert, plus tard abbé de Ferrières, Magus ; le chef de la chapelle, Hildebald, Aaron ; enfin le chancelier Ercambald, Lentulus. L'activité littéraire et scientifique de l'Académie du Palais nous est connue par les écrits d'Alcuin et de Théodulf (*Carmen ad Carolum regem*, écrit vers 796). C'est entre 786 et 801, à l'époque où Alcuin fréquente la cour, qu'elle fut la plus brillante. Les réunions n'étaient ni régulières ni solennelles : elles avaient lieu aux moments de loisir, à table ou même à la piscine. Chacun y brillait par son savoir. Les séances étaient consacrées à débattre de questions de grammaire, de dialectique, à résoudre des énigmes, à tenir des discours plaisants, à réciter des poésies de genre scolaire : idylles et élégies de type classique, où sont exaltées l'amitié, la joie du travail et de la vie en société, la vie de cour joyeuse et turbulente, dont le poète mondain Angilbert était le parfait représentant, mais jamais l'amour féminin. Des problèmes scientifiques y sont aussi soulevés, touchant en particulier l'astronomie, avec le Scot Dungal, où excellait Rotrud, une des filles de Charlemagne dont Alcuin, dans une lettre à ses élèves, écrira qu'elles étaient comme des « *Columbae quae volant per cameras palatii* ». Alcuin nous a laissé aussi des témoignages de ces échanges érudits et des questions disputées, dans une lettre (*epist. 27*) à Angilbert, et dans des dialogues où il parle à Charlemagne lui-même ou à son fils Pépin : *De rethorica et virtutibus* et *De dialectica*. Avec l'arrivée de l'Espagnol Théodulf à la cour et l'installation de celle-ci à Aix-la-Chapelle (794-795), l'Académie du Palais prend une forme plus officielle. C'est seulement alors que Charlemagne se fait appeler David. On fait copier des manuscrits de luxe et l'on constitue ainsi une très importante bibliothèque où figurent beaucoup d'auteurs classiques latins, inconnus ailleurs. La curiosité d'esprit de l'empereur, la grande variété des personnalités et l'abondance des sujets traités favorisaient les échanges et stimulaient les esprits, donnant à l'Académie du Palais un éclat qui frappa vivement les contemporains. Charlemagne, voulant rivaliser avec le Basileus de Constantinople, passa pour un nouvel Auguste, protecteur des lettres et des arts ; le poète Modoin célèbre la « nouvelle Rome », Alcuin alla jusqu'à proclamer que la ville d'Aix était devenue une nouvelle Athènes, où l'Académie, anoblie par le magistère du Christ, surpassait le savoir de l'ancienne, illustrant pleinement l'œuvre de restauration et de renaissance accomplie par Charlemagne : la *Renovatio Imperii*.

→ G. Phillips, *Karl der Grosse im Kreise der Gelehrten (Vermischte Schriften*, II, 93), Vienne, 1860. — G. Monod, *Etudes critiques sur les sources de l'histoire carolingienne*, 1re partie, introd., *Les Annales Carol.*, livre 1, *Des origines à 829*, Paris, 1898. — R. Bezzola, *Les origines et la formation de la littérature courtoise, 500-1200*, 1re partie, *La tradition impériale de la fin de l'Antiquité au XIe siècle*, Paris, 1958. — L. Wallach, *Alcuin and Charlemagne's Studies in Carolingian History and Literature (Cornell Studies in classical philologie*, 32), Ithaca (N.Y.), 1959. — J. Fleckenstein, *Karl der Grosse und sein Hof*, dans *Karl der Grosse* [éd. W. Braunfels], 1, *Persönlichkeit und Geschichte* [éd. H. Beumann], Dusseldorf, 1965, p. 24-50. — F. Brunhölzl, *Der Bildungsauftrag der Hofschule, ibid.*, 2, *Das geistige Leben* [éd. B. Bischoff], Düsseldorf, 1967, p. 28-41. — P. Riché, *Écoles et enseignement dans le haut Moyen Âge*, Paris, 1979, 1re partie, chap. 2, p. 65-118. F.G.

Achard de Saint-Victor. Après avoir sans doute enseigné quelque temps à Saint-Victor, Achard fut élu en 1155 abbé du célèbre monastère parisien. Promu évêque d'Avranches en 1162, il gouverna ce diocèse jusqu'à sa mort, survenue le 29 mars 1171. Il fut inhumé dans l'église de l'abbaye des Prémontrés de La Lucerne, non loin d'Avranches, à l'établissement de laquelle il avait apporté son concours.

Théologien et philosophe, Achard a composé un *De Trinitate* qui n'a été connu longtemps que par deux citations de Jean de Cornouailles. Retrouvé récemment dans un manuscrit de Padoue, malheureusement incomplet, ce traité révèle un dialecticien subtil, dont la méthode est analogue à celle de saint Anselme, mais qui s'inspire aussi de saint Augustin, du Pseudo-Denys et du platonisme des écoles chartraines et porrétaines. Le *De Trinitate* d'Achard paraît avoir exercé quelque influence sur celui de Richard de Saint-Victor*.

Achard nous a laissé également une série de sermons d'un grand intérêt spirituel et théologique. Les *Quaestiones* de théologie que lui attribue le manuscrit de Dijon (219, f. 204-216) ne sont sans doute pas authentiques. Il faut lui laisser la paternité d'un bref traité *De discretione animae, spiritus et mentis* que G. Morin a publié naguère sous son nom. N.M. Haring a donné une nouvelle édition de ce texte qu'il veut attribuer à Gilbert de Poitiers, mais sa démonstration est tout à fait contestable. En l'attribuant à Achard, E. Martineau a réédité et traduit cet opuscule.

ŒUVRES. — Achard de Saint-Victor,

Sermons inédits, texte latin avec intro., notes et tables par J. Châtillon, Paris, 1970 (*Textes philosophiques du Moyen Âge*, 17) ; *L'unité de Dieu et la pluralité des créatures (De unitate Dei et pluralitate creaturarum*). Texte latin inédit du manuscrit de Padoue (*Antoniana, Scaff., V, 89*) établi, traduit et présenté par E. Martineau, suivi de la trad. française du traité achardien « *Du discernement entre âme, spiritus et mens* », Authentica, Saint-Lambert-des-Bois, 1987.

→ B. Hauréau, *Notices et extraits de quelques mss. lat. de la BN*, t. 3, Paris, 1891, p. 18-67. — J. Châtillon, *Achard de S.V. et les controverses christologiques du* XIIe *siècle*, dans *Mél. F. Cavallera*, Toulouse, 1948. p. 317-337. — M.T. d'Alverny, *Achard de S.-V. : De Trinitate-De unitate et pluralitate creaturarum*, dans *Rech. de théol. anc. et méd.* 2, 1954, p. 229-306. — G. Morin, *Un traité inédit d'Achard de S.-V.*, dans *Aus der Geisteswelt des Mittelalters, Beiträge zur Gesch. der Ph. und Theol. des Mittelalters, Supplementband*, Münster, 1935, 1, p. 251-262. — N.M. Haring, *Gilbert of Poitiers, Author of the De Discretione animae, spiritus et mentis Commonly Attributed to Achard of Saint-Victor*, dans *Mediaeval Studies*, 22, 1960, p. 148-191. — J. Châtillon, *Achard de S.-V. et le De discretione animae spiritus et mentis*, dans *AHDLMA*, Paris, 31 (1964), p. 7-35 ; *Sermons et prédicateurs victorins dans la seconde moitié du* XIIe *siècle, ibid.*, t. 32, p. 27-35 ; *Théologie, spiritualité et métaphysique dans l'œuvre oratoire d'Achard de S.-V. Études d'histoire doctrinale, précédées d'un essai sur la vie et l'œuvre d'Achard*, Paris, 1968 (*Études de philosophie médiévale*, 58). — R. Foreville, *L'Église anglo-normande au temps du Bienheureux Achard de Saint-Victor, évêque d'Avranches, 1161-1171*, dans *Revue de l'Avranchin et du pays de Granville*, t. 39, (1961), p. 153-176. J.C. et J.L.

Achille Caulier. Poète originaire de Tournai, qui faisait vraisemblablement partie de l'association dite du « Chapel vert ». Trois poèmes lui sont attribués. La *Cruelle femme en amour* (120 huitains d'octosyllabes), conservée dans 14 mss, et dont une édition fut insérée aux f. CXLIIv°-CXLVIII du *Jardin de Plaisance** (1501), est une imitation de la *Belle dame sans merci* (1424) d'Alain Chartier* : la *Cruelle femme* est la contrepartie de l'anonyme *Dame leale en amour* et sa seule allusion historique est la mention de la mort d'Alain Chartier. La dernière strophe de la *Cruelle femme* donne en acrostiche le nom de l'auteur : « Aciles ».

L'*Hôpital d'amour* (168 huitains d'octosyllabes), conservé dans au moins 21 mss, fut longtemps attribué à Alain Chartier (et publié avec ses œuvres dans des éditions anciennes). Les premiers vers des six premières strophes forment le même acrostiche que dans la *Cruelle femme* : « Aciles ». Achille Caulier composa l'*Hôpital d'amour* après la *Cruelle femme* et avant 1441, car Martin Le Franc* y fit allusion dans son *Champion des Dames*. Achille Caulier s'inspira du *Roman de la Rose** pour l'essentiel des idées et la matière allégorique : la première partie de l'*Hôpital d'amour* emploie les allégories « classiques » : le verger, la fontaine de Narcisse, les « brandons » de Vénus... ; mais le *Débat des deux fortunés d'amours* d'Alain Chartier lui fournit nombre de détails importants. D'une écriture aisée, l'*Hôpital d'amour* fut imité, pour le passage décrivant les peines des amoureux, par Jean Bouchet dans son *Monologue de Raison contre les folz amoureux*.

Le *Lai en l'honneur de Notre-Dame* ou *Lai de Notre-Dame* (12 douzains d'octosyllabes) figure dans quatre mss.

ŒUVRES. — *Les Œuvres d'Alain Chartier, revues et corrigées, comprenant l'Histoire de son temps, l'Espérance, le Curial, le Quadrilogue et autres pièces*, éd. A. Duchesne, Paris, 1617 [éd. de l'*Hôpital d'amour*]. — A. Piaget, *La Belle dame sans merci et ses imitations. IV La Cruelle femme en amour d'Achille Caulier*, dans *Romania*, t. 31 (1902), p. 315-349 [éd. du *Lai de Notre-Dame* et de la *Cruelle femme en amour*]. — *Le Jardin de Plaisance et Fleur de Rhétorique, I : Fac-similé ; II : Introduction et notes*, éd. E. Droz et A. Piaget, Paris, 1910 et 1925, t. 1, fol. CXLIIv°-CXLVIII ; t. 2, p. 262-263, n° 618 (*SATF*) [éd. de la *Cruelle femme*].

→ A. Piaget, *La Belle dame sans merci et ses imitations. XI L'Hôpital d'amour par Achille Caulier*, dans *Romania*, t. 34 (1905), p. 559-565. — J. Seronde, *The Lover in Achille Caulier's « Hospital d'Amours »*, dans *The Romanic Review*, t. 5 (1914), p. 177-185. — D. Poirion, *Le Poète et le Prince, L'évolution du lyrisme courtois de Guillaume de Machaut à Charles d'Orléans*, Paris, 1965, p. 174-175 (*Univ. Grenoble, Publ. Fac. Lettres et Sciences Humaines*, 35). — L. Vinge, *The Narcissus Theme in Western European Literature up to the Early 19th Century*, Lund, 1967, p. 121-123. — D. Poirion, *Lectures de la Belle Dame sans mercy*, dans *Mél. P. Le Gentil*, Paris, 1974, p. 694 [691-705]. — *GRLMA*, t. VIII/1, p. 72-73, 154-155, 157. F.F.H.

Adalbéron de Laon. Neveu de l'évêque Adalbéron de Reims (974-975), Adalbéron fut d'abord chancelier du roi Lothaire, qui le fit évêque de Laon en 977. Dans le combat entre Hugues Capet et le prétendant carolingien, le duc Charles, il prit d'abord parti pour Hugues, puis en 991 repassa du côté carolingien ; cette attitude versatile lui valut dans les chroniques et les textes poétiques postérieurs une réputation de traître. Plus tard, il se mit à composer des écrits historiques et satiriques. Le plus célèbre est le *Carmen ad Rodbertum regem*, poème sous forme d'un dialogue avec Robert le Pieux dans lequel il décrit le désordre qui règne dans le monde contemporain ; il y caricature le monachisme clunisien sous l'abbé Odilon dont il combattait l'influence et propose un ordre tripartite pour assurer la paix. Il est mort au début de 1030.

ŒUVRES. — Éd. et trad. G. A. Hückel, *Les poèmes satiriques d'Adalbéron de Laon*, Paris, 1901, (*Bibl. Fac. des Lettres de Paris, XIII : Mélanges d'histoire du Moyen Âge*) [avec le *De summa fidei*, p. 168-177, et une lettre adressée à Foulques d'Amiens, p. 178-184]. — *Carmen ad Rodbertum regem* : éd. et trad. C. Carozzi, Paris, 1979 (*Les classiques de l'histoire de France au Moyen Âge*). — *Rythmus satiricus* : éd. et trad. C. Hohl dans *Mél. R. Louis*, t. 2, 1982, p. 791-806.

→ R. T. Coolidge, *Adalbero, Bishop of Laon*, extrait de *Studies in Medieval and Renaissance History*, vol. 2, Lincoln, Univ. of Nebraska Press, 1965. — G. Duby, *Les trois ordres ou l'imaginaire du féodalisme,* Paris, 1978. — O.G. Oexle, *Die funktionale Dreiteilung der Gesellschaft bei Adalbero von Laon. Deutungsschemata der sozialen Wirklichkeit im früheren Mittelalter*, dans *Frühmittelalterliche Studien*, t. 12 (1978), p. 1-54 ; réimp. dans *Ideologie und Herrschaft im Mittelalter*, éd. M. Kerner, *Wege der Forschung*, 530, Damstadt, 1982, p. 421-474. — C. Carozzi, *Les fondements de la tripartition sociale chez Adalbéron de Laon*, dans *Annales ESC*, t. 33 (1978), p. 683-702 ; *D'Adalbéron de Laon à Humbert de Moyenmoutier. La désacralisation de la royauté*, dans *La Cristianita dei sec. XI e XII in Occidente. Coscienza e struttura di una società. Atti della ottava Settimana internaz. di studio. Mendola, 1980. Miscel. Centro. Studi medioevali*, vol. 10, Milan, 1983, p. 67-84. — Molinier n°s 962, 963. — Nouveau Potthast, t. 2, p. 113. G.T.L.

Adalhard. Adalhard naquit vers 751-753, peut-être à Huyse (Belgique), fils de Bernard, lui-même fils illégitime de Charles Martel et demi-frère du roi Pépin. Il était donc le cousin germain de Charlemagne et fut conseiller à la cour. Sa vie nous est connue par le récit de son disciple Paschase Radbert qui le surnomme le « second Antoine », à l'exemple de l'anachorète égyptien. Il fut élevé à la cour avec son frère Wala, mais après le renvoi par Charlemagne de son épouse Ermengarde, fille du roi Lombard, il tombe en disgrâce. Il entra vers vingt ans à l'abbaye de Corbie (772-773) où, depuis un siècle la règle de saint Benoît était observée. Après un séjour à l'abbaye du Montcassin, où il fit la connaissance de Paul Diacre*, il revient à Corbie dont il fut fait abbé. Réconcilié avec Charlemagne, il fut envoyé en Italie en qualité de *missus* au service du roi Pépin, en 796, puis de son fils Bernard (812-814). Il prit part, en 809, au synode d'Aix-la-Chapelle, puis, en 814, au concile de Noyon. À la mort de Charlemagne il tombe en disgrâce et, accusé de complicité dans le meurtre de Bernard, il est envoyé en exil à Noirmoutiers par Louis le Pieux : c'est là qu'il fit copier l'*Historia Tripertita* de Cassiodore, dans des manuscrits aujourd'hui conservés. Son retour d'exil fut marqué par une cérémonie de réconciliation publique avec Louis le Pieux, à l'assemblée d'Attigny (822). En cette même année, il fonde l'abbaye de Corvey en Saxe — la nouvelle Corbie — dont, pendant son exil, son disciple Adalhard le Jeune avait jeté les fondations. Il mourut le 2 janvier 826. Ami d'Alcuin* et de Paul Diacre*, Adalhard entremêle ses activités d'homme politique et d'homme de prière. Son biographe Paschase Radbert* loue en lui les qualités de décision et de prudence, de loyauté et d'humilité. Les lettres 189 à 192 d'Alcuin lui sont adressées (*PL*, t. 100, col. 461-466).

La plupart de ses écrits ont disparu : les *Capitula de admonitionibus* ne nous sont connus que par leurs titres, le *De ordine Palatii* par la copie qu'Hincmar* en a faite dans son œuvre du même nom, quelques fragments d'une *Epistula ad Lotharium* (l'empereur Lothaire) et des *Preces* sont conservés dans la *Vita* de Paschase Radbert, un *Pro ratione lunae paschalis* signalé dans l'*Historia ecclesiae* de Flodoard* et ses *Statuta s. Petri corbeiensis* ne nous sont parvenus que sous forme de fragments avec additions et interpolations.

ŒUVRES. — *Capitula de admonitionibus in congregatione*, éd. *Initia Consuetudinis benedictinae. Consuetudines saeculi octavi et noni*, 17, *Consuetudines Corbeienses* cur. J. Semmler, Siegbourg, 1963, p. 357-361 (*Corpus consuetudinum Monasticorum*, 1). — *De ordine Palatii*, éd. T. Gross-R. Schieffer, *MGH, Fontes juris germanici antiqui in usum scholarum separatim editi*, 3, Hanovre, 1980. — *Epistola ad Lotharium imperatorem*, éd. E. Dümmler, *MGH, Epist.*, 4, 2, 1895-1978. — *Statuta*, éd. J. Semmler, *ibid.*, p. 365-408.

→ P. Bauters, *Adalhard van Huise (750-826), Abt van Corbie en Corvey, Momenten uit de Geschiedenis van Huise*, Audenarde, 1965. — H. Peltier, *Adalhard, abbé de Corbie (Mémoires de la Société des Antiquaires de Picardie*, 52), Amiens, 1969. — B. Kasten, *Adalhard von Corbie. Die Biographie eines Karolingischen Politikers und Klostervorstehers*, Düsseldorf, 1985 [étudie avant tout l'homme politique et donne une bibliog. très complète p. 209-227]. — D. Ganz, *Corbie in the Carolingian Renaissance*, Sigmaringen, 1990. — Brunhölzl, 1 (1975), p. 266, 280 note, 369, 560 ; trad. française, 1, 1, p. 90 note 31 et 1, 2, p. 124-125, 292 et *passim*. — *DS*, t. 1 (1937), col. 185-186 (M. Mälher). — *Lexicon*, 1 (1977), p. 124-126. — Manitius, 1, p. 106, 259, 262, 278 et *passim*. — Molinier, n°s 761, 769, 1132, 1135, 1527. — Nouveau Potthast, 2 (1967), p. 116.

F.G. et F.P.

Adam de Givenchy. Poète lyrique, clerc de l'évêque d'Arras en 1230, Adam de Givenchy était chapelain du même prélat en 1243 et doyen de Lens dès 1245 ; il mourut après 1268. Adam devait être originaire de l'une des localités du Pas-de-Calais appelées Givenchy : soit Givenchy-en-Gohelle (arr. Arras, cant. Vimy), soit Givenchy-le-Noble (arr. Arras, cant. Avesnes-le-Comte), soit Givenchy-lès-La Bassée (arr. Béthune, cant. Cambrin).

C'est avant 1245 et à Arras, où il connut les chansonniers Pierre de Corbie*, Simon d'Authie*, Guillaume le Vinier* et Jean Bretel*, qu'il composa la plupart de ses poèmes. Il ne nous en reste que quelques-uns : cinq chansons d'amour, deux descorts et deux jeux-partis. Adam s'y révèle l'un des auteurs les plus doués de l'école lyrique arrageoise.

ŒUVRES. — E. Ulrix, *Les chansons du trouvère artésien Adam de Givenchi*, dans *Mél. De Borman*, Liège, 1919, p. 499-508 [édition]. — A. Långfors, A. Jeanroy et L. Brandin, *Recueil général des Jeux-Partis français*, Paris, 1926, t. 1, p. XXXVI-XXXVII et 352-354 ; t. 2, p. 108-111 (*SATF*, 70).

→ H. Petersen Dyggve, *Onomastique des trouvères*, Helsinki, 1934, p. 23-24. — R. Berger, *Archidiacres, officiaux, dignitaires du chapitre d'Arras (1093-1300). Essai de chronologie*, dans *Bull. de la Commission départementale des Monuments historiques du Pas-de-Calais*, t. 8, fasc. 5 (1970), p. 505-541. — Linker, n° 1. — Cf. *MB*, n° 2315. G.M. et F.F.H.

Adam de La Bassée. On ne sait pas grand-chose de ce chanoine de Lille, mort le 26 février 1286, auteur, vers 1280, d'un *Ludus super Anticlaudianum*, ouvrage qui intéresse surtout les musicologues, 5 150 vers en tout. Le manuscrit, peut-être en partie autographe, en est conservé à la bibliothèque municipale de Lille, sous la cote 316.

Le *Ludus* est un poème rythmique latin, en quatrains monorimes de 13 syllabes, qui résume ou modifie l'*Anticlaudianus* d'Alain de Lille* ; dans cette trame, Adam de La Bassée a inséré des chants épisodiques de mètres extrêmement variés, dont les airs sont notés, ou indiqués par référence à des chansons à la mode ; certains paraissent bien être de la composition d'Adam. Les musicologues attachent à ces airs d'autant plus d'importance qu'ils sont précisément datés et pourraient bien avoir influencé ceux qui accompagnent le *Jeu de Robin et Marion* d'Adam de la Halle*.

Le *Ludus* tend à tirer dans une direction explicitement religieuse le grand poème philosophique d'Alain de Lille : y apparaissent les allégories des vertus Charité et Espérance, une plus grande place y est faite aux saints et l'Écriture y est plus directement utilisée. L'homme parfait qu'Alain faisait régner sur le monde après sa victoire sur les vices, Adam le fait entrer en religion, au cloître de Contemplation.

Du *Ludus*, un dominicain anonyme de Cysoing donnera une adaptation en octosyllabes français, au XIVe siècle, sous le nom d'*Anticlaudien* (tout à fait distincte de celle d'Ellebaut*) ; il recourt parfois au *De planctu Naturae* d'Alain de Lille, mais dans l'ensemble il suit fidèlement le *Ludus* d'Adam, se bornant à y ajouter le personnage de saint François ou à allonger les litanies de la Vierge ; il conclut lui aussi par le couvent : le héros entre au cloître de Conscience.

ŒUVRE. — Éd. du *Ludus* : P. Bayart, *Ludus Adae de Basseia super Anticlaudianum*, Lille, 1930.

→ R. Bossuat, *Une prétendue traduction de l'Anticlaudianus d'Alain de Lille*, dans *Mél. Jeanroy*, Paris, 1928, p. 265-277. — A. Hughes, « *The Ludus super Anticlaudianum* » *of Adam de La Bassée : a Thirteenth Century Anthology of Music*, dans *Journal of the American Musicological Society*, t. 23 (1970), p. 1-25. — Cf. *MB*, n°s 3498-3502. G.R.L. et J.Y.T.

Adam de la Halle. Parfois simplement

surnommé le Bossu d'Arras, Adam de la Halle fut l'un des poètes les plus originaux du XIIIe siècle. Peu nombreux et peu précis sont les détails connus de sa vie. Adam naquit en Artois, vraisemblablement à Arras, entre 1240 et 1250. Son nom de famille était « Le Bossu », mais son père, maître Henri Le Bossu, employé à l'échevinage d'Arras et bourgeois aisé, fut surnommé « de la Halle » pour des raisons inconnues : de là le nom d'Adam de la Halle qui récusa sa prétendue gibbosité dans un vers célèbre : « *On m'apele Bochu, mais je ne le sui mie...* » (*Chanson du roi de Sicile*, v. 72). Adam étudia-t-il la grammaire et la philosophie à l'abbaye cistercienne de Vauchelles ? Rien de moins certain. S'il avait jamais eu la pensée d'une vie monastique, il y renonça pour épouser, vers 1270, Maroie Le Jais.

Adam s'adonna assez tôt à la poésie : dans plusieurs jeux-partis, son partenaire est Jean Bretel*, qui lui reprochait (par plaisanterie ?) de rimer « bochument » et qui mourut en 1272. Dans son *Congé*, composé peu avant sa mort en 1272, Baude Fastoul* nommait Adam de la Halle. A la même époque, Adam aurait été obligé, à la suite de conflits municipaux (de sérieux ennuis avec l'administration fiscale ?) de quitter Arras avec sa famille et de se réfugier à Douai. Ce serait à cette occasion (ou avant un autre départ d'Arras en 1276 ou vers 1280) qu'il rima un *Congé*, en 13 douzains d'octosyllabes, adressé à la ville d'Arras : « *Arras, Arras, ville de haine et de perfidie, qui jadis étiez toute noblesse...* », et à ses habitants ; ce *Congé* manifeste son vif attachement à sa petite patrie contre laquelle il ne se prive pas de pester, et témoigne de la vie de l'opulente cité d'Arras au XIIIe siècle.

Adam serait revenu à Arras en 1274 et il dut commencer deux ans plus tard la rédaction de son *Jeu de la Feuillée*, qu'il fit représenter vraisemblablement à la Saint-Jean 1276 (les dates de 1255 et 1262 ont été avancées). La feuillée désignait la loge de verdure qui abritait la châsse de Notre-Dame au petit marché d'Arras, où la monstrance se faisait notamment à la Pentecôte et à la Saint-Jean d'été (dates estivales qui correspondaient, par ailleurs, à des sessions du Puy-Notre-Dame), mais le titre picard *li jeus de le fuellie* évoque aussi bien la folie, ou encore la feuillée où le chevalier essaie de séduire la bergère. Le *Jeu de la Feuillée*, qui compte 1 099 vers (des octosyllabes à rimes plates, à l'exception du début composé de trois quatrains d'alexandrins monorimes et de trois passages en sizains d'octosyllabes), est la première pièce de théâtre profane française. Il s'agit d'un psychodrame de la vie arrageoise, où les confidences de l'auteur et la critique des Arrageois connus se mêlent à la satire de types traditionnels et à la parodie de genres littéraires (chansons, romans arthuriens, jeux-partis) dans une ambiance carnavalesque : dans la première partie (v. 1-174), Adam exprime son désir de poursuivre ses études à Paris, en quittant sa femme ; la seconde partie est une satire des Arrageois, atteints de deux maladies honteuses : avarice et gloutonnerie, l'avarice étant le principal reproche d'Adam à son père qui refuse de l'aider financièrement ; la troisième partie bascule dans le rêve avec l'intervention de trois fées, avant de retrouver la réalité burlesque dans une scène de taverne. Si la folie semble mener l'action, la psychologie trouve son compte dans les oppositions entre *clergie* et *amour*, entre *sagesse* et *folie* ou *enchantement*. Des allusions à l'affaire des clercs bigames, condamnés récemment par le pape Grégoire X (mort le 10 janvier 1276) peuvent indiquer la datation du *Jeu de la Feuillée*. Son interprétation divise les critiques : confession d'un échec que l'auteur essaie de minimiser en mettant en cause son entourage, simple « revue » comique et satirique sans intrigue ni construction logique, ou expression de l'opposition antipatricienne de la petite et moyenne bourgeoisie d'Arras ? Cette pièce, amère sous un aspect folâtre, et très moderne par son climat, demeure ambiguë sur de nombreux points. Pratiquement inclassable, le *Jeu de la Feuillée*, qui passe pour le chef-d'œuvre d'Adam, reste sans modèles ni imitateurs connus.

Est-ce à Paris, en Sorbonne, qu'Adam reçut le titre de maître ès arts, par lequel on devait désormais le saluer ? Il n'est pas possible de l'affirmer. Peut-être l'influence des maîtres de l'École Notre-Dame, au cours de son séjour parisien (possible, mais non assuré), fut-elle à l'origine de sa science polyphonique. Il semble que ce soit vers 1280 qu'Adam entra au service de Robert II d'Artois, le neveu du roi

Louis IX. Il se rendit, dans la suite de Robert II, à Naples à la cour de Charles Ier d'Anjou*, le plus jeune frère de Louis IX, qui était devenu roi de Naples (1265). La cour napolitaine était la plus cultivée d'Europe et Adam dut s'y sentir parfaitement à l'aise, malgré les tensions politiques et la révolte sanglante des Vêpres siciliennes (30 mars 1282), que suivirent l'abandon de la Sicile au profit de Peire III d'Aragon* et les émeutes suscitées par le parti gibelin en Calabre. La date à laquelle Adam fit représenter à Naples le *Jeu de Robin et Marion* reste inconnue : sans doute avant les troubles, encore que l'année 1284 ait été avancée sans grandes preuves. Le 7 janvier 1285, après une brève maladie, Charles d'Anjou mourait à Foggia. Adam de la Halle avait entrepris, entre 1283 et 1285, de faire son panégyrique sous la forme d'une épopée politique, la *Chanson du roi de Sicile*, en 380 alexandrins : ce poème a été considéré tantôt comme incomplet (Adam n'en aurait écrit que les 19 premières laisses de 20 vers chacune), tantôt comme achevé (J. Frappier). La *Chanson du roi de Sicile* devait servir de modèle, vers 1315, à Simon de Marville*, pour les *Vœux de l'Épervier*.

Le *Jeu de Robin et Marion* témoigne, comme le *Jeu de la Feuillée*, de l'influence du *Jeu de saint Nicolas* de Jean Bodel* : ces deux œuvres d'Adam contiennent des transpositions quasi littérales du texte de Bodel. Le *Jeu de Robin et Marion* est plus court que la *Feuillée*, avec ses 780 vers, mais il s'achève sur une « chaîne ouverte ». Il consiste en une dramatisation du principe de la pastourelle (v. 1-429), puis de la bergerie (v. 430-780), mêlée de citations et de refrains-centons : un chevalier prie d'amour la bergère Marion, qui le repousse, car elle aime le berger Robin ; le chevalier se retire ; Robin retrouve Marion et tous deux, après un repas rustique, se livrent à des danses ; Robin va chercher des compagnons, Gautier et Baudon, et la pastoure Péronnelle, afin d'exécuter une farandole (*treske*) ; le chevalier revient le premier, à la recherche d'un faucon échappé, et profite de l'absence de Robin pour faire à Marion de nouvelles avances ; au retour de Robin, une dispute a lieu à propos du faucon blessé ; le chevalier frappe rudement Robin et tente d'enlever Marion, mais l'énergie de Marion l'amène à renoncer à ses intentions ; ensuite bergers et bergères organisent des divertissements champêtres et la fête s'achève sur la *treske*. Le *Jeu de Robin et Marion*, dont les divertissements dansés et chantés font un lointain ancêtre du théâtre lyrique moderne, révèle de grandes qualités d'observation et un discret réalisme, sous une forme à la fois légère et gracieuse. Le *Jeu de Robin et Marion* est généralement considéré comme postérieur au *Jeu de la Feuillée*, mais on a proposé (J. Dufournet) un ordre chronologique inverse « compte tenu du degré d'élaboration de *La Feuillée*, dont certaines plaisanteries semblent avoir leur point de départ dans *Robin et Marion* ».

Les autres œuvres d'Adam sont des pièces courtes : 36 chansons, 46 rondets de carole (monodiques ou polyphoniques), 14 rondeaux (polyphoniques), un rondeau-virelai, une ballette, au moins cinq (et peut-être 11) motets. Adam participa également à 18 jeux-partis, mais il n'est « questionneur » que dans trois d'entre eux, sans doute en raison de sa réputation d'habileté à faire face à des situations inattendues. Adam est également l'auteur d'un *Dit d'amour* (en 16 douzains d'octosyllabes), qui adopte la strophe dite d'Hélinand de Froidmont* et daterait d'avant 1262. Il aurait peut-être composé aussi des lais lyriques, aujourd'hui perdus.

La date de la mort d'Adam de la Halle reste controversée. Son neveu Jean Madot, achevant une copie du *Roman de Troie* le 2 février 1289, laissait entendre que son oncle était décédé l'année précédente. Cette date de 1288 semble confirmée par le fait que, la même année 1289, le *Jeu de Robin et Marion* fut représenté à Arras, enrichi de quelques interpolations et précédé d'un épisode dialogué connu sous le titre de *Jeu du Pèlerin** (parfois attribué à Adam), qui fait allusion au décès d'Adam dans les Pouilles, où il serait enterré. Mais le nom de « maistre Adam le Boscu » apparaît, dans le rôle de l'Échiquier pour l'année 1306, parmi les quelque 175 ménestrels et jongleurs accourus à Westminster pour l'adoubement du prince Édouard d'Angleterre, à la Pentecôte de 1306. Faut-il en conclure (F. Gégou) qu'Adam ne serait pas mort en Italie en 1288, mais qu'il serait revenu à Arras pour y faire représenter le *Jeu de Robin et*

Marion et qu'il aurait composé lui-même le *Jeu du Pèlerin*, se donnant pour mort par manière de plaisanterie ?

Ses relations avec ses parents, ses amis, ses protecteurs et ses « compains », telles que les décrivent les œuvres d'Adam, permettent d'entrevoir quelques traits de sa personnalité : il fit preuve de qualités exceptionnelles de créateur dans le domaine du théâtre français, dont il inaugure le répertoire profane. Il fut aussi un musicien remarquable, enrichissant le domaine musical des premiers déchants non destinés à l'Église.

ŒUVRES. — *Jeu de la Feuillée* : éd. E. Langlois, Paris, 1911, 2ᵉ éd. 1923 (réimp. Paris, 1976) (*CFMA*, 6). — Trad. C. Buridant et J. Trottin, Paris, 1972 (*Traductions des CFMA*, 14) [avec la trad. du *Congé* et du *Jeu du Pèlerin*]. — *Das Laubenspiel*, éd. et trad. R. Bordel, M. Friedel-Wenzel, W. Nitsch, C. Powels, Munich, 1972 (*Klassische Texte des romanischen Mittelalters in zweisprachigen Ausgaben*, 11). — Éd. J. Dufournet, Gand, 1977 (*Ktemata*, 4). — Éd. R. Brusegan, Venise, 1986. — Éd. et trad. J. Dufournet, Paris, 1989 (*GR*, 520) [avec une bibliogr. très complète]. — *Jeu de Robin et Marion* : trad. G. Cohen, Paris, 1935 [avec le *Jeu du Pèlerin*, transcriptions musicales de J. Chailley]. — Éd. A. Pauphilet, dans *Jeux et Sapience du Moyen Âge*, Paris, 1951, p. 159-202. — Éd. K. Varty, Londres, Toronto, Wellington et Sydney, 1960. — Trad. A. Brasseur-Pery, Paris, 1970 (*Traductions des CFMA*, 9). — Éd. R. Stuip, publiée à l'occasion du festival de Hollande, 1980. — Éd. et trad. J. Dufournet, Paris, 1989 (*GR*, 538) [avec une bibliogr. très complète]. — Autres œuvres : A. Jeanroy, *Trois Dits d'amour du* XIIIᵉ *siècle*, dans *Romania*, t. 22 (1893), p. 45-53 [45-70]. — *Canchons und Partures des altfranzösische Trouvère Adam de le Hale, le Bochu d'Arras*, éd. R. Berger, Halle, 1900 (réimp. Genève, 1978) (*Romanische Bibliothek*, 17). — *Les Partures Adan : Les Jeux-partis d'Adam de la Halle*, éd. L. Nicod, Paris, 1917 (réimp. Genève, 1974) (*Bibl. de l'École des Hautes Etudes, Sciences historiques et philologiques*, 224). — *Les Congés d'Arras (Jean Bodel, Baude Fastoul, Adam de la Halle*, éd. P. Ruelle, Bruxelles-Paris, 1965 (*Univ. libre de Bruxelles, Travaux de la Faculté de Philosophie et Lettres*, 27). — *The Lyric Works of Adam de la Halle (Chansons, Jeux-Partis, Rondeaux, Motets*), éd. N. Wilkins, Rome et Dallas, 1967 (*Corpus mensurabilis Musicae*, 44). — *The Chansons of Adam de la Halle*, éd. J. H. Marshall, Manchester, 1971. — P. Bec, *La lyrique française au Moyen Âge (*XIIᵉ-XIIIᵉ *siècle*), Paris, 1978, t. 2, p. 16, 84-85, 112-113, 146-147 [éd. de quatre pièces]. — *The Lyrics and Melodies of Adam de la Halle*, [trans. et éd. D. H. Nelson ; mélodies éd. H. Van Der Werf], New York et Londres, 1985 (*Garland Library of medieval literature*, séries A, 24). — *Anthologie de la poésie lyrique française des* XIIᵉ *et* XIIIᵉ *siècles*, éd. bilingue J. Dufournet, Paris, 1989, p. 292-309 (*NRF/Poésie*) [huit chansons].

→ H. Guy, *Essai sur la vie et les œuvres du trouvère Adam de la Halle*, Paris, 1898. — F. Gégou, *Adam le Bossu était-il mort en 1288* ?, dans *Romania*, t. 86 (1965), p. 111-117. — N.R. Cartier, *La mort d'Adam le Bossu, ibid.*, t. 89 (1968), p. 116-124. — R. Berger, *Le Nécrologe de la confrérie des jongleurs et des bourgeois d'Arras (1194-1361)*, Arras, 1970, t. 2, p. 105-106 (*Mémoires de la Commission départementale des Monuments historiques du Pas-de-Calais*, XIII, 2). — F. Gégou, *Recherches biographiques et littéraires sur Adam de la Halle, accompagnées de l'éd. critique de ses chansons courtoises*, thèse dactyl. Paris IV, 1973. — G. Mayer, *Lexique des œuvres d'Adam de la Halle*, Paris, 1940. — A. Adler, *Sens et composition du Jeu de la Feuillée*, Ann Arbor, 1956. — N. Cartier, *Le Bossu désenchanté. Etude sur le Jeu de la Feuillée*, Genève, 1971 (*Publ. rom. et fr.*, 116). — C. Mauron, *Le Jeu de la Feuillée ; étude psychocritique*, Paris, 1973. — J. Dufournet, *Adam de la Halle à la recherche de lui-même ou le Jeu dramatique de la Feuillée*, Paris, 1974 ; *Sur le Jeu de la Feuillée. Études complémentaires*, Paris, 1977 ; *Complexité et ambiguïté du Jeu de Robin et Marion* dans *Mél. J. Horrent*, 1980, p. 141-159. — F. Gégou, *Du Roi de Sicile aux Vœux de l'Épervier*, dans *Mél. J. Misrahi*, Columbia, 1977, p. 71-88 ; *Chansons d'actualité. Simon de Marville à l'école Adam de la Halle*, dans *Charlemagne et l'épopée romane, Actes du 7ᵉ congrès international de la Société Rencesvals Liège, 28 août-4 septembre 1976*, Liège, 1978, t. 2, p. 669-681. — P. Ménard, *Le sens du Jeu de la Feuillée*, dans *Mél. J. Rychner*, Strasbourg, 1978, p. 381-393. — J. Maillard, *Adam de la Halle : perspective musicale*, Paris, 1982 [avec une discographie et une ample bibliogr.]. — S. Huot, *Transformation of Lyric Voice in the Songs, Motets and Plays of Adam de la Halle*, dans *The Romanic Review*, t. 78 (1987), p. 148-164. — J. Dufournet, *Variations sur un motif, la taverne dans le théâtre arrageois du* XIIIᵉ *siècle*, dans *Mél. J.-C. Payen*, Caen, 1989, p. 161-174. Linker nº 2. Cf. *GRLMA*, t. VI/1, p. 63, 168, 240, 254, 259, 300 ; t. VI/2 nºˢ 2152, 7264. *MB*, nºˢ 2316-2319 ; 2410 ; 3949-3989 ; 6756-6764 ; 7852 ; *S* 2398 ; 2627 ; 4315 ; 4442-4452 ; 4518 ; 4527 ; 4529 ; 4635 ; 5083 ; 6250 ; 6252 ; 6258 bis ; 6263 ; 6345 ; 6362 ; 6372-6374 ; 6379 ; 6387-6426 ; 7960-7961.

F.F.H.

Adam de la Halle musicien. L'œuvre musicale d'Adam de la Halle peut se diviser en trois catégories, selon qu'il s'agit de monodie, de polyphonie et d'adaptation. Les œuvres monodiques, chansons et jeux-partis, ne présentent guère de caractère personnel dans leurs mélodies. Parmi les pièces polyphoniques, les motets sont de facture traditionnelle (textes profanes sur teneur liturgique) et souvent « entés ». Les rondeaux, nommés globalement *li rondel Adam* d'après une rubrique du ms. La Vallière (Paris, BN, fr. 25566) comprennent, en réalité, 14 rondeaux, un rondeau-virelai et une ballade. Ces courts morceaux figurent parmi les monuments les plus importants de la musique du XIIIe siècle, tant par leur valeur que par l'originalité de leur conception.

Pour la partie musicale de ses deux pièces théâtrales, Adam n'a pas cherché à faire œuvre de compositeur. Il a seulement étendu à la scène le principe des « refrains » ou citations chantées, qui, au cours du XIIIe siècle, avait envahi successivement le roman, puis la chanson du trouvère, enfin le motet. Ces refrains, en très petit nombre dans le *Jeu de la Feuillée*, sont au contraire nombreux et souvent développés dans le *Jeu de Robin et Marion.*

ŒUVRES. — *Adam de la Halle, Rondeaux à trois voix*, éd. J. Chailley, Paris, 1942 [avec une transcription musicale]. — *The Lyrics and Melodies of Adam de la Halle* [trans. et éd. D. H. Nelson, mélodies éd. H. Van Der Werf], New York et Londres, 1985 (*Garland Library of medieval Literature*, séries A, 24).

→ J. Chailley, *La nature musicale du Jeu de Robin et Marion*, dans *Mél. G. Cohen*, Paris, 1950, p. 111-117. — J. Maillard, *Adam de la Halle : perspective musicale*, Paris, 1982 [avec une discographie]. J.Ch.

Adam de Perseigne. Naquit vers 1145, vraisemblablement dans la région de Troyes en Champagne. Sa mère appartenait aux comtes de Champagne. Il se donne lui-même pour un paysan, *rusticanus*. Tout porte à croire qu'il fut protégé par les seigneurs de Champagne, put ainsi faire des études, entra dans la cléricature et fut d'abord attaché à la cour de l'illustre famille. Passant ensuite à la vie régulière, il se fit successivement chanoine de Saint-Augustin (à Sainte-Barbe-en-Auge ?), bénédictin à Marmoutier, dont il fut bibliothécaire, cistercien à Pontigny d'abord, où il exerça la charge de maître des novices, puis à l'abbaye de Perseigne, dont il fut nommé abbé en 1188 au plus tard. La même année, une charte du comte Henri de Champagne « donne » Aceline, la mère d'Adam, chapelain de Marie de Champagne, à la léproserie de Deux-Eaux, à Troyes. C'est que malgré son passage à la vie monastique, Adam avait conservé le titre et même la fonction de chapelain de la comtesse Marie. Lorsqu'en 1188, elle se vit mourir, elle l'appela à son chevet.

Les faits les plus marquants de la vie d'Adam sont les missions qu'il dut accomplir. À Rome d'abord, où il fut envoyé combattre les théories de Joachim de Flore (1195), à la 4e croisade (1201), sur la demande du comte de Blois. Chargé en 1202, avec Hamelin, évêque du Mans, de réformer la collégiale Saint-Martin de Tours, en 1203 de régler la succession sur le siège épiscopal de Reims, de Guillaume aux Blanches Mains, en 1208 de réconcilier Philippe Auguste et Jean sans Terre, en 1207 et 1210, de réformer l'abbaye du Mont-Saint-Michel, avec l'évêque de Lisieux et l'abbé de Savigny, Adam arbitrait entre-temps des différends de moindre importance et gouvernait son abbaye. Celle-ci se développa considérablement sous son règne, malgré des périodes de misère et d'extrême famine. Il avait été désigné aussi, dans les toutes dernières années du XIIe siècle, pour aider la prédication de l'illustre Foulques de Neuilly.

Accablé par la conduite de l'impossible Thibaud du Perche, son suzerain, dont il s'efforçait vainement de régler les procès, Adam paraît s'être temporairement réfugié à Jouy, en 1205 (abbaye fondée par la maison de Champagne) pour y retrouver le calme. 1205 est aussi l'année où le Maine, donc Perseigne, passe sous la puissance de Philippe Auguste. Mais cela ne suffirait pas à expliquer le départ d'Adam, traditionnellement ami des Plantagenêts et même jadis confesseur de Richard Cœur de Lion. En 1214, Adam écrira au pape Innocent III en vue de la préparation du IVe concile de Latran. On ne sait si Adam y assista. Un sermon inédit, recueilli dans le manuscrit romain Sessorianus 115 pourrait légitimement suggérer l'hypothèse d'une exhortation aux Pères du concile.

Les dernières années furent marquées par la maladie. Adam mourut à l'infirmerie de Perseigne, l'an 1221, en odeur de sainteté.

1. *Les œuvres en latin.*

a. *La correspondance*. Soixante-sept lettres certainement authentiques nous sont connues. La qualité des destinataires, le ton, la longueur, varient beaucoup d'une lettre à l'autre. La plupart visent à donner des directions spirituelles. Elles présentent souvent un mélange de conseils, d'exposés théologiques, d'élans mystiques, de commentaires scripturaires et même de satire des mœurs. Il existe deux collections de lettres. La plus récente contient beaucoup plus de lettres de circonstance que la collection ancienne. Migne en a publié trente.

b. *Les sermons*. La plupart forment une suite liturgique. Deux ont été cependant prononcés « au Chapitre de Cîteaux », et un autre « *ad ministros Ecclesiae* », expression qui pourrait bien, la critique interne rejoignant la critique externe, désigner les Pères du IVe concile de Latran. Seuls ont été édités les six sermons sur la Sainte Vierge et le sermon pour la fête de saint Benoît. Tous méritent une étude théologique sérieuse, notamment le sermon sur la Pentecôte et celui qui est intitulé « *de septem columnis* », qui est un sermon sur les Sept Ordres de la cléricature.

Deux opuscules spirituels inédits ont été récemment découverts et publiés. L'œuvre latine d'Adam est écrite en un style ordinairement très soigné qui ne nuit cependant point à la spontanéité des sentiments. Il arrive assez rarement qu'on se trouve en présence d'un texte non définitivement rédigé, ou encore résumé. La grammaire est presque classique, le vocabulaire très riche, parfois expliqué par le recours aux étymologies (selon Isidore de Séville) ; il admet un certain nombre de néologismes expressifs fabriqués à partir de racines connues, étoffées de préfixes et de suffixes.

Cette œuvre révèle la personnalité de son auteur : zélé, judicieux, à la fois ardent et parfaitement équilibré, pratique et mystique, poète et théologien. A son échelle, Adam fait revivre, trois quarts de siècle plus tard, la grande figure de saint Bernard.

2. *L'œuvre en langue romane.*

Une œuvre anonyme, paraphrase du Psaume 44, intitulée *Eructavit*, et qui compte près de 2 200 vers, a passé pour être d'Adam de Perseigne. La thèse d'Atkinson Jenkins (Dresde, 1909), dépassant celle de son prédécesseur (Baltimore, 1907), sur le milieu de l'auteur d'*Eructavit*, conclut à la paternité d'Adam de Perseigne. J. Benton rejette formellement cette attribution, qu'au contraire semblent admettre H.R. Jauss et M.R. Jung.

Le poème *Eructavit* est encore à étudier, notamment au point de vue théologique. On y est frappé par le sens et la science théologique très sûrs, en constante référence à la Bible, aux Pères et à la liturgie, qui supposent un auteur maître de son acquis, capable de l'exposer poétiquement sans en compromettre la sûreté doctrinale. L'œuvre révèle aussi les origines champenoises de l'auteur, sa connaissance personnelle de Marie de Champagne et des mœurs de la cour. Sa valeur littéraire lui vient en particulier de la forte imagination créatrice de l'écrivain, de la délicatesse des sentiments, un art de manier le charme et de trouver l'expression qui marque.

ŒUVRES. — *PL*, t. 211, col. 583-694 (Lettres), col. 699-754 (Sermons sur la Vierge). Liste des 30 sermons attribués à Adam de Perseigne, dans J.B. Schneyer, *Repertorium*, t. 1, Münster, 1969, p. 46-48. — T. Atkinson Jenkins, *Eructavit. An Old French Metrical Paraphrase of Psalm XLIV... Attributed to Adam de Perseigne*, Dresde, 1909 (*Gesellschaft für romanische Literatur*, 20). — J. Bouvet, *Correspondance d'Adam, abbé de Perseigne, 1188-1221*, dans *Archives historiques du Maine*, t. 13 (1951-1962). — Adam de Perseigne, *Lettres. I* : texte latin, introd., trad. et notes par J. Bouvet, Paris, 1960 (*SC*, 66). — G. Raciti, *Un opuscule inédit d'Adam de Perseigne : le livre de l'Amour mutuel*, dans *Cîteaux*, t. 31 (1980), p. 297-341. — J. Bouvet : « *Soliloquium » d'Adam de Perseigne*, 2 : texte et trad. dans *Collectanea cisterciensia*, t. 50 (1988), p. 133-171.

→ J. Bouvet, *Biographie d'Adam de Perseigne*, dans *Collectanea ordinis cisterciensium reformatorum*, t. 20 (1958), p. 16-26, 145-152. — *Le « Soliloquium » d'A. de P.*, dans *La province du Maine*, t. 90 (1988), p. 9-15. — J.F. Benton, *The Court of Champagne as a Literature Center*, dans *Speculum*, t. 36 (1961), p. 556-584. — A.J. Andrea, *Adam of Perseigne and the Fourth Crusade*, dans *Cîteaux*, 36 (1985), p. 21-37. — H.R. Jauss, *La transformation de la forme allégorique entre 1180 et 1240 : d'Alain de Lille à Guillaume de Lorris*, dans *L'humanisme médiéval dans les littératures romanes du* XVe *au* XVIe *siècle*, Paris, 1964, p. 122. — M.S. Simonelli, *Sulla parafrasi francese antica del Salmo Eructavit, Adamo di Perseigne, Chrétien de Troyes e Dante*, dans *Cultura neolatina*, t. 24 (1964), p. 5-38. — M.R. Jung, *Études sur le poème allégorique en France au Moyen Âge*, Berne, 1971, (*Romanica Helvetica*, 82).

Je.Bo. et J.L.

Adam du Petit-Pont (Adam Parvipontanus). Logicien du XIIe siècle, qui enseignait à Paris au Petit-Pont, d'où son surnom ; son nom était Adam Balsham. Ses disciples (les *Parvipontani*) constituaient une des principales écoles parisiennes au XIIe siècle. On a de lui une *Ars disserendi* publiée en 1132, qui est un texte important pour l'histoire de la logique médiévale et particulièrement des théories de l'argumentation.

ŒUVRE. — L. Minio-Paluello, *Twelfth Century Logic, Texts and Studies, I, Adam Balsamiensis Parvipontani Ars disserendi (Dialectica Alexandri)*, Rome, 1956.

→ L.N. De Rijk, *Logica Modernorum*, 1, Assen, 1962, 62-81. J.J.

Adam de Ross. Voir : *Vision de Saint Paul.*

Adam de Saint-Victor. On est fort mal renseigné sur les circonstances et les dates mêmes de l'existence de celui qui passe parfois pour le meilleur poète latin du Moyen Âge. Sur la base de témoignages anciens, on l'a longtemps identifié avec un obscur Adam le Breton, qui fut chanoine régulier à l'abbaye Saint-Victor de Paris dans la seconde moitié du XIIe siècle. En réalité, suivant l'hypothèse avancée par la musicologue M. Fassler, et fondée sur une analyse codicologique attentive des mss de ses *Séquences* (Paris, BN, lat. 14452, 14506 et 14819, Bibl. Arsenal 197), Adam fit l'essentiel de sa carrière au sein du chapitre de la cathédrale Notre-Dame de Paris, où il occupa les importantes fonctions de préchantre de 1107 environ à 1133-1134. Ce n'est qu'à cette date qu'il se retira à Saint-Victor, où il mourut vers la fin des années 1140.

Adam est l'auteur de poèmes liturgiques, *Proses* et *Séquences*, qui célèbrent la Vierge, les saints ou les mystères de la foi. Une quarantaine des textes qui figurent dans les mss cités ci-dessus peuvent lui être attribués à coup sûr. Il est réputé à juste titre pour avoir porté le genre de la séquence à un rare degré de perfection formelle : c'est lui qui met au point la forme de la séquence « régulière », où les strophes, en vers rythmiques et rimés, se répondent symétriquement — contrairement à celles de la séquence traditionnelle, écrites en « vers libres ». Ceux des critiques qui ne voient en Adam qu'un habile versificateur tendent peut-être à oublier qu'il était avant tout musicien et ses poèmes, faits pour être chantés. En fait, sa langue, limpide et harmonieuse, est aussi d'une théologie très sûre : la poésie eucharistique de saint Thomas doit beaucoup à son art.

Il convient de retirer à Adam de Saint-Victor la paternité des traités théologiques en prose qu'on lui avait naguère attribués sur la foi de notices apocryphes ou falsifiées.

ŒUVRES. — L. Gautier, *Œuvres poétiques d'A. de Saint-Victor*, 3e éd., Paris, 1894. — M. Legrain, *Proses d'A. de Saint-Victor* Rome, 1899 (*Coll. de Classiques latins comparés*). — E. Misset et P. Aubry, *Mélanges de musicologie critique. Les Proses d'A. de Saint-Victor, texte et musique*, Paris, 1900. — F. Wellner, *Adam von Saint-Victor, Sämtliche-Sequenzen*, Munich, 1955 [avec trad. allemande]. — G. Vecchi, *A. de Saint-Victor : liriche sacre*, Bologne, 1953.

→ P. Lejay, *Les Traités attribués à A. de Saint-Victor*, dans *Revue d'histoire et de littérature religieuses*, t. 4 (1989), p. 161-166. — F.J.E. Raby, *A History of Christian Latin Poetry*, Oxford, 1927, p. 348-355. — F. Ermini, *Adamo a San Vittore*, dans *Atti dell'Academia degli Arcadi*, t. 11-12 (1933), p. 5-27. — H. Spanke, *Die Kompositionskunst der Sequenzen Adam von Saint-Victor*, dans *Studi medievali*, n.s., t. 14 (1941), p. 1-29. — W. Ong, *Wit and Mistery : A Revaluation in Medieval Latin Hymnody*, dans *Speculum*, t. 22 (1947), p. 310-341. — J.F. Benton, *Nicolas of Clairvaux and the Twelfth-Century Sequence, with Special Reference to Adam of Saint-Victor*, dans *Traditio*, t. 18 (1962), p. 149-179. — J. Szövérffy, *Die Annalen der lateinischen Hymnendichtung*, t. 2, Berlin, 1965, p. 103-121. — E. Hegener, *Studien zu « zweiten Sprache » in der religiösen Lyrik des zwölften Jahrhunderts : Adam von Saint-Victor, Walter von Châtillon*, Ratingen, 1971. — M.E. Fassler, *Who was Adam of Saint-Victor ? The Evidence of the Sequence manuscripts*, dans *Journal of the American Musicological Society*, t. 37 (1984), p. 233-269. J.Y.T.

Adam de Suel. Voir : *Caton (Distiques de).*

Adélard de Bath (1090 ?-1160 ?). Né peu avant 1090 à Bath (près de Bristol), Adélard vient tout jeune en France où il étudie, à Tours, la musique et l'astronomie (1105-1107). Il fait, en 1108-1109, un premier voyage en Sicile et il dédie à l'évêque Guillaume de Syracuse son écrit philosophique *De eodem et diverso*. Il enseigne aussi, un moment, à l'école de Laon (avant ou après son séjour en Sicile, on ne saurait dire), puis il s'initie, pendant sept ans, à la science arabe. Il visite la Cilicie en 1114 et, en 1115, il effectue des mesures astronomiques près de Jérusalem. On ne peut, après, que faire des conjectures sur la suite de son itinéraire au Moyen-Orient (Damas, Bagdad et peut-être l'Égypte) ; on ignore aussi s'il s'est jamais rendu en Espagne. Il écrit à son retour les *Quaestiones naturales* (vers 1116). Les années de sa maturité se passent en Angleterre puis, au soir de sa vie, il repart pour la Sicile où il apparaît en relation avec Henri Aristippe de Catane.

Écrit, en vers et en prose, sous la forme d'un dialogue entre *Philosophia* et *Philocosmia*, le *De eodem et diverso* n'est encore qu'une œuvre de jeunesse. Pourtant, par sa manière d'envisager le problème des universaux, il annonce déjà, selon É. Gilson, les synthèses doctrinales du XIIIe siècle, qui s'inspireront d'Aristote, pour interpréter l'ordre du sensible, et de Platon, pour interpréter l'ordre du divin.

Présentées comme une conversation entre Adélard lui-même (imprégné du savoir arabe) et son neveu resté fidèle à ses maîtres latins, les *Quaestiones naturales* marquent, comme une borne indicatrice, le moment où la culture chrétienne prend conscience de son infériorité par rapport à la science islamique.

Son traité latin sur l'affaitage des oiseaux de chasse et les remèdes à leurs maladies (*De cura accipitrum*) est également rédigé sous la forme de dialogues entre un fauconnier expérimenté et son élève : les deux versions, l'une longue, l'autre courte, sont conservées chacune dans trois manuscrits. Traduit partiellement en ancien français, ce traité fut intégré à différents traités de fauconnerie des XIIIe-XVe siècles : la rédaction en forme de dialogue y a été supprimée.

À côté de cet ouvrage de fauconnerie et d'un traité d'abaque qui se place encore dans la tradition de Gerbert*, Adélard de Bath a donc surtout publié de nombreuses versions de textes scientifiques. Il a notamment traduit d'arabe en latin les *Éléments* d'Euclide, les tables astronomiques et le *Liber ysagogarum* d'al Khwârizmî, l'*Almageste* de Ptolémée, etc. Il a aussi écrit sur l'astrolabe. On lui doit peut-être, enfin, un remaniement du recueil alchimique connu sous le nom de *Mappae clavicula*.

ŒUVRES. — *Des Adelard von Bath Traktat « De eodem et diverso »*, éd. H. Willner, Münster, 1903 (*Beiträge zur Geschichte der Philosophie des Mittelalters*, IV 1). — *Die Quaestiones naturales des Adelardus von Bath*, éd. M. Müller, Münster, 1934 (*Beiträge zur Geschichte der Philosophie*, 31). — Sur les éd. des textes scientifiques, voir : G. Sarton, *Introduction to the History of Science*, Baltimore, 1931, vol. 2, part. 1, p. 168. — *De cura accipitrum. A Medieval Latin Treatise by Adelard of Bath*, éd. A.E.H. Swaen, Groningue, 1937. — H.L.L. Busard, *The First Latin Translation of Euclid's Elements Commonly Ascribed to Adelard of Bath*, Toronto 1983 (*Studies and Texts*, 64). La British Academy prépare, sous la dir. de C. Burnett, une éd. des œuvres scientifiques d'Adélard de Bath.

→ F. Bliemetzrieder, *Adelhard von Bath*, Munich, 1935. — C.H. Haskins, *Studies in the History of Mediaeval Science*, Cambridge (Mass.), 1927. — M. Clagett, *The Medieval Latin Translations from the Arabic of the Elements of Euclid, with Special Emphasis on the Versions of Adelard of Bath*, dans *Isis*, t. 44 (1953), pp. 16-42. — *Adelard of Bath, an English Scientist and Arabist of the Twelfth Century*, éd. C. Burnett, Londres, 1987 (*Warburg Institute Surveys and Texts*, 14). — B. Van den Abeele, *Les traités de fauconnerie latins du XIIe siècle. Manuscrits et perspectives*, dans *Scriptorium*, t. 44 (1990), p. 276-286 ; *Les traités de fauconnerie latins du Moyen Âge*, thèse Louvain-la-Neuve, mai 1991. G.B.

Adémar de Chabannes. Né vers 988, issu d'une branche cadette de la haute noblesse limousine (Chabannes est à 30 km au nord de Limoges), Adémar fut envoyé très jeune par ses parents au monastère de Saint-Cybard d'Angoulême. C'est cependant à Saint-Martial de Limoges qu'il fit ses études. C'est là qu'il eut, en 1010, une vision du Christ crucifié pleurant sur la ville. Il retourna à Angoulême où il obtint la prêtrise et prit une part intense aux activités du monastère, rassemblant, composant, copiant et publiant de nombreux textes. Il se trouva mêlé à la controverse de l'apostolat de saint Martial ; les moines de l'abbaye prétendaient, en effet, que leur saint patron avait été l'un des 72 disciples du Christ, donc un apôtre au sens large. Le 3 août 1028, la ville de Limoges se préparait à consacrer la victoire de Martial en instaurant une nouvelle liturgie, quand un prieur lombard, Benoît, tourna en ridicule les revendications des moines. Adémar adressa à plusieurs évêques et grands personnages une lettre circulaire pour raconter les détails du débat et réfuter les arguments de Benoît ; pendant deux années, il dépensa une ardeur infatigable, composant des sermons et prêchant, pour la défense du saint. Ses arguments ne convainquirent pas sur le moment, mais ils seront repris beaucoup plus tard grâce au dossier qu'il avait rassemblé. Au début de 1030, Adémar partit en pèlerinage en Terre sainte, après avoir fait don de tous ses manuscrits à Saint-Martial. Selon Bernard Itier (bibliothécaire et prieur de Saint-Martial de Limoges vers 1199, auteur d'une chronique latine qui va jusqu'en 1224), il est mort à Jérusalem en 1034.

L'œuvre d'Adémar est multiple. Il a laissé un grand nombre de sermons ; en dehors de son œuvre polémiste en faveur de saint Martial, dans ses sermons très ancrés dans l'actualité, il se montre fervent partisan de la paix de Dieu ; il a écrit une version remaniée de la vie de saint Martial ; il a aussi composé des poèmes sacrés. Mais c'est surtout comme historien qu'il est connu. Il est l'auteur d'une *Commemoratio abbatum Lemovicensium basilicae sancti Martialis apostoli*, ouvrage assez bref dans lequel il établit des synchronismes entre les abbés depuis 848, les évêques de Limoges, les rois de France et divers princes séculiers. Mais sa grande œuvre est une chronique ou *Historia*, divisée en trois livres, qui retrace l'histoire des Francs depuis les origines troyennes jusqu'en 1028. Les deux premiers livres, qui s'arrêtent en 830, sont essentiellement une compilation à partir du *Liber Historiae Francorum* (dont l'*Historia* reprend l'*incipit*) et des *Annales regni Francorum*, qu'Adémar complète en insérant un certain nombre de notes concernant Saint-Cybard et l'Angoumois. La dernière partie de la chronique est infiniment plus détaillée et donne de nombreux renseignements sur l'histoire de l'Ouest et du Centre de la France. C'est une source unique pour le début du XIe siècle. Cependant, ce texte pose de grands problèmes critiques aux historiens, d'une part à cause des multiples rédactions de la chronique — il en existe au moins six états —, d'autre part, par la façon dont Adémar présente les faits, qui n'est pas dépourvue d'intention. Ainsi les erreurs chronologiques sont-elles rarement innocentes. Une partie de la chronique sera traduite au XIIIe siècle et constituera la base de *Tote l'Histoire de France**, première partie de la *Chronique dite saintongeaise.*

Adémar a copié un très grand nombre de mss ; il subsiste de lui plus de mille feuillets autographes. Au travail de copiste, il a joint celui d'éditeur, en ce sens qu'il corrige, améliore ce qu'il copie, comme on peut le voir pour les fables de Phèdre. Dernière facette de sa personnalité multiple, celle de décorateur : il a, en effet, parfois illustré à la plume ses propres œuvres ou celles qu'il copiait ; c'est ainsi que dans la chronique, il a reproduit le dessin du tombeau de Charlemagne.

ŒUVRES. — *Chronique* : éd. J. Chavanon, Paris, 1897 (*Collection de textes pour servir à l'étude et à l'enseignement de l'histoire*) ; trad. partielle E. Pognon, dans *L'An Mille...*, Paris, 1947 (*Mémoires du passé pour servir au temps présent*), p. 151-209. — *Commemoratio abbatum* : éd. H. Duplès-Agier, dans *Chroniques de Saint-Martial de Limoges*, Paris, 1874 (*SHF*), p. 1-27. — *Epistola de apostolatu sancti Martialis* : éd. *PL*, t. 141, col. 89-112. — *Poèmes* : col. 113-114. — *Sermons* : col. 111-112, 115-124 ; éd. et trad. M. M. Gauthier, *Sermon d'Adémar de Chabannes pour la translation de saint Martial le 10 octobre, (Paris, ms. latin 2469, fol. 68 v à 70)*, dans *Bull. de la Soc. archéol. et hist. du Limousin*, t. 88 (1961), p. 72-83.

L'éd. des œuvres complètes d'Adémar est en cours de préparation par P. Bourgain, D.F. Callahan et R.A. Landes pour le *CCCM.*

→ K.F. Werner, *Adémar de Chabannes und die Historia pontificum et comitum Engolismensium*, dans *Deutsches Archiv für Geschichte des Mittelalters*, t. 19 (1963), p. 297-326. — J.A. Emerson, *Two Newly Identified Offices for Saints Valeria and Austriclinianus by Adémar de Chabannes*, dans *Speculum*, t. 40 (1965), p. 31-46. — J. Vezin, *Un nouveau ms. autographe d'Adémar de Chabannes*, dans *Bull. de la Soc. nationale des antiquaires de France*, 1965, p. 44-52. — D. Gaborit-Chopin, *Les dessins d'Adémar de Chabannes*, dans *Bull. archéo. du Comité des travaux hist. et scient.*, 1967, p. 163-225. — F. Bertini, *Il monaco Ademaro e la sua raccolta di favole fedriane*, Gênes, 1975. — C. Buridant, *La traduction de la chronique d'Adémar de Chabannes dans Tote l'Histoire de France*, dans *RLingR*, t. 39 (1975), p. 56-115. — D.F. Callahan, *The Sermons of Adémar of Chabannes and the Cult of Saint Martial de Limoges*, dans *Revue bénédictine*, t. 86 (1976), p. 251-295 ; *Adémar de Chabannes et la paix de Dieu*, dans *Annales du Midi*, t. 89 (1977), p. 21-43. — P. Gatti, *Intorno al Chronicon di Ademaro di Chabannes*, dans *Studi Medievali*, 1980, p. 347-365. — J. Billingham, *Adémar de Chabannes and the History of Aquitaine in the Reign of Charles the Bald*, dans *Charles the Bald and Kingdom*, Oxford, 1981, p. 3-14. — R.A. Landes, *A Libellus from Saint-Martial of*

Limoges Written in the Time of Ademar of Chabannes (989-1034), un faux à retardement, dans *Scriptorium*, t. 37 (1983), p. 178-204 ; *The Making of a Medieval Historian : Ademar of Chabannes and Aquitaine at the Turn of the Millenium*, Princeton, 1984 [thèse dactyl., Ann Arbor, consultable à la salle des mss à la BN de Paris]. — P. Bourgain, *Un nouveau ms. du texte tronqué de la chronique d'Adémar de Chabannes*, dans *BEC*, t. 143 (1985), p. 153-159. — P. Gatti, *Note al testo di alcune favole della raccolta di Ademaro*, dans *Sandalion*, t. 10-11 (1987-1988), p. 165-170. — G. Dicke, K. Grubmüller, *Die Fabeln des Mittelalters und der frühen Neuzeit. Ein Katalog der deutschen Versionen und ihrer lateinischen Entsprechungen*, Munich, 1987. — Molinier n°s 958, 1471. — Nouveau Potthast, t. 2, p. 124-126. — *Lexicon des Mittelalters*, t. 1 (1977), col. 148-149. G.T.L.

Adémar Lo Negre. Troubadour du début du XIIIe siècle. D'Albi, suivant sa *Vida*, protégé de Raimon VI de Toulouse et de Peire II d'Aragon. Quatre chansons, dont l'une pour Ferdinand, futur roi de Castille (1217).

ŒUVRES. — Éd. A. Kolsen, *Zwei Gedichte des Ademar lo Negre*, avec trad. allemande dans *ZRPh* (1919), p. 156-162 [PC, 3, 1 et 2]. — Éd. A. Del Monte, *Tre liriche trobadoriche. Bernard de Venzac, Adhemar lo Negre* dans *Siculorum Gymnasium*, Catane, t. 8 (1955), p. 26-42 [PC 3, 4]. — J. Goure, *Azémar lo negre, troubadour albigeois du XIIIe siècle*, Paris, 1991.

→ PC 3. — A. Jeanroy, *La poésie lyrique des troubadours*, Toulouse-Paris, 1934, t. 1, p. 330. G.Mi. et G.B.L.

Adémar de Rocaficha. Troubadour, peut-être originaire de l'Ariège, auteur de trois pièces lyriques (*cansos, sirventes*) sans données chronologiques.

ŒUVRES. — Éd. (PC 5, 1 et 3) par R. Richter, *Die Troubadourzitate im « Breviari d'Amor »*, Modène, 1976, p. 149-151.

→ PC 5. — *HLF*, t. 20 (1842), p. 546-547. — A. Jeanroy, *La poésie lyrique des troubadours*, Toulouse-Paris, 1934, t. 1, p. 330.
G.Mi. et G.B.L.

Adenet le Roi, Adenet ou Adam le Ménestrel, plus tard Le Roi Adam ou Le Roi Adenet. Nous le rencontrons d'abord au service du duc de Brabant* et trouvère de Henri III, qui fit du jeune homme un ménestrel : *Menestreus au bon duc Henri fui, cil m'aleva et norri Et me fist mon mestier aprendre*. Mais la mort de son protecteur (28 février 1261) amena le jeune musicien à chercher un autre maître, malgré la sympathie de Jean et de Godefroid, fils de Henri III.

Adam passa en Flandre : le premier document d'archives gantois qui cite son nom nous reporte à la Noël de 1270. En 1270-1271, en effet, il accompagne Gui de Dampierre à la croisade de Tunis. Au cours de cette expédition, qui lui fit notamment traverser la Sicile et toute l'Italie, il recevait le même salaire que *Jakemon le panetier* ou que *Pieron le tailleur*.

Rentré en Flandre, Adam resta, pendant une trentaine d'années encore, au service du comte Gui, ami des fêtes et des ménestrels, passionné de musique, de littérature et de beaux livres. Le comte voyageait souvent, surtout en France ; avec lui, son ménestrel apprit ainsi à connaître et à aimer la France et Paris. La description de l'*amirable cité* vue de Montmartre, dans *Berte aus grans piés*, est l'écho d'un émerveillement réel. Le monde géographique qu'Adenet connaît d'expérience et dont il parle avec une certaine précision, c'est la France, les Pays-Bas jusqu'au Rhin et l'Italie.

C'est au cours de ses séjours à Paris qu'Adenet put entrer en relation avec la reine Marie, femme de Philippe le Hardi et fille, justement, de Henri III de Brabant ; il put approcher aussi le comte d'Artois. Mais, à partir de 1285, les affaires du comte Gui, en butte aux attaques des communes flamandes et du roi Philippe IV le Bel, prirent mauvaise tournure ; les malheurs succédèrent aux revers, et Adenet dut en subir les contrecoups. Le dernier document qui fasse mention de lui est de 1297.

Adenet, hypocoristique de familiarité ; *Adan le menestrel*, titre officiel : fonctionnaire subalterne, avant tout musicien, récitant, puis écrivain, sans doute par goût, mais aussi pour répondre aux désirs ou aux ordres du maître ; et *Roi*, en plus, c'est-à-dire chef des ménestrels de la cour comtale.

La période d'activité littéraire connue d'Adenet correspond aux années de prospérité de son maître Gui : 1269-1285. Mais on ne peut dater avec quelque exactitude que le *Cleomadès* : achevé en 1285. Il est à peu près certain que les *Enfances Ogier* ont précédé *Berte*, et que les deux œuvres ont été composées après 1273-1274. Le cas de *Buevon* est moins clair : des arguments d'ordre stylistique tendraient cependant à le faire placer en tête, mais ce n'est pas sûr.

Buevon de Conmarchis est un remaniement — en laisses monorimes d'alexandrins, avec le petit vers orphelin, la laisse masculine étant souvent suivie de la féminine correspondante — du *Siege de Barbastre**, une des branches de la *Geste Aymeri*. Probablement poussé jusqu'au dénouement par l'auteur, mais venu à nous tronqué de la fin (3 945 vers correspondent à 2 700 du *Siege*), ce remaniement médiocre eut peu de succès. Adenet reprend le récit d'assez près : exploits guerriers et amoureux de Bovon et de ses fils, emprisonnés dans Barbastre par les païens. Dans un style gris, il développe avec complaisance les scènes de bataille et les dialogues ; mais les rudes guerriers, mis au goût des cours de la deuxième moitié du XIIIe siècle, perdent beaucoup de leur relief. Hésitant entre la chanson de geste et le roman, le remanieur, qui se libère progressivement de sa source, s'efforce de construire un récit suivi et il fait une bonne place à la femme et aux galanteries.

Sur la demande de Gui, sans doute préoccupé par la croisade, Adenet, qui enverra aussi son livre à la reine Marie de France, renouvelle, en laisses monorimes de décasyllabes (8 229), la première branche de la *Chevalerie Ogier**, qui exalte les exploits du jeune Ogier en Italie contre les Sarrasins. Mais il s'agit d'une source qui ne s'identifie à aucun texte connu : une version de peu antérieure à celle dite de Raimbert, Adenet ayant aussi connu, d'ailleurs, une ou des versions différentes de celle-là. Il a travaillé avec plus de décision que dans le cas de *Buevon*. La deuxième partie, qui correspond à une centaine de vers dans la « version de Raimbert », a été considérablement développée. Manifestant son goût de la féminité, il introduit encore des éléments courtois et chevaleresques. Repensant et reconstruisant, il se montre de plus en plus romancier : il centre l'action sur quelques personnages importants, en s'attachant spécialement à Naimon de Bavière ; il évite les contradictions, ménage des transitions, met de la logique et de la mesure. Le métier s'affirme plus vigoureux que dans *Buevon*, même si le genre reste faux.

Avec *Berte aus grans piés* (3 486 alexandrins), Adenet cède entièrement à ses inclinations. Sans doute remanie-t-il, selon le système prosodique de *Buevon*, mais avec le vers orphelin en moins, une version, perdue, de la légende. Sans doute aussi le sujet se rattache-t-il à la geste du roi, puisqu'il est question des aventures personnelles de Pépin le Bref et de sa femme et de la naissance de Charlemagne. Et Adenet ajoute même le combat de Pépin contre le lion et des allusions à Girart de Roussillon et aux Lorrains. Mais c'est en romancier totalement libéré de l'ancienne épopée qu'il a développé sa matière. Il conte, non sans émotion ni concision, les malheurs de Berthe : venue en France pour épouser Pépin, remplacée dans le lit royal, la nuit des noces, par Aliste la serve (c'est le vieux thème de la fiancée substituée), abandonnée dans les bois, après avoir frôlé la mort, hébergée pendant neuf ans et demi chez Simon, dans la forêt du Maine, et finalement retrouvée par Pépin. Il a conduit avec soin et animation son récit ; il esquisse d'une manière personnelle les paysages ; il peint, non sans bonheur, les angoisses de Berthe, les troubles du cœur féminin et l'émoi des personnages qui se retrouvent après une longue absence. *Berte* l'emporte aussi sur les deux remaniements épiques par sa langue nuancée, difficile sous son apparente simplicité.

Adenet entreprit enfin, sur le conseil de la reine Marie et de la princesse Blanche, veuve d'un infant de Castille, d'évoquer l'histoire, *diverse et merveilleuse*, du *cheval de fust*, le cheval d'ébène, construit par Crompart, roi de Bougie, et qui transportera *Cleomadès* à travers toute l'Europe. La princesse avait probablement recueilli cette histoire en Espagne, où les Arabes ont dû l'apporter (comp. *Les Mille et une nuits* ; Girard d'Amiens* traitera le même sujet dans son *Méliacin*).

Batailles et duels, amours d'abord contrariées de Cléomadès et de Clarmondine, aventures toujours renaissantes, merveilleux et mécaniques ingénieuses : nous sommes ici en plein roman courtois (18 688 octosyllabes à rimes plates, avec quelques compositions lyriques). Utilisant d'une manière alerte ce vers classique, Adenet déroule avec joie la longue surprise des péripéties et des coups de fortune, sans se soucier de trop de rigueur. Mais dans ce *conte* de pure fantaisie, qui charmera encore Jean Froissart*, il a mis cependant une part de son expérience, notamment des souvenirs de son voyage en Italie.

Personnalité assez originale, qui manque peut-être de force, mais non de relief, Adenet a été un homme de goût, d'une sensibilité délicate. Il reste, en un sens, un provincial quelque peu attardé, mais il le fut avec talent. G. Paris a dit, non sans raison, qu'il avait été « le dernier des grands trouveurs du vrai Moyen Âge ».

A.H.

Enfances Ogier. — Chanson de geste « remaniée » à la fin du XIIIe siècle par Adenet le Roi. L'œuvre a été entreprise pour Gui de Dampierre, comte de Flandre, qui accompagna saint Louis au cours de la croisade de 1270. Adenet raconte comment Ogier, otage de Charlemagne, s'illustre au cours d'une campagne menée par l'empereur en Italie contre les Sarrasins. Un combat singulier l'oppose à un païen exceptionnellement généreux, Carahuel ; Ogier tombe aux mains des infidèles, tandis que son adversaire est emmené prisonnier par les Francs. À l'appel de Gloriande, fiancée de Carahuel, Ogier est conduit à devenir le champion de ce dernier contre Brunamon, qui l'accuse de trahison devant l'émir Corsuble. Au cours de ce duel, Brunamon est tué, et Ogier s'empare du cheval Broiefort. Carahuel, reconnaissant, lui offre son épée *Courtain*. À la suite d'une bataille générale entre chrétiens et infidèles, Ogier sauve Carahuel et Gloriande, que Charlemagne traite avec magnanimité. Ogier est récompensé de son héroïsme.

Pour écrire ce récit, Adenet a certainement utilisé d'autres sources que la première branche de la *Chevalerie Ogier**, attribuée à Raimbert. En tout cas, il semble avoir fait preuve d'initiative, bien qu'on ne puisse lui attribuer une imagination originale et vigoureuse. Il a humanisé son farouche héros, et, soucieux de courtoisie, donne un rôle important à Gloriande, se rapprochant ainsi du roman. Son savoir-faire, son habileté de versificateur rendent la lecture du poème agréable.

P.L.G.

ŒUVRES. — A. Henry, *Les Œuvres d'Adenet le Roi*, t. 1 : *Biographie d'Adenet, la tradition manuscrite*, Bruges, 1951 ; t. 2 : éd. *Buevon de Conmarchis*, Bruges, 1953 ; t. 3 : éd. *Les enfances Ogier*, Bruges, 1956 ; t. 4 : éd. *Berte aus grans piés*, Bruxelles, 1963 ; t. 5 : éd. *Cleomadès*, en 2 vol., Bruxelles, 1971. — Autres éd. : *Buevon* : A. Scheler, Bruxelles, 1874. — *Enfances Ogier* : A. Scheler, Bruxelles, 1874. — *Berte* : A. Scheler, Bruxelles, 1874 ; U.T. Holmes, Chapel Hill, 1946 ; A. Henry, Genève, 1982 (*TLF*, 305). — Version franco-italienne de *Berte* : *Berta da li pé grandi...*, éd. C. Cremonesi, Milan, 1966. — *Cleomadès* : A. Van Hasselt, Bruxelles, 1865.

→ *Enfances Ogier* : K. Togeby, *Ogier le Danois dans les littératures européennes*, Copenhague, 1969. — *Le Danois Oger, Enfances-Chevalerie, Codice Marciano XIII*, éd. C. Cremonesi, Milan, 1977 [comporte une étude comparative avec les *Enfances Ogier* d'Adenet]. — *Berte* : R. Colliot, *Adenet le Roi. Berte aus grans piés. Étude littéraire générale*, Paris, 1970, 2 vol. ; *Structure de la trahison dans les diverses versions de la légende de Berte aus grans piés*, dans *Essor et fortune de la chanson de geste... Actes du 9e Congrès Rencesvals (Padoue, 1982)*, Modène, 1984, t. 2, p. 663-678. — *Cleomadès* : P. Aebischer, *Paléozoologie de l'Equus clavileñus. Cervantes*, dans *Études de lettres*, série II, t. 6 (1962), p. 93-130. — S. Noble, *Saracen Horses in Adenet*, dans *Romance Epic*, éd. H.E. Keller, Kalamazoo, 1987, p. 189-201. — A. Berthelot, *Cleomadès, de la conjointure au déploiement*, dans *Styles et valeurs. Pour une histoire de l'art littéraire au Moyen Âge*, Textes réunis par D. Poirion, Paris, 1990, p. 9-35. — R. Colliot, *Courtoisie et amour courtois dans le Cleomadès d'Adenet le Roi*, dans *Courtly Literature, Culture and Context*, éd. K. Busby et E. Kooper, Utrecht, 1990, p. 95-111. — A. Saly, *Les « Mille et une Nuits » au XIIIe siècle. Conte oriental et matière de Bretagne*, dans *Mél. N. Hepp*, Paris, 1990, p. 15-24. Cf. *GRLMA*, t. IV/2, n° 4 ; t. IV/1, p. 378, 463, 465. — *MB* nos 254-269, 598-614, 1095-1098, 6059-6063, 6067, 6213-6219, 7184, 7295 ; *S* 1070, 1072-1076, 1956, 2235-2245, 2273, 2627.

Voir aussi : *Chevalerie Ogier*.

Adgar, dit **Williame**. On ne sait presque rien de ce clerc de la fin du XIIe siècle ; on pense qu'il s'agit peut-être de William, vicaire de 1162 à 1200 à Sainte-Marie-Madeleine, Bread Street, à moins plutôt qu'il n'ait vécu à la cathédrale Saint-Paul à Londres sans en être chanoine. Il écrivit en anglo-normand un recueil de 49 *Miracles de la Vierge* en octosyllabes, le *Gracial*, dont il donna deux versions ; la première, vers 1165-1170, est dédiée à un de ses amis nommé Grégoire, la seconde, vers 1175-1180, à une dame Mahaut, sans doute l'abbesse de Barking, Maud (vers 1175-1195), fille naturelle d'Henri II.

La source, nous dit Adgar, est un volume conservé à Saint-Paul et écrit, vers

1160, par maître Albéric, compilateur d'un recueil de miracles utilisant principalement Guillaume de Malmesbury, Anselme de Bury et Dominique d'Evesham. Plusieurs des Miracles choisis par Adgar sont situés en Angleterre, plusieurs autres à Chartres. Le *Gracial* est la plus ancienne traduction de *Miracles de la Vierge* en langue vernaculaire, avant même le recueil de Gautier de Coinci*. Il présente plusieurs légendes communes avec celui-ci — par exemple l'*Abbesse grosse, Saint Bon*, Théophile, la Sacristine**, etc. —, ainsi qu'avec d'autres collections de Miracles en français.

ŒUVRES. — *Adgar's Marienlegenden*, éd. C. Neuhaus, Heilbronn, 1886. — *Adgar. Le Gracial*, éd. P. Kunstmann, Ottawa, 1982.

→ C. Neuhaus, *Die Quellen zu Adgars Marienlegenden*, Erlangen, 1882. — M.D. Legge, *Anglo-Norman Literature and its Background*, Oxford, 1963, p. 187-191. — U. Ebel, *Das altromanische Mirakel. Ursprung und Geschichte einer literarischen Gattung*, Heidelberg, 1965 (*Studia Romanica*, 8). — Cf. *MB* n°s 3134-3138, 3430 ; *S* 5682. A.F.L.L.

Adrian. Traduction en prose occitane d'un *Dialogue d'Adrien et Epictète*, conservée dans le chansonnier provençal *R* du XIVe siècle (Paris, BN, fr. 2243, f. 138 v°). Cette série de demandes et de réponses sur des sujets de caractère moral ou religieux entre Adrien et Epictète se retrouve dans deux versions d'un texte qui dérivent de ce dialogue, sous le titre de l'*Enfant sage*. Il en existe une version française et une version catalane.

ŒUVRE. — Éd. K. Bartsch, *Denkmäler der provenzalischen Literatur*, Stuttgart, 1856, p. 306.

→ C. Brunel, n° 194 et pour l'*Enfant sage*, n°s 137, 154, 199 et 54. — Sur la version française, éd. Suchier, dans *Gesellschaft f. rom. Lit.*, t. 24 (1910), p. 428-444. — Sur la version catalane, voir A. Pagès, dans *Mél. G. Paris*, 1891, p. 181-194. G.Mi. et G.B.L.

Adson de Montier-en-Der. Né d'une famille jurassienne vers 910, mort en 992. Confié comme oblat à Luxeuil, il se livre à l'étude du *trivium* (grammaire, rhétorique, dialectique). Puis il est appelé à Toul par l'évêque Gauzlin pour diriger l'école capitulaire : il réside et enseigne en même temps à l'école abbatiale de Saint-Èvre. En 935, il devient écolâtre du monastère de Montier-en-Der, réformé dans la mouvance de Saint-Èvre, et il en est élu abbé en 967-968. Avec son ami Adalbéron, archevêque de Reims (969-988), il fréquente la cour d'Otton II, tisse des relations avec les principaux savants de son temps, tels Abbon de Fleury*, Gerbert* et Richer de Reims*. Il rassemble une bibliothèque remarquable dont le catalogue nous est parvenu (nouv. éd. Verhelst, 1990, p. 29-30). Hagiographe, poète et hymniste de qualité, il doit néanmoins sa grande renommée au traité qu'il compose sur la venue de l'Antéchrist, qui imprègne durablement la littérature apocalyptique jusqu'au début du XIIIe siècle. Sans doute chassé de son abbaye vers 990 par le comte de Troyes, il se réfugie près de Reims, prend en 992 le chemin de Jérusalem, et meurt la même année dans une île des Cyclades.

ŒUVRES. — *PL*, t. 137, col. 589-700. — 1. Traité sur l'Antéchrist (*De ortu et tempore Antichristi*), composé entre 949 et 954 à la demande de Gerberge, épouse de Louis IV d'Outremer : éd. D. Verhelst, *CCCM*, 45, Turnhout, 1976. 2. Vie de saint Frodebert, abbé de Moutier-la-Celle (après 974) : éd. N. Camuzat, *Promptuarium*, Troyes, 1610, p. 1-40. — 3. Vie de saint Mansuy, évêque de Toul : *AASS*, Sept., t. 1, Paris, 1869, p. 637-651 ; *PL*, t. 137, col. 621-644 ; *MGH, SS*, 4, p. 515-520. — 4. Vie de saint Basle : éd. J. Mabillon, *Acta SS, OSB, Saec.* 2, Paris, 1669, p. 67-75. 5. Vie de saint Berchaire de Montier-en-Der (inachevée) : éd. *ibid.*, p. 832-843. — 6. Vie de saint Waldebert (?) : *PL*, t. 137, col. 687-700. — 7. Vie de saint Èvre évêque de Toul (?) : *AASS*, Sept., t. 5, p. 66-79 ; *MGH, SS*, 4, p. 515-520. — 8. Epitaphe d'Adson abbé de Saint-Basle-de-Verzy : éd. J. Mabillon, *Acta SS OSB, op. cit.*, p. 849.

→ H. Omont, *Catalogue de la Bibliothèque de l'abbé Adson*, dans *BEC*, t. 42 (1881), p. 157-160. — R. Konrad, *De ortu et tempore Antichristi. Antichristvorstellungen und Geschichtsbild des Abtes Adso von Montier-en-Der*, Munich, 1964. — H. Taviani-Carozzi et C. Carozzi, *La Fin des Temps. Terreurs et prophétie au Moyen Âge*, Paris, 1982. — *The Use and Abuse of Eschatology in the Middle Age*, éd. W. Verbeke, D. Verhelst et A. Welkenhuyzen, Louvain, 1988 (*passim*). — D. Verhelst, *Adson de Montier-en-Der* dans *Religion et Culture autour de l'an mil. Royaume capétien et Lotharingie*, éd. D. Iogna-Prat et J.-C. Picard, Paris, 1990, p. 25-30. G.L.

Advocacie Notre Dame. Voir : Jean de Justice.

Aelred de Rievaulx. Aelred (ou Ethelred) naquit en 1110 à Hexham, à la frontière entre l'Angleterre et l'Écosse, dans une famille aristocratique. Sénéchal à la cour du roi David d'Écosse, il entra à vingt-quatre ans chez les cisterciens de Rievaulx. En 1142, il y fut désigné comme maître des novices : il écrivit alors son *Speculum caritatis* (une première rédaction de ce traité existe : le *Compendium speculi caritatis*). L'année suivante, il fut élu abbé de Saint-Laurent de Revesby, une filiale de Rievaulx. En 1147, il devint abbé de Rievaulx, charge qu'il exerça jusqu'à sa mort en 1167. Malgré la maladie, il parvint, tout en gérant efficacement son abbaye, à entretenir une importante correspondance (aujourd'hui perdue), à composer une centaine au moins de sermons, sans compter de nombreux traités spirituels : *De spirituali amicitia*, qui fut traduit en français au XIIIe siècle par Jean de Meun* (œuvre aujourd'hui perdue), *De Iesu puero duodenni, De vita eremitica, De institutione inclusarum, De natura animae* (inachevé), l'oraison « *O bone pastor* » et plusieurs œuvres historiques ou hagiographiques : *Vita S. Eduardi regis et confessoris, De sanctimoniali de Watum, De bello Standardii, Genealogia Regum Anglorum, Vita S. Niniani, De miraculis Hagulstaldensis ecclesiae.*

ŒUVRES. — Éd. *PL*, t. 195, col. 209-800. — Éd. A. Hoste, C. H. Talbot et G. Raciti, Turnhout, 1971 (*CCCM*, 1). — *Oratio pastoralis*, éd. A. Wilmart, dans *Revue Bénédictine*, t. 37 (1925), p. 263-272. — *Quand Jésus eut douze ans*, éd. et trad. A. Hoste et J. Dubois, Paris, 1958 (*SC*, 60). — *La vie de recluse, La prière pastorale*, éd. et trad. C. Dumont, Paris, 1961 (*SC*, 76).

→ A. Le Bail, dans *DSAM*, t. 1 (1937), col. 225-34. — A. Hallier, *Un éducateur monastique : Aelred de Rievaulx*, Paris, 1959. — A. Hoste, *Bibliotheca Aelrediana. A Survey of the Mss, Old Catalogues, Editions and Studies Concerning St. Aelred of Rievaulx*, Steenbrugge, 1962 (*Instrumenta patristica*, 2) ; *A Supplement to the Bibliotheca aelrediana*, dans *Cîteaux*, t. 18 (1967), p. 402-427. — A. Squire, *Aelred par lui-même*, Bourlers, 1967 ; *Aelred of Rievaulx, A Study*, Londres, 1969, rééd. 1973 et 1981 (*Cistercian Studies Series*, 50). — L.J. Friedman, *Jean de Meun and Ethelred of Rievaux*, dans *L'Esprit créateur*, t. 2 (1962), p. 135-141. Do.P.

Aeneas Silvius Piccolomini, Pie II. Poète et pape, humaniste et croisé, tel fut ce grand personnage du XVe siècle. Né en 1405 à Corsignano d'une noble famille siennoise, Aeneas fit des études de droit et de lettres. Il eut entre autres comme professeur l'helléniste Francesco Filelfo. Passionné par les auteurs antiques, il écrivit toute sa vie et toujours en latin : poésies, comédies, correspondance, histoire contemporaine, traités... Après une jeunesse assez libre, il devint secrétaire du cardinal Capranica qu'il accompagna au concile de Bâle (1431). Devenu secrétaire de Félix V en 1439, il défendit les thèses conciliaires, se rendit en ambassade auprès de l'empereur Frédéric III qui le couronna poète impérial. Secrétaire de l'empereur, il resta à ses côtés plusieurs années. Vers 1445, il décida de réformer sa vie sous l'influence de saint Bernardin de Sienne. Ordonné prêtre en 1446 ou 1447, il fut très vite désigné comme évêque ; de Trieste d'abord puis de Sienne. Cardinal en 1456, il fut élu pape en 1458. Il mourut à Ancône en 1464 au moment de s'embarquer pour la croisade contre les Turcs, projet qui avait occupé une grande partie de son pontificat et auquel il avait tenté de rallier les princes européens, dont Philippe le Bon.

Certaines œuvres d'Aeneas connurent une assez grande diffusion dans des volumes latins manuscrits puis imprimés, mais aussi grâce à des traductions. Ainsi de la lettre à Jean de Eich de 1444, intitulée *De curialium miseriis* ; de la lettre à Hyppolite de Milan de 1446, nommée *De remedio amoris*. De ces deux courts traités qui appartiennent à des traditions anciennes (anti-curiale, anti-amoureuse), il nous reste deux versions françaises manuscrites, indépendantes l'une de l'autre. Puis on imprima deux fois à Paris une traduction du *De remedio amoris*, due à un certain Albin des Avenelles, chanoine de Soissons. Mais l'œuvre qui connut le plus grand succès, fut l'*Historia de duobus amantibus, Eurialus et Lucretia* (1444). Rapidement édité en latin, ce tragique roman d'amour épistolaire fut très vite traduit aussi. D'abord en allemand, par un ami et correspondant d'Aeneas : Niklas von Wyle (1462) ; puis par deux Italiens dont Alessandro Braccesi (1478-1480). C'est le remaniement de ce dernier que traduisit Antitus Favre*. On connaît encore la version française d'Octovien de Saint-Gelais*.

Enfin, on a récemment découvert la traduction française du *De dictis et factis Alphonsi regis* (Alphonse V, d'Aragon et Sicile) d'Antonio Beccadelli (1455). Aeneas avait ajouté un commentaire à l'œuvre de son ami (avant mai 1456). Jean l'Orfèvre, serviteur de Philippe le Bon, a tout traduit dans une très belle langue (entre 1469 et 1476). On tient là une nouvelle preuve de la diffusion des œuvres humanistes italiennes au-delà des Alpes.

ŒUVRES. — *Opera omnia*, Bâle, 1551 (reprints, Francfort, 1967). — *Commentarii*, texte latin et trad. italienne de Luigi Totaro, Milan, 1984 [autobiographie et histoire contemporaine]. — *Le Remède d'amour*, trad. par Albin des Avenelles, Paris, Alain Lotrian (s.d.) ; Paris, Jean Trepperel, vers 1505. — *The Tale of Two Lovers Eurialus and Lucretia*, texte latin et trad. de Nyklas von Wyle, éd. E. J. Morall, Amsterdam, 1988.

→ G. Paparelli, *Enea Silvio Piccolomini (Pio II)*, Bari, 1950 (*Bibliotheca di cultura storica moderna*, 481) ; *Enea S.P. L'umanesimo sul soglio di Pietro*, Ravenne, 1978. — E. Garin, *Prosatori latini del Quattrocento*, Milan-Naples, 1952, p. 661-662. — N. Casella, *Recenti studi su Enea Silvio Piccolomini*, dans *Rivista di storia della Chiesa in Italia*, t. 26 (1972), p. 473-488. — F.R. Hausmann, *Enea Silvio Piccolomini poeta und die Rezeption der heidnischen Antike*, dans *BHR*, t. 35 (1973), p. 441-461. — P.M. Smith, *The Anti-Courtier Trend in Sixteenth Century French Literature*, Genève, 1966, p. 22-23 (*Travaux d'Humanisme et Renaissance*, 84). — J. Lemaire, *A propos de la traduction en français d'œuvres humanistes : comparaison matérielle entre les mss (...)*, dans *Mél. F. Masai*, Gand, 1979, p. 439-449. — E.J. Morall, *The Tale of Eurialus and Lucretia by Aeneas Sylvius Piccolomini and Niklas von Wyle*, dans *Neuphilologische Mitteilungen*, t. 81 (1980), p. 428-438. — X. von Ertzdorf, *Liebe, Individualität, Transzendenz und Tod im Prosa-Roman des 15. Jahrhunderts*, dans *Fifteenth-Century Studies*, t. 8 (1988), p. 49-65. S.L.

Agar (Lettre d') au Christ et réponse de celui-ci. Court texte anonyme de prose occitane conservé dans un recueil manuscrit hagiographique écrit au XIVe siècle en Provence. Agar, roi d'Édesse, écrit à Jésus pour lui exprimer son désir de le voir en personne afin d'obtenir sa guérison. Pour le récompenser de sa foi, Jésus lui répond et lui envoie son image, figurée sur un drap miraculeux.

ŒUVRE. — Éd. C. Chabaneau et G. Reynaud, *Légendes pieuses en provençal*, dans *RLR*, t. 34 (1890), p. 227-230.

→ C. Brunel, n° 230. G.Mi.

Agnés et Meleüs. Nouvelle en prose du XIVe siècle. Agnès, mariée à un avare et aimée du jeune Meleüs, suggère à ce dernier un plan qui lui permettra de tromper, de voler, de rendre fou et de faire mourir de douleur l'époux indésirable. L'entreprise menée à bien, « Agnés prist a mari Meleüs li cortois, et ot o lui tant de bien cum cuer d'ome ne poroit deviser ne boce dire ». Cette nouvelle, sans doute insérée primitivement dans un traité sur les vices, devait montrer les tristes conséquences de l'avarice : « et por ce ne fu nul mal se ma dame Agnés se venja de l'usurier soen mal mari. »

ŒUVRE. — Éd. dans P. Meyer, *Notice du Ms. Plut. LXXVI, n° 79 de la Laurentienne (Florence)*, dans *Bulletin SATF*, 1879, p. 72-95.

→ Cf. *MB* n° 4175. J.D.

Agobard (saint) (769-840). Né en Espagne, chorévêque avec Leydrade de Lyon, puis sacré archevêque de Lyon à la mort de ce dernier en 816, Agobard fut un ardent défenseur de la foi contre l'hérésie adoptianiste de Félix d'Urgel. Il s'opposa aux juifs, alors en pleine faveur au Palais et tout puissants à Lyon.

Il prit parti dans les luttes où s'affrontèrent l'empereur Louis le Pieux et ses fils. Profondément attaché à l'image impériale que la politique de l'empereur mettait en péril, il soutint la cause de Lothaire. Il fut l'un des principaux auteurs de la déposition de l'empereur au Lügenfeld ; il reste le principal témoin de sa pénitence à Saint-Médard de Soissons. L'échec de Lothaire le contraignit à s'exiler en Italie, de 834 à 838. Il se réconcilia ensuite avec Louis et mourut en mission à son service.

Son œuvre littéraire, étendue, comprend essentiellement des écrits politiques, des œuvres pastorales, liturgiques et théologiques, des traités contre les superstitions et contre les juifs. Un seul essai poétique lui est attribué, le poème acrostiche *Agobardo pax sit*.

Agobard n'est pas un esprit spéculatif ; il se fonde sur l'autorité de l'Écriture sainte, des canons et des Pères. Ses compositions sont celles d'un évêque plutôt que d'un homme de lettres ; mais il y fait preuve de réelles qualités stylistiques et d'une pensée claire exprimée avec fermeté.

ŒUVRES. — Éd. des œuvres complètes L. Van Acker, Turnhout, 1981 (*CCCM*, 52). — Éd. des principaux écrits dans *MGH, Epist.*, 5, p. 150-239. — Éd. *PL*, t. 104, col. 9-352.

→ A. Bressolles, *Doctrine et action politique d'Agobard. 1 : Saint Agobard, évêque de Lyon (769-840)*, Paris, 1949. — A. Cabaniss, *Agobard of Lyons*, dans *Speculum*, t. 26 (1951), p. 50-

76. — B. Blumenkranz, *Deux compilations canoniques de Florus de Lyon et l'action antijuive d'Agobard*, dans *Rev. hist. de droit français et étranger*, 4e série, t. 33 (1955), p. 146-152. — E. Boshof, *Erzbischof Agobard von Lyon. Leben und Werk*, Cologne-Vienne, 1969 (*Kölner historische Abhandlungen* 17) [bibliogr. p. 326-411]. — Brunhölzl, trad. fr. I, 2, p. 168-177 [bibliogr. p. 301-302]. — Nouveau Potthast, t. 2, 1967, p. 146-152. A.B. et M.H.J.

Aicart del Fossat. Troubadour peut-être originaire du Fossat (Ariège). Il devait se trouver à la cour de Charles d'Anjou quand celui-ci s'attendait à une attaque de Conradin, duc de Souabe, contre ses possessions des Pouilles dans la péninsule italienne. On lui doit un *sirventes* prophétique, écrit vers 1267 au sujet de ce conflit qui devait être fatal au prince allemand. On lui doit aussi une *tenso* sur un thème futile avec l'italien Girard Cavalazzi.

ŒUVRE. — Éd. A. de Bastard, *Aicart del Fossat et les événements en Italie (1268)*, dans *Mél. J. Boutière*, Liège, 1971, 1, p. 51-73 [avec trad.].

→ PC 7. — V. de Bartholomaeis, *Poesie provenzali storiche relative all'Italia*, Rome, 1931, 2, p. 245. — A. Jeanroy, *La poésie lyrique des troubadours*, Toulouse-Paris, 1934, t. 1, p. 331. J.S.

Aigar et Maurin. Fragment (1 437 décasyllabes) d'une chanson de geste du XIIe siècle, anglo-normande et occitane. Le récit — une guerre entre le roi anglais Aigar et son vassal Maurin — s'inspire des conflits historiques qui ont opposé Henri II Plantagenêt à sa femme, à ses propres enfants ou aux grands vassaux aquitains sournoisement incités à la révolte par les Capétiens. Cette œuvre aurait été composée au nord-ouest des pays d'oc, dans une langue mixte imitée de celle de *Girart de Roussillon**.

ŒUVRE. — Éd. A. Scheler, dans *Bulletin du bibliophile belge*, t. 125 (1877), p. 89-151. — Éd. A. Brossmer, dans *Romanische Forschungen*, t. 14[1] (1902), p. 1-102.

→ C. Brunel, n° 30. — W.M. Hackett, *La langue de Girart de Roussillon*, Genève, 1970, p. 115-118 [appendice sur *Aigar et Maurin*]. — C. Galley, *Aigar et Maurin, témoins de la civilisation et de la littérature des marches occidentales du Nord-Ouest* dans *Marche romane*, t. 33 (1983), p. 75-92. J.S. et G.B.L.

Aimé du Mont-Cassin. Né à Salerne vers 1010, Aimé fut évêque de Capaccio entre 1047 et 1058, puis rentra à l'abbaye du Mont-Cassin comme moine. C'est sans doute là qu'il mourut un 1er mars, après 1078.

Son œuvre principale est une *Histoire des Normands* en huit livres, dédiée à Didier, abbé du Mont-Cassin, qui raconte l'expédition et l'installation des Normands en Campanie. Avec les ouvrages de Guillaume de Pouille et de Geoffroi de Malaterra, c'est l'une des sources les plus importantes pour l'histoire de la conquête normande de l'Italie du Sud. Elle couvre la période 1016 à 1078. L'*Histoire* a été écrite primitivement en latin, mais ce texte est perdu ; seule subsiste une traduction française faite au début du XIVe siècle, entre 1285 et 1310 par un Italien, peut-être Azzon évêque de Casertano. Les autres œuvres d'Aimé sont des œuvres poétiques parmi lesquelles un *Liber in honore beati Petri apostoli* ; ce poème en vers hexamètres léonins et dédié au pape Grégoire VII, est aussi connu sous le titre *De gestis apostolorum Petri et Pauli* ; il comprend quatre livres dont les trois premiers concernent la vie de l'apôtre Pierre et le dernier celle de saint Paul ; un *De laude*, perdu, qui était dédié au jeune diacre Hildebrand. Quant au commentaire de l'Apocalypse 21, 10-20, *De duodecim lapidibus et civitate coelesti Hierusalem*, qui était probablement en vers et que Pierre Diacre attribue à Aimé, il est perdu, à moins qu'il faille l'identifier, comme le fait Lentini, avec le poème *Cives caelestis patriae* qui a été édité plusieurs fois sous le nom d'Anselme de Laon ou encore de Marbode, évêque de Redon.

ŒUVRES. — Éd. O. Delarc, *Ystoire de li Normant*, Rouen, 1892 (*Société de l'histoire de Normandie*). — Éd. V. De Bartholomaeis, *Storia dei Normanni di Amato di Monte Cassino volgarizzata in antico francese*, Rome, 1935 (*Fonti per la storia d'Italia*, 76). — *Liber in honore beati Petri apostoli*, éd. A. Lentini, *Il poema di Amato su S. Pietro apostolo*, Mont-Cassin, 2 vol., 1958-1959 (*Miscellanea Cassinese a cura dei Monaci di Montecassino*, 30-31). — *De duodecim lapidibus*, éd. A. Lentini, *Il ritmo Cives caelestis patriae e il De duodecim lapidibus di Amato*, dans *Benedictina*, t. 12 (1958), p. 23-26 [voir aussi H. Silvestre dans *RHEL*, t. 55 (1960), p. 353-354, qui met en doute l'attribution du poème à Aimé].

→ W. Smidt, *Die Historia Normannorum von Amatus. Eine Hauptquelle für die Geschichte der süditalischen Politik Papst Gregors VII*, dans *Studi Gregoriani*, t. 3 (1948), p. 173-231. — A. Lentini, *Ricerche biografiche su Amato di Montecassino*, dans *Benedictina*, t. 9 (1955),

p. 183-196 ; *Gregorio VII nel De gestis apostolorum di Amato Cassinese*, dans *Studi Gregoriani*, t. 5 (1956), p. 281-289 ; dans *Diz. biogr. ital.*, t. 2 (1960), p. 682-684. — V. D'Alessandro, *Lettura di Amato di Montecassino*, dans *Bulletino dell'Istituto storico italiano per il medio evo e Archivio Muratoriano*, n° 83 (1971), p. 79-130. — E. Cuozzo, *Amato di Montecassino e Amato di Nusco : una stessa persona ? Contributo per una ricerca prosopografica dell'Età Gregoriana nell'Italia meridionale*, dans *Benedictina*, t. 26 (1979), p. 323-348. — G.M. Cantarella, *La Fondazione della storia nel regno normanno*, dans *L'Europa nei secoli XI e XII fra novità e tradizioni : sviluppi di una cultura* (*Passo della Mendola*, 1986), dans *Studi Medievali*, t. 27 (1986), p. 1003-1012. — A. Lentini, *Medioevo Letterario Cassinese Scritti Vari*, Montecassino, 1988 (*Miscellanea Cassinese*, 57), p. 340-364. — Manitius III, 449. — Nouveau Potthast, t. 2, p. 211-212. G.T.L.

Aimeri Picaud. Voir : *Saint Jacques le Majeur (Vie de)* ; *Chronique du Pseudo-Turpin*.

Aimeric de Belenoi. Troubadour bordelais, il vécut dans les années 1216-1243. Selon sa *Vida*, il était de Lesparre, neveu de Peire de Corbiac*. Il fut clerc, s'adonna à la poésie et chanta une dame gasconne, Gentils de Rius. Il fréquenta les cours de Toulouse, de Provence, d'Aragon et de Catalogne, où, semble-t-il, il mourut. On a conservé de lui quinze poésies auxquelles M. Dumitrescu ajoute sept autres d'attribution douteuse. Troubadour discret, au nom curieux — faut-il comprendre « *Bel enoi* » ? — il a laissé des *cansos* — la plus fameuse (*PC*, 9, 14) est citée deux fois par Dante* (*De vulgari eloquentia*, II, 6 et 12) — des *sirventes* et un *planh*. Son inspiration est aussi religieuse. Il fut en relation avec Albertet* et Arnaut Catalan*.

ŒUVRES. — Éd. M. Dumitrescu, *Poésies du troubadour Aimeric de Belenoi*, Paris, 1935 (*SATF*, 79). — K. Lewent, dans *AM*, t. 52, 1940, p. 22-49 [corrections]. — Éd. partielles : C. Chabaneau, *Chanson inédite d'A. de B.*, dans *RLR*, t. 32 (1888), p. 571-573 [*PC*, 9, 9]. — A. Kolsen, *Dichtungen der Trobadors*, Halle, 1916-1919, p. 45-61, réimp. Genève, 1980 [*PC*, 9, 3-15-13a avec trad. allemande]. — F.J. Oroz Arizcuren, *La lirica religiosa en la literatura provenzal antigua*, Pampelune, 1972, p. 42-65 [*PC*, 9, 9 et 19 avec trad. espagnole]. — M. de Riquer, *Los trovadores, historia literaria y textos*, Barcelone, 1975, t. 3, p. 1298-1310 [*PC*, 9, 17-12-1 avec trad. espagnole]. — R. Richter, *Die Troubadourzitate im « Breviari d'Amor »*, Modène, 1976, p. 152-155 [*PC*, 9, 3-15-18]. — J.A. Nelson et autres, *Aimeric de Belenoi's « Aissi com hom ros afortitz » : a New Critical Edition* dans *Tenso*, 1 (1985), p. 1-7 [*PC*, 9, 4].

→ PC 9, 1-21. — M. Dumitrescu, *Positions des thèses de l'École des Chartes* (1931), p. 51-55. — A. Jeanroy, *Poésie lyrique des troubadours*, Toulouse-Paris, 1934, 1, p. 254, 331. — M. Ruffini, *Il trovatore Aimeric de Belenoi*, Turin, 1951. — Y. Lefèvre, *Deux poètes médoquains du* XIIIe *siècle (Aimeric de Belenoi et Peire de Corbian)*, dans *Le Médoc...*, Bordeaux, 1964, p. 99-107. — R.A. Taylor, *La littérature occitane du Moyen-Âge*, Toronto, 1977, n° 305. — A. Viaut, *Le texte occitan du Médoc, inventaire bibliographique*, Talence, 1977.

G.Mi. et G.B.L.

Aimeric de Peguilhan. Célèbre troubadour du premier quart du XIIIe siècle (né avant 1195-mort vers 1225). Son nom est celui d'un village de la région de Saint-Gaudens. Une ancienne *Vida*, jointe aux renseignements fournis par son œuvre, font de lui le fils d'un marchand drapier de Toulouse, bon poète, mais mauvais interprète, héros avec une bourgeoise de la ville d'une obscure aventure sentimentale qui, à la suite d'un scandale et d'une rixe, aurait provoqué son exil, d'abord en Catalogne auprès de Guilhem de Berguedan* qui en fit son « jongleur ». En est-ce la seule cause ? Allusions et envois de ses poésies le présentent en tout cas comme un troubadour errant, tour à tour attaché à Gaston VI de Béarn, Bernart IV de Comminges, Pierre II d'Aragon, Alphonse VIII de Castille et surtout à la fin de sa vie, Guillaume IV de Montferrat et Azzo VI d'Este. La tradition le fait d'ailleurs mourir hérétique (cathare, voir sa réflexion sur *nihil*) en Lombardie.

Sa réputation tient en partie au nombre assez élevé des pièces que nous possédons de lui (une cinquantaine de chansons, *sirventes*, chants de croisade, *tensos, planhs* et *partimens*), en partie aussi aux nombreuses mentions dont son œuvre est l'objet chez les auteurs médiévaux, de Matfre Ermengaud* et Jofre de Foixà* à Berenguer de Noya* et à Dante* lui-même, qui le cite parmi les « *dictatores illustres* » (*De vulg. eloq.*, II, 6, 4). Le détail de son œuvre ne justifie pas entièrement cette célébrité. De la culture sans doute, mais déjà commune à l'époque, qu'il s'agisse de ses maximes morales, ou de ses allusions littéraires (chansons de geste, romans arthuriens). Du métier chez ce professionnel de la poésie qui vécut de son art dans les cours espagnoles et italiennes, notamment en matière de poésie amoureuse, mais sans lyrisme profond, ni grande originalité technique. En somme, plutôt qu'un maître, un témoin ; caractéristique de la génération de l'exil au moment de la croisade albigeoise, porteur d'une tradition plus que créateur d'une grande œuvre, remarquable cependant par ses *planhs*, intéressant par son milieu, ses relations, ses références, plus peut-être que par sa poésie même.

ŒUVRES. — Éd. W.P. Shepard et F.M. Chambers, *The Poems of Aimeric de Peguilhan*, avec trad. anglaise, Evanston, Illinois, 1950. — Éd. partielles : M. de Riquer, *Los trovadores, historia literaria y textos*, Barcelone, 1975, t. 2, p. 963-982 [*PC*, 10, 35-34-26-22-32]. — R. Richter, *Die Troubadourzitate im « Breviari d'Amor »*, Modène, 1976, p. 156-180 [*PC*, 10, 2-7-8-12-15-17-23-24-27-33-40-41-43]. — Éd. musicale, A. Rossell i Mayo, *Monodia cortesana trobadoresca*, Barcelone, 1986, p. 17-32. — M.A. Bossy, *Medieval Debate Poetry : Vernacular Works*, New York, 1987 [éd. et trad. anglaise de PC, 10, 6].

→ PC, 10. — J. Anglade, *Les troubadours de Toulouse*, Toulouse et Paris, 1928, p. 87-119. — A. Jeanroy, *Poésie lyrique des troubadours*, Toulouse-Paris, 1934, t. 1, p. 264-265 et 332. — L. Lawner, « *Tot es niens* », dans *CN*, t. 31 (1971), p. 155-170 [à propos de *PC*, 10, 6]. — M.A. Bossy, *Aimeric de Peguilhan's Partimens*, dans *Neuphilologische Mitteilungen*, t. 2 (1979), p. 123-132. — J. Maillard, « *Descort, que me veux-tu ?* », dans *CCM*, t. 125 (1982), p. 219-223 [analyse mélodique de PC, 10, 45].

J.Maz. et G.B.L.

Aimeric de Sarlat. Troubadour périgourdin de la fin du XIIe, ou du début du XIIIe siècle, contemporain d'Aimeric de Peguilhan* : comme lui, il chanta Elvira de Subirats, épouse du comte Ermengol VIII d'Urgel. Jongleur « subtil » dit sa *Vida*, il n'a composé que des chansons d'amour ; il en reste cinq.

ŒUVRES. — Éd. R. Lavaud, *Les troubadours du Périgord*, t. 1 : *Les trois troubadours de Sarlat*, Périgueux, 1912, p. 1-5. — M. Fumagalli, *Le canzoni di Aimeric de Sarlat*, dans *TraLiLi*, t. 17, 1 (1979), p. 121-169 [*PC*, 11, 1-2-3-4] et [*PC*, 9, 11]. — Éd. partielles : M. de Riquer, *Los trovadores, historia literaria y textos*, Barcelone, 1975, t. 2, p. 806-810 [PC, 11, 1]. — R. Richter, *Die Troubadourzitate im « Breviari d'Amor »*, Modène, 1976, p. 181 [PC, 11, 2].

→ PC, 11. G.Mi. et G.B.L.

Aimoin de Fleury. Originaire du village des Francs, en Gironde, Aimoin entra comme oblat à l'abbaye de Fleury, où il devint moine vers 980-985. Il est mort après 1008. Élève d'Abbon* et de Constantin, il fut chargé de la rédaction d'ouvrages historiographiques. Son œuvre principale est l'*Historia Francorum*, qu'il laissa inachevée à l'année 654, sans doute à la mort d'Abbon (1004) qui l'en avait chargé. Il écrivit ensuite la *Vita Abbonis*, une histoire des 30 premiers abbés de Fleury (aujourd'hui perdue) et les livres 2 et 3 des *Miracula sancti Benedicti*, ainsi que quelques relations isolées de miracles et un récit de la translation des reliques de saint Benoît en vers. Il fut à l'origine de la grande activité historiographique de l'abbaye de Fleury. Son œuvre, fondamentale pour l'époque mérovingienne, fut par la suite souvent utilisée, ou recopiée puis continuée, peut-être après une étape à Sens, à Paris (Saint-Germain-des-Prés et Saint-Denis), formant ce qu'on appelle la continuation ou compilation d'Aimoin, dont la genèse n'est pas sans poser des problèmes délicats. La traduction de cette histoire par Primat au XIIIe siècle donnera naissance aux *Grandes Chroniques de France**.

ŒUVRES. — *Vita Abbonis* : éd. *PL*, t. 139, col. 387-414. — *Historia Francorum* : col. 627-798. — *Sermo in festivitatibus sancti patris Benedicti* : col. 851-870. — *Translatio patris Benedicti* : col. 797-802. — *Miracula* : éd. dans E. de Certain, *Les miracles de saint Benoît*, Paris, 1858 (*SHF*), p. 90-172. — L'éd. de la *Vita Abbonis* est en cours de préparation par R.H. et A.M. Bautier et G. Labory dans la collection des sources d'histoire médiévale publiée par l'IRHT.

→ S. Luce, *La continuation d'Aimoin et le ms. latin 12711 de la BN*, dans *Notices et documents publiés par la Société de l'Histoire de France*, 1884, p. 57-70. — J.F. Lemarignier, *Autour de la royauté française du IXe au XIIIe siècle. Appendice : la continuation d'Aimoin et le ms. latin 12711 de la BN*, dans *BEC*, t. 113 (1955), p. 25-36. — K.F. Werner, *Die literarischen Vorbilder des Aimoins von Fleury und die Entstehung seiner « Gesta Francorum »*, dans *Mél. W. Bulst*, Heidelberg, 1960, p. 69-103. — A. Vidier, *L'historiographie à Saint-Benoît-sur-Loire et les miracles de saint Benoît*, Paris, 1965. — R.H. Bautier, *La place de Fleury dans l'historiographie française*, dans *Études ligériennes d'histoire et d'archéologie médiévales (1969)*, Auxerre, 1975, p. 25-34. — C. Le Stum, *L'Historia Francorum d'Aimoin de Fleury. Étude et édition critique*, dans *Positions des thèses de l'École des Chartes*, Paris, 1976, p. 89-93. — J.M. Berland, *Un moine aquitain de l'an* *mil : Aimoin de Fleury*, dans *Revue hist. de Bordeaux et du département de la Gironde*, t. 30 (1983-1984), p. 5-32. — B. Schneidmüller, *Ein Geschichtskompendium des frühen 13. Jahrh. aus Saint Denis (Vat. Reg. lat. 550) als Vorlaüfer des Grandes Chroniques*, dans *Quellen und Forschungen aus italienischen Archiven und Bibliotheken*, t. 67 (1987), p. 447-461. — Molinier nos 976, 1101. — Nouveau Potthast, t. 2, p. 158-159. G.T.L.

Aimon de Varennes. On ne peut établir l'existence d'Aimon de Varennes qu'à partir des quelques mentions de lieux et de son propre nom, qu'il nous livre dans le roman de *Florimont*, composé en 1188, si l'on en croit sa propre indication. Il pourrait descendre d'un lignage de petite noblesse originaire de Varennes-lès-Mâcon, dont le nom apparaît dans quelques cartulaires de la région lyonnaise. La famille de Varennes se serait alliée à celle de Châtillon d'Azergues, où Aimon dit avoir écrit *Florimont*. Les particularités linguistiques propres à la région du Lyonnais ou du Forez, qui colorent le texte, portent complément et témoignage en faveur de cette origine géographique.

Le roman est un long texte tiré d'une légende relative à la fondation de Philippopoli (plus de 13 000 octosyllabes) dont le cadre antique et pseudo-oriental (Grèce, Macédoine, Asie), très conventionnel et stéréotypé, sans le moindre réalisme ou mystère, sert de toile de fond aux aventures et actions diverses, et quelquefois confuses de Florimont, grand-père de Philippe de Macédoine et arrière-grand-père du grand Alexandre. Aimon s'est fortement inspiré de *Partonopeus de Blois**, dont il est malheureusement loin d'avoir les finesses de narration et d'expression. On retrouve, entre autres, la relation amoureuse du héros avec une fée — la Pucelle de l'Ile Celée — qui lui impose le tabou de ne jamais révéler leur liaison. Secret dévoilé, bien sûr, qui fait repartir Florimont — dit le Povre Perdu — vers de nouvelles aventures aboutissant à son mariage avec la princesse Romadanaple.

L'histoire de Florimont a eu un certain succès, témoin le nombre de manuscrits qui nous en reste (14), ainsi que les réfections en prose du XVe et les éditions imprimées du XVIe siècle. Elle sera utilisée par Perrinet du Pin* pour son *Histoire de Philippe de Madien*.

ŒUVRE. — Éd. A. Hilka, *Aimon de Varennes : Florimont, ein altfranzösischer Abenteuerroman*, Göttingen, 1933 (*Gesellschaft für romanische Literatur*, 48).

⟶ P. Gardette, *Aimon de Varennes Lyonnais*, dans *Romania*, t. 77 (1956), p. 506-510. — A. Fourrier, *Le Courant réaliste dans le roman courtois en France au Moyen Âge*, Paris, 1960, p. 447-485. — M. Rigby, *The Education of Alexander the Great and Florimont*, dans *MLR*, t. 57 (1962), p. 392-393. — D. Kelly, *The Composition of Aimon de Varennes' Florimont*, dans *Romance Philology*, t. 23 (1969-1970), p. 277-292. — H. Braet, *Le songe de l'arbre chez Wace, Benoît et Aimon de Varennes*, dans *Romania*, t. 91 (1970), p. 255-267 [valeur prophétique de l'arbre gigantesque vu en songe]. — C.C. Willard, *A Fifteenth Century Burgundian Version of the Roman de Florimont*, dans *Medievalia et Humanistica*, t. 2 (1971), p. 21-46 [sur la version en prose composée au XVe s.]. — A. Adams, *Destiny, Love and the Cultivation of Suspense. The Roman d'Eneas and Aimon de Varennes' Florimont*, dans *Reading Medieval Studies*, t. 5 (1979), p. 57-69. — Cf. *GRLMA*, t. IV/2, n° 8 ; t. IV/1, p. 98, 276-277, 439, 441. — Woledge, nos 58-61. — Cf. *MB* nos 1099-1104, 4125, 6220, 7296, 7297 ; *S* 2246-2254, 6150, 6615. C.R.

Aiol. Chanson de geste des XIIe et XIIIe siècles. Longue de 10 983 vers assonancés, elle est composée de deux parties. La première date de 1160 environ et est écrite en décasyllabes à césure 6/4, coupure rare. La seconde, rédigée en dialecte picard entre 1205 et 1215 ne serait qu'un remaniement en alexandrins.

Élie est le beau-frère de Louis, fils et successeur de Charlemagne. Disgracié par les intrigues sournoises d'un traître, Macaire de Lausanne, il doit quitter la cour. Il se réfugie dans les landes de Gascogne avec sa femme Avisse ; et là leur naît un fils, Aiol. Presque enfant encore, Aiol prend à son père ses armes et son cheval Marchegai. Il veut, auprès du roi, justifier Élie. Au cours du long voyage, à Poitiers, à Châtellerault, à Blois, à Orléans, on le raille sur ses armes ; mais sa bravoure arrête les rires. Dès son arrivée près du roi, il se distingue dans la lutte que le souverain doit soutenir contre son vassal révolté, le comte de Bourges. Aiol a gagné la faveur du roi. Envoyé alors en ambassade à Pampelune auprès du roi sarrasin Mibrien, il enlève la fille de celui-ci. De retour à la cour de Louis, avec sa belle et obéissante captive, il avoue au roi sa naissance. Élie est rappelé. Mirabel est baptisée et Aiol l'épouse. Le traître

Macaire reparaît. Il fait prisonniers Aiol et Mirabel. Il les livre au roi Mibrien. Il jette dans le Rhône leurs enfants. Ceux-ci, sauvés miraculeusement par un pêcheur, sont conduits à la cour du roi de Venise. Cependant Aiol s'échappe de Pampelune et retrouve ses enfants. Les rois de France et de Venise sont entraînés par lui à la guerre contre Mibrien, guerre que le succès couronne : Pampelune est prise ; Mirabel est délivrée ; Macaire est écartelé.

Il existe de ce poème des imitations italiennes, dont le héros porte le nom d'Aiolfo del Barbicone, et même des romances espagnoles célébrant la même aventure prêtée au héros Montesinos. Il est inutile de supposer un prototype provençal à la chanson (saint Aioul, abbé de Lérins). Les allusions faites à ce saint semblent être des inventions du remanieur picard.

ŒUVRE. — Éd. W. Foerster, 2 vol., Heilbronn, 1876-1882. — Éd. J. Normand et G. Raynaud, Paris, 1877 (*SATF*).

→ J. Bédier, *Les Légendes épiques*, Paris, t. 2 (1917), p. 207 sqq., t. 4 (1921), p. 239, 406, 426. — M. Delbouille, *De la composition d'Aiol*, dans *RBPH*, t. 11 (1932), p. 45-75. — P. Bancourt, *Étude de quelques motifs communs à l'épopée byzantine Digénis Akritas et à la chanson d'Aiol*, dans *Romania*, t. 95 (1974), p. 508-532. — R.H. Spencer, *Le rôle de l'argent dans Aiol*, dans *Charlemagne et l'épopée romane, Actes du 7e congrès de la Société Rencesvals, Liège, 1976*, Paris, 1978, p. 653-660. — S.G. Obergfell, *The Problem of Didacticism in the Romance Epic : Aiol*, dans *Olifant*, t. 6 (1978-1979), p. 21-33. — M. Mancini, *Aiol et l'ombre du père*, dans *Actes du 8e congrès de la société Rencesvals*, Pampelune, 1981, p. 305-311. — J. Flori, *L'idéologie aristocratique dans Aiol*, dans *CCM*, t. 27 (1984), p. 205-221. — H. Legras, *De Vivien à Aiol : De la sainteté martyre à la sainteté commune*, dans *Actes du 10e congrès de la Société Rencesvals, Padoue, 1982*, t. 2, Modène, 1984, p. 931-948. — Cf. *MB* nos 163-166 ; *S* 1001 *bis*-1003. R.Ba.

Aiquin. Chanson de geste (XIIe siècle) comprenant environ 3 000 décasyllabes, assonancés ou rimés. Elle est conservée par un seul manuscrit du XVe siècle, très mauvaise copie, remplie de formes corrompues et mutilée du début et de la fin de l'œuvre. Le poème primitif date sans doute de la fin du XIIe siècle (entre 1170 et 1190) ou du tout début du XIIIe siècle. L'auteur semble être un Breton, connaissant bien la région de Dol, un homme cultivé, peut-être un clerc. On a proposé un jongleur du nom de Garin Trossebuef, cité dans un diplôme de 1181 ; mais cette attribution est discutée par F. Joüon des Longrais et réfutée par J. Bédier et F. Jacques.

Le sujet est la reconquête de la Bretagne par Charlemagne sur le roi sarrasin Aiquin. On voit qu'il est de pure fantaisie, bien qu'on y puisse retrouver quelques éléments historiques. L'aventure se place au début du règne de Charles, au retour d'une expédition en Saxe. On y voit figurer le père de Roland et le duc Naimes. Roland, Olivier, Ogier et les autres pairs, trop jeunes alors, ne paraissent pas encore. Aiquin, empereur des Sarrasins, débarque en petite Bretagne. Il la conquiert. Charles vient secourir l'archevêque de Dol, héros de la résistance. Les Français, d'abord vainqueurs, sont vaincus dans l'île de Cézembre et Naimes risque d'y périr blessé, et près d'être recouvert par le flux. Enfin Français et Bretons prennent Guidalet, où s'est retranché Aiquin. Nouvelle bataille devant Carhaix, entre Naimes et Aiquin. Ce dernier prend la fuite. Sa femme, prisonnière, se fait chrétienne et reçoit le baptême.

L'étude des sources du poème a permis de reconnaître que les Sarrasins sont ici mis pour les Normands : l'auteur va même jusqu'à les nommer les « Norois » ou les « gens du Nort païs » ; mais, copiant l'épopée traditionnelle, il les confond avec les Sarrasins. Car il connaît la *Chanson de Roland**, *Aspremont**, et même *Girart de Vienne**. La valeur littéraire de l'œuvre est assez faible, mais elle conserve quelques traditions spécifiquement bretonnes qui la rendent précieuse. Ainsi Roland, fils de Tiori de Vannes et de Baquehaut, sœur de Charlemagne, est présenté comme le futur héros des marches de Bretagne. Un intérêt tout particulier apparaît pour la région de Saint-Servan, et J. Bédier en a tiré d'ingénieuses conclusions. On ne peut non plus oublier que, d'après Froissart, la famille de Du Guesclin prétendait descendre d'Aiquin, dont Charlemagne aurait fait baptiser le fils, lui donnant le nom d'Olivier avec le fief de Glay Aquin.

ŒUVRE. — *Le roman d'Aiquin ou la Conqueste de la Bretagne par le roy Charlemaigne*, éd. F. Joüon de Longrais, Nantes, 1880 (*Soc. des bibliophiles bretons*). — Éd. F. Jacques, *Senefiance*, t. 8 (1979).

→ P. Paris, *Conquête de la petite Bretagne*,

dans *HLF*, t. 22 (1852), p. 402-411. — A. de la Borderie, *Histoire de la Bretagne*, 1899, t. 3, p. 229-242. — F. Lot, *Le roi Hoël de Kerahès*, dans *Romania*, t. 29 (1900), p. 380-402. — J. Bédier, *Les légendes épiques*, Paris, 1917, t. 2, p. 99-142. — J. Horrent, *L'histoire poétique de Charlemagne dans la littérature française du Moyen Âge*, dans *Charlemagne et l'épopée romane. Actes du 7ᵉ Congrès Rencesvals, Liège, 1976*, Liège, 1978, t. 1, p. 27-57 ; *Aiquin. Brèves considérations d'histoire littéraire*, dans *Mél. C. Foulon*, Rennes, 1980, t. 2, p. 153-156. — Cf. *GRLMA*, t. III/2, n° 15. — *MB* nᵒˢ 219-220 ; *S* 1035-1036. R.Ba. et A.F.L.L.

Alain Chartier. Fils de Jean Chartier, riche bourgeois de Bayeux, Alain naît dans cette ville entre 1385 et 1395. Il vient faire ses études à l'Université de Paris. Il fera rapidement carrière, comme ses frères cadets Guillaume et Thomas. Après la mort d'Alain, le premier sera évêque de Paris et le second historiographe du roi.

Avant même de devenir maître ès arts, Alain fait sans doute partie des officiers de l'hôtel de Yolande d'Aragon. Il figure en tout cas sur les listes de ceux à qui on doit payer leurs services, entre le 19 février 1409 et le 19 septembre 1414. Charles, fils de Charles VI, et gendre de Yolande d'Aragon, vivait alors chez sa belle-mère. Or, en 1417, Charles devient dauphin par la mort de son frère aîné Louis de Guyenne. Alain devient aussitôt son secrétaire. En 1418, lorsque les Bourguignons prennent le pouvoir dans la capitale, le dauphin part pour Bourges. Alain l'accompagne ; il sera notaire et secrétaire royal pendant dix ans. À ce titre, il perçoit des gages mais obtient aussi des charges. Certaines restèrent symboliques : ainsi sa nomination comme chanoine de Paris en février 1420 puis septembre 1421, n'eut aucun effet dans une capitale bourguignonne ; le titre de chancelier de Bayeux, octroyé pour son action lors des traités de Perth et Chinon, ne lui apporta rien puisque Bayeux restait aux mains des Anglais. Les seuls bénéfices réels qu'il posséda furent un canonicat à Tours et la cure de Saint-Lambert-des-Levées, au diocèse d'Auxerre. À cause de cette cure, il fut ordonné prêtre en 1426.

Les œuvres latines et françaises d'Alain Chartier jalonnent son existence et témoignent des soubresauts de l'histoire. Ainsi, avant le meurtre du duc Jean sans Peur à Montereau, dont le dauphin fut accusé et qui lui ôta tout espoir de rentrer dans Paris, Alain adressa une lettre politique à l'Université de Paris : il lui demandait d'œuvrer pour la paix, pour le roi et son fils et pour le royaume de France déchiré par la guerre étrangère et la guerre civile. Plus tard, avant août 1422, il écrit un de ses chefs-d'œuvre, le *Quadrilogue invectif*, texte en prose qui eut une longue postérité. Quatre très beaux discours remplis de plaintes et de récriminations s'y succèdent ; ce sont ceux de la France en deuil, du Peuple, du Chevalier et du Clergé. Ce dernier conclut cet exposé amer et angoissé en réclamant l'union des trois ordres contre l'ennemi et pour soutenir le roi. À cette prosopopée politique, morale et satirique, succède une œuvre latine, sur le même sujet mais d'un ton moins pessimiste : l'*Ad detestacionem belli gallici et suasionem pacis*. Le roi d'Angleterre Henri V, héritier présomptif de son beau-père Charles VI depuis le traité de Troyes, le précède de deux mois dans la tombe. C'est donc le moment pour la France de se rassembler autour de Charles VII, et de tenter de se relever. Mais les entrevues de Bourg-en-Bresse entre les envoyés de Charles et ceux du duc de Bourgogne, Philippe le Bon, allié des Anglais, échoueront. En 1425, Alain est envoyé en mission en Allemagne auprès du roi des Romains, Sigismond, dont Charles VII voudrait qu'il arbitre le différend franco-anglais. Alain prononce alors deux discours latins. Son ambassade le pousse ensuite jusqu'à Venise. Il rentre en France à la fin 1425, en passant peut-être par Milan. En avril 1426, il s'acquitte d'une autre mission auprès de Philippe le Bon ; en 1428, il se rend en Écosse pour renforcer l'ancienne alliance des deux royaumes. Le traité de Perth est alors conclu, qui promet une armée à Charles VII et la main de Marguerite d'Écosse au dauphin. L'envoi des troupes sera rendu inutile par les succès de Jeanne d'Arc. Comme pour Christine de Pizan*, Jeanne est d'ailleurs le sujet de la dernière œuvre connue d'Alain. Non pas d'un poème, mais d'une lettre latine écrite entre juillet et septembre 1429 et certainement adressée au duc de Milan. Ceci en expliquerait le style inattendu, plus proche de celui des chancelleries italiennes que des chancelleries françaises. Enfin, c'est en Avignon, où il s'était rendu probablement en mission, qu'Alain mourut le 20 mars 1430. Il fut enterré dans l'église de Saint-Antoine de Viennois, où son frère Guillaume fit mettre une plaque en 1459.

Parallèlement à une œuvre spécifiquement consacrée aux malheurs du temps et à la politique, Alain Chartier a composé des textes plus intimistes, mais aussi de la poésie courtoise « traditionnelle ». C'est grâce à ses rondeaux et ballades, dont les premiers datent de la période 1414-1416, grâce au *Lai de Plaisance* (1414) puis à la *Belle Dame sans Merci* (1424) qu'Alain impose ses talents de poète français à la cour. Cette veine courtoise, tempérée de traits d'humour, est encore exploitée en 1425 dans le *Débat des deux fortunés d'amour* ou *Débat du gras et du maigre chevalier* et, à une date inconnue mais sans doute proche, dans le *Débat de réveille-matin*. Le premier texte reproduit les discours contradictoires de deux amants. Pour le gras chevalier, l'amour n'a que douceur ; c'est un principe civilisateur : par amour, on se cultive, on écrit de la poésie, on montre son courage. Pour le maigre chevalier tout vêtu de noir, amour mène à la jalousie et au désespoir. Le *Débat de réveille-matin* est un dialogue entre un amant qui, tout à ses pensées amoureuses, ne peut trouver le sommeil et réveille un sage dormeur pour l'entretenir de ses problèmes.

Il serait cependant maladroit d'opposer strictement les deux sources d'inspiration : politique et publique d'une part, courtoise et intimiste de l'autre. Souvent Alain reprend la même thématique d'un registre à l'autre. Ainsi le *Livre des quatre Dames* (1416) se présente tout à la fois comme un débat traditionnel sur la question de savoir qui de quatre femmes souffre le plus par amour, et comme un témoignage éploré de la situation française après l'hécatombe subie par la noblesse à Azincourt (1415) : l'amant de la première dame y est mort ; celui de la seconde (l'épouse de Charles d'Orléans ?) y a été fait prisonnier ; la troisième ne sait s'il est mort ou vivant ; la quatrième a perdu tout amour pour un homme qui a fait partie des fuyards. À l'inverse, le *Dialogus familiaris amici et sodalis* (1426-1427), sorte de méditation morale où Alain se met sans doute en scène, pour la première fois, sous les traits du « sodalis », est aussi un pamphlet politique *super deploratione Gallice calamitatis*. Perce dans cette œuvre l'amertume d'un serviteur du roi qui voit combien la corruption des nobles et des ambitieux va à l'encontre de la vertu et du désintéressement nécessaires à la bonne marche d'un gouvernement et au redressement de la France. Cet esprit anti-curial s'exprime à nouveau dans le *De vita curiali* (vers 1427), épître morale et rhétorique du même genre que celles de Jean de Montreuil* et Nicolas de Clamanges*. Alain s'y adresse, non pas à son frère Guillaume, comme on l'a longtemps cru, mais à « frère en Dieu », un ami qu'on ne saurait identifier, à supposer qu'il ait existé et ne soit pas seulement une figure de rhétorique, celle du destinataire. Alain use dans ce texte d'une double thématique : la critique de la vie de cour s'oppose à l'éloge de la vie tranquille et libre. Cette satire n'est pas faite de l'extérieur, comme une satire du courtisan parasite, mais de l'intérieur par un homme qui, au service de l'État, a vécu à la cour et en a aperçu tous les dangers. Quant à l'éloge de la vie tranquille, elle n'oppose pas ville et campagne comme dans tant de textes des classiques latins, repris par un Pétrarque* ou un Eustache Deschamps*. Ce même dégoût de la cour, plus sincère sans doute que chez Jean de Montreuil et Nicolas de Clamanges, transparaît encore dans l'œuvre d'Alain restée inachevée : le *Livre de l'Espérance*. Ce texte en prose et vers fut commencé en 1428, dix ans après le début de l'exil de Charles VII et le véritable commencement de la guerre civile. Réfléchissant à la différence des temps passés et de son époque, Alain ne peut que délaisser la poésie amoureuse et écrire une œuvre de douleur. Une vieille femme, Mélancolie, lui apparaît et le poète, terrifié, tombe sur son lit. Trois autres femmes épouvantables se présentent alors : Indignation qui fait le procès de la cour, Défiance qui signifie la mort de la justice et du bien commun, Désespérance, qui invite le poète à rompre les liens d'une vie sans avenir autre que le malheur. Nature réveille alors l'Entendement du poète et convoque Foi et Espérance ; puis la consolation, toute pleine d'exemples et de citations, se déroule, qui ramène le poète vers Dieu et la prière. C'est d'ailleurs sur le modèle de la prière qu'Alain Chartier avait composé son texte en vers le plus répandu : le *Breviaire des nobles*. Noblesse y invite à une régénération par la récitation d'heures, placées sous le signe de douze vertus, dont la première est Foi et la dernière Persévérance.

Le succès d'Alain Chartier se manifeste au renom qu'il a acquis auprès de ses contemporains et des générations suivantes. Il se marque également au nombre des manuscrits qui conservent ses différentes pièces françaises (jusqu'à 53 pour le *Breviaire*), à la diffusion relativement importante du *Dialogus* (14 mss) et du *De vita curiali* (11 mss). Ces deux textes ont, d'ailleurs, été traduits en français. Et si on ne connaît qu'un unique ms. de la version française du *Dialogus*, le texte français du *Curial* (21 mss) a même fini par occulter l'œuvre latine originale. Pour Martin Le Franc* déjà, vers 1447-1448, puis pour Jean de Lannoy et Robert Gaguin*, c'est le texte français qui est l'œuvre d'Alain. Cette erreur se perpétua jusque dans la première édition du *Curial* en 1899. Mais ce qui, plus que tout, a fait d'Alain Chartier un auteur classique pour la fin du Moyen Âge et même le XVIe siècle, c'est la *Belle Dame sans Merci*. Première pièce d'un cycle qui oppose un amant-martyr à une femme qui lui répond avec indifférence et ne veut lui manifester ni pitié, ni attendrissement, ce débat va rebondir et générer d'autres textes. Peut-être composée dans le cadre de la Cour amoureuse fondée par Charles VI, ou tout au moins dans sa tradition, la *Belle Dame* suscite une lettre des amants aux dames contre Alain : le poète leur montre l'exemple de l'intransigeance, par dépit amoureux. Les dames font parvenir cette lettre au poète et lui rappellent qu'un jour a été fixé pour que les parties adverses s'expliquent. Alain, alors en ambassade, répond par l'*Excusacion envers les dames* ; il y raconte une vision qu'il a eue du dieu d'Amour : celui-ci l'accuse d'avoir fait des dames des cruelles et des orgueilleuses, mais le poète s'en défend. Il n'a fait qu'exposer le débat particulier d'un homme et d'une femme et, pour lui, le cœur de toute femme est habité de pitié. C'est à l'amant de savoir souffrir assez longtemps pour y accéder. Amour, apaisé, remet le soin de la sentence aux dames. C'est alors la *Response des Dames* : tout à fait insatisfaites, elles condamnent le poète comme hérétique à la doctrine d'amour. Jeu de cour ou fiction construite par Alain lui-même, le débat de la *Belle Dame* se poursuivra de procès en procès dans les œuvres de Baudet Hérenc*, d'Achille Caulier* et d'anonymes.

L'œuvre latine et française d'Alain a été très tôt imprimée. Sous le titre des *Fais maistre Alain Chartier*, on a réuni œuvres en prose (*Livre de l'Espérance, Curial, Quadrilogue*) et œuvres en vers (*Lai de Paix, Bréviaire, Débat du réveille-matin, Belle-Dame* et pièces annexes, une complainte, des rondeaux et ballades, *Lai de Plaisance*), plus des textes faussement attribués à Chartier. Ce recueil, imprimé pour la première fois en 1489 à Paris par Pierre Le Caron, a été réédité deux fois par le même imprimeur (1493-1494 environ), puis trois fois par Michel Le Noir (en 1514, vers 1520 et en 1523), vers 1515 par la veuve Trepperel et Jean Janot, en 1526 et 1529 par Galliot du Pré. D'autre part, sous le titre d'*Epistole*, parurent l'*Epistola de detestacione*, l'*Epistola ad Universitatem parisiensem* et l'*Invectiva ad ingratum amicum*. La première édition de 1498 chez Jean Petit et Félix Baligault fut reprise pas moins de six fois par des éditeurs parisiens, jusqu'en 1520 environ. Enfin, dans les différentes éditions du *Jardin de Plaisance** (première en 1500) figuraient une ballade et le *Débat des deux fortunés d'amour*.

Poète d'une nouvelle courtoisie, plus amère et bientôt procédurière, auteur pour qui la politique doit être avant tout une morale, Alain Chartier fut, on l'a trop longtemps oublié, un excellent écrivain latin. L'imprégnation de ses textes latins par les œuvres antiques s'est faite peu à peu plus profonde et ses *Epistole* ont pu servir de modèles. Quant à son œuvre française, il est certain qu'elle a influé sur la première génération des Rhétoriqueurs* : la prosopopée, la plainte, l'invective du *Quadrilogue* ne sont pas restées sans écho, non plus que le *Livre de l'Espérance*, un des premiers exemples de prosimètre.

ŒUVRES. — P. Bourgain-Hemeryck, *Les œuvres latines d'A.C.*, Paris, 1977 (*Sources d'histoire médiévale*) [donne aussi les textes français du *Dialogus* et du *Curial*]. — J.C. Laidlaw, *The Poetical Works of A.C.*, Cambridge, 1974 ; *Poèmes*, Paris, 1988 (*10/18*) [reproduction partielle et sans les variantes de l'éd. antérieure ; manquent le *Lai de Plaisance*, le *Débat des deux fortunés d'amour* et les rondeaux et ballades]. — *La Belle Dame et les poésies lyriques* (ballades et rondeaux), éd. A. Piaget, Paris, 1945 (*TLF*, 1). — *Le Quadrilogue invectif*, éd. E. Droz, Paris, 1923 (*CFMA*, 32). — *Le Livre de l'Espérance*, éd. F. Rouy, Paris, 1989 (*Bibliothèque du* XVe *siècle*, 51). — *La Belle Dame*, trad. italienne de Carlo del Nero en 1471, éd. W. Söderhjelm, dans *RLR*, t. 35 (1891), p. 95-127 ; trad. catalane de fra Francesc Oliver, éd. M. de Riquer, Barcelone, 1983. — Le *Livre de l'Espérance* et le *Quadrilogue*, trad. en anglais au XVe siècle, éd. M.S. Blayney, 1974-1980, 2 vol. (*Early English Texts*, 270).

→ P. Champion, *Histoire poétique du XVe siècle*, Paris, 1923, t. 1, p. 1-165. — C.J.H. Walravens, *Alain Chartier*, Amsterdam, 1971 [éd. de nombreux documents dont ceux qu'Alain écrivit et signa comme secrétaire royal ; biographie critique ; datation des œuvres latines et françaises à corriger parfois d'après l'éd. de P. Bourgain]. — A. Piaget, *La Belle Dame sans merci et ses imitations* dans *Romania*, t. 30 (1901), p. 22-48, 317-351 ; t. 31 (1902), p. 315-349 ; t. 33 (1904), p. 179-208 ; t. 34 (1905), p. 375-428, 559-597. — J.C. Laidlaw, *English Translations of A.C.*, dans *The Modern Language Review*, t. 56 (1961), p. 222-224. — D. Poirion, *Le Poète et le Prince, L'évolution du lyrisme courtois de Guillaume de Machaut à Charles d'Orléans*, Paris, 1965, reprints Genève, 1978, p. 255-270 ; *Lectures de la Belle Dame sans mercy*, dans *Mél. P. Le Gentil*, Paris, 1973, p. 691-705. — D. Rieger, *A.C. Belle Dame sans Mercy oder der Tod des höfischen Liebhabers* (...), dans *Mél. H. Friedrich*, Francfort, 1975, p. 683-706. — G.A. Jonen, *Allegorie und späthöfische Dichtung in Frankreich*, Munich, 1974 (*Beiträge zur romanischen Philologie des Mittelalters*, 9). — G. di Stefano, *A.C. ambassadeur à Venise*, dans *Culture et politique en France à l'époque de l'Humanisme et de la Renaissance*, Turin, 1974, p. 155-168. — W.W. Kibler, *The Narrator as Key to A.C.'s La Belle Dame sans mercy*, dans *The French Review*, t. 52 (1979), p. 714-723. — F. Rouy, *L'esthétique du traité moral d'après les œuvres d'A.C.*, Genève, 1980 (*Publications romanes et françaises*, 152). — J. Krynen, *Idéal du prince et pouvoir royal en France à la fin du Moyen Âge (1380-1440) : étude de la littérature politique du temps*, Paris, 1981. — J. Blanchard, *Vox poetica, vox politica : l'entrée du poète dans le champ politique au XVe s.*, dans *Études littéraires sur le XVe siècle, Actes du 5e colloque sur le Moyen Français*, Milan, 1986, t. 3, p. 463. — J. Brami, *Un lyrisme de veuvage. Étude sur le poétique dans La Belle Dame sans mercy*, dans *Fifteenth-Century Studies*, t. 15 (1989), p. 53-66. — P. Bourgain, *Style professionnel et style personnel : les différents niveaux stylistiques chez A.C. secrétaire de Charles VII*, dans *Cancelleria e cultura nel Medio Evo*, Vatican, 1990, p. 169-185. — R. Meyenberg, *Alain Chartier prosateur et l'art de la parole au XVe siècle*, Berne, 1992 (*Romanica Helvetica*, 107). — Cf. *GRLMA*, t. VIII/1, p. 74 sq., 95 sq., 101 sq., 157 sq. — *MB* n°s 4483-4522, 6846-6852, 7893-7894 ; *S* 6786-6787, 6810, 6812, 6947, 6984-7004, 7333, 7475-7489, 7575. S.L.

Alain de la Roche (Alanus de Rupe, A. Van der Clip). Dominicain breton du couvent de Dinant (Côtes-d'Armor). Alain étudie à Paris (1453-1460), puis dans d'autres villes, dont Rostock, où il obtient son doctorat en théologie (1474). En 1462 il s'installe à Lille, où il rentre dans la congrégation hollandaise des dominicains réformés. Prêcheur et écrivain à succès, il est auteur de sermons et de traités de piété mariale, connu surtout comme propagateur du rosaire. Il est décédé en 1475 à Zwolle. Son *Compendium psalterii*, dont on a une traduction néerlandaise et une autre italienne, est édité en 1479 à Cologne, et l'*Epilogus psalterii* en 1485, probablement à Anvers. Un autre ouvrage d'Alain qui mérite l'attention est le traité *De dignitate sive excellentiis sacerdotum*. L'ensemble de ses écrits latins ont été publiés à Stockholm en 1498 (Hain, 14035). En gardant leur « matière » et en leur donnant une nouvelle « forme », J.A. Coppenstein a préparé une édition remaniée, parue à Fribourg en 1619 et à Cologne en 1624.

→ Liste des écrits, des mss, des éd. et la littérature, dans T. Kaeppeli, *Scriptores Ordinis Praedicatorum medii aevi*, t. 1, Rome, pp. 21-25. — S.G. Axters, *Bibliotheca dominicana Neerlandica manuscripta*, Louvain, 1970, p. 132-133. — R. Creytens, *Les commentaires dominicains de la Règle de saint Augustin du XIIIe au XVIe siècle, III*, dans *Archiv. Frat. Praedicat.*, n° 36 (1966), p. 267-293, 298-312. Z.K.

Alain de Lille. Né à Lille, vers 1128, Alain garde des liens avec son pays natal mais il réside surtout à Paris où il est étudiant puis maître, et à Montpellier, où il paraît avoir enseigné. Vers la fin de sa vie, il entre à Cîteaux où il meurt en 1203.

Avant Albert le Grand* († 1280), Alain de Lille mérita le titre de *Doctor universalis*. L'épitaphe de sa tombe le présentait comme un homme « qui a su Deux, Sept et tout ce qui pouvait être su de son temps », c'est-à-dire les deux Testaments et les sept Arts.

De fait, sa production littéraire est abondante et diversifiée. Sans prétendre à l'exhaustivité, signalons les œuvres plus importantes qui ont souvent bénéficié, ces dernières décennies, d'études approfondies, voire de nouvelles éditions.

On s'accorde à voir dans le *De planctu naturae* un des premiers écrits d'Alain, probablement antérieur à 1171. Il s'agit d'un prosimètre : forme littéraire qui consiste à entrecouper un texte en prose par des poèmes de différents mètres. Œuvre originale, à l'imagerie symbolique foisonnante et parfois incohérente, rédigée par un professeur d'arts libéraux respectueux des règles de la rhétorique et du *dictamen*, le *De planctu* critique les vices de l'homme, en particulier la sodomie, et dénonce la faillite de la nature incapable à elle seule d'empêcher l'homme de succomber aux désordres des sens. Pour relever la nature, il faudra le secours sacramentel d'Hymen et de l'appareil ecclésiastique qui frappera les coupables. D'après une récente étude sur le prologue du *De planctu*, Alain, à travers la condamnation générale de l'homosexualité, s'en prendrait à la conduite scandaleuse de Roger de Pont-l'Evêque archevêque d'York, homme de grande ambition et ennemi acharné de Thomas Becket.

Lié également à la tradition scolaire, l'*Anticlaudianus* daterait des années 1182-1183. En même temps qu'il décrit l'époque de l'« homme parfait » réclamé par Nature mais qu'elle ne peut procréer d'elle-même, ce poème dresse un tableau encyclopédique des connaissances situées à leur juste place et il fait l'éloge des vertus morales inséparables des facultés intellectuelles. Prudence, mère des Arts, doublée de sa sœur Raison, symbolise la sagesse humaine ; elle ne peut franchir les limites de la nature qu'avec l'aide de la « philosophie supracéleste », Théologie, reine de toutes les sciences, directement illuminée par la sagesse divine.

L'*Anticlaudianus* a été beaucoup lu et de nombreux manuscrits l'ont transmis. Comme l'œuvre était difficile, certains ont tenté de l'expliquer : commentaire de Raoul de Longchamp, écrit entre 1212 et 1225, *Compendium Anticlaudiani* au XIVe siècle. D'autres l'ont résumée : *Comment Nature fist un home*, inséré dans la seconde rédaction en vers de l'*Image du monde* de Gossuin de Metz*, ou l'imitent partiellement ; voir A. Vernet, *Poésies latines des XIIe et XIIIe siècles* (*Auxerre*, 243), dans *Mélanges F. Grat*, Paris, 1946, p. 266-274. De nouveaux poèmes reprennent la structure allégorique de l'*Anticlaudianus* indirectement, ils en constituent des commentaires, des manières originales de le lire : ainsi le *Ludus super Anticlaudianum* d'Adam de La Bassée*, écrit à Lille, peu après l'œuvre d'Alain et qu'un frère prêcheur de Cysoing mettra en octosyllabes français à la fin du XIIIe ou au début du XIVe siècle (P.H. Rastatter, *A Thirteenth-Century French Translation of the « Ludus super Anticlaudianum » of Adam de la Bassée by a Monk of Cysoing, DAI* 27, 1966-67, 781 A). Un autre clerc du Nord de la France, Ellebaut*, adapte en français le poème d'Alain dans la seconde moitié du XIIIe siècle. Son *Anticlaudien* n'a pas été conservé en entier ; seule, la première des quatre parties est calquée sur l'œuvre d'Alain.

C'est également à Paris, entre 1170 et 1180, que se situent, semble-t-il, d'autres ouvrages d'Alain de Lille, ceux-là plus strictement théologiques. Ainsi la Somme *Quoniam homines*, où se manifeste l'influence de Gilbert de la Porrée*, seul contemporain nommé. Ouvrage incomplet dans l'unique témoin retrouvé et qui comprend des traités sur Dieu, la Trinité, l'angélologie. Le traité sur l'homme s'arrête après l'exposé consacré au péché.

Le traité *De virtutibus et vitiis* divise les vertus en « politiques » ou naturelles et en « catholiques » ou théologiques. La nomenclature des premières est empruntée aux anciens : Cicéron, Macrobe... L'exposé s'apparente à ceux sur le même sujet de l'*Ysagoge ad theologiam* de l'école de Pierre Abélard* et du *Moralium dogma philosophorum*. La classification et la description des vices paraît s'inspirer du deuxième livre des *Sentences* de Pierre Lombard*.

Les *Regulae caelestis iuris* étudient successivement Dieu, l'homme, l'Incarnation, les sacrements. Un traité annexe confronte la « philosophie naturelle » et la science sacrée. Les *Regulae* dépendent du *De Trinitate* et du *De hebdomadibus* de Boèce* et de leur interprétation par Gilbert de la Porrée. Le commentaire axiomatique ici employé tend à transporter dans le domaine de la théologie la méthode de démonstration des Arts, en particulier de la géométrie.

Associé probablement à la lutte anticathare, lors de son séjour dans le Languedoc, Alain ne semble plus écrire que des ouvrages de théologie, à orientation biblique, apologétique, ou pastorale. La *Summa quot modis* ou *Distinctiones dictionum theologicarum*, dédiée à Ermengaud abbé de Saint-Gilles de 1179 à 1195, appartient au genre *Distinctiones* : essai d'explication des termes bibliques, non d'après l'ordre du texte d'un livre scripturaire, mais d'après un classement arbitraire, ici alphabétique. Cependant quelques commentaires se présentent selon l'ordre des textes : *Elucidatio in Cantica canticorum, Expositiones* sur le Notre Père ou le Symbole des Apôtres.

De fide catholica contra haereticos est dédié à Guillaume VIII, seigneur de Montpellier de 1172 à 1202. En quatre livres, cet ouvrage d'apologétique étudie successivement les cathares (76 ch.), les vaudois (25 ch.), les juifs (21 ch.) et les mahométans (14 ch.).

L'orientation pastorale, caractéristique de l'activité méridionale d'Alain, l'a conduit à écrire, outre nombre de *Sermones diversi*, des manuels pour le clergé. Ainsi l'*Ars praedicandi* qui propose des citations de l'Ecriture, des Pères et des auteurs de l'Antiquité regroupées essentiellement autour des vertus à prôner et des vices à combattre. L'*Ars* s'accompagne parfois dans les manuscrits d'un *Liber sermonum*, sorte de série-modèle d'une vingtaine d'homélies réparties selon le cycle liturgique.

De longueur très différente selon les traditions manuscrites, le *Liber poenitentialis* est dédié à Henri de Sully, archevêque de Bourges de 1183 à 1193. Alain vise certes à faciliter l'administration du sacrement de pénitence, mais plus généralement il cherche à stimuler le zèle des pasteurs, à parfaire leur formation spirituelle et morale. Les traditions longue et moyenne du *Liber poenitentialis* contiennent des canons pénitentiels : tarifs satisfactoires (sept ans, quarante jours de jeûne) affectés aux diverses fautes, mais la tradition courte ne les propose pas. Cette œuvre est à rapprocher des traités écrits par Barthélemy d'Exeter, Robert de Flamborough, Pierre de Poitiers victorin et Thomas de Chobham.

ŒUVRES. — L'éd. des œuvres d'Alain de Lille réalisée par C. de Visch, Anvers (1654) est repro. dans *PL* 210. — G.R. Evans, *Alan of Lille, The Frontiers of Theology in the Later Twelfth Century*, Cambridge, 1983. — Pour la bibliogr., œuvres et travaux, antérieurs à 1965, on se reportera à M.-T. d'Alverny, *Alain de Lille. Textes inédits* avec une intro. sur sa vie et ses œuvres, Paris, 1965, p. 323-348. On ne peut indiquer ici que les éd. contemporaines de traités entiers et quelques-uns des travaux sur Alain parus depuis 1965. — *La Somme « Quoniam homines »*, éd. P. Glorieux dans *AHDLMA*, t. 20 (1953), p. 113-364. — *Anticlaudianus*, texte critique avec une intro. et des tables, publié par R. Bossuat, Paris, 1955. — *De virtutibus et uitiis et de donis Spiritus sancti*, éd. Dom Lottin dans *Mediaeval Studies*, t. 12 (1950), p. 20-56, repris dans *Psychologie et morale aux* XII*e et* XIII*e siècles*, 6. *Problèmes d'histoire littéraire de 1160 à 1300*, Louvain, 1960, p. 27-92. — Alain de Lille, *Liber poenitentialis*, t. 1 ; introd. doctrinale et littéraire, t. 2 : La tradition longue, texte inédit, publié et annoté par J. Longère, Louvain-Lille, 1965 (*Analecta mediaev. Namurcensia*, 17-18) ; Les traditions moyenne et courte, éd. J. Longère dans *AHDLMA*, t. 32, 1965 (1966), p. 169-242. — N. Häring, *A Commentary on the Our Father by Alan of Lille*, dans *Analecta cisterciensia*, t. 31 (1975), p. 149-177 ; *Magister Alanus de Insulis Regulae caelestis juris* dans *AHDLMA*, t. 48, 1981 (1982), p. 97-226. — F. Hudry, *Prologus Alani de Planctu Nature*, dans *AHDLMA*, t. 55, 1988 (1989), p. 169-185. — J.B. Schneyer, *Repertorium*, 1, 1969, p. 69-84.

En outre, voir P. Delhaye, *La vertu et les vertus dans les œuvres d'Alain de Lille*, dans *CCM*, t. 6 (1963), p. 13-25. — J. Longère, *Œuvres oratoires de maîtres parisiens. Etude historique et doctrinale*, Paris, 1975, t. 1, p. 141-151, 325-333, t. 2, p. 110-118, 245-248. — J. Ziolkowski, *Alan of Lille's Grammar of Sex. The Meaning of Grammar to a Twelfth-Century Intellectual*, Cambridge, Mediev. Acad. of America, 1985. — M. Aliotta, *La teologia del peccato in Alano di Lilla*, Palerme, 1986 (*Christianesimo*, 3). — A. Bartola, *« Ordo angelicus » e « Theophania » in Alano di Lilla*, dans *Studi medievali*, t. 30 (1989), p. 209-270. — *Alain de Lille, Gautier de Châtillon. Jakemart Gielée et leur temps*, textes réunis par H. Roussel et F. Suard, actes du colloque de Lille, octobre 1978, Lille, 1980.

→ *De planctu, Anticlaudianus*. — D. Cornet, *Les commentaires de l'« Anticlaudianus » d'Alain de Lille d'après les manuscrits de Paris*. Étude suivie de l'éd. du commentaire de Raoul de Longchamp, dans *Positions des thèses de l'École des Chartes*, Paris, 1945, p. 77-81. — G. Raynaud de Lage, *Alain de Lille, poète du* XII*e siècle*, Montréal-Paris, 1951. — H.R. Jauss,

La transformation de la forme allégorique entre 1180 et 1240 : d'Alain de Lille à Guillaume de Lorris, dans *L'humanisme médiéval dans les littératures romanes du* XIIIe *au* XIVe *siècle, colloque organisé par le Centre de philologie et de littérature romanes, Strasbourg, 1962*, Paris, 1964, p. 107-146. — P. Dronke, *Boethius, Alanus and Dante*, dans *Romanische Forschungen*, t. 78 (1966), p. 119-125, repris dans *The Medieval Poet and his World*, Rome, 1984 (*Storia e letteratura*, 164), p. 431-438. — M.R. Jung, *Études sur le poème allégorique en France au Moyen Âge*, Berne, 1971, p. 64-113 [très bon pour l'intro. et les commentaires de l'œuvre d'Alain de Lille]. — H.R. Jauss, *Allégorie, « remythisation » et nouveau mythe. Réflexions sur la captivité chrétienne de la mythologie au Moyen Âge*, dans *Mél. C. Rostaing*, t. 1, Liège, 1974, p. 469-499. — D.R. Shanzer, *How Long was Alan of Lille's « Anticlaudianus »*, dans *Mittellateinisches Jahrbuch*, t. 18 (1983), p. 233-237 [suggère 4 351 vers]. — J. Chance, *The Artist as Epic Hero in Alan of Lille's « Anticlaudianus », ibid.*, t. 18 (1983), p. 238-247. — M.T. Gibson, N.F. Palmer, *Manuscripts of Alan of Lille « Anticlaudianus » in the British Isles*, dans *Studi medievali*, t. 28 (1987), p. 905-1001. — Sur la trad. française de l'*Anticlaudianus* par Ellebaut et sur celle du *Ludus super Anticlaudianum* d'Adam de La Bassée, cf. *MB*, nos 3494-3502. J.L.

Alard de Cambrai. Cet auteur, sur la vie duquel nous ne savons rien, semble avoir écrit au cours de la première moitié du XIIIe siècle. Il a rédigé un long poème moral, le *Livre de philosophie et de moralité*, dont les nombreux manuscrits prouvent le succès. Il s'agit d'une adaptation en 6 730 vers octosyllabiques des *Moralités des philosophes*, version en prose du *Moralium Dogma* de Guillaume de Conches*, qui est un traité des vertus. Mais Alard fait œuvre originale dans la mesure où il attribue les sentences inspirées du *Moralium Dogma*, comme l'avait déjà fait le livre des *Moralités*, mais d'une manière plus systématique, à des auteurs de l'Antiquité, présentés comme de sages clercs contemporains, ce qui donne un cachet particulier à l'ouvrage : il s'agit, pour Alard, d'adapter la sagesse antique à la société de son temps, et tout particulièrement à la classe chevaleresque à laquelle il destine ce traité de morale pratique. Alard, bien que prolixe, ne manque pas d'habileté, et sait à l'occasion illustrer un proverbe par une anecdote qui, pour n'être pas neuve, n'en est pas moins vivante ; son style reste généralement ferme et clair.

ŒUVRE. — Éd. J.C. Payen, Paris, 1970 (*Bibl. fr. et romane*, série B).

→ R. Bargeton, *Le « Livre de philosophie et de moralité »*, dans *Positions des thèses de l'École des Chartes*, 1942, p. 913. — J.C. Payen, *Le « Dit des VII vertus » de Watriquet de Couvin et le « Livre de philosophie » d'Alard de Cambrai*, dans *Romania*, t. 86 (1965), p. 386-393 ; *Le « Livre de philosophie et de moralité » d'Alard de Cambrai, ibid.*, t. 87 (1966), p. 145-174 ; *Jean de Condé, Alart de Cambrai et les sources du « dit »*, dans *Le Moyen Âge*, t. 78 (1972), p. 523-536 [à propos de l'éd. de Jean de Condé par J. Ribard]. — *GRLMA*, t. VI/2, n° 2908. — Cf. *MB S* 4959-4960.

J.C.P. et G.H.

Alard de Cans. Poète lyrique du XIIIe siècle. De la branche cadette de la famille de Croisilles (Artois), Alard tirait son nom de la seigneurie de Cans, située à Coutiches (Nord, arr. Douai). Des quatre pièces que les copistes du Moyen Âge lui attribuent, seul lui appartient le serventois (R. 381) où, partant pour la Terre sainte, il prend congé de sa dame et des « bones gens d'Arras ».

ŒUVRE. — H. Spanke, *Eine altfranzösische Liedersammlung. Der anonyme Teil der Liederhandshriften KNPX*, Halle, 1925 (*Romanische Bibliothek*, 22). — A. Långfors, A. Jeanroy et L. Brandin, *Recueil général des jeux-partis français*, Paris, 1926, t. 1, p. XLIX (*SATF*, 70).

→ A. Guesnon, *Nouvelles recherches biographiques sur les trouvères artésiens*, dans *Le Moyen Âge*, t. 15 (1902), p. 155. — Linker, n° 4. — Cf. *GRLMA*, t. VI/1, p. 278 et 300 ; t. VI/2, n° 6028. — Cf. *MB*, n° 2191. A.J.

Alba. Voir : *Aube*.

Albéric de Pisançon. Voir : *Roman d'Alexandre.*

Albert le Grand (1206-1280). Le premier grand docteur de l'ordre des frères prêcheurs. Né à Lauingen (Souabe) en 1206, Albert de Bollstaedt appartenait à une famille seigneuriale liée à la fortune de Frédéric II. Dès sa jeunesse, il montra un grand intérêt pour les sciences naturelles ; c'est pour les étudier qu'il se rendit à Padoue en 1222-1223. Un sermon du Bx Jourdain de Saxe le détermina à entrer dans le nouvel ordre mendiant des prêcheurs, malgré l'opposition très vive de sa famille ; il n'avait pas plus de seize ans. On le consacra à l'enseignement dès la fin de ses études ; il fut lecteur successivement à Cologne (1228), Hildesheim (1233), Fribourg-en-Brisgau, Ratisbonne, Strasbourg ; de là, on l'envoya à Paris prendre ses grades (1240) ; deux ans après, il est régent du couvent de Saint-Jacques (1242-1248) : le jeune Thomas d'Aquin* suit ses cours et l'accompagne à Cologne, lorsque son maître y est envoyé comme premier régent du *Studium generale* que l'on vient d'y fonder (1248).

À cette époque, les écrits d'Albert le Grand semblent avoir été purement théologiques : *Commentaires* de Pierre Lombard*, *Summa de creaturis*. A Cologne, le maître paraphrase Denys l'Aréopagite, puis commence à travailler sur les ouvrages d'Aristote. Cologne reste son port d'attache. De 1254 à 1257, Albert est prieur provincial d'Allemagne, il se rend à Rome pour y prendre en mains la cause des mendiants attaqués par Guillaume de Saint-Amour*. Le chapitre de Valenciennes de 1259 a pour but d'organiser les études dans l'ordre dominicain, Albert le Grand y retrouve Thomas d'Aquin.

L'année suivante, il est nommé à son corps défendant évêque de Ratisbonne ; mais, estimant qu'il ne pourra guère servir l'Église dans cette charge où les imbrications temporelles risquent de le détourner de sa vocation de maître en théologie, il se démet en 1262 et revient à ses études. Après quelques missions en Allemagne, en Bohême, à Würzburg, refusant le poste de chancelier de l'Université de Paris, il reprend son enseignement à Strasbourg en 1267, puis à Cologne (1270). Il rédige alors sa *Summa theologiae* qui reste indépendante de l'œuvre similaire de son disciple Thomas d'Aquin, antérieure à la sienne. Il survivra six ans à son ami, mort en 1274, et défendra ses doctrines contre les attaques de certains maîtres parisiens. Albert le Grand mourut en 1280 à Cologne.

Son œuvre écrite est immense et aborde les secteurs les plus divers. Les sciences naturelles y tiennent presque autant de place que la philosophie et la théologie. L'ampleur vraiment encyclopédique de son information continue de surprendre. Son érudition n'a pas d'équivalent en son siècle, et l'esprit d'observation directe dont il fait preuve dans le domaine des sciences exactes, est tout nouveau au Moyen Âge. Il avait su se constituer une très riche bibliothèque qui facilitait ses recherches et son travail.

À Aristote, il demande méthode et règles de pensée. Il se soucie de le connaître, de répandre sa philosophie en Occident après l'avoir dépouillée de superfétations arabes sous lesquelles elle se montrait. Il a exprimé à plusieurs reprises sa volonté de rechercher partout la synthèse. En fait, sa philosophie se juxtapose à sa théologie plus qu'elle ne s'y intègre. À force de distinguer les deux disciplines, il a tendance à les cloisonner, et dans le domaine théologique il reste bien plus augustinien qu'il ne paraît au premier abord.

Son œuvre scientifique, celle peut-être qui a le plus surpris ses contemporains, a permis à la légende de lui donner le patronage des fameux traités de sorcellerie, le *Grand Albert* et le *Petit Albert* ; la vérité historique a bien peu à glaner dans cette paternité.

Par contre, par son *De adhaerendo Deo* et son *Paradisus animae*, il influa sur la mystique rhénane dont l'efflorescence allait marquer le XIVe siècle. Son *Traité sur la Perfection* fut traduit en provençal. Peu de personnalités, en vérité, ont eu une action intellectuelle aussi durable que la sienne.

ŒUVRES. — Il faut renoncer à tout citer : on se reportera à la liste dressée par P. Glorieux dans son *Répertoire des maîtres en théologie de Paris au XIIIe siècle*, Paris, 1933, t. 1, p. 62-77. L'œuvre entière a été éd. à Lyon en 21 vol. in-folio, 1651. Borgnet a rééd. l'œuvre chez Vivès à Paris en 1890-1899, 38 vol., in 4°. L'Institut Albertus-Magnus a entrepris la publication des *Opera omnia*. Une quinzaine de volumes ont paru de 1951 à 1987 (sur 40 prévus). Sur la question d'authenticité, cf. G. Meersermann, *Introductio in Opera omnia Beati Alb. Magni*, Bruges, 1931, et W. Kübel, dans les *Prolegomena* du t. 27 de l'éd. de Cologne (1958). Il existe un certain nombre de fragments d'ouvrages encore inédits. Les œuvres principales d'Albert sont la *Summa de creaturis*, le *Commentaire des Sentences* ; sa *Summa theologiae* est restée inachevée comme celle de saint Thomas. Contre les averroïstes de Paris, il écrivit le *De unitate intellectus contra Averroïstas*. On a de lui des commentaires sur les divers traités d'Aristote, *Des causes, Du ciel, Sur l'âme* ; il a commenté également l'*Organon*. Ses ouvrages d'exégèse portent sur presque tous les livres de la Bible ; il a laissé des *Sermons sur l'Eucharistie*, les *Evangiles des dimanches*, un *De laudibus Beatae Mariae Virginis* et plusieurs ouvrages d'ascétique et de mystique.

→ La bibliographie albertine s'enrichissant régulièrement de nombreux titres, on ne peut ici que renvoyer à des ouvrages permettant une première orientation comme celui d'A. de Libéra, *Albert le Grand et la philosophie*, Paris, 1990 ; *Introduction à la mystique rhénane d'Albert le Grand à Maître Eckhart*, Paris, 1984. Citons aussi P. Michaud-Quantin, *La psychologie de l'activité chez Albert le Grand*, Paris, 1966. Le 7e centenaire a été l'occasion de travaux commémoratifs : G. Meyer et A. Zimmermann, *Albertus magnus, Doctor universalis, 1280-1980*, M. Grünewald, Mayence, 1980. — J.A. Weisheipl, *Albertus magnus and the Sciences, Commemoratives Essays*, Pont. Inst., Toronto, 1980. D.G.O.

Albert le Grand composa aussi un grand ouvrage en latin intitulé *De animalibus* (terminé vers 1260) où se trouvent 24 chapitres sur les différentes espèces d'oiseaux de chasse, l'affaitage et les maladies des oiseaux et leurs remèdes. Albert le Grand n'a fait que copier, avec quelques additions personnelles, les traités d'autres auteurs comme *Dancus**, Guillelmus Falconarius*, Gerardus Falconarius*, Ptolémée, etc. Sa compilation a été traduite en italien et deux fois en français. De la traduction italienne, on ne connaît qu'un seul manuscrit inédit. Il n'existe qu'un seul manuscrit de chacune des deux traductions françaises.

ŒUVRES. — *Le livre du roi Dancus, suivi d'un traité de fauconnerie d'après Albert le Grand*, éd. H. Martin-Dairvault, Paris, 1883 (*Cabinet de vénerie*, 6) [éd. de l'une des trad. françaises]. — *Albertus Magnus de animalibus libri XXVI*, éd. H. Stadler, Münster, 1916-1920, t. 2, p. 1453-1492 (*Beiträge zur Geschichte der Philosophie des Mittelalters*, 15 et 16).

→ P. Aiken, *The Animal History of Albertus Magnus and Thomas of Cantimpré*, dans *Speculum*, t. 22 (1947), p. 205-225. — K. Lindner, *Von Falken, Hunden und Pferden. Deutsche Albertus-Magnus. Übersetzungen aus der ersten Hälfte des 15. Jahrhunderts*, Berlin, 1962, 2 vol. — C. Holmér, *Trad. en ancien italien de quelques chapitres du « Liber de animalibus » d'Albert le Grand. Le ms. V.E. 506*, dans *Studia neophilologica*, t. 38 (1966), p. 211-256. G.T.

Albert Marques de Malaspina. « Homme vaillant, large, courtois, de belles manières », dit sa biographie. Ce seigneur italien vécut de 1160 à 1210. On a de lui une *tenso* avec le troubadour Raimbaut de Vaqueiras*, modèle des insultes grossières que s'adressaient parfois les poètes de ce temps.

ŒUVRES. — Éd. dans G. Bertoni, *I Trovatori d'Italia*, Modène, 1915, p. 211. — F.A. Ugolini, *La poesia provenzale e l'Italia*, Modène, 1949, p. 12.

→ PC, 15, 1. — A. Jeanroy, *La poésie lyrique des troubadours*, Toulouse-Paris, 1934, t. 1, p. 334 ; t. 2, p. 256. J.S.

Albert de Metz. Franciscain, il étudie la théologie à Paris peu avant Jean Duns Scot*. Exilé de Paris en 1303 avec Duns Scot, il est alors bachelier en théologie. Il aurait dû recevoir sa licence en 1305, mais il est pratiquement sûr qu'il ne s'est pas présenté, abandonnant sa place à l'Écossais. Il ne fait très probablement qu'un avec l'Albert, qui était custode du couvent de Trèves en 1307. On a de lui deux sermons et une question, encore inédite, qui porte sur le problème de l'individuation : *Quaeritur per quid formaliter creatura quaelibet sit individua et haec*. Cependant, il n'est pas l'auteur des *Additions* au Commentaire des *Sentences* de Duns Scot, comme on le répétait à la suite d'Henri d'Oyta ; elles sont d'Alnwick. Il est également sûr qu'il n'a jamais mis en doute la réalité des stigmates de saint François. Cette erreur contre la piété franciscaine est attribuée à un Albert docteur en théologie, titre qu'Albert de Metz n'a pas eu.

→ J.H. Sbaralea, *Supplementum*, t. 1, pp. 7-8. — Denifle-Chatelain, *Chartularium Universitatis Parisiensis*, t. 2, n° 652. — J.B. Schneyer, *Repertorium der lateinischen Sermones des Mittelalters für die Zeit von 1150-1350*, Münster, 1973 (*Beiträge zur Geschichte der Philosophie und Theologie des Mittelalters*, t. 43/1), p. 124. — A. Callebaut, *La maîtrise de Bx. Jean Duns Scot en 1305 durant la préparation du procès contre les Templiers*, dans *Arch. Francisc. Hist.* ; n° 21 (1928), p. 209-211 [voir *ibid.*, p. 419]. — A. Pelzer, *Études d'histoire littéraire sur la scolastique médiévale*, Louvain-Paris, 1964, p. 443-444. — *DHGE*, t. 1, p. 1539-1540. — *Bibliographie lorraine*, t. 1, p. 32. Z.K.

Albert de Saxe. Albert de Saxe, encore nommé Albert de Rickmersdorf, parfois surnommé Albertucius par opposition à Albert le Grand, est sans doute né vers 1316 à Helmstedt, en Allemagne. Après avoir fait ses premières études dans sa région d'origine, il se rend à Prague ou à Erfurt (cette dernière hypothèse étant plus vraisemblable), puis à Paris où il devient maître ès arts en mars 1351. Procureur de la nation anglaise la même année, il est Recteur de l'Université en 1353. Pendant une décennie, il y enseigne les arts, assume diverses tâches pour la nation anglaise, étudie la théologie à la Sorbonne mais sans y obtenir aucun grade (pour autant que l'on sache). En même temps, il est curé de Saint-Cosme et Saint-Damien. Après quelques années de médiations diplomatiques entre le pape et le duc d'Autriche, il devient curé de Laa (en Autriche), et il est chargé de fonder l'université de Vienne dont il est le premier Recteur en 1365. Chanoine d'Hildesheim en 1366, il est aussi nommé la même année évêque d'Halberstadt et assume cette fonction jusqu'à sa mort, le 8 juillet 1390.

N'ayant pas laissé d'écrit théologique, Albert de Saxe est connu pour ses œuvres de logique et de philosophie naturelle. Lorsqu'il se trouve à Paris, la Faculté des Arts est marquée par Jean Buridan*. Cependant, Albert compose une somme de logique, appelée *Logique bien utile*, qui est fortement influencée par Guillaume d'Ockham. Il prend place dans tout un courant qui fonde la logique sur une théorie renouvelée du signe et de la signification. Comme ses prédécesseurs français et anglais, il étudie les propriétés des termes et en particulier la *suppositio* — propriété selon laquelle un terme tient lieu de quelque chose dans une proposition — pour en faire le point de départ d'une analyse critique des propositions. Cette démarche, jointe au « nominalisme » c'est-à-dire à la thèse selon laquelle n'existent que des êtres singuliers, le conduit à déplacer un certain nombre de problèmes traditionnels de la métaphysique vers une analyse logique du langage des différentes disciplines, à la manière de Guillaume d'Ockham et de Jean Buridan.

En philosophie naturelle, il rend hommage à ses « maîtres de l'université de Paris ». Dans le champ de la dynamique il reprend, pour rendre compte du mouvement des projectiles et de l'accélération de la chute des graves, la théorie buridanienne de l'*impetus*, qualité qui est acquise par le corps. Mais en ce qui concerne le statut ontologique de la quantité, il suit Guillaume d'Ockham et non Jean Buridan, puisqu'il refuse de reconnaître à la quantité une réalité absolue et qu'il en fait une disposition de la substance ou de la qualité. Dans le prolongement des travaux menés par les Calculateurs d'Oxford et par Nicole Oresme*, il s'attache à calculer l'accélération de la chute des corps, sans parvenir encore à préciser si elle est proportionnelle au temps ou à l'espace parcouru. Il rejette les intelligences motrices et étudie selon les mêmes principes les corps célestes et les corps terrestres. Enfin, il s'intéresse aux mouvements de la terre, aux phénomènes de marée, à la géologie.

Albert de Saxe est assez représentatif de la pensée parisienne au milieu du XIVe siècle. Marqué par le buridanisme qu'il combine avec différentes influences anglaises, il sait se montrer inventif dans les détails de la logique, de la physique ou de la cosmologie. Venu à Paris pour parfaire sa formation universitaire, sa destinée le conduit à nouveau en Europe centrale, dans le mouvement de fondation de nouvelles universités. Albert de Saxe est l'un des vecteurs de diffusion de la nouvelle logique et de la nouvelle physique dans toute l'Europe.

→ G. Heidingsfelder, *Albert von Sachsen. Sein Lebensgang und sein Kommentar zur Nikomachischen Ethik*, dans *Beiträge zur Geschichte der Philosophie des Mittelalters*, Münster, t. 22/3-4, 1927. — J. Sarnowsky, *Die aristotelisch-scholatische Theorie der Bewegung. Studien zum Kommentar Alberts von Sachsen zur Physik des Aristoteles, ibid.*, n.s. 32, Aschendorff, 1989. — J. Biard (éd.), *Paris-Vienne au XIVe siècle. Itinéraires d'Albert de Saxe, Actes de la table ronde internationale organisée par le CNRS, Paris, 19-22 juin 1990*, dans *Études de philosophie médiévale*, Paris, 1991. J.Bi.

Albertet (de Sisteron). Fils de jongleur, il se haussa à la catégorie de troubadour grâce à ses dons de musicien. Issu du Gapençais, il vécut vers 1200-1220 et fut client des cours d'Aragon, de Savoie, de Montferrat, d'Este, de Ravenne et de Malaspina. Surtout apprécié pour les mélodies de ses chansons, il composa une trentaine de pièces, *cansos, tensos, descort, sirventes.*

ŒUVRES. — Éd. A. Kolsen, *Dichtungen der Trobadors auf Grundalt provenzalischer Handschriften*, Halle, 1916-1919, réimp., Genève, 1980, p. 88-100 [avec trad. allemande et notes]. — Éd. J. Boutière, *Les poésies du troubadour Albertet*, dans *Studi medievali*, t. 10 (1937), p. 1-129 [PC, 16, 13]. — Éd. F.A. Ugolini, *La poesia provenzale e l'Italia*, Modène, 1949, p. 59. — Éd. M. de Riquer, *Los trovadores, historia literaria y textos*, Barcelone, 1975, t. 2, p. 1129-1138 [PC, 16, 17 et 18]. — Éd. R. Richter, *Die Troubadourzitate im « Breviari d'Amor »*, Modène, 1976, p. 182-184 [PC, 16, 9].

→ PC, 16. — A. Jeanroy, *La poésie lyrique des troubadours*, Toulouse-Paris, 1934, t. 1, p. 334. — J.H. Marshall, *The « descort » of Albertet and its Old French Imitations* dans

ZRPh, t. 95 (1979), p. 290-306. G.B.L.

Albret (le Cadet d'). Voir : Cadet d'Albret.

Alcher. Cistercien, moine de Clairvaux, où il semble être entré du vivant de saint Bernard* († 1153), et où il vécut sous les trois abbés qui succédèrent : Robert de Bruges (1153-1157), Fastrède (1157-1162) et Geoffroi d'Auxerre (1162-1165). Tout ce que l'on sait d'Alcher vient de Pierre de Celle* et d'Isaac*, abbé cistercien de l'Étoile, avec lesquels il était en correspondance et qu'il consultait sur des questions de philosophie et de théologie. C'est ainsi que Pierre de Celle, pour répondre à sa demande, lui dédia un traité *De conscientia* (*PL*, t. 202, col. 1083-1098), dans lequel on apprend qu'Alcher s'adonnait à l'étude et aimait à recueillir dans l'œuvre des saints docteurs les textes qui servaient à alimenter sa dévotion. En réponse à des questions sur l'union de l'âme et du corps, Isaac de l'Étoile lui adressa une lettre, qui constitue un petit traité *De anima* (*PL*, t. 194, col. 1875-1890), où il est fait allusion aux connaissances qu'avait acquises Alcher dans les Saintes Lettres, comme aussi dans la médecine et les sciences naturelles.

ŒUVRES. — Les œuvres que l'on a cru pouvoir attribuer à Alcher ne sont guère que des compilations, que l'on trouve publiées parmi les pseudo-écrits de saint Augustin : *De spiritu et anima* (*PL*, t. 40, col. 779-832), long traité composé de textes tirés de saint Augustin, Gennade, Boèce*, Cassiodore, Isidore de Séville*, Bède*, Alcuin*, ainsi que d'auteurs du XIIe siècle, comme Hugues de Saint-Victor*, saint Bernard et même Isaac de l'Étoile, lequel mourut vers 1169. Ce traité, très répandu au Moyen Âge et dont on compte de nombreux manuscrits, fut longtemps attribué à un cistercien anonyme. C'est dom Coustant qui a proposé le nom d'Alcher (voir A. Wilmart, *Les méditations VII et VIII attribuées à saint Anselme,* dans *Revue d'Ascétique et de Mystique*, t. 8 (1927), p. 251-252 et n.11). — *De diligendo Deo* (*ibid.* col. 847-864), extraits des opuscules de Hugues de Saint-Victor, des sermons de saint Bernard et des méditations de saint Anselme. — Un opuscule intitulé *Manuale* (*ibid.*, col. 950-968), qui rassemble des textes de saint Anselme*, de Hugues de Saint-Victor et de Jean de Fécamp*. — Le livre des *Soliloquia animae ad Deum* (*ibid.,* col. 863-898), textes empruntés à saint Augustin, à Hugues de Saint-Victor et à Jean de Fécamp.

→ J. Canivez, dans *DS*, t. 1, col. 294-295. — P. Fournier, dans *DHGE*, t. 2, 14-15. — *HLF*, t. 12, p. 683-686. — G. Wellstein, *Die freundschaftlichen Beziehungen des Benediktiners Petrus Cellensis zu den Cisterciensern (1150-1183)*, dans *Cistercienser-Chronik*, t. 38 (1926), p. 217. — G. Raciti, *L'autore del « De spiritu et anima »* dans *Rivista di filosofia neoscolastica*, t. 53 (1961), p. 385-401 [attribue le *De spiritu et anima* et le *De diligendo Deo* à Pierre le Mangeur* et non à Alcher]. — G. Webb, *An introduction to the Cistercian « De anima »*, Londres, 1962 (*Aquinas paper* 36). — R. Newhauser, *Latin Texts with Material on the Vertues and Vices in Manuscripts in Hungary, Catalogue I*, dans *Manuscripta*, t. 31 (1987), p. 102-115. A.D.

Alchimie. L'alchimie est l'art de la transmutation des métaux, c'est-à-dire de la conversion des métaux vils (cuivre, plomb, étain, fer) en métaux nobles (or, argent). Une définition plus générale place l'opérateur (l'alchimiste) au centre de l'opus, le perfectionnement de la matière par l'opus coïncidant avec le perfectionnement spirituel de l'initié.

Les commencements de l'alchimie paraissent remonter à l'Égypte du début de l'ère chrétienne ; certains, cependant, croient que l'alchimie avait été inventée en Chine plusieurs siècles plus tôt ; toutefois, à la différence de l'alchimie occidentale, l'alchimie chinoise est centrée sur la recherche de l'élixir de longue vie (idée qui pénétra en Occident au XIIe siècle, par l'intermédiaire des traités arabes). L'alchimie naquit de la rencontre entre un fait (l'art du bijoutier et du teinturier) et une doctrine (une spéculation mystique centrée sur l'idée de sympathie universelle). Les ouvriers égyptiens étaient habiles dans le travail des métaux et la teinture des textiles ; de la teinture des vêtements à la teinture des métaux, le passage était aisé et les demandes du marché encouragèrent les artisans à essayer de reproduire des métaux ayant l'apparence de l'or et de l'argent pour des clients qui n'avaient pas les moyens de se procurer le métal authentique ; quand la philosophie grecque de la nature fut employée pour expliquer les secrets des artisans égyptiens, l'alchimie apparut, justifiée par l'idée platonicienne d'une unité fondamentale de la matière (la matière pouvant être perfectionnée par l'introduction de qualités particulières) et par l'idée aristotélicienne selon laquelle il est possible d'aider l'effort fait par la nature vers la perfection.

Les alchimistes employaient un amalgame de plomb, d'étain, de cuivre et de fer, alliage qui n'avait aucune des propriétés particulières à ces métaux. Cet alliage était noir à cause de l'oxydation, et, le noir étant l'absence de couleur, il était aussi proche que possible de la matière universelle de Platon. L'alchimiste cherchait ensuite à aider la nature dans sa tendance vers la perfection en hâtant chimiquement l'opération par l'introduction d'un catalyseur (de l'argent, pour blanchir) : lorsque l'alliage noir était inondé de mercure ou d'étain, sa surface devenait blanche, avec les apparences de l'argent. Pour améliorer davantage cette masse blanchie, on utilisait de l'or comme ferment ou catalyseur et du soufre comme matière jaunissante pour donner à la masse une couleur d'or.

Puis la perspective changea : le philosophe néo-platonicien Zosime ritualisa les opérations de transformation métallique en expressions symboliques de mort et de résurrection. Aux opérations sur la matière, il associa des doctrines sotériologiques, où l'opérateur intervenait directement. Parallèlement, en assimilant les corps humains à des métaux imparfaits, l'alchimie prolongeait la recherche de la transmutation par celle d'une médecine universelle.

L'alchimie arabe. Les Arabes, poursuivant leurs conquêtes des VIIe et VIIIe siècles, héritèrent de l'alchimie gréco-égyptienne, théorie et pratique. Dans la première série d'ouvrages arabes (entre le VIIIe et le Xe siècle), il est malaisé de distinguer les traductions et les ouvrages écrits directement en arabe. Les auteurs supposés étaient alors généralement apocryphes : Archelaos, Socrate, Platon, Aristote, Galien, Zosime, Hermès, Apollonios de Tyane, Balînâs avec la célèbre *Tabula Smaragdina*, Mahrarî, Cléopâtre, Marie... La deuxième période de l'alchimie arabe se confond avec l'immense *corpus* alchimique attribué à Jâbir ibn Hayyân (le Geber des Latins), médecin de cour qui vivait à Bagdad sous le règne du calife Harun al-Rashid au VIIIe siècle ; ce *corpus* se constitua en réalité, non au VIIIe siècle mais entre la seconde moitié du IXe et le milieu du Xe siècle : les ouvrages latins attribués à Geber ne sont pas des traductions, à l'exception du *Liber de septuaginta* et du *Liber Misericordiae* qui possèdent un original dans le *corpus* arabe de Jâbir. À la base de ce système, la théorie des éléments prit une forme quantitative, avec une spéculation arithmétique sur leurs proportions. La pratique affectionnait la décomposition des substances organiques par distillation et se fondait sur la réduction des corps à leurs éléments. Le grand siècle de l'alchimie arabe fut le Xe siècle : le médecin persan Abû Bakr Muhammad ibn Zakarîyâ Al-Râzî (865-923/4, le Rhazès des Latins), auteur de nombreux traités de médecine (dont les principaux sont : le *Continens*, énorme encyclopédie médicale, le *Liber ad regem Almansorem*, en dix livres, le *De variolis et morbiliis*, le *De peste* et le *De pestilencia*), aurait rédigé également huit ouvrages d'alchimie, dont un *Livre des secrets* (qui sera traduit en latin). Dans ce *Livre des secrets*, exposé clair des corps chimiques, des fourneaux, de l'équipement et des opérations, il mena plus avant la recherche expérimentale inaugurée par Jâbir. Mais aucun des ouvrages de Râzî ne nous est parvenu en arabe, et les exemplaires latins sont probablement apocryphes. Un siècle plus tard, le médecin Ibn Sînâ (980-1037, l'Avicenne des Latins) développa, dans le *Kitâb al-Shifâ'*, l'idée de la génération des minéraux par le soufre et le mercure, mais nia la possibilité de transmuter les métaux.

La réception de l'alchimie arabe en Occident. Comme les autres disciplines de la science arabe, l'alchimie dut passer en Europe occidentale par l'Espagne et la Sicile. Au XIIe siècle, les cercles scientifiques d'Espagne virent deux traductions latines sous le titre *De aluminibus et salibus* d'un important ouvrage arabe d'alchimie. Parmi les traducteurs de l'Espagne du Nord vers 1140-1150, Hugues de Santella traduisit, vraisemblablement à Tarazona (Aragon), le *Livre des secrets de la création* de Balînâs ; Robert de Ketton (Robertus Castrensis), archidiacre de Pampelune, data du 11 février 1144 sa traduction du *De compositione alchemiae* de Morienus (date et attribution restent controversées). Dans le milieu tolédan, on attribue à Gérard de Crémone (vers 1114-1187) la mise en latin de trois ouvrages d'alchimie. À la génération suivante, Michel Scot († 1235) aurait traduit un *Lumen luminum* (dont l'identification fait difficulté). Mais les autres traductions sont anonymes. Il est probable que la majeure partie des textes alchimiques arabes étaient assimilés à la fin du XIIe siècle : les grandes lignes de l'alchimie médiévale furent tracées dès l'époque arabe, une même doctrine pouvant connaître toutes les formes littéraires en usage en Occident (*expositio, questio-solutio*, dialogue, *compendium*, poème didactique).

L'héritage grec. Avant que cette vague de traductions n'atteignît l'Europe occidentale, un ouvrage anonyme, traduction latine faite en Italie à la fin du VIIIe siècle d'un original grec, les *Compositiones ad tingenda musiva*, contenait des recettes de métallurgie, de verrerie, de teinture des peaux, d'écriture en or et en argent. La tradition des recettes du haut Moyen Âge avait véhiculé des formules traduites directement d'originaux grecs, qui relevaient autant de l'aurifaction (transmutation) que de l'aurifiction (imitation des métaux). La *Mappae Clavicula*, dont les deux versions principales sont du IXe et du XIIe siècle, contient ainsi beaucoup de recettes pour faire de l'or et des couleurs : une partie se rattache à des modèles byzantins. Le *De artibus et coloribus Romanorum* d'Eraclius, dont les deux premiers livres, en vers, remontent probablement au Xe siècle, témoigne d'influences italiennes et byzantines. La *Diversarum artium schedula* de Théophile (première moitié du XIIe siècle) reflète la pratique des ateliers monastiques. Ces traités, dans lesquels la terminologie laisse percevoir la lointaine origine grecque, sont exempts du mysticisme et des obscurités de langage qui caractérisent une grande partie de la littérature alchimique musulmane.

L'alchimie médiévale. De l'alchimie grecque, le Moyen Âge n'a conservé que des souvenirs déformés. En revanche, l'alchimie arabe a exercé sur lui une immense influence. Comme pour les alchimistes arabes, le problème de l'authenticité se pose pour les *corpus* mis sous le nom des grands docteurs médiévaux. Le *corpus* de Michel Scot comprend : l'*Ars Alchemiae* (qui semble authentique), le *Lumen luminum* (une traduction d'un original arabe) et la *Quaestio curiosa de natura solis et lunae* (vraisemblablement apocryphe). Des trente traités attribués à Roger Bacon* (1219-1292), paraissent authentiques : le *De vegetabilibus*, l'*Opus Minus*, l'*Opus Tertium*, l'*Epistola de secretis operibus artis et naturae*, le *Tractatus trium verborum*, le *Breve Breviarium*, le *Speculum secretorum alchemie*, le *Verbum Abbreviatum* et les *Excerpta de Libro Avicennae de Anima*. Pour Albert le Grand* (1206-1280), le *corpus* comprend aussi une trentaine de titres, parmi lesquels on s'accorde à lui attribuer, outre le *De Mineralibus*, une *Semita recta* et une *Alkimia minor*. Le *corpus* de Thomas d'Aquin* (vers 1225-1274) ne comprend que six traités ; dans ses œuvres majeures, Thomas paraît considérer l'alchimie comme un art réalisable, mais difficile ; il discute de la légitimité de la vente d'or alchimique ; mais il ne possède pas, dans le domaine de l'alchimie, les profondes connaissances de son maître Albert ; les six titres, même l'*Aurora consurgens*, semblent inauthentiques. La tradition qui fait d'Arnaud de Villeneuve* (vers 1240-1311) un adepte de l'alchimie, avec 57 titres attribués, dont le plus célèbre est le *Rosarius philosophorum* (qui fit l'objet d'une traduction en langue d'oc), repose presque exclusivement sur le témoignage du *corpus* lullien, peu sûr. À Raymond Lulle* (1235-1316) est attribué un *corpus* de près de 80 titres : tous sont apocryphes et, dans ses œuvres authentiques, Lulle n'a cessé de condamner l'alchimie. Mais le pseudo-Lulle, en employant des lettres de l'alphabet pour désigner des idées et des substances, fut un précurseur de la notion mathématique de « quantités connues ». « Parallèlement, l'alchimie s'organisa sur le modèle des autres sciences scolastiques avec la *Summa perfectionis magisterii* du pseudo-Geber (Paul de Tarente) » [R. Halleux].

Dans l'ensemble, les alchimistes du XIIIe siècle se montrèrent plus réservés, plus « scientifiques » que leurs prédécesseurs grecs et arabes. Les auteurs d'encyclopédies, en enregistrant les connaissances traditionnelles, aidèrent à vulgariser les idées alchimiques : Vincent de Beauvais* accueillit, dans son *Speculum Naturale* (livre VII), la théorie soufre-mercure, selon laquelle les métaux étaient produits dans les entrailles de la terre par le mercure et le soufre. Beaucoup de textes circulèrent sous de fausses attributions à des noms fameux (Hermès, Aristote, Platon...), les écrivains développant l'emploi des allégories et des symboles pour déguiser le « secret » sur la manière de faire la pierre philosophale ou l'élixir de longue vie (comme le *De consideratione quintae essentiae* rédigé au XIVe siècle par le franciscain catalan Jean de Roquetaillade*). L'abondante littérature des XIVe et XVe siècles, à la tradition manuscrite complexe, témoigne d'efforts intenses, mais les alchimistes ne semblent pas avoir fait beaucoup de progrès, leur passion du secret ne recouvrant le plus souvent que leur ignorance.

Bien que beaucoup d'ecclésiastiques se livrassent à cet art, les condamnations de l'Église ne manquèrent pas : en particulier, la célèbre décrétale du pape Jean XXII (1316-1334) *Spondent quas non exhibent*, en 1317. Des condamnations prononcées par des souverains ou des villes libres suivirent. L'interdiction, sous peine d'excommunication, faite aux franciscains, aux dominicains (en 1273, 1287, 1313, 1327), aux cisterciens (en 1317) de pratiquer l'alchimie peut s'expliquer également par la raison supplémentaire que la recherche de l'or est en contradiction avec l'idéal de pauvreté. La fréquence de ces interdictions, motivées par la crainte d'une falsification des monnaies et du recours à des pratiques de sorcellerie, montre leur peu d'efficacité.

À partir de la fin du XVIe siècle, certains manuels d'alchimie amplifièrent l'aspect pratique (production de substances médicinales, de pigments...) : le plus célèbre fut l'*Alchimia* d'André Libavius (1591). Le premier traité moderne de métallogénie, le *De ortu et causis subterraneorum* d'Agricola, parut en 1546. Progressivement, la synonymie chimie-alchimie disparut au cours du XVIIe siècle.

Avec le progrès de la chimie expérimentale et le scepticisme ambiant, le XVIIIe siècle vit se généraliser la défiance à l'égard de l'alchimie, la « chimère ». Après l'*Encyclopédie* (article *Chymie* dans le t. III paru en 1753), la condamnation de l'alchimie par la « science » vint avec le *Traité élémentaire de chimie* de Lavoisier, en 1789.

ŒUVRES. — Beaucoup de textes alchimiques ont été publiés dans les trois collections classiques : L. Letzner, *Theatrum chemicum*, Strasbourg, 1602-1661, 6 vol. ; J.J. Manget, *Bibliotheca chemica curiosa*, Genève, 1702, 2 vol. ; *Les Alchimistes grecs*, éd. R. Halleux, Paris, 1981, t. 1 (*Collection des Universités de France*, 137). — Pour les éd. particulières, se reporter à la biblio. méthodique établie par R. Halleux en 1979.

→ L. Thorndike, *A History of Magic and Experimental Science*, New York, 1923-1941, 6 vol. — W. Ganzenmüller, *Alchimie au Moyen Âge*, Paris, 1940. — J. Payen, *Arnaud de Villeneuve et la version provençale du « Rosarius philosophorum »*, dans *Positions des thèses de l'École des Chartes*, Paris, 1957, p. 105-106. — H. Roosen-Runge, *Farbgebung und Technik frühmittelalterlicher Buchmalerei, Studien zu den Traktaten « Mappae Clavicula » und Heraklius*, Munich, 1967. — C. Gagnon, *Recherches bibliographiques sur l'alchimie médiévale occidentale*, dans *Cahiers d'Études médiévales, II. Les sciences de la nature : théories et pratiques*, Montréal, 1974, p. 155-199. — E. Brehm, *Roger Bacon's Place in the History of Alchemy*, dans *Ambisc*, t. 23 (1976), p. 53-58. — J. Fabricius, *Alchemy, The Medieval Alchemists and their Royal Art*, Copenhague, 1976 [avec des repro. commentées d'ill. anciennes]. — E.J. Holmyard, *L'Alchimie*, trad. de l'anglais M. Deutsch, Paris, 1979 (*Signes des temps*, 7). — R. Halleux, *Les textes alchimiques*, Turnhout, 1979 (*Typologie des sources du Moyen Âge occidental*, 32) [bibliogr. méthodique]. — B. Obrist, *Les débuts de l'imprimerie alchimique (XIVe-XVe siècle)*, Paris, 1982. — J. Dauphiné, *De « L'Esprit de l'Or » : langage et alchimie*, dans *L'or au Moyen Âge (monnaie — métal — objets — symbole)*, Aix-en-Provence, 1983, p. 113-120 (*Senefiance*, 12). — T. Miguet, *L'or vivant de l'alchimie médiévale*, *ibid.*, p. 295-330. — J.-P. Baud, *Le procès de l'alchimie : introduction à la légalité scientifique*, Strasbourg, 1983 (*Recherches institutionnelles*, 11). — J. Van Lennep, *Alchimie. Contribution à l'histoire de l'art alchimique*, Bruxelles, 1984. — W. Neroman, *New Light on the Identity of Geber*, dans *Sudhoffs Archiv*, t. 69 (1985), p. 76-90. — B. Obrist, *Die Alchimie in der mittelalterlichen Gesellschaft*, dans *Wolfenbütteler Forschungen*, t. 32 (1986), p. 33-59. — Cf. *GRLMA*, t. VIII/1, p. 336-345 [avec bibliographie].

Voir : Jean de La Fontaine, Jean Perréal, Nicolas Flamel. Ja.C. et F.F.H.

Alcuin, Alchuine, Albuin ou **Alhwin**. Né vers 735 en Northumbrie, mort à Tours le 19 mai 804, Alcuin est écolâtre de York où il reçoit son éducation de l'archevêque Egbert, puis ordonné diacre. Il enseigne à l'école de la cathédrale de York à partir de 768 et dirige la bibliothèque. Charlemagne, qu'il rencontre à Parme en 781, l'appelle à la cour d'Aix-la-Chapelle. Alcuin devient son conseiller. Nommé abbé de Ferrières, puis de Saint-Loup de Troyes, il organise et dirige à partir de 782 l'école palatine ; une académie* est fondée au palais, dont les membres se choisissent des surnoms ; celui d'Alcuin est Flaccus (ou Puplius). Il fonde une bibliothèque à la cour d'Aix et participe à la réforme culturelle. Une mission l'appelle en Angleterre en 782, puis une autre de 790 à 793 environ. Nommé abbé de Saint-Martin de Tours en 796, il y réside de 801 à sa mort. Il fait de cette abbaye un centre de culture intellectuelle, y établit une école, une bibliothèque et un important atelier de copie des manuscrits. Bien que son disciple Raban Maur* l'ait mentionné comme saint dans son martyrologe, il ne semble pas qu'il ait jamais été honoré d'un culte public.

L'influence d'Alcuin a été considérable et a rayonné sur tout l'Occident chrétien. Appuyé par l'autorité de Charlemagne, il fut l'un des initiateurs de la réforme culturelle, fondant de nombreuses écoles, restaurant l'étude de la grammaire, de l'orthographe, de la prononciation, de l'écriture et de la calligraphie (en promouvant la minuscule caroline). Grâce à lui, les sept arts libéraux, *trivium* et *quadrivium*, devinrent le fondement de l'éducation et allaient le rester au Moyen Âge. Alcuin joua un rôle de premier plan également dans la réforme liturgique voulue par l'empereur. Il fut aussi chargé de conduire la lutte théologique contre l'hérésie adoptianiste de Félix d'Urgel et d'Élipand de Tolède. Il est vraisemblable qu'il prit une part importante à la rédaction de nombreux capitulaires, et qu'il participa à celle des *Livres carolins*.

Alcuin savait peu de grec et encore moins d'hébreu. Il fut davantage un « collecteur » qu'un auteur original. Familier avec l'exégèse patristique de la Bible, avec la théologie patristique latine, il se fondait volontiers sur l'autorité des Pères. Le caractère scolaire de plusieurs de ses ouvrages n'a fait qu'accroître leur utilité. Son style, enfin, se démarque de la rusticité de nombreux écrivains francs qui l'ont immédiatement précédé.

Alcuin fit preuve d'une fécondité épistolaire et littéraire remarquable ; on recense 80 œuvres environ (dont une vingtaine sont d'attribution douteuse), sans compter les lettres, dont plus de 300 ont été conservées et qui constituent une source d'informations pour l'histoire générale et sa propre vie, et les très nombreuses pièces poétiques, de genres très divers : poèmes, rythmes, séquences, vers insérés dans des lettres ou des traités, hymnes, inscriptions, épigrammes et énigmes, épitaphes, etc.

Son œuvre comprend des traités exégétiques, théologiques et dogmatiques (*Contre Élipand de Tolède, Contre l'hérésie de Félix d'Urgel, Sur la nature de l'âme, Sur la Trinité, le Saint-Esprit*, etc.) ; didactiques : la *Disputatio de vera philosophia*, la *Grammaire*, la *Rhétorique*, la *Dialectique*, un *Traité sur l'orthographe* et des exercices de conversation intitulés *Disputatio Pippini cum Albino*. On recense également des œuvres hagiographiques (les Vies de saint Martin, de saint Riquier, saint Vaast, saint Willibrord ; une *Histoire des évêques et saints de l'église d'York*, en vers) et liturgiques : Alcuin fut l'un des initiateurs en France de l'assemblage de livrets de prières à usage privé ; mais de deux ouvrages qui lui ont été attribués, seule la préface du recueil de prières intitulé *Officia per ferias*, et la première partie du traité sur la prière privée *De l'usage des psaumes* sont authentiques. Il composa également un florilège de textes bibliques, patristiques et liturgiques, le *De laude Dei* ; des oraisons, des homélies ; un *Traité sur les cérémonies du baptême* pour permettre aux prêtres d'en mieux comprendre les rites ; un *Sacramentaire votif* pour les jours de la semaine (mais le Supplément au *Sacramentaire grégorien* qui lui fut jadis attribué est de Benoît d'Aniane). Il fut chargé de la révision de la *Vulgate*, achevée vers 800-801, et de celle du *Lectionnaire*.

ŒUVRES. — Principales éditions : *PL* 100 et 101. — Éd. des pièces poétiques : *MGH, Poetae* 1 (1881/1978), p. 101, 161-351, 631-633 ; *Poetae* 2 (1884/1978), p. 690-693 ; *Poetae* 4, 3 (1923/1978), p. 903-910 ; *Poetae* 6, 1 (1951/1978), p. 159-960. — Éd. des lettres : *MGH, Epist.*, 4 (1895-1978), p. 1-491, 614-616 ; *Epist.*, 5 (1898-9/1978), p. 643-645.

→ F. Cabrol, *Les Écrits liturgiques d'Alcuin*, dans *Revue d'histoire ecclés.*, t. 19 (1923), p. 507-521. — A. Wilmart, *Le lectionnaire d'Alcuin*, dans *Ephemerides liturgicae*, t. 51 (1937), p. 136-197. — W. Levison, *England and the Continent in the Eighth Century*, Oxford, 1946, p. 148-173. — E.S. Duckett, *Alcuin, Friend of Charlemagne*, New York, 1951. — G. Ellard, *Master Alcuin, Liturgist*, Chicago, 1956. — B. Fischer, *Die Alkuin-Bible*, Fribourg-en-Brisgau, 1957. — L. Wallach, *Alcuin and Charlemagne*, Ithaca (N.-Y.), 1959. — J. Chélini, *Alcuin, Charlemagne et Saint-Martin de Tours*, dans *Revue d'histoire de l'Église de France*, t. 47 (1961), p. 19-50. — B. Bischoff, *Aus Alkuins*

Erdentagen, dans *Medievalia et Humanistica*, t. 14 (1962), p. 31-37 (réimp. dans *Mittelalterliche Studien. Ausgewählte Aufsätze*, t. 2, 1967, p. 12-19). — Nouveau Potthast, t. 2 (1967), p. 178-184. — J. Deshusses, *Le Sacramentaire grégorien*, 2 t., Fribourg, 1971 et 1979. — C. Allott, *Alcuin of York c. A.D. 732-804. His Life and Works*, York, 1974. — R. Constantinescu, *Alcuin et les « Libelli precum » de l'époque carolingienne*, dans *Revue d'histoire de la spiritualité*, t. 50 (1974), p. 17-56. — Brunhölzl, trad. fr., t. I, 2, p. 29-46, p. 267-272 [bibliogr.]. — C. Leonardi, *Alcuino e la rinascita culturale carolingia*, dans *Schede medievali*, t. 2 (1982), p. 32-53. — D.A. Bullough, *Alcuin and the Kingdom of Heaven : Liturgy, Theology and the Carolingian Age*, dans *Carolingian Essays*, éd. U.-R. Blumenthal, Washington, 1983, p. 1-69. — I Deug-Su, *L'opera agiografica di Alcuino*, Spolète, 1983 (réimp. d'art. parus dans *Studi medievali*, t. 21 [1980], et t. 22 [1981]).

R.A. et M.H.J.

Alda. Comédie latine en 283 distiques élégiaques, composée par Guillaume de Blois, peu avant 1170, et appréciée de Boccace*.

Un fils de famille s'éprend de la fille d'un avare qui la tient enfermée. La nourrice servant, selon la tradition, d'entremetteuse, le fait changer de vêtements avec sa sœur, subterfuge grâce auquel il parvient à tromper l'innocente qui, devenue enceinte, est fiancée à son séducteur.

L'ouvrage est plus narratif que dramatique. Les tirades philosophiques y font contraste avec un récit de séduction, qui a été qualifié d'obscène. Dans son prologue, Guillaume affirme s'être inspiré de la traduction latine (*Mascula virgo*) d'une comédie de Ménandre. Plusieurs sources grecques confirment effectivement que Ménandre avait écrit un *Androgynos*. Guillaume en aurait-il trouvé une adaptation en Sicile, où il vécut quelques années ? Fait-il étalage de fausse science en s'inspirant d'un commentaire perdu ou, plus simplement, d'un prologue de Térence ? À ces questions, personne jusqu'à présent n'a apporté de réponse définitive. Les mss de l'*Alda* sont rares. Aux témoins recensés dans les éd., on ajoutera un bifolium transmettant les vers 21-66 et 163-208, conservé dans Paris, Arsenal 377.

ŒUVRE. — Éd. M. Wintzweiler, dans G. Cohen, *La « comédie » latine en France au* XII*e siècle*, t. 1, Paris, 1931, p. 107-151 [avec trad. française]. — J. Suchomski, *Lateinische Comediae des 12. Jahrhunderts*, Darmstadt, 1979, p. 137-165 [avec trad. allemande de M. Willumat]. — A.G. Elliott, *Seven Medieval Latin Comedies*, New York-Londres, 1984 [trad. anglaise].

→ D. Goldin, *Lettura dell'« Alda » di Guglielmo di Blois*, dans *Cultura neolatina*, t. 40 (1980), p. 17-32. — M. Ugolini, *Fondamenti per una analisi testuale dell'« Alda » di Guglielmo di Blois*, dans *Sandalion*, t. 3 (1980), p. 323-334. — S. Calliero Amorino, *L'« Alda » di Guglielmo di Blois ed il « Ninfale fiesolano » del Bocaccio, ibid.*, p. 335-343. — L. Braun, *Wie kam Menander in den Prolog der « Alda » ?*, dans *Classica et Mediaevalia*, t. 41 (1990), p. 241-255. — A. Bisanti, *L'« Alda » di Guglielmo di Blois : storia degli studi e proposte interpretative,* Palerme, 1990. G.C. et F.D.

Aldebrandin. Médecin italien, originaire de Sienne. De sa vie ne sont connues que les dernières années : son testament fait en 1287 à Troyes, en faveur des religieux de Saint-Antoine de Viennois, et la date approximative de son décès (entre 1296 et 1299).

Outre une *Practica oculorum*, Aldebrandin composa, avant 1257, le *Régime du corps*, premier traité d'hygiène et de diététique rédigé directement en langue française. Vaste compilation des auteurs médicaux arabes (Ali Abbas, Ibn Sînâ, Râzî) et d'expression arabe (Isaac), utilisés dans leurs traductions latines, le *Régime du corps* se rattache à la tradition hippocratique et galénique. Divisé en quatre parties : l'hygiène générale (20 chap.), les soins aux organes particuliers (huit chap.), la diététique proprement dite (neuf chap.) et une physiognomonie, ce traité présente une remarquable cohérence.

Œuvre de vulgarisation au style alerte, le *Régime du corps* connut jusqu'au début du XVIe siècle un grand succès : 70 mss médiévaux et une édition incunable conservent le texte français. Quatre traductions italiennes, dont la plus ancienne — en dialecte florentin — fut établie en 1310 à Avignon par Zucchero Bencivenni, et la plus récente, partielle et en vers, est due à Battista Caracino, une traduction catalane et une traduction flamande témoignent de son rayonnement intellectuel. Mais les circonstances exactes de la rédaction du *Régime du corps* restent inconnues : quelques manuscrits font précéder le texte d'un prologue — évidemment postiche — rapportant sa composition tantôt pour la comtesse de Provence, Béatrix de Savoie, tantôt pour l'empereur Frédéric II de

Hohenstaufen, hypothèses à considérer avec prudence.

ŒUVRE. — Éd. L. Landouzy et R. Pépin, Paris, 1911.

⟶ E. Wickersheimer, *Dictionnaire biographique des médecins en France au Moyen Âge*, Paris, 1936, p. 17-18. — D. Jacquart, *Supplément au Dictionnaire biographique des médecins en France au Moyen Âge, d'Ernest Wickersheimer*, Genève, 1979, p. 15-16 (*Hautes Études médiévales et modernes*, 35). — F. Fery-Hue, *Le Régime du corps d'Aldebrandin de Sienne : tradition manuscrite et diffusion*, dans *Actes du 110e congrès national des Sociétés savantes (Montpellier, 1985), Section d'histoire médiévale et de philologie*, t. 1 : *Santé, médecine et assistance au Moyen Âge*, Paris, 1987, p. 113-134. — *GRLMA*, t. VIII/1, p. 343. — Cf. *MB*, nos 2986 ; *S* 7699. F.F.H.

Aldric del Vilar. Troubadour de la première moitié du XIIe siècle, originaire du Sud-Ouest, auteur d'un *sirventes* adressé à Marcabru*.

ŒUVRE. — Éd. J.-M.-L. Dejeanne, *Poésies complètes du troubadour Marcabru*, Toulouse, 1909, p. 94-98.

⟶ PC, 16b. — A. Jeanroy, *La Poésie lyrique des troubadours*, Toulouse-Paris, 1934, t. 1, p. 335 ; t. 2, p. 250. — A. Roncaglia, *Il gap di Marcabruno*, dans *Studi medievali*, t. 17 (1951), p. 46-70 ; auquel s'oppose F.M. Chambers, « *D'aisso lau Dieu* » *and Aldric del Vilar*, dans *Romance Philology*, t. 35 (1981-1982), p. 489-500. G.Mi. et G.B.L.

Alegret. Jongleur gascon du XIIe siècle, contemporain et peut-être disciple de Marcabru* qui se moquait de son ignorance et de ses maladresses, notamment dans son éloge du roi Alphonse VII de Castille. Bernart de Ventadorn* lui aurait confié le soin de chanter une de ses plus jolies *cansos*. Il se fit troubadour : on a de lui une chanson d'amour assez banale, et un *sirventes* moral imité de Marcabru, dont le texte, mal transmis par les manuscrits, est difficile à préciser.

ŒUVRES. — Éd. J.-M.-L. Dejeanne, *Alegret, troubadour gascon du XIIe siècle* dans *AM*, t. 19 (1907), p. 221-228. — A. Jeanroy, *Jongleurs et troubadours gascons*, Paris, 1923 (*CFMA*, 39), p. IV, 4-11. — M. de Riquer, *Los trovadores, Historia literaria y textos*, Barcelone, t. 1, 1975, p. 236-240.

⟶ PC, 17. — A. Jeanroy, *La poésie lyrique des troubadours*, Toulouse-Paris, 1934, t. 1, p. 335. J.S. et G.B.L.

Alexander Medicus. Médecin grec, auteur supposé (d'après la compilation du manuscrit Cambridge, Clare Coll. 15, f. 185-185v°) d'un traité en latin sur les éperviers et leurs maladies, dont la rédaction doit remonter au XIIe siècle. Six manuscrits nous en sont parvenus, donnant une quinzaine de recettes, mais il a dû exister d'autres versions du traité d'« Alexander », car Daude de Pradas*, dans ses *Auzels cassadors*, lui attribue deux recettes qui n'apparaissent pas dans le traité latin conservé. La traduction en français est une traduction partielle, qui ne comprend que onze recettes (correspondant aux § 1-4, 8-10 et 12-15 du texte latin) : un seul manuscrit, du XVe siècle, la conserve (Lyon, Bibl. mun., 765).

ŒUVRE. — *Sources inédites des auzels cassadors de Daude de Pradas : Grisofus medicus, Alexander medicus, deux traités latins de fauconnerie du XIIe siècle, publiés avec des traductions en vieil italien de Grisofus et une traduction en vieux français d'Alexander*, éd. G. Tilander, Lund, 1964, p. 49-69 (*Cynegetica*, 10). — B. Van den Abeele, *Les traités de fauconnerie latins du XIIe siècle. Manuscrits et perspectives*, dans *Scriptorium*, t. 44 (1990), p. 280-281, 283 [276-286]. — Cf. *MB*, *S* 5426. F.F.H.

Alexandre de Bernay. Voir : *Roman d'Alexandre ; Athis et Prophilias.*

Alexandre de Halès. Né vers 1185 à Halès, dans le comté de Glocester en Angleterre, Alexandre étudia à l'université de Paris, devint maître ès arts (avant 1210), maître en théologie (avant 1220), régent (vers 1225), puis doyen (1241-1245) de la Faculté de théologie parisienne. Pendant la grande grève universitaire de 1229, il se retira à Angers avec les maîtres et étudiants parisiens, en réaction à la fois contre les exactions du prévôt de Paris et contre l'entrée d'Aristote à l'Université. Avec Guillaume d'Auxerre* et Etienne Baatel, il se rendit à Rome pour plaider la cause des grévistes. Avant la fin 1231, des documents nous le présentent comme chanoine de Lichfield et archidiacre de Coventry. En 1232, il reprit son enseignement parisien. Son crédit était déjà grand car en 1235, Henri III Plantagenêt le chargea de négocier une trêve avec saint Louis. L'année suivante, Alexandre entra dans l'ordre de saint François, tout en conservant sa chaire universitaire. Cette situation fut à l'origine de la querelle des ordres mendiants. En effet, lorsqu'il quitta l'enseignement universitaire, quelques années après, ce fut un autre franciscain qui occupa la chaire, son disciple Jean de

La Rochelle* (1238 ou 1241). Alexandre participa ensuite au Ier concile de Lyon, comme « *magnus doctor theologiae* » et mourut la même année à Paris, le 21 août 1245. Salué de son temps comme « monarque des théologiens », il fut qualifié par la postérité de « *Doctor irrefragibilis* ». Il laissait un commentaire — le premier du genre — sur le *Livre des Sentences* de Pierre Lombard*, lequel venait d'être reconnu au IVe concile du Latran (1215) comme le manuel de base des études théologiques. Outre l'Écriture et les Pères, Alexandre utilise largement Aristote, Boèce*, le Pseudo-Denys, mais aussi des modernes : saint Anselme de Cantorbéry*, Hugues de Saint-Victor*, Gilbert de la Porrée*, Guillaume de Conches* et saint Bernard*. Son penchant pour un platonisme augustinien, notamment sur la doctrine de la connaissance, devait marquer profondément les théologiens franciscains ultérieurs. Sur le plan du *Livre des Sentences*, Alexandre commença en outre à rassembler ses propres *quaestiones*, auxquelles ses disciples (Jean de La Rochelle*, Guillaume de Méliton, frère « Considerans », Bonaventure*...) en ajoutèrent de nouvelles après sa mort : ce fut la première *Somme théologique*. Connue sous le nom de *Summa Alexandri*, elle exerça une large influence sur la scolastique du XIIIe s. On garde encore de lui toute une littérature de commentaires divers, sur Aristote, sur l'Écriture, sur la Règle de saint François ; enfin, des sermons, des quolibets et un *Exoticon*, poème didactique pour l'enseignement du grec. Comme premier commentateur du Lombard, Alexandre de Halès est généralement considéré comme le fondateur de la méthode scolastique.

ŒUVRES. — *Glossa in Sententias*, éd. P. Doucet, Florence, Quaracchi, 4 vol., 1951-1957. — *Quaestiones*, éd. F. Pelster, *Literargeschichte zur Pariser theologischen Schule aus den Jahren 1230 bis 1256*, dans *Scholastik*, 1930, p. 46-78 ; éd. Florence, Quaracchi, 4 vol., 1960. — Éd. D. Nathanson, 1986. — *Commentarius in Regulam s. Francisci*, éd. L. Oliger, Rome, 1950. — *Summa theologica* : éd. Collegium s. Bonaventurae, Quaracchi, 1924-1979.

→ I. Herscher, *A Bibliogr. of Alexander of Hales*, dans *Franciscan Studies*, t. 5 (1945), p. 434-454. — R.S. Franks, *The Interpretation of Holy Scripture in the Theological System of Alexander of Hales*, Londres, 1933. — E. Schlenker, *Die Lehre von den göttlichen Namen in der Summe Alexanders von Hales. Ihre Prinzipien und ihre Methode*, Fribourg, 1938 (*Freiburger theologische Studien*, 46). — R.M. Huber, *Alexander of Hales O.F.M. (ca. 1170-1245). His Life and Influence on Medieval Scholasticism*, dans *Franciscan Studies*, t. 26 (1945), p. 353-365. — F.J. Catania, *Knowledge of God in Alexander of Hales and John Duns Scotus*, Kalamazoo, 1966. — I. Fornaro, *La teologia dell'immagine nella glossa di Alessandro d'Hales*, Louvain-la-Neuve, 1981. Do.P.

Alexandre Nequam. Né à St Albans en 1154, Alexandre Nequam fit ses études à Oxford, puis à Paris, où il enseigna à la Faculté des arts et fut membre de l'école d'Adam du Petit-Pont*. A partir de 1186, il regagna l'Angleterre et peut être considéré comme le premier théologien scolastique connu de l'école d'Oxford. Entré chez les chanoines réguliers de saint Augustin au monastère de Cirencester, il en devint abbé en 1213 et mourut en 1220. Tout au long de sa carrière, il nous a laissé beaucoup d'œuvres diverses, en grande partie inédites (cf. la thèse de R. Hunt publiée en 1984 par M. Gibson). Ses œuvres grammaticales sont essentiellement des glossaires méthodiques et des exercices de vocabulaire, le *De nominibus ustensilium* (termes de la vie quotidienne avec équivalents en français) et le *Sacerdos ad altare* ; un traité de grammaire, les *Corrogationes Promethei*, qui associe l'art grammatical avec une série de gloses sur la Bible ; un commentaire mythologique sur les deux premiers livres de Martianus Capella ; des traductions en vers de six fables d'Avianus et de 42 fables d'Ésope. Versificateur habile au style coloré, il est l'auteur de poèmes longs bien attestés (*Laus Sapientiae Divinae, Corrogationes novi Promethei*), de poèmes plus courts et d'hymnes. Il est surtout connu par son œuvre scientifique et encyclopédique, le *De naturis rerum* consacré à la description de toute la nature, à partir de la création dans les deux premiers livres et se terminant par un commentaire de l'*Ecclésiaste* et des vaines activités humaines. Ses sermons qui appartiennent pour la plupart à la période de professorat à Oxford semblent avoir été réellement prêchés et s'adaptent à l'auditoire auquel ils sont destinés. Ses commentaires exégétiques inédits sur le Psautier, sur les Proverbes, sur le Cantique des Cantiques sont tour à tour de type scolaire et de type monastique et les écrits théologiques de la fin de sa vie comme le *Speculum speculationum* reflètent bien le passage de l'école au cloître. Nequam savait peu de grec, mais il s'intéressait à l'hébreu et aux sciences. Il connaissait bien aussi la littérature classique, directement ou par l'intermédiaire de florilèges. La plupart de ses œuvres ont surtout été diffusées en Angleterre d'après la tradition manuscrite et les citations, mais ses traités élémentaires sur la grammaire pratique et théorique eurent une large audience sur le marché pré-universitaire en expansion.

ŒUVRES. — Liste complète dans l'ordre chronologique avec mss et éd. : R.W. Hunt, *The Schools and the Cloister. The Life and Writings of Alexander Nequam (1157-1217)*, éd. et rév. M. Gibson, Oxford, 1984, *Appendix A*, p. 125-149 et *Appendix B : Sermons*, p. 150-153. — *De nominibus ustensilium*, éd. T. Wright, *A Volume of Vocabularies*, Londres, 1857, p. 96-119. — A. Scheler, *Trois traités de lexicographie latine du* XIIe *et du* XIIIe *siècle*, dans *Jahrbuch für romanische und englische Literatur*, t. 7 (1866), p. 58-74, 155-173 ; compte rendu P. Meyer, dans *Revue critique d'histoire et de littérature*, t. 7 (1868), p. 295-299. — *Novus Avianus*, éd. E. Du Meril, *Poésies inédites du Moyen Âge*, Paris, 1854, p. 260-267. — Éd. L. Hervieux, *Les fabulistes latins III. Avianus et ses anciens imitateurs*, Paris, 1894, p. 222-234, 462-467. — *Novus Esopus*, éd. Du Méril, p. 169-212. — L. Hervieux, *Les fabulistes latins : Phèdre et ses anciens imitateurs*, Paris, 1893-1894, p. 668-684 ; II, p. 392-416. — G. Garbugino, *Favolisti latini medievali*, 2 : *Alessandro Neckam. Novus Aesopus*, Gênes, 1987 (*Dipartimento di archeologia filologia classica e loro tradizioni*, 3). — J. Bastin, *Recueil général des Isopets*, Paris, 1919, t. 1, p. IX-XII et 1-30 (*SATF*). — *Corrogationes Promethei*, éd. part. P. Meyer, *Notice sur les « Corrogationes Promethei » d'Alexandre Neckam*, dans *Notices et extraits des mss de la BN*, t. 35, 2, Paris, 1896, p. 641-682. — *De naturis rerum*, éd. T. Wright, Londres, 1863 ; 2e éd. 1967 (*Rolls Series*) [liv. I-II seulement ; liv. III-V : *in Ecclesiasten* inéd.]. — *Sacerdos ad altare*, éd. part. C.H. Haskins, *Studies in the History of Mediaeval Science*, 2e éd. Cambridge (Mass.), 1927, p. 361, 372-376. — H. Kantorowicz, *A Medieval Grammarian on the Sources of the Law*, dans *Tijdsschrift voor Rechtsgeschiedenis*, t. 15 (1936-1937), p. 31-37. — *Speculum speculationum* : éd. préparée par R.M. Thomson (*Auctores Britannici Medii Aevi*). — *Laus Sapentiae Divinae*, éd. T. Wright, *Alexandri Neckam de naturis rerum... with... De laudibus diuinae sapientiae*, Londres, 1863, p. 357-503. — *Corrogationes Novi Promethei*, éd. part. M. Esposito, *On some Unpublished Poems Attributed to Alexander Neckam*, dans *English Historical Review*, t. 30 (1915), p. 457-459. — H. Walther, *Eine moral-asketische Dichtung des* XIII. *Jahrhunderts*, dans *Medium Aevum*, t. 31 (1962), p. 33-43. — *De commendatione vini*, éd. part. M. Esposito, *op. cit.*, p. 452-456 (extraits du liv. I) et H. Walther, *Zu den kleineren Gedichten des Alexander Neckam*, dans *Mittellateinisches Jahrbuch*, t. 2 (1965), p. 112-121 (liv. II et III). — *Hymni et minora carmina* : cf. Hunt, *op. cit.*, p. 140-146 ; éd. part. H. Walther, *op. cit.*, p. 116-128.

→ L. Thorndike, *A History of Magic and Experimental Science*, t. 2, New York, 1923, p. 188-204 (chap. 43). — J.C. Russell, *Alexander Neckam in England*, dans *English Historical Review*, t. 47 (1932), p. 260-268 ; réimp. dans *Twelfth Century Studies*, New York, 1978, p. 155-166. — M. de Wulf, *Histoire de la philosophie médiévale*, t. 2, 1936, p. 67-68 et 70. — S. Gaselle, *Notes on the Vocabulary of Alexandre Neckam*, dans *Speculum*, t. 14 (1939), p. 106-107. — J. de Ghellinck, *L'essor de la littérature latine au* XIIe *siècle*, Paris-Bruxelles, 1946, 2e éd., 1954, p. 150-155, 296, 299, 306, 362, 452 et 462-463. — E.F. Wilson, *Pastoral and Epithalamium in Latin Literature* dans *Speculum*, t. 23 (1948), p. 35-57. — U.T. Holmes Jr., *Daily Living in the 12 th. cent. Based on the Observations of Alexander Neckam in London and Paris*, Madison, 1952. — R. Loewe et R.W. Hunt, *Alexander Neckam's Knowledge of Hebrew*, dans *Mediaeval and Renaissance Studies*, t. 4 (1958), p. 17-34. — P. Michaud-Quantin, *Les petites encyclopédies du* XIIIe *siècle*, dans *Cahiers d'histoire mondiale*, t. 9 (1966), p. 582-584. — E. Jeauneau, *Nains et géants*, dans *Entretiens sur la Renaissance du* XIIe *siècle*, sous la dir. de M. de Gandillac et E. Jeauneau, Paris-La Haye, 1968, p. 21-53. — J.R. O'Donnell, *The Liberal Arts in the Twelfth Century with Special Reference to Alexander Nequam (1157-1217)*, dans *Arts libéraux et philosophie au Moyen Âge. Actes du 4e congrès international de philosophie médiévale, Univ. Montréal, 27 août-2 sept. 1962*, Montréal-Paris, 1969, p. 127-135. — S. Viarre, *A propos de l'origine égyptienne des arts libéraux : Alexandre Neckam et Cassiodore, ibid.*, p. 583-591. — M. Fumagalli et M. Parodi, *Due enciclopedie dell'occidente medievale. Alessandro Neckam e Bartolomeo Anglico*, dans *Rivista critica della storia della filosofia*, t. 40 (1985), p. 51-90. — Cf. Manitius, 3, 1931, p. 775-776 et 784-794. — *The Dictionary of National Biography*, 40, col. 154 A. — G. Sarton, *Introduction to the History of Science*, 2, Baltimore, p. 385-386. — *Lexikon des Mittelalters*, 1, 1980, col. 376-379 [R. Düchting]. C.J.

Alexandre de Paris. Voir : *Roman d'Alexandre.*

Alexandre du Pont. Auteur du *Roman de Mahomet*, qu'il dit avoir écrit à Laon en 1258. On ne sait rien de lui. Le roman, d'environ deux mille octosyllabes, conservé par un seul manuscrit, est une traduction des *Otia de Machomete* de Gautier de Compiègne, prieur de Saint-Martin-en-Vallée, œuvre rédigée vraisemblablement à Chartres entre 1137 et 1155.

Après avoir évoqué dans son prologue la « chaîne de transmission » de son texte, dont le point de départ serait un Sarrasin converti au christianisme, Alexandre nous livre une vie légendaire de Mahomet qui, tout en conservant une allure polémique, est loin de certains écrits de l'époque (byzantins en particulier), véritables armes de guerre et traités apologétiques, et appartient bien au genre romanesque. Il nous dresse un portrait de Mahomet, raconte la première visite de celui-ci à un ermite qui le chasse, son mariage avec la veuve de son ancien maître, sa crise d'épilepsie pendant la nuit de noces, sa deuxième visite à l'ermite, ses prédications en faveur d'une nouvelle religion, sa guerre contre les Persans, l'application de la loi nouvelle, et enfin sa mort, tout ceci sans le moindre souci de la réalité historique, et dans un cadre représentatif de la société féodale française de l'époque. La vie de Mahomet y est vue comme une supercherie d'un homme rusé et avide de pouvoir, doué d'une forte personnalité et sachant manier les foules.

ŒUVRE. — Éd. Y.G. Lepage, *Le Roman de Mahomet de Alexandre du Pont (1258)..., avec le texte des Otia de Machomete de Gautier de Compiègne*, par R.B.C. Huygens, Paris, 1977 (*Bibl. fr. et romane ; éd. crit. de textes*, 16).

⟶ A. D'Ancona, *La leggenda di Maometto in Occidente*, 2e éd., dans *Studi di critica e storia letteraria*, t. 2 (1912), p. 165-306. — C. Pellat, *Le Roman de Mahomet d'Alexandre du Pont*, dans *En terre d'Islam*, n° 24 (1943), p. 216-235. — V. Monneret de Villard, *Lo studio dell'Islam in Europa nel* XII *e nel* XIII *secolo*, Cité du Vatican, 1944 (*Studi e Testi*, 110). — M.-T. d'Alverny, *La connaissance de l'Islam en Occident du* IXe *au milieu du* XIIe *siècle*, dans *Settimane di Studio del Centro italiano di studi sull' alto medioevo*, Spolète, t. 12 (1965), p. 577-602. — Cf. *MB*, n° 3480 ; *S* 5995-5997. C.R.

Alexandre de Villedieu. Grammairien et mathématicien normand né vers 1160-1170 à Villedieu dans la Manche ; il étudia à Paris avec deux amis et rédigea avec eux des notes de grammaire, qui devinrent sa propriété. Appelé à Dol par l'évêque pour donner des leçons à ses neveux, il leur enseigna la grammaire de Priscien en la mettant en vers. À la demande de l'évêque, il reprit ses notes antérieures pour les développer et composer le fameux *Doctrinale*, d'après une histoire racontée dans le prologue de certains commentaires. Devenu chanoine de la cathédrale Saint-André d'Avranches, il écrivit plusieurs traités en vers : le *Carmen de algorismo* en 284 hexamètres, qui contribua beaucoup à la diffusion des nombres « indiens », un traité de comput ou *Massa compoti* en 365 vers, qui est à l'origine de la diffusion du nombre d'or, enfin un long poème sur la liturgie en 2 002 vers, l'*Ecclesiale*, où il traite en particulier des différentes fêtes ecclésiastiques. Il y critique violemment l'école d'Orléans pour son enseignement des auteurs classiques. Il mourut vers 1240-1250. Son *Doctrinale* en 2 645 vers est le plus important manuel grammatical du Moyen Âge. Transmis par plus de 400 mss, le plus souvent glosés, il a été aussi abondamment commenté, du XIIIe siècle (Glose *Admirantes*) jusqu'au XVe siècle (Petrus Crocus, Bartholomaeus de Sancto Concordio sur le livre III, Tibinus Pragensis, Franciscus de Butis, etc.) sans compter tous les commentaires anonymes. Entre 1470 et 1520, plus de 260 éditions ont vu le jour, d'abord en Italie, puis en Allemagne et en France (surtout à Paris), mais peu en Angleterre. Utilisé à la fois dans les écoles pour l'enseignement secondaire et dans les universités, à la Faculté des Arts, il a donné lieu aussi bien à des explications assez littérales qu'à des commentaires philosophiques et spéculatifs (cf. Marsile d'Inghen). Dans son prologue, Alexandre de Villedieu renvoie à un *Alphabetum minus* dont la lecture doit précéder celle du *Doctrinale* et à un *Alphabetum maius* qui doit la suivre (v. 26-27). Le *Doctrinale* correspond peut-être à la mise en vers de l'*Alphabetum maius*, traité encyclopédique en prose ? D'abord divisé en trois parties : *Etymologia* (paradigmes nominaux et verbaux), syntaxe, prosodie et figures, puis en quatre (la troisième partie se scindant en deux), il a été interpolé dès le milieu du XIIIe siècle, notamment par Jean de Garlande*. Basé essentiellement sur Priscien et sur Donat, il se réfère aussi à des auteurs qui l'ont précédé comme Aimericus pour la prosodie. Les exemples bibliques et liturgiques qu'il a introduits ont été repris dans les *Sophismata* et les grammaires ultérieures. On lui a attribué récemment un *Carmen de musica cum glossis.* Cette attribution qui n'est pas vraiment prouvée serait très utile, car Alexandre de Villedieu passe pour le premier témoin des six modes rythmiques dans son *Doctrinale.*

ŒUVRES. — *Algorismus* ou *De arte numerandi* ou *Carmen de algorismo*, éd. J.O. Halliwell, *Rara mathematica*, Londres, 1839, 2ᵉ éd., 1841, p. 73-83. — R. Steele, *The Earliest Arithmetics in English*, Londres, 1922, p. 72-80 (*EETS. Extra Series*, 118) ; trad. française partielle du XIIIᵉ, éd. d'extraits C. Henry, dans *Buoncompagni's Bullettino*, t. 15 (1882), p. 53-70 et V. Mortet, dans *Bibliotheca Mathematica*, t. 9 (1908), p. 55-64. — *De expositionibus dictionum*, éd. d'extraits C. Thurot, *De Alexandri de Villa Dei Doctrinali eiusque fortuna*, Paris, 1850, p. 13-14 (ms. Paris, BN, lat. 7682 A, f. 88-160). — *Doctrinale*, éd. D. Reichling, Berlin, 1893, 1974² (*Monumenta Germaniae Paedagogica*, 12) ; extraits de gloses au *Doctrinale*, éd. C. Thurot, *Notices et extraits... pour servir à l'histoire des doctrines grammaticales au Moyen Âge*, dans *Notices et extraits...*, t. 22/2, Paris, 1868, *passim.* — *Ecclesiale*, éd. et trad. anglaise, L.R. Lind, Lawrence Univ. of Kansas press, 1958. — *Massa compoti*, éd. R. Steele, Oxford, 1926, p. 268-289 (*Opera hactenus inedita Rogeri Baconi,* 3). — W.E. van Wijk, *Le nombre d'or...*, La Haye, 1936 (avec trad. française). — *Summarium biblicum*, cf. Walther, *Initia carminum*, nᵒˢ 1959 et 17610 ; et D. Reichling, *Das Doctrinale*, p. XLII-XLIII. — *Carmen de musica cum glossis* (?), éd. A. Seay, Colorado Springs, 1977 (*Critical Texts*, 5).

→ S.A. Hurlbut, *A Forerunner of Alexander de Villa Dei*, dans *Speculum*, t. 8 (1933), p. 258-263. — *Sconosciute edizioni dei s.* XV *e* XVI *dell'operina doctrinale di Alexander de Villa Dei*, Reggio d'Emilie, 1933 (*Scritti della scuola di bibliografia italiana*, 21). — G. Beaujouan, *L'enseignement de l'arithmétique élémentaire à l'université de Paris aux* XIIIᵉ *et* XIVᵉ *siècles*, dans *Mél. Millás Vallicrosa*, t. 1, Barcelone, 1954, p. 106 et 112-115. — T. Heath, *Logical Grammar, Grammatical Logic and Humanismus in Three German Universities*, dans *Studies in the Renaissance*, t. 18 (1971), p. 9-64. — M.L. Colker, *New Evidence that John of Garlande Revised the Doctrinale...* dans *Scriptorium*, t. 28 (1974), p. 68-71. — G.L. Bursill-Hall, *Teaching Grammars of the Middle Ages : Notes on the Manuscript Tradition* dans *Historiographia Linguistica*, t. 4 (1977), p. 1-29. — W. Maaz, *Zur Rezeption des Alexander von Villa Dei im 15. Jahrhundert*, dans *Mittellateinisches Jahrbuch*, t. 16 (1981), p. 276-281. — B. Hughes, *Franciscans and Mathematics II*, dans *Archivum franciscanum historicum*, t. 77 (1984), p. 8-11. — Cf. *HLF*, t. 16, 1832, p. 188 ; t. 18, p. 202-209 ; t. 30, 1888, p. 280-302. — *DHGE* t. 2, 1914, col. 278-279 [E. Dupont]. — Manitius, t. 3, 1931, p. 758-761. — *Dictionnaire de biographie française*, t. 1, 1932, col. 1472-1476 [M. Barroux]. — F.J.E. Raby, *A History of Secular Latin Poetry in the Middle Ages*, t. 2, Oxford, 1957, p. 86-88. — G. Sarton, *Introduction to the History of Science*, t. 2, Baltimore, 1931, p. 616-617. — *Lexikon des Mittelalters*, t. 1, 1978, col. 381-382 [G. Müller/E. Neuenschwander].

C.J.

Aliénor d'Aquitaine. Vers 1122, naquit dans un château du Bordelais celle qu'un destin fantastique allait faire successivement reine de France et reine d'Angleterre, Aliénor, qui deviendra à quinze ans, par la mort de son père, Guillaume X d'Aquitaine, une très riche héritière. Riche, elle l'était par les dimensions de son duché, qui s'étend de la Loire aux Pyrénées et de l'océan à l'Auvergne, mais aussi par la valeur de ce domaine. En effet, ce vaste pays policé, débordant de vie et de « *joi* », avait, au terme d'une longue période de paix, connu l'éclosion de la première littérature en langue vulgaire. Petite-fille de Guilhem IX*, premier troubadour connu et l'un des plus justement célèbres, Aliénor était appelée à jouer un rôle primordial dans la « renaissance » française du XIIᵉ siècle, et, à ce titre, ce personnage historique intéresse au plus haut point l'histoire littéraire.

En 1137, elle épousa celui qui allait devenir, l'année suivante, roi de France sous le nom de Louis VII. D'une beauté proverbiale, vive et intelligente, elle fut déçue par un mari, à peine son aîné, aussi timide et maladroit que violemment épris. Il est vraisemblable qu'elle tenta de s'entourer de gens parlant sa belle langue d'oc et de recréer, au sein de la cour morose de Paris, quelque chose qui lui rappelât la fastueuse cour d'Aquitaine. Entre cette jeune reine, débordante de vie, et un mari jaloux, les dissentiments ne tardent pas à se faire jour, malgré la naissance, en 1145, de Marie, future comtesse de Champagne.

Lorsque Louis VII décide de partir pour la seconde croisade, il emmène avec lui la reine, les grandes dames de la cour et tout leur personnel féminin. Ce déplacement, assez insolite, d'une cour entière, des réceptions fastueuses qui jalonnèrent le voyage étaient de nature à déplaire à certains croisés, comme à maints hommes restés au pays. On rapporta bon nombre de médisances, voire de franches calomnies. Le pitoyable échec de la croisade provoqua des mécontentements, l'esprit d'indépendance de la reine fit le reste. Au retour de la croisade, malgré les efforts du pape pour réconcilier les époux et la naissance d'une seconde fille, Aélis, la future Aélis de Blois, le différend persista et, en 1152, le concile de Beaugency proclama la nullité du mariage pour liens de consanguinité.

Deux mois plus tard, Aliénor épousait Henri Plantagenêt, comte d'Anjou, duc de Normandie, qui, devenu roi d'Angleterre sous le nom d'Henri II, règne sur le plus vaste royaume de la chrétienté. De ce mariage naquirent quatre fils et trois filles qui, tous, jouèrent un rôle éminent dans l'évolution de la littérature contemporaine.

À partir de 1172, l'autoritarisme de Henri II suscita à la reine de nombreux ennemis jusque dans sa propre famille. Mêlée aux dissentiments qui opposèrent Henri et Richard à leur père, Aliénor fut enfermée par ordre de son mari et ne recouvra pleinement sa liberté qu'en 1189, à la mort de celui-ci. Ensuite, pendant plus de dix ans, elle joua un rôle politique important, s'attachant à défendre les droits de ses fils.

Au terme de sa longue vie, elle se retira à l'abbaye de Fontevrault, où elle mourut en 1204.

Aliénor d'Aquitaine exerça un rayonnement certain sur plusieurs troubadours ; le nom de Bernart de Ventadorn*, l'un des plus grands, est attaché au sien. Le rôle d'Aliénor est encore perceptible dans la chanson de geste écrite dans une langue composite originaire du nord-ouest du domaine d'oc : *Girart de Roussillon**. En ce qui concerne la littérature en langue d'oïl, Aliénor s'est vu dédier le *Brut* par Wace*, comme aussi le monumental *Roman de Troie* de Benoît de Sainte-Maure*, la *Chronique des Ducs de Normandie* du même Wace et une copie du *Bestiaire* de Philippe de Thaon*. D'autre part, tous les spécialistes de Tristan* reconnaissent le rôle qu'elle a joué dans la diffusion de cette légende. Ainsi donc, dans tous les domaines de la littérature contemporaine, l'influence d'Aliénor se laisse repérer.

L'un des aspects les plus frappants du mécénat d'Aliénor est son caractère féminin. La petite-fille du premier troubadour a particulièrement contribué à faire accorder à la « dame » une entrée triomphale dans la société comme dans la littérature française. Par Aliénor, la littérature courtoise, éclose dans le Midi, se généralise dans tout le domaine de la langue d'oïl.

Ses enfants, de leur côté, contribuèrent à étendre cette action. Sans parler d'Henri, le « jeune roi », idole des troubadours, de Richard Cœur de Lion*, qui fut troubadour lui-même, sans oublier le mécénat de Marie de Champagne, la plus illustre de ses filles et celui d'Aélis de Blois, il faut signaler l'influence prépondérante de Mathilde, épouse du duc de Bavière et de Saxe, Henri le Lion : c'est pour satisfaire au désir de sa femme que le duc fit rédiger la fameuse traduction allemande de la *Chanson de Roland**, le *Rolandslied*. Ici aussi, la diffusion en Allemagne de la légende de Tristan par Eilhart von Oberg*, un homme d'Henri le Lion, n'est certainement pas sans rapport avec les goûts littéraires de la duchesse. Le rayonnement des troubadours à la cour de Castille, dont une autre fille, qui porte aussi le prénom d'Aliénor, était devenue reine, est bien connu. Il convient également de rappeler les incidences littéraires que détermina le mariage de Jeanne avec Guillaume, roi de Sicile. Devenue veuve, Jeanne, remariée avec Raimon VI, comte de Toulouse, protégea, elle aussi, les troubadours.

Le destin européen de la littérature française, qui va prendre son essor pendant le dernier quart du XIIe siècle, doit donc beaucoup à l'extraordinaire famille d'Aliénor d'Aquitaine.

→ E.R. Labande, *Pour une image véridique d'Aliénor d'Aquitaine* dans *Bull. de la Soc. des Antiquaires de l'Ouest*, Poitiers, 1952, p. 175-234. — R. Lejeune, *Rôle littéraire d'Aliénor d'Aquitaine et de sa famille*, dans *CN*, t. 14 (1954), p. 5-57 ; *Le rôle littéraire de la famille d'Aliénor d'Aquitaine* dans *CCM*, t. 1 (1958), p. 319-337, repris dans *Marche Romane* n° hors série (1979), p. 403-448. — W.W. Kibler éd., *Eleanor of Aquitaine, Patron and Politician*, Austin, Texas, 1976. — R.A. Taylor, *La littérature occitane du Moyen Âge*, Toronto, 1977, nos 503-505 ; 876. — R. Pernoud, *Aliénor d'Aquitaine*, Paris, 1983. Ri.L.

Aliscans. Chanson de geste (seconde moitié du XIIe s.), formant l'épisode central du cycle de Guillaume d'Orange*, la bataille des Aliscans. Le poème comprend 8 435 vers décasyllabiques assonancés. Il représente une seconde forme de la légende déjà contée dans la *Chanson de Guillaume.*

Suite des *Enfances Vivien*, le récit commence en pleine bataille des Aliscans. L'armée du roi Desramé de Cordoue y combat Vivien, neveu de Guillaume d'Orange, qui a fait vœu de ne jamais reculer devant les païens et qui meurt de son vœu. Guillaume survient, mais il n'a que très peu de troupes ; il cherche son neveu et le trouve à terre, au bord d'un étang. Tandis qu'il exhale sa longue plainte, l'enfant sort de son évanouissement. Mais il va mourir. Guillaume entend sa confession et lui donne la communion. Alors Vivien, après quelques tendres paroles pour Guibourc, femme de Guillaume qui l'aima tant, rend l'âme. Guillaume parvient à traverser les lignes ennemies. Il arrive sous les murs d'Orange. C'est l'instant du célèbre et beau dialogue entre Guibourc et Guillaume : l'un demande asile, l'autre refuse de reconnaître son mari dans un vaincu. Guillaume reprend alors courage, part délivrer quelques chrétiens que des Sarrasins emmenaient. Guibourc lui ouvre les portes. Puis Guillaume repart demander au roi de lui prêter le secours promis tous les sept ans. Mais, vaincu, il est mal reçu et entre en une terrible colère. Enfin une armée lui est confiée et Guillaume, aux Aliscans même, remporte la victoire et venge Vivien. Le héros de cette seconde partie n'est plus Guillaume, mais un personnage héroï-comique, Rainouart. Sarrasin qui fut acheté, par caprice, à des marchands, Rainouart, par un autre caprice, est oublié par l'empereur Louis qui, sans le faire baptiser, le relègue aux cuisines, où il sert de souffre-douleur aux valets et aux écuyers. L'enfant au reste était, sans qu'on le sût, de noble origine, frère de Guibourc. Il a eu pour précepteur le magicien Piccolet. Guillaume emmène Rainouart dans son armée. Le jeune homme s'est armé d'un énorme *tinel* ou bâton : un gros sapin qu'il a déraciné. Jusqu'à la fin, ses exploits grotesques ou héroïques égayent la geste. Il est le grand artisan de la victoire. Mais au banquet célébrant la défaite des Sarrasins, on néglige de l'inviter. Enfin sa sœur Guibourc va le chercher. Il est alors baptisé et il épouse la jeune fille qui l'aime et qui l'admire.

Le poème est ainsi partagé en deux parties. La première, d'une magnifique beauté, est le récit pathétique de la défaite et de la douleur, et bien que sa forme primitive (la *Chanson de Guillaume*) soit plus admirable encore dans sa fruste simplicité, il mérite d'être loué, comme la partie gothique d'une cathédrale excite l'admiration sans faire oublier l'œuvre romane. La seconde moitié a été fort discutée à cause du personnage de Rainouart. Mais, s'il est bon de le comparer, comme a fait G. Paris, à l'Héraclès gourmand, sensuel et héroïque de l'épopée grecque, et de relire le plaidoyer de Guessard, il est meilleur encore de rappeler que Dante* a placé Rainouart dans son Paradis aux côtés de Guillaume. On ne doit pas méconnaître tout ce côté plaisant dans l'épopée du Moyen Âge, et qui fait une partie de sa richesse.

Ce texte a servi de base au très important *Willehalm* de Wolfram von Eschenbach* composé vers 1210-1212.

ŒUVRE. — Éd. Guessard et Montaiglon, Paris, 1870 (*Anciens poètes de la France*). — Éd. G. Rolin, Leipzig, 1894. — Éd. E. Weinbeck, W. Hartnacke et P. Rash, Halle, 1903. — Éd. G. Holtus, Tübingen, 1985. — Éd. C. Régnier, Paris, 1990, 2 vol. (*CFMA*). — Trad. C. Chacornac, Paris, 1930.

→ L. Gautier, dans *Les épopées françaises*, t. 4 (1880), p. 465-559. — A. Thomas, *Vivien d'Aliscans et la légende de Saint Vivian*, dans *Mél. G. Paris*, Paris, 1890. — R. Weeks, *Etudes sur Aliscans*, dans *Romania*, t. 30 (1901), p. 184-197 ; t. 34 (1905), p. 237-277 ; t. 38 (1909), p. 1-43. — J. Bédier, *Légendes épiques*, t. 1 (1914), p. 42-136, 336-405. — J. Frappier, *Les chansons de geste du cycle de Guillaume d'Orange*, Paris, t. 1 (1955). — M. Tyssens, *La geste de Guillaume d'Orange dans les manuscrits cycliques*, Paris, 1967 (*Les Belles Lettres*), p. 247-264. — J. Wathelet-Willem, *Aliscans, témoin de l'évolution du genre épique à la fin du XIIe siècle*, dans *Mél. C. Foulon*, t. 1, 1980, p. 381-392. — Cf. *MB* nos 167-178 ; 7160 ; *S* 1004-1012. R.Ba.

Alphonse II d'Aragon. Voir : Barcelone-Aragon (Maison royale de) et Anfos.

Alulphe. Entré vers 1095 à l'abbaye bénédictine de Saint-Martin de Tournai, Alulphe y fut *armarius* et chantre pendant quarante-sept ans. Il fut chargé par l'abbé Odon de composer un florilège d'extraits des *Moralia* de Grégoire le Grand* en suivant l'ordre des versets de l'Ancien et du Nouveau Testament, à l'instar du *Liber testimoniorum* de Paterius. Cette œuvre, d'accès plus facile que les *Moralia*, semble avoir été assez répandue au Moyen Âge. Alulphe mourut vers 1143-1144.

ŒUVRE. — *Opus excerptionum ex operibus B. Gregorii papae in vet. et nov. Test., quod Gregorialis inscribitur* ; 4 parties : I et II : vet. Test. ; III, nov. Test. ; IV, Sententiae diversae. — Prologue publié par Mabillon dans *An. Vet.* in fol., 131-132. La 3e partie a été éditée à Paris-Bâle-Strasbourg en 1516 ; puis sous le nom de Paterius, dans l'éd. rom. des Œuvres de saint Grégoire, 1553 ; enfin par D. de Sainte-Marthe, 1705, éd. reprod. dans *PL*, t. 79, col 1137, 1424.

→ *DHGE*, t. 2, 1914, col. 848-849. — Manitius, t. 3 (1921), p. 120-122, Stegmüler, t. 2 (1950) p. 85-88 n. 1201-25 ; 4 (1954), p. 189-190 n. 6320-6320, 3. — H. Rochais, *Contribution à l'histoire des florilèges ascétiques du haut Moyen Age latin, dans Revue Bénédictine*, t. 63 (1953), p. 256 n. 1 [liste de mss]. — R. Wasselynck, *Les compilations des « Moralia in Job » du* VIIe *au* XIIe*, dans RTAM*, t. 29 (1962), p. 23-25.

A.M.T.

Amadas et Ydoine. Roman d'aventures et d'amour, de 8 000 octosyllabes, écrit vraisemblablement entre 1190 et 1220 et teinté de picard. Nous en possédons trois mss, dont un complet et les deux autres fragmentaires, chacun d'entre eux correspondant à une version différente. Le premier contient une version dite « continentale », tandis que les deux autres contiennent des versions anglo-normandes. Amadas, fils du sénéchal du duc de Bourgogne, devient amoureux fou d'Ydoine, fille de ce dernier. De désespoir, il tombe un jour inanimé devant elle. Ydoine, le croyant mort, est saisie à son tour par l'amour. Après un échange d'anneaux, Amadas, guéri, part faire ses preuves et se couvre de gloire. A son retour, il apprend qu'Ydoine va être mariée de force au comte de Nevers. Frappé de douleur, il devient fou et est enfermé. De son côté, Ydoine, par un subterfuge, se garde intacte, le mariage n'étant pas consommé. Elle obtient de partir en pèlerinage à Rome en passant par Lucques où elle a appris par un de ses écuyers qu'Amadas s'est échappé. Elle le retrouve dans une grotte, le ramène à la raison, et après diverses aventures, ils prennent ensemble le chemin du retour. Mais Ydoine manque d'être enlevée. Amadas l'arrache à son agresseur. Alors la jeune fille, soudainement prise d'un mal étrange, meurt. Amadas apprendra plus tard sur sa tombe, de la bouche d'un chevalier qui le provoque dans le cimetière, qu'elle est simplement endormie. Finalement, le comte de Nevers ne voudra plus d'Ydoine, Amadas héritera de grands biens et tout finira dans une heureuse union.

La trame du roman ressemble fort à celle de *Cligès* de Chrétien de Troyes*. Le mariage, et non la *fin'amor*, est ici exalté. L'épisode de la folie d'Amadas rappelle fortement Tristan* dans la *Folie d'Oxford*. Le goût de l'analyse psychologique n'exclut pas les scènes réalistes ni les portraits pittoresques. L'auteur aime les longs monologues. Ses citations peuvent le désigner comme un clerc, en tout cas comme un homme averti de la production littéraire contemporaine.

ŒUVRE. — Éd. C. Hippeau, Paris, 1863 (*Coll. des Poètes français du Moyen Âge*). — Éd. J.R. Reinhard, Paris, 1926 (*CFMA*, 51). — Trad. J.-C. Aubailly, Paris, 1986 (*CFMA. Trad.*, 36).

→ E. Littré, dans *HLF*, t. 22 (1852), p. 758-765. — G. Paris, *Sur Amadas et Idoine*, dans *Mél. de litt. fr. du Moyen Âge*, éd. M. Roques, Paris, 1912, p. 328-336. — J.R. Reinhard, *The Old French Romance of Amadas et Ydoine*, dans *Romanic Review*, t. 15 (1924), p. 179-214 et 215-265. — P. Le Gentil, *A propos d'Amadas et Ydoine (version continentale et version insulaire)*, dans *Romania*, t. 71 (1950), p. 359-373. — F. Lyons, *Les éléments descriptifs dans le roman d'aventure au* XIIIe *siècle*, Genève, 1965 (*Publ. romanes et françaises*, 84). — A. Adams, *Amadas et Ydoine and Thomas' Tristan*, dans *FMLS*, t. 14 (1978), p. 247-254. — Cf. *GRLMA*, t. IV/2, no 36 ; t. IV/1, p. 99, 378, 454-455, 458. — *MB*, nos 1232-1240, 6229 ; *S* 2061, 2343, 2627, 4954.

A.P. et C.R.

Amalaire de Metz († ap. 850). Liturgiste de la période carolingienne. Élève d'Alcuin*, il fut promu en 811 à l'archevêché de Trèves, alla en 813 en ambassade à Constantinople et séjourna à Rome vers 827-830. Durant l'exil d'Agobard* (vers 834), il fut chargé d'administrer le diocèse de Lyon et bouleversa un certain nombre de règles établies par l'évêque exilé. L'encyclopédie liturgique composée par ses soins est précieuse pour les informations précises qu'elle contient, mais Amalaire a une tendance fâcheuse, celle de transposer dans le domaine liturgique le système d'exégèse allégorique utilisé par saint Grégoire* pour expliquer les Écritures.

ŒUVRES. — Rééditées de façon très satisfaisante par I.M. Hanssens, *Amalarii episcopi opera omnia*, Vatican, 1948-1950, 3 vol. — Elles comprennent un traité assez court sur les *Cérémonies du baptême* ; les *Eclogae de officio missae*, description de la messe romaine ; la lettre à Hilduin, abbé de Saint-Denys, *Sur les époques des ordinations et du jeûne* ; le traité *De l'ordre de l'antiphonaire* est difficile à interpréter correctement, car il y fait sans cesse appel à des notions qu'il pense suffisamment connues des lecteurs ; le grand ouvrage d'Amalaire est une sorte de Somme liturgique : *Des offices ecclésiastiques* en 4 livres, il a été composé vers 823.

→ *DACL*, t. 1, col. 1323-1330. — *DHGE*, t. 2, col. 922-923. — A. Cabaniss, *Amalarius of Metz*, Amsterdam, 1954. — C. Vogel, *La réforme cultuelle sous Pépin le Bref et sous Charlemagne (2e moitié du IXe siècle)*, Graz, 1965, p. 239-242 [l'*Antiphonaire* de l'office d'Amalaire]. — M. Huglo, *Les remaniements de l'Antiphonaire grégorien au IXe siècle : Helisachar, Agobard, Amalaire* dans *Atti del XVII Convegno di Studi sul tema « Culto christiano e Politica Imperiale Carolingia » (Todi, 9-12 ottobre 1977)*, Todi, 1979, p. 87-120. — R.-J. Hesbert, *L'antiphonaire d'Amalaire*, dans *Ephemerides liturgicae*, t. 94 (1980), p. 176-194. — J. Gibaut, *Amalarius of Metz and the Laying on of Hands in the Ordination of a Deacon*, dans *Harvard Theological Review*, Cambridge (Mass.), t. 82 (1989), p. 233-240. D.G.O.

Amanieu de Sescars. De ce troubadour catalan, qui a écrit entre 1278 et 1295, subsistent quatre œuvres en vers, deux saluts d'amour et deux *ensenhamens**. Il fut sans doute aussi l'auteur de chansons d'amour perdues ou non identifiées, auxquelles il devrait peut-être le surnom de « Dieu d'Amour » qui lui a été attribué en hommage à ses qualités courtoises. Mais faut-il chercher là une réalité historique ?

Un seul manuscrit, le chansonnier provençal R (Paris, BN, fr. 22543) a conservé les quatre poèmes connus d'Amanieu de Sescars. L'*Ensenhamen de la donzela* développe en 686 vers des conseils d'éducation sentimentale à une jeune fille. Écrite à Barcelone, cette œuvre est citée par Peire Lunel* de Montech en 1320. Ce dernier imite d'ailleurs l'*Ensenhamen del escudier* d'Amanieu, qui compte 471 vers de six syllabes en couplets et rapporte la rencontre entre maître et disciple : le premier accède à la requête du second et lui enseigne comment réussir en amour.

Les deux saluts d'amour (175 et 223 vers) ne manquent pas d'intérêt : l'un d'eux, « *Dona, per cuy planc e sospir* », présente une forme hybride caractérisée par l'insertion de refrains. La requête amoureuse, qui se distingue habituellement de la chanson par son caractère épistolaire et non strophique, prend ici un tour lyrique.

ŒUVRE. — M. Mila y Fontanals, *De los trovadores en Espana*, 3e éd., Barcelone, 1966, p. 377 sq. — M. de Riquer, *Los trovadores, historia literaria y textos*, t. 3, Barcelone, 1975, p. 1655-1661. — G.E Sansone, *Testi didattico-cortesi di Provenza*, Bari, 1977.

→ PC 21 a. — M. de Riquer, *Historia de la literatura catalana*, t. 1, Barcelone, 1964, p. 186 sq. — F. Pirot, *Recherches sur les connaissances littéraires des troubadours occitans et catalans des XIIe et XIIIe siècles*, Barcelone, 1972. — D.A. Monson, *Les « Ensenhamens » occitans. Essai de délimitation du genre*, Paris, 1981. G.B.L.

Amant rendu cordelier en l'observance d'amour. Longtemps attribué à Martial d'Auvergne* en raison de la ressemblance du trente-septième de ses *Arrêts d'amour* avec la situation de l'*Amant rendu cordelier*, il semble bien que ce texte soit de beaucoup antérieur à la carrière littéraire du procureur en Parlement (que fut Martial). En effet, il figure parmi les textes modernes de la bibliothèque décrite dans la *Confession et testament de l'amant trespassé de dueil* attribué à Pierre de Hauteville* et composé entre 1440 et 1447. L'*Amant rendu cordelier*, s'inspirant d'une des pièces du cycle de la *Belle dame sans merci*, le *Jugement du povre triste amant banny*, en développe les derniers vers : banni de l'amour de sa dame, l'amant décide d'abandonner le service amoureux pour se faire ermite. Dans notre texte anonyme, il se fait cordelier. La structure de ce poème de 234 strophes octosyllabiques est complexe : un narrateur s'endort au bord de l'eau et rêve qu'il se retrouve dans la forêt de Désespérance. Il la traverse pour trouver l'église de l'Observance d'Amour. Là il entend les plaintes de l'amant. Ce dernier se confesse au prieur (long dialogue) et obtient de devenir profès. Au moment de sa prise d'habit (narration), le prieur lit la règle de l'ordre. C'est dans ce discours que se situent les 21 huitains consacrés aux dangers des doux yeux des femmes (cf. les blasons du XVIe). Une fois les vœux prononcés, le narrateur s'éveille et s'apitoie sur le sort de ce religieux qui, par désespoir, a renoncé à l'amour.

Œuvre pleine de verve, de drôlerie, de détails intéressants, œuvre d'une très belle tenue littéraire, l'*Amant rendu cordelier*, en opposant les souffrances de la passion aux douloureuses pénitences monastiques, plaide encore pour l'amour. Le texte connut un certain succès : on en conserve sept manuscrits et sept éditions entre 1490 et 1535 environ. Il est sans doute à l'origine de l'*Amant rendu par force au couvent de tristesse*, pièce qui se trouvait à sa suite dans une édition parisienne du XVIe siècle due à Guillaume Nyverd.

ŒUVRE. — Éd. A. de Montaiglon, Paris, 1881 (*SATF*) [d'après l'éd. la plus ancienne ; le texte est attribué à Martial d'Auvergne].

→ A. Piaget, *La Belle Dame sans merci et ses imitations* dans *Romania*, t. 34 (1905), p. 416-428. — M. Zink, *Séduire, endormir. Note sur les premiers vers d'un poème du XVe siècle* (...), dans *Littérature*, t. 23 (1976), p. 117-121. — R. Bidler, *De Pierre de Hauteville à Villon*, dans *Le Moyen Français*, t. 8-9 (1981), p. 26-36. — D. Delcourt, *L'amant rendu problématique ou l'anti Belle dame sans mercy, ibid.*, t. 7 (1980), p. 57-76 [analyse de la structure du texte]. — Cf. *MB*, nos 4298 ; *S* 7568. S.L.

Ambroise. Voir : *Estoire de la guerre sainte.*

Ambroise Autpert (vers 730-784). Parti tôt de sa Provence natale, il devint moine en Campanie au monastère de Saint-Vincent du Volturne, dont il fut brièvement l'abbé (777-778), en la période difficile où s'y affrontaient les influences franques et lombardes, avant de périr, peut-être assassiné, au cours d'un voyage à Rome. Spécialiste de l'exégèse, lecteur des Pères, il apporta, à l'école de Grégoire le Grand*, une forte note personnelle au commentaire des textes sacrés (*Exposition sur l'Apocalypse*), que confirment les sermons qui nous sont parvenus de lui (*Sur l'Assomption de la Vierge Marie ; Sur la Transfiguration du Seigneur*). Ses prédications morales (*Sur le conflit des vices et des vertus ; Sur la cupidité*) contribuèrent à diffuser le genre de l'allégorie psychagogique inauguré par Prudence et à faire la leçon aux puissants du monde. Une brève *Vie* des pères fondateurs de son monastère tranche par la clarté didactique et la transparence biographique de son récit. Appuyé sur une solide culture patristique et grammaticale, s'exprimant en un latin souple et correct, respectueux des vieilles règles du *decorum*, Autpert est une des figures importantes de la Renaissance carolingienne, même s'il n'est resté — peut-être accidentellement — qu'aux marges du pouvoir.

ŒUVRES. — *PL*, t. 89 ; *CCCM*, 3 vol., t. 27, 27 A, 27 B.

→ C. Leonardi, *Spiritualità di Ambrogio Autperto*, dans *Studi medievali*, (1968), t. 9, p. 1-131. — R. Jehl, *Die Geschichte des Lasterschemas und seiner Funktion. Von der Väterzeit bis zur karolingischen Erneuerung*, dans *Franziskanische Stud.* (1982), p. 261-359. — R. Gregoire, *L'abate Ambrogio e la spiritualità altomedievale*, dans *Una grande abbazia altomedioevale nel Molise, San Vincenzo al Volturno. Atti del I convegno di studi sul Medioevo Meridionale*, Montecassino, 1985, p. 249-268. — M. Simonetti, *La produzione letteraria latina fra Romani e Barbari (sec. V-VIII)*, Rome, 1986. — Brunhölzl, trad. fr., I/1, p. 69-70, 252-253. M.B.

Ambroise Sergent. Poète inconnu qui signa un *Traictié tres utile contre la peste*, dans lequel il se présente comme le traducteur-adaptateur d'une œuvre latine. Ambroise Sergent ne paraît pas avoir été médecin ; d'après le titre du *Traictié*, il serait natif du Mans et protonotaire apostolique. Le *Traictié tres utile contre la peste*, qui comprend 86 dizains d'octosyllabes (au milieu sont insérées trois recettes médicales latines, en prose), commence par :

En l'honneur de la Trinité
Et de la Vierge glorieuse...

et se termine :

... Et nous veulle oster du dangier
De cest orde epidimye.

On ne connaît aucune copie manuscrite de ce *Traictié* qui fut imprimé pour la première fois à Paris en 1510.

ŒUVRE. — *Traictié tres utile contre la peste jadis faict et composé au pays de Grece par ung venerable docteur en medecine et astrologie nommé de Atila, translaté de latin en françoys par maistre Ambroys Sergent natif de la noble cité du Mans*, Paris, Gaspard Philippe, 1510. F.F.H.

Amé Malingre. Amé Malingre était au service du prince Louis d'Achaïe, d'une branche cadette de la maison de Savoie, qui avait épousé, le 24 juillet 1403, Bonne de Savoie, sœur du comte Amédée VIII, et devait mourir sans postérité le 11 décembre 1418. En 1404, Amé Malingre avait succédé dans l'office de maître d'hôtel à Philippe Simeoni, mort cette même année ; il devint seigneur de Bagnolo, près de Turin en 1412.

Amé Malingre composa une *Epistre* et une *Complainte*, dédiées l'une et l'autre à

Pierre de Hauteville*, prince de la « Cour d'Amours ». Ces deux pièces furent écrites entre 1408 (nomination de Jacques de Châtillon comme amiral de France) et 1413 (décès de Guillaume Cassinel) ; elles sont conservées dans un manuscrit unique (Genève, Bibl. publ., 179 *bis*), assez mutilé. La *Complainte* (12 douzains d'octosyllabes) fait partie de l'*Epistre*, dont il ne reste que 364 octosyllabes.

ŒUVRES. — E. Ritter, *Poésies des XIVe et XVe siècles, publiées d'après le ms. de la Bibl. de Genève*, Genève, 1880, p. 43-60 [éd. de l'*Epistre*, avec la *Complainte*].

→ A. Piaget, *La cour amoureuse dite de Charles VI*, dans *Romania*, t. 20 (1891), p. 449-454 [417-454]. — Cf. *MB*, n° 4554. F.F.H.

Amé de Montgesoie. Auteur du *Pas de la Mort* et de la *Complainte sur la mort d'Isabelle de Bourbon*, qui signa ses deux œuvres par un rébus en forme de prière : « Sans fin qu'amé de moult je soye. » Ces deux poèmes furent longtemps attribués, à tort, à Pierre Michault*, bien que le nom d'Amé de Montgesoie ait été connu grâce à Olivier de La Marche*, qui, s'inspirant du *Pas de la Mort* dans son *Chevalier délibéré* (1483), l'évoquait ainsi :

Ce traittié qui tant point et mort
Que fist Amé de Mont je soye,
Plus riche que d'or ne de soye,
Du merveilleux Pas de la Mort...

Amé de Montgesoie, qu'aucun document ne permet de rattacher à une famille noble franc-comtoise qui serait originaire de Montgesoie (Doubs, arr. Besançon, cant. Ornans), figurait, en 1457, parmi les serviteurs d'Isabelle de Bourbon, comtesse de Charolais, en qualité de valet de chambre exerçant sa charge par semestre. Il accompagna Isabelle dans ses séjours à Bruxelles, au Quesnoy, à Valenciennes, à Middelbourg, à Gand, et pleura sa protectrice, morte à Anvers le 26 septembre 1465. Il entra ensuite, comme beaucoup des anciens serviteurs d'Isabelle de Bourbon, au service de la fille de celle-ci, la jeune Marie de Bourgogne (née le 13 février 1457), à Gand : d'abord valet de chambre, Amé de Montgesoie devint huissier d'armes de la duchesse de Bourgogne à la mort (janvier 1477) du duc Charles le Téméraire devant Nancy. C'est en cette qualité qu'il assista au mariage de Marie de Bourgogne avec Maximilien d'Autriche le 18 août 1477 ; mais son som disparaît de la liste des serviteurs de la duchesse après le baptême du fils de Marie et de Maximilien à Bruges le 28 juin 1478.

Le *Pas de la Mort* (81 huitains d'octosyllabes) est dédié à Isabelle de Bourbon et donc antérieur à la mort de celle-ci (26 septembre 1465). Amé de Montgesoie, qui emprunte les personnages allégoriques Accident, Antique et Maladie, à la *Danse aux Aveugles* de Pierre Michault (qui date probablement de 1464), semble avoir été le premier poète du XVe siècle à appliquer l'expression « passer le pas (de la mort) » à un pas d'armes. Le milieu du siècle vit de nombreux pas d'armes, en particulier à la cour de Bourgogne : Pas de la Belle Pèlerine à Saint-Omer en 1448, Pas de la Fontaine aux Pleurs à Chalon-sur-Saône en 1449, Pas du Perron Faé à Bruges en 1463, ainsi que les pas d'armes qui accompagnèrent le Banquet du Faisan à Lille en 1454. L'originalité d'Amé de Montgesoie s'explique sans peine. Conservé dans trois manuscrits, dont deux sont illustrés, l'un de deux, l'autre de quatre aquarelles, le *Pas de la Mort* a pu s'inspirer aussi de l'*Oultré d'Amours* de Georges Chastellain*, et non du *Miroir* (parfois appelé *Pas*) *de la Mort* du même auteur. Le *Pas de la Mort* d'Amé de Montgesoie fut traduit en vers flamands par Colijn Caillieu et cette traduction imprimée en 1528.

En 27 dizains de décasyllabes, la *Complainte sur la mort d'Isabelle de Bourbon*, postérieure au 26 septembre 1465, est une déploration funèbre à l'allure très classique, une sorte de « long reportage rimé », qui évite cependant le récit détaillé de l'enterrement ; elle présente des ressemblances avec la *Complainte* de Pierre Michault* (écrite pour la même Isabelle de Bourbon) et est conservée dans deux manuscrits.

ŒUVRES. — T. Walton, *Les poèmes d'Amé de Montgesoie (fl. 1457-1478) : « Le Pas de la Mort » et « La Complainte sur la mort d'Isabelle de Bourbon »*, dans *Medium Aevum*, t. 2 (1933), p. 1-33 [édition]. — *Colijn Caillieu's Dal sonder wederkeeren : of Pas der toot*, éd. P. de Keyser, Anvers, 1936 (*Publ. Univ. Gand*).

→ T. Walton, *Amé de Montgesoie, poète bourguignon du XVe siècle*, dans *Annales de Bourgogne*, t. 2 (1930), p. 134-158. — C. Thiry, *La plainte funèbre*, Turnhout, 1978, p. 85-87 (*Typologie des sources du Moyen Âge occidental*, 30). — C. Martineau-Génieys, *Le Thème de la mort dans la poésie française de 1450 à*

1550, Paris, 1978, p. 251-258 et 328-331 (*Nouvelle Bibliothèque du Moyen Âge*, 6). — Cf. *GRLMA*, t. VIII/1, p. 78. — *MB*, n°s 4816-4818. F.F.H.

Ami et Amile. Il existe deux versions en latin de cette histoire d'amitié, antérieures à la chanson de geste française datée des environs de 1200 : d'une part l'*Epistula ad Bernardum* de Raoul Le Tourtier*, antérieure à 1114, et d'autre part une brève vie hagiographique de la première moitié du XIIe siècle, la *Vita sanctorum Amecii et Amelii*. Les trois versions supportent le même schéma essentiel de l'histoire, malgré quelques divergences, ce qui fait supposer une version épiquc antérieure perdue. En tout cas, on ne peut que constater la grande popularité au Moyen Âge de cette légende de l'amitié absolue, attestée non seulement par les versions latines, mais aussi par des versions en anglo-normand, allemand, moyen-anglais, gallois, norrois et hollandais.

La version française raconte la vie de deux jeunes nobles, Ami et Amile, sosies nés le même jour, qui se rencontrent à l'âge de 15 ans, se jurent amitié et entrent au service de Charlemagne. Belissant, la fille de Charlemagne, s'éprend d'Amile et se laisse séduire par lui. Le traître Hardré, dont Ami a épousé la nièce Lubias, surprend les amoureux et les dénonce : Amile devra prouver son innocence au cours d'un duel judiciaire. Ami se substitue à lui et jure qu'il n'a eu aucune relation amoureuse avec Belissant. Il gagne le duel et ne peut refuser la main de cette dernière offerte par Charlemagne. Il devient lépreux, se fait chasser par Lubias, vit à Rome et part à la recherche de son compagnon qu'il finit par retrouver. Un ange avertit Amile, que seul le sacrifice de ses propres fils guérira Ami. Amile y consent et lave Ami dans le sang de ses enfants. Ami guérit et Dieu ressuscite les fils d'Amile. Peu après, les deux compagnons meurent en Lombardie, à leur retour d'un pèlerinage à Jérusalem. Leur tombeau se trouve à Mortara et leur renommée durera jusqu'à la fin du monde.

Selon P. Dembowski, « la chanson d'*Ami et Amile* contient certainement de nombreux et importants motifs folkloriques, historiques, hagiographiques, épiques et autres. C'est là que réside le caractère spécial qui la distingue de tant d'autres poèmes épiques ». Mais elle reste néanmoins essentiellement épique par son langage, sa versification (laisses assonancées de décasyllabes 4 + 6 et vers orphelin de 6 syllabes à la fin de chaque laisse), ses formules et surtout son esprit.

La chanson constitue, avec *Jourdain de Blaye**, dont le héros Jourdain est le petit-fils d'Ami, la « petite geste de Blaye ».

Le poème anglo-normand *Amis et Amilun* (en octosyllabes à rimes plates) serait antérieur à la chanson française et dériverait d'une version primitive, peut-être anglo-normande.

ŒUVRE. — Éd. P.F. Dembowski, Paris, 1969 (*CFMA*, 97). — Éd. de la version anglo-normande : *Amys e Amillyoun*, éd. H. Fukui, Londres, 1990 [*ANTS* ; *Plains texts series*, 7]. — Trad. : S. Danon et S.N. Rosenberg, avec introd. et notes, York (South-Carolina), 1981 [trad. anglaise]. — J. Blanchard et M. Quereuil, Paris, 1985 (*CFMA* Trad., 37) [trad. française].

→ G. Huet, *Ami et Amile, les origines de la légende*, dans *Le Moyen Âge*, 2e série, t. 31 (1919), p. 162-186. — F. Bar, *Les Epîtres latines de Raoul le Tourtier (1065 ? — 1114 ?). Etudes de sources. La légende d'Ami et d'Amile*, Paris, 1937. — B. Woledge, *Ami et Amile, Les versions en prose française*, dans *Romania*, t. 65 (1939), p. 433-456. — P.F. Dembowski, *La prétendue geste de Blaye*, dans *Actas del XI Congresso int. de Linguística y Filología Romanicas*, Madrid, 1968, p. 841-851. — A. Planche, *Ami et Amile ou le même et l'autre*, dans *ZRPh*, *Sonderband zum 100 jährigen Bestehen*, n° spécial (1977), p. 237-269 [classement des différentes versions selon le schéma narratif]. — *Ami et Amile. Une chanson de geste de l'amitié*, Etudes recueillies par J. Dufournet, Paris, 1987 (*Unichamp*, 16). — *Sur Ami et Amile*, colloque organisé par le Centre d'ét. médiévales et dialectales de Lille III en 1987, *Actes* dans *Bien dire et bien aprandre*, n° spécial, 1988. — Cf. *MB*, n°s 179-193, 6051-6052 ; *S* 1013-1030. C.R.

Ami et Amile (Miracle de Nostre Dame d'). Un des 40 Miracles du ms. Cangé est une version dramatique de la légende d'*Ami et Amile**. L'auteur a imité, dans une trentaine de passages, le poème du XIIIe siècle ; mais il simplifie l'action, et termine la pièce après la résurrection des deux enfants d'Amile, qui est opérée par Notre Dame à la demande de son Fils. On compte 20 personnages et 1898 vers.

Élémir Bourges, puis Maurice Pottecher, ont repris ce sujet, le premier dans la *Revue des Chefs-d'œuvre* (10 juillet 1883), le second dans une pièce qui fut jouée à Bussang, et en 1928, à l'Odéon.

ŒUVRE. — *Les Miracles de Nostre Dame par personnages,* éd. G. Paris et U. Robert, Paris, 1879 (*SATF*), t. 4, p. 1-67.

⟶ L. Petit de Julleville, *Les Mystères*, Paris, 1880, t. 2, p. 284-287. — E. Voigt, *Die Mirakel der Hs. 819 welche epische Stoffe behandeln,* 1883, p. 20-30. — A. Jeanroy, *Le théâtre religieux en langue française jusqu'à la fin du* XIVe *siècle*, dans *HLF*, t. 39, 1959, p. 75-76.

Voir : *Miracles de Notre Dame par personnages.* Ra.L.

Amion. Nom d'une famille bourgeoise d'Arras. Un de ses membres, Névelon Amion*, écrivit dans la seconde moitié du XIIIe siècle un *Dit* satirique sur l'amour en 22 douzains d'octosyllabes.

Dans le *Jeu de la Feuillée* (v. 16-21), Adam de la Halle* attribue à un autre membre du lignage, Riquier (connu de 1277 à 1287), un « livre » sur lequel nous n'avons aucun renseignement. Le clerc Henri Amion enfin, mentionné en 1272 dans les *Congés* de Baude Fastoul*, envoya une chanson d'amour au trouvère Colart le Bouteiller* et composa un jeu-parti en collaboration avec Mathieu de Gand.

⟶ A. Guesnon, *Nouvelles recherches biographiques sur les trouvères artésiens*, dans *Le Moyen Âge*, t. 15 (1902), p. 146-147. — *Le Jeu de la Feuillée*, éd. E. Langlois (Paris, 1923), p. 54 et 66. — A. Långfors, A. Jeanroy et L. Brandin, *Recueil général des jeux-partis français*, Paris, 1926, t. 1, p. XLVIII ; t. 2, p. 134-137 (*SATF*, 70). — R. Berger, *Le Nécrologe de la confrérie des jongleurs et des bourgeois d'Arras (1194-1361)*, Arras, 1963 et 1970, 2 vol. (*Mémoires de la Commission départementale des Monuments historiques du Pas-de-Calais*, XI, 1 et XIII, 2). G.M.

Ancren Riwle (règle des recluses). Composée par un religieux anglais anonyme dans la seconde moitié du XIIe à l'intention des recluses, l'*Ancren Riwle* n'est pas une règle religieuse au sens étroit du terme, mais un véritable traité de vie spirituelle. L'enseignement, empreint de beaucoup de sagesse, d'expérience et de discrétion, est présenté sous une forme vivante, parfois pittoresque, où abondent les notations concrètes. Indépendamment de sa valeur spirituelle, qui est grande, c'est un document précieux sur la vie quotidienne des recluses. Les variantes introduites dans les manuscrits montrent que ce texte d'une grande élévation morale, très souple et plein de bon sens, a pu être recommandé aux femmes laïques éprises de perfection aussi bien qu'aux religieuses. Primitivement rédigée en anglais, l'*Ancren Riwle* a été traduite en latin et en français au XIIIe en Angleterre. Des deux traductions françaises indépendantes, l'une est complète, encore que matériellement endommagée (ms. Londres, Cotton Vitellius F. VII) ; l'autre se présente sous forme d'extraits englobés dans la *Vie de gent de religion**.

ŒUVRE. — Trad. française : éd. J.-A. Herbert, Londres, 1943 (*EETS*, 219). — Trad. incluse dans la *Vie de gent de religion* : éd. W.H. Trethewey, Londres, 1958 (*EETS*, 240). L'éd. des différentes rédactions anglaises est en cours (cf. *EETS*, 225, 229, 232).

⟶ *MB S*, nos 5901-5906. G.H.

André de Coutances. Auteur normand de la fin du XIIe siècle dont nous ne connaissons pratiquement rien. Son nom figure en tête d'une des versions de l'*Évangile de Nicodème* (ou *Roman de la Résurrection*), écrite pour sa cousine, une des seules versions qui ait, aux yeux de G. Paris, quelque valeur littéraire.

Le ms. unique de *Nicodème*, provenant du Mont-Saint-Michel, renferme également un curieux texte de 99 quatrains monorimes, le *Roman des Français* (ou *Arflet*, du nom d'un roi de Northumberland) dont l'auteur, prénommé André, est certainement le même personnage. Comme l'a bien exprimé A.J. Holden, il s'agit « d'une satire mordante, peu délicate par moments, dirigée contre les Français par un sujet normand des Plantagenêts. Le pamphlet d'André s'insère naturellement dans la série d'échanges injurieux qui se déroule sans interruption, à travers le Moyen-Âge, entre les habitants des deux côtés de la Manche. Ce qui en constitue l'intérêt tout spécial, c'est qu'il a pour auteur un Normand du continent et est animé, ainsi, par le patriotisme intense mais provisoire qui ne cessa de dresser les Normands contre leurs voisins de l'Île-de-France depuis la fondation du duché en 911 ». Cette satire est précédée d'une parodie burlesque de la conquête de la France par le roi Arthur.

ŒUVRES. — *Nicodème : Trois versions rimées de l'Evangile de Nicodème par Chrétien, André de Coutances et un anonyme*, éd. G. Raynaud et A. Bos, Paris, 1885 (*SATF*, 20). — *Roman des Français*, éd. A.J. Holden dans *Mél. F. Lecoy*, Paris, 1973, p. 213-233.

⟶ F. Lecoy, *À propos du Romanz des Franceis d'André de Coutances,* dans *Mél. G. Straka*,

II, Lyon-Strasbourg, 1970, p. 123-125. — Cf. *MB*, n°s 2602-2604 ; *S* 4893-4894. C.R.

André de La Vigne. Né au port de La Rochelle à une date inconnue, André de La Vigne est contemporain de Jean Marot (né en 1476), Octovien de Saint-Gelais* (1468) et Jean Lemaire de Belges (1473), la troisième génération des Rhétoriqueurs*. On ne sait rien de certain sur ses activités avant 1494. A-t-il été au service de Marie d'Orléans, morte en 1493, comme le suggérerait une pièce du *Jardin de plaisance**, qu'on lui attribue ? A-t-il été ensuite secrétaire du duc de Savoie, Amédée IX, et a-t-il résidé à Chambéry, capitale du duché, comme le laissent penser des poèmes amoureux, plus tard incorporés au *Vergier d'honneur*, mais dont on ne sait s'ils sont de lui ? Au début de 1494, il écrit la *Ressource de la Crestienté*. Dans ce prosimètre où débattent des personnages allégoriques, on trouve un appel à la croisade contre les infidèles dont Naples serait la première étape. Grâce à ce texte qu'il présente à Charles VIII, André de La Vigne se voit chargé de tenir le journal de l'expédition qui part de Lyon en août 1494 pour conquérir le royaume de Naples. Ce sera le *Voyage de Naples*, récit en vers et prose. Dans cet ouvrage de commande, la fonction royale est le principal sujet et la première partie du voyage est ponctuée par les descriptions des majestueuses entrées de Charles VIII dans les villes italiennes du Nord. Après l'arrivée à Naples, la prose l'emporte sur le vers. Texte littéraire porteur d'idéologie plutôt que chronique, le *Voyage de Naples* sera toutefois réutilisé dans la continuation de la chronique de Monstrelet*, dans les *Chroniques de Saint-Denis* (1514), le *Rosier des guerres* (1521), la *Mer des Histoires* (1503). Cette dernière rédaction inspirera Pierre Gringore pour son *Union des Princes* (1509). Rentré en France avec l'armée française victorieuse à Fornoue (1495) mais dépossédée de Naples, André de La Vigne devint « facteur » (écrivain) du roi. En 1496, sur la recommandation de Philippe de Hochberg, gendre du duc de Savoie et seigneur de Seurre en Bourgogne, André compose pour la fête patronale de cette ville le *Mystère de saint Martin**, la moralité de l'*Aveugle et du boiteux* et la *Farce du meunier*. Perdant son emploi à la cour de France (Charles VIII meurt en 1498), André de La Vigne trouve un nouveau protecteur : le duc de Savoie, Philippe II et/ou son successeur Philibert. En 1501, il écrit les *Complaintes et Epitaphes du roi de la Bazoche*, où il faut peut-être voir une critique voilée de la régence de Pierre de Beaujeu. En 1504, il obtient un arrêt du Parlement de Paris, interdisant au libraire Michel Le Noir d'imprimer et vendre le *Vergier d'honneur*. Il s'agit là d'un recueil de pièces d'André : la *Ressource de la Crestienté* (déjà publiée séparément à Angoulême vers 1495), le *Voyage de Naples*, l'*Honneur des dames*, des poèmes, dont la traduction dc quatre des *Héroïdes* d'Ovide* ; suivies de l'*Epitaphe de Charles VIII* composée par Octovien de Saint-Gelais*, auteur du *Séjour d'honneur*. Ce recueil avait certainement été publié auparavant, vers 1500, par Antoine Vérard ; et le procès intenté par André de La Vigne aurait visé à empêcher l'impression de contrefaçons de cette première édition. Toujours est-il que l'auteur obtint un privilège d'un an pour l'impression de l'ouvrage. Il s'agit là d'un des tout premiers privilèges accordés, avec ceux obtenus par Jean Lemaire en 1507 pour les *Singularités de Troyes* et Henri Estienne en 1512. Fait curieux, le privilège d'André de La Vigne portait également sur les *Regnars traversans* de Jean Bouchet (voir Pierre Rivière) que Vérard avait imprimés et Le Noir repris en 1504. Peut-être est-ce un indice de liens entre ces deux hommes, anciens étudiants en droit et poètes. Jean Bouchet citera d'ailleurs André parmi les grands poètes de son temps dans le *Temple de Bonne Renommée* (1516) et peut-être dans une de ses *Epîtres familières* (1527). À cette date, André de La Vigne devait être mort. En effet, nommé chroniqueur royal par Francois Ier à son avènement en 1515, André ne raconta que l'enfance et le couronnement du roi.

Dès 1504, André avait retrouvé une charge à la cour, comme secrétaire d'Anne de Bretagne ; on conserve trois lettres écrites au nom de la reine vers 1511. Il fit un récit du sacre de la reine et de son entrée à Paris. Il écrivit des pièces exaltant la politique de Louis XII contre Gênes en 1507 : *La Paternoster des Genevoys* et l'*Attolite portas de Gennes* (éd. s.d.) ; contre Venise en 1509 : le *Libelle des cinq villes d'Itallye contre Venise* (éd. Lyon,

1509), les *Ballades de Bruyt commun avec le tremblement de Venise* (éd.) et le *Blason de la guerre*. À la mort de la reine Anne, André rédigea des *Epitaphes en rondeaux* qui furent publiées en un livret au moment même des obsèques, en février 1514. Le héraut Bretagne, Pierre Choque, reproduisit la plupart de ces rondeaux dans son *Récit des funérailles*.

André de La Vigne fut donc poète et écrivain de cour mais aussi homme de théâtre important. Outre les pièces de 1496, on lui doit une moralité de l'*Honneur des dames* et on lui attribue la moralité du *Nouveau Monde* et la sottie *Le monde et Abus*. Ses qualités de rhétoriqueur éclatent dans son théâtre comme dans le reste de son œuvre : invention verbale, maîtrise des formes versifiées anciennes et nouvelles... Ainsi remporta-t-il en 1511 et 1513 le prix du Puy de Rouen pour le meilleur chant royal. Reconnus par ses contemporains, la plupart de ses textes furent imprimés séparément ou, comme on l'a vu, dans le recueil du *Vergier d'honneur*, ou encore dans le *Jardin de plaisance et fleur de rhétorique* (1501). Les trois pièces de Seurre restèrent, elles, à l'état manuscrit.

ŒUVRES. — *La Ressource de Chrestienté*, éd. C.J. Brown, Montréal, 1989 (*Inedita & rara*, 5). — *Mystère de saint Martin*, éd. A. Duplat, Genève, 1979 (*TLF*, 277). — La *Farce du meunier*, éd. dans E. Fournier, *Le théâtre français avant la Renaissance*, Paris, 1872, p. 162-171 ; éd. dans J. Tissier, *Recueil de farces (1450-1550)*, t. 4, Genève, 1989, p. 169-243 (*TLF*, 367). — La *Moralité de l'aveugle et du boiteux*, éd. *ibid.*, p. 155-161 ; éd. A. Duplat dans *TraLiLi*, t. 21 (1983), p. 41-79. — La *Moralité de l'Honneur des dames*, dans *Moralités françaises. Réimpression fac-similé de 22 pièces allégoriques imprimées aux XVe et XVIe*, par W. Helmich, Genève, 1980, 3 vol., t. 2, p. 87-101. — La sottie *Le monde et Abus*, éd. E. Picot dans *Recueil général des sotties*, Paris, 1912, t. 2, p. 1-104 (*SATF*). — *Epitaphes en rondeaux de la royne*, éd. A. de Montaiglon et J. de Rothschild dans *Recueil des poésies françoises des XVe et XVIe siècles*, Paris, 1855, t. 12, p. 105-127 (*Bibliothèque elzévirienne*). — *Complaintes et épitaphes du roi de la basoche*, éd. dans A. de Montaiglon et J. de Rothschild, *ibid.*, Paris, 1878, t. 13, p. 381-413. — Le *Voyage de Naples*, éd. A. Slerca, Milan, 1981 (*Centro di studi sulla letteratura medio-francese*, 2). — *Récit du sacre d'Anne de Bretagne* (...), éd. H. Stein dans *Mémoires de la société de l'histoire de Paris et de l'Île-de-France*, t. 29 (1902), p. 268-304. — Le *Blason de la guerre*, éd. D.M. Meon dans *Blasons, poésies anciennes recueillies et mises en ordre*, Paris, 1807, p. 260-269. — *La Paternoster, l'Attolite, Les Ballades de Bruyt Commun, le Libelle des cinq villes d'Itallye*, éd. C.J. Brown dans *The Shaping of History and Poetry in Late Medieval France : Propaganda and Artistic Expression in the Works of the Rhetoriqueurs*, Birmingham (Alabama), 1985, appendice, p. 163-186. — Chant royal de 1511, éd. K. Chesney dans *Fleurs de Rhétorique*, Oxford, 1950, p. 43-45.

→ E. de Serrigny, *La représentation d'un mystère de saint Martin à Seurre en 1496*, Dijon, 1888. — E.L. de Kerdaniel, *Un rhétoriqueur, André de La Vigne*, Paris, 1919 (*Bibliothèque du XVe siècle*, 22) ; *Un auteur dramatique du XVe siècle, A. de La Vigne*, Paris, 1923. — P.-A. Becker, *Andry de la Vigne (...)*, dans *Berichte über die Verhandlungen des Sächs. Akad. der Wiss. zu Leipzig, Phil. hist. Kl*, t. 80 (1928), p. 1-73. — R.E. Pike, *Note on A. de La Vigne*, dans *Philological Quarterly*, t. 15 (1936), p. 95-96 [sur le *Blason de la guerre*]. — G. Angeli, *Il vecchio e il nuovo mondo di A. de La Vigne* dans *Medioevo Romanzo*, t. 6 (1979), p. 340-362. — L.L. McLure, *Baugé or Beaujeu ? Du nouveau sur l'identité du Roy de la Bazoche d'A. de La Vigne* dans *BHR*, t. 42 (1980), p. 173-180. — J. Beck, *Note sur la date de composition du Nouveau monde attribué à A. de La Vigne* dans *Le théâtre au Moyen Âge. Actes du colloque de la société intern. pour l'étude du théâtre médiéval*, Montréal, 1981, p. 299-303. — G.A. Runnalls, *The Staging of A. de La Vigne's Mystère de saint Martin* dans *Tréteaux*, t. 3 (1981), p. 68-79. — A. Slerca, *A. de La Vigne petrarchista* dans *Le Moyen Français*, t. 11 (1982), p. 7-53. — G. Roques, *Étude lexicologique du Mystère de saint Martin d'A. de La Vigne (vers 1 à 2500)*, dans *Du mot au texte. Actes du 3e colloque sur le Moyen Français*, Tübingen, 1982, p. 103-114 (*Tübingen Beiträge zur Linguistik*, 175). — C.J. Brown, *The Evolution of A. de La Vigne, La Ressource de la Chrestienté : from the Ms. Tradition to the Vergier d'Honneur editions* dans *BHR*, t. 45 (1983), p. 115-125 ; *Du manuscrit à l'imprimé en France : le cas des Grands Rhétoriqueurs* dans *Les Grands Rhétoriqueurs, Actes du 5e colloque sur le Moyen Français*, Milan, 1985, t. 1, p. 108-123 [à propos de Molinet, André de La Vigne et Jean Lemaire de Belges]. — C. Thiry, *Débats et moralités dans la littérature française du XVe siècle : intersection et interaction du narratif et du dramatique* dans *Le Moyen Français*, t. 19 (1986), p. 203-244. — F. Lestringant, *De la défloration aux ossements. Les jeux de l'amour et de la mort dans les Héroïdes d'A. de La Vigne et de Clément Marot* dans *La mort dans le texte. Colloque de Cerisy*, Lyon, 1988, p. 65-83. — Cf. *MB*, n°s 5798-5803 ; *S* 5800, 7378-7380, 8042, 8265. S.L.

André le Chapelain. Écrivain de la fin du XIIe ou du début du XIIIe siècle. L'identité d'André le Chapelain demeure énigmatique. La plupart des manuscrits s'accordent pour l'appeler « *Andreas regis Franciae capellanus* », mais on ne connaît à la cour de France, pour cette époque, aucun chapelain de ce nom. On a essayé de l'identifier avec un André (signalé par Pio Rajna en 1891), qui fut, de 1185 à 1187, chapelain de Marie de France, fille du roi Louis VII et d'Aliénor d'Aquitaine, et comtesse de Champagne : le *De Amore* aurait-il été influencé par le *Chevalier de la Charrette* (1174) de Chrétien de Troyes*, dont l'argument fut donné par Marie de Champagne ? On a aussi découvert (A. Karnein) un André « Cambellanus » à Paris vers 1190 et jusqu'en 1201 : cet André était marié à une certaine Elisabeth. Ce qui est acquis avec certitude, c'est qu'André était « clerc », versé dans la connaissance de l'Écriture et des lettres profanes, et qu'il composa, après 1174 — probablement entre 1181 et 1186 — un traité latin intitulé *De Amore*, qui résultait de la fusion des théories formulées par Ovide* dans l'*Ars amatoria* et les *Remedia amoris*, et dans lequel il introduisit des pastiches et des allusions à bon nombre de genres littéraires.

Le dédicataire du *De Amore* est un certain Gauthier, qui serait l'ami d'André. Sa personnalité reste mystérieuse : il pourrait s'agir de Gautier de Nemours le Jeune (né en 1163), fils et successeur de Gautier le Chambellan, très en faveur auprès de Philippe Auguste : débutant à la cour vers 1190, il conviendrait d'autant mieux comme destinataire du traité qu'il fut gardien du Trésor des chartes où, dans l'inventaire de 1350, figure, seul texte littéraire parmi les documents d'archives, un exemplaire du *De Amore*.

Le *De Amore* comprend trois livres : le premier expose la nature de l'amour et rapporte différents dialogues, le deuxième porte le titre « Comment maintenir l'amour ? » et rapporte 21 jugements d'amour, le troisième — inspiré par les *Remedia amoris* — traite de la condamnation de l'amour. André y fait un exposé très strict, imprégné des principes scolastiques : la rhétorique baigne toute l'œuvre d'où toute vie paraît exclue. Maître dans l'*ars disputandi*, André déploie, dans les dialogues du premier livre, une casuistique subtile ; il utilise force proverbes et sentences, et fait parfois montre d'une ironie piquante. Les dames qui sont censées prononcer les jugements d'amour du livre II, sont parmi les plus grandes dames du royaume et ont toutes entre elles des liens de parenté : Marie de France, comtesse de Champagne (jugements 1, 3, 4, 5, 14, 16 et 21), Aliénor d'Aquitaine, première femme du roi Louis VII et mère de Marie de Champagne (jugements 2, 6 et 7), Alix de Champagne, troisième femme de Louis VII (jugements 17, 19 et 20), Elisabeth de Vermandois, comtesse de Flandre (jugements 12 et 13), Ermengarde, vicomtesse de Narbonne de 1142 à 1193 (jugements 8, 9, 10, 11 et 15). André le Chapelain, qui n'écrit pas pour elles et les cite peut-être avec quelque malice, leur attribue les avis les plus paradoxaux et les plus scabreux, tout spécialement à Aliénor d'Aquitaine et Marie de Champagne, comme si, composant un traité d'allure semi-savante sur des modes littéraires alors nouvelles à la cour du roi Philippe Auguste, il « se couvrait » en en attribuant la responsabilité à des personnalités voisines du milieu capétien, mais ayant avec lui des rapports politiques variables ou tendus. Cette sorte de jeu, mi-intellectuel, mi-social, laissait à André une possibilité de sourire des thèmes nouveaux qu'il diffusait.

L'interprétation du *De Amore* soulève encore bien des contradictions. Si le propos d'André était d'enseigner une technique de l'amour, qui nécessitait l'exercice de la raison dans le cadre courtois, comment expliquer le profond antiféminisme du troisième livre ? Le *De Amore* serait-il non un vademecum, mais un « vade retro » ? S'agirait-il d'un remords de l'auteur qui a compris ses « erreurs » ? Ou sa situation particulière de « clerc », chambellan ou *a fortiori* chapelain, expliquerait-elle cette dichotomie ? Le *De Amore* présenterait-il une image double et contradictoire de la femme, qui serait révélatrice de l'antiféminisme d'une époque et d'un milieu ? Les critiques modernes restent partagés sur la lecture qu'il convient de faire du *De Amore* : faut-il le prendre au sérieux ou l'interpréter avec humour ou ironie ? Le *De Amore* n'est pas dépourvu de complexité, mais son unité est encore plus problématique. La distinction d'André entre « *amor purus* » et « *amor mixtus* », exposée par un homme pour rassurer une dame qui ne semble pas dupe, reste d'une ambiguïté profonde.

Si le *De Amore* est aujourd'hui conservé dans au moins 30 mss et trois florilèges, auxquels il convient d'ajouter trois extraits et un fragment, il semble n'avoir commencé à « circuler » que tardivement. Le *De Amore* n'est cité qu'en 1238 — sous le titre de *Liber Gualteri* — par Albertano da Brescia dans son *Liber de amore Dei et proximi*, puis par Geremia da Montagnone dans son *Compendium moralium notabilium* après 1295. Mais il n'a trouvé pratiquement aucun écho dans les écrits en ancien français qui enseignent l'art d'aimer : la première lecture du *De Amore* que l'on connaisse dans le domaine poétique, est celle qu'en fait Jean de Meun* dans le *Roman de la Rose** et elle se situe dans le prolongement de la lecture théologico-morale pratiquée par Albertano et Geremia. Vers le milieu du siècle, c'est bien faiblement qu'il influença le poète Jacques d'Amiens*, auteur d'un *Art d'Amours*, traduction de l'*Ars amatoria* d'Ovide.

Le *De Amore* connut plusieurs adaptations en langue vulgaire : l'une en prose franco-italienne, le *Livre d'Enanchet* (seconde moitié du XIIIe siècle) dans sa dernière partie *Ci se demande la doctrine d'amor*, une autre en vers français par Drouart la Vache (*Li Livres d'Amours* en 1290 ; ms. unique : Paris, Bibl. de l'Arsenal, 3122), dont la traduction quasi intégrale aiderait à la naissance de l'idée que le *De Amore* était un traité de l'amour « courtois », une autre en prose catalane vers 1387-1389 (ms. unique : Madrid, Real Bibl., 2, LI.I), deux autres en prose toscane (la version « fiorentina » du milieu du XIIIe siècle est conservée dans quatre mss ; la version « barberiniana » dans un seul ms). En 1404, un chanoine de Minden, Eberhard von Cersne, entreprit une traduction allemande en vers du *De Amore* ; celui-ci inspira également, vers 1460, un poème allemand *Warnung an hartherzigen Frauen* (titre moderne). Johann Hartlieb acheva le 24 février 1440, à Vienne, sa traduction en prose du *De Amore*, destinée au duc Albrecht VI d'Autriche, alors âgé de vingt-deux ans : Hartlieb n'a pas connu le véritable nom de l'auteur du traité qu'il traduisait, et le nommait tantôt Albertano (da Brescia ?), tantôt Ovide. Conservée dans neuf mss et un fragment, la traduction d'Hartlieb fut imprimée pour la première fois à Augsbourg, en 1482.

Le *De Amore* paraît avoir été lu d'abord par des « clercs », hommes d'Église et juristes, et considéré comme appartenant à la littérature savante ; il fut beaucoup copié dans les milieux ecclésiastiques, où cette synthèse sur l'amour profane — qui se donnait des allures scientifiques — venait compléter la formation pastorale, plus riche en traités relatifs à l'amour divin. Le *De Amore* commença ainsi sa carrière en dehors de son milieu, intellectuel et même linguistique, d'origine. Ce n'est que plus tard, au XVe et au XVIe siècle, que les laïcs de la noblesse le découvrirent, le plus souvent à travers des traductions-adaptations. Si le livre III fournissait aux prêtres des arguments péremptoires en faveur de la chasteté, certains adaptateurs (le Français Drouart, l'Allemand Johann Hartlieb) s'efforcèrent d'adoucir l'antiféminisme de ce livre III, d'autres (comme Ebehard von Cersne dans *Die Minne Regel* et Domence Masco dans les *Regles de Amor*) s'éloignèrent bien davantage du texte latin originel en omettant de traduire le livre III.

L'écart entre la création et la réception du *De Amore* fut considérable. Comme les thèmes diffusés par le *De Amore* étaient susceptibles d'avoir un certain impact sur les attitudes mentales de ses lecteurs laïques, l'évêque de Paris, Étienne Tempier, condamna le 7 mars 1277 cet ouvrage déconcertant par ses faux-sens et ses ambiguïtés.

ŒUVRES. — *Andreae Capellani regii Francorum de Amore libri tres*, éd. E. Trojel, Copenhague, 1892 (réimp. Munich, 1972). — *Des königlich fränkischen Kaplans Andreas drei Bücher über die Liebe*, trad. H.M. Eister, Dresde, 1924 [trad. en allemand moderne]. — *Li livres d'Amours de Drouart la Vache*, éd. R. Bossuat, Paris, 1926. — *Andreae Capellani De Amore*, éd. A. Pagès, Castellò de la Plana, 1930 [éd. du texte latin et de la trad. catalane du XIVe siècle]. — *The Art of Courtly Love by Andreas Capellanus*, trad. J.J. Parry, New York, 1941 [trad. en anglais moderne]. — *Trattato de Amore*, éd. S. Battaglia, Rome, 1947 [éd. du texte latin et des trad. toscanes]. — « *De amore* » *deutsch. Der Tractatus des Andreas Capellanus in der Übersetzung Johann Hartliebs*, éd. A. Karnein, Munich, 1970 (*Münchener Texte und Untersuchungen zur deutschen Literatur des*

Mittelalters, 28). — *André le Chapelain. Traité de l'amour courtois*, trad. C. Buridant, Paris, 1974 (*Bibl. française et romane*, série D, 9) [trad. en français moderne]. — *Andrea Capellano. De amore*, éd. G. Ruffini, Milan, 1980 (*Testi e documenti*) [éd. de la version toscane dite « barberiniana »].

→ P. Zumthor, *Notes en marge du « Traité de l'amour » d'André le Chapelain*, dans *ZRPh*, t. 63 (1943), p. 178-191. — D. Kelly, *Courtly Love in Perspective : The Hierarchy of Love in Andreas Capellanus*, dans *Traditio*, t. 24 (1968), p. 119-147. — D. Ruhe, *Le Dieu d'Amours avec son Paradis. Untersuchungen zur Mythenbildung um Amor in Spätantike und Mittelalter*, Munich, 1974, p. 84-91 (*Beiträge zur romanischen Philologie des Mittelalters*, 6). — M.D. Cherniss, *The Literary Comedy of Andreas Capellanus*, dans *Modern Philology*, t. 72 (1975), p. 223-237. — A. Karnein, *Auf der Suche nach einem Autor : Andreas, Verfasser von « De amore »*, dans *GRM*, t. 59 (1978), p. 1-20. — B. Bowden, *The Art of Courtly Copulation*, dans *Medievalia et Humanistica*, t. 9 (1979), p. 67-85. — R. Hissette, *André le Chapelain et la double vérité*, dans *Bulletin de philosophie médiévale*, t. 21 (1979), p. 63-67. — P. Cherchi, *Andrea Cappellano i Trovatori e altri temi romanzi*, Rome, 1979 (*Biblioteca di Cultura*, 128) [recueil d'articles]. — H. Silvestre, *Du nouveau sur André le Chapelain*, dans *RMAL*, t. 36 (1980), p. 99-106. — A. Karnein, *La réception du « De Amore » d'André le Chapelain au* XIII*e siècle*, dans *Romania*, t. 102 (1981), p. 324-351 et 501-542. — R. Schnell, *Andreas Capellanus. Zur Rezeption des römischen und kanonischen Rechts in « De Amore »*, Munich, 1982 (*Münstersche Mittelalter-Schriften*, 46). — A. Karnein, *De Amore in volkssprachlicher Literatur. Untersuchungen zur Andreas-Capellanus-Rezeption in Mittelalter und Renaissance*, Heidelberg, 1985 (*Germanisch-romanische Monatsschrift*, Beiheft, 4). — B. Roy, *À la recherche des lecteurs médiévaux du « De Amore » d'André le Chapelain*, dans *Revue de l'Université d'Ottawa*, t. 55 (1985), p. 45-73. — P. Bourgain, *Aliénor d'Aquitaine et Marie de Champagne mises en cause par André le Chapelain*, dans *CCM*, t. 29 (1986), p. 29-36. — D.A. Monson, *Andreas Capellanus and the Problem of Irony*, dans *Speculum*, t. 63 (1988), p. 539-572. — P. Trannoy, *Le jardin d'Amour dans le « De Amore » d'André le Chapelain*, dans *Vergers et jardins dans l'univers médiéval*, Aix-en-Provence, 1990, p. 373-388 (*Senefiance*, 28). — Cf. *GRLMA*, VI/1, p. 88, 991, 111-114. — *MB*, nos 2759-2772 ; 6540-6547 ; 7714 ; 7716 ; *S* 2341 ; 3220 ; 4997 ; 5004-5020 ; 5024 ; 5187. F.F.H.

André de Saint-Victor. Un des plus grands représentants de l'exégèse scientifique au XIIe siècle. D'abord chanoine régulier à l'abbaye de Saint-Victor de Paris, il fut élu abbé de Wigmore, en Angleterre, entre 1147 et 1154. A la suite de différends avec ses religieux, il revint à Paris où on le retrouve vers 1159-1162. Mais il devait bientôt retourner à Wigmore où il mourut le 19 octobre 1175.

Longtemps inédite, l'œuvre d'André de Saint-Victor suscite maintenant éditions et études. Ce maître a laissé d'importants commentaires de la plus grande partie de l'Ancien Testament.

À la différence des autres exégètes victorins, André s'attache uniquement à la découverte du sens littéral, dont Hugues de Saint-Victor* avait souligné l'importance. L'abbé de Wigmore avait étudié pour cela la langue hébraïque, se mettant à l'école de maîtres juifs dont les traditions et les méthodes exégétiques l'ont profondément influencé. Ses contemporains lui ont reproché parfois cette dépendance. Richard de Saint-Victor notamment, dans son *De Emmanuele* (*PL*, t. 196, col. 601-666), s'attaque à l'interprétation que certains disciples d'André donnaient de l'*Ecce virgo concipiet* d'Isaïe. Au XIIIe siècle encore, Roger Bacon* se plaindra de l'autorité excessive dont jouissait André de Saint-Victor. Ces critiques et ces plaintes sont la preuve en tout cas de l'influence durable exercée par les commentaires de ce Victorin et dont la littérature exégétique du XIIe et du XIIIe siècles nous apporte de nombreux témoignages.

ŒUVRES. — G. Calandra, *De hystoria Andreae Victorini expositione in Ecclesiasten*, Palerme, 1948. — Andrea de Sancto Victore, *Opera*, I : *Expositionem Super Heptateuchum*, éd. Ch. Lohr et R. Berndt, Turnhout, 1986 (*CCCM*, 53) ; III : *Expositiones historicas in libros Salomonis*, éd. R. Berndt, Turnhout, 1991 (*CCCM*, 53 B) ; *Expositio super Danielem*, éd. M. Zier, Turnhout, 1990 (*CCCM*, 53 F).

→ B. Smalley, *Andrew of St Victor, Abbot of Wigmore : A Twelfth Century Hebraist* dans *RTAM*, t. 10 (1938), p. 358-373 ; *The School of Andrew of St Victor, ibid.*, t. 11 (1939), p. 145-167 ; *The Study of the Bible in the Middle Ages*, Oxford, 1952, p. 112-195. — H. de Lubac, *Exégèse médiévale. Les quatre sens de l'Ecriture*, 2e partie, I, Paris, 1961 (*Théologie*, 42), p. 361-367. — G.A.C. Hadfield, *Andrew of St Victor, a 12th-Century Hebraist : An Investigation of his Works and Sources*, thèse de philosophie, Oxford, 1972. — J. Châtillon, *La Bible dans les écoles du* XII*e siècle*, dans *Le Moyen Âge et la Bible*, sous la dir. de P. Riché-G. Lobrichon, Paris, 1984, p. 163-197 (*Bible de tous les temps*, 4). J.C. et J.L.

Andrea da Barberino. Andrea Mangiabotti, dit da Barberino, naquit à Barberino di Valdelsa, près de Florence, vers 1370 ; il vécut à Florence et mourut après 1431. Compilateur de talent, il adapta, dans ses « romans épiques » en prose, les légendes carolingiennes à la culture et au goût italiens. Ses œuvres connurent en Italie une fortune immense et durable : les plus populaires, toujours réimprimées depuis la fin du XVe siècle, furent *I Reali di Francia* (qui figure, entre autres, dans le ms. Florence, Bibl. naz. centr., II.I, 14) et *Guerin Meschino*. On doit encore citer de lui : *Ajolfo del Barbicone, Ugone d'Alvernia* (contenu notamment dans les mss Florence, Bibl. naz. centr. II.II.58 et II.II.59) adapté de la chanson de geste franco-italienne *Huon d'Auvergne** et qui présente des insertions en vers, les *Storie Nerbonesi* et *Aspramonte*, ces deux dernières œuvres inspirées directement par les chansons de geste françaises portant les mêmes noms.

Andrea composa, vers 1410, sous le titre *Storie Nerbonesi*, une vaste compilation épique en huit livres, dans laquelle il refondait le contenu de neuf des chansons de geste consacrées à Guillaume d'Orange : la première partie des *Storie Nerbonesi* constitue une version italienne en prose des *Narbonnais**. Cette version paraît dépeindre un état fort ancien de la geste des *Narbonnais* et s'appuyer sur des sources aujourd'hui perdues. Elle est conservée dans au moins trois mss du XVe siècle (Florence, Bilb. naz. centr., II.I.15 et II.I.16, et Florence, Bibl. Riccardiana 2481). L'hypothèse de P.-A. Becker, selon laquelle ce remaniement procéderait d'un manuscrit cyclique apparenté au ms. Paris, BN, fr. 24369, est à écarter. Dans les *Storie Nerbonesi*, Andrea s'éloigne beaucoup de ses sources pour les descriptions des batailles ; il fait montre d'une véritable prédilection pour les étymologies et les jeux de mots ; il semble, tout comme l'auteur des *Narbonnais*, avoir connu la topographie parisienne de son époque.

Andrea da Barberino composa également une version italienne de la chanson d'*Aspremont**, *Aspramonte* (conservé notamment dans le ms. Florence, Bibl. naz. centr., II.I.14 et, à l'état de fragment, dans Florence, Bibl. naz. centr., II.II.56).

ŒUVRES. — *Storia di Ajolfo del Barbicone e di altri valorosi cavalieri*, éd. L. del Prete, Bologne, 1863-1864, 2 vol. (*Collezione di opere inedite o rare*, 4-5). — *I Reali di Francia*, éd. A. Cappelli et G. Vandelli, intro. P. Rajna, Bologne, 1872-1900, 3 vol. (*Collezione di opere inedite o rare*, 43-45 ter). — *Le Storie Nerbonesi, romanzo cavalleresco del secolo XIV*, éd. J.G. Isola, Bologne, 1877-1887, 2 vol., (*Collezione di opere inedite o rare*, 44-45). — *Storia di Ugone d'Alvernia*, éd. F. Zambrini et A. Bacchi, Bologne, 1882, 2 vol. (*Scelta di curiosità letterarie inedite o rare del secolo XIII al XVII*, 188 et 190). — *Discesa di Ugo d'Alvernia allo Inferno*, éd. R. Renier, Bologne, 1883 (*Scelta di curiosità letterarie inedite o rare del secolo XIII al XVII*, 194).

→ P.-A. Becker, *Der Quellenwert der Storie Nerbonesi*, Halle, 1898. — A.F. Reinhard, *Die Quellen der Nerbonesi*, thèse, Halle, 1900. — M. Boni, *Ricerche di « fonti » e critica testuale*, dans *Studi e problemi di critica testuale*, Bologne, 1961, p. 93-110 (*Commissione per i testi di lingua*, 123) ; *L'Aspremont del Codice marciano fr. IV e l'Aspramonte di Andrea da Barberino*, dans *Mél. I. Siciliano*, Florence, 1966, t. 1, p. 97-104 (*Biblioteca dell'Archivum romanicum, Serie 1. Storia, letteratura, paleografia*, 86) ; *Le Storie d'Aspramonte nella Spagna magliabechiana*, dans *Studi filologici, letterari e storici in memoria di Guido Favati*, Padoue, 1977, t. 1, p. 125-134 (*Medioevo e Umanesimo*, 28). — A. Vitale-Brovarone, *De la Chanson de Huon d'Auvergne à la Storia di Ugone d'Avernia d'Andrea da Barberino : techniques et méthodes de la traduction et de l'élaboration*, dans *Charlemagne et l'épopée romane, Actes du 7e congrès international de la Société Rencesvals (Liège, 28 août-4 septembre 1976)*, Liège et Paris, 1978, t. 2, p. 393-403 (*Bibl. Faculté Philosophie et Lettres Université de Liège*, 225). — A.M. Colby-Hall, *La géographie rhodanienne des Nerbonesi : réalisme artificiel ou signe d'authenticité ?* dans *Essor et fortune de la chanson de geste dans l'Europe et l'Orient latin, Actes du 9e congrès international de la Société Rencesvals, Padoue, 1982*, Modène, 1984, t. 2, p. 655-662. — *Testi, cotesti e contesti del franco-italiano*, Atti del 1° Simposio franco-italiano (Bad Homburg, aprile 1987), Tübingen, 1989, p. 245-284. — Cf. *MB* nos 596-597 ; *S* 1045 ; 1053 ; 1057 ; 1315 ; 6503. F.F.H.

Andreu Febrer. Né à Vic, en Catalogne, vers 1380, il devait mourir à Barcelone vers 1440. D'abord scribe à la cour des rois d'Aragon, il accompagne ceux-ci dans leurs expéditions militaires aux Baléares et en Sardaigne, et remplit des fonctions diplomatiques à Paris, en Sicile, en Italie. Ce fut un homme de la Renaissance, en qui se retrouvent les influences de l'Italie et de la France. Mais les thèmes de ses poésies — on en conserve 15, toutes composées avant 1418 — sont les mêmes que ceux des troubadours occitans ; la langue qu'il emploie dans ses chants de croisade, son « *sirventech per lo passatge de Barbaria* », ses poèmes de louange et ses *cansos* d'amour, est plus proche de celle des troubadours, notamment d'Arnaut Daniel* (*trobar ric*) ou de Cerveri de Girona* le plus souvent, que de celle des autres poètes catalans, ses contemporains ; dans sa traduction en décasyllabes de la *Commedia* de Dante* (1429), il emploie une langue plus catalane, où ne manquent pas les provençalismes, et mêlée d'italianismes. On peut considérer Andreu Febrer comme un poète de transition, faisant communiquer des époques successives et des peuples différents.

ŒUVRE. — Éd. M. de Riquer, *Andréu Febrer, Poesies*, Barcelone, 1951. — C. Vidal y Valenciano, *La Comedia di Dant Allighier (de Florença) traslatada de rims vulgars toscans en rims vulgars cathalans*, t. 1 (seul paru), Barcelone, 1878.

→ A. Badia Margarit, *La versione della « Divina Commedia » di Andreu Febrer (sec.* XV*) e la lingua letteraria catalana*, dans *Atti del 8e Congresso Internazionale di Studi romanzi*, t. 2, Florence (1959), p. 3-35. — M. de Riquer, *Historia de la literatura catalana*, Barcelone, 1964, t. 1, p. 592-611. J.S. et G.B.L.

Andrieu Contredit, d'Arras. Chevalier et poète, vraisemblablement mort en 1248, Andrieu Contredit est l'auteur de 15 chansons d'amour, d'une pastourelle, d'un jeu-parti avec Guillaume le Vinier* et d'une complainte, en forme de lai lyrique, sur la mort de sa dame. Versificateur habile, poète délicat mais monotone, il composa pour le divertissement des milieux littéraires d'Arras — une de ses chansons est adressé au Puy de cette ville — et pour celui de la cour royale. Il entretint des relations amicales avec la poétesse lilloise Maroie de Diergnau*.

ŒUVRES. — R. Schmidt, *Die Lieder des Andrieu Contredit d'Arras*, Halle, 1903. — E. Droz, *Fragment d'un chansonnier artésien*, dans *Mél. A. Jeanroy*, Paris, 1928, p. 539-543. — D. Nelson, *Critical Edition of Songs of Andrieu Contredit d'Arras*, à paraître.

→ A. Guesnon, *Nouvelles recherches biographiques sur les trouvères artésiens*, dans *Le Moyen Âge*, t. 15 (1902), p. 159. — L.A. Vigneras, *Note sur Andrieu Contredit*, dans *The Romanic Review*, t. 25 (1934), p. 380-381. — Linker, n° 7. — Cf. *MB*, nos 2196 ; 2320-2321. G.M. et F.F.H.

Andrieu Douche. Poète lyrique du XIIIe siècle, Andrieu Douche est l'auteur d'une chanson (R. 1482) et apparaît comme partenaire dans deux jeux-partis. Son patronyme pourrait être l'altération de Doucet ou Douchet, nom d'une famille arrageoise connue. Une « Dame Douche », de la même famille, est l'un des principaux personnages du *Jeu de la Feuillée* d'Adam de la Halle*.

ŒUVRE. — A. Långfors, A. Jeanroy et L. Brandin, *Recueil général des jeux-partis français*, Paris, 1926, t. 1, p. XXV, 81-86 (*SATF*, 70).

→ A. Guesnon, *Nouvelles recherches biographiques sur les trouvères artésiens*, dans *Le Moyen Âge*, t. 15 (1902), p. 144. — R. Berger, *Le Nécrologe de la confrérie des jongleurs et des bourgeois d'Arras (1194-1361)*, Arras, 1963 et 1970, 2 vol. (*Mémoires de la Commission départementale des Monuments historiques du Pas-de-Calais*, XI, 1 et XIII, 2). — Linker, n° 9. A.J. et F.F.H.

Andrieu de Paris. Poète parisien inconnu, auquel le seul chansonnier C (Berne, Stadtbibl. 389) attribue une chanson d'amour, contre quatre autres mss qui la mettent sous le nom de Gace Brulé* et un sous celui de Raoul de Ferrières*.

ŒUVRE. — G.S. Trébutien, *Les chansons de Messire Raoul de Ferrières, très ancien poète normand*, Caen, 1847, n° 8.

→ J. Brakelmann, *Les plus anciens chansonniers français II*, Marburg, 1896, p. 50 (*Ausgabe und Abhandlungen, aus dem Gebiete der romanischen Philologie*, 94). — Linker, n° 8. F.F.H.

Âne (Fête de l'). Il n'y a pas à proprement parler une Fête de l'Âne, mais des offices dramatiques (*festum* ou *processio asinorum*) appartenant au temps de Noël et où l'Âne joue son rôle ; par exemple l'ânesse parlante de Balaam, s'arrêtant devant le glaive flamboyant de l'Ange dans la Procession des Prophètes à Rouen.

À Beauvais, dans la Fête des Innocents, qui est devenue celle des Enfants de chœur, après l'entrée de la Vierge sur son âne, dans le chœur, on entame un Introït, suivi d'un Kyrie, d'un Gloria et d'un Credo dont les dernières modulations se terminent par un « hi-han » final. À Bourges, lors de la Procession des Prophètes jusqu'au XVIe siècle, les chanoines chantent une prose célébrant la *virtus asinaria* avec un refrain français : « *Hez, sire asne, ça chantez.* »

→ Du Cange, *Glossarium mediae et infimae Latinitatis*, nouv. éd., Paris, 1938, t. 3, p. 460-461. — G. Cohen, *Histoire de la mise en scène dans le théâtre religieux français du Moyen Âge*, 2e éd., Paris, 1926, p. 41, 49, 212. — *Office de*

Pierre de Corbeil, éd. abbé Villetard, Paris, 1907. — Gasté, *Les drames liturgiques de la cathédrale de Rouen*, Évreux, 1893. — G. Frank, *The Medieval French Drama*, Oxford, 1954.

Voir aussi : *Office des Fous*. G.C.

Anfos. Mystérieux troubadour, jadis et encore souvent identifié avec le roi Alphonse II d'Aragon d'après la *Vida*. Doit-on le considérer comme un troubadour inconnu ? (voir I.-M. Cluzel, F. Pirot). Après quelque hésitation, M. de Riquer l'identifie au roi d'Aragon. Il reste de lui une chanson d'amour et une *tenso* échangée avec Guiraut de Bornelh*.

ŒUVRES. — Éd. I.-M. Cluzel, *Princes et troubadours de la maison royale de Barcelone-Aragon*, dans *Boletín de la Real Acad. de Buen. letr. de Barcelone*, t. 27 (1957-1958), p. 324-334. — Éd. avec trad. espagnole M. de Riquer, dans *Los trovadores, historia literaria y textos*, Barcelone, 1975, t. 1, p. 556-573.

→ PC, 23. — F. Pirot, *Recherches sur les connaissances littéraires des troubadours occitans et catalans des* XII*e et* XIII*e siècles*, Barcelone, 1972, p. 158-167. G.B.L.

Angier ou **Augier** (frère). Chanoine régulier de Sainte-Frideswide, à Oxford, auteur d'une traduction en vers octosyllabiques du *Dialogue* (env. 24 000 vers) et de la *Vie* (env. 2 950 vers) *de saint Grégoire le Grand*, dont nous possédons la copie mise au net et datée par l'auteur (BN, fr. 24766). La maison de Sainte-Frideswide, réformée par Henri Ier entre 1111 et 1122, avait eu des prieurs lettrés, y compris Robert de Cricklade (v. 1140-1180) ; elle allait jouer un certain rôle dans la fondation de l'Université (voir J.C. Dickinson, *The Origin of the Austin Canons*, Londres, 1950, p. 113-185, 188-189) ; à la suppression des monastères, elle fit place à un collège (maintenant Christ Church) et son église devint la cathédrale d'Oxford. Frère Angier y fit sa profession en 1207 ; ayant achevé la traduction du *Dialogue* le 29 novembre 1213, il fut ordonné diacre et prêtre dès la fin de l'Interdit (1214-1215) ; il mit la dernière main à la *Vie* le 30 avril 1216. Selon M.K. Pope, la langue de la *Vie* présente une nette évolution, du poitevin de son pays d'origine à l'anglo-normand de son pays d'adoption, tandis que la traduction du *Dialogue* est écrite dans la langue courante de l'Ouest à l'époque angevine, et, n'ayant que peu d'incorrections métriques, offre aux lexicographes « une moisson qui n'est pas à dédaigner » (P. Meyer).

ŒUVRE. — *La vie de saint Grégoire le Grand traduite du latin par frère Angier*, éd. P. Meyer, dans *Romania*, t. 12 (1883), p. 145-208. — *Angier, Dialogue de saint Grégoire*, éd. R. Orengo, Zurich, 1969, thèse dactyl.

→ M.K. Pope, *Etude sur la langue de frère Angier*, Paris, 1903 [à compléter par A. Thomas, dans *Romania*, t. 33 (1904), p. 440-443]. — M.D. Legge, *La date des écrits de frère Angier*, dans *Romania*, t. 79 (1958), p. 512-514 ; *Anglo-Norman Literature and its Background*, Oxford, 1963, p. 208-209. Cf. *MB* nos 3287-3289, 7779 ; *S* 5789-5790.

Voir aussi : *Saint Grégoire (Vie de)*.

C.A.R. et A.F.L.L.

Angilbert (?-814). Éduqué à la cour où il devint l'ami d'Alcuin*, dont il fut l'élève, tout comme de Paulin d'Aquilée et de Pierre de Pise, il fut élevé au rang de *Primicerius palatii*, et suivit à ce titre Pépin en Italie. Chargé par le souverain de délicates missions de liaison auprès des papes qui se succédèrent dans les crises de la fin du siècle (Adrien Ier, puis Léon III), il joua ensuite un rôle important dans l'organisation de la défense des frontières maritimes au nord de l'Empire contre les raids des Normands. De la fille de Charlemagne Berthe, il eut deux fils (illégitimes), dont l'un, Nithard*, fut l'historien des fils de Louis le Pieux.

Nommé abbé (laïc) de Saint-Riquier, il embellit le monastère, équipa sa bibliothèque et en réforma la liturgie, afin de la rendre plus solennelle. Pourvu d'une solide culture classique, il a composé des poèmes de circonstance de bonne facture, instructifs notamment sur la vie à la cour. La rédaction d'une épopée « virgilienne », dont un fragment de 536 hexamètres nous est parvenu, sous le titre *Charlemagne et le pape Léon* pourrait lui être attribuée.

ŒUVRES. — *PL*, t. 99. — *MGH, Poetae Karolini Aevi*, 1.

→ R.R. Bezzola, *Les origines de la formation de la littérature courtoise en Occident*, t. 1, Paris, 1958, p. 107-119. — C. Heitz, *Recherches sur les rapports entre l'architecture et la liturgie à l'époque carolingienne*, Paris, 1963. — D. Schaller, *Angilbert von St Riquier*, dans *Die deut. Lit. des MA, Verfasser Lex.*[2], t. 1, 1978, p. 358-363. — M. Simonetti, *La produzione letteraria latina fra Romani e Barbari (sec.* V-VIII*)*, Rome, 1986. — P. Godman, *Poets and Emperors Frankish Politics and Carolingian Poetry*, Oxford, 1987. — R. McKitterick, *The Carolingians and the Written Word*, Cambridge,

1989, chap. 6. — Manitius, t. 1, p. 543-547. — Brunhölzl, trad. fr., I/2, p. 58-60. M.B.

Anjorrant Bourré. Voir : Cicéron.

Annales. Au Moyen Âge, la distinction entre les deux genres « annales » et « chroniques » se faisait mal. Leurs origines comme leur matière sont cependant différentes. Les chroniques, en effet, sont issues de la tradition littéraire qu'a inaugurée en Occident la traduction d'Eusèbe de Césarée par saint Jérôme ; elles s'intéressent à l'histoire depuis la création, s'occupent de l'histoire universelle, de celle du salut, de la *series temporum*. La tradition annalistique de l'Europe médiévale, par contre, ne remonte pas au-delà du VIIe ou VIIIe siècle. L'origine des annales médiévales est liée à l'apparition des tables pascales, c'est-à-dire des documents donnant, sur la base de calculs appropriés, la date de la fête de Pâques pour un grand nombre d'années. La table pascale qui finit par dominer l'usage de l'Occident fut celle que Denis le Petit établit au VIe siècle : on y calculait l'année à partir de la date supposée de l'Incarnation. L'évangélisation du continent par les missionnaires anglo-saxons du VIIIe siècle, l'adaptation par Bède* des tables de comput de Denis finirent par garantir le triomphe du système dyonisien aux dépens des usages locaux. C'est à ce moment qu'apparaissent les annales médiévales, avec la notation dans les tables pascales d'événements à caractère historique. Ces tables semblent avoir circulé de monastère à monastère, notamment dans le nord et l'est du royaume franc. Les entrées marginales devinrent de plus en plus longues et complexes. Puis, à divers moments, on transcrivit ces notations sur des feuillets de parchemin, non pas à l'intérieur d'une table de Pâques mais simplement dans le cadre d'une succession d'années. C'est le cas de la plupart des annales qui ont circulé au VIIIe et au IXe siècle. Ces textes tenus à jour plus ou moins régulièrement sont communément appelés les annales mineures. Les plus importantes sont les *Annales sancti Amandi* qui remontent à 687.

Les annales évoluèrent avec le milieu du palais carolingien et le besoin de justification du pouvoir en place après le coup d'état de 751. Ainsi furent rédigées les *Annales royales* ou *Annales regni Francorum*, anciennement dites *Grandes Annales de Lorsch* ou *Annales Laurissenses majores*. Ce corps d'annales, qui couvre la période 741 à 829, fut composé à partir de 788 dans la chapelle du palais sous la responsabilité du chef de cet office ; la dernière section, de 819 à 829, est au moins en partie l'œuvre personnelle de l'archiprêtre en fonction, Hilduin, abbé de Saint-Denis, de Saint-Germain-des-Prés et de Saint-Médard de Soissons. C'est la source principale pour l'histoire des règnes de Pépin II, Charlemagne et de la première partie du règne de Louis le Pieux, œuvre très bien informée, mais de caractère officieux avec parfois une coloration ou même l'omission de certains faits. Dès le début du IXe siècle, on distingue donc trois types d'annales : les annales pascales ; les annales mineures, qui offrent par rapport aux précédentes des possibilités de développement ; les annales majeures, qui doivent leur première existence aux *Annales royales* de la seconde dynastie franque. Mais leur apparition au cours du IXe siècle n'entraîna pas la disparition des formes génériques dont elles étaient issues : pendant tout le Moyen Âge, on a continué à écrire des annales pascales et des annales mineures. La fragmentation du pouvoir central se reflète dans la division de l'œuvre annalistique des Francs ; aux seules *Annales regni Francorum* ont succédé deux traditions historiographiques, chacune défendant les vues du milieu qui lui avait donné naissance. Ce sont les *Annales Bertiniani* qui soutiennent la position de la Francie occidentale, et les *Annales de Fulda* qui plaident en faveur de la Francie orientale. L'inspirateur, sinon le rédacteur, du début des *Annales Bertiniani* ou *dites de Saint-Bertin* (830-882), est vraisemblablement l'archichapelain Foulques, abbé de Saint-Hilaire-le-Grand de Poitiers. La période de 835 à 861, qui se distingue par un style clair et correct, est due à Galindo, dit Prudence, futur évêque de Troyes. Le troisième continuateur fut Hincmar de Reims*, de 861 à 882, hostile à son prédécesseur qui avait adopté sur la prédestination une position différente de la sienne.

Au Xe siècle, les *Annales royales* trouveront un prolongement dans l'œuvre annalistique de Flodoard de Reims*. L'ampleur et la complexité des annales iront croissant, ainsi que l'étendue de la période qu'elles traitent. Amorcée au Xe siècle dans l'œuvre de Réginon de Prüm, la tendance au rapprochement des chroniques et des annales s'affirmera au fil des ans. Auteur d'une chronique universelle assez traditionnelle, Réginon s'est efforcé de la mettre à jour en y intégrant les récits des annales royales carolingiennes. Ainsi une partie de la tradition annalistique est-elle passée dans les rangs des chroniques.

Au XIIe siècle, les annales majeures ne se distinguent plus des chroniques. C'est en effet la grande époque des chroniques universelles, époque d'un Sigebert de Gembloux*, d'un Otton de Freising. Sans toutefois disparaître, les annales ont cédé la première place aux chroniques et dans bien des cas s'y sont assimilées. Une des raisons de leur rareté à partir de la seconde moitié du XIIe siècle est peut-être à chercher dans la transformation du mode de datation des chartes qui se simplifie, se modernise ; on n'utilise plus les indictions, épactes et autres précisions empruntées aux tables de comput, on se borne maintenant à donner l'année et le jour, au moyen de la fête d'un saint, sinon le mois. Le but pratique qu'avaient les annales n'existe plus.

Annales développées ou chroniques concises, on dénombre encore sous le nom d'annales jusqu'au XIVe siècle un certain nombre de textes historiques qui se rattachent aux monastères ou églises suivants : *Saint-Vaast d'Arras* (874-900), importantes pour l'étude des invasions normandes et du siège de Paris ; *Saint-Denis* possède deux collections s'étendant du commencement de l'ère chrétienne jusqu'à la fin du XIIIe siècle ; elles donnent des dates intéressantes pour les travaux exécutés à l'abbaye ; *Saint-Germain-des-Prés*, analogues aux précédentes ; *Nevers*, notes jusqu'au XIIe siècle, d'une grande valeur : elles serviront surtout à éclairer les récits de Flodoard* ; *Rouen*, première rédaction des Annales par un clerc de la cathédrale dans la seconde moitié du XIe siècle ; elles furent retranscrites dans les différents monastères normands et reçurent des développements indépendants à *Saint-Evroul*, à *Saint-Etienne de Caen*, à *Jumièges*, au *Mont-Saint-Michel*, à *Saint-Wandrille* ; *Reims*, rédaction qui débute en 1197, munie de continuations dont la plus récente est de l'année 1543 ; elles apportent des données importantes pour l'histoire civile et ecclesiastique de la ville de Reims au XIIIe siècle ; les plus récentes sont les *Annales Francorum* (1057-1270), rédigées au XIVe siècle, qui ont été utilisées dans la chronique du *Religieux de Saint-Denis**.

Les annales constituent l'une des sources fondamentales pour l'histoire événementielle du Haut Moyen Âge ; elles renseignent non seulement sur l'histoire politique ou l'administration, mais encore sur l'architecture, l'agriculture, les sciences naturelles, etc.

ŒUVRES. — Éd. et trad. allemande R. Rau, J. von Jasmund et C. Rehdantz, *Annales Bertiniani, Annales Vedastini, Annales Xantenses...*, Berlin, 1959 (*Fontes ad historiam regni Francorum aevi Karolini...*, pars 2, *Ausgewählte Quellen zur deutsch. Geschichte d. Mittelalters* 6). — *Annales Bertiniani*, éd. F. Grat, J. Vielliard, S. Clémencet, Paris, 1964 (*SHF*). — *Annales regni Francorum*, éd. F. Kurze, *MGH SS, rer. germ.*, 1895, p. 2-178 ; trad. anglaise B.W. Scholz et B. Rogers, *Carolingian Chronicles. Royal Frankish Annals and Nithard's Histories*, Ann Arbor, Univ. Michigan Press, 1970 ; transposition allemande, R. Rau, Berlin, 1955 (*Fontes ad hist. regni Francorum*, pars 1, *Ausg. Quellen zur deutsch. Gesch. des Mitt.*, 5) p. 10-155. — *Annales de Saint-Pierre de Jumièges*, éd. J. Laporte, *Annales de Saint-Pierre de J., chronique universelle des origines au XIIIe*, Rouen, 1954. — *Annales de Saint-Denis*, éd. E. Berger, dans *BEC*, t. 40 (1879), p. 270-295.

→ L. Delisle, *Chroniques et annales diverses*, dans *HLF*, t. 32, p. 182-264, 502-573 [très détaillé pour les Annales monastiques avec l'indication de leurs éd. le cas échéant]. — B. Guenée, *Histoires, annales, chroniques. Essai sur les genres historiques au Moyen Âge*, dans *Annales ESC*, t. 28 (1973), p. 997-1016. — A.D. von den Brincken, *Studien zur lateinischen Weltchronistik bis in das Zeitalter Ottos von Freising*, Düsseldorf, 1957. — H. Hoffmann, *Untersuchungen zur karolingischen Annalistik*, Bonn, 1958 (*Bonner historische Forschungen*, 10). — F.L. Ganshof, *L'historiographie dans la monarchie franque sous les Mérovingiens et les Carolingiens*, dans *La Storiografia altomedievale (Settimane di studio del centro ital.*, 17), t. 2, Spolète, 1970, p. 660-685. — M. Schroër, *Die Annales Sancti Amandi und ihre Verwandten. Untersuchungen zu einer Gruppe karolingischer Annalen des 8 und 9 Jhts.*, Göppingen, 1975 (*Göpp. Akad. Beiträge*, 85). — D. Hay, *Annalists and Historians. Western Historiography from the VIIIth to the XVIIIth Centuries*, Londres, 1977. — Mc Cormick, *Les annales du Haut Moyen Âge occidental*, Turnhout, 1975 (*Typologie des sources du Moyen Âge occidental*, fasc. 14) [étude claire et suggestive, à compléter par le compte rendu de N. Huyghebaert, dans *RHE*, t. 72 (1977), p. 173-174]. Voir aussi, paru dans la même collection, K.H. Krüger, *Die Universalchroniken*, Turnhout, 1976 (*Typologie...*, fasc. 16) avec une mise à jour en 1985 ; et la notice très claire de P. Bourgain sur les chroniques françaises depuis les Xe et XIe siècles, dans le *Lexikon des Mittelalters*, t. 2, n° 9, Munich et Zurich, 1983, col. 1971-1979. — Cf. Nouveau Potthast, t. 2, *passim*. Ma.B. et G.T.L.

Anne de France. Fille aînée de Louis XI et de Charlotte de Savoie, Anne était la sœur de Charles VIII. À ce titre, elle exerça la régence du royaume durant la minorité de son frère (1483-1491), faisant preuve des mêmes qualités politiques que son père. De son mariage avec le duc Pierre de Bourbon (Beaujeu), elle eut une fille, Suzanne (1491). C'est à son intention qu'elle mit par écrit, entre 1503 (mort de Pierre) et 1505 (mariage de Suzanne avec le connétable de Bourbon), des *Enseignements* d'une grande élévation morale, règle de vie idéale d'une grande dame à l'aube de la Renaissance (lectures, formation religieuse et morale, conduite à tenir dans l'état de mariage, dans l'état de veuvage, à l'égard des domestiques, comportement dans le monde...), dont le style, d'une grande tenue, sobre et ferme, est à l'unisson de la pensée — plus proche des *Enseignements de saint Louis** que du livre de Geoffroi de La Tour-Landry*.

ŒUVRE. — Éd. A.M. Chazaud, Moulins, 1878 (reprint, Marseille, 1978).

→ P. Lewis, *La France à la fin du Moyen Âge*, trad. française, Paris, 1977. — Y. Labande-Mailfer, *Charles VIII et son milieu*, Paris, 1975. — M. Chombart de Lauwe, *Anne de Beaujeu*, Paris, 1980. — A.A. Hentsch, *De la littérature didactique du Moyen Âge s'adressant spécialement aux femmes*, Cahors, 1903, p. 199-207. G.H.

Anonyme de Bayeux. Voir : Jean de Justice.

Anonyme de Béthune. L'Anonyme de Béthune est l'auteur de deux chroniques rédigées en prose française au commencement du XIIIe siècle, l'*Histoire des ducs de Normandie et des rois d'Angleterre* et la *Chronique française des rois de France*. La première commence avec l'arrivée des Normands en France et l'installation du premier duc Rou, pour se terminer en 1220 avec le couronnement du jeune roi Henri III. La seconde remonte aux origines troyennes des Francs et s'achève en 1217.

Ces deux chroniques existent également sous des formes plus ou moins abrégées et portent alors les noms de *Chronique française abrégée des rois de France* et *Chronique de Normandie* (ou *des ducs de Normandie*). Pour la partie antérieure aux règnes de Philippe Auguste et de Jean sans Terre, ce sont principalement des traductions de textes latins. Il est possible que l'Anonyme se soit approprié la version brève de ces chroniques et l'ait enrichie par des additions et des interpolations. Ainsi, la chronique française contient une copie de la traduction de la *Chronique dite du Pseudo-Turpin** qui ne se trouve que dans la version longue, à lui attribuée (ms. BN, n. acq. fr. 6295), et dans une version un peu plus brève, mais beaucoup plus développée que les versions courtes (Vat., Reg. lat. 610). Il est vraisemblable que l'Anonyme n'est véritablement l'auteur que de la dernière partie de chaque chronique, la seule originale et vraiment intéressante, qui débute en 1185 pour la chronique française, en 1199 pour la chronique normande. Dans cette partie, l'Anonyme fournit des détails précis, qu'on ne trouve souvent que chez lui ; il commente les faits, il juge les hommes. Écrivant pour un public d'auditeurs, il s'adresse directement à eux, il conte des anecdotes, il emploie le dialogue pour rendre sa narration plus dramatique.

L'Anonyme était un Artésien entré au service de la maison de Béthune sans doute en qualité de ménestrel. Il suivit Robert VII de Béthune en Angleterre, lorsque celui-ci se rattacha au parti de Jean sans Terre, et participa par la suite à de nombreux événements qui devaient figurer plus tard dans ses chroniques. Celles-ci ont été rédigées indépendamment : l'histoire normande peu avant 1220, la chronique française un peu avant 1223. Elles ne font pas double emploi ; la première raconte les événements du point de vue des Plantagenêts, la seconde vient compléter l'autre, en présentant les choses d'un point de vue français. Dans la chronique française, d'autre part, le récit est tout à fait indépendant de la version officielle représentée par les œuvres de Rigord et Guillaume le Breton*. Ces chroniques constituent deux documents précieux pour l'histoire de France et pour l'histoire d'un genre littéraire naissant, l'historiographie en prose française.

ŒUVRES. — *Histoire des ducs de Normandie et des rois d'Angleterre*, éd. F. Michel, Paris, 1840 (*SHF*) ; éd. O. Holder-Egger dans *MGH, SS*, t. 26 (1882), p. 702-717 [extraits]. — *Chronique française*, éd. L. Delisle dans *Rec. Hist. France*, t. 24, 2 (1904), p. 750-775, 929-940 [extraits].

→ L. Delisle, *Notice sur la Chronique d'un Anonyme de Béthune du temps de Philippe Auguste*, dans *Notices et extraits des manuscrits de la Bibliothèque nationale*, t. 34, 1 (1891), p. 365-380 ; *Chroniques et annales diverses*, dans *HLF*, t. 32 (1898), p. 182-194, 219-234. — R.N. Walpole, *Philip Mouskes and the Pseudo-Turpin Chronicle*, Berkeley-Los Angeles, 1947. — Molinier, n° 2218. — Nouveau Potthast, III, p. 340 (*Chronique française des rois de France*) ; V, p. 535 (*Histoire des ducs de Normandie et des rois d'Angleterre*). — Cf. *MB* n°s 3758-3761.

G.T.L.

Anséïs de Carthage. Chanson de geste tardive, composée entre 1230 et 1250, en langue d'oïl à dominante picarde. Elle se rapproche de la chanson d'aventures héroïques et chevaleresques, et conte, de façon pathétique et sentimentale, la perte d'un pays par la faute d'une femme. L'histoire appartient à la geste de Charlemagne.

Charlemagne a vaincu les Sarrasins, après Roncevaux. Il a reconquis l'Espagne. Marsile, le roi sarrasin, est en fuite. La couronne d'Espagne et de Carthage (sans doute ici pour Carthagène) est donnée au jeune chevalier breton Anséïs, fils de Rispeu, et Charlemagne lui confie Joyeuse, son épée. Anséïs, une fois dans sa capitale, Morligane, décide de prendre femme. Une ambassade, conduite par le vieil Isauré, sollicitera Gaudisse, fille de Marsile. Cependant la fille d'Isauré, Leutisse, est séduite par Anséïs. Par rancœur, Isauré passe alors aux côtés de Marsile et la guerre reprend entre païens et infidèles. Alors Gaudisse s'éprend d'Anséïs : le jeune roi l'enlève, la fait baptiser et l'épouse. A la fin l'on voit mourir Isauré et Marsile prisonniers. Charlemagne meurt de vieillesse.

En contradiction avec le Roland, puisque nous retrouvons ici Marsile vivant, Anséïs est inspiré de la *Chronique du Pseudo-Turpin**. Pour J. Bédier, « le personnage principal n'est ni Charlemagne, ni Anséïs, ni la belle Gaudisse, c'est le chemin de Saint-Jacques » ; les mouvements militaires, en effet, et les voyages des héros sont situés le long du *camino*. Certains chercheurs ont reconnu dans Anséïs une forme renouvelée de la légende espagnole du roi Rodrigue et de Florinde, fille du comte Julien. Cette légende se trouve dès le IXe siècle chez les historiens arabes. Elle n'apparaît chez les chrétiens qu'au XIIe siècle, avec le moine de Silos.

Cette chanson a eu un certain succès : il en existe une mise en prose du XVe siècle, *La cronique associee de Charlemaine tres loable et Anseis icy couplee* ; elle a également été utilisée par Jean d'Outremeuse*, reprise dans *Lohier et Maller*, et adaptée en italien sous le titre de *Seconda Spagna*.

ŒUVRE. — Éd. W. Meyer, dans *ZRPh*, t. 9 (1885), p. 597-640. — Éd. J. Alton, Tübingen, 1892 [à compléter par K. Voretzsch, dans *Romania*, t. 25 (1896), p. 563-584 ; t. 27 (1898), p. 240-269]. — *Frammenti di codici in antico francese dalla Biblioteca Comunale di Imola*, éd. M. Longobardi, dans *Mél. A. Roncaglia*, Modène, 1989, t. 2, p. 727-759 [éd. d'un fragment conservé à Imola, Bibl. Com. 134.A.A2.5]. — Trad. C. La Roussarie, Paris, 1938.

→ J. Bédier, *Les légendes épiques*, Paris, 1921, t. 3, p. 140-166. — C. Brettschneider, *Anséïs de Carthage und die Seconda Spagna*, Halle, 1937. — J. Subrenat, *Sur la date d'Anséïs de Carthage*, dans *Mél. P. Le Gentil*, Paris, 1973, p. 821-825. — J. Horrent, *Anséïs de Carthage et Rodrigo, le dernier roi goth d'Espagne*, dans *Mél. J. Horrent*, Liège, 1980, p. 183-191 ; *La Péninsule ibérique et le chemin de Saint-Jacques dans la chanson d'Anséïs de Carthage*, dans *Mél. R. Louis*, Saint-Père-sous-Vézelay, 1982, p. 1133-1150. — A. Kerr, *Les laisses assonancées dans Anséïs de Carthage*, dans *Studia Neophilologica*, t. 55 (1983), p. 77-87. — P. Lefort, *De l'Anséïs épique à l'Anséïs en prose : les avatars d'une scène de séduction*, dans *Amour, mariage et transgressions au Moyen Âge*, Göppingen, 1984, p. 271-281 (*Göppinger Arbeiten zur Germanistik*, 420). — J.-C. Vallecalle, *Un emprunt d'Anséïs de Carthage (ms. A) à la Chanson des Narbonnais*, dans *Senefiance*, t. 20-21 (1987), p. 1057-1073. Cf. *GRLMA*, t. III/1, p. 38-41 et t. III/2 n° 24. — *MB* n°s 194-200 ; *S* 1031-1033.

R.Ba. et A.F.L.L.

Anselm Turmeda (Fra). Né à Palma de Majorque au milieu du XIVe siècle, il entre chez les Franciscains, poursuit ses études à Bologne et peut-être à Paris. Se rend à Tunis où il se fait musulman, devient directeur des douanes tunisiennes. Il meurt vers 1426. Bien qu'il ait une bonne connaissance de l'arabe, c'est en catalan qu'il écrit, sauf son autobiographie, rédigée vers la fin de sa vie.

De son œuvre assez mince se détachent le *libre de bons estaments*, imité de l'italien, et surtout la *Dispute de l'âne*, inspirée de l'arabe et connue uniquement par la traduction française publiée à Lyon en 1544. Ce texte, curieux débat entre un âne et l'auteur, prétend montrer avec humour la supériorité de l'animal sur l'homme. Porte-parole facétieux du roi des animaux, l'âne récuse un à un les arguments de frère Anselme en faveur de ses frères et déclame une longue prophétie, annonciatrice de malheurs. Tout à la fin de la « dispute », il s'incline cependant devant l'incarnation du Christ, symbole de la supériorité incontestable des fils d'Adam sur les animaux.

ŒUVRES. — Éd. : *Dispute de l'âne*, éd. R. Foulché-Delbosc, dans *Revue hispanique*, 24 (1911), p. 360-479 ; éd. A. Llinarès, Vrin, Paris, 1984 ; *Le Présent de l'homme lettré pour réfuter les partisans de la croix*, trad. de l'arabe J. Spiro, Paris, 1886 ; *Autobiographie* [extraite du *Présent*], Tunis, 1906.

→ A. Calvet, *Fray Anselmo Turmeda*, Barcelone, 1914. — M. de Riquer, *Historia de la literatura catalana*, t. 2, Barcelone, 1964, p. 265-308. — A. Guy, *La pensée ambiguë de Turmeda*, dans *Philosophes ibériques et ibéro-américains en exil*, Toulouse, 1977, p. 11-56. — M. de Epalza, *Anselm Turmeda*, Palma, 1983.

J.S. et A.Ll.

Anselme de Cantorbéry (1033-1109). Né à Aoste en Piémont, d'une noble famille lombarde, il se sentit attiré très tôt vers la vie monastique ; mais la mort de sa mère déconcerta sa vocation et il mena quelque temps une vie assez dissipée. A la suite d'une brouille avec son père, il quitta son pays, passa les Alpes et vint en Bourgogne, puis en Normandie où il fréquenta les écoles d'Avranches. La renommée de Lanfranc* l'attira à l'abbaye du Bec ; l'influence du maître fut décisive pour le fixer et l'orienter intellectuellement, moralement et spirituellement ; il se décida bientôt à reprendre les projets de sa jeunesse et se fit moine au Bec vers 1060. Lorsque Lanfranc fut nommé abbé de Saint-Etienne de Caen, que venait de fonder Guillaume le Conquérant, Anselme devint prieur et écolâtre du Bec.

Ses qualités d'esprit et de cœur firent merveille ; il forma une pléiade de disciples de grande valeur, rompus à la dialectique, qui lui vouèrent une admiration et une affection profondes. Les plus importants de ses ouvrages datent de cette période extraordinairement féconde ; ils sont le résultat des discussions qu'il dirigeait au monastère. À la mort d'Herluin, fondateur et premier abbé du Bec (26 août 1078), Anselme fut élevé à la charge abbatiale. Les intérêts matériels de son monastère l'amenèrent à faire plusieurs fois le voyage d'Angleterre ; il y rencontra Guillaume le Conquérant qui lui témoigna très vite une grande confiance.

La mort de Lanfranc, devenu entre temps archevêque de Cantorbéry, ouvrit la succession du siège primitial d'Angleterre (1089). Guillaume le Roux, successeur du Conquérant, ne se hâta pas de lui trouver un titulaire, car il avait mis en coupe réglée les biens de l'église pendant la vacance. Finalement, à la faveur d'une maladie, il accepta de nommer le successeur de Lanfranc ; ce fut Anselme que tous désignaient pour cette charge (1093). Celui-ci, prévoyant les difficultés à venir, tenta vainement de se soustraire. De fait, les conflits ne tardèrent pas à naître, à propos des biens de l'église de Cantorbéry, des nominations abbatiales et de la reconnaissance du pape Urbain II. Après un bref temps d'arrêt, Anselme et Guillaume s'affrontèrent à nouveau ; cette fois, Anselme résolut, contre le gré du roi, d'aller prendre conseil du pape. Le roi mit alors le séquestre sur les biens de son église et cassa tous les actes réformateurs de l'archevêque. Anselme passa à Saint-Bertin, Cluny, Lyon, gagna Rome, assista au concile de Bari (octobre 1098), puis se retira à Lyon auprès de son ami Hugues de Die. La mort de Guillaume le Roux (juillet 1099) amena une détente ; Henri Beauclerc, plus habile que son frère, essaya de ramener Anselme en Angleterre ; mais il voulait l'obliger à accepter l'investiture de son siège. Anselme s'y refusa ; aussi le conflit se prolongea-t-il encore jusqu'en 1107, date à laquelle une transaction entre Pascal II et le roi d'Angleterre y mit un terme provisoire. L'archevêque de Cantorbéry passa dans une paix relative les deux dernières années de sa vie et mourut le 21 avril 1109, ayant subi treize ans d'exil sur les quinze années de son épiscopat.

Anselme est l'une des figures les plus attachantes de son siècle. Sa bonté possédait des trésors intarissables : « Tous les cœurs se tournaient vers lui, avides de l'entendre. » La note humaine et affective est très marquée chez lui. Son tempérament le portait peu aux soins temporels ; c'était avant tout un homme de prière et d'étude. À la douceur, il alliait une grande fermeté sur les principes, une conscience rigide et scrupuleuse de son devoir ; les compromis ne le tentèrent jamais ; sa droiture y répugnait, il les repoussa de toute son énergie.

C'est surtout la première partie de sa vie qui est importante pour l'histoire littéraire ; les soucis du gouvernement épiscopal et les difficultés de l'exil ne lui laissèrent plus ensuite les loisirs suffisants. L'enseignement de la grammaire ne l'attira pas ; il était de trempe trop spéculative pour s'y complaire ; son *De Grammatica* est, en réalité, un ouvrage de logique. Mais il connaissait les classiques, écrivait avec beaucoup d'élégance et avait le goût inné du beau sous toutes ses formes : beaux livres, belles compositions, belles idées. Il a tous les dons de l'écrivain et une profondeur de pensée qui laisse loin derrière lui ses contemporains. On le connaît surtout pour l'*argument ontologique*, preuve de l'existence de Dieu par l'analyse du concept que l'on s'en forme : « ce qui est tel que rien de plus grand ne peut être pensé » ; la non-existence d'un tel être est inconcevable. L'argument a été repris par Descartes, mais dans une tout autre perspective. Le climat monastique dans lequel s'est développée la réflexion théologique d'Anselme, et les traditions augustiniennes qui le marquent profondément, donnent à ses œuvres un caractère particulier ; Anselme réfléchit devant Dieu et son travail intellectuel se mue facilement en prière. On retrouve quelque chose d'analogue chez Hugues de Saint-Victor*. Il a vu dans le dogme bien autre chose qu'une simple matière à construction intellectuelle ; il le pénètre, le goûte avec l'intensité de sa ferveur religieuse.

Rien de scolaire dans ses exposés ; la pensée se déroule harmonieusement en de belles phrases, mûrie par une élaboration lente et homogène. Anselme revient sur ses œuvres pour les corriger, les compléter, les refondre ; il en lime les formules avec amour et approfondit sans cesse. Chez lui, la raison ne s'est pas appliquée à d'autre matière qu'à la théologie ; dans sa pensée, il ne semble même pas qu'elle ait eu un domaine indépendant de celui de la foi. Elle est un degré intermédiaire entre la foi et la vision, une étape, un effort pour pénétrer les réalités de la foi avant la possession entière qu'en donnera la vision. L'*intellectus* est une ébauche, une inchoation de la vue directe dont l'âme jouira dans l'au-delà.

Tous les philosophes et théologiens du XIIe ont subi l'ascendant de saint Anselme, encore qu'il faille attendre le XIIIe pour que lui revienne, dans les écoles, la place qu'il méritait. Sa manière humaine de présenter sa doctrine lui a acquis la sympathie quasi universelle des modernes.

ŒUVRES. — Une éd. complète en a été donnée par le janséniste Dom Gerberon, à Paris, en 1675 ; nouv. éd. avec quelques améliorations, à Paris en 1721 et à Venise en 1744 ; l'éd. de Dom Gerberon a été reproduite par Migne, *PL*, t. 158-161. L'éd. critique, longtemps attendue, a été donnée par Dom F. Schmitt, *Anselmi opera omnia*, Nelson, Londres, 1938-1968, 6 vol. — Quelques compléments dans *Memorials of St. Anselm*, éd. R.W. Southern-F.S. Schmitt, Londres, 1969. — Une nouv. édition latin-français de l'œuvre de saint Anselme est actuellement en cours sous la dir. de M. Corbin ; t. 1 : *Monologion, Proslogion*, Paris, 1986, [Intro., trad. et notes M. Corbin] ; t. 2 : *Le grammairien, De la vérité, La liberté du choix, La chute du diable*, Paris, 1986 [introd., trad. et notes A. Galonnier, M. Corbin et R. de Ravinel] ; t. 3 : *Lettres sur l'Incarnation du Verbe, Pourquoi un Dieu-homme*, Paris, 1988 [intro., trad. et notes M. Corbin et A. Galonnier] ; t. 4 : *La conception virginale et le péché originel, La procession du Saint Esprit, Lettres sur les sacrements de l'Église, Du pouvoir et de l'impuissance*, Paris, 1990 [intro., trad. et notes M. Corbin, A. Galonnier, P. Gilbert, A. Lauras et R. de Ravinel] ; t. 5 : *Sur l'accord de la prescience, de la prédestination et de la grâce de Dieu avec le libre choix, Prières et Méditations*, Paris, 1988 [introd., trad. et notes M. Corbin et H. Rochais].

Œuvres du priorat : 1° Le *Monologion*, ensemble de réflexions sur l'essence de Dieu dont l'enchaînement est difficile à saisir (1076) ; le traité se base sur la métaphysique platonicienne selon laquelle une perfection doit être possédée de façon transcendante par un être simple dès lors qu'on la retrouve à des degrés divers chez ceux qui ne la possèdent pas eux-mêmes. — 2° le *Proslogion* écrit vers 1077-1078 où Anselme expose et défend sa preuve de l'existence de Dieu ; il est accompagné d'un *liber apologeticus* adressé à son contradicteur Guanilon, moine de Marmoutier. L'interprétation de l'argument ontologique pose bien des problèmes ; Anselme ne se place nullement dans la situation du *rationaliste* qui tente de parvenir à la certitude de l'existence de Dieu, mais du croyant qui ne comprend pas encore cette existence. Voir K. Barth, *Fides quaerens intellectum*, Munich, 1932 et *La preuve de l'existence de Dieu d'après Anselme de Cantorbéry*, Neuchâtel, 1958. — A. Kolping, *Anselm Proslogion, Beweis der Existenz Gottes*, Bonn, 1939. — J.L. Springer, *Argumentum ontologicum*, Assen, 1947. — J. Alameda, *L'ascesi di coscienza e l'argumento di S. Anselmo*, Rome, 1951. — Y. Cattin, *La preuve de Dieu. Introduction à la lecture du Proslogion de Anselme de Cantorbéry*, Paris, 1986 (*Bibliothèque d'Histoire de la Philosophie*) ; *La prière de S. Anselme dans le « Proslogion »*, dans *Revue des Sciences philosophiques et théologiques*, t. 72 (1988), p. 373-396. — P. Gilbert, *Le Proslogion de saint Anselme. Science de Dieu et joie de l'homme (Analecta gregoriana*, 257), Rome, 1990. — 3° Trois *opuscules* furent écrits de 1080 à 1085 ; le *De Grammatica*, exercices préliminaires par lesquels Anselme assouplissait l'esprit de ses élèves — le *De Veritate* et le *De Libertate arbitrii*. — 4° Le *De Casu diaboli*, écrit vers 1085-1090, clôt les œuvres du Bec.

Œuvres de l'épiscopat : 1° *Epistolae de Incarnatione Verbi*, qui eurent pour première forme une esquisse intitulée *Contra dicta Roscelini*. — 2° Le *Cur Deus homo* traite des raisons de l'Incarnation ; il en existe un premier projet, sous une forme moins soignée et orientée différemment ; Voir A. Noffke, *Ehre und Genugtuung. Eine Untersuchung zu der Schrift « Cur Deus homo » von A. von C.*, Greisswald, 1940. — Kr. Strijd, *Structure ein inhoud van Anselmus « Cur Deus homo »*, Assen, 1958. — *Pourquoi Dieu s'est fait homme*, texte latin, intro., bibliogr., trad. et notes R. Roques, Paris, 1963, (*Sources chrétiennes*, 91) (*série des Textes monastiques d'Occident*, n. 11). — M. Corbin, *Nécessité et liberté. Sens et structure de l'Argument du « Cur Deus homo » d'Anselme de Cantorbéry* dans *Humanisme et Foi chrétienne*, Paris, 1976, p. 599-632. — 3° *De Conceptu virginali et de originali peccato*, vers 1099-1100. — 4° De *Processione Spiritus Sancti* (1102). — 5° *Epistolae de sacrificio azimi et fermentati* (1106-1107), adressées à l'évêque Waleran de Naumbourg ; il y eut trois rédactions successives. — 6° *De Concordia praescientiae et praedestinationis* (1107-1108), le seul écrit de sa vieillesse.

Œuvres spirituelles et Correspondances : 1° Les *Orationes sive Meditationes*, composées pour la comtesse Mathilde de Toscane ; nombre de médidations d'Eadmer, son disciple, ou d'imitateurs ont passé par la suite sous le nom d'Anselme. Quant au *Mariale*, il est également d'Eadmer. Les *homélies* attribuées à saint Anselme ne sont pas de lui ; cf. A. Wilmart, *Les homélies attribuées à saint Anselme*, dans *AHDLMA*, t. 2 (1927), p. 5-29. — 2° Les *472 lettres* distribuées en trois livres constituent un témoignage humain de première valeur. — A. Combes a essayé de faire attribuer à Anselme un *De unitate divinae essentiae et pluralitate creaturarum*, sans apporter d'arguments suffisants : *Un inédit de saint Anselme*, Paris, 1944. — Éd. partielles : M.P. Dickson, *Anselme du Bec, Archevêque de Canterbury*, textes choisis, trad. et présentés par M.P. Dickson, Namur, 1960. — S.N. Deane, *St Anselm. Basic Writings*, LaSalle, 1962.

→ *HLF*, t. 9, p. 398-465. — *Sancti Anselmi Mariologia*, Mundelein, 1937. — R. Perrino, *La dottrina Trinitaria di Sant'Anselmo (Studia Anselmiana*, 29), Rome, 1952. — A. Ciccheti, *L'agostinismo nel pensiero di Anselmo d'Aosta*, Rome, 1951. — S. Vanni, *Sant'Anselmo e la filosofia del seculo* XI *(Storia della filosofia italiana*, 1), Milan, 1949. — *Spicilegium Beccense, congrès international du 9ᵉ centenaire de l'arrivée d'Anselme au Bec*, Paris, 1959. — *The Life of St. Anselm by Eadmer*, éd. R.W. Southern, Oxford, 1962. — R.W. Southern, *St. Anselm and his Biographer*, Cambridge, 1963. — R. Pouchet, *La rectitudo chez saint Anselme. Un itinéraire augustinien de l'âme à Dieu*, Paris, 1964 (*Études augustiniennes*). — M. Huftier, *Libre arbitre, liberté et péché chez saint Anselme*, dans *La Normandie bénédictine*, Lille, 1967, p. 501-548. — R. Bultot, *La dignité de l'homme selon saint Anselme de Cantorbéry*, *ibid.*, p. 549-568. — J. Moreau, *Pour ou contre l'insensé ? Essai sur la preuve anselmienne*, Paris, 1967 (*Bibliothèque d'Histoire de la Philosophie*). — J. Vuillemin, *Le Dieu d'Anselme et les apparences de la raison*, Paris, 1971. — H. de Lubac, *Recherches dans la foi. Trois études sur Origène, saint Anselme et la philosophie chrétienne*, Paris, 1979, (*Bibl. des Archives de Philosophie*, nouv.

série 27). — G.R. Evans, « *Sententiola ad aedificationem » : The « dicta » of St. Anselm and St. Bernard*, dans *Revue Bénédictine*, t. 17 (1982), p. 159-171. — G. Mansini, *St. Anselm, « Satisfactio », and the « Rule » of St. Benedict*, *ibid.*, t. 97 (1987), p. 101-121. — *Proceedings of the 5e International Saint Anselm Conference. St. Anselm and St. Augustine, Episcopi ad saecula*, éd. J.C. Schnaubelt, Th.A. Losoncy, F. Van Fleteren et J.A. Frederick (*Anselm studies. An Occasional Journal*, vol. 2), New York, 1988. — Bibliogr. complète dans *Bulletin d'histoire bénédictine (Supplément à la Revue Bénédictine)*, t. 7 (1964-1969), n. 1132-1149 ; t. 8 (1970-1974), n. 1985-2014 ; t. 9 (1975-1978), n. 2654-2723 ; t. 10 (1979-1984), n. 4127-4249.

D.G.O.

Anselme de Laon. Né vers 1050, chanoine de Laon, puis maître à l'école cathédrale, enfin archidiacre et chancelier de l'église de Laon comme l'attestent les actes diplomatiques de Laon où il meurt en 1117 ; ce qu'on ajoute parfois pour étayer sa biographie est fortement légendaire, sauf peut-être qu'il enseigna en compagnie de son jeune frère Raoul. Du moins connaît-on mieux ses idées par ce qu'en relatent ses contemporains et les rares écrits qui lui sont attribués avec certitude. Anselme partage l'idéal grégorien d'un clergé réformé, paré de la « science des écritures divines », en un temps où les évêques de France du Nord ne sont pas frappés encore par la grâce. Anselme doit donc mener son activité de professeur sans le soutien de son évêque. En revanche, dans le mouvement d'une croissance économique qui nourrit dans les élites urbaines une conscience nouvelle de soi, il acquiert une sensibilité remarquable aux aspirations des laïcs. À la mort de l'évêque de Laon Enguerran de Coucy (vers 1107), Anselme s'oppose à l'élection simoniaque de Gaudry, familier du roi d'Angleterre, mais doit s'incliner. En 1111-1112, il tente une médiation entre les bourgeois de Laon en révolte et Gaudry et, à la suite du meurtre de l'évêque, intervient auprès du roi.

Anselme fait porter son enseignement sur la Bible ; sans doute est-ce dans son sillage que naît l'idée, mise en œuvre à Paris au deuxième quart du XIIe siècle, d'une glose de la Bible tout entière éditée en trois colonnes (texte biblique au centre, assorti de gloses marginales et interlinéaires) : ce qu'on appellera plus tard la « Glose ordinaire » tranche par sa forme et sa fluidité sur l'esprit des commentaires continus. Lui-même explore dans ses leçons les voies ouvertes par les Pères de l'Église et les commentaires carolingiens, soulève les problèmes les plus ardus (origine du mal ; nature du corps et de l'âme ; doctrine de l'Incarnation, à propos notamment de la relation entre la deuxième personne de la Trinité et l'*homo assumptus*), grâce à la richissime bibliothèque du chapitre cathédral de Laon.

De cet enseignement oral, les traces écrites en latin ne montrent guère d'originalité au premier abord, ni dans leur sujet ni dans leur méthode (on a définitivement renoncé à faire de lui le père de la méthode de la « question », très en usage au IXe siècle), Anselme rénove l'usage des « arts » libéraux (grammaire et rhétorique essentiellement), et dès avant Hugues de Saint-Victor*, rétablit l'*historia* dans toute sa valeur fondatrice et initiatrice. Suivant la tradition carolingienne, il déploie son exégèse aux dimensions d'un programme de réforme ; mais il introduit en revanche un ton inhabituel lorsqu'il réunit dans les sens historique et tropologique sa perception aiguë de l'histoire présente, qu'il réordonne le vieux schéma des âges du monde en le fusionnant avec celui des « états de l'Église » pour démontrer l'urgence eschatologique d'un renouveau de la société entière. On comprend mieux alors la résonance dans ses œuvres des nouvelles disciplines sacramentelles, celle de la pénitence en particulier, et de ses appels à la communauté ecclésiale.

Anselme a réuni autour de lui les maîtres et les étudiants les plus doués de son temps, quoi qu'en ait dit Pierre Abélard*, qui s'agrégea un temps à son cercle ; ainsi Guillaume de Champeaux*, Albéric de Reims, Gilbert l'Universel, Hugues d'Amiens, Mathieu d'Albano, Gilbert de la Porrée*, et bien d'autres. De ses œuvres exégétiques, ses disciples extraient bientôt des sentences qu'ils assemblent en recueils, dont les rapports réciproques sont encore mal situés. Ces recueils de sentences laonnoises ont connu une diffusion considérable grâce aux anciens élèves d'Anselme qu'on rencontre dans toute la haute administration, ecclésiastique ou royale, en France, Angleterre, Italie du Nord et Germanie. Plusieurs épitaphes à sa gloire attestent sa célébrité au XIIe siècle : l'une d'elles a été rédigée par Marbode de Rennes*.

ŒUVRES. — 1. *Sententiae*. Éd. de quelques recueils : parmi tous ceux-ci, les *Sententiae Magistri A* sont les plus authentiques ; les *Sententiae Anselmi* sont l'œuvre d'un disciple. G. Lefèvre, *De Anselmo Laudunensi scholastico (1050-1117)*, Évreux, 1895. — G. Lefèvre, *Anselmi Laudunensis et Radulfi fratris eius sententiae excerptae*, Évreux, 1895. — F. Bliemetzrieder, *Anselms von Laon systematische Sentenzen*, Münster, 1919 (*BGPhMA*, 18). — O. Lottin, *Psychologie et morale au* XIIe *siècle*, t. 5, Gembloux, 1959. — H.J.F. Reinhardt, *Die Ehelehre der Schule des Anselms von Laon. Anhang : Edition des Ehetraktates der Sententiae Magistri A*, Münster, 1974 (*BGPhMA, Neue Folge*, 14). — 2. Commentaire sur les premiers livres de la Genèse [vraisemblable, en raison des sentences portant sur les premiers chap. de Gn, mais non repéré encore]. — 3. Commentaire du Cantique des cantiques ? Selon Wilmart, il s'agit du Ps.-Haimon de *PL*, t. 116, col. 695 sqq., ce qui reste douteux. Les *Enarrationes* de *PL*, t. 162, col. 1187-1228, paraissent émaner de son frère Raoul. — 4. Commentaire des Psaumes : est-ce celui du Ps.-Haimon de *PL*, t. 116, col. 193 sqq. ? Anselme est sans doute aussi l'auteur d'une glose des Psaumes, non découverte encore. — 5. Commentaire perdu de l'Évangile de Matthieu (Smalley) : il inspire le commentaire *Cum post ascensionem* d'Alençon, Bibl. mun. 26. Les *Enarrationes* de *PL*, t. 162, col. 1227-1500, anonymes (attribuées sans preuve convaincante à Geoffroy Babion), datent d'env. 1140. La glose *Nomen Libri*, source de la Glose ordinaire de Mt., lui est parfois imputée, mais n'est qu'un abrégé de Paschase Radbert*. — 6. Glose de l'Évangile de Jean, état primitif de la Glose ordinaire. — 7. Glose des Épîtres pauliniennes : la « *glosatura magistri Anshelmi* » citée dans les documents de la fin du XIIe siècle n'est pas attribuable de façon décisive. Il paraît avoir composé la Glose « *Pro Altercatione* » des Épîtres pauliniennes. — 8. Commentaire de l'Apocalypse : inédit (Stegmüller, *Repertorium Biblicum Medii Aevi*, 1, Madrid, 1940, nos 1367-1369). Celui de Stegmüller, no 1371, a été restitué à Manegold, tandis que les *Enarrationes* de *PL*, t. 162, col. 1499-1586 sont rédigées (peut-être à Paris), par un Maître anonyme du deuxième quart du XIIe siècle. — 9. Glose de Lucain (?), inédite [Berlin, Deutsche Staatsbibliothek, lat. fol. 34]. — 10. Glose de Stace (?), inédite (Berlin, Deutsche Staatsbibliothek, lat. fol. 34). — 11. Glose de Virgile (?), inédite (Berlin, Deutsche Staatsbibliothek, lat. fol. 34 ; Bern, Burgerbibl. 411). — 12. Lettre à Héribrand, abbé de Saint-Laurent de Liège, écrite à l'occasion d'une controverse soulevée par le *De Voluntate Dei* de Rupert de Deutz : *PL*, t. 162, col. 1587-1592 et Lottin, *Psychologie*, t. 5, p. 175-179. — 13. Peut-être une Lettre sur la Cène (*Epistola de corpore et sanguine Domini*). Éd. *PL*, t. 159, 255-258 et A. Stoelen, dans *RTAM*, t. 34 (1967), p. 44-49. — 14. Deux sermons ont été attribués sans fondement à Anselme, après qu'on les eut soustraits à Anselme du Bec.

→ F. Bliemetzrieder, dans *RTAM*, t. 1 (1929), p. 435-483. — H. Weisweiler, *ibid.*, t. 4 (1932), p. 232-269 et 371-391 ; t. 5 (1933), p. 275-291 ; t. 6 (1934), p. 261-283 ; t. 7 (1935), p. 28-51. — A. Wilmart, *ibid.*, t. 8 (1936), p. 325-344. — H. Weisweiler, *Das Schrifttum der Schule Anselms von Laon und Wilhelms von Champeaux in deutschen Bibliotheken*, Münster, 1936. — O. Lottin, dans *RTAM*, t. 13 (1946), p. 222-225. — J. de Blic, *ibid.*, t. 16 (1949), p. 5-28. — J. Leclercq, *ibid.*, t. 16 (1949), p. 29-39. — N.M. Häring, dans *Mediaeval Studies*, t. 17 (1955), p. 1-45. — Pierre Abélard, *Historia Calamitatum*, éd. J. Monfrin, Paris, 1959. — B. Smalley, dans *CCM*, t. 4 (1961), p. 15-22. — H. Silvestre, dans *RTAM*, t. 28 (1961), p. 5-25. — A. Landgraf, *Introduction à l'histoire théologique de la scolastique naissante*, Montréal-Paris, 1973. — B. Merlette, *Écoles et bibliothèques à Laon, du déclin de l'Antiquité au développement de l'Université*, dans *Enseignement et vie culturelle (*IXe*-*XVIe* siècles), Actes du 95e Congrès national des Sociétés Savantes, Reims 1970. Section de Philologie et d'Histoire jusqu'en 1610*, t. 1, Paris, 1975, p. 47-48. — V.I.J. Flint, *The « School of Laon » : A Reconsideration*, dans *RTAM*, t. 43 (1976), p. 89-110. — Guibert de Nogent, *Autobiographie*, éd. E.-R. Labande, L. 3, Paris, 1981. — R. Wielockx, dans *RTAM*, t. 49 (1982), p. 222-228. — B. Smalley, *The Study of the Bible in the Middle Ages*, Oxford, 1983[3]. — G. Florez Garcia, dans *Studium Legionense*, t. 24 (1983), p. 9-79 et t. 26 (1985), p. 133-166. — *Le Moyen Âge et la Bible*, sous la dir. de P. Riché et G. Lobrichon, Paris, 1984. — B. Smalley, *The Gospel in the Schools, c. 1100-c. 1280*, Londres, 1985. — G. Lobrichon, dans *The Role of the Book in Medieval Culture*, éd. P. Ganz, Turnhout, 1986, t. 2, p. 75-94. — M. Colish, *An Other Look at the School of Laon*, dans *AHDLMA*, t. 53 (1986), p. 7-22. — M.T. Gibson, *The Twelfth Century Glossed Bible*, dans *Studia Patristica* XXIII, éd. E.A. Livingstone, Louvain, 1989, p. 232-244. G.L.

Antidotaire Nicolas. Rédaction abrégée de l'*Antidotarius Magnus*, collection de remèdes salernitains figée au début du XIIe siècle, l'*Antidotarium Nicolai* doit avoir été composé dans la seconde moitié du XIIe siècle : il tire son nom de celui du médecin salernitain Nicolaus de Aversa, dit Praepositus, et remplace, au tournant du siècle, l'*Antidotarius Magnus* comme livre de médecine classique. L'*Antidotarium Nicolai* comprend cent quarante recettes, classées par ordre alphabétique. Sa première édition imprimée est celle de Venise en 1471.

Une première traduction en français, anonyme et abrégée, de l'*Antidotarium Nicolai* peut dater de la fin du XIIIe siècle : elle comprend 85 formules, certaines très raccourcies, et est conservée dans au moins deux manuscrits (Paris, BN, fr. 25327, copié au début du XIVe siècle, dans une région de l'Ouest, et Paris, Bibl. Sainte-Geneviève, 1037, qui donne un texte incomplet).

Plus courte encore (les dix premières formules seulement), car conservée dans un unique manuscrit mutilé (Paris, BN, fr. 14827), la traduction française du XVe siècle est, elle aussi, anonyme.

L'*Antidotarium Nicolai* fut aussi traduit en moyen-néerlandais.

ŒUVRE. — *L'Antidotaire Nicolas. Deux traductions françaises de l'« Antidotarium Nicolai »*, éd. P. Dorveaux, Paris, 1896.

→ G. Keil, *Fünf mittelniederländische Übersetzungen des « Antidotarium Nicolai »*, dans *Sudhoffs Archiv.*, t. 55 (1971), p. 257-320 ; *Zur Datierung des « Antidotarium Nicolai »*, *ibid.*, t. 62 (1978), p. 190-194. — C. de Tovar, *Les versions françaises de la Chirurgia parva de Lanfranc de Milan*, dans *RHT*, t. 12-13 (1982-1983), p. 205. — Cf. *MB*, nos 2990 ; *S* 7699.

F.F.H.

Antiphonaire. Livre qui sert au chant liturgique, littéralement « livre des antiennes » (*antiphonae*), contenant soit les pièces de la messe, soit celles de l'office*.

L'*antiphonaire de la messe (antiphonarium ou antiphonale missarum*) contenait les antiennes qui font partie du « propre » de la messe : introït, offertoire, communion. Par la suite, un même livre appelé graduel (*liber gradualis, gradale* ou *responsoriale graduale*) a regroupé ces antiennes avec les autres pièces, de forme responsoriale (graduel, trait, alleluia) qui avaient d'abord fait partie du « livre du chantre » (*cantatorium*).

L'*antiphonaire de l'office* contenait les antiennes de l'office. Avec le temps s'y ajoutèrent les répons, les hymnes, les versets et le psautier. L'antiphonaire moderne ne contient que les offices diurnes. L'office de nuit (matines) n'en fait plus partie.

→ A. Gastoue, *Les origines du chant romain, l'antiphonaire grégorien*, Paris, 1907 ; *Le Graduel et l'Antiphonaire romain, histoire et description*, Lyon, 1913. — V. Leroquais, *Les bréviaires manuscrits des Bibliothèques publiques de France*, Paris, 6 vol., 1932-1934. — R.-J Hesbert, *Antiphonale missarum sextuplex*, Bruxelles, 1935 ; *Corpus antiphonale officii*, Rome, 6 vol., 1963-1979. — M. Huglo, art. *Antiphoner*, dans *The New Grove Dictionary of Music and Musicians*, t. 1 (1980), p. 482, Londres, 1980.

S.G.

Antiphonie. Dans la théorie grecque et byzantine, *antiphonia* désigne l'octave et le chant à intervalle d'octave (par opposition à *symphonia* (unisson) et *paraphonia* (quarte ou quinte).

Le terme antiphonie s'applique pour la musique à un ensemble divisé en groupes distincts, utilisés en opposition, souvent spatiale, et jouant des contrastes de volume, hauteur, timbre, etc.

Il n'y a pas dans la Bible de référence explicite à la façon de chanter les psaumes, mais le chant antiphonique est généralement pratiqué au Proche-Orient, et par les juifs, dans les temps bibliques (cf. *Ezra*, 3, 10-11). Les textes des psaumes semblent faits pour être chantés antiphoniquement (forme dialoguée, parallélisme littéraire).

En associant les antiennes à la psalmodie antiphonée, les chrétiens du IVe siècle, lui donnèrent une structure formelle.

→ H. Avenary, art. *Jewish Music*, dans *Encyclopaedia Judaica*, Jérusalem, 1971 ; art. *Jüdische Musik*, dans *MGG*, t. 7, col. 224-261 ; *Formal Structure of Psalms and Canticles in Early Jewish and Christian Chant*, dans *Musica Disciplina*, t. 7, 1953, 1 sqq. — J. Hourlier, *Notes sur l'Antiphonie*, dans *Mél. L. Schrade*, Berne-Munich, 1973, p. 116-143.

A.I.A.

Antitus Favre ou **Faure**. Selon la page de titre d'*Eurial et Lucresse* dans deux éditions anciennes (Lyon et Paris ; 1490 pour la première peut-être), maître Antitus était « chapellain de la saincte chapelle aux ducz de Bourgongne » et il œuvrait « a la prière et requeste des dames ». La version qu'il traduisit en prose française est celle d'Alessandro Braccesi. Celui-ci, en effet, avait donné vers 1478-1480 une adaptation italienne du texte latin d'Aeneas Silvius Piccolomini* (1444) : l'*Historia de duobus amantibus, Eurialus et Lucrecia*. Alessandro en avait transformé la fin tragique en « happy end » et y avait inséré 14 textes poétiques de sa composition, dont 11 sonnets.

Ce serait donc plus tard qu'Antitus passa au service de l'évêque de Lausanne, Aymon de Montfaucon*, lui-même poète dans sa jeunesse (*Débat du gris et du* noir ; Le temps passé de la solicitude ; Procès du banni à jamais du jardin d'amours*). Antitus lui dédia trois œuvres, qui forment un recueil homogène et qui toutes s'inspirent de textes antérieurs : la *Satyre Mégère*, écrite en 1499 à l'occasion de la trêve entre Louis XII et Maximilien, reprend 29 strophes à la *Doléance Mégère* de Regnaud Le Queux* (1469) ; le *Traité des quatre ages* expose les mythes des âges d'or, d'argent, d'airain et de fer à partir des *Métamorphoses* ovidiennes ; enfin, le *Portail du Temple de Boccace* (1501) s'inscrit dans la suite déjà riche du *De casibus* de Boccace* et du *Temple de Boccace* de Georges Chastellain*. L'occasion du *Portail* fut la mort d'un neveu de l'évêque, mordu à six ans par un chien enragé. Dans la dédicace de ce texte, Antitus se dit « chapellain et sommelier de la chapelle de tres hault, tres puissant et tres redoubté prince monsseigneur le duc de Savoye, Philibert second de ce nom ». On sait d'ailleurs, par les *Chroniques* de Jean Molinet*, qu'Antitus composa des jeux dramatiques, représentés en 1501 à Salins, lors du retour de l'ambassade que fit Aymon de Montfaucon pour préparer le mariage de Philibert le Beau avec Marguerite d'Autriche.

Traduction ou tissu d'emprunts, l'œuvre d'Antitus ressortit pourtant par sa forme « aux nouvelles inventions et factures » (*Portail*) des grands Rhétoriqueurs*. De plus, italianisant, il a donné peut-être les premiers sonnets français en adaptant ceux d'Alessandro Braccesi. Peut-être sont-ce les raisons pour lesquelles ce poète aujourd'hui oublié figurait dès 1506 dans la liste des auteurs morts de Nicaise Ladam *(Déploration de Philippe le Beau)* et en 1512 parmi les 26 écrivains du *Contreblason de faulses amours*.

ŒUVRES. — *Eurial et Lucresse*, éd. Lyon, s.d. (1490 ?) ; éd. Michel Le Noir, Paris, s.d. — *La Satyre Mégère*, le *Traité des quatre ages*, le *Portail du Temple de Boccace*, éd. M. Python, thèse, Lausanne, 1988, à paraître (*TLF*, 422).

→ E. Richter, *Aeneas Sylvius Eurialus und Lukrezia übersetzt von Octovien de Saint Gelais*, Halle, 1914. — A. Piaget, *Aymon de Montfaucon et sa cour littéraire*, dans *Mél. Jeanroy*, Paris, 1928, p. 447-467 [p. 461-465 en particulier]. — M.-R. Jung, *Maître Antitus, rhétoriqueur*, dans *Mél. V.-L. Saulnier*, Genève, 1980, p. 181-192. — Cf. Woledge, n° 15. S.L.

Antoine Brumel. Compositeur français, né vers 1460, mort vers 1515. Figure éminente, après Josquin des Prés, parmi les grands maîtres de sa génération, il va mener une carrière internationale. *Horarius et matutinarius* en 1483 à Notre-Dame de Chartres, il part à Genève en 1486 comme maître de chant des *pueri cantores* jusqu'en 1492. En 1497, il est chanoine de Laon et devient prêtre. L'année suivante, il est maître des enfants à Notre-Dame de Paris. En 1501-1502, il est chanteur à la cour du duc de Savoie à Chambéry. Engagé comme *maestro di cappella* en 1505 par Alfonso Ier d'Este, il demeure à Ferrare jusqu'en 1510.

Il aurait été présent à Rome lors de l'élection du pape Léon X, selon le témoignage tardif de Vicenzo Galilei ; cela n'induit pas qu'il ait fait partie de la chapelle pontificale.

Il laisse une œuvre considérable : une quinzaine de messes, volet principal de ses compositions, font l'objet immédiat de publications (Petrucci en édite 5 à Venise en 1503, A. Antico 3 dans son 15e livre plus tardif). À côté de *Benedictus* et *Credo* isolés, une grande variété de motets est présente : séquences, antiennes, hymnes, psaumes. Beaucoup sont dédiés à la Vierge.

Les pièces profanes ont un intérêt secondaire : on y retrouve parfois des emprunts mélodiques (les œuvres vocales sont en général à 4 voix ; intrumentales, elles sont à 3 parties).

L'art de Brumel est d'avoir su allier le traitement du *cantus firmus* et la technique de la parodie, régler en le régularisant le rythme de façon à ménager des progressions harmoniques plus attendues. Il a été surtout l'un des premiers à recourir au *cantus firmus* profane (*Missa Berzerette savoyenne, L'homme armé*, etc.).

Célébré par de nombreux écrivains, Crétin, Eloi d'Amerval*, Gaffurius, Ornithoparchus, Heyden, Rabelais, Glarean, Coclico, Hermann Fink, Zarlino et Morley, il est sans doute le premier des grands compositeurs de la Renaissance d'origine française et non néerlandaise.

ŒUVRES. — Éd. B. Hudson, dans *Corpus mensurabilis Musicae*, t. 5/1-6 (1969-1972).

→ B. Hudson, art. *Brumel*, dans *The New Grove Dictionary of Music and Musicians*, t. 3 (1980), p. 377-381. — L. Biggle Jr, *The Masses of Antoine Brumel* (thèse, Univ. Michigan, 1953). — M.T. Bouquet, *La cappella musicale*

dei duchi di Savoia dal 1450 al 1500, dans *Rivista italiana di musicologia*, t. 3 (1968), p. 233-285.
N.S.

Antoine Busnois. Antoine de Busnes, dit Busnois, né vers 1430, est mort à Bruges le 6 novembre 1492. Il fut compositeur et poète. Musicien du comte de Charolais, lorsque celui-ci succède à son père Philippe le Bon à la tête du duché de Bourgogne, il devient chanteur à la chapelle ducale (1467). Il y est traité avec une faveur spéciale et reçoit des bénéfices variés. Busnois accompagne Charles le Téméraire dans ses campagnes (il est au siège de Neuss en 1475) ; à la mort du duc (1477), il entre au service de sa fille, Marie de Bourgogne. Il est mentionné en 1482 dans les comptes de la cour comme *prêtre chapelain*. Au moment de sa mort, il était *rector cantoriae* de l'église Saint-Sauveur à Bruges.

Sa réputation de compositeur, à la fin de sa vie, n'est outrepassée que par celle de Jean Ockeghem*. Poète, il écrit les textes de nombre de ses œuvres et Pierre Fabri, dans *Le grant et vray art de pleine rhétorique* (1521) cite une bergerette (*Cent mille foys*) sous le nom de Busnois, donnant cours à la légende qui en fait l'inventeur de cette forme.

On lui attribue deux messes, un Credo, un Magnificat, 8 motets, 2 hymnes et 61 compositions profanes pour 3 et 4 parties. Ses œuvres profanes ont, à trois exceptions près, des textes français. Plusieurs, citées par des contemporains, ont été perdues. C'est dans le domaine de la chanson que Busnois se montre le plus varié et original. Il cultive les formes fixes, rondeaux et bergerettes. Jouissant d'une grande réputation (Loyset Compère* le cite dans sa prière pour les musiciens), il est présent dans les chansonniers de la fin du XVe siècle et imprimé dans les premières anthologies de Petrucci.

ŒUVRES. — Des éd. éparses, nous retenons les principales : Éd. G. Adler, O. Koller, *Sechs Trienter Codices*, dans *Denkmäler der Tonkunst in Österreich*, XIV-XV, Jg. VII, XXII, Jg. XI/1 (1900-1904). — Éd. E. Droz, G. Thibault, Y. Rokseth, *Trois chansonniers français du* XVe *siècle*, Paris, 1927. — Éd. K. Jeppesen, *Der kopenhagener Chansonnier*, Copenhague, 1965.

→ M. Picker, art. *Busnois* dans *The New Grove Dictionary of Music and Musicians*, t. 3 (1980), p. 504-508. — C. Brooks, *Antoine Busnois, Chanson composer*, dans *Journal of the American Musicological Society*, t. 6 (1953), p. 111.
N.S.

Antoine de Cuise. Auteur de neuf rondeaux et bergerettes, parfois désigné par les copistes sous la forme « Anthoine de Guise ».

L'identification (proposée par G. Raynaud) avec Antoine de Lorraine, comte de Guise, est écartée depuis longtemps.

Appartenant à la famille picarde de Cuise, Antoine, né vers 1425, était le fils d'Adam II de Cuise, seigneur de la Mote, et de Marguerite de Villers ; il hérita les terres de la Mote et de Hautevesnes à la mort de son père en 1462 et la seigneurie de Neufmoustiers après le décès de sa mère ; marié à Jeanne de la Chapelle, il était panetier ordinaire du roi en 1492. Il mourut à la fin de l'année 1501 ou au début de l'année 1502.

Antoine de Cuise était en relations poétiques avec Blosseville* ; il semble s'être trouvé à Blois auprès du duc Charles d'Orléans* en 1458. Ses productions marquent la recherche d'un équilibre entre courtoisie et rhétorique. L'un de ses rondeaux (« Les douleurs dont me sens tel somme... ») fut mis en musique par Guillaume Dufay*.

Si l'on accepte d'identifier Antoine de Cuise avec le poète désigné par le seul prénom « Antoine » (deuxième partie du ms. Paris, BN, fr. 9223), comme le proposent P. Champion et B. Inglis, il faut ajouter à l'œuvre d'Antoine de Cuise 15 pièces qui révèlent l'influence de Jean Meschinot* et de la poésie bretonne. Antoine de Cuise aurait ainsi fait partie de l'entourage de Jacques de Luxembourg, beau-frère et compagnon d'armes du duc Arthur de Bretagne, et, lui aussi, poète amateur ; il aurait pu accompagner le duc Arthur lors de sa visite en France au début de l'année 1458.

ŒUVRES. — *Rondeaux et autres poésies du* XVe *siècle*, éd. G. Raynaud, Paris, 1889, p. VI-VII et XVIII-XIX, nos VII, XX, XXIII, LIX, LXIV, XCII-XCIII, XCIX, CXXI-CXXIII, CXXXIII-CXXXV, CXL, CXLV-CLVI, CLXI, CLXIV, CLXVI, CLIX, CLXXIII-CCLXXIV, CLXXX (*SATF*, 29). — *Charles d'Orléans, Poésies complètes*, éd. P. Champion, Paris, 1923 (réimp. 1971), t. 2, p. 530-532, nos CCCCXII-CCCCXIV et p. 616 (*CFMA*, 56). — *Poètes et romanciers du Moyen Âge*, éd. A. Pauphilet, nouv. éd., Paris, 1952, p. 1118-1119 (*Bibliothèque de la Pléiade*, 52) [anthologie]. — A. Angremy, *Un nouveau recueil de poésies françaises du* XVe *siècle : le ms. BN nouv. acq. fr. 15771*, dans *Romania*, t. 95 (1974), p. 12-14 et 41-42. — *Une nouvelle collection de poésies lyriques et courtoises du XVe siècle : le ms. BN nouv. acq. fr. 15771*, éd. B. L. S. Inglis, Paris, 1985, p. 29-33 et n°s XV, XXXVIII, LI, LIX, LXVIII, LXX-LXXI, LXXXV, LXXXVII (*Bibliothèque du XVe siècle*, 48).

→ P. Champion, *Remarques sur un recueil de poésies du milieu du XVe siècle*, dans *Romania*, t. 48 (1922), p. 108. — L. Le Floch, *Histoire de Cuise-la-Motte*, Paris, 1974. — Cf. *MB S* 6814.

F.F.H.

Antoine de Févin. Musicien français, né probablement à Arras vers 1470, mort à Blois, fin 1511 ou début 1512. Il était prêtre et chanteur au service du roi Louis XII, ce qui explique sa présence aussi bien à Blois qu'à Orléans. Glarean, qui l'appelle *symphoneta aurelianensis*, le décrit comme un émule de Josquin des Prés. Rabelais le célèbre comme un des principaux musiciens de son temps. Petrucci, en 1515, publie trois de ses messes sur les dix conservées. Elles utilisent largement la technique de la parodie. Ses motets juxtaposent le style en imitation et les passages homophones. La plupart des chansons (une quinzaine au total) reprennent une mélodie empruntée, habituellement, à la partie de ténor.

La clarté de son style, la technique de l'imitation, les oppositions et dialogues entre les voix sont la marque de la musique en vogue aux alentours de 1500.

ŒUVRES. — Éd. H.M. Brown, dans *Theatrical Chansons of the Fifteenth and Early Sixteenth Centuries*, Cambridge (Mass.), 1963.

→ H. Glarean, *Dodecachordon*, Bâle, 1547. — H.M. Brown, art. *Févin*, dans *The New Grove Dictionary of Music and Musicians*, t. 6 (1980), p. 515-517. — E.H. Clinksale, *The Complete Works of Antoine de Févin* (thèse, New York Univ., 1965).

N.S.

Antoine de La Sale. Né en 1385 ou 1386, Antoine est le fils naturel de Perrinette Damendel, de la région d'Arles, et de Bernard de La Sale. Ce petit noble gascon avait fait carrière comme homme d'armes. Il se mit tour à tour au service des Anglais, de Du Guesclin, puis à nouveau des Anglais. Il devint ainsi assez célèbre pour épouser une fille naturelle de Bernabo Visconti et être engagé comme condottiere par les papes Grégoire XI et Clément VII. Comme ce dernier pontife avait pris fait et cause, dans la succession du royaume de Naples, pour Louis Ier d'Anjou, Bernard, dit Chicot, passa naturellement au service des ducs d'Anjou. Après sa mort au combat en 1391, son fils Antoine maintiendra cette fidélité à la maison d'Anjou : à quatorze ans, il est écuyer de Louis II. Et comme son père qu'il ne connut sans doute pas, il mena une vie aventureuse, liée en particulier aux ambitions italiennes des Anjou-Sicile. En 1407, il fait partie d'une ambassade à Messine et visite les îles Lipari ; en 1411, il est présent à la victoire de Roccasecca, obtenue en vain par Louis II sur Ladislas de Duras. En 1415, il participe à la croisade contre les Maures, menée par Jean Ier de Portugal, qui aboutit à la prise de Ceuta (Maroc). Il séjourne à nouveau en Italie en 1420 où il explore la grotte de la Sibylle à Montemonaco (région d'Ancône) ; en 1425, il visite Pouzzoles. Après la mort de Louis III et l'avènement de son frère, René d'Anjou*, Antoine de La Sale participe à une nouvelle expédition, destinée à sauver Naples des menées d'Alphonse d'Aragon (1438). C'est d'ailleurs à Naples qu'il épouse en 1439 une jeunesse de quinze ans, appartenant à la suite de Marie de Bourbon. Or, c'est à l'occasion du mariage de cette dernière, en 1437, avec Jean de Calabre, fils aîné du roi René, alors âgé de onze ans, qu'Antoine aurait conçu son premier projet littéraire. En voyant une tapisserie d'Agnès de Bourbon, mère de Marie, représentant les monts du lac de Pilate et de la Sibylle, il lui aurait promis une relation de son voyage de 1420. Ainsi serait né le *Paradis de la reine Sibylle*, suivi dans le manuscrit d'Agnès de Bourbon (Chantilly 924) du récit de l'*Excursion aux îles Lipari* et de la géographie du monde. On a ainsi une géographie des Enfers (lac de Pilate, grotte de Sibylle et volcan des Lipari) qui a pour pendant la description des trois parties du monde et du Paradis terrestre. Devenu le précepteur du jeune Jean de Calabre, Antoine a inséré ces trois textes dans le manuel qu'il dédie à son élève et à son épouse : la *Salade* (1442-1444). Antoine y mêle toutes sortes de « bonnes herbes », destinées à l'édification de Jean de Calabre : considérations sur le bon gouvernement, la civilité ; liste d'historiens suivie d'extraits de Valère-Maxime (traduction de Simon de Hesdin*), Justin et Frontin. A ce moment réapparaissent les trois textes du volume d'Agnès de Bourbon. La *Salade* s'achève enfin avec une chronique abrégée du royaume de

Sicile, une généalogie de la maison d'Aragon (la grand-mère de Jean était Yolande d'Aragon) et des développements techniques sur les batailles et tournois. Cette connaissance des rituels chevaleresques et de l'héraldique, Antoine de La Sale l'avait acquise sur les champs de bataille et lors de joutes. En 1445, il assistait aux joutes données à Nancy, lors du mariage de Marguerite d'Anjou avec Henri VI d'Angleterre. En 1446, il était un des quatre juges du Pas de la Joyeuse Garde, organisé par René d'Anjou à Saumur. Ainsi avait-il connu les cours du Nord, la Bourgogne en particulier : il avait été à Bruxelles en 1409 et à Gand en 1414 où il assista à de spectaculaires tournois. C'est dans ces pays qu'il revint après 1448, une fois qu'il eut achevé l'éducation de Jean de Calabre. Entré au service de Louis de Luxembourg, comte de Saint-Pol, il s'occupa de ses trois fils et résida au Châtelet-sur-Oise ou à Vendeuil. Il écrit alors la *Sale*, achevée en octobre 1451. Antoine y adopte un plan mnémotechnique et allégorique : à l'aide d'extraits compilés de grands auteurs et d'histoires qu'il a entendues ou vécues, il construit une salle dont les fondements sont de Prudence active, les murs de Justice, Miséricorde, Pitié, etc. (livre I) ; les fenêtres d'Amour, Félicité, Abstinence, etc. (Livre II) ; les portes de Libéralité, Gratitude, Pauvreté et de Songes, le pavement de différents vices (livre III). C'est non plus à Louis mais à son frère cadet, Jacques de Luxembourg, qu'il dédia en 1459 son traité *Des anciens tournois et faits d'armes*. Jacques était un des grands tournoyeurs de l'époque, et chevalier de la Toison d'or. Avant cela, Antoine de La Sale écrivit deux autres œuvres qu'il dédicaça encore à d'autres personnages : le *Reconfort à madame de Fresne* (1457) et le *Petit Jean de Saintré* (1456) à son ancien élève, Jean de Calabre, qui venait de rentrer d'Italie. Le premier de ces textes est une consolation morale, après la perte qu'a faite Catherine de Neuville, épouse de Jacques de Fresne, de son fils aîné. Pour ce faire, Antoine de La Sale rappelle la grandeur d'âme que montrèrent deux mères au moment de la mort de leurs fils uniques. L'une est de Bretagne ; son fils a été livré en otage au Prince Noir, lors du siège de Brest dont son mari était capitaine. Furieux du secours reçu par la ville, le Prince aurait fait exécuter l'enfant. La seconde est portugaise. Son fils meurt au siège de Ceuta, en sauvant l'infant Henri (1415). On a là deux beaux récits qui renouvellent le genre de la consolation. Quant au roman de *Jean de Saintré*, c'est l'œuvre la plus célèbre d'Antoine de La Sale. C'est aussi celle qui présente le plus de problèmes textuels et d'interprétation. Jean de Saintré est un personnage historique : grand homme de guerre, mentionné çà et là par Froissart*, il fut sénéchal d'Anjou et du Maine à partir de 1354 et mourut vers 1368. Mais *Jean de Saintré* ne doit à l'histoire guère plus que son nom. C'est un roman, non une biographie. Ou plutôt, c'est un roman qui rejoint une autre biographie : celle de Jacques de Lalaing (*Livre des faits de...*)*. Héros réel d'armes courtoises (pas d'armes, tournois...), Jacques de Lalaing prête beaucoup à la fiction d'Antoine de La Sale. A tel point qu'on a voulu attribuer à Antoine la biographie du Bourguignon. D'autre part, *Jean de Saintré* est un roman d'apprentissage : grâce à la Dame des Belles Cousines, il va cesser d'être le petit Jean. Et l'action de la Dame se révèle tout autant dans l'éducation chevaleresque qu'elle lui donne, que dans la déconvenue finale qu'elle lui apporte en lui préférant un vigoureux abbé. La désillusion finale de Saintré est une leçon de réalisme qui contrebalance les idéales leçons du début. Antoine de La Sale marie ainsi deux types de récits et de sources : pédagogie morale et connaissances héraldiques dans la première partie ; rire et dérision de la nouvelle dans la seconde. Ce glissement du roman didactique et chevaleresque à la nouvelle fonde l'originalité de *Jean de Saintré* et explique, en partie, l'attribution à Antoine de La Sale des *Cent Nouvelles nouvelles**. D'ailleurs ce mélange des genres est redoublé à l'échelle des manuscrits de la seconde et troisième rédaction du *Saintré* où le roman est suivi de la nouvelle tragique de *Floridan et Elvide*, adaptée par Rasse de Brunhamel* (soi-disant secrétaire d'Antoine) d'un récit de Nicolas de Clamanges*, puis d'un extrait des *Chroniques de Flandre*, compilé par Antoine. C'est l'ensemble de ce recueil qui était dédié à Jean de Calabre. Ce fut là l'ultime œuvre de l'auteur qui dut mourir vers 1460.

Maître de l'ambiguïté de la fiction et d'un réalisme merveilleux (botanique du Paradis, costumes à devises de Jean de Saintré...), Antoine de La Sale a joué de son nom pour intituler ses œuvres ; il a joué de leur texte en les reprenant (texte du manuscrit d'Agnès de Bourbon dans la *Salade*) ou en les remaniant (*Jean de Saintré*). Mais la tradition manuscrite ultérieure de *Jean de Saintré* présente des rajeunissements et des corrections qu'on ne saurait attribuer à l'auteur. L'imprimerie aura le dernier mot en éditant sa propre version de la *Salade* (1518) et de *Jean de Saintré* (4 ou 5 éd. jusqu'en 1553 avec *Floridan* et l'*Adicion*).

ŒUVRES. — *La Salade*, éd. dans F. Desonay, *Antoine de La Sale, Œuvres complètes*, t. 1, Liège-Paris, 1935 (*Bibl. de la Fac. Lettres Univ. de Liège*, 68). — *La Sale, ibid.*, t. 2, Liège-Paris, 1941 (*Bibl. de la Fac. Lettres Univ. de Liège*, 92). — *Des anciens tournois et faits d'armes*, éd. dans B. Prost, *Traicté de la forme et devis comme on faict les tournois, par Olivier de La Marche, Hardouin de La Jaille, Anthoine de La Sale*, Paris, 1878, p. 193-221. — Le *Reconfort de madame de Fresne*, éd. I. Hill, Exeter University, 1979 (*Textes littéraires*, 34). — Le *Petit Jehan de Saintré*, éd. P. Champion et F. Desonay, Paris, 1926 ; éd. J. Misrahi et C.A. Knudson, Genève, 1965 (*TLF*, 117) ; éd. Y. Otaka, suivi de l'*Adicion extraicte des Croniques de Flandres*, Tokyo, 1967 [suit le même ms. de base que l'éd. précédente mais fournit un véritable apparat critique]. — *Le Paradis de la reine Sibylle*, éd. F. Desonay, Paris, 1930. — *Paradis, Excursion et Géographie*, trad. F. Mora-Lebrun, Paris, 1983 (*Stock Moyen Âge*).

→ J. Nève, *Antoine de La Sale : sa vie et ses ouvrages* (...), Paris-Bruxelles, 1903 (reprints, Genève, 1975) [éd. le *Reconfort*). — F. Desonay, *Antoine de La Sale aventureux et pédagogue*, Liège-Paris, 1940 (*Bibl. de la Fac. Lettres Univ. de Liège*, 89) ; *Le Petit Jehan de Saintré*, dans *Revue du Seizième Siècle*, t. 14 (1927), p. 213-280. — C. Samaran, *Du nouveau sur Antoine de La Sale*, dans *BEC*, t. 101 (1940), p. 239-240. — F. Very, *A. de La Sale and Grimm Number 109*, dans *Romance Notes*, t. 2 (1960-1961), p. 45-48. — J. Misrahi, *The Sources of the Reconfort de Madame du Fresne*, dans *Mél. J. Frappier*, Genève, 1970, t. 2, p. 823-829. — J. Demers, *La quête de l'anti-Graal ou un récit fantastique : le Paradis de la reine Sibylle*, dans *Le Moyen Âge*, t. 83 (1977), p. 469-492. — G. Raynaud, *Un nouveau manuscrit du Petit Jehan de Saintré*, dans *Romania*, t. 31 (1902), p. 527-556. — P. Champion, *Le manuscrit d'auteur du Petit Jehan de Saintré avec les notes autographes d'Antoine de La Sale*, Paris, 1926. — R.-M. Perry, *The Final Textual Revision of Antoine de la Sale's Petit Jehan de Saintré*, dans *Romance Philology*, t. 5 (1951-1952), p. 296-307. — M. Lecourt, *Une source d'Antoine de La Sale : Simon de Hesdin* dans *Romania*, t. 76 (1955), p. 39-83, 183-211. — M. Eusebi, *Le varianti d'autore nella tradizione manoscritta del Petit Jehan de Saintré*, dans *Cultura neolatina*, t. 30 (1970), p. 1-13 ; *La redazione abbreviata del Saintré di Antoine de La Sale* (...), dans *Mél. A. Roncaglia*, Modène, 1989, t. 2, p. 551-558 ; *Per una nuova edizione del Saintré* dans *Le Moyen Français*, t. 22 (1989), p. 79-90. — C.A. Knudson, *The Prussian Expedition in Jehan de Saintré*, dans *Mél. F. Lecoy*, Paris, 1973, p. 271-277 ; *The Historical Saintré*, dans *Mél. J. Misrahi*, Columbia, 1977, p. 284-309. — T.E. Vesce, *A. de La Sale's Fabulous Trip to the Lipari Isles, ibid.*, p. 310-321. — M.B. Speer, *The Literary Fortune of the Petit Jehan de Saintré* dans *Kentucky Romance Quarterly*, t. 22 (1975), p. 385-411. — J.B. de Vaivre, *L'héraldique dans le roman du Petit Jehan de Saintré*, dans *Cahiers d'héraldique*, t. 3 (1977), p. 64-83. — E.S. Mazzariol, *L'Occhio e il piede. Lettura critica del Petit Jehan de Saintré*, Vicenza, 1979. — M. Santucci, *Variations sur le thème de la joie dans Jehan de Saintré* dans *Mél. A. Planche*, Paris, 1984, t. 2, p. 465-473. — D. Poirion, *Valeurs du rire dans Jean de Saintré*, dans *Actes du 4e colloque international sur le Moyen Français*, Milan, 1986, t. 3, p. 89-101. — E. Caron, *Le petit Jehan de Saintré dans la tradition des fabliaux*, dans *Fifteenth-Century Studies*, t. 15 (1989), p. 67-80. — Woledge, n° 16. — Cf. *GRLMA*, t. VIII/1, p. 41 sq., 213 sq. — *MB* n°s 4213, 4244-4290, 6805, 6807, 6809-6811, 7872-7877 ; *S* 6669-6700, 6724, 6732, 6734, 6754, 6767-6776, 7361. S.L.

Antoine de la Taverne. Entré à l'abbaye de Saint-Vaast d'Arras en 1392, Antoine de la Taverne devint sous-prieur en 1409, puis rentier de l'abbaye en 1412 et en perçut les revenus jusqu'en 1417 ; en 1422, il est déjà grand prévôt de Saint-Vaast, dont il devenait un des principaux dignitaires. Il se fit remarquer par son zèle à défendre les droits de l'abbaye et rédigea un recueil, non retrouvé, où ces droits étaient consignés. Il fut envoyé plusieurs fois en mission auprès du duc Philippe le Bon, à Bruxelles, puis à Bruges. En 1443, il abandonna son office de grand prévôt ; il est mort le 28 février 1448.

En 1435, avait eu lieu à Arras un congrès qui s'ouvrit le 5 août et aboutit, après la signature d'un traité, à la réconciliation franco-bourguignonne. Quelques années plus tard, en 1439, Antoine de la Taverne fit par écrit le récit des négociations. Intitulé « Traité de la convention faite à Arras à Saint-Vaast pour le bien de paix en 1435 » d'après un manuscrit du XVe siècle, ou « Journal de la paix d'Arras » depuis l'édition de Collart au XVIIe siècle, le texte qui couvre la période du 30 juin au 17 octobre, est rédigé sous la forme annalistique, chaque événement étant rapporté à sa date indiquée par la désignation du jour suivi du quantième et parfois de la fête du saint. Il est suivi d'une liste de seigneurs qui assistèrent à la convention. La partie principale du récit est faite des souvenirs personnels de l'auteur, qui est particulièrement bien renseigné sur ce qui s'est passé à l'intérieur de l'abbaye. Il a aussi recueilli des renseignements auprès de personnes bien informées, comme l'évêque d'Auxerre, Laurent Pignon*, confesseur de Philippe le Bon, qui fut son hôte, par lequel il a pu connaître des pièces officielles. C'est la relation la plus longue que nous ayons sur le congrès d'Arras. Ce n'est pas un récit officiel mais celui d'un témoin averti, qui n'est pas favorable aux Anglais, dont les sympathies vont au roi de France, et qui a noté scrupuleusement ce qui intéressait particulièrement la ville d'Arras et l'abbaye de Saint-Vaast.

ŒUVRE. — Éd. A. Bossuat, Arras, 1936.

→ J.G. Dickinson, *The Congress of Arras 1435, a Study in Medieval Diplomacy*, Oxford, 1955. — Molinier n° 4276. — Nouveau Potthast, t. 2, p. 374. G.T.L.

Apollonius de Tyr. Roman d'aventure et d'amour en prose, qui pourrait remonter à un prototype en vers français perdu du XIIe siècle traduit de l'*Historia Apollinii Regis Tyrii*, elle-même en prose, du Ve ou du VIe siècle. On ne sait si l'original était grec ou latin. Cette histoire a connu un succès considérable : en latin le texte est conservé par une soixantaine de copies représentant plusieurs versions divergentes ; en français, il existe six versions dont les manuscrits les plus anciens datent du XIVe siècle ; il reste de nombreuses éditions imprimées du XVIe siècle. Enfin, le texte a été traduit aux XIVe et XVe en anglais, en allemand, en espagnol, en italien.

L'histoire raconte les heurs et malheurs du héros Apollonius de Tyr. Le roi Antiochus, veuf, consomme l'inceste avec sa propre fille et impose une énigme très subtile aux prétendants de celle-ci. Apollonius résout cette énigme, qui évoque le crime même d'Antiochus, et se trouve contraint de fuir, sa tête mise à prix. Suit alors un long périple méditerranéen de quatorze ans, chargé de tempêtes, de naufrages, de haltes et de rencontres, au cours duquel il se marie avec la fille du roi de Cyrène. La mort d'Antiochus laisse Apollonius héritier de ses biens. Sur le chemin du retour, en pleine mer, sa femme prend les apparences de la mort dans les douleurs de l'enfantement. Son cercueil échouera sur la côte d'Éphèse et, après sa réanimation, elle se retirera comme prêtresse au temple de Diane. Apollonius, la croyant morte, repart pour un nouveau voyage, laissant sa fille Tharsia aux soins et à l'éducation d'une nourrice. Tharsia manque d'être assassinée, puis se fait ravir par des pirates pour être vendue et conduite au bordel à Mytilène où, grâce à ses talents de musicienne, elle conserve sa vertu. Son père, la croyant morte elle aussi, désespéré, finit par la retrouver au bordel, où elle essaie de le charmer vainement par son chant ; il retrouve aussi sa femme un peu plus tard à Éphèse. Il mourra à soixante-quatorze ans, roi d'Antioche, de Tyr et de Cyrène.

Les malheurs d'Apollonius, sans cesse remaniés, adaptés, récrits, ont eu un succès et une influence considérables pendant tout le Moyen Âge et au-delà. On y trouve en gros plan le thème de l'amour incestueux d'un père pour sa fille, répandu dès l'Antiquité à travers tout l'Orient, et exploité dans le roman médiéval français (*Manekine* de Philippe de Beaumanoir*, *Belle Hélène de Constantinople**, *Roman du Comte d'Anjou**). On peut aussi déceler de nombreuses correspondances avec *Jourdain de Blaye** et *Tristan** notamment.

ŒUVRE. — Éd. de la trad. du XIVe et adaptation de Bruxelles : C.B. Lewis, dans *Romanische Forschungen*, t. 34 (1915), p. 1-277. — Éd. et trad. de la version de Vienne du XVe : M. Zink, Paris, 1982 (10/18, *Bibl. médiévale*, 1483).

→ E. Klebs, *Die Erzählung von Apollonius aus Tyrus. Eine geschichtliche Untersuchung über die lateinische Urform und ihre späteren Bearbeitungen*, Berlin, 1899. — F. McCulloch, *French Printed Versions of the Tale of Apollonius of Tyr*, dans *Mél. U.T. Holmes*, Chapel Hill, 1966, p. 111-128. — M. Delbouille, *Apollonius de Tyr et les débuts du roman français*, dans *Mél. R. Lejeune*, Gembloux, 1969, p. 1171-1204. — J. Chocheyras, *Deux emprunts à Apollonius de Tyr autour de 1180 : les Enfances de*

Tristan chez Eilhart et le sermon anonyme de la Magdelaine, dans *Perspectives médiévales*, t. 14 (1988), p. 13-17. — J.R. Scheidegger, *Pères et filles dans Apollonius de Tyr*, dans *Senefiance*, n° 26 (1989), p. 257-271. — Cf. *MB* n°s 1241-1250, 4095 ; *S* 2344-2346. C.R.

Aquilon de Bavière. Vaste récit épique en prose franco-italienne, du dernier quart du XIVe siècle, qui se rattache au cycle carolingien, et qui raconte les aventures d'Aquilon, cinquième fils du duc Naime. Il a certainement été composé en Italie du Nord, et plus particulièrement dans le domaine d'influence vénitienne. L'auteur présumé, Raffaele Marmora, livre son prénom par une périphrase ; quant à Marmora, il s'agit du nom attribué à Vérone dans les chansons de geste. Il s'agissait d'un homme de culture, possédant de remarquables connaissances de la matière française, et particulièrement de la légende carolingienne. Il offre, entre autres, deux récits développés sur *Berte* et sur *Mainet**, et des détails plus ou moins importants sur *Floovant**, *Aspremont**, *Girart de Vienne**, *Ogier le Danois** et beaucoup d'autres.

Sa prose est encadrée d'un prologue et d'un épilogue en vers italiens ; elle est divisée en livres et chapitres, et transmise par deux mss dont l'un ne conserve que des fragments. Ce texte est particulièrement intéressant pour l'étude du développement de la légende carolingienne en Italie.

ŒUVRE. — Éd. A. Thomas, *Aquilon de Bavière, roman franco-italien inconnu*, dans *Romania*, t. 11 (1882), p. 538-569 [extraits]. — Éd. P. Wunderli, *Raffaele da Verona, Aquilon de Bavière. Roman franco-italien en prose*, 2 vol., Tübingen, 1982 (*Beihefte zur ZRPh*, 188 et 189).

→ P.H. Coronedi, *L'Aquilon de Bavière*, dans *Archivum romanicum*, t. 19 (1935), p. 237-304. — F. Riva, *Raffaele da Verona*, dans *Verona e il suo territorio*, t. 2 (1964), p. 471-476. — V. Bertolini, *Appunte sulle fonti dell' Aquilon de Bavière*, série d'articles dans *Quaderni di Lingue e letterature*, t. 2 (1977), p. 241-246 ; t. 3-4 (1978-1979), p. 397-406 ; t. 6 (1981), p. 205-212 et 213-222. — R. Colliot, *Quelques aspects de la thématique carolingienne dans Aquilon de Bavière*, dans *Charlemagne et l'épopée romane*, Paris, 1978, p. 223-240. — L. Bartolucci Chiecchi, *Un nuovo nome per l'autore dell'Aquilon de Bavière*, dans *Medioevo Romanzo*, t. 8 (1983), p. 217-223. — P. Wunderli, *Un nuovo autore dell'Aquilon de Bavière ?* dans *Vox Romanica*, t. 43 (1984), p. 81-84 ; *Roland théologien dans l'Aquilon de Bavière*, dans *Essor et fortune de la chanson de geste dans l'Europe et l'Orient latin, Actes du 9e congrès int. de la Société Rencesvals, Padoue-Venise, 1982*, Modène, 1984, t. 2, p. 759-781 ; *Appunti sulla struttura narrativa (fittizia) dell' Aquilon de Bavière*, dans *Medioevo Romanzo*, t. 10 (1985), p. 257-282. — H. Krauss, *Roland et la richesse des Florentins dans Aquilon de Bavière*, dans *Senefiance*, t. 20-21 (1987), p. 777-795. — P. Wunderli, *Un modèle d'intertextualité : l'Aquilon de Bavière, ibid.*, p. 1153-1194. — Woledge, n° 135. — Cf. *MB* n°s 6785, 6786 ; *S* 6501, 6503, 6622-6631. C.R.

Archasie pur chivals. Ce titre désigne une série de recettes en prose pour traiter le farcin des chevaux. Cette collection de recettes, dont la langue présente des traits anglo-normands, est conservée, incomplète, dans un unique manuscrit du XVe siècle (Londres, Brit. Libr., Add. 33996) : l'auteur en est inconnu.

ŒUVRE. — T. Hunt, *Horses and courses*, dans *French Studies Bulletin*, n° 22 (1987), p. 1-4. F.F.H.

Aristotélisme au Moyen Âge. Survie ou renaissance des doctrines d'Aristote au Moyen Âge. Plus précisément : courant doctrinal qui s'est développé au Moyen Âge à la suite de la diffusion des écrits d'Aristote. On peut discerner trois périodes dans l'histoire de l'aristotélisme médiéval.

1. *Avant le XIIIe siècle*. Une partie de la logique d'Aristote (*logica vetus*) est connue depuis Boèce* (VIe). Pendant la période patristique, l'influence d'Aristote avait été très réduite, comparée à celle du néoplatonisme et du stoïcisme. À partir de Boèce, l'*Organon* joue un rôle capital dans l'éducation intellectuelle de l'Occident : la logique, septième des *artes liberales*, est la seule discipline philosophique inscrite au programme des écoles ; elle s'enseigne principalement sur la base des traités d'Aristote, dont l'influence ne cesse de croître dans le domaine de la théorie de la connaissance ; avec Pierre Abélard* (XIIe), le réalisme modéré d'inspiration aristotélicienne triomphe sur le réalisme outré, d'inspiration platonicienne. La querelle des universaux s'était développée surtout dans les écoles françaises au XIe et au XIIe siècle ; c'est à Paris qu'elle prend fin avec la victoire d'Abélard.

2. *Au XIIIe siècle*. La pénétration massive des écrits d'Aristote commence vers le milieu du XIIe siècle, grâce à des traductions arabo-latines, puis gréco-latines, qui se

multiplient jusqu'à la fin du XIIIe siècle. Dès les premières années du XIIIe siècle, sous l'influence des traductions récentes d'Aristote et des premiers commentateurs arabes (Alfarabi, Avicenne), le programme des études dans les Facultés des arts (héritières des écoles d'arts libéraux) s'élargit rapidement ; malgré les résistances opposées, à Paris, par les autorités ecclésiastiques, l'aristotélisme s'implante de plus en plus à Paris comme à Oxford ; le 19 mars 1255, la Faculté des arts de Paris impose à ses étudiants l'étude de tous les traités connus d'Aristote. Vers le milieu du siècle, toutes les Facultés des arts sont devenues, en fait, des Facultés de philosophie, où l'on enseigne la philosophie d'Aristote. Dès les années 1220-1225, l'aristotélisme envahit également les Facultés de théologie. Désormais, jusqu'à la fin du Moyen Âge et bien au-delà dans certaines institutions, l'aristotélisme restera une des dominantes de la pensée scolastique.

Cet *aristotélisme latin* n'a jamais été un aristotélisme pur, pas plus d'ailleurs que l'aristotélisme arabe ou juif. La philosophie d'Aristote était trop incomplète et trop imparfaite, surtout dans le domaine de la métaphysique, pour donner satisfaction à des penseurs monothéistes. L'aristotélisme médiéval a toujours été complété ou corrigé sous diverses influences, religieuses ou philosophiques, ces dernières étant surtout néoplatoniciennes. Chez les Latins, avant 1250 l'aristotélisme est encore très *éclectique* et surtout *avicennisant* : à l'influence dominante d'Aristote se mêlent diverses influences secondaires, Avicenne (dont les paraphrases servent à interpréter les textes difficiles du philosophe), Avicébron (auteur juif très apprécié), Proclus et, à partir de 1230, Averroès ; chez les théologiens, l'aristotélisme se combine avec les doctrines traditionnelles de la théologie latine, si bien que l'influence d'Augustin, du pseudo-Denys et des théologiens du XIIe siècle demeure considérable.

À partir de 1250 environ, l'aristotélisme s'affermit, tout en se ramifiant en plusieurs courants. On peut dire avec Mandonnet que les écoles se diversifient à Paris suivant la position qu'elles adoptent vis-à-vis d'Aristote, mais à condition de noter (contre Mandonnet) qu'elles sont toutes fondamentalement aristotéliciennes. Chez saint Bonaventure*, l'aristotélisme est surtout *augustinisant* (c'est-à-dire qu'il se combine avec des doctrines augustiniennes, surtout théologiques). Chez Albert le Grand*, l'aritotélisme est *néoplatonisant* (Proclus, Denys, Avicenne). Chez saint Thomas*, il est si profondément repensé qu'on ne peut plus parler d'aristotélisme, mais de *thomisme*. Avec Siger de Brabant* l'aristotélisme devient *hétérodoxe* ou *paganisant*.

Les principaux conflits doctrinaux du XIIIe siècle sont, en bonne partie, des luttes entre les différentes formes de l'aristotélisme. Ainsi, le conflit qui oppose, vers 1270, Thomas d'Aquin*, à la Faculté de théologie de Paris, est moins un conflit entre aristotélisme et augustinisme (comme le pensait Ehrle) qu'entre l'aristotélisme éclectique créé par Alexandre de Halès* et Guillaume d'Auvergne*, et l'aristotélisme plus ferme et plus vigoureux de Thomas. De même, le conflit entre Thomas et Siger est celui de l'aristotélisme chrétien et de l'aristotélisme hétérodoxe ou paganisant.

3. *Après le XIIIe siècle.* Les grandes écoles philosophiques et théologiques du siècle précédent poursuivent leur carrière et toutes se nourrissent d'une dose plus ou moins forte de philosophie aristotélicienne. L'*aristotélisme* se maintient avant tout chez les logiciens, les métaphysiciens et les moralistes qui enseignent dans les Facultés des arts ; cet aristotélisme est d'ordinaire *modéré* ou *orthodoxe* par rapport à la doctrine chrétienne. Le *thomisme* prend corps dans l'école dominicaine et gagne aussi d'autres adeptes. Le *néo-augustinisme* issu des luttes contre le thomisme naissant, trouve sa formule définitive dans le *scotisme*, qui demeure largement tributaire d'Aristote. Enfin, l'aristotélisme hétérodoxe renaît au début du XIVe siècle, sous forme de l'*averroïsme latin*.

Jean de Jandun inaugure à Paris un aristotélisme *averroïste*, qui sera repris en Italie par Taddeo de Parma et Angelo d'Arezzo ; cet averroïsme latin se maintiendra en Italie jusqu'au-delà de la Renaissance et entrera en conflit avec l'aristotélisme *alexandriste* (qui interprète la psychologie d'Aristote à travers Alexandre d'Aphrodise) et le platonisme.

Mais à partir du XIVe, l'aristotélisme est contesté par de nouveaux courants de pensée. La physique d'Aristote subit les assauts de la physique nouvelle, notamment à Paris avec Jean Buridan*, Nicole Oresme* et leurs successeurs. Le réalisme modéré du Philosophe est battu en brèche par une série de tendances qui ébranlent plus ou moins gravement la valeur de la connaissance et, en particulier, les possibilités de la métaphysique : nominalisme, phénoménisme, scepticisme, agnosticisme. Faute de s'être dégagée à temps de la physique d'Aristote, la scolastique tombe de plus en plus dans le discrédit : à partir de la Renaissance, un des reproches le plus souvent adressé aux scolastiques est leur servilité vis-à-vis du Philosophe.

Il est impossible de formuler en quelques lignes un jugement nuancé sur l'aristotélisme médiéval. Bornons-nous à de brèves indications. Les ouvrages classiques de Talamo et de Schneid ont été écrits pour laver les penseurs du Moyen Âge du reproche d'asservissement à Aristote. Ehrle, par contre, considérait l'aristotélisme de la scolastique comme une des raisons essentielles de sa valeur permanente : pour lui, la scolastique est une forme historique du savoir qui résulte de la rencontre harmonieuse de la doctrine chrétienne et de la philosophie aristotélicienne, c'est-à-dire de la vérité révélée et du système rationnel qui représente le sommet de la pensée antique et une des principales approximations de la vérité philosophique. Les travaux récents tendent plutôt à atténuer le rôle de l'aristotélisme au Moyen Âge et à mettre en relief l'influence du néoplatonisme sous toutes ses formes. Quant aux discussions sur la valeur de l'aristotélisme comme philosophie et comme instrument de la spéculation théologique, elles se poursuivent encore sous des formes diverses, notamment entre tenants de l'augustinisme et du thomisme.

→ F. Van Steenberghen, *Aristote in the West*, Louvain, 1955. — A. Forest, F. Van Steenberghen, M. de Gandillac, *Le mouvement doctrinal du IXe au XIVe siècle, (Histoire de l'Église depuis les origines jusqu'à nos jours,* t. 13), Paris, 1956[2]. — F. Van Steenberghen, *La philosophie au XIIIe siècle*, Louvain, 1966 (*Philosophes médiévaux*, 9) [nouv. éd., 1991]. F.V.S.

Arlabeca. Poème en langue d'oc de 141 vers, sur la mort et la vanité de ce monde, écrit sans doute en milieu laïque marqué par l'ambiance pessimiste et troublée de la fin du XIIIe siècle.

Du point de vue formel, le rythme de ce poème est semblable à la *codolada* de l'ancienne poésie catalane, succession de vers de huit et quatre syllabes (sauf pour les deux premiers vers), selon la formule suivante : 8a 8a-4b 8b-4d 8d, etc. Le titre d'*Arlabeca* est évoqué dans le préambule. Le mot semblerait désigner le genre poétique appelé *rebec* du nom d'un instrument de musique de forme allongée, à trois cordes et archet. Ce genre est cité dans les *Leys d'Amors**, I, 348, qui le classent parmi les poèmes ayant un nombre de « strophes » indéterminé.

ŒUVRES. — Éd. A. Pulega, *I sermoni in verso e l'« Arlabeca »*, Bergame, 1983 [d'après ms. Paris, BN, fr. 1745, f. 135v°-136]. — Éd. M.-L. Indini, *L'« Arlabeca » provenzale, anonimo poemetto della fine del XIII sec.*, dans *ZRPh*, t. 101 (1985), p. 197-225, [d'après le ms. cité ci-dessus et Paris, BN, lat. 10869 f. 30v°-31].

→ P. Meyer, *Bribes d'histoire littéraire, I : Un nouveau texte de l'arlabeca*, dans *Jahrbuch für romanische und englische Literatur*, t. 5 (1864), p. 393-397 [ms. Paris, BN, lat. 10869]. — C. Brunel, n° 154, f. 135. G.Mi. et G.B.L.

Arles (Roman d'). Titre donné depuis le XVIIIe siècle à une composition provençale due entre 1373 et 1375, à l'Arlésien Bertran Boysset, arpenteur de son métier, qui compila des pièces plus anciennes, d'origines différentes. Le récit est articulé en trois parties : 1. la *Légende du Bois de la Croix* (mort d'Adam et origine de l'arbre de la Croix) ; 2. la *Destruction de Jérusalem* suivie par la fondation d'Arles, la *« segona Roma »*, c'est la *Vengeance du Christ* avec la confusion des empereurs et la légende de saint Trophime et des saints de Provence ; 3. la *Prise d'Arles par Charlemagne* qui rapporte les péripéties de la fin de l'occupation sarrasine. La liaison des trois parties que M. Roques trouvait fort lâche, « un essai pour ennoblir l'histoire d'Arles en la présentant dans le cadre d'une histoire de la chrétienté », semble au contraire bien assurée à M. Le Merrer, qui perçoit « un vecteur d'orientation qui prend son origine aux débuts de l'humanité ». L'ensemble se rattache à la tradition des histoires universelles en montrant comment « Arles, par son histoire, porte témoignage des premiers temps de l'apostolat chrétien ». Le *Roman d'Arles* aurait-il été composé à l'occasion de la venue de Charles IV qui reçoit la couronne « impériale et royale » à Arles en 1364 ? Cette dernière partie de la geste carolingienne aurait donc une fonction politique et théâtrale qui présente une image glorieuse du passé, face à un présent décevant. Certains passages dérivent d'une chanson perdue de la geste de Guillaume d'Orange. Des épisodes du roman ont été repris en prose provençale par plusieurs auteurs du XVIe siècle, notamment Jean de Nostredame*. De ce remaniement, ont été tirées les deux versions publiées par P. Meyer sous le titre de *Tersin*.

ŒUVRE. — Éd. V. Lieutaud, *Lou rouman d'Arle* dans *Notes pour servir à l'histoire de la Provence*, fasc. 4, Marseille (1873-1874). — C. Chabaneau, *Le R. d'A.*, dans *RLR*, t. 32 (1888), p. 473-542.

→ Sur Bertran Boysset : *B.B., un arlésien au Moyen Âge (Archives municipales d'Arles*, 1985). — C. Brunel, n° 54. — M. Roques, *Le R. d'A.*, dans *HLF*, t. 38 (1949), p. 606-641. — M. Le Merrer, *La célébration d'Arles lou Blanc, ou la relation de la geste impériale par Bertran Boysset* dans *Mél. P. Remy*, Kalamazoo, Michigan, 1986, t. 2, p. 133-152. — Pour les remaniements, P. Meyer, *Tersin, tradition arlésienne* dans *Romania*, t. 1 (1872), p. 51-68.

J.Maz. et G.B.L.

Arnaud Bernard, OP. Arnaud Bernard Aymeri entra au couvent des frères prêcheurs de Cahors (on l'appelle aussi Bernard de Cahors). Avant 1373, il était professeur de théologie à l'école cathédrale Saint-Étienne de Toulouse. Entre 1378 et 1380, on le trouve maître régent au *studium* de Toulouse. De 1383 à 1397, il fut provincial de la province des prêcheurs de Toulouse. Clément VII le choisit alors comme nonce et le chargea de poursuivre les partisans d'Urbain VI dans les provinces de Toulouse, Bordeaux, Auch et Béziers.

Il écrivit plusieurs commentaires sur l'*Apocalypse* et sur les *Psaumes de la Pénitence*, ainsi qu'un commentaire de la *Règle de saint Augustin*.

ŒUVRES. — R. Creytens, *Les commentateurs dominicains de la Règle de S. Augustin du XIIIe au XVIe. II : les commentateurs du XIVe siècle. B. : Arnaud Bernard* dans *Arch. Frat. Praedicat.*, t. 35 (1965), p. 21-66 [éd. du Prologue et exposition du 1er verset de la Règle, p. 64-66].

→ C.G. Meerseman, *Étude sur l'ordre des Frères prêcheurs au début du grand schisme*, dans *Arch. Frat. Praedicat.*, t. 25 (1955), p. 234-338. — T. Kaeppeli, *Scriptores ordinis Praedicatorum Medii Aevi*, 1, Rome, 1970, p. 126.

M.H.P.

Arnaut de Carcasses. Poète languedocien de la première moitié du XIIIe siècle, auteur de *Las Novas del Papagai*, fabliau unique dans la littérature d'oc. C'est le conte d'un perroquet, aussi intelligent qu'éloquent, mais sans scrupules, qui sert les amours de son maître et provoque un incendie pour ménager un rendez-vous aux amoureux. Comme le *Castia Gilos**, ce poème est une satire contre les maris jaloux.

ŒUVRE. — Éd. critique, P. Savi-Lopez, *La novella provenzale del Papagallo* dans *Atti... reale Accad. Napoli*, t. 21 (1901), II, p. 1-82. — Éd. avec trad. française R. Lavaud et R. Nelli, *Le Trésor poétique de l'Occitanie*, Bruges, 1966, p. 214-235. — Éd. avec trad. P. Bec, *A. de C. Las novas del papagai. La nouvelle du perroquet*, Église-Neuve d'Issac, 1988.

→ C. Brunel, nos 194 (f. 143v°), 299, 304, 311 et 314. — I.-M. Cluzel, *Le fabliau dans la littérature provençale du Moyen Âge*, dans *AM*, t. 66 (1954), p. 317-326. — R.A. Taylor, *La littérature occitane du Moyen Âge*, Toronto, 1977, nos 678-680. — J. De Caluwé, *La jalousie, signe d'exclusion dans la littérature médiévale en langue occitane*, dans *Senefiance*, n° 5 (1978), p. 169-171. — D. Luce-Dudemaine, *La sanction de la jalousie dans les « novas » du XIIIe siècle, ibid.*, n° 16, 1985, p. 227-236. — R. Lafont, *Des nouvelles du Perroquet*, dans *RLR*, t. 92 (1988), p. 383-397 [relecture du texte, à propos de l'éd. P. Bec].

G.Mi.

Arnaut Catalan. Troubadour sans doute originaire de Toulouse dans le premier tiers du XIIIe siècle, contemporain du comte Raimon VI de Toulouse (1194-1222). Il voyagea en Lombardie et en Provence où il fréquenta la cour de Raimon Bérenger IV entre 1219 et 1245. On a voulu, sans preuves suffisantes, l'identifier avec le Dominicain inquisiteur de même nom qui échappa au massacre à Albi en 1234. Peut-être est-il le « *Don Arnaldo* » provençal protagoniste d'une *tenso* avec Alphonse X de Castille qui s'exprime, lui, en galicien-portugais. Il serait donc venu à la cour de ce roi après 1252. On a conservé de lui quelque *coblas* d'une *tenso* perdue, cinq *cansos* et une poésie religieuse.

ŒUVRE. — Éd. F. Blasi, *Le poesie del trovatore A.C.*, Florence, 1937. — V. de Bartholomaeis, *Poesie provenzali storiche relative all'Italia*, t. 2, Rome, 1931, p. 123-126 [éd. des *coblas*].— Éd. partielles dans des recueils : A. Kolsen, *Dichtungen der Trobadors auf Grundaltprovenzalischer Handschriften*, Halle, 1916-1919, réimp. Genève, 1980, p. 110-115 [PC 27,

4 avec trad. allemande]. — F. Oroz Arizcuren, *La lirica religiosa en la literatura provenzal antigua*, Pampelune, 1972, p. 74-81 [PC 27, 4b avec trad. espagnole]. — M. de Riquer, *Los trovadores, historia literaria y textos*, t. 3, Barcelone, 1975, p. 1349-1354 [PC 27, 6 et 25, 1 avec trad. espagnole].

→ PC 25 et 27. — R.A. Taylor, *La littérature occitane du Moyen Âge*, Toronto, 1977, nos 310-311. — S. Pellegrini, *Arnaut (Catalan ?) e Alfonso X di Castiglia* dans *Mél. E. Li Gotti*, t. 2, 1962, p. 480-486. G.Mi. et G.B.L.

Arnaut de Comminges. Troubadour, cousin de Bernard IV, comte de Comminges, il prit part à la défense de Toulouse contre Simon de Montfort en 1218 et vivait encore en 1246. Il est l'auteur d'un *sirventés* contre les ordres mendiants.

ŒUVRE. — Éd. A. Kolsen, *Dichtungen der Trobadors*, Halle, 1916-1919, réimp. Genève, 1980, p. 217-220 [avec trad. allemande].

→ PC, 28,1. — A. Jeanroy, *Jongleurs et troubadours gascons*, Paris, 1923. G.Mi.

Arnaut Daniel. Troubadour périgourdin, originaire selon sa *Vida* de Ribérac (Dordogne), il serait né vers 1150-1160. Il reste peu de détails sur sa vie : dans un de ses poèmes (PC, 29,8 v. 57-58), il dit avoir assisté au couronnement de Philippe-Auguste (1180), tandis que dans le *sirventés* célèbre (PC, 205,16) du Moine de Montaudon* (1195), une allusion indique qu'il était connu à cette date ; sa carrière poétique peut donc être située entre 1180 et 1200. Il fut contemporain du règne de Richard Cœur de Lion, à propos duquel la *razo* en tête d'une *canso* (PC, 29,2), rapporte une anecdote qui met en présence le roi et le troubadour.

Les témoignages de la *Vida : amparet ben letras* et, entre autres, de Raimon de Durfort : *Arnautz l'escoliers* et de Benvenuto da Imola : *vir quidem curialis, prudens et sagax qui invenit multa et pulchra dicta vulgaria*, suggèrent qu'il reçut une éducation de lettré.

Troubadour le plus représentatif du *trobar ric*, il s'est acquis dès son vivant une réputation de poète obscur que la critique lui a longtemps maintenue. C'est plutôt « *un poeta dificil* », selon le mot de Martín de Riquer, mais fondamentalement un grand poète, reconnu par Dante* et par Pétrarque*. Le premier admire l'artiste et l'appelle : « *il miglior fabbro del parlar materno* » (*Purgatorio, XXIV*, 117). Lui-même assimile sa technique à celle des artisans :

Obre e lim
Motz de valor
Ab art d'amor

(PC, 29,6)

Pétrarque, lui, remarque et loue son « *dir strano e bello* » (*Trionfi, IV*, 42). Sa langue en effet renouvelle le sens des mots, en crée de nouveaux, recherche les termes rares. Son œuvre représente la quintessence de la poésie formelle des troubadours. Car il a véritablement manifesté un talent de créateur, non seulement dans sa langue, mais dans la structure formelle de sa poésie. Cherchant à harmoniser mots et mélodie, « *mots ab lo son acorda* » (PC, 29,5 v.9), il s'est illustré avec panache dans la création de la sextine : six strophes de six vers, se terminant chacun par un mot-rime de sonorité rare, c'est la « *rim estramp cara* », qui apparaît dans les strophes suivantes en obéissant à une loi de permutation rigoureuse et complexe. Le poète surenchérit en ingéniosité dans la *tornada* où il récapitule les six mots-rimes.

On conserve seize *cansos* d'Arnaut Daniel, plus un *sirventés* scabreux (PC, 29,15) et la fameuse *sestina* (PC, 29,14). Suivant la veine du *trobar ric* initiée par Raimbaut d'Aurenga* et poursuivie par Guiraut de Bornelh* son contemporain, Arnaut les surpasse en créant un monde poétique aux accents uniques dans la lyrique d'oc. Écoutons plutôt :

L'amors qu'inz el cor mi plou
mi ten chaut on plus inverna

(PC, 29,10 v. 13-14)

L'amour qui pleut en mon cœur
me tient chaud au plus fort de l'hiver

Il préfigure déjà Verlaine...

ŒUVRES. — Éd. U.A. Canello, Halle, 1883. — R. Lavaud, *Les poésies d'A.D.* [rééd. critique d'après Canello, avec trad. française], dans *AM*, t. 22 (1910), p. 17-55, 162-179, 300-339, 446-466 et t. 23 (1911), p. 5-31. — G. Toja [avec trad. italienne], Florence, 1960. — M. Perugi, *Le canzoni di A.D.*, Milan-Naples, 1978. — J.J. Wilhem, *The Poetry of A.D.* [avec trad. anglaise], New York-Londres, 1981. — M. Eusebi, *A.D. : il sirventese e le canzoni*, Milan, 1984. — Éd. partielles : J.H. Marshall, *La chanson provençale « entre.l taur e.l doble signe (Bdt 411.3) : une dix-neuvième chanson d'A.D. ?* dans *Romania*, t. 90 (1969), p. 548-558. — M. de Riquer, *Los trovadores, historia literaria y textos*, Barcelone, 1975, t. 2, p. 605-

646. — R. Richter, *Die Troubadourzitate im « Breviari d'Amor »*, Modène, 1976, p. 185-186. — P. Bec, *La sextine d'A.D. essai de traduction poétique*, dans *Perspectives médiévales*, t. 8 (1982), p. 93-103. — M. Eusebi, *Lettura sinottica (con una congettura) della tradizione della sestina di A.D.*, dans *CN*, t. 42 (1982), p. 181-199 [avec éd. critique et présent. synopt. de toutes les leçons, trad. italienne]. — W.D. Paden, *Un Plazers dels mes, vingtième chanson d'A.D. ? « Mout m'es bel et tems d'estious »* (PC, 29,14a), dans *CCM*, t. 26 (1983), p. 341-354. — F. Zufferey, *Un « plazer » attribué à A. Daniel* dans *Mél. A. Roncaglia*, Modène, 1989, 4, p. 1503-13 [éd. et comm. de PC 461, 170c].

→ PC 29, 1-18. — R.A. Taylor, *La littérature occitane du Moyen Âge*, Toronto, 1977, n°s 312 à 323. — A. Del Monte, *A.D.* dans *Studi sulla poesia ermetica medievale*, Naples, 1953, p. 73-96. — E. Melli, *Dante e A.D.*, dans *Filologia romanza*, t. 6 (1960), p. 423-448. — S. Battaglia, *« Le rime » petrose e « la sestina » (Arnaldo Daniello, Dante, Petrarca)*, Naples, 1964, p. 25-63. — G. Toja, *La lingua di A.D.*, dans *CN*, t. 29 (1969), p. 56-83 [fondamental]. — P.E. Bondanella, *A.D. and Dante's « Rime Petrose », a Reexamination*, dans *Studies in philology*, t. 68 (1971), p. 416-434. — M. Picchio-Simonelli, *La sestina dantesca tra A. D. e il Petrarca*, dans *Dante Studies*, t. 91 (1973), p. 131-144. — C. Jernigan, *The Song of Nail and Uncle A.D.'s sestina : « Lo ferm voler qu'el cor m'intra »*, dans *Studies in Philology*, t. 71 (1974), p. 127-151 [PC, 29, 14]. — L.M. Paterson, *Troubadours and Eloquence*, Oxford, 1975, p. 186-206. — R. Dragonetti, *The Double Play of A.D.'s Sestina and Dante's Divina Commedia* dans *Yale French Studies*, t. 55-56 (1977), p. 227-252. — M. Perugi, *A.D. in Dante*, dans *Studi Danteschi*, t. 51 (1978), p. 59-152. — G. Le Vot, P. Lusson et J. Roubaud, *La sextine d'A.D. Essai de lecture rythmique* dans *Actes du colloque : Musique, littérature et société au Moyen Âge*, Paris, 1980, p. 123-157. — C. Camproux, *Dante et les troubadours*, dans *Écrits sur les troubadours et la civilisation occitane du Moyen Âge*, Montpellier, 1985, t. 2, p. 39-51. — M.-F. Notz, *L'image des saisons dans la poésie d'A.D.* dans *Mél. P. Remy*, Kalamazoo, 1986, t. 1, p. 169-180. — J.-C. Payen, *Les troubadours et la conscience de l'écrivain : de Bernart de Ventadour à Arnaut Daniel*, dans *Mél. M. de Riquer*, Barcelone, 1986, p. 289-314. — S. Asperti, *Postille testuali a margine delle canzoni di A. Daniel* dans *Mél. A. Roncaglia*, Modène, 1989, 1, p. 77-86. — L. Lazzerini, *Postilla al « corn » : « raboi »*, dans *Medioevo Romanzo*, t. 14 (1989), p. 39-50 [complète *Med. Rom.*, t. 8 (1981-83), p. 339-378]. — A. Tavera, *« Entrebesc » : à propos d'une gageure de Peire Vidal*, dans *Mél. A. Roncaglia*, Modène, 1989, 4, p. 1345-1367 [rapprochements avec la sextine d'A. Daniel]. — A. D'Agostino, *Per la tornada del sirventese di A. Daniel* dans *Medioevo Romanzo*, t. 15 (1990), p. 321-51 [PC 29 : tentative d'interprétation de cette strophe obscène]. S.C.A. et G.B.L.

Arnaut Esquerrier. Notaire et trésorier du comte de Foix (1445), auteur d'une *Chronique des comtes de Foix*, en provençal.

ŒUVRES. — Éd. F. Pasquier et H. Courteault, *Chroniques romanes des comtes de Foix*, Foix-Paris, 1895.

→ J. Anglade, *Histoire sommaire de la littérature méridionale au Moyen Âge*, Paris, 1921, p. 230. — C. Brunel, n° 92. G.Mi.

Arnaut Guilhem de Marsan. Arnaut-Guilhem Ier, co-seigneur de Marsan et seigneur de Roquefort et Montgaillard (Landes), est attesté par les documents d'archives dans le dernier quart du XIIe siècle. Il est peut-être l'auteur du premier *ensenhamen** courtois de la littérature occitane, écrit vraisemblablement entre 1170 et 1180. Ce texte représente le code du parfait chevalier. Il fait écho à celui que Garin lo Brun* consacre à la dame. Dans son poème didactique, en 629 vers de six syllabes à rimes plates, Arnaut Guilhem livre une information très riche, non seulement sur le costume du temps, mais sur la culture littéraire d'un seigneur gascon à la fin du XIIe siècle : s'il connaît la littérature française composée entre 1150 et 1165, le *Lai d'Ignaure**, par une version méridionale, Chrétien de Troyes* semble lui être inconnu. L'œuvre d'Arnaut Guilhem, conservée par le seul chansonnier *R.*, se présente sous la dénomination de « conte » : *qui comte vol aprendre...*, et s'achève sur le mot *ensenhamens* qui annonce un genre nouveau appelé à une riche postérité.

ŒUVRE. — Éd. G.E. Sansone, *Testi didattico-cortesi di Provenza*, Bari, 1977.

→ C. Brunel, n° 194. — J. Mouzat, *Recherches sur « Linhaure et sa localisation »*, dans *Mél. R. Lejeune*, 1, Gembloux, 1969, p. 213-218. — F. Pirot, *Recherches sur les connaissances littéraires des troubadours occitans et catalans des XIIe et XIIIe siècles*, Barcelone, 1972. — R. Lejeune, *La date de l'Ensenhamen d'Arnaut Guilhem de Marsan*, dans *Marche Romane*, n° hors série (1979), p. 261-270. — D.A. Monson, *Les « Ensenhamens » occitans. Essai de définition et de délimitation du genre*, Paris, 1981. G.B.L.

Arnaut de Mareuil. Selon les termes de l'ancienne *Vida occitane*, « Arnautz de Meruolh si fo de l'evescat de Peiregors, d'un castel que a nom Meruolh, e fo clergues de paubra generacion ». Originaire de Mareuil-sur-Belle, arrondissement de Nontron (Dordogne), Arnaut fut donc clerc de basse extraction avant d'être troubadour. Mais il abandonna sans doute assez vite son premier état, et sa bonne fortune le conduisit à la cour d'Azalaïs de Burlatz, fille du comte Raimon V de Toulouse et femme de Roger II, dit Taillefer, vicomte de Béziers et Carcassonne. Azalaïs fut la principale inspiratrice de ses poèmes. D'après la *razo* qui précède une de ses chansons, notre poète aurait été victime de la jalousie du roi-troubadour Alphonse II* d'Aragon (1162-1196), lui-même amoureux de la comtesse, et qui fut fort irrité de voir « los semblans amoros qu'ela fazia az Arnaut ». Tant et si bien qu'Azalaïs congédia Arnaut qui, triste et dolent, se rendit à la cour de Guillaume de Montpellier, son seigneur et ami, auprès de qui il resta longtemps à pleurer ses amours anciennes. Les affirmations de la *razo* s'accordent bien avec les craintes, souvent exprimées par Arnaut, qui se plaint dans ses chansons de son humble origine et prie sa dame de ne pas attacher trop d'importance à *paratge* et à *ricor*. Arnaut mentionne d'autre part, dans l'envoi de deux de ses chansons, le roi d'Aragon et Guillaume de Montpellier (mort en 1202).

Une autre *Vida*, celle du troubadour Pistoleta*, nous fournit un détail supplémentaire : Pistoleta, en effet, aurait été le « cantaire d'En Arnaut de Meruoill », c'est-à-dire son jongleur. Enfin, mention est faite de notre troubadour dans la dixième strophe de la galerie de portraits que le Monge de Montaudon* (PC 305,16 v.55-60) écrivit, dans la deuxième moitié du XIIe siècle, à l'imitation de celle de Peire d'Alvernha*.

On sait d'autre part qu'Alphonse II était très lié avec le vicomte de Béziers qui, en 1185, adopta le fils du roi. Il semble donc bien qu'on puisse ajouter foi, dans une assez large mesure, aux assertions du biographe.

L'activité poétique d'Arnaut de Mareuil se situe entre 1171 et 1190. L'affirmation de Jean de Nostredame*, selon laquelle « il trespassa en l'an 1220 », quoique plausible, n'est pas suffisamment fondée. Son œuvre se compose de trois parties : vingt-cinq *cansos* d'attribution certaine, cinq épîtres amoureuses (*saluts d'amor*) et un *ensenhamen*.

Les cansos. Il semble incontestable que les chansons d'Arnaut aient été surtout inspirées par Azalaïs de Béziers. Mais dans la plupart de ses chansons, l'envoi commence généralement par un *Dompna* ou *Dossa Dompna*, comme dans les *saluts d'amor*, de sorte qu'aucune identification n'est possible et qu'on ne peut même pas savoir si les poésies sont écrites à l'intention d'une ou de plusieurs dames.

Quoi qu'il en soit, et quelle qu'ait été la réalité de sa dame, le poète a su, à propos de la *dame rêvée*, élaborer poétiquement un véritable roman d'amour dont on a pu même distinguer les chapitres : naissance de l'amour, sa plénitude, le regret des plaisirs passés. Certes, l'expression de cette passion est avant tout la reprise, à bon escient, d'une terminologie consacrée par un grand nombre de troubadours et plus ou moins figée dans ses concepts. La coloration personnelle de l'amour est chose rare chez les poètes courtois. Mais il y a quand même chez Arnaut de Mareuil certaines inflexions spécifiques de la courtoisie, une certaine individualité du sentiment, que trahit la fréquence même de certains thèmes directeurs, tant dans les chansons que dans les *saluts*. D'abord, le thème du *rêve*. Le troubadour, après nous avoir dépeint par le menu ses tribulations nocturnes, nous confesse qu'il rêve de sa dame et l'amant ne souhaite plus qu'une chose : que son rêve dure le plus longtemps possible.

Ce thème du rêve, on en a cherché la source chez Ovide (Martín de Riquer) ; ou bien on a essayé de l'expliquer par un rapport avec le songe prophétique (Johnston). Nous y verrions plus volontiers un procédé magique de « visualisation » de la dame : le rêve n'est-il pas une sorte de compensation magique à l'absence de l'aimée ?

Un deuxième thème important de la poésie d'Arnaut, dénominateur commun entre ses chansons et ses saluts, nous est fourni par la louange de la dame. Cette classique *descriptio puellae*, qui ne sort que rarement des conventions de l'époque, joue chez l'amant d'Azalaïs un rôle de premier plan. Le troubadour ne se lasse pas de contempler l'aimée et consacre de longs passages à décrire sa beauté.

Un troisième thème enfin, qui sert de pont lui aussi entre chansons et saluts, et crée une certaine unité d'inspiration dans toute l'œuvre d'Arnaut, est celui de l'*humilité*. Certes, cela est classique chez tous les troubadours : l'humilité est une condition *sine qua non* de l'existence même de Courtoisie, un élément essentiel d'un amour pour lequel les concepts de *paratge* et de *ricor* couvrent une double transcendance, sociologique et psychologique. Mais ce thème de l'humilité revient chez Arnaut avec une particulière fréquence ; il n'ose dévoiler ses désirs, sans cesse il demande merci : les mots *auzar* et *merce* se retrouvent sans arrêt dans ses vers. N'oublions pas que, comme Bernart de Ventadorn*, l'amant d'Azalaïs est de basse extraction et que seule une certaine sublimation poétique lui permettait de prier d'amour une dame de haut lignage.

Les saluts. Plus que par ses chansons peut-être, Arnaut est représentatif par ses *saluts d'amor*. Sur les dix-neuf saluts occitans, en effet, dont nous avons conservé les textes, cinq sont sûrement d'Arnaut de Mareuil et deux peuvent lui être attribués avec assez de vraisemblance. Il paraît d'autre part assez probable que notre troubadour a été, sinon l'inventeur, du moins le maître incontesté du genre. Les saluts d'Arnaut comprennent généralement trois parties : une *introduction*, qui sert à annoncer l'épître et commence par une salutation à la dame ; elle contient le plus souvent un essai d'explication pour motiver l'envoi de la lettre sans violer les lois de l'humilité ; l'*épître amoureuse proprement dite* dont les thèmes sont très proches de ceux de la chanson ; et une *conclusion* qui permet de mettre élégamment un terme à la louange courtoise.

Un thème intéressant des saluts d'Arnaut de Mareuil nous est fourni par les allusions assez fréquentes que notre poète fait aux amants célèbres. Dans deux saluts en effet (éd. Bec, I et III), il se plaît à évoquer d'illustres amours et à conclure en affirmant que la joie d'amour de tel ou tel personnage, mythologique, historique ou légendaire, pour intense qu'elle fût, était sans commune mesure avec la sienne. La liste des amoureux célèbres dont il invoque le témoignage est d'ailleurs établie sans aucune discrimination, et les amants de l'Antiquité y côtoient aisément les personnages du Moyen Âge courtois ; ces amours célèbres étaient toutes plus ou moins colportées par les *romans* de l'époque. Au caractère épistolaire du salut et à sa grande liberté formelle, il faut ajouter une certaine tendance à la didactique courtoise, qui le rapproche de l'*ensenhamen*. Le salut d'Arnaut de Mareuil *Tant m'abellis e.m plaz* (éd. Bec, III), en particulier et pour plusieurs raisons, paraît bien représenter un genre hybride.

L'ensenhamen. Dans son *ensenhamen* sur la *proeza* (*Razos es e mezura*), le troubadour s'est transformé en un véritable docteur en courtoisie. Dans ce poème de 365 vers de six syllabes, le timide amant d'Azalaïs nous fait, sur l'éthique et le comportement courtois, un exposé fort abondant auquel les allusions savantes, à Salomon, Platon, Virgile et Porphyre, achèvent de donner tout le poids qui convient. Poème ennuyeux, certes, et sans lyrisme, mais intéressant dans la mesure où les notions de *pretz* et de *proeza*, avec leurs éléments constitutifs (*conoissensa, sabers, sens, largueza, poders*), ne s'inscrivent plus seulement dans le cadre de la stricte louange à la *domna*, mais prennent figure de qualités universelles et humaines dont doivent faire preuve, à titre divers, aussi bien les dames que les chevaliers, les bourgeois que les clercs. Véritable éthique courtoise, on le voit, catalogue des vertus qui font les *pros* et les *ensenhatz* ; la *fin'amors* devient école de perfectionnement moral : le poème s'achève d'ailleurs par une louange de la dame qui, elle, possède encore toutes les qualités qu'un monde corrompu est en train de perdre.

ŒUVRES. — Éd. R.C. Johnston, *Les poésies lyriques du troubadour A. de M.*, Paris, 1935, réimpr. Genève, 1973 [éd. avec trad. fr.]. — P. Bec, *Les saluts d'amour du troubadour A. de M.*, Toulouse, 1961. — M. Eusebi, *L'ensenhamen di A. de M.* dans *Romania*, t. 90 (1969), p. 14-30 [éd. avec trad. italienne]. — Éd. partielles : M. de Riquer, *Los trovadores. Historia literaria y textos*, Barcelone, 1975, t. 2, p. 647-669 [PC, 30, 16-5-10-23 et le salut : *Domna genser que no sai dir*]. — R. Richter, *Die Troubadourzitate im « Breviari d'Amor »*, Modène, 1976, p. 187-196 [PC, 30, 5-15-3-4-8-18-1-23 et l'*ensenhamen*].

→ PC, 30, 1 à 26. — C. Brunel, n°s 11, 142, 179, 194, 292, 306, 311, 314. — R.A. Taylor,

La littérature occitane du Moyen Âge, Toronto, 1977, n°s 324-326. — P. Bec, *L'introduction et la conclusion dans les saluts d'amour d'A. de Mareuil* dans *Mél. I. Frank*, Sarrebruck, 1957, p. 39-50. — M. Melli, *I « salut » e l'epistolografia medievale*, dans *Convivium*, t. 4 (1962), p. 385-398 ; à quoi réplique P. Bec, *Pour un essai de définition du salut d'amour*, dans *Estudis Romanics*, t. 9 (1961, en fait 1966), p. 191-201. — D.A. Monson, *Les « Ensenhamens » occitans. Essai de définition et de délimitation du genre*, Paris, 1981. P.Be.

Arnaut de Tintinhac. De ce troubadour mineur originaire du Limousin au XIIe siècle, il ne reste que quatre poèmes ; mais ni sa personnalité ni son œuvre, pour mince que soit cette dernière, ne sont sans originalité.

Aucune *Vida*, ou biographie ancienne, ne parle de lui. Nous ne connaissons le prénom d'Arnaut que grâce aux rubriques des chansonniers manuscrits. Son nom a d'ailleurs été corrompu dans les chansonniers C, R et a[1] en *Quintenac* et *Retignac*. Jean de Nostredame* le baptise *Coutignac* et donne sur lui des détails fantaisistes. Cependant, le chansonnier E, qui a gardé trois poèmes de lui ainsi que I, K et d, ont conservé la forme correcte de son nom.

Or, le troubadour a pour ainsi dire signé deux de ses poèmes : *Molt dezir l'aura doussana* (PC, 34,3) qu'il termine en disant : « Celui de Tintinhac implore ainsi sa dame... » et *Lo jois comens en un bel mes* en ces termes : *« De Tintinhac ac la valor qi fes lo vers nominatiu »*, c'est-à-dire : « De Tintinhac, il eut le fief celui qui fit ces vers remarquables ».

Tintinhac est un hameau de la commune de Naves, situé à 8 km au nord de Tulle, qui au XIIe siècle rendait hommage aux vicomtes de Turenne. Sans nul doute Arnaut était seigneur de Tintinhac, et il vécut en Bas-Limousin dans l'orbe politique et littéraire de Turenne et de Ventadour (distant de 30 km), entre Marcabru* et Bernart de Ventadorn* : c'est-à-dire dans la première moitié du XIIe siècle.

Sa métrique et sa diction appartiennent à l'époque ancienne. Non seulement il donne à ses poèmes le nom archaïque de *vers*, mais trois sur quatre s'ouvrent sur une évocation du printemps non sans grâce et d'une fraîcheur toute primitive, qui ne sent point la convention. Les arbres sont en fleur et l'herbe reverdit ; mais, plutôt qu'une note printanière, *Molt dezir l'aura doussana* est selon nous un jeu de mots, ou *dark conceit*, où par courtoisie le troubadour cache une indication sur sa dame. Il y a là une sorte de synonyme de Ventadour, *vent adorn*, le joli vent, dont l'*aura doussana*, la suave brise, est l'équivalent. On reconnaît là le goût du temps pour cette sorte d'« étymologie ». L'*aura* serait un *senhal* et dissimulerait pour Arnaut un personnage féminin du château de Ventadour, et peut-être une des vicomtesses.

À l'*escola N'Eblo*, la tendance raffinée d'Ebbe II de Ventadorn, se rattachent les strophes courtoises d'Arnaut, qui ne sont pas exemptes de quelque obscurité : *trobar clus**. Sa courtoisie est encore toute cavalière, sans le formalisme et la mièvrerie qu'on trouvera plus tard. Arnaut n'a rien d'un soupirant ; s'il insiste sur sa *mezura*, ses prières sont pleines de dignité. L'apologie qu'il fait de l'amour source de joie et d'amélioration, nuancée de réserve et même de crainte, se retrouve dans tous ses poèmes.

C'est ce goût plein d'alacrité qui le porte à blâmer avec vigueur les amoureux trompeurs et faux, les amoureuses perfides, et surtout ceux qui médisent de l'amour. Les invectives qu'il décoche (niais, avilis, balourds, perfides, apostats, ivrognes) rappellent par leur vivacité celles de Marcabru — et il n'est point surprenant que le chansonnier D ait attribué un poème de Tintinhac (PC, 34, 3) à l'atrabilaire moraliste.

Le seigneur de Tintinhac, naïvement fier de ses rimes, les dicte à un *bel clerc*, et les confie à un *franc messagier* qui doit revenir en courant si l'accueil de la dame est favorable ; dans le cas contraire, dit-il, il ne veut « ni ouïr ni savoir » ce malheur.

On voit que la fraîcheur, une certaine allégresse, la spontanéité, la vivacité des invectives alliée à la mesure et à la réserve font de l'amoureux de la douce brise, cette *aura doussana* ancêtre de l'*aura* de Pétrarque*, un poète attachant et même pittoresque bien que de grande allure. Il prend avec honneur son rang modeste dans la lignée des troubadours limousins.

ŒUVRE. — Éd. J. Mouzat, *Le troubadour A. de Tintinhac*, Tulle, 1956. — Éd. partielles : M. de Riquer, *Los trovadores. Historia literaria y textos*, Barcelone, 1975, t. 2, p. 781-784 [PC, 34, 3]. — R. Richter, *Die Troubadourzitate im « Breviari d'Amor »*, Modène, 1976, p. 201 [PC, 34, 2].

→ PC, 34,1 à 34,3. — J. Mouzat, *Cel de Tintignac, introduction à A. de T., troubadour limousin* dans *Bull. Soc. Lettres Sc. et Arts de la Corrèze*, Tulle, 1954-1956 ; *La langue de l'amour courtois chez le troubadour A. de T.*, dans *Mél. I. Frank*, Sarrebruck, 1957, p. 480-486 ; *Le « joy » apport des troubadours à l'humanisme médiéval* dans *Annales de l'Institut d'Études occitanes*, t. 2 (1970), p. 131-142. — J.-L. et N. Lemaître, *Troubadours au bas pays de Limousin*, Ussel, 1976, p. 21-22. — R.A. Taylor, *La littérature occitane du Moyen Âge*, Toronto, 1977, nos 327-328. J.M.

Arnaut Vidal de Castelnaudary. Ce troubadour doit sa célébrité à l'hommage que lui décernèrent les doctes mainteneurs du Consistoire de la gaie science, la première violette d'or, pour son poème à la Vierge. En effet, le Consistoire venait d'être fondé à Toulouse en 1323, lorsqu'au premier concours poétique qui réunit tous les troubadours des pays de langue d'oc, Arnaut Vidal fut couronné le 3 mai 1324. Ce jour est à l'origine des fêtes connues sous le nom de Jeux Floraux.

Passée la croisade albigeoise avec la répression religieuse qu'elle engendra, les poètes d'oc ne chantent plus la dame courtoise des *antics trobadors*. Le *sirventés* d'Arnaut Vidal, selon sa source manuscrite, est une *canso* religieuse, à la gloire de la Vierge protectrice des Jeux Floraux. L'orthodoxie religieuse a imposé une orthodoxie littéraire ; aussi bien ne remarque-t-on dans ce texte aucune originalité dans le fond ni dans la forme. Cinq strophes suivies de l'envoi traditionnel ou *tornada* chantent une louange pleine de confiance à la dame par excellence. Le principal intérêt de cette pièce consiste dans la facture du vers, ou plutôt dans la recherche des rimes dites par les *Leys d'Amors* dérivatives, « par addition et par diminution d'une lettre ». Par exemple, dans les deux premiers vers :

Mayres de Dieu. Verges pura
vas vos me vir de cor pur
Mère de Dieu, Vierge pure,
Vers vous je me tourne d'un cœur pur

La difficulté de trouver des rimes et la recherche constante de l'allitération étouffent toute sincérité. Le formalisme est là poussé à son extrême. La quatrième strophe de ce texte rendu célèbre par les circonstances de son couronnement, en est caractéristique :

Verges, us gaugz me conforta
tot jorn d'amoros cofort :
car, per la virginal porta
intret Dieus dins vostre port
don estort
em tug a durabla mort
que nostra vid'era morta
quar Adam tenc via torta,
manjan del frug a gran tort.
Mas yeu en vos ay conort
ab tal esper que.m conorta :
que vostra bontatz me port
mest manh glorios deport.
Vierge, une joie me réconforte
toujours d'amoureux réconfort :
par la virginale porte
Dieu entra dans votre port aussi
sommes-nous tous sauvés de la perdurable [mort
car notre vie était morte
Adam suivit une voie retorse
en mangeant du fruit, à grand tort
Mais en vous j'ai mon confort,
avec cet espoir qui me conforte :
que votre bonté me porte
au milieu de maint glorieux transport.

Mais avant d'être ainsi couronné par le Consistoire, Arnaut Vidal avait déjà composé un roman d'aventures, *Guilhem de la Barra*, achevé en 1318. Un seul manuscrit le conserve. C'est un des rares romans en vers qui subsistent de la littérature occitane médiévale, outre *Jaufré**, *Blandin de Cornouailles** et les deux poèmes qui se rattachent à la légende de Roland. Ce texte en 5 344 octosyllabes à rimes plates, a été dédié à Sicart de Montaut, modeste seigneur du Toulousain, qu'Arnaut choisit comme protecteur après avoir subi plusieurs déboires poétiques. Il alla lui-même lui apporter son œuvre à Hauterive. Le succès ne lui advint qu'en 1324 et on ne sait rien de lui ensuite.

Le roman comporte bien des passages édifiants, en écho aux préoccupations du temps : la croisade, les dangers des Sarrasins. L'auteur cependant, habile versificateur, conte dans une langue encore pure, l'histoire imaginaire d'un personnage attachant, Guillaume de la Barre. Vassal du roi de la Serre — une terre située par-delà la Hongrie — il est chargé de lui ramener comme épouse la fille du roi d'Angleterre. Mission réussie après une victoire sur les

Sarrasins. Mais l'intérêt du roman réside essentiellement dans la peinture d'un type féminin à rapprocher de la *Châtelaine de Vergy** ou de sources plus anciennes, en tout cas, le thème est antérieur à Arnaut Vidal. La jeune reine aime Guillaume que le roi a institué, en son absence, gouverneur du royaume ; dépitée de se voir repoussée par lui, elle l'accuse d'avoir voulu la séduire ; par ses mensonges, elle provoque les malheurs du vaillant chevalier. Finalement, elle confesse sa faute et le malheureux Guillaume, réhabilité, devient sénéchal du roi d'Angleterre qui lui léguera le duché de Guyenne. Parvenu à un âge avancé, il meurt un vendredi saint.

Le passage à retenir (v. 3230-3293) est la scène de la séparation du héros et de son fils dans la forêt où le premier, roué de coups et persuadé de mourir bientôt, révèle son nom :

G. de la Barra per nom,
un cavalier dezeretat
per portar a senhor lealtat.
Mon nom est G. de la Barre,
un chevalier deshérité
pour avoir gardé à son seigneur fidélité.

ŒUVRE. — A. Jeanroy, *Les joies du Gai Savoir*, Toulouse, 1914 [éd. poésie à la Vierge, avec trad. française]. — P. Meyer, *Guillaume de la Barre, roman d'aventures par A.V. de C*, Paris, 1895 (*SATF*, 34).

→ A. Thomas, *A.V. troubadour, premier lauréat des Jeux Floraux*, dans *AM*, t. 31-32 (1919-1920), p. 305-338, repris dans *HLF*, t. 35 (1921), p. 513-526. — A. Praviel et J. Rozès de Brousse, *L'anthologie des Jeux Floraux 1324-1924*, Paris, 1924, p. 13-20. — C. Brunel, n° 86. — R. Lafont et C. Anatole, *Nouvelle histoire de la littérature occitane*, t. 1, Paris, 1970, p. 233-234. — F. Zufferey, *Bibliogr. des poètes provençaux des* XIV*e et* XV*e siècles*, Genève, 1981, n° 472. G.B.L.

Arnaut de Villeneuve. Illustre médecin catalan, écrivain et réformateur, terrible polémiste, visionnaire enfin.

Il est né vers 1238 et passe sa petite enfance à Valence, mêlé à la population musulmane d'une ville que Jacques Ier d'Aragon vient de reconquérir sur les Maures. Il est issu d'une famille originaire de Villeneuve-en-Provence, peut-être juive, et passée en Catalogne après sa conversion. Il apprend l'arabe et s'initie à la culture orientale, notamment médicale et religieuse. Vers 1260, il étudie la médecine à Naples et à Montpellier, où il épouse Agnès de Blasi, dont il a une fille qui sera dominicaine à Valence. En 1281, il devient le médecin du roi d'Aragon Pierre le Grand et réside à Barcelone. A partir de 1289 et jusqu'à la fin de 1299, il enseigne la médecine et vit à Montpellier où il entre en relation avec le franciscain spirituel Pierre Jean Olivi. Il s'intéresse de plus en plus à la théologie et subit à la fois l'influence de Joachim de Flore et de la cabale juive. A la fin de l'année 1299, il est envoyé à Paris comme ambassadeur de Jacques II d'Aragon pour régler un différend qui opposait ce dernier au roi de France Philippe IV au sujet de la possession du Val d'Aran. Arnaut en profite pour divulguer ses idées. Il est alors très violemment réfuté par les théologiens de la Sorbonne et doit se rétracter devant l'évêque et la faculté de théologie de Paris. Indigné, il en appelle au pape Boniface VIII, qui lui demande une rétractation mitigée et en même temps le service de sa propre santé ; le pape met à sa disposition son château de Scorcola près d'Agnani en lui disant : « Occupe-toi de médecine, pas de théologie, et nous t'honorerons. » Arnaut fut le médecin de deux papes successeurs de Boniface VIII qui le protégèrent : Benoît XI et Clément V, un gascon, premier pape d'Avignon.

Vers 1302-1303, les dominicains commencèrent une violente polémique contre les écrits apocalyptiques d'Arnaut de Villeneuve et ses prédictions sur la venue imminente de l'Antéchrist. Ce furent pour lui des années de lutte. En 1306, retiré à Saint-Victor de Marseille, il écrit son traité *Expositio super Apocalypsi*, commentaire exégétique sur l'Apocalypse de saint Jean, vers par vers, accompagné d'interprétations mystiques et d'élucubrations prophétiques. Il intensifie ses relations avec les béguines et les bégards du sud de la France. C'est l'époque de la *Liço de Narbona*. La critique moderne le considère comme une figure-clé du mouvement des spirituels du bassin méditerranéen. Toujours dévoué à son roi Jacques II, Arnaut fut appelé, fin 1308, à la cour du roi Frédéric II de Sicile pour interpréter un songe. En janvier 1311, il est à Messine et meurt la même année, peut-être au cours de son voyage de retour vers Avignon. Il est enterré à Gênes.

Plus de 70 œuvres médicales nous sont

parvenues, toutes en latin. L'auteur suit la doctrine de Galien, qu'il enrichit de la science des médecins arabes, en particulier Avicenne et Razès. En catalan, sont conservées quatre œuvres plus deux lettres, toutes de caractère spirituel : *Confessio de Barcelona, Liço de Narbona, Raonament d'Avinyo* et *Informacio spiritual*. En outre, on lui attribue une traduction en langue d'oc d'un traité d'arpentage en prose, précédé d'une longue introduction en vers. Il en existe deux manuscrits (Carpentras, Bibl. mun. 327, et Aix-en-Provence, Bibl. mun. 123) copiés par Bertran Boysset* d'Arles.

Arnaut de Villeneuve est une personnalité forte, impressionnante par son indépendance morale et sociale.

ŒUVRE. — Éd. L. Garcia-Ballester, J.A. Paniagua et R. Mc Vaugh, *Arnaldi de Vilanova. Opera omnia*, Barcelone, 1975, 1981, 1985, 1988 [5 vol. parus].

→ P. Hauréau, *Arnauld de Villeneuve, médecin et chimiste*, dans *HLF*, t. 28, Paris, 1881, p. 26-126. — C. Brunel, n° 82. — J. Carreras i Artau, *A. de V. Obres catalanes*, Barcelone, 1947, t. 1, p. 11-49 ; avec M. Batllori, *La patria y la familia di A. de V.*, dans *Analecta Sacra Tarraconensia*, t. 20 (1947), p. 1-71. — M. Menendez y Pelayo, *Historia de los heterodoxos españoles*, t. 2, 1947, p. 247-292. — J. Payen, *Arnaud de Villeneuve et la version provençale du « Rosarius philosophorum »*, dans *Positions thèses École des Chartes*, 1957, p. 105-106. — J.A. Paniagua, *Estudios y notas sobre Arnau de Vilanova*, Madrid, 1963. — M. de Riquer, *Historia de la Literatura catalana*, t. 1, Barcelone, 1964, p. 353-372. — F. Santi, *Orientamenti bibliografici per lo studio di Arnau de Vilanova, spirituale. Studi recenti (1968-1982)* dans *Arxiu de textos catalans antics*, t. 2 (1983), p. 371-395 ; *Per lo studio di A. de V.* dans *Estudios franciscanos*, t. 87 (1986), p. 967-978 ; *Arnau de Vilanova. L'obra espiritual*, Valence, 1987. G.B.L.

Arnold de Lantins. Compositeur franco-flamand dont les œuvres sont consignées dans des manuscrits italiens datés autour de 1430. Présent à Venise en 1428, il devient en 1431 chanteur à la chapelle papale en même temps que Guillaume Dufay*.

Il est l'auteur d'une messe comprenant Introït, Kyrie, Sanctus et Agnus Dei qui sera complétée par Ciconia (Gloria et Credo), d'une messe cyclique *Verbum incarnatum* et de trois paires Gloria-Credo. Deux motets mariaux et une *lauda* viennent compléter sa musique religieuse. Son œuvre profane compte 15 titres (13 rondeaux et deux ballades).

Sa musique se caractérise par de fréquentes cadences avec saut d'octave et une propension à l'utilisation du style en faux-bourdon.

ŒUVRES. — Éd. C. Van den Borren, *Polyphonia sacra*, Burnham, 1932, rév. 2/1962 ; *Pièces polyphoniques profanes de provenance liégeoise (XVe siècle)*, dans *Flores musicales belgicae*, t. 1, Bruxelles (1950).

→ Voir : Hugo de Lantins. N.S.

Arnoul Gréban (vers 1425-vers 1495). Auteur d'un *Mystère de la Passion** et du *Mystère des Actes des Apôtres**. Gréban aurait été originaire du diocèse de Cambrai, mais il vécut une grande partie de son existence en France, avant de partir pour l'Italie et de retourner mourir peut-être dans son pays d'origine. Gréban avait une maîtrise ès arts, obtint son baccalauréat en théologie en 1458 puis fut organiste, maître de grammaire et maître des enfants de chœur de Notre-Dame-de Paris de 1451 à 1456. Il demeura ensuite auprès de Charles, comte du Maine jusqu'à la mort de celui-ci en 1473. Il partit ensuite pour l'Italie : il vécut à Florence, devint chapelain de San Lorenzo (1476) et s'occupa de la musique à la cour des Médicis jusque vers 1485, date à laquelle il se rendit à Bologne. Les biographes de Gréban le faisaient mourir au Mans en 1473 et les recherches de D. Smith vont complètement renouveler la biographie de l'auteur du *Mystère de la Passion*.

→ P. Champion, *Arnoul Greban, l'auteur du « Mystère de la Passion »* dans *Histoire poétique du XVe siècle*, Paris, 1923, t. 2, p. 133-188. — H. Stein, *Arnoul Greban, poète et musicien*, dans *BEC*, t. 79 (1918), p. 142-146. — D. Smith, *Biographie d'Arnoul Greban* [à paraître]. — Cf. *MB*, n°s 5741-5752 ; *S* 6255, 6259, 6261, 8169 *bis*, 8178-8182, 8198. Pour la bibliogr. sur les œuvres, voir aux titres. E.L.

Arnoul de Lisieux. Né avant 1109, d'origine normande, Arnoul était frère et neveu d'évêque. Après de solides études littéraires, il fut créé archidiacre et partit pour Rome étudier le droit canon. Il s'y trouvait en 1130, au moment du schisme d'Anaclet (opposé à l'élection d'Innocent II) ; pastichant quelque peu les *Catilinaires*, Arnoul composa vers 1134 un récit des événements, qu'il dédia à l'évêque de Chartres, Geoffroi de Lèves ; il y critiquait sévèrement Girard, évêque d'Angoulême et zélé partisan d'Anaclet ; ses reproches sont en grande partie injustifiés. En 1141, Arnoul devint évêque de Lisieux ; il manifesta une grande activité dans son diocèse et intervint plus d'une fois dans des affaires délicates. Dans le conflit qui mit aux prises le roi d'Angleterre et Thomas Becket, il se posa en conciliateur impartial. Mais il semble n'avoir fait preuve ni de clairvoyance ni de fermeté. La fin de sa vie fut triste. Disgracié par Henri II, accusé de dilapidation par les chanoines de son diocèse, il démissionna et se retira à Paris, à l'abbaye de Saint-Victor, dont il fut un grand bienfaiteur et où il mourut le 31 octobre 1184.

En dehors du traité sur le schisme d'Anaclet, de quatre sermons et de quelques pièces de vers, il reste de lui 131 lettres, écrites dans un style élégant et fort intéressantes. Plusieurs sont relatives aux affaires d'Angleterre : tout en promettant à Thomas Becket d'agir en sa faveur auprès du roi, il le prévient que, pour le mieux servir et être écouté, il fera semblant de lui être opposé et qu'il blâmera sa conduite ; or après le meurtre, il écrira au pape pour disculper le roi et portera sur l'archevêque de violentes accusations, le taxant d'une attitude insolente. D'autres lettres concernent l'administration de son diocèse, et surtout l'affaire des moines de Grestain (abbaye bénédictine du diocèse de Lisieux) dont le couvent était alors le théâtre de scènes de violences scandaleuses. Ces dernières missives offrent un intérêt certain pour connaître l'état du clergé normand à la fin du XIIe siècle.

ŒUVRES. — Éd. Migne, *PL*, t. 201, col. 17-200. — *Lettres*, éd. F. Barlow, dans *Royal Hist. Soc.*, t. 61 (1939) [éd. critique]. — *Invectiva in Girardum Engolismensem episcopum* ou *Tractatus de schismate Petri Leonis orto post Honorii II papae decessum*, éd. J. Dieterich, dans *MGH, Libelli*, t. 3 (1897), p. 85-108 [éd. critique]. — *Sermo in capite jejunii*, éd. F. Gastaldelli, *Un vescovo letterato del sec.* XII, *Arnolfo di Lisieux*, dans *Salesianum*, t. 41 (1979), p. 801-818 [étude de l'œuvre poétique d'Arnoul avec, en appendice, l'éd. de ce sermon].

→ Voir *HLF*, t. 14, p. 304-334. — R. Foreville, *L'Église et la royauté en Angleterre sous Henri II Plantagenêt*, Paris, 1943. — P. von Moos, *Literarkritik im Mittelalter : Arnulf von Lisieux über Ennodius*, dans *Mél. R. Crozet*, t. 2, 1966, p. 929-935. — G. Teske, *Ein unerkanntes Zeugnis zum Sturz des Bischofs Arnulfs von Lisieux ?*, dans *Francia*, t. 16 (1989), p. 185-206 [à la fin, éd. d'une lettre qui pourrait avoir été écrite par Arnoul de Lisieux]. — Molinier n° 1908. — Nouveau Potthast, t. 2, p. 404-405.

G.T.L.

Arnoul d'Orléans (Arnulfus Aurelianensis). Maître à Orléans dans la deuxième moitié du XIIe siècle, il a été vivement attaqué et ridiculisé par ses contemporains, Matthieu de Vendôme* et Hugues Primat d'Orléans* qui le surnommaient *Rufus*. Auteur d'un commentaire très riche et assez personnel de la *Pharsale* de Lucain, il a consacré son enseignement tout spécialement à Ovide*, dont il a commenté la plupart des poèmes : les *Amours, l'Art d'aimer*, les *Fastes*, les *Héroides* (?), les *Métamorphoses*, les *Pontiques*, les *Remèdes d'amour* et les *Tristes* (?) — gloses encore inédites, connues seulement à travers les extraits publiés par F. Ghisalberti. Il innove surtout par ses *Allegoriae* sur les *Métamorphoses* d'Ovide, dont il donne une interprétation allégorique et moralisante, annonçant les *integumenta Ovidii* de Jean de Garlande*, avec lesquels elles alternent dans certains manuscrits des *Métamorphoses*. Certains voient en lui l'auteur des « comédies » latines anonymes : *Lidia** et *Miles gloriosus**, attribuées jadis à son rival, Matthieu de Vendôme*. Il aurait aussi commenté le *Querolus* d'après R. Sabbadini et C. Barlow et peut-être les *Odes* d'Horace dans le ms. Paris, BN, lat. 8241.

ŒUVRES. — Commentaire de Lucain : éd. B.M. Marti, *Arnulfi Aurelianensis « Glosule super Lucanum »*, Rome, 1958 (*Papers and Monographs of the American Academy in Rome*, 18). — *Allegoriae super Ovidii Metamorphosin* et commentaires d'Ovide : éd. d'extraits, F. Ghisalberti, *Arnolfo d'Orléans, un cultore di Ovidio nel sec.* XII, dans *Memorie del R. Istituto Lombardo di scienze e lettere*, t. 24 (1932), p. 157-234 ; *Mediaeval Biographies of Ovide*, dans *JWCI*, t. 9 (1946), p. 12.

→ L. Delisle, *Les écoles d'Orléans au* XIIe *et au* XIIIe *siècle*, dans *Annuaire Bulletin de la Société de l'histoire de France*, t. 7 (1869), p. 139-146. — C. Barlow, *Codex Vaticanus latinus 4929*, dans *Memoirs of the American Academy in Rome*, t. 15 (1938), p. 107-117. — B.M. Marti, *Arnulfus and the « Faits des Romains »*, dans *Modern Language Quarterly*, t. 2 (1941), p. 1-23 ; *Literary Criticism in the Mediaeval Commentaries on Lucan*, dans *Transactions and Proceedings of the American Philol. Association*, t. 72 (1941), p. 245-254. — J. Holzworth, *Hugutio's « Derivationes » and Arnulfus Commentary on Ovid's « Fasti »*, *ibid.*, t. 73

(1942), p. 259-276 ; *Light from a Medieval Commentary on the Text of the « Fabulae » and « Astronomica » of Hyginus* dans *Classical Philology*, t. 38 (1943), p. 126-131 [cf. aussi sa thèse inédite de 1940 sur le commentaire des *Fastes*]. — J. de Ghellinck, *L'essor de la littérature latine au* XIIe *siècle*, Bruxelles-Paris, 2, 1946, p. 60-61, 210, 246-248. — B.M. Marti, *Hugh Primas and Arnulf of Orleans* dans *Speculum*, t. 30 (1955), p. 233-238. — L. Rosa, *Su alcuni commenti inediti alle opere di Ovidio*, dans *Annali della Fac. di lettere e filos. della Univ. di Napoli*, t. 5 (1955), p. 191-231. — G. Aceti, *Arnoul d'Orléans et Hughes de Pise*, dans *Actes du congrès sur l'ancienne Université d'Orléans*, Orléans, 1962, p. 11-13. — B. Roy, *Arnulf of Orléans and the Latin « Comedy »* dans *Speculum*, t. 49 (1974), p. 258-266. — H. Walter, *Textkritische Beiträge zu Lukankommentar des Arnulf von Orléans*, dans *Mittellateinisches Jahrbuch*, t. 11 (1975), p. 28-33. — H.V. Shooner, *Les « Bursarii Ovidianorum » de Guillaume d'Orléans*, dans *Mediaeval Studies*, t. 43 (1981), p. 405-524. — B. Roy et H.V. Shooner, *Querelles de maîtres au* XIIe *siècle : Arnoul d'Orléans et son milieu*, dans *Sandalion*, t. 8-9 (1985-1986), p. 315-341. — Cf. *HLF*, t. 29, 1885, p. 575-579. — Manitius, 3, p. 328 et 740-741. — *Dictionnaire de biographie française*, 3, 1939, col. 986-987 [R. Crozet]. — *Lexikon des Mittelalters*, 1, 1980, col. 1020-1021 [E. Heysel]. C.J.

Ars Antiqua. Terme utilisé à Paris au tout début du XIVe siècle pour désigner la polyphonie immédiatement passée et la distinguer de l'art nouveau (*Ars Nova, Ars Modernorum*) ; *ars* traduisant le mot grec *technè*.

Le partisan le plus résolu de l'Ars Antiqua était Jacques de Liège dans son traité *Speculum musicae* (1323-1325) ; citant Francon de Cologne, Magister Lambertus et Petrus de Cruce, il critiquait les modernes en soulignant les mérites du passé : à côté des motets et cantilènes, il réclamait qu'on en revînt aux organa, conduits et hoquets ; devant la multiplication de pièces en rythme imparfait, il préconisait l'usage strict de la perfection, de la division parfaite et l'indivisibilité de la semi-brève. Il opposait à la *musica lasciva* des modernes la *musica modesta* des anciens. Son idéal était en fait la polyphonie de la deuxième moitié du XIIIe siècle.

Il y avait motif à élargir le champ d'application du terme à toute la période de Notre-Dame (Léonin* et Pérotin* compris) comme l'usage s'en est maintenant généralisé. De fait, l'Ars Antiqua comprend deux périodes principales : la musique de l'École Notre-Dame (1160-1260) ; puis la période, plus particulièrement visée par Jacques de Liège (1260-1320), qui voit se dessiner de nouvelles recherches stylistiques au niveau du motet.

Les principaux théoriciens de l'Ars Antiqua, outre les trois précédemment cités sont Jean de Garlande*, l'Anonyme de Saint-Emmeran, Jérôme de Moravie, Jean de Grouchy, l'Anonyme IV et bien sûr Jacques de Liège. Les œuvres sont consignées dans de larges compilations manuscrites : les quatre grands mss de Notre-Dame (Wolfenbüttel 628 et 1099, Florence Plut.29.1, Madrid BN 20486) et aussi les mss de La Clayette (Paris, BN n.a.fr.13521), Montpellier (H 196), Bamberg (lit. 115), Turin (Vari 42), Las Huelgas et *Roman de Fauvel** (Paris, BN, fr. 146).

→ H. Besseler, art. *Ars Antiqua*, dans *MGG*, t. 1, col. 679-697. — H. Husmann, art. *Notre-Dame-Epoche, ibid.*, t. 9, col. 1700-1715. N.S.

Ars Nova. Terme généralement adopté pour désigner la polyphonie du XIVe siècle. Le concept d'Ars Nova est basé sur un important développement de l'expression musicale rendu possible par des techniques de notations exprimées notamment dans le traité de Philippe de Vitri* intitulé *Ars Nova* (vers 1322). Le premier à avoir utilisé ce titre comme mot d'ordre historique est J. Wolf dans *Geschichte der Mensural-Notation* en 1904. Par extension, Ars Nova a fini par désigner la musique française durant toute la durée du XIVe siècle.

Musique presque exclusivement polyphonique dont les caractéristiques spécifiques (finesse et subtilité rythmiques, recherche de mélodie vocale et progression de l'art harmonique) vont s'imposer dans une technique et un art original. Le fait majeur est que les compositeurs et les théoriciens de l'art nouveau (tel Jean de Murs* avec son *Ars novae musicae*), comme ses détracteurs (Jacques de Liège ou le pape Jean XXII par exemple) aient eu conscience de la nouveauté de cette musique et de sa différence avec celle de l'Ars Antiqua*.

Les genres principalement représentés sont le motet et les formes à refrain de la chanson. Le motet, écrit à trois ou quatre voix, de structure souvent isorythmique, est constitué de plusieurs textes latins ou français chantés simultanément. Raffiné et sophistiqué dans sa facture, c'est souvent une pièce politique ou de circonstance. Philippe de Vitri* et Guillaume de Machaut* en sont les principaux représentants. Les formes à refrain (dites aussi formes fixes) sont le rondeau, le virelai (ou chanson balladée), et la ballade. Souvent à deux ou trois voix, mais aussi parfois monodiques (cf. les virelais de Machaut) sur des textes profanes, ils reflètent une vie de cour extrêmement raffinée et sont destinés à un auditoire très cultivé.

En marge du motet et des chansons de forme fixe, la mise en polyphonie de l'Ordinaire de la messe, avec la remarquable exception de la Messe Notre-Dame de Machaut*, apparaît comme secondaire.

Après la mort de Machaut, et par référence à des considérations de notation et un style très maniériste, on parle parfois d'*ars subtilior* (selon la terminologie préconisée par U. Günther).

De fait, l'Ars Nova se réfère à la musique française du *Roman de Fauvel** jusqu'à la mort de Machaut. Concept qui réhabilite l'innovation, alors que depuis longtemps la référence allait à la tradition, il sera maintes fois revendiqué au cours de l'histoire de la musique des siècles futurs.

→ D. Fallows, art. *Ars Nova*, dans *The New Grove Dictionary of Music and Musicians*, vol. 1, p. 639-640, 1980 [bibliogr.]. — G. Reese, *Music in the Middle Ages*, New York, 1940, p. 331-359. N.S.

Art de bien vivre et bien mourir. Sous le nom générique de *Ars moriendi* (mais dans les manuscrits et les imprimés l'*Ars* a pris des noms différents, comme nous le verrons par ailleurs), nous devons classer deux œuvres substantiellement diverses, même si elles sont d'inspiration analogue. Il existe un *Ars moriendi* illustré de xylographies, petit livre de piété dont on ignore l'auteur et la date de composition, et un *Tractatus artis bene moriendi*, attribué à plusieurs écrivains du XVe siècle, qui, bien que s'éloignant considérablement du ton du simple livre de dévotion, aspire à une synthèse entre les thèmes ascétiques traditionnels et la nouvelle spiritualité.

Les rédactions en latin de chacune des deux œuvres diffèrent, quelquefois d'une façon considérable, des traductions (il en existe dans les principales langues européennes) ; quelques-unes d'entre elles ont réussi par leur force expressive et par le soin de leurs valeurs formelles à dépasser de beaucoup l'original. Au dire de É. Mâle, Guillaume Tardif*, lecteur de Charles VIII mort en 1495, fut l'auteur de l'une de ces libres traductions, dans laquelle le latin concis et obscur est « traduit, expliqué, développé par un véritable écrivain qui parle une langue grave, un français déjà classique ».

Si pour certains critiques, tant l'*Ars* illustré que le *Tractatus* sont un épisode de cette lutte éternelle entre le bien et le mal que le Moyen Âge a représentée sous toutes ses formes, pour d'autres les deux ouvrages sont la manifestation d'une attitude religieuse qui comporte une nouvelle conception de la mort, à savoir : la recherche du « bien vivre » à la lumière du « bien mourir » ; et en effet, dans l'*Ars* comme dans le *Tractatus*, on part de la sombre et tragique réalité de l'agonie pour inviter les fidèles à vivre sans jamais perdre de vue le suprême moment du trépas. Sous cet aspect, le centre et l'idéal de la vie sont toujours placés en dehors de la cité terrestre.

La définition de l'*Ars moriendi* se trouve dans une œuvre de Jean Gerson* écrite vers 1403, la *Médecine de l'âme* ou *Science de bien mourir*, mais cette définition devint populaire grâce aux deux petits ouvrages que nous avons cités plus haut, conservés dans quelques dizaines de manuscrits et imprimés plusieurs fois. L'ouvrage de Gerson, comme du reste le *Nobilissimus liber de arte moriendi* de Johannes Nider rédigé plus tard, témoignent de la préoccupation qu'avait le clergé d'assister malades et moribonds et constituent — comme nous le dit Tenenti — une première tentative pour donner à la mort un sens plus profond : « Bien qu'en Gerson il n'y ait rien de thaumaturgique et que tout mouvement intérieur ait la priorité sur les actes extérieurs, la *doctrina moriendi* de Gerson soutient l'efficacité décisive des mots et des cérémonies sacerdotales. » Thèmes et attitudes de l'*Ars moriendi* reviennent souvent dans la *Science de bien mourir* (ms. fr. 1801 de la BN de Paris) qui est une libre traduction partielle d'une œuvre de Henri Suso*, et dans le livre de Nider que nous avons indiqué.

Les premiers exemplaires de l'*Ars mo-*

riendi illustré apparaissent vers la moitié du XVe siècle avec des xylographies d'une efficacité tellement dramatique qu'elles ont contribué, à elles seules, beaucoup plus que le texte, privé d'une vigueur réelle, à la diffusion très importante du petit livre ; chaque image est accompagnée en regard du texte, qui illustre tour à tour la tentation du diable et la bonne inspiration de l'ange à l'agonisant. Les parties qui composent l'*Ars moriendi* (nous nous référons à l'*editio princeps* de 1450, publiée à Londres en 1881 par W.H. Rylands) sont les suivantes : *ars moriendi ; temptacio diaboli de fide ; bona inspiratio angeli de fide ; temptacio diaboli de desperacione ; bona inspiratio angeli contra desperacionem ; temptacio diaboli de impaciencia ; bona inspiratio angeli de paciencia ; temptacio diaboli de vana gloria ; bona inspiratio angeli contra vanam gloriam ; temptacio diaboli de avaricia ; bona inspiratio angeli contra avariciam.* L'*Ars* nous avertit que « *mors ergo animae tanto est horribilior atque detestabilior quanto anima corpore est nobilior atque preciosior* », et pourtant la « préciosité » de l'âme induit le diable à faire tout son possible pour damner l'agonisant, puisque « *rarissime aliquis se ad mortem disponit tempestive* » ; tous en effet espèrent se sauver au dernier moment, vain espoir à cause duquel beaucoup perdent la béatitude. Un avertissement concerne plus spécialement les moribonds : « *ante omnia ergo inducatur moriturus ad ea quae necessaria ad salutem requiruntur* », avant tout pour la foi, « *secundo ut recognoscat se Deum graviter offendisse et inde doleat. Tercio ut proponat se veraciter emendare si supervixerit et numquam amplius peccare* », etc.

Dans le schéma rigide des *temptaciones* et des *bonae inspirationes* on relève souvent des réflexions évangéliques, des citations des Pères de l'Église, de saint Augustin, de Gerson. Le texte conserve quelque chose d'une rigueur archaïque, très loin de l'articulation expressive du latin de Gerson. La langue conventionnelle et scolastique de la rédaction en latin n'évolue guère vers la simplicité dans les nombreuses traductions faites dans les principales langues européennes. Au fil des décennies (une des dernières éditions est de 1538) l'*Ars* devient un genre littéraire, et cependant il tend à se cristalliser, tandis que les illustrations deviennent de plus en plus grossières et se simplifient au maximum ; toutefois quelques thèmes du drame qui se déroule dans l'âme du fidèle au moment du trépas, représentés par l'*Ars moriendi*, sont accueillis dans les traités contemporains sur les « *novissima* » (par exemple, dans l'anonyme *Cordiale quatuor novissimorum* et le *De quatuor novissimis* de Denis de Rickel), lesquels, outre les thèmes qui sont propres à l'*Ars*, en contiennent d'autres (*Ubi sunt*, de la description de l'agonie, etc.).

La science de bien mourir de Gerson influença d'une façon encore plus importante le *Tractatus* qui porte dans bon nombre de manuscrits les titres de : *Ars bene moriendi, Liber de arte moriendi, Speculum artis bene moriendi, de temptationibus, de poenis infernalibus, de interrogationibus agonisantium et variis orationibus illorum salute faciendis, Tractatus de arte bene moriendi*, etc. Un grand nombre de manuscrits ont comme incipit : « *Cum de presentis exilii miseria mortis transitus* » et se terminent par ces mots : « *super omnia necesse est, ut hec prius antequam eum mors occupat mori discat* ». Le traité est divisé en six parties : louange de la mort ; connaissance de la mort ; les cinq tentations à l'heure de la mort ; questions que l'on doit poser aux malades ; avertissement pour l'heure de la bataille contre la mort ; la prière des morts. Les troisième, quatrième et cinquième parties dépendent d'une façon très visible de l'ouvrage de Gerson, rappel persistant de la préparation constante à la mort : si tu veux bien mourir, sois prêt à mourir à chaque instant de ta vie.

Le *Tractatus* est une synthèse assez réussie de thèmes gersoniens et de l'*Ars* illustré, utile aux bien portants comme aux moribonds ; mais il voulait être surtout, grâce à son apparat de citations bibliques et évangéliques, ce que Rudolf appelle une *theoretische Handreichung* pour les ecclésiastiques qui avaient charge d'âme, c'est-à-dire un guide et une aide tout à la fois.

Les très nombreuses éditions témoignent de la diffusion dans toute l'Europe du *Tractatus*, et quelques-uns de ses thèmes furent repris dans d'autres œuvres jusque vers la fin du XVe siècle. Comme l'*Ars moriendi*, le *Tractatus* subit le sort réservé à ces œuvres qui, par leur immobilité, caractère typique des écrits qui interprètent la sensibilité collective, sont réduites avec le temps à être des structures vides, étrangères au nouveau mode de sentir la *pietas* chrétienne. Ceci arriva dans les années 1530, après un siècle de succès ininterrompu, quand le grand Erasme révolutionna la vision traditionnelle qui faisait dépendre la réalité de la vie du moment de l'agonie, pour affirmer que la mort est seulement le dernier moment de la vie chrétienne de tous les jours.

Le nouvel *Ars* fut attribué à Innocent III, Albert le Grand*, Henri de Langenstein, Mathieu de Cracovie, Nikolaus von Dinkelsbühl, Jean Gerson*, Jean de Bruxelles (Jean Monbaer), Pierre d'Ailly*, Domenico Capranica, etc. Ayant rejeté tous les auteurs morts avant 1408, date à laquelle il situait la composition de l'*Opusculum tripartitum* de Gerson (dont il ignorait qu'il fût postérieur à la rédaction de la *Médecine de l'âme* vernaculaire), Rainer Rudolf, s'occupant du problème de la personne de l'auteur, croit pouvoir éliminer tant Mathieu de Cracovie que le cardinal Capranica, auquel en dernier quelques spécialistes allemands l'avaient attribué au XIVe siècle (cf. Franz Falk, *Die deutschen Sterbebüchlein von der ältesten Zeit des Buchdruckes bis zum Jahre 1520*, Cologne, 1890). Il existe des manuscrits qui prouvent, sans le moindre doute, que l'œuvre attribuée par certains catalogues (Vienne, Berlin, Bâle, ms. lat. 3771 de la BN de Paris) au cardinal Capranica qui l'aurait rédigée en 1452, a été écrite plusieurs années auparavant.

Contrairement à l'opinion exprimée par É. Mâle, suivant lequel l'auteur serait un clerc français, de nombreux lettrés allemands pensent que l'auteur doit être Allemand. Rudolf a distingué deux groupes principaux de manuscrits : ceux que l'on peut classer par thèmes et qui contiennent surtout des œuvres ascétiques, qui attribuent le texte soit à Augustin, soit à Bernard*, soit à Albert le Grand, soit à Innocent III, etc. ; ceux que l'on peut classer par origine régionale, qui donnent pour auteur tour à tour Henri de Langenstein, Johannes Reutter, Nikolaus von Dinkelsbühl, Johannes Nider, Johannes Geuss, Nikolaus von Gräz, tous professeurs à l'Université de Vienne.

C'est parmi les théologiens de l'Université de Vienne que Rudolf pense trouver l'auteur du *Tractatus*, en appuyant sa thèse sur le terme *ante quem non* de 1408 et le terme *ad quem* de 1419. Pour plusieurs raisons qu'il serait trop long d'exposer ici, Rudolf penche pour attribuer le *Tractatus* à Nikolaus von Dinkelsbühl. L'attribution est indirectement confirmée par les sources de ses sermons, identiques à celles du *Tractatus de arte bene moriendi*.

Les textes les plus répandus en langue française au XVe siècle, plus que les traductions anonymes et dispersées de l'*Ars moriendi* et du *Tractatus*, furent la *Médecine de l'âme* de Gerson (une cinquantaine de mss, huit éditions incunables ; éd. P. Glorieux, t. 7, n° 332) et le *Livre du Trésor de Sapience*, centon d'extraits de l'*Horologium Sapientiae* de Henri Suso, formant un art de bien mourir suivi d'un art de bien vivre (une vingtaine de mss, cinq éditions incunables ; éd. P. Glorieux, t. 10, n° 534). Mais l'esprit et la substance des *artes moriendi* passèrent aussi dans bien d'autres livres de piété, et il survécut quelque chose d'eux dans les innombrables exhortations aux malades et aux moribonds qui furent publiées, surtout en France, au cours des XVIIe et XVIIIe siècles.

→ Pour les incunables qui contiennent les *artes moriendi* on doit consulter les grands répertoires bibliographiques et tout spécialement le *Gesamtkatalog der Wiegendrucke*, Leipzig, 1925, sq. — Des indications biblio. et des indications sur les manuscrits se trouvent dans A. Tenenti, *Il senso della morte e l'amore della vita nel Rinascimento*, Turin, 1957 ; R. Rudolf, *Ars moriendi*, Cologne-Graz, 1957 (coll. de mss de divers pays) et surtout, M.C. O'Connor, *The Art of Dying Well*, New York, 1942. En ce qui concerne le problème de l'attribution, l'essai de Franz Falk est très intéressant (nous l'avons cité dans le texte), ainsi que celui de R. Rudolf, *Der Verfasser des « Speculum artis bene moriendi »* dans *Anzeiger der Österr. Akademie der Wissensch., Philos. Histor. Klasse* 24, Vienne, 1951. — Sur la diffusion, voir R. Chartier, *Les Arts de mourir, 1450-1600* dans *Annales ESC*, t. 31 (1976), p. 51-75. — D. Roche, *La mémoire de la mort. Recherches sur la place des Arts de mourir dans la librairie et la culture en France aux XVIIe et XVIIIe siècles, ibid.*, t. 30 (1975), p. 76-119. — Du point de vue de l'histoire de l'art, on recourra toujours à É. Mâle, *L'art religieux de la fin du Moyen Âge en France*,

Paris, 1931, p. 380-389, 4e éd. — H. Zerner, *L'art au morier*, dans *Revue de l'art*, t. 11 (1971), p. 7-30. — La spiritualité des *Artes moriendi* est étudiée dans les ouvrages généraux tels J. Leclercq, V. Vandebroucke, L. Bouyer, *La spiritualité du Moyen Âge*, Paris, 1961. — Plus précisément par A. Tenenti, *La vie et la mort à travers l'art du XVe siècle*, Paris, 1952 ; *Il senso della morte...* Turin, 1957 ; *Ars moriendi. Appunti sul problema della morte alla fine del XV secolo*, dans *Problemi di metodo storico*, éd. F. Braudel, Bari, 1973. — F. Rapp, *La réforme religieuse et la méditation de la mort à la fin du Moyen Âge* dans *La mort au Moyen Âge. Colloque Strasbourg 1975*, Strasbourg, 1977, p. 53-66. — Sur les textes en langue française, cf. G. Hasenohr, *La littérature religieuse* dans *GRLMA*, t. VIII/1, p. 277-283. Pour la continuation des thèmes des *Artes*, après le XVe siècle, il est bon de consulter H. Bremond, *Hist. littéraire du sentiment religieux en France*, t. 9, Paris, 1932. Une vue utile d'ensemble sur l'époque dans laquelle naquirent les *Artes* nous est proposée par les livres de Tenenti et le volume de J. Huizinga, *Herfsttijder Middelleeuwen*, Haarlem, 1928 [trad. française *Le déclin du Moyen Âge*]. C.B.

Arthelouche de Alagona. Chambellan du roi de Sicile Alphonse V d'Aragon, Arthelouche de Alagona, comte de Policastro et d'Agnati, quitta l'Italie en 1442 avec René d'Anjou*, qui le fit, en 1443, seigneur de Meyrargues (Bouches-du-Rhône, arr. Aix-en-Provence, cant. Peyrolles). C'est à Meyrargues, en s'inspirant notamment du premier livre de *Moamin**, qu'il composa sa *Fauconnerie*, conservée dans six manuscrits. Écrite plus de vingt ans avant l'ouvrage de Jean de Francières*, cette *Fauconnerie* fut imprimée pour la première fois en 1567 à Poitiers, à la suite de la deuxième édition du *Livre de fauconnerie* de Jean de Francières, et plusieurs fois réimprimée jusqu'en 1621.

→ J. Thiébaud, *Bibliographie des ouvrages français sur la chasse*, Paris, 1934, col. 45-46 (*Maîtres de la vénerie*, 9). F.F.H.

Arthur. Bien qu'il y ait eu des tentatives diverses pour identifier Arthur à un dieu-ours, à un dieu de la guerre ou à une divinité agricole, on admet généralement à présent que son nom est régulièrement issu du nom romain Artorius et qu'il s'agissait d'un chef militaire des Bretons contre les envahisseurs saxons vers l'an 500. La grande victoire de Badon, datée de 516 dans les *Annales Cambriae* devrait lui être attribuée, et son théâtre, quoique mal déterminé, se trouverait sur la route de l'invasion, quelque part dans le sud de l'Angleterre. Les Annales assurent aussi qu'en 537 Arthur et Medraut (Modred) tombèrent à la bataille de Camlann, autre lieu qui n'est pas identifié. C'est peut-être le souvenir des prouesses d'Arthur qui amena Gallois, Cornouaillais et Bretons à se le figurer comme le roi idéal et comme un Messie qui reviendrait rétablir la fortune de leur race défaite et divisée. Une foule de légendes s'accumulèrent sur son compte au Pays de Galles ; il avait fait la chasse à un porc fameux, il avait des dieux païens parmi ses guerriers, il avait attaqué la forteresse de l'île d'*Annwn* (l'Autre Monde). Dans le conte fantastique *Kilhwch et Olwen*, rédigé vers 1100, nous trouvons Arthur entouré de quantité de personnages, étrangers ou familiers, tels Guenièvre, Keu, Bedoier, Lancelot (Llenlleawe), Loth (Lloch). Peu après, nous l'apprenons de divers côtés, les Bretons aussi célébraient les exploits d'Arthur et de son neveu Gauvain (Walwen) ; en 1136 selon Geoffroi de Monmouth*, beaucoup de gens récitaient les hauts faits d'Arthur et d'autres rois de Grande-Bretagne.

Telle est la date approximative de l'*Histoire des rois de Bretagne*, qui se donnait pour la traduction latine d'un ouvrage ancien apporté de la Bretagne continentale. Cette histoire était naturellement une impudente supercherie. Son auteur, Geoffroi, était un maître d'Oxford d'ascendance bretonne. Il avait rédigé là une fort ingénieuse compilation de matériaux plus ou moins véridiques, concernant l'occupation romaine et les événements postérieurs, mêlés de traditions douteuses et d'éléments de pure fantaisie. Son récit de l'engendrement d'Arthur par le roi Uther, au château de Tintagel, reposait probablement sur une légende locale. La campagne contre les Saxons et la victoire du mont Badon (arbitrairement identifié avec Bath) sont prises à l'*Historia Britonum* de Nennius*, mais une habile transposition fait d'une simple liste de théâtres de bataille un chapitre fort réaliste d'une narration historique. Arthur lui-même apparaît comme un Napoléon, avec ses conquêtes lointaines et les mariages diplomatiques arrangés pour ses proches. Après avoir conquis toute la Grande-Bretagne, il subjugue les îles du Nord et l'Europe occidentale jusqu'aux Pyrénées ; avec le concours de

Gauvain et d'Hoël d'Armorique, il écrase les légions romaines ; mais, rappelé en Grande-Bretagne par la trahison de Modred, il tombe à la fin, mortellement blessé, en Cornouailles, et on le transporte pour le guérir dans l'île d'Avalon. Mais l'Arthur de Geoffroi est plus qu'un conquérant : un civilisateur. Son couronnement à Caerleon fut une cérémonie brillante ; les dames, du haut des remparts, assistaient au tournoi qui l'avait suivi et les chevaliers s'éprenaient d'elles : « elles en acquéraient plus de chasteté, et les chevaliers plus d'honneur. »

La chronique de Geoffroi a eu une influence profonde et durable sur la pseudo-histoire, mais elle en a eu peu, jusqu'au XIIIe siècle, sur les romans arthuriens. Il est donc faux de dire du maître d'Oxford qu'il est « le père du roman arthurien ».

Une paraphrase assez fidèle en vers français en fut faite en 1155 par un clerc normand, Wace*, qui, nous le savons par ailleurs, en fit hommage à Aliénor d'Aquitaine*, la nouvelle reine d'Angleterre. Peut-être est-ce par souci d'un public féminin que Wace a systématiquement omis de rapporter, ou atténué, la cruauté impitoyable d'Arthur envers ses ennemis, et même introduit un discours de Gauvain à la gloire de la paix et des *drueries*. Il a mentionné aussi la fondation de la Table ronde, *dont les Bretons content mainte fable* : passage très discuté, certains érudits soutenant qu'il n'y a là qu'une formule appelée par la rime, d'autres invoquant la probité évidente de Wace et les témoignages concordants de l'existence de *conteurs* bretons.

Dans les trente ans qui suivirent l'apparition du *Brut* de Wace, fleurit Chrétien de Troyes*, le plus grand et le plus connu des poètes français qui ont parlé d'Arthur. L'influence de Wace peut être reconnue dans son style, mais guère ailleurs. Dans ses cinq romans arthuriens, pas un mot des guerres contre les Saxons, les Romains ou Modred. Mais Arthur est le centre d'une cour fameuse, et parmi ses vassaux se trouve Bilis, le roi nain des Antipodes. Dans *Cligès*, Arthur est donné comme le plus puissant des souverains chrétiens depuis que Dieu a créé l'homme, et, quoique coupable de cruauté à l'égard des traîtres qu'il a pris, il est par ailleurs un modèle de toutes les vertus chevaleresques notamment de libéralité. Mais dans ses quatre autres romans, Chrétien semble avoir suivi de près le plan et les indications de ses sources, si bien qu'il trace du roi un portrait qui est loin d'être cohérent. Dans *Erec*, Arthur montre à la chasse du blanc cerf le même esprit d'aventure que dans *Kilhwch* lors de la chasse au porc ; dans *Yvain* aussi, il entreprend de veiller auprès de la source périlleuse. Ces deux poèmes le représentent comme un modèle de courage, de justice et de courtoisie. L'Arthur de *Lancelot* et de *Perceval* est difficilement reconnaissable : à Méléagant qui se vante de retenir en captivité des chevaliers et des dames de la maison du roi, Arthur réplique avec douceur que, faute de pouvoir remédier à cette situation, il est bien obligé de l'accepter. Le roi n'obtient pas de sympathie de Chrétien lorsque sa femme le trompe avec Lancelot. De même, dans *Perceval*, quand le Chevalier rouge saisit la coupe du roi, en jette le contenu sur la reine et s'éloigne à cheval, Arthur n'oppose aucune résistance, et c'est un adolescent, Perceval, qui tue le chevalier rouge de sa javeline. Cette présentation humiliante du héros de Geoffroi de Monmouth montre combien Chrétien subissait peu l'influence de son prédécesseur, et on peut en dire autant à propos de Keu : pour Geoffroi, Kaius était un des fidèles guerriers d'Arthur, tombé noblement au combat, mais pour Chrétien, le sénéchal n'est qu'un fanfaron, insolent et querelleur.

Les autres poètes français ont donné à Arthur plus de cohérence et l'ont traité avec plus de faveur que Chrétien, bien que son rôle comme roi soit presque de pure cérémonie et consiste à présider des festins ou à conférer des titres. C'est seulement dans le *Lai du Cor** et des épisodes analogues qu'il partage l'humiliation de ses courtisans en découvrant la trahison de sa femme.

Les grands romans en prose du XIIIe siècle restituent à Arthur quelque chose de la prééminence dont il jouissait dans l'Histoire de Geoffroi. Effectivement le *Merlin** de la « Vulgate » élabore le récit de l'engendrement d'Arthur par le roi Uther, celui de ses guerres contre les Saxons, celui de son mariage avec Guenièvre. Il est partout triomphant et sa gloire s'étend jusqu'à Constantinople. Pour quelque motif, on ne lui attribue pas l'institution de la Table Ronde, déjà créée par Merlin pour Uther. Quant à sa personnalité, elle est celle du meilleur des rois, qui pardonne même à ses ennemis ; mais il est marqué d'une tache fatale : il convoita la femme du roi Loth, sans savoir qu'elle était sa sœur, réussit à s'unir à elle et engendra Modred de cet inceste.

D'un bout à l'autre du *Lancelot** de la « Vulgate », nos sympathies se détournent d'Arthur pour s'attacher à la reine Guenièvre et à son amant. Les infidélités du roi avec l'enchanteresse Camille et avec la fausse Guenièvre semblent justifier l'amour coupable de la vraie Guenièvre pour Lancelot. L'auteur de la *Queste del saint Graal** renverse le courant en faveur d'Arthur, il insiste à plusieurs reprises sur la faute de Lancelot, et Arthur, une fois de plus sympathique, se désole du départ de ses chevaliers et de la dissolution du compagnonnage de la Table Ronde.

La *Mort Artu** de la « Vulgate » est une des pièces maîtresses de la « matière de Bretagne », et à mesure que la fin approche, le roi devient de plus en plus une figure héroïque et tragique. D'abord cependant, il semble versatile, trop facilement conduit de côté ou d'autre, trop aisément influençable ; tantôt il est convaincu de la culpabilité de la reine, tantôt il est rassuré ; il la menace d'un cruel châtiment, mais ne peut supporter de la voir pleurer et il est ému de pitié. Puis, quand il désire la réconciliation avec Lancelot, il se laisse gouverner par Gauvain. C'est Gauvain, en réalité, qui apparaît avec le caractère le plus énergique, et Lancelot est l'incarnation de la grandeur d'âme. Au cours de la guerre contre les Romains, Arthur retrouve sa réputation de grand chef militaire ; de sa propre épée, il fend jusqu'aux dents la tête de l'empereur. Mais, au moment de son triomphe, lui parvient la nouvelle de la trahison de Modred. Arthur retourne en Angleterre et, dans un songe, se voit jeté du haut en bas de la roue de Fortune. Dans la bataille finale de la plaine de Salisbury, il lutte dans des conditions très défavorables, tue son fils le traître, mais reçoit une blessure mortelle. Ici se place une scène mémorable : l'adieu du roi à son épée Escalibor, l'envoi de Girflet jusqu'au lac tout proche, sa désobéissance à l'ordre répété d'Arthur, le bras qui sort de l'eau, saisit et brandit l'épée, puis disparaît. Une barque mystérieuse approche de la côte, Arthur reconnaît sa sœur Morgain parmi les dames, s'embarque et le bateau l'emporte. Trois jours plus tard, Girflet qui cherche la sépulture de Lucan arrive à la Noire Chapelle et n'y trouve pas seulement cette tombe, mais aussi une tombe plus belle, avec cette inscription : « Ci gist li rois Artus, qui, par sa valeur, mist en sa subjection douze royaumes. »

Tout en conservant l'ancienne tradition bretonne selon laquelle le roi mourant aurait été emporté par Morgain à travers la mer, l'auteur réaliste de la *Mort Artu* refuse d'accepter l'espérance des Bretons en sa survie ; il a probablement entendu parler vaguement de la découverte de ses ossements à l'abbaye de Glastonbury. Mais d'autres auteurs français du XIIIe siècle étaient familiers avec la croyance fort répandue qu'il était encore vivant. Étienne de Bourbon* rapporte qu'on l'a vu chasser au clair de lune sur le Mont du Chat. Dans *Floriant et Florete**, Morgain prédit que son frère viendra habiter pour toujours avec elle son château du Mont Etna. Bien que dans l'Ouest de la France la tradition de la « Chasse Artu » fût encore courante chez les paysans au XIXe siècle, le scepticisme prévalut chez les lettrés. Jacques de Longuyon*, dans les *Vœux du Paon* (autour de 1312), confirme le prestige d'Arthur conquérant en le citant avec Alexandre, Charlemagne et Jules César au nombre des « neuf preux » et en mentionnant les exploits qui lui sont attribués par Geoffroi de Monmouth.

→ J. Loth, *Les Mabinogion*, 2e éd., Paris, 1913 (rééd. Paris, 1979). — E.F.W.M. Van der Ven-Ten Bensel, *The Character of Arthur in English Literature*, Amsterdam, 1925. — E. Faral, *La légende arthurienne*, 3 vol., Paris, 1929. — R.S. Loomis, *Wales and the Arthurian Legend*, Cardiff, 1956 ; *Arthurian Literature in the Middle Ages* (éd.), Oxford, 1959. — R. Barber, *The Figure of Arthur*, Londres, 1972. — L. Alcock, *Arthur's Britain. History and Archeology, AD 367-634*, Baltimore, 1973. — E. Jenkins, *The Myth of King Arthur*, Londres, 1975. — J. Markale, *Le roi Arthur et la société celtique*, Paris, 1976. R.S.L.

Arts d'aimer. Ils occupent une place importante dans la littérature didactique du Moyen Âge. On peut d'abord y inclure une série de poèmes français en forme de débats datant de la fin du XIIe et du début du XIIIe siècle : le *Donnei des amanz*, dans lequel le jeune homme cherche à vaincre la résistance de son amie en faisant appel à des exemples romanesques, procédé que l'on retrouvera au milieu du XIIIe siècle dans le *Commens d'amour* attribué à tort à Richard de Fournival*, ou encore le *Jugement d'amour, Hueline et Aiglantine, Blanchefleur et Florence, Melior et Ydoine* qui, remontant à des antécédents latins (*Altercation de Phyllis et de Flora, Concile de Remiremont*), posent la question traditionnelle de savoir lequel, du clerc ou du chevalier, est le meilleur amant — question soumise au dieu d'Amour qui tranche généralement en faveur du clerc. Toutefois, à prendre l'expression à la lettre, les *Arts d'aimer* sont des compositions didactiques qui procèdent plus ou moins directement de l'*Ars amatoria* d'Ovide*. Parmi les poètes latins auxquels les grammairiens de l'époque carolingienne empruntèrent leurs exemples, il n'y en eut pas, après Virgile, de plus lu ni de plus goûté. De toutes ses œuvres, celle qui exerça sur la pensée médiévale l'influence la plus marquée fut assurément l'*Ars amatoria*. Sous une forme où l'ironie se dissimule derrière une feinte gravité, le poète avait traité le sujet le plus scabreux, en le parant de toutes les grâces de la mythologie grecque. Mais les lecteurs du Moyen Âge appréciaient surtout le ton didactique de l'ouvrage et le réduisaient volontiers à un recueil de préceptes habilement dosés et classés par le plus savant docteur qui se fût jamais rencontré en pareille matière. On peut s'étonner toutefois que des clercs, voués par définition à l'étude de la Bible et des écrits des Pères, se soient passionnés pour ces descriptions galantes, pleines de sous-entendus à peine voilés, que seuls rendaient supportables la magie du style et les raffinements de l'esprit. C'est qu'ils croyaient découvrir chez Ovide lui-même une arrière-pensée morale ; le court poème des *Remedia amoris* rétablissait l'équilibre entre les préceptes les plus hardis et les exigences de la morale chrétienne, en offrant l'antidote à côté du poison. On conçoit que cet enseignement théorique qui n'était dans l'esprit d'Ovide qu'un divertissement de lettré ait non seulement inspiré une conception de l'amour que développèrent à l'envi les romanciers du XIIe siècle, mais aussi provoqué simultanément une transformation singulière des mœurs et des usages mondains.

Quand, à la suite du mariage de Louis VII avec Aliénor d'Aquitaine* (1137), la société du nord de la France prit contact avec la civilisation méridionale, elle adopta avec empressement les théories des troubadours qui permettaient d'appliquer sur le plan concret des relations mondaines, les règles abstraites qu'Ovide avait si ingénieusement formulées. Mais pour exploiter une doctrine dont la connaissance directe était réservée aux clercs latinisants, encore fallait-il la mettre à la portée d'un public plus étendu qui ne savait pas le latin. On va donc s'efforcer, dès le milieu du XIIe siècle, de traduire en commun langage les préceptes ovidiens. Il n'est pas douteux que Chrétien de Troyes*, le peintre le plus brillant de la société courtoise, débuta dans la carrière littéraire, vers 1160, par une série d'*Ovidiana*, imitations de l'*Ars amatoria* et des *Remedia amoris*, contes de *Pelops* et de *Philomena*, ce dernier seul conservé. Chrétien avait-il suffisamment goûté le charme d'Ovide pour respecter les digressions mythologiques et les nuances équivoques de son développement ? Ce qui est sûr, c'est que ses successeurs ont à peu près négligé tout cela pour ne retenir qu'un sec résidu didactique. Mais, comme, à bien des égards, les poèmes ovidiens, dans ce qu'ils ont de concret, nous offrent un tableau spirituellement brossé de la société romaine au temps d'Auguste, certains auteurs ont tenté, par une heureuse transposition, d'insérer les préceptes théoriques dans un cadre contemporain. C'est ainsi que nous apparaît la traduction abrégée composée au XIIIe siècle par un certain maître Élie. Exécutée sur l'original, elle paraît avoir négligé le troisième livre. L'ouvrage, incomplet, ne comprend sous sa forme actuelle que 1 305 vers. Ingénieusement adapté au milieu parisien, il nous peint de couleurs assez nettes la société du temps. Mais, faute d'indications précises, il est fort difficile d'établir la succession chronologique des Arts d'aimer. On peut admettre toutefois que la *Clef d'amors* fut composée vers la même époque. Tout en puisant largement dans l'œuvre d'Ovide, l'auteur de ce charmant ouvrage, sans doute d'origine normande, a complètement renouvelé la matière. S'il rédige les commandements d'Amour, c'est que le dieu lui-même, lui apparaissant en songe, l'y a invité. Les amoureux qu'il imagine évoluent gracieusement dans un décor tout médiéval. C'est dans les lieux publics, au marché, à l'église, aux caroles, sur la place, devant l'estrade des bateleurs, qu'il est permis de rencontrer l'objet aimé. Et si l'amant veut distraire son amie, il la conduira non aux jeux du cirque, mais aux joutes et aux tournois. Les détails de toilette nous initient aux modes du XIIIe siècle et l'ouvrage, dans son ensemble, reflète avec exactitude les mœurs et les usages du temps. Plus discret que son modèle, l'auteur évite, autant qu'il est possible, les allusions grivoises.

Rien ne nous permet de dire si la *Clef d'amors*, rédigée peut-être en 1280, est antérieure ou postérieure à l'*Art d'aimer* de Jacques d'Amiens*, beaucoup moins original et d'un moins vif intérêt pour la connaissance des mœurs et des usages. Le caractère essentiellement didactique de ce poème est encore accru par l'insertion de modèles de conversation galante, où nous voyons l'amant s'entretenir avec des femmes, simples bourgeoises ou dames de haut rang, animées de sentiments divers. Ces dialogues sont évidemment inspirés du traité latin d'André le Chapelain*, véritable code de l'amour courtois composé à l'extrême fin du XIIe siècle et traduit en 1290 par Drouart la Vache. Mais le plus célèbre des Arts d'aimer est encore la première partie du *Roman de la Rose** de Guillaume de Lorris « où l'Art d'Amors est toute enclose. » À l'extrême fin du XIIIe siècle ou au début du XIVe, l'*Art d'aimer* fut traduit en prose et commenté par un auteur de médiocre culture qui multiplie les erreurs et les contresens. Mais il paraît fort bien renseigné sur les divertissements populaires en usage à cette époque et nous a conservé plus de soixante refrains de chansons de danse, dont quelques-uns ne se retrouvent pas ailleurs.

Un court poème en strophes de quatre vers alexandrins monorimes, l'*Art d'amors* de Guiart, est surtout à retenir parce qu'il combine des éléments empruntés à l'*Ars amatoria* et aux *Remedia amoris*. C'est peut-être ce qu'avait fait avant lui Chrétien de Troyes. De la même manière, une imitation des *Remedia* connue sous le nom de *Confort d'Amors* nous donne assez brièvement, après un exposé général des méthodes propres à gagner l'amour et à le conserver, le moyen d'y mettre fin. Une autre adaptation des *Remedia* se trouve insérée dans une vaste composition allégorique exécutée entre 1370 et 1380, les *Échecs amoureux**.

Sans doute la doctrine enseignée par Ovide inspire-t-elle encore les poètes jusqu'à la fin du Moyen Âge. Mais, dès le XVe siècle, on commence à voir en lui moins un docte pédagogue qu'un poète licencieux. Si l'on imprime encore en 1509 la *Clef d'amors*, les écrivains de la Renaissance vont bientôt demander à Ovide de plus délicates inspirations.

Mais la plupart des *Arts d'aimer* ne sont pas redevables au seul Ovide. Tous, à partir du XIIIe siècle, connaissent André le Chapelain et s'en inspirent. En outre, une troisième influence se fait souvent sentir, celle de Pierre de Blois* qui, dans son *De amicitia christiana*, transpose dans un registre chrétien teinté de mysticisme la théorie cicéronienne de l'amitié. On la décèle dans la *Définition d'amour* anglo-normande, dans une *Puissance d'amour* anonyme, et le texte même de Pierre de Blois est adapté dans le petit traité picard *Amistiés de vraie amour*. Le goût des divisions scolastiques apparaît aussi, il est vrai, dans des ouvrages bien différents, comme le truculent *Sept ars d'amours* de Dant Faber (André Fabre). Mais le résultat le plus heureux de la triple influence d'Ovide, d'André le Chapelain et de Pierre de Blois se trouve dans la *Poissance d'amours* et le *Consaus d'amours* du subtil chanoine d'Amiens, Richard de Fournival*, mort en 1260. A côté de ces traités en prose, le XIIIe siècle voit fleurir aussi toute une série de poèmes (*Arbre d'amour, Roman du vergier et de l'arbre d'amour, Chiment d'amour, Dit de la puissance d'amour* de Hue Archevesque). Mais l'un des textes les plus intéressants est le *Perilhos tractat d'amors* qui conclut l'immense encyclopédie de Matfre Ermengaud* intitulée le *Bréviaire d'amour*. L'auteur y tente une synthèse de la morale chrétienne et de l'idéologie courtoise.

À la vérité, toute la production lyrique et romanesque du Moyen Âge est un grand art d'aimer, et il ne faut pas oublier de chercher l'écho d'Ovide et l'anticipation des traités didactiques français dans la peinture de l'amour naissant et les débats qu'il fait naître dans une âme innocente tels qu'on les trouve dans les romans antiques et chez Chrétien de Troyes.

ŒUVRES. — *Maistre Elies Ueberarbeitung des ältesten französischen Uebertragung von Ovid's Ars Amatoria*, éd. K. Kühne et E. Stengel, Marburg, 1886 (*Ausg. und Abhandl.*, 47). — *La Clef d'amors*, éd. A. Doutrepont, Halle, 1890 (*Bibliotheca Normannica*, 5). — Jakes d'Amiens, *« L'Art d'Amors » und « Li Remedes d'Amors » zwei altfranzösische Lehrgedichte*, éd. D.G. Körting, Leipzig, 1868 ; *Alfranzösische Uebersetzung der « Remedia Amoris » des Ovids (ein Teil des allegorischen didactischen Epos « Les échecs amoureux »)*, Leipzig, 1871.

→ K. Bartsch, *Albrecht von Halberstadt und Ovid im Mittelalter*, Quedlinburg et Leipzig, 1861. — G. Paris, *Chrétien Legouais et autres imitateurs d'Ovide* dans *HLF*, t. 29, p. 455-525. — E. Langlois, *Origines et sources du Roman de la Rose*, Paris, 1890 ; *Quelques œuvres de Richard de Fournival* dans *BEC*, t. 66, p. 101-115. — P. Simon, *Jacques d'Amiens*, Berlin, 1895. — W. Schrötter, *Ovid und die Troubadours*, Marburg, 1908. — E. Faral, *Recherches sur les sources latines des contes et romans courtois du Moyen Âge*, Paris, 1913. — F.E. Guyer, *The Influence of Ovid on Crestien de Troyes*, dans *Romanic Review*, 1921. — R. Schnell, *Causa amoris. Liebeskonzeption und Liebesdarstellung in der mittelalterlichen Literatur*, Berne, 1985. — C. Segre, *Ars amandi classica e medievale*, dans *GRLMA* t. VI/1, p. 109-116 et t. VI/2, p. 162-167. — Cf. *MB* n°s 2750-2805, 6540-6550, 7700-7717.

R.B. et M.Z.

Arts de seconde rhétorique. Traités qui enseignent l'art de rimer « en langaige rommant », rattaché en général à la rhétorique. Il n'en reste qu'un petit nombre ; certaines ressemblances laissent supposer des modèles disparus, nés sans doute à la fois de concours de poésie où les poètes devaient observer des règles strictes, et du désir de certains seigneurs soucieux de s'initier à la versification. Ce ne sont pas des arts poétiques : ils ne traitent que des formes extérieures ; Jacques Legrand* distingue nettement « la science de versifier » et la « poetrie » qui n'est le plus souvent qu'un traité de mythologie. Arts utilitaires, ils ajoutent quelquefois des tables de rimes, précieuses pour les lexicographes, ils ne se préoccupent ni d'exposer les règles des formes peu pratiquées, ni de développer les questions supposées connues ; recherchant la prouesse, ils s'étendent sur les mètres compliqués et les poèmes à cadre fixe, passant sous silence le roman, le théâtre, la complainte où régnait la plus grande liberté de facture. Les plus utiles sont les suivants :

I. L'Art de dicter, composé par Eustache Deschamps*, en novembre 1392, définit les sept arts libéraux, rattache l'art de rimer à la « musique naturelle », classe les phonèmes du français, étudie les ballades, serventois, virelais, rondeaux et lais, dont les exemples sont tirés de l'œuvre du poète, recommande l'alternance des rimes masculines et féminines.

II. Des rithmes et comment se doivent faire, de Jacques Legrand*, est un chapitre d'une vaste compilation, l'*Archiloge Sophie*, écrite au début du XVe ; l'auteur nous y renseigne sur l'élision de l'e muet.

III. Les règles de la seconde rhétorique : traité confus, composé entre 1411 et 1432, dans le Nord ou le Nord-Est, précieux par une énumération des principaux rhétoriqueurs, de riches tables de rimes, une longue liste de « vocables obscurs » (que nous appellerions « mots savants »), des notices mythologiques, l'abondance des formes évoquées.

IV. Le doctrinal de seconde rhétorique : (1432). Son auteur, Baudet Hérenc*, est originaire de Chalon-sur-Saône, mais a écrit en Picardie. Ce traité, qui utilise et simplifie le précédent, comporte : un « Abc des v voyeulx », une table des rimes qui donne d'utiles définitions, les règles des genres pratiqués habituellement par les rhétoriqueurs.

V. Le traité de l'art de rhétorique, rédigé à Metz dans la première moitié du XVe, est court, mais étudie méthodiquement l'alphabet, la rime, le vers, le rondeau, la ballade, l'agencement des rimes dont il donne une table.

VI. L'art de rhétorique vulgaire : à tort attribué à H. de Croy, en fait composé par Jean Molinet* vers la fin du XVe s. ; digne de ce poète savant et consciencieux, c'est le plus riche de tous ces traités, mettant à profit les ouvrages écrits antérieurement soit en français (les n°s 2, 3 et 4), soit en latin (*Artes Rythmicae*), imité par d'autres, comme Pierre Fabri. Il expose en détail les rimes (masculines et féminines, léonine, enchaînée, à double queue, en rhétorique batelée, en équivoque..., sans omettre celles qui sont à bannir : en goret, rurale, plate, redite, en sens synonyme), et les genres honorés par les poètes du temps : toutes les variétés de ballades* et rondeaux*, les lais* et virelais* simples et doubles, la taille palernoise, le chant royal, le serventois, la riqueracque, la baguenaude et le fatras*.

VII. Le Traité de Rhétorique : texte picard de la fin du XVe, qui se contente de copier en vers et ainsi d'obscurcir Molinet*.

VIII. L'Instructif de la Seconde Rhétorique : publié en 1501 par l'Infortuné en tête d'une anthologie des poètes du XVe, le *Jardin de Plaisance**. Ouvrage en vers, bien composé, complet (il doit beaucoup à Molinet), divisé en dix chapitres, il définit la rhétorique, cite les grands rhéteurs de l'Antiquité, oppose prose et poésie, et, s'attachant à cette dernière, dénonce sept fautes à éviter, traite des licences poétiques, des rimes masculines et féminines, des rimes vicieuses, étudie vingt espèces de strophes et poèmes à forme fixe, touche enfin (et il est le seul) au genre dramatique (moralités, comédies, mystères). Il est le premier à parler de fureur poétique, et recommande pour les personnages le langage de leur condition. Pierre Fabri s'en inspira dans *le Grand et Vray Art de Pleine Rhétorique* (1521).

ŒUVRES. — *Eustache Deschamps, Œuvres complètes,* éd. Queux de Saint-Hilaire et G. Raynaud, Paris, 1878-1904, t. 7, p. 266-292 (*SATF*, 9) [éd. de l'*Art de Dictier*]. — *Recueil d'Arts de Seconde Rhétorique*, éd. E. Langlois, Paris, 1902. — *Le Jardin de Plaisance et Fleur de Rhétorique, I : Fac-similé, II : Introduction et notes*, éd. E. Droz et A. Piaget, Paris, 1910 et 1925, 2 vol. (*SATF*) [éd. de l'*Instructif de Seconde Rhétorique]*.

→ W.F. Patterson, *Three Centuries of French Poetic Theory (1328-1630)*, Ann Arbor, 1935, 2 vol. — R. Dragonetti, *« La poésie... Ceste musique naturele ». Essai d'exégèse d'un passage de l'Art de Dictier d'Eustache Deschamps*, dans *Mél. R. Guiette*, Anvers, 1961, p. 49-64 [réimp. dans *« La musique et les lettres ». Études de littérature médiévale*, Genève, 1986, p. 27-42 (*Publ. romanes et françaises*, 181)]. — M.R. Jung, *Zur Dichtungstheorie des ausgehenden Mittelalters in Frankreich*, dans *Vox Romanica*, t. 30-31 (1971), p. 44-64. — G. Olson, *Deschamps' Art de Dictier and Chaucer's Literary Environment*, dans *Speculum*, t. 48 (1972), p. 714-723. — P. Zumthor, *Les grands rhétoriqueurs et le vers*, dans *Langue française*, t. 23 (1974), p. 88-98 ; *Le Masque et la lumière*, Paris, 1978. — *Medieval Eloquence : Studies in the Theory and Practice of Medieval Rhetoric*, éd. J.J. Murphy, Berkeley et Los Angeles, 1978. — *Retorica e critica letteraria*, éd. L.R. Santini e E. Raimondi, Bologne, 1978. — C. Thiry, *Rhétorique et genres littéraires au XVe siècle*, dans *Sémantique lexicale et sémantique grammaticale en moyen-français*, Bruxelles, s.d., p. 23-50. — G. Butters, *La théorie des topiques comme modèle de production de texte. Quelques hypothèses sur E.R. Curtius et le « Grant et vray art de pleine rhetorique » de Pierre Le Fèvre*, dans *Du mot au texte. Actes du 3e colloque international sur le Moyen Français, Düsseldorf, 1980*, Tübingen, 1982, p. 263-275 (*Tübingen Beiträge zur Linguistik*, 175). — D. Ingenschay, *La rhétorique et le « monde quotidien », ibid.*, p. 253-261. — C. Thiry, *Au Carrefour de deux rhétoriques, les prosimètres de Jean Molinet, ibid.*, p. 213-227. — *Les Grands Rhétoriqueurs. Actes du 5e colloque sur le Moyen Français, Milan, 6-8 mai 1985*, Milan, 1985, t. 1. — J. Kooijman, *Rimes féminines et alternance : le legs d'Eustache Deschamps*, dans *Mél. H. Naïs*, Nancy, 1986, p. 115-121. — E. Méchoulan, *Les Arts de rhétorique du XVe siècle : la théorie, masque de la « theoria » ?* dans *Masques et déguisements dans la littérature médiévale*, études recueillies et publiées par M.-O. Ollier, Montréal et Paris, 1988, p. 213-221 (*Études médiévales*). — J.J. Murphy, *Medieval Rhetoric : A Select Bibliography*, 2e éd., Toronto, Buffalo et Londres, 1989 (*Toronto Medieval Bibliographies*, 3). — *GRLMA*, t. VIII/1, p. 36, 47-49, 73. J.D.

Artus (Livre d'). Suite particulière du *Merlin-Vulgate* (voir *Merlin [L'Estoire de]*) (après 1235) qui figure de manière incomplète dans un seul ms. (BN, fr. 337). Le continuateur se donne pour Gautier Map qui aurait traduit de latin en français le livre où Blaise a écrit ces aventures. Il développe de nouvelles campagnes d'Arthur contre les Saxons où s'illustre Gauvain et diverses équipées amoureuses de ce dernier (avec Lore de Branlant en particulier). L'œuvre, bien qu'elle soit plus riche d'invention que la *Suite-Vulgate*, reste encore largement inexplorée.

ŒUVRE. — H.O. Sommer, *The Vulgate Version of the Arthurian Romances*, t. 7, Washington, 1913.

→ E. Freymond, *Beiträge zur Kenntnis der altfranzösischen Artusromane in Prosa*, dans *ZFSL*, t. 17 (1895), p. 39-128. — H.O. Sommer, *Structure of the Livre d'Artus*, Londres, 1914. — P. Gallais, *Scénario pour l'affaire Sagremor*, dans *Mél. R. Lejeune*, t. 2, Gembloux, 1969, p. 1025-1038. — M.J. Bayard, *La place de la femme dans le « Livre d'Artus », Actes du 14e congrès international arthurien*, t. 1, Rennes, 1985, p. 44-58. — L. Harf-Lancner et M.N.

Polino, *Le gouffre de Satalie. Survivances médiévales du mythe de Méduse*, dans *Le Moyen Âge*, t. 94 (1988), p. 73-101. J.M.F.

Artus de Bretagne. Le roman en prose d'*Artus de Bretagne* (parfois intitulé *Petit Artus de Bretagne, Artus le Petit, Artus le Restoré* ou encore *Artus et Jehannete*) est consacré à un certain Arthur, fils de Jehan (qui était de la famille de Lancelot du Lac) et de la fille du comte de Lancastre (en Angleterre). Le roman dérive du cycle arthurien et du *Tristan*, car le héros est élevé par Gouvernau ; lors de son mariage, son amie prend la place de sa femme dans le lit nuptial, et Arthur voyage jusqu'au château de l'Autre Monde. Les exploits chevaleresques sont parfois extravagants, et le rôle que jouent les enchantements est assez important. C'est une suite d'événements où la « matière » est soulignée plutôt que le « sens ». Le roman, agréable à lire, fut assez populaire pendant la Renaissance, témoin les nombreuses éditions anciennes. R.S. Loomis a vu dans ce texte maint élément celtique : quoi qu'il en soit, ce roman jette une lumière précieuse sur le goût des mécènes de la fin du Moyen Âge. L'auteur de ce long roman composé au début du XIVe siècle, resté anonyme, faisait vraisemblablement partie de l'entourage du duc de Bretagne.

ŒUVRE. — Éd. S.V. Spilbury, *An Edition of the First Part of Artus de Bretagne*, Univ. d'Aberdeen, 1969 [thèse dactylo.].

→ R.S. Loomis, *Celtic Myth and Arthurian Romances*, New York, 1927, p. 172 sqq. — B. Woledge, *Les manuscrits du Petit Artus de Bretagne*, dans *Romania*, t. 63 (1937), p. 393-397. — S.V. Spilsbury, *On the Date and Authorship of Artus de Bretaigne, ibid.*, t. 94 (1973), p. 505-522 ; *Artus de Bretaigne : Structure and Unity, ibid.*, t. 97 (1976), p. 63-76 ; *Traditional Material in Artus de Bretaigne*, dans *Mél. A.H. Diverres*, Cambridge, 1983, p. 183-193. — Cf. Woledge, n° 116. *MB* nos 6569-6572 ; *S* 4091-4093, 6782. C.E.P. et C.R.

Aspremont. Cette chanson de geste de la fin du XIIe siècle est antérieure à 1190, puisque l'*Estoire** d'Ambroise nous dit qu'elle distrayait, cet hiver-là, les soldats de Richard Cœur de Lion et de Philippe Auguste cantonnés en Sicile. Il n'est pas impossible qu'il ait existé une version antérieure, dont la fin différait légèrement. La chanson fait partie de la geste de Charlemagne et conte une campagne de celui-ci en Italie, contre le roi païen Agolant et son fils Helmont, qui avaient envahi la Calabre. Le neveu de l'empereur, Roland, enfermé en raison de son jeune âge, s'échappe et rejoint l'armée. Les troupes franchissent les Alpes et gagnent la montagne d'Aspremont, proche de Reggio di Calabria. La bataille s'engage contre l'armée d'Agolant : Naime de Bavière et Girart de Fraite y font merveille. Charlemagne, sur le point d'être vaincu par Helmont, est sauvé par Roland, auquel il pardonne alors sa désobéissance, et donne le cheval et l'épée — Durandal — du païen tué. Le roi Agolant meurt à son tour et l'empereur revient triomphalement dans ses domaines. La chanson se termine par l'annonce de la longue lutte que l'empereur devra soutenir contre son vassal révolté, Girart de Fraite.

Le poème est écrit en décasyllabes rimés, auxquels se mêlent des alexandrins. Son auteur témoigne de connaissances géographiques étendues, tant sur l'Orient que sur l'Occident. Sa diffusion a été considérable ; de nombreux manuscrits anglo-normands, notamment, attestent de la popularité de ce texte en Angleterre. Il a également été repris par Jean d'Outremeuse* et dans les *Croniques et Conquestes de Charlemagne* de David Aubert* au XVe siècle. On en connaît plusieurs versions franco-italiennes, ainsi qu'un poème italien dû à Andrea da Barberino*. Il a été imité jusqu'en Scandinavie, en particulier dans la quatrième branche de la *Karlamagnus-Saga* et dans la *Karlamagnus Kronike.*

ŒUVRE. — Éd. L. Brandin, Paris, 1919-1922, 2 vol. (*CFMA*, 19 et 25) [éd. non critique]. — Éd. partielle A. de Mandach, dans *Naissance et développement de la chanson de geste*, t. 3 et 4, Genève, 1975 et 1980 (*Publ. romanes et françaises*, 134 et 156) [éd. des 6 107 premiers vers, précédée de deux longues intro.]. — Trad. ital. M. Boni, Bologne, 1977.

→ P.A. Becker, *Aspremont*, dans *Romanische Forschungen*, t. 60 (1947-1948), p. 27-67. — M. Boni, *I rifacimenti franco-italiani della Chanson d'Aspremont conservati nella Biblioteca Marciana*, dans *Cultura neolatina*, t. 21 (1961), p. 123-133. [M. Boni a publié de nombreux autres art. sur les versions franco-italiennes de cette chanson de geste ; voir *MBS*]. — A. de Mandach, *À la découverte d'un nouvel Aspremont* (...) *ibid.*, p. 116-122 ; *Observations littéraires et sociologiques relatives à la Chanson d'Aspremont*, dans *Mél. J. Rychner, TraLiLi*, t. 16 (1978), p. 363-379. — A. Borsari, *La leggenda d'Aspramonte in Italia e l'Aspramonte in prosa* (...), dans *Mél. M. Boni*, Bologne, 1984,

p. 143-194. — W. Calin, *Problèmes littéraires soulevés par les chansons de geste : l'exemple d'Aspremont* dans *Senefiance*, t. 20-21 (1987), p. 333-350 [critique la théorie de R. Louis de plusieurs versions antérieures perdues]. — M.-F. Notz, *Le bestiaire fabuleux et l'imaginaire de la conquête dans la Chanson d'Aspremont, ibid.*, t. 25 (1988), p. 315-327. — P. Bancourt, *Le visage de l'autre : étude sur le sens de la Chanson d'Aspremont, ibid.*, t. 25 (1988), p. 45-56. Cf. *GRLMA*, t. III/1, p. 20-23 et t. III/2, n° 30. — *MB* n°s 221-240, 6053-6056, 7155 ; *S* 920, 1037-1059, 1169, 2128, 6002. A.F.L.L.

Assises de Jérusalem. Voir : Philippe de Novare ; *Croisades (Littératures des)* § 8.

Astrologie. Voir : Hagin, Léopold d'Autriche, Simon de Phares.

Astronome (L'). On ignore le nom véritable de cet historien carolingien, de la première moitié du IXe siècle, ainsi surnommé à cause des connaissances astronomiques que son œuvre atteste. L'identification proposée avec un certain Liutwolf, par ailleurs totalement inconnu, n'a guère de fondement. En réalité, les rares repères biographiques concernant l'« Astronome » proviennent tous de son œuvre. Sans doute ecclésiastique, peut-être d'origine aquitaine, il vécut à la cour de Louis le Pieux, au moins pendant la deuxième partie de son règne. Sa *Vie de Louis de Pieux*, composée peu de temps après la mort de l'empereur, s'ouvre par des réflexions personnelles sur l'art de l'historien et sur une indication des sources utilisées, orales ou écrites : témoignage du moine Adhémar pour l'enfance de Louis le Pieux, *Annales impériales* pour les années 814-829, puis les propres souvenirs de l'auteur pour les années 830-840. Malgré l'attachement de l'« Astronome » envers l'empereur, les événements sont narrés avec honnêteté, dans une langue « simple et dépourvue d'ornements », comme lui-même l'annonce en préface. Hormis quelques erreurs, qui affectent surtout la chronologie, cette *Vie* est un document de premier ordre sur les luttes entre Louis le Pieux et ses fils.

ŒUVRE. — Éd. G.H. Pertz, *MGH Scriptores*, 2, Hanovre, 1829, p. 604-48. — Éd. W. Tenberken, Rottweil, 1982. — Trad. anglaise, A. Cabaniss, *Son of Charlemagne. A Contemporary Life of Louis the Pious*, Syracuse, 1961.

→ M. Manitius, *Zur deutschen Geschichtesquellen des 9 bis 12 Jahrhunderts* dans *Neues Archiv.*, t. 11 (1886), p. 70-73 [sources]. — W. Nickel, *Untersuchungen über die Quellen, den Wert und den Verfasser der Vita Hludovici des Astronomus*, Berlin, 1919. — M. Buchner, *Entstehung und Verfasser der Vita Hludowici des « Astronomen »* dans *Historisches Jahrbuch*, t. 40 (1940), p. 14-45. — E. Tremp, *Die Überlieferung der Vita Hludowici imperatoris des Astronomus*, Hanovre, 1991 [étude de la tradition directe et indirecte]. Do.P.

At de Mons. Troubadour toulousain de la deuxième moitié du XIIIe siècle, il fut le favori du roi Pierre III d'Aragon et le client du roi Alphonse X de Castille.

Son œuvre conservée est essentiellement didactique, une seule pièce lyrique du moins a été transmise, le *sirventes* (PC 309, 1) sur les devoirs des rois. La critique moderne a rangé les cinq autres pièces copiées uniquement dans le chansonnier provençal *R* (Paris, BN, fr. 22543, f. 125v°-130v°), selon une classification plus ou moins précise : deux épîtres, deux poésies didactiques et un *ensenhamen*.

Les deux lettres (PC II et III) sont adressées au roi d'Aragon et suivent une organisation proprement épistolaire fondée sur le modèle de l'*ars dictaminis*. Des deux poésies didactiques, la première, adressée « *Al bo rei de Castela* » est une *supplicatio* en couplets de 2 059 hexamètres, qui traite de l'influence des astres sur le sort des hommes et aurait servi de modèle à Guiraut Riquier* ; la seconde développe une théorie scolastique et chrétienne de l'amour courtois, d'abord (v. 1-250) sur le thème de la décadence des mœurs. Fragmentaire, 602 vers de six syllabes en couplets, le poème n'est pas adressé à un protecteur, car aucun seigneur n'en est digne, explique le troubadour qui fut incité à parler de l'amour par de jeunes amoureux. Un passage de vingt-deux vers contenu dans le *Breviari d'Amor* et attribué à N'At, provient peut-être de la suite perdue de ce poème : l'amour a le pouvoir d'ennoblir ses adeptes.

Dans ces textes, il ne s'agit pas vraiment d'instruire les princes, mais de leur plaire. En revanche, l'*ensenhamen* adressé à un jongleur type (1 539 hexamètres en couplets), est destiné à rendre explicites les implications morales de la lyrique : c'est un développement scolastique de termes-clés du vocabulaire courtois.

Bien que N'At ait passé sa vie loin de son pays natal, il y était fort connu, puisqu'il est l'auteur le plus cité des *Leys d'amors**.

ŒUVRE. — Éd. W. Bernhardt, *Die Werke des Trobadors N'At de Mons*, Heilbronn, 1887. — Éd. partielle : R. Richter, *Die Troubadourzitate im Breviari d'Amor*, Modène, 1976, p. 202-203.

→ PC 309. — D.A. Monson, *Les Ensenhamens occitans. Essai de définition du genre*, Paris, 1981, p. 113-131. G.B.L.

Athis et Prophilias. Ce copieux roman de 20 000 octosyllabes environ, dont l'auteur est un Alexandre qu'on identifie à Alexandre de Bernay, comprend trois parties ; c'est d'abord, développant un conte de provenance orientale, l'histoire de deux amis, l'Athénien Athys et le Romain Prophilias, qui se font d'héroïques et bizarres sacrifices : le premier cèdc sa femme Cardyonès au second qui lui sauvera la vie. Ce sont ensuite les amours d'Athys et de Gayte, sœur de Prophilias, promise au roi Bilas ; et enfin, à Athènes, les prouesses des deux amis, du duc Theseus et de son fils Piritheus contre le duc Télamon. Cardyonès meurt en apprenant par erreur que son époux est mort et Bilas épouse Savinne, sœur d'Athis. Le roman est riche en récits de batailles et en descriptions amoureuses procédant de la matière antique, les unes des romans de *Troie* et de *Thèbes*, les autres d'*Eneas**. Le roman se placerait entre 1210 et 1225.

ŒUVRE. — Éd. A. Hilka, *Li Romanz d'Athis et Prophilias (L'Estoire d'Athènes)*, 2 vol., Dresde, 1912 et 1916 (*Gesellschaft für romanische Literatur*, 29 et 40).

→ Liese, *Der altfranz. Roman Athis et Prophilias verglichen mit einer Erzählung von Bocaccio*, Görlitz, 1901. — L.F.W. Staël von Holstein, *Étude sur le roman d'Athis et Prophilias*, Thèse de doctorat (Uppsala, 1908), Stockholm, 1908. — Cf. *MB* n°s 1105-1110 ; *S* 2047, 2255-2256, 2420. A.M.

Âtre périlleux. Ce texte d'un peu plus de 6 600 octosyllabes appartient à la catégorie des romans d'aventures qui ont Gauvain pour héros. Celui-ci, apprenant par trois demoiselles qu'un chevalier qu'on lui dit être Gauvain vient d'être tué, se lance à la poursuite des coupables. Dans un cimetière (qui donne son nom au roman), il occit un diable et délivre une demoiselle, puis rattrape l'épervier d'une dame, tandis que l'amant irrité lui vole son cheval, bat Espinogre, et rencontre Cadrès qui doit soutenir un combat contre vingt chevaliers. Sur les instances de Raguidel qui lui avait prêté un cheval, il enlève une pucelle dans un château : les sept frères accourent et l'aîné, qui est l'amant ravisseur du cheval de Gauvain, se réconcilie avec son amie. Tous ensemble vont au secours de Cadrès. Chez Tristan-qui-ne-rit, Gauvain apprend le nom des meurtriers : Gomeret-sans-Mesure et le Faé Orgueilleux qui, pour prouver leur supériorité sur Gauvain, ont tué par mégarde un autre chevalier. Gauvain triomphe des coupables et le Faé, doué de pouvoirs surnaturels, ressuscite sa victime. L'unité du roman est assurée par le thème de la fausse mort de Gauvain ; l'auteur qui écrit vers le milieu du XIIIe siècle utilise nombre de poncifs de situations, mais les agence avec quelque souci d'enchaînement et une certaine ingéniosité.

ŒUVRE. — Éd. B. Woledge, Paris, 1936 (*CFMA*, 76). — Trad. : M.-L. Ollier, *L'A.P. (le cimetière du grand péril). D'une aventure de Gauvain, le Bon Chevalier*, dans *La légende arthurienne. Le Graal et la Table Ronde*, Paris, 1989 (*Bouquins*), p. 607-708.

→ G. Paris, dans *Romans en vers du cycle de la Table Ronde, HLF*, t. 30 (1888), p. 78-82. — W. von Zingerle, *Zum altfr. Artusroman Li Atres perillox*, dans *ZFSL*, t. 36 (1910), p. 274-293. — A.-M. Cadot, *Le motif de l'Aître périlleux : la christianisation du surnaturel dans quelques romans du* XIIIe *siècle*, dans *Marche romane*, t. 30 (1980), p. 27-36. — Cf. *MB* n°s 2029-2035 ; *S* 4158-4160. A.M.

Aube. Genre lyrique des XIIe et XIIIe siècles, dont le thème est la séparation de deux amants que le cri du guetteur, annonçant le lever du jour, avertit de se quitter ; c'est la forme « courtoise » d'un genre où, plus anciennement, c'est par le chant des oiseaux que les dormeurs étaient réveillés. Nous n'en avons conservé en français que trois spécimens (un quatrième en est une variante assez lointaine), dont deux sont des monologues de l'amante et l'autre, *Gaite de la tor*, un petit drame joué par les guetteurs, où l'amant n'intervient qu'au dénouement (éd. K. Bartsch, *Romanzen und Pastourellen*, Leipzig, 1870, n°s 31 et 48 ; *Chrestom. de l'ancien français*, 4e éd., p. 245 et 281). Ce genre est peut-être originaire de la Provence, où il a eu, en tout cas, plus de vitalité ; il reste, en provençal, une quinzaine d'*albas* dont la plus belle est de Guiraut de Borneil* (*Reis glorios, verais lum e clartatz*), publiées dans toutes les anthologies.

→ A. Jeanroy, *Les origines de la poésie lyrique en France*, 3e éd., Paris, 1931, p. 61-83 ; *La poésie lyrique des troubadours*, Toulouse,

1934, p. 297-7 et 339. — G. Schleger, *Studien über das Tagelied*, Iéna, 1895, avec éd. de *Gaite de la Tor*. — P. Bec, *La lyrique française au Moyen Âge (XIIe-XIIIe siècle). Contribution à une typologie des genres poétiques médiévaux*. 1 : *Études* ; 2 : *Textes*, Paris, 1977-1978. — Cf. *MB*, nos 2217-2220.

Voir : *Lyrique (Poésie)*. A.J.

Auberée. Auberée, vieille couturière, se fait entremetteuse entre un jeune homme et la jeune femme d'un riche veuf : elle dépose un surcot du jeune homme dans le lit conjugal. Le mari furieux, ayant chassé son épouse, Auberée accueille celle-ci et organise la rencontre des amants. Puis, elle fait en sorte de dissiper les soupçons du mari, qui retrouve sa femme en prière à l'église. Si le thème est banal, l'écriture pleine de finesse place *Auberée* au premier rang des fabliaux.

Ce fabliau d'environ 650 octosyllabes a été écrit vers 1200 dans une région limitrophe de la Picardie, près de Beauvais ou de Compiègne. Un des six manuscrits qui le conservent l'attribue à un auteur nommé Jean ; G. Raynaud y voit un certain Jean de Boves qu'il identifie avec Jean Bodel*. R. Lejeune, la première, a suggéré de l'attribuer à Jean Renart*. Mais aucun argument décisif n'a permis de confirmer cette hypothèse.

ŒUVRE. — Éd. T.B. W. Reid, dans *Twelve Fabliaux from the Ms. f. fr. 19152 of the Bibliothèque Nationale*, Manchester, 1958. — *Zwei altfranzösische Fablels*, éd. H.H. Christmann, Tübingen, 1963, réimpr. 1974 (*Sammlung romanischer Übungstexte*, 47). — *Les remaniements d'Auberée. Etudes et textes*, éd. C. Lee, Naples, 1983. — Éd. W. Noomen et N. J. Van den Boogaard, dans *Nouveau recueil complet des fabliaux*, t. 1, Assen, 1983. — Éd. G. Raynaud de Lage, dans *Choix de fabliaux*, Paris, 1986 (*CFMA*, 108). — *Fabliaux et contes*, trad. R. Guiette, Paris, 1960. — Éd. et trad. anglaise P. Brians, dans *Bawdy Tales from the Courts of Medieval France*, New York, 1972. — *Contes pour rire ? Fabliaux des XIIIe et XIVe siècles*, trad. N. Scott, Paris, 1977 (*10/18*). — *Fabliaux*, trad. G. Rouger, Paris, 1978 (*Folio*). — Trad. italienne R. Brusegan, dans *Fabliaux. Racconti francesi medievali*, Turin, 1980.

→ R. Lejeune, *L'œuvre de Jean Renart*, Liège, 1935, réimp. Genève, 1968. — G. Charlier, *Jean Renart et le fabliau d'Auberée*, dans *Romance Philology*, t. 1 (1947-1948), p. 243-250. — T. Sato, *Sur l'attribution du fabliau « Auberée » à l'auteur du « Lay de l'ombre »*, dans *Études de littératures européennes*, t. 4 (1963), p. 119-155. — C. Lee, *Technique du remaniement dans le fabliau d'Auberée*, dans *Epopée animale, fable, fabliau. Actes du 4e colloque de la Soc. internationale renardienne, Évreux, 1981*, Paris, 1984, p. 269-279. — Cf. *MB* nos 2487, 6224 ; *S* 4591, 4593, 4602, 4710, 4742. A.F.L.L.

Auberi le Bourgoin. Cette chanson de geste datée de la deuxième moitié du XIIIe siècle est conservée dans cinq mss (en dialecte picard). Son extrême longueur (environ 26 000 décasyllabes) fait qu'elle est restée relativement méconnue.

La première branche illustre le thème carolingien du jeune héritier exilé ; après des épreuves qualifiantes dans les Flandres et en Bavière, Auberi obtient la main de la reine de Bavière. Dans la deuxième partie, Auberi est victime d'un personnage subversif, un chevalier-bandit des Ardennes, Lambert d'Oridon. La chanson se termine par la mort tragique du héros et le meurtre du traître par le neveu d'Auberi, Gasselin, qui devient roi de Bavière et sera le père de Naimes, le futur conseiller de Charlemagne.

Cette chanson bien écrite, quoique composite et proche du roman (le schéma narratif s'inspire surtout de *Floovant**) se rattache à la fois à la *Geste de Charlemagne* et à celle des *Lorrains** (le père d'Auberi est Basin, le larron enchanteur ou l'un des douze pairs ; mais Auberi est aussi un personnage de *Garin le Loheren*).

ŒUVRE. — Éd. partielle P. Tarbé, *Le roman d'Aubery le Bourgoing*, Reims, 1849 (*Poètes de Champagne antérieurs au XVIe*, 6) [4 000 vers, larges extraits du texte en son entier, à utiliser avec précaution]. — A. von Keller, *Auberis li Borgignons*, dans *Romwart, Beitraege zur Kunde Mittelalterlicher Dichtung aus italiaenischen Bibliotheken*, Mannheim, 1844, p. 203-243 [1 400 premiers vers]. — A. Tobler, *Mitteilungen aus altfranzösischen Handschriften, aus der Chanson de geste von Auberi nach einer vaticanischen Handschrift*, I, Leipzig, 1870 [larges extraits de la première partie]. — W. Benary, *Der zweite Teil des Auberi*, dans *ZRPh*, t. 50 (1930), p. 385-456, 641-695 ; ou *Das französische Heldenepos, Auberi le Borgignon*, Halle, 1931 [extraits de la deuxième partie, 4 000 vers]. — I. Weill, *Prolégomènes à une édition critique d'Auberi le Bourgoin*, Paris, 1985, thèse présentée dans *Perspectives médiévales*, t. 12 (1986), p. 65-67 (4 000 premiers vers de la deuxième partie, éd. synoptique). — Ed. d'un fragment K.V. Sinclair, *Un fragment inédit de la chanson de geste d'Auberi le Bourguignon*, dans *Australian Journal of French Studies*, t. 26, n° 2 (1989), p. 115-124.

→ F. Settegast, *Zu den geschichtlichen Quellen des Auberi le Bourguignon*, dans *ZRPh*,

t. 33 (1909), p. 20-40. — A. Adler, *Auberi le Bourguignon, schéma formel et destinée*, dans *Romania*, t. 90 (1969), p. 455-472. — I. Weill, *Outremer et outremonde dans Auberi le Bourgoin*, dans *Senefiance*, t. 25 (1988), p. 481-493 ; *Structure et parenté dans Auberi le Bourgoin*, t. 26 (1989), p. 99-113 ; « *Sin a un ris jeté* », *Rire et énonciation dans Auberi le Bourgoin*, dans *Le Rire au Moyen Âge*, publié par T. Boucher et H. Charpentier, Bordeaux, 1991. — Cf. *MB* n°s 241-244, 6057 ; *S* 909, 1060-1061, 1337. I.W.

Aubouin de Sézanne. Chevalier et poète champenois, Aubouin de Sézanne (Marne, arr. Epernay) mourut entre 1221 et novembre 1229. Des six chansons que les compilateurs médiévaux mettent sous son nom, trois au plus lui sont dues : leur mérite est des plus minces. Le poème que son auteur déclare composer sur les instances de la comtesse Marie de Champagne n'étant pas de lui, contrairement à ce qu'affirme le rubricateur du chansonnier T (Paris, BN, fr. 12615), mais de Gace Brulé*, rien ne permet de savoir si Aubouin fit partie du cercle littéraire de cette princesse. On sait, en revanche, qu'il fut en relations avec Blanche de Navarre, régente du comté de Champagne de 1201 à 1222, et mère du poète Thibaud IV de Champagne*.

ŒUVRES. — A. Jeanroy et A. Långfors, *Chansons satiriques et bachiques du* XIIIe *siècle*, Paris, 1921 (réimp. Paris, 1965), p. VII et 22-24 (*CFMA*, 23). — H. Spanke, *Eine altfranzösische Liedersammlmung. Der anonyme Teil der Liederhandschriften KNPX*, Halle, 1925, n° 106 (*Romanische Bibliothek*, 20).

→ J.F. Benton, *The Court of Champagne as a Literary Center*, dans *Speculum*, t. 36 (1961), p. 551-591. — Linker, n° 13. G.M.

Aubri de Trois-Fontaines. Aubri, moine de l'abbaye cistercienne de Trois-Fontaines dans le diocèse de Châlons, est l'auteur d'une chronique universelle rédigée entre 1227 et 1241. L'ouvrage, resté inachevé, se termine sur le transfert du corps de Jacques de Vitry* à Oignies, en octobre 1241, sans aucun signe indiquant une fin ; il ne s'agit donc pas d'une rédaction définitive. Par ailleurs la chronique n'est connue que dans une version interpolée et tronquée par Maurice, moine de l'abbaye des chanoines réguliers de Neufmoustier, vers 1251-1252 : celui-ci a supprimé presque tout ce qui concernait l'histoire de Trois-Fontaines et a introduit des informations sur Neufmoustier et Huy.

La chronique universelle d'Aubri, selon la règle du genre, a pour cadre l'histoire de toute la chrétienté, depuis l'Espagne jusqu'aux pays scandinaves, depuis l'Angleterre et l'Irlande jusqu'à la Russie et la Hongrie. Mais elle tranche sur les chroniques universelles françaises par la place importante qu'elle accorde à l'histoire de l'Allemagne et de l'Empire. D'ordinaire les auteurs français après 1148, c'est-à-dire après la chronique de Sigebert de Gembloux* et les continuations qui les mènent à cette date, se limitent aux événements de l'Empire qui ont eu un retentissement international, comme les croisades impériales ou le conflit entre le pape et l'empereur. Or non seulement Aubri est mieux informé sur l'histoire de l'Allemagne jusqu'en 1148, mais encore il donne à ses lecteurs jusqu'à la fin de sa chronique, un récit ample sur tout ce qui concerne le royaume germanique. La chronique est par ailleurs remarquablement bien informée et documentée. Adoptant un strict découpage annalistique, Aubri accumule pour chaque année les points de vue de deux ou trois auteurs, parfois plus quand sa documentation le lui permet et quand il s'agit d'événements importants. Ses sources, très nombreuses, sont bien évidemment des œuvres champenoises : l'*Historia Remensis* de Flodoard*, les Annales de Saint-Pierre-au-Mont de Châlons et surtout la *Chronographia* de Gui de Bazoches*, chantre de la cathédrale de Châlons, qui est une chronique universelle qui s'étend jusqu'en 1199. Il n'ignore pas non plus la production des régions voisines de la Champagne, c'est-à-dire les sources sénonaises, annales de Sainte-Colombe de Sens, *Historia Francorum Senonensis*, et surtout les sources dijonnaises. Il fait aussi appel à des œuvres qui ont appartenu à l'origine à l'aire culturelle anglo-normande (Bède*, Hugues de Fleury*, Guillaume de Malmesbury). Il connaît aussi les *Gesta Philippi Augusti* de Guillaume le Breton* et utilise des œuvres largement répandues dans le royaume comme l'*Historia Francorum* de Grégoire de Tours* ou la *Chronique du Pseudo-Turpin**. Il profite du réseau culturel cistercien (chroniques d'Hélinand de Froidmont* et de Sigebert de Gembloux* avec ses continuations) et ne néglige pas le patrimoine historiographique des diocèses impériaux voisins (*Gesta* des évêques de Metz, de Gilles d'Orval) ; il connaît aussi les textes de Liutprand de Crémone et d'Otton de Freising, qui exaltent la gloire des empereurs germaniques et donnent à sa chronique des accents que l'on ne retrouve pas dans les chroniques françaises. En dehors de l'historiographie, il a aussi largement mis à contribution la littérature hagiographique (en majeure partie des écrits cisterciens), les généalogies (champenoises, lotharingiennes...). Aux sources narratives, il a joint des documents d'archives très divers. De plus il s'est beaucoup informé personnellement.

La chronique d'Aubri est une histoire monastique, sans doute fruit d'un travail d'équipe. Car Aubri ne s'est pas déplacé partout. Peut-être, comme Matthieu Paris*, a-t-il envoyé des collaborateurs qui ont visité les bibliothèques et copié des textes pour lui, non pas au hasard, mais dans un large cercle autour de Trois-Fontaines, en Champagne, en Bourgogne, et jusqu'au cœur du pays mosan et de la vallée moyenne du Rhin, c'est-à-dire de l'aire culturelle lotharingienne.

Certes le genre de la chronique universelle conduisait son auteur à placer l'Empire au centre de l'Histoire. Mais Aubri fait plus, il n'hésite pas à éliminer tous les détails qui donneraient des empereurs germaniques ou des Allemands une image par trop défavorable, à manifester sa sympathie pour tout ce qui touche à l'Empire germanique, ne cachant pas son admiration pour Frédéric II (qu'il compare à Charlemagne pour la richesse et à Frédéric Barberousse pour la puissance), au moment où le pape vient d'excommunier celui-ci pour la seconde fois. C'est pourquoi Aubri n'est certainement pas un Français, comme le soutenait son éditeur Scheffer-Boichorst, mais un natif de l'Empire, originaire du pays mosan, du nord de la principauté de Liège, comme le démontre magistralement Mireille Schmidt-Chazan. Il a écrit pour des lecteurs français, en premier lieu les moines de son abbaye, qui étaient en majorité champenois. Mais il n'oublie pas ses attaches avec la noble race des Allemands et met au premier plan de son œuvre non seulement le destin mais aussi la gloire de l'Empire.

La chronique d'Aubri est une œuvre remarquable par le nombre et la diversité des sources utilisées, par la largeur de vues dont il a fait preuve et par la qualité du récit où le souci d'être exhaustif ne fait pas disparaître l'esprit critique. Cependant elle n'a pas eu de succès (seulement deux manuscrits la conservent). Écrite à une époque où l'influence française s'impose en Lorraine comme à Liège, elle n'a trouvé d'écho ni dans le royaume ni dans l'Empire. De plus l'œuvre a été très peu utilisée et seulement dans les Pays-Bas. Peut-être le texte était-il trop touffu, difficile à consulter. Les cisterciens lui ont préféré le *Speculum historiale* de Vincent de Beauvais*, clairement divisé logiquement et chronologiquement en livres et en chapitres.

ŒUVRE. — Éd. P. Scheffert Boichorst, dans *MGH, SS*, t. 23, 1874, p. 631-950, réimp. 1963 [édite ce qu'il considère comme le texte personnel d'Aubri et les passages empruntés à Gui de Bazoches].

→ *HLF*, t. 18, p. 279-292. — A. Moisan, *Aubri de Trois-Fontaines à l'écoute des chanteurs de geste*, dans *Essor et fortune de la chanson de geste dans l'Europe et l'Orient latin. Actes du 9e Congrès... Rencesvals*, 1982, t. 2, p. 949-976 ; *Clercs et légendes épiques : Hélinand de Froidmont, Aubri de Trois-Fontaines, Vincent de Beauvais et la Chronique du Pseudo-Turpin*, dans *Senefiance*, t. 20, 2 (1987), p. 913-925 ; *Aubri de Trois-Fontaines et la matière de Bretagne*, dans *CCM*, t. 31 (1988), p. 37-42. — M. Schmidt-Chazan, *Aubri de Trois-Fontaines, un historien entre la France et l'Empire*, dans *Annales de l'Est*, t. 36 (1984), p. 163-192. — Cf. Molinier n° 2521. — Nouveau Potthast, t. II, p. 167-168. G.T.L.

Aucassin et Nicolette. Composition anonyme du dernier quart du XIIe siècle ou de la première moitié du XIIIe. L'auteur désigne son ouvrage (à la fin) du nom de *chantefable*, dont on ne connaît par ailleurs aucun autre exemple, et dont on peut décrire la forme : des strophes assonancées, destinées à être chantées, alternent très régulièrement avec des passages en prose faits pour être dits. Certains critiques pensent que le texte pouvait être mimé. Le manuscrit unique, copié dans la région picarde, nous a conservé la mélodie des parties chantées. Les vers assonancés sont de sept syllabes (huit dans les vers féminins). De plus, le récit est constamment coupé de monologues et de dialogues. Sur 41 morceaux en vers ou en prose, 33 sont mêlés de récit et de conversation. La moitié de l'œuvre est ainsi faite. Dans aucun roman des XIIe et XIIIe siècles, le mélange n'est aussi grand, ni surtout les parties chantées ne font partie, comme ici, de la trame du récit. Cette forme, unique dans la littérature du Moyen Âge, entraîne bien des questions jusqu'à maintenant sans réponse : a-t-elle été l'invention d'un seul auteur, ou bien les autres textes se sont-ils perdus ? Cette invention a-t-elle eu du succès ? Mais alors, pourquoi un seul manuscrit d'*Aucassin ?*

L'originalité ne s'arrête pas à la forme. Tantôt vu comme un roman, un conte, une nouvelle, un fabliau, tantôt comme une composition dramatique, *Aucassin et Nicolette* « joue » finalement sur tous les tableaux, laissant à la fois une impression de style parlé et de pièce représentée.

Le sujet est d'une étonnante simplicité : deux jeunes gens que tout sépare et qui s'aiment ne se retrouveront qu'après moult aventures. Aucassin, fils du comte de Beaucaire, aime Nicolette, esclave sarrasine rachetée et élevée chrétiennement. Pour le père d'Aucassin, une mésalliance est impossible. Nicolette s'enfuit, Aucassin la rejoint, ils sont de nouveau séparés et finissent par se retrouver, grâce au courage et à l'habileté de Nicolette. Ils se marient après qu'Aucassin a hérité à la mort de ses parents et que Nicolette a appris qu'elle était fille de roi. L'auteur — le « vieil antif » comme il se nomme lui-même — va traiter cette histoire sous les signes de l'ironie, de la parodie, du burlesque, et se plaît tout au long à inverser malicieusement les valeurs et à nous présenter un monde à l'envers : Aucassin, alors qu'on attend de lui les qualités du chevalier courageux et courtois, n'est qu'un pâle falot aux larmes faciles, tandis que Nicolette, personnage fort, prend au contraire les initiatives et emploie son courage et son ingéniosité à leurs retrouvailles. Les forêts hantées par les bêtes sauvages sont pleines de bergers, de féroces pirates ramènent Nicolette à son père. Le burlesque tourne à l'absurde dans l'épisode de Torelore, curieux royaume dans lequel le roi garde le lit après l'accouchement de la reine, où l'on se bat à coups de pommes des bois, d'œufs et de fromages frais.

L'auteur reprend de manière parodique des mots et des formules de la chanson de geste, ainsi que certains de ses motifs, comme l'armement du chevalier. Il utilise le procédé de recommencement par enchaînement en reprenant, au début de la laisse suivante, ce qui a été dit à la fin de la laisse précédente. Il se sert aussi du roman, récupérant, par exemple, le gardien de taureaux du *Chevalier au Lion* de Chrétien de Troyes* pour son bouvier hideux, de *Pyrame et Thisbé** la conversation des amants à travers la fente d'un mur, de *Beuve de Hantone** le déguisement de Nicolette en jongleur. La trame de son récit évoque tout particulièrement celle de *Floire et Blancheflor**, ce qui a pu faire penser que les deux textes pouvaient dériver d'une même source byzantine. En tout cas, il connaît parfaitement bien la littérature de son époque. Avec *Aucassin et Nicolette*, il raconte une histoire romanesque-type dont il souligne, par tout un jeu de références parodiées et prises à contrepied, l'invraisemblance et la convention, mettant à bien rude épreuve le monde de la courtoisie.

BIBLIOGRAPHIE. — B.N. Sargent-Baur et R.F. Cook, *Aucassin et Nicolette. A Critical Bibliography*, Londres, 1981 (*Research Bibliographies and Checklists*, 35).

ŒUVRE. — Éd. H. Suchier, Paderborn, 1878 ; nouv. éd. revues et améliorées en 1881, 1889, 1899, 1903, 1906, 1909, 1913, 1921, 1932. — Éd. M. Roques, Paris, 1925, 1936, 1955 (*CFMA*, 41). — Éd. et trad. J. Dufournet, Paris, 1973 (*Texte intégral*, 261) ; Paris, 1984 (*Garnier-Flammarion*, 261). — Trad. G. Cohen, Paris, 1954. — Trad. anglaise : P. Matarasso, Harmondsworth, 1971. — Trad. italienne : M. Liborio, Turin, 1976. — Éd. et trad. espagnole, V. Cirlot, Barcelone, 1983 (*Bibl. Filologica*, 2). — Éd. A.E. Colby, avec trad. anglaise G.S. Burgess, New York, 1988.

→ Nous ne mentionnons ici que les études d'ordre général, et nous renvoyons pour le reste aux bibliogr. existantes, en raison de l'importance de la matière critique. W. Meyer-Lübke, *Aucassin und Nicolette*, dans *ZRPh*, t. 34 (1910), p. 513-522. — D. Scheludko, *Zur Entstehungsgeschichte von Aucassin et Nicolete*, *ibid.*, t. 42 (1922), p. 458-490. — J.R. Reinhard, *The Literary Background of the Chantefable*, dans *Speculum*, t. 1 (1927), p. 157-169. — A. Pauphilet, *Aucassin et Nicolette*, dans *Le Legs du Moyen Âge*, Melun, 1950, p. 239-248. — K. Rooger, *Étude descriptive de la chantefable Aucassin et Nicolette*, dans *ZRPh*, t. 67 (1951), p. 409-457 ; t. 70 (1954), p. 1-57. — O. Jodogne, *La parodie et le pastiche dans Aucassin et Nicolette*, dans *CAIEF*, t. 12 (1960), p. 53-65. — A. Micha, *En relisant Aucassin et Nicolette. Chap. 27-41*, dans *Le Moyen Âge*, t. 65 (1959),

p. 279-292 ; réimp. dans *De la chanson de geste au roman*, Genève, 1976, p. 465-478 (*Publ. rom. et fr.*, 139). — M. Pelan, *Le Deport du Viel antif*, dans *Neuphilologische Mitteilungen*, t. 60 (1959), p. 180-185. — M.F. Mc Kean, *Torelore and Courtoisie*, dans *Romance Notes*, t. 3 (1961-1962), p. 64-69. — R. Griffin, *Aucassin et Nicolette and the Albigensian Crusade*, dans *Modern Language Quarterly*, t. 26 (1965), p. 243-256. — R. Harden, *Aucassin et Nicolette as Parody*, dans *Studia Philologica*, t. 63 (1966), p. 1-9. — D.H. Clevenger, *Torelore in Aucassin et Nicolette*, dans *Romance Notes*, t. 11 (1969-1970), p. 656-665. — M. Liborio, *Aucassin et Nicolette, i limiti di una parodia*, dans *Cultura neolatina*, t. 30 (1970), p. 156-171. — B.N. Sargent, *Parody in Aucassin et Nicolette : Some Further Considerations*, dans *The French Review*, t. 43 (1970), p. 597-605. — E. Vance, *The Word at Heart : Aucassin et Nicolette as a Medieval Comedy of Language*, dans *Yale French Studies*, t. 45 (1970), p. 33-51. — J.A. Rea, *The Form of Aucassin et Nicolette*, dans *Romance Notes*, t. 15 (1973-1974), p. 504-508. — E. Dorfman, *The Sacred and the Profane in Aucassin et Nicolette*, dans *Mél. R.A. Hall jr.*, Madrid, 1977, p. 117-131. — N.B. Smith, *The Uncourtliness of Nicolette*, dans *Mél. J.D. Powell et R. Hodgins*, Philadelphie, 1977, p. 169-182. — P. Ménard, *La composition d'Aucassin et Nicolette*, dans *Mél. J. Wathelet-Willem*, 1978, p. 413-432. — T. Hunt, *La parodie médiévale : le cas d'Aucassin et Nicolette*, dans *Romania*, t. 100 (1979), p. 341-381. — N.B. Smith, *Aucassin et Nicolette as Stylistic Comedy*, dans *Kentucky Romance Quarterly*, t. 29 (1979), p. 479-490. — M. Musonda, *Le thème du « monde à l'envers » dans Aucassin et Nicolette*, dans *Medioevo Romanzo*, t. 7 (1980), p. 22-36. — E. Vance, *Aucassin et Nicolette as a Medieval Comedy of Signification and Exchange*, dans *The Nature of Medieval Narrative*, Lexington, 1980, p. 57-75 (*French Forum Monographs*, 22). — N.J. Lacy, *Courtliness and Comedy in Aucassin et Nicolette*, dans *Mél. B.M. Craig*, York, 1982, p. 65-72. — P. Le Rider, *La parodie d'un thème épique : le combat sur le gué dans Aucassin et Nicolette*, dans *Mél. R. Louis*, Saint-Père-sous-Vézelay, 1982, p. 1226-1233. — R. Owen, *Chrétien, Fergus, Aucassin et Nicolette and the Comedy of Reversal*, dans *Mél. L. Topsfield*, Cambridge, 1984, p. 186-194. — J. Tattersall, *Shifting Perspectives and the Illusion of Reality in Aucassin et Nicolette*, dans *French Studies*, t. 38 (1984), p. 257-267. — R.S. Spraycar, *Genre and Convention in Aucassin et Nicolette*, dans *Romanic Review*, t. 76 (1985), p. 94-115. — J. Tattersall, *Social Observation and Comment in Aucassin et Nicolette*, dans *Neuphilologische Mitteilungen*, t. 84 (1985), p. 551-565. — R.R. Grimm, *Kritik und Rettung der höfischer Welt in der Chantefable*, dans *Höfische Literatur, Hofgesellschaft, Höfische Lebensformen um 1200*, Colloque (novembre 1983), Düsseldorf, 1986, p. 363-386 (*Studia Humaniora*, 6). — M.R. Menocal, *Signs of the Times. Self, Other, and History in Aucassin et Nicolette*, dans *The Romanic Review*, t. 80 (1989), p. 497-511. — Cf. *MB* n°s 1251-1283, 6231-6240, 7305-7313 ; *S* 2075, 2320, 2347-2400, 2398 *bis*, 2436. C.R.

Audefroi le Bâtard. Trouvère qui vécut à Arras et fut protégé par Jean II de Nesle (Somme, arr. Péronne) et Michel III de Harnes (Pas-de-Calais, arr. Lens). Composée durant le premier tiers du XIIIe siècle, l'œuvre d'Audefroi le Bâtard comprend dix chansons d'amour, un dialogue de forme lyrique entre le poète et un amant malheureux, enfin cinq chansons de toile ou chansons d'histoire. Le dessein d'Audefroi, en écrivant ces dernières, était de rénover un genre suranné et de l'adapter au goût de la société courtoise en renouvelant ses thèmes et ses formes. Au XIIe siècle, la chanson de toile présentait un bref drame d'amour au dénouement rapide, ayant généralement une jeune fille pour héroïne ; formée de quelques courtes strophes assonancées et terminées par un refrain, elle était rédigée dans un style limpide, nerveux, laconique. Audefroi, lui, délaie les sujets romanesques ou mélodramatiques qu'il exploite, surcharge son récit d'incidents et de détails oiseux. De plus, il remplace l'assonance par la rime, substitue l'alexandrin au décasyllabe épique employé par ses prédécesseurs et s'exprime dans un style ampoulé et insipide. Ces diverses innovations, si contraires à l'esprit du genre, font des chansons d'histoire d'Audefroi des pièces prolixes et laborieuses, d'un prosaïsme assez fade. Aucune d'elles ne saurait rivaliser avec les poèmes anciens dont elles n'ont ni le charme, ni la vivacité dramatique.

ŒUVRES. — A. Cullmann, *Die Lieder und Romanzen des Audefroi le Bastart*, Halle, 1914 (réimp. Genève, 1974). — P. Bec, *La lyrique française au Moyen Âge (XIIe-XIIIe siècle)*, Paris, 1978, t. 2, p. 39-41 [une chanson de toile]. — H. Van der Werf, *Trouvères-Melodien II*, Bâle, Tours, Londres, Kassel, 1979 (*Monumenta Monodica Medii Aevi*, 12). — M. Zink, *Les Chansons de toile*, Paris, 1978 [nouv. approche].

→ A. Guesnon, *Nouvelles recherches biographiques sur les trouvères artésiens*, dans *Le Moyen Âge*, t. 15 (1902), p. 156. — H. Petersen Dyggve, *Trouvères et protecteurs de trouvères dans les cours seigneuriales de France*, dans *Annales Academiae Scientiarum Fennicae* (B, 50), (1942), p. 198-241. — W.M. Newman, *Les seigneurs de Nesle en Picardie (XIIe-XIIIe siècle)*, *leurs chartes et leur histoire*, Paris, 1971, 2 vol. (*Bibliothèque de la Société d'histoire du droit des pays flamands, picards et wallons*, 27). — Linker, n° 15. — Cf. *MB*, n°s 2322, 6448-6449 ; *S* 4315. G.M.

Audigier. Ce poème héroï-comique, de la fin du XIIe ou du début du XIIIe siècle, conte, avec la plus parfaite obscénité, le mariage et l'assassinat de Turgibus, père d'Audigier, puis l'histoire d'Audigier : sa naissance, ses luttes avec une vieille femme nommée Grinberge et avec ses filles, et enfin les noces du héros. La forme, des laisses de décasyllabes, est celle des chansons de geste, mais les héros sont parodiés, leur idéal grossier. Cette « épopée scatologique » (J. Bédier) était sans doute destinée à un public exclusivement masculin. Derrière l'obscénité, la satire cache une critique du monde de la chevalerie tel qu'il était présenté, sous une forme idéalisée, dans les chansons de geste.

ŒUVRE. — *Audigier et la chanson de geste, avec une édition nouvelle du poème*, éd. O. Jodogne, dans *Le Moyen Âge*, t. 66 (1960), p. 495-526. — *La Chanson d'Audigier. A Scatological Parody of the Chanson de Geste Edited from Ms. BN f. fr. 19152*, éd. D.C. Conlon, dans *Nottingham Medieval Studies*, t. 33 (1989), p. 21-55. — Éd. et trad. anglaise P. Brians, dans *Bawdy Tales from the Courts of Medieval France*, New York, 1972.

→ J. Bédier, *Les Fabliaux*, Paris, 1895. — P. Nykrog, *Les Fabliaux*, Copenhague, 1957. — Cf. *GRLMA*, t. VI/2, n° 7008. *MB* n°s 2488-2489 ; *S* 3387, 4602, 4909-4911. A.F.L.L.

Aulularia. L'une des deux « comédies » latines, qui furent composées au XIIe siècle par Vital de Blois (la seconde est intitulée *Geta**). L'*Aulularia* s'inspire non de la pièce homonyme de Plaute, mais d'une adaptation très libre du IVe siècle de notre ère, le *Querolus*. Querolus (le grincheux) est le fils du vieil Euclion, héros de la comédie de Plaute. Le vieillard meurt en voyage après avoir révélé à son esclave Sardana l'endroit où il a caché sa fortune, en sa demeure. Profitant de ce secret, l'infidèle dérobe, avec deux complices, l'urne au trésor, mais, trompés par l'inscription funéraire que porte celle-ci, ils cherchent à la remettre en place. L'urne tombe et se brise, l'or paraît ; Sardana, quittant alors son déguisement de magicien exorciseur, en réclame sa part à Querolus et l'obtient.

La pièce se distingue de son modèle latin par une action plus rapide, une présentation plus vivante des personnages et des discussions qui manifestent une certaine érudition classique et philosophique. L'auteur manie avec habileté les distiques élégiaques. Sur 792 vers, 155 correspondent à des passages narratifs : Vital a donc créé un genre nouveau, intermédiaire entre le drame et les récits versifiés, qui fut pratiqué ensuite par Guillaume de Blois et Matthieu de Vendôme*. L'*Aulularia* elle-même n'eut qu'un succès médiocre, si l'on en juge par les manuscrits subsistants.

ŒUVRE. — Éd. M. Girard, dans G. Cohen, *La « comédie » latine en France au XIIe siècle*, t. 1, Paris, 1931, p. 59-106 [avec trad. française]. — F. Bertini, dans *Commedie latine del XII e XIII secolo*, t. 1, Gênes, 1976, p. 17-137 [avec trad. italienne]. — J. Suchomski, *Lateinische Comediae des 12. Jahrhunderts*, Darmstadt, 1979, p. 93-135 [avec trad. allemande]. — A.G. Elliott, *Seven Medieval Latin Comedies*, New York-Londres, 1984 [trad. anglaise]. G.C. et F.D.

Aumeric. Ce moine bénédictin du début du XIIIe siècle est l'auteur d'une vie de sainte Catherine d'Alexandrie en octosyllabes à rimes plates, conservée dans un manuscrit unique incomplet du début. On a longtemps pensé qu'Aumeric était moine au Mont-Saint-Michel. Mais Naudeau, sur l'étude de la langue (du français mêlé de formes dialectales du Sud-Ouest et limousines ou occitanes) estime qu'Aumeric relevait du monastère de Saint-Michel-en-L'Herm près de La Rochelle.

ŒUVRE. — *La passion de sainte Catherine d'Alexandrie par Aumeric*, éd. O. Naudeau, Tübingen, 1982 (*Beihefte zur ZRPh*, 186).

→ H. Stimm, *Lexikalischer Kommentar zur sogenannten poitevinischen Katharinenpassion*, dans *ZFSL*, t. 76 (1966), p. 291-311. — Cf. *MB* n^os^ *S* 5821. A.F.L.L.

Austorc d'Aurillac. Troubadour du XIIIe siècle. Il composa en 1250 un *sirventes* sur la première croisade de saint Louis.

ŒUVRE. — A. Jeanroy, *Le troubadour Austorc d'Aurillac et son sirventes sur la septième croisade*, dans *Romanische Forschungen*, t. 23 (1906), p. 81-87.

→ PC 40,1. — A. Jeanroy, *La poésie lyrique des troubadours*, t. 1, Toulouse-Paris, 1934, p. 340. G.Mi.

Austorc de Galhac. Troubadour de l'école toulousaine du XIVe siècle, couronné par le Consistori del Gai Saber*, pour une chanson à la Vierge.

→ F. Zufferey, *Bibliogr. des poètes proven-*

çaux des XIVe et XVe siècles, Genève, 1981, n° 473. G.Mi.

Auzels de Cassadors. Voir : Daude de Pradas.

Auzias March. Le dernier grand poète du Moyen Âge en langue catalane qui soit en dépendance directe des troubadours. Fils du poète Pere March et de sa seconde épouse, il est né d'une famille noble à Gandia, au sud de Valence, vers 1397. Il prit part aux expéditions militaires du roi Alphonse V en Corse et en Sardaigne, exerça quelque temps la charge de fauconnier du souverain à Valence, puis, à partir de l'âge de 27 ans, passa les trente dernières années de sa vie dans son pays natal, s'occupant de l'administration d'un riche domaine aux environs de Gandia. Il mourut en 1459, après une vie paisible, mais tourmentée par des orages amoureux (deux mariages, cinq enfants bâtards).

Il a laissé une œuvre assez importante, 138 poésies, plus de deux mille vers, composée exclusivement de poésies lyriques, où l'on trouve l'influence française et italienne, plus encore celle de saint Thomas et de la philosophie aristotélicienne. Mais il est surtout en dépendance de la poésie courtoise des troubadours, aussi bien dans la pensée et dans les thèmes d'inspiration que dans la forme poétique. Les trois quarts de ses poèmes sont bâtis sur la forme de la *canso* lyrique avec ses cinq ou six strophes et sa *tornada*. Selon l'expression du marquis de Santillane : « C'est un grand troubadour. »

Cette filiation occitane est évidente en particulier dans ses 80 chants d'amour, œuvre des années de jeunesse, où l'on croit lire des dissertations d'amour courtois suivant les formules troubadouresques. Elle est moins visible dans les six « *Cants de mort* » qui demeurent cependant chants d'amours, car il s'agit là surtout de la mort de la dame aimée, qui n'est plus la dame inaccessible des troubadours. Les chants moraux, correspondant aux dernières années de la vie du poète, contiennent une note plus réaliste, plus pessimiste aussi devant les vices de l'époque ; le poète passe progressivement de la philosophie de la raison à la théologie chrétienne, poésie qui témoigne de ses luttes intérieures et de sa tristesse devant ses échecs. On peut mettre à part le poème religieux, véritable prière à Dieu, un document d'une humanité intense, en dix-huit strophes de huit vers, appelé *cant espiritual*, qui est un magnifique appel à la grâce divine, indispensable à l'homme pour faire son salut : « *Ajuda'm, Deu, que sens tu no.m puch moure.* » « Aide-moi, ô mon Dieu, car sans toi je ne puis me mouvoir. »

La langue conserve encore beaucoup d'attaches avec la langue occitane du Moyen Âge.

Auzias March peut être considéré, plus encore que Raymond Lulle*, comme le dernier des troubadours en terre catalane. Ses poésies ont été conservées par treize manuscrits des XVe et XVIe siècles.

L'influence de son œuvre s'exerça sur les poètes catalans de son temps, sur ceux qui vinrent à l'époque de la décadence, et plus encore peut-être, par Boscán, sur la poésie castillane classique des XVIe et XVIIe siècles.

On compte plus de dix éditions complètes des poèmes d'Auzias March, sans parler des anthologies.

ŒUVRE. — Éd. P. Bohigas, *Auzias March. Poesies*, Barcelone, 5 vol., 1952-1959.

→ A. Pagès, *Auzias March et ses prédécesseurs : essai sur la poésie amoureuse et philosophique en Catalogne aux XIVe et XVe siècles*, Paris, 1912 ; *Commentaire des poésies d'A.M.*, Paris, 1925. — M. de Riquer, *Historia de la literatura catalana*, Barcelone, t. 1, 1964, p. 471-568. — C. Di Girolamo, *Ausias March and the Troubadour Poetic Code*, dans *Mél. J. de Boer*, Barcelone, 1977, p. 233-237. J.S.

Averroès et l'Averroïsme. Le destin des maîtres de la pensée se joue deux fois, et leur survie n'est pas toujours en continuité avec leur rôle personnel immédiat. De ce fait, le philosophe arabe Ibn Roscha présente un cas exceptionnel, car, ayant vécu au Maghreb au temps de la plus haute civilisation des Almohades, de Marrakech à Cordoue († 1198), il demeura chez les siens, entre tous les *falasifa*, en marge des grands courants spirituels de l'Islam, tandis que, pendant quatre siècles, il allait être un des animateurs de la pensée occidentale, au point de cristalliser sur lui à deux reprises les oppositions les plus passionnées dans l'affrontement de la raison et de la foi. En vérité, Averroès, comme il est dénommé dans les traductions latines, est un personnage de l'histoire du christianisme et de l'Occident, non seulement par son influence sur quelques professeurs de philosophie, mais comme le patron d'un rationalisme agressif contre toute croyance. Tant et si bien que, très loin de sa doctrine authentique, il allait devenir dans l'opinion commune et dans la littérature, y compris en langue populaire, le prototype de l'impie et de l'imposteur.

La première entrée d'Averroès en Occident suivit de peu sa mort. Il fut alors porté par l'impétueuse curiosité qui entraînait la jeune Université de Paris vers la science et la philosophie grecques, en particulier vers Aristote, dont les œuvres pénétraient en bonne part dans des versions arabo-latines. En moins de dix ans, autour des années 1250, plusieurs ouvrages majeurs d'Averroès, traduits avec ceux du Stagirite, devinrent lecture courante à la Faculté des arts, y alimentant la crise en cours depuis le début du siècle, où était mise en cause l'interprétation augustinienne du christianisme, au bénéfice des autonomies rationnelles de la recherche, y compris en matière religieuse. Non seulement la lecture d'Aristote, décidément inscrit au programme des études malgré les interdits ecclésiastiques répétés, trouvait une précieuse intelligence dans les commentaires excellents de l'Arabe, mais plusieurs théologiens, entre autres Thomas d'Aquin*, tout en combattant les positions inconciliables avec la foi chrétienne, acceptaient, selon la ligne aristotélicienne, les lumières qu'il apportait dans une vision du monde et une conception de l'homme. Averroès procurait de fait la charpente métaphysique d'un naturalisme diffus, d'autant plus équivoque, pour la conscience chrétienne, qu'il drainait à la fois les plus hautes exigences du sage grec et les intempérances les plus crues d'une physique des mœurs. Siger de Brabant*, Boèce de Dacie*, étaient à la Faculté des arts les maîtres de cette école ; mais on en trouve les échos les plus significatifs, hors les professionnels de l'enseignement, dans le *Roman de la Rose** de Jean de Meun*, sinon sous les thèses spécifiques d'Averroès, qui n'est pas cité nommément, du moins dans le climat général d'une conception semi-déterministe de la nature, de la liberté, de la société. Les théologiens de Paris, dont l'assemblée était alors une des hautes instances de l'orthodoxie religieuse, établirent un syllabus, à la fois perspicace et confus, des « erreurs de ce temps », en 219 propositions, dont un bon nombre résumait les positions des philosophes arabes, Averroès en tête, et où quelques-unes compromettaient Thomas d'Aquin, dont l'aristotélisme avait bénéficié, à travers de sévères critiques, de la lecture d'Averroès (1277).

La portée de ce syllabus, si discuté fût-il sur plusieurs points, en particulier par les disciples de saint Thomas, fut considérable, jouant d'ailleurs en des directions disparates, tantôt en faveur d'une conception augustinienne de l'homme et du chrétien, tantôt libérant la recherche scientifique d'une révérence abusive pour la cosmologie aristotélicienne. Averroès, tout condamné qu'il fût, n'était pas discrédité. Non seulement il demeurait « le commentateur » par excellence du Philosophe, mais une lignée de maîtres parisiens et italiens continuaient à enseigner plusieurs de ses thèses. Ce n'est qu'après les années 1300 que prit figure, dans l'opinion populaire, l'image d'un Averroès destructeur de la croyance, blasphémateur, imposteur, rassemblant sur lui toutes les légendes de l'impiété. Les arts fixèrent cette image, et le thème du « triomphe » de saint Thomas d'Aquin écrasant l'Arabe sous ses pieds (Traini à Pise, Taddeo Gaddi à Florence) exprime désormais l'opinion commune. Alors que trente ans auparavant Dante* donnait encore honneur dans son *Paradis* (X, 133-138) à l'averroïste Siger de Brabant « dont la lumière éternelle syllogisa d'importunes vérités », Pétrarque* se propose de rassembler pour les réfuter les blasphèmes de ce « chien enragé » d'Averroès (*Epistola sine titulo*, p. 656), dont par ailleurs il apprécie fort les commentaires d'Aristote.

En fait, si la lignée des averroïstes se poursuit dans les chaires des universités à travers le XIVe siècle et y produit de nombreux traités scolaires en latin, la littérature en langue populaire s'en tient à la légende désormais généralisée. Villon*, dans son *Testament*, déclarant que la misère l'a plus instruit que l'école, évoquera bien les « commens d'Averroÿs sur Aristote » (v. 97) ; mais le poème intitulé *Le Tombel de Chartreuse** (1320-1330) déclare : « *Hélas ! comment la prophécie / Voiez en nos temps accomplie / Quand plustost sunt les motz oïs / Du maleest Averroïs / Qui fu de toute sa puissance /*

Anemi de nostre créance / Qui eslut vie et mort de beste ; / Qar nul ses oreilles ne preste / A oïr sarmons de la Bible » (E. de Beaurepaire, dans *Mém. de la Soc. des Antiquaires de Normandie*, t. 20 (1853), p. 237).

Au départ de ce jugement sommaire, il y a effectivement deux traits de la philosophie d'Ibn Roscha : son analyse du déterminisme des phénomènes de la nature, pour laquelle il se confond devant les Occidentaux avec toute la philosophie arabe, et sa prétendue théorie de la double vérité, selon laquelle la vérité de la raison peut ne pas se rencontrer avec la vérité de la foi et procède en tout cas par des voies différentes ; théorie qui se peut bien entendre, en Islam comme en Chrétienté, mais qui prête éventuellement à une opposition contradictoire entre les deux sources de la Connaissance, bientôt même à un double jeu où la raison feint de respecter la foi. L'averroïsme latin le mieux qualifié durcit la position originelle d'Ibn Roscha et provoqua une résistance de plus en plus violente des théologiens, Raymond Lulle* (1315), grand connaisseur de l'Islam, mais farouche adversaire d'Averroès, répercuta, dans ses œuvres en langue catalane, les réfutations et les condamnations des théologiens latins.

Le deuxième temps fort de la survie d'Averroès en Occident se situe, aux XVe-XVIe siècle, dans le cercle des maîtres de Padoue, l'un des centres de la Renaissance où se manifeste, avec le culte de l'Antiquité et l'éveil de la science, la tendance la plus rationalisante de l'humanisme. Cette très féconde scolastique averroïste s'étend à la France, soit qu'elle y alimente les commentateurs d'Aristote, soit qu'elle y diffuse ses doctrines. Ainsi le Padouan Vicomercato enseigne Averroès au Collège de France (1542-1567). Mais, comme pour confirmer le destin d'incrédulité d'Ibn Roscha, elle alimente aussi les courants libertins : Naudé († 1653) exalte avec légèreté le dernier des Padouans, Cremonini († 1631), et Vanini († 1619) vulgarise en France le naturalisme le plus désinvolte, en plaçant abusivement sous le patronage d'Averroès ses fanfaronnades et ses impostures. Mais, comme pour confirmer l'ambiguïté de ces osmoses, un théologien aussi sûr que le dominicain Cajetan († 1534) avait consenti, sous l'influence d'Averroès, à reconnaître comme non décisives les preuves rationnelles de l'immortalité de l'âme.

On notera cependant, pendant cette période, un centre nouveau de controverse, selon que l'aristotélisme averroïste faisait figure de conservatisme, contre les progrès des sciences. En outre, dans l'interprétation du Philosophe, les tenants de l'exégèse d'Alexandre d'Aphrodise, tel Pomponazzi, soumirent à leur critique les commentaires classiques d'Averroès. Les éditions répétées de la traduction latine de ses œuvres, plus d'une centaine en un siècle, témoignent du crédit intellectuel qu'il conservait, malgré l'opposition du courant platonicien de la Renaissance et malgré la critique religieuse et culturelle des humanistes, Erasme en tête. Hors d'Italie, dans les lettres françaises, chez Bodin, chez Guillaume Postel, on ne recueille guère que les séquelles du cliché d'un Averroès jouant l'une contre l'autre, selon le thème protéiforme des « trois imposteurs », les trois religions du Livre, judaïsme, christianisme, mahométisme. Par contre, la controverse sur l'immortalité de l'âme, tout au long du XVIIe siècle, se développe en référence à Averroès, presque autant qu'à Pomponazzi et à Lucrèce ; et le « spiritualisme » classique se heurte non seulement à la thèse averroïste de l'impersonnalité de l'intellect, mais à la théorie aristotélicienne de l'union consubstantielle de l'âme et du corps.

Un détail pittoresque soulignera, en terminant le genre de réputation qui entourait Averroès : Christophe Colomb, dans une de ses lettres (1498), cite, d'après Pierre d'Ailly*, « Avenruyz » comme l'un de ceux qui lui ont fait soupçonner l'existence d'un nouveau monde.

→ B. Nardi, *Sigieri di Brabante nel pensiero del Rinascimento italiano*, Rome, 1945. — *Saggi sull'aristotelismo padovano del secolo XIV al XVI*, Florence, 1958. — Z. Kuksewicz, *De Siger de Brabant à Jacques de Plaisance. La théorie de l'intellect chez les averroïstes latins des XIIIe et XIVe siècles*, Wroclaw-Varsovie-Cracovie, 1968 ; *L'influence d'Averroès sur les Universités en Europe centrale (l'expansion de l'averroïsme latin)*, dans *Multiple Averroès*, éd. J. Jolivet, Paris, 1978, p. 275-281. — H.A. Wolfson, *The Twice-Revealed Averroes*, dans *Inquiries into Medieval Philosophy, A Collection in Honor of Francis P. Clarke*, Westport, 1971, p. 211-241 [recueilli dans H.A.W., *Studies in the History of Philosophy and Religion*, Cambridge (Mass.),

1973, p. 371-401]. — F. Van Steenberghen, *Maître Siger de Brabant*, Louvain-Paris, 1977. — R. Imbach, *L'averroïsme latin du* XII*e siècle* dans R. Imbach et A. Maieru (éd.), *Gli studi di filosofia medievale tra Otto e Novecento. Contributo a un bilancio storiografico*, Rome, 1991. M.D.C.

Aveugle et son valet ou **Le Garçon et l'Aveugle.** Notre plus ancienne farce française qui, d'après ses appels aux engagements en faveur de Charles d'Anjou, roi de Sicile, doit se situer entre 1266 et 1282. Des allusions précises à Tournai permettent de la localiser dans le Tournaisis, ce que confirment ses formes picardes. Dans ses 265 octosyllabes, un mendiant aveugle, qui est avare, ivrogne et paillard, prend à son service Jehannet. Le « garçon », imitant la voix de quelque sergent, injurie et rosse son maître ; puis, lorsqu'ils sont arrivés à la maison de l'aveugle, il s'enfuit avec sa bourse.

Au Moyen Âge, on a souvent mis à la scène les mauvais tours joués à un aveugle par son valet : voir *Les mystères de la Passion d'Arras** (vers 8431-8446), *la Passion de Semur** (vers 7283-7344), *des Actes des apôtres**, etc. ; dans ces mystères, l'aveugle est ensuite guéri par Jésus ou par un saint. A l'inverse, c'est parfois l'aveugle qui, après avoir recouvré la vue, refuse de payer son valet (mystère de *S. Bernard de Menthon* et *Mystère de la Résurrection**).

Le jeu du valet d'un aveugle qui contrefait la voix d'autrui, se retrouve dans le mystère de la *Résurrection* et dans la farce *De l'Aveugle et de son valet tort* de François Briand*. Dans la comédie latine du *Babio* et dans les *Fourberies de Scapin*, un valet joue un mauvais tour à son maître en changeant de voix ; mais les circonstances sont différentes.

ŒUVRE. — Éd. M. Roques, Paris, 1921 (*CFMA*, 5). — Trad. R. Axton et J. Stevens, dans *Medieval French Plays*, Oxford, 1971 [en anglais moderne]. — Trad. C.-A. Chevallier, dans *Théâtre comique du Moyen Âge*, Paris, 1973 (*10/18*). — Trad. J. Dufournet, Paris, 1982 (*Trad. des C.F.M.A.*, 31).

→ L. Petit de Julleville, *Répertoire du théâtre comique en France au Moyen Âge*, Paris, 1886. — G. Cohen, *La scène de l'aveugle et de son valet dans le théâtre français du Moyen Age*, dans *Romania*, t. 41 (1912), p. 346-372. — J. Dufournet, *Réflexions sur le Garcon et l'aveugle*, *ibid.*, t. 102 (1981), p. 202-220. — Cf. Lewicka n°s 300, 400, 1350 ; *S* 247-248. — *MB* n°s 3991-3994 ; *S* 6373, 6379, 6427. Ra.L.

Avit (vers 450-518). Descendant d'une lignée sénatoriale, apparenté à Sidoine Apollinaire et à l'empereur Avitus, il est né à Vienne d'un père évêque de cette cité. Au carrefour des espaces (Gaule du Sud et Gaule du Nord), des religions (entre Francs catholiques et Burgondes ariens) et des civilisations (entre l'extrême fin de l'Antiquité et les premiers débuts du Haut Moyen Âge), Avit, devenu évêque de sa ville natale vers 490, dut se partager entre une activité politique — sinon diplomatique — délicate, une activité pastorale intense et polémique, et un penchant mal réfréné pour la création poétiquc d'élite traditionnelle. Sa correspondance, dont une partie seulement nous est parvenue, offre de véritables petits traités théologiques adressés au roi arien Gondebaud ; la lettre de félicitations qu'il a envoyée à Clovis à l'occasion de son baptême est une méditation historique de première importance. Maître d'une latinité ultra-savante (trop peut-être parfois), Avit fit briller l'éclat du *sermo scholasticus* dans ses sermons et dans ses homélies. Enfin, malgré un raidissement doctrinaire (hérité d'Augustin) qui le conduisit à condamner la poésie classique « parce qu'il préférait avoir une démarche boiteuse du côté de l'art, plutôt que du côté de la vérité », il composa en cinq chants une *Geste de l'histoire spirituelle* qui conduit le lecteur du début du monde à la traversée de la mer Rouge, en un long récit souvent austère, mais parfois rehaussé de grandes réussites qui rappellent l'éclat de la poésie chrétienne du Ve siècle et esquissent quelques images dont s'éclairera l'épopée médiévale.

ŒUVRES. — *MGH, Auctores Antiquissimi*, 6, 2.

→ M. Reydellet, *L'idée de royauté dans la littérature latine de Sidoine Apollinaire à Isidore de Séville*, Rome, 1981, p. 87-137. — J. Fontaine, *Naissance de la poésie dans l'Occident chrétien*, Paris, 1981, p. 256-260 ; G. Simonetti Abbolito, *Avito e Virgilio*, dans *Orpheus* (1982), p. 49-72. — M. Roberts, *Rhetoric and Poetic Imitation in Avitus : Account of the Crossing of the Red Sea*, dans *Traditio*, t. 89 (1983), p. 29-80 ; *Biblical Epic and Rhetorical Paraphrase in Late Latin Antiquity*, Liverpool, 1985. — M. Simonetti, *La produzione letteraria latina fra Romani e Barbari (sec. V-VIII)*, Rome, 1986. — Schanz, t. IV/2, p. 380-389. M.B.

Aydes de la maire. Court traité de gynécologie en prose, qui rassemble des recettes applicables aux maladies de la matrice (la *maire*) et donne la composition de quelques remèdes. Conservé dans trois manuscrits (Chantilly, musée Condé 330, Paris, BN, fr. 19994 et nouv. acq. fr. 11649, dans lesquels il suit immédiatement les *Secrets des dames**), ce traité se présente sous le titre : « Cy commence le chapitre des aydes de la mayre des dames et de leurs medecinez... », avec l'incipit : « Il y a pluseurs femmes qui ont la maire chaulde ou froide... » Cet ouvrage, attribué dans les manuscrits à Jean de Trabarmaco, personnage inconnu par ailleurs, est antérieur à 1453 (date à laquelle un certain Étienne Beludet copia le manuscrit fr. 19994) et reste inédit.

→ C. de Tovar, *Les versions françaises de la « Chirurgia parva » de Lanfranc de Milan. Étude de la tradition manuscrite*, dans *RHT*, t. 12-13 (1982-1983), p. 213-226 [notices des mss fr. 19994 et nouv. acq. fr. 11649]. F.F.H.

Aye d'Avignon. Voir : *Geste de Nanteuil.*

Aymeri de Narbonne. 4 708 décasyllabes rimés (début du XIIIe, vers 1205-1225). Ce remaniement est attribué, avec une très grande vraisemblance, à Bertrand de Bar-sur-Aube*. Charlemagne revient d'Espagne, fort accablé par le désastre de Roncevaux, quand il aperçoit, au milieu d'un site splendide, une très riche cité, admirablement fortifiée, c'est Narbonne. Il propose vainement à tous ses chevaliers de la leur donner en fief, à condition qu'ils soient capables de la conquérir. Mais tous sont fatigués et découragés, tous refusent, sauf le jeune Aymeri, qui procure ainsi à Charlemagne sa première joie depuis la mort de Roland. Nous assistons à la conquête de la ville. Installé dans sa cité, Aymeri souhaite prendre femme et fait demander la main d'Hermengarde, fille de Didier et sœur de Boniface, roi des Lombards. Celle-ci, éprise du héros sur la foi de sa renommée, est ravie d'accéder à la requête des envoyés d'Aymeri. Il n'y aurait qu'à célébrer les noces si toute une série d'attaques des Sarrasins contre les envoyés d'Aymeri et, en l'absence de celui-ci, contre Narbonne elle-même, ne venaient retarder l'événement. La chanson se termine par l'annonce de la destinée des sept fils et des cinq filles d'Aymeri et d'Hermengarde.

Le sujet, repris par Bertrand aux chansons antérieures, est intéressant, l'action habilement conduite. L'œuvre contient d'excellents morceaux (notamment le désespoir de Charlemagne au moment où tous les chevaliers refusent successivement le fief de Narbonne) ; dans ces passages, Bertrand a retrouvé un ton vraiment épique qui compense les longueurs et les banalités de certains autres endroits.

Il n'est peut-être pas sans intérêt de signaler que le manuscrit V^4 du *Roland* contient, après la fin traditionnelle de la *Chanson de Roland**, un récit de la prise de Narbonne par Aymeri.

Aymeri de Narbonne a fait l'objet d'un remaniement en prose, connu par deux versions différentes, toutes deux du XVe.

ŒUVRES. — *Aymeri de Narbonne*, éd. L. Demaison, Paris, 1887, 2 vol. (*SATF*, 24). — *Un nouveau fragment d'Aymeri de Narbonne*, éd. F. Bogdanow, dans *Romania*, t. 84 (1963), p. 380-389.

→ A. Kressner, *Nachrichten über das altfranzösische Epos Aymeri de Noirbonne*, dans *Herrigs Archiv.*, t. 56 (1876), p. 11-50. — G. Paris, *Sur un épisode d'Aimeri de Narbonne*, dans *Romania*, t. 9 (1880), p. 515-546. — J. Bédier, *Les légendes épiques*, Paris, 1914, t. 1, p. 4, 29-35. — W. Calin, *Aspects of Realism in the Old French Epic : Aimeri de Narbonne*, dans *Neophilogus*, t. 50 (1966), p. 33-43. — R. Lejeune, *La question de l'historicité du héros épique Aimeri de Narbonne*, dans *Littérature et société occitane au Moyen Âge, Marche Romane*, n° hors-série, 1979, p. 3-14 [version en prose]. — Cf. *MB* n°s 154-162 ; *S* 997-1001, 1525. J.W.W.

Aymon de Montfalcon. Appartenant à une famille du Bugey vassale des ducs de Savoie, Aymon de Montfalcon était le cinquième fils de Guillaume de Montfalcon (Isère, arr. Saint-Marcellin, cant. Roybon) et de Marguerite de Theoron-Villette. Docteur en droit canon, il semble avoir reçu en bénéfices les titres d'aumônier du monastère bénédictin de Saint-Rambert-le-Joux, de prieur d'Anglefort (1441), puis de prieur de Ripaille (1446). Il fit d'abord une carrière diplomatique. Conseiller des ducs de Savoie depuis 1471, il fut nommé ambassadeur du roi de Chypre, Louis de Savoie, frère du duc de Savoie Amédée IX, et époux de Charlotte de Lusignan, reine de Chypre, à Rome le 24 décembre 1473. Il remplit des ambassades auprès des Cantons confédérés et s'acquitta de certaines missions officieuses en Suisse pour le roi de France Charles VIII. Abbé commendataire de Hautcrêt, près d'Oron-le-Châtel (Suisse : canton de Fribourg, district de la Veveyse) en 1489, il devint évêque de Lausanne en 1491. Son action diplomatique comme prince-évêque indépendant, en conflit avec son propre suzerain l'empereur, se développa, en faveur de la Savoie et de la France : il remplit plusieurs ambassades auprès des Cantons confédérés de 1495 à 1509 pour les ducs de Savoie Philippe II, Philibert II, puis Charles III, et servit d'ambassadeur auprès du roi de France en 1507. Comme administrateur de l'évêché de Genève de 1497 à 1510, il rendit également des services au roi Louis XII. Son action dans son diocèse ne fut pas négligeable : il entreprit la restauration de la cathédrale de Lausanne, dans laquelle il fut inhumé ; il s'efforça de réprimer les hérésies et il introduisit dans son diocèse les Carmes déchaussés et les Cordeliers. En 1493, il confirma les constitutions épiscopales de son grand prédécesseur, Georges de Saluces, et il fut le premier évêque de Lausanne à faire imprimer (à Rouen, chez Jean Belot, en 1493) un missel à l'usage de son diocèse ; devaient suivre, toujours à son initiative, un rituel (1500), un nouveau missel (1505) et un bréviaire (1509). En 1513, il obtint comme coadjuteur son neveu Sébastien de Montfalcon, qui devait lui succéder à sa mort en 1517.

Poète amateur dans sa jeunesse, Aymon de Montfalcon fut aussi un protecteur des lettres. Son épiscopat (1491-1517) marqua, pour la cour de Lausanne, une brève « renaissance » littéraire et artistique : Aymon gardait pour la poésie un goût particulier, et s'il ne rimait plus, il encouragea les rhétoriqueurs de son entourage, en particulier le poète Antitus Favre*. Il aurait fait peindre, dans un vestibule du château épiscopal, des poèmes d'Alain Chartier*, à côté de figures allégoriques. Il a peut-être signé ses travaux dans la cathédrale des lettres A et M accolées (qui se trouvaient déjà dans ses poèmes de jeunesse) et de sa devise *Si qua fata sinant*.

Dans ses jeunes années, nourri du *Roman de la Rose** et des œuvres d'Alain Chartier, Aymon de Montfalcon a vraisemblablement composé de courtes pièces, ballades et rondeaux, qui n'ont pas été conservées. On lui attribue une *Pastourelle* et le *Procès du banny a jamais du Jardin d'Amours contre la volenté de sa dame*. De ce *Procès*, conservé dans le ms. Turin, Bibl. reale, L.V.63 (détruit en 1904), il ne subsiste que des transcriptions modernes partielles. Le *Procès* qui a été composé en 1473 — avant l'ambassade à Rome — par un poète âgé vraisemblablement d'une trentaine d'années, se présente comme un songe merveilleux qui fait allusion à des amours interrompues : la devise *Si qua fata sinant*, virgilienne et mélancolique, pourrait dater de cette époque où le futur évêque hésitait entre les chemins d'Amour et d'Honneur. La *Pastourelle* a disparu avec le même ms.

On attribue parfois à Aymon de Montfalcon un *Débat du gris et du noir*, anonyme et sans date (conservé dans deux mss : Paris, BN, fr. 25421, illustré de huit miniatures, et Paris, BN, Rothschild 2798), encore inédit. Ce *Débat* s'ouvre sur le rituel songe d'amour : « Couschié soubz saules tout envers... » ; l'amoureux « vestu de gris », couleur de l'espérance, y dialogue avec un passant inconnu qui est en deuil de sa dame et porte le noir, avec la face « pasle et desconfortee ». L'influence d'Alain Chartier est nette : Aymon cite la *Belle dame sans merci* (1424) dans le *Procès* comme le *Débat*.

ŒUVRE. — E. Gorra, *Di un poemetto francese inedito del secolo XV*, dans *Miscellanea nuziale Rossi-Teiss, Trento settenbre 1897*, Bergame, 1897, p. 371-388 [éd. d'une soixantaine de strophes du *Procès*].

→ M. Reymond, *Aymon de Montfalcon, évêque de Lausanne, 1491-1518*, dans *Revue d'histoire ecclésiastique suisse — Zeitschrift für schweizerische Kirchengeschichte*, t. 14 (1920), p. 28-39 et 99-111. — A. Piaget, *Aymon de Montfaucon et sa cour littéraire*, dans *Mél. A. Jeanroy*, Paris, 1928, p. 447-467 [éd. d'extraits du *Procès*, de la *Pastourelle* et du *Débat*]. — A. Planche, *Le gris de l'espoir*, dans *Romania*, t. 94 (1973), p. 289-302. — J.-D. Morenod, *Deux nouveaux évêques élus... A propos d'une publication récente*, dans *Revue d'histoire ecclésiastique suisse — Zeitschrift für schweizerische Kirchengeschichte*, t. 84 (1990), p. 9. — *GRLMA*, t. VIII/1, p. 156. F.F.H.

Aynard de Saint-Evre (Ainardus seu Aynardus Sancti Apri Tullensis). Bénédictin de Saint-Evre-lès-Toul, où il enseigna la grammaire, Aynard de Saint-Evre composa pour les élèves du monastère en 969 un glossaire latin rassemblant sous un seul lemme, dans l'ordre alphabétique, diverses interprétations d'un même mot extraites d'œuvres variées. D'après la préface et l'épilogue, il achève son dictionnaire sous le règne de l'empereur Otton le Grand en 969, avant le 24 septembre. Sa source principale est le *Liber glossarum*, mais il utilise aussi l'*Epitome* de Festus, compilé par Paul Diacre*, les commentaires virgiliens de Servius, les gloses horatiennes du Ps. Acro et d'autres sur Perse, Stace, Prudence et Lucain, les œuvres de Fulgence, de Nonius Marcellus et de Virgilius Maro ainsi que plusieurs commentaires de Rémi d'Auxerre*, sans oublier la Vulgate, Jérôme, Augustin, l'Ambrosiaster, Cassiodore et Adhelm de Malmesbury. Le seul manuscrit connu, Metz, Bibl. mun. 500, a été détruit en 1944 et il est impossible de connaître le glossaire dans son intégralité. Intéressant par les mots rares qu'il relève, ce glossaire scolaire à l'usage d'élèves déjà avancés est aussi un petit manuel de culture générale à travers le vocabulaire. Aynard avait aussi introduit dans l'école du monastère un système d'écriture secrète qui dut avoir un certain succès et qui faisait encore autorité quand il écrit son glossaire. Trois manuscrits portent son nom dans le catalogue de la bibliothèque de Saint-Evre rédigé en 1083 : un Arator, un Boèce avec Perse et un Virgile. Seul le manuscrit de la *Consolation* de Boèce* avec des gloses extraites de Rémi d'Auxerre a été retrouvé avec sa souscription. Peut-être faut-il aussi l'identifier avec l'Aynardus qui a souscrit en grec, dans un évangéliaire conservé à la Bibl. municipale d'Avignon (ms. 22).

ŒUVRE. — *Glossarium*, éd. part. G. Goetz, *Corpus glossariorum Latinorum*, 5, Leipzig-Berlin, 1894, p. 615-625 et 6-7, 1899-1901, *passim*. — M. Manitius, *Zu Aynard von St. Evre*, dans *Münchener Museum für Philologie des Mittelalters und der Renaissance*, t. 1 (1911-1912), p. 65-79 [extraits]. — P. Gatti, *Il glossario di Ainardo di Saint-Evre*, dans *Studi medievali*, 3ª ser., t. 29 (1988), p. 317-374 [avec bibliogr.].

→ R. Fawtier, *La bibliothèque et le trésor de l'abbaye de Saint-Evre-lès-Toul à la fin du* XIe *siècle*, dans *Mémoires de la Société d'archéologie lorraine et du Musée historique lorrain*, t. 61 (1911), p. 129-152. — B. Bischoff, *Übersicht über die nichtdiplomatischen Geheimschriften des Mittelalters*, dans *Mitteilungen des Instituts für Oesterreichische Geschichtsforschung*, t. 62 (1954), p. 4, réimp. dans *Mittelalterliche Studien*, 3, Stuttgart, p. 124. — P. Riché, *Les écoles et l'enseignement dans l'Occident chrétien de la fin du* Ve *siècle au milieu du* XIe *siècle*, Paris, 1979, 1989², p. 168. — M. Paulmier-Foucart, *La bibliothèque d'une abbaye lorraine au* XIe *siècle*, dans *Écriture et enluminure en Lorraine au Moyen Âge*, Catalogue de l'exposition « La plume et le parchemin » organisée par la Société Thierry Alix du 29 mai au 29 juillet 1984 en la chapelle des Cordeliers, Nancy, 1984, p. 79. — B. Munk Olsen, *L'étude des auteurs classiques latins aux* XIe *et* XIIe *siècles*, t. 3, 1re partie, Paris, 1987, p. 255 (*Documents, études et répertoires publiés par l'IRHT*). — Chevalier, col. 88. — *HLF*, 6, 1867, p. 58. — Manitius, *Geschichte*, 2, p. 660-663. C.J.

Azalaïs de Porcairagues. *Trobairitz** du XIIe siècle. D'après sa très brève *Vida*, Azalaïs était originaire de la région de Montpellier, plus précisément d'un village de l'Hérault situé à une dizaine de kilomètres de Béziers. Raimbaut d'Aurenga* lui dédia une douzaine de *cansos*, la désignant par le *senhal* de *Joglar* ou *Belh joglar*.

Une seule *canso* d'Azalaïs est conservée, adressée au même Raimbaut. La strophe six paraît intercalée peu de temps après la mort du troubadour, qui eut lieu en 1173.

ŒUVRE. — Éd. A. Sakari, *Azalaïs de Porcairagues, le Joglar de Raimbaut d'Orange*, dans *Neuphilologische Mitteilungen*, t. 50 (1949), p. 23-43, 56-87, 174-198. — M. de Riquer, *Los trovadores, Historia literaria y textos*, Barcelone, 1975, t. 1, p. 459-62. — M. Bogin, *The Women Troubadour*, New York et Londres, 1976, p. 94-97 [avec trad. anglaise] ; *Les femmes troubadours*, Paris, 1978 [trad. française]. — G. Brunel-Lobrichon, dans W.D. Paden, *The Voice of the Trobairitz*, Philadelphie, 1989, p. 223-224. — U. Mölk, *Romanische Frauenlieder, Eingeleitet, herausgegeben, übersetzt und kommentiert*, Munich, 1989 [éd. PC 43, 1, p. 52-55].

→ PC 43, 1. — A. Sakari, *À propos d'Azalaïs de Porcairagues*, dans *Mél. J. Boutière*, Liège, 1971, t. 1, p. 517-28 ; *Azalaïs de Porcairagues, interlocutrice de Raimbaut d'Orange dans la tenson « Amics, en gran cossirier » ?*, dans *Neophilologica Fennica*, t. 45 (1987), p. 430-440. — W.D. Paden, *op. cit.* G.B.L.

B

Balain. Voir : *Graal Cycle-Post-Vulgate.*

Ballade. Forme littéraire, dérivée sans doute de l'ancienne chanson à danser (lat. *ballere*), bien que ni la *ballade* française, ni la *balata* provençale, souvent chantées, n'aient été accompagnées d'évolutions chorégraphiques. Les romans et poèmes des XIIIe et XIVe siècles mentionnent à plusieurs reprises la ballade à côté du lai et de la chanson, parmi les formes lyriques chantées, ils ne parlent jamais de danse. La ballade est probablement d'origine provençale, encore que les troubadours aient longtemps ignoré le mot. Celui-ci apparaît rarement avant 1250 pour qualifier expressément la ballade.

Rondeaux*, virelais*, canons et ballades sont nés de la chanson à refrain* : la ballade est au terme de l'évolution et représente la forme la plus savante. Le *rondeau* garde, dans ses origines, une forme assez simple ; à la première phrase lancée par le soliste vient répondre le refrain chanté par tout le chœur sur un air identique ; le soliste donne ensuite le troisième vers sur le même motif musical, puis le quatrième sur une formule terminale ; l'ensemble du chœur reprend le refrain avec sa conclusion. Le *virelai*, appelé parfois balette, chanson balladée, ballade balladant, présente une structure plus compliquée : le refrain vient enlacer et réunir la strophe, l'anti-strophe et l'épode.

La *ballade*, écrite en vers de huit, dix, onze ou douze syllabes, comporte un certain nombre de strophes aux césures régulières, qui toutes se terminent par le refrain. Les strophes forment le plus souvent des huitains ou des dizains. Dans la forme la plus ancienne, le refrain introduit le thème de la ballade ; par contre, l'emploi de l'*envoy*, demi-strophe terminale de quatre ou cinq vers, connu dès le XIIIe siècle, ne devient régulier qu'au XVe. La baladelle est une petite ballade.

Adam de la Halle* semble être l'un des premiers à avoir fixé le type de la ballade ; chez lui, le refrain ouvre le poème (par exemple *Dieus soit en cheste maison*) ; cette introduction ne tardera pas à tomber et l'influence exercée par le refrain sur tout le morceau s'estompera.

La forme reste assez flottante jusqu'au *Roman de Fauvel* : trois à cinq couplets, suivis chacun du refrain. La ballade de Guillaume le Vinier* (fin XIIIe) comporte six couplets de cinq vers, suivis d'un refrain de trois vers (*En tous tans*...) ; la ballade se termine par un envoi. On sait qu'en 1316, Chaillou de Pesstain* introduisit dans le *Roman de Fauvel*, composé depuis peu, des motets, lais, ballades, et rondeaux, quelque cent trente-deux pièces qui témoignent que le genre est fixé à cette date, et stabilisé ; les ballades notées du *Roman* sont de trois couplets, sauf une qui est de quatre. L'œuvre conservée de Jean de Lescurel* (pendu en 1303) contient un certain nombre de spécimens intéressants, de même l'œuvre de Jean Acart* de Hesdin. L'envoi disparaît, la forme se fait plus rigoureuse. Régulièrement les ballades sont monodiques, ce qui n'empêche pas de les accompagner instrumentalement sur la harpe, le luth ou la vielle.

Guillaume de Machaut* (v. 1300-1377) donne une vigoureuse impulsion au genre. L'auteur des *Règles de seconde rhétorique** n'a pas assez d'éloges pour lui : il cite d'abord, parmi les bons poètes du XIVe, « Philippe de Vitry* qui trouva des motets et des balades, et des lais et des simples rondeaux et la novelté des proporcions » (son œuvre ne nous est pas parvenue)... mais surtout « maître Guillaume de Machaut le grant rhettorique de nouvelle fourme qui commencha toutes tailles nouvelles » ; la « fourme » de Machaut, à vrai dire, n'est pas absolument nouvelle, puisqu'elle était apparue au début du XIVe siècle : trois couplets suivis du refrain de même mètre et de même rime que le dernier vers de la strophe ; mais la ballade était son genre préféré. Il en a laissé plus de quatre cents, dont quarante-deux notées ; une seule est monodique, la plupart des autres sont conçues pour être contrepointées par une, deux ou trois voix instrumentales ; deux sont polymélodiques à deux et trois voix réelles. Machaut par son exemple fixe définitivement la forme poétique qui après lui se compliquera, mais sans changement très notable ; quant au schème musical, ses innovations se bornent à peu de chose. C'est à lui que l'on doit la double ballade, compromis entre le motet et la ballade proprement dite : les deux voix harmonisées ont chacune un texte différent à chanter tout le long du couplet, comme dans un motet ; elles se rejoignent au refrain sur le même texte (par exemple *Quand Theseus*). Les ballades de Machaut charment par leur musicalité raffinée ; on le sent à la joie de créer de riches mélodies, de les combiner ensemble en des rencontres savoureuses. Les ballades les plus complexes du point de vue musical sont celles à la perfection desquelles il réservait tous ses soins *(De toutes fleurs, De petit po, De fortune)*. Même les pièces modestes répondent à un souci très élevé de poésie *(Python le merveilleux serpent)*. L'art qui s'y déploie est typique de la littérature courtoise à son déclin ; ni passion, ni nostalgie, ni tendresse ; seulement un texte et une mélodie travaillés, affinés à l'extrême, une poésie subtile, un peu frêle, proche de l'affectation, qui n'égale pas la mélodie.

Les théoriciens postérieurs à Machaut comptent jusqu'à quatorze constructions différentes ; le divorce entre texte et mélodie s'annonce ; de plus en plus, la ballade se suffit à elle-même ; elle est maintenant faite pour être dite, non pour être chantée. On en rencontre pourtant encore quelques-unes, ornées de riches mélodies. Le ms. 1047 de Chantilly contient soixante-dix ballades chantées des XIVe et XVe siècles, elles sont généralement à trois voix. Les ballades notées de Guillaume Dufay* (v. 1400-1474) valent par la richesse de l'inspiration ; art précieux qui vise à donner l'impression de l'exquis, de la perfection formelle, mais où la note personnelle est rarement absente. Gilles Binchois* († 1460) composera aussi des ballades chantées ; mais elles deviennent ensuite très rares.

Le *Livre de Cent Ballades*, casuistique amoureuse de la fin du XIVe dont l'un des auteurs est Jean le Sénéchal, ne comporte plus de ballades notées. L'œuvre doit beaucoup à l'esprit courtois, rajeuni et remis à la mode par G. de Machaut. Le charme du livre, la fraîcheur de l'inspiration, sa sincérité indéniable, font pardonner le caractère conventionnel des thèmes choisis.

Proches parentes de Machaut sont également les ballades de Jean Froissart*. Eustache Deschamps* a accepté les formes poétiques en faveur de son temps, sans se confiner aux thèmes traditionnels. Ses nombreuses ballades, plus d'un millier, prennent leur inspiration aux sources les plus diverses, elles sont tour à tour morales, philosophiques, satiriques, patriotiques ; la ballade est chez lui rarement amoureuse. Par contre, Christine de Pizan* revient aux thèmes rebattus ; la beauté de ses ballades doit beaucoup à la profonde mélancolie qui s'y exprime. Charles d'Orléans* possède au suprême degré la technique du métier ; par là, il dépasse les *Cent ballades* dont il rappelle l'aisance et l'enjouement ; il laisse loin derrière lui Machaut. Durant sa longue captivité, il se plaît à chanter en de gracieuses compositions la dame de ses pensées qui est probablement sa femme, Bonne d'Armagnac. Sa poésie sait animer les allégories et leur donner vie et naturel.

D'une tout autre veine sont les œuvres de François Villon* ; il sort résolument des cadres traditionnels. Sans parler de ses ballades en jargon, écrites pour un public d'étudiants en rupture de ban, et de gens sans aveu, il a cherché son inspiration loin des allégories de la poésie courtoise. Les ballades à ses amies, Marion l'Idole, la grosse Margot, Jehanne de Bretagne, rendent un son bien différent de ses prédécesseurs. Par son sens très vif du pittoresque, sa maîtrise verbale, son sens délicat des nuances, Villon transforme et renouvelle la ballade, il la conduit à sa perfection. Avec la ballade des *Dames du temps jadis*, avec *Dame du ciel, Régente terrienne, Frères humains qui après nous vivez*, la poésie du XVe atteint son sommet ; nous sommes là à l'un des points culminants de la littérature médiévale. Ces chefs-d'œuvre font heureusement oublier les médiocres compositions des poètes à gages qui déprécient à plaisir le genre. Marot ne fera que suivre le chemin tracé par Villon, sans le dépasser.

Parvenue au seuil du XVIe siècle, la ballade est bien près de terminer sa carrière ; Joachim du Bellay, dans la *Deffense et Illustration de la langue françoise*, relègue la ballade parmi les « épisseries qui corrumpent le goust de notre langue » ; Jacques Peletier du Mans confirmera cette condamnation et aucun des auteurs de la Pléiade n'osera plus pratiquer un genre qui avait joui, autrefois, d'une grande popularité dans notre littérature.

La ballade française a servi de modèle à la *balata* castillane ; les troubadours provençaux ont inspiré à leur tour la *balada* portugaise ; mais la *ballatta* italienne, plus proche du *virelai*, est une véritable chanson à danser ; forme moins noble de la lyrique que la *canzona*, selon Dante. Les danseurs en marquaient le rythme avec leurs pieds. Les ballades de Pétrarque* sont des chefs-d'œuvre d'harmonie et de délicatesse et Dante* en a composé quelques-unes dans sa *Vita nuova*.

→ C. Asselineau, *Le livre des Ballades, précédé d'une Histoire de la Ballade*, Paris, 1876. — F. Gennrich, *Rondeaux, Virelais und Balladen*, Dresde, 1921 ; *Grundriss einer Formenlehre des m. a. Liedes*, 1932, p. 73 sq. — O. Ritter, *Die Geschichte der frz. Balladen formen*, Halle, 1914. — F. Brosch, *Die Balladen im Kodex vom Turin*, Vienne, 1931. — T. Gerold, *La musique au Moyen Age*, Paris, 1932. — G. Reese, *Music in the Middle Ages*, New York, 1940. — C. Van Den Borren, *Études sur le XVe siècle musical*, Anvers, 1941. — S. Norhcote, *The Ballad in Music*, Londres, 1942. — W. Apel, *The French Secular Music of the Late Fourteenth Century*, dans *Acta musicologica*, t. 18-19 (1946-1947), p. 17-29 ; *Rondeaux, Virelais and Ballades in French Century Song*, dans *Journal of the Amer. Musical Soc.*, t. 7 (1955), p. 121-130 ; dans *Harvard Dict. of Music*, Cambridge (Mass.), 1955. — H. Besseler, dans *MGG*, t. 1, col. 1115-1127. — *Larousse de la musique*, t. 1, p. 70. — D. Poirion, *Le poète et le prince. L'évolution du lyrisme courtois de Guillaume de Machaut à Charles d'Orléans*, Paris, 1965. — H. Heger, *La ballade et le chant royal* dans *GRLMA*, VIII/I, p. 59-69. — Cf. *MB* n° 7654. Voir *Lyrique (poésie)*. D.G.O.

Barcelone-Aragon (Maison royale de). Il n'est sans doute pas une autre dynastie dont les membres aient témoigné plus de goût pour l'art des vers que les princes de la Maison d'Aragon-Barcelone. On peut, du XIIe au XIVe, recueillir des témoignages de leur talent poétique. Entre 1162 (accession au trône d'Alphonse dit le Chaste) et 1410 (mort de Martin Ier), sept princes ou princesses ont certainement versifié en langue d'oc, et nous savons que quatre membres au moins de cette famille ont aussi écrit des poèmes, aujourd'hui perdus. Les quatre princes dont il ne reste rien sont : Pierre de Ribagorça, frère d'Alphonse IV ; Jean Ier, dit le Chasseur ; Jacques (III) de Majorque ; Martin Ier dit l'Humain.

Voici la liste chronologique des troubadours attestés de la dynastie de Barcelone (nous indiquons les prénoms sous leurs formes françaises modernes, et nous précisons, pour chaque prince, les dates de début et de fin de règne) :

Alphonse II d'Aragon (1162-1196) : Divers documents attestent les relations personnelles de ce monarque avec une vingtaine de troubadours, dont Arnaut Daniel*, Guiraut de Bornelh*, Raimbaut de Vaqueiras* et peut-être Raimbaut d'Aurenga*. Si l'on excepte quelques ennemis personnels du roi, tels que Bertran de Born* et Guilhem de Berguedan*, les autres poètes chantent à l'envi les louanges d'Alphonse II. La tradition manuscrite lui attribue deux poèmes (PC 23, 1 et 1a) : une *canso* et une *tenso* avec Guiraut de Bornelh (voir *Anfos*). La chanson est un modèle de pièce « courtoise » au style élégant et fluide, écrite dans une excellente langue littéraire. On retrouve les mêmes qualités dans les *coblas* de la *tenso* ; Alphonse II y défend la position des *ricx*, c'est-à-dire des grands seigneurs, dans les problèmes de casuistique amoureuse.

Raimon Bérenger IV de Provence (1209-1245) : Malgré son caractère sérieux et sa dévotion, ce comte de Provence, petit-fils d'Alphonse II, accueillit à la cour d'Aix de nombreux troubadours, avec lesquels il n'hésitait pas, à l'occasion, à participer à des jeux poétiques sur des sujets parfois bien frivoles. Aimeric de Belenoi*, Bertran d'Alamanon* et Guilhem Montanhagol* figurent parmi les « clients » de Raimon Bérenger. La bibliographie de Pillet-Carstens lui attribue trois pièces, (184,1, 2 et 3) ; nous estimons, avec A. Jeanroy, qu'on peut ajouter à son œuvre deux autres poèmes (424, 1 et 437, 37). Il s'agit, dans tous les cas, de *tensos* ou d'échanges de *coblas*. La pièce PC 184, 1 (*tenso* avec un certain Arnaut) témoigne que Raimon Bérenger ne reculait pas devant des plaisanteries d'assez mauvais goût.

Pierre III d'Aragon (1276-1285) : Ce roi, que les Catalans ont surnommé « le Grand », eut au Moyen Âge la renommée d'un prince aimable, vaillant et généreux. Sa gloire, déjà célébrée par Dante* (*Purgatorio*, VII, 112-114), a trouvé de tels échos dans la littérature européenne que Shakespeare a fait de ce monarque un personnage de sa comédie *Much Ado about Nothing* (1598). Roi chevalier, Pierre III fut aussi bon poète ; les *coblas* que lui attribue la tradition manuscrite (PC 325, 1) font partie d'un chapelet de vers échangés entre le souverain et trois autres personnages, dont le comte Roger Bernart de Foix, au moment de l'ouverture des hostilités franco-aragonaises en 1285. Les vers de Pierre III, d'une facture et d'un mouvement remarquables, attestent une grande virtuosité ; ils débutent ainsi :

Peire Salvagg'en greu pessar
Me fan estar
Dins ma maizo
Las flors, que say volon passar
Senes gardar
Dreg ni razo... (vers 1-6)

« Pierre Salvage, en de pénibles pensées me font demeurer dans ma maison les fleurs [de lys] qui veulent passer par ici sans garder droit ni raison... »

Jacques Ier de Sicile (1285-1291), *II d'Aragon* (1291-1327) : Nous n'avons conservé de ce roi qu'une *dancia*, transmise par un manuscrit des œuvres d'Arnaut de Villeneuve*, médecin, alchimiste et théologien catalan (vers 1235-1311). La *dancia*, qui peut avoir été rédigée vers 1294, n'est, malgré son titre, qu'une diatribe, d'ailleurs assez médiocre, contre le souverain pontife (Célestin V ?), dont la faiblesse met l'Église en péril, si nous en croyons Jacques II.

Frédéric III de Sicile (1296-1337) : Fils de Pierre III et frère du précédent, Frédéric avait été couronné roi de Sicile en mai 1296, mais ses droits étaient contestés par Charles II d'Anjou, candidat du pape Boniface VIII. C'est à l'occasion de ces événements — vraisemblablement, croyons-nous, en août 1298 — que Frédéric écrivit un *sirventes* (PC 160, 1), au style vigoureux, contre son propre frère Jacques II qui, dans la querelle, se trouvait être aux côtés de Charles d'Anjou.

Pierre IV d'Aragon (1335-1387) : Ce prince, dit « le Cérémonieux », fut un esprit curieux, attiré notamment par les sciences occultes : astrologie, alchimie et nécromancie. Il témoigna d'un goût très vif pour l'histoire et les romans de chevalerie. Sa personnalité politique rappelle sur plus d'un point celle du roi de France Louis XI. Les manuscrits nous ont conservé de Pierre IV quelques essais poétiques : il s'agit de pièces de circonstance, sans grande valeur littéraire (deux pièces composées de deux *coblas* avec *tornada*, et une *sentencia*).

Constance de Majorque (1325-1344) : Arrière-petite-fille de Pierre III, elle avait épousé en 1325 l'infortuné et téméraire Jacques II, roi de Majorque, qui fut détrôné en 1344 par son beau-frère Pierre IV d'Aragon. Un manuscrit attribue à cette reine — c'est tout au moins l'opinion de plusieurs érudits — une charmante pièce lyrique composée vraisemblablement à l'occasion d'un des nombreux voyages de Jacques II en Languedoc. Le poème, peut-être un *descort*, exprime avec chaleur une tendresse conjugale qui paraît sincère ; il débute ainsi :

Ez yeu am tal qu'es bo e belh,
E suy gaya co'l blanch oselh
Que, per amor, cria son chant... (vers 1-3)

« J'aime tel qui est bon et beau et je suis joyeuse comme l'oiseau blanc qui, par amour, crie sa chanson... »

→ M. Milà y Fontanals, *De los trovadores en España*, Barcelone, 1861 *(passim)*. — I. Cluzel, *Princes et troubadours de la Maison royale de Barcelone-Aragon*, dans *Boletín de la Real Academia de Buenas Letras de Barcelona*, t. 27 (1957-1958), p. 321-373. — M. de Riquer, *La littérature provençale à la cour d'Alphonse II d'Aragon*, dans *CCM*, t. 2 (1959), p. 177-201. — J. Ventura, *Alfons el cast el primer comte-rei*, Barcelone, 1961. — M. de Riquer, *Els trobadors catalans*, dans *Historia de la Literatura Catalana*, Barcelone, t. 1, 1964, p. 21-196.

I.M.C.

Barlaam et Josaphat. La légende de Barlaam et Josaphat a suscité une immense littérature. Son origine orientale a intéressé d'abord les spécialistes, mais sa diffusion dans toutes les langues sous forme de traductions, adaptations ou simples résumés, concerne la culture médiévale dans son ensemble. Cette histoire retrace les aventures de Bouddha puis, traversant les monts et les mers, elle apparaît transformée, en géorgien, en arabe et en grec. À partir d'un texte grec du VIe siècle, elle est adaptée en latin vers la fin du Xe siècle et de là passe dans le monde germanique, les pays scandinaves et le monde roman tout entier. C'est l'exemple typique d'une migration de légende, d'une culture dans une autre, y compris sur le plan religieux. Au charme de l'Orient en effet, s'ajouta en Europe le goût pour les croisades, et l'attribution du texte à saint Jean Damascène mit un comble au phénomène alchimique qui aboutit à son immense succès. Au XIIIe siècle, on voit tour à tour dans cette histoire d'un roi païen indien (Avenir), converti à l'Évangile par son fils (Josaphat), lui-même instruit par un moine (Barlaam), une somme de doctrine chrétienne, un « miroir » du prince chrétien, un traité de morale que vient orner, comme autant de perles rares, la parure de dix paraboles qui lui confèrent l'attrait d'un recueil de contes exemplaires et contribuent largement au succès du roman. On connaît en français plusieurs versions de ce texte en vers et en prose : 1. la version champenoise en prose, du début du XIIIe siècle, est conservée dans de nombreux mss ; 2. un résumé de cette version en prose, du XIIIe siècle, se trouve dans trois mss. ; 3. des fragments d'une traduction française faite sur le texte grec au début du XIIIe siècle constituent la version dite du Mont Athos ; 4. une version anonyme en vers (12 224 octosyllabes) du XIIIe siècle et sa mise en prose sont également répertoriées. En outre, la légende de Barlaam et Josaphat a inspiré plusieurs auteurs : Chardri* (version anglo-normande en vers), Gui de Cambrai* (en vers), le texte de la *Légende dorée** dans la traduction de Jean de Vignay*, celui d'un miracle de Notre-Dame par personnages et enfin le *Mystère du roi Avenir**.

Il existe aussi une version occitane en prose de la fin du XIIIe siècle ou du début du XIVe siècle dont le principal ms. (Paris, BN, fr. 1049) aurait été écrit en Haute-Provence vers 1243. Une des paraboles, celle des écrins, dont le but est de montrer l'erreur des sens extérieurs qui jugent sur l'apparence, pour mettre l'accent sur le regard intérieur, est même conservée seule au milieu d'un autre texte (ms. Paris, BN, nouv. acq. fr. 6504).

ŒUVRES. — Pour la version latine la plus répandue au Moyen Âge : *BHL*, 979. — Pour les versions françaises : J. Sonet, *Le Roman de Barlaam et Josaphat*, 3 t., Paris-Namur, 1949-50-52 [éd. de la version 4 et de sa mise en prose]. — L.R. Mills, *L'histoire de Barlaam et Josaphat. Version champenoise...*, Genève, 1973 (*TLF*, 201) [avec des fautes] ; R. Vermette, *The Huit Béatitudes in Old French Prose*, dans *Manuscripta*, t. 18 (1974), p. 105-110 [éd. de la même version 1]. — Pour la version occitane : R. Lavaud et R. Nelli, *Les Troubadours, Jaufre, Barlaam et Josaphat*, Bruges, 1960 [éd. et trad.] ; M. Bonnier Pitts, *Barlam et Josaphas. Roman du XIVe siècle en langue d'oc (BN, fr. 1049). Édition critique, traduction...*, Paris, 1986.

→ R. Manselli, *The Legend of Barlaam et Joasaph in Bysantium and the Romance Europe*, dans *East and West*, Rome, t. 7, 4, 1957. — H. Peri Pflaum, *Der Religionsdisput der Barlaam-Legende, ein Motiv abendländischer Dichtung*, Salamanque, 1959. — F. Karlinger et I. Lackner, *Romanische Volksbücher. Querschnitte zur Stoffgeschichte und zur Funktion ausgewählter Texte : Barlaam und Josaphat, Magelone, Genovefa, Bertoldo*, Darmstadt, 1978. — M. Pitts, *La légende inépuisable de Barlaam et Josaphat dans un chapitre de la Légende dorée de J. de Voragine*, dans *Fifteenth Century Studies*, t. 9 (1984), p. 147-163. — Pour les versions françaises : F. Lecoy, dans *Romania*, t. 71 (1950), p. 403-408. — T. Hunt, *Einer bisher unberücksichtigte Handschrift des Barlaam et Josaphat (version champenoise)*, dans *ZRPh* (Sonderband zum 100 Jähringen Bestehen 1977), p. 217-229 [critique éd. Mills]. — J.-P. Perrot, *Le diable dans les légendiers français du XIIIe siècle*, dans *Senefiance*, n° 6, Aix-en-Provence (1979), p. 427-442. — Cf. *MB* nos 3214-3224, 6623-6624 ; 5784, 7762-7763 ; *S* nos 3415, 5744-5751 et 5752-5755 pour la version champenoise. — Pour la version occitane : C. Brunel, nos 146 et 238. — G. Brunel, « *Vida de Sant Frances.* » *Versions en langue d'oc et en catalan de la « Legenda aurea ». Essai de classement des mss*, dans *RHT*, t. 6 (1976), p. 225 [ms. Paris BN. n. acq. fr, 6504]. — T. Bräm, *La version provençale de « Barlaam et Josaphat » une œuvre cathare ?*, Zurich, 1990 [conclut que non]. G.B.L.

Barthélemy l'Anglais. L'origine de ce franciscain a fait l'objet d'une longue controverse. S'il est prouvé qu'il n'avait rien de commun avec l'illustre famille des Glanville, comtes de Suffolk, il paraît avoir bien connu l'Angleterre et l'Écosse, et il cite dans son œuvre de nombreux écrivains de Grande-Bretagne.

Barthélemy a dû naître vers 1190 en Angleterre. Peut-être fit-il ses premières études à Chartres ; mais il est possible qu'il ait étudié à Oxford sous Robert Grosseteste* entre 1210 et 1220. Il termina certainement ses études à Paris, où il professa ensuite un cours sur la Bible, auquel fit allusion le chroniqueur italien Fra Salimbene. En 1230, il fut envoyé par ses supérieurs au couvent des Frères mineurs de Magdebourg, où il mourut après 1250.

C'est à Paris que Barthélemy avait conçu le projet de son *Liber de Proprietatibus rerum* et qu'il avait commencé à en rassembler les matériaux ; il les compléta et finit de les organiser à Magdebourg entre 1230 et 1240. Le *De Proprietatibus rerum* se présente comme une compilation encyclopédique en 19 livres, où sont réunies des notions scientifiques tirées des auteurs sacrés et profanes. Barthélemy, dans son prologue, avait précisé ses intentions : procurer aux religieux de son ordre un copieux répertoire de faits matériels, afin de leur faciliter l'interprétation des « énigmes » de l'Écriture sainte.

Le succès du *De Proprietatibus rerum* fut immédiat et durable. Il est attesté par de nombreux manuscrits, des éditions incunables. Sa diffusion fut assurée dans toute l'Europe occidentale par diverses traductions. Avant 1309, un notaire de Mantoue, Vivaldo Belcazer, le transposa en italien : cette vulgarisation, connue sous le titre moderne de *Trattato di scienza universale*, est conservée dans un unique ms. (Londres, Brit. Libr., Add. 8785). En 1372, Jean Corbechon, ermite de Saint-Augustin, maître en théologie et chapelain du roi Charles V, composa, à la requête du roi, une version française très littérale, en dépit de quelques altérations : il en existe de nombreuses copies (au moins 43 manuscrits), la plupart luxueuses. Vers le milieu du siècle, et sûrement avant 1391, un anonyme offrit au comte de Foix Gaston II une version en langue d'oc en 20 livres, intitulée *Elucidari de las proprietatz de totas res naturals*, précédée d'un prologue appelé *Palaytz de Savieza* et conservée dans un manuscrit unique (Paris, Bibl. Sainte-Geneviève, 1019). En 1398, Jean de Trévise, vicaire de lord Berkley, rédigea une traduction anglaise, *On the properties of thinges*, qui fut sans doute utilisée par Shakespeare. S'y ajoutèrent, au XVe siècle, la traduction espagnole du franciscain Vicente de Burgos, *El libro de las propriedades de las cosas*, faite d'après la traduction de Jean Corbechon, et deux traductions anonymes, l'une en flamand, l'autre en anglonormand.

ŒUVRES. — R. James Long, *Bartholomaeus Anglicus on the Properties of Soul and Body*, Toronto, Pontif. Instit. of Med. Studies, 1979 [éd. les livres 3 et 4 du texte latin]. — C. Appel, *Der provenzalische « Lucidarius », dans ZRPh*, t. 13 (1889), p. 225-252 [éd. des extraits du livre 15]. — W.J. Humphries, *An Edition and Study, Linguistic and Historical, of French Translation of 1372 by Jean Corbechon of BK XV (Geography) of Bartholomaeus Anglicus De Proprietatibus rerum*, Berkeley, 1956 [éd. livre 15]. — *On the Properties of Things. John Trevisa's Translation of Bartholomaeus Anglicus De Proprietatibus rerum. A Critical Text*, éd. M.C. Seymour et autres, Oxford, 1975-1988, 3 vol. — *Jean Corbechon, Livre des propriétés des choses (livre XVIII)*, dans *Bestiaires du Moyen Âge*, trad. G. Bianciotto, Paris, 1980, p. 241-263 (*Stock plus, Moyen Âge*, 35). — M. Salvat, *Le traité des couleurs de Barthelemi l'Anglais*, dans *Les couleurs au Moyen Âge*, Aix-en-Provence, 1988, p. 359-385 (*Senefiance*, 24) [éd. livre 19 de la trad. de Corbechon d'après Paris, BN, ms. fr. 22531].

→ C. Herfray-Rey, *Jean Corbechon, traducteur de Barthélemy l'Anglais (1372)*, dans *Positions des thèses de l'École des Chartes*, Paris, 1944, p. 59-67. — G. Ghinassi, *Nuovi studi sul volgare mantovano di Vivaldo Belcazer*, dans *Studi di filologia italiana*, t. 23 (1965), p. 19-171. — P. Michaud-Quantin, *Les petites encyclopédies du XIIIe siècle*, dans *Cahiers d'histoire mondiale*, t. 9 (1965-1966), p. 584-588. — M. de Gandillac, *Encyclopédies prémédiévales et médiévales*, dans *La pensée encyclopédique au Moyen Âge*, Neuchâtel, 1966, p. 1-42. — W. Mettmann, *Vicente de Burgos Übersetzungen von De Proprietatibus rerum*, dans *Mél. H. Meier*, Munich, 1971, p. 333-344. — *Über die Eigenschaften der Dinge : Die Enzyklopädie des Bartholomaeus Anglicus in einer illuminierten französischen Handschrift der Universitätsbibliothek der Friedrich-Schiller-Universität Jaen* [Einführung I. Kratzsch. — Beschreibung der Miniaturen J. Flemming], Iéna, 1982. — M. Salvat, *Le ciel des vulgarisateurs : note sur les traductions du « De proprietatibus rerum »*, dans *Observer, lire, écrire le ciel au Moyen Âge, Actes du colloque d'Orléans* (22-23 avril 1989), Paris, 1991, p. 301-313. — Cf. *GRLMA*, t. VIII/1, p. 36, 226, 306. — *MB*, nos 2905, 5515-5522, 7038 ; *S* 5349, 5392, 7651-7656.

R.B. et F.F.H.

Barthélemy de Tours. Frère prêcheur, probablement originaire de Tours ; collègue de saint Thomas d'Aquin à Paris où il enseignait comme maître régent en 1258-1259. On le nomma définiteur au chapitre de Londres dès 1263, puis prédicateur général ; le chapitre de Milan le déposa (1270). On possède de lui 21 sermons inédits, quelques autres dont l'appartenance est douteuse lui sont aussi attribués (Paris, BN, mss lat. 15971, 16482 et 14952).

→ P. Mandonnet, *Thomas d'Aquin, lecteur*, dans *Xenia Thomistica*, Rome, 1924, t. 3, p. 16 sq. — P. Glorieux, *Répertoire des maîtres en théologie de Paris au* XIIIe *siècle*, Paris, 1933, t. 1, p. 105-106. — J.B. Schneyer, *Repertorium der lat. Sermones des Mittelalters*, t. 1, Munster, 1969, p. 435-438. D.G.O.

Bartholomieu Marc. Deux documents émanés de la chancellerie de Benoît XIII apportent un éclairage sur ce personnage qui, d'après les *Leys d'Amors**, fut le principal collaborateur de Guilhem Molinier.

C'était un clerc originaire de Cahors, docteur en lois et professeur de droit civil à l'université de Toulouse. En 1337, pourvu d'un canonicat à Bayeux, il enseignait la même matière dans cette ville. Il fut alors choisi comme conseiller de Guilhem Molinier, quand celui-ci fut chargé par le *Consistori del Gai Saber** de la rédaction des *Leys*.

→ J. Anglade, *Las Leys d'Amors*, t. 1, Toulouse, 1919, réimp. New York-Londres, 1971, p. 14. — A. Jeanroy, *Les Leys d'Amors, Guilhem Molinier... Bartholomieu Marc et Joan de Saint-Sernin*, dans *HLF*, t. 38, 1949, p. 139-144. — F. Zufferey, *Bibliogr. des poètes provençaux des* XIVe *et* XVe *siècles*, Genève, 1981, n° 490 [bibliogr. sous le nom de « Bortolmieu Marc »]. G.B.L.

Bataille de Caresme et de Charnage. Court poème satirique en octosyllabes, du dernier quart du XIIIe siècle, mettant en scène, à la cour du roi Louis, deux personnages de fantaisie, Caresme, qui évoque la vie austère et frugale, et Charnage, qui personnifie la vie aimable et l'abondance. Après s'être défiés, les deux seigneurs se déclarent la guerre et rassemblent leurs troupes. Ce sont, d'un côté, les poissons rangés en bataille, de l'autre les plats savoureux et gras, rôtis, volailles et laitages. Après un combat singulier entre les deux chefs, s'engage une mêlée générale qui s'achève par la défaite de Caresme. L'arrivée de Noël accompagné de nombreux jambons lui prouve que toute résistance est impossible. Caresme est banni à perpétuité, à l'exclusion de six semaines par an.

L'ouvrage, qui se présente comme une parodie de chanson de geste, fait défiler sous nos yeux, agissant et vivant comme des êtres réels, les spécimens les plus variés de la gastronomie médiévale. Le vocabulaire technique offre une collection unique de termes culinaires.

Ce thème de carnaval, de caractère très populaire, atteint son apogée entre 1450 et la fin du XVIe siècle ; mais il est attesté dès le XIIIe siècle dans la littérature ; tant en France (ballade 350 d'Eustache Deschamps*, et au début du XVIe siècle le *Merveilleux conflit entre Caresme et Charnaige*, le *Testament de Carmentrant* de Jean d'Abondance en 1540) qu'à l'étranger (Espagne, Italie, Allemagne, Suède), par des textes narratifs et des jeux théâtraux. Une de ces pièces, la *Bataille de Sainct Pensard a l'encontre de Caresme*, jouée à Tours en 1485, reprend point par point le déroulement de notre poème et s'achève sur la victoire de Carnaval.

ŒUVRES. — *Bataille de Caresme et de Charnage*, éd. G. Lozinsky, Paris, 1933 (*Bibl. de l'École des Hautes Études*, 262). — *Bataille de Sainct Pensard à l'encontre de Caresme*, éd. J.-C. Aubailly dans *Deux jeux de carnaval de la fin du Moyen Âge*, Genève, 1978 (*TLF*, 245).

→ M. Grinberg et S. Kinser, *Les combats de Carnaval et de Carême. Trajets d'une métaphore*, dans *Annales ESC*, t. 38 (1983), p. 65-98. — Cf. *MB* n° 2640 ; *S* 8244.

R.B. et A.F.L.L.

Bataille d'Enfer et de Paradis. — Ce poème de 198 octosyllabes raconte, dans le style des psychomachies, un tournoi allégorique qui, dans les prairies de Lagny-sur-Marne, oppose Paris et ses alliés, champions de Paradis, à Arras, champion d'Enfer, que soutiennent Reims, Amiens et Saint-Omer. L'auteur, sans doute parisien et qui dirige ses traits contre les villes du Nord, devait écrire vers 1230. Les allusions qu'il fait à Ferrand comte de Flandre et à un comte de Boulogne dont on ne sait s'il est Renaud de Dammartin ou Philippe Hurepel ne fournissent guère d'éclaircissements sur la portée réelle de cette œuvre anonyme, assez mal venue et, de surcroît, transmise dans un texte très défectueux.

ŒUVRE. — Éd. A.-H. Guesnon, dans *Bulletin de la Société de l'Histoire de Paris et de l'Île-de-France*, t. 36 (1909), réimp. dans *La Satire à Arras au XIIIe siècle. La Bataille d'Enfer et de Paradis*, Genève, 1977. — Cf. *GRLMA*, t. VI/2, n° 4560. H.R.

Bataille Loquifer. Voir : *Geste Rainouart.*

Batard de Bouillon. Cette chanson de geste de la première moitié du XIVe siècle semble être la plus ancienne chanson du deuxième cycle de la Croisade* ; comme *Baudouin de Sebourc**, elle a probablement été écrite dans la région de Valenciennes. Le texte est très composite ; il raconte une campagne du roi Baudouin contre cinq rois frères, se terminant par la reddition de La Mecque (souvenir probable de l'établissement du Krak de Monréal au sud de la mer Morte), un voyage en Féerie (Hugues de Tabarie est consacré meilleur chevalier par Arthur), et les mésaventures d'un jeune homme violent et irréfléchi, le bâtard que Baudouin a eu d'une princesse sarrasine. Il se termine sur la mort de Baudouin ; la fin perdue est résumée dans la chronique de Jean de la Gogue et le *Jean d'Avesnes**.

On peut affirmer que le rédacteur a connu une version des *Continuations* de la *Conquête de Jérusalem** semblables à celle des mss de Londres et de Turin : c'est là qu'il a dû prendre l'idée de la mort de Richard de Caumont, tué tragiquement par son meilleur ami, Corbaran d'Oliferne (voir les *Chétifs*), la conversion de Dodequin devenu Hugues de Tabarie et la glorification du roi Baudouin (en dépit de cet adultère gênant avec une Sarrasine non baptisée).

ŒUVRE. — Éd. R.F. Cook, Genève, 1972 (*TLF*, 187).

→ J. Richard, *Huon de Tabarié. La naissance d'une figure épique*, dans *Mél. R. Louis*, Saint-Père-sous-Vézelay, 1982, t. 2, p. 1073-1078. — I. Weill, *Les procédures d'énonciation dans une chanson de geste tardive, « le Bâtard de Bouillon »*, dans *La Croisade : réalités et fictions, Actes du colloque d'Amiens, 18-22 mars 1987*, publ. par D. Buschinger, Göppingen, 1989, p. 251-262. I.W.

Baude Cordier. Musicien rémois du début du XVe, contemporain de Jean Carmen*, Jean Cesaris* et Jean Tapissier*. On puise dans son rondeau en triple canon *Tout par compas* les seuls renseignements biographiques que l'on possède :

(...) *Maître Baude Cordier se nomme.*
De Reins dont est et jusqu'a Romme
sa musique appert et a rode, (...)

On a cherché à l'identifier à Baude Fresnel, joueur de harpe (cordier) à la cour de Philippe le Hardi, ce qui ferait remonter son œuvre à l'extrême fin du XIVe siècle.

Il laisse un Gloria à trois voix, une ballade à quatre parties et neuf rondeaux. Son œuvre profane en fait un compositeur de transition, exploitant aussi bien la complexité maniériste *(Amans, amés secretement)* que le style simple *(Ce jour de l'an, Je suy celuy)*.

ŒUVRES. — Éd. G. Reaney, *Early Fifteenth-Century Music*, dans *Corpus Mensurabilis Musicae*, t. 11/1, New York, 1955.

→ G. Reaney, art. *Cordier*, dans *The New Grove Dictionary of Music and Musicians*, t. 4, 1980, p. 767-768. — J. Bergsagel, *Cordier's Circular Canon*, dans *The Musical Times*, t. 113, 1972, p. 1175. — C. Wright, *Tapissier and Cordier : New Documents and Conjectures,* dans *Musical Quarterly*, t. 59 (1973), p. 177. N.S.

Baude Fastoul. Poète arrageois, né dans le premier tiers du XIIIe siècle et mort en 1272. Baude Fastoul est l'auteur d'un *Congé* en vers : cette pièce consiste en des adieux à divers amis, rédigés au moment de son départ pour la léproserie du Grand Val de Beaurains (où il devait mourir). Ce *Congé*, en 58 douzains d'octosyllabes, s'inspire de la poésie du même nom, composée quelque soixante-dix ans auparavant et dans des circonstances identiques par Jean Bodel*. La forme en est empruntée aux *Vers de la Mort* d'Hélinant de Froidmont*. Le style de Baude Fastoul, caractérisé par la recherche de la rime riche, est plein de verve ; Baude fait preuve d'une grande vivacité d'imagination et d'un humour macabre : sa lèpre étant à un stade déjà très avancé, il décrit à ses contemporains sa monstruosité physique, signe de sa souffrance et de sa honte. Le *Congé* est conservé dans un ms. unique (Paris, BN, fr. 25566).

Dans ce *Congé* figurent plus de 120 noms propres, désignant les correspondants de Baude Fastoul et permettant de dater très précisément la rédaction du poème : entre le 15 avril 1272 et le mois d'octobre de la même année (date de la mort de Baude à Beaurains). Le *Congé* fournit aussi quelques détails sur la vie de son auteur : Baude avait pour ancêtre un autre Fastoul, Baudouin ou Baude, que connut Jean Bodel ; apparenté à Colart et à Josin Fastoul et cousin de l'un des

Crespin, il était peut-être marié ; il avait de très nombreux amis et relations, en particulier le banquier Audefroi Louchart, plusieurs échevins et le châtelain d'Arras ; certaines strophes donnent à penser qu'il s'était distingué dans la poésie plaisante. Baude Fastoul était certainement lié à tous les trouvères arrageois de l'époque, tels que Lambert Ferri*, Andrieu Contredit*, Philipot Verdière, Jean Bretel* et Adam de la Halle*.

ŒUVRE. — *Les Congés d'Arras (Jean Bodel, Baude Fastoul, Adam de la Halle)*, éd. P. Ruelle, Bruxelles-Paris, 1965 *(Univ. libre de Bruxelles, Travaux de la Faculté de Philosophie et Lettres*, 27).

→ H. Suchier et A. Guesnon, *Deux trouvères artésiens, Baude Fastoul et Jacques le Vinier, Document inédit et commentaire*, dans *Mél. M. Wilmotte*, Paris, 1910 (réimp. Genève, 1972), p. 723-749. — R. Berger, *Le Nécrologe de la confrérie des jongleurs et des bourgeois d'Arras (1194-1361)*, Arras, 1970, t. 2, p. 103-104 (*Mémoires de la Commission départementale des Monuments historiques du Pas-de-Calais*, XIII, 2). — M. Zink, *Le Ladre, de l'exil au royaume, Comparaison entre les Congés de Jean Bodel et ceux de Baude Fastoul*, dans *Exclus et systèmes d'exclusion dans la littérature et la civilisation médiévale, Cahiers du CUERMA*, Aix-en-Provence, 1978, p. 69-88 (*Senefiance*, 5). — Cf. *MB*, n°s 2411 ; *S* 4518 ; 4529 ; 4531. F.F.H.

Baude de La Quariere (La Kakerie). Trouvère inconnu du XIIIe siècle, peut-être originaire du Nord de la France. Les rubricateurs médiévaux le désignant tantôt par La Quariere, tantôt par La Kakerie, certains critiques modernes ont voulu voir sous ce nom deux personnages distincts : hypothèse qui n'a été ni confirmée ni infirmée. Les mss conservent sous le nom de Baude quatre pièces différentes. De ses deux chansons, l'une est une satire contre l'amour et les femmes, l'autre affecte la forme d'un dialogue entre le poète et son propre cœur. Sur le thème de la Belle Aélis, sa chanson à danser est un pot-pourri de refrains, à la structure complexe. Enfin, dans une pastourelle au rythme allègre, Baude renverse la situation classique : on n'y voit pas, en effet, un chevalier s'efforcer de séduire une villageoise, mais une « damoiselle » faire en vain des propositions galantes à un berger ; quand survient l'amie de celui-ci, la pièce tourne au vaudeville.

ŒUVRES. — A. Scheler, *Trouvères belges du XIIe au XIVe siècle, II*, Louvain, 1879 (réimp. Genève, 1977), p. 115-119. — R. Meyer, J. Bédier et P. Aubry, *La Chanson de « Bele Aelis » par le trouvère Baude de la Quariere*, Paris, 1904. — A. Jeanroy et A. Långfors, *Chansons satiriques et bachiques du XIIIe siècle*, Paris, 1921 (réimp. Paris, 1965), p. VI et 26-27 (*CFMA*, 23). — P. Bec, *La lyrique française au Moyen Âge (XIIe-XIIIe siècle)*, Paris, 1978, t. 2, p. 155-158. — E. Baumgartner et F. Ferrand, *Poèmes d'amour des XIIe et XIIIe siècles, Textes suivis d'exemples musicaux présentés et traduits*, Paris, 1983, p. 340-347.

→ Linker, n° 18. — Cf. *GRLMA*, t. VI/2, n° 7268. G.M. et F.F.H.

Baudet Herenc. Baudet Herenc était vraisemblablement en Flandre bourguignonne lorsqu'il composa, en 1432, son *Doctrinal de la seconde rhétorique*. Il n'est pas impossible que bien plus tôt, vers 1425, il ait écrit son *Parlement d'Amour* dans cette même région où, autour de Pierre de Hauteville*, prince de la Cour d'Amour, auraient été écrites certaines des pièces de la querelle de la Belle Dame sans merci : la *Dame leale en amours* (anonyme), la *Cruelle femme en amours* et l'*Hôpital d'Amours* d'Achille Caulier*.

Mais en 1449, c'est à Châlon-sur-Saône, peut-être sa ville natale, si l'on en juge par sa bonne connaissance de la géographie bourguignonne, qu'il reçut une gratification de Charles d'Orléans* pour des ballades qu'il avait alors composées et qui semblent perdues.

Si le *Doctrinal* n'a été conservé que par un manuscrit et s'inspire en partie d'une poétique antérieure, le *Parlement d'Amour* s'inscrit dans la continuité de l'œuvre d'Alain Chartier* et a connu avec elle un succès qu'attestent 17 manuscrits. Dans ce texte, la Dame sans merci est convoquée au tribunal d'Amour et l'avocat Désir réfute point par point ses arguments. Ce procès se déroule dans un songe que son auteur rapporte à sa propre dame pour en appeler à sa merci.

ŒUVRES. — Le *Parlement d'Amour*, éd. dans le *Jardin de Plaisance et fleur de rhétorique*, Antoine Vérard, Paris, vers 1501 ; fac-similé présenté par E. Droz et A. Piaget, Paris, 2 vol., 1910 et 1925 ; t. 1, f. 139 (*SATF*). — *Doctrinal de la seconde rhétorique*, éd. E. Langlois dans *Recueil d'Arts de seconde Rhétorique*, Paris, 1902, p. 104-198 (*Coll. de documents inédits sur l'Histoire de France*).

→ G. Paris, *La poétique de Baudet Herenc* dans *Romania* t. 15 (1886), p. 135-136. — A. Piaget, *Un poème de Baudet Herenc, ibid.*, t. 23 (1894), p. 256-257. — D. Poirion, *Lectures de la Belle Dame sans mercy*, dans *Mél. P. Le Gentil*, Paris, 1974, p. 691-705.

Voir aussi : *Arts de seconde rhétorique ; Rêverie, fatras, fatrasie.* S.L.

Baudouin Butor. Auteur d'une suite de quatre brouillons d'un roman arthurien en prose inachevé, le *Roman des fils du roi Constant* ou *Pandragus et Libanor*, écrit dans un francien mêlé de picard vers 1294. Il se nomme dans les prologues qu'il préfixe à chacune de ses ébauches et donne des détails sur sa vie et ses activités : il est clerc au service de Gui de Dampierre et de Hugues de Châtillon qui lui ont proposé de composer un nouveau roman arthurien. Il précise que, dans le même temps, il a offert ses brouillons à leur rival, Jean d'Avesne, qui ne lui a rien demandé ni promis.

Le roman raconte les aventures du roi Constant, ou plutôt celles de ses trois fils, Ivoines, Pandragus et Utrius. Lucifer décide de faire engendrer par une vierge et un démon un enfant diabolique, afin de combattre la vertu. Dans la première ébauche, il s'agira du fils de Pandragus, remplacé par un succube, et de Libanor, fille du roi Ban de Benuich.

Baudouin a tenté d'écrire un nouveau roman arthurien en prose à partir du *Huth-Merlin*, « conte de Bretagne » dont il dit s'être inspiré (voir *Merlin*). Posséder ce texte dans son état rudimentaire et éclaté — quatre ébauches sur un même manuscrit des premiers chapitres d'un même roman, foncièrement différentes les unes des autres — présente un intérêt exceptionnel, sinon unique, pour la littérature du Moyen Âge.

ŒUVRE. — Éd. L. Thorpe, *The Four Rough Drafts of Bauduins Butors*, dans *Nottingham Medieval Studies*, t. 12 (1968), p. 3-20 ; t. 13, (1969), p. 49-64 ; t. 14 (1970), p. 41-63. — L.-F. Flutre, *Le roman de Pandragus et Libanor par Baudouin Butor*, dans *Romania*, t. 94 (1973), p. 57-90.

→ L. Thorpe, *Bauduins Butors et le roman des fils du Roi Constant*, dans *Mél. R. Lejeune*, Gembloux, 1969, p. 1137-1142. — A. Micha, *L'influence du Merlin de Robert de Boron*, dans *Mél. J. Rychner*, Strasbourg, 1978, p. 395-409. — Cf. *MB S* 4007-4009. C.R.

Baudoin de Condé. Naquit, semble-t-il, dans le Hainaut, au début du XIIIe siècle. Devenu ménestrel, il demeura quelque temps à la cour de Marguerite II, comtesse de Flandre († 1280), à qui il dédia un de ses dits. L'activité littéraire de Baudoin s'étendit environ des années 1240 à 1280 (J. Ribaud suggère une datation plus basse) ; nous en avons conservé 24 dits, en vers octosyllabiques, d'une valeur tout à fait inégale. Certains traitent de sujets moraux, comme le *Dit des Trois Mors et des Trois Vis**, où trois jeunes nobles rencontrent sur la route trois morts qui les sermonnent ; la *Voie de Paradis**, voyage allégorique d'inspiration pieuse (raconté aussi par Rutebeuf* et Raoul de Houdenc*) ; *Li Vers de Droit,* réflexions morales ; et *Li Contes dou Pellicam*, où le sacrifice de Jésus est comparé à celui du pélican qui ressuscite ses petits en leur donnant son sang et sa chair ; d'autres s'attaquent aux vices du siècle, comme *Li Contes de l'Aver* (l'avarice), *Li Contes d'Envie* et *Li Contes dou Dragon*, où le médisant est comparé au dragon qui lèche et empoisonne à la fois. Plusieurs dits sont consacrés aux chevaliers et leur rappellent leurs devoirs, comme *Li Contes du Baceler, dou Mantel* et *de Gentilleche* (noblesse). L'amour inspira notre ménestrel : ainsi *Li Contes de la Rose* décrit l'amour malheureux, et *Li Prisons d'Amours* (la pièce la plus longue : 3 131 vers) laisse entendre que le poète décrit sa propre expérience. Enfin, nous devons mentionner *Li Contes des Hiraus*, récit satirique et assez réussi, qui dépeint l'antagonisme des hérauts et des ménestrels. Le goût de Baudoin de Condé pour les vers équivoques et les tours de force poétiques ainsi que l'abus des remplissages nuisent considérablement à son œuvre.

ŒUVRES. — *Dits et contes de Baudouin de Condé et de son fils Jean de Condé*, éd. A. Scheler, Bruxelles, 1866-1867, 3 vol.

→ P. Paris, *Dits*, dans *HLF*, t. 23 (1856), p. 266- 282. — B.J. Whiting, *Proverbial Material in the Poems of Baudouin and Jean de Condé,* dans *Romanic Review*, t. 27 (1936), p. 204-233. — W. Van Hoecke, *Baudouin de Condé, Intro. à son œuvre et édition critique du Dit de Tunis*, Louvain, mémoire Faculté des Lettres de l'Université catholique, 1962. — M.L. Arcangeli Marenzi, *Aspetti del tema della Vergine nella letteratura francese del Medioevo*, Venise, 1968, p. 225-226. — J. Ribard, *Un ménestrel du XIVe siècle : Jean de Condé*, Genève, 1969, p. 392-405 (*Publications romanes et françaises*, 104). — Cf. *GRLMA*, t. VI/2, nos 632, 636, 752, 2168, 2736, 4004, 4530, 4620, 6148 ; t. VI/1, p. 6, 14, 89-90, 93, 166, 168,

212, 215, 239. — *MB*, nos 2803 ; *S* 4948, 5369.
J.C.S.

Baudouin de Flandre. Ce roman en prose du milieu du XVe siècle narre d'abord les aventures de Baudouin de Flandre. Époux de la fille d'un roi d'Orient possédée par le diable, il en a deux filles. Un ermite lui révèle un jour la vraie nature de sa femme qui disparaît. Lui-même part se confesser au pape qui l'envoie défendre Constantinople contre les païens. Il épouse alors l'impératrice, fille du roi de France qu'il avait autrefois dédaignée et qui est devenue veuve. Il devient ainsi empereur de Constantinople. Au cours d'une expédition à Jérusalem, il est capturé par le sultan qui va le garder vingt-cinq ans. Il ne sera libéré qu'à la mort du sultan par le fils de celui-ci, le généreux Saladin. Entre temps une de ses filles, Jeanne, s'est mariée avec Ferrant, fils du roi de Portugal, qui devient ainsi comte de Flandre. Aussi Jeanne, au retour en Flandre de Baudouin, son père, le fait pendre à l'insu de son mari. Ce dernier attaque le roi de France qui va le vaincre à Bouvines. Mais le roi, se souvenant qu'il a été autrefois l'amant de la reine du Portugal, reconnaît en Ferrant son fils et le libère. Suivent les aventures outre-mer de Jean Tristan, fils aîné de saint Louis et, en Occident, de Robert de Béthune, fils du comte Gui de Flandre.

On trouve donc dans cette œuvre le motif du mariage du héros avec une femme diabolique comme dans *Richard sans Peur** ; les épisodes classiques des romans liés à la matière des croisades — et ici plus particulièrement au second cycle de la Croisade* — mais aussi des événements et des personnages proprement historiques plus ou moins transformés : au terme de la quatrième croisade Baudouin de Flandre est réellement devenu empereur de Constantinople ; Philippe Auguste fut bien vainqueur des comtes de Flandre et de Boulogne à Bouvines... Par ailleurs ce roman est certainement une mise en prose. On a retrouvé deux fragments en vers qui ne correspondent toutefois exactement à aucun passage du texte en prose. Romans en vers et en prose pourraient eux-mêmes dériver d'une source commune à laquelle puise également le *Myreur des Histors* de Jean d'Outremeuse*. *Baudouin de Flandre* connut un succès certain : onze manuscrits du XVe siècle nous sont parvenus et on compte 14 éditions entre 1478 et 1520.

ŒUVRE. — C.P. Serrure et A. Voisin, Bruxelles, 1836 [reprod. de l'éd. A. Neyret, Chambéry, 1485]. — A. Dinaux, *Les Trouvères de la Flandre et du Tournaisis*, Paris et Valenciennes, 1839 (réimp. Genève, 1969), p. 115 [le fragment de seize alexandrins en deux laisses monorimes]. — A. Bayot, *Fragments de manuscrits trouvés aux Archives du Royaume* dans *Revue des Bibliothèques et Archives de Belgique*, t. 4 (1906), p. 429-438 [le fragment de 160 vers].

→ L.S. Crist, *The Legendary Crucifixion of Jehan Tristan, Son of saint Louis*, dans *Romania*, t. 86 (1965), p. 289-306 ; *The Date of the Livre de Baudouin*, dans *Romance Notes*, t. 8 (1966), p. 105-198. — Cf. Woledge, no 20. — *MB* nos 4099, 6788 ; *S* 6536-6538. S.L.

Baudoin de Sebourc. Cette chanson de geste du début de la deuxième moitié du XIVe siècle (25 500 vers) est fondée sur une légende propre aux Flandres et suit de très loin les événements en Terre sainte : au début de l'œuvre, les chrétiens sont défaits à Civetot (voir les *Chétifs*), et la chanson se termine sur la fin des succès et les projets du roi Baudouin Ier contre Rochebrune et La Mecque (voir le début du *Batard de Bouillon*). On raconte les tumultueuses enfances du futur roi de Jérusalem (le troisième roi, Baudouin du Bourg), fils d'Ernoul de Beauvais (le frère d'un des chétifs), et de Rose, la sœur des enfants-cygnes. Ce poème à entrelacements a pour thèmes principaux la trahison d'un vassal félon convoitant la veuve de sa victime (peut-être un souvenir d'*Orson de Beauvais**), la longue séparation de toute une famille, l'éducation et les premières armes d'un jeune exilé qui a perdu son identité. Voyages (en Flandres, en Terre sainte, au paradis terrestre...), rencontres avec des personnages extraordinaires, avec des animaux fabuleux, tempêtes, orages, poursuites, combats, emprisonnements, scènes de miracles et scènes de comédie se succèdent avec fantaisie dans cette chanson proche du roman d'aventures.

Voir : *Croisade (Cycle de la)*.

ŒUVRE. — Éd. L. Boca, *Li Romans de Bauduins de Sebourd*, 2 vol. Valenciennes, 1841.

→ E.R. Labande, *Étude sur « Baudouin de Sebourc », chanson de geste*, Paris, 1940. I.W.

Baudri de Bourgueil. Né en 1045 à Meung-sur-Loire, il entre à une date inconnue au monastère de Saint-Pierre-de-Bourgueil, dont il est élu abbé entre 1080 et 1082.

Après une tentative infructueuse pour obtenir, à prix d'argent, l'évêché d'Orléans (1098), il est nommé en 1107 archevêque de Dol-de-Bretagne — charge dont il semble s'être acquitté avec moins de succès que de celle d'abbé : suspendu temporairement par le légat du pape en 1120, il se retire alors dans le prieuré normand de Saint-Samson-sur-Risle. Il meurt à Préaux le 5 janvier 1130.

Plus qu'à cette carrière ecclésiastique prestigieuse, mais sans éclat, c'est à son œuvre littéraire que Baudri doit d'être passé à la postérité. Il est en effet l'un des plus brillants représentants de la renaissance humaniste qui se manifeste, au cours de la seconde moitié du XIe siècle, dans le val de Loire, autour notamment de l'école cathédrale d'Angers. Nous avons conservé de lui 256 poèmes en vers latins classiques, réunis en recueil lors de son abbatiat (ms. Vatican, Reg. lat. 1351) : épitaphes, épigrammes, épîtres, ces textes témoignent de l'intime fréquentation de leur auteur avec les écrivains de l'Antiquité, surtout Ovide*, dont il a l'aisance et parfois l'élégance. Son œuvre en prose est moins originale : répondant à des commandes qu'a values à Baudri sa réputation de styliste, ces écrits, surtout historiques et hagiographiques, ne sont bien souvent que la réécriture, dans un latin qui se veut cicéronien, de textes antérieurs, comme l'*Histoire anonyme de la première croisade* (voir : *Croisades [Littérature des]*, § 3). On fera cependant un sort à part à sa *Vie du bienheureux Robert d'Arbrissel*, témoignage de première main sur le peu banal fondateur de l'ordre de Fontevraud.

ŒUVRES. — La plupart des œuvres en prose, et un choix de poèmes (d'après l'éd. d'A. Duchesne, Paris, 1641), sont reproduits dans la *PL*, t. 166, col. 1049-1212 (les *Acta sancti Valeriani martyris*, col. 1207-1212, sont cependant apocryphes).

Éd. d'œuvres séparées : 1. Poèmes : on dispose de deux éd. complètes du recueil du Vatican : celle de P. Abrahams (*Les œuvres poétiques de Baudri de Bourgueil*, Paris, 1926) est très défectueuse ; celle de K. Hilbert (*Baldricus Burgulianus. Carmina*, Heidelberg, 1979) offre un texte de bien meilleure qualité, mais est à peu près complètement dépourvue d'annotation et de commentaire.

2. Œuvres historiques : *Historia Hierosolimitana* : bonne éd. par C. Thurot, *Recueil des Historiens des Croisades (Occident)*, t. 4, p. 1-111. — *Itinerarium sive epistula ad Fiscannenses*, relation d'un voyage effectué par B. de Bourgueil dans les abbayes bénédictines de Normandie au cours des années 1120, très intéressante du double point de vue autobiographique et archéologique : éd. A. du Monstier, *Neustria pia*, 1663, p. 227-233 et D. Brial, *Recueil des Hist. des Gaules...*, t. 14 (1806), p. 224-229. — *Historia pontificum Dolensium* : perdue, à l'exception de quelques extraits publiés par Le Baud (*Histoire de Bretagne*, 1638).

3. Œuvres hagiographiques : *Vita sancti Hugonis Rotomagensis, « rifacimento »* d'une *vita* antérieure, éd. Du Monstier, *op. cit.*, p. 282-287 [Cf. J. Van den Straeten, dans *Anal. Boll.*, t. 87 (1969) p. 215-260]. — *Acta translationis capitis sancti Valentini martyris Gemmeticum in Gallia* : éd. par les bollandistes dans *AASS Februarii*, t. 1, p. 758-762. — *Vita beati Roberti de Arbrissello*, écrite à la demande de la première abbesse de Fontevraud, Pétronille de Chemillé (cf. Dalarun, *op. cit. infra*) : éd. *princeps* par M. Cosnier (La Flèche, 1641) ; trad. française Y. Magistri, dans *Chronique de Fontevrault*, Paris, 1585. — Le *De scuto et gladio sancti Michaelis* ne figure pas dans la *PL* ; éd. par dom J. Huynes, dans *Histoire générale de l'abbaye du Mont-Saint-Michel au péril de la mer*, t. 1, Rouen, 1873, p. 135-148. — *Vita sancti Samsonis*, inédite (ms. Paris, BN, lat. 350), sauf le prologue, publié par D. Plaine dans *Analecta Bollandiana*, t. 6, 1887, p. 80-82 (cf. aussi F. Duine, *La métropole de Bretagne...*, Paris, 1916).

4. Écrits moraux et spirituels : *De visitatione infirmorum*, traité longtemps attribué à saint Augustin : éd. *PL*, t. 40, col. 1147-1158. — *Epistula ad Petrum Gemmeticensem priorem* : éd. J.-Y. Tilliette dans *Revue études augustiniennes*, t. 28 (1982), p. 257-279 [ne figure pas dans la *PL*].

→ *HLF*, t. 11, p. 98-113. — L. Delisle, *Note sur les poésies de Baudri, abbé de Bourgueil*, dans *Romania*, t. 1 (1872), p. 23-50. — C. Thurot, *Études critiques sur les historiens de la première croisade : Baudri de Bourgueil*, dans *Revue historique*, t. 1 (1876), p. 373-386. — H. Pasquier, *Un poète latin du XIe siècle : Baudri, abbé de Bourgueil, archevêque de Dol, 1046-1130*, Paris, 1878. — Manitius, t. 3, Munich, 1931, p. 883-898. — O. Schumann, *Baudri von Bourgueil als Dichter*, dans *Mél. K. Strecker*, Dresde, 1931, p. 158-170. — F.J.E. Raby, *A Hist. of Christian Latin Poetry*, Oxford, 1927, p. 277-285 ; *A Hist. of Secular Latin Poetry in the Middle Ages*, Oxford, 1934, t. 1, p. 337-348. — R.R. Bezzola, *Les origines et la formation de la littérature courtoise en Occident*, t. 2, Paris, 1960, p. 371-390. — K. Hilbert, *Studien zu den Carmina des Baudri von Bourgueil*, Diss. Heidelberg, 1967. — J.-Y. Tilliette, *Culture classique et humanisme monastique : les poèmes de Baudri de Bourgueil* dans *La littérature angevine médiévale...*, Angers, 1981, p. 77-88 ; *La chambre de la comtesse Adèle...*, dans

Romania, t. 102 (1981), p. 145-171 ; *Note sur le ms. des poèmes de Baudri de Bourgueil*, dans *Scriptorium*, t. 37 (1983), p. 241-245. — J. Dalarun, *L'impossible sainteté. La vie retrouvée de Robert d'Arbrissel (v. 1045-1116), fondateur de Fontevraud*, Paris, 1985. — G.A. Bond, « *Iocus amoris* » : *the Poetry of Baudri of Bourgueil and the Formation of the Ovidian Subculture*, dans *Traditio*, t. 42 (1986), p. 143-193. J.Y.T.

Bède le Vénérable (672/73-735/36). Bède naquit à (ou près de) Wearmouth, en Northumbrie ; il fut envoyé à l'âge de sept ans comme oblat au monastère de Wearmouth, dirigé encore par son fondateur, Benoît Biscop, et entra plus tard au monastère voisin, frère de Wearmouth, Jarrow, où il passa le reste de sa vie à écrire.

Bède écrit une belle langue, mais son latin est une langue acquise ; elle ne peut avoir la saveur de celle d'Ambroise, d'Augustin ou de Jérôme, qui s'expriment dans leur langue maternelle. Mais le latin n'est pas à proprement parler pour lui une langue étrangère : c'est la langue de la Bible, de la liturgie, de la culture chrétienne, bref c'est la langue de l'Église. Bède l'étudia pour être moine et prêtre ; il l'étudia pour communiquer, la langue vernaculaire s'avérant inadéquate pour exprimer sa pensée et ses concepts.

Importent ici les ressources de la bibliothèque des monastères de Wearmouth et de Jarrow : Benoît Biscop et Ceolfrid l'avaient abondamment fournie de livres qu'ils s'étaient procurés notamment à Rome, et surtout au Latran qui avait recueilli une partie des manuscrits de Vivarium. En l'absence de tout catalogue, le recours aux citations des moines de ces monastères permet d'avancer qu'on y trouvait le *De unitate ecclesiae* de Cyprien, la lettre 22 de Jérôme, les commentaires sur Matthieu soit dans l'original grec, soit dans une traduction latine. Cependant les Pères latins étaient sûrement les mieux représentés : à côté de commentaires sur les Écritures et de traités de patristique, se trouvaient aussi quelques ouvrages profanes, comme l'*Histoire naturelle* de Pline, et des grammairiens comme Donat, Diomède et Pompée. Virgile* était aussi présent, avec des poètes chrétiens comme Ambroise, Prudence, Paulin, Sédulius et Arator.

L'éducation reçue par Bède repose sur l'étude de la grammaire appliquée à la Bible, et s'il a lu Virgile et Pline, c'est pour en tirer des citations susceptibles d'être utilisées selon ses besoins propres, donc détournées de leurs fins. Il est hostile à la littérature païenne classique, car il redoute qu'elle n'incite le lecteur à un retour pernicieux aux pratiques païennes ; mais le paganisme germanique ne constituait-il pas alors un réel danger !

La nature monastique et utilitaire de la bibliothèque dont Bède disposait dans son monastère de Jarrow/Wearmouth explique le caractère de son œuvre : sa contribution à l'étude du comput est inspirée par les combats de son époque. Le comput, l'astronomie et la cosmographie l'intéressent, car leur étude est liée aux querelles religieuses de l'époque sur le calendrier ecclésiastique.

Bède a donné, à la fin de son *Historia ecclesiastica*, un catalogue de ses œuvres arrêté en 731. Il est donc incomplet, puisqu'il ne cessa d'écrire jusqu'à sa mort, en 735-736. Ce catalogue conduit à deux observations : 1) son œuvre couvre presque tous les domaines qu'un savant de cette époque pouvait aborder : la grammaire, les sciences naturelles, la géographie, la chronologie, l'historiographie, l'hagiographie, la théologie, l'exégèse surtout, auxquelles s'ajoutent lettres et poèmes ; 2) presque toute son œuvre littéraire est conservée, preuve de son impact immédiat auprès de ses contemporains, et de l'intérêt qu'elle a suscité durant tout le Moyen Âge.

Bède laissa donc une œuvre très importante. Elle peut se répartir en trois groupes principaux : les œuvres scientifiques (grammaire, sciences naturelles, géographie), historiques (hagiographie et histoire) et théologiques (commentaires bibliques).

La grammaire : Bède y a consacré trois œuvres destinées à l'enseignement, et fondées dans une large mesure sur les manuels de la fin de l'Antiquité. Le *De orthographia* est un glossaire qui répertorie les termes usuels, et en donne le sens. Le *De arte metrica* est un manuel de versification dans lequel il marque, sans négliger les poètes profanes (Virgile, Lucain, Térence, etc.), une préférence pour les poètes chrétiens (Venance Fortunat). Dans ce manuel, écrit vers 701-

702, Bède établit une liste des trois types de poésie (dramatique, narrative et mixte), et confronte systématiquement les auteurs païens à l'Ancien Testament : la 9e églogue de Virgile au *Cantique des cantiques*, les *Géorgiques* de Virgile et le *De rerum natura* de Lucrèce aux *Proverbes* et à l'*Ecclésiaste*, l'*Odyssée* et l'*Énéide* au *Livre de Job*, pour en arriver à la conclusion que les Écritures saintes surpassent toute autre littérature non seulement par l'autorité — elles sont divines —, mais aussi par l'utilité, parce qu'elles mènent à la vie éternelle. L'idée du triomphe du christianisme est la clé de voûte de son édifice. Le *De schematibus et tropis*, enfin, est une introduction à l'enseignement des tropes et des figures.

Les sciences naturelles : le *De natura rerum* est un résumé de cosmologie, fondé sur l'œuvre du même nom d'Isidore de Séville*, mais sous une présentation différente, et augmenté de compléments tirés de la *Naturalis historia* de Pline l'Ancien. Il est à noter que les Anglo-Saxons furent les premiers à s'intéresser de près à l'œuvre de Pline l'Ancien. Son audience fut très répandue du début au IXe siècle jusqu'à la grande période scolastique. Le *De temporibus* traite, dans sa partie théorique, de la notion de chronologie ; la seconde partie, connue sous le nom de *Chronica minora*, est un bref exposé des événements majeurs de l'histoire du monde. Poussé par son entourage, Bède revint sur le sujet avec son *De temporum ratione* : il en fit le manuel de chronologie le plus complet de son temps par l'introduction du comput des Grecs, des Romains, des Égyptiens et des Hébreux ; la chronique finale, connue sous le nom de *Chronica majora*, fut aussi étendue. L'impact de cette œuvre fut énorme, puisqu'elle mit un terme à la querelle pascale en faisant triompher définitivement le comput dionysien.

La géographie : le *De locis sanctis* est un petit manuel de géographie biblique et ecclésiastique pour lequel Bède a tiré toutes ses informations de la littérature. Il ne connut de plein succès qu'aux XIIe et XIIIe siècles, quand l'Occident commença à s'intéresser à l'Orient.

L'hagiographie : il s'agit là d'un domaine nouveau en Angleterre, qui apparaît à l'époque de Bède en Northumbrie. Celui-ci commença par l'adaptation d'œuvres antérieures, comme sa *Vita et passio Anastasii*, aujourd'hui perdue, ou sa *Vita sancti Felicis*, simple mise en prose des poèmes de Paulin de Nole. Inversement, sa *Vita Cuthberti metrica* est une mise en vers (1 050 hexamètres) de l'œuvre d'un moine anonyme de Lindisfarne : il s'agit d'une tentative de créer pour la Bretagne une réplique de la *Vita sancti Martini* de Venance Fortunat, en donnant une dimension poétique à la vie d'un saint national. Bède revint plus tard sur le sujet en écrivant une autre *Vita Cuthberti* en prose, s'efforçant alors de puiser des informations de première main dans le but de faire de Cuthbert un portrait plus puissant et plus véridique. Cette seconde *vita* ouvre la voie à l'hagiographie historique. Enfin, Bède composa un *Martyrologium* : il compléta les données dont il pouvait disposer par des emprunts à des notices hagiographiques, et à l'*Histoire de l'Église* de Rufin. Son martyrologe est historique, et connut une large audience, surtout à partir du IXe siècle.

L'histoire : Bède n'est pas un historien, mais il a été conduit à l'historiographie par ses manuels de chronologie, par ses études sur le comput avec leur chronique universelle, par son intérêt enfin pour l'hagiographie. La *Vita abbatum* est une histoire du monastère double de Wearmouth/Jarrow, à travers les activités de ses abbés Benoît Biscop, Ceolfrid, Eosterwine, Sigfrid et Hwœtberth : tout élément hagiographique a ici été gommé. L'*Historia ecclesiastica gentis Anglorum* est l'œuvre la plus célèbre de Bède. Elle s'étend de 55 av. J.-C. à 731, date de son achèvement. Le bref récit de l'histoire britannique jusqu'en 596 dérive principalement d'Orose et de Gildas*. De 597 à 731, le récit se fonde sur des bases écrites et des communications verbales. Elle a un caractère de chronique et, constituée en partie d'une collection d'histoires particulières, elle n'est pas sans rappeler parfois l'*Historia Francorum* de Grégoire de Tours*. L'intérêt de ce travail réside dans le souci de l'auteur de se renseigner aux meilleures sources. Aussi cette œuvre rassemble-t-elle une masse impressionnante de « matériaux » extraits de lettres pontificales ou épiscopales, des actes de conciles ou de synodes, de récits transmis oralement par des informateurs qu'il cite presque toujours. Si la vie des moines s'y trouve détaillée et l'évolution de la pratique chrétienne scrupuleusement suivie, les affaires publiques de son époque sont laissées dans l'ombre, voire oblitérées. Ce n'est pas son propos : son histoire est « ecclésiastique », et ce qui ne relève pas de cette matière ne l'intéresse pas. Son œuvre est une adjonction à ses études sur les Écritures. Elle est composée selon une tradition qui remonte à Eusèbe de Césarée, qu'il connaît dans la version latine de Rufin d'Aquilée. Mais elle diffère d'Eusèbe moins dans sa méthode que dans sa façon d'exploiter les « matériaux ». Tous les deux conçoivent l'histoire ecclésiastique comme un combat entre la nouvelle nation -chrétienne- et le diable. Ensemble ils écrivent l'histoire de la victoire de l'Église, Eusèbe à travers la conversion de Constantin, Bède à travers la conversion des Anglais. Connue très tôt sur le continent, cette œuvre fut maintes fois recopiée tout au long du Moyen Âge (48 mss survivent). Elle reste, pour la science moderne, la source la plus sûre pour l'étude des débuts de l'histoire de l'Angleterre anglo-saxonne.

La théologie : Bède fut d'abord, et surtout, considéré par ses contemporains, puis durant le Moyen Âge, comme un théologien. Dès l'époque carolingienne, il était cité comme une autorité, à l'instar des Pères de l'Église. Après tout, la théologie n'a-t-elle pas occupé la place principale dans sa vie, comme dans l'ensemble de son œuvre littéraire ! Les écrits théologiques comprennent un nombre important de commentaires bibliques (à peu près un tiers de l'Ancien Testament, et la moitié du Nouveau) et deux livres d'homélies. Exégète, il fut le plus grand interprète de l'Écriture dans l'Église occidentale depuis l'époque patristique. Certes, son interprétation de l'Écriture reste traditionnelle, mais ses commentaires sont le fruit d'une réflexion personnelle et son jugement reste critique. Ainsi donc, Bède est une figure clé dans la transmission de la tradition patristique, mais il la modifia et l'adapta aux conditions et aux nécessités de son époque.

Son influence fut énorme et durable : son *De arte metrica* était toujours en usage à l'école épiscopale de Fulbert de Chartres* au XIe siècle. Le *De temporum ratione*, sans doute la meilleure introduction au calendrier ecclésiastique, était encore édité au XVIe siècle, car elle était jugée indispensable. Son *Historia ecclesiastica* est la source de tous les chroniqueurs et historiens anglo-saxons et anglo-normands. Ses commentaires sur la Bible, la partie la plus prisée par ses contemporains, eurent au XVe siècle un étonnant regain d'intérêt et de popularité, si l'on en juge d'après le nombre de manuscrits alors recopiés.

Bède fut un des plus remarquables représentants de la culture du Haut Moyen Âge, et exerça une influence considérable sur le développement de la civilisation médiévale.

ŒUVRES. — *Les mss de Bède* : M.L.W. Laistner et H.H. King, *A Hand-List of Bede Mss*, Ithaca, 1943 ; voir aussi T.D. Hardy, *Descriptive Catalogue of Materials Relating to the History of Great Britain and Ireland to the End of the Reign of Henri VII*, 3 vol., Londres, 1862-1871 (*Rolls Series*, 26), t. 1, p. 433-447. — *The Leningrad Bede*, éd. O. Arngart, Copenhague, 1952 (*Early English Mss in Facsimile*, 2). — *The Moore Bede : Bede's Ecclesiastical History*, éd. P. Hunter Blair, Copenhague, 1959 (*Early English Mss in Facsimile*, 9).

Œuvres complètes : J.A. Giles, *Beda Venerabilis Complete Works*, 12 vol., Londres, 1843-1844 (*Patres ecclesiae Anglicanae*), repris dans *PL*, t. 90-95, voir aussi *PL, Suppl.*, t. IV/2. — La nouvelle éd. complète entreprise par le *CCSL* est bien avancée. — Catalogue des œuvres et des éditions par E. Dekkers dans *Clovis Patrum Latinorum*, dans *Sacris Erudiri*, t. 3 (1961), nos 1343-1384. — Pour les erreurs d'attribution, on verra C.W. Jones, *Bedae Pseudepigrapha : Scientific Writings Falsely Attributed to Bede*, Ithaca, 1939.

Œuvres scientifiques : *Opera didascalica (CCSL* 123-A-C). — *Bedae opera de temporibus*, éd. C.W. Jones, Cambridge (Mass.), 1943 (*The Mediaeval Academy of America*, 41). — *De locis sanctis*, éd. Geyer, Vienne, 1898 (*CSEL*, 39), ou éd. J. Fraipont, dans *Itineraria et alia geographia*, Turnhout, 1965 (*CCSL*, 175), p. 249-280, repris dans *PL, Suppl.*, t. IV/2.

Œuvres théologiques : Opera exegetica (*CCSL*, 118A, 119, 119A-B, 120, 121). — *Homeliarum evangelii libri II*, éd. D. Hurst ; *Liber hymnorum, Rhythmi, variae preces*, éd. J. Fraipont, Turnhout, 1955 (*CCSL*, 122).

Œuvres hagiographiques : Bedas metrische Vita sancti Cuthberti, éd. W. Jaager, Leipzig, 1935 (*Palestra*, 198). — *Two Lives of Saint Cuthbert. A Life by an Anonymous Monk of Lindisfarne and Bede's Prose Life*, éd. et trad. anglaise B. Colgrave, Cambridge, 1940. — C.W. Jones, *Saints'Lives and Chronicles in Early England*, Ithaca, 1947. — *Vita quorundum Anglo-Saxonum : Original Lives of Anglo-Saxons and Others who Lived Before the Con-*

quest, éd. J.A. Giles, Londres, 1854, (*Caxton Society*) [deux vies de Bède]. — Dom J. Dubois et G. Renaud, *Édition pratique des Martyrologes de Bède, de l'Anonyme lyonnais et de Florus*, Paris, 1977.

Œuvres historiques : Venerabilis Baedae Historiam ecclesiasticam gentis Anglorum, Historiam abbatum, Epistolam ad Ecgbertum, éd. C. Plummer, 2 vol., Oxford, 1898 [la meilleure éd. bien que Plummer n'ait pas connu le ms. de Léningrad]. — *Bede's Ecclesiastical History of the English People*, éd. et trad. en anglais B. Colgrave et R.A.B. Mynors, Oxford, 1969 (*Oxford Medieval Texts*). — Les meilleures éd. de la *Chronica Majora ad annum 725* et de la *Chronica minora ad annum 703* sont de T. Mommsen, *MGH, Auctores antiq.* XIII (1895), p. 223-354.

Œuvres poétiques : Three Northumbrian Poems : Caedmon's Hymn, Bede's Death Song, The Leiden Riddle, éd. A.H. Smith, Londres, 1933 (*Methuen's Old English Library*). — Voir aussi, *supra, CCSL*, 122.

→ W.F. Bolton, *A Bede Bibliogr. 1935-1960*, dans *Traditio*, t. 18 (1962), p. 436-445 ; et la bibliogr. de la revue *Anglo-Saxon England*. — W. Levison, *Modern Editions of Bede*, dans *Durham University Journal* t. 37 (1945), p. 78-85. — M. Roger, *L'enseignement des lettres classiques d'Ausone à Alcuin*, Paris, 1905. — *Bede, his Life, Times and Writings ; Essays in Commemoration of the Twelfth Centenary of his Death*, éd. A. Hamilton Thompson, Oxford, 1935. — W. Levison, *England and the Continent in the Eighth Century*, Oxford, 1946. — M.L.W. Laistner, *Thought and Letters in Western Europe A.D. 500 to 900*, 2e éd., Londres, 1957, p. 156-166. — P.H. Blair, *The World of Bede*, Londres, 1970. — G. Musca, *Il venerabile Beda, storico dell'Alto Medioevo*, Bari, 1973. — C. Leonardi, *Il venerabile Beda e la cultura del secolo* VIII *(Settimane di studio del centro italiano di studi sull'alto medioevo*, 20), Spolète, 1973, p. 603-658 et 833-843. — *Famulus Christi. Essays in Commemoration of the Thirteenth Centenary of the Birth of the Venerable Bede*, éd. G. Bonner, Londres, 1976. — W. Goffart, *The Narrators of Barbarian History (A.D. 550-800). Jordanes, Gregory of Tours, Bede and Paul the Deacon*, Princeton, 1988. — Nouveau Potthast., t. 1, 1967, p. 469-473. — Cf. *MB S* nos 2556-2558, 4939. G.La.

Belle Hélène de Constantinople. Poème anonyme du XIIIe siècle, d'environ 14 000 alexandrins, disposés en laisses monorimes de longueur différente. Antoine, l'empereur de Constantinople, devenu veuf, s'éprend de sa fille Hélène et obtient de Rome, par chantage, l'autorisation de l'épouser. Désespérée, Hélène s'enfuit et, après bien des vicissitudes, arrive en Angleterre. Henri, le roi du pays, l'ayant rencontrée par hasard, tombe amoureux d'elle et l'épouse malgré l'opposition de sa mère. Peu après, pour répondre à l'appel au secours du pape menacé par les Sarrasins, il quitte son royaume, le confiant aux soins du duc de Gloucester. Hélène met alors au monde des jumeaux. La reine mère subtilise la lettre qui annonçait au roi la bonne nouvelle et en change le contenu, lui faisant croire qu'Hélène a accouché de deux chiens. Elle échange également la réponse du roi qui ordonnait de garder Hélène et sa progéniture, et, par une falsification semblable à la première, tente de faire disparaître sa belle-fille et ses petits-enfants. Pris de pitié, le gouverneur du royaume substitue à Hélène sa propre nièce et remplace les deux enfants par des simulacres de paille. Néanmoins, il coupe le bras droit d'Hélène et, comme signe éventuel de reconnaissance, le place dans un petit coffret qu'il attache au cou d'un des enfants. Poussée par le vent, l'embarcation où il a mis Hélène et ses fils arrive dans une île habitée seulement par un ermite. Hélène perd alors ses deux enfants enlevés par des bêtes sauvages. Ils seront recueillis et élevés par l'ermite et demeureront là jusqu'à l'âge de seize ans. Quant à Hélène, accablée, elle reprend la mer avec des marchands qui passaient.

Elle mène ensuite une vie triste et pauvre ; ayant appris que son père et son mari la recherchaient, elle ne cessera de fuir devant eux.

Henri, quant à lui, découvre à Rome qu'Hélène est la fille de l'empereur de Constantinople. Après sa victoire contre les Sarrasins, il regagne son pays, tout à la joie de la revoir. Ayant percé à jour les menées criminelles de sa mère, il la fait tuer et, en compagnie d'Antoine de Constantinople que sa propre quête avait mené là, part à la recherche d'Hélène. Au cours de leurs pérégrinations, ils retrouvent les deux enfants, appelés Brice et Martin. Maintes péripéties surviennent avant que tous ne se retrouvent enfin. Grâce à un miracle, dont l'intermédiaire est Martin, le bras d'Hélène se rattache au moignon comme s'il n'avait jamais été coupé.

Sur cette trame principale, déjà riche en rebondissements, viennent se greffer des intrigues secondaires, donnant lieu à d'autres quêtes. Les héros se poursuivent interminablement dans un univers familier où les chrétiens ne cessent d'affronter les Sarrasins, qu'ils convertissent le plus souvent.

L'auteur connaît quantité de légendes et de romans dont les souvenirs transparaissent dans l'œuvre. Il a puisé dans le vieux fonds folklorique des motifs qu'il a adaptés aux circonstances en les ayant plus ou moins assimilés : l'amour incestueux du père pour sa fille ; la main coupée qui rattache la *Belle Hélène* à un cycle de légendes connu sous le nom de « conte de la fille à la main coupée », dont la *Manekine* de Philippe de Beaumanoir* est un représentant célèbre ; les fils jumeaux dont l'un se nourrit de racines et de fruits et l'autre de gibier, et grâce à qui la mère retrouve l'usage de sa main. À ces thèmes les plus anciens il a donné le cadre familier que lui offraient ses lectures. C'est pourquoi on retrouve le matériel et les thèmes littéraires conventionnels, parfois même présentés en doublon : fausses lettres, songes, apparitions, miracles, retrouvailles... Une femme venue demander l'hospitalité doit fuir les assiduités de son hôte... La croisade contre les Sarrasins étant l'arrière-plan permanent de l'action, par deux fois une princesse sarrasine s'éprend d'un chevalier chrétien et sacrifie à son amour ses parents et son peuple...

Malgré les longueurs et l'invraisemblance des situations, il y a une réelle cohérence interne du roman ; cependant les péripéties innombrables, résultat d'une fusion artificielle, mais ingénieuse, de plusieurs parties, font que ce poème n'a plus de chanson de geste que le nom.

Le poème en vers a été mis en prose au XVe siècle. Une version très proche de la version en vers a été composée en 1448 par Jean Wauquelin* pour Philippe de Bourgogne. Une autre tradition, anonyme, présente une version allégée du poème en vers qui a connu un grand succès ; c'est celle que l'on retrouve dans les nombreuses éditions imprimées et les livres de colportage, et aussi dans les traductions étrangères. Ce texte est encore inédit.

ŒUVRE. — Trad. de la version de Jean Wauquelin à paraître par M.-C. de Crécy, Paris, (*Bouquins*).

→ F. Frocheur, *Notice sur le roman de la Belle Hélène de Constantinople*, Académie royale de Bruxelles, XIII, 1re partie, 1845, p. 273-285 ; *La Belle Hélène de Constantinople ou examen et analyse d'une épopée romane au* XIIIe *siècle*, dans *Messager des Sciences historiques de Gand*, 1846, p. 169-209. — H. Suchier, *Œuvres poétiques de Philippe de Remi, sire de Beaumanoir,* 1884-1885, p. XXVIII sq. (*SATF*). — R. Ruths, *Die französische Fassungen des Roman de la Belle Helaine*, Diss. Greifswald, 1897. — A. Léon, *Une pastorale basque*, Paris, 1909. — A.H. Krappe, *La Belle Helaine de Constantinople*, dans *Romania*, t. 63 (1937), p. 324-353. — P. Verhuyck, dans *Studi Francesi*, t. 57 (1972), p. 314-324 [fait le point de la tradition manuscrite, mais donne aussi une bibliogr. détaillée sur la question et annonce une éd. de la version en vers]. — *MB* nos 249-253, 6058 ; *S* 1067-1069. M.C.C.

Beneit. Voir : *Saint Thomas Becket (Vie de).*

Benoît. Au début du XIIe siècle, un certain Benoît ou Benedeit adapte la *Navigatio sancti Brendani** en un poème anglo-normand d'environ 2 000 octosyllabes, qui est le plus ancien roman d'aventures et en même temps le plus ancien roman de quête en français. Benoît se nomme lui-même *li apostoiles danz Benedeiz.* Cette dénomination a laissé les chercheurs perplexes. On a pensé qu'il pouvait être évêque ; mais en ce cas il reste non identifié. E. Walberg voit dans ce titre un simple surnom. I. Short et B. Merrilees proposent de comprendre *apostoile* comme « émissaire ». M.D. Legge suggère que Benoît pourrait avoir été un moine de l'abbaye du Bec, venu en Angleterre avec Gilbert Crispin, l'abbé de Westminster, et introduit avec celui-ci à la cour de la reine Mathilde par saint Anselme, archevêque de Canterbury. Mais E. Waters, ainsi que I. Short et B. Merrilees, considèrent cette identification comme trop aléatoire, et préfèrent voir simplement en Benoît un moine anglo-normand vivant en Angleterre.

On a parfois assimilé l'auteur du *Voyage de saint Brandan* avec le moine bénédictin de Saint-Alban (Hertfordshire), nommé Beneit ou Benoît, auteur d'une *Vie de saint Thomas Becket* composée entre 1183 et 1189. Mais il convient de rejeter, avec M.D. Legge, cette hypothèse, car il est peu probable que notre auteur ait pu être actif des années 1106 ou 1120 jusque vers 1190.

On a par ailleurs attribué à Benoît de Saint-Alban une *Vie de saint Eustache** signée d'un certain Benoît. Mais là encore, les dates réfutent cette identification : cette

Vie en laisses d'alexandrins monorimes, dont on ne conserve qu'un fragment de 360 vers, date de la fin du XIIIe siècle et la langue est un français sans trace d'anglo-normand.

On a donc bien affaire à trois auteurs différents, échelonnés sur deux siècles, et tous trois nommés Benoît.

ŒUVRES. — Voir aux titres.

→ E. Walberg, *Sur le nom de l'auteur du Voyage de saint Brandan (Benedeit)*, dans *Studia Neophilologica*, t. 12 (1939), p. 46-55. — M.D. Legge, *Anglo-Norman Literature in the Cloisters*, Edimbourg, 1950, p. 19-20 et 25-26 ; *Anglo-Norman Literature and its Background*, Oxford, 1963, p. 8-18 et 250-251 ; *Les origines de l'anglo-normand littéraire,* dans *RLingR*, t. 31 (1967), p. 44-54. — E. Tattersall, *Expedition, Exploration and Odyssey, Extended Voyage Themes, and their Treatment, in Some Early French Texts*, dans *Mél. B. Woledge*, Genève, 1988, p. 191-214 (*Publ. romanes et françaises*, 180). — Cf. *GRLMA*, t. VI/2, n° 4430/1. — *MB* nos 3226-3239, 6625-6627, 7764-7771 ; *S* 5756-5763.

Pour des précisions et la bibliogr. voir : *Navigatio sancti Brendani ; Saint Thomas Becket (Vie de).* A.F.L.L.

Benoît de Sainte-Maure. Clerc tourangeau (Sainte-Maure se trouve à 30 km au sud de Tours, entre Chinon et Loches), auteur du *Roman de Troie* et de l'*Histoire des ducs de Normandie.*

1. *Roman de Troie*. Écrit vers 1165, il s'inscrit dans le cadre des « mises en roman » qui, dans le troisième quart du XIIe siècle, ont cherché à traduire ou plutôt à adapter en français divers textes latins, poèmes épiques en hexamètres ou mises en prose plus tardives (*Roman de Thèbes**, *Roman d'Eneas**, *Roman d'Alexandre**...), constituant ainsi la toute première émergence du genre romanesque en France. La source de Benoît n'est pas les poèmes d'Homère — un simple nom au XIIe siècle, connu au mieux à travers les médiocres vers latins de l'*Ilias Latina* — mais deux tardifs résumés en prose latine de ces poèmes, considérés comme deux narrations véridiques émanant de témoins oculaires du siège de Troie : l'*Ephemeris Belli Trojani* de Dictys de Crète (IVe siècle), censé avoir fait partie du camp des Grecs, et l'*Historia de excidio Trojae* de Darès le Phrygien (VIe siècle), censé avoir combattu du côté troyen et avoir tenu un journal des événements. Fréquemment invoqués par Benoît, ces deux auteurs ont pour fonction d'apporter au roman l'autorité indispensable à son crédit historique ; la sobriété voire la pauvreté de la prose de Darès (le texte le plus exploité) laisse en outre toute latitude à la création personnelle du romancier. Car suivant un principe de la poétique antique et médiévale, le *Roman de Troie* est aussi conçu sur la base d'une rivalité latente avec ses deux prédécesseurs romans, *Thèbes* et *Eneas* : ses 30 000 octosyllabes en opèrent une réécriture amplificatrice et à certains égards contestataire, de la conquête de la Toison d'Or par Jason — expédition qui prélude à la guerre de Troie et qui met en scène, comme dans l'*Eneas*, une rhétorique amoureuse d'inspiration ovidienne — à la mort d'Ulysse, tué par le fils qu'il a eu de Circé, dans une résurgence significative du thème œdipien de *Thèbes. Troie, Thèbes* et *Eneas* sont d'ailleurs souvent associés dans les manuscrits, aux côtés du *Brut* du clerc anglo-normand Wace* ; on a parfois supposé que *Troie*, écrit par un clerc tourangeau sans doute au service du roi d'Angleterre Henri II Plantagenêt (1154-1189) et de son épouse Aliénor d'Aquitaine (à qui semble renvoyer une dédicace allusive), faisait partie d'un dessein politique concerté visant à affermir l'autorité de la dynastie angevine en lui supposant, à l'imitation des Francs mérovingiens, une ascendance troyenne.

L'hypothèse est cependant discutée ; ce qui est certain, c'est que le roman de Benoît propose une représentation idéalisée de Troie, ville matrice et modèle de tout l'Occident médiéval, notamment à travers une série de descriptions d'œuvres d'art qui poursuivent et amplifient la tradition antique de l'*ecphrasis* épique. Clairement énoncée dans l'introduction, l'intention didactique n'est certes pas absente : il s'agit de faire passer dans la langue des laïcs les connaissances historiques, géographiques et scientifiques des clercs latinisants : mais la description de la fabuleuse citadelle d'Ilion ou des fascinants automates de la « Chambre de Beautés », chambre nuptiale d'Hélène et de Pâris, vise surtout à faire de Troie le réceptacle de toute beauté. Troie apparaît aussi comme un modèle de gouvernement où s'opère une réflexion sur les conditions du pouvoir, à travers la narration répétée de scènes de conseil et de bataille qui nous paraissent aujourd'hui un peu longues mais qui devaient passionner un public de guerriers avertis. Cette réflexion est dominée par la figure du roi Priam et surtout par celle d'Hector, seigneur de la guerre, objet de toute adulation, notamment féminine (l'amazone Penthésilée combat par amour pour lui), et immortalisé par un fabuleux tombeau qui défie toutes les lois de la pesanteur et qui répond à celui de la guerrière Camille dans l'*Eneas*. Se développe aussi en parallèle une réflexion inquiète sur l'amour humain ; pas d'amour heureux dans Troie : placé d'emblée sous le signe de la tromperie avec le couple éphémère de Médée et de Jason, puis sous celui du malheur (dûment prophétisé par Cassandre) avec celui d'Hélène et de Pâris, l'amour selon Benoît s'incarne soit dans le chassé-croisé de l'inconstante Briséida, fille de Calchas, entre ses deux soupirants successifs, le Troyen Troïlus et le Grec Diomède, soit dans l'impossible passion d'Achille pour Polyxène, fille de Priam, emblématisée par la figure de Narcisse et aboutissant à la mort des deux jeunes gens, dans l'échec final d'une réconciliation entre les deux camps ennemis. Contrairement à ce qui se passe dans l'*Eneas*, aucun couple fondateur n'assure la perpétuation de la lignée. C'est que le *Roman de Troie* s'interroge non sans angoisse sur le sens de l'histoire et du destin, en relatant la destruction de la cité modèle, en principe imprenable, anéantie par la folie ou la vilenie des hommes (comme chez Darès, Troie tombe victime de la trahison d'Eneas) et par la volonté des dieux. Benoît cherche alors à édifier, en lieu et place de la cité détruite, une forteresse de mots capable de faire d'elle, à travers le miroitement somptueux des *ecphraseis*, l'apogée d'une expérience esthétique.

Le succès du *Roman de Troie* est attesté, dès le XIIIe siècle, par la multiplicité des réécritures dont il a été l'objet ; mise en prose française avec le *Roman de Troie en prose* (dont plusieurs versions du XIIIe siècle nous ont été conservées), adaptations en allemand avec le *Liet von Troye* de Herbert von Fritzlar (entre 1190 et 1217) et le *Buch von Troye* de Konrad von Würzburg (1287). Même l'ouvrage en prose latine de l'Italien Guido delle Colonne, l'*Historia destructionis Trojae* (1287), qui prétend suivre Darès, démarque en fait le roman de Benoît (et sans doute aussi la version méridionale de sa mise en prose). Quant à l'épisode des amours de Briséida, dont l'invention peut être entièrement imputée à Benoît (Darès n'en souffle mot), on le voit reparaître chez Boccace* et Geoffrey Chaucer* avant d'inspirer Shakespeare (*Troïlus et Cressida*).

2. *Histoire des ducs de Normandie*. Henri II Plantagenêt s'étant lassé de son chroniqueur officiel, le Normand Wace*, dont le style rugueux était passé de mode, le remplaça par Benoît, au langage plus élégant. Et c'est ainsi que notre poète, reprenant le sujet que Wace avait laissé inachevé dans sa « geste des Normands » ou *Roman de Rou*, entreprit à son tour, vers 1170, de composer en vers une *Histoire des ducs de Normandie*. Mais lui non plus n'acheva point son œuvre, s'arrêtant, après quarante-trois mille octosyllabes, aux événements de l'an 1135. Cette histoire, pas plus que celle de Wace, n'est originale ni pleinement véridique : la matière en est tirée essentiellement des chroniques latines de Dudon de Saint-Quentin* et de Guillaume de Jumièges*, traduites sans souci de précision, complétées et enjolivées sans aucune critique par tout ce que la féconde imagination du romancier lui a suggéré.

ŒUVRES. — *Roman de Troie en vers* : éd. L. Constans, 6 vol., Paris, 1904-1912 (*SATF*) ; éd. K. Reichenberger, *Der Trojaroman des Benoît de Sainte-More*, Tübingen, 1963 (*Sammlung romanischer Übungstexte*, 48) [éd. partielle d'après le ms. de Milan] ; trad. partielle E. Baumgartner, Paris, 1987 (*10/18, Bibl. méd.*). — *Roman de Troie en prose* : éd. L. Constans et E. Faral, *Le roman de Troie en prose*, t. 1, Paris, 1922 (CFMA, 29) [version du XIIIe s. la plus répandue] ; éd. F. Vieilliard, *Le Roman de Troie en prose (version du cod. Bodmer 147)*, Genève, 1979. — *Chronique des ducs de Normandie* : éd. C. Fahlin, t. 1 et 2, Uppsala, 1951-1954 ; t. 3, *Glossaire* par O. Södergard, Uppsala, 1967 (*Bibliotheca Ekmaniana*, 64) ; t. 4, *Notes* par S. Sandqvist, Stockholm, 1979 (*Acta Universitatis Lundensis. Sectio I. Theologica, Juridica, Humaniora*, 29).

→ G.A. Beckmann, *Trojaroman und Normannenchronik : die Identität der beiden Benoît und die Chronologie ihrer Werke*, Munich, 1965 (*Langue et parole*, 7). — H. Buchtal, *Historia Trojana : Studies in the History of Medieval Secular Illustration*, Londres, 1971 (*Studies of the Warburg Institute*, 32) [étude du cycle pictural du Roman de Troie]. — I. Hansen, *Zwischen Epos und höfischem Roman. Die Frauengestalten im Trojaroman des Benoît de Sainte-Maure*, Munich, 1971 (*Beiträge zur romanischen Philologie des Mittelalters*, 8). — S. Sandqvist, *Études syntaxiques sur la Chronique des ducs de Normandie par Benoît*, Lünd, 1976 (*Études romanes de Lünd*, 26). — J.L. Levenson, *The Narrative Format of Benoît's Roman de Troie*, dans *Romania*, t. 100 (1979), p. 54-70. — E. Van Houts, *The Adaptation of the Gesta Normannorum ducum by Wace and Benoît*, dans *Mél. W. Noomen*, Groningue, 1984, p. 115-124. — J.-L. Freire, *Los Codices gallegos basados en el Roman de Troie y sus ediciones. Bibliogr. summaria*, dans *Revue romane*, t. 24 (1989), p. 116-125. — Molinier, n° 1977. — Nouveau Potthast, t. 2, p. 485-486. — *GRLMA*, t. IV/1, p. 324-326. — Cf. *MB* n°s 1040-1071, 3737-3740, 6209-6211, 6703-6704 ; *S* 2190-2208, 6170-6173. L.F.F. et F.M.

Bérenger. Bérenger est l'auteur de trois petits poèmes en laisses d'alexandrins monorimes (*Antéchrist, Quinze signes du jugement, Sermon au peuple*), qui sont intercalés dans une copie de la *Bible* d'Herman de Valenciennes*, le ms. Paris, BN, fr. 1444. On ne sait rien de l'auteur, sinon qu'il composa ses ouvrages en Pologne à la demande d'un religieux. Lui-même était d'origine wallonne et vivait sans doute dans la première moitié du XIIIe. Le *Sermon au peuple* se présente comme une sorte d'épilogue aux deux textes précédents ; Bérenger y engage les lecteurs à s'amender en tirant profit des enseignements qu'ils viennent de lire ou qu'ils entendront.

ŒUVRES. — *Antéchrist* : éd. E. Walberg, *Deux versions inédites de la légende de l'Antéchrist...*, Lund-Londres-Paris, 1928. — *Sermon au peuple* : éd. E. Walberg, dans *Bulletin du dictionnaire wallon*, t. 17 (1932), p. 321-333.

→ Cf. *GRLMA*, t. VI/2 n°s 2172, 4290.

G.H.

Bérenger au long cul. Ce fabliau d'environ 600 octosyllabes a été composé en Île-de-France ou en Picardie dans le premier tiers du XIIIe siècle. Un des trois manuscrits l'attribue à Guérin*. Il tourne en ridicule la couardise du mari, roturier, de la fille d'un châtelain. Le mari se vante de ses qualités de chevalier et affronte en cachette un mannequin, qu'il défait toujours. Pour déjouer la supercherie, sa femme enfile une armure et le suit dans la forêt. Elle se présente à son mari comme « Bérenger au long cul », le chevalier qui châtie les lâches, et le défie : il combattra ou lui baisera le derrière. Il choisit cette dernière solution. Lorsqu'il rentre chez lui un peu plus tard, il surprend sa femme avec un amant. Il se fâche mais elle déclare qu'elle en appellera à Bérenger au long cul. Désormais le mari couard sait à quoi s'en tenir.

ŒUVRE. — Éd. W. Noomen et N.J. Van Den Boogaard, dans *Nouveau recueil complet des fabliaux*, t. 4, Assen, 1988. — Éd. et trad. anglaise L.D. Benson et M.T. Anderson, dans *The Literary Context of Chaucer's Fabliaux : Texts and Translations*, Indianapolis, New York, 1971. — Éd. et trad. anglaise J. Du Val et R. Eichmann, dans *Cuckolds, Clerics and Countrymen*, Fayetteville, 1982. — Trad. allemande A. Gier, dans *Fabliaux, Französische Schwankerzählungen des Hochmittelalters*, Stuttgart, 1985.

→ J. Rychner, *Contribution à l'étude des fabliaux*, Neuchâtel-Genève, 1960, t. 1, p. 63-67, et t. 2, p. 100-109. — R.J. Pearcy, *An Instance of Heroic Parody in the Fabliaux*, dans *Romania*, t. 98 (1977), p. 105-108 ; *Chansons de geste and fabliaux. « La Gageure » and « Berenger au long cul »*, dans *Neuphilologische Mitteilungen*, t. 79 (1978), p. 76-83. — K. Busby, *Fabliau et roman breton : le cas de « Berenger au long cul »*, dans *Épopée animale, fable, fabliau. Actes du 4e colloque de la Société internat. renardienne, 1981*, Paris, 1984, p. 121-132. — Cf. *MB S* n°s 4657, 4692-4695. A.F.L.L.

Bérenger de Poitiers. Disciple d'Abélard que l'on connaît seulement par ses œuvres. Jeune encore, il composa après 1140 une apologie de son maître, où il prit violemment à partie saint Bernard*, et qui constitue un témoignage significatif des suites de la condamnation portée à Sens contre Pierre Abélard*, et notamment d'un état d'esprit qui existait chez ses disciples. La virulence de son plaidoyer l'obligea à s'éloigner des centres intellectuels. Il se réfugia à Mende après avoir reconnu que le ton de sa polémique manquait de mesure. Ses œuvres sont éditées parmi celles d'Abélard (éd. Cousin, t. 2, 1859, p. 771-791, reproduite dans *PL*, t. 178, col. 1857-1880).

ŒUVRES. — R.M. Thomson, *The Satirical Works of Berenger of Poitiers : An Edition with Introduction*, dans *Mediaeval Studies*, t. 42 (1980), p. 89-138.

→ Bayle, *Dictionnaire historique et critique*, t. 1, pp. 526-528. — Cellier, *Histoire génér. des aut. sacr. et eccl.*, t. 14, p. 327-328. — *HLF*, t. 12, p. 254-260. — J.G. Sikes, *Peter Abélard*, Cambridge, 1932, p. 232-233, 238-239. — *DHGE*, t. 8, col. 379-380. — D.E. Luscombe,

The School of Peter Abélard, Cambridge, 1969, p. 29-49. D.G.O.

Bérenger de Tours. Bérenger naquit à Tours, vers 1000, dans une famille déjà bien implantée dans le diocèse. Il étudia à Chartres sous la férule de Fulbert*, après quoi il revint à Tours comme professeur puis comme écolâtre. Déjà, dans son enseignement des arts libéraux, de la médecine et de la théologie, se manifestait l'indépendance de son tempérament : il recourait au raisonnement plus volontiers qu'aux autorités. Son éloquence lui attira de nombreux disciples, dont plusieurs se firent ensuite un nom : Hildebert de Lavardin*, Guillaume de Malmesbury, saint Bruno de Cologne, etc. Quelques années plus tard, il fut de surcroît nommé archidiacre et trésorier de l'église d'Angers. C'est vers 1047 qu'éclata la querelle sur l'Eucharistie. S'appuyant sur une œuvre de Ratramne de Corbie* — qu'on attribuait alors à Jean Scot Erigène* — Bérenger admettait la présence réelle, mais niait la transsubstantiation : pour lui, la présence spirituelle, « intellectuelle » comme il disait, s'ajoutait au pain et au vin sans se substituer à eux. Ces idées furent rapidement combattues par Lanfranc de Pavie et, sans doute à l'initiative de celui-ci, condamnées en plusieurs occasions : à Verceuil en présence du pape Léon IX, à Brionne, à Paris devant le roi de France Henri Ier, à Rome en 1059 devant le pape Nicolas II. En cette occasion, Bérenger se vit même imposer une profession de foi, qu'il prononça par faiblesse, mais s'empressa de désavouer aussitôt revenu en France. L'année suivante mourut le comte d'Anjou Geoffroy Martel, qui avait été jusqu'alors le plus sûr protecteur de Bérenger. Beaucoup moins empressé à défendre un théologien controversé, son successeur défit Bérenger de son archidiaconat. Dans le même temps, Durand de Troarn, Lanfranc de Pavie, Gozechin et Guitmond d'Aversa accablèrent Bérenger de traités et de pamphlets. Alors, le pape Grégoire VII invita Bérenger à se justifier. Le pape lui-même accepta dans une première séance la profession de foi du théologien ; mais, dans une seconde séance et sur l'insistance de ses adversaires, il somma Bérenger de se prosterner devant les 150 évêques et abbés présents et de confesser qu'il s'était trompé en niant la conversion substantielle. Puis, pour clore la querelle, le pape défendit à Bérenger d'enseigner sur l'Eucharistie, et à ses adversaires de l'inquiéter désormais. Bérenger retourna en France où il se retira sans doute sur l'île de Saint-Côme près de Tours. Il mourut en 1088, en paix avec l'Église. Ce qui subsiste de son œuvre consiste surtout en traités, correspondances et apologies sur la question eucharistique : une réfutation du synode de 1059, un volumineux *Sur la sainte Cène*, écrit entre 1065 et 1070 en réponse à Lanfranc, une relation du concile romain de 1079 et 23 lettres. Hildebert de Lavardin a également célébré le talent poétique de Bérenger ; pour nous en rendre compte, il ne nous reste qu'une poésie, d'ailleurs assez belle : *Iuste iudex Iesu Christe.*

ŒUVRES. — *De sacra coena* (= *De Eucharistia*) : éd. M. Matronola, Milan, 1936 (*Urbis Romanus*, 6) ; additions dans R.B.C. Huygens, *À propos de Bérenger et son traité de l'Eucharistie*, dans *Revue Bénédictine*, t. 76 (1966), p. 133-139. — *Epistulae*, éd. C. Erdmann et N. Fickermann, *MGH, die Briefe der deutschen Kaiserzeit,* 5. *Briefsammlungen der Zeit Heinrichs IV*, Weimar, 1950 ; Éd. de lettres isolées : E. Bishop, dans *Historisches Jahrbuch,* t. 1 (1880), p. 272-280 ; G. Morin, dans *Revue Bénédictine*, t. 44 (1932), p. 220-226 ; C. Erdmann, Rome, 1933, p. 13 ; R.B.C. Huygens, dans *Mél. G.I. Lieftinck*, t. 2, 1972, p. 18-19. — *Expositiones super orationem dominicam*, éd. V. Rose, dans *Verzeichnis der lateinischen Handschriften der Königliche Bibliothek zu Berlin*, t. 1, 1983, p. 114-115. — *Iuramentum*, éd. R.B.C. Huygens, dans *Bérenger de Tours, Lanfranc et Bernold de Constance*, dans *Sacris Erudiri*, t. 16 (1965), p. 355-403. — *Rescriptum contra Lanfrannum*, éd. R.B.C. Huygens, Turnhout, 1988 (*CCCM*, 84) ; W. Milde [fac-similé du ms. unique], Turnhout, 1988 (*CCCM*, 84 A).

→ P. Meyraert, *Bérenger de Tours contre Albéric du Mont-Cassin*, dans *Revue Bénédictine*, t. 70 (1960), p. 331-332. — R.B.C. Huygens, *Bérenger de Tours, Lanfranc et Bernold de Constance*, dans *Sacris Erudiri*, t. 16 (1965) p. 355-403. — O. Capitani, *Studi su Berengario di Tours*, Lecce, 1966 ; *À propos de Bérenger et de son traité de l'eucharistie, ibid.*, p. 133-139. — J. de Montclos, *Lanfranc et Bérenger. La controverse eucharistique du XIe s.*, Louvain, 1971 (*Spicilegium sacrum Lovaniense. Études et documents*, 37). — A. Cantin, *« Ratio » et « Auctoritas » dans la première phase de la controverse eucharistique entre Bérenger et Lanfranc*, dans *Revue des Études augustiniennes*, t. 20 (1974), p. 155-186. — O. Capitani, *L'affaire « bérengarienne », ovvero delle utilita delle monografie*, dans *Studi medievali*, t. 16 (1975), p. 353-378. — J. de Montclos, dans *Theologische Realenzyklopädie*, t. 6 (1979). — F.S. Festa, *Per il dibattito teologico sull'eucaristia nell'XI sec. (Guitmondo d'Aversa contro Berengario di Tours III)*, dans *Asprenas*, n.s., t. 26 (1979), p. 144-164 ; *Lexikon des Mittelalters*, t. 1, 1980. — J.-C. Didier et P. Delhaye, *Hugues de Breteuil, évêque de Langres († 1050). Lettre à Bérenger de Tours sur la Présence réelle*, dans *Revue des Études augustiniennes*, t. 16, (1981) p. 289-331. Do.P.

Berenguer de L'Hospital. Ce poète occitan fut trois fois lauréat du Consistori* de Toulouse, gagnant une églantine en 1459, un souci (*gauch*) en 1467, une violette en 1471. Celle-ci lui fut octroyée « parce que ses poésies étaient chose nouvelle », *quia sua carmina erant de re nova.* Il avait, cette année-là, présenté deux chants au concours : un *planh* (complainte) de la Chrétienté contre le Grand Turc, et une *pastorela* consolant la Chrétienté contre le Turc. Le premier de ces chants surtout, qui n'a pas moins de 95 vers de dix syllabes, est un poème de valeur, animé d'un souffle épique, digne des meilleurs chants de Croisade des troubadours classiques : poème dicté par l'actualité, car, même longtemps après la prise de Constantinople, l'idée de Croisade était toujours en éveil devant le danger que faisait courir le Grand Turc à l'Église de Rome.

Le poète rappelle les héros de jadis en des vers solennels et vigoureux :

Revelha-te, Karles de gran renom,
Qu'as a ma ley Europa conquistada !

(Réveille-toi, Charles de grand renom, qui à ma loi as l'Europe conquise). Ce poète fait mentir Alfred Jeanroy qui dit, en parlant des poésies couronnées au Consistoire, que « les meilleures ne s'élèvent pas au-dessus d'une médiocrité honnête ».

D'abord étudiant, puis docteur en lois, Berenguer de l'Hospital fut mainteneur en 1513. Certaines faiblesses de détail dans sa langue, quelques allusions politiques de ses poèmes permettent de croire à une origine française, et laissent supposer qu'il appuya de son prestige, à la fin du XVe siècle et au début du XVIe, l'évolution du Consistoire de Toulouse en faveur de la langue des conquérants.

Ses poèmes sont conservés dans un manuscrit unique, dit « Registre de Gaillac », aux archives de l'Académie des Jeux Floraux.

ŒUVRES. — Éd. J.-B. Noulet, *Las Joyas del Gay Saber, recueil... depuis l'an 1324 jusques à l'an 1448*, Paris-Toulouse, 1849. — A. Jeanroy, *Les Joies du Gai Savoir, recueil... (1324-1484), avec la trad. de J.-B. Noulet*, Toulouse, 1914.

→ A. Jeanroy, *La poésie académique à Toulouse aux XIVe et XVe siècles*, dans *La poésie lyrique des troubadours*, t. 2, Toulouse-Paris, 1934, p. 347-364. — F. Zufferey, *Bibliographie des poètes provençaux des XIVe et XVe siècles*, Genève, 1981, n° 474. J.S.

Berenguer de Noya. Ce grammairien originaire de Majorque composa, au début du XIVe siècle, un ouvrage intitulé *Mirall de trobar.* C'est un bref traité synthétique de rhétorique, illustré d'exemples tirés des meilleurs troubadours provençaux. Il essaie d'appliquer à la poésie troubadouresque les principes les plus courants de la rhétorique latine médiévale.

ŒUVRE. — Éd. P. Palumbo, *Berenguer de Noya, Mirall de trobar*, Palerme, 1955.

→ C. Brunel, n°s 37, 45. — I. Frank, *Un message secret de B. de N. : le prologue du Mirall de Trobar*, dans *Filologia romanza*, t. 1 (1955), p. 1-11. — M. de Riquer, *Historia de la literatura catalana*, Barcelone, 1964, t. 1, p. 194-196. J.S. et G.B.L.

Berenguer de Palazol. Troubadour roussillonnais, originaire de Palou (graphie du chansonnier provençal C), ou Palol. Sans doute s'agit-il d'un village situé près d'Elne (Pyrénées-Orientales). D'après sa *Vida*, c'était un pauvre chevalier qui chanta Ermesen d'Avignon, épouse d'Arnaut d'Avignon, lui-même fils de Maria Peiralada, personnages connus de l'Ampurdan. Le nom d'Ermesen n'apparaît cependant pas dans les *cansos* conservées. Depuis le siècle dernier, une discussion s'est développée sur l'époque où vécut Berenguer ; il existe, en effet, dans les documents beaucoup de Catalans du même nom à la fin du XIIe et au XIIIe siècle. B. Alart situait le troubadour au XIIe siècle, la critique l'a ensuite généralement fait descendre au XIIIe siècle, pour des raisons stylistiques et métriques, tandis que les plus récentes études replacent sa production littéraire entre 1160 et 1175 (F. Noy), ou entre 1150 et 1170 (M.B. Stampinato). Il serait alors contemporain des princes d'Aragon, Raimon Berenguer IV et en partie d'Alphonse II. C'est la cinquième strophe de la *canso : S'ieu sabi'aver guiardo* (PC, 47, 10) qui conduit à admettre la datation haute. Ce troubadour, contemporain du Catalan Pons de la Guardia (1154-1188), serait alors le plus ancien poète catalan connu avec une œuvre conservée en langue romane. Celle-ci ne se compose que de *cansos*, douze citées par les manuscrits, neuf d'attribution certaine. Sa poésie ne développe qu'un thème, l'amour, avec une élégance pure et dans une expression fluide, qui peut paraître fade. Une certaine mélancolie nimbe presque toujours les *cansos* de Berenguer de Palazol, qui analyse ses sentiments de façon abstraite, sans image ni comparaison.

Doncs, s'ieu ja. m vey dins vostres bratz
[enclaus
si qu'ambeduy nos semblem d'un voler,
meravil me on poiria.l joy caber.
(PC, 47,11).

Si donc je me vois jamais entre vos bras
[enclos,
si bien que nous paraissions tous deux
[n'avoir qu'un seul vouloir,
je me demande bien où pourrait se contenir
[la joie.

Son habileté de musicien fit son succès : presque toutes ses *cansos* sont conservées avec leur musique.

ŒUVRE. — Éd. A. Jeanroy et P. Aubry, *Huit chansons de Bérenger de Palazol*, dans *Anuari del Institut d'Estudis Catalans*, t. 2 (1908), p. 520-540 [avec transcription musicale], la 9e est éd. par M. de Riquer, *La lirica de los trovadores*, Barcelone, 1948, p. 185. — T. Newcombe, *The Troubadour Berenger de Palazol. A Critical Edition of his Poems*, dans *Nottingham Medieval Studies*, t. 15 (1971), p. 54-95 [éd. des 12 *cansos* de la liste PC, 47]. — M.B. Stampinato, *Berenguer de Palol, ed. critica*, Modène, 1978. — Éd. partielles : M. de Riquer, *Los trovadores, Historia literaria y textos*, Barcelone, 1975, t. 1, p. 300-310 (PC, 47, 6-11 et 10). — R. Richter, *Die Troubadourszitate im Breviari d'Amor*, Modène, 1976, p. 204 (PC, 47,6).

→ B. Alart, *Bérenger de Palazol*, dans *Mémoires de la Soc. agri., scient. et litt. des Pyrénées-Orientales*, t. 10 (1856), p. 56-66. — M. de Riquer, *Historia de la Literatura catalana*, Barcelone, 1964, t. 1, p. 67-71. — T. Newcombe, *Bérenger de Palazol, troubadour roussillonnais*, dans *Cahiers d'études et de recherches catalanes d'archives*, t. 37-38 (1967), p. 194-205. — F. Noy, *Estudio historico sobre el trovador Berenguer de Palou*, dans *Boletín de la Real Academia de Buenas Letras de Barcelona*, t. 36 (1975-1976), p. 15-104 [élimine PC, 47,2-8 et 9]. — S. Guida, *Per il profilo biografico di Berenger de Palazol*, dans *Medioevo romanzo*, t. 6 (1979), p. 22-36. G.B.L.

Berenguer de Sant-Piancat. Voir : *Consistori*.

Bergerie de l'agneau de France. Bergerie politique rédigée au début de 1485, sous la régence d'Anne de Beaujeu. L'agneau de France est Charles VIII, les bergers Louis d'Orléans, Jean de Bourbon et Pierre de Beaujeu. C'est un des rares exemples d'une pièce pastorale à sens politique.

ŒUVRE. — Éd. H. Lewicka, Genève, 1961 (*TLF*, 96).

→ J. Blanchard, *Une bergerie politique de la fin du XVe siècle : la Moralité à cinq personnages du ms. BN fr. 25467,* dans *RLR*, t. 83 (1979), p. 199. — Cf. Lewicka, n° 1110. — *MB S* 8281. A.F.L.L.

Bérinus. Le roman de *Bérinus* se rattache à la série des mises en prose des poèmes antérieurs, qui se multiplient dans la seconde moitié du XIVe siècle et au cours du XVe. C'est une longue histoire aux péripéties multiples, dont il suffira d'indiquer les grandes lignes. Fils d'un bourgeois romain, Famius, le jeune Bérinus, pour se soustraire à l'hostilité de sa marâtre, s'embarque avec l'intention de se livrer au commerce. Le vaisseau qui le transporte avec ses marchandises aborde dans l'île de Blandie, véritable repaire de fripons dont il parvient à déjouer les manœuvres. Ayant épousé la nièce du roi, il succède à celui-ci, mais, trahi par ses barons, il doit reprendre la mer. La tempête le jette sur l'île d'Aimant, où le bateau reste fixé. Il réussit à se dégager, abandonnant malgré lui son fils Aigres sur l'Aimant. Il se rend à Rome, où il s'enrichit aux dépens du trésor impérial. Aigres, à son tour, parvient à Rome, où sa vaillance fait merveille. Cependant l'empereur s'inquiète des prélèvements clandestins subis par son trésor ; il consulte les sept sages qui s'engagent à lui livrer le voleur. Bérinus, surpris pendant une de ses visites au trésor, supplie son fils de lui couper la tête et de l'emporter pour qu'on ne puisse l'identifier. Par son courage et son adresse, le jeune homme mène à bien cette redoutable mission. Ayant accompli de nombreux exploits, il s'éprend de la fille de l'empereur, qui le paie de retour. Mais il doit bientôt s'exiler. Après diverses aventures, alors qu'il traverse la Lombardie, il apprend d'un pèlerin que le comte de Savoie assiège à Dijon la duchesse de Bourgogne. Il s'empresse d'offrir ses services à la dame et contraint l'ennemi à se retirer. Non sans peine, il échappe aux avances de la duchesse et reprend le chemin de Rome, où il épousera Milie, la fille de l'empereur, auquel il succédera.

Ce roman, qu'on peut dater approximativement des années 1350-1370, n'est pas une œuvre originale. C'est l'adaptation très littérale d'un poème en octosyllabes qui remonte au milieu du XIIIe siècle et dont seulement deux courts fragments nous ont été conservés. Si, par ses principaux épisodes, *Bérinus* se rattache au cycle des Sept sages de Rome (voir Roman des), il en diffère par sa rédaction équilibrée, par l'adresse avec laquelle ses éléments empruntés aux sources les plus variées, contes orientaux, chansons de geste et romans d'aventure, s'organisent en un récit clair et, somme toute, facile à suivre. Il semble que la mise en prose ait eu plus de succès que le poème primitif, puisque quatre manuscrits complets et un fragment nous l'ont conservée.

ŒUVRE. — Éd. R. Bossuat, 1931-1933 (*SATF*, 75) [les deux fragments en vers figurent dans le t. 2].

→ G. Huet, *Le conte de la Montagne d'Aimant*, dans *Romania*, t. 44 (1915), p. 427-453 ; t. 45 (1918), p. 194-204. — M. Delbouille, *Un nouveau fragment de Bérinus en vers*, dans *Le Moyen Âge*, t. 42 (1932), p. 241-251. — L. Rouday, *Remarques sur la structure narrative de Bérinus*, dans *Le Moyen Français*, t. 3 (1980), p. 7-28. — Cf. *MB* nos 4100-4113 ; *S* 6638-6641.

R.B.

Bernard (saint) (1090-1153). 1. *L'auteur.* Dès l'enfance, en tout ce qui touchait aux lettres, Bernard se fit remarquer par un talent tel que ses frères, lorsqu'il parla d'entrer à Cîteaux, l'exhortèrent à se décider pour une carrière d'homme de lettres. Ils savaient que c'était là l'unique chance de retenir leur cadet dans le monde. Et leur ruse faillit porter son fruit : *Placuit sermo in oculis ejus (Fragmenta Gaufridi*, n° 10).

Mais une fois vaincue cette tentation, Bernard n'entrait pas moins au cloître avec son tempérament, ses dons, son génie. De sorte que, devenant l'un de ces cisterciens dont E. Gilson a dit qu'ils avaient renoncé à tout sauf à l'art de bien bâtir, il allait acclimater chez eux un art du bien écrire.

Car s'il y a un style d'architecture cistercien, avec lequel la spiritualité de Cîteaux va jusqu'à s'identifier, à plus forte raison peut-on parler d'un « latin cistercien » dont Bernard doit être regardé comme l'inventeur, *magister noster* l'appellera Guerric d'Igny.

Maître en l'art de faire rendre à la langue latine un son nouveau pour traduire une expérience mystique, elle aussi toute nouvelle, Bernard, ne serait-ce qu'à cause de l'influence exercée sur toute la littérature européenne, mérite d'être considéré comme « le premier des grands prosateurs français » (C. Mohrmann).

Sa carrière d'écrivain débute avant 1125. En 1115, âgé de vingt-cinq ans, il fonde l'abbaye de Clairvaux, dont il restera abbé jusqu'à sa mort (1153). Activité débordante, excès ascétiques, ruinent sa santé pour toujours dès les premières années de son abbatiat. Contraint de s'éloigner un temps pour reprendre quelque force, il en profite pour consacrer au thème de l'Annonciation quatre homélies qui forment un opuscule « sur le *Missus est* », notons-le bien, écrit.

Peu après, sur les instances de son ami Guillaume de Saint-Thierry*, il compose l'*Apologia* où, sur le ton de la satire, voire du pamphlet, il attaque la conception de la vie bénédictine telle que la professe Cluny.

De la même époque (environ 1125), trois lettres au chanoine Ogier (epistulae 88-90) témoignent d'un souci très poussé de la composition littéraire dont il n'hésite pas à esquisser la théorie (ep. 89, I).

Le reste de la production suivra selon un rythme précipité, qu'il s'agisse de sermons, de lettres, de traités polémiques ou théologiques, et s'échelonnera sur près de trente années, jusqu'aux dernières œuvres : la Vie de saint Malachie, le *De Consideratione*, et, quelques jours avant la mort, la lettre 310.

Vouloir caractériser l'œuvre de saint Bernard en peu de mots tient de la gageure, tant elle échappe par son originalité à tous les critères habituels de jugement. Il est cependant trois mots clefs qui doivent toujours rester présents à l'esprit du lecteur soucieux de ne pas s'égarer en cours d'exploration : Bible, Amour, Authenticité.

Bible. — Bernard fut l'homme d'un seul livre, du Livre par excellence. Là est la source presque exclusive, non seulement de sa pensée, mais encore de son langage.

Il demande à ses moines de ne point

s'étonner de sa curiosité à l'égard des Écritures : *Nemo miretur aut moleste accipiat, si in his scrutandis, tanquam quibusdam Spiritus Sancti apothecis curiosus existo cum sciam quia sic vivitur* (*in Cant.* XVI, I).

Soif insatiable, source d'ivresse, celle dont il nous parle à propos d'Adam qui sort du sommeil où l'a plongé le Créateur *tanquam ebrius de cella vinaria* (*in Sept.* II, I). La Parole de Dieu verse à Bernard cette *sobria ebrietas* dont on peut le dire possédé.

Amour. — « Chez saint Bernard la question de l'amour est un drame, le drame d'un être qui se sent voué infailliblement à aimer, aussi n'est-il point paradoxal d'affirmer que saint Bernard n'a écrit qu'un seul traité de spiritualité et qu'il n'a élucidé qu'un seul aspect des relations de l'âme avec Dieu : l'Amour » (dom A. Le Bail).

D'une telle propension de son cœur à aimer, avec ce que cela peut parfois comporter d'injustice et de parti pris, ses lettres nous livrent d'amples témoignages.

S'il est entré à Cîteaux, c'est parce que cette nouvelle formule de vie bénédictine lui est apparue comme réalisant le mieux son idéal du cloître, *schola Caritatis*. Écoutons à ce sujet l'une de ses nombreuses confidences : « Moi-même, bien souvent, et surtout aux premiers temps de ma conversion (pourquoi rougirais-je de l'avouer ?) j'ai éprouvé la sécheresse d'un cœur froid. Mon âme cherchait qui elle allait aimer, car elle ne pouvait aimer celui qu'elle n'avait pas encore trouvé ; ou du moins elle l'aimait moins qu'elle ne l'aurait voulu, et elle se demandait comment faire pour l'aimer davantage. Car elle ne l'eût pas cherché si déjà elle ne l'eût aimé un peu. J'étais donc en quête d'un lieu où mon âme encore engourdie trouverait asile et chaleur, mais je ne voyais personne qui pût me venir en aide, dissiper les brumes qui m'entouraient et ramener en moi un doux printemps » (*in Cant.* XIV, 6).

Celui qui a écrit tant de pages semblables à celle-ci encore toutes brûlantes était fait pour nous laisser un grandiose traité de l'Amour de Dieu (*De diligendo Deo*), où abondent les formules de ce genre (*Modum diligendi Deum est diligere sine modo*, n° 16) (La mesure de l'amour, c'est d'aimer sans mesure), qui à la fois livrent et cèlent un secret, secret d'un art, secret d'une mystique.

Authenticité. — Dans la préface à une nouvelle édition de l'Antiphonaire en usage dans la liturgie cistercienne (*De Cantu*), Bernard rappelle quelle fut la discipline intellectuelle du premier Cîteaux. En voici la règle d'or : le culte de l'authentique (*quod magis authenticum inveniretur*).

De sa formation autant que de son tempérament Bernard tiendra un sens aigu de l'authenticité en toutes choses. Sens que traduit en premier son goût pour l'expérience. A tout instant, il s'y réfère : *sola addiscit experientia* (*in Cant.* I, II) — *Hodie legimus in libro experientiae* (*in Cant.* III, I) — *experto crede* (ep. 106), etc. Elle est à ses yeux le critère essentiel, décisif.

Là réside sans nul doute le motif de son opposition à toute forme de dialectique, car, fatale au beau style, celle-ci fait en outre bon marché des situations existentielles. Or c'est à ces dernières que Bernard donne toute son attention : « Les apôtres sont nos maîtres, eux qui ont appris du Maître les voies de la vie, et nous les enseignent aujourd'hui. Que nous enseignent donc les saints apôtres ? Ni l'art de la pêche, ni celui de tisseur de tentes, ni rien de tel : non à lire Platon, non à nous occuper des artifices d'Aristote, non à toujours apprendre pour ne jamais parvenir à la science de la vérité. Ils m'ont appris à vivre. Penses-tu que ce soit là une petite chose que savoir vivre ? Non seulement une grande, mais la plus grande » (*in fest. SS. P.* et *P.I.*, 3).

2. *Le style. Hic est gustus.* Un ami de saint Bernard, Guillaume de Saint-Thierry, a montré dans un texte capital que, pour nous faciliter l'assimilation des Écritures, l'Esprit crée en nous un sens spirituel du goût : *Hic est gustus quem in Christo facit nobis Spiritus...* (Cf. Dumontier, p. 91 sq.).

À ce sens du goût, Bernard fait la part royale, lui qui voit la Bible comme un verger rempli de toutes sortes de fruits (s. 94,2), comme une table chargée de mets succulents à savourer avec le palais du cœur, *cum palato cordis* (sermon 95,2).

Ici la langue latine le sert à merveille, qui lui permet de jouer avec subtilité sur *Sapientia* (sagesse) — *Sapere* (savoir) —

Sapor (saveur) : cf. *in Cant.* 85, 8. Son style, tout imprégné de cette savoureuse sagesse, veut des lecteurs qui sachent eux aussi goûter, car, toujours selon Guillaume, *gustare, hoc est intelligere* (goûter, c'est comprendre).

a. Invention verbale. — Uniquement préoccupé de nous narrer l'*Historia Verbi* (*Missus est*, I, I), Bernard, infatigable serviteur de la Parole, a par le fait même un sens prodigieux du « mot ».

« Comme tous les grands écrivains, Bernard dispose d'un vocabulaire personnel. Il a ses mots préférés qui reviennent sans cesse, et chacun a pour lui un sens secret, nous allions dire magique. Bernard nous apparaît, en effet, comme un magicien du mot qu'il scrute jusqu'en ses racines les plus cachées et dont il saisit les ramifications les plus éloignées. On croirait à une pénétration physique, tant le contact est intime et ébranle en lui tout le jeu de la puissance créatrice. C'est que pour lui le mot n'est pas un signe abstrait et quasi interchangeable ; il est un être vivant qui lui jette un cri ou le regarde, chargé d'histoire, de passion, de mystère surtout ; il est une sorte de sacrement du réel... » (I. Vallery-Radot, p. 457).

C'est dans ce domaine que font surtout défaut les études de détail sur le vocabulaire, les formes grammaticales, etc... qui seraient si nécessaires.

b. Imagination. — Fasciné par l'image, Bernard l'est au point de vouloir échapper à leur envoûtement : *in Cant.* 52, 5. C'est à toutes les pages de son œuvre que l'on peut constater leur afflux spontané. Il ne procède point dans ses exposés par concaténation d'idées, mais par un jeu d'images qui s'organisent les unes par rapport aux autres selon le procédé cinématographique du « fondu enchaîné » : cf. sermon *in capite jejunii*, I.

Mais Bernard ne s'arrête jamais aux « similitudes », pour employer sa propre expression, dans un mouvement de complaisance gratuite. Elles ont toujours à ses yeux une valeur de signification scripturaire : « Quant à nous, procédons avec prudence et simplicité dans l'explication du langage mystique. Suivons l'exemple de l'Écriture qui se sert de nos mots pour exprimer la sagesse cachée dans le mystère. Pour insinuer Dieu dans notre cœur, elle utilise des figures, et verse à nos intelligences le (nectar) précieux des choses perdues en Dieu, en utilisant des coupes de vile matière, les images empruntées au monde sensible connu de nous. Imitons les mœurs d'une langue si chaste » (*in Cant.* 74, 2).

c. Symbolisme et allégories. — Le premier Cîteaux est franchement anti-allégorique, et, dans l'*Apologia*, Bernard raille durement les manifestations artistiques d'un esprit allégorisant. Au fur et à mesure cependant qu'il avance dans la vie, il semble sacrifier davantage au genre, non sans réticence d'ailleurs.

« Je pensais, je l'avoue, qu'un seul discours suffirait pour traverser cette sombre et mystérieuse forêt d'allégories et que nous pourrions déboucher en un jour dans la plaine du sens moral ; mais il en a été autrement. Deux jours se sont déjà passés dans cet examen et il nous reste encore du chemin à parcourir. Mes regards franchissaient la cime des arbres et le sommet des montagnes, mais ils se leurraient sur l'étendue des profondes vallées et l'épaisseur des fourrés » (*in Cant.* XVI, I).

Plus que d'allégorisme, il est juste de parler dans son cas de mentalité symbolique. La définition que donne de cette dernière M.-D. Chenu nous livrera en même temps quelque chose de l'élan initial qui pousse Bernard à créer : « (Dans son ressort essentiel la mentalité symbolique naît) du hiatus apparemment infranchissable que notre esprit perçoit entre deux réalités par ailleurs apparentées ; les joindre alors par le jeu du symbole, c'est établir en nous, non sans un sursaut d'exaltation intérieure, en tout cas dans une décharge affective qui provoquera la création poétique, une relation secrète avec la réalité transcendante » (*La théologie au* XIIᵉ *siècle*, p. 180).

d. Les genres littéraires. — Encore qu'il soit préoccupé de respecter la distinction des classiques genres littéraires (cf. *Apologia*, 15 : *Jam vero epistola, ut epistola remaneat, finienda erat*), l'exubérance du génie de Bernard fait craquer leurs limites, trop étroites pour lui. Aussi sont-ils dans son œuvre à peu près tous représentés, théâtre compris (cf. J.-M. Asselberg, *Un paradoxe au* XIIᵉ *siècle, Collectanea* O.C.R. XI-oct. 1949, p. 319), quoique en un beau désordre.

Viennent en premier lettres et sermons, étiquettes vagues qui recouvrent en fait divers modes d'expression. C'est ainsi que le sermon XXVI *in Cant.* n'est rien d'autre que l'une des trois plus belles déplorations, au dire d'Henri Bremond, que compte, avec le « *Montes Gelboê* » du Livre des Rois et le « *Heu si qua fata* » de Virgile, l'histoire des littératures. Bernard y pleure son frère Gérard, mort quelques jours auparavant, et c'est alors le sublime envol : « Qu'ai-je encore à me soucier de ce Cantique quand je suis en proie à la pire douleur ! » (*in Cant.* XXVI, 3).

Bernard n'est jamais aussi inspiré que lorsqu'une forte émotion le bouleverse. La lettre I est de ce point de vue justement célèbre. Son jeune cousin Robert est passé de Clairvaux à Cluny. L'exhortation que lui adresse Bernard est comme un long rugissement de souffrance : « ... Tu as été arraché de mon sein... Je ne puis oublier mes entrailles » (n° 10). Cette facilité à s'exprimer avec violence sous le coup de la passion devait en faire un redoutable satiriste. Clunisiens (*Apologia*), évêques (*De moribus et officio episcoporum*) en firent la dure expérience. Mais aussi quelques individus, comme l'archidiacre Étienne de Garlande (ep. 78 à Suger), ou encore les Romains (apprenant que l'argent que lui a offert l'abbé de Farfa pour la fondation d'un monastère s'est évaporé à la curie, il a ce simple mot : *Sunt enim Romani, et pecunia videbatur immanis, ac vehemens fuit ista tentatio* — (AA.SS. — août IV, p. 303b), enfin les cardinaux (ep. 236) et le pape lui-même (*De Consideratione* IV, 2-4).

À lire ces pages d'une verve éblouissante, à la phrase nerveuse, racée, on ne s'étonne plus de trouver déjà chez lui la belle algèbre humaine des grands moralistes français. Le *nemo te quaerere valet nisi qui prius invenerit* du *De Diligendo Deo* (n° 22) annonce le « Tu ne me chercherais pas si tu ne m'avais déjà trouvé » du Mystère de Jésus. *Est autem magnitudo forma animae* (*in Cant.* 80,5) est du Vauvenargues avant la lettre. Et qui d'entre nos modernes nous fournira une définition de l'homme aussi ajustée que celle-ci : *celsa creatura in capacitate majestatis* (*in Cant.* 80,2) ?

e. Compositio. — Mohrmann a heureusement rapproché la *compositio* stylistique de la phrase bernardine de l'équilibre architectural des églises romanes, et montré comment se retrouve en saint Bernard l'austère *compositio* cistercienne jointe à la généreuse *venustas* bourguignonne.

Soucieux de composition, notre auteur opte le plus souvent pour une structure d'ordre dramatique. C'est celle que l'on sent chez lui la plus spontanée. Le premier sermon pour l'Annonciation en offre un exemple typique avec décor, dialogues et jeux de scène. Peut-être la choisit-il parce que plus souple, offrant donc de multiples possibilités.

Jointe à un grand sens du développement (cf. ep. 64 sur le cloître « Nouvelle Jérusalem »), et à une exploitation très dominée de toutes les ressources offertes par la rhétorique classique, cette aisance dans la composition achève de faire de l'ancien élève des chanoines de Saint-Vorles le maître capable de donner ses lettres de noblesse à toute une littérature, en l'occurrence celle du latin monastique médiéval.

ŒUVRES. — *Œuvres complètes*, éd. *PL*, t. 182 (Lettres et traités), 183 (Sermons). — J. Leclercq, C.H. Talbot et H. Rochais, *S. Bernardi opera*, Rome, 1975-1977 [8 t. comprenant les *Sermones super Cantica canticorum* (1-2), les *Tractatus et opuscula* (3), les *Sermones* (4-6) et les *Epistulae* (7-8) ; voir également l'intro. générale dans le t. 3 et les *Observations sur la langue et le style* par C. Mohrmann dans le t. 2]. — Éd. et trad. espagnole, *Obras completas de San Bernardo*, Madrid, 1983-1986 (*Biblioteca de Autores Cristianos*, 444, 452, 469, 473). — Trad. françaises : Abbé Charpentier et abbé Dion, *Œuvres complètes de saint Bernard*, Paris, 1867-1870. — P. Dalloz, *La Considération*, Grenoble, 1945. — A. Béguin, *S. Bernard, œuvres mystiques*, Paris, 1953 [*Traité de l'amour de Dieu*, 86 *sermons sur le Cantique*, œuvres mariales]. — E. de Solms, *Degrés de l'Humilité, Amour de Dieu, Aux chevaliers du Temple*, Namur, 1959. — Morceaux choisis en traduction : Abbé Vancadard, *Saint Bernard*, Paris, 1904. — P. Zumthor, *Saint Bernard de Clairvaux* Fribourg, 1947. — J. Chatillon, *S. Bernard : Prière et union à Dieu*, Paris, 1953. — J. Leclercq et H. Rochais, *Les combats de Dieu*, Paris, 1981. — A. Lemaire, *Mystères de l'amour et de la grâce*, Paris, 1982. — P.Y. Emery, *Sermons divers*, Paris, 1982. — P. Zumthor, *Textes politiques*, Paris, 1986.

→ J. de la Croix Bouton, *Bibliogr. bernardine, 1891-1957*, Paris, 1958. — E. Manning, *Bibliogr. bernardine, 1957-1970*, Rochefort (Belg.), 1972 (*Documentation cistercienne*). —

J. Leclercq, *Les études bernardines en 1963*, dans *Bull. de la Société internationale pour l'étude de la philosophie médiévale*, t. 5 (1963), p. 121-138 ; *S. Bernard parmi nous. Dix années d'études bernardines*, 1974, p. 3-23 (*Collectanea Cisterciensia*, 34) ; *Douze années d'études bernardines*, dans *Bull. de philosophie médiévale*, t. 18 (1976), p. 60-68. — H. Rochais et E. Manning, *Bibliogr. générale de l'ordre cistercien. Saint Bernard*, Rochefort (Belgique), 1979-1980. — Biographie et Études : Abbé Vacandard, *Vie de S. Bernard*, 2 vol., s.l.n.d. — É. Gilson, *La théologie mystique de S. Bernard*, Paris, 1934. — *Bernard de Clairvaux. Recueil du centenaire*, 1953. — P. Dumontier, *S. Bernard et la Bible*, Paris, 1953. — L. Bouyer, *La spiritualité de Cîteaux*, Paris, 1954. — L. Negri, *Appunti nella personalità letteraria di S. Bernardo*, dans *Humanitas*, 1954, p. 625-637. — C. Mohrmann, *Le style de S. Bernard*, dans *San Bernardo. Vita e Pensiero*, Milan, 1954, p. 166-184. — J. Leclercq, *L'Amour des lettres et le désir de Dieu*, Paris, 1957 ; *S. Bernard écrivain*, conclusion à l'art. *Recherches sur les sermons sur les Cantiques de S. Bernard*, dans *Revue Bénédictine*, t. 70 (1960), p. 562-590 ; *Recueil d'études sur S. Bernard et le texte de ses écrits*, 4 vol., Rome, 1962, 1966, 1969 et 1987 (*Storia e letteratura*, 92, 104, 114 et 167) [recueil d'articles de J. Leclercq sur les problèmes doctrinaux et littéraires, la tradition manuscrite des diverses œuvres, l'entourage de S. Bernard écrivain, etc.]. — I. Vallery-Radot, *Bernard de Fontaine, abbé de Clairvaux*, 2 vol., Tournai et Paris, 1963-1969. — J. Leclercq, *S. Bernard et l'esprit cistercien*, Paris, 1966 ; *Essais sur l'esthétique de S. Bernard*, dans *Studi medievali*, 3e série, t. 9 (1968), p. 688-728 ; *Nouveau visage de Bernard de Clairvaux, approches psycho-historiques*, Paris, 1976. — G. Duby, *S. Bernard et l'art cistercien*, Paris, 1979 (rééd., 1989). — J. Verger et J. Jolivet, *Bernard-Abélard ou le cloître et l'école*, Paris, 1982. — J. Leclercq, *La femme et les femmes dans l'œuvre de S. Bernard*, Paris, 1983. — B. Martelet, *S. Bernard et Notre-Dame*, Paris, 1985 ; *Bernard de Clairvaux*, Paris, 1989 (*Bibliothèque d'histoire du christianisme*). — J. Berlioz, *S. Bernard et la Bourgogne*, Dijon, 1990. — *S. Bernard et le monde cistercien*, Paris, 1990 [catalogue d'exposition]. P.A.A.

Bernard d'Ambronay. Bernard, né entre 1080 et 1090, appartenait à une famille noble. Il fut toujours désigné dans les textes sous le nom de *Bernardus prior Portarum* ou *Bernardus de Portis*. C'est au XVIIe siècle que, par suite d'une confusion, il fut désigné sous le nom de Bernard de Varey ou de Varan, qu'il garda longtemps. Pour le distinguer d'un autre Bernard de Portes, on lui donne aujourd'hui le nom du premier couvent où il fut religieux, l'abbaye bénédictine d'Ambronay, dans l'Ain. En 1115, trente et un ans après la fondation de la Grande Chartreuse par saint Bruno, il partit, avec son ami Ponce et plusieurs clercs et laïcs, fonder un ermitage dans l'austère massif des Portes. Cette fondation de la chartreuse de Portes inaugura le mouvement de diffusion de l'ordre.

Bernard dirigea la maison jusqu'en 1157. Il joua un rôle important dans l'organisation de l'ordre cartusien à ses débuts. Il participa aux premiers chapitres généraux, et c'est sur ses instances que Guigues* rédigea les *Coutumes de Chartreuse*. Il exerça une grande action spirituelle auprès de ses contemporains, mais seules trois de ses lettres nous sont parvenues.

ŒUVRES. — *Lettres des premiers chartreux, II : Les moines de Portes*, Paris, 1980 (*Sources chrétiennes*, 247).

→ *DS*, t. 1, 1937, col. 1512-1513. — *DHGE*, t. 8, 1935, col. 726. — *Récit de la fondation de Portes*, extraits dans Le Couteulx, *Annales O. Cart.*, t. 1 (1887), p. 284, 313-316. — *HLF*, t. 11 (1869), p. 422-424. — J. Picard, *Homonymes chartreux des XIIe et XIIIe siècles. Les différents Bernard religieux de la chartreuse de Portes de 1115 à 1260. Notes pour leur identification*, dans *Analecta cartusiana*, t. 55/2 (1981), p. 166-179. M.H.P.

Bernard d'Auvergne. Né à Gannat, il entre chez les Dominicains, au couvent de Clermont. Prieur de Saint-Jacques à Paris en 1303, il souscrit à l'appel contre Boniface VIII. Il n'arriva qu'au grade de bachelier en théologie et en exerça la charge à Paris vers 1294-1297. Après la mort de Pierre de Cros (25 septembre 1304), il fut élu, par voie de compromis, au siège épiscopal de Clermont. D'un autre côté, Rolland, prévôt du chapitre, fut choisi par Jean de Farges, simple chanoine, qui prétendait avoir le droit de faire cette élection. Le pape Clément V, devant qui fut porté le débat, annula l'élection du premier et le second se désista volontairement. On n'a plus ensuite d'autres détails sur lui. Parmi ses ouvrages, on cite un *Commentaire sur les Sentences*. Mais il est surtout connu pour sa *Défense de saint Thomas contre Henri de Gand, Godefroid de Fontaines et Jacques de Viterbe*. Il eut une grande autorité dans l'école thomiste et fut une des sources du célèbre ouvrage de Jean Capréolus : *Defensiones theolo-*

giae Divi Thomae Aquinatis (7 vol., Tours, 1900-1908).

→ P. Glorieux, *Répertoire des maîtres en théologie de Paris au* XIIIe *siècle*, t. 1, Paris, 1933, n° 52. — M. Grabmann, *Bernhard von Auvergne O.P. (nach 1304), ein Interpret und Verteidiger der Lehre des hl. Thomas von Aquin aus alter Zeit,* dans *Mittelalterliches Geistesleben*, t. 2, Munich, 1936, p. 549-558. — P. Stella, *Teologi e teologia nelle « reprobationes » di Bernardo d'Auvergne ai Quodlibeti di Goffredo di Fontaines*, dans *Salesianum*, t. 19 (1957), p. 171-214. — A. Pattin, *La structure de l'être fini selon Bernard d'Auvergne. OP (après 1307)*, dans *Tijdschrift voor Filosofie*, t. 24 (1962), p. 668-737 ; *Le Commentaire sur les livres des Sentences de Bernard d'Auvergne*, dans *RTAM*, t. 31 (1964), p. 135-137 [cet ouvrage se lit dans le ms. Prague, Bibl. de l'Université 2297 (XIII D 5) f. 1r-17v]. — T. Kaeppeli, *Scriptores Ordinis Praedicatorum Medii Aevi*, vol. 1, Rome, 1970, p. 198-201. — T. Köhler, *« Reprobationes » Bernhards von Auvergne. O.P. in einer Harburger Handschrift*, dans *RTAM*, t. 38 (1971), p. 196-210. — V. Heynck, *Die Kontroverse zwischen Gottfried von Fontaines und Bernard von Auvergne O.P. um die Lehre des hl. Thomas von der confessio informis*, dans *Franzisk. Studien*, t. 45 (1963), p. 1-40, 201-242. — C. Zuckerman, *Some Texts of Bernard of Auvergne on Papal Power*, dans *RTAM*, t. 49 (1982), p. 174-204. Ad.P.

Bernard de Besse. Né à Besse (Dordogne ou Charente ?), Bernard entra chez les frères mineurs de la province d'Aquitaine et fut custode de Cahors. Il devint compagnon de voyage de saint Bonaventure* et son secrétaire. Son œuvre est marquée par l'influence de son maître.

Il composa plusieurs ouvrages : une courte biographie du bienheureux Christophe de Cahors, OFM (1272) ; un traité *De proposito regulae* (perdu) ; une *Vie du bienheureux François*, inspirée de Thomas de Celano, contenant de nombreux détails passés sous silence par Bonaventure ; une *Chronique des dix premiers ministres généraux de l'ordre* ; un *Speculum disciplinae*, longtemps attribué à Bonaventure, destiné aux jeunes religieux auxquels il offre non pas un exposé doctrinal mais un recueil de conseils pratiques ; une *Lettre à un novice.*

ŒUVRES. — *Vita et miracula beati Christophori de Cadurcis*, insérée dans la *Chronique des XXIV Généraux de l'ordre*, dans *Analecta Franciscana*, t. 3 (1897), p. 161-173. — *Liber de laudibus beati Francisci ineditus auctore fratre Bernardo a Bessa, ibid.*, t. 3 (1897), p. 662-692. — *Chronique des ministres généraux*, éd. F. Ehrle, dans *Zeitschrift für Katholische Theologie*, t. 7 (1883), p. 322 sqq. — *Speculum disciplinae*, dans *Bonaventura, Opera omnia*, éd. Quaracchi, t. 8, 1898, p. 583-622. — *Epistola ad quemdam novitium insolentem et instabilem*, *ibid.* p. 663-666.

→ *DHGE*, t. 8, 1935, col. 594. — *DS*, t. 1, 1937, col. 1504-1505. — *BHL*, 3113. — Denifle, *Chartularium Universitatis Parisiensis*, t. 1, p. 244 ; t. 2, p. 11 ; *Archiv für Literatur-und Kirchengeschichte*, t. 1, 1885, p. 145-146. — G. de Medici, *Le fonti dell'Ottimo commento alla Divina Commedia*, dans *Italia medioevale e umanistica*, t. 26 (1983), p. 71-123. — G. Andreozzi, *Il movimento penitenziale franciscano in Sicilia nei secoli* XIII-XIV, dans *Francescanismo e cultura in Sicilia, Schede medievali*, t. 12-13 (1987), p. 117-142. M.H.P.

Bernard de Chartres. Bernard de Chartres doit être distingué de Bernard Silvestre*, avec lequel il a parfois été confondu. D'origine inconnue, il se fixa à Chartres*, où on le trouve installé, d'abord comme sous-diacre de la cathédrale (première décennie du XIIe siècle), puis comme maître de l'école cathédrale (1112), et finalement comme chancelier (1124). Il mourut sans doute aux alentours de 1126 et légua à la cathédrale 24 volumes. Il fut un maître célèbre et eut pour disciples Gilbert de la Porrée*, Guillaume de Conches* et Richard l'Évêque. Jean de Salisbury*, qui fut plus tard l'étudiant de ces derniers, a fait l'éloge de Bernard, l'appelant « la source la plus abondante des lettres dans les temps modernes ». Sa méthode pédagogique était remarquable. Sous sa conduite, même un lourdaud, nous dit Jean de Salisbury, pouvait apprendre le latin en une seule année. À ses auditeurs avancés il inspirait le culte des grands écrivains comme Virgile*, Porphyre, Macrobe, Boèce* et Priscien. Il leur disait : « Nous sommes comparables à des nains placés sur des épaules de géants : nous voyons donc plus de choses qu'ils n'en ont vu et nous voyons plus loin qu'eux. La raison de cela, ce n'est ni l'acuité de notre propre regard ni la supériorité de notre taille ; c'est que nous sommes portés et surélevés par la haute stature des géants ». Parmi les Anciens celui qu'il plaçait au-dessus de tous les autres était Platon. Jean de Salisbury voyait en Bernard *le plus parfait platonicien* de son siècle. De fait, une série de gloses sur le *Timée* de Platon a été attribuée récemment à Bernard de Chartres.

ŒUVRES. — Deux fragments de poèmes philosophiques cités par Jean de Salisbury (*Metalogicon*, 4.35), le premier comprenant deux distiques élégiaques, le second composé de six hexamètres. — Trois vers hexamètres sur les « clés du savoir », vers que Jean de Salisbury (*Policraticus* 7.13) et Hugues de Saint-Victor* (*Didascalicon*, 3.12) ont commentés : « *Mens humilis, studium quaerendi, vita quieta, Scrutinium tacitum, paupertas, terra aliena, Haec reserare solent multis obscura legendo* ». — *The « Glosae super Platonem » of Bernard of Chartres*, éd. P.E. Dutton, Toronto, 1991.

→ A. Clerval, *Bernard de Chartres*, dans *Les lettres chrétiennes*, t. 4 (1882), p. 390-397 ; *Les Écoles de Chartres au Moyen Âge*, Paris, 1895. — É. Gilson, *Le platonisme de Bernard de Chartres*, dans *Revue néo-scholastique de philosophie*, t. 25 (1923), p. 5-19. — E. Jeauneau, « *Nani gigantum humeris insidentes* » : *Essai d'interprétation de Bernard de Chartres*, dans « *Lectio philosophorum* » : *Recherches sur l'École de Chartres*, Amsterdam, 1973, p. 53-73. — P.E. Dutton, *The Uncovering of the « Glosae super Platonem » of Bernard of Chartres*, dans *Mediaeval Studies*, t. 46 (1984), p. 192-221. P.E.D.

Bernard de Cluny. Moine de Cluny, auteur de l'*Ordo cluniacensis*, coutumes du monastère dont la première version a été composée vers 1064. Ce Bernard ne doit pas être confondu avec deux clunisiens homonymes : Bernard le Clunisien*, contemporain de Pierre le Vénérable* (1122-1156) et Bernard Gros, grand prieur de Cluny sous les abbatiats de Pons de Melgueil (1109-1122) et Pierre le Vénérable.

ŒUVRE. — *Ordo cluniacensis Bernardi monachi*, dans M. Hergott, *Vetus disciplina monastica*, Paris, 1726, p. 133-364.

→ Dom K. Hallinger, *Klunys Bräuche zur Zeit Hugos des Grossen (1040-1109). Prolegomena zur Neuherausgabe des Bernhard und Udalrich von Kluny*, dans *Zeitschrift der Savigny-Stiftung für Rechtsgeschichte. Kanonistische Abteilung*, t. 45 (1959), p. 99-140. D.I.P.

Bernard de Gordon. Vraisemblablement originaire de Gourdon (Lot), Bernard était professeur de médecine à l'Université de Montpellier en 1285. Le peu qu'on sait de lui se réduit à quelques dates de composition de ses ouvrages, s'échelonnant de 1294 à 1308. Alliant l'enseignement des auteurs grecs et arabes à celui de la pratique et de l'observation, il ne limita pas son intérêt à la médecine : c'est à sa demande que fut écrit le traité de Profatius, *De armillis*. Il mourut vers 1320.

Parmi ses œuvres principales, le *De regimine acutorum morborum* écrit en 1294, un *Liber pronosticorum* qui date de janvier 1295, le *De decem ingeniis curandorum morborum*, le *Tractatus de gradibus* (1303), qui associe constatations pratiques et approche théorique, le *Liber de conservatione vite humane* rédigé en 1308 (en quatre livres qui sont souvent séparés dans les manuscrits et les éditions imprimées : *De flebotomia, De urinis, De pulsibus* et *Regimen sanitatis*) ainsi que le *Tractatus de theriaca* et le *De marasmode*, tous deux non datés.

Son œuvre majeure est le *Lilium medicine* (au moins 53 manuscrits et 11 éditions imprimées anciennes) qui, commencé en juillet 1303, fut complété en 1305 et subit plusieurs remaniements entre 1305 et 1311. Le *Lilium medicine* est divisé en sept parties : 1. les fièvres ; 2. les maladies du cerveau ; 3. les maladies des yeux, des oreilles et du nez ; 4. les maladies de la respiration ; 5. les maladies de la digestion ; 6. les maladies des reins et de la vessie ; 7. les maladies de l'appareil génital et un antidotaire (dont les recettes adoptent l'ordre « classique » : de la tête aux pieds). Son succès est attesté par l'existence de nombreuses traductions en langues vernaculaires : une traduction anonyme en allemand vers 1350, trois en hébreu, la première par Moyses ben Samuel (Jean d'Avignon) à Séville en 1360, la deuxième par Jekuthiel ben Solomon (Bonsegnor Solomon) à Narbonne en 1387, la troisième par Leo Joseph vers 1400, deux en irlandais au XVe siècle, un *Lilio de medicina* anonyme en espagnol, une traduction française. Il a pu exister également une traduction en langue d'oc faite sur l'une des versions en hébreu.

De nombreux ouvrages latins de pharmacopée et de médecine sont attribués, à tort ou à raison, par les copistes médiévaux à Bernard de Gordon.

Le *Lilium medicine* fut traduit en français, par un anonyme, à Rome, en 1377 sous le titre de *Fleur de lys* (deux manuscrits : Paris, BN, fr. 1288 et fr. 1327). Cette traduction, appelée *Practique qui s'appelle fleur de lys en medecine*, fut imprimée en 1495 à Lyon.

Des traités en français, conservés dans les recueils du XVe siècle, portent également le nom de Bernard de Gordon : il s'agit vraisemblablement d'extraits traduits du *Lilium medicine* ; ce sont un *Petit traité des passions* (Paris, BN, fr. 1288) et un *Secret des dames* (Paris, BN, fr. 19989).

La *Summa del Gordo de simplas medicinas et compostas* (Vatican, Vat. lat. 4797, dont une copie du XVIIe siècle existe dans Paris, Bibl. Arsenal, 2525), en langue d'oc, peut être une traduction du *De medicinis conficiendis* ou du *Lilium medicine.*

ŒUVRES. — J. Pagel, *Über den Theriak nach einer bisher ungedruckten Schrift des Bernhard von Gordon*, dans *Pharmaceutische Post*, t. 27 (1894) p. 205-206, 220-224, 235-237 et 257-262 [éd. du *De theriaca*] ; *Über die Graden der Arnzneien nach einer bisher ungedruckten Schrift des Bernhard von Gordon aus dem Jahre 1303, ibid.*, t. 28 (1895), p. 65-67, 131-133, 142-144, 180-182, 221-225 et 257-262 [éd. du *De gradibus*]. — M.V. Amasuno, *El « Lilio de Medicina » de Bernardo de Gordonio, Contribucion al estudio del lenguaje médico español del siglo XV*, thèse dactylo., Salamanque, 1973.

→ G. Sarton, *Introduction to the History of Sciences*, Baltimore, 1947, t. 3, p. 873-876. — E. Wickersheimer, *Dictionnaire biographique des médecins en France au Moyen Âge*, nouv. éd., et D. Jacquart, *Supplément au Dictionnaire biographique des médecins en France au Moyen Âge, d'Ernest Wickersheimer*, Genève, 1979, p. 43-44 (*Hautes Études médiévales et modernes*, 35). — L.E. Demaitre, *Doctor Bernard de Gordon, Professor and Practitioner*, Toronto, 1980 (*Studies and Texts*, 51) [liste des œuvres, des mss, et importante bibliogr.]. — Cf. *GRLMA*, t. VIII/1, p. 313. F.F.H.

Bernard Gui (1261-1332). Bernard Gui entra chez les frères prêcheurs de Limoges et y fit profession en 1280. Après ses études de théologie, il partit enseigner dans les différents couvents de l'ordre (1284), tour à tour assistant puis lecteur à Brives, Limoges, Montpellier, de nouveau à Limoges, enfin à Albi. Nommé prieur d'Albi (1294), puis de Carcassonne (1297), enfin de Castres (1300), il entreprit de réunir les documents administratifs et législatifs de l'ordre. Ce goût de la recherche des actes, des textes, qui devait croître et s'amplifier tout au long de son existence, allait lui permettre de composer plusieurs ouvrages concernant la chronologie et l'histoire non seulement de son ordre mais aussi des évêques, des rois, des empereurs et des papes.

Nommé prieur de Limoges, Bernard Gui prit part aux chapitres des dominicains et, en 1307, il fut nommé inquisiteur pour le compte du tribunal de Toulouse, charge qu'il allait remplir jusqu'en 1323. Procureur général de l'ordre auprès de la cour pontificale (1317-1321), il se rendit à la cour d'Avignon où il trouva des éléments lui permettant de commencer la rédaction des *Flores chronicorum*. À deux reprises il fut envoyé par le pape en mission diplomatique, en Italie (1317-1318) et à Paris (1318), mais sans succès. Nommé évêque de Tuy en Galice (1323), il ne se rendit pas dans son évêché et il fut l'année suivante nommé à Lodève, siège qu'il occupa jusqu'à sa mort, le 30 décembre 1332. En 1369 un carme, Jean Golein*, traduisit en français pour Charles V une partie de ses œuvres.

Homme d'Église, Bernard Gui composa un ouvrage de catéchèse, intitulé *De articulo fidei* (traduit par Jean Golein), ainsi qu'un résumé de ce texte, *Recollectio articulorum fidei*. Un *De peccato originali* est resté inédit, tout comme le *De tempore celebrationis concilium* (traduit par Jean Golein). Il a encore écrit un ouvrage de liturgie, *De ordinatione officii missae* (traduit par Jean Golein). Hagiographe, Bernard Gui rassembla de nombreuses vies de saints dans un gros recueil en quatre parties, le *Speculum sanctorale*, qui connut en son temps une grande diffusion. Il s'attache à composer une *Vie de saint Thomas*, qui fut traduite en catalan, et une *Vie du frère Martin Donadieu*. Suivant un mode de travail qu'il pratiqua dans tous les domaines, il établit aussi des listes donnant les *Noms des apôtres et des disciples* (inédites, Jean Golein a traduit la seconde liste).

Fils de saint Dominique, Bernard Gui reprit le travail commencé par le prieur Étienne de Salagnac et acheva une compilation sur l'histoire de l'ordre, sous le titre *De quatuor in quibus Deus Praedicatorum ordinem insignivit*. Il donna une suite à cet ouvrage, composant ainsi un monument à la gloire de l'ordre, le *De tribus gradibus praelatorum in ordine Praedicatorum* qui comprend cinq parties : 1. une liste des maîtres généraux ; 2. des listes des prieurs provinciaux des provinces de Toulouse et de Provence, de France et de Danemark ; 3. des notices sur une soixantaine de couvents ; 4. deux listes recensant les couvents d'hommes et les monastères de femmes de la province de Toulouse ; 5. les *Actes des chapitres généraux* et les *Actes des chapitres provinciaux*. Toujours fidèle à sa méthode, il constitua encore une liste des *Prieurs siégeant aux chapitres généraux*, une autre sur les *Prieurs de l'Artige*, une enfin des *Prieurs de Grandmont*.

Historien de l'Église, il est l'auteur des *Flores chronicorum seu catalogus pontificum Romanorum*, ouvrage qui ne connut pas moins de dix révisions, deux traductions en français, une en provençal, toutes trois anonymes. Il en donna un abrégé, à partir des gloses marginales qui émaillaient ses manuscrits, sous le titre de *Catalogus brevis Pontificum Romanorum* (traduit par Jean Golein). Historien des rois et des princes, il composa, toujours à partir des gloses marginales des *Flores chronicorum*, un *Catalogus brevis imperatorum Romanorum*, dont il y eut quatre révisions et deux traductions françaises (dont une de Jean Golein). L'histoire des rois de France, sous le nom de *Reges Francorum*, subit plusieurs remaniements et mises à jour et une traduction française (de Jean Golein), et connut une grande diffusion. La version abrégée, sous le titre *Nomina regum Francorum*, eut trois révisions. L'*Arbor genealogiae regum Francorum*, avec portraits des princes, en eut cinq, et trois traductions en français (une de Jean Golein). Bernard Gui rédigea encore une courte *Histoire des comtes de Toulouse* dont nous avons deux traductions en français (une de Jean Golein). Historien de sa province, il établit des listes des évêques de Limoges et de Toulouse (traduites par Jean Golein). Évêque de Lodève il s'intéressa à son diocèse et dressa un *Catalogus episcoporum Lodovensium* ainsi qu'un *Registrum ecclesiarum diocesis Lodovensis* (inédits), et composa un *De fundatione et progressu monasterii sancti Augustini Lemovicensis*.

Membre du tribunal de l'Inquisition de Toulouse, il composa sous le titre de *Practica officii inquisitionis* un manuel de l'inquisiteur. Cet ouvrage expose la procédure en vigueur, analyse les hérésies des vaudois, des cathares et d'autres, donne une série de formules permettant d'évaluer la peine à appliquer, rassemble les décisions des papes sur le sujet et fourmille d'exemples vécus. Cependant il fut relativement peu employé, très vite supplanté par le *Directorium inquisitorum* du dominicain Nicolas Eymeric.

L'abondance des manuscrits de Bernard Gui et leur étude ont permis de mettre en lumière sa méthode de travail. Circulant sans relâche d'un couvent à l'autre, d'un évêché à l'autre, il y interrogeait des témoins éventuels, vérifiait les renseignements obtenus, retrouvait des documents grâce auxquels il corrigeait, complétait, développait ; puis, devant les proportions atteintes par l'œuvre, il en rédigeait un abrégé d'utilisation plus aisée. Les innombrables additions apportées à ses textes, les révisions, les coupures, les démantèlements et les remises en forme, les multiples révisions qu'il a données de ses écrits témoignent d'un souci aigu de l'exactitude. Ce n'est pas un écrivain, mais il apparaît comme un historien honnête, solide, scrupuleux, citant ses sources, les discutant, et son œuvre est riche d'une infinité de renseignements précieux pour l'histoire religieuse et civile de son temps. Cependant la diffusion rapide de son œuvre, principalement chez les frères prêcheurs et en Aquitaine, ne se poursuivit pas au-delà du XVe siècle, et aujourd'hui encore on peut déplorer la rareté des éditions le concernant. Bernard Gui a été peu édité, et seulement par fragments dispersés.

ŒUVRES. — Liste des mss dans L. Delisle, *Notice sur les mss de Bernard Gui*, dans *Notices et extraits des mss de la BN*, t. 27, 2e partie, Paris, 1885, p. 169-455 [à compléter par A. Vernet, *La diffusion de l'œuvre de Bernard Gui d'après la tradition manuscrite*, dans *Cahiers de Fanjeaux*, t. 16 (1981), p. 221-242]. Liste des éd. dans T. Kaeppeli, *Scriptores ordinis praedicatorum*, t. 1, 1970, p. 205-226. — *Comites Tolosani*, éd. G. de Catel dans *Histoire des comtes de Tolose*, Toulouse, 1623, p. 37-46. — *Practica officii inquisitionis*, éd. C. Douais, Paris, 1886 ; éd. et trad. du livre 5, G. Mollat, Paris, 1926-1927 (*Classiques de l'Histoire de France au Moyen Âge*, 8-9). — *De articulo fidei*, éd. C. Douais, 1894 ; *Recollectio articulorum fidei*, *ibid.*, p. 71-76. — *De ordinatione officii missae*, éd. Doussot dans *Mél. Cabrières*, t. 1, Paris, 1899, p. 362-377. — *Flores chronicorum*, éd. partielle Baluze-Mollat dans *Vitae paparum Avenionensium*, t. 1, 1914 [p. 59-80 : *Vitae Clementis V*, et p. 152-168 : *Vitae Johannis XXII*]. — *Legenda sancti Thomae de Aquino*, éd. Prümmer, *Fontes vitae sancti Thomae*, Saint-Maximin, 1928, fasc. 3 ; nouv. éd. A. Ferrua, *ibid.*, 1968, p. 127-195. — *Catalogus priorum provincialium*, éd. J. Gallen, *La province de Dacie*, t. 1, Rome, 1946, p. 252 [province de Danemark]. — *De quatuor in quibus Deus Praedicatorum ordinem insignivit*, éd. T. Kaeppeli, *Monumenta O.P. hist.*, t. 22 (1949), p. 4-

184 ; éd. partielle H.D. Simonin, *Les anciens catalogues d'écrivains dominicains et la chronique de Bernard Gui*, dans *Arch. Frat. Praedicat.*, t. 9 (1939), p. 200-203. — *Vie de frère Martin Donadieu de Carcassonne. O.P. (1299)*, éd. T. Kaeppeli, *ibid.*, t. 26 (1956), p. 276-290. — P.A. Amargier, *De fundatione et prioribus conventuum provinciarum Tolosanae*, Rome, 1961 (*Mon. Ord. Fratr. Praed. historica*, 24). — *Priores ordinis Artigiae*, éd. J. Becquet, *Aux origines du prieuré de l'Artige, chef d'ordre canonial en Limousin (XIIe-XIIIe siècle)*, dans *Bull. Société archéologique et historique du Limousin*, t. 90 (1963), p. 85-100.

→ A. Thomas, *Un ms. de Charles V au Vatican. Notice suivie d'une étude sur les traductions françaises de Bernard Gui*, dans *Mél. École française de Rome*, t. 1 (1881), p. 259-283 ; *Bernard Gui, frère prêcheur*, dans *HLF*, t. 35, Paris, 1921, p. 139-232. — G. Mollat, *Bernard Gui*, dans *DHGE*, t. 8, 1935, col. 677-681. — H.D. Simonin, *Les anciens catalogues* (...), dans *Arch. Frat. Praedicat.*, t. 9 (1939), p. 192-199. — A. Dondaine, *Le Manuel de l'inquisiteur (1230-1330), ibid.*, t. 17 (1947), p. 85-194. — A. Vernet, *Lexikon des Mittelalters*, 1980, col. 1976-1977. — *Bernard Gui et son monde, Cahiers de Fanjeaux*, t. 16 (1981). — B. Guenée, *Entre l'Église et l'État. Quatre vies de prélats français à la fin du Moyen Âge*, Paris, 1987, p. 49-85. — Molinier, 2844. — Nouveau Potthast, t. 2, p. 507-514. — Cf. *MB* n°s 5018-5120.

M.H.P.

Bernard le Clunisien (ou de Morlaix, de Morlas, de Murles, de Morval). Moine de Cluny contemporain de l'abbé Pierre le Vénérable (1122-1156), Bernard, dit *Morvalensis* ou *Morlacensis*, s'est vu attribuer des origines qui demeurent toutes incertaines : Morlas (comté de Bigorre) ; Morlaix (Bretagne) ; Murles (châteaux de la maison de Montpellier) ; Morval (hypothétique village du Jura). Ce Bernard ne doit pas être confondu avec deux moines clunisiens du même nom : Bernard de Cluny*, auteur de coutumes du monastère dans les années 1060, et Bernard Gros, grand prieur de Cluny sous les abbatiats de Pons de Melgueil (1109-1122) et Pierre le Vénérable*.

Bernard le Clunisien est l'auteur d'une œuvre poétique importante sur laquelle la critique d'attribution a encore beaucoup à faire. Lui reviennent de façon désormais assurée : le *De contemptu mundi*, offert à Pierre le Vénérable. Il s'agit d'une longue satire de trois mille vers dactyliques dénonçant les désordres du temps — thème sur lequel Bernard serait revenu dans le *De vanitate mundi* (*PL*, 184, col. 1307-1316, si cette dernière œuvre est bien de lui) ; le *Mariale*, recueil consacré à la Vierge, autrefois attribué à Anselme de Cantorbéry*, dit du Bec, ou à Bernard* de Clairvaux, dont l'hymne *Omni die, dic Mariae* forme un fragment ; quatre poèmes sur la Trinité, la chasteté, les Livres des Rois et les vices, ce dernier adressé au pape Eugène III (1145-1153). Une lettre pseudo-bernardine lui a été attribuée. Peut-être en est-il de même de l'*Instructio sacerdotalis* qui figure parmi les œuvres de Bernard de Clairvaux.

ŒUVRES. — *De contemptu mundi*, éd. H.C. Hoskier, Londres, 1929. — *Mariale*, éd. C. Blume et G. Dreves, dans *Analecta hymnica Medii Aevi*, t. 50, Leipzig, 1907, p. 423-483. — K. Halvarson, *Bernardi Cluniacensis Carmina de Trinitate et de fide catholica, de castitate servanda, in libros regum, de octo vitiis*, Stockholm, 1963 (*Studia latina Stockholmiensia*, 11). — Dom J. Leclercq, *Pour l'histoire du canif et du livre*, dans *Scriptorium*, t. 26 (1972), p. 294-300 [lettre pseudo-bernardine]. — *Instructio sacerdotalis seu Tractatus de praecipuis mysteriis religionis nostrae*, dans *PL*, 184, col. 771-792 [parmi les œuvres de Bernard de Clairvaux].

→ R. Bultot, *La doctrine du mépris du monde chez Bernard le Clunisien*, dans *Le Moyen Âge*, t. 70 (1964), p. 179-204. — G.J. Engelhardt, *The « De Contemptu mundi » of Bernardus Morvalensis. A Study on Commonplace*, dans *Mediaeval Studies*, t. 22 (1960), p. 108-135, t. 26 (1964), p. 109-142, t. 29 (1967), p. 243-272. — K. Giocarinis, *Bernard of Cluny and the Antique*, dans *Classica et Mediaevalia*, t. 27 (1966), p. 310-348. — Dom G. Morin, *L'auteur du « Mariale » et de l'hymne « Omni die »*, dans *Revue des questions historiques*, t. 40 (1886), p. 603-613. — R.C. Petry, *Medieval Eschatology and Social Responsability in Bernard of Morval's De contemptu mundi*, dans *Speculum*, t. 24 (1949), p. 207-217. — A.G. Rigg, *Medieval latin Poetic Anthologies* (III), dans *Mediaeval Studies*, t. 41 (1979), p. 468-505, spécialement p. 493. — Dom A. Wilmart, *Grands poèmes inédits de Bernard le Clunisien*, dans *Revue Bénédictine*, t. 45 (1933), p. 249-254. Voir aussi : Cluny.

D.I.P.

Bernard l'écolâtre d'Angers. Frère de Robert, abbé de Saint-Paul-de-Cormery (diocèse de Tours), Bernard fit ses études à l'école épiscopale de Chartres* sous la direction de l'évêque Fulbert* (qui était peut-être son oncle). Vers 1012, appelé par son évêque Hubert de Vendôme pour diriger les écoles d'Angers, il devint écolâtre et enseigna la grammaire et la philosophie.

Comme il avait beaucoup entendu parler à Chartres des miracles qui se produisaient par l'intercession de sainte Foy à Conques (diocèse de Rodez), il s'y rendit en pèlerinage en 1015 pour y mener son enquête. Profondément édifié par ce dont il fut alors témoin il composa, avant 1026, un *Liber miraculorum sanctae Fidis*. C'est un recueil d'une cinquantaine de miracles et de faits extraordinaires, relatés sans grand esprit critique. Bernard donna plusieurs rédactions de son ouvrage, le complétant au fur et à mesure de ses propres pèlerinages. L'œuvre complète compte deux livres, auxquels un moine de Conques, demeuré anonyme, en ajouta deux autres, au XIe siècle même. Elle connut un grand succès et reçut une large diffusion. En 1020, revenant une fois encore de Conques, Bernard fit le détour par Le Puy, mais la relation qu'il fit de cet autre pèlerinage est perdue. Il mourut avant 1054.

ŒUVRE. — *PL*, t. 141, col. 129-164. — *AA SS*, oct. III, p. 300-324. — A. Bouillet, *Liber miraculorum sanctae Fidis*, Paris, 1897, p. 1-125.

→ *BHL*, 2942. — *HLF*, t. 7, p. 308-310. — *DHGE*, t. 8, 1935, c. 578-580. — *Dictionnaire de Biographie française*, t. 6, 1954, col. 44. — A. Clerval, *Les écoles de Chartres au Moyen Âge*, Paris, 1895, p. 74. M.H.P.

Bernard le Trésorier. Voir : Ernoul.

Bernard de Moëlan. Bernard de Moëlan doit être distingué de Bernard de Chartres*, et probablement aussi de Bernard Silvestre*. Breton d'origine, il fut chancelier de l'école cathédrale de Chartres, puis évêque de Cornouailles (Quimper, en Bretagne) de 1159 jusqu'à 1167 (date de sa mort). Bernard fut le disciple et peut-être le frère de Thierry de Chartres*. Il fut lui-même le maître de Guillaume de Tyr*. Bernard est mentionné dans la *Métamorphose de Golias* (v. 199), mais aucun écrit de lui ne nous est parvenu.

→ A. Clerval, *Les Écoles de Chartres au Moyen Âge*, Paris, 1895. — R.B.C. Huygens, *Guillaume de Tyr étudiant : un chapitre (XIX, 12) de son Histoire retrouvé*, dans *Latomus*, t. 21 (1962), p. 825. — N. Häring, *Chartres and Paris Revisited*, dans *Mél. A.C. Pegis*, Toronto, 1974, p. 296-299. P.E.D.

Bernard Silvestre. (Bernard Sauvage), allié à la famille tourangelle des Boceau et propriétaire d'une maison dans l'enclos Saint-Martin à Tours, a enseigné dans cette ville l'art d'écrire au cours de la première moitié du XIIe siècle : Matthieu de Vendôme* a été son élève vers 1130-1140. Il est mort, semble-t-il, après 1159. Les plus anciens témoins de son enseignement sont des commentaires, parvenus incomplets, de l'*Enéide* (I-VI) et de Martianus Capella (I, 1-37). La *Summa dictaminis* qui devait offrir la synthèse de sa doctrine n'a pas encore été identifiée avec certitude, tant sont nombreux les *Artes dictaminis* qui se réclament d'un « maître Bernard ». Dans le *Mathematicus* ou *Parricida*, exercice scolaire dont le thème est emprunté à une *Déclamation* du Pseudo-Quintilien, Bernard a raconté en vers l'histoire du suicide d'un fils à qui un astrologue avait prédit qu'il assassinerait son père. Le nom de Bernard est également attaché à un livre de sorts d'origine arabe, l'*Experimentarius*, mais il est difficile de préciser son rôle dans la présentation et la diffusion de cet opuscule. L'œuvre essentielle de Bernard reste la *Cosmographia* composée sous le pontificat d'Eugène III (1145-1153) devant qui elle aurait été récitée lors du séjour du pape en France, sans doute au concile de Reims (mars-avril 1148). La dédicace de l'ouvrage à Thierry de Chartres* est rédigée en des termes qui peuvent convenir à un disciple, un admirateur ou un ami de ce maître de l'École de Chartres*. Les deux livres de la *Cosmographia*, en prose et en vers, sont consacrés moins à la création du monde par Dieu qu'à la mise au point dernière (*ornatus*) de l'univers (*megacosmus*), puis de son image en raccourci, l'homme (*microcosmus*), « chef-d'œuvre de Dieu, la fin et la conclusion (*clausula*) de toutes ses œuvres » (Jeauneau). Bernard a trouvé ses vues sur la matière première, l'âme du monde, la Nature ou le Destin, ainsi que les allégories personnifiées qui en sont les porte-parole, dans les compilations tardives où Macrobe, Martianus Capella et Calcidius ont exposé ce qu'ils avaient pu recueillir des conceptions platoniciennes et pythagoriciennes du monde et de son origine. La lecture d'Hermann de Carinthie semble avoir élargi son horizon traditionnellement néoplatonicien jusqu'à certaines théories aristotéliciennes transmises par l'intermédiaire d'Abumasar. La mise en œuvre dramatique du thème et la valeur poétique de son traitement ont assuré à la

Cosmographia un succès durable d'Alain de Lille*, qui s'en inspire, à Boccace* qui la transcrit de sa main.

ŒUVRES. — J.W. et E.F. Jones, *The Commentary of the First Six Books of the « Aeneid » of Vergil Commonly Attributed to Bernardus Silvestris*, Lincoln, 1977. — *The Commentary on Martianus Capella's De nuptiis Philologiae et Mercurii Attributed to Bernardus Silvestris*, éd. H.J. Westra, Toronto, 1986. — M. Brini Savorelli, *Il « Dictamen » di Bernardo Silvestre*, dans *Rivista critica di storia della filosofia*, t. 20 (1965), p. 182-230. — *Le Mathematicus de Bernard Silvestris et la Passio sanctae Agnetis de Pierre Riga* [publiés par B. Hauréau], Paris, 1895. — M. Brini Savorelli, *Un manuale di geomanzia presentato da Bernardo Silvestre de Tours (XII secolo) : l'« Experimentarius »*, dans *Rivista critica di storia della filosofia*, t. 14 (1959), p. 283-342. — *Bernardus Silvestris, Cosmographia*, éd. P. Dronke, Leyde, 1978 ; trad. anglaise W. Wetherbee, New York, 1973.

→ T. Silverstein, *The Fabulous Cosmogony of Bernardus Silvestris*, dans *Modern Philology*, t. 46 (1948), p. 92-116. — F. Stock, *Myth and Science in the Twelfth Century. A Study of Bernard Silvester*, Princeton, 1972. — E. Jeauneau, dans *Mediaeval Studies*, t. 50 (1988), p. 448-455. — C.S.F. Burnett, *What is the « Experimentarius » of Bernardus Silvestris ? A Preliminary Survey of the Material*, dans *AHDLMA*, t. 44 (1977), p. 79-125. A.V.

Bernard de Varan ou **de Varey**. Voir : Bernard d'Ambronay.

Bernard de Verdun. Frère mineur de la fin du XIIIe siècle ou du début du XIVe siècle, nous ignorons tout de lui. Il a laissé un traité sur l'astrologie, travail strictement scientifique, d'où sont exclues toutes les fables et les chimères relatives à l'influence des astres sur les destinées humaines. Il étudie avec rigueur la nature des corps célestes, le temps, les mouvements lunaires, etc. Des figures faites avec soin facilitent l'intelligence de cette œuvre qui se rattache à celles d'Aristote et d'Averroès.

ŒUVRE. — P. Hartmann, *Bernardus de Virduno, Tractatus super totam astrologiam*, Werl-en-W., 1961 (*Franziskanische Forschungen*, 15).

→ *HLF*, t. 21, 1847, p. 317 ; t. 22, 1897, p. 486. — P. Duhem, *Le système du monde*, t. 3, Paris, 1915, p. 442-460. — G. Sarton, *Introduction to the History of Science*, t. 2, 1931, p. 990. — E. Poulle, *Bernard de Verdun et le Turquet*, dans *Isis*, t. 55 (1964), p. 200-208. P.R.

Bernart Amoros. Clerc de Saint-Flour (Cantal), qui, d'après sa propre notice placée en préface de son recueil lyrique, savait *cognoisser e devezir en rimas, et en vulgar et en lati, per cas e per verbe, lo dreig trobar del fals*.

À la fin du XIIIe ou au début du XIVe siècle, sans doute avant 1317, il compila un chansonnier provençal. Le manuscrit original de Bernart Amoros est perdu, mais une copie en a été conservée. Due à Jacques Teissier de Tarascon, vers 1589, elle a été retrouvée en parties séparées dans plusieurs manuscrits aujourd'hui en Italie. L'ensemble, appelé par la critique « chansonnier de Bernart Amoros », pose de délicats problèmes aux historiens de la tradition lyrique des troubadours.

ŒUVRES. — Éd. G. Bertoni, *Il canzoniere provenzale di Bernart Amoros, Sezione riccardiana et Complemento Campori*, Fribourg, 1911.

→ C. Brunel, nos 305 et 315. — C.-V. Langlois, *Bernard Amoros, collectionneur de poésies en latin et en provençal*, dans *HLF*, t. 35 (1921), p. 526-532. — F. Pirot, *Recherches sur les connaissances littéraires des troubadours occitans et catalans des XIIe et XIIIe siècles*, Barcelone, 1972, p. 263-273. — F. Zufferey, *Recherches linguistiques sur les chansonniers provençaux*, Genève, 1987, p. 79-101 et 361-362. G.B.L.

Bernart d'Astarac. Comte d'Astarac (dans l'Armagnac, actuel département du Gers), de 1249 à 1291, il fut un protecteur des troubadours et composa lui-même des vers.

La cour de Bernart IV semble, en effet, avoir été un petit centre poétique très vivant, qui soutenait de son mieux une lyrique sur son déclin. Amanieu de Sescars*, Bernart de Tot lo Mon, Guilhem Anelier*, Guiraut Riquier* la fréquentèrent. Avec ce dernier, Bernart échangea un *partimen* conservé dans le chansonnier provençal *R* (Paris, BN, fr. 22543). Guiraut lui dédia une *pastorela* (PC 248, 22). Quant à Amanieu de Sescars, dans son *Ensenhamen del escudier*, il ne trouve pas d'autre modèle à proposer à l'écuyer qu'il veut former aux bonnes manières, que Bernart IV d'Astarac.

ŒUVRE. — Éd. S.L.H. Pfaff, dans Mahn, *Die Werke der Troubadours in provenzalischer Sprache*, Berlin, 1853, n° 93.

→ PC 179, 1 et 248, 20. — J. Anglade, *Le troubadour Guiraut Riquier. Étude sur la décadence de l'ancienne poésie provençale*, Bordeaux-Paris, 1905, réimpr. Genève, 1973, p. 182-186. — S. Guida, *« Jocs » poetici alla corte di Enric II di Rodez*, Modène, 1983.

G.Mi. et G.B.L.

Bernart d'Aurillac. Voir : Peire III d'Aragon.

Bernart Marti. Le troubadour Bernart Marti n'a pas eu l'honneur d'une biographie ancienne et les chansonniers manuscrits classiques l'ont oublié : il semble avoir été, de son temps même, quelque peu décrié. On lui reprochait sans doute son traditionalisme (habile imitateur, il écrivait *a la usanza antiga*), son hostilité à l'égard des femmes, qu'il tenait probablement de son maître Marcabru*, son incompréhension enfin vis-à-vis des innovations stylistiques de la nouvelle école, Peire d'Alvernha* en tête.

On sait peu de choses sur lui qui n'eut aucun rapport avec la politique ; aussi les détails de sa vie nous échappent-ils. Vraisemblablement de basse extraction, il se nomme lui-même une fois dans ses chansons (PC 63,4 v. 38) : *Bernart Marti lo Pintor* « Bernard Marti le peintre ». D'une mention contenue dans l'envoi d'une de ses chansons (PC 63,7) à *N'Eblon ves Margarida*, d'une allusion à la croisade de 1147, de son imitation étroite de Marcabru, de sa réponse poétique à un *sirventes* de Peire d'Alvernha, on peut déduire avec assez de certitude, selon les termes d'Ernest Hoepffner, que « notre chanteur se place vers le milieu du XIIe siècle, entre Marcabru vieillissant et les premiers débuts de Pierre d'Auvergne ».

Son œuvre, ou du moins ce qu'il en reste, est peu importante. En tenant compte d'attributions douteuses et très discutées, on arrive à peine au nombre de six *cansos* et de quatre *sirventes*. Mais cette œuvre est riche, néanmoins, par sa variété et une incontestable originalité.

Dans ses chansons, il développe la plupart des thèmes et lieux communs déjà traditionnels de l'amour. Mais, à vrai dire, la courtoisie est presque absente de sa lyrique. Il n'y a jamais chez lui de cette terminologie féodale, dont on trouve déjà des traces chez Guilhelm IX* et Cercamon* ; les mots *joi* et *jauzir*, d'autre part, lui sont inconnus : il ne connaît donc ni l'exaltation mystique, ni l'éthique de l'amour, ni la transcendance de la *domna*. Bernart ne meurt pas d'amour et le ton élégiaque lui paraît fade. Malgré l'envol de jolis débuts printaniers, ses chansons d'amour sont d'un lyrisme plutôt terre à terre. De sa dame, ce sont les attraits physiques qu'il préfère et son expression de l'érotisme est parfois très crue. Cette sensualité d'ailleurs, comme chez Marcabru, côtoie une misogynie assez violente et qui s'exprime à maintes reprises ; amour et mensonge sont pour lui choses équivalentes : « Puisqu'il en est ainsi, proclame-t-il, nous tromperons tous à notre tour, hommes (PC 63,4), ou femmes (PC 63,7), ou bien, afin de conserver notre amour, nous fermerons les yeux devant l'évidence même et accepterons lâchement le déshonneur qu'on nous impose (PC 63,1 et 7) » (Hoepffner).

Mais cette anti-courtoisie est plus éclatante encore dans les *sirventes* : la condamnation de l'amour courtois et des poètes qui le chantent y est cinglante. Ce sont en effet ces troubadours décadents comme Peire d'Alvernha qui sont tenus pour responsables de la dépravation des mœurs contemporaines. À l'instar de Marcabru, notre moraliste flétrit les abus du siècle et les mœurs de son époque. *Topos* médiéval, certes, mais quelle vigueur dans sa satire contre les menteurs et les trompeurs, ces *lengaforcat* qui corrompent tout sur leur passage (PC 63,2) ! Notre poète dépasse spontanément le *topos*, comme dans ce tableau qu'il brosse du triste sort du pauvre, seul, abandonné de ses amis, sans nul recours : réflexions amères, désabusées, auxquelles les allusions personnelles donnent déjà le mordant d'un Rutebeuf* ou d'un François Villon* :

Mais fors'a qui mais pot panar,
E.l paubres es ses colp vencutz,
Que no's pot cubrir ni tornar (PC 63,6).

(« Mais la force est à celui qui est le plus capable de voler,/ et le pauvre est vaincu sans coup férir,/ qui ne peut se défendre ni fuir »).

Dans cette œuvre, malheureusement trop courte, quelles influences peut-on déceler ? E. Hoepffner fait remarquer que Bernart est rarement créateur et que son talent est avant tout un talent d'imitation.

Influence de Marcabru d'abord, non seulement dans les idées, mais dans la langue, les expressions, le style, la métrique. Notre troubadour utilise une technique poétique à l'ancienne mode : isométrie, vers courts, prédominance des rimes masculines, nombre élevé des strophes. Il ignore en outre et les arcanes du « trobar clus » et les raffinements du « trobar ric ».

Ses débuts printaniers même rappellent souvent ceux de Marcabru.

De Guilhelm IX*, on constate d'assez nombreuses réminiscences, mais uniquement dans la forme : débuts de chansons, locutions communes, etc. Avec Peire d'Alvernha enfin, son ennemi littéraire, il présente certaines analogies dans le choix des sujets et dans la forme : en particulier dans le violent *sirventes* dirigé contre « lo meillor trobador del mon » dont il fustige l'insupportable vanité. Mais il peut s'agir ici de réminiscences à double sens.

Bernart, en revanche, n'a rien de commun avec Jaufré Rudel*, Bernart de Ventadorn* ou Cercamon. Il est, avec Marcabru, du côté des troubadours « réalistes », et se sépare nettement de la poésie idéaliste et courtoise représentée dans son plus pur éclat par Bernart de Ventadorn. Cependant, dans la forme et l'expression, il est moins brutal, moins grossier que Marcabru : à de rares exceptions près, il sait ne pas dépasser les limites de *Mezura* et de *Cortezia*. Moins grave aussi que Marcabru, il aime se détacher de lui-même et ne pas prendre trop au sérieux la corruption de la société, l'amour, les femmes, ou même sa propre misère.

Troubadour original malgré tout, il a l'art d'imiter sans servilité. Et son œuvre mince a su pourtant éviter la monotonie. Tour à tour élégiaque, satirique ou moraliste, il a su varier le ton et changer ses effets. Ainsi, comme dit E. Hoepffner, « il occupe une place à part parmi les anciens troubadours. Il ne ressemble exactement à aucun d'eux, même là où il se rapproche le plus de l'un ou de l'autre ». Sa « fantaisie assez riche », sa « pensée originale », ses « sentiments sincères » doivent « lui assurer un rang des plus honorables parmi les *poetae minores* de la poésie provençale au milieu du XIIe siècle ».

ŒUVRE. — Éd. E. Hoepffner, *Les Poésies de B.M.*, Paris, 1929 (*CFMA*, 61). — F. Beggiato, *Il trovatore B.M.*, Modène, 1984. — Éd. partielle : M. de Riquer, *Los trovadores, historia literaria y textos*, Barcelone, 1975, t. 1, p. 245-257 (PC, 63,3-104, 2-63,6).

→ PC 63 [9 poèmes]. — A. Del Monte, *Studi sulla poesia ermetica medievale*, Naples, 1953, p. 55-72. — R. Taylor, *La littérature occitane du Moyen Âge*, Toronto, 1977, n°s 330-331. — J.-C. Payen, *Bernart Marti et la légende de Tristan*, dans *Mél. L. Topsfield*, Cambridge, 1984, p. 34-43. P.Be.

Bernart de Panassac. Ce *donzel* faisait partie du groupe des sept mainteneurs qui fondèrent, en 1323 à Toulouse, le Consistori* du Gai Savoir. Il en était le seul membre qui appartînt à l'aristocratie.

Seigneur d'Arrouède, en effet, dans le comté d'Astarac (Armagnac), il fut impliqué dans une série d'assassinats, et condamné. La peine devait être remise par le roi de France Philippe VI, mais le poète était déjà mort.

Bernart de Panassac est aussi le seul du groupe dont l'œuvre poétique soit connue. Deux *cansos* ont été conservées : l'une est restée dans l'esprit de la *fin'amor* ; l'autre est une louange adressée à une dame qui peut être de chair et d'os, mais peut aussi bien être la Vierge Marie. C'est ainsi que Raimon de Cornet*, dont le commentaire poétique devait conserver le texte de Bernart, interprète la *canso* ou *vers*. Cette poésie, outre sa valeur linguistique, présente l'intérêt de montrer, dans l'esprit du temps, le passage de la lyrique courtoise à la lyrique religieuse.

ŒUVRE. — Éd. J.-B. Noulet et C. Chabaneau, *Deux manuscrits provençaux du XIVe siècle, contenant des poésies de Raimon de Cornet, de Peire de Ladils et d'autres poètes de l'École toulousaine*, Paris, 1888, p. 56-63. — A. Thomas, *Bernard de Panassac, un des fondateurs des Jeux Floraux*, dans *AM*, t. 27-28 (1915-1916), p. 37-51, ou dans *HLF*, t. 35 (1921), p. 504-512.

→ J. Anglade, *Las Leys d'Amors*, t. 4, Toulouse, 1920, réimp. New York-Londres, 1971, p. 17-20. — R. Nelli, *Écrivains anticonformistes du Moyen Âge occitan*, t. 2, Paris, 1977, p. 312-317. — F. Zufferey, *Bibliogr. des poètes provençaux des XIVe et XVe siècles*, Genève, 1981, n° 482. J.S.

Bernart de Rovenac. Ce troubadour du XIIIe siècle était probablement originaire de Rouvenac, village des environs de Limoux (Aude). Il fut de ceux qui ne s'accommodèrent pas de l'ordre politique établi dans le pays à la suite de la croisade contre les Albigeois. Il attaqua violemment à la fois le roi d'Aragon et le roi d'Angleterre, avec une allusion sarcastique au roi de France qui venait d'être défait à la Mansourah (PC 66,2) :

Amdos los reis an una cauz'empreza,
selh d'Arago et aisselh des Engles :
que no sia per elhs terra defeza
ni fasson mal ad ome que.l fur fes ;
e fan merce e cortezia,

quar al rei que conquer Suria
laisson en patz lor fieus del tot tener.
Nostre Senher lor en deu grat saber.
Les deux rois ont choisi une même cause,
celui d'Aragon et celui des Anglais :
que la terre par eux ne soit pas défendue
et qu'ils ne fassent pas de mal à qui leur [en fait !
Ils sont en effet miséricordieux et courtois
envers le roi qui conquiert la Syrie :
ils le laissent en paix tenir leurs fiefs !
Notre Seigneur doit leur en savoir gré...

Le troubadour reproche aux rois en question de n'avoir pas suffisamment aidé en 1242 le comte de Toulouse Raimon VII, dans sa révolte contre le roi de France, Louis IX ; les Anglais furent alors battus à Taillebourg et Saintes.

D'une vingtaine d'années plus âgé que Cerveri de Girona*, Bernart de Rovenac suscita chez le Catalan une certaine admiration littéraire, en dépit de leur désaccord politique.

On a conservé de Bernart de Rovenac quatre *sirventes* qui ont fière allure ; on y trouve parfois comme un écho de Bertran de Born*, dans ses descriptions de la guerre.

ŒUVRE. — Éd. G. Bosdorff, *Bernard von Rouvenac, ein provenzalischer Trobador des* XIII *Jahrhunderts*, dans *Romanische Forschungen*, t. 22 (1906), p. 761-827.

→ PC 66 (1-4). — A. Jeanroy, *Le soulèvement de 1242 et la poésie des troubadours*, dans *AM*, t. 16 (1904), p. 310-330. — M. de Riquer, *Para la cronologia del trovador Cerveri*, dans *Mél. Menéndez Pidal*, t. 3, Madrid, 1952, p. 366-372 ; *Los trovadores, Historia literaria y textos*, Barcelone, t. 3, 1975, p. 1370-1375 [avec éd. et trad. espagnole de PC 66,1]. J.S. et G.B.L.

Bernart Sicart de Marvéjols. Originaire du Gévaudan — Marvéjols est en Lozère —, ce troubadour n'est connu que par un *sirventes*, écrit en 1230 et dédié à Jacques Ier d'Aragon le Conquérant. Ce texte cependant est exemplaire : il manifeste véritablement la mentalité de la plupart des troubadours qui vivent après la croisade albigeoise, notamment ici après le traité de Paris imposé par Blanche de Castille à Raimon VII de Toulouse en 1229 :
Ab greu cossire
fau sirventes cozen
D'une angoisse profonde,
je fais un *sirventes* cuisant.

Indigné contre la société corrompue, Bernart apostrophe les Français, les ordres militaires de l'Hôpital et du Temple et s'attaque aux clercs sur un ton d'ironie blessée. Sa strophe contre les Français est célèbre : « Tout le jour je m'irrite, et la nuit, que je dorme ou veille, je ne cesse de soupirer. De quelque côté que je me tourne, j'entends des gens courtois saluer humblement les Français de Sire. Les Français ont pitié de nous pourvu qu'ils nous voient les mains pleines : je ne vois pas qu'ils aient d'autre joie que celle-là. Hélas ! Toulouse, Provence,/ et terre d'Argence/ (partie du diocèse d'Arles sur la rive droite du Rhône), de Béziers et de Carcassonne,/ comme je vous vis et comme je vous vois ! »
Ai ! Toloza e Proensa
E la terra d'Argensa,
Bezers e Carcassey,
Quo vos vi e quo'us vey !

ŒUVRE. — Éd. F. Raynouard, *Choix des poésies originales des troubadours*, Paris, 1816-21 (6 vol.), t. 4, p. 191, réimp. Osnabrück, 1966. — J. Audiau et R. Lavaud, *Nouvelle anthologie des troubadours*, Paris, 1928, p. 169. — M. de Riquer, *Los trovadores, historia literaria y textos*, Barcelone, 1975, t. 3, p. 1202-1206.

→ PC 67. — C. Anatole, *Le souvenir de Muret et de la dépossession des comtes de Toulouse dans les Vidas et les Razos*, dans *Annales de l'Institut d'Études occitanes*, 1963, p. 11-22. — G. de Chambrun, *À la recherche de Bernard Sicat de Marvejols*, dans *Revue du Gévaudan*, n° 20 (1974), p. 41-48. J.S.

Bernart de So. Ce gentilhomme catalan, originaire d'Usson dans les Pyrénées, vicomte d'Evol, majordome de Pierre IV d'Aragon le Cérémonieux, est un des plus riches et des plus puissants barons roussillonnais du XIVe siècle.

Il est l'auteur de poésies lyriques qui ont disparu. Diplomate habile, très renseigné sur la société de son temps, il a laissé en revanche un poème politique *Vesio en somni* (Vision en songe), écrit en 1382, en vers de six syllabes à rimes plates. Il passe en revue les rois et les personnages civils et ecclésiastiques du temps, les situant sur les bords de la Garonne. Il critique les guerres civiles, ceux qui les causent, ceux qui les font. Il fait appel au pape ou à l'empereur, seuls capables, à son avis, de rétablir la paix en Europe. Lucide, il voit bien que le pape et son entourage ne songent qu'à la bonne chère, tandis que l'empereur, à qui appartient la domination du monde, reste inactif. Il offre là un véritable tableau de l'état de l'Europe dans la deuxième moitié du XIVe siècle.

Le fond du poème concerne la France du Nord, la langue est celle du Midi, parsemée de quelques formes catalanes. Parmi les lettrés de la cour d'Aragon à son époque, Bernard de So sert d'intermédiaire littéraire entre la France et la Catalogne. Il a laissé une des meilleures poésies occitanes due à l'influence, au XIVe siècle, de la France du Nord sur les pays du Sud.

ŒUVRE. — Éd. A. Pagès, *Poésies provençocatalanes inédites*, dans *Romania*, t. 54 (1928), p. 11-65 ; *La « Vesio » de Bernart de So...*, Toulouse-Paris, 1945.

→ M. de Riquer, *Historia de la literatura catalana*, Barcelone, 1964, t. 2, p. 67-72.

J.S. et G.B.L.

Bernart de Ventadorn. Troubadour limousin du XIIe siècle, sans doute le plus grand des troubadours, peut-être un des meilleurs poètes lyriques de tous les temps.

Qui fut-il ? L'ancienne *Vida* renseigne sans fournir de certitude. Cependant, quelques allusions tirées de son œuvre même font référence à des personnages connus et permettent de tracer à larges traits son histoire. Son humble origine, que Peire d'Alvernha*, dans sa galerie satirique (PC 323, 11 v. 19-24) a stigmatisée en présentant son père avec un arc et sa mère occupée à faire chauffer le four, ne cesse de susciter interprétations et hypothèses. Il naquit au château du vicomte de Ventadorn, Eble II (1106-1147), lui-même troubadour. Son nom, en tout cas, n'apparaît dans aucun document d'archives. Il ne reste du château que des ruines imposantes dans un site grandiose de l'actuelle commune de Moustier-Ventadour (Corrèze).

Les débuts de l'œuvre de Bernart doivent être placés au plus tard en 1147. Il se serait épris de la vicomtesse de Ventadorn, à qui il aurait dédié ses premiers poèmes d'amour. Contraint de quitter le château, il aurait suivi outre-Manche Aliénor d'Aquitaine*, au moment de son remariage avec Henri Plantagenêt, devenu roi d'Angleterre en 1154. Il dut séjourner à la cour de Toulouse, auprès de Raimon V (1148-1194), qu'il nomme dans quelques poèmes. Le plus prudent est de situer la fin de sa production littéraire vers 1170, peut-être plus tard, sans certitude absolue toutefois.

La *Vida* affirme que Bernart finit ses jours au monastère cistercien de Dalon, où se retira aussi Bertran de Born*.

On conserve de lui quarante et une poésies d'attribution certaine, dont dix-huit avec musique ; toutes appartiennent au genre de la *canso*, sauf deux *tensos* qui débattent de thèmes amoureux, l'une avec Peire d'Alvernha (PC 70,2 = 323,4), l'autre avec Peirol* (PC 70,32 = 366,23).

Son œuvre, uniquement consacrée à chanter l'amour, sur un ton mélancolique et nostalgique, est écrite dans un style clair qui développe sans fadeur les thèmes traditionnels de l'amour courtois : description du printemps, émotion devant l'aimée, condamnation des médisants ou des jaloux... Bernart insiste sur la sincérité des sentiments : d'un amour authentique doit surgir une poésie aussi authentique et excellente. S'il est meilleur poète, dit-il, c'est qu'il n'y a pas de meilleur amant que lui (PC 70, 31, v. 1-4) :

Non es meravelha s'eu chan
melhs que nul autre chantador,
que plus me tra.l cors vas amor
e melhs sui faihz a so coman.

Ce n'est pas étonnant si je chante
mieux que nul autre chanteur,
car le cœur me tire plus vers l'amour,
et je suis mieux fait à sa loi.

Le sentiment de vécu que procure sa poésie, où ne perce jamais de rhétorique réduite à la technique, a suscité bien des interprétations de critiques à la recherche d'éléments biographiques. L'essentiel aujourd'hui se réduit à la réalité de l'émotion créée par l'écriture poétique parfaitement adaptée à la perception du troubadour. En quelques vers, que plus tard imitera Dante*, il réussit à nous faire vibrer au vol enivré d'une alouette qui un jour, au milieu du XIIe siècle, traversa le ciel écrasé de soleil du Limousin (PC 70,43, v. 1-8) :

Can vei la lauzeta mover
de joi sas alas contra.l rai,
que s'oblid'e.s laissa chazer
per la doussor c'al cor li vai,
ai ! tan grans enveya m'en ve
de cui qu'eu veya jauzion,
meravilhas ai, car desse,
lo cor de dezirer no.m fon.

Quand je vois l'alouette bouger
de joie ses ailes au rayon de soleil,
qui s'abandonne et se laisse choir
pour la douceur qui lui pénètre le cœur,
ah ! il m'en vient si grande envie
de celle dont la vue me rendrait joyeux,
que je suis tout surpris qu'aussitôt
le cœur ne fonde en moi de désir !

L'expression de Bernart est sans cesse émaillée de ces trouvailles merveilleuses qui allient l'intuition d'une perception raffinée à un art subtil de la forme. Champion du *trobar leu*, sa simplicité enchante, car il parle de l'intimité du cœur, de sentiments éternels (PC 70, 44 v. 9-12) :

Tant ai al cor d'amor
de joi e de doussor,
per que.ls gels me sembla flor
e la neus verdura.
Tant ai au cœur d'amour
de joie et de douceur,
que le gel me semble fleur
et la neige verdure.

Le cœur amoureux *desnatura* les choses sensibles, change leur nature : le paysage hivernal devient un printemps fastueux sous l'effet de l'amour et du bonheur d'aimer. Le motif du vent, *l'aura fresca* (et non *l'aura amarga* d'Arnaut Daniel*), prend un charme particulier, quand il vient du pays de l'être aimé (PC 70,37 v. 1-4) :

Can la frej'aura venta
deves vostre pais,
vejaire m'es qu'eu senta
un ven de paradis
Quand l'air frais vente
venant de votre pays,
il me semble que je sens
un vent de paradis.

Intimisme, douce nostalgie, joie et tendresse sont les notes les plus typiques de la poésie de Bernart de Ventadorn, dont les romantiques remarquèrent les premiers la grandeur, et qui ne cesse d'enchanter les amateurs des textes comme de leur musique.

ŒUVRE. — Éd. C. Appel, *Bernart von Ventadorn, seine Lieder, mit Einleitung und Glossar*, Halle, 1915. — M. Lazar, *Bernart de Ventadour, troubadour du* XIIe *siècle : chansons d'amour. Édition critique avec traduction...*, Paris, 1966 ; voir le compte rendu de W. Ziltener, dans *ZRPh*, t. 88 (1972), p. 282-316. — Éd. partielles : S. Battaglia, *Jaufré Rudel e Bernardo di Ventadorn, Canzoni*, Naples, 1949 [éd. de 27 chansons]. — H. Van der Werf, *The Chansons of the troubadours and trouvères. A Study of the Melodies and their Relations to the Poems*, Utrecht, 1972 [texte et musique]. — M. de Riquer, *Los trovadores, historia literaria y textos*, Barcelone, 1975, t. 1, p. 342-417 [20 textes]. — R. Richter, *Die Troubadourzitate im « Breviari d'Amor »*, Modène, 1976, p. 208-224 [13 textes].

→ PC 70. — R.A. Taylor, *La littérature occitane du Moyen Âge*, Toronto, 1977, n° 332-345 [bibliogr. sélective et critique]. — E. Hoepffner, *Les troubadours dans leur vie et dans leurs œuvres*, Paris, 1955, p. 47-59. — M. Lazar, *Classification des thèmes amoureux et des images poétiques dans l'œuvre de B. de V.*, dans *Filologia romanza*, t. 6 (1959), p. 371-400. — L. Pollmann, *Die Liebe in der Hochmittelalterlichen Literatur Frankreichs*, Francfort, 1966, p. 116-165. — R. Javelet, *L'amour spirituel face à l'amour courtois*, dans *Entretiens sur la Renaissance du* XIIe *siècle*, sous la dir. de M. de Gandillac et E. Jeauneau, Paris-La Haye, 1968, p. 309-347. — P. Bec, *La douleur et son univers poétique chez B. de V.*, dans *CCM*, t. 12 (1969), p. 25-33. — A. Viscardi, *Gli studi sulla poesia di Bernardo di Ventadorn e i nuovi problemi della critica trobadorica*, dans *Ricerche e interpretazioni neolatine e romanze*, Milan, 1970, p. 213-250 [recueil d'articles précéd. parus]. — P. Bec, *L'antithèse chez B. de V.*, dans *Mél. J. Boutière*, Liège, 1971, t. 1, p. 107-137. — J. Mouzat, *De Ventadorn à Barjols. Les troubadours limousins en Provence entre 1150 et 1250*, dans *Mél. J. Boutière*, Liège, 1971, t. 1, p. 423-434. — F. Jensen, *From Vulgar Latin to Old Provençal*, Chapel Hill, 1972, p. 81-99 [éd. et commentaire de PC 70,43]. — F.R.P. Akehurst, *Les étapes de l'amour chez B. de V.*, dans *CCM*, t. 16 (1973), p. 133-147. — P.E. Bondanella, *The Theory of the Gothic Lyric and the Case of B. de V.*, dans *Neuphilologische Mitteilungen*, t. 74 (1973), p. 369-381 [analyse de PC 70,43]. — O. Cadart-Ricard, *Aliénor d'Aquitaine « domna » de B. de V.*, dans *Proceedings Pacific Northwest Conference on Foreign Languages*, vol. 24 (1973), p. 109-116. — G. Scherner-Van Ortmerssen, *Die Text-Melodiestruktur in den Liedern des B. de V.*, Münster, 1973. — J.-C. Payen, *Lo vers es fis e naturaus (Notes sur la poétique de B. de V.)*, dans *Mél. C. Rostaing*, Liège, 1974, t. 2, p. 807-817. — M.S. Regan, *Amador and chantador : the Lover and the Poet in the Cansos of B. de V.*, dans *Philological Quarterly*, t. 53 (1974), p. 10-28. — M. Mancini, *Antitesi e mediazione en B. de V.*, dans *Quaderni del Circolo Filologico-Linguistico Padovano*, t. 6 (1975), p. 131-152 — P. Clifford, *Fine Words and Joyful Melodies : Some stylistic Aspects of the Love Song of B. de V.*, dans *Reading Medieval Studies*, t. 2 (1976), p. 14-27. — S. Kantor, *Quelques catégories de l'analyse du récit appliquées à la poésie des troubadours Guillaume IX, Jaufre Rudel, B. de V.*, dans *Lingua e stile* (1979), p. 49-79. — L.T. Topsfield, *Fin'amors in Marcabru, B. de V. and the Lancelot of Chrétien de Troyes*, dans *Love and Marriage in the Twelfth Century*, Louvain, 1981, p. 236-246. — M.R. Desmond, *Catullus and B. de V.*, dans *Neuphilologische Mitteilungen*, t. 83 (1982), p. 405-413. — J.-C. Huchet, *La dame et le troubadour « Fin'amors et mystique » chez B. de V.*, dans *Littérature*, n° 47 (1982), p. 12-30. — D. Carlson, *Losing Control in B. de Ventadorn's « Can vei la lauzeta mover »*, dans *Romance Notes*, t. 23 (1982-1983), p. 270-276. — J. Gruber, *Die Dialektik des Trobar, Untersuchungen zur Struktur und Entwicklung des occitanischen und französischen Minnesangs des 12. Jahrhunderts*, Tübingen, 1983. — M. Kähne, *Studien zur Dichtung Bernarts von Ventadorn. Ein Beitrag zur Untersuchung der Entstehung und zur Interpretation der höfischen Lyrik des Mittelalters*, Munich, 1983, 2 vol. — S. Kay, *Love in a Mirror : an Aspect of the Imagery of B. de V.*, dans *Medium Aevum*, t. 52 (1983), p. 272-285. — H. Braet, *Non es meravelha s'eu chan : le même et l'autre*, dans *Mél. L. Topsfield*, Cambridge, 1984, p. 44-51 [PC 70,31]. — R. Lejeune, *Le nom de B. de V.*, dans *Mél. E. Köhler*, Heidelberg, 1984, p. 157-165. — M. Mancini, *La gaia scienza dei trovatori*, Parme, 1984 [Une des quatre études concerne B. de V.]. — B. Spaggiari, *Il tema west-östlicher dell'aura*, dans *Studi Medievali*, t. 25 (1984), p. 1-110. — E.J. Burns, *The Man behind the Lady in Troubadour Lyric*, dans *Romance Notes*, t. 25 (1985), p. 254-270. — F. Beggiato, *Forni ed avorni*, dans *CN*, t. 46 (1986), p. 1-7. — B. Cazelles, *La rose et la violette*, dans *Poétique*, n° 68 (1986), p. 405-422. — D.A. Monson, *Lyrisme et sincérité : sur une chanson de B. de V.*, dans *Mél. P. Remy*, Kalamazoo, 1986, t. 1, p. 143-160 [à propos de PC 70,31]. — W.D. Paden, *« Et ai be faih co.l fols en pon » : B. de V., Jacques de Vitry and Q. Horatius Flaccus, ibid.*, p., 181-191. — J.-C. Payen, *L'inspiration popularisante chez B. de V., ibid.*, p. 193-204 ; *Les troubadours et la conscience de l'écrivain : de B. de V. à Arnaut Daniel*, dans *Mél. M. de Riquer*, Barcelone, 1986, p. 289-314. — J. Marshall, *Dialogues of the Dead : two « tensos » of pseudo B. de V.*, dans *Mél. W. M. Hackett*, Coventry, Univ. de Warwick, 1987, p. 37-58. — V. Pollina, *Canso mélodique et canso métrique : « Era.m cosselhatz, senhor » de B. de Ventadorn*, dans *Actes du 1er congrès international de l'AIEO*, Londres, 1987, p. 409-422. — D. Rieger, *« Senes breu de Parguamina » ? Zum Problem des gelesenen Lieds*, dans *Romanische Forschungen*, t. 99 (1987), p. 1-18. — P. Bec, *Stagnation et accélération du temps chez B. de V.*, dans *Mél. P. Zumthor*, Paris, 1988, p. 29-37. — A. Ferrari, *Vita e fortuna d'un testo lirico provenzale : B. de Ventadorn Can vei la lauzeta mover*, Bagatto Libri, 1988. — L. Milone, *Rossinhol, Ironda, Lauzeta : B. de V. e i Movimenti del Desiderio*, dans *RZLG*, t. 12 (1988), p. 1-21. G.B.L.

Bernart de Venzac. Troubadour du Languedoc, originaire de Venzac, près de Rodez. Dans deux *sirventes* (PC 71,1 ; 71,3), Bernart s'adresse au comte Uc et fait allusion à la paix entre celui-ci et l'évêque. Il s'agit sans doute du comte Uc II (qui gouverna entre 1156 et 1208) et de l'évêque de Rodez qui signèrent une charte en mai 1195. Il est dès lors possible de situer la production littéraire du troubadour vers 1195-1210.

On estime son œuvre conservée à cinq poèmes et une *alba* d'inspiration religieuse. Le ton est moralisateur, dans la veine de Marcabru*, si bien que deux de ses poésies ont été attribuées à ce dernier par les manuscrits.

La société est corrompue car les valeurs spirituelles sont en crise. Bernart de Venzac incrimine en particulier l'adultère, l'avarice, l'orgueil, dans une langue colorée, originale, aux expressions rares et fortes.

ŒUVRE. — Éd. M. Picchio Simonelli, *Lirica moralistica nell'Occitania del XII secolo : Bernart de Venzac*, Modène, 1974. — Éd. partielles : F.J. Oroz Arizcuren, *La lirica religiosa en la literatura provenzal antigua*, Pampelune, 1972, p. 88-95 [PC 71,2]. — M. de Riquer, *Los trovadores, historia literaria y textos*, Barcelone, 1975, t. 3, p. 1331-1338 [PC 71, 1a et 2]. — R. Richter, *Die Troubadourzitate im Breviari d'Amor*, Modène, 1976, p. 225 [PC 71,3].

→ PC 71. — D. Zorzi, *Valori spirituali nella letteratura provenzale : la spiritualità trinitaria*, Milan, 1954, p. 170-172. — A. Tavera, *À la recherche des troubadours maudits*, dans *Senefiance*, Aix-en-Provence, n° 5 (1978), p. 148-150. G.B.L.

Bernier. Nous connaissons cet auteur uniquement par un fabliau de 416 octosyllabes, écrit au XIIIe siècle, la *Housse partie*. Un homme riche donne tous ses biens à son fils. Celui-ci se marie et a lui-même un fils. La bru prend en haine son beau-père et le fait chasser par son mari. Celui-ci refuse de donner au vieillard autre chose qu'une vieille couverture de cheval. Le petit-fils, chargé de cette commission, coupe la couverture en deux et n'en donne que la moitié à son grand-père, qui va se plaindre à son fils. Le petit explique qu'il garde l'autre moitié pour la donner à son père lorsqu'il sera devenu aussi vieux que le grand-père. Le père de l'enfant, ému, demande pardon à son père et met tous ses biens à sa disposition.

Il existe également deux versions anonymes de ce fabliau, qui reprend un thème très populaire dans la littérature folklorique. W. Noomen et N.J. Van den Boogaard les considèrent comme deux témoins d'une même tradition. Les trois récits diffèrent en longueur, par l'élaboration des épisodes, par l'analyse des motivations et des leçons à tirer des événements.

ŒUVRE. — Éd. A. de Montaiglon et G. Raynaud, dans *Recueil général des fabliaux*, Paris, 1872, t. 1, p. 82-96 [Bernier] et 1877, t. 2, p. 1-7 [version anonyme]. — Éd. W. Noomen et N.J. Van den Boogaard, dans *Nouveau recueil complet des fabliaux*, t. 3, Assen, 1986 [les deux versions]. — *Fabliaux*, trad. G. Rouger, Paris, 1978 (*Folio*) [Bernier].

→ F.C. Tubach, *Index exemplorum*, n° 2001. — J. Bédier, *Les Fabliaux*, Paris, 1928, p. 463-464, 478-479. — P. Meyer, *Notice du ms. 25970 de la Bibliothèque Phillipps (Cheltenham)*, dans *Romania*, t. 37 (1908), p. 209-235, notamment p. 215-217 [version anonyme]. — J. Subrenat, *La place de quelques petits enfants dans la littérature médiévale*, dans *Mél. J. Lods*, Paris, 1978, t. 1, p. 547-557. — Cf. *MB* n°s 2460-2461 ; *S* 4591, 4676. A.F.L.L.

Bernier de Chartres. Auteur du XIVe siècle, inconnu, auquel la tradition attribue un art d'aimer en prose. Conservé dans un unique manuscrit du XIVe siècle (Vienne, Österreichische Nationalbibl. 2609, qui contient aussi, parmi d'autres textes, le *Bestiaire d'Amours* de Richard de Fournival* et la *Response du Bestiaire*), ce petit traité débute ainsi : *Chi commence le prologue de la vraie medecine d'amours, qui aprent a curer le bleceure par le convingnable onguement*..., d'où son titre de *Vraie medecine d'amour* ; il se termine par la mention du nom de l'auteur : ... *si comme dist maistre Bierniers de Chartres qui le traite et fist*. La *Vraie medecine d'amour* reste inédite.

ŒUVRE. — F. Wolf, *Über einige altfranzösische Doctrinen und Allegorien von der Minne, nach Handschriften der K.K. Hofbibliothek*, dans *Denkschriften der Kaiserlichen Akademie der Wissenschaften, Phil.-hist. Klasse*, t. 13 (1864), p. 161-168 [éd. d'extraits].

→ C. Segre, *Li Bestiaires d'amours di Maistre Richart de Fornival e li response du Bestiaire*, Milan-Naples, 1957, p. LXIII (*Documenti di filologia*, 2). — Cf. *GRLMA*, t. VI/1, p. 280 ; t. VI/2, n° 4180. F.F.H.

Bérol ou **Béroul**. Auteur, vers 1200, d'une version anglo-normande du *Purgatoire de saint Patrice**, la plus ancienne après celle de Marie de France*. P. Meyer hésite sur son origine, continentale ou anglo-normande, mais M. Mörner penche pour l'Angleterre. Il est possible qu'il ait été clerc. Dans le *Purgatoire*, son style est émaillé de répétitions.

Il ne faut pas le confondre avec Béroul*, auteur de *Tristan*.

ŒUVRE. — *Le purgatoire de saint Patrice par Bérol*, éd. M. Mörner, Lund, 1917.

→ Cf. *MB* n°s 3353 ; *S* 5760. [Pour le texte, voir : *Purgatoire de saint Patrice*] A.F.L.L.

Béroul. Auteur d'un poème de *Tristan** conservé fragmentairement dans un seul ms. (BN, fr. 2171), copie au demeurant médiocre de la seconde moitié du XIIIe siècle. Les 4 485 vers du fragment appartiennent à la version commune de la légende, telle qu'on peut la lire dans son intégralité dans le *Tristrant* d'Eilhart von Oberg* (v. 1170). Le texte s'ouvre sur la scène du rendez-vous épié et s'achève sur la mort du félon Godoïne ; bien que fragmentaire, l'œuvre nous offre un tableau assez complet de la légende : cour de Marc, forêt du Morois, rencontre d'Arthur et de Marc, scène décisive où l'effet du philtre se dissipe... Béroul, qui intervient à deux reprises dans le texte pour se présenter comme le narrateur autorisé de la bonne version de la légende, reste pour nous un inconnu ; peut-être d'origine normande, il semble s'adresser à un public de Grande-Bretagne (cf. le terme anglais de *lovendrins* et de *lovendrant* pour désigner le philtre aux v. 2138 et 2159). On a proposé plusieurs dates entre 1165 (avant *Erec et Enide*, qui témoignerait de son influence) et 1200 (après le siège de Saint-Jean-d'Acre en 1190-1191 auquel le v. 3849 fait peut-être allusion). En arrière-plan se pose le problème de l'intégrité de l'œuvre : on a beaucoup débattu et on débat toujours sur l'unité (thèse de Hanoset, Vàrvaro, Holden...) ou la dualité (thèse de Raynaud de Lage, Jodogne, Reid...) de l'œuvre. Les partisans de la dualité (la rupture se situerait au v. 2765) invoquent un certain nombre d'incohérences (répétition de la scène des adieux, contradiction dans la mort des félons), un changement d'esprit (première partie proche de la chanson de geste, seconde partie influencée par l'*Eneas**) et une hétérogénéité linguistique (éléments franco-picards présents dans la seconde moitié du fragment). La première partie, œuvre de « Béroul I », pourrait être antérieure à 1170 (avant *Erec* et surtout *Cligés*), la seconde, œuvre d'un remanieur (« Béroul II »), des années 1180 (allusion à *Malpertuis* au v. 4286, demeure de Renart dans la branche 1 du *Roman de Renart** composée vers 1180). Cependant, certains traits transcendent cette hypothétique partition : narration discontinue qui procède par juxtaposition, nombreux appels à l'auditoire, importance de la parole au détriment du récit pur et de la description, ce qui a pour effet de dramatiser la narration, forte présence du contexte féodal. J.-C. Payen a ainsi pu parler, à propos de Béroul, de « version épique » de la légende. La perspective féodale du conflit oncle-neveu, tout comme la dimension primitive et sauvage du héros (cf. sauts prodigieux, invention de l'arc-qui-ne-faut...), disparaissent en grande partie dans la version courtoise ou « lyrique » de Thomas*.

ŒUVRE. — 1. Texte seul : éd. E. Muret revue par L.M. Defourques, Paris, 1947 (*CFMA*, 12). — Éd. A. Ewert, Oxford, 1939 (intro. et commentaires dans le t. 2, 1970).

2. Texte et trad. française : J.-C. Payen, *Tristan et Yseut. Les Tristan en vers,* Paris, 1974. — H. Braet-G. Raynaud de Lage, *Béroul. Tristan et Iseut. I. Édition et traduction. II. Notes et commentaires,* Paris, 1989. — P. Walter (et D. Lacroix), *Tristan et Iseut. Les poèmes français. La saga norroise*, Paris, 1989 (*Lettres Gothiques*).

3. Trad. française seule : H. Braet, Gand, 1974 (d'après l'éd. Ewert). — P. Jonin, Paris, 1974 (d'après l'éd. Muret).

→ P. Le Gentil, *L'épisode du Morois et la signification du « Tristan » de Béroul*, dans *Mél. L. Spitzer*, Berne, 1958, p. 267-274. — A. Vàrvaro, *Il « Roman de Tristan » di Béroul*, Turin, 1963. — T.B.W. Reid, *The Tristan of Beroul ; a Textual Commentary*, Oxford, 1972. — R.H. Bloch, *Tristan, the Myth of the State and the Language of the Self*, dans *Yale French Studies*, t. 51 (1974), p. 61-81. — R. Ménage, *L'atelier Béroul ou Béroul artiste*, dans *Romania*, t. 95 (1974), p. 145-198. — D. Poirion, *Le « Tristan » de Béroul : récit, légende et mythe*, dans *L'Information littéraire*, t. 26 (1974), p. 199-207. — G. Raynaud de Lage, *Les premiers romans français et autres études littéraires et linguistiques*, Genève, 1976, p. 103-125. — T. Hunt, *Abelardian Ethics and Beroul's « Tristan »*, dans *Romania*, t. 98 (1977), p. 501-540. — J. Dufournet, *Présence et fonction de la lèpre dans le « Tristan » de Béroul*, dans *Mél. J.R. Smeets*, Leyde, 1982, p. 87-103. — P. Noble, *Béroul's Tristan and the Folie de Berne*, Londres, 1982. — B.N. Sargent-Baur, *Between Fabliau and Romance : Love and Chivalry in Béroul's « Tristan »*, dans *Romania*, t. 105 (1984), p. 292-311. — M.R. Blakeslee, *« Mal d'Acre, Malpertuis » and the Date of Beroul's « Tristran »*, *ibid.*, t. 106 (1985), p. 145-172. — Cf. *MB* n°s 1641-1656 ; *S* 3005-3106 bis. J.M.F.

Berte et Milon. Chanson de geste franco-italienne de 441 vers, conservée par un manuscrit unique du XIVe siècle, qui raconte les amours de Berte, sœur de Charlemagne, avec le duc Milon, leur fuite, leur vie errante et cachée, leur réconciliation avec Charlemagne.

ŒUVRE. — Éd. A. Mussafia, dans *Romania*, t. 14 (1885), p. 177-192. — Éd. C. Cremonesi, *Berta e Milon. Rolandin. Codice Marciano XIII*, Milan, 1973.

→ G. Paris, *Histoire poétique de Charlemagne,* Paris, 2e éd. 1905. — C. Cremonesi, *A proposito del Codice Marciano fr. XIII,* dans *Mél. R. Lejeune*, t. 2 (1969), p. 747-755. — A. Franceschetti, *Appunti sui cantari di Milone e Berta e della nascita d'Orlando*, dans *GSLI*, t. 152, fasc. 479 (1975), p. 387-399. — L. Renzi, *Il francese come lingua letteraria e il franco lombardo. L'epica carolingia nel Veneto,* dans *Storia della cultura veneta. Dalle origini al Trecento*, Vicenze, 1976. — H. Krauss, *Epica feudale e pubblico borghese. Per la storia poetica di Carlomagno in Italia*, Padoue, 1980, p. 130-143 (*Ydioma Tripharium*, 6). — S.M. Cingolani, *Innovazione e Parodia nel Marciano XIII (Geste Francor)*, dans *Romanistisches Jahrbuch*, t. 38 (1987), p. 61-77. — Cf. *MB* n° *S* 1077. C.R.

Berthaire de Verdun. Il naquit vers 857, et vécut dans une région qui fut un des centres de la renaissance carolingienne. Elevé à l'école de la cathédrale de Verdun, il y étudia les lettres ainsi que les sciences ecclésiastiques. Ordonné prêtre au plus tard en 879, il fut chanoine de Saint-Vanne de Verdun. En 915, sous l'épiscopat de Dadon, un incendie détruisit la cathédrale de Verdun avec presque tous les titres et documents qui la concernaient. La même année, Berthaire, s'aidant d'un catalogue qui avait échappé à la destruction, entreprit de faire un résumé de tout ce qu'il avait appris, par ses lectures et par la tradition, de la succession des évêques de Verdun et des principaux événements de leur vie et dédia ses *Gesta episcoporum Virodunensium (332-887)* à Dadon. Il reste très succinct même sur les épiscopats dont il avait été contemporain. Sa chronique est néanmoins une des meilleures chroniques épiscopales de l'époque. On ignore la date précise de la mort de Berthaire. Son œuvre a été continuée par un moine anonyme de Saint-Vanne, puis par Laurent, moine de Saint-Laurent de Liège, et utilisée par d'autres historiens comme l'auteur anonyme (XIe) de la vie de saint Paul de Verdun, Hugues de Flavigny*.

ŒUVRE. — Éd. Dom A. Calmet, *Histoire de Lorraine*, 1748, t. 42 ; réimpr. 1973, *Preuves*, . III-XI [d'après d'Achery]. — G. Waitz, dans *MGH, Scriptores*, t. 4, 1841, p. 39-45. — *PL*, . 132, col. 507-516 [reprend Waitz]. — Trad. française Dom J. Cajot, *Almanach historique de la ville de Verdun-sur-Meuse...*, s.l., 1775, p. 67-97.

→ M. Borgolte, *Gräben in der Historiographie. Hugo von Flavigny und die Sepultur der Bischöfe von Verdun*, dans *Fälschungen im Mittelalter. Internationaler Kongress der MGH München (1986)*, Hanovre, 1988 (*MGH Schriften*, 33/1), p. 205-240. — M. Sandmann, *Theoderich von Verdun und die religiösen Gemeinschaften seiner Diözese*, dans *Person und Gemeinschaft im Mittelalter*, Sigmaringen, 1988, p. 315-344. — H. Flammarion, *Les sources narratives de Lorraine autour de l'an Mil*, dans *Religion et culture autour de l'an Mil. Royaume capétien et Lotharingie. Actes du colloque Hugues Capet 987-1987, La France de l'an Mil — Auxerre-Metz, 1987*, Paris, 1990, p. 302-308. — *HLF*, t. 6, p. 154-156. — Molinier, n° 1679. — Manitius, t. 2, p. 353-361. — *DACL*, t. 15/2, 1951, col. 2953-2955 (H. Leclercq, art. *Verdun*). — Nouveau Potthast, t. 2, p. 521. — *Lexikon des Mittelalters*, t. 1, 1980, col. 2023-2025 (M. Sot, art. *Berthar*). M.d'H.

Bertolome Zorzi. D'après la *Vida* qui lui est consacrée, ce troubadour fut un commerçant vénitien, un lettré versé dans la politique. Adversaire de Charles d'Anjou*, il écrivit un *planh* (PC 74, 16) à l'occasion de l'exécution de Conradin de Sicile et de Frédéric d'Autriche, décapités à Naples le 29 octobre 1268. Fin connaisseur des œuvres des autres poètes, il imita Arnaut Daniel*, disculpa Peire Vidal* de l'accusation de folie. Fait prisonnier par les Génois, il écrivit une pièce en faveur des Vénitiens (PC 74, 10), répondant sur des rimes identiques, au *sirventes* (PC 101,7) que le Génois Bonifaci Calvo* avait composé contre ses compatriotes. En outre, il a laissé des chansons d'amour et deux poèmes à la Vierge. Les 18 pièces conservées de lui furent composées entre 1266 et 1273. Ses poèmes, écrits dans une langue pure, laissent paraître beaucoup de sincérité.

ŒUVRE. — Éd. E. Levy, *Der Troubadour Bertolome Zorzi*, Halle, 1883. — Éd. partielles : F.J. Oroz Arizcuren, *La lirica religiosa en la literatura provenzal antigua*, Pampelune, 1972, p. 96-111 [PC 74,3 et 6]. — M. de Riquer, *Los trovadores. Historia literaria y textos*, Barcelone, 1975, t. 3, p. 1524-1534 [PC 74,10 et 16].

→ PC, 74. J.S. et G.B.L.

Bertran d'Alamanon. Ce troubadour (vers 1210-1270) fut un chevalier provençal, d'après la très brève *Vida* qui est conservée de lui, et les documents d'archives confirment son état et son origine : Bertran est né dans l'actuelle localité de Lamanon (Bouches-du-Rhône). Les graphies de son nom varient dans les mss : Alamano(n) ou Lamano(n). De 1229 à 1245, date de la mort du comte, le troubadour fréquenta la cour de Provence et jouit de la confiance de Raimon Bérenger IV. Bertran est cité dans une trentaine d'actes officiels, comme témoin de donations ou de pactes. Dans une lettre du 3 avril 1231 notamment, signée par Jacques Ier le Conquérant, il apparaît envoyé par le comte de Provence comme ambassadeur auprès du roi d'Aragon pour obtenir une trêve avec Raimon VII de Toulouse, qui le fit prisonnier l'année suivante. En compagnie de Sordel*, il figure dans la suite du comte de Provence. À partir de 1235, le nom du troubadour italien est associé à celui du provençal dans des documents officiels. Avec lui aussi, il prit part à l'expédition d'Italie à Brescia en 1238. Après la mort de Raimon Bérenger IV, Bertran d'Alamanon resta attaché à la cour de Charles d'Anjou* qui hérita du comté de Provence. Avec chacun de ses protecteurs, le troubadour garda son indépendance d'esprit : suivant le cas, il critiqua ou couvrit d'éloges l'un ou l'autre. À partir de 1266, la documentation ne le mentionne plus.

On lui attribue 21 pièces (24 sont répertoriées par Pillet et Carstens), pour la plupart des *sirventes* politiques ou des débats concernant les luttes féodales qui ont opposé les comtes de Provence au comte de Toulouse entre 1230 et 1249 environ. Ces textes ne manquent ni de vigueur ni d'éloquence et lui ont valu d'être comparé à Bertran de Born*. Bien qu'il dise préférer (PC 76,2 et 437,10 ; 76,7 et 437,11) les armes à l'amour — on n'a de lui que trois *cansos* courtoises sans originalité —, il jouit parmi ses contemporains d'une solide réputation de couardise. Il ne semble pas s'en être défendu et le déclare lui-même dans une *cobla* (PC 76,10) :

L'escurgachar me fa tan gran feresa
que ja per pauc non renec tot qant es,
e.l garnisos m'ausi, tan fort me pesa,
et as armar m'ave, mal grat que.m pes.
Le guêt me fait si peur
que pour peu je renie tout,
le harnais me tue, tant il me pèse,
et il me faut porter les armes, quoi qu'il [m'en coûte.

ŒUVRE. — Éd. J.-J. Salverda de Grave, *Le Troubadour Bertran d'Alamanon*, Toulouse, 1902. — Éd. partielle : M. de Riquer, *Los trovadores, historia literaria y textos*, Barcelone, 1975, t. 3, p. 1403-1416 [PC 76,10-1 = 197,1 — 4-23].

→ PC 76. — M. Boni, *Documenti poco noti riguardanti Bertran d'Alamanon*, dans *Mél. E. Li Gotti*, t. 1, Palerme, 1962, p. 213-223 ; *Altri documenti riguardanti B. d'A.*, dans *Mél. E. Lommatzsch*, Munich, 1975, p. 49-52. — J.-H. Marshall, *Pour l'étude des Contrafacta dans la poésie des troubadours,* dans *Romania*, t. 101 (1980), p. 289-335 [à propos de PC 76, 5 et 11]. — M. Aurell i Cardona, *Le poème « Qi qe s'esmai ni.s desconort » (1215), attribué à Bertran de Lamanon*, dans *Provence historique*, t. 36 (1986), p. 339-345 [PC 76,16 serait anonyme et plus ancien] ; *Le troubadour B. de L. (c. 1210-1270) et les luttes de son temps,* dans *Boletín de la Real Academia de Buenas Letras de Barcelona*, t. 41 (1987-88), p. 121-162.

G.B.L.

Bertran de Born. Seigneur de moyenne importance, le troubadour Bertran de Born a été élevé au rang mythique de héros de roman ou de tragédie dès l'élaboration de sa *Vida* : *Totz lo temps volia qu'ill aguesson guerra ensems, lo paire e.l fils, e.l fraire, l'uns ab l'autre.* En effet, non contente d'en faire un protagoniste de roman galant, l'histoire littéraire a attribué au seigneur de Hautefort en Dordogne un rôle important dans les conflits qui opposèrent violemment Henri II Plantagenêt et ses fils. Dante* n'a fait que reprendre le thème de la *Vida*, quand il figure le troubadour errant (*Inferno*, chap. 18, v. 118-23) sous la forme d'une ombre-tronc tenant sa tête dans sa main en guise de lanterne, afin d'expier le crime d'avoir séparé le père du fils et du frère. Il reste à équilibrer la vision critique : les *sirventes* de Bertran n'ont pas allumé la guerre entre le Jeune roi ou Richard Cœur de Lion et leur père Henri II, ni entre ce dernier et le roi de France ; mais ils ont assurément donné du relief à leurs dissensions en mettant successivement au service des uns et des autres un talent poétique incontestable, soutenu par une passion politique et le goût de la guerre. Le personnage est exceptionnel et son histoire exemplaire.

Né vers 1140, Bertran de Born appartenait à une famille seigneuriale dont les possessions originaires se situaient aux confins du Périgord et du Limousin (la forêt de Born, commune de Salagnac, Dordogne, est précisément située sur la frontière de ces deux provinces), mais qui, dès le début du XIIᵉ, semble avoir possédé la seigneurie de Hautefort en Périgord dont notre poète héritera.

En 1179, Bertran était marié avec une dame Raimonde dont il avait deux fils, Bertran, connu comme troubadour sous le nom de Bertran de Born le fils*, et Itier, deux prénoms traditionnels dans la famille, puisque le père du poète s'appelait Bertran et son grand-père Itier. En 1192, devenu veuf, il est remarié avec une dame Philippe dont il aura deux autres enfants, Bertran le cadet et Constantin (autre prénom traditionnel). La seigneurie de Hautefort était indivise entre le poète et son frère Constantin. La mésentente s'installa vite entre les deux frères et Bertran expulsa Constantin qui demanda aide et protection au vicomte de Limoges et à Richard, duc d'Aquitaine, le futur Richard Cœur de Lion. Il est en effet vassal des ducs d'Aquitaine, en l'occurrence les Plantagenêt, et ses possessions jouxtent celles du roi de France : une position peu avantageuse. Ses biens se trouvent sans cesse dévastés par l'un ou l'autre seigneur ; on comprend mieux alors les revirements de son attitude toujours passionnée : *mas ses mezura non es res* (PC 80,30,v. 14). Il mène une vie agitée, presque uniquement consacrée à la poésie et à l'intrigue politique. Par dépit, et aussi parce que le caractère de ce prince l'avait séduit, Bertran prend le parti du fils aîné de Henri II, le prince Henri, qu'on appelait « le jeune roi », et après le séjour qu'il fit à la cour de Henri II en Normandie vers 1182, il devint, sinon le chef, du moins le porte-parole de la ligue qui se forma en Limousin contre Richard et pour le jeune roi Henri. Jusqu'à la mort de ce dernier le 11 juin 1183 à Martel, dans le Lot, il soutiendra par la plume les revendications de ce prince. Cette amitié a produit les plus fameux *sirventes* de Bertran et le poème considéré comme l'un de ses chefs-d'œuvre, le *planh*, la complainte sur la mort du « jeune roi » (PC 80,26). Comme Richard était soutenu par son père, le roi Henri II, on s'explique la phrase du biographe provençal de Bertran de Born : « il voulait sans cesse que le père, le fils et le frère fussent en guerre l'un contre l'autre ».

La mort du jeune roi fut néfaste à Bertran, car Richard, le 6 juillet 1183, s'empara du château de Hautefort, qu'il rendit à Constantin. Mais cette défaveur fut de courte durée : la *razo* qui précède le *sirventes* : *Pos lo gens terminis floritz* (PC 80,32) présente un récit savoureux de la réconciliation de Bertran avec le roi Henri et le prince Richard. Encore que les détails de ce récit soient sujets à caution, il est de fait que Bertran soutient dès l'année 1184 le parti du roi d'Angleterre et il semble bien que ce soit Bertran lui-même qui ait proposé ses services à son ancien ennemi : n'a-t-il pas écrit à Richard après la prise de Hautefort (PC 80,21) peut-être dans l'hiver 1183-1184 :

S.i l coms m'es avinens
E non avars,
Molt li serai valens
En sos afars
E fis com us argens
Umils e chars.

Si le comte est aimable avec moi s'il [n'est pas avare,
je lui apporterai une aide puissante dans [ses affaires,
je serai pour lui sûr comme l'argent [humble et dévoué.

Il recouvre alors son château de Hautefort et il s'en prend aux ennemis du roi d'Angleterre, le roi d'Aragon Alphonse II et Philippe Auguste, roi de France. Il écrit aussi un appel aux armes en faveur de la 3e Croisade à laquelle va participer Richard Cœur de Lion et il se lamentera sur la captivité de celui-ci.

Vers 1194, Bertran de Born renonce à la vie mondaine et devient moine en l'abbaye de Dalon, voisine de son manoir de Hautefort : il cesse alors toute activité poétique. Son nom est mentionné dans un certain nombre d'actes du cartulaire de Dalon de 1197 à 1202. Il était mort avant 1215.

Telle fut la vie de ce troubadour hors pair. On a, jusqu'à la fin du XIXe siècle, très mal compris le rôle du poète. L'historien Augustin Thierry est même allé jusqu'à faire de lui un patriote méridional, rêvant de l'indépendance de l'Aquitaine et du Languedoc et appelant aux armes ses compatriotes pour la réaliser.

Depuis les études de G. Gouiran et de W. Paden, le personnage de Bertran de Born s'est unifié dans sa diversité. Témoin de la réalité historique de son temps et produit des transformations de la société où il vit, il semble avoir pleinement assumé les contradictions de son caractère. Il est ainsi dans le même temps homme de poésie et homme de guerre, soudard et amoureux courtois, capable d'exhorter au pillage ou à la vie monastique, quémandeur impudent et seigneur orgueilleux.

No.m tengatz per acusador
si.us voill c'uns rics l'autre azir,
car meill s'en poiran valvasor
et castellan de lor jausir.
Que plus es francs, larcs e privatz
fe qu'eu vos dei,
rics hom ab guerra que ab patz.

Ne me prenez pas pour un batailleur
si je veux que les puissants se haïssent,
car mieux en pourront les vavasseurs
et les châtelains tirer profit.
Il est plus franc, généreux et familier,
par la foi que je vous dois,
un grand seigneur en guerre, qu'en paix.

La propriété terrienne pour laquelle Bertran de Born se bat est le trait caractéristique d'un groupe aristocratique alors en plein déclin, tandis que se développe la fortune mobilière des marchands et des paysans enrichis, que Bertran attaque si rudement dans les *sirventes* 25 et 27.

D'après les *Vidas** et les *razos*, Bertran de Born apparaît comme le maître incontesté du *sirventes*. Il manie la langue avec une habileté remarquable ; il connaît toutes les ressources de la rhétorique ; il sait jouer avec les antithèses et les images ; il trouve des accents sincères et touchants pour pleurer son protecteur, le jeune roi Henri : « Mort folle, qui apportes tant de chagrins, tu peux te vanter d'avoir enlevé au monde le meilleur chevalier qui fut jamais ; car tout ce qui fait la réputation de l'homme se trouvait chez le jeune roi anglais. Il vaudrait mieux, s'il plaisait à Dieu, que lui vécût plutôt que tant d'autres, qui n'ont jamais procuré aux vaillants que deuil et tristesse ».

Bertran n'est pas tenu pour un grand troubadour amoureux. Six seulement de ses compositions sont entièrement consacrées à l'amour. Or il aborde le sujet dans près de la moitié de ses pièces, sous des formes diverses. On conserve de lui plus de quarante poésies d'attribution sûre.

ŒUVRES. — Éd. G. Gouiran, *L'amour et la guerre, l'œuvre de Bertran de Born*, Aix-en-Provence, 1985, 2 vol. [éd. critique basée surtout sur *B* et *K*, trad. et notes ; 43 pièces d'attribution certaine, plus quatre d'attribution douteuse ; allie histoire et philologie ; voir M. Pfister, dans *ZRPh*, t. 102 (1986), p. 368-76] ; *Le Seigneur-troubadour d'Hautefort. L'œuvre de B. de Born*, Aix-en-Provence, 1987. — W.D. Paden, T. Sankovitch et P.H. Stäblein, *The Poems of the Troubadour Bertran de Born*, Berkeley-Los Angeles, 1986 [éd. critique basée surtout sur *A* et *I*, trad. angl. et notes]. — Éd. partielles : G. De Poerck, *« Pois Ventedorns e Comborns ab Segur »*, dans *Romania*, t. 77 (1956) , p. 436-445 [PC 80,33] ; *Bertran de Born, « Non puosc mudar un chantar non esparga »*, dans *Romanica Gandensia*, t. 7 (1959), p. 49-63 [PC 80,29] ; *Bertran de Born, « Molt m'es d'iscandre car col »*, dans *AM*, t. 73 (1961), p. 19-33 [PC 80,28]. — S. Pellegrini, *Frammento inedito di canzoniere provenzale*, dans *SMV*, t. 15-16 (1967-1968), p. 89-99 [PC 80,26]. — M. de Riquer, *Los trovadores. Historia literaria y textos*, Barcelone, 1975, t. 2, p. 679-759 [PC 80,23-19-12-26-41-32-35-37-29-5-25-7-8a-15 ; 284, 1 et 9, 19]. — R. Crespo, *B. de Born nei frammenti di un canzoniere provenzale*, dans *Studi medievali*, t. 24 (1983-1984), p. 749-790. — G. Chiarini, *B. de Born nel « De vulgari eloquentia »*, dans *Mél. A. Roncaglia*, Modène, 1989, t. 2, p. 411-419 [éd. PC 80,29, cité par Dante].

→ PC 80. — S. Stronski, *La légende amoureuse de B. de Born*, Paris, 1914, réimp., Genève, 1983. — M. de Riquer, *La littérature provençale à la cour d'Alphonse II d'Aragon*, dans *CCM*, t. 2 (1959), p. 188-193. — P. Zumthor, *L'utilisation poétique du bilinguisme*, dans *Le Moyen Âge*, t. 66 (1960), p. 301-336 et 561-594 [PC 80, 14 et 28]. — S. Pellegrini, *Per il testo delle « Razos » relative à B. de Born*, dans *SMV*, t. 9 (1961), p. 2-9 ; *Studi rolandiani e trobadorici*, Bari, 1964 [chap. 8, sur les *razos*]. — T.G. Bergin, *Dante's Provençal Gallery*, dans *Speculum*, t. 40 (1965), p. 15-30. — K.W. Klein, *The Political Message of B. de Born*, dans *Studies in Philology*, t. 65 (1968), p. 612-630. — Y. Lefèvre, *B. de Born et la littérature française de son temps*, dans *Mél. J. Frappier*, Genève, 1970, t. 2, p. 603-609. — K.W. Klein, *The Partisan Voice : a Study of the Political Lyric in France and in Germany, 1180-1230*, La Haye-Paris, 1971. — S. Méjean, *Contribution à l'étude du « sirventes joglaresc »*, dans *Mél. J. Boutière*, Liège, 1971, t. 1, p. 377-395 [PC 80, 17 et 24]. — F. Pirot, *Recherches sur les connaissances littéraires des troubadours occitans et catalans des XIIe et XIIIe siècles*, Barcelone, 1972. — R. Ehnert, *Wer ist Na Tempra ? Zu zwei Gedichten B. de Born*, dans *GRM*, t. 54 (1973), p. 153-169 [PC 80, 21 et 36]. — W. Kellermann, *B. de Born und Herzogin Mathilde von Sachsen*, dans *Mél. E.R. Labande*, Poitiers, 1974, p. 447-460 [PC 80,19]. — C. Marks, *Pilgrims, Heretics and Lovers. A Medieval Journey*, New York, 1975, p. 192-204. — R. Ehnert, *Les amours politiques de B. de Born*, dans *Neuphilologische Mitteilungen*, t. 77 (1976), p. 128-143. — W.D. Paden, *B. de Born in Italy*, dans *Mél. T.G. Bergin*, New Haven et Londres, 1976, p. 39-66. — T. Barolini, *Bertran de Born and Sordello : the Poetry of Politics in Dante's Comedy*, dans *PMLA*, t. 94 (1979), p. 305-405. — M. Picone, *I trovatori di Dante : B. de Born*, dans *Studi e Problemi di critica testuale*, t. 19 (1979), p. 71-94. — P.H. Stäblein, *The Rotten and the Burned : Normative and Nutritive Structures in the Poetry of B. de Born*, dans *L'Esprit créateur*, t. 19 (1979), p. 107-119 [PC 80,44]. — J.H. Marshall, *Pour l'étude des « Contrafacta » dans la poésie des troubadours*, dans *Romania*, t. 101 (1980), p. 289-335 [PC 80, 26 aurait emprunté mètre, forme et mélodie (?) à PC 335,9]. — W.D. Paden, *De monachis rithmos facientibus Hélinant de Froidmont, B. de Born, and the Cistercian General Chapter of 1199*, dans *Speculum*, t. 55 (1980), p. 669-685 [voir PC 80, 18 et 22] ; *De l'identité historique de B. de Born*, dans *Romania*, t. 101 (1980), p. 192-244. — A. Serper, *Recherches sur « Ges no mi desconort » de B. de Born*, dans *Mél. J. Horrent*, Liège, 1980, p. 409-415 [PC 80, 21 daterait de 1183]. — P.H. Stäblein, *La sémiologie de la chasse dans la poésie de B. de Born*, dans *La chasse au Moyen Âge, Actes du colloque de Nice*, 1980, p. 447-462. — F. Suitner, *Due trovatori nelle Commedia (B. de Born e Folchetto di Massiglia)*, dans *Atti dell'Ac. Naz. dei Lincei, Classe de Scienzi morali, stor. e filol.*, t. 24 (1980), p. 580-643. — G. Gouiran, *La prière comme indice des idées religieuses de B. de Born*, dans *Senefiance*, t. 10 (1981), p. 282-298 [dans les *planhs**]. — J.E. Ruiz Domenec, *El sonido de la batalla en B. de Born*, dans *Medievalia*, t. 2 (1981), p. 77-109. — G. Gouiran, *L'or chez les grands troubadours du Limousin et du Périgord de la seconde moitié du XIIe siècle*, dans *Senefiance*, t. 12 (1983), p. 169-184. — D. Rieger, *Kalter Wind und Pferdegewicker. Zwei Sonderfälle des trobadoresken Natureingangs*, dans *ZFSL*, t. 93 (1983), p. 2-13 [dans PC 80, 35]. — G. Gouiran, *B. de Born, poète d'amour*, dans *Mél. L. Topsfield*, Cambridge, 1984, p. 52-61 ; *B. de Born et la troisième croisade. Essai de datation de deux chansons*, dans *Mél. J. Larmat*, Paris, 1985, p. 127-142 [PC 80,30 : 1187-88]. — M. Dauzier,

Le mythe de B. de Born, Paris, 1986. — G. Gouiran, *Le copiste du manuscrit A et les chansons de B. de Born*, dans *Actes du 17ᵉ congrès intern. de linguist. et philol. romanes*, Aix-en-Provence, 1986, vol. 9, p. 137-149. — P.H. Stäblein, *Love Poems with Political Hearts : B. de Born and the Courtly Language of War*, dans *Mél. P. Remy*, Kalamazoo, 1986, t. 1, p. 291-300. — S. Thiolier-Méjean, *D'une image cynégétique chez Marcabru et B. de Born*, dans *Mél. R. Sindou*, Clermont-Ferrand, 1986. — M. Dauzier, *B. de Born ou l'enfer salvateur*, dans *Actualité des troubadours*, Ventabren, 21 juin 1987, p. 15-19. — G. Gouiran, *L'opinion publique au Moyen Âge : B. de Born, ibid.*, p. 20-25 ; *B. de Born et le comte Geoffroy de Bretagne*, dans *Actes du 1ᵉʳ congrès intern. de l'AIEO*, Londres, 1987, p. 229-241. — P.H. Stäblein, *Menace and Delight : The Catalan Image in the Poetry of B. de Born*, dans *Mél. M. de Riquer*, Barcelone, 1988, t. 3, p. 454-464. — M. de Riquer, *La heraldica y los trovadores*, dans *Mél. J.-C. Payen*, Caen, 1989, p. 305-310. — *Bibliogr. de la littérature occitane du Moyen Âge*, dans *Bulletins de l'AIEO*, n° 5 (1990), p. 10-11. Ch.R. et G.B.L.

Bertran de Born le fils. Fils du premier mariage du grand troubadour, il apparaît dans la documentation jusqu'en 1233. Avec son frère Itier, il fut armé chevalier en 1192. Deux poésies seulement lui sont attribuées de façon sûre (PC 81,1 et 1a) : deux *sirventes*, le premier, contre Jean sans Terre, dans la manière de son père ; le second de thème amoureux, plus personnel, adressé à sa dame *Flor de Lis*.

ŒUVRE. — Éd. A. Kolsen, *Die Sirventes-canzone des Bertran de Born lo filh*, dans *Neuphilologische Mitteilungen*, t. 37 (1936), p. 284-289 [PC 81, 1a]. — M. de Riquer, *Los trovadores. Historia literaria y textos*, Barcelone, 1975, t. 2, p. 951-954 [PC 81,1].

→ PC 81.

Voir aussi : Bertran de Born. G.B.L.

Bertran Boysset. Voir : *Arles (Roman d')*.

Bertran Carbonel. Ce Provençal appartient à la dernière génération des troubadours : il aurait écrit entre 1252 et 1265. Marchand à Marseille, il fut un client des princes des Baux, dont certains furent vicomtes de Marseille. Sa vie est peu connue, mais son œuvre apporte beaucoup d'informations sur les mœurs du temps. On a conservé de lui 18 poèmes (six *cansos*, huit *sirventes*, trois *tensos* fictives, dont deux avec un cheval et la troisième avec le cœur du poète, un *planh* enfin), et un ensemble de 94 *coblas*, sans doute la partie la plus originale de son œuvre. On y apprend par exemple que les marchands de Marseille aimaient se provoquer à des joutes poétiques. Sur des rimes données, ils composaient des *coblas*, à portée morale, satirique et même littéraire. Héritier d'une certaine culture classique — il cite Ovide*, Térence... —, il essaie d'imiter Peire Cardenal* (PC 82, 16), sans atteindre la force du grand satirique, et dans le lyrisme, sans parvenir à soulever toujours l'émotion (PC 82,8 est une exception).

ŒUVRE. — Éd. A. Jeanroy, *Les coblas de B.C. publiées d'après tous les manuscrits connus*, dans *AM*, t. 25 (1913), p. 137-188. — G. Contini, *Sept poésies lyriques du troubadour B.C. de Marseille, ibid.*, t. 49 (1937), p. 5-41, 113-152, 225-240 [éd. des *sirventes*, voir K. Lewent, *ibid.*, t. 51 (1939), p. 37-48]. — Éd. partielle : M. de Riquer, *Los trovadores, historia literaria y textos*, Barcelone, 1975, t. 3, p. 1396-1402 [PC 82, 16-20-41-27 et 33].

→ PC 82. — C. Brunel, n° 54. — A. Långfors, *À propos de B.C.*, dans *Romania*, t. 66 (1940), p. 376-378. — R.A. Taylor, *La littérature occitane du Moyen Âge*, Toronto, 1977, n° 358. G.B.L.

Bertran de Marselha. Nous savons de cet auteur ce qu'il nous dit de lui-même, au début de son poème *La Vie de sainte Énimie*. Il se dit « maître », donc gradué de quelque Université, et clerc. Il est probablement d'origine marseillaise. On peut supposer qu'il séjourna au couvent de Sainte-Énimie en Lozère, les relations entre Marseille et ce pays étant facilitées par l'existence, en Gévaudan, de plusieurs prieurés dépendant de l'abbaye de Saint-Victor.

L'auteur a raconté la vie miraculeuse de la sainte, en traduisant une *Vita* latine à laquelle il ajoute un certain nombre de détails empruntés à d'autres sources ou pris sur les lieux dans les légendes orales.

Énimie, princesse de la famille de Clovis, devenue lépreuse, se retire dans la vallée du Tarn en Gévaudan, où elle guérit de son mal. Quand elle veut quitter ce pays, elle est malade à nouveau. Elle y fonde alors un monastère dont elle est abbesse, et meurt en odeur de sainteté. Quand on veut emmener son corps en France, on prend par erreur celui d'une filleule ensevelie au-dessus d'elle. Sur sa tombe s'accomplissent de nombreux miracles.

L'auteur écrit dans une langue très pure et a un véritable talent de narrateur.

Un manuscrit unique du XIVe siècle (Paris, Bibl. de l'Arsenal, 6355) a conservé cette œuvre des premières années du XIIIe siècle : 2 000 vers octosyllabiques à rimes plates.

ŒUVRE. — Éd. C. Brunel, *Bertran de Marseille. La vie de sainte Énimie, poème provençal du XIIIe siècle*, Paris, 1917 (*CFMA*, 17).

→ C. Brunel, n° 135 ; *Sur l'identité de quelques troubadours*, dans *AM*, t. 66 (1954), p. 245-247. — H. Dupont, *Un autographe du troubadour B. de M.*, dans *Revue du Gévaudan, des Causses et des Cévennes*, t. 3 (1957), p. 230-232. — A. Souton, *Le château natal du troubadour B. de M.*, *ibid.*, t. 13 (1967), p. 53-60. — R.A. Taylor, *La littérature occitane du Moyen Âge*, Toronto, 1977, n° 735. J.S.

Bertran de Paris. Voir : *Ensenhamen*.

Bertran de Paris de Rouergue. Bertran de Paris appartenait à la famille des seigneurs du château de Paris en Rouergue. Ce village, devenu Parisot, est situé dans l'actuel département du Tarn-et-Garonne, à la limite de l'Aveyron. Le prénom de Bertran a été porté par cinq personnages de la famille entre 1150 et 1350 environ. De l'œuvre de ce troubadour, une seule pièce a été conservée, dans deux mss. L'étude historique des personnages cités dans l'envoi du poème, la comtesse de Rodez et le seigneur de Canillac, permet de préciser les dates de l'auteur. La critique actuelle a retenu la période 1270-1290 comme celle de la composition par Bertran IV de Paris du poème adressé à Gordo, dans l'entourage de la cour de Rodez. La comtesse ne serait autre que l'épouse d'Henri II (1274-1302), prince très favorable à la création poétique érudite. Le poème, sans doute incomplet, que Bertran intitule lui-même *sirventes*, a longtemps été considéré par la critique comme un *ensenhamen** ou un *sirventes-ensenhamen*. Le texte se présente sous une forme strophique et comporte 10 huitains décasyllabiques suivis de trois envois de 4 vers. Sa versification est très complexe : deux formules métriques se succèdent et au moins 4 séries de rimes. On peut alors supposer que ce serait le seul exemple connu d'un poème imité de plusieurs autres et qui aurait été chanté sur autant de mélodies, ceci à des fins satiriques et comiques.

Comme l'œuvre très proche du Catalan Guiraut de Cabreira, le poème est adressé à un jongleur, que Bertran accuse d'ignorer les rudiments de son art. Le troubadour en profite pour énumérer les connaissances littéraires qu'un jongleur digne de ce nom devrait posséder. Bertran cite pêle-mêle des héros bibliques, mythologiques, historiques, légendaires : Arthur, Moïse, Achille, Œdipe, César, Tristan, Merlin, Salomon..., ce qui est particulièrement éclairant sur la culture d'un modeste seigneur rouergat du XIIIe siècle.

ŒUVRE. — Éd. F.M. Chambers, *The ensenhamen-sirventes of Bertran de Paris*, dans *Mél. I. Frank*, Sarrebruck, 1957, p. 129-140. — F. Pirot, *Recherches sur les connaissances littéraires des troubadours occitans et catalans des XIIe et XIIIe siècles. Les « sirventes-ensenhamens » de Guerau de Cabrera, Guiraut de Calanson et Bertran de Paris*, Barcelone, 1972, p. 596-614.

→ PC 85. — F.M. Chambers, *La forme de l'Ensenhamen de B. de Paris*, dans *Mél. Menendez Pidal*, t. 7/1, Madrid, 1957, p. 217-223. — S. Méjean, *Contribution à l'étude du « sirventes joglaresc »*, dans *Mél. J. Boutière*, Liège, 1971, t. 1, p. 377-395. — F. Pirot, *Recherches...*, Barcelone, 1972, p. 262-322. — D.A. Monson, *Les « ensenhamens » occitans. Essai de définition et de délimitation du genre*, Paris, 1981, p. 156-166. — S. Guida, *« Jocs » poetici alla corte di Enrico II di Rodez*, Modène, 1983. G.B.L.

Bertrand de Bar-sur-Aube. Le « gentil clerc » comme il se surnomme lui-même au commencement d'une de ses œuvres, *Girart de Vienne*, est un écrivain champenois que l'on situe vers la fin du XIIe siècle ou au début du XIIIe siècle, qui dut connaître son heure de célébrité, mais au sujet duquel on ne possède plus aujourd'hui de renseignements biographiques.

Il est certainement l'auteur de *Girart de Vienne** et, fort vraisemblablement aussi, d'*Aymeri de Narbonne**, malgré quelques polémiques à ce sujet. On lui a parfois aussi attribué les *Narbonnais** et une version de *Beuve de Hantone**, mais ces attributions ont été contestées.

→ W.W. Kibler, *Bertrand de Bar-sur-Aube, Author of Aymeri de Narbonne ?*, dans *Speculum*, t. 48 (1973), p. 277-292 [compare le style et la versification d'*Aymeri* et de *Girart* et conclut qu'ils ne peuvent avoir été composés par le même auteur]. — Cf. *MB* nos 154-162, 433-442 ; *S* 997-1001, 1192-1203. J.W.W.

Bertrandon de la Broquière. Né dans le duché de Guyenne à une date inconnue, Bertrandon de la Broquière remplissait dès 1421 les fonctions d'écuyer tranchant de Philippe le Bon, auprès duquel il fit une rapide et heureuse carrière ; en 1425, il devient premier écuyer tranchant et perçoit une pension annuelle. Entre février 1432 et le milieu de l'année 1433, il entreprend un voyage en Orient, destiné à fournir des informations pour la croisade que projetait le duc contre les Turcs. À son retour, il est comblé d'honneurs et reçoit soldes et faveurs pour services rendus. Il meurt à Lille en 1459. Bertrandon a laissé le récit de sa mission dans le *Voyage d'Outremer*, composé à partir de notes prises au jour le jour ; il y raconte son périple, depuis le départ de Gand, la traversée de la Palestine, la Syrie, l'Asie Mineure, avec arrêt à Constantinople, puis la Serbie, enfin le retour par la Hongrie, l'Autriche, la Bavière et la Suisse, et l'arrivée à Dijon un an après le départ. Il rencontra l'empereur Jean Paléologue, qui le questionna sur Jeanne d'Arc, Jacques Cœur, alors en séjour à Damas et parfaitement instruit des mouvements des navires en Méditerranée orientale. Bertrandon est un témoin remarquablement ouvert, doué d'une bonne connaissance des langues : italien, grec, turc. Il est toutefois peu critique et n'écarte ni les *mirabilia* ni les légendes, ainsi l'histoire du royaume du Prêtre Jean et de ses merveilles, que lui conte un agent napolitain de retour d'Abyssinie. Son récit est une source importante pour l'histoire, la géographie et l'ethnologie du Moyen-Orient avant 1453. Il n'est pas impossible que dans la dernière phase de la rédaction, il ait été aidé par Jean Miélot*. Il paraît assuré qu'il a également traduit un mémoire militaire rédigé en italien à Florence (1440) par Jean Torzelo, chambellan de l'empereur de Constantinople. Ce traité, sorte de plan de campagne contre le sultan, avait été transmis à Philippe le Bon, qui en confia la traduction à Bertrandon. *L'advis sur la conqueste de la Grece et de la Terre Sainte* fait, en effet, suite dans le manuscrit à son récit de voyage.

ŒUVRES. — Éd. A. Schefer, Paris, 1892 (*Recueil de voyages et documents pour servir à l'histoire de la géographie depuis le* XIII*e siècle jusqu'à la fin du* XVI*e siècle*) [éd. de l'*Advis* à la suite du *Voyage* ; trad. anglaise G.R. Kline, *Bertrandon de la Broquière, The Voyage d'Outremer*, New York, Berne, Francfort, Paris, 1988 (*American Univ. Studies*, sér. 2, *Romance Languages and Literature*, 83) [à utiliser avec précaution, beaucoup d'erreurs].

→ G. Doutrepont, *La littérature française à la cour des ducs de Bourgogne*, Paris, 1909, p. 247-248, 259-262. — M. Izzedin, *Deux voyageurs du* XV*e siècle en Turquie : Bertrandon de la Broquière et Pero Tafur*, dans *Journal asiatique*, t. 239 (1951), p. 159-167. — Molinier n° 4119. — Nouveau Potthast, t. 2. p. 525-526. — Cf. *MB* n°s 5585 ; *S* 8120, 8127. G.T.L.

Bestiaires. Les bestiaires sont des traités sur les propriétés, réelles ou légendaires, des animaux et sur les symboles moraux ou religieux qui en sont tirés. Les deux principes réciproques de l'anthropomorphisme des animaux et du zoomorphisme de l'homme inspirèrent aussi la tradition des fabulistes depuis le *Panchatantra* hindou jusqu'aux *Isopets**, toutes œuvres qui mettent en scène des animaux sans être pour autant des bestiaires.

Le plus ancien bestiaire connu est le *Physiologus* composé en grec à Alexandrie, au IIe siècle après J.-C. : le *Physiologus* traitait des animaux (quadrupèdes et serpents), des oiseaux et de quelques pierres réputées précieuses, en 48 ou 49 chapitres. Ce « naturaliste » a donné lieu à de nombreuses versions latines (la plus ancienne serait antérieure à 386-388 ou au moins à 431), qui furent, à leur tour, traduites : en Angleterre en langue anglo-saxonne (avant la conquête normande) et en prose française dans le *Bestiaire* de Pierre de Beauvais*. Il existe aussi plusieurs remaniements du *Physiologus*, en vers latins, comme celui qui est attribué à Theobaldus, abbé du Mont-Cassin de 1022 à 1035, et celui qui a circulé sous le titre de *Dicta Chrysostomi* (car attribué à Jean Chrysostome).

Du *Physiologus* encore, auquel s'ajoutent d'autres sources (les encyclopédies de Pline, Solin, Isidore*...), proviennent les chapitres sur les animaux qui font partie des compilations encyclopédiques latines postérieures : le *De animalibus* d'Albert le Grand*, le *De proprietatibus rerum* de Barthélemy l'Anglais*, le *De natura rerum* de Thomas de Cantimpré*, le *Speculum naturale* de Vincent de Beauvais*, comme des encyclopédies en langues vulgaires : le *Livre du Trésor* de Brunetto Latini* (I, CXXX-CC), l'*Acerbe* de Cecco d'Ascoli (livre III), le *Llibre de les besties*, chapitre du *Llibre de meravelles* de Ramon Llull*.

Au *Physiologus* se rattache le *De Bestiis et aliis rebus* (en trois livres), attribué à Hugues de Saint-Victor*, et dont le premier livre — le plus connu — est un *Aviarium*. Les bestiaires romans en vers de Philippe de Thaon* et de Guillaume Le Clerc* — ce dernier appelé *Bestiaire divin* (vers 1210) — dérivent d'une même version du *Physiologus* ; le *Bestiaire divin*, le plus long des bestiaires en vers français (3 426 vers pour 35 chapitres), connut une grande popularité, attestée par l'existence de quelque 23 mss ; dans le *Bestiaire* (3 194 vers pour 38 chapitres) de Philippe de Thaon, composé en Angleterre, après 1121 (date du mariage de la dédicataire, Aélis de Louvain, avec Henri Ier d'Angleterre), apparaît le premier exemple français du mot « bestiaire ».

Au contraire, le *Bestiaire* de Gervaise* (1 280 vers pour 29 chapitres), qui date de la première moitié du XIIIe siècle, est une adaptation des *Dicta Chrysostomi*, qui comptent 27 chapitres.

Le *Bestiaire* en prose de Pierre de Beauvais connut deux versions, l'une courte (38 chapitres) et antérieure à 1206, l'autre longue (71 chapitres). Son prologue donne la définition du genre littéraire : *Chi commence li livres c'on apele Bestiaire. Et por ce est il apelés ensi, qu'il parole des natures des bestes.* Ce *Bestiaire* a servi de modèle au plus célèbre des bestiaires français, le *Bestiaire d'amour* de Richard de Fournival*. Le *Bestiaire d'amour* a probablement aussi des rapports avec le *Bestiaire tosco-vénitien* et avec le *Bestiaire toscan*, de même qu'avec le *Libellus de naturis animalium*, lui-même source directe du *Bestiaire vaudois* (écrit au XVe siècle, intitulé *De las Propriotas de las animanças* et conservé dans le seul ms. Dublin, Trinity College, C.5.21).

Au XVe siècle, apparurent de nombreux textes catalans relatifs aux animaux, parmi lesquels des bestiaires qui sont des adaptations, plus que des traductions, du *Bestiaire toscan*.

Les manuscrits des nombreux bestiaires latins du Moyen Âge sont, en général, très richement illustrés ; le plus souvent, les bestiaires français possèdent également des miniatures, mais celles-ci sont moins raffinées que celles des bestiaires latins.

Les bestiaires ont été une source de symboles pour la prédication, de suggestions pour la poésie, d'images pour l'iconographie ; ils ont laissé des traces dans l'héraldique, dans les proverbes et dans les croyances populaires.

ŒUVRES. — Outre les éd. des bestiaires français de Gervaise, Guillaume le Clerc, Philippe de Thaon, Pierre de Beauvais et Richard de Fournival, voir : A. Mayer, *Der waldensische Physiologus*, dans *Romanische Forschungen*, t. 5 (1980), p. 392-418 [édition]. — *The Old English Elene, Phoenix and Physiologus*, éd. A.S. Cook, New Haven, 1919 [bestiaire en langue anglo-saxonne]. — *Physiologus latinus ; Éditions préliminaires, version B*, éd. F.J. Carmody, Paris, 1939. — *Physiologus. The Very Ancient Book of Beasts, Plants and Stones, Translated from Greek and Other Languages*, trad. F.J. Carmody, San Francisco, 1953 [trad. en anglais moderne]. — *Bestiaires du Moyen Âge : Pierre de Beauvais, Guillaume le Clerc, Richard de Fournival, Brunetto Latini, Corbechon...*, trad. G. Bianciotto, Paris, 1980 (*Stock Plus, Moyen Âge*, 35). — *Bestiarium* [trad. M.-F. Dupuis et S. Louis, étude du ms. par X. Muratova], Paris, 1984, 2 vol. (*Musée du livre*) [fac-similé du bestiaire latin du ms. Oxford, Bodleian Libr., Ashmole 1511, ill. en Angleterre entre 1180 et 1220 ; trad. française moderne]. — *Le Bestiaire : texte intégral trad. en français moderne, reproduction en fac-similé des miniatures du Bestiaire Ashmole 1511 de la Bodleian Library d'Oxford*, trad. de M.-F. Dupuis et S. Louis, commentaire D. Poirion, Paris, 1988 (*Les Reliquaires*) [ne contient que la trad., pas le fac-similé complet du ms.].

→ F. McCulloch, *Medieval Latin and French Bestiaries*, Chapel Hill, 1960, 3e éd., 1970 (*North Carolina Studies in the Romance Languages and Literatures*, 33). — F. Armengaud et D. Poirion, *Bestiaires*, dans *Encyclopedia universalis*, t. 3, 1968, p. 214-223. — H.R. Jauss, *Rezeption und Poetisierung des Physiologus*, dans *GRLMA*, t. VI/1, Heidelberg, 1968, p. 170-181 ; *Réception et transformation littéraire du Physiologus*, *ibid.*, t. VI/2, Heidelberg, 1970, p. 219-230. — C. Roth, *Du bestiaire divin au bestiaire d'amour*, dans *Études de lettres*, s. 3, t. 2 (1969), p. 197-216. — A.C. Henderson, *Moralized Beasts : The Development of Medieval Fable and Bestiary, Particularly from the Twelfth through the Fifteenth Centuries in England and France*, thèse dactylo., Berkeley, Univ. California, 1973. — N. Henkel, *Studien zum Physiologus im Mittelalter*, Tübingen, 1976 (*Hermaea. Germanistische Forschungen. Neue Folge*, 38). — J. Bichon, *L'animal dans la littérature française au XIIe et au XIIIe siècle*, Lille, 1976, 2 vol. — I. Malaxecheverria, *Le Bestiaire médiéval et l'archétype de la féminité*, Paris, 1982 (*CIRCE, Cahiers de recherche sur l'imaginaire*, 12-13). — X. Muratova, *Problème de l'origine et des sources des cycles d'illustrations des mss des Bestiaires*, dans *Épopée animale, fable, fabliau. Actes du 4e colloque de la Société internationale renardienne (Évreux, 7-11 septembre 1981)*, Paris, 1984, p. 383-408 (*Publ. Univ. Rouen*, 83).

— M. Salvat, *Notes sur les bestiaires catalans, ibid.*, p. 499-508. — *Le Monde animal et ses représentations au Moyen Âge, Actes du 15ᵉ congrès de la Société des historiens médiévistes (Toulouse, 25-26 mai 1984),* Toulouse, 1985. — K. Ringger, *Bestiaires et lapidaires, un genre littéraire ?*, dans *Actes du 18ᵉ Congrès international de Linguistique et de Philologie romanes, Univ. de Trèves (Trier), 1986,* Tübingen, 1988, t. 6, p. 136-148. — *Beasts and Birds of the Middle Ages : the Bestiary and its Legacy*, dir. W.B. Clark et M.T. Munn, Philadelphie, 1989. — Cf. *MB* nᵒˢ 2872-2885 ; 6561-6562 ; 7728-7729 ; *S* 5340-5371, 5375. Ce.S. et F.F.H.

Bestourné. Sobriquet d'un jongleur ou d'un ménestrel du XIIIᵉ siècle, originaire du Nord de la France ou de la Lorraine : ce surnom de « Bestourné » apparaît dans les rubriques des chansonniers C (Berne, Stadtbibl. 389) et T (Paris, BN, fr. 12615). On ne possède aucun renseignement sur sa personne. Son œuvre comprend : deux chansons d'amour, une pastourelle, un serventois rempli de plaintes amères sur la corruption du temps, et un jeu-parti où il a pour partenaire un nommé Gautier.

ŒUVRES. — A. Långfors, A. Jeanroy et L. Brandin, *Recueil général des jeux-partis français*, Paris, 1926, t. 1, p. LIII ; t. 2, p. 195-197 (*SATF*, 70). — *Anthologie de la poésie lyrique française des XIIᵉ et XIIIᵉ siècles*, éd. bilingue J. Dufournet, Paris, 1989, p. 240-243 et 351 (*NRF/Poésie*).

⟶ H. Petersen Dyggve, *Onomastique des trouvères*, Helsinki, 1934, p. 51. — Linker, nº 23. G.M.

Beuve de Hantone. Chanson de geste. La version anglo-normande de cette célèbre légende, la plus ancienne et la plus brève (début du XIIIᵉ siècle, 3 850 vers alexandrins, mêlés de décasyllabes), raconte une succession rapide et invraisemblable d'aventures héroïques et romanesques. Beuve est le fils du comte Gui de Hanstone, en Angleterre, et de la fille du roi d'Écosse. Quand il a dix ans, son père est assassiné par l'empereur Doon d'Allemagne, à l'instigation de sa mère, et lui-même vendu à des marchands sarrasins qui l'emmènent en Égypte et le présentent au roi Hermine. Cinq ans plus tard, armé chevalier, il met en fuite une armée assiégeante et conquiert, puis libère son chef, le roi Bradmond. Il refuse l'amour que lui offre la fille d'Hermine, Josiane, et, calomnié par des envieux, est livré à son ennemi Bradmond qui le jette dan un cul-de-basse-fosse, où il reste sept ans. Entre-temps, Josiane est donnée en mariage à Yvori de Montbrant, mais garde sa virginité au moyen d'une ceinture enchantée. Beuve s'échappe de sa prison, tue Bradmond, enlève Josiane à son mari, conquiert le géant Escopart et le convertit au christianisme. Les trois prennent la mer et arrivent à Cologne, où l'oncle de Beuve est évêque. Celui-ci baptise les deux Sarrasins, qui restent à Cologne quand Beuve se met en route pour l'Angleterre dans le dessein de venger son père. Pendant son absence, le comte Miles épouse Josiane de force, mais quand il veut entrer dans le lit nuptial, elle lui brise le cou en l'étranglant de sa ceinture. Condamnée au bûcher, elle est délivrée par Beuve revenu juste à temps. Reparti pour l'Angleterre à la tête d'une armée, Beuve combat Doon et le fait périr dans du plomb bouillant ; sa mère se tue en se jetant du haut d'une tour. D'abord bien reçu à la cour d'Angleterre, Beuve est forcé de s'exiler quand son cheval Arundel tue d'un coup de sabot le fils du roi qui voulait s'en emparer. D'autres aventures s'ensuivent, au cours desquelles Josiane est séparée de Beuve pendant sept ans et ne le retrouve qu'après avoir longuement erré, déguisée en jongleur. A Abreford, capitale du roi Hermine, Beuve repousse les attaques d'Yvori de Montbrant, voit son fils couronné roi par Hermine, converti au christianisme. Tous leurs ennemis se convertissent aussi et il faut plus de quatre mois pour les baptiser. L'autre fils Miles couronné roi d'Angleterre, Beuve revient mourir à Montbrant, le même jour que Josiane et son bon cheval Arundel.

Les trois versions françaises continentales allongent démesurément ce récit déjà touffu. Toutes en décasyllabes, elles ont été écrites au XIIIᵉ au Nord et à l'Est de Paris, en Picardie, en Beauvaisis et à Reims (?). Elles comptent de 10 000 à 20 000 vers. Il existe également une mise en prose du XVᵉ s. (avant 1469). En Italie furent composées des versions en franco-italien, en vénitien, en *ottava rima* et en prose, et d'Italie la légende passa dans l'est de l'Europe, en Roumanie et en Russie, où le conte est resté populaire. En Europe occidentale la chanson française fut traduite et adaptée, au Moyen Âge, en anglais, en gallois et en vieux norrois.

ŒUVRES. — *Der anglonormanische Boeve de Haunstone*, éd. A. Stimming, Halle, 1899.

— *Die franko-italienische Version des Bovo d'Antone*, éd. J. Reinhold, dans *ZRPh*, t. 35 (1911), p. 555-607 et 683-714 et t. 36 (1912), p. 1-32. — *Der festländische Bueve de Hantone*, éd. A. Stimming, t. 1, Halle, 1911 (*Gesellschaft für romanische Literatur*, 25) [1re réd.] ; t. 2, Halle, 1912-1918, 2 vol. (même collection, 30 et 41) [2e réd.] ; t. 3, Halle, 1914-1920, 2 vol. (même collection, 34 et 42) [3e réd.]. — *Beufves de Hantonne. Version en prose*, éd. M.-M. Ival dans *Senefiance*, t. 14 (1984) [éd. d'après un incunable ; étudie les sources de la version en prose].

→ C. Boje, *Über den altfranzösischen Roman von Beuve de Hamtone*, Halle, 1909. — J.E. Matzke, *The Oldest Form of the Beves Legend* dans *Modern Philology*, t. 10 (1912-1913), p. 19-54. — A. Hilka, *Eine neue Version des Bueve de Hantone*, dans *ZRPh*, t. 44 (1924), p. 265-290. — J. Horrent, *Bueve de Hantone et la Condesa traidora*, dans *Les Lettres romanes*, t. 36 (1982), p. 41-57 [relations avec la légende castillane ; refuse l'hypothèse d'E. von Richthofen et M. de Riquer selon laquelle la *Condesa* serait la source de Beuve]. — F. Suard, *Le « Beuves de Hantonne » en prose : importance et expression du sentiment amoureux*, dans *Actes du 5e colloque internat. sur le Moyen Français*, Milan, 1986, t. 3, p. 73-88. — Cf. *MB* nos 270-286, 6068 ; *S* 1078-1080. C.A.K. et A.F.L.L.

Bible au Moyen Âge. Les textes originaux de la Bible ont eu, en France au Moyen Âge, une diffusion limitée. L'Ancien Testament en 24 livres de la tradition hébraïque n'a circulé que dans les communautés juives, c'est-à-dire essentiellement dans l'Est et le Midi de la France. La version grecque de l'Ancien Testament, dite des Septante, et le texte du Nouveau n'ont guère été connus, sauf peut-être dans le cercle des hellénistes carolingiens d'origine irlandaise à l'abbaye de Saint-Denis où, depuis le IXe siècle, est attestée quelque connaissance du grec.

Les inventaires médiévaux de bibliothèques juives contiennent tous des Bibles complètes ou partielles et des commentaires bibliques. Les persécutions dont les juifs ont été l'objet en France ont anéanti par le feu des bibliothèques entières, telles les destructions de 1242, sous saint Louis, et celles qui ont accompagné les expulsions de 1306, sous Philippe le Bel, puis celles de 1322 et 1394. Quelques volumes confisqués à l'intention du roi ou qui avaient échappé aux bûchers nous sont néanmoins parvenus. Ainsi une Bible de 1215, considérée comme la première Bible hébraïque enluminée, écrite et illustrée à La Rochelle par un copiste à qui l'on doit également une autre Bible, datée de 1216, des Bibles copiées en Lorraine ou en Franche-Comté en 1286 et à Perpignan en 1299, des Pentateuque transcrits en 1300 dans le Jura, à Poligny, ou à Paris en 1303. Cependant, la majorité des Bibles de provenance française sont d'origine germanique, espagnole ou italienne. Les très rares hébraïsants chrétiens semblent n'avoir eu accès à la Bible hébraïque que par leurs contacts avec quelque rabbin ami. L'essentiel de leurs connaissances en hébreu provient en effet de saint Jérôme, *Hebraicae questiones in libro Geneseos, Liber interpretationum hebraïcorum nominum* et *Liber de situ et nominibus locorum hebraïcorum*. Il faudra attendre le concile de Vienne en 1311-1312 pour que soit prescrit l'enseignement dans les Universités des langues sémitiques, hébreu et arabe, et du grec, sans grand résultat du reste, sauf pour l'arabe, dans les couvents des ordres missionnaires. On a conservé plusieurs glossaires bibliques hébreu-français, précieux pour la connaissance des parlers romans. Remarquables aussi ont été des exégètes juifs comme Salomon ben Isaac, dit Rashi, de Troyes (1040-1105), qui a inséré dans ses commentaires bibliques des gloses en dialecte champenois à l'usage d'élèves à qui la langue vulgaire était plus familière que l'hébreu, ou Lévi ben Gershom, dit Gersonide, de Bagnols-sur-Cèze (1288-1304), qui a glosé en provençal des termes hébreux dans ses commentaires sur la Torah, Job, le Cantique des cantiques, l'Ecclésiaste, Esther, Ruth, etc., œuvres d'un philosophe et d'un théologien autant que d'un juriste et d'un exégète.

Il ne semble pas avoir existé en France, au Moyen Âge, un exemplaire complet de la version grecque des Septante. Un des meilleurs hellénistes de l'époque carolingienne, Jean Scot Érigène*, regrette, vers 865-870, de n'avoir pas réussi à mettre la main sur elle : il ne la connaît que par les citations des Pères grecs qu'il a pu lire. Il avait néanmoins à sa disposition, en grec, un Psautier ainsi que les Épîtres de saint Paul et l'Évangile de saint Jean dont il discute certaines leçons de leur langue originale. Un manuscrit célèbre du VIe siècle, le *Codex Bezae*, contenant les Évangiles et les Actes en grec et en latin, probablement à Lyon depuis le IXe siècle, a été sauvé par Théodore de Bèze du saccage par les protestants, en 1562, du prieuré lyonnais de Saint-Irénée : peut-être est-il un reflet de la tradition hellénique instaurée par un des premiers évêques de la ville au IIe siècle, saint Irénée. Une copie de ce manuscrit, du IXe siècle, qu'on a cru à tort provenir de Corbie, est passée de Saint-Germain-des-Prés à Saint-Pétersbourg. Un second manuscrit bilingue du VIe siècle, le *Codex Claromontanus*, a été également acquis par Théodore de Bèze : il provenait de l'abbaye de Clermont, près de Beauvais, et renferme les Épîtres de saint Paul. Deux Psautiers bilingues subsistent encore, l'un du VIIe-VIIIe siècle, dans le fonds Coislin de la BN, l'autre, célèbre lui aussi, écrit en grec avec une traduction latine interlinéaire par Sedulius Scottus*. Le volume provient de Saint-Michel de Verdun et est aujourd'hui conservé à la Bibliothèque de l'Arsenal. Des inventaires de bibliothèques médiévales mentionnent à Saint-Riquier, en 831, des Évangiles bilingues et à Lyon, au Xe siècle, un Évangéliaire et un Épistolier en grec. Le principal centre de l'hellénisme reste l'abbaye de Saint-Denis qui voyait en Denys l'Aréopagite* son patron, sinon même son fondateur. En 827, un manuscrit des œuvres du Pseudo-Denys — don de l'empereur de Constantinople à Louis le Pieux — y avait été déposé par le roi. Des traductions latines en furent successivement tentées au IXe siècle par l'abbé de Saint-Denis Hilduin, puis par Jean Scot, remanié au milieu du XIIe siècle par Jean Sarrasin*. Cette légende dionysienne a servi de support à un intérêt prolongé pour les études grecques, marqué par la recherche et la traduction de documents relatifs à Denys l'Aréopagite. Si aucune Bible grecque complète n'a survécu au naufrage de la bibliothèque de l'abbaye, un exemplaire des Prophètes, du IXe siècle, aujourd'hui à la Bibliothèque Vaticane, est signalé au XVe siècle à Saint-Denis. Le commentaire d'Eusèbe sur les Psaumes l'accompagne. Un Psautier grec et un Nouveau Testament se trouvaient très probablement à l'abbaye à côté des Évangiles en grec offerts à saint Louis par Michel Paléologue en 1269. Des rites de la liturgie byzantine sont observés à Saint-Denis au IXe siècle et, au XIIe siècle encore, Guillaume le Mire y traduisait, entre autres, des sommaires grecs des Épîtres de saint Paul et un texte relatif à la chronologie de la prédication de l'Apôtre. Des glossaires gréco-latins, comme celui de Laon, dont la substance est avant tout tirée de la Bible, sont parvenus jusqu'à nous et complètent la maigre bibliothèque biblique grecque de la France médiévale.

Le texte latin de la Bible est pratiquement considéré et traité au Moyen Âge comme s'il était l'original. On ignore la distinction établie par l'érudition moderne entre versions latines antérieures aux travaux de saint Jérôme († 420) ou *Vetus latina*, et version adoptée par l'Église en conclusion de ceux-ci dans les domaines de l'interprétation et de la présentation (prologues et capitulation) des textes, ou Vulgate. Les traductions anciennes conservées en tout ou en partie, selon les livres bibliques, de première main dans la tradition manuscrite ou de manière indirecte dans les lectionnaires et par les citations qu'en ont faites les Pères de l'Église latine, de date incertaine et d'origine diverse, en majorité africaine et italienne, ont été rassemblées dès le XVIIIe siècle et font aujourd'hui l'objet d'une monumentale édition en cours de publication. La Vulgate, dont l'édition critique du Nouveau Testament est achevée et celle de l'Ancien Testament touche à sa fin, réunit en fait des versions disparates : versions anciennes, versions revues par saint Jérôme, versions nouvelles établies par lui à la fin du IVe siècle (383-405). On constate et on relève au Moyen Âge les leçons divergentes qu'on admire, faute d'en trouver la raison, d'où, tout d'abord, la coexistence de textes dissonants, puis des essais de correction et d'établissement d'un texte cohérent dont aucun n'arrive à s'imposer en définitive avant le concile de Trente (1564).

Les manuscrits latins antérieurs au IXe siècle ont été recensés et décrits avec soin. D'après une statistique provisoire du P. Boniface Fischer, ceux qui ont circulé en France étaient d'origine française pour 47 d'entre eux — et 30 y sont encore conservés —, mais 37 provenaient de l'étranger : Italie (21), Allemagne (6), Angleterre (4), Irlande (2) et pays indéterminés (4). Ce sont des livres isolés, par exemple le Psautier, ou des fragments de livres, mais non des Bibles complètes. Orléans conserve l'un des plus anciens spécimens de la Vulgate (VIe siècle). Parmi les manuscrits anciens de la *Vetus latina* d'origine française figurent le célèbre Heptateuque lyonnais (VIIe siècle), un Psautier de Lyon (Ve-VIe siècle), un Psautier et des Évangiles de Corbie (Ve-VIe siècle), divers Psautiers du VIIIe au XIIe siècle, sans compter les manuscrits bilingues dont il a déjà été question. L'un des premiers essais de Bible révisée et complète parvenus jusqu'à nous est l'œuvre de Maurdramne, abbé de Corbie (772-781), en 12 volumes (5 subsistent), qui ouvre une période nouvelle dans l'histoire de la Bible latine en France.

Les réformes carolingiennes s'étendent au texte de la Bible qui souffre des erreurs propres à la nature même de sa transmission par des copistes successifs et surtout de la contamination de versions d'origine et de valeur différentes dont la nature n'apparaît pas clairement aux éditeurs les plus attentifs. Deux noms ont survécu, après Maurdramne, parmi les érudits qui ont tenté de présenter des textes lisibles et corrects, sous une forme commode, en un ou deux volumes seulement pour une Bible complète, Alcuin* et Théodulf*. Il ne semble pas qu'Alcuin (vers 730/735-804), abbé de Saint-Martin de Tours, ait été chargé par Charlemagne, comme on l'a cru longtemps, de réviser un texte destiné à devenir la Bible de l'Empire, comme Paul Diacre* le fut de compiler un Homéliaire « officiel ». La Bible qu'Alcuin acheva de revoir en 800 ou 801 dut son succès à l'activité du *scriptorium* de Tours qui en répandit les exemplaires dont une dizaine, antérieurs au milieu du IXe siècle, de très grand format, d'élégante facture, ornés d'illustrations soignées, subsistent encore. Le texte n'est pas le résultat d'un travail philologique réfléchi, que les connaissances de l'époque ne permettaient pas, mais sa présentation uniforme, agrémentée par Alcuin de nouveaux prologues en vers, l'usage de la minuscule caroline, qui réduit le volume et facilite la lecture, en font le modèle que suivront toutes les Bibles monastiques jusqu'à la fin du XIIe siècle, et assure en même temps la suprématie de la version de saint Jérôme. La révision de Théodulf (vers 760-821), évêque d'Orléans et abbé de Fleury, d'une qualité scientifique bien supérieure, n'a pas obtenu le même succès : il lui a manqué les moyens matériels de diffusion dont avait bénéficié la Bible d'Alcuin. Théodulf, d'origine espagnole, adopte le canon d'Isidore de Séville*, rejette les apocryphes, prend pour texte de base la Vulgate, mais préfère le Psautier traduit de l'hébreu par saint Jérôme à la version revue sur le grec par celui-ci et introduite dans la Vulgate par Alcuin *(Psalterium gallicanum)*. Les manuscrits qu'il utilise proviennent surtout d'Italie et d'Espagne. Il caractérise par des sigles les variantes qu'il propose dans les marges (par exemple ā pour Alcuin, s̄ pour les Bibles espagnoles) et adopte enfin un format plus commode, inférieur à celui qu'employait le *scriptorium* de Tours. Malgré ses qualités, le travail de Théodulf n'a survécu qu'en de rares exemplaires.

L'histoire de la Bible pendant la période qui s'étend du Xe au XIIe siècle est difficile à écrire. Une statistique fiable des Bibles transcrites à cette époque n'a pas encore été établie. Les *scriptoria* monastiques, répartis dans toute l'Europe, sont alors en pleine activité et produisent de beaux volumes, de grand format, à la mise en page harmonieuse, calligraphiés et sobrement ornés d'initiales monochromes et de simples lettrines : le type le plus achevé en est, au XIIe siècle, les Bibles cisterciennes. Le texte commence à se charger de gloses interlinéaires et marginales qui aboutiront, à la fin du XIIe siècle, à ce que l'on appelle la *Glossa ordinaria* parce qu'elle deviendra l'accompagnement obligé d'une Vulgate où se sont introduites peu à peu, avec les éclaircissements donnés par les Pères de l'Église les plus autorisés, des leçons variées tirées de leurs ouvrages. La nécessité d'une révision s'impose à nouveau. La plus originale est due à Étienne Harding, abbé de Cîteaux* (1109-1133), qui s'adresse à des juifs pour revenir aux sources de la Bible. Sur l'exemplaire de la Vulgate qu'il a fait établir, il apporte les corrections que lui inspire la comparaison avec l'hébreu et qui vont de modifications légères à des suppressions et à des additions de passages entiers. La hardiesse naïve de ces interventions, qu'on peut constater dans les quatre volumes de cette Bible encore conservés à Dijon, a sans doute déconcerté les cisterciens qui n'ont pas adopté ce texte réformé, si tant est qu'Étienne Harding ait eu l'intention de l'imposer à l'ordre de Cîteaux.

Les Bibles qu'on peut lire au début du XIIIe siècle à Paris dérivent donc, avec des variantes locales, de la Vulgate d'Alcuin qui, au cours des siècles, a subi des influences diverses : traditions manuscrites d'Italie, d'Espagne et des pays anglo-saxons, variantes isolées d'origine patristique, corrections de réviseurs improvisés et de glossateurs qui vont de Walahfrid Strabon († 849) à Gilbert l'Universel († 1134), en passant par Anselme de Laon* († 1117) pour aboutir à la *Glossa ordinaria*, qui entoure désormais le texte biblique dans les manuscrits et les premières éditions imprimées. Dans un premier temps, les universitaires parisiens utilisent les textes que leur offre la tradition (1200-1230 environ), dans un second temps se mettent en place à Paris des *scriptoria* qui vont adapter à des clientèles nouvelles la Bible monastique héritée du passé. À partir de 1230 apparaît un texte standard de la Vulgate dite parisienne, avec une nouvelle répartition en chapitres due à Étienne Langton* (après 1203), un ordre des livres d'abord fluctuant et qui suit ensuite un canon uniforme caractéristique des « Bibles de Paris », un choix identique de prologues et l'adjonction d'un même glossaire « Aaz apprehendens », rédigé par Étienne Langton entre 1180 et 1220 en trois versions successives. Matériellement, la Bible tient en un seul volume, de format réduit, maniable, à l'usage pratique de professionnels, prédicateurs ou universitaires, au parchemin très fin, couvert, sur deux colonnes en général, aux lignes serrées, d'une écriture gothique de très petit module : c'est l'apparition de véritables « Bibles de poche » que les ateliers parisiens exportent dans toute l'Europe où elles attendent encore aujourd'hui, pour la plupart, d'être recensées... Parallèlement à cette production « industrielle », de riches amateurs passent commande de Bibles luxueuses aux libraires parisiens qui recourent pour ces bibliophiles royaux, tels Henri de France, fils de Louis VI, ou saint Louis, à des artistes exceptionnels. R. Branner a compté 17 Bibles parisiennes illustrées pour 1200-1230, 100 pour 1230-1250 et 60 pour 1250-1300.

Une dernière tentative de révision du texte de la Bible est due aux dominicains et aux franciscains sous la forme de listes de corrections ou « correctoires ». La plus savante a été réalisée à Rome par l'ancien régent du couvent des frères prêcheurs de la rue Saint-Jacques à Paris, le cardinal Hugues de Saint-Cher* († 1263). Hugues a collationné tous les exemplaires anciens de la Vulgate et les originaux hébreux ou grecs qui lui ont été accessibles, a organisé tout un système de sigles et de signes diacritiques pour individualiser ses sources et évaluer telle ou telle leçon. Trop complexe pour les copistes, ce travail remarquable n'a pas réussi à s'imposer, même dans les ordres mendiants, pas plus que d'autres correctoires collectifs réalisés par les dominicains de Sens vers 1236 et par ceux de Paris vers 1250-1260 ou des franciscains comme Guillaume le Breton à Paris et Guillaume de La Mare à Oxford dans la seconde moitié du XIIIe siècle. Le médiocre texte de la Vulgate parisienne prévaudra donc aux XIVe et XVe siècles où il se multipliera jusqu'à sa vulgarisation dans les premières Bibles imprimées après 1450.

En marge des livres canoniques, le Moyen Âge a été friand de récits apocryphes. Les Évangiles de l'enfance du Christ se sont révélés une source inépuisable d'*exempla* pour les prédicateurs et de thèmes iconographiques pour les artistes, sculpteurs, peintres et miniaturistes. Sur les pupitres des bibliothèques médiévales, la Bible est, en règle générale, suivie des *Antiquités judaïques* et de la *Guerre des Juifs* de l'historien juif romanisé Flavius Josèphe qui complètent, en version latine, avec les *Antiquités bibliques* du Pseudo-Philon d'Alexandrie, les récits des livres canoniques. Le tout sera résumé dans un véritable manuel d'histoire sainte qui a connu un succès durable dans l'enseignement, l'*Historia scolastica* du « maître des histoires », Pierre le Mangeur* († 1179), qui agrémente d'excursus puisés aux sources profanes la trame biblique, de la Genèse aux Actes des apôtres. Adaptations et paraphrases en vers latins rencontrent une égale faveur auprès du public médiéval, telle l'*Aurora* de Pierre Riga* († 1209), vaste épopée en plus de 15 000 vers où le poète reprend et complète une série de portraits et d'épisodes qu'il avait esquissés dans son *Floridus aspectus* d'après plusieurs livres historiques de l'Ancien Testament. La poésie latine médiévale, même quand elle ne traite pas explicitement de sujets tirés des deux Testaments, est nourrie de citations et de réminiscences bibliques : il suffit d'ouvrir une histoire littéraire ou un répertoire hymnologique pour s'en convaincre.

Les instruments de travail nécessaires à une étude approfondie de la Bible n'ont pas manqué en France. Zacharie de Besançon, O. Praem., († 1156) rédige une synopse des Évangiles ou *Unum ex quattuor*, et Thomas Gallus*, augustin de Saint-Victor de Paris († 1246), compose les premières concordances réelles, qui regroupent sous un même lemme les passages de la Bible plus ou moins comparables. Hugues de Saint-Cher* réalise vers 1238-1240, avec ses confrères les jacobins de Paris, la première concordance verbale, c'est-à-dire le relevé alphabétique complet du vocabulaire biblique, dans la tradition, améliorée, des glossaires du haut Moyen Âge. Ces concordances ouvrent la voie aux recueils les plus élaborés que sont les *Distinctiones* qui recensent méthodiquement, autour d'un terme choisi, les exemples qui l'illustrent dans la Bible, les œuvres des Pères et les traités des docteurs qui font autorité. La *Summa Abel* de Pierre le Chantre* († 1197) ouvre la série, suivie de l'*Angelus* de Garnier de Rochefort, O. Cist. († v. 1216), des *Distinctiones* d'Alain de Lille* († 1202), de Maurice de Provins, O.F.M. (mil. XIIIe s.), de Nicolas de Gorran, O.P. († 1295), etc.

L'étude de la Bible n'avait pas attendu ces ouvrages, qui serviront du reste plus aux prédicateurs qu'aux exégètes proprement dits. Dès le haut Moyen Âge, ceux-ci ont à leur disposition les commentaires des Pères de l'Église latine, de saint Jérôme, saint Augustin et saint Ambroise à saint Grégoire le Grand*, auxquels viennent s'ajouter quelques ouvrages de Pères grecs traduits en latin, comme tel ou tel traité de saint Jean Chrysostome et de saint Grégoire de Naziance. Les grandes lignes de l'histoire de l'exégèse biblique médiévale ont été retracées par C. Spicq et H. de Lubac, et l'inventaire des auteurs et des œuvres dressé par F. Stegmüller : il suffit de renvoyer à leurs ouvrages en rappelant simplement ses temps forts aux IXe, XIIe et XIIIe siècles.

À l'époque carolingienne, sur le continent et en France singulièrement, se déploie l'activité d'émigrés venus d'horizons différents, Irlande, Grande-Bretagne, Italie ou Péninsule ibérique, comme Smaragde de Saint-Mihiel*, Agobard* de Lyon, Raban Maur*, disciple préféré d'Alcuin, Angelome de Luxeuil, Paschase Radbert* et surtout Jean Scot Érigène*. Au XIIe siècle, outre la *Glossa ordinaria*, l'exégèse, sous la forme classique du commentaire, est pratiquée à Paris et en province par des théologiens comme Pierre Lombard* († 1160) et les maîtres illustres du couvent de Saint-Victor : Hugues*, Richard*, Achard*, André*, etc. La plupart de ces commentateurs sont en fait d'origine étrangère mais enseignent et écrivent en France, essentiellement à Paris. Cette tradition se maintient avec éclat au XIIIe siècle dans l'Université de Paris avec Albert le Grand* († 1260), Thomas d'Aquin* († 1274) et tant d'autres dont les noms remplissent les répertoires de maîtres en théologie. Plus théologique en effet que philologique au XIIIe siècle, avec la doctrine des trois, puis quatre sens de l'Écriture (histoire, allégorie, tropologie et anagogie), l'exégèse littérale réapparaît au XIVe siècle avec Nicolas de Lyre, O.F.M. († 1349) qui annote et commente toute la Bible dans ses célèbres *Postille perpetue in Vetus et Novum Testamentum* (1322-1330). Il n'aura pas de successeur au XVe siècle.

La Bible échappe souvent fort heureusement aux spécialistes de la critique textuelle, de la glose et du commentaire : elle est présente dans tous les genres littéraires et si elle paraît quelquefois se dissimuler, c'est pour mieux briller quand elle réapparaît. Le théâtre met en scène des épisodes et des personnages de l'Ancien et du Nouveau Testament. La poésie épique célèbre le roi David tout comme le Christ, Judas, la Vierge Marie et même Joseph. La parodie retourne plaisamment des textes sacrés et la satire joue cruellement de situations et de propos vénérables. Les « âges » de l'histoire universelle sont répartis en fonction de l'histoire sainte dont les grandes figures servent d'éléments de référence aux biographes et aux hagiographes de héros modernes. La théologie, cela va de soi, et la philosophie, qui marche souvent du même pas, trouvent leur raison d'être dans l'explicitation et la méditation des vérités révélées par l'Écriture. Les sciences elles-mêmes adoptent pour cadre de leurs classifications la Genèse et son récit de la création. Genre nouveau, le sermon introduit, au moyen de thèmes et de prothèmes extraits de la Bible, les développements qu'il orne d'exemples et de moralités souvent puisés à la même source. Miracle de vie, la Bible irrigue tous les domaines des lettres médiévales.

→ A. Vernet et A.-M. Genevois, *La Bible au Moyen Âge. Bibliographie,* Paris, 1989. — P. Riché et G. Lobrichon, dir., *Le Moyen Âge et la Bible*, Paris, 1984 (*Bible de tous les temps*, 4). — P. Petitmengin, *Les plus anciens manuscrits de la Bible latine*, dans *Le monde latin antique et la Bible*, p. 89-128, fig. Paris, 1985 (*Bible de tous les temps*, 2). — B. Fischer, *Bibelausgaben des frühen Mittelalters*, dans *La Bibbia nell'alto medioevo*, Spolète, 1963, p. 519-600 ; réimp. dans ses *Lateinische Bibelhandschriften im frühen Mittelalter*, Fribourg, 1985, p. 35-100 ; *Bibeltext und Bibelreform unter Karl dem Grossen*, dans *Karl der Grosse. II. Das geistige Leben*, Düsseldorf, 1965, p. 156-216 ; réimp. dans ses *Lateinische Bibelhandschriften...*, p. 101-202. — S. Berger, *Histoire de la Vulgate pendant les premiers siècles du Moyen Âge*, Paris, 1893. — C. de Hamel, *Glossed Books of the Bible and the Origins of Paris Booktrade*, Woodbridge, 1984. — R. Branner, *Manuscript Painting in Paris during the Reign of Saint Louis. A Study of Styles*, Berkeley, 1977. — F. Stegmüller, *Repertorium biblicum medii aevi*, Madrid, 1940-1980, 11 vol. — C. Spicq, *Esquisse d'une histoire de l'exégèse latine au Moyen Âge*, Paris, 1944. — H. de Lubac, *Exégèse médiévale. Les quatre sens de l'Écriture*, Paris, 1959-1964, 2 t. en 4 vol. — B. Smalley, *The Study of the Bible in the Middle Ages*, 3e éd. revue, Oxford, 1983. A.V.

Bible française.

1. *Les plus anciens témoins : glossaires et gloses.*

Les premiers balbutiements d'une activité traductrice de la Bible apparaissent dans les anciens glossaires, tout premiers témoins du parler roman. En première ligne vient le *Glossaire de Reichenau*, aujourd'hui daté vers l'an 900 et localisé dans le Nord de la France, peut-être à Corbie. La partie biblique du glossaire suit presque dans sa totalité un manuscrit de la version hiéronymienne dans l'ordre suivant : Pentateuque, Josué, Juges, Ruth, I-IV Rois, Job, Esther, Tobie, Judith, I-II Maccabées, Matthieu, Marc, Luc, Jean, Actes, II Maccabées (ch. 9-15), Daniel, Jonas, Jérémie, Psaumes. Les gloses franchement romanes ne forment qu'une partie relativement mince du glossaire ; les autres sont des gloses explicatives latin-latin. De plus, même les mots romans sont affublés d'une terminaison latine. Ce glossaire n'est donc pas destiné au peuple, mais à des clercs ou à des moines qui s'efforcent de comprendre la Bible. Les gloses dites de Reichenau ne sont pas absolument isolées. Toutefois, les pays de tradition latine seront moins prompts que les pays germaniques dans la rédaction de tels instruments de lecture : le latin leur est moins étranger.

Le jalon suivant se situe deux cents ans plus tard. Dans ses commentaires hébreux de la Bible et du Talmud, Rabbi Shelomo Ishaqui, appelé communément Rashi (1040-1105), s'est servi de gloses françaises transcrites en caractères hébreux pour expliquer à ses élèves les textes de la tradition. Ses commentaires sur la Bible comportent environ 1 300 gloses, dont 900 différentes. Né et mort à Troyes, Rashi a dû se servir de la langue de cette région. Les historiens estiment non seulement que la langue maternelle des Juifs de France était le français, mais encore que, dans les écoles, les discussions rabbiniques se faisaient en cette langue. Très peu de mots propres à la tradition juive sont restés non traduits. Il n'y a cependant pas d'indice qu'il aurait existé une langue française propre aux Juifs comme dans d'autres pays latins, en Espagne par exemple. Ces gloses françaises paraissent avoir existé avant Rashi. Au XIIe, elles se répandent chez les auteurs juifs français et anglais et, au XIIIe, elles se constitueront en véritables glossaires dont nous connaissons six exemplaires à peu près complets et neuf fragmentaires contenant des dizaines de milliers de mots français servant à la traduction de l'Écriture. Il y a, en plus, deux dictionnaires bibliques et des fragments de deux autres.

On peut se demander, dès lors, si une version française de la Bible hébraïque n'a pas existé dès cette époque et servi dans les synagogues ; et si les gloses, les glossaires (et les versions ?) juifs ont eu une influence sur les traductions chrétiennes faites en français sur la Vulgate. Au premier point, M. Banitt répond positivement. Sur le second point, il est prématuré de prendre parti. On peut observer cependant que le caractère littéral des gloses juives s'oppose au caractère très libre des premières versions françaises en vers et en prose.

Pour ce qui est des gloses traditionnelles, toutes gloses interlinéaires, les seuls exemples conservés concernent le Psautier.

Le témoin le plus certainement ancien est le Psautier triple d'Eadwin, daté aujourd'hui de 1150 environ. La glose peut être aussi ancienne. Il propose une version interlinéaire du Psautier *iuxta Hebraeos*. De cinquante ans postérieur, le Psautier triple de Paris est une copie, avec un intermédiaire, du précédent. Tous deux ont été écrits et glosés en Angleterre (*GRLMA*, t. VI/2, n° 1484). Anglo-normande comme la précédente, la version interlinéaire du Psautier gallican est présente dans deux témoins conservés à Londres (*GRLMA*, t. VI/2, n° 1864). La glose de ces deux Psautiers n'a pas été créée pour le texte latin qu'ils contiennent, elle a été empruntée à un Psautier au texte continu du genre du Psautier de Montebourg, (cf. *infra*) et adaptée plus ou moins bien.

La traduction du Psautier gallican, quant à elle, que ce soit sous sa forme interlinéaire étudiée ici ou sous sa forme continue et en prose, que nous étudierons plus loin, dérive de la glose interlinéaire du Psautier *iuxta Hebraeos* et a été ensuite adaptée.

Indépendante de la précédente est la glose interlinéaire sur un Psautier gallican conservée très fragmentairement aux Archives Nationales de Paris, sous le nom de Psautier de l'Orne. Le fragment est anglo-normand et date du XIIe s. Il n'infirme pas ce qui a été dit de l'origine de la glose, mais il révèle la complexité de la situation (*GRLMA*, t. VI/2, n° 1476).

Il est bien clair dès lors que la plus ancienne version du Psautier latin a été faite en Angleterre, sous une forme interlinéaire et sur le Psautier *iuxta Hebraeos*. Les indications sont cohérentes. C'est dans les régions les plus éloignées des sources latines que le besoin de traduction s'est d'abord fait sentir. D'ailleurs, l'Angleterre est le pays d'Occident qui a connu les plus anciennes traductions en langue vulgaire — si l'on excepte celle d'Ulfilas — : en ancien anglais dès le VIIIe siècle.

ŒUVRES. — *Glossaire de Reichenau*, éd. H.W. Klein et A. Labhardt, Munich, 1968. — *Glossaire de Bâle* (hébreu-français), éd. M. Banitt, Jérusalem, 1972. — *Psautier d'Eadwin* : reprod. en fac-similé par J. Bromwick et B. Colgrave, Copenhague, 1958.

→ S. Berger, *La Bible française au Moyen Âge. Étude sur les plus anciennes versions de la Bible écrites en prose en langue d'oïl*, Paris, 1884 (réimp. Genève 1970). — B. Bischoff, *À propos des gloses de Reichenau*, dans *Mittelalterliche Studien*, t. 3, Stuttgart, 1981, p. 234-242. — R. Levy, *Trésor de la langue des Juifs au Moyen Âge*, Austin, 1964 [compte rendu par B. Blumenkranz, dans *Le Moyen Âge*, t. 72 (1966), p. 616-622]. — M. Banitt, *L'étude des glossaires des Juifs de France au Moyen Âge...*, dans *Proceedings of the Israel Academy of Sciences and Humanities*, Jérusalem, t. 2 (1968), p. 188-210. — P. Nave, *Die romanisch-jüdischen Literaturbeziehungen im Mittelalter*, dans *GRLMA*, t. I, 1972, p. 216-303. — D. Verfaillie-Makey, *Le dernier cahier du psautier d'Eadwine*, dans *Scriptorium*, t. 37 (1983), p. 245-258. — C. Samaran, *Fragment d'une traduction en prose fr. du Psautier...*, dans *Romania*, t. 55 (1929), p. 161-173. — Y. Le Hir, *Sur des traducteurs en prose française du Psautier*, dans *RLingR*, t. 25 (1961), p. 324-328. — Cf. *MB S* nos 5600-5603.

2. *Les adaptations partielles en vers.*

Les plus anciennes remontent au milieu du XIIe siècle. Vers 1150, Samson de Nanteuil* écrivit à la demande de Aeliz (Adélaïde), épouse d'Osborn de Condet, sous le règne du roi Étienne d'Angleterre (1105-1154), et pour l'éducation de son fils Roger, né vers 1138, une traduction en vers des Proverbes et des gloses y afférentes (11 854 vers). Il y est fait mention d'une « chanschons des chanschons » (Cantique des Cantiques), que nous ne possédons plus. Le dialecte est anglo-normand. Ici encore, l'Angleterre a fait figure de précurseur (*GRLMA*, t. VI/2, n° 3116).

Depuis Charles Richelet, la version-commentaire du Cantique des Cantiques (3 524 vers) contenue dans un manuscrit du Mans est attribuée à Landri de Waben et datée entre 1176 et 1181. L'auteur de la première édition complète du texte (Londres, 1974), E. Pickford, a cependant mis en question le lien entre la *Chronique* de Lambert d'Ardres*, qui atteste que Baudouin de Guines a chargé un *magistrum Landericum de Wabbanio* de composer une traduction romane du Cantique munie d'une interprétation mystique d'une part, et le texte du manuscrit du Mans d'autre part. Il n'y a pas d'incompatibilité, mais rien n'empêche qu'il y ait eu d'autres œuvres semblables. Le genre littéraire est particulier. Il s'agit d'une traduction (jusqu'au ch. 5, v. 14) accompagnée d'une interprétation allégorique. L'œuvre, écrite pour des laïcs et dédiée à une dame, est aussi un « roman » au sens médiéval. De toute manière, elle doit dater de la deuxième moitié du XIIe (*GRLMA*, t. VI/2, nº 4116).

La paraphrase du Psaume *Eructavit* (Ps. 44 [45]) dédiée à Marie de Champagne († 1198) et écrite entre 1181 et 1187, nous introduit décidément dans la littérature courtoise (2 168 vers). On y a reconnu l'influence de l'*Epistola ad Principiam* de Jérôme. L'attribution de l'œuvre à Adam de Perseigne*, proposée par T.A. Jenkins, est discutable. La tradition manuscrite est abondante et se prolonge jusqu'au XVe.

À l'instigation de la même Marie de Champagne, durant la troisième croisade où son fils avait suivi Philippe Auguste, Everat* voulut traduire le Pentateuque, mais dut se résoudre à ne pas aller au-delà de la Genèse. Il se mit à l'œuvre en 1192 et n'avait pas terminé en 1198, date de la mort de Marie. L'œuvre, transmise dans trois manuscrits, compte 20 800 vers (*GRLMA*, t. VI/2, nº 1824).

Parmi les adaptations anonymes, on relève : une paraphrase de l'Exode en 1542 vers, fortement marquée par l'exégèse allégorique ; l'œuvre, transmise par un unique manuscrit, est à placer dans le Nord de la France à la fin du XIIe siècle (*GRLMA*, t. VI/2, nº 4056). Dans le style des chansons de geste, 15 tirades monorimes décasyllabiques conservées dans un manuscrit de Berne, en tout 320 vers, qui racontent une partie des exploits des Maccabées, et laissent pressentir des œuvres plus amples (*GRLMA*, t. VI/2, nº 1828). Une *Histoire de Joseph*, écrite en Normandie dans la deuxième moitié du XIIe et traduite fidèlement sur la Vulgate qui paraît n'avoir aucun lien avec les autres compositions en vers couvrant les mêmes épisodes, est transmise dans trois témoins (éd. W. Steuer, dans *Romanische Forschungen*, t. 14, 1903).

Les œuvres énumérées jusqu'ici sont communément attribuées à la seconde moitié du XIIe siècle. Elles naissent, du moins en partie, dans le voisinage de la cour de Marie de Champagne, qui exerça en France d'oïl le rôle que sa mère, Aliénor d'Aquitaine, avait tenu dans le Midi.

Le mouvement se poursuivit au XIIIe siècle. Les aires anglo-normande et picarde furent les plus actives, consacrant le succès de l'Apocalypse. Cette dernière, en effet, fut, avec le Psautier, le livre biblique le plus répandu au Moyen Âge. Mais alors que les manuscrits du Psautier ne sont pas régulièrement peints, ceux de l'Apocalypse sont presque toujours richement illustrés. On peut distinguer trois versions en vers et au moins huit formes différentes d'une ou plusieurs versions en prose.

La plus ancienne des versions en vers de l'Apocalypse est certainement postérieure à la première version en prose. Éditée par Paul Meyer en 1896 (*Romania*, t. 25), elle compte 1 431 vers. Elle doit dater du début du XIIIe s. et être d'origine anglo-normande (*GRLMA*, t. VI/2, nº 1804). Une deuxième traduction en 4 539 octosyllabes, visant à la fidélité et dépendant d'un témoin en prose très voisin de celui édité par L. Delisle et P. Meyer en 1900-1901 (*SATF*) (*GRLMA* t. VI/2, nº 1404) a pour auteur William Giffard. Elle est également anglo-normande, mais de la fin du XIIIe s. ou du début du XIVe (éd. O Rhys et J. Fox, Oxford, 1946, *ANTS, GRLMA*, t. VI/2, nº 1868).

Il existe une troisième forme versifiée de l'Apocalypse, vraisemblablement de la première moitié du XIIIe siècle et d'origine anglo-normande, même si le seul témoin est continental. La versification est soignée, et la présentation strophique (éd. H.A. Todd, dans *PMLA*, t. 18, 1903). Le XIIIe siècle a également connu plusieurs traductions en vers du Psautier complet.

La première (incipit : *Beneois soit*...) est représentée par trois manuscrits complets et quelques autres fragmentaires. Datée de la seconde moitié du XIIIe s., elle est communément appelée « Psautier Lorrain » (éd. F. Michel, Paris, 1860, *GRLMA*, t. VI/2, nº 1856).

La deuxième a pour auteur un chartreux de Lugny (en Bourgogne). Elle est plus tardive. Le manuscrit 797 de la Bibliothèque de Troyes qui nous l'a seul transmise a été copié à Clairvaux en 1467 (*GRLMA*, t. VI/2, nº 1860).

Une troisième traduction, en vers inégaux rimés de la fin du XIVe siècle, est conservée dans un Psautier bilingue d'origine normande (cf. *Recherches Augustiniennes*, t. 24 (1989), p. 281-282).

Mais plusieurs autres livres ont aussi fait l'objet de traductions : on doit à Guillaume Le Clerc de Normandie* une adaptation de l'histoire de Tobie, écrite probablement pour Guillaume, prieur de Kenilworth de 1214 à 1227. L'œuvre, de 1 408 vers, est donc d'origine anglaise. La première partie de ce poème (338 vers) reprend une des formes qu'a reçues en français la parabole des *Quatre filles de Dieu* (*GRLMA*, t. VI/2, n° 1840). Gautier de Belleperche*, vers le milieu du XIIIe s. en Picardie, écrit une *Chevalerie de Judas Macchabée* de 23 516 vers octosyllabiques. Il s'intéresse aux exploits héroïques, aux batailles et s'inquiète peu de réflexions morales, allégoriques ou autres (*GRLMA*, t. VI/2, n° 1832). La chanson de geste n'est pas loin. En 1280, Pierrot du Riès achève le poème en écrivant, en 1 600 vers, la mort de Judas Maccabée. Quelques années plus tard, en 1285, un auteur anonyme qui pourrait être aussi Pierrot du Riès, picard encore, propose une *Chevalerie de Judas Macabé et de ses nobles frères* en 7 970 vers (éd. J.R. Smeets, Assen, 1955). Elle est dédiée « à mon seur Guillaume », probablement le fils de Gui de Dampierre et de Mahaut de Béthune. Les emprunts à Gautier sont nombreux, et l'œuvre peut apparaître comme une version résumée de la *Chevalerie* de Gautier (*GRLMA*, t. VI/2, n° 1820).

Un manuscrit du XIVe (BN, fr. 14966 ; *GRLMA* VI/2, n° 1816) contient une adaptation des trois premiers chapitres du Cantique des Cantiques, dont l'auteur, un Picard qui a dû écrire au tournant du XIIIe et du XIVe s., connaît le *Roman de la Rose**.

L'*Hystore Job*, transmise dans un seul manuscrit, est une traduction libre en 3 336 vers du *Compendium in Iob*, composé en 1173 ou peu après par Pierre de Blois*. Le traducteur, un moine picard, du Tournaisis peut-être, écrivit autour de 1300.

P. Meyer, enfin, a jadis (*Romania*, t. 36, 1907) attiré l'attention sur un fragment de poème biblique composé en Angleterre au XIIIe ou au XIVe siècle. Ce qui reste correspond aux chapitres 23 à 42 de la Genèse. L'auteur utilise le *Livre des Histoires* de Pierre le Mangeur* (Comestor) et dépend presque certainement de Herman de Valenciennes*.

Enfin, trois textes ne nous sont parvenus que sous une forme dérimée, en une prose qui laisse deviner un état antérieur versifié.

Le premier cas est d'une interprétation difficile. Doit-on dire que la vénérable version des *Quatre Livres des Rois* (éd. E.R. Curtius, Dresde, 1911 ; *GRLMA*, t. VI/2, n° 1488) est en prose rimée ou qu'elle est un poème dérimé ? L'hésitation est significative lorsqu'il s'agit d'un des plus vénérables textes de la langue et de la littérature française. Je choisis de la ranger dans ce chapitre, plutôt que parmi les versions en prose. Elle est conservée principalement dans un manuscrit anglo-normand de la deuxième moitié du XIIe s. conservé à la Bibliothèque Mazarine et dans un fragment à New Haven, également anglo-normand. Les autres témoins sont continentaux ; le texte des Rois y est repris à l'intérieur de recueils bibliques plus larges (voir § 6 la « Bible d'Acre »).

Le manuscrit de la Mazarine indique en marge l'origine des gloses introduites. Contre S. Berger qui croit que la version a été faite Outre-Manche, P. Meyer (*Romania*, t. 17, 1888) estime que la diffusion continentale ultérieure suggère une origine française et non anglo-normande. On peut hésiter et préférer malgré tout l'opinion de Berger.

P. Meyer a décrit longuement un manuscrit exécuté en 1275 et contenant une « Genèse » avec des récits provenant effectivement de la Genèse, mais aussi de l'Exode et du Deutéronome (*Notices et Extraits Mss BN*, t. 35^2, 1896, p. 535-510 ; *GRLMA*, t. VI/2, n° 1516). Il s'agit de la mise en prose de deux poèmes, l'un inconnu (jusqu'à la naissance de Joseph, Gn 31), l'autre extrait de la « Bible » de Herman de Valenciennes* dont il sera question bientôt. Le même manuscrit contient aussi une adaptation de l'histoire des Maccabées. Souvent paraphrasée, parfois littérale, elle reprend plusieurs textes qui sont ou ont été en vers. Elle n'a aucun rapport avec les trois poèmes déjà mentionnés (*GRLMA*, t. VI/2, n° 1468).

Les trois cas évoqués ici laissent deviner la voie difficultueuse par laquelle s'est effectué le passage des poèmes partiels à la constitution de recueils bibliques en prose, jalons vers une Bible française complète.

→ S. Berger, *op. cit.* — J. Bonnard, *Les traductions de la Bible en vers français*, Paris, 1884 (réimp. Genève 1967). — P. Meyer, compte rendu de S. Berger et de J. Bonnard, dans *Romania*, t. 17 (1888), p. 121-144. — D. Legge, *Anglo-Norman Literature and its Background*, Oxford, 1963. — G. De Poerck et R. Van Deyck, *La Bible et l'activité traductrice dans les pays romans avant 1300*, dans *GRLMA*, t. VI/1, p. 21-48. — B.A. Pitts, *Versions of the Apocalypse in Medieval French Verse*, dans *Speculum*, t. 58 (1983), p. 31-59.

3. *Histoires saintes en vers.*

Le rôle des abrégés d'histoire biblique, des Histoires saintes, dans la diffusion de la connaissance de l'Écriture apparaîtra plus évidemment dans l'œuvre de Guiard des Moulins, la *Bible Historiale*, vers la fin du XIIIe. Mais, dès l'origine ou presque, les *Histoires saintes* en vers ont joué un rôle important, décelable déjà dans les adaptations partielles que l'on vient de passer en revue.

Celle qui est donnée comme la plus ancienne, le *Roman de Dieu et de sa mère*, d'Herman de Valenciennes* (*GRLMA*, t. VI/2, n° 1844) a aussi été la seule à être largement diffusée. Le poème, long de 6 687 + 567 vers, utilise de nombreuses sources et farcit son abrégé biblique de récits tirés des Apocryphes. Jadis, il était souvent daté vers 1140. Aujourd'hui, l'on s'accorde pour tenir que *Li romanz de Dieu et de sa Mère* a été composé entre 1188 et 1195. L'auteur écrit pour ceux qui ne lisent pas le latin ou ne savent pas lire du tout. L'étonnante diffusion de cette œuvre (35 mss) tranche sur la rareté de la plupart des autres. C'est surtout au XIIIe s. que le poème a été recopié ; il a même fait l'objet d'une transposition en prose, comme il a été dit plus haut.

Un demi-siècle plus tard, en 1243, Geoffroi de Paris*, un scribe peu instruit, compose une *Bible des sept estats du monde*, divisée en sept parties, la première consacrée à l'Ancien Testament, la seconde au Nouveau et conservée dans un seul manuscrit. Peu biblique et peu répandue, elle pourrait être passée ici sous silence, mais son titre force le détour (*GRLMA*, t. VI/2, n° 1836). L'auteur a utilisé, au Livre II, la vieille *Passion des Jongleurs**. Ce poème narratif en octosyllabes, qui remonte à la fin du XIIe ou au début du XIIIe siècle, a été largement diffusé. Il a inspiré le plus ancien *Mystère de la Passion** en français, la Passion du *Palatinus*, et, plus largement, il annonce toute la littérature scénique des Passions (éd. A. Perry, Paris, 1981).

Un seul témoin aussi, peut-être autographe ou manuscrit d'auteur, nous transmet les 40 000 vers environ de la *Bible versifiée* de Jean Malkaraume* (*GRLMA*, t. VI/2, n° 1848). On ne peut dater et localiser l'œuvre qu'approximativement, à l'Est de la France, vers la fin du XIIIe ou au début du XIVe siècle. Comme tous ses émules en histoire biblique, Jean Malkaraume a le souci de conjuguer l'histoire sainte et l'histoire profane. Il le fait de façon plus spectaculaire, introduisant, en une longue digression, le *Roman de Troie* de Benoît de Sainte-Maure* ou, ailleurs, des extraits des *Métamorphoses* d'Ovide* (Pyrame et Thisbé*). Il emprunte de nombreux traits à l'*Aurora* de Pierre Riga*. Le manuscrit s'interrompt brusquement après le combat entre David et Goliath.

Cette disposition n'est pas accidentelle ; elle rejoint les Histoires universelles, telle la *Bible en françoys* inédite qui va de la Genèse et de la mort de Moïse jusqu'à Alexandre en passant par Judith et Esther (ms. Carpentras 1260). La *Bible* de Jean passe du récit de la Genèse, de l'Exode et de la mort de Moïse (v. 1-6574), par dessus le *Roman de Troie* (environ 30 000 vers), à une série de tableaux : Rahab la folle, Samson et Dalila, Suzanne et Daniel, Pyrame et Thisbé, Ruth et Booz, Helcanna, Fenanna et Samuel, Saül et David, David et « Golias », David et Jonathan.

Aux environs de 1300, Macé de La Charité* achève un long poème de près de 43 000 vers (*GRLMA*, t. VI/2, n° 1852). Ses sources sont, à côté de la Vulgate, l'*Aurora* de Pierre Riga* et, surtout à travers elle, l'*Historia Scholastica* de Pierre le Mangeur*. Le texte de l'*Aurora* qu'il utilise est la première révision augmentée de Gilles de Paris. Il pensait achever son œuvre, destinée à un public non lettré, par les Actes des Apôtres, mais à la demande d'un tout autre « client », l'abbé de la communauté cistercienne de Fontmorigni, il fut invité à composer aussi l'Apocalypse. Le texte en était transmis par deux manuscrits, mais celui de Tours fut détruit en 1940. Mince diffusion donc pour cette œuvre qui ne manque pas de qualités.

Les compilations et « bibles » déjà mentionnées ont une identité littéraire suffisamment établie. D'autres poèmes n'ont pas (ou pas encore) ce privilège. Ainsi de la *Bible anonyme*, ou *Traduction anonyme de la Bible*, du ms. BN, fr. 763, longue composition sur la Genèse, l'Exode, la Passion, farcie de traits légendaires (éd. J.C. Szirmai, Amsterdam, 1985 ; *GRLMA*, t. VI/2, n° 1812), qui a pu prendre place elle-même dans une compilation plus vaste (Arsenal, 3516) et inspirer le *Cursor mundi* en moyen anglais. Ainsi aussi d'un poème anglo-normand sur l'Ancien Testament qui, bien qu'il ajoute des réflexions morales, fait preuve d'une assez grande fidélité et ne sacrifie pas à l'allégorie (*GRLMA*, t. VI/2, n° 1808). L'œuvre a eu un certain succès, car on en a conservé plusieurs manuscrits et des fragments. Chronologiquement, elle serait à placer sans doute immédiatement après la « Bible » d'Herman de Valenciennes*, car elle peut dater du début du XIIIe.

Cependant ce poème sur l'Ancien Testament vient à point nommé assurer la transition de la forme versifiée à la prose. Son succès lui a valu, comme c'était le cas pour les pièces dérimées citées plus haut, d'être transposé en prose. Mais alors que la version rimée s'achève avec le règne d'Ézéchias, la version en prose, transmise par trois manuscrits, se poursuit jusqu'à l'Apocalypse. Il n'est pas impossible que le poème lui aussi se continuait. La date relativement tardive de deux témoins invite à situer cette réfection vers 1300. Un troisième témoin a été signalé, mais non décrit (*GRLMA*, t. VI/2, n° 1452).

Les descriptions trop brèves de la plupart des œuvres énumérées jusqu'ici laissent à peine deviner le nombre de légendes qui ont trouvé place dans ces « Bibles » ou adaptations de livres bibliques. La suite montrera la lente extirpation de ce matériel douteux et l'instillation de morceaux toujours plus longs de véritables traductions de la Bible latine.

→ S. Berger, *op. cit.* — J. Bonnard, *op. cit.* — J.R. Smeets, *Les traductions, adaptations et paraphrases de la Bible en vers*, dans *GRLMA*, t. VI/1, p. 48-57 ; t. VI/2, p. 81-86 ; *Les traductions-adaptations versifiées de la Bible en ancien français*, dans *Les genres littéraires dans les sources théologiques et philosophiques médiévales*, Louvain-la-Neuve, 1982, p. 249-258. — S.M. Horrall, *An Old French Source for the Genesis Section of Cursor Mundi*, dans *Mediaeval Studies*, t. 40 (1978), p. 361-373.

4. *Versions partielles en prose.*

Indépendamment des traductions liées à la liturgie (*Évangiles des Domées** au début du XIIIe et, un siècle plus tard, traduction des épîtres et évangiles des dimanches par Jean de Vignay* ; *GRLMA*, t. VI/2, n° 1440 et 1456) et à la prédication (traductions, dès le XIIe siècle, des sermons de saint Grégoire* sur Ézechiel et de saint Bernard* sur le Cantique des Cantiques), le Psautier fut le premier livre biblique traduit en prose.

La traduction anglo-normande du Psautier gallican est de loin la plus importante en même temps qu'elle est la plus ancienne de toutes ces traductions (milieu XIIe s.). C'est elle qui a passé des Psautiers indépendants dans la plupart des Bibles françaises. Au cours de sa longue histoire, elle n'est pas restée inchangée, mais Berger n'a pas eu tort d'y reconnaître une unité fondamentale. Elle est transmise, nous l'avons vu, dans deux manuscrits sous forme de glose interlinéaire. Elle est aussi contenue sous forme unilingue dans la deuxième partie du manuscrit d'Oxford (fin XIIe-début XIIIe), dit Psautier de Montebourg, du nom du monastère normand qui le possédait au XIVe (éd. F. Michel, Oxford, 1860, *GRLMA*, t. VI/2, n° 1480). Elle est conservée encore sous forme bilingue avec versets alternés dans le Psautier ms. Londres, Brit. Libr., Cotton Vitellius E IX (XIIIe), fort endommagé. Mais le plus grand nombre des témoins anciens la donnent sous forme bilingue en deux colonnes. Presque tous sont d'origine anglaise.

Parmi les très nombreux Psautiers indépendants (non insérés dans une Bible), quelques groupes et individus se détachent : le Psautier lorrain, représenté par trois témoins complets (éd. F. Bonnardot, Paris, 1885, éd. F. Apfelstedt, Heilbronn, 1881) ; une forme picarde conservée dans un manuscrit du XIVe siècle (Londres, Brit. Libr., Harley 3978) ; la révision faite par Raoul de Presles* et circulant indépendamment de sa Bible, accompagnée d'une glose tirée de Nicolas de Lyre* et conservée dans trois témoins ; plus quelques Psautiers isolés échelonnés du XIIIe au XVe, qui se rattachent vraisemblablement aussi à celui de Montebourg.

A côté de ces Psautiers indépendants, souvent suivis de prières et qui sont livres de dévotion, il y a ceux, très nombreux, qui ont été copiés dans les Bibles. S. Berger en a comparé ainsi 99 et il est parvenu à montrer que tous remontent en définitive au Psautier de Montebourg, donc au vieux texte anglo-normand.

Outre ces Psautiers français ou bilingues accompagnés souvent de prières ou de textes pieux, il existe aussi des Psautiers d'étude, glosés et commentés. Avec Charles J. Liebman, qui s'est intéressé surtout au premier d'entre eux, il faut distinguer quatre types. Le premier commentaire est une œuvre de grande envergure entreprise pour Laurette d'Alsace, fille de Thierry, comte de Flandre, lorsqu'elle se retira au monastère de Forest (près de Bruxelles), probablement en 1163. C. J. Liebman a décrit le milieu où l'œuvre est née et a connu sa première diffusion, l'entourage d'Étienne d'Orléans* et Sainte-Geneviève à Paris. Après avoir mis en évidence de longs emprunts à Pierre le Chantre, il penche pour la paternité de Simon de Tournai*. Cependant, Gregory a tenté de montrer que trois traducteurs sont responsables de l'œuvre. La première partie devait être achevée en 1165-1166 et n'utilisait pas encore la *magna glossatura* de Pierre Lombard*, mais principalement la *media glossatura* de Gilbert de la Porrée* ; elle comportait au moins le commentaire des Ps. 1-50 et 68-100. La deuxième partie, le commentaire des Ps. 51-67, se place entre 1175 et 1185 ; elle recourt à Pierre Lombard et aux *Enarrationes* de saint Augustin. La troisième n'est pas antérieure à 1187 et commente le Ps. 101 à 150 en suivant servilement le Lombard. Gregory abandonne, faute d'indices, la paternité de Simon de Tournai. Quoi qu'il en soit, l'apparition d'une œuvre de pareille ampleur et si précoce atteste la vitalité du milieu où elle est née. Même si le premier traducteur est le seul à connaître Laurette et sa famille, l'œuvre est linguistiquement et culturellement homogène dans toutes ses parties ; elle relève de ce que Gregory appelle « the Walloon-Lorraine Bible Translation Society », mais sa diffusion, remarquons-le, se fit surtout dans l'aire anglo-normande. Ce commentaire est un monument de la première prose française (*GRLMA*, t. VI/2, n° 1480 § 8 c). Inspiré par le précédent, un commentaire plus court est conservé dans trois témoins, suffisamment anciens pour qu'il soit permis de le situer encore au XIIe, tandis que les Psautiers glosés de la Mazarine et de Pierre de Paris*, distincts l'un de l'autre, sont plus tardifs (*GRLMA*, t. VI/2 *ibid.*).

La fin de l'histoire des Psautiers manuscrits est signifiée par le Psautier latin-français de Charles VIII ; il est attribué à Jean de Rély* qui jouera un rôle décisif dans l'impression de la première grande Bible française en 1495 (cf § 8).

Les choses sont à peine moins complexes pour l'*Apocalypse*. P. Meyer a pu proposer une répartition et un classement des témoins en huit groupes, qui fait autorité. On ne peut les ramener à une origine commune, ainsi que l'a proposé S. Berger. Woledge et Clive n'ont mentionné aucune version ou commentaire de l'Apocalypse dans leur répertoire, entendant par là sans doute qu'aucun ne pouvait prétendre sûrement à une date antérieure à 1210. Mais pour G. De Poerck (*GRLMA*, t. VI/1, p. 29), la version glosée principale serait contemporaine de la version des Rois, c'est-à-dire antérieure à 1200. Le premier texte à mentionner est la version glosée par endroits, résumée à d'autres, éditée par L. Delisle et P. Meyer d'après le ms. fr. 403 (*GRLMA* t. VI/2, n° 11404 § 1) et contenue dans de très nombreux manuscrits de l'Apocalypse seule. Ces manuscrits, comme la plupart des Apocalypses latines et françaises, sont admirablement illustrés. La version glosée se rencontre aussi dans des témoins de la *Bible Historiale* ; la glose a été ajoutée à trois des sept manuscrits d'une des traductions en vers de l'Apocalypse. De cette version glosée, la plus répandue, les meilleurs manuscrits sont ceux qui ont été écrits en Angleterre.

Une version non glosée, indépendante, se rencontre dans quatre manuscrits du XIVe : dans trois Bibles historiales et dans un manuscrit distinct, écrit avant 1313, où elle est suivie d'un commentaire original (BN, fr 13096 ; *GRLMA*, t. VI/2, n° 1404 § 2). Une autre version non glosée se retrouve dans un manuscrit parisien, jointe à quelques autres ouvrages non bibliques

(*GRLMA*, t. VI/2, n° 1403 § 2). Au seul manuscrit connu de P. Meyer, on peut ajouter deux témoins de la compilation biblique dite lorraine (cf. § 6).

Une troisième version non glosée a été largement répandue dans la *Bible* dite *du* XIIIe et dans les *Bibles Historiales*, soit sous sa forme pure, soit sous une forme mixte, à savoir que, après le ch. 11, v. 14, elle fait place à la première version glosée (*GRLMA*, t. VI/2, n° 1404 § 4).

Une quatrième version non glosée est transmise par un seul témoin originaire du monastère de « Vaudieu » (Londres, Brit. Mus., Add 17333 ; *GRLMA*, t. VI/2, n° 1404 § 5), tandis que le très beau manuscrit Cambridge, Trin. Coll. R. 16.2 (milieu du XIIIe) propose une version glosée empruntée au commentaire de Berengaudus, qui lui est propre, et qu'il faut donc, en dépit de l'avis de S. Berger, distinguer de la version glosée contenue dans trois témoins du XIVe et du XVe (*GRLMA*, t. VI/2, n° 1404 § 6 et 7) ; enfin, P. Meyer (*GRLMA*, t. VI/2, n° 1404 § 8) a sommairement décrit le seul témoin connu d'un commentaire curieux : aux légendes illustrant les figures de l'Apocalypse ont été ajoutées au XIVe des « moralités », sortes de gloses, au milieu desquelles la traduction des versets commentés est insérée.

Les autres livres bibliques ne jouirent pas de la même faveur. Toutefois, vers 1160-1170, le livre des Juges fut traduit (et adapté) en français à la demande de deux religieux templiers, Maître Richard, de Hastings, et frère Othon, de Saint-Omer (*GRLMA*, t. VI/2, n° 1460). Le texte est conservé dans deux compilations qui sont des étapes vers une Bible complète, la « Bible d'Acre » (vers 1250) et ses semblables d'une part, le recueil du ms. Paris, BN, fr. 6447 d'autre part (cf. § 6). Au XIIe encore et en Angleterre, un clerc normand composa un Commentaire sur le livre des Proverbes en s'inspirant de l'*Historia Scholastica*. L'œuvre a des traits communs avec le grand Commentaire sur le Psautier attribué à Simon de Tournai*. Elle est transmise dans un seul manuscrit d'origine anglaise conservé à Paris (*GRLMA*, t. VI/2, n° 1472). Distinct et datant du XIIIe, un autre commentaire des Proverbes est conservé dans deux exemplaires de la compilation biblique dite lorraine (cf. § 6) et séparément dans deux autres. Une troisième version a été signalée dans le ms. fr. 1109. Il existe aussi deux versions distinctes en prose des livres des Maccabées, non retenues par Woledge et Clive comme antérieures à 1210 : le précieux volume de la Bibl. Mazarine (54, ancien 70), qui contient le meilleur des textes des *Quatre Livres des Rois*, est en réalité un recueil de deux manuscrits, le premier, de la seconde moitié du XIIe s., le deuxième, contenant les Maccabées, du début du XIIIe s. C'est une traduction fort exacte et de beau style, qui ne partage ni les caractéristiques ni l'antiquité de celle des *Quatre Livres des Rois*. Elle doit dater, comme le manuscrit, du début du XIIIe s. (*GRLMA*, t. VI/2, n° 1464). L'autre traduction, plus libre, parfois paraphrasée, utilisant aussi des textes versifiés, est transmise par la compilation du ms. Paris BN fr. 6447 (daté de 1275 environ ; *GRLMA*, t. VI/2, n° 1468). En tout ceci, le Nouveau Testament paraît oublié, à l'exception de l'Apocalypse. Mais si les Évangiles et le Nouveau Testament n'ont guère été traduits isolément, n'est-ce pas parce qu'il y avait de nombreux substituts, Vies de Jésus, Passions, Mystères, sermons, etc. ? Le vide n'est pas total cependant. Le 24 août 1321, Geoffroi de Picquigny, travaillant pour Ferrantin de Malatesta, vraisemblablement à la cour de Rimini, achève son *Exposition française sur le Nouveau Testament* (Évangiles, Actes, Apocalypse). Bien que l'auteur soit picard, sa langue est marquée d'italianismes. L'unique manuscrit connu fut copié en 1322. Ce travail estimable resta sans influence.

L'inventaire auquel nous avons procédé jusqu'ici marque à l'évidence les goûts médiévaux et les choix qu'ils ont entraînés. Ils se retrouvent, aussi manifestes, dans les œuvres plus synthétiques que sont les « Histoires Saintes ».

ŒUVRES. — *Psautier de Montebourg*, éd. F. Michel, Oxford, 1860. — *Commentaire du Psautier pour Laurette d'Alsace*, éd. S. Gregory, Londres, 1990. — *Apocalypse glosée* (ms. fr. 403), reprod. photogr. en couleurs par Y. Otaka et H. Fukui, Genève, 1981 ; éd. L. Delisle et P. Meyer, Paris, 1901 (*SATF*). — *Apocalypse anglo-normande glosée* (ms. Cambridge, Trinity Coll. R.16.2), reprod. et éd. Y. Otaka et H. Fukui, Osaka, 1977. — *Livre des Juges*, éd. Marquis d'Albon, Lyon, 1913. — *Proverbes* (ms. fr. 24862), éd. H. von Bömmel, Giessen, 1976. — *Proverbes* (ms. fr. 1109), éd. A.

Rietkötter, Giessen, 1966. — *Maccabées* (ms. Mazarine 54), éd. E. Goerlich, Halle, 1888.

→ S. Berger, *op. cit.* — D. Legge, *Anglo-Norman Literature and its Background*, Oxford, 1963. — *GRLMA*, t. VI/1 (G. De Poerck et R. Van Deyck, p. 21-48), t. VI/2. — B. Woledge et H.P. Clive, *Répertoire des plus anciens textes en prose française*, Genève, 1964. — *Mise en page et mise en texte du livre manuscrit*, Paris, 1990, p. 316-322 (G. Hasenohr). — A. Sneddon, *The Anglo-Norman Psalters...*, dans *Romania*, t. 99 (1978), p. 395-400. — C.J. Liebman, *Le commentaire fr. du Psautier et le ms. Morgan 338. Pour l'attribution à Simon de Tournai*, *ibid.*, t. 76 (1955), p. 433-476 ; *Remarks on the Manuscript Tradition of the French Psalter Commentary* dans *Scriptorium*, t. 13 (1959), p. 61-69 ; *The Old French Psalter Commentary. Contribution to a Critical Study of the Text Attributed to Simon de Tournai*, dans *Romania*, t. 100 (1979), p. 289-340. — G.A. Bertin et A. Foulet, *The Book of Judges in Old French Prose...*, *ibid.*, t. 90 (1969), p. 121-131. — H. Breymann, *Introduction aux deux livres des Macchabées,* Göttingen, 1868. — A. Thomas, dans *HLF*, t. 35, 1921, p. 635-636 (Geoffroi de Picquigny).

5. *Les Histoires saintes en prose.*

C'est autour d'une « Histoire sainte » en prose, la *Bible Historiale* de Guiard des Moulins, adaptation originale et libre de l'*Historia Scholastica* de Pierre le Mangeur*, que se construira la seule Bible française qui ait eu une large diffusion médiévale. On ne signalera que pour mémoire la compilation de Roger d'Argenteuil (XIIIe s. ; *GRLMA*, t. VI/2, n° 1492) : nourrie de légendes apocryphes, agrémentée de notions de cosmographie et de théologie à l'usage des laïcs, au demeurant très partielle, elle fut peu répandue.

La *Bible Historiale* de Guiard des Moulins (*GRLMA*, t. VI/2, n° 1448) est une œuvre d'importance majeure.

L'auteur nous en est relativement bien connu, grâce aux recherches faites sur les chartes françaises d'Aire par N. de Wailly et aux synthèses de Paulin Paris, de S. Berger et, récemment, de R. Potz Mc Gerr. Guiard Desmoulins (ou des Moulins) est né en juin 1251 dans la ville d'Aire-sur-la-Lys. Chanoine du chapitre de Saint-Pierre avant 1295, il est élu doyen le 1er octobre 1297. Il meurt entre 1312 et 1322. Dans une préface à la « seconde édition » de sa *Bible Historiale* (en acceptant la thèse des deux éditions), Guiard présente ainsi son travail : « ... Moi qui suis prêtre et chanoine de Saint-Pierre d'Aire de l'évêché de Thérouanne et suis appelé Guiars des Molins... j'ai traduit les livres historiaux de la Bible du latin en roman de la manière que le maître en traite dans les Histoires écolâtres [= *Historia Scholastica*], en laissant des Histoires ce qu'il n'est pas besoin d'en tirer et en suivant plainement le texte des livres historiaux de la Bible. Et je prie tous ceux qui liront ces traductions que, s'il y a quelque chose à reprendre en l'ordonnance du roman, ils m'aient pour excusé. Car, sur l'âme de moi, je n'y ai rien mis ni ajouté sinon seulement pure vérité comme je l'ai trouvé dans le latin de la Bible et des Histoires écolâtres... En l'an de grâce 1291, au mois de juin où je suis né, et à quarante ans accomplis, j'ai commencé ces traductions et je les ai achevées en l'an de grâce 1294 [nouveau style 1295] au mois de février. Et en l'an de grâce 1297 le jour de Saint Remi, je fus élu et fait doyen de Saint-Pierre d'Aire, dont j'étais chanoine comme il a été dit. » Guiard dit aussi avoir entrepris son œuvre « à la requête d'un mien spécial ami qui désire beaucoup le profit de mon âme ». R. Potz Mc Guerr a proposé de reconnaître dans ce destinataire Mahaut, fille de Robert II, comte d'Artois, dont on sait qu'elle avait des liens avec la collégiale d'Aire et qu'elle possédait une Bible en français en 1316.

Le meilleur manuscrit pour ce qui est de la langue (picarde) de l'auteur est, de l'avis de S. Berger, le ms. Paris Mazarine 312 (jadis 532), de la deuxième moitié du XIVe s. La table qui se lit en tête donne assez exactement le contenu, dans un ordre qui n'est pas précisément celui de Pierre le Mangeur : Pentateuque, Josué, Juges, Rois I à IV, Paraboles de Salomon (Proverbes abrégés), Job (début et fin), Tobie, Jérémie et Ézéchiel (en partie), Daniel « et les hystoires qui aprés viennent », Judith « et les hystoires qui aprés viennent », Esther « et les hystoires qui aprés viennent », les deux livres des Maccabées, l'« Histoire évangélique » (non une « harmonie » comme on pourrait croire, mais un extrait de récits historiques empruntés à Flavius Josèphe) destinée par le Comestor à introduire le Nouveau Testament, à savoir l'Harmonie évangélique et des légendes, pas toutes empruntées à Pierre le Mangeur. La table du manuscrit de la Mazarine ne va pas au-delà, mais le texte continue avec une version des Actes, les Lamentations de Jérémie et d'autres fragments empruntés à la *Bible* dite *du* XIIIe *siècle*. Une glose de Guiard révèle que devaient suivre également un *Traité de la Croix*, une *Vie de Judas le traître* et une *Vie de Pilate*. En fait, à partir des Actes, le manuscrit de la Mazarine n'est certainement pas fidèle à Guiard. D'autres manuscrits (BN, fr. 155, par exemple) contiennent une version des Actes qui est indiscutablement de Guiard et dans sa manière : « Ci commencent les Faits des Apôtres... selon le texte et la lettre de la Bible et selon Histoires... Entendez que la grosse lettre est le texte de la Bible, et la lettre déliée est ce que le maître en dit et en expose en Histoires ». Selon son habitude, Guiard fait se succéder dans cette version des Actes le texte biblique et l'*Historia Scholastica*. Un des témoins, le ms. Londres, Brit. Libr., Royal 19.D.III, fait suivre les Actes des Apôtres du *Traité de la Vraie Croix* (ou *Pénitence d'Adam*) et de la *Vie de Pilate*.

La présence ou l'absence de la préface, datée de 1297 ou après, suffit-elle à distinguer deux éditions ? Ce point ne me paraît pas absolument assuré. Que Guiard l'écrive en 1297 ou après qu'il a achevé son œuvre en 1295 ne signifie nullement que l'ouvrage a été diffusé avant 1297. La comparaison de la table et du texte du manuscrit de la Mazarine révèle que le scribe a eu l'intention de modifier quelque chose à son modèle : en même temps qu'il introduisait une autre version des Actes et omettait les apocryphes finaux, il arrêtait sa table aux Évangiles.

Tout le monde s'accorde pour dire que, au regard de son modèle, Guiard ne s'est pas privé d'ajouter et de retrancher. Paulin Paris avait noté ceci à propos du Lévitique : « Les titres et les chapitres... de connaitre meselerie [lèpre]... trespassons-nous pour l'honneur d'hommes et de femmes, car ce n'est mie moult honnete chose en roman ; mais en latin est toute chose honnete. Que vous suffise qui ce lisez ».

Mais si on fait abstraction de ces querelles de frontière, qu'a voulu au juste Guiard ? En quoi se distingue-t-il de Pierre le Mangeur ? Comme lui, il s'intéresse surtout aux livres historiques et narratifs de la Bible et il oublie Prophètes et Sapientiaux presque totalement ; comme lui aussi, il utilise un important matériel non biblique, Josèphe et des apocryphes, ces derniers avec moins de réserve que le Mangeur ; comme lui encore, il utilise abondamment commentaires et gloses. Ce qui est tout nouveau, c'est que Guiard introduit des tranches entières du texte biblique lui-même en « grosse lettre » pour le distinguer du reste. Selon une formule qui répond au besoin et réussira bien au-delà de ses prévisions, il conjugue Écriture et commentaire, histoire et scolastique. Aussi, très tôt, d'autres traductions bibliques vinrent truffer la composition originale.

Peu de manuscrits au total contiennent seulement l'œuvre originale du doyen d'Aire, et cela est dû à son extraordinaire succès. La *Bible Historiale* a très vite — du vivant de l'auteur déjà — été complétée par la traduction de livres manquants. Comme témoins de la forme première de l'œuvre, il faut citer les mss Mazarine 312, BN, fr. 152, Iena 97-98, témoins d'une première édition, et les mss BN fr. 155, Londres, Brit. Libr., Royal 19.D.III, Royal 18.D.IX-X et 15.D.I., témoins d'une seconde édition.

Inspirée de l'œuvre de Pierre le Mangeur*, celle de Guiard des Moulins est l'exemple achevé de l'Histoire sainte médiévale. La Bible est moins un livre qu'une histoire, et donc il convient de la réorganiser de ce point de vue en la complétant d'extraits pris aux historiens profanes (les *incidentia* de Pierre le Mangeur). Même les livres prophétiques et sapientiaux ne sont retenus qu'en fonction des renseignements historiques qu'ils fournissent. On ne garde de Job que le récit. Guiard s'en explique : « Ils parlerent longuement, ses amis à lui. Et ces paroles qu'ils dirent les uns aux autres sont de si fort latin et pleines de si grands mysteres que nul n'en peut entendre le mystere s'il n'est grand clerc de divinité [théologie]. Et pour ce je les passerai, car nul ne devrait oser traduire, car les laïcs pourraient errer... » Quoi qu'il en soit de la raison, elle va dans le sens de presque toutes les histoires bibliques médiévales.

Au moment où Guiard des Moulins écrit, des tentatives ont déjà eu lieu en vue de traduire en français la Bible latine fidèlement et en entier. Mais cette voie sera sans succès pour plus de deux siècles.

La vraie Bible, du XIIIe au XIVe siècle, est un compromis. Le plus souvent en deux volumes, elle comporte dans le premier l'œuvre de Guiard avec les additions et elle emprunte le second pratiquement tel quel à la *Bible du XIIIe siècle* (cf. § 6). Cette expansion de l'œuvre de Guiard a relégué dans l'ombre l'entreprise, à nos yeux de modernes plus sérieuse, que constituait la *Bible du XIIIe siècle.* Il n'y a pas de raison de penser que les autorités ecclésiastiques aient joué ici un rôle. L'esprit médiéval est resté le plus fort. Toutes les premières impressions de la Bible française, jusqu'à 1530, seront des *Bibles Historiales Complétées.* Ceci justifie la place relativement importante qui lui est consacrée ici.

La ligne continue du développement qui conduit de Guiard à la première Bible française imprimée de 1495 n'est pas rompue par la traduction, tardive et confidentielle, de la *Summa de etatibus* du franciscain Jean d'Udine due à Jean Miélot* (1463). La compilation s'intéressant particulièrement aux généalogies, tout le ms. est lui-même conçu comme un arbre généalogique : les pages sont écrites dans le sens de la hauteur et divisées en deux par une bande qui nomme les ancêtres de Jésus. Cette bande s'élargit et empiète à gauche et à droite lorsque c'est nécessaire. De part et d'autre de cette bande court le texte d'un résumé d'histoire. Ainsi l'abrégé de Judith en 49 lignes se trouve en regard de Zorobabel.

→ *Sur Roger d'Argenteuil* : P. Moe, *The Middle English Translation of Roger d'Argenteuil Bible en françois*, Heidelberg, 1977 [l'introduction est consacrée au texte français, jadis signalé par P. Meyer, dans *Notices et Extraits Mss BN*, t. 33/1, 1890, p. 71-75, puis par S. Solente dans *Scriptorium* t. 7 (1953), p. 226-234]. — *Sur Guiard des Moulins* : P. Paris, dans *HLF*, t. 28, 1881, p. 440-455. — S. Berger, *op. cit.*, p. 157-186. — G. De Poerck et R. Van Duyck, *GRLMA*, t. VI/1. — P.-M. Bogaert, *Adaptations et versions de la Bible en prose...*, dans *Les genres littéraires dans les sources théologiques et philosophiques médiévales*, Louvain-la-Neuve, 1982, p. 259-277. — R. Potz Mc Gerr, *Guyart Desmoulins... and his Bible Historiale*, dans *Viator*, t. 14 (1983), p. 211-244. — *Mise en page et mise en texte du livre manuscrit*, Paris, 1990, p. 323-327 (G. Hasenohr).

6. *Les traductions de la Bible complète à partir de 1250.*

S. Berger pensait que l'œuvre de Guiard des Moulins était postérieure à l'achèvement d'une Bible française complète. Cette dernière aurait été une œuvre parisienne accomplie entre 1226 et 1250, sous le règne de saint Louis. Cette manière de voir, qui est celle de G. De Poerck en 1968 (*GRLMA*, t. VI/1), se heurte à des difficultés que P. Meyer et C.A. Robson ont aperçues et qui tiennent essentiellement à l'âge des témoins. Si, comme Berger le pense, la *Bible d'Acre* constitue un pas vers la traduction complète — et sur ce point, il a presque sûrement raison — et si la *Bible d'Acre* doit être datée de 1250-1254, il devient plus difficile de faire remonter les origines de la traduction complète avant cette date. De même, la Bible de Thou ne peut plus être datée si anciennement que l'a fait S. Berger. Certes, la datation des manuscrits ne permet pas de déterminer l'ancienneté de la traduction, qui peut être plus grande. Il faut cependant signaler tout de suite que les témoins de la *Bible du XIIIe siècle* complète sont peu nombreux et datent presque tous du siècle suivant. Même si l'exposé qui suit repose surtout sur l'âge des manuscrits (fixé par l'enluminure et par l'écriture) et si, en conséquence, il correspond davantage à l'histoire de la diffusion de la *Bible du XIIIe siècle* qu'à celle des étapes de sa composition, il n'est pas du tout impossible que l'une recouvre suffisamment l'autre et que la composition ne précède que de peu la diffusion.

De quelque manière qu'on prenne les choses, il apparaît aujourd'hui assez clairement que la deuxième moitié du XIIIe siècle a été décisive dans la diffusion de traductions françaises en prose de la Bible. Ces cinquante années se caractérisent par trois tentatives de compilation demeurées partielles et par la *Bible du XIIIe s.*

Les tentatives de compilations partielles. Frappé par le caractère particulier de certaines miniatures de la *Bible d'Acre* (Paris, Arsenal 5211), S. Berger estimait devoir la dater des environs de 1250. Les travaux de H. Buchthal, largement reçus par les spécialistes, ont montré que la *Bible d'Acre* appartenait au troisième groupe des manuscrits du royaume latin de Jérusalem, et plus précisément qu'il fut exécuté lors du séjour de saint Louis au Proche-Orient, entre 1250 et 1254. Le manuscrit Paris BN. nouv. acq. fr. 1404 représente la même compilation avec quelques omissions (Esther, Job, Ruth, Sapientiaux) ; il est daté de la deuxième moitié du XIIIe siècle (*GRLMA*, t. VI/2, n° 1432). C.A. Robson a signalé de plus le ms. Chantilly Musée Condé 3 [724], daté du XIVe siècle. Au XVe siècle, la seule version provençale ancienne de l'Ancien Testament fut faite à partir d'un témoin de cette compilation (*GRLMA*, t. VI/1, p. 39, note 108).

Ainsi donc cette compilation ne peut plus être dite une œuvre individuelle ; elle a eu une certaine diffusion. De plus, il est prouvé qu'il s'agit bien d'une compilation. La version des livres des Rois est celle qui a existé plusieurs décennies auparavant et que nous avons mentionnée plus haut. Celle du livre des Juges est précédée d'un prologue en vers qui révèle le nom de ses destinataires. La même version a servi dans une autre compilation. Nous l'avons également déjà présentée. Dans la *Bible d'Acre*, l'ordre des livres est le suivant : Pentateuque (certains chapitres seulement, historiques en général), Josué, Juges, I-IV Rois, Judith, Esther, Job, Tobie, extraits des livres sapientiaux, les Maccabées d'après l'*Historia Scholastica*, suivis d'extraits de la même *Historia* conduisant au seuil du Nouveau Testament, puis, pour terminer, le livre de Ruth. Ainsi qu'il apparaît clairement, cette compilation est encore conditionnée étroitement par l'œuvre de Pierre le Mangeur*, mais elle constitue une étape importante. Comme telle, elle n'aura pas de descendance : la *Bible du XIIIe siècle* et la *Bible Historiale* l'ont ignorée.

Le *ms. BN. fr. 6447* a été copié vers 1275 dans une région de la France septentrionale, vraisemblablement en Flandre. La Vie de sainte Marthe qu'il contient a été composée pour une comtesse de Flandre. Il comporte, après des Annales, une Genèse, qui est la mise en prose de deux poèmes, le premier inconnu, le second d'Herman de Valenciennes* (à partir de Gn 32), le livre des Juges (fol. 26 à 38) dans la version de la *Bible d'Acre*, la très ancienne version des *Quatre Livres des Rois*, et l'*Histoire des Maccabées* avec paraphrases et emprunts à Flavius Josèphe (certaines parties sont ou ont été en vers). La suite du manuscrit est faite d'un recueil de légendes, de sermons (entre autres de Maurice de Sully*), d'un traité de la confession et, d'une main plus tardive, d'annales de Terre Sainte. La Genèse et les Maccabées ne se retrouvent sous cette forme dans aucun autre témoin. Approximativement daté, ce témoin est important : il indique une tendance.

Deux manuscrits lorrains, l'un de la fin du XIIIe ou du début du XIVe, le ms. Paris BN. fr. 24728, l'autre de la première moitié du XIVe, le ms. Rome Bibl. Apost. Vaticana Pal.lat. 1957, transmettent une suite de textes qui ne peut s'interpréter que comme une compilation biblique (*GRLMA*, t. VI/2, n° 1428). Berger n'a pu connaître ces deux témoins, et, pour cela, n'a pu repérer dans des témoins tardifs qu'il a eus sous la main une forme dégradée de cette compilation. P. Meyer l'a signalée le premier, dans son compte rendu de l'étude de S. Berger. Il a lui-même étudié en détail le ms. Paris BN fr. 24728, tandis que K. Christ décrivait le *Palatinus*.

Sous sa forme complète, cette compilation comporte : une traduction abrégée des livres historiques ; un traité sur les sept âges du monde ; une version particulière de l'Apocalypse (voir ci-dessus) ; une traduction de l'Épître de Jacques et de la première Épître de Pierre ; un commentaire des Proverbes (voir ci-dessus). Plusieurs manuscrits, relativement tardifs, possèdent seulement l'Abrégé de Genèse à Job, suivi du traité des sept âges du monde. Publié à Lyon en 1473, cet Abrégé est une des toutes premières œuvres imprimées en France, qui fut réimprimée plusieurs fois dans la suite (cf. § 8).

La Bible Paris BN. fr. 899 a appartenu au célèbre historien et collectionneur Jacques-Auguste de Thou (1553-1617), d'où le nom de *Bible de Thou* qui lui est donné pour la facilité. S. Berger la datait de 1250 environ en raison de la ressemblance de son enluminure avec la Bible latine Paris BN. lat. 16719-16720. Si la datation de la Bible des dominicains de Saint-Jacques reste acquise, elle ne peut cependant plus être étendue à la *Bible de Thou*. Berger estimait aussi que la *Bible de Thou* était un abrégé de la *Bible du XIIIe siècle* complète qui, dès lors, serait antérieure à 1250, date de la *Bible de Thou* selon lui.

L'enjeu a une certaine importance. Ou bien la *Bible de Thou* n'est qu'un exemplaire, particulier et mutilé, de la *Bible du XIIIe siècle* et, dans ce cas, elle rentre dans le rang, puisqu'on ne peut même plus la considérer comme le plus ancien témoin. Ou bien, comme le veut C. Robson, la *Bible de Thou* atteste une étape vers la *Bible du XIIIe siècle*. Bien que l'argumentation de C. R. Sneddon en faveur de la première hypothèse soit sérieuse, elle n'est pas absolument décisive. Un examen complet des témoins de la *Bible du XIIIe siècle* montrerait sans doute la valeur de la *Bible de Thou*. C'est la raison pour laquelle celle-ci reçoit ici une place à part, intermédiaire entre la *Bible d'Acre* et la *Bible du XIIIe siècle* sous sa forme commune. Car, en tout état de cause, la *Bible de Thou* a des particularités très visibles : pour la Genèse, elle n'a que la traduction et non la glose ; pour les évangiles et les épîtres, un système de lettres atteste une utilisation en vue de la dévotion privée. La *Bible de Thou* comporte la Genèse (à partir de 2,14), l'Exode, les Nombres (à partir de 1,11), le Deutéronome, Josué, Juges, Ruth, Rois (à partir de 1 R 2,4), Tobie, Judith, Esther, Job, les Psaumes, les quatre Évangiles, les Actes, Jacques, 1 et 2 Pierre (jusqu'à 2 P 1,21). Seuls le Psautier et les Évangiles sont glosés.

La Bible du XIIIe siècle. Dans le troisième ou le début du quatrième quart du XIIIe, plutôt que dans le deuxième quart, fut donc composée la première traduction complète de la Bible. Elle fut faite, comme il faut s'y attendre, sur le texte latin de la Vulgate dans la forme que l'Université et la librairie parisiennes lui avaient donnée à partir de 1226. Elle se présente habituellement en deux volumes. Le premier contient l'Octateuque (dans lequel la Genèse, Josué, Juges et Ruth sont glosés), I-IV Rois, les Chroniques, les livres d'Esdras, Tobie, Judith, Esther, Job et le Psautier. Le second contient les livres de Salomon, les Prophètes, les Maccabées (avec glose), les Évangiles (avec glose), les Épîtres pauliniennes, les Actes, les Épîtres catholiques, l'Apocalypse. Les exemplaires du second volume sont très nombreux, car ils forment, à partir du début du XIVe siècle, la deuxième partie des *Bibles Historiales Complétées*. Dans l'état actuel des recherches, il n'y a pas d'indice sûr pour distinguer le volume II d'une *Bible du XIIIe siècle* de celui d'une *Bible Historiale Complétée*. En revanche, les exemplaires du premier volume sont rares (huit), ce qui prouve — sans hésitation possible — que la *Bible du XIIIe siècle* comme telle n'a guère eu de diffusion.

Il est difficile de distinguer un volume II de la *Bible du XIIIe siècle* d'un volume II d'une *Bible Historiale Complétée*. Dès lors, il faut attacher beaucoup de prix aux cinq exemplaires non dépareillés dont les plus anciens sont conservés à New York (Pierpont Morgan Libr. 484) et Londres (Brit. Libr. Harley 616 et Add. 41751).

Qui veut aujourd'hui goûter à cette grande œuvre dispose de l'édition que M. Quereuil a donnée de la Genèse. Le lecteur sera surpris d'y trouver une glose abondante, mais cela est une caractéristique de nombreuses Bibles latines au XIIIe siècle. Rien d'étonnant que les traducteurs aient suivi. Si, comme le pense Quereuil, la *Bible de Thou*, qui n'a pas la glose, l'a délibérément écartée, il faut se demander pourquoi tel ms. de la *Bible du XIIIe s.* est dans le même cas. Si la glose a été ajoutée dans un second temps, cela correspondrait à une évolution prévisible en ce siècle.

Mais les auteurs de la *Bible du XIIIe siècle* sont restés muets sur les circonstances de leur travail. La tendance à la glose apparaît d'ailleurs dans le ms. Harley 616 qu'un possesseur a annoté au XIVe s. Sneddon a observé également, dans le Nouveau Testament, un processus de révision sur le latin.

Quant à la langue, c'est du français de l'Île-de-France, ce qui invite à supposer une origine parisienne. Faut-il voir au départ de ce travail gigantesque une confrérie laïque, des tertiaires dominicains, comme l'avance Sneddon avec prudence et à titre d'hypothèse ? C'est possible. Mais une œuvre qui, sous sa forme intégrale (avec le premier volume), n'a eu qu'un succès très limité peut aussi avoir eu une origine ponctuelle, une commande royale ou princière.

ŒUVRES. — *Bible du XIIIe*, éd. de la *Genèse* par M. Quereuil, Genève, 1988 [c.r. par P.-M. Bogaert, dans *Scriptorium*, t. 44 (1990), n° 257 et L. Leonardi dans *Studi Medievali*, IIIe s., t.

29 (1988), p. 246-255, proposant un stemma différent].

→ S. Berger, *op. cit.* — *GRLMA* VI/1 (G. De Poerck et R. Van Deyck). — P.-M. Bogaert, *op. cit.* — C.A. Robson, *Vernacular Scriptures in France*, dans *Cambridge History of the Bible*, t. 2, Cambridge, 1969. — *Bible d'Acre* : H. Buchthal, *Miniature Painting in the Latin Kingdom of Jerusalem...* Oxford, 1957. — *Ms BN fr. 6447* : P. Meyer, dans *Notices et Extr. mss BN*, t. 35/2, 1896, p. 435-510. — *Compilation lorraine* : P. Meyer, dans *Bull. SATF*, t. 31 (1905), p. 38-48. — K. Christ, dans *Die Altfr. Handschriften der Palatina*, Leipzig, 1916, p. 32-44. — *Bible de Thou* et *Bible du* XIIIe : W. Decoo, *La Bible du* XIIIe *et l'Évangile selon Marc...*, dans *Romanica Gandensia*, t. 12 (1969), p. 63-65 — C.R. Sneddon, *The Bible du* XIIIe. *Its Medieval Public in the Light of its Manuscript Tradition*, dans *The Bible and Medieval Culture*, éd. W. Lourdaux et D. Verhelst, Louvain, 1979, p. 127-140. — M. Camille, *Visualising in the Vernacular : a new Cycle of early fourteenth-century Bible Illustration*, dans *The Burlington Magazine*, n° 1019 (février 1988), p. 97-106.

7. *Le* XIVe *siècle.*

Le XIVe a été l'âge d'or de la diffusion des Bibles manuscrites, marqué par l'essor des grandes entreprises du siècle précédent (*Bible historiale* et *Bible du* XIIIe *s.* conjointes, *Bible moralisée*) et par des initiatives royales de grande envergure (Bible de Jean de Sy, traduction de Raoul de Presles*).

La Bible Historiale Complétée. On ne sait qui trouva la formule (*GRLMA*, t. VI/2, n° 1416). Mais très vraisemblablement dès 1312 (« Bible du prisonnier » parisien) et peut-être avant, certainement en 1317 (colophon de l'exemplaire complet du ms. Ars. 5059, écrit à Paris par le clerc Jean de Papeleu), la jonction de la *Bible Historiale* de Guiard et du t. II de la *Bible du* XIIIe est faite. C'est à ce combiné, réalisé donc du vivant de Guiard, mais à Paris et non à Aire, et appelé à une étonnante diffusion (S. Berger en a examiné 70 témoins, mais on en compte une centaine) que l'on a donné le nom de *Bible Historiale Complétée*. Berger a proposé pour les *Bibles Historiales complétées* un classement empirique appuyé sur la présence ou l'absence de certains livres, sur le texte du Psautier et sur celui de l'Apocalypse (glosée ou non à partir du chapitre II), sur l'addition aussi de prologues. Il distingue donc : Les *Petites Bibles Historiales Complétées*, qui n'ont pas la traduction complète des Chroniques, des livres d'Esdras et de Néhémie et du livre de Job. La plupart des témoins de ce groupe, dont le plus ancien remonte à 1317, font suivre le Psautier d'une litanie qui, au dire de Berger, est parisienne. Les *Bibles Historiales Complétées Moyennes* ajoutent aux précédentes la traduction complète de Job, de Baruch et de la Prière de Jérémie. La litanie qui suit le Psautier, dans ces Bibles et les suivantes, est souvent une litanie normande. La plus ancienne qui soit datée est la Bible qui fut prise à Jean II à la bataille de Poitiers en 1356. Les *Grandes Bibles Historiales Complétées* contiennent, en plus du grand Job et de Baruch, les Paralipomènes et les livres d'Esdras et de Néhémie. S. Berger en connaît trente-huit parmi lesquelles il décèle divers groupes. Sauf pour le Psautier, la première Bible française imprimée (celle de Jean de Rély*, chez Antoine Vérard, en 1495) a eu pour modèle une *Grande Bible Historiale* très proche du ms. du duc de Berry (BN, fr. 159).

On peut donc tenir sans risque que la vraie Bible française du Moyen Âge fut la *Bible Historiale Complétée*, c'est-à-dire un compromis ou mieux un mariage entre la *Bible Historiale* de Guiard et la *Bible du* XIIIe *siècle*. La première, en introduisant des tranches entières de traduction biblique, ce que son modèle (l'*Historia Scholastica*) n'avait pas fait, ouvrait la voie à ce développement. Sur une centaine de témoins possibles de la *Bible Historiale*, on compte plus de soixante-quinze exemplaires du tome Ier (ou du moins d'une partie substantielle de celui-ci). Dans les mêmes conditions, on compte neuf exemplaires de la *Bible du* XIIIe *siècle* et six exemplaires de la Bible de Raoul de Presles* (1375-1382). Une répartition des exemplaires dans le temps serait intéressante et possible. Elle est aventureuse dans le détail en raison des divergences dans la datation. De toute manière, les copies se répartissent sur le XIVe et le XVe siècle avec peut-être une diminution au XVe siècle, qui pourrait s'expliquer par la permanence des exemplaires. De 1300 environ jusqu'à 1530, la *Bible Historiale Complétée* fut seule vraiment diffusée. La dernière impression connue est de 1545.

La Bible moralisée. Les « Bibles moralisées », au sens précis du terme, sont des mss abondamment illustrés qui comportent d'une part un choix de passages scripturaires suivis de courts commentaires portant sur la signification spirituelle et, d'autre part, un double registre de médaillons illustrant l'un le sens littéral, l'autre le sens spirituel. C'est ce qui les distingue tant des *Bibles des pauvres** ou du *Speculum humanae Salvationis* que de la *Bible Historiale*, uniquement soucieuse du sens littéral. L'esprit qui a présidé à la composition des *Bibles moralisées* est celui de la théologie monastique du XIIe s. ; l'œuvre elle-même a pu naître en France du Nord au début du XIIIe s. Les exemplaires les plus complets comptent 5424 scènes ; les plus anciens, contemporains de saint Louis, sont entièrement écrits en latin. Seule la *Bible moralisée* réalisée dans l'entourage de sa fille, Isabelle de Champagne, est en français ; elle n'eut pas de suite. Mais, près d'un siècle plus tard (vers 1350), Jean le Bon, le premier souverain dont le nom est attaché à la Bible française, redécouvrit la *Bible moralisée* et en fit exécuter une traduction nouvelle, d'où dérivent les huit copies bilingues ou entièrement françaises des XIVe et XVe siècles, toutes somptueusement illustrées (*GRLMA*, t. VI/2, n° 1424).

La traduction de la *Bible de Jean de Sy* résulte, elle aussi, d'une commande du roi Jean. Le dominicain Jean de Sy mena la traduction jusqu'au ch. 18 de Jérémie ; elle fut ensuite continuée, mais non achevée, par une équipe de théologiens patronnée par les ducs d'Orléans ; on y travaillait encore sous le règne de Charles VI, en 1410. Le seul exemplaire subsistant, daté de 1355 et certainement interrompu par la captivité du roi, ne va pas au-delà du Deutéronome. Peut-être inspirée par une traduction intégrale de la Bible d'origine anglo-normande, dont il reste trois témoins (*GRLMA* VI/2, n° 1408 ; c'est l'opinion de S. Berger), indépendante de Guiard des Moulins comme de la *Bible du XIIIe siècle*, la traduction de Jean de Sy se distingue des autres Bibles françaises par sa mise en page, qui l'apparente directement aux Bibles glosées latines, et par le caractère encyclopédique d'un commentaire qui, s'il reste exclusivement littéral, se montre soucieux de confronter les opinions divergentes des autorités pour asseoir plus solidement les interprétations retenues.

La *Bible de Raoul de Presles* est une initiative de Charles V. Dans le *Livre des faits et bonnes mœurs du sage roi Charles V*, Christine de Pizan*, gratifiant certainement en partie le roi d'initiatives dues à son père, comme cela lui arrive, écrit : « [le roi] fist par solempnelz maistres souffisans en toutes les sciences et ars, translater de latin en françois tous les plus notables livres, si comme la Bible en III manieres, c'est assavoir le texte [Raoul de Presles ?], et puis le texte et les gloses [Jean de Sy ?] et puis d'une autre maniere alegorisée [*Bible moralisée ?*]. » De fait, lorsque Raoul de Presles* (1315-16 à 1382) eut achevé la traduction de la *Cité de Dieu*, le 1er septembre 1375, Charles V lui commanda la traduction de la Bible. Dans la préface à son œuvre, on notera ceci : « Car, quant a la maniere du translater, la ou je verray qu'il cherra abreviacion, je la ferai, la sustance demourant entiere. Et ou je verrai qu'il ara repeticion d'une meisme chose, si come en Paralipomenon et en Esdras le secont et ailleurs, je ferai remission... Mon entente est aussi de faire aucuns prologues ou je verrai qu'il en sera besoing a la declaracion des livres, et aussi aucuns integumens es commencemens d'aucuns chapitres, afin de comprendre plus legierement la sentence. Et par tout ou il ara une ligne par dessouz, ce sera hors le texte pour le declairier... »

Raoul de Presles paraît n'avoir pu achever son œuvre. Il mourut le 10 novembre 1382 laissant une traduction de tout l'Ancien Testament et de l'Évangile selon Matthieu au moins jusqu'au chapitre 19. S. Berger se demande même si, à partir du chapitre 14 de I Maccabées, la traduction n'aurait pas été poursuivie par un autre. Une note en marge du ms. Paris BN, fr. 158, pourrait le donner à penser. Il est difficile de formuler un jugement d'ensemble sur la Bible de Raoul de Presles. Son travail est largement dépourvu d'originalité et bien inférieur à celui de Jean de Sy. Sa conception de la traduction varie en fonction de la nature des livres bibliques, de la version littérale à la lecture allégorique, sans qu'il soit matériellement possible le plus souvent, en dépit des affirmations de la préface, de distinguer le texte de la glose. Il s'est servi de la *Bible du XIIIe siècle*, et tout ce qui chez lui peut paraître original se retrouve chez Nicolas de Lyre* (vers 1270-1349), d'ailleurs plusieurs fois cité. Mais la dimension de l'œuvre commande le respect et justifierait que l'on en reprenne l'étude.

→ S. Berger, *op. cit.* — P.-M. Bogaert, *op. cit.* — C.A. Robson, *op. cit.* — *Mise en page... du livre ms*, p. 323-327 et 409-411 (H. Toubert, *La Bible moralisée*). — *Bible moralisée* : R. Hausherr, *Sensus litteralis und Sensus spiritualis in der Bible moralisée*, dans *Frühmittelalterliche Studien*, t. 6 (1972), p. 356-380 ; commentaire à l'éd. en fac-sim. du ms. Vindobonensis 2554, Graz, 1973 (*Codices Selecti*, 40). — F. Avril, *Un chef-d'œuvre de l'enluminure sous le règne de Jean le Bon : la Bible moralisée ms. fr. 167 de la BN*, dans *Fondation E. Piot. Monuments et mémoires*, t. 58 (1978), p. 91-125. — *Bible de Jean de Sy : La librairie de Charles V* (catalogue d'exposition), Paris, 1968, p. 71 (ms. fr. 15937). — *Dieu en son royaume. La Bible dans la France d'autrefois* XIIIe-XVIIIe *s.*, Paris, 1991, p. 15 (catalogue d'exposition sous la dir. de F. Dupuigrenet-Desroussilles).

8. *Le quinzième siècle. Du manuscrit à l'imprimé.*

Il ne paraît pas qu'aucune entreprise nouvelle de quelque envergure ait suivi celle de Raoul de Presles. S. Berger signale un Nouveau Testament qui est une révision de la *Bible du* XIIIe *siècle*, une traduction à frais nouveaux des Épîtres pauliniennes, une « édition » suisse de la *Bible Historiale Complétée*. Mais, dans le registre des grandes Bibles, copies et révisions sont l'affaire surtout du XIVe s., non du XVe. En 1462, un scribe inconnu copia une traduction nouvelle de la Bible, depuis Genèse jusqu'aux Rois. Il commença ensuite à transcrire en marge une version française des *Postilla super librum Genesis* de l'augustin Jacques Legrand*. S. Berger, qui attribuait toute la traduction à Jacques Legrand lui-même, ne lui reconnaissait pas grande valeur.

Ce siècle, du moins, vit l'invention et la généralisation de l'imprimerie. La Bible va entrer, elle aussi, dans cet âge nouveau. C'est à Lyon, et non à Paris, que seront publiés des ouvrages mineurs qui préludent à l'impression d'une Bible française complète : on attribue à Guillaume Le Roy et Barthélemy Buyer l'impression de trois textes différents : une *Bible Abrégée*, sans titre ; le *Nouveau Testament*, auquel sont associés les noms de deux religieux augustins, Julien Macho* et Pierre Farget ; *L'Exposicion et la vraye declaracion de la bible tant du vieil que du nouvel testament*, avec le nom de Julien Macho.

Le nom de *Bible Abrégée* a été donné par Pierre Aquilon à une sorte d'Histoire Sainte imprimée dès 1473 et contenant des récits allant de la Création à la mort de Samson, de la naissance de Samuel à la mort de Sédécias, et à des adaptations des livres de Jonas, Ruth, Tobie, Daniel, Esther et Job, suivis des Sept âges du monde. P. Aquilon, qui a tout fait pour éclairer la forme imprimée de cette compilation, n'a pas vu qu'il s'agissait en réalité de l'impression de l'Abrégé dérivé de la compilation lorraine du XIIIe s. étudiée au § 6, associé dans le ms. qui peut être le modèle de l'imprimé aux noms de Julien Macho* et Pierre Farget.

De 1473 à 1480, la *Bible Abrégée* fut imprimée quatre fois à Lyon et ensuite régulièrement à Paris jusqu'en 1545. Il y a des éditions isolées à Lyon, à Caen et à Rouen. La rareté des exemplaires conservés permet de croire qu'il y eut d'autres éditions, dont nous n'avons plus la trace. La première édition paraît être l'un des deux plus anciens livres en français imprimés en France actuellement connus. Celle de 1478 propose un titre : *La Bible du vieil testament* ; elle vise à compléter sans doute l'édition du *Nouveau Testament*.

C'est chez Barthélemy Buyer, cette fois nommément cité, que parut le *Nouveau Testament en françois* « revu et corrigé par frères Julien Macho et Pierre Farget, docteurs en théologie », dont les deux éditions connues ont été datées de 1476-1478 et vers 1479.

D'après Berger, la version est celle de la *Bible du* XIIIe *siècle* ; l'Apocalypse est sans glose ; le texte doit être la reproduction servile d'un manuscrit ; il n'a, selon lui, exercé aucune influence ultérieure. Mais il importe de souligner qu'il n'y a pas eu d'autre édition du Nouveau Testament avant celle de Simon de Colines, qui publiera en 1523 la version de Lefèvre d'Étaples.

Toujours dans le même atelier et dans les mêmes années (1477) sortirent deux éditions d'une « Exposicion et vraye declaracion de la Bible, tant du vieil que du nouvel Testament... » À croire le colophon on conclurait que l'ouvrage dépend de Nicolas de Lyre, qu'il est une traduction et que le religieux lyonnais Julien Macho a présidé à la correction de l'impression.

Il s'agit en réalité de la dernière forme qu'a prise la *Bible moralisée* ; la comparaison avec le ms. Paris BN. fr. 897 ne laisse aucun doute à ce sujet. Ainsi s'explique également que, à la différence de l'*Abrégé* et du *Nouveau Testament, L'exposicion et vraye déclaracion* soit ornée de nombreuses gravures dans le texte.

La *Bible Abrégée* fut le seul texte à être longtemps réimprimé. Ni le *Nouveau Testament* ni l'*Exposicion* n'eurent ce sort. Par le biais de ces modestes livres lyonnais et bientôt grâce aux éditions soignées d'Antoine Vérard à Paris, la Bible française cessa d'être un livre royal ou princier. Sous l'allure toute médiévale d'un résumé, c'est l'humanisme qui est en marche.

En effet, en 1495, vraisemblablement, Antoine Vérard fait imprimer ce que les érudits considèrent souvent comme la *première Bible imprimée en français* et qui est, en fait, l'impression de la *Bible Historiale Complétée* du type de celles du duc de Berry, à l'exception du Psautier, qui pose un problème particulier.

Il s'agit d'un événement, ne serait-ce que par l'ampleur : deux volumes in-folio comportant au total 748 feuillets (avec le Psautier, qui fait défaut dans plusieurs exemplaires, et constitue un supplément). Les critiques s'accordent pour en attribuer l'initiative à Jean de Rély*, évêque d'Angers et confesseur de Charles VIII, qui aurait agi à l'instigation du roi et aurait lui-même procuré une nouvelle traduction du Psautier. La *Bible hystoriée* (tel est son titre exact) connut vingt-huit éditions parisiennes pour la plupart, échelonnées entre 1505 et 1545 ; toutes, à l'exception de la dernière, sont en caractères gothiques. En même temps que cesse l'impression des grandes *Bibles Historiales*, cesse aussi celle de la *Bible Abrégée*. Avec la fin de ces deux types de Bible, c'est le Moyen Âge qui s'éloigne définitivement. L'Histoire sainte va céder le pas à l'Écriture Sainte pour longtemps.

→ S. Berger, *op. cit.* — L. Febvre et H.J. Martin, *L'apparition du livre*, Paris, 1958. — W.J. van Eys, *Bibliogr. des Bibles et des Nouveaux Testaments en langue fr. des* XVe *et* XVIe *s.*, Genève, 1900-1901. — B. T. Chambers, *Bibliography of French Bibles. Fifteenth-and Sixteenth- Century French Language Editions of the Scriptures*, Genève, 1983. — C. Perrat, *Barthélemy Buyer et les débuts de l'imprimerie à Lyon*, dans *Humanisme et Renaissance*, t. 2 (1935). — P. Aquilon, *La Bible Abrégée*, dans *Rev. fr. d'Hist. du Livre*, t. 2 (1972), p. 147-182.

9. *Quelques conclusions :*

a. C'est dans les régions géographiquement et linguistiquement les plus éloignées de la latinité que sont nées les premières traductions bibliques en langue vulgaire. Pour le domaine roman, cette affirmation aboutit à reconnaître la précocité du Nord et du Nord-Est de la France (Picardie, Lorraine, Île-de-France) et surtout du domaine anglo-normand, y compris sa partie anglaise. Parti plus tard, le mouvement sera aussi plus rapide. La France aura une traduction intégrale de la Bible avant l'Angleterre ou l'Allemagne.

b. On l'a dit souvent, la Bible a été pour le lecteur médiéval un livre d'histoire, une Histoire sainte constituant le premier chapitre d'une histoire de l'Église et du monde. D'où le recours aux traditions apocryphes ou à Flavius Josèphe pour compléter le tableau, et la prédilection, aux origines, pour la forme versifiée. Avec le début du XIIIe s., la situation change. Les efforts pour rendre la Bible en français s'inscrivent désormais dans le sillage de la traduction d'abord, puis de la conception de grandes œuvres narratives.

À côté d'une influence générale des habitudes littéraires, il faut mentionner celle, plus précise, de l'environnement théologique. L'extraordinaire succès de l'*Historia Scholastica* de Pierre le Mangeur* ne pouvait manquer d'avoir des conséquences sur l'histoire des versions en prose. Le P. H. de Lubac a bien montré ce qui distinguait le Comestor des Victorins dont il était l'hôte à Paris : l'histoire se détache des autres formes de commentaire. « Il y avait eu jusque là bien des « chroniques », bien des histoires plus ou moins universelles, dont toute une partie était consacrée à résumer l'histoire biblique. Mais on n'avait point encore pour la Bible un ouvrage à part, s'en tenant de façon systématique au « fondement » de l'histoire. » C'est principalement sur les prémisses posées par le Comestor que s'édifieront les travaux de traduction au cours du XIIIe s. De près ou de loin. De près : ainsi l'œuvre de Guiard des Moulins, elle aussi destinée au succès ; de loin pour de nombreuses autres œuvres, mais c'est à démontrer. Ainsi la traduction de Judith dans la

Bible d'Acre suppose l'utilisation au moins pour l'introduction et la conclusion de l'*Historia Scholastica*. On observerait la même chose deux siècles plus tard chez Jean Miélot*. Et, entre-temps, la *Bible Historiale* de Guiard des Moulins* a « absorbé » la *Bible du* XIIIe *siècle*.

c. Si certaines traductions de livres bibliques isolés du XIIe s. peuvent être mises en relation avec des Bénédictins ou des Cisterciens, ce n'est pas dans les monastères mais dans les châteaux princiers que se sont transmises les Bibles françaises. Les inventaires de bibliothèques, les dédicaces, l'iconographie, le luxe des manuscrits l'attestent à l'envi. Et si la librairie parisienne a joué un rôle prépondérant dans la multiplication des grandes Bibles, il ne faudrait pas lier ce fait à une initiative de l'Université, qui n'est ni attestée, ni vraisemblable, mais à la volonté des princes qui trouvaient à Paris, surtout mais pas seulement, copistes et enlumineurs.

d. Deux mouvements concurrents jouent dans l'histoire de toutes les versions bibliques : d'une part, la nécessité d'adapter au lecteur et à son milieu un texte ancien, rébarbatif, scandaleux parfois, mais canonisé et apprécié ; d'autre part, le respect de la lettre de l'œuvre reçue comme canonique et normative, avec l'obligation de distinguer la glose du commentateur et la parole de l'auteur inspiré.

Dans la transmission de la Bible française au Moyen Âge, ces deux tendances ont pris une coloration particulière. Alors que dans les Bibles latines avec glose, cette dernière est soigneusement distinguée du texte biblique par la technique de la mise en page, dans les Bibles françaises, les gloses — il y en a même dans la *Bible du* XIIIe *siècle* — sont intercalées volontiers dans le texte biblique, très théoriquement signalées par une différence de caractères ou un autre artifice, introduites seulement, dans les meilleurs cas, par une rubrique. Les notes marginales y sont peu nombreuses.

Le courant qui pousse de l'adaptation libre à la version littérale se fait jour dans les essais de traduction partielle en prose et tout spécialement dans la *Bible du* XIIIe *siècle*. Il se manifeste aussi par une réaction contre les Apocryphes qui se décèle chez Christine de Pizan* ou Philippe de Mézières* avant la condamnation sans appel de Jean Gerson*. Il se révèle enfin dans l'évolution interne de la *Bible Historiale*. Déjà Guiard avait ajouté à l'*Historia Scholastica* la traduction intégrale ou partielle de certains livres bibliques. Et le processus s'est poursuivi par-delà Guiard. L'accroissement par étape n'est pas douteux, et il s'est fait dans le sens d'un gonflement des parties traduites littéralement à l'intérieur de l'Histoire Sainte. Il y aurait à examiner si le courant vers le littéralisme n'est pas une des faces de l'humanisme médiéval. L'autre courant, caractéristique de la lecture chrétienne de la Bible, est précisément celui qui voit dans la Bible un livre d'histoire, une histoire sainte. Il fait prévaloir l'histoire sur la lettre. La vigueur de cette vague de fond, qui n'est pas seulement un courant populaire, apparaît bien lorsqu'on examine les premières Histoires Saintes et Bibles imprimées. La sélection des premiers ouvrages à imprimer s'est faite selon les goûts du temps, sans se détacher des habitudes médiévales. Obligée d'écouler davantage, l'imprimerie n'agit que lentement sur une mode qu'elle était contrainte de servir : les efforts conjugués de l'humanisme et de la Réforme n'en viendront pas à bout. P.M.B.

Bible occitane. Il y eut au Moyen Âge, du XIIe au XVe siècle, de nombreuses traductions occitanes de la Bible, en vers et en prose, qui le plus souvent ne reçurent pas l'accord de l'Église, mais qui correspondaient aux besoins spirituels de chrétiens en quête d'une pratique plus conforme à l'Évangile.

Des exemples tirés des *Leys d'Amor** témoignent de l'existence de traductions en vers, aujourd'hui disparues, de l'Ancien et du Nouveau Testament. Une traduction des Psaumes de la Pénitence a subsisté. Les Évangiles apocryphes furent traduits à plusieurs reprises en vers, notamment l'Évangile de l'Enfance (trois versions conservées) qui est censé raconter les premières années de Jésus, et l'Évangile de Nicodème.

En prose, on possède des traductions fragmentaires du Nouveau Testament, plus anciennes que les traductions, fragmentaires aussi, de l'Ancien Testament. Ainsi, un passage de l'Évangile de saint Jean (chap. XIII à XVII) conservé dans un ms. de Londres (Brit. Mus. Harley 2928) est du XIIe siècle. Une autre traduction du Nouveau Testament fut copiée au XIIIe siècle en Albigeois, dans le célèbre ms. de Lyon (Palais des Arts 36), qui contient également le Rituel cathare. Ce texte semble avoir eu une grande influence sur les versions vaudoises, catalanes et italiennes du Nouveau Testament. On a conservé un second ms. (XIVe siècle) de la même version dite « albigeoise » tandis qu'un ms. du XVe siècle nous a transmis la traduction des Livres historiques de l'Ancien Testament. Tous deux se trouvent à la BN. C'est dans le milieu des ordres mendiants, notamment des franciscains, que les traductions occitanes de la Bible ont été favorisées. Un ms. d'Assise, qui renferme la version en langue d'oc de textes fondateurs franciscains, conserve également une traduction partielle de l'Évangile de saint Jean (Chiesa nuova 9).

Une bible vaudoise, rédigée en langue d'oc, est préservée dans plusieurs mss de la fin du XVe siècle. C'est une traduction en prose du Nouveau Testament et de cinq Livres Sapientiaux de l'Ancien. Des textes non reconnus par le canon de l'Église romaine s'y trouvent insérés. On estime parfois que les premières versions bibliques en langue d'oc ont été faites par des cathares, qu'elles se sont multipliées, et que quelques exemplaires en ont été sauvés par les vaudois.

ŒUVRE. — Éd. P. Wunderli, *La plus ancienne traduction provençale (XIIe siècle) des chapitres XIII à XVII de l'Évangile selon saint Jean*, Paris, 1969 — M.R. Harris, *The Occitan Translations of John XII and XIII-XVII from a Fourteenth-Century Franciscan Codex*, Philadelphie, 1985.

→ S. Berger, *Les Bibles provençales et catalanes*, dans *Romania*, t. 18 (1889), p. 353-422 ; *Nouvelles recherches sur les Bibles prov. et catal.*, *ibid.*, t. 19 (1890), p. 505-561. — P. Meyer, *Recherches linguistiques sur l'origine des versions provençales du Nouveau Testament*, *ibid.*, t. 18 (1889), p. 423-429. — C. Brunel, nos 17, 111, 164, 165, 174, 259 et 283. — H. Clavier, *Les versions provençales de la Bible*, dans *Actes du 10e congrès international de linguistique et philologie romanes*, Paris, 1965, t. 2, p. 737-750. — P. Wunderli, *Die okzitanischen Bibelübersetzungen des Mittelalters. Gelöste und ungelöste Fragen*, Francfort, 1969 [étude linguistique de tous les mss] ; *Die mittelalterlichen Bibelübersetzungen in Südfrankreich*, dans *Zeitsch. f. Religions- u. Geistesgesch.*, t. 22 (1970), p. 97-112. — H. Clavier, *Les premières traductions bibliques en oc*, dans *Actes du 6e congrès international de langue et littérature d'Oc, RLR* (1971), t. 2, p. 273-292 [les premières trad. en oc seraient dues à des cathares]. — R.A. Taylor, *La littérature occitane du Moyen Âge*, Toronto, 1977, nos 745-748 et sur le catharisme, nos 877-885. — B. Hall, *Bibelübersetzungen III.7 / Übersetzungen ins Spanische und Katalanische*, dans *Theologische Realenzyklopädie*, t. 6 (1980), p. 259-261 [de même que les versions italiennes du Nouveau Testament, les catalanes sont basées sur des textes provençaux]. — M.R. Harris, *The Earliest Occitan Biblical Translation : Questions of Origin, Date and Use*, dans *Mél. M. Sandmann*, Madrid et Potomac, 1983, p. 17-32. — J. Perarnau i Espelt, *Noves dades sobre traduccions catalanes de la Biblia els segles XIV i XV*, dans *Arxiu*, t. 2 (1983), p. 349-356. — É. Bozoky, *Les Gloses sur le « Pater Noster » en provençal*, dans *Mél. P. Remy*, t. 2, Kalamazoo, 1986, p. 243-254 [ms. Dublin, Trinity College, A.6 10, f. 24-75]. — M.R. Harris, *Prolégomènes à l'histoire textuelle du Rituel cathare occitan*, dans *Hérésis*, t. 6 (1986), p. 7-14 [problème du modèle latin et des trad. bibliques occitanes]. — C. Van der Horst, *Observations sur la langue et le texte du ms. F des « Évangiles de l'Enfance »*, dans *Mél. P. Remy*, t. 2, Kalamazoo, 1986, p. 417-433 [ms. Florence, Bibl. Laurenz. Ash. 103, f. 2-31 v°]. — M.R. Harris, *La localisation de la scripta du Rituel cathare occitan de Lyon*, dans *Actes du premier congrès de l'AIEO*, Londres, 1987, p. 234-250 ; *The Occitan Epistle to the Laodiceans : Towards an Edition of Ms PA 36 (Lyon, Bibl. mun.)*, dans *Mél. G. Gasca Queirazza*, Alexandrie, 1988, t. 1, p. 427-446.

J.S. et G.B.L.

Bible des pauvres. On donne ce nom à deux sortes d'ouvrages très différents. La plus ancienne acception concerne une traduction de la Bible en provençal à l'usage des « Pauvres de Lyon », c'est-à-dire de la secte des vaudois. Elle est orthodoxe et fort intéressante au point de vue philologique (voir *Bible occitane*). Mais le plus souvent on appelle « Bible des pauvres » des Bibles illustrées dont le clergé se servait pour l'instruction du petit peuple illettré. Ces manuscrits naissent vers 1310 dans le Sud-Est des pays germaniques et connaissent une diffusion exclusivement germanique jusqu'à l'apparition de l'imprimerie. En général, chaque page comportait une scène du Nouveau Testament, encadrée de scènes de l'Ancien qui s'y rapportent et de quelque prophète qui présentait sur une banderole une prophétie sur le même sujet. Des vers courts et faciles à retenir complétaient la miniature ou la gravure sur bois. L'une de ces Bibles, composée à Constance vers 1300, a eu deux éditions françaises (1503, 1520).

→ G. Lobrichon, *La Bible des Pauvres du Vatican, Palat. lat. 871*, dans *Mél. École française de Rome*, t. 98 (1986), p. 95-327.

L.R. et G.L.

Bienvenu Raffe. Médecin de la deuxième moitié du XIIe siècle, Bienvenu Raffe (Grapheus, Graffeo) a surtout vécu en Italie. Il ne semble pas qu'il ait été un juif converti, ni qu'il ait enseigné à Montpellier, comme le voudrait sa légende.

Bienvenu Raffe est l'auteur d'une *Practica oculorum* (conservée dans au moins quatorze manuscrits). Ce traité d'oculistique fut traduit en français (manuscrit unique : Paris, BN, fr. 1327, qui date du XVe siècle). La traduction en langue d'oc (Bâle, Öffentliche Bibl. der Universität, D.II. 11), faite au XIVe siècle et intitulée *Las curas de las enfermetatz dels uels faitas par Benvegut de Salern*, ne remonte pas à la même version latine que la traduction française. Il existe aussi une traduction en moyen-anglais établie au XVe siècle.

ŒUVRE. — *La version provençale du Traité d'oculistique de Benvengut de Salerne*, éd. H. Teulié, Paris, 1900. — *Le compendil pour la douleur et maladie des yeulx qui a esté ordonné par Bienvenu Graffe*, éd. P. Pansier et C. Laborde, Paris, 1901 [éd. du texte latin, de la trad. en français et d'extraits de celle en langue d'oc]. — *Benvenutus Grassus of Jerusalem : de oculis eorumque egritudinibus et curis* éd. A.W. Casey, Stanford University (Californie), 1929, [éd. du texte latin, avec trad. anglaise moderne].

→ G. Bertoni, *Sulle redazioni provenzale e francese della « Practica oculorum » di Benvenuto*, dans *RLR*, t. 47 (1904), p. 442-454. — E. Wickersheimer, *Dictionnaire biographique des médecins en France au Moyen Âge*, Paris, 1936, p. 85-86. — A. Feigenbaum, *Notes on Ocular Diseases and their Treatment, Including Surgical Procedures Contained in the Work of Benvenutus Grapheus Hierosolymitanus, and Eye Practitioner of the 12th Century*, dans *Acta Medica Orientalia*, t. 14 (1955), n° 213. F.F.H.

Biographies des Troubadours. Voir : *Vidas* et *Razos*.

Blacasset. L'ancienne *Vida* provençale affirme que le troubadour Blacasset était le fils de Blacatz*. Depuis le XIXe siècle, les recherches des érudits ont conduit à des identifications variées ; on estime actuellement que le nom de Blacasset, diminutif de Blacatz, fut sans doute porté par son fils. Il appartenait à une grande famille de la noblesse occitane, qui aimait à protéger les poètes et même à rimer. Il vécut en Provence au milieu du XIIIe siècle, où il fut familier de la cour de Raimon Bérenger IV et de Charles d'Anjou* et se lia d'amitié avec Sordel*. On a conservé de lui une douzaine de poésies, où dominent les pièces de circonstance : trois *cansos* ; une sorte de *planh* (PC 96, 10a) pour l'entrée au monastère de deux jeunes et belles Provençales ; deux *sirventes* belliqueux dans le style de Bertran de Born*, quatre *coblas* et trois brefs débats avec d'autres troubadours, notamment Guilhem de Montanhagol* (PC 96 1 et 225,1) et Sordel (PC 96, 9) sur un ton familier et plaisant.

ŒUVRES. — Éd. O. Klein, *Der Troubadour Blacassetz*, Wiesbaden, 1887. — Éd. partielle : M. de Riquer, *Los trovadores, historia literaria y textos*, Barcelone, 1975, t. 3, p. 1288-1297 [PC 96,6-10a-9].

→ PC 96. — J.H. Marshall, *Trois fragments non identifiés du chansonnier provençal H.* dans *Romania*, t. 97 (1976), p. 400-405. — P. Hutchinson, *A Lunel, Lutz una Luna Luzens : une exploration du thème de la lumière à partir du jeu-parti de Guilhem de Montanhagol et de Blacasset*, dans *Senefiance*, t. 13 (1983), p. 177-194 [contexte politique]. — G. Teulière, *Interpénétration culturelle dans le Trobar : Montanhagol, Blacasset et la Kabbale*, dans *Tenso*, t. 2 (1986), p. 37-50. G.B.L.

Blacatz. Grand seigneur et poète né en 1144, mort au début de 1236, Blacatz est un modèle de ces personnages qui protégèrent les poètes et la poésie et qui incarnaient en eux, aux yeux des troubadours, *Joven*. Les *Vidas* nous disent de lui, à propos de Blacasset* qu'elles considèrent comme son fils, qu'il fut *lo meillor gentils hom de Proenza e.l plus onratz baros e.l plus adreitz e.l pus larcs e.l plus cortes e.l plus gracios*. La biographie qui lui est consacrée nous apprend qu'il « aimait être libéral, servir les dames, faire la guerre, dépenser largement, vivre la vie de cour, participer à de joyeuses et bruyantes fêtes, à des conversations sans fin, au milieu des chants et en bonne compagnie, ainsi que tout ce par quoi un honnête homme acquiert du prix et de la valeur ». Bref, le héros de son temps, ce fut Blacatz pour ceux qui purent user de sa protection et de sa générosité. Blacatz était le descendant d'une famille qui appartenait à la même souche que les puissants seigneurs des Baux. Il était seigneur d'Aups près de

Draguignan, dans le Var. Les Blacatz faisaient partie de la noblesse autochtone la plus ancienne qui, en Provence, avait été dépouillée de ses privilèges par les princes et rois de la maison d'Aragon, et qui accepta de jouer auprès de ceux-ci un rôle assez semblable au rôle des courtisans à la cour de Louis XIV. Il est certain que le goût commun des princes et rois d'Aragon et des grands seigneurs de Provence pour la civilisation du *Joy d'Amor* fut un solide lien entre eux. En tout cas, Blacatz fit largement profiter les poètes des avantages de sa situation personnelle et de celle qu'il occupait auprès de la dynastie aragonaise. De nombreux poèmes (dont la liste a été dressée par A. Jeanroy, *Poésie lyrique des Troubadours,* Toulouse-Paris, 1934, réimpr. Genève, 1973, t. 1, p. 177, note 1) louent le mécène généreux et le protecteur fidèle des troubadours. On en peut résumer l'inspiration par ces vers d'Elias de Barjols* :

En Blacatz, vostra valensa
Es de tota valors egals
E sapchatz s'ades es aitals
No trobares qi ja.us vensa.

Blacatz ne se contenta d'ailleurs pas de protéger les poètes ; il cultiva personnellement et la poésie et la discipline sociale du *Joy*. Bertran d'Alamanon* et Lanfranc Cigala* voient en lui le modèle parfait du serviteur de *Fin' Amor*. De son activité poétique propre il reste une douzaine de poèmes, *coblas* et *tensos* dans lesquels il rivalise avec ses protégés, ainsi qu'une chanson : *Lo bels dous temps mi platz.* Sa mort fut pour Sordel* l'occasion de composer le célèbre *Planh* (PC 437,24) dans lequel il invite les rois et les puissants princes de son temps à manger du cœur de Blacatz pour acquérir une part de ses qualités. Ce *Planh* célèbre fut imité par Bertran d'Alamanon et par Peire Bremon Ricas Novas*.

ŒUVRE. — Éd. O. Soltau, *Die Werke des Trobadors Blacatz* dans *ZRPh*, t. 23 (1899), p. 201-248 et t. 24 (1900), p. 33-60. — Éd. partielle : M. de Riquer, *Los trovadores. Historia literaria y textos*, Barcelone, 1975, t. 3, p. 1257-1260 [PC 97,3 et 353,2].

→ PC 97. — F. Pirot, *Recherches sur les connaissances littéraires des troubadours occitans et catalans des XIIe et XIIIe siècles*, Barcelone, 1972. C.Ca.

Blaise d'Auriol. Poète et jurisconsulte, originaire de Castelnaudary, Blaise d'Auriol, qui était chanoine de Castelnaudary, enseigna le droit canon à l'Université de Toulouse ; il fut nommé maître des Jeux Floraux en 1522 et harangua le roi François Ier, lors de sa visite à Toulouse en 1535 : à cette occasion, Blaise d'Auriol fut fait chevalier. Il mourut à Toulouse en juillet 1540.

Blaise d'Auriol publia, en 1509, à Paris, chez Antoine Vérard, le recueil poétique intitulé *La Chasse et le départ d'Amours,* qui regroupe, outre ses propres œuvres (la *Departie d'Amours*) et des poésies d'Octovien de Saint-Gelais* (29 pièces de circonstance, dont cinq en l'honneur de Marguerite d'Autriche, et la *Chasse d'Amours*), des pièces nettement plus anciennes dues à Charles d'Orléans* et à ses contemporains.

ŒUVRE. — *La chasse et le départ d'Amours, faict et composé par reverend pere en Dieu messire Octovien de Sainct Gelaiz evesque d'Angoulesme et par noble homme Blaise d'Auriol bachelier en chascun droit demourant à Thoulouze*, Paris, Antoine Vérard, 1509. — *La Chasse d'Amours (attribué à Octovien de Saint-Gelais*), éd. M.B. Winn, Genève, 1984 (*TLF*, 322).

→ E. Langlois, *Recueil d'Arts de seconde rhétorique*, Paris, 1902, p. X, note 1 (*Collection de documents inédits sur l'histoire de France*). — M.B. Win, « *Apologie de la femme* » *and* « *poésie de la dame* » *in La Chasse et le départ d'Amours (1509)*, dans *Fifteenth-Century Studies*, t. 2 (1979), p. 233-240. F.F.H.

Blâme des femmes. Ce petit poème de longueur et de contenu très divers selon les copies (du simple au double) appartient, de même que la *Chastie-Musart*, l'Évangile aux femmes** ou le *Dit des cornettes* à la littérature satirique misogyne du XIIIe. C'est de tous ces petits textes celui qui eut la plus grande vogue. Deux *topoi* peuvent être remarqués : les hommes célèbres victimes de la malice des femmes ; la femme comparée à l'animal.

ŒUVRE. — Éd. M. Pagano, *Poemetti misogini antico-francesi. I Le blasme des fames*, Catane, 1990, [*Univ. di Catania Quaderni del Siculorum gymnasium*, 19]. — Éd. avec trad. anglaise, G.K. Fiero, W. Pfeffer, M. Allain, *Three Medieval Views of Women...*, Yale-New Haven-Londres, 1989.

→ Voir la bibliogr. de la *Bonté des femmes**. En outre, M. Dove, *Gauvain and the Blasme des Femmes Tradition,* dans *Medium Aevum*, t. 41 (1972), p. 20-26. — M. Pagano, *Femina dulce malum...*, dans *Le Forme e la Storia*, n.s. 1,2 (1989), p. 111-128. — Cf. *GRLMA*, t. VI/2, nos 7016-7020. G.H.

Blancandin. Roman anonyme (6 136 vers octosyllabiques), probablement du premier tiers du XIIIe siècle, dont il existe aussi une rédaction écourtée en prose du XVe siècle.

Blancandin, fils d'un roi de Frise, donne un baiser à l'Orgueilleuse d'Amour qui jure de le punir. Or elle est assiégée par Alimodès, roi de Cassidoine, qui s'est épris d'elle ; Blancandin arrive à Tormadai, la ville d'Orgueilleuse, et prend hôtel chez le prévôt qui lui prête des armes. Il fait merveille dans la mêlée, si bien que ses prouesses forcent l'admiration d'Orgueilleuse : elle l'aime et éprouve de la jalousie, craignant qu'il n'épouse une fille du prévôt : à celui-ci elle fait savoir que Blancandin aime une dame de haut parage. Blancandin, qui a oublié l'affaire du baiser, se rend à l'invitation d'Orgueilleuse, par simple courtoisie, accepte de défendre la jeune fille contre Alimodès, accueille froidement sa déclaration, mais ne tarde pas à tomber amoureux d'elle. Toute cette partie est excellente ; le jeu des sentiments y est habile et nuancé. Ce qui suit est plus banal : Blancandin est fait prisonnier, va en Inde, devient l'ami du fils du roi, Sardoine, s'empare de Cassidoine, délivre son père, revient livrer bataille à Tormadai, confie la ville et son amie à son sénéchal Subien, va délivrer Sardoine qu'Alimodès avait fait prisonnier et punit Subien qui l'a trahi. Le mariage attendu le récompense de ses exploits.

Le style de ce roman manque quelque peu d'éclat. Le personnage de l'Orgueilleuse est une réminiscence de la Soredamor de Chrétien de Troyes, qui, comme l'héroïne de notre roman, passe d'une répulsion et d'une froideur systématiques à un amour total et fervent. Ce type devait faire fortune dans la littérature romanesque du temps : c'est Idoine (dans *Amadas et Ydoine**) ; c'est la Fière (dans *Ipomédon* de Hue de Rotelande*), c'est la Demoiselle aux blanches mains (dans le *Bel Inconnu* de Renaut de Beaujeu*), c'est encore, avec d'autres nuances, Ide de Doncheri dans *Sone de Nansay**. Quant à Blancandin, il n'appartient pas moins à la tradition romanesque : il est de la catégorie des héros, assez largement représentée, qui découvrent la chevalerie et partent à l'aventure malgré l'ignorance où les ont laissés leurs parents. Redresseur de torts, il songe à la prouesse plus qu'à l'amour, jusqu'au moment où, bien longtemps après le baiser qu'il a donné, la beauté de l'Orgueilleuse allume une subite passion en lui.

Tout se passe dans un milieu de convention, avec des lieux et des situations de peu d'intérêt ; mais en tant que roman d'aventures, *Blancandin*, dont l'esprit se rapproche des romans byzantins, est un modèle du genre avec ses foisonnantes péripéties qui convergent toutes vers le dénouement — la réunion du chevalier et de son amie — et qui assurent une unité et une cohésion assez rares dans une œuvre de ce genre.

ŒUVRE. — Éd. H. Michelant, Paris, 1867. — Éd. F.P. Sweetser, Genève, 1964 (*TLF*, 112).
→ *Blancandin*, dans *HLF*, t. 22 (1852), p. 765-778. — C. François, *Le Roman de Blanchardin et le Graal de Chrétien*, dans *RBPH*, t. 21 (1942), p. 25-51. — C.G. Bernard, *La mise en prose du roman de Blancandin et l'Orgueilleuse d'amour*, dans *Positions des thèses de l'École des Chartes*, 1953, p. 11-14. — M.-J. Southworth, *Étude comparée de quatre romans médiévaux, Jaufré, Fergus, Durmart le Gallois, Blancandin et l'Orgueilleuse d'Amours*, Paris, 1973. — *MB* nos 1284-1287, 4114 ; *S* 2401-2402, 6613-6614. A.M. et C.R.

Blanchefleur et Florence. Voir : *Débat du Clerc et du Chevalier.*

Blandin de Cornouaille. Le *Roman de Blandin de Cornouaille et de Guillot Ardit de Miramar* est un court récit à la manière des contes de fée, apparenté à la matière de Bretagne, fait rare dans le domaine occitan. Il est composé de 2 394 octosyllabes à rimes plates et se trouve copié dans un seul manuscrit du XIVe siècle conservé à Turin. Il s'agit sans doute de l'œuvre d'un poète catalan s'efforçant d'écrire en occitan qui fut ensuite copiée par un scribe italien.

Deux chevaliers de Cornouaille, Blandin et Guillot Ardit de Miramar, se promettent l'un à l'autre une amitié fidèle et décident de partir à la recherche de l'*Aventura*. Réunis ou séparés, les deux amis se livrent à maints exploits : ils tuent des géants, délivrent des demoiselles, passent la nuit dans les forêts ou chez des ermites, et finissent par trouver un oiseau qui leur indique des aventures encore plus belles à accomplir. La plus extraordinaire, réservée à Blandin, le véritable héros du poème, est la délivrance de la princesse Briande à la suite de trois exploits miraculeux. La princesse, condamnée au sommeil par un malin enchanteur, s'éveille, devient amoureuse de Blandin à qui elle inspire un égal amour, l'épouse, et donne sa sœur Irlande pour femme au compagnon de Blandin. Les deux couples sont heureux. Mais la vie des deux chevaliers n'offre plus d'intérêt, ni pour le poète, ni pour le public, comme celle de Don Quichotte quand il est guéri de sa folie.

Le ton de l'œuvre, où certains critiques ont perçu l'ironie, a permis des comparaisons, dans le domaine catalan, avec *La Faula* de Guillem de Torroella, et dans le domaine occitan, avec les romans de *Jaufré** et de *Guillaume de la Barre*. L'intrigue est vive et bien menée mais le style est maladroit et les fautes abondent. L'intention parodique semble essentielle à l'égard du roman breton et le monde courtois des chevaliers est un simple cadre pour un merveilleux dans lequel il faut savoir déceler l'humour.

ŒUVRE. — Éd. C.H.M. Van der Horst, *Blandin de Cornouaille. Introduction, édition diplomatique, glossaire,* La Haye, 1974. — Éd. critique en cours par J. De Caluwé. — Trad. française J.-C. Huchet dans *La légende arthurienne. Le Graal et la Table ronde*, Paris, 1989 (*Bouquins*), p. 925-956.

→ C. Brunel, n° 345. — P. Bohigas, *La matière de Bretagne en Catalogne*, dans *BBSIA*, t. 13 (1961), p. 81-98. — A. Pacheco, *El « Blandin de Cornualha »* dans *Mél. J. de Boer*, Barcelone, 1977, p. 149-161. — J. De Caluwé, *Le roman de Blandin de Cornouaille et de Guillot Ardit de Miramar : une parodie de roman arthurien ?*, dans *CN*, t. 38 (1978), p. 55-66. — M. Burrell, *Blandin de Cornouailles, a Late Example of « Conjointure » between « Sens » and « Structures »*, dans *New Zealand Journal of French Studies*, t. 5/2 (1984), p. 33-50. G.B.L.

Blondel de Nesle. Auteur d'une vingtaine de chansons, dont la composition peut se placer entre 1175 environ et 1200-1210, Blondel de Nesle fut l'un des premiers trouvères courtois. En dehors de ses relations amicales avec Conon de Béthune* et Gace Brulé*, ses émules, nous ignorons tout de sa vie. Aucun des arguments que l'on a avancés pour l'identifier avec Jean II, sire de Nesle dès 1202 et qui mourut en 1241 au plus tard, n'est probant. Blondel paraît avoir été un surnom, mais rien ne permet de croire que ce trouvère appartenait au lignage seigneurial de Nesle (Somme, arr. Péronne). Ses poèmes, souvent versifiés avec virtuosité, sont exclusivement consacrés à chanter « la fine amour ». Ils ne brillent, la plupart du temps, ni par l'originalité de l'invention ni par la vigueur de l'expression ; mais la rhétorique et les thèmes du lyrisme courtois y sont exploités avec finesse et leur style est clair, coulant, harmonieux. Tels qu'ils sont, ils méritent de prendre rang avec ceux de Gace Brulé et du Châtelain de Coucy* parmi les productions les plus représentatives de la poésie lyrique de langue d'oïl.

Dès le milieu du XIIIe siècle, Blondel passa pour avoir été un amant exemplaire et devint un personnage légendaire. Dans ses *Récits** (1260), le Ménestrel de Reims le présente comme le favori du roi Richard d'Angleterre et raconte comment ce dernier, emprisonné par le duc d'Autriche, fut retrouvé et libéré grâce au dévouement et à l'ingéniosité du poète. Cette légende, redécouverte au XVIIIe siècle, fut popularisée par l'opéra *Richard Cœur de Lion* de Grétry (1784).

ŒUVRES. — *Die Lieder des Blondels de Nesle*, éd. L. Wiese, Dresde, 1904 (*Gesellschaft für romanische Literatur*, 5). — *Poètes et romanciers du Moyen Âge*, éd. A. Pauphilet, nouv. éd., Paris, 1952, p. 842 (*Bibliothèque de la Pléiade*, 52) [une chanson]. — G. Lavis, *Les chansons de Blondel de Nesle : Concordances et index établis d'après l'éd. de L. Wiese. Traitement automatique* par C. Dubois, Liège, 1971 (*Publications de l'Institut de Lexicologie française de l'Université de Liège*, 2). — R. Crespo, *Briciole di un antico canzoniere francese (Leida, BPL 2785 bis*), dans *Medioevo Romanzo*, t. 2 (1975), p. 409-416 [éd. de fragments]. — *Anthologie de la poésie lyrique française des* XIIe *et* XIIIe *siècles*, éd. bilingue J. Dufournet, Paris, 1989, p. 144-147 (*NFR/Poésie*) [une chanson].

→ H. Petersen Dyggve, *Trouvères et protecteurs de trouvères dans les cours seigneuriales de France*, dans *Annales Academiae Scientiarum Fennicae* (série B, n° 50), Helsinki, 1942, p. 231. — W.M. Newman, *Les seigneurs de Nesle en Picardie (*XIIe-XIIIe *siècle), leurs chartes et leur histoire*, Paris, 1971, 2 vol. (*Bibliothèque de la Société d'histoire du droit des pays flamands, picards et wallons,* 27). — Linker, n° 24. — Cf. *MB* nos 2323-2324 ; 7661 ; *S* 4279 ; 4315 ; 4453-4455. G.M.

Blosseville. Poète du XVe siècle, dont l'identité reste mystérieuse. Les indices manquent pour identifier ce poète avec un membre de la famille normande de Saint-Maard : Pierre de Saint-Maard, baron de Blosseville vers 1438, ou avec Jean de

Saint-Maard, vicomte de Blosseville et capitaine de Caudebec en 1470, conseiller et maître d'hôtel du roi, maître des eaux et forêts de Normandie et Picardie en 1471 et qui vivait encore en 1483. Une hypothèse plus récente (B. Inglis) voit en Blosseville un membre de la famille Blosset de Blosseville (de la branche nivernaise) : Jean Blosset, seigneur du Plessis-Pâté et de la Mote, qui épousa en 1477 Jossine d'Estouteville, nièce de Jean d'Estouteville, seigneur de Torcy.

« Blosseville » composa une ballade à l'occasion de la mort, en 1445, de la dauphine Marguerite d'Écosse, poétesse elle-même, qui protégeait les poètes. Vers 1458, il se trouvait à la cour de Blois en même temps que Pierre de Brézé, grand sénéchal de Normandie. « Blosseville » est l'auteur de 34 rondeaux et bergerettes, et de deux ballades.

On lui doit aussi le *Débat du vieil et du jeune*, dans lequel il prend pour arbitres Pierre de Brézé et Jean d'Estouteville, seigneur de Torcy.

Considéré de son vivant comme un maître de la poésie courtoise, « Blosseville » semble avoir réuni, entre 1454 et 1456, la collection poétique conservée dans le recueil Paris, BN, nouv. acq. fr. 15771, qui rassemble les œuvres de 25 de ses contemporains : ce recueil contient 27 pièces signées « Blosseville », ainsi que le *Débat du vieil et du jeune*.

ŒUVRES. — *Rondeaux et autres poésies du* XVe *siècle*, éd. G. Raynaud, Paris, 1889, p. VIII-X et *passim* (*SATF*, 29). — *Charles d'Orléans, Poésies complètes*, éd. P. Champion, Paris, 1923 (réimp. 1971), t. 2, p. 499-500, n° CCCLXII et p. 611 (*CFMA*, 56). — *Poètes et romanciers du Moyen Âge*, éd. A. Pauphilet, nouv. éd., Paris, 1952, p. 1121-1122 (*Bibliothèque de la Pléiade*, 52) [anthologie]. — A. Angremy, *Un nouveau recueil de poésies françaises du* XVe *siècle : le ms. BN nouv. acq. fr. 15771*, dans *Romania*, t. 95 (1974), p. 7-11, 32, 37, 45. — *Une nouvelle collection de poésies lyriques et courtoises du* XVe *siècle : le ms. BN nouv. acq. fr. 15771*, éd. B.L.S. Inglis, Paris, 1985, p. 19-24, n^os^ X, XXX, XXXII-XXXIII, XXXVI-XXXVII, XL-XLI, XLIII, XLV, XLVII-XLIX, LIII, LV-LVI, LXXX, LXXXII, LXXXIV, LXXXVI, LXXXIX-XC, XCIV-XCVI, XCVIII-XCVIX et p. 174-186 (*Bibliothèque du* XVe *siècle*, 48). — Cf. *GRLMA*, t. VIII/1, p. 105-106. — *MB S* 6814. F.F.H.

BOCCACE. Contrairement à Dante* et Pétrarque*, les deux autres Couronnes, dont les œuvres dépassèrent rarement un cercle restreint de lettrés, l'œuvre de Boccace fut largement diffusée en France et connut un grand succès. Moins d'un siècle après sa mort (1375), cinq de ses œuvres, deux latines (*De casibus virorum illustrium ; De mulieribus claris*) et trois italiennes (*Décaméron ; Filostrato ; Teseida*) avaient été intégralement traduites en français.

L'œuvre latine de Boccace se répandit en France par l'intermédiaire du milieu humaniste proche de la cour avignonnaise, dans l'entourage de Pétrarque, l'ami vénéré. Celui-ci donna en outre, en 1374, une adaptation latine de la dernière nouvelle du *Décaméron*, qui fut à l'origine de l'immense popularité que devait connaître l'histoire de Griselda, sublimée en modèle de patience et de vertu chrétienne (voir *Griseldis*).

1. Les traductions françaises : La diffusion de l'œuvre de Boccace en français se fit en trois étapes. 1) Dans les quinze premières années du XVe siècle, Laurent de Premierfait* fut l'un des artisans essentiels du succès de Boccace auprès des princes et des grands seigneurs français. En 1400, il termine sa première traduction du *De casibus*, ouvrage où Boccace décrit l'enchaînement tragique des destins de 80 personnages célèbres de l'Antiquité pour la plupart. Cette traduction, trop littérale, connut peu de succès. Quelques années plus tard, il reprend sa traduction, la complétant de notes extraites d'historiens latins. Le 15 avril 1409, il en présente une seconde version, très amplifiée, au duc Jean de Berry. Cette seconde version de la traduction du *De casibus* connut un large succès. On en a recensé plus de 80 mss. À la différence de son modèle latin, elle est amplement illustrée. Le programme iconographique de départ semble avoir bénéficié des directives du traducteur lui-même. Son évolution jusqu'à la fin du Moyen Âge témoigne de la réactualisation permanente d'une œuvre qui glisse insensiblement de l'*exemplum* moral à l'histoire légendaire. Le succès de cette traduction dépassa les frontières : elle fut librement adaptée par John Lydgate dans son poème anglais *Fall of Princes* (1430-1438). En 1411, Laurent de Premierfait entreprend avec l'aide de l'Italien Antonio d'Arezzo la traduction du *Décaméron*, recueil de 100 nouvelles contées en dix jours par sept jeunes filles et trois jeunes gens qui ont quitté Florence pour fuir la peste ; chaque jour un nouveau thème est proposé à leur réflexion. Laurent de Premierfait ne sait pas l'italien ; Antonio d'Arezzo lui fournit une traduction latine du texte. En 1414, Laurent de Premierfait dédie sa traduction au duc Jean de Berry. L'œuvre, présentée dans une optique avant tout morale, ne connaît pas encore le succès que les siècles suivants lui accorderont. On en conserve une quinzaine de manuscrits. Elle sera connue sous le titre de *Décaméron* ou *Prince Galeot*, par référence à Galehot, l'ami de Lancelot, le séducteur, l'entremetteur, mais également au livre que lisent Francesca da Rimini et Paolo dans l'*Enfer* (v. 137) de Dante. Dans l'intervalle, en 1401 avait paru une traduction demeurée anonyme du *De mulieribus claris*, biographies d'une centaine de femmes célèbres. Cette traduction très littérale et, à vrai dire, assez médiocre, fit l'objet d'au moins deux remaniements.

Boccace est surtout, pour ce premier quart du XVe siècle, un savant érudit, un maître de morale. Qu'il s'agisse de la traduction du *De casibus* ou de celle du *Décaméron*, les thèmes proposés par le traducteur à la réflexion des lecteurs sont les mêmes : inconstance de la Fortune qui se « moque » des hommes depuis qu'Adam et Ève ont été chassés du Paradis, invitation à la sagesse et à la vertu en dépit des revers du destin. 2) Les années 1450-1460 voient la naissance, dans le milieu raffiné de la cour de René d'Anjou*, naturellement tournée vers l'Italie, du *gentil* Boccace, l'auteur de poèmes courtois et chevaleresques. Deux œuvres jusque-là inconnues du public français, le *Filostrato* et la *Teseida*, sont traduites directement d'italien en français. Elles connurent une diffusion plus restreinte que les traductions précédentes. Le *Filostrato*, poème chevaleresque en *ottava rima*, raconte l'amour malheureux de Troilo pour l'inconstante Briseida, la fille du devin Calchas. La *Teseida*, épopée en 12 chants, évoque la rivalité tragique de deux amis, Arcita et Palemone, tous deux amoureux de la belle Emilia. On s'accorde pour attribuer à Louis de Beauvau*, sénéchal d'Anjou et de Provence, conseiller et chambellan du Roi René, la traduction du *Filostrato*, que l'on situe entre 1453 et 1455. Sa traduction en prose, qui a pour titre français le *Roman de Troïlus*, n'est pas dénuée de charme. Elle est conservée dans une dizaine de manuscrits. On ne sait rien de l'auteur de la traduction en prose de la *Teseida*, ni de son dédicataire. Cependant l'illustration du magnifique manuscrit, vraisemblablement l'exemplaire de dédicace, aujourd'hui conservé à Vienne (Österreichische Nationalbibliothek 2617), permet de situer la composition de cette traduction dans ce même milieu de la cour angevine, vers 1460. 3) Les débuts de l'imprimerie confirmèrent et amplifièrent le succès de Boccace. Ses traductions françaises furent parmi les premières œuvres à être imprimées et furent fréquemment réimprimées jusqu'au milieu du XVIe siècle. En 1476, parut, à Bruges, chez Colard Mansion*, la première version de la traduction du *De casibus* par Laurent de Premierfait, sous le titre *De la ruine des nobles hommes et femmes*. La seconde version de cette même traduction parut en 1483, chez Jehan du Pré. Entre 1485 et 1499, l'imprimeur parisien Antoine Vérard édita les traductions françaises de Boccace, en des versions souvent très remaniées, et dont il s'attribua parfois la paternité : Le *Livre des Cent nouvelles* (1485), première édition sortie de ses presses ; *De la louenge et vertu des nobles et cleres dames* (1493) ; *Des nobles malheureux* (1494) ; *De la généalogie des dieux* (1499), traduction anonyme du *De Genealogia deorum*, dont on ne connaît aucun manuscrit.

2. Le milieu érudit : Plus encore que d'influence, Franco Simone a pu parler d'assimilation de Boccace par la culture française du XVe siècle. Certes, la France est elle-même très présente dans l'œuvre de Boccace : le *Filocolo* est une adaptation italienne de *Floire et Blancheflor** ; la *Teseida* et le *Filostrato* sont inspirés des romans antiques français, *Thèbes* et *Troie*. Certaines nouvelles du *Décaméron* ne manquent pas d'évoquer le milieu des banquiers lombards parisiens. Mais le mérite de cette assimilation revient surtout aux érudits, tels Jean de Montreuil*, Nicolas de Clamanges*, Nicolas de Gonesse*, Jacques Legrand*, Jean Miélot*... et bien évidemment, Laurent de Premierfait*, qui surent choisir, commenter et adapter aux exigences et au goût de leurs contemporains les œuvres d'érudition encyclopédique de

Boccace. Ils intégrèrent dans leurs propres œuvres la somme de connaissances sur le monde gréco-romain que leur fournissait l'œuvre latine de Boccace. Ils reconnurent en elle certains des thèmes fondamentaux qui les préoccupaient : destin de l'homme, vicissitudes de l'époque, condition féminine. Le *De montibus* et le *De genealogia deorum*, ces sommes d'érudition géographique et mythologique tirée des auteurs antiques, furent les plus utilisés. Surtout les deux derniers livres (XIV et XV) du *De genealogia deorum* furent, pendant tout le XVe siècle, au centre de controverses littéraires sur la place de la poésie par rapport à la philosophie et à la théologie. Boccace y défendait admirablement la poésie, source de vérité, contre ses détracteurs qui l'accusaient de ne véhiculer que des fables inutiles. Deux chapitres du livre XIV furent traduits, en 1468, par Jean Miélot, chanoine de Lille. Le *De casibus* fournissait un matériel de référence pour la connaissance de l'histoire antique. Il favorisa également une certaine prise de conscience historique et politique. Ainsi certains de ses chapitres « contre les tyrans » furent-ils utilisés par Jean Petit* pour justifier l'assassinat de Louis d'Orléans, en 1407. Le *De casibus* se présentait comme une méditation sur les vicissitudes de la destinée humaine, invitant l'homme à être, par ses vertus, l'artisan de son propre destin. Il servit de prétexte, plus que de modèle, au *Temple de Boccace* que Georges Chastellain* rédigea, en 1463, en forme de remontrance, pour « consoler » Marguerite d'Anjou chassée de son royaume. Le *De mulieribus claris* fut largement utilisé pour la défense des femmes. Il fut la source essentielle des portraits vertueux des femmes qui construisent la *Cité des dames* de Christine de Pizan* (1404-1405), s'opposant ainsi aux attaques des *Lamentations* de Matheolus*. Sur un mode plus ironique, il inspira le *Champion des dames* de Martin Le Franc* (1440-1441). Enfin, dans un autre domaine, le *Décaméron* servit de justification aux *Cent Nouvelles nouvelles**, composées dans l'entourage de Philippe le Bon, entre 1456 et 1467. Ces contes grivois s'inspirent en réalité davantage des *Facéties* du Pogge* que des nouvelles de Boccace. Boccace n'apparaît ici que comme un modèle dans un genre nouveau : la nouvelle.

Aux XIVe et XVe siècles, Boccace a été lu en France plus que nulle part ailleurs. Il est l'auteur des grands traités latins, le maître de sagesse antique et de morale.

ŒUVRES. — *Tutte le opere di Giovanni Boccaccio*, éd. V. Branca, 10 vol., Milan, 1967-1983 [l'éd. définitive comprendra 12 vol.]. — P.M. Gathercole, *Laurent de Premierfait's Des cas des nobles hommes et femmes, Book I*, Chapel Hill, 1968.

→ H. Hauvette, *De Laurentio de Primofato*, Paris, 1903 ; *Les plus anciennes traductions françaises de B.*, dans *Bulletin italien*, t. 7 (1907), p. 282-313 ; t. 8 (1908), p. 1-17, 189-211, 285-311 ; t. 9 (1909), p. 1-26, 193-210 (réunies dans *Études sur Boccace*, Turin, 1968). — J. Jeanroy, *B. et Christine de Pisan...*, dans *Romania*, t. 48 (1922), p. 93-105. — G.S. Purkis, *Laurent de Premierfait's Translation of the Decameron*, dans *Medium Aevum*, t. 24 (1955), p. 1-17. — V. Branca, *B. medievale*, Florence, 1956 (8e éd. 1986). — E. Ornato, *Una lettera inedita di Jean de Montreuil*, dans *Studi francesi*, t. 4 (1960), p. 260-267. — G. Mombello, *Jean Miélot traduttore di due capitoli della Genologia*, dans *Studi sul Boccaccio*, t. 1 (1963), p. 415-444. — F. Desonay, *À propos du Décaméron et des Cent Nouvelles nouvelles*, dans *Il Boccaccio nella cultura francese (Convegno, Certaldo, 2-6 sett. 1968)*, Florence, 1971 p. 505-520. — G. Di Stefano, *Il Trecento, ibid.*, p. 1-47. — G. Mombello, *I manoscritti delle opere di Dante, Petrarca e Boccaccio, ibid.*, p. 81-209. — F. Simone, *G.B. fabbro della sua prima fortuna francese, ibid.*, p. 49-80 ; *La présence de Boccace dans la culture française du XVe*, dans *JMRS*, t. 1 (1971), p. 17-32. — G.P. Norton, *Laurent de Premierfait and the Fifteenth Century French Assimilation of Decameron*, dans *Comparative Literature Studies*, t. 9 (1972), p. 376-391. — C. Bozzolo, *Manuscrits des traductions françaises d'œuvres de Boccace*, Padoue, 1973. — *Boccace en France*, exposition BN par F. Avril et F. Callu, Paris, 1975. — A.M. Bianchi, *La Théséide de Boccace*, dans *Revue des études italiennes*, t. 21 (1975), p. 304-329. — G. Di Stefano, *Essais sur le moyen français*, Padoue, 1977, p. 68-96 [trad. du *Décaméron*]. — L. Dulac, *Un mythe didactique chez Christine de Pizan : Sémiramis*, dans *Mél. C. Camproux*, 1978, p. 315-343. — *B. Visualizzato I-IV*, dans *Studi sul Boccaccio*, t. 15 (1985-1986), p. 86-188 ; t. 16 (1987), p. 247-305 ; t. 17 (1988), p. 99-181 ; t. 18 (1989), p. 169-281 [en préparation ouvrage coll. sous la dir. de V. Branca]. — C. Jung, *L'utilizzazione del De Claris mulieribus*, dans *L'Aube de la Renaissance*, éd. par D. Cecchetti, L. Sozzi, L. Terreaux, Genève, 1991, p. 47-65. M.H.T.

Boèce. Vécut au temps de la domination ostrogothique en Italie. Il sera étudié ici moins comme « dernier Romain » que comme l'un des « fondateurs du Moyen Âge ». Nourri des œuvres cicéroniennes, il conçut pourtant, de concert avec son beau-père Symmaque le jeune, tout un programme de rénovation des études au contact de la culture hellénique. Il s'applique d'abord aux disciplines scientifiques : arithmétique, musique, géométrie, astronomie, puis à la traduction et à l'explication des œuves logiques d'Aristote, tout en tenant compte du manuel introductif de Porphyre (*Isagôgè*) et des commentaires les plus récents des Alexandrins, notamment Ammonius fils d'Hermias. Cette entreprise le rend suspect de comploter avec l'empereur contre le roi Théodoric. Incarcéré à Pavie en 524, il rédige son chef-d'œuvre, la *Consolation de Philosophie*. C'est un dialogue (mélangé de prose et de vers) entre lui-même et le personnage allégorique de Philosophie, qui le rappelle à la connaissance de soi, puis le conduit à scruter la fin des choses et les lois qui régissent le monde. De là des développements d'allure protreptique sur les faux biens (la gloire notamment), puis sur le souverain bien, enfin une démonstration de la Providence et de la perpétuité du monde selon les doctrines de Proclus et d'Ammonius. Boèce, qui avait rédigé auparavant des *Opuscules théologiques*, prend soin ici de rester sur le plan de la philosophie pure, sans cependant professer des doctrines en contradiction trop manifeste avec la foi chrétienne.

Les traductions techniques de Boèce furent le chenal principal par lequel les générations du Haut Moyen Âge connurent Aristote avant que le texte grec parvînt en Occident. Elles ont donc beaucoup contribué à la formation de la pensée scolastique. D'autre part, tels ou tels de ses *Opuscules théologiques* furent commentés au IXe siècle par Remi d'Auxerre*, aux XIIe et XIIIe siècles par Thierry de Chartres*, Gilbert de la Porrée*, Clarembaud d'Arras*, puis saint Thomas d'Aquin*.

C'est surtout la *Consolation* qui connut une fortune prolongée jusqu'au XVe siècle, et même au-delà. Les manuscrits du IXe au XVe siècle se comptent par dizaines ; beaucoup d'autres, aujourd'hui perdus, sont mentionnés dans les catalogues des bibliothèques médiévales. Quantité d'auteurs citent la *Consolation* de Boèce comme s'il était une autorité de premier ordre, d'autant que, selon une légende qui se développe, il passe pour un martyr de la vraie foi, victime du roi arien. Plusieurs ouvrages sont, de près ou de loin, des imitations de celui de Boèce, en sorte que, par lui, le genre antique de la consolation connaît une fortune ininterrompue. L'iconographie même s'en inspire pour représenter soit le personnage de Philosophie soit celui de Fortune, qui figurent sur des miniatures et au portail de cathédrales, comme Émile Mâle l'a montré.

Ce succès tient surtout à ce que la *Consolation* reste de siècle en siècle un livre classique au sens propre du terme, c'est-à-dire matière à explication et à commentaire dans les écoles. Il faut mettre à part un court traité de Loup de Ferrières*, touchant seulement les mètres employés par Boèce. Par la suite, ces commentaires se présentent sous forme de gloses, qui s'appliquent tantôt au livre entier, tantôt au seul chant 9 du livre III. Car ce chant, sous forme de prière à la divinité, est une sorte d'abrégé du *Timée* de Platon, un « système du monde » en 28 vers obscurs touchant l'œuvre du Démiurge bon, le rapport entre les éléments et les nombres, entre l'Âme du monde et les âmes particulières, l'histoire de leur descente et de leur retour à Dieu.

Le plus ancien peut-être de ces commentaires, retrouvé récemment dans le manuscrit de la Bibliothèque royale de Bruxelles 10 066-77, est d'esprit profondément érigénien et pourrait remonter à Jean Scot* lui-même ; il est remarquable par sa concision et sa hardiesse, sa tendance moniste, sa croyance aux antipodes et même, dans une certaine mesure, à la préexistence des âmes. Il devait engendrer toute une postérité puisqu'il nous reste une douzaine de commentaires carolingiens, et que le chant 9 suscite encore un intérêt spécial au XIIe siècle, au sein de l'École de Chartres*.

C'est que le « cas psychologique » de Boèce, à la fois chrétien et intimement néo-platonicien, soulève des controverses annonçant celles qui devaient renaître parmi les savants du XIXe siècle : comment expliquer le ton déiste et en quelque sorte « laïque » de la *Consolation*, où l'on a grand'peine à déceler quelques réminiscences bibliques ? Un certain nombre de commentateurs carolingiens s'inquiètent des passages boéciens d'inspiration platonisante, touchant la préexistence, la réminiscence, le char de l'âme, l'Âme du monde, la perpétuité du monde, les intermédiaires entre la Providence et le Destin. Ils soupçonnent les antécédents païens de ces théories, et le patronage de Jean Scot contribue aussi à faire douter de l'orthodoxie de Boèce. Le plus perspicace et le plus violent en ce sens est un moine de Corvey (Bovo II, dit-on d'ordinaire) qui juge la *Consolation* dangereuse pour la foi et se signale lui-même comme un ennemi de la réflexion philosophique ; par exemple, il éclaire Boèce par Macrobe, touchant l'harmonie des sphères ou les âmes des astres. Il consent pourtant à accepter de Boèce tout ce qu'il ne se voit pas contraint de rejeter.

Si de telles discussions sont si vives du IXe au XIIe siècle, c'est que le platonisme est encore vivant à cette époque, donc dangereux. Comment la *Consolation* a-t-elle triomphé de ces critiques ? En France, les plus enthousiastes paraissent être Remi d'Auxerre vers l'an 900, puis Guillaume de Conches* au XIIe siècle. Remi fournit (le premier, semble-t-il) un commentaire intégral et minutieux. Il résume en lui la science de Loup de Ferrières (par l'intermédiaire de son maître Heiric*) et celle de Jean Scot. Il n'est pas dénué de talent pédagogique, explique le sens des mots, la construction des phrases, rassemble diverses *Vies* de Boèce, remarque que l'œuvre ressortit à la fois à la *satira* et au dialogue platonicien. Son exégèse envisage toutes les disciplines du trivium et du quadrivium, mais atteste aussi des connaissances en matière d'histoire, de géographie, de mythologie, de sciences naturelles. Purement livresque, son information est puisée chez les auteurs antiques, poètes ou techniciens, et chez les Encyclopédistes Martianus Capella et Isidore de Séville*. Les mots grecs de Boèce sont traduits péniblement, à coups de glossaires et non sans contresens. Les mœurs grecques sont ignorées, Alcibiade considéré comme une belle dame, erreur qui devait survivre jusque dans la *Ballade des dames du temps jadis* de François Villon*. Du point de vue de la pensée, Remi reste sous l'emprise de Jean Scot, ne se choque pas des développements néo-platonisants, identifie hardiment le personnage de Philosophie, consolatrice de Boèce, avec le Verbe de Dieu du Prologue johannique. Mais il déforme volontiers, par prudence, la pensée boécienne en un sens chrétien.

Quatre commentaires au moins datent du XIIe siècle. Le plus intelligent et le plus étoffé est celui de Guillaume de Conches qui connut, comme celui de Remi, une diffusion considérable. Il date probablement des environs de 1125, lorsque Guillaume, après avoir reçu l'enseignement de Bernard de Chartres*, venait d'ouvrir lui-même une école à Paris et s'y trouvait en butte à de violentes attaques. Il connaît et utilise ses devanciers, notamment Remi d'Auxerre et Adalbold d'Utrecht. Son but reste scolaire : longs exposés sur les théories relatives aux marées ou sur les interprétations allégoriques des mythes d'Orphée ou de Circé. Il dénonce en termes souvent passionnés les « théologiens modernes » qui accusent Platon de contredire les Écritures. Selon Guillaume, le chaos n'est qu'une absence d'ornements, et le simple jeu des lois naturelles a produit chacun des êtres organisés. L'Âme du monde n'est autre que le Saint-Esprit, et Platon a connu par avance les vérités de foi.

À partir du XIIIe siècle, c'est un épanouissement de traductions. On n'en compte pas moins de 13 dont 11 furent ainsi classées par M. Roques et A. Thomas : I Traduction en prose avec commentaire d'un anonyme bourguignon, conservée dans un manuscrit unique (Vienne 2642). — II Traduction en prose du volume Troyes 898, due à un anonyme wallon pour les uns, hennuyer (région de Mons) pour les autres. Éd. R. Schroth, *Eine altfranzösische Übersetzung der C.P. des Boethius,* Berne-Francfort, 1976 (*Europäische Hochschulschriften*, XIII, 36). — III Traduction en prose par Jean de Meun* dont on conserve une vingtaine de copies des XIVe et XVe siècles. Deux d'entre elles (Douai 765 et BN fr. 1098) présentent le texte français et le texte latin en vis-à-vis. Éd. V.L. Dedeck-Héry, dans *Mediaeval Studies*, t. 14 (1952), p. 165-275. — IV Traduction en prose avec commentaire par Pierre de Paris*, en 1309 (Vat. lat 4788). Version retraduite maladroitement en latin (Nice 42). — V Traduction en vers et prose par un anonyme, qui imite ainsi la structure rhétorique de la *Consolation* où alternent proses et mètres (cinq mss). — VI Traduction en vers et prose par un autre anonyme. Connue comme le *Livre Boece de Consolacion*, cette version passa longtemps pour celle de Jean de Meun dont le prologue est inséré au début. Glosée dans la seconde moitié du XIVe siècle (la glose s'inspire beaucoup du commentaire de Guillaume de Conches), c'est la traduction qui fut la plus répandue au XVe siècle (une soixantaine de mss) ; Christine de Pizan* s'en servit. La plupart des manuscrits glosés furent illustrés et deux éditions incunables en furent données (Lyon, Guillaume Le Roy, vers 1483 ; Lyon, vers 1485-1490). — VII Traduction en vers par un anonyme, dit l'Anonyme de Meun (BN fr. 576 ; fr. 1543). Confondu avec Jean de Meun par un copiste, l'auteur pourrait être originaire du Nord de la France (Menin, aujourd'hui en Belgique ?). Sa langue est en effet marquée par des traits picards. — VIII Traduction en prose franco-italienne par Bonaventure de Demena (BN, fr 821) — IX Traduction en vers de Renaut de Louhans* au printemps 1336 ou 1337 (huit mss). — X Traduction, en vers, due à un bénédictin anonyme après 1372. Elle a été attribuée à tort à Charles d'Orléans* puis à Jean de Langres. Cette version aux manuscrits assez nombreux (25 environ) est en fait une révision de celle de Renaut de Louhans. Elle fut éditée à Genève chez Jean Croquet avant 1481. — XI Abrégé de la version IX (trois mss).

Existent enfin une version connue par un seul manuscrit (Aberystwyth, Nat. Lib. 5038D) et celle que Colard Mansion* imprima à Bruges en mai 1484.

On connaît par ailleurs de la *Disciplina scolarium* du pseudo-Boèce (XIIIe) un manuscrit du XVe siècle où le texte latin est muni d'une traduction française interlinéaire très littérale (Lille 388).

Chacun de ces documents présente un intérêt, soit du point de vue linguistique, soit du point de vue de la culture... ou de l'inculture.

Comme écrit Jean de Salisbury* dans son *Policraticus*, « quoique ce livre de Boèce n'exprime pas le Verbe incarné, il jouit d'une autorité non médiocre auprès de ceux qui s'appuient sur la raison ». L'explication, dit-il, tient à sa valeur largement humaine, puisqu'il fournit à l'âme blessée les remèdes convenables. C'est vrai. Mais l'on y vit surtout un manuel qui permît d'enseigner, à son propos, la science de l'Antiquité ou l'essentiel du platonisme.

ŒUVRES. — *PL*, t. 63-64 ; *CC*, t. 94. — *Consolation de la Philosophie*, trad. C. Lazam, Paris, 1989 (*Rivages Poche, Petite Bibliothèque*).

→ K. Burdach, *Die humanistischen Wirkungen der Trostschrift des Boethius im Mittelalter und in der Renaissance*, dans *Deutsche Vierteljahresschrift für Literatur und Geistesgeschichte*, t. 11 (1933), p. 530-558. — A. Van de Vyver, *Les traductions du De consolatione philosophiae de Boèce en littérature comparée*, dans *BHR*, t. 6 (1939), p. 247-273. — P. Courcelle, *Étude critique des commentaires sur la Consolatio Philosophiae de Boèce*, dans *AHDLMA*, t. 14 (1939), p. 5-140 ; *La Consolation de philosophie dans la tradition littéraire*, Paris, 1967. — *Boethius, his Life, Thought and Influence*, éd. M. Gibson, Oxford, 1981. — F. Troncarelli, *Boethiana aetas. Modelli grafici e fortuna manoscritta della Consolatio Philosophiae tra IXe e XIIe secolo*, Alexandrie, 1987. — Sur les trad. françaises : A. Thomas et M. Roques, *Traductions françaises de la Consolatio Philosophiae de Boèce* dans *HLF*, t. 37 (1938), p. 419-488, 544-545. — R.H. Lucas, *Medieval French Translations of the Latin Classics to 1500*, dans *Speculum*, t. 45 (1970), p. 225-253. — R.A. Dwyer, *Manuscripts of the Medieval French Boethius*, dans *Notes and Queries*, t. 18 (1971), p. 124-125. — J.K. Atkinson, *Some Further Confirmations and Attributions of Mss of the Mediaeval French Boethius*, dans *Medium Aevum*, t. 47 (1978), p. 22-29 ; *Le dialecte du Boèce de Troyes 898*, dans *Romania*, t. 102 (1981) p. 250-259 [sur l'éd. de II]. — G.M. Cropp [nº VI], *Le prologue de Jean de Meun et le Livre de Boece de consolacion*, dans *Romania*, t. 103 (1982), p. 278-298 ; *Les manuscrits du Livre de Boece de consolacion*, dans *RHT*, t. 12-13 (1982-1983), p. 263-352 ; *Les gloses du Livre de Boece de Consolacion*, dans *Le Moyen Âge*, t. 92 (1986), p. 367-381. — J.K. Atkinson et G.M. Cropp, *Trois traductions de la Consolatio Philosophiae de Boece*, dans *Romania*, t. 106 (1985), p. 198-232 [nos V, VI et IX]. — R.A. Dwyer, *Bonaventura de Demena Sicilian Translator of Boethius*, dans *French Studies*, t. 28 (1974), p. 129-133 [nº VIII] ; *Another Boece*, dans *Romance Philology*, t. 19 (1965), p. 268-270 ; *The Old French Boethius : Addendum*, dans *Medium Aevum*, t. 43 (1974), p. 265-266 [deux articles sur nº XII]. — J.L. Lowes, *Chaucer's Boethius and Jean de Meun*, dans *The Romanic Review*, t. 8 (1977), p. 383-400. — G.M. Cropp, *Boèce et Christine de Pisan*, dans *Le Moyen Âge*, t. 87 (1981), p. 387-417. — Cf. *MB* nos 2656-2675, 5309-5310, 7707-7708 ; *S* 4935, 4963-4985, 5240, 5256, 5262,

5309, 5931, 7040. P.C. et S.L.

Boèce de Dacie. Philosophe (maître ès-arts) de premier plan à la fin du XIIIe siècle à Paris. Sa biographie est mal connue. Clerc séculier, il serait né au Danemark avant le milieu du siècle. Avec grief d'hérésie, il est visé, de pair avec Siger de Brabant*, autre maître ès-arts, par la fameuse censure de 1277 dont les 219 thèses en comportent une quinzaine qui lui sont attribuables. Il est alors privé de sa chaire, et comme ses co-accusés, paraît détenu à la Curie papale d'Orvieto où il est bénéficiaire d'un revenu à lui adressé en 1283 par l'évêque de Linköping (Suède). Par la suite il serait devenu dominicain. La date de son décès est inconnue.

Boèce est un penseur clair et vigoureux. Son opuscule *Sur le Bien suprême* est précis, dense et d'une rigueur que n'atténue pas l'élégance. Il y prône la recherche de la félicité en tant qu'accessible à la raison et y établit de façon magistrale la supériorité de l'état de philosophe, le seul sage du monde. La félicité de la contemplation intellective allie deux types d'activité : la spéculation comme accès à la vérité et l'agir moral selon la rectitude du bien. Dans son traité *Sur l'éternité du monde*, il montre avec force, à l'endroit des responsables de la censure de 1277, qu'aucune contradiction n'existe entre les déductions du philosophe de la nature et les doctrines de la foi. Si le *physicus* ne peut accepter comme prouvée l'affirmation d'un commencement du monde puisqu'il est lié au constat de l'enchaînement causal rattachant tout effet nouveau à une cause antérieure, ce rapport de cause à effet, tout en restant fondé dans l'ordre des choses expérimentables, reste soumis à l'intervention d'une Cause transcendante objet d'affirmation révélée. Cette compatibilité dans la divergence apparente des conclusions de la philosophie de la nature et de la doctrine de foi a été interprétée par les censeurs comme théorie contradictoire (et hypocrite) de la double vérité. Mais c'est là une interprétation abusive et partiale qui est aujourd'hui dénoncée par les historiens. L'importante œuvre de logique propre à Boèce a conduit à le considérer comme un grand représentant de la théorie modiste. Un connaisseur comme J. Pinborg estime qu'il a ainsi préparé une des composantes du futur nominalisme.

ŒUVRES. — *Quaestiones super Priscianum majorem*, éd. J. Pinborg, H. Roos et S. Skovgaard Jensen, Copenhague, 1969 (*Corpus philosophorum Danicorum Medii Aevi*, 4). — *Quaestiones de generatione et corruptione. Questiones super libros physicorum*, éd. G. Sajo, 1972 et 1974 (*ibid.*, 5/1 et 5/2). — *Quaestiones super librum topicorum*, éd. N.G. Green-Pedersen et J. Pinborg, 1976 (*ibid.*, 6/1). — *De Aeternitate mundi ; De Summo bono ; De somniis*, éd. N.G. Green-Pedersen, 1976 (*ibid.*, 6/2). — *Quaestiones super IVm Meteorologicorum*, éd. G. Fioravanti, 1979 (*ibid.*, 8). — Trad. anglaise avec introd. des opuscules *De Summo bono ; De aeternitate mundi et De Somniis*, par F. Wippel, Toronto, 1987.

→ B. Hauréau, *HLF*, t. 30, p. 270-279 [art. vieilli]. — P. Glorieux, *La Faculté des arts et ses maîtres au XIIIe siècle*, Paris, 1971, n° 68 p. 112 sq. — J. Pinborg, *Zur Philosophie des Boethius de Dacia. Ein Überblick* dans *Studia Mediewistyczne*, t. 15, (1974), p. 165-185. — E. Gilson, *Boèce de Dacie et la double vérité*, dans *AHDLMA*, t. 22 (1955), p. 81-99. E.H.W.

Boecis. On appelle de ce nom un fragment de 258 vers, d'une paraphrase en langue d'oc du traité *De Consolatione* écrit en prison au VIe siècle par le philosophe Boèce*. Le fragment occitan correspond à environ 50 lignes du poème latin ; entière la paraphrase devrait compter à peu près 27 000 vers.

Boèce est accablé de lourdes chaînes. Il s'abandonne à Dieu. Alors lui apparaît une demoiselle de grande beauté qui se fait grande ou petite à sa volonté. Ses vêtements sont tissés de charité et de foi.

Bel sun li drap que la domn'a vestit,
De caritat e de fe sun bastit.

Ils sont chargés de symbole : une échelle va de la lettre π écrite au bas jusqu'à la lettre θ écrite sur l'épaule ; 100 000 oiseaux montent par les degrés, faits des vertus chrétiennes. Certains montent jusqu'au plus haut, changent de couleur, et ont grand amour avec la demoiselle :

En epsa l'ora se sun d'altra color ;
Ab la donzella pois an molt gran amor.

Ce sont les hommes bons, repentants et confiants. D'autres redescendent à reculons. Ce sont les hommes qui, bons dans leur jeunesse, deviennent traîtres, félons, prisonniers du démon. La demoiselle est grande et belle, courageuse et hardie ; elle tient à la main droite un livre de feu ardent symbolisant la justice de Dieu, à la main gauche un sceptre royal signifiant la justice corporelle.

C'est le même thème que dans le poème latin. Mais ici, ce n'est plus Boèce qui parle, c'est l'auteur du fragment. On ne sait rien de celui-ci. La langue seule permet de fixer la composition en Limousin ou en Périgord, entre les années 1000 et 1030. Nous avons affaire là à un vrai poète épique, avec tous les procédés de style, avec la prosodie de l'épopée : vers de 10 syllabes sur le rythme 4 + 6, groupés en 17 laisses ayant chacune la même assonance masculine.

Avec ce poème, la langue occitane avait obtenu, dès les premiers moments de sa naissance, une forme parfaite et définitive dans son vocabulaire et sa syntaxe. Le manuscrit unique qui a conservé ce précieux fragment, et qui provient de l'abbaye de Saint-Benoît-sur-Loire, est à la Bibl. mun. d'Orléans (n° 444).

ŒUVRE. — Éd. et trad. R. Lavaud et G. Machicot, *Boecis, poème sur Boèce. Le plus ancien texte occitan,* Toulouse, 1950. — C. Schwarze, *Der altprovenzalische « Boeci »*, Munster, 1963.

→ C. Brunel, n° 130. — R.M. Ruggieri, *Una nuova interpretazione del « Boeci »*, dans *Mél. d'Olwer*, Barcelone, 1966, t. 2, p. 157-69. — P. Courcelle, *La Consolation de Philosophie dans la tradition littéraire*, Paris, 1967. — C. Segre, *Des vies de saints aux chansons de geste : techniques et centres culturels*, dans *Actes du 6e colloque international de la Société Rencesvals*, Aix-en-Provence, 1974, p. 303-313. — R.A. Dwyer, *Boethian Fictions : Narratives in the Medieval French Versions of the Consolatio Philosophiae*, Cambridge, Mass., 1976. — G. Mermier, *Boèci : an English Translation of the Old Provençal Fragment...*, dans *Contemporary Readings of Medieval Literature*, Ann Arbor, Michigan, 1989, p. 21-35. J.S.

Boitbien. Voir : Yves (Frère).

Boivin de Provins. Ce fabliau en octosyllabes de la première moitié du XIIIe siècle raconte comment, lors de la foire de Provins, un jongleur, Boivin, monte une farce à une tenancière de bordel, afin de profiter sans payer de son hospitalité. Malgré le dernier couplet qui donne le héros Boivin comme propre auteur du récit, ce fabliau est anonyme et il ne saurait être question d'y voir une aventure autobiographique.

ŒUVRE. — Éd. et trad. anglaise P. Brians, dans *Bawdy Tales from the Courts of Medieval France*, New York, 1972. — Éd. P. Ménard, dans *Fabliaux français du Moyen Âge*, t. 1, Genève, 1979 (*TLF*, 270). — Éd. et trad. italienne G.C. Belletti, dans *Fabliaux. Racconti comici medievali*, Ivrée, 1982. — Éd. W. Noomen et N.J. Van den Boogaard, dans *Nouveau recueil complet des fabliaux*, t. 2, Assen, 1984.

→ J. Rychner, *Contribution à l'étude des fabliaux*, Neuchâtel-Genève, 1960. — M. Zink, *Boivin, auteur et personnage*, dans *Littératures*, t. 6 (1982), p. 7-13. — Cf. *MB S* nos 4591, 4594, 4602, 4623, 4711. A.F.L.L.

Bolotin (Payen). Payen de Mongeville, dit Belotin ou Bolotin, était chanoine de Chartres dans les années 1106-1121 ; ami des moines noirs, il écrivit un *Poème contre les faux ermites*, dirigé contre les nouvelles formes de vie monastique apparues au début du XIIe siècle ; c'est une satire violente d'assez mince valeur littéraire. On lui attribue aussi quelques *carmina*, partiellement éd. dans *HLF*, t. 2, 1869, p. 1-12.

→ A. Clerval, *Les Écoles de Chartres au Moyen Âge*, Paris, 1895, p. 178-179, 214-215. — J. Leclercq, *Le poème de Payen Bolotin contre les faux ermites*, dans *Revue bénédictine*, t. 68 (1958), p. 52-86. D.G.O.

Bon varlet de chiens. Livre de vénerie en 18 chapitres, qui n'est qu'un grossier plagiat de la *Chasse* de Gaston Phébus*. Ce plagiat, fait d'après les manuscrits et non d'après les éditions imprimées, porte sur les chapitres 32-35, 27-30 (début), 39-41, 38, 30 (fin), 37, 42, 34 et 43, qui traitent de la chasse du cerf et du sanglier. Le titre du *Bon varlet de chiens* est fourni par la dernière phrase du texte et semble correspondre à l'intention de l'arrangeur anonyme de la *Chasse* de Gaston Phébus. On a cru longtemps, par suite d'une note erronée de R. Bossuat reprise par G. Tilander, qu'il existait deux manuscrits du *Bon varlet de chiens* ; en réalité, le *Bon varlet de chiens* est conservé dans un manuscrit unique (Paris, Bibl. de l'Arsenal, 3252), joli volume de la fin du XVe siècle, agrémenté de miniatures.

ŒUVRE. — *Le Bon Varlet de chiens*, éd. P. Lacroix et E. Jullien, Paris, 1881 (*Cabinet de Vénerie*, 3). — Cf. *MB*, n° 5549.

G.T. et F.F.H.

Bonaventure. Né vers 1217 à Bagnoregio, près de Viterbe, Giovanni Fidanza fut voué dès sa naissance à frère François, par suite d'une guérison attribuée au saint. Comme frère oblat, il reçut de 1225 à 1235 sa première éducation au couvent franciscain de Bagnoregio. En 1236, il s'en fut à l'université de Paris étudier les arts puis la théologie. Il fut nommé docteur en 1257. Il fut alors mêlé, comme le dominicain Thomas d'Aquin*, à la querelle des ordres mendiants dans l'Université. Pour défendre ceux-ci, il écrivit des *Quaestiones disputatae de perfectione evangelica* et une *Apologia pauperum*. En 1243, Bonaventure suivit l'exemple de son ancien maître en théologie Alexandre de Halès* et entra dans l'ordre de saint François, où il devait bientôt occuper les plus importantes fonctions : maître régent à l'école des franciscains de Paris en 1253, ministre général de l'ordre en 1257. À ce titre, il fut confronté à la redoutable question de la pauvreté dans l'Église, et plus particulièrement à la querelle qui divisait les frères mineurs en « Spirituels » et en « Conventuels ». Les « Spirituels » ou « Fraticelles », incontestablement les plus fidèles disciples de frère François, gâtaient leur cause en propageant des idées millénaristes inspirées de Joachim de Flore. Moins intransigeants sur le respect de « Dame pauvreté », les « Conventuels » faisaient figure de religieux moins exaltés et plus réalistes : ils prônaient un réaménagement de la règle pour mieux faire face à la brutale extension de leur ordre. Par ses qualités de conciliation, Bonaventure parvint à un certain apaisement de la querelle, mais celle-ci devait reprendre de plus belle après sa mort. Après avoir refusé l'archevêché d'York en 1265, Bonaventure fut, en 1273, nommé d'autorité cardinal-évêque d'Albano par Grégoire X. À ce titre, il fut convoqué au IIe Concile de Lyon où furent débattues les affaires de la croisade, de la réforme de l'Église et de la réunion avec les Grecs. Le lendemain du jour où fut promulguée une éphémère réunion entre chrétiens catholiques et orthodoxes, Bonaventure tomba malade. Il mourut le 15 juillet 1275, âgé de cinquante-sept ans. En 1482, Sixte IV le canonisa et en 1588, Sixte V le proclama docteur de l'Église sous le nom de *Docteur séraphique*. Il laissait de nombreux écrits, tant de son activité de docteur en théologie à l'Université de Paris, que de son généralat franciscain. On a conservé de la première période plusieurs commentaires scripturaires, notamment sur saint Luc et saint Jean, un inévitable *Commentaire sur le Livre des Sentences*, le *Breviloquium* et de nombreuses *Quaestiones disputatae* ; de la seconde période, datent le célèbre *Itinerarium mentis ad Deum*, le *De triplici via*, le *Soliloquium*, deux vies de saint François, l'*Officium de Passione Domini*, le *De Sex alis Seraphim*, le *De corpore Christi*, les *Collationes de decem praeceptis* ou sur l'*Hexaemeron*, le *De septem donis Spiritus Sancti*, et une foule de sermons et opuscules spirituels. Quoiqu'il utilise couramment Aristote et la plupart des auteurs profanes enseignés de son temps, sa doctrine se nourrit principalement de la tradition augustinienne, directement ou par l'intermédiaire des maîtres victorins du siècle précédent, avec toutefois un accent, typiquement franciscain, de louange du créateur à travers sa création. Fidèle à l'exemplarisme de ses maîtres, il cherche avant tout à unifier l'édifice de la connaisance sensible, rationnelle et révélée dans un mouvement unique qui s'épanouisse en une contemplation amoureuse de Dieu. Après une éclipse due au succès du scotisme chez les théologiens franciscains, la doctrine bonaventurienne connut un réveil sous l'impulsion de Sixte V, qui lui ouvrit à Rome une chaire au Collège franciscain des Douze apôtres.

ŒUVRES. — Éd. Quaracchi, 1882-1902, 10 vol. — *Œuvres spirituelles*, éd. Jean de Dieu, 1 : *Itinéraire de l'âme en elle-même*, Blois 1956 ; 2 : *De la vie parfaite*, Paris, 1931 ; 3 : *Le Christ-Jésus*, Paris, 1932 ; 4 : *La perfection morale d'après l'Évangile*, Paris, 1936. — *De Sex alis Seraphim*, éd. P. Glorieux, Paris, 1960 — *Legenda dua de vita S. Francisci Seraphici*, éd. Quaracchi, 1898. — *Tria opuscula, Breviloquium, Itinerarium mentis in Deum et De Reductione artium ad theologiam*, éd. Quaracchi, 1938. — P. Breton et M. Valentin, *La triple voie de Saint Bonaventure*, Paris, 1942. — *Quaestiones,* éd. P. Glorieux, 1950. — *Sermones dominicales*, éd. J.G. Bougerol, Grottaferrata, 1977.

→ B. Distelbrink, *Bonaventurae scripta authentica, dubia vel spuria, critice recensita*, Rome, 1975. — J.L. Saranyana, *Bibliografia Buenaventuriana en el septimo centenario*, dans *Scripta theologica*, t. 72 (1975), p. 825-852. — A. Longpré, *La théologie mystique de S. Bonaventure*, dans *Arch. Francis. Hist.*, t. 14 (1921), p. 36-108. — J.M. Bissen, *L'exemplarisme divin selon S. Bonaventure*, Paris, 1929 (*Études de philosophie médiévale*, 9). — J.-F. Bonnefoy, *Le Saint-Esprit et ses Dons selon S. Bonaventure*, Paris, 1929 (*Études de philosophie médiévale*, 10). — C. Abate, *Per la storia e la cronologia di S. Bonaventura*, Rome, 1950. —

É. Gilson, *La philosophie de saint Bonaventure*, Paris, 1953[3]. — J. Ratzinger, *Die Geschichtstheologie des hl. Bonaventura*, Munich, 1959. — J.G. Bougerol, *Introduction à l'étude de saint Bonaventure*, Paris, 1961. — *Actes du colloque S. Bonaventure, Orsay, 1968*, Paris, 1968. — *Actes du colloque S. Bonaventure, Orsay, 1971*, Paris, 1971. — *S. Bonaventura, 1274-1974. Volumen commemorativum anni septies centenarii a morte S. Bonaventurae*, Grottaferrata, 1973-1974. — A. Gerken, dans *Lexikon des Mittelalters*, 2, 1980, p. 402-407. — *Mél. J.G. Bougerol*, Rome, 1988. — J.G. Bougerol, *Saint Bonaventure : Études sur les sources de sa pensée*, Northampton, 1989 [réimp. d'articles].
Do.P.

Boniface de Castellane. Ce gentilhomme provençal, seigneur de Castellane (Alpes-de-Haute-Provence), demeura toute sa vie un ennemi obstiné de Charles d'Anjou, que la politique matrimoniale de Blanche de Castille avait installé souverain en Provence en 1246. Il a laissé trois *sirventes* qui, parfois, rappellent ceux de Bertran de Born*. Il dit, ironiquement, dans l'un d'eux (PC 102,2) : « Il me plaît de voir la déchéance des Provençaux dont aucun ne s'avise ; on les tient vraiment pour des gens bien éduqués, puisqu'on les fait venir si souvent avec une corde au cou. »

Lo dans dels Proensals mi platz ;
E quar degus no's pren garda :
Ben los tenon per enseinhatz :
Car tan soven los fan venir
Ab una redorta.

En 1262, les Marseillais se révoltèrent contre Charles d'Anjou, comte de Provence, sous la direction d'Hugues des Baux et de Boniface de Castellane. Le château de celui-ci fut détruit, il dut s'enfuir et se réfugier auprès de l'Infant d'Aragon. Il disparaît après 1265.

ŒUVRE. — Éd. A. Parducci, *Bonifazio di Castellana*, dans *Romania*, t. 46 (1920), p. 478-511. — Éd. partielle : M. de Riquer, *Los trovadores. Historia literaria y textos*, Barcelone, 1975, t. 3, p. 1381-1385 (PC 102,3].

→ PC 102. — P. Bec, *Contribution à l'interprétation des poésies du troubadour Boniface de Castellane*, dans *Mél. J. Frappier*, Genève, 1970, t. 1, p. 83-88. J.S. et G.B.L.

Bonifaci Calvo. Originaire de Gênes au XIIIe siècle, il représente, mieux peut-être qu'aucun de ses compatriotes, le troubadour occitan voyageur et hôte des cours. On a de lui un *sirventes* (PC 101,7) écrit vers 1266, où il malmène les Vénitiens oppresseurs des Génois, tout en critiquant ceux-ci avec violence. Un troubadour vénitien, Bertolome Zorzi*, prisonnier des Génois, lui répondit sur les mêmes rimes (PC 74,10). Ayant séjourné longtemps en Castille à la cour d'Alphonse X, Bonifaci Calvo poussa ce souverain à la guerre contre les rois de Navarre et d'Aragon. Dans sept *sirventes* il se plaint de la décadence des mœurs. Ses chants d'amour ne manquent pas de charme et de grâce, surtout ses deux *cantigas d'amor* qu'il écrivit en galicien-portugais, à l'exemple d'Alphonse X. S'il ne fut pas grand poète, il fut du moins habile versificateur. Son œuvre littéraire conservée, assez abondante, compte 19 compositions en occitan et deux en galicien-portugais. Elle se situe entre 1250 et 1266.

ŒUVRE. — Éd. F. Branciforti, *Le rime di Bonifaci Calvo*, Catane, 1955. — W.D. Horan, *The Poems of Bonifacio Calvo : a Critical Edition*, La Haye, 1966 [très critiquée]. — Éd. partielle : M. de Riquer, *Los trovadores. Historia literaria y textos*, Barcelone, 1975, t. 3, p. 1417-1428 [PC 101, 4-17-7 et une pièce gal. portug.].

→ PC 101. — F. Branciforti, *Bonifaci Calvo*, dans *Siculorum Gymnasium*, t. 8 (1955), p. 43-97. — R.A. Taylor, *La littérature occitane du Moyen Âge*, Toronto, 1977, n°s 359-360. — V. Beltrán, *Los trovadores en las cortes de Castilla y León : Bonifaci Calvo y Ayras d'Asme*, dans *CN*, t. 45 (1985), p. 45-57. — M. Piccat, *Le « cantigas d'amor » di Bonifaci Calvo*, dans *ZRPh*, t. 105 (1989), p. 161-177. J.S.

Bonté des femmes. Poème anglo-normand (XIIIe siècle). Les trouvères prenaient souvent, au XIIIe siècle, les femmes pour objet de leurs railleries. Toute une littérature misogyne — ou d'apparence misogyne — pullula donc à cette époque : l'*Évangile aux femmes**, le *Chastie-Musart**, le *Dit de Chicheface*, le *Dit des cornettes*, bien d'autres pièces encore qui n'étaient pas toutes spirituelles. Une de ces œuvres, d'ailleurs particulièrement faible, le *Blâme des Femmes**, suscita des ripostes, dont la plus remarquable, la *Bonté des Femmes* (305 octosyllabes), est anglo-normande. On doit à Nicole Bozon* une pièce du même titre sur le même thème, en 39 sizains d'octosyllabes.

ŒUVRE. — Éd. P. Meyer, dans *Romania*, t. 15 (1886), p. 315-321.

→ M. Pagano, intro. à l'éd. du *Blâme des Femmes*, Catane, 1990. — T. Lee Neff, *La satire des femmes dans la poésie lyrique fr. du Moyen Âge*, Paris, 1900 (réimp. Genève, 1974).

— A. Wulff, *Die frauenfeindlichen Dichtungen in dem romanischen Literaturen des Mittelalters...* Halle, 1914 (*Romanistische Arbeiten*, 4). — *La femme dans les civilisations des* Xe-XIIIe *siècles*, Poitiers, 1977 (= *CCM*, t. 20). — R.L. Krueger, E.J. Burns, *A Selective Bibliogr. of Criticism : Women in Medieval French Literature* dans *Romance Notes*, 1984-1985, n° 3. — Cf. *MB*, n° 2619. R.H.

Boucicaut (Jean ou Louis, seigneur de Breuildoré, dit). L'album de Charles d'Orléans* contient deux bergerettes adressées au prince poète sur le thème des amoureux de l'Observance. Toutes deux sont attribuées à un Boucicaut et on a souvent confondu leur auteur avec le maréchal. Mort en 1421, celui-ci doit pourtant laisser la paternité de ces pièces composées vers 1455 à l'un ou l'autre de ses neveux qui portèrent tous deux le surnom devenu familial. Fils de Geoffroi, Jean et Louis moururent entre 1484 et 1490. Comme l'une des deux bergerettes réapparaît dans deux autres recueils de la seconde moitié du XVe siècle, tantôt sous le nom de Boucicaut, tantôt sous celui de seigneur du Breuildoré, il resterait aux historiens à déterminer qui des deux frères a possédé cette seigneurie.

ŒUVRES. — Éd. dans P. Champion, *Charles d'Orléans, Poésies*, Paris, 1924, (*CFMA*,56) p. 353-355 [les deux bergerettes]. — Éd. dans G. Raynaud, *Rondeaux et autres poésies du* XVe *siècle*, Paris, 1889 (*SATF*, 29), p. 47 [un des deux poèmes]. — Éd. dans B. Inglis, *Le manuscrit BN na. fr. 15771*, Paris, 1985, (*Bibliothèque du* XVe *siècle*, 48), p. 74 [le même].

→ G. Raynaud, *Rondeaux...*, Paris, 1889, (*SATF*, 29), p. X-XI. — B. Inglis, *Le manuscrit...*, Paris, 1985, p. 24-25. S.L.

Boucicaut. Voir : *Livre des faits de Jean le Meingre, dit Boucicaut.*

Bourgeoise d'Orléans. Fabliau de 325 octosyllabes, de la première moitié du XIIIe siècle. Son origine est difficile à établir, mais J. Bédier et P. Ménard pensent à la Normandie. Le thème, très classique, est celui du mari cocu, battu et content. Une bourgeoise reçoit son amant, un clerc, en l'absence de son mari. Celui-ci, prévenu du rendez-vous, revient. Sa femme l'enferme et le fait battre par ses gens, faisant semblant de le prendre pour le clerc. Le mari battu est entièrement rassuré sur la vertu de sa femme.

ŒUVRE. — Éd. P. Ménard, dans *Fabliaux français du Moyen Âge*, t. 1, Genève, 1979 (*TLF*, 270). — Éd. et trad. italienne R. Brusegan, dans *Fabliaux, Racconti francesi medievali*, Turin, 1980. — Éd. W. Noomen et N.J. Van den Boogaard, dans *Nouveau recueil complet des fabliaux*, t. 3, Assen, 1986.

→ J. Rychner, *Contribution à l'étude des fabliaux*, Neuchâtel-Genève, 1960. — N.J. Lacy, *The Fabliaux and the Comic Logic*, dans *L'Esprit créateur*, t. 16 (1976), p. 39-45. — N.J. Van den Boogaard, *Le Fabliau anglo-normand*, dans *Third International Beast Epic, Fable and Fabliau Colloquium*, Münster, 1979, p. 66-77. — W. Noomen, *Le Castia-Gilos : du thème au texte*, dans *Neophilologus*, t. 71 (1987), p. 358-371. — Cf. *MB* nos 2490 ; *S* 4591, 4593-4594, 4642, 4712. A.F.L.L.

Braies au Cordelier. Ce fabliau anonyme de 360 vers peut être daté du deuxième tiers du XIIIe sècle (après 1237) et localisé dans le Centre, sans doute dans l'Orléanais. Une bourgeoise d'Orléans reçoit son amant, un Cordelier, après le départ matinal de son mari. Lorsque le mari rentre à l'improviste et se recouche, l'amant, ramassant ses vêtements, se cache sous le lit. Le mari, au réveil, enfile par mégarde les braies du cordelier. La femme obtient du confesseur du couvent de Frères Mineurs d'appuyer son mensonge : elle a emprunté des braies au couvent comme talisman, dans le but de stimuler la conception. Le même thème a été traité par Jean de Condé* dans *Les braies le prestre.*

ŒUVRE. — Éd R. O'Gorman, Birmingham, 1983. — Éd. W. Noomen et N.J. Van den Boogaard, dans *Nouveau recueil complet des fabliaux*, t. 3, Assen, 1986.

→ J. Rychner, *Contribution à l'étude des fabliaux*, Neuchâtel-Genève, 1960. — C. Pinet, *From Fabliau to Farce : A Case Study*, dans *Mél. B. Craig*, York, 1982, p. 93-108. — Cf. *MB S* nos 4591, 4623. A.F.L.L.

Brebis desrobée (Dit de la). Partant en pèlerinage, un riche seigneur confie la gestion de ses biens à ses gens. Ceux-ci les dilapident et maltraitent tant la brebis préférée du seigneur qu'elle n'a plus que la peau sur les os et devient sourde et aveugle. La morale de ce conte est qu'un seigneur doit veiller aux vertus de ceux à qui il confie ses brebis — son peuple. Ce court dit de 277 octosyllabes à rimes plates, de la fin du XIIIe siècle, qui n'est pas sans évoquer la parabole des vignerons homicides (Luc 20, 9-16), peut être rapproché des « états du monde », par sa description d'une hiérarchie sociale à trois niveaux, les aristocrates, les « menues gens » et la classe intermédiaire à laquelle s'adressent ses critiques.

ŒUVRE. — Éd. M. Léonard, dans *Romania*, t. 104 (1983), p. 236-257.

→ W. Van Hoecke, *Ancien français « ulieu ». A propos d'un passage du « Dit de la brebis desrobee »*, dans *Mél. H. Plomteux*, Louvain, 1983, p. 287-294. A.F.L.L.

Bret. Voir : *Guiron le Courtois.*

Brun de la Montagne. Roman épique, vraisemblablement du XIVe siècle, dont il ne nous reste que les 3 926 premiers vers, conservés par un manuscrit unique. Nous n'avons aucun moyen d'apprécier avec exactitude l'étendue de la portion qui nous manque, mais il est à croire qu'elle devait être considérable. C'est un roman d'aventure, mais sa forme est celle des chansons de geste en alexandrins.

Le texte débute avec la naissance de Brun, fils du vieux Butor de la Montagne, qui décide contre l'avis de tous de faire porter le nouveau-né dans la forêt de Brécéliant, auprès d'une source où les fées ont l'habitude de se réunir pendant la nuit. Trois d'entre elles s'approchent de l'enfant. Les deux premières lui accordent les dons de beauté, de courtoisie, de courage et d'honneur. Mais la troisième, piquée de ce que les deux autres l'aient devancée, lui prédit qu'il n'aura jamais d'amie. Après le retour de l'enfant chez son père et son baptême, une des bonnes fées s'attache à lui comme nourrice pendant quinze ans et lui annonce qu'il tombera amoureux d'une femme qui épousera un bossu. Suivent diverses aventures. Le roman s'arrête au moment où les prédictions de la méchante fée vont se réaliser.

Le roman, par ce qu'il en reste, laisse une impression de monotonie. L'imagination puissante, le style brillant font défaut. Néanmoins, la manière dont l'auteur prend pour point de départ une croyance populaire (les fées entourant le berceau d'un nouveau-né et lui accordant leurs dons) est assez originale. Elle montre bien comment les clercs puisaient à la fois dans le fonds littéraire (notre auteur connaissait l'épisode semblable de la *Chevalerie Ogier**, et plus généralement Chrétien de Troyes* et *Tristan**) et dans la culture populaire.

ŒUVRE. — Éd. P. Meyer, *Brun de la Montaigne*, Paris, 1875 (*SATF*, 3).

→ C.L. Janssens, *Brun de la Montaigne et la versification française moderne*, dans *ZRPh*, t. 87 (1971), p. 233-237. — L. Harf-Lancner, *Les fées au Moyen Âge. Morgane et Mélusine. La naissance des fées*, Paris, 1984 (*Nouvelle Bibl. du MA*, 8) ; *Le baptême par le feu : la survivance d'un rite dans trois textes épiques tardifs*, dans *Senefiance*, t. 21 (1987), p. 629-641. — Cf. *MB* n°s 1288, 4115 ; *S* 2403-2404. C.R.

Brunel de Tours. Auteur de deux chansons à refrains. Dans celle qui commence par « Quant voi chaïr la froidure... » (R. 2100), il détaille avec naïveté les charmes de sa maîtresse.

ŒUVRE. — A. Brachet, *Étude sur Bruneau de Tours, trouvère du XIIIe siècle*, Paris, 1865.

→ Linker, n° 28. F.F.H.

Brunetto Latini. Encyclopédiste et homme politique florentin. Sa famille, liée au parti guelfe, semble avoir été d'une certaine importance : son père, Bonaccorso Latini da Lastra, rédigea son testament en 1280, un frère, Latino Bonaccorsi, fut actif dans les affaires civiles entre 1278 et 1295 ; la famille Latini possédait une maison près de la Piazza Donatello.

Brunetto naquit à Florence vers 1220 et se maria en 1248. En 1254, il était dit « rogatus » et notaire. La commune de Florence, menacée par les Gibelins, l'envoya en février 1260 solliciter le secours du roi de Castille, Alphonse X le Sage, contre les troupes de Manfred de Hohenstaufen. Si, dans *Il Tesoretto*, Brunetto dit « E andai in Ispangnia, e feci l'ambasciata », rien ne prouve qu'il ait traversé les Pyrénées. Après la défaite des Guelfes florentins le 4 septembre 1260 à Montaperti, il ne rentra pas à Florence, mais, exilé par le parti vainqueur, se réfugia en France. Il séjourna surtout à Paris, mais aussi à Arras et à Bar-sur-Aube en 1263-1264. En 1263, il était le notaire de certains Florentins réfugiés, qui cherchaient argent et appui contre Manfred : dans les trois ouvrages composés par Brunetto pendant son exil en France, le *Tresor, Il Tesoretto* et *La Rettorica*, il est question d'un protecteur de Brunetto, Florentin exilé comme lui, son « fino amico caro » et son « biaus dous amis », qui serait un certain « Davizzo Tosinghi ».

Les documents (publiés en 1802) qui traitent d'un séjour de Brunetto Latini en Angleterre, sont des faux.

Brunetto revint à Florence le 16 mars

1266, après la défaite des Gibelins à Bénévent (26 février 1266), sans faire encore partie de l'entourage officiel de Charles d'Anjou*. L'année suivante, il devint le notaire du gouvernement vicarial, et en 1269 il s'intitulait protonotaire des Angevins. Il fut par la suite « expromissor », « mallevador », syndic, prieur de Porta di Duomo, et joua un rôle important mais mystérieux dans les conseils, où les opinions énoncées par lui semblent bien représenter des décisions arrêtées à l'avance. De 1272 à 1274, il fut chancelier de Florence. Brunetto mourut en 1294 et fut enterré dans la crypte de Santa Maria Maggiore.

Sa vie privée reste mal connue : nous savons qu'il eut une fille, Bianca, et deux fils. L'accusation de sodomie lancée par Dante* contre ce « mondano uomo » serait par trop banale, même si elle était confirmée ; il est plus vraisemblable que Dante a deviné en Brunetto un athée ou bien qu'il ne lui a pas pardonné d'avoir rédigé son chef-d'œuvre, le *Trésor*, en français, trahissant ainsi gravement sa langue maternelle.

Les principales œuvres de Brunetto Latini datent de ses années en France. Son œuvre majeure, le *Trésor* (conservée dans plus de 70 manuscrits), est une encyclopédie en prose, dont le plan est orienté par celui du commentaire d'Eustratius sur l'*Éthique à Nicomaque* : théologie, histoire sacrée et profane, et sciences naturelles (1er livre), éthique (2e livre), rhétorique et politique (3e livre). La variété des sources latines du *Trésor* (Solin, Sénèque, Eustratius, le *Physiologus*...) témoigne des lectures considérables et systématiques faites par le compilateur-auteur. Dépourvu d'éléments d'imagination comme de prétentions artistiques, le *Trésor*, par sa structure et l'importance particulière qu'y prend la science politique, peut être interprété comme un manuel de formation de l'homme politique. Le *Trésor* nous est parvenu dans deux rédactions : la première, entièrement composée en France, est antérieure au retour à Florence en 1266 ; dans la seconde, qui est la rédaction définitive, Brunetto ajouta, à Florence, après 1267, des chapitres historiques sur Frédéric II et Manfred de Hohenstaufen.

Le succès du *Trésor* fut considérable. Les premières éditions imprimées datent de 1491 (Lyon) et 1539 (Paris). Avant la fin du XIIIe siècle, un magistrat florentin contemporain de Brunetto, mais Gibelin, Bono Giamboni, en avait fait une traduction italienne sous le titre de *Tesoro* (d'après un manuscrit de la première rédaction du *Trésor*), dont la première édition imprimée date de 1474 (Trévise). Il existe aussi plusieurs traductions anonymes versifiées en italien. La traduction catalane du 2e livre par Guillem de Copons, la traduction latine intégrale et la traduction castillane (peut-être due à Alfonso de Paredes, vers 1292) semblent basées sur le *Tesoro* de Bono Giamboni. L'exemple de Brunetto Latini fera naître l'encyclopédisme italien, qui n'avait guère dépassé, avant lui, le stade de la lexicographie.

Autre œuvre de la période française de Brunetto, *Il Tesoretto* (conservé dans environ 16 mss) est un poème inachevé, en vers de sept syllabes : c'est sans doute le premier en date des enseignements allégoriques en langue italienne. *La Rettorica*, également composée en France, peut être antérieure au *Trésor* et traite de son sujet avec bien plus de compétence que celui-ci (3e livre du *Trésor*).

L'authenticité des autres textes attribués à Brunetto est douteuse. L'élément historique de la chronique italienne est incompatible avec le contenu de l'encyclopédie ; *Il Favolello*, petite fable sur l'amitié, est un poème court et informe ; *Il Pataffio* ne ressemble en rien aux autres œuvres ; les *Fiori di Filosofi* dérivent de sources toutes différentes.

ŒUVRES. — Œuvre principale : *Li Livres dou Tresor*, éd. F.J. Carmody, Berkeley, 1939-1948 (réimpr. Genève, 1975). — Extraits : *Le livre du Trésor de Brunetto Latini*, éd. A. Pauphilet, dans *Jeux et Sapience du Moyen Âge*, Paris, 1951, p. 728-858 (*Pléiade*) [éd. d'extraits du 1er livre et de tout le 3e livre] ; *Petit Bestiaire, par Brunetto Latini*, Paris, 1967 [éd. G. Lévis Mano : les 41 chapitres animaliers] ; *Brunetto Latini, Livre du Trésor*, dans *Bestiaires du Moyen Âge*, trad. G. Bianciotto, Paris, 1980, p. 169-240 (*Stock plus, Moyen Âge*, 35). — Traductions : *Il Tesoro*, éd. de Gaiter, Bologne, 1878-1883, 4 vol. ; *Llibre del Tresor : Versio Catalana de Guillem de Copons*, éd. C.J. Wittlin, Barcelone, 1971. — Autres œuvres : *La Rettorica*, éd. F. Maggini, Florence, 1912 (réimp. 1968) ; *Il Tesoretto ; Il Favolello*, éd. F. Mazzoni, Alpignagno, 1967 ; *Brunetto Latini, Il Tesoretto (The Little Treasure)*, éd. et trad. J. Bolton Holloway, New York-Londres, 1981 (*Garland Library of Medieval Literature*, A 2).

→ P.A. Messelaar, *Le vocabulaire des idées dans le « Trésor » de Brunet Latin*, Assen, 1963. — C.T. Davis, *Brunetto Latini and Dante*, dans *Studi Medievali*, t. 8 (1967), p. 421-450. — J. Maurice, *La formule « Et sachiés que », indice de la spécificité du Livre des animaux de Brunetto Latini*, dans *Romania*, t. 106 (1985), p. 527-538. — J. Bolton Holloway, *Brunetto Latini and England*, dans *Manuscripta*, t. 31 (1987), p. 11-21. — B. Ribémont, *Statut de l'astronomie et évolution des connaissances sur le cosmos chez les vulgarisateurs médiévaux : le cas de quelques encyclopédies en langue vernaculaire*, dans *Observer, lire, écrire le ciel au Moyen Âge, Actes du colloque d'Orléans (22-23 avril 1989)*, Paris, 1991, p. 283-300. — Cf. J. Bolton Holloway, *Brunetto Latini : an analytic bibliography*, Londres, 1986 (*Research Bibliographies and Checklists*, 44). — *GRLMA*, t. VI/2, n°s 2796, 3380, 3668, 4534 ; VI/1, p. 122-123, 136-138, 213-214 ; t. VIII/1, p. 33, 106, 344. — *MB*, n°s 2915-2925, 6568, 7735 ; *S* 4960, 5065, 5332, 5349, 5371, 5384-5390.

F.C. et F.F.H.

Bruno de Longoburgo. Né à Longobucco (Calabre), surnommé Calabrinus, Bruno de Longoburgo étudia à Salerne, puis exerça la chirurgie à Padoue et à Vérone. Il rédigea à Padoue une *Chirurgia magna* (en deux livres de vingt chapitres chacun), achevée en 1253, qu'il dédia à Andrea de Vicence : cet ouvrage fut le principal fondement de sa réputation de chirurgien. Puis il composa, à la requête de Lazzaro de Padoue, une *Chirurgia minor* ou *parva*, sorte de compendium de la *Chirurgia magna*, destiné à offrir aux étudiants un volume de consultation plus facile. Bruno de Longoburgo mourut vers 1286.

Les deux *Chirurgia* furent traduites en français (ms. Metz, Bibl. mun. 1228, aujourd'hui détruit), ainsi qu'en hébreu. Aux deux traductions hébraïques de la *Chirurgia parva* (celle du Véronais Hillêl ben Samuel, contemporain de Bruno, et celle de l'Espagnol Jacob ben Jehuda au XVe siècle), il faut ajouter des traductions en italien et en allemand.

Chirurgia magna et *Chirurgia parva* se trouvent fréquemment imprimées à la suite des œuvres de Gui de Chauliac* à partir de 1498 : la première édition (Venise, 1498) porte comme titre : *Cyrurgia Guidonis de Cauliaco et Cyrurgia Bruni Theodorici Rogerii Rolandi Batapalie Lanfranci.*

→ G. Sarton, *Introduction to the History of Sciences*, Baltimore, 1931, t. 2, p. 1077-1078. — E. Wickersheimer, *Dictionnaire biographique des médecins en France au Moyen Âge*, Paris, 1936, p. 93. — M. Tabanelli, *Un chirurgo italiano del 1200, Bruno da Longoburgo*, Florence, 1970 [analyse des deux chirurgies, liste des mss et bibliogr.]. — E. Pispisa, *Bruno da Longobucco*, dans *Dizionario biografico degli Italiani*, Rome, 1972, t. 14, p. 643-644. — D. Jacquart, *Supplément au Dictionnaire biographique des médecins en France au Moyen Âge, d'Ernest Wickersheimer*, Genève, 1979, p. 51 (*Hautes Études médiévales et modernes*, 35).

F.F.H.

Brut. (Chronique d'Angleterre en prose, dite). Voir : *Grantz Geantz* ; Rauf de Boun.

Bueve d'Aigremont. Voir : *Renaut de Montauban.*

Buonaccorso da Pistoia ou Da Montemagno le jeune. Petit-fils d'un homonyme contemporain de Pétrarque, Buonaccorso est mort en 1429. Ses poésies latines sont mêlées à celles de son grand-père dans la soixantaine de manuscrits qui les conservent. On connaît de lui un faux discours de Catilina, répondant aux *Catilinaires* cicéroniennes, d'ailleurs toujours copié à la suite d'une cinquième *Catilinaire* apocryphe dont il remania peut-être la version primitive (fin XIIe). Enfin, il est l'auteur du *De nobilitate*, dédié dans les manuscrits tantôt à Carlo Malatesta, seigneur de Rimini, tantôt à Guidantonio de Montefeltro, duc d'Urbino... On a là, après une courte introduction, deux discours mis dans la bouche de P. Cornelius Scipio et de Gaius Flaminius, tous deux prétendants de Lucrèce. Jean Miélot* en fit une traduction française en 1449, dont s'inspira John Tiptoft pour sa version anglaise. Miélot, traduisant en 1450 l'adaptation latine du 12e *Dialogue des morts* de Lucien, due à Jean Aurispa, l'attribue par erreur à Buonaccorso. Il est vrai que même les deux textes avérés de l'Italien, usant de porte-parole antiques, pouvaient faire douter de l'identité de leur auteur. Aussi le *De nobilitate* fut-il parfois porté au compte de Leonardo Bruni ou du Pogge*. Notons encore que les deux traductions de Miélot constituent dans les manuscrits un début de recueil sur le thème de la noblesse, souvent complété par la version française d'une œuvre de Diego de Valera due à Hugues de Salve*.

ŒUVRES. — *Le Rime dei due Buonaccorso da Montemagno, testi e commento*, Bologne, 1970. — *De nobilitate*, éd. dans G.B. Casotti, *Prose e rime de' due Buonaccorsi de Monte-*

magno, Florence, 1718, p. 1-96 ; éd. du discours de Gaius dans E. Garin, *Prosatori latini del Quattrocento* Milan-Naples, 1952, p. 142-165 ; éd. du discours de Scipion par S. Prete dans *Studia Picena*, t. 28 (1960), p. 127-135 ; éd. de la trad. française de Miélot, par M. Burger, Breslau, 1901-1902 puis A. Vanderjagt dans *Qui sa vertu anoblist. The Concept of Noblesse and chose publicque in Burgundian Political Thought*, Groningue, 1981 [éd. aussi les versions françaises de Aurispa et Diego de Valera]. — *Oratio in Ciceronem* (pseudo-Catilina), éd. dans Casotti, *op. cit.* avec trad. italienne en regard ; éd. M. Okal, *La quinta Catilinaria et la Responsio Catilinae dans le ms. de Bratislava*, dans *Mél. J. Ludvikovsky*, Brno, 1975, p. 165-174.

→ C.C. Willard, *The Concept of True Nobility at the Burgundian Court* dans *Studies in the Renaissance*, t. 14 (1967), p. 33-48. S.L.

Burchard de Bellevaux. Moine de Clairvaux, disciple de saint Bernard, premier abbé cistercien de Balerne à partir de 1136, puis abbé de Bellevaux de 1158 à sa mort en 1164. Il écrivit en latin, dans un style très sophistiqué, une lettre à Nicolas de Clairvaux (*PL*, t. 196, col. 1605), ainsi qu'un bref supplément à la biographie de saint Bernard par Guillaume de Saint-Thierry*. Son ouvrage majeur est une *Apologie pour les barbes*, qui traite, à partir d'exemples bibliques ou hagiographiques, de l'entretien et de la valeur symbolique des barbes. Bien que cette *Apologie* soit rédigée de façon plaisante et abonde en jeux de mots, l'intention de l'auteur est sans doute plus sérieuse qu'on ne l'a cru naguère. D'autres opuscules, attestés dans un inventaire ancien de la bibliothèque de Balerne, n'ont pas été retrouvés à l'époque moderne.

ŒUVRES. — *Apologia de barbis*, éd. R.B.C. Huygens, Turnhout, 1985 (*CCCM*, 62) [avec une excellente intro. de G. Constable, sur la barbe au Moyen Âge].

→ *DHGE*, t. 10, col. 1229-1230. — J. Leclercq, *L'amour des lettres et le désir de Dieu*, Paris, 1957, p. 134. — B. Chauvin, *La note « ex archivio Balernensi » des papiers de P.-F. Chifflet*, dans *Mél. A. Dimier*, t. 2, vol. 4, Arbois, 1985, p. 507 [œuvres perdues] ; *Un disciple méconnu de saint Bernard, Burchard, abbé de Balerne puis de Bellevaux (vers 1100-1164)*, dans *Cîteaux*, t. 40 (1989), p. 5-68. F.D.

Burchard du Mont-Sion. Voir : Guillaume Adam.

C

Cadenet. La *Vida* consacrée à Cadenet figure parmi les textes biographiques qu'A. Jeanroy regarde comme dignes de créance. Nous y apprenons que ce troubadour était originaire de la Provence proprement dite, « d'un castel qui a nom Cadenet, et qui se trouve sur la rive de la Durance, dans le comté de Folcalquier ». Les ruines d'un château dominent encore aujourd'hui le bourg de Cadenet (arr. d'Apt, Vaucluse) ; toutefois cette localité n'est pas située sur la rive même de la Durance, mais à quelque distance au nord de la rivière. La famille de Cadenet, toujours selon l'ancien biographe, fut ruinée par les troupes du comte de Toulouse sans doute entre 1166 et 1176 ; et, tout enfant, le futur troubadour aurait été recueilli par un chevalier toulousain, vassal de Raimon VI, Guillaume de Lantar, qui l'emmena dans son pays. Après avoir embrassé l'état de jongleur et fréquenté sans doute, en cette qualité, la cour de Toulouse, Cadenet « erra longtemps, infortuné, à travers le monde », retourna dans sa Provence natale, et finalement entra dans un couvent de l'ordre du Temple. Cette retraite est attestée par un document du 14 mai 1239, portant la signature du *frater Cadanetus*, et concernant le monastère d'Orange.

L'œuvre de Cadenet n'est pas négligeable. Elle comprend : 18 *cansos*, une *pastorela*, une *alba*, trois *sirventes*, une sorte d'exhortation morale au troubadour Blacatz* et un *partimen* avec Guionet, peut-être Gui de Cavaillon*. La production de Cadenet s'étend entre 1204 et 1238.

Sans doute, et notamment dans ses *cansos*, Cadenet exploite-t-il sans grande originalité les thèmes bien connus de la courtoisie, mais il le fait avec une sobre élégance et dans un style limpide.

Dans ses *cansos*, Cadenet célèbre la *francha comtessa d'Engolmes* (PC 106, 23), le comte de Toulouse (PC 106, 16) et la *regina Elionors* de Toulouse, qui doit être Eléonor d'Aragon, épouse depuis 1204 de Raimon VI de Toulouse (PC 106, 22 et 18).

L'*alba* de Cadenet, très caractéristique du genre, nous fait entendre les malédictions des amants contre la naissance du jour, qui va les séparer ; la dame exhale en outre sa rancœur contre le « vilain » auquel on l'a donnée, son *mals maritz*. C'est donc à la fois une « aube » et une chanson de « mal mariée » (PC 106, 14). C'est la seule pièce de Cadenet dont on ait conservé la musique. La *pastorela* appartient à la même inspiration ; c'est l'une des plus gracieuses parmi la vingtaine de spécimens du genre transmis par les manuscrits.

Cadenet est aussi l'auteur de *sirventes* moraux : il faut faire une juste place au poème qui débute par les vers suivants :

Ben volgra, s'esser pogues,
tot lo mal c'ai faich, desfar,
e'l ben qu'ieu non ai faich, far...
(PC 106, 10)

Cette « chanson de repentir » peut avoir été composée lorsque Cadenet songeait à quitter le monde ; quoi qu'il en soit, le poème est animé d'un sentiment de piété qui paraît sincère, et dont les accents ne manquent pas d'une certaine grandeur religieuse.

ŒUVRE. — Éd. C. Appel, *Der Trobador Cadenet...*, Halle, 1920, réimp. Genève, 1974. — J. Zemp, *Les poésies du troubadour Cadenet, éd. critique...*, Berne-Francfort-sur-le-Main. — Las Vegas, 1978. — Éd. partielles : R. Lavaud, *L'« Aube » du troubadour Cadenet (1155-1239) : texte revu, trad. française inédite*, dans *Annales de l'Institut d'Études Occitanes*, t. 1 (1948-1949), p. 9-11 [PC 106, 14]. — F. J. Oroz Arizcuren, *La lirica religiosa en la literatura provenzal antigua*, Pampelune, 1972, p. 112-117 [PC 106, 10]. — M. de Riquer, *Los trovadores, Historica literaria y textos*, Barcelone 1975, t. 3, p. 1225-1235 [PC 106, 7-14-15]. — R. Richter, *Die Troubadourzitate im « Breviari d'Amor »*, Modène, 1976, p. 226-232 [PC 106, 2-16-22-18].
→ PC 106. — R.A. Taylor, *La littérature*

occitane du Moyen Âge, Toronto, 1977, n° 361. I.M.C.

Cadet d'Albret. Quatrième fils de Charles II, sire d'Albret, et d'Anne d'Armagnac, le Cadet d'Albret devint, en 1456, seigneur de Sainte-Bazille. Il participa fort activement à la guerre dite de la Ligue du Bien public (1465) et épousa, en 1472, Marie d'Astarac. Arrêté à Lectoure, ville qu'il avait défendue contre le roi Louis XI, il fut condamné à mort et exécuté le 7 avril 1473 devant Poitiers.

Poète amateur, le Cadet d'Albret est l'auteur de cinq rondeaux : les deux rondeaux qui sont conservés dans le recueil personnel du duc Charles d'Orléans* (ms. Paris, BN, fr. 25458), furent vraisemblablement rimés en compagnie du duc et de Gilles Des Ormes* pendant des séjours à Blois, les trois autres (ms. Paris, BN, nouv. acq. fr. 15771) paraissent antérieurs à 1456.

ŒUVRES. — *Charles d'Orléans, Poésies complètes*, éd. P. Champion, Paris, 1927, (réimp. 1971), t. 2, p. 370, n° CXXXIX, p. 431, n° CCXLVI et p. 609 (*CFMA*, 56). — A. Angremy, *Un nouveau recueil de poésies françaises du XVe siècle : le ms. BN nouv. acq. fr. 15771*, dans *Romania*, t. 95 (1974), p. 7, p. 28, n° XII, p. 40-41, n° LXVII, p. 43, n° LXXVIII. — *Une nouvelle collection de poésies lyriques et courtoises du XVe siècle* : le *ms. BN nouv. acq. fr. 15771*, éd. B.L.S. Inglis, Paris, 1985, p. 25-26 et p. 84, n° XII, p. 140, n° LXVII, p. 151, n° LXXVIII (*Bibliothèque du XVe siècle*, 48).

→ P. Champion, *La Vie de Charles d'Orléans (1394-1465)*, Paris, 1911, p. 628 (*Bibliothèque du XVe siècle*, 13). — Cf. *MB*, *S* 6814. F.F.H.

Calega Panzan. Riche marchand génois, il apparaît dans la documentation entre 1252 et 1313. On conserve sous son nom un long *sirventes* en 80 vers, qui manifeste son opposition violente à Charles d'Anjou*, au parti français, aux mauvais clercs, et son adhésion à Conrad de Sicile et aux Gibelins d'Italie :

Lo rei Conrat e sa gran baronia,
e gibelis e Veron'e Pavia
mantengua Dieus ; e frances e normanz
met'al desotz e clergues malananz.

Le roi Conrad et ses grands barons,
les Gibelins, et Vérone et Pavie,
que Dieu les garde ! les Français et les Normands,
qu'il les mette à bas, avec les mauvais clercs !

ŒUVRE. — Éd. M. de Riquer, *Los trovadores. Historia literaria y textos*, Barcelone, 1975, t. 3, p. 1681-1686.

→ PC 107. — G. Bertoni, *I trovatori d'Italia*, Modène, 1915, repr. Rome, 1967, p. 112-113. — F. Picot, *Recherches sur les connaissances littéraires des troubadours occitans et catalans des XIIe et XIIIe siècles*, Barcelone, 1972, t. 269-270. — V. Bertolini, *Verona nel canto dei trovatori*, dans *Atti e Memorie dell'Accademia di Agricoltura, Scienze e Lettere di Verona*, t. 26, serie 6 (1974-1975), p. 103-120. J.S.

Calendre. Originaire de la Champagne, Calendre était sinon un moine du moins un clerc ; il fit partie des familiers du duc de Lorraine, Ferri II. À la mort de celui-ci en 1213, il se retira dans sa province natale et en 1219, sous le règne du successeur de Ferri, Thiébaut Ier, à un moment où le duché de Lorraine était en difficulté, il composa en octosyllabes une histoire des empereurs romains. Sa source principale est une traduction abrégée de l'*Historia adversus paganos* d'Orose, qu'avait fait faire en anglo-saxon le roi Alfred le Grand (871-901). Il est probable que Calendre a disposé d'une version latine de cet abrégé, qu'il put consulter dans le prieuré Saint-Ayoul de Provins. Il fit aussi beaucoup d'emprunts à des historiens anciens ou modernes et à des légendes qu'il a façonnées pour moraliser l'histoire et instruire les princes. A l'inverse des *Faits des Romains** et de l'*Histoire ancienne jusqu'à César**, l'ouvrage de Calendre n'eut aucun succès (il est conservé dans un seul manuscrit, Paris, BN, fr. 794, qui a été copié par Guiot de Provins dans le premier quart du XIIIe siècle, et qui contient les romans de Chrétien de Troyes*, le *Roman de Troie* de Benoît de Sainte-Maure*, le *Brut* de Wace* et un roman antique, *Athis et Profilias**). Cet insuccès est peut-être dû au fait que Calendre a écrit en vers, technique littéraire archaïsante ; sans doute était-ce un sujet trop austère pour un public laïc. En tout cas, l'œuvre de Calendre ne pouvait trouver d'écho dans une Champagne désormais intégrée au domaine royal, ni dans le royaume, car il y est fait une part trop mince aux ancêtres des Français et la part trop belle à ceux des Anglais.

ŒUVRE. — Éd. J. Millard, Ann Arbor, 1957.

→ M. Schmidt-Chazan, *Un lorrain de cœur : le champenois Calendre*, dans *Cahiers lorrains*, 1979, p. 65-75. — Cf. *MB* n°s 3795, 7832 ; *S* 6220. G.T.L.

Canarien. Cette chronique relate la conquête française des îles Canaries, au début du XVe siècle, par deux aventuriers, à la fois explorateurs et conquérants. Jean de Béthencourt, seigneur de Béthencourt et de Grainville-la-Teinturière (1362-1425), fils d'un baron normand, fut quelque temps au service du duc d'Anjou puis de Louis d'Orléans. Grâce à l'intervention d'un de ses oncles, il obtint l'accord et le soutien financier d'Henri III, roi de Castille, pour entreprendre la conquête d'îles sur lesquelles la Castille avait des prétentions. Il s'associa alors à un navigateur poitevin, capitaine d'aventure, Gadifer de La Salle (1355?-1422), et l'expédition quitta La Rochelle en mai 1402. Mais une guerre des chefs compromit le succès de l'opération. Béthencourt retourna à deux reprises chercher des renforts et, faisant jouer ses relations, réclamait la première place, tandis que La Salle, restant sur le terrain, gardait et fortifiait sa position de commandant des opérations. L'hostilité entre eux les amena l'un et l'autre à abandonner l'entreprise, en 1404, au neveu de Béthencourt.

Les deux hommes avaient chacun leur chapelain, Jean Le Verrier et Pierre Boutier, auxquels on attribua, sans doute à tort, le récit de l'expédition, connu en deux versions parfaitement contradictoires quant à l'esprit et aux intentions des auteurs. Le ms. de Londres, découvert en 1888 seulement et publié par Pierre Magry (1896), est une apologie assez passionnée de la conduite de Gadifer de La Salle, qui semble bien en être le véritable auteur. Écrite au fur et à mesure des événements et refondue plus tard, cette version a une valeur documentaire incontestable ; malheureusement le manuscrit est incomplet et ne contient que les commencements de l'expédition (1402-1404). La seconde version, conservée dans un ms. qui resta en possession des descendants de Béthencourt (aujourd'hui à la Bibliothèque de Rouen), a été publiée dès 1630 par les soins de Pierre Bergeron. Elle reprend et altère le texte de Gadifer de La Salle dans le but évident de diminuer son rôle dans l'entreprise et d'en attribuer tout le mérite à Béthencourt. Cette compilation maladroite et mal intentionnée est l'œuvre du neveu du conquérant, Jean V de Béthencourt (1432-1506), exécutée vers 1490. Elle n'a aucune autorité pour les faits qui se retrouvent dans la chronique de Gadifer ; mais elle est bien plus complète que cette dernière et constitue pratiquement la seule source d'information pour les événements postérieurs à 1404.

Comme la seconde version modifie sciemment les faits pour parvenir aux fins que se propose son auteur, son interprétation critique pose des problèmes ardus et pratiquement insolubles, en raison de l'absence presque totale d'autres documents sur les mêmes faits. Il semble que la conquête des îles s'étendit uniquement à trois d'entre elles (la chronique dit quatre), et qu'elle dura jusqu'en 1412 (la chronique dit 1406). L'examen des problèmes a été repris dans la nouvelle édition.

ŒUVRE. — Éd. E. Serra Rafols et A. Cioranescu, *Le Canarien. Cronicas francescas de la conquista de Canarias*, La Laguna de Tenerife, 1959-1965 (*Fontes rerum Canariarum*, 8, 9 et 11) [à compléter par le compte rendu de R. Bossuat dans *Le Moyen Âge*, t. 67 (1961), p. 197-200].

→ M. Mollat, *Les explorateurs du XIIIe au XVIe siècle*, Paris, 1984. — Nouveau Potthast, t. 3, p. 111-112. — Cf. *MB* n° 8020.

A.C. et M.H.P.

Canso. La *canso* est au Moyen Âge, en langue d'oc, le poème lyrique par excellence. Jusqu'à la fin du XIIe siècle, on la désigne aussi du nom de *vers**.

La *canso* doit comprendre de cinq à sept strophes, « traiter principalement d'amour ou de louange, avec de beaux vers agréables et des thèmes gracieux » *(Leys d'Amors)**. Originale dans sa forme, qui doit permettre aux troubadours d'atteindre, comme poètes et comme musiciens, à des merveilles d'invention et d'exécution, elle demeure originale dans son fond malgré toutes les sources auxquelles a pu puiser le génie des troubadours. « Cette originalité se manifeste surtout dans la conception que les troubadours se sont faite de l'amour. Les premiers, ils ont su exprimer avec éclat les sentiments que cette passion inspire » (J. Anglade).

L'amour, disent-ils, est une activité vitale. C'est ce que dit Bernart de Ventadorn* : « Il est vraiment mort, celui qui ne sent pas dans son cœur la douce saveur de l'amour. A quoi peut servir un être sans amour, sinon à gêner autrui ? »

Ben es mortz qui d'amor no sen
Al cor qualque doussa sabor ;
E que val viure ses amor
Mas per enueg far a la gen ?

Mais quelle est la nature de cet amour ?

Sans doute, les troubadours ne nous ont pas laissé un traité systématique et complet de l'amour. Cependant, l'amour a ses lois et ses droits qui forment le code du parfait amant, un code sévère gravé dans le cœur comme celui de la chevalerie, que nul juriste n'a transcrit, code dont le tribunal n'est autre que celui de l'opinion publique et de la société raffinée du temps.

Cet amour, qu'on appelle « amour courtois », ne ressemble pas aux autres amours qui, en d'autres lieux et en d'autres époques, ont inspiré les poètes. Ce n'est pas l'amour fatal des anciens, ni l'amour brutal des héros bretons, ni l'amour qui sera plus tard l'élan des poètes italiens du *Dolce Stil Nuovo*, ou l'ardeur séraphique des mystiques espagnols, ou la passion débordante des romantiques français.

Il est conçu comme un culte, comme une religion pour perfectionner l'âme et le cœur du chevalier.

L'amour ne vaut pas par lui-même ; il vaut par l'exaltation qu'il procure à l'âme ; ce n'est pas la passion, ce n'est pas la tendresse, ce n'est même pas la femme qui constituent l'idéal cherché par le troubadour comme par le chevalier, c'est la perfection qui en découle pour eux.

En conséquence, la femme ne doit pas fuir cet amour ; elle doit permettre qu'on l'aime ; elle doit se montrer elle-même de plus en plus digne de cet amour ; elle ne cessera même pas de se rendre désirable. Elle doit avoir sur le troubadour une supériorité évidente par le rang et la naissance ; et même, elle sera mariée, ce qui lui donnera un plus haut prix, et la rendra plus difficilement accessible.

Dominant l'homme, elle ne se donne pas à lui. C'est lui qui se livre à elle, empruntant pour cela le cérémonial de l'hommage, l'acte le plus sérieux de ce temps. De lui, la dame peut alors disposer à sa guise : « Je lui appartiens sans réserve ; elle peut me donner ou me vendre », dit le toulousain Peire Vidal* :

Que ses tota retenensa
Sui seus, per vendr'e per dar.

L'amant n'est cependant pas un esclave ; il n'est que vassal, avec les devoirs et les droits que comporte le « vasselage amoureux », imaginé par les troubadours, fleur de la chevalerie tout comme leur poésie.

De cet amour, quelle sera la récompense ? Le chevalier-servant n'est pas très exigeant, et se contente de peu : un cordon, un cheveu, ou encore, simplement, que la dame veuille accepter son hommage poétique.

La récompense sera proportionnée aux tourments endurés par le troubadour. L'amour courtois peut avoir ses mystiques, comme la religion : on peut désirer la souffrance sans désir de récompense. D'ailleurs, n'y a-t-il pas une joie dans cette souffrance ? « Celui qui aime d'amour, dit Aimeric de Peguihan*, ne veut pas guérir du mal d'amour, tant la souffrance est douce. »

Car selh qu'ama de cor non vol guerir
Del mal d'amor, tant es dous per sufrir.

« Ma douleur, dit Jaufre Rudel*, est plus poignante qu'épine, mais elle se guérit avec de la joie *(ab joi)* ; c'est pourquoi je ne veux pas qu'on me plaigne. »

Quelle est donc cette « joie », le *joi*, qui guérit toute douleur ? C'est l'amour lui-même, qui enseigne toutes les vertus par lesquelles croît la valeur de l'homme, « car l'amour est source de tous les autres biens » chante Pons de Capduelh*, « *Qu'amors es caps de trastotz autres bes* ». Cette « joie », c'est l'exaltation que fait naître l'amour.

Voici donc, en face l'un de l'autre, les deux personnages de la *canso*.

D'abord la dame. Il semble que tous les troubadours aient chanté la même dame, idéalement belle d'une beauté physique décrite en termes à peu près identiques, qui s'en tiennent à des généralités : chevelure blonde, front blanc, yeux vairs et riants, nez droit, petite bouche, etc. Mais cette beauté physique n'est rien à côté de la beauté morale, car la femme aimée doit être la plus noble des femmes. Elle doit avoir sages paroles et franc rire, *l'ensenhamen* ; une grande culture de l'esprit, *lo saber* ; la droiture du jugement, *lo sen* ; la mesure, *la mezura* ; la sagesse, *la conoyssensa* ; et la bonté, *l'humilitat*. Ses vertus sont contagieuses, rayonnantes, conquérantes. Cette dame est la Dame-perfection, image fuyante, insaisissable, immatérielle, qui annonce la Dame-ange du *Dolce Stil Nuovo*.

Le troubadour, s'il est éloigné de sa dame, se trouve dans une morne tristesse, et la contemplation intérieure, dans laquelle il se complaît, de celle qu'il aime, le plonge dans une sorte d'hébétude. Il se tourne par la pensée vers le pays où elle habite. « Quand la douce brise, dit Bernart de Ventadorn, souffle de votre pays, il me semble sentir un vent de paradis. »

Can la douss' aura venta
Deves vostre païs,
Vejaire m'es qu'eu senta
Un ven de paradis.

Mis en présence de sa dame, le troubadour se mue en soupirant timide et n'a plus de parole. Mais, qu'a-t-il besoin de parler ? Il doit être patient, savoir attendre, comme les Bretons qui depuis des siècles attendent la résurrection du roi Arthur. N'est-il pas à la merci de sa dame ? Et quand, enfin, sa patience et son attente ont été récompensées, qu'il se garde d'oublier que son bonheur lui a été accordé gratuitement, par pure faveur. Et qu'il soit discret ; qu'il ne se vante de rien par crainte des jaloux et des médisants, les *lausengiers*. La dame, presque toujours mariée, se trouve dans une situation délicate. Aussi, le troubadour, quand il la chante, ne doit-il la désigner que par un pseudonyme, *lo senhal* : celui-ci ne doit révéler son identité qu'aux initiés.

Il arrive que l'amour réaliste a ses revanches, et, parfois, le chant du troubadour n'est que le masque de l'amour charnel, licencieux, disons le mot, adultère. Mais c'est finalement l'amour pur qui a le dessus et qui triomphe. L'amour devient une vertu qui rend bons les méchants et meilleurs les bons. Un troubadour, Guilhem Montanhagol*, dira même que « l'amour est source de chasteté », *d'amor mou castitatz*. Amour et religion finiront par se confondre. Et l'on verra après la croisade albigeoise la poésie amoureuse se transformer en poésie religieuse, les troubadours chantant la Vierge comme ils chantent la Dame.

Pour plaire à sa dame, le troubadour doit donc tendre à la perfection, non seulement à la perfection morale, mais aussi à la perfection littéraire. « L'amour à l'instant polit et dore ma chanson », dit Arnaut Daniel*.

Qu'amors marves plan'e daura
Mon chantar...

« L'amour, dit Peirol*, m'a révélé l'art de trouver de beaux vers, et, s'il ne m'eût instruit, je ne serais poète », « *Quar s'ilh no fos, ja non fora cantaire* ». L'amour devient donc synonyme de poésie. On aura plus tard *Las Leys d'Amors**. L'amour, inspirateur d'art, est lui-même un art.

Cette poésie artistique ne risque-t-elle pas de devenir une fantaisie de l'esprit plutôt que l'expression de vrais sentiments du cœur ?

L'invention portera parfois exclusivement sur la forme, sur l'expression, au détriment de la pensée. Celle-ci n'a plus de place dans des exercices de virtuosité qui touchent à la jonglerie. À la *canso*, le troubadour porte un souci d'art excessif. Il parle de « bâtir », « forger », « affiner », une chanson. Il recommande à ses jongleurs d'en respecter la perfection.

Pour le troubadour, chanter, c'est aimer ; aimer, c'est chanter. Aussi, la *canso* à laquelle il travaille doit se suffire à elle-même, doit épuiser son sujet, doit être un chef-d'œuvre, paroles et musique. Tous les sentiments qui animent et agitent le cœur du poète doivent y trouver leur expression. L'essentiel est de tout dire, dans cette *canso*, qui partira, sur l'aile des vents, avec les jongleurs, aux quatre coins de l'Occitanie courtoise. Longtemps après, à partir du XIIIe siècle, elle sera peut-être transcrite et conservée avec un soin extrême dans les « chansonniers », ces recueils manuscrits de chansons, pour y porter le nom de la dame aimée et chantée, nom caché dans le *senhal* de la *tornada** (envoi) qui finit régulièrement le poème, nom que les initiés connaissent et acclament, en même temps que le nom de son troubadour.

C'est dans la *canso* que les troubadours mettent le meilleur de leur talent ; c'est la *canso* qui, mieux que tous les autres genres poétiques, offre la quintessence de leur art.

→ E. Köhler, *Zur Struktur der altprovenzalischen Kanzone*, dans *Esprit und arkadische Freiheit*, Francfort-sur-le-Main, 1966, p. 28-45 ; *Sirventes-Kanzone : genre bâtard, legitime Gattung ?* dans *Mél. R. Lejeune*, t. 1, Gembloux, 1969, p. 159-183. — J.-C. Payen, *L'espace et le temps de la chanson courtoise occitane*, dans *Annales de l'Institut d'Estudes Occitanes*, 4e série, t. 25 (1970), p. 143-167. — H. Van der

Werf, *The Chansons of the Troubadours and Trouvères. A Study of the Melodies and their Relation to the Poems*, Utrecht, 1972. — D. Rieger, *Gattungen und Gattungsbezeichnungen der Trobadorlyrik*, Tübingen, 1976, p. 1-43, 303-318. — R.H. Bloch, *Medieval French Literature and Law*, Berkeley-Los Angeles-Londres, 1977 [chap. 4]. — R. A. Taylor, *La littérature occitane du Moyen Âge*, Toronto, 1977, n°s 211-213 [bibliogr. sélective]. — E. Köhler, *Zum Verhältnis von « vers » und « canso » bei den Trobadors*, dans *Mél. J. Horrent*, Liège, 1980, p. 205-211 ; *Die Sirventes-Kanzone*, dans *Grundriss der romanischen Literaturen des Mittelalters*, vol. 2, t. 1, fasc. 4, Heidelberg, 1980, p. 62-66. — G. Gonfroy, *Le reflet de la « canso » dans le « De Vulgari Eloquentia » et dans les « Leys d'Amor »*, dans *CCM*, t. 25 (1982), p. 187-196. — G. Le Vot, *Notation, mesure et rythme dans la « canso » troubadouresque*, *ibid.*, p. 205-217. — L. Ciuchindel, *Projet d'une monographie de la « canso » troubadouresque*, dans *Revue roumaine de linguistique*, t. 28 (1983), p. 511-531. — A. G. Hatcher et M. Musa, *Rhyme Schemes in Provençal Poetry*, dans *Romance Philology*, t. 38 (1984), p. 171-179. — M. R. Blakeslee, *Apostrophe, Dialogue and the Generic Conventions of the Troubadour Canso*, dans *Spirit of the Court : Selected Proceedings of the Fourth Triennal Congress of the Intern. Courtly Liter. Soc.*, Cambridge, 1985, p. 41-51 [la « canso » est une adresse du poète à la dame, pas vraiment un dialogue]. — E. M. Ghil, *The Seasonal Topos in the Old Provençal « canso » : a Reassessment*, dans *Mél. P. Remy*, Kalamazoo, 1986, t. 1, p. 87-99. J.S.

Canso d'Antiocha. Un manuscrit unique du XIIIe siècle conserve un fragment occitan de 707 alexandrins en *coblas capcaudadas* terminées par un vers orphelin. Ce texte raconte les exploits des croisés pendant la première croisade. Le problème essentiel concerne la datation du poème original et sa situation dans la tradition des récits consacrés à cette croisade. P. Meyer, qui édita en 1884 ce fragment, le rapprocha d'un poème occitan, aujourd'hui perdu, qu'aurait écrit un certain Gregori Bechada dans le deuxième quart du XIIe siècle. Savoir si les deux textes sont ou non à identifier est une question capitale pour la tradition du *Roland** dans le Midi (à cause de l'allusion rolandienne contenue dans le fragment de Madrid) et pour la filiation des poèmes français et occitan sur Antioche.

ŒUVRE. — Éd. P. Meyer, *Fragment d'une « Chanson d'Antioche » en provençal, Archives de l'Orient latin*, 2, II, Paris, 1884, p. 467-509.

→ C. Brunel, n° 41. — F. Pirot, *Recherches sur les connaissances littéraires des troubadours occitans et catalans des XIIe et XIIIe siècles*, Barcelone, 1972, p. 425-431. — R. A. Taylor, *La littérature occitane du Moyen Âge*, Toronto, 1977, n°s 602 et 605-606 [bibliogr. sélective]. — S. Duparc-Quioc, *La Chanson d'Antioche, étude critique*, Paris, 1978, t. 2, p. 171-205. — R.F. Cook, *« Chanson d'Antioche », chanson de geste : le cycle de la croisade est-il épique ?*, Amsterdam, 1980, t. 2, p. 32 et 75. — J. Horrent, *« Galans a Roncascal ». Nouvel examen de l'allusion à la geste sur la bataille de Roncevaux faite dans le fragment occitan de la « Canso d'Antiocha »*, dans *Romania*, t. 102 (1981), p. 18-45. — A. Limentani, *Pour le fragment de la « Canso d'Antiocha »*, dans *Mél. D. Mc Millan*, Reading, 1984, p. 75-83 [étude de la versification du fragment]. G.B.L.

Cantilène de sainte Eulalie. Voir : Sainte Eulalie.

Carasaus. Écrit en trois mots *(car as aus)* dans le manuscrit Paris, BN, fr. 844 (f. 184v°), Carasaus (= chair à l'ail) est le sobriquet d'un ménestrel picard, qui appartenait à la domesticité du comte Baudouin III de Guines et figurait sur son testament en date du 9 janvier 1245. On conserve de lui cinq chansons : l'une d'elles est adressée au duc Henri III de Brabant († 1261), deux autres le sont à Jean de Dampierre († 1259), fils de la comtesse Marguerite de Flandre.

ŒUVRE. — M. Spaziani, *Le canzoni di Carasaus, troviero del sec. XIII*, dans *Cultura neolatina*, t. 13 (1953), p. 121-134.

→ A. Guesnon, *Nouvelles recherches biographiques sur les trouvères artésiens*, dans *Le Moyen Âge*, t. 15 (1902), p. 144-145. — Linker, n° 30. G.M. et F.F.H.

Carmen de Prodicione Guenonis. Poème latin de 482 vers répartis en distiques, conservé dans un unique manuscrit daté du XVe siècle (Londres, Brit. Libr., Cotton Titus A. XIX). Il est consacré à la bataille de Roncevaux racontée selon la tradition rolandienne. Après avoir connu une fortune étonnante dans le monde érudit, jusqu'à être regardé comme le représentant le plus fidèle de la première *Chanson de Roland*, il est aujourd'hui assez déconsidéré. Sa date et son origine ont fait l'objet de multiples controverses. Selon G. Paris et R. Menéndez Pidal, il daterait de la première moitié du XIIe siècle, mais, pour E. Curtius, il ne saurait être antérieur au XIIIe siècle, et serait même postérieur à ce siècle de l'avis de J. Horrent. Quant à son auteur, on l'a cru espagnol (G. Gröber) ou anglais (W. Förster), puis rémois (W.

Tavernier), mais, pour A.H. Krappe et J. Horrent, s'il est certainement français, il serait abusif de le croire rémois. De son propre aveu, le versificateur abrège le récit. Cet effort se déploie surtout à la fin et sacrifie les épisodes de Baligant et d'Aude. Les rares additions personnelles qu'il se permet sont décoratives et sans portée narrative. La particularité du poème réside dans son style. Le *Carmen* est un exercice de rhétorique poétique, un concentré pédantesque ou pédagogique des procédés de style enseignés dans les écoles.

ŒUVRE. — *Le Carmen de prodicione Guenonis et la légende de Roncevaux*, éd. G. Paris, dans *Romania*, t. 11 (1882), p. 465 sqq. — *Zum Carmen de prodicione Guenonis*, éd. O. Schumann, dans *ZRPh*, t. 62 (1942), p. 510 sqq.

→ E. Stengel, *Das Verhältnis des altfranzösische Rolandsliedes zur Turpinschen Chronik und zum Carmen de prodicione Guenonis*, dans *ZRPh*, t. 8 (1884), p. 499. — W. Tavernier, *Beiträge zur Rolandsforschung*, dans *ZFSL*, t. 27 (1906), p. 83. — W. Förster, *Das Carmen Rotholandi und sein Verfasser*, dans *Archiv SNSL*, t. 135 (1916), p. 121. — A.H. Krappe, *Alliteration in the Chanson de Roland and in the Carmen de prodicione Guenonis*, Iowa City, 1921. — R. Mortier, *Les Textes de la Chanson de Roland*, Paris, 1941, t. 2. — E.R. Curtius, *Das Carmen de prodicione Guenonis*, dans *ZRPh*, t. 62 (1942), p. 492 sqq. — J. Horrent, *La Chanson de Roland dans les littératures française et espagnole du moyen âge*, Paris, 1951, part. p. 96-99 et 373-376. — R. Menéndez Pidal, *La Chanson de Roland et la tradition épique des Francs*, Paris, 1960, 2e éd. — Cf. *GRLMA*, t. VI, n° 48. — *MB* nos 707, 816-818, 831 ; *S* 1572, 1750. J.H. et A.F.L.L.

Carmina Burana. On désigne sous ce nom la collection la plus fameuse de chansons médiévales, découverte en 1803, dans la bibliothèque bavaroise de Benediktbeuern. Ce recueil composite renferme 228 pièces latines (parfois bilingues avec insertion de strophes en allemand), et est maintenant conservé à la Staatsbibliothek de Munich, sous la cote Clm 4660. Il fut réuni vers 1230, en Carinthie ou en Tyrol du sud, par trois compilateurs qui ont puisé à la fois dans la production locale et dans le répertoire international. Nombre de chansons sont en fait d'origine française et ont pour auteurs Gautier de Châtillon*, Hugues d'Orléans*, Pierre de Blois* ou Philippe Le Chancelier*. D'autres ont circulé en Angleterre ou en pays rhénan. La notation neumatique sans lignes est de type sangallien. Les genres littéraires et les thèmes exploités sont très variés : satires des puissants et des gens d'Église, invectives antiromaines, parodies liturgiques, poèmes amoureux, complaintes, chansons à boire, drames spirituels. La virtuosité des rimes, la souplesse des rythmes, la verve caustique, la célébration joyeuse du printemps, du vin et de l'amour sont de qualité souvent exceptionnelle. Il est clair que ce chansonnier n'est pas d'origine monastique, mais qu'il reflète les aspirations de jeunes étudiants, réunis par un mécène ecclésiastique dans une petite cour de langue allemande. Les *Carmina Burana* sont l'un des rares monuments de la littérature médiolatine qui soit connu en dehors du cercle étroit des spécialistes. Cela est dû en grande partie à la cantate de Carl Orff, créée à Francfort en 1937 et fondée sur 25 poèmes de la collection.

ŒUVRE. — Éd. A. Hilka, O. Schumann, B. Bischoff, 2 t. en 4 vol., Heidelberg, 1930-1970 [I. *Text* : 1. *Die moralisch-satirischen Dichtungen*, 2. *Die Liebeslieder*, 3. *Die Trink- und Spielerlieder. Die geistlichen Dramen*, II. *Kommentar* : 1. *Einleitung. Die moralisch-satirischen Dichtungen* (le commentaire est resté inachevé et traite seulement des pièces 1-55)]. — C. Fischer, *C. Burana. Die Gedichte des Codex Buranus lateinisch und deutsch*, Zurich-Munich, 1974 [avec trad. allemande]. — B.K. Vollmann, *C. Burana. Texte und Übersetzungen*, Francfort, 1987 (*Bibliothek deutscher Klassiker*, 16) [avec trad. allemande]. — Nombreuses éd. ou trad. partielles parmi lesquelles : P.G. Walsh, *Thirty Poems from the C. Burana*, Reading, 1976 [latin seul]. — E. Massa, *C. Burana e altri canti della Goliardia medievale*, Rome, 1979 [latin seul]. — E.D. Blodgett, R.A. Swanson, *C. Burana. The Love Songs of the C. Burana*, New York-Londres, 1987 [trad. anglaise].

→ B. Bischoff, *C. Burana. Einführung zur Faksimile Ausgabe der Benediktbeurer Liederhandschrift*, Munich, 1967. — Bibliogr. très abondante, recensée depuis 1978 dans *Medioevo latino*. F.D.

Caron (Firmin ? — Philippe ?). Musicien français du XVe siècle. Il fit partie de l'entourage de Charles le Téméraire et séjourna en Italie. On a de lui quatre messes à quatre voix et une vingtaine de chansons à quatre voix. Il était estimé : la chanson « Hellas ! que pourra devenir » figure dans une douzaine de manuscrits. Dans ses compositions, il abandonne l'écriture savante et les combinaisons rythmiques raffinées et exagérées de l'*Ars nova**, au profit d'un style clair et limpide et d'une mélodie ample et continue.

→ G. Thibault, art. *Caron*, dans The *New Grove Dictionary of Music and Musicians*, t. 3, Londres, 1980, p. 816-817. — J. Thomson, *The Works of Caron : a Study on Fifteenth-Century Style*, thèse, New York Univ., 1959. — I. Pope, *An Introduction to Philippe (?) Caron*, dans *Musicological Studies*, t. 9 (1964). É.W.

Cassien. Voir : Jean Cassien.

Castelloza (Na). D'après la brève *Vida* provençale anonyme : « Dame Castelloza fut d'Auvergne, noble dame, femme de Turc de Mairona ; et elle aima Arman de Breon, et composa sur lui ses *cansos*. C'était une dame très joyeuse, très instruite et très belle », cette *trobairitz** aurait donc été une noble dame auvergnate qui aurait vécu dans la première moitié du XIIIe siècle. Il faut supposer que Turc de Mairona se confond bien avec un « Turc », seigneur du château de Meyronne (Haute-Loire), personnage mentionné dans un *sirventés* (PC 119,9) de Dalfin d'Alvernhe* (1160-1235), et dont le surnom de « Turc », lié à sa férocité au combat, lui serait venu de quelques faits d'armes en Terre sainte.

Il reste de Na Castelloza quatre *cansos*, dont une attribution douteuse (PC 461,191).

Moins ardemment sensuels que ceux de la comtesse de Die*, les poèmes de cette *trobairitz* ne leur cèdent en rien pour la vivacité de la passion exprimée dans une langue limpide. L'originalité de Na Castelloza tient essentiellement au fait qu'elle s'adresse à celui qu'elle aime dans les termes mêmes d'un troubadour à l'égard de sa dame.

ŒUVRE. — Éd. O. Schultz, *Die provenzalischen Dichterinnen...*, Leipzig, 1888, réimp. Genève, 1975, p. 12, 23-24. — M. de Riquer, *Los trovadores, historia literaria y textos*, Barcelone, 1975, t. 3, p. 1325-1330 [PC 109,2]. — M. Bogin, *The Women Troubadours*, New York, 1976, p. 118-129. — W.D. Paden et *alii, The Poems of the Trobairitz Na Castelloza*, dans *Romance Philology*, t. 35 (1981), p. 158-182.

→ PC 109,1-3 ; 461,191. — P. Dronke, *The Provençal Trobairitz Castelloza*, dans *Medieval Women Writers*, éd. K.M. Wilson, Athens, Georgia, 1984, p. 131-152. — M. Bruckner, *Na Castelloza, Trobairitz and Troubadour lyric*, dans *Romance Notes*, t. 25 (1985), p. 239-253. — *The Voice of the Trobairitz. Perspectives on the Women Troubadours*, éd. W.D. Paden, Philadelphia, 1989, p. 95-127, 230.
I.M.C. et G.B.L.

Castia Gilos. Voir : Raimon Vidal.

Cathares (Écrits). Du début du XIIe jusqu'au milieu du XIVe siècle, le catharisme se répand en Europe. Le nom de « cathare » a jailli sous la plume de religieux catholiques. Il est employé pour la première fois, en 1163, par Eckbert, moine de Schönau, à Cologne (Allemagne), pour définir des hérétiques dont la doctrine lui rappelle celle des catharistes, branche des manichéens. Ce qualificatif est repris par le IIIe concile de Latran, canon 27, en 1179, puis devient usuel dans le vocabulaire de l'Église romaine. Au Moyen Âge, celle-ci désigne plus communément ces hérétiques sous le vocable de manichéens, se référant à l'œuvre de saint Augustin pour définir leur appartenance à une secte déjà connue. Le terme était impropre car l'exégèse est différente. Ces hérétiques furent aussi qualifiés d'albigeois en raison de la corrélation qui s'établit avec la croisade lancée en Languedoc à leur encontre. Or, les ministres de cette secte dualiste, les Parfaits, ne se sont jamais nommés « cathares » : ils se sont toujours appelés « Bons Hommes », « Bons » ou « Vrais chrétiens », parce qu'ils se considéraient comme les successeurs des apôtres, interprètes fidèles de la parole du Christ aux membres de son Église, et les dépositaires de cet enseignement : ils sont les Élus. L'unique écrit, estimé par eux comme sacré, est la Bible, surtout le Nouveau Testament, qu'ils interprètent à leur manière. L'Évangile selon saint Jean est un des éléments essentiels de leur rituel, lorsque l'officiant l'élève au-dessus de l'initié.

De nos jours, la connotation du terme « cathare » est sans ambiguïté pour les historiens : il désigne les ministres de la secte, ordonnés après un temps de probation au cours duquel ils ont été soumis à une ascèse sévère. Il ne peut être appliqué aux simples fidèles, leurs adeptes ou sympathisants, qui n'adhèrent à la secte qu'au moment de leur mort et sous certaines conditions.

En matière de doctrine, les cathares ne sont pas des novateurs. Leur interprétation des Écritures rappelle certaines tendances hétérodoxes des premiers siècles de l'Église. Aucun grand théologien n'est sorti de leurs rangs. Leur enseignement est oral et repose sur les préceptes du Christ et sur ses commandements que les Évangiles leur ont transmis. Peu de documents écrits de leur main nous sont parvenus. Datés à partir du XIIe siècle, ils peuvent être classés en trois domaines : documents d'enseignement, de liturgie et de révélations.

Le *Traité ecclésiologique* anonyme (vers 1250), en langue provençale, découvert dans la « Collection vaudoise » de Dublin et édité par T. Venckeleer, fait l'apologie de l'église cathare (église de Dieu vivant) qui ne peut être construite « de main d'homme, de pierres et de bois de charpente ». Les hommes sont « le temple de Dieu ». C'est une église essentiellement spirituelle, elle est « la chambre du Saint-Esprit ». Sa puissance lui vient du Christ qui lui a apporté, par ses commandements, les moyens de la morale qu'elle prône, afin d'écarter le Mal, nommé Diable et porteur de mort. Les citations bibliques qui appuient le propos sont surtout puisées dans le Nouveau Testament.

Le Christ a donné à cette « sainte église » le baptême de l'Esprit par l'imposition des mains, le *consolamentum*, unique sacrement qu'ils pratiquent. Il est le seul qu'ait donné le Christ et qui transmette l'Esprit-saint. Le recevoir entraîne l'obligation de se consacrer désormais à la secte puisque, au cours de cette cérémonie, est livré le *Pater noster* au libellé particulier aux cathares.

La *glose sur le Pater noster*, en langue d'oc (après 1255), suit le *Traité ecclésiologique* de Dublin. Cette prière est fondamentale pour les cathares : elle est la seule qui fut donnée et enseignée par Jésus-Christ. Le *Pater noster* cathare se termine par la doxologie (« C'est à toi qu'appartiennent le règne, la puissance et la gloire. Amen »), texte qui, d'après eux, « se trouve dans les livres grecs et hébreux ». Chacun des versets de cette oraison est suivi d'un commentaire soutenu par des citations bibliques. Celui-ci s'adresse aux Parfaits qui ont acquis la connaissance de toute une symbolique où l'âme et l'Esprit sont les liens privilégiés entre l'homme et le monde spirituel, règne du Père céleste, glorifié dans cette prière. Cette analyse ne pouvait être livrée qu'aux seuls initiés et on conçoit que les cathares aient consigné dans un rituel l'enseignement didactique et liturgique propre à l'ordination des ministres de leur secte.

Cette prière unique est prononcée dans des circonstances particulières, mais il existait probablement des prières d'intercession auprès de Dieu, bien qu'un seul exemple nous soit fourni par un accusé ariégeois qui communique, au XIVe siècle, devant l'inquisiteur d'Aragon, la teneur de l'une d'elles, en langue romane (éd. Duvernoy).

Le *Rituel provençal* (éd. L. Clédat) comme son homologue italien *latin* (éd. C. Thouzellier) comporte l'énumération des gestes accomplis et des invocations prononcées au cours du *consolamentum*. Le *Pater noster* est commenté, comme dans la glose de Dublin, avec des variantes. Rite d'ordination du Parfait, le *consolamentum* est également accordé aux adeptes de la secte à leur heure dernière. Il est signalé dans les aveux des accusés devant les inquisiteurs, mais les dépositions se bornent à la description sommaire des gestes exécutés par les Parfaits et l'ensemble des paroles prononcées par ces derniers reste inaudible à l'assistance. Ceux qui le reçoivent doivent dorénavant se conformer aux commandements du Christ que le *Rituel provençal* résume en une phrase lapidaire : « Sachez qu'il a commandé qu'on ne commette pas l'adultère, ni ne tue, ni ne jure aucun serment... ni ne vole. » L'ordination du Parfait Jacques Autier par son père, Pierre, en 1301, n'apporte pas davantage de précisions, hormis que le nouvel ordonné accepte de suivre toutes les prescriptions qu'énumère l'officiant.

Le retour de l'âme vers Dieu est la préoccupation essentielle des cathares et de leurs adeptes (leur sacrement, le *consolamentum*, est la voie obligée de ce retour). Il faut, pour le comprendre, se référer à l'explication particulière que donnent les Parfaits de la création du monde d'ici-bas. Pour démontrer l'existence du Mal sur la terre, ils possèdent des livres qui font partie du corpus des apocryphes et dans lesquels ils trouvent les mythes nécessaires à leur explication de la cosmogonie, de l'anthropologie, de la sôtériologie et de l'eschatologie. Parmi ceux-ci :

L'*Interrogatio Johannis*, d'origine balkanique, d'une école anonyme, daté d'avant 1190 (éd. E. Bozóky), est le « livre secret » de la révélation réservée aux Élus. Il a été rapporté de Bulgarie en Italie et fut utilisé en Languedoc. Le tribunal de l'Inquisition, à Carcassonne, en possédait un exemplaire aujourd'hui disparu dont une copie fut transcrite au XVIIIe siècle par la mission Doat.

Dans l'*Interrogatio Johannis*, un seul Dieu est le Père créateur et invisible de toutes les puissances des cieux avec le Saint-Esprit. Auprès de lui siège le Christ dans le ciel supérieur. Pour parvenir à lui, il faut franchir sept cieux habités par des anges qui glorifient Dieu en chantant l'oraison du « Notre Père ». Satan est un ange de lumière, intendant des puissances célestes, qui veut devenir « semblable au Très-Haut ». Il séduit un certain nombre d'anges qu'il entraîne dans ses mauvais desseins. Dieu lui ôte la lumière de sa gloire et l'affuble d'une queue de dragon. Son visage devient comme le fer rouge et, de sa queue, il entraîne le tiers des anges de Dieu (référence à l'Apocalypse). Les anges qui l'ont écouté perdent leurs vêtements et leurs trônes (allusion au corps spirituel et à l'esprit abandonnés dans le ciel supérieur et chute des âmes). Chassé du siège de Dieu, Satan organise le chaos (constitué des quatre éléments qui existent en même temps que les cieux supérieurs) avec l'autorisation de Dieu qu'il avait supplié de lui donner un répit. Dieu lui permet d'agir à sa guise dans un laps de temps donné. Satan prend les couronnes des anges de l'eau et de l'air (ils soutenaient les quatre éléments), en fait le soleil, la lune et les étoiles : ses propres anges qui deviennent ses serviteurs. Voulant imiter le monde de Dieu, Satan ordonne à la terre de produire les animaux et les plantes ; à la mer, les poissons. Puis il fabrique le corps de l'homme du limon de la terre, dégagée des eaux, et y incorpore, par la force, un ange de Dieu. A partir de ce corps, il crée celui de la femme et y incorpore un autre ange. Il ordonne aux hommes ainsi créés d'accomplir l'acte de chair qu'ils ne connaissent pas. Pour parvenir à ses fins, Satan crée le Paradis où il introduit Adam et Ève et, prenant la forme d'un serpent, il répand la concupiscence sur eux, puis il ferme les cieux devant les hommes et s'intitule leur dieu. Les anges incorporés pleurent et regrettent leur nouvelle apparence, cette enveloppe charnelle et mortelle, sujette à toutes les turpitudes d'une matière diabolique. Les anges déchus ne pourront plus glorifier le Père, mais Dieu, pris de pitié à leur égard, leur accordera l'occasion de prononcer un jour le « Notre Père ». Pour que l'âme, parcelle divine emprisonnée dans le corps, retrouve son corps spirituel et son esprit, un seul moyen existe : l'homme doit accéder à la secte des « Vrais chrétiens », donc recevoir le *consolamentum*. Alors, lui est enseigné le « Notre Père », car le seul moyen de salut vient du Christ que Dieu envoie par l'entremise d'un ange, Marie, dont il traverse l'oreille. « Fils de Dieu », le Christ n'a pu être engendré par une femme et n'a pu prendre un corps humain. Il n'a pu souffrir et mourir. Tout ce qui le concerne n'est qu'apparence humaine sous laquelle il a pu faire connaître aux hommes le nom de Dieu. Dans cet apocryphe, le docétisme est expliqué à l'apôtre Jean par Jésus-Christ lui-même. Toute la symbolique que renferme cet écrit ne peut être transmise qu'aux seuls initiés, les Parfaits. Pour l'enseigner à leurs adeptes, les ministres de la secte transposent le récit ou n'en donnent que l'essentiel.

La *Vision d'Isaïe*, autre apocryphe, fournit une description des sept cieux à traverser pour parvenir à Dieu, semblable à celle de l'*Interrogatio*. Elle est citée dans le *Traité ecclésiologique* et dans les procès inquisitoriaux de Geoffroy d'Ablis, à Carcassonne (Aude), en 1308-1309, et de Jacques Fournier, à Pamiers (Ariège), en 1310-1325. Dans une déposition devant ce dernier, c'est un Parfait et non Isaïe qui, après avoir été porté sur les épaules d'un ange jusqu'au septième ciel, découvre la gloire du Père. Celui-ci ne peut le garder auprès de lui dans un corps humain, d'origine satanique. Le Parfait revient sur la terre et prêche ce qu'il a vu dans les cieux supérieurs, confirmant par son récit la foi et la secte cathares, corroborant le choix d'Élus, initiés à la connaissance divine.

Dès le début du XIIe et au cours du XIIIe siècle, les religieux catholiques (surtout en Italie) ont écrit, à l'encontre des cathares, de très nombreuses « Sommes » ou traités théologiques. Ces controverses dénoncent la fausse interprétation que les hérétiques font des Écritures, combattent leurs sophismes : discussion pointilleuse qui se heurte à la logique et à la simplicité du propos cathare. Le *Liber contra Mani-*

cheos de Durand de Huesca (éd. C. Thouzellier) (1222-1223) doit être envisagé dans cette perspective. Vaudois converti, l'auteur justifie son orthodoxie car il soumet son ouvrage au jugement de la Curie romaine. Dans son prologue, il informe le lecteur qu'il a fait une compilation des diverses croyances hérétiques connues et de celles des cathares. Il a entendu ceux-ci au cours de disputes théologiques et nomme des hérétiques notoires de son temps. À chaque chapitre il donne, en exergue, une « compilation des Manichéens » qu'il réfute ensuite. Cette « compilation » ou *Traité cathare* anonyme (éd. C. Thouzellier), ainsi dénommé par son éditeur, a été extrait de cette Somme. Dans son introduction, C. Thouzellier a dû rassembler les diverses thèses cathares éparpillées dans les différents chapitres et soutenues par des citations scripturaires pour donner les éléments de la doctrine. Il n'y a pas, en effet, d'exposé strict ni unitaire de celle-ci et le raisonnement est rudimentaire. On peut y déceler cependant l'affirmation selon laquelle le monde d'ici-bas est sous l'emprise du Malin, du Diable qui a péché depuis le commencement. Toutes les citations bibliques ont été choisies pour confirmer l'incorruptibilité du monde spirituel où règnent Dieu et le Christ, entourés des anges bons, en opposition au monde matériel géré par Satan.

Les registres d'Inquisition peuvent être considérés comme source documentaire sur la secte et la doctrine cathares. Dans l'ensemble, cette documentation est fragmentaire. Même les rares dépositions de Parfaits convertis et, à plus forte raison, celles des sympathisants sont exsangues. Seul le registre de Jacques Fournier diffère des dossiers inquisitoriaux contemporains (G. d'Ablis et Bernard Gui*) comme des actes antérieurs (copies de Doat ou rares minutes originales) tant par sa facture diplomatique que par son contenu doctrinal dont l'intérêt reste indéniable.

Les cathares ne sont pas des dialecticiens comme pourraient le laisser croire les différentes controverses écrites à leur encontre. Ils ne raisonnent pas, au sens strict du terme, par la négative. Ils ne spéculent pas sur les paroles du Christ : l'influence de l'*Interrogatio Johannis* est considérable et l'autorité du Nouveau Testament indiscutable. Ils en suivent la leçon à la lettre.

Nous renvoyons le lecteur à l'important ouvrage de G. Rottenwöhrer, paru en 1982, véritable encyclopédie du catharisme. Cette compilation éclipse les bibliographies qu'avaient eu le mérite d'établir Berne-Lagarde en 1957 et Grundmann, en 1967.

ŒUVRES. — C. Thouzellier, *Cathares et manichéens*, dans *Mél. H. Bascour*, Louvain, 1980, p. 312-326. — *Bibliographie zur Ketzergeschichte des Mittelalters (1900-1966)*, éd. H. Grundmann, dans *Sussidi eruditi*, 20, Rome, 1967. — *« Un recueil cathare », le manuscrit A. 6.10 de la « collection vaudoise » de Dublin*, I : *« Une apologie »*, éd. T. Venckeleer, dans *RBPH*, t. 38B (1960), n° 3, p. 815-834 ; II : *« Une glose sur le Pater », ibid.*, t. 39B (1961), n° 13, p. 759-793. — *Le Nouveau Testament traduit au* XIII*e siècle en langue provençale, suivi d'un rituel cathare*, éd. L. Clédat (Photolithographie. Bibl. Fac. Lettres Lyon IV), Paris, 1887, rééd. anastatique, Genève, 1968. — *Rituel cathare*, éd. C. Thouzellier, Paris, 1977 (*SC*, n° 236). — *Le livre secret des cathares. Interrogatio Johannis. Apocryphe d'origine bogomile*, éd. E. Bozóky, Paris, 1980. — *Ascension d'Isaïe*, éd. E. Tisserant, Paris, 1909 [trad. de la version éthiopienne avec les principales variantes des versions grecques, latines et slaves]. — *Geoffroy d'Ablis et les cathares du comté de Foix (1308-1309)*, éd. A. Pales-Gobilliard, Paris, 1984. — *Le registre d'inquisition de Jacques Fournier, 1318-1325*, éd. J. Duvernoy, 3 vol., Paris, 1965 *(Bibliothèque méridionale)*. — *Une somme anti-cathare. Le Liber contra Manicheos de Durand de Huesca*, éd. C. Thouzellier, Louvain, 1984 (*Spicilegium Sacrum Lovaniense, Études et documents*, 32). — *Un traité cathare inédit du début du* XIII*e siècle d'après le Liber contra Manicheos de Durand de Huesca*, éd. C. Thouzellier, Louvain, 1961 (*Bibl. de la RHE*, 37). — Bernardus Guidonis, *Practica inquisitionis heretice pravitatis*, éd. C. Douais, Paris, 1886 [texte intégral] ; *Manuel de l'Inquisiteur*, éd.-trad. G. Mollat, 2 vol., Paris, 1964 [texte partiel]. — *Liber sententiarum inquisitionis Tholosanae*, 1305-1323, éd. P. Van Limborch, dans *Historia Inquisitionis*, Amsterdam, 1692.

→ *Der Katharismus*, éd. G. Rottenwöhrer, Bad Honnef-Bock und Herchen, 4 vol., Munich, 1982. — *Bibliographie du catharisme languedocien*, éd. P. de Berne-Lagarde, Toulouse, 1957 (*Institut des études cathares. Textes et documents*, 1). A.P.G.

Caton (Distiques de). Recueil de maximes pour la direction de la vie. En voici l'origine. Un poète latin du Ier siècle avant J.-C., Publilius Syrus, avait composé des mimes qui furent applaudis pendant plus d'un siècle. On appréciait spécialement les sentences dont ces pièces étaient remplies.

Au temps de Dioclétien, Dionysius Cato s'en inspira largement pour rédiger en distiques élégiaques une sorte de manuel de morale, *Disticha de moribus (Distiques moraux)*. L'ouvrage fut bien accueilli. On l'utilisa pour l'éducation de la jeunesse. Le Moyen Âge en fit longtemps des traductions et des adaptations. On a ainsi, au XIIe siècle, les traductions anglo-normandes d'Everard de Kirkham et d'Élie de Winchester. Celle d'Everard date du milieu du siècle ; elle présente de fortes déviations par rapport au texte latin, qui pourtant est contenu dans le manuscrit. Les vers de la traduction sont groupés en sizains d'hexasyllabes. À la fin du siècle paraît la traduction d'Élie, qui ne donne pas le texte latin ; sa version est également écrite en sizains, mais le nombre de syllabes varie. Au XIIIe siècle, Adam de Suel* traduit les *Distiques* en quatrains d'octosyllabes ; sa traduction a eu un grand succès et influença d'autres traducteurs de l'époque, dont Jean de Paris* (ou du Châtelet) et, au XIVe siècle, Jean Le Fèvre*, procureur au Parlement, dont la traduction fut elle aussi très répandue (une vingtaine de mss en subsiste). Il existe aussi des traductions en provençal.

La valeur didactique de ces recueils est supérieure à leur qualité littéraire. L'intérêt suscité par les *Distiques de Caton* a duré ; le texte latin a été même édité et traduit au XIXe siècle, et J. Travers en publiait à Caen, en 1837, une traduction en vers français.

ŒUVRES.— E. Stengel, *Everard de Kirkham et Élie de Winchester*, Marburg, 1886. — J. Ulrich, *Traductions d'Adam de Suel, de Jean de Paris ou du Chastelet, et de Jean Lefèvre* dans *Romanische Forschungen*, t. 15 (1903), p. 41-149. — M. Boas, *De Cato van Adam de Suel*, Leyde, 1935.

→ R. Tobler, *Die altprovenzalische Version der Disticha Catonis*, Berlin, 1897. — G. Bertoni, *Intorno all'autore della versione provenzale dei Disticha Catonis*, dans *Studi romanzi*, t. 8 (1912). — E. Ruhe, *Untersuchungen zu den altfranzösischen Übersetzungen des Disticha Catonis*, Munich, 1968. — T. Hunt, *The Old French Cato in Ms. Darmstadt 2640*, dans *Vox Romanica*, t. 49 (1980), p. 44-63.— P. Roos, *Sentenza e proverbia nell'Antichità e i Distici di Catone*, Brescia, 1984. Cf. *MB* os 2646-2650 ; *S* 4957-4958.

L.P. et S.I.J.

Cent Nouvelles nouvelles. Le titre de ce recueil signale le modèle explicite qu'il entend renouveler : le *Decaméron* de Boccace*, connu aussi comme les *Cent nouvelles*. La traduction de Laurent de Premierfait* en était alors assez répandue, spécialement dans les milieux de cour. Les *Cent Nouvelles nouvelles* ont d'ailleurs été rédigées dans l'entourage du duc de Bourgogne Philippe le Bon, dédicataire du volume. C'est Mgr le duc qui narre la première histoire. À sa suite, on compte les noms d'une trentaine de narrateurs qui étaient au service du duc, mais aussi du dauphin de France, Louis (futur Louis XI), alors en rupture ouverte avec son père et réfugié à la cour de Bourgogne. Les nouvelles attribuées par la table des matières à Mgr seraient d'ailleurs contées par le dauphin, et devraient être distinguées de celles de Mgr le duc. Enfin, il y a « l'acteur » (l'auteur), qui signe cinq récits. Il est clair que l'ensemble du recueil, a été rédigé par un seul écrivain dont on a tenté de dissiper l'anonymat. On a supposé que le conteur de la dernière nouvelle, Philippe de Laon, signait ainsi l'ensemble. Mais seul le manuscrit de Glasgow, qui est un remaniement du texte original, donne comme la centième nouvelle l'histoire des perdrix qu'il attribue à Philippe de Laon. L'édition de Vérard (1486) et la description du manuscrit, perdu, de Philippe le Bon, donnent, eux, comme histoire finale celle du marchand génois, qui est anonyme chez Vérard, tandis que dans le volume de Philippe le Bon, elle était de « l'acteur »... Autre attribution, autre type d'argument : le conteur qui a le plus grand nombre d'histoires à son actif (15), Mgr de la Roche, Philippe Pot, devrait être le rédacteur général. Mais le nom qui continue à être le plus souvent évoqué, est celui d'Antoine de La Sale*. Écrivain reconnu, amateur de nouvelles, il était tout désigné pour que Vérard l'identifiât avec Mgr de La Salle, « premier maistre d'hostel de monseigneur le duc », le narrateur de la cinquantième histoire, nombre stratégique et symbolique dans un recueil de cent. Cependant, le style d'Antoine n'est pas comparable à celui des *Cent Nouvelles nouvelles*, et il ne fut jamais au service de Philippe le Bon. Il était alors le précepteur des fils du comte de Saint-Pol, conteur de la trente-neuvième nouvelle. Son influence a pu, toutefois, s'exercer sur le recueil par le biais de son *Jean de Saintré*. D'ailleurs, l'histoire de *Floridan et Elvide*, que Rasse de Brunhamel* a dédiée à Antoine et qui a toujours été copiée à la suite du *Saintré*, a été insérée dans les *Cent Nouvelles nouvelles* (histoire 98). Le ms. de Glasgow la met au compte de « l'acteur ». Peut-être l'attribution de la cinquantième nouvelle est-elle donc à lire comme un hommage rendu à un écrivain, qui, s'il ne fut pas physiquement présent à la cour de Philippe le Bon, y était alors bien connu. Ainsi un manuscrit de *Jean de Saintré* figurait-il dans la librairie du duc ; et on trouve à la fin d'un gros volume de documents diplomatiques bourguignons, copié dans le dernier quart du XVe, les deux lettres adressées au même jeune religieux par Philippe Pot et Antoine de La Sale. On y trouve aussi une petite compilation de Jean Aubert, père ou frère de David Aubert*, à qui L. Rossi a voulu tout récemment attribuer les *Cent Nouvelles nouvelles*. Si les rapprochements textuels qu'il fait, ne suffisent pas à convaincre, reste que l'auteur du recueil devait bien appartenir à ce milieu de copistes-écrivains de la cour de Bourgogne. Mais il est sans doute inutile de chercher à démasquer un auteur qui joue précisément avec la fiction de narrateurs multiples, dont les noms reconstituent un cercle historique.

Les allusions à des faits bien datés et le terme fixé par la mort du duc Philippe, permettent d'attribuer la rédaction du recueil aux années 1456-1467. La présence de l'histoire est telle dans certains récits que P. Champion a pu établir des parallèles frappants avec des pièces d'archives et des comptes bourguignons de l'époque. Mais ce réalisme ne doit pas tromper : nombre de nouvelles reprennent des schémas anciens, ceux de fabliaux notamment, ou bien s'inspirent des Italiens ; moins de Boccace, d'ailleurs, que des *Facéties* du Pogge*. Ainsi en est-il de la nouvelle 50 (143e des *Facéties*). La truculence, l'humour de ce premier grand recueil de nouvelles françaises sont donc moins à attribuer à une inspiration oralisante et bourgeoise qu'à un exercice littéraire qui prend son essor au sein de l'aristocratie (voir les *Nouvelles de Sens*).

Un an après son édition du *Décaméron* traduit par Laurent de Premierfait, Antoine Vérard fit paraître les *Cent Nouvelles nouvelles*. Elles seront rééditées en 1505 puis 1532, serviront de modèle à Philippe de Vigneulles (vol. du XVIe) et seront exploitées par de nombreux nouvellistes, y compris des Italiens.

ŒUVRE. — Éd. P. Champion, Paris, 1928 (réimp. Genève, 1977), 2 vol. de texte, 1 vol. de planches (*Documents artistiques du XVe siècle*, 5). — Éd. P. Sweetser, Genève-Paris, 1966 (*TLF*, 127) [texte plus fautif que celui de Champion]. — Éd. P. Jourda dans *Conteurs français du XVIe siècle*, Paris, 1965 *(Pléiade)* [reprend le texte de Champion]. — Trad. en français moderne, R. Dubuis, Presses univ. de Lyon, 1992.

→ C. Knudson, *Antoine de La Sale, le duc de Bourgogne et les Cent Nouvelles nouvelles*, dans *Romania*, t. 53 (1927), p. 365-373. — F. Desonay, *À propos d'une nouvelle édition des Cent Nouvelles nouvelles*, dans *RBPH*, t. 8 (1929), p. 993-1027. — J. Rasmussen, *La prose narrative française du XVe siècle. Étude esthétique et stylistique*, Copenhague, 1958. — C. Carton, *Un tableau et son donateur : Guillaume de Montbléru, « premier escuyer d'escuyrie du comte de Charolais »*, dans *Annales de Bourgogne*, t. 38 (1966), p. 171-184 [l'auteur des *Cent Nouvelles nouvelles* pourrait être Guillaume de Changy]. — L. Sozzi, *Le Facezie di Poggio nel quattrocento francese*, dans *Miscellanea di studi e ricerche sul Quattrocento francese*, Turin, 1967, p. 409-516. — F. Desonay, *À propos du Décaméron et des Cent Nouvelles nouvelles*, dans *L'Opera del Boccaccio nella cultura francese*, Florence, 1971, p. 505-520. — R. Dubuis, *Les Cent Nouvelles nouvelles et la tradition de la nouvelle en France au Moyen Âge*, Grenoble, 1973 ; *L'indifférence du genre narratif aux problèmes politiques du XVe siècle*, dans *Culture et politique en France à l'époque de l'Humanisme et de la Renaissance*, Turin, 1974, p. 213-227 ; *Les formes narratives brèves*, dans *GRLMA*, t. VIII/1, p. 178-196. — L. Rossi, *David Aubert autore delle Cent Nouvelles nouvelles ? La genesi della novella francese e l'attivita letteraria alla corte borgognona nel Quattrocento*, dans *Cultura neolatina*, t. 36 (1978), p. 95-118 ; *Per il testo delle Cent Nouvelles nouvelles : la centesima novella e i racconti dell'acteur*, dans *Medioevo Romanzo*, t. 8 (1983), p. 401-418 [Jean, le frère de David Aubert, serait le héros de la première nouvelle, racontée par le duc] ; *Pour une édition des Cent Nouvelles nouvelles : de la copie de Philippe le Bon à l'édition d'Antoine Vérard*, dans *Le Moyen Français*, t. 22 (1989), p. 69-77. — P.-A. Beauchamp, *Procédés et thèmes carnavalesques dans les Cent Nouvelles nouvelles, ibid.*, t. 1 (1977), p. 90-118. — A. Lorian, *Les incipit des Cent Nouvelles nouvelles*, dans *Du mot au texte. Actes du 3e colloque intern. sur le Moyen Français*, Tübingen, 1982, p. 171-187 (*Tübingen Beiträge zur Linguistik*, 175). — P. Nykrog, *Entre le fabliau et la nouvelle : réflexions sur une longue absence*, dans *La nouvelle. Formation, codification et rayonnement d'un genre médiéval*, Montréal, 1983, p. 199-207. — E. S. Mazzariol, *L'auteur des Cent Nouvelles nouvelles et le Pogge : une rencontre manquée ?*, dans *Études littéraires sur le XVe siècle. Actes du 5e colloque intern. sur le moyen français*, Milan, 1986, t. 3, p. 103-123. — C. Merlin, *Le comique des Cent Nouvelles nouvelles*, dans *CAIEF*, t. 37 (1987), p. 69-83. — M. Zimmermann, *Vom Handbuch zur Novelle : Didaktische und erzählende Prosa im Frankreich des Späten Mittelalters*, Düsseldorf, 1989 (*Studia humaniora*, 12), p. 233-295. — Cf. *MB* n°s 4226-4232, 6805-6808 ; *S* 4719, 6732, 6734, 6738, 6753, 6756-6766, 7997, 8308, 8383.

S.L.

Cercamon. Voici la traduction de la très courte *Vida* provençale du XIIIe siècle, consacrée à Cercamon : « Cercamon fut un jongleur de Gascogne ; il composa des *vers* et des *pastorelas* à la manière antique. Et il parcourut le monde entier, partout où il put aller ; c'est pourquoi on le surnomma *Cercamon.* » Le biographe du XIIIe siècle était, on le constate, pauvrement documenté sur le troubadour. A. Jeanroy estime que l'origine gasconne de Cercamon paraît confirmée par ses relations, et que sa qualité de jongleur peut se déduire de la *tenso* à laquelle il prend part avec un nommé Guilhalmi. Néanmoins, l'identité du poète est inconnue, puisque Cercamon (*Cherche-monde*) est évidemment un sobriquet.

Quoi qu'il en soit, le troubadour est l'un des plus anciens dont les manuscrits aient conservé des poèmes. Il est prudent de dater sa production poétique conservée des environs de 1135, en se fondant sur le *planh* consacré vraisemblablement à la mort de Guillaume X d'Aquitaine (9 avril 1137). Sans doute certains érudits ont-ils proposé de reconnaître dans *lo Peitavis* (vers 6 du *Planh*) Guillaume IX*, le premier troubadour connu, mort en 1127. Mais cette identification reste fort discutable. Le *terminus a quo* trouve une confirmation dans la *tenso* avec Guilhalmi ; le poème semble faire allusion, en effet, aux projets de mariage du futur Louis VII (projets connus en mai 1137) :

Gran be vos venra de Fransa
Si atendre lo voletz... (v. 33-34).

Enfin, l'on peut trouver un *terminus ad quem* de l'activité poétique de Cercamon dans une allusion probable à la prédication de la deuxième croisade (PC 112, 3a) :

Ara's pot hom lavar et esclarzir
De gran blasme, silh qu'en son encombros... (v. 43-44).

« C'est donc, conclut A. Jeanroy, aux environs de 1135-1145, et dans les cours du Poitou et du Limousin, qu'il aurait exercé ses talents. » La *Vida* du troubadour Marcabru* nous affirme, de son côté, que celui-ci fut le compagnon et l'élève de Cercamon, mais ce dernier connaît des poésies de Marcabru : les influences peuvent être dans les deux sens.

En somme, après Guillaume IX d'Aquitaine et Eble de Ventadour*, les plus anciens troubadours connus sont Marcabru et Cercamon.

Cette ancienneté permet de se fonder sur l'œuvre de Cercamon pour étudier dans leur nouveauté les conceptions primitives de l'amour dit « courtois ». Malheureusement les chansonniers manuscrits n'ont conservé que huit ou neuf pièces de notre troubadour. Le mince bagage lyrique de Cercamon comprend : trois ou quatre *cansos* profanes, une *canso* pieuse (?), deux *sirventes*, un *planh*, une *tenso*. On constate ainsi que les manuscrits ne nous ont transmis aucune des *pastorelas* dont parle la *Vida*.

Dans les *cansos* (ou *vers*), les thèmes principaux de l'amour « courtois » apparaissent déjà comme nettement constitués. On peut retenir ces traits caractéristiques : beauté et « vertus » de la Dame ; souffrances, patience optimiste, soumission, timidité et fidélité de l'amant ; affinement de ses manières et de sa conduite ; présence de personnages « accessoires » tels que les *lauzenjador* (médisants). L'étude de ces conceptions primitives du lyrisme courtois interdit, en outre, de voir en *midons* (la Dame) *la donna angelicata* des Italiens du *dolce stil nuovo*. Il faut de même repousser toute assimilation du culte originel de *midons* avec le culte de la Vierge. À ce sujet, une strophe de la *canso* (PC 112, 1b) de Cercamon est particulièrement significative :

Messatges, vai, si Deus ti guar,
E sapchas ab mi donz furmir,
Qu'eu non puesc lonjamen estar
De sai vius ni de lai guerir,
Si josta mi despoliada
non la puesc baizar e tenir
Dins cambra encortinada (v. 43-49).

Dans le *planh* Cercamon se plaint à

Dieu de la mort du comte de Poitiers ; cette mort doit émouvoir à la fois les Gascons « courtois », les Normands, les Français, les hommes du Limousin et de l'Angoumois, et même « ceux d'Espagne et d'Aragon » (PC 112, 2a).

Lo plaing comenz iradamen
D'un vers don hai lo cor dolen
Ir' e dolor e marrimen
Ai, car vei abaissar Joven :
Malvestatz puej'e Jois dissen
Despois muric lo Peitavis... (v. 1-6).

Sans doute retrouvera-t-on souvent les mêmes plaintes et presque les mêmes formules dans les *planhs* de la deuxième moitié du XIIe siècle et du XIIIe siècle. Mais il faut considérer que la complainte funèbre de Cercamon est la plus ancienne connue, et, de ce fait, instaure un genre.

Dans la *tenso* (PC 112, 1) de Cercamon avec un certain Guilhalmi, troubadour dont on ne connaît aucune autre pièce, il chante pour se réconforter, « comme fait le cygne quand il connaît que sa mort approche ». Guilhalmi pour sa part, exhorte son interlocuteur, qu'il appelle *Maistre*, à patienter, en attendant le « grand bien qui lui viendra de France ». Il ajoute :

Maistre, conte novel
Aurem nos a Pantacosta,
Que. us pagara ben e bel (v. 50-52).

La *tenso*, première du genre, reste dans l'ensemble, assez obscure, malgré les recherches des érudits.

L'œuvre de Cercamon est sans doute beaucoup plus précieuse par son ancienneté que par ses qualités intrinsèques. Cette ancienneté cependant est peut-être un gage de l'originalité du troubadour, puisque, si l'on excepte Guillaume IX d'Aquitaine, on est en droit de considérer que Cercamon est le plus ancien poète dont l'œuvre exploite, dans la fraîcheur de leur nouveauté, des thèmes qui deviendront parfois de purs exercices de rhétorique. Il a su dire que *« l'aura doussa s'amarzis »* (PC 112, 4) bien avant qu'Arnaut Daniel ait évoqué *« l'aur'amara »* (PC 29, 13) et il faut lui savoir gré de sa discrète élégance.

ŒUVRE. — Éd. A. Jeanroy, *Les poésies de Cercamon*, Paris, 1922 (*CFMA*, 27). — V. Tortoreto, *Il trovatore Cercamon*, Modène, 1981 [avec trad. italienne]. — G. Wolf et R. Rosenstein, *The Poetry of Cercamon and Jaufre Rudel*, New York-Londres, 1983 [avec trad. anglaise]. — Éd. partielle : M. de Riquer, *Los trovadores. Historia literaria y textos*, Barcelone, 1975, t. 1, p. 220-235 [PC 112, 4, 1b, 3a, 2a].

→ PC 112. — I.-M. Cluzel, *Cercamon a connu Tristan*, dans *Romania*, t. 80 (1959), p. 275-282 [PC 112, 1a]. — M. Delbouille, *Non, Cercamon n'a pas connu Tristan, ibid.*, t. 81 (1960), p. 409-425. — R. Lejeune, *L'allusion à Tristan chez le troubadour Cercamon, ibid.*, t. 83 (1962), p. 183-209. — C. Camproux, *À propos d'une chanson pieuse*, dans *RLR*, t. 79 (1965), p. 19-37 [PC 112, 1c]. — M. Delbouille, *Tristan dans la pièce « Ab lo pascor »* de *Cercamon*, dans *Romania*, t. 87 (1966), p. 234-247. — V. Tortoreto, *Cercamon maestro di Marcabruno ?*, dans *CN*, t. 36 (1976), p. 61-93. — R.A. Taylor, *La littérature occitane du Moyen Âge*, Toronto, 1977, n°s 362-364. — P. Bec, *Le problème des genres chez les premiers troubadours*, dans *CCM*, t. 25 (1982), p. 31-47. — J. Gruber, *Die Dialektik des Trobar*, Tübingen, 1983. I.M.C. et G.B.L.

Cerveri de Girona. L'identité de ce troubadour a été établie par Martín de Riquer : il s'agit d'un certain Guilhem, originaire de Cervera — vraisemblablement la localité de la province de Lérida, non loin des limites de celle de Barcelone. Un document daté de 1285 (de l'Archivo de la Corona de Aragón), atteste que *Guillelmo de Cervaria* était surnommé *Cerverino*. On ne peut donc pas considérer comme une erreur l'indication des rubriques du chansonnier provençal C (ms. Paris, BN fr. 856) qui nomment le troubadour *Cerveri (Serveri) de Girona*. Sans doute prit-il ce pseudonyme littéraire du nom du diocèse où se trouvaient ses terres de *Senta Seglina*, don de Jacques Ier d'Aragon. L'identité entre Cerveri de Girona et Guilhem de Cervera est corroborée par des documents d'archives.

Les anciens biographes provençaux n'ont consacré aucune *Vida* à Cerveri, mais la documentation permet d'évoquer sa vie à larges traits. L'activité littéraire du troubadour paraît s'être exercée entre 1259 et 1282 environ. Ce fut essentiellement un poète de cour attaché au vicomte de Cardona, Ramon Folc V (1241-1276) et à sa femme Sibila. Cerveri, troubadour courtisan et à solde, recevait des rentes et des récompenses de la couronne d'Aragon (Jacques Ier le Conquérant et son fils Pierre III le Grand, à partir de juillet 1276), et des Cardona : il ne se privait pas pour autant de les critiquer, en particulier au moment des discordes qui opposèrent père et fils dans la famille d'Aragon. Les luttes entre la noblesse et la couronne attristaient le poète, tandis qu'il célébrait avec joie l'union de la Catalogne et de l'Aragon.

La condition sociale du troubadour est difficile à préciser. En dépit des documents qui lui donnent le nom de *joculator* (30 novembre 1276), il ne semble pas un jongleur de *petite extrace*, même s'il n'est pas de naissance noble, et ses écrits témoignent, parfois sur le ton humoristique, de sa vaste culture et de sa virtuosité.

Cerveri est signalé, avec Folquet de Lunel* notamment et beaucoup d'Italiens, dans les comptes du voyage magnifique que fit l'infant Pierre d'Aragon jusqu'en Castille, du 23 avril au 9 juin 1269, pour rencontrer le roi Alphonse X le Sage. À l'occasion de l'arrivée à Tolède, le 4 mai, Cerveri composa la *Canço de Madona sancta Maria* (PC 434a,54), adressée à Alphonse qu'il interpelle comme poète, auteur des *Cantigas de sancta Maria.*

Reys castelas, tota res mor e fina,
mas non o fay la domn'on vos chantatz...
Roi castillan, toute chose meurt et prend fin,
mais non pas la dame que vous chantez...

Il est possible que dans le cours de ce voyage, durant lequel le cortège se rendit plusieurs fois à la chasse, Cerveri ait composé sa curieuse *Cobla en sis lengatges* (PC 434a,40) : galicien-portugais, castillan, provençal, français, gascon, italien. On ne connaît que deux précédents de poésies plurilingues : le *descort* de Raimbaut de Vaqueiras* (PC 392,4) et la composition de Bonifaci Calvo* (PC 101,17). Cette *cobla* paraît bien adaptée à la variété linguistique des personnages qui se rencontrèrent à Tolède.

Avant le 4 septembre 1269, date du départ de Jacques Ier pour la croisade qui prétendait reconquérir la Terre sainte et échoua très rapidement, Cerveri composa une chanson de croisade (PC 434a,20) à la forme compliquée et à l'expression contournée. Le 5 juillet 1276 mourait à Mallol le vicomte Ramon Folc V de Cardona et le 26, à Valence, Jacques Ier le Conquérant. Cerveri dédia un *planh* à la mort de chacun de ses deux protecteurs. Le premier (PC 434,7e) est beaucoup plus fervent et personnel que le second (PC 434a,62), qui après un éloge du successeur Pierre, se ferme sur une invocation à la Vierge Marie, dont la *merci* est une allusion évidente à l'ordre de la *Merced* fondé avec le soutien de Jacques Ier. Pendant le règne de Pierre le Grand, Cerveri poursuit sa carrière de troubadour de cour. À plusieurs reprises, il se souvient avec nostalgie et affection de Jacques Ier et du vicomte de Cardona, à qui il dédia deux *aniversaris.* La vicomtesse veuve ne semble pas avoir maintenu ses faveurs à son égard.

Dans la suite des rois d'Aragon, le troubadour franchit à plusieurs reprises les Pyrénées. Il a notamment séjourné à Rodez, sans doute en 1274 et en 1280. Cerveri de Girona vivait encore en 1285, mais aucune de ses nombreuses poésies ne permet de prolonger davantage sa vie...

L'œuvre conservée de Cerveri est la plus étendue et la plus variée qui existe d'un troubadour : *Proverbis* en vers, cent quatorze pièces lyriques, cinq poèmes narratifs.

Les *Proverbis* (1 197 quatrains en vers de six syllabes), moraux ou satiriques, ont été composés vers 1280 pour l'instruction morale de ses deux fils.

Les 114 pièces lyriques sont conservées pour la plupart dans un chansonnier copié en Catalogne (*Sg* = Barcelone, Bibl. de Catalunya, 146) où sont rubriqués en marge les titres et les genres des compositions : une *alba*, une *balada*, douze *canços*, une *dança*, une *dança-balada*, deux *descorts*, quatre *estempidas*, quatre *pastorelas*, deux *plants*, une *retronxa*, neuf *sirventes* ou *mig sirventes*, quarante-sept *vers* ou *mig vers*, et quelques pièces d'inspiration populaire. Parmi ces dernières se détachent la *viadeyra* (PC 434a,34), à rapprocher des *cantigas de amigo* galiciennes-portugaises, et la *espingadura* (PC 434,1a), genre de ballade de femme. Des quatre *pastorelas*, deux de type traditionnel sont présentées comme celle de Guiraut Riquier*, à la manière d'un petit roman ; dans les deux autres, le débat amoureux est remplacé par un débat d'idées sur l'actualité politique, comme chez Paulet de Marseille* (PC 319,6). On trouve un scénario analogue à celui de la pastourelle dans la *Recepta de Xarob* (recette de sirop). Il s'agit d'un éloge courtois collectif de quatre vicomtesses catalanes : un sirop composé de leurs vertus doit guérir l'Amour malade.

La rubrique *vers* réunit des poésies traitant de thèmes variés, de façon ingénieuse et pleine d'humour. Les passages misogynes ne manquent pas. Dans la poésie amoureuse sérieuse, les constructions soignées se conjuguent avec une expression alambiquée. Sur cette voie, Cerveri aboutit à l'extravagance de composer une chanson sur des vers de une ou deux syllabes (PC 434a,80). En outre, il fait preuve d'un vigoureux talent dans la satire politique ou morale (*sirventes* et *vers*) : déchéance de la noblesse, inertie politique des souverains, exhortations à la croisade, conseils aux jeunes gens, attaques contre les *malas femnas*... les sujets ne manquent pas.

Les cinq poèmes narratifs sont les suivants : *Maldit bendit* (694 vers de six syllabes), composé à Valence (10 mars 1271) et adressé à Jacques Ier, pour célébrer une magnifique donation que fit le Conquérant à sa dame, comporte nombre d'allusions à la vie quotidienne à la cour du monarque. Satire contre les femmes, ce poème contient aussi un éloge de l'amour ; la *Faula del rosinyol* (499 vers de six syllabes) commémore la paix que conclurent en décembre 1273 le roi Jacques Ier et son fils l'infant Pierre. C'est un poème allégorique et politique ; l'*Oracio de tot dia* (190 vers de six et huit syllabes), en forme de prière quotidienne, se termine par une paraphrase du *Pater noster* ; le *Sermo* (203 vers, en majorité de douze syllabes) est une glose assez fervente de la phrase évangélique : *Surgens Jesus mane* ; le *Testament*, enfin (187 alexandrins), fut composé en 1275 sur un ton humoristique et satirique : le troubadour lègue ses ordres aux principaux personnages de la cour.

Avec Guiraut Riquier, Cerveri est l'un des rares troubadours dont les manuscrits ont transmis l'œuvre complète.

ŒUVRES. — Éd. M. de Riquer, *Obras completas del trovador Cerveri de Girona*, Barcelone, 1947. — A. Thomas, *Les proverbes de Guylem de Cervera, poème catalan du* XIIIe *siècle*, dans *Romania*, t. 15 (1886), p. 25-110. — G. Llabrès, *Proverbis de Guillem de Cervera* et *Poesies d'En Cerveri de Girona*, dans *Cançonner dels comts d'Urgell*, Barcelone, 1906-1907, p. 1-88. — F.A. Ugolini, *Il canzoniere inedito di Cerveri de Girona, I, Narrativa*, Barcelone, 1985 ; avec la coll. de B. Sitartz-Fitzpatrick, *C. de G. Lirica, I, II*, Barcelone, 1988. — Éd. partielles : A. Monteverdi, *Intorno alla cobbola plurilingue di Cerveri de Girona*, dans *CN*, t. 8 (1948), p. 73-76. — I. Frank, *Cerveri, dit de Girona, polyglotte et oiseleur*, t. 10 (1950), p. 69-76. — K. Lewent, *ibid.*, *La canço del comte by the catalan troubadour Cerveri called « de Girona »*, dans *Neuphilologische Mitteilungen*, t. 55 (1954), p. 245-267 [éd. avec trad. anglaise]. — I. Cluzel, *Trois unica du troubadour catalan Cerveri (dit de Girona)*, dans *Romania*, t. 77 (1956), p. 66-77. — K. Lewent, *Was there a one-stanza Provençal Tenso ?*, dans *Romanic Review*, t. 51 (1960), p. 81-85 [PC 434,7d]. — I. Cluzel, *À propos d'un sirventes du troubadour catalan Cerveri*, dans *Mél. R. Lejeune*, Gembloux, 1969, t. 1, p. 353-359 [PC 434a,52]. — F.J. Oroz Arizcuren, *La lirica religiosa en la literatura provenzal antigua*, Pampelune, 1972, p. 410-429 [PC, 434,8 et 434a,15]. — M. de Riquer, *Los trovadores, historia literaria y textos*, Barcelone, 1975, t. 3, p. 1556-1589.

→ PC, 434 et 434a. — M. de Riquer, *La personalidad del trovador Cerveri*, dans *Boletín de la Real Academia de Buenas Letras de Barcelona*, t. 23 (1950), p. 91-107 ; *Para la cronología del trovador Cerveri*, dans *Mél. R. Menendez Pidal*, t. 3, Madrid, 1952, p. 361-412. — K. Lewent, *Pour le texte des quatre pastourelles de Cerveri dit de Girona*, dans *Romania*, t. 74 (1953), p. 229-239 et 390-420. — I. Cluzel, *Le troubadour catalan Guillem de Cervera, dit Cerveri de Girone*, Paris, 1956 ; *La condition sociale du troubadour G. de C., dit de Cerveri (de Girona)*, dans *Actes... du 1er coll. intern. de lang. et litt. du Midi*, Avignon, 1957, p. 119-124. — M. de Riquer, *Guilhem de Cervera, llamado tambíen Cerveri de Girona*, dans *Boletín de la Real Academia de Buenas Letras de Barcelona*, t. 28 (1959-1960), p. 257-263 ; *La canço de les letres del trovatore Guilhem de Cervera detto Cerveri*, dans *Atti del 8e congresso intern. di Studi romanzi*, Florence, 1960, t. 2, p. 339-346 [PC 434,2]. — K. Lewent, *Dance song or chant du guet ? The Espingadura of Cerveri called de Girona*, dans *PMLA*, t. 75 (1960), p. 13-21 ; *The Catalan troubadour Cerveri and his contemporary, the joglar Guillem de Cervera*, dans *Speculum*, t. 38 (1963), p. 461-472. — I. Cluzel, *La culture générale d'un troubadour du* XIIIe *siècle*, dans *Mél. M. Delbouille*, t. 2, Gembloux, 1964, p. 91-104. — M. de Riquer, *Historia de la literatura catalana*, t. 1, Barcelone, 1964, p. 125-161 [très bonne intro. générale]. — G. Tavani, *Sulla cobbola plurilingue di Cerveri de Girona*, dans *CN*, t. 28 (1968) p. 64-85. — I. Cluzel, *L'hermétisme du troubadour Cerveri*, dans *Annales de l'Institut d'Etudes Occitanes*, 1970, p. 49-64. — F. Pirot, *Recherches sur les connaissances littéraires des troubadours occitans et catalans des* XIIe-XIIIe *siècles*, Barcelone, 1972. — B. Sitartz, *Toward and Appreciation of Cerveri de Girona's Craftsmanship*, dans *Mél. J. de Boer*, Barcelone, 1977, p. 125-140 [analyse détaillée de la versification]. J.H. Marshall, *The Isostrophic Descort in the*

Poetry of the Troubadours, dans *Romance Philology*, t. 35 (1981-1982), p. 130-157. — M. Gosman, *Cerveri de Gérone et la lettre du prêtre Jean : la réception d'un message*, dans *Actes du 1er congrès intern. de l'AIEO*, Londres, 1987, p. 219-227. I.M.C. et G.B.L.

Césaire d'Arles (469/470-542/543). Forte personnalité placée au carrefour des temps et des mondes, Césaire a vécu la vie typique d'un évêque (et d'un saint) du très haut Moyen Âge, tout en manifestant une présence singulière dont les contemporains et son œuvre écrite portent un témoignage probant. Attiré par le prestige du monastère alors florissant de Lérins, il quitte à dix-huit ans sa ville natale (Chalon-sur-Saône). Chargé à Lérins des fonctions de cellérier, il suscite rapidement par son rigorisme ascétique des tensions, qui lui valent d'être éloigné par l'abbé Porcaire, et envoyé en Arles pour restaurer sa santé, altérée par ses macérations, et reprendre des études sous la férule du prestigieux Julien Pomère*. Il renonce à ce dernier enseignement, qu'il trouve trop entaché de culture profane, puis est appelé par son évêque à lui succéder, après un stage préalable comme abbé d'un monastère suburbain. En 502, Césaire, devenu évêque d'Arles, ancienne préfecture du prétoire des Gaules, a en quelque sorte le titre de « primat des Gaules », comme le confirme en 513 le pape Symmaque en lui accordant le port du *pallium* romain. Alors que le pouvoir politique se fractionne, Césaire doit à deux reprises faire la preuve de sa loyauté, auprès d'Alaric II en 505, et de Théodoric en 513 (à Ravenne). Son influence, considérable, est consacrée par son rôle éminent dans l'importante série des conciles réformateurs tenus en Provence (Agde, 506 ; Arles, 524 ; Orange, Vaison, 529 ; Marseille, 533). D'autre part, il est engagé dans une intense activité pastorale, qui le conduit à prêcher souvent devant des auditoires parfois très modestes, à l'exemple d'Augustin*.

Son œuvre littéraire reflète fidèlement ses engagements. Maître de savoir, il publie de brèves synthèses théologiques, dans le but de clore des controverses doctrinales : *Sur le mystère de la sainte Trinité, Abrégé contre les hérésies* (traités anti-ariens) ; *Sur la grâce* (reprise des thèses augustiniennes, contestées au VIe siècle en Provence, sur la prédestination) ; *Exposition sur l'Apocalypse* (nouveau regard eschatologique). Administrateur, il établit deux *Règles monacales* (moines et moniales), les premières que la Gaule ait conservées par écrit, composées à partir d'une judicieuse adaptation des règles de Lérins, des *Institutions* de Jean Cassien* et de la règle d'Augustin. Pasteur, il compose des centaines de sermons qui constituent un monument littéraire, historique et ethnographique exceptionnel.

Il n'y a qu'un demi-siècle que nous pouvons en lire une grande partie grâce à la restitution qu'en a réussie Dom G. Morin (ils gisaient auparavant en bonne compagnie, sous le nom, plus glorieux sans doute aux yeux de Césaire, d'Augustin). La passion du contact direct avec ses ouailles, le sens aigu de leur service spirituel, la rigueur de son exigence ascétique, combinés à une vaste érudition patristique (et peut-être aussi discrètement classique) ont permis la naissance d'une latinité remarquable. Allant plus loin qu'Augustin, qui recommandait l'usage du *sermo humilis*, Césaire fait l'éloge du *sermo rusticus*, qui s'accomplit sur ses lèvres en un instrument de communication souple, simple, précis et efficace. Il réussit la gageure de faire vivre dans cette Provence où s'achève l'Antiquité tardive, un langage adapté à la pédagogie et à la parénèse collective (refusant notamment les jeux trop savants de son contemporain Avit*) d'une masse d'auditeurs encore latinophones.

Ce pragmatisme n'empêche pas son expression de jouir d'une limpidité élégante (au sens de l'élégance antique) pour délivrer un enseignement original. On rencontre des comparaisons attendues, mais bien menées, entre l'âme et la vigne, ou baroques, mais pleines d'avenir médiéval, entre les pasteurs et les vaches. Les fêtes arlésiennes apparaissent (carnaval, chants, danses), sous l'œil contrarié de l'évêque. On assiste à la mise en place comminatoire de l'égalité en matière de morale sexuelle entre les deux sexes. Ces « choses vues » sont confirmées par la *Vie de Césaire*, rédigée peu après sa mort, vrai gisement philologique et ethnographique. Les homélies dictées par l'ancien moine ont ainsi fait, copiées, plagiées ou traduites, le tour de l'Europe (du Portugal à la Frise). Fondatrices du Moyen Âge, elles complètent et corrigent la vision « noire » du VIe

siècle peinte par son presque contemporain Grégoire de Tours*. D'ailleurs, même dans ce cas, le spécialiste doit trier : la critique des mœurs qui y est peinte révèle, tout autant que les désordres du temps, les exigences absolues de l'évêque.

ŒUVRES. — *Opera omnia*, (2 vol., éd. de Dom G. Morin), Maredsous, 1937-1942. — *CC*, t. 103-104 (*Sermones*, d'après l'éd. G. Morin). — *SC*, t. 175, 243, 330, 345 [en cours].

→ R. Arbesman, *The « Ceruuli » and « Aniculae » in Caesarius of Arles*, dans *Traditio*, t. 35, 1979, p. 89-120. — E. Auerbach, *Literary Language and its Public in Late Latin Antiquity and in the Middle Ages*, Londres, 1965 (chap. 1). — H.J. Beck, *The Pastoral Care of Souls in South East France During the Sixth Century*, Rome, 1950. — M.J. Delage, éd. des *Sermones*, *SC*, t. 185, *Introduction*. — Dag Norberg, *Manuel pratique de latin médiéval*, Paris, 1968, p. 93-104. — C. Rapisarda, *Lo stile umile nei sermoni di s. Cesario di Arles, Giustificazioni teoriche e posizioni polemiche*, dans *Orpheus*, t. 17 (1970), p. 115-159. — P. Riché, *Éducation et culture dans l'Occident barbare*, 3e éd., Paris, 1973, p. 126-134. — Schanz, t. IV/2, p. 556-567.

M.B.

César dans la littérature du Moyen Âge. *Traductions et adaptations.* Parmi les héros de l'Antiquité, Jules César est de ceux pour lesquels s'enthousiasma le Moyen Âge. Ses exploits guerriers, ses vertus militaires, ses qualités d'homme d'État permettaient de le considérer comme un autre Alexandre. Mais, si le personnage historique retenait l'attention des chroniqueurs et des poètes, les clercs n'ignoraient point son œuvre littéraire. Dès la renaissance carolingienne, le *De bello gallico* avait fourni des exemples aux compilateurs de florilèges. Le savant Loup de Ferrières* l'appréciait comme historien des Gaules et restituait à Hirtius, non, comme on le fit plus tard, à Julius Celsus Constantinus, les récits complémentaires. Il ne paraît pas avoir connu le *Bellum Civile*, mais chacun savait que la vie de César avait été contée par Suétone et que sa rivalité avec Pompée faisait l'objet d'une épopée, la *Pharsale* de Lucain, aussi répandue dans les écoles que les poèmes de Virgile* et d'Ovide*. Les sources nombreuses, à l'aide desquelles on pouvait reconstituer la biographie du dictateur, furent exploitées avec talent par le clerc anonyme qui, vers 1213-1214, rédigea en prose les *Faits des Romains**, à l'aide « de Saluste et de Setoine et de Lucain ». Faisant suite dans quelques manuscrits à la compilation intitulée par P. Meyer l'*Histoire ancienne jusqu'à César**, l'ouvrage nous révèle un auteur doué de sens critique, d'intelligence historique et de goût littéraire ; aussi trouva-t-il de nombreux lecteurs tant en France qu'en Italie. Mais il ne s'agissait là que d'extraits souvent littéraux, habilement choisis et combinés. Les amateurs d'antiquité ne pouvaient indéfiniment s'en satisfaire.

Sans doute à l'imitation du *Roman d'Alexandre**, un poète qui, d'après les plus récentes recherches ne serait pas, comme on l'a cru longtemps, l'énigmatique Jacot de Forest, mais Jean de Thuin*, rima vers le milieu du XIIIe siècle, en laisses d'alexandrins monorimes, *Li roumanz de Julius Cesar,* dont il donna peu après une version en prose, sensiblement abrégée, sous le titre d'*Hystore de Julius Cesar*. L'ouvrage, d'une médiocre qualité littéraire, est essentiellement une adaptation de la *Pharsale*, complétée par des emprunts au *Bellum Civile* et aux *Faits des Romains*. C'est sans doute à ces derniers, non au roman de Jean de Thuin que se réfère Nicolas de Vérone*, qui composa en 1343 une adaptation partielle de la *Pharsale* en dialecte franco-italien.

Il nous faut attendre le XVe siècle, au moment où se développe en France le culte de l'antiquité, fondé par l'humanisme, pour que des auteurs s'avisent de traduire intégralement le *De bello gallico*. C'est ainsi qu'en 1473 ou 1474, selon les manuscrits, le lillois Jean Duchesne, serviteur zélé de la maison de Bourgogne, exécute, à la requête de Charles le Téméraire, une version française des *Commentaires*, que sept manuscrits au moins nous ont conservée. Pour répondre au désir de son maître, l'instruire et guider sa conduite, Jean Duchesne lui propose l'exemple d'un héros dont la gloire fut ternie et le succès compromis par l'orgueil et l'ambition. Historien et moraliste plus certainement qu'humaniste, il s'est efforcé pourtant de traduire César avec intelligence et de le rendre accessible aux lecteurs profanes. Il ne semble pas cependant que l'ouvrage, dont nous possédons de luxueux manuscrits, se soit longuement répandu hors du milieu bourguignon. Il ne fut jamais imprimé et tomba dans l'oubli après la mort du prince qui en avait suggéré l'idée.

Il est vrai que, dix ans plus tard, en 1485, Robert Gaguin*, ministre général des Trinitaires, offrait à Charles VIII une traduction plus rigoureuse, plus conforme aux exigences de l'humanisme. S'il a fixé son choix sur les *Commentaires*, c'est d'abord parce qu'ils éclairent un douloureux épisode du passé national et qu'il médite déjà de composer son *Compendium de origine et gestis Francorum*. Pour lui, le témoignage de César est tout à l'honneur des vaincus. D'autre part, cet humaniste éprouvé, ami de Guillaume Fichet* et des imprimeurs parisiens, admire les chefs-d'œuvre de l'antiquité, et doit à une longue expérience une connaissance parfaite du latin. Soucieux de faire connaître une œuvre dont il apprécie la matière et le style, il s'interdit toute paraphrase, toute glose didactique, toute digression morale. On conçoit dès lors que la traduction de Gaguin ait connu une large diffusion. Imprimée dès 1485 par Pierre Levet, elle le sera de nouveau en 1488 par Antoine Vérard, puis régulièrement et presque sans interruption jusqu'en 1555. Ainsi le héros dont le Moyen Âge n'avait jamais cessé de citer en exemple la vie glorieuse et tourmentée, reprenait, grâce aux traducteurs, sa véritable physionomie.

→ L.F. Flutre, *Li fait des Romains dans les littératures française et italienne du XIIIe au XVIe siècle*, Paris, 1932. — P. Hess, *Li Roumanz de Julius Cesar. Ein Beitrag zur Cäsargeschichte im Mittelalter*, Winterthur, 1956. — R. Bossuat, *Traductions françaises des « Commentaires » de César à la fin du XVe siècle, dans BHR*, t. 3 (1943), p. 253-411. — R.H. Lucas, *Mediaeval French Translations of the Latin Classics to 1500*, dans *Speculum*, t. 45 (1970), p. 225-253. — M. Schmidt-Chazan, *Les traductions de la Guerre des Gaules et le sentiment national au Moyen Âge*, dans *Annales de Bretagne et des pays de l'Ouest*, t. 87, (1980), p. 387-407. R.B.

Chace dou cerf. Le plus ancien ouvrage cynégétique français (deuxième moitié du XIIIe siècle) est un poème de 522 octosyllabes à rimes plates, écrit en forme de dialogue entre un chasseur expérimenté et son disciple. L'auteur inconnu use d'une langue claire et nette, au charme spontané, qui présente des traits de l'Est ou du Nord-Est de la Picardie. Il ne traite que de la chasse du cerf : manœuvres et procédés de chasse sont les mêmes que dans les ouvrages de Gaston Phébus* et Henri de Ferrières*.

Des deux manuscrits connus, l'un se trouve à Paris (BN, fr. 1593), l'autre est perdu, et l'on n'en possède que les variantes notées par le baron Jérôme Pichon et conservées dans la bibliothèque de Gunnar Tilander.

ŒUVRES. — *La chasse du cerf en rime françoise*, éd. J. Pichon, Paris, 1840. — *La Chace dou cerf*, éd. G. Tilander, dans *Studier i modern språkvetenskap*, t. 14 (1942), p. 49-103 ; éd. et trad. française G. Tilander, Stockholm, 1960 (*Cynegetica*, 7).

→ P. Mouchon, *Supplément à la Bibliographie des ouvrages français sur la chasse de J. Thiébaud,* Paris, 1953, col. 1090-1091 (*Maîtres de la vénerie*, 9 *bis*). Cf. *MB* n° 6569.

G.T. et F.F.H.

Chaillou de Pesstain. Outre les 12 manuscrits (plus deux fragments) de la version primitive du *Roman de Fauvel* de Gervais du Bus*, on conserve un autre volume qui présente un texte très particulier : le ms. Paris, BN, fr. 146. On trouve là, en effet, un *Fauvel* avec plus de 150 insertions lyriques, latines et françaises, et une amplification de près de 3 000 vers au moment de la rencontre entre Fauvel et Fortune, puis de la description du mariage du héros avec Vaine Gloire. Toutes ces « addicions » sont signées par un certain messire Chaillou de Pesstain (après le v. 2886). Depuis C.-V. Langlois, on a identifié ce personnage avec un chevalier Raoul Chaillou, bailli d'Auvergne (1313-1316), de Caux (1317-1319), de Touraine (1322), délégué à l'Échiquier de Normandie (1323), enquêteur-réformateur en Languedoc (1324), rétabli après une courte disgrâce au Parlement de Paris (1329) et mort au printemps 1336 ou 1337. On ne sait s'il était du Berry ou du Nord de la France : on trouve dans la Somme (arr. de Péronne) un village du nom de Pertain. Mais le dernier travail portant sur le manuscrit fr. 146 récuse cette identification devenue classique. En effet, l'ensemble des œuvres du volume constitue une véritable unité. Or, les critiques portées contre les hommes du roi dans le *Fauvel* remanié, dans la *Chronique* et les *Dits* de Geoffroy de Paris*, sont dirigées uniquement contre les grands serviteurs et ceux qui exécutent leurs ordres : baillis et légistes. La position de Raoul Chaillou convient donc peu à Chaillou de Pesstain. Celui-ci appartenait plus probablement au même milieu que Gervais du Bus : le groupe des notaires-secrétaires du roi. Il est même très probable que Gervais a participé au remaniement de son texte. Elizabeth Brown serait, elle, tentée de voir en Chaillou de Pesstain un pseudonyme de Gervais. Peut-être ce nom sert-il à cacher tous les clercs de chancellerie qui ont pu participer à l'élaboration du volume : Gervais mais aussi Geoffroy de Paris et d'autres.

Ainsi l'interpolation sur le mariage de Fauvel développe-t-elle les scènes du festin, d'un charivari (cortège bruyant qui se moque des époux) et de joutes où s'affrontent les partisans de Fauvel et ceux de Virginité. Ce dernier passage — un combat des vices et des vertus — emprunte au *Tournoiement Antéchrist* de Huon de Méry*, tandis que les scènes du festin, du coucher de la mariée, l'énumération des instruments de musique et la prière qui clôt l'interpolation, sont démarquées du *Roman du conte d'Anjou* de Jean Maillart*. Or, Jean Maillart fut l'un des principaux fonctionnaires de la chancellerie de Philippe le Bel puis de Louis X. Il signe son roman d'un « engin » qu'il fait suivre de la mention de la date d'achèvement (1316), dont un vers est repris de la datation du second livre de *Fauvel* (1314). Avec l'interpolation de Chaillou de Pesstain, on se trouve donc au centre d'un jeu de miroirs et de reprises propre à être compris et apprécié d'un public averti et restreint : celui des chancelleries parisiennes. Connu pour son travail sur des volumes des *Grandes Chroniques de France** et de la *Bible historiale* de Guiard des Moulins*, le peintre des 70 miniatures du *Fauvel* remanié, a d'ailleurs également illustré deux registres d'actes de Philippe le Bel.

Unique par la convergence politique des œuvres qui le composent, le manuscrit fr. 146 est également exceptionnel par son apport musical. C'est pour la France, la source musicale la plus importante de la première moitié du XIVe siècle. Les pièces insérées témoignent de la tradition du plain-chant tout comme des innovations de l'*ars nova*. L'épisode du charivari contient à lui seul 30 pièces lyriques dont 12 sottes chansons. Celles-ci sont capitales pour comprendre l'évolution de la fatrasie* vers le fatras. La présence, à la fin du volume, de 33 pièces de Jean (ou Jeannot) de Lescurel* pourrait s'expliquer par l'inachèvement du manuscrit : destiné sans doute à être « fauvellisé » et à entrer dans le *Fauvel*, ce matériel de travail n'a pas été retouché mais inséré tel quel dans le volume. On conserve ainsi des œuvres précieuses dans la mesure où elles précèdent et annoncent le travail de Guillaume de Machaut*. Peut-être aussi ce choix de Jeannot de Lescurel n'est-il pas dénué d'ironie. Si c'est bien le poète qui fut pendu comme mauvais garçon en 1304, alors les compilateurs du volume se seraient amusés de ce rapprochement avec la mort d'Enguerrand de Marigny, sur le même gibet en 1315. Car c'est bien la figure du chancelier de Philippe le Bel qui vient colorer l'image purement allégorique du livre I et qui sert d'exemplum au *Fauvel* remanié.

Ce monument unique pour l'esthétique littéraire, musicale, picturale, et la pensée politique de l'époque, a été élaboré dans les milieux proches de la royauté. Sorte de miroir du prince, il voulait mettre en garde contre les prétentions de certains serviteurs de la couronne et contre la corruption en général, tout en célébrant la dignité du pouvoir royal. Commencé après la mort de Philippe le Bel (1314), le manuscrit exprime les réticences de ses auteurs en ce qui concerne Louis X et, en particulier, son remariage. Le roi étant mort prématurément en 1316, ils purent reporter leurs espérances sur Philippe V (motets entre les livres I et II de *Fauvel*). Le décès de Philippe V en 1322 explique peut-être l'inachèvement relatif du volume et le fait qu'il n'ait jamais été offert au roi.

ŒUVRE. — Fac-similé du ms. : P. Aubry, Paris, 1907 [avec une table des interpolations musicales]. — E. Roesner, F. Avril et N. Regalado, New York, 1990 [intro. capitale]. — Éd. des remaniements et interpolations narratifs dans A. Långfors, *Le Roman de Fauvel de Gervais du Bus*, Paris, 1914-1919 (*SATF*, 63). — Éd. des rubriques et des interpolations lyriques dans E. Dahnk, *L'Hérésie de Fauvel*, Leipzig, 1935. — Éd. de la musique polyphonique dans L. Schrade, *Polyphonic Music of the Fourteenth-Century*, Monaco, 1956. — Éd. des pièces monophoniques par G.A. Anderson et G. Reaney, à paraître dans la série *Corpus mensurabilis musicae*.

→ C.-V. Langlois, *La vie en France au Moyen Âge d'après quelques moralistes*, Paris, 1908, p. 276-304 [le premier à parler de Raoul Chaillou ; chap. qui disparaît dans l'éd. de 1921]. — R. Hess, *Der Roman de Fauvel.*

Studien zur Hs. 146 der Nat. Bibl. zu Paris, dans *Romanische Forschungen*, t. 27 (1910), p. 295-341. — M. Roques, *L'interpolation de Fauvel et le comte d'Anjou*, dans *Romania*, t. 55 (1929), p. 548-551. — H. Spanke, *Zu den musikalischen Einlagen in Fauvelroman*, dans *Neuphilologische Mitteilungen*, t. 37 (1936), p. 188-226. — N. Freeman Regalado, *Masques réels dans le monde de l'imaginaire. Le rite et l'écrit dans le charivari du Roman de Fauvel, ms. BN fr. 146*, dans *Masques et déguisements dans la littérature médiévale*, Montréal-Paris, 1988, p. 111-126. — P. Uhl, *Hellequin et Fortune : le trajet d'un couple emblématique*, dans *Perspectives médiévales*, t. 15 (1989), p. 85-89. — Cf. *MB* n°s 5456-5466 ; *S* 4396. S.L.

Chanson. Ce terme désigne à la fois la chanson monodique des trouvères et des troubadours et la chanson polyphonique des XIVe, XVe et XVIe siècles.

La chanson polyphonique est une pièce à plusieurs voix sur un texte poétique avec refrain. Elle groupe, au XIVe siècle, les genres suivants : motets, rondeaux, virelais, ballades et bergerettes. D'une manière générale, une seule voix est dotée de texte, les autres parties sont confiées à des instruments. Guillaume de Machaut*, dans ses pièces à deux, trois, quatre voix, précisa la syntaxe et la longueur de ces chansons, qui sont soumises à la contrainte de la forme littéraire. La ballade profane est très en vogue : le manuscrit de Chantilly* n'en contient pas moins de soixante-dix.

Au XVe siècle, des recueils entiers de chansons courtoises, satiriques, historiques, connurent un grand succès. Après Jean Tapissier*, Jean Carmen*, Jean Césaris*, Gilles Binchois* et Guillaume Dufay*, la ballade sera moins cultivée ; les rondeaux célébreront l'amour courtois ; la musique l'emportera sur le texte littéraire. Grâce au modèle forgé par Josquin des Près, la chanson typiquement française, à plusieurs voix (trois, quatre, cinq, six et plus, sans accompagnement instrumental), atteindra son apogée après 1520.

→ L'art. *Chanson von ca. 1420-ca. 1520.* dans *MGG*, 2. — G. Thibault, *La chanson française au XVe siècle,* dans *Histoire de la musique*, Paris, 1960 (*Encyclopédie de la Pléiade*).

Voir aussi : Lyrique (Poésie) ; *Canso*. E.W.

Chanson d'Antioche. Cette chanson de geste date de la fin du XIIe siècle ; elle semble avoir été écrite pour inciter les chrétiens à participer à la troisième ou à la quatrième croisade. Elle passe, depuis P. Paris, pour être l'œuvre de deux auteurs, Richard le Pélerin, un témoin oculaire « trouvère aux armées », qui aurait fait une sorte de reportage, et Graindor de Douai, qui l'aurait remaniée en y introduisant tous les éléments épiques ; c'est la thèse soutenue dans la savante et fort perspicace étude de S. Duparc-Quioc qui voit dans le comte de Saint-Pol le protecteur de Richard. R.F. Cook a remis en question la qualité d'auteur de ces personnages et même leur existence (les rares indices semés dans le texte sont sujets à caution et peuvent recevoir diverses interprétations), tout en reconnaissant que le texte a pu être précédé de versions orales ou de versions écrites perdues.

La *Chanson d'Antioche* retrace les événements depuis la vision de Pierre l'Ermite au Saint-Sépulcre (en insistant sur les exploits des croisés et en renseignant de façon vivante sur l'atmosphère de l'expédition), jusqu'à la fin de la deuxième bataille d'Antioche (les chrétiens sont à leur tour assiégés par l'émir Kerbôgha [Corbaran d'Oliferne]). Il faut noter l'énorme importance historique de la prise d'Antioche, place stratégique qui commandait le seul passage de l'Oronte et dominait la seule route de Jérusalem. Notre texte, en dépit de certaines modifications de la réalité historique (amplification, simplification, suppression, remplacement de certains faits), présente le degré d'historicité le plus élevé par rapport aux autres œuvres en langue vulgaire.

ŒUVRE. — Éd. S. Duparc-Quioc, Paris, 1977-1978, 2 vol.

→ S. Duparc-Quioc, *Le cycle de la croisade,* Paris, 1955 ; *La composition de la « Chanson d'Antioche »*, dans *Romania*, t. 83 (1962) p. 1-29, 210-247. — R.F. Cook, *« Chanson d'Antioche », chanson de geste : le Cycle de la croisade est-il épique ?* Amsterdam, 1980. — Cf. *MB* n°s 876-880 ; *S* 1983-1991.

Voir : *Croisade (Cycle de la).* I.W.

Chanson de geste. L'expression « chansons de geste » est utilisée dès les textes anciens, notamment la *Chanson de Guillaume* (voir *Geste de Guillaume d'Orange*). On désigne ainsi de longs poèmes épiques chantant les exploits de héros qu'une légende, plus ou moins fondée en vérité, associe à l'histoire de la France royale et féodale. Le mot *geste* (latin : *gesta*) a dû signifier « récit de hauts faits », puis désigner les récits se rapportant à la famille du héros, parfois cette famille elle-même. Les chansons se présentent sous forme de tirades ou *laisses* assonancées ou rimées, de longueur variable, le plus souvent en vers décasyllabiques, mais aussi en octosyllabes et en alexandrins. Entre les premiers poèmes conservés dans les manuscrits et les derniers remaniements en prose, le genre a connu tant de transformations qu'il est difficile de le définir par des critères formels. Ces chansons nous sont parvenues comme des monuments énigmatiques, témoins d'une activité littéraire dont on ne saisit pas d'emblée la nature exacte. C'est pourquoi les critiques ont cherché à expliquer ce genre poétique en le situant dans la perspective plus large du devenir historique ; toutes les tentatives d'interprétation débouchent ainsi sur une question très controversée, celle des origines.

La donnée essentielle du problème est l'écart constaté entre la date des événements historiques et celle des premières chansons qui y font allusion. On n'accorde qu'à trois textes (*Roland, Guillaume, Gormont et Isembart*) une date de composition sûrement antérieure à 1150 ; le *Roland* d'Oxford pourrait tout au plus remonter à la fin du XIe siècle. Or la bataille de Roncevaux a eu lieu en 778 ; Guillaume, qui reçut en 790 le comté de Toulouse, mourut à Gellone en 812 ; un débarquement normand en 881 a dû fournir le thème de *Gormont*. Les théoriciens ont d'abord pensé que nos poèmes dérivaient de chants populaires composés sous le coup des événements. Dans leur réaction contre l'humanisme et la conception « classique » de la littérature, les critiques romantiques, comme Fauriel (1830-1836), ont cru trouver là un exemple de poésie instinctive, naturelle, émanant directement du peuple. Charles d'Héricault (1860) et Gaston Paris (1865) formulent une hypothèse plus précise : il y eut des *cantilènes* épico-lyriques en langue vulgaire. Léon Gautier (1865) et Pio Rajna (1884) vont même chercher les origines de l'épopée française à l'époque mérovingienne, dans les brumes de l'âme germanique.

Mais Ph. A. Becker et J. Bédier ont attiré l'attention sur l'originalité et la modernité de nos chansons de geste, soulignant le décalage dont elles témoignent entre le monde carolingien et le monde capétien. Bédier a étudié les *Légendes épiques* dans le but d'éclairer les œuvres par leur époque de composition et leur milieu géographique. Il a cru retrouver ainsi dans nos épopées l'ombre et la lumière de quelques sanctuaires et lieux de pèlerinage : Saint-Jacques-de-Compostelle, Gellone, Saint-Riquier. L'impulsion était donnée pour des recherches fécondes.

Les adversaires de Bédier : F. Lot (1926), R. Fawtier (1933) et R. Louis préfèrent remonter le cours du temps plutôt qu'explorer l'espace littéraire. Mais ils lui doivent autant que des disciples comme P. Boissonnade, chercheur de « clefs » (1922), ou A. Pauphilet, esthète de la poésie (1933). Cependant l'opposition s'est accentuée entre « traditionalistes » et « individualistes ». C'est sans doute que le débat met en cause la définition même de la critique et de la littérature. Le choix entre une perspective historique et une perspective esthétique, entre la conception d'un devenir continu et celle d'une succession de faits discontinus, reflète l'antinomie fondamentale de la pensée moderne dans son effort pour expliquer le monde et son histoire. Mais les thèses n'ont pas toujours la clarté désirable. On a confondu tradition légendaire et tradition littéraire ; interprétation orale et improvisation verbale ; le sens, la forme du mythe héroïque et la signification, la structure de l'œuvre épique ; parfois aussi le mystère des documents perdus avec le miracle du génie. Quelques colloques et congrès (*Société Rencesvals*) ont mis un peu d'ordre dans la discussion ; on commence l'inventaire des problèmes et des résultats acquis.

La *tradition légendaire* concernant quelques figures historiques a laissé des traces visibles. Avant l'apothéose littéraire du héros, il n'y a pas trois siècles de silence, mais des rumeurs qu'auscultent les critiques. R. Ruggieri (1936), H. Grégoire (1939-1949), E. Mireaux (1943), A. de Mandach pour Roland, R. Louis pour Girard, comte de Vienne, Mme R. Lejeune pour Ogier, ont essayé de débrouiller la préhistoire du héros. Pour jalonner le cheminement des légendes, on rencontre quelques documents comme la *Vita Karoli* d'Eginhard* et la *Vita Hludovici* ; la *Nota*

Emilianense, copiée dans un manuscrit du Xe siècle ; des chartes du XIe siècle attestant la popularité de Roland et Olivier ; la *Conversio Otgherii militis* ; différentes versions conservées dans le *Fragment de la Haye,* le *Guide du Pèlerin,* la *Chronique du pseudo-Turpin**, la *Karlamagnus Saga.* Les recherches sur ces légendes dégagent les sources possibles mais non certaines de nos auteurs, nullement la genèse des épopées elles-mêmes.

La *tradition littéraire* est surtout représentée par la littérature narrative en latin. Elle a pu fournir les « topoi » reconnus par Curtius, l'art des dénombrements et des descriptions (*Ueber die altfranzösische Epik* dans *ZRPh*, 1944, p. 233-320), la rhétorique, présente dans le *Waltharius*, mais non l'exemple même de l'*Énéide*, comme le voulait M. Wilmotte (*L'Épopée française*, 1939). Les vers latins célébrant *Saint Faron*, les hexamètres qu'A. Burger croit à l'origine du *Turpin*, peuvent représenter une création proprement lyrique : le panégyrique ne définit pas l'épopée. Orderic Vital* fait allusion à une cantilène chantée publiquement par des jongleurs au sujet de Guillaume ; est-ce la preuve d'une tradition populaire ? Mais il écrit en 1131-1141 ; nous sommes encore loin de pouvoir affirmer, avec R. Louis : « L'épopée est carolingienne » !

Le *genre épique* n'a pourtant pas dû naître d'un coup de dés ou d'un trait de génie. La critique comparée, qui étend ses enquêtes de l'*Iliade* aux chants yougoslaves, nous permet de connaître les conditions favorables à l'apparition de « l'épopée vivante » (*La Table Ronde,* décembre 1958). Ces conditions ont pu être réalisées en France dès qu'une civilisation guerrière chercha à s'établir, à se reconnaître et à se définir dans le culte de ses héros et le souvenir de ses batailles ; la fonction de la chanson de geste fut à la fois de célébrer et de divertir, de ravir et d'édifier. Dans ce but, elle associa le lyrisme « vertical » et le récit « horizontal », deux mouvements que l'on peut reconnaître dans nos poèmes ; la narration y est en effet freinée ou interrompue par des reprises, des refrains et même des rythmes strophiques qui affleurent dans *Gormont et Isembart** ou le *Charroi de Nîmes**. Tradition, sinon vestige, qui nous suggère de chercher sur la souche primitive du lyrisme la ramification constituant l'épopée. Mais tout le monde n'est pas d'accord avec A. Monteverdi pour faire dériver la *laisse* de la strophe.

Le *caractère oral* de la chanson épique primitive n'implique pas que sa technique ait été analogue à celle du chant lyrique. Les musicologues F. Gennrich (*Grundriss einer Formenlehre des Mittelalterlichen Leides*, Halle, 1932) et J. Chailley n'ont guère comme documents que la mélodie d'*Audigier**, épopée parodique citée par Adam de La Halle*, et une phrase du théoricien Jean de Grouchy : « *idem cantus debet in omnibus versibus reiterari* ». Sans doute chaque *laisse* (versus) reprenait donc l'intonation, le développement, et le timbre de conclusion accompagnant le petit vers. On pense moins à l'art des hymnes liturgiques qu'à une sorte de psalmodie. Le métier du jongleur chargé de faire entendre l'épopée explique le recours à certains procédés comme « la technique formulaire » étudiée par Mme R. Lejeune (*MA*, 1954, p. 311-334) et surtout par J. Rychner. Il faut dépasser une conception étroite de la littérature, celle qui prétend juger Molière en négligeant l'acteur et le metteur en scène. Au Moyen Âge, comme aujourd'hui, l'art de la parole déborde largement le métier de l'écrivain.

Le *rôle de l'écriture* dut pourtant être décisif, non seulement dans la conservation des meilleurs poèmes, mais aussi dans leur élaboration. Il faut comprendre avec M. Delbouille (*Les chansons de geste et le livre*, dans *La Technique littéraire...* p. 295-407) que le trouvère ne fait pas seulement du canevas ou du rafistolage. La recherche réfléchie de la qualité dut assurer au moins une différence de degré entre les formes commerciales et mouvantes, les « états latents » de l'épopée, et les chefs-d'œuvre fixés, conservés par les manuscrits. Ces derniers, souvent très soignés, étaient plutôt destinés aux princes qu'aux jongleurs. En tout cas, il y a plus dans le *Roland* d'Oxford que « l'enfance de l'art ».

La *structure des poèmes* a pu faire croire, sinon à la négligence des trouvères, du moins à la désinvolture de copistes mettant bout à bout, mécaniquement, des textes hétéroclites. Ces œuvres n'ont ni la science ni le sens de la perfection classique.

La structure médiévale admet les longs prologues, majestueux comme des façades (*Couronnement de Louis**), la juxtaposition d'épisodes de styles différents, enchâssés comme des vitraux (*Charroi de Nîmes**), des arrêts et des digressions, comme dans des chapelles latérales, des redites et des contradictions secondaires. L'apogée peut se situer, non à la fin, comme dans la tragédie, mais au milieu, comme la clef de voûte ou la flèche d'une cathédrale (*Ch. de Roland**). La création épique néglige parfois l'unification des détails. Mais l'unité tient à un ordre général de la composition.

Le *sens de l'œuvre* dépend en effet de l'enchaînement des actions et de la rencontre des passions. En cherchant à intégrer les épisodes contestés, on a retrouvé à la fois les parallélismes formels et les suggestions spirituelles qui éclairent l'interprétation. Comme l'ont montré P. Le Gentil pour la *Ch. de Roland* et J. Frappier pour la *Ch. de Guillaume*, il ne faut pas s'hypnotiser sur la présence de clichés banals ni sur le recours à des thèmes d'emprunt. Quelques scènes chargées de symboles, comme la mort de Roland ou la mort de Vivien, ont un grand pouvoir de rayonnement. Chaque œuvre « éclaire » ainsi à sa manière la condition humaine et le destin du héros.

Le *mouvement d'idéalisation* est un principe essentiel de toute épopée. Il faut replacer les faits dans cette perspective, comme le font J. Frappier et P. Le Gentil dans leurs *Réflexions sur les rapports des chansons de geste et de l'histoire* (*ZRPh*, 1957, p. 1-9. — *Mél. I. Franck*, 1957, p. 262-268). Certes le chanteur de geste se veut *vrai*, s'opposant volontiers à la fantaisie des conteurs bretons. Il renvoie à la « geste » comme à la source authentique de sa chanson. Mais il grandit, il magnifie l'action des personnages, pour prêter une qualité et un sens à la guerre, qui n'en a jamais beaucoup en vérité. Par là il peut prolonger l'interprétation légendaire : Roncevaux a eu un grand retentissement avant que Turold ne « décline », ne raconte les prouesses de Roland. Mais le trouvère peut infléchir à son gré, métamorphoser la légende héroïque : il insiste sur la force (Guillaume Fierebrace), sur le courage (le preux Roland) ou la sagesse (Olivier), la fidélité (Bernier) ou le sacrifice (Vivien).

L'idéologie, peut aussi changer d'une chanson à l'autre. J. Bédier a montré que des clercs avaient pu utiliser à des fins de propagande le prestige de l'épopée. Plus profondément, il a cherché un rapport entre la *Ch. de Roland* et le mouvement spirituel qui conduit à la première croisade. Ce sont souvent les intentions morales et politiques qui permettent de définir la signification des épopées françaises. Les critiques modernes retrouvent les vicissitudes de la société féodale dans le drame de quelques chefs-d'œuvre. R. Bezzola pour *Raoul de Cambrai**, P. Le Gentil pour *Girart de Roussillon** (*G. de R., Sens et structure du poème*, dans *Romania*, 1957, p. 323-384, 463-510), ont cherché dans le monde capétien les conflits de la justice et du droit qui confèrent à ces chansons une réelle profondeur.

La formation des cycles n'est pas sans rapport avec ces préoccupations idéologiques. Les trois « gestes » distinguées par Bertrand de Bar-sur-Aube* répondent à une interprétation différente des conflits humains. La *Geste de Charlemagne** (*Berte aux grans piés* d'Adenet le Roi*, *Pèlerinage de Charlemagne**, *Aspremont**, *Otinel**, etc.) illustre plutôt la lutte de la chrétienté contre l'islam, le rêve d'un Occident uni, la foi en la mission sacrée du roi et aussi la nostalgie d'un pouvoir paternel, qui s'empare souvent des Français. Les vingt-quatre chansons de la *Geste de Guillaume** défendent la cause des vassaux fidèles à un monarque hésitant et affaibli, menacé à l'extérieur comme à l'intérieur. La geste de *Doon de Mayence** rassemble sur le thème de la révolte des chansons issues de diverses traditions (*Gormont et Isembart**, *Girart de Roussillon**, *Ogier le Danois**, *Renaut de Montauban**), à quoi il convient d'associer, pour la même raison, *Raoul de Cambrai**. Le cycle de la croisade nous achemine vers une interprétation plus fantaisiste de l'histoire (*Geste du Chevalier au Cygne**), cependant que la *Geste de Nanteuil** et la *Geste des Lorrains** cherchent surtout à illustrer quelques familles féodales. N'oublions pas qu'à cette époque la politique et le sens du lignage peuvent se confondre.

La cristallisation épique se manifeste selon les principes de la généalogie et de la biographie. Elle prolifère autour d'une figure centrale, dont le caractère expressif (tel le nez courbe ou court de Guillaume), accroche l'imagination. L'enrichissement porte sur les « enfances » (*Mainet**, *Basin* pour Charlemagne) ou les voyages (*Pèlerinage de Charlemagne**), sur les ancêtres, les frères ou les neveux (*Geste de Garin de Monglane**, *Girart de Vienne**, *les Narbonnais** pour Guillaume). La parenté spirituelle de ces chansons liées par un héros reste relative. Charlemagne inspire plus de religion, Guillaume plus de pittoresque, le thème de la révolte plus de violence tragique.

L'évolution du goût est assez sensible pour étayer une chronologie des œuvres. R. Bezzola l'a étudiée : *De Roland à Raoul de Cambrai* (dans *Mél. Hoepffner*, 1949, p. 195-213). Les thèmes réalistes (l'argent, la terre) se renforcent. Vers 1200, Jean Bodel* donne à la *Chanson des Saisnes* une couleur bourgeoise. Cependant dès la fin du XIIe siècle, le raffinement courtois est devenu sensible dans les manières, les dialogues, le rôle important que certaines épopées accordent à la femme et à l'amour (*Charroi de Nîmes**, *Aymeri de Narbonne**). L'appel du bonheur (*Prise d'Orange**), le merveilleux féerique (*Huon de Bordeaux**) l'emportent bientôt sur la simple prouesse. Après 1260, les œuvres du ménestrel Adenet le Roi* (éd. A Henry, 1951-1956) effacent toute trace de sauvagerie (encore apparente dans la *Chevalerie Ogier** de Raimbert de Paris*) pour proposer aux cours du Nord des œuvres où la conversation a plus de prestige que le muscle (*Enfances Ogier*). Le chant et la déclamation ont sans doute fait place à une lecture moins solennelle ; la rime remplace l'assonance ; la différence avec le roman n'est plus très nette. Philippe Mousket* (1260) rassemble dans sa *Chronique rimée* les légendes épiques sur Charlemagne. En 1300, Girart d'Amiens* en fait un roman de 23 000 alexandrins. La passion pour l'histoire, le goût de l'aventure et la propagande se mêlent étrangement dans les chansons propres au XIVe siècle, que R. Bossuat a étudiées (*Charles le Chauve*, dans *LR*, t. 7 (1953), p. 107-132, 187-199 ; *La chanson de Hugues Capet*, dans *Romania*, t. 71 (1950), p. 450-481 ; *Théseus de Cologne*, dans *MA*, t. 65 (1959), p. 97-133, 293-320, 539-577) et dans les compilations en prose. C'est enfin la prose qui l'emporte au XVe siècle, avec les rajeunissements demandés par les princes comme Philippe le Bon : David Aubert* lui offre ses *Cronicques et conquestes de Charlemagne* (éd. R. Guiette, 1940-1951). L'histoire des chansons de geste est donc celle d'un perpétuel remaniement. On peut ainsi supposer qu'elle commence avant nos premiers textes. Cependant l'âge d'or de l'épopée française se situe entre 1150 et 1250. Après, il faut bien parler de décadence : la forme et la signification du genre se perdent dans les redites et le délayage. On reste pourtant frappé par la survivance, au moins jusqu'au XVIe siècle, des thèmes de l'épopée française, associés à l'idéal d'une chevalerie romanesque.

Le trouvère est donc un remanieur. Cette idée nous déconcerte, surtout quand nous voulons apprécier le talent des auteurs. Il ne faut pas que le mot soit opposé à celui de « créateur ». Il n'y a pas en littérature de commencement absolu. Le poète, même primitif, compose avec des paroles reçues, des images qui copient d'autres images, des thèmes transmis par l'éternel bavardage des hommes. « Trouver » n'est pas exactement inventer. L'initiative personnelle porte sur le sens donné « aux mots de la tribu » et aux légendes de la tradition. Une « mutation » dans l'hérédité littéraire peut en résulter, si l'auteur, séduisant ou profond, impose pour un temps sa manière et sa vision. Mais faut-il admirer Turold et ignorer Bertolai de Laon, suspect pour avoir vécu au Xe siècle ? R. Menéndez Pidal, dont le « néo-traditionalisme » flatte notre néo-romantisme, nous enseigne avec raison que le génie est relatif, l'évolution des genres progressive, la vie poétique ouverte sur le passé et sur l'avenir (*La « chanson de Roland » y el neotradicionalismo. Origenes de la épica románica*, Madrid, 1959).

Il n'en demeure pas moins que nous avons à comprendre et à expliquer des textes composés à une certaine date, dans une certaine perspective, avec un sens déterminé par l'attente d'un public et l'intention d'un auteur. Le *Couronnement de Louis* semble bien interpréter l'avènement de Louis le Débonnaire à la lumière du sacre de Louis VII, dont la faiblesse inquiète les clercs de Saint-Denis. Cette surimpression du présent sur le passé doit guider notre interprétation. C'est pourquoi les réflexions nuancées de Martín de Riquer, les recherches analytiques et éclectiques de J. Frappier et P. Le Gentil, peuvent donner des résultats plus immédiats que la quête des sources, dont le mirage risque de nous tromper. Faute de pouvoir invoquer des poètes qui nous demeurent inconnus, ne convient-il pas d'expliquer les poèmes en cherchant le milieu *littéraire et politique* dans lequel ils furent composés ? L'esthétique ou l'histoire nous ramènent nécessairement à la tâche jadis proposée par Bédier, et qu'il avait entamée à sa manière, en pèlerin de l'épopée. On peut essayer de préciser ainsi, dans quelques cas, les espérances et les regrets qui traversent la chanson de geste, tel l'attendrissement douloureux qui envahit enfin le dur héros, à l'heure de la mort où il se souvient...

...de tantes terres cum li bers cunquist,
De dulce France, des humes de sun lign,
De Carlemagne, sun seignor, kil nurrit :
Ne poet muer n'en plurt e ne suspirt !

→ J. Bédier, *Les légendes épiques*, Paris, 1908-1913, 4 vol. — R. Menéndez Pidal, *Poesia juglaresca y juglares*, Madrid, 1924 ; *La chanson de Roland et la tradition épique des Francs*, 2e éd. revue par R. Louis, trad. I. Cluzel, Paris, 1960. — G. Doutrepont, *Les mises en prose des épopées et des romans chevaleresques du* XIVe *au* XVIe *siècle*, Bruxelles, 1939. — R. Louis, *De l'histoire à la légende : Girart, comte de Vienne dans les chansons de geste*, Auxerre, 1947, 2 vol. — R. Lejeune, *Recherches sur le thème : Les chansons de geste et l'histoire*, Liège, 1948. — J. Chailley, *Etudes musicales sur la chanson de geste et ses origines*, dans *Revue de Musicologie*, t. 27 (1948), p. 209-230. — I. Siciliano, *Les origines des chansons de geste*, Paris, 1951 ; *Les chansons de geste et l'épopée*, Turin, 1968. — P. Aebischer, *Textes norrois et littérature française du Moyen Âge. I. Recherches sur les traditions épiques antérieures à la chanson de Roland, d'après les données de la Karlamagnussaga*, Genève, 1954. — J. Rychner, *La chanson de geste. Essai sur l'art épique des jongleurs*, Genève, 1955. — M. de Riquer, *Les chansons de geste françaises*, trad. I. Cluzel, Paris, 1957. — F. Lot, *Etudes sur les légendes épiques françaises*, introduction par R. Bossuat, Paris, 1958. — *La Technique littéraire des chansons de geste*, Colloque international, Université de Liège, Paris-Liège, 1959. — J.J. Duggan, *The Song of Roland. Formulaic Style and Poetic Craft*, Berkeley, 1973. — J. Grisward, *Archéologie de l'épopée médiévale*, Paris, 1981. — D. Poirion, *Précis de littérature française du Moyen Âge*, Paris, 1983, chap. 2 [perspective un peu différente de celle adoptée par le même auteur dans le présent article]. — *GRLMA*, vol. 3, en cours d'éd. sous la dir. de R. Lejeune (fascicule paru : I, 2, A.1.1., *Chanson de Roland et geste de Charlemagne* par J. Horrent, 1981). — *Bulletin bibliographique annuel de la Société internationale Rencesvals pour l'étude des épopées romanes*, Paris, 1966. Voir aussi les Actes des congrès de la même société. D.P.

Chanson de la Croisade contre les Albigeois. La croisade contre les Albigeois, qui, tout en détruisant l'hérésie cathare, ensanglanta l'Occitanie et ruina sa civilisation, eut ses chroniqueurs et ses poètes, comme les croisades d'Espagne et d'Orient avaient déjà eu les leurs. C'est même sur le modèle de la *Canso d'Antiocha**, le premier poème du cycle de la croisade, composée en vers occitans vers 1130 par le limousin Gregori Bechada, que fut « versifiée de la même manière et composée sur le même air » la *Chanson de la Croisade contre les Albigeois*, que l'on est convenu d'appeler, tout court, la « Chanson de la Croisade ».

Ce poème figure, à côté des Chroniques latines de Pierre des Vaux-de-Cernay* et de Guillaume de Puylaurens*, parmi les sources historiques de la croisade. Il ne peut être étudié avec intérêt et profit si l'on ne connaît les causes ainsi que les principaux événements de cette croisade.

La cause fondamentale en fut le développement, dans le Midi de la France, de l'hérésie cathare, puissante, organisée, dangereuse pour l'Église romaine et pour la société. D'autres causes, provenant de l'état du pays où s'étaient créés de grands fiefs comme le comté de Toulouse, où l'indifférence religieuse s'installait, en même temps que de grandes richesses et une civilisation brillante provoquaient l'envie des peuples voisins, expliquent aisément pourquoi cette croisade, de religieuse, devint politique, déchaînant sur l'Occitanie des armées de conquérants.

Après de longs préliminaires : expéditions punitives, conciles, essais de prédications, qui durèrent près d'un siècle, et se terminèrent de façon brusque et tragique par l'assassinat du légat du pape Pierre de Castelnau, la croisade fut prêchée par ordre du pape Innoccent III. Une première conquête, de 1209 à 1215, vit les croisés s'emparer de la vicomté de Carcassonne. Nommé chef militaire de la croisade, Simon de Montfort acheva la conquête de cette vicomté, puis lutta contre le comte de Toulouse Raimon VI et l'écrasa à Muret (1213) où mourut le puissant allié du comte, le roi d'Aragon Pierre II. Le concile de Latran (1215) ratifia en partie les conquêtes de Simon. Une deuxième conquête fut nécessaire qui, débutant au lendemain même du concile, vit le siège et la prise de Beaucaire par le jeune comte, le futur Raimon VII, puis le siège de Toulouse où mourut Simon de Montfort (1218), enfin la lutte, contre le roi de France lui-même, Louis VIII, de Raimon VII qui dut finalement signer le traité de Paris (1229). Une conquête définitive devait, de 1229 à 1249, avoir raison des révoltes de Raimon VII : le frère du jeune roi Louis IX, Alphonse de Poitiers, épousait Jeanne, l'héritière du comté de Toulouse ; celui-ci fut enfin uni à la couronne en 1361.

La *Canso de la Crozada* prend les événements dès le début, avec l'invasion du pays par les croisés, et les suit jusqu'au lendemain de la mort de Simon de Montfort, au moment où Toulouse se prépare à résister au fils du roi Philippe Auguste, le futur Louis VIII, qui vient assiéger la ville (1218).

Ainsi, un poème de 9 578 vers conte les événements de dix années, de 1209 à 1218. Un seul manuscrit qui, après de multiples pérégrinations, aboutit à la BN (fr. 25425), nous a conservé ce chant précieux. Notons, en passant, que l'on peut se faire une idée des pertes nombreuses et considérables, infiniment regrettables, de la littérature occitane du Moyen Âge, quand on pense aux rares chefs-d'œuvre qui nous en sont restés grâce à des manuscrits uniques quasi miraculeusement sauvés.

Les premiers éditeurs de ce poème comprirent, à la forme littéraire, à la langue, à l'esprit animant les strophes, qu'on avait affaire là, sous un seul titre, à deux œuvres différentes dont chacune exige une étude particulière. Nous connaissons l'auteur de la première, qui se nomme Guilhem de Tudela. Pour l'auteur de la deuxième, on ignore son nom, et on est convenu de l'appeler l'Anonyme.

1. *L'œuvre de Guilhem de Tudela.* Cette œuvre comprend 2 772 vers, répartis en 131 strophes ou laisses. Elle conte les événements de la croisade depuis le début (1209) jusqu'à la bataille de Muret, au moment où, en juillet 1213, Pierre II roi d'Aragon se prépare à entrer en guerre contre Simon de Montfort.

L'auteur, qui se qualifie de « maître » et de « clerc », originaire de Tudela, en Navarre espagnole, avait une grande culture littéraire. Vers l'année 1199, il franchit les Pyrénées, et vécut à Montauban. Là, il devait commencer à rédiger son poème, qu'il continua lorsque, étant de la suite de Baudouin, — le malheureux frère de Raimon VI, passé dans les rangs des croisés, — le nomma chanoine de Saint-Antonin. On ne sait rien de sa mort. Ayant commencé d'écrire en 1210, il dut s'arrêter à la fin de 1213 ou au début de 1214. Brusquement, alors qu'après un arrêt il se propose de poursuivre son récit, la plume, sans que nous sachions pourquoi, passe en d'autres mains.

Les laisses de son poème, de longueur inégale, avec une moyenne de vingt vers, sont groupées en plusieurs fragments formant des épisodes distincts, arrangement nécessaire pour la récitation.

Ainsi, nous voyons successivement les origines de la croisade, ses préparatifs et la prise de Béziers, le siège et la prise de Carcassonne, l'installation des croisés en pays conquis et leur brouille avec Raimon VI, la prise de Minerve, celle de Termes, Cabaret et Lavaur, la défaite des croisés à Montgey et la défection de Baudouin, le premier siège de Toulouse, l'offensive occitane et la bataille indécise de Castelnaudary, la révolte de l'Albigeois et du Quercy, la contre-offensive de Simon de Montfort qui s'empare de l'Albigeois et de l'Agenais, enfin la prise de Moissac par Simon et l'entrée en scène de Pierre d'Aragon.

Guilhem de Tudela est favorable à la croisade et se réjouit des succès remportés par elle sur les cathares. Il loue Simon de Montfort, chef militaire, et l'abbé de Cîteaux, chef spirituel de la croisade, et aussi Folquet l'évêque de Toulouse, ami de Simon. Il n'a cependant pas de haine pour les hérétiques, et il manifeste de la pitié pour les victimes de Béziers et de Lavaur. Il est porté à l'indulgence, recommande la prudence, toutes qualités qui ne sont pas nécessairement celles d'un poète inspiré, mais sont une garantie d'impartialité, d'historicité.

Il est en effet un chroniqueur digne de foi. Témoin visuel de nombreux événements, il reconnaît qu'il n'a pu tout voir, mais, pour ce qu'il n'a pu voir, il a eu des témoignages intéressants et sûrs, dont il nous fournit l'origine.

Il manque parfois de précision dans les détails. On relève une erreur historique, lorsqu'il met le concile de Saint-Gilles après la prise de Termes ; on peut noter aussi des confusions, des exagérations. Mais, dans l'ensemble, son récit est en plein accord avec ceux des autres chroniqueurs contemporains, ce qui autorise à admettre comme historiques certains événements plus ou moins importants qu'il est seul à rapporter : en particulier, l'existence d'une armée de croisés formée en Limousin et venant ravager l'Agenais dès 1209 tandis que la grande armée descend par Lyon et Avignon, et encore les négociations relatives à la reddition de Carcassonne avec l'inutile intervention de Pierre II. Il est donc permis de souscrire aux conclusions suivantes de l'éditeur Paul Meyer : « En somme, sur plusieurs points, G. de Tulède est une source unique ; pour la plupart des faits de la Croisade, il nous offre un témoignage honnête, et toujours digne d'être pris en considération. »

Le même éditeur est sévère quand il juge le poète, qu'il traite de simple versificateur, et des plus médiocres.

Les laisses de Guilhem de Tudela sont composées de vers de 12 syllabes monorimes, comme la *Canso d'Antiocha**. Mais le vers de six syllabes qui termine la laisse fournit la rime de la laisse qui suit. Ce procédé ne manque pas d'originalité. On peut sans doute noter des hésitations dans la prosodie, d'assez nombreux gallicismes, des imprécisions dans le vocabulaire. D'autre part, le style est généralement froid et manque de vigueur. Cependant, à l'actif du poète, on peut relever des portraits vivement tracés, de beaux tableaux souvent résumés en un vers : « *Vers lo Castel nou d'arri s'en van asta leveia.* » « Vers Castelnaudary ils s'en vont, lance levée ». On pourrait mentionner encore des précisions délicates, des détails pittoresques et savoureux : l'abbé de Cîteaux penchant le front, méditatif, près d'un pilier de marbre, ou vigoureux ou même réalistes : le pape, qui apprend la mort violente de son légat, se prenant le menton dans ses mains, *se tenc a la maichela*.

Les brillantes qualités poétiques de l'Anonyme ne doivent pas faire oublier les qualités non moins réelles du poète Guilhem de Tudela.

2. *L'œuvre de l'Anonyme.* Le nouveau poète adopte le procédé poétique de son prédécesseur, apportant toutefois une modification intéressante. Le dernier vers de six syllabes de chaque laisse ne rime ni avec la laisse qu'il termine ni avec la laisse qui suit, mais il est répété, identique presque toujours, dans le premier hémistiche de celle-ci.

L'Anonyme est, lui, vraiment, un grand poète. Il ne nous a pas livré son nom, ni au début de son œuvre qui est une suite, ni à la fin, qui est brusquée, pour un motif inconnu. Il devait être, sinon de Toulouse, du moins des environs de cette ville qu'il loue sans retenue : « *A ! la gentils Toloza complida de beutat !* » « Ah ! noble Toulouse accomplie en beauté ! » L'étude du poème permet de croire qu'il était un légiste de la suite de quelque seigneur occitan, peut-être de Roger-Bernard, fils du comte de Foix, peut-être même du futur Raimon VII, le « comte jeune » de Toulouse. Certains, à cause de la vigueur du style et des sentiments manifestés, ont voulu identifier l'auteur avec le troubadour du Velay Peire Cardenal*.

Quoi qu'il en soit, l'Anonyme ne fait pas mystère de ses tendances. Il est adversaire déclaré des clercs et des Français ; il hait les croisés, et sa haine n'a d'égale que son éloquence. Il sait reconnaître, cependant, les hautes qualités morales et militaires de Simon de Montfort. D'autre part, il se proclame catholique ; il croit au miracle, en faveur de son pays et de ses amis ; il proclame la valeur de la prière.

Peut-on lui faire confiance au point de vue de l'exactitude historique ? Disons d'abord qu'il n'a pas voulu faire, comme son prédécesseur, une histoire suivie de la croisade, de juillet 1213, à la veille de la bataille de Muret, à la venue de Louis fils du roi de France, devant Toulouse, en 1218. Au cours de ces cinq années, il a négligé des événements nombreux, parfois même importants, pour s'attacher à de grands épisodes. C'est dans ces épisodes, pris l'un après l'autre, qu'il faut le suivre, pour juger de la valeur historique de son œuvre. Les voici : la bataille de Muret, le concile de Latran, le siège et la prise de

Beaucaire par le jeune comte, la révolte de Toulouse contre Simon de Montfort, la mort de Simon devant Toulouse, la bataille de Baziège.

Pour la bataille de Muret, on peut croire qu'il n'y a pas assisté, et qu'il l'a racontée d'après des renseignements incomplets et mal assemblés.

Pour le concile de Latran, où le récit prend de l'ampleur et revêt une forme dramatique, nous devons sans doute reconnaître qu'il n'a pu se dérouler comme le raconte l'Anonyme, mais ce vivant tableau, où les discours violents provoquent de non moins violentes répliques, n'a pu être tracé que par un témoin.

Dans le récit du siège et de la prise de Beaucaire, que l'auteur conte longuement, avec de multiples détails locaux, il paraît avoir assisté en personne aux événements, et tout semble avoir une valeur historique indiscutable.

Pour ce qui est de la révolte de Toulouse contre Simon de Montfort, l'Anonyme ne devait pas être présent ; mais, comme il connaissait très bien Toulouse, il put aisément se représenter les scènes et les dépeindre avec exactitude.

Quant à l'entrée de Raimon VI à Toulouse, au siège de la ville par Simon et à la mort tragique de celui-ci, tout, jusqu'aux plus menus détails topographiques, prouve que l'auteur, qui s'était attardé en Bas-Languedoc avec le jeune comte pendant la révolte de Toulouse, est rentré avec lui et a été le témoin de ces journées glorieuses pour sa patrie. On peut croire que c'est alors qu'il décida de continuer le poème interrompu.

Il est un dernier épisode, d'importance secondaire en vérité dans l'ensemble de la croisade, la bataille de Baziège, où le « jeune comte » et le comte de Foix combattirent vaillamment contre une armée de croisés. L'importance que semble lui attribuer l'auteur prouve qu'il s'y trouvait, et qu'il a écrit là une vraie page d'histoire.

On peut, en conclusion, accepter sur ce point l'opinion de Paul Meyer : « Le poète anonyme néglige tout ce qu'il n'a pas recueilli de première main. Il ne sait pas tout, mais ce qu'il sait, il le sait bien. »

La valeur littéraire dépasse encore la valeur historique chez notre poète. La versification est de-ci de-là fautive dans quelques menus détails. La langue, en revanche, est admirable de pureté. Le style, varié, tantôt éloquent et solennel, tantôt incisif et bref, est un enchantement. Si parfois les récits pèchent par leur longueur, les discours se font remarquer par la violence et la passion ; les dialogues, les altercations sont d'une grande vigueur. Les caractères des personnages sont tracés de main de maître et sont conformes à l'histoire, qu'il s'agisse de Simon de Montfort et de l'évêque Foulquet, ou du pape Innocent III, du comte de Foix et des comtes de Toulouse.

Les tableaux abondent, avec des images expressives, des vers frappés en médaille. Quoi de plus beau que cette douce clarté inondant le monde avec la venue à Toulouse du vieux comte, et que les larmes du cœur remplissant alors les yeux des Toulousains ! Quoi de plus émouvant que cette porte de Muret toute rougie du sang des combattants : « *Que trastota la porta viratz vermelhejar.* »

Remaniement en prose du poème. Le poème fut inconnu des historiens jusqu'à 1832. Ils utilisèrent un remaniement en prose occitane, composé, à la fin du XIVe siècle ou au début du XVe, par un légiste toulousain. On en a trois manuscrits.

Catel se servit de ce remaniement pour son *Histoire des comtes de Toulouse* ; Dom Vaissette s'en inspira beaucoup pour son *Histoire de Languedoc*, et en inséra le texte dans ses Preuves (t. III), en 1737. Guizot le traduisit pour la « Collection des Mémoires relatifs à l'Histoire de France », en 1825. Il fut reproduit par Du Mège dans sa nouvelle édition de l'*Histoire de Languedoc* en 1842 (t. IV et V), réédité en 1863 par « un indigène » (le marquis de Loubens) sous le titre *Histoire anonyme de la Guerre des Albigeois*, et reproduit en édition critique par Auguste Molinier dans l'*Histoire de Languedoc*, Toulouse, t. VIII, 1879.

Rédigé dans un très violent esprit anticlérical, ce remaniement a tantôt abrégé, tantôt délayé, le texte poétique. La poésie éloquente, qui caractérise la deuxième partie de la Chanson, « n'a laissé aucun écho dans la rédaction en prose » (J. Anglade).

ŒUVRE. — Éd. P. Meyer, *La Chanson de la Croisade contre les Albigeois*, Paris, t. 1 [texte, lexique], 1875, t. 2 [intro., trad. et notes],

1879. — E. Martin-Chabot, *La Chanson de la Croisade Albigeoise*, 3 vol., Paris, 1931-1961, repr. Paris, 1989 (*Lettres gothiques*), avec adaptation française de H. Gougaud.

→ C. Brunel, n°s 104, 200 [seul complet] et 251 *quater*. — C. Higounet, *Un grand chapitre de l'histoire du* XIIe *siècle : la rivalité des maisons de Toulouse et de Barcelone pour la prépondérance méridionale,* dans *Mél. L. Halphen*, Paris, 1951, p. 313-322. — Z. Oldenbourg, *Le bûcher de Montségur*, Paris, 1959. — C.P. Bagley, *« Paratge » in the Anonymous Chanson de la C.A.*, dans *French Studies*, t. 21 (1967), p. 195-204. — Y. Dossat, *La croisade vue par les chroniqueurs*, dans *Cahiers de Fanjeaux*, n° 4 (1969), p. 242-257 [analyse des deux parties de la *chanson*]. — R. Lejeune, *L'esprit de croisade dans l'épopée occitane, ibid.*, p. 155-160 repr. dans *Marche Romane*, n° hors-série, 1979, p. 29-46. — R. Lafont, *Nouvelle histoire de la littérature occitane*, Paris, 1970, p. 156-173. — C. Rostaing, *Le vocabulaire courtois dans la deuxième partie de la « Chanson de la croisade des Albigeois »*, dans *Mél. A. Henry*, Strasbourg, 1970, p. 249-262. — J.M. D'Heur, *Notes sur l'histoire du manuscrit de la « Chanson de la croisade albigeoise » et sur quelques copies modernes,* dans *AM*, t. 85 (1973), p. 443-450 [ms. Paris, BN fr. 25425 ; riche bibliogr.] ; *Sur la date, la composition et la destination de la « Chanson de la Croisade albigeoise » de Guillaume de Tudèle,* dans *Mél. C. Rostaing*, Liège, 1974, t. 1, p. 231-266 [= entre juillet-août 1212 et février 1213]. — P. Ormières, *Identification de l'Anonyme de la chanson de la Chanson de la Croisade*, dans *Bull. de la Commission archéologique de Narbonne*, t. 34 (1974), p. 153-160. — C. Bottin-Fourchotte, *L'ambiguïté du discours chez Guilhem de Tudela*, dans *Annales Faculté Lettres et Sciences humaines de Nice*, n° 29 (1977), p. 99-110. — R. Taylor, *La littérature occitane du Moyen Âge*, Toronto, 1977, p. 111-112 [bibliogr.]. — M. Zerner, *La Chanson de la croisade albigeoise*, Paris, 1979. — P. Hölze, *Die Kreuzzüge in der okzitanischen und deutschen Lyrik des 12. Jhdts*, Göppingen, 1980. — C. Bottin-Fourchotte, *L'art de vivre dans la seconde partie de la « Chanson de la Croisade »*, dans *Mél. A. Planche*, Nice, 1984, p. 71-88. — E.M. Ghil, *Ideological Models and Poetic Modes in the Song of the Albigensian Crusade*, dans *Romanic Review*, t. 75 (1984), p. 131-146. — H. Gougaud, *La chanson de la Croisade. Texte du ms. original...*, Paris, 1984 [trad. française]. — S. Huot, *The Political Implications of Poetic Discourse in the Song of the Albigensian Crusade*, dans *French Forum*, t. 9, (1984), p. 131-146. — M. Combarieu du Grès, *Le nom de la ville : Toulouse dans la « Chanson de la croisade albigeoise »*, dans *Mél. J.-C. Payen*, Caen, 1989, p. 133-149. — E.M. Ghil, *L'Âge de Parage : Essai sur le poétique en Occitanie au* XIIIe *siècle*, New York, 1989. — W.L. Hendrickson, *« Garin de Montglane » and « La Chanson de la croisade albigeoise » : A Comparative Old French-Occitan Study*, dans *Mél. J.L. Grigsby*, Birmingham, 1989, p. 203-215. — R. Lafont, *La geste de Roland*, Paris, 1991. — Pour la rédaction en prose : C. Brunel, n°s 85-115-169-272.
J.S.

Chanson de Roland. Voir : *Roland (Chanson de).*

Chanson de sainte Foy. Ce poème est un des premiers textes littéraires en date et l'un des plus précieux de la littérature occitane, conservé par un manuscrit unique, découvert par Leite de Vasconcellos à l'Université de Leyde, en Hollande, en 1901.

Conservé dans son intégralité, il comprend 593 vers octosyllabiques distribués en 49 laisses monorimes. Dans un prologue (v. 1-33), l'auteur indique ses sources. La première partie du poème (v. 34-453) expose le martyre et le culte de sainte Foy. Le poète donne le portrait de la Vierge d'Agen : « Son nom est *Fides*, envoyé par Dieu ; elle fut élevée avec chasteté, et garda intacte sa virginité. »

Fides a nom, per Deu mandad,
E fo nuirid ab castitad
E teg salva virginitad.

Ce sont ensuite les portraits des persécuteurs, Dioclétien et Dacien. La jeune vierge est arrêtée, frappée, jugée ; elle résiste aux menaces, aux flatteries, aux promesses, et subit le supplice du feu sur un gril d'acier ; elle est secourue par les anges, tandis que saint Caprais son ami contemple de loin le martyre. Foy triomphe par sa mort courageuse. Elle est honorée d'un grand culte à Agen, puis à l'abbaye de Conques où ont transporté son corps deux moines ravisseurs. La deuxième partie (v. 454-593) dit l'utilité des persécuteurs, qui contribuent à la gloire des saints, puis le triste sort qui leur est réservé.

L'auteur de la Chanson demeure inconnu. On déduit, du texte même où il garde une personnalité très remarquée, qu'il avait une grande culture latine et religieuse, et qu'il était moine. Il aurait puisé, pour sa deuxième partie, dans le *De mortibus persecutorum* de Lactance, *un libre latin*, dit le poète. Pour la première, il se serait inspiré d'une « chanson belle en danse de manière espagnole », de *razo espanesca*, probablement une des nombreuses « passions » en latin — poésie ou prose — relatives à sainte Foy, qu'il se dispose à chanter *a ley francesca*, « à la manière française », sur une belle mélodie, avec une adaptation artistique. On a proposé divers lieux pour la composition : Agen ou les alentours de la ville, Narbonne ou sa région, le Rouergue. La date de composition la plus probable se placerait de 1060 à 1080.

Ce poème accuse chez son auteur la maîtrise d'un talent poétique exceptionnel. Son ordonnance révèle un esprit clair et méthodique. Les deux parties bien tranchées, bien séparées, ne nuisent pas à l'unité profonde du poème constituée par l'idée inspiratrice qui est le triomphe de la vérité chrétienne sur les ennemis de la religion, la glorification des défenseurs de la foi représentés ici par une jeune vierge, la punition de ses adversaires, empereurs et fonctionnaires romains humainement tout-puissants.

Cependant, et cela doit tenir pour une part à la différence des sources inspiratrices, l'auteur est meilleur poète dans la première partie. Là, se mettant lui-même en avant, intervenant dans le récit, il donne à celui-ci une vigueur, une chaleur qui doivent produire des effets sur la foule des auditeurs. Le récit prend une allure énergique, communicative. « Nous nous figurons l'auteur comme un de ces hommes du Midi à l'enthousiasme vibrant et à la parole entraînante » (Hoepffner). Certains voient dans le poème l'influence de l'esprit de Croisade.

Le style a des qualités de premier ordre. On y trouve, partout, dans les portraits et les attitudes, jusque dans les plus petits détails parfois poussés à l'excès, les procédés épiques du parallélisme et du contraste. Les portraits de la sainte, ceux des empereurs romains, demeurés plutôt extérieurs et parfois privés de psychologie, rappellent, par leur raideur un peu solennelle, les statues romanes de Moissac. Les comparaisons et les images, qui ornent, qui enjolivent le récit, accentuent son aspect pittoresque, elles sont parfois empruntées à la Bible ; très souvent aussi, elles sont la création du poète : les martyrs privés de sépulture et gisant dans la campagne comme des malfaiteurs, les persécuteurs jetés au plus profond de l'enfer comme des troncs d'arbres, sainte Foy estimant les idoles beaucoup moins que les poutres de pressoir (*trau de troill*) taillées dans le bois.

Une étude de la langue nous la montre encore très près du latin, donc très archaïque, mais en même temps possédant tous les caractères de la langue classique des troubadours, éclatante preuve de cette éclosion quasi spontanée d'une langue romane riche, dès sa naissance, de ses éléments constitutifs. Quant à la versification, on peut admirer sans réserve la facture de la strophe et du vers. C'est le premier poème bâti sur la rime, et non plus sur l'assonance, comme la *Chanson de Roland** et le *Poema de mio Cid*.

Par l'art de la versification, par les procédés de style, par le souffle qui anime ses strophes, la *Chanson de sainte Foy*, poème hagiographique, est une véritable chanson de geste.

ŒUVRE. — Éd. A. Thomas, *La Chanson de sainte Foi d'Agen*, Paris, 1925 (*CFMA*, 45). — E. Hoepffner et P. Alfaric, *La Chanson de sainte Foy*, Paris-Oxford, 1926 [2 vol. : facsim., éd. critique, trad. française et sources latines]. — A. Fabre, *La Chanson de sainte Foy de Conques*, Paris, 1940-1943.

→ C. Brunel, n° 282. — N.H.J. Van den Boogaard, *Note sur l'utilisation de motifs et formules dans la « Chanson de sainte Foy »*, dans *CCM*, t. 5 (1962), p. 195-202. — J.W.B. Zaal, *« A Lei francesca » (sainte Foy v. 20). Étude sur les chansons de saints gallo-romanes du* XI*e siècle*, Leyde, 1962. — M. Braccini, *Ancora a proposito di « a lei francesca » (S. Fides, v. 20)*, dans *Romance Philology*, t. 18 (1964-1965), p. 315-320. — E. de Solms, *sainte-Foy de Conques : Passion et miracles de sainte Foy*, La-Pierre-qui-Vire, 1965 [trad. française]. — P. Zumthor, *Le vers comme unité d'expression dans la poésie romane archaïque*, dans *Actes du 10e congrès international de linguistique et philologie romanes*, Paris, 1965, t. 2, p. 763-774. — M. Delbouille, *Interprétation du prologue de la « Chanson de sainte Foy d'Agen »*, dans *Mél. L. d'Olwer*, p. 139-156. — D. Gremont, *Le culte de sainte Foy et de sainte Marie-Madeleine à Conques au* XI*e siècle d'après la Chanson de sainte Foy*, dans *Revue du Rouergue*, t. 23 (1969), p. 165-175. — C. Segre, *La structure de la « Chanson de sainte Foy »*, dans *Mél. J. Frappier*, t. 2, Genève, 1970, p. 1005-1018. — A. Soutou, *Localisation géographique de la « Chanson de sainte Foy »*, dans *AM*, t. 82 (1970), p. 109-112 [Rouergue]. — C. Segre, *Des Vies de saints aux Chansons de geste : techniques et centres culturels*, dans *Actes du 6e congrès international de la Société Rencesvals*, Aix-en-Provence, 1974, p. 303-313. — E. Negre, *Le dialecte de la Chanson de sainte Foy*, dans *Actes du 13e congrès international de* *linguistique et philologie romanes*, Québec, 1976, t. 2, p. 341-347. — R. Taylor, *La littérature occitane du Moyen Âge*, Toronto, 1977, p. 141-143 [bibliogr.]. — M. Burger, *Paraulla grezescalengua serrazinesca. Notes sur les vers 16-17 de la Chanson de sainte Foy d'Agen*, dans *Mél. J. Rychner, TraLiLi*, t. 16 (1978), p. 55-60. — K.D. Uitti, *The Old Provençal Song of Saint Fides and the Occitanian Concept of Poetic Space,* dans *L'Esprit créateur*, t. 19 (1979), p. 17-36. — A. Moroldo, *Le portrait dans la chanson de geste*, dans *Le Moyen Âge*, t. 86 (1980), p. 387-419. — E.P. Work, *The Eleventh-Century Song of Saint Fides ; an Experiment in Vernacular Eloquence*, dans *Romance Philology* t. 36 (1983), p. 366-385. — A. Fasso, *Dai poemetti agiografici alle chansons de geste o viceversa ?*, dans *Mél. M. Boni*, Bologne, 1984, p. 45-95. — G. Hilty, *La Chanson de sainte Foy*, dans *Mél. A. Galmés de Fuentes*, t. 2, Oviedo-Madrid, 1985, p. 361-374. — A. Schwegler, *The « Chanson de sainte Foy ». Etymology of Cabdorn (with Cursory Comments on the Localization of the Poem)* dans *Romance Philology*, t. 39 (1986), p. 285-304. — R. Lafont, *De la Chanson de sainte Foy à la Chanson de Roland : le secret de la formule de composition épique*, dans *RLR*, t. 91 (1987), p. 1-23 ; *Sens et littérature à l'origine de l'Europe moderne*, dans *Littérature*, t. 76 (1989), p. 6-23. J.S.

Chanson des rois Baudoin. Voir : *Prise d'Acre.*

Chant des Barons (1263). Le roi d'Angleterre Henri III, ayant annulé en 1258 les *Provisions d'Oxford*, se vit en butte à une rébellion des hauts barons, dont le chef était Simon de Montfort*, fils du trop fameux meneur de la croisade anti-albigeoise. On a conservé de ce temps un chant écrit en anglo-normand et qui énumère les principaux participants de la révolte, presque tous, encore à cette date, d'origine normande : les Warenne, les Giffard, les Leicester, les Ayvile. On y souhaite, naturellement, le succès de Montfort :

Il est appelé de Montfort ;
Il est el mond et si est fort,
Si ad grant chevalerie,
Ce est voir et je m'acort.
Il eime dreit et het le tort,
Si avera la mestrie.

Mais Simon n'eut pas la *mestrie*. Il fut battu et tué à Evesham (août 1265), et sa mort donna lieu à un autre chant, de déploration funèbre cette fois.

Le *Chant des Barons*, conservé dans un manuscrit unique, est incomplet du début et de la fin. Il reste treize strophes et deux vers ; chaque strophe est composée de vers de six ou huit syllabes. La date de rédaction peut être fixée à juillet ou août 1263.

ŒUVRE. — Éd. et trad. angl. dans I.S.T. Aspin, *Anglo-Norman political Songs*, Oxford, 1953 (*ANTS*, 11), n° 2, p. 12-23 ; reprint New York, Londres, 1971. R.H. et G.T.L.

Chante Pleure. Poème d'une soixantaine de quatrains d'alexandrins monorimes (le nombre varie selon les copies), conservé dans dix-sept manuscrits. Deux thèmes d'inspiration principaux : le *contemptus mundi* (la joie de ce monde est brève, celle de l'autre monde sans fin ; rien n'est plus périlleux qu'une pénitence tardive ; rien n'est plus douloureux que la peine du purgatoire) et les erreurs des hérétiques *mecreants, bougres (parfets)* et *popelicans* — mieux connus actuellement sous l'appellation de cathares. L'allusion à un frère Robert, présenté comme sauveur de la foi, et son identification avec le sinistre inquisiteur Robert le Bougre, permettent de dater la pièce des années 1233-1239. Son écriture vive et imagée, proche des réalités quotidiennes, n'est pas indifférente ; elle a dû emporter l'adhésion de plus d'un auditeur.

ŒUVRE. — Éd. A. Jubinal, *Œuvres complètes de Rutebeuf*, t. 1, Paris, 1839, p. 398-405 ; t. 3, 1875, p. 91-99.

→ P. Meyer, *Notice d'un manuscrit bourguignon...*, dans *Romania*, t. 6 (1877), p. 26. — A. Långfors, *Un partisan anonyme du grand inquisiteur Robert le Bougre*, dans *Mél. C. Brunel*, t. 2, Paris, 1955, p. 96-100. Cf. *GRLMA*, t. VI/2 n° 2184. — *MB* n°s 3566, 6652. G.H.

Chantilly, musée Condé, **manuscrit 564** (*olim* 1047). Le corpus de base (f. 9-72) de la fin du XIVe siècle provenant du Sud de la France ne peut être postérieur à 1393-1395 (date de la chanson n° 38 qui évoque le mariage de Matthieu de Foix). On remarque aussi des pièces dans le style plus simple du début du XVe siècle (cf. le rondeau de Gacian Reyneau) ; des feuilles furent ajoutées au début du XVe siècle. Propriété de la famille florentine de Francesco d'Altobianco degli Alberti en 1461, le ms. est resté dans des collections privées italiennes jusqu'en 1861, date où il fut apporté à Chantilly par le duc d'Aumale.

Le ms. contient 112 compositions polyphoniques (une en deux exemplaires) : 13 motets, 70 ballades, 17 rondeaux et 12 virelais. Le répertoire peut être daté entre

1350 et 1395, aussi bien d'origine française qu'avignonnaise (où l'*Ars subtilior* était en faveur chez les chanteurs pontificaux), avec des œuvres de musiciens des cours de Foix et d'Aragon. Trente-quatre compositeurs sont présents, parmi lesquels on relève Solage (10 pièces), Philippus de Caserta (sept), Trebor* (six), Jean Vaillant* (cinq), Susay (trois), Hasprois (deux), Jean Cuvelier*, Grimace*, Guillaume de Machaut*, Senlèches...

ŒUVRES. — U. Günther, éd., *The Motets of the Mss Chantilly, Musée Condé 564 and Modena, Bibl. estense, a M.5,24*, dans *Corpus Mensurabilis Musicae*, t. 39, 1965. — L. Schrade, éd., *Polyphonic Music of the Fourteenth Century*, t. 5, Monaco, 1968. — W. Apel, éd., *French Secular Compositions of the Fourteenth Century*, dans *Corpus Mensurabilis Musicae*, t. 53, 1970-1972.

→ H. Besseler, art. *Chantilly, Ms. 1047*, dans *MGG*, vol. 2, col. 1085-1090. — G.K. Greene, *The Secular Music of Chantilly Ms. Musée Condé 564 (olim 1047)*, Ph.D. Indiana Univ., 1971. N.S.

Chapelain de Laon. Trouvère inconnu du XIIIe siècle. Une chanson d'amour (R. 751) et une belle chanson d'aube (R. 1995) lui sont attribuées. Dans la seconde de ces pièces, une dame, du haut de la tour où son vieux mari l'a enfermée, dialogue avec son amant, caché dans le jardin du château ; ils maudissent le barbon jaloux, échangent des serments et se font des adieux touchants quand paraît l'aurore.

ŒUVRES. — H. Spanke, *Eine altfranzösische Liedersammlung, Der anonyme Teil der Liederhandschriften KNPX*, Halle, 1925, p. 35 et 361 (*Romanische Bibliothek*, 20).

→ Linker, n° 34. G.M.

Chardon de Croisilles. Appelé une fois *Chardon de Reims*, ce trouvère artésien au talent original est l'auteur de trois chansons d'amour (écrites entre 1237 et 1241), d'une chanson de croisade (en 1239) et de trois jeux-partis, dont un en médiocre provençal. On ne saurait dire si Chardon ou Cardon appartenait à la famille noble de Croisilles (Pas-de-Calais, arr. Arras).

Ses jeux-partis montrent que Chardon entretenait des relations poétiques avec Jean d'Archies, Henri de Bar, Gautier de Formeseles, Baudouin d'Aire, Maielin de Meteren, tous seigneurs artésiens et flamands. Toutefois, c'est en Champagne surtout que se déroula sa carrière littéraire, dans l'entourage du comte et poète Thibaud IV de Champagne* : il lui dédia une de ses compositions et il célébra, par deux fois, Marguerite de Bourbon, que Thibaud IV avait épousée en 1232.

ŒUVRES. — H. Suchier, *Der Minnesänger Chardon*, dans *ZRPh*, t. 31 (1907), p. 129-156. — *Les chansons de croisade*, éd. J. Bédier et P. Aubry, Paris, 1909 (réimpr. New York, 1971), p. 207-213. — A. Långfors, A. Jeanroy et L. Brandin, *Recueil général des jeux-partis français*, Paris, 1926, t. 1, p. XXII et nos 147-148 (*SATF*, 70).

→ V. de Bartholomaeu, *Il Trovero Chardon de Croisilles*, dans *Studi Romanzi*, t. 4 (1906), p. 261-297. — A. Guesnon, *Publications nouvelles sur les trouvères artésiens*, dans *Le Moyen Âge*, t. 22 (1909), p. 89-93. — Linker, n° 31, 35 et 36. — Cf. *MB*, nos 2325-2326.

G.M. et F.F.H.

Chardri. On sait peu de chose sur ce poète anglo-normand du début du XIIIe siècle : il vivait en Angleterre et, s'il ne se donne pas de titre clérical, son milieu culturel est nettement ecclésiastique. On lui doit une longue version (3 000 octosyllabes en couplets) de la légende de *Josaphat* (adaptation christianisée de la vie de Bouddha) qui est, selon Sonet, une des plus intéressantes du Moyen Âge. Il a également composé, avant 1216, un poème de quelque 2 000 octosyllabes sur les *Sept Dormants*. Cette légende chrétienne, très populaire dans toute l'Europe médiévale orientale et occidentale, raconte l'histoire de sept jeunes gens d'Éphèse fuyant la persécution de Decius (249-251), qui s'endorment et ne se réveillent que deux siècles plus tard sous Théodose II (408-450).

On attribue aussi à l'auteur de *Josaphat* et des *Sept Dormants* le *Petit Plet* ; quoique conjecturale, cette attribution ne semble pas devoir être contredite. Les trois poèmes ont en commun, outre la langue, un même ton religieux et didactique. Le *Petit Plet*, un poème de 1 780 vers en couplets d'octosyllabes, se présente sous la forme d'un dialogue entre un jeune homme et un vieillard, tous deux atteints de mélancolie. Chardri y combat, dans un style très vivant et avec un bon sens relevé de gaieté, les idées sombres de l'ascétisme. Il utilise librement les *Disticha Catonis** et le dialogue du *De Remediis Fortuitorum*, du pseudo-Sénèque.

ŒUVRES. — Éd. J. Koch, Heilbronn, 1879 (*Altfranzösische Bibliothek*, 1) [éd. les 3 textes ; voir analyse par A. Mussafia dans *ZRPh*. t. 3 (1879), p. 591-607]. — Éd. B.S. Merrilees,

Oxford, 1970 (*ANTS*, 20) [*Petit Plet*]. — Éd. T.S. Rutledge, Toronto, 1973, thèse dactylo. [*Josaphat*]. — Éd. B.S. Merrilees, Londres, 1977 (*ANTS*, 35) [*Sept Dormants*].

→ A. Reinbrecht, *Die Legenden von den sieben Schläfern und der anglonormannische Dichter Chardri*, Göttingen, 1880. — K. Hofmann, *Zu Chardry*, dans *Romanische Forschungen*, t. 1 (1883), p. 435. — J. Sonet, *Le Roman de Barlaam et Josaphat*, Paris, 1949 (*Bibl. de la Fac. de Philologie de Namur*, 6), t. 1 : *Recherches sur la tradition latine et française*, p. 150-156. — M.D. Legge, *Anglo-Norman Literature and its Background*, Oxford, 1963, p. 192-201. — B.S. Merrilees, *La Vie des Sept Dormants en ancien français*, dans *Romania*, t. 95 (1974), p. 362-380. — Cf. *GRLMA.*, t. VI, n° 2568. — *MB* n°s 3217, 3511 ; *S* 5106, 5751, 5760, 5810, 5876, 6137. A.F.L.L.

Charles d'Anjou. Fils posthume du roi Louis VIII, Charles Ier d'Anjou naquit en 1226. Comte d'Anjou et du Maine (1246), comte de Provence par son mariage avec Béatrice de Provence le 31 janvier 1246, roi de Naples et de Sicile (1265), prétendant au trône de Jérusalem (1277), il mourut le 7 janvier 1285 à Foggia. Sa vie fut tout entière consacrée à l'action politique : il participa aux deux croisades (1248 et 1270) dirigées par son frère, le roi Louis IX, détournant la seconde vers Tunis, et ses ambitions en Flandre, sa quête d'une couronne en Sicile et en Terre sainte ébranlèrent l'Europe.

Orgueilleux, fastueux, ami et protecteur des poètes, il rima lui-même, sans grand talent, mais le charme de ses mélodies n'est pas à dédaigner. On conserve de lui au moins deux chansons d'amour, et parmi les pièces d'attribution contestée : deux autres chansons, une pastourelle religieuse en français et en latin, une autre pastourelle religieuse, trois poèmes en provençal (PC 177a-1, 437-37, 461-67a) et un jeu-parti, dans lequel il déclare au trouvère Perrin d'Angicourt* son protégé, qu'il préfère l'amour à la possession d'un royaume. De nombreux poètes français, Jean de Meun*, Raoul de Soissons*, Rutebeuf* notamment, célébrèrent ses louanges. Charles d'Anjou figure aussi comme juge dans divers jeux-partis et Adam de la Halle*, après avoir réalisé pour le distraire le *Jeu de Robin et Marion*, fait de lui un véritable panégyrique dans sa dernière œuvre, la *Chanson du roi de Sezile*, une épopée politique composée entre 1283 et 1285. À l'opposé, la plupart des troubadours provençaux et italiens, hostiles à cet étranger cupide et autoritaire, ne lui ménagèrent point les critiques, mais il existe de notables exceptions : Sordel*, par exemple, se rallia au parti de Charles et lui demeura fidèle.

ŒUVRES. — J. Maillard, *Roi-trouvère du XIIIe siècle, Charles d'Anjou*, Rome, 1967 (*Musicological Studies and Documents*, 18).

→ R. Sternfeld, *Ludwigs des Heiligen Kreuzzug nach Tunis und die Politik Karls I von Sizilien*, Berlin, 1896. — H. Petersen Dyggve, *Personnages historiques figurant dans la poésie lyrique française des XIIe et XIIIe siècles, V. Charles, comte d'Anjou*, dans *Neuphilologische Mitteilungen*, t. 37 (1936), p. 261-283. — E.G. Léonard, *Les Angevins de Naples*, Paris, 1954. — S. Runciman, *The Sicilian Vespers. A History of the Mediterranean World in the Later Thirteenth Century*, Cambridge, 1958. — P. Herde, *Carlo I d'Angiò re di Sicilia*, dans *Dizionario Biografico degli Italiani*, Rome, 1977, t. 20, p. 199-226. — F. Gégou, *Du Roi de Sicile aux Vœux de l'Épervier*, dans *Mél. J. Misrahi*, Columbia, 1977, p. 71-88 ; *Chansons d'actualité. Simon de Marville à l'école d'Adam de la Halle*, dans *Charlemagne et l'épopée romane, Actes du 7e congrès international de la Société Rencesvals Liège, 28 août-4 septembre 1876*, Liège, 1978, t. 2, p. 669-681. — N. Housley, *The Italian Crusades : the Papal-Angevin Alliance and the Crusades Against Christian Lay Powers, 1254-1343*, Oxford, 1982. — J. Göbbels, *Das Militärwesen in Königreich Sizilien zur Zeit Karls von Anjou : 1265-1285*, Stuttgart, 1984 (*Monographien zur Geschichte des Mittelalters*, 29). — Linker, n° 46. — Cf. *MB S* 4456.

G.M. et F.F.H.

Charles le Chauve. Voir : Dieudonné de Hongrie.

Charles d'Orléans (24 novembre 1394-4 janvier 1465). La cour de Louis d'Orléans, frère de Charles VI, est ce « jardin semé de fleurs de lis » où l'enfant poète, rimant déjà à dix ans, put rencontrer de jeunes chevaliers, ardents et exaltés, comme Jean de Garencières*, des fonctionnaires sceptiques et plaisants comme Eustache Deschamps*, des humanistes à qui une femme, Christine de Pizan*, donne l'exemple. Fiancé dès 1406 à Isabelle de France, veuve de Richard II, le jeune prince est bientôt jeté dans le drame et la guerre civile par la mort de son père, que Jean sans Peur fait assassiner en 1407, puis celle de sa mère, Valentine de Milan, en 1408. Un an après, c'est la mort de son épouse Isabelle. Remarié bientôt à Bonne d'Armagnac, il poursuit sa guerre de vengeance jusqu'au succès de ses partisans, en 1414.

Fait prisonnier à Azincourt, en 1415, le duc est emmené en Angleterre. Au cours de son long exil, qui durera jusqu'en 1440, il fut parfois traité avec rigueur, toujours avec méfiance, et il semble avoir mené la plupart du temps une existence relativement austère, partagée entre les prières, les lectures morales et les soucis de son lointain domaine. Il écrit des oraisons et une méditation mystique en latin : le *Canticum Amoris*. Mais le duc a certainement connu des séjours plus agréables, notamment chez Suffolk, qui devient son hôte et son ami en 1432. Il a dû aimer au moins une dame anglaise, pour laquelle il a pu composer quelques poèmes en anglais, mais aussi une part importante des ballades et des chansons en français (on les traduira en anglais après 1440). C'est le *Service d'Amour*, avec ses regrets et ses désirs, son alternance de joie et de douleur, se poursuivant jusqu'à la mort de l'aimée. On devine là plusieurs intrigues confondues dans la même logique amoureuse (Bonne meurt avant 1435). Cependant le journal de l'exil se reflète par intervalles dans des poèmes de circonstance faisant allusion aux anniversaires, à la Saint-Valentin, au 1er mai, et dans les ballades échangées avec le duc de Bourbon, également prisonnier, puis avec le duc de Bourgogne, Philippe le Bon, qui travaillera activement à la libération de Charles. Le prince, renonçant au service amoureux en 1437, adopte cette attitude de *nonchaloir* où l'on peut voir d'abord comme la transition naturelle entre la jeunesse exaltée et la vieillesse résignée.

Le temps de l'action est venu : le poète de l'exil, qui a chanté sa nostalgie dans des poèmes plus pacifiques que patriotiques (« En regardant vers le païs de France... »), est libéré grâce au soutien des Bourguignons qui lui font épouser la jeune Marie de Clèves. On cherche à faire manœuvrer cette victime symbolique de la guerre sur l'échiquier politique. Mais le roi Charles VII conquiert facilement à ce jeu le duc ruiné par sa rançon, ébloui par les fêtes, rêveur, inadapté. L'échec de sa campagne d'Italie, par laquelle il cherchera à recouvrer l'héritage maternel d'Asti (1448), marquera la fin de cette brève carrière politique, le début d'une retraite tempérée par les mondanités, à Orléans et surtout à Blois. Depuis 1437, son activité poétique s'est ralentie : son beau langage est « enroillié de Nonchaloir ». Cependant le poète s'est préoccupé du rassemblement, en un livre systématique, des ballades, complaintes, chansons et caroles, constituant comme le monument de sa jeunesse. L'album s'enrichit, à partir de 1444, de poèmes transcrits au jour le jour par le duc, ses écrivains et ses visiteurs. Une trentaine de ballades marquent ainsi les étapes importantes de sa vie intérieure, selon des symboles qui la caractérisent : « En la forest de Longue Actente... ; Escollier de Merencolie... » etc... L'abondante collection des rondeaux constitue, parallèlement, une broderie plus légère et plus improvisée, qui suscite l'émulation et l'imitation des amis (le Cadet d'Albret*, Fredet*), des serviteurs cultivés (Gilles Des Ormes*) et de tous ces rimeurs de cour ou de ville qui, comme François Villon, sont attirés à Blois par le prestige de son « salon » ou la protection de son mécénat. En cette vieillesse calme et résignée, bientôt éclairée par la naissance de trois enfants — dont le futur Louis XII —, le succès du poète fait oublier les échecs du prince. Il rimera ses derniers vers dans l'agitation du nouveau règne (Louis XI), jusqu'à l'adieu final : « Salués moy toute la compaignie... »

À une époque où la poésie de cour est essentiellement l'apanage de clercs, de lettrés professionnels et de bourgeois travaillant pour le public aristocratique, Charles d'Orléans a pu exprimer un idéal encore courtois sans contrarier ses goûts profonds. Le jeu littéraire concilie chez lui l'exigence aristocratique et la vocation poétique, la construction et la définition de soi. Peu de récit ou d'anecdote. Il n'a écrit que quatre complaintes et deux dits narratifs (la *Retenue d'Amours* et la *Departie d'Amours*, encadrant ses premières ballades). Les petits genres lyriques, jadis conçus pour la musique, restent ici fidèles à la fonction du lyrisme de cour : célébrer les rites de la vie mondaine. Mais ils constituent aussi le miroir de la pensée et son enluminure. Le poète compose son œuvre comme le prince son personnage : l'émotion est disciplinée par l'artifice. Le langage, privé de la musique, garde la densité et la solennité de la formule magique. Tout s'organise à partir du refrain, sagesse reçue ou devise choisie. Ici la parole engage en même temps qu'elle exprime. Avec les rondeaux de 12 ou 15 vers (l'ampleur des refrains varie), Charles a trouvé la durée idéale de sa phrase poétique : elle est déjà très proche du sonnet. Il mêle aux thèmes de la tradition des motifs plus modernes (soupirs, baisers) et des images empruntées à son monde quotidien : « Ainsi que chassoye aux sangliers... ». L'inspiration personnelle obéit davantage à la sollicitation du moment. On y découvre une conscience préoccupée d'elle-même jusque dans l'observation d'autrui : au sourire sceptique devant le monde se mêle l'humour réflexif. La contemplation fait place à l'introspection.

Le style, d'abord bâti sur des cortèges de substantifs, cède à la mode flamboyante des métaphores filées, comme chez Alain Chartier*. Mais on n'y trouve pas cet étalage burlesque de détails concrets qui remplace, dans la rhétorique bourgeoise, l'abstraction métaphysique. Pas d'ornements antiques, de figures religieuses, mais un décor de tapisserie :

Les fourriers d'Esté sont venus
Pour appareillier son logis
Et on fait tendre ses tappis
De fleurs et verdure tissus.

Il est précieux, quand il décrit le manège des yeux, par exemple ; mais il est loin du baroque : sa poésie ne doit rien à la force, elle est toute de grâce. La maîtrise du style, l'aisance des manières, la nonchalance de l'esprit donnent l'impression d'un mouvement facile et naturel.

Cependant sa fantaisie n'exclut pas la profondeur. Dans cette « chambre de la pensée » où l'on se réfugie, les jeux de l'imagination ne suivent pas la pente d'une rêverie facile. Il y a d'abord l'élan vers les valeurs idéales : c'est le « *Rommant de Plaisant Penser* ». Puis s'élabore « *la vraye histoire de douleur / De larmes toute enluminée* ». Pour en déchiffrer les allusions, on est tenté d'adapter la grille des métaphores aux données biographiques conservées dans les archives. Mais la vérité poétique n'est pas faite d'événements ou d'anecdotes ; c'est une fidélité à l'essentiel de l'expérience intérieure. S'il a un « subtil sens », il se cache derrière les variations du sentiment, dans le trésor d'une pensée tantôt ravie par une extase admirative, tantôt amusée par le spectacle de la vie, le plus souvent livrée à un incurable ennui (« *Le monde est ennuyé de moy / Et moy pareillement de lui* »). Dans les conflits de l'âme on croit saisir une unité et une cohérence : l'effort vers une sagesse où se mêlent influences stoïciennes, tendances platoniciennes et aspirations mystiques. Mais il n'est pas facile de prendre ses distances par rapport au monde, encore moins d'échapper à l'obsession du temps : *Souvenir, Souci, Espoir* viennent sans cesse troubler la sérénité qui s'établit en *Nonchaloir.*

Cette tristesse inquiète, qui s'oppose nettement à l'élan vers la joie de Guillaume de Machaut*, et se distingue des récriminations de Deschamps sans se confondre avec les regrets de Christine de Pizan, on peut l'interpréter en fonction de l'époque, assombrie par la guerre, fascinée par la maladie et hantée par la mort. On peut l'expliquer par la situation d'une aristocratie désormais vouée à l'absurde représentation d'une grandeur inutile et sans pouvoir. Elle semble se justifier surtout par la destinée personnelle du prince. Mais elle nous touche encore directement, car elle exprime, dans l'émotion contenue du jeu lyrique, le drame de la conscience humaine, prisonnière de *Souci*, « *Jaulier des prisons de Pensée* ». Il faut puiser, sous la surface miroitante de cette poésie.

L'eaue de Pleur, de Joye ou de Douleur,
Qui fait mouldre le molin de Pensée.

ŒUVRES. — *Charles d'Orléans, Poésies,* éd. P. Champion, Paris, 1923 et 1927, 2 vol. (*CFMA*, 34 et 56). — *The English Poems of Charles of Orléans, Ed. from the Ms. Brit. Mus. Harl. 682*, éd. R. Steele, Londres, 1941 (*EETS*, 215). — *Poètes et romanciers du Moyen Âge*, éd. A. Pauphilet, nouv. éd., Paris, 1952, p. 1041-1112 (*Bibliothèque de la Pléiade*, 52) [anthologie]. — G. Ouy, *Un poème mystique de Charles d'Orléans : le « Canticum Amoris »*, dans *Studi Francesi*, t. 7 (1959), p. 64-84 [édition]. — *Charles d'Orléans. Choix de poésies, éd. d'après le ms Royal 16 F II du British Museum*, éd. J.H. Fox, Exeter, 1973 (*Exeter French Texts*, 9). — G. Ouy, *À propos des mss autographes de Charles d'Orléans identifiés en 1955 à la BN. Hypothèse « ingénieuse » ou certitude scientifique ?* dans *BEC*, t. 118 (1960), p. 179-188. — *Charles d'Orléans. Ballades et rondeaux*, éd. J.-C. Mühlethaler, Paris, 1992 (*Lettres gothiques*).

→ Deux biographies : P. Champion, *Vie de Charles d'Orléans (1394-1465),* Paris, 1911 (*Bibliothèque du XVᵉ siècle*, 13) ; N.L. Goodrich,

Charles, Duke of Orléans : A Literary Biography, New York, 1963. — Deux ouvrages fondamentaux : D. Poirion, *Le Poète et le Prince. L'évolution du lyrisme courtois de Guillaume de Machaut à Charles d'Orléans*, Paris, 1965 (*Univ. de Grenoble. Publ. Fac. Lettres et Sciences humaines*, 35) complété par *Le lexique de Charles d'Orléans dans les Ballades*, Genève, 1967 (*Publ. romanes et françaises*, 91) ; et A. Planche, *Charles d'Orléans ou la recherche d'un langage*, Paris, 1975 (*Bibliothèque du XVe siècle*, 38). — Voir les indications bibliogr. données par L. Burgoyne et R. Gelinas, *Christine de Pizan, Alain Chartier, Charles d'Orléans : cinq ans d'études (1976-1980)*, dans *Le Moyen Français*, t. 8-9 (1983), p. 291-308 et surtout la bibliogr. analytique d'E. Yenal, *Charles d'Orléans. A Bibliography of Primary and Secondary Sources*, New York, 1984 (*Amsterdamer Studies in the Middle Ages*, 6). — On peut ajouter à la bibliogr. d'E. Yenal : J. Batany, *Ballades de Charles d'Orléans. Tristesse d'un poète*, dans *Français médiéval*, Paris, 1972, p. 274-283. — S. Sasaki, *Dangier. Mutation de la poésie française au Moyen Âge*, dans *Études de langue et littérature françaises*, n° 24 (1974), p. 1-30 ; *Espaces poétiques au Moyen Âge, ibid.*, n° 28 (1976), p. 1-23. C. Clark, *Postscript*, dans *Medium Aevum*, t. 45 (1976) p. 230-231. — M. Thom, « *Ce sont amourettes tremblans* », dans *Mél. C.T. Gossen*, Berlin et Liège, 1976, p. 897-904. — I. Monreal-Wickert, *Zu Charles d'Orléans : « Yver, vous n'estes qu'un villain »*, dans *Mél. G. Rohlfs*, Tübingen, 1980, t. 2, p. 449-452. — A. Planche, *Charles d'Orléans et la musique du silence*, dans *Musique, littérature et société au Moyen Âge, Actes du colloque (24-29 mars 1980)*, Amiens, 1980, p. 437-450. — S. Sasaki, *L'émergence des temps dans la poésie de Charles d'Orléans*, dans *Medioevo Romanzo*, t. 30 (1980), *Mediaevalia 80*, p. 255-265. — Il faut la compléter, pour les années postérieures à 1984, par : A.T. Harrison, *Charles d'Orléans. The Reluctant Traveler*, dans *Fifteenth-Century Studies*, t. 10 (1984), p. 79-90. — R.C. Cholakian, *Deflection/Reflection in the Lyric Poetry of Charles d'Orléans : A Psychosemiotic Reading*, Potomac, 1985. — C. Galderisi, *Sui Rondeaux di Charles d'Orléans*, dans *Micromégas*, t. 13 (1986), p. 79-98. — J. Cerquiglini, *Quand la voix s'est tue : la mise en recueil de la poésie lyrique aux XIVe et XVe siècles*, dans *La présentation du livre. Actes du colloque de Paris-X-Nanterre (4-6 décembre 1985)*, Paris, 1987, t. 2, p. 313-327. — M.-F. Notz, *L'image de la vieillesse dans la poésie médiévale : exclusion fictive et réalité poétique*, dans *Vieillesse et vieillissement au Moyen Âge*, Aix-en-Provence, 1987, p. 227-242 (*Senefiance*, 19). — G. Pinkernell, *La ballade franco-latine « Parfont conseil eximium » : une satire peu connue de Villon contre Fredet, favori de Charles d'Orléans*, dans *ZRPh*, t. 103 (1987), p. 300-318. — S.L. Stakel, *Allegory and Artistic Production in the Poetry of Charles d'Orléans*, dans *Fifteenth-Century Studies*, t. 14 (1988), p. 161-178. — R. Cholakian, *The Subtextual Love Message in the « Ballades » of Charles d'Orléans, ibid.*, t. 15 (1989), p. 81-91. — S. Spence, *The French « Chanson » of Charles d'Orléans. A Study in the Courtly Mode, ibid.*, t. 15 (1989), p. 283-294. — J.-M. Varaut, *Charles d'Orléans. Le livre des heures captives*, dans *Poètes en prison. De Charles d'Orléans à Jean Genet*, Paris, 1989, p. 21-33. — Cf. *GRLMA*, t. VIII/1, p. 32, 35, 37, 39, 43-54, 60-64, 68, 72, 77, 89, 108, 258. — *MB*, nos 4523-4551 ; 6854-6861 ; 7895-7903 ; 7918 ; *S* 6785 ; 6787 ; 6790 ; 6802 ; 6807-6808 ; 6810-6812 ; 6814 ; 7005-7064 ; 7091 ; 7147 ; 8439. D.P.

Charles Soillot. Né en 1434, Charles Soillot eut pour parrain Charles, fils de Philippe le Bon. Enfant et frère de fonctionnaires ducaux, il grandit à la cour et servit successivement Philippe le Bon, Charles le Téméraire, Marie de Bourgogne et Maximilien d'Autriche. Secrétaire du duc Charles, il lui dédie en 1468 la traduction du *Hiéron* de Xénophon, traité sur la tyrannie, d'après la version latine de Leonardo Bruni. Il participe ainsi au mouvement de « vulgarisation » d'œuvres grecques par le biais des travaux des Italiens (voir Vasque de Lucène, Jean Miélot...). À vingt-huit ans, Charles Soillot avait entrepris une œuvre d'un autre style pour son parrain, le *Débat de félicité*. Dialogue en prose et vers auquel participent Église, Noblesse et Labeur (le tiers état), qui comparaissent devant la Cour des Sciences, cette œuvre veut montrer que le seul bonheur se trouve au ciel alors que chacune des trois actrices prétend le posséder en propre. Soillot remania ce texte moralisateur après la mort du Téméraire (1477) pour en faire hommage à Louis de Bruges et à Philippe de Croÿ, premier chambellan du duc Maximilien.

→ Legrand d'Aussy, *Le Débat de félicité*, dans *Notices et extraits des mss de la Bibliothèque Nationale*, t. 5 (an VII de la République), p. 542-545. — G. Doutrepont, *La littérature française à la cour des ducs de Bourgogne*, Paris, 1909, p. 179, 184, 325, 465, 495, 516. — J. Monfrin, *La connaissance de l'antiquité et le problème de l'humanisme en langue vulgaire dans la France du XVe siècle*, dans *The Late Middle Ages and the Dawn of Humanism outside Italy*, Louvain-La Haye, 1972, p. 131-170. — Cf. *MB*, n° 5989. S.L.

Charroi de Nîmes. Chanson de geste du cycle de *Guillaume d'Orange**, composée de 1 486 décasyllabes assonancés dans la rédaction *A*, vers le milieu du XIIe siècle.

Au retour de la chasse, Guillaume apprend qu'il a été oublié par le roi lors de la distribution des fiefs. Furieux de cette ingratitude, il se précipite au palais et rappelle à Louis les services rendus et les exploits accomplis dans le *Couronnement de Louis**. Il repousse ensuite les propositions indignes ou insensées d'un suzerain apeuré, avant de revendiquer l'investiture de terres païennes. Il prend la tête d'une expédition militaire destinée à prendre Nîmes aux Sarrasins. Déguisé en marchand, il y introduit un convoi de chariots chargés de tonneaux, à l'intérieur desquels sont dissimulés ses guerriers. Grâce à ce stratagème, analogue à la ruse du cheval de Troie, les Français s'emparent de la cité.

L'œuvre témoigne des problèmes politiques et sociaux de l'époque (pénurie de terres, communication difficile entre les classes sociales). Elle s'adresse surtout aux « bacheliers » non chasés auxquels le trouvère rappelle leurs devoirs fondamentaux : la fidélité absolue au suzerain, aussi faible et injuste soit-il, et l'exaltation de la Chrétienté par la croisade qui devient désormais une nécessité économique.

Le poète se plaît à mêler des tonalités différentes : pathétique, réalisme (en particulier l'exactitude géographique), burlesque (description d'un bric-à-brac à la fois culinaire et religieux), héroï-comique (le char embourbé de Bertrand ou l'accoutrement de Guillaume), comique (gestes et quiproquos amusants, naïveté des païens moins terrifiants que ridicules).

En définitive, le *Charroi de Nîmes*, où la parole l'emporte sur l'action (63 % des vers sont au discours direct), est plus une chanson de verbe que de geste.

ŒUVRE. — Éd. J.-L. Perrier, Paris, 1931 (*CFMA*), [éd. du ms. fr. 774]. — Éd. D. McMillan, Paris, 2e éd., 1978 [éd. du ms. fr. 1449]. — Trad. F. Gégou, Paris, 1971.

→ J. Bédier, *Les légendes épiques, recherches sur la formation des chansons de geste*, t. 1 : *Le cycle de Guillaume d'Orange*, Paris, 3e éd., 1926. — J. Frappier, *Les chansons de geste du cycle de Guillaume d'Orange*, t. 2, Paris, 2e éd., 1967, p. 179-253. — M. Mancini, *L'édifiant, le comique et l'idéologie dans le Charroi de Nîmes*, dans *Société Rencesvals, 4e congrès international... Actes et Mémoires*, Heidelberg, 1969, p. 203-212. — A. Adler, *A propos du Charroi de Nîmes*, dans *Mél. J. Frappier*, Genève, 1970, t. 1, p. 9-15. — J.-C. Payen, *Le Charroi de Nîmes, comédie épique ?, ibid.*, t. 2, p. 891-902. — T. Hunt, *L'inspiration idéologique du Charroi de Nîmes*, dans *RBPH*, t. 56 (1978), p. 580-606. — Cf. *MB*, no 293-296, 316, 6069, 7157 ; *S* 920, 971, 1081-1104, 1230, 1232, 1261, 4537.

C.L.

Chartres (École de). C'est au XIe siècle, et très précisément sous l'épiscopat de Fulbert (1006-1028), que la réputation de l'école de Chartres commence à attirer des élèves venus de tous pays. Mais l'âge d'or des écoles chartraines, c'est cette première moitié du XIIe siècle qu'inaugure l'épiscopat d'Yves de Chartres (1090-1115). Trois grands chanceliers ont été les artisans de la renaissance chartraine : Bernard de Chartres*, Gilbert de la Porrée* et Thierry de Chartres*. Grâce à Jean de Salisbury*, qui fut élève à Chartres avant d'en devenir l'évêque, l'esprit et la méthode des maîtres chartrains nous sont assez bien connus.

Pour les Chartrains, la culture est un tout. Chacun des arts libéraux (Grammaire, Rhétorique, Dialectique, Arithmétique, Géométrie, Astronomie, Musique) doit y trouver sa place et y jouer son rôle. Ce « synode des Arts libéraux » (comme dit Thierry) est au service de la théologie. Mais à Chartres, on conçoit mal que la théologie puisse se passer d'un tel service. Il n'y a pas de culture véritable si l'une des sept disciplines est systématiquement atrophiée ; mais il n'en existe pas davantage si l'une d'elles est hypertrophiée. Ainsi Jean de Salisbury proteste-t-il contre les prétentions exorbitantes de certains dialecticiens qui font de la logique un absolu. Les Chartrains insistent encore pour que la science (dont le *quadrivium* est dépositaire) et l'art de bien dire (qu'enseigne le *trivium*) aillent toujours de pair : « Nous avons marié *trivium* et *quadrivium*, dit Thierry de Chartres, pour l'accroissement de la noble race des philosophes. »

À Chartres, on a une prédilection pour les auteurs platonisants ou néoplatonisants : on lit le *Timée* de Platon (dans la traduction partielle de Calcidius), le *Commentaire du Songe de Scipion* de Macrobe, la *Consolation de Philosophie* et les *Opuscules théologiques* de Boèce*. Tous ces textes, certes, étaient connus depuis longtemps. Mais les maîtres de Chartres les lisent et les commentent avec une ferveur nouvelle, celle même qui faisait dire à l'un d'entre eux (Guillaume de Conches*) : « Nous aimons Platon. » C'est donc à juste titre qu'on a parlé d'un « platonisme chartrain ». Et l'on retrouverait sans peine ici les deux types de connaissance que la tradition néoplatonicienne prétendait découvrir chez Platon : la connaissance *époptique* qui se réclame du *Parménide*, la connaissance *physique* qui se réclame du *Timée*. À la première se rattache Gilbert de la Porrée ; à la seconde Guillaume de Conches. Thierry de Chartres réalise, en quelque sorte, la synthèse des deux.

Depuis les travaux de Reginald Lane Poole (1884) et d'Alexandre Clerval (1895), l'école de Chartres jouit d'une réputation flatteuse. Cette réputation n'a pas faibli — elle aurait plutôt eu tendance à se fortifier — pendant trois quarts de siècle. Soudain, en 1965, dans une communication faite au congrès de la Société d'Histoire ecclésiastique de Grande-Bretagne, Sir Richard Southern en contesta le bien-fondé. Dans cette communication, publiée en 1970, Sir Richard exposait une thèse, que l'on peut résumer dans les deux propositions suivantes : 1. Aucun des maîtres fameux dont se glorifie l'école de Chartres au XIIe siècle, à l'exception de Bernard de Chartres, n'a enseigné à Chartres. 2. Tous ces maîtres, et cette fois sans aucune exception, étaient des hommes du passé : « All their thoughts were old thoughts. They had the strength to make old thoughts live again, but they could not add to them. » Thierry de Chartres était, de son temps même, démodé : « Old-Fashioned Master ». La réaction à cette attaque en règle ne se fit pas attendre. Successivement Peter Dronke, Roberto Giacone et Nikolaus Häring montèrent aux créneaux pour défendre l'école de Chartres.

Bien qu'excessive, la thèse de R. Southern a eu un effet salutaire. Elle a crevé une certaine enflure, qui était devenue de mode pour parler de l'école de Chartres ; elle a ramené celle-ci à des dimensions plus justes. En même temps, elle a stimulé l'ardeur des historiens et leur a permis de vérifier la solidité des fondations sur lesquelles repose la réputation des écoles chartraines. Mais cette thèse, difficilement tenable, n'a guère convaincu. En dépit des nombreux exemples d'absentéisme ecclésiastique allégués par Sir Richard, on a peine à croire que Gilbert de la Porrée et Thierry, chanceliers de la cathédrale, se contentaient d'encaisser à Chartres les substantiels revenus attachés à leur charge, et passaient le plus clair de leur temps à Paris à les dépenser. Il est indéniable que l'église de Chartres, riche et prospère, gouvernée par des prélats de qualité, a su attirer dans son sein, en la première moitié du XIIe siècle, des maîtres remarquables. Était-ce pour les envoyer enseigner ailleurs ? Il y avait certainement à Chartres des clercs à former, car tous les clercs n'habitaient pas Paris. Leur nombre ne fut peut-être pas considérable, admettons-le. Un disciple de Gilbert de la Porrée, Evrard d'Ypres, nous apprend qu'il fut le quatrième auditeur de Gilbert à Chartres, et son trois centième à Paris. Qu'on l'interprète comme on voudra — et il n'est pas sûr qu'Evrard ait cherché à nous fournir une documentation statistique sur les populations estudiantines des deux cités — cette phrase signifie que Gilbert de la Porrée enseigna, non seulement à Paris, mais aussi à Chartres. Et c'est ce que Sir Richard dut bien admettre quand, à l'occasion du congrès de Harvard (1977), il présenta une nouvelle mouture de sa thèse. Quant à l'enseignement rétrograde et démodé, qui selon R. Southern était distribué à Chartres, c'est affaire de goût. Remarquons seulement que, dans son *Histoire de la philosophie occidentale au XIIe siècle*, Peter Dronke a placé Guillaume de Conches, Gilbert de la Porrée et Thierry de Chartres dans le chapitre consacré aux novateurs.

→ A. Clerval, *Les écoles de Chartres au Moyen Âge*, Paris, 1895. — R.L. Poole, *Illustrations of the History of Mediaeval Thought and Learning*, 2e éd., Londres 1920 (1re éd., Londres, 1884). — R.W. Southern, *Medieval Humanism and Other Studies*, Oxford, 1970, p. 61-85. — *The Schools of Paris and the School of Chartres*, dans *Renaissance and Renewal in the Twelfth Century*, éd. R.L. Benson et G. Constable, Cambridge (Mass.), 1982, p. 113-137. — P. Dronke, *New Approaches to the School of Chartres*, dans *Anuario de Estudios Medievales*, t. 6, Barcelone, 1969 (paru en 1971), p. 117-140. — J. Châtillon, *Les écoles de Chartres et de Saint-Victor*, dans *La scuola nell'occidente latino dell'alto medioevo*, Spolète, 1972, p. 795-839. — W. Wetherbee, *Platonism and Poetry in the Twelfth Century : The Literary Influence of the School of Chartres*, Princeton, 1972. — É. Jeauneau, « *Lectio philosophorum* ». *Recher-*

ches sur l'école de Chartres, Amsterdam, 1973. — R. Giacone, *Masters, Books and Library at Chartres According to the Cartularies of Notre-Dame and Saint-Père*, dans *Vivarium*, t. 12 (1974), p. 30-51. — N. Häring, *Chartres and Paris Revisited*, dans *Mél. A. C. Pegis*, Toronto, 1974, p. 268-329. — H. Rodnite-Lemay, *Platonism in the Twelfth-Century School of Chartres*, dans *The Twelfth Century, Acta 2* (1975), p. 42-52. — O. Weijers, *The Chronology of John of Salisbury's Studies in France (Metalogicon*, II.10), dans *The World of John of Salisbury*, éd. M. Wilks, Oxford, 1984, p. 109-116. — *A History of Twelfth-Century Western Philosophy*, éd. P. Dronke, Cambridge 1988, p. 308-404 (*Innovators*). É.J.

Chastie-Musart. Poème misogyne anonyme de 29 quatrains d'alexandrins monorimes, qui paraît avoir obtenu un assez grand succès dans le milieu de la littérature didactique et morale du XIIIe siècle. Il fait partie d'une série de textes analogues de l'époque qui, sur le mode de l'ironie misogyne, allongent des formules et des lieux communs sur, ou plutôt contre les femmes.

ŒUVRE. — Éd. P. Meyer, *Le Chastie-Musart d'après le ms. Harléien 4333*, dans *Romania*, t. 15 (1886), p. 603-610. — A. Pensa Michelini Tocci, *Chastie-Musart (Cod. Vat. Reg. lat. 1323)*, Rome, 1970 (*Officina romanica*, 15, *Sezione di studi e testi antico-francesi*).

→ V. Le Clerc, dans *HLF*, t. 23, p. 241. — Cf. *GRLMA*, t. VI/2, n° 7032. — *MB* n° 2605 ; *S* 5108. C.R.

Chastoiement d'un père à son fils. Le *Chastoiement* est une adaptation anonyme en vers français de la *Disciplina clericalis*, dont subsistent deux versions du début du XIIIe, l'une normande, l'autre anglo-normande. Œuvre d'un juif espagnol converti et baptisé Pierre Alphonse (1106), la *Disciplina* met en scène l'ultime conversation d'un Arabe et de son fils. Le père transmet ses derniers enseignements sous forme de contes et de fables, dont il prend soin de tirer la morale. Le *Chastoiement* abrège le commentaire moral, amplifie la narration de descriptions colorées et de détails pittoresques, accentue la vivacité du récit en le truffant de dialogues. La traduction en prose du XIVe siècle, connue sous le titre de *Discipline de clergie*, colle davantage au texte latin ; elle fut elle-même à l'origine d'une traduction occitane (gasconne) du XVe. Le succès de la *Disciplina clericalis* fut considérable dans toute l'Europe médiévale. Elle fournit aux conteurs du Moyen Âge et de la Renaissance une de leurs principales sources d'inspiration. Par son intermédiaire, les motifs du folklore oriental pénétrèrent fabliaux et nouvelles ; les prédicateurs et les moralistes y puisèrent la matière de bien des *exempla*.

ŒUVRES. — *Disciplina clericalis*, éd. A. Hilka et W. Söderhjelm, Heidelberg, 1911 [*Sammlung Mittellateinischer Texte* 1] ; Helsingfors, 1922 (*Annales Societatis Scientiarum Fennicae*, 49,4) [3 parties : texte latin + trad. française en prose + versions rimées]. — *Chastoiement : 1re version*, éd. E.D. Montgomery, Chapel Hill, 1971. — Éd. M. Roesle, Munich, 1899 ; *2e version*, éd. E. Barbazan, Lausanne-Paris, 1760 ; repris par A. Méon, *Fabliaux et contes...*, t. 2, Paris, 1808, p. 39-183. — *Discipline de clergie*, éd. Labouderie, t. 1, Paris, 1824 (*Soc. des bibliophiles fr.*) [le t. 2 contient une éd. de la 1re version du *Chastoiement*]. — Trad. gasconne, éd. J. Ducamin, Toulouse, 1908 (titre : *Disciplines de clergie et de moralités*). — Trad. espagnole moderne de la *Disciplina* par M.J. Lacarra et E. Ducray, Saragosse, 1980.

→ H. Schwarzbaum, *International Folklore Motifs in Petrus Alfonsi's Disciplina clericalis*, dans *Sefarad*, t. 21 (1961), p. 267-299 ; t. 22 (1962), p. 17-59, et 321-344 ; t. 23 (1963), p. 54-73. — W. Söderhjelm, *Bemerkungen sur « Disciplina clericalis » und ihren französischen Bearbeitungen*, dans *Neuphilologische Mitteilungen*, t. 12 (1910), p. 48-75. — Cf. *MB* 2492-93, 6504, 6511 ; *S* 5109. G.H.

Châtelain d'Arras. Auteur de deux chansons d'amour, dédiées à une comtesse dont le nom n'est pas précisé. L'une de ces chansons (R. 140), conservée dans cinq mss, est attribuée à tort par quatre d'entre eux à Gilles le Vinier* : seul le chansonnier T (Paris, BN, fr. 12615) donne le nom du véritable auteur, qui se fait connaître à l'envoi (« *Li Chastelains d'Arras dit en ces chans...* »). L'autre chanson (R. 308), dédiée en outre à Thomas II de Coucy († 1253) et parfois attribuée à Thibaud de Champagne* est restituée par le chansonnier P (Paris, BN, fr. 847) au Châtelain d'Arras : sur le point de partir en croisade, le poète y fait ses adieux à sa dame avec une exquise délicatesse.

Ce trouvère n'est autre que le chevalier Hugues qui fut châtelain d'Arras à partir de 1210 environ et mourut en 1226.

ŒUVRES. — *Les chansons de croisade*, éd. J. Bédier et P. Aubry, Paris, 1909 (réimp. New York, 1971), p. 133-141. — A. Wallensköld, *Les chansons de Thibaud de Champagne, roi de Navarre*, Paris, 1925, p. 224-227 (*SATF*, 69).

→ E. Langlois, *Remarques sur les chansonniers français, IV Hue le Châtelain d'Arras et les chansons R. 140 et R. 308,* dans *Romania,* t. 45 (1918-1919), p. 347-348. — R. Berger, *Le nécrologe de la confrérie des jongleurs et des bourgeois d'Arras (1194-1361),* Arras, 1963 et 1970, t. 1, p. 25 ; t. 2, p. 106 (*Mémoires de la Commission départementale des Monuments historiques du Pas-de-Calais,* XI, 1 et XIII, 2). — Linker, n° 37. — Cf. *MB S* n° 4347.

G.M. et F.F.H.

Châtelain de Coucy. Trouvère picard dont l'identité a été longtemps controversée. Il s'agit du chevalier Guy de Thourotte (Oise, arr. Compiègne, cant. Ribécourt), fils de Jean de Thourotte et d'Adèle de Montmorency, qui fut châtelain, c'est-à-dire « gouverneur » du château de Coucy (Coucy-le-Château : Aisne, arr. Laon), entre 1170 et 1203. On est mal renseigné sur la biographie de ce vassal du puissant lignage seigneurial de Coucy. On sait uniquement qu'il participa à la troisième (1190) et à la quatrième croisade (1202). En 1202, il s'opposa à la déviation vers Constantinople, mais il resta dans l'armée des croisés. Geoffroi de Villehardouin*, chroniqueur de la quatrième croisade, nous apprend qu'il mourut pendant la traversée de la mer Égée : « Lors avint un granz domaiges : que uns hals hom de l'ost qui avoit nom Guis li castelains de Coci morut et fu gitez en la mer. »

Les copistes médiévaux, qui ne le désignent jamais que par son titre de châtelain, lui attribuent une bonne trentaine de poèmes. Une quinzaine seulement sont authentiques : tous, y compris les deux chansons de croisade qui figurent dans le nombre, sont des chansons d'amour. D'une qualité poétique remarquable, ce modeste répertoire suffit pour assurer à son auteur une place de choix parmi les classiques du lyrisme courtois. Sans doute n'est-il pas un thème de ses compositions que le châtelain n'ait emprunté aux troubadours ou que l'on ne retrouve chez ses confrères et contemporains de langue d'oïl, chez Blondel de Nesle*, Conon de Béthune* et Gace Brulé* par exemple. Sans doute aussi sa conception de l'amour, toute courtoise, ne diffère-t-elle pas de celle que les poètes occitans puis les romanciers français de la seconde moitié du XIIe siècle avaient mise à la mode. Ce qu'il dit a pourtant un ton aussi persuasif et sincère que s'il exprimait une méditation intime, quotidienne. C'est qu'il donne à la tradition poétique et culturelle qui l'a formé, qu'il assume et continue, une jeunesse nouvelle, en la vivifiant par son expérience personnelle. Bien que pudiques et fugitives, ses confidences laissent transparaître la vie intérieure d'un homme tourmenté par l'idéal de l'amour fou et d'une communion totale, charnelle et spirituelle, entre les amants. Pour lui, le lyrisme et l'amour courtois ne représentent pas simplement un agréable divertissement mondain, ils engagent l'être tout entier dans une tentative d'accomplissement et de dépassement de soi sans cesse menacée par l'échec. Cette quête de la perfection amoureuse, cette tension de toute l'âme vers ce but unique et la conscience que le trouvère prend de l'inaccessibilité de celui-ci — il se compare à l'enfant qui veut s'emparer d'une étoile —, confèrent à sa poésie ce qui fait sa noblesse et sa pureté tragiques.

Original par la profondeur du sentiment, Guy de Thourotte l'est aussi par la sobriété de son art. Il garde, pour chanter l'amour et l'aimée, une certaine candeur d'adolescent, une ingénuité qui attire et captive. Le ton reste simple, avec une retenue dans l'expression et dans le frémissement qui l'éloigne de toute emphase. La facture des chansons est raffinée, sans excès : Guy dédaigne les prouesses de versification parce qu'elles détournent l'attention de l'essentiel. Son style est fluide, sa langue, claire et harmonieuse. Quelques images rompent la monotonie d'un discours assez abstrait où l'analyse psychologique tient une large place. Plusieurs chansons s'ouvrent par une *strophe printanière* — ainsi appelée parce que de toutes les saisons, c'est le printemps qui y est le plus fréquemment décrit. Ce couplet isole du monde extérieur, vulgaire et prosaïque, la pièce à laquelle il sert de prélude, il crée son « climat » poétique et introduit l'auditeur dans l'univers lyrique.

La passion violente et fidèle du châtelain de Coucy, le charme émouvant et la beauté de son œuvre, sa mort tragique enfin lui valurent une grande renommée. Dès avant 1250, le trouvère Eustache le Peintre* le rangeait, avec Tristan et le poète Blondel de Nesle, parmi les amants célèbres. Bientôt entré dans la légende, il devint le héros du *Roman du castelain de Couci et de la dame de Fayel*, touchante histoire d'amour et de mort qu'à la fin du XIIIe siècle un nommé Jakemes broda sur le thème, fort populaire au Moyen Âge, du « cœur mangé » : le châtelain meurt outremer, durant une croisade ; son cœur, embaumé et enfermé dans un coffret, est rapporté à sa maîtresse, la dame de Fayel, par un messager ami. Malheureusement, le mari jaloux s'empare de la relique avant qu'elle ne soit remise à sa destinataire, et fait servir à sa femme le cœur de son amant accommodé par le cuisinier du château. Longtemps oublié, ce récit fut redécouvert au XVIIIe siècle, connut une popularité nouvelle et inspira nombre de romances et de tragédies.

ŒUVRES. — *Les chansons de croisade*, éd. J. Bédier et P. Aubry, Paris, 1909 (réimp. New York, 1971), p. 85-106. — *Poètes et romanciers du Moyen Âge*, éd. A. Pauphilet, nouv. éd., Paris, 1952, p. 875-878 (*Bibliothèque de la Pléiade*, 52) [trois pièces]. — *Chansons attribuées au Chastelain de Couci (fin XIIe-début XIIIe siècle*), éd. A. Lerond, Paris, 1963 (*Publications Faculté des Lettres de Rennes*, 7). — P. Bec, *La lyrique française au Moyen Âge (XIIe-XIIIe siècle*), Paris, 1978, t. 2, p. 96-97 [une chanson]. — *Anthologie de la poésie lyrique française des XIIe et XIIIe siècles*, éd. bilingue J. Dufournet, Paris, 1989, p. 112-119 (*NRF/Poésie*) [deux chansons].

→ H. Petersen Dyggve, *Personnages historiques figurant dans la poésie lyrique française des XIIe et XIIIe siècle. VI. L'énigme du « comte » de Couci*, dans *Neuphilologische Mitteilungen*, t. 37 (1936), p. 261-283. — J. Frappier, *La poésie lyrique française aux XIIe et XIIIe siècles*, Paris, 1954 (rééd. 1966), p. 162-172. — R. Baum, *Der Kastellan von Couci. Bemerkungen zu einer neuen Edition und zu den Problemen der Herausgabe mittelalterlicher Texte*, dans *ZFSL*, t. 80 (1970), p. 51-81 et 131-148. — J. Longnon, *Les Compagnons de Villehardouin*, Genève, 1978, p. 119. — A.A. Perry, *La symbolique du cœur dans quelques chansons du Châtelain de Coucy*, dans *RLR*, t. 83 (1979), p. 237-243. — Linker, n° 38. — Cf. *MB* nos 2327-2328, 6222 ; *S* 2061 ; 2280-2282 ; 4279 ; 4315 ; 4457-4461.

G.M. et F.F.H.

Châtelain de Coucy. Roman d'aventures amoureuses et chevaleresques de la fin du XIIIe siècle, d'environ 8 000 octosyllabes, d'origine picarde, d'un certain Jakemes qui livre son nom en un acrostiche final et qui a été identifié, vraisemblablement à tort, avec le héraut d'armes Jacques Bretel*. C'est le premier romancier français à faire d'un poète le personnage principal d'un roman, puisque le prototype du héros est Guy, châtelain de Coucy* et trouvère.

Renaut, châtelain de Coucy, s'est épris de la dame de Fayel. D'abord repoussé, il finit, à force de courtoisie et de bravoure, par obtenir d'elle un rendez-vous. Mais un jour de fête, une dame jalouse remarque les regards échangés par les deux amants, fait épier Renaut et le dénonce au mari. Celui-ci surprend le châtelain à la porte dérobée du jardin un soir de rendez-vous, mais n'a aucune preuve formelle de l'infidélité de sa femme ; du moins conçoit-il une jalousie qui lui fait imaginer finalement un habile subterfuge : il manifeste l'intention de partir avec sa femme à la croisade. Il n'en faut pas davantage pour que son rival se croise, croyant retrouver son amie au-delà des mers, mais il partira seul, cependant que le sire reste en son château de Fayel. Renaut se bat bravement en Terre sainte ; il est mortellement blessé et meurt au retour, après avoir ordonné à son écuyer Gobert d'embaumer son cœur pour en faire présent à la dame de Fayel. Le sire arrache le coffret précieux à Gobert et fait servir au cours d'un repas le cœur du châtelain à sa femme, en lui apprenant l'horrible vérité. Elle en meurt de douleur.

Avec de nombreux détails réalistes, la fin tragique des amants rattache le texte au cycle de la légende du cœur mangé. Par ailleurs, Jakemes se présente comme une personnalité littéraire de talent. Il a logé dans sa narration des pièces lyriques, la plupart du Châtelain de Coucy lui-même, suivant la tradition inaugurée par *Guillaume de Dole* de Jean Renart*. Il s'agit d'un cas exceptionnel où un personnage de fiction, nettement distingué de l'auteur du roman, est donné lui-même comme l'auteur des chansons qu'il chante. Ce processus a sans doute été favorisé par l'existence des *Vidas* des troubadours.

Il existe une mise en prose du roman, conservée par un manuscrit unique du XVe siècle.

ŒUVRE. — Éd. M. Delbouille, *Le Roman du Castelain de Couci et de la Dame de Fayel par Jakemes*, éd. établie à l'aide des notes de J.E. Matzke, Paris, 1936 (*SATF*). — Trad. A. Petit et F. Suard, *Le Roman du Châtelain de Coucy et de la Dame du Fayel*, La Ferté-Milon, 1986.

→ G. Paris, *Le Roman du Châtelain de Couci*, dans *Romania*, t. 8 (1879), p. 343-373 ;

La légende du Châtelain de Couci dans l'Inde, *ibid.*, t. 12 (1883), p. 359 sqq. — C.-V. Langlois, *La société française au* XIIIe *siècle d'après dix romans d'aventures*, Paris, 1904, p. 186-221. — J.E. Matzke, *The Legend of the Eaten Heart*, dans *MLN*, t. 26 (1911), p. 1-8. — M. Delbouille, *Problèmes d'attribution et de composition, IV : L'auteur du Roman du Châtelain de Coucy est-il Jacques Bretel ?*, dans *RBPH*, t. 12 (1933), p. 29 sqq. — F. Lyons, *Les éléments descriptifs dans le roman d'aventure au* XIIIe *siècle*, Genève, 1965 (*Publ. romanes et françaises*, 84). — *Le cœur mangé, Récits érotiques et courtois,* XIIe *et* XIIIe *siècles*, mis en français moderne par D. Régnier-Bohler, Paris, 1979 (*Stock Plus*). — M. Okada, *L'« échange des cœurs » et le thème du « cœur mangé » dans le roman du Castelain de Couci et de la Dame de Fayel*, dans *Études de langue et de littérature françaises*, t. 36 (1980), p. 1-15. — A.A. Perry, *More on the Image of the Eaten Heart*, dans *Romance Notes*, t. 31 (1980-1981), p. 234-237. — F. Suard, *Le Roman du Castelain de Couci et l'esthétique romanesque à la fin du* XIIIe *siècle*, dans *Mél. J.-C. Payen*, Caen, 1989, p. 355-367. — Cf. *GRLMA*, t. IV/2, n° 288 ; t. IV/1, p. 378, 400, 418-421, 447, 448, 449, 451, 453, 477. — Woledge, n° 34. — *MB* n°s 1161-1176, 6222 ; *S* 2061, 2280-2282. A.M. et C.R.

Châtelaine de Saint-Gilles. Petit texte narratif anonyme de la fin du XIIIe siècle, composé de 35 strophes d'octosyllabes, de sept vers chacune, suivies d'un refrain emprunté à des chansons antérieures. Le dernier mot de chaque refrain rime avec le septième vers de la strophe à laquelle il se rapporte, puis est repris en début de strophe suivante. Le texte est conservé par un seul manuscrit.

La fille d'un châtelain pauvre, obéissant contre son gré à la volonté de son père, épouse un vilain fort riche. En se mariant, elle déclare ne pas se croire engagée à la fidélité pour un homme qui l'a obtenue en l'achetant. Le fils d'un comte, son ancien ami, l'enlève et la conduit dans ses terres. Le vilain fera des efforts inutiles pour la reprendre.

La composition, sous forme de dialogue, au style enlevé, est assez originale et ne manque pas de charme.

ŒUVRE — Éd. A. de Montaiglon et G. Raynaud, dans *Recueil général des Fabliaux*, Paris, t. 1 (1872), p. 135-146, et t. 2 (1877), p. 293-294. — O. Schultz-Gora, *Zwei altfranzösische Dichtungen, la Chastelaine de Saint Gille, Du Chevalier au barisel*, Halle, 1919.

→ G. Paris, dans *HLF*, t. 23 (1856), p. 540-544. — N.H.J. Van den Boogaard, *Rondeaux et refrains du* XIIe *siècle au début du* XIVe, Paris, 1969, p. 315-316. C.R.

Châtelaine de Vergy. Conte en 948 vers octosyllabiques, écrit vers le milieu du XIIIe siècle, en tout cas avant 1288. L'auteur, anonyme, a l'intention d'enseigner, par un exemple, qu'il faut tenir ses amours secrètes et que la discrétion est une des plus grandes qualités de l'amant. À la cour de Bourgogne, la dame de Vergy a accordé son amour à un chevalier, à condition que cette liaison restât cachée ; chaque fois que son ami verrait son petit chien dans le verger, c'est qu'il pourrait la trouver seule. Mais la duchesse de Bourgogne aimait le chevalier et elle lui avoue un jour sa passion. Repoussée par lui, elle l'accuse auprès de son mari de l'avoir priée d'amour. Chassé du pays par le duc et éperdu à la pensée d'être à jamais séparé de son amie, le chevalier se décide à faire la seule réponse capable d'apaiser le jaloux, qui lui jure au reste de garder le secret : il lui apprend donc qu'il aime la dame de Vergy, lui raconte comment ils se rejoignent, grâce au jeu du petit chien. Le soir même, le duc, suivant le jeune homme à son rendez-vous, constate qu'il lui a bien dit la vérité. Le lendemain, le duc fait bon visage au chevalier, au grand dépit de la duchesse qui se lève de table et traite son mari avec froideur jusqu'à ce qu'elle apprenne tout de sa bouche. Elle promet de garder le silence, mais sachant qu'on l'a dédaignée pour une personne de condition inférieure à la sienne, elle s'apprête à la vengeance. À la Pentecôte, en présence des dames, elle lance une allusion mauvaise à la châtelaine de Vergy qu'elle félicite de savoir si bien dresser son petit chien. Celle-ci se retire dans une chambre voisine, déplore en un long monologue la trahison de son ami et meurt de douleur. Quand le chevalier qui la recherchait à travers la fête la trouve là inanimée et apprend d'une fillette ses dernières paroles, il comprend tout et se perce le cœur. Le duc, à son tour, découvre les deux cadavres et d'un furieux coup d'épée, sans un mot, abat la duchesse.

Cette nouvelle est une des plus parfaites réussites de la littérature narrative du Moyen Âge et a été imitée dans les différentes littératures de l'Europe du XIVe au XVIe siècle. Elle est remarquable par le sens dramatique, agencée et conduite à la manière d'une tragédie où les sentiments notés avec exactitude précipitent l'action vers un dénouement inévitable. Aucune longueur dans cette œuvre d'une grande sobriété de moyens et d'une grande concentration, qualités d'autant plus précieuses qu'elles sont plus rares dans la production de cette époque.

Il existe une version en prose du XVe siècle, *L'istoire de la Chastelaine du Vergier et de Tristan le Chevalier*, au ton quelque peu moralisateur et de caractère didactique.

ŒUVRE. — Éd. *La Chastelaine de Vergi...*, par G. Raynaud, revue par L. Foulet, Paris, 1921 (*CFMA*, 1). — Éd. R.E.V. Stuip, *La Chastelaine de Vergi, éd. crit. du ms. BN, f. fr. 375..., suivie de l'éd. diplomatique de tous les manuscrits connus du XIIIe et du XIVe siècle*, La Haye-Paris, 1970 (*Publ. de l'Inst. d'études fr. et occ. de l'Univ. d'Utrecht*, 5) ; *La Châtelaine de Vergy*, éd. et trad., Paris, 1985 (10/18, *Bibl. méd.*, 1699) [éd. du texte du XIIIe, du texte du XVe et de la version imprimée de 1540]. — Éd. F. Whitehead, *La Chastelaine de Vergi*, 2e éd., Manchester, 1987.

→ P. Lakits, *La Châtelaine de Vergi et l'évolution de la nouvelle courtoise,* Debrecen, 1966 (*Studia Romanica*, 2). — P. Zumthor, *De la chanson au récit : la Chastelaine de Vergi,* dans *Vox Romanica*, t. 27 (1968), p. 77-95. — A. Maraud, *Le Lai de Lanval et la Chastelaine de Vergi : la structure narrative,* dans *Romania*, t. 93 (1972), p. 433-459. — J.-C. Payen, *Structure et sens de la Châtelaine de Vergi*, dans *Le Moyen Âge*, t. 79 (1973), p. 209-230. — J. Kjaer, *L'Istoire de la Chastelaine du Vergier et de Tristan le chevalier. Essai d'interprétation* dans *Revue Romane*, t. 23 (1988), p. 260-282. — Cf. *MB*, nos 1289-1303, 4199, 6241 ; *S* 2064, 2078, 2405-2421, 2823, 5083, 6762. A.M. et C.R.

Chétifs. Cette chanson de geste très composite n'a plus pour thème majeur la lutte des chrétiens contre les infidèles ; les chevaliers faits prisonniers à la bataille de Civetot et réduits en esclavage vont aider leur vainqueur, Corbaran, à se justifier d'une accusation de lâcheté (Corbaran n'a pas pu empêcher la mort du fils du soudan devant Antioche et doit prouver qu'on ne peut résister devant l'exceptionnelle valeur des chrétiens). Ce texte comprend trois épisodes : le duel judiciaire de Richard de Caumont contre deux adversaires, des géants turcs ; la lutte de Baudouin de Beauvais dans les monts de Tigris contre Sathanas (un serpent-dragon contenant un démon) ; l'épisode de Harpin de Bourges sauvant un neveu de Corbaran enlevé par le loup Papion (une hyène), puis par un singe, manquant d'être dévoré par quatre lions et enfin capturé par des voleurs, toutes situations que Harpin parvient à maîtriser. À la fin du texte, les chétifs, libérés et devenus les amis de Corbaran, font leur jonction avec les chrétiens qui assiègent Jérusalem.

Certains motifs semblent venir de l'Orient (légende arménienne du souffle du dragon ; invocation musulmane des noms de Dieu). Richard de Caumont, dont on conte la mort tragique dans certaines versions des *Continuations* et dans le *Bâtard de Bouillon**, a été adopté comme ancêtre par la famille de Caumont la Force. Voir : *Croisade (Cycle de la).*

ŒUVRE. — Éd. G.M. Myers (*The Old French Crusade Cycle*, vol. 5), Alabama, 1980. — Cf. *MB* n° 890. I.W.

Chevalerie Ogier. Ogier le Danois, déjà cité avec son épée *Courtain* dans la *Nota Emilianense* aux environs de 1070, joue un rôle épisodique dans la *Chanson de Roland**, au cours de la dernière bataille contre l'émir Baligant. Sa réputation est donc très ancienne. Il était certainement le protagoniste d'une chanson antérieure à la *Chevalerie Ogier* que nous avons conservée. Celle-ci n'est en effet qu'un remaniement, opéré sans doute par Raimbert de Paris, à une date relativement récente (un peu avant 1200 selon les uns, aux alentours de 1220 selon les autres). Elle fait d'Ogier un intraitable révolté, assoiffé de vengeance. Un meurtre est à l'origine du drame. Le fils d'Ogier a péri de la main de Charlot, que Charlemagne, son père, refuse de châtier. Fou de rage, Ogier trouve refuge auprès de Didier, roi des Lombards, que l'empereur bientôt attaque et défait. Commence alors une prodigieuse poursuite. Traqué de toutes parts, Ogier demeure insaisissable, grâce à son cheval Broiefort. Mais son énergie devient vite de la férocité. Après avoir sauvagement massacré Ami et Amile, il se réfugie enfin à Castelfort où, pendant sept années, il soutient un effroyable siège. Demeuré seul survivant et réduit aux abois, il persiste à refuser tout accommodement et échappe une fois de plus à ceux qui le pourchassent. Un jour cependant, Turpin le découvre endormi, le maîtrise et le conduit devant Charlemagne. Pour éviter au rebelle un supplice immédiat, l'archevêque propose de le conduire à Reims, et de l'y laisser mourir de faim, au fond d'un cachot. En réalité, Turpin nourrit en secret le prisonnier, jusqu'au jour où une invasion sarrasine vient mettre la France à feu et à sang. Seul Ogier pourrait rétablir la situation. Turpin révèle donc la vérité, mais le Danois exige qu'on livre Charlot à sa main vengeresse. L'intervention miraculeuse d'un ange sauve la victime et apaise la colère du bourreau. Ogier se jette alors sur les païens et abat leur chef. La France est sauvée. C'est à Meaux qu'à la fin de sa vie fut enseveli l'invincible héros.

Ce récit n'est pas entièrement fabuleux. Un certain *Autcharius* accompagnait en effet la veuve de Carloman et ses fils quand, après avoir été recueillis par le roi Didier en Lombardie, ils tombèrent entre les mains de Charlemagne à Vérone, en 773. Le personnage porte un nom qui correspond exactement à celui d'Ogier, et le rôle qu'il semble avoir joué n'est pas sans analogie avec celui que la chanson de Raimbert attribue à son héros. On possède par ailleurs une *Conversio Othgerii militis*, écrite avant 1084. Cet Othgerius, « courageux soldat », se serait finalement retiré avec son compagnon Benoît à l'abbaye de Saint-Faron, à Meaux, où l'on pouvait voir encore au XVIIIe siècle l'imposant mausolée que les moines avaient élevé en leur honneur. On s'explique qu'à partir de ces données précaires, de vives discussions se soient engagées sur les origines de la geste d'Ogier. Pour J. Bédier et Ph.-A. Becker, Autcharius et Othgerius sont des personnages différents. La légende qui les a finalement confondus est-elle née en Italie, en liaison avec celle d'Ami et Amile*, grâce à la collaboration des moines de Mortara et des jongleurs français, ou a-t-elle été créée en France par des poètes inventifs ? C'est ce qu'on envisage du côté individualiste. Dans le camp opposé, Mme Lejeune, à la suite de Ferdinand Lot, estime qu'Autcharius et Othgerius ne font qu'un, que très tôt le compagnon de Carloman a été célébré dans des chants héroïques ou hagiographiques, dont le succès s'est d'abord affirmé dans la vallée du Rhône, puis étendu à la région de Meaux et finalement jusqu'en Catalogne. On serait donc en présence d'une élaboration continue et collective, commencée au lendemain même des événements.

Quoi qu'il en soit, l'œuvre de Raimbert est inégale. À côté d'épisodes vigoureux, où le héros prend des proportions colossales et le conflit une sauvagerie exceptionnelle, elle comporte des longueurs et des faiblesses. S'agit-il d'un chef-d'œuvre manqué, ou plutôt d'un chef-d'œuvre gâté par des remaniements maladroits ? Il est difficile d'en décider.

La légende d'Ogier a eu une diffusion considérable. Pour ce qui touche uniquement au domaine français, un *Roman d'Ogier* en décasyllabes, d'environ 1310, ajoute à la *Chevalerie Ogier* une longue suite (un seul ms) ; un remaniement du roman en alexandrins, d'environ 1335, est conservé par trois manuscrits.

Par ailleurs un manuscrit de Venise du début du XIVe siècle nous a transmis un cycle épique franco-italien, dû sans doute à un auteur unique, dans lequel Ogier le Danois apparaît au cours des quatre dernières scènes. Signalons également un texte en prose du XVe siècle, la chanson de geste, perdue, de Jean d'Outremeuse* et de très nombreuses éditions anciennes.

ŒUVRE. — Éd. J. Barrois, Paris, 1842, 2 vol. (*Romans des douze pairs de France*, 8-9). — Éd. A. Scheler, Bruxelles, 1874. — Éd. S. Subak, *Die franko-italienische Version der Enfances Ogier nach dem Codex Marcianus XIII*, dans *ZRPh*, t. 33 (1909), p. 536-570 [éd. d'une partie seulement]. — Éd. M. Eusebi, Milan, 1962. — Éd. K. Togeby, Copenhague, 1967 (*Testi e Documenti di Letteratura Moderna*, 6) [remaniement en prose du XVe siècle]. — Éd. C. Cremonesi, Milan, 1977 [version franco-italienne].

→ P. Rajna, *Uggere il Danese nella letteratura romanzesca degl'italiani*, dans *Romania*, t. 2 (1873), p. 153-169. — J. Bédier, *Légendes épiques*, t. 2 (1917), p. 295-334. — F. Lot, *À quelle époque remonte la connaissance de la légende d'Ogier le Danois ?*, dans *Romania*, t. 66 (1940), p. 238-253. — R. Lejeune, *Recherches sur le thème : les chansons de geste et l'histoire*, Liège, 1948. — E.R. Curtius, *Über die altfranzösische Epik : III, 10 : La Chevalerie Ogier*, dans *Romanische Forschungen*, t. 62 (1950), p. 125-157. — P. Aebischer, *Anthroponymie et toponymie dans La Chevalerie Ogier*, dans *RBPH* (1954), p. 1123-1238. — E. Alanne, *Ogier der Däne, ein Epigonenepos ohne « Mäze »*, dans *Neuphilologische Mitteilungen*, t. 58 (1957), p. 128-143. — P. Le Gentil, *Ogier le Danois, héros épique*, dans *Romania*, t. 78 (1957), p. 199-233. — K.H. Bender, *Les métamorphoses de la royauté de Charlemagne dans les premières épopées franco-italiennes*, dans *Cultura neolatina*, t. 21 (1961), p. 164-174. — M. Eusebi, *Saggio comparativo sull'Uggeri del ms. Marciano fr.* XIII *e la leggenda del Danese nella Karlamagnussaga e nella Karl Magnus Krönike, ibid.*, p. 141-145. — A. Adler, *Rückzug in epischer Parade*, Francfort-sur-le-Main, 1963 (*Analecta romanica*, 11). — A. Goosse, *Ogier le Danois, chanson de geste de Jean d'Outremeuse*, dans *Romania*, t. 86 (1965), p. 145-198. — K. Togeby, *Ogier le Danois*, dans *Revue romane*, t. 1 (1966), p. 110-119. — V. Bertolini, *Uggeri il Danese a Verona*, dans *Atti e Memorie della Accad. di agricoltura, scienze e lettere di Verona, a. a. 1966-1967*, 4e série, vol. 17 (143) (1968), p. 407-418. — F. Suard, *Ogier le Danois. Remaniements tardifs et imprimés*, dans *Actes du 4e congrès international de la Société Rencesvals, Heidelberg, 1967*, Heidelberg, 1969 (*Studia romanica*, 14), p. 54-62. — K. Togeby, *Ogier le Danois dans les littératures européennes*, Munksgaard, 1969 [ouvrage fondamental]. — H. Krauss, *Ezzelino da Romano - Maximo Çudé. Historische Realität und epischer Strukturzwang in der frankoitalienischen Chevalerie Ogier*, dans *Cultura neolatina*, t. 30 (1970), p. 233-249. — P.F. Dembowski, *Interprétation des mobiles chez les héros de la chanson de geste*, dans *Actele celui de - al* XII *- lea Congres international de lingvistică şi filologie romanică*, Bucarest, 1971, t. 2, p. 19-28. — P. Aebischer, *La mesnie Doon de Mayence et son plus illustre représentant, Ogier le Danois*, dans *Mél. P. Le Gentil*, Paris, 1974, p. 13-32 ; *Le concept d'« état latent » dans la préhistoire des chansons de geste*, dans *RBPH*, t. 47 (1969), p. 789-839 ; réimpr. dans *Des annales carolingiennes*, Genève, 1975, p. 159-197 (*PRF*, 129). — B. Schurfranz, *Le Chevalier Ogier : Verbatim Borrowing from the Geste des Loherains*, dans *Romance Philology*, t. 30 (1976-1977), p. 470-474. — R.H. Bloch, *Medieval French Literature and Law*, Berkeley-Los Angelès-Londres, 1977, p. 63-107. — H. Krauss, *Epica feudale e pubblico borghese. Per la storia poetica di Carlomagno in Italia,* Padoue, 1980. — F. Suard, *Meurvin et Mabrian, deux épigones de la Chevalerie Ogier de Danemarche et de Renaut de Montauban*, dans *Mél. D. McMillan*, Reading, 1984, p. 151-166 ; *Ogier le Danois et Renaud de Montauban*, dans *Actes du 9e congrès international de la Société Rencesvals, Padoue, 1982,* Modène, 1984, t. 1, p. 185-202. — J.-P. Martin, *« Vue de la fenêtre » ou « panorama épique » : structures rhétoriques et fonctions narratives, ibid.*, p. 859-878. — N. Cazauran, *Duels judiciaires dans deux « proses ». Le triomphe des parjures dans Ogier le Danois et Meurvin*, dans *Romania*, t. 108 (1987), p. 79-96. — P.H. Stäblein, *Patterns of Textual Shift and the Alien Hero : Ogier the Dane in the Europeanization of the Old French Epic*, dans *Olifant*, t. 12 (printemps 1987), n° 1, p. 47-61. — Cf. Woledge, n° 109. — *MB* nos 598-614, 4058, 6115, 7184-7188 ; *S* 723, 788, 837, 909, 1363-1376, 6483, 6484, 6485, 6539.

Voir aussi : Adenet le Roi et Jean d'Outremeuse. P.L.G. et C.R.

Chevalerie Judas Macchabée. Voir : *Judas Macchabée.*

Chevalerie Vivien. Voir : *Vivien.*

Chevalier à l'Épée. Roman anonyme de 1 206 vers du début du XIIIe siècle. Gauvain, à la recherche d'une nouvelle aventure, s'est égaré dans la forêt et pénètre dans un château où la fille du châtelain lui fait savoir qu'il aura la vie sauve à condition de ne contredire en rien son père, qui fait mettre à mort ceux qui lui résistent. Sur l'offre de celui-ci, Gauvain accepte de partager le lit de la demoiselle, mais l'épée enchantée suspendue au-dessus du lit ne le blesse que légèrement, car elle ne peut tuer le meilleur chevalier. Dans une seconde partie, la demoiselle, qui a quitté le château avec Gauvain, lui préfère un chevalier inconnu. À la suite de deux « jeux-partis » faisant office de combat entre les deux hommes, Gauvain tue le chevalier et repousse l'infidèle qui tente en vain de se justifier.

Ce court texte, qui se termine sur des allures de fabliau, est consacré aux aventures de Gauvain. L'auteur a su reprendre à son compte la tradition romanesque établie par Chrétien de Troyes*, en jouant sur trois motifs principaux : l'hôte impérieux (qu'on retrouve également dans *Gauvain et Humbaut**), le lit périlleux (dans le *Lancelot* de Chrétien de Troyes) et le conte des lévriers (voir la *Vengeance Raguidel**), tout en présentant le héros sous un aspect inaccoutumé et de manière assez ironique, notamment dans la seconde partie. En tout cas, le texte souligne une évolution très nette du personnage arthurien, à travers une sorte de dévaluation de la société chevaleresque et de ses idéaux.

ŒUVRE. — Éd. E.C. Armstrong, *Le chevalier à l'Épée...*, Baltimore, 1900. — R.C. Johnston and D.D.R. Owen, *Two Old French Gawain Romances*, Part I : *Le Chevalier à l'épée and La Mule sans frein*, Edimbourg-Londres, 1972. — Trad. E. Baumgartner, *Le Chevalier à l'épée*, dans *La légende arthurienne. Le Graal et la Table Ronde*, Paris, 1989 (*Bouquins*), p. 511-532.

→ K. Busby, *Gauvain in Old French Literature,* Amsterdam, 1980, p. 248-257 (*Degré second*, 2). — N.J. Lacy, *Chivalry in Le Cheva-*

lier à l'Épée and La Mule sans frein*, dans *Vox romanica*, t. 45 (1986), p. 150-156. — Cf. *GRLMA*, t. IV/2, n° 96 ; t. IV/1, p. 377, 382. — *MB* n°s 2047 ; *S* 2848, 4163-4166, 4602, 4757.
A.M. et C.R.

Chevalier à la robe vermeille. Ce fabliau de 312 octosyllabes, datable de la première moitié du XIIIe siècle, est anonyme. L'attribution à Cortebarbe*, suggérée sans argument par J. Bédier, n'est pas recevable. L'histoire est située à Dammartin-en-Goële : une femme qui trompe son mari, vavasseur, avec un chevalier, arrive à le convaincre que les traces qu'il a vues de la présence de son amant (un cheval, deux chiens et une robe vermeille) ne sont qu'hallucinations et qu'il doit accomplir un pèlerinage à Saint-Jacques-de-Compostelle.

ŒUVRE. — Éd. W. Noomen et N.J. Van den Boogaard, dans *Nouveau recueil complet des fabliaux*, t. 2, Assen, 1984. — Éd. G. Raynaud de Lage, dans *Choix de fabliaux*, Paris, 1986 (*CFMA*, 108).

→ L. Lindgren, *Courtebarbe, auteur des Trois aveugles de Compiègne, est-il aussi l'auteur du fabliau du Chevalier à la robe Vermeille ? Essai d'attribution sur la base de l'étude des rimes,* dans *Mél. T. Nurmela*, Turku, 1967, p. 91-102. — Cf. *MB S* 4591, 4679, 4714.
A.F.L.L.

Chevalier au barisel. Conte pieux, dont trois versions nous sont parvenues : une anonyme en octosyllabes, du commencement du XIIIe siècle ; une autre qu'un certain Jehan de la Chapelle ou de Blois, sans doute un moine cistercien d'origine blésoise, composa vers 1218 ; et une troisième comprise dans le recueil *La Vie des Pères**, sous le titre de *Conte du Baril*. Un chevalier orgueilleux et malfaisant accepte de se confesser à un saint ermite dans la seule intention de le scandaliser. Comme pénitence l'ermite lui demande de remplir d'eau un petit baril, mais le chevalier ne réussit pas à y faire entrer une seule goutte, même après avoir parcouru le monde et enduré de nombreuses peines. Retournant auprès de l'ermite, il avoue enfin son échec. Mais touché par la douleur que la vue de son endurcissement cause à l'ermite, le chevalier laisse tomber dans le baril une larme de vrai repentir, qui à elle seule le remplit. On ne connaît pas la source de ce conte.

ŒUVRE. — Éd. O. Schultz-Gora, dans *Zwei altfranzösische Dichtungen*, Halle, 1899 [éd. en appendice la version de la *Vie des Pères*]. — *Le Conte dou barril*, éd. R.C. Bates, New Haven, 1932 (*Yale Romanic Studies*, 4) [Jean de la Chapelle]. — Éd. F. Lecoy, Paris, 1955 (*CFMA*, 82) [version anonyme]. — Trad. A. Brasseur, Paris, 1976 (*Trad. des CFMA*, 23) [version anonyme].

→ A. Schulze, *Textkritisches zum Chevalier au barisel*, dans *ZFSL*, t. 39 (1912), p. 160-182 et t. 50 (1927), p. 445-449. — L.W. Stone, *Sur le Conte du baril de Jean de Blois*, dans *Romania*, t. 62 (1936), p. 24-40. — J.-C. Payen, *Structure et sens du « Chevalier au barisel »*, dans *Le Moyen Âge*, t. 77 (1971), p. 239-262. — F. Romanelli, *Le chevalier au barisel. L'acculturazione dei cavalieri tra lo spazio dell'aventure e il tempo della confessione*, dans *Medioevo Romanzo*, t. 11 (1986), p. 27-54. Cf. *MB*, n°s 3461-3468, 7795 ; *S* 5849-5852, 5981-5983.
V.F.K.

Chevalier au cygne et **La fin d'Elias.** Le *Chevalier au cygne* est la plus ancienne chanson du groupe suivant immédiatement le noyau primitif formé par la *Chanson d'Antioche**, les *Chétifs** et *Jérusalem*. Elle contient des éléments fabuleux et se rapproche du genre du conte par le motif de l'interdiction et de la transgression de l'interdit.

Elias (voir la *Naissance du chevalier au cygne*), arrivé en bateau tiré par son frère cygne à la cour de l'empereur Othon, se bat en duel judiciaire contre un duc saxon et obtient la main de la fille de la duchesse de Bouillon. Les Saxons le poursuivent pour se venger et Elias manque de perdre son épouse. La duchesse met au monde une fille, Ide (la future mère de Godefroi), mais elle perd son mari en lui demandant son nom (il lui avait interdit de le faire). *La fin d'Elias* est une suite proche du conte hagiographique, narrant le retour d'Elias dans sa famille, la métamorphose réussie du cygne, la retraite d'Elias dans un ermitage et son ultime entrevue avec sa femme et sa fille juste avant de mourir.

Voir : *Croisade (Cycle de la).*

ŒUVRES. — Éd. J.A. Nelson, *The Old French Crusade Cycle*, Alabama, 1985, vol. 2. — Éd. C. Hippeau, *La chanson du chevalier au cygne et de Godefroi de Bouillon*, vol. 1, *Le chevalier au cygne, Paris, 1874*. — Cf. *MB* n°s 891-909 ; *S* 1994-2002.
I.W.

Chevalier au cygne et Godefroi de Bouillon. Poème de 35 000 vers qui constitue le dernier remaniement du cycle de la *Croisade** ; il résume les branches dans l'ordre traditionnel, contenues dans la version la plus récente, celle des mss Paris,

BN, fr. 12569 et Ars. 3139. Ce sont : le *Chevalier au cygne**, la *Chanson d'Antioche**, les *Chétifs*, Jérusalem*, la *Chrétienté Corbaran**, la *Prise d'Acre**, la *Mort Godefroi* ; les deux dernières n'existent que dans le ms. de la BN, mais celui de l'auteur en différait pour la fin et il était du type de celui dont il ne reste qu'un résumé par Jean de Le Mote*. Bien qu'il abrège tout, l'auteur n'invente rien, mais il a récrit tous les vers ; de plus, il a truffé les différentes branches du cycle d'extraits empruntés par pages entières à la traduction française de Guillaume de Tyr* et a utilisé de nombreux romans comme *Orson de Beauvais*, Florent et Octavien**, le *Châtelain de Coucy**, les *Vœux du Paon* de Jacques de Longuyon*, la *Fille du comte de Pontieu** et surtout les « romans de la Table Ronde ». Ce sont eux qui ont exercé l'influence décisive ; l'auteur a transformé les héros de croisade en autant d'amoureux entraînés par leur passion dans d'innombrables aventures ; c'est dire que si l'enthousiasme pour la croisade persiste encore, il ne suffit plus à soutenir l'intérêt d'une œuvre qui fait délibérément appel à d'autres sentiments.

La thématique du texte s'est transformée par rapport au premier cycle de la croisade et se rapproche de celle du roman courtois. Comme dans le « Cycle du Paon » (un des avatars du *Roman d'Alexandre**), le remanieur combine les raffinements de l'amour courtois (Godefroi est lui-même malade d'amour) et la violence des combats, en décrivant des rencontres et des enlèvements galants au cours de trêves et de tournois, des rivalités amoureuses entre païens et chrétiens et des amitiés sincères entre les ennemis. Le remanieur suit le texte d'origine, mais abrège certains passages (les guerres d'Elias contre les Saxons tiennent en quelques vers), reprend plusieurs fois les discours, répète les listes obligées de chevaliers, allonge démesurément certains événements dramatiques (la mort de Godefroi) et insiste avec lourdeur sur les abominations de la guerre (le cannibalisme des Tafurs). Le texte est en outre truffé d'emprunts à l'*Éracles** (la traduction française de Guillaume de Tyr*).

On peut avancer la date de 1356 pour ce texte où sont inscrits certains événements historiques contemporains : il y est question du don du duché de Normandie au dauphin, événement qui eut lieu le 17 décembre 1355. Pour S. Duparc-Quioc, cette chanson est à l'origine de celles du second cycle de la croisade. Pour les chercheurs américains, elle a été conçue comme une préface au *Bâtard de Bouillon**, dont le début trop abrupt aurait choqué. Voir : *Croisade (Cycle de la).*

ŒUVRE. — Éd. Baron de Reiffenberg, dans *Monuments pour servir à l'histoire des provinces de Namur de Hainaut et de Luxembourg (Deuxième division, légendes historico-poétiques)*, t. 4, 5, 6, Bruxelles, 1846-1859. — Cf. *MB* n°s 906-907. S.D.Q. et I.W.

Chevalier au papegaut. Roman en prose de la fin du XIVe ou du début du XVe siècle, dont on ne saurait dire s'il dérive d'un original versifié. L'histoire paraît faire suite au *Merlin* de Robert de Boron, mais ce n'est qu'une illusion. L'auteur imagine une série d'aventures auxquelles se trouve mêlé le roi Arthur. Après avoir vaincu le Lion sans merci, il est gratifié d'un merveilleux perroquet et c'est désormais sous le nom de Chevalier au papegaut qu'il se fait remarquer. Il va au secours de la Dame aux cheveux blonds et abat le monstre qui la menace. Il délivre ensuite la princesse Flordemont, assiégée dans son château par un perfide maréchal, et après une navigation périlleuse revient dans son pays. Ce roman aux épisodes embrouillés et au style assez lourd est une compilation d'éléments divers, dont la source nous échappe en grande partie. On observe du moins que ce récit tardif paraît avoir été négligé par les derniers remanieurs de la matière de Bretagne. Il nous reste un seul manuscrit de ce roman.

ŒUVRE. — Éd. F. Heuckenkamp, *Le chevalier au Papegau, nach der einzigen Pariser Handschrift zum ersten Mal herausgegeben*, Halle, 1896. — Trad. : D. Régnier-Bohler, dans *La légende arthurienne. Le Graal et la Table Ronde*, Paris, 1989, p. 1079-1162 (*Bouquins*).

→ G. Paris, *HLF*, t. 30 (1888), p. 103-110. — T.E. Vesce, *The Return of the Chevalier au Papegau*, dans *Romance Notes*, t. 17 (1976-1977), p. 320-327. — Cf. *MB*, n° 4094 ; *S* 6573. R.B.

Chevalier aux deux épées. Voir : *Mériadeuc.*

Chevalier, la dame et un clerc. Une épouse pieuse et sage, dont le mari brille dans les tournois, ne peut supporter la pensée qu'un clerc va mourir d'amour pour elle. Elle lui cède, mais pour faire pénitence aussitôt, et n'en aimer que davantage son mari. Ce fabliau anglo-normand de près de 600 octosyllabes, écrit dans la première moitié du XIIIe siècle, adopte un ton fin, sans vulgarité malgré le sujet, presque distingué. Ainsi le mari n'est pas le moins du monde ridicule.

ŒUVRE. — Éd. P. Meyer, dans *Romania*, t. 1 (1872), p. 69-88. — Éd. dans A. de Montaiglon et G. Raynaud, *Recueil général des fabliaux*, Paris, 1877, t. 2, p. 215-234.

→ S.L. Wailes, *The Unity of the Fabliau « Un chevalier et sa dame et un clerc »*, dans *Romance Notes*, t. 14 (1972-19763), p. 593-596. — N.J. Van den Boogaard, *Le Fabliau anglo-normand*, dans *Third International Beast Epic, Fable and Fabliau Colloquium*, Münster, 1979, p. 66-77. — L. Chalon, *Le roi Pierre d'Aragon et la fille de l'apothicaire*, dans *Le Moyen Âge*, t. 91 (1985), p. 371-380. — Cf. *MB* n°s 2495 ; *S* 4712, 4715. A.F.L.L.

Chevalier Melior. Roman arthurien en vers, dont il subsiste un fragment de 104 octosyllabes dans un manuscrit du XIIIe siècle. On retrouve dans l'épisode conservé le thème de la reine faussement accusée du meurtre de son mari. Le chevalier Melior se présente comme champion alors qu'on va la brûler.

ŒUVRE. — Éd. E. Vinaver, *Fragment d'un roman en vers du XIIIe siècle*, dans *Arthuriana*, t. 2 (1930), p. 81. — Éd. D. Ross, *Le chevalier Melior*, dans *Medium Aevum*, t. 40 (1971), p. 104-108. — Cf. *MB*, n°s 2086 ; *S* 4193. C.R.

Chevalier qui fit les cons parler. Il existe deux versions de ce fabliau du XIIIe siècle attribué à Guérin* : une version dite « commune » copiée dans six manuscrits ; et une version anglo-normande tardive et fortement abrégée. Ce fabliau raconte comment un chevalier reçoit de trois fées, en remerciement d'un service rendu, trois dons : où qu'il aille, il sera toujours bien reçu ; s'il adresse la parole au sexe d'une femme ou d'une bête femelle, celui-ci lui répondra ; à défaut c'est le cul qui répondrait pour le sexe. L'usage de ces trois dons fait la fortune du chevalier.

ŒUVRE. — *Il falcone desiderato. Poemetti erotici antico-francese*, éd. et trad. italiennes C. Lee, Milan, 1980. — Éd. W. Noomen et N.J. Van den Boogaard, dans *Nouveau recueil complet des fabliaux*, t. 3, Assen, 1986. — Trad. anglaise R. Hellmann et R. O'Gorman, dans *Fabliaux : Ribald Tales from the Old French*, New York, 1965.

→ J. Rychner, *Contribution à l'étude des fabliaux*, Neuchâtel-Genève, 1960. — W. Noomen, *« Le Chevalier qui fist... » : à propos du classement des genres narratifs brefs médiévaux*, dans *Rapports HFB*, t. 50 (1980), p. 110-123. — Cf. *MB* n^{os} *S* 4591, 4595, 4601, 4716-4717.

Voir aussi : Guerin ou Garin. A.F.L.L.

Chevalier qui fit sa femme confesse. Ce fabliau anonyme de près de 300 octosyllabes fut sans doute écrit en Normandie, car l'histoire se situe près de Vire, en Bessin. Une femme d'excellente réputation, malade et se voyant mourir, demande à se confesser à un prieur du voisinage. Le mari, déguisé, reçoit la confession de sa femme et apprend que sa réputation de vertu était usurpée : elle avoue adultères multiples et lubricité. La femme guérit et comprend la situation lorsqu'elle voit la fureur de son mari ; elle se retourne contre lui, déclare avoir fait une fausse confession, et le mari doit s'incliner.

ŒUVRE. — Éd. W. Noomen et N.J. Van den Boogaard, dans *Nouveau recueil complet des fabliaux*, t. 4, Assen, 1988.

→ R. Guiette, *Note sur le fabliau du mari confesseur*, dans *Romanica Gandensia*, t. 8 (1960), p. 78-86. — Cf. *MB* n^{os} *S* 4718-4719. A.F.L.L.

Chirurgie des chevaux. Traité d'hippiatrie, en 84 chapitres, rédigé au XIVe siècle : l'auteur, inconnu, utilise, par chapitres entiers, le *De animalibus* d'Albert le Grand* et connaît également les textes, soit de Végèce, soit des *Hippiatrica*, auxquels il ajoute des recettes de sa composition personnelle.

Conservée dans le seul manuscrit Paris, BN, fr. 2001, la *Chirurgie des chevaux* n'a fait l'objet que de transcriptions partielles.

→ Y. Poulle-Drieux, *L'hippiatrie dans l'Occident latin du XIIIe au XVe siècle*, dans *Médecine humaine et vétérinaire à la fin du Moyen Âge*, Genève-Paris, 1966, p. 45 et 119-121 (*Hautes Études médiévales et modernes*, IV, 2). — Cf. *MB*, *S* 7703. F.F.H.

Chrétien de Troyes. Le plus grand romancier du Moyen Âge, dont l'activité littéraire s'est exercée à la cour de Marie de Champagne, puis de Philippe de Flandre entre 1160 et 1185 (?). Sa vie ne nous est connue que très fragmentairement : on a cherché à l'identifier avec un certain *Christianus*, chanoine de Saint-Loup de Troyes mentionné par une charte de 1173, identification plus que fragile (voir U.T. Holmes), on a aussi affirmé qu'il était attaché dans sa jeunesse à la cour d'Angleterre. En fait, il faut se contenter de ce que nous dit l'auteur dans les prologues de ses romans. Ainsi, au vers 9 d'*Erec et Enide*, il se nomme « *Crestïens de Troies* » (partout ailleurs Chrétien tout court) et au début du *Chevalier de la Charrette*, il affirme avoir écrit sur le « *comandemanz* de sa *dame de Chanpaigne* », soit Marie de Champagne (1145-1198), fille d'Aliénor d'Aquitaine et de Louis VII, qui avait épousé en 1164 Henri le Libéral (1127-1181), comte de Champagne depuis 1152. Enfin, dans le prologue du *Conte du Graal*, sa dernière œuvre, nous le voyons au service de Philippe d'Alsace, comte de Flandre († 1191), qu'il a très bien pu connaître à la cour de Troyes, puisque Philippe y a séjourné peu après 1181 pour demander (en vain) la main de Marie devenue veuve. Quant à sa formation, tout laisse à penser qu'il était clerc, puisqu'il a pratiqué Virgile et surtout Ovide, et connaît les arts du *trivium*, peut-être ceux du *quadrivium* (allusion à Macrobe dans *Erec et Enide*). La cour de Marie de Champagne était en tout cas un milieu tout à fait réceptif à ce qu'on a appelé la « Renaissance du XIIe siècle » : s'y sont côtoyées des personnalités aussi diverses que Pierre de Celle*, Gautier d'Arras*, Gace Brûlé*, André le Chapelain*, Geoffroi de Villehardouin*... (voir J.F. Benton) ; de plus, Troyes constituait un centre d'échanges important entre le Nord de l'Europe (Flandres, Angleterre...) et les pays méditerranéens, échanges qui, comme toujours en ce cas, n'étaient pas que commerciaux.

Son œuvre, elle aussi, ne nous est connue que partiellement. Le prologue du *Cligès* nous donne un catalogue de ses œuvres antérieures : des traductions-adaptations d'Ovide, dont seule *Philomena* est conservée ; un roman *del roi Marc et d'Ysalt la blonde*, malheureusement perdu — le titre qui fait l'économie de Tristan est cependant significatif de l'originalité de l'œuvre ; enfin *Erec et Enide*, son premier roman arthurien. On a pu ainsi reconstituer la chronologie suivante :

V. 1160-1170 : œuvres ovidiennes, *Marc et Ysalt* (?) ;

V. 1170 : *Erec et Enide* ;

V. 1176 : *Cligès* ;

V. 1177-1181 : le *Chevalier de la Charrette* et le *Chevalier au Lion,* auxquels il semble travailler conjointement (le premier roman sera achevé par son confrère Geoffroy de Lagny) ;

V. 1181-1185 (?) : le *Conte du Graal*, qui restera inachevé sans doute du fait de la mort de l'écrivain.

Restent deux chansons courtoises et le délicat problème de *Guillaume d'Angleterre**, roman non arthurien d'un certain Chrétien, œuvre dont la qualité littéraire, pourtant réelle, est bien en deçà des cinq romans mentionnés ci-dessus. L'attribution paraît de moins en moins soutenable, d'autant plus qu'il devrait prendre place dans la série après le *Cligès*, qui ne le mentionne pas dans son prologue.

L'œuvre de Chrétien de Troyes occupe véritablement une position centrale dans la littérature du XIIe siècle, puisqu'elle se rattache par ses débuts aux romans antiques et que, par les cinq romans de la maturité, premiers témoins connus de roman arthurien et aussi les plus réussis, elle anticipe largement sur les développements ultérieurs du genre romanesque. Chrétien de Troyes lui-même a conscience de son originalité ; ainsi, dans le prologue d'*Erec et Enide*, il se distingue des simples jongleurs qui ont l'habitude de « *depecier et corronpre* » le conte d'Erec et se présente au contraire comme celui qui tire de ce même conte une « *molt bele conjointure* ». Quels sont alors les éléments qui font de Chrétien de Troyes un architecte et non un simple rhapsode et de son œuvre une *conjointure* et non une simple juxtaposition de textes ? D'abord une même forme (octosyllabes à rimes plates avec brisure fréquente du couplet), forme concise et dense (autour de 7 000 vers, sauf pour le *Conte du Graal* inachevé) qui se marie à une narration rapide et fluide ; *conjointure* aussi à travers un même cadre, l'univers arthurien (sauf pour *Cligès* qui « conjoint » l'Angleterre et Byzance), fond immuable sur lequel se déroulent et se détachent les aventures du héros, à travers un même ensemble de personnages (Chrétien de Troyes est le premier romancier à pratiquer le « retour des personnages »), à travers une même atmosphère mêlée de poésie et de merveilleux, qui n'exclut pas l'attention au réel, comme dans la célèbre scène des ouvrières du Château de Pesme Aventure (*Chevalier au

Lion). Cette *conjointure* est cependant loin d'être explicite : liberté est laissée au lecteur et au critique de la découvrir et de l'inventer. L'œuvre de Chrétien de Troyes a ainsi pu susciter bien des études structurales : structure binaire (*Cligès, Chevalier de la Charrette, Conte du Graal*), ternaire (*Erec, Chevalier au Lion*), structure hexagonale et en spirale (pour P. Gallais)...

Une autre notion, non moins importante, serait celle de *translatio*, qui apparaît dans le prologue du *Cligès : translatio studii* d'abord, qui signifie le transfert de la *clergie* (du savoir du clerc), mais aussi de la chevalerie de Grèce en France. *Translatio* peut signifier plus généralement transposition, adaptation : translation des textes de latin en français qui est le propre même de la mise en roman, ajustement de la *matiere* au *san* (prologue de la *Charrette*), qui pose ainsi le problème des origines. La question des sources a littéralement obsédé la critique christianienne : sources celtiques par l'intermédiaire d'Aliénor d'Aquitaine, sources antiques (Ovide...), sources byzantines, voire hébraïques ou iraniennes, examen toujours décevant parce qu'aucun « pré-texte » ne permet de rendre compte de tel ou tel roman de Chrétien de Troyes et toujours rassurant en ce que Chrétien semble dans tous les cas plus qu'un simple adapteur. Enfin, plus profondément encore, *translatio* peut se dire en grec « métaphore » : les romans de Chrétien de Troyes ont ainsi tour à tour été analysés dans une perspective symbolique (Bezzola), allégorique (Ribard) ou psychanalytique (Györy, Méla) ; certaines de ces perspectives peuvent paraître parfois forcées, dans la mesure où elles gomment l'écart qui existe entre un roman de Chrétien de Troyes et un roman véritablement allégorique comme la *Queste del Saint Graal*, et certains critiques, comme P. Haidu, ont alors cherché à les dépasser ou à les compléter en parlant d'« écart symbolique » et en insistant sur le côté ludique et ironique des textes de Chrétien.

Cependant, on a saisi, bien avant ces interprétations modernes, l'importance et la richesse de l'œuvre de Chrétien de Troyes. Ses successeurs immédiats en ont rapidement pris conscience : son œuvre connaîtra une prompte diffusion à l'étranger : en Allemagne (*Erec* et *Iwein* d'Hartmann von Aue*, *Parzifal* de Wolfram von Eschenbach*...), en Angleterre (*Ywain and Gawain*...), en Scandinavie (*Erex Saga, Ivens Saga, Parcevals Saga*) — et surtout sera continuée (*Continuations* du *Conte du Graal*) ; enfin le vaste cycle en prose du *Lancelot-Graal** peut se lire comme une immense expansion du *Chevalier de la Charrette* et du *Conte du Graal*. Les *conjointures* de Chrétien de Troyes deviendront ainsi elles-mêmes *matiere* à bien d'autres *conjointures.*

ŒUVRES. — *Philomena*, éd. Ch. de Boer, Paris, 1909. — *Guillaume d'Angleterre*, éd. M. Wilmotte, Paris, 1927 (*CFMA*, 55) ; nouv. éd. A.J. Holden, Genève, 1988 (*TLF*, 360) ; trad. française J. Trotin, Paris, 1974. — *Chansons courtoises*, éd. M.C. Zay, Berne, 1974 ; trad. française A. Meiller dans *Mél. R. Ménage*, Grenoble, 1987, p. 13-19. Pour les romans arthuriens, voir ci-dessous la notice particulière à chaque roman.

→ Dans l'immense bibliogr. consacrée à Chrétien de Troyes (jusqu'en 1975, voir D. Kelly, *Chrétien de Troyes : an Analytic Bibliography*, Londres, 1976), citons A. Micha, *La tradition manuscrite des romans de Chrétien de Troyes*, Paris, 1939. — R. Bezzola, *Le sens de l'aventure et de l'amour. Chrétien de Troyes*, Paris, 1947. — R.S. Loomis, *Arthurian Tradition and Chrétien de Troyes*, New York, 1949. — S. Hofer, *Christian von Troyes, Leben und Werke*, Graz-Cologne, 1954. — E. Kölher, *Ideal und Wirklichkeit in der höfischen Epik*, Tübingen, 1956 [trad. française *L'aventure chevaleresque. Idéal et réalité dans le roman courtois*, Paris, 1974]. — J. Frappier, *Chrétien de Troyes. L'homme et l'œuvre*, Paris, 1957 (2e éd. 1969). — U.T. Holmes et M.A. Klenke, *Chrétien, Troyes and the Grail*, Chapel Hill 1959. — J.F. Benton, *The Court of Champagne as a Library Center* dans *Speculum*, n° 36 (1961), p. 551-591. — L. Maranini, *Personnagi e immagini nell'opera di Chrétien de Troyes*, Milan, 1966. — P. Haidu, *Aesthetic Distance in Chrétien de Troyes. Irony and Comedy in Cligès and Perceval*, Genève, 1968. — W. Brand, *Chrétien de Troyes. Zur Dichtungstechnik seiner Romane*, Munich, 1972. — P. Haidu, *Lion-queue coupée. L'écart symbolique chez Chrétien de Troyes*, Genève, 1972. — W. Völker, *Märchenhafte Elemente bei Chrétien de Troyes*, Bonn, 1972. — Z.P. Zaddy, *Chrétien Studies. Problem of Form and Meaning in Erec, Yvain, Cligès and the Charrete*, Glasgow, 1973. — L. Carasso-Bulow, *The Merveilleux in Chretien de Troyes Romances*, Genève, 1976. — N.J. Lacy, *The Craft of Chrétien de Troyes, An Essay on Narrative Art*, Leyde, 1980. — M.-L. Ollier, *Modernité de Chrétien de Troyes*, dans *The Romanic Review*, t. 71 (1980), p. 413-444. — A. Pioletti, *La condanna del lavoro Gli ordines nei romanzi di Chrétien de Troyes*, dans

Le Forme et la Storia, t. 1 (1980), p. 71-110. — L.T. Topsfield, *Chrétien de Troyes. A Study of the Arthurian Romances*, Cambridge, 1981. — P. Gallais, *Dialectique du récit médiéval (Chrétien de Troyes et l'Hexagone logique)*, Amsterdam, 1982. — C. Méla, *La Reine et le Graal : la conjointure dans les romans du Graal de Chrétien de Troyes au livre de Lancelot*, Paris, 1984. — G. Chandès, *Le serpent, la femme et l'épée. Recherches sur l'imagination symbolique d'un romancier médiéval : Chrétien de Troyes*, Amsterdam, 1986. — *The Legacy of Chrétien de Troyes*, N.J. Lacy, D. Kelly et K. Busby éd., 2 vol., Amsterdam, 1987-1988. — E. Mullally, *The Artist at Work. Narrative Technique in Chrétien de Troyes*, Philadelphie, 1988. — *Réception critique de l'œuvre de Chrétien de Troyes* dans *Œuvres et critiques*, n° 5/2, 1981, [entièrement consacré à Chrétien]. — Sur *Philomena*, voir l'article récent de E. Schulze-Busacker, *Philomena : une révision de l'attribution de l'œuvre*, dans *Romania*, t. 107 (1986), p. 459-485. — Cf. *MB*, n°s 1073-1075, 1077-1078, 1080, 1111, 1691-1848, 2329-2331, 4089, 6314-6370, 7424-7504 ; *S* 3202-3210, 3215, 3217-3336.

1. *Erec et Enide*. Le premier roman de Chrétien de Troyes qui nous soit parvenu (vers 1170). Au cours d'une chasse au blanc cerf, Erec, frappé par le nain d'Yder, poursuit celui-ci jusque dans son bourg ; il y est hébergé par un vavasseur chez qui il apprend qu'un tournoi aura lieu le lendemain : le prix, un épervier, reviendra au chevalier qui aura la plus belle amie. Erec triomphe d'Yder et la fille du vavasseur, Enide, remporte le prix de beauté. Erec va présenter sa fiancée à la cour, et le roi Arthur, suivant la coutume du blanc cerf, donne le baiser à Enide, la plus belle. Le mariage est célébré dans un grand luxe de réjouissances et les époux connaissent un parfait bonheur. Dans cet amour qui l'accapare, Erec oublie ses devoirs de chevalier et la rumeur publique l'accuse de *recreantise* : Enide ne peut guère le lui cacher et laisse échapper un soupir de regret. Piqué, son mari lui prouvera qu'il est resté parfait chevalier ; il part donc avec elle en quête d'aventures, après lui avoir défendu de lui adresser la parole sous aucun prétexte. À partir de là, le roman présente, selon une gradation, une suite ininterrompue d'épreuves et de combats. Erec se mesure avec des brigands, des géants, avec le comte Galoain et le comte de Limors qui voulaient épouser de force Enide. Chaque fois, malgré la défense de son mari, elle l'avertit des dangers qu'il court. Touché par tant de dévouement et d'amour, Erec lui pardonne. Il sort vainqueur de la plus périlleuse des épreuves, celle de la Joie de la Cour : il a l'avantage sur un chevalier géant, Maboagrain, qui avait promis à sa dame (une cousine d'Enide) de rester auprès d'elle dans un verger merveilleux jusqu'au jour où il serait vaincu par un plus brave ; Erec met ainsi fin aux enchantements et suscite la joie dans le royaume de Brandigan, en sonnant du cor. Les époux reviennent à la cour d'Arthur ; et, à la mort du roi Lac, père d'Erec, ils sont couronnés à Nantes.

Chrétien de Troyes présente son roman comme une *molt bele conjointure.* Quel sens donner à ce mot ? Cohésion des matériaux utilisés, agencement harmonieux de la narration, cohérence psychologique ? Ce sont là autant de points qui ont pu être mis en question, puisqu'on a reproché au récit de Chrétien d'être discontinu, embrouillé, voire incohérent. Pour ce qui est de la *matière,* Chrétien de Troyes affirme s'être appuyé sur un *conte d'avanture* ; on a pu supposer qu'il s'agissait d'un conte d'origine celtique, voisin de celui qui a pu donner naissance au récit gallois de *Gereint*. Une partie de l'onomastique est celte, en particulier Erec (= *Guerec, Weroc*, nom armoricain, dont la forme galloise est *Gereint*), et deux épisodes situés aux extrémités du roman sont clairement empruntés aux mythologies celtiques : la chasse à l'animal blanc, prélude fréquent à l'entrée dans l'Autre Monde, et la Joie de la Cour, où il s'agit de libérer un chevalier prisonnier d'une fée de ce même Autre Monde (de plus, le motif du cor peut évidemment faire penser aux mythes très répandus de la corne d'abondance). Autre « source » de Chrétien de Troyes : les fastueuses scènes du couronnement d'Arthur dans le *Brut* de Wace*, qui ont pu inspirer celles du mariage et du couronnement d'Erec à Nantes. Enfin, par ses descriptions riches et luxuriantes, Chrétien de Troyes cherche à rivaliser avec les romans antiques, le *Roman de Thèbes*, Eneas** et le *Roman de Troie** de Benoît de Sainte-Maure*. Mais ce qui est important à travers tous ces emprunts, c'est la transformation que leur fait subir le romancier : la chasse au blanc cerf est vite oubliée pour faire place à la coutume courtoise du baiser à la plus belle. La Joie de la Cour met moins en scène un enchantement tyrannique et féerique qu'une relation courtoise pervertie où le chevalier est esclave de la dame ; quant aux longues descriptions de la robe d'Erec sur laquelle sont représentés les arts du *quadrivium*, elles visent plus qu'à une simple ornementation, puisqu'elles cherchent à nous montrer l'alliance de la *clergie* et de la *chevalerie* autour du nouveau roi. En somme, la *conjointure* se réalise à chaque fois à partir d'un idéal courtois et chevaleresque.

Pour ce qui est de la structure du récit, on a le plus souvent insisté sur la tripartition : 1) *Premiers vers* (v. 1796 de l'éd. Roques), sorte de court roman idyllique qui se termine sur le mariage du héros, analogue à la première strophe printanière de la chanson courtoise. 2) Mise à l'épreuve réciproque des deux amants dans la partie centrale. 3). Enfin, *Joie de la Cour* et joie du monde arthurien pour le couronnement. Même si la seconde partie relève en un sens du roman à tiroir, l'unité est assurée par le silence qu'Erec impose à Enide et par le resserrement temporel (quatre jours). Le mouvement d'ensemble est celui d'un élargissement : la perspective cesse d'être individuelle (1e et 2e parties) pour devenir collective (libération et Joie de la Cour de Brandigan), puis universelle (sacre d'Erec par le roi Arthur) ; Erec, de chevalier devient roi.

Enfin, la cohérence psychologique des personnages et, en particulier, le départ d'Erec pour l'aventure après son mariage ont suscité bien des interrogations. *Erec et Enide* est, en un sens, un roman idyllique qui échoue : le mariage des deux amants qui clôt le *premier vers* ne constitue pas la fin du roman et ne suffit pas à assurer le bonheur des deux protagonistes. Quel est donc l'obstacle qui surgit à ce moment ? Obstacle curieux, car nullement extérieur aux amants, ni « troisième homme » qui briserait l'unité du couple, ni obstacle social (si Enide est pauvre, le mariage d'Erec avec Enide n'est cependant jamais présenté comme une mésalliance), mais obstacle intérieur : faute d'Erec qui a oublié ce qui fait qu'Enide l'aime, la chevalerie, faute (*orguel* et *sorcuidance* v. 3103) d'Enide qui a porté foi aux accusations de *recreantise*. Le regard social n'est certes pas absent, mais il est intériorisé ; de plus, ce qui complique l'élucidation de la longue quête centrale est la dissymétrie de la focalisation : nous voyons Erec à travers Enide et non Enide à travers Erec, nous connaissons les sentiments d'Enide, guère ceux d'Erec. Il est clair cependant qu'*Erec et Enide* est une apologie du mariage, de l'amour légitime et librement assumé — le titre duel, le seul chez Chrétien, est là pour le prouver —, et une condamnation implicite de l'adultère des *Tristans* ou du pur rapport de force qui lie Maboagrain à son amie dans le verger merveilleux de la Joie de la Cour, mais le mariage demande à être constamment mis à l'épreuve ; il ouvre sur les aventures et ne les clôt pas, il est initial et non terminal, initiation et non finalité. *Erec et Enide* n'a pourtant jamais la lourdeur d'un roman à thèse : ironie et humour, souplesse et fluidité du récit lui épargnent ce défaut et en font une histoire qui toujours restera *en mimoire* (v. 24).

Erec et Enide a été adapté en allemand par Hartmann von Aue* à la fin du XIIe siècle, en norrois à la fin du XIIIe siècle (*Erex Saga*) et mis en prose française au milieu du XVe siècle sans doute pour la bibliothèque des ducs de Bourgogne. Erec est le héros d'un fragment d'une suite-*Merlin* post-*Vulgate* : voir *Merlin (L'Estoire de)* et *Graal-Cycle-Post-Vulgate*.

ŒUVRE. — Éd. W. Foerster, Halle, 1890. [éd. suivie de la mise en prose du XVe siècle] ; M. Roques, Paris, 1952 (*CFMA*, 80) [d'après BN fr. 794]. — Trad. française R. Louis, Paris, 1954. — Pour les textes étrangers, voir Hartmann von Aue, *Erec*, éd. A. Leitzmann, Tübingen, 1963 (trad. en allemand moderne par W. Möhr, Göppingen, 1980). — *Erex Saga*, éd. et trad. anglaise F.W. Blaisdell, Copenhague, 1965. — *Gereint et Enid*, récit gallois du XIIIe siècle vraisemblablement indépendant de Chrétien de Troyes, trad. française de J. Loth, *Les Mabinogion*, t. 2, Paris, 1913, p. 121-185.

→ E. Hoepffner, *Matière et sens dans le roman d'Erec et d'Enide*, dans *Archivum Romanicum*, t. 18 (1934), p. 433-450. — R. Bezzola, *Le sens de l'aventure et de l'amour. Chrétien de Troyes*, Paris, 1947. — S. Cigada, *La leggenda medievale del cervo bianco e le origine della « Matiere de Bretagne »*, Rome, 1965. — J. Györy, *Prolégomènes à une imagerie de Chrétien de Troyes*, dans *CCM*, t. 10 (1967), p. 361-384 et t. 11, 1968, p. 29-39. — C. Luttrell, *The Creation of the First Arthurian Romance : A Quest*, Londres, 1974. — D.L. Maddox, *Structure and Sacring : The Systematic Kingdom in Chrétien's Erec et Enide*, Lexington, 1978. —

T.E. Hart, *Chrestien, Macrobius and Chartrean Science : The Allegorical Robe as Symbol of Textual Design in Old French Erec*, dans *Mediaeval Studies*, t. 43 (1981), p. 250-296. — G.S. Burgess, *Chrétien de Troyes : Erec et Enide*, Londres, 1984. — J. Le Goff, *L'imaginaire médiéval*, Paris, 1985, p. 188-207 [code vestimentaire et alimentaire dans *Erec et Enide*]. — J.P. Allard, *L'initiation royale d'Erec, le chevalier*, Milan-Paris, 1987 [analyse dumézilienne à partir du texte d'Hartmann]. — Cf. *MB*, n°s 139, 1747-1776, 6333-6339, 7437-7447 ; *S* 3350-3455.

2. *Cligès*. Second des romans de Chrétien de Troyes, écrit vraisemblablement autour de 1176. Le roman nous relate d'abord les amours d'Alexandre, fils de l'empereur de Constantinople, venu à la cour d'Arthur pour s'y faire adouber et de Soredamor, « orgueilleuse d'amour ». Le jeune homme se distingue en particulier dans une campagne que le roi a dû entreprendre contre le conte Angrès, à qui il avait confié Londres pendant son voyage en Petite Bretagne. La reine, qui a deviné les sentiments des deux jeunes gens, les fiance, et le mariage a bientôt lieu. Alexandre et Soredamor ont un fils qu'ils appellent Cligès. Ici commence la seconde partie de l'œuvre. Le vieil empereur de Constantinople est mort et un messager a rapporté à Alis, frère d'Alexandre, que celui-ci, en route vers sa patrie, a péri en mer avec toute sa suite. Alis prend le pouvoir, mais Alexandre vient le lui contester ; un accord est conclu entre eux : Alis gardera la couronne, Alexandre exercera en fait le pouvoir ; il pose en outre cette condition formelle qu'Alis ne se mariera jamais, afin que le trône revienne un jour à Cligès. Après la mort d'Alexandre, Alis oublie sa promesse : ses barons lui ont choisi pour femme Fénice, fille de l'empereur d'Allemagne. Alis vient à Cologne chercher sa fiancée, déjà promise au duc de Saxe, et Cligès éblouit la jeune fille par sa beauté. De ce jour, elle décide de n'appartenir qu'à Cligès. Il lui faut cependant épouser Alis. Sa nourrice Thessala, à qui elle s'est confiée, fait servir à Alis, le soir de ses noces, un breuvage qui l'abuse en lui donnant l'illusion de posséder sa jeune femme. À Ratisbonne, Cligès triomphe du duc de Saxe qui venait arracher Fénice à Alis. C'est au retour de son séjour à la cour d'Arthur, où il est allé faire le traditionnel apprentissage des armes, que Cligès se déclare à Fénice ; de nouveau, elle a recours à Thessala qui prépare cette fois un *boivre* destiné à lui donner l'apparence d'une morte. Fénice feint la maladie, passe pour morte, résiste aux mauvais traitements de médecins de Salerne qui avaient flairé la supercherie. Elle est ensuite enterrée en grande pompe dans un tombeau préparé à l'avance par Jean, homme de confiance de Cligès, exhumée le soir même et ranimée par Thessala, avant de rejoindre Cligès dans une maison confortable bâtie par le même Jean. Un chevalier, Bertrand, les surprend un jour dans le verger et rapporte à l'empereur l'incroyable nouvelle. Cligès et Fénice prennent la fuite, accompagnés de Thessala. Alis se lance à la poursuite des fugitifs qui se réfugient chez Arthur et meurt de dépit au moment où une immense armée se met en campagne contre l'oncle parjure. Tout se termine par un mariage.

Cligès occupe une place originale dans l'œuvre de Chrétien de Troyes, puisque ce roman associe l'univers byzantin à l'univers arthurien. Alexandre, tout comme son fils Cligès (dont on a rapproché le nom de celui du sultan Kilidj-Arslan [1156-1192]), viennent de Grèce à Londres pour se parfaire dans l'art de la chevalerie. À travers cette *translatio*, le roman met donc ingénieusement en scène le déplacement de l'intérêt romanesque au cours de la seconde moitié du XIIe siècle : non plus la matière antique dont un autre Alexandre était précisément une des grandes figures, mais la matière de Bretagne. Autre originalité de *Cligès* : une attention à la réalité plus grande que dans *Erec* ou le *Chevalier au Lion* ; ainsi, la géographie du *Cligès* est-elle relativement précise (pour l'Angleterre en particulier) et nullement mythique (la capitale du royaume arthurien est Londres, et non Carduel ou Tintagel), comme si cette *translatio* spatiale d'Orient en Occident s'accompagnait d'une *translatio* temporelle du passé vers le présent, du légendaire vers le réel. Ajoutons la présence de l'Allemagne avec Cologne et Ratisbonne, patrie de Fénice, pays bien inhabituel dans le roman arthurien, et corrélativement l'absence de l'Autre Monde celtique, ni verger magique de la Joie de la Cour, ni pays de Gorre ou château du Roi Pêcheur. Dans *Cligès*, le merveilleux n'est pas pour autant absent, mais il se fait plus discret que dans *Erec*. Ainsi, la servante de Fénice, Thessala, unit en elle les pouvoirs de Médée et ceux de Morgue : elle connaît les *anchantemanz* qui vont permettre à Fénice de ne pas appartenir à son mari, puis de paraître morte afin d'appartenir à jamais à Cligès. Le motif de la fausse morte est très répandu dans les littératures et folklores européens (voir H. Hauvette).

Enfin, à côté de la *conjointure* harmonieuse entre Byzance et Londres, entre le réel et le merveilleux, *Cligès* assure un équilibre heureux entre le politique et le psychologique. En effet, plus nettement encore qu'*Erec, Cligès* pose le problème du pouvoir : rivalité dynastique autour du trône de Constantinople, mise en cause du roi Arthur par le comte Angrès (souvenir probable de la trahison de Mordret dans le *Brut* de Wace*), conflit entre l'empereur germanique et le duc de Saxe (allusion possible à des événements historiques des années 1170-1176). Mais, en contrepoint à ces intrigues, se développe la trame essentielle : la passion qui lie Soredamor à Alexandre, puis Fénice à Cligès. La naissance de ces amours y est analysée avec une finesse particulière, qui relève souvent de la préciosité, et avec une grande habileté rhétorique (monologues très riches, jeux d'antithèses, dialogues vifs et proches du théâtre), traits qui témoignent d'une influence directe de l'*Eneas**. En fait, ce qui sous-tend tous ces discours amoureux et surtout celui du couple Cligès-Fénice est bien le mythe de Tristan et Yseut. *Cligès* a ainsi été défini comme un *Anti-Tristan* (W. Foerster), *Néo-Tristan* (G. Paris) ou *Hyper-Tristan*, sans qu'il soit possible de déterminer avec certitude si Chrétien avait sous les yeux le texte de Thomas* en plus de la version commune. Les souvenirs implicites sont en tous cas nombreux (histoire des parents précédant celle du héros, amour de Soredamor et d'Alexandre qui se déclare lors de la traversée de Grande en Petite-Bretagne, motifs du cheveu d'or, du philtre..), mais il faut surtout mentionner les allusions explicites : Cligès est supérieur à Tristan (v. 2750), Fénice refuse d'abord de partager son corps entre deux « bénéficiaires » (*deus rentiers*, v. 3114) comme l'a accepté Yseut (d'où la nécessité d'un breuvage qui illusionne Alis) et ensuite d'être une autre *Ysolt la Blonde* (v. 5252) en faisant apparaître au grand jour le scandale de son amour (d'où le subterfuge de la fausse morte et du verger secret). Les allusions aux *Tristans*, on le voit, précèdent les deux apparitions du merveilleux dans le roman ; les enchantements de Thessala ne sont alors que l'artifice qui permet à Cligès et à Fénice de ne pas être de nouveaux Tristan et Yseut. *Cligès* est donc original par cette fonction bien particulière du merveilleux : conjurer la violence du mythe le plus célèbre du Moyen Âge, celui des amants de Cornouailles. *Cligès*, à la différence des autres romans de Chrétien de Troyes, n'a pas été adapté dans les littératures étrangères, même si le type de l'« orgueilleuse d'amour » (Soredamor) a connu un grand succès en France comme à l'étranger. Il existe une mise en prose du roman, qui date de 1454.

ŒUVRE. — Éd. W. Foerster, Halle, 1884 [éd. suivie de la mise en prose de 1454] ; A. Micha, Paris, 1957 (*CFMA*, 84). — Trad. française A. Micha, Paris, 1957.

→ G. Paris, *Cligès*, dans *Mél. de littérature française du Moyen Âge*, pub. M. Roques, Paris, 1912, p. 229-237. — H. Hauvette, *La morte vivante*, Paris, 1933. — F. Lyons, *La fausse mort dans le Cligès de Chrétien de Troyes*, dans *Mél. M. Roques*, t. 1, Paris, 1950, p. 167-177. — J. Frappier, *Le roman breton, Cligès*, Paris, 1951. — A. Fourrier, *Le courant réaliste dans le roman courtois en France au Moyen Âge*, Paris, 1960. — L. Cocito, *Il Cligès di Chrétien de Troyes*, Gênes, 1968. — R. Baehr, *Chrétien de Troyes und der Tristan*, dans *Sprachkunst*, t. 2 (1971), p. 43-58. — D.L. Maddox, *Critical Trends and Recent Works on the Cligès of Chrétien de Troyes*, dans *Neuphilologische Mitteilungen*, t. 74 (1973), p. 730-745. — P. Haidu, *Au début du roman, l'ironie*, dans *Poétique*, t. 36 (1978), p. 443-466. — M.A. Freeman, *The Poetics of « Translatio Studii » and « Conjointure » : Chrétien de Troyes's Cligès*, Lexington, 1979. — T. Hunt, *Aristotle, Dialectic and Courtly Literature*, dans *Viator*, t. 10 (1979), p. 95-129. — J.C. Kooijman, *Cligès, Héros ou Anti-Héros*, dans *Romania*, t. 100 (1979), p. 505-519. — H.P. Schwake, *Der Wortschatz des Cligès von Chrétien de Troyes*, Tübingen, 1979. — L. Polak, *Chrétien de Troyes. Cligès*, Londres, 1983. — Cf. *MB*, n°s 1034, 1111, 1777-1789, 6340-6342, 7452-7454 ; *S* 3456-3498.

3. *Chevalier de la Charrette*. Roman de Chrétien de Troyes écrit probablement vers 1177-1181. Un jour d'Ascension, un chevalier se présente à la cour d'Arthur et fait savoir au roi qu'il retient prisonniers

un grand nombre de ses sujets : il est prêt à les rendre, si un chevalier lui dispute la reine ; mais s'il sort vainqueur du combat, la reine devra rejoindre les autres prisonniers. Le sénéchal Keu se propose ; mais on voit bientôt revenir son cheval tout sanglant ; Gauvain décide alors de suivre la trace de Keu et rencontre un chevalier ; il lui donne un de ses chevaux et le retrouve plus loin suivant à pied une charrette — la charrette d'infamie — conduite par un nain. Il s'agit de Lancelot qui, pour retrouver la reine, ainsi que le lui a promis le nain, consent à monter sur la charrette. Au château où Gauvain et Lancelot sont hébergés, ce dernier triomphe de l'aventure du Lit Périlleux et voit passer la reine que son ravisseur, Méléagant, emmène dans le pays de Gorre et, tandis que Gauvain choisit le « pont sous l'eau » pour atteindre le mystérieux pays, il choisit lui-même le « pont de l'épée ». Il a d'abord à résister à une demoiselle qui lui offre l'hospitalité et même son lit, trouve près d'une fontaine un peigne de la reine avec quelques cheveux qui le plongent dans une extase amoureuse, soulève dans un cimetière une lame, ce qui le désigne comme le libérateur des prisonniers du pays maudit, et arrive enfin au royaume de Gorre, en traversant le pont de l'épée, fait d'une lame tranchante. Il est accueilli avec bienveillance par le roi Baudemagu, père de Méléagant. Ce dernier, malgré les conseils de son père, engage le combat avec Lancelot qui, réconforté par la vue de la reine, aurait le dessus, si l'on n'arrêtait le duel. Il est convenu qu'un nouveau combat opposera les adversaires dans un an à la cour d'Arthur. Après l'accueil très froid que lui réserve la reine, Lancelot se met en quête de Gauvain, mais il est arrêté par les gens du pays et passe pour mort. Apprenant cette fausse nouvelle, Guenièvre veut attenter à ses jours, de même que Lancelot lui-même à qui le bruit de la mort de la reine est parvenu. De retour chez Baudemagu, il apprend d'elle les raisons de son courroux : c'est qu'il a hésité quelques instants avant de monter sur la charrette. Les amants se rejoignent la nuit. Lancelot se fait contre Méléagant le champion de Keu, faussement accusé de relations coupables avec la reine, mais ce nouveau combat est interrompu. Les compagnons de Lancelot découvrent enfin Gauvain au « pont sous l'eau » ; avec Gauvain et la reine, ils rejoignent la cour d'Arthur, pendant que Lancelot, saisi en cours de route, est confié par Méléagant à la garde de son sénéchal. Il peut cependant, grâce à la femme du sénéchal, son geôlier, participer au tournoi de la dame de Noauz, où il se montre brave ou lâche, selon les désirs de Guenièvre. Il rejoint sa prison, mais Méléagant le fait enfermer dans une tour dont on mure les portes. À partir d'ici (v. 6146), Chrétien a laissé un de ses disciples, Geoffroy de Lagny, achever son roman. Méléagant se présente au jour convenu chez Arthur pour livrer bataille ; en l'absence de Lancelot, Gauvain se propose, mais la sœur de Méléagant délivre le prisonnier de sa tour ; il paraît à l'improviste et, vainqueur, tranche la tête de son adversaire.

Si le *Chevalier de la Charrette* (ou *Lancelot de la Charrette*, d'après l'explicit de la copie de Guiot) a vraisemblablement été écrit en même temps que le *Chevalier au Lion*, sa complexité, ses obscurités, son inachèvement font davantage penser au *Conte du Graal*. Texte énigmatique donc, ne serait-ce que par son prologue, qui, pour la première fois, fait intervenir une protectrice : « *ma dame de Chanpaigne* », soit Marie de Champagne qui aurait fourni *matiere* et *san* à Chrétien de Troyes. Il est difficile, pour ne pas dire impossible, de déterminer l'étendue de cette collaboration. Quelle *matière* ? Un livre relatant la biographie de Lancelot ? Mais dans le *Lanzelet* d'Ulrich von Zatzikhoven (fin du XIIe siècle), qui semble garder une image assez fidèle du héros avant la *Charrette*, puisqu'il se présente comme la traduction en allemand d'un *Lancelot* français en vers (texte perdu), il n'est pas fait mention de l'amour adultère de Lancelot pour la reine. Quant aux textes qui, comme la *Vie de Saint Gildas* (avant 1164), mentionnent le rapt (*aithed* en irlandais) de Guenièvre par un prince étranger Melvas dans la ville de Glastonia, *Urbs Vitrea* (= Glastonbury, « Ville de Verre » ou de *Voirre*, dont Gorre, royaume de Baudemagu, serait une corruption), ils ne font pas cas de Lancelot. Chrétien de Troyes aurait ainsi innové en faisant de Lancelot l'amant de Guenièvre, ce qui nous ramène au sens de l'œuvre : l'amour adultère du héros pour la femme du roi Arthur, conception bien différente de celle d'*Erec et Enide* ou de *Cligès*. On a pu ainsi affirmer, un peu vite sans doute, que cette vision de l'amour avait été dictée et imposée à Chrétien de Troyes par sa protectrice, ce qui permettrait de rendre compte d'une autre énigme, l'achèvement de l'œuvre confié à Geoffroy de Lagny, comme si Chrétien avait désormais placé son intérêt ailleurs (*Chevalier au Lion, Conte du Graal* ?). Le caractère énigmatique est enfin inscrit dans le cours même de la narration, puisque bien des personnages restent anonymes et qu'il faut attendre le v. 3660 pour que Lancelot soit nommé, fait significatif, par sa dame.

Plus qu'aucun autre roman de Chrétien de Troyes, le *Chevalier de la Charrette* obéit à une composition binaire. Ainsi, deux mondes séparés par deux ponts quasi infranchissables s'opposent : le monde d'Arthur et celui du Royaume de Gorre, sur lequel règne Baudemagu, royaume qui peut faire penser à l'Autre Monde celtique, mais aussi au monde des morts de l'Antiquité (Guenièvre est alors une nouvelle Perséphone ou Eurydice et Lancelot un héros psychopompe). Autre élément binaire : le dédoublement de la narration selon la double quête de Lancelot et de Gauvain, ce qui permet, par un jeu de contrepoint, de mettre en valeur Lancelot, le plus rapide à rejoindre la reine. Dualité enfin dans le titre qui se présente comme un oxymore, le *Chevalier de la Charrette* ; le romancier joue en effet habilement sur les contrastes : contraste entre le monde courtois et raffiné des chevaliers arthuriens et la charrette d'infamie sur laquelle doit monter Lancelot ; oppositions de ton aussi, du lyrisme (extase de Lancelot devant les cheveux de la reine, complaintes des deux amants...) au burlesque (épisode de la demoiselle amoureuse, adversaire combattu le dos tourné...), ce qui fait de Lancelot un lointain ancêtre de Don Quichotte.

Le *Chevalier de la Charrette* est enfin un roman ouvert sur l'avenir, ouverture qui, comme pour le *Conte du Graal*, rejoindrait l'inachèvement. Ainsi, le motif de la quête que Chrétien de Troyes met ici pour la première fois à contribution constituera la trame des grands cycles romanesques du siècle suivant. De plus, le *Chevalier de la Charrette* fixe pour les romanciers ultérieurs le portrait du parfait amant courtois qui obéit fidèlement à sa dame jusqu'à l'humiliation, relation qui imiterait à la fois celle du vassal à son suzerain et celle du mystique à son dieu. Chrétien de Troyes semble lui-même pressentir l'immense postérité littéraire de son héros et sa dimension quasi messianique, lorsque Lancelot pénètre dans un cimetière et se trouve face à sa propre tombe dont il soulève la dalle, en présence d'une autre figure riche d'avenir : un ermite. Il appartiendra aux romanciers du XIIIe siècle et, en particulier, à l'auteur du *Lancelot* en prose* de développer l'implicite du roman de Chrétien, roman infini dans tous les sens du terme. L'épisode de la *Charrette* figurera ainsi au cœur de l'immense cycle du *Lancelot-Graal*.

ŒUVRE. — Éd. W. Foerster, Halle, 1899. M. Roques, Paris, 1958 (*CFMA*, 86). — Éd. et trad. C. Méla, Paris, 1992 (*Lettres gothiques*). — Trad. française J. Frappier, Paris, 1967 (2e éd.).

→ G. Paris, *Le conte de la Charrette*, dans *Romania*, t. 12 (1883), p. 459-534. — T.P. Cross et W.A. Nitze, *Lancelot and Guenevere, a Study on the Origins of Courtly Love*, Chicago, 1930. — D. Kelly, *« Sens » and « Conjointure » in the Chevalier de la Charrette*, Den Haag-Paris, 1966. — J. Frappier, *Le prologue du Chevalier de la Charrette et son interprétation*, dans *Romania*, t. 93 (1972), p. 337-377. — J. Ribard, *Le Chevalier de la Charrette : Essai d'interprétation symbolique*, Paris, 1972. — Z.P. Zaddy, *Le Chevalier de la Charrette and the De Amore of Andreas Capellanus*, dans *Mél. F. Whitehead*, Manchester, 1973, p. 363-399. — D.J. Shirt, *Godefroi de Lagny et la composition de la Charrete*, dans *Romania*, t. 96 (1975), p. 27-52. — W. Haug, *Das Land, von welchen Niemand wiederkehrt. Mythos, Fiktion und Wahrheit in Chrétiens Chevalier de la Charrette, im Lanzelet Ulrichs von Zatzikhoven und im Lancelot Prosaroman*, Tübingen, 1978. — D.J. Shirt, *Chrétien's Charrette and its Critics, 1964-1974,* dans *MLR*, t. 73 (1978), p. 38-50. — G. Morgan, *The Conflict of Love and Chivalry in Le Chevalier de la Charrette*, dans *Romania*, t. 102 (1981), p. 172-201. — *Lancelot. Actes du Colloque des 14 et 15 janvier 1984, Univ. d'Amiens*, éd. D. Büschinger, Göppingen, 1984. — P.G. Beltrami, *Lancelot et Eneas : remarques sur le sens du Chevalier de la Charrette*, dans *ZFSL*, t. 99 (1989), p. 234-260. — Cf. *MB*, nos 1790, 1800, 6343-6349, 7455-7458 ; *S* 3211-3213, 3596-3675.

4. *Chevalier au Lion*. Roman de Chrétien de Troyes, que la critique moderne a aussi appelé *Yvain*, écrit vraisemblablement vers 1177-1181, en même temps que le *Chevalier de la Charrette* (la quête de

Guenièvre par Lancelot et Gauvain a lieu pendant les aventures d'Yvain). À la cour d'Arthur, tandis que le roi prolonge sa sieste, Calogrenant raconte une aventure qui n'a point tourné à sa gloire : comme il chevauchait dans la forêt de Brocéliande, un affreux bouvier lui a indiqué le chemin de la Fontaine-qui-bout ; Calogrenant s'y rend et verse sur le perron un peu d'eau de la Fontaine, déchaînant ainsi une effroyable tempête, avant qu'un chevalier ne fonce sur lui et ne l'abatte. Yvain qui assiste à la conversation décide de tenter la même aventure ; il déclenche la tempête, blesse mortellement le chevalier défenseur de la Fontaine, le poursuit jusque dans son château où il reste prisonnier. Lunete, une chambrière qu'il a traitée avec courtoisie à la cour, lui donne un anneau qui le rend invisible. Assistant d'une cachette à la douleur de Laudine, la jeune veuve et la maîtresse de Lunete, il s'éprend d'elle et grâce à l'aide de la servante, ne tarde pas à l'épouser. Mais Gauvain, sur qui il a l'avantage dans un duel, reproche à son ami d'oublier ses devoirs de chevalier dans les douceurs du mariage. Yvain obtient donc de Laudine la permission de partir en aventures pour un an ; s'il oubliait ce terme, il perdrait, dit-elle, son amour. Attiré par les tournois, Yvain dépasse le délai imposé et une messagère de Laudine vient lui reprendre l'anneau que celle-ci lui avait donné à son départ. Le malheureux sombre alors dans la folie. Aidé par un ermite qui lui assure sa subsistance, guéri par un onguent de la dame de Noroison, il délivre un lion attaqué par un serpent et la bête reconnaissante s'attache désormais à ses pas, d'où lui vient son surnom de *chevalier au lion*. Il délivre ensuite du bûcher Lunete, accusée d'avoir trahi sa maîtresse ; il tue le géant Harpin de la Montagne qui voulait livrer à des valets la fille de son hôte ; il accepte de défendre la fille cadette du sire de la Noire Épine contre son aînée qui voulait la déposséder et livre combat à Gauvain, champion de l'aînée, sans pour autant le reconnaître. Auparavant il était venu à bout de deux monstres avec l'aide de son fidèle animal et, au château de Pesme Aventure, il avait arraché à leur misérable condition 300 ouvrières exploitées par un impitoyable patron. Quand il revient à la Fontaine et déchaîne de nouveau la tempête, personne ne paraît pour le défier. Laudine se désole et pense au précieux défenseur que serait le Chevalier au Lion, dont le nom est dans toutes les bouches. Mais, déclare Lunete, il ne consent à servir personne, tant qu'il n'aura pas obtenu le pardon de sa dame. Grâce à cette ruse, Laudine jure sur les reliques de s'employer à la réconciliation : la suivante n'a plus alors qu'à ramener Yvain au château : il se jette aux pieds de sa femme et obtient son pardon.

Avec le *Chevalier au Lion*, on l'a souvent dit, l'art de Chrétien de Troyes atteint une manière d'équilibre, certains diront un classicisme : *conjointure* parfaite, *matière* homogène, *san* limpide. Chrétien de Troyes évite ici tout à la fois le caractère énigmatique des épreuves d'Erec et d'Enide, la préciosité parfois pesante du *Cligès*, les fréquentes obscurités de la *Charrette* ; œuvre achevée aussi à la différence du roman précédent ou parallèle (le *Chevalier de la Charrette*) et du roman suivant (le *Conte du Graal*). La perfection du *Chevalier au Lion* peut d'abord se lire dans l'équilibre de l'organisation narrative : équilibre spatial assuré par deux lieux, la cour d'Arthur et surtout la Fontaine au pin (souvenir probable de la Fontaine de Barenton dont parle Wace* dans son *Rou*), fontaine merveilleuse, dont les apparitions rythment véritablement le roman ; équilibre aussi du récit et de la parole avec traitement théâtral de la seconde (en particulier les dialogues très vifs entre Laudine et sa suivante). La *conjointure* des différentes actions du récit est ici plus soignée que partout ailleurs : la tripartition (de la fontaine merveilleuse au mariage, du mariage à la rupture et à la folie, de la folie à la réconciliation), qui rappelle celle d'*Erec et Enide*, est ici plus heureuse : la chevauchée silencieuse d'Erec et de son épouse a laissé place à la folie, il est vrai, tout aussi silencieuse, mais moins énigmatique ; l'oubli du délai fatidique fixé par Laudine ne peut que plonger le héros hors du monde et « hors du sens ». Le contexte est certes différent : la faute d'Yvain est plus grave que la *recreantise* d'Erec et Laudine n'est pas une nouvelle Enide, Chrétien de Troyes scindant ici habilement la figure féminine entre Laudine et Lunete, qui jouera tout au long du roman le rôle d'intercesseur entre le héros et sa dame.

Cet équilibre presque classique se double d'une liberté plus grande dans l'écriture. Dès le prologue, Chrétien de Troyes ne cherche plus à mentionner une source, un protecteur ou un fragment de sa poétique, mais nous plonge immédiatement dans l'univers arthurien, se contentant d'apparaître discrètement derrière le ton mélancolique du topos de la *laudatio temporis acti*. Même si Chrétien de Troyes s'est évidemment inspiré d'un conte d'origine celtique, le même qui a pu donner naissance au conte galois d'*Owein et Lunet*, il ne ressent plus la nécessité de mentionner un « pré-texte ». Le prologue de l'aventure d'Yvain proprement dite est ici confié de manière originale à un personnge intradiégétique, Calogrenant, cousin d'Yvain, qui fait le récit de l'aventure de la Fontaine devant la cour d'Arthur et en particulier devant le futur protagoniste. Un tel prologue permet une mise en abîme du récit, un jeu de miroir (la cour de Marie de Champagne, à l'image de la cour arthurienne, écoute les aventures de la Fontaine merveilleuse), mais a aussi une fonction narrative : le récit de Calogrenant suscite chez Yvain le désir de l'aventure. La richesse de ce texte dont témoignerait l'ampleur de la bibliographie, résiderait aussi dans la variété infinie des perspectives : le tragique (Yvain furieux...) côtoie des scènes de comédie (entre Laudine et sa servante) ; le goût du merveilleux (Fontaine, tempête...) voisine avec une appréhension nouvelle de la réalité (la fameuse scène des ouvrières de Pesme Aventure) pour parfois se confondre avec elle (les portes coulissantes du château décrites avec une précision remarquable qui n'en atténue pas l'étrangeté). Enfin, il ne faudrait pas oublier la perspective symbolique, inscrite dans le surnom même donné à Yvain (*le Chevalier au Lion*), qui est aussi le titre de l'œuvre. Yvain, à la différence de ses prédécesseurs, Erec, Cligès ou Lancelot, n'agit plus seulement pour lui ou pour sa dame : il se fait le défenseur des faibles, des opprimés et des exploités ; ce héros altruiste — et le lion peut symboliser entre autres choses cet altruisme — annonce ainsi de loin le personnage de Perceval dans le *Conte du Graal*, où la perspective chrétienne sera davantage présente. L'œuvre a été adaptée en allemand par Hartmann von Aue (*Iwein*, avant 1204), puis en norrois (*Ivens Saga*, XIIIe siècle) et en anglais (*Ywain and Gawain*, XIVe siècle). Signe remarquable de la persistance de l'intérêt pour Chrétien, l'œuvre est adaptée en vers français par l'écrivain lyonnais Pierre Sala autour de 1515-1520 (ms. Paris, BN, fr. 1638).

ŒUVRE. — Éd. W. Foerster, Halle, 1887 ; M. Roques, Paris, 1960 (*CFMA*, 89). — Trad. française C. Buridant et J. Trotin, Paris, 1972. — Pour les textes étrangers, voir Hartmann von Aue, *Iwein*, éd. G.F. Benecke, K. Lachmann, L. Wolff et trad. allemande de T. Cramer, Berlin, 1968. — *Ywain and Gawain*, éd. A.B. Friedman et N.A. Harrington, Oxford, 1964. — Pour *Owein et Lunet*, récit gallois vraisemblablement indépendant de Chrétien de Troyes, voir éd. R.L. Thomson, Dublin, 1968 et trad. française de J. Loth, *Les Mabinogion*, t. 2, Paris, 1913, p. 1-45.

→ A.C.L. Brown, *Ywain. A Study in the Origins of Arthurian Romance*, dans *Harvard Studies and Notes in Philology and Literatur*, t. 8 (1903), p. 1-147. — J. Frappier, *Étude sur Yvain ou le Chevalier au Lion de Chrétien de Troyes*, Paris, 1969. — A. Wolf, *Erzählkunst und verborgener Schriftsinn. Zu Diskussion um Chrétiens Yvain und Hartmanns Iwein*, dans *Sprachkunst*, t. 2 (1971), p. 1-42. — M. Wigger, *Tempora in Chrétiens Yvain. Eine textlinguistische Untersuchung*, Francfort-sur-le-Main/Berne, 1977. — D.J. Shirt, *How Much of the Lion Can we Put before the Cart ? Further Light on the Chronological Relationship of Chrétien de Troyes's Lancelot and Yvain*, dans *French Studies*, t. 31 (1977), p. 1-17. — A. Piloetti, *Lettura dell'episodio del « Chastel de Pesme-Aventure » (Yvain, vv. 5101-5805)*, dans *Medioevo Romanzo*, t. 6 (1979), p. 227-246. — J. Le Goff, *L'imaginaire médiéval*, Paris, 1985, p. 151-187 [*Lévi-Strauss en Brocéliande : esquisse pour une analyse d'un roman courtois*, en coll. avec P. Vidal-Naquet]. — T. Hunt, *Chrétien de Troyes : Yvain*, Londres, 1986. — B. Woledge, *Commentaire sur Yvain (Le Chevalier au Lion) de Chrétien de Troyes*, 2 t. Genève, 1986-1988. — *Le Chevalier au Lion de Chrétien de Troyes, approches d'un chef-d'œuvre*, études recueillies par J. Dufournet, Paris, 1988. — J.T. Grimbert, *Yvain dans le miroir : une Poétique de la réflexion dans le Chevalier au Lion de Chrétien de Troyes*, Amsterdam-Philadephie, 1988. — P. Walter, *Canicule. Essai de mythologie sur Yvain de Chrétien de Troyes*, Paris, 1988. — Cf. *MB*, n°s 1801-1831, 6350-6351, 7462-7468 ; *S* 3211-3214, 3499-3594.

5. *Conte du Graal* ou *Perceval*. Dernier roman de Chrétien de Troyes, écrit sur le *comandement* de son nouveau protecteur, Philippe d'Alsace, comte de Flandres († 1191). Commencé vraisemblablement

après 1181, il a été laissé inachevé par la mort de l'écrivain (avant 1190) si l'on en croit un des continuateurs, Gerbert de Montreuil*. Le *Conte du Graal* est le véritable titre de l'œuvre (cf. le v. 66), le titre de *Perceval* n'apparaissant que chez certains copistes et continuateurs de l'œuvre.

Le jeune Perceval, qui ignore encore son véritable nom, vit à l'écart du monde auprès de sa mère désireuse d'épargner à son fils une carrière de chevalier qui a déjà coûté la vie au père du héros et à ses deux frères aînés. Mais un jour, le jeune homme rencontre dans la forêt cinq chevaliers revêtus de leur armure : c'est pour lui un véritable éblouissement et il décide aussitôt d'aller à la cour du roi Arthur pour se faire armer chevalier, quittant ainsi brutalement sa mère, qui tombe sans connaissance en le voyant s'éloigner. Sur sa route, il rencontre d'abord la Demoiselle de la Tente, qu'il embrasse de force, interprétant mal les recommandations maternelles, puis il arrive à la cour du roi Arthur. Une jeune fille et un fou prédisent, malgré les sarcasmes de Keu, la gloire future du héros ; le *vaslet* abat alors le chevalier Vermeil qui vient d'outrager le roi et revêt ses armes, avant de rejoindre le château de Gornemant de Goort. Gornemant lui enseigne l'art de la chevalerie et un certain nombre de règles de conduite, puis l'arme chevalier. Perceval a l'occasion de s'illustrer au château de Beaurepaire, en proie à la désolation ; il y défait successivement Anguinguerron et son maître Clamadeu des Îles, qui assiégeaient et affamaient le château, et les envoie se constituer prisonniers à la cour du roi Arthur. En même temps, notre héros s'initie à l'amour, puisqu'il s'éprend de la belle Blanchefleur qui fut la première à l'accueillir au château et à lui exposer la triste situation. Tout en promettant à Blanchefleur de revenir, il quitte Beaurepaire pour retrouver sa mère. Mais Perceval est arrêté dans sa route par une rivière infranchissable : il y remarque une barque avec deux pêcheurs qui lui proposent de l'héberger au château voisin. Arrivé au mystérieux château, il est invité à s'asseoir auprès d'un personnage vénérable, mais infirme, et à accepter le don d'une épée. Puis, tandis que Perceval ne cesse de parler avec son hôte, un cortège singulier traverse la salle : un jeune homme porteur d'une lance dont la pointe laisse couler une goutte de sang, une belle demoiselle qui porte dans ses mains un *graal*, et une autre un *tailleor d'argent*, soit un plat à découper. Tandis que le cortège passe et repasse, la table se trouve chargée de mets abondants et exquis. Mais Perceval, suivant à la lettre les conseils de discrétion de Gornemant, reste silencieux et n'ose pas demander pourquoi cette lance saigne et à qui l'on destine le service du *graal*. Le lendemain, à son réveil, Perceval trouve le château vide ; il traverse la forêt et rencontre une demoiselle dont l'ami vient d'être tué. Il s'agit de sa cousine et, devant elle, Perceval qui jusqu'à présent *ne savoit* son nom, le *devine : Percevax li Galois*. Cette cousine lui révèle en même temps sa faute : s'il avait posé les questions sur le graal et la lance, le roi Pêcheur aurait été guéri et son royaume aurait retrouvé sa prospérité ; et si Perceval a gardé le silence, c'est à cause du péché commis à l'égard de sa mère, morte de chagrin. Mais Perceval ne s'attarde guère auprès de sa cousine ; il la quitte et retrouve la Demoiselle de la Tente, les vêtements en lambeaux ; en effet, son ami, l'Orgueilleux de la Lande, la maintient dans ce triste état, croyant à son infidélité lors de sa rencontre avec Perceval. Perceval le combat et l'envoie se constituer prisonnier à la cour d'Arthur. Un peu plus tard, dans une plaine enneigée, Perceval s'abandonne à une contemplation silencieuse : trois gouttes de sang d'une oie blessée par un faucon se détachent sur la neige et lui rappellent le visage de Blanchefleur. Des chevaliers de la cour d'Arthur essayent de le tirer de sa rêverie et de le ramener auprès du roi : Sagremor et Keu échouent misérablement ; seul Gauvain réussit dans son entreprise. Mais, à peine a-t-il réintégré la cour qu'arrive une demoiselle hideuse qui fait honte à Perceval du silence qu'il a observé au Château du Roi Pêcheur et qui propose aux chevaliers présents des aventures extraordinaires : Gauvain se charge de porter secours à la demoiselle assiégée au-dessous de Montesclaire, Girflet se rendra au Château Orgueilleux. Mais Perceval n'aura de cesse de percer le mystère du *graal* et de la lance qui saigne. Le récit quitte provisoirement Perceval pour Gauvain.

Ce dernier est accusé par Guingambresil, précepteur du jeune roi d'Escavalon d'avoir tué le vieux roi d'Escavalon et doit répondre de cette félonie dans un combat singulier. Après avoir pris part à un tournoi pour défendre la Pucelle aux Petites Manches, Gauvain est surpris dans le château du roi d'Escavalon en train d'échanger de tendres baisers avec la sœur de celui-ci ; attaqué par la commune (par les bourgeois comme par le peuple), il ne doit son salut qu'à l'intervention de Guingambresil avec qui le combat singulier est remis à un an. Dans l'intervalle Gauvain devra se mettre à la recherche de la lance qui saigne. Le roman revient une dernière fois à Perceval : cinq ans ont passé et Perceval qui a multiplié les exploits chevaleresques a oublié Dieu. Mais le héros rencontre un nouveau cortège : des chevaliers et des dames en habits de pénitents qui reprochent au jeune chevalier de ne pas faire pénitence en ce jour du Vendredi saint. Perceval, touché par le repentir, se rend chez un ermite pour lui confier sa faute : le silence au château du Graal. L'ermite lui rappelle que c'est le péché à l'égard de sa mère qui lui a « tranché » la langue et lui révèle une partie du secret du *graal* : ce vase contient une seule hostie qui suffit à maintenir en vie le père du Roi Pêcheur, frère de l'ermite et de la mère de Perceval. Puis il absout son neveu et lui donne la communion le jour de Pâques. Gauvain occupe désormais seul la scène jusqu'au dernier vers écrit par Chrétien. Il pénètre dans un pays dangereux et cruel ; privé de sa monture par Gréoréas, un blessé qu'il avait soigné, il entre au Château des Reines, habité par des dames et des demoiselles, parmi lesquelles se trouvent la grand-mère, la mère et la sœur de Gauvain ; il y est accueilli en libérateur, mais est déçu d'apprendre qu'il restera prisonnier du château. Il obtient toutefois de la Reine aux blanches tresses la permission d'en sortir à condition qu'il revienne le soir même. Il peut ainsi relever le défi de l'Orgueilleuse de Logres qui l'avait insulté, prend rendez-vous pour un duel avec Guiromélant, épris de Clarissant, la sœur de Gauvain ; Guiromélant hait en effet le frère de son amie. Arthur est prévenu de cette rencontre et ici s'interrompt le récit.

Le *Conte du Graal* marque une nouvelle orientation dans l'œuvre de Chrétien de Troyes, comme suffit à le montrer le titre : un objet mystérieux, le *graal*, et non plus un personnage, devient la figure éponyme du roman. Chrétien de Troyes fonde ainsi sans le savoir un mythe, appelé à un avenir si fécond au siècle suivant. Le *Conte du Graal* n'est alors plus le roman d'un couple ou celui de la quête ou de la reconquête d'une femme (Enide, Fénice, Guenièvre, Laudine) ; même si Blanchefleur croise l'itinéraire de Perceval, elle n'apparaît plus qu'à titre de *sanblance* dans la scène très célèbre des trois gouttes de sang sur la neige. En fait, le couple subsiste, mais transfiguré, car, corrélativement au *graal*, se crée la figure du chevalier élu, prédestiné à mener à bien les aventures de l'objet mythique, chevalier dont le fou de la cour d'Arthur, avatar de Merlin, prophétise le destin exceptionnel (la scène du cimetière dans le *Chevalier de la Charrette* annonçait discrètement ce motif de la prédestination). Dans le *Conte du Graal*, la quête n'est plus amoureuse, mais spirituelle et le prologue, qui insiste lourdement sur l'Évangile, sur saint Paul et sur la Charité, témoigne d'emblée de ce changement de perspective. Ces différentes lignes de rupture se retrouvent enfin sur un plan formel : bien qu'inachevé, le *Conte du Graal* est sensiblement plus long que les autres romans de Chrétien de Troyes ; roman dédoublé en quelque sorte, roman où s'entrecroisent les aventures de Perceval et de Gauvain, roman aux entrelacs déjà gothiques.

À partir de ces nouveautés, deux séries de problèmes se sont posées aux critiques : d'abord la *matiere* du roman et, plus précisément, l'origine de cet objet bientôt mythique, le *graal*, ensuite, le problème de la dualité et donc de la *conjointure* de l'œuvre. Pour ce qui est de la *matiere*, Chrétien de Troyes affirme dans le prologue s'être inspiré d'un *livre* remis par Philippe, comte de Flandre. On peut penser qu'il ne s'agit ici que d'une simple formule, mais les partisans de la théorie chrétienne (voir *Graal*) ont voulu voir dans ce livre un rituel byzantin ou un texte latin concernant le *Graal* considéré comme relique et vase liturgique, alors que les celtisants y ont vu la preuve que Chrétien avait sous les yeux un conte d'aventure breton. La seconde hypothèse apparaît plus acceptable, ce qui ne signifie pas que la perspective chrétienne doive être totalement oblitérée. En effet, le travail — et l'originalité — de Chrétien de Troyes a plus vraisemblablement consisté à christianiser un vieux fonds de légendes celtiques (chaudron d'abondance irlandais ou gallois, lance destructrice de Lug ou d'Oengus, légende de Bran le Béni, dieu marin souffrant d'une blessure faite au pied par une lance...) qu'à paganiser un rituel chrétien. Pour ce qui est de la dualité de l'œuvre et des protagonistes (Perceval / Gauvain), on est allé jusqu'à attribuer à Chrétien de Troyes la seule partie *Perceval*, soit les 4 700 premiers vers de l'œuvre (hypothèse de S. Hoepffner et de L. Pollmann) ou alors à estimer que Chrétien avait laissé inachevés un *Perceval* et un *Gauvain*, qu'un épigone aurait ensuite maladroitement réunis (hypothèse d'E. Hoepffner et de M. de Riquer). En fait, la dualité est fréquente chez Chrétien de Troyes : on la retrouve en particulier dans *Cligès*, dans le *Chevalier au Lion* et surtout dans le *Chevalier de la Charrette*, où Gauvain, déjà lui, poursuit parallèlement au héros la quête de la reine ; Gauvain est ainsi très vite en retard sur Lancelot, puisqu'il ne pénètre que bien après lui dans le pays de Gorre et que les compagnons de Lancelot l'aident à franchir le Pont Evage. Dans le *Conte du Graal*, le romancier joue plus habilement encore sur l'écart entre ses deux personnages : Perceval, le héros dynamique, qui de la *niceté* accède à la chevalerie, à la conscience de soi, de son nom, du péché et finalement du repentir (le *Conte du Graal* est alors tout à la fois un roman d'apprentissage, de formation et d'initiation) ; Gauvain, figure statique, fidèle à l'idéal chevaleresque et mondain, personnage galant et volage, traité souvent sur le mode ironique par Chrétien de Troyes. Les effets de contrepoint obtenus par ce dédoublement des protagonistes, effets toujours nuancés (Perceval n'est pas encore Galaad et Gauvain n'est pas encore un réprouvé), ne sont pas les seuls éléments qui concourent à la vivacité du récit. L'adoption quasi systématique de la focalisation interne en est un autre : ainsi, nous découvrons le monde à travers le regard de Perceval et, pour une moindre part, de Gauvain. Le narrateur ne se prive certes pas d'intervenir, comme dans la fameuse scène du *graal*, mais rarement pour décrire ; ainsi, la ville d'Escavalon, dont l'activité a pu faire penser à celle d'un port flamand, nous est évoquée à travers les coups d'œil successifs de Gauvain. Cette focalisation interne, ce pointillisme descriptif permettent en même temps et surtout de maintenir une zone d'ombre — ce que le héros ne voit pas ou ne comprend pas nous est caché — et donc une part de mystère que chercheront à éclaircir les successeurs de Chrétien de Troyes.

L'œuvre inachevée a été continuée par différents auteurs pour donner naissance à un texte monumental et complexe atteignant jusqu'à 60 000 vers dans certains manuscrits : voir *Perceval* (Continuations de), Manessier et Gerbert de Montreuil. De plus, dans le ms. de Mons, le *Conte du Graal* est précédé de deux prologues factices : l'*Elucidation* (484 vers) et le *Bliocadran* (800 vers). Le *Conte du Graal* a été adapté très rapidement en allemand (*Parzifal* de Wolfram von Eschenbach*, vers 1201-1205), en moyen-néerlandais (*Perchevael*, première moitié du XIIIe), en norrois (*Percevals saga*, XIIIe), en anglais (*Sir Perceval of Galles*, première moitié du XIVe). Une version en prose a été imprimée à Paris en 1530. Voir aussi *Peredur*.

ŒUVRE. — 1) Éd. critique d'après tous les mss (suivie de la mise en prose de 1530) A. Hilka, Halle, 1932 ; trad. française seule d'après l'éd. Hilka par L. Foulet, Paris, 1947 [nombr. rééd.] 2) Éd. du texte du BN 12576 W. Roach, Genève, 1959 (*TLF*, 71). 3) Éd. du texte du BN 794 (copie de Guiot) F. Lecoy, Paris, 2 vol., 1973-1975 (*CFMA*, 100 et 103) ; trad. française seule par J. Ribard, Paris, 1979. 4) Éd. et trad. française du texte du ms. 354 de Berne par C. Méla, Paris, 1990 [*Lettres Gothiques*]. 5) Pour les prologues, voir l'*Elucidation*, éd. A.W. Thompson, New York, 1931 et le *Bliocadran*, éd. L.D. Wolfgang, Tübingen, 1976. 6) Wolfram von Eschenbach, *Parzifal*, éd. G. Weber, Darmstadt, 1963 ; trad. française E. Tonnelat, Paris, 2 vol. 1934 ; trad. partielle D. Büschinger, W. Spiewok et J.-M. Pastré, Paris, 1989 (10/18).

→ W. Kellermann, *Aufbaustil und Weltbild Chrestien von Troyes im Percevalroman*, Halle, 1936 (2e éd., 1967). — J. Frappier, *Sur le Perceval en prose de 1530*, dans *Mél. R. Guiette*, Anvers, 1961, p. 233-247. — L. Pollmann, *Chrétien de Troyes und der Conte del Graal*, Tübingen, 1965. — J. Fourquet, *Wolfram d'Eschenbach et le Conte del Graal. Les divergences de la tradition du Conte del Graal de*

Chrétien et leur importance pour l'explication du texte du Parzifal, Paris, 1966. — J. Frappier, *Chrétien de Troyes et le mythe du Graal*, Paris, 1972 (2e éd. 1979). — P. Gallais, *Perceval et l'initiation. Essais sur le dernier roman de Chrétien de Troyes, ses correspondances orientales et sa signification anthropologique*, Paris, 1972. — D. Poirion, *L'ombre mythique de Perceval dans le Conte du Graal*, dans *CCM*, t. 16 (1973), p. 191-198. — R.T. Pickens, *The Welsh Knight. Paradoxicality in Chrétien's Conte del Graal*, Lexington, 1977. — P. Le Rider, *Le chevalier dans le Conte du Graal de Chrétien de Troyes*, Paris, 1978. — P. Duval, *La pensée alchimique et le Conte du Graal*, Paris, 1979. — C. Méla, *Blanchefleur et le saint homme, ou la semblance des reliques*, Paris, 1979. — R. Dragonetti, *La vie de la lettre au Moyen Âge (Le Conte du Graal)*, Paris, 1980. — A. Pioletti, *Peredur e Perceval. La vendetta, il lignaggio, il paradiso. II*, dans *Quaderni di Filologia Medievale*, Catane, t. 2 (1980), p. 7-78. — J.G. Gouttebroze, *Qui perd gagne. Le Perceval de Chrétien de Troyes comme représentation de l'Œdipe inversé*, Nice, 1983. — *Chrétien de Troyes et le Graal (colloque arthurien belge de Bruges)*, Paris, 1984. — F. Bogdanow, *The Mystical Theology of Bernard de Clairvaux and the Meaning of Chrétien de Troyes Conte du Graal*, dans *Mél. L. Topsfield*, Cambridge, 1984, p. 249-282. — J. Ribard, *Du philtre au Graal : pour une interprétation théologique du Roman de Tristan et du Conte du Graal*, Paris, 1989. — Cf. *MB*, nos 1832-1848 ter, 6332-6370, 7469-7504 ; *S* 3216, 3677-3832, 3834, 3864 bis-3865. J.M.F.

Chrétienté Corbaran. Cette chanson de geste représente la première continuation de la *Conquête de Jérusalem** : le titre figure expressément dans l'explicit.

Après la défaite du soudan de Persie dans les plaines de Ramla (correspondant à la bataille d'Ascalon en 1099), Corbaran d'Oliferne (Kerbôgha, l'émir de Mossoul), part à Jérusalem se faire baptiser (aucune conversion n'a eu lieu dans la réalité), et doit lutter aussitôt contre le soudan outragé de sa trahison ; il est secouru par Godefroi. On a pu soutenir l'idée séduisante que ce texte et les *Chétifs** étaient du même auteur et qu'ils auraient été séparés par Graindor qui y aurait intercalé la *Conquête de Jérusalem* mais cela semble peu vraisemblable, étant donné que la composition de notre texte semble postérieure à celle des *Chétifs*. Voir : *Croisade (Cycle de la)*.

ŒUVRE. — Éd. P.R. Grillo, *The Old French Crusade Cycle*, Alabama, 1984, vol. 8, t. 1. I.W.

Christine de Pizan. Fille de Tommaso di Benvenuto, originaire de Pizzano, petite ville des environs de Bologne, Christine de Pizan arriva en France vers 1368, âgée d'environ quatre ans. Son père avait été appelé trois ans plus tôt à la cour de Charles V, séduit par sa renommée de médecin et d'astronome-astrologue. Il avait auparavant enseigné à l'université de Bologne, puis travaillé pour la République de Venise comme son ancien condisciple, devenu son beau-père, Tommaso Mondini da Forli. Christine eut toujours pour ce père savant une admiration sans borne. Thomas réussit d'ailleurs fort bien en France, recevant gages et rentes importantes du roi. Et c'est à un des secrétaires du roi et gentilhomme picard, Etienne Castel, que la jeune Christine fut mariée vers 1379. Vient le temps des malheurs : Thomas meurt entre 1385 et 1390, Etienne s'éteint en 1389 sans doute. Après dix ans de mariage, Christine se retrouve donc veuve à vingt-cinq ans. Elle a trois enfants à charge, outre sa mère et une nièce. Dans une situation matérielle précaire (procès, saisies...), Christine se remet à l'étude. Sa vie s'identifie alors avec son œuvre et c'est de ses propres écrits que l'on tire sa biographie. En effet, dans certaines pièces lyriques où s'exprime son deuil, comme dans la célèbre ballade :

Seulete suy et seulete vueil estre,
Seulete m'a mon doulz ami laissiee,
Seulete suy, sanz compaignon ne maistre,
Seulete suy, dolente et courrouciee

mais surtout dans l'*Avision*, le *Chemin de long estude* et la *Mutacion de Fortune*, la veine autobiographique est plus importante que chez d'autres auteurs de la même époque. Cela tient au fait que Christine a conquis son statut d'écrivain en dépit ou plutôt à cause de son histoire : étrangère, femme et veuve, il lui a fallu transformer ces handicaps en qualités, et donc se muer en homme de plume français dont la solitude renvoie, non plus à une perte affective, mais à l'isolement du clerc dans son cabinet de travail. Peu à peu, Christine passera de la lyrique courtoise à la littérature didactique en vers et, après le *Débat sur le Roman de la Rose**, elle se tournera de plus en plus vers la prose. Cette évolution générale, qui n'empêche ni les retours, ni les repentirs, ni les réemplois, et que Christine retrace elle-même dans l'*Avision* : « Adonc me prist a forgier choses jolies, a mon commencement plus legieres, et tout ainsi comme l'ouvrier qui de plus en plus en son œuvre s'asoubtille comme plus il la fréquente, ainsi tousjours estudiant diverses matieres, mon sens de plus en plus s'imbuait de choses estranges, amendant mon stile en plus grand soubtilleté et plus haulte matiere », témoigne de la part grandissante de la littérature sérieuse (historique, morale, religieuse) dans son œuvre. Sa science, Christine la tire de ses lectures françaises : textes originaux ou traductions du latin ; mais il n'est pas impossible que sa connaissance du latin ait été plus grande qu'on ne l'a jusqu'alors affirmé. La technique de composition de ses grandes œuvres doit beaucoup à la compilation, méthode proprement médiévale qu'on a trop souvent identifiée au plagiat. L'étude de l'œuvre de Christine montre au contraire que compiler, c'est recréer et créer. Il faut transformer le matériau étranger pour l'amalgamer au texte en train de se faire. Cette technique de construction se voit prise pour image matricielle du *Livre de la Cité des dames* : les livres antérieurs sont les pierres de cette ville nouvelle. Christine de Pizan prend, d'ailleurs, grand soin de l'aspect matériel de ses propres livres. On sait aujourd'hui qu'elle en copia elle-même un certain nombre, secondée par au moins deux copistes, et qu'elle participa à l'élaboration du programme iconographique de ses recueils, de l'*Epistre Othea* entre autres.

Pour vivre, elle met ses talents au service des grands ; de même elle place son fils aîné, Jean, au service du comte de Salisbury puis du duc de Bourgogne. Plus tard, Jean suivra les traces de son père et deviendra secrétaire royal (voir Jean Castel). Christine donc multiplie les dédicaces à Jean de Berry, Philippe le Hardi, Louis d'Orléans, Isabeau de Bavière, Louis de Guyenne, Charles d'Albret, Jean de Werchin*... Souvent, elle ne leur offre pas seulement une œuvre isolée, mais tout un recueil de ses œuvres. L'importance accordée au livre, dans sa matérialité même, n'est pas propre à Christine : la mise en écrit est un phénomène qui affecte tout le XIVe et le XVe siècle. Mais Christine est, on l'a vu, à la tête d'un véritable petit scriptorium privé. La présentation qu'elle souhaita donner à ses textes, doit donc guider notre passage en revue de ses œuvres.

Maurice Roy, sous le titre d'*Œuvres poétiques de C.P.*, a publié à Paris, en 1886-1896 (*SATF*, 22), les œuvres en vers réunies dans les trois recueils-types des œuvres de Christine : il s'appuie essentiellement sur le second type représenté par les volumes préparés pour le duc de Berry (BN fr. 835-606-836-605) ; mais il complète son éd. en recourant aux deux autres recueils-types, dont le plus récent est représenté par le célèbre manuscrit d'Isabeau de Bavière (British Museum, Harley, 4431, postérieur à août 1410) et le plus ancien par trois volumes différents. Dans ces recueils, les œuvres étaient globalement disposées de manière chronologique : un ensemble de cent ballades d'époques et de sujets divers, dont la plus ancienne pourrait être la pièce IX qui célèbre les cinq ans de veuvage de Christine (vers 1394 donc). Puis 16 virelais, quatre ballades « d'estrange façon » (ballades techniques), deux lais, 69 rondeaux (dont le plus ancien serait de 1396), 70 jeux à vendre (petits poèmes basés sur un jeu de société). À nouveau un ensemble de ballades « de divers propos » (entre 1399 et 1404 environ) : l'éd. Roy en donne 53, mais F. Lecoy a pu montrer que ces ballades sont organisées autour du chiffre 50. En effet, Christine a substitué dans son dernier recueil, celui de la reine, les ballades 21, 25 et 4 (numérotation de Roy) aux ballades 16, 28 et 45. Roy, lui, les édite toutes les six sans faire de détail. Viennent alors deux complaintes amoureuses (requêtes d'amants désespérés à leurs dames) ; neuf autres ballades (dont trois sont en réalité des rondeaux) figurent seulement dans le manuscrit de la reine. K. Varty a édité un choix de 119 de ces poésies, d'après le manuscrit d'Isabeau de Bavière : *C. de P. Ballades, Rondeaux and Virelais. An Anthology*, Leicester, 1965.

À ces pièces lyriques indépendantes, quoiqu'on puisse déjà trouver des prémices d'organisation narrative dans les cent premières ballades et une structuration par le nombre dans ces Cent ballades ainsi que dans les cinquante Autres ballades, succède l'*Epistre au Dieu d'Amour* (mai 1399), considérée à tort comme le point de départ du *Débat sur le Roman de la Rose*, alors qu'elle ressortit à la traditionnelle veine courtoise de défense des femmes et non à une polémique ; de même pour le *Dit de la Rose* (février 1402). L'*Epistre* fut traduite en anglais dès 1402 par Thomas Hoccleve ; éd. T. Fenster et M. Erler dans *Poems of Cupid, God of Love* (...), Leyde, 1990.

L'éd. Roy donne, à la suite, le *Débat des deux amants* (la 19e des Autres ballades accompagna peut-être la remise du *Débat* à son dédicataire Louis d'Orléans ; comme cette ballade est datable de janvier 1401, le *Débat* daterait de 1400), et le *Livre des trois jugements*, deux pièces qui appartiennent à la littérature des procès amoureux — la sentence est réservée dans le premier cas au duc d'Orléans, dans le second à Jean de Werchin*, sénéchal de Hainaut ; puis le *Dit de Poissy*, qui narre une visite d'avril 1401 faite par Christine à sa fille, religieuse à Poissy, et s'achève, lui aussi, en débat sur le malheur amoureux d'une femme dont l'ami est prisonnier des Turcs et d'un jeune homme rebuté par une indifférente. Enfin, Roy, n'éditant pas les pièces en prose ou en prose et vers du recueil, abandonne alors l'ordre des manuscrits pour éditer le *Dit de la pastoure* (mai 1404), histoire rétrospective d'une bergère qui perd le bonheur et ses chansons simples pour l'amour d'un chevalier (huit insertions lyriques dont certaines sont des auto-citations) ; l'*Epistre à Eustache Morel*, c'est-à-dire Eustache Deschamps* (février 1404), tutoiement « clérical » et exercice de virtuosité technique pour une réflexion critique sur les mœurs du temps ; trois textes religieux dont deux prières, l'*Oroison Notre-Dame* (1402-1403), l'*Oroison Notre-Seigneur* et les *Quinze Joyes Notre-Dame* ; des œuvres didactiques construites sur des séries de courtes sentences, les *Enseignements moraux* pour son fils Jean Castel, les *Proverbes moraux* (traduits en anglais dès la seconde moitié du XVe siècle par Anthony Woodville et imprimés en 1478 par William Caxton), enfin deux œuvres d'inspiration amoureuse : le *Livre du duc des vrais amants*, narration en vers où sont insérées des lettres en prose et des pièces lyriques, elle-même suivie d'un recueil poétique constitué par les deux amants ; le *Livre* raconte l'impossible amour d'un duc et d'une princesse, auquel l'œuvre suivante, les *Cent ballades d'amant et de dame* (vers 1409-1410), aurait dû servir de contre-texte. Pourtant l'histoire amoureuse qui, sans autre narration, se tisse d'une ballade à une autre, s'achève elle aussi dans la séparation et la douleur. Toute l'intrigue en est d'ailleurs résumée dans le *Lai mortel* de l'amante. Les *Cent ballades d'amant et de dame* ont été rééditées par J. Cerquiglini, Paris, 1982 (*10/18*).

Figuraient encore dans les deux grands recueils de Christine :

— l'*Epistre d'Othea*, écrite vers 1400-1401, s'adresse au jeune Hector pour le conforter dans ses bonnes dispositions chevaleresques. Ce texte ne serait pas dédié, comme on l'a cru, à Charles VI, mais à Henri IV d'Angleterre qui, à la mort du comte de Salisbury, avait pris sous sa protection Jean, le fils de Christine, avant son retour en France. L'œuvre repose sur une construction complexe mais régulière : la déesse Othea cite en exemple à Hector cent personnages mythologiques (texte en octosyllabes). Chacune de ces « autorités » est reprise par Christine qui en offre, en prose, successivement une glose rationaliste ou morale et une allégorisation chrétienne. L'allégorie s'achève par une citation latine. Ce texte a connu un grand succès : une cinquantaine de manuscrits nous en restent ; en 1460, Jean Miélot* en revoit entièrement le texte, pour l'adapter au programme iconographique d'un manuscrit. Publiée vers 1499-1500 à Paris chez Philippe Pigouchet, sous le titre *Les cent histoires de troye*, l'*Epistre d'Othea* fut rééditée par la veuve Trepperel vers 1518 et par Philippe Le Noir en 1522. L'existence d'éditions lyonnaises en 1497 et 1519 est encore débattue. L'œuvre a été traduite en anglais par deux fois au XVe siècle par Anthony Babyngton et Stephen Scrope. Mais seule la traduction de l'éditeur Robert Wyer sera imprimée par ses propres soins vers 1530, sous un titre semblable à celui de l'édition Pigouchet : *The C. Hystoryes of Troye*. Si le texte français reste actuellement inédit, la traduction de Stephen Scrope, elle, a connu une véritable édition moderne, par C.F. Bühler, Londres, 1970 (*EETS*, 264).

— les *Epistres sur le Roman de la Rose* : voir la notice *Roman de la Rose (Débat sur le)*.

— le *Livre du chemin de long estude*, texte narratif de plus de 6 000 vers (décas., heptas., octos.), a été écrit entre le 5 octobre 1402 et le 20 mars 1403. S'inspirant de Jean de Mandeville*, de Boèce*, et, plus singulièrement pour l'époque, de Dante*, Christine y raconte comment elle voyage en rêve, guidée par la Sibylle de Cumes. Celle-ci lui montre d'abord la fontaine de Sapience et lui explique que le chemin qu'elles suivent est « réservé aux lettrez » : c'est le chemin de « long estude ». Elles parcourent les pays de l'Orient et parviennent au plus près du Paradis terrestre. Leur voyage devient alors vertical : elles montent au ciel par l'échelle de Spéculation. Après un exposé cosmologique, les deux femmes redescendent jusqu'à la sphère où siègent Sagesse, Noblesse, Chevalerie et Richesse. Raison les rejoint et reçoit une requête de la Terre éplorée de voir ses enfants s'entre-déchirer. Le meilleur remède serait de confier le gouvernement du monde à un seul homme. Mais doit-il être noble, guerrier, riche ou sage ? L'accord ne pouvant se faire, on décide de suivre l'exemple des dieux de l'Olympe, qui confièrent à Pâris le soin de départager les trois déesses. Ce serait donc aux princes et au roi de France, dédicataires de l'œuvre, de trancher un débat dont Raison confie la rédaction à Christine. Éd. R. Püschell, Berlin, 1887 (reprint Genève, 1974).

— le *Livre de la Prod'ommie* a dû voir le jour entre le 5 octobre 1405 (date de l'*Epistre à la reine Isabeau*) et le début de 1406. En effet, ce serait en allant remettre l'*Epistre à la reine* au duc d'Orléans pour qu'il la lui transmette, que Christine aurait conçu le projet de ce texte en prose, construit à partir de « fors beaux motz substancieux et plains de profitable liqueur » que le duc aurait prononcés ce jour-là en sa présence. Ce traité de morale en 28 chapitres traite des trois choses par lesquelles l'homme peut se rendre vertueux : le cœur, la bouche et les mains (sentiments, paroles et œuvres). Christine se sert ici essentiellement du célèbre *De quattuor virtutibus* de Martin de Braga*, traditionnellement attribué, au Moyen Âge, à Sénèque et traduit en 1403 par Jean Courtecuisse* pour Jean de Berry. Dès avant la mort du duc d'Orléans, assassiné en 1407, Christine avait donné une version révisée de son texte sous le titre de *Livre de Prudence*.

— le *Livre de la Cité des dames* fut composé entre le 13 décembre 1404 et avril 1405, plus de deux ans après la fin du *Débat sur le Roman de la Rose*. Trois vertus, Raison, Droiture et Justice, apparaissent à Christine, dans son étude. Elles lui enjoignent de construire une cité inexpugnable pour les femmes illustres du passé (mythique, historique, chrétien) et accessoirement, du présent et du futur. Les exemples des premières, en même temps qu'ils fondent (première partie), élèvent (seconde) et couronnent (troisième) les murs et les bâtiments de la ville, viennent convaincre d'imposture et d'erreur les accusations misogynes des hommes. Soulignons que le texte s'élabore aussi comme un dialogue entre Christine et chacune des trois vertus, entre élève et enseignantes. Travail de compilation, la *Cité des dames* s'inspire particulièrement du *De claris mulieribus* de Boccace*, mais aussi de son *Décaméron* (Christine lisait l'italien). Conservé par une trentaine de copies, le *Livre de la Cité des Dames* sera traduit en flamand, sous le titre de *Stede der Vrouwen*, pour le Brugeois Jan de Baenst en 1475. Quant à la traduction anglaise de Brian Anslay, elle fut éditée à Londres en 1521 ; elle est reproduite dans D. Bornstein, *Distaves and Dames : Renaissance Treatises for and about Women*, New York, 1978 (*Scholars'Fac-similes and Reprints*). Le texte français n'a été édité que dans des thèses ; par contre, une traduction en français moderne en a été donnée par E. Hicks et T. Moreau, Paris, 1986 (*Stock Moyen Âge*).

— l'*Epistre à la reine Isabeau*, du 5 octobre 1405, est une requête que Christine adresse à la reine, à un moment de très grande tension politique : le duc d'Orléans rassemblait alors une armée contre les ducs de Bourgogne et de Limbourg et le comte de Nevers, tous trois frères, qui étaient dans Paris. L'affrontement fut évité de justesse par l'entremise du roi de Navarre et des ducs de Berry et de Bourbon. Dans sa lettre en prose, Christine demande à la reine d'œuvrer pour la paix ; elle la compare à une mère qui verrait ses enfants se déchirer ; elle lui cite l'exemple d'Esther, de Bethsabée et de Blanche de Castille, auxquelles elle oppose Jézabel et Olympias. Éd. dans M.D. Legge, *Anglo-Norman Letters and Petitions from All*

Souls Ms. 182, Oxford, 1941 (*ANTS*, 3) ; éd. et trad. dans J.A. Wisman, *The Epistle of the Prison of Human Life, with an Epistle to the Queen of France and Lament on the Evils of the Civil War*, Londres, 1984 (*The Garland Library of Medieval Literature*, 21) ; éd. A.J. Kennedy, dans *RLR*, t. 92 (1988), p. 253-264.

Quant au *Livre de la mutacion de Fortune*, il eut une diffusion manuscrite indépendante des trois recueils-types. Seul un manuscrit relevant du premier type, le BN fr. 604, l'inclut cependant. Rédigée entre août 1400 et novembre 1403, cette œuvre allégorique en plus de 23 000 octosyllabes (prologue heptasyllabique et passage en prose après le v. 8748) a pour personnage central Fortune, dont Christine se présente comme la « servante ». Dans une première partie, Christine donne d'elle-même une autobiographie imagée, racontant comment Fortune l'a changée en homme, chef de famille et écrivain. La seconde partie décrit le château de Fortune ; la troisième la situation des personnes logées chez Fortune. La quatrième est consacrée aux peintures de la salle de son château : l'auteur commence par Philosophie et ses parties, les sciences ; puis Christine passe à la relation des écritures historiques de la salle, qui illustrent, jusqu'à la fin du texte, les « mutations » incessantes opérées par Fortune. Cela commence avec le début du monde et l'histoire juive. La cinquième partie poursuit ce panorama historique par les premiers royaumes (Assyrie, Perse, Thèbes, Crète, Athènes). Dans la sixième partie figurent l'histoire des Amazones et celle de Troie. La septième, enfin, rapporte l'histoire abrégée de Rome, celle d'Alexandre et finit par de rapides allusions à l'histoire contemporaine. Ainsi Christine inscrit-elle son histoire dans celle des hommes. Ce monumental répertoire historique et moral a trouvé ses principaux matériaux dans l'*Histoire ancienne jusqu'à César**, tandis que la troisième partie s'inspire du *Jeu des échecs moralisés* de Jacques de Cessoles*, traduit par Jean de Vignay*. Conservée « seulement » par une dizaine de manuscrits, la *Mutacion de Fortune* a été éditée par S. Solente, Paris, 1959-1966, 4 vol. (*SATF*, 88).

Enfin, le reste des œuvres de Christine fut intégralement copié hors de ses recueils :

— le *Livre des fais et bonnes meurs du sage roy Charles V*, commandé à Christine par Philippe le Hardi, duc de Bourgogne, fut composé entre le 1er janvier et le 30 novembre 1404. Il s'agit d'une monographie sur Charles V sous-tendue par un projet d'exemplification, comme le prouvent le plan suivi : la première partie « parle de noblece de courage en la personne du dit roy », la seconde « parle de chevalerie » et la troisième « parle de sagece », mais aussi certaines des sources. À côté de textes historiques, comme les *Grandes Chroniques de France**, la traduction anonyme des *Flores chronicorum* de Bernard Gui*, on trouve, en effet, la version d'Henri de Gauchy du *De informatione principum* de Gilles de Rome*, et le *Commentaire sur la Métaphysique d'Aristote* de saint Thomas d'Aquin*. Bien sûr, Christine a pu puiser dans ses propres souvenirs pour les anecdotes et les mots de Charles V ; elle a fait appel aussi au chambellan Bureau de Dammartin et au garde de la librairie royale, Gilles Malet. Comme Philippe de Bourgogne, le commanditaire de l'œuvre, mourut en avril 1404, c'est au second frère du défunt roi, Jean de Berry, que Christine offrira le *Livre* aux étrennes de 1405. Quatre manuscrits nous conservent cette œuvre, éditée par S. Solente, Paris, 1936-1941, 2 vol. (*Société de l'Histoire de France*, 437 et 444), reprint Genève, 1977.

— le *Livre des trois vertus* ou *Trésor de la Cité des dames*, dédié à Marguerite de Bourgogne, épouse du dauphin Louis de Guyenne, fut sans doute rédigé entre le printemps 1405 et le 7 novembre de la même année. Ainsi qu'en témoignent le second titre mais aussi les chapitres d'introduction et de conclusion, ce texte sert de suite au *Livre de la Cité des dames*. On y trouve donc tous les conseils susceptibles de faire des femmes du temps présent et futur les nouvelles habitantes de la cité précédemment bâtie. Ce sont d'ailleurs les trois mêmes vertus qui vont dicter à Christine les trois parties de l'œuvre : la première concerne les « princesses et haultes dames » (27 chap.), la seconde les « dames et damoiselles » (13 chap.) et la troisième les « femmes d'estat, bourgoises et femmes de commun peuple » (14 chap.).

Le dernier chapitre de la première partie est une reprise intégrale de l'épître de Sybille de la Tour dans le *Livre du duc des vrais amants*. Du *Trésor*, on conserve une vingtaine de manuscrits. Il sera imprimé en 1497 par Antoine Vérard, puis connaîtra deux autres éditions, en 1503 chez Michel Le Noir et en 1536 chez Denis Janot. Il fut traduit en portugais et imprimé à Lisbonne en 1518 sous le titre *O espelho de Christina*. Éd. C.C. Willard avec la collab. de E. Hicks, New York, Paris, 1989 (*Bibliothèque du* XVe *siècle*, 50).

— l'*Avision Christine*, composée en 1405, appartient à la tradition du songe et du pèlerinage allégorique. Lassée par un long voyage, Christine s'endort et cinq figures vont lui apparaître successivement. Dans la première partie, elle rencontre le géant Chaos et Nature puis une dame couronnée, la France, qui va lui raconter son histoire passée jusqu'à ses malheurs présents (des origines troyennes à la crise du début du XVe). Christine sera la secrétaire de ce récit. Surgissent alors les anciennes dames de compagnie de France (Vérité, Justice et Chevalerie) que les nouvelles (Fraude, Avarice et Volupté) tiennent en prison. Dans la seconde partie, Christine visite les écoles parisiennes. Une dame, composée d'ombres aux formes et couleurs changeantes, lui raconte comment elle a mené le monde depuis ses origines, la façon dont elle a trompé les hommes ou leur a permis de découvrir des demi-vérités (long passage sur la philosophie présocratique et son contradicteur, Aristote). Cette dame, c'est Opinion. Elle s'efface dans la troisième partie derrière Philosophie. Christine lui raconte ses tribulations et Philosophie, comme elle le fit pour Boèce*, entreprend de la consoler. Christine finit par reconnaître qu'elle ne connaît pas de meilleur destin que celui qui lui permet de s'adonner à l'étude et fait alors un historique de sa production antérieure (elle cite même entièrement une de ses Autres ballades, à propos des veuves). L'*Avision* est riche de citations diverses : Valère-Maxime, Sénèque, Ovide*, les Pères de l'Église... Christine reconnaît par ailleurs que des chroniques ont nourri la première partie, la *Métaphysique* d'Aristote (plutôt son commentaire par Thomas d'Aquin) la seconde et Boèce la troisième. Ce très beau texte n'est conservé que par trois manuscrits. Éd. M.L. Towner, Washington, 1932 (*The Catholic University of America Studies in Romance Languages and Literatures*, 6), reprint New York, 1969 [éd. presque diplomatique et peu lisible]. Éd. à paraître de C. Reno.

— le *Livre du corps de Policie*, composé entre novembre 1404 et novembre 1407, est un miroir du prince, un manuel d'éducation royale avant tout. Cependant, Christine parcourt l'ensemble du corps politique : la tête représente le prince ; les bras et les mains, les nobles ; la poitrine, les jambes et les pieds, le peuple. Elle reprend ainsi une image organique qui remonte à l'Antiquité et a traversé tout le Moyen Âge. Le travail de compilation est ici intense ; certes Christine ne connaît pas de première main tous les auteurs qu'elle cite, la plupart de ses références provenant du Valère-Maxime traduit par Simon de Hesdin* et Nicolas de Gonesse*. Neuf manuscrits restent de ce texte édité par R.H. Lucas, Genève, 1967 (*TLF*, 145)]éd. très incorrecte]. Le *Livre du corps de Policie* a été traduit en anglais et imprimé à Londres chez John Skot en 1521. D. Bornstein édite l'unique manuscrit de cette traduction et formule l'hypothèse qu'elle est d'Anthony Woodville (*The Middle English Translation of C.P.'s Livre du corps de policie*, Heidelberg, 1977 [*Middle English Texts*, 7]).

— les *Sept psaumes allégorisés* furent écrits entre le 26 juin 1409 et le 1er janvier 1410 à la demande de Charles le Noble, roi de Navarre. Christine reprend ici les sept psaumes que l'Église regroupait sous le nom de Psaumes de la pénitence. Chaque verset latin est suivi de sa traduction française et d'un commentaire qui en approfondit, explicite et élargit le sens. Cela aboutit parfois à une méditation ou une prière. Les sept péchés d'orgueil sont traités, tandis qu'une grande partie du texte scande l'histoire du Christ, de la nativité à la Pentecôte. Six copies subsistent de ce texte édité par R.R. Rains, Washington, 1965.

— le *Livre des fais d'armes et de chevalerie*, écrit en 1410, est un traité d'art et de droit militaires en quatre parties. La première s'inspire essentiellement de Végèce, la seconde de Frontin. Au début de la troisième se place un songe de

Christine : elle y voit un vieux clerc, c'est Étude qui lui dit de puiser pour son œuvre dans l'*Arbre des batailles* d'Honoré Bovet* et de ne pas tenir compte des accusations d'emprunts à la lettre qui lui sont faites. Cela est normal si on le fait justement. Et le clerc de citer l'exemple de Jean de Meun* qui reprit les *diz de Lauris* ! Conservé par une vingtaine de copies, ce traité technique fut imprimé en 1488 par Antoine Vérard sous le titre de *L'art de chevalerie selon Végèce* ; l'ouvrage fut réédité par Philippe Le Noir en 1527 sous celui de *L'arbre des batailles et fleur de chevalerie.* William Caxton traduisit le texte en anglais et l'imprima en 1489 ou 1490. Cette traduction a été éditée par A.T.P. Byles, Londres, 2e éd. revue 1937 (*EETS*, 189).

— la *Lamentation sur les maux de la France*, composée le 23 août 1410, est un nouveau cri de détresse lancé aux princes de France et à la reine au moment où Jean de Berry marche sur Paris pour « délivrer » Charles VI alors sous la coupe du duc de Bourgogne, Jean sans Peur. Éd. A.J. Kennedy, dans *Mél. C. Foulon*, Rennes, 1980, t. 1, p. 177-185 ; éd. J.A. Wisman, 1984, voir l'*Epistre à la reine.*

— le *Livre de la paix*, dédié au dauphin Louis de Guyenne alors âgé de quinze ans, a été composé en deux temps. La première partie, commencée le 1er septembre 1412 après la paix d'Auxerre, fut terminée le 30 novembre. Christine abandonna alors l'ouvrage « pour cause de matiere de paix deffaillie ». Et les deuxième et troisième parties ne furent mises en chantier qu'après la paix de Pontoise, le 3 septembre 1413. L'ensemble du *Livre* était achevé le 1er janvier 1414. Commençant par une exhortation — maintenir la paix — Christine fait de ce livre un nouveau traité de morale du prince. Elle fait donc le tour des sept vertus qui appartiennent à un prince : prudence (première partie), justice, magnanimité, force (deuxième), clémence, libéralité et vérité (troisième). Chaque chapitre est précédé d'une citation, latine ou française, mise en exergue. Dans cette œuvre, Christine réutilise des anecdotes du *Livre des fais de Charles V*, grand-père du dauphin, et renvoie pour complément au *Corps de Policie*. Trois copies seulement demeurent de ce texte édité par C.C. Willard, La Haye, 1958.

— l'*Epistre de la prison de vie humaine* fut achevée le 20 janvier 1418. Il s'agit d'une consolation adressée à Marie de Berry après la défaite d'Azincourt, où son mari et un de ses fils ont été capturés et où son gendre est mort. Christine donne toutes les raisons philosophiques et chrétiennes pour que Marie et sa fille, mais aussi toutes les femmes endeuillées par la guerre, surmontent leur désespoir. Empruntant son titre à une métaphore de saint Bernard*, Christine use principalement de la *Consolation* de Boèce et du *De remediis fortuitorum*, attribué à Sénèque et traduit par Jacques Bauchant*. Un unique volume subsiste de l'œuvre éditée par A.J. Kennedy, Glasgow, 1984.

— les *Heures de contemplation sur la passion de Notre-Seigneur*, composées entre le 20 janvier 1418 et le 31 juillet 1429, sont comme l'*Epistre* destinées à raffermir la patience des femmes endeuillées. Cette fois, Christine use essentiellement des *Évangiles*. Travaillant sur le canevas des *Heures*, le texte se présente le plus souvent ainsi : verset, heure de la Passion, prière. Deux copies demeurent de ce texte.

— le *Ditié de Jehanne d'Arc*, écrit le 31 juillet 1429, est la dernière œuvre connue de Christine. Elle y célèbre le miracle divin de la jeune fille choisie par Dieu ; après les louanges au roi et aux soldats, viennent les menaces adressées aux Anglais, aux Français félons qui sont leurs alliés et aux villes rebelles comme Paris. Éd. A.J. Kennedy et K. Varty, Oxford, 1977 (*Medium Aevum Monographs*, n.s., 9).

Il est touchant que Christine renoue avec le vers pour chanter une dernière fois une femme vertueuse. Cette dimension de son œuvre a fait de Christine un « bas bleu » pour la critique la plus ancienne et une « féministe » d'avant-garde pour notre siècle. Il convient plutôt de replacer Christine en son siècle, un siècle fort troublé qui voit cependant un renouveau de la tradition courtoise où la femme est reine. Cette tradition, Christine l'exploite et la dépasse en transformant l'objet d'écriture en sujet écrivant.

Christine dut mourir peu après la rédaction du *Ditié*, retirée peut-être dans le couvent de Poissy où sa fille était religieuse. En 1442 en tout cas, lorsque Martin le Franc* fait son éloge, il s'agit d'un éloge funèbre. La gloire de Christine, remarquable en France mais aussi en Angleterre, lui survivra pendant au moins tout le XVe siècle.

→ S. Solente, *Christine de Pisan*, dans *HLF*, t. 40 (1974), p. 335-422. — C.C. Willard, *C. de P. : Her Life and Works*, New York, 1984. Pour la bibliogr. jusqu'en 1981, on consultera le très complet *Christine de Pizan : a Bibliographical Guide* de A.J. Kennedy, Londres, 1984 (*Research Bibliographies and Checklists*, 42). Nous ne donnerons que la bibliogr. des années suivantes : G. Ouy et C.M. Reno, *Identification des autographes de C. de P.*, dans *Scriptorium*, t. 34 (1980), p. 221-238. — J.C. Laidlaw, *C. de P., the Earl of Salisbury and Henry IV*, dans *French Studies*, t. 36 (1982), p. 129-143 ; *C. de P. A Publisher's Progress*, dans *MLR*, t. 82 (1987), p. 35-75 ; *How Long is the Livre du Chemin de long estude ?*, dans *The Editor and the Text*, éd. P. Bennett et G. Runnals, Edimbourg, 1990, p. 83-95. — S. Hindman, *The Composition of the Manuscript of C. de P. Collected Works in the British Library : a Reassessment*, dans *The British Library Journal*, t. 9 (1983), p. 92-123 ; *C. de P.'s Epistre Othéa, Painting and Politics at the Court of Charles VI*, Toronto, 1986. — J.-L. Picherit, *De Philippe de Mézières à C. de P.*, dans *Le Moyen Français*, t. 13 (1983), p. 20-36. — E. Hicks, *Femme-auteur et auteur-femme : C. de P. et la question féministe*, dans *La Femme et l'art au Moyen Âge*, exposition de Lausanne, 1984, p. 65-73. — C.C. Willard, *The Franco-Italian Professional Writer : C. de P.*, dans *Medieval Women Writers*, éd. K.M. Wilson, Athenes (Georgie), 1984, p. 333-363. — S. Bagoly, *C. de P. et l'art de dictier ballades*, dans *Le Moyen Âge*, t. 92 (1986), p. 41-67. — J. Blanchard, *L'entrée du poète dans le champ politique au XVe siècle*, dans *Annales ESC*, t. 41, (1986), p. 43-61 ; *C. de P. : les raisons de l'histoire*, dans *Le Moyen Âge*, t. 92 (1986), p. 417-436 ; *Compilation et légitimation au XVe siècle*, dans *Poétique*, t. 74 (1988), p. 139-157. — L. Dulac, *Dissymétrie et échec de la communication dans les Cent ballades d'amant et de dame*, dans *Lengas*, t. 22 (1987), p. 133-146 ; *Travail allégorique et ruptures du sens chez C. de P.*, dans *Continuités et ruptures dans l'histoire et la littérature*, éd. D. Triaire, Genève, 1988, p. 24-32 ; *Le Livre du dit de Poissy de C. de P. Poème éclaté ou montage signifiant*, dans *Écrire pour dire. Études sur le dit médiéval*, Paris, 1990, p. 9-28 ; *La figure de l'écrivain dans quelques traités en prose de C. de P.*, dans *Figures de l'écrivain au Moyen Âge*, Göppingen, 1991, p. 113-123. — *Christine de Pizan*, n° spécial de la *RLR*, t. 92 (1988) : art. de J. Cerquiglini, A.J. Kennedy, G. Ouy et C.M. Reno, T. Arnavielle, R. Brown-Grand, L. Dulac, C. Gauvard, E. Hicks, S. Lefèvre, M.-T. Lorcin, S. Sasaki. Cf. *GRLMA*, t. VIII/1, *passim*. — *MB*, nos 4437-4482, 5115, 6834-6845 ; 7888-7892 ; 7900 ; *S* 7, 6228, 6787, 6791, 6802, 6808, 6810, 6861, 6900, 6951-6980, 6982, 6983, 6996, 7333, 7453-7474, 7535-7552, 7556, 7558, 7563, 7626, 7769, 7841, 7912-7924, 8399, 8472, 8480. S.L.

Chronique artésienne. Cette petite chronique française a été rédigée sans doute à Arras et dès 1304. L'auteur, resté anonyme, était vraisemblablement artésien (d'où le nom donné à la chronique) à en juger par le dialecte qu'il emploie et surtout par l'importance qu'il donne à l'Artois, à sa capitale et à ses habitants.

Il y raconte la lutte qui opposa Philippe le Bel au comte de Flandre et au roi d'Angleterre. Dans une première partie, l'auteur se borne à traduire un certain nombre d'actes officiels et à rapporter, non sans exactitude, quelques événements importants survenus entre 1296 et la fin de 1302. En racontant avec plus de détails les événements qui se déroulèrent de la fin de 1302 au 27 septembre 1304, il tend à montrer l'enchaînement de faits qu'il cite souvent de mémoire, qu'il organise avec un sens certain de la composition historique et qu'il narre avec un talent d'écrivain non négligeable. Ce texte, qui émane d'un partisan du roi de France et qui paraît vraiment digne de foi, est très précieux pour l'histoire de la guerre de Flandre.

ŒUVRE. — Éd. F. Funck-Brentano, Paris, 1899 (*Collection de textes pour servir à l'étude et à l'enseignement de l'histoire*, 25).

→ F. Funck-Brentano, *Mémoire sur la bataille de Courtrai (1302, 11 juillet) et les chroniqueurs qui en ont traité pour servir à l'historiographie du règne de Philippe le Bel*, dans *Mémoires de l'Académie des Inscriptions et Belles lettres*, série 1, t. 10 (1893), p. 243-257. — Molinier n° 2849 — Nouveau Potthast, t. 3, p. 274. H.R. et G.T.L.

Chronique de Bertrand Du Guesclin, en prose. Voir : Cuvelier.

Chronique de la Pucelle. La chronique dite de la Pucelle commence avec le règne de Charles VII (1422) pour s'arrêter brusquement au mois de septembre 1429, la fin du récit faisant défaut. Elle passe pour l'un des textes historiques les plus importants en raison des détails très circonstanciés qu'elle fournit sur la mission de Jeanne d'Arc, bien qu'elle ne soit pas exclusivement consacrée à celle-ci. On peut y voir trois parties. Dans la première, le texte présente de grandes analogies avec la chronique française de Jean Chartier*, mais rapporte, en outre, une série de faits nouveaux. Dans les chapitres suivants, soit la relation du siège d'Orléans et des exploits de Jeanne d'Arc jusqu'au départ pour le voyage du sacre, le récit est en partie identique à celui de la *Geste des nobles François**. Enfin dans la dernière partie, on retrouve le texte de Chartier, muni toutefois de nombreuses additions.

D'après R. Planchenault, il semblerait que l'auteur de la *Geste des nobles François* et celui de la *Chronique de la Pucelle* ont l'un et l'autre utilisé une source commune, soit un *Récit du siège d'Orléans*, anonyme, qui dut être rédigé à peu de distance des événements, vers 1429, par un habitant d'Orléans, présent au siège ; d'autre part, l'auteur de la *Chronique de la Pucelle* aurait reproduit non pas le texte de Chartier, mais celui d'Ambroise de Loré, compagnon de Jeanne d'Arc, dont les *Mémoires*, perdus (s'ils ont jamais existé), auraient été utilisés par Chartier.

D'après les parties originales de la *Chronique*, on peut établir que son auteur a résidé à Poitiers de 1422 à 1429, mais qu'il avait quitté la ville en 1431 ; il connaît également Reims, où il aurait recueilli des détails sur le sacre, et la région de Laon et surtout, il a assisté à la révision du procès de Jeanne d'Arc. Certains détails font voir en lui un familier du Parlement et sans doute un maître des requêtes de l'Hôtel. C'est pourquoi la *Chronique de la Pucelle*, que Vallet de Viriville supposait être l'œuvre de Guillaume Cousinot II* dit de Montreuil, qui aurait donné ainsi une version corrigée de l'ouvrage de son oncle, Cousinot I, la *Geste des nobles François*, a été attribuée par R. Planchenault à Jean Juvénal des Ursins*, archevêque de Reims ; il fut, comme on sait, juge délégué par le pape au procès de réhabilitation de Jeanne d'Arc. Il est improbable qu'il ait rédigé lui-même la compilation, mais il n'est pas tout à fait exclu qu'il l'ait commandée, lui apportant un certain nombre d'additions au moyen de souvenirs personnels. La *Chronique de la Pucelle* serait ainsi une continuation de l'histoire de Charles VII.

ŒUVRE. — Éd. A. Vallet de Viriville, dans *La Chronique de la Pucelle ou Chronique de Cousinot suivie de la Chronique normande de P. Cochon*, Paris, 1859 *(Bibl. gauloise)*, p. 209-339 ; réimp. 1892 [reprend l'éd. D. Godefroy dans *L'Histoire de Charles VII*, 1661]. — Éd. partielle J. Quicherat, dans *Procès de ... Jeanne d'Arc*, t. 4, Paris, 1847 (*SHF*), p. 204-253.

→ C. Samaran, *La chronique latine inédite de Jean Chartier (1422-1450)*, Paris, 1928 *(Bibl. du XVe siècle)* [p. 32-37 : Jean Chartier et la chronique dite de la Pucelle]. — R. Planchenault, *La chronique de la Pucelle*, dans *BEC*, t. 93 (1932), p. 55-104. — P. Contamine, *Naissance d'une historiographie. Le souvenir de Jeanne d'Arc, en France et hors de France, depuis le procès de son innocence (1455-1456) jusqu'au début du XVIe siècle*, dans *Francia*, t. 15 (1987), p. 233-256. — G. Krumeich, *Jeanne d'Arc in der Geschichte : Historiographie, Politik, Kultur*, Sigmaringen, 1989. — Nouveau Potthast, t. 3, p. 423. G.T.L.

Chronique de la Traison et mort de Richard II. Voir : Jean Creton.

Chronique martinienne. Voir : Sébastien Mamerot.

Chronique de Morée. On désigne sous le nom de *Chronique de Morée* un ensemble de textes historiques écrits en diverses langues (italien, grec, français, aragonais) et relatifs à l'histoire de la principauté française de Morée (née de la quatrième croisade). Plusieurs versions nous en sont parvenues, dont une chronique française en prose et anonyme, rédigée entre 1320 et 1324, d'après un original perdu, intitulée *Livre de la conqueste de la princee de l'Amoree*. Précédée d'un tableau chronologique qui s'achève en 1322, la chronique retrace l'histoire de l'empire latin de Constantinople jusqu'à sa chute en 1261 ; elle décrit ensuite l'aventure de la principauté de Morée. La chronique, qui a été rédigée pour la classe chevaleresque franque, est au début composée de récits légendaires ; ce n'est qu'à partir de 1245 qu'elle prend un véritable caractère historique.

ŒUVRE. — Éd. J. Longnon, Paris, 1911 (*SHF*).

→ D. Jacoby, *Quelques considérations sur les versions de la « Chronique de Morée »*, dans *Journal des Savants*, 1968, p. 133-189. — J. Jeffreys, *The Chronicle of the Morea : Priority of the Greek Version*, dans *Byzantinische Zeitschrift*, t. 68 (1975), p. 304-350. — Cf. Molinier, n° 2353. — *MB* n°s 3658-3661 ; *S* 6082-6084.

G.T.L.

Chronique normande du XIVe siècle. Cette chronique, telle qu'elle se trouve dans l'édition d'A. et E. Molinier, retrace les événements survenus en France et en Flandre de 1294 à 1372. À partir de 1328, il est beaucoup question de la Normandie, des guerres et des faits qui s'y sont déroulés. C'est pourquoi les éditeurs ont adopté le titre de *Chronique normande*.

Pour eux, la chronique est originale à partir de 1328 ; elle est précédée d'une partie introductive en trois morceaux : un récit des guerres entre Gui de Dampierre et Philippe IV le Bel de 1294 à 1304, des notes sur les dernières années de Philippe IV et les règnes de Louis X et Philippe V, et un récit assez étendu de la révolte de la Flandre contre Louis de Nevers de 1324 à 1326. Le premier de ces textes présente quelques ressemblances avec la chronique de Gilles le Muisit*, qui fait également commencer à l'année 1294 son troisième et principal traité historique ; les chroniqueurs ont dû utiliser une même source, sans doute latine.

D'après A. et E. Molinier, l'auteur du corps principal de la chronique était un Normand, comme le prouve l'intérêt qu'il porte à la province et à ses habitants, de même que sa parfaite connaissance de la topographie du pays. Ce n'était sûrement pas un homme d'Église. L'essentiel de son œuvre réside dans des récits de combats et de campagnes militaires, ce qui laisse deviner un homme de guerre, sans doute de petite noblesse, qui a passé sa vie sur les champs de bataille au service des rois Valois. Il dut mourir en 1373 ou 1374, car son récit s'arrête à la reddition de Conches et de Breteuil (1372). Le manuscrit original ayant disparu, on ne sait si la fin est perdue ou si la chronique se terminait aussi brusquement.

Jusqu'en 1346, l'auteur ne semble pas avoir participé aux faits de guerre qu'il raconte. À partir de cette date, son récit est la plupart du temps celui d'un témoin oculaire ; il est probable qu'il a pris part à presque toutes les campagnes qui se sont déroulées du Nord au Sud de la France. Mais entre 1356 et 1369, il donne un récit particulièrement détaillé et bien informé des faits d'armes qui eurent lieu essentiellement en Normandie et dans les provinces voisines. Il a dû servir sous les ordres de Bertrand Du Guesclin, dont il fait le plus grand éloge ; il ne l'accompagna pas en Espagne — son récit n'est plus celui d'un témoin oculaire —, mais il dut le suivre dans l'expédition victorieuse de 1370-1371. La chronique, en général exacte, est précieuse pour l'histoire du conflit franco-anglais au XIVe siècle ; elle donne le point de vue technique et réaliste d'un homme d'armes du temps de Charles V.

Deux manuscrits seulement conservent le texte. Mais il existe une autre rédaction, remaniée dans le Nord de la France avant 1386, par un Flamand, qui emprunte quelques traits soit aux chroniques de Flandre soit à quelque autre source écrite ou orale. Cette deuxième rédaction eut beaucoup de succès (il en subsiste un très grand nombre de copies) ; elle est même devenue, au temps de Philippe le Bon, une chronique officielle de la Flandre et de la maison de Bourgogne, dans laquelle le conflit franco-anglais remontait à 1294, date des premières querelles entre Gui de Dampierre et son suzerain Philippe le Bel, date également du premier traité d'alliance entre les comtes de Flandre et les rois anglais.

L'hypothèse de l'originalité de la *Chronique normande* a été battue en brèche par H. Moranvillé. Pour lui, la chronique est une compilation, un remaniement d'une chronique de Flandre (ou *Anciennes chroniques de Flandre*, compilation elle-même traduite du latin), muni d'interpolations relatives à la Normandie, la rédaction flamande étant un autre remaniement muni d'interpolations relatives à Tournai. Il établit d'autre part que la *Chronique normande* n'est pas à l'origine de la *Chronographia regum Francorum* (compilation rédigée à Saint-Denis au début du XVe siècle, qui va de l'origine des Francs à 1405. Le prologue est commun avec celui de la chronique abrégée de Guillaume de Nangis*. La chronique n'est originale qu'à partir du règne de Charles V), mais que les mêmes sources ont servi à l'une et l'autre chroniques. Ce ne serait donc pas de la *Chronique* dite *normande* que les historiens de Flandre se seraient servis comme point de départ, mais d'une source commune qu'ils auraient continuée jusqu'à leur époque. Dans certaines copies, la *Chronique normande* est jointe aux *Chroniques abrégées de Baudouin d'Avesnes**.

ŒUVRE. — *Chronique normande du 14e siècle*, éd. A. et É. Molinier, Paris, 1882 (*SHF*). — *Compilation flamande*, éd. J.J. De Smet, dans *Recueil des chroniques de Flandre*, t. 3, 1856, p. 115-569 [éd. de la compilation amplifiée et continuée jusqu'à 1458]. — Éd. J. Kervyn de Lettenhove, *Istore et Croniques de Flandre*, dans *Comm. roy. d'hist.*, t. 1 (1879), p. 238-253, 283-290, 320-327, 355-359, 411-419 ; t. 2 (1880), p. 1-27, 46-56, 72-107 [éd. de la chronique sans continuation] ; t. 2, p. 108-110, 113-160, 163-

221, 281-284, 321-331, 350-367, 384-436 [éd. de la continuation].

→ H. Moranvillé, 3 vol., Paris, 1891-1897 (*SHF*) [éd. d'une partie de la *Chronographia* ; voir l'introd. au t. 3]. — H. Pirenne, *L'ancienne chronique de Flandre et la Chronographia regum Francorum*, dans *Bull. de la Commission royale d'histoire de Belgique*, 5e série, t. 8 (1898), p. 201-208. — G. Doutrepont, *La littérature française à la cour des ducs de Bourgogne*, Paris, 1909, p. 406-407, 419-424, 439-440, 476-490, 492-493. — M.T. de Medeiros, *Jacques et Chroniqueurs. Une étude comparée de récits contemporains relatant la Jacquerie de 1358*, Paris, 1979 (*Nouvelle Bibliothèque du Moyen Âge*, 7). — E. Carpentier, *L'historiographie de la bataille de Poitiers au 14e siècle*, dans *Revue historique*, n° 533 (1980), p. 21-58. — Molinier n° 3100. — Nouveau Potthast, t. 3, p. 394, 478.
G.T.L.

Chronique des quatre premiers Valois. Cette chronique retrace une partie des événements survenus en France ou relatifs à la Chrétienté de 1327 à 1393 ; fort succincte au début, elle ne devient détaillée et vraiment originale qu'à partir du règne de Jean le Bon. L'auteur a pris la plume avant 1397-1399 ; il est en effet question du roi d'Angleterre Richard II, qui règne encore. C'est un Rouennais, comme le révèlent l'attention qu'il porte à la ville de Rouen, la foule de détails qu'il fournit sur l'histoire de la ville, dont il a été lui-même témoin ou dont il a eu connaissance par des témoins oculaires. C'est un membre du clergé, un clerc lettré, qui insiste sur la légitimité d'Urbain V et désapprouve le parti pris de Charles V en faveur de Clément VII. Attentif à la vie religieuse de son époque, il se montre enclin à fournir en toute occasion des jugements moraux et des leçons. Il est très attaché aux immunités ecclésiastiques, aux privilèges locaux, aux libertés provinciales de la Normandie. S'il n'est pas hostile au roi de France, il montre toutefois beaucoup de sympathie pour Charles de Navarre et Philippe, son frère, qui étaient bien implantés en Normandie.

La chronique est anonyme et conservée dans un unique manuscrit. Elle est précieuse pour le temps de Charles V et le commencement du règne de Charles VI, et fournit des renseignements intéressants sur des épisodes comme la jacquerie ou l'expédition des Picards en Angleterre en 1360.

ŒUVRE. — Éd. S. Luce, Paris, 1862 (*SHF*).

→ M.T. de Medeiros, *Jacques et Chroniqueurs. Une étude comparée de récits contemporains relatant la jacquerie de 1358*, Paris, 1979 (*Nouvelle Bibl. du Moyen Âge*, 7). — E. Carpentier, *L'historiographie de la bataille de Poitiers au* XIVe *siècle*, dans *Revue historique*, n° 533 (1980), p. 21-58. — Molinier n° 3102. — Nouveau Potthast, t. 3, p. 465. — Cf. *MB* nos 5104 ; *S* 7910.
G.T.L.

Chronique dite de Baudouin d'Avesnes. Compilation d'histoire universelle qui commence à la création du monde. L'état le plus ancien, qui date des années 1278-1281, s'arrête au supplice de Pierre de la Broce en 1278 ; une deuxième rédaction, qui va jusqu'en 1281, a été établie entre 1281 et 1284. Rien ne permet de croire que Baudouin d'Avesnes, second fils de Bouchard d'Avesnes et de Marguerite de Constantinople, soit l'auteur de la composition qui porte son nom. Mais il est incontestable que l'ouvrage a été fait pour lui et sous son influence immédiate, si l'on en juge par la place importante qui lui est réservée, ainsi qu'à sa famille, dans le récit. Les manuscrits du XIIIe siècle n'ont pas de titre. Celui de « Trésor de sapience » que portent quelques manuscrits du XVe siècle (et qu'on rencontre aussi dans certaines copies de l'*Histoire ancienne jusqu'à César**) remonte aux premiers mots du prologue. D'autres appellations ont été attribuées à la compilation, ainsi « Trésor des Histoires ». Des 34 mss qui subsistent, aucun n'est complet, six contiennent des continuations, trois sont fragmentaires. L'œuvre s'est aussi répandue sous une forme abrégée, mais à partir de 1246 le texte, suivi de continuations, n'a plus rien de commun avec la compilation d'origine.

ŒUVRE. — Éd. Heller, dans *MGH, SS*, t. 25, p. 419-467. — Éd. Kervyn de Lettenhove, dans *Istore et croniques de Flandres*, t. 2, 1880, p. 555 sq. [éd. des *Chroniques abrégées*].

→ A. Bayot, *La première partie de la Chronique de Baudouin d'Avesnes*, dans *Revue des bibl. et arch. de Belgique*, t. 2 (1904), p. 419 sq. — E. Ruhe, *Les proverbes Seneke le Philosophe. Zur Wirkungsgeschichte des Speculum historiale von Vinzenz von Beauvais und der Chronique dite de Baudouin d'Avesnes*, Munich, 1969 (*Beiträge zur romanischen Philologie des Mittelalters*, 5). — Molinier, n° 2797. — Nouveau Potthast, III, p. 280-281. — Cf. *MB* nos 3762, 5003-5009.
G.T.L.

Chronique dite de Jean de Venette. On a longtemps attribué au carme Jean Fillous de Venette, connu pour avoir achevé en 1357 un vaste récit versifié intitulé *Les Trois Maries**, une chronique latine s'étendant de 1340 à 1368 : l'auteur, resté anonyme, se dit en effet originaire de Venette, près de Compiègne, et il est probable qu'il appartînt à l'ordre du Carmel. On sait encore qu'il est né vers 1307-1308 et qu'il dut mourir peu après 1368. Or les deux œuvres sont tout à fait différentes et n'ont aucun point commun. Il faut donc conclure à l'existence de deux personnages contemporains, nés dans le même village de Venette, et qui furent tous deux carmes. On connaît encore un autre Jean, né lui aussi à Venette, qui fut recteur de l'Université de Paris en 1342.

La chronique dite de Jean de Venette se présente, dans tous les manuscrits sauf un, soudée aux continuations de Guillaume de Nangis* ; c'est pourquoi elle a passé pour la dernière continuation de la chronique latine du moine de Saint-Denis. En fait, il n'y a aucun rapport entre l'œuvre de Guillaume de Nangis et la chronique dite de Jean de Venette. Cette chronique est un des documents historiques les plus remarquables du XIVe siècle. Elle couvre vingt-huit années (1340-1368), le texte s'achevant au début de 1368, mais les derniers mots ne sont pas une fin. Sans doute la maladie ou la mort ont-elles empêché l'auteur de poursuivre. Bien que la chronique observe la forme annalistique (division par années, à l'intérieur de chaque année répétition des indications chronologiques), certaines années sont vides ou extrêmement réduites. Cela révèle que la chronique a été composée par fragments successifs, notamment en 1345, en 1350, en 1365, en 1368, mais parfois aussi par années. L'auteur s'y montre très scrupuleux, très soucieux de la véracité de ses récits. Par ses origines, par ses goûts, c'est un rural, dont les préférences vont aux paysans. Il s'intéresse particulièrement aux phénomènes météorologiques et astronomiques, il note l'élévation des prix, les famines. Ce qui fait de sa chronique un document unique, c'est ce qu'il y a mis d'humanité en un siècle si dur. On y trouve l'écho de trois passions, sa sympathie pour les humbles, son hostilité contre la noblesse, sa haine de l'Anglais, l'ennemi héréditaire. On lui a reproché son latin barbare, son style ampoulé, reproches fondés certes, mais son récit est vivant, animé, avec des formules heureuses.

ŒUVRE. — Éd. H. Géraud, *Jean de Venette, continuateur de Guillaume de Nangis (1300-1368)*, Paris, 1844 (*SHF*). — Trad. anglaise R.A. Newhall, New York, 1953 [trad. entreprise par miss Birdsall, décédée en 1935].

→ A. Coville, *Jean de Venette*, dans *HLF*, t. 38 (1949), p. 333-354. — E. Le Maresquier, *La chronique dite de Jean de Venette, éd. critique*, dans *Positions des thèses de l'École des Chartes*, 1969, p. 83-85. — M.T. de Medeiros, *Jacques et chroniqueurs, une étude comparée de récits contemporains relatant la jacquerie de 1358*, Paris, 1979 *(Nouvelle bibliothèque du Moyen Âge)*. — Molinier n° 3098. G.T.L.

Chronique dite des Cordeliers. Ainsi appelée à cause de la provenance du manuscrit unique (couvent des Cordeliers), cette chronique, qui commence à la Création du monde pour s'arrêter au 25 juillet 1431, est surtout développée à partir du règne de Philippe VI de Valois. Elle est franchement bourguignonne. L'auteur, qui écrit vers 1432, est originaire de Wallonie et est très lié avec les ducs de Bourgogne. C'est un texte très utile pour l'histoire du XVe siècle : il donne, en effet, des détails inédits sur la Flandre et le Hainaut, et livre des faits intéressants sur Jeanne d'Arc.

ŒUVRE. — Éd. partielle L. Douët d'Arcq, à la suite de l'éd. de la *Chronique* d'Enguerrand de Monstrelet, t. VI, Paris, 1862 (*SHF*), p. 191-327 [sous le titre : *Extrait d'une chronique anonyme pour le règne de Charles VI*, 1400-1422].

→ F. Brassart, *La mission de Jeanne d'Arc résumée par un chroniqueur wallon contemporain (1429-1431)*, dans *Souvenirs de la Flandre wallonne*, sér. 2, t. 1 (1881), p. 143-167 [éd. de fragments p. 146-158]. — Molinier, n° 4147. — Nouveau Potthast, t. 3, p. 317. — Cf. *MB* n° 5185. G.T.L.

Chronique du Mont-Saint-Michel. Les faits que relate la chronique vont de 1343 à 1468. Jusqu'en 1415, il s'agit essentiellement de jalons chronologiques. De 1415 à 1448, la narration est un peu plus étoffée. Mais la chronique n'est originale et détaillée que pour les vingt dernières années. Dans l'unique ms. qui en a conservé le texte, la chronique ne porte ni nom d'auteur ni titre ; celui de *Chronique du Mont-Saint-Michel* vient de l'éditeur, Siméon Luce, pour qui l'origine montoise ne faisait aucun doute. L'auteur de la chronique a en effet relevé avec soin tout ce qui concernait le Mont lui-même et la Basse-Normandie, laissant de côté la plupart des événements extérieurs ; ainsi le pèlerinage que Charles VI fit au Mont en février 1394 est-il relaté, alors que les chroniques contemporaines en général ne le mentionnent pas, à l'exception de Jean Juvénal des Ursins* ; les faits de guerre survenus dans l'Avranchin pendant l'occupation de la Normandie par les Anglais depuis 1417 jusqu'à la délivrance de la province sont racontés avec une grande précision chronologique et topographique. On peut donc admettre que cette chronique a été écrite dans l'abbaye par un moine demeuré anonyme. Le texte est en prose et en français ; mais à partir de la bataille d'Azincourt, en 1415, jusqu'au siège lancé contre le Mont en 1434, on constate la présence de 21 chronogrammes dissimulés dans un vers latin et servant à donner la date de certains événements. Or, on retrouve ces mêmes chronogrammes dans les six premiers feuillets du ms. du Vatican latin 499, qui contiennent sous forme de canevas la trace unique du travail de chroniqueur de Jean Castel*. La ressemblance ne s'arrête pas là, car les mentions extrêmement brèves qui composent la chronique abrégée se retrouvent presque identiques dans la partie purement annalistique de la chronique du Mont. Or un ms. de la Bibliothèque Sainte-Geneviève de Paris, coté 1994 (le ms. coté 1993 en est une copie), contient une chronique de France qui, pour les années 1418 à 1440, présente une grande parenté avec le texte du Vatican et, partant, avec celui de la chronique du Mont. On peut en conclure que, si on ne peut certainement pas attribuer à Jean Castel la paternité de la chronique du Mont, il a du moins fourni au rédacteur de la chronique un certain nombre d'éléments directement ou indirectement.

ŒUVRE. — Éd. S. Luce, Paris, 2 vol., 1879-1883 (*SATF*).

→ A. Bossuat, *Jean Castel, chroniqueur de France*, dans *Le Moyen Âge*, t. 64 (1958), p. 287-304, 499-538. — Molinier n° 3117. — Cf. *MB*, n° 5105. G.T.L.

Chronique du Pseudo-Turpin. L'*Historia Karoli Magni et Rotholandi* est dite aussi *Chronique du Pseudo-Turpin*, parce que l'auteur prétend être *Turpinus archiepiscopus Remensis*, c'est-à-dire l'archevêque Turpin, contemporain de Charlemagne, qui fut d'abord moine et trésorier de Saint-Denis. Il s'agit en fait d'une imposture, ce qui n'a rien d'étonnant ni de scandaleux au Moyen Âge. La chronique a été écrite vers le milieu du XIIe siècle, par un clerc francophile, à la gloire de Charlemagne, de saint Jacques, du sanctuaire de Compostelle et des routes qui y conduisent. Elle raconte les guerres fictives menées par Charlemagne, à la demande de saint Jacques qui lui apparut en songe, tant pour repousser l'invasion des Arabes en terre française que pour soumettre l'Espagne entière à son pouvoir. Par quatre fois, l'empereur conduit ses troupes au sud des Pyrénées. Lors de la première expédition, il mène son armée à Saint-Jacques de Compostelle et met toute l'Espagne sous sa domination, détruit les idoles, relève les ruines de la basilique et retourne en France, où il fonde plusieurs églises en l'honneur de saint Jacques. Le récit de cette première expédition frappe par son manque de narrations épiques, le chap. 3 se contentant de l'énumération de la centaine de villes espagnoles ou africaines reconquises par les Français ; aucune mention d'effectifs de chevaliers, de rois païens et de lieux, alors qu'ils seront abondants dans la suite de l'œuvre. À partir de la seconde campagne, qui a pour origine la reprise de l'Espagne par le roi africain Agolant, la trame épique s'élargit, les éléments descriptifs commencent à apparaître. L'armée française est commandée par Milo de Angleris, qui sera la principale victime. De sanglants combats s'engagent ; les Français essuient des défaites. Dieu fait parfois des miracles (celui des lances fleuries, miracle que mentionne également le *Guide du Pèlerin de Saint-Jacques de Compostelle*). Agolant se replie dans le Léon, les Français regagnent leur patrie. La troisième campagne s'étend sur le sud-ouest de la France, où Agolant a réussi à pénétrer ; le Sarrasin met le siège devant Agen, qui tombe après sept mois de résistance, puis se réfugie dans Saintes ; le miracle des lances se renouvelle. Agolant fuit vers le sud, poursuivi par les chrétiens, s'enferme dans Pampelune et défie à nouveau Charlemagne. Ce sera le début de la quatrième campagne, cette fois tout entière outre-Pyrénées. Une armée de héros épiques, qui sont tous énumérés, gagne l'Espagne et s'installe devant Pampelune. Une longue discussion oppose les deux chefs ennemis à propos de leurs revendications sur l'Espagne et de la justesse de leur religion respective. Agolant sera bientôt tué dans une bataille générale ; deux rois sarrasins échappent au massacre. Charlemagne assiège les Navarrais dans le château de Monjardin, poursuit sa route par Najera, cité tenue par le géant Fernagu. Celui-ci affronte Roland dans un duel de trois jours, entrecoupé de trêves et d'un débat théologique à l'imitation de celui qui opposa Charles à Agolant. Le géant est tué, Najera prise. Pour assurer la conquête de l'Espagne en portant la guerre au cœur même de celle-ci, Charlemagne affronte devant Cordoue les deux rois survivants de la bataille de Pampelune et les vainc. L'Espagne se trouve tout entière pacifiée. L'empereur, qui a rempli sa mission, peut alors se tourner vers Compostelle, qui est érigé en siège apostolique régnant souverainement sur la péninsule et investi des plus hautes prérogatives politiques et ecclésiastiques. L'armée française, sur le chemin du retour, campe à Pampelune et passe les ports. Et c'est alors qu'à Roncevaux, l'arrière-garde, forte de 20 000 combattants, parmi lesquels Roland et les plus grands hommes du royaume, est décimée par les rois de Saragosse, les frères Marsile et Baligant, qui ont acheté le traître Ganelon. Roland pourfend Marsile, met en fuite les Sarrasins et Baligant, mais ses cent compagnons sont tués. Il ne reste que cinq survivants. Et c'est la *passio Rotolandi* (cf. A. Moisan), où les données mystiques seront essentielles, supportées par quelques éléments épiques : les derniers faits d'armes de Roland, l'adieu à Durandal (ici d'une grandiloquence et d'une redondance assez vaines par rapport à la chanson de *Roland**), la sonnerie du cor. Le prétendu narrateur, l'archevêque Turpin, qui était resté en deçà des Pyrénées, est favorisé d'une vision au cours d'une messe qu'il célèbre : il voit le cortège des chrétiens mourants montant au ciel, et les démons emportant l'âme de l'impie Marsile en enfer. Charlemagne averti par la sonnerie du cor, revient sur les lieux fatidiques, se lamente longuement dans une déploration qui rejoint celle du poète de la chanson de *Roland*. Voulant venger la mort de son neveu, il poursuit les Sarrasins, qui fuient vers l'Èbre et Saragosse. Il revient à Roncevaux, organise le jugement de Ganelon, dont le supplice est décrit avec une complaisance cruelle, comme dans l'épopée. Les dépouilles des héros sont emportées en France et distribuées dans les nécropoles du Midi, à Blaye, à Saint-Seurin de Bordeaux, aux Aliscans d'Arles, mais aussi à Nantes et à Rome. Turpin regagne Vienne sur le Rhône, Charlemagne Paris, puis Saint-Denis, auquel il offre des prérogatives sur la France semblables à celles qu'il avait données à Saint-Jacques de Compostelle sur l'Espagne. Il se rend ensuite à Aix-la-Chapelle et meurt peu après. La chronique se termine par le rappel de la prise miraculeuse de la ville de « Gratianopolis » par Roland (transposition de la légende de la prise de Nobles). Suivent quatre appendices sur la prétendue découverte du tombeau de Turpin par le pape Calixte II, sur la conversion de l'altumajor de Cordoue dans de curieuses circonstances, sur les origines des Navarrais (« sottises malveillantes », pour A. Moisan), sur un appel à la croisade lancé par le pape Calixte.

La chronique est un amalgame de données d'histoire profane ou ecclésiastique, de considérations moralisantes, avec une trame épique assez disparate. C'est une œuvre de propagande en faveur de la croisade d'Espagne et du pèlerinage de Compostelle, le but de la chronique étant d'encourager la reconquête franco-espagnole des villes et des terres opprimées par la domination arabe depuis la seconde moitié du XIe siècle. L'auteur, d'autre part, situe largement son récit dans des endroits placés sur le chemin de Saint-Jacques ; il fait ainsi bénéficier le pèlerinage jacobite de la gloire qui auréolait l'empereur non seulement dans l'historiographie française de son temps, mais aussi et surtout dans les chansons de geste, où il puise à pleines mains, mais en les utilisant avec beaucoup de liberté (par exemple, la chanson de *Roland*), en transformant profondément les données dans une perspective non seulement jacobite, mais aussi didactique. Car le Pseudo-Turpin est aussi un religieux moraliste. Il veut que sa chronique soit en même temps un livre pieux. Il enseigne et prêche, il tire des leçons de morale, il transforme ses héros en modèles proposés à l'édification du lecteur.

Le *Pseudo-Turpin* a eu au Moyen Âge un succès énorme. Le plus ancien manuscrit est celui qui constituait à l'origine le quatrième livre du manuscrit dit *Codex Calixtinus*, que le prêtre poitevin Aimeri Picaud apporta à Saint-Jacques de Compostelle en 1140. Il fut détaché du codex en 1619 par un chanoine de Compostelle qui jugeait l'histoire du *Pseudo-Turpin* apocryphe. Les autres parties de ce manuscrit contiennent de nombreux textes hagiographiques et liturgiques visant à célébrer la gloire de l'apôtre et de son pèlerinage. Le fait que le compilateur du *Guide du Pèlerin de Saint-Jacques de Compostelle*, texte qui suit la *Chronique* dans le *Codex*, ne manque pas de mêler à ses itinéraires de nombreuses considérations pieuses, et la prédilection qu'il marque pour son Poitou natal, laisse penser qu'Aimeri Picaud pourrait être le rédacteur du *Guide* et, pour certains, celui de la chronique (R. Louis, A. Moisan, alors que pour R.N. Walpole, l'auteur ne peut être qu'un moine de Saint-Denis).

La tradition manuscrite du *Turpin* latin est très embrouillée : une collation de tous les manuscrits existants (quelque 130), serait nécessaire. Le texte se trouve parfois isolé, parfois raccroché à d'autres écrits, les uns centrés sur le culte de saint Jacques de Compostelle, les autres sur l'histoire des rois de France, histoire dont il est devenu une pièce maîtresse. Le prestige et l'autorité dont jouit le *Turpin* pendant tout le Moyen Âge apparaissent avec éclat par l'utilisation qui en a été faite par les chroniqueurs pour embellir tel passage de leur récit. Hélinand de Froidmont* se réfère nommément au *Turpin* pour la guerre d'Espagne, avec les dates 778 à 807, Aubri de Trois-Fontaines* lui fait aussi une confiance totale.

Dès le début du XIIIe siècle, le *Turpin* a été traduit en français à six reprises au moins. Certaines traductions ont été entreprises sous l'égide de grands seigneurs du nord de la France (initiative idéologique pour lutter contre la montée du pouvoir royal, selon G. Spiegel), d'autres au contraire ont été effectuées dans l'entourage royal et insérées dans des compilations historiques, comme la chronique des rois de France de l'Anonyme de Chantilly-Vatican (vers 1220), ou encore les *Grandes Chroniques de France**, cinquante ans plus tard. On se reportera aux travaux et éditions de R.N. Walpole pour la classification des très nombreux manuscrits du *Pseudo-Turpin* français. Disons seulement que le succès de la traduction dite *Johannes* — car attribuée à un certain Jean — (32 mss conservés), a été amplifié lorsqu'un remanieur a eu l'idée d'associer au *Turpin* la traduction qu'avait faite, au début du XIIIe siècle, Pierre de Beauvais* (celui-ci n'a pas traduit le *Turpin*), d'un prétendu récit du voyage de Charlemagne à Constantinople ou *Descriptio qualiter Karolus Magnus...* ; c'est dans une copie de cette traduction composite que la chronique est parvenue en Angleterre où, traduite en vers anglais, elle a fait partie d'un roman cyclique de Charlemagne. C'est d'après la version II, que représentent deux manuscrits, que l'historien tournaisien Philippe Mousket* a rédigé, vers 1240, une partie de sa chronique en vers. Citons encore la version de la chronique de l'Anonyme de Béthune*, au début du XIIIe siècle, celle du Ménestrel d'Alphonse de Poitiers*, à la fin du XIIIe siècle, le texte de Jean de Vignay*, au XIVe siècle, celui de David Aubert* au XVe siècle. L'immense succès du *Turpin* est dû à plusieurs facteurs. D'abord, le prestige de la prose, considérée comme un moyen plus approprié que le vers à la transmission de l'information historique, le goût d'un enseignement moral demandé à l'histoire, enfin la naissance d'un sentiment national autour de Charlemagne transformé en saint. Le *Turpin* donna aussi à l'abbaye de Saint-Denis un rôle presque aussi important que celui de Saint-Jacques de Compostelle, devenu la métropole d'Espagne. Dans le *Turpin* original, à la mort de l'empereur, au moment de la pesée de son âme, saint Jacques intervient pour faire descendre le plateau des vertus, assurant ainsi la montée de Charles au ciel. Dans l'une des versions françaises, un rédacteur inconnu (un moine de l'abbaye ?) a fait entrer saint Denis à côté de saint Jacques pour qu'ils opèrent ensemble cette œuvre de salut, donnant au saint patron de son abbaye un rôle jusque-là inédit. Cette version remaniée du *Turpin* est entrée dans la tradition historique de Saint-Denis, dans les *Vita et actus beati Dyonisii* (1232), puis elle fut reprise par Primat dans les *Grandes Chroniques de France**.

Les traductions ou adaptations en langues étrangères sont innombrables, en norrois, en allemand, en anglais, en gallois, en irlandais, en espagnol, en galicien, en catalan, en provençal... Le texte a servi aussi les besoins de l'hagiographe officiel qui composa à Aix-la-Chapelle sur l'ordre de Frédéric Barberousse la *Vita Karoli Magni* pour justifier après coup la canonisation de Charlemagne en 1165. L'iconographie s'en empara aussi. Le vitrail de Charlemagne à Chartres a été, en effet, composé en partie à l'aide de la chronique : on y voit le miracle des lances fleuries, ainsi que la mort de Fernagu.

ŒUVRE. — Texte latin : éd. C. Meredith-Jones, Paris, 1936 ; réimp. Genève, 1972 [éd. du ms. BN, nouv. acq. lat. 13774, représentant de la version courte, et du codex Calixtinus, version longue, en regard, et var. des autres mss]. — Éd. R. Mortier, dans *Les textes de la Chanson de Roland*, vol. 2 : *Chronique de Turpin et Grandes Chroniques de France*, Paris, 1941 [éd. du texte latin d'après le ms. BN, lat. 17656 et de la trad. française d'après le ms. Sainte-Geneviève 782]. — Éd. A. Hämel et A. de Mandach, Munich, 1965 [éd. du *codex Calixtinus*]. — Éd. H.W. Klein, Munich, 1986 (*Beiträge zur romanischen Philologie des Mittelalters*, 13) [éd. des mss. d'Aix-la-Chapelle et d'Andernach avec les variantes du ms. de Compostelle]. — Textes français : Version I : éd. F. Wulff, Lund, 1879-1880 ; éd. C. Buridant, *La traduction du Pseudo-Turpin du ms. Vatican Regina 624...*, Genève, 1976 [à compléter par les comptes rendus de I. Short dans *Medium Aevum*, t. 47 (1978), p. 123-130 et de R.N. Walpole dans *Romania*, t. 99 (1978), p. 484-514] ; éd. R.N. Walpole, *Le Turpin français, dit le Turpin I*, Toronto, 1985 [d'après le ms. BN, fr. 1858]. — Version II : éd. R.N. Walpole, Cambridge (Mass.), 1979 [d'après les mss BN fr. 2137 et 17203]. — Version III, dite *Johannes* : éd. R.N. Walpole, Berkeley, Los Angeles, 1976 [d'après le ms. BN, fr. 2464]. — Version IV dite chronique de William de Briane : éd. A. de Mandach, dans *Naissance et développement de la chanson de geste en Europe*, t. 2, Genève, 1963 ; éd. I. Short, Oxford, 1973 (*ANTS*) [seule édition utilisable]. — Version V dite saintongeaise : éd. A. de Mandach, *Chronique dite saintongeaise. Texte franco-occitan inédit Lee. À la découverte d'une chronique gasconne inédite du* XIIIe *siècle et de sa poitevinisation*, Tübingen, 1970 *(Beihefte zur ZRPh)*, p. 255-332 [à compléter par les comptes rendus de M. Pfister dans *ZRPh*, t. 86 (1970), p. 563-572, et de C. Buridant dans *Romania*, t. 96 (1975), p. 413-425]. — Version VI dite bourguignonne : éd. R.N. Walpole, dans *Romance Philology*, t. 2 (1948-1949), p. 177-215 ; t. 3 (1949-1950), p. 83-116 [d'après le ms. BN, fr. 25438]. — Trad. catalane, éd. M. de Riquer, *Turpi, arquebisbe de Reims, Historia de Carles Maynes e de Rotllà. Traduccio catalana del seglo XV, Barcelone, 1960 (Biblioteca catalana d'obres antigues).*

→ R. Rehnitz, *Die Grandes Chroniques de France und der Pseudo Turpin*, Würzburg, 1940. — E. Lambert, *L'Historia Rotholandi du Pseudo-Turpin et le pèlerinage de Compostelle*, dans *Romania*, t. 69 (1946-1947), p. 362-387. — A. Hämel, *Überlieferung und Bedeutung des Liber Sancti Jacobi und des Pseudo-Turpin*, Munich, 1950. — R.N. Walpole, *Philip Mouskés and the Pseudo-Turpin Chronicle*, dans *Univ. of Calif. Publ. in Modern Philology*, t. 26 (1947), Univ. of Calif. Press, Berkeley-Los Angeles, 1947, p. 327-440 ; *Prolégomènes à une éd. du Turpin français dit le Turpin I : I : Les mss*, dans *RHT*, t. 10 (1980), p. 199-230 ; II : *Le classement des mss, ibid.*, t. 11 (1981), p. 325-370. — A. de Mandach, *Naissance et développement de la chanson de geste en Europe. I. La geste de Charlemagne et de Roland*, Genève, 1961 (*Publ. romanes et françaises*, 69) [difficile à utiliser ; l'auteur a mélangé les mss latins et les trad. et introduit dans sa liste des mss non conservés ; voir I. Short dans *Medium Aevum*, t. 38 (1969), p. 1-22]. — P. Cherchi, « *Hastae viruerunt* » : *Pseudo-Turpino, Cronaca, cap. VIII e X*, dans *ZRPh*, t. 90 (1974), p. 229-246. — J. Horrent, *Notes de critique textuelle sur le Pseudo-Turpin du Codex Calixtinus et du ms. BN, nouv. fonds lat. 13774*, dans *Le Moyen Âge*, t. 81 (1975), p. 39-61. — A. Moisan, *L'exploitation de la Chronique du Pseudo-Turpin*, dans *Marche romane*, t. 31 (1981), p. 11-41 ; *L'exploitation de l'épopée par la chronique du Pseudo-Turpin*, dans *Le Moyen Âge*, t. 95 (1989), p. 195-224. — K. Herbers, *Der Jakobuskult des 12. Jahrhunderts und der Liber sancti Jacobi. Studien über das Verhältnis zwischen Religion und Gesellschaft im hohen Mittelalter*, Wiesbaden, 1984 (*Historische Forschungen*, 7). — G. Spiegel, *Pseudo Turpin, the Crisis of the Aristocracy and the Beginnings of Vernacular Historiography in France*, dans *Journal of Medieval History*, t. 12 (1986), p. 207-223. — Cf. *GRMLA*, t. III/1, fasc. 2, p. 30-34. — *MB* n°s 477, 707, 828-831, 3780-3792 *bis*, 6182-6184, 7247 ; *S* 1618-1623, 6010, 6200-6203, Turpin I : 6204-6207, Turpin II : 6208, Turpin III : 6209-6210, Turpin IV : 6211-6213, Turpin V : 6214-6216.

Sur le Guide de Saint-Jacques, cf. éd. J. Vielliard, 1re éd., Mâcon, 1938, dernière éd. Paris, 1984.

Sur les croisades d'Espagne, cf. M. Defourneaux, *Les Français en Espagne aux* XIe *et* XIIe, Paris, 1949. G.T.L.

Chroniques de Flandre. Il existe un grand nombre de chroniques de Flandre, dont la plus ancienne, écrite peu après 1164 à l'abbaye de Saint-Bertin à Saint-Omer, est la *Flandria generosa*, qui a connu de nombreuses continuations. C'est essentiellement une généalogie des comtes de Flandre, mais aussi une compilation d'histoire générale. Ces chroniques ont été traduites et ont donné lieu à plusieurs rédactions en français. Au XIVe siècle, les *Anciennes chroniques de Flandre* commencent au prétendu forestier Lideric pour s'arrêter en 1342. C'est une compilation qui traduit en l'abrégeant le texte latin de la *Flandria generosa* et de ses continuations, auquel l'auteur anonyme a ajouté des remaniements relatifs à Tournai. La deuxième version, celle de la *Chronique de Flandre*, est la plus répandue ; elle prolonge le texte des *Anciennes chroniques* jusqu'en 1383. Du début à 1128, c'est un résumé des *Anciennes chroniques* avec, en plus, des détails sur Saint-Omer et la Flandre ; la chronique utilise ensuite une histoire des rois de France pour les événements qui vont du règne de Thierri d'Alsace à la bataille de Bouvines, et s'approprie, en les abrégeant et en les interpolant, les *Récits d'un Ménestrel de Reims** ; de l'avènement de Gui de Dampierre à 1342, la chronique s'intéresse autant à la France qu'à la Flandre et utilise une source commune avec la *Chronographia regum Francorum*. À partir de 1342, la chronique a beaucoup de points communs avec la compilation connue sous le nom de *Chronique dite de Baudouin d'Avesnes**. Vers 1384-1385, on rédigea une *Chronique rimée des troubles de Flandre en 1379-1380*.

ŒUVRE. — *Flandria generosa*, éd. *MGH, SS*, t. 9 (1851), p. 317-334 ; avec la trad. française, éd. J.J. De Smet, dans *Corpus Chronicorum Flandriae (Commission royale d'histoire)*, t. 1 et 2 (1837 et 1841). — *Chronique de Flandre*, éd. J. Kervyn de Lettenhove, *Istore et croniques de Flandres (Comm. roy. d'hist.)*, t. 1 (1879), p. 1-4, 17-19, 27, 31-37, 39-41, 43-45, 50-55, 70-75, 77-87, 104-141, 156-175, 181-236, 254-282, 291-319, 328-354, 360-410 ; t. 2 (1880), p. 306-320 ; éd. fragm. N. de Wailly, dans *RHF*, t. 22 (1865), p. 331-429 [du milieu du XIIIe siècle à 1328]. — *Chronique rimée*, éd. H. Pirenne, dans *Publ. extraord. de la Soc. d'hist. et d'archéol. de Gand*, t. 1 (1902), p. 1-60.

→ H. Pirenne, *Les sources de la chronique de Flandre jusqu'en 1342*, dans *Mél. G. Monod*, Paris, 1896, p. 361-371. — G. Doutrepont, *La littérature française à la cour des ducs de Bourgogne*, Paris, 1909, p. 409-410, 420-424, 475-477. — Molinier n° 1839. — Nouveau Potthast, t. 3, p. 334-335 [*Chronique de Flandre* et *Chronique rimée*] ; t. 4, p. 465-466 [*Flandria generosa*].

Voir aussi : *Chronique normande du XIVe siècle*. G.T.L.

Chroniques de France (Grandes). Sous le titre de *Grandes Chroniques de France*, on désigne une vaste compilation d'œuvres historiques, élaborée en plusieurs étapes entre le XIIIe et le XVe siècle, en majeure partie à l'abbaye de Saint-Denis et d'après des modèles latins. Le recueil complet retrace l'histoire des rois de France depuis les origines mythiques troyennes jusqu'en 1461.

Au commencement on trouve le *Roman des rois* que Primat, moine de Saint-Denis, offrit à Philippe III le Hardi en 1274. Il s'agit de la traduction d'un corpus latin constitué à Saint-Denis au XIIIe siècle, témoin de l'intense activité historiographique qui se manifestait au monastère depuis le début du XIIe siècle ; deux manuscrits le conservent, l'un du début du siècle, l'autre du milieu. C'est ce dernier manuscrit, l'actuel Paris, BN, latin 5925, qui servit principalement à Primat, comme on le sait depuis les recherches de J. Viard. Il contient ce qu'on appelle communément la compilation d'Aimoin, c'est-à-dire l'œuvre propre d'Aimoin de Fleury* ou *Historia Francorum*, suivie d'une continuation assimilant des chroniques entières ou fragmentaires, ajoutées à différentes époques ; le corpus utilisé par Primat comprend des œuvres telles que les *Gesta Dagoberti*, les *Annales royales*, la *Vita Karoli* d'Eginhard*, la *Chronique dite du Pseudo-Turpin**, la *Vita Ludovici Pii* de l'Astronome*, l'*Historia Francorum Senonensis*, les *Annales Bertiniani*, la *Vie de Louis VI* de Suger*, dont certaines sont caractéristiques d'un apport dionysien. Primat a mené son travail jusqu'à la fin du règne de Philippe Auguste. Son entreprise a été précédée, quelque cinquante ans plus tôt, vers 1220-1230, par une *Chronique des rois* faite à partir de la traduction d'un corpus de textes latins presque identique, par un moine resté anonyme et inconnu — était-il de Saint-Denis ou de Saint-Germain-des-Prés ? —, tentative dont témoignent seulement deux manuscrits, preuve d'un succès plus que médiocre. Cet essai, toutefois, est le signe de l'engouement que le public laïc manifeste à l'aube du XIIIe siècle pour les récits historiques en prose et en langue vernaculaire. Primat a connu et utilisé la traduction de l'anonyme, dont il a parfois repris les termes mot pour mot, mais il l'a souvent améliorée, en supprimant redites et retours en arrière, en faisant appel à de nouvelles sources, en ajoutant des renseignements complémentaires. À la suite de ce pionnier dont il a repris le plan, y ajoutant son propre dessein, ou du moins celui de son commanditaire, le roi saint Louis — établir une généalogie qui légitime le pouvoir en place —, il a fait œuvre originale, réalisant une histoire autant nationale que royale, dans laquelle il est question non seulement du roi et des barons, mais aussi des Français. Il y a imprimé sa marque, en mettant l'accent sur le rôle de Saint-Denis et en redisant l'autorité morale de l'histoire.

En dehors du *Roman des rois*, Primat aurait écrit une chronique latine, qui est perdue, mais que l'on connaît en partie par la traduction qu'en donna Jean de Vignay* (les années 1244-1277).

Jusqu'en 1350, le travail de Primat fut repris, continué, mis à jour au scriptorium de Saint-Denis, dont l'activité historiographique se manifesta de façon intense avec des historiens comme Guillaume de Nangis* et Richard Lescot*.

Sous Charles V, un changement se produisit dans la rédaction des *Grandes Chroniques*. Le roi, en effet, ne fit pas appel aux moines de Saint-Denis pour relater le règne de son père, Jean le Bon, et le sien ; il s'adressa à son chancelier Pierre d'Orgemont, qui écrivit — ou fit écrire — une sorte de journal officiel, un long plaidoyer qui rappelle sèchement les faits, publiant de façon abrupte les documents. Charles V donna ordre de recopier et d'illustrer de façon luxueuse la dernière version dionysienne, qui allait jusqu'en 1350, à laquelle il fit ajouter le texte du chancelier continué jusqu'en 1379. Il imposa sa marque personnelle à l'ouvrage : dans cette période troublée, il s'agissait de montrer la grandeur de la France par rapport à l'Angleterre et à l'Empire, d'affirmer la légitimité des Valois. Pour cela le texte fut révisé, l'illustration remaniée et complétée. Cette version des *Grandes Chroniques*, munie d'un ajout pour les années 1379 et 1380, eut un succès immédiat et considérable.

Une dernière étape présente le texte des *Grandes Chroniques* dans leur édition de 1380, auquel s'ajoutent le texte qu'on attribue à Jean Juvénal des Ursins* pour les années 1380-1402, celui de Gilles le Bouvier* dit le Héraut Berry pour 1402-1422, et enfin l'histoire du règne de Charles VII par Jean Chartier*, religieux et chantre de Saint-Denis, qui fut la dernière production de l'école historiographique dionysienne. Louis XI, en effet, déposséda l'abbaye de Saint-Denis de sa charge royale en transférant l'office à Jean Castel*, moine de Cluny et abbé de Saint-Maur-des-Fossés. C'est un de ces manuscrits continués jusqu'en 1461 que reproduisit Pasquier Bonhomme dans son édition de 1477, qui est la première édition imprimée des *Grandes Chroniques*.

Même si leur diffusion resta limitée dans le temps et l'espace, les *Grandes Chroniques* ont eu au Moyen Âge un succès considérable (plus de cent manuscrits en subsistent). « Récit essentiellement généalogique et mythique, matrice d'une histoire monarchique, chrétienne, française et par là déjà nationale, elles ont fixé en langue vernaculaire la mémoire dynastique. »

ŒUVRE. — Éd. J. Viard, *Les Grandes Chroniques de France*, 10 vol., Paris, 1920-1953 *(SHF)* [jusqu'en 1350]. — Éd. R. Delachenal, *Chronique des règnes de Jean II et de Charles V*, 4 vol., Paris, 1910-1920 *(SHF)*.

→ F. Cœur, *Le libraire-imprimeur Pasquier Bonhomme et son édition des « Grandes chroniques de France »*, dans *Positions des thèses de l'École des Chartes*, 1944, p. 31-38. — G. Spiegel, *The Chronicle Tradition of Saint-Denis : a Survey*, Brookline, Leyde, 1978. — A.D. Hedeman, *Valois Legitimacy : Editorial Changes in Charles V's Grandes Chroniques de France*, dans *Art Bulletin*, t. 66 (1984), p. 97-117 ; *Restructuring the Narrative : the Function of Ceremonial in Charles V's Grandes Chroniques de France*, dans *Studies in the History of Art*, t. 16 (1985), p. 171-181 ; *The Royal Image : Illustrations of the Grandes Chroniques, 1274-1422*, Berkeley-Los Angeles, 1991 (*Studies in the History of Art*, 28). — B. Guenée, *Les Grandes Chroniques de France*, dans *Les lieux de mémoire*, dir. P. Nora, t. 2 : *La nation*, Paris, 1986, p. 189-214. — F. Avril, M.T. Gousset, B. Guenée, *Les Grandes Chroniques de France, reproduction intégrale en fac-similé des miniatures de Fouquet. Ms. fr. 6465 de la BN de Paris*, Paris, 1987. — G. Labory, *Essai d'une histoire nationale au* XIII*e siècle : la chronique de l'Anonyme de Chantilly-Vatican*, dans *BEC*, t. 148 (1991), p. 301-354. — Molinier n° 2530. — Nouveau Potthast, t. 3, p. 338-339. — Cf. *MB*, n°s 3751, 3752, 5101, 5102, 5131, 5138-5145 ; *S* 6191, 6192, 6479, 7910, 7984, 7986.

G.T.L.

Chronographia regum Francorum. Voir : *Chronique normande du* XIV*e siècle.*

Ci nous dit. L'œuvre désignée ainsi doit son nom à la formule qui en introduit souvent les chapitres : « Ci (nous) dist de..., comment..., que... », mais le titre que lui donnent les manuscrits est : *Composition de la Sainte Escripture*. Il s'agit d'une instruction chrétienne en prose, fondée sur la méthode des *exempla*.

L'auteur anonyme (peut-être un religieux Mendiant), qui écrit vers 1318, commence par une histoire sainte moralisée, et termine par des récits extraits de la *Légende dorée** accompagnés de textes sur l'Antéchrist et l'au-delà. Entre ces deux extrêmes, les anecdotes morales — on en compte presque huit cents — sont groupées en « traités » de longueur variable, dont les dominantes sont successivement le dogme, la morale, la conversion, la vie chrétienne. Mais ce plan externe risque d'induire le lecteur moderne en erreur sur l'intérêt profond de ce recueil, constitué entièrement d'historiettes bibliques, hagiographiques, historiques, pieuses, de miracles, de légendes, d'anecdotes profanes, de fables, de traits de mœurs animales, d'extraits de lapidaires..., dont on serait tenté de dire qu'ils représentent bien l'échantillonnage habituel des recueils d'*exempla**, si plus du quart n'appartenaient en propre à l'auteur, qui ne semble jamais démarquer une œuvre donnée. C'est le premier, et aussi le plus riche, spécimen du genre à être écrit en français, dont on commence juste à découvrir l'apport à l'histoire des croyances et des mentalités religieuses.

ŒUVRE. — Éd. G. Blangez, Paris, 1979-1986, 2 vol. (*SATF*). [à compléter par le compte rendu de J. Berlioz, dans *BEC*, t. 146 (1988), p. 216-217].

→ L. Mourin, dans *Scriptorium*, t. 1 (1946-1947), p. 75 sq. — G. Blangez, dans *Senefiance*, t. 6 (1976), p. 23-35 ; t. 7 (1979), p. 115-124 ; *Bien dire et bien aprandre*, t. 1 (1978), p. 68-78. — J. Berlioz, *La lactation de saint Bernard dans un exemplum et une miniature du Ci nous dit*, dans *Cîteaux. Commentarii Cistercienses*, t. 39 (1988), p. 270-283. — Cf. *MB* n°s 6927 ; *S* 7755-7759.

G.H.

Cicéron au Moyen Âge. Avec Virgile* et Ovide*, Cicéron compte parmi les auteurs latins les plus goûtés au Moyen Âge. Si on admire en lui le philosophe et le moraliste, c'est de lui aussi que dérive en grande partie l'art d'écrire et de composer. Dès l'origine, les Pères de l'Église, et notamment saint Augustin, ont puisé des arguments dans sa doctrine. Pour fournir au clergé des exemples et des modèles, on tira de ces œuvres variées des collections d'extraits à toutes fins utiles, comme celle du grammairien Censorinus, au III*e* siècle, ou les *Collectanea* de Sedulius Scotus*, au V*e*, où les emprunts à Cicéron pouvaient aussi bien servir à l'enseignement moral que se prêter à des exercices de rhétorique. Au IX*e* siècle, le recueil d'Hadoard tire sa matière de tous les traités de Cicéron connus à cette époque, du *De Natura deorum*, du *De Divinatione*, du *De Fato*, du *De Legibus*, des *Paradoxes*, des *Tusculanes*, du *De Senectute*, du *De Amicitia*, du *De Oratore* et surtout du *De Officiis*. Conçu par Cicéron à la fois comme un manifeste politique et un exposé de sa philosophie, ce dernier ouvrage était de nature à retenir l'attention des théologiens. Mêlant l'idéalisme platonicien au stoïcisme de Panetius, l'auteur apparaissait comme un précurseur lointain du christianisme. C'est ainsi qu'au IV*e* siècle, composant son *De Officiis ministrorum* sur les devoirs des prêtres, saint Ambroise lui avait emprunté son titre et les grandes lignes de son plan. Il serait vain d'entreprendre ici l'inventaire de tous les textes qui citent, directement ou non, le *De Officiis*. Ce qui est sûr, c'est qu'il fut largement exploité par les compilateurs de sentences morales, que Guillaume de Conches* et Albertano da Brescia s'en autorisent, que Philippe de Novare* lui emprunte un exemple de la générosité d'Alexandre, que Christine de Pizan* le cite dans le *Chemin de long estude*, etc. Mais c'est seulement au XV*e* siècle qu'il est intégralement traduit en français. Entre 1461 et 1468, un familier de Tanneguy du Châtel, Anjorrant Bourré, lieutenant général du bailliage d'Orléans, entreprend et mène à bien la traduction intégrale du traité cicéronien qu'il appréciait pour ses qualités littéraires et sa valeur éducative. Assez maladroit latiniste, incapable de rendre avec toutes ses nuances un texte qu'il ne comprenait pas toujours parfaitement, il a néanmoins fait œuvre nouvelle en rompant avec les usages de ses prédécesseurs, qui surchargeaient l'original de gloses. Cette conception nouvelle n'emporta pas l'adhésion de tous, et un certain David Miffant, châtelain de Dieppe, exécuta, vers l'an 1500, une version moins littérale mais agrémentée de commentaires édifiants. Brunetto Latini* qui traduisit en italien plusieurs écrits de Cicéron, dont quatre discours et le premier livre du *De Inventione*, donne de celui-ci une traduction française insérée au livre III de son *Trésor*. À côté du *De inventione* ou *Rhetorica vetus*, le Moyen Âge attribuait à Cicéron la *Rhetorica ad Herennium* ou *Rhetorica nova*. Souvent conjoints dans les mss, l'original et l'apocryphe furent traduits en français par Jean d'Antioche* en 1282. La *Rhetorica nova* développait essentiellement les méthodes de l'art de mémoire. On imagine l'importance d'une mnémotechnique pour le cursus universitaire mais aussi la prédication.

De tous les traités philosophiques, le *De Amicitia* et le *De Senectute* sont les plus accessibles au public lettré et, partant, les plus répandus. Leur forme dialoguée, les digressions qui les parsèment, la pensée spiritualiste qui les anime, en faisaient une lecture compatible avec les exigences de l'orthodoxie chrétienne. Un clerc du diocèse de Troyes, Laurent de Premierfait*, protégé de divers grands seigneurs comme Louis de Bourbon et Bureau de Dammartin, traduit en 1405 le *De Senectute*, en 1410 le *De Amicitia*. Les deux traductions de Laurent de Premierfait sont parmi les meilleures que nous ait laissées le Moyen Âge. L'auteur, à la vérité, bénéficiait de circonstances favorables. À la faveur du Grand Schisme et du séjour de la cour pontificale à Avignon, quelques esprits distingués avaient pris contact avec les humanistes italiens. C'est pour avoir fréquenté Gontier Col*, Jean de Montreuil*, Nicolas de Clamanges* que Laurent de Premierfait avait acquis le sens réel de l'Antiquité, et compris qu'il fallait laisser aux docteurs de l'Université le soin de gloser les textes juridiques et philosophiques et cultiver les Latins pour eux-mêmes, pour la finesse des idées et l'agrément du style, pour ce qu'ils apportaient à la connaissance de l'homme.

Si l'œuvre rhétorique et philosophique de Cicéron fut assez répandue par les mss et connue des universitaires, ses discours et sa correspondance connurent une longue éclipse. Certes, Isidore de Séville*, Loup de Ferrières*, Heiric d'Auxerre* font des emprunts aux lettres cicéroniennes et un *Liber Epistolarum* figure dans le catalogue de la bibliothèque de Richard de Fournival* au XIIIe siècle. Mais c'est Pétrarque* qui relance la diffusion et l'étude de ces textes lorsqu'en 1345 il identifie et transcrit un ms. de Vérone qui contient la plupart des lettres, hormis les *Familières* redécouvertes en 1390 par Coluccio Salutati. Témoigne de cette nouvelle diffusion manuscrite, la traduction que Jean Miélot* fit en 1478 de la lettre à Quintus sur les devoirs d'un gouverneur de province.

De même, il faut attendre la fin du XIVe siècle pour que l'Italien Antonio Loschi commente les 13 discours connus et que le reste de l'œuvre oratoire soit en partie redécouvert par les humanistes français vers 1398, grâce à un ms. de Fleury (sept discours retrouvés). Quant au volume de Cluny où Le Pogge* identifia en 1415 le *Pro Roscio* et le *Pro Murena*, il était passé entre les mains de Nicolas de Clamanges qui en avait pris copie. Le rôle de Clamanges et de Jean de Montreuil fut donc capital pour la redécouverte et l'établissement de ces textes.

ŒUVRE. — *De officiis*, trad. d'Anjorrant Bourré, éd. Lyon, 1494 et 1497 ; trad. de David Miffant, éd. Paris, Michel Le Noir vers 1500 et réimp. Paris, Galliot du Pré en 1529.

→ A. Michel, *Rhétorique et philosophie chez Cicéron*, Paris, 1960 ; *La parole et la beauté. Rhétorique et esthétique dans la tradition occidentale*, Paris, 1982. — J.J. Murphy, *Rhetoric in the Middle Ages*, Berkeley, 1974. — R. Bossuat, *Anciennes traductions françaises du De Officiis de Cicéron*, dans *BEC*, t. 96 (1935), p. 246-284 ; *Le mariage d'Anjorrant Bourré*, *ibid.*, t. 104 (1944), p. 274-277. — P.M. Gathercole, *Illuminations on French Mss of Cicero, Seneca and Aristotle*, dans *Romance Notes*, t. 7 (1965), p. 183-189. — G. Billanovich, *Petrarca e Cicerone*, dans *Ciceroniana*, n.s. t. 1 (1973), p. 31-32. — R. Sabbadini, *Le Scoperte dei codici latini e greci ne' secoli XIV e XV*, Florence, 1905-1914, réimp. avec ajouts en 1967 (*Biblioteca storica del Rinascimento*, 4). — E. Ornato, *La redécouverte des discours de Cicéron en Italie et en France à la fin du XIVe et au début du XVe siècle*, dans *Atti del IV congresso internazionale di Studi Neo-latini*, éd. R.J. Schoeck, Bologne, 1979. — Cf. *MB* n° 6016.

R.B. et S.L.

Ciperis de Vignevaux. Poème épique anonyme composé vers 1400, dont le début manque dans le seul manuscrit conservé. Il n'en reste que 7 895 octosyllabes, petite partie d'un tout vraisemblablement assez long.

Il s'agit de l'histoire des conquêtes de Ciperis — sans doute Childéric II —, neveu du roi Dagobert et mari de sa fille Orable dont il eut dix-sept fils. Le poème raconte comment il conquit un royaume et une épouse pour chacun, les neuf derniers fils étant traités de manière plus rapide.

Ciperis se rapproche beaucoup de textes comme *Dieudonné de Hongrie** ou *Theseus de Cologne**, à une époque où, pour renouveler la matière épique, les poètes ont substitué des pseudo-Mérovingiens aux Carolingiens trop connus. Il présente également des ressemblances avec *Baudouin de Sebourc**.

Le style manque d'originalité. L'intention du poème est purement apologétique. Mais il a le mérite de faire connaître plusieurs traditions et légendes relatives au nord-ouest de la France. La comté de Vignevaux doit être identifiée avec la comté d'Eu.

Il en a été fait un remaniement en prose au XVe siècle, dont il reste un manuscrit et trois éditions anciennes, qui témoignent d'un succès certain.

ŒUVRE. — Éd. W.S. Woods, *A Crit. Ed. of Ciperis de Vignevaux...*, Chapel Hill, 1949 (*Studies in the Romance Languages and Literatures*, 9).

→ A.H. Krappe, *The Date of Ciperis de Vignevaux*, dans *Modern Language Notes*, t. 49 (1934), p. 255-260, et t. 50 (1935), p. 343-344. — A. Steiner, *The Date of Composition of Ciperis de Vignevaux*, dans *Modern Language Notes*, t. 49 (1934), p. 559-561. — C. Badalo-Dulong, *Ciperis de Vignevaux*, dans *Romania*, t. 71 (1950), p. 66-78. — *Florent et Octavien, chanson de geste du XIVe siècle*, éd. N. Laborderie, Paris, 1991 (*Nouvelle Bibl. du Moyen Âge*, 17). — Cf. *MB* n° 4033-4038. C.R.

Cîteaux. « Tous les représentants de l'école cistercienne qui viennent d'être nommés (saint Bernard, Guillaume de Saint-Thierry, Aelred de Rievaulx, Gilbert de Hoyland, Isaac de l'Étoile) écrivent avec soin. Ce sont des stylistes. Nourris de Cicéron et de saint Augustin, ils ont renoncé à tout, sauf à l'art de bien écrire » (*Théol. myst. de s. Bernard*, p. 181-182). Ce jugement d'Étienne Gilson suffirait déjà à assurer à Cîteaux une place des plus honorables dans la littérature. Mais l'ordre de Cîteaux mérite à d'autres titres encore une mention spéciale dans le *Dictionnaire des Lettres Françaises*.

1. Activités littéraires des abbayes cisterciennes. Certes, les fondateurs de Cîteaux sortant de l'abbaye de Molesme n'avaient d'autre but que de s'attacher à faire revivre dans son intégrité la Règle de saint Benoît, selon l'harmonie de la journée monastique partagée entre le chant de l'Office, la *lectio divina* et le travail manuel, dans la solitude et la simplicité, loin des agitations du monde. L'organisation du « Nouveau Monastère » et de ses premières Maisons-Filles ne prévoyait pas d'écoles monastiques, et les longues heures quotidiennes de travail agricole ne favorisaient pas l'étude. Deux faits s'imposent cependant : 1° dès le début, les livres ont leur place dans les abbayes cisterciennes et les copistes se mettent à l'œuvre ; 2° les premiers cisterciens sont des hommes lettrés — *viri litterati in divinis et humanis, clericos litteratos*. Ils sont, de plus, animés de l'ardent désir de rechercher ce qui est vrai, authentique, dans tous les domaines. Les constructions n'étaient pas achevées qu'on voit l'abbé Albéric consulter l'abbé de Pothières, ancien disciple de Me Bruno à Reims, sur la prosodie d'un certain nombre de mots latins, et Étienne Harding entreprendre un immense travail d'exégèse : la révision du texte de la Bible selon la Vulgate. Étienne n'hésite pas à se rendre auprès de Juifs experts (et sans doute auprès de Raschi lui-même, maître de l'école rabbinique de Troyes) sur l'interprétation et la traduction de certains termes hébreux ou chaldaïques. Dès 1109, les deux premiers volumes de la *Bible de saint Étienne*, avec leurs splendides enluminures, vrais chefs-d'œuvre, étaient achevés, et l'abbé de Cîteaux les présenta dans une magistrale « lettre encyclique ». De ces miniatures cisterciennes, C. Oursel a pu écrire que les premiers compagnons d'Albéric atteignirent du premier coup à la perfection. Cîteaux n'avait encore que dix ans d'existence ! La restauration des textes et de la mélodie du graduel, de l'hymnaire et de l'antiphonaire était menée de pair avec les travaux sur la Bible. On alla chercher à Metz l'antiphonaire d'Amalaire*, à Milan les hymnes de saint Ambroise. La révision de l'antiphonaire était à peine terminée que des théoriciens de la musique entrés dans l'ordre la firent reprendre de fond en comble. Le nom de saint Bernard* reste attaché à cette réforme, mais le grand théoricien en fut Guy d'Eu, moine de Clairvaux puis de Longpont, auteur des *Regulae Artis Musicae*. Le chantre de Clairvaux, Richard Fastolphe, plus tard abbé de Fountains, laissa lui aussi, entre autres ouvrages, un *De musica vel harmonia*. Ce n'est donc pas dans un milieu étranger aux grands problèmes de l'exégèse biblique et du chant sacré que fut reçu, avant 1145, à l'abbaye de Trois-Fontaines, Nicolas Maniacoria, diacre de Saint Laurent in Damaso auquel on doit, entre autres, la préparation d'une nouvelle édition de l'Ancien Testament d'après l'hébreu, et un triple travail sur le psautier (psautier hébreu, psautier gallican, psautier romain). D'autres cisterciens suivirent les mêmes traces, tel Garnier de Rochefort, 9e abbé de Clairvaux, auteur d'un volumineux répertoire onomastique de la Bible, Pierre le Chantre* († 1197), glossateur du Nouveau Testament. Au XIIIe siècle, le chapelain d'une abbaye de moniales cisterciennes, qui se nomme simplement « le povre Martin », traduisit en langue romane, avec une préface, les *Consuetudines* de Cîteaux et la Règle de saint Benoît. Le texte, publié par Guignard d'après un manuscrit de Dijon, révèle un homme lettré et constitue un précieux témoin de la langue française au XIIIe siècle.

En dehors de ces travaux visant à assurer la parfaite dignité du culte et qui entrent dans le cadre de la *Lectio divina*, on a parlé d'un « anti-intellectualisme » cistercien. On apporte pour preuves quelques expressions de saint Bernard ou de saint Aelred, un mot de Nicolas de Clairvaux (*nihil recipimus quod metricis legibus coercetur*, ép. XV), une certaine décision du chapitre général de 1181, une autre décision de 1199 punissant les auteurs de *rithmi*, un texte du *Dialogus inter Cluniacensem et Cisterciensem* où le cistercien reproche au clunisien de s'adonner à la lecture des fictions des poètes, et enfin un avertissement solennel de l'abbé de Bonnevaux à Amédée l'Ancien se plaignant qu'on n'apportât pas plus de diligence dans l'instruction de son fils (le futur Amédée de Lausanne) : « La doctrine sophistique des Arts libéraux est de peu d'importance pour un religieux ; un disciple du Christ ne doit pas être abusé des fables mensongères des philosophes. Indemne de la souillure des péchés dans lesquels la plupart tombent à l'occasion de leurs études, l'onction de l'Esprit-Saint l'instruira en un moment mieux que ne pourront le faire de longues années à l'école du grammairien Priscien » (*Vita Amedei*, cap. V).

En réalité, bien des cisterciens avaient passé à l'école de Priscien. Les domaines multiples de la culture littéraire qu'a signalés J. de Ghellinck (*L'Essor : I, Intr. V*), on les retrouve tous dans les bibliothèques et les scriptoria cisterciens. Avant de citer quelques noms, marquons tout d'abord le rôle joué par les bibliothèques des abbayes cisterciennes. Ce rôle fut très important. Chaque monastère conservait les livres nécessaires à l'exécution de l'office et aux lectures privées des moines (le chapitre général de 1454 les appelle le *thesaurus monachorum*). Les Bibles et les ouvrages patristiques forment la grande majorité ; les ouvrages de philosophie et de scolastique seront de plus en plus nombreux à partir du XIVe siècle, mais les autres disciplines de l'esprit sont représentées, et bon nombre de manuscrits qui constituent la richesse de nos grandes bibliothèques proviennent des dépouilles d'abbayes cisterciennes. Certaines bibliothèques cisterciennes sont justement célèbres, comme celles de Clairvaux, Signy, Chaalis, Fontenay, Pontigny, des Vaux-de-Cernay, de Cheminon, pour ne parler que de quelques abbayes françaises. Beaucoup d'écrits bénédictins ne nous sont parvenus que par l'intermédiaire de bibliothèques cisterciennes, a noté D. Jean Leclercq. On a relevé aussi des ouvrages de l'Antiquité païenne (Horace, Platon, Aristote) ou de la littérature profane (*fabliau* de Richeut*, *Lancelot**, etc.). Tel fragment rare ou peu connu d'un texte de l'Antiquité est parfois découvert dans un manuscrit cistercien. D. Leclercq pense que Clairvaux fut un centre de diffusion pour les œuvres d'Origène. De son côté, D. Wilmart a admiré le travail soigné des cisterciens dans la copie des manuscrits, notamment en ce qui concerne la ponctuation. Enfin l'étude de la reliure des manuscrits à Clairmarais aux XIIe-XIIIe siècles dénote le souci des cisterciens d'assurer la conservation de leurs manuscrits ; malgré l'humidité du terrain de Clairmarais, tous les manuscrits étaient dans un état de préservation admirable au moment de la Révolution française.

Plus d'un abbé cistercien a gardé une solide réputation de bibliophile, depuis Étienne Harding, admirant les miniatures d'Osbert de Saint-Waast, jusqu'à Pierre de Virey (1471-1496), cet abbé de Clairvaux diligent collectionneur de livres et patient auteur de catalogues, comme aussi son contemporain Jean de Cirey, abbé de Cîteaux (1476-1501).

2. Écrivains et poètes de France. La forte personnalité de saint Bernard (et de quelques autres, tel saint Pierre de Tarentaise*) contribua à jeter Cîteaux hors des limites qu'avaient pu concevoir les fondateurs. Les abbayes cisterciennes durent faire face à des problèmes qui étaient à la dimension de la chrétienté. À la suite du grand abbé de Clairvaux, on vit les cisterciens mêlés à tous les grands événements de l'Église et de la société : schismes, croisades, disputes théologiques, hérésies. Ils interviennent par la parole et surtout par la plume. C'est dire qu'en dehors du domaine propre de la spiritualité monastique qui a ses racines dans la Sainte Écriture, les textes liturgiques et les commentaires des Pères, on trouve très tôt des écrits cisterciens traitant de questions dogmatiques, philosophiques, apologétiques. Il suffit de rappeler les noms de saint Bernard, de Guillaume de Saint-Thierry*, d'Isaac de l'Étoile*, d'Alcher* de Clairvaux. L'intervention des cisterciens dans la lutte contre les hérétiques du Languedoc ne fut pas couronnée de succès, mais l'histoire littéraire y gagna les manifestes de Henri de Marcy, abbé de Clairvaux (1176-1179), qui furent déterminants pour transformer la lutte contre les hérétiques en « guerre sainte » et donc en « croisade », le *Contra Amalricanos* de Garnier de Rochefort, abbé de Clairvaux, puis évêque de Langres écrit avant 1210, le long récit de Pierre des Vaux-de-Cernay*, et peut-être aussi le *Contra Haereticos* et la somme *Quot modis* d'Alain de Lille*, si ces ouvrages n'ont pas été écrits avant son entrée à Cîteaux. Quant à la prédication monastique des « fêtes de sermon », elle sortit des cloîtres, ou plus précisément, les textes des sermons furent aménagés dans la perspective d'un auditoire plus vaste, ou plus intellectuel. Les travaux récents ont dénoté en saint Bernard, plus encore qu'un grand orateur, un grand écrivain, qui a le souci de la vigueur du style, de la précision et de la clarté, et qui veille à la musique des phrases. Mais à côté des œuvres oratoires (recueils de sermons de Guerric d'Igny*, Arnoul de Bohéries, Serlon de Savigny, Odon de Morimond, Hugues de Pontigny) et des lettres, dont quelques-unes revêtent l'ampleur de véritables traités, comme certaines lettres d'Adam de Perseigne* († 1221) et surtout la *Lettre d'Or* de Guillaume de Saint-Thierry, sortent des scriptoria cisterciens des *chronica*, des *vitae*, des *libelli* de toutes sortes comme la plaisante *Apologia de barbis* de Burchard de Balerne († 1163) et aussi des *carmina* et des *versus*.

Et pourtant, à Cîteaux, la production littéraire restait plus difficile qu'ailleurs : le travail manuel était une nécessité, et une loi dont personne, pas même un saint Bernard, n'était complètement exempt (cf. *Serm. in Cant.* L. n° 5). (Cependant le travail de copiste était assimilé à un travail manuel ordinaire, et les copistes jouissaient de modestes privilèges.)

Dans une lettre à son abbé, qui n'est autre que Garnier de Rochefort, un moine de Clairvaux que Dom J. Leclercq a fait connaître, Longuel, auteur de commentaires sur les Petits Prophètes, se plaint de ses difficultés comme écrivain. Il a peu d'occasions de s'entretenir à loisir avec son abbé, qui lui a demandé ces commentaires, il est peu compris de ses confrères, le copiste qui l'aide est souvent appliqué à d'autres tâches, enfin il est souvent malade. Néanmoins il confesse qu'il a toujours aimé l'étude (il cite à ce sujet un vers d'Horace) et il se met courageusement au travail.

Le droit excita longtemps la méfiance. Le Décret de Gratien ne devait pas être mis indistinctement à la disposition de tous (chapitre général de 1188). Ce n'était pas une condamnation (le Décret de Gratien se trouvait à l'armarium de Clairvaux, de Pontigny, et Clairvaux comptait des juristes dans son sein, tel que Évrard d'Ypres, auteur d'une *Summula decretalium quaestionum*), mais une restriction qui fut étendue en 1203 et 1240 à tous les ouvrages de droit. Mesure d'anti-intellectualisme ? Non, mais précaution pour rappeler aux moines leur vocation et les mettre en garde contre l'esprit du siècle (on commençait à leur reprocher déjà leur esprit de chicane, témoin la *Bible au Seigneur de Berzé*, v. 301-304). Plus tard, on invoquera le motif de ne pas détourner les étudiants des études théologiques. C'est que l'institution du Collège Saint-Bernard de Paris (1245) — non sans de vives résistances — donna aux études philosophiques et théologiques officiellement droit de cité dans l'ordre. Mais les cisterciens se mêlèrent peu aux controverses théologiques de l'époque. Citons pourtant le *Commentarius sorbonicus de Eucharistia* de Henri Colingham. Les cisterciens maîtres en théologie de Paris laissèrent cependant diverses œuvres. Les plus connus sont Philippe de Rathsamhausen, abbé de Pairis, puis évêque d'Eichstatt (1306), théologien et auteur ascétique très estimé, Jacques de Thérines, abbé de Chaalis, dont le remarquable *Tractatus contra impugnatores exemptionum et privilegiorum* fit sensation au concile de Vienne (1311-1312), et Jacques Fournier, abbé de Fontfroide, qui fut le pape Benoît XII (1334-1342).

L'histoire fut un genre toujours cultivé dans les abbayes cisterciennes, sous forme de chroniques et de textes hagiographiques. La liste des *Vitae* qui ont été conservées — beaucoup sont anonymes — est trop longue pour être donnée ici. Quant aux chroniques, elles s'étagent dans le temps et dans l'espace depuis le modeste *Chronicum Clarevallense* qui embrasse les années 1147 à 1192 jusqu'au *Chronicum amplum ab exordio mundi*, en quarante-neuf livres, d'Hélinand de Froidmont*, dont il ne reste que la fin.

La tenue d'écoles et l'enseignement des arts libéraux étaient rigoureusement interdits ; cependant on pouvait enseigner le *trivium* et le *quadrivium* durant le temps de la *Lectio divina* aux novices et aux moines qui n'en avaient pas une connaissance suffisante (cette décision, prise vers 1150, concerne peut-être les fondations en pays « païens »). À partir de 1231, on exigea un certain niveau de culture intellectuelle. S'ils n'étaient pas enseignés *ex professo* dans les monastères, les arts libéraux étaient pratiqués, et les écrivains cisterciens du XIIe siècle témoignent d'une culture dont on reste charmé. Noter d'abord avec C. Mohrmann le dualisme de la latinité médiévale, le double héritage littéraire de l'Antiquité profane et du christianisme des premiers siècles. Certains, comme Henri de Marcy *(De peregrinante civitate Dei)* ne font état que du second, mais la plupart des écrivains cisterciens puisent aux deux sources. S'il ne faut pas exagérer le nombre et la portée des citations d'auteurs de l'Antiquité profane par saint Bernard, comme l'a noté E. Franceschini (dans *Aevum*, à propos de *Bernard de Clairvaux*, appendice IV), il est certain que, selon la formule heureuse de D.J. Perez de Urbel, « Virgile et les autres poètes étaient l'enthousiasme des uns, le scandale des autres, et l'occupation de tous ». En Angleterre, Aelred de Rievaulx* a transposé le *De amicitia* de Cicéron. Guillaume de Saint-Thierry puise abondamment chez celui qu'il appelle *Seneca noster* (son *De natura et dignitate amoris* est aussi interprété comme une réplique à Ovide, *Anti-Nasonem*). Thomas de Perseigne cite aisément Ovide, Lucain, Homère, Juvénal. Une lettre de Thomas de Froidmont à son frère, récemment publiée, est parsemée de citations classiques, y compris Horace, Plaute, et bien sûr Ovide. Par ses nombreuses citations des auteurs de l'Antiquité, Elie de Coxyde, abbé des Dunes († 1203), fait preuve d'une érudition peu commune. Platon n'est pas un inconnu à Cîteaux. La fameuse « Lettre de Pythagore » est citée par plusieurs auteurs cisterciens. Odon de Morimond († 1161) a écrit un *De analytica numerorum*. Guillaume d'Auberive († 1180) rédige un traité *De sacramentis numerorum a ternusque ad duodenarium*. Un autre abbé cistercien, Geoffroy d'Hautecombe (qui n'est autre que Geoffroy d'Auxerre († 1188), lui répondit en complétant son travail : *De sacramentis numerorum a tredenario usque ad vicenarium*. Cette joute d'abbés cisterciens avec des traités d'arithmétique spéculative est assez inattendue. Le mieux, c'est que les deux traités, accompagnés de celui d'un maître laïc, Thibaut, sont conservés dans un manuscrit d'Orval qui s'ouvre par un *De arte lectoris*, où les citations de la Bible sont mêlées avec celles de Juvénal, d'Horace, de Virgile et d'Ovide. Les nombres et le beau style ne sont-ils pas aussi un hommage à Dieu ? Dans son *Libellus proverbiorum* qui suit un *Libellus parabolarum*, Galland, moine de Reigny (vers 1140), fait des allusions à Circé, à Ulysse, et suppose bien connue la légende d'Orphée et Eurydice. C. Mohrmann a parlé d'« humanisme monastique ». La poésie n'était pas bannie des cloîtres cisterciens. Ce qui était condamné, c'étaient les vers satiriques, du genre de la *Bible* de Guiot de Provins*, qui fut quelque temps à Clairvaux, mais n'y resta pas. Les hymnes de saint Victor composées par saint Bernard n'ajoutent rien à sa gloire littéraire, non plus que les vers attribués à Guillaume de Saint-Thierry (dans *Scriptorium*, t. 8, n° 1, p. 118), mais Cîteaux compte d'authentiques poètes.

Et d'abord le groupe des anciens troubadours devenus cisterciens : Folquet de Marseille*, qui fut abbé de Thoronet puis de Grandselve et évêque de Toulouse, Bertran d'Alamanon* entré à Silvacane, Bernart de Ventadorn* et Bertran de Born* à Dalon, Perdigon* à Aiguebelle, Gausbert de Puycibot* peut-être au Thoronet. Plus tard, vers 1383, Peyre de Soliers, moine du Thoronet, philosophe et poète, composa un regeste des poètes de Provence, dont Nostradamus s'inspira. Plus célèbres peut-être encore, ces poètes de langue d'oïl qui s'essayèrent à des genres infiniment variés. Bien que le domaine d'oïl englobe en fait au XIIe siècle tout l'État anglo-français des Plantagenêts, je ne citerai que les poètes du continent. Et d'abord Hélinand*, le trouvère du Beauvaisis, devenu prieur de Froidmont. Il avait écrit ses célèbres *Vers sur la mort* avant d'entrer au cloître, mais Thibaud Ier de Marly*, moine de Notre-Dame du Val (vers 1189), composa dans sa retraite ses *Stances sur la mort* roulant sur le mépris des richesses et du siècle. Quentin Crasie, trouvère picard et sous-prieur de Chaalis († 1151), est l'auteur d'élégies et autres chants. Serlon de Wilton, abbé de l'Aumône, se distingua dans la poésie rythmique. Richard, moine de Grandselve (vers 1160), écrivit un bref *Carmen de laude Clarevallis*. Thomas, moine de Froidmont, composa une longue élégie *De peregrinatione et periculis sororis suae* (Marguerite dite de Jérusalem). Alain de Lille* est le poète didactique et moral du *De planctu naturae* et de l'*Anticlaudianus*. Gunther, moine de Pairis (vers 1210), s'essaya au genre historico-épique dans son *Historia captae... Constantinopoleos*, qui est un document de premier ordre pour l'histoire de la quatrième croisade, et dans les deux poèmes *Solymarius* (histoire versifiée de la première croisade) et *Ligurinus sive de rebus gestis Frederici Aenobarbi*, qui lui sont attribués. Le *Dolopathos* de Jean de Hauteseille* est un remaniement sur un texte grec du vieux conte oriental venu sans doute de l'Inde, l'*Histoire des Sept Sages*. Ythier de Wassy, moine de Clairvaux (vers 1207), chanta la vie monastique dans un florilège qu'il termina par cette épigramme à son adresse : « *Flere decet monachum, non fabricare metrum. Amen.* »

L'œuvre grandiose de Guillaume de Digulleville*, prieur de Chaalis, a mérité de soutenir la comparaison avec celle de Dante Alighieri*. Pierre Ylarius, un autre moine de Chaalis († 1407), est l'auteur d'odes et de chants divers en l'honneur de la Vierge. Jean Eustache lui-même, abbé de Nizelles, l'austère réformateur des monastères de Belgique et le conseiller du roi René d'Anjou*, chanta la Provence et les « Saintes Maries de la mer » en un enthousiaste poème de cent quarante et une strophes qui fut, dit-on, en partie improvisé. Un peu oublié enfin est le poète provençal Robert Burgundion, moine de Clairvaux vers 1380, puis abbé d'on ne sait quel monastère, que ses amis poètes italiens et provençaux comparaient volontiers à Cicéron et à Virgile. Il était aussi grand ami de Sénèque. Outre des *sacra poemata*, d'ailleurs perdus, on lui attribue le *Judicium Veritatis in causa Scismatis* (avant 1389) qui est d'un moine de Clairvaux. Jean de Montreuil*, décrivant les splendides jardins de l'abbaye de Chaalis, n'avait pas tort d'avancer que les muses y tinrent plus d'une fois leurs assemblées. En d'autres abbayes aussi, et même en ce collège Saint-Bernard de Paris, où, le 15 juillet 1358, en plein Paris assiégé par les Anglais, un bon moine cistercien achevait paisiblement la transcription d'un florilège de poésies latines, tour à tour savantes ou galantes (Auxerre, ms 243).

3. Cîteaux et les Lettres françaises.

L'influence de Cîteaux sur la littérature française pose un certain nombre de problèmes que l'on ne peut qu'évoquer en ces quelques lignes.

L'influence de saint Bernard fut prodigieuse. Elle se mesure notamment au nombre d'apocryphes qui furent placés sous son nom et de manuscrits qui subsistent de ses œuvres ou des florilèges qui en furent tirés. On a pu écrire que toutes les personnalités religieuses du Moyen Âge dépendent d'une manière ou d'une autre de lui, et l'on cite saint François d'Assise*, Dante*, Jean Gerson*, le poète François Villon*.

Comparée à la sienne, l'influence des autres écrivains cisterciens apparaît plus pâle, mais elle est loin d'être négligeable. À propos d'Alain de Lille, E. Mâle avait dit : « Quand les écrivains du Moyen Âge seront mis à leur vraie place, l'auteur de l'*Anticlaudianus* apparaîtra comme l'un des plus remarquables. » Dante lui doit certainement. On a noté aussi l'influence des *Vers de la mort* d'Hélinand de Froidmont sur le thème de la *Danse macabre*, de Bernart de Ventadorn sur la Pléiade, du rythme *De contemptu mundi* sur Villon, d'Alain de Lille encore sur le célèbre *Roman de la Rose**, de Folquet de Marseille sur Pétrarque, voire sur le minnesänger Rodolphe de Neuchâtel, qui unit la culture latine à la culture germanique. Folquet de Marseille avait rêvé d'unir un jour à la gaie science théologique la gaie fleur de la poésie. Son rêve se réalisa un siècle plus tard, le 3 mai 1324, lorsque sept troubadours inaugurèrent à Toulouse, par de beaux poèmes à la Vierge en langue d'oc, ce *Consistori del Gai Saber** dont les *Jeux Floraux* se sont perpétués jusqu'à nous. Pareillement, vers 1325 une sorte d'Académie Provençale se constitua auprès du monastère du Thoronet dont Folquet avait été abbé. Elle compta quelques religieux du monastère, « hommes doctes et choisis ». Les *Pèlerinages* de Guillaume de Digulleville ont été aussitôt traduits en castillan puis en anglais, ils ont inspiré les célèbres *Pilgrim Progress of J. Bunyan* et les « Visions de Pierre le Laboureur ». L'art s'en est emparé (miniatures du ms. Bruxelles 10176-78). Le *Dolopathos* de Jean de Hauteseille* fut traduit en vers français par un trouvère de la cour de Philippe Auguste. L'*Évangile aux femmes** d'un certain Jean du Pin, satire souvent remaniée et interpolée, peut être rangé parmi les ancêtres des farces populaires postérieures.

L'un des problèmes les plus délicats est celui de la place de Cîteaux dans la littérature courtoise. Saint Bernard , en particulier, a-t-il influencé le développement de la poésie courtoise ? Y eut-il interférences ? Ou bien, l'amour courtois et la conception cistercienne de l'amour mystique sont-ils deux produits indépendants de la civilisation du XIIe siècle ? Ou encore l'amour cistercien a-t-il contribué à la décadence de l'idéal courtois ? Ces diverses opinions ont leurs tenants et leurs arguments. Plusieurs reposent sur une équivoque. En réalité, il faut distinguer, comme l'a fait Jean Frappier, courtoisie et « amour courtois » (terme moderne — sauf une mention chez Peire d'Alvernha* — dont la forme authentique est *fin'amor*) qui n'en est qu'un aspect, ou le raffinement extrême. La *fin'amor* se place en dehors de la religion, elle n'a rien à voir avec la notion de *caritas* ni avec l'amour-vertu. L'idéal de courtoisie, au contraire, reste profondément religieux. Mais le profane et le religieux sont inextricablement mêlés dans la poésie courtoise, tant dans le lyrisme des poètes d'oc que dans les romans d'oïl. On a donc plusieurs courants parallèles, dont *fin'amor* et amour mystique sont les deux extrêmes. On note cependant entre ces divers courants des points de contact, et il serait bien intéressant à ce point de vue de comparer le rôle de saint Bernard et celui d'Aliénor d'Aquitaine* dans la société du XIIe siècle. Le grand siècle de la poésie courtoise fut celui des premières croisades et de la vie de château avec les thèmes infiniment variés de l'amour et de l'absence plus ou moins inspirés de la légende de Tristan et d'Yseut. Ce fut aussi l'époque où le *Cantique des Cantiques* était le livre de prédilection des moines. Bien des chevaliers, et plus d'un troubadour, se retrouvèrent dans le cloître cistercien pour y chanter l'amour vrai, pour y vivre l'idéal du parfait chevalier, tel que l'avait entrevu l'abbé de Clairvaux, et y découvrir en particulier la Dame dont la tendresse est la seule véridique et ne déçoit jamais : la Vierge, Notre-Dame. Plus tard, les poètes de langue d'oc aimeront à chanter de préférence la Vierge Marie sans avoir d'ailleurs la veine poétique de leurs ancêtres les troubadours. Faut-il voir dans cette place faite à Marie dans la poésie un héritage de saint Bernard ? Oui, mais d'un saint Bernard déjà entré dans la légende et idéalisé, comme il l'est splendidement dans la *Divine Comédie.*

Au XIIIe siècle, chansons de geste et amour courtois trouveront leur sublimation dans la *Queste du Graal.* Le thème laissé inachevé et donc inexpliqué par Chrétien de Troyes* (*Perceval* ou *le Conte du Graal*, vers 1180) a été repris et continué par nombre d'auteurs qui ont ajouté leur note personnelle (*continuation Gauvain, continuation Perceval, Estoire dou Graal* de Robert de Boron*, vers 1195, *Parzival* de Wolfram d'Eschenbach*, *Perceval en prose, Lancelot en prose**). Toutes ces œuvres sont surpassées par le *Perlesvaus** et surtout par la *Queste del saint Graal** (vers 1220), la plus célèbre de toutes. Le chemin parcouru entre le *Conte* de Chrétien de Troyes et la *Queste* est considérable. Le *Conte* est un « roman éducatif » du Chevalier. La *Queste* est une œuvre mystique tout imprégnée de surnaturel divin, elle exalte la grâce, l'Eucharistie, l'amour de Dieu, l'union divine. Le cortège du Graal a évolué en une Liturgie qui est une grandiose synaxe eucharistique. C'est dans une abbaye de moines blancs qu'est déposé l'écu merveilleux, blanc à la croix vermeille, qui est réservé à Galaad le Bon Chevalier. Mais dans la *Queste*, ce ne sont pas tant les détails — teintés de romanesque et de féerique dans le goût du temps — qu'il faut chercher, que l'esprit qui souffle à travers cette œuvre extraordinaire. Parce que son cœur, malgré ses égarements, était resté généreux et noble, Lancelot n'avait pas été tout à fait écarté des saintes merveilles du Graal, mais il n'avait pu le contempler qu'à travers les brumes du rêve, en une vision incertaine et incomplète comme sa vertu. À Galaad, le chevalier immaculé, était réservé cet honneur. La *Queste* est un itinéraire spirituel : ceux qui se sont distingués par l'humilité et surtout par la chasteté, conservée ou retrouvée, seront admis à la connaissance des mystères les plus sacrés du Graal, à travers une série d'illuminations qui font pénétrer l'âme plus avant dans l'intimité des mystères de la Foi jusqu'à la manifestation même du Dieu Trine. On s'accorde à reconnaître l'inspiration « cistercienne » de cette œuvre, et M. Lot-Borodine précise en la rattachant à Guillaume de Saint-Thierry plus encore qu'à saint Bernard.

Le mythe de la *Queste du Graal* s'est transmis jusqu'à nous. Il correspond trop bien au désir de l'infini, à la nostalgie de Dieu et du Paradis qui brille au fond de l'âme de tout chrétien pour pouvoir disparaître un jour. Les très nombreuses adaptations françaises et étrangères (allemandes, noroises, anglaises, italiennes, espagnoles, portugaises) de la *Queste du Graal*, ses survivances à l'heure actuelle, les lieux d'élection où la *Queste* se perpétue, tous ces faits dénotent le bien-fondé et la justesse du jugement porté sur la *Queste* par un écrivain moderne : « L'un des messages les plus indicibles, les plus purs transmis par cette époque de spiritualité intense que fut le Moyen Âge. »

Dans la littérature jaillie de cette intense spiritualité, Cîteaux a inscrit des pages qui ne passeront pas.

→ Ouvrages généraux : Dom Besse, *Cisterciens*, dans *DTC*, Écrivains de l'Ordre, XIIe-XIVe siècle, col. 2538-2540. — É. Brouette, A. Dimier, E. Manning, *Dictionnaire des auteurs cisterciens*, 7 vol., *Documentation cistercienne*, vol. 16, abbaye Saint-Rémy de Rochefort (Belgique), 1975-1978. — J.M. Canivez, *Auctarium D. Caroli de Visch ad Bibliothecam Scriptorum S.O. Cisterciensium*, Bregenz, 1927 ; *Cîteaux*, dans *DHGE* Écrivains du XIIe siècle, col. 910-917 [Bibliothèques, col. 910-911, lettres, col. 913-914, travaux hagiographiques, col. 915]. Écrivains du XIIIe siècle, col. 958-959. Écrivains du XIVe siècle, col. 980. — *Cîteaux, Commentarii cistercienses*, Bulletin d'Histoire cistercienne, suppl. au t. 38 (n° 1), 1987. — J. de Ghellinck, *L'essor de la littérature latine au XIIe siècle*, 2 vol., 1946. — Dom J. Leclercq, *L'Amour des lettres et le désir de Dieu*, 1957 ; *La spiritualité du Moyen Âge (Histoire de la spiritualité chrétienne*, t. 2, 1961. — A. Sartorius, *Cistercium Bistertium*. Prague, 1700, tit. XX : *Cistercienses Doctores et Docti*, p. 510-581 : *Grammatici, Poetae, Oratores, Historici, Philosophi, Mathematici et Astrologi, Medici, Jurisperiti, Doctores Theologi, Professores publici, Viri docti, Ascetae.* — C. De Visch, *Bibliotheca Scriptorum S. Ord. Cisterciensis*, Cologne, 1656. — H.B. de Warren, *Tables chronologiques*, dans *Bernard de Clairvaux*, Paris, 1953, col. 4 : Bernard, la pensée, les lettres et les arts, p. 569-619.

Travaux spéciaux : 1. *Sur l'activité littéraire des abbayes cisterciennes* : Col. Bock, *Les cisterciens et l'étude du droit*, dans *Analecta S. Ord. Cist.*, 1951, 7, fasc. 1-2. — A. Coville, *La vie intellectuelle dans les domaines d'Anjou-Provence de 1380 à 1433*, Paris, 1961 [sur Robert

Burgundion, p. 207-213]. — Dom J. Leclercq, *Aspects littéraires de l'œuvre de saint Bernard*, dans *CCM*, 1958, 1, p. 319-337 ; *l'arithmétique de Guillaume d'Auberive*, dans *Studia Anselmiana*, 1948, 20, p. 181-204. — C. Obert, *La promotion des études chez les cisterciens à travers le recrutement des étudiants du collège Saint-Bernard de Paris au Moyen Âge*, dans *Cîteaux*, 1988, t. 39, pp. 65-77 ; *Les lectures et les œuvres des pensionnaires du collège Saint-Bernard. Jalons pour l'histoire intellectuelle de l'ordre de Cîteaux à la fin du Moyen Âge, ibid.*, 1989, t. 40, pp. 245-289. — B. Van Regemorter, *La reliure des manuscrits à Clairmarais aux XIIe-XIIIe siècles*, dans *Scriptorium*, 5 (1951), pp. 99-100. — A. Vernet, *Fragments du Phédon dans un manuscrit de Clairvaux*, dans *RMAL* 4 (1948), p. 53-56 ; *Un abbé de Clairvaux bibliophile, Pierre de Virey, 1471-1496*, dans *Scriptorium*, 6 (1952), p. 76-88 ; A. Vernet et J.F. Genest, *La bibliothèque de l'abbaye de Clairvaux du XIIe au XVIIIe siècle*, Paris, 1979 ; *Poésies latines des XIIe et XIIIe siècles* (ms. Auxerre 243), dans *Mél. F. Grat*, Paris, 1949, t. 2 [ms. copié en 1358 par un moine cistercien et comprenant des poèmes de Bernard Silvestre*, Jean de Hanville, Alain de Lille*, Richard de Fournival* et des poésies anonymes dont le fond est emprunté à l'antiquité païenne]. — J.-C. Didier, *Garnier de Rochefort, sa vie, son œuvre*, dans *Collectanea OCR*, 17 (1955), p. 145-158. — Dom J. Leclercq, *La « theographia » de Longuel de Clairvaux*, dans *Cîteaux*, 12 (1961), p. 211-225. — P. Guignard, *Les monuments primitifs de la Règle cistercienne*, Dijon, 1878 [trad. françaises du « pauvre Martin », p. 407-642, et introd., pp. 74-78]. En sens différent, Y. Congar, *Henry de Marcy, abbé de Clairvaux...*, dans *Studia Anselmiana*, t. 43 (*Analecta monastica*, 5e série, pp. 1-90).

2. Cîteaux et les Lettres françaises : a) Cîteaux et l'amour courtois : E. Delaruelle, *France féodale et chrétienne*, dans *Hist. du catholicisme en France*, t. 2, Paris. *Le problème de l'amour et la spiritualité bernardine*, p. 336-349. — J. Frappier, *Vues sur les conceptions courtoises dans la littérature d'oc et d'oïl au XIIe siècle*, dans CCM, 1959, 2, 136-156. — E. Gilson, *La théologie mystique de saint Bernard*, Paris, 1934. *S. B. et l'amour courtois*, p. 193-215. — J. du Halgouet, *Poètes oubliés*, dans *Collectanea Ord. Cist. Ref.*, 1958, 12, 240-242 [et pour l'ensemble, compte rendu dans *Cîteaux*, 1959, 10, 299]. — R. R. Bezzola, *Les origines et la formation de la littérature courtoise en Occident (500-1200)*, Paris, 1958-1963, 5 vol. — J. Leclercq, *Monks an Love in Twelfth Century France*, Oxford, 1979. — Voir aussi : Courtoisie. — b) Cîteaux et le Graal : *Les romans du Graal dans la littérature des XIIe et XIIIe siècles*, Paris, 1956. — F. Delaruelle, *L'idée de croisade chez saint Bernard*, dans *Mélanges saint Bernard*, Dijon, 1954, p. 53-67. — E. Gilson, *La Mystique de la Grâce et le Saint Graal*, Paris, 1932. — R. Nelli, *Lumière du Graal, Études et Textes*, Paris, *Cahiers du Sud*, 1951. — A. Pauphilet, *La Queste du Saint Graal*, Paris, La Sirène, 1923. — I. Vallery-Radot, *La Queste del Saint Graal, roman cistercien*, dans *Collectanea Ord. Cist. Ref.*, 1956, t. 18, p. 3-20, 119-213 et 321-332. — Voir aussi : Graal.

En outre J.-C. Payen, *Y a-t-il un repentir cistercien dans la littérature française médiévale ?*, dans *Cîteaux*, 1961, t. 12, p. 119-132. — Voir aussi : Sermons, Spiritualité.

J.L.C.B.

Clara d'Anduze. Une *canso*, transmise par le seul chansonnier provençal C (Paris, BN, fr. 856, f. 359 v°), lui est attribuée. Or, la *razo* (commentaire en prose) d'une poésie (PC 457, 4) du troubadour quercynois Uc de Saint-Circ* (1217-1253), affirme que ce poète « aimait une dame d'Anduze, appelée Madame Clara ».

L'unique *canso* de Clara est une plainte contre les médisants, « *li lauzengier* ». La *trobairitz* déclare cependant que rien ne pourra jamais la détacher de celui qu'elle aime et qu'elle tient à assurer de sa fidélité :

Ja no.us donetz, bels amics, espaven
que ja ves vos aja cor trichador
Ne craignez vraiment pas, bel ami
qu'à votre égard, j'aie le cœur trompeur.

Or, précisément dans la *razo* évoquée ci-dessus, dame Clara est présentée comme une victime de la calomnie. La dame aimée se confond-elle avec la *trobairitz* ? L'hypothèse est séduisante.

ŒUVRE. — Éd. O. Schultz, *Die provenzalischen Dichterinnen*, Leipzig, 1888 (réimp. Genève, 1975), p. 15 et 26. — M. Bogin, *The Women Troubadours*, New York, 1976, p. 130-131 ; trad. française, Paris, 1978. — P. Bec, *Burlesque et obscénité chez les troubadours*, Paris, 1984, p. 193-196. — D. Perkal-Balinsky, *The Minor Trobairitz. An Edition, Translation and Commentary*, dans *DAI*, 47 (1987), 2577 A, p. 153-156. — U. Mölk, *Romanische Frauenlieder*, Munich, 1989 [PC 115,1, p. 56-57 ; commentaire p. 196-197].

→ PC 115,1. — A. Jeanroy, *Poésies de Uc de Saint-Circ*, Toulouse, 1913, p. 26-29. — J. Véran, *Les poétesses provençales du Moyen Âge*, Paris, 1946, p. 158-162. — A. Albert-Birot, *Du côté de Clara d'Anduze*, dans *Mél. J. Lods*, Paris, 1978, t. 1, p. 19-27. — *The Voice of the Trobairitz*, éd. W.D. Paden, Philadelphie, 1989, p. 230. I.M.C. et G.B.L.

Clarembaud d'Arras. Clarembaud fut successivement prévôt (1152), puis archidiacre d'Arras (1156-1173). Toutefois, ce n'est pas en cette ville, apparemment, qu'il enseigna, mais à Laon, soit de 1157 à 1159, soit de 1165 à 1168, deux périodes pendant lesquelles sa présence à Arras n'est pas attestée. Gautier de Mortagne, qui occupa le siège épiscopal de Laon de 1155 à 1174, était son ami. Clarembaud ne semble avoir connu personnellement ni Pierre Abélard* ni Gilbert de la Porrée* (Gilbert de Poitiers). Il ne démontre aucune sympathie pour ce dernier, dont il oppose les thèses à celles de ses « vénérables maîtres, Hugues de Saint-Victor* et Thierry le Breton », autrement dit Thierry de Chartres*.

Les œuvres qui nous sont restées de Clarembaud d'Arras sont des commentaires sur deux opuscules théologiques de Boèce (*De Trinitate* et *De Hebdomadibus*), ainsi qu'un petit traité (incomplet) sur la création (Genèse I). Le commentaire du *De Trinitate* est adressé à Maître Odon (ou Eude), peut-être Odon d'Ourscamp. Le traité sur la création, conçu comme un complément au traité de Thierry de Chartres sur le même sujet, est adressé à une noble dame « dont la libéralité surpasse la majesté impériale ». On a de bonnes raisons de croire que cette noble dame est l'impératrice Mathilde, fille d'Henri Ier et mère d'Henri II d'Angleterre, épouse en secondes noces de Geoffroy le Bel Plantagenêt, comte d'Anjou et duc de Normandie.

Clarembaud aborde les problèmes théologiques les plus ardus. Il pense d'ailleurs que la théologie véritable est œuvre, non de la raison, mais d'une faculté intellectuelle supérieure à la raison qu'il nomme *intellectibilitas*. Seule, cette faculté intellectuelle supérieure, que Platon réservait aux dieux et à un tout petit nombre d'hommes (*Timée* 51 *e*), permet d'accéder au sanctuaire de la théologie. Qui a pénétré là, contemple dans sa pure simplicité la « Forme divine », laquelle est, pour tout être, *Forma essendi*. De ce sommet, le sage peut voir comment les formes incorporées à la matière ne sont que des images, plus ou moins déficientes, des formes véritables ou idées divines. Ces formules de Clarembaud sont aussi, à quelque détail près, celles de Thierry de Chartres. Ce sont elles qui, mal interprétées, ont pu faire croire à un « panthéisme chartrain ». En fait, si on les replace dans leur contexte (qui n'est pas le contexte aristotélicien), elles ne paraissent pas aussi révolutionnaires que certains l'ont prétendu.

Notons enfin que Clarembaud reproduit les « preuves arithmétiques » de la Trinité, chères à son maître Thierry. Les mathématiques, cette propédeutique de la théologie chartraine, nous permettent de mieux saisir (sans nous donner pourtant l'évidence de la démonstration) comment l'*Unité* (le Père) engendre l'*Égalité* (le Fils), cependant que de l'une et de l'autre procéde la *Connexion* (le Saint-Esprit).

Dans son petit traité sur la création, Clarembaud prétend n'être qu'un modeste glaneur dans un champ que son maître Thierry a moissonné avant lui. Il ne prévoyait sans doute pas que son commentaire sur le *De Trinitate* de Boèce serait utilisé plus tard par un représentant illustre du courant néoplatonicien chrétien, Maître Eckhart.

ŒUVRE. — N. Häring, *Life and Works of Clarembald of Arras. A Twelfth-Century Master of the School of Chartres*, Toronto, 1965.

→ *Maître Eckhart, Quaestiones et Sermo Parisienses*, éd. B. Geyer, Bonn, 1931, p. 29-34. — É. Gilson, *History of Christian Philosophy in the Middle Ages*, New York, 1955, p. 149-150. É.J.

Claris et Laris. Ce très long texte de plus de 30 000 octosyllabes, un des derniers romans en vers avant *Escanor* de Girart d'Amiens* et *Meliador* de Jean Froissart*, est chargé de toute la tradition arthurienne antérieure. Les nombreuses aventures et merveilles qui le composent contiennent maintes références aux romans arthuriens, particulièrement ceux de Chrétien de Troyes*. Il est dû à un ménestrel de profession, lorrain, qui l'a commencé en 1268. Il s'agit, en fait, de deux romans juxtaposés : celui de Claris qui épouse la reine Lidoine de Gascogne, dont il s'était épris déjà du vivant du roi ; celui de Laris, frère de cette dernière, amoureux de Marine, la sœur d'Yvain : Laris est fait prisonnier par la fée Madoine, délivré par son ami Claris, de nouveau prisonnier du roi Tallas de Danemark, et délivré cette fois par Brandaliz, après une longue série de quêtes. Gauvain, Yvain, Sagremor, Keu, Agravain, Caradoc, Cador, Dodinel, Cligès, Eliduc, vingt autres se partagent la scène avec les deux héros principaux dans une action assez touffue : brigands à tuer, monstres à affronter, chevaliers provocateurs... Le roman est devenu une véritable compilation. L'auteur a même logé l'épisode de la conquête des Romains, connu par le *Brut* de Wace*, le *Didot-Perceval**, la *Mort le roi Artu**, etc. L'unité se manifeste dans l'expression de l'amitié chevaleresque, du compagnonnage entre Claris et Laris, sorte de dédoublement du chevalier solitaire.

ŒUVRE. — Éd. : *Li Romans de Claris et Laris*, herausgegeben von J. Alton, Tübingen, 1884 (*Bibl. des litter. Vereins in Stuttgart*, 169) ; réimp. Amsterdam, 1966.

→ M. Klose, *Der Roman von Claris und Laris in seinen Beziehungen zur altfranzösischen Artusepik des 12. und 13. Jahrhunderts...*, Diss., Halle, 1916 (*Beihefte zur ZRPh.*, 63). — L. Jordan, *Der Roman von Claris und Laris, ein Sprachdenkmal des oberen Moseltals aus dem Jahr 1268*, dans *Archivum Romanicum*, t. 9 (1925), p. 5-33. — D. Kelly, *Multiple Quests in French Verse Romance : Merveilles de Rigomer and Claris et Laris*, dans *L'Esprit créateur*, t. 9 (1969), p. 257-266 ; « *Tout li sens du monde* » *dans Claris et Laris*, dans *Romance Philology*, t. 36, n° 3 (1983), p. 406-417. — Cf. *MB* n°s 1304-1305 ; *S* 2422-2423. A.M. et C.R.

Claude Platin. Voir : Renaut de Beaujeu.

Claudien Mamert (vers 420-474). Frère de l'évêque de Vienne, appartenant probablement à une lignée aristocratique, il reçut une éducation complète, à laquelle son goût pour la philosophie lui fit ajouter la maîtrise (qui devenait rare alors en Occident) du grec. Moine très jeune, il devint ensuite prêtre auprès de son frère, dont il fut le coadjuteur : organisation de la liturgie (notamment lors de la mise en place des fameuses *Rogations* inventées par son frère) ; développement du chant sacré ; conférences exégétiques. Il dut s'engager dans la controverse philosophique que suscita l'évêque Fauste de Riez*, en soutenant dans une lettre que l'âme humaine ne pouvait être de nature incorporelle, puisque la qualité de pureté parfaite qu'est l'immatérialité n'appartenait qu'à Dieu. Face au prestige de l'ancien Lérinien, Claudien déploya une belle érudition grecque pour tenter de faire triompher dans un traité en trois livres *Sur le statut de l'âme*, l'idée contraire, fondée en premier lieu sur les thèses platoniciennes stipulant que l'âme humaine est, elle aussi, de nature immatérielle. C'est ainsi que, peut-être à travers la lecture de Porphyre, des passages entiers du *Phédon* furent traduits et commentés en un latin au style soutenu et parfois très technique, dans la Gaule des années 470.

ŒUVRE. — *PL*, t. 53 ; *CSEL*, t. 11.

→ P. Courcelle, *Les lettres grecques en Occident de Macrobe à Cassiodore*, t. 2, Paris, 1948, p. 223-235. — E.L. Fortin, *Christianisme et culture philosophique au Ve siècle. La querelle de l'âme humaine en Occident*, Paris, 1959. — E. Griffe, *La Gaule chrétienne à l'époque romaine*, 1964-1966, t. 2, p. 268-269 ; t. 3, p. 381-385. — A. Loyen éd., *Sidoine Apollinaire, Correspondance*, t. 1, Paris, 1970. — M. Simonetti, *La produzione letteraria latina fra Romani e Barbari (sec. V-VIII)*, Rome, 1986. — Schanz, t. IV/1, p. 116-117 et IV/2, p. 547-550. M.B.

Clémence de Barking. Cette religieuse de l'abbaye bénédictine de Barking est l'auteur, à la fin du XIIe siècle, d'une des huit versions rimées de la *Vie de sainte Catherine* (voir *Sainte Catherine [Vie de]*). Elle se nomme à la fin de son poème : « *Par nun sui Clemence numee / De Berkinge sui nunain.* » Elle écrit en octosyllabes à rimes plates (deux mille sept cents vers), dans un anglo-normand élégant. Elle déclare que son œuvre est une réadaptation d'un texte français antérieur, lui-même traduit du latin (peut-être l'œuvre perdue d'un certain Gui). McBain identifie les sources de ce texte intermédiaire avec la *Vita* écrite par Ainard avant 1054 et la version grecque d'Athanasios, connue à travers sa traduction latine, dite version Vulgate (*BHL*, 1659). La « patte » de Clémence se manifeste dans des additions qui sont plus courtoises que pieuses.

On connaît un autre texte hagiographique écrit à Barking à la même époque, une *Vie* anonyme de saint Édouard le Confesseur (voir *Saint Édouard le Confesseur [Vie de]*). La nonne qui en est l'auteur refuse de se nommer et s'excuse pour son piètre maniement du français. Faut-il penser qu'il y avait au même moment à Barking deux nonnes capables d'écrire des vies de saints, ou bien que ces deux auteurs ne sont qu'une seule et même religieuse ? Malgré la très grande différence de qualité littéraire des deux textes, McBain opte pour la deuxième solution. Selon lui, la *Vie de sainte Catherine* serait nettement postérieure à celle de saint Édouard. L'auteur, ayant parfait sa connaissance de la langue et ayant mûri, oserait alors signer son œuvre. M.D. Legge, sans être convaincue par la démonstration de McBain, pense l'assimilation possible mais ne se prononce pas.

ŒUVRE. — Éd. W. McBain, Oxford, 1964 (*ANTS*, 18).

→ M.D. Legge, *Anglo-Norman Literature in the Cloisters*, Edimbourg, 1950, p. 49. — W. McBain, *The Literary Apprenticeship of Clemence of Barking*, dans *Journal of the Australasian Universities Language and Literature Association*, t. 9 (1958), p. 3-22. — M.D. Legge, *Anglo-Norman Literature and its Background*, Oxford, 1963, p. 66-72. — Cf. *MB* n°s 7792 ; *S* 5731. A.F.L.L.

Clément de Fauquembergue. Né à une date inconnue, mort le 19 juin 1438, Clément de Fauquembergue fut chanoine d'Amiens, d'Arras, de Cambrai, de Chartres, de Saint-Merri et de Notre-Dame de Paris. Après des études de droit, licencié en lois et en décret, il devint visiteur des lettres à la Chancellerie royale ; en 1410, il entra au Parlement comme conseiller en la chambre des enquêtes. En 1417, il succéda à Nicolas de Baye comme greffier civil. Absent de Paris pendant les troubles de 1435, il y revint l'année suivante et exerça jusqu'à sa mort la charge de conseiller. Il a laissé un *Journal*, qui, comme celui de Nicolas de Baye* son prédécesseur, est une collection de notes prises au jour le jour et intercalées dans les registres du Conseil et des plaidoiries. Ce *Journal* couvre les années 1417-1435, soit de l'entrée des Bourguignons à Paris (1418) à la fin de l'occupation anglaise. Il y a consigné non seulement tout ce qui pouvait intéresser le fonctionnement du Parlement, mais aussi les événements politiques qui se succédèrent durant cette période troublée. Le *Journal* est illustré de dessins de sa main et fourmille de remarques personnelles avec citations, l'auteur qu'il cite le plus fréquemment étant Virgile, et de digressions annalistiques (ainsi un orage très violent qui eut lieu à Paris en 1434). Dans ces notations le latin se mêle souvent au français.

ŒUVRE. — Éd. A. Tuetey, 2 vol., Paris, 1910 (*SHF*) [avec la collaboration de H. Lacaille].

→ P. Hefti, *La formation d'un humaniste au début du XVe siècle en France*, dans *Romania*, t. 92 (1971), p. 289-325. — Molinier, n° 4491 — Nouveau Potthast, III, p. 493. — Cf. *MB* n° 5178. G.T.L.

Clerc de Vaudoy. Jongleur à l'identité inconnue, ce *clerc* devait être un de ces clercs vagants, déclassés qui n'avaient franchi que les premiers degrés de la cléricature. Il appartenait à une catégorie d'amuseurs assez modeste : rien ne prouve qu'il connût le latin. Les trois œuvres que nous avons conservées de lui, n'apportent pratiquement aucune indication : Vaudoy peut être un surnom héréditaire ou bien rappeler une origine géographique, celle de Vaudoy-en-Brie (Seine-et-Marne, arr. Melun, cant. Rozay-en-Brie), car le v. 9 du *Dit d'Amour* fait allusion à la foire de Provins, toute proche. Si ses dates de naissance et de mort restent inconnues, le Clerc de Vaudoy semblerait avoir eu trente-sept ans au moment de la rédaction de son œuvre la plus importante, le *Dit des droits*.

Composé après 1237 — et copié en 1268 au plus tard — le *Dit des droits* occupe une place très honorable parmi les poésies morales du XIIIe siècle. Une pensée spontanée, une expression variée, des images personnelles et fortes font le charme de ce poème. Si les recommandations du Clerc de Vaudoy ne traduisent rien de plus que la morale courante du temps, il les exprime avec une verve facile, d'où tout verbiage est exclu. Les *Vers de la mort* d'Hélinant de Froidmont* sont sa seule source d'inspiration connue : le Clerc de Vaudoy utilise la même forme strophique pour ses 39 douzains d'octosyllabes et adopte le même usage de commencer la plupart des strophes par le mot qui nomme le thème du morceau *(Droiz)*. La parenté du *Dit des droits* avec les médiocres *Vers de droit* de Baudouin de Condé* ne fait aucun doute, à tel point que neuf strophes du *Dit des droits* se trouvent également dans les *Vers de droit*, introduction due vraisemblablement à un copiste peu scrupuleux ; cependant, en l'absence de tout repère chronologique sûr, la nature de cette parenté (adaptation, modèle commun perdu...) ne peut être définie. Le *Dit des droits* figure aujourd'hui dans 11 mss.

Du *Dit d'Amour*, conservé, sans titre précis, dans un ms. unique, il ne subsiste que cinq quatrains d'alexandrins monorimes. Le *Dit de Nicerole* est aussi conservé dans un seul ms., et comprend 18 quatrains d'alexandrins monorimes : destiné à susciter la générosité d'auditoires de carrefours plutôt que celle d'un bienfaiteur attitré, il provoque le rire autant que la pitié. Sans avoir ni la couleur ni le pathétique de la *Griesche d'été*, de la *Griesche d'hiver* ou du *Dit des ribauds de grève* de Rutebeuf*, il offre un témoignage intéressant sur l'existence misérable des jongleurs adonnés aux dés et au vin.

ŒUVRE. — *Les dits du Clerc de Vaudoy*, éd. P. Ruelle, Bruxelles, 1969 (*Univ. Libre de Bruxelles, Travaux de la Faculté de Philosophie et Lettres*, 42).

→ *GRLMA* t. VI/1, p. 89 ; t. VI/2, n°s 2664, 4636, 7270. — Cf. *MB S* 4584. F.F.H.

Cleriadus et Meliadice (Roman de). Composé entre 1435 et 1445, ce long roman en prose reprend des éléments d'un texte qui connaissait alors un grand succès : *Ponthus et Sidoine**. Ici, ce sont les nombreuses prouesses (en Angleterre, en Espagne et à Chypre) de Cleriadus, fils du comte des Asturies, qui sont narrées. Elles s'achèveront par son mariage avec Meliadice, fille du roi d'Angleterre, et son intronisation en ce même pays. Cette histoire exemplaire d'une élévation sociale trouve, selon son récent éditeur, son originalité dans sa construction et son écriture.

ŒUVRE. — Éd. Michel Le Noir, Paris 1514. — Éd. G. Zink, Genève, 1984 (*TLF*, 328). — Éd. D. Irving, *Clariodus, a Metrical Romance*, Edimbourg, 1830 [adaptation écossaise en vers de la première moitié du XVIe siècle].

→ G. Zink, *Cleriadus et Meliadice, histoire d'une élévation sociale*, dans *Mél. A. Planche*, Paris, 1984, p. 496-504. — Cf. *MB* n° 6642.

S.L.

Cluny. Que faut-il entendre exactement par « lettres » clunisiennes au Moyen Âge ? La réponse ne va pas de soi, à la fois pour des questions de dates, d'espace et de définition du terme « lettres ».

Le monastère de Cluny, fondé en 910 par Guillaume III d'Aquitaine dit « le Pieux », est d'abord un établissement modeste. Trois siècles plus tard, l'*Ecclesia cluniacensis* constitue un réseau aux mailles serrées d'églises, de prieurés et d'abbayes qui se dilate jusqu'aux limites de la Chrétienté latine. Les abbés de Cluny (Odilon*, Hugues Ier de Semur et Pierre le Vénérable* surtout) sont alors des figures de premier plan, soutiens actifs de la papauté, qui marquent profondément l'ecclésiologie et la théologie de la réforme de l'Église à l'âge « grégorien ». Passées les années 1200, l'ordre de Cluny demeure certes important au sein du monachisme bénédictin (cela d'ailleurs jusqu'à la fin de l'Ancien Régime) ; c'en est pourtant fini d'un rayonnement intellectuel marquant après l'abbatiat de Pierre le Vénérable (1122-1156). Dans le monde des universités, on peut bien sûr citer quelques figures clunisiennes, tels Albert de Montdidier, maître en théologie à Paris, ou Guillaume de Montlaudun, abbé de Montierneuf de Poitiers, qui enseigne le droit à Paris et à Toulouse. Mais ce Cluny « d'après Cluny », pour reprendre l'expression de Gerd Melville (*Francia*, 17/1, 1990, p. 91 sqq.), fait pâle figure intellectuelle à côté des mendiants, des victorins, ou même des cisterciens. On traitera donc ici de la période marquante des lettres clunisiennes : des origines aux années 1160.

L'ampleur de l'expansion de l'*Ecclesia cluniacensis* conjuguée à la diffusion par capillarité du modèle clunisien au-delà même des cercles gagnés par l'entreprise de réforme monastique (au service de laquelle les premiers abbés de Cluny furent très actifs) rend très aléatoire tout inventaire des « écrivains clunisiens ». Par exemple, convient-il ou non d'y inclure Raoul Glaber*, qui ne fit que passer par Cluny et consacra le plus clair de sa vie monastique au service de Guillaume de Dijon (ou de Volpiano) ? Doit-on considérer Alger de Liège, qui prit l'habit monastique au soir de sa vie, comme un auteur « clunisien » ? Que faire d'Orderic Vital*, qui s'est illustré à Saint-Evroult, monastère sur lequel l'influence de Cluny est restée lointaine ? Gilo († vers 1142), moine de Cluny puis cardinal de Tusculum, auteur d'une histoire de la première croisade, est-il un écrivain « clunisien » ? Faut-il rejeter l'œuvre importante d'Hugues d'Amiens († 1164), moine de Cluny, prieur de Saint-Martial de Limoges, prieur de Saint-Pancrace de Lewes, abbé de Reading, puis archevêque de Rouen, dont les écrits sont si intimement liés à la personne de Pierre le Vénérable ? La liste des auteurs à problème pourrait être longue. Aussi est-il plus sage de s'en tenir à la production directement dépendante des abbés de Cluny.

Le dernier problème tient à la définition du terme « lettres ». Cluny ne connaît pas de discrimination stricte de ce qui, au sein de la production écrite, appartient ou non à la noble catégorie des lettres. Cela pour une raison simple : l'écrit sous toutes ses formes (littéraire ou pratique) est la nécessaire expression idéologique d'un monastère qui doit lutter farouchement pour affirmer et défendre sa souveraineté. On donnera donc ici une acception fort étendue au terme « lettres » : des productions narratives classiques (hagiographie, historiographie...) aux écrits pratiques que sont les chartes et les coutumes. Pour la commodité de l'exposé, on distinguera différents types de productions, quand les contemplatifs des Xe-XIIe siècles unifiaient, en réalité, la diversité des écrits dans le cadre d'une seule réflexion théologique.

1. Hagiographie. L'hagiographie représente l'essentiel de la production narrative clunisienne des origines (910) à l'abbatiat de Pierre le Vénérable* (1122-1156).

Fait à première vue surprenant, il faut attendre les environs de l'An Mil pour que s'élabore véritablement une hagiographie abbatiale clunisienne, sous l'impulsion du cinquième abbé, Odilon* (994-1049), en l'honneur de son prédécesseur, Maieul (954-994). Des trois premiers abbés du monastère, Bernon (910-927), Odon* (927-942) et Aymard (942-954/963), seul le second est honoré comme saint. Le culte d'Odon, mort à Saint-Julien de Tours, a mis longtemps à s'imposer à Cluny. La première *Vita sancti Odonis* (*BHL* 6292-6296) est rédigée vers 945 par un disciple italien du saint, Jean de Salerne, mais le texte n'est pas utilisé, à Cluny, pour les leçons d'office de la Saint Odon.

En 998, le pape Grégoire V délivre à Cluny son premier privilège d'exemption. En 1024, Jean XIX étend ce privilège à tous les frères *ubicumque positi* (à Cluny ou dans une de ses dépendances) qui ne relèvent plus du diocésain mais du pouvoir d'ordre du seul abbé. Dès lors, les clunisiens ont besoin d'une figure emblématique qui représente la tête d'un corps désormais autonome, l'*Ecclesia cluniacensis*. Tel est le rôle qu'Odilon fait jouer, non pas à Bernon ou à Odon, mais à Maieul. Le dossier hagiographique de Maieul est constitué de 11 pièces, parmi lesquelles il convient de distinguer la *Vita prima* (*BHL* 5180), sans doute l'œuvre de Syrus, que ce dernier remanie, amplifie (*BHL* 5179) et accompagne d'un *Sermo de beato Maiolo*, le tout fortement inspiré par l'œuvre hagiographique du carolingien Heiric d'Auxerre*, et la *Vie* composée par Odilon, à des fins essentiellement liturgiques (*BHL* 5182-5184).

À la mort d'Odilon (1er janvier 1049), son disciple Jotsald compose un *Planctus* (*BHL* 6283), drame funèbre dont la trame est tirée du Cantique des Cantiques. Peu après, il rédige une première *Vie* (*BHL* 6281) que Hugues de Semur (1049-1109) fait remanier (*BHL* 6282) par Pierre Damien, sans doute à l'occasion de la translation des reliques du saint, en 1063.

Hugues de Semur a manifesté une grande dévotion pour ses devanciers à la tête de Cluny, spécialement Odon. C'est Hugues qui donne toute sa solennité à la Saint Odon et fait remanier par un moine anonyme, dit l'« *Humillimus* » (*BHL* 6298), la *Vita prima* composée par Jean de Salerne. Ce remaniement a principalement pour objet de reprendre toute la partie relative aux origines de Cluny.

Le dossier hagiographique de saint Hugues est d'une très grande complexité. Hugues de Semur, mort en 1109, ne semble pas avoir été honoré avant 1120. Au départ, c'est-à-dire entre 1109 et 1120, il existe un fond d'anecdotes qui n'ont peut-être pas encore de forme littéraire ; à moins que l'énigmatique Ezelo (auteur cité par les hagiographes ultérieurs mais dont on ne connaît plus le texte) n'ait composé un récit avant 1120. En 1120, c'est-à-dire à l'occasion de la canonisation de saint Hugues par le pape Callixte II, l'abbé Pons de Melgueil (1109-1122) commissionne deux entreprises de rédaction : la première est confiée à des clunisiens « conservateurs » de son entourage (la « faction » rivale, les « rénovateurs », est menée par le futur Pierre le Vénérable), c'est-à-dire Hugues de Gournay (*BHL* 4011 et 4012 a) et Gilo (*BHL* 4007) ; la seconde est confiée à un lettré de haut vol, Hildebert de Lavardin* (*BHL* 4010) qui travaille, dit-il, à partir du texte de Gilo et de l'énigmatique Ezelo. Cette première floraison retombe après l'abdication de Pons de Melgueil (1122). Renaud de Vézelay, neveu de saint Hugues, aurait alors repris le flambeau (*BHL* 4008 et 4009), ainsi que deux anonymes (*BHL* 4012*b* et 4013), tous travaillant à partir des textes élaborés antérieurement.

Sous Pierre le Vénérable démarre un second temps de l'histoire de l'hagiographie clunisienne. Pierre prend directement en charge, dans son *De Miraculis*, quelques rares souvenirs de ses prédécesseurs. Mais ce recueil est plus une mise en forme des thèmes clés de l'hagiographie clunisienne (en particulier, l'importance des suffrages pour les défunts et de la lutte contre les démons) qu'une galerie de portraits abbatiaux clunisiens. D'ailleurs, le modèle hagiographique que Pierre le Vénérable élabore n'est plus abbatial ; il s'agit de Matthieu d'Albano, prieur de Saint-Martin-des-Champs, qui occupe une bonne partie du livre II du *De Miraculis*. Cette seconde époque est également marquée par des entreprises de réélaboration des vieux textes et, ce faisant, par des retouches du récit des temps anciens du monastère. C'est de cette période que date le travail de Nagod, remanieur des *Vitae sancti Maioli* primitives (*BHL* 5181) et de la *Vita sancti Odonis* de Jean de Salerne (*BHL* 6299). Son intervention sur le premier dossier est surtout formelle. La reprise de la *Vita sancti Odonis* est beaucoup plus importante. Avec Odon, présenté comme le fondateur et le défenseur de la liberté clunisienne, c'est l'histoire même des origines du monastère qui est en cause.

Que recouvre exactement la notion d'« hagiographie clunisienne » ? En deux siècles (vers 950-vers 1150), les idéaux de sainteté se sont transformés, à Cluny comme ailleurs. Mais il est possible de dégager un fond commun à tous les dossiers rapidement présentés ici. L'hagiographie clunisienne a une fonction d'apologétique monastique. *L'Ecclesia cluniacensis*, fille privilégiée de Rome, apparaît comme un corps autonome dont l'abbé est la tête ; la communauté clunisienne se définit comme une assemblée de purs *(angelica caterua)* luttant ici-bas contre le diable et dictant aux hommes du siècle, en particulier les souverains et les princes, la morale de leur statut. D'où l'existence, à côté des *Vies* abbatiales, d'une importante production à destination des laïcs. Il s'agit du premier modèle de *miles christianus* brossé par Odon dans la *Vita sancti Geraldi* (*BHL* 3411-3414) et des Épitaphes rédigées par Odilon en l'honneur des souverains ottoniens, Adélaïde (*BHL* 63-64) et Otton le Grand.

2. Historiographie. Sous ce genre, fortement articulé à la réflexion sur les grands hommes menée dans les biographies saintes, sont classées aussi bien les œuvres de Raoul Glaber* et de Richard de Poitiers* que les « chroniques » du monastère.

Les *Histoires* de Raoul Glaber, adressées à l'abbé Odilon et pour partie rédigées à Cluny, s'attachent à la description et la compréhension des événements intervenus autour de la millième année de la naissance (1000) ou de la Passion (1033) du Christ. Le texte de Glaber s'adresse à des religieux ; l'histoire est alors un genre littéraire de haut niveau spirituel. C'est une sorte de prolongement de l'enseignement de l'Écriture sainte permettant d'interpréter les événements (le couronnement ou la mort d'un roi, une famine ou une épidémie, l'apparition d'une comète...) comme autant de signes divins. Le cours de la vie des hommes n'offre qu'un apparent désordre. Il faut savoir décrypter l'ordre caché. Raoul Glaber indique donc au début du livre I quel doit être le cadre d'interprétation de l'histoire : une quaternité (quatre éléments : vertus, sens, fleuves, périodes historiques, à l'image des quatre Évangiles) qui livre l'homologie structurelle de tous les éléments de l'univers et des événements de la vie des hommes. Ce qui revient (à la confluence des enseignements de l'Écriture et du platonisme chrétien) à ancrer l'histoire dans une cosmologie.

Dans la production historiographique du monastère, les *Histoires* de Glaber font figure de comète passagère. Aucune œuvre ultérieure ne s'apparente à cette puissante réflexion sur l'ordre du monde. La Chronique universelle de Richard de Poitiers, dédiée à Pierre le Vénérable, est une compilation de notes historiques s'apparentant plus aux récits courts, du type des Annales, qu'au cadre ample et plus théologique des Histoires.

Par ailleurs, le monastère s'est doté de chroniques permettant de suivre le fil de son histoire interne depuis ses obscures origines. La première est une Chronologie abbatiale placée en tête du premier cartulaire de Cluny (dit cartulaire A, ms. Paris, BN, n.a.l. 1497) sans doute entamé à la fin de l'abbatiat d'Odilon ; au moment où Cluny, pour les besoins de sa gestion, se dote d'une mémoire de ses biens, la

Chronologie récapitule, par abbatiat, tous les événements marquants de la vie du monastère, quitte à affabuler sur le temps des origines.

Cette chronique fut poursuivie jusqu'au début des années 1200. Il fallut attendre l'abbatiat de Jacques d'Amboise (1480-1510) pour qu'une autre entreprise voie le jour ; il s'agit de la Chronique de François de Rivo qui rassemble, sous forme d'extraits articulés, nombre de vieux textes historiographiques (en particulier les *Vies* de saints abbés) utiles à l'histoire du monastère.

3. Œuvres théologiques. Trois abbés de Cluny, Odon*, Odilon* et Pierre le Vénérable*, ont mené une réflexion personnelle de grande ampleur qui a marqué le mouvement théologique des Xe-XIIe siècles. À Cluny même, leurs œuvres représentent une manière de « noyau dur » des idéaux exprimés dans la production hagiographique et historiographique.

La théologie clunisienne est inaugurée par l'œuvre d'Odon formé à l'une des meilleures écoles de tradition carolingienne : Tours, terre alcuinienne. Le premier biographe d'Odon, Jean de Salerne, rapporte qu'Odon gagna Baume, pour se faire moine, en emportant avec lui une centaine de volumes. Ce serait le noyau de départ de la prestigieuse bibliothèque de Cluny, qui nous est connue dans son état du XIIe siècle par le catalogue d'un abbé Hugues (Hugues Ier de Semur ou Hugues III ?). L'image (si elle est vraie) suggère tout ce que la théologie et l'idéologie clunisiennes doivent au second abbé du monastère. Dans sa *Vita sancti Geraldi*, Odon définit le modèle du *miles* placé au service de l'Église. Surtout, dans l'*Occupatio*, il brosse une vaste fresque métrique de l'histoire du salut depuis la Pentecôte. Ce texte majeur (pour lequel on ne dispose actuellement ni d'une édition satisfaisante ni d'une analyse critique permettant de mesurer l'ampleur de la réflexion d'Odon) jette les fondements de l'ecclésiologie clunisienne. Dans l'isolement du cloître (séparation lentement acquise après la réforme de Benoît II d'Aniane), Odon médite sur la place privilégiée du moine dans l'histoire du salut ; héritier direct du collège apostolique, voué au silence du cloître — prélude au silence éternel —, méditant sur la conception virginale du Dieu fait homme et sur le sacrifice du Christ, retrouvant dans la liturgie de chœur un parfum d'immortalité, le contemplatif est un miroir offert au monde. Il a dépassé les divisions humaines (en particulier les divisions du sexe) et guide le retour de l'Église vers l'unification. D'où l'importance à Cluny, dès l'abbatiat d'Odon, de la mariologie et des réflexions sur la virginité articulées à la théologie de la Croix.

D'Odilon, on ne connaît, en dehors de textes hagiographiques, que quelques hymnes et une quinzaine de sermons. Cela suffit pourtant à bien sentir la piété eucharistique et mariale de l'abbé, ainsi que les implications de la théologie clunisienne de la Croix, dans le contexte des assemblées de paix et en prélude au mouvement de croisade. Odilon a manifesté une grande attention aux problèmes ecclésiologiques. C'est sous son abbatiat que les « lettres » clunisiennes (plus précisément le *Sermo de beato Maiolo* dont il a été question plus haut) adoptent le schéma chrétien des trois ordres fonctionnels théorisé à l'époque carolingienne : ceux qui combattent, ceux qui travaillent et ceux qui prient. C'est dans la complémentarité de fonctions différentes que l'Église marche vers l'au-delà, menée par le troisième ordre, de prière, entièrement accaparé par les moines que distingue non pas leur grade ecclésiastique mais leur purisme ascétique. L'Église est constituée de la communauté des vivants et des morts ; on ne connaît aucun écrit d'Odilon relatif aux problèmes funéraires. Seuls Jotsald, biographe d'Odilon, et Raoul Glaber, dans ses *Histoires*, rapportent le grand attachement de l'abbé à l'égard des morts. C'est lui qui introduit dans la liturgie clunisienne (laquelle fera rapidement école) le décret instituant le jour des défunts, le 2 novembre. Depuis lors, l'aide liturgique aux défunts devient une des activités majeures du monastère et marque profondément les écrits clunisiens à partir des années 1050 : qu'on songe par exemple à la lutte acharnée de Pierre le Vénérable, contre les Pétrobrusiens, en faveur du suffrage pour les défunts.

Imprégnée des idéaux mis en forme par les générations clunisiennes précédentes, l'œuvre de Pierre le Vénérable présente la caractéristique de s'être construite dans un contexte de polémiques et de luttes ecclésiales : luttes, au sein de l'ordre monastique, pour la défense du modèle clunisien ; polémiques, à l'extérieur, pour l'illustration et la défense de la Chrétienté contre les hérétiques, les Sarrasins et les juifs.

Sous l'abbatiat de Pierre le Vénérable, le modèle clunisien est fortement contesté par de nouveaux modèles de vie cénobitique, tel le modèle cistercien, ou bien érémitique. Les lettres de Pierre, regroupées en collection par son secrétaire Pierre de Poitiers, sont pour une bonne part de petits traités écrits en réponse aux attaques des « rénovateurs », ainsi la lettre 28 à Bernard* de Clairvaux sur la discipline clunisienne, ou bien la lettre 20 à Gislebert sur la vie érémitique.

Pierre le Vénérable a beaucoup œuvré pour la défense de l'Église dans un contexte de lutte contre les hérésies et de montée de l'antijudaïsme, contemporain de la seconde croisade (prêchée en 1146). À ces trois « fronts », correspond le triptyque polémique composé par l'abbé de Cluny : *Contre les Pétrobrusiens, Contre les Sarrasins* et *Contre les Juifs.*

Aux premiers, il oppose (comme son correspondant et ami Hugues d'Amiens, lui-même auteur d'un *Contra haereticos*) une réponse ferme et circonstanciée de la doctrine de l'Église sur la valeur du baptême accordé aux enfants ; l'importance des édifices religieux qui matérialisent ici-bas la congrégation des fidèles ; l'œuvre rédemptrice de la Croix ; la réalité et l'efficience du sacrifice eucharistique. Ce dernier point du *Contre les Pétrobrusiens* a joui d'une grande postérité et l'autorité de Pierre le Vénérable en matière eucharistique était encore sollicitée à l'époque de la Réforme.

Depuis le milieu du XIe siècle, Cluny est fortement engagé sur le front pionnier que représente l'Espagne. C'est à Tolède, place avancée sur cette marche de la Chrétienté, que Pierre fait réaliser la première traduction du Coran — façon de connaître de l'intérieur les textes sacrés de l'adversaire. Dans son *Contre les Sarrasins*, il s'attache à diaboliser l'Islam, en montrant que Mahomet ne saurait être reçu comme prophète.

Prenant appui sur des arguments scripturaires communs aux deux religions, mais aussi en se référant (pour la première fois de la part d'un chrétien) au Talmud, Pierre défend, dans son *Contre les Juifs*, la personne du Christ, messie et vrai Dieu. Son antijudaïsme ressort sans fard dans sa lettre (130) au roi de France Louis VII qu'il convie, pour financer la seconde croisade, à arracher l'or et l'argent injustement acquis par les juifs.

4. Écrits de la pratique. Depuis la fin du Xe siècle, Cluny est un monastère souverain. Les clunisiens, contemplatifs et grands seigneurs, n'ont pas seulement défendu cette souveraineté dans des écrits de nature historiographique ou théologique. Ils ont également veillé à se doter des instruments juridiques de leur liberté dans de nombreux actes de la pratique.

Il s'agit tout d'abord de chartes, rassemblées à partir de 1050 dans des cartulaires (cartulaire *A*, ms. Paris, BN, n.a.l. 1497 ; cartulaire *B*, ms. Paris, BN, n.a.l. 1498) ou bien des documents émanés (dans certains cas, composés au monastère lui-même) des rois et des pontifes romains, réunis dans le cartulaire *C* (ms. Paris, BN, n.a.l. 2262, v. 1100). Certains de ces actes sont des documents littéraires de premier intérêt pour qui cherche à voir comment (c'est-à-dire suivant quelles formules empruntées aux Écritures et à la théologie) des moines théocrates ont cherché à traduire dans la réalité sociale et économique de leur temps leur volonté de mise en ordre seigneurial.

La souveraineté clunisienne est, par ailleurs, mise en forme dans la rédaction de coutumes et de statuts qui décrivent et réglementent l'organisation interne du monastère et ses rapports avec le monde. Entre les années 990 et 1200, on compte huit codifications clunisiennes : les *Consuetudines antiquiores*, ordinaire liturgique de l'extrême fin du Xe siècle ; le *Liber tramitis*, ordinaire liturgique et coutumier qui décrit la vie menée à Cluny dans les années 1030-1040 ; les coutumes de Bernard (en deux versions) et d'Ulrich, composées sous l'abbatiat de Hugues Ier de Semur. Passées les années 1100, les coutumes sont complétées voire corrigées par des statuts, décisions ponctuelles émanant de l'abbé. Les statuts de Pierre le Vénérable et de Hugues V (dans les années 1200-1205) visent à réformer Cluny, en instituant, entre autres, une administration de l'ordre sous forme de chapitres généraux.

→ Pour le détail des textes cités pour chaque auteur, on se reportera à la notice correspondante (Bernard de Cluny, Odon, Odilon, Pierre le Vénérable, Raoul Glaber). Les œuvres hagiographiques sont indiquées ici suivant leur numéro d'ordre dans la *Bibliotheca Hagiographica Latina (BHL)*, où l'on trouvera tous renvois aux éditions. Quelques compléments (pour Odon et Maieul) sont signalés par D. Iogna-Prat, *Panorama de l'hagiographie abbatiale clunisienne (vers 940-vers 1140)*, dans *Manuscrits et œuvres hagiographiques*, M. Heinzelmann éd. *(Beihefte der Francia)*, Sigmaringen, 1992.

La Chronique universelle de Richard de Poitiers ne figure que pour quelques extraits dans le t. 26 (1882), p. 76-84 des *Scriptores* des *MGH*. La Chronologie abbatiale clunisienne, initiée vers 1050, se trouve dans la *Bibliotheca Cluniacensis*, Paris, 1614 (Bruxelles-Paris, 1915²), ainsi que la Chronique de François de Rivo (respectivement col. 1617-1628 et 1627-1685).

Les chartes ont été éditées par A. Bernard et A. Bruel, *Recueil des chartes de l'abbaye de Cluny*, 6 vol., Paris, 1876-1903 *(Collection de documents inédits sur l'histoire de France)*. On trouvera en intro. du t. 1, p. XIV sqq., une présentation des différents cartulaires.

Coutumes et statuts sont édités de façon fort dispersée. Dans le *Corpus Consuetudines antiquiores*, au t.V/2, p. 3-150 (éd. Dom K. Hallinger, Siegburg, 1983) ; le *Liber tramitis aeui Odilonis*, au t. 10 (éd. P. Dinter, Siegburg, 1984) ; les Statuts de Pierre le Vénérable au t. 6, p. 37-106 (éd. G. Constable, Siegburg, 1973). Pour les coutumes de Bernard, on doit encore se reporter à la vieille édition de M. Herrgott, *Vetus disciplina monastica*, Paris, 1726. Les coutumes d'Ulrich se trouvent au t. 149 (col. 635-778) de la *PL*. Les statuts de Hugues III ont été édités par Dom G. Charvin, *Statuts, chapitres généraux et visites de l'ordre de Cluny*, 1, Paris, 1975. D.I.P.

Cocaigne (Dit ou **Fabliau de).** Ce dit du XIIIᵉ siècle, de moins de 200 octosyllabes, décrit un pays d'abondance, le « pays de Cocagne », où le carême n'a lieu qu'une fois tous les vingt ans. C'est là la première apparition d'un thème promis à une belle fortune littéraire. On peut signaler également le poème moyen-anglais du XIIIᵉ siècle, *Cokaygne*, qui décrit le pays fabuleux sous un aspect comestible (rivières de lait, etc.), très proche des contes actuels.

ŒUVRE. — *Le fabliau de « Cocagne »*, éd. V. Väänänen, dans *Neuphilologische Mitteilungen*, t. 48 (1947), p. 3-36. — Éd. et trad. italienne G.C. Belletti, dans *Fabliaux. Racconti comici medievali*, Ivrée, 1982.

→ J. Delumeau, *La mort des pays de Cocagne*, Paris, 1967. — J.-C. Payen, *Fabliaux et Cocagne, Abondance et fête charnelle dans les contes plaisants du XIIᵉ et du XIIIᵉ siècle*, dans *Épopée animale, fable, fabliau, Actes du 4ᵉ colloque de la Société internat. renardienne, 1981*, Paris, 1984, p. 435-448. — Cf. *MB* nᵒˢ 2618, 6506 ; S 4908-4908 *bis*. A.F.L.L.

Colard le Bouteiller. Trouvère arrageois, dont l'activité littéraire s'est déroulée durant le deuxième tiers du XIIIᵉ siècle. Ses 12 chansons d'amour et son jeu-parti (R. 2129), où il a Guillaume le Vinier* pour partenaire, sont versifiés avec soin, bien écrits, mais dépourvus de caractère.

ŒUVRES. — A. Långfors, A. Jeanroy et L. Brandin, *Recueil général des jeux-partis français*, Paris, 1926, t. 2, p. 99-103 (*SATF*, 70). — H. Petersen Dyggve, *Chansons françaises du XIIIᵉ siècle (Colart le Bouteiller, Gaidifer, Wasteblé, etc.)*, dans *Neuphilologische Mitteilungen*, t. 30 (1929), p. 177-181 et 188-214.

→ Linker, nº 41. — Cf. *MB*, nᵒˢ 2200 ; 6450. G.M.

Colard Mansion. La biographie de ce personnage nous échappe : ni date de naissance, ni date de mort précises (il disparaît après 1484). On l'a voulu d'origine française, alors qu'il est très certainement issu d'une famille de Bruges, ville où il paraît avoir toujours résidé. Il fut tout à la fois copiste, traducteur-remanieur et imprimeur. Si ces deux premières fonctions sont loin d'être inhabituelles au XVᵉ siècle (voir David Aubert, Jean Miélot), la dernière est très neuve.

Copiste, il appartint à la guilde des libraires de Bruges. Il en fut même le doyen en 1471-1472. Avant 1467, il réalise pour Philippe le Bon un *Romuleon*, texte traduit par Jean Miélot en 1463-1465. En 1480, il s'engage à livrer avant juin 1481 un Valère-Maxime à Philippe de Hornes. Certains critiques vont jusqu'à penser qu'il fut aussi enlumineur et en prennent pour indice son édition de Boccace, premier incunable illustré de gravures sur cuivre, et son édition d'Ovide qui comporte 34 gravures sur bois.

Remanieur, Mansion écrivit en prose la *Penitence d'Adam*, dédiée dans un manuscrit à Louis de Gruuthuse ou de Bruges (après octobre 1472). C'est au même personnage qu'il dédicaça son *Dialogue des créatures* (1482), traduction de la version courte d'une œuvre latine de la seconde moitié du XIVᵉ siècle. Œuvre d'un Italien que l'on a tenté d'identifier à Mayno dei Mayneri tandis que certains mss parlent d'un mystérieux Nicolas de Pergame, le *Dialogue* est un recueil d'apologues dont les personnages appartiennent à l'ensemble de la création : soleil et lune, étoiles, air, vent, montagne et vallée, pierres précieuses, plantes, animaux et homme. À côté de fables originales, le *Dialogue* reprend un certain nombre de schémas connus, ceux de la tradition ésopique en particulier. Enfin lui est attribuée la traduction de la *Vie de saint Hubert*. Un manuscrit de cette œuvre rare appartint à Louis de Bruges ; un autre fut remanié par David Aubert en 1463 pour Philippe le Bon.

On pense que c'est Colard lui-même qui traduisit le *Donatus spiritualis* de Jean Gerson* et remania profondément l'*Ovide moralisé** avant de les imprimer ; le premier après 1479, le second en mai 1484. C'est certainement auprès de William Caxton que Mansion s'est initié au métier d'imprimeur. Caxton était à Cologne en 1472 où il acquit sans doute ses connaissances typographiques, une presse et des caractères fondus par Johan Veldener. En 1473-1475, il imprima vraisemblablement à Bruges deux de ses traductions : *The Recuyell of Historyes of Troye* et *The Game of Chess*. Un peu après, en 1475-1476, parurent quatre ouvrages en français sans date ni lieu d'impression : *Les quatre choses derrenieres, Le recueil des Histoires de Troyes, Les fais et proesses du noble et vaillant chevalier Jason*, et le *Septenuaire des pseaulmes de penitence*. Il est probable que ces quatre livres sont le fruit d'une collaboration plus ou moins étroite de Caxton et Mansion. Il est notable en tout cas que ce dernier n'imprima rien sous son nom avant le départ de Caxton pour Westminster à l'été 1476. Mansion édita alors vingt-quatre ouvrages dont treize portent son nom ou sa marque typographique. La majorité de ces titres figuraient dans la bibliothèque de Louis de Bruges, protecteur de Mansion et parrain d'un de ses enfants. Certes, des œuvres comme la *Consolation de philosophie* de Boèce* (éd. 1477), le *Quadrilogue invectif* d'Alain Chartier* (1477-1479), les *Dits moraux des philosophes, L'Art de bien mourir*, les *Distiques* du pseudo-Caton*, étaient fort diffusées et l'on a pu hésiter à voir dans la collection de Louis de Bruges la seule source de la production imprimée de Mansion. Mais figuraient également chez le grand bibliophile des textes récents et aussi peu répandus que la *Rhodie obsidionis descriptio* de Guillaume Caoursin* et les *Invectives contre la secte de Vauderie* traduites du latin de Jean Tinctor*, et que Mansion imprima.

S'il est exact que sa très belle édition d'Ovide (1484) le ruina, ceci témoignerait des difficultés rencontrées alors dans la diffusion d'impressions de luxe. Pour le « haut de gamme », les seigneurs bourguignons donnaient certainement encore la préférence au manuscrit.

ŒUVRES. — *Ovide moralisé*, éd. C. Mansion, Bruges, mai 1484. — *La Vie de saint Hubert dite d'Hubert le Prevost*, éd. F. de Rooy, Zwolle, 1958. — *Le Dialogue des créatures*, éd. P. Ruelle, Bruxelles, 1985 (*Coll. des anciens auteurs belges*, 8).

→ J. Van Praet, *Recherches sur Louis de Bruges* (...), Paris, 1831. — *Cinquième centenaire de l'imprimerie dans les anciens Pays-Bas*, Bruxelles, 1972, p. 212-238. — A. Rouzet, *Dictionnaire des imprimeurs, libraires et éditeurs des* XV*e et* XVI*e siècles dans les limites géographiques de la Belgique actuelle*, Bruxelles, 1975, p. 136-139. S.L.

Colin Muset. Ménestrel du deuxième tiers du XIIIe siècle, auteur de 20 chansons de genres divers. On ignore la date et le lieu exacts de sa naissance. Il est permis de supposer néanmoins qu'il vit le jour, vers 1210, dans la région située aux confins de la Champagne, de la Bourgogne et de la Lorraine, qui forme le département de la Haute-Marne. C'est dans les limites de ce territoire en tout cas que son activité s'est principalement déployée et qu'habitaient la plupart de ses protecteurs, le comte de Reynel, les seigneurs de Châteauvillain, de Choiseul, de Clefmont, de Sailly et de Vignory. Mais son humeur vagabonde et l'espoir de profits plus élevés l'amenèrent parfois à quitter sa petite patrie et à tenter sa chance ailleurs, à la cour du comte de Vaudémont (Meurthe-et-Moselle) et à celle du duc de Lorraine notamment. C'est vraisemblablement au cours d'un séjour chez ce dernier qu'il chanta pour la « bonne duchesse » dont il fait l'éloge dans une de ses compositions.

Son nom est vraisemblablement un pseudonyme emblématique, dont il exploite toutes les possibilités sémantiques : le *muset* désignant la petite souris, mais aussi celui qui passe son temps à *muser*, à musarder, et qui joue des airs de *musette* (cornemuse).

Les renseignements que nous possédons sur lui, nous les devons à son œuvre. Faisant fi des conventions de la lyrique courtoise, Colin en effet s'y met en scène et ne craint pas de s'y raconter. Ses aventures de trouvère itinérant, en quête de mécènes, à la merci de hobereaux plus ou moins généreux, ses bonnes fortunes, ses goûts et ses désirs de gai luron, rien ne nous est caché. Il passait l'hiver chez lui, entre sa femme, sa fille, sa servante et son valet. Pour oublier la dureté de cette saison si pénible aux jongleurs, il s'évadait dans le songe, rêvait qu'il avait découvert un hôte riche et libéral, pourvu d'une épouse prévenante, et décrivait l'existence large et heureuse qu'il mènerait sous son toit, bien au chaud, choyé, gavé. Quand la disette le mettait aux abois, il adressait une chanson à un seigneur ami et lui demandait du secours. Aussitôt les beaux jours revenus, il reprenait sa vie nomade. Muni de sa vielle et de son archet, il courait les bourgs et les châteaux, assistait aux tournois, participait aux fêtes bruyantes et joyeuses où chevaliers et nobles dames ne pensant qu'à s'amuser dépensaient sans compter.

Pour divertir les seigneurs qui le défrayaient, Colin rimait et chantait des chansons. Il en composa quelques-unes sur les thèmes courtois et traditionnels, s'y peignant sous les traits de l'amant martyr qui implore humblement la « merci » d'une dame parfaite et hautaine. Cependant, le ton parfois légèrement parodique de certaines de ces pièces, la sensualité qui s'y exprime, ses déclarations à son confrère Jacques d'Amiens* enfin, prouvent que Colin ne croyait plus guère aux conventions du service d'amour et ne les exploitait que pour plaire à son public aristocratique. Il n'est vraiment lui-même du reste, spontané et naturel, que lorsqu'il donne un libre cours à son imagination et à son caprice, célèbre les plaisirs de la table ou chante ses amourettes sans complications sentimentales. Son inspiratrice ou plutôt ses inspiratrices sont de fraîches et blondes jeunes filles, peu farouches et point gourmées, qu'il rencontre tantôt dans un verger fleuri, tantôt dans un pré clos de buissons, au bord d'une fontaine, et qui prêtent une oreille complaisante à son badinage galant. On ne sait trop si ces élues d'un jour sont réelles ou imaginaires, car elles tiennent à la fois de la châtelaine, de la bergère et de la fée. Colin les convie presque toujours à faire bombance avec lui : bon vivant, ne concevant pas une partie de campagne sans un plantureux pique-nique, il aime à conjuguer les joies de l'amour et celles de la gastronomie.

Tout en amusant la société aristocratique, cet épicurien matois ne perdait jamais de vue ses propres intérêts. Il possédait d'ailleurs l'art de solliciter avec esprit et à propos, et ne se faisait pas faute d'en user. Il n'hésitait pas non plus à prêcher la munificence à ses protecteurs avec le sans-gêne caractéristique des gens de sa profession. Il devenait même amer et acerbe pour blâmer la lésinerie du monde ou simplement les seigneurs et les dames qu'il estimait trop économes. Il ne faut pas s'attendre toutefois à lire sous sa plume une satire âpre des mœurs du temps, un réquisitoire contre l'ordre social établi : pourvu que le nécessaire lui fût assuré, ce joyeux compagnon s'accommodait de son sort.

La poésie de Muset, spirituelle et enjouée, vive et familière, reflète fidèlement sa nature. Observateur aigu — parfois attendri, parfois malicieux —, Colin saisit d'emblée le détail ou le geste pittoresque. Quelques traits rapides lui suffisent pour évoquer une silhouette pimpante, esquisser un tableautin réaliste. Sa langue abonde en images évocatrices, en raccourcis nerveux, en termes concrets et savoureux. Truculent, ici, léger et gracieux, là, le style est expressif, plein de vivacité. Quant à la versification, elle est tout ensemble « raffinée et négligée » (Bédier). Pas plus pour la forme que pour le fond, Muset ne respecte les canons de la lyrique courtoise. Il cultive volontiers des genres comme le lai et le descort qui n'entravent pas son invention poétique et musicale. Trouvère fantasque et primesautier, il subordonne tout à son caprice et à son sens du rythme.

Ainsi la personnalité vivante et réelle du ménestrel éclate de tous les côtés. Proche encore des poètes courtois sous bien des rapports, Colin se distingue d'eux par l'originalité de son inspiration et de son art. Épicurien impénitent, parasite effronté et sans scrupules, mais esprit d'une fantaisie délicieuse, d'une désinvolture aimable, impertinente et juvénile, il sut se libérer du formalisme stérile dans lequel la poésie courtoise se desséchait et suivre sa propre voie. Il est un des très rares trouvères qui méritent de prendre place parmi les poètes authentiques.

ŒUVRES. — *Les Chansons de Colin Muset*, éd. J. Bédier, Paris, 1912, 2e éd., 1938 (*CFMA*, 7). — *Poètes et romanciers du Moyen Âge*, éd. A. Pauphilet, nouv. éd., Paris, 1952, p. 909-917 (*Bibliothèque de la Pléiade*, 52) [six chansons]. — P. Bec, *La lyrique française au Moyen Âge (XIIe-XIIIe siècle)*, Paris, 1978, t. 2, p. 63-65 [éd. d'une reverdie]. — *Anthologie de la poésie lyrique française des XIIe et XIIIe siècles*, éd. bilingue J. Dufournet, Paris, 1989, p. 216-225 *(NRF/Poésie)* [quatre chansons].

→ J. Frappier, *La Poésie lyrique française aux XIIe et XIIIe siècles*, Paris, 1954 (rééd. 1966), p. 196-208. — M. Banitt, *Le Vocabulaire de Colin Muset : rapprochement sémantique avec celui d'un prince-poète, Thibaud de Champagne*, dans *Romance Philology*, t. 20 (1966), p. 151-167. — R. Levy, *Remarques lexicographiques sur les chansons de Colin Muset*, dans *Romanic Review*, t. 59 (1968), p. 241-248. — D.A. Fein, *Evidence supporting Attribution of a Satirical Song to Colin Muset*, dans *Neuphilologische Mitteilungen*, t. 81 (1980), p. 217-220. — M. Tyssens, *Colin Muset et la liberté formelle*, dans *Mél. J.-C. Payen*, Caen, 1989, p. 403-417. — Linker, n° 44. — Cf. *GRLMA*, t. VI/1, p. 297 ; t. VI/2, nos 5808, 6132. *MB*, nos 2332-2333 ; 6451-6452 ; *S* 4279 ; 4315 ; 4465-4467 ; 4471 ; 5085. G.M. et F.F.H.

Colomban (vers 543-615). Son activité intense pendant près d'un tiers de sa vie en Gaule mérovingienne confère à l'Irlandais *(scotus)* Colomban une place privilégiée dans l'histoire de la culture et de la littérature médiévale en France (et en Europe). Né à Leinster, il est éduqué dans le monastère de Bangor, reçoit d'après son biographe Jonas de Bobbio une excellente formation de latiniste, « tant dans les arts libéraux que dans les études de grammaire », avant de devenir à son tour maître sur place. Parti pour la Gaule en 591 avec douze compagnons, il fonde, avec l'aide du roi Childebert, plusieurs monastères, dont le célèbre Luxeuil. Des frictions avec l'épiscopat franc sur la question de la date de Pâques et des conflits avec la reine Brunehaut (les semonces de l'Irlandais ne ménagent guère l'inconduite sexuelle du souverain) le conduisent à reprendre la mer pour retourner dans son monastère. Après une vaine tentative de traversée, Colomban, reparti vers l'Est, commence à évangéliser, accompagné de son disciple Gall, la région de Constance. Menacé de nouveau, il cherche refuge auprès des Lombards. Accueilli et protégé par Agilulphe et Théodelinde, il prêche à Milan et fonde un autre monastère, Bobbio, qui deviendra lui aussi un centre important de transmission du savoir, où il reste jusqu'à sa mort.

L'œuvre écrite que nous avons conservée de lui est relativement abondante. Afin de régler à la manière irlandaise la vie à Luxeuil, Colomban a rédigé une *Règle des moines*, qui trace en dix brefs chapitres les aspects principaux de l'existence monacale *(Sur l'obéissance, Sur le silence, Sur la boisson et la nourriture, Sur le discernement)*. Ces prescriptions sont complétées par une *Règle cénobitique* qui, instaurant là aussi la tradition irlandaise, établit un code pénal où chaque faute reçoit selon une tarification fixe un châtiment (leur rudesse, au moins théorique, est impressionnante). Afin d'être utilisable par ses moines « français » dont le niveau langagier peut être très modeste, ce document est rédigé dans une prose simple didactiquement charpentée. Ce dernier caractère est préservé dans le *Pénitentiel* (la part strictement colombanienne du texte est discutée) destiné à des laïcs.

On n'a pas encore réussi à déterminer à quel public sont destinés les *Sermons (Instructiones)* que rédige et prononce à Milan, donc à la fin de sa vie, Colomban. On en a contesté l'authenticité sous le prétexte que leur latinité est impeccable : certaines méditations (qui font écho aux mêmes lamentations jaillies dans les *Homélies sur Ézéchiel* prononcées peu auparavant par Grégoire le Grand) sur la fuite du temps et la vanité des biens terrestres renouvellent l'éloquence des Pères. Le haut niveau langagier et littéraire de l'Irlandais est pleinement confirmé par sa correspondance. Libéré des contraintes de la simplicité stylistique qu'imposent les devoirs pastoraux, il laisse libre cours à une virtuosité qui glisse parfois dans la préciosité la moins ascétique qui soit, sans toutefois déparer son texte. Témoin de premier plan, il argumente avec les évêques francs, avec le pape, etc... Parfois, la raideur du raisonnement cède la place à la confidence personnelle, lorsque l'exil et l'échec le conduisent à reconnaître dans un souffle que « la lassitude a presque emporté son courage ».

Une poignée de poèmes (l'attribution de certains est controversée) permet de découvrir sous le rude saint un fondateur du lyrisme médiéval. D'un point de vue formel, Colomban use des types naissants de la poésie rythmique tout en recouvrant l'usage de l'hexamètre (probablement redécouvert en Italie) avec une dextérité qui ne nuit pas à la sincérité émouvante de ses adieux à son vieux compagnon, le moine Fidolius : « *En te dictant ceci, je suis écrasé par la maladie amère / que j'endure en mon corps fragile et en ma vieillesse sinistre. / Car, tandis que le temps glisse dans sa course au précipice, / voici que nous sommes arrivés à la dix-huitième de nos Olympiades. / Tout passe ; l'irréparable temps fuit. / Vis, existe dans la joie sans oublier la funeste vieillesse.* »

Colomban prend ainsi place dans ce très haut Moyen Âge comme fondateur d'un monachisme différent (sa *Règle* perdurera avant de s'adoucir en fusionnant avec la plus humaine *Règle de Benoît*), introducteur d'un nouvel ordre pénitentiel (les *Pénitentiels* irlandais serviront de modèles jusqu'à la réforme carolingienne), héritier de la prédication ascétique aux laïcs (on pensera à l'œuvre de Césaire d'Arles*), mais aussi légataire de la poésie lyrique classique et annonciateur du renouveau carolingien de celle-ci.

ŒUVRES. — G.S.M. Walker, Dublin, 1957 (*Scriptores latini Hiberniae*, 2). — Dom J. Laporte, *Le pénitentiel de saint Colomban*, Tournai, 1959.

→ *Mélanges colombaniens, Actes du congrès international de Luxeuil*, Paris, 1951. — A. Quacquarelli, *La prosa d'arte di S. Colombano*, dans *Vetera Christianorum*, t. 3, (1966), p. 5-24. — H.B. Clarke, M. Brennan, *Colombanus and Merovingian Monasticism*, Oxford, 1981. — H. Löwe (éd.), *Die Iren und Europa im früheren Mittelalter*, 2 vol., Stuttgart, 1982. — M. Lapidge, R. Sharpe, *A Bibliogr. of Celtic-Latin Literature, 400-1200*, Dublin, 1985. — A. de Vogüé, *En lisant Jonas de Bobbio. Notes sur la Vie de saint Colomban*, dans *Studia monastica*, t. 30 (1988), p. 63-103. — Manitius, t. I, p. 181-187. — Brunhölzl, trad. fr., I/1, p. 176-184, 281-283.

M.B.

Commynes. Voir : Philippe de Commynes.

Compost et Kalendrier des bergiers. Recueil d'astrologie, de médecine et de morale religieuse, le *Compost et Kalendrier des bergiers* était une véritable petite encyclopédie destinée aux « simples gens », le berger désignant tout travailleur manuel. Compilé à la fin du XVe siècle, le *Kalendrier des bergiers* dut à l'imprimerie une diffusion remarquable. La première édition, sous une forme succincte, en fut donnée à Paris, le 2 mai 1491, par le prêtre et imprimeur-libraire Guy Marchant ; une version plus développée fut imprimée en 1493 par le même Guy Marchant, qui la réimprima cinq fois jusqu'en 1500 ; le *Kalendrier des bergiers* fit aussi l'objet d'impressions par Jean Bellot (Genève, après 1497 et en 1500), et par Gaspard Philippe (Paris, 1500). De 1501 à 1599, il y en eut 15 éditions au moins ; le texte rajeuni par A. Bonfons (Paris, 1602) fut encore réimprimé à plusieurs reprises au XVIIe siècle. Toutes ces éditions sont ornées de nombreuses figures sur bois. Le *Kalendrier des bergiers* fut traduit en anglais, et imprimé à Paris en 1503 et en Angleterre au début du XVIe siècle. Une traduction allemande parut à Rostock en 1523.

Cette compilation, dans l'édition de 1493, compte deux prologues suivis de six parties : I. le calendrier (8 chap.) ; II. « l'arbre des vices et paines d'enfer » ; III. la « science salutaire et l'arbre ou champs des vertus » (10 chap., dont des expositions du *Pater Noster*, du *Credo* et des dix commandements) ; IV. la physique et le régime de santé (4 chap., dont un traité astrologico-médical sur la saignée, une phlébotomie et un régime suivant les saisons) ; V. l'astrologie (5 chap.) ; VI. des « varia » qui comprennent : une physiognomonie, une pratique du calcul des heures de nuit, une poésie sur les quatre saisons, un *Dit des bestes domestiques et sauvages* et un *Dit des oiseaux* (dans la tradition des bestiaires), une Méditation en prose sur la Passion de Notre Seigneur, une Méditation sur la mort, des oraisons et prières. Les chapitres de morale chrétienne paraissent inspirés par le *Miroir du Monde* en vers.

Guy Marchant publia aussi, le 17 août 1499, à Paris, pour le libraire Jean Petit, un *Calendrier des bergères* « contenant plusieurs materes recreatives et devotes, nouvellement composé sans contredire a celluy des bergiers, mais suppliant les deffaultes omises en icelluy », mais qui ne connut pas l'immense succès du *Kalendrier des bergiers.*

ŒUVRES. — H.O. Sommer, *The Kalender of Shepherdes*, Londres, 1892 [fac-similé de l'éd. anglaise de R. Pynsons en 1506]. — *Le Grant Kalendrier et Compost des Bergiers aveq leur astrologie* [transcrit par B. Guégan], Paris, 1925 (réimp. Paris, 1976 et Genève, 1978) [repr. l'éd. de Nicolas Le Rouge (Troyes, 1529)]. — P. Champion, *Le Compost et Kalendrier des Bergiers, reproduction en fac-similé de l'édition de Guy Marchant (Paris, 1493)*, Paris, 1927. — *Petit traictié d'Astrologie avec les proprietez des douze signes* [par G. Lévis Mano], Paris, 1953 [extrait de l'éd. de Nicolas Le Rouge (Troyes, 1529)] ; *Plusieurs remedes contre douleurs de femme* [par G. Lévis Mano], Paris, 1953 [extrait de l'éd. de Nicolas Le Rouge (Troyes, 1529)].

→ G.M. Cropp, *Les douze mois figuréz. Un manuscrit et une traduction*, dans *Romania*, t. 101 (1980), p. 262-271. — E. Dal et P. Skårup, *The Ages of Man and the Months of the Year. Poetry, Prose and Pictures Outlining the Douze mois figurés Motif Mainly Found in Shepherds' Calendars and in Livres d'Heures (11th to 17th Century)*, Copenhague, 1980 (*Det Kongelige Danske Videnskabernes Selskab. Historisk-filosofiske Skrifter*, 9, 3). — D. Alexandre-Bidon, *Folklore, fêtes et traditions populaires de Noël et du premier de l'an (XIVe-XVIe siècle)*, dans *Razo*, t. 8 (1988), p. 37-64. — Cf. *MB, S* 5338-5339. F.F.H.

Comput. Ensemble des calculs qui concernent le calendrier chrétien et permettent en particulier la détermination de la fête de Pâques. L'Occident chrétien est resté, pendant tout le Moyen Âge, fidèle au calendrier julien, qui avait permis à son inventeur, en détachant le calendrier de la lune, à l'imitation des Égyptiens, de l'ajuster le mieux possible à l'année. Mais il combina ce legs des Romains avec des éléments divers empruntés au calendrier juif. L'introduction de la semaine, division du temps très ancienne sans relation aucune avec les mois, enleva au calendrier julien son caractère de perpétuité, les diverses dates correspondant chaque année à des jours différents de la semaine. La place donnée aux fêtes chrétiennes conduisit à accorder la plus grande attention aux phases de la lune : si certaines fêtes, comme les dimanches après l'Épiphanie ou les dimanches de l'Avent, dépendent de la place du dimanche par rapport à une date fixe, les fêtes mobiles, c'est-à-dire Pâques et celles qui précèdent ou suivent ce jour capital pour les chrétiens (depuis la Septuagésime jusqu'au dernier dimanche après la Pentecôte), sont directement liées aux phases de la lune, Pâques devant être fixé chaque année au dimanche qui suit le quatorzième jour de la lune du premier mois (mois juif de Nisan).

Aussi les computistes du Moyen Âge ont-ils multiplié les procédés pour déterminer rapidement les dates de la fête pascale : lettres dominicales et concurrents qui permettent d'établir la concordance entre les quantièmes du mois et les jours de la semaine, épactes et réguliers lunaires à l'aide desquels on peut calculer l'âge de la lune en un quantième quelconque du mois, clefs des fêtes mobiles et réguliers annuels lunaires, etc... De même ils ont utilisé divers cycles au bout desquels tels ou tels éléments de comput revenaient dans le même ordre : cycle solaire de 28 années, cycle lunaire de 19 ans, grand cycle pascal de 532 ans.

Cette science du comput ecclésiastique a donné naissance à une abondante littérature, faisant suite aux traités déjà composés par divers savants de l'Antiquité. Après la rédaction successive du *Computus pascalis* par Victorius d'Aquitaine en 457, et du *Libellus de ratione Paschae* par Denys le Petit en 525, provoquée par le désir de remédier aux erreurs du cycle de 84 ans qui était en usage depuis plusieurs siècles, un des plus grands esprits du Moyen Âge, le moine de Jarrow, Bède le Vénérable*, élève le comput au niveau des disciplines du *quadrivium* les plus estimées et répand dans toute l'Europe le comput dionysien. Son grand traité, *De temporum ratione*, écrit en 725, restera l'ouvrage de base de tous les computistes du Moyen Âge ; ses successeurs immédiats, Raban Maur*, Helpéric, se contentent de le démarquer. Le maintien plus prolongé dans les Îles britanniques et en Espagne du cycle de 84 ans et sa défense contre les systèmes postérieurs donnent naissance à des traités faussement attribués à des patriarches d'Alexandrie (en raison du rôle prééminent attribué à cette église par le concile de Nicée pour la fixation de la date de Pâques). Aux environs de l'An Mil, la doctrine de Bède est critiquée sur un point précis : l'origine de l'ère de l'Incarnation, et deux systèmes de correction en sont proposés par Abbon de Fleury* et Hériger de Lobbes ; le second devait trouver son épanouissement dans l'œuvre de Gerland de Besançon, tandis que le premier laissait des traces nombreuses dans les chroniques écrites aux XIIe et XIIIe siècles. Dans le domaine de la technique, de nouveaux progrès sont faits avec l'apparition des lettres dominicales, l'invention du nombre d'or par Hucbald de Saint-Amand au XIe siècle, la multiplication des séries de lettres lunaires dans les calendriers (à l'exemple du premier calendrier perpétuel dressé par Abbon), le développement d'un système de correction des épactes et des réguliers par Hermann de Reichenau.

La littérature du comput ecclésiastique se diversifie aux XIIIe et XIVe siècles. Certains auteurs conservent à leurs œuvres le caractère didactique et encyclopédique à l'image du traité de Bède, tels Reinher de Paderborn, Honorius Augustodunensis*, Roger Bacon*. D'autres écrivent en vers latins et français : Alexandre de Villedieu*, Jean de Hollywood, Philippe de Thaon*. D'autres encore se limitent à certains aspects du comput : par exemple, le Comput manuel (*Computus manualis*) pour Anianus. Bientôt les tentatives de réforme du calendrier qui devaient aboutir à la bulle du pape Grégoire XIII en 1582, conduisent les plus grands savants à composer eux aussi des traités de comput : Firmin de Belleval, Jean d'Erfurt, Jean de Murs*, Pierre de Dacie, etc...

L'Église orientale n'est pas en reste pendant tout le Moyen Âge. Qu'ils écrivent en grec (Jean Damascène, Isaac Argyros, Maxime le Confesseur, André de Crète), en syriaque (Georges d'Akoula, Jacques d'Édesse, Bar Hebraeus), en arménien (Ani le Calculateur, Jacques de Crimée), les computistes sont nombreux, et riche leur production. Malgré des travaux récents, cette littérature computistique du Moyen Âge reste mal connue (certains traités parmi les plus importants sont encore inédits), et difficile (« Nous n'y comprenons plus grand-chose », allait jusqu'à écrire Dom Wilmart en 1933). Mais elle reflète un aspect, et non des moindres, de la culture médiévale, fondée sur un mélange d'astronomie et d'allégorie, et appuyée sur la pensée élevée de la Résurrection du Seigneur.

→ A. Cordoliani, *Le comput ecclésiastique à l'abbaye du Mont-Cassin au XIe siècle*, dans *Anuario de estudios medievales*, Barcelone, t. 3, 1966, p. 65-89. — Molinier, 833. — *Catholicisme*, t. 2, 1950, col. 1430-1431. — *Lexikon für Theologie und Kirche*, t. 3, 1969, col. 29. — DTC, t. 11, 1932, col. 1948-1970 ; *Tables*, t. 3, 1972, col. 3436-3438. — *Lexikon des Mittelalters*, t. 3, 1984, col. 107. A.C.

Comte d'Artois (Roman du). Tout comme un épisode de la *Magus Saga*, une nouvelle du *Décaméron* (Beltramo e Giletta, III, 9) et plus tard une pièce de Shakespeare, le roman du *Comte d'Artois* est basé sur une structure de conte populaire. Comment une femme réussira-t-elle à remplir les conditions, apparemment impossibles, mises par son époux à leur réunion : attendre un enfant de lui à son insu, lui prendre sans qu'il le sache certains objets ? Ici, c'est sous le déguisement d'un serviteur du nom de Philipot que la comtesse d'Artois parviendra à ramener à elle son époux, Philippe.

Sur cette base narrative, l'auteur a greffé des éléments historiques anciens (un Philippe de Bourgogne épousa Jeanne de Boulogne à Arras en 1338), mais il a peut-être aussi joué de rapprochements avec Philippe le Bon, également comte d'Artois et qui n'eut qu'un fils de sa troisième épouse, en 1433. Ainsi le texte pourrait avoir été composé par un personnage de l'entourage ducal ; son dernier éditeur avance le nom de Jean de Wavrin*. En tout cas, il date du milieu du XVe siècle.

ŒUVRE. — Éd. J. Barrois, Paris, 1837 [éd. un ms. perdu depuis]. — Éd. J.-C. Seigneuret, Paris-Genève, 1966 (*TLF*, 124). — A. Hurtel, *Les Aventures romanesques d'un comte d'Artois*, Paris, 1883 [en français moderne].

→ G. Paris, *Une version orientale du thème de All's well that ends well*, dans *Romania*, t. 16 (1887), p. 98-100. — Y. Lacaze, *Le rôle des traditions dans la genèse d'un sentiment national au XVe siècle, la Bourgogne de Philippe le Bon*, dans *BEC*, t. 29 (1971), p. 303-385. — Cf. *MB* nos 4116-4117 ; *S* 6643, 6734. S.L.

Comte d'Auxerre. Voir : Gace de la Buigne.

Comte de Bar. Plusieurs membres de la maison comtale de Bar (Bar-le-Duc, Meuse) ont protégé des trouvères aux XIIe et XIIIe siècles. Quelques-uns ont même rimé des poèmes lyriques. Thibaut II, comte de Bar de 1239 à 1291 (date de sa mort), avait épousé en 1243 Jeanne de Dampierre, fille de Guillaume de Dampierre et de Marguerite de Flandre, et se trouva ainsi mêlé aux querelles de Flandre de 1247 à 1256 ; après avoir été fait prisonnier, le 4 juillet 1253, à la bataille de West-Capelle (Hollande), où il soutenait le parti de sa belle-mère, Marguerite de Constantinople, comtesse de Flandre et de Hainaut, contre la famille d'Avesnes, il composa un poème, dans lequel il demandait à ses parents et alliés d'intervenir en sa faveur et d'obtenir sa libération.

Au début du XIVe siècle, vers 1310, deux de ses fils cadets, Jean († 1317) et Thibaud († 29 mai 1312) qui était évêque de Liège et favorisa le romancier Jacques de Longuyon*, échangèrent des jeux-partis avec leur ami le poète Roland de Reims*.

ŒUVRES. — Leroux de Lincy, *Recueil de chants historiques français*, Paris, 1841-1842 (réimp. Genève, 1969), t. 1, p. 47-49. — A. Långfors, A. Jeanroy et L. Brandin, *Recueil général des jeux-partis français*, Paris, 1926, t. 2, p. 221-223, 255-261 et 265-268 (*SATF*, 70). — H. Peterson Dyggve, *Personnages historiques figurant dans la poésie lyrique française des XIIe et XIIIe siècles. XXIV : Garnier d'Arches et son destinataire « le bon marquis »*, dans *Neuphilologische Mitteilungen*, t. 46 (1945), p. 150-153. — *Anthologie de la poésie lyrique française des XIIe et XIIIe siècles*, éd. bilingue J. Dufournet, Paris, 1989, p. 248-251 *(NRF/Poésie)* [une chanson].

→ P. Marot, *Identifications de quelques partenaires et juges des « unica » des jeux-partis du chansonnier d'Oxford*, dans *BEC*, t. 88 (1927), p. 266-274. — Linker, n°s 47 [Comte de Bar] et 254 [Thibaut de Bar]. — Cf. *GRLMA*, t. VI/1, p. 301 ; t. VI/2, n° 6052. G.M.

Comte de Bretagne. Né en 1217, Jean Ier le Roux fut duc de Bretagne de 1237 à sa mort en 1286. Il prit part à la huitième croisade (1270). Gendre du comte et poète Thibaud IV de Champagne*, il composa quatre chansons d'amour, une chanson pieuse, et deux jeux-partis, l'un avec Bernard de La Ferté, l'autre avec Gace Brulé*. Aimable dilettante, il ne respecte pas toujours les règles de la versification courtoise, mais ses chansons ont de la finesse et de la grâce.

ŒUVRES. — A. Långfors, A. Jeanroy et L. Brandin, *Recueil général des jeux-partis français*, Paris, 1926, t. 1, p. 1-10 (*SATF*, 70). — J. Bédier, *Les Chansons du Comte de Bretagne*, dans *Mél. A. Jeanroy*, Paris, 1928, p. 477-495. — H. Spanke, *Zur Geschichte des altfranzösischen Jeu-parti, A. Die Lieder des Grafen von der Bretagne*, dans *ZFSL*, t. 52 (1929), p. 57-60. — Linker, n° 48. — Cf. *MB*, n° 2334.

G.M. et F.F.H.

Comte de la Marche. Auteur de deux chansons d'amour et d'une pastourelle. Est-ce Hugues XI, comte d'Angoulême depuis 1246, seigneur de Lusignan et comte de la Marche dès le début de l'année 1249, et qui mourut en Égypte en 1250 ? Ou bien Hugues XII, fils du précédent et de Yolande de Bretagne, qui fut déclaré majeur en 1256 et mourut devant Tunis en 1270 ?

ŒUVRES. — H. Petersen Dyggve, *Personnages historiques figurant dans la poésie lyrique française des XIIe et XIIIe siècles. XVI : Le comte de la Marche*, dans *Neuphilologische Mitteilungen*, t. 43 (1942), p. 121-141. — *Anthologie de la poésie lyrique française des XIIe et XIIIe siècles*, éd. bilingue J. Dufournet, Paris, 1989, p. 244-247 *(NFR/Poésie)* [une chanson].

→ Linker, n° 49. G.M. et F.F.H.

Comte de Poitiers. Roman d'aventures anonyme composé de 1 720 octosyllabes. La langue de l'auteur, qui semble être un jongleur, est assez fortement teintée de picardismes pour permettre d'affirmer qu'il était originaire du nord de la France. Le texte semble avoir été rédigé aux alentours de 1222, en tout cas quelques années avant le *Roman de la Violette* de Gerbert de Montreuil*, auquel il servit de source principale, vu leurs si étroites ressemblances. Le roman se distingue par sa brièveté et se divise en deux parties : la première a pour sujet une gageure sur la vertu de la belle Rose, femme de Gérard, comte de Poitiers, que le duc de Normandie, pariant son duché contre le Poitou, se vante de séduire en un mois. Trahie par sa nourrice, la comtesse est injustement soupçonnée et abandonnée par son mari. La vérité se fera connaître à la fin, le duc criminel est condamné à mort, et la comtesse fidèle, reprise par son mari, devient dame de Normandie. Cette première partie du roman forme une branche du fameux cycle de la gageure (thème de la femme faussement accusée d'adultère, dont il existe de nombreuses versions dans la littérature occidentale). La deuxième partie, qui raconte comment Gui, fils du comte de Poitiers, « eut Constantinople pour une dame qu'il aima », a très peu de rapport avec la première.

Le *Comte de Poitiers*, avec sa violence étrange, nous offre probablement une des premières versions en français d'un conte très répandu.

ŒUVRE. — Éd. V.-F. Koenig, *Le Conte* [sic] *de Poitiers...*, Paris, 1937. — B. Malmberg,

Le Roman du Comte de Poitiers, Lund-Copenhague, 1940 (*Études romanes de Lund*, 1).

→ É. Littré, dans *HLF*, t. 22, p. 782-788. — G. Paris, *Le cycle de la Gageure*, dans *Romania*, t. 32 (1903), p. 481-551, notamment p. 535-544. — C. Fahlin, *Les sources et la date du Roman du Comte de Poitiers*, dans *Studia Neophilologica*, t. 13 (1940-1941), p. 181-225. — M. Delbouille, *Fragments d'un second manuscrit du Roman du Comte de Poitiers*, dans *RBPH*, t. 23 (1944), p. 255-264. — D. Régnier-Bohler, *Le corps mis à nu. Perception et valeur symbolique de la nudité dans les récits du Moyen Âge*, dans *Europe*, nº 61 (1983), p. 51-62. — Cf. *GRLMA*, t. IV/2, nº 132 ; t. IV/1, p. 379. — *MB*, nºs 1306-1308, 6242. C.R.

Comtesse de Die. « La comtesse de Die fut l'épouse de Guilhem de Poitiers ; c'était une belle et agréable dame. Elle s'éprit de Raimbaut d'Orange et fit, à son sujet, maintes bonnes chansons. » Telles sont les seules informations transmises par l'ancienne *Vida*. L'identité de la comtesse, malgré toutes les recherches, reste mystérieuse.

On a voulu l'identifier avec Béatrice, devenue comtesse de Valentinois par son mariage avec Guillaume Ier de Valentinois, issu d'une branche cadette de la famille des comtes de Poitou (deuxième moitié du XIIe siècle). Or la ville de Die n'entra dans le domaine des comtes de Valentinois qu'après 1186. En outre, l'Italien Francesco da Barberino, mort en 1348, attribue des « traités » à une *comitissia de Dia*. S'agit-il de la même comtesse ? Quant à Raimbaut d'Aurenga*, dont la *trobairitz* se serait éprise, il est mort en 1173, et la *Vida* de ce troubadour ne mentionne pas la comtesse de Die. A. Jeanroy suppose que *comtessa* serait un prénom porté par deux poétesses à un siècle d'intervalle.

W.T. Pattison évoque la possibilité d'une intrigue amoureuse et de relations poétiques entre Raimbaut IV d'Orange (mort en 1218), petit-neveu du troubadour, et Isoarde (morte vers 1214), « comtesse de Die » par son père. Les choses restent confuses. Si l'on s'en tient cependant à ces deux hypothèses, on peut situer la période d'activité littéraire de la *trobairitz* dans le dernier quart du XIIe siècle, ou bien à l'extrême fin de ce siècle et au début du suivant.

Les manuscrits attribuent quatre *cansos*, dont une avec notation mélodique (PC, 46, 2), et une *tenso* à la *comtessa de Dia*. La passion et la sincérité s'y expriment violemment, dans une langue pure, qui témoigne d'une culture et d'une aisance littéraires étonnantes (PC, 46, 4) :

Ben volria mon cavalier
tener un ser e mos bratz nut,
q'el s'en tengra per ereubut
sol q'a lui fezes cosseillier ;
car plus m'en sui abellida
no fetz Floris de Blanchaflor :
eu l'autrei mon cor e m'amor,
mon sen, mos huoills e ma vida.

Je voudrais bien mon chevalier
tenir un soir en mes bras, nu,
et qu'il se considère bienheureux
que je lui serve d'oreiller ;
car j'en suis plus amoureuse
que Flore de Blanchefleur :
je lui donne mon cœur et mon amour,
mon esprit, mes yeux et ma vie.

D'une façon générale, les *cansos* de la *trobairitz* développent « au féminin » les thèmes de la *fin'amor*. Il s'agit en effet, de louanges de l'amant, de plaintes contre sa froideur ou de requêtes ardentes et sensuelles (PC, 46, 2).

Dans la *tenso* (PC, 46, 3), que certains critiques ont considérée comme un échange poétique entre Raimbaut d'Aurenga et « Béatrice », la *domna* se plaint de la légèreté et de l'inconstance apparente de son *amic*. Ce dernier affirme que « la douleur est toute de son côté ». La *domna* insiste, prétend redouter une rivale, et accepte finalement les excuses de son *amic* :

Amics, creirai vos per aital
qu'aissi.us aya totz temps leyal

Ami, je vous croirai pour autant
que je vous garde désormais fidèle.

Quelle que soit sa véritable identité, la comtesse de Die a laissé, dans sa brièveté, une œuvre poétique remarquable par l'élégante aisance de la forme et par l'ardeur des sentiments qu'elle exprime.

ŒUVRES. — Éd. O. Schultz, *Die provenzalischen Dichterinnen*, Leipzig, 1888, réimp. Genève, 1975, p. 8-9, 17-19. — G. Kussler-Ratyé, *Les chansons de la comtesse Béatrix de Dia*, dans *Archivum romanicum*, t. 1 (1917), p. 161-182. — M. de Riquer, *Los trovadores, historia literaria y textos*, t. 2, Barcelone, 1975, p. 791-802. — A. Rossell i Mayo, *Monodia cortesana trobadoresca*, Barcelone, 1986, p. 33-35.

→ PC, 46. — A. Jeanroy, *La poésie lyrique des troubadours*, Toulouse-Paris, 1934, t. 1, p. 313-317. — W.T. Pattison, *The Life and Works of the Troubadour Raimbaut d'Orange*,

Minneapolis, 1952, p. 27-30. — C. Faucheux, *Étude sémantique et syntaxique de l'œuvre de la comtesse de Die*, dans *Signum*, t. 1 (1974), n° 1, p. 1-17, n° 2, p. 5-16. — R.A. Taylor, *La littérature occitane du Moyen Âge*, Toronto, 1977, nos 378-379. — V. Pollina, *Melodic Continuity and Discontinuity in « A chantar m'er » of the Comtessa de Dia*, dans *Mél. G. Gasca Queirazza*, Alexandrie, 1988, t. 2, p. 887-895. — *The Voice of the Trobairitz*, éd. W.D. Paden, Philadelphie, 1989, p. 231 [bibliogr.].

I.M.C. et G.B.L.

Conduit. Au IVe siècle où il apparaît, le conduit est un chant latin monodique destiné, comme son nom l'indique, à l'accompagnement processionnel, pendant l'office ou une cérémonie annexe.

Par une première extension, on le retrouve au XIIe siècle à l'abbaye Saint-Martial de Limoges où il se rattache à l'ancien *versus* ; il perd alors son caractère exclusivement liturgique. Par ailleurs, dans le *Jeu de Daniel* (vers 1140), il introduit les diverses entrées des personnages.

Il devient polyphonique avec l'École de Notre-Dame, au XIIIe siècle, et désigne alors toute pièce lyrique latine ayant ou non rapport avec le culte. Le conduit commente ainsi les grandes fêtes de l'année liturgique, mais aussi les événements contemporains, empruntant parfois un ton moralisateur voire satirique. Il devient alors plus complexe, utilisant dialogues et échanges de voix, et même contrepoint renversable, cela plus particulièrement pour les conduits de Saint-Victor.

Le conduit se caractérise par une déclamation textuelle simple, le plus souvent syllabique, et se divise en deux genres :

le conduit simple, souvent strophique, composé selon le principe d'une *vox prius facta*, « la plus belle qu'il se pourra » (dit le théoricien du XIIIe siècle Francon de Cologne*), sur laquelle se greffent une à trois voix selon les règles du déchant ;

le conduit *cum cauda* qui introduit des mélismes, généralement à la fin, mais aussi parfois à divers endroits de la pièce. Ces mélismes, les *caudae*, peuvent être conçus selon un schéma de « question-réponse », ou comme des cellules mélodico-rythmiques qui, combinées entre elles, donnent une grande unité à la composition.

Contrairement à une idée assez répandue, il semblerait, d'après le témoignage du théoricien anglais Walter Odington (vers 1300), que la mélodie initiale utilisée comme teneur n'ait pas toujours été originale, mais parfois empruntée, citant des fragments de plain-chant, voire des *clausulae* complètes.

On connaît parfois les auteurs des textes, mais, parmi les musiciens, seul Pérotin* est identifié. Citons ses conduits, tels *Beata viscera* monodique, *Dum sigillum*, à deux voix, et *Salvatoris hodie*, à trois voix.

Après son apogée au XIIIe siècle qui le fait compter parmi les grands genres polyphoniques de l'*Ars Antiqua**, le conduit tend à disparaître des genres répertoriés. Il perdure, au début du XIVe siècle (on en trouve quelques exemples dans le *Roman de Fauvel**) ; puis en Allemagne et en Angleterre au XVe siècle. Cependant, l'adaptation de son style contrapuntique aux pièces dites « à formes fixes » du répertoire musical permet de le considérer, à juste titre, comme l'un des ancêtres des polyphonies de l'*Ars Nova**.

ŒUVRES. — Éd. G.A. Anderson, *Notre Dame and Related Conductus : Opera Omnia*, Henryville, Institute of Mediaeval Music, 1979. — J. Knapp, *Thirty-Five Conductus for Two of Three Voices*, New Haven, Yale University Press, 1965.

→ E. Gröninger, *Repertoire-Untersuchungen zum mehrstimmigen Conductus*, Regensburg, 1937. — J. Handschin, *Zur Frage der Conductus-Rhythmik*, dans *Acta Musicologica*, t. 24 (1952), p. 133 sqq. — M. Bukofzer, *Interrelations Between Conductus and Clausula*, dans *Annales musicologiques*, t. 1 (1953), p. 65-103. — G.A. Anderson, *Notre Dame and Related Conductus — A Catalogue Raisonné*, dans *Miscellanea Musicologica, Adelaïde Studies in Musicology*, t. 6, 1972, pp. 153-229 ; t. 7, 1975, p. 1-81 ; *The Rythm of cum littera Sections of Polyphonic Conductus in Mensural Sources*, dans *Journal of the American Musicological Society*, 1973, p. 288-304 ; *Thirteenth Century Conductus : Obiter dicta*, dans *The Musical Quarterly*, t. 58 (1972), p. 349-364. — R. Falck, *The Notre Dame Conductus : A Study of the Repertory*, Henryville, Institute of Medieval Music, 1981.

A.I.A.

Confession de la belle fille. Dans ce poème de 52 huitains octosyllabiques suivis d'une ballade, une dame qui s'est montrée sans merci pour son amant, vient confesser ses crimes au chapelain du manoir d'Amour, nommé Bien Celer. Elle avoue méthodiquement avoir péché contre les cinq sens, avoir commis les sept péchés mortels et n'avoir pas accompli les œuvres de miséricorde. Bien Celer lui demande de prononcer le *Confiteor*, puis lui expose les commandements d'amour qui répondent terme à terme à sa confession. Il lui donne comme pénitence d'accorder cœur et corps à son amoureux, de dire quatre chansonnettes, de donner quatre couronnes de fleurs à son amant le jour de la Pentecôte. Dans la ballade finale de Bien Celer, on trouve une transposition parodique de la *Passio Domini nostri*, du même caractère que le *Confiteor* de la belle fille. *Passio* et *Confiteor* n'étaient nullement obligatoires dans la pratique pénitentielle médiévale. L'auteur se montre donc très au fait des nouvelles tendances propres au XVe. C'est d'ailleurs à cette même époque que se multiplient les manuels de confession. La *Confession de la belle fille* joue ainsi habilement sur deux intertextes : le rituel religieux et le cycle de la *Belle dame sans merci*. Certaines pièces de ce cycle faisaient appel déjà au domaine de la religion (l'*Amant rendu cordelier**) plutôt qu'au modèle juridique. Et les copistes ne se sont pas trompés, qui ont inséré ce texte charmant dans des volumes où figurent le poème d'Alain Chartier* ou plusieurs de ses imitations.

ŒUVRE. — Éd. L. Douxfils, dans *La Dance aux aveugles et autres poésies du XVe siècle (...)*, 1748, p. 247-272 ; éd. A. Van Hasselt, dans *Essai sur l'histoire de la poésie française en Belgique*, dans *Mémoires couronnés par l'Académie royale de Bruxelles*, t. 13 (1838), p. 229-234 [ces deux éd. sont fondées sur un ms. incomplet].

→ W. Söderhjelm, *Anteckningar om Martial d'Auvergne och hans Kärleksdommar*, Helsingfors, 1889 [attribue à Martial d'Auvergne* l'*Amant rendu cordelier* et la *Confession*]. — C. Merlin, *La Confession de la belle fille*, dans *RBPH*, t. 61 (1983), p. 533-542 [réhabilitation du texte et citation des strophes omises par les éd. anciennes]. — Cf. *MB* n°s 4299-4300. S.L.

Congés. On donne le nom de *Congé*, ou *Congés*, à des poésies lyriques personnelles, composées par certains trouvères du XIIIe siècle, et qui ont pour sujet l'adieu d'un poète à ses amis ou à sa ville natale, à l'occasion d'un départ plus ou moins douloureux. Nous avons conservé trois de ces poèmes, ceux de Jean Bodel*, d'Adam de La Halle*, et de Baude Fastoul*.

Les *Congés* de Jean Bodel (1202), peut-être inspirés d'un poème latin du goliard Gautier de Châtillon*, certainement influencés, dans leur rythme, par les *Vers de la Mort* d'Hélinand de Froidmont, constituent un ensemble de quarante-cinq strophes en douzains d'octosyllabes (de schéma métrique aabaabbbabba).

Le trouvère, devenu lépreux, et sur le point de quitter Arras pour une léproserie voisine, fait ses adieux au monde, et désire susciter la générosité de tous ceux qu'il connaît. Il demande l'inspiration de la Pitié ; et, se supposant conduit par elle à travers les rues d'Arras, il prend congé de tous ses amis ; à cette occasion, il manifeste sa honte et son désespoir devant le progrès inexorable d'un mal qu'il a longtemps caché ; il témoigne d'une grande variété de sentiments religieux, passant d'une amertume révoltée à une résignation touchante, et d'une sorte de colère contre Dieu à une confiance pathétique envers la Vierge et la Sainte Chandelle, palladium des jongleurs artésiens ; en des termes pittoresques et lyriques, il montre son affection pour ses concitoyens, des plus humbles (comme Nicole le Charpentier, ou Warin le jongleur), qu'il encourage, aux plus puissants (comme les Durant, les Louchart, les Piédargentois, le châtelain, l'avoueresse de Béthune) qu'il salue en leur rappelant leurs bienfaits ; il conserve toujours la conscience de sa dignité de poète. Non dépourvue de courage et d'esprit, animée par une émotion sincère, cette pièce peut être considérée comme une des premières manifestations du lyrisme personnel non courtois, dans notre histoire littéraire.

Congés de Baude Fastoul. Rédigés vraisemblablement entre avril et octobre 1272 (si, comme il est probable, le Baude Fastoul dont la mort est enregistrée dans le *Nécrologe* d'Arras au début d'octobre 1272 est bien notre poète), les *Congés* de Baude Fastoul ont été composés lors de son départ pour la léproserie du Grand Val de Beaurains. L'auteur doit recevoir un « fief », c'est-à-dire un lit de fondation qui a été celui de Bodel. L'influence de celui-ci est sensible dans les cinquante-huit strophes (de même rythme que les deux poèmes précédents) où, non sans quelque prolixité, Fastoul prend congé de ses amis ; quelques-uns de ceux-ci sont de riches contemporains (les Poucinois, les Louchart, les Nassart, Guillaume Bougier, le Maire d'Arras, de nombreux échevins) ; Baude salue quelques parents (en particulier son cousin Crespin), des voisins, des protecteurs (le fils du seigneur Audefroi) et bien entendu des poètes (Adam de La Halle, fils de Maître Henri, Jehan Joie, Lambert Ferri*). Quelques beaux élans religieux ou sentimentaux (str. 1-3, 53-55) et un sens aigu du sarcasme amer ne font pas oublier l'initiateur du genre, l'autre poète lépreux Jean Bodel.

Les *Congés* d'Adam de La Halle, composés probablement en 1276 ou 1277, ne sont pas inspirés par les mêmes sentiments. L'auteur n'était pas lépreux. Les circonstances qui l'amènent à envisager de quitter Arras sont sans doute les mêmes que celles qui fournissent le contexte de son *Jeu de la Feuillée*. Il en résulte que, dans les treize strophes (douzains d'octosyllabes) qui composent ce poème, on trouve parfois une inspiration satirique. Sarcasmes contre Arras, ville de *plait* et de *detrait* (c'est-à-dire de chicane et de médisance) — str. 2 ; adieux courtois à l'objet de son amour, probablement la Maroie du *Jeu de la Feuillée* — str. 5 et 6 ; reconnaissance exprimée en termes à la fois délicats et enthousiastes pour des amis riches et généreux (les Pouchin, les Le Normant, les Nasart). Le mélange d'humour, de sensibilité, de pittoresque, fait l'agrément du poème.

Le Congé a été fort apprécié, comme le prouvent les nombreux manuscrits qui nous ont conservé celui de Bodel ; de pareils poèmes ont probablement préparé de loin le *Testament* de François Villon*.

ŒUVRE. — P. Ruelle, *Les Congés d'Arras (Jean Bodel, Baude Fastoul, Adam de La Halle)*, Bruxelles—Paris, 1965.

→ H. Guy, *Essai sur la vie et les œuvres littéraires du trouvère Adan de la Hale*, Paris, 1898. — C. Foulon, *L'œuvre de Jehan Bodel*, Paris, 1958. — M. Zink, *Le ladre de l'exil au Royaume. Comparaison entre les Congés de Jean Bodel et ceux de Baude Fastoul*, dans *Exclus et systèmes d'exclusion dans la littérature et la civilisation médiévale*, Aix-en-Provence-Paris, 1978, p. 69-88 (*Senefiance*, 5). — Cf. *MB*, n°s 2411-2414, 7668. C.F.

Conon de Béthune. Le trouvère Conon de Béthune (Pas-de-Calais) était le fils de Robert V, seigneur de Béthune et avoué de Saint-Vaast d'Arras, mort au siège d'Acre, en 1191. Son grand-père, Guillaume Ier, ayant épousé Clémence d'Oisy, petite-fille d'Ade de Hainaut, il se trouvait apparenté à la maison de Flandre. Son activité politique et militaire fut assez importante pour que les documents d'archives et les chroniques en aient conservé la trace. Né vers le milieu du XIIe siècle, il apparaît dans les chartes dès 1180. Venu sans doute à la cour de France à l'occasion du mariage de Philippe Auguste avec Isabelle de Hainaut, il dut chanter ses œuvres devant Marie de Champagne, fille d'Aliénor d'Aquitaine*. Après avoir pris part à la troisième croisade, il se croisa de nouveau avec son frère Guillaume, avoué de Béthune, le 23 février 1200. Dès le début, il occupa parmi les barons flamands une place prépondérante et figura au nombre des commissaires envoyés à Venise par les principaux chefs de l'expédition, pour négocier avec le doge le transport et le ravitaillement des troupes. Au cours des événements, il apporta à ses compagnons l'appui de sa vigoureuse éloquence. Geoffroi de Villehardouin*, qui l'estimait, cite, non sans admiration, la réponse énergique qu'il fit aux représentations d'Alexis IV et le qualifie de « bons chevaliers et sages et bien eloquens ». C'est dans ce rôle d'orateur officiel que nous le retrouvons, quand il fut envoyé, en novembre 1203, auprès du même Alexis, pour le sommer de tenir ses engagements. « Par le conseil des autres messages, mostra la parole Coenes de Betune qui mult ere sage et bien emparlez. » Après la prise de Constantinople, l'élection de Baudouin de Flandre à la dignité impériale et le départ de celui-ci pour Salonique, Conon, demeuré à la garde de la ville, contribua à la réconciliation de l'empereur avec Boniface de Montferrat. Il s'y trouvait encore en avril 1205, quand y parvint la nouvelle du désastre d'Andrinople. Mais c'est comme chef de guerre qu'il prit part à l'expédition de Démotika, et Villehardouin le cite en tête des barons qui l'accompagnèrent à la délivrance de Renier de Trit. Serviteur dévoué des comtes de Flandre et de Hainaut devenus empereurs de Constantinople, il ne les abandonna point et ne revit jamais la France. Désigné par les barons comme régent de l'empire, après la mort de l'impératrice Yolande, en 1219, il mourut peu de temps après, le 17 décembre 1219 ou 1220.

Ce héros de la quatrième croisade doit à son œuvre littéraire le plus clair de sa réputation. Grâce à l'enseignement de son parent Huon d'Oisy*, qui lui apprit « a canter des enfanche », Conon composa dans sa jeunesse de nombreuses chansons qui ne nous sont pas toutes parvenues. Encore faut-il observer que, des 14 pièces qui lui sont attribuées par divers manuscrits, le dernier éditeur, Wallensköld, n'en retient que dix et non sans réserves. On y relève des chansons d'amour du type classique, en majeure partie, et deux chansons de croisade. S'il ne peut se dégager entièrement des lieux communs et des procédés habituels de la lyrique courtoise, Conon sait pourtant y introduire des accents plus personnels que la plupart de ses contemporains. Tantôt, gracieux et raffiné, il traduit avec des nuances délicates les hésitations d'un soupirant timide qui n'ose déclarer ouvertement sa flamme ; tantôt, victime d'une trahison, loin de ménager l'infidèle ou, comme il est d'usage, de supplier la mort de mettre fin à ses tourments, il exprime sans ambages son indignation et son mépris. À la dame qui, après s'être refusée, se ravise tardivement et multiplie les avances, il répond qu'elle est trop vieille et qu'elle ne l'intéresse plus. Il se venge de celle qui l'a trompé en déplorant sa faute, dont la condamnation ne doit pas rejaillir sur les dames en général. Quant à pardonner, il y consent d'autant plus volontiers que maintenant il en aime une autre, « la meillour du roiaume de Franche ». Ailleurs, il s'en prend aux Français, au roi lui-même et à la reine, qui l'ont blâmé d'avoir dit « mos d'Artois », en présence des Champenois et, ce qui est plus grave, de la comtesse Marie, protectrice des poètes.

Le talent de Conon de Béthune et parfois sa verve satirique se déploient plus librement dans deux chansons composées à l'occasion de la troisième croisade, en 1189 ou 1190. Au début de la première, il se lamente sur la séparation prochaine qui va brusquement interrompre de tendres relations :

Ahi ! Amours ! Com dure departie
Me convendra faire de la meillour
Qui onques fust amee ne servie !

S'il souffre d'avoir à quitter son amie, il n'en est pas moins résolu à faire tout son devoir envers le Créateur. Au demeurant, la guerre sainte est le plus sûr moyen de satisfaire ses aspirations, puisqu'elle permet aux chevaliers de conquérir le paradis, l'honneur, la gloire et l'amour de leur dame.

Dans la seconde de ces deux pièces, il reprend à peu près les mêmes thèmes, mais avec plus de véhémence et sur un ton plus ironique. Il lui faut, certes, une bonne dose de courage pour s'éloigner de la meilleure et de la plus digne des maîtresses. S'il éprouve quelque fierté du sacrifice qu'il s'impose, il n'en redoute pas moins les privations qui en résultent. Mais il convient au chevalier, qui se voue au service de Dieu, de triompher des faiblesses de la chair. Il en est trop qui font passer hypocritement leur désir de jouissance avant l'intérêt commun. La dîme saladine, instituée par le roi pour imposer à ceux qui refuseraient de se croiser les charges financières de l'expédition, a donné lieu à de graves abus et les sommes recueillies ont été détournées de leur objet. À aucun prix Conon ne voudrait se faire le complice de ces mauvais barons qui se croisent en vue du profit, « pour dismer clers et borjois et serjans », car il s'exposerait à la vengeance divine. Seul celui qui sert Dieu loyalement peut espérer sa récompense. Plût au ciel qu'Amour en fît autant pour ses fidèles. Et s'il en est qu'offense ce langage audacieux, qu'ils s'en prennent à celui qui apprit au poète l'art de s'exprimer en vers :

Or ai jou dit des barons me sanlanche;
Se lor en poise, de chou ke je le di,
Si s'en prendent a men maistre d'Oisi
Ki m'a apris a canter des enfanche.

Rien de moins convenu ni de moins monotone que les chansons de Conon de Béthune. L'ardeur des sentiments, la fermeté du style, la variété des combinaisons rythmiques, si parfaitement adaptées aux exigences de la mélodie, font de cette œuvre assez menue un des plus brillants spécimens de la poésie médiévale. Chez Conon, l'homme d'action et le poète ne doivent pas être séparés, car ils offrent le double aspect d'un même tempérament, et c'est avec raison que A. Jeanroy a pu dire des extraits de ses discours rapportés par Villehardouin qu'ils étaient « des morceaux oratoires d'une vigueur, d'une fierté magnfiques, tels qu'on pouvait les attendre du plus passionné, du plus personnel de nos anciens poètes lyriques ».

ŒUVRES. — *Les chansons de croisade*, éd. J. Bédier et P. Aubry, Paris, 1909 (réimp. New

York, 1971), p. 25-50. — *Les Chansons de Conon de Béthune*, éd. A. Wallensköld, Paris, 1921. — *Poètes et romanciers du Moyen Âge*, éd. A. Pauphilet, nouv. éd., Paris, 1952, p. 867-873 (*Bibliothèque de la Pléiade*, 52) [cinq poèmes]. — P. Bec, *La lyrique française au Moyen Âge (XIIe-XIIIe siècle)*, Paris, 1978, t. 2, p. 94-96 [éd. d'une chanson de croisade]. — *Anthologie de la poésie lyrique française des XIIe et XIIIe siècles*, éd. bilingue J. Dufournet, Paris, 1989, p. 120-127 *(NRF/Poésie)* [trois chansons].

→ H. Petersen Dyggve, *Personnages historiques figurant dans la poésie lyrique française des XIIe et XIIIe siècles. XIV : Identification de Noblet, ami de Conon de Béthune, Gace Brulé et Pierre de Molins*, dans *Neuphilologische Mitteilungen*, t. 43 (1942), p. 7-20. — J. Frappier, *La poésie lyrique française aux XIIe et XIIIe siècles*, Paris, 1954 (rééd. 1966), p. 123-140. — J.-M. D'Heur, *Traces d'une version occitanisée d'une chanson de croisade du trouvère Conon de Béthune (R 1125)*, dans *Cultura neolatina*, t. 23 (1963), p. 73-89. — J. Longnon, *Les compagnons de Villehardouin*, Genève, 1978, p. 146-149. — M. Venturi, *Ancora un caso d'intertestualità fra trovieri e trovatori*, dans *Medioevo Romanzo*, t. 13 (1988), p. 321-329. — A. Planche, *De quelques aveux... À propos de deux trouvères*, dans *Mél. J.--C. Payen*, Caen, 1989, p. 285-294. — Linker, n° 50. — Cf. *GRLMA*, t. VI/1, p. 291, 296, 300 ; t. VI/2, n°s 5556 et 5812. — *MB*, n°s 2335-2338 ; 6463 ; *S* 4279 ; 4315 ; 4333 ; 4337 ; 4468-4472. R.B.

Conquête (ou Chanson) de Jérusalem. Comme la *Chanson d'Antioche**, cette chanson de geste est supposée avoir été remaniée par Graindor de Douai, qui aurait relié ces deux textes en y intercalant la chanson des *Chétifs**. Ce texte bien écrit et fort intéressant présente moins de valeur historique que la *Chanson d'Antioche* : il narre la prise (historique) de la ville sainte, continue le récit des événements jusqu'à la bataille de Ramles (Ascalon dans la réalité), mais fait intervenir des personnages alors déjà morts ou se trouvant ailleurs au moment des faits décrits, modifie les événements, fait défendre Jérusalem par un Sarrasin épique, le soudan de Persie. À la fin du texte, Godefroi est couronné roi de Jérusalem. Le texte fut continué à deux reprises : la première version des continuations est représentée par la *Chrétienté Corbaran** et la *Prise d'Acre**. La seconde, telle qu'elle apparaît dans les mss de Londres et de Turin, est plus tardive (après 1187, chute d'Acre : le prologue contient une annonce de la quatrième croisade) et sert de trait d'union entre les deux cycles. On y trouve la conversion de Dodequin de Damas, le mariage de Baudouin de Bouillon, la mort du chétif Richard de Caumont. Ces chansons présentent une image glorifiante du roi Baudouin pacificateur, traitent isolément les règnes des quatre successeurs en idéalisant l'histoire, tout ceci servant de compensation à la catastrophe en cours. Voir : *Croisade (Cycle de la).*

ŒUVRE. — Conquête : éd. C. Hippeau *(Poètes français du Moyen Âge)*, Paris, 1868. — Éd. à paraître N.R. Thorp (*The Old French Crusade Cycle*, vol. 6). — *Continuations* : éd. à paraître P.R. Grillo (*The Old French Crusade Cycle*, vol. 8). — Cf. *MB*, n°s 886-889. *S* 1978, 1992, 1993. I.W.

Consistori de la subregaya companhia del Gai Saber. Au début du XIVe siècle se place à Toulouse un des plus curieux épisodes de l'histoire littéraire d'Occitanie : la création d'un « Consistoire », groupe qui se donnait pour tâche de maintenir les valeurs et les formes de la « *fin'amor* ». Sous l'apparence d'un essai de renaissance, c'était aussi la conclusion d'une époque de splendeur.

Le XIIIe siècle marquait déjà une décadence pour la littérature occitane, coïncidant, au nord des Pyrénées, avec la décadence politique : 1229, traité de Paris qui voit la soumission de Raimon VII à l'Église et au roi de France ; 1249, mort de Raimon VII, le dernier comte de Toulouse ; 1271, mort de la comtesse Jeanne et d'Alphonse de Poitiers. L'évolution littéraire se fit alors, en Occitanie, dans le sens français et en français. De courtoise, la littérature occitane devint bourgeoise ; d'amoureuse, elle devint morale et religieuse. Elle se maintint encore en Italie et dans quelques centres comme Marseille, Béziers, Rodez.

On éprouva à Toulouse le besoin d'une réaction contre la déchéance de la poésie. Elle se fit en langue d'oc, la seule langue parlée et écrite encore dans le pays. Instinctivement, cette réaction allait contre l'influence française.

Sept troubadours se réunissaient dans un faubourg de Toulouse, au Verger des Augustines. Ils s'appelaient Bernart de Panassac*, damoiseau et poète, Guilhem de Lobra, bourgeois, Berenguier de Sant-Plancat et Peyre de Mejanasserra, banquiers, Guilhem de Gontaut et Pey Camo, marchands, maître Bernat Oth, notaire du Viguier. Le mardi après la Toussaint de

1323, ils adressèrent en vers occitans une convocation à tous les poètes de la langue d'oc pour le 1er mai 1324 : le lauréat devait recevoir *una violeta de fin aur*. Le concours eut lieu, et le premier lauréat fut Arnaut Vidal* de Castelnaudary. Ils demandèrent alors à leur chancelier Guilhem Molinier de rédiger un Code poétique : ce furent les *Leys d'Amors**.

Le Consistoire, dont les membres s'appelaient « mainteneurs », *mantenedors*, exerça sur tous les pays d'oc, surtout dans la région de Toulouse, une influence qui devait durer jusqu'à la fin du XVe siècle. On a conservé, dans de précieux manuscrits, aux Archives de l'Académie des Jeux Floraux héritière du *Consistori de la Subregaya Companhia del Gai Saber*, l'histoire de cette institution, et les poèmes couronnés de fleurs d'or et d'argent : violette, églantine, souci *(Joies du Gai Savoir*)*.

Le Consistoire devait devenir, en 1513, Collège de Rhétorique, puis, en 1694, Académie des Jeux Floraux. Sur le modèle du Consistoire de Toulouse, le roi Jean Ier d'Aragon fonda, avec Jacme March* et Lluis de Averço, à Barcelone, en 1393, le *Consistori de la Gaya Ciència*, qui devait durer jusque vers 1485. Il y eut alors de fréquents échanges de poètes entre Toulouse et Barcelone. Les *Jochs Florals* de Barcelone devaient s'étendre jusqu'à Valence. Ils devaient plus tard ressusciter à Barcelone en 1859.

→ A. Jeanroy, *La poésie provençale dans le sud-ouest de la France et en Catalogne du début au milieu du XIVe siècle*, dans *HLF*, t. 38, 1949, p. 1-233. — F. Zufferey, *Bibliogr. des poètes provençaux des XIVe et XVe siècles*, Genève, 1981, p. 21. J.S. et G.B.L.

Constant du Hamel. Ce fabliau anonyme, d'environ 900 octosyllabes, a été composé dans la première partie du XIIIe siècle, et présente quelques traits linguistiques picards. Il a connu un certain succès, puisqu'il nous est conservé dans cinq manuscrits. L'histoire mêle vengeance et sexualité. La femme de Constant du Hamel est l'objet de la convoitise du prêtre, du prévôt et du forestier du village. Leurs avances étant repoussées, ceux-ci pensent arriver à leurs fins en ruinant Constant. Mais sa femme le venge : en leur promettant ses faveurs, elle attire successivement ses trois soupirants, qu'elle enferme dans un tonneau, puis leurs femmes, dont Constant du Hamel abuse sous les yeux des maris, qui regardent la scène par la bonde du tonneau.

ŒUVRE. — Éd. C. Rostaing, Gap, 1953 (*Publications des Annales de la Faculté des lettres, Aix-en-Provence*, NS. 1) ; *Des fragments d'un nouveau manuscrit de Constant du Hamel, fabliau du XIIIe siècle*, dans *Le Moyen Âge*, t. 69 (1963), p. 401-415. — Éd. W. Noomen et N.J. Van den Boogaard, dans *Nouveau recueil complet des fabliaux*, t. 1, Assen, 1983.

→ J. Rychner, *Contribution à l'étude des fabliaux*, Neuchâtel-Genève, 1960, t. 1, p. 110-117 ; t. 2, p. 161-172. — C. Rostaing, *A propos de Constant du Hamel. Additions et corrections*, dans *RLR*, t. 71 (1960), p. 250-266. — F. Lecoy, *Analyse thématique et critique littéraire. Le cas du Fabliau*, dans *Actes du 5e congrès des romanistes scandinaves*, Turku, 1973, p. 17-31. — J. Larmat, *Corps convoité, corps vengé*, dans *Razo*, t. 4 (1984), p. 145-152. — B.A. Pitts, *Truth-Seeking Discourse in the Old French Fabliaux*, dans *Medievalia et Humanistica*, t. 15 (1987), p. 95-117. — Cf. *MB*, nos 2496-2500, 6507 ; *S* 4591, 4722. A.F.L.L.

Contenances de table. Sont appelées de ce nom de courtes pièces de vers qui énoncent les règles de la bonne tenue à table (c'est un thème de composition très répandu à la fin du Moyen Âge) et qui, de ce fait, contiennent de précieux renseignements sur la vie privée de ce temps. S'inspirant de poèmes latins médiévaux comme le *Liber Faceti, De curialitatibus in mensa conservandis*, le *Modus cenandi*, ces textes sont au nombre de trois : le premier, de soixante vers octosyllabiques, composé à la fin du XIIIe, recommande en particulier de penser aux pauvres, de s'essuyer les lèvres avant de boire (il n'y a souvent qu'un verre pour toute la table), de ne pas tremper son morceau de viande dans la salière, de se laver les mains après le repas (la fourchette est encore inconnue)... ; le second, de quarante-sept distiques, dérive du précédent (il mentionne la serviette) ; le troisième, écrit au XVe, comporte trente-sept quatrains que suit une ballade ; il emprunte beaucoup au poème no 2, qu'il dilue et amplifie. On retrouve de tels conseils çà et là dans d'autres œuvres morales ou satiriques moins spécialisées, comme, par exemple, le *Chastoiement des Dames*, le *Chastoiement d'un père à son fils**, le *Roman de la Rose**, *Urbain le Courtois** ou le *Régime pour serviteurs*.

ŒUVRE. — *Les contenances de table*, éd.

par S. Glixelli, dans *Romania*, t. 47 (1921), p. 1-40.

→ A. Franklin, *La vie privée d'autrefois, les repas*, Paris, 1889. — J. Garrisson, *D'où viennent nos manières de table*, dans *L'Histoire*, n° 71, oct. 1984, p. 54-59. — J.W. Nicholls, *The Matter of Courtesy : Medieval Courtesy Books and the Gawain-Poet*, Woodbridge, 1985. — *Manger et boire au Moyen Âge, Actes du colloque de Nice, oct. 1982*, Paris, 1984, 2 vol. [*Publ. Fac. Lettres Nice*, 27]. — S. Mennell, *Français et Anglais à table du Moyen Âge à nos jours*, trad. fr., Paris, 1987. — Cf. *MB*, n° 2687. J.D.

Contenz dou monde. Voir : Renaud d'Andon.

Continuation de Perceval (Troisième) ou **Continuation Manessier.** Voir : *Manessier.*

Cort d'Amor. Voir : Raimon Vidal.

Cort Mantel. Voir : *Mantel mal taillé.*

Cortebarbe. On ne sait rien de l'auteur du fabliau des *Trois aveugles de Compiègne*, si ce n'est qu'il se nomme à deux reprises dans le texte. On peut dater du XIIIe siècle ce fabliau de 334 octosyllabes. C'est le récit d'une double farce cruelle jouée par un « clerc ». Il feint d'abord de remettre une pièce d'or à trois aveugles. Ceux-ci profitent de leur aubaine imaginaire pour faire bombance dans une taverne. Au moment de payer, ils s'accusent l'un l'autre d'avoir gardé la pièce, à la grande colère de l'hôte. Le clerc feint d'avoir pitié et dit à l'hôte que le prêtre de la paroisse lui remettra la somme qui lui est due. Mais il avertit dans l'intervalle le prêtre qu'il va avoir affaire à un fou. Quand l'hôte se présente chez le prêtre, il se voit exorcisé et doit rentrer chez lui, heureux de s'en tirer à si bon compte. Ce fabliau, d'une méchanceté ingénue, est vivement conté ; les dialogues y sont naturels et vivants.

ŒUVRE. — Éd. G. Gougenheim, Paris, 1932 (*CFMA*, 72). — Éd. P. Ménard, dans *Fabliaux français du Moyen Âge*, t. 1, Genève, 1979 (*TLF*, 270). — Éd. W. Noomen et N.J. Van den Boogaard, dans *Nouveau recueil complet des fabliaux*, t. 2, Assen, 1984. — *Fabliaux et contes*, trad. R. Guiette, Paris, 1960. — *Fabliaux*, trad. G. Rouger, Paris, 1978 *(Folio).*

→ H. Rhaue, *Über das Fabliau « Des trois aveugles de Compiègne » und verwandte Erzählungen*, Königsberg, 1914. — L. Lindgren, *Cortebarbe, auteur des Trois aveugles de Compiègne, est-il aussi l'auteur du fabliau du Chevalier à la robe vermeille ?*, dans *Mél. T. Nurmela*, Turku, 1967, p. 91-102. — Cf. *MB*, nos 2462-2464 ; *S* 4591, 4594, 4679. G.G. et A.F.L.L.

Cossir. Ce genre poétique secondaire de la littérature occitane est mentionné par une des rédactions des *Leys d'Amors** au XIVe siècle. La même rédaction a conservé, comme modèle de strophes *singulars*, c'est-à-dire ayant des rimes variant à chaque strophe, un *Cossir de la Mort* (Élégie de la Mort) en 380 vers, très émouvant, où l'homme, frappé par la mort, dit les souffrances qu'il éprouve en sentant le délaissement de l'âme, et les sentiments qui le troublent devant l'attitude prévue de ses enfants, de sa femme, de sa parenté ; le tout se termine par une prière à Dieu, « vrai Dieu de gloire », *vers Dieus glorios*, et à la Vierge, « joie du paradis », *joy de paradis.*

ŒUVRE. — Éd. M. Gatien Arnoult, *Las Flors del Gay Saber estier dichas Las Leys d'Amors*, Paris-Toulouse, 1841-1843, réimp. Genève, 1977, p. 212-235. [avec trad. française]. J.S. et G.B.L.

Coudrette (ou **Couldrette**). Auteur d'une mise en roman en vers octosyllabiques de la légende de Mélusine (voir Jean d'Arras), fée fondatrice de la famille poitevine des Lusignan. Elle fut écrite à la demande de Guillaume Larchevêque, seigneur de Parthenay et descendant des Lusignan, et achevée dans les années 1400. On ne sait rien sur Coudrette. Son texte connut un certain succès, puisqu'il en reste une vingtaine de manuscrits, ainsi que des traductions anglaise et allemande du XVe siècle. Il est très légèrement postérieur à la mise en prose de Jean d'Arras. Les rapports de l'auteur avec la tradition restent obscurs. On ne sait si Coudrette et Jean d'Arras ont eu sous les yeux une version antérieure commune ou si Coudrette dépend de Jean d'Arras. En tout cas, la comparaison des deux textes révèle une marge d'invention très limitée de la part de Coudrette, malgré quelques différences de structure, manques et ajouts.

ŒUVRE. — Éd. E. Roach, *Le Roman de Mélusine ou Histoire de Lusignan par Coudrette*, Paris, 1982 (*Bibl. fr. et rom., Série B, Éd. crit. de textes*, 18).

→ R.J. Nolan, *The Roman de Mélusine : Evidence for an Early Missing Version*, dans *Fabula*, t. 15 (1974), p. 53-58. — E. Roach, *La tradition manuscrite du Roman de Mélusine par Coudrette*, dans *RHT*, t. 7 (1977), p. 185-233.

— E. Pinto, *Le Roman de Mélusine de Coudrette et son adaptation allemande par Thuring von Ringoltingen au* XV*e siècle. Une approche*, dans *Mél. W. Spiewok*, Amiens, 1988, p. 291-299. — Cf. *MB*, n° 4139 ; *S* 6661-6663. Voir aussi la bibliographie sur la légende de Mélusine à Jean d'Arras. C.R.

Couronnement de Louis. (2 695 décasyllabes assonancés, milieu du XIIe). L'une des plus anciennes chansons du cycle de Guillaume d'Orange et l'une des rares qui conservent un souvenir vague, déformé, mais certain de faits réels. Sauf dans une version isolée et très courte (Paris, BN, fr. 1448), essentiellement consacrée à la mort de Charlemagne, on y a souvent discerné cinq « branches » correspondant à cinq épisodes différents, qui auraient été, à l'origine, indépendants les uns des autres. Une certaine unité esthétique ne s'oppose pas à l'hypothèse suivant laquelle un seul poète aurait pu composer le texte conservé, tout en s'inspirant de sources diverses. Il est fort vraisemblable que cette chanson fait écho aux troubles qui ont marqué le début du règne de Louis le Pieux. L'action se situe, en effet, au moment où Charlemagne, devenu vieux, veut céder le pouvoir à son fils. Devant les hésitations du jeune Louis, un traître s'offre à assurer la régence. Guillaume survient, tue le traître et pose la couronne sur la tête du jeune Louis. Guillaume se rend ensuite à Rome, où, au cours d'un combat contre le géant Corsolt, il perd le « someron » (la pointe) de son nez. (Explication *a posteriori* du surnom *au court nes*, déformation de *au courb nes*, forme primitive, uniquement fournie par la *Chanson de Guillaume**.) Guillaume apprend la mort de Charlemagne et se hâte de rentrer en France pour défendre Louis contre des traîtres qui veulent le déposséder. Au cours d'une nouvelle expédition à Rome, où il triomphe de Gui d'Allemagne, Guillaume couronne Louis roi d'Italie, dans l'église de Saint-Pierre, comme il l'avait précédemment couronné empereur à Aix-la-Chapelle. Mais Guillaume devra intervenir à nouveau pour défendre son suzerain contre des barons révoltés ; les ayant contraints à se soumettre au roi, il lui fait épouser sa sœur. Les derniers vers du poème conservé, en faisant allusion à l'ingratitude de Louis, annoncent le *Charroi de Nîmes**.

Comme le remarque J. Frappier, cette chanson doit servir à illustrer une doctrine politique ; le début constitue une « somme de la royauté ». C'est la plus politique de nos chansons de geste. D'autre part, Guillaume apparaît ici, par trois fois, comme le défenseur du jeune roi, rôle que joua effectivement Guillaume de Toulouse, conseiller et tuteur de Louis, au moment où celui-ci, encore enfant, avait été nommé roi d'Aquitaine. On voit apparaître dans ce poème ancien le désir de présenter le « lignage » de Guillaume comme le dépositaire et le continuateur de la grande tradition carolingienne, à côté d'un souverain trop jeune ou trop lâche.

ŒUVRE. — *Les rédactions en vers du Couronnement de Louis*, éd. Y.G. Lepage, Genève, 1978 (*TLF*, 261) [éd. synoptique des trois versions longues, avec la version courte donnée en appendice]. — *Le Couronnement de Louis, Chanson de geste du* XIII*e siècle*, trad. A. Lanly, Paris, 1969 (*Trad. des CFMA*, 6).

→ J. Frappier, *Les chansons de geste du cycle de Guillaume d'Orange*, II, Paris, 1965, 2e éd., 1967. — A. Micha, *Le Couronnement de Louis... État présent des questions*, dans *L'Information littéraire*, t. 17 (1965), p. 185-192. — J. Batany, *Home and Rome. A Device in Epic and Romance : Le Couronnement de Louis and Ille et Galeron*, dans *Yale French Studies*, t. 51 (1974), p. 42-60. — E.A. Heinemann, *Sur l'art de la laisse dans le Couronnement de Louis*, dans *Charlemagne et l'épopée romane*, 1978, p. 383-391. — D.P. Schenk, *Li Coronement Looïs : A Mythic Approach to Unity*, dans *Romanic Review*, t. 69 (1978), p. 159-171. — D. Hoggan, *La Version abrégée du Couronnement de Louis a-t-elle connu une grande diffusion ?*, dans *Mél. D. McMillan*, Reading, 1984, p. 55-56. — Cf. *MB*, nos 297-316, 6070-6071 ; *S* 1107-1132. J.W.W.

Couronnement de Renart. Poème anonyme de 3 398 vers octosyllabiques conservé dans un seul ms.

Après trois aventures avec d'autres animaux, qui constituent une interpolation, Renart, au cours d'une conversation avec Ermengarde, son épouse, décide que le moment est venu de remplacer Noble comme roi des animaux. Il annonce au loup que les astrologues prédisent un changement de règne. Isengrin s'empresse de répéter à la cour les dires de Renart, mais Noble, au lieu de se fâcher contre le goupil, admet qu'à cause de sa santé chancelante, il songe à abdiquer. Là-dessus Renart, qui entretient des relations des plus cordiales avec les ordres mendiants, arrive costumé en frère prêcheur. Personne ne soupçonne sa véritable identité. Il conseille à Noble de renoncer à la couronne, et aux barons de se préparer à élire un nouveau roi, plaidant adroitement pour sa propre cause. Puis il repart pour Saint-Ferry, où demeurent jacobins et mineurs, ses amis et complices. Convoqué par Noble, il retourne à la cour pour prendre part à l'élection. Les barons délèguent leur vote à deux d'entre eux, le mouton et le hérisson qui, bien entendu, finissent par choisir Renart. Celui-ci n'a rien de plus pressé à faire, une fois en possession du trône, que de chasser de sa présence les deux sots qui pensaient pouvoir compter sur sa reconnaissance.

Le *Couronnement* marque un tournant dans l'épopée renardienne, en s'engageant davantage dans la voie de l'allégorie, et en liant le récit à la situation politique et sociale, notamment à la révolte des ouvriers de Flandre. L'auteur, qui était probablement au service des comtes de Flandre, s'inspire d'un événement historique précis, la mort dans des circonstances suspectes, lors d'un tournoi, en 1251, de Guillaume de Dampierre (fils de Marguerite de Flandre), comte de Flandre. Il s'adresse au marquis de Namur, Gui de Dampierre, frère cadet de Guillaume, et le met en garde contre les agissements et les tortueuses intrigues de certains individus pleins de « renardie ». Flinn réduit le créneau de la composition proposé par Foulet (1251-1288) à 1263-1270, c'est-à-dire de l'année où Gui acquiert le comté de Namur (1263) à la mort de Louis IX (1270), qui est égratigné par le poème. La conception d'un Renart hypocrite et antipathique se retrouve dans d'autres œuvres de la même époque, comme *Renart le Bestourné* de Rutebeuf* et *Renart le Nouvel* de Jacquemart Gielée*.

ŒUVRE. — Éd. D.M. Méon, *Le Roman de Renart*, Paris, 1926, t. 4, p. 1-123. — Éd. A. Foulet, Princeton-Paris, 1929 (*Elliott Monographs*, 24).

→ [Outre la bibliogr. du *Roman de Renart**]. — R. Bossuat, *Le Roman de Renard*, Paris, 1957, p. 146-151. — J. Flinn, *Le Roman de Renart dans la littérature française et dans les littératures étrangères au Moyen Âge*, Paris-Toronto, 1963 (*Univ. Toronto, Romance Series*, 4) [notamment chap. 6]. — J.-V. Alter, *Les origines de la satire anti-bourgeoise en France*, Genève, 1966. — E.J. Richards, *Poésie en tant que processus. La Satire contre les ordres mendiants dans le Couronnement de Renart, Renart le Bestourné et la deuxième partie du Roman de la Rose*, dans *Third International Beast Epic, Fable and Fabliau Colloquium*, Münster, 1979, p. 312-329. — E. Suomela-Härmä, *Les épigones du Roman de Renart. Évolution et mutation*, dans *RLR*, t. 90 (1986), p. 45-60. — Cf. *MB*, n°s 2592-2594 ; *S* 4802.

A.F. et A.F.L.L.

Court de Paradis. Petit poème de 640 octosyllabes à rimes plates de la fin du XIIIe siècle, inspiré d'une « similitude » : tel un seigneur féodal convoquant la cour plénière de ses vassaux, le Seigneur Dieu, le jour de la Toussaint, « semont » les saints du paradis. Chacun s'empresse de répondre à l'appel et tous, les plus illustres comme les plus obscurs, se présentent en chantant leur joie devant Jésus-Christ et sa mère. Le feu du purgatoire s'apaise provisoirement et les âmes qui ont accompli leur pénitence se joignent à la fête.

L'intérêt principal du texte réside en ce que les morceaux lyriques que le poète met dans la bouche des anges et des bienheureux sont les refrains de chansons courtoises du temps ; leur vocabulaire, leur rhétorique, sont ceux de la *fin'amor*. Comme toujours, l'amour sacré emprunte paroles et rythmes à l'amour profane, sans qu'aucune équivoque soit possible : le contexte implique l'indispensable transposition.

ŒUVRE. — Éd. E. Vilamo-Pentti, Helsinki, 1953.

→ N.H. Van den Boogaard, *Rondeaux et refrains du XIIe siècle au début du XIVe siècle*, Paris, 1969 ; *Les insertions en français dans un traité de Gérard de Liège*, dans *Mél. J. Wathelet-Willem*, Liège, 1978, p. 679-697. G.H.

Courtois d'Arras. Adaptation de la parabole de l'Enfant prodigue, ce *jeu* écrit dans le premier quart du XIIIe siècle, en dialecte picard, ne va pas sans rappeler le *Jeu de Saint Nicolas*, en particulier par l'utilisation dans une histoire édifiante de scènes de taverne. Mais rien ne prouve qu'il faille l'attribuer à Jean Bodel*, dont il ne serait pas indigne d'ailleurs, à la fois par l'évocation plaisante de réalités quotidiennes et par l'agrément du style. Outre ses qualités propres, *Courtois d'Arras* occupe une place spéciale dans l'histoire des origines de notre théâtre. On s'est longtemps demandé s'il s'agit d'un véritable drame par personnages ou d'un monologue dramatique récité par un jongleur. Cette dernière opinion semble prévaloir maintenant.

ŒUVRE. — Éd. E. Faral, Paris, 1922 (*CFMA*, 3). — Éd. A. Pauphilet, dans *Jeux et sapience du Moyen Âge*, Paris, 1951 *(Pléiade)*, p. 111-133. — Trad. R. Axton et J. Stevens, dans *Medieval French Plays*, Oxford, 1971 [trad. en anglais moderne]. — *Li lais de Courtois, commedia francese del sec.* XIII, éd. et trad. G. Macri, Lecce, 1977 [trad. en italien].

→ P. Groult, *Le drame biblique dans Courtois d'Arras*, dans *Mél. G. Cohen*, Paris, 1950, p. 47-53. — K. Togeby, *Courtois d'Arras*, dans *Mél. P. Imbs*, Strasbourg, 1973, p. 603-614. — W. Kreutzer, *Zum Verständnis des Courtois d'Arras*, dans *Vox Romanica*, t. 33 (1974), p. 214-239. — C.K. Vande Berg, *On the authenticity of the sister's scene in « Courtois d'Arras »*, dans *Romance Philology*, t. 43 (1989-1990), p. 274-282. — Cf. *MB*, n°s 2501, 3947-3948, 6755 ; *S* 6250, 6373-6374, 6381-6386.H.R.

Courtoisie.

1. *Définition et caractérisation.*

Les termes *courtois* et *courtoisie* ont dans la littérature du Moyen Âge une signification qui s'écarte à la fois du sens de ces mots dans la poésie épique des premiers temps de la littérature et du sens qu'on y attache aujourd'hui.

Étymologiquement, *courtois* veut dire ce qui est propre à la cour (vieux français *cort*) ; par une extension de sens, *corteis* en vieux français signifie « honnête », « loyal », « gracieux » et s'applique à celui qui observe les lois de la morale et de la civilité (par exemple dans le *Roland**). De même, *cortes* du vieux provençal se traduit par « généreux », « loyal », « poli » (chez Marcabru*, 1130-1150). Mais ce sens général, qui reste en usage, il convient de le distinguer de la signification très spéciale que le mot a prise dans la littérature qui traite de la poésie lyrique et des romans bretons, où l'expression *amour courtois* désigne un art d'aimer élevé à la hauteur d'un rite.

L'expression *cortes amor* se trouve exceptionnellement dans la littérature provençale (un seul exemple chez Peire d'Alvernha*, 1138-1180). Mais le terme *amour courtois* est devenu monnaie courante dans l'histoire littéraire depuis 1883, lorsque Gaston Paris a désigné par là cet amour idéalisé, stylisé, qui a trouvé son expression littéraire au XIIe siècle. Depuis, les étiquettes *courtois, courtoisie* ont été apposées à des entités si différentes qu'il est difficile d'en déterminer le sens. Certains savants parlent même indifféremment de *courtoisie* et *amour courtois*, alors que l'amour courtois est une manifestation de la courtoisie, mais ne se confond pas avec elle. De même, la *courtoisie (corteisie)* de la littérature du Nord de la France ne couvre pas les mêmes notions que la *cortesia* de la littérature occitane.

La *courtoisie* est donc un ensemble complexe de vertus et de qualités qui forment l'éthique de la vie de cour du XIIe siècle, et cela tant au point de vue moral que social. Dans le *Tristan** de Thomas d'Angleterre*, le personnage de Cariado est peint comme étant *corteis* au sens social mais manquant de grandeur morale. Dans d'autres passages, Thomas oppose *corteis* à *vilain* et prend donc le mot au sens moral. Au sens social, *corteis* s'applique à une élite et sa mise en pratique exigeait une initiation à laquelle l'homme « de basse estrace » ne pouvait prétendre. Mais il en est autrement au sens moral, car quiconque aime « de verai amor » peut accéder à la courtoisie (*Les dix Commandements au dieu d'amour* dans le *Roman de la Rose**). Socialement, la *courtoisie* est donc un art de savoir-vivre, idéal de chevalerie au moment où les mœurs rudes du haut Moyen Âge avaient fait place à une éthique plus raffinée et où la femme jouait un plus grand rôle que du temps de la chevalerie guerrière. Aux notions de politesse, loyauté, générosité s'est ajoutée peu à peu une forme d'élégance morale, de fidélité, de discrétion et d'idéalisation de la femme qui aboutira à cet amour stylisé qu'on a appelé courtois.

Si la *courtoisie* du Nord est donc d'abord l'idéal du chevalier, la *cortesia* des poètes occitans est la vertu et l'idéal de l'amant courtois (Denomy, Lazar). Ceci revient à dire que la *cortesia* du Midi présuppose le « fin ou verai amor », source de toutes les vertus et que la *corteisie* du Nord est (aussi) une vertu générique d'où dérivent toutes les heureuses qualités qui caractérisent « l'honnête homme » du Moyen Âge. Celui-ci toutefois paraît prédisposé à l'amour, car « aimer courtoisement » est pour le noble du XIIe siècle la grande affaire de la vie, et c'est par la courtoisie que cet amour sublimé peut élever l'amant jusqu'à l'idéal tel que le concevaient les « dames ». C'est donc « un idéal de culture se fondant avec celui de l'amour ; voilà ce que n'a connu aucune autre époque » (Huizinga).

La courtoisie et l'amour courtois ne constituent nullement une doctrine autonome, conçue et énoncée de façon cohérente et définitive. Ils ont bien eu une sorte de théoricien en la personne d'André le Chapelain*, auteur d'un *Tractatus de Amore* (Traité sur l'amour) latin écrit probablement entre 1181 et 1186. Mais son ouvrage, codification tardive d'une pratique vieille alors de près d'un siècle, est d'interprétation douteuse. Il suit le plan tracé par Ovide, celui d'un *Ars amandi* suivi de *Remedia amoris*. Cette imitation le conduit à une palinodie déconcertante : le dernier des trois livres qui constituent son ouvrage est une mise en garde contre l'amour dont il a jusque-là énoncé minutieusement les lois et en vue duquel il a enseigné la rhétorique de la séduction. Au demeurant, il est difficile de faire la part du jeu dans les « jugements d'amour » qu'il attribue à la comtesse Marie de Champagne. Enfin les éléments arthuriens présents dans son traité montrent qu'il subit l'influence de la production romanesque autant que celle du lyrisme. Son œuvre permet donc d'apprécier le climat littéraire de l'époque, mais non de définir les lois absolues de l'amour courtois.

Tout ce que l'on peut faire, en réalité, est de dégager empiriquement de l'œuvre des troubadours, des trouvères, des romanciers une sensibilité et une éthique amoureuse et mondaine communes, tout en sachant qu'elles ne connaissent pas d'expression en dehors de la poésie qui en est le véhicule.

La courtoisie est une conception à la fois de la vie et de l'amour. Elle exige la noblesse du cœur, sinon de la naissance, le désintéressement, la libéralité, la bonne éducation sous toutes ses formes. Être courtois suppose de connaître les usages, de se conduire avec aisance et distinction dans le monde, d'être habile à l'exercice de la chasse et de la guerre, d'avoir l'esprit assez agile pour les raffinements de la conversation et de la poésie. Être courtois suppose le goût du luxe en même temps que la familiarité détachée à son égard, l'horreur et le mépris de tout ce qui ressemble à la cupidité, à l'avarice, à l'esprit de lucre. Qui n'est pas courtois est *vilain*, mot qui désigne le paysan, mais qui prend très tôt une signification morale. Le vilain est âpre, avide, grossier. Il ne pense qu'à amasser et à retenir. Il est jaloux de ce qu'il possède ou croit posséder : de son avoir, de sa femme.

Mais la courtoisie ne va pas sans l'amour ni l'amour sans la courtoisie. « Voulez-vous héberger l'amour dans vos maisons ? Jonchez le sol de courtoisie » (Marcabru). Nul ne peut être parfaitement courtois s'il n'aime, car l'amour multiplie les bonnes qualités de celui qui l'éprouve et lui donne même celles qu'il n'a pas. L'originalité de la courtoisie est de faire à la femme et à l'amour une place essentielle. C'est une originalité au regard des positions de l'Église comme au regard des mœurs du temps. L'amant courtois fait de celle qu'il aime sa *dame*, sa *domna (domina)*, c'est-à-dire sa suzeraine au sens féodal. Il se plie à tous ses caprices et son seul but est de mériter des faveurs qu'elle est toujours en droit d'accorder ou de refuser librement.

La courtoisie ouvre une ère nouvelle dans les rapports entre les sexes ; elle est à la fois cause et effet de la poésie lyrique du Midi. Elle se manifeste surtout dans l'amour courtois et dans le goût des choses de l'esprit. Les profonds contrastes qui caractérisent le Moyen Âge ne sont pas pour cela abolis, car la rudesse des mœurs dans les rapports conjugaux (le droit de vie et de mort qu'exerçait le mari, les rapts, la femme conquise sur l'ennemi) subsiste à côté de cet amour courtois, qui, nous le verrons, implique pour l'amant un effacement de soi, qui est presque une perte de soi. Dans ce milieu plus raffiné, la femme n'est plus la proie tout au plus humblement, jamais librement consentante : elle est devenue l'objet d'un désir qui élève le soupirant au-dessus de lui-même et le mène à la perfection morale conçue par elle. Par cet amour, il progresse en bonté, générosité, valeur, pour être digne de la dame, parangon de toutes les vertus.

On l'a souvent dit : le service amoureux est calqué sur le service féodal. « Sous la forme stylisée où la traduit le langage des troubadours, la doctrine de l'amour courtois apparaît comme le terme d'un processus de transposition et de regroupement : les idées de générosité, d'obéissance, de mérite, attachées à l'exercice de la chevalerie, sont appliquées aux relations d'homme à femme. Elles subissent ainsi une sécularisation de fait, malgré la persistance des traits religieux, sinon mystiques, dans le vocabulaire » (Zumthor).

L'amour courtois, ou *fin'amor*, « amour parfait », repose sur l'idée que l'amour se confond avec le désir. Le désir, par définition, est désir d'être assouvi, mais il sait aussi que l'assouvissement consacrera sa disparition comme désir. C'est pourquoi l'amour tend vers son assouvissement et en même temps le redoute, comme la mort du désir. Et c'est ainsi qu'il y a perpétuellement dans l'amour un conflit insoluble entre le désir et le désir du désir, entre l'amour et l'amour de l'amour. Ainsi s'explique le sentiment complexe qui est propre à l'amour, mélange de souffrance et de plaisir, d'angoisse et d'exaltation. Pour désigner ce sentiment, les troubadours ont un mot, le *joi*, différent du mot joie (*joye*, fém.) par lequel on le traduit généralement faute de mieux. Jaufré Rudel* écrit par exemple :

D'aquest amor suy cossiros
Vellan e pueys somphnan dormen,
Quar lai ay joy meravelhos.

« Cet amour me tourmente quand je veille et quand, endormi, je songe : c'est alors que mon *joi* est extrême. »

Cette intuition fondamentale a pour conséquence que l'amour ne doit être assouvi ni rapidement ni facilement, qu'il doit auparavant mériter de l'être, et qu'il faut multiplier les obstacles qui exacerberont le désir avant de le satisfaire. D'où un certain nombre d'exigences qui découlent toutes du principe que la femme doit être, non pas inaccessible, car l'amour courtois n'est pas platonique, mais difficilement accessible. C'est ainsi qu'il ne peut théoriquement y avoir d'amour dans le mariage, où le désir, pouvant à tout moment s'assouvir, s'affadit et où le droit de l'homme au corps de la femme lui interdit de voir en elle au sens propre une *maîtresse* dont il faut mériter les faveurs librement consenties. On doit donc en principe aimer la femme d'un autre, et il n'est pas étonnant que la première qualité de l'amant soit la discrétion et que ses pires ennemis soient les jaloux médisants qui l'épient pour le dénoncer au mari, les *lauzengiers*. D'autre part la dame doit être d'un rang social supérieur à son soupirant de manière à calquer les rapports amoureux sur les rapports féodaux et à éviter que les deux partenaires soient tentés, elle d'accorder ses faveurs par intérêt, lui d'user de son autorité sur elle pour la contraindre à lui céder.

Mais il ne faut pas exagérer l'importance de ces règles, qui sont au demeurant moins présentes chez les poètes eux-mêmes que chez leurs glossateurs, ou qui ne le sont, *cum grano salis*, que dans un genre spécialisé dans la casuistique amoureuse comme le jeu-parti. Elles sont la conséquence la plus visible, mais non la conséquence essentielle, de la confusion de l'amour et du désir. L'essentiel est le tour très particulier que cette confusion donne à l'érotisme des troubadours*. Il y a chez eux un mélange d'effroi respectueux et de sensualité audacieuse devant la femme aimée, qui donne à leur amour les traits d'un amour adolescent : une propension — revendiquée — au voyeurisme, un goût pour les rêves érotiques, qui épuisent le désir sans l'assouvir, une imagination fiévreuse et précise du corps féminin et des caresses auxquelles il invite en même temps qu'un refus d'imaginer la partie la plus intime de ce corps et une répugnance à considérer la consommation même de l'acte sexuel. Ce corps, que le poète « mourra de ne pouvoir toucher nu », ce corps « blanc comme la neige de Noël », « blanc comme la neige après le gel » (toutes ces formules sont de Bernart de Ventadorn*), ce corps est, comme la neige, brûlant et glacial, ou glaçant.

Le *fin'amor* repose sur trois notions fondamentales inséparables de la *cortesia* : la *mezura*, le *joy* et la *jovens*. Alors que dans le *Roland** la démesure doit encore être prise au sens de bravoure excessive, *mezura* a chez les poètes du Midi le sens de « dignité », « équilibre des sentiments », donc « contrôle de soi ». Le *joy* est l'état d'extase de l'amant en prévision d'un accomplissement possible ou après l'obtention des dernières faveurs. C'est la cime du *fin'amor*, fruit de l'ennoblissement qui porte l'amant au-delà des joies terrestres. La plupart des commentateurs y voient ce sens éthique, quelques-uns (Lazar surtout) y voient un élément de jouissance érotique. L'obscurité ou l'hermétisme des textes explique cette ambivalence possible (*Joie de cour* dans *Erec et Enide**). La *jovens* est une vertu plus générale, impliquée dans la courtoisie comme dans le service d'amour. Le sens de « jeunesse » ou « qualités propres à la jeunesse » semble largement dépassé, le terme désigne des vertus morales (« fidélité », « mérite »). Tant que l'amour est pur, *jovens* guide l'amant ; quand il déchoit, c'est que *jovens* a perdu sa puissance. Le sens de *jovens* a été mis en rapport avec des termes arabes correspondants. À côté des vertus inspiratrices du « verai amor », il est curieux de voir figurer la *jalousie* comme un bien. Sans jalousie, il n'y a pas d'amour. La jalousie est liée à l'incertitude, il faut l'éveiller et l'entretenir comme stimulant de l'amour. Cela ne vaut d'ailleurs que pour l'amant ; pour le mari dupé, qui par définition ne connaît pas l'amour, la jalousie est basse et indigne, le mariage étant un servage auquel la femme a le droit de se dérober.

Les caractéristiques que nous venons d'énumérer sont en grande partie applicables à la mentalité du Nord comme à celle du Midi. L'idéologie de l'amour courtois du Nord comme celle du Midi est de nature aristocratique et plus mondaine que profane. Par quelques traits, elle s'en distingue cependant.

2. *Origines.*

Théoriquement, il faudrait séparer la naissance de la courtoisie de celle de l'amour courtois et de la littérature courtoise, mais ce serait assez artificiel, puisque nous ne connaissons la courtoisie et l'amour courtois que par son expression littéraire précisément. Or les origines de la poésie courtoise méridionale et des sentiments qu'elle évoque restent obscures, malgré les études innombrables qui y ont été consacrées.

Les médiévistes ont indiqué comme sources de la poésie lyrique de la France du Midi et du Nord :

1. La poésie dite populaire.
2. Les œuvres classiques latines.
3. Les poèmes du latin médiéval.
4. Les contacts avec la civilisation hispano-mauresque.

Tous ces facteurs peuvent avoir agi de façon concomitante : encore faut-il prouver ce qui en a favorisé l'éclosion à un moment donné et en un endroit déterminé. Bien des érudits ont donc étayé leurs thèses d'arguments d'ordre sociologique : à savoir la connaissance qu'avaient les clercs-poètes de la littérature classique et des textes saints ; l'aspiration à une vie plus paisible, plus luxueuse et moins rude au retour d'Orient (croisades) ; la présence des troubadours dans les cours et une culture plus approfondie surtout pour les femmes, qui, pendant l'absence des chevaliers, étaient devenues les gardiennes du foyer et des normes sociales. Ce sont là les conditions où a pu s'épanouir l'idéal courtois, non les racines où il a pris naissance.

1. Origines dites populaires. L'existence supposée d'une poésie lyrique antérieure à la poésie courtoise, existence qu'on a basée sur des similitudes de forme et de fond dans les poésies de l'étranger qui seraient dérivées de la première (Jeanroy), n'explique en rien l'origine des thèmes courtois exceptionnels qui nous occupent ici.

2. Il en est peut-être autrement de la théorie de *l'origine latine* (classique), car les tenants de cette thèse admettent chez les poètes courtois une culture assez avancée où se manifesterait l'influence d'Ovide*. L'érotisme ovidien aurait trouvé dans l'amour courtois une espèce de sublimation. Bien que cette influence soit présente aussi dans le Midi (Guilhem IX, Bernart de Ventadorn), elle a sans doute teinté davantage les productions du Nord (*Roman de Troie* de Benoît de Sainte-Maure*, Enéas*, romans bretons, Chrétien de Troyes*), car la lecture d'Ovide se répandit surtout au milieu du XIIe siècle *(aetas ovidiana).*

3. Origine latine-médiévale. Les œuvres du latin médiéval sont évidemment plus proches des poèmes courtois. Plusieurs savants (surtout Errante) ont donc cherché les sources de la poésie courtoise dans les traditions scolastiques médiévales. Déjà l'œuvre de Venance Fortunat* (VIe siècle), lue dans les écoles de rhétorique, contient en germe des motifs courtois. « Les origines de la courtoisie remontent à travers les miroirs des princes du IXe, Xe siècle à la poésie carolingienne, à travers la ''dulcedo'' des poètes de l'entourage de Fortunat au VIe siècle, de l'antiquité » (Bezzola).

Jeanroy croyait que cette influence, s'il fallait l'admettre, se serait manifestée par l'intermédiaire des « clercs vagants », mais leur inspiration paraît d'un autre ordre.

D'autres ont voulu rapprocher l'amour courtois, par l'intermédiaire des clercs médiévaux, de la *caritas* chrétienne (saint Bernard*, interprétation du *Cantique des Cantiques*). E. Gilson a réfuté cette prétendue dépendance de l'amour courtois vis-à-vis du mysticisme chrétien. Un certain parallélisme ne lui paraît cependant pas exclu ; l'amour humain évoluant dans le sens de l'amour divin. Le culte de la femme, a-t-on aussi pensé, pourrait être basé sur la dévotion à la Vierge. Cependant le plein épanouissement du culte de la Vierge semble plus tardif.

D'autre part on a établi une comparaison entre l'« amor purus » courtois et l'amour chaste des *cathares* (Denis de Rougemont). L'influence cathare semble peu probable ; le mariage, œuvre de Satan, place les adeptes du catharisme dans une position de principe, qui n'est pas celle de l'amant courtois. Cette théorie paraît insuffisamment étayée par des arguments chronologiques, géographiques et idéologiques.

4. Enfin la théorie des *influences hispano-arabes* a pour elle de sérieux arguments. La civilisation des Arabes d'Espagne, qui a été en rapports constants avec la civilisation chrétienne, a pu donner l'impulsion aux modes de penser et de sentir des cours du Limousin et de la Provence, ces provinces étant, à cette époque, encore indépendantes de la France. D'après les arabisants (Nykl, Denomy), la force ennoblissante de l'amour serait à chercher dans la philosophie mystique d'Avicenne. Celle-ci attribue à l'amour humain une force qui élève l'âme vers l'amour divin. Certains rites arabes qui tendaient à mériter l'amour par l'épreuve de la souffrance, qui préconisaient la soumission à la femme (« la valeur de l'homme est en raison de la supériorité qu'il accorde à la femme »), le « senhal » (pseudonyme) masculin pour cacher l'identité de la bien-aimée, le « joy », fin ultime et réalité suprême de l'existence ou extase sentimentale transcendant le désir, ce sont là autant de correspondances que les arabisants (Nykl) ont invoquées. L'amour que peignent les poètes arabes ressemblerait à l'amour pur tel que le décrit André le Chapelain (voir plus bas). Bezzola a même cru que les rapports de parenté de Guilhem IX*, le premier des troubadours, avec l'Espagne et ses voyages dans ce pays auraient déterminé son évolution poétique. Ce serait sous l'influence des échanges culturels avec la population chrétienne de l'Arabie musulmane que l'inspiration plus élevée des poèmes de la deuxième période serait née. Enfin, la fondation par Robert d'Arbrissel de l'abbaye « double » (ordre mixte) de Fontevrault où régnait l'exaltation de la femme, aurait créé un climat favorable à la courtoisie (Bezzola). Guilhem IX aurait ainsi été amené à opposer au mysticisme ascétique un mysticisme mondain où se retrouveraient certaines influences arabes.

Ces arguments toutefois sont loin d'être acceptés par tous les érudits, et l'impression qui se dégage des débats pour les non-initiés à la langue arabe, c'est qu'il y a malgré tout des tonalités fondamentalement différentes.

3. *Littérature courtoise du Midi.*

Quelles que soient les racines des sentiments courtois reflétés dans la littérature des troubadours, qu'ils soient autochtones dans le Midi de la France ou d'importation étrangère, qu'ils forment un idéal inaccessible, une initiation mystique ou simplement une façon d'appréhender le réel, ces sentiments ont été la grande préoccupation d'une caste élue au XIIe siècle et au début du XIIIe. C'est en tout cas sur le sol du Midi de la France que cette littérature a pris naissance, pour se répandre ensuite dans la France du Nord (trouvères*), en Italie *(dolce stil nuovo)*, en Allemagne *(Minnesang)* et dans la péninsule ibérique. Dans quelle mesure répondait-elle à une réalité ? Il est difficile de le savoir ; les historiens ne font que bien rarement allusion à ces conceptions, et c'est seulement par la poésie lyrique (Midi), les romans bretons et les *Arts d'aimer** (Nord) que nous pouvons la connaître.

L'idéal amoureux s'exprime dans la poésie occitane des débuts sous deux formes principalement : la *canso** et la *tenso**. La *canso*, joyeuse ou plaintive, peint le bonheur ou la tristesse de l'amant, la *tenso* peut traiter d'amour, mais n'exclut pas d'autres sujets : elle revêt parfois la forme d'un débat (*partimen**). On distingue le *trobar plan*, accessible à tous et le *trobar clus**, hermétique et compréhensible aux seuls initiés. Ce dernier a été mis en rapport avec l'interprétation symbolique des textes du Moyen Âge, toujours présente à côté de l'interprétation littérale d'après certains érudits. Le nom de la dame aimée est dans ces poésies caché sous un « senhal », elle est appelée *domna* ou *mi dons*, nom masculin. Le secret à deux est la condition même de cet amour, ainsi que l'angoisse, effet de l'incertitude et de la malveillance des « lauzengiers » (traîtres).

Les noms de quatre cent cinquante troubadours nous sont parvenus, presque tous leurs poèmes sont d'inspiration courtoise : dans ce nombre, peu de « trobairitz », parmi lesquelles la Comtesse de Die*. Quelques noms célèbres se détachent de cette longue série. Un des plus grands et le premier en date, Guilhem IX* d'Aquitaine, septième comte de Poitiers, a écrit des poésies licencieuses à ses débuts, mais plus tard ses poèmes respirent une atmosphère nettement courtoise. D'après certains savants, le « mouvement de Fontevrault » expliquerait ce revirement.

L'image de la dame lointaine, désirée avec idolâtrie, forme le thème de la poésie de Jaufré Rudel* *(amor de lonh)*. C'est la légende du poète qui tomba amoureux de la princesse de Tripoli, sans l'avoir jamais vue (Edmond Rostand, *La Princesse lointaine*). Pour certains médiévistes, l'amour lointain serait le symbole de la spiritualité du *fin'amor* ; d'autres y ont vu une identification avec la Vierge ; Lazar refuse toute explication ésotérique : pour lui, il s'agit d'une dame éloignée ou distante au sens moral du terme. Enfin on y a vu un motif de folklore. Cercamon* se rapproche des chansons dites « idéalistes » de Guilhem IX ; Marcabru*, à l'opposé de Jaufré Rudel, voit dans le *fin'amor* un sensualisme qu'il réprouve : il personnifie *Amor, Joy, Jovens* dans un sens qui semble satirique. Bernart de Ventadorn* fut le chantre résigné et mélancolique de l'amour. Sous l'un de ses « senhals » se cache peut-être la figure animatrice de la reine Aliénor. Raimbaut d'Aurenga*, Bertran de Born* ont laissé des poèmes qui illustrent le « trobar clus ».

4. *Passage de la mentalité courtoise du Midi au Nord.*

Comment la conception de l'amour lointain ou de l'amour fin en soi a-t-elle trouvé sa voie vers le Nord ? On admet généralement qu'Aliénor d'Aquitaine*, lors de son mariage avec Louis VII de France, aurait porté dans son bagage littéraire la culture méridionale et que plus tard ses deux filles, Marie de Champagne et Aliénor de Blois, auraient contribué à l'éclosion de la courtoisie. Aliénor, par sa cour itinérante et ses séjours prolongés à Poitiers, en aurait propagé l'idéologie et Bernart de Ventadorn qui, croit-on, a suivi la reine en Angleterre et séjourné à Poitiers, aurait été une espèce d'intermédiaire. Plusieurs savants croient que le *Tristan* de Thomas*, c'est-à-dire la version courtoise de la légende, aurait été, sinon écrit pour Aliénor, en tout cas inspiré par elle.

Ce qui est certain, c'est qu'Aliénor avait une culture distinguée et « courtoise », que Wace* lui a dédié son *Brut* et Benoît de Sainte-Maure* le *Roman de Troie*, deux œuvres où l'apport courtois est significatif. Nous savons aussi que Chrétien de Troyes* a écrit quelques poèmes dont la facture et le fond sont d'inspiration courtoise, que Marie de Champagne lui a fourni le sujet du *Chevalier de la Charrette** (ou *Lancelot**), qui est une « somme » de courtoisie, que peut-être André le Chapelain qui a écrit un *Traité de l'Amour*, a été attaché à sa cour — enfin que l'*Eructavit cor meum*, d'un auteur inconnu et dédié à Marie, rapproche par ses termes l'amour divin de l'amour profane.

Il est difficile cependant d'évaluer la valeur de ce « mécénat féminin ». Le séjour de quinze ans que fit Aliénor à la cour de France a sans aucun doute ou bien fait naître les notions de courtoisie ou les a encouragées, si par d'autres voies elles y étaient présentes en germe (connaissance de l'Orient, apport des jongleurs ambulants). Une influence directe d'Aliénor sur ses filles, généralement admise, est plus difficile à déterminer. Lors de son divorce, Aliénor quitta Marie qui était alors dans sa septième année, et, malgré de sérieuses recherches, un savant anglais (Benton) n'a pu trouver dans aucun historien une mention de relations affectueuses ou amicales entre la reine d'Angleterre et sa fille, élevée dans cette cour de France hostile aux Plantagenêts. Un séjour de Marie à Poitiers n'est rien moins que certain ; aucun historien, aucun moraliste ne nous fournit la preuve que Marie ait mis en pratique ou encouragé « l'hérésie » de l'amour courtois ; ce que nous en savons nous vient d'André le Chapelain et il y a des savants qui voient dans son *Traité* une parodie. Et cependant l'atmosphère courtoise à la cour de Champagne paraît avérée, le témoignage de Chrétien de Troyes au sujet du *Lancelot* est formel, et même si l'on veut révoquer en doute les jugements de cas litigieux en amour et la fameuse *Lettre sur la jalousie*, écrite par Marie et signalée par André le Chapelain, il reste que celui-ci, protégé ou non par la comtesse, a pu écrire impunément cette codification de l'amour courtois *(De Amore Libri Tres — De arte honeste amandi)*. A moins... et c'est l'avis de quelques médiévistes, à moins qu'il ne faille voir dans cette œuvre une satire, ce qui serait expliqué par le 3e livre : *De Reprobatione Amoris*, où l'auteur se rétracte et s'oppose à la tendance des premiers livres. Malgré une audace qui, même pour un clerc de l'époque, paraît surprenante, son œuvre ne fut condamnée par l'Église qu'en 1277. Jusqu'à plus ample informé, nous admettrons donc que la courtoisie fut la grande préoccupation de la noblesse champenoise. On a cru longtemps (Stendhal en était encore fermement convaincu) que le goût des discussions mondaines, portant sur la casuistique amoureuse, se manifestait surtout dans les *cours d'amour*, réunions de hautes dames qui auraient exercé une espèce de juridiction et imposé leurs arrêts. Aujourd'hui on n'y voit plus qu'un jeu mondain.

5. *La littérature courtoise du Nord.*

Les premières notions littéraires de la courtoisie ont pu être retracées dans l'*Historia Regum Britanniae* de Geoffroi de Monmouth* (1135), elles ont été amplifiées dans Wace*, se manifestèrent ensuite dans ce qu'on appelle *la triade classique*, surtout dans le roman de *Troie** et le roman d'*Enéas**. L'influence d'Ovide dans ces ouvrages, et particulièrement dans l'*Enéas*, est très sensible. La poésie lyrique du domaine d'oïl a une extension bien moins grande que celle du domaine d'oc : la poésie préexistante avait au Nord des thèmes spécifiques sur lesquels les notions courtoises ont été entées. Une tonalité courtoise se dégage de quelques poèmes de Chrétien de Troyes*, des chansons de Gace Brulé*, chantre de la « folie d'amour », de l'œuvre de Conon de Béthune* et au XIIIe siècle des poésies de Thibaud de Champagne*. Cette poésie présente une phraséologie presque identique à celle de l'amour courtois méridional *(fin'amor)*, mais sous ce vocabulaire semblable se cachent souvent des notions assez différentes.

Les œuvres du Nord, surtout le roman arthurien, se caractérisent souvent par une psychologie plus raffinée, une tendance à l'analyse et à la pénétration morale qui manquent dans la poésie occitane. Bien que l'incompatibilité de l'amour et du mariage soit, ici aussi, hautement proclamée (entre autres dans les *Jugements d'amour*), des préoccupations d'ordre moral se font jour, en particulier chez Chrétien de Troyes.

Le *Tristan**, dont la donnée est la négation même de l'amour courtois, est à mentionner pour l'opposition qu'il a suscitée. Cette légende a hanté les esprits au XIIe siècle, on la sent partout sous-jacente dans les dissertations sur l'amour. La version de Béroul* (dite « commune ») s'oppose à la courtoisie par le repentir des amants (épisode de l'ermite Ogrin) et le retour d'Iseut auprès du roi Marc, mais en revanche la deuxième partie contient dans la présentation des éléments nettement courtois. La version de Thomas* d'Angleterre (dite « courtoise ») se définit comme une adaptation courtoise de ce drame de la souffrance et de la mort. L'œuvre de Chrétien de Troyes, pour autant qu'elle nous a été conservée, est, le *Lancelot* excepté, selon beaucoup de critiques, aux antipodes de cette légende de l'adultère. *Erec* nous peint un amour conjugal modelé sur l'amour courtois (« *de s'amie a fet sa femme* ») et Fénice dans *Cligès* s'oppose à Iseut « *qui le partage fist* » ; Yvain est l'image du chevalier courtois, mais au service de sa femme. Il y a donc là des divergences profondes qui séparent l'amour courtois du Nord du « fin ou verai amor » du Midi. L'ennoblissement par l'amour, une des caractéristiques essentielles de l'idéologie occitane, n'est plus dans la littérature du Nord, sauf peut-être dans *Erec*, la fin ultime. Ce trait est même absent du *Lancelot* (ou *Chevalier de la Charrette*), l'œuvre la plus courtoise de Chrétien et dont les tendances, pense-t-on, s'allient mal à celles de ses autres œuvres. Cette différence s'expliquerait parce que « la matière et le sens » lui auraient été imposés par Marie de Champagne et ne répondraient pas à sa conviction intime. Lancelot est l'incarnation des vertus courtoises : soumis d'avance à tout désir de Guenièvre, il accepte l'humiliation pour lui plaire et une hésitation d'une seconde lui attire les pires sanctions, humblement acceptées. Dans le *Lancelot-Graal**, ouvrage anonyme en prose, écrit une cinquantaine d'années plus tard, cet amour n'est plus regardé comme un idéal : Lancelot est jugé indigne d'accéder à la quête du Graal.

Les *Lais* de Marie de France* ont certaines accointances avec les conceptions courtoises *(Lanval, Guigemar, Laostic)*. Marie sacrifie sans doute aux modes du temps, mais c'est peut-être surfaire l'importance de cet élément courtois que d'assigner à Marie de France un rôle d'intermédiaire entre les conceptions du Midi et celles du Nord (Lazar). Le lai d'*Eliduc* est en tout cas une émouvante histoire de fidélité conjugale.

L'idée que nous nous faisons de la courtoisie et de l'amour courtois est donc basée sur ces œuvres littéraires, avec tous les risques d'incompréhension et d'interprétation erronée que cela comporte, mais aussi sur la théorie exposée dans les *Arts d'aimer*. Une des sources dont on a peut-être abusé, c'est le *De amore* d'André le Chapelain et les Jugements d'amour que renferme ce livre. A y regarder de près, l'œuvre d'André le Chapelain se présente comme une codification des conceptions occitanes, plutôt que comme une illustration des conventions courtoises du Nord. Le « *sapienter amare* » (aimer savamment) d'André le Chapelain implique un caractère rationnel, une sexualité systématisée qui est plus accusée dans le Midi qu'au Nord.

6. *La période de déclin.*

Le XIIe siècle a donc connu dans l'amour courtois une évolution qui participe à la fois de l'amour sensuel et de l'exaltation spirituelle, et qui n'a pu s'épanouir que dans une atmosphère de courtoisie. Peut-être le succès de ces conceptions s'explique-t-il comme une réaction contre une vie érotique trop dissolue.

Au XIIIe siècle, Drouart la Vache traduira encore André le Chapelain sous le titre *Li Livres d'Amours*, et la première partie du *Roman de la Rose** illustre la tradition courtoise d'un dernier éclat en versant des idées nouvelles dans un moule ancien. Les œuvres didactiques (« *ensenhamen* » — enseignement) exposeront encore longtemps un code du savoir-vivre courtois ; le *Jugement d'Amour**, teinté d'érotisme, restera longtemps encore à la mode (*Le Concile de Remiremont :* « qui aime le mieux, du clerc ou du chevalier ? »), mais le déclin s'annonce. *L'Épître au Dieu d'Amour*, le *Livre du duc des vrais Amants* de Christine de Pizan* (XIVe siècle) sont une revanche du bon sens et de la morale. Le *Livre des Quatre Dames* d'Alain Chartier* est d'inspiration patriotique autant qu'amoureuse. Dans les milieux de la noblesse, les conversations rouleront sur la casuistique de l'amour jusqu'au seuil de la Renaissance. Mais la *Cour d'amour* instituée en 1401 par Charles VI n'est aussi qu'un divertissement mondain. Le XIIe siècle reste donc le siècle d'or de la courtoisie ; après, on tombe trop souvent dans une rhétorique formaliste ou même parodique.

L'influence que la courtoisie a exercée sur les mœurs subsiste jusqu'à nos jours dans certaines formes de l'étiquette, mais la courtoisie au sens médiéval ne s'y reconnaît plus. Deux courants semblent s'en être détachés : d'une part, le « *dolce stil nuovo* » italien, ultime forme d'un amour courtois hautement spiritualisé (la « *donna angelicata* » remontée au ciel, attire à elle l'âme du poète) ; de l'autre, une tendance où la nature reprend ses droits sous des aspects assez licencieux (2e partie du *Roman de la Rose*). Dans la fameuse *Querelle du roman de la Rose*, pour la réhabilitation de la femme, réhabilitation devenue nécessaire, la courtoisie est bien oubliée.

→ Nous donnons, dans l'ordre où les références sont indiquées dans l'article, les principaux ouvrages consultés : A.J. Denomy, *Courtly Love and Courtliness*, dans *Speculum*, t. 28 (1953). — Moshé Lazar, *Amour courtois et fin'amors dans la littérature du XIIe siècle*, Paris, 1964. — J. Huizinga, *Herbst des Mittelalters*, trad. fr. J. Bastin, *L'Automne du Moyen Age*,

Paris, 1980. — H. Dupin, *La Courtoisie au Moyen Age*, Paris, 1931. — P. Zumthor, *Histoire littéraire de la France médiévale*, Paris, 1954. — J. Frappier, *Vues sur les conceptions courtoises dans les littératures d'oc et d'oïl au* XIIe *siècle*, dans *Cahiers de civilisation médiévale*, Poitiers, 1959. — H. Davenson (pseudonyme de H.I. Marrou). *Les Troubadours*, Paris, 1961 *(Le temps qui court)*. — A.J. Denomy, *The Heresy of Courtly Love*, New York, 1947. — P. Jonin, *Les personnages féminins dans les romans français du Tristan au* XIIe *siècle*, Aix-en-Provence, 1958. — A. Jeanroy, *La Poésie lyrique des troubadours*, Paris, 1934. — G. Errante, *Marcabru e le Fonti sacre dell'antica lirica romanza*, Firenze, 1946. — R.R. Bezzola, *Guillaume IX d'Aquitaine et les origines de l'amour courtois*, dans *Romania*, t. 66 (1940), p. 145-237 ; *Les origines et la formation de la littérature courtoise en Occident*, 5 vol., Paris, 1944-1967. — E. Gilson, *La théologie mystique de saint Bernard*, Paris, 1934. — D. de Rougemont, *L'Amour et l'Occident*, Paris, 1956 (2e éd.). — A. R. Nykl, *Hispano-Arabic Poetry and its Relations with the Old Provençal Troubadours*, Baltimore, 1946. — J.F. Benton, *The Court of Champagne as a Literaty Center*, dans *Speculum*, 1961. — F. Schlösser, *Andreas Capellanus, seine Minnelehre und das Christliche Weltbild um 1200*, Bonn, 1959. — André le Chapelain, *Traité de l'amour courtois* intro., trad. et notes C. Buridant, Paris, 1974. — H. Rey-Flaud, *La névrose courtoise*, Paris, 1983. — J.-C. Huchet, *L'amour discourtois*, Toulouse, 1987.

B.H.W. et M.Z.

Coutume de Bretagne (Très ancienne). L'activité législative dans le duché de Bretagne est attestée dès la fin du XIIe siècle, époque de la rédaction des coutumes connues sous le nom des *Assises de Bois de Céné*. En 1185, devant le duc Geoffroy, fils du roi d'Angleterre Henri II, qui a à ses côtés Constance, l'héritière de la Bretagne, les barons [les vassaux directs] du duché (en 1294, le *Livre des osts* recense 166 chevaliers, dont 29 barons) réunis à Rennes jurent « que en baronies e en fiez des chevaliers ne fussent fetes parties [le partage] des ores en avant » (traduction française du XIIIe siècle). S'il s'agit d'une fille, « celle qui est ainznée ait la terre, e mariera les juveignores [les puînés] de icelle terre, au conseil du seignor e des plus prochiens du lignaige ». L'établissement (voir *Juridique* [*Littérature*]) laisse aux « juveignors » la liberté d'adhérer à l'établissement ; en cas de refus, ils n'auront « partie des ores en avant ne en terres ne en deniers » et perdront tout. En 1276, le bail [la garde] des seigneuries échues par succession aux mineurs est remplacé par un droit équivalent à une année de revenus dû par toutes les successions de fief *(Assise des rachats)*, mais l'indivisibilité des fiefs de chevaliers préservée par la succession par ordre de primogéniture s'impose toujours ; elle s'imposera jusqu'en 1791. En 1259, les *Assises des pledeours* tentent de limiter la rapacité, la vénalité et l'improbité des avocats : ceux qui jurent l'ordonnance ne pourront « prandre d'un homme que cinq soulz d'un jour pour pledoier et uns coustz regnables de venir et de s'en aler, si l'en le voit querre qu'il ne soit trouvé la ou le plet sera, c'est assavoir au chevalier sept soulz, a l'escuyer troys soulz, a le homme a pié douze deniers, et est de journée renable [ni prendre] aultre don en terre, en deniers ne en joyaux ne en nulles aultres choses ne autre covenance faire [...] oultre la value de cinq soulz ».

Une compilation de règles coutumières provenant de la *Coutume d'Anjou* (voir *Établissements de saint Louis*) est rédigée en 1301 ; elle est attribuée au duc Jean II. Le duc meurt en 1305. Le chapitre de la *Très ancienne coutume de Bretagne* intitulé « Du partage des enffanz et des fiez nobles » reprend les dispositions de l'« Assise au comte [du duc] Geoffroy [de 1185] », avec cette indication : « Est entendu que les jouvaignours n'auront en plus que les moz [la revendication formulée] de l'assise, si ce n'est tant comme le duc Jehan [II] pere au duc Artur [II] la corrigea, lesquelles chouses doivent estre gardées et adcomplies et enterinées » (210). La formulation de cette référence au duc Arthur indique que la *Très ancienne coutume de Bretagne* a été rédigée dans le premier quart du XIVe siècle, sans doute après 1312, c'est-à-dire sous Jean III dit le Bon († 1341). Une mention manuscrite sur une édition gothique attribue la compilation à trois praticiens aux vertus stéréotypées (voir *Juridique* [*Littérature*], *Pactus*) : « Copu le Saige [Pierre Copu, « seneschal en Cornouaille pour le duc » en 1347], Mahé le Léal et Treal le Fier [Éon de Tréal, sénéchal de Rennes en 1337] sont ceux qui firent la coustume du pays. »

Dans le prologue, les compilateurs se mettent en situation ; ils évoquent les temps anciens : « Aucune foiz est advenu en povres terres, landes, marfoilleiz [marécages], qui ne portoient que poay [peu] de prouffit, ne les fonz n'en avoient valu que poay, et pluseurs en avoient esté seigneurs qui sages, puissanz et bons mesnagiers [habitants] avoient esté tenuz, et uncques ceulx ne se estoient avisiez d'entendre a edifier ; depuis venoient celles terres a aucunes personnes qui commençoient a y edifier, les uns planter boais [bois], vignes, et les autres le marfoillez essiever [assécher] et faire mannovres, chascun comme il veoit que bien estoit » ; puis les difficultés de commencer : « Pluseurs s'en gabaient [raillaient] et en parlaient despiteusement [avec mépris], ou par haine ou par envie, disanz telles parolles ou semblables : "Vaiez celui qui commance a batre l'esve [faire un travail stérile], car il commance a faire ceules besoignes que plus sage et plus riche de lui ne fist unques" » ; enfin, le temps de la plus-value : « Ce que ne valoit ne ne avoit valu oncques pour ce que poay de prouffit portot, portoit de prouffit et de value plus en un an que il n'avoit en vingt anz », sans culpabilité aucune car « ce ne doit nul avoir honte de faire et prouffit et bien, et le faire vault moult, car de bien faire vient tout bien, et les genvres [les plus jeunes] gienz y devroient metre paine et aprendre, et non pas es folies ne es mauvès mestiers » ; sinon ils méritent la bastonnade, « comme ceulx qui aprennent a mentir et a celer verité [...], a renoier Dieu, la benoiste vierge Marie, les sainz et les saintes, et avoer le deable et a si donner [se soumettre au diable], a moquer et a degenner [railler] autres, et a jouer au jeu des diz [dés] et de bouclier, a resnours [renégats], batours, menaçeurs de gienz, despiteux, orgueillouх, pareçoux, luxurioux, envieux, glotonneux, convoitoux d'autruy biens sans bonne cause et de toute autre mauvese estude et vie », et « chescun et chescune se payner de bienffaire, et non pas du contraire, et se avisier au commancement, quar l'en dit en reprouver : "Qui bien fait le retrouve", et auxi : "De mauvès servige mauvès guerredon [récompense]". »

Les prédicateurs vitupèrent contre ces péchés capitaux, source des désordres sociaux. Les compilateurs, eux, trouvent les responsables dans « pluseurs seigneurs et pluseurs juges qui avoint justice a gouverner et ne la gouvernoint pas touz generalment selon les coustumes qui sont establies en Bretaigne, et selon que *droit et justice* doivent estre faictes, pour ce que ils ne les savoint, et ceulx divisoint les coustumes tout autrement que ils ne doivent estre, et bailloint le tort a celui qui devroit avoir le droit, et le droit a ceul qui devroit avoir le tort et qui deust estre puni, et pluseurs fois avenoit, et ce fesoient pluseurs, les uns par non savance et les autres par soustenance ». Le remède à cette situation : « Escripvre [consigner par écrit les coutumes] et divisier en ceste maniere, non pas par l'escience [des compilateurs] soulement que pour ce que [ils ont] entendu et aprins o les sages qui approuvez estoient en la Duchié generalment, et par les opinions que ils monstroient et confortoient par resons efficaces, et qui appellez estoient de Monseigneur le Duc de Bretaigne, des evesques, des barons, des uns et des autres a gouverner la Duchié en leur temps par le sens d'iceulx. »

Les compilateurs s'adressent à celui « qui vouldroit vivre honestement et que justice soit faite » : il « pout aprendre en cest livre qui [...] enseigne des coustumes, des stilles [formes de procédure] et des establissemens de Bretaigne qui doivent etre tenuz selon ce que reison et droit donnent et justice estre faite » mêlés pour former un corpus de droit breton pratique. La *Très ancienne coutume de Bretagne* commence par un dialogue avec le lecteur sur la « voulenté de justice » : « vivre honestement », sans nuire, mais aussi « pour avoir l'amour de Dieu et dou monde » en ayant « en soi et en user et non pas du contraire, de verité, de leauté, de abstinance, de diligence et de humilité » (1-2). Ici et là se retrouvent des considérations sur les mauvaises gens bien proches de la satire. Ces préceptes moraux trouvent un écho particulier dans les derniers chapitres : « Pour quoy justice fut establie » et « Pour quoy l'en doit faire plus de honnour aux princes que a nul ». « Justice fut establie pour cherité, quar si justice n'estoit les menuz giens ne auroient de quoy vivre, quar les granz gens et les puissanz leur ostassent le lour et ce que ils eussent gaingnié, et n'en fust que guerres et contempz, et pour ce demourassent les biens a estre faiz et gaingniez, et ainssi le pouple ne eust de quoy vivre. » La justice séculière et la justice d'Église ont chacune leur domaine et ne doivent interférer l'une sur l'autre, mais « tieulx justiciers estaient et sont pires que les larrons qui guetent les chemins pour rober les genz et les marchanz, et ont mieulz desservi a estre puniz que ceulx larrons, quar ils doivent garder le pouple et tenir en paiz, et ce sont ceulx qui font les extorssions et les meschieffs [dommages] et par eulx sont faiz, quar ils metent le pouple a povreté, et lour donnent occasion d'estre larrons pour ce que ils n'ont de quoy vivre et vivre leur estuet [et il leur faut bien vivre] ». Exercée « pour charité, [...] amender les mauveses vaies et en soustenant les povres mesnagiers pour l'amour de Dieu », la justice doit être exemplaire ; « les justiciers en deussent riens retenir fors a soudeer [soudoyer] leurs officiers qui font les offices et es forteresces par quoy justice fust faicte et gardée, et le parssommet [le surplus] mis et donné en charité », point de vue populaire, « quar l'en dit communalement : ''Qui a coustume a prendre amendes, si le vioult maintenir, en a maire besoing a derrain que a premier et en quiert la haine de Diex et du monde'' » (222 et 334).

Le compilateur indique ensuite les rapports entre la coutume et la justice : « Coustume qui est joste reison doit estre gardée, car qui ne la garderoit il seroit trop de contenz entre les gienz, et justice n'y doit pas mettre contenz, mès la paiz » (3).

Selon un plan méthodique, des indications pratiques sont données sur le fonctionnement de la justice, sur les juges et les formalités de la procédure, sur les principales actions (douaire, possession immobilière, retraits, théorie générale des actions) et sur tout ce qui concerne les mineurs (tutelle et curatelle). Le droit pénal est exposé avec la procédure criminelle avant diverses procédures spéciales. La procédure donne la transition ; elle introduit l'exposé sur le droit de la famille avec l'incapacité des femmes sauf « cas que son seigneur [son mari] la soufferoit marchande » (205). La femme est gardienne de « l'ostel [la maison] » : elle ne peut être « mise en prinson pour debte », car elle doit garder « le fou [le feu] et les effanz, dont pluseurs perilz povent estre et avenir ou cas qu'elle seroit absente » (314). Les successions ouvrent l'exposé sur le « partage des enffanz et des fiez nobles » (210), avec l'exposé du droit féodal, les obligations du vassal et celles du seigneur. Ayant énoncé les droits seigneuriaux sur les moulins (249-252), les saisines, les aides, les ventes..., le compilateur passe aux personnes. Le « seigneur a obbeissance et tout ferme droit sur ses hommes, tout n'ait il pas hauste justice, il doit avoir touz les esmoluemenz de sa seigneurie qui y eschiéent en tant comme il a de justice, comme des bastarz »(265). La bâtardise profite aussi au seigneur. Elle fournit l'occasion de formuler cette définition du domicile : « L'on peut dire domicille estre acquis par trois manieres : scavoir quant l'on habite en quelque lieu o volunté de y demeurer perpetuellement, l'autre est par la demourance de dix ans [...]. Le tiers si est quant l'on a mis et porté en quelque demourance la plus part de ses biens ». Le droit domanial donne la réglementation du « temps de guerb [de la glane] », essentiel à la vie des hommes des campagnes et des bêtes (256 et 279), et la police des champs et des forêts. Enfin le « pouair [pouvoir] es justiciers » est l'occasion d'un discours réaliste sur l'origine de la justice et son partage en « justice de Yglise » et « justice seculiere » : « Justice fust establie pour cherité » (334). Avec les voies d'exécution forcée sont abordées, pour terminer, les saisies, les incapacités, les nullités...

La coutume est invoquée en 1341 devant la Cour des pairs dans le procès plaidé à Conflans entre Charles de Blois et Jean de Montfort pour la succession à la couronne : « Respond ledit conte que la coustume dessus alléguée [la représentation successorale] ne puet estre dicte coustume en Bretaigne ne avoir force de coustume ; et ce puet apparoir, car les coustumes dont les subgez usent generalment en force de coustume sont escriptes. » Les copies se multiplient, avec les inévitables altérations : le texte est défectueux. Quatre mss du XIVe sont conservés : trois du milieu du XIVe siècle, un autre écrit vers 1380. Les compilateurs, comme d'autres (voir *Coutumiers de Normandie*), ont prévu en ces termes la mise à jour : « Et pour ce que par nous ne puet estre tout acompli, plaise a touz qui verront et orront ceste matere la amender en ce que ils verront que devra estre amendé et y adjoustent ce que ils verront que devra estre et acompligent de raison. » Le XVe siècle (21 mss conservés, dont deux datés : 1437 et 1454) est l'ère des retouches : au milieu du siècle, les corrections sont nombreuses et arbitraires. En 1480, la première édition parisienne des *Coustumes et establissemens de Bretaigne* (Guillaume Le Fèvre) ne met pas un terme à l'usage des mss, mais interrompt la décomposition du texte. Six éditions sortent en même temps cinq ans plus tard des presses bretonnes (Rennes, Tréguier, Bréhan et Loudéac).

1491 est l'année du mariage de la fille héritière Anne avec Charles VIII de France : la déclaration de Paris du 7 juillet 1492 garantit les libertés de Bretagne, mais deux *Règlements de Lyon* suppriment, l'un, l'office de chancelier de Bretagne (16 juin 1494), réorganisent, l'autre, le Parlement du duché et son transfert à Rennes (27 novembre 1495).

La Coutume éditée à Rennes est « meurement visitée et correctée [révisée] » par trois avocats de la ville (Nicolas Dalier, Guillaume Racine et Thomas du Tertre), ce qui lui vaut un grand succès. Les éditeurs de Rennes imités aussitôt par ceux de Bréhan-Loudéac et de Rouen rejettent le prologue à la fin avec la liste des chapitres. Les praticiens ne se contentent bientôt plus de celle-ci. Leur travail nécessite la confection d'abrégés, de tables (deux mss au XVe siècle) et de répertoires. L'une des tables est imprimée dans l'édition citée de Tréguier (1485) et dans une autre édition contemporaine, avec ce titre : « Extraict de la quotacion des rubriques de la Coutume de Bretagne par l'ordre de l'abc » (Michel Sauvageau, avocat au Parlement de Bretagne, la publiera à nouveau en 1710). Une autre table connue sous le nom de *Répertoire* est imprimée à Nantes vers 1500. Le *Répertoire* prend la place de l'ancienne liste des chapitres dans l'édition de 1502 et dans celle de 1521. Michel Sauvageau réédite le *Répertoire alphabétique,* qui s'arrête à « Seigneur », quelques feuillets du ms. ayant été perdus. Dans l'édition de 1502, la coutume reçoit un nouveau prologue érudit dans le goût et le style du XVIe siècle ; il commence ainsi : « Le Philosophe [Aristote] parlant de l'estat de ce monde, considerant l'ardeur de convoitise dont les cœurs humains sont embrasez, *Quinto Politicorum* [Politique V] dit : *Minores, ut œquales fiant, seditiones faciunt ; œquales vero, ut majores* »... Les éditeurs se préoccupent d'améliorer le texte de la *Très ancienne coutume de Bretagne*. L'édition qui paraît en 1521 est établie à partir d'un ms. glosé perdu à ce jour, avec ce titre : *Coustumes, constitutions, establissemens et ordonnances de Bretaigne avec plusieurs praticques et allegances de droit conforme au texte de ladite coustume nouvellement y adioustées. Et exposition en aucuns lieux dudit texte, icelles au long veues et corrigées par plusieurs praticiens et legistes diceluy pays de Bretaigne...*, Paris, 1521 ; nouvelles éditions à Paris en 1528 et 1531, à Nantes en 1532 et à Rouen en 1538. Au XVIIe siècle, Julien Brodeau pense que les notes de ce manuscrit glosé ont été portées par un *auctor anonymus* qu'il tient pour un « excellent praticien » ; en fait, les marges du codex sont couvertes des notes des anonymes possesseurs successifs du manuscrit.

En 1539, la coutume de Bretagne est réformée (voir *Juridique* [*Littérature*]) et publiée aussitôt sous ce titre : *Ordonnances royaulx sur le faict, ordre et stille de plaider par escript en ce pays et duché de Bretaigne, tant en matieres civiles que criminelles, leues, publiées et regestrées tant ès court de Parlement, chancelerye et conseil dudict pays que en lauditoire de Rennes...*, Rennes, 1539, avec le texte de la *Très ancienne coutume de Bretagne* et le procès-verbal. Commencée à Rennes en septembre 1575, une *nouvelle réformation* aboutit en 1580-1581. En 1710, Michel Sauvageau fait imprimer à Nantes son commentaire en deux volumes : le premier est consacré à des *Observations pour la réformation de la coutume de Bretagne, avec un traité de l'indult justifiant que les officiers du Parlement de Paris et les graduez n'ont aucun droit sur les benefices de Bretagne*, le second à *La très ancienne coustume de Bretaigne*, sa dernière impression avec *les annotations de l'anonime, les anciennes constitutions, ordonnances, arrests, règlemens des rois et ducs de Bretagne, avec la conférence des coustumes et nouvelles ordonnances à la marge*. L'édition est reproduite par Charles Bourdot de Richebourg dans son *Nouveau Coutumier général* (1724) sans les notes et les ordonnances (tome IV).

ŒUVRE. — *La très ancienne coutume de Bretagne avec les assises, constitutions de Parlement et ordonnances ducales suivies d'un recueil de textes divers antérieurs à 1491. Édition critique accompagnée de notices historiques et bibliogr.* par M. Planiol, Rennes, 1896 (*Bibliothèque bretonne armoricaine publiée par la Faculté des lettres de Rennes,* fasc. II) ; reprod. anastatique, Paris-Genève, 1984. J.F.

Coutume de Poitou. Quand, au début du XIVe siècle, peu après 1306, un juriste achève sa *Glose poitevine des Établissements de Saint Louis* (voir *Juridique* [*Littérature*]), la coutume du Poitou n'est pas encore écrite. Le *Livre des droiz et commandemens d'office de justice* (peu avant 1372) ne concerne que le territoire qui confine au Mirebalais (Mirebeau, Vienne, arr. de Poitiers, ch.-l. de con), marche séparante de la Touraine-Anjou. Depuis longtemps pourtant, entre la Sèvre nantaise, la Dive et la mer, les usages ont scellé un mode de vie particulier et renforcé les liens de solidarité sur un détroit coutumier qui s'étend sur trois départements entre le seuil du Poitou et la mer : Vienne, à l'exception, au nord, du Loudunais et du Mirebalais avec leurs coutumes particulières, Deux-Sèvres et Vendée, le bailliage de Saint-Benoît du Sault (Indre, arr. Le Blanc, ch.-l. de con) et la châtellenie du Blanc (Le Blanc, ch.-l. d'arr.) dans l'Indre, les vicomtés de Rochechouart (ch.-l. d'arr.) et de Brosse, et le bailliage de la Basse-Marche dans la Haute-Vienne, la vicomté de Bridiers (Creuse, comm. de La Souterraine, arr. de Guéret, ch.-l. de con) et les bailliages de Bourganeuf (arr. de Guéret, ch.-l. de con) et de Pontarion (arr. de Guéret, ch.-l. de con) dans la Creuse, la vicomté d'Aulnay (arr. de Saint-Jean-d'Angély, ch.-l. de con) en Charente-Maritime, sans englober Le Dorat (Haute-Vienne, arr. de Bellac, ch.-l. con), la capitale de la Basse-Marche étant régie par « une coutume contraire et repugnans a la coutume de Poitou ».

Pour leur usage personnel, les praticiens tiennent des registres de *notables* de jurisprudence, qu'ils complètent par les relations d'enquêtes par turbes, les déclarations de notoriété et divers styles de procédure (voir *Juridique* [*Littérature*]) en usage devant les juridictions où les mènent leurs activités. Dans la recherche de l'unité coutumière et judiciaire, la confrontation de ces mementos à usage privé permet de rapprocher le droit des châtellenies, lequel déborde parfois le cadre traditionnel quand un principe unificateur est formulé. Ainsi préparé, le *Vieux Coustumier de Poictou* est le premier monument de droit poitevin. La tradition veut qu'un groupe de juristes ait mis à profit le temps libre pendant le siège de Parthenay (Deux-Sèvres, ch.-l. d'arr.) en 1417 pour parachever l'œuvre. La référence à l'événement révèle les difficultés et la volonté de solenniser les circonstances de l'élaboration. L'explicit d'un manuscrit de la fin du XVe siècle résume ainsi ces circonstances : « Et finit cestuy petit livre ou traicté sur plusieurs usaiges, coustumes, stilles et gouvernemens du pays de Poictou compillé et dilligemment visité, leu, corigé et bien advisé par honorables hommes et saiges maistres Jehan de Lambertiere, baillif de Gatine, Jehan de la Chaussé, Loyset Moyson, Robert Tutant, Pierre Roygne, Jacquet Boutin, tous jurez et advocatz lesquels plusieurs foiz et a grant diligence se sont pour ce assemblez en la ville de Partenay l'an 1417. »

Le *Vieux Coustumier* comprend 770 articles, répartis en cinq livres et soixante-treize titres. Les trois premiers livres (331 articles) exposent un *style* de procédure dans l'ordre de déroulement du procès, bouleversé parfois par l'évocation des incidents. Les deux derniers livres (439 articles) exposent le droit coutumier poitevin ; un article unique (698) reproduit avec des altérations l'ordonnance sur les rachats dans le cas de mutation de fief par succession (Alphonse de Poitiers, mai 1269), seul texte législatif cité. Complété et régulièrement mis à jour, le *coutumier* n'a aucune valeur officielle. En 1451-1452, Poitiers cherche à faire reconnaître le document qui a acquis la notoriété devant les justices poitevines. Cinq manuscrits de la seconde moitié du XVe siècle (chaque titre est rehaussé d'une miniature dans l'un d'eux) avec trois exemplaires de l'édition incunable de 1486 (Poitiers, J. Bouyer), glosés à partir de manuscrits perdus, reflètent, pour une faible part, cette activité. L'œuvre est régulièrement réimprimée jusqu'en 1509 dans quatre éditions gothiques (Poitiers, J. Bouyer, vers 1490 ; Jean Ier de Marnef, 1500, 1506, 1509). En 1514, la rédaction officielle de la coutume met un terme au travail obscur de mise à jour du *Vieux Coustumier* par les praticiens. L'unité introduite dans les usages en matière successorale quant aux choses nobles pour mettre un terme aux inextricables difficultés et aux nombreux procès suscite les doléances des gentilshommes poitevins attachés aux règles féodales ancestrales. Ils font rédiger les *immutations des coutumes anciennes et anciennement gardées et observées sans difficulté faisant loix et coustumes nouvelles a plaisir*. Cette année-là, le coutumier est adapté par les commissaires, le Président Baillet et l'avocat du roi Roger Barme : 221 articles sur 381 reprennent le texte primitif, sans compter ceux remaniés dans la forme ; seuls sont écartés les articles de la première partie du coutumier qui énumèrent les règles de procédure civile et criminelle en usage devant les vieilles cours seigneuriales poitevines. La première rédaction connaît treize éditions. Les premiers commentaires sont donnés l'un par André Tiraqueau (sénéchal à Fontenay [-le-Comte, Vendée, ch.-l. d'arr.], qui fit sortir Rabelais de la prison des Cordeliers ; dans son *Pantagruel*, il évoque pour cette action « le bon, le docte et équitable André Tiraqueau » [vers 1480-1558] ; *Andreae Tiraquelli regii in curia Parisiensi senatoris ex commentariis in Pictonum consuetudines, sectio De legibus connubialibus, et iure maritali. Ab ipso authore ad eo reformata, totque ac tantis thesauris locupletata, ut non immerito novum opus censeri debeat*. Parisiis, 1546), l'autre par Pierre Rat de la Poitevinière (vers 1497-après 1548 ; *Petri Rat Pictaviensis decurionis, in patrias Pictonum leges, quas vulgus consuetudines dicit, glossemata Pictavii*. Ex officina Marnefiorum fratrum, sub Pelicano, M.D. XLVIII ; nouvelle édition en 1609). Les procès-verbaux ont été égarés. Une nouvelle rédaction est ordonnée le 19 août 1556. Le *Vieux Coustumier* subit une ultime *réformation* en 1559 « en presence de gens des trois estats dudit pays par messieurs maistres Chritofle de Thou, president, Barthelemy Faye et Jacques Viole, conseillers du roy en sa cour de Parlement, commissaires a ce deputez » ; la nouvelle édition commentée est donnée par Nicolas Théveneau (*Annotations ou paraphrase aux loix municipalles et coustumes du comté et pays de Poictou de nouveau réformées, avecq' sommaires mis sur chacun article d'icelles*. Ce tout composé par Nicolas Theveneau, avocat au siege presidial a Poictiers. Au haut vole science. A Poictiers. A l'enseigne de la Fontaine, par Nicolas Petteru. 1562).

Charles Du Moulin (1500-1566) préféra commenter la dernière version officielle où il rechercha les traces des anciennes coutumes pour forger sa théorie du droit commun coutumier ; ses annotations furent jointes aux commentaires d'André Tiraqueau et de Nicolas Théveneau (Poitiers, 1583 et 1595). Figé dans cette nouvelle présentation, le *Vieux Coustumier* demeura ainsi à l'épreuve du temps jusqu'au Code civil.

ŒUVRES. — *Le vieux coustumier de Poictou*, éd. par R. Filhol, Bourges, 1956 (*Travaux de la Société d'histoire du droit et des institutions des pays de l'Ouest de la France*, vol. Ier).

→ J. Boucheul, *Coutumier general ou corps et compilation de tous les commentateurs sur la coutume du comté et pays de Poitou...*, Paris, 1727, deux vol. in-folio. — R. Filhol, *Le Premier Président de Thou et la réformation des coutumes*, Paris, 1937. — J.-Ph. Lévy, *La pénétration du droit privé savant dans le Vieux Coustumier de Poictou*, in *Études d'histoire du droit privé offertes à Pierre Petot*, Paris, 1959, p. 371-383. — P. Portejoie, *Bibliographie de droit poitevin ; Le régime des fiefs d'après la Coutume de Poitou*, dans *Mémoires de la Société des antiquaires de l'ouest*, quatrième série, t. 3 (1958), p. 1-50, I-XXIV et 1-218 (carte du ressort de la coutume de Poitou au XVe siècle et table) ; *La date du Vieux Coustumier de Poictou*, dans *Revue historique de droit français et étranger*, t. 42 (1964), p. 247-282.

Coutumier de Bourgogne. Le duché de Bourgogne est la partie du premier royaume de Bourgogne restée à la France à la fondation du deuxième royaume bourguignon (879-933). Le souvenir des *coutumes des ancêtres bourguignons (mos burgundionum* ou *mos in Burgundia)* dérivées de la loi personnelle (voir *Juridique* [*Littérature*]) s'émousse au cours du XIIe siècle ; un droit territorial s'impose de plus en plus sous l'appellation d'*usages et coutumes de Bourgogne (Usus et consuetudo Burgundiœ)*. Au début du XIIIe siècle, le duc Eudes et la duchesse Alix cautionnent la législation royale (Établissement sur les devoirs des feudataires en cas de division de fief, 1er mai 1209 ; Établissement touchant les juifs, novembre 1223), le détroit coutumier est délimité : les anciennes possessions du duché et du comté, le Chalonnais et le Charolais acquis par les ducs, avec Neuchâtel en Suisse (1308-1311) et le comté de Ferrette en Alsace (1328). La législation ducale est encore rare : deux ordonnances sont prises par le duc Robert III, l'une sur les monnaies (1282), l'autre sur les sergents spécialement créés pour l'exécution des lettres scellées en cour ducale (1286). *Li usaige de Borgoigne* est le premier corpus de droit bourguignon copié à la fin du XIIIe siècle à la suite d'un commentaire sur le *Code* de Justinien. Les documents de la pratique indiquent fréquemment des références à la coutume générale de Bourgogne, laquelle, vers le milieu du XIVe siècle, est scindée en *Us et coutume du comté de Bourgogne* et la *Generale coutume du duché de Bourgogne*. Les châtellenies de Vergy ou d'Avallon, et les villes de Beaune, Dijon et Châtillon-sur-Seine rédigent leurs coutumes et des cartulaires. Des compilations privées sont élaborées à Dijon, résidence ducale, et à Beaune, capitale judiciaire du parlement qui y tient ses séances et y publie les ordonnances ducales.

Le *Coutumier bourguignon glosé* est connu par trois mss. L'explicit indique que le premier ms. (modèle de Beaune) est achevé à partir du ms. archétypique dans la soirée de la Toussaint de l'an 1400 « avec toutes les gloses extralinéaires *(cum omnibus glosis extralinearibus)* » ; le codex est ensuite corrigé, quelques articles sont rectifiés. C'est la version plus achevée du *Coutumier glosé* qui est recopiée (début du XVe siècle) ; le troisième ms. est celui du président Bouhier (début du XVe siècle).

Le *Coutumier bourguignon glosé* est la somme la plus complète de droit bourguignon, avec des éléments beaunois : « le gros et le menu peage » de Beaune, les franchises de Beaune et les confirmations (1203 ; octobre 1275 et décembre 1283), la concession du ban des vendanges (décembre 1210), la charte de la commune de Dijon (1187), son modèle, la charte de Soissons, et les confirmations, les libertés confirmées de Beaune (1232 ; mai 1295), « les coustumes anciennes et les establissemens de la ville de Beaune » avec l'« election du maire » et les « autres coustumes a Beaune gardées » et les *Coutumes générales de Bourgogne* en latin *(Incipiunt consuetudines generales Burgundie)*.

Ces coutumes sont considérablement développées en langue vulgaire *(Incipiunt consuetudines Burgondie)* : les quatre cinquièmes du ms. forment ainsi un véritable coutumier, dernier état du droit bourguignon au début du XVe siècle. Elles forment un corpus pratique, avec le droit du détroit et de nombreuses références au droit étranger à celui-ci. Les recueils antérieurs, notamment le *Coutumier bourguignon de Montpellier,* sont utilisés avec des ordonnances et des décisions de la justice du duché. Les plus anciennes ordonnances sont reprises de la leçon d'une compilation intermédiaire. Les ordonnances contemporaines sont insérées dans le cadre établi par le compilateur. Dans la rubrique « Du serement du maire et du prevost et des fermiers et de tous ceulx qui ont gardé aucune juridicion », la référence est faite à l'ordonnance du roi Jean sur les baillis (1354). Sous la rubrique *De commissariis et taxatione scripturarum et litterarum* sont regroupées les « ordonnances faites par monseigneur le duc en son parlement de Beaune, tenu es mois d'octobre et de novembre, l'an mil CCC. IIII^XX^. et sept, ouquel parlement fu president maistre Jehan Canart, chancelier dudit monseigneur » et les « autres ordonnances faites ou parlement de monseigneur a Beaune commencié le XVIe jour d'octobre mil CCC. IIII^XX^. dix huit, ouquel fut president messire Anthoine Chouffain, docteur en loys, et n'y fu point monseigneur le duc » dans un exposé synthétique. La principale source est la jurisprudence extraite d'anciens recueils de sentences des Grands Jours de Beaune, de l'auditoire des causes d'appels et des cours bailliagères. Les règles applicables aux fiefs bourguignons sont éclairées par les dispositions du « Stille de fiefz a l'usaige de France », compilation des règles en usage dans l'Île-de-France. Les droits du doyen des pairs sont calqués sur ceux du duc de Normandie, dans une formulation empruntée à la *Summa de legibus Normannie* (voir *Coutumiers de Normandie*). Les textes généraux sur la théorie du droit et sur la justice proviennent de la même source, le compilateur transpose le droit normand, déforme les institutions spécifiquement normandes ou les passe sous silence si l'adaptation lui semble impossible.

La répartition des 109 rubriques du

Coutumier bourguignon glosé est justifiée par les nécessités didactiques : l'exposé est le produit de l'enseignement, ce qui justifie les répétitions. Mais les préoccupations pratiques ne sont cependant pas absentes : de ce point de vue, la formulation des *Coutumes de Bourgogne* suit un certain ordre. Elles expliquent d'abord pourquoi « Bourgoingne est trés noble païs ». La première « cause » est la « domination [...] par en paire du roy de France, car le trés noble *dux* de Bourgoingne use en sa terre de toute paire, comme avoir toute cognoissance de grans chemins, estre sires d'eschoites de bastars, amortir et baillier amortissemens, anoblir qui lui plaist, tenir et acquerir en fief, pardonner et remettre touz crimes capitaulx, de punir touz crimes de laissier majesté [lèse-majesté] et tout ce que a paire appartient ». La seconde « cause » est qu'« il se puet passer et gouverner sanz aide d'autruy terre, car, se en toute Bourgoingne ne entroit ne issoit jamais aucune chose, elle se feroit et passeroit honorablement et grandement de li, car en Bourgoingne croist le sel par tout le païs, le fer et l'acier, bons blefs, bons vins et grant foinson, bonnes chars, bonnes venoisons et grant quantité de manieres, pluseurs boichages et grans praeries, parieres, layvieres et grans rivieres, les meilleurs laines du royaume de France, l'en y fait bons draps et grant foison et, en pluseurs lieux, les herbes y croissent pour taindre les draps en toutes couleurs, et les meilleurs herbes qui soient pour garnir corps d'omme, et de touz biens fertileusement et plantureusement, et les habitans vrays catholiques et obeissans ». La troisième « cause » est que « la trés noble terre de Bourgoingne se gouverne a toute juridicion et est gouvernée par les costumes de ladite terre, qui sont lois en Bourgoingne et valent lois et emportent force de lois » ; la valeur supérieure des coutumes tient au fait qu'elles sont approuvées « tant seulement par les empereurs et leurs conseillers [...] et faites, aprouvées et corrigées par trois manieres de juges ordinaires, par leurs grans conseilz et deliberacions longuées, conformées par les trés nobles *dux* et princes de Bourgoingne, par le consentement des religieux, nobles et bourgois, par III. manieres de juges ordinaires, comme par la maierie de Dijom, les maieries de Talent [Talant, Côte-d'Or, arr. de Dijon, c^{on} de Fontaine-lès-Dijon] et de Beaune, la vié d'Ostun [Autun], la maierie de Semur [Semur-en-Oxois, Côte-d'Or, arr. de Montbard] et de Monbar, les maieries de Chaumont [Chaumont-le-Bois, Côte-d'Or, arr. de Montbard, c^{on} de Châtillon-sur-Seine], de Chasteillon ». Ce prologue s'achève sur l'annonce de la première rubrique « C'est la forme du serement... », parce que « en premiere creation des officiers l'on les fait jurer [...] et pour ce que le serement que les barons et les nobles de Bourgoingne font au trés noble prince quant il reprennent et entrent en son hommage est et appartient a noblece ».

Les rubriques suivantes concernent les avocats et les notaires. « Le duc de Bourgoingne est cellui qui tient la seignourie de tout le duchié de Bourgoingne et les autres honneurs que Dieu lui a donné », ses droits découlent de cette situation éminente et lui donnent la connaissance « de toutes les choses ou il doit avoir droit [...] de fief ou d'arriere fief » et des nouveaux acquêts, sur quoi se greffe la question de l'amortissement. Dans une courte rubrique sur « les privilèges », la liberté d'« ordonner sanz licence aucun estat de justice » est énoncée avant les rubriques sur « les juges », « la difference des drois », ce « qu'est juridicion, [...] justice, [...] justicier [...] justisement, [...] jugement, [...] coustume, loy et usage ». Ces définitions fondamentales sont suivies d'un exposé de la procédure. Le droit des obligations est orienté sur la preuve, l'effet du sceau ducal fonde le privilège du scel. Un retour à la procédure est l'occasion de revenir sur les fiefs et leur division : « La fille est tousjours jugée mainsnée au regart du fil, qui tousjours a l'ainneesse devant la fille. » L'entrée en chevalerie ne peut se faire « sanz le congié monseigneur, present l'evesque d'Ostun [Autun] et pluseurs autres seigneurs ». Le « Stille de fiefz a l'usaige de France » est la référence : il est copié après la réglementation ducale. Un court traité des peines et des amendes est illustré de cas pratiques correspondant à une documentation jurisprudentielle. Le coutumier revient brièvement sur des questions de procédure avant d'exposer, avec des cas concrets, l'essentiel du droit des personnes et des biens : servitudes, mainmorte et taillables, « douaire, succession et donacion ». Le coutumier reproduit un tableau de l'assiette de la taille en Bourgogne et l'« assiete de terre selon autre coustumier », et s'achève sur la réglementation de la bourgeoisie royale (ordonnance de Philippe le Bel de 1315), de la gruerie et des duels et gages de bataille (1er juin 1306) avec l'examen d'espèces et les serments d'usage.

La glose latine marginale qui jalonne le texte du coutumier accumule les références au droit romain, les coutumes y sont confrontées point par point avec le droit savant ; elle est parfois émaillée de citations en langue vernaculaire.

L'université de Dole n'ouvrira ses portes qu'en 1423. Dans ces conditions, ccs constatations permettent de considérer le *Coutumier bourguignon glosé* comme une œuvre pédagogique, peut-être celle d'un clerc ayant étudié à Orléans dispensant son enseignement à Beaune (dans le cadre d'un *Studium Belnense* ?). Le 26 août 1459, Philippe le Bon promulgue le texte officiel de la coutume du duché de Bourgogne, renvoyant au droit romain pour combler les lacunes : c'est le premier livre imprimé à Dole (*Les coustumes generales et ordonnances des parlemens du duchié de Bourgoingne... imprimées par Maistre Pierre Mettlinger, alemant, le dernier jour de may, lan mil CCCC. quatre vings et dix,* Dole, 1490). À la mort de Charles le Téméraire, Louis XI intègre le duché à la couronne, applique l'ordonnance de Montils-lès-Tours d'avril 1454, réorganise le parlement et l'administration judiciaire du pays nouvellement acquis (ordonnance de Dijon de 1481). La réformation de la coutume de Bourgogne intervient en 1570 (*Coustumes du païs et duché de Bourgongne de nouveau reveues et corrigées sur les vieux exemplaires de la Cour, ensemble la refformation et ampliation d'icelles,* Dijon, 1571). Ayant atteint l'honorariat de la présidence du parlement de Bourgogne, Jean Bouhier livre au public un corpus de droit bourguignon (*Les coutumes du duché de Bourgogne, avec les anciennes coutumes, tant générales que locales de la même province non encore imprimées, et les observations* de [Jean] Bouhier, président à mortier honoraire au Parlement de Bourgogne et de l'Académie françoise, Dijon, 1742-1746) ; sa méthode est rigoureusement inverse de celle des éditeurs modernes : le président s'est efforcé de composer un code à partir de divers coutumiers, dont certains ont disparu depuis.

ŒUVRE. — A.-I. Marnier, *Ancien coutumier de Bourgogne. "Ci commencent li usaige de Bourgoigne"*, dans *Revue historique de droit français et étranger*, t. 3 (1857), p. 525-560. — *Le coutumier bourguignon glosé (fin du XIVe siècle)*, éd. M. Petitjean et M.-L. Marchand sous la direction de J. Metman, Paris, 1982 (*Centre d'étude d'histoire juridique*, Paris — *Centre de recherches historiques de la Faculté de droit et de science politique de Dijon*).

→ E. Champeaux, *La compilation de [Jean] Bouhier et les coutumiers bourguignons du XIVe siècle. Le coutumier bourguignon de Montpellier*, Paris-Dijon, 1907. J.F.

Coutumier de Champagne (Ancien). *Cest li livres de drois et des costumes de Champegne*, œuvre composite (même méthode de composition dans les *Établissements de Saint Louis** et le *Grand Coutumier de France* de Jacques d'Ableiges*) d'un juriste du bailliage de Troyes ou de Chaumont de la deuxième moitié du XIIIe siècle, s'ouvre sur la traduction de l'ordonnance (article 1er) de Thibaud IV, comte de Champagne et de Brie, rendue « de l'asentement et dou consoil [des] feax barons et chastelains », qui règle le partage des successions nobles entre les enfants mâles, « asavoir combien li ainnez doit panre [= prendre] encontre le puisné [...] » (25 décembre 1224) et s'achève avec le règlement de police des étaux de Châteauvillain (Haute-Marne, arr. de Chaumont, ch.-l. de con) établi en 1284 « par lou consoil de France et de Champagne » (article 66). Le coutumier permet de suivre l'évolution du statut du comté après la mort de Henri III, le dernier comte, roi de Navarre (1274), suivie, dix ans plus tard, du mariage de la comtesse Jeanne (trois ans) avec Philippe le Bel (1284). Le comté ne tombe pas sous la *main du roi* et ne fait pas encore partie du domaine de la couronne : la succession sera bientôt contestée par les rois d'Angleterre et de Navarre. Dans ses *Coutumes de Beauvaisis*, Philippe de Beaumanoir* cite l'ordonnance de Philippe le Hardi sur la juridiction gracieuse : « Car il est establi par nostre roi Phelippe qu'en chascune bonne vile la ou on tient assise, a .II. preudommes esleus pour oïr les marchiés et les convenances dont l'en veut avoir lettres de baillie. Et ce qui est tesmoignié par les seaus de ces .II. preudommes li baillis, en plus grant seurté de tesmoignage, i met le seel de la baillie et prent, pour le seel, de la livre une maaille, et li denier qui en vienent sont au seigneur » (§ 52). Dès 1280, sous la *régence* d'Edmond de Lancastre, devenu comte de Champagne par son mariage avec la comtesse Blanche, veuve de Henri III, la justice gracieuse du roi pénétra en Champagne.

Entre ces textes de valeur et d'application différentes sont insérés cinquante neuf *notables* de droit, avec vingt-quatre cas concrets extraits de sentences judiciaires. L'œuvre est lacunaire : on chercherait en vain des indications sur la majorité. La plus ancienne jurisprudence citée est antérieure au règne de Philippe le Bel : des arrêts des *Grands Jours* (voir : *Juridique* [*Littérature*]) de Troyes de 1270 (articles 16 et 19), de 1271 (articles 21 et 22), de 1275 (article 46), entre 1276 et 1284 (article 39), de 1284 (article 10), des arrêts du Parlement de Paris de 1278 (article 40), de 1285 (articles 50 et 53), de 1289 (article 15), deux sentences du bailli de Chaumont, l'une rendue à la Ferté-sur-Aube en 1288 (article 48), l'autre à Andelot en 1290 (article 54), les sentences des *maîtres* du Parlement tenant les *Grands Jours* de Champagne de 1287 (article 30) et de 1295 (articles 58, 61 et 64), des arrêts de la Cour des barons rendus à la Pentecôte 1287 à Troyes (articles 55 et 57), en 1289 à Châteauvillain (article 17), entre 1287 et 1290 dans un lieu inconnu (article 33), le 20 février 1290 au Val des Écoliers (article 51), à Pâques 1290 à Châteauvillain (article 41).

La noblesse maternelle est reconnue en Champagne, mais elle est atténuée : « Encore us'on en Champagne que se noble fenme prant homme de poeté a mari, li sires de cui elle tient le fié [= fief] ne le prant a hommaige se il ne vuet, et se la demoiselle a hoirs, après le deceps de la demoiselle, il sunt desheritez, et li sires prant tout le fié en son demoinne, pour ce que li enfant sievent la peour condicion [= la pire condition], et convient qu'il soient taillauble et de mainmorte se lor peres en estoit, ou il convient qu'il quittient toute la descendue de leur pere » (article 6). Au niveau de la pôtée, les liens du mariage sont privilégiés : « Encor us'on en Champagne que se uns hons ou une fenme appelle une autre femme qui ne soit mariée putain, par darriers justice, et li fenme s'en plaint, et il estoit cogneu ou prové, ou elle li deit mauvaise et ne deit de quoy, elle ou il qui ly diroit devroit .V. sols d'amende et l'escondit a la fenme. Et se il avenoit que la fenme a cui en diroit l'injures eust mari, et en li disoit putain le mari presant, celle amande chiet en la volenté dou signor jusques a .LX. sols » (article 42).

Le coutumier permet de « faire droit ». Sa mise à jour est l'œuvre du bailli Guillaume du Châtelet (Châtelet-en-Brie, Seine-et-Marne, arr. de Melun, ch.-l. de c^on^), bailli de Meaux en 1276, de Chaumont en 1278, puis de 1281 à 1283, de Troyes en 1283-1284, 1286, 1292-1295. Cette année-là, le coutumier a sa forme et son contenu définitifs. Il est connu par un manuscrit contemporain et huit manuscrits postérieurs : trois manuscrits du XIVe siècle, un manuscrit du XVe siècle, trois manuscrits du XVIe siècle, un manuscrit du début du XVIIe siècle.

Pierre Pithou donne la première édition du coutumier dans son encyclopédie de droit champenois qui paraît à Paris et à Troyes en 1609 sous le titre suivant : *Les Coustumes du bailliage de Troyes en Champaigne, avec annotations sur ycelles, un bref recueil des évesques de Troyes, le premier livre des mémoires des comtes héréditaires de Champagne et de Brie, la généalogie desdits comtes [...] le tout reveu et augmenté. Sont ajoutés la conférence desdites coustumes de Troyes avec les autres coustumes de France, li droict et les coustumes anciennes de Champaigne et Brie, les ordonnances des rois Philippe le Bel, Louis Hutin et Philippe le Long concernant les droicts de nobles et autres dudict comté...* L'édition eut deux tirages, l'un, la même année, l'autre, en 1628. La nouvelle édition de 1629 fut réimprimée en 1630 et en 1635. Le jurisconsulte Louis Le Grand reproduit l'édition de Pierre Pithou dans ses *Coutumes générales du bailliage de Troyes en Champagne [...] illustrées de plusieurs arrests de la cour et jugements rendus audit siège sur l'interprétation de ladie coutume*, Paris, 1661. Son œuvre connaît cinq éditions, la dernière en 1737. En 1777 paraît à Bruxelles les *Remarques sur le commentaire de M.*

Louis Le Grand sur la Coutume de Troyes à l'usage des Pays-Bas autrichiens et principalement du duché de Brabant.

ŒUVRE. — *L'Ancien Coutumier de Champagne (XIIIe siècle).* Édition critique avec une introduction et des notes [par] Paulette Portejoie, Poitiers, 1956. J.F.

Coutumiers de Normandie. La Normandie est en avance sur les autres régions, la *Chronique de Normandie* mentionne l'activité législative de Guillaume le Conquérant dès 1064.

Le *Très ancien coutumier de Normandie.*

La législation ducale antérieure à 1135 n'est pas connue. Cette année-là, Henri Ier règle le fonctionnement de la Trêve de Dieu en indiquant les amendes encourues pour « bris de trives ». L'ordonnance est élaborée « *in presencia Hugonis, archiepiscopi Rothomagensis, et Johannis Lexoviensis, et Audini Ebroicensis, et Johannis Sagiensis, et Algari Constanciensis episcoporum et omnium baronum meorum subscriptorum communi consilio et assensu ;* establi e confermé par devant l'arcevesque Hue de Roem e l'evesqe Jehan de L[i]siuis e l'evesque A. d'Evreues e l'evesque Jehan de Ses e par devant [les] autres barons en commun chapistre e par commun assentement (traduction française de la première moitié du XIIIe siècle) ». La première enquête pour connaître les droits souverains, c'est-à-dire les *Consuetudines et justicie quas habet dux Normannie* [les coutumes, les droits profitables], et les droits de justice (voir *Juridique* [*Littérature*]) que possède le duc de Normandie, entreprise par les fils du Conquérant, est antérieure d'une ou deux générations (1091). L'ordonnance de 1135 est connue par le *Très ancien coutumier de Normandie*, premier corpus de droit normand, amalgame de deux traités de droit en latin (deux mss du début du XIVe siècle, un ms. daté de l'année 1430) de dates et d'auteurs différents, le premier, les *Statuta et consuetudines Normannie* [Les ordonnances et coutumes de Normandie], rédigé vers 1200-1204 au temps de la reconquête par Philippe Auguste (1 à 65), le deuxième, *Pars altera* [Deuxième partie], rédigé entre 1218 et 1223 (72 à 91) ; le traducteur en français du XIIIe siècle (la traduction n'est connue que par un seul ms de la fin de ce siècle mutilé du début, mais réalisée à partir d'une meilleure version latine que celle qui nous est parvenue) a réuni les deux traités sans faire la synthèse qui aurait effacé les inévitables répétitions en ce qui concerne notamment les partages entre frères (57 et 89), les droits de relief (47, § 1-2 et 84, § 1), le régime des biens (*maritagium* et *dos*) entre époux (5 et 79, § 5), les essoines [excuses légales dispensant de comparaître en justice] (42 et 82), le duel judiciaire (41 et 83), le patronage des églises (8 et 83). Précisément, l'ordonnance en question est insérée entre les deux traités, entre la *jurée* ou enquête sur les droits du duc de Normandie du début du règne de Henri II (66-71) et le concordat de Richard Cœur de Lion pour les clercs et les prêtres normands (72) glissés par quelque copiste ou compilateur à une époque inconnue.

La partie la plus ancienne est l'œuvre d'un juriste d'Évreux ou des alentours, qui fréquente les sessions de l'Échiquier ou des Assises (voir *Juridique* [*Littérature*]). Elle énonce donc le droit du duché, dont il est possible de retrouver la plus ancienne formulation coutumière et législative. La méthode de l'exposé évoque parfois les devinettes monastiques. La garde des orphelins est ainsi expliquée : « *Orphanus heres, quoniam debet esse in custodia alicujus, quis eum custodiet* ; Qui gardera l'oir orfelin que il covient estre en autrui garde ? — *Mater.* — *Non* ; La mere ne le gardera pas. — *Quare* ; Por qoi ? — *Quia sponsum accipiet et inde filios habebit ; filii, propter cupiditatem hereditatis habende, possent occidere fratrem primogenitum vel heredem, vel sponsus occidere filiastrum suum, ut daret hereditatem filiis propriis* ; Por ce qe se elle prenoit mari e elle en avoit emfanz, li emfant por lo convoitise de l'eritage ocirroient leur einzné frere e seroient oir, ou li mariz meismes ocirroit som fillastre por doner a ses filz l'eritage. — *Quis igitur custodiet eum* ; Qui le gardera donc ? — *Consanguinei ejus* ; Le garderont si cosin ? — *Non* ; Nanil. — *Quare* ; Por qoi ? — *Ne forte morti ejus inhyantes et hereditatem ejus cupientes opprimerent innocentem* ; Que il ne beent par aventure a sa mort e covoitent son heritage, par que il ocient l'innocent. *Ad hujusmodi infidelitatem et crudelitatem evitandam, statutum est orphanum esse in custodia ejus, qui patri orphani fide connexus fuerat per homagium et ligatus* ; Por oster donc tel desleauté e por eschiver tel crueltè fu il establi que li orfelins soit en la garde a celui a qui ses peres estoit liez par homage. — *Quis est ille* ; Qui est cil ? — *Dominus terre, qui hereditatem illam non potest habere in dominio ; hujusmodi enim heredes de nobili genere multos habent heredes* ; Ce est li sires de la terre, qui l'eritage ne puet avoir en demaine ; quar cil oir, qui sont de noble lignage, ont pluseurs oirs (11,1)... »

Reprenant la teneur de l'essentiel de la législation, le *Très ancien coutumier de Normandie* donne un reflet de l'ordre public voulu par les ducs par la formulation d'interdictions pour renforcer leurs prérogatives de souveraineté, la justice, les finances, l'armée, ou par des actes d'autorité pour établir le nouveau droit, datables ou non. La voie judiciaire est imposée : personne ne peut être dévêtu [contraire d'investi] en subissant une dessaisine (la *recognitio* [enquête par témoignages] d'une nouvelle saisine au dernier août est ouverte par le serment de 12 jurés du voisinage) sans jugement (22, § 1). Les seigneurs ne doivent pas tenir leur cour de justice quand le duc tient ses assises : « *Si quis submonitus fuerit placitare in comitis curia, vel alius alicujus militis, et ad illum diem oportebit illum placitare super alia re [in ducis curia], vel recognitionem facere, hac de causa poterit se exoniare in curia domini sui. Quamdiu assisia tenebitur in aliqua provincia, vel in aliquo vicecomitatu, non sit aliquis hominum ausus, nec debet placita tenere in curia sua ; barones enim et ceteri probi homines debent convenire ad assisias tenendas et ad justa judicia facienda ;* Se aucuns est semons de pledier en cort a conte ou a autre chevalier, e il le convient a cel jor meisme pledier por autre chose en la cort le duc ou fere i requenoissant, il se porra essonier por ceste cause en la cort son segnor. Tandis comme assise sera tenue en aucune contrée ou en aucune visconté, nus hom ne soit tant hardiz que il tiegne plez en sa cort, quar li baron e li autre preudome se doivent assembler a tenir les assises e a fere leaus jugemenz » (Noël 1182 ; 44, § 1-2). Pour éviter les lenteurs de la procédure et la cascade d'appels possibles devant les cours ecclésiastiques « qui sont fet de l'arcediacre a l'evesque, de l'evesque a l'arcevesque, e de l'arcevesque a l'apostoile [le souverain pontife] », les affaires de douaire et de *maritagium* seront « *ecclesiastica curia concedente, hoc in laica curia diffiniri ;* par l'otroi de sainte iglise qe cez choses soient terminees en la cort laie » (5,7). Les membres de la *familia* [les familiers] du duc ne peuvent être excommuniés sans la consultation préalable du duc ou de son chef-justice : « *Statutum est quod, si aliqui predictorum hominum versus ecclesiam Dei inique egerint, duci vel ejus justicie capitali eorum ostendatur iniquitas, et eorum malefactum, absque dilatione, plenarie faciant emendari* [...] il est décidé que si l'un d'entre eux a mal agi contre l'Église, l'iniquité sera portée devant le duc ou son chef-justice, et ceux-ci feront amender le méfait sans délai » (2, 1-2). Enfin, en cas de défaute des seigneurs qui ne font pas droit à leur homme par « iniquité ou imprudence », le procès est transféré en cour ducale (30, 1-3). Traditionnellement, l'instinct de vengeance est contrôlé par les voies judiciaires, le devoir de justice impose la protection particulière des faibles.

Le pupille étant placé sous la protection de l'Église et du Duc, son héritage ne peut être envahi, la saisine de son père peut être prouvée par la *jurée* de 12 hommes loyaux désignés en justice (7, 1-3). L'âge de « discrétion et de pouvoir » est fixé à 21 ans (6). Pour protéger le faible contre la revendication du puissant, qui a l'assurance de la richesse et dispose de la force de ses champions dans l'éventualité d'un duel judiciaire, la *recognitio* de 12 *milites* [chevaliers] ou vavasseurs peut être substituée au duel à sa demande (17,1). « *Nec feodum lorice, nec serjanteria, que domin[i]um ducis pertinet, nec baronia partientur ;* ne fiez de hauberc ne sergenterie qui apartiegne a la segnorie au duc ne baronie ne sera pas partie » : en terre ducale, le fief est indivisible (8,5 ; voir *Coutume de Bretagne*).

La protection est encore la substance des deux autres monopoles de la souveraineté. Le prince formule les principes qui dominent la fiscalité et la guerre : les contributions et les péages ne peuvent être perçus sans écrit ou grâce *(indulgentia)* du duc (48,2) ni au-delà de ce qui est coutumièrement admis (15,5) ; les guerres privées sont prohibées, les griefs doivent être portés devant la justice du duc (31).

Le partage entre les affaires laïques et les affaires d'Église est souligné par des dispositions coutumières forgées sur des cas concrets « *multociens inter dominum Rhotomagensem archiepiscopum et Willelmum senescallum inde audivimus ;* maintes foiz oï entre l'arcevesque de Roem e Guillaume le Marechal [† 1219] » (57, 2). Quelqu'un a donné une terre en gage à un prêtre, son successeur « est convoiteus e veut avoir celle terre el non de l'Yglise » : le serment de 12 hommes du voisinage permettra de « savoir mon se ce est l'aumosne de l'iglise [terre aumônée] au devant dit provisoire ou li fieuz lai [fief laïque] » (18, 1-2). La contestation élevée par le fils sur la condition juridique de la terre donnée à l'église par le père « devant II. ou III. de ses voisins » doit être tranchée en cour ecclésiastique (57,2). Si la donation a été faite « par devant esvesques e par devant pluseur clers e poi de lais », la « verité sera enquise par le leal testemoine de l'evesque e de ceus qui furent al don » ; si la donation a été faite « en une yglise par devant les parroissiens, lors em porra requenoissenz estre fez, se plez en est meuz entre le lai e le provoire » (57,3).

Les références aux textes législatifs des ducs et les trois références à un *Scriptum generale* de coutumes normandes confirment le caractère privé du travail du compilateur du *Très ancien coutumier de Normandie.*

Le *Grand coutumier de Normandie.*

En 1204, Philippe Auguste confisque le duché et contraint aussitôt les barons à respecter les droits du roi et à lui prêter serment. Un corpus de droit coutumier est bientôt compilé (vers 1235) par un clerc des environs de Valognes (Manche, arr. de Cherbourg), Maucael : désigné comme le *Grand coutumier de Normandie*, ce texte nous est parvenu sous deux formes, l'une latine (24 mss de 1297 à 1498), l'autre française en prose (19 mss de la fin du XIIIe siècle au XVe siècle) et en vers octosyllabiques (7 mss).

En introduction à la *Summa de legibus Normannie in curia laicali,* titre donné à la forme latine, le compilateur expose son intention de faire connaître le droit dans la perspective de limiter les conflits. Le prologue fonde l'œuvre sur les « *leges et instituta, que Normannorum principes non sine magna provisionis industria, prelatorum, comitum et baronum necnon et ceterorum virorum prudentium consilio et consensu, ad salutem humani generalis statuerunt ;* les lois et ordonnances que les ducs des Normands établirent pour le salut de toute l'humanité avec le conseil et l'approbation des prélats, des comtes et des barons, et de tous les hommes sages ». Dès 1258, le *Grand coutumier de Normandie* est pris en considération dans un arrêt du Parlement de Paris. Vers 1280, le versificateur présente ainsi son œuvre : « *Si veul le françois mestre en rime / Du latin du livre qui me / Semble bon et que l'on apele / Le Coustumier normant, que le / Commun de tous les advocas / De la court laie, quant au cas / De leurs quereles commenchier, / Doivent avoir et tenir chier* ». Dans l'épilogue, il donne des indications sur sa documentation : « *Et je, qui me sui entremis / D'avoir cest livre en rime mis, / Segon le latin l'ai estrait* », et se découvre ainsi : « *Qui mon nom veult appercevoir / Par* aguille *et par* me *voir / Le sara, et le sournom sache / S'il y met C.A.V.P.H.* » Le second vers donne « Guilleaume », où l'on retrouve les deux éléments « aguille » et « me », le quatrième, « Chapu » : Guillaume Chapu. En 1302, le chapitre 82 (version française) qui concerne les gens d'Église est copié « *de verbo ad verbum* » d'après le « livre ou registre des coutumes ou statuts de Normandie » dans une ordonnance de Philippe le Bel. L'intérêt des praticiens lui confère une valeur quasi officielle. Quand Louis X confirme, dans la *Charte aux Normands* (1315), le statut particulier de la Normandie, le coutumier sert encore de base au droit public et aux libertés du pays, notamment pour tout ce qui concerne le fouage, le droit de bris et les biens vacants. Le coutumier est devenu un document officiel invoqué devant l'Échiquier de Normandie.

Le duc y est souvent visé, même si c'est le roi qui est en charge de la Normandie : le service militaire, exigé après la *bannitio* [la convocation], est dû au *princeps Normannie,* le duc, « *dux Normannie sive princeps dicitur qui tocius ducatus obtinet principatum, quam sibi dignitatem retinet dominus rex Francie ;* le duc de Normandie ou le *princeps* qui tient la principauté, dont le roi de France retient la dignité pour lui » (11, 1). Pour être valables dans le duché, les ordonnances du roi destinées au royaume ou à la seule Normandie doivent être préalablement enregistrées par l'Échiquier des causes, équivalent du Parlement.

La dernière phrase du prologue est le réflexe de tout *auctor* médiéval qui ne permet pas d'induire la pluralité des compilateurs ; cependant, la mise à jour n'est pas exclue : « *Sed cum in humanis studiis ex omni parte perfectum nihil valeat inveniri, ab hoc opusculum inspicientibus sit petitum, ut quod in eo viderint corrigendum corrigentes, addentes diminuta, superflua resecantes, mihi subsidium dignentur aliquod impartiri ;* mais comme dans les travaux humains il n'est pas envisageable de trouver la perfection en toute part, il est demandé à ceux qui examineront ce travail qu'ils corrigent ce qui leur apparaîtrait devoir être corrigé, ajoutant à ce qui a été résumé, coupant les développements inutiles... »

En français, le *Grand coutumier de Normandie* est une traduction postérieure à la mort de Saint Louis. Les difficultés d'adapter un texte technique dans une langue qui se cherche transparaissent ainsi : « *Justicia est virtus juris operativa in homine, a qua homo justus dicitur* », devient : « Justice est une vertu qui fet droit en home par quoi il est appelé droituriers » (3, 1) ; *domicilium,* qui n'a pas encore d'équivalent, est traduit par maison, *feodum* [fief] devient la terre...

Sommés de dire leur loi, Jersiais et Guernesiais répondent en 1309 qu'ils ne suivent ni la loi anglaise ni la loi normande, mais des coutumes particulières, et cela depuis un temps immémorial. En 1332, ils déclarent se servir de la *Summe Maucael (supra)* « come les isles soient de aunciencté parcele de la duché de Normendie ». Quand, au XVe siècle, le *Grand coutumier* est glosé en français dans une *Exposition,* les références sont données à la forme latine. La première édition du *Grand coutumier* place le texte latin après le texte français (*Coustumier du pays et duchié de Normandie.* [Fol. 2] : Le repertore de ce livre. Ensuit le repertore de ce present livre euquel sont contenus par ordre les traictiez et chapitres dicelluy cy après desclairez. Premierement. Le texte en françoys du livre coustumier du pays et duchié de Normendie avec l'exposicion dicelluy au commencement duquel est la table dudit livre pour facilement congnoistre le nombre de chacun chapitre. Le second chapitre est le texte en latin dicelluy en la fin duquel est la table dudit livre. Le tiers est la chartre aux Normans. Le quart est la justice aux barons de Normendie. Le quint est la taxacion des drois et interestz des malefaçons de corps. Le sixte les articles que doivent jurer les advocatz de Normendie en faisant le serment dadvocacie. Le septiesme les ordonnances faictes en leschiquier de Normendie tenu a Rouen au terme de Pasques mil quatre cens soixante deux. Le huytiesme les ordonnances faictes en icelluy eschiquier tenu à Rouen au terme de Pasques lan de grace mil CCCC.LXIII. Le neufviesme les ordonnances faictes eudit eschiquier tenu audit lieu de Rouen audit terme de Pasques mil quatre cens soixante quatre. Le dixiesme les ordonnances faictes eudit eschiquier tenu au terme Saint Michiel mil quatre cens soixante neuf. Le unziesme chapitre est lapointement fait par les commissaires du roy en la ville de Vernon en lan mil quatrecens cinquante trois entre les suppostz de luniversité de Paris et les habitans du pays de Normendie. Le douziesme ledict du roy Charles fait a Compiengne en lan mil quatrecens XXIX., avec la confirmacion dicelluy faicte en lan mil quatrecens cinquante. Le treziesme et derrain chapitre est les trois traictiez de consanguinité, affinité et cognacion espirituelle avec les trois figures ou arbres pour facillement congnoistre le contenu diceulx traictiez qui est la fin et acomplissement de ce livre, Paris, Jean Dupré, 1483 ; douze éditions gothiques, la dernière en 1534 (reproduite en 1539). La glose est continuée par Guillaume Le Rouillé d'Alençon (*Le Grant Coustumier du pays et duché de Normendie...,* Rouen, 1534 ; Caen, 1539). À la veille de la *réformation* de la coutume (voir *Juridique* [*Littérature*]), les avocats soulevèrent la question de la valeur du texte : « lequel a precedé et est le plus vray ou ce qui en est escrit en latin ou en françois [...] ; ladite coutume avoit esté confirmée par plusieurs roys dès l'an quatre cens soixante et deux, comme apparoissoit par le registre de la court intitulé *De consuetudine Normanniae* (les plaidoiries préliminaires de l'affaire du « sang damné », 26 août 1558). Guillaume Terrien, lieutenant général du bailli de Dieppe, donne le second commentaire (*Commentaires du droict civil tant public que privé observé au pays et duché de Normandie...*, Paris, 1574). Le coutumier est encore imprimé à Rouen en 1552 et 1578. En 1583, il est remplacé par la *coutume révisée,* laquelle s'en inspire. L'une des deux éditions modernes antérieures à la dernière édition critique est celle d'un juré-justicier à la Cour royale de Jersey (W.L. de Gruchy, *L'ancienne coutume de Normandie,* Jersey, 1881). Avec les chartes royales, les ordres du Conseil, l'Ancienne Coutume de Normandie, les lois passées par les États et sanctionnées par Sa Majesté en Conseil, les règlements triennaux passés par les États sur les questions de police..., le *Grand coutumier* constitue encore le droit des îles normandes sous domination anglaise.

ŒUVRES. — *Coutumiers de Normandie.* Textes critiques publiés avec notes et éclaircissements par E.-J. Tardif, Première partie : *Le très ancien coutumier de Normandie* (texte latin), Rouen, 1881, Deuxième partie : *Le très ancien coutumier de Normandie* (textes français et normand), Rouen-Paris, 1903, Tome II : *La Summa de legibus Normannie in curia laicali,* Rouen-Paris, 1896 (Société de l'histoire de Normandie, 121-122).

→ P. Viollet, *Les coutumiers de Normandie,* dans *HLF,* t. 33 (1906), p. 41-190 (reprod. anastatique, Liechtenstein, 1974). — J. Yver, *Les Caractères originaux de la coutume de Normandie,* dans *Mémoires de l'Académie nationale des sciences, arts et belles-lettres de Caen,* nouvelle série, t. 12 (1952), p. 307-356 ; *Le Très Ancien coutumier de Normandie, miroir de la législation ducale ? Contribution à l'étude de l'ordre public normand à la fin du XIIe siècle,* dans *Tijdschrift voor Rechtsgeschiedenis,* t. 39 (1971), p. 333-374. J.F.

Craon (le sire de). Cinq chansons d'amour sont attribuées par différents manuscrits à trois membres de la famille de Craon (Mayenne, arr. Château-Gontier). Trois de ces pièces sont à restituer à Pierre de Moslins*, Hugues de Berzé* et Guiot de Dijon*.

Des deux autres chansons, l'une est due à Maurice II de Craon, un seigneur très mêlé à l'histoire du roi Henri II Plantagenêt : la famille de Craon paraît avoir servi les rois d'Angleterre depuis que Guy de Craon avait accompagné, en 1066, Guillaume le Conquérant. Maurice II de Craon se rendit deux fois en Terre sainte : la première en 1168 ou 1169, la seconde en 1191 avec le roi Richard Cœur de Lion* ; il mourut en France le 12 juillet 1196. Maurice II de Craon est, avec Robert de Sablé*, le plus ancien chansonnier courtois de l'Ouest qui nous soit connu. Sa versification est encore malhabile, mais il a déjà assimilé les conceptions du lyrisme occitan.

Une autre chanson est l'œuvre de Pierre de Craon, fils puîné de Maurice II, qui entra dans les ordres et mourut en 1216. Pleine de raffinements formels, cette unique composition conservée est, au point de vue artistique, très supérieure à celle de son père.

Aucune des pièces parfois attribuées à un Amaury de Craon (Amaury Ier, mort en 1226, ou son petit-fils Amaury II, mort en 1270 ?) ne lui appartient.

ŒUVRE. — A. Långfors, *Les chansons attribuées aux seigneurs de Craon. Édition critique,* dans *Mémoires de la Société néophilologique d'Helsingfors,* t. 6 (1917), p. 41-87.

→ Linker, nos 181 [Maurice de Craon] et 205 [Pierre de Craon]. — Cf. *MB,* nos 2366, 6477.

G.M. et F.F.H.

Croisade (Cycle de la). La première croisade est à la source d'un véritable cycle épique sur la Terre sainte, comprenant des chansons de geste qui s'échelonnent du XIIe au XVe siècle. Ces textes peu homogènes se présentent sous deux états successifs, qu'on désigne par les noms de *premier Cycle de la Croisade* (pour les chansons des XIIe et XIIIe siècle réunies dans des mss cycliques, formant un ensemble de 30 000 à 60 000 vers) et de *deuxième Cycle de la Croisade* (pour le remaniement complet du XIVe et les chansons séparées qui l'accompagnent, formant un ensemble de 67 000 vers).

1. Le premier Cycle. On place au commencement la *Chanson d'Antioche**, qu'on ne connaît que dans une version remaniée de la fin du XIIe siècle, attribuée généralement à un certain Graindor de Douai. Graindor aurait réécrit la chanson suivante, la *Conquête de Jérusalem**, et aurait relié ces deux premiers textes en intercalant entre eux la chanson des *Chétifs** (les prisonniers) ; ces trois chansons forment le noyau central du cycle, célébrant le personnage de Godefroi de Bouillon, présenté comme un héros épique remarquable par sa force physique et sa ferveur religieuse. Peu de temps après, on justifia le destin du héros en racontant l'histoire de son grand-père, le chevalier au cygne, luttant contre les Saxons, celle de sa mère (la bienheureuse Ida historique), celle de ses enfances et celles des prédictions tant chrétiennes que sarrasines qui précédèrent la conquête de la Terre sainte ; on finit par lui inventer des bisaïeux et trisaïeux totalement mythiques. Dans un troisième temps, on renoua avec la réalité historique en écrivant la chronique généalogique (plus ou moins romancée) des successeurs du « roi » Godefroi jusqu'à Baudoin IV le lépreux. On voulut alors montrer comment les événements qui suivirent la mort prématurée de Godefroi, les dissensions entre les croisés et la confrontation ultime avec Saladin, amenèrent la perte du royaume franc de Jérusalem, perte qui n'est jamais mise en scène dans un texte continuant à fonctionner par rapport à un monde devenu légendaire.

Les manuscrits présentent des versions divergentes avec des articulations différentes, les nombreux rédacteurs ayant essayé de faire disparaître les joints afin d'assurer la continuité du texte ; on peut toutefois distinguer dans l'ordre chronologique des événements les branches suivantes : la *Naissance du chevalier au cygne (versions Elioxe et Beatrix)**, le *Chevalier au cygne et la fin d'Élias**, les *Enfances Godefroi et le retour de Cornumaran**, la *Chanson d'Antioche**, les *Chétifs**, la *Conquête (ou chanson) de Jérusalem**, les continuations de la *chanson de Jérusalem, 1.* la *Chrétienté Corbaran*, 2.* la *Prise d'Acre**, la *Mort Godefroi et la chanson des rois Baudouin, 3.* la version dite Londres-Turin.

On peut ajouter des mises en prose dont la *Geste du chevalier au cygne**.

2. Le deuxième Cycle. En 1356, un remanieur reprend l'ensemble du cycle déjà existant sous le titre du *Chevalier au cygne et Godefroi de Bouillon**. En marge de ce texte, la chanson de *Baudouin de Sebourc** rapporte parallèlement les mêmes événements insérés dans une trame encore plus romancée. *Le Batard de Bouillon** se présente comme la suite événementielle de ces deux textes mais sa fin est perdue. Ces trois chansons annoncent les aventures de Saladin, auxquelles était consacrée une dernière chanson, dont on ne possède qu'une mise en prose du XVe siècle, *Saladin* (récit de sa prise de pouvoir, de ses voyages en Occident et de sa mort) ; cette version (voir *Jean d'Avesnes*), en l'absence du texte épique perdu, sert de suite et fin au cycle.

La structure et l'organisation des textes dans le cycle ont été étudiées d'abord par S. Duparc-Quioc, puis par une équipe de chercheurs américains de l'université d'Alabama, qui ont remis en question la théorie linéaire de S. Duparc-Quioc. Cette dernière suppose que le *Chevalier au cygne et Godefroi de Bouillon* est le texte origine du deuxième Cycle : l'auteur, dit-elle, prévoyant de donner une suite à son œuvre, y aurait inséré une cinquantaine d'annonces épiques, se rapportant à des textes qui n'existaient alors qu'à l'état de projet ; après avoir déterminé un continuateur supposé à suivre le programme annoncé, ces annonces auraient été développées de façon linéaire dans *Baudouin de Sebourc*, chanson à laquelle ferait immédiatement suite le *Batard de Bouillon* ainsi que *Saladin.*

Les chercheurs américains ont contesté les arguments présentés à l'appui de cette thèse en se fondant sur l'étude des mss de Londres et de Turin. Le *Batard de Bouillon* peut aussi bien être considéré comme la suite du *Chevalier au cygne et Godefroi de Bouillon.* On ne voit pas non plus pourquoi les auteurs de ce cycle auraient abandonné le procédé des annonces épiques faisant référence à des textes bien connus et du jongleur et de l'auditoire, pour se risquer à présenter gratuitement des textes encore inexistants. Pour l'école américaine, on a donc affaire à des narrateurs différents dont les œuvres, écrites à partir d'éléments non homogènes et plus ou moins indépendants, ont été rattachées entre elles par des annonces fabriquées après coup, comme cela s'est produit pour le cycle de *Guillaume d'Orange.*

→ L'introd. générale de J.A. Nelson et G.M. Myers, *La Naissance du chevalier au cygne* (vol. 1 de *The Old French Crusade Cycle*, dir. J.A. Nelson et G.M. Myers), Londres, 1977. — S. Duparc-Quioc, *Le Cycle de la Croisade*, Paris, 1955 ; *Les Poèmes du 2e Cycle de la croisade :*

problèmes de composition et de chronologie, dans *RHT*, t. 9 (1979), p. 141-181. — R.F. Cook et L.S. Crist, *Le deuxième Cycle de la Croisade : Deux études sur son développement*, Genève, 1972. — K.H. Bender *Des chansons de geste à la première épopée de la croisade. La présence de l'histoire dans la littérature française du* XIIe *siècle*, dans *Rencesvals, 4, Actes du 6e congrès de la Société Rencesvals, Aix, 1973*, Aix (1975), p. 484-500 ; *Les épopées de la croisade ou la gloire épique du peuple dans la conquête de Jérusalem*, dans *Littérature et Société au Moyen Âge, Actes du colloque d'Amiens, 5-6 mai 1978*, Amiens (1979), p. 160-179 ; *Les épopées de la croisade, Actes du colloque international de Trèves du 6-11 août 1984*, dans *ZFSL*, 11, Stuttgart (1986). — K.H. Bender et H. Kleber, *De Godefroi à Saladin. Le premier Cycle de la Croisade, entre la chronique et le conte de fées (1100-1300)*, dans R. Lejeune, J. Wathelet Willem, *Les Épopées romanes*, Heidelberg, 1986 (*GRLMA*, III/1/2). — J. Subrenat, *Au Carrefour des routes d'Europe, la chanson de geste, Actes du 10e congrès international de la Société Rencesvals, Strasbourg, 1985)*, dans *Senefiance*, 20 et 21, Aix, 1987. — Cf. *MB* n° 871-909, 7262-7264 ; *S* 1976-1982, 2005-2007. I.W.

Croisade albigeoise. Voir : *Chanson de la Croisade contre les Albigeois* ; Pierre des Vaux-de-Cernay ; Guillaume de Puylaurens.

Croisade et Mort de Richard Cœur de Lion. Cette chronique anglo-normande, en prose et anonyme, a été écrite à la fin du XIIIe ou au début du XIVe siècle. Elle raconte la participation de Richard Cœur de Lion* à la troisième croisade, depuis son départ pour la Terre sainte en 1189 jusqu'à sa mort au siège de Châlus en 1199. Une courte introduction rappelle les campagnes de Saladin depuis 1184 et leurs répercussions en Occident jusqu'à l'accession au trône de Richard. Le texte provient en majeure partie de la chronique latine de Roger de Hoveden, que l'auteur anonyme a beaucoup réduite, ou résumée de façon parfois maladroite. Quelques épisodes concernant l'histoire personnelle de Richard paraissent provenir d'une chronique anglo-normande — perdue — de type populaire, ou encore d'un récit contemporain des aventures de Richard à la croisade, lui aussi perdu ; l'auteur a utilisé également Roger de Wendover — ou Matthieu Paris*, qui le reprend — pour le début de l'ouvrage (invasion de Saladin, ses campagnes avant l'accession de Richard), et la fin (récit du passage de l'âme de Richard du Purgatoire au Paradis). Le point de vue de l'auteur est favorable à Richard, mais sans louange outrancière. Si ce texte n'apporte rien de nouveau à notre connaissance de la croisade de Richard, il est par contre intéressant par la façon dont il le présente, surtout dans les passages qui n'ont pas leur équivalent dans les chroniques de Hoveden ou de Wendover, mais qui proviennent de ce — ou ces — texte perdu qui prouverait qu'il existait très tôt une chronique en anglo-normand et en prose sur la croisade de Richard.

ŒUVRE. — Éd. R.C. Johnston, *The Crusade and Death of Richard I*, Oxford, 1961 (*ANTS*, 17).

→ R.C. Johnston, *An Anglo-Norman Chronicle of the Crusade and Death of Richard I*, dans *Mél. A. Ewert*, Oxford, 1961, p. 259-278. — M.D. Legge, *Anglo-Norman Literature and its Background*, Oxford, 1963, p. 305-306. — B.B. Broughton, *The Legends of King Richard I, Cœur de Lion. A Study of Sources and Variations to the Year 1600*, La Haye-Paris, 1966 (*Studies on English Literature*, 25). — B.-J. Levy, *Pèlerins rivaux de la 3e croisade : les personnages des rois d'Angleterre et de France d'après les chroniques d'Ambroise et d'Ernoul et le récit anglo-normand de la Croisade et mort de Richard Cœur de Lion*, dans *La Croisade, réalités et fictions. Actes du colloque d'Amiens*, Göppingen, 1989, p. 143-155.

G.T.L.

Croisades (Littérature des). Un mouvement comme celui des croisades a naturellement donné lieu dans toute la Chrétienté occidentale à des manifestations littéraires qu'il est difficile d'étudier en les découpant selon des frontières nationales ; elles ont tout de même été particulièrement importantes en France, où le phénomène a été le plus ancien, le plus durable, et le plus puissant. Il n'est guère de genre littéraire qui n'en ait subi le contrecoup direct ou indirect, et guère de chronique surtout, bien entendu, qui n'en parle plus ou moins ; mais pour ces raisons mêmes, il ne peut être ici question d'énumérer toutes les œuvres qui se ressentent des croisades ; et *a fortiori* devons-nous éliminer toutes celles qui, de façon large, témoignent simplement, jusqu'au XIe siècle, de la progressive gestation de l'idée, ou, postérieurement, d'une pénétration générale des connaissances « orientales » en France (ces connaissances, quoi qu'on en ait dit, y étant parvenues par des chenaux multiples, plus par l'Espagne et la Sicile que par l'Orient latin, et là même, plus par les missionnaires que par les croisés). Nous parlerons donc exclusivement des œuvres spécialement consacrées aux croisades proprement dites, en essayant de les classer, et renvoyant pour tous détails aux articles particuliers qui leur sont consacrés. Nous prendrons en compte cependant celles qui ont été composées dans l'Orient latin issu de ces croisades. En effet, non seulement leurs auteurs ont été souvent de souche française et à partir du XIIIe siècle la langue française y prédomine, mais aussi les œuvres d'Orient ont été connues en Occident et réciproquement celles d'Occident en Orient. Il est donc pratiquement difficile de les dissocier, elles dépendent les unes des autres, et en certains cas les histoires de l'Orient latin se trouvent être, au sujet même des croisades, les principales sources dont nous disposions.

1. À l'origine des croisades, il y a leur prédication. Mais les sermons et discours des prédicateurs ont laissé peu de traces écrites. Pour la première croisade, même les discours d'Urbain II ne nous sont connus qu'au travers de réfections dont les divergences accusent l'infidélité ; *a fortiori* ne savons-nous rien des paroles de Pierre l'Ermite. Ce qui s'est conservé de cette prédication et de certaines des suivantes consiste en lettres excitatoires, parfois faux complets ou remaniements d'originaux authentiques insuffisamment adaptés aux besoins des propagandistes, telle la fameuse lettre d'Alexis Ier Comnène au comte de Flandre, Robert Ier. Nous connaissons mieux par sa correspondance sinon les paroles, du moins les pensées de saint Bernard*, aux origines de la seconde croisade. Pour la troisième, a été composé le *De Hierosolymitana peregrinatione* de Pierre de Blois*. À la quatrième est attachée la puissante personnalité de Foulques de Neuilly, des sermons duquel cependant ne nous est rien parvenu. Ultérieurement, le genre se rattache aux exposés consacrés à la faillite et à la reviviscence des croisades, dont on parlera en conclusion de cet article.

→ R. Röhricht, *Die Kreuzpredigten gegen den Islam*, dans *Zeitschrift für Kirchengeschichte*, t. 6 (1884). — G. Wolfram, *Kreuzpredigt und Kreuzlied*, dans *Zeitschrift für deutsches Altertum*, t. 30 (1886), p. 89-132. — A. Lecoy de la Marche, *La prédication de la croisade au XIIIe*, dans *Revue des questions hist.*, t. 48 (1890). — V. Cramer, *Die Kreuzzugspredigt zur Befreiung des Heiligen Landes 1095-1270*, Cologne, 1939. — P. J. Cole, *The Preaching of the Crusades to the Holy Land, 1095-1270*, Cambridge (Mass.), 1991.

2. Pour les lettres et les milliers de documents concernant les croisades :

→ H. Hagenmeyer, *Die Kreuzzugsbriefe aus den Jahren 1088-1100*, Innsbrück, 1901. — B. Röhricht, *Regesta regni Hierosolymitani, 1097-1291*, Innsbrück, 1893 ; *Additamentum*, 1904 [relevé de tous les actes dressés dans l'Orient latin entre 1100 et 1291, tirés notamment des cartulaires].

3. Les chroniques. Pour la première croisade (1095-1099), elles sont particulièrement nombreuses. Quatre participants à l'expédition ont laissé leur propre relation des événements. Ce sont le chapelain du comte de Saint-Gilles, Raymond d'Aguilers*, dont le *Liber* est la principale source pour la croisade provençale ; le chevalier anonyme venu du sud de l'Italie avec l'armée de Bohémond, dont les *Gesta Francorum et aliorum Hierosolimitanorum* sont une source de premier ordre pour la croisade des Normands de l'Italie méridionale ; le prêtre poitevin Pierre Tudebode*, longtemps considéré comme un plagiaire des *Gesta* et qui a été réhabilité par ses derniers éditeurs ; enfin, le chapelain de Baudoin de Boulogne, Foucher de Chartres*, dont l'*Historia* est une source essentielle pour la croisade des Français du Nord. Entre les trois premiers textes, il existe des rapports étroits et complexes qui n'ont pas encore été complètement éclaircis. Du dernier texte, il subsisterait deux abrégés, l'un dû à un certain Bartolf de Nangis et intitulé *Gesta Francorum Hierusalem expugnantium* ; l'autre, dont il ne reste que la seconde partie sous le titre *Historiae Hierosolymitanae pars secunda*, est attribué à Lisiard de Tours. On a aussi une traduction française abrégée de l'*Historia* de Foucher de Chartres*, qui date du XIIIe siècle et est intitulée *Estoire de Jerusalem et d'Antioche*. Le texte, qui contient quelques détails légendaires en plus, va jusqu'en 1122.

Le Normand Raoul de Caen* n'a pas pris part à la croisade. Il est cependant allé en Terre sainte, où on le trouve à partir de 1107. Chapelain de Tancrède, il a laissé des *Gesta Tancredi* dans lesquels il raconte la croisade de façon tendancieuse, mais d'après des renseignements recueillis de la bouche des participants.

C'est peu après les événements, à partir de 1108, et par des écrivains qui n'ont pas participé à la croisade qu'ont été rédigés en Occident les textes de Baudri de Bourgueil*, futur évêque de Dol, les *Gesta Dei per Francos* de Guibert de Nogent*, ouvrage composé vers 1108, alors que Guibert était devenu abbé de Nogent-sous-Coucy, enfin l'ouvrage de Robert, moine de Saint-Rémi de Reims. Ces trois auteurs ne font certes pas œuvre originale, ils reprennent les écrits de leurs devanciers, essentiellement les *Gesta Francorum* dont une version aurait été popularisée en France par le voyage de Bohémond en 1106, en les refondant et en y ajoutant des souvenirs et des informations personnelles. Leurs modifications sont toutefois révélatrices et leur apport personnel d'importance, en particulier en ce qui concerne le concile de Clermont, auquel Guibert de Nogent et Robert le Moine ont assisté. Leur but est d'approfondir la signification religieuse de la croisade, ils cherchent aussi à faire preuve de sens critique, en particulier Guibert de Nogent qui remet en cause Foucher de Chartres.

La seconde croisade (1147-1149) n'a été racontée, et de façon inachevée, que par Eudes de Deuil*, moine de Saint-Denis, qui accompagna Louis VII en Terre sainte. Son récit, destiné à l'abbé Suger* qui pensait écrire la biographie du souverain, s'arrête à l'arrivée à Antioche en 1148, avant la marche sur Damas. Pour la troisième croisade (1189-1192), Frédéric Barberousse et Richard Cœur de Lion* ont trouvé leurs chantres, non Philippe Auguste ; c'est à la gloire de Richard qu'a été composé l'*Estoire de la guerre sainte**, poème de plus de 12 000 vers octosyllabiques. L'auteur, un certain Ambroise, avait accompagné le roi à la croisade. Son récit, qui semble en effet le témoignage d'un témoin oculaire, a été écrit peu après les événements. Traduit en latin avec quelques additions, il fut incorporé entre 1216 et 1222 dans l'*Itinerarium peregrinorum et gesta regis Ricardi* de Richard de la Sainte-Trinité de Londres. La quatrième croisade (1202-1204) inaugura les récits en prose française, avec celui, vite populaire, de Geoffroi de Villehardouin*, que continua Henri de Valenciennes*, et celui de Robert de Clari*. Sur la cinquième croisade (1217-1221), aucun texte ne semble avoir été élaboré sur le sol français, en dehors d'une relation de la prise de Damiette en 1219, en provençal, mais dans doute issue d'un original latin ou peut-être français, œuvre d'un clerc qui avait assisté au siège. Il faut citer aussi les lettres de Jacques de Vitry* dans lesquelles il est question de l'expédition de Damiette. De la sixième croisade entreprise par Frédéric II de Hohenstaufen (1228-1229), il n'existe pas non plus de relations françaises. Le récit détaillé de la première croisade de saint Louis (septième croisade, 1248-1254) se trouve dans le texte que Joinvillc* écrivit au début du XIVe siècle, près de soixante ans après les événements. Pour la huitième croisade, il faut se reporter aux biographies royales.

Pour les croisades ultérieures, voir A.S. Atiya, *The Crusades in the later Middle Ages*, Londres, 1938.

ŒUVRES. — *Gesta Francorum et aliorum Hierosolymitanorum*, éd. R. Hill, Londres, 1962 ; éd. et trad. L. Bréhier, *Histoire anonyme de la première croisade*, Paris, 1924 *(Les classiques de l'histoire de France au Moyen Âge)*. — Pour les abrégés en latin de Foucher, voir éd. dans *Rec. des Hist. des croisades. Hist. Occ.*, t. 3, p. 491-543, 549-585. — Robert le Moine, *ibid.*, p. 717-882. — *Estoire de Jérusalem et d'Antioche, ibid.*, t. 5, p. 621-648. — Voir aussi les éd. partielles de textes de croisade dans L. de Sandoli, *Itinera Hierosolimitana crucesignatorum (saec. XII-XIII)*, 4 vol., Rome, 1978-1984 : vol. 1 : *Tempore Primi Belli Sacri* ; vol. 2 : *Tempore Regum Francorum (1100-1187)* ; vol. 3 : *Tempore recuperationis Terrae Sancte (1187-1244)* [fragments d'Ernoul, Philippe Mousket, Jacques de Vitry] ; vol. 4 : *Tempore regni latini extremo (1245-1291)* [fragments de Geoffroi de Beaulieu, Joinville, de la Continuation de Guillaume de Tyr en français].

→ M. Schmidt-Chazan, *Le point de vue des chroniqueurs de la France du Nord sur les Allemands dans la première moitié du XIIe siècle*, dans *Centre de recherches, relations internationales de l'Université de Metz*, 4, *Travaux et recherches*, 1973, p. 13-36. — J. Riley-Smith, *The First Crusade and the Idea of Crusading*, Philadelphie-Londres, 1986.

4. L'histoire de l'Orient latin a été racontée, pour les premières années, par certains des chroniqueurs de la première croisade (Foucher de Chartres*, Raoul de Caen*), mais surtout pour l'ensemble du XIIe siècle jusqu'en 1184, en Orient même par Guillaume de Tyr*, dont l'ouvrage eut une fortune considérable ; il fut d'abord

muni d'une continuation latine jusqu'en 1194, écrite en Angleterre et pourvue de quelques additions, il fut ensuite traduit et continué en français, comme en témoigne un groupe de textes qui incorpore une section de 1184 à 1197 basée sur l'œuvre perdue d'Ernoul*. Enfin, d'autres versions poursuivirent le récit jusqu'à différentes dates du XIIIe siècle, la dernière étant 1277. L'œuvre de Guillaume et de ses continuateurs est la source presque exclusive de toute l'historiographie postérieure sur l'Orient latin jusqu'au début du XIIIe siècle, et d'abord de l'*Historia orientalis* de Jacques de Vitry, évêque d'Acre. En Orient ont été rédigés ensuite, en français, les *Mémoires* de l'Italien Philippe de Novare* ; la combinaison de cet ouvrage avec diverses *Annales de Terre sainte* a constitué la compilation dite *Gestes des Chyprois**. C'est aussi en français que l'Arménien Hayton* écrit vers le même moment sa *Fleur des Estoires d'Orient*, qui vulgarise en Europe la connaissance des Mongols. Les derniers temps du royaume arméno-franc de Cilicie ont été racontés, en français encore, par Jean Dardel*. Pour l'Empire latin de Constantinople et les principautés dérivées, voir Henri de Valenciennes*, la *Chronique de Morée**.

ŒUVRE. — Éd. R. Röhricht et G. Raynaud, *Annales de Terre sainte*, dans *Archives de l'Orient latin*, t. 2 (1884), p. 427-461.

→ C. Cahen, *La Syrie du Nord à l'époque des croisades et la Principauté franque d'Antioche*, Paris, 1940. — J. Longnon, *L'Empire latin de Constantinople et la Principauté de Morée*, 1951. — J. Richard, *Le royaume latin de Jérusalem*, Paris, 1953. — J. Prawer, *Histoire du royaume latin de Jérusalem*, Paris, 2 vol., 2e éd., Paris, 1975 ; *The History of the Jews of the Latin Kingdom of Jerusalem*, Oxford, 1988. — J. Folda, *Crusader Manuscripts Illumination at Saint-Jean d'Acre (1275-1291)*, Princeton, 1976. — S. Tibble, *Monarchy and Lordships in Latin Kingdom of Jerusalem, 1099-1291*, Oxford, 1989.

5. La conception de la croisade a été, on le sait, étendue peu à peu à des entreprises qui n'avaient plus pour but la Terre sainte ni pour ennemi l'Islam. En France nous intéresse spécialement la croisade des Albigeois, qui a été racontée par Guillaume de Puylaurens*, Pierre des Vaux de Cernay*, et les deux auteurs de la *Chanson de la Croisade*.

6. Les croisades ont suscité une énorme production littéraire, poèmes, chansons de geste et romans. Elles sont d'abord à la source de poèmes latins et d'adaptations versifiées des chroniques (comme celle de Baudri de Bourgueil*). La première croisade a donné naissance à des chansons de geste (voir *Croisade* [*Cycle de la*]) glorifiant le personnage de Godefroi de Bouillon. La plus ancienne chanson conservée en français est consacrée à la prise d'Antioche ; sans qu'il paraisse nécessaire d'y voir un texte dérivé d'une hypothétique version historique antérieure rédigée par un témoin oculaire, il s'agit là, en des temps mieux dotés en œuvres historiques que le lointain passé carolingien, d'un cas particulièrement intéressant du passage de l'histoire à la légende ; on peut ainsi mieux saisir la relation entre des événements réels (connus par les traditions orales et les chroniques) et leur présentation en chanson de geste. La chanson suivante, la *Conquête de Jérusalem**, si elle rapporte un événement qui eut réellement lieu, s'écarte sur des points importants des réalités historiques. Formant, avec la chanson composite des *Chétifs**, le noyau central d'un cycle (la geste d'Outremer s'organise sur le modèle du cycle de *Guillaume d'Orange**), ces trois premières chansons ont été, à l'époque de la troisième puis de la quatrième croisade (dans un but probablement publicitaire) remaniées, précédées et suivies d'ajouts mêlant les faits historiques corroborés par les chroniques à des événements imaginaires, parfois purement légendaires ou folkloriques. L'ensemble a été entièrement remanié au XIVe siècle dans un esprit différent, qui se rapproche du roman. Ces textes sont de toute façon des documents précieux pour l'histoire des mentalités.

Il y a de fortes raisons de croire qu'un authentique témoin oculaire (Grégoire Bechada, d'après Geoffroi du Vigeois*) a écrit un poème en provençal sur la première croisade ; l'existence d'une chanson en provençal sur la prise d'Antioche est attestée par un fragment (voir *Canso d'Antiocha*) d'un texte perdu qui a dû être une des sources de la compilation espagnole, la *Gran Conquista de Ultramar*. Ces textes ont influencé des récits en prose plus tardifs comme l'*Estoire d'Antioche et de Jérusalem* (voir § 3).

→ *Récit en vers français de la première*

croisade fondé sur Baudri de Bourgueil, éd. P. Meyer, dans *Romania*, t. 5 (1876), p. 1-63 ; éd. d'un extrait, A. Petit, *Le camp chrétien devant Antioche dans le Récit en vers français...*, *ibid.*, t. 108 (1987), p. 503-519.

7. D'autre part et dès le début (bien que nous n'ayons guère conservé d'exemples antérieurs à la seconde moitié du XIIe siècle), les croisades ont inspiré aux trouvères et troubadours de petits poèmes qui exposent des exhortations à l'expédition, des complaintes de croisés quittant leur belle, des discussions sur la croisade, les défauts des princes temporels et spirituels qui les organisent, la légitimité même de la chose quelquefois. (Voir, entre autres, Huon de Saint-Quentin, Guilhem IX d'Aquitaine, Rutebeuf.)

ŒUVRES. — P. Aubry et J. Bédier, *Les chansons de croisade*, Paris, 1909, réimp. New York, 1971. — Éd. M. Colleville, *Les chansons allemandes de croisade*, Paris, 1931. — Éd. G. Spreckelmeyer, *Mittelalteinische Kreuzzugslieder Texte und Melodien*, Göppingen, 1987 (*Göppinger Arbeiten zur Germanistik*, 216).

→ E. Roy, *Les poèmes français relatifs à la première croisade*, dans *Romania*, t. 55 (1929), p. 411-468. — A. Hatem, *Les poèmes épiques des croisades*, Paris, 1932. — F.W. Wentzlaff-Eggebert, *Kreuzzugsdichtung des Mittelalters. Studien zu ihrer geschichtlichen und dichterischen Wirklichkeit*, Berlin, 1960. — P. Hölzle, *Die Kreuzzüge in der Okzitanischen und Deutschen Lyrik des 12 Jahr. Das Gattungsproblem Kreuzlied im historischen Kontext*, 2 vol., Göppingen, 1980. — R. Wisniewski, *Kreuzzungsdichtung. Idealität in der Wirklichkeit*, Darmstadt, 1984. — E. Siberry, *Troubadours, Trouvères, Minnesingers and the Crusades*, dans *Studi Medievali*, t. 29 (1988), p. 19-43.

8. Les croisades ont donné lieu peu à peu hors de France à une élaboration de doctrine, œuvre surtout de canonistes de Rome qui ne nous intéresse pas ici. Voir J.A. Brundage, *Mediaeval Canon Law and the Crusader*, Madison, Milwaukee et Londres, 1969. — Par contre, il existe un ensemble de textes juridiques, témoins des institutions mises en place dans les États latins d'Orient. Parmi ces ouvrages de jurisprudence, mis par écrit dans le troisième quart du XIIIe siècle et appelés les *Assises de Jérusalem*, on trouve le *Livre au roi* (vers 1197-1205), le *Livre des assises de la cour des bourgeois* (1229-1244), le *Livre* de Philippe de Novare* (peu avant 1264), le *Livre* de Jean d'Ibelin (vers 1260), le *Livre* de Geoffroy le Tort, les *Lignages d'Outremer* (ou histoire généalogique des familles féodales des royaumes de Jérusalem et de Chypre).

ŒUVRE. — *Assises de Jérusalem*, éd. Beugnot, dans *Recueil des historiens des croisades. Lois*, t. 1 et 2, Paris, 1841-1843.

→ J. Prawer, *La noblesse et le régime féodal du royaume latin de Jérusalem*, dans *Le Moyen Âge*, t. 65 (1959), p. 41-74. — M.A. Vandevoorde, *Les lignages d'Outremer et la société nobiliaire de l'Orient latin*, dans *Positions thèses École des Chartes*, Paris, 1990, p. 177-185 [éd. du texte]. — Cf. Nouveau Potthast, t. 2, p. 412-414.

9. La croisade a multiplié les pèlerinages et voyages en Terre sainte, dont les récits forcément tiennent compte d'elle, sans cependant qu'elle ait créé le genre ni l'ait substantiellement modifié.

ŒUVRE. — *Itineraria* latins, éd. A. Molinier et C. Kohler, dans *Société de l'Orient latin*, Série géogr., 2 vol., Genf, 1880 ; éd. R. Röhricht, *Bibliotheca geographica Palaestinae*, Berlin, 1890. — *Itinéraires français*, éd. M. Michelant et G. Raynaud, *Itinéraires à Jérusalem et descriptions de la Terre sainte rédigés aux XIe, XIIe et XIIIe siècles*, Genève, 1882, réimp. Osnabrück, 1966.

10. À la croisade se rattachent des œuvres d'apologétique et polémique religieuse destinées à fortifier le zèle antiislamique, bien que le partage en soit parfois difficile à faire avec d'autres œuvres qui, depuis Pierre le Vénérable* au XIIe siècle et surtout chez les franciscains et dominicains du XIIIe et du XIVe, représentent l'esprit d'une activité missionnaire pacifique et un peu plus compréhensive de l'adversaire.

→ N. Daniel, *Islam and the West, the Making of an Image*, Edimbourg, 1960. — P. Sénac, *L'image de l'autre. Histoire de l'Occident médiéval face à l'Islam*, Paris, 1983.

11. Enfin l'échec même des croisades a donné lieu à une littérature dans laquelle divers auteurs, parmi lesquels plusieurs Français, cherchant à réveiller le zèle pour la croisade et étudiant les conditions d'exécution d'entreprises plus heureuses, s'interrogent aussi sur les raisons des malheurs passés (voir Humbert de Romans, Philippe de Mézières). D'autres aussi, dans des ouvrages d'objet plus large.

Il ne peut être question de caractériser en quelques mots une production littéraire si large, ni même la façon dont les divers auteurs, ou les divers genres littéraires, abordent le fait de la Croisade. Il s'agirait essentiellement d'une étude de la mentalité de croisade, et aussi, ce qu'il ne faut pas oublier, de celle des opposants, qui ont existé de plus en plus nombreux, à cette Croisade ou à la façon dont elle était conçue.

→ P. Alphandéry et A. Dupront, *La Chrétienté et l'idée de croisade*, 2 vol., Paris, 1954-1959 (*Évolution de l'Humanité*, 38). — K.M. Setton (éd.), *A History of the Crusades*, t. 1 : *The First Hundred Years* ; t. 2 : *The Later Crusades (1189-1311)* ; t. 3 : *The Fourteenth and Fifteenth Centuries* ; t. 4 : *Civilization and institutions* ; t. 5 : *The impact of the Crusades on the Near East*, Madison (Wisc.), 1958-1985. — L. et J. Riley-Smith, *The Crusades : Idea and Reality, 1096-1274*, Londres, 1981 (*Documents of Medieval History*, 4). — C. Cahen, *Orient et Occident au temps des croisades*, Paris, 1983. — P. Rousset, *Histoire d'une idéologie. La croisade*, Lausanne, 1983. — H.E. Mayer, *Bibliogr. zur Geschichte der Kreuzzüge*, Hanovre, 2e éd., 1965 [excellente bibliogr.] ; *Literaturbericht über die Kreuzzüge, 1958-1967*, dans *Historiche Zeitschrift*, t. 3, bibliogr. Sonderh. (1969), p. 641-731 ; *Geschichte der Kreuzzüge*, Stuttgart, 1985. — Pour une vue critique, P.A. Throop, *Criticism of the Crusades. A Study of Public Opinion and Crusade Propaganda*, Amsterdam, 1940. — E. Siberry, *Criticism of Crusading, 1095-1274*, Oxford, 1985. Cl.C., I.W. et G.T.L.

Cuvelier. Parfois nommé à tort Trueller, Cimeliers ou Cuneliers, ou encore N. Cuvelier, Jean le Cavelier, souvent cité sous le nom de Jehan Cuvelier, soit par confusion avec le trouvère du XIIIe siècle, soit par identification hâtive à un ménestrel du même nom, Cuvelier était manifestement un clerc proche de la cour mais aucun indice ne permet de voir en lui un ménestrel de Charles VI. Il a composé, vers 1380-1385, une chronique en forme de chanson de geste (24 346 alexandrins) à la gloire du connétable Bertrand Du Guesclin. Rebutés par la forme et la prolixité, les historiens ont longtemps boudé cette œuvre. En dépit de confusions, d'erreurs manifestes, l'ouvrage ne manque cependant pas de valeur historique. Bien informé, Cuvelier a composé une œuvre originale ; habile conteur, il a su créer des scènes ou des répliques restées célèbres ; il a aussi forgé un véritable mythe qui, par-delà l'exaltation de la politique royale, diffusa une idéologie nouvelle : le service de la couronne. Mais c'est une réfection en prose faite en 1387 pour Jean d'Estouteville, capitaine de Vernon, qui assurera le succès du récit et entraînera l'oubli complet du poème et de son auteur. Imprimée dès 1488, cette réfection a servi de source, jusqu'à nos jours, aux innombrables biographies du connétable.

ŒUVRE. — Chronique en vers : éd. E. Charrière, Paris, 1839, 2 vol. (*Documents inédits sur l'histoire de France*). — Éd. J.-C. Faucon, 3 vol., Éd. universitaires du Sud, Toulouse, 1990-1991 [t. 1 : texte ; t. 2 : notes et variantes ; t. 3 : étude et bibliogr.]. — Remaniement en prose : éd. F. Michel, Paris, 1830.

→ C. Tixier, *Portrait littéraire de Bertrand du Guesclin. Le héros Bertrand, son entrée sur la scène épique*, Paris, 1981 [à utiliser avec beaucoup de réserves]. — R. Levine, *Myth and Antimyth in La vie brillante de Bertrand du Guesclin*, dans *Viator*, t. 16 (1985), p. 259-275. — J.-C. Faucon, *Scènes de la guerre de Cent Ans*, dans *Texte, image et musique*, P.U.M., Toulouse, janvier 1992. — Molinier, n° 3347. — Nouveau Potthast, III, p. 676-677. — Cf. *MB S* n° 5116-5118. J.C.F. et G.T.L.

Cuvier. Un cuvier est une sorte de lessiveuse, baquet assez grand pour contenir la lessive d'un ou même de plusieurs mois... et éventuellement pour cacher un homme ou noyer une femme. Il est l'accessoire principal de deux textes comiques, un fabliau du XIIIe siècle et une farce de la deuxième moitié du XVe siècle.

Le fabliau (150 octosyllabes) montre comment un cuvier sert de cachette à l'amant de la femme d'un marchand, avec la complicité d'une voisine instruite par sa propre expérience. La farce, d'origine picarde, est la plus connue du répertoire français médiéval après celle de *Pathelin**. On n'en conserve pas le manuscrit original, mais seulement une édition lyonnaise d'environ 1545. Le thème, proche de celui du fabliau de *Sire Hain et Dame Anieuse*, d'Hue Piaucele* et du *Prudhomme qui renvoya sa femme*, est la lutte d'autorité à l'intérieur d'un couple, et la délimitation, par contrat écrit, des obligations respectives du mari et de la femme dans le ménage. Le *Cuvier* introduit un élément supplémentaire (la place de la belle-mère), agence les thèmes de façon originale en partant d'une situation déterminée (c'est la femme qui impose le contrat à son mari) et joue sur tous les développements scéniques possibles de la situation. La farce s'achève par la victoire du mari sur les prétentions de sa femme, et surtout de sa belle-mère, dont la présence insupportable a créé la crise.

ŒUVRE. — *Fabliau* : éd. A. de Montaiglon et G. Raynaud, dans *Recueil général des fa-*

bliaux, Paris, 1872, t. 1, p. 126-131. — Éd. W. Noomen et N.J. Van den Boogaard, dans *Nouveau recueil complet des fabliaux*, t. 5, Assen, 1990. — *Van Lieben und Hieben, Altfranzösische Geschichte*, trad. allemande I. Strasser, Vienne, Cologne, Graz, 1984.

Farce : Trois farces du recueil de Londres, éd. E. Philipot, Rennes, 1931. — *Four Farces*, éd. B. Bowen, Oxford, 1967 *(Blackwell's French Texts)*. — Éd. A. Hindley, Hull, 1979 (*Hull French Texts*, 4) [avec repr. de l'éd. de Lyon de 1545, au format originel]. — *Recueil de farces (1450-1550)*, éd. A. Tissier, Genève, 1988 (*TLF*, 358). — Trad. C.A. Chevallier, dans *Théâtre comique du Moyen Âge*, Paris, 1973 *(10/18)*. — Trad. A. Tissier, dans *Farces du Moyen Âge*, Paris, 1984 (*GF*, 412).

→ *Fabliau* : M.J. Stearns-Schenck, *Les structures narratives dans le « Cuvier » : une étude sémiotique d'un fabliau*, dans *Marche Romane*, t. 78 (1978), p. 185-192. — *Farce* : J.-C. Payen, *Le Cuvier, farce allégorique ?*, dans *Revue d'histoire du théâtre*, t. 25 (1973), p. 257-261. — D. Bennett, *Cruauté ou comique dans la farce du Cuvier*, dans *Tréteaux*, t. 2 (1980), p. 9-16. — M.-C. Sandhu, *La farce du Cuvier : origines du thème*, dans *Romance Philology*, t. 34 (1980-1981), p. 209-216. — A.A. Ciccone, *Oral Versus Written Expression in La Farce du Cuvier*, dans *Romance Notes*, t. 22 (1981-1982), p. 229-235. — E.J. Benkov, *The Code Revealed : Subversion of Discourse in « Le Cuvier »*, dans *Le Moyen Français*, t. 24-25 (1989), p. 271-282.

— Pour la farce, cf. Lewicka, n°s 290, 1310, 1382, 1384, 1390-1391, 1421-1428, 1627. — *MB* n°s 5893-5898 ; *S* 4724 [fabliau], 7125, 8303-8304, 8349-8354 [farce]. A.F.L.L.

D

Dalfin d'Alvernhe (?-22 mars 1235). Troubadour et mécène, petit-fils de Robert III, comte d'Auvergne et fils de Guillaume le Jeune, comte de Clermont, à qui il succéda après 1169, peut-être après 1181-1182 ; marié à une certaine G., comtesse de Montferrand († 1199). Son identité a été obscurcie par les divisions compliquées de la maison d'Auvergne au XIIe siècle. Son nom peu commun de « Dauphin », à cette époque nom propre et non pas titre, paraît provenir de son aïeul maternel Gui-Dalfin VII d'Albon ; l'attribution du prénom « Robert », qui se fonde sur certaines copies plus récentes d'un acte de 1215, reste douteuse. Il fut engagé dans les querelles de Philippe Auguste et Richard Cœur de Lion, et se brouilla avec ses cousins au second degré, Robert, évêque de Clermont, et Gui II, comte d'Auvergne ; les détails manquent, mais entre 1201 et 1223 il ne porta plus le titre de comte de Clermont, que Gui s'appropria, situation à laquelle se rapporte peut-être l'observation pittoresque de la *vida* provençale que *per la larguesa soa perdet la meitat e plus de tot lo sieu comtat ; e per avareza e per sen o saup tot recobrar e gazaingnar plus que non perdet*.

Dalfin a laissé une dizaine de poésies comportant deux *tensos* (avec Peirol* et un certain Uc), un *partimen* (avec Perdigon*), deux *sirventes* politiques (dont un, contre Richard Cœur de Lion*, date probablement de 1194, et l'autre, contre l'évêque Robert, de 1212 environ), deux *sirventes joglaresc*, et trois *coblas* (avec Peire Pelissier, l'évêque Robert et Bertran de la Tor). À en juger par les allusions nombreuses dans les *vidas* et *razos* provençales, il jouit d'une renommée considérable parmi les troubadours contemporains, et sa cour paraît avoir joué un rôle assez important dans la vie littéraire de l'époque.

ŒUVRE. — Éd. non imprimée : E.M. Brackney, *A Critical Edition of the Poems of Dalfin d'Alvernhe*, thèse Univ. Minnesota, 1937. — Éd. partielle : J.H. Marshall, *Le partimen de dauphin d'Auvergne et Perdigon*, dans *Mél. C. Rostaing*, Liège, 1974, t. 1, p. 669-678 [PC 119, 6]. — M. de Riquer, *Los trovadores. Historia literaria y textos*, Barcelone, 1975, t. 3, p. 1247-1256 [PC 119, 8].

→ PC 119. — S.C. Aston, *The Name of the Troubadour Dalfin d'Alvernhe*, dans *Mél. A.H. Schutz*, Columbus, 1964, p. 140-163. — F. de Labareyre, *La cour littéraire de Dauphin d'Auvergne des XIIe et XIIIe siècles*, Clermont-Ferrand, 1976. — R.A. Taylor, *La littérature occitane du Moyen Âge*, Toronto, 1977, nos 380-382. S.C.A.

Dame a la Licorne (Roman de la). Le *Roman de la Dame a la licorne et du Beau chevalier au lion* est un long roman en vers octosyllabiques, du milieu du XIVe siècle, entrecoupé de pièces lyriques. Il exploite la tradition courtoise représentée essentiellement par Chrétien de Troyes* : le Beau chevalier, amoureux de la Dame, est inspiré directement d'Yvain. La dame, dotée de la licorne à la fois par Dieu et par le dieu d'Amour en raison de sa pureté, révèle un texte intéressant pour les rapports entre licorne et féminité dans l'univers chevaleresque du XIVe siècle.

À l'époque où la prose romanesque a pris le relais depuis un certain temps déjà, la survivance de récits en vers comme celui-ci, avec reprise de thèmes, de situations et de personnages d'une tradition ancienne, confirme leur postérité auprès d'un public varié.

ŒUVRE. — Éd. F. Gennrich, *Le Romans de la Dame a la lycorne et du biau chevalier au lyon*,... Dresde, 1908.

→ P.A. Becker, *La dame à la licorne*, dans *Neuphilologische Mitteilungen*, t. 31 (1930), p. 81-85. — A. Fourrier, *La destinataire de La Dame à la licorne*, dans *Mél. P. Le Gentil*, Paris, 1974, p. 265-276 [Blanche de Navarre]. — C. Cremonesi, *Le lion reconnaissant : Yvain et le Roman de la Dame a la lycorne et du Biau Chevalier au Lyon*, dans *Marche Romane, Mediaevalia 80*, t. 30 (1980), no 3-4, p. 49-53. — A. Planche, *La double licorne ou le chasseur chassé, ibid.*, p. 237-246 ; *Le plus fort, la plus belle. Les extrêmes de rêve courtois dans le Roman de la Dame à la licorne et du Beau Chevalier au Lion (1350)*, dans *Medieval and Renaissance Monographs*, Series VI, *Courtly Romance. A Collection of Essays*, éd. G. Mermier, Michigan Consortium for Medieval and Early Modern Studies, 1984, p. 177-202. — Cf. *MB*, n°s 4118-4122, 6790-6791, 7866 *bis* ; *S* 6708-6710. C.R.

Dame escoillée ou **La Male dame.** Ce fabliau de 618 octosyllabes, écrit en Normandie au milieu du XIIIe siècle, joue sur l'inversion de l'image courtoise de la dame. Un comte surpris par le mauvais temps demande l'hospitalité dans une maison. Le mari lui explique que sa femme le contredit toujours et obtient pour le comte, en les lui refusant devant sa femme, l'hospitalité et la main de sa fille. Mais le comte doit battre sa jeune épouse qui a les travers maternels. Lors d'une visite des beaux-parents au château conjugal, la belle-mère se sent malade. Le chevalier lui explique qu'il faut l'opérer et feint de retirer de son ventre les attributs d'un taureau. L'effet psychologique est immédiat : la belle-mère se croit en effet guérie et devient douce comme un agneau. La volonté parodique anti-courtoise de ce fabliau semble être un moyen de mettre en garde le public cultivé auquel il s'adresse contre l'excès de ses propres valeurs. La *Dame escoillée* a connu un certain succès, dont témoignent aujourd'hui six manuscrits.

ŒUVRE. — Éd. A. de Montaiglon et G. Raynaud, dans *Recueil général des fabliaux*, Paris, 1890, t. 6, p. 95-116. — Éd. et trad. anglaise P. Brians, dans *Bawdy Tales from the Courts of Medieval France*, New York, 1972. — *Contes pour rire ? Fabliaux des XIIIe et XIVe siècles*, trad. N. Scott, Paris, 1977 *(10/18)*.

→ J.-P. Martin, *La Male Dame ou la courtoisie renversée*, dans *Comique, satire et parodie dans la tradition renardienne, Actes du colloque des 15 et 16 janvier 1983, Amiens*, Göppingen, 1983 (*Göppinger Arbeiten zur Germanistik*, 391), p. 71-80. — Cf. *MB*, n°s 2504 ; *S* 4602, 4725. A.F.L.L.

Dan Denier. Ce dit de 160 vers environ, composé à la fin du XIIIe siècle, est une satire, sous forme allégorique, du règne de l'argent. Dan Denier ne voit ni n'entend, mais il est la cause de tous les crimes, y compris les guerres. Il se fait servir comme un prince et use de sa puissance même en amour. *Dan Denier* ne nous est parvenu que par deux manuscrits, mais son évocation, sous le nom de *fablel du Denier* dans le fabliau *Des Deux Bourdeurs ribauds** témoigne d'une certaine célébrité au XIIIe siècle.

ŒUVRE. — Éd. A. Jubinal, dans *Jongleurs et trouvères*, Paris, 1835, réimpr. Genève, 1977, p. 94-100. — *De Dan Denier : contributo a un' edizione critica*, éd. J.V. Molle, dans *Studi filologici e letterari*, Gênes, 1978, p. 221-257 [éd. synoptique des deux mss].

→ J.A. Yunck, *Medieval French Money Satire*, dans *Modern Language Quarterly*, t. 21 (1960), p. 73-82. — Cf. *GRLMA*, t. VI, n° 4028. — *MB S* 4895-4896. A.F.L.L.

Dancus. Le traité de fauconnerie le plus ancien et le plus répandu de l'Occident est l'ouvrage attribué à un énigmatique roi Dancus. Selon le prologue de ce traité, Dancus était le plus grand connaisseur de la fauconnerie de son temps. Le roi Gallacianus, attiré par sa réputation, lui rendit visite pour se faire son disciple. Dancus se considéra comme indigne d'un tel honneur, mais il l'engagea à lui envoyer son fils Athanasianus, auquel il enseigna, par la suite, les préceptes contenus dans le traité sur l'affaîtage des faucons et la guérison de leurs maladies.

Dancus fut composé en latin, à la cour normande de Sicile, sous le règne de Roger II (1130-1154). Son origine est inconnue : rien ne prouve qu'il ait pu être de provenance orientale. *Dancus*, conservé dans 16 manuscrits, contient 32 chapitres ; son texte est parsemé d'italianismes et conserve quelques mots français. Il a connu un succès important, puisqu'il fit l'objet de cinq traductions italiennes distinctes, deux espagnoles, une catalane une portugaise, une en moyen-allemand, une en moyen-anglais, une suédoise (au XVIe siècle) et deux en ancien français.

De ces deux traductions, l'une est antérieure à 1284 (date donnée par le manuscrit Paris, BN, fr. 12581), l'autre est conservée dans un manuscrit du XVe siècle. Dans ces deux manuscrits, la traduction de *Dancus* précède ou suit directement celle du traité attribué à Guillelmus Falconarius*. Une adaptation française du prologue de *Dancus* figure dans quatre manuscrits de la seconde rédaction du *Livre de fauconnerie* de Jean de Francières*.

La copie du texte latin de *Dancus* par Albert le Grand* dans son *De animalibus* contribua également à la diffusion de *Dancus*, particulièrement en Angleterre.

C'est cette copie qui fut imprimée dans *Reliqua librorum Friderici II imperatoris De arte venandi cum avibus* (Augsbourg, 1596, p. 386-392).

ŒUVRE. — *Dancus Rex, Guillelmus Falconarius, Gerardus Falconarius. Les plus anciens traités de fauconnerie de l'Occident*, éd. G. Tilander, Lund, 1963, p. 48-117 (*Cynegetica*, 9) [éd. du texte latin]. — *Traductions en vieux français de Dancus Rex et de Guillelmus Falconarius*, éd. G. Tilander, Karlshamn, 1965, p. 10-23 [pour la trad. française antérieure à 1284] et p. 32-43 (*Cynegetica*, 12). — G. Kotsiopoulos, *The Art and Sport of Falconry*, Chicago, 1969. [trad. en anglais moderne].

→ J. Thiébaud, *Bibliographie des ouvrages français sur la chasse*, Paris, 1934, col. 245-247 (*Maîtres de la vénerie*, 9). — P. Mouchon, *Supplément à la Bibliographie des ouvrages français sur la chasse de J. Thiébaud*, Paris, 1953, col. 1259-1260 (*Maîtres de la vénerie*, 9 *bis*). — R. Hands, « *Dancus Rex* » *in English*, dans *Mediaeval Studies*, t. 35 (1973), p. 354-369. — B. Van den Abeele, *Les traités de fauconnerie latins du* XIIe *siècle. Manuscrits et perspectives*, dans *Scriptorium*, t. 44 (1990), p. 280, 282-283 [276-286]. — Cf. *MB, S* 5425, 5427. G.T. et F.F.H.

Dansa. Les historiens ne sont pas d'accord sur les origines de ce genre littéraire de la littérature occitane. Les *dansas* que nous possédons ne sont pas très anciennes. Les grands troubadours de l'époque classique n'en ont pas écrit. Seul, Guiraut d'Espanha*, troubadour toulousain de la fin du XIIIe siècle, semble en avoir fait son genre préféré : 11 pièces sur 16 sont des *dansas* composées sur un modèle à peu près unique. On conserve une *dansa* de Joan Esteve*, Paulet de Marseille*, Cerveri de Girona*.

De cette même époque, on a une demi-douzaine de chansons de danse anonymes, dont quelques-unes sont des chefs-d'œuvre, comme la célèbre ronde de la « Reine d'Avril », *A l'entrada del temps clar*, PC 461, 12 (À l'entrée du beau temps), en strophes monorimes chantées par un soliste, suivies d'un refrain repris par le chœur. Ces danses joyeuses, écrites souvent sur le thème de la « mal mariée », n'ont rien de commun avec les danses à caractère liturgique dont la présence a été attestée jusqu'au XIIIe siècle.

Au XIVe siècle, d'après les *Leys d'Amors**, le genre suit des règles strictes : la *dansa* doit être en vers de huit syllabes, avoir trois courtes strophes et un refrain, traiter d'amour, être parfaite pour danser sur une gaie mélodie. Elle est couronnée du *gaug* (le souci). Certaines finissent par avoir un thème religieux : on a au XVe siècle des *Dansas de Nostra Dona.*

→ C. Leube, *Tanzlied und Estampida*, dans *GRLMA*, II/5, p. 60-64. J.S.

Danse macabre. Expression caractéristique de la sensibilité « flamboyante » du Moyen Âge tardif, la danse des morts est née de la rencontre de deux thèmes bien attestés dans la poésie française depuis le XIIe siècle : le thème des « états du monde » et celui de la mort inéluctable. Cette fusion est liée à une substitution de la problématique du bonheur à celle du salut (qui seul préoccupait les moralistes des XIIe et XIIIe siècles), puisque c'est, pour chaque type social, la possibilité du vrai bonheur auquel il aspire de par son statut, qui se trouve démentie par la nécessité de mourir. L'analyse pénétrante de J. Batany le montre bien. Les critiques ont longuement débattu, sans qu'aucune certitude soit possible, pour savoir sous quelle forme première — picturale ou littéraire ? latine, française ou espagnole ? — la danse macabre était apparue. L'origine même du mot, dont la première attestation se lit, sous la forme « Macabré », dans le *Respit de la mort* de Jean Le Fèvre* (1376), reste controversée, même si une mise en relation avec le personnage biblique de Judas Machabée revêt quelque vraisemblance. La *Dança general de la Muerte* est antérieure d'une quarantaine d'années aux peintures accompagnées de légendes versifiées qui décoraient les murs du cimetière parisien des Innocents en 1424 ; mais c'est bien la *Danse* des Innocents qui assura le succès du thème et sa diffusion iconographique en France, en Angleterre et en Allemagne (l'Italie resta à l'écart). Les huitains d'octosyllabes qui sous-titraient les images peintes sur les murs du cimetière se retrouvent, privés de leur support iconographique, dans une vingtaine de manuscrits du XVe siècle, tandis que la première édition imprimée (Guy Marchant, 1485) allie au texte une reproduction plus ou moins fidèle des images. La nomenclature des personnages qui, surpris mais résignés, dialoguent non pas avec « la Mort », mais avec « le mort », leur double décharné qui les entraîne au tombeau en leur montrant le pas, constitue un tableau complet et hiérarchisé de la société, d'où les femmes sont exclues. Dans l'édition de 1485, elle s'établit ainsi : le pape, l'empereur, le cardinal, le roi, le patriarche, le connétable, l'archevêque, le chevalier, l'évêque, l'écuyer, l'abbé, le bailli, le « ministre », le bourgeois, le chanoine, le marchand, le chartreux, le sergent, le moine, l'usurier, le médecin, l'amoureux, l'avocat, le ménestrel, le curé, le laboureur, le cordelier, l'enfant, le clerc, l'ermite, « le roi que vers mengent ». Les éditions suivantes, à partir de la *Danse macabre nouvelle* de Guy Marchant (1486), ajoutent quelques personnages à la farandole : les quatre morts musiciens (en guise d'introduction, à la suite du prologue de l'*Acteur*), le légat, le duc, le maître d'école (tandis que le *maistre* de 1485 devient l'*astrologien*), l'homme d'armes, le « promoteur », le geôlier, le pèlerin, le berger, le hallebardier, le sot ; à la fin, une ballade remplace la morale latine. L'attribution de la rédaction primitive (68 huitains d'octosyllabes encadrés de quelques vers latins et terminés chacun par un proverbe) à Jean Gerson* est dénuée de fondement ; d'autant que le chancelier quitta définitivement Paris en 1415 pour n'y plus revenir.

ŒUVRE. — Éd. du texte versifié, d'après les mss, par P. Glorieux, parmi les œuvres françaises de Gerson, t. 7, n° 319 ; éd. reproduite dans *Poèmes de la mort de Turold à Villon*, choisis trad. et présentés par J.-M. Paquette, Paris, 1979, p. 191-215 *(10/18)*. — Reproduction de la 1re éd., Guy Marchant 1485, par V. Dufour, *La danse macabre des Saints Innocents de Paris...*, Paris, 1874. — Reproduction de la *Danse macabre nouvelle* (1486) par P. Champion, Paris, 1925.

→ É. Mâle, *L'art religieux de la fin du Moyen Âge en France*, Paris, 1931[4]. — X. Clarke, *The Dance of Death in the Middle Ages and the Renaissance*, Glasgow, 1950. — E. DuBruck, *The Theme of Death in the French Poetry of the Middle Ages and Renaissance*, La Haye, 1964. — S. Cosacchi, *Makabertanz. Der Totentanz in Kunst, Poesie und Brauchtum des Mittelalters*, Meisenheim, 1965. — H. Rosenfeld, *Der mittelalterliche Totentanz*, Cologne, 1968[2]. — J. Saugnieux, *Les danses macabres de France et d'Espagne et leurs prolongements littéraires*, Paris, 1972. — C. Martineau-Génieys, *Le thème de la mort dans la poésie française de 1450 à 1550*, Paris, 1978. — J. Wirth, *La jeune fille et la mort...*, Genève, 1979. — A. Corvisier, *Les représentations de la société dans les danses des morts XVe-XVIIIe siècles*, dans *Revue d'hist. mod. et contemporaine*, 1969, p. 489-538. — R. Deschaux, *À propos de la danse macabre*, dans *Recherches et travaux publ. par l'Univ. de Grenoble, Bull.*, t. 32 (1982), p. 1-12. — J. Batany, *Les « Danses Macabré » : une image en négatif du fonctionnalisme social*, dans *Dies illa. Death in the Middle Ages...*, Liverpool, 1984, p. 15-27. — Les actes de quatre colloques sur la mort au Moyen Âge sont importants : *La mort au Moyen Âge. Actes du Colloque de la Société des historiens médiévistes...*, Strasbourg, 1977. — *Le sentiment de la mort au Moyen Âge, Colloque de l'Institut d'Études médiévales de l'Univ. de Montréal*, Montréal, 1979. — *Death in the Middle Ages*, Leuven, 1983 (*Mediaevalia Lovaniensia*, sér. 1). — *Dies illa... Proceedings of the Manchester Colloquium*, Liverpool, 1984. — Cf. *MB*, nos 5302-5303, 5408-5435, 7008-7012, 7991.

Voir aussi : *Mors de la pomme ; Trois morts et trois vifs* ; Martial d'Auvergne. G.H.

Dante Alighieri. Issu de la petite noblesse, Dante est né à Florence en 1265. Cette origine a marqué toute son existence : à partir de 1295, il prend une part active dans la vie politique de sa cité ; en 1300, il est nommé au Grand Conseil et se range finalement aux côtés des Blancs. Ceci lui vaudra l'exil lorsque le parti aristocratique des Noirs sera rétabli dans la cité grâce à l'action du pape Boniface VIII. Errant de ville en ville jusqu'à sa mort à Ravenne en 1321, Dante verra s'écrouler tous ses espoirs d'une restauration morale et politique de Florence et de l'Italie, à la mort de l'empereur Henri VII de Luxembourg en 1313. De là découlent l'écriture de la vision du *Paradis*, mais aussi les prises de position de son traité de la *Monarchia* : exaltation de la monarchie et de l'autonomie du pouvoir temporel. À côté de cette figure « engagée », il y a Dante, l'amant de Béatrice et l'un des créateurs du *dolce stil nuovo*. Plus que l'aspect politique et proprement italien de son œuvre, qui la rendait partiellement illisible hors d'Italie, ce sont ses caractéristiques littéraires qui doivent nous arrêter. Élève de Brunetto Latini*, ami des grands poètes florentins de sa génération, Dante a également subi l'influence des troubadours*. Ils sont présents dans la *Commedia* et le *De vulgari eloquentia* comme personnages et comme modèles : Arnaut Daniel*, Guiraut de Bornelh* (*Purgatoire* XXVI), Folquet de Marseille* (*Paradis* IX), Bertran de Born*... Certains ont aussi voulu voir dans la *Commedia* des échos de l'écriture épique d'oïl. Mais ce qui apparaît comme capital, et pour la composition, et pour la réception française de la

Commedia, ce sont ses rapports avec le *Roman de la Rose**. On a relevé des parallèles entre le verger de Deduit et le *Purgatoire* (XXVII-XXX), le chant II du *Paradis* et le passage sur lune-fortune chez Jean de Meun* ; l'histoire d'Héloïse (*Enfer* V) dépend de son récit... Et si le problème se pose du rôle d'intermédiaire qu'a pu jouer pour la *Commedia* le texte des *Fiore*, parfois attribué à Dante lui-même, pour les premiers lecteurs français de la *Commedia*, le cadre référentiel du texte italien était bien sûr le *Roman de la Rose*. C'est lui qui pouvait permettre l'approche de cette grande quête allégorique, poétique et italienne.

Les premiers auteurs français à mentionner l'œuvre de Dante, furent des voyageurs : Philippe de Mézières* en 1389 dans le *Songe du Vieil Pelerin* cite trois vers de l'*Enfer* (XXXIII, 151-153) sur les Génois ; Alain Chartier* dans le *Livre de l'Espérance* (1429-1430) évoque lui aussi l'*Enfer* (XIX, 115) : « Et tu, Dante, poete de Florence, se tu vivoyes adés, bien auroys matiere de crier contre Constantin. » Quant à Laurent de Premierfait*, c'est dans sa seconde traduction du *De casibus* de Boccace*, en 1409, qu'il indique que Dante lors d'un voyage à Paris décida d'écrire un grand texte sur le modèle du *Roman de la Rose*. Un peu avant, en 1402, Christine de Pizan*, l'Italienne des lettres françaises du XVe siècle, parle de la *Commedia* dans une des pièces du Débat sur le *Roman de la Rose**, une lettre à Pierre Col*. Dante y est présenté comme meilleur écrivain que Jean de Meun et meilleur serviteur de la théologie.

Ainsi la *Commedia* n'a d'abord été connue que grâce à des changements de perspective : voyages, traduction de Boccace, critique d'un classique français. Cependant, bien avant les premières traductions françaises conservées, partielles et manuscrites (à partir de 1520), puis complètes et imprimées, la *Commedia* figurait dans plusieurs bibliothèques de la France du Sud à la fin du XVe siècle : Avignon, Angers (René d'Anjou*), Angoulême (Charles d'Angoulême, père de François Ier), Moulins (Jean II de Bourbon), Chambéry (ducs de Savoie). Cette petite diffusion marque le début d'un intérêt pour l'Italie, intérêt géographique, dynastique pour certains, mais aussi littéraire. Toutefois la barrière de la langue fut forte. Le volume du comte d'Angoulême, aujourd'hui perdu, y remédiait en fournissant une traduction française du texte italien ; la bibliothèque des ducs de Savoie possédait un exemplaire de la traduction latine de Giovanni da Serravalle (début XVe) à côté de la copie du texte original. À la différence donc de Boccace*, qui fut un des commentateurs de la *Commedia*, et même de Pétrarque*, Dante ne connut pas un grand succès dans la France du Moyen Âge. Il lui fallut attendre la mode italianisante du XVIe siècle et les éditions de traductions pour que de l'autre côté des Alpes sa renommée rattrapât son aura italienne.

ŒUVRES. — *Le Opere di Dante*, Florence, 1921 ; rééd. Florence, 1960. — *La Divina Commedia*, éd. A. Lanza, C. Salinari, S. Romagnoli, Rome, 1980. — *La Divine Comédie*, texte italien et trad. française en regard de J. Risset, Paris, 3 vol., 1985-1990.

→ G. Mombello, *I manoscritti delle opere di Dante, Petrarca e Boccaccio nelle principali librerie francese del secolo XV*, dans *Il Boccaccio nella cultura francese*, Florence, 1971, p. 81-209. — M. Roddewig, *Dante Alighieri, Die göttliche Komödie. Vergleichende Bestandsaufnahme der Commedia-Handschriften*, Stuttgart, 1984 [603 mss, 204 témoins : fragments, extraits, citations]. — P. Cherchi, *Gervase of Tilbury and the Birth of Purgatory*, dans *Medioevo Romanzo*, t. 14 (1989), p. 97-110. — J. Roubaud, *La sextine de Dante et d'Arnaut Daniel*, dans *Change*, t. 2 (1969), p. 9-48. — M. Picone, *Giraut de Bornelh nella prospettiva di Dante*, dans *Vox romanica*, t. 39 (1980), p. 22-43 ; *Paradiso IX : Dante, Folchetto e la diaspora trobadorica*, dans *Medioevo Romanzo*, t. 8 (1983), p. 47-89. — L. Leonardi, *Guittone cortese ?, ibid.*, t. 13 (1988), p. 421-455. — G. Chiarini, *La canzone (...) di Giraut de Bornelh*, dans *Romanica vulgaria*, t. 6 (1983), p. 5-18 ; *Bertran de Born nel De vulgari eloquentia*, dans *Mél. A. Roncaglia*, Modène, 1989, t. II, p. 411-419. — *Dante's Influence on (Our Reading of) the Troubadours*, n° spécial de *Tenso*, t. 5 (1989). — M. Shapiro, *Dante and the Grammarians*, dans *ZRPh*, t. 105 (1989), p. 498-528 [sur le *De vulgari eloquentia*]. — G. Contini, *Un nodo della cultura medievale. La serie Roman de la Rose-Fiore-Divina Commedia*, dans *Lettere italiane*, t. 25 (1973), p. 162-189. — L. Vanossi, *Dante e il Roman de la Rose, Saggio sul Fiore*, Florence, 1979. — E.J. Richards, *Dante and the Roman de la Rose. An Investigation into the Vernacular Narrative Context of the Commedia*, Tübingen, 1981 (*Beihefte zur ZRPh*, 184). — A. Farinelli, *Dante e la Francia dall'età media al secolo di Voltaire*, Milan, 1908 (reprints,

Genève, 1971) ; *Dante in Spagna, Francia, Inghilterra, Germania*, Turin, 1922 [deux études « historiques »]. — L. Petroni, *La prima segnalazione di Dante in Francia*, dans *Dante e Bologna nei tempi di Dante*, Bologne, 1967, p. 375-387. — G. di Stefano, *Alain Chartier ambassadeur à Venise*, dans *Culture et politique en France à l'époque de l'Humanisme et de la Renaissance*, Turin, 1974, p. 155-168. — E.J. Richards, *Christine de Pizan and Dante : A Reexamination*, dans *Archiv SNSL*, t. 222 (1985), p. 100-111. — H.H. Schless, *Chaucer and Dante : A Reevaluation*, Norman (Oklahoma), 1984. — *Dantes Commedia und die Dante-Rezeption des 14. und 15. Jahrhunderts*, Heidelberg, 1987 (*GRLMA*, t. X/1) [sur l'influence en Italie seulement]. — A. Salmon, *La première version française de l'Enfer de Dante. Notes et observations*, dans *Le Moyen Âge*, t. 15 (1902), p. 368-369. — L. Giovannetti, *Dante in America : bibliografia 1965-1980*, Ravenne, 1987. — E. Esposito, *Bibliografia analitica degli scritti su Dante : 1950-1970*, Florence, 1990. — Cf. *MB*, nos 1478, 2846, 6648 ; *S* 984, 1777, 1933-1935, 2181, 3627, 3776, 4033, 4931, 5026, 5052, 5135, 5304-5312, 5389, 5604, 6361, 7581, 8422. S.L.

Dante da Maiano. Ce poète, attesté en 1301, a dû vivre dans le dernier tiers du XIIIe et le premier quart du XIVe siècle. Ses poésies italiennes prennent place dans la riche floraison d'œuvres « provençalisantes » suscitées en Toscane par l'influence de Guittone d'Arezzo (vers 1225-1294).

Les deux poèmes provençaux de Dante offrent la particularité d'être les deux plus anciens *sonnets** écrits en langue d'oc. Il s'agit, au demeurant, de sonnets dits « irréguliers » par Th. de Banville, puisqu'ils offrent le schéma suivant :

a — b — a — b } quatrains
a — b — a — b
c — d — c } tercets
d — c — d

Les deux sonnets sont composés de vers décasyllabiques, dont la mesure a d'ailleurs parfois souffert dans la transcription faite au XVe siècle par un copiste italien (Florence, Bibliothèque Laurentienne, Pluteus XC infer., cod. 26 ; ms. *c* de Pillet-Carstens).

Dans le sonnet : *Las, so que m'es al cor plus fins e cars...* (PC, 121, 1), le troubadour italien exploite sans aucun effort d'originalité les thèmes courtois. Il nous déclare que l'éloignement de celle qu'il aime lui cause une peine que, seule, pourra calmer *mi dons ab los sieus gens parlars*. Et le court poème se termine sur une invocation à la « merci » de la dame, que le poète supplie de pardonner à sa grande hardiesse. Dans l'autre sonnet (PC, 121, 2), le troubadour de Maiano fait l'éloge de la beauté de sa dame et conclut : « [*eu*] *sui d'amor radiç e fruit e ram.* »

Aucune originalité ne marque ces deux sonnets, mais leur forme seule leur assure une place dans l'histoire littéraire.

→ PC 121. — J. Bertoni, *Il duecento*, Milan, 3e éd., 1939, p. 145. I.M.C.

Daude de Pradas. Des recherches d'archives ont permis d'identifier ce poète : ecclésiastique du diocèse de Rodez, il occupe successivement des charges importantes auprès de l'évêque ; chanoine en 1241, official en 1262, subdélégué de cet évêque et délégué du pape en 1275. La dernière mention qui soit faite de lui est de 1282. Par ailleurs les allusions historiques contenues dans son œuvre le montrent en relations avec Raimon II et Arnaut de Roquefeuil, les châteaux d'Anduze et de Sauve. Il cite deux troubadours, ses contemporains, ecclésiastiques comme lui, Gui d'Ussel* et Uc Brunenc. La *vida* dit qu'il était chanoine de Maguelonne, mais il n'a pas été possible d'étayer cette assertion.

Cette même *vida*, interprétant abusivement trois vers de lui, prétend que ses chansons ne connurent pas le succès. En fait, l'abondance de la tradition manuscrite en ce qui le concerne semble bien prouver le contraire : il est présent dans une vingtaine de chansonniers, et dans le *Breviari d'Amor*, Matfre Ermengaud* le cite parmi les meilleurs troubadours.

On peut s'interroger sur cette vogue d'un poète fort régulier, élégant, mais assez fade à notre goût, aussi peu personnel que possible, et sur cette carrière toute mondaine d'un juriste d'Église que l'on imagine volontiers grave, surtout dans cette période de la croisade albigeoise. Les dates elles-mêmes de cette vie fournissent l'explication ; dans une période où le *trobar* touchait à sa fin, par épuisement interne, la ruine générale de la société courtoise occitane lui interdisant de se renouveler, ses compositions très scolaires fournissaient une bonne image de la rhétorique amoureuse. Le ton de générosité vague, l'absence de frémissement personnel, l'aspect d'exercice littéraire pur d'une telle poésie lui valaient certainement l'attention des « spécialistes », qui, dans une situation ambiguë, sous le regard de l'Inquisition, s'efforçaient de prolonger, tel Matfre Ermengaud, l'ère du *trobar*. Qu'il fût ecclésiastique n'était pas en soi une gêne, mais plutôt un avantage de ce point de vue, avant la condamnation d'André Le Chapelain*. D'ailleurs, on peut très bien supposer, avec A.-H. Schutz, que son œuvre poétique était écrite avant qu'il devînt un dignitaire d'Église.

De nos jours, on recherche chez Daude de Pradas des définitions simples et claires du service d'amour, de l'état d'amoureux-poète. On trouve dans une pièce, qui n'est peut-être pas plaisante mais didactique, une définition des trois amours qui éclaire puissamment le problème de la chasteté des troubadours. Daude distingue trois ordres de satisfactions : avec sa « Dame » il n'est question que de service chaste pour augmenter la *valor (non sap de domnei pauc ni pro — qui del tot vol si dons aver)*, avec la *pucelle* est permis un « flirt » sensuel qui va jusqu'à *e'l doutz tocars de luoc deves*, enfin avec la *soudadeira*, Daude connaît la totalité de la satisfaction. Si l'on relie ce texte à d'autres de son siècle, comme le *Breviari d'Amor*, on comprend mieux que l'amour troubadouresque, du moins dans sa période finale, consistait en un détournement du désir charnel de son objet inaccessible, la Dame mariée noble, et nullement en une chasteté générale et obligatoire.

Daude de Pradas est aussi l'auteur d'un traité sur les oiseaux de chasse : *Dels auzels cassadors*, en 3 792 vers, et du poème sur les quatre vertus cardinales (Brunel, n° 351) dédié à Étienne de Chalençon, évêque du Puy de 1220 à 1231. Il est composé de 1 812 octosyllabes en couplets. C'est une traduction élargie du *De quattuor virtutibus* de Martin de Braga*.

ŒUVRES. — Éd. A.H. Schutz, *Poésies de D. de Pradas*, Toulouse-Paris, 1933, réimp. New York-Londres, 1971. — Éd. partielle : A. Kolsen, *Dichtungen der Trobadors*, Halle, 1916-1919, réimp. Genève, 1980, p. 9-13 [PC 124, 9a]. — F.J. Oroz Arizcuren, *La lirica religiosa en la literatura provenzal antigua*, Pampelune, 1972, p. 118-125 [PC 124, 16]. — M. de Riquer, *Los trovadores. Historia literaria y textos*, Barcelone, 1975, t. 3, p. 1545-1549 [PC 124, 2]. — R. Richter, *Die Troubadourzitate im « Breviari d'Amor »*, Modène, 1976, p. 234-239 [PC 124, 6-14-16-10-2]. — *Dels auzels cassadors* : éd. A.H. Schutz, *The Romance of Daude de Pradas Called « Dels Auzels Cassadors »*, Columbus (Ohio), 1945.

→ PC 124. — C. Rostaing, *Les troubadours rouergats*, dans *Revue du Rouergue* (1975), p. 129-142. — D. Rieger, *Gattungen und Gattungsbezeichnungen des Trobadorlyrik. Untersuchungen zum altprovenzalischen Sirventes*, Tübingen, 1976, p. 246-267. — R. Nelli, *Écrivains anticonformistes du Moyen Âge occitan*, Paris, 1977. — *Dels auzels cassadors* : C. Brunel, *Bibliogr. des mss litt. en anc. prov.*, Paris, 1935, réimp. Genève, 1973, n°s 51, 231 et 335. — K. Lewent, *Remarks on the Text of Daude de Pradas Auzels Cassadors*, dans *Studia neophilologia*, t. 35 (1963), p. 3-17. — G. Tilander, *Sources inédites des « Auzels Cassadors » de D. de Pradas : Grisofus Medicus ; Alexander medicus. Deux traités latins*, Lund, 1964. — D. Evans, *Les noms de plantes employés par Daude de Pradas dans son traité « Dels Auzels Cassadors »*, dans *Marche romane*, t. 33 (1983), p. 65-73 ; *Difficulties in the Botanical Lexis of the Old Provençal Falconry Treatise : Daude de Pradas and Adelard de Bath*, dans *Annali, sezione romanza*, t. 2 (1986), p. 281-289.

R.L. et G.B.L.

Daurel et Beton. Il reste 2 200 vers de cette chanson de geste occitane qui se rattache à la chanson de geste française de *Beuve de Hantone**, du cycle de *Doon de Mayence**. Dans le manuscrit unique du XIVe siècle qui l'a conservée (Paris, BN, nouv. acq. fr. 4232) sont copiés aussi plusieurs poésies religieuses et un mystère de la Passion. Les poésies ont été publiées par P. Meyer en prologue au texte de l'épopée.

Celle-ci, incomplète de la fin, raconte les exploits du jongleur Daurel, qui sauve la vie à Beton, le fils de son roi. Le roi Beuve, après avoir confié son fils au jongleur, est tué traîtreusement à la chasse par un de ses comtes, Guy, qui désire la femme du roi, Ermenjart, et qui plus tard épouse celle-ci malgré elle, grâce à l'intervention toute puissante de Charlemagne. Beton a été confié par Ermenjart, dans une île de l'Océan, à la fille d'un bourgeois. Cependant le comte Guy recherche Beton pour le faire mourir : on retrouve l'enfant, qui va être assassiné. Mais Daurel accourt dans l'île, emporte l'enfant et le remet à la garde de sa femme Béatrix dans son château de Monclar, en pays poitevin. Guy vient alors assiéger Daurel et Béatrix dans leur château. Convoqué par Guy, sommé de remettre l'enfant, Daurel est dans l'angoisse ; mais sa femme lui conseille de remettre au comte leur propre fils à la place de Beton : « Mon fils mourra, dit-elle, mon seigneur sera sauvé. » *Morra mos filhs, mossenher er' salvatz.* Daurel emporte Beton outremer, jusqu'en Babylonie, où il est élevé par le roi du pays. Devenu grand, Beton va, avec Daurel, se venger du comte Guy qui est pris et mis à mort.

Daurel et Beton est une véritable chanson de geste où les aventures romanesques et le merveilleux tiennent une grande place, où figurent Charlemagne et les douze pairs. L'auteur, peut-être jongleur lui-même, a une grande connaissance de la poésie narrative du Moyen Âge. Il a fait des emprunts, aisés à retrouver, à d'autres chansons de geste. On peut lui reprocher une certaine pénurie d'idées, et aussi des maladresses, les scènes étant parfois mal menées, mal conduites, mal liées entre elles. Il ne manque cependant pas d'originalité : le fidèle Daurel n'est pas un seigneur vassal, c'est un jongleur, de telle sorte que le poème peut être regardé comme la glorification du jongleur. Malgré des longueurs, le récit est agréable, avec de nombreux traits de vérité et de réalisme, des trouvailles de réelle psychologie, des tableaux gracieux.

Comme il convient pour une épopée, les vers sont de 10 syllabes, la plupart sur le rythme traditionnel 4 + 6, et ils sont groupés en laisses monorimes. Quelques rimes — celles en *ier* par exemple — confirment les emprunts faits par l'auteur à la littérature du Nord de la France. Il écrivait en Limousin ou en Agenais vers les dernières années du XIIe siècle.

ŒUVRE. — Éd. P. Meyer, *Daurel et Beton, Chanson de geste provençale*, Paris, 1880 (*SATF*, 13). — A.S. Kimmel, *A Critical Edition of the Old Provençal Epic Daurel et Beton*, Chapel Hill, 1971. — C. Lee, *Daurel e Beton*, Parme, 1991 [éd. avec trad. italienne].

→ C. Brunel, n° 228. — J. Bumke, *Die Eberjagd, im Daurel und in der Nibelungendichtung*, dans *GRM*, t. 41 (1960), p. 105-111. — J. De Caluwé, *Daurel et Beton : Chanson de geste provençale*, dans *Actes du 6e congrès international de la Société Rencesvals*, Aix-en-Provence, 1974, p. 439-460. — A.S. Kimmel, *Le jongleur, héros épique, ibid.*, p. 461-472. — A. Adler, *Epische Speculanten. Versuch einer Synchronen Geschichte des altfranzösischen Epos*, Munich, 1975, p. 149-165. — A. Limentani, *Per « Daurel et Beton ». Il giullare pedagogo*, dans *L'eccezione narrativa. La Provenza medievale e l'arte del racconto*, Turin, 1977, p. 102-110. — R. Taylor, *La littérature occitane du Moyen Âge*, Toronto, 1977, n°s 615-617 [bibliogr.]. — J. De Caluwé, *L'enfant dans « Daurel et Beton »*, dans *Senefiance*, n° 9, Aix-en-Provence, 1980, p. 315-384 ; *Épopée d'oc et épopée d'oil au* XIIe *siècle*, dans *Perspectives médiévales*, n° 6 (1980), p. 5-9 ; *Les liens « féodaux » dans Daurel et Beton*, dans *Mél. J. Horrent*, Liège, 1980, p. 105-114. — R. Lassalle, *Chasse tragique et tragique de la chasse : « Lo romans de Beto e de Daurel »*, dans *La chasse au Moyen Âge, Actes du colloque de Nice*, Paris, 1980, p. 385-393. — L. Paterson, *Knights and the Concept of Knighthood in the Twelth-Century Occitan Epic*, dans *FMLS*, t. 17 (1981), p. 115-130. — K. Wais, *Ermessent, die vier Söhne des Gibouart und der Mord an Sigfrid*, dans *Mél. R. Baehr*, Göppingen, 1981, p. 343-372. — C. Lee, *Il giullare e l'eroe : « Daurel et Beton » e la cultura trobadorica*, dans *Medioevo Romanzo*, t. 9 (1984), p. 343-360. — S. Kay, *Compagnonnage, désordre social et hétérosexualité dans* « Daurel et Beton », dans *Actes du 11e congrès international de la Société Rencesvals*, Barcelone, *Memorias de la Real Acad. de Buen. Let. de Barcelona*, t. 21 (1990), p. 353-367. J.S.

David Aubert. Ce personnage, né sans doute à Hesdin, appartient à une famille originaire de Cassel (près de Dunkerque), entrée au service du duc de Bourgogne. Son père Jean Aubert* Ier fut maître de la Chambre aux deniers de Marguerite de Flandre à partir de 1400, auditeur de la Chambre des comptes de Lille à partir de 1433 ; il meurt le 16 août 1444. Notons qu'il traduisit la *Vita Christi* de Ludolphe de Saxe*. Son fils Jean Aubert II fera une plus belle carrière et occupera de multiples fonctions dont celle de conseiller du duc dès 1443-1444. Lui aussi touchera à la sphère du livre, puisqu'il copiera pour son maître deux psautiers en 1441. C'est grâce à lui que son frère David sera nommé en 1453 receveur du domaine et des aides de Ponthieu. Puis David sera attaché plus directement à la cour ducale, la suivant parfois dans ses déplacements comme en témoignent les colophons de certains manuscrits (La Haye, Bruxelles, Gand...), mais demeurant le plus souvent à Bruges. C'est donc comme « escrivain » qu'il travaille désormais pour Philippe le Bon. Sous ce terme se confondent ses fonctions de simple copiste, de remanieur-auteur et plus souvent d'éditeur de texte. Il est donc fort difficile de faire la part de son travail dans bien des cas.

Parmi les manuscrits qu'il copia, notons sa minute du *Perceforest* en 1459-1460, la seule à conserver la version longue de ce roman ; sa mise au net, en 1461, de la traduction réalisée par son père de la *Vita Christi* ; le manuscrit de 1461 du *Traité sur l'Ave Maria* de Jean Miélot* ; les *Chroniques* de Jean Froissart* dites de Breslau. Et c'est pour avoir participé à leur copie qu'on lui attribue encore le texte du *Renaut de Montauban** (1463-1465), les *Trois fils de rois* ou *Chronique de Naples* (1463), qui narrent les aventures romanesques de Philippe de France, Hector d'Angleterre et Athis d'Écosse, partis délivrer le royaume de Naples des Sarrasins (le prologue est de lui). Même chose pour une œuvre écrite entre 1467 et 1474 que son prologue dit traduite d'un soi-disant original italien : les *Chroniques de Pise* (des origines de la ville à 1406).

Il paraît y avoir plus de certitude sur ses remaniements d'*Olivier de Castille* de Philippe Camus*, de la *Vie de saint Hubert* sans doute traduite par Jean Miélot, de la *Somme le Roi* de frère Laurent*. Enfin sont portées à son compte les *Conquestes et croniques de Charlemaine* (1458), qui utilisent nombre de chansons de geste ; l'*Histoire de Charles Martel et de ses successeurs* (1463-1465) où se trouve inséré, entre autres, l'abrégé du *Girart de Roussillon* de Jean Wauquelin* (après 1447).

Seule une critique des manuscrits, de leur langue et de leur style permettrait peut-être de trancher la question des attributions. À moins qu'on n'en arrive à entendre David Aubert non comme le nom d'un personnage mais comme « l'étiquette » de tout un atelier de copie et d'écriture. Atelier où se créa un type de livre de luxe, de grand format, décoré par les meilleurs artistes du temps comme Loyset Liédet ou Jean Le Tavernier.

ŒUVRES. — *Croniques de Charlemaine*, éd. R. Guiette, Bruxelles, 1940-1951, 3 vol. *(Coll. des Anciens Auteurs Belges)*. — *Histoire de Charles Martel*, éd. partielle dans P. Meyer, *Girart de Roussillon*, Paris, 1884, p. 192-234.

→ G. Doutrepont, *La littérature française à la cour des ducs de Bourgogne*, Paris, 1909 ; *Les mises en prose des épopées et des romans chevaleresques du* XIVe *au* XVIe, Bruxelles, 1939. — M. Pirou, *De quelle version de Renaut de Montauban David Aubert s'est-il inspiré ?*, dans *Mél. R. Guiette*, Anvers, 1961, p. 139-149. — J.M.G. Schobben, *La part du Pseudo-Turpin dans les Croniques et Conquestes de Charlemaine de David Aubert*, La Haye-Paris, 1969 (*Publ. de l'Institut d'études françaises et occitanes de l'Univ. d'Utrecht*, 2). — R. Guiette, *Forme et senefiance...*, Genève, 1978 [recueil de ses articles dont quatre sur les *Croniques de Charlemaine*, p. 135-162, 163-171, 172-180, 181-194]. — P. Cockshaw, *La famille du copiste David Aubert*, dans *Scriptorium*, t. 22 (1968), p. 279-287 ; *À propos de l'origine de la famille Aubert, ibid.*, t. 33 (1979), p. 275. — R. Straub, *Contribution à l'étude de l'activité littéraire de David Aubert. Les mss*, dans *Romanica vulgaria*, t. 10-11 (1986-1987), p. 233-268. — Cf. *GRLMA*, t. VIII/1, p. 209-210. — *MB*, n°s 430, 442 ; *S* 1040, 1614, 6468-6476, 6479, 6707, 6764, 7984. S.L.

David Miffant. Voir : Cicéron.

Débat. Sur ce genre littéraire, voir les notices : *Débat de l'âme et du corps, Débat du clerc et de la damoiselle, Débat du clerc et du chevalier, Bataille de Caresme et de Charnage, Bataille d'Enfer et de Paradis, Bataille des sept arts* d'Henri d'Andeli. Sur le *Débat du denier et de la brebis*, cf. *MB*, n° 2638 ; *Débat de l'hiver et de l'été, ibid.*, n° 2639 ; *Débat du vin et de l'eau, ibid.*, n° 2637 ; *Débat de la Vierge et de la Croix, ibid.* n° 3191.

→ P.-Y. Badel, *Le Débat*, dans *GRLMA* t. VIII/1, p. 95-110.

Débat de l'âme et du corps. La plus ancienne illustration française du thème, qui se situe dans la tradition de la *Visio Philiberti*, est un poème du XIIe siècle rédigé en vers de six syllabes à rimes plates (*Incipit* « Un samedi par nuit... »). Le narrateur a une vision pendant son sommeil. Une âme, semblable à un petit être humain, mais de couleur verte, lui apparaît qui vient se lamenter près de son corps, couvert du suaire. Elle lui reproche les péchés qu'il a commis (l'auteur va jusqu'à parler de plus de cent parjures...), en insistant particulièrement sur les divers aspects de l'avarice (bien mal acquis, dureté envers les pauvres...) Voilà l'exemple détestable que suivront ses enfants. Quant à sa veuve, elle s'est remariée, et ses serviteurs l'oublient. Il fut impie et sera damné. Son âme aussi, par la faute du corps, qui jadis rechercha tous les raffinements et se trouve actuellement dans une situation bien misérable ; elle va brûler en Enfer jusqu'au Jugement dernier, où tous deux seront condamnés. Elle maudit donc le corps. Cependant, celui-ci s'éveille (565), sort la tête du suaire, et accuse à son tour. C'est l'âme, dont les mauvaises intentions ont précédé et causé les actes mauvais, qui a mérité de perdre la vie éternelle. Fait de terre, le corps ne pouvait résister à l'esprit qui le menait. Après un rappel du péché originel et de la Passion rédemptrice, on insiste sur la part plus grande de l'âme, abandonnée à toutes ses convoitises, dans la commune culpabilité. Plût à Dieu que lui, le corps, ne fût qu'un peu de fumier ou d'argile, ou végétal, ou animal : il n'aurait pas à craindre « l'orible jugement » (v. 730). Ah ! si le néant pouvait détruire l'âme et le corps de l'homme... mais c'est parler en vain. Une haute naissance ne servira qu'à rendre plus terrible la perdition. L'âme fut le pilote ; elle a naufragé son vaisseau, et n'a pas à s'en prendre à la coque et aux agrès, métaphore assez frappante pour désigner le corps. Elle était encore un maître de maison, qui a laissé détruire celle-ci par les brigands ; pis que cela, elle a laissé transformer le temple de Dieu, de maison de prière, en caverne de voleurs.

Au reste, cette dispute est inutile et nuisible. Dieu seul sait quel est le plus coupable des deux, et il n'est que les vivants pour pouvoir profiter de la connaissance d'une vérité. Eux deux sont perdus sans remède. Toutefois — et cela n'est pas sans beauté — il ne maudira point celle qu'il aima longtemps pour leur malheur à tous deux. Il ne peut parler plus longtemps, car les sens lui manquent ; d'assis qu'il s'était mis, il s'étend à nouveau dans la bière, en poussant un soupir de mort. L'âme se désole et déplore, non sans hardiesse, la condition pécheresse de l'homme.

Cependant un démon, puis deux, se saisissent d'elle, lui reprochent ses péchés et commencent à la tourmenter. Ses cris de douleur éveillent le visionnaire.

La gaucherie que montre çà et là l'auteur de ce texte est compensée, comme on a vu, par certains bonheurs d'expression. Le mètre court, appliqué à un tel sujet, donne une sorte d'allure haletante qui convient assez bien.

Le thème a été traité à plusieurs reprises au XIIIe siècle (cf. *GRLMA*, t. VI/2 nos 2516-2520, 2528, 2532, 2540, 2548), et jusqu'à la fin du Moyen Âge. Mais les textes des XIVe-XVe siècles sont inédits, à l'exception des débats insérés dans des œuvres beaucoup plus amples, comme le *Pèlerinage de l'âme* de Guillaume de Digulleville* ou, plus tard, la moralité de *L'homme juste et l'homme mondain* de Simon Bourgouin*.

ŒUVRES. — Éd. du poème du XIIe siècle par H. Varnhagen, dans *Erlangen Beiträge zur Englischen Philologie*, t. 1 (1889), p. 113-196 — Versions en vers du XIIIe-XIVe, éd. E. Stengel, dans *ZRPh*, t. 4 (1880), p. 74-80 [*Desputeison de l'ame et du corps* de Nicole Bozon*]. — Ch. de Roche, Bâle, (1908). — M. Liborio, dans *Cultura Neolatina*, t. 33 (1973), p. 105-145.

→ Sur le thème : T. Batiouchkoff, *Le Débat de l'âme et du corps*, dans *Romania*, t. 20 (1891), p. 1-55 et 513-578. — L. Dudley, *The Egyptian Elements in the Legends of the Body and the Soul*, Baltimore, 1911. — Sur les versions latines : R. Willard, *The Address of the Soul to the Body*, dans *PMLA*, t. 50 (1935), p. 957-983. — E.K. Heningham, *An Early Latin Debate of the Body and the Soul*, New York, 1939. — M.A. Bossy, *Medieval Debates of Body and Soul*, dans *Comparative Literature*, t. 28 (1976), p. 144-163. — Indications biblio. sur les versions latines et vernaculaires médiévales en général dans P.J. Houle, *An Unknown Version of the Debate of the Body and Soul*, dans *Aevum*, t. 53 (1979), p. 356-369. — Cf. *MB* nos 3364-3367 ; 7787-7790 ; *S* 5805-5807. F.B.

Débat du clerc et de la damoiselle. Poème du XIVe siècle, écrit par un auteur normand en alexandrins (49 quatrains monorimes), le *Débat du clerc et de la damoiselle* présente de nombreuses rimes riches et la plus complète indifférence à la déclinaison. Il est interrompu au vers 199 dans le manuscrit Paris, BN, nouv. acq. fr. 4531, mais la fin en est connue par une rédaction modernisée que contient le *Jardin de Plaisance** (136 quatrains, suivis d'un lai de onze vers et d'une « conclusion morale » en 12 quatrains et 30 vers).

Pour le poète, on ne peut rien contre l'amour : *Li plus sages en sont souvent plus mal mené*. Un clerc s'efforce de séduire une demoiselle : il n'a pu résister à l'amour dès qu'il l'a vue ; il en mourra si elle n'allège son mal ; d'elle dépend sa vie : *Vous me poueiz garir, se il vous plest, ou occire* ; dans ce dernier cas, il lui pardonnera ; il l'accuse d'être trop belle, d'être *li douz lis et la soueve rose* ; il tremble devant elle : *Si tost com je vous voi, tout le sanc me remue... Le cuer me tremble eu ventre, et la coulour me mue.*

La dame, sans pitié, lui répond durement ; mais la fin proposée par le *Jardin de Plaisance* nous invite à penser que la belle finit par se rendre aux raisons de son soupirant.

ŒUVRES. — *Le Débat du Clerc et de la Damoiselle*, éd. A. Jeanroy, dans *Romania*, t. 43 (1914), p. 1-17. — *Le Jardin de Plaisance et Fleur de Rhétorique*, t. 1, fac-similé, Paris, 1910, f. 132v°-136v° et t. 2, intro par E. Droz et A. Piaget, Paris, 1925, n° 615 *(SATF)*. — Cf. *MB*, n° 4548. J.D.

Débat du Clerc et du Chevalier. Le *Débat du Clerc et du Chevalier*, ou *Jugement d'amour*, dont le thème apparaît dès le XIIe siècle dans deux poèmes latins, l'*Altercatio Phyllidis et Florae* et le *Concile de Remiremont*, développe un point bien connu de casuistique courtoise : faut-il, en amour, donner la préférence au clerc ou au chevalier ? Ce sujet a inspiré plusieurs remaniements en langue vulgaire.

La plus ancienne et la plus gracieuse de ces adaptations est le poème de *Florence et Blancheflor* (430 vers) qui date de la fin du XIIe ou du début du XIIIe siècle, et est conservé dans cinq manuscrits. Deux jeunes filles, l'une éprise d'un clerc, l'autre d'un chevalier, s'efforcent de prouver la supériorité de leurs amis respectifs. N'ayant pu se convaincre l'une l'autre, elles portent leur différend devant la cour du dieu d'Amour. Divers oiseaux prennent alternativement la défense du clerc et du chevalier. Tout se termine par un duel judiciaire entre le rossignol, champion du clerc, et le perroquet, champion du chevalier. Le perroquet doit s'avouer vaincu et reconnaître *que clerc sont vaillant et courtois / Et que toz biens en aus abonde.*

Une version remaniée de *Florence et Blancheflor* est conservée dans le ms. Paris, BN, fr. 795. Un autre remaniement s'intitule *Hueline et Aiglentine* : il est conservé sous la forme d'un fragment de 330 vers. S'ils s'inspirent de sources différentes, le *Jugement d'Amour* et *Hueline* se sont vraisemblablement connus.

Deux autres fragments, en vers anglo-normands, portent respectivement les titres de *Blancheflour e Florence* (qui présente l'originalité de donner, à la fin du débat, l'avantage au chevalier) et *Melior et Ydoine* (composé en Angleterre et conservé dans un seul ms. : Cambridge, Univ. Libr., Gg. I.I) : ils datent du XIIIe siècle.

Le manuscrit de Florence, Bibl. Med. Laurenziana, Ashburnham-Libri 123 contient une version franco-italienne, en vers, sans doute l'œuvre d'un Italien du Nord qui comprenait la langue d'oc.

ŒUVRES. — A. Hilka et O. Schumann, *De Phyllide et Flora*, dans *Bibliothek des literarischen Vereins in Stuttgart*, t. 16 (1847), p. 155-165 [édition]. — P. Meyer, *Notice du ms. 25970 de la Bibl. Phillipps (Cheltenham)*, dans *Romania*, t. 37 (1908), p. 221-234 [éd. de *Blancheflour e Florence*] ; *Melior et Ydoine, ibid.*, t. 37 (1908), p. 236-244 [édition]. — C. Oulmont, *Les débats du Clerc et du Chevalier dans la littérature poétique du Moyen Âge*, Paris, 1911 [éd. des deux versions du *Jugement d'Amour*, et de *Hueline et Aiglentine*]. — E. Faral, *Recherches sur les sources latines des contes et romans courtois*, Paris, 1913, p. 191-303 [éd. du *Jugement d'Amour* et du remaniement franco-italien]. — H. Omont, *Fabliaux, dits et contes en vers français du XIIIe siècle, fac-similé du ms. français 837 de la BN*, Paris, 1932, p. 75-79 [fac-similé du ms. B du *Jugement d'Amour*]. — E. Faral, *Le ms. 19152 du fonds français de la BN*, Paris, 1934 [fac-similé du ms. A du *Jugement d'Amour*]. — *Le « Jugement d'Amour » ou « Florence et Blancheflor » ; première version française des Débats du Clerc et du Chevalier*, éd. M. Delbouille, Paris, 1936.
→ G. Tavani, *Il dibattito sul chierico e il cavaliere nella tradizione mediolatina e volgare*, dans *Romanistisches Jahrbuch*, t. 15 (1964), p. 51-84. — D. Ruhe, *Le Dieu d'Amours avec son Paradis. Untersuchungen zur Mythenbildung um Amor in Spätantike und Mittelalter*, Munich, 1974, p. 74-84 (*Beiträge zur romanischen Philologie des Mittelalters*, 6). — Cf. *GRLMA*, t. VI/1, p. 109-110 ; t. VI/2, n° 3172. — *MB*, n°s 2798-2800 ; *S* 5072. R.B. et F.F.H.

Débat sur le Roman de la Rose. Voir : *Roman de la Rose (Débat sur le).*

Defensor de Ligugé. C'est sous le contrôle de son abbé Ursinus qu'un moine de l'abbaye bénédictine de Saint-Martin de Ligugé (Vienne), avant 700, composa un recueil de citations de l'Écriture sainte et des Pères de l'Église sur des sujets de morale. L'auteur prend surtout ses sources, qu'il cite, dans la Bible, principalement dans le livre des *Proverbes* et celui de l'*Ecclésiastique*, et chez les Pères de l'Église grecs et latins. Le plus cité, de loin, est Isidore de Séville*, derrière lequel viennent Grégoire, Augustin, Jérôme et quelques autres. Sous le nom de *Livre des étincelles*, cet ouvrage connut une très grande diffusion (plus de 350 mss repérés aujourd'hui, et une vingtaine d'éditions, dont 16 au cours du seul XVIe siècle). Une traduction en prose occitane est conservée dans un manuscrit du XIVe siècle (Brunel, n° 155).

ŒUVRES. — H.M. Rochais, Defensor de Ligugé, *Livre d'étincelles*, 2 vol., Paris, 1961, 1962 (*Sources chrétiennes*, 77, 86) [éd. et trad. française]. — A. Wahl, *Die altprovenzalische Übersetzungen des Liber scintillarum* [éd.], Munich, 1980.

→ *HLF*, t. 3, p. 654-655. — DS, t. 3, 1954, col. 88-90. — *DHGE*, t. 14, 1960, col. 160. — H.M. Rochais, *Le « Liber scintillarum » attribué à Defensor de Ligugé*, dans *Revue Bénédictine*, t. 58 (1948), p. 77-83 ; *Contribution à l'histoire des florilèges antiques du haut Moyen Âge latin : le « Liber scintillarum »*, *ibid.*, t. 63 (1953), p. 246-291 ; *Apostilles à l'édition du Liber scintillarum de Defensor de Ligugé*, dans *Revue Mabillon*, t. 60 (1983), p. 267-293. — L. Borghi Cedrini, *Appunti per la localizzazione linguistica di un testo letterario medievale : la cosidetta « Traduzione di Beda » in lingua d'oc*, Turin, 1978. — H. Stimm, *Altprovenzalische Hapaxlegomena aus der Übersetzung des « Liber scintillarum »*, dans *Mél. K. Baldinger*, Tübingen, 1979, t. 2, p. 777-801. — B. Lofstedt, *Zu den Quellen von Defensors Scintillarum liber*, dans *Eranos*, t. 86 (1988), p. 174 sqq. M.H.P.

Demoiselle a la mule. On ne sait absolument rien de l'auteur Païen de Maisières qui se nomme au début de la *Demoiselle a la mule* (ou *Mule sans frein*), sinon qu'il pourrait être originaire du sud de la Champagne comme en attestent son nom et la langue du texte. Celui-ci, court roman de 1 136 vers octosyllabiques du début du XIIIe siècle, conte un exploit de Gauvain. Une demoiselle arrive à la cour d'Arthur, sur une mule sans frein : si un chevalier de la cour consentait à lui rapporter cet objet qu'on lui a ravi, elle retrouverait sa joie. Keu se propose, part, revient bientôt : les premières épreuves ont eu raison de son courage. Gauvain accepte alors l'aventure et, au prix de prouesses dans le plus pur style arthurien (château « tournoiant », combat contre deux lions, contre deux dragons, etc.), rapporte en effet le frein que gardait dans son château la sœur de la demoiselle.

Païen condense son récit jusqu'à l'obscurité : on ne sait pas pourquoi la demoiselle tient tellement au frein perdu. Le récit s'éclaire par un épisode de *Diu Krône* d'Henrich von dem Türlin, qui a vraisemblablement utilisé la même source que l'auteur français : l'une des deux sœurs, à la mort de leur père, s'est emparé du frein qui doit assurer la possession du patrimoine. Le thème essentiel serait celui de la sœur déshéritée.

ŒUVRE. — Éd. R.C. Johnston et D.D.R. Owen, *Two Old French Gauvain Romances*. I : *Le Chevalier à l'épée and La Mule sans frein*, Edimbourg-Londres, 1972. — Trad. R. Wolf-Bonvin, *La Demoiselle a la Mule*, dans *La légende arthurienne. Le Graal et la Table Ronde*, Paris, 1989 (*Bouquins*), p. 585-604.

→ L.L. Boll, *Relation of Diu Krône of Heinrich von dem Türlin to La Mule sanz Frain*, Washington, 1929. — S. Cigada, *Il tema arturiano del « Château tournant », Chaucer e Christine de Pisan*, dans *Studi medievali*, t. 2 (1961), p. 576-606. — K. Busby, *Gauvain in Old French Literature*, Amsterdam, 1980 (*Degré second*, 2), notamment p. 257-263. — L. Jilling, *The Rival Sisters Dispute in Diu Crône and its French Antecedents*, dans *Mél. L. Thorpe*, Glasgow, 1981, p. 248-259. — N.J. Lacy, *Chivalry in Le Chevalier à l'épée and La Mule sans frein*, dans *Vox Romanica*, t. 45 (1986), p. 150-156. — H.-F. Williams, *The Authorship of two Arthurian Romances*, dans *The French Review*, t. 61 (1987-1988), p. 163-169. — Cf. *GRLMA*, t. IV/2, n° 368 ; IV/1, p. 377, 381. — *MB*, nos 2108-2112 ; *S* 4163-4166, 4205, 4206.

A.M. et C.R.

Denis Foulechat. Étudiant en théologie à l'Université de Paris et frère mineur, Denis Foulechat fut accusé en 1364 de tenir des positions non orthodoxes dans son commentaire des *Sentences*. Ces positions sur l'amour et la pauvreté du Christ rejoignaient en effet celles des Fraticelles, condamnés dès 1317 par Jean XXII. Après d'assez longs démêlés, Foulechat n'accepte de se rétracter qu'en 1365. Mais en 1368-1369, il retombe dans ses erreurs et cette fois, c'est à Paris qu'il doit publiquement renier ses propositions, en avril 1369. On le rencontre par la suite comme traducteur de Charles V et il réside alors ailleurs qu'à Paris. En 1372, il achève ainsi la traduction française du *Policraticus*, œuvre capitale de Jean de Salisbury*. Denis signe sa traduction par un acrostiche au début de l'*Entheticus*, acrostiche dont il signale l'existence à la fin du *Policraticus* en des vers où il rappelle sa condamnation passée : *Le translateur pas ne se nomme / Car n'est pas amé de tout homme.* Peu diffusé (trois manuscrits), ce travail témoigne cependant de la faveur, au XIVe siècle, des grands auteurs du XIIe et des progrès de la langue française dans le domaine de la réflexion philosophique et de l'érudition.

ŒUVRE. — Éd. partielle, C. Brucker,

Tyrans, princes et prêtres, dans *Le Moyen Français*, t. 21 (1987) [Livres IV et VIII]. Notons pour mémoire que C. Brucker a préparé l'éd. des livres I-III pour sa thèse inéd. (Nancy, 1969).

→ L. Delisle, *Recherches sur la librairie de Charles V*, t. I, Paris, 1907, p. 85-88. — C. Brucker, *Les néologismes de Denis Foulechat* (...) *d'après les trois premiers livres du Policraticus*, dans *RLingR*, t. 33 (1960), p. 317-324 ; *Quelques aspects du style de Denis Foulechat* (...), dans *ZFSL*, t. 80 (1970), p. 97-106 ; *Le Policraticus : un fragment de manuscrit dans le ms. fr. 24 287*, dans *BHR*, t. 34 (1972), p. 269-273 ; *Aspects linguistiques de l'humanisme aux* XIVe *et* XVe *s. : les constructions infinitives (...)*, dans *Verbum*, t. 1 (1978), p. 23-51 ; *L'adverbe si, ses coordonnées et ses fonctions textuelles dans un manuscrit de moyen français : permanence ou évolution ?*, dans *Mél. H. Naïs*, Nancy, 1986, p. 21-34. — Cf. *MB* n°s 5956 ; *S* 8526-8527. S.L.

Denis le Grand. Voir : Gace de la Buigne.

Denis Piramus. Ce clerc anglais, qui dépendait sans doute de l'abbaye de Bury-Saint-Edmond, est un ancien poète lyrique repenti de la cour d'Henri II et d'Aliénor d'Aquitaine*. C'est en tout cas ainsi qu'il se présente dans le seul texte de lui qui nous soit conservé, la *Vie de saint Edmond le roi*. En 4 000 octosyllables assez irréguliers, il raconte la vie d'Edmond, Saxon de naissance, né à Nuremberg en 841, roi d'Est-Anglie de 855 à 870. Il conte comment Edmond fut choisi par le roi Offe, qui n'avait pas d'héritier, pour lui succéder ; comment il fut torturé et tué en 870 par des troupes vikings, pour avoir refusé d'abjurer sa foi. Et comment, quelques années plus tard, ses reliques furent transférées à Bury-Saint-Edmond. La réalité historique semble pourtant bien différente du récit de Denis Piramus : Edmond aurait été le neveu du roi Athelstan, qui l'aurait adopté et auquel il a succédé. Et s'il est bien mort dans une guerre contre des Vikings païens, il semble que ce soit tout simplement en combattant.

Denis Piramus partage son récit en deux parties distinctes, précédées d'un prologue : origines du héros, vie et martyre ; miracles posthumes accomplis au bénéfice d'individus ou pour le salut de la patrie. Il utilise des sources variées, avec une compréhension qui témoigne d'une bonne connaissance du latin. Ses sources principales sont : pour les événements historiques antérieurs à saint Edmond, l'*Historia regum Britanniae* de Geoffroi de Monmouth* ; pour l'enfance du saint, le *De Infantia sancti Edmundi* de Godefroid de Fontaines* ; pour le récit hagiographique proprement dit, la *Passio sancti Eadmundi* d'Abbon de Fleury* (fin XIe) ; pour les miracles enfin, le *Liber de miraculis Eadmundi* par Hermann, probablement archidiacre de l'évêque de Thetford, Arfast, et plus tard moine à Bury-Saint-Edmond (fin XIIe).

ŒUVRE. — *La vie seint Edmund le rei*, éd. H. Kjellman, Göteborg, 1935 [éd. d'après le seul ms. alors connu, incomplet de la fin ; un 2e ms., qui prolonge le texte de 900 vers environ, a été découvert depuis].

→ G. Loomis, *The Growth of the saint Edmund legend*, dans *Harvard Studies and Notes*, t. 14 (1932), p. 83-115. — M.D. Legge, *Anglo-Norman Literature in the Cloisters*, Edimbourg, 1950, p. 6-9 ; *Anglo-Norman Literature and its Background*, Oxford, 1963, p. 81-85. — W. Rothwell, *The Life and Miracles of St Edmond : a Recently Discovered Manuscript* dans *Bul. of the John Rylands University Library of Manchester*, t. 60 (1977), p. 135-180. — Cf. *MB* n°s 3243-3246 ; *S* 5731, 5773. A.F.L.L.

Denys l'Aréopagite. En 827, l'empereur de Byzance, Michel le Bègue, envoie à Louis le Pieux un exemplaire grec des écrits de Denys l'Aréopagite, conservé aujourd'hui à la Bibliothèque Nationale sous le n° 437. Traduit et retraduit en latin par Hilduin* (835), Jean Scot Érigène* (860-862), Jean Sarrazin (vers 1167), Robert Grosseteste* (vers 1235), Ambroise Traversari (1436), Marsile Ficin (1492), J. Périon (1536), G. Tillmann (1546), B. Millanius (1554), P. Lanssell (1615), C. Hersent (1626), P. Halloix (1633), B. Cordier (1634), F. Combéfis (1662), J. Spert (1664), le texte des *Areopagitica* devait peser d'un grand poids sur le développement de la théologie et de la spiritualité du Moyen Âge occidental, de la Renaissance et même des temps modernes.

L'autorité de ces écrits fut considérablement renforcée par la légende attachée au nom de leur auteur, qui se donne lui-même pour le converti de saint Paul lors de sa prédication devant l'Aréopage, et dont Hilduin, son hagiographe et traducteur, fait successivement le premier évêque d'Athènes et le premier évêque de Paris. Malgré les quelques doutes émis de temps à autre sur une aussi belle légende, c'est seulement vers la fin du XIXe siècle qu'elle fut définitivement éliminée. Les conditions d'apparition et d'utilisation des *Areopagi-*

tica, les influences philosophiques qui s'y révèlent, leur contenu dogmatique et liturgique interdisent, en effet, d'en faire remonter l'origine au-delà de la fin du Vᵉ siècle ou du début du VIᵉ. Mais le problème de leur auteur n'a pas encore été résolu : aucun des nombreux personnages proposés jusqu'à ce jour par les critiques et les historiens ne correspond de manière totale et absolument évidente à la personnalité religieuse que révèlent (ou dissimulent) les écrits aréopagitiques.

De ces écrits, nous connaissons dix *Lettres* et quatre traités : *Noms divins, Théologie mystique, Hiérarchie céleste, Hiérarchie ecclésiastique*. Les deux premiers traités ont pour objet la connaissance de Dieu, par quoi s'opère la divinisation des intelligences. Retenant à la fois les *noms* bibliques et philosophiques de la divinité, ils montrent en quel sens ces noms s'appliquent à Dieu et le manifestent (théologie affirmative), en quel sens ils lui sont inadéquats et doivent être niés de lui (théologie négative et éminente). Les deux *Hiérarchies* présentent la structure et les lois triadiques qui régissent l'univers angélique, d'une part, l'univers humain, d'autre part. Mais, comme l'indique le terme même de *hiérarchie*, cette double présentation concerne strictement les intelligences, pures ou incarnées, vouées à la divinisation ou en voie de divinisation. Elle exclut : les anges déchus ; toutes les attitudes humaines qui, d'une manière ou d'une autre, rejettent la révélation avec ses exigences dogmatiques, spirituelles et hiérarchiques ; enfin, toute espèce de connaissance profane, étrangère à l'œuvre « anagogique » et divinisatrice de la hiérarchie.

Cette vision de l'univers spirituel, de ses fonctions et de ses lois devait marquer, à des degrés et sur des points divers, les plus grands noms de la théologie et de la spiritualité occidentales. Avant que l'œuvre dionysienne fût traduite en latin, l'Aréopagite était déjà cité comme l'une des premières « autorités » : Grégoire le Grand* (593) et Hadrien Iᵉʳ (789) s'inspirent de *Hiérarchie céleste* pour décrire l'ordonnance des anges et leurs activités ; le synode du Latran (649), le pape Agathon (680), Bède le Vénérable* (710-720) citent les *Noms divins*. Mais les premières traductions latines rendirent possible une utilisation beaucoup plus large des données du *corpus* pseudo-dionysien.

Reprenant la traduction assez gauche d'Hilduin, Jean Scot Érigène* l'améliora sur bien des points. Ce progrès est dû sans doute à une meilleure connaissance du grec, mais, plus encore, à la très grande affinité de la pensée érigénienne avec les thèmes majeurs du dionysisme que Scot sut admirablement exploiter et, souvent, infléchir ou préciser dans son propre sens. Ses *Expositiones super ierarchiam* (sic) *caelestem* marquent un véritable approfondissement du traité dionysien. La notion de symbole ; sa division en symbolisme ressemblant et en symbolisme dissemblable ; l'exploitation systématique du symbolisme dissemblable ou « tératologique » dans le sens de la théologie négative ; la conception de l'univers hiérarchique (angélique et humain) comme une immense « théophanie » que doit « remonter » et « réduire » la démarche négative de l'intelligence ; l'élaboration du concept de « nature » ; la doctrine des « idées » ; la supériorité de la théologie négative sur la théologie affirmative : tous ces thèmes essentiels de l'érigénisme sont dégagés du célèbre traité dionysien qui reste, sur bien des points, beaucoup moins explicite et rigoureux que le commentaire érigénien. On sait en outre que l'œuvre capitale de Jean Scot, le *De divisione naturae*, puise très largement dans le *corpus* dionysien, dont il cite et reprend maints passages dans le même esprit et selon le même sens que les *Expositiones super ierarchiam caelestem*. L'érigénisme apparaît ainsi comme le moment le plus décisif de l'histoire de la pensée dionysienne jusqu'au XIIIᵉ siècle.

Près de trois siècles plus tard (avant 1140), Hugues de Saint-Victor* suivra d'assez près la traduction et le commentaire de Jean Scot dans son *In Hierarchiam caelestem sancti Dionysii*. Hugues, toutefois, reste plus proche qu'Érigène de la lettre du texte dionysien. Il en souligne plus vigoureusement les sources et l'inspiration néotestamentaires. À ses yeux, la doctrine des « théophanies » et du « pansymbolisme » ne doit pas dissoudre un certain « réalisme », le « réalisme eucharistique » notamment, qu'il s'évertue à dégager de la pensée dyonisienne. D'une manière générale, Hugues atténue plutôt l'aspect de stricte rigueur « intelligible » et « gnoséologique » du système dionysien (qu'Érigène, au contraire, avait privilégié), pour lui faire supporter une plus forte dose d'« affectivité » et d'« expérience » religieuses, voire mystiques. En quoi Hugues lisait, lui aussi, l'œuvre du Pseudo-Denys à travers une pensée, des schèmes et une mystique qui lui sont en partie étrangers : une pensée très préoccupée de la lettre de l'Écriture, des schèmes d'inspiration surtout augustinienne, et une mystique où le cœur doit aller plus loin que l'intelligence.

L'histoire du dionysisme appelle constamment des remarques semblables. À tous les théologiens, à tous les mystiques médiévaux qui la rencontrent et s'en inspirent, cette doctrine « vénérable » et « divine » apparaît comme *normative*, en raison de son origine quasi apostolique ; mais elle leur semble également assez souple, dans sa lettre et ses articulations, pour étayer, sans trop de heurts, chacun de leurs systèmes particuliers. Par là s'expliquent les présentations, utilisations ou commentaires souvent très différents auxquels ont donné lieu l'ensemble du système dionysien ou tels de ses éléments. Jean Sarrasin, Thomas Gallus*, Robert Grosseteste*, Albert le Grand*, Thomas d'Aquin*, Jean Gerson*, Denys le Chartreux et bien d'autres ont interprété ou exploité dans cet esprit les diverses parties du *corpus* aréopagitique. Dans l'œuvre de Thomas d'Aquin, en particulier, il apparaît que les très nombreuses citations de Denys sont aussi souvent l'« occasion », voire le simple « prétexte » d'une option théologique particulière, que la « cause » véritable ou la « raison » proprement déterminante de cette opinion. Comme toutes les *auctoritates*, les références dionysiennes seront souvent alléguées à titre de simple illustration, sans qu'on s'interroge toujours sur leur signification véritable, parfois même à l'encontre de cette signification.

Bien que repoussés comme apocryphes par quelques humanistes — Érasme fut de leur nombre —, les écrits aréopagitiques apparurent à beaucoup d'autres comme chargés d'une valeur et d'une signification exceptionnelles. Pic de la Mirandole, Marsile Ficin, Girolamo Donato, Lefèvre d'Étaples s'en firent, chacun à sa manière, les ardents défenseurs. Ils y trouvaient, réunis, les meilleures leçons du « platonisme » et le plus pur enseignement de l'Évangile, à l'exclusion des complications plus ou moins arbitraires et barbares que des institutions tardives et les scolastiques récentes avaient abusivement imposées.

Les réformateurs furent unanimes à rejeter le *corpus* dionysien, dont les catholiques, dans leur ensemble, défendirent l'authenticité jusque vers la fin du XIXe siècle. Il n'entre pas dans notre propos de retracer ici l'histoire des controverses que suscitèrent ces prises de position contradictoires. Signalons seulement que les théologiens catholiques de l'époque moderne ne cherchent plus guère, directement du moins, leur inspiration dans les écrits dionysiens. En revanche, spirituels et mystiques se réclament toujours de l'autorité de Denys, dont ils retiennent bien des thèmes. Après avoir inspiré Maître Eckhart, Tauler, Ruysbroeck, Jean Gerson*, Denys le Chartreux, Harphius, la doctrine du Pseudo-Denys exerce une influence variable, insuffisamment précisée encore, mais certaine, sur les « spirituels » espagnols du XVIe siècle, saint Jean de la Croix notamment ; sur l'école carmélitaine des XVIIe et XVIIIe siècles ; sur le capucin Benoît de Canfield († 1610) et ses disciples ; sur Bérulle, J.-P. Camus, M. Sandaeus, J.-J. Olier, Marie de l'Incarnation, B. Planès, L. Esquerra, M. Godinez, L. Lessius, L. Chardon, Fénelon et Mme Guyon. Pour chacune de ces influences, on devra préciser, comme pour les théologiens médiévaux qui se sont inspirés de Denys, dans quelle mesure l'Aréopagite a été profondément compris et doctrinalement assimilé, et, plus souvent sans doute, dans quelle mesure ses thèmes, ses schèmes et son vocabulaire ont seulement servi d'occasion, de prétexte, de référence avantageuse ou d'illustration de bon aloi.

ŒUVRES. — On trouvera le texte grec des *Areopagitica* dans la *Patrologie grecque* de Migne, t. 3 : ce tome comporte, en outre, la version latine de B. Cordier et plusieurs paraphrases ou commentaires des traités et des lettres de Denys. — Pour le traité de *Hiérarchie céleste*, Denys l'Aréopagite, *La hiérarchie céleste*, introd. R. Roques, étude et texte critiques G. Heil, trad. et notes M. de Gandillac, Paris, 1958 (*Sources chrétiennes*, 58). — Ensemble des traductions latines du *corpus* dionysien dans Ph. Chevalier, *Dionysiaca*, 2 vol., Paris, 1937 et 1950. — Trad. française de M.

de Gandillac, Paris, 1943. — E. Bellini, P. Scazzoso, *Dionigi Areopagita. Tutte le opere*, Milan, 1981 [éd. et trad. en italien]. — U. Gamba, *Dionigi Areopagita, Il Dio nascosto*, Padoue, 1983 [trad. d'extraits des œuvres]. — C. Luibheid, *Pseudo-Dionysius, The Complete Works*, Londres, 1987 *(Classic of Western Spirituality)* [éd. et trad. en anglais].

→ E. Stéphanou, *Tableau bibliogr. des études dionysiennes parues depuis la guerre* (1918-1932), dans *Échos d'orient*, t. 31, (1932), p. 466-468. — B. Altaner, *Patrologie*, 3e éd., Fribourg-en-Brisgau, 1951, p. 453-457. — R. Roques, *L'Univers dionysien : structure hiérarchique du monde selon le Pseudo-Denys*, dans *Théologie*, t. 29, Paris, 1954, p. 7-28. — J.-M. Hornus, *Les recherches récentes sur le ps.-Denys l'Ar.*, dans *Revue d'histoire et de philosophie religieuse*, t. 35, 1955, p. 404-448. *Les recherches dionysiennes de* 1955 à 1960, *ibid.*, t. 41, 1961, p. 22-81. — Sur la doctrine de Denys proprement dite : R. Roques, *L'Univers dionysien*, Paris, 1954 ; *Structures théologiques de la gnose à Richard de Saint-Victor*, dans *BEHE*, t. 72, Paris, 1962, p. 63-240. — W. Wölker, *Kontemplation und Ekstase bei Pseudo-Dionysius Areopagita*, Wiesbaden, 1958. — J. Vanneste, *Le mystère de Dieu. Essai sur la structure rationnelle de la doctrine mystique du Pseudo-Denys l'Aréopagite*, dans *Museum Lessianum, section philosophique*, 45, Louvain, 1959. — J.G. Bougerol, *Saint Bonaventure et le pseudo-Denys l'Aréopagite*, dans *Études franciscaines*, t. 18 (1968), p. 33-123. — A. Krauss, *Die « Translatio sancti Dionysii Areopagitae » von St Emmeran in Regensburg*, Munich, 1972. — B. Faes de Mottoni, *Il « Corpus Dionysianum » nel Medioevo. Rassegna di studi*, 1900-1972, Bologne, 1977. — H.U. von Balthasar, *Stili ecclesiastici. Ireneo, Agostino, Dionisi, Anselmo, Bonaventura*, Milan, 1978 [trad. en italien]. — E. Jeauneau, *Pseudo-Dionysius, Gregory of Nyssa and Maximus the Confessor in the Works of John Scottus Eriugena*, dans *Mél. A.W. Mellon*, Washington, 1983, p. 137-144. — P. Rorem, *Biblical and Liturgical Symbols Within the Pseudo-Dionysian Synthesis*, Toronto, 1984 (*Studies anx Texts*, 71). — Sur les destinées et les utilisations de la doctrine dionysienne en Occident, on verra surtout l'art. *Denys l'Ar. (le pseudo-). V. Influence en Occident*, dans *DS*, t. 3, 1954, col. 318-329 (art. collectif) ; et l'art. *Denys le pseudo-Aréopagite*, IV. *Le Ps.-D. l'Ar. en Occident au M.A., et V. Le Ps.-D. l'Ar. en Occident à l'époque moderne*, dans *DHGE*, t. 4, 1957, col. 290-296 (par M. Cappuyns) et col. 296-310 (par R. Aubert). R.Ro.

Descort. Ce genre littéraire paraît avoir été créé pour répondre à la *dansa* de « la femme mal mariée ». Pour marquer sa tristesse ou sa colère de voir non partagés ses sentiments amoureux, le troubadour compose une poésie lyrique où tout est désordonné, aussi bien la lettre que la mélodie. Chaque strophe a une formule métrique et une mélodie propres, tandis que dans la *canso* toutes les strophes sont composées sur le même schéma métrique et mélodique. C'est l'« anti-*canso* », à rapprocher du *lai* en ancien français.

Il reste une vingtaine de *descorts*, chez les troubadours classiques. Raimbaut de Vaqueiras* en composa un (PC 392,4) où chaque strophe est dans une langue différente : provençal, italien, français, gascon, galicien-portugais. Dans la *tornada**, on trouve les cinq langues en cinq groupes de deux vers : curiosité sans égale.

→ J. Maillard, *Problèmes musicaux et littéraires du Descort*, dans *Mél. I. Frank*, Sarrebruck, 1957, p. 388-409. — J.M. D'Heur, *Des descorts occitans et des descordos galiciens-portugais* dans *ZRPh*, t. 84 (1968), p. 323-339 [influence des premiers sur les seconds]. — R. Baum, *Le descort ou l'anti-chanson* dans *Mél. J. Boutière*, Liège, 1971, t. 1, p. 75-98. — E. Köhler, *Deliberation on a Theory of the Genre of Old Provençal Descort*, dans *Mél. T.G. Bergin*, New Haven et Londres, 1976, p. 1-13 ; *GRLMA*, t. II/1, fasc. 4, p. 1-8. — J. Maillard, « *Descort, que me veux-tu ?...* », dans *CCM*, t. 25 (1982), p. 219-223 [analyse mélodique du descort d'Aimeric de Peguilhan*, PC 10, 45]. — J.H. Marshall, *The Isostrophic Descort in the Poetry of the Troubadours*, dans *Romance Philology*, t. 35 (1981-82), p. 130-157 ; *Un prétendu descort fragmentaire et ses congénères*, dans *Romania*, t. 105 (1984), p. 341-351. — D. Billy, « *Lai et Descort* » : *la théorie des genres comme volonté et comme représentation*, dans *Actes du 1er congrès international de l'AIEO*, Londres, 1987, p. 95-117. J.S. et G.B.L.

Destrées. Chartreux de la région d'Amiens, Destrées, qui appartenait peut-être à la famille d'Estrées, est l'auteur de poèmes hagiographiques fortement teintés de picard. C'est un disciple de Jean Molinet* et un ami de Jean Lemaire de Belges*. Il a composé trois vies de saintes, qui nous sont connues par un unique ms. Celle de sainte Catherine, achevée en 1505, est la plus longue (presque 2 000 vers) ; elle suit de près la *Légende dorée**. Celle de sainte Wenefrede, vierge et martyre galloise du VIIe siècle, est plus courte (moins de 800 vers) ; elle dilue un texte latin écrit vers 1140 par Robert, prieur du monastère de Shrewsbury. Enfin, celle de sainte Marguerite (668 vers), dédiée à Marguerite d'Autriche et composée entre 1505 et 1504, copie, elle aussi, la *Légende* *dorée*. S'y ajoute un *Contreblason des fausses amours* (1512), dédié à Charles de Croÿ, prince de Chimay († 1532), qui ne fait que doubler (et non pas réfuter) le *Blason des fausses amours* de Guillaume Alecis*. Long de près de 1 700 vers, le poème, qui se présente sous la forme d'un dialogue entre une religieuse et une courtisane, est précédé de cinq strophes et d'un rondeau en l'honneur de la France et du roi. On attribue au même Destrées, sans grande vraisemblance, un jeu à sept personnages, joué à Amiens pour Noël 1472, intitulé *Jeu de Va partout, Ne te bouge, Tout le monde et Bon temps*. Son style latinisant abuse des redoublements synonymiques, des rimes équivoquées ou enchaînées, des acrostiches.

ŒUVRES. — Éd. dans G. Lecocq, *Histoire du théâtre en Picardie*, Rouen, 1880, p. 207 [*Jeu de Va partout*]. — Éd. H. Petersen-Dyggve *Destrées, frère chartreux et poète du temps de Marguerite d'Autriche*, Helsinki, 1927 (*Societas scientiarum fennicae. Commentationes humanarum litterarum*, 1, 8), réimp. *Destrées. Œuvres poétiques*, Montréal, 1989 (*Inedita et rara*, 4) [éd. les trois vies de saintes]. — Le *Contreblason des faulces amours* a été éd. par A. Piaget et E. Picot, au t. 1 des *Œuvres poétiques de Guillaume Alexis*, Paris, 1896, p. 261-347 *(SATF)*.

→ E. Picot, *Note sur l'auteur du Contreblason des faulces amours*, dans *Romania*, t. 19 (1890), p. 112-117. — P. Meyer, *Légendes hagiographiques en français*, dans *HLF*, t. 33 (1906), p. 328-458 [notamment p. 343]. — Cf. *MB* n°s 3406, 3429, 3448. G.H.

Destruction de Rome. Cette chanson de geste assez brève (1 500 alexandrins), écrite en picard, date de la fin du XIIe ou de la première moitié du XIIIe siècle. Elle est conservée dans deux manuscrits.

L'explicit donne le nom de deux jongleurs : Gautier de Douai et Louis le Roi. Ils se disent les remanieurs d'une chanson longtemps oubliée. On ne sait rien d'eux. Bien qu'ils vantent l'excellence de leur composition, les qualités littéraires du texte sont médiocres. En revanche l'intérêt des événements racontés est grand : la prise et le saccage de Rome, ainsi que le pillage du trésor de reliques de la papauté ; Gui de Bourgogne conduit l'avant-garde de l'armée de Charlemagne contre les pillards. L'auteur (ou les auteurs) souligne(nt) l'importance des reliques de la Passion. Ce sont elles qui seront l'objet principal de la chanson de *Fierabras**, dont la *Destruction de Rome* n'est qu'une sorte d'introduction. On rattache ce récit à un événement historique, la prise de Rome en 846 par des Sarrasins qui dévastent Saint-Pierre et enlèvent l'autel de l'apôtre et les reliques, puis sont poursuivis par Gui de Spolète. La *Destruction de Rome* brode abondamment à partir de ces faits réels.

ŒUVRE. — *La Destruction de Rome, première branche de la chanson de Fierabras*, éd. G. Gröber, dans *Romania*, t. 2 (1873), p. 1-48. — Éd. L. Formisano, Florence, 1981. — *La Destruction de Rome*, éd. J.H. Speich, Berne, 1988 (*Publications Universitaires européennes. Langue et littérature françaises*, XIII, 135) [étudie aussi les rapports avec *Fierabras*].

→ L. Brandin, *La destruction de Rome et Fierabras*, dans *Romania*, t. 64 (1938), p. 18-100. — K. von Ettmayer, *Zur « Destruction de Rome »*, dans *ZRPh*, t. 38 (1914-1917), p. 663-675. — J. Bédier, *les légendes épiques*, Paris, t. 2, 1917, p. 256-265. - A. de Mandach, *Naissance et développement de la chanson de geste en Europe. V. La Geste de Fierabras*, Genève, 1987 (*Publ. romanes et fr.*, 177). — Cf. *GRLMA*, t. III/1, p. 24-25 ; t. III/2, n° 273. — *MB* n°s 339-344. A.F.L.L.

Deux Bourdeurs ribauds. Dans ce fabliau, chacun des deux personnages se flatte de posséder tous les talents. La dispute porte principalement sur le mérite de chacun comme jongleur. Il existe trois versions en octosyllabes à rimes plates de ce texte ; toutes datent de la seconde moitié du XIIIe siècle et ont été écrites en Champagne ou dans l'ouest de l'Île-de-France. La première (176 vers) est également dite *Gengle* ou *Ebaudissement au lecheor* ; la seconde (182 vers), *Contregengle* ; la troisième (164 vers), *Réponse de l'un des deux ribauds*.

ŒUVRES. — Éd. A. de Montaiglon et G. Raynaud, dans *Recueil général des fabliaux*, Paris, t. 1, 1872, p. 1-12 [première version] ; t. 2, 1877, p. 257-263 [deuxième version].

→ V. Le Clerc, *Fabliaux*, dans *HLF*, t. 23, 1856, p. 69-215 [notamment p. 95-97]. — F. Pirot, *Recherches sur les connaissances littéraires des troubadours occitans et catalans des XIIe et XIIIe siècles*, Barcelone, 1972. A.F.L.L.

Dhuoda. D'origine aristocratique, Dhuoda épousa le 29 juin 824 à Aix-la-Chapelle le duc Bernard de Septimanie, comte de Barcelone. À une époque particulièrement troublée, entre le 30 novembre 841 et le 2 février 843, elle composa à Uzès son *Libellus manualis* adressé à son fils aîné Guillaume, alors âgé de quinze ans et envoyé à la cour d'Aix-la-Chapelle pour y parfaire son éducation. Ce recueil de recommandations en prose et en vers devait servir de « manuel » à Guillaume pour mener loin d'elle une vie chrétienne digne d'un jeune aristocrate carolingien. Comme dans un miroir des princes, elle lui explique ses devoirs envers Dieu, envers les grands, envers ses proches et envers lui-même. Mais c'est aussi un testament spirituel qu'elle lui envoie et le manuel écrit sans plan rigoureux, au fil de ses lectures, est de contenu très personnel et révèle son attitude profondément chrétienne face aux événements et aux problèmes de toutes sortes qu'elle rencontre dans l'isolement (détresse d'une mère séparée de son mari et de ses fils, mais aussi problèmes matériels, financiers et inquiétude devant la maladie). Elle a inséré à l'intérieur plusieurs poèmes rythmiques et cité aussi beaucoup de poètes chrétiens. Nourrie de l'Écriture sainte et particulièrement du Psautier, elle invoque aussi des Pères de l'Église comme saint Augustin et saint Grégoire et quelques contemporains : Ambroise Autpert*, Alcuin*, Raban Maur*... Grâce à la découverte par A. Vernet du manuscrit complet conservé à la Bibl. Centr. de Barcelone, nous pouvons mieux connaître cette œuvre originale, rédigée dans un latin parfois difficile à comprendre, qui apporte un témoignage exceptionnel à la fois sur la vie intérieure et sur la culture d'une femme de l'aristocratie carolingienne dans le Midi de la France.

ŒUVRE. — *Libellus manualis* : *PL*, t. 106, col. 109-118 [extraits]. — P. Riché, *Dhuoda. Manuel pour mon fils. Introduction, texte critique, notes*. Trad. [française] par B. de Vregille et C. Montdésert, Paris, 1975 (*SC*, 225) ; 2e éd. augm. 1991 (*SC*, 225 *bis*). — M.E. Bowers, *The Liber manualis of Dhuoda : Advice of a Ninth Century Mother for her Sons*. The Catholic University of America, Phil. Diss. 1977 (Univ. Microfilms International, n° 77-20806).

→ A. Burger, *Les vers de la duchesse Dhuoda et son poème « De temporibus suis »*, dans *Mél. J. Marouzeau*, Paris, 1948, p. 85-102. — A. Cordoliani, *Los manuscritos de computo ecclesiastico en las bibliotecas de Barcelona*, dans *Analecta sacra Tarraconensia*, t. 23 (1950), p. 122-123. — D. Norberg, *La poésie latine rythmique du haut Moyen Âge*, Stockholm, 1954, p. 15-18. — A. Vernet, *Un nouveau manuscrit du Manuel de Dhuoda*, dans *BEC*, t. 14 (1956), p. 20-44 (extraits, avec éd. du prologue). — J. Wollasch, *Eine adlige Familie des frühen Mittelalters...*, dans *Archiv für Kulturgeschichte*, t. 39 (1957), p. 150-188. — P. Riché, *Les bibliothèques de trois aristocrates laïcs carolingiens*, dans *Le Moyen Âge* (1963), p. 87-103. — G. Mathon, *Les fondements de la morale chrétienne selon le « Manuel » de Dhuoda*, dans *Mél. H. Bascour*, Louvain, 1980, p. 245-264. — H. Antony, *Korruptel oder Lemma ? Die Problematik der Lexicographie auf dem Hintergrund der Editionen*, dans *Mittellateinisches Jahrbuch*, t. 16 (1981), p. 288-301 ; *Édition und Lexicographie : zur Zuverlässigkeit kritischer Apparate*, dans *Deutsches Archiv*, t. 37 (1981), p. 775-780. — B. Janssens, *Een Karolingische Echo van Prudentius : Dhuoda's « Fürstenspiegel » Liber manualis (841-843)*, dans *Handlingen der kon. Zuidnerlandse Maatschappij voor tallen letterkunde en geschiednis*, t. 35 (1981), p. 67-83. — B. Löfstedt, *Zu Dhuodas Liber manualis* dans *Arctos*, t. 15 (1981), p. 67-83. — B. Janssens, *L'influence de Prudence sur le « Liber manualis » de Dhuoda*, dans *Studia Patristica*, t. 17 (1982), p. 1 368-1 373. — M.L. Picascia, *La guerra come costume, la pace come ideale : gli specula principis e il Manuale di Dhuoda...*, Milan, 1983 (*Coll. Quaderni*, 23). — L. Van Acker, *Quelques suggestions à propos du texte du « Liber manualis » de Dhuoda*, dans *Mél. J. Veremans*, Bruxelles, 1986, p. 319-327. — Y. Bessmertny, *Le monde vu par une femme noble au IXe siècle. La perception du monde dans l'aristocratie carolingienne*, dans *Le Moyen Âge*, t. 93 (1987), p. 161-184. — B. Janssens, *L'étude de la langue et les citations bibliques dans le « Liber Manualis » de Dhuoda : un sondage*, dans *Aevum inter utrumque. Mél. G. Sanders*, Steenbrugge, 1991, p. 259-275. — Molinier, t. 1, 1902, n° 812, p. 250. — Chevalier, t. 1, 1905, p. 1205. — Manitius, t. 1, 1911, p. 442-444 ; t. 2, 1923, p. 805-806 ; t. 3, 1931, p. 1 063. — *DACL*, t. 10, 1932, col. 1586-1603 [H. Leclercq]. — *Dictionnaire de biographie française*, t. 11, 1967, col. 416-417. — Potthast, t. 4, 1984, col. 186-187. — Brunhölzl, t. 1, 1975, p. 407-409 et 565 ; trad. française, t. 1, vol. 2, 1991, p. 159-161, 300. — *Lexikon des Mittelalters*, t. 3, 1985, col. 934 [G. Bernt]. C.J.

Dialogue de saint Grégoire. Voir aussi : Jean de Justice.

Dialogue de saint Julien et de son disciple. Œuvre de vulgarisation théologique, le *Dialogue* est une adaptation du *Prognosticon futuri saeculi* de Julien de Tolède († 690) confectionnée en Angleterre vers le milieu du XIIIe siècle à l'intention de la « laie gent ». Y sont abordées les questions fondamentales du mal, du péché, de la mort et des fins dernières sous une forme dialoguée pleine de vie et de mouvement.

ŒUVRE. — Éd. du *Prognosticon*, par J.N. Hillgarth, Turnhout, 1976 (*CCSL*, 115). — Éd.

du *Dialogue*, par A. Bonjour, Oxford, 1949 (*ANTS*, n° 8).

⟶ *GRLMA*, t. VI/2, n° 2340. G.H.

Dialogue du Père et du Fils. Antérieur à 1267, l'opuscule intitulé dans les mss « c'est dou pere qui son filz enseigne » contient un exposé des principaux points de la foi chrétienne sous la forme d'un dialogue à bâtons rompus entre un père et son fils. Il représente la seconde partie d'un ouvrage d'enseignement dogmatique, dont la première partie, originellement constituée par un abrégé d'Histoire sainte, sera remplacée par un commentaire des commandements de la loi, le *Legiloque*, dans plusieurs recueils de facture identique du XIVᵉ siècle. Le style du *Dialogue* se distingue par une vivacité et une nervosité inusitées dans ce genre de compositions.

⟶ C.V. Langlois, *La vie en France au Moyen Âge*, t. 4, *La vie spirituelle*, Paris, 1928, p. 47-65 [analyse]. — Cf. *GRLMA*, VI/2, n° 2352. G.H.

Didier de Cahors. Didier (Desiderius, Dierius, Géry) appartenait à une vieille famille aristocratique gallo-romaine d'Albi. Son frère Rustique fut tour à tour abbé palatin, archidiacre de Cahors, enfin évêque de cette ville en 622 ou 623. Son autre frère Syagre devint comte d'Albi, puis gouverneur de Marseille.

Né vers 590, Didier étudia l'éloquence et le droit, puis vécut à la cour du roi Clotaire II (603-628). En 618, il fut nommé trésorier du roi, charge qu'il conserva avec son successeur le roi Dagobert. Ses fonctions à la cour lui permirent de se lier avec nombre de personnages qui allaient devenir importants, et avec lesquels il entretiendrait une correspondance suivie. En 630, il succéda à son frère sur le siège de Cahors. La ville lui fut alors redevable d'aménagements et constructions diverses, une maison épiscopale à côté de la cathédrale, une basilique au bord du Lot, des aqueducs, la réfection des fortifications détruites en 574. Didier fonda encore, à quelques kilomètres de Cahors, le monastère de Saint-Amans, qui devait prendre le nom de Saint-Didier lorsque, après la mort de l'évêque, en 655, son corps y fut transporté pour y être enseveli.

Il ne reste aujourd'hui qu'une quinzaine de lettres de Didier. Elles sont adressées à Sulpice, archevêque de Bourges, à Abbon de Metz, à Paul de Verdun, au roi Dagobert, au roi Sigebert III, à Grimoald, maire du Palais, à saint Ouen de Rouen, à saint Éloi de Noyon, à saint Arnould de Metz, à saint Cloud... Ce sont généralement des missives de compliments, de remerciements, ou encore des recommandations pour le porteur. Didier y évoque des souvenirs de ses amis du temps de leur jeunesse à la cour. Subsistent également une vingtaine de lettres adressées à lui par plusieurs de ces personnages et d'autres, presque tous évêques. Didier a lui-même réuni cette correspondance, lettres reçues ou envoyées, dans un corpus de deux livres qui a été publié avec une *Vie de saint Didier*, anonyme.

ŒUVRES. — *PL*, t. 87, col. 217-266 ; — *Desiderii episcopi Cadurcensis Epistulae*, éd. W. Arndt... Turnhout, 1957 (*CCSL*, 117). — D. Norberg, *Epistulae s. Desiderii Cadurcensis*, Stockholm, 1961 (*Studia latina Stockholmiensia* 6).

⟶ *HLF*, t. 3, 1866, p. 580-584. — E. Sol, *Saint Didier, évêque de Cahors (636-655)* dans *Bull. trimestriel de la Société des études littéraires, scientifiques et artistiques du Lot*, t. 57 (1936), p. 536-551 ; t. 58 (1937), p. 171-181 ; *L'Église de Cahors*, t. 1, Paris, 1938, p. 123-129. — R. Rey, *Un grand bâtisseur au temps du roi Dagobert : Saint Didier, évêque de Cahors*, dans *AM*, t. 65 (1963), p. 287-293. — D. Norberg, *Remarques sur les lettres de saint Didier de Cahors*, dans *Mél. B.L. Ullmann*, t. 1, Rome, 1964, p. 277-281. — J. Durliat, *Les attributions civiles des évêques mérovingiens : l'exemple de Didier, évêque de Cahors, 630-655*, dans *AM*, t. 91 (1979), p. 237-254. — M. Heinzelmann, *Bichof und Herrschaft vom spätantiken Gallien bis zu den Karolingischen Hausmeiern. Die institutionellen Grundlagen*, dans *Herrschaft und Kirche. Beiträge zur Entstehung und Wirkungsweise episkopaler und monasticher Organisationsforme*, éd. F. Prinz, Stuttgart, 1988 (*Monographien zur Geschichte des Mittelalters*, 33), p. 23-82. — F. Brunhölzl, trad., t. 1, p. 145, 273. — *BHL*, 2143-2144. — *Catholicisme*, t. 4, 1956, col. 1900-1901. — *DHGE*, t. 14, 1960, col. 399. — *Dictionnaire de biographie française*, t. 11, 1966, col. 270. — Nouveau Potthast, t. 4, 1976, p. 176-177. — *Lexikon des Mittelalters*, t. 3, fasc. 4, 1984, col. 725-726. M.H.P.

Didot-Perceval ou **Perceval** en prose. Voir : Robert de Boron (Pseudo-).

Dies Irae. Séquence de la Messe des défunts ; on a longtemps pensé que l'auteur en était le franciscain Thomas de Celano ; en réalité, un texte plus bref que celui en usage depuis le XIIIᵉ siècle existait dès la fin du XIIᵉ ; ce serait le dérivé d'un trope du Répons *Libera* ; on a même cru reconnaître un *kontakion* du byzantin Romanos le mélode (début du VIe siècle) pour texte de base. Le célèbre *planctus* est une description dramatique du jugement dernier, rempli d'un sentiment aigu de la culpabilité de l'homme.

→ G.M. Dreves, *Dies Irae*, dans *Stimmen aus Maria-Laach*, 13 (1892), p. 512 sqq. — C. Blume, *Dies Irae, Tropus zum Libera, dann Sequenz*, dans *Cäzilien-Verein-sorgau*, 1914, n° 3, p. 55 sqq. — K. Strecker, *Dies Irae*, dans *Zeitschrift für deutsches, Altertum*, t. 2 (1908), p. 227 sqq. — F. Ermini, *Il Dies Irae*, Genève, 1928. — F.J.E. Raby, *A History of Christian-Latin Poetry*, Oxford, 1927, p. 443-452. — Inguanez, *Dies Irae*, dans *Miscellanea Cassinense*, t. 11 (1931), p. 5-11. — B. Capelle, *Le Dies irae, chant d'espérance*, dans *Les Questions liturgiques et paroissiales*, t. 22 (1937), p. 217-224. — L. Kunz, *Ist die Sequenz Dies irae von dem Kontakion des Romanos*, dans *Der Christliche Orient*, t. 5 (1940), p. 43-46. — A.M. Kurfesse, *Dies Irae*, dans *Historisches Jahrbuch.*, t. 77 (1958), p. 328-338. — J.C. Payen, *Le Dies irae dans la prédication de la mort et des fins dernières au Moyen Âge*, dans *Romania*, t. 86 (1965), p. 48-76. — F. Casolini, *Tommaso da Celano e la questione delle paternità del Dies irae*, dans *Frate Francesco*, t. 38 (1971), p. 103-112. D.G.O.

Dieu d'Amour (Fabliau du). Ce dit anonyme du XIIIe siècle, en 142 quatrains de décasyllabes monorimes, n'a rien d'un fabliau : il raconte un songe amoureux. L'amant jure fidélité à sa mie ; mais, tout à coup, un serpent volant survient et enlève la demoiselle. L'Amour intervient, prend le chevalier en croupe et le conduit à son palais, où il retrouve la belle. Le Dieu d'Amour chante alors pour les amoureux et leur fait visiter son paradis.

Le conte intitulé *De Venus, la déesse d'Amor*, est une imitation amplifiée du *Fablel dou Dieu d'Amors*.

ŒUVRES. — *De Venus, la déesse d'Amor*, éd. W. Foerster, Bonn, 1882. — *Le Fablel dou Dieu d'Amors*, éd. I.C. Lecompte, dans *Modern Philology*, t. 8 (1910-1911), p. 63-86.

→ V. Le Clerc, *Fabliaux*, dans *HLF*, t. 23, 1856, p. 69-215, notamment p. 72-74. — D. Ruhe, *Le Dieu d'Amours avec son Paradis. Untersuchungen zur Mythenbildung um Amor in Spätantike und Mittelalter*, Munich, 1974, p. 110-118 (*Beiträge zur romanischen Philologie des Mittelalters*, 6). — M.M. Pelen, *Form and Meaning of the Old French Love Vision : the Fabliau dou Dieu d'Amors and Chaucer's Parliament of Fowls*, dans *JMRS*, t. 9 (1979), p. 279-305. — Cf. *GRLMA*, t. VI/1, p. 229-230 ; t. VI/2, n° 4656. — *MB* nos 2785-2786 ; *S* 5075-5076. A.F.L.L. et F.F.H.

Dieudonné de Hongrie. Cette chanson de 17 500 alexandrins, dont la fin manque, est appelée quelquefois du titre équivoque de *Charles le Chauve*, à cause d'une mention portée au dos de la reliure moderne du manuscrit qui nous l'a conservée ; elle devrait plus légitimement s'intituler *Dieudonné de Hongrie*. Elle met en scène un roi païen, Melsiant de Hongrie, couronné roi de France, après la mort de Clotaire, sous le nom de Charles le Chauve. De sa femme, Marguerite de Berri, il a eu deux fils, Philippe et Charlot. Un prétendant au trône, Guillaume de Montfort, s'allie par dépit au traître Gombaut de Lausanne, afin de se venger.

Accusé d'avoir voulu empoisonner son père, le prince héritier, Philippe, est chassé de France. Exilé en Hongrie, il régnera plus tard sur ce pays, après avoir épousé Doraine, fille du seigneur de Montluisant. De leur union naîtra un fils, Dieudonné, exposé dès sa naissance à de cruelles épreuves, qui forment le noyau principal du récit. Victime de criminelles machinations, il n'échappe à la mort qu'en excitant la pitié du valet chargé de le tuer. Abandonné dans une forêt, il est recueilli par un seigneur hongrois, Guillaume d'Esturgon, dont il épousera la fille, Supplante, qui sera la mère de Dagobert. Placé dans les situations les plus critiques, il s'en tire grâce à la protection de la fée Gloriande et de son actif auxiliaire, le nain Maufuné. Séparé de sa femme et de son fils, il part à leur recherche et entre au service de l'empereur Valérien, père d'Octavien, auquel il s'attachera. Comme dans tant d'autres romans de la même veine, les membres dispersés de la famille finissent par se retrouver. Dagobert qui, malgré son jeune âge, a déjà fourni mainte preuve de sa vaillance, succédera à son aïeul Philippe sur le trône de France. Quant à Dieudonné et à Supplante, sur un ordre venu du ciel, ils se retireront dans un ermitage. Massacrés par des brigands, ils seront glorifiés après leur mort sous les noms de saint Honoré et de sainte Foi.

Manifestement inspiré de *Huon de Bordeaux** et de ses continuations, *Dieudonné de Hongrie* utilise encore bien d'autres sources : *Parise la duchesse*, Gaidon*, Lion de Bourges*, Florent et Octavien**, etc. Comme il arrive dans la plupart des œuvres narratives du temps, l'actualité la plus récente se mêle à la fantaisie : affaires de Bretagne, collusion de Jean de Montfort avec les rois d'Angleterre et de Navarre, rapports dynastiques franco-hongrois. Dagobert, dont nous sont contées « les enfances », est présenté comme le fondateur d'une nouvelle dynastie dont la grandeur est assurée par le patronage de saint Denis. Bien que postérieur à *Florent et Octavien, Dieudonné de Hongrie*, composé d'abord isolément, devient à la fin du XIVe siècle le premier élément d'un cycle épique, le cycle de Dagobert, et reçoit, à cet effet, une laisse de transmission qui annonce les aventures d'Octavien et de ses fils. C'est comme partie d'un ensemble, comme témoignage aussi d'un effort littéraire lié aux circonstances politiques, que cette chanson à la composition flottante et au style embarrassé mérite encore de retenir l'attention.

→ P. Paris, dans *HLF*, t. 26 (1873), p. 94-126. — L.F. Flûtre, *Quelques notes sur Dieudonné de Hongrie, chanson de geste inédite du XIVe siècle*, dans *Neophilologus*, t. 31 (1947), p. 106-110 ; *Dieudonné de Hongrie, chanson de geste du XIVe siècle (alias Roman de Charles le Chauve)*, dans *ZRPh*, t. 68 (1952), p. 321-400 [intro. et notes à une éd. que L.F. Flûtre n'a pas eu le temps de réaliser]. — R. Bossuat, *Charles le Chauve. Étude sur le déclin de l'épopée française*, dans *Les Lettres romanes*, t. 7 (1953), p. 107-132, 187-199 ; *Saint Honoré, saint Honorat ?*, dans *Mél. C. Brunel*, t. 1, 1955, p. 163-173. — L.F. Flûtre, *La partie d'échecs de Dieudonné de Hongrie*, dans *Mél. R. Lejeune*, II, Gembloux, 1969, p. 757-768. — D. Collomp, *Un anneau nuptial pas comme les autres*, dans *Senefiance*, n° 25 (1988), p. 109-125. — M. Rossi, *Les éléments merveilleux dans Dieudonné de Hongrie, ibid.*, p. 431-448 ; *Le parrainage : une parenté spirituelle peu exploitée, ibid.*, n° 26 (1989), p. 9-23. — N. Laborderie, *Florent et Octavien, Chanson de geste du XVe siècle*, Paris, 1991 (*Nouvelle Bibl. du Moyen Âge*, 17). — Cf. *GRLMA*, t. VIII/1, p. 164-168. — *MB* nos 4030-4032, 6766-6768, 7857 ; *S* 6539-6549. R.B.

Discipline de Clergie. Voir : *Chastoiement d'un père à son fils.*

Dit. Le *dit* est un poème qui, comme son nom l'indique, n'est pas destiné à être chanté. En dehors de ce trait qui l'oppose au lyrisme courtois, aucun caractère formel ou thématique particulier ne paraît *a priori* le définir bien nettement. Les nombreuses pièces qui, du XIIIe au XVe siècle, se donnent ce nom ou se le voient attribuer par les rubriques des manuscrits sont de nature, d'inspiration et de ton divers. Elles peuvent être narratives, descriptives, édifiantes, satiriques, plaisantes, etc. Pourtant J. Cerquiglini (*GRLMA* VIII/1, p. 87) a pu définir trois critères qui s'appliquent à l'ensemble des dits et les opposent aux autres formes littéraires : « a. Le dit joue avec la discontinuité. b. Le dit relève d'une énonciation en *je* (*je* qu'il représente dans le texte) et d'un temps : le présent, même s'il peut enchâsser un récit au passé. c. Ce *je* est celui du clerc-écrivain. Le dit enseigne. » Le premier critère a pour fondement la constatation que le dit se fonde sur un principe d'organisation externe : énumération ou distribution (conter et compter, deviser et diviser sont les mêmes mots). Les deux autres mettent l'accent sur la mise en scène du *je*. Le dit paraît naître d'un investissement croissant de l'auteur impliqué dans la poésie édifiante, didactique ou satirique. Par opposition à l'idéalisation généralisante du moi qui caractérise le grand chant courtois, il construit une image particulière du *je* fondée sur le circonstanciel et le contingent. À partir de la fin du XIIIe siècle, il recueille une bonne part, sinon l'essentiel de l'inspiration qui selon les critères modernes relèverait de la poésie personnelle.

Outre les notices portant sur des dits particuliers (*Dit des Hérauts* de Henri de Laon*, *Dit du prunier**, etc.), on se reportera aux articles consacrés à Baudoin de Condé*, Christine de Pizan*, Georges Chastellain*, Guillaume de Machaut*, Jean de Condé*, Jean Froissart*, Rutebeuf*, Watriquet de Couvin*.

→ J. Cerquiglini, *Le clerc et l'écriture : le Voir dit de Guillaume de Machaut et la définition du dit*, dans *Literatur in der Gesellschaft des Spätmittelalters*, éd. H.-U. Gumbrecht (*Begleitreihe zum GRLMA*, vol. 1), Heidelberg, 1980, p. 151-168 ; *« Un engin si soutil. » Guillaume de Machaut et l'écriture au XIVe siècle*, Paris, 1985 ; *Le dit*, dans *GRMLA*, t. VIII/1 : *La littérature française aux XIVe et XVe siècles*, 1988, Heidelberg, p. 86-94. — E. Bermejo, *Pour un catalogue des « Dits » français au XIIIe siècle*, dans *Queste*, t. 1 (1984), p. 53-77. — M. Zink, *La subjectivité littéraire. Autour du siècle de saint Louis*, Paris, 1985. M.Z.

Dit de l'Unicorne. Allégorie morale, peut-être d'origine orientale, qui date du XIIIe siècle. Un homme, fuyant une licorne (ici symbole de la mort), manque tomber dans un abîme (notre monde plein de dangers), mais se sauve en s'accrochant à un arbuste (la vie humaine). Cependant, il remarque deux souris, une blanche et une noire, qui rongent les racines de l'arbuste (les souris sont le jour et la nuit, le temps qui dévore l'existence humaine). Dans l'abîme, un dragon qui crache du feu (l'enfer) attend la chute de l'homme, ainsi que quatre serpents (les quatre éléments qui composent le corps humain) qui le guettent au pied de l'arbuste. L'homme oublie ces pièges en buvant du miel produit par les branches de l'arbuste (les plaisirs passagers d'ici-bas), comme les gens qui se perdent dans le luxe et le vice, ne songeant pas à leur salut spirituel.

ŒUVRE. — Éd. E. Lidforss, dans *Choix d'anciens textes français*, Lünd, 1877. — Éd. A. Jubinal, dans *Nouveau recueil de contes, dits, fabliaux*, Paris, 1839-1842, t. 2, p. 113-123, réimp., Genève, 1973. — Éd. A. Swen, *Une version bourguignonne du Dit de l'unicorne et du serpent*, dans *Mél. J. Melander*, Uppsala, 1943, p. 82-108. — Éd. D.L. Schrader, Floride, 1976, thèse dactylo. [résumé dans *DA*, t. 38 (1976-1977), n° 2 109A].

→ V. Le Clerc, *Les poésies morales... De l'unicorne et du serpent*, dans *HLF*, t. 23 (1856), p. 257-258. — J. Sonet, dans *Roman de Barlaam et Josaphat*, Paris, 1949, t. 1, p. 30-37. — H. Matsubara, *À propos du Dit de l'unicorne, pérégrination d'un avadana*, dans *Études de langue et de littérature française*, t. 22 (1973), p. 1-10. — D.L. Schrader, *Le Dit de l'Unicorne*, dans *Sixth Saint Louis Conference on Ms. Studies*, 1980, *Abstracts of Papers* [voir aussi *Manuscripta*, t. 24 (1980), p. 10 ; étudie 14 mss]. — Cf. *GRLMA*, t. VI/2 n°s 4036-4040. — *MB* n°s 7024 ; *S* 5140-5141. A.F.L.L. et S.I.J.

Dit des Hérauts. Voir : Henri de Laon.

Dit des Neuf Preux. Poème composé de neuf sizains et d'un quatrain, dont les plus anciens témoins datent du XIVe siècle, le *Dit des Neuf Preux* loue les vertus de trois païens : Hector, Alexandre, César ; trois juifs : Josué, David, Judas Macchabée ; et trois chrétiens : Arthur, Charlemagne, Godefroi de Bouillon. Bien que le motif des preux figurât dans la *Chronique rimée* de Philippe Mousket* (il en compte trois), c'est Jacques de Longuyon* dans ses *Vœux du Paon* qui définit le motif tel qu'il apparaîtra ultérieurement. Plusieurs auteurs ont ajouté aux neuf preux des héros populaires : tantôt des personnages littéraires (Roland et Olivier sont nommés par l'auteur du *Débat des Hérauts d'Armes de France et d'Angleterre*), tantôt des personnages historiques (Guillaume de Machaut* cite Pierre Ier roi de Chypre ; Bertrand Du Guesclin est cité dans le ms. BN fr. 11 464, et les Écossais nomment leur roi, Robert Bruce). Le thème des Neuf Preux devait être utilisé par la suite également comme motif ornemental : tapisseries, fresques, enluminures.

ŒUVRE. — Éd. Vallet de Viriville, dans *Mémoires de la Société Impériale des Antiquaires de France*, t. 7 (1863), p. 127-132. — Éd. G. Mombello, *Les Complaintes des .IX. Malheureux et des .IX. Malheureuses. Variations sur le thème des Neuf Preux et du Vado Mori*, dans *Romania* t. 87 (1966), p. 345-378. — Éd. I. Gollancz, *The Parlement of the Thre (sic) Ages. An Alliterative Poem of the Fifteenth Century Now First Edited*, Londres, 1915 *(Select Early English Poems)*.

→ P. Meyer, *Les Neuf Preux*, dans *Bull. SATF*, t. 9 (1883), p. 45-54. — K.J. Höltgen, *Die « Nine Worthies »*, dans *Anglia*, t. 77 (1959), p. 279-309. — Cf. *MB S* 7553. S.I.J.

Dit des Vilains. Ce dit du XIIIe siècle, long de 46 octosyllabes, est un monologue contradictoire de l'auteur sur le sort des vilains : d'abord il les plaint, car ils souffrent ; puis il les blâme, parce qu'ils vendent trop cher leurs produits. Enfin, il reconnaît que, s'il était vilain lui-même, il ferait tout pour en profiter ; mais puisqu'il ne l'est pas, il finit là son conte.

ŒUVRE. — Éd. T. Wright, dans *Anecdota literaria*, Londres, 1894. — Éd. A. Långfors, dans *Romania*, t. 64 (1938), p. 252-255. — Éd. G.C. Belletti, dans *Fabliaux. Racconti comici medievali*, Ivrée, 1982.

→ V. Le Clerc, *Fabliaux... Des vilains*, dans *HLF*, t. 23 (1856), p. 194-195. — Cf. *GRLMA* t. VI/2 n° 7260. S.I.J.

Dit du Faucon. Poème allégorique anonyme de la fin du XIIIe siècle, long de 198 octosyllabes et conservé dans deux mss. À travers les images de la fauconnerie, ce dit exprime une leçon de morale chrétienne traditionnelle : les pauvres et les exploités connaîtront un sort heureux auprès de Dieu.

ŒUVRE. — Éd. G. Holmer, dans *Studier i modern Språkvetenskap*, t. 5 (1976), p. 97-116. — Éd. B. Charrier, dans *Perspectives médiévales*, t. 9 (juin 1983), p. 1-7.

→ V. Le Clerc, *L'Image du monde et autres enseignements. La comparaison du faucon*, dans *HLF*, t. 23 (1856), p. 290-291. — B. Van den Abeele, *La fauconnerie dans les lettres françaises du XIIe au XIVe siècle*, Louvain, 1990. — Cf.

MB S, n° 5136. S.I.J.

Dit du Prunier. Peinture précise et réaliste de la vie de tous les jours, ce charmant poème de la première moitié du XVe siècle est le curieux reflet d'un moment de l'histoire de la courtoisie. Un unique manuscrit qui appartint à Du Cange (BN n. a. fr. 6 524) nous le conserve. Ce n'est qu'un recueil factice de pièces diverses, où il occupe les folios 153 à 164. Le titre manque avec le début de l'œuvre, qui n'a plus que 1 438 vers écrits en picard-wallon, mais il est donné à la fin : « Explicit dou dict du Prunier. »

Une aimable comtesse se repose de tout sur un maître d'hôtel modèle ; celui-ci n'a qu'un fils dont il a honte, car il vit en rustre avec les bergers et les vachères. La comtesse persuade le malheureux père de le lui amener et par son accueil et ses avances elle a tôt fait de le rendre amoureux d'elle ; pour être digne de sa dame et des « joyaux » qu'elle lui donne, il devient un brillant chevalier. Mais elle renvoie sans cesse à plus tard sa récompense avant de lui rappeler enfin qu'elle a un mari, le plus valeureux des hommes, qu'elle ne veut pas tromper ; elle rappelle aussi à l'amoureux déçu ce qu'il était avant de la connaître. Désespéré, il se jette au fond d'un bois où il vit en homme sauvage jusqu'à ce que la mort opportune de son mari permette à la comtesse de l'en tirer et de l'épouser. Telle est la fable, qui prétend montrer aux dames qu'elles peuvent et doivent par une aide morale et matérielle venir en aide aux bacheliers sans fortune, afin d'en faire de brillants chevaliers, le tout sans se faire tort à elles-mêmes ni à leurs maris.

L'auteur, qui imite Jean de Condé*, se rapproche sensiblement de Guillaume de Machaut*, mais est sans doute plus ancien que lui. Le *Dit du Prunier* a servi de source à la première partie du roman de *Jean d'Avesnes**.

ŒUVRE. — Éd. P.-Y. Badel, Genève, 1985 (*TLF*, 334). — Trad. S. Duparc-Quioc, dans *Le Mercure de France*, t. 303 (mai 1948), p. 78-97 [adaptation].

→ S. Duparc-Quioc. *Le Cycle de la Croisade*, Paris, 1955, notamment, p. 206-229 (*Bibl. des Hautes Études*, 305). S.D.Q.

Dit du Vrai Aniel. Conte allégorique de 432 octosyllabes, composé en picard entre 1270 et 1285 très probablement. Un père lègue à ses fils trois anneaux, dont un seul, doué d'une vertu merveilleuse, guérit de tous les maux et ressuscite les morts. Deux niveaux d'interprétation se superposent : le père est Dieu et les trois fils sont les trois religions musulmane, juive et chrétienne. Seule cette dernière est la « vraie » loi. Au second niveau, l'anneau est le symbole de la Terre sainte, qui doit être secourue par trois princes, le roi de France, le comte Robert d'Artois et le comte de Flandre.

On a ici une première forme de la parabole du vrai anneau, rendue célèbre par Boccace* *(Décaméron)* et au XVIIIe siècle par G.E. Lessing *(Nathan le Sage)*. Imaginée, croit-on, par un juif qui voulait éveiller les doutes des chrétiens sur la légitimité de leur religion, elle fut bientôt transformée dans un sens chrétien.

ŒUVRE. — Éd. A. Tobler, Leipzig, 1871.

→ V. Le Clerc, *Poésies morales [Le Vrai anel]*, dans *HLF*, t. 23 (1856), p. 235-265 [notamment p. 259]. — G. Paris, *La poésie du Moyen Âge*, Paris, s.d., t. 2, p. 131-163. — G. Gröbert, *Von echten Ringe (Nach A. Toblers Ausgabe des Vrai Aniel, 1884)*, dans *Mél. A. Tobler*, 1905, p. 1-11. — Cf. *GRLMA*, t. VI/2, n° 4048. — *MB* nos 3469-3470.

R.Ba. et A.F.L.L.

Dits et proverbes des Sages. Sentences morales disposées en quatrains. Il existe de ce texte anonyme une trentaine de mss des XIVe et XVe siècles. Suivant les mss, les *Dits et proverbes des Sages* comptent de neuf à 149 quatrains ; chaque quatrain est attribué à un poète, à un philosophe, ou à un personnage biblique. Leur mise en recueil serait due, vers 1340, à un certain Augustin Bongenou (acrostiche dans Paris, BN, n.a. fr. 6882 et 10327). Il existe également un texte didactique du XVe siècle moins répandu (quatre mss), dont le titre est voisin et l'inspiration semblable, les *Dits des Sages*.

ŒUVRE. — Éd. J. Morawski, Paris, 1924 (*Bibl. Faculté des lettres de Paris*, 2e série, fasc. 2). — Cf. *MB* n° 2718. S.I.J.

Dits moraux des philosophes. Voir : Guillaume de Tignonville.

Doctrina de cort. Voir : Terramagnino de Pise.

Doctrinal aux simples gens. Il subsiste deux rédactions bien distinctes du *Doctrinal aux simples gens*, également connu sous le titre de *Doctrinal de Sapience*. La première, très certainement composée du vivant de la reine Jeanne d'Évreux († 1370), est en tout cas, antérieure à 1389. Elle est anonyme. L'attribution à Guy de Roye (1345-1409), prélat très influent dans l'Église de France, est invérifiable mais peu probable : certes, le prologue des manuscrits les plus sûrs fait état du rôle que celui-ci joua dans la diffusion du texte, alors qu'il était archevêque de Sens (1385-1390) ; mais cela n'implique nullement qu'il en ait été l'auteur. L'attribution au chancelier Jean Gerson* (cf. l'éd. Glorieux) ne résiste pas à la chronologie. La seconde rédaction, datée de 1389, est l'œuvre d'un moine de Cluny qui n'a pas dévoilé son nom.

Dans sa première version (courte), le *Doctrinal* se présente à la fois comme un *compendium* des connaissances doctrinales que les curés devaient dispenser à leurs paroissiens à l'occasion du prêche dominical (articles de la foi, tribulations, charité, œuvres de miséricorde, commandements, péchés mortels, *Pater, Credo, Ave*, sacrements, fins dernières font tous l'objet d'un bref commentaire) et comme un enseignement de vie chrétienne (par le biais du commentaire). Animé du même souci pastoral que Gerson, dont il est le précurseur, l'auteur sait aller à l'essentiel et rester accessible à tous. L'histoire de la tradition manuscrite (plus de vingt copies, une édition ancienne) montre que, comme le second *Lucidaire**, le *Doctrinal* fut autant — sinon plus — pratiqué par des laïcs désireux de perfectionnement moral que par des pasteurs soucieux de transmettre les rudiments de la foi chrétienne à leurs ouailles.

La seconde version du *Doctrinal* (longue) peut être divisée en quatre parties : les articles de la foi et les déviances, les diverses manifestations de la charité, la Passion, les dix commandements ; les péchés mortels (agrémentés de nombreuses digressions) ; les sept sacrements, et plus particulièrement la pénitence, l'eucharistie et le mariage, plus un long chapitre sur les religieux ; les fins dernières. La version longue amplifie considérablement la rédaction primitive, en empruntant, notamment à la *Somme le roi* de frère Laurent*, au *Manipulus curatorum* de Guy de Montrocher (début XIVe) et aux recueils *d'exempla**. Cent quarante exemples et similitudes ont ainsi été puisés dans les *Vitae Patrum*, les *Dialogues* de saint Grégoire*, la *Légende dorée**, Jacques de Vitry*, et surtout Arnold de Liège *(Alphabetum narrationum)*, Étienne de Bourbon* et Humbert de Romans*. Le remaniement donne une configuration différente au *Doctrinal* dont il développe l'enseignement moral et ascétique au détriment de l'enseignement doctrinal. Quinze manuscrits du XVe siècle et une vingtaine d'éditions incunables, plusieurs traductions (langue d'oc, anglais) attestent le succès de ce manuel de pastorale, dont la fortune ne se démentira pas, au sud de la Loire, jusqu'au milieu du XVIIe siècle (plus de dix éditions encore aux XVIe et XVIIe).

ŒUVRES. — Version courte : éd. C. Amalvi, *thèse École des Chartes dactyl.*, 1978. — Version longue : éd. P. Glorieux, parmi les *Œuvres complètes* de Jean Gerson, t. 10, 1973, n° 532.

→ C. Amalvi, *Le « Doctrinal aux simples gens » ou « Doctrinal de Sapience »*, dans *Positions des thèses de l'École des Chartes*, 1978, p. 9-14. — N. Valois, *La France et le Grand Schisme d'Occident*, Paris, 1896-1902, 4 vol., *passim* [sur Gui de Roye]. — Cf. *MB* n° 4987.

G.H.

Doctrinal de Sapience. Voir : *Doctrinal aux simples gens.*

Doctrinal Sauvage. Un trouvère arrageois nommé Sauvage composa, peu avant 1267, un *Doctrinal Sauvage* ou *Doctrinal de courtoisie*. C'est un poème didactique en quatrains d'alexandrins monorimes, dans lequel il expose des *« formulae honestae vitae »*, règles de politesse et de bonne conduite. Parmi ses conseils sans originalité, on peut noter la crainte des mauvaises fréquentations, l'exigence de l'hospitalité, l'injonction faite aux riches de ne pas dédaigner les pauvres et les malheureux, la condamnation de la médisance, etc. Lieux communs, remarques personnelles de l'auteur, sagesse populaire et maximes traduites du latin s'y mêlent.

Le *Doctrinal* fut très populaire, puisqu'on en connaît trois versions, la version originale de 300 vers, une version courte et une version longue interpolée, soit en tout plus de trente manuscrits. L'auteur des strophes supplémentaires de la version longue, plus original et moins verbeux que Sauvage, mais plus mauvais versificateur, pourrait être, selon A. Sakari, un seigneur picard.

On attribue aussi à Sauvage un court

poème en octosyllabes sur la tromperie, *Dame Guile*, et des chansons.

ŒUVRES. — Éd. A. Jubinal, dans *Jongleurs et trouvères*, Paris, 1835, réimpr. 1977, p. 63-68 [*Dame Guile*]. — Éd. A. Jubinal, dans *Nouveau recueil de contes, dits, fabliaux*, Paris, 1842, t. 2, p. 150-161 [*Doctrinal*]. — Éd. A. Sakari, Jyväskylä, 1967 (*Studia Philologica Jyväskylaensia*, 3) [*Doctrinal*].

→ H. Omont, *Fabliaux, dits et contes en vers français du* XIIIe *siècle*, Paris, 1852 [sur le ms. Paris, BN fr. 837]. — Cf. *MB* nos 2680 ; *S* 5110-5111. A.F.L.L.

Doctrinal de Trobar. Voir : Raimon de Cornet.

Dolopathos (Roman de). Voir : *Roman des Sept Sages*.

Donat. Voir : *Grammaire française médiévale*.

Donatz proensals. Voir : Uc Faidit.

Donnei des amanz. Poème anonyme, en dialecte anglo-normand, le *Donnei des amanz* (1 244 octosyllabes) fut écrit en Angleterre vers la fin du XIIe siècle. Son titre vient de *donneier* (faire la cour aux dames). Il est conservé dans un unique ms. de la fin du XIIIe siècle ou du début du XIVe siècle (Cologny-Genève, Bibl. Bodmer, 82 = ancien Phillipps 3 713).

Le sujet de cette œuvre fragmentaire, à vocation didactique, est fourni par l'entretien de deux amants : l'auteur, ayant écouté leurs propos, les reproduit pour l'instruction des jeunes gens. Le *Donnei des amanz* consiste en une suite d'exemples d'amour, dans laquelle proverbes et *exempla** ne sont pas de simples ornements poétiques, mais forment la substance même du poème. Outre des passages qui évoquent la légende de Tristan (v. 414-418, 453-662, 667-674, 929-1158), on y trouve de brèves allusions aux romans d'*Enéas**, de *Thèbes**, de *Troie**, d'*Amadas et Idoine**, et à deux contes, *L'Homme et le serpent*, et *L'Homme et l'oiseau*, ce dernier servant également de base au *Lai de l'oiselet** : ce lai, qui occupe les vers 919-1158 et montre Tristan imitant le chant du rossignol pour inviter Iseut à un rendez-vous, aurait été mis en français pour la première fois dans le *Donnei des amanz*.

ŒUVRE. — G. Paris, *Le Donnei des Amants*, dans *Romania*, t. 25 (1896), p. 497-541 [édition]. — *Tristan et Iseut. Les poèmes français / La saga norroise*, éd. et trad. D. Lacroix et P. Walter, Paris, 1989, p. 321-333 (*Livre de Poche*, 4521, *Lettres gothiques*) [éd. des v. 453-683, avec trad. en français moderne].

→ P. Meyer, *Notice du ms. 25970 de la Bibl. Phillipps*, dans *Romania*, t. 37 (1908), p. 217-221. — J.M. Telfer, *The Evolution of a Mediaeval Theme*, dans *The Durham University Journal*, t. 45 (1952-1953), p. 25-34. — M.D. Legge, *Anglo-Norman Literature and its Background*, Oxford, 1964, p. 128-132. — M. Potelle, *Le conte de l'Oiselet dans « Le Donnei des Amanz »*, dans *Mél. R. Lejeune*, Gembloux, 1969, p. 1299-1307. — D.J. Shirt, *The Old French Tristan Poems : a Bibliographical Guide*, Londres, 1980, p. 133-134 (*Research Bibliography and Cheklists*, 28). — K. Busby, *The « Donnei des Amants » and Courtly Tradition*, dans *Medioevo Romanzo*, t. 14 (1989), p. 181-195. — Cf. *GRLMA*, t. VI/2, n° 3180 ; t. VI/1, p. 109. — *MB S* 5073-5074. G.W. et F.F.H.

Doon de la Roche. Chanson de geste de la fin du XIIe siècle, écrite en dialecte lorrain, composée de 4 638 alexandrins assonancés. Le poème est conservé dans un seul ms. complet de la British Library. Le récit, sans fondement historique, très violent et mélodramatique, contient beaucoup d'éléments du roman d'aventures : le traître Tomiles, oncle de Ganelon, qui, par ses calomnies, amène Doon à chasser Olive, sœur de Pépin, accusée de « puterie » ; le remariage du héros avec la sœur du traître, Audigour ; les persécutions que subit Olive ; le voyage de son fils, « l'enfes » Landri, à Constantinople et ses exploits guerriers aux côtés de l'empereur ; le père et le fils qui se combattent sans se reconnaître ; enfin, leur retour, la réhabilitation de la mère et le supplice de Tomiles, pendu par Olive. On en retrouve la trame dans le roman castillan, *Istoria de Enrique, fi de Oliva*, dans la seconde branche de la rédaction remaniée de la *Karlamagnus saga* en vieux norrois, et dans des chants populaires en islandais et en dialecte des îles Féroé.

ŒUVRE. — Éd. P. Meyer et G. Huet, Paris, 1921 *(SATF)*.

→ W. Benary, *Über die Verknüpfungen einiger französischen Epen und die Stellung des Doon de la Roche*, Erlangen, 1911, et dans *Romanische Forschungen*, t. 31 (1912), p. 303-394 ; *Zum Doon de Laroche (Doon l'Allemant)*, dans *ZRPh*, t. 49 (1929), p. 716-725. — J.I. Chicoy-Daban, *De nuevo sobre la Historia de Enrique, fi de Oliva*, dans *Mél. J. Horrent*, Liège, 1980, p. 63-68. — K.A. Campbell, *The Protean Text. A Study of the Medieval French Legend of « Doon and Olive »*, New York,

1988. — Cf. *MB* n°s 317-320 ; *S* 1350.
J.D. et S.I.J.

Doon de Mayence. Chanson de geste picarde de la deuxième moitié du XIIIe siècle, composée de 11 505 vers assonancés (214 laisses d'alexandrins). On peut diviser le poème en deux parties : la première, ou la Jeunesse de Doon, mène le récit d'une façon assez vive et naturelle. La deuxième, qui détaille les aventures d'un Doon plus mûr, le fait avec une certaine solennité un peu maladroite. Il y a des raisons de croire que la deuxième partie est une copie, tandis que la première paraît être un texte original.

Le vieux comte Gui de Mayence épouse la jolie Marguerite, qui lui donne trois beaux fils, dont l'aîné est Doolin, ou Doon. Un jour, à la chasse, ayant tué par accident un ermite, Gui, pour faire pénitence, prend sa place. Son sénéchal, le traître Herchembaut, dit à la comtesse que son mari s'est noyé et se propose comme remplaçant. Marguerite refuse. Herchembaut ordonne alors à son cousin Salomon d'emmener les trois enfants à la mer et de les y noyer. Il complote pour accuser la comtesse d'avoir tué Gui. Marguerite est condamnée au bûcher, mais elle obtient un répit, jusqu'à ce qu'un chevalier s'offre à combattre pour prouver son innocence.

Salomon noie le plus jeune fils de Gui, mais Doon poignarde l'assassin. Pendant que les deux frères survivants voguent dans le bateau, le cadet meurt. Arrivé à terre, Doon se retrouve dans la forêt où son père vit en ermite. Après leurs retrouvailles, Gui décide de quitter sa retraite pour se venger d'Herchembaut, mais Dieu l'en empêche en l'aveuglant. Doon passe ainsi plusieurs années auprès de son père. Quand il repart, il rencontre son oncle, qui l'adoube chevalier. Après plusieurs exploits, il arrive sur ses terres et retrouve sa mère qui, depuis dix années, attend son chevalier. Aidé par les fidèles vassaux Samson et Baudouin, Doon tue Herchembaut et ses complices, libère Marguerite, et fonde un monastère dont son père, guéri de sa cécité, devient l'abbé.

Dans la deuxième partie, Doon affronte Charlemagne. Pour avoir fait insulte au nouvel empereur en ne le saluant pas, Doon se fait injurier. Il se rend donc armé et accompagné de chevaliers auprès de Charlemagne, et force l'empereur à lui donner satisfaction par un combat : si Doon triomphe, il aura le droit d'aller conquérir Vauclère, terre que tient Aubigant le Sarrasin et qu'assiègent les Danois, et épousera Flandrine, fille d'Aubigant.

Pendant le combat, un ange ordonne à Charlemagne de céder à Doon ; tous les Français se croisent et partent pour Vauclère. Plusieurs épisodes guerriers se succèdent. Doon, qui a épousé Flandrine avant même la première bataille, vainc Danois et Sarrasins, et part avec Flandrine. Ils ont 12 enfants : Gaufrey*, l'aîné, se rend avec ses frères auprès de Charlemagne pour réclamer des terres ; ils en conquièrent beaucoup d'autres.

Il existe bien deux Doon de Mayence ; mais, comme le dit le jongleur, il ne faut pas confondre le preux Doon, héros de notre poème, avec le félon de la chanson de *Beuve de Hantone**.

ŒUVRE. — Éd. A. Pey, Paris, 1858 (*Anciens poètes de la France*, t. 2). — Éd. J. Mauclère (1re partie), Paris, 1937. — K. Busby, *Some Unpublished Epic Fragments*, dans *Olifant*, t. 10 (1982-1983), p. 3-23.

→ J. Mauclère, *La geste de Doon de Mayence*, dans *Le Correspondant*, t. 6, 30 (1937), p. 63 sqq. — P. Aebischer, *La mesnie Doon de Mayence et son plus illustre représentant, Ogier le Danois*, dans *Mél. P. Le Gentil*, Paris, 1973, p. 13-32, et dans *Des annales carolingiennes à Doon de Mayence*, Genève, 1975 (*Publ. romanes et fr.*, 129), p. 201-222. — M. de Combarieu, *Le goût de la violence dans l'épopée médiévale*, dans *Senefiance*, t. 1 (1976), p. 35-67. — J.-L. Picherit, *L'influence du roman sur les Enfances Doon de Mayence*, dans *Actes du 9e congrès de la Société Rencesvals, Padoue, 1982*, t. 2, Modène, 1984, p. 539-551. — R. Colliot, *L'eau, l'élément du tragique*, dans *Senefiance*, t. 15 (1985), p. 91-110. — Cf. *MB* n°s 321-323 ; *S* 1367. S.I.J.

Doon de Nanteuil. Voir : *Geste de Nanteuil.*

Douin de Lavesnes. On doit à cet auteur, originaire de Lavesnes, dans l'Aisne, près de Saint-Quentin, un poème intitulé *Trubert*. Par sa truculence et sa grossièreté, *Trubert* se range parmi les fabliaux, estime O. Jodogne ; mais sa longueur (près de 3 000 vers) semble à J. Bédier et P. Nykrog un obstacle à son classement dans ce genre littéraire. L'histoire conte comment Trubert, un vilain, sous des déguisements successifs de charpentier, de médecin, de chevalier et enfin de femme, trompe, maltraite et bat le duc de Bourgogne, devient l'amant de sa femme et de sa fille, puis épouse un roi et se fait remplacer dans son rôle de reine par une suivante.

ŒUVRE. — Éd. G. Raynaud de Lage, Genève, 1974 (*TLF*, 210). — *La chevalerie des sots. Le roman de Fergus. Trubert fabliau du* XIIIe *siècle*, trad. R. Wolf-Bonvin, Paris, 1990 *(Stock-Moyen Âge)*.

→ O. Jodogne, *Considérations sur le fabliau*, dans *Mél. R. Crozet*, Poitiers, 1966, t. 2, p. 1043-1055. — G. Raynaud de Lage, *Trubert est-il un personnage de fabliau ?*, dans *Mél. C. Rostaing*, Liège, 1974, p. 845-853. — J.-C. Payen, *Trubert ou le triomphe de la marginalité*, dans *Senefiance*, t. 5 (1978), p. 119-134. — P.-Y. Badel, *Le sauvage et le sot. Le fabliau de Trubert et la tradition orale*, Paris, 1979 *(Essais sur le Moyen Âge)*. — J. Batany, *Trubert : progrès et bousculades des masques*, dans *Masques et déguisements dans la littérature médiévale*, Montréal, 1988, p. 25-34. — D. Billotte, *L'unité de Trubert. Le sens d'une série*, dans *Reinardus*, t. 1 (1988), p. 22-29. — Cf. *MB* n°s 1112-1114, 6221 ; *S* 4680-4684. A.F.L.L.

Douze fleurs de tribulacion. Voir : Pierre de Blois.

Drame liturgique. Forme religieuse du théâtre dans la période du IXe au XIIe siècle. Le théâtre profane n'existait plus ; il semble que l'idée de représentation se soit réfugiée dans certaines déformations de cérémonies religieuses, réservées aux jours de fêtes joyeuses. Il est tout à fait improbable que les tropes* aient été, comme on le dit couramment, à l'origine de cette distraction donnée à la foule ; le principe en semble bien plus ancien. La toute première racine est un sermon de Noël dit « du pseudo-Augustin » et chanté en guise de leçon aux matines de la fête. Ce sermon contenait entre autres une psalmodie spéciale, dite *prophétie de la sibylle Erythrée*, qu'on chantait sur un ton spécial. Ce sermon est fort ancien (IIIe siècle pour le moins) et sous le couvert de son pseudo-auteur Augustin, il est entré dans la liturgie à la fin du VIIIe siècle. La psalmodie a été immédiatement chantée, sur un ton connu et qui ne varie pas : elle atteste donc une haute antiquité, et l'on en trouve des témoins parmi les plus anciens homiliaires latins. Comme cette psalmodie était déjà une sorte de hors-d'œuvre dans le sermon et les matines, elle a dû être très vite embellie (probablement en Espagne) et « représentée » matériellement : c'est de ces représentations qu'est sorti le drame des douze prophètes, qui viennent chacun à leur tour annoncer la naissance du Christ. Tout cet ensemble est fort ancien.

Le premier drame liturgique qui donna lieu à des développements de nature dramatique est le trope de la messe du matin de Pâques *Quem quaeritis in sepulchro ?* appelé aussi *Visitario Sepulchri*. D'après l'Évangile selon saint Matthieu, (28, 12), deux Marie seulement visitèrent le tombeau au lendemain de la Résurrection du Christ ; mais selon saint Marc (16, 1-5), Marie-Madeleine, Marie mère de Jacques et de Joseph, et Marie-Salomé allèrent au tombeau dans l'intention d'embaumer le corps et trouvèrent le sépulcre ouvert et vide. L'incipit *Quem quaeritis ?* reprend la question que les anges posèrent à Marie-Madeleine. Des clercs « jouaient le rôle » des anges et de Marie-Madeleine. Le *Quem quaeritis*, connu vers l'an 1000 en France, en Angleterre et en Allemagne, se vit augmenter d'épisodes divers : un épicier, un jardinier intervinrent ; des gardes, Ponce Pilate s'ajoutèrent. Les développements du *Quem quaeritis* devinrent, dans certains cas, le *Ludus paschalis*, dont on a conservé des versions complètes dans deux mss du XIIIe siècle copiés l'un à Tours et l'autre à Origny-Sainte-Benoîte (près de Saint-Quentin). À Pâques, on jouait aussi le drame des Pèlerins d'Emmaüs (le *Peregrinus*) ; au drame de Pâques s'ajoutait parfois la Descente aux Enfers (*Descensus ad Inferos* ou *Harrowing of Hell*). On connaît également des drames de la Passion, avec des *Planctus Mariae*, en Italie, en Frioul, au Mont-Cassin et à Sulmona, à Sienne (vers 1200) et Padoue (vers 1243). Des drames liturgiques se développèrent aussi à l'époque de Noël — ainsi l'*Officium Pastorum* au cours duquel on demande aux bergers : *Quem quaeritis in presepe, pastores ?*, lors de l'Épiphanie — tel l'*Officium stellae*, ou *Jeu de l'Étoile**, dans lequel les rois Mages interviennent. Certains mss qui contiennent des drames pour l'Épiphanie, en particulier le ms. Orléans 201 provenant de Fleury, contiennent aussi un drame sur le massacre des Innocents connu sous le nom d'*Ordo Rachelis*. On connaît des versions indépendantes de l'*Ordo Rachelis* à Saint-Martial de Limoges, Fleury et Freising en Allemagne. Un autre développement des drames liturgiques autour de Noël est représenté par l'*Ordo Prophetarum*, ou Procession des prophètes, dans lequel des passages de l'Ancien Testament et des prophéties païennes annoncent l'arrivée du Christ.

Les drames liturgiques sont écrits en latin, mais peu à peu des passages en langue vulgaire s'y mêlèrent. Le *Sponsus**, dramatisation de la parabole des Vierges sages et des Vierges folles, mêle ainsi latin et langue d'oc. Dans le drame de Pâques d'Origny, on chante des chansons en langue d'oïl. On possède aussi les rôles des acteurs qui devaient jouer le 3e berger, la 3e Marie et le pèlerin dans un *Officium Pastorum*, une *Visitatio Sepulchri* et un *Peregrinus* autour de 1300 à Lichfield en Angleterre. L'essentiel de ces rôles est en anglais avec quelques passages en latin. Les drames liturgiques étaient représentés dans l'église avec une mise en scène simple. Les acteurs, tous des clercs, portaient cependant des costumes. Quelquefois on construisait une scène *(edificium de lignis, seu stacio)*.

D'après la tradition, le drame liturgique se développa d'abord à Saint-Gall et à Saint-Martial de Limoges. À partir de ces deux centres, il gagna l'Angleterre, l'Allemagne et l'Italie. Cependant une origine italienne est aussi possible pour certains tropes. L'évolution du drame liturgique, qui peu à peu se vit ajouter des épisodes et se compliqua, dans lequel les éléments séculiers intervinrent, et qui aurait pour finir déserté l'intérieur de l'église pour sortir sur la place du marché, a donné lieu à des polémiques. Ainsi O.B. Hardison critique les opinions de K. Young, pour qui l'évolution aurait eu lieu de façon linéaire, le drame liturgique devenant de plus en plus élaboré. Hardison a démontré que les formes les plus simples de drames liturgiques ne sont pas forcément les plus anciennes, non plus que l'introduction d'éléments séculiers dans le drame liturgique n'est le signe d'une composition tardive.

ŒUVRES. — Éd. P. Meyer, *Les trois Maries, mystère liturgique de Reims*, dans *Romania*, t. 33 (1904), p. 239-245. — G. Cohen, *Anthologie du drame liturgique en France, au Moyen Âge. Textes originaux accompagnés de traductions*, Paris, 1955.

→ Éd. C.J. Straman, *Bibliogr. of Medieval Drama*, Berkeley, 1954. — Éd. G. Tintori, *Le Sacre Rappresentazioni nel ms. 201 della Bibl. mun. d'Orléans. Testi e musiche pubblicati in trascrizione integrale*, Crémone, 1957 (*Istituta e Monumenta*, 2). — *The Play of Daniel*, éd. W.L. Smoldon, Londres, 1960. — K. Young, *The Drama of the Medieval Church*, Oxford, 1933, 2 vol. — S. Corbin, *Le ms. 201 d'Orléans, drames liturgiques dits de Fleury*, dans *Romania*, t. 74 (1953), p. 1-43. — G. Frank, *The Medieval French Drama*, Oxford, 1954, p. 18-57. — R.B. Donovan, *The Liturgical Drama in Medieval Spain*, Toronto, 1957. — H. Wagenaar-Nolthenius, *Sur la construction musicale du drame liturgique*, dans *CCM*, t. 12 (1960), p. 449-457. — O.B. Hardison, *Christian Rite and Christian Drama in the Middle Ages. Essays on the Origin and Early History of Modern Drama*. Baltimore, 1965. — W. Tydeman, *The Theatre in the Middle Ages*, Cambridge, 1978. — E. Lalou, *Le théâtre et les spectacles publics en France au Moyen Âge. Etat des recherches*, dans *Actes du 115e congrès nat. des Soc. Savantes (Avignon, 1990)*, Paris, 1991, p. 9-33 [bibliogr.]. — Cf. *MB*, nos 3840-3884, 6723-6732, 7839-7845 ; *S* 6265-6285. S.C. et E.L.

Drame de Pâques. Au moment de Pâques, les drames liturgiques se développèrent à partir des cérémonies de la Semaine sainte.

→ K. Young, *The Origin of the Easter Play*, dans *PMLA*, t. 29 (1914), p. 1-58 ; *The Home of the Easter Play*, dans *Speculum*, t. 1 (1926), p. 71-86. — H. Niedner, *Die Deutschen und französischen Osterspiele bis zum XV Jahrhundert. Ein Beitrag zur Theatergeschichte des Mittelalters*, Diss. Munich, 1932. — D.M. Dolan, *Le drame liturgique de Pâques en Normandie et en Angleterre au Moyen Âge*, Paris, 1975. — B. Berger, *Le drame liturgique de Pâques du xe au xiiie siècle, Liturgie et théâtre*, Paris, 1976. — Cf. *MB* n° 3862-3866, 6728 ; *S* 6265-6284.

Voir : *Drame liturgique*. E.L.

Duc de Brabant. Trouvère auquel sont attribués un jeu-parti avec le poète artésien Gilbert de Berneville*, deux chansons d'amour et une pastourelle dont l'héroïne est une jeune bergère aussi madrée qu'intéressée. Cette pastourelle (R. 936) servit de modèle à Adam de la Bassée* pour la chanson latine *Felix qui humilium (Ludus super Anticlaudianum)*.

Ce poète n'est autre que le duc Henri III de Brabant. Fils d'Henri II de Brabant, Henri III, né vers 1230, devint duc peu après le 1er février 1248, et joua un rôle politique et diplomatique important dans les Pays-Bas ; il mourut le 28 février 1261. Propagateur de la langue et de la culture françaises, il protégea le romancier Adenet le Roi* et fut en relations poétiques avec le comte Charles d'Anjou*, avec le comte de Flandre Gui de Dampierre — autre protecteur d'Adenet —, avec le comte Thibaut II de Bar et avec plusieurs trouvères du Nord de la France, comme Gilbert de Berneville, Jean Erart*, Perrin d'Angicourt* et Raoul de Soissons*, jusqu'à un simple jongleur comme Carasaus*. Ses compositions personnelles valent par la souplesse et la variété de leurs rythmes, plus que par l'originalité de l'inspiration.

ŒUVRES. — A. Henry, *L'œuvre lyrique d'Henri III, duc de Brabant*, Bruges, 1948 (*Rijksuniversiteit te Gent, Werken uitgegeven door de Faculteit van de Wijsbegeerte en Letteren*, 103).

→ G. Muraille, *Le duc Henri III de Brabant et le trouvère Jehan Erart*, dans *Les Lettres Romanes*, t. 12 (1958), p. 414-420. — A. Hughes, *The « Ludus super Anticlaudianum » of Adam de la Bassée*, dans *Journal of the American Musicological Society*, t. 23 (1970), p. 7 et 24, n° 129. — Linker, n° 56. — Cf. *MB*, n° 2356. G.M. et F.F.H.

Duchesse de Lorraine, poétesse à laquelle le rubricateur du chansonnier *C* (Berne, Stadtbibl., 389) attribue deux beaux poèmes lyriques du XIIIe siècle. L'un est une chanson d'aube, l'autre exprime la plainte touchante d'une femme qui veut mourir comme Didon, parce qu'elle a été abandonnée par son bien-aimé. Le premier est dû probablement au trouvère appelé le Chapelain de Laon*. Quant au second, il est peu vraisemblable qu'il ait été écrit par une duchesse de Lorraine ; mieux vaut le tenir pour l'œuvre d'un poète inconnu.

→ P. Paris, *Chansonniers*, dans *HLF*, t. 23 (1856), p. 558 et 838. — H. Petersen Dyggve, *Onomastique des trouvères*, Helsinki, 1934, p. 170. G.M.

Dudon de Saint-Quentin, historien normand du début du XIe siècle, était chanoine de Saint-Quentin (Aisne) au début du règne de Hugues Capet. Il vint en Normandie pour la première fois sous le duc Richard Ier, vers 994, et en reçut deux églises dans le nord du Pays de Caux. Ses relations furent encore plus étroites avec son fils Richard II, dont il fut le fidèle et le chapelain et qui lui confirma en 1015 ses bénéfices. On a encore deux actes originaux de la chancellerie de ce duc, écrits en partie de sa main. Mais c'est Raoul d'Ivry, comte et oncle du duc, qui fut son principal protecteur. On ne sait rien de la fin de sa vie, mais il était mort en 1043, où on lui connaît un successeur comme doyen de Saint-Quentin.

Sa seule œuvre est le *De moribus et actis primorum Normanniae ducum* (ou plus simplement *Gesta Normannorum*), pour lequel il commença à se documenter vers 994 et qu'il rédigea sans doute entre 1015 et 1026. Il s'agit d'une histoire des chefs vikings qui firent la conquête de la Normandie et des trois premiers ducs de Rouen, divisée en quatre livres consacrés respectivement à Hasting, Rollon, Guillaume Longue Épée et Richard Ier (mort en 996). La part des légendes et de l'imagination est considérable dans toute l'œuvre et spécialement dans les deux premiers livres ; l'intention apologétique est évidente, ainsi qu'un nationalisme normand outrancier. Bien que Dudon se couvre de l'autorité d'un informateur exceptionnellement bien placé, Raoul d'Ivry, demi-frère de Richard Ier, le contenu historique de son écrit est fort mince. C'est plutôt comme témoin de l'état d'esprit et du goût littéraire qui régnait à la cour sous Richard Ier, qu'il offre de l'intérêt ; les poèmes qui servent de prologue à chacun de ses livres et les entrecoupent à tout propos présentent de curieuses analogies de style avec ceux de son contemporain Garnier de Rouen et doivent sans doute beaucoup à un milieu ecclésiastique anglo-normand qui s'était manifesté dans l'entourage de l'évêque Aethelwold de Winchester (963-984) ; l'emphase rhétorique, le goût des mots rares et la pédanterie la plus insupportable dominent sa prose comme ses vers. Malheureusement ce détestable auteur est la seule source d'information directe dont on dispose sur le premier siècle de la Normandie, et tous les historiens postérieurs n'ont pu que le démarquer dans un style mis au goût du jour. Il a donc été fort lu, et est le principal responsable de certains à peu-près qui se sont imposés à presque toute l'historiographie médiévale (comme *Dacia* pour *Dania*, le Danemark). Aux XIXe et XXe siècles, son texte a été méticuleusement scruté par les érudits, qui se sont livrés à son propos à de véritables guerres, notamment au sujet de l'origine danoise qu'il attribue à Rollon. On n'en a encore ni édition pleinement satisfaisante, ni étude littéraire approfondie. Cependant, on peut aujourd'hui voir dans le *De Moribus* une œuvre cohérente et organisée, un texte construit avec beaucoup d'art et d'adresse, qui doit être vu comme une histoire héroïque, une épopée aristocratique. Dudon est un pur représentant de la culture carolingienne. D'autre part, il écrit comme un homme de cour, non comme un homme de cloître.

ŒUVRES. — *De moribus et actis primorum Normanniae ducum*, éd. Jules Lair, *Mém. de la Soc. des Antiq. de Normandie*, Caen, t. 23, 1865.

→ H. Prentout, *Étude critique sur Dudon de Saint-Quentin et son histoire des premiers ducs normands*. Paris, 1916. — J. Steenstrup, *Normandiets Historie under de syv förste Herluger*. Copenhague, 1925. — M. Fauroux, *Deux autographes de Dudon de Saint-Quentin*, dans *BEC*, t. 111, 1953, p. 229-234. — L. Musset, *Le satiriste Garnier de Rouen et son milieu*, dans *Rev. du Moyen Âge latin*, X, 1954, p. 237-258. — G. Huisman, Notes on *the Manuscript tradition of Dudo of Saint-Quentin's Gesta Normannorum*, dans *Proceedings of the Battle Conference. Anglo-Norman Studies*, t. 6, 1983, éd. R.A. Brown, Woodbridge, 1984, p. 122-135. — E. Searle, *Fact and Pattern in Heroic History Dudo of Saint-Quentin*, dans *Viator*, t. 15, (1984), p. 119-137. — L. Shopkow, *The Carolingian World of Dudo of Saint-Quentin*, dans *Journal of Medieval History*, t. 15, (1989), p. 19-37. L.M. et G.T.L.

Durand. On ne possède aucun renseignement sur Durand, auteur, dans la première moitié du XIIIe siècle, d'un fabliau de 296 octosyllables, les *Trois bossus ménestrels*. A. Pillet pense qu'il serait de la région d'Arras ou de Marchiennes. La jeune femme d'un usurier bossu et jaloux reçoit, pour se distraire, trois ménestrels bossus. Son mari survenant, elle les cache rapidement dans trois coffres ; mais lorsqu'elle rouvre les coffres, elle les retrouve morts. Elle paie un porteur pour jeter un corps à la rivière, et, feignant de croire que le travail n'a pas été éxécuté, lui fait emporter successivement les trois corps. Le porteur tue et noie en plus le mari, croyant avoir affaire à une réapparition du mort.

Le thème du mort récalcitrant se retrouve dans d'autres fabliaux (*Estormi**, les *Quatre prêtres* de Haiseau*), mais il a également circulé, pendant tout le Moyen Âge et la Renaissance, en Italie et en Allemagne. Il serait d'origine orientale.

ŒUVRE. — Éd. A. de Montaiglon et G. Raynaud, dans *Recueil général des fabliaux*, Paris, 1872, t. 1, p. 13-23. — Éd. et trad. italienne G.C. Belletti, *Fabliaux. Racconti comici medievali*, Ivrée, 1982. — Éd. et trad. anglaise J. Du Val et R. Eichmann, dans *Cuckolds, Clerics and Countrymen. Medieval French Fabliaux*, Fayetteville, 1982. — Éd. W. Noomen, et N.J. Van den Boogaard, dans *Nouveau recueil complet des fabliaux*, t. 5, Assen, 1990. — *Fabliaux*, trad. G. Rouger, Paris, 1978 *(Folio)*. — *Van Lieben und Hieben. Altfranzösische Geschichte*, trad. allemande I. Strasser, Vienne-Cologne-Graz, 1984 (*Fabulae medievales*, 4).

→ V. Le Clerc, *Fabliaux*, dans *HLF*, t. 23, 1856, p. 69-215, notamment p. 165-166. — A. Hilka, *Zum Fablel von den Drei Buckeligen*, dans *ZFSL*, t. 47 (1924), p. 70-72. — C. Henry, *The Gift of Winter in Des Trois Bossus, an Old French Fabliau*, dans *Comparative Literature Studies*, t. 17 (1980), p. 260-267. — Cf. *MB*, nos 2465-2467 ; *S* 4685. A.F.L.L.

Durand de Champagne. Confesseur de la reine Jeanne de Navarre († 1305), femme de Philippe le Bel, et auteur d'un manuel des confesseurs *(Summa collectionum pro confessionibus audiendis)*, le franciscain Durand de Champagne est mieux connu comme auteur d'un *Speculum dominarum* dédié à sa pénitente. De facture scolastique, d'inspiration ascétique, le *Speculum*, à la différence des *Miroirs des princes* ou même de la *Somme le Roi*, ne s'intéresse guère au quotidien. Toute son attention s'attache à la vie morale et à la vie spirituelle, conçues en termes d'ascèse individuelle et largement intemporelle, l'idéal de la perfection féminine étant essentiellement introverti. Plus du tiers de l'enseignement est littéralement emprunté à un *Speculum morale* de la fin du XIIIe jadis attribué à Vincent de Beauvais*. La rédaction latine du *Speculum dominarum* n'eut aucune diffusion. En revanche, la traduction qu'en commanda la reine Jeanne elle-même à un cordelier anonyme circula largement et devint un classique des bibliothèques princières de la fin du Moyen Âge. Au début du XVIe siècle, une seconde traduction, demeurée inachevée, fut réalisée par le prêtre Isambert de Saint-Léger à l'intention de Marguerite de Navarre.

ŒUVRES. — *Speculum dominarum*, éd. A. Dubrulle, Paris, 1988 [thèse École des Chartes dactyl.]. Trad. d'Ysambert de Saint-Léger, éd. C. Marazza, Lecce, 1978.

→ L. Delisle, *Durand de Champagne, franciscain*, dans *HLF*, t. 30 (1888), p. 302-333. — A. Dubrulle, *Le Speculum dominarum de Durand de Champagne*, dans *Positions des thèses de l'École des Chartes*, 1988, p. 71-74. G.H.

Durand de Saint-Pourçain. Théologien dominicain, né à Saint-Pourçain-sur-

Sioule (Allier) vers 1270-1275. Présent à Paris (couvent de Saint-Jacques) en 1303, lecteur sententiaire en 1307-1308 ; maître en théologie en 1312 (durant le second magistère de Maître Eckhart en ce même couvent de Saint-Jacques). En 1313, maître du Sacré Palais à la Curie papale d'Avignon ; nommé évêque de Limoux en 1317, du Puy-en-Velay en 1318, et en 1326 à Meaux, où il décède le 10 septembre 1334.

L'œuvre théologique de Durand réside avant tout en son monumental *Commentaire des Sentences*. L'accompagnent des textes de justification et de disputation (cinq *Quodlibeta*). En 1310-1311, il procède à une deuxième rédaction de son exposé des *Sentences*, alléguant que la première version, encore provisoire, a été diffusée à son insu. Il y apportera en 1327 une ultime rédaction qui apparaît plus proche de la première. Les amendements de la deuxième s'éclairent par l'injonction du Chapitre général de l'Ordre dominicain tenu à Saragosse en 1309, rappelée par les chapitres généraux des années suivantes, de ne pas combattre les doctrines théologiques de Thomas d'Aquin.

Les positions doctrinales de Durand ont d'emblée soulevé contestation, la plus importante étant celle d'Hervé de Nédellec* dès 1310, suivie par celles de Jean de Naples et de Thomas de Sutton entre autres. Les griefs sont de deux ordres : avant 1317, on incrimine plusieurs oppositions à la doctrine commune de l'Église ; à partir de 1317, moment où l'Ordre des Prêcheurs fait ouvrir le procès de béatification de Thomas d'Aquin*, les reproches sont de combattre l'enseignement de ce dernier (liste des 235 points litigieux). Dès 1314, Durand se justifie en un plaidoyer dit *Excusationes*. En 1326, depuis Meaux, il se prononce pour la censure d'Occam, et en 1333, après sa prise de position contre la thèse relative à la vision de Dieu promise aux élus, le pape, mécontent de la critique, fait dresser une liste de onze erreurs.

L'adhésion de Durand à la foi n'est pas mise en doute. Ses originalités et les discussions qu'elles soulèvent tiennent aux arguments rationnels qu'il met en œuvre pour développer les données théologiques. Sans présenter les caractères typiques du nominalisme comme on l'a hier soutenu, la pensée de Durand s'éclaire en ses particularités par les thèses en circulation chez ses contemporains, Jean Quidort, Pierre d'Auvergne et surtout Jacques de Metz (qui fut peut-être son professeur), tous marqués par les options de Henri de Gand* dans le contexte de la grande censure de 1277. Celle-ci a écarté du domaine théologique la haute noétique grecque et arabe et promu au premier rang la dialectique psychologisante de l'augustinisme traditionnel. L'avidité de l'époque pour les démonstrations logiquement nécessaires, conjuguée au rôle de critère suprême accordé aux *Catégories* d'Aristote et non plus à sa *Métaphysique*, éclaire la plupart des options de Durand, surtout son adhésion, concernant le thème de relation en Dieu, à la thèse modaliste d'Henri de Gand, et par là les critiques qu'il oppose aux doctrines de Thomas d'Aquin.

ŒUVRES. — *Commentaire des Sentences*, plusieurs éd. anciennes de la troisième rédaction : Paris, 1508, 1515, 1533, 1539, 1547, 1550 ; Lyon 1533, 1556, 1560, 1569, 1595 ; Anvers 1567, 1576 ; Venise 1571, 1586 ; *Quodlibeta avignonensia tria*, éd. P.T. Stella, Zurich, 1965 ; *Quaestio de natura cognitionis* (extrait de l'*In Sententias* première rédaction), éd. J. Koch, avec une *Disputatio cum anonymo quodam nec non determinatio Hervei Natalis O.P.*, Münster, 1929 ; *Tractatus de habitibus*, éd. T. Takada, Kyoto, 1963 : *De origine potestatum et iuridictionum*, éd. Paris, 1506 [le *De legibus* de cette éd. est inauthentique] ; *De visione Dei quam habent animae sanctorum ante iudicium generale* : inédit.

→ Th. Kaeppeli, *Scriptores Ordinis Praedicatorum Medii Aevi*, Rome, 1970, I, p. 339-350 (recense 30 n^os^ d'œuvres). — P. Glorieux, *Répertoire des Maîtres en théologie de Paris au* XIIIe *siècle* ; Paris, 1933, I, n° 70, p. 214 sq. — J. Koch, *Durandus de S. Porciano. Forschungen zum Streit um Thomas von Aquim zu Beginn des 14. Jahrhunderts*, I, Münster, 1927 ; *Neue Aktenstücke zu den gegen Willelm Ockham in Avignon geführten Prozess*, dans *RTAM*, 8 (1936), p. 81-93, 168-194. — L.-P. Fournier, dans *HLF*, t. 37, p. 1-38. — M.D. Philippe, *Les processions divines selon Durand de Saint-Pourçain*, dans *Rev. thomiste*, t. 47 (1947), p. 244-288 ; B. Decker, *Die Gotteslehre des Jakob von Metz Untersuchungen zur Dominikanertheologie zu Beginn des 14. Jahrhunderts*, éd. R. Haubst, Münster, 1967. E.H.W.

Durand de Troarn († en 1088). Né au diocèse de Bayeux, il fut probablement oblat au monastère de Saint-Wandrille, puis il passa à Mont-Sainte-Catherine. En 1058, Guillaume le Conquérant le choisit pour abbé de Troarn. Il combattit les doctrines eucharistiques de Bérenger dès avant 1060 ; avant que Lanfranc* ne fût intervenu dans la controverse, il avait, en effet, rédigé contre l'écolâtre de Tours son *Liber de corpore et sanguine Christi*, précédé d'une dédicace en 900 hexamètres à Ansfrid de Préaux. Durand puise son inspiration dans les traités de Paschase Radbert*, mais la puissance de son argumentation laisse fort à désirer. On sait qu'il composa aussi des antiennes et des répons qui n'ont pas été conservés et quelques épitaphes.

ŒUVRES. — Elles ont été éditées par d'Achery à la suite des œuvres de Lanfranc ; on les trouve dans *PL*, t. 149, col. 1375-1424.

→ R. Heurtevent, *Durand de Troarn et les origines de l'hérésie bérengarienne*, Paris, 2e éd. 1928. D.G.O.

Durmart le Gallois. Long roman arthurien anonyme de 16 000 vers, du milieu du XIIIe siècle et d'origine picarde, conservé par un seul manuscrit. Le jeune Durmart revient à la raison après une brève liaison avec la femme du sénéchal de son père. Il est bien décidé à se faire pardonner cette incartade et à mériter l'amour de la reine d'Irlande dont il a appris la merveilleuse beauté. Il ne tarde pas à la rencontrer, sans savoir qu'elle est celle qu'il cherche. Après lui avoir assuré le prix de beauté au concours de l'épervier (voir *Erec* de Chrétien de Troyes*), il la perd, pour apprendre peu après, de la bouche de Brun de Branlant qui l'héberge, qu'elle était la reine. Après quelques aventures, il s'illustre au tournoi de Blanches Mores ; comme il arrive un jour en un pays dévasté par la guerre, un archer lui dit que cette terre appartient à la reine d'Irlande, ellemême assiégée à Limeri. À la tête de quelques chevaliers, il oblige Mogant, l'assiégeant, à demander l'aide d'Arthur. La reine d'Irlande, injustement accusée de « recreantise » par son adversaire, fait reconnaître la justice de sa cause par Arthur et épouse son champion.

Reprenant le thème de la princesse lointaine, le roman est coulé dans le moule de la « quête ». L'auteur connaît bien son Chrétien de Troyes, qu'il imite souvent dans les monologues amoureux. Les descriptions de tournois, de combats et de cérémonies occupent une place considérable. Certains thèmes et motifs traditionnels, dépouillés de merveilleux, sont traités avec habileté et fondus en un conte savamment agencé et à l'intention quelquefois didactique.

ŒUVRE. — Éd. E. Stengel, *Durmart le Gallois*, Tübingen, 1873. — J. Gildea, *Durmart le Gallois*, 2 vol., Villanova (Penn.), 1965 et 1966.

→ G. Paris, *Durmart le Gallois*, dans *HLF*, t. 30, p. 141-159. — F. Lyons, *The Wounding of Durmart*, dans *French Studies*, t. 25 (1971), p. 129-135. — M.-J. Southworth, *Étude comparée de quatre romans médiévaux, Jaufré, Fergus, Durmart le Gallois, Blancandin et l'Orgueilleuse d'Amours*, Paris, 1973. — F. Wolfzettel, *Idéologie chevaleresque et conception féodale dans Durmart le Gallois : l'altération du schéma arthurien sous l'impact de la réalité politique du XIIIe siècle*, dans *Actes du 14e congrès int. arthurien, Rennes, 16-21 août 1984*, Rennes, 1985, p. 668-686. — Cf. *GRLMA*, t. IV/2, n° 160 ; t. IV/1, p. 377, 391. — *MB* nos 2048-2050 ; 6418 ; *S* 2402 ; 4167-4168.

A.M. et C.R.

E

Eble d'Ussel. Voir : Ussel (Troubadours d').

Eble de Ventadour. Voir : Ventadour (Maison de).

Échecs amoureux. Composé entre 1370 et 1380, ce long roman (trente mille octosyllabes) conjugue la narration du *Roman de la Rose* de Guillaume de Lorris* et les idées de Jean de Meun*. Un matin de printemps, l'auteur voit en une vision (et non un songe) Nature, qui lui enjoint de découvrir le monde. En chemin, il rencontre Mercure, Pallas, Junon et Vénus. À leur prière, l'auteur réitère le jugement de Pâris en faveur de Vénus. Aussi la déesse lui promet-elle une dame cent fois plus belle qu'Hélène. Sur ses conseils, il se rend au jardin de son fils Deduit, où il fait une sorte de pèlerinage sur les pas de Guillaume de Lorris (le buisson de roses, la fontaine de Narcisse). À partir de là, la narration s'éloigne de son modèle, même si les figures allégoriques et certains passages sont encore repris de Jean de Meun. L'auteur, après sa visite du verger, rejoint Deduit. Celui-ci est en train de jouer aux échecs avec une jeune fille. Prié de faire une partie avec elle, l'auteur est « maté » ; il a perdu son cœur au jeu. Le dieu d'amour lui fait prêter hommage et lui signifie ses commandements. Il lui promet qu'il sera vainqueur de sa dame lors d'une prochaine partie d'échecs. Survient alors Pallas, qui avertit l'auteur des dangers qu'il court à aimer. Son discours — les deux tiers de l'œuvre — traite des mérites comparés de trois modes de vie : délectatif, actif et contemplatif. Ce dernier est le meilleur mais le plus difficile ; aussi Pallas développe-t-elle surtout les aspects de la vie la plus souhaitable après la vie contemplative, la vie active : l'éducation, l'université, le mariage, les devoirs des diverses classes... L'œuvre est inachevée dans les deux seuls manuscrits qui nous l'ont conservée.

Selon P.-Y. Badel, le fil directeur de cette relecture et réécriture du texte « canonique » de la fin du Moyen Âge, c'est le jugement de Pâris. Depuis les mythographes en effet, les trois déesses sont associées aux trois modes de vie. Mais l'auteur ne signifie pas immédiatement quelle est la hiérarchie de ces trois vies ; multipliant les figures qui les illustrent, il laisse le débat ouvert. D'autre part, il n'est pas impossible que l'auteur, toujours partisan de la mesure, fasse la part des choses et des années en associant la vie délectative à la jeunesse et au printemps et la vie active à un temps où l'échec peut rendre l'homme plus mûr. Si l'œuvre avait été achevée, l'auteur aurait-il suivi les conseils de Pallas et embrassé la vie active, puis plus tard la vie contemplative ?

Comme Jean de Meun, l'auteur des *Échecs amoureux* est un savant lettré. Il réutilise les sources de son modèle, Alain de Lille* par exemple, mais emprunte aussi à d'autres autorités, comme Gilles de Rome* *(De Regimine principum)*, Vincent de Beauvais*, Brunetto Latini* et les *Remedia amoris* d'Ovide* pour construire le discours de Pallas. Texte savant qui commente le *Roman de la Rose*, les *Échecs amoureux* ont suscité à leur tour une glose, du début du texte jusqu'au mat de l'auteur (voir Evrard de Conty). Leur première partie encore (4 873 vers) a donné lieu à la traduction anglaise de Lydgate vers 1412, sous le titre de *Reson and Sensuallyte*. Enfin, Jean Miélot* aurait mis en prose le passage qui décrit l'image de Vieillesse, dans son *Traité sur jeunesse et vieillesse*.

ŒUVRE. — Éd. partielle G. Korting, *Altfranzösische Übersetzung der Remedia amoris des Ovid (Ein Theil des allegorisch-didaktischen Epos Les Echecs amoureux)*, Leipzig, 1871, réimpr. Genève, 1971 [d'après le ms. de Dresde]. — C. Kraft, *Liebesgarten-Allegorie der Echecs amoureux*, Francfort-sur-le-Main, 1977 [5 664 vers du Jardin d'Amour d'après le ms. de

Venise]. — Éd. partielle H. Abert, *Die Musikästhetik des Échecs amoureux*, dans *Romanische Forschungen*, t. 15 (1902), p. 884-925 [1 271 vers d'après le ms. de Dresde]. — Éd. partielle J. Mettlich, *Ein Kapitel über Erziehung aus einer altfranzösischen Dichtung des 14. Jahrhunderts*, Münster, 1902 [d'après le ms. de Dresde]. — Éd. partielle A. Rivoire, *Li Eschés amoureux. Frammenti* (...), Coïsson, 1915 [d'après le ms. de Venise]. — Éd. partielle S.L. Galpin, *Les Eschez amoureux*, dans *The Romanic Review*, t. 11 (1920), p. 283-307 [d'après le ms. de Dresde].

→ E. Sieper, *Les Échecs amoureux, eine altfranzösische Nachahmung des Rosenromans und ihre englische Übertragung*, Weimar, 1898 (*Literarhistorische Forschungen*, 9). — H. Höfler, *Les Échecs amoureux : Untersuchungen über die Quellen des 2. Teiles*, Munich, 1905 [sur les ff. 66-94 de Dresde] ; *Les Échecs amoureux*, dans *Romanische Forschungen*, t. 27 (1910), p. 625-689 [sur les sources de la 2e partie, ff. 94-144]. — S.L. Galpin, *Les Eschez Amoureux : a Complete Synopsis* (...), dans *The Romanic Review*, t. 11 (1920), p. 283-307. — R. Bossuat, *Jean Miélot, traducteur de Cicéron*, dans *BEC*, t. 99 (1938), p. 95, note 1. — P.-Y. Badel, *Le Roman de la Rose au* XIVe *siècle*, Genève, 1980, p. 263-290. — R. Hyatte, *Ovidius, Doctor Amoris : The Changing Attitudes towards Ovid's Eroticism in the Middle Ages as seen in the Old French adaptations of the Remedia Amoris*, dans *Florilegium*, t. 4 (1983), p. 123-136. — Cf. *MB* nos 5374-5383, 7007 ; *S* 1748, 4921, 7573. S.L.

Ecloga Theoduli. Voir : Jean Le Fèvre ; Virgile au Moyen Âge.

Edmond d'Abingdon. Né vers 1175, Edmond étudia à Paris et enseigna à Oxford, avant d'être sacré archevêque de Cantorbéry en 1234 ; il mourut à Provins en 1240 et fut enterré dans l'abbaye de Pontigny. Il nous reste de lui des sermons, un commentaire des Psaumes et un traité qui connut une large diffusion, le *Speculum Ecclesiae* ou *Mirour de Seinte Eglyse* (80 mss). Cet opuscule propose un résumé complet de la doctrine chrétienne suivi d'une série de méditations sur la vie et la Passion du Christ (selon la méthode des *Horloges* de la Passion), parties intégrantes d'un enseignement dans la perspective de la sanctification de l'âme. L'ensemble se situe dans la tradition victorine ; l'influence de Hugues de Saint-Victor* est particulièrement nette. Le texte existe sous trois formes différentes : une version latine, une version anglo-normande supposée traduction de la version latine primitive, et une seconde version latine, rétrotraduction de la version vernaculaire. On a voulu mettre en relation les différences de rédaction remarquées entre les copies de la version anglo-normande avec des différences de public (version longue / moniales ; version courte / laïcs) ; mais il est improbable que les catégories aient été si tranchées.

ŒUVRE. — Versions latines : éd. H.P. Forshaw, Londres, 1973 (*Auctores Britanici Medii Aevi*, 3). — Version anglo-normande : éd. A.D. Wilshere, Londres, 1982 (*AATS*, 40).

→ *DHGE*, t. 14, 1960, col. 1441-1445 ; *DSAM*, t. 4, 1961, col. 293-295. — C. Lawrence, *Saint Edmund of Abingdon. A Study in Hagiography and History*, Oxford, 1960. — D. Legge, *Anglo-Norman Literature and its Background*, Oxford, 1963. — H.P. Forshaw, *New Light on the Speculum Ecclesiae...*, dans *AHDLMA*, t. 38 (1971), p. 7-33 ; *St. Edmund's Speculum, a Classic of Victorine Spirituality, ibid.*, t. 39 (1972), p. 7-40. — A. Wilshere, *The Latin Primacy of St. Edmund's « Mirror of Holy Church »*, dans *The Modern Language Review*, t. 71 (1976), p. 500-512. G.H.

Édouard II, roi d'Angleterre. Né le 25 avril 1284, fils d'Édouard Ier d'Angleterre et d'Éléonore de Castille, Édouard devint, le 7 février 1301, prince de Galles et comte de Chester. Il assista Édouard Ier dans ses campagnes militaires en Écosse. À la mort d'Édouard Ier (7 juillet 1307), il lui succéda sous le nom d'Édouard II. Marié le 25 janvier 1308 à Isabelle de France, fille du roi Philippe le Bel, Édouard II fut couronné à Westminster le 25 février 1308. Très rapidement, il souleva contre lui, par son insuffisance politique, ses défaillances morales et ses débauches, la plus grande partie du peuple anglais. Il est vrai que ses ennemis, au premier rang desquels se trouvaient sa femme Isabelle de France et son demi-frère Edmond, comte de Kent, ne valaient guère mieux que lui. Tombé, au mois de novembre 1326, aux mains du parti adverse, Édouard II dut abdiquer en faveur de son fils aîné Édouard (né le 13 novembre 1312) et fut emprisonné d'abord à Kenilworth, puis à Berkeley Castle. Ce fut dans ce dernier château qu'il fut assassiné, le 21 septembre 1327, par deux hommes de main à la solde de la reine Isabelle et de son amant Mortimer.

On attribue traditionnellement à ce malheureux prince une déploration, écrite en anglo-normand et qui a pu être suscitée par l'espèce de « culte » rendu aux restes d'Édouard II à l'abbaye de Gloucester.

Aujourd'hui conservée dans deux manuscrits (Longleat, coll. Bath, 26 et Londres, Brit. Libr., Royal 20.A.II), cette pièce, formée de 15 strophes de huit vers octosyllabiques, a sa beauté :

Meintenant santz delai
Bien serroit tenps de morir,
A moy cheitif qe perdu ay
Tutz honurs sanz recuverir !
Allas, dolent, pur qei m'emay ?
Puis qu'il est a Dieu pleyssir,
Mult bonement le suffrai
De tout me durrai a luy servir.

ŒUVRE. — P. Studer, *An Anglo-Norman Poem by Edward II, King of England*, dans *The Modern Language Review*, t. 16 (1921), p. 34-46. — T.M. Smallwood, *The Lament of Edward II, ibid.* t. 68 (1973), p. 521-529. — Cf. *MB*, n°s 6957 ; *S* 4473-4474. R.H. et F.F.H.

Eginhard (Einhardus). Ce célèbre biographe de Charlemagne naquit dans la vallée du Main vers 770. Élevé à Fulda sous l'abbatiat de Baugulf, il y fut scribe de 788 à 791. Il compléta son éducation à la cour de Charlemagne (794), avant de succéder à son maître Alcuin. Homme de confiance de Charlemagne, il joua un grand rôle au service de Louis le Pieux. Chargé en 817 de l'éducation de Lothaire, il reçut de nombreuses abbayes, Saint-Pierre au mont Blandin en 815, Fontenelle en 817-823, Saint-Bavon de Gand en 819, Saint-Servais de Maastricht en 821... À la fin de sa vie, il partagea son temps entre Aix-la-Chapelle dont il a supervisé les travaux (d'où son surnom de Beseleel) et sa fondation de Seligenstadt. C'est là qu'il mourut le 14 mars 840.

Son œuvre majeure est la *Vita Karoli Magni Imperatoris* dans laquelle il fait œuvre d'historiographe, s'inspirant de Suétone, d'hagiographe et de panégyriste. Cette *Vita* en prose, rédigée sans doute vers 826, rappelle l'origine et la naissance de l'empereur, son éducation, son activité politique et militaire, les monuments qu'il a laissés, sa vie privée et ses relations ; selon le schéma éprouvé, elle se termine par un portrait moral du héros, avant de relater sa mort et de transmettre son testament, qui est peut-être l'œuvre d'Eginhard lui-même. La *Vita* est conservée dans plus de 80 mss que l'on peut classer en trois groupes : la recension I ne possède pas le prologue d'Eginhard, ne mentionne pas Roland à Roncevaux, mais présente une dédicace de Gerward, bibliothécaire de Louis le Pieux. La recension II possède le prologue et mentionne Roland. Elle remonte à une copie exécutée pour le chancelier Grimald. La recension III, sans prologue, mentionne aussi Roland. C'est sans doute le rayonnement de ce récit qui a fait attribuer à Eginhard une recension particulière des Annales de Lorsch (ou *Annales Regni Francorum*) et leur continuation pour les années 788-829. En fait, les parentés entre les deux textes sont dues au fait qu'Eginhard a utilisé les Annales pour son travail, mais sans en être l'auteur. Après avoir campé la figure exemplaire et déjà mythique de Charlemagne, il fit encore œuvre d'hagiographe en écrivant, à l'occasion du transfert des reliques de Marcellin et Pierre à Seligenstadt (830), un récit en prose, *Translatio et miracula SS. Marcellini et Petri* (*BHL*, 5 233), et une passion rythmique, *Rythmus Einhardi viri peritissimi de passione Christi martyrum Marcellini et Petri* (*BHL*, 5 232 ; attribution controversée). De la correspondance d'Eginhard, que l'on possède pour la période 823-840, il faut mentionner une lettre-traité répondant à une question de Loup de Ferrières, la *Quaestio de adoranda cruce* (mars-avril 836). Eginhard avait aussi rédigé un *Libellus de Psalmis* aujourd'hui perdu. Témoins de son activité à la chancellerie impériale et de son activité « artistique » nous restent quelques chartes et des reproductions (XVIIe) d'un socle de croix en argent, l'*Arcus Einhardi*, conservé jusqu'au XVIIIe à Saint-Servais de Maastricht. En revanche, c'est sans fondement qu'on lui a attribué un traité *De moribus et superstitione Saxonum*, les *Annales de Fulda* et deux recueils annalistiques de Seligenstadt et Saint-Pierre au mont Blandin.

ŒUVRES. — *Annales Laurissenses* ou *Annales regni Francorum* (recension E), éd. *PL*, t. 104, col. 368-508 ; et K. Kurze, *MGH Script. rec. germ.* 6, p. 3-115. — *Arcus Einhardi*, reprod. dans *Das Einhardkreuz. Vorträge und Studien der Münsteranen Discussion zum Arcus Einhardi*, Göttingen, 1974. — *Chartae*, éd. *PL*, t. 104, col. 601-608. — *Epistulae*, éd. K. Hampe, *MGH Epist.* 3,5, p. 109-141 et 641. — *Quaestio de adoranda cruce*, éd. K. Hampe, *ibid.* 3,5, p. 146-149. — *Rythmus...*, éd. E. Dümmler, *MGH Poetae*, 2, p. 126-135. — *Translatio...*, éd. G. Waitz, *MGH Scriptores*, 15, p. 239-264. — *Vita Karoli Magni Imperatoris*, éd. L.

Halphen, Paris, 1923 (*Les classiques de l'histoire de France au Moyen Âge*, 1).

→ A. Kleinclauzc, *Eginhard*, Paris, 1942 (*Annales Univ. Lyon* 3e série, fasc. 12). — A. De Mandach, *Le problème de la présence de Roland à la défaite pyrénéenne de 778. Pour une nouvelle édition critique de la Vita Karoli*, dans *Mél. R. Louis*, 1, Saint-Père-sous-Vézelay, 1982, p. 363-378. A.M.T.

Eilhart von Oberg. Le mérite incontestable d'Eilhart von Oberg (nous ignorons tout de sa vie) est d'avoir introduit le thème de Tristan dans la littérature allemande, et ce, selon toute vraisemblance, vers 1170 à la cour de Brunswick en Saxe. Le modèle d'Eilhart, appelé *Estoire* — qui est aussi celui de Béroul*, de Thomas* et des parties anciennes du *Tristan en prose** conservées dans le manuscrit fr. 103 de la BN — n'est pas parvenu jusqu'à nous et ne peut être qu'inféré de la comparaison des différents témoins.

Le poète dit lui-même dans sa préface que « jamais on n'a raconté une aussi belle histoire sur les affaires de cette vie, la prouesse et l'amour ». Et c'est avec une grande prédilection — au contraire de Gottfried von Straßburg*, qui adaptera dans la première décennie du XIIIe siècle le *Tristan* de Thomas — qu'Eilhart décrit les exploits guerriers, que ce soit le combat de Tristrant contre Morolt, ou mieux encore, la première bataille de Karahès, que le héros prépare selon toutes les règles de la stratégie contemporaine : il revient sans nul doute à Eilhart, qui fait étalage de sa science guerrière, d'avoir donné à Tristrant le rôle essentiel et brillant de stratège suprême, dressant minutieusement le plan de la bataille, aussi bien offensif que défensif. En procédant de la sorte, Eilhart se conduit en idéologue de la société féodale, puisque le monopole des armes servait à la noblesse à assurer son hégémonie, et le poète s'attache à instruire un auditoire pour lequel la guerre était la principale occupation. Et sans doute faut-il voir là un hommage rendu par Eilhart à son mécène, Henri le Lion, grand chef de guerre. Le thème central est cependant l'amour, ou plutôt le conflit entre amour et mariage, et là Eilhart, à travers certaines contradictions du texte, montre, consciemment ou non, les tensions qui peuvent exister entre le respect d'un état de fait et le désir d'innovation et de liberté. La nette tendance à souligner la fonction disculpante du philtre, et par là à dégager son héros de toute responsabilité personnelle, pourrait caractériser avec la plus grande netteté possible dans la première partie de l'œuvre la position prise par Eilhart (à la suite de sa source) face aux virtualités révolutionnaires du thème de Tristrant : le conflit entre amour et mariage, résultant des liens adultères entre Tristant et Isalde, doit être désamorcé, et cela selon toute évidence dans l'intérêt de la légalisation de normes éthiques et religieuses. Cette tendance est exprimée notamment par le maintien de l'épisode de la vie dans la forêt sous la forme qu'il avait déjà dans sa source et que l'on retrouve chez Béroul. Le mécanisme des effets du philtre et l'opposition entre une existence où l'amour est satisfait hors de la société dans des circonstances matérielles terribles, et une existence agréable au sein de la société, mais où l'amour n'est pas satisfait, caractérisent l'interprétation du thème central de la matière tristanienne par Eilhart (et par son prédécesseur, l'auteur de l'*Estoire*). En revanche, dans la seconde partie, où le philtre n'est jamais plus invoqué comme excuse, Eilhart est incontestablement le précurseur d'une nouvelle mentalité : ainsi, à la fin de l'œuvre, c'est pour l'amour de Tristrant qu'Isalde abandonne époux et pays, tout ce qu'elle possède, voire sa position sociale ; à sa passion Isalde sacrifie son rang dans la société, elle s'élève, conformément au désir de son ami et en parfaite harmonie avec lui, au-dessus de toutes les contingences sociales, franchit toutes les normes de la société féodale, et fait ainsi la plus éclatante démonstration de son amour. Eilhart nous présente ainsi les premiers linéaments d'une nouvelle interprétation du thème tristanien, qui assure à l'homme le droit à la passion individuelle en opposition à l'institution du mariage, et franchit un premier pas vers l'émancipation de l'individu des normes des institutions et des contraintes sociales.

Le *Tristrant* d'Eilhart a été mis en prose (1484) et il a été traduit en partie en tchèque (seconde moitié du XIVe siècle). C'est à ce texte qu'ont également recouru les « continuateurs » de Gottfried von Straßburg, Ulrich von Türheim (1235) et Heinrich von Freiberg (1290).

ŒUVRE. — *Eilhart von Oberg, Tristrant,*

éd. et trad. française D. Buschinger, Göppingen, 1976 (*Göppinger Arbeiten zur Germanistik*, 202). — *Tristrant*, texte établi et présenté par D. Buschinger et W. Spiewok, Paris, 1986.

→ D. Buschinger, *Le Tristrant d'Eilhart von Oberg*, Paris-Lille, 1975. D.B.

Élias de Barjols. « Fils de marchand », d'après la *Vida*, Elias de Barjols était de l'Agenais ou d'une région située entre Limoges et Agen. Au début de sa carrière, suivant les traces de Bertran de Born*, il composa sa *canso* sur *el cavalher soisseubut* (PC, 132, 5), éloge collectif de personnages de son entourage que l'on peut dater de la dernière décennie du XIIe siècle. Deux autres *cansos* sont adressées à Garsende de Sabran, veuve du comte Alphonse de Provence, mort au cours d'un voyage en Sicile en 1209. Elias célébra aussi Béatrice de Savoie, épouse de Raimon Bérenger IV de Provence et fut en relation avec Blacatz*, troubadour et protecteur de troubadours, et avec d'autres grands seigneurs provençaux. D'après la *Vida*, le comte Alphonse lui donna des terres à Barjols, localité située dans l'actuel département du Var. Rien n'empêche de penser qu'Elias de Barjols écrivait encore des chansons en 1230, en élégant tribut d'un troubadour de la cour de Provence à quelques dames de rang élevé.

Sous le nom d'Elias de Barjols, treize poésies d'attribution certaine ont été conservées. Prenant à son compte la thématique de la *fin'amor*, il compose de façon claire et simple, avec quelques traits de préciosité formelle. Ses deux *descorts** (PC, 132, 12-13) attestent son habileté dans l'art musical.

ŒUVRES. — Éd. S. Stronski, *Le Troubadour Élias de Barjols*, Toulouse, 1906, réimp. New York-Londres, 1971. — Éd. partielles : M. de Riquer, *Los trovadores. Historia literaria y textos*, Barcelone, 1975, t. 3, p. 1193-1201 [PC, 132, 5-12]. — R. Richter, *Die Troubadourzitate im « Breviari d'Amor »*, Modène, 1976, p. 240-241 [PC, 132, 4].

→ PC 132. — S. Stronski, *Recherches historiques sur quelques protecteurs des troubadours : les douze preux nommés dans le « Cavalier soisseubut » d'Elias de Barjols*, dans *AM*, t. 18 (1906), p. 473-493 ; et *ibid.*, t. 19 (1907), p. 40-56 ; *Notes sur quelques troubadours et protecteurs des troubadours célébrés par Elias de Barjols*, dans *RLR*, t. 50 (1907), p. 5-44. — J.-M. D'Heur, *Des descorts occitans et des descordos galiciens-portugais*, dans *ZRPh*, t. 84 (1968), p. 323-339. — J. Mouzat, *De Ventadorn à Barjols. Les troubadours limousins en Provence entre 1150 et 1250*, dans *Mél. J. Boutière*, Liège, 1971, t. 1, p. 423-434. — J.H. Marshall, *Pour l'étude des Contrafacta dans la poésie des troubadours*, dans *Romania*, t. 101 (1980), p. 289-335 [PC, 132, 5 serait imité de PC 406, 22]. G.B.L.

Elias Cairel. De ce troubadour, originaire de Sarlat en Périgord, on a deux courtes biographies contradictoires sur ses qualités de poète et de musicien, mais l'une d'elles lui attribue une certaine originalité : il aurait été orfèvre et dessinateur d'armoiries avant de se faire jongleur. S'il chantait et jouait mal, il écrivait fort bien paroles et musique. Il parcourut de nombreux pays, sans récolter la gloire que peut-être il méritait, et il revint dans son pays natal pour y mourir.

On a de lui dix *cansos* d'amour conformes à la tradition courtoise, mais où le printemps introducteur cède la place au « temps où tombe la feuille de chêne ». Il écrivit d'autres pièces ; on en a conservé 14 en tout : la plus belle est un *sirventes** (PC 133, 9) en strophes *unissonans*, où le poète s'adresse au marquis Guillaume IV de Montferrat, le blâmant de ne pas aller en Orient remettre son frère cadet sur le trône de Thessalonique. Le marquis ressemble vraiment peu à son père, Boniface Ier mort en 1207, le vaillant guerrier dont il abandonne les conquêtes, et il oublie que ses ancêtres furent des preux. Il serait mieux à sa place à Cluny ou à Cîteaux pour y gouverner des moines. « Car vous préférez deux bœufs et une charrue à Montferrat, plutôt qu'ailleurs être empereur. »

que mai amatz dos buous et un araire
a Montferrat, qu'alhors estre emperaire.

On peut placer l'activité littéraire de ce troubadour entre 1204 et 1222.

ŒUVRES. — Éd. H. Jaeschke, *Der Trobador Elias Cairel*, Berlin, 1921, réimpr. Lichtenstein, 1967. — R. Lavaud, *Les trois troubadours de Sarlat*, Périgueux, 1911, p. 9-27. — Éd. partielles : M. de Riquer, *Los Trovadores Historia literaria y textos*, Barcelone, 1975, t. 2, p. 1144-1153 [PC 133, 1 et 9]. — R. Richter, *Die Troubadourzitate im « Breviari d'Amor »*, Modène, 1976, p. 242 [PC 133, 8].

→ PC 133. J.S. et G.B.L.

Elias Fonsalada. Troubadour de Bergerac (Dordogne). Il nous reste de lui deux chansons : *De bo loc movon mas chansos* et *En cor ai que comens*, adressées à un roi d'Aragon qui peut être soit Pierre II

(1196-1213), soit Jacques Ier (1213-1276), ce qui situe l'activité d'Elias de Fonsalada approximativement dans la première moitié du XIIIe. Le *sirventes** qui nous reste d'Uc de Lescura cite Elias de Fonsalada. Elias était fils d'un bourgeois qui se fit « joglar » ; il n'eut qu'à suivre les traces de son père. Les *Vidas* nous disent qu'Elias ne fut pas bon poète mais *noellaire*. L'ancien occitan *noela/novela* signifie à la fois « bavardage » et « conte, récit, nouvelle ». *Noellaire* veut-il dire qu'Elias fut un grand causeur, un beau parleur, ou simplement l'auteur de « nouvelles » ou « récits » qui ne nous sont pas parvenus ?

ŒUVRE. — Éd. M. Raupach, *Elias Fonsalada, Kritische Ausgabe* dans *ZRPh*, t. 90 (1974), p. 142-173. — M. Fumagalli Mezzetti, *Le Canzoni di Elias Fonsalada, testo critico*, dans *Acme, Annuali della Fac. di Lett. e Fil. dell'Univ. degli Studi di Milano*, t. 30 (1977), p. 41-68.

→ PC 134. C.Ca.

Elias d'Ussel. Voir : Ussel (Troubadours d').

Élie de Saint-Gilles. Courte chanson de geste anonyme (2 761 vers), écrite à la fin du XIIe siècle par un auteur picard et contant les aventures prêtées à Élie, père du héros de la *Chanson d'Aiol**, poème anonyme de la même époque. Les éditeurs d'*Élie* ont admis que les deux poèmes conservés (dans le seul ms. 25 516 du fonds fr. de la BN, Paris) étaient des remaniements d'œuvres plus anciennes aujourd'hui perdues. G. Raynaud attribuait les deux remaniements à un même auteur, contrairement à l'opinion de W. Foerster. On a soutenu depuis lors, en invoquant l'esprit, le style et la versification des deux poèmes, qu'ils devaient appartenir à un seul auteur, mais qu'il s'agissait plutôt d'œuvres originales composées sous l'influence des fabliaux et des récits courtois d'aventures, le romanesque et le merveilleux jouant un rôle particulièrement important dans *Élie*.

ŒUVRE. — Éd. W. Foerster, 2 vol., Heilbronn, 1876-1882. — Éd. G. Raynaud, Paris, 1879 *(SATF)*.

→ J. Bédier, *Les légendes épiques*, t. 4, Paris, 1921, p. 282. — M. Delbouille, *La chanson d'Élie et la geste de Saint-Gilles*, dans *RBPH*, t. 11 (1932), p. 577-591. — E. Melli, *Nouvelles recherches sur la composition et la rédaction d'Aiol et d'Élie de Saint-Gilles*, dans *Olifant*, t. 8, (1981), p. 434-435 [résumé], et dans *Actes du 9e congrès de la Société Rencesvals, Padoue, 1982*, t. 1, Modène, 1984, p. 131-149. — Cf. *MB* nos 325-328, 859 : *S* 1159, 1327, 1329. M.D.

Élie de Winchester. Voir : *Caton (Distiques de)*.

Ellebaut. Clerc de la seconde moitié du XIIIe siècle et, selon toute vraisemblance, de la région du Nord, qui n'est connu que par une adaptation française de l'*Anticlaudianus* d'Alain de Lille*, un *Anticlaudien* de 3 400 et quelques octosyllabes, inachevé ou mutilé d'ailleurs.

Conservant initialement la trame du poème latin, Ellebaut en fait l'a transformé profondément, pour le mettre, dit-il, à la portée des *lais*, c'est-à-dire d'un public non lettré. Il a éliminé tout l'appareil encyclopédique, cosmogonie et philosophie, christianisé au besoin le schéma d'Alain, moralisé et prêché longuement et médiocrement. On retrouve au début le « concile des Vertus » et les plaintes de Nature devant la perversion du genre humain ; mais cet « homme parfait », dont les Vertus avec Nature s'accordent à demander la création, n'est plus chez Ellebaut une entité philosophique, mais Jésus-Christ. Dans la suite, le poète français escamote à peu près les étapes intermédiaires chez Alain, et nous voilà au Paradis où Dieu annonce l'Incarnation. Au dernier épisode, qui ne doit rien à Alain, Religion raconte comment elle a été assaillie par les Péchés capitaux, et le poème s'interrompt sur la seconde invective (contre Envie).

ŒUVRE. — Éd. A.J. Creighton, Washington, D.C., The Catholic University of America Press, 1944. — Cf. *MB*, nos 3495-3497. G.R.L.

Éloi d'Amerval. Ce que l'on apprend sur l'auteur grâce à l'édition de son œuvre, la *Grande diablerie* par Michel Le Noir à Paris en 1508 (deux autres éditions parisiennes suivront), se trouve généralement confirmé par d'autres documents. Éloi se dit dans son prologue « enfant de Béthune ». L'imprimeur le présente comme un prêtre. De fait, le testament rédigé en 1505 par Guillaume d'Amerval, fils d'Éloi, nous apprend que ce dernier était devenu prêtre. Et en 1468, il se trouvait au service d'une église d'Orléans, comme chef de maîtrise. Cette dernière charge pourrait corroborer l'ancienne identification faite entre Éloi d'Amerval et le musicien Éloi, dont on conserve une messe. Composée à la fin du XVe siècle, la *Grande diablerie* raconte le rêve de l'auteur. Alors qu'il méditait sur l'œuvre divine et la chute de Lucifer, il s'endormit et se retrouva près de la grande porte de l'Enfer où il surprit le dialogue de Lucifer et Satan. En 20 000 octosyllabes, il rapporte leurs propos pour édifier les pécheurs virtuels et les éclairer sur les tromperies diaboliques. Il traite ainsi des différents plaisirs tentateurs (chasse, jeux, table, toilette...) ; passe en revue les groupes sociaux (justice, université, commerce) ; parle du mariage, de la famille, de l'éducation des enfants, des soldats... À l'intérêt documentaire de ce texte dialogué s'ajoutent des qualités stylistiques et une grande richesse lexicale. Le vocabulaire des injures par exemple s'y trouve particulièrement bien représenté.

ŒUVRE. — Reprod. de l'éd. Michel Le Noir par C.F. Ward, dans *University of Iowa Humanistic Studies*, t. 2 (1923). — *Le Livre de la Deablerie*, éd. R. Deschaux et B. Charrier, Genève, 1991 (*TLF*, 406).

→ A.C. Ott, *Éloi d'Amerval und sein Livre de la Diablerie (...)*, Erlangen, 1908. — J. Soyer, *Notes pour servir à l'histoire littéraire (...)*, dans *Société archéol. et hist. de l'Orléanais, Bulletin*, t. 16 (1912), p. 191-194. — R. Deschaux, *Le Livre de la Deablerie d'Eloy d'Amerval*, dans *Senefiance*, t. 6 (1979), p. 183-193 [résumé] ; *Eloy d'Amerval et l'éducation des enfants, ibid.*, t. 9 (1980), p. 375-388. — C. Vulliez, *Une étape privilégiée de l'entrée de la vie : le temps des études universitaires à travers l'exemple orléanais des derniers siècles du Moyen Âge*, dans *Annales de l'Est*, t. 34 (1982), p. 149-181. — Cf. *GRLMA*, t. VIII/1, p. 153. — *MB* nos 4931-4934 ; *S* 7765-7766. S.L.

Éloy du Mont. Voir : *Mystère de la Résurrection.*

Elucidarium, Lucidaires. Dans le catalogue qu'il nous a laissé de ses propres ouvrages, Honorius d'Autun* présente l'*Elucidarium* comme son premier écrit. La critique interne et la comparaison des diverses œuvres d'Honorius confirment le fait : l'*Elucidarium* est même un écrit de jeunesse. Il n'y a aucune raison de ne pas ajouter foi aux préfaces qu'Honorius mit en tête de ses traités : d'après elles, il n'était encore qu'un étudiant quand il écrivit l'*Elucidarium* pour faire profiter ses condisciples des connaissances exceptionnelles qu'il avait eu la chance d'acquérir ; il paraît en avoir retiré assez de prestige pour devenir très vite un maître écouté.

L'*Elucidarium* porte, comme presque tous les écrits d'Honorius, un titre métaphorique : le « Luminaire ». Il était, en effet, destiné à éclairer la conscience et l'intelligence de ses lecteurs sur tout ce qui touche la doctrine chrétienne. Le sous-titre apocryphe que lui ont donné par la suite certains manuscrits le définit exactement : *Dialogus de summa totius christianae theologiae*, « Dialogue sur l'ensemble de la théologie chrétienne ». Selon une fiction un peu naïve, un maître répond aux questions de son disciple suivant un plan que certains ont trouvé confus, mais qui correspond en réalité à un ordre méthodique plus ou moins inspiré du Credo et destiné à ne rien négliger du dogme. Le premier livre, *De divinis rebus*, traite de Dieu, de la Création, de la chute de l'homme, de la Rédemption, du Corps mystique du Christ et, par suite, de l'Eucharistie ; le second livre, *De rebus ecclesiasticis*, traite des hommes en ce bas monde, des bons et des mauvais, de la grâce, des sacrements, qui marquent l'existence des individus de leur naissance à leur mort ; le troisième livre, *De futura vita* est consacré aux fins dernières, jugement dernier, enfer, purgatoire, paradis.

Les idées exposées dans l'*Elucidarium* ne présentent aucune originalité : elles correspondent à l'enseignement des Pères, elles reflètent plusieurs grands débats qui ont occupé, à propos de l'Eucharistie, de la prédestination ou de la discipline ecclésiastique, les théologiens des Xe et XIe siècles, et, enfin, sur plusieurs points importants, tels que l'enseignement trinitaire, le sens de l'Incarnation et de la Rédemption, la représentation des fins dernières, la réforme du clergé par Grégoire VII, elles reproduisent la doctrine de saint Anselme de Cantorbéry*. L'*Elucidarium*, par sa présentation, son style, sa forme, ressemble beaucoup aux œuvres de saint Anselme. Il y a tout lieu de croire qu'Honorius s'est fait l'écho de l'enseignement oral qu'Anselme donnait vraisemblablement à ses jeunes moines. Or l'*Elucidarium* occupe une place assez extraordinaire dans le mouvement théologique du XIIe siècle qu'il inaugure. Il semble, si l'on en juge d'après les œuvres de saint Anselme qu'Honorius connaissait alors, que l'*Eluci-*

darium fut composé aux environs de l'an 1100 : il est donc de loin le premier traité qui présente la doctrine chrétienne selon un plan systématique. Seul a pu imaginer ce plan le véritable précurseur du travail d'organisation et de synthèse qui va caractériser désormais la scolastique. Qui est ce précurseur ? Il est exclu de croire que ce puisse être le tout jeune Honorius ; c'est un philosophe et un théologien de génie, c'est saint Anselme lui-même. Sans doute, Anselme n'avait pas montré cet aspect de sa pensée dans ses écrits, tous consacrés à un point particulier de la doctrine ; mais il avait pu le découvrir à ses disciples directs. On peut croire que c'était là ce trésor dont Honorius se vantait d'être le dépositaire. L'*Elucidarium* est donc un témoin fort important de l'histoire des idées.

L'*Elucidarium* n'a pas été utilisé longtemps dans les écoles. L'évolution très rapide de la pensée théologique au XIIe siècle en a fait assez vite un livre périmé, puis oublié des théologiens professionnels. Mais il a joui néanmoins d'un prodigieux succès, prodigieux par son extension et sa durée, auprès des milieux plus humbles du bas clergé et des laïques. Sa forme dialoguée, donc vivante, et son expression imagée, le fait surtout qu'en un volume assez restreint il exposait l'ensemble complet du dogme à l'aide de formules plus claires et plus catégoriques que les discussions subtiles des sommes scolastiques, lui ont valu d'être un manuel de référence extrêmement répandu et de servir aux clercs sous sa forme latine pour l'instruction des fidèles jusqu'à la fin du XVe siècle. Bien qu'il représentât très précisément l'état d'esprit religieux du XIe siècle, il joua à peu près le rôle d'un catéchisme jusqu'à la Réforme.

L'*Elucidarium* fut traduit très tôt en langue vulgaire. Il en existe des traductions dans tous les dialectes parlés par les chrétiens d'Occident. En français, il devint le *Lucidaire* ou le *Roman du Lucidaire* : nous possédons plusieurs traductions littérales faites au XIIIe siècle, dont l'une s'est largement répandue, ainsi que plusieurs autres traductions, également littérales, faites au XVe siècle. Au XIVe siècle, une traduction plus libre, apportant des simplifications et quelques additions au texte primitif d'Honorius, connut une large diffusion sous le titre de *Lucidaire* (désignée par la critique du nom de *Second Lucidaire*) et eut plus tard les honneurs de l'impression en plusieurs éditions du XVe au XVIIIe siècle.

Deux versificateurs ont, au XIIIe siècle, utilisé partiellement l'*Elucidarium* : ce sont Gilbert de Cambres*, pour son *Lucidaire* en vers, adaptation poétique du livre III d'Honorius, et Pierre de Peckham*, pour sa vaste compilation catéchétique, la *Lumière as lais*.

Enfin, le livre de Sidrac*, cette autre compilation, mais en prose et d'intention encyclopédique, comporte des questions théologiques : celles-ci ont été copiées dans la traduction française du XIIIe siècle la plus répandue de l'*Elucidarium*.

La première œuvre d'Honorius, qu'il voulait anonyme et qui le resta dans la plupart des manuscrits qui nous la transmettent, fut son œuvre la plus connue et la plus lue partout jusqu'à la fin du Moyen Âge et même au-delà.

ŒUVRES. — Y. Lefèvre, *L'Elucidarium et les Lucidaires, Contribution, par l'histoire d'un texte, à l'histoire des croyances religieuses en France au Moyen Âge*, Paris, 1955 (*BEFAR*, fasc. 180) [cet ouvrage comporte, en appendice, une édition critique de l'*Elucidarium* latin]. — Trad. françaises : H. Düwell, *Eine altfranzösische Übersetzung des Elucidarium*, Munich, 1974. — M. Kleinhans, *« Lucidaire vault tant a dire comme donnant lumiere », Kritische Edition der drei altfranzösischen Übersetzungen II, IV und V des Elucidarium*, Wiesbaden, 1992. — D. Ruhe, *Gelehrtes Wissen und pastorale Praxis im französischen Spätmittelalter. Der Second Lucidaire und seine Rezeption (14.-17. Jahrhundert). Untersuchungen und Edition*, Wiesbaden, 1992. — Éd. de la trad. I par M. Türk à paraître (1992).

→ Texte latin : H. Düwell, *Noch nicht untersuchte Handschriften des Elucidarium von Honorius Augustodunensis*, dans *Scriptorium*, t. 26 (1972), p. 337-342. — U. Ernst, D. Gottschall, *Neu aufgefundene Handschriften des Elucidarium von Honorius Augustodunensis*, dans *Scriptorium*, 43 (1989), p. 289-312. — U. Gottschall, *Das Elucidarium des Honorius Augustodunensis...*, Tübingen, 1992 [ét. de la réception dans les pays germaniques et éd. de la trad. en bas allemand]. — Textes français : E. Ruhe, *Pour faire la lumière as lais ?, Mittelalterliche Handbücher des Glaubenswissens und ihr Publikum*, dans N.R. Wolf (éd.), *Wissensorganisierende und wissensvermittelnde Literatur im Mittelalter. Perspektiven ihrer Erforschung*, Wiesbaden, 1987. — D. Ruhe, *Vom Handbuch für Priester zum Hausbuch für jedermann. Die Drucke des französischen Lucidaire und ihre Geschichte*, dans *GRM*, t. 39 (1989), p. 269-

282 ; *Savoir des doctes et pratique pastorale à la fin du Moyen Âge ; le cas du Second Lucidaire*, dans *Cristianesimo nella Storia*, 11 (1990), p. 29-60. — *Elucidarium und Lucidaires. Die Rezeption des Werkes von Honorius Augustodunensis im romanischen Mittelalter*, à paraître 1992. Y.L.

Emmanuel Piloti. Voir : *Voyages.*

Empereur Constant. Nous possédons deux textes français de la région du Nord — datant vraisemblablement de la seconde moitié du XIIIe siècle — qui portent sur la même légende de l'empereur Constant, l'un en octosyllabes (630 vers), l'autre en prose, indépendants l'un de l'autre, semble-t-il, mais parallèles et remontant à une même source narrative, un récit byzantin.

« L'empereur Constant » est celui que nous appelons Constance Chlore, empereur romain des premières années du IVe siècle, père de Constantin. La mention de ce fils est le seul trait historique dans la légende de l'empereur Constant, qui est purement romanesque : l'empereur de Byzance, sur la foi d'un astrologue, prend ombrage d'un garçon qu'il tente deux fois de faire périr, dès sa petite enfance d'abord, puis quand il est devenu grand ; la seconde fois, c'est la fille même du prince qui déjoue ces projets en supposant une lettre où il ordonne de marier le jeune homme à sa fille. Constant deviendra l'héritier du trône et donnera son nom à Constantinople (qui, en fait, doit son nom à son fils Constantin). Il est évident que sur ce point, dans les deux cas, l'auteur ignore les faits historiques et se sert d'une légende. On retrouve dans les deux textes le thème, très répandu dans la littérature européenne, de l'enfant trouvé qui devient empereur, associé ici au nom de Constantin le Grand qui a suscité au Moyen Âge, comme Alexandre et Charlemagne, tout un cycle de légendes.

ŒUVRE. — Éd. du dit en vers : A. Wesselofsky, *Le Dit de l'empereur Constant*, dans *Romania*, t. 6 (1877), p. 161-198. — Éd. des deux textes : J. Coveney, *Éd. critique des versions en vers et en prose de la légende de l'Empereur Constant, avec une étude linguistique et littéraire*, Paris, 1955 (*Publ. Fac. des lettres de l'Univ. de Strasbourg*, 126).

→ S.M. Taylor, *Constantine the Great : Folk Hero of the Fourth Crusade*, dans *Neophilologus*, t. 64 (1980), p. 32-37. — Cf. *MB*, nos 1316, 7314 ; *S* 2430. G.R.L. et C.R.

Eneas (Roman d'). Ce roman est, selon toute vraisemblance, l'œuvre d'un clerc normand anonyme qui a dû écrire pour la cour des Plantagenêts ; on le date approximativement de 1160, il est légèrement postérieur au *Roman de Thèbes** et précède de peu le *Roman de Troie**, autres romans « antiques » ; il est écrit dans le mètre habituel du roman au XIIe siècle et comporte un peu plus de 10 000 octosyllabes.

L'auteur utilise librement l'*Énéide*, dont il suit assez exactement la trame ; il traduit quelquefois, mais le plus souvent il adapte ; bien qu'il soit des divers auteurs de romans « antiques » le moins infidèle à l'Antiquité, il ne se gêne ni pour élaguer ni pour compléter. La mythologie n'est pas éliminée de son œuvre, mais il supprime les divinités subalternes : Éole, Cupidon, Allecto, ainsi que les conseils sur l'Olympe et les « machines » comme le nuage ou le songe d'Énée, les apparitions d'Hector et de Créuse, les scènes qui ne signifiaient plus rien au XIIIe siècle comme l'ouverture des portes du temple de Janus ou les jeux funèbres en l'honneur d'Anchise ; il a également allégé sa narration en omettant des personnages secondaires, Laocoon, Iarbas, Palinure, et plus radicalement encore tout le chant III, c'est-à-dire une grande partie des récits d'Énée. — Mais en compensation il accroît le roman d'additions très inégales d'étendue et de portée : il l'ouvre par le récit du jugement de Pâris, mais surtout il consacrera, sans rien oublier des malheurs de Didon, 1 600 vers aux problèmes de cœur chez Lavine, et chez Énéas : du haut du rempart, la belle s'éprend du héros qui caracole en bas ; elle apprend alors à ses dépens ce qu'est l'amour, où sa mère avait cherché vainement à l'engager pour Turnus ; elle se torture, elle se déclare avec un billet doux roulé autour d'une flèche ; le héros, vaincu cette fois, lorgne trop souvent la tour pour que son manège échappe à ses barons qui le raillent gentiment ; de son côté, la reine met en garde sa fille contre ce Troyen qui préfère évidemment les Ganymèdes ; débats, chagrins d'amour, monologues haletants ou ratiocinants, scènes d'insomnie donnent lieu à l'analyse des cœurs, aux raffinements précieux si goûtés à cette époque. — D'autres additions sont bien différentes et portent souvent sur des « merveilles » : merveilles naturelles de ce « poisson » qui fournit la pourpre, du crocodile qui donne la teinture noire, de cet oiseau qui pond au fond de la mer, mais qui est si chaud qu'il doit couver à sa surface pour ne pas cuire ses œufs, — merveilles techniques, comme ces remparts magnétiques où vont se coller les armures des assaillants, comme ces automates si perfectionnés du tombeau de Camille ; tout cela, évidemment, plaisait ou étonnait.

Il est à peine besoin de dire après ces indications que rien ne subsiste de l'esprit du poème latin, poème dynastique, poème national et religieux ; Virgile n'est pas travesti, mais il est trahi ; le *Roman d'Eneas* fait se dérouler une histoire qui reste assez lointaine pour être attrayante, mais où le public des cours retrouve tout ce qu'il aime au milieu du XIIe siècle. De nombreux imitateurs attestent ce succès d'*Eneas*. Il en reste une adaptation allemande d'Heinrich von Veldeke, dont la première partie date d'avant 1174, et la deuxième d'entre 1184 et 1190.

ŒUVRE. — Éd. J. Salverda de Grave, *Eneas, roman du XIIe siècle*, Paris, 2 tomes, 1925 et 1929 (*CFMA*, 44 et 62). — R. Baehr, *Eneas. Antikisierender Roman des 12. Jahrhunderts*, Tübingen, 1969 (*Sammlung Romanischer Übungstexte*, 53) [morceaux choisis]. — Trad. française : M. Thiry-Stassin, *Le Roman d'Eneas*, Paris, 1985 (*CFMA Trad.*, 33). — Trad. allemande : M. Schöler-Beinhauer, *Le Roman d'Eneas*, Munich, 1972 (*Klass. Texte d. roman. Mittelalt. in zweisprachigen Ausgaben*, 9). — Trad. anglaise : J.A. Yunck, *Eneas, A Twelfth-Century French Romance*, New York, 1974 (*Records of Civilization, Sources and Studies*, 93). — Adaptation d'Heinrich von Veldeke : éd. O. Behaghel, Heilbronn, 1882.

→ E. Faral, *Recherches sur les sources latines des contes et romans courtois du Moyen Âge*, Paris, 1913. — *Virgilio nel Medio Evo, Studi medievali*, nouv. série, Turin, t. 5 (1932). — G. Raynaud de Lage, *Les romans antiques et la représentation de l'Antiquité*, dans *Le Moyen Âge*, t. 67 (1961), p. 247-291. — J. Frappier, *Remarques sur la peinture de la vie et des héros antiques dans la littérature française du XIIe et du XIIIe siècle*, dans *L'humanisme médiéval dans les littératures romanes du XIIe au XIVe siècle*, Paris, 1965, p. 13-54. — P.R. Grillo, *The Courtly Background in the Roman d'Eneas*, dans *Neuphilologische Mitteilungen*, t. 69 (1968), p. 688-702. — H. Huby, *L'adaptation des romans courtois en Allemagne au XIIe et au XIIIe siècle*, Paris, 1968. — R.J. Cormier, *The Present State of Studies on the Roman d'Eneas*, dans *CN*, t. 31 (1971), p. 7-39 ; *One Heart, one Mind : the Rebirth of Virgil's Hero in Medieval French Romance*, Univ. of Mississippi, 1973 (*Romance Monographs*, 3). — D. Poirion, *De l'Enéide à l'Eneas : mythologie et moralisation*, dans *CCM*, t. 19 (1976), p. 213-229. — A. Adams, *Destiny, Love and the Cultivation of Suspense : The Roman d'Eneas and Aimon de Varennes*, dans *Reading Medieval Studies*, t. 5 (1979), p. 57-70. — G. Angeli, *L'Eneas e i primi romanzi volgari*, Milan-Naples, 1971 (*Documenti di Filologia*, 15). — R.J. Cormier, *Le Roman d'Eneas et la formation des critères du roman médiéval*, dans *Atti del 14. Congresso int. di Linguistica e Filologia Romanza (Naples, avril 1974)*, Naples, 1981, p. 352-360. — A. Petit, *Aspects de l'influence d'Ovide sur les romans antiques du XIIe siècle*, dans *Actes du colloque « Présence d'Ovide »*, Paris, 1982, p. 219-240. — D.J. Blask, *Geschehen und Geschick im altfranzösischen Eneas Roman*, Tübingen, 1984. — J.-C. Huchet, *Le roman médiéval*, Paris, 1984 [concerne seulement *Eneas*]. — M. Zink, *Héritage rhétorique et nouveauté littéraire dans le « roman antique » en France au Moyen Âge. Remarques sur l'expression de l'amour dans le roman d'Eneas*, dans *Romania*, t. 105 (1984), p. 248-269. — *Lectures médiévales de Virgile. Actes du colloque organisé par l'École française de Rome (Rome, oct. 1982)*, École française de Rome, 1985 (*Coll. Éc. fr. de Rome*, 80) [entre autres : J. Monfrin, *Les translations vernaculaires de Virgile au Moyen Âge* ; C. Marchello-Nizia, *De l'Enéide à l'Eneas : les attributs du fondateur*]. — A. Petit, *Naissances du roman. Les techniques littéraires dans les romans antiques du XIIe siècle*, Paris, 1985. — *Relire le roman d'Eneas*, études recueillies par J. Dufournet, Paris, 1985 (*Unichamp*, 8). — B. Nolan, *Ovid's Heroides contextualized. Foolish love and legitimate marriage in the Roman d'Eneas*, dans *Mediaevalia*, t. 13 (1987), p. 157-187. — F. Mora-Lebrun, *Gautier de Châtillon, Bernard Silvestre et le Roman d'Eneas. Trois tentatives d'appropriation de la mythologie antique au XIIe siècle*, dans *Pour une mythologie du Moyen Âge*, Paris, 1988, p. 11-26 (*Coll. de l'ENSJF*, 41). — N. Chareyron, *Amour, couple et mariage dans l'Eneas*, dans *Perspectives médiévales*, t. 14 (1988), p. 7-11. — U. Schöning, *Theben roman — Eneasroman — Trojaroman. Studien zur Rezeption der Antike in der französischen Literatur des 12. Jahrhunderts*, Tübingen, 1990 (*Beihefte zur ZRPh*, 235). — Cf. *GRLMA*, t. IV/2, n° 164 ; t. IV/1, p. 84, 104, 106, 107, 110, 111, 145, 146, 147, 148, 166, 174-178, 180, 191, 232, 241, 265, 279, 280, 473. — *MB* n°s 139, 1017-1039, 6208, 7287 ; *S* 2034, 2047, 2050, 2083, 2160-2189, 2254, 2809, 3632, 5371.

G.R.L.

Enfances Charlemagne. Première partie de la *Geste de Charlemagne**, racontant les aventures et prouesses du jeune roi. Le thème serait apparu dans la première moitié du XIIe siècle ; du XIIe au XVIe siècle, plusieurs versions verront le jour, et la diffusion étrangère sera assez étendue (récits franco-italiens, italiens, espagnols, allemands et norrois). Les versions françaises, qui se lisent, entre autres, dans *Mainet**, *Charlemagne* de Girart d'Amiens*, la *Geste de Liège* et le *Myreur des Histoires* de Jean d'Outremeuse* et les *Croniques et Conquestes de Charlemaine* de David Aubert*, présentent des variantes importantes. La version de Girart d'Amiens, composée avant 1308 et longue d'environ 23 000 alexandrins, se présente ainsi : le jeune Charlemagne, dépouillé de ses droits et maltraité par ses deux demi-frères bâtards, s'enfuit avec ses compagnons à Tolède, où il obtient une audience du roi païen Galafre. Celui-ci reconnaît la valeur des Français en raison de leurs talents guerriers ; il adoube Charlemagne et l'envoie combattre le païen Braimant. Charlemagne et ses compagnons sortent victorieux et déjouent un complot de Marsile, fils de Galafre, jaloux de l'estime que son père porte au jeune chrétien. Avec l'appui de Galafre, les Français partent affronter les païens qui assiègent Rome, puis retournent chez eux pour rétablir Charlemagne sur le trône.

ŒUVRE. — Éd. G. Paris, *Mainet. Fragments d'une chanson de geste du XIIe siècle*, dans *Romania*, t. 4 (1875), p. 305-337. — Éd. K. Togeby et P. Helleux, *Karlamagnus Saga. Branches I, III, VII et IX*, Copenhague, 1980. — Trad. P. Aebischer, *Textes norrois et littérature française du Moyen Âge II : La première branche de la Karlamagnus Saga*, Genève, 1972 (*Publ. romanes et françaises*, 118). — Trad. C.B. Hieatt, *Karlamagnus Saga : The Saga of Charlemagne and His Heroes*, Toronto, 1975 (t. 1 et 2), 1980 (t. 3).

→ G. Paris, *Histoire poétique de Charlemagne*, Paris, 1905. — J. Bédier, *Les Légendes épiques*, Paris, 1921, t. 3, p. 3-38. — J. Horrent, *Les versions françaises et étrangères des Enfances Charlemagne*, Bruxelles, 1979 (*Académie royale de Belgique, Mémoires de la Classe des Lettres*, 2e série, t. 64, fasc. 1). — M.-L. Meneghetti, *Tendances contraposées dans le dynamisme de la culture : le développement de l'épopée française et castillane*, dans *Senefiance*, t. 21 (1987), p. 897-912. — Cf. *MB* nos 1043 ; 1200 ; 1268 ; 1372 ; 1375 ; 1924-1926 ; 7859 ; *S* 1550.

S.I.J.

Enfances Gauvain . Il n'existe que deux fragments (comportant respectivement 160 et 552 vers) d'un roman en vers octosyllabiques perdu, du début du XIIIe siècle, consacré à la naissance et aux exploits de Gauvain, le neveu du roi Arthur. Il est le fils de Morcadès, la sœur d'Arthur, et du jeune roi Lot d'Orcanie. Pour cacher sa honte, Morcadès se retire dans un château lointain, et c'est là qu'elle donne le jour à son fils. L'enfant reçoit au baptême le nom de Gauvain, un sage chevalier voisin de Morcadès. Ensuite, le petit est abandonné aux flots, enfermé dans un tonneau dans lequel on a eu soin de mettre une lettre qui révèle son origine. Délivré par un pêcheur, le garçon parvient enfin à Rome. Il est adoubé chevalier par le pape. Cette histoire est un remaniement arthurien de la légende de saint Grégoire. Outre cette version rimée, on possède un court résumé inséré dans le roman en prose de *Perlesvaus**, ainsi qu'un roman en prose latine, intitulé *De ortu Walwanii*, qui présente essentiellement les mêmes incidents et qui permet de connaître approximativement le contenu du récit.

ŒUVRE. — Éd. des deux fragments : P. Meyer, *Les Enfances Gauvain. Fragments d'un poème perdu*, dans *Romania*, t. 39 (1910), p. 1-32.

→ A. Micha, *Miscellaneous French Romances in Verse*, dans *Arthurian Literature in the Middle Ages*, Oxford, 1959, p. 360-362. — M. Delbouille, *Guenièvre fut-elle la seule épouse du roi Arthur ?*, dans *Mél. P. Gardette*, Strasbourg, 1966. — B. Kratz, *Die Crone Heinrichs von dem Türlin und die Enfances Gauvain*, dans *GRM*, t. 22 (1972), p. 351-356 [Les *Enfances Gauvain* auraient inspiré certains passages de la *Crone*]. — R.H. Thompson, *Gawain Against Arthur : the Impact of a Mythological Pattern upon Arthurian Tradition in Accounts of the Birth of Gawain*, dans *Folklore*, t. 85 (1974), p. 113-121. — Cf. *GRLMA*, t. IV/2, n° 168 ; t. IV/1, p. 377, 380. — *MB*, nos 2051 ; *S* 4169.

C.E.P.

Enfances Godefroi et Retour de Cornumaran. Cette chanson de geste, suite du *Chevalier au cygne**, raconte les enfances des trois fils d'Ide de Boulogne, laquelle, douée du don de voyance, prévoit avec orgueil leur destin futur. Eustache accomplit des exploits en Angleterre, Godefroi est adoubé et part relever son fief à la cour de l'empereur. Le récit est interrompu par la venue en Occident du roi de Jérusalem, Cornumaran ; le Sarrasin a entendu à La Mecque les prophéties de la voyante Calabre ; les enfants du lignage du cygne sont déjà nés et sont déjà sur le point de conquérir la Palestine. Cornumaran, déguisé en pèlerin, part se rendre compte des faits et ne peut qu'admirer les splendeurs de Bouillon. Comme il a dévoilé la prophétie aux Chrétiens, il a bien du mal, après son retour, à se justifier d'une accusation de trahison.

Les prophéties donnent un aperçu de l'histoire du royaume franc de Jérusalem au XIIe siècle ; dans certains manuscrits, elles embrassent l'histoire de la deuxième et de la troisième croisade.

ŒUVRES. — Éd. C. Hippeau, *La chanson du Chevalier au cygne et de Godefroid de Bouillon*, vol. 2 : *Godefroid de Bouillon*, Paris, 1877. — Éd. J.F. Mickel, à paraître (vol. 3 de *The Old French Crusade Cycle*). — Cf. *MB* nos 891-909.

Voir : Croisade (Cycle de la). I.W.

Enfances Guillaume. (3 400 décasyllabes assonancés, XIIIe siècle). L'une des chansons tardives du cycle de Guillaume d'Orange, contient un récit analogue à celui des *Narbonnais*, mais Guillaume y éclipse ses frères par ses exploits. Composée pour introduire aux récits du *Couronnement de Louis**, du *Charroi de Nîmes** et de la *Prise d'Orange**, la chanson raconte l'entrée en chevalerie du tout jeune Guillaume, sa désignation comme défenseur de la royauté et en annonce les futures conquêtes.

ŒUVRE. — *Les Enfances Guillaume, chanson de geste du XIIIe siècle*, éd. P. Henry, 1935 *(SATF)*. — D. McMillan, *Les Enfances Guillaume et les Narbonnais dans les mss du grand cycle*, dans *Romania*, t. 64 (1938), p. 313-327. — B. Guidot, *Recherches sur la chanson de geste au XIIIe siècle d'après certaines œuvres du cycle de Guillaume d'Orange*, Aix-en-Provence, 1986 (2 vol.). — N. Andrieux-Reix, *Des Enfances Guillaume à la Prise d'Orange : premiers parcours d'un cycle*, dans *BEC*, t. 147 (1989), p. 343-369. — Cf. *MB* nos 295, 329-334.

J.W.W. et N.A.R.

Enfances Renier. Chanson de geste anonyme de la seconde moitié du XIIIe siècle, conservée par un unique ms. (BN, fr. 24 370), qui contient une partie des chansons du cycle de Guillaume d'Orange. La *Chanson de Renier* fait précisément partie de ce cycle. Elle raconte les aventures de jeunesse de Renier, fils de Maillefer et petit-fils de Rainouart : enlevé tout enfant à ses parents, vendu à un seigneur sarrasin, le jeune Renier, lorsqu'il découvre son origine, affronte une quantité de risques et d'aventures pour retrouver ses parents ; enfin il épouse la fille du seigneur sarrasin, qui s'est convertie au christianisme par amour pour lui. De nombreuses histoires secondaires se greffent et se mêlent à celle des personnages principaux, avec le ton et les éléments aventureux et fantastiques que l'on rencontre dans les chansons de geste les plus tardives. Ce très long poème, de plus de 20 000 vers (et il est inachevé dans le ms.), se rattache aux événements de la quatrième croisade d'une part, et de l'autre, il introduit dans des épisodes romanesques les personnages ou le nom des personnages qui ont participé à la première croisade. Mais les éléments historiques, faits ou personnages, sont utilisés par l'auteur d'une manière confuse, et il est impossible de les reconstituer ; on ne peut cependant pas lui contester une certaine habileté à tenir en main les fils d'une série d'aventures, en partie localisées dans des endroits qu'il a personnellement bien connus, comme certaines localités de Sicile ; c'est pourquoi l'on a cru pouvoir reconnaître en lui un trouvère français qui serait allé en Sicile, peut-être à la suite de Charles d'Anjou*.

ŒUVRE. — Éd. C. Cremonesi, Milan, 1957. → J. Runeberg. *Études sur la geste Rainoart*, Helsingfors, 1905. — J. Bédier, *Les légendes épiques*, t. 1, Paris, 1914, p. 97. — M.L. Donaire Fernandez, *Enfances Renier : L'entrelacement, une technique du roman*, dans *Actes du 9e congrès de la Société Rencesvals, Padoue, 1982*, t. 2, Modène, 1984, p. 489-508. — L. Harf-Lancner, *Le baptême par le feu : la survivance d'un rite dans trois textes épiques tardifs*, dans *Senefiance 20-21 : (Actes du 10e congrès international de la Société Rencesvals*, 1985) Aix-en-Provence, 1987, p. 629-641. — F. Suard, *Chanson de geste traditionnelle et épique de croisade, ibid.*, p. 1033-1055. — Cf. *MB S* 1134-1136.

C.C.

Enfances Vivien. Voir : *Vivien.*

Enfant Juif. Voir : *Miracle de saint Nicolas* ; Gautier de Coinci ; Guillaume de Machaut.

Engreban d'Arras. Tel est le nom qui signe un court dit satirique et moral sur le jeu des échecs, conservé dans un recueil de pièces picardes du même genre. Inconnu par ailleurs, ce trouvère se décrit ainsi (v. 270) : « Ciex ki a le gambe retraite ». On peut ainsi l'identifier avec quelque vraisemblance avec un « Engreban au tort talon », à qui est destinée une des sottes chansons du manuscrit Douce 308 de la Bibl. Bodléienne. Sans doute, Engreban appartenait-il aux cercles poétiques d'Arras de la fin du XIIIe siècle, où il devait avoir quelque renom. Son *Jus des esqués* ne joue pas la facilité en tout cas : les rimes y sont presque toutes équivoques. Engreban y compare les pièces nobles du jeu, aux seigneurs et grands de ce monde et les pions au menu peuple. Au cours de la partie, ces derniers sont sacrifiés pour protéger les pièces majeures, qui s'entraident. Mais à la fin de la partie, toutes les pièces sont rangées dans le même sac. Alors, les plus lourdes tombent au fond tandis que les pions s'appuyent sur elles. C'est la revanche que Dieu donne aux pauvres dans l'autre monde. On sait la fortune qu'aura ultérieurement, avec Jacques de Cessoles* et ses différentes traductions, la moralisation du jeu d'échecs.

ŒUVRE. — F. Lecoy, *Le Jeu des échecs d'Engreban d'Arras*, dans *Mél. E. Hoepffner*, Paris, 1949, p. 307-312 ; rééd. dans *Critique et philologie, Le Moyen Français*, t. 12 (1983), p. 37-42. — Cf. *MB* n° 2982. S.L.

Enguerrand de Monstrelet. Né vers 1390 dans le Ponthieu, où est située la terre de Monstrelet — auj. Montrelet, village de Picardie près de Doullens —, « de noble generacion », Enguerrand de Monstrelet exerça différentes fonctions officielles. En 1430, il est bailli de Compiègne pour son maître Jean de Luxembourg. En 1436, il est pourvu de l'office de lieutenant du gavenier de Cambrai (l'office de gavenier, propre au Cambrésis et à l'Artois, consistait en la perception d'un impôt en grain au profit d'un seigneur). Il sera aussi bailli du chapitre de la cathédrale de Cambrai et prévôt de la ville, charge qu'il conservera probablement jusqu'à la fin de sa vie, le 20 juillet 1453.

Il est l'auteur d'une chronique divisée en deux livres, qui s'étend de 1400 à 1444, et qu'il a entreprise de son propre chef. Il avait l'intention de rédiger un troisième livre mais en fut empêché par la mort. Dans le prologue, il se présente comme le successeur de Jean Froissart*, qui s'était arrêté en 1400, et expose son dessein, rapporter les hauts faits d'armes, les guerres et les discordes qui se sont produits entre les princes de la chrétienté, avec un intérêt particulier pour les royaumes de France et d'Angleterre. Mais il intègre aussi dans son récit des événements survenus dans les régions beaucoup plus éloignées, comme l'Italie, la Pologne et la Lituanie. Monstrelet se montre très discret sur ses sources, qu'il ne cite pas en dehors de Froissart auquel il renvoie pour des événements des deux premières décennies du règne de Charles VI. Il ne s'est pas limité à sa propre connaissance des événements, il a tenté de compléter ses informations par le témoignage d'autres personnes, en général issues de l'entourage des grands, qu'il ne nomme pas la plupart du temps, témoignage qu'il cherche toujours à vérifier, à confronter avec d'autres. Il fait aussi un large usage de pièces officielles, souvent en latin, qu'il reproduit, c'est ainsi qu'il donne le texte complet de la *Justification* de Jean Petit*. Certains latinismes (noms de lieu, de personne, adaptés de la forme latine) laisseraient penser qu'il a connu et utilisé d'autres écrits latins, mais il est difficile de préciser lesquels. Selon H. Moranvillé, il se serait inspiré, au moins pour les années 1401 à 1405, d'une relation historique insérée dans la *Chronographia regum Francorum*.

Bien qu'attaché à la maison de Luxembourg, Monstrelet se veut impartial et parvient à tenir la balance égale entre le roi de France, le roi d'Angleterre et le duc de Bourgogne. Ses réserves sur Jeanne d'Arc sont toutefois révélatrices. Sa formation d'humaniste explique son souci d'exactitude, de même que sa parfaite connaissance des auteurs latins de l'Antiquité. L'original de la chronique a disparu, il en subsiste seulement deux versions transmises par les copistes, l'une en picard, l'autre en français de l'Île-de-France ; on ne peut donc dire en quelle langue la chronique était écrite. Georges Chastellain* suivra de très près, parfois servilement, l'œuvre d'Enguerrand de Monstrelet ; mais il remodèlera la matière de son devancier en donnant pittoresque et couleur à plusieurs scènes, en introduisant une plus grande unité dans son œuvre par un système d'annonces, de rappels et de transitions, en multipliant les passages au style direct et surtout en se souciant davantage d'explication et de psychologie. C'est pourquoi sa dépendance à l'égard de Monstrelet est passée inaperçue.

La chronique de Monstrelet est un témoignage important pour l'histoire de la première moitié du XVe siècle. C'est un récit original, dans lequel l'auteur mêle adroitement sources écrites et témoignages oraux. Il confronte ses différentes informations, les vérifie, les critique, et ajoute son expérience personnelle.

ŒUVRE. — Éd. L. Douët d'Arcq, 6 vol., Paris, 1857-1862 *(SHF)* ; réimp. New York, 1966.

→ R. de Brandt de Galametz, *Le chroniqueur Monstrelet gentilhomme picard*, Abbeville, 1886, extrait des *Mémoires de la société d'émulation d'Abbeville*. — A. Lesort, *Notes biographiques sur le chroniqueur Enguerrand de Monstrelet*, Paris, 1909, extrait du *Bulletin historique et philologique*. — H. Moranvillé, *Note sur quelques passages de Monstrelet*, dans *BEC*, t. 62 (1901), p. 52-56. — G.T. Diller, *The Assassination of Louis d'Orleans : the Overlooked Artistry of Enguerran de Monstrelet*, dans *Fifteenth-Century Studies*, t. 10 (1984), p. 57-68. — D. Boucquey, *Enguerran de Monstrelet, historien trop longtemps oublié*, dans *Publ. du Centre européen d'études bourguignonnes (XVe-XVIe s.)*, n° 31 (1991), p. 113-125. — Molinier n° 3946. — Cf. *MB* nos 5203-5210 *bis* ; *S* 7378, 7986.

G.T.L.

Enguerrand d'Oisy. On ne connaît que le nom de l'auteur du *Meunier d'Arleux*, fabliau de 414 octosyllabes, du début du XIIIe siècle. Un meunier convoite une jeune fille et promet à son valet, contre son aide, un porc et les faveurs de la belle. Mais la jeune fille change de lit avec la femme du meunier. Celui-ci n'apprend la duperie qu'au matin, et son valet réclame son porc, puisqu'il a été trompé sur la personne !

ŒUVRE. — *Roman du Meunier d'Arleux*, éd. F. Michel, Paris, 1833. — Éd. A. de Montaiglon et G. Raynaud, dans *Recueil général des fabliaux*, Paris, 1877, t. 2, p. 31-45.

→ V. Le Clerc, *Fabliaux*, dans *HLF*, t. 23 (1856), p. 69-215, notamment p. 198-200.

A.F.L.L.

Enseignement des Princes. Voir : Robert de Blois.

Ensenhamen. En français, la littérature dite « morale » — Livres de Manières, Chastoiements et Doctrinaux de Courtoisie — se résume en des conseils ou en de vagues préceptes de morale et d'éducation. Au contraire, le genre littéraire de l'*ensanhamen* fut très développé dans la langue d'oc du Moyen Âge.

Pour la morale, il reste, en langue d'oc, du XIIe au XIVe siècle, en dehors des livres religieux, de nombreuses Épîtres, de plus nombreuses *coblas*, des *vers* et des *predicansas* de troubadours connus, tels que Daude de Pradas*, Folquet de Lunel*, Peire Cardenal*, Raimon de Cornet*, sans compter les recueils anonymes de proverbes moraux souvent dépourvus d'originalité, parfois simplement traduits d'ouvrages latins.

En ce qui concerne l'éducation proprement dite, on peut citer une pièce du Limousin Arnaut de Mareuil* *Razos es e mezura*, qui donne, pour les diverses classes de la société, les conditions de conduite dans le monde pour avoir bonne réputation, et un poème de l'Italien Sordel*, l'*Ensenhamens d'onor*, qui demande de porter dans son cœur une balance pour bien apprécier les actes à accomplir.

Je ne m'attarderai pas aux ouvrages traitant de règles de vie, même de préceptes d'hygiène, comme le curieux ouvrage anonyme *Diätetik*, inspiré d'Hippocrate et de Galien, qui donne le programme détaillé de la journée, suivant les saisons, pour les hommes, et tout un traité de Garin lo Brun*, troubadour du Velay, qui s'adresse, lui, aux dames de haute naissance. Il n'est pas jusqu'à la politique qui n'ait son conseiller en Ramon Llull*, le célèbre Majorquin, dans son roman *Blanquerna*.

Mais il ne faut pas s'étonner que la civilisation occitane de cette époque, si développée, ait demandé à ses poètes des traités spéciaux de formation concernant l'enfant, plutôt le garçon, puis la demoiselle, enfin le jeune homme, écuyer ou chevalier.

C'est encore Ramon Llull qui a écrit, la dédiant à son propre fils, la *Doctrina pueril*, qui renferme un plan général d'éducation avec l'exposé des connaissances nécessaires, religieuses et naturelles, et où l'auteur recommande l'usage de la langue maternelle et la méthode expérimentale.

La *donzela*, c'est-à-dire la demoiselle dont la fonction est de suivre et d'assister la dame, peut lire les conseils ayant trait à son état dans l'*ensenhamen* du Bordelais Amanieu de Sescars*, de la fin du XIIIe siècle, intitulé *En aquel mes de mai* : conseils de toilette, de tenue à l'église, aux jeux-partis, à table, conseils de prudence à l'égard des amoureux.

Le même poète a écrit *Al temps de Nadalor* (Au temps de Noël), conseils pour la formation d'un damoiseau, ou *escudier*, surtout en vue de la galanterie : un héros galant, s'il veut mériter les honneurs et l'amour des dames, doit être habile à parler, savoir vivre à la cour, être prêt à faire la guerre, et, pour cela, il y a pour lui intérêt à choisir un bon maître. Amanieu de Sescars fit école : un troubadour toulousain du XIVe, Peire de Lunel de Montech*, imita, sinon pour la forme, empruntée au poème anonyme l'*Arlabeca*, du moins pour les idées, Amanieu de Sescars dans son *ensenhamen, L'autr'ier...* (L'autre jour...).

S'il s'agit, non plus du damoiseau, ou *escudier*, mais du vrai gentilhomme, on trouve les conseils longuement énumérés et détaillés chez le troubadour Arnaut Guilhem de Marsan*, qui écrivit un poème, *Qui comte vol aprendre* (Qui veut apprendre un conte), où il y a, après les éternels préceptes relatifs à la toilette et au costume, des conseils recommandant la bonne tenue d'une maison, la munificence et la valeur guerrière, toutes choses qui procurent l'amour des dames. Ramon Llull a écrit, de son côté, un vrai manuel du chevalier chrétien, dans son *Llibre del Ordre de Cavayleria*, où il expose les origines de la Chevalerie, les devoirs du chevalier, les examens auxquels il est soumis, les épreuves qu'il doit subir, le cérémonial de l'adoubement, la signification des armes, les mœurs et coutumes de la Chevalerie, l'honneur dû à cette institution.

On n'est pas étonné que les troubadours se soient appliqués avec un soin tout particulier à l'éducation, à la formation des jongleurs à qui ils confiaient leur propre gloire et la gloire de leur dame avec les poèmes à interpréter. Généralement, le troubadour pouvait se charger d'interpréter lui-même ses œuvres, car il était poète, musicien, et, par principe, exécutant. Mais il pouvait lui arriver d'avoir besoin d'un ou plusieurs interprètes. Alors, très souvent, plein de mépris pour ces exécutants, il leur adressait des conseils sur un ton doctrinal et sarcastique. Il n'en était pas toujours ainsi, et c'étaient parfois des conseils amicaux.

Deux d'entre eux se cantonnent dans des conseils d'ordre général, assez vagues, qui permettront aux jongleurs de se faire valoir dans les cours, et peut-être, en fin de compte, d'être confondus avec les courtisans eux-mêmes.

At de Mons*, troubadour toulousain de la fin du XIIIe siècle, à qui le jongleur est venu demander conseil, profite de cela, dans la pièce *Si tot non es enquistz* (Si tu ne t'es pas bien informé), pour exposer des considérations philosophiques sur la valeur de l'honnête homme qui veut briller dans les cours : loyauté, vaillance, savoir, courtoisie, libéralité. Le troubadour catalan Raimon Vidal* de Besalù, de la même époque, dans sa pièce *Abrils issi e may intrava* (A la fin d'avril et à l'entrée de mai), tombe d'accord avec son jongleur sur la décadence de la poésie. Alors, pour être bien apprécié des gens auprès desquels il se présentera, le jongleur sera bien chaussé, bien habillé, bien coiffé, avec élégance mais sans recherche ; il parlera bien, agira avec sagesse, et se mettra à l'école des vrais artistes que sont les grands troubadours, lesquels lui apprendront à faire valoir ses talents.

Il y a, enfin, trois *ensenhamens*, groupés ensemble d'ordinaire, quoique écrits par trois troubadours d'époques et de régions différentes, qui ont trait spécialement au métier même du jongleur, artiste et lettré, et où l'on trouve des préoccupations d'ordre littéraire. Ils vont de 1170 à 1250 ; ils ont été écrits en Catalogne, en Gascogne, en Rouergue, ce qui prouve combien, en pleine période classique, les mêmes préoccupations intéressaient les poètes de toute l'Occitanie.

Le premier en date, *Cabra joglar*, est de Guiraut de Cabreira, noble catalan — de qui nous n'avons que cette pièce — et il aurait été composé vers 1160 ou 1170. L'auteur reproche au jongleur Cabra — sans doute un nom de fantaisie — de n'avoir pas de talent, ni pour chanter, ni pour jouer, ni pour danser ; il a eu de mauvais maîtres ; il n'est au courant d'aucune nouveauté : « Tu ne peux avoir grand savoir, puisque tu ne sors pas de ton pays. »

Jes gran saber non potz aver,
Si fors non ieis de ta rejon.

Guiraut insiste alors sur les connaissances littéraires que doit avoir le jongleur, et il étale avec une stupéfiante prolixité son propre savoir, vraiment très étendu en matière épique, depuis *la gran jesta de Carlon* (la grande geste de Charles), *no i ha meillor chanson*, jusqu'à celle d'Arthur. Il y a là « un vrai memento de littérature épique » (J. Anglade) en 142 vers de huit pieds à rimes masculines ; les vers pairs riment en *on*, et les impairs sont partagés en deux hémistiches rimant entre eux. Cet *ensenhamen* est une des preuves les plus évidentes qu'il s'est perdu un grand nombre de poèmes épiques occitans.

Écrit sur le même rythme, évidemment à son imitation — les vers pairs rimant ici en *ir* — et à peu près de la même longueur, quelque quarante ans plus tard, l'*ensenhamen* de Guiraut de Calanson*, troubadour gascon, est un peu différent, par la matière, de celui de Guiraut de Cabreira. Tout d'abord, le jongleur Fadet, *Fadet joglar*, auquel est adressé l'*ensenhamen* nous semble plutôt, d'après les conseils qu'on lui donne, un bateleur : il s'agit pour lui de bien jouer du tambour, de jeter et rattraper quelques pommes avec deux couteaux, de jouer de la cithare et de la mandore, mais aussi de sauter à travers quatre cerceaux,

E citolar e mandurar
E per catre cercles salhir...

Après cela, Guiraut de Calanson énumère lui aussi, les connaissances épiques nécessaires à son jongleur. Plus ici, de chansons de geste, mais des fables de l'antiquité classique et biblique, des légendes plus ou moins étrangères en cours au Moyen Âge. Le jongleur doit tout savoir, de Dédale et Icare, « comment ils volèrent par grand désir », *« Con voleron per gran dezir »*, jusqu'à Salomon, Romulus, Didon et Lancelot. Il devra en outre connaître l'amour et ses effets extraordinaires : « il est aveugle, mais frappe très bien », *« E non ve ren, mas fer trop ben »*. Quand il saura tout cela, le jongleur fera bien d'aller en Aragon, vers le jeune roi (sans doute Alphonse II) qui, mieux que tout autre prince, récompensera son talent.

Bertran de Paris, troubadour du Rouergue, composa, vers 1240, un *ensenhamen* moins long (92 vers) et différent, par la forme et par le fond, des deux autres. Il est en strophes de huit vers de dix syllabes, avec une disposition de rimes assez indépendantes. L'auteur adresse au jongleur *Gordo* de vifs reproches, non sur ses défauts d'exécutant, comme avaient fait Guiraut de Cabreira et Guiraut de Calanson à leurs jongleurs respectifs, mais seulement sur son ignorance littéraire : « L'ignorance vous afflige et vous confond, / et souvent vous mettez en haut ce qui est en bas ».

Que no sabers vos marris e.us cofon,
Soven dizets so qu'es d'aval d'amon.

Il énumère ensuite les chansons de geste que le jongleur devrait connaître, mêlant les légendes antiques aux héros des temps carolingiens, sans aucun ordre, passant d'Achille et de Moïse à Tristan et à Merlin. En terminant, il prie son jongleur de porter son chant à la *valen comtessa de Rodes*.

Toutes ces énumérations de chansons de geste et de légendes, accumulées dans ces trois pièces curieuses à plus d'un titre, sont un éloquent témoignage du goût très marqué qu'avait au Moyen Âge pour l'épopée le public occitan.

→ H.R. Jauss et E. Köhler, *La Littérature didactique, allégorique et satirique*, dans *GRLMA*, vol. 6, 2t., Heidelberg, 1968. — F. Pirot, *Recherches sur les connaissances littéraires des troubadours occitans et catalans des* XIIe *et* XIIIe *siècles. Les « sirventes ensenhamens » de Guerau de Cabrera, Guiraut de Calanson et Bertrand de Paris*, Barcelone, 1972. — G.E. Sansone, *Testi didattico, cortesi di Provenza*, Bari, 1977. — R.A. Taylor, *La Littérature Occitane du Moyen Âge*, Toronto, 1977, n°s 102, 708-16, 718-23 [bibliogr. sélective et critique]. — D.A. Monson, *Les « ensenhamens » occitans. Essai de définition et de délimitation d'un genre*, Paris, 1981. J.S.

Ensenhamen d'Onors. Voir : Sordel.

Entrée d'Espagne. Chanson de geste composée au milieu du XIVe siècle par un Padouan anonyme à l'aide du *Pseudo-Turpin* et de plusieurs autres sources. Longue de 7 976 vers monorimes, elle raconte la campagne de Charlemagne et des douze pairs en Espagne. À la suite d'un malentendu avec l'empereur, Roland s'enfuit en Terre sainte, où il fait valoir sa prouesse parmi les païens. De retour en Espagne, un ermite lui prédit qu'il trouvera la mort sept ans après la prise de Pampelune par les Français. Enfin arrivé au camp, Roland retrouve Charlemagne, qui lui offre sa couronne. Roland refuse, ayant décidé de conquérir le plus de terres possible pour son seigneur dans les sept années qui lui restent à vivre.

ŒUVRE. — Éd. A. Thomas, Paris, 1913, 2

vol. (*SATF*, 60). — Éd. M. Catalano, Bologne, 1939-1940, 3 vol.

→ F. Torraca, *L'Entrée d'Espagne*, dans *Studi di Storia Letteraria*, Florence, 1923, p. 164-241. — P. Aebischer, *Ce qui reste d'un ms. perdu de l'Entrée d'Espagne*, dans *Archivum romanicum*, t. 12 (1928) p. 233-264. — C. Dionisotti, *Entrée d'Espagne, Spagna, Rotta di Roncisvalle*, dans *Mél. A. Monteverdi*, t. 1, Modène, 1959, p. 209-241. — A.M. Finoli, *Note sulla personalità e la cultura dell'autore dell'Entrée d'Espagne*, dans *CN*, t. 21 (1961), p. 175-181. — A. Adler, *Didactic Concerns in l'Entrée d'Espagne*, dans *L'Esprit créateur*, t. 2 (1962), p. 107-109. — G. Folena, *La cultura volgare e l'« Umanesimo cavalleresco » nel Veneto*, dans *Umanesimo europeo e Umanesimo veneziano*, Florence, 1963, p. 141-158. — R.M. Ruggieri, *Il titolo e la protasi dell'Entrée d'Espagne e dei Fatti di Spagna in rapporto alla materia della Chanson de Roland*, dans *Mél. M. Delbouille*, Gembloux, 1964, t. 2, p. 615-633. — A. Limentani, *L'art de la comparaison dans l'Entrée d'Espagne*, dans *Actes du 6e congrès international de la Société Rencesvals (Aix-en-Provence, 1973)*, Aix-en-Provence, 1974, p. 351-371 ; *Epica e racconto : Osservazioni su alcune strutture e sull'incompiutezza dell'Entrée d'Espagne*, dans *Atti dell'Istituto Veneto di Scienze, Lettere ed Arti*, t. 133 (1974-1975), p. 393-428 ; *L'Epica in « lengue de France », l'Entrée d'Espagne e Niccolò da Verona*, dans G. Arnaldi et M. Pastore-Stacchi, *Storia della cultura veneta. I. Dalle origini al Trecento. II. Il trecento*, Vicence, 1976. — M. Boni, *Reminiscenze della Chanson d'Aspremont nell'Entrée d'Espagne...*, dans *Atti dell'Accademia delle Scienze dell'Istituto di Bologna*, t. 71 (1982-1983), p. 25-50. — A. Limentani, *Entrée d'Espagne e Milione*, dans *Mél. G.B. Pellegrini*, Pise, 1983, t. 1, p. 393-417 ; *Il comico nell'Entrée d'Espagne e il suo divenire*, dans *Mél. A. Noyer-Weidner*, Stuttgart, 1983, p. 41-82. — A. de Mandach, *La prise de Naples et de Gormaise par Roland*, dans *Actes du 9e congrès international de la Société Rencesvals*, Padoue, 1982, Modène, 1984, t. 1, p. 717-728. — R. Specht, *La tradition manuscrite de l'Entrée d'Espagne. Observations sur le fragment de Châtillon, ibid.*, p. 749-758. — A. de Mandach, *Sur les traces de la cheville ouvrière de l'Entrée d'Espagne : Giovanni di Nono*, dans *Testi, cotesti e contesti del franco-italiano, Atti del 1° Simposio franco-italiano (Bad Homburg, aprile 1987)*, Tübingen, 1989, p. 48-64. — N. Bradley-Cromey, *Forest and Voyage. Signs of Sententia in the Entrée d'Espagne*, dans *The Romance Epic : Essays on a Medieval Literary Genre*, 1988. — Cf. *MB*, n°s 4069-4073, 6775, 7860 ; *S* 169, 989, 1195, 1459, 1614, 6493-6514, 6874.

Voir aussi : Nicolas de Vérone. S.I.J.

Épître farcie. Dès la fin du XIIe siècle, on observe dans certains manuscrits, surtout en France, des épîtres dont le texte habituel est interpolé de gloses et commentaires en latin ou même en ancien français. Selon la technique du trope*, l'intertextualité associe aux péricopes liturgiques habituelles des structures versifiées, rythmées ou assonancées ; l'apport musical joint à la psalmodie préexistante des éléments plus libres, initiaux ou cadentiels. Ce « bricolage magnifique » poursuit des fins esthétiques mais surtout didactiques. Les fêtes que les épîtres farcies embellissent appartiennent toutes au cycle de Noël (Noël, saint Étienne — patron des clercs —, saint Jean l'Évangéliste, les Saints Innocents, la Circoncision) ; elles étoffent une semaine riche de dévotion populaire et processions mais aussi de créations « paraliturgiques » en tous genres.

L'élément dramatique des épîtres tropées se développera par la suite dans les épîtres polyphoniques.

ŒUVRES. — À titre d'exemple, voir T. Link, *Altfranzösisches aus Handschriften. I Fünf Epîtres farcies*, dans *ZRPh*, t. 11 (1887), p. 22-41 (épîtres farcies pour la saint Étienne, la saint Jean, les Saints Innocents, l'Épiphanie).

→ B. Stäblein, *Epistel* dans *MGG*, t. 3, col. 1448-1453. — M. Huglo, *Epistle* et *Farse*, dans *The New Grove Dictionary of Music and Musicians*, t. 6, 1980, p. 216 et 410. — G. de Poerck, *Les plus anciens textes de la langue française comme témoins de l'époque*, dans *RLingR*, t. 27 (1963), p. 1-33. — V. Saxer, *L'épître farcie de la Saint Etienne « Sesta lesson » : inventaire bibliographique*, dans *Provence historique*, t. 22 (1973), p. 318-326. N.S.

Éracles (Livre d'). Voir : Ernoul ; Guillaume de Tyr.

Ermold Le Noir (Ermoldus Nigellus). Cet Aquitain qui fut, sinon moine, du moins clerc, était dans les années 820 favori de Pépin, aux côtés de qui il participa à l'expédition contre les Bretons en 824. Louis le Pieux, craignant l'influence qu'exerçait sur son fils ce lettré plus doué pour la parole que pour les armes, l'exila peu après à Strasbourg auprès de l'évêque Bernold. De cet exil datent les œuvres qui nous sont parvenues. Le *Carmen in honorem Hludovici Caesaris* est une longue épopée en distiques élégiaques (2 649 vers) précédée d'une dédicace acrostiche et téléstiche de 35 hexamètres dactyliques. Cette œuvre, qui couvre la période 781-826 (date approximative de son achèvement), est à la fois un panégyrique et un document historique écrit, pour les dernières années, par un témoin direct. Ermold essaya d'obtenir son retour en adressant aussi à Pépin deux épîtres élégiaques (100 et 111 distiques). Ces œuvres d'exil, s'inspirant d'Ovide par l'esprit et la forme, sont marquées stylistiquement par l'influence de Virgile et Venance Fortunat. Par leur parenté avec les œuvres de Théodulphe, Modoin, Angilbert, elles s'inscrivent parfaitement dans le panorama poétique de la cour carolingienne. Elles eurent plus d'efficacité que n'en avaient eu les *Tristes* ou les *Pontiques* : Ermold revint à la cour vers 830. On ne peut cependant l'identifier avec l'abbé Hermold envoyé par Louis à son fils en 834, ni avec Hermold, chancelier de Pépin en 838.

Dans une étude récente, K.F. Werner a proposé d'attribuer à Ermold le *Waltharius*, célèbre épopée en hexamètres dactyliques contant le retour en Aquitaine de Walther, exilé chez les Huns d'Attila depuis sa jeunesse. Walther, vainqueur dans les Vosges du roi des Francs Gunther, représenterait le parti aquitain vainqueur des Francs en 844. La démonstration, convaincante, n'est pas étayée par une étude stylistique approfondie.

ŒUVRES. — Éd. E. Faral, Paris, 1932 (*Classiques de l'histoire de France au Moyen Âge*, 14). — *Waltharius* : éd. K. Strecker, *MGH Poetae*, 6, 1, p. 1-85.

→ I. Ranicri, *La tecnica versificatoria nel' Carmen in honorem Hludowici Caesaris' di Ermoldo Nigello e la tradizione dattilica latina*, dans *Studi Medievali*, n° 25 (1984), p. 93-114. — K.F. Werner, *Lhudovicus Augustus : gouverner l'empire chrétien, idées et réalités*, dans *Charlemagne's Heir. New Perspectives on the Reign of Louis the Pious, 814-840*, éd. P. Godman-R. Collins, Oxford, 1990, p. 3-123 (notamment p. 101-123). A.M.T.

Ernoul. Valet de Balian d'Ibelin, il a écrit — ou dicté — un récit de la chute de Jérusalem et de ses suites pour défendre son maître et reporter la responsabilité de la catastrophe sur le roi poitevin Gui de Lusignan. Son texte original, qui allait de 1184 à 1197, est perdu ; nous ne le connaissons que par une version de l'*Eracles*, ou continuation française de Guillaume de Tyr* jusqu'en 1248 (elle ne contient pas la traduction de l'*Historia*), qui a utilisé le texte d'Ernoul, et par l'arrangement qu'en a fait Bernard, trésorier de Saint-Pierre de Corbie, vers 1231. Celui-ci a copié, en l'abrégeant, le texte d'Ernoul, a ajouté un résumé des premiers temps du royaume de Jérusalem, ainsi que des interpolations et une prolongation jusqu'en 1232. C'est ce texte qu'on appelle d'ordinaire la chronique d'Ernoul et que Mas-Latrie a publié sous le titre de chronique d'Ernoul et de Bernard le Trésorier.

ŒUVRE. — Éd. L. de Mas-Latrie, Paris, 1871 *(SHF)*.

→ M.R. Morgan, *The Chronicle of Ernoul and the Continuations of William of Tyre*, Oxford, 1973. — D. Jacoby, *La littérature française dans les États latins de la Méditerranée orientale à l'époque des croisades, diffusion et création*, dans *Essor et fortune de la Chanson de geste dans l'Europe et l'Orient latin. Actes du 9e congrès intern. de la Société Rencesvals*, Modène, 1984, t. 2, p. 617- 646. — Molinier n° 2303. — Cf. *MB*, n°s 3613, 3614. G.T.L.

Ernoul Caupain. Trouvère, à qui l'on doit une pastourelle et deux chansons. Le chansonnier *T* (Paris, BN, fr. 12615) lui attribue une troisième chanson, qui est en réalité l'œuvre de Baude de La Quarière*.

ŒUVRES. — A. Scheler, *Trouvères belges du* XIIe *au* XIVe *siècle*, Louvain, 1879 (réimp. Genève, 1977), p. 106-119. — T.H. Newcombe, *Ernoul Caupain and the Song with multiple Refrains*, dans *Mél. W. Boetticher*, Berlin, 1974, p. 226-235.

→ Linker, n° 58. — Cf. *MB S* 4475. F.F.H.

Ernoul le Vieux. Encore appelé Ernoul de Gastinois, ce trouvère inconnu, contemporain de Rutebeuf*, peut être originaire du Gâtinais. Ses poèmes sont conservés, avec leur musique, dans deux des plus célèbres recueils du XIIIe siècle : les chansonniers *M* (Paris, BN, fr. 844) et *T* (Paris, BN, fr. 12615). Ce sont quatre pastourelles et, surtout, deux lais lyriques à la composition musicale étonnante : le *Lai de Notre-Dame*, longue prière à la Vierge, et le *Lai de l'Ancien et du Nouveau Testament*, qui raconte divers épisodes de l'Ancien Testament et expose les rites du baptême et de la pénitence.

ŒUVRES. — *Lais et chansons d'Ernoul de Gastinois*, éd. J. Maillard, Rome, 1964 (*Musicological Studies and Documents*, 15). — P. Bec, *La lyrique française au Moyen Âge (*XIIe-XIIIe *siècle)*, Paris, 1978, t. 2, p. 134-139 [extrait du *Lai de l'Ancien et du Nouveau Testament*].

→ Linker, n° 59. — Cf. *MB S* n° 4476. G.M. et F.F.H.

Esposalizi de Nostra Dona. Voir : *Mystères en Occitanie*.

Espurgatoire. Voir : *Purgatoire.*

Estoire del Saint Graal. Première partie de l'immense cycle de la *Vulgate*, mais le roman a été écrit vers 1230-1235, donc après le *Lancelot-Graal* proprement dit, pour lui servir d'ouverture. L'œuvre, une sorte d'Ancien Testament arthurien, relate la préhistoire du Graal depuis la Passion, où Joseph d'Arimathie recueille le sang du Christ dans le vase précieux, jusqu'à la mort de Lancelot [l], grand-père maternel de Lancelot du Lac et descendant de Nascien, contemporain de ce même Joseph. L'auteur prend comme point de départ le *Joseph d'Arimathie* de Robert de Boron* et procède à une extension du processus généalogique et à une dilatation de la chronologie : alors que chez Robert de Boron, Perceval était le petit-fils de Bron, le beau-frère de Joseph d'Arimathie, l'écart entre Joseph et l'élu du Graal, Galaad, est ici étendu à dix générations. De plus, à l'histoire de la lignée des rois gardiens du Graal, l'auteur associe le récit de l'évangélisation de la Grande-Bretagne par cette même lignée. Pour réaliser cette double histoire, l'auteur anonyme (il refuse mystérieusement de dire son nom au début de l'œuvre), mais vraisemblablement ecclésiastique, fait appel à des textes très divers : outre Robert de Boron, sont mis à contribution des écrits apocryphes, la *Navigatio Sancti Brendani**, l'hagiographie bretonne, la légende de Tristan et surtout la *Queste du Saint Graal** dont il reprend les passages rétrospectifs (histoire de la nef de Salomon, combat de Nascien contre le géant, combat du roi Varlan et du roi Lambar...). Le texte n'a pas la qualité de la *Queste* : prose plate, tendance à la répétition et au poncif, abus des développements généalogiques, puisque tous les chevaliers de la Table Ronde et non plus les seuls élus ont une ascendance biblique. L'*Estoire* a été traduite en portugais en 1313.

ŒUVRE. — 1) Version longue : éd. E. Hucher, *Le Saint Graal*, Le Mans, 1875-1878, t. 2 et 3, p. 1-308 (ms. Le Mans 354). 2) Version brève : éd. H.O. Sommer, *The Vulgate Version of the Arthurian Romances*, t. 1, Washington, 1909 (ms. BM Add. 10 292).

→ H. Newstead, *Bran the Blessed in Arthurian Romance*, New York, 1939 (chap. 4). — M. Lot-Borodine, *Le symbolisme du Graal dans l'« Estoire del saint Graal »*, dans *Neophilologus*, t. 34 (1950), p. 65-79. — F. Bogdanow, *The Relationship of the Portuguese « Joseph Abarimatia » to the Extant French mss of the « Estoire del Saint Graal »*, dans *ZRPh*, t. 76 (1960), p. 343-375. — V.M. Lagorio, *Pan-Brittonic Hagiography and the Arthurian Grail Cycle*, dans *Traditio*, t. 26 (1970), p. 29-61 ; *Joseph of Arimathea : The Vita of a Grail Saint*, dans *ZRPh*, t. 91 (1975), p. 54-68. — C.A. Van Coolput, *La poupée d'Evalac ou la conversion tardive du Roi Mordrain*, dans *Mél. J.L. Grigsby*, Birmingham, 1989, p. 163-172. Cf. *MB* n°s 1956-1958 ; *S* 3873, 3881, 3906, 3928, 3943, 3944, 3947, 3953, 3959, 3977, 4048-4089, 5982, 5983, 7865. Voir aussi : *Graal. Cycle Vulgate.*

J.M.F.

Estoire de la guerre sainte. L'*Estoire de la guerre sainte* est un poème de plus de 12 000 vers en laisses octosyllabes, qui raconte la croisade de Richard Cœur de Lion*. Depuis Gaston Paris, elle est attribuée à Ambroise, un jongleur anglo-normand originaire de la région d'Évreux, donc de la France anglaise. Ambroise avait accompagné le roi Richard à la troisième croisade (1189-1192). Il a écrit son poème avant la mort du roi, donc avant 1196. L'*Estoire* est une source précieuse d'informations historiques. C'est aussi un très beau texte. L'auteur avait deux buts, représenter les hauts faits de Richard, dont il avait été témoin oculaire, mais aussi montrer les souffrances du pèlerin et des pauvres gens ; car son horizon politique est celui d'un homme de petite condition. Il émane de son poème une naïve bonhomie qui confère à l'œuvre un charme tout particulier. Le seul texte avec lequel il est possible de faire une comparaison est le récit anonyme de la première croisade intitulé *Gesta Francorum et aliorum Hierosolimitanorum*. L'*Estoire* a été utilisée par Richard, chanoine puis prieur de la Sainte-Trinité de Londres, qui composa, entre 1216 et 1222, à la requête du prieur Pierre de Cornouaille, l'*Itinerarium regis Ricardi*. Pour cela, il a traduit l'*Estoire*, utilisant également des textes complémentaires. Mais il n'appartenait pas comme Ambroise à la classe des petites gens ; aussi avec sa brillante rhétorique transforme-t-il le texte du jongleur ; sous sa plume, les souffrances des croisés perdent une partie de leur vraisemblance.

ŒUVRE. — Éd. dans *MGH, SS*, t. 27 (1885), p. 532-546 [éd. partielle]. — Éd. et trad. G. Paris, Paris, 1897 *(Collection de documents inédits sur l'histoire de France)*. — Trad. anglaise en vers M.J. Hubert avec notes de J.L. La

Monte, *The Crusade of Richard Lion-Heart by Ambroise*, New York, 1941 (*Columbia Univ. Records of Civilization. Sources and Studies*, 34). — Trad. anglaise en prose E. Noble Stone, *Three Old French Chronicles of the Crusades. The History of the Holy War...*, Seattle, 1939 (*University of Washington. Publ. in the Social Sciences*, 10).

→ H.E. Mayer, *Das Itinerarium peregrinorum*, dans *MGH, Schriften*, 18 (1962), p. 107-151. — P. Bancourt, *De l'imagerie au réel : l'exotisme oriental d'Ambroise*, dans *Senefiance*, n° 11, 1982, p. 27-39. — Molinier, n° 2331. — Nouveau Potthast, t. 2, p. 212. — Cf. *MB*, n°s 3609-3612 ; *S* 6032. G.T.L.

Estormi. Voir : Hue Piaucelle.

Estula. Fabliau anonyme du XIIIe siècle. En 142 octosyllabes à rimes plates, *Estula* raconte l'aventure de deux frères, orphelins et pauvres, qui volent des choux et un mouton à leur riche voisin. Celui-ci, entendant du bruit, envoie son fils voir ce qui se passe ; le fils siffle son chien, Estula, faisant croire à l'un des voleurs que son frère l'appelle (« Es-tu là ? »). Le voleur répond alors, « Bien sûr que je suis là », et le fils du riche voisin retourne annoncer à son père que leur chien parle. Le père envoie donc son fils chercher le curé du village pour voir le miracle, mais le curé ne veut point venir : il est prêt à se coucher, déshabillé et les pieds lavés. Le fils s'offre à porter le curé sur son dos pour que ses pieds ne soient pas salis en route. De retour à la ferme, le fils et le curé — dans un vêtement blanc — sont aperçus par l'un des voleurs, qui croit voir son frère avec un mouton sur le dos et crie qu'on jette ce « mouton » par terre pour lui couper la gorge. Le curé, croyant à un guet-apens, saute du dos du fils et se sauve, se salissant les pieds. Les deux voleurs rentrent chez eux et se régalent de leur butin et du bon tour joué au curé.

ŒUVRE. — Éd. A. de Montaiglon et G. Raynaud, dans *Recueil général des fabliaux*, Paris, t. 4 (1880), p. 87-92. — Éd. M. Walters-Gehrig, dans *Trois fabliaux. Saint Pierre et le jongleur, De Haimet et de Barat et Travers, Estula*, Tübingen, 1961, p. 177-216 (*Beihefte zur ZRPh*, 102). — *Fabliaux*, éd. R.C. Johnston et D.D.R. Owen, Oxford, 1957, réimp. 1965. — Éd. W. Noomen et N. Van den Boogaard, dans *Nouveau recueil complet des fabliaux*, Assen, 1988, t. 4, p. 347-361, 439-442. — Trad. G. Rouger, dans *Fabliaux*, Paris, 1978, p. 25-27 (*Folio*).

→ *MB S* n°s 4702, 4726, 4738. S.I.J.

Établissements de Saint Louis. « En l'an de grace mil CCLXX, li bon rois Looys de France fist et ordena ces establissemens, avant ce qu'il allast en Tunes [Tunis], en toutes les courz layes du reaume et de la poosté de France, et enseignent cist establissemenz coument touz juges de cort laye doivent oïr et jugier, et terminer toutes les querelles qui sont tretées par devant euls, et des usages de tout le reaume et d'Ango [Anjou], et de court de baronnie, et des redevances que li princes et li baron ont seur les chevaliers et seur les gentils homes qui tienent d'eus [...] Por ce que malice et tricherie est si parcreüe entre l'umein lignage que les uns font souvent aus autres tort et ennui et meffeiz en maintes manieres contre la volenté et les coumendemenz de Dieu, et n'ont li pleuseur peor ne espouvantement du cruel jugement Jhesu-Crist, et por ce que nos voulons que le pueple qui est desouz nos puisse vivre leaument et em pes, et que li uns se gart de forfaire a l'autre por la peor de la decepline du cors et de perdre l'avoir, et por chastier et refrener les maufeteurs par la voie de droit et la reideur de jostice, nous en apelons l'aide de Dieu qui est juge droiturier seur touz autres, avons ordené ces establissemens selonc les quels nos voulons que l'en use es cours laies par tout le reaume et la segnourie de France. » En ajoutant ce prologue au texte archétypique des *Établissements* perdu à ce jour, les copistes de la fin du XIIIe siècle pensèrent donner à l'œuvre l'autorité du roi qui avait réussi à étendre considérablement l'emprise de l'État, Louis IX (1226-1270). Ils n'hésitèrent pas à lui attribuer fictivement la paternité supplémentaire de quelques *novelles* de droit romain traduites en français (voir : Juridique [Littérature]). Disposant des deux premières éditions des *Établissements de Saint Louis*, Montesquieu est le premier à avoir rejeté cette prétendue promulgation : l'œuvre n'est pour lui qu'un « code amphibie [...] obscur, confus et ambigü, où l'on mêle sans cesse la jurisprudence française avec la loi romaine ; où l'on parle comme un législateur, et où l'on voit un jurisconsulte ; où l'on trouve un corps entier de jurisprudence sur tous les cas, sur tous les points du droit civil [...] Il est clair que celui qui fit cet ouvrage compila les coutumes du pays avec les lois et les établissements (voir : Juridique [Littérature]) de Saint Louis » (*De l'esprit des lois*, XXVIII, 38). Le prologue en question est inséré immédiatement sous « La premiere rebriche dou premier cas, si est : De l'office au prevost », ou « Comment le prevost se doit contenir en ses plés ». Elle annonce la première des deux ordonnances de Louis IX, le premier roi à parvenir à contrôler les fiefs, grands et petits, par l'imposition des règles de pacification. Ces ordonnances se trouvent aussi dans le *Livre de jostice et de plet**, un coutumier un peu plus ancien. La première ordonnance (livre I, chap. 1-2) traite de la procédure devant le Châtelet, la seconde (février 1258 ; livre I, chap. 3-9) interdit le recours au duel judiciaire et réglemente la preuve par témoins (voir : Juridique [Littérature]). Les deux textes, qui se trouvent déjà dans le codex *C'est la forme de pledier que li rois Loois commanda a garder en France* (Vatican, Reg. lat. 773), servent de préambules à « Li usages [coutume] de Touraine et d'Anjou » (I, 175), des terres formant déjà une unité juridique malgré les partages politiques (livre I, chap. 10-175). La rédaction de cette coutume est achevée entre mai et août 1246, peut-être à l'initiative du bailli Jean de Bonnes. Le livre II reproduit un coutumier orléanais, l'*Usage d'Orlenois* (incipit : *Ci emprés commence de joutise, et de droit, et des commandemens de droit, et de l'office de chevalerie, et de prendre malfeitor en present fait, et de l'Usage dou Chatelet d'Orliens en cort de baronnie, et de punir malfeitors*), rédigé, dans des conditions sans doute identiques, à l'initiative du bailli d'Orléans Jean le Monnoyer (1248-1253). Quoique annoncé dans la table des rubriques du *Livre de jostice et de plet*, ce texte ne figure pas dans le coutumier.

Ainsi la coutume de Touraine-Anjou et le coutumier orléanais sont la matière d'un canevas que le compilateur étaie de références au droit canonique et au droit romain, de quelques additions et de quelques adaptations du droit coutumier. À l'instar des œuvres juridiques contemporaines (voir Pierre de Fontaines et *Livre de jostice et de plet*), le coutumier subit l'influence de l'école d'Orléans révélée par le souci constant d'harmoniser le droit savant, dont le compilateur n'a pas oublié l'enseignement, avec le droit coutumier en usage (voir : Juridique [Littérature]). Mais ses vues étant moins vastes, son travail est facilité. Il parvient ainsi à éviter l'écueil rencontré par ses devanciers, le recours au placage. Si donc les emprunts au droit romain et au droit canonique ne submergent que rarement le droit coutumier, des références sont néanmoins souvent données à contresens, comme au chapitre « De saisine demander comme prochiens ou comme oirs et de faire protestacion ou retenue selonc l'usage de la cort de baronie » (II, 4), le renvoi à la *constitution* d'Alexandre de l'année 224 (*Code* 6, 33, 2) *sur les testaments* et à un fragment de Paul sur la chose jugée (*Digeste* 42, 1, 38). Parfois le droit romain n'est pas invoqué alors qu'il aurait pu l'être. Au chapitre 118 du livre I « De don entre home et fame », la référence au fragment d'Ulpien sur les donations entre époux manque (*Digeste* 24, 1, 1), mais le compilateur décrit concrètement la situation juridique : « Fame ne puet riens doner a son seignor en aumone tant com ele soit saine que li dons fust pas estables, car, par aventure, ele ne li avroit pas doné de son bon gré ne de sa bone volenté, ainz l'avroit doné par creinte qu'il ne li en feist pis ou por la grant amor qu'ele avroit a lui. Et, por ce, ne li puet ele riens doner de son heritage. Mais avant qu'ele l'aust pris, ele li peust bien doner le tierz de son heritage, ou a sa mort, ou quant ele seroit malade, por coi elle n'aust oir male. »

Le coutumier orléanais (livre II des *Établissements de Saint Louis*) est introduit par un prologue en vers emprunté à *Li droitz au clerc de Voudai* : « Ore entendés une chosette /.../ Fors que pendre sans raençon » (éd. dans *Nouveau recueil de contes, dits, fabliaux et autres pièces inédites des* XIIIe, XIVe *et* XVe *siècles* par A. Jubinal, t. 2, Paris, 1842, p. 132-149). La traduction française des préceptes fondamentaux du droit formulés par Ulpien (170-228) suit le texte versifié : « Por ce, vueil de joutise presentement parler : "Joutise est une volentez estable qui done a chascun son droit. Et li comandement de droit si sunt tel : honestement vivre, nule persone ne doit despire, si doit doner a chascun son droit" selonc droit escrit en Institute, *De justitia et jure* [*Digeste* 1, 1, 10] ou commencement ou il est especiaument traitié de ceste matiere. »

La formulation des règles juridiques atteint parfois une telle concision qu'elle prend la forme de brocards colportés par les *diseurs de droit*, comme « [...] li rois ne tient de nului fors de Dieu et de lui » (I, 83 : *De fausser jegemant ou de tenir por bon et por loial)* ; « [...] Et li usages d'Orlenois si est que li morz saisist le vif, et que il doit avoir saisine, se autres ne se tret avant, qui ait plus grant droit en la chose que cil » (II, 4 : *De saisine demander...* ; « Recreance ne siet mie sanz pleges » (II, 5 : *De demander recreance*), ou encore « Nuns ne doit plaidier en nule cort despoilliés » (II, 7 : *De requerre saisine sans plaidier despoilliés* [de saisine]). L'axiome proclamant l'indépendance temporelle du souverain, inscrit dans la coutume de Touraine-Anjou, véhiculé par les *Établissements*, est formulé dans le discours du roi devant les trois états réunis la première fois pour contrer l'hégémonie de la papauté.

L'œuvre a été composée après l'octave de la Toussaint de l'année 1272 et avant le 19 juin 1273 : les *Établissements* font en effet référence (aux chap. 29, 31 et 38 du livre II) à une décision prise par Philippe III le Hardi de révoquer les avoueries établies depuis une douzaine d'années avec interdiction d'en établir dorénavant de nouvelles et le manuscrit de Paris (E) porte la dernière date dans son explicit : « Explicit iste liber / Sit scriptor crimine liber. / Nomen scriptoris / Est H. Beneamoris. Anno Domini M°. CCC°. XLV. ante festum beati Jeronimi. »

Le titre ne convient guère qu'aux neuf premiers chapitres de l'œuvre d'un compilateur inspiré, qui a frayé les voies de la généralisation et de l'unification du droit français qui seront explorées plus tard par Du Moulin (voir : Juridique [Littérature]).

Sans compter ceux utilisés par Louis Le Caron dit Charondas, René Choppin et Gaspard Thaumas de la Thaumassière, éditeur (en 1679) des *Anciennes et nouvelles coutumes locales de Berri et celles de Lorris* (voir : Juridique [Littérature]), 24 mss (tous de la fin du XIIIe siècle ou des premières années du XIVe siècle ; 5 mss rehaussés de miniatures) dérivent d'un intermédiaire perdu. Une table des *Établissements* se trouve dans un ms. composite de la fin du XIIIe siècle. Une copie du début du XVIIe siècle conserve la version d'un codex « original, escript en lettres antiques sur parchemin vélin daté de l'an 1270 » et le ms. édité par Du Cange (première édition à la suite de l'*Histoire de S. Louis [...] par Jean [...] de Joinville...*, Paris, 1668, p. 1-72) a été copié avant le milieu du XVIIe siècle. Au XVIIIe siècle, l'érudition et la propagande se préoccupent des *Établissements* : ils sont publiés par Eusèbe de Laurière dans le tome I des *Ordonnances des rois de la troisième race...*, Paris, 1723, p. 107-291, et par l'abbé de Saint-Martin, *Les Établissemens de Saint Louis, roi de France, suivant le texte original et rendus dans le langage actuel, avec des notes*, Paris, 1786, lequel avait prononcé, le 25 août 1784, le panégyrique de Saint Louis. L'influence des *Établissements de Saint Louis* est attestée par quelques références officielles. La plupart des coutumiers du Nord de la Loire (voir : Juridique [Littérature]) empruntèrent aux *Établissements de Saint Louis* : les coutumes du Maine, de Touraine-Anjou, de Bretagne, de Champagne *(Abrégé champenois des Établissements)*, de Beauvaisis *(Coutumes de Beauvaisis)*, d'Artois *(Anciens Usages d'Artois)*, de Picardie, de Hainaut et de Flandre. L'œuvre rayonna aussi vers la limite des pays de droit écrit. Deux juristes poitevins adaptèrent les *Établissements* : l'un entreprit une glose au début du XIVe siècle, l'autre rédigea une adaptation aux usages poitevins avec d'autres textes dans *Le livre des droitz et commandemens d'office de justice* peu avant 1372.

ŒUVRE. — *Les Établissements de Saint Louis accompagnés des textes primitifs et de textes dérivés avec une introduction et des notes* publiés pour la Société de l'histoire de France par P. Viollet, t. 1 : Introduction. — Textes primitifs ; t. 2 : Texte des Établissements ; t. 3 : Textes primitifs (Coutume de Touraine-Anjou). — Textes dérivés (Glose poitevine, *Compilatio de usibus et consuetudinibus Andegavie*, Abrégé champenois, Textes bretons). — Notes ; t. 4 : Notes (fin). — Table-glossaire, Paris, 1881-1886.

J.F.

Étienne de Bourbon. Né vers 1190-1195 à Belleville-sur-Saône, dans le Beaujolais (il n'a aucun lien de parenté avec les sires de Bourbon), il fait ses premières études à l'école épiscopale de Mâcon, puis étudie à Paris où il ne tarde pas à fréquenter les frères dominicains qui s'y étaient installés en 1217. Séduit par la ferveur et le dynamisme de l'ordre de saint Dominique, il y entre au plus tard en 1223. Il revient à Lyon, où les dominicains étaient arrivés à la fin de l'année 1218. C'est de ce couvent de Lyon que frère Étienne va rayonner pour accomplir de nombreuses missions : il est prédicateur général, ce qui lui permet de prêcher en tout lieu sans l'autorisation de son prieur ; il parcourt surtout la région lyonnaise et la Bourgogne, parfois l'Est : il participe en 1239 à Mont-Aimé, en Champagne, au procès d'hérétiques dont cent quatre-vingts furent brûlés. Ses missions le portent également vers le Forez et le Massif central ; il prêche jusqu'en Roussillon et parcourt la Savoie. Il fut également l'un des premiers inquisiteurs : cet office lui est confié vers 1236, alors que l'Inquisition avait été créée cinq ans plus tôt. Étienne de Bourbon fut un inquisiteur rigoureux mais prudent, n'accusant point à la légère et n'attachant pas facilement foi aux dénonciations. Vers 1250, il se retire dans le couvent de Lyon pour y rédiger un recueil d'anecdotes exemplaires destinées aux prédicateurs. Il meurt, sans l'achever, vers 1261. Cet ouvrage, le *Tractatus de diversis materiis predicabilibus* (Traité des diverses matières à prêcher), la première tentative de ce genre, ordonne les *exempla** selon les sept dons du Saint Esprit (les recueils d'*exempla* ne seront organisés par ordre alphabétique de rubriques qu'à la fin du XIIIe siècle). C'est pourquoi le recueil porte parfois le titre de *Tractatus de donis Spiritus Sancti*, alors que les dons n'en forment que le cadre. Le recueil, non terminé, ne contient que cinq parties, constituées par les dons de crainte, de piété, de science, de force et de conseil (et encore cette dernière partie est-elle inachevée). Malgré cela, c'est quasiment l'ensemble de la vie chrétienne qui est abordé, puisque le premier don est consacré aux fins dernières (mort, purgatoire, enfer, jugement dernier), le deuxième au Christ, à la Vierge et à la miséricorde, le troisième à la pénitence et à ses œuvres (contrition, confession, jeûne, pèlerinage et croisade), le quatrième — le plus important en taille — aux péchés capitaux, le cinquième enfin aux vertus de prudence, de tempérance et de force. Le sixième don aurait dû être consacré aux dogmes et aux articles de foi, et le septième à l'amour de Dieu.

Le dominicain tenait à ce que son traité fût utilisé efficacement. Il renvoie fréquemment d'une partie à l'autre, d'un chapitre à l'autre. Les titres des diverses subdivisions sont soulignés en rouge, tout comme le sont les titres marginaux des récits qui devaient attirer l'œil des prédicateurs. Le plus ancien manuscrit que l'on possède appartint au Moyen Âge à la bibliothèque de la Sorbonne : il se trouvait parmi les ouvrages « usuels » et était enchaîné à son banc pour échapper au vol.

Le recueil contient près de 3 000 récits (y compris les comparaisons empruntées aux bestiaires* ou aux lapidaires*) ; il comprend aussi un grand nombre de citations de la Bible ou des Pères de l'Église *(auctoritates)* et des raisonnements d'ordre scolastique *(rationes)*. Les sources des anecdotes sont très variées. Une partie provient de l'expérience personnelle et des souvenirs d'Étienne de Bourbon ; une autre est due à des informateurs — clercs ou laïcs — que le dominicain prend généralement le soin de citer : il en va de l'autorité du récit. Celui-ci, pour être efficace auprès du public, doit être en effet présenté comme une histoire vraie, ou du moins vraisemblable. Mais Étienne de Bourbon a emprunté également nombre d'historiettes à des sources écrites dont il dresse la liste dans le prologue. Nous y trouvons des vies de saints, des ouvrages historiques, des encyclopédies. Le plus souvent il ne reprend pas mot à mot les textes, mais les résume et les adapte à son propos. La bibliothèque du couvent de Lyon — disparue lors de son pillage par les protestants en avril 1562 — a dû lui fournir l'essentiel de sa documentation. Mais comme il le précise parfois, il lui est arrivé de recopier un récit intéressant dans la bibliothèque d'une abbaye où il était de passage.

Le recueil d'Étienne de Bourbon, riche d'informations sur la culture folklorique médiévale, permet aussi de prendre la mesure de la diffusion de la littérature arthurienne chez un vaste public. Il témoigne de l'interaction entre une culture « populaire » (le terme est certes ambigu) et une culture lettrée, latine et cléricale (même si les réalités sociales montrent que ces termes ne coïncident qu'en partie).

ŒUVRE. — Éd. partielle A. Lecoy de la Marche, *Anecdotes historiques, légendes et apo-*

logues, tirés du recueil inédit d'Étienne de Bourbon, dominicain du XIII*e siècle*, Paris, 1877 [éd. des *exempla* personnels ou ouï-dire]. L'éd. intégrale est en cours sous la direction de Jacques Berlioz. Turnhout *(Corpus christianorum, Continuatio medievalis)*. — Trad. A. Lecoy de la Marche, *L'Esprit de nos aïeux. Anecdotes et bons mots tirés des manuscrits du* XIII*e siècle*, Paris, s.d. [1888], rééd. Turnhout, sous presse [74 *exempla* adaptés en français]. — J. Berlioz, *Saints et damnés. La Bourgogne du Moyen Âge dans les récits d'Étienne de Bourbon, inquisiteur (1190-1261)*, Dijon, 1989 [trad. de 48 *exempla*].

→ J. Berlioz, *Le Tractatus de diversis materiis predicabilibus d'Étienne de Bourbon, Troisième partie : de dono scientie, étude et édition*, dans *Positions des thèses de l'École des Chartes*, Paris, 1977, p. 25-33. — D. Ogilvie-David, *Le Tractatus... Deuxième partie : de dono pietatis. Etude et édition, ibid.*, 1978, p. 133-136. — J.-L. Eichenlaub, *Le Tractatus... Première partie : de dono timoris. Edition et étude, ibid.*, 1984, p. 37-40. — J. Berlioz, « *Quand dire c'est faire dire* ». *Exempla et confession chez Étienne de Bourbon*, dans *Faire croire. Modalités de la diffusion et de la réception des messages religieux du* XIII*e au* XV*e siècle. Actes de la table ronde de Rome 22-23 juin 1979*, Rome, 1981, p. 299-335 ; *Masques et croquemitaines. À propos de l'expression « Faire barbo » au Moyen Âge*, dans *Mél. C. Joisten*, Grenoble, 1982, p. 221-234 ; *Sainte Pélagie dans un exemplum d'Étienne de Bourbon*, dans *Pélagie la pénitente. Métamorphoses d'une légende*, t. 2, *La survie dans les littératures européennes*, Paris, *Études augustiniennes*, 1984, p. 165-171 ; *Pèlerinage et pénitence dans le recueil d'exempla d'Étienne de Bourbon*, dans *107e Congrès national des sociétés savantes*, Brest, 1982, Philologie et histoire, 1984, Paris, 1, p. 399-412 ; *L'effondrement du Mont Granier en Savoie (fin 1248). Production, transmission et réception des récits historiques et légendaires (*XIII*e et* XVII*e)*, dans *Le Monde alpin et rhodanien*, nos 1-2 (1987), p. 7-68 ; *Héros païen et prédication chrétienne : Jules César dans le recueil d'exempla du dominicain Étienne de Bourbon*, dans *Exemplum et Similitudo. Alexander the Great and Other Heroes as Points of Reference in Medieval Literature, Colloque de Groningue (1986)*, Groningue, 1988, p. 123-143 (*Mediaevalia Groningana*, 8). — J. Berlioz et J.-L. Eichenlaub, *Les tombeaux des chevaliers de la Table ronde à Saint-Émiland (Saône-et-Loire) ? À propos d'un exemplum d'Étienne de Bourbon*, dans *Romania*, t. 109 (1988), p. 18-40 ; *Crochet de fer et puits à tempêtes. La légende de Ponce Pilate à Vienne (en Dauphiné) et au Mont Pilat au* XIII*e s.*, dans *Le Monde alpin et rhodanien*, nos 1-2 (1990), p. 85-104 ; *Merlin et le ris antonois. Un exemplum inédit du dominicain Etienne de Bourbon* [à paraître dans *Romania*]. — J.-C. Schmitt, *Jeunes et danse des chevaux de bois. Le folklore méridional dans la littérature des « exempla » (*XIII*e-*XIV*e siècles)*, dans *Cahiers de Fanjeaux*, t. 11, (1976), p. 127-158 ; *Le Saint lévrier. Guinefort, guérisseur d'enfants depuis le* XIII*e siècle*, Paris, 1979 *(Bibl. d'ethnologie historique)* ; *La parola addomesticata. San Domenico, il gatto e le donne di Fanjeaux*, dans *Quaderni storici (Religioni delle classi popolari, a cura di C. Ginzburg)*, mai-août 1979, p. 416-439. — D. Trotter, *La mythologie arthurienne et la prédication de la croisade*, dans *Pour une mythologie du Moyen Âge*, études rassemblées par L. Harf-Lancner et D. Boutet, Paris, 1988, p. 155-177. — Cf. T. Kaeppeli, *Scriptores Ordinis Praedicatorum Medii Aevi*, Rome, t. 3 (1980), n° 3633, p. 354-355 [avec riches références bibliographiques] ; *Enzyklopädie des Märchens...*, Berlin-New York, IV, 2/3, 1983, col. 511-519.

J.B.

Étienne de Fougères. Etienne de Fougères, chapelain de Henri II Plantagenêt, fut évêque de Rennes (1168-1178) et mourut en 1178. La *Chronique* de Robert de Torigni raconte qu'après avoir longtemps écrit des vers profanes, une soudaine apparition l'avertissant de sa mort prochaine l'aurait détourné vers l'élaboration d'œuvres plus sévères (éd. L. Delisle, t. 2, Paris, 1873, p. 73-74). C'est alors qu'il écrivit ses *Vies* de Saint Firmat (*AASS*, avril III, 336) et du bienheureux Vital de Savigny (*Analecta Bollandiana*, t. 1 (1882), p. 357-390), et une relation des travaux qu'il entreprit pour l'embellissement de la cathédrale de Rennes, toutes œuvres en latin. Le *Livre des Manieres*, écrit en quatrains d'octosyllabes monorimes, est aussi un ouvrage de vieillesse, comme l'avoue l'auteur en exprimant (v. 1257 sqq.) le repentir de « sa folle jeunesse ». Il pourrait dater des années 1174-1178. L'œuvre, se référant d'abord à l'*Ecclésiaste*, affirme que tout est vanité. Puis elle fait le tableau des états du monde : clercs, et même haut clergé, contre lequel l'auteur s'enhardit peu à peu ; chevaliers, qui ont dégénéré et n'utilisent pas comme ils le devraient le glaive temporel ; paysans, sur lesquels l'auteur, fait rare, s'apitoie un peu (mais encore faudrait-il qu'ils prennent leur mal en patience) ; marchands ensuite ; et enfin les femmes, qui ne sont malheureusement pas toutes comme la comtesse de Hereford, à qui l'œuvre est dédiée (v. 1205 sqq.).

ŒUVRE. — *Livre des manieres*, éd. R.A. Lodge, Genève, 1979 (*TLF*, 275).

→ *DHGE*, t. 15, 1963, col. 1224-1226. — M.

Pigeon, *Étienne de Fougères et les cisterciens*, dans *Cîteaux. Commentarii Cistercienses*, t. 31 (1980), p. 181-191. — K. Haard af Segerstad, *Quelques commentaires sur la plus ancienne chanson d'états française*, Uppsala, 1906. — C.V. Langlois, *La vie en France au Moyen Âge, d'après quelques moralistes*, 2e éd., Paris, 1926, p. 1-26. — A. Långfors, *Étienne de Fougères et Gautier de Coincy*, dans *Neuphilologische Mitteilungen*, t. 46 (1945), p. 113-122. — R.A. Lodge, *The Literary Interest of the « Livre des manieres » of Etienne de Fougères*, dans *Romania*, t. 93 (1972), p. 479-497. — G. Gouttebroze, *Parfum de femme et misogynie dans le Livre des manieres d'Etienne de Fougères*, dans *Les soins de beauté au Moyen Âge*, Nice, 1987, p. 311-318. — Cf. *GRLMA*, t. VI/2, n° 7280. — *MB* 2727-2732 ; *S* 5080, 5082, 5087-5092.

J.C.P.

Étienne de Juilly. Voir : *Sainte Colette (Vie de)*.

Étienne Langton. Étienne Langton, originaire du Lincolnshire, vraisemblablement de Langton-by-Wragby, appartient à une famille de la *gentry* qui lui doit son premier lustre. Il aidera à la promotion de son frère cadet, le remuant archidiacre Simon. Il apparaît à Paris dans les années 1180 comme maître en théologie, pourvu d'un canonicat à Notre-Dame et d'une prébende à York.

La date de sa naissance comme celle de son entrée dans les écoles parisiennes a donné lieu à des conjectures, selon qu'il est considéré comme disciple de Pierre le Chantre (Powicke) ou de Pierre Comestor (Lacombe, Lottin). On assiste aujourd'hui à un retour en faveur de la première (Veal). Sa doctrine est dans la ligne de ces deux théologiens et ne le cède en rien à la leur. Il semble raisonnable d'admettre que Langton naquit vers 1150-1155. À Paris, comme écolier puis maître ès arts, il eut pour condisciples Lothaire de Segni, futur pape (Innocent III), Robert de Courson, futur légat en France, Guillaume de Leicester (de Montibus), futur chancelier de Lincoln ; il dut connaître Pierre de Poitiers, Alexandre Neckham*, Pierre de Capoue, Prévotin de Crémone. Parmi ses disciples, on doit citer Richard Poore et Thomas de Marlborough, respectivement appelés au siège de Salisbury et à l'abbatiat d'Evesham, Godefroi de Poitiers dont la *Somme* reflète directement l'enseignement de Langton, et Henri de Sanford, futur archidiacre de Cantorbéry, s'il faut voir en lui le maître *H* qui supervisa la compilation du recueil quasi officiel des *Questions théologiques*.

Préconisé cardinal au titre de Saint-Chrysogone (22 juin 1206), Langton abandonne sa chaire parisienne pour Rome. Peu après, l'élection contestée du successeur d'Hubert Gautier († 1205) au siège de Cantorbéry ayant suscité l'intervention du pape, Langton fut élu par une délégation du chapitre mandée *coram papa* (décembre 1206), et sacré par Innocent III (Viterbe, 17 juin 1207). Jean sans Terre lui refusa l'accès de l'Angleterre et tint pour ennemi public quiconque le reconnaîtrait pour archevêque. Il devait demeurer six ans en exil et trouver asile à Pontigny.

La crise marquée par le grand interdit (1208) et l'excommunication du roi le trouvèrent ferme sur les principes, mais actif à rechercher la paix. La convention de Douvres qui fit de l'Angleterre un royaume vassal du Saint-Siège n'est en aucune manière son œuvre. Ce n'est pas le lieu de retracer son action prépondérante dans la recherche d'un accord entre Jean sans Terre et les barons, action qui mena à l'élaboration et à la promulgation de la Grande Charte (15 juin 1215). Un tel rôle relève de la charge du primat et Langton le remplit dans la ligne tracée par saint Anselme* et saint Thomas Becket*, dont il ne cessa de se réclamer. Mais Innocent III s'interposa : pour avoir omis de dénoncer nommément les barons comme excommuniés, le primat fut frappé de suspense à l'heure où il s'embarquait pour le concile du Latran (1215).

Lorsque, à son retour, Langton réintégra son siège (mai 1218), il avait gagné l'amitié d'Honorius III, et en Angleterre, l'avènement d'Henri III ouvrait une ère de paix. Ce fut l'apogée du pontificat, marqué par de grandes solennités : couronnement royal, canonisation de saint Hugues de Lincoln, translation de saint Thomas Becket (1220), nouveau séjour à la curie (1220-1221), concile d'Oxford qui fait date dans la législation canonique de l'Angleterre (1222). Cheville ouvrière des réformes ecclésiastiques, garant de l'unité nationale autour du roi dans le renouvellement solennel de la Grande Charte (1225), Langton s'éteignit à Slindon (Sussex) le 6 juillet 1228.

→ F.M. Powicke, *Stephen Langton*, Oxford, 1928 ; *The Bull « Miramur plurimum » and a letter to Archbishop Stephen Langton, 5 September 1215*, dans *English Historical Review*, t. 44 (1929), p. 87-93 ; *Biographical Note on Recent Work upon Stephen Langton*, t. 48, 1933, p. 554-557. — A. d'Esneval, *Etienne Langton maître parisien de théologie et archevêque de Canterbury*, mémoire Univ. Lille, 1960. — R. Foreville, *Etienne Langton*, dans *DS*, t. 4, 2 (1961), 1495-1502 ; *Latran I, II, III et Latran IV*, Paris, 1965 (*Histoire des conciles œcuméniques*, 6). — M. Gibbs et J. Lang, *Bishops and Reform with Special Reference to the Latran Council of 1215*, Oxford, 1934. — D. Knowles, *The Canterbury Election of 1205-1206*, dans *English Historical Review*, t. 53 (1938), p. 211-220. — C.R. Cheney, *From Becket to Langton. English Church Government 1170-1213*, Oxford, 1960 ; *The Earliest English Diocesan Statutes*, dans *English Historical Review*, t. 75 (1960), p. 1-29 ; *Innocent III and England*, Stuttgart, 1976 (*Päpste und Papstum Band*, 9).

ŒUVRE. — Langton a laissé la réputation d'un théologien célèbre en son temps, et d'un glossateur de toute la Bible. — N. Trivet (*Annales sex regum Angliae*, éd. T. Hog, Londres, 1845, p. 216) témoigne de la tradition selon laquelle Langton est le principal responsable de la division des livres de la Bible en chapitres, qu'il aurait introduite comme fruit d'une longue expérience à la fin de sa carrière d'enseignement. Soucieux de systématisation pédagogique, Langton groupa les livres bibliques dans un ordre qui est approximativement celui que nous avons maintenu : historiques, sapientiaux, prophétiques.

1. Commentaires bibliques : À l'exception de son commentaire du *Psautier*, nous possédons les gloses de Langton sur l'Ancien Testament. Quant au Nouveau, outre ses commentaires sur les Épîtres qui nous sont parvenus, il n'est pas exclu qu'il ait également glosé les Évangiles, comme semblent l'indiquer d'anciens catalogues des bibliothèques de Christchurch à Cantorbéry et à Oxford.

Les *Postille super Bibliothecam* comprennent le *Pentateuque, Josué*, les *Juges, Ruth*, les *Rois*, les *Maccabées*, les *Paralipomènes*, les quatre grands *Prophètes*, les douze petits *Prophètes, Tobie, Judith, Esther, Esdras* et *Néhémie*, les *Livres sapientiaux*, probablement les Évangiles, certainement les *Actes* (dont subsistent quatre mss anciens) ; enfin, les *Épîtres canoniques.*

La *Glossa in Historiam scholasticam* de Pierre Comestor.

Les *Postille super Apostolum*, autrement dit la glose sur le Commentaire des Épîtres pauliniennes *(Magna glossatura)* de Pierre le Chantre.

Il est difficile d'assigner des dates précises à la composition de ces œuvres. G. Lacombe et B. Smalley ont tenté d'établir, d'après l'évidence interne et les références, un ordre de succession : les gloses sur les Synoptiques, l'Heptateuque et l'Ecclésiastique pourraient être antérieures à 1187 ; des commentaires isolés sur les Livres sapientiaux et les petits Prophètes auraient circulé très tôt et joui d'une grande vogue ; les *Postille super Apostolum* auraient été composées de 1200 à 1203. L'œuvre exégétique de Langton est antérieure à 1206, mais il n'est pas exclu qu'il y ait remis la main pendant son exil, notamment à Pontigny.

→ F. Stegmüller, *Repertorium biblicum medii aevi*, t. 5, Madrid, 1955, p. 232-302. — G. Lacombe, B. Smalley, A.L. Gregory, *Indices, AHDLMA*, t. 5 (1931), p. 183-220 ; *Studies on the Commentaries of Cardinal Stephen Langton, ibid.*, p. 5-182. — B. Smalley, *The School of Andrew of St Victor*, dans *RTAM*, t. 11 (1939), p. 145-167 ; *The Study of the Bible in the Middle Age*, 2e éd. Oxford, 1952. — A. d'Esneval, *L'inspiration biblique d'Etienne Langton à travers le commentaire sur le livre de Ruth et les Interpretationes hebraicorum*, 2 vol. thèse Univ. de Caen, 1976 ; *Les quatre sens de l'Ecriture à l'époque de Pierre le Mangeur et de Hugues de Saint-Cher*, dans *Mél. R. Foreville*, Tournai, 1989, p. 355-369.

2. Écrits théologiques : Langton a laissé trois séries d'écrits théologiques : si d'aucuns (Landgraf, Lottin, D. Van den Eynde) lui dénient aujourd'hui la *Summa theologiae* à lui attribuée dans le ms de Bamberg (*PL*, t. 136) de tendance porrétaine, du moins lui a-t-on restitué une brève *Summa* récemment décelée dans Cambridge, St. John's College, ms. 57 (= C), où elle précède les *Quaestiones theologicae*. Celles-ci, conservées dans une dizaine de mss, nous sont parvenues sous des recensions plus ou moins complètes qui présentent des différences notables dans l'ordre et la teneur des différentes questions. Enfin, un *Commentarius in Sententias* de Pierre Lombard, également sous diverses recensions. Il ne nous appartient pas d'insister ici sur l'œuvre théologique de Langton ni sur les problèmes qu'elle pose (datation, transmission, authenticité). Quoi qu'il en soit, les *Quaestiones* ont eu une grande influence sur l'enseignement théologique, principalement à l'université de Paris. Utilisés par Robert de Courson dans sa *Summa* avant 1208 et par Godefroi de Poitiers dans ses propres *Quaestiones* avant 1213, elles ont eu un certain retentissement auprès d'Alexandre Neckham*, de Guy d'Orchelles, de Guillaume d'Auxerre*, d'Hugues de Saint-Cher*, de Roland de Crémone.

ŒUVRES. — A.M. Landgraf, *Der Sentenzenkommentar des Kardinals Stephan Langton*, Münster, 1952. — F.M. Powicke, *Stephen Langton*, app. 3.

→ *Liste des mss et incipits* : F. Stegmüller, *Repertorium commentariorum in Sententias Petri Lombardi*, t. 1, Würzburg, 1947, nos 824-829. — P. Glorieux, *Répertoire...*, n° 104. — A.L. Gregory, *Indices of Rubrics of the Principal Manuscripts of the Questiones of Stephen Langton*, dans *AHDLMA*, t. 5 (1931), p. 221-266. — J. de Ghellinck, *La Somme théologique d'Étienne Langton*, dans *Recherches de science religieuse*, t. 4 (1913), p. 255-262. — O. Lottin, *L'authenticité de la « Summa » d'Etienne Langton*, dans *RTAM*, t. 1 (1929), p. 497-504 ; *La « Summa » attribuée à Etienne Langton*, dans *Psychologie et morale aux* XIIe *et* XIIIe *siècles*, t. 6, Gembloux, 1960, p. 125-136.

3. Sermons et opuscules divers : On dénombre plus de 500 *Sermons* dont Etienne Langton est l'auteur certain. Il fut en son temps à Paris un prédicateur en vogue comme l'attestent le ms. 1367 de la bibliothèque municipale de Troyes et le ms. 78 de Magdalen College, Oxford. Des recueils systématiques furent même établis, tel celui des *Sermones dominicales* (Lamb. Pal., ms. 71).

Un jeu de mots facile sur son nom et sa renommée finit par voiler, au long des siècles, l'identité du maître parisien : *Stephanus de lingua tonante*. La grande masse des sermons relèvent de la période parisienne et de la prédication dans les Écoles. Ils recèlent maintes références à la France, au roi, aux saints honorés à Paris, aux Écoles, à la liturgie : bref, un reflet de la vie dont témoigne l'annaliste de Waverley qualifiant l'auteur de *vite speculator et speculum*.

À son retour en Angleterre après l'exil, l'archevêque de Cantorbéry prononça plusieurs sermons historiques : notamment à St. Paul's Cathedral devant le peuple de Londres le 25 août 1213, sur le grand interdit ; au Temple en mai 1219, l'oraison funèbre de Guillaume le Maréchal qu'il désigne comme « le meilleur chevalier dans le monde », à Westminster le 17 mai 1220 lors du second couronnement du roi Henri III. Plusieurs sermons furent consacrés à Thomas Becket dont il proclama le jubilé — cinquantenaire du martyre — le 7 juillet 1220. À Cantorbéry certainement, en ce jour de la Translation des reliques (texte perdu) ; à Rome le 29 décembre 1220 sur la passion de saint Thomas ; à Cantorbéry le 7 juillet 1221 (plutôt que 1220, d'après Roberts) lors d'un synode provincial sur les grâces spirituelles du jubilé. Seuls sont publiés ou réédités sur des bases critiques, la lecture inaugurale, le sermon sur le grand interdit et les deux sermons relatifs à saint Thomas (cf. Roberts).

Des œuvres de caractère moral, homilétique ou liturgique lui ont été restituées. Les principales sont une *Summa de vitiis et virtutibus*, un *Conflictus vitiorum et virtutum*, un *Psalterium mariale* et la prose *Veni Sancte Spiritus* qui devait, au XVIe siècle, détrôner dans la liturgie pentecostale, l'antique séquence : « *Sancti Spiritus assit nobis gratia.* » Langton avait écrit d'autres ouvrages, aujourd'hui perdus. Il fut l'auteur d'une *correspondance* importante dont il ne subsiste pas 10 lettres. Dans le cours du temps, plusieurs écrits lui ont été attribués (divers commentaires bibliques, un traité *De poenitentia sub persona Magdalene*, quelques poèmes tel le *De contemptu mundi*, etc...), que la critique ne semble pas devoir retenir.

ŒUVRES. — *Selected Sermons of Stephen Langton*, éd. P. Roberts, Toronto, 1980 *(Toronto Medieval Latin Texts)*.

→ F.M. Powicke, *Stephen Langton*, app. 2, et A.M. Landgraf, *Einführung...* p. 126-127. Ces répertoires sont largement dépassés par celui de J.B. Schneyer, *Eine Sermoneslist des Kardinals Stephan Langton Erbishofs von Canterbury*, dans *RTAM*, t. 29 (1962), p. 159-205 ; et de P. Roberts, *Stephanus de Lingua Tonante...* [classification des mss selon l'auditoire, selon le calendrier liturgique, selon les sources ou selon les occasions, figurant en appendices, p. 139-216]. — A. Barrat, *The Sermons of Stephen Langton. A New Manuscript*, dans *RTAM*, t. 43 (1976), p. 111-120. L'étude classique est celle de P. Roberts (cf. *infra*).

On se référera à l'ouvrage classique de P. Barzillay-Roberts, *Stephanus de Lingua Tonante. Studies on the Sermons of Stephen Langton*, Toronto, 1968 *(Pontifical Institute of Medieval Studies)*.

L'œuvre immense d'Étienne Langton est doctrinale et pastorale. Sa science de l'Écriture, notamment de l'Ancien Testament, le rend familier des images et des *exempla* bibliques, lesquels abondent en ses écrits théologiques et en ses sermons. Rompu à toutes les formes de gloses (littérale ou historique comme celle qu'il décrivit sur l'*Histoire scolastique* de Pierre Comestor, spirituelle comme celle qu'il a donnée sur la *Grande Glose* de Pierre Lombard*), il a composé le commentaire intégral des Livres bibliques dans ses *Postille super Bibliothecam*, commentaire qui fut plus tard dissocié par des remanieurs pour les besoins de l'enseignement. La forme originale de sa glose est attestée dans les mss de Cambridge (Peterhouse, 112), Paris (BN, lat. 384) et Chartres (284). Dans son prologue au commentaire sur le *Livre de la Genèse*, il distingue nettement, à propos du nom même de Jérusalem, les quatre sens de l'Écriture. Cependant, il inclut généralement le sens analogique ou mystique dans l'explication littérale et théologique. Jamais sa glose n'est désintéressée : dans ses commentaires bibliques comme dans ses sermons, il vise essentiellement à l'édification soit des futurs prélats qu'il enseigne soit du peuple chrétien qu'il exhorte. On a pu dire que les gloses de Langton constituaient la perfection de l'exposé du sens moral dans la *lectio* parisienne (B. Smalley, *The Study of the Bible*, p. 249).

La théologie de la pénitence occupe une place éminente dans la série des *Quaestiones theologicae* ; Langton mérite d'être considéré comme le docteur par excellence de la pénitence et de la rémission des péchés (*q.* 3, 4, 77, 95 ; *q* 5, *De clavibus*). Si l'on se rappelle que l'obligation de la confession annuelle n'est devenue précepte dans l'Église universelle qu'à dater du

4e concile du Latran (1215), on mesure l'effort de recherche et de détermination fourni par les maîtres parisiens, principalement Pierre le Chantre et Langton, en vue de préciser les éléments constitutifs du sacrement (valeur de la contrition seule, rôle de la confession en tant qu'acte essentiel et satisfactoire, nécessité de la satisfaction, remise de la peine éternelle par la contrition, cas où la peine éternelle est commuée en peine temporelle, cas où toute peine peut se trouver remise ; effet du péché mortel *(reatus)* et du péché véniel (obscurcissement de la charité), détermination des clés (science du discernement et pouvoir, c'est-à-dire juridiction) attachées aux ordres, déniées aux laïques, encore qu'ils puissent posséder le discernement.

→ P. Michaud Quantin, *Sommes de casuistique et manuels de confession au Moyen Âge (XIIe-XVIe siècle), Analecta mediaevalia Namurcensis*, t. 13, Louvain, 1962. — L.B. Antil, *Stephen Langton's Principle of Determining the Essence of Sacrament*, dans *Franciscan Studies*, t. 12 (1952), p. 151-175 ; t. 14, 1954, p. 337-373 ; réimp. sous forme de thèse par l'Antonianum, Rome, 1954. — J.F. Veal, *The Sacramental Theology of Stephen Langton and the Influence upon him of Peter the Chanter*, Rome, 1955.

Un *Psautier* en l'honneur de la Vierge, selon la tradition des *Gaudes*, ou Joies de Notre-Dame, et un sermon (ou commentaire ?) sur les paroles de l'*Ave Maris Stella* attestent la piété mariale de Langton. La richesse spirituelle de la « séquence d'or », où le maître parisien a su exprimer, avec une suprême délicatesse de touche, l'infusion multiforme et sanctifiante de l'Esprit saint, procède d'une âme intérieure. Le *Veni Sancte Spiritus* est une hymne à la lumière infuse de l'Esprit, lumière de sainteté, suave présence en l'âme, illumination du cœur.

Le *Psautier marial* a été éd. par G.M. Drewes au t. 35 des *Psalteria rythmica*, Leipzig, 1900, p. 153-171. — H. Thurston, *Notes on Familiar Prayers. The Veni Sancte Spiritus of Cardinal Stephen Langton*, dans *The Month*, t. 121 (1913), p. 602-616. — M. Dulong, *Étienne Langton versificateur*, dans *Mél. Mandonnet*, coll. *Bibl. thomiste*, 14, t. 2, Paris (1930), p. 183-190. — A. Wilmart, *Auteurs spirituels et textes dévots du Moyen Âge latin*, Paris, 1932, p. 39 sq., 519.

L'occasion s'offrit à Étienne Langton de donner à sa réflexion théologique sur la notion de rémission, à une époque où l'indulgence de croisade l'avait déjà généralisée, une forme qui, pour être directement issue de l'exégèse scripturaire et modelée sur le contenu spirituel du Nouveau Testament, n'en constituait pas moins une nouveauté dans l'Église. Fixant à l'année 1220 — cinquante ans après le martyre — l'élévation des restes de Thomas Becket, il entendait dégager du thème scripturaire de l'ancienne Loi l'idée de jubilé avec les grâces spirituelles qu'elle préfigurait, pour l'appliquer à la valeur satisfactoire du martyre et aux grâces, assurément très larges, de rémission qu'il mérite et obtient. Ce faisant, Langton revêtait d'un caractère institutionnel le jubilé chrétien, quatre-vingts ans avant la promulgation, par Boniface VIII, du premier jubilé romain.

→ R. Foreville, *Le jubilé de saint Thomas Becket du XIIIe au XVe siècle (1220-1470)*, Paris, 1959 ; *L'idée de jubilé chez les théologiens et les canonistes (XIIe-XIIIe siècle) avant l'institution du jubilé romain*, dans *Revue d'Histoire ecclésiastique*, t. 56, 1961 ; l'art. « Jubilé », dans *DS*, t. 8 (1974), col. 1478-1487. R.F.

Étienne d'Orléans, dit de Tournai (1128-1203). Natif d'Orléans, il y fit ses premières études dans l'école cathédrale Sainte-Croix, puis fréquenta celles de Bologne et sans doute de Chartres, acquérant dans ces trois grands foyers de la Renaissance du XIIe siècle une solide culture classique et rhétorique d'une part, juridique et théologique de l'autre. Entré vers 1155 chez les chanoines réguliers de Saint-Euverte d'Orléans, il est abbé de cette maison à partir de 1167, avant de le devenir en 1176 de l'abbaye de Sainte-Geneviève de Paris, alors acquise elle aussi à la réforme victorine. Grâce à l'intervention active de son ami et protecteur de toujours, Guillaume de Champagne, archevêque de Reims et oncle du roi Philippe Auguste, il est pourvu ensuite de l'évêché de Tournai (il est sacré à Reims le 12 avril 1192), qu'il conservera jusqu'à sa mort le 11 septembre 1203. Parallèlement à sa carrière ecclésiastique, il remplit aussi diverses missions au service des rois de France Louis VII (dont il est une sorte de conseiller dans ses dernières années) et Philippe Auguste, qui le qualifie dans une lettre (CXIII de l'éd. J. Desilve) de *familiaris noster* et lui confiera l'éducation de son fils, le futur Louis VIII.

Poète profane (de son séjour bolonais date un poème rythmique de quarante-huit strophes de facture et d'inspiration classiques) ou religieux (plusieurs épitaphes, dont celle de Louis VII et de l'évêque de Paris, Maurice de Sully), auteur d'un office rimé en l'honneur du saint abbé de la Sauve-Majeure Géraud, il est aussi un sermonnaire renommé (J.-B. Schneyer, dans son *Repertorium* recense à son nom 48 pièces, mais il semble que l'on puisse lui en attribuer au moins 72) à l'aide de qui l'archevêque de Tours Barthélemy de Vendôme n'hésitait pas à recourir pour la composition de ses homélies (lettre XLVII). Canoniste, Étienne l'est à travers une large partie de son œuvre, mais surtout en tant que commentateur de Gratien, dans une *Summa Decreti* (éd. J.F. von Schulte, Giessen, 1891), qu'une étude récente a proposé de dater de 1165. Mais sa plus grande contribution, à la fois à l'histoire littéraire mais aussi à l'histoire générale de la période, est le recueil des lettres de sa correspondance (171 pièces dans le manuscrit Tolède, Bibl. del Cabildo, Cod. 43-4, qui reproduit peut-être l'état d'une première « édition » contemporaine de la fin de son abbatiat génovéfain ; plus de 300 dans les spécimens les plus complets qui incluent la phase tournaisienne de son existence), lettres qui font d'Étienne un des témoins privilégiés pour la connaissance de la vie religieuse, intellectuelle et même politique de son temps.

ŒUVRE. — Si l'œuvre homilétique d'Étienne reste encore presque inédite, sa correspondance a fait l'objet de plusieurs éditions dont la plus utilisable, en attendant celle préparée pour le *Corpus christianorum* par L. Jocqué et G. Declercq, reste celle de J. Desilve, Valenciennes-Paris, 1893.

⟶ J. Warichez, *Étienne de Tournai et son temps (1128-1203)*, Tournai, 1937. — Plus spécialisés : L. Auvray, *Un poème rythmique et une lettre d'Étienne de Tournai*, dans *Mél. P. Fabre*, Paris, 1902, p. 279-291. — H. Kalb, *Studiem zum Summa Stephens von Tournai*, Innsbruck, 1983. — A. Gouron, *Sur les sources civilistes et la datation des Sommes de Rufin et d'Étienne de Tournai*, dans *Bull. of. Med. Canon Law*, nouv. sér. 16 (1986), p. 55-70. — G. Conklin, *The Ecclesiology of Stephen of Tournai, 1128-1203*, Chapel Hill, 1986 (U.M.I.). — C. Vulliez, *Études sur la correspondance et la carrière d'Étienne d'Orléans dit de Tournai († 1203)*, dans *L'abbaye parisienne de Saint-Victor au Moyen Âge*, Paris-Turnhout, 1991, p. 195-231. C.V.

Étienne de Rouen. Poète normand du XIIe siècle, né à Rouen, était neveu de Bernard, abbé du Mont-Saint-Michel (1131-1149) ; il fut moine du Bec et vécut au moins jusqu'en 1168. Il occupa sans doute des fonctions importantes (maître de rhétorique ?) à l'école monastique. Son œuvre, assez ample, n'a été connue qu'au XIXe siècle (c'est le cardinal A. Mai qui retrouva à la Vaticane le *Draco Normannicus*).

Son seul écrit vraiment notable est le *Draco Normannicus*, poème historique en distiques, achevé vers 1168. Le premier livre est surtout un abrégé de l'histoire des premiers ducs normands de Dudon de Saint-Quentin* (avec toutefois la preuve d'une certaine connaissance du Danemark sous Valdemar le Grand) ; puis vient un récit de la conquête de l'Angleterre. Le livre II célèbre Henri II Plantagenêt, à grand renfort de rhétorique (discours, lettres et même dialogues), mais offre quelques indications inédites surtout sur les opérations militaires. Le livre III est consacré aux papes et aux affaires italiennes. Au milieu de ce désordre, des descriptions de Rouen et du Bec, ainsi que des attaques assez vives contre Thomas Becket* présentent un réel intérêt. Les autres poèmes, au nombre d'une trentaine, sont des éloges funèbres de protecteurs du Bec, un éloge de Geoffroy Plantagenêt, des vers didactiques sur la philosophie et la rhétorique et des exemples de mètres variés ; leur valeur est médiocre. Étienne rédigea également des morceaux choisis de rhétorique et un abrégé de Quintilien* précédé d'un essai sur l'histoire de la rhétorique chrétienne. Sa prose et ses vers sont d'un bon ouvrier, sans génie aucun, mais d'une curiosité d'esprit certaine et d'une culture assez étendue.

ŒUVRES. — Les plus importantes sont réunies dans *Le Dragon Normand et autres poèmes d'Étienne de Rouen*, éd. H. Omont *(Soc. de l'Hist. de Normandie)*, Rouen, 1884, éd. qui ne comporte malheureusement ni annotation ni index ou éd. R. Howlett, dans *Chronicles of the reigns of Stephen, Henry II and Richard I* (Rolls series), vol. 2, Londres, 1885, p. 584-762 [fragments d'autres poèmes, *ibid.*, p. 763-779].

⟶ Notices de : L. Delisle, *Bull. de la Soc. de l'Hist. de Normandie*, 1874-1875, p. 9-10. — C. Fierville, *Bull. de la Soc. des Antiq. de Normandie*, 8, 1875-1877, p. 54-78 et 421-442. — Chanoine Porée, *Histoire de l'abbaye du Bec*, t. 1, Évreux, 1901, p. 528-531. L.M.

Eucher de Lyon († vers 450-455). Né à Lyon d'une grande famille gallo-romaine, il se sépara de sa femme qui entra dans un monastère de moniales, tandis que lui-même et ses deux fils se retiraient à Lérins. Il mena quelque temps la vie érémitique dans la petite île de Léro (Sainte-Marguerite), avant de devenir, bien malgré lui, évêque de Lyon en 434. Ses deux fils furent également élevés à l'épiscopat. A côté d'ouvrages dont l'attribution demeure douteuse, on peut citer certainement de lui un *De laude eremi*, de grande qualité littéraire et spirituelle, et un *De contemptu mundi et saecularis philosophiae*. Ses traités exégétiques eurent une telle vogue au Moyen Âge qu'il est difficile d'en dégager le texte authentique de toutes les interpolations postérieures.

ŒUVRES. — *PL*, t. 50, col. 701-832. — *CSEL*, Vienne, t. 31 (K. Wotke). — S. Pricoco, *Eucherii De laude heremi*, Catane, 1965.

→ Molinier, 2083, 104. — *DTC*, t. 5^2, 1939, col. 1452-1454. — *BHL*, 5737-5740. — *Catholicisme*, t. 4, 1956, col. 660-661. — *DS*, t. 6, 1961, col. 1653-1660. — *DHGE*, t. 15, 1963, col. 1315-1317. — A. Mellier, *De vita et scriptis S. Eucherii*, Lyon, 1878. — A. Gouilloud, *Saint Eucher, Lérins et l'Église de Lyon au Ve siècle*, Lyon, 1881. — L. Cristiani, *Lérins et ses fondateurs*, Saint-Wandrille, 1946, pp. 193-273 [avec trad. du *De Laude eremi*]. — D. Van Berchem, *Le martyre de la Légion thébaine. Essai sur la formation d'une légende*, Bâle, 1956 (*Schweizerische Beiträge zum Altertumwissenschaft*, 8). — S. Pricoco, *L'isola dei santi. Il cenobio di Lerino e le origini del monachismo gallico*, Rome, 1978 [bibliogr. complète p. 44-46 et *passim*]. — G.M. Pintus, *Eucherio di Lione nella chronologia di Gennadio e Marcellino*, dans *Studi Medievali*, t. 25 (1984), p. 785-812.

D.G.O.

Eudes de Châteauroux. Originaire de Neuvy ou de Châteauroux dans le diocèse de Bourges, Eudes est étudiant à Paris vers 1210 : il y connaît Robert de Sorbon. Maître vers 1200, chanoine de Notre-Dame, il est chancelier de l'Université de 1238 à 1244. Innocent IV le nomme cardinal au titre de Tusculum (Frascati) en 1246. Cette même année, il devient prédicateur officiel de la croisade. Le 25 avril 1248, il consacre la Sainte-Chapelle avec Pierre Berruyer, archevêque de Bourges ; en août, il s'embarque avec Louis IX pour la Terre sainte. Il y reste jusqu'en 1254.

À son retour, il dirige la commission nommée à Anagni pour examiner l'*Introduction à l'évangile éternel* de Joachim de Flore. De 1261 à 1268, il fait partie de l'entourage immédiat d'Urbain IV et de Clément IV, deux papes d'origine française. Entre 1257 et 1260, il assiste à l'érection de la nouvelle église de Sainte-Claire à Assise. C'est à Orvieto, à proximité du couvent des Frères Prêcheurs, qu'il se retire après l'élection de Grégoire X (1271). Il y meurt le 26 janvier 1273 et est enseveli dans l'église des Dominicains.

Comme maître parisien, Eudes de Châteauroux est l'auteur de plusieurs traités, tous inédits : *Commentarius in s. Pauli epistulas ; Distinctiones super Psalterium ; Quaestiones de fide, spe et caritate ; Quaestiones theologicae et morales*. Mais il est surtout connu par ses sermons : plus de mille, prononcés à Paris de 1220 à 1248, et surtout en Italie de 1261 à 1273. Quelques-uns ont été publiés : sermons universitaires, franciscains, dominicains.

B. Hauréau a publié la liste des actes officiels où apparaît Eudes de Châteauroux.

ŒUVRES. — F. Gratien, *Sermons franciscains du cardinal Eudes de Châteauroux († 1273)*, dans *Études franciscaines* t. 29 (1913), p. 171-195, 647-655 ; t. 30, p. 291-317, 415-437. — A.M. Walz, *Odonis de Castro Radulfi S.E.R. cardinalis episcopi Tusculani sermones sex de sancto Dominico*, dans *Analecta sacri ordinis fratrum praedicatorum*, t. 33 (1925), p. 30 [174]-79 [233]. — A. Callebaut, *Le sermon historique d'Eudes de Châteauroux à Paris, le 18 mars 1229. Autour de l'origine de la grève universitaire et de l'enseignement des mendiants*, dans *Arch. Francisc. Hist.*, t. 28 (1935), p. 81-114. — F. Stegmüller, *Repertorium biblicum medii aevi*, t. 4, Madrid, 1954, n. 6064-6113, p. 113-121. — J.B. Schneyer, *Repertorium*, t. 4, 1972, p. 394-483.

→ P. Glorieux, *Répertoire*, t. 1, Paris, 1933, n. 137, p. 304-311. — B. Hauréau, *Notices et extraits des mss de la BN*, t. 24, 2 (1876), p. 204-235. — M. Bihl, *Documenta inedita archivi protomonasterii S. Clarae Assisi*, dans *Arch. Francisc. Hist.*, t. 5 (1912), p. 647-655. — M.-M. Lebreton, *DS*, t. 4, 1961, col. 1675-1678.

J.L.

Eudes de Cheriton. Né dans le Kent vers 1180, Eudes de Cheriton appartient à une famille venue de Normandie après la conquête. Son père occupe, à plusieurs reprises, d'importantes fonctions politiques ou judiciaires à la cour d'Angleterre. Etudiant à Paris, Eudes y suit, semble-t-il, l'enseignement de Prévostin de Crémone († 1210) et de Pierre de Capoue. À partir de 1220, il vit le plus souvent en Angleterre, dans la propriété familiale de Cheriton ; il voyage en France et en Espagne. À la mort de son père, vers 1232-1233, il hérite d'une fortune considérable. Il meurt vers 1246 ; il est enterré dans la cathédrale de Rochester.

Eudes a écrit un traité sur le *Notre Père*, un autre sur la Passion, et plusieurs séries de sermons pour les dimanches, les fêtes, sur les épîtres. Il a révisé à la fin de sa vie la plupart de ses œuvres. Elles sont demeurées inédites, sauf soixante-cinq sermons publiés à Paris, en 1520, sous une fausse attribution à Odon, chancelier des écoles parisiennes.

L'authenticité des *Expositiones super Cantica* achevées en 1226 est aujourd'hui admise. La *Summa de penitentia*, connue par 30 manuscrits environ, utilise l'ouvrage similaire de Raymond de Peñafort qui eut deux éditions (1225-1227 et 1234).

Les *Narrationes* ou *Parabolae* constituent l'œuvre la plus diffusée et la plus célèbre d'Eudes de Cheriton. C'est la seule qui ait fait l'objet d'une édition satisfaisante. L. Hervieux, qui a publié ce recueil de fables, en situait la rédaction vers 1219-1221 ; d'après A.C. Friend, elles se réfèrent à un séjour d'Eudes en Espagne et seraient postérieures à 1225. Au Moyen Âge, on a traduit les *Narrationes* en français et en espagnol.

ŒUVRES. — M.W. Blomfield, B.G. Guyot, *Incipits*, n° 3871, p. 327 *(Summa de penitentia)* ; n° 8275, p. 593 *(Notre Père)*. — L. Hervieux, *Les fabulistes latins*, t. 4, *Eudes de Cheriton et ses dérivés*, Paris (1896). - F. Stegmüller, *Repertorium biblicum medii aevi*, t. 4, Madrid (1954), n° 6114, p. 121-122. — J.B. Schneyer, *Repertorium*, t. 4, Münster, 1972, p. 483-499.

→ A.C. Friend, *Master Odo of Cheriton*, dans *Speculum*, t. 23 (1948), p. 641-658. — J. Longère, *Odon de Cheriton*, dans *DS*, t. 11 (1982), col. 618-620. — P. Meyer, *Notice d'un manuscrit de la Bibliothèque Phillipps contenant une ancienne version française des fables d'Eudes de Cherrington*, dans *Romania* t. 14 (1885), p. 388-397. — J. Leclercq, *Hélinand de Froidmont ou Odon de Cheriton*, dans *AHDLMA*, t. 32, 1965 (1966), p. 61-69. — A. Teetaert, *Quelques « Summae de paenitentia » anonymes dans la Bibliothèque nationale de Paris*, dans *Mél. G. Mercati*, Vatican, 1946 (*Studi e Testi*, 122), p. 326-329. — Cf. *MB* n° 3534.

J.L.

Eudes de Deuil. Né à une date inconnue, probablement à Deuil, dans la vallée de Montmorency, Eudes fut moine à l'abbaye de Saint-Denis. Suger le remarqua et mit à l'épreuve ses talents dans divers services. Ainsi fut-il envoyé dans le Poitou, dans le Berry, dans le Nord de la France et même en Angleterre. Alors qu'il était à Ferrières, en Poitou, il fut appelé pour accompagner le roi Louis VII en Terre sainte. À son retour, il vécut à Saint-Denis auprès de Suger. À la mort de celui-ci, le 13 janvier 1151, Eudes, qui se trouvait à Rome pour régler les problèmes de Saint-Corneille de Compiègne, fut élu à l'unanimité pour le remplacer comme abbé de Saint-Denis. Les premières années de son abbatiat furent orageuses : accusé de dettes et même de meurtre, il fut défendu avec succès par saint Bernard*. Il s'occupa dès lors et jusqu'à sa mort, survenue le 8 avril 1162, de Saint-Denis, dont il défendit opiniâtrement le temporel face aux menaces de l'évêque de Beauvais et de l'archevêque de Bourges. Il n'avait pris la croix en 1147 que parce que Suger ne pouvait pas partir. Ce dernier le recommanda à Louis VII qui se l'attacha comme chapelain et comme secrétaire. Eudes a laissé le récit des deux années désastreuses de la participation du roi à la seconde croisade (1147-1149). Il a dû prendre la plume au début de l'été 1148, avant l'attaque de Damas ; le *De profectione Ludovici VII in Orientem* s'arrête à l'arrivée à Antioche, en juin 1148. Dans la préface, Eudes note que son travail n'est qu'une simple contribution fournie à Suger en vue de l'histoire de Louis VII que celui-ci projetait d'écrire en complément à l'histoire de Louis VI. Il accorde, en effet, une place importante au roi dont il loue les actions, les idées et les vertus, thème qui deviendra primordial dans la propagande française. D'un autre côté, il considère que ce sont la tricherie des Grecs et la stupidité des Allemands qui sont à l'origine de la défaite de la croisade, et non les Infidèles. Ce sentiment national précoce donne à son texte une certaine véhémence et une unité de style. L'ouvrage est divisé en sept livres, dont chacun développe un thème qui contribue à faire avancer le récit entier. Il est possible qu'Eudes ait suivi une tradition historiographique en usage à Saint-Denis. Son but est aussi d'éclairer les pèlerins et de leur fournir un guide pratique du croisé. Son récit est digne de foi et très bien documenté. Tout ce qu'il dit des Byzantins, qu'il n'aime pas, de leurs usages et de leur capitale, Constantinople, qui l'a beaucoup séduit, est des plus intéressants. Bien que ce soit l'œuvre d'un moine de Saint-Denis, le *De profectione* n'a pas fait partie de la compilation dyonisienne des *Grandes Chroniques de France** : sans doute parce que c'était un récit partiel, les moines lui ont préféré, pour l'histoire de la croisade de Louis VII, le texte français de Guillaume de Tyr*, l'*Eracles*. Le *De profectione* toutefois a été traduit en français au début du XIIIe siècle. Cette traduction fut incorporée dans une compilation d'histoire qu'on peut qualifier d'ébauche ou de prémices des *Grandes Chroniques de France*, réalisée vers 1220-1230. Elle est conservée dans un manuscrit unique du XVe siècle.

ŒUVRE. — *La croisade de Louis VII roi de France*, éd. H. Waquet, Paris, 1949 *(Documents relatifs à l'histoire des croisades publiés par l'Académie des Inscriptions et Belles-Lettres)*. — Éd. et trad. anglaise V.G. Berry, *De profectione Ludovici VII in Orientem*, Columbia Univ. Press, New York, 1948.

→ P. Paris, *Odon de Deuil, abbé de Saint-Denys en France*, dans *HLF*, t. 12 (1869), p. 614-624. — G.M. Spiegel, *The Chronicle Tradition of Saint-Denis : a Survey*, Brookline, Leyde, 1978, p. 53-55. — A. Graboïs, *The Crusade of Louis VII, King of France : a Reconsideration*, dans *Mél. R.C. Smail*, Cardiff, 1985, p. 94-104. — G. Labory, *Essai d'une histoire nationale au XIIIe siècle : la chronique de l'Anonyme de Chantilly-Vatican*, dans *BEC*, t. 148 (1991), p. 301-354. — Molinier, n° 2171. G.T.L.

Eudes de la Courroierie. Poète de la seconde moitié du XIIIe siècle, originaire du quartier de la *Corroierie* de Paris. Il s'installa à Arras en 1270, y remplit les fonctions de procureur du comte Robert II d'Artois et y mourut en 1294. On ne sait quand il écrivit les cinq chansons d'amour conservées sous son nom : elles ne présentent (selon J. Spanke) aucune trace du dialecte artésien. Ces chansons sont composées sur le modèle de pièces plus anciennes, sans doute parce que l'auteur ne connaissait pas la musique.

ŒUVRES. — J. Spanke, *Zwei altfranzösische Minnesinger. Die Gedichte Jehan's de Renti und Oede's de la Couroierie*, dans *ZFSL*, t. 32 (1908), p. 207-218.

→ A. Guesnon, *Nouvelles recherches biographiques sur les trouvères artésiens*, dans *Le Moyen Âge*, t. 15 (1902), p. 150-152 ; *Publications nouvelles sur les trouvères artésiens, ibid.*, t. 22 (1909), p. 86-89. — Linker, n° 62. — Cf. *MB*, n° 2364. G.M.

Eudes Rigaud. Originaire du Dauphiné, né autour de 1215, Eudes, dont la famille possédait déjà au XIIe siècle la seigneurie de Courquetaine dans les environs de Brie-Comte-Robert, entre dans l'ordre des Frères Mineurs en 1236, étudie à Paris, et a pour maître Alexandre de Halès*. Maître en théologie en 1242, il devient un brillant prédicateur. Élu archevêque de Rouen, il est sacré à Lyon par Innocent IV en mars 1248. Dès le début de son épiscopat, il veut réaliser la réforme qu'il prêchait déjà auparavant. C'est à partir de 1254 qu'il devient le conseiller intime de saint Louis. Il célèbre le mariage de la fille du roi, Isabelle, avec Thibault V roi de Navarre. Dès lors, son influence s'étend en dehors des limites de son diocèse : à Noyon en 1256, il enquête sur l'authenticité des reliques de saint Éloi ; il proclame à Paris en 1257 le traité de paix entre les rois de France et d'Angleterre. Il prend la croix et prêche la croisade. Le 25 septembre 1269, à Pont-Audemer, il préside une dernière assemblée de ses suffragants et part pour la croisade. De retour en France en 1271, il reprend ses visites pastorales, quand, en 1273, Grégoire X le nomme membre de la commision d'enquête pour la canonisation de saint Louis. Il meurt à Rouen, vraisemblablement le 2 juillet 1275 et est inhumé dans sa cathédrale.

Eudes a laissé des sermons, un commentaire des livres 1 à 3 des Sentences de Pierre Lombard, des *Quaestiones*, quatre-vingt-dix sermons environ. De ces ouvrages, seuls de courts extraits ont été publiés. Il est l'un des quatre maîtres qui ont publié une *Expositio* commune sur la Règle de saint François. Mais on connaît plutôt Eudes Rigaud comme archevêque de Rouen. Le procès-verbal de ses visites a été consigné dans le *Regestrum visitationum archiepiscopi Rothomagensis*, qui nous fait connaître l'état du diocèse et donne de nombreux détails sur la géographie de la Normandie, les habitudes, les usages des maisons religieuses, etc.

ŒUVRES. — P. Glorieux, *Répertoire des maîtres en théologie*, t. 2, Paris (1933), n° 303, p. 31-33. À compléter par V. Doucet, *Maîtres franciscains de Paris. Supplément au Répertoire des maîtres en théologie*, dans *Archivum Franciscanum Historicum*, t. 27 (1934), p. 541-542, et par F. Pelster, dans *Scholastik*, t. 11 (1936), p. 518-542. — B. Pergamo, *De quaestionibus ineditis Fr. Odonis Rigaldi, Fr. Guylielmi de Melitona et cod. Vat. lat. 782, circa naturam theologiae Deque earum relatione ad Summam theologicam Fr. Alexandri Halensis*, dans *Archivum Franciscanum Historicum*, t. 39 (1936), p. 3-54, 308-364. — *Expositio regulae Fratrum minorum* : cette *expositio* due à Alexandre de Halès († 1245), Jean de La Rochelle († 1245), Robert de la Bassée († 1254) et Eudes Rigaud a été éditée par L. Oliger, *Expositio quatuor magistrorum super regulam Fratrum Minorum (1241-1242)...*, Rome, 1950. — *Regestrum visitationum archiepiscopi Rothomagensis* (ms. Paris,

BN, lat. 1245), éd. T. Bonnin, *Journal des visites pastorales d'Eudes Rigaud*, Rouen, 1852. — F. Stegmüller, *Repertorium commentariorum in Sententias Petri Lombardi*, t. 1, Würzburg, 1947, n. 605, p. 291-293. A compléter par V. Doucet, *Commentaires sur les Sentences. Supplément au Répertoire de F. Stegmüller*, Florence, 1954, n. 605, p. 64. — J.B. Schneyer, *Repertorium*, t. 4, 1972, p. 510-517.

→ P. Andrieu-Guitrancourt, *L'archevêque Eudes Rigaud et la vie de l'Église au* XIIIe *siècle d'après le « Regestrum visitationum »*, Paris, 1938. — F.M. Henquinet, *Les manuscrits et l'influence des écrits théologiques d'Eudes Rigaud OFM*, dans *RTAM*, t. 11 (1939), p. 324-350. — B. Lucet, *Les ordinations chez les cisterciens. Témoignage d'Eudes Rigaud pour la Normandie*, dans *Analecta sacri ordinis cisterciensis*, t. 10 (1954), p. 268-301. — *DTC*, t. 13, 2, 1939, c. 2703-2705. — *DHGE*, t. 15, 1963, c. 1328-1329. P.R. et J.L.

Eudes de Rosni. Frère mineur et prédicateur ; il nous est surtout connu comme familier de l'abbaye des clarisses de Longchamp. Originaire de Rosni ou de *Renomiaco*, docteur en théologie, on le rencontre d'abord le 31 juillet 1254 à Reims, où Innocent IV le charge de se prononcer sur la validité de l'élection d'une abbesse de Saint-Pierre-aux-Nonnains. En 1260, il est chargé par Isabelle de France, sœur de saint Louis, de revoir la future règle des clarisses de Longchamp. Prédicateur populaire d'un certain renom, nous possédons d'Eudes de Rosni trois sermons que l'on peut dater de 1272-1273. Son commentaire des *Sentences* est un abrégé de celui d'Eudes Rigaud*.

ŒUVRES. — Éd. des questions préliminaires au commentaire des *Sentences* par F.M. Henquinet, *Eudes de Rosny OFM, Eudes Rigaud et la Somme d'Alexandre de Halès*, dans *Archivum Franciscanum Historicum*, t. 33 (1940), p. 3-54.

→ *DTC*, t. 14, 1939, col. 1-3. — P. Glorieux, *Répertoire des maîtres en théologie...*, n° 307. — F. Stegmüller-V. Doucet, *Repertorium commentariorum...*, n° 212. — J.B. Schneyer, *Repertorium der lateinischen Sermonen...*, t. 4, p. 517. — N. Bériou, *La prédication au béguinage de Paris pendant l'année liturgique 1272-1273*, dans *Recherches augustiniennes*, t. 13 (1978), p. 174-175. P.R.

Eustache d'Amiens. L'auteur du *Boucher d'Abbeville* (XIIIe siècle) se nomme à la fin de son fabliau, mais on ne sait rien de lui et on ne lui connaît pas d'autres œuvres. La langue employée et l'invocation de certains saints picards confirment l'origine amiénoise de l'auteur. En près de 550 octosyllabes, Eustache conte l'aventure d'un boucher qui, rentrant chez lui sans avoir fait d'affaire, se voit refuser l'hospitalité par un prêtre. Il croise un troupeau qui appartient à celui-ci, vole un mouton et, cette fois, il est bien reçu, car il offre la bête. Il obtient les faveurs de la concubine du prêtre et de sa servante contre promesse de la peau du mouton, qu'il vend par ailleurs au prêtre. Tout est découvert après son départ, car tous se disputent la peau.

ŒUVRE. — Éd. A. de Montaiglon et G. Raynaud, dans *Recueil général des fabliaux*, Paris, 1878, t. 3, p. 227-246. — Éd. et trad. J. Orr, Londres-Edimbourg, 1947. — Éd. et trad. angl. L. D. Benson et T.M. Anderson, dans *The Literary Context of Chaucer's Fabliaux*, Indianapolis-New York, 1971. — Éd. J. Rychner, Genève, 1975 (*TLF*, 219). — Éd. W. Noomen et N.J. Van den Boogaard, dans *Nouveau recueil complet des fabliaux*, t. 3, Assen, 1986. — Trad. angl. J. Du Val, dans *Cuckolds, Clerics and Countrymen, Medieval French Fabliaux*, Fayetteville, 1982.

→ V. Le Clerc, *Fabliaux*, dans *HLF*, t. 23 (1856), p. 69-215, notamment p. 142. — Cf. *MB*, nos 2468, 6498 ; *S* 4591, 4642, 4686. A.F.L.L.

Eustache Deschamps. La vie de ce poète nous est connue, pour l'essentiel, par son œuvre, dont un petit nombre de documents administratifs permettent de vérifier certaines données. Eustache Morel, dit Des Champs du nom de sa maison de campagne, naquit à Vertus (Marne), très probablement en 1346, d'une famille aisée ; il étudia le trivium à Reims (où il se lia avec Guillaume de Machaut*, dont une tradition du XVe siècle fait son oncle et qu'il considéra toujours comme son maître), puis le droit à Orléans. En 1367, il entre, sans avoir achevé ses études, comme « chevaucheur » (messager) au service du roi ; dès la naissance de Louis d'Orléans (1372), attaché à celui-ci, il revêtira, durant une trentaine d'années, diverses charges administratives, dont celle de bailli du Valois : il les exerça, sans doute, en partie par personnes interposées. Poète avant tout, mêlé très tôt à la vie de la cour, il fréquente dans sa jeunesse les éléments les plus joyeux et frivoles de celle-ci. Marié en 1373, veuf après trois ans, père de deux fils et d'une fille, il mène une vie assez dispersée, surtout depuis l'avènement de Charles VI (1380), tandis que sa santé chancelle. Il accompagne à deux reprises le roi dans ses campagnes de

Flandre, et participe sans doute, en 1384-1385, à une ambassade en Hongrie. Après 1395, la mésentente grandit entre lui, vieilli, amer, et le duc d'Orléans, dont il critique la politique auprès du roi fou. Deschamps fait encore partie, avec le titre d'« auditeur », de la Cour Amoureuse créée en 1400 par quelques grands seigneurs proches de Charles VI. Mais bientôt il démissionnera de son bailliage, et se repliera dans une médiocrité morose. Il meurt en 1406 ou 1407, avant l'assassinat de Louis d'Orléans (23 nov. 1407).

À la différence d'un Machaut, d'un Froissart*, Deschamps négligea de collationner lui-même son œuvre, considérable (environ 82 000 vers, la plupart dispersés en de brèves poésies ; et quelques pages de prose). Ce travail fut assuré, sans doute peu après la mort du poète, et peut-être à la demande de son ami Arnaud de Corbie, par le copiste parisien Raoul Tainguy. Celui-ci dirigea l'établissement du ms. BN fr. 840, seul volume des œuvres complètes de Deschamps. Il contient 1501 pièces (l'édition *SATF* ramène le nombre à 1498), rangées sans aucune rigueur par genres : au total 1032 ballades, 142 chants royaux, 170 rondeaux, 84 virelais, 14 lais, 10 pièces en strophes diverses, 34 pièces à rimes plates, 3 ouvrages en prose et 12 pièces latines. Certaines pièces sont répétées une ou deux fois, avec d'infimes variantes. Il est possible que trois ouvrages de Deschamps (dont une *Chronique*) aient été perdus. Des catalogues médiévaux lui attribuent faussement une traduction de Végèce et une partie du *Livre des cent ballades**.

Deschamps a été, après Machaut, un grand créateur de formes ; il a parachevé la fixation des genres (ballade, rondeau, virelai, lai), tout en expérimentant leurs limites par des jeux formels (pièces à lecture multiple, bilinguisme, rimes équivoques, rétrogrades, usage de proverbes-refrains...). Ses poésies latines même sont rythmées et rimées à la française. D'ailleurs Deschamps est aussi le premier auteur d'un traité de poétique en français : l'*Art de dictier* (1393, en prose). Là se dénoue le lien entre texte et musique, que la lyrique médiévale avait tenu pour essentiel. Deschamps oppose désormais la musique naturelle des mots et celle, artificielle, des instruments. À l'âge d'or du chant poétique et de la voix succède ainsi l'âge mélancolique de l'écriture, de l'inscription qui exalte le formalisme.

Mêlé à la plupart des grands événements de son temps, lié à de nombreux personnages officiels du règne des Charles V et VI, Deschamps présente un côté journaliste : le plus souvent, les motifs affectifs, moraux ou érudits, servent chez lui à l'expression de l'actualité ; celle-ci fournit le thème, susceptible d'être exposé dans différents registres : noblement éloquent, savant, ou ironique, satirique, voire burlesque. Par là, l'auteur se place lui-même au centre de son œuvre : soit que l'événement le concerne, soit par le ton qu'il lui confère. Par cette tonalité personnelle, qui en constitue l'originalité, l'œuvre lyrique de Deschamps annonce celle de Charles d'Orléans*, sinon celle de François Villon*. Ni les traditions des siècles antérieurs, ni sa situation d'amuseur de bonne compagnie, n'expliquent entièrement l'ironie foncière de Deschamps, tendance de tempérament qui, dans sa jeunesse, se manifeste en verve moqueuse, parfois gaillarde ; et tourne dans la vieillesse en âpreté, souvent morigéneuse. Les thèmes autres que l'événement, public ou privé, sont, par leur choix, plus impersonnels, empruntés au vieux fond du didactisme moral (les « estats du monde » ; le déclin des mœurs), ou du comique domestique (la « bonne vie ») ou social (plaisanteries sur les clercs, les juristes, les femmes). Dans le groupe important des poésies amoureuses, Deschamps ne s'évade pas du schéma courtois : la question de la sincérité ne se pose pas ; l'amour, défini par quelque obstacle essentiel, est objet, que le poète orne en un style approprié, dont le *Roman de la Rose** demeure l'une des composantes : de nombreuses ballades en reprennent les allégories ; d'autres recourent au type, déjà archaïque, du « losengier » ; en général, Deschamps ne conserve, des éléments de la chanson courtoise traditionnelle, que la requête seule ou la plainte. Une touche personnelle (par le ton d'ironie ou de tendresse) s'introduit dans certaines pièces de salutation ou de vœux, qui rejoignent le groupe des poésies de circonstance.

L'œuvre non lyrique est moins nombreuse. Deschamps s'y montre sous l'aspect du clerc et du moraliste : adaptations françaises du *De contemptu mundi* du pape Innocent III *(Lai de fragilité humaine)*, du *Geta** de Vital de Blois ; longue compilation inachevée en vers du *Miroir de mariage* (1381-1389) ; extraits copiés du *Livre de divinacions* de Nicole Oresme* *(Demoustracions contre sortileges)* ; dits satiriques *(Dit du gieu des dez, Dit des .IIII. offices de l'ostel du roy)*...

L'ensemble du travail d'Eustache Deschamps paraît ainsi marqué par deux traits : formalisme des genres, de l'amour, et moralisation par la dérision ou le désabusement. Certes la critique de la vie de cour, des courtisans sophistes, des nouveaux riches, etc, est dans l'air et la poésie du temps. Mais, chez Eustache Deschamps, il y a plus : un caractère sans doute, sa formation de juriste et sa position d'officier royal à coup sûr (voir ses parodies de chartes et commissions). Ne doit-on pas à Arnaud de Corbie, chancelier de France et membre lui aussi de la Cour amoureuse, l'unique volume des œuvres de Deschamps ? Et Christine de Pizan*, qui se dit son élève, n'était-elle pas liée par son mari au milieu des notaires et secrétaires du roi ? Célèbre à son époque, Deschamps échangea des ballades avec Geoffrey Chaucer* (vers 1370-1380) et son *Miroir de mariage* a peut-être influencé un des *Contes de Canterbury*. Après 1450, il fut presque totalement oublié : son nom ne figure dans aucuns des premiers Parnasse littéraires, à la différence de ceux de Jean de Meun* et d'Alain Chartier*. Cependant, certaines ballades continuaient à avoir du succès : la ballade prophétique contre les Anglais (n° 26) est citée dans une *Chronique de Flandres* du XVe siècle, elle est reprise et adaptée aux Bretons en 1488 dans le *Testament de monseigneur des Barres* ; les ballades 99 et 208 furent publiées avec d'autres textes sous le titre de *Doctrine des princes et des servans en court* vers 1492 puis au début du XVIe siècle ; la ballade 113 figure dans le *Jardin de Plaisance et Fleur de Rhetorique* (1500). La diffusion de ces quelques textes est d'ailleurs corroborée par la présence continue d'Eustache Deschamps dans des anthologies manuscrites du XVe siècle, aux côtés de Guillaume de Machaut*, Oton de Grandson*, Alain Chartier* et d'autres, ainsi que par l'influence formelle, même si elle fut anonyme, qu'il exerça sur la génération poétique suivante.

ŒUVRES. — *Œuvres complètes*, éd. marquis Queux de Saint-Hilaire puis G. Raynaud, Paris, 1878-1904, 11 vol *(SATF)*. Le vol. 11 est une étude sur la vie et les œuvres du poète. — Éd. de ballades : J.-M. Paquette, *Poèmes de la mort de Turold à Villon*, Paris, 1979, p. 169-183 *(10/18)* [avec trad.]. — A. Vitale-Brovarone, *Recueil de galanteries*, dans *Le Moyen Français*, t. 6 (1980). — J. Kooijman, *Envoi de fleurs. À propos des échanges littéraires entre la France et l'Angleterre sous la guerre de cent ans*, dans *Mél. A. Lanly*, Nancy, 1980, p. 173-183.

→ E. Picot, *Note sur quelques ballades d'E.D. anciennement imprimées*, dans *Romania*, t. 14 (1885), p. 280-285. — E. Hoepffner, *Eustache Deschamps, Leben und Werke*, Strasbourg, 1904. — J.L. Lowes, *The Chaucerian Merriles Beaute and Three Poems of Deschamps*, dans *The Modern Language Review*, t. 5 (1910), p. 33-39. — G.W. Coopland, *E.D. and Nicholas Oresme. A Note on the Demoustracions contre sortileges*, dans *Romania*, t. 52 (1926), p. 355-361. — L.F. Flûtre, *Eustache Deschamps et Christine de Pisan ont-ils utilisé les Faits des Romains ?*, dans *CN*, t. 13 (1953), p. 229-240. — R. Dragonetti, « *La poésie... ceste musique naturelle* ». *Essai d'exégèse d'un passage de l'Art de Dictier d'E.D.*, dans *Mél. R. Guiette*, Anvers, 1961, p. 48-64 [repris dans *La musique et les lettres*, Genève, 1986, p. 27-42]. — O. Jodogne, *La ballade dialoguée (...)*, *ibid.*, p. 73-77. — N. Wilkins, *The Post-Machaut Generation of Poet-Musicians*, dans *Nottingham Medieval Studies*, t. 12 (1968), p. 40-84. — A. Planche, *Le temps des Ancolies*, dans *Romania*, t. 95 (1974), p. 235-265 ; *Le corps en vieillesse. Regards sur la poésie du Moyen Âge tardif*, dans *Razo*, t. 4 (1984), p. 39-57. — J. et B. Cerquiglini, *L'écriture proverbiale*, dans *Revue des sciences humaines*, t. 41 (1976), p. 359-375. — D. Poirion, *Le poète et le prince. L'évolution du lyrisme courtois de Guillaume de Machaut à Charles d'Orléans*, Paris, 1965 ; réimp. Genève, 1978, notamment p. 218-235 ; *E. Deschamps et la société de cour*, dans *Littérature et société au Moyen Âge*, Univ. de Picardie, Amiens, 1978, p. 89-109 ; *Le temps perdu et retrouvé... au XVe siècle*, dans *Revue des sciences humaines*, n° 183 (1981), p. 71-84. — S.V. Spilsbury, *The Imprecatory Ballade : a Fifteenth Century Poetic Genre*, dans *French Studies*, t. 4 (1979), p. 385-396. — J.C. Rault, *Les poèmes grivois d'E. Deschamps*, dans *Le Moyen Âge*, t. 85 (1979), p. 275-296 ; *La Farce de Me Trubert et d'Antrongnart d'E.D.*, dans *Medium Aevum*, t. 49 (1980), p. 66-72. — F. Wolfzettel, *La poésie lyrique en France comme mode d'appréhension de la réalité : remarques sur l'invention du sens visuel chez Machaut, Froissart, Deschamps et Charles d'Orléans*, dans *Mél. C. Foulon*, Rennes, 1980, t. 1, p. 409-419. — J. Kooijman, *Variations sur le rondeau : rondeaux-quatrains, rondeau-cinquain, virelai-rondeau dans l'œuvre d'E. Deschamps*, dans *Musique, littérature et société au Moyen Âge*, Paris, 1980, p. 295-304 ; *Une étrange duplicité : la double ballade au bas Moyen Âge*, dans *Mél. J. Mourot*, Nancy, 1982, p. 41-49 ; *Rimes féminines et alternance : le legs d'E.D.*, dans *Mél. H. Naïs*, Nancy, 1986, p. 115-121. — M. Engel, *Le Miroir de mariage d'E. Deschamps, sources et traditions*, dans *Seconda Miscellanea di Studi e Ricerche sul Quattrocento francese*, Chambéry-Turin, 1981, p. 143-167. — C. Vulliez, *Une étape privilégiée de l'entrée de la vie : le temps des études universitaires à travers l'exemple orléanais des derniers siècles du Moyen Âge*, dans *Annales de l'Est*, t. 34 (1982), p. 149-181. — D. Ingenschay, *La rhétorique et le monde quotidien chez E. Deschamps*, dans *Du mot au texte. Colloque intern. sur le Moyen Français*, Tübingen, 1982, p. 253-261. (*Tübinger Beiträge zur Linguistik*, 175) ; *Alltagswelt und Selbsterfahrung, Ballade und Testament bei Deschamps und Villon*, Munich, 1986. — C. Strosetzki, *Réflexion moraliste chez les Rhétoriqueurs. Les actes du langage chez Deschamps*, dans *Du mot au texte* (...), Tübingen, 1982, p. 241-252. — L. Kendrick, *La poésie pastorale de E. Deschamps : Miroir de mentalité à la fin du XIVe siècle*, dans *RZLG*, t. 7 (1983), p. 28-44 ; *Rhetoric and the Rise of Public Poetry : the Career of E. Deschamps*, dans *Studies in Philology*, t. 80 (1983), p. -13. — W.W. Kibler et J.I. Wimsatt, *The Development of the Pastourelle in the Fourteenth-Century* (...), dans *Mediaeval Studies*, t. 45 (1983), p. 22-78. — M.-H. Tesnière, *Les mss copiés par Raoul Tainguy*, dans *Romania*, t. 107 (1986), p. 282-368. — J. Cerquiglini, *Quand la voix s'est tue : la mise en recueil de la poésie lyrique aux XIVe et XVe siècles*, dans *Littérales*, t. 2 (1987), p. 313-327. — E. Mechoulan, *Les arts de rhétorique du XVe siècle : la théorie, masque de la theoria*, dans *Masques et déguisements dans la littérature médiévale*, Montréal-Paris, 1988, p. 213-221. — G.M. Cropp, *Fortune and the Poet in ballades of E.D., Charles d'Orléans and François Villon*, dans *Medium Aevum*, t. 58 (1989), p. 125-132. — M.L. Brown, *The Order of the Passion of Jesus Christ. A Reconsideration of E.'s Ballade to Chaucer*, dans *Mediaevalia*, t. 11 (1985-1989), p. 219-244. — Cf. *GRLMA*, t. VIII/1, passim. — *MB* n°s 4406-4430, 5853, 6826-6831 ; 7885-7887 ; *S* 4579, 4744, 6228, 6641, 6788, 6811, 6816, 6861, 6925-6943. P.Z. et S.L.

Eustache Marcadé (autour de 1390-10 janvier 1440). Bachelier en théologie, prévôt de Dampierre, official de l'abbaye de Corbie en 1414, prieur de Ham vers 1423, emprisonné par les Anglais en 1427, rétabli dans sa charge en 1437, promu docteur en décret à Paris la même année, doyen de la Faculté de décret en 1439, E. Marcadé mourut le 10 janvier 1440. Il a écrit le *Mystère de la Vengeance de Notre Seigneur** et on lui attribue le *Mystère de la Passion d'Arras**.

→ A. Thomas, *Notice biographique sur Eustache Marcadé*, dans *Romania*, t. 35 (1906), p. 583-590. — Cf. *MB S* nos 8176-8177. O.J.

Eustache le Peintre, de Reims. Trouvère du deuxième quart du XIIIe siècle, dont le nom indiquerait qu'il exerçait aussi le métier de peintre ou d'enlumineur, à moins que « Li Paintres » ne soit déjà un nom de famille. L'une des sept chansons d'amour qu'il composa est adressée à un comte de Forez : Guigues III, qui épousa en 1223 Mahaut de Dampierre, ou Guigues IV, époux d'Alix de Chassenay. Eustache évoque dans ses chansons les œuvres de Blondel de Nesle* et du Châtelain de Coucy*, ainsi que le roman de Tristan : bien qu'il se prétende plus épris que ces poètes et ce héros célèbres, la profondeur du sentiment et l'originalité de l'inspiration manquent à ses compositions qui se recommandent surtout par la qualité de leur style.

ŒUVRES. — A. Långfors, *Mélanges de poésie lyrique française*, dans *Romania*, t. 58 (1932), p. 353-374.

→ Linker, n° 63. G.M. et F.F.H.

Évangile aux femmes. Petit poème satirique composé d'une suite changeante de quatrains monorimes dont le texte varie considérablement d'une copie à l'autre. La version la plus ancienne, d'origine picarde, remonterait à la seconde moitié ou à la fin du XIIIe siècle. Toutes les strophes sont bâties sur le même modèle : les trois premiers vers exaltent la perfection du sexe féminin, tandis que le quatrième réduit à néant l'effet créé par la louange au moyen d'une comparaison imagée qui « termine le quatrain par une caresse à rebrousse-poil ».

Compaignie de fame est moult sainte et honeste ;
Nus n'i porroit soffrir mesaise ne moleste :
Si seür fet entre eles mener et geu et feste
Comme sanz gouvernail en mer par grant tempeste.

ŒUVRE. — Les versions *A* à *J* ont été publiées par G.C. Keidel, *The Evangile aux Femmes*, Baltimore, 1895-1896 (réimp. Genève, 1974) [cf. *Romania*, t. 25 (1896), p. 134-136] et les versions α et β par P. Meyer, *Deux nouveaux manuscrits de l'Évangile des Femmes*, dans *Romania*, t. 36 (1907), p. 1-11. Le texte de β a été réédité par O. Jodogne, *L'édition de* l'« *Évangile aux femmes* », dans *Mél. A. Monteverdi*, Modène, 1959, t. 2, p. 353-375.

→ L. Constans, *Marie de Compiègne d'après l'Évangile aux femmes*, Paris, 1876 (extrait du *Bulletin de la Société Historique de Compiègne*, t. 3 (1876), p. 33-118) et *L'Évangile aux femmes*, dans *ZRPh*, t. 8 (1884), p. 24-36. — E. Mall, *Zum sogennanten Evangile aux femmes*, dans *ZRPh*, t. 8 (1884), p. 449-455. — G.C. Keidel, *The « Evangile aux femmes »*, dans *Modern Language Notes*, t. 8 (1893), col. 35-37. — Cf. *GRLMA*, t. VI/2, n° 7108. — *MB* n°s 6523, 7706. G.H.

Évangiles des domées. Aux « évangiles des dimanches », cette traduction en prose joint les évangiles de carême, ceux de la semaine de Noël, de la semaine sainte, de la semaine de Pâques et de celle de Pentecôte ; le clerc anonyme qui en est l'auteur suit « l'ordonnance » du missel de Cambrai et donne encore les évangiles des principales fêtes de saints dans l'Église universelle ou au diocèse de Cambrai, soit une quarantaine. Le traducteur fait allusion à *la bonne gent qui l'orront*, il a donc prévu que ses « évangiles » seraient lus au prône.

Cette œuvre peut être datée du second quart du XIIIe siècle ; elle est donc contemporaine de la première grande traduction française de la Bible, mais elle en est tout à fait indépendante ; c'est la plus ancienne traduction que nous possédions des évangiles des dimanches. Écrite dans une langue excellente, marquée de traits dialectaux, elle a toute la saveur des textes oraux : sa simplicité est très fidèle au ton des Évangiles.

ŒUVRE. — *Les Évangiles des domées*, éd. R. Bossuat et G. Raynaud de Lage, Paris, 1955.

→ *GRLMA*, t. VI/2, n° 1440. — *MB* n°s 3583-3584, 7743. G.R.L.

Évangiles des Quenouilles. Ouvrage anonyme de la fin du XVe siècle, il rapporte les propos prétendument tenus à la veillée, durant une semaine, du lundi au samedi, par « six matrones sages et prudentes », et recueillis par un secrétaire fidèle. Le tout constitue un répertoire de plus de 200 croyances populaires de Flandre et de Picardie, transcrites sur le mode ironique, qui reflètent et traduisent les soucis, les préoccupations et les espoirs des femmes de ces régions. Aphorismes, présages, prescriptions, recettes, exorcismes, superstitions de toutes sortes parlent de la vie quotidienne, telle qu'elle est vécue en particulier par les femmes. D'où la grande place faite au mariage, à la vie conjugale et familiale. Mais il est question aussi de la ferme, des animaux domestiques et de basse-cour, de santé et de maladie, de richesse et de pauvreté, de bonheur et de malheur. « Le geste de l'auteur des *Évangiles des Quenouilles* est celui, quasi scientifique, d'un cueilleur de données, et ce sans qu'il y ait antinomie, incompatibilité, avec les pointes de l'ironiste » (M. Jeay).

ŒUVRE. — Éd. critique, intro. et notes par M. Jeay, Montréal-Paris, 1985. — Trad. J. Lacarrière, Paris, 1988.

→ M. Jeay, *Savoir-faire. Une analyse des croyances des Évangiles des Quenouilles (XVe siècle)*, Montréal, 1982 (*Le Moyen Français*, 10) ; *Les Évangiles des Quenouilles : de la croyance populaire à la locution, ibid.*, n°s 14-15 (1984), p. 282-301 ; *Représentation de la parole ou mise en scène de l'Écriture ? L'exemple des Évangiles des Quenouilles*, dans *Actes du colloque international sur le moyen français, Milan, 1985*, Milan, 1986, t. 3, p. 125-140. — A. Paupert-Bouchez, *Les fileuses et le clerc : une étude des Évangiles des Quenouilles*, Paris, 1990 (*Bibl. du XVe s.*, 52). — Cf. *MB* n°s 6724 ; *S* 7610-7613. A.Ll.

Everat. En 1192, Marie, comtesse de Champagne, demanda à Everat (Evrat), un poète de sa cour dont nous ne connaissons aujourd'hui que le nom, une traduction en vers de l'Ancien Testament ; six ans plus tard, à la mort de Marie, il n'avait pas encore terminé *La Genèse*, à la fin de laquelle il s'arrêta à une date indéterminée. Le poème est une adaptation plutôt qu'une traduction, où sont intercalés des louanges du comte et de la comtesse de Champagne, des commentaires, des explications allégoriques et morales, des allusions au Nouveau Testament et des gloses. Saint Jérôme est l'autorité la plus souvent invoquée par Everat, mais sont cités aussi Eusèbe, Josèphe, Augustin, Bède, un savant nommé *le maître*, et un *lapidaire*. Cette œuvre de mince inspiration poétique comprend 20 800 vers octosyllabiques à rimes appariées. Elle nous est parvenue dans trois mss de la BN (fr. 900, 12 456, 12 457), dont BN 12 456 seul présente le poème entier et BN 12 457 est le meilleur et le plus ancien bien qu'il soit le moins complet. L'ouvrage reste encore inédit.

ŒUVRE. — Éd. dactylo. partielle J.F.A. Henderson, thèse Ph. D, Toronto, 1977.

→ J. Bonnard, *Les trad. de la Bible en vers*

français au Moyen Âge, Paris, 1884, p. 105-119. — J.F. Benton, *The Court of Champagne as a Literary center*, dans *Speculum*, t. 36 (1961), p. 551-591. — R.R. Grimm, *Schöpfung und Sünden Fall in der altfranzösischen Genesis Dichtung des Evrat*, Berne-Francfort, 1976 [éd. partielle]. — J.R. Smeets, *Les traductions-adaptations versifiées de la Bible en ancien français*, dans *Les genres littéraires dans les sources théologiques et philosophiques médiévales...*, Louvain-la-Neuve, 1982, p. 249-258 [*Publ. Institut d'Ét. médiévales*, 2e sér., 5]. — Cf. *GRLMA*, t. VI/1, p. 53 ; t. VI/2, n° 1824. — *MB* 3027. Y.M.F.

Évrard de Béthune (Eberhardus Bethuniensis, Grecista). Né à Béthune (Pas-de-Calais) et mort relativement jeune vers 1212, Évrard de Béthune est l'auteur d'un traité contre l'hérésie vaudoise ou *Antiheresis* en 1210 et d'une grammaire latine versifiée, le *Graecismus*, composée entre 1180 et 1200 et achevée probablement par un ami. Le titre a été tiré du chap. 8 (*De nominibus exortis a graeco*), où figure une liste de mots grecs passés en latin et classés dans l'ordre alphabétique, avec des explications étymologiques. L'ouvrage tel que nous l'avons ne correspond pas au plan annoncé par Évrard dans son prologue et a subi des remaniements et des interpolations. Les chap. 1 à 8 traitent des figures : métaplasmes, schèmes, tropes, barbarismes, solécismes, *colores rethorici* etc., puis donnent des listes de noms monosyllabiques, polysyllabiques, noms propres, noms venus du grec (chap. 8). Les chap. 9 à 27 suivent davantage le plan de Donat. Ce traité en 4 579 hexamètres et pentamètres a connu une grande diffusion, particulièrement au XIIIe siècle : plus de 200 mss conservés, souvent avec gloses et commentaires ; présence dans les florilèges ; nombreuses citations par Alexandre Nequam*, Hugo de Trimberg, Évrard l'Allemand* dans son *Laborintus* par exemple ; version augmentée par Konrad de Mure dans son *Novus Graecismus* en 1244 ; commentaire de Johannes Vincentius Metulinus au XVe siècle. Au XIVe siècle, il fait partie du programme des universités à Toulouse, à Paris, à Vienne et il est répandu dans toute l'Europe. Il doit son succès à sa forme versifiée et surtout à l'intérêt grandissant pour le vocabulaire grec, d'où le surnom donné à son auteur : *Gr(a)ecista*.

ŒUVRES. — *Antiheresis*. Éd. J. Grester, *Trias scriptorum adversus Waldensium sectam*, p. 34-218, Ingolstadt, 1614 ; réimp. Regensburg, 1738, p. 117-194 (*Opera omnia* XII, 2). — *Maxima Biblioteca Veterum Patrum*, t. 24, Lyon, 1677, p. 1525-1574. — *Graecismus*, éd. J. Wrobel, *Eberhardi Bethuniensis Graecismus*, Breslau, 1887, réimp. Hildesheim, 1987 (*Corpus grammaticorum medii aevi*, 1).

→ *Antiheresis*. C. Thouzellier, *Hérésie et hérétiques*, Roma, 1969 (*Storia e letteratura. Raccolta di studi e teste*, 166). — M.-H. Vicaire, « *Contra Judaeos* » *méridionaux au début du* XIIIe *siècle. Alain de Lille, Évrard de Béthune, Guillaume de Bourges*, dans *Cahiers de Fanjeaux*, t. 12 (1977), p. 169-293. — *Graecismus*. K. Lohmeyer, *Ebrard von Béthune. Eine Untersuchung über den Verfasser des Graecismus und Laborintus*, dans *Romanische Forschungen*, t. 11 (1901), p. 412-430. — L. Traube, *Vorlesungen und Abhandlungen*, 3, Munich, 1920 (réimp. 1965), p. 190-191. — G. Brugnoli, *Di alcune « differentiae » e « sententiae » contenute nel cod. Vat. lat. 625*, dans *Studi medievali*, 3e série, 18 (1952), p. 353-355. — J.R. Williams, *The « De differentiis et derivationibus Graecorum » Attributed to William of Corbeil*, dans *Viator*, t. 3 (1972), p. 293-310. — G.L. Bursill-Hall, *Teaching Grammars of the Middle Ages : Notes on the Manuscript Tradition*, dans *Historiographia Linguistica*, t. 4 (1977), p. 12-15. — C.H. Kneepkens, « *Ecce quod usus habet* ». *Eine Quelle von Eberhards von Bethunes Graecismus, cap. V...*, dans *Mittellateinisches Jahrbuch*, t. 16 (1981), p. 212-216. — Cf. Fabritius, 2, 1858 (réimp. 1962), p. 486-488. — Manitius, 3, 1931, p. 747-751 et 1070. — *DTC*, 4, col. 1995-1998. — *DHGE*, 14, 1960, col. 1288. — *Lexikon des Mittelalters*, 3, 1985, col. 1523.
C.J.

Évrard de Conty. Originaire de Conty en Picardie, Évrard était maître régent de la Faculté de Médecine de Paris en 1357, mais il devait déjà y enseigner en 1353, si l'on se fonde sur la date de son jubilé (1403). En 1362, il est sous-diacre du diocèse d'Amiens et chanoine de Saint-Fursy de Péronne. L'année suivante, on le trouve attaché au service du duc de Normandie, futur Charles V. Mais c'est par la reine Blanche de Navarre, veuve de Philippe VI, dont il est devenu le médecin, qu'il est présenté pour la cure de Daubeuf-en-Vexin. Mort en 1405 chanoine d'Amiens, Évrard avait légué des livres à la Faculté de Médecine dès 1403. Parmi des ouvrages médicaux figuraient les *Problemata Aristotelis*. Or ce texte pseudo-aristotélicien, traduit en latin par Barthélemy de Messine au XIIIe siècle, avait fait l'objet d'un commentaire latin de Pietro d'Abano (1310). Ce sont cette traduction et son commentaire qu'Évrard est chargé par Charles V de traduire en français. Dans ce travail, achevé vers 1380, Évrard ajoute beaucoup à la glose de l'Italien. Ce sont d'ailleurs des passages repris aux *Problèmes* qui ont permis l'identification de l'auteur anonyme qui a glosé les *Échecs amoureux** avec Évrard de Conty. La *Glose* d'Évrard a le même caractère encyclopédique (astronomie, poésie, mythologie, musique, optique, etc.) que l'œuvre commentée. Outre son intérêt intrinsèque, ce commentaire est important, car c'est le premier à porter sur un texte français en vers. Évrard n'y a traité environ qu'un cinquième du texte. Et il est probable que la vieillesse l'a empêché d'aller plus loin dans une œuvre qui, datée entre 1390 et 1400, fut vraisemblablement sa dernière. Le commentaire des *Problèmes* et la *Glose* des *Échecs amoureux* sont animés d'un esprit rationnel : celui de la philosophie naturelle plutôt que de la théologie. En cela, Évrard de Conty est à rapprocher de Nicole Oresme*.

ŒUVRES. — *Die Schachpartie in der Prosabearbeitung der allegorischdidaktischen Dichtung Les Eschez amoureux*, éd. partielle J. Mettlich, Münster, 1907. — *Die Abhandlung über Rymes et mettres in der Prosabearbeitung (...)*, éd. partielle J. Mettlich, Münster, 1911 [use de deux mss différents pour ces deux éd. d'extraits]. *L'Harmonie des sphères : encyclopédie d'astronomie et de musique extraite du commentaire sur les Échecs amoureux*, éd. partielle R. Hyatte et M. Ponchard-Hyatte, New York-Berne, 1985. — A.-M. Legaré, F. Guichard-Tesson et B. Roy, *Le livre des Échecs amoureux*, Paris, 1991 [reprod. des miniatures d'un des mss de la *Glose* dont le texte est donné dans une version abrégée en français moderne].

→ E. Wickersheimer, *Dictionnaire biographique des médecins en France au Moyen Âge*, Paris, 1936, p. 146 ; D. Jacquart, *Supplément*, Paris, 1979, p. 72 [ajoute simplement des mss pour les *Problèmes*]. — M-R. Jung, *Poetria (...)*, dans *Vox Romanica*, t. 30 (1971), p. 44-64 ; *L'alexandrin au* XVe *siècle*, dans *Mél. R. Bezzola*, Berne, 1978, p. 203-217. — P.-Y. Badel, *Le Roman de la Rose au* XIVe *siècle*, Genève, 1980, p. 290-315. — F. Guichard-Tesson, *Évrard de Conty, auteur de la glose des Échecs amoureux*, dans *Le Moyen Français*, t. 8-9 (1981), p. 111-148 ; *L'Amour par amour : l'héritage du De Amore dans la Glose des Échecs amoureux*, dans *Fifteenth-Century Studies*, t. 4 (1981), p. 93-103 ; *La Glose des Échecs amoureux. Un savoir à tendance laïque : comment l'interpréter, ibid.*, t. 10 (1984), p. 229-260 ; *Le pion souvenir et les miroirs déformants de l'allégorie d'amour*, dans *Jeux de mémoire. Aspects de la mnémotechnie médiévale*, Montréal-Paris, 1985, p. 99-108. — M. Jeay, *La mythologie comme clé de mémorisation : la glose des Échecs amoureux, ibid.*, p. 157-166. — R. Hyatte, *The Manuscripts of the Prose Commentary on Les Echecs amoureux*, dans *Manuscripta*, t. 26 (1982), p. 24-30. — B. Roy, *La cantillation des romans médiévaux (...)*, dans *Le Moyen Français*, t. 19 (1986), p. 148-162 [témoignage de la *Glose* et des *Problèmes* en faveur de la psalmodie de certains textes narratifs]. — F. Guichard-Tesson, *Le métier de traducteur et de commentateur au* XIVe *siècle d'après É. de Conty*, dans *Le Moyen Français*, t. 24-25 (1989), p. 131-167. — Cf. *MB* n°s 5509, 5963, 7108 ; *S* 8528. S.L.

Évrard de Gateley. L'abbaye bénédictine de Bury-Saint-Edmond, dans le Suffolk, a été au Moyen Âge un centre littéraire d'une certaine importance, qui a compté parmi ses moines Denis Piramus*, auteur d'une *Vie de saint Edmond*, Godefroy de Fontaines*, qui rédigea à l'époque du prieur Ording (XIIe) un *De Infantia Edmundi*, et Simon de Walsingham (début XIIIe), auteur d'une *Vie* anglo-normande *de sainte Foi*. Quant à Adgar*, s'il n'y fut pas moine, il mentionne toutefois Bury-Saint-Edmond dans ses *Miracles*. Originaire sans doute de Gateley dans le Norfolk, Évrard y fut moine dans la seconde moitié du XIIIe siècle. De son recueil sans doute plus volumineux de *Miracles de Notre Dame*, il ne reste que le prologue et trois récits en octosyllabes : une version du très classique *Miracle de saint Hildefonse* (une apparition de la Vierge à saint Hildefonse, évêque de Tolède) ; le *Miracle d'un clerc de Chartres*, qui racheta si bien sa vie dissolue par sa dévotion à la Vierge que celle-ci exigea pour lui une sépulture en terre chrétienne après qu'il eut été assassiné. Ce récit, très répandu, figure notamment chez Gautier de Coinci*. Enfin le *Miracle du Champ fleuri* présente un clerc malade d'un cancer de la bouche ; il est transporté dans le jardin du Paradis, où un ange lui explique la signification symbolique des fleurs, avant que la Vierge le guérisse en lui donnant le sein. Notons que les trois rédactions en vers français connues du *Champ fleuri* sont d'origine anglaise.

Évrard se donne pour le simple traducteur d'un recueil latin (connu par le ms. Toulouse, Bibl. mun. 482), mais il a aussi connu et utilisé le recueil de *Miracles de Notre Dame* d'Adgar*. Il fait pourtant œuvre originale dans certains passages, où il s'éloigne sensiblement de ses deux sources.

Faut-il considérer que le « moine Évrard », auteur d'une traduction en sixains d'hexasyllabes des *Distiques de Caton**, serait Évrard de Gateley ? Si P. Meyer ne voyait aucune raison de fondre ces deux personnages, M.-D. Legge juge l'hypothèse plus vraisemblable que celle qui identifie le moine anonyme avec Évrard de Kirkham.

ŒUVRES. — Éd. Le Roux de Lincy, dans *Proverbes français*, Paris, 1859, t. 2, p. 439-458 [*Distiques de Caton*]. — Éd. P. Meyer, *Notice du ms. Rawlinson Poetry 241 (Oxford)*, dans *Romania*, t. 29 (1900), p. 1-84, notamment p. 27-48 [éd. du prologue et des trois miracles, mais partielle seulement pour *Saint Hildefonse*]. — Éd. F. Furnivall, *The Minor Poems of Vernon ms., part. II, art. L*, Londres, 1901, p. 553-609 (*EETS*, 117) [*Distiques de Caton*].

→ E. Stengel, *Handschriftliches aus Oxford* (*Bodleian Misc. 473*), dans *ZFSL*, t. 14 (1892), p. 127-160 [*Miracles*]. — J. Morawski, *Mélanges de littérature pieuse. Les Miracles de Notre-Dame en vers français (1er article)*, dans *Romania*, t. 61 (1935), p. 145-209, notamment p. 163. — M.D. Legge, *Anglo-Norman in the Cloisters*, Edimbourg, 1950, p. 12-17 ; *Anglo-Norman Literature and its Background*, Oxford, 1963, p. 182, 190, 267-268. — E. Ruhe, *Untersuchungen zu den altfranzösischen Übersetzungen der Disticha Catonis*, Munich, 1968, p. 93-116. — Cf. *MB* n° 3147. A.F.L.L.

Évrard de Kirkham. Voir : *Caton (Distiques de)*.

Évrard l'Allemand (Eberhardus Alemannus ou Teutonicus). Souvent confondu avec Évrard de Béthune dans les manuscrits du XVe siècle comme dans les recherches ultérieures, il composa dans la première moitié du XIIIe siècle un art poétique latin intitulé *Laborintus*, d'après l'étymologie curieuse mais courante depuis Papias, du mot *labyrinthus* : *« labor habens intus »*. Il se présente lui-même comme un professeur de grammaire ayant étudié à Paris et à Orléans (v. 943-948). D'après certains manuscrits glosés, il a probablement été *rector scolarium* à Brême avant 1250 et peut-être à Cologne. Écrite entre 1212 (mention de la *Poetria nova* de Geoffroi de Vinsauf* et du *Grécisme* d'Évrard de Béthune*) et 1280 (date du *Registrum multorum auctorum* d'Hugues de Trimberg, qui cite le *Laborintus*), l'œuvre nous a été transmise par une cinquantaine de manuscrits, surtout allemands, avec gloses et commentaires, notamment celui de Nicolas de Dybin en 1350. Elle fait partie d'un genre déjà répandu en France et en Angleterre depuis le milieu du XIIe siècle. C'est un des manuels scolaires les plus utilisés dans le bas Moyen Âge, surtout en Allemagne, où il fait encore partie du programme de la Faculté des arts à Erfurt au début du XVIe siècle. Il nous apporte des renseignements intéressants sur la destinée du maître et toutes ses misères ainsi que sur les usages pédagogiques de l'époque. Cet art poétique comprend plus de 1 000 vers, essentiellement des distiques, avec à la fin des strophes d'exemples rythmiques (cette dernière partie a eu une tradition indépendante). L'auteur nous donne aussi une liste des ouvrages recommandés. Ses sources sont surtout l'*Ars versificatoria* de Matthieu de Vendôme* et la *Poetria nova* de Geoffroi de Vinsauf et pour le processus de personnification, l'*Anticlaudianus* d'Alain de Lille*.

ŒUVRE. — *Laborintus*, éd. P. Leyser, *Historia poematum et poetarum medii aevi*, Halle, 1721, p. 796-854. — G. Mari, *I trattati medievali di ritmica latina*, Milan, 1899, p. 81-90 (seulement la rythmique). — E. Faral, *Les arts poétiques du XIIe et XIIIe siècle...*, Paris, 1924, p. 336-377 (*Bibliothèque de l'École des Hautes Études*, 238). — W.B. Sedgwick, *Notes and Emendations on Faral's « Les arts poétiques du XIIe et du XIIIe s. »*, dans *Speculum*, t. 2 (1927), p. 341-343.

→ K. Lohmeyer, *Ebrard von Bethune...*, dans *Romanische Forschungen*, t. 11 (1901), p. 412-430. — W. Meyer, *Gesammelte Abhandlungen zur mittellateinischen Rhythmik*, t. 1, Berlin, 1905, p. 80-97. — W.B. Sedgwick, *The Site and Vocabulary of the Latin Arts of Poetry of the Twelfth and Thirteenth Centuries*, dans *Speculum*, t. 3 (1928), p. 359-381. — E. De Bruyne, *Études d'esthétique médiévale*, t. 2, Bruges, 1946, p. 23-25. — J. De Ghellinck, *L'essor de la littérature latine au XIIe siècle*, 1946 (2e éd., Bruxelles-Bruges, 1954), p. 467-471 et 475. — F. Qualdbauer, *Die antike Theorie der genera dicendi im lateinischen Mittelalter*, Graz-Cologne-Vienne, 1962, p. 125-126 et 248-254 (*Österreichische Akademie der Wissenschaften, Philos.-histor. Klasse, Sitzungsberichte*, 241, 242). — U. Mölk, *Trobar clus-trobar leu...*, Munich, 1968, p. 180-181. — U. Krewitt, *Metapher und tropische Rede in der Auffassung des Mittelalters*, Berlin, 1971, p. 411-426 (*Beiheft zum Mittellateinischen Jahrbuch*, 7). — J.J. Murphy, *Rhetoric in the Middle Ages*, Berkeley-Londres, 1974, p. 180-183. — P. Stotz, *Dichten als Schulfach. Aspekte mittelalterlicher Schuldichtung*, dans *Mittellateinisches Jahrbuch*, t. 16 (1981), p. 13-16. — R. Düchting, *Maria im Versbock...*, dans *Mél. E. Stutz...*, 1984, p. 487-491. — *Lexikon des Mittelalters*, 3, 1985, col. 1523-1524 [R. Düchting] ; *Verfasserlexikon*, 2e éd., 2, col. 273-276 [F.J. Worstbrock]. — Cf. *GRLMA*, t. VIII/1, p. 143-144. C.J.

Évrard de Trémaugon. Voir : *Songe du Vergier*.

Exempla. Le terme *exemplum* (au pluriel *exempla*) a trois sens principaux au Moyen Âge, le plus commun, hérité de l'Antiquité, étant celui d'exemple à suivre, de modèle de comportement ou de vertu. Dans le langage technique médiéval, il désigne une fonction rhétorique et un type particulier de récit. Dans ce dernier cas, il est alors un des moyens de persuasion dont usent volontiers les prédicateurs ou les auteurs d'ouvrages moraux. L'*exemplum* rhétorique est directement issu de l'Antiquité. Selon la définition attribuée à Cicéron au Moyen Âge (*Rhetorica ad Herennium*, IV, 49, 62), il s'agit d'un fait ou d'une parole appartenant au passé, cités par un personnage digne de foi. Cet *exemplum* est utilisé dans une intention de persuasion, comme dans les discours judiciaires de Cicéron. Tout au long du Moyen Âge, on trouve cette figure de rhétorique dans des œuvres telles que les *Miroirs des princes*, généralement sous l'aspect d'une citation d'un fait ou d'un dit empruntés à l'histoire antique. L'*exemplum* compris comme une *illustrative story* (récit qui illustre), selon la définition de T.F. Crane, ne connaît un développement systématique que dans le cadre du renouvellement de la prédication aux XIIe et XIIIe siècles, même si son emploi remonte aux premiers temps du christianisme. Ce type d'*exemplum* peut être précisé ainsi : « Un récit bref donné comme véridique et destiné à être inséré dans un discours (en général un sermon) pour convaincre un auditoire par une leçon salutaire » (J. Le Goff).

La diffusion de cet *exemplum* que l'on peut qualifier d'homilétique est due principalement aux ordres mendiants. Pour mieux être compris des masses, les prédicateurs se mirent à truffer leurs sermons de récits exemplaires. N'ayant guère le temps de rechercher chacun les anecdotes qui leur convenaient, ils désirèrent disposer rapidement de récits frais. D'où l'élaboration de recueils destinés spécialement à leur usage. Le premier et le plus important est celui du dominicain Étienne de Bourbon* († vers 1261), le *Tractatus de diversis materiis predicabilibus*, qui regroupe près de trois mille récits et comparaisons, sans parler des citations bibliques (*similitudines*) ou d'auteurs patristiques (*auctoritates*) et des raisonnements d'ordre scolastique (*rationes*). Avant Étienne de Bourbon, le chanoine augustin Jacques de Vitry* († 1240) avait rédigé des recueils de sermons-modèles comportant un grand nombre de récits exemplaires. Et les cisterciens avaient déjà composé des recueils d'*exempla*, à usage surtout interne, il est vrai. Les recueils, organisés tout d'abord selon un ordre logique (les dons du Saint Esprit pour le traité d'Étienne de Bourbon), le furent dès la fin du XIIIe siècle selon l'ordre alphabétique de rubriques : vers 1275 le *Liber exemplorum ad usum praedicantium* (Livre des récits exemplaires à l'usage des prédicateurs), composé par un franciscain anglais, utilise partiellement l'ordre alphabétique et en 1277 la *Tabula exemplorum* (Table des récits exemplaires), également d'un auteur franciscain, est entièrement composée selon l'alphabet latin. Ce procédé est perfectionné par le dominicain Arnold de Liège, grâce à un système sophistiqué de renvoi de mot-clé à mot-clé dans son *Alphabetum narrationum* (Alphabet des récits), composé entre 1297 et 1308.

La majorité des recueils est composée en latin, mais il en existe aussi en français, comme *Les contes moralisés* de Nicole Bozon*, franciscain anglais de la première moitié du XIVe siècle, ou le *Ci nous dit**, livre d'instruction chrétienne à base d'*exempla* (qui a dû être à l'origine un livre d'images) et qui a été composé entre 1313 et 1330, sans doute par un religieux appartenant à un ordre mendiant et originaire de la région de Soissons. Nombre de ces traités latins furent traduits en langue vulgaire, surtout au XVe siècle, et gagnèrent un public généralement aristocratique. Ce fut par exemple le cas de l'*Alphabetum narrationum* traduit en catalan et en anglais, des *Fabulae* d'Eudes de Cheriton*, traduites en espagnol entre 1350 et 1400 *(Libro de los Gatos)*, du *Dialogus creaturarum* (XIVe, attribué au Milanais Mayno de Mayneri) traduit en français par Colart

Mansion* (1482) et en anglais (vers 1530), des *Gesta Romanorum* (milieu du XIVe) traduits en français *(Le Violier des Histoires)*, anglais, allemand et hollandais.

Les *exempla* ne se trouvent pas seulement dans les recueils destinés aux prédicateurs. Ils apparaissent aussi en aval de la prédication, dans des sermons transcrits après coup et le plus souvent traduits en latin. Les *exempla* ont pu également être saisis au cours du sermon lui-même par des transcripteurs. De même, bien des récits exemplaires utilisés par les prédicateurs se retrouvent dans des œuvres morales écrites en langue vulgaire et pour certaines d'entre elles destinées spécialement aux femmes comme *Le Livre pour l'enseignement de ses filles* de Geoffroi de La Tour Landry* (seconde moitié du XIVe siècle) ou le *Mesnagier de Paris**, pour ne citer que ces deux ouvrages.

Les sources des *exempla* sont très diverses et comprennent la Bible, les vies de saints, les récits historiques, les fables, les légendes et traditions folkloriques, et même l'expérience personnelle du rédacteur (surtout au XIIIe siècle). Souvent, les *exempla* peuvent être considérés comme marquant, sinon le point de départ absolu, du moins un jalon remarquable dans l'évolution d'un thème de contes merveilleux. C'est le cas par exemple des récits « Le garçon qui comprend le langage des oiseaux » (conte-type 671 de la classification internationale de A. Aarne et S. Thompson), ou « La nef de saint Nicolas » (conte-type 506A) conservés dans la *Scala celi* du dominicain Jean Gobi junior*, composée entre 1322 et 1330.

Les *exempla* sont précieux pour étudier les croyances imposées aux fidèles, tout comme pour cerner les modèles qui devraient entraîner de leur part un changement de comportement. Ils apportent aussi des renseignements — involontairement — intéressants sur la culture des laïcs et sur la vie quotidienne. Et ils sont particulièrement utiles pour étudier les traditions « folkloriques » du Moyen Âge. Le prédicateur, en effet, se trouve contraint par les nécessités de sa pédagogie « exemplaire » à s'immiscer dans les réseaux multiples de la narrativité orale — notamment folklorique —, pour y puiser des récits et les y réintroduire sous forme d'*exempla*, dits en langue vulgaire (même s'ils sont transcrits en latin) et appuyés par une gestualité propre à assurer leur réception.

ŒUVRES. — Éd. de recueils en ancien français (en dehors des textes signalés dans la notice par le signe *) : G. Hasenohr, *Un recueil de distinctiones bilingue au début du XIVe siècle : le manuscrit 99 de la Bibliothèque municipale de Charleville*, dans *Romania*, t. 99 (1978), p. 47-96 et 183-206. — B. Munk Olsen, *Jean de Saint-Quentin, Dits en quatrains d'alexandrins monorimes*, Paris, 1978 (*SATF*). — F. Lecoy, *La Vie des pères*, Paris, t. 1, 1987 (*SATF*). — Trad. modernes : A. Lecoy de la Marche, *L'Esprit de nos aïeux, anecdotes et bons mots tirés des manuscrits du XIIIe siècle*, Paris, 1888 [en cours de rééd., Turnhout, avec un avant-propos et des notes complémentaires par J. Berlioz]. — J.-C. Schmitt, *Prêcher d'exemples. Récits de prédicateurs du Moyen Âge*, Paris, 1985 (*Stock-Plus/Moyen Âge*). — J. Berlioz, C. Bremond, C. Velay-Vallantin, *Formes médiévales du conte merveilleux*, Paris, 1989 (*Stock-Plus/Moyen Âge*).

→ J.-T. Welter, *L'Exemplum dans la littérature religieuse et didactique du Moyen Âge*, Paris-Toulouse, 1927 ; réimp., Genève, 1973. — M. Zink, *La Prédication en langue romane avant 1300*, Paris, 1976, 2e éd. 1982 (*Nouvelle Bibliothèque du Moyen Âge*, 4) ; *Rhétorique et histoire. L'exemplum et le modèle de comportement dans le discours antique et médiéval* (*Table ronde... École française de Rome*, 1979), Rome, 1980. — P. von Moos, *Geschichte als Topik. Das rhetorische Exemplum von der Antike zur Neuzeit und die Historiae im « Policraticus » Johannes von Salisbury*, Hildesheim, Zurich, New York, 1988. — H. Martin, *Le Métier de prédicateur à la fin du Moyen Âge (1350-1520)*, Paris, 1988 [liste (confuse) d'*exempla* p. 495-498]. — *Exempel und Exempelsammlungen*, éd. W. Haug et B. Wachinger, Tübingen, 1991 (*Fortuna vitrea, Arbeiten zur literarischen Tradition zwischen dem 13. und 16. Jahrhundert*, 2) [cf. J. Berlioz, *Les recherches en France sur les exempla médiévaux, 1968-1988*, p. 288-317]. — Cf. F.C. Tubach, *Index exemplorum. A Handbook of medieval religious tales*, Helsinki, 1969 (*Fellow Folklore Communications*, 204) [5 400 *exempla* inventoriés]. — C. Bremond, J. Le Goff et J.-C. Schmitt, *L'Exemplum*, Turnhout, 1982 (*Typologie des Sources du Moyen Âge occidental*, 40). — J. Berlioz et M.A. Polo de Beaulieu, *Les « exempla » médiévaux. Introduction à la recherche suivie des tables critiques de l'« Index exemplorum » de Fr. C. Tubach*..., Carcassonne, 1992 [importante bibliogr.]. — Cf. *MB S* nos 133, 5916-5924.

J.B.

F

Fables. Voir : *Isopets.*

Fabliaux. On appelle communément de ce nom des contes à rire en vers, selon la définition de Bédier, qui nous ont été conservés, au nombre de 150 environ, dans des recueils de la fin du XIIIe et du début du XIVe siècle, dont les principaux sont ceux de Paris (BN, mss fr. 837 et 19152), de Berne (Bibl. de la Bourgeoisie 354) et de Berlin (BN, Hamilton 257). Une soixantaine de ces contes sont appelés fabliaux par leurs auteurs eux-mêmes ; mais le mot a été appliqué aussi au Moyen Âge à des pièces qui ne sont pas des contes à rire : fable animale, débats, dits moraux ou satiriques, nouvelle courtoise, poème allégorique, roman d'aventures même. Inversement, de véritables contes à rire ont été qualifiés à l'époque de *fable, conte, dit, roman, exemple.* En dépit du flottement de la terminologie littéraire, les modernes sont d'accord cependant sur l'inventaire du genre, sous réserve de quelques cas discutables qui se situent à la frontière de genres voisins. Le plus intéressant sans doute de ces cas douteux est celui du *Prêtre qui fut mis au lardier*, qui traite un authentique sujet de fabliau dans un mètre lyrique.

Le mètre ordinaire du fabliau est le couplet d'octosyllabes. Sa longueur, le plus souvent de quelques centaines de vers, dépasse parfois le millier. Le sujet est traité sous forme de récit. Un bon nombre de fabliaux possèdent une moralité. Tels sont les caractères externes du genre.

Les sujets sont traditionnels et conventionnels et se retrouvent bien souvent dans le folklore de plusieurs pays. Ils comportent presque toujours une duperie : c'est aux dépens d'une victime, souvent un dupeur dupé, que l'on enseigne ou que l'on fait rire. Que l'on enseigne : les fabliaux, en effet, ne sont pas tous comiques au premier chef et il en est de franchement didactiques (par exemple : *Le prêtre et le chevalier, La pleine bourse de sens, La housse partie* de Bernier*, *Du prudhomme qui rescolt son compère de noyer, Le vilain ânier*). Mais, plus souvent, la duperie ne soulève que le rire aux dépens de l'imbécile qui s'est laissé prendre et qui d'ailleurs le méritait : larrons volés, trompeurs trompés, gourmands joués, avares bafoués, maris cocufiés, séducteurs mutilés. Barat règne en maître sur un monde dépourvu d'idéal.

L'inspiration ne saurait être plus contraire à celle qui anime tout le courant courtois ; les mobiles sont ici ramenés à leurs dimensions les plus terre à terre au lieu d'être grandis vers la prouesse. Pour Bédier, ce contraste correspondait à une opposition sociale entre les publics respectifs de la littérature courtoise et de la littérature réaliste. Comme les romans courtois sont de destination aristocratique, les fabliaux devaient être « la poésie des petites gens ». « Il y a d'un bourgeois du XIIIe siècle à un baron précisément la même distance que d'un fabliau à une noble légende aventureuse. À chacun sa littérature propre : ici la poésie des châteaux, là celle des carrefours. » Les textes cependant n'appuient pas cette explication et nous montrent au contraire des fabliaux récités dans les mêmes milieux que nouvelles, chansons, romans ou chansons de geste et faisant partie du répertoire des mêmes jongleurs. Aussi jugera-t-on de préférence avec Per Nykrog que l'opposition de la courtoisie et du « réalisme » obéit bien plutôt à une convention de style, courtoisie et réalisme étant au reste aussi conventionnels l'un que l'autre. Au genre noble conviennent les chevaliers ; « les fabliaux, qui sont de style bas, font agir des personnages vulgaires non moins idéalisés ». Ils décrivent « le monde idéal de tout ce qui est contraire à l'élégance seigneuriale : c'est le milieu de la courtoisie du vilain, de la négation de l'idéal ». Parfois même les motifs et le langage de la littérature courtoise sont utilisés dans des situations et pour des personnages absolument contraires à l'éthique courtoise. De cette contradiction naît le burlesque. Le fabliau, burlesque courtois, ne peut s'adresser qu'au public courtois, seul capable de percevoir la dérision. On nuancera la thèse en remarquant que nombre de fabliaux n'ont rien de proprement burlesque ou que d'autres, misérablement écrits, ou dégradés par la tradition jongleresque, n'ont pu satisfaire les exigences d'un public cultivé, mais l'on en retiendra l'essentiel : le caractère conventionnel du style bas.

La genèse et l'histoire du genre sont difficiles à retracer, car les textes ne sont ni datés, ni le plus souvent datables. Comme son nom l'indique, le fabliau dépend sans doute en quelque mesure de la fable, dont il a parfois conservé le caractère didactique et la moralité. Certaines fables de Marie de France* ont des sujets de fabliaux, et de même, antérieurement, certains contes de la *Disciplina clericalis*. Le burlesque se développe au sein même de la littérature courtoise et de l'épopée, comme le montrent les lais* d'*Ignaure* ou du *Lecheor*, la parodie d'*Audigier** ou le *Pèlerinage de Charlemagne à Jérusalem**. *Richeut**, vers 1170-1180, témoigne aussi du développement de la parodie. La *comoedia* latine s'épanouit à la même époque dans le milieu clérical. Ainsi, H. Tiemann a pu dire que le fabliau alliait les éléments du lai burlesque, du *ridiculum* clérical, des contes à rire et des anecdotes, des recueils de contes à tiroirs, des fables et des *exempla* pour en former un genre burlesque. Les clercs ont dû jouer ici un rôle aussi important que dans la création du roman courtois. Et sans doute à la même époque : le genre était constitué avant la fin du XIIe siècle, s'il est vrai que les fabliaux de Jean Bodel* datent des années 1190, comme le veut Ch. Foulon.

Puis il fut cultivé durant le XIIIe siècle par des auteurs dont nous connaissons parfois les noms : Gautier Le Leu*, Guérin*, Haiseau*, Rutebeuf*... et, en dernier lieu, Jean de Condé* : les fabliaux, en effet, n'ont pas vécu au-delà du début du XIVe siècle. Quelques-uns de leurs sujets se sont perpétués dans la nouvelle italienne ou française, dans la farce, dans les contes de La Fontaine, chez Molière, ailleurs encore.

Les auteurs et les textes les plus importants sont traités individuellement : Bernier, *La housse partie.* — Cortebarbe, *Les trois aveugles de Compiègne.* — Douin de Lavesnes, *Trubert.* — Durand, *Les trois bossus ménestrels.* — Enguerrand d'Oisy, *Le Meunier d'Arleux.* — Eustache d'Amiens, *Le boucher d'Abbeville.* — Gautier Le Leu. — Guérin. — Guillaume Le Normand, *Le Prêtre et Alison.* — Haiseau. — Hue Piaucele, *Estormi* et *Sire Hain et Dame Anieuse.* — Huon le Roi de Cambrai, *Le Vair Palefroi* et *La male honte.* — Jean Bodel, *Brunain la vache au prêtre* et *Gombert et les deux clercs.* — Milon d'Amiens, *Le prêtre et le chevalier.* — Rutebeuf, *Le Pet au vilain.*

Auberée. — Audigier. — Bérenger au long cul. — Boivin de Provins. — La Bourgeoise d'Orléans. — Les Braies au Cordelier. — La Brebis desrobée. — Le Chevalier à la robe vermeille. — Le Chevalier, la dame et un clerc. — Le chevalier qui fit les cons parler. — Le Chevalier qui fit sa femme confesse. — Fabliau ou dit de Cocaigne. — Constant du Hamel. — Le Cuvier. — La dame escoillée. — Dan Denier. — Deux bourdeurs ribauds. — Estula. — La Gageure. — La Grue. — Le Mantel mal taillé. — Le Meunier et les deux clercs. — L'Oustillement au vilain. — Le Pauvre clerc. — Richeut. — La Riote du monde. — Saint Pierre et le jongleur. — Les Tresces. — Trois dames qui troverent l'anel. — Le Secretain moine. — Le Vilain mire.

ŒUVRES. — *Recueil général et complet des fabliaux des XIIIe et XIVe...* par A. de Montaiglon et G. Raynaud, Paris, 1872-1890, 6 vol., destiné à être remplacé par le *Nouveau recueil complet des fabliaux*, sous la dir. de W. Noomen et N. Van den Boogard, Assen, 1983 (5 vol. parus en 1990). — Éd. partielles : voir au nom des auteurs signalés ci-dessous, ainsi que les anthologies suivantes : *Fabliaux*, éd. R.C. Jonhston et D.D.R. Owen, Oxford, 1957 (15 fabliaux). — T.B.W. Reid, *Twelve Fabliaux from Ms. fr. 19152 of the Bibliothèque Nationale*, Manchester, 1958. — *Fabliaux français du Moyen Âge*, t. 1, éd. Ph. Ménard, Genève, 1979 (10 fabliaux). — R. Brusegan, *Fabliaux. Raconti francesi medievali*, Turin, 1980 (21 fabliaux avec trad. italienne). — *Choix de fabliaux*, éd. G. Raynaud de Lage, Paris, 1986 (8 fabliaux). — *Fabliaux érotiques*, éd. et trad. L. Rossi, préface H. Bloch, Paris, 1992.

→ J. Bédier, *Les fabliaux, études de littérature populaire et d'histoire populaire du Moyen Âge*, Paris, 1893 (5e éd. 1928). — P. Nykrog, *Les fabliaux, étude d'histoire littéraire et de stylistique médiévale*, Copenhague, 1957. — H. Tiemann, *Bemerkungen zur Entstehungsgeschichte der Fabliaux*, dans *Romanische Forschungen*, t. 72 (1960), p. 406-422. — J. Rychner, *Contribution à l'étude des fabliaux : variantes, remaniements, dégradations*, Neuchâtel-Genève, 1960, 2 vol. — P.-Y. Badel, *Le sauvage et le sot. Le fabliau de Trubert et la tradition orale*, Paris, 1979. — L. Rossi, *Trubert, il trionfo della scortesia e dell'ignoranza. Considerazioni sui fabliaux e sulla parodia medievale*, dans *Romanica Vulgaria Quaderni*, 1, 1979, p. 1-49 ; *Jean Bodel et l'origine du fabliau*, dans *Genèse, codification et rayonnement d'un genre médiéval. La nouvelle*, éd. M. Picone, G. Di Stefano et P. Stewart, Montréal, 1983, p. 45-63. — Ph. Ménard, *Les fabliaux, contes à rire du Moyen Âge*, Paris, 1983 (avec bibliographie raisonnée). — D. Boutet, *Les fabliaux*, Paris, 1985. — R.H. Bloch, *The Scandal of the Fabliaux*, Chicago, 1986. — Pour l'ensemble des fabliaux, cf. *MB* nos 2431-2538, 6496-6511, 7675-7687 ; S 4585-4766. J.Ry

Facet. Deux petits poèmes latins appelés *Facetus* eurent une grande fortune. Le premier, rédigé en hexamètres, au XIIe, se propose de compléter les distiques moraux du Ps. Caton* et donne avant tout des conseils d'ordre pratique, qui illustrent les préceptes généraux de conduite développés par le moraliste latin. Les vers consacrés à la manière de se tenir à table sont ceux qui suscitèrent le plus d'intérêt (gloses) ; ils sont à l'origine des contenances de table. Très répandu à la suite des *Disticha Catonis, Facet* demeura avec *Catonnet* une base de l'enseignement élémentaire jusqu'au XVIe siècle. Plusieurs traductions françaises, peu diffusées, virent le jour au XIVe ; l'une d'elles, due à un certain Thomas Maillet, s'inspire de Jean Le Fèvre (de Ressons)*.

Écrit en distiques à la fin du XIIe ou au XIIIe s., le second *Facetus* n'est pas un livre de bonnes manières, mais un code de conduite, une règle de vie, qui s'adresse aux différents états de la société. Après des conseils sur l'éducation des enfants et le choix d'une carrière, l'auteur passe en revue les clercs, les jeunes laïcs — d'où un art d'aimer inspiré d'Ovide et du *Pamphilus*, qui occupe à lui seul 250 vers, soit plus de la moitié du poème —, les juges, les médecins, les chevaliers, les vieillards. Comme le précédent, ce *Facetus* fut traduit en français dans la seconde moitié du XIVe par Thomas Maillet.

ŒUVRE. — Texte latin 1) éd. J. Morawski, *Le Facet en fransoys*, Poznań, 1923 ; 2) éd. Morel-Fatio, dans *Romania*, t. 15 (1886), p. 224-235. — Trad. française : éd. J. Morawski, Poznań, 1923.

→ J. Engels, *Les noms de quelques manuels scolaires médiévaux*, dans *Néophilologus*, t. 54 (1970), p. 105-112. — J.W. Nicholls, *The Matter of Courtesy : Medieval Courtesy Books and the Gawain Poet*, Woodbridge, 1985.
Voir aussi : *Urbain le courtois.* G.H.

Faits des Romains. Vaste compilation faite en 1213-1214 d'après les écrivains anciens de l'histoire de César, à savoir surtout César lui-même, Suétone et Lucain. L'auteur est inconnu. Il s'était proposé de tracer un tableau de l'histoire romaine depuis la naissance de César jusqu'à la fin du règne de Domitien ; mais, pour une raison que nous ignorons, ce grand dessein n'a pas été réalisé et, des douze livres projetés, le premier seul a été écrit, l'auteur s'étant arrêté après la mort de César. Quoi qu'il en soit, le succès a été considérable, et le prestige de cette compilation a été tel qu'en Italie comme en France, elle a supplanté les originaux latins. Plus de cinquante manuscrits nous l'ont conservée. Dès le XIIIe siècle, elle a été traduite à trois reprises en italien, et les manuscrits qui nous restent de ces trois versions sont aussi nombreux, sinon plus, que ceux du texte original. Les récits brillants, l'expression vive et colorée du roman français (car c'en est un) exerçaient sur les esprits un très grand attrait ; si bien que, pendant trois cents ans, les auteurs qui ont écrit sur César n'ont plus recouru, ou presque plus, aux textes latins : ils ont pris dans les *Faits* ou leurs traductions des développements tout préparés et surtout bien adaptés au goût de leur époque. C'est ainsi qu'une vingtaine d'œuvres françaises, écrites entre le XIIIe siècle et la fin du XVe (*Trésor* de Brunetto Latini*, *Continuation* de Guillaume de Tyr*, *Chronique dite de Baudouin d'Avesnes**, *Renart le Contrefait, Pharsale* de Nicolas de Vérone*, *Histoires romaines* de Jean Mansel*, etc.) et autant d'italiennes (*Aquila volante, Libro imperiale*, la *Farsaglia* du cardinal de Montichiello, la *Fiorita* d'Armannino de Bologne, le *Dittamondo* de Fazio degli Uberti, etc.) présentent des emprunts plus ou moins étendus aux *Faits des Romains*.

Une traduction en a été faite en portugais, et l'Espagne ne les a pas ignorés. Ébauchée au XIIe siècle par des compilateurs de langue latine et fixée définitivement au XIIIe siècle, la figure de César est restée, grâce aux *Faits*, immuable jusqu'à la Renaissance, et cette compilation a été la source ou le modèle d'une littérature mi-historique mi-romanesque qui a fait de César le héros d'un cycle comparable, dans une certaine mesure, à celui d'Alexandre.

ŒUVRE. — Éd. L.-F. Flutre et K. Sneyders de Vogel, 2 vol., Paris-Groningue, 1938.

→ L.-F. Flutre, *Les manuscrits des Faits des Romains*, Paris, 1933 ; *Li Fet des Romains dans les littératures française et italienne du XIIIe au XIVe siècle*, Paris, 1932. — B. Guenée, *La culture historique des nobles : Le succès des Faits des Romains (XIIIe-XVe siècle)*, dans *Mél. R. Boutruche*, Paris, 1976, p. 261-288. — J. Leeker, *Die Darstellung Cäsars in den romanischen Literaturen des Mittelalters*, Francfort-sur-le-Main, 1986 (*Analecta romanica*, 50). — H. Charpentier, *Les couleurs de l'histoire et de l'épopée dans les Faits des Romains*, dans *Senefiance*, t. 24 (1988), p. 29-43. — Cf. *MB* nos 3800-3815 *bis*, 6716-6718, 7835 ; *S* 6225-6236.

L.F.F.

Falquet de Romans. Né à Romans, (Drôme) dans le dernier tiers du XIIe siècle, Falquet fut, d'après la *Vida*, homme du monde et courtisan accompli. Son prénom apparaît fréquemment corrompu dans les chansonniers manuscrits, par contamination du plus fréquent « Folquet », mais dans les documents d'archives c'est toujours sous la forme *Falquetus de Rotmanis* qu'il est cité.

La plus ancienne poésie de Falquet paraît être la *canso* (PC 156, 14), dans laquelle il dit venir du pays de Vienne, tandis qu'il séjourne auprès du marquis Guillaume de Montferrat et évoque *lo reis Fredericx*. On peut la dater de 1219-1220. Le troubadour accomplit ensuite le voyage de Rome dans le cortège de ses protecteurs, des seigneurs gibelins du nord de l'Italie, pour assister au couronnement de Frédéric II, le 22 novembre 1220. Par la suite, vers 1226, il rentra en pays d'oc, dédiant un *sirventes* (PC 156, 11) à l'empereur prêt à partir pour la croisade (28 juin 1228). La grande affaire de la croisade, si souvent remise, est le sujet de la *tenso* (PC 156, 4 = 97, 2) qui l'oppose à Blacatz*, l'un des principaux seigneurs de la cour de Provence, que fréquente désormais Falquet. La plupart des chartes où figure son nom comme témoin, au printemps de 1233, montrent l'intervention de l'empereur dans les affaires de Provence. Peut-être le notable Falquet de Romans, attesté à Tarascon et à Aix, tient-il alors de l'administration impériale la faveur dont il jouit ? En effet, le trouvère bourguignon Hugues de Berzé* — Hugues V né vers 1168, d'après le dernier état de la critique — envoya à Falquet une chanson pour l'inciter à l'accompagner outre-mer à la croisade. Cette pièce suppose une amitié cordiale entre Falquet, devenu un homme prisé pour sa richesse et sa position sociale, et Hugues seigneur de Berzé, qui le traite sur un plan d'égalité. Ils ont tous deux atteint un âge avancé, et Falquet a depuis longtemps laissé le métier de jongleur.

Les 14 compositions poétiques conservées de Falquet de Romans appartiennent à des genres très variés : trois *cansos* de thème amoureux (PC 156, 5-8-3) ; trois *tensos*, avec Blacatz (PC 156, 4 = 97, 2), Nicolet de Turin* (PC 156, 9 = 310, 2) et le comte de Biandrate (PC 156, 1 = 181, 1) ; deux *sirventes-cansos* (PC 156, 2 et 14) ; deux *sirventes* (PC 156, 6 et 11) ; une chanson de croisade (PC 156, 12) ; deux poésies religieuses (PC 156, 10 et 15), en particulier la fameuse *alba* (PC 156, 15) que lui dispute Folquet de Marseille*, et une épître ou salut d'amour en 254 octosyllabes. Il écrit avec facilité et clarté, dans un style très personnel où les valeurs morales et l'élévation de la pensée sont à remarquer. Dans son élégante chanson avec refrain (PC 156, 8), il fait allusion au roman français de *Floire et Blancheflor**, au roman provençal perdu d'*Andrieu de Franssa*, et à la geste de Raoul de Cambrai*. Ailleurs, il cite le *Roman de Renart** et celui de *Tristan et Iseut**.

ŒUVRE. — Éd. R. Arveiller et G. Gouiran, *L'œuvre poétique de Falquet de Romans, troubadour*, Aix-en-Provence, 1987. — Éd. partielles : S. Pelligrini, *Un frammento inedito di canzoniere provenzale*, dans *Anuario de Estudios Medievales*, t. 4 (1967), p. 385-391 [PC 156, 10]. — F.J. Oroz Arizcuren, *La lirica religiosa en la literatura provenzal antigua*, Pampelune, 1972, p. 154-171 [PC 156, 10 et 15]. — M. de Riquer, *Los trovadores. Historia literaria y textos*, Barcelone, 1975, t. 3, p. 1215-1224 [PC 156, 8 et 15].

→ PC 156. — R. Arveiller, *Quelques remarques sur les poésies de Falquet de Romans*, dans *Mél. J. Boutière*, Liège 1971, t. 1, p. 5-22.

G.B.L.

Farce. Voir : *Théâtre profane.*

Fatras et fatrasie. Voir : *Resverie, fatrasie et fatras.*

Fauconnerie. Un traité de fauconnerie du XIIIe siècle, anonyme et sans titre, est conservé dans le manuscrit Londres, Brit. Libr., Harley 978. Réduit à l'état de fragment, c'est un poème de 178 octosyllabes à rimes plates, en dialecte anglo-normand, qui affecte la forme d'un dialogue entre oncle et neveu ; il adapte un passage du *De cura accipitum* d'Adélard de Bath* et commence par : « *Bel oncle cher, jo le sei pur veir...* » La fin de ce fragment cite un « *livere al bon rei Edward* », dans lequel on a vu d'abord une référence fictive, puis un ouvrage bien réel : *The Booke of Hawkyng after Prince Edwarde Kyng of Englande*, attribué au roi Edouard Ier d'Angleterre (1272-1307).

Ce fragment de poème anglo-normand est à rapprocher des *Auzels cassadors* de Daude de Pradas*.

ŒUVRE. — *Fragment d'un traité de fauconnerie anglo-normand en vers*, éd. G. Tilander, dans *Studier i modern språkvetenskap*, t. 15 (1943), p. 26-44.

→ R. Hands, « *Prince Edward's Book* », *a Survey of the Related Texts*, dans *Archiv SNSL*, t. 209 (1972-1973), p. 26-42. — B. Van den Abeele, *La fauconnerie dans les lettres françaises du XIIe au XIVe siècle*, Louvain, 1990, p. XVIII (*Mediaevalia Lovaniensia*, series I, 18). — Cf. *MB*, n° 6571. F.F.H.

Fauste de Riez (Ve siècle). Probablement originaire d'Angleterre, il entra jeune au monastère de Lérins après de sérieuses études philosophiques. Il en devint le troisième abbé après saint Honorat et saint Maxime. En 462, il devint évêque de Riez où il se signala par son ascétisme et son zèle pastoral. Il s'opposa aux doctrines sur la grâce et la prédestination soutenues par le prêtre Lucidus qui se réclamait de saint Augustin, et les fit condamner au concile d'Arles de 473. Dans sa vieillesse, ses attaques contre l'arianisme lui valurent les persécutions du roi goth Euric, qui l'exila. Malgré ses tendances semi-pélagiennes, il fut honoré comme un saint.

ŒUVRES. — Le *De gratia*, éd. *CSEL*, t. 21, 1891, p. 3-98, a été rédigé à l'occasion du concile d'Arles de 473. — Son *De Spiritu Sancto, CSEL*, p. 99-157 a été longtemps attribué par erreur au diacre Paschase. — Le *De ratione fidei* est un court traité contre les ariens, *CSEL*, p. 451-459 ; sur l'authenticité, voir J. Huhn, dans *Theol. Quartalschr.*, t. 130, 1950, p. 176-183. — Fauste a laissé encore quelques *lettres dogmatiques, CSEL*, p. 168-191, 200-211. — Pour les *Sermons*, nous n'en possédons plus d'authentiques ; ils ont été refondus pour la plupart dans la collection dite d'Eusèbe d'Emèse. — E. Dekkers, *Clauis Patrum latinorum*, Steenbrugge, 1961, n° 961-966. — *PLS*, 3, Paris, 1963, p. 492-495.

→ *DTC*, t. 5, col. 2101-2105 ; t. 9, col. 1020-1024 ; t. 14, col. 1833-1838. — A.G. Elg, *In Faustum Reiensem studia*, Uppsala, 1937 ; *In Faustum Reiensem adversaria* dans *Eranos*, t. 42 (1944), p. 24-30. — J. Leroy, *L'œuvre oratoire de S. Fauste de Riez*, thèse dactylo., Strasbourg, 1954. — E. Griffe, *Les sermons de Fauste de Riez. La « Collectio Gallicana » du Ps. Eusèbe*, dans *Bulletin de Littérature ecclésiastique*, t. 61 (1960), p. 27-28. — M. Cappuyns, *Fragments-tests de Fauste de Riez et de Lactance dans un manuscrit d'Averbode (cod. 44 E XIV)*, dans *Revue bénédictine*, 74 (1964), p. 36-43. — L.A. Van Buchem, *L'homélie pseudo-eusébienne de Pentecôte : L'origine de la « confirmatio » en Gaule méridionale et l'interprétation de ce rite par Fauste de Riez*, Nimègue, 1967. — A. de Vogüe, *Sur une série d'emprunts de saint Colomban à Fauste de Riez*, dans *Studia monastica*, 10 (1968), p. 119-123. É.B.

Fernand de Lucène. Probablement frère aîné de Vasque de Lucène*, Fernand de Lucène, né lui aussi à Coïmbre, fit les mêmes études européennes, à la Faculté des arts de Cologne puis de Paris, entre 1450 et 1459 environ. Ensuite Vasque et Fernand, qu'Isabelle de Portugal avait soutenus pendant leurs années universitaires, passèrent au service de la cour de Bourgogne. Le travail littéraire de Fernand a souvent été occulté par celui de son frère. Pourtant, c'est bien lui qui, en 1460, traduit pour Philippe le Bon le *Triunfo de las donas* et la *Cadira del Honor* (le *Triomphe des dames* et la *Chaiere d'honneur*), deux traités espagnols de Juan Rodriguez de la Camara o del Padron, qui forment un diptyque. Entrepris à la demande du Portugais Vasco Quemada de Villalobos, écuyer à la cour ducale, ce travail fut également offert par son promoteur à Isabelle de Portugal. Ce double traité exalte le sexe féminin et en prononce une ardente défense. La même inspiration était à l'œuvre dans le *Champion des dames* de Martin le Franc* (1442), et se retrouvera dans le *Triomphe des dames* d'Olivier de la Marche* (1492). C'est le seul texte connu de Fernand de Lucène, qui se tourna ensuite vers des études juridiques. Il est inscrit en droit à Louvain en 1465. Peut-être fut-il secrétaire d'Isabelle de Portugal ; peut-être rédigea-t-il à ce titre une des deux lettres portugaises qui restent de cette princesse. Il est sûr, en revanche, qu'il siégea au parlement de Malines, où il mourut en janvier 1512.

ŒUVRE. — Éd. du *Triomphe des dames* et de la *Chaiere d'honneur* en appendice dans les *Obras de Juan Rodriguez de la Camara*, éd. A. Paz y Mélia, Madrid, 1884.

→ D. Gallet-Guerne, *Vasque de Lucène et la Cyropédie* (...), Genève, 1974, p. 3-8 (*Travaux d'Humanisme et de Renaissance*, 140). — C.C. Willard, *Isabel of Portugal and the French Translation of the Triunfo de las donas*, dans *RBPH*, t. 43 (1965), p. 901-969 ; *Isabel of Portugal. Patroness of Humanism ?*, dans *Miscellanea di studi e ricerche sul Quattrocento francese*, Turin, 1967, p. 536 [à propos de la lettre portugaise]. — Cf. *MB* n°s 5990-6001, 8070 ; *S* 8590 (la distinction n'est pas toujours faite entre Fernand et Vasque de Lucène). S.L.

Ferrari de Ferrare. C'était un professeur de grammaire des premières années du XIVe siècle, qui, au-delà des Alpes, s'exerçait à écrire en langue d'oc, et, l'un des premiers, copiait les éléments d'une anthologie « provençale ». Il est le partenaire de Raimon Guilhem dans une *tenso* élogieuse pour les princes d'Este.

ŒUVRE. — Éd. F.A. Ugolini, *La poesia provenzale e l'Italia*, Modène, 1949, p. 140.

→ PC 150, 1 = 229, 1a. — G. Bertoni, *Ferrarino da Ferrara*, t. 41 (1912), t. 405-412. — M.-L. Meneghetti, *Il Publico dei trovatori. Ricenzione e riuso dei testi lirici cortesi fino al XIV secolo*, Modène, 1984. J.S. et G.B.L.

Fierabras. Cette chanson de geste d'environ 6 000 alexandrins, de la fin du XIIe siècle (vers 1170 selon J. Bédier et M. de Riquer), fait partie du cycle de Charlemagne. Elle conte un épisode de la conquête de l'Espagne et se situe trois ans avant Roncevaux. Le poète s'adresse particulièrement aux visiteurs de la foire du Lendit, qui vénéraient à Saint-Denis les reliques de la Passion ; c'est en l'honneur de ces reliques qu'il compose son récit (cf. *Le Pèlerinage de Charlemagne à Jérusalem*, Le Myreur des histoires* de Jean d'Outremeuse*, et la version du XVe siècle de *Renaut de Montauban**). Il place la scène de l'action en Espagne ; c'est là que le roi païen Balan s'est réfugié en emportant des reliques du trésor de Saint-Pierre de Rome, et c'est là que Charlemagne doit aller les reprendre. La chanson se répartit en deux mouvements. Le premier est dominé par le duel entre Olivier et le géant Fierabras, fils de Balan ; dans le second, l'intrigue amoureuse entre Gui de Bourgogne et Floripas, sœur de Fierabras, se mêle au siège de la tour de Balan. Enfin Charlemagne rapporte les reliques à Saint-Denis, après avoir divisé l'Espagne entre Gui et Fierabras.

Les épisodes succèdent aux épisodes pendant plus de 6 200 vers ; l'histoire n'est point ennuyeuse, mais au contraire pittoresque, spirituelle à l'occasion. Le conteur est adroit et traite des motifs de l'épopée avec verve. Si son ignorance de la géographie de l'Espagne semble totale, il montre en revanche des connaissances précises en poliorcétique. Il admire son héros païen et lui prête toutes les qualités chevaleresques. Fierabras est vaincu non pas tant par Olivier que par la grâce divine, et se convertit.

Le poète se fonde, croit-on, sur un poème plus ancien, qui relatait la prise de Rome par l'émir qu'on est convenu d'appeler *Balan*. Un résumé de Philippe Mousket* et la *Destruction de Rome**, sorte d'introduction à *Fierabras*, en conservent la trace. En tout cas, nous avons ici une œuvre d'imagination où sont réunies deux légendes différentes : l'expédition de Charlemagne en Espagne et le transfert à Saint-Denis des célèbres reliques de la Passion.

Fierabras a connu un très grand succès ; il a été mis en prose par un anonyme de la fin du XIVe siècle et par Jean Bagnyon*. Un dérimage a été édité dès 1478 à Genève ; c'est le premier roman à avoir eu les honneurs de l'édition. Il figure dans la compilation de David Aubert*, les *Croniques et Conquestes de Charlemagne*. Il a également été traduit ou imité en castillan, en portugais, en italien, en anglais, en flamand, en allemand (par Jean II, duc de Palatinat-Simmern), en latin et en provençal.

ŒUVRE. — Éd. A. Kroeber et G. Servois, Paris, 1860 (*Anciens poètes de la France*, 4). — Éd. A. Stimming et A. Hilka, complétée par A. de Mandach, Habstetten, 1981. — Éd. de la version en prose : M.C. Marinoni, Milan, 1979. — J. Miquet, Ottawa, 1983 (*Publ. méd. de l'Univ. d'Ottawa*, 9).

→ J. Bédier, *La composition de la geste de Fierabras*, dans *Romania*, t. 17 (1888), p. 24-51. — V. Friedel, *Deux fragments de Fierabras*, *ibid.*, t. 24 (1895), p. 1-55. — H. Jarnik, *Studie über die Komposition des Fierabras*, Halle, 1903. — J. Bédier, *Les légendes épiques*, Paris, t. 2, 1917, p. 243-252, et t. 4, 1921, p. 156-164. — M. Esposito, *Une version latine du roman de Fierabras*, dans *Romania*, t. 62 (1936), p. 534-541. — L. Brandin, *La destruction de Rome et Fierabras, ibid.*, t. 64 (1938), p. 18-100. — G. Doutrepont, *Les mises en prose* (...), Bruxelles, 1939, p. 89-103. — H.R. Jauss, *Chanson de geste et roman courtois, analyse comparative du Fierabras et du Bel inconnu*, dans *Chanson de geste und höfischer Roman*, Heidelberg, 1963, p. 61-77. — H. Krauss, *Altfranzösische Epik*, Darmstadt, 1978, p. 314-337. — On trouvera dans *Olifant*, t. 11 (1986), le résumé de plusieurs communications sur les versions étrangères de *Fierabras*. — Plusieurs articles sont consacrés à *Fierabras,* dans *Senefiance*, t. 20-21 (1987). — A. de Mandach, *Naissance et développement de la chanson de geste en Europe. V. La Geste de Fierabras*, Genève, 1987 (*Publ. romanes et françaises*, 177) [importante biblio.]. Cf. *GRLMA*, t. III/1, p. 36-38 et t. III/2, n° 120. — Cf. *MB*, n°s 339-360, 6072, 7158-7159 ; *S* 954, 2456, 3757, 6477-6479.

H.F.W. et A.F.L.L.

Fierabras (en occitan). *Fierabras* est le plus célèbre des poèmes épiques de la famille carolingienne célébrant la conquête des reliques de la Passion. Le héros du poème, Fierabras, est un chevalier sarrasin devenu chrétien après un combat avec Olivier. Il a une sœur, Floripar, qui s'éprend d'un chevalier chrétien, Gui de Bourgogne ; convertie à son tour à la religion du Christ, elle épouse Gui, après que Charlemagne eut tué le Sarrasin qui tenait celui-ci captif. L'Espagne est alors partagée entre Fierabras et Gui de Bourgogne, et Charlemagne emporte à Saint-Denis et à Compiègne les reliques de la Passion jadis conquises par Fierabras et dont Floripar était dépositaire.

Ce roman eut au Moyen Âge une diffusion extraordinaire, et Cervantès nous apprend que Don Quichotte en faisait une de ses lectures préférées. Deux versions poétiques nous sont restées de cette œuvre, l'une en français, l'autre en langue d'oc, toutes deux datant du commencement du XIIIe siècle. La version occitane fut le premier imprimé de tous nos textes épiques, en 1829, par les soins d'I. Bekker, à Berlin. En 1857, Mary-Lafon en donna une adaptation en prose française. Raynouard et Fauriel croyaient que la version française était en dépendance de la version occitane. Ensuite, l'opinion contraire prévalut. Léon Gautier prétendait que « le poème du Midi n'est qu'une prononciation méridionale de celui du Nord ».

Le texte occitan, qui compte environ 5 000 vers alexandrins en laisses monorimes, et dont le début possède 600 vers qui ne figurent pas dans le texte français fait réellement œuvre originale, même s'il dépend du texte français.

ŒUVRE. — Éd. I. Bekker, *Der Roman von « Fierabras » provenzalisch*, Berlin, 1829. — Éd. partielle : R. Lavaud et R. Nelli, *Les troubadours*, t. 2 : *Le Trésor poétique de l'Occitanie*, Bruges, 1966, p. 420-430 [122 vers avec trad. française]. — Éd. en cours par L. Formisano.

→ C. Brunel, n° 3. — H.J. Chaytor, *The Provençal Chanson de Geste*, Londres, 1946, p. 24-39. — R. Taylor, *La littérature occitane du Moyen Âge*, Toronto, 1977, n° 618 [bibliogr.]. — L. Formisano, *Alle origini del lachmannismo romanzo. Gustav Gröber e la redazione occitanica del « Fierabras »*, dans *Annali della Scuola Normale Superiora di Pisa*, s. 3, t. 9. 1 (1979), p. 247-302 [analyse et discute la thèse de Gröber sur la préexcellence de la version occitane]. — E. Melli, *Rapports entre les versions française, provençale et italienne de « Fierabras » : Ressemblances et différences structurales, stylistiques et registrales, intertextualité*, dans *Actes du 10e congrès international de la Société Rencesvals*, dans *Senefiance*, n° 21, Aix-en-Provence, 1987, p. 879-896 [la version occitane a abrégé la française, pour créer une nouvelle œuvre épique]. — A. Varvaro, *L'Espagne et la géographie épique romane*, dans *Medioevo Romanzo*, t. 14 (1989), p. 3-38.

J.S. et G.B.L.

Fille du Comte de Pontieu. Conte en prose du début du XIIIe siècle, envahi par une violence d'autant plus insolite que les mobiles des protagonistes restent souvent mystérieux. Tiébaut et sa jeune femme, couple infécond, sont assaillis par des brigands lors de leur pèlerinage à Saint-Jacques-de-Compostelle. L'épouse, après avoir subi les derniers outrages sous les yeux de son mari impuissant, essaie en vain de le tuer. Condamnée à être abandonnée sur la mer par le vieux comte de Pontieu, son père, la pauvre femme finit par devenir sultane d'Aumarie, et par se réconcilier avec les siens qui, devenus croisés, la retrouvent. Il s'agit probablement d'un effort encore malaisé de la prose naissante s'attaquant à l'idéal courtois devenu problématique. Il existe de ce conte deux versions du XIIIe siècle, la première originaire vraisemblablement de Picardie, la seconde insérée dans la chronique dite d'Ernoul*. Nous en possédons également une version du XVe siècle, insérée dans le roman de *Jean d'Avesnes**.

ŒUVRE. — Éd. C. Brunel, *La fille du comte de Pontieu...*, Paris, 1923 *(SATF)* [publ. des différentes versions] ; *La fille du comte de Pontieu*, Paris, 1926 (*CFMA*, 52) [publ. de la version la plus ancienne]. — Trad. D. Régnier-Bohler, dans *Le cœur mangé, Récits érotiques et courtois, XIIe et XIIIe siècles*, Paris, 1979 *(Stock plus, Moyen Âge)*. — Trad. allemande : F. Wolfzettel, *Französische Schicksalsnovellen des 13. Jahrhunderts...*, Munich, 1986 (*Klassische Texte des romanischen Mittelalters in zweisprachigen Ausgaben*, 26).

→ A. Adler, *La fille du Comte de Ponthieu et Herchanbaut de Pontif, personnage de Raoul de Cambrai*, dans *Romania*, t. 71 (1950), p. 108-112 ; *Über die Prosanovelle. La fille du comte de Pontieu*, dans *GRM*, t. 12 (1962), p. 225-233. — T. Sato, *Trois figures de la femme. À propos du film japonais Rashomon et de la fille du Comte de Pontieu*, dans *Mél. R. Lejeune*, t. 2, Liège, 1969, p. 1245-1255. — J. Crow, *The Art of the Medieval Conteur. A Study of La Fille du comte de Pontieu*, dans *French Studies*, t. 30 (1976), p. 1-18. — E. Birge Vitz, *Narrative Analysis of Medieval Texts : la fille du Comte de Pontieu*, dans *Modern Language Notes*, t. 92 (1977), p. 645-675. — M.F. Notz, *Esthétique de la violence et cruauté de la prose dans la Fille du Comte de Ponthieu*, dans *Eidolon, Cahiers du laboratoire pluridisciplinaire de recherches sur l'imagination littéraire*, Bordeaux, n° 22 (1982), p. 51-68. — R. Colliot, *Un exemple de révolte et de libération féminines au XIIIe siècle : La Fille du Comte de Pontieu*, dans *Mél. A. Planche*, Nice, 1984, p. 105-115. — Cf. Woledge, nos 54-55. — *MB*, nos 1309-1314, 4134, 4176, 6244 ; *S* 2424-2429, 2428 *bis*, 2848, 6644, 6762.

A.A. et C.R.

Fin d'Elias. Voir : *Chevalier au cygne.*

Flamenca (Roman de). Roman occitan de 8 095 vers octosyllabes (incomplet du début et de la fin), écrit par un clerc lettré qui paraît avoir vécu (ou passé) dans l'entourage de la famille de Roquefeuil, seigneurs d'une très importante baronnie aux confins de l'Aveyron, du Gard et de la Lozère, dominant le Causse Noir et la vallée de la Dourbie. (Mais les Roquefeuil ont eu aussi un rôle à la cour des Guilhem de Montpellier ; est-ce un hasard si le héros du roman s'appelle Guillaume ?) Le seigneur d'Algue (château principal des Roquefeuil au XIIIe siècle, entre Nant et Saint-Jean-du-Bruel) est célébré aux v. 1732-1736 pour sa générosité envers les jongleurs, qui excède même ses moyens. L'allusion est patente à l'abaissement de la féodalité méridionale dans la seconde moitié du XIIIe siècle et à la difficulté pour les troubadours de se trouver des protecteurs. Le récit, qui se passe dans les années autour de 1234, a donc été composé à une date postérieure. Le vocabulaire très riche et l'aisance du style pourraient aussi faire pencher pour une date assez tardive dans l'évolution de la littérature occitane, dernier tiers du XIIIe siècle. L'auteur a une vaste culture : la Bible, les auteurs anciens, les romans de chevalerie et en particulier ceux du cycle arthurien *(Jaufre*)*, et même le *Roman de la Rose**. Il prend plaisir à citer des noms de personnes et de lieux du Nord de la France et à en admirer les modes, avec déjà une curieuse teinte de parisianisme.

L'histoire est brodée sur le thème du *castiagilos* (voir Raimon Vidal), classique dans la littérature occitane. Archambaut, seigneur de Bourbon l'Archambault, tombe amoureux de Flamenca (la flamboyante) fille du comte Gui de Nemours. Mais dès la grande cour qu'il tient pour son mariage, il est induit en jalousie par quelques privautés du Roi de France (celui-ci a attaché au bout de sa lance pour le tournoi une manche que la Reine et Archambault croient appartenir à Flamenca). Il se transforme aussitôt en un barbon hirsute et insupportable, et enferme Flamenca avec deux « donzelles » dans sa tour (thème de la belle emprisonnée, qu'on retrouve dans les chansons folkloriques), ne la laissant sortir que pour aller à l'église (dans une stalle bien fermée, où seul un petit clerc vient lui offrir la « Paix » ou baiser du crucifix), et aux bains (ceux de Bourbon étaient déjà célèbres et touristiques). Le châtiment vient sous l'aspect du beau Guillaume de Nevers, seigneur aussi instruit que courtois, qu'« Amour » lui-même a chargé de la punition. Il vient s'installer à l'hôtel comme un baigneur ordinaire. En se déguisant en clerc, il peut, à raison de deux syllabes par messe, déclarer son amour, en demander guérison, et fixer rendez-vous aux bains. Entre-temps, il a fait creuser un souterrain qui lui permet d'y accéder, et la vengeance d'Amour sur le jaloux est consommée. Aussitôt après, le jaloux s'adoucit, bien qu'il ne sache rien, sur le serment que lui fait Flamenca « de se garder aussi bien seule qu'il l'a gardée jusqu'à ce jour ». L'amant vainqueur est congédié, mais pour revenir triompher à un tournoi, où il enlève en prix de sa valeur la manche de Flamenca.

Le retour du symbole de la « manche » au début et à la fin a sûrement un sens concerté. C'est le triomphe de l'amour, mais lequel, charnel ou spirituel ? Les deux sont liés, et la leçon paraît être que qui ne sait pas garder le cœur de son aimée ne mérite pas d'en garder le corps. Le cœur est le principal, et l'analyse des tourments du désir et de la jalousie est extrêmement poussée et très fine, mais l'un ne va pas sans l'autre.

Donc, hostilité contre les lois officielles du mariage, et au contraire exaltation des liens d'élection entre les amants. Parallèlement, très peu de respect pour les formules de la religion. Le passage où l'auteur déclare que Guillaume « s'apatarise » (se transforme en cathare) en servant Dieu pour sa dame est difficile à interpréter dans son sens plein, mais c'est au moins, face à l'Inquisition, un salut discret à l'hérésie albigeoise.

Précieux pour nous aider à méditer le mystère de « l'amour provençal », *Flamenca* est aussi le premier des grands romans où la culture et la psychologie remplacent très largement les péripéties chevaleresques. Par ses qualités comiques, il illustre déjà aussi merveilleusement le sujet que Molière conduira à sa perfection avec « L'École des femmes ».

ŒUVRE. — Éd. P. Meyer, *Le Roman de Flamenca publié d'après le ms. unique de Carcassonne*, Paris, 1865, 2ᵉ éd. Paris, 1901, réimp. Genève, 1974. — R. Lavaud et R. Nelli, *Les troubadours Jaufré, Flamenca, Barlaam et Josaphat*, t. 1, Bruges, 1960 [éd. P. Meyer, avec trad. française]. — M.J. Hubert et M.E. Porter, *The Romance of Flamenca...*, Princeton, 1962 [avec trad. anglaise en vers]. — U. Gschwind, *Le Roman de Flamenca. Nouvelle occitane du* XIIIᵉ *siècle*, Berne, 2 vol., 1976 [des réserves]. — J.-C. Huchet, *Flamenca, roman occitan du* XIIIᵉ *siècle*, Paris, 1989 *(10/18)* [avec trad.]. — Éd. partielle : A. Limentani, *Las novas de Guillem de Nivers « Flamenca »*, Padoue, 1965 [éd. de 3 400 vers sur 8 095].

→ C. Brunel, nº 78. — J. Jud, *Observations sur le lexique du roman de Flamenca*, dans *Mél. A. Duraffour*, Paris, 1939, p. 204-210. — A. Micha, *Le mari jaloux dans la littérature romanesque : discussion du comportement d'Archimbaut*, dans *Studi medievali*, n.s. 17 (1951), p. 303-320. — R. Lavaud et R. Nelli, *Aux origines du roman psychologique : Examen du Roman de Flamenca*, dans *Cahiers du Sud*, t. 44 (1956-1957), p. 192-202, suivi d'une trad. partielle : p. 203-214. — G. Favati, *Studio su Flamenca*, dans *SMV*, t. 8 (1960), p. 69-136 [1 : la date ; 2 : les personnages]. — A. Limentani, *Due studi di narrativa provenzale (Flamenca e Jaufré)*, Venise, 1962-1963, p. 53-101 ; *Dalle Nozze di Erec e Enide alla Nozze di Archimbaut e Flamenca*, dans *Mél. B. Bianchi*, Padoue, 1962. — P. Damon, *Courtesy and Comedy in « Le Roman de Flamenca »*, dans *Romance Philology*, t. 17 (1963-1964), p. 608-615. — R. Nelli, *Le roman de Flamenca. Un art d'aimer occitanien du* XIIIᵉ *siècle*, Toulouse, 1966, réimp. 1989. — F.M. Chambers, *Flamenca*, dans *Romance Philology*, t. 20 (1967), p. 489-500 [concerne l'éd. Limentani]. — E. Gamillscheg, *En marge du roman de Flamenca*, dans *Mél. R. Lejeune*, Gembloux, 1969, t. 1, p. 119-127. — F. Abati, *Flamenca : data di composizione e data degli avvenimenti*, dans *Mél. C. Guerrieri-Crocetti*, Gênes, 1971, p. 27-46. — A. Limentani, *L'elaborazione delle fonti nelle « Novas » de Guillem de Nivers*, dans *Actes du 12ᵉ congrès international de linguistique et philologie romanes*, Bucarest, 1971, p. 757-763. — D.R. Butturf, *The Romance of Flamenca : Spoilsport vs. Comic Hero*, dans *Kentucky Romance Quartely*, t. 19 (1972), p. 51-64. — F. Pirot, *Recherches sur les connaissances littéraires des troubadours occitans et catalans des* XIIᵉ *et* XIIIᵉ *siècles*, Barcelone, 1972, p. 532-594. — R. Lejeune, *Flamenca, fille fictive d'un comte de Namur*, dans *Mél. M. Delbouille*, Liège, 1973, p. 17-33 [Flamenca serait « la flamboyante » ou « la flamande »] ; *Le calendrier du Roman de Flamenca. Contribution à l'étude de mentalités médiévales*, dans *Mél. C. Rostaing*, Liège, 1974, t. 2, p. 585-617. — G. Mermier, *La notion de perversion dans « Flamenca ». Analyse et essai d'interprétation*, dans *Romanica Gandensia* 16, *Études médiévales*, Gand (1976), p. 195-203. — P. Remy, *Plaintes sur la déchéance des mœurs dans « Jaufré » et « Flamenca »*, *ibid.*, p. 175-193. — T. Sankovitch, *The Romance of Flamenca : The Puppeteer and the Play*, dans *Neophilologus*, t. 60 (1976), p. 8-19. — C.E. Stebbins, *L'inspiration possible de Marcabru relativement aux thèmes du bon vieux temps et de la déchéance morale du monde, dans « Flamenca »*, dans *RLR*, t. 82 (1976), p. 185-197. — A. Limentani, *L'eccezione narrativa. La Provenza medievale e l'arte del racconto*, Turin, 1977, p. 157-303. — R. Taylor, *La littérature occitane du Moyen Âge*, Toronto, 1977, nᵒˢ 639-661 [bibliogr.]. — J. De Caluwé, *La jalousie, signe d'exclusion dans la littérature médiévale en langue occitane*, dans *Senefiance*, nº 5, Aix-en-Provence, 1978, p. 165-177. — J. Fabre de Morlhon, *Le roman de Flamenca dans son contexte historique*, dans *Mél. C. Camproux*, Montpellier, 1978, p. 85-91. — R. Lejeune, *Le tournoi de Bourbon-l'Archambaud dans le*

Roman de Flamenca. Essai de datation de l'œuvre, ibid., p. 129-147 [= après 1272] ; *Le ms. de « Flamenca » et ses lacunes*, dans *CN*, t. 38 (1978), p. 129-137 [notice du ms.]. — A. Limentani, *Enchâssement narratif de textes lyriques : le cas du roman de Flamenca*, dans *Mél. J. Rychner, TraLiLi*, t. 16 (1978), p. 343-352 ; *Nouvelles remarques sur « Flamenca »*, dans *CN*, t. 38 (1978), p. 139-147 [aspects bibliogr. et critique]. — D.H. Green, *Irony in the Medieval Romance*, Cambridge, 1979. — S. Kay, *The Contrasting Use of Time in the Romances of « Jaufre » and « Flamenca »*, dans *Medioevo Romanzo*, t. 6 (1979), p. 37-62. — R. Lejeune, *Le caractère « nordique » de certains détails de « Flamenca »*, dans *Mél. P. Jonin*, Aix-en-Provence, 1979, p. 403-411. — B. Schlieben-Lange, *« Ai las — que planhs ? » Ein Versuch zur historischen Gesprächanalyse am Flamenca-Roman*, dans *RZLG, Cahiers d'histoire des littératures romanes*, t. 3 (1979), p. 1-30. — S. Fleischman, *Dialectic Structures in Flamenca*, dans *Romanische Forschungen*, t. 92 (1980), p. 223-246. — J. Larmat, *Le corps et le langage dans « Flamenca »*, dans *Razo*, n° 2 (1981), p. 29-42. — T. Sankovitch, *Religious and Erotic Elements in « Flamenca » : the Uneasy Alliance*, dans *Romance Philology*, t. 35 (1981-1982), p. 217-223. — R. Dragonetti, *Le gai savoir dans la rhétorique courtoise. Flamenca et Joufroi de Poitiers*, Paris, 1982. — G. Gouiran, *Flamenca : du « grand soleil d'amour chargé » aux princes de la nuit*, dans *Senefiance*, n° 13, Aix-en-Provence, 1983, p. 141-157. — R.J. Graves, *Flamenca. Variations sur les thèmes de l'amour courtois*, New York-Francfort-Berne, 1983. — G. Mermier, *Ceremonial and Pageantry in an Old Provençal Romance, « Flamenca »*, dans *Michigan Academician*, t. 15 (1983), p. 369-381. — G. Gouiran, *L'odeur de soufre des eaux thermales, à propos de Flamenca et de textes médiévaux non littéraires*, dans *Senefiance*, n° 15, Aix-en-Provence, 1985, p. 171-184. — S. Kay, *The Tristan Story as Chivalric Romance, Feudal Epic and Fabliau*, dans *The Spirit of the Court, Selected Proceedings of the Fourth Congress of the International Court. Litterature Society*, Cambridge, 1985, p. 185-195. — M.D. Luce-Dudemaine, *La sanction de la jalousie dans les « Novas » du* XIII*e siècle*, dans *Senefiance*, n° 16, Aix-en-Provence, 1985, p. 227-236. — H. Solterer, *« Sermon » and « Juglar » : Language Games in Flamenca*, dans *The Spirit of the Court : Selected Proceedings of the Fourth Congress of the Intern. Courtl. Lit. Soc.*, Cambridge, 1985, p. 330-338. — J.-C. Huchet, *L'« entrebescamen » des mots et des corps*, dans *Médiévales*, n° 11 (1986), p. 111-127 [à propos de R. Dragonetti]. — D. Kelly, *Exaggeration, Abrupt Conversion, and the Uses of Description in « Jaufre » and « Flamenca »*, dans *Mél. P. Remy*, Kalamazoo, 1986, t. 2, p. 107-119. — C. Rostaing, *Le tunnel de « Flamenca » : un fait divers dans une ville d'eaux au Moyen Âge*, dans *Actualité des troubadours*, Ventabren, 21 juin 1987, p. 45-51. — M. de F. Gomes Cristino Antunes, *Les couleurs dans le « Roman de Flamenca »*, dans *RLR*, t. 92 (1988), p. 3-17. — J.-C. Huchet, *« Trouver » contre le Livre, ibid.*, p. 19-40. — S. Kay, *Le « Roman de Flamenca » et le problème du déjà-dit, ibid.*, p. 41-60. — M.-D. Luce-Dudemaine, *Un nouvel art d'aimer, la contestation des valeurs courtoises dans « Flamenca », ibid.*, p. 61-75. — S. Nelli, *L'hérésiarque Guillaume de Nevers, alias Theodoric/Thierry, un polémiste cathare*, dans *Heresis*, t. 10 (1988), p. 45-50. — M.-F. Notz, *Le personnage d'Archimbaut : fiction et poésie*, dans *RLR*, t. 92 (1988), p. 77-89. — I. de Riquer, *« La tors es grans e fortz le murs » (v. 1304), ibid.*, p. 91-104 [et p. 105-123 : *Encore une bibliogr. pour « Flamenca »*]. — L. Cocito, *Il romanzo di Flamenca*, 1988. — C. Segre, *Quattro tipi di follia medievale*, dans *Mél. A. Roncaglia*, Modène, 1989, 4, p. 1275-1283 [à propos de la folie d'Archambaut]. — E.M. Ghil, *L'Âge de parage : Essai sur le poétique en Occitanie au* XIII*e siècle*, New York, 1989. — N.C. Zak, *Modes of Love in « Flamenca » : Legitimate/Illegitimate, Vital/ Sterile, Human/Inhuman*, dans *Poetics of Love in the Middle Ages : Texts and Contexts*, éd. M. Lazar et N.J. Lacy, Fairfax, VA, 1989, p. 43-51. — K.A. Murphy-Judy, *Reading Flamenca Again, Why ?*, dans *Tenso*, 6. 2 (1991), p. 66-72 [à propos de l'éd. Huchet]. Je.Bo.

Flodoard de Reims. Historien et poète rémois. Né à Épernay en 893 ou 894, Flodoard étudie à l'école cathédrale de Reims, puis entre au service des archevêques Hervé et Séulf. Nommé curé de Cormicy, il est à plusieurs reprises la victime du comte Herbert de Vermandois, qui cherche à imposer comme archevêque de Reims son fils Hugues, pourtant en bas âge. Il perd une première fois sa cure et doit vivre quelque temps à l'écart. C'est alors qu'il écrit son immense triptyque en 20 000 vers sur les *Triomphes du Christ et de ses saints en Palestine, à Antioche et en Italie.* L'archevêque Artaud ayant supplanté le jeune Hugues de Vermandois, Flodoard rentre en grâce et récupère sa cure. Il accompagne même Artaud en Italie en 936, ce qui lui permet d'augmenter la partie de son poème consacrée aux saints romains. Mais en 940, le comte de Vermandois l'emporte. Artaud est supplanté, Flodoard arrêté pendant plusieurs mois. Cependant, en 946 Artaud remonte définitivement sur sa chaire archiépiscopale et confie à son fidèle Flodoard les archives de l'église de Reims. C'est pour celui-ci l'occasion de se faire historien : à partir des matériaux dont il a la charge, il écrit une *Histoire de l'église de Reims,* des origines jusqu'en 948, et commence des *Annales,* qu'il devait poursuivre jusqu'à sa mort. Sous la forme de notations brèves, elles constituent un document unique et remarquablement impartial pour l'histoire de la France du Nord, de la Lotharingie et de la Germanie à partir de 919. En 951, Flodoard est élu évêque de Noyon ; mais pour une raison inconnue, c'est l'évêque Fouchier qui est consacré à sa place. Comme chanoine de Reims, Flodoard participe à l'élection de l'archevêque Oudry en 962, puis se démet de son canonicat avant de mourir le 28 mars 966. On garde aussi de Flodoard une épitaphe composée par lui-même, ainsi qu'un dossier de pièces relatives aux archevêques de Reims, qui lui servit sans doute à rédiger son *Histoire de l'église de Reims.*

ŒUVRES. — Éd. *PL,* t. 135, col. 9-886. — *Annales,* éd. P. Lauer, Paris, 1905 (*Coll. de textes pour servir à l'étude et à l'enseignement de l'histoire,* 39). — Éd. G.H. Pertz, *MGH Scriptores* 3, p. 368-408. — Éd. et trad. française, P.-J. Lejeune, Reims, 1955. — *Histoire de l'église de Reims,* éd. J. Heller et G. Waitz, *MGH, Scriptores* 13, p. 409-599. — Éd. P.-J. Lejeune, Reims, 1854, (réimp. dans *RMAL,* t. 37-41 (1981-1985). — *Les triomphes du Christ,* éd. partielle F. Ermini, Reims, 1920, p. 191-200. — *Épitaphe,* éd. Lauer, *op. cit.,* p. XXV.

⟶ R.-H. Bautier, *Un recueil de textes pour servir à la biographie de l'archevêque de Reims Hervé (Xe s.). Son attribution à Flodoard,* dans *Mél. L. Halphen,* Paris, 1951, p. 1-6. — H. Zimmermann, *Zu Flodoards Historiographie und Regestentechnik,* dans *Mél. H. Beumann,* Sigmaringen, 1977, p. 200-214. — P. C. Jacobsen, *Flodoard von Reims. Sein Leben und seine Dichtung « De triumphis Christi »,* Leyde-Cologne, 1978 (*Mittellateinische Studien und Texte,* 10). — F. Châtillon, *La double sincérité de Flodoard* dans *RMAL,* t. 36 (1980), p. 89-94. Do.P.

Floire et Blancheflor. Roman anonyme écrit en vers octosyllabiques, très étroitement lié au mouvement littéraire qui a donné naissance aux romans antiques, dont le schéma narratif viendrait d'un conte arabe. Il en existe deux versions : l'une, dite « aristocratique », relativement plus ancienne (sans doute des années 1150-1160), inspirée d'Ovide*, du *Roman d'Alexandre** et d'*Apollonius de Tyr**, et entretenant d'étroits rapports avec *Eneas.* La seconde, dite « populaire » par opposition à la précédente, de la fin du XIIe, plus maladroite, et conservée par un seul ms. La fin manque. Le roman idyllique de la première version, ayant pour sujet la séparation de deux jeunes gens épris l'un de l'autre, qui finissent par se retrouver, devient dans la deuxième un roman d'aventures farci de quelques invraisemblances et de récits de combats et d'incidents de toute sorte pas toujours bienvenus. La deuxième partie du roman baigne dans le merveilleux oriental. Elle se passe en grande partie dans Babylone, dont l'auteur nous donne une description détaillée. *Floire et Blancheflor* connut le succès : en témoignent l'existence des deux versions et de nombreuses traductions et adaptations, ainsi que son influence sur certains romans comme *Amadas et Ydoine**. On y trouve d'étroites ressemblances avec *Aucassin et Nicolette**.

ŒUVRE. — Éd. M.M. Pelan, *Floire et Blancheflor...,* Paris, 1956 [version aristocratique] ; *Floire et Blancheflor, seconde version,* Paris, 1975 [version populaire]. — J.-L. Leclanche, *Le conte de Floire et Blancheflor...,* Paris, 1980 (*CFMA,* 105). — Trad. J.-L. Leclanche, *Le conte de Floire et Blanchefleur...,* Paris, 1986 (*CFMA Trad.,* 34).

⟶ G. Huet, *Floire et Blanchefleur,* dans *Romania,* t. 28 (1899), p. 348-359. — J.-H. Reinhold, *Floire et Blancheflor, étude de littérature comparée,* Paris, 1906 ; *Quelques remarques sur les sources de Floire et Blancheflor,* dans *Revue de Philologie,* t. 19 (1905), p. 153-175. — M. Delbouille, *À propos de la patrie et de la date de Floire et Blanchefleur (version aristocratique),* dans *Mél. M. Roques,* t. 4, Paris, 1952, p. 53-98. — R. Bossuat, *Floire et Blancheflor et le chemin de Compostelle,* dans *Mél. E. Li Gotti,* Palerme, 1962, et C. François, *Floire et Blancheflor : du chemin de Compostelle au chemin de La Mecque,* dans *RBPH,* t. 44 (1966), p. 833-856. — J.-L. Leclanche, *La date du conte de Floire et Blancheflor,* dans *Romania,* t. 92 (1971), p. 556-567. — P. Haidu, *Narrative Structure in Floire et Blancheflor : a Comparison with Two Romances of Chrétien de Troyes,* dans *Romance Notes,* t. 14 (1972-1973), p. 383-386. — A.D. Mikhaïlov, *La structure et le sens du roman Flore et Blancheflor,* dans *Mél. C. Camproux,* Montpellier, 1978. — M.T. Bruckner, *Narrative Invention in Twelfth Century French Romance, the Convention of Hospitality 1160-1200,* Lexington, 1980. — W.W. Kibler, *Archetypal Imagery in Floire et Blancheflor,* dans *Romance Quarterly,* t. 35 (1988), p. 11-20. — H. Legros, *Variations sur un même thème : « locus amoenus », « héroon » et jardin royal,* dans *Mél. J.-C. Payen,* Caen, 1989, p. 231-238 ; *Floire et Blanche-flor,* dans *Senefiance,* n° 31 (1992). — Cf. *GRLMA,* t. IV/2, nos 184, 188 ;

t. IV/1, p. 63, 97, 106, 118, 170, 265-269, 277 ; *MB,* n°s 1319-1338, 6245-6247, 7315 ; *S* 990, 2052, 2065-2066, 2431-2451, 2447 bis. C.R.

Floovant. Chanson de geste anonyme, écrite vers la fin du XIIe siècle, qui appartient au cycle royal. Le poème, de 2 534 vers alexandrins assonancés, combine deux grands thèmes qui forment séparément le cadre de plusieurs ouvrages du Moyen Âge (comme *Fierabras**, *Huon de Bordeaux**, *Mainet**, *Ogier**) et rappellent en partie l'histoire de *Lohier et Maller** : exil du héros et mariage avec une princesse sarrasine. Floovant, nom qu'on dérive de Chlodovinc, c'est-à-dire descendant de Clovis, exilé pour avoir insulté un noble en lui coupant la barbe, va en Alsace, défend là-bas le roi Flore contre les Sarrasins, épouse la païenne Maugalie, en même temps que son compagnon Richier se marie avec Florette, fille du roi, puis rentre en France, se réconcilie avec son père et l'aide contre des envahisseurs.

Quelques érudits veulent que *Floovant,* basé en partie sur une ancienne tradition relative au jeune Dagobert, descende en droite ligne d'un poème contemporain de Clovis. D'autres spécialistes de l'ancienne littérature, hésitant à faire remonter les chansons de geste plus haut que l'âge carolingien, le regardent comme une œuvre d'imagination sans base historique. En tout cas, malgré son manque d'originalité, *Floovant* jouit d'une grande popularité ; il nous en reste des traductions néerlandaises, islandaises, italiennes et on le connaissait en Provence sinon en Angleterre.

ŒUVRE. — Éd. F.H. Bateson, Loughborough, 1938. — Éd. S. Andolf, Uppsala, 1941.

→ P. Paris, dans *HLF,* t.26 (1873), p. 1-19. — M. de Riquer, *Les chansons de geste françaises,* Paris, 1957, p. 267-268. — R. Marichal, *L'origine de Floovant...,* dans *Mél. J. Frappier,* t. 2, Paris, 1970, p. 757-770. — P. Bennett, *The Storming of the Other World : the Enamoured Muslim Princess and the Evolution of the Legend of Guillaume d'Orange,* dans *Mél. Mc Millan,* Reading, 1984, p. 1-14. — Cf. *MB* n°s 361-367 ; *S* 1137. H.F.W.

Florence de Rome. Chanson de geste du XIIIe siècle, dont le texte presque intégral est conservé dans deux manuscrits, et dont il existe également des remaniements. Long de 6 410 vers alexandrins, groupés en laisses assonancées, *Florence de Rome* présente, d'après le mot de son auteur, le « romant » de la fille du roi Othon de Rome, qui fut la cause d'une guerre sanglante. Othon refuse la main de sa fille au vieux Garsire, roi de Constantinople. Garsire convoque aussitôt une armée formidable pour entreprendre la conquête de Rome. Pendant la guerre qui s'ensuit, Florence s'éprend du jeune chevalier hongrois Esmeré, dont les prodiges de bravoure sont, bien entendu, des plus éclatants. Ils s'épousent à la suite de la mort d'Othon, et Esmeré devient roi de Rome. Mais le frère de celui-ci, le traître Milon, à la suite d'une longue série d'entreprises amoureuses, manque de compromettre Florence. L'œuvre se termine par la réunion des époux, séparés par de rudes épreuves, dans l'euphorie du bonheur conjugal.

Moitié chanson de geste (ou plutôt imitation des grands modèles du genre), moitié roman d'aventures, *Florence de Rome* est une œuvre hybride, qui traite en particulier du motif de la femme convoitée par son beau-frère. Elle fait partie d'un ensemble cyclique, avec *Florent et Octavien**, *Dieudonné de Hongrie**, *Theséus de Cologne**, *Ciperis de Vignevaux**, consacré au roi Dagobert.

ŒUVRE. — Éd. A. Wallensköld, *Florence de Rome, chanson d'aventures du premier quart du XIIIe siècle,* Paris, 2 vol., 1907 et 1909 (*SATF,* 54). — Éd. d'un fragment : P. Aebischer, *Fragments de la chanson de la reine Sebile et du roman de Florence de Rome conservés aux archives cantonales de Sion,* dans *ZRPh,* t. 66 (1950), p. 385-408.

→ A. Wallensköld, *Le Conte de la Femme chaste convoitée par son beau-frère,* Helsingfors, 1906 (*Acta Soc. Sc. Fennicae,* 34,1). — L. Karl, *Florence de Rome et la vie de deux saints en Hongrie,* dans *RLR,* t. 52 (1909), p. 163-180. — E.C. Armstrong, *A New Claimant for the « noche » Worn by Florence de Rome,* dans *Mél. A. Jeanroy,* 1928, p. 131-140. — R.M. Walker, *From French Verse to Spanish Prose : la chanson de Florence de Rome and El Cuento del Enperador Otas de Roma,* dans *Medium Aevum,* t. 49 (1980), p. 230-243 ; *La chanson de Florence de Rome and the International Folktale,* dans *Fabula,* t. 23 (1982), p. 1-18. — D. Régnier-Bohler, *Jumeaux par contrat,* dans *Genre humain,* n° 16 (1988), p. 173-187. — N. Laborderie, *Florent et Octavien, chanson de geste du XIVe siècle,* Paris, 1991 (*Nouvelle Bibl. du Moyen Âge,* 17). — Cf. *GRLMA,* t. IV/2, n° 192 ; t. IV/1, p. 379, 475. — *MB,* n°s 1339-1342, 4039 ; *S* 2452. D.M.D. et C.R.

Florent et Octavien. Un roman en vers octosyllabiques conservé par un seul manuscrit, *Octavian,* qu'on peut dater de la fin du XIIIe siècle, contait, non sans agrément, les aventures de l'empereur légendaire Octavien et de ses fils. Après quinze ans de mariage, son épouse, Florimonde, donne le jour à deux jumeaux. Injustement accusée d'adultère par sa belle-mère, l'impératrice, d'abord menacée de mort, est bannie. Elle s'éloigne seule avec ses deux enfants, qui lui sont bientôt ravis, l'un par un singe, l'autre par un lion. Le premier, Florent, sauvé par un passant, est vendu par la suite à un bourgeois parisien, Clément, qui l'élèvera avec son propre fils. Le second, baptisé Octavien, comme son père, retrouve sa mère et vit avec elle à Jérusalem, où l'accueille le roi Amaury. Tandis que Florent voit, en grandissant, ses instincts ataviques prendre le dessus et supporte avec peine le contact des bourgeois, le roi Dagobert, menacé dans sa capitale par Acarius, soudan de Babylone, appelle Octavien à son secours. Le jeune Florent réussit à se mêler aux combattants et met à mort le terrible géant Fernagu. En récompense, Dagobert l'arme chevalier. Mais, s'étant risqué dans le camp ennemi, le jeune homme s'éprend de la belle Marsebille que son père, le soudan, avait promise à Fernagu, et tente vainement de l'enlever. Cependant, Dagobert se décide à livrer bataille. Écrasés par le nombre, les Romains se débandent. Florent lutte vaillamment à côté de l'empereur et tombe avec lui aux mains de l'ennemi. Dagobert n'en poursuit pas moins la lutte et, grâce à l'intervention de saint Denis, met les Sarrasins en fuite. Le jeune Octavien, entré au service du roi d'Acre, vient en France dans l'espoir de réconcilier ses parents. Apprenant le siège de Paris, il vole au secours de l'empereur qu'il délivre ainsi que Florent. Bientôt, Florimonde reconnaîtra ses fils et pardonnera à son époux. Florent épousera Marsebille et Octavien regagnera Rome avec sa famille enfin réunie.

Octavian, dont l'action relativement simple se déroule en quelque cinq mille vers, s'achève, suivant l'usage, par la reconnaissance et la réunion des époux séparés. Cette histoire, qui se suffit à elle-même, va faire pourtant l'objet au XIVe siècle, et plus précisément aux environs de 1356, d'un long remaniement de 18 500 alexandrins, *Florent et Octavien,* qui ajoute au récit primitif de curieuses additions. Au moment où les jongleurs s'avisaient de rajeunir, en la délayant, la matière du *Chevalier au Cygne**, il semblait naturel de donner aux aventures d'Octavien un prolongement oriental, quitte à différer le dénouement. C'est ainsi qu'au lieu d'être délivrés sur-le-champ, Octavien et Florent sont emmenés captifs à Babylone. Octavien le jeune, de son côté, aide le roi de Jérusalem, Amaury, à repousser une attaque du soudan de Damas à qui il a refusé la main de sa fille, Esclarmonde. Trompé par de faux rapports, Amaury livre Octavien aux Sarrasins. Privée de son meilleur défenseur, Jérusalem tombe en leur pouvoir. Esclarmonde, emmenée à Damas, y retrouve le jeune Octavien qu'elle aime et avec qui elle s'évade. Les fugitifs parviennent en Italie au moment où Dagobert, par son intervention, assure le salut de Rome assiégée par Acarius. En Orient, le jeune Octavien poursuit les Sarrasins en fuite. Devenu roi de Jérusalem, à la mort d'Amaury, il rassemble une forte armée, marche sur Babylone et délivre enfin l'empereur et Florent. Grâce aux preuves fournies par Clément, Florent est reconnu par ses parents et la famille regroupée retourne en Italie. Octavien fait à Rome une entrée solennelle, condamne sa mère à la prison perpétuelle et, pour expier ses fautes, s'exile avec Florimonde.

La méthode appliquée par le remanieur consiste à reproduire le plan d'*Octavian* soigneusement conservé dans la première partie en le remplissant de détails et d'épisodes empruntés à des chansons antérieures, *Huon de Bordeaux**, *Baudouin de Sebourc**, etc. Cette apparente symétrie a pour objet d'assurer l'équilibre entre les deux héros issus d'Octavien, qui s'illustrent dans une double série d'exploits. Tout porte à croire que le remaniement en alexandrins s'en tenait là. Mais les manuscrits conservés, tous de date tardive, conduisent le récit beaucoup plus loin. Au moment où paraît réglé le sort des principaux personnages, l'action qui semblait épuisée rebondit sans motifs. Une troisième partie, de même étendue que chacune des deux précédentes, a pour objet de nous faire connaître le sort ultérieur des fils d'Octavien et de leurs épouses.

C'est une composition peu cohérente, formée d'emprunts divers maladroitement agencés. La raison d'être de cette addition, c'est d'unir à *Florent et Octavien* le roman de *Florence de Rome** qui lui fait suite dans un des trois manuscrits. C'est là un essai de groupement cyclique qui devait sans doute comprendre d'autres chansons comme *Dieudonné de Hongrie** et *Theséus de Cologne**.

Toutes ces chansons ont un caractère commun, la présence du roi Dagobert, à différentes époques de sa vie. C'est lui qui sert de trait d'union entre les éléments du cycle. Protégé de saint Denis, il est le plus notable représentant d'une dynastie qui ne saurait périr. Si l'aristocratie la trahit, elle trouvera dans les vertus bourgeoises et populaires les conditions de son salut. Derrière la fiction sans nouveauté se dissimule l'actualité la plus brûlante, et le jongleur qui débite ces fastidieux alexandrins contribue pour sa modeste part au redressement de l'opinion. Toutefois, avec le temps, les allusions contemporaines perdent leur sens et seul l'élément romanesque retient l'attention.

La diffusion et la postérité de cette légende d'Octavien nous ont laissé deux rédactions en moyen-anglais connues en 1350, ainsi que quelques témoins de mises en prose, manuscrits du XVe siècle et éditions anciennes. Des amateurs lettrés se divertissent de l'histoire d'Octavien en lisant, par exemple, la mise en prose exécutée en 1454 pour Jean de Créquy.

ŒUVRES. — *Octavian :* éd. K. Vollmöller, Heilbronn, 1884 (*Altfranz. Bibl.*, 3). — *Florent et Octavien* : éd. N. Laborderie, Paris, 1991 (*Nouvelle Bibl. du Moyen Âge,* 17).

⟶ *Octavian :* K.V. Sinclair, *Evidence for a Lost Anglo-Norman Copy of Octavian,* dans *Neuphilologische Mitteilungen,* t. 79 (1978), p. 216-218. — *Florent et Octavien :* P. Paris, dans *HLF,* t. 26 (1873), p. 303-333. — A.H. Krappe, *Florent et Octavian,* dans *Romania,* t. 65 (1939), p. 359-373. — Sur les deux textes : R. Bossuat, *Florent et Octavien, chanson de geste du XIVe siècle,* dans *Romania,* t. 73 (1952), p. 289-331 ; *Le roi Dagobert, héros de romans du Moyen Âge,* dans *CRAIBL,* 1964, p. 361-367. — C.C. Willard, *Florent et Octavien. The Fourteenth Century Poem,* dans *Olifant,* t. 14 (1989), p. 179-189. — Cf. *MB,* n°s 368-370, 4040, 6769 ; *S* 1138-1139, 6549. R.B.

Floret. Le *Floretus* latin, souvent attribué (à tort) à Jean de Garlande* ou à saint Bernard*, sous le nom duquel il fut imprimé, est un enseignement élémentaire versifié de doctrine et surtout de morale chrétiennes (1 160 vers). Il connut une grande fortune dans l'enseignement primaire du *Trivium* du XIIIe au XVe siècle, avant d'être inclus dans le recueil imprimé des *Auctores octo morales,* à côté du *Facet**, du *Catonet*, du *Theodolet*, etc. Il en existe une traduction française inédite du XVe en octosyllabes.

ŒUVRE. — Éd. commentée par A. Orban, Kastellaum-Hunsrück, 1979 [bibliogr.]

⟶ J. Engels, *Les noms de quelques manuels scolaires médiévaux,* dans *Neophilologus,* t. 54 (1970), p. 105-112. G.H.

Floriant et Florete. Floriant, fils du roi de Sicile Elyadus assassiné par son sénéchal Moragoz, qui prétendait obtenir l'amour de la reine, s'éprend de Florete, fille de l'empereur de Constantinople, au cours d'une campagne contre Moragoz, qui assiégeait la veuve depuis de longues années. Le traître est châtié par l'empereur Philomenis ; Floriant épouse Florete et devient à son tour empereur. Il est attiré un jour par un cerf dans le château de Morgain où sa femme, enlevée par les fées, le rejoint. Nul ne les a plus revus.

L'auteur de ce roman du XIIIe siècle, de plus de huit mille octosyllabes, conservé par un manuscrit unique, est inconnu. Le récit contient tout à la fois des éléments folkloriques (le fond du scénario est un motif de conte populaire : la vertu d'une femme qui repousse un soupirant est à l'origine de tous ses malheurs), des éléments du roman breton où le merveilleux tient une grande place, sans toujours une grande originalité (Floriant est enlevé par Morgain, tout comme Lancelot par la dame du Lac ; Morgain est ici une fée marine, qui assure à ses deux protégés le bonheur dans l'immortalité ; le château de Montgibel est, en fait, l'Avalon celtique transporté en Italie), des éléments du roman d'aventures, du roman antique et de la chanson de geste. On y sent plus particulièrement l'influence de Chrétien de Troyes*, du *Tristan**, de *Guillaume de Palerne** ; il comporte de nombreuses ressemblances avec *Claris et Laris**, et on y décèle une assez grande unité de composition, malgré le disparate apparent de tous ces éléments. Les descriptions sont particulièrement réussies.

Il existe un remaniement en prose de

Floriant, beaucoup plus long que le modèle en vers ; il est contenu dans deux manuscrits assez proches, sortis peut-être d'un même atelier, dont la langue et l'écriture indiquent le XVe siècle. Le prosateur anonyme a adapté le roman aux goûts de la fin du Moyen Âge : rajeunissement du vocabulaire, phrases longues où abondent les mots-outils, dichotomies adjectives, nominales et verbales, substitution du discours indirect au discours direct. Ce texte en prose, qui n'est pas une simple copie dérimée du texte du XIIIe siècle, possède néanmoins un cachet qui lui est propre : interventions du remanieur (mise en place du décor champêtre, par exemple), épuration de certaines formules, suppression de certains passages.

ŒUVRE. — Version en vers : éd. F. Michel, Edimbourg, 1873. — H.F. Williams, *Floriant et Florete,* Univ. du Michigan, 1947 (*Language and Literature,* 23). — Version en prose : éd. C. Levy, *Le Roman de Floriant et Florete ou le Chevalier qui la nef maine,* Ottawa, 1983 (*Publ. méd. de l'Univ. d'Ottawa,* 12).

→ G. Doutrepont, *Les mises en prose...,* Bruxelles, 1939. — H.F. Williams, *Prose Versions of Floriant et Florete,* dans *Modern Philology,* t. 48 (1950), p. 217-220. — C. Levy, *Un nouveau texte de Jean Renart ?,* dans *Romania,* t. 99 (1978), p. 405-406. — L. Harf-Lancner, *Les fées au Moyen Âge. Morgane et Mélusine. La naissance des fées,* Paris, 1984 (*Nouvelle Bibl. du Moyen Âge,* 8). A.M. et C.R.

Flors de Paradis. La poésie occitane anonyme qui porte ce titre est une très belle invocation à la Vierge*, à la fois louange et invocation, qui reflète la théologie mariale franciscaine du XIIIe siècle. Le texte doit dater de cette époque, et les *Leys d'Amors** le mentionnent. En voici la première strophe :

Flors de Paradis,
Regina de bon ayre,
a vos mi ren clis,
penedens ses cor vayre :
forfaitz e mesquis.
Preguatz per mi.l Salvayre
que.m g[u]it a bon port ;
e.m guart de la mort
d'infer, don conort
negus homs non pot trayre
per neguna sort.

Fleur de Paradis,
Reine de beau maintien,
vers vous je m'incline,
pénitent au cœur inchangé :
coupable et miséreux.
Priez pour moi le Sauveur
de me guider à bon port ;
qu'il me garde de la mort
de l'enfer, qu'il m'accorde le réconfort
que personne ne peut enlever
en aucune manière.

Il y a ainsi 22 strophes de 11 vers chacune, où alternent les vers de cinq syllabes, masculins et les vers de six syllabes, féminins, suivant le schéma de rimes *abababcccbc,* en *coblas capcaudadas.* On remarque un jeu de correspondance entre les rimes de la première et de la dernière strophe, manifestant ainsi une composition de type circulaire, qui se clôt sur elle-même. Depuis longtemps, la critique a noté une ressemblance curieuse entre ce texte, où le mot *Verges* (Vierge) commence chaque strophe, et le fameux *sirventes* (PC 217, 2) de Guilhem Figueira*, composé sur le même schéma métrique et où le mot *Roma* (Rome) occupe une place identique. Il semble clair que cette violente satire de l'Église de Rome, écrite entre 1226 et 1229, ait été conçue en contrepoint au poème à la Vierge en vogue à l'époque — ce détournement féroce lui conférait ainsi une virulence accrue. Le pieux auteur de la louange mariale a lui-même pris ailleurs son modèle métrique : chez Gaucelm Faidit*, dans la chanson : *Ab cossirier planh* (PC 167, 2). De plus, un grand nombre de rimes sont imitées du chansonnier de Marcabru*. Cette pièce, en apparence simple et sans prétention, se place dans la lignée culturelle dont Peire Cardenal* est le plus illustre représentant, et dans l'ambiance historique et religieuse qui suit immédiatement l'effondrement du Midi après la croisade albigeoise. L'inspiration marcabrunienne en fait, dès sa composition, un contrechant, avant qu'il inspire à son tour le *sirventes* de Guilhem Figueira.

ŒUVRE. — Éd. F.J. Oroz Arizcuren, *La lirica religiosa en la literatura provenzal antigua,* Pampelune, 1972, p. 430-453. — B. Spaggiari, *La poesia religiosa anonima catalana o occitanica,* dans *Annali della Scuola Superiora di Pisa,* s.3, t. 7, 1 (1977), p. 314-50.

→ PC 461, 123. — C. Brunel, nos 154, 194, 341, 297. J.S. et G.B.L.

Florus de Lyon (IXe siècle). Diacre de l'église de Lyon, homme de talent, instruit et cultivé, qui seconda Agobard dans son action pastorale et ses polémiques contre Amalaire de Metz*. Ses ressources étaient multiples, qu'il s'agisse de droit canon, de liturgie, d'Écriture sainte ou de théologie. Il a en outre cultivé avec succès la poésie et écrit d'assez nombreuses lettres. Son souci de l'exactitude nous a valu de conserver certains traités patristiques dans des versions choisies et correctes. On lui doit en particulier la transmission des écrits de saint Irénée.

ŒUVRES. — *PL,* t. 119. — *Expositio Missae,* éd. critique P. Duc, Belley, 1937. — *Poésies* dans *MGH, Poetae,* t. 2, p. 509 sq.

→ A. Coville, *Recherches sur l'histoire de Lyon,* Paris, 1928. — C. Charlier, *Les mss personnels de Fl. de L. et son activité littéraire,* dans *Mél. E. Podechard,* Lyon, 1945, p. 71-84. — C. Charlier, *La compilation augustinienne de Florus sur l'Apôtre. Sources et authenticité,* dans *Revue bénédictine,* t. 57 (1947), p. 132-186. — P.-I. Fransen, *Description de la collection hiéronymienne de Florus de Lyon sur l'Apôtre, ibid.,* t. 94 (1984), p. 195-228. — M. Peyrafort, *Un nouveau fragment du Commentaire augustinien de Florus de Lyon sur les Epîtres de saint Paul,* dans *Revue des Études augustiniennes,* t. 33 (1987), p. 132-136. D.G.O.

Folie Lancelot. Voir : *Graal. Cycle-Post-Vulgate.*

Folies Tristan. Deux récits brefs (572 v. dans le ms. de Berne, 998 dans celui d'Oxford) de la fin du XIIe siècle qui reprennent un motif bien connu de la version commune du *Tristan,* le retour du héros déguisé en fou à la cour du roi Marc (cf. Eilhart von Oberg*, *Tristrant,* v. 8787-8886). L'essentiel des deux poèmes est constitué par une longue anamnèse de Tristan qui relate devant la cour de Marc, puis devant la seule Yseut, les moments décisifs de leur passion. Les *Folies Tristan* réfléchissent ainsi l'ensemble de la légende dans une forme brève et dramatisée, puisqu'il s'agit pour Tristan de se faire reconnaître d'Yseut. Le chien Husdent intervient dans la reconnaissance définitive, rencontre fortuite (ou souvenir ?) avec l'épisode du retour d'Ulysse dans l'*Odyssée.* Cette anamnèse permet de situer clairement les deux *Folies* par rapport aux deux versions de la légende. Ainsi *Folie d'Oxford* se rattache à Thomas* (elle figure dans le ms. Douce à la suite du fragment de Thomas) et *Folie Berne* à Béroul*. La folie est ici plus qu'un simple déguisement, elle constitue l'être même du personnage tristanien : Tristan le Triste est l'homme mélancolique, l'*amans-amens* qui joue le fou pour éviter la folie réelle (voir *Folie Berne,* v. 99).

ŒUVRE. — 1. Texte seul : *Les deux poèmes de la Folie Tristan,* éd. J. Bédier, Paris, 1907 (*SATF*). — *Folie Tristan de Berne,* éd. E. Hoepffner, 1949 (*Publ. Fac. Lettres Univ. de Strasbourg. Textes d'étude,* 3). — *Folie Tristan d'Oxford,* éd. E. Hoepffner, Paris, 1943 (*ibid.,* 8). 2. Texte et trad. française : J.C. Payen, *Tristan et Yseut. Les Tristan en vers,* Paris, 1974. — P. Walter (et D. Lacroix), *Tristan et Iseut. Les poèmes français. La saga norroise,* Paris, 1989 (*Lettres Gothiques*).

→ A. Adler, *A Structural Comparison of the Two « Folies Tristan »,* dans *Symposium,* t. 6 (1952), p. 349-358. — R.J. Dean et E. Kennedy, *Un fragment anglo-normand de la « Folie Tristan » de Berne,* dans *Le Moyen Âge,* t. 79 (1973), p. 57-72. — P. Haidu, *Text. Pretextuality and Myth in the « Folie Tristan » d'Oxford,* dans *Modern Language Notes,* t. 88 (1973), p. 712-717. — D. Robertson, *Toward an Aesthetic of the Conteur : The « Folie Tristan » Poems,* dans *Tristania,* t. 2/2 (1977), p. 4-11. — J.C. Payen, *Culture dominante et idéologie : la contestation idéologique au XIIe siècle (réflexions sur la « Folie d'Oxford »),* dans *Le Forme e la Storia,* t. 1 (1980), p. 273-298 ; *Le palais de verre dans la « Folie d'Oxford » : De la folie métaphorique à la folie vécue, ou le rêve de l'île déserte à l'heure de l'exil ; Notes sur l'érotique des « Tristan »,* dans *Tristania,* t. 5 (1980), p. 17-27. — S. Atanasof, *La cohérence de la folie dans la « Folie Tristan de Berne »,* dans *Philologia,* t. 8-9 (1981), p. 66-76. — P. Noble, *Béroul's Tristan and the Folie de Berne,* Londres, 1982. — G.N. Bromiley, *Thomas's Tristan and the Folie Tristan d'Oxford,* Londres, 1986. — Cf. *MB* nos 1657-1668, 6307, 6310, 6312, 7377, 7383 ; *S* 3108-3130. J.M.F.

Folque de Candie. Chanson de geste composée vers le début du XIIIe siècle, fait partie du cycle de Guillaume d'Orange. Cet ouvrage, dû à Herbert le Duc de Dammartin, compte environ 15 000 vers en laisses rimées. C'est une suite, comme *Aliscans**, à la *Chevalerie Vivien,* où le vengeur n'est plus Rainouart, mais Folque (ou Foucon) de Candie (ville d'Espagne), neveu de Vivien, lequel se conduit si brillamment dans la guerre qu'il gagne le cœur de la princesse sarrasine Anfelise. Un changement de versification au vers 9 883, où les alexandrins succèdent aux décasyllabes, indique que sa forme originale s'arrêtait là et que la suite fut ajoutée plus tard. C'est un poème banal, inspiré par d'autres chansons épiques et par des romans courtois, mais l'auteur entretient l'intérêt par de fréquents changements de scène et par un mélange de récits de batailles et d'amours. Ce poème eut au XIIIe siècle un immense succès et fut un de ceux qui firent connaître en Italie la geste des Narbonnais.

ŒUVRE. — *Herbert le Duc de Dammartin, Folque de Candie nach den festländischen Handschriften zum ersten Male vollständig,* éd. O. Schultz-Gora, t. 1 et 2, Dresde, 1909-1915 ; t. 3, Halle, 1936 ; t. 4, Introd., éd. U. Mölk, Tübingen, 1966.

→ J. Frappier, *Les chansons de geste du cycle de Guillaume d'Orange,* Paris, 1955, p. 31-33. — J. Wathelet-Willem, *Une tentative de rénovation du cycle des Narbonnais,* dans *Mél. J.-C. Payen,* Caen, 1989, p. 437-444. — Cf. *MB,* nos 371-378 ; 6073-6075 ; 7160 ; *S* 1140-1142. H.F.W.

Folquet de Lunel. Le troubadour Folquet, originaire de Lunel dans l'Hérault, naquit en 1244. Il a quarante ans au moment où il compose sur sa terre natale le *Romans de mondana vida,* poème moral et satirique qu'il dédie au comte Henri II de Rodez (1274-1302). On conserve en outre neuf poésies de Folquet de Lunel, parmi lesquelles deux *cansos* à thème amoureux et deux *tensos* avec Guiraut Riquier*. Le 26 avril 1269, il apparaît dans les comptes de la suite de l'infant Pierre d'Aragon en route vers Tolède pour y rencontrer le roi Alphonse X de Castille, dont il fait l'éloge dans un beau *sirventes* (PC 154, 1). Il fut ainsi en relation avec les deux monarques. Avant 1272-1273, il est en Lombardie et, dès 1274, il est revenu dans sa région où il continue de composer dans l'entourage du comte de Rodez.

ŒUVRE. — Éd. F. Eichelkraut, *Der Troubadour Folquet de Lunel,* Berlin, 1872, réimp. Genève, 1975. — P.T. Ricketts, *Le romans de mondana vida de F. de Lunel,* dans *Mél. A. Roncaglia,* Modène, 1989, 3, p. 1121-1137. — Éd. partielles : F.J. Oroz Arizcuren, *La lirica religiosa en la literatura provenzal antigua,* Pampelune, 1972, p. 126-153 [PC 154, 2-6-7]. — M. de Riquer, *Los trovadores. Historia literaria y textos,* Barcelone, 1975, t. 3, p. 1550-1555 [PC 154, 1].

→ PC 154. — C. Brunel, n° 194. — S. Guida, « *Jocs* » *poetici alla corte di Enrico II di Rodez,* Modène, 1983. — P.T. Ricketts, *Le troubadour Folquet de Lunel,* dans *Actes du colloque international d'études occitanes,* Montpellier, 1984, p. 111-121 ; *Le romans de mondana vida de F. de Lunel,* dans *Mél. A. Roncaglia,* cité ci-dessus. G.B.L.

Folquet de Marseille. Fils d'un riche marchand génois qui s'était établi à Marseille, il est lui-même attesté dans un document marseillais daté de 1178. Pétrarque* disait de lui dans le *Triomphe d'Amour* (chant III) : « Folquet, qui a donné la gloire à Marseille et en a privé Gênes... » Il fut l'ami de plusieurs grands seigneurs. En 1195, il se fit moine à l'abbaye cistercienne du Thoronet, et de 1205 jusqu'à sa mort survenue en 1231, il fut évêque de Toulouse. Son nom est lié à la répression de l'hérésie albigeoise, qu'il dirigea en cette qualité. Le poème provençal sur la croisade albigeoise rappelle qu'il fit mourir 10 000 personnes sur le bûcher. Son activité poétique est antérieure à sa conversion, et toute sa poésie est inspirée par l'amour.

La production littéraire de Folquet de Marseille, dont on conserve 19 poésies d'attribution certaine, se situe entre 1179 et 1195. Quatorze d'entre elles sont des *cansos* d'amour (13 avec notation mélodique). Il y a de plus une *tenso* (PC 155, 24 = 444, 1) avec un troubadour dont le surnom de *Tostemps* désignerait Raimon de Miraval*, une *cobla* échangée avec un certain « Vermillon », un *planh* pour la mort de Barral de Marseille (PC 155, 20), et deux chansons de croisade (PC 155, 7 et 15).

Folquet de Marseille célébra dans ses poésies : Alfonse II d'Aragon, la princesse impériale Eudoxie, épouse de Guillaume VIII de Montpellier, le vicomte Barral de Marseille, Richard Cœur de Lion et Alfonse VIII de Castille. Il entretint des relations avec plusieurs troubadours de son temps : Bertran de Born*, Pons de Capduelh*, Peire Vidal* ; mais Folquet, riche marchand au foyer stable et citoyen de Marseille, ne fréquenta pas les cours, dans l'exercice de son art en quête de récompenses. C'était un « bourgeois » cultivé, passé maître dans la technique de la composition, rompu aux distinctions dialectiques, qui produisit une poésie savante en traitant de l'amour dans l'abstraction. La pratique du syllogisme et du paradoxe conféra alors à l'expression de la *fin'amor* une argumentation qui tient davantage de la logique que du sentiment. Dante admira la construction d'une de ses *cansos* (PC 155, 22) et plaça le troubadour au Paradis (IX, 64-108) parmi les esprits qui aiment le ciel de Vénus.

ŒUVRE. — Éd. S. Stronski, *Le troubadour F. de Marseille,* Cracovie, 1910 ; réimp. Genève,

1968. — Éd. partielles : M. de Riquer, *Los trovadores. Historia literaria y textos, Barcelone,* 1975, t. 1, p. 583-604 [PC 155, 22-8-21-15]. — R. Richter, *Die Troubadourzitate im « Breviari d'Amor »,* Modène, 1976, p. 243-53 [PC 155, 5-18-14-1-21-16-11]. — G.M. Cropp, *The Partimen Between F. de Marseille et Tostemps,* dans éd. W.T.H. Jackson, *The Interpretation of Medieval Lyric Poetry,* New York, 1980, p. 91-112 [PC 155, 24 = 441,1].

→ PC 155. — T.G. Bergin, *Dante's Provençal Gallery,* dans *Speculum,* t. 40 (1965), p. 15-30. — B. Bolton, *Fulk of Toulouse : the Escape that Failed,* dans *Studies in Church History,* t. 12 (1975), p. 83-93. — R. Lejeune, *L'Evêque de Toulouse Folquet de Marseille et la principauté de Liège,* dans *Marche romane,* n° hors série, 1979, p. 271-84. — C. Locher, *F. de Marseille and the Structure of the « canso »,* dans *Neophilologus,* t. 64 (1980), p. 192-207. — F. Suitner, *Due trovatori nella Commedia (Bertran de Born e Folchetto di Massiglia),* dans *Atti del. Ac. Naz. dei Linc. Classe de Scienzi morali...,* t. 24, 5 (1980), p. 580-643. — M. Picone, *Paradiso IX : Dante, Folchetto e la diaspora trobadorica,* dans *Medioevo Romanzo,* t. 8 (1981-83), p. 47-89. — P. Cabau, *Foulque, marchand et troubadour de Marseille, moine et abbé de Thoronet, évêque de Toulouse (vers 1155/60-1231),* dans *Cahiers de Fanjeaux,* n° 21 (1986), p. 151-179. — W. Pfeffer, *« Ben conosc e sai / que merces vol so que razos dechai ». L'emploi du proverbe chez F. de Marseille,* dans *Actes du 1er congrès intern. de l'AIEO,* Londres 1987, p. 401-408. — R.G. Arthur, *F. de Marseille and the Empress of Montpellier,* dans *Tenso,* t. 6-1 (1990), p. 1-6. C.C. et G.B.L.

Fors de Béarn. Comme son équivalent aragonais et navarrais *fuero*, le mot béarnais « for » dérive du latin *forum*. Il désigne tout à la fois la place publique où siège le tribunal, la loi qu'on y applique et la coutume consignée dans un recueil. Béarn dérive du nom du *peuple* installé avant l'ère chrétienne sur les bords du gave de Pau, et dans les hautes vallées *(bags)* de l'Ouzom, de l'Ossau, de l'Aspe et du Barétous, affluents gauches de l'Oloron qui entaillent le front pyrénéen aux confins de la Soule et des Landes : les *Venarni*.

La promotion des Centulle, première lignée de vicomtes de Béarn, s'est faite dans les circonstances du démembrement du régime carolingien. Le duc de Gascogne Guillaume Sanche s'était substitué au roi en ignorant son autorité. La mort du dernier héritier mâle (1032) offre à Centulle IV (1022-1058) la liberté de remplacer le duc : au Xe siècle, les Centulle contrôlaient par des *mottes* le Vic-Bilh, le Saubestre (nord-est de Pau) et le gave de Pau, l'axe de communication avec le diocèse de *Beneharnum* (Lescar) ; au XIe siècle, la vicomté siège à Morlaàs (arr. de Pau). La politique matrimoniale achève l'unité territoriale par l'annexion du diocèse d'*Iluro* (Oloron) avec les *bags* et le Montanérès. Salies et Orthez sont ravis aux vicomtes de Dax. Les Béarnais s'illustrent en Terre sainte et prennent part à la *Reconquistá.*

Le plus ancien « for » connu est la *carta de población* (charte de peuplement), contemporaine du *fuero* de Jaca [sur le Gallego, dans la province de Huesca] de Sancho Ramírez (1077), concédée vers 1080 à Oloron (reconstruite sur les ruines de la cité d'*Iluro*) par Centulle V (1058-1090). Le premier article du *For d'Oloron* évoque ainsi les origines : « *En aquet temps, quant Centol [Centulle] ere senhor* [seigneur] *de Bearn et de Begorre, plago a luy per la divinau sabence* [par sagesse divine] *que aqueste ciutat qui ere despoblade* [dépeuplée] *per lo cosselh* [conseil] *et adiutori* [aide] *de-ssons barons de Bearn et de quetz* [ceux] *qui las terres et las ceubes* [forêts] *aven environ fosse poblade. Mes conego lodit comte Centol que no pode aver pobladors* [hommes pour peupler] *sino que mielhors fors et franquesses* [meilleurs fors et franchises] *los donasse et autreyasse que a nulhs autres de la senhorie* [seigneurie]. *Et fe ladoncx atau manament* [déclaration] *per totes las terres que totz aquets qui ad aqueste poblation* [peuplement] *bieran mayors franquesses et mielhors fors los dara et los autreyara que a nulhs homis de-ssa senhorie. Laquoau cause audide* [ayant appris la chose], *VII. homis de Campfranc biencon* [vinrent] *prumerementz poblar* [s'établir] *et dequi en la* [par la suite] *de tropes d'autres terres et partides* [lieux]. *Et lesbetz* [Et alors] *lo senhor comte Centol dona a lor las terres qui ave propries* [qu'il avait en propre], *de tot cees* [de tout cens] *et de tot dever* [de tout devoir] *franques* [franches], *dentz los murs* [dans les murs] *et deffore* [en dehors], *dentz los termis* [dans les limites] *d'Abidos* [Bidos] *entro aus termis de Goes* [Bidos et Goès, con d'Oloron-Sainte-Marie-est]. *Sens d'asso* [en outre], *los dona padoent* [droit de pacage] *a Soeys* [Sœix, Oloron-Sainte-Marie] *et a Esus* [Eysus, con d'Oloron-Sainte-Marie-est] *et e-us herms* [terres incultes] *et e-us coetz* [clos] *assi cum aus homis medixs de Soexs et de Ezus ; et de-us padoence* [pacage] *a Arros* [Arros-d'Oloron, commune de Asaasp-Arros, c^on^ d'Oloron-Sainte-Marie-est], *e-us hermis* [terres incultes] *et e-us cootz* [pâturages enclos] *et eus lauratz* [labours], *aixi cum aus homis de la medixe* [comme aux hommes de la même] *biele* [ville]. » Les droits des Oloronnais ne sont connus que par la confirmation accordée le 19 mai 1290 par Roger-Bernard, premier comte de Foix et vicomte de Béarn (1290-1308) dans le réfectoire des Frères mineurs (la confirmation antérieure par Guillaume Ier Moncade en 1220 [année de la confirmation du *For de Morlaàs* concédé d'abord sous forme de *charte de peuplement* par Gaston IV Centulle le Croisé en 1117, puis étendu aux bastides du Piémont], ou 1221 [concession du *For d'Ossau*] n'étant pas prouvée). En fait, les padouens (les droits de pacage) de Sœix et d'Eysus en question ont été obtenus contre les officiers du vicomte, les usages des bois de Bager ont été gagnés sur les seigneurs d'Escout et de Lagor, « *exceptat dues ceubes debedades* [sauf deux bois mis en réserve] *en lasquoaus no deven casso* [chêne] *ni fau* [hêtre] *darroquar* [abattre] », ceux du Gabarn, sur les seigneurs d'Escout, de Lagor et de Lescun (art. 2). Par un montage juridique d'anciennes décisions d'arbitrage, les conquêtes des montagnards sont ainsi rattachées au temps immémorial (les sept venus de Canfranc) de la fondation d'Oloron. Pour le reste, le *For d'Oloron* mentionne les libertés habituelles : acheter et vendre des immeubles avec « *la voluntat aye e-u lezer et autrey de-sson senhor* [avec le consentement et la concession de son seigneur] » (art. 3), changer de domicile « *e-y estave an et die* [s'il y habite un an et un jour] [...] *sens clam ni licenci de son senhor* [sans réclamation du seigneur ou avec son autorisation] » (art. 4), sécurité dans la ville (art. 6), réglementation de l'ost (art. 7), garanties judiciaires (art. 8)... Le *For d'Oloron* sera confirmé par Gaston II le 6 avril 1323, par Aliénor de Comminges, comme tutrice de son fils Gaston Phébus, le 11 janvier 1344, par Mathieu de Castelbon, le 18 octobre 1391.

En 1188, la *cour plénière* des barons obtient de Gaston VII Moncade et des deux évêques, celui de Lescar, Sans, et celui d'Oloron, Bernard, la *renovatio* du *For général* qui édicte les règles communes à la vicomté (281 articles) établies à partir d'anciens accords et de coutumes orales. Le préambule s'inspire des *Rois* de l'Ancien Testament pour évoquer le temps primitif sans seigneur et le choix d'un seigneur : le « *cavaler de Begorre* » ne donne pas satisfaction, il est tué en la cour ; le « *cavaler en Auberni* [le chevalier d'Auvergne] » Centulle prend la suite : il est transpercé d'un coup d'épieu pour ne pas avoir respecté les fors ; enfin, la légende fondatrice, qui narre la réalité, s'achève avec le choix par les « *gens de Bearn* » de l'un des jumeaux du « *cavaler en Cathalonhe* [le chevalier de Catalogne] », celui qu'ils trouvent endormi les mains ouvertes. Le mariage de la vicomtesse Marie de Gabarret avec le Catalan Guillaume de Moncade est historique (entre 1170 et 1173) : les « jumeaux » seraient Gaston VI de Moncade surnommé le Bon (1173-1214) et Guillaume Ier Raymond de Moncade (1214-1224). Le Béarn devient principauté souveraine au cours du XIVe siècle sous le long règne de Gaston III Phébus (1343-1391). Il meurt le 1er août 1391 et son fils unique le 8 août. Le jour même, une première assemblée se tient à Orthez, nouvelle capitale proche de la Gascogne. Entre 1393 (Mathieu de Castelbon) et 1428 (Jean Ier), les États de Béarn, lieux de parole des temps modernes, sont en mesure de faire compiler ces textes avec les textes normatifs et la jurisprudence de la *cour majour*, cour des principaux vassaux, deux barons ecclésiastiques et dix barons laïques, pour former un corpus encyclopédique du droit béarnais en 290 articles répartis sous 79 rubriques dans le meilleur ms., avec des annexes d'âge différent, ce qui atteste l'usage pratique du recueil. Mis à part ceux-ci, le *For général* est une compilation qui inclut aussi quelques articles du *For de Morlaàs*, des jugés de la *cour majour* et les établissements qui organisent la vicomté : l'*Établissement du feu et taille* daté du 6 mai 1252 (art. 64 à 80), l'*Établissement instituant les notaires assermentés* de 1256 (visé à l'article 124), l'*Établissement sur les bois* de 1279 (art. 257 à 262), l'*Établissement déterminant les vics* [17 circonscriptions judiciaires] dans la vicomté (art. 84 à 100), une formule d'asseurement [sauvegarde] de l'homme menacé du milieu du XIVe siècle et deux textes empruntés au *Codi* (voir Juridique [Littérature]). Composé au début du XVe siècle, le ms. archétypique des *Fors anciens* de Béarn s'est perdu : il a été régulièrement copié à l'époque contemporaine (7 copies du XVe s. sont connues) ; quelques-unes des nombreuses transcriptions ultérieures le relaient peut-être (copie d'Oihénart en 1639).

Dans les montagnes, les bergers règnent avec leurs coutumes orales ; mais ils entendent profiter du plat pays (expédition « *ab armes* [en armes] *et ost feyte* [et ost formée] *et ensenhe desplegat* [et enseigne déployée] » [For général, art. 33] dans la lande de Pont-Long) et discutent aussitôt les pouvoirs du prince. Les Moncade poursuivent l'œuvre de réglementation entreprise. La vallée d'Ossau, la première des trois *bags*, obtient de Guillaume-Raymond de Moncade la rédaction de « *los fors et las costumes* » (1221 ; confirmés par Gaston VII Moncade en présence de l'évêque d'Oloron, par chartes-parties, le 23 août 1267). Le *For d'Ossau* évoque l'accord pour « *pacifficar lo content* [le différend] *qui lonc temps ave estat enter los predecessors de luy et los Ossalees sober los fors et las costumes qui son enter lo bescomte et los Ossalees* » (art. 1) : les articles 2 à 10 donnent les termes de l'accord, scellé par un double serment, celui de « *Mossen lo bescomte* [...] *qu-us sera bon senhor et leyau* [qui leur sera bon seigneur et loyal], *sauban a lor et thien lors fors et coutumes* [gardant et tenant leurs fors et coustumes] », celui de « *los Ossalees* [...] *que seran a luy boos homis et fideus* [qu'ils seront pour lui ses hommes bons et fidèles] ». Le service d'ost est adapté aux conditions particulières : pour le requérir, « *lo bescomte en sa proprie persone deu entrar* [le vicomte doit entrer en personne] *en Ossau, manan a lor per sons messadges que totz davant luy se presenten* [en faisant mander par ses messagers que tous se présentent devant lui], *et labetz deu manar que fassen a luy ost laqual lo deven* [et alors il doit mander qu'ils lui rendent le service d'ost qu'ils lui doivent] » (art. 3) ; l'un des meilleurs hommes de chaque maison doit se rendre à l'ost du vicomte, de son départ à son retour, et tous ensemble doivent communément y porter cent cinquante boucliers et autant de haches (art. 4) ; les Ossalois sont défrayés, « *lo senhor deu logar las besties a lor per portar lasdites armes* [le seigneur doit louer pour eux des bêtes de somme pour porter lesdites armes], *o per son bayle ben promete et ben fermar que au retorn de la host pague a lor CL. ss. de boos morlaas* [ou leur faire bien promettre et confirmer par son bayle qu'au retour de l'ost il leur paiera cent cinquante sous de bons morlans], [...] *deu* [...] *dar biandes a l'anar et al tornar* [doit leurs vivres à l'aller et au retour], [...] *no-us deu* [...] *arre emparar que sie de goerre sens lor voluntat* [et ne doit rien retenir pour lui des prises de guerre sans consentement] » (art. 5). Le vicomte dispose d'un champ de tournoi au château de Castet-Gelos (arr. d'Oloron-Sainte-Marie, c^on^ d'Arudy) qui barre la vallée : sa sécurité incombe aux Ossalois, « *tot hom qui pusque atenher a la senhorie d'Ossau deu esser saub* [tout homme qui pourra atteindre la seigneurie d'Ossau doit y être sauf], *et aqui lo bescomte deu arceber fidansses* [et là le vicomte doit recevoir les cautions] » (art. 6) ; les Ossalois y ont leur hébergement au même titre que le vicomte (art. 7). La tradition du plaid carolingien est conservée. Tous « *los homis d'Ossau deven far dret complidementz en la man deu vescomte* [tous les hommes d'Ossau doivent faire entièrement droit en la main du vicomte] » quand celui-ci pénètre en Ossau pour imposer la paix (art. 23). Ils ont leur « *taule* [table] » particulière « *en la sale de Pau* » et acquittent les services comme des *potentes* promettent la paix (art. 19).

Le *For de Barétous* résume la teneur de l'accord passé avec Guillaume-Raymond de Moncade (1214-1224) pour le maintien de la paix. Le *For d'Aspe* (milieu du XIIIe siècle) a la même forme composite que le *For d'Ossau* : c'est un montage juridique en 26 articles à partir de deux chartes.

Le *droit foral*, celui des fors particuliers, est connu par les copies des *Fors anciens de Béarn*. En 1479-1482, François Phébus de Foix et Béarn hérite du royaume de Navarre. En 1546, les États de Béarn demandent à Henri II d'Albret d'ordonner la compilation et la refonte du *For général*. Le *Nouveau For* est promulgué le 26 novembre 1551. L'édition impose la restructuration des anciens textes et des mises à jour. Le *For réformé* connaît 11 éditions (*Los fors et costumas de Bearn* est le premier livre imprimé en Béarn, à Pau, en 1552, par Jehan Vingles et Henry Poyvre ; 3 éditions au XVIIe siècle, 4 au XVIIIe siècle ; la dernière, à Pau, en 1781) à Pau ou à Lescar. Les études anciennes des textes primitifs par les juristes Labourt *(Les fors et coutumes de Béarn)* et Maria *(Mémoires et éclaircissements sur les fors de Béarn)* sont précieuses.

Les *Fors anciens de Béarn* donnent un reflet de la rencontre de l'oralité avec l'écrit et livrent aux praticiens des XVe et XVIe siècles une documentation sans préoccupation de synthèse ni d'unification des règles coutumières. Les dispositions de droit privé, en particulier celles concernant la famille identifiée à la maison, résistent mieux à l'homogénéisation introduite par la rédaction officielle. Quand Henri III de Navarre devient Henri IV de France, il déclare « donner la France au Béarn » dans l'« union personnelle » (1607). Le Béarn garde ses fors. L'édit d'union de 1620 maintient cette autonomie par la création du Parlement de Pau. Jusqu'à la Révolution, les fors seront le symbole des « libertés » du Béarn.

ŒUVRES. — *Les fors anciens de Béarn*, éd. et trad. P. Ourliac et M. Gilles, Paris, 1990. — Le vol. 2 en préparation sur les *Textes additionnels* remplacera l'éd. incomplète de J. Brissaud et P. Rogé, *Textes additionnels aux Anciens Fors de Béarn*, Toulouse, 1905 (*Bulletin de l'Université de Toulouse. Mémoires originaux des facultés de droit et des lettres*. Série B, n° 3). — *Le for de Béarn d'Henri II d'Albret (1551)*, éd. C. Desplat, Pau, 1986.

→ P. Rogé, *Les anciens fors de Béarn. Études sur l'histoire du droit béarnais au Moyen Âge*, thèse de droit, Toulouse, 1907. J.F.

Fortunat (saint Venance) (vers 535 - vers 700). Venantius Honorius Clementianus Fortunatus est né à Duplavilis, l'actuelle Valdobbiadene, près de Trévise. Il fait ses études à Ravenne où il acquiert une solide connaissance des poètes latins païens et chrétiens. En 565, il quitte l'Italie pour la Gaule. Les raisons de cet exil nous échappent : la tradition selon laquelle il voulait aller en pèlerinage à la tombe de saint Martin à Tours, pour le remercier de l'avoir guéri d'une maladie d'yeux, ne remonte pas plus haut que Paul Diacre. Il n'est pas prouvé non plus qu'il se soit compromis aux yeux du gouvernement impérial par ses positions en faveur des Trois Chapitres. Au printemps 567, il prononce l'épithalame lors des noces de Sigebert et de Brunehaut à la cour de Metz. Pendant ce séjour dans la région, il se lie d'amitié avec les évêques et les seigneurs du royaume d'Austrasie. Il compose en leur honneur des poèmes de circonstances, en distiques élégiaques, sa forme de prédilection. À l'automne 566, il se rend à Paris où, entre autres, il prononce un panégyrique du roi Caribert et un autre de l'évêque Germain et de son clergé, à l'occasion de la dédicace de la cathédrale. Continuant sa route, il arrive à Tours où il rencontre l'évêque du lieu Eufronius et son cousin Grégoire qui lui succédera en 573. Grégoire sera l'un de ses meilleurs amis et l'admirateur de son génie qui le poussera à publier ses vers. De Tours, il va à Poitiers et sans doute jusqu'en Galice où il rencontre Martin de Braga, apôtre des Suèves. C'est à Poitiers qu'il se fixe définitivement ; il y meurt évêque. En effet, à Poitiers, il noue une amitié durable et profonde avec Radegonde. La veuve de Clotaire Ier avait fondé là un monastère qui prendra plus tard le nom de Sainte-Croix et dont elle confia la direction à l'abbesse Agnès, se soumettant elle-même à son autorité, par esprit d'humilité. Mais elle restait l'âme de la communauté. Fortunat, qui ne semble pas être entré dans les ordres avant 576, joua d'abord le rôle d'agent — il se qualifie lui-même d'*agens* — des intérêts temporels du monastère. Devenu l'« homme d'affaires » de la communauté, Fortunat ne s'interdit pas de poursuivre sa carrière de poète mondain. Il se lie à des évêques comme Léonce de Bordeaux ou Félix de Nantes, héritiers richissimes de vieilles dynasties sénatoriales dont il célèbre les grands travaux : construction ou restauration d'églises. Il chante le charme des villas de Léonce ou le détournement d'une rivière par Félix.

Des soucis moins profanes retiennent sa muse. Dès son arrivée à Poitiers, il voit arriver au monastère une relique de la vraie Croix que Radegonde avait demandée à l'empereur Justin et à l'impératrice Sophie. Fortunat compose un poème de remerciement aux souverains de Constantinople et surtout trois hymnes en l'honneur de la Sainte Croix dont deux (le *Pange Lingua* et le *Vexilla regis*), qui accompagnèrent l'installation de la relique, furent recueillies dans le Bréviaire romain. Fortunat envoyait aussi des billets en vers à Radegonde et à Agnès pour les remercier des présents (fruits, gâteaux) qu'elles lui envoyaient, et pour saluer les moments de la vie du monastère. Vers 576, Fortunat publia, à la demande de Grégoire, une *Vita Martini* en quatre livres d'hexamètres dont la substance était tirée des œuvres de Sulpice-Sévère et de Paulin de Pella. À divers moments, il composa aussi des vies de saints en prose : parmi celles que les manuscrits lui prêtent, six sont sûrement authentiques, dont une vie de Radegonde.

C'est Grégoire de Tours* qui incita Fortunat à publier ses *Carmina*. Une première publication, comprenant les livres I-VII, dut avoir lieu en 576 ; les livres VIII et IX furent publiés après 584 ; les livres X et XI sont posthumes. À ces onze livres de poèmes, il faut adjoindre un *Appendice* de trente et une pièces qui ne se trouvent que dans le manuscrit de Paris 13048 (en écriture *ab* de Corbie) mêlées à un florilège des autres livres.

Il n'est pas juste de réduire Fortunat à son rôle de serviteur de Sainte-Croix. Il a été l'interprète de toute la société mérovingienne. On lui a reproché sa courtisanerie et une certaine facilité (abus de la préciosité et des jeux de mots). Cependant il y a là des vers réellement inspirés (hymnes à la Croix, poème sur la Pâque, *Carm.* III, 9). Fortement marqué par l'influence de ses prédécesseurs, Fortunat, par ses thèmes (importance de la femme : non seulement Radegonde et Agnès, mais Vilithute, Galsvinthe et Brunehaut) et par la facture de ses vers (en particulier par la recherche de la rime léonine), se révèle un novateur. Il est l'homme d'une transition sans rupture.

ŒUVRES. — *PL,* t. 88, reproduit l'éd. de M.A. Luchi, Rome, 1786. — *MGH,* t. 4, 1, éd. F. Leo, *Carmina*, avec l'*Appendice* et *Vita Martini,* 1881 ; *ibid.*, t. 4, 2, éd. B. Krusch, *Opera pedestria,* 1885. — L'*Appendice* du ms. 13048 de Paris a été publié pour la première fois avec un commentaire par B. Guérard, *Notice d'un manuscrit de la Bibliothèque du Roi,* dans *Notices et extraits des manuscrits de la Bibliothèque du Roi et autres bibliothèques,* t. 12, 1831, p. 75-111. — La seule trad. française est celle des *Carmina* par C. Nisard, avec la collaboration pour les livres I-V d'E. Rittier, Paris, 1887. — Une nouvelle éd., avec trad. et commentaire par M. Reydellet, paraîtra en 1993.

→ W. Meyer, *Der Gelegenheitsdichter Venantius Fortunatus,* Berlin, 1901. — R. Koebner, *Venantius Fortunatus. Seine Persönlichkeit und seine Stellung in der geistigen Kultur des Merowinger-Reiches,* Leipzig-Berlin, 1915. — D. Tardi, *Fortunat. Étude sur un dernier représentant de la poésie latine dans la Gaule mérovingienne,* Paris, 1928. — S. Blomgren, *Studia Fortunatiana,* Uppsala, 1933. — J.W. George, *Venantius Fortunatus. A Latin Poet in Merovingian Game*, Oxford, 1992. M.R.

Foucher de Chartres. Originaire de Chartres, où il est né en 1058, Foucher de Chartres partit pour la Terre sainte en 1096 ; pendant la traversée de l'Anatolie, il entra au service de Baudouin de Boulogne qu'il accompagna à Édesse et à Jérusalem en qualité de chapelain. Il dut cesser cette fonction vers 1112. Il semble qu'il ait obtenu une dignité dans une des églises de Jérusalem et qu'il se soit consacré à l'enseignement jusqu'à sa mort, vers 1127. Il a laissé un récit de la première croisade, ou *Historia Hierosolymitana,* qu'il composa en quatre étapes : il commença à écrire entre 1100 et 1101 et cette rédaction fut arrêtée après 1105. Une seconde période de composition eut lieu entre 1110 et 1113 ou 1115. Après 1118, il se remit au travail, rédigea le prologue et arriva au bout de la première rédaction de son ouvrage en 1124. En 1125, il commença la révision de son texte et continua son récit jusqu'en 1127. Il a écrit essentiellement pour renseigner son public — les chevaliers occidentaux — sur les grands événements de l'Orient, afin de les inciter à prendre la croix et à s'installer dans les États latins, si faibles en combattants. Sa chronique est la seule source locale de renseignements sur le royaume latin de Jérusalem pendant la première génération de son existence. Ses sources d'information ont été le témoignage personnel comme l'ouï-dire ; mais en même temps, il puise dans les chroniques, telles que les *Gesta* anonymes et l'histoire de Raimond d'Aguilers*, dans les lettres et les documents qu'il put consulter. Du vivant de Foucher, la chronique eut une large diffusion et fut employée par nombre de chroniqueurs, historiens des croisades et auteurs de chroniques universelles.

ŒUVRE. — Éd. H. Hagenmeyer, Heidelberg, 1913. — Trad. anglaise, H.S. Fink et F.R. Ryan, *Fulcher of Chartres. A History of the*

Expedition to Jerusalem 1095-1127, Knoxville, 1969 ; rééd. New York, 1973. — Trad. italienne d'extraits, S. de Sandoli, *Itinera Hierosolymitana crucesignatorum (saec. XII-XIII),* vol. 1, Rome, 1978, p. 98-129 [avec le texte latin en regard].

→ E. Peters, *The First Crusade : the Chronicle of Fulcher of Chartres and the Other Source materials,* Philadelphie, 1971 (*Sources of Medieval History,* 1). — W. Giese, *Untersuchungen zur Historia Hierosolymitana des Fulcher von Chartres,* dans *Archiv für Kulturgeschichte,* t. 69 (1987), p. 62-115. — J. Wilkinson, J. Hill et W.F. Ryan, *Jerusalem Pilgrimage 1099-1185,* Londres, 1988 (*The Hakluyt Society*). — Molinier n° 2123. — Nouveau Potthast, t. 4, p. 601 [Fulcherius Carnotensis]. G.T.L.

Fouke Fitz Warin. Roman anglo-normand en prose du XIVᵉ siècle à la gloire de la famille anglaise des Fitz Waryn, vraisemblablement composé en Angleterre et inspiré d'un original en vers du XIIIᵉ siècle aujourd'hui perdu. Il est conservé par un seul manuscrit. Il contient deux passages en octosyllabes, qui relatent les prophéties de Merlin, ainsi que des traces de rimes et de rythmes venus de l'original perdu.

L'auteur énumère les hauts faits de la famille, des origines jusqu'à la mort, vers 1256, de Fouke III. Il nous rapporte des faits authentiques, comme le mariage de Fouke III avec Hawise de Dinan, puis avec Mathilde, veuve de Thomas Walter, ses droits sur le fief de Whittington, sa révolte vers 1201, après que son château eut été livré à Meuric, prince de Galles, sa vie de hors-la-loi dans la forêt pendant ses démêlés avec Jean Sans Terre, à laquelle est consacré en fait l'essentiel du récit, son inhumation à l'abbaye d'Alberbury. Mais l'auteur ignore aussi des faits essentiels et mêle à son récit la fiction romanesque agrémentée de thèmes légendaires et folkloriques : lutte du héros contre des dragons, des géants, contre le diable lui-même.

Un peu plus tard, le thème du hors-la-loi connaîtra un succès considérable en Angleterre avec Robin Hood.

ŒUVRE. — Éd. L. Brandin, *Fouke Fitz Warin, roman du XIVᵉ siècle,* Paris, 1930 (*CFMA,* 63). — E.J. Hathaway, P.T. Ricketts, C.A. Robson et A.D. Wilshere, *Fouke le Fitz Waryn,* Oxford, 1975 (*ANTS,* 26-28).

→ L. Brandin, *Nouvelles recherches sur l'Histoire de Fouke Fitz Warin,* dans *Romania,* t. 55 (1929), p. 17-44. — E.A. Francis, *The Background to Fulk Fitz Warin,* dans *Mél. A. Ewert,* Oxford, 1961, p. 322-327. — U.T. Holmes, *The Adventures of Fouke Fitz Warin,* dans *Mél. H. Rheinfelder,* Munich, 1963, p. 179-185. — M. Zink, *Le rêve avéré. La mort de Cahus et la langueur d'Arthur, du Perlesvaus à Fouke le Fitz Waryn,* dans *Mél. R. Fromilhague,* Paris, 1984, p. 31-38. — D.J.A. Ross, *Where did Payn Peverell defeat the Devil ? The Topography of an Episode in Fouke le Fitz Waryn,* dans *Mél. B. Woledge,* Genève, 1987, p. 135-143. — Cf. Woledge, n° 62. — *MB,* nᵒˢ 4177-4189 ; *S* 2075, 6616-6619. C.R.

Foulcoie de Beauvais. Foulcoie est sans doute un des poètes les plus féconds de son époque, puisqu'on n'a pas conservé moins de 11 000 vers de sa plume. Né à Beauvais dans la première moitié du XIᵉ siècle, il fit ses études dans sa ville natale puis à l'école de Meaux, où il se fixa. Il devint archidiacre de Meaux (ou de Beauvais), séjourna dans le monastère de Celle-en-Brie, et peut-être à Reims. Il composa deux épitaphes pour la reine Mathilde († 1083). On ignore la date de sa mort.

Foulcoie rassembla son œuvre en un seul ouvrage composé de trois parties aux titres sibyllins : *Uter, Neuter, Uterque.* Le premier comprend 25 lettres en vers envoyées à des papes, des rois, des personnages importants, et 49 épitaphes en vers, concernant souvent des personnages morts depuis longtemps (tel Dagobert...). L'ensemble est écrit dans une langue obscure et pleine de rhétorique. Le deuxième contient les vies de quatre saints, Maur, disciple de saint Benoît, Aile ou Agile de Rebaix († 650), Faron évêque de Meaux († 670), enfin Blandin, ermite de Meaux († 650). Ce sont des transpositions en vers de vies en prose préexistantes. Le troisième ouvrage, intitulé aussi *De nuptiis Christi et Ecclesiae,* est une grande composition théologique en sept livres, correspondant aux sept dons du Saint-Esprit. Sous forme d'un dialogue entre *Spiritus* et *Homo,* l'auteur retrace une histoire de l'Église. Chaque livre comprend deux parties, l'une pour l'Ancien Testament, l'autre pour le Nouveau, dans lesquelles sont passés en revue les faits principaux de l'Écriture sainte. L'influence du *Cantique des cantiques* est manifeste, tout autant que celle de Martianus Capella.

Les lettres de Foulcoie reflètent l'enthousiasme de l'époque pour l'Antiquité, mais dépeignent aussi les mœurs contemporaines. L'auteur a reçu une solide formation de rhétorique, il connaît parfaitement l'art métrique et maîtrise les diverses figures de style. Ses œuvres sont émaillées de nombreuses réminiscences de Virgile, qui apparaît comme poète préchrétien. On a pu voir dans Foulcoie de Beauvais un précurseur de la renaissance des études classiques du XIIe siècle.

ŒUVRES. — *PL,* t. 150, col. 1555-1558 [fragments]. — *Vita sancti Blandini...*, éd. A. Poncelet, dans *Analecta bollandiana,* t. 7 (1888), p. 145-150, 151-163. — *Vita sancti Mauri...*, éd. *Catalogus codicum hagiographicorum latinorum antiquiorum saeculo XVI...*, t. 1, Bruxelles, 1889, p. 240-264 (*Subsidia hagiographica,* 2). — H. Omont, *Épitaphes métriques en l'honneur de différents personnages du* XIe *siècle...*, dans *Mél. J. Havet,* Paris, 1895, p. 211-236. — M.L. Colker, *Fulcoii Belvacensis epistulae,* dans *Traditio,* t. 10 (1954), p. 191-273 [éd. de 26 lettres en vers]. — I.J. Rousseau, *Utriusque de nuptiis Christi et Ecclesiae libri septem,* Washington, 1960 (*Studies in Medieval and Renaissance Latin,* 22).

→ *HLF,* t. 8, 1868, p. 113-120. — *Catholicisme,* t. 4, 1956, col. 1470. — *DS,* t. 5, 1964, col. 744-746. — *DHGE,* t. 11, 1949, col. 835-848. — *BHL,* 5778, 2827-2828, 1368. — A. Boutemy et F. Vercauteren, *Foulcoie de Beauvais et l'intérêt pour l'archéologie antique au* XIe *et au* XIIe *siècle,* dans *Latomus,* t. 1 (1937), p. 137-186. — A. Boutemy, *Essai de chronologie des poésies de Foulcoie de Beauvais,* dans *Mél. H. Grégoire,* t. 3, Bruxelles, 1951, p. 79-86.

M.H.P.

Franc archer de Bagnolet. Un des meilleurs monologues comiques du XVe siècle. Son attribution à François Villon, encore soutenue par J. Deroy en 1977, paraît sans fondement. L'auteur fait parler un des Francs Archers, qui furent créés par Charles VII en 1448 et supprimés par Louis XI en 1480 ; des allusions se rapportent à la guerre de Bretagne en 1468.

Pernet se vante de sa bravoure : « Je ne craignois que les dangiers. » Mais il aperçoit un homme d'armes portant sur la poitrine la croix blanche et crie : « Je suis Français ! » Le vent retourne le guerrier, qui n'est qu'un épouvantail à moineaux, et présente alors une croix noire, et l'archer de crier : « Je suis Breton. » La bise soufflant plus fort renverse l'homme de paille, que l'archer, reprenant courage, se met à battre et dont il emporte la robe.

La pièce a sans doute été écrite en région parisienne, quoiqu'elle ait été représentée aussi ailleurs, par exemple à Lille en 1526. Pièce à succès, elle a été plusieurs fois éditée entre 1532 et 1619. Rabelais y fait allusion. Elle a contribué à la vogue du personnage du soldat fanfaron et couard, et a été imitée dans le *Franc Archer de Cherré* (1523-1524), situé aux alentours d'Angers, et qui a peut-être été représenté à Angers pour le carnaval de 1524. Une autre pièce écrite peu après le *Franc Archer de Cherré* auquel elle compare son héros, le *Pionnier de Seurdre*, conte les méfaits commis par les francs archers angevins au printemps de 1522. É. Picot suggère d'attribuer les deux pièces à un même auteur, Jean Daniel, dit Maître Pitou, musicien à Angers ; mais cette attribution est difficile à prouver.

ŒUVRES. — Éd. L. Polak, Genève, 1986 (*TLF*, 129) [*Franc Archer de Bagnolet, Franc Archer de Cherré, Pionnier de Seurdre*]. — Trad. C.-A. Chevallier, dans *Théâtre comique du Moyen Âge*, Paris, 1973 (10/18).

→ L. Petit de Julleville, *Répertoire du théâtre comique en France au Moyen Âge*, Paris, 1886 [particulièrement p. 268-270]. — É. Picot, *Le monologue dramatique dans l'ancien théâtre français*, dans *Romania*, t. 15 (1886), p. 358-422 ; t. 16 (1887), p. 458-542. — J.-C. Aubailly, *Le monologue, le dialogue et la sottie, Essai sur quelques genres dramatiques de la fin du Moyen Âge et du début du* XVIe *siècle*, Paris, 1976. — J. Deroy, *François Villon, coquillard et auteur dramatique*, Paris, 1977. — Lewicka, n°s 300, 838, 897, 1310, 1820. — Cf. *MB* n^os *S* 7125, 8299.

G.C. et A.F.L.L.

Francesc Eiximenis. Né à Gérone vers 1340, fut religieux franciscain. Il étudia dans plusieurs universités, en particulier à Toulouse, vécut longtemps à Valence, et mourut évêque d'Elne, à Perpignan, en 1409. C'est une des plus grandioses figures de la Catalogne, l'un des plus complets représentants de la culture du Moyen Âge avant que soufflât le vent de la Renaissance. Philosophe, théologien, économiste, moraliste et prédicateur, il pourrait rivaliser avec Raymond Lulle* ; s'il a moins de génie, il a peut-être plus de connaissances.

La grande œuvre de sa vie fut *Lo Crestià,* une anthologie aux vastes proportions dont il écrivit quatre livres sur les treize conçus dans le plan établi. On y trouve les sciences sacrées et humaines de son temps, une explication de la vie. Il a laissé d'autres ouvrages didactiques : *Livre des Anges*, *Livre des Dames*, dans lequel il se montre partisan de l'instruction de la femme, etc. Dans son *Regiment de la cosa publica,* adressé aux Jurés de Valence, il fait de cette ville et de sa région un éloge quelque peu dithyrambique, mais éloquent. Sa langue est remarquable de pureté et de simplicité. Sa *Vida de Jesucrist* en 691 chapitres, œuvre de méditation et d'oraison écrite à l'intention des laïcs en 1397-1398 probablement, fut traduite en français au XVe, mais sans succès. Au contraire, la traduction du *Livre des anges,* qui s'inspire du Ps. Denys* et fut composé à Valence en 1392, fut largement répandue dans la seconde moitié du XVe siècle, en manuscrits (une trentaine) et en imprimés (première édition, Genève, 1478).

ŒUVRES. — *Regiment de la cosa publica,* éd. P. Daniel de Molins del Rei, Barcelona (*Els nostres Classics*), 1927. — *Libre de les dones,* éd. F. Naccarato, Barcelone, 1981, 2 vol. (*Bibl. Torres Amat,* 9).

⟶ *DSAM,* t. 4 (1961), col. 1950-1955. — J. Masso Torrents, *Les obres de Francesc Eiximenis,* Barcelone, 1914-1917 (*Anuari de l'IEC*). — J. Comerma Vilanova, *Hist. de la Lit. catalana,* p. 99-109. — Marti de Barcelona, *Fra Francesc Eiximenis,* Barcelone, 1929 (extrait d'*Estudis Franciscans*). — J.M. Pou y Marti, *Visionarios, beguinos y fraticelos catalanes,* Vich, 1930, p. 397-415. — Bibliogr. complémentaire dans D. Viera, *Bibliografia anotada de la vida i obra de Fr. Eiximenis,* Barcelone, 1980 (*Publ. de la Fundació Salvador Vives i Casajuana,* 61). J.S.

François Andrieu. Compositeur français de la fin du XIVe siècle. La seule composition que l'on peut lui attribuer avec certitude est la mise en musique de la double ballade à quatre parties *Armes, amours / O flour des flours* d'Eustache Deschamps* sur la mort de Guillaume de Machaut* (1377). Deux autres ballades à trois voix contenues dans le même ms. (Chantilly 564*) d'un *Magister Franciscus* peuvent suggérer que les deux compositeurs ne font qu'un.

ŒUVRES. — Éd. W. Apel, *French Secular Compositions of Fourteenth Century,* dans *Corpus Mensurabilis Musicae,* 53/1, 1970.

⟶ G. Reaney, *The Manuscript Chantilly, Musée Condé 1047,* dans *Musica Disciplina,* n° 8 (1954), p. 66. N.S.

François d'Assise et la littérature française. Jean Bernardone, dit François (le français), est né et mort à Assise : 1182-1226. S'il intéresse les Lettres françaises, c'est d'abord à cause de la probable origine champenoise ou picarde de sa mère, Dame Pica, qui lui apprit notre langue ; c'est aussi à cause du nombre et de la qualité des œuvres que ce mystique, poète et fondateur d'ordres, a suscitées très tôt dans notre pays.

Ses propres écrits, peu nombreux, furent rédigés ou dictés soit en ombrien (le célèbre *Cantique des Créatures*) soit en latin ; on sait cependant qu'il composait et chantait en français, la « *lingua francigena* », qui est la langue d'oïl. On a pu reconstituer, à travers le latin d'une chronique due à trois de ses compagnons, un de ses quatrains de quête datant de l'époque où il réparait l'église Saint-Damien :

Venez m'aider à l'œuvre Saint-Damien
Qui deviendra moûtier de Pauvres Dames.
Par Chrétienté leur bonne vie et fame
Glorifiera le Père célestien.

Il connaît notre *Chanson de Roland* et ses « preux martyrs » (laisses 89 et 143). Il commence un sermon par le refrain de l'une de nos chansons courtoises :

Si grand est le bonheur auquel j'aspire
Que toute peine m'est plaisir.

Il s'inspire du cycle arthurien lorsqu'il appelle ses frères : « Mes chevaliers de la Table Ronde » (l'un de ses frères, Pacifique, le verra d'ailleurs occupant le « Siège périlleux » réservé à Galaad le Parfait). Comme Perceval qui « savait parler la langue des oiseaux », il prêche à ses frères ailés...

Chez nous, c'est d'abord par des textes latins que François est connu. Il est cité dès 1228 par des prédicateurs aussi éminents que Philippe le Chancelier ou Guiard de Laon. En 1229, Henri, chanoine d'Avranches, compose un poème épique de 2 600 hexamètres en son honneur, d'après la première *Vie de saint François* de Thomas de Celano. Mais dès 1240 commence la floraison des *Légendes en vers.*

Trois sont fondées sur la plus ancienne biographie latine (Thomas de Celano, *Vita prima,* 1228) : la première, vers 1240, a pour auteur un Franciscain picard (BN fr. 19 531 ; 4 766 vers). Une autre, vers 1260, fut écrite par un Bourguignon (BN fr. 2094 ; Dôle 303). Due encore à un Picard au début du XIVe siècle, la troisième provient des clarisses d'Amiens (BN fr. 2093). Trois autres, vers 1270-1275, prennent pour base la *Legenda Major,* datée de 1260, due à saint Bonaventure* : une anglo-normande de plus de 6 000 vers (BN fr. 13 505), une anglaise écrite par Nicole Bozon*, Franciscain de Nottingham (Br. Libr. Add. 43 688), et encore une picarde, peut-être de Beauvais (BN fr. 9762). Viennent enfin des remaniements en prose, des « dérimages », de ces textes ; on les rencontre dans de nombreux « légendiers » ; deux remontent à 1265 environ (Italie du Nord et Poitiers) ; deux autres datent de la fin du XIIIe siècle (Paris, Bibl. Mazarine et BN, Épinal et Lille).

Dans ce véritable cycle épique franciscain, le merveilleux trouve matière à se déployer, du pittoresque (sermon aux oiseaux, rencontres avec le pape ou le sultan d'Egypte) au romanesque (épisode de la prostituée), de la piété populaire (crèche de Greccio) aux miracles et visions, la stigmatisation surtout. C'est probablement la difficulté de représenter sur scène ce foisonnement de merveilleux qui explique l'absence de François d'Assise dans les « Mystères » médiévaux, pourtant si friands de vies de saints (les Italiens, sur ce point, ont été plus favorisés que nous : cf. *Il Francescanesimo e il teatro medievale*, Castelfiorentino, 1984 ; Actes du Congrès de San Miniato). Dans tous les autres genres littéraires, en revanche, les rencontres sont nombreuses et variées. La longue notice du 4 octobre (fête de saint François) a été particulièrement soignée par tous les traducteurs de la *Légende dorée,* qu'il s'agisse de Jean de Vignay* vers 1348, ou de Jean Beleth* dans ses éditions incunables de 1483, 1484 et 1487. Jean Miélot*, chanoine de Lille en 1455, a consacré l'un de ses « Miracles » au Grand Pardon d'Assise, ou Indulgence de la Portioncule, obtenu par François ; c'est le récit intitulé « De l'Ange qui jetait des brandons de feu, et Notre-Dame les recevait ».

Il serait trop long d'énumérer tous les prédicateurs populaires qui ont célébré les vertus de saint François ou qui ont extrait de sa vie des exemples édifiants : de saint Bonaventure (qui, dans le texte latin qui nous est parvenu, prie ses auditrices d'excuser son mauvais français !) à Michel Menot (1450-1518), Jean Marchand, de Besançon (1486), Guillaume Huet (1522) et Jean Vitrier, de Saint-Omer (1450-1519)... Des allusions, on en rencontre aussi à foison dans les contes et récits, quelquefois satiriques comme le *Roman de Fauvel*,* le *Roman de la Rose*,* la *Farce de Frère Guillebert,* mais souvent admiratives et ferventes, par exemple dans la *Chronique rimée* de Philippe Mousket* de Tournai (1245), dans le *Dit des Cordeliers* (1249) de Rutebeuf*, qui rend au saint un hommage étonnant, et même dans le *Petit Jehan de Saintré,* où Antoine de la Sale* (1385-1461) recommande à plusieurs reprises de réciter « la beneiçon monseigneur saint François »...

Mentionnons, pour terminer, les nombreuses prières et « oraisons dévotes », en vers ou en prose, celles qui sont attribuées à saint François et celles qui lui sont adressées par des fidèles de tous états et des religieux de tous ordres ; certaines sont des joyaux de ferveur et de délicatesse. L'une des plus belles est la *Chanson d'amour de pure pauvreté* (XIIIe siècle ; éd. Paul Meyer dans *Bulletin SATF,* 1884). De ces six laisses assonancées, en octosyllabes, l'auteur, sans doute franciscain, est à coup sûr un poète et un grand mystique qui trouva des images poignantes, d'un souffle biblique, pour parler de son « héraut déguenillé ».

→ M. Thomas, *Recherches sur les Légendes françaises de saint François d'Assise,* thèse dactyl. de l'École des Chartes, 1942. — P. Meyer, *Légendes hagiographiques*, dans *HLF*, t. 33, 1906, p. 328-378. — Ubald d'Alençon, capucin, dans les *Études franciscaines,* t. 18 (1907), p. 507-29 et t. 22 (1909), p. 434-483. — D. Vorreux, *François d'Assise dans les Lettres françaises,* Paris, 1988. D.V.

François Briand. Auteur d'une farce *De l'aveugle et de son valet tort,* jouée en 1512. Le ressort comique utilise, comme dans la farce de *L'Aveugle et son valet*,* le jeu d'un valet qui contrefait la voix d'autrui pour mieux tromper son maître aveugle.

ŒUVRE. — Éd. H. Chardon, Paris, 1903.

→ G. Cohen, *La Scène de l'aveugle et de son valet dans le théâtre français du Moyen Âge,* dans *Romania,* t. 41 (1912), p. 346-372. Cf. Lewicka, nos 1349, 1401. A.F.L.L.

François Garin. Né en 1414, mort avant 1476, François Garin appartenait à une famille connue de la bourgeoisie lyonnaise. Changeur, puis drapier de son état, il fut consul de la ville en 1459 ; l'année suivante, à la suite de menées obscures, il fut précipité dans un désastre financier et mourut ruiné. À l'occasion de sa faillite, il entreprit d'écrire à l'intention de son fils, une *Complainte* et des *Enseignements,* dont la composition se fit en trois étapes. La première partie, ou *Complainte* (v. 1-376), conte les circonstances de sa ruine et déplore l'ingratitude de ses amis et la versatilité de la Fortune, incite à la patience et à la soumission envers la volonté divine ; Boèce* est son modèle, mais il se réfère aussi à *L'Espérance* d'Alain Chartier*. Dans la seconde (v. 377-1280), rédigée elle aussi en huitains d'octosyllabes, il dispense à son fils des enseignements de morale générale et des conseils de vie pratique (mariage, conduite à tenir dans la vie quotidienne et dans la vie professionnelle) dans le droit fil des *Distiques* de Caton*, prônant la mesure en tout. La troisième partie (v. 1281-2316), écrite en couplets d'octosyllabes à rimes plates, est la plus originale. Sans que l'on puisse vraiment y voir un texte précurseur de la Réforme, elle va beaucoup plus loin dans la satire du clergé luxurieux, simoniaque et cupide, toujours prêt à exploiter sans scrupule la naïveté des fidèles, que ne le font ses modèles (*Roman de la Rose** notamment) : Garin réclame la restitution des rentes ecclésiastiques au peuple écrasé de misère, le mariage des prêtres, la suppression des monastères de femmes, qui sont contre nature, l'annulation de toutes les excommunications, droit abusif que s'est arrogé l'Église et cause de situations déplorables. La *Complainte* de François Garin est l'un des rares témoins d'une activité littéraire à Lyon au XVe, avant l'essor culturel que connut la ville à partir des années 1480, avec l'installation des premiers imprimeurs.

ŒUVRE. — Éd. par le Centre d'études et de recherches médiévales de l'Univ. Lyon-II, Lyon, 1978. — Cf. *MB* n° 4999 ; *S* 7609. G.H.

François de Meyronnes. Originaire de Meyronnes (arr. de Barcelonnette, en Provence), François fit profession dans un couvent provençal de Frères Mineurs, puis fut envoyé au *Studium* franciscain de Paris où il fut le disciple de Duns Scot. La première date de sa vie connue de façon certaine est celle de la *Dispute* qu'il soutint contre Pierre Roger, le futur Clément VI, au cours de l'année scolaire 1320-1321. En 1323, François obtint la maîtrise en théologie. Peu après, il quitta Paris pour Avignon, car, après le roi Robert de Naples, le pape Jean XXII s'intéressait à lui et le chargeait de missions diplomatiques. C'est au cours de l'un de ces voyages qu'il mourut, à Plaisance, peu après 1328.

Retenons une réflexion de François dans sa *Dispute* contre Pierre Roger : « Les deux principales matières qui retiennent actuellement l'attention des théologiens, dit-il, sont les raisons formelles et les instants d'origine. » Sur ces sujets d'actualité et dans l'ensemble de son œuvre théologique, F. de Mayronnes adopte sans servilité les positions scotistes. Il s'en écarte parfois, en particulier au sujet des Idées divines dont il n'admet pas qu'elles soient « produites », dans l'usage original qu'il fait du premier principe métaphysique en théologie, et sur le problème de l'univocité de l'être. Dans son œuvre politique, il prend parti, consciemment semble-t-il, contre Dante* en donnant au Pape et non à l'Empereur le droit à la monarchie universelle.

En dépit de la brièveté de sa carrière magistrale, F. de Meyronnes a laissé une œuvre considérable dont la célébrité fut grande mais assez courte, et qui est en grande partie inédite.

ŒUVRES. — Une partie connut de nombreuses éd. dès 1475 et au début du XVe siècle, en particulier celles de Maurice du Port O.M. à Venise ; on en trouvera la liste dans : B. Roth, *op. cit. infra,* p. 55-70.

Commentaires scripturaires et canoniques : In Decalogum (inéd.) ; *In Oratione dominica* (inéd.) ; *In Angelica salutatione* (inéd.) ; *De octo beatitudinibus* (inéd.) ; *In Decretalia Gregorii IX « Firmiter credimus » et « Cum Martha »* (inéd.). — *Commentaires sur les Sentences de Pierre Lombard :* Sur le livre I : *Opus baccalaurei* (inéd.). Une partie de cet ouvrage a été transmise sous le titre *Formalitates* ou *Tractatus formalitatum* dans les manuscrits et l'édition Maurice du Port. *Conflatus* (éd. anc. Roth 115) ; Sur les livres II-IV joints au *Conflatus* (éd. anc. Roth 160). — *Commentaires patristiques : Flores Augustini* (éd. anc. Roth 165) ; *Commentarius in Ps. Dionysii Areopagitici Opera omnia* (éd. en prép. : J. Barbet et Fr. Ruello) ; *Tractatulus in Anselmi « de conceptu virginali »* (inéd.). — *Commentaires sur des œuvres d'Aristote : Expositio in VIII libros Physicorum* (éd. anc. Roth. 172) ; *Passus super Universalia et Praedicamenta Aristotelis et Peri Hermenias* (éd. anc. Roth 173).

Sermons : De tempore, De sanctis, Quadragesimale (éd. anc. part. Roth 264-278). — *Traités divers : Quodlibet* I et II (éd. anc. part. Roth 182-194) ; *De univocatione entis ; De primo principio complexo ; De transcendentibus ; De perfectionibus ; De ordine in divinis ; De relationibus ; De signis naturae ; De secundis intentionibus ; De usu terminorum ; De sacramento corporis et sanguinis Christi ; De conceptione Virginis ; De virtutibus ; Quaestiones morales diversae*. Sur tous ces traités dont plusieurs sont des extraits d'autres œuvres de Fr. de M., voir Roth 198-282. — *Œuvre politique : Tractatus de Principatu temporali*, éd. P. de Lapparent dans *AHDLMA*, t. 13 (1940-1942), p. 58-74 ; *Quaestio de subjectione* (*id*. 76-92) ; *Tractatus de Principatu regni Siciliae et Quaestio de obedientia* (= Questions 11 et 12 du *Quolibet* I, *id*. 94-119). — *Participation à la querelle de la pauvreté : De paupertate Christi ; Determinatio paupertatis ; De dominio Apostolorum* (inéd.). — *Pierre Roger (Clément VI) et François de Meyronnes. Disputatio*, éd. J. Barbet, Paris, 1961 (*Textes philosophiques du Moyen Âge*).

→ Ouvrages généraux : B. Roth, *Franz von Mayronis O.F.M. Sein Leben, seine Werke, seine Lehre von Formalunterschied in Gott,* Werl in Westfalen, 1936 (*Franziskanische Forschungen,* 3). — H. Rossmann, *Die Hierarchie der Welt. Gestalt und System des Franz von Meyronnes O.F.M., mit besonderer Berücksichtigung seiner Schöpfungslehre,* Werl i. W., 1972 (*Franzisk. Forschungen,* 23) ; *Die Quodlibeta und verschiedene sonstige Schriften des Franz von Meyronnes O.F.M. (Franziskanische Studien,* LIV, 1972, 1-76). — Manuscrits : F. Claessens, *Liste alphabétique des mss de F. de Meyronnes,* dans *La France franciscaine,* 1939, p. 57-68. — Politique et ecclésiologie : P. de Lapparent, *L'œuvre politique de F. de Meyronnes, ses rapports avec celle de Dante,* dans *ADHLMA,* t. 13 (1940-1942), p. 5-55. — B. Nardi, *La Monarchia di Dante e Francesco di Meyronnes,* dans *CN,* t. 8 (1948), p. 255-264. — F. Baethgen, *Dante und Franz von Mayronis,* dans *DAEM,* t. 15 (1959), p. 103-136. — Querelle de la pauvreté : J. de la Garde-Sclafer, *La participation de F. de M., théologien franciscain, à la querelle de la pauvreté (1322-1324),* dans *Études franciscaines,* n.s. t. 10 (1960), p. 53-73. — Théologie mariale : J. Juric, *F. de M. Immaculatae Conceptionis eximius vindex,* dans *Studi francescani,* t. 51 (1954), p. 5-263. — Commentaires patristiques : J. Barbet, *Le Prologue du Commentaire dionysien de F. de M. O.F.M.,* dans *ADHLMA,* t. 21 (1954), p. 183-191. — A. Una Juarez, *San Agustin en el siglo XIV : el Milleloquium veritatis S. Augustini, Agustin Triunfo de Ancona y Francisco de Meyronnes,* dans *Revista espanola de teologia,* t. 41 (1981), p. 267-286. — Ontologie : P. Vignaux, *L'être comme perfection selon F. de M.,* dans *De saint Anselme à Luther*, Paris, 1976, p. 253-318. — F. Ruello, *La notion thomiste de ratio in divinis dans la Disputatio de F. de M. et de Pierre Roger (1320-1321),* dans *RTAM,* t. 32 (1965), p. 56-75. — Épistémologie : A.A. Maurer, *F. of Mayron's Defense of Epistemological Realism,* dans *Mél. C. Balić,* Rome, 1971, p. 203-225. — A.A. Maurer et A.P. Caird, *The Role of Infinity in the Thought of Francis of Meyronnes,* dans *Mediaeval Studies,* t. 33 (1971), p. 201-227. — Cf. C.J. Lohr, *Commentaires d'Aristote au Moyen Âge latin*, Fribourg, Paris, 1988, p. 58-59 [bibliographie]. J.Ba.

François de Rivo. Voir : Cluny.

François Robertet. Voir : Jean Robertet.

François Villon. On ne peut entreprendre la lecture de l'œuvre de Villon, ni celle des travaux critiques consacrés au poète, sans être obligé de reparcourir sa biographie, c'est-à-dire le peu que nous en connaissons ou croyons en connaître. Les spécialistes de Villon, attirés par ses vers et surpris en même temps par la réalité irréfutable, mais souvent obscure de sa vie de hors-la-loi, tantôt en ont fait un innocent entraîné par le milieu malsain de Paris au XVe siècle ; tantôt ont vu en lui un des plus tristes représentants de cette mauvaise vie. Après bien des années de lectures villoniennes, nous croyons qu'il peut y avoir du vrai dans les deux positions différentes et opposées de ceux qui le tiennent pour innocent et de ceux qui le considèrent comme coupable.

Villon est certainement parti, comme tout être humain, de l'innocence la plus authentique, mais il a bientôt fait l'expérience du mal. Un peu pour se donner un alibi, un peu à cause des idées religieuses et philosophiques qu'il s'était faites parmi les hommes et les événements de son temps, Villon ne se montre pas très responsable de ses erreurs, que d'ailleurs il passe presque sous silence : il s'en croit repenti et n'hésite point à se considérer digne d'absolution. Ce n'est pas pour cela un orgueilleux ou un esprit superficiel, même si le péché d'orgueil et une certaine légèreté spirituelle peuvent être compris parmi ses nombreux défauts. Sa plus grande vertu, précédant même celles que nous appelons vertus, c'est un don de sympathie humaine, qui à son égard nous est inspirée par ses discours poétiques et prosaïques à la fois. Plutôt que chercher en lui la voix de son temps ou l'accent unique de sa poésie comme nous avons fait ailleurs, nous voulons maintenant dire tout ce qu'il y a de vrai sur lui, même si la « vérité » de Villon est celle qu'il veut voir ou nous faire voir, jamais tout à fait vraie et jamais tout à fait fausse, selon sa façon de raisonner ; c'est donc une vérité à deux faces, mais vive, riante et souffrante, et contradictoire en tant qu'humaine.

Né à Paris entre le 1er avril 1431 et le 19 avril de l'an suivant (s'il est vrai qu'il touchait à sa trentième année à la fin de 1461, lorsqu'il écrivait l'introduction de sa plus grande œuvre, le *Testament*), Villon disparut de Paris au mois de janvier 1463. De lui nous n'avons que les quelques notices révélées par les registres de l'Université et de la Justice, et les notions qu'on peut déduire, non sans réserves ni difficultés, des traits les plus autobiographiques de sa poésie. Condamné à mort pour la mauvaise vie menée jusqu'alors, sa peine est commuée en dix ans de bannissement et il doit quitter Paris ; dès lors on perd complètement ses traces et il nous reste seulement deux anecdotes rapportées par Rabelais : de la première on dirait que le poète ait été à la cour d'Angleterre (IV, 67), et de la seconde qu'avant de mourir, il se serait retiré à Saint-Maixent, dans le Poitou et qu'il aurait préparé là une représentation de la Passion du Christ, très à la mode à cette époque. La première édition de ses œuvres paraît posthume, en 1489, et peu de temps après sa figure reparaît comme un personnage librement recréé par une fantaisie plaisante, auquel les siècles suivants donneront au fur et à mesure une interprétation plus libertine ou plus enfantine, en faisant enfin de Villon un précurseur de l'âcre morbidité de Baudelaire, de l'audace juvénile de Rimbaud ou de la foi ingénue de Verlaine. Depuis l'âge romantique, sa bibliographie critique s'enrichit d'innombrables voix, et sur le roman de sa vie ont coulé des fleuves d'encre, auxquels il faut ajouter des œuvres lyriques et des films.

Villon est un nom que le poète emprunta au savant et riche religieux de Saint-Benoît-le-Bétourné, Guillaume de Villon, auquel sa mère l'avait confié depuis ses premières études et qui fut pour lui plus qu'un père.

Né sous l'occupation anglaise (c'est en ce temps-là que mourait à Rouen brûlée comme sorcière Jeanne d'Arc, la « bonne Lorraine » citée parmi les *Dames du temps jadis* de la célèbre ballade) vers la fin de la guerre de Cent Ans qui aux dégâts matériels ajoutait l'héritage des désordres moraux, le poète vit même la période de ses études pendant des années tourmentées. La jeunesse estudiantine parisienne, turbulente et inquiète, semble vouloir se rattraper des tristes années subies et elle s'agite en jouant des tours dont l'esprit batailleur devenait dangereux. Cela n'empêche que Villon ne soit en 1449 bachelier à la Faculté des arts et, en 1452, entre le 4 mai et le 26 août, licencié et maître ès arts. Le *Roman du Pet-au-Diable* (*Test.* v. 858) inspiré par les vicissitudes réelles d'une espèce de fétiche de pierre volé et disputé à Paris par les jeunes écoliers de la Sorbonne, s'il n'avait pas disparu, nous aurait peut-être gardé le souvenir direct de ces années. La veine satirique et quelques thèmes (les enseignes volées dans les palais et les cabarets, et devenues personnages de fêtes nuptiales allégoriques et railleuses) paraissent ensuite dans les deux *Testaments* burlesques. François de Montcorbier et des Loges (voilà les noms hérités de son père disparu trop tôt, descendant d'un certain Orace et originaire, paraît-il, des confins du Bourbonnais et de la Bourgogne) est dorénavant Maître François Villon. Mais ces titres n'étaient pas suffisants pour ouvrir au nouveau *clerc* les voies du succès et de la richesse, si Fortune (un personnage du temps qui s'en prend même au poète) ne les avait pas déjà ouvertes à sa famille. La nouvelle soif de biens et de plaisirs qui travaille cet après-guerre, corrupteur des consciences les plus faibles, expose les jeunes *clercs* parisiens à des dangers et à de graves tentations ; Villon même se dira ensuite instruit plus par la dureté de la vie que par tous les commentaires d'Averroès sur Aristote (*Test.*, v. 96).

Ni l'empreinte religieuse de l'éducation et des études, ni même l'habit des confréries, souvent prétexte aux ambitions plus mondaines, n'empêchent la multiplication des mauvais clercs et leur haïssable inconduite. Le 5 juin 1455, jour de fête, le poète provoqué à cause d'une femme, paraît-il, par le prêtre Philippe Chermoye (ou Sermoise) dans le cloître de Saint-Benoît, est entraîné dans une rixe mortelle qui l'oblige à fuir et à se cacher hors de l'enceinte de la ville ; c'est alors peut-être qu'il est recueilli à Port-Royal-des-Champs, auprès de l'abbesse Huguette de Hamel (qui fut bientôt chassée de là, en 1463, pour sa conduite scandaleuse). Nous ne connaissons rien de plus de ses vagabondages, mais son retour dans la ville précède probablement les lettres de rémission du roi Charles VII, du mois de janvier 1456. A la fin de la même année, à Paris, vers Noël de 1456, il participe avec quelques religieux et avec de mauvais clercs au fameux vol de cinq cents écus d'or dérobés au Collège de Navarre, vol qui pèsera dans son dossier criminel plus que le sang de son compagnon tué.

Les diverses ballades du jargon, dans l'argot des fameux *Coquillards,* le révèlent au courant, non seulement par le jeu littéraire, du langage secret de la mauvaise vie ; les invitations à la mesure, à la prudence et au silence, ici déchiffrées par les spécialistes, ne suffisent pas pour nous le faire croire exempt des maux de cette jeunesse avide de l'or d'autrui : ce n'est pas une justification morale que les gains faciles ou malhonnêtes, d'où dérivent souvent ces nouvelles richesses. Frappé par la fin horrible à laquelle se sont exposés, sur les gibets de la justice, quelques-uns de ses compagnons, et réfléchissant, avec sa propre époque qui est celle des « miroirs » et des « danses » de la Mort, à la fin irrévocable qui attend riches et pauvres, tous et tout, le poète semble rentrer en lui-même, en reniant le méfaire (*Ballade de Bon Conseil*), en ajoutant des accents d'une nouvelle mélancolie à sa veine de poésie satirique et moralisante. Dans l'hiver de son fameux vol, après avoir écrit 320 vers du *Lais,* dit parfois le *petit Testament* (où il fait allusion à ses mésaventures amoureuses et à un départ pour Angers, alibi pathétique de sa nouvelle fuite de Paris), il reprend son vagabondage. Ce sont quatre, cinq ans, entre 1456 et 1461, dont sa poésie semble rappeler quelques étapes ; Angers, peut-être, et Blois (où il espéra rester au service du poète et duc Charles d'Orléans*), Bourges et Moulins (où un autre duc poète, Jean de Bourbon, fut prêt à ouvrir sa bourse pour le secourir). D'après d'autres vers, il semble se plier au cours de ses pérégrinations aux plus humbles besognes et s'attacher quelquefois à quelques troupes d'acteurs, aux *sots,* aux *galants* et aux *filles,* dont la compagnie était, pour un hors-la-loi, un abri sûr. A cette période appartiennent les 132 vers d'un *Dit* pour la petite Marie d'Orléans, née le 19 décembre 1457, fille du duc, et la ballade dite du *Concours de Blois,* composée sur un thème proposé par le duc même ; la ballade franco-latine *Parfont conseil eximium,* une satire contre Frédet*, le favori du duc d'Orléans ; la ballade *Requête à Monseigneur de Bourbon* pour demander un nouveau « prêt » à Jean de Bourbon et la vivante ballade *Épître à ses amis,* adressée à ses compagnons de « voyage », comédiens et hors-la-loi, de l'inattendu et dur séjour dans la tour de Manassès : à Meung-sur-Loire, en effet, il fut l'hôte, pendant tout l'été 1461, des prisons de l'évêque et seigneur du lieu, vassal et ami des Orléans, Thibault d'Aussigny (*Test.* v. 6 et suiv.). En octobre 1461, l'avènement et le passage du nouveau roi Louis XI lui rendent la liberté (liberté qu'une année après dans les rues de Paris, entre novembre et janvier, d'autres occasions, c'est-à-dire un vol et une querelle bientôt changée en rixe, faillirent lui faire perdre, et pour toujours, entre les murs du Châtelet).

Nous sommes ainsi arrivés à sa trentième année. Il compose alors le *Débat du Cœur et du Corps* et commence le nouveau testament-anthologie où, à la méditation mélancolique sur sa vie, il ajoute, avant la farandole des legs satiriques et burlesques, une méditation plus profonde sur l'existence éphémère de chacun (*Ballade des dames du temps jadis, des seigneurs du temps jadis, en vieil langage françois*) et la ballade *pour prier Notre-Dame* en hommage à sa vieille mère. Ce sont 2 000 vers environ, le plus souvent en huitains d'octosyllabes aisés et élégants, écrits en moyen français, riche de toutes les richesses, savantes et populaires, de notre poète. Parmi les ballades ci-incluses surtout comme legs, nous rappelons encore *Les regrets de la belle Heaumière,* complainte de la beauté féminine et reprise du thème cher aux miroirs macabres du temps, et *Les contredits de Franc Gontier,* amusant débat sur les amours rustiques chantées par le poète des « pastourelles » ; dans la *Ballade de la Grosse Margot,* le gîte et le couvert lui sont enfin assurés (mais quand donc ?) par l'équivoque maison où il sert et exploite Margot, souvenir, aussi, d'une enseigne volée par les étudiants ; la *Belle leçon aux enfants perdus* et la ballade de *Bonne doctrine* reprennent des thèmes différemment traités dans la ballade *de Bon Conseil* et dans celles en *jargon* sur les risques vains et sur les bénéfices encore plus vains de la malhonnête activité humaine. D'autres ballades sont ensuite dédiées aux *filles de joie,* à la vanité de tout amour et aux *femmes de Paris.* Même si l'éclat de la beauté s'éteint (*Mais où sont les neiges d'antan ?*) et que le cœur féminin soit par sa nature inconstant et avide de biens matériels et d'argent plus que de sentiments sincères et fidèles, l'âme douce et amère du poète penche toujours d'un côté (« Il n'est bon bec que de Paris »).

Hors du cadre du *Testament,* de ses legs et de ses funérailles burlesques, il existe encore presque autant de compositions éparses, chansonnier d'une quinzaine de *Poésies diverses.* Nous rappellerons même quelques-unes de celles-ci, outre les pièces déjà citées de *Bon Conseil, du concours de Blois, à ses amis, à Monseigneur de Bourbon,* le *Dit* et le *Débat* encore plus fameux. Ce sont la ballade *des proverbes* (« Tant grate chievre que mal gist./ Tant va le pot à l'eau qu'il brise... »), celle *des contre-vérités,* qu'on pourrait mieux appeler ballade *des paradoxes* (« Il n'est... bien conseillé qu'amoureux », et c'est encore après les Évangiles et avant Érasme, l'éloge de la folie, ici dans un ton très humain) et celle *des menus propos* (« Je congnois... Je congnois... Je congnois tout, fors que moi mesmes »), insérée à propos entre les deux ballades précédentes. C'est dans ces dernières formes d'« humour », plus que dans les autres ballades de ce chansonnier écrites pour solliciter grâces, aides ou faveurs (la ballade *de Fortune,* la *Question au clerc du guichet,* c'est-à-dire au gardien de prison, dite aussi *de l'appel,* et de la même vigoureuse *Épitaphe* dite *ballade des pendus,* où il se voit déjà pendu avec quatre, cinq compagnons aux impitoyables gibets de la justice et il invoque la pitié des hommes et de Dieu : « Mais priez Dieu que tous nous veuille absouldre ! ») c'est donc dans les trois ballades savantes et populaires, entrelacées de proverbes spirituels, de propos ingénieux et de maximes paradoxales que se trouve peut-être le témoignage poétique le plus original du clerc Villon, enfant de Paris et digne élève de la Sorbonne.

Le portrait le plus vrai du poète Villon est celui qu'il a fait de lui-même dans son œuvre entre vingt-cinq et trente ans, et qui le représente, mise en scène du moribond à part, « les membres sains » (*Lais,* v. 46) et, ayant fait les réserves nécessaires (« Je ne suis homme sans desfault / ne qu'autre d'acier ne d'estain », *Ibid.,* v. 59-60), faible plus de biens que de santé malgré la farce du testament : « pour ce que foible je me sens, trop plus de biens que de sancté... » (*Test.,* v. 73-74). Pauvre non pas de santé, mais tout au plus « de sens et de savoir » (*Ibid.,* v. 178), ou plus exactement : « ne du tout fol, ne de tout saige » (*Ibid.,* v. 3). Chez un poète si juvénile et si effronté l'aspect triste sous lequel il se représente souvent peut surprendre : « triste, failly, plus noir que meure » (*Ibid.,* v. 179), « comme povre chien tapi en reculet » (*Débat de Villon et de son cœur,* v. 5). Mais bientôt l'emporte un élan de gaieté, en partie inconscient et instinctif, en partie volontaire : « je m'esjouys et n'ay plaisir aucun » (*B. du concours de Blois,* v. 8), « confort reprens en triste desespoir » (*Ibid.,* v. 7), « je riz en pleurs et attens sans espoir » (*Ibid.,* v. 6). De ce sourire et de cette attente, que vainquent les larmes et le désespoir, la *Ballade de l'appel* est un clair témoignage, même si cette confiance, les critiques les plus sévères du poète l'appellent inconscience.

Le portrait du clerc est complété par sa maigreur (« moy plus maigre que chimere », (*Test.,* v. 828) : plus creusé que les monstrueuses chimères de la cathédrale gothique) et la couleur noire, qui le font comparer à un escouvillon : « sec et noir comme escouvillon » (*Lais,* v. 316). Dans le texte poétique cette suggestion réaliste n'est pas moins surréelle que d'autres allusions : « comme ung chevaucheur d'escouvettes » (*Test.,* v. 668), chevaucheur de balais, sorcier, « comme extraict que je suis de fee » (*Ibid.,* v. 1797), fils d'une sorcière, « comme enffant de Paris » (*Ibid.,* v. 1059). Un enfant de Paris, que la faim et la gêne ne rendent certainement pas plus beau : « dont les dens a plus longues que ratteaux » (*Épître à ses amis,* v. 26). Et il semble insister encore sur ses longues et rares dents dans la *Louange à la court* (« Et vous, mes dens, chascune si s'esloche ; / saillez avant », *ibid.,* v. 21 et suiv.), en les comparant à des cloches, à des trompettes et à des tuyaux d'orgues ! C'est certainement la proverbiale maigreur du poète qui rend ici même ses dents plus affamées et plus saillantes. Par surcroît, sa laideur, que l'âge et la vie misérable avaient développée, s'accentua davantage à cause de la peine qui lui fut infligée de la part (paraît-il) de l'évêque et seigneur de Meung-sur-Loire : il fut condamné à avoir la barbe complètement rasée ; c'était là le symbole de la dégradation du clerc, puisque la barbe fut toujours considérée comme un signe de virilité et de sagesse ; (au Moyen Âge les chevaliers juraient sur elle et les coupables en étaient privés). Donc Villon « fut rez chief, barbe et sourcil / comme ung navet c'on ret ou pelle » (*Test.*, v. 1896-97). Avec le portrait de l'auteur nous avons aussi sa caricature, qui ne pouvait manquer sous la plume de l'humoriste que fut parfois Villon. Nulle note ne manqua à sa poésie ; bien que son héros, c'est-à-dire lui-même, soit essentiellement un héros comique, il y a aussi quelque résonance épique, même si ses accents épiques les plus vrais naissent de l'évocation du temps jadis.

Notre « portrait » est fini, mais il pourrait recommencer chaque fois qu'on rouvre les textes. Notre *Villon par lui-même* est ici intentionnellement limité à une peinture extérieure, à l'esquisse plus qu'à une analyse profonde que nous avons essayée ailleurs.

Quant à l'œuvre du poète, elle est confiée aux octosyllabes narratifs des testaments satiriques surnommés, plaisant souvenir biblique, *Le Petit et le Grand Testament :* le premier, dont le vrai titre est *Le Lais* et qui fut écrit vers Noël 1456, est de quarante huitains dans les éditions, trente-neuf ou trente-huit dans les manuscrits. Dans le domaine assez vaste des testaments littéraires, le *Lais* se rapproche du testament du chevalier qui, amoureux d'une belle dame sans merci, s'en va en pays lointain, tout en lui laissant son cœur et léguant à d'autres ses biens de chevalier : notre clerc se moque, avec sa parodie, d'une fille félonne et de toute sorte de gens de Paris (qu'il est en train de laisser à cause du vol au Collège de Navarre !) Le *Testament* « véritable » atteste le succès du premier et sa deuxième partie reprend la verve cocasse du *Lais ;* mais la parodie débute cette fois par une méditation sur la vie du poète, et sur notre vie : ce n'est plus un faux chevalier qui parle, mais toujours l'amoureux martyr, dont la soif d'amour et la fin de jeunesse sont tout de même un témoignage de sa condition d'homme. Le testament littéraire garde mieux cette fois son cadre juridique, bien que sa conclusion le rapproche des sermons joyeux du carnaval, et aussi du congé chanté, à la fin des farces, par les acteurs, avec leurs excuses et l'invitation pour finir à une danse générale.

L'art du poète est confié surtout, à part ses schémas littéraires, aux octosyllabes et aux décasyllabes d'une trentaine de ballades, dont plusieurs sont insérées, ou composées exprès, dans le grand *Testament.*

Dans cette œuvre, qui dépasse 2 000 vers, la satire parfois monte et se teinte de gravité, comme dans l'ample prélude autobiographique et dans la célèbre *Ballade des dames du temps jadis* (v. 329-56) ; parfois elle descend, comme à la fin, jusqu'au ton burlesque du jongleur. En dehors de ce schéma, il reste une moitié environ de ces ballades qui avec deux épigrammes ou rondeaux et un « dit » de cent trente-deux vers témoignent de la survivance poétique de tout ce qui n'entra pas dans le poème satirique et autobiographique du *Testament.* Les éditeurs français modernes ont donné à ce chansonnier dispersé le titre de *Poésies diverses.* L'incertitude chronologique de ces poésies subsiste et aucune source ne nous a transmis ce chansonnier groupé. De ce chansonnier on a exclu les ballades écrites en jargon, l'argot parisien des mauvais « clercs ». La langue de Villon, le français du XVe siècle, dit moyen français, n'ignore certainement pas les formes et les mots de l'argot, à côté de quelque nuance archaïque latine et dialectale. Villon ne dut pas hésiter entre l'emploi du latin et celui du français : il hésita au contraire, fait singulier, entre l'emploi du français et celui d'une langue pittoresque et tout inventée, l'argot de quelques-unes de ses ballades, devenues aujourd'hui un champ de lecture et d'étude pour un nombre encore limité de philologues. L'œuvre de Villon n'est pas considérable et ne saurait se comparer par son ampleur à celle de Dante*, par exemple. Mais ce qui fait son prix, c'est qu'elle nous révèle, à une époque où règne encore la poésie conventionnelle, les sentiments profonds et souvent contradictoires d'un cœur offensé par la vie.

ŒUVRES. — Les éd. anciennes et modernes sont répertoriées dans la bibliogr. de R. Sturm (voir *infra*) ; on peut citer : *Poètes et romanciers du Moyen Âge*, éd. A. Pauphilet, nouv. éd., Paris, 1952, p. 1137-1223 (*Bibliothèque de la Pléiade,* 52) [éd. dans une anthologie]. — *François Villon. Traduction en français moderne accompagnée de notes explicatives,* trad. A. Lanly, Paris, 1969, 2 vol ; *Villon, Œuvres, Texte et traduction*, éd. et trad. A. Lanly, Paris, 1991 (*Textes et Traductions des CFMA*, 3). — *Le Testament Villon, I : Texte ; II : Commentaire,* éd. J. Rychner et A. Henry, Genève, 1974, 2 vol. (*TLF,* 207 et 208) ; *Le Lais Villon et les Poèmes variés ; I : Textes ; II : Commentaire,* éd. J. Rychner et A. Henry, Genève, 1977, 2 vol. (*TLF,* 239 et 240) ; *Le Testament Villon, Le Lais Villon et les Poèmes variés, Index,* éd. J. Rychner et A. Henry, Genève, 1985 (*TLF,* 335) [éd. critique la plus récente, mais qui ne rend pas caduques les précédentes éd.]. — *Poèmes de la mort de Turold à Villon,* éd. et trad. J.-M. Paquette, Paris, 1979, p. 252-264 (*10/18 Bibliothèque médiévale*) [éd. d'une partie du *Testament* dans une anthologie]. — *De Villon à Villon ; I : Le Lais François Villon. Ms. Arsenal 3523,* éd. G. Di Stefano, Montréal, 1988 (*Inedita & Rara,* 3). — François Villon, *Poésies complètes*, éd. C. Thiry, Paris, 1991 (*Le Livre de Poche,* 4530. *Lettres gothiques*).

→ Cinq biographies : G.A. Brunelli, *François Villon,* avec bibliogr. et index de P. Morabito, Milan, 1961 [avec une *Bibliografia villoniana* qui recense toutes les éd. jusqu'en 1959]. — G. Pinkernell, *François Villon, Eine kritische Biographie,* dans *ZRPh, Sonderband zum 100 jährigen Bestehen,* 1977, p. 377-392 ; *Une nouvelle date dans la vie et l'œuvre de François Villon : le 8 octobre 1458,* dans *Romania,* t. 4 (1983), p. 377-391. — J. Favier, *François Villon,* Paris, 1982 (rééd., 1984). — P. Champion, *François Villon,* 2 t. en 1 vol., Paris, 1913 et 1933 (*Bibl. du 15ᵉ s.*), réimp. 1984, avec une postface de J. Dufournet. — M. Schwob, *Villon François,* Paris, 1990 [rééd. de l'ouvrage posthume *François Villon : rédactions et notes,* publié à Paris en 1912 par P. Champion et réimp. Genève, 1974]. — Deux bibliogr. récentes : G. Di Stefano, *Villoniana : Bibliografia 1959-1978,* dans *Le Moyen Français,* t. 3 (1980), p. 120-155. — L. Burgoyne, *Villoniana, Bibliogr. 1959-1978 (supplément), ibid.*, t. 11 (1982), p. 133-137. — La bibliogr. analytique d'E. Yenal, *Charles d'Orléans. A Bibliography of Primary and Secondary Sources,* New York, 1984, p. 50-55 (*Amsterdamer Studies in the Middle Ages,* 6) consacre un chap. à Villon. — La bibliogr. de R. Sturm (*François Villon, Bibliographie et matériaux littéraires — Bibliographie und Materialien (1489-1988),* Munich, Londres, New York et Paris, 1990, t. 1) regroupe l'ensemble des éd. et des travaux critiques (classés par années) publiés avant 1988. — Il faut signaler : A. Burger, *Lexique de la langue de Villon,* Genève et Paris, 1957, 2ᵉ éd. Genève, 1974 (*Publ. romanes et françaises,* 127) et J. Fox, *Villon Poems,* Londres, 1984 (*Critical Guides to French Texts,* 37). — Ajouter des études récentes : G.A. Brunelli, *Sulle tradizioni italiane (1906-1981) dell'« Epitaphe Villon » (la « Ballade des pendus »),* dans *Études littéraires sur le* XVᵉ *siècle. Actes du 5ᵉ colloque international sur le Moyen Français, Milan, 6-8 mai 1985,* Milan, 1986, t. 3, p. 217-237 (*Scienze filologiche e letteratura,* 31). — D.A. Fein, *Joined Hearts and Severed Tongues. An Illustration of Antithetical Juxtaposition in Villon's « Testament »,* dans *Philological Quarterly,* t. 66 (1987), p. 315-324. — L. Rossi, *François Villon et son « prince redouté »,* dans *Mél. G. Hilty,* Francfort-sur-le-Main, 1987, p. 201-220. — E. Stojkovic Mazzariol, *La riscoperta del « caso » Villon. Neri, Benedetto, Siciliano,* dans *Gli Studi francesi in Italia tra le due guerre. Atti del XIV Convegno della Societa Universitaria per gli Studi di Lingua e Letteratura Francese, Urbino, 15-17 maggio 1986,* Urbino, 1987, p. 113-124 (*Quaderni della Societa Universitaria per gli Studi di Lingua e Letteratura Francese,* 7). — W. Engler, *Sidoine, Nicht Elayne. Villon : « Les Contreditz (de) Franc Gontier »,* dans *ZFSL,* t. 98 (1988), p. 256-263. — S. Hendrup, *Notice sur les vers 253-254 du « Testament » de Villon,* dans *Revue Romane,* t. 23 (1988), p. 97-106. — N.F. Regalado, *« En l'an de mon trentiesme aage ». Date, Deixis and Moral Vision in Villon's Testament,* dans *Mél. P. Zumthor,* Paris, 1988, p. 237-246. — I. Meazzini, *Interpretando Villon. Una rilettura dell'« Epistre »,* dans *Letterature,* t. 11 (1988), p. 42-50. — W. Pöckl, *Formen produktiver Rezeption Villons im deutschen Sprachraum (aus romanistischer Sicht),* thèse dactyl., Salzbourg, 1988. — J. Ribard, *Bibliographie Encore Villon...,* dans *Le Moyen Âge,* t. 94 (1988), p. 103-106. — J. Taylor, *Villon et la danse macabre. « Défamiliarisation » d'un mythe,* dans *Pour une mythologie du Moyen Âge,* Paris, 1988, p. 179-196 (*Collection de l'École normale supérieure de jeunes filles,* 41). — R.D. Peckham, *The Current State of Villon Studies,* dans *Fifteenth-Century Studies,* t. 14 (1988), p. 129-150 ; t. 15 (1989), p. 259-268. — J.P. Wiczorek, *« Doch seine freche Seele lebt wohl noch... ». The figure of Villon in east German poetry,* dans *German Life and Letters,* t. 42 (1988-1989), p. 129-144. — D.A. Fein, *François Villon and his Reader,* Detroit, 1989. — J.-M. Varaut, *Une chronique judiciaire,* dans *Poètes en prison. De Charles d'Orléans à Jean Genet,* Paris, 1989, p. 35-53. — *Colloque pour le 500ᵉ anniversaire de l'impression du « Testament » de Villon, Bibl. Historique de la Ville de Paris, 15-16-17 dé-*

cembre 1989, Paris [sous presse]. — R. Van Deyck, *Exploitation syntaxique et pragmatique de la coordination par François Villon,* dans *Le Moyen Français,* n°s 24-25 (1991), p. 71-92. — Cf. *GRLMA,* t. VIII/1, p. 71, 90, 123 ; t. VIII/2, n°s 36720 et 36780. — *MB,* n°s 4606-4766 *bis ;* 6865-6907 ; 7906-7931 ; *S* 29 ; 4547 ; 4553 ; 4578 ; 5318 ; 6788 ; 6808 ; 6938 ; 7067-7321 ; 7355 ; 7584 ; 7586 ; 7791. G.A.B.

Francon de Cologne. Théoricien et musicien du XIIIe siècle. Huit mss subsistent de son traité *Ars cantus mensurabilis* et deux donnent des informations biographiques à son sujet. L'un (du XVe) l'appelle *magister* Francon de Paris ; l'autre (du XIVe) parle de *dominus* F. comme d'un chapelain du pape, précepteur des Hospitaliers de Saint-Jean-de-Jérusalem à Cologne. Les liens sont étroits entre Cologne et Paris au XIIIe siècle et ces indications ne sont pas forcément incompatibles.

Jacques de Liège dans son *Speculum musice* le déclare compositeur et dit avoir entendu une œuvre de lui à trois voix. Aucune composition n'a pu être authentifiée sûrement.

Il reste que son traité contient la première formulation d'une idée qui allait être fondamentale pour la musique occidentale : le principe de la notation mensuraliste où la notion de durée s'appuie sur la forme de la note et non plus sur différents contextes. Il est aussi le premier qui parle de l'unité de trois brèves ou *perfectio* où trouvent place les six modes rythmiques. Enfin, il apporte des exemples de polyphonie contemporaine.

ŒUVRE. — G. Reaney, A. Gilles, *Franco of Cologne : Ars cantus,* dans *Corpus Scriptorum de Musica,* n° 18 (1974).

→ A. Hughes, art. *Franco of Cologne,* dans *The New Grove Dictionary of Music and Musicians,* t. 6, 1980, p. 794-797. N.S.

Frédégaire. Le nom de Frédégaire est resté attaché à une chronique en quatre livres composée au VIIe siècle par un ou plusieurs auteurs (le dernier éditeur Kusternig tient pour un auteur unique). Cette attribution repose sur la note qu'un érudit du XVIe siècle a ajoutée dans le ms. de Saint-Omer 706, au fol. 118 : « *Putemque esse Fredegarium archidiaconum* ». Le personnage n'a jamais été identifié et le nom de Pseudo-Frédégaire lui a été souvent donné. Les trois premiers livres retracent l'histoire de la Gaule depuis la fin de l'Empire romain jusqu'au début du VIIe siècle, avec en préface une histoire du monde : c'est une œuvre de compilation qui utilise le *Liber generationis* d'Hippolyte, saint Jérôme, Hydace, Isidore*, insère divers tableaux généalogiques et se termine par le résumé des six premiers livres de l'histoire de Grégoire de Tours*. Le quatrième livre, seul, est original ; il couvre les années 584 à 642 et aurait été rédigé vers 658-660. Trois continuations mènent la chronique jusqu'en 778 : la première est fondée sur le *Liber Historiae Francorum* (œuvre d'un Neustrien écrite au début du VIIIe siècle sous le règne de Thierri IV) pour les années 640-721 et devient indépendante pour les années suivantes jusqu'en 735. Une deuxième continuation complète l'histoire de Charles Martel et commence le règne de Pépin le Bref ; la dernière va jusqu'à l'accession des fils de Pépin et détaille les événements de la guerre en Aquitaine.

À l'inverse de Grégoire de Tours, Frédégaire est seulement un chroniqueur, pas un historien ; il est limité par la forme annalistique du matériel qu'il utilise. Cependant il ne manque pas d'habileté narrative. Son latin est plus « rustique » que celui de l'évêque de Tours et préfigure par certains de ses aspects morphologiques et syntaxiques la langue vernaculaire. Sans Frédégaire, l'histoire de la monarchie franque au VIe siècle nous échapperait complètement. Enfin, on lui doit la plus ancienne référence à l'origine troyenne des Francs.

ŒUVRE. — Éd. B. Krusch dans *MGH, Script. rer. merov.,* II, p. 18-193 [éd. des continuations aux p. 168-193]. — Éd. et trad. anglaise du livre 4 : J.M. Wallace-Hadrill, *The Fourth Book of Chronicle of Fredegar with its Continuations,* Edimbourg, 1960 (*Nelson's Medieval Texts*). — Éd. partielle et trad. allemande : A. Kusternig, *Die vier Bücher der Chroniken des sogenannten Fredegar (Buch 2, Kapitel 53 bis Buch 4),* dans *Quellen zur Geschichte des 7. und 8. Jahrhunderts,* Darmstadt, 1982, p. 44-325 [éd. des continuations aux p. 272-325].

→ L. Taylor, *The Latinity of the Liber Historiae Francorum,* New York, 1924. — L.F. Sas, *The Norm Declension System in Merovingian Latin,* Columbia Univ., 1937. — D. Norberg, *Syntaxtische Forschungen auf dem Gebiete des Spätlateins und des frühen Mittelalters,* Uppsala, 1943 ; *Beiträge zu Spätlateinischer Syntax,* Uppsala, 1944. — W. Goffart, *The Fredegar Problem Reconsidered,* dans *Speculum,* t. 38 (1963), p. 206-241. — F.L. Ganshof, *L'historiographie dans la monarchie franque sous les Mérovingiens et les Carolingiens,* dans *Settimana di Studio di Spoleto,* t. 17, 2 (1970), p. 637-642, 644-645. — R. Itkonen, *The Significance of Merovingian Latin to Linguistic Theory,* dans *Four Linguistic Studies in Classical Language,* Helsinki, 1978, p. 9-64. — R. Wright, *Late Latin and Early Romance in Spain and Carolingian France,* Liverpool, 1982. — R.A. Gerberding, *The Rise of the Carolingians and the Liber Historiae Francorum,* Oxford, 1987. — Molinier n° 197. — Nouveau Potthast, t. 4, p. 553-555. G.T.L.

Frédéric II de Hohenstaufen (26 décembre 1194-13 décembre 1250). L'empereur, qui régna de 1220 à 1250, réunit à sa cour de Palerme un grand nombre de savants et de traducteurs, et rassembla force manuscrits d'origine orientale. Un fruit remarquable de l'activité scientifique et littéraire de cette cour est le *De arte venandi cum avibus,* le plus volumineux traité de fauconnerie d'Occident. Attribué à l'empereur lui-même et composé en latin, il est conservé dans une douzaine de manuscrits, dont six contiennent seulement les deux premiers livres, mais les autres la totalité des six livres. Les deux premiers livres ont été publiés à Augsbourg en 1596, puis à Leipzig en 1788.

Le premier livre du *De arte venandi cum avibus* traite de l'anatomie et de la physiologie des oiseaux ; le deuxième enseigne, dans les moindres détails, la façon dont on affaîte les oiseaux de chasse. Ces deux premiers livres furent traduits en français (d'après le texte latin du Vatican, Pal. lat. 1071, qui contient les additions dues à Manfred de Hohenstaufen) dans le dialecte franc-comtois, pour Jean de Dampierre et sa fille Isabelle, vers la fin du XIIIe siècle : la traduction est conservée dans quatre splendides manuscrits, illustrés (le plus beau, archétype des trois autres, est : Paris, BN, fr. 12400).

Une autre traduction en français, indépendante de la première, plus récente et portant sur le seul deuxième livre (également d'après le texte latin du Vatican, Pal. lat. 1071), est conservée dans un manuscrit unique (Paris, BN fr. 1296), datant du XVe siècle et resté inédit.

ŒUVRE. — *Friderici Romanorum Imperatoris Secundi De arte venandi cum avibus,* éd. C.A. Willemsen, Leipzig, 1942, 2 vol. [concerne les 6 livres du texte latin]. — *Traduction en vieux français du De arte venandi cum avibus de l'empereur Frédéric II de Hohenstaufen, Ed. critique du 2e livre,* éd. G. Holmer, Lund, 1960 (*Studia Romanica Holmiensia,* 4). — *The Art of Falconry, Being the « De Arte venandi cum avibus » of Frederick II of Hohenstaufen,* trad. et éd. C.A. Wood et F.M. Fyfe, 2e éd. Boston-Londres, 1955 [trad. en anglais moderne].

⟶ C.H. Haskins, *Some Early Treatises on Falconry,* dans *Romanic Review,* t. 13 (1922), p. 22-24 [18-27]. — G. Tilander, *Etude sur les traductions en vieux français du traité de fauconnerie de l'empereur Frédéric II,* dans *ZRPh,* t. 46 (1926), p. 211-290. — B. Van den Abeele, *La fauconnerie dans les lettres françaises du XIIe au XIVe siècle,* Louvain, 1990 (*Mediaevalia Lovaniensia,* s. I, 18) ; *Les traités latins de fauconnerie du XIIe siècle. Manuscrits et perspectives,* dans *Scriptorium,* t. 44 (1990), p. 280, 282 [276-286]. — Cf. *MB,* n°s 6570 ; *S* 5423.
G.T. et F.F.H.

Frédet. Poète de l'entourage du duc Charles d'Orléans*, dont l'identité reste obscure. Seule l'amitié profonde entre Charles d'Orléans et Frédet est une certitude : leurs échanges poétiques semblent avoir commencé peu après le 28 mai 1444, jour de la conclusion d'une trêve franco-anglaise à Tours, avoir repris vers 1452 et s'être poursuivis jusqu'en 1455. Toujours le bienvenu à la cour de Blois, Frédet paraît avoir été un visiteur fréquent dans les années 1453-1454. Charles d'Orléans serait intervenu, en 1454, pour faciliter le mariage de Frédet. Ce dernier s'attira la jalousie de François Villon* qui, dans l'espoir de le brouiller avec le duc, composa, à la fin de l'année 1457, la ballade franco-latine « *Parfont conseil eximium* » et dut, cet espoir déçu, quitter rapidement Blois, où Frédet demeurait en faveur auprès de Charles d'Orléans.

Frédet est l'auteur de 13 rondeaux et bergerettes, deux complaintes et, au moins, une ballade (sur le thème dit « du concours de Blois »). Onze de ses œuvres figurent dans le recueil personnel du duc d'Orléans ms. Paris, BN, fr. 25458).

ŒUVRES. — *Rondeaux et autres poésies du XVe siècle,* éd. G. Raynaud, Paris, 1889, p. XVI-XVII et n^os^ V, XXVII, XXXIV, XXXVI, XXXVIII-XXXIX, XLIII, XLV (*SATF,* 29). — *Charles d'Orléans, Poésies complètes,* éd. P. Champion, Paris, 1923 (réimp. 1971), t. 1, n^os^ CIV ; t. 2, n°s XVII, CII, CXV, CXXXVI, CLXXV, CCXXVII, CCXXX et p. 620 (*CFMA,* 34 et 56). — A. Angremy, *Un nouveau recueil de poésies françaises du XVe siècle : le ms. BN nouv. acq. fr. 15771,* dans *Romania,* t. 95 (1974), p. 15 [1-53]. — *Une nouvelle coll. de poésies lyriques et courtoises du XVe siècle : le ms. BN nouv. acq. fr. 15771,* éd. B.L.S. Inglis, Paris, 1985, p. 37-39 et n°s VII, XIII-XIV, LX, LXIV, LXVI (*Bibliothèque du XVe*

siècle, 48). — G. Pinkernell, *La « Ballade du concours de Blois » de François Villon, ou les affres d'un courtisan marginal,* dans *Le Moyen Français,* n° 17 (1985), p. 48-72 [éd. d'une ballade anonyme, de 1457, attribuable à Frédet].

→ G. Pinkernell, *La ballade franco-latine « Parfont conseil eximium » : une satire peu connue de Villon contre Frédet, favori de Charles d'Orléans,* dans *ZRPh,* t. 103 (1987), p. 300-318. — Cf. *MB S* 6814. F.F.H.

Froissart. Voir : Jean Froissart.

Fuerre de Gadres. Voir : *Roman d'Alexandre.*

Fulbert de Chartres. On ne sait rien de certain ni sur le lieu (Italie selon les uns, Picardie selon les autres) ni sur la date (entre 960 et 970) de la naissance de Fulbert de Chartres. Une tradition qui remonte au XIIe siècle affirme qu'il fréquenta les écoles de Reims et y fut l'élève de Gerbert. Mais comme aucun témoignage contemporain ne le confirme, on a pu mettre en doute le bien-fondé de cette tradition. C'est vers 990 que Fulbert arrive à Chartres où il devient chanoine et chancelier. En 1006, il est promu évêque de Chartres. En 1020, il entreprend de reconstruire la cathédrale qu'un incendie avait détruite. Il meurt le 10 avril 1028.

L'importance de Fulbert comme évêque et comme conseiller des rois et des princes est admise de tous. En revanche, son rôle actif dans le développement des écoles chartraines a été contesté. Alors que les anciens historiens, Clerval compris, l'ont exalté à l'excès, certains historiens modernes ont tendance à le réduire d'autant. On peut souscrire, semble-t-il, aux conclusions modérées de Sir Richard Southern : « Il est douteux que Fulbert ait ajouté quoi que ce soit au capital du savoir, mais il a touché à toutes les branches de l'enseignement ».

Fulbert nous a laissé des lettres, des sermons et des poèmes. Parmi les sermons il convient de signaler ceux qu'il écrivit *Contre les Juifs* (*PL,* t. 141, 305D-318A), et ceux qu'il composa *Pour la Fête de la Nativité de la Vierge Marie* (*PL,* t. 141, 320B-331C). C'est dans ces derniers qu'il raconte l'histoire de Théophile, ce chrétien qui, ayant pactisé avec le diable, fut miraculeusement délivré par la Mère de Dieu. La légende de Théophile, économe — vidame, disent les versions latines — de l'évêque d'Adana (Cilicie), traduite du grec en latin par Paul Diacre*, rencontra un immense succès au Moyen Âge ; elle a été mise en scène notamment par Rutebeuf* dans *Le miracle de Théophile.* Fulbert donna aussi une impulsion à la poésie et au chant liturgiques : de son école sont sorties plusieurs pièces musicales promises à un long succès. Plus longtemps que les sermons, sans doute, les poésies de Fulbert ont chanté dans la mémoire des hommes. Et l'on dit que Rutebeuf, en écrivant :

Si com la rose ist de l'espine
Issis, glorieuse roïne,
De juerie qui est poignant,

s'est souvenu du vers de Fulbert : « *Sicut spina rosam, genuit Judaea Mariam.* »

Fulbert eut de nombreux disciples. Certains restèrent à Chartres, tel Sigon, qui fut son secrétaire et qui, après la mort de son maître, s'employa à conserver sa mémoire. D'autres portèrent au loin la renommée de Fulbert et de son école, tels Adelman de Liège, Bérenger de Tours* et Hartwic de Saint-Emmeram. De tous les témoignages d'affectueuse fidélité laissés par ces disciples, l'un des plus émouvants est peut-être une lettre adressée par Adelman à son ancien condisciple, l'écolâtre Bérenger de Tours : « Je t'ai appelé mon frère de lait, à cause de ce très doux compagnonnage dont j'ai joui, alors que j'étais déjà un jeune homme et que tu étais encore un adolescent, dans l'Académie chartraine, sous la conduite de notre vénérable Socrate (*Fulbert*). Nous avons plus de motifs de nous féliciter d'avoir vécu en sa compagnie que n'en avait Platon quand il rendait grâces à la Nature de l'avoir fait naître au temps de son cher Socrate » (*PL,* t. 143, 1289A).

ŒUVRES. — *PL,* t. 141, 163-374. — Y. Delaporte, *Une prière de saint Fulbert à Notre-Dame,* Chartres, 1928 ; *Une prière de saint Fulbert de Chartres à Notre-Dame,* dans *La Vie spirituelle,* t. 86 (1952), p. 467-476. — H. Barré, *Prières anciennes de l'Occident à la Mère du Sauveur,* Paris, 1963, p. 150-162. — J.M. Canal, *Los Sermones Marianos de San Fulberto de Chartres (1028),* dans *RTAM,* t. 29 (1962), p. 33-51 ; *Texto critico de algunos sermones marianos de San Fulberto de Chartres o a él atribuibles, ibid.,* t. 30 (1963), p. 55-87 [concernant cette édition, cf. H. Barré, *Pro Fulberto, ibid.,* t. 31 (1964), p. 324-330]. — F. Behrends, *The Letters and Poems of Fulbert of Chartres,* Oxford, 1976.

→ C. Pfister, *De Fulberti Carnotensis vita et operibus,* Paris, 1885. — R. Merlet et A. Clerval,

Un manuscrit chartrain du XIe *siècle. Fulbert évêque de Chartres,* Chartres, 1893 ; A. Clerval, *Les écoles de Chartres au Moyen Âge,* Paris, 1895. — R.W. Southern, *The Making of the Middle Ages,* Londres, 1953, p. 197-203. — M.T. Vernet, *Notes de Dom André Wilmart sur quelques manuscrits latins anciens de la Bibliothèque nationale de Paris,* dans *Bulletin d'Information de l'Institut de recherche et d'histoire des textes,* t. 6 (1957), p. 20-25. — Y. Delaporte, *Fulbert de Chartres et l'école chartraine de chant liturgique au* XIe *siècle* dans *Études Grégoriennes,* t. 2 (1957-58), p. 51-61. — L.C. Mac Kinney, *Bishop Fulbert and Education at the School of Chartres,* Univ. Notre-Dame (Indiana), 1957. — B. Blumenkranz, *À propos du (ou des) Tractatus contra Iudaeos de Fulbert de Chartres,* dans *RMAL,* 8 (1952), p. 51-54 ; *Les auteurs chrétiens latins du Moyen Âge sur les Juifs et le judaïsme,* Paris, 1963, p. 237-243. — F. Behrends, *Kingship and Feudalism according to Fulbert of Chartres,* dans *Mediaeval Studies,* t. 25 (1963), p. 93-99. — B. Bischoff, *Mittelalterliche Studien,* II, Stuttgart 1967, p. 80-83. — G. Dahan, *Salatin, du Miracle de Théophile par Rutebeuf,* dans *Le Moyen Âge,* t. 83 (1977), p. 445-468. — C. Villa, *La « Lectura Terentii »,* Padoue 1984, p. 78-80. — P. Riché, *Gerbert d'Aurillac, le pape de l'An Mil,* Paris, 1987, p. 76 ; *Les écoles et l'enseignement dans l'Occident chrétien de la fin du* V^e^ *siècle au milieu du* XIe *siècle,* 2e éd., Paris, 1989.

É.J.

G

Gabrielle de Bourbon. Voir : Jean Henry.

Gace Brulé. Chevalier de petite noblesse, Gace Brulé (de Burelé, surnom d'une famille champenoise) naquit au plus tard en 1159. Il vécut vraisemblablement à Nanteuil-lès-Meaux (Seine-et-Marne, arr. Meaux, cant. Meaux-sud), où il écrivit entre 1179 et 1212 : il fut l'un des premiers poètes français à chanter l'amour courtois.

Fieffé dans la Brie et dans le Drugesin, Gace Brulé paraît, en 1189, dans l'entourage de la comtesse Marie de Champagne († 1198), sa suzeraine, composant des chansons pour le cénacle poétique qui se réunissait autour d'elle. À l'époque, la cour de cette princesse, fille du roi Louis VII et d'Aliénor d'Aquitaine, était depuis une vingtaine d'années déjà le centre littéraire le plus important des pays de langue d'oïl. Il est très probable que c'est dans cette société, où il a pu connaître les trouvères Chrétien de Troyes*, Huon d'Oisy* et Conon de Béthune*, que Gace se produisit, peu après 1180, comme poète et compositeur. Sa carrière de chansonnier professionnel l'obligea très tôt cependant à visiter d'autres cours seigneuriales. Il séjourna chez le comte de Bretagne Geoffroy Plantegenêt († 1186), le demi-frère de Marie de Champagne, noua des relations amicales avec lui et fut son partenaire dans un jeu-parti. Il se lia aussi avec les comtes Thibaud V († 1191) et Louis de Blois († 1205), respectivement beau-frère et neveu de la même princesse, et leur adressa plusieurs hommages poétiques. Plus tard, il jouit de la faveur de l'héritier de France, le futur Louis VIII, auprès duquel on le trouve, à Mantes, durant l'hiver 1212-1213 : il a pu rencontrer à Mantes le comte Thibaut de Champagne*. Après cette date, on perd sa trace. Si nous ajoutons qu'il compta de bons compagnons parmi les trouvères de son temps, Blondel de Nesle*, Gautier de Dargies*, Gilles de Vieux-Maisons*, Gontier de Soignies* et Pierre de Moslins* par exemple, nous aurons dit tout ce que l'on sait de sa biographie. Comme il s'est gardé avec soin de dévoiler l'identité de celle(s) qu'il a vraiment aimée(s) — fidèle en cela à l'usage troubadouresque (il a pu fréquenter certains troubadours* qui ont visité le Nord de la France) — il est impossible de retracer l'histoire de sa vie sentimentale.

Des 108 poèmes lyriques que les copistes médiévaux attribuent à Gace Brulé, 69 lui appartiennent, 15 sont d'attribution douteuse et 24 ne sont pas de lui. Avec celle de Thibaut de Champagne, cette œuvre est, quantitativement du moins, la plus considérable qu'un trouvère nous ait léguée. À l'exception de deux d'entre elles, un jeu-parti et un débat entre femmes, toutes ces pièces sont des chansons d'amour courtoises. Ses joies et ses souffrances d'amant, le culte de la dame et le « service d'amour » constituent en effet la source d'inspiration exclusive de Gace. Louanges de l'aimée, supplications, humble soumission, désespoir ou joie triomphante d'une passion heureuse, tout ce qui était de style dans le lyrisme courtois se retrouve chez lui et l'on pourrait extraire de ses compositions un répertoire presque complet des thèmes et des poncifs exploités par les troubadours et leurs imitateurs français. On remarque toutefois qu'à la différence de certains auteurs, de Chrétien de Troyes notamment, Gace ne conçoit pas l'amour comme un libre engagement, mais comme une passion fatale, irrésistible. Il importe surtout de noter que, s'il fit de « la fine amour » la substance de son chant et respecta scrupuleusement ses conventions, ce n'est point par impuissance créatrice, c'est parce que la mystique et la discipline courtoises correspondaient à sa nature profonde.

Pour Gace, attentif uniquement à ses sentiments et à leurs moindres modifications, la réalité extérieure est pratiquement inexistante. Bien qu'il sache découvrir les fils mystérieux qui la relient à son cœur, la nature n'apparaît que dans la première strophe de quelques-unes de ces chansons. Encore n'y est-elle pas évoquée pour elle-même : elle lui fournit seulement l'occasion d'exprimer un état d'âme. Quant au monde des hommes, il n'est représenté que par les « losengiers », ces faux amants qui troublent les rapports entre le soupirant et sa dame. Celle-ci elle-même, d'une perfection transcendante, semblerait n'être qu'une créature imaginaire, si de temps en temps un détail concret ou une allusion plus précise n'en faisait un être de chair et de sang.

Isolé du reste du monde, méditatif et mélancolique, aimant à se remémorer les promesses de sa passion naissante, le poète se tient à l'écoute de ses voix intérieures et peuple sa solitude de souvenirs. Au-delà de toute rhétorique, ses chansons parlent du désir impossible et de la nostalgie d'une âme insatisfaite. Ni orageuse ni idyllique, son inspiration est avant tout élégiaque.

Versificateur et musicien rompu à toutes les difficultés de la technique courtoise, Gace invente pour ses poèmes des constructions strophiques variées et compliquées, voire des couplets de facture. Il manie la langue de son époque avec un art et un goût très sûrs. Sans dédaigner l'expression recherchée, il évite en général le tour obscur ou trop alambiqué. Sans clinquant et sans pittoresque, d'une noblesse soutenue et monotone, le style frappe par son caractère abstrait, bien accordé à la nature de cette poésie toute subjective.

Avec le châtelain de Coucy* et Thibaut de Champagne, notre chevalier briard fut l'un des trouvères les plus prisés du XIIIe siècle. Jean Renart*, dans son *Roman de la Rose ou de Guillaume de Dole* (vers 1210), et Gerbert de Montreuil*, dans le *Roman de la Violette*, insérèrent ses poésies dans leurs œuvres. Coryphée de l'orthodoxie courtoise, type achevé du « fin amant », Gace Brulé passe à bon droit de nos jours pour le classique de la lyrique courtoise française.

ŒUVRES. — *Les chansons de Gace Brulé*, éd. G. Huet, Paris, 1902 (*SATF*, 44). — *Gace Brulé, trouvère champenois. Éd. des chansons et étude historique*, éd. H. Petersen Dyggve, Helsinki, 1951 (*Mémoires de la Société néophilologique d'Helsinki*, 16). — *Poètes et romanciers du Moyen Âge*, éd. A. Pauphilet, nouv. éd., Paris, 1952, p. 879-888 (*Bibliothèque de la Pléiade*, 52) [huit chansons]. — P. Bec, *La lyrique française au Moyen Âge (XIIe-XIIIe siècle)*, Paris, 1978, t. 2, p. 26-27 [une chanson]. — G. Lavis et M. Stasse, *Les chansons de Gace Brulé, Concordances et index établis d'après l'éd. H. Petersen Dyggve*, Liège, 1979 (*Publications de l'Institut de Lexicologie française de l'Université de Liège*, 4). — *The Lyrics and Melodies of Gace Brulé*, éd. et trad. S.N. Rosenberg et S. Danon, éd. de la musique H. Van der Werf, New York et Londres, 1985 (*Garland Library of Medieval Literature*, séries A, 39). — *Anthologie de la poésie lyrique française des XIIe et XIIIe siècles*, éd. bilingue J. Dufournet, Paris, 1989, p. 128-139 (*NRF/Poésie*) [quatre chansons].

→ H. Petersen Dyggve, *Personnages historiques figurant dans la poésie lyrique française des XIIe et XIIIe siècles. XIV : Identification de Noblet, ami de Conon de Béthune, Gace Brûlé et Pierre de Molins*, dans *Neuphilologische Mitteilungen*, t. 43 (1942), p. 7-20 ; *XVIII : Les « deux de Saint-Denis » et Gillet, amis de Gace Brulé, ibid.*, t. 44(1943), p. 194-202. — J. Frappier, *La poésie lyrique en France aux XIIe et XIIIe siècles*, Paris, 1954 (rééd. 1966), p. 141-161. — P. Bürger, *Zur ästhetischen Wertung mittelalterlicher Dichtung « Les oiseillons de mon païs » von Gace Brulé*, dans *Deutsche Vierteljahrsschrift für Literaturwissenschaft und Geistesgeschichte*, t. 45 (1971), p. 24-34. — A. Carrara, *Il linguaggio poetico di Gace Brulé e la tradizione lirica occitanica*, dans *Spicilegio moderno*, t. 9 (1978), p. 90-120. — G. Zaganelli, *L'antitesi negata di Gace Brulé, ibid.*, t. 10 (1978), p. 167-183. — E. Baumgartner, *Remarques sur la poésie de Gace Brulé*, dans *RLR*, t. 88 (1894), p. 1-13. — A. Planche, *De quelques aveux... À propos de deux trouvères*, dans *Mél. J.-C. Payen*, Caen, 1989, p. 285-294. — Linker, n° 65. — Cf. *MB* n°s 2339-2340 ; 6454 ; *S* 4276 ; 4279 ; 4315 ; 4328 ; 4333 ; 4386 ; 4452 ; 4477-4482. G.M. et F.F.H.

Gace de la Buigne. D'abord chapelain du cardinal Pierre des Prés, qu'il accompagna en Avignon, puis premier chapelain des rois de France Philippe VI (1328-1350), Jean II le Bon (1350-1364) et Charles V (1364-1380) depuis 1348, Gace de la Buigne (La Bigne : Calvados, arr. Vire, cant. Auvay-sur-Odon) était originaire de Basse-Normandie. Passionné de fauconnerie dès son enfance, ayant l'expérience des chasses royales, il composa, à la demande de Jean le Bon pour son fils cadet, le futur Philippe le Hardi, duc de Bourgogne, un traité sur la chasse, mi-technique, mi-moral et allégorique. Commencée en 1359 à Hertford, où Gace de la Buigne avait rejoint

Jean le Bon dans sa captivité, la rédaction du *Roman des deduis* se poursuivit à Paris après le renvoi en France d'une grande partie de la suite royale et du premier chapelain dès le 21 juillet 1359 ; Gace de la Buigne y travailla longtemps, puisque le poème (12 210 octosyllabes) ne fut terminé qu'entre 1373 et 1377. Gace mourut avant le 19 juillet 1384.

Comme son devancier et modèle Henri de Ferrières*, Gace de la Buigne reprend l'idée d'une guerre entre les Vertus et les Vices, qui sont vaincus après des luttes acharnées (v. 1-5188). Le reste du poème est un débat entre *Amour d'oiseaux*, fauconnier passionné, et *Amour de chiens*, veneur fervent, sur la préexcellence de la fauconnerie ou de la vénerie. Dans les plaidoyers des deux parties, Gace insère de vives descriptions et scènes de chasse, peignant les chasses royales et les banquets qui s'ensuivaient. Après un débat mouvementé, le roi juge définitivement la question : les chiens sont censés très fidèles, témoin le chien de *Macaire**, mais les faucons sont considérés plus beaux, plus nobles et plus propres que les chiens. La fauconnerie est moins fatigante et moins dangereuse que la vénerie, qui offre cependant plus de plaisir, car la fauconnerie est perçue par un seul sens, la vue ; la vénerie, elle, par deux sens, la vue et l'ouïe grâce aux cris des chiens, la plus belle musique pour les veneurs et que Gace n'hésite pas à trouver supérieure aux célèbres chœurs de la Sainte-Chapelle de Paris.

Conservé dans une vingtaine de manuscrits, le *Roman des deduis* a été imprimé trois fois au début du XVIᵉ siècle et deux fois avec la *Chasse* de Gaston Phébus*. Il mentionne comme source pour la chasse du gibier d'eau (v. 6309-6318) un ouvrage dû à Denis Le Grand, évêque de Senlis en 1350-1351, et aujourd'hui perdu, et pour la fauconnerie (v. 6985-6998) un traité, perdu lui aussi, sur l'affaîtage et les maladies des oiseaux, attribué à un comte d'Auxerre : s'agirait-il de Jean IV de Chalon, qui fut également fait prisonnier par les Anglais en 1359 et mourut en 1379 ?

ŒUVRES. — *Le Roman des deduis, de Gace de la Buigne*, éd. A. Blomqvist, Karlshamn, 1951 (*Studia Romanica Holmiensia*, 3).

→ G. Hasenohr, *Gace de la Buigne, maître chapelain de trois rois de France*, dans *Mél. F. Lecoy*, Paris, 1973, p. 181-192. — B. Van den Abeele, *La fauconnerie dans les lettres françaises du XIIᵉ au XIVᵉ siècle*, Louvain, 1990 (*Mediaevalia Lovaniensa*, series I, 18). — Cf. *GRLMA*, t. VIII/1, p. 104, 360. — *MB* nᵒˢ 5531-5532, 7041 ; *S* 7723-7724. G.T. et F.F.H.

Gageure. Par le milieu social dans lequel il est situé, par le geste déshonorant qui est demandé, par la parodie de la chevalerie et des thèmes des chansons de geste, en particulier l'honneur, ce fabliau de 108 octosyllabes, écrit au XIIIᵉ siècle, est à rapprocher de *Berenger au long cul**. La femme d'un chevalier, qui n'aime pas la famille de son mari, suggère à son beau-frère d'éprouver l'amour d'une chambrière en lui proposant un geste déshonorant, le même que dans *Berenger au long cul*. Le mari, averti, parie un tonneau de vin que son frère ne s'avilira pas, et gagne son pari.

ŒUVRE. — Éd. F. Michel, Paris, 1835. — Éd. A. de Montaiglon et G. Raynaud, dans *Recueil général des fabliaux*, Paris, 1877, t. 2, p. 193-196. — Éd. et trad. italienne G.C. Belletti, *Fabliaux. Racconti comici medievali*, Ivrée, 1982.

→ R.J. Pearcy, *An Instance of Heroic Parody in the Fabliaux*, dans *Romania*, t. 98 (1977), p. 105-108. — N.J. Van den Boogaard, *Le Fabliau anglo-normand*, dans *3ᵉ Intern. Beast Epic, Fable and Fabliau Colloquium*, Münster, 1979, p. 66-77. A.F.L.L.

Gaidifer d'Avion. Originaire d'Avion (Pas-de-Calais, arr. Arras), ce clerc est l'auteur de deux jeux-partis avec Jean Bretel* et de huit chansons d'amour. Il est impossible de savoir si ce versificateur du milieu du XIIIᵉ siècle, dont *Gaidifer* n'était peut-être que le surnom, est identique à Jean d'Avion, le destinataire d'une chanson de Jean de Renti.

Une des chansons (R. 2054) de Gaidifer d'Avion fut imitée par le chanoine lillois Adam de la Bassée* dans son *Ludus super Anticlaudianum*.

ŒUVRES. — A. Långfors, A. Jeanroy et L. Brandin, *Recueil général des jeux-partis français*, Paris, 1926, t. 1, p. 266-273 (*SATF*, 70). — H. Petersen Dyggve, *Chansons françaises du XIIIᵉ siècle (Colart le Bouteiller, Gaidifer, Wasteblé, etc.)*, dans *Neuphilologische Mitteilungen*, t. 30 (1929), p. 181-183 ; t. 31(1930), p. 1-14.

→ A. Guesnon, *Nouvelles recherches biographiques sur les trouvères artésiens*, dans *Le Moyen Âge*, t. 15 (1902), p. 148-149. — R. Bossuat, *Une prétendue traduction de l'« Anticlaudianus » d'Alain de Lille*, dans *Mél. A. Jeanroy*, Paris, 1928, p. 274-275 [265-277]. —

Linker, n° 66. — Cf. *MB*, n°s 2200 ; 6455 ; 6462. G.M. et F.F.H.

Galega Panzan. Voir : Calega Panzan.

Galeran de Bretagne. Ce roman combine les trames de trois grands textes : le lai de *Fresne* de Marie de France*, les romans *Floire et Blancheflor** et l'*Escoufle* de Jean Renart*. Après avoir accusé d'adultère une de ses voisines, mère de jumeaux, une femme accouche elle-même de jumelles. Elle abandonne donc une de ses filles, Fresne, qui sera recueillie dans un couvent. Elle y est élevée avec le neveu de l'abbesse, Galeran, fils du comte de Bretagne. Les deux enfants grandissent et s'aiment. Mais Galeran part pour succéder à son père. Ses entrevues puis ses messages sont découverts par sa tante qui chasse Fresne de l'abbaye. Tandis qu'elle se réfugie à Rouen chez une bourgeoise et s'adonne à des travaux d'aiguille, Galeran s'illustre comme chevalier à Rome. Sommé de prendre épouse, il porte son choix sur Fleurie, la sœur jumelle de Fresne. Lorsque celle-ci apprend le prochain mariage, elle se déguise en jongleuse (motif repris de *Beuve de Hantone**). Fresne est reconnue par Galeran, mais aussi par sa mère grâce à un tissu brodé qu'elle avait placé avec l'enfant lors de son abandon. Galeran épouse Fresne et Fleurie entre au couvent.

Le roman, quoique conservé par un seul manuscrit du XVe siècle, date du tournant des XIIe et XIIIe siècles. Le nom de son auteur se lit dans les derniers vers : « Renaus. » Mais depuis Langlois, certains critiques attribuent le texte de Renaut à Jean Renart, sur la foi de rapprochements avec l'*Escoufle*. Ainsi Foulet corrige-t-il « Renaus » en « Renars ». La critique n'a pourtant jamais été convaincue dans son ensemble. Et des études comme celles de E. Hoepffner (1936) ont été réactualisées par le travail de statistique informatique que L. Lindvall a mené sur la syntaxe et le style comparés de *Galeran* et l'*Escoufle*. Les deux textes se révèlent ainsi différents. Il est donc fort probable qu'ils ne sortent pas de la même plume. Parallèlement, A. Guerreau suggère que le Renaut du *Galeran* pourrait être Renaut de Bâgé ou de Beaujeu*, l'auteur du *Bel Inconnu* et d'une chanson, insérée dans le *Roman de la Rose* ou de *Guillaume de Dole* de Jean Renart... Il pourrait donc y avoir un jeu d'échos et de reprises entre les œuvres des deux hommes, contemporains et peut-être amis. En tout cas, l'auteur de *Galeran de Bretagne* semble jouer systématiquement avec la littérature de son temps, tout comme Renaut de Beaujeu avec les textes de Chrétien de Troyes* dans le *Bel Inconnu*. Par ailleurs, R. Lejeune attribue avec de fortes présomptions le *Lai d'Ignaure** à Renaut de Beaujeu. Or *Galeran* s'inspire, on l'a vu, d'un des grands textes du genre : le lai de *Fresne*.

Si la question de l'attribution de *Galeran* a eu et conserve une telle importance pour la critique, c'est qu'elle touche au sujet de l'auteur, figure porteuse du texte depuis l'époque classique et surtout romantique. Or si la littérature médiévale n'est pas sans auteurs, l'anonymat n'y est pas toujours accidentel. Mais d'autre part, un nom peut en cacher un autre : le pseudonyme joue et déjoue l'identification. Peut-être Renaut est-il bien Renaut de Beaujeu ; peut-être n'est-ce qu'un homonyme ou encore une signature faite pour évoquer, hier et aujourd'hui, un auteur connu. Il en est de même pour le Chrétien du *Guillaume d'Angleterre**.

ŒUVRE. — Éd. L. Foulet, Paris, 1926 (*CFMA*, 37) [sous le nom de Jean Renart].

→ C.-V. Langlois, *La Vie en France au Moyen Âge (...) d'après des romans mondains du temps*, Paris, 1924 [le premier à affirmer la paternité de Jean Renart]. — L. Foulet, *Galeran et Jean Renart*, dans *Romania*, t. 51 (1925), p. 76-104 ; *Galeran et les dix compagnons de Bretagne, ibid.*, p. 116-121. — M. Wilmotte, *Un curieux cas de plagiat littéraire. Le poème de Galeran*, dans *Bull. de l'Académie royale de Belgique*, Classe des Lettres, série 5, t. 14 (1928), p. 269-309. — E. Hoepffner, *Les Lais de Marie de France dans Galeran de Bretagne et Guillaume de Dole*, dans *Romania*, t. 56 (1930), p. 212-235 ; *Renart ou Renaut ? ibid.*, t. 62 (1936), p. 196-231. — I. Dubs, *Galeran de Bretagne, die Krise im französischen höfischen Roman*, Berne, 1949 (*Studiorum Romanicorum Collectio Turicensis*, 3). — F. Lyons, *The Literary Originality of Galeran de Bretagne*, dans *Mél. E. Vinaver*, Manchester, 1965, p. 206-219. — A.M. Plasson, *L'obsession du reflet dans Galeran de Bretagne*, dans *Mél. P. Le Gentil*, Paris, 1974, p. 673-689. — G. Peron, *Il debattito sull'amore dopo Andrea Cappellano : Meraugis de Portlesguez e Galeran de Bretagne*, dans *CN*, t. 40 (1980), p. 79-102. — A. Guerreau, *Renaud de Bâgé : Le Bel inconnu, structure symbolique et signification sociale*, dans *Romania*, t. 103 (1982), p. 28-82. — L. Lindvall, *Jean Renart et Galeran de Bretagne. Étude sur un problème d'attribution de textes. Structures syntaxiques et structures stylistiques* (...), Stockholm, 1982 (*Data linguistica*, 15). — H.E. Keller, *Lite-*

rary Patronage in the Time of Philip Augustus, dans *The Spirit of the Court*, Cambridge, 1985, p. 196-207. — R. Dragonetti, *Le mirage des sources. L'art du faux dans le roman médiéval*, Paris, 1987 [sur Jean Renart, Galeran et le *Roman de la Rose*]. — Cf. *GRLMA*, t. IV/1, p. 405-409 ; t. IV/2, n° 412. — *MB* n°s 1186, 1224-1230, 6223, 6227 ; *S* 914, 2061, 2337-2341. S.L.

Galien le Restoré. Le récit des aventures héroïques de Galien a été conservé avec de multiples variations dans cinq versions, l'une en vers alexandrins groupés dans des laisses rimées, les autres en prose, produit de dérimages. Les versions sont du XVe siècle et certaines des proses ne sont connues que par des imprimés du début du XVIe siècle. Trois versions font partie de vastes compilations cycliques intitulées *Garin de Monglane**, qui sont comme des « gestes-fleuves », consacrées à la famille de Garin, dont les représentants les plus fameux sont Girart de Viane, Olivier, Galien, etc. Petit-fils de Rennier de Gennes, fils d'Olivier, Galien prend place dans la lignée de Garin. L'une de ces versions est en vers (ms. 26092, de la collection Philipps de Cheltenham, aujourd'hui à la Bibl. de l'Université d'Eugène, Oregon ; français, avec quelques picardismes). Les avis divergent sur sa datation, de la fin du XIIe siècle (M. de Riquer) au milieu du XIVe (D.M. Dougherty). Les autres versions sont en prose, l'une est manuscrite (Arsenal, ms. 3351 ; français, légèrement picardisé) ; l'autre a été imprimée (la plus ancienne impression est sortie des presses de Jehan Trepperel, s.d. ; nombreuses réimpressions avec des variantes). Les deux autres versions conservées sont consacrées à *Galien* seul : il y a la mise en prose du ms. 1470 de la BN (français, avec quelques dialectismes du centre de la France) et celle imprimée par Antoine Vérard en 1500, et réimprimée par la suite, notamment avec une fin originale en 1525 par Claude Nourry, à Lyon.

Ces versions, qui présentent chacune une individualité propre, racontent pour l'essentiel le même récit. Né des amours fugitives de Jacqueline, fille de l'empereur Hugon de Constantinople, et d'Olivier (voir le *Pèlerinage de Charlemagne*), Galien dépensera sa vaillance à retrouver son père Olivier, engagé dans la bataille de Roncevaux (voir la *Chanson de Roland*), à mettre les Sarrasins en fuite avec Roland et à les écraser avec Charlemagne. Il défendra aussi victorieusement sa mère, en butte à la félonie de ses oncles, et deviendra empereur de Constantinople. Son épouse, la sage Guimarde, belle Sarrasine devenue chrétienne par amour pour lui, sera aussi sauvée par son bras invincible.

Le roman chevaleresque de *Galien* ne manque pas de valeur littéraire ni d'originalité. C'est une chanson d'aventures héroïques, qui n'a plus l'idéal militant des grandes gestes d'antan, mais reste fondée sur une grande idée, le dévouement inconditionnel du héros aux siens. Malgré la multiplicité des péripéties romanesques, sentimentales, fantastiques, malgré l'incessant déplacement du théâtre de l'action de Byzance en Espagne en passant par la Syrie, l'Italie et la France, l'œuvre conserve une ferme unité grâce à la constante présence de Galien.

Les versions conservées, précédées d'autres versions disparues, remontent à un poème initial, *Galien*, indépendant ou chapitre d'une première compilation de *Garin de Monglane*, qui ne doit pas être postérieur à 1200.

Ce poème est issu de la conjonction d'une *Chanson de Roland*, qui avait les développements qu'elle présente sous sa forme rimée, et d'un *Pèlerinage de Charlemagne*, analogue au poème français facétieux connu sous ce nom.

ŒUVRE. — Éd. part. E. Koschwitz, dans *Sechs Bearbeitung des altfranzösischen Gedichts von Karls des Grossen Reise nach Jerusalem und Konstantinopel*, Heilbronn, 1879 [partie correspondant au *Pèlerinage*]. — *Galïens li Restorés*, éd. E. Stengel, Marburg, 1890 [version en vers et parties qui, dans les versions en prose, correspondent à *Roland* ou sont propres à *Galien*]. — *Le « Galien » de Cheltenham*, éd. D.M. Dougherty et E.B. Barnes, Amsterdam, 1981 (*Purdue Monographs in Romance Languages*).

→ G. Paris, *Galien*, dans *HLF*, t. 28 (1881), p. 221-239. — H. Schellenberg, *Der altfranzösische Galien Rethoré in seinem Verhältnis zu den verschiedenen Fassungen der Rolands- und Roncevaux Sage*, Marburg, 1883. — K. Pfeil, *Das Gedicht Galien Rethoré der Cheltenhamer Handschrift*, Marburg, 1889. — J. Horrent, *La Chanson de Roland dans les littératures française et espagnole*, Paris, 1951, p. 63-78 et 377-412. — P.F. Dembowski, *Continuation ou restauration ? La littérature française du Bas Moyen Âge. Le cas de Galien*, dans *Actes du 18e congrès internat. de linguistique et de philologie romanes, Trier, 1986*, Tübingen, 1988, p. 437-445. — Cf. *GRLMA*, t. III/1, p. 47-48 ; t. III/2, n° 138. — *MB* n°s 384 ; *S* 1146, 1205, 6539. J.H.

Garin d'Apchier. Le château d'Apchier se

trouvait dans la commune de Prunières, au nord-ouest du Gévaudan. Garin d'Apchier, seigneur et troubadour, a vécu dans la seconde moitié du XIIe siècle, au temps de l'évêque Aldebert du Tournel, qui s'était fait octroyer, par le roi de France, Louis VII, la Bulle d'Or en 1161, laquelle lui confirmait et légitimait un pouvoir usurpé sur l'ensemble du Gévaudan. Garin, dans un de ses poèmes, se montre opposé à la politique des clercs et au roi de France :

Sovent mou guerra e assail
A cels que an croz e sonaills
Tart seres mais reis de Fransa.

Les *Vidas* confirment que Garin fut « *valenz e bons guerrers* » mais aussi « *bons trobaire e bels cavalliers* ». Elles nous apprennent également que Garin écrivit le premier *descort* et en citent les deux premiers vers :

Quan foill'e flors reverdezis
Et aug lo chan del rossignol

qui sont tout ce qui nous reste de ce poème. Jeanroy fait observer que Garin paraît notablement postérieur à Raimbaut de Vaqueiras*, qui a composé des *descorts*. Garin toutefois n'est pas si postérieur à Raimbaut qu'il n'ait pu écrire dans sa jeunesse un *descort* antérieur à ceux de ce dernier, né en 1155 et mort après 1205. Il nous reste trois ou quatre *sirventes* ou *coblas* qu'on peut attribuer à Garin, malgré la difficulté que présente la discrimination entre des pièces écrites par lui contre Torcafol et les pièces de Torcafol écrites contre Garin, tous deux se désignant par le *senhal* de *Comunal*, en tête de leurs poèmes. Les *sirventes* de Garin et Torcafol ont été rangés parmi les *sirventes joglaresc*, ce qui montrerait, étant donné la qualité de Garin, que ce genre de *sirventes* n'ait point été écrit « dans l'intérêt » du *joglar*, comme on a pu le dire.

ŒUVRE. — Éd. C. Appel, *Poésies provençales inédites tirées des mss d'Italie*, dans *RLR*, t. 34 (1890), p. 12.

→ PC 162. — S. Stronski, *Recherches historiques sur quelques protecteurs des troubadours*, dans *AM*, t. 19 (1907), p. 50-54. — C. Brunel, *Randon protecteur des troubadours*, dans *Romania*, t. 39 (1910), p. 297-304. — F. Pirot, *Recherches sur les connaissances littéraires des troubadours occitans et catalans des XIIe et XIIIe siècles*, Barcelone, 1972, p. 303-304 et 314. C.Ca.

Garin lo Brun. « Garin lo Brun fut un noble châtelain de Veillac, de l'évêché du Puy Sainte-Marie. Il fut bon troubadour, et enseigna comment les femmes devaient se conduire. Il ne composa ni *vers* ni *cansos* mais des *tensos*. » De cette *Vida* anonyme on peut déduire que l'ancien biographe ne connaissait guère de l'œuvre de Garin que ce qui nous en reste aujourd'hui. La bibliographie de Pillet-Carstens lui attribue une *tenso* « fictive » avec *Meysura* (Mesure) et *Leujairia* (Frivolité), ainsi qu'un « enseignement » à l'usage des dames. Les recherches de C. Brunel ont permis d'établir que Garin, co-seigneur de Châteauneuf de Randon en Lozère, mourut vers 1156.

L'« enseignement » comprend 650 vers de six syllabes, et se termine par le mot : *Donna.* Le troubadour prétend enseigner aux femmes quel doit être leur comportement dès *lo matin al levar* (vers 201). Il s'attache aussi bien aux qualités physiques (propreté, élégance) que morales et sociales (discrétion, courtoisie..., etc.). Il accumule ses conseils divers dans un ordre un peu confus et sans reculer parfois devant les répétitions.

ŒUVRE. — Éd. partielle : R. Richter, *Die Troubadourzitate in « Breviari d'Amor »*, Modène, 1976, p. 254-264 [*Ensenhamen**]. — Éd. G.E. Sansone, *Testi didattico-cortesi di Provenza*, Bari, 1977 [*Ensenhamen*].

→ PC 163. — C. Brunel, n°s 11 et 311. — F. Pirot, *Recherches sur les connaissances littéraires des troubadours occitans et catalans des XIIe et XIIIe siècles*, Barcelone, 1972, p. 25. — D.A. Monson, *Les « Ensenhamens » occitans. Essai de définition et de délimitation d'un genre*, Paris, 1981. I.M.C.

Garnier d'Arches. Poète lyrique, protégé du marquis d'Arlon, Henri III de Limbourg, qui fut comte de Luxembourg de 1226 à 1281, Garnier d'Arches (Vosges, arr. et cant. Épinal) était vraisemblablement un contemporain et un compatriote du trouvère Gautier d'Épinal* ; il fut aussi en relation avec Colin Muset*. On connaît de lui trois chansons d'amour ; deux autres chansons, qu'une tradition manuscrite douteuse lui a longtemps fait attribuer, sont aujourd'hui restituées l'une au Châtelain de Coucy*, l'autre à Thibaut de Blaison*.

ŒUVRES. — H. Petersen Dyggve, *Personnages historiques figurant dans la poésie lyrique française des XIIe et XIIIe siècles. XXIV : Garnier d'Arches et son destinataire « le bon marquis »*, dans *Neuphilologische Mitteilungen*, t. 46 (1945), p. 23-153. — *Anthologie de la poésie lyrique française des XIIe et XIIIe siècles*, éd.

bilingue J. Dufournet, Paris, 1989, p. 226-229 (*NRF/Poésie*) [une chanson].

→ E. Langlois, *Remarques sur les chansonniers français. 4. Gautier de Dargies et Garnier d'Arches*, dans *Romania*, t. 45 (1918-1919), p. 333-335. — Linker, n° 68. — Cf. *MB* n° 6456.
G.M. et F.F.H.

Garnier de Rochefort. Voir : *Bible au Moyen Âge*.

Garnier de Rouen. Poète latin du début du XIe siècle, n'est connu que par deux satires d'attribution certaine. La première, dirigée contre son contemporain et rival, à la cour de l'archevêque de Rouen, l'Irlandais Moriuht, accusé d'ignorance et d'inconduite, est riche de renseignements peu exploités sur le commerce des esclaves à l'extrême fin de l'âge des Vikings. La seconde, dédiée à l'archevêque Robert, attaque un certain Fran[baldus], ex-bénédictin, et sert surtout de prétexte à étaler des connaissances musicales mal digérées. Il se peut qu'un troisième texte, insultant une femme inconnue, sous le nom imaginaire de Jézabel en termes d'un érotisme débridé, sorte de la même plume. Prétentieux, confus et incorrect, le style de Garnier est très proche de celui des poèmes de Dudon de Saint-Quentin*. Rapprochés l'un de l'autre, Garnier et Dudon révèlent l'existence d'une école littéraire de la cour de Rouen au temps du duc Richard II, marquée sans doute d'influences insulaires, et violemment particulariste. Elle fut très vite rejetée dans l'oubli par le triomphe, dans la seconde moitié du siècle, de l'école du Bec, issue de l'enseignement de Lanfranc*. On a justement rapproché ce milieu de celui qui gravitait autour d'Æthewold, évêque de Winchester de 963 à 984 et de son disciple Lantfridus.

ŒUVRES. — *Satire I* : éd. Henri Omont, *Satire de Garnier de Rouen contre le poète Moriuht*, dans *Annuaire-Bull. de la Soc. de l'Hist. de France*, t. 31 (1894), p. 193-210. — *Satire II* : éd. L. Musset, *La seconde satire de Garnier de Rouen*, dans *RMAL*, t. 10, 1954, p. 259-266. — Poème sur Jésabel : éd. B. Leblond, *L'accession des Normands de Neustrie à la culture occidentale (Xe-XIe)*, Paris, 1966, p. 281-291. — Ou mieux : Jan M. Ziolkowski, *A Norman Latin Poem of the Early 11th Century (Humana Civilitas*, 10), New York-Berne, 1989 [avec trad. anglaise].

→ J. Lair, *État de la littérature en Normandie au Xe siècle* dans *Mém. de la Soc. des Antiq. de Normandie*, t. 33, p. 9-17. — H. Omont, *art. cit.* — L. Musset, *Le satiriste Garnier de Rouen et son milieu*, dans *RMAL*, t. 10, 1954, p. 237-258. — M. Lapidge, *Three Latin Poems from Aethelwold's school at Winchester* dans *Anglo-Saxon England*, t. 1, 1972, p. 85-145. — L. Musset, *Rouen et l'Angleterre vers l'an mil. Du nouveau sur le satiriste Garnier et l'école littéraire de Rouen au temps de Richard II*, dans *Annales de Normandie*, t. 24 (1974), p. 287-290.
L.M.

Garnier de Saint-Victor. Ce maître, dont nous savons seulement qu'il était sous-prieur de l'abbaye de Saint-Victor de Paris en 1140, nous a laissé un volumineux *Gregorianum* imprimé pour la première fois en 1608 et reproduit par la *Patrologie latine* (193, col. 23-462). Dans ce livre, l'auteur a constitué une sorte de répertoire méthodique de tous les êtres, objets ou choses que mentionne l'Écriture et dont il indique, avec citations et références, les interprétations allégoriques qu'on en trouve dans les œuvres de saint Grégoire le Grand*. Cette compilation témoigne de l'influence exercée par le grand docteur de l'Église sur l'exégèse du XIIe siècle, et plus particulièrement sur celle des Victorins. D'après les manuscrits Paris, BN lat. 14525 et 14588, J.B. Schneyer attribue à Garnier trente-neuf sermons, tous inédits.

ŒUVRES. — J.B. Schneyer, *Repertorium*, t. 2, Münster (1970), p. 123-127.

→ F. Bonnard, *Histoire de l'abbaye royale et de l'ordre des chanoines réguliers de Saint-Victor de Paris*, Paris, s.d. (1904), t. 1, p. 119-120.
J.C. et J.L.

Gasteblé. Sobriquet d'un trouvère inconnu du XIIIe siècle. La forme *Wasteblé*, attestée par le chansonnier *a* (Vatican, Bibl. apost. vat., Reg. lat. 1490), rend possible une origine wallonne. Des œuvres de Gasteblé, seules trois chansons d'amour (R. 31 ; R. 1554 ; R. 1742) nous ont été conservées.

ŒUVRES. — H. Peterson Dyggve, *Chansons françaises du XIIIe siècle (Colart le Bouteiller, Gaidifer, Wasteblé, etc.)*, dans *Neuphilologische Mitteilungen*, t. 30 (1929), p. 188 ; t. 31 (1930), p. 37-41.

→ Linker, n 69. — Cf. *MB*, nos 2200 ; 6462.
F.F.H.

Gaston Phébus (1331-1391). Le comte de Foix Gaston III, surnommé Phébus à cause de sa chevelure d'un blond doré, est l'auteur d'un traité de dévotion, le *Livre des oraisons*, et d'un traité de vénerie, le *Livre de la chasse*. Ces deux ouvrages, en prose, ont été écrits en français, bien que la langue maternelle de l'auteur fût le dialecte du comté de Foix.

Le drame politique et familial qui entraîna la mort de son fils, dans des circonstances encore incomplètement expliquées, amena Gaston Phébus à composer son *Livre des oraisons* vers la fin de 1380. Ce recueil de 37 prières, dont seules les trois premières sont en latin, mais dont plusieurs s'inspirent d'apocryphes augustiniens et bernardins, ne suit pas un plan rigoureux ; il ménage cependant une certaine progression. Le *Livre des oraisons* est aujourd'hui conservé dans six manuscrits, parmi lesquels le luxueux volume Paris, BN, fr. 616.

Grand chasseur et bibliophile, Gaston Phébus commença la rédaction de sa *Chasse* le 1er mai 1387 ; il devait l'avoir terminée lorsque Froissart* arriva à la cour d'Orthez en novembre 1388. Dédiée à un autre chasseur célèbre, le duc de Bourgogne Philippe le Hardi, la *Chasse* comprend cinq parties bien ordonnées. Gaston Phébus traite d'abord de la vie des différents gibiers en 14 chapitres pleins de ses observations de chasseur passionné et expérimenté. Suivent des chapitres sur les chiens — en particulier leur hygiène — et le chenil, et plusieurs chapitres sur la chasse du cerf. Il consacre ensuite à chaque animal un chapitre, où il enseigne la façon dont on traque, poursuit, abat et découpe l'animal ; finalement il explique, en 26 chapitres (illustrés dans plusieurs manuscrits), la chasse faite à l'aide de pièges, de filets et d'autres engins, qu'il considère pourtant comme une chasse peu noble.

Écrite en un français aisé, avec quelques touches du dialecte normand, la *Chasse* est un ouvrage original et personnel, mais les chapitres sur le découpage du cerf et du sanglier ont été copiés presque mot à mot sur les chapitres correspondant d'Henri de Ferrières*, auquel Gaston Phébus a emprunté encore de nombreux passages. On peut aussi relever une légère influence de Gace de la Buigne*.

Le succès de la *Chasse* est attesté par la présence de 44 manuscrits médiévaux, dont 21 au moins sont ornés de miniatures représentant des animaux et des scènes de chasse, des pièges et des engins. Deux de ces manuscrits comptent parmi les plus beaux produits du Moyen Âge (Paris, BN, fr. 616 et New York, Pierpont Morgan Libr., 1044, ancien coll. Clara Peck). L'influence de la *Chasse* a été considérable : Hardouin de Fontaine-Guérin* en termina une mise en vers intitulée *Livre du Trésor de vénerie* dès 1394, Jacques du Fouilloux l'utilisa en 1561, comme Jean de Ligniville vers 1635, et beaucoup d'autres auteurs cynégétiques postérieurs la citèrent souvent. Une trentaine de chapitres du début de la *Chasse* ont été traduits en anglais entre 1406 et 1413 sous le titre de *Master of Game* par le duc Édouard d'York, mort en 1415 à la bataille d'Azincourt.

ŒUVRES. — *Gaston Phébus, Livre de chasse... avec reproduction des 87 miniatures du manuscrit 616 de la BN de Paris*, éd. G. Tilander, Karlshamn, 1971 (*Cynegetica*, 18). — *Gaston Phoebus, Livre des oraisons. Les prières d'un chasseur*, éd. G. Tilander, Karlshamn, 1975, (*Cynegetica*, 19). — M. Thomas et F. Avril, *Gaston Phébus, Le livre de la Chasse. Manuscrit 616 de la Bibliothèque nationale de Paris*, Paris, 1976 [fac-similé]. — *Gaston Phébus, Le livre de la Chasse, Texte intégral traduit en français moderne*, par R. et A. Bossuat, Paris, 1931. — *Reproduction en fac-similé des miniatures du manuscrit fr. 616 de la Bibliothèque nationale de Paris*. Présentation et commentaire de M. Thomas, Paris, 1986 [avec trad. moderne publiée en 1931].

→ *The Master of Game, by Edward second duke of York, the Oldest English Book on Hunting*, éd. W.A. et F. Baillie-Grohman, Londres, 1904. — J. Thiébaud, *Bibliographie des ouvrages français sur la chasse*, Paris, 1934, col. 728-736 (*Maîtres de la vénerie*, 9). — P. Tucoo-Chala, *Gaston Fébus. Un grand prince d'Occident au XIVe siècle*, Pau, 1976 (rééd. 1983). — J. Perot et P. Tucco-Chala, *Le « Livre de la chasse » de Gaston Fébus*, dans *Bulletin de la Société des amis du château de Pau*, n° 108 (1987), p. 2-28. — Cf. *GRLMA*, t. VIII/1, p. 206, 287, 346, 360, *MB*, nos 5547-5551 ; *S* 7711-7722.

F.F.H.

Gaucelm Faidit. Ce troubadour limousin de la fin du XIIe siècle a laissé une œuvre relativement abondante. Il est l'un des plus fertiles troubadours de la grande époque.

Soixante-cinq poèmes, dont 14 accompagnés de musique, sont conservés de lui, plus une dizaine qui lui ont été attribués avec quelque raison. À son époque, seul Guiraut de Bornelh* dépasse ce nombre, et ni Peire Vidal*, ni Bernart de Ventadorn*, ni Raimon de Miraval*, ni Bertran de Born* n'ont laissé une œuvre aussi importante. Cinquante-quatre de ces poèmes sont des chansons courtoises, dont plus de 40 arrivent à une ampleur majeure. S'y ajoutent huit jeux-partis ou *partimens*, une *tenso* pleine de malice avec Elias d'Ussel, deux grands chants de croisade et l'un des plus beaux *planhs* qu'aient laissés les troubadours, la complainte sur la mort du roi d'Angleterre, Richard Cœur de Lion* (PC 167, 22). On a accusé cette œuvre de manquer de variété parce que les chansons d'amour y forment une majorité écrasante. C'est un fait que Gaucelm n'a composé aucun *sirventes* véritable, et les pièces qu'on a appelées *sirventes-cansos* ne sont chez lui que des chansons plus générales et moralisatrices que les autres ; il n'y en a d'ailleurs que deux ou trois. Ce sont donc les thèmes de l'amour courtois qui constituent la substance de ces amples chansons où Gaucelm, tout en proclamant qu'il met son cœur à nu, ne se livre pourtant guère. Le récit de ses amours n'apporte au curieux que de rares péripéties ; encore n'est-on pas sûr que certaines ne soient pas plus conventionnelles que réelles. L'intervention d'une trompeuse à « l'amour noir », par exemple, fut-elle réelle, ou est-ce un thème traditionnel dont Gaucelm n'a fait que tirer le meilleur parti possible ? Les baisers dont le troubadour a été favorisé étaient-ils de convention ? La parfaite discrétion, la réserve qu'il garde n'aident pas à retrouver l'histoire de ces amours où le poète, par force ou par raffinement, met tout son savoir « à celer et à craindre », *en celar et en temer*. Cette « mesure » n'est pas le monopole de Gaucelm Faidit, mais on peut avancer qu'il est le plus parfait représentant de cette discrétion courtoise qui ne livre guère que l'analyse de sentiments raffinés et atteint à la sublimation du thème, en fuyant toute confidence vulgaire. Gaucelm chante ainsi l'anxiété de l'attente, la douleur de l'amant dédaigné, le dépit du soupirant trompé, et ces souffrances complaisamment orchestrées lui ont valu d'incarner le rôle de l'amoureux transi, repoussé et bafoué. Mais s'il a magnifiquement chanté l'impossibilité de s'arracher à un amour qui détruit l'amant passionné comme le jeu perd le joueur malchanceux, dans : *S'om pogues partir son voler* (PC, 167, 56), on ne sait pas assez que Gaucelm a aussi chanté la joie, sans mélange ou nuancée de mélancolie, que l'amour sait donner, dans le grandiose « vers » : *Oimais tanh que fassa parer* (PC, 167, 44a), ou dans : *Ges no.m tuoill ni.m recre* (PC, 167, 29), dans lequel un long cri d'allégresse s'achève en évoquant la splendeur des rubis.

Les thèmes et problèmes de l'amour courtois ne se limitent pas aux grandes ou brèves chansons de Gaucelm, ils se retrouvent encore dans les huit *partimens* où il les discute avec Raimbaut*, Péguilhan*, Uc de la Bacalaria*, Savaric de Mauleon*, Peirol*, Perdigon*, Albertet de Sisteron*. Il débat même un sujet galant et scabreux avec un comte de Bretagne qui est sans conteste Geoffroi II Plantagenêt, frère du roi Richard : et Geoffroi s'y exprime en langue d'oïl.

Gaucelm Faidit est surtout connu par des poèmes qui traitent d'autres sujets que ceux de la pure courtoisie. Les invectives qu'il reçoit d'Elias d'Ussel* sur son obésité et sur les charmes de sa femme n'empêchent pas qu'il y réponde avec bonne humeur. Par ailleurs, dans les deux chants de croisade, nous trouvons une foi qui paraît vive et sincère, l'exaltation du départ, le mépris pour les lâches qui n'osent aller combattre. Enfin, une brève chanson de retour exprime, avec simplicité mais bonheur, l'amour de la patrie, à côté de la satisfaction d'avoir échappé aux dangers de la mer, et de l'allégresse de retrouver sa dame parmi les prés et les ruisseaux clairs du Limousin : « Je dois, bien remercier Dieu qui veut que, sain et fort, je puisse rentrer au pays où il vaut mieux avoir un petit jardin que dans une autre terre être riche et en grand bien-être. »

Dans la poésie de Gaucelm Faidit, on peut discerner et délimiter des séries de poèmes qui se groupent par pays, et autour des grands qui ont protégé ou inspiré le troubadour limousin. La série qui paraît la plus ancienne se situe en Provence rhodanienne, autour de Raimon d'Agout, seigneur d'Apt et de Saut (1170-1204), du suzerain de celui-ci, Raimon V comte de Toulouse et Saint-Gilles (1148-1194), ainsi que du mystérieux *Linhaure*, qui pourrait être, pour Gaucelm comme pour G. de Bornelh, Raimbaut d'Aurenga, voisin et parent du premier et troubadour subtil. Une douzaine de chansons de Gaucelm, les plus raffinées de métrique, de style et de sentiments, ressortissant au *trobar ric* et *clus**, paraissent avoir subi l'influence de Raimbaut, et tranchent sur le reste de la poésie gaucelmienne qui dénote plutôt celle de l'école de Ventadour*. Une autre importante série se rattache à ce haut lieu de la poésie courtoise où règne de 1186 environ à 1222 Maria de Torena, femme d'Eble V vicomte de Ventadorn. Celle-ci est chantée sous son nom, tout en étant peut-être aussi *Bos Espers, senhal* qui a pu dissimuler la hautaine vicomtesse-*trobairitz*, prototype de la Belle Dame sans Merci ou sa sœur Elis de Torena. Un peu avant, dans la même région, Gaucelm avait célébré Guischarda de Beaujeu devenue vicomtesse de Comborn, sous le *senhal* de *Mielhs de Ben* : « Mieux-que-bien. » Il saluait cette dame de la province voisine, et de la cour du « Dalfin » d'Auvergne*, qui le protégea et estimait le troubadour : trois *partimens* furent composés dans cette cour. G. Faidit chanta aussi les Plantagenêts et surtout le roi Richard, le *planh* pour le Cœur de Lion restant son poème le plus célèbre. Par lui et son frère Geoffroi, Gaucelm voyagea dans les terres de langue d'oïl, jusqu'en France de Paris. Il y apprit le français et composa la rotrouenge *Quan vei reverdir les jardis*, (PC 167,50), premier texte français écrit par un Occitan, qui le classe parmi les trouvères aussi bien que les troubadours. Et une autre série le mène en Italie, en Montferrat et Lombardie, auprès du grand marquis Boniface de Montferrat, qu'il semble avoir fréquenté pendant toute sa vie poétique. Une autre série non négligeable est centrée sur les croisades : Boniface fut le chef de la quatrième, celle de Constantinople, et Gaucelm y prit part. Mais douze ans plus tôt, Gaucelm participa, les textes le prouvent, à la troisième, celle qui mena son protecteur et suzerain Richard en vue de Jérusalem : six poèmes s'y rapportent, dont le beau chant du retour.

La vie de Gaucelm Faidit pose plus d'un problème. Selon sa « biographie », *Vidas* et *Razos*, il aurait été un bourgeois perverti, ruiné par le jeu, époux d'une courtisane. Il aurait couru le monde vingt ans à pied, ce qui ne l'empêchait pas d'être obèse, pas plus que sa pauvreté ne l'empêchait d'être gros mangeur et grand buveur. De plus, il aurait été trompé et bafoué par quatre dames, successivement : Maria, Audiart de Malamort, Margarida d'Aubusson et Jordana d'Embrun. Cette existence de bohème et de goliard a été donnée jusqu'ici comme véridique : elle n'est qu'une « nouvelle » picaresque et « sentimentale » cadrant on ne peut plus mal avec le poète raffiné, respecté et estimé, théoricien de la courtoisie la plus noble et la plus distinguée, chantre des rois, des princes et des grandes dames. Les traits les plus picaresques de sa vie dérivent de passages de lui ou de ses contemporains (Elias d'Ussel, le Monge de Montaudon*) interprétés à contresens ou dans une intention satirique délibérée. Le cartulaire de l'abbaye d'Obazine (f. 309), des passages de ses poèmes montrent qu'il n'était pas si pauvre, qu'il possédait une terre de famille, qu'il était apparenté à des gens de condition noble et qu'il portait enseigne comme un vrai châtelain. Gaucelm tient sa place à côté des *Faidits* nobles de Turenne, de Hautefort et de Pérols, qui ont fort bien pu être ses parents. Si le Monge de Montaudon (PC 305,16 v. 36) parle d'Uzerche à son propos, rien ne prouve qu'il y naquit. Si sa terre du Sauger est difficile à situer de nos jours, ce bien de famille n'était pas négligeable. Bourgeois déchu et déclassé ? Plus probablement, cadet de famille gardant naturellement sa place dans la société féodale.

Selon les textes les moins douteux, il naquit en Limousin vers 1150 ou un peu avant. Il devint troubadour de bonne heure et voyagea beaucoup dès ses débuts. Du Limousin où il subit le rayonnement des Ventadour, il alla chanter auprès d'Agout, de Linhaure et de Raimon V en Provence et en terre d'Argence. Dès sa jeunesse, il poussa jusqu'en Piémont et Lombardie, et à l'opposé vers la Bretagne de Nantes et la France de Paris. Il se maria sans doute autour de 1180, puisque son fils est mentionné comme déjà grand vers 1193 et majeur en 1197-1198. Il chanta Guischarda vers 1184 et Maria à partir de 1186-1187. Il est peut-être déjà allé en Hongrie et en Espagne. Il prend part à la troisième croisade, dont il parle en 1187-1188, entre 1190 et 1192. Revenu sain et sauf, il pense à repartir. Il se sépare de Maria de Ventadorn vers 1195-1196. Il propose alors ses chants à Alfonse VIII de Castille ; se rend-il dans ce pays ? Ce qui est certain, c'est qu'il retourne en Montferrat pour la préparation de la quatrième croisade, après avoir pleuré son protecteur Richard mort à Chalus en Limousin (1199). Partit-il pour Constantinople ? Il est difficile de l'affirmer : on ne trouve plus aucune donnée, après 1202, permettant de croire à l'activité de Gaucelm. Suivit-il le preux marquis à Constantinople, y mourut-il, ou se retira-t-il en Limousin ? La hautaine Maria lui survécut jusqu'en 1222.

Poète raffiné et d'inspiration riche et variée, Gaucelm Faidit mérite mieux que la réputation que Jeanroy et ses émules lui ont faite. Grand voyageur, il aurait mérité le surnom de Cercamon* encore mieux que son prédécesseur. Il se range parmi les grands classiques de la poésie d'oc. Avec Bernart de Ventadour, qu'il a pu connaître, Guiraut de Bornelh et Bertran de Born, ses contemporains, il est l'un des quatre grands de la lignée limousine qui, de leurs hautes terres aquitaines, rayonnèrent sur toutes celles où résonna la lyrique des troubadours.

ŒUVRE. — Éd. J. Mouzat, *Les poésies de G. Faidit*, Paris, 1965. — Éd. partielles : A. Kolsen, *Dichtungen der Trobadors...*, Halle, 1916-1919 ; réimp. Genève, 1980, p. 149-193 [avec trad. allemande]. — T.G. Bergin, *G. Faidit : « Al semblan del reis ties » PC 167,4*, dans *Romanic Review*, t. 44 (1953), p. 81-88. — M. de Riquer, *Los trovadores. Historia Literaria y textos*, Barcelone, 1975, t. 2, p. 755-780 [PC 167, 34-40-46-22-9-19]. — R. Richter, *Die Troubadourzitate im « Breviari d'Amor »*, Modène, 1976, p. 266-275 [PC 167, 60-35-53-15-62-56].

→ PC 167. — E. Hoepffner, *Les troubadours dans leur vie et dans leurs œuvres*, Paris, 1955, p. 148-166. — J. Mouzat, *Remarques sur « Linhaure » et sa localisation*, dans *Mél. R. Lejeune*, Gembloux, 1969, t. 1, p. 213-218 ; *Le « Joy », apport des troubadours à l'humanisme médiéval*, dans *Annales de l'Institut d'Estudes Occitanes*, n° 5 (1970), p. 131-142 ; *De Ventadorn à Barjols. Les troubadours limousins en Provence entre 1150 et 1250*, dans *Mél. J. Boutière*, Liège, 1971, t. 1, p. 428-432. — R.A. Taylor, *La littérature occitane du Moyen Âge*, Toronto, 1977, n° 393. — J.-L. Lemaître, *Le Nécrologe de Solignac et les troubadours limousins. Nouvelles mentions de Gaucelm Faidit et de Gausbert de Puycibot*, dans *Romania*, t. 99 (1978), p. 225-229. — R. Joudoux, *La famille de G. Faidit (ou Feydit), troubadour dit d'Uzerche...*, dans *Lemouzi*, t. 36 (1982), p. 112-120. — W. Paden, *Dramatic Formalism in the Alba Attributed to G. Faidit*, dans *Neuphilologische Mitteilungen*, t. 83 (1982), p. 68-77 [avec trad. anglaise]. — V. Pollina, *Troubadours dans le nord : Observations sur la transmission des mélodies occitanes dans les mss septentrionaux*, dans *RZLG-Cahiers d'Histoire des Littératures Romanes*, t. 9 (1985), p. 263-278. — A. Rossel i Mayo, *Monodia Cortesana trovadoresca...*, Barcelone, 1986 [éd. de la musique]. — V. Pollina, *Word/Music Relations in the Work of the Troubadour G. Faidit. Some Preliminary Observations on the « Planh »*, dans *CN*, t. 47 (1987), p. 263-278 [éd. musicale] et dans *Mél. A. Roncaglia*, Modène, 1989, t. 3, p. 1075-1090. — E. Poe, *Toward a Balanced View of the Vidas and Razos*, dans *Romanische Zeitschrift für französische Literatur* — Cahiers d'histoire des Littératures Romanes, t. 11 (1987), p. 18-28. — A.A. MacDonald, *The Female Figure in the « Lives » of Dante Alighieri and Gaucelm Faidit*, dans *Tenso*, t. 5.1 (1989), p. 33-48. J.M.

Gaufrey. Chanson de geste du XIIIe, composée de 10 731 vers en laisses monorimes et en dialecte picard, conservée par un manuscrit unique de Montpellier. Elle apparaît comme une continuation de *Doon de Mayence**, narrant les exploits guerriers accomplis par Gaufrey et ses frères, fils de Doon, au cours d'une lutte victorieuse contre les Sarrasins qui assiègent Garin, ancien compagnon de Doon.

ŒUVRE. — Éd. F. Guessard et P. Chabaille, Paris, 1859 (*Anciens poètes de la France*, 2-3).

→ R. Seyfang, *Quellen und Vorbilder des Epos « Gaufrey »*, Tübingen, 1907. — P. Aebischer, *La mesnie Doon de Mayence et son plus illustre représentant Ogier le Danois*, dans *Mél. P. Le Gentil*, Paris, 1973, p. 13-32, et dans *Des annales carolingiennes à Doon de Mayence*, Genève, 1975, p. 201-222. — J.-L. R. Belanger, *Damedieus. The Religious Concept of the French Epic*, Genève-Paris, 1974. — Cf. *MB*, n°s 404-405, 4041. S.I.J.

Gausbert Amiel. L'auteur de sa *Vida* le dit de Gascogne, mais on ne peut l'affirmer. Il semble avoir écrit au XIIIe siècle, sans doute après 1254. On a conservé de lui un *vers** qui, sur un mode ironique, traite les thèmes courtois : lui-même n'est pas « riche » c'est-à-dire puissant, et ne peut prétendre à aimer une dame de haut rang.

ŒUVRE. — Éd. M. de Riquer, *Los trovadores. Historia literaria y textos*, Barcelone, 1975, t. 3, p. 1669-1671.

→ PC 172. — A. Sakari, *Le thème de l'amour du « Ric ome » au début de la poésie provençale*, dans *Revue de langue et littérature d'Oc*, t. 12-13 (1962-1963), p. 91. — F. Pirot, *Recherches sur les connaissances littéraires des troubadours occitans et catalans des XIIe et XIIIe siècles*, Barcelone, 1972, p. 248-250. G.B.L.

Gausbert de Puycibot. Selon sa *Vida*, le troubadour Gausbert était « un gentil hom de l'evesquat de Lemogas, fils del castellan de Poicibot ». Ce lieu-dit est mentionné comme hameau sur la carte de Cassini (XVIIIe siècle). Il est situé au point de contact entre l'évêché de Périgueux et celui de Limoges. Si Gausbert fut réellement dès son enfance placé dans un monastère, il semble plausible d'accepter celui de Saint-Léonard-des-Chaumes, près de La Rochelle, abbaye cistercienne du diocèse de Poitiers. En effet, Savaric de Mauléon*, protecteur de Gausbert qui lui adressa quelques *cansos*, en fut bienfaiteur. Savaric mourut en 1230 ou 1231, mais la production conservée de Gausbert peut être de quelque dix ans antérieure. La découverte d'une mention de son nom dans le nécrologe de Solignac parmi d'autres personnages notoires placerait la mort de notre troubadour vers 1250.

On a conservé de lui quinze compositions d'attribution certaine, en général des chansons d'amour, qui contiennent des allusions à des personnages historiques ; ainsi Eléonor de Castille, qui en 1221 épousa Jacques Ier le Conquérant âgé seulement de huit ans, ou Frédéric II qui commença à régner en 1220 (PC, 173 11). Ses *cansos* traitent des thèmes les plus purs de la *fin'amor*. Elles lui ont valu la réputation dont il jouit chez Matfre Ermengaud*, Terramagnino de Pise* et en Catalogne. Outre ses treize *cansos*, on a conservé de lui une *tenso* avec Bertran de Preissac (PC, 173,5 = 88,2), et un *sirventes* pittoresque (PC, 173,4) contre un jongleur nommé Gasc.

ŒUVRE. — Éd. W.P. Shepard, *Les poésies de Jausbert de Puycibot, troubadour du XIIIe siècle*, Paris, 1924, *CFMA*, 46. — Éd. partielles : A. Kolsen, *Dichtungen der Trobadors...*, Halle 1916-1919, réimp. Genève, 1980, p. 39-45 et 138-148 [PC, 173, 11-3-6]. — M. de Riquer, *Los trovadores. Historia literaria y textos*, Barcelone, 1975, t. 3, p. 1207-1214 [PC, 173, 9 et 11]. — R. Richter, *Die Troubadourzitate im « Breviari d'Amor »*, Modène, 1976, p. 276-280 [PC, 173, 3-11-11].

→ PC, 173. — J.-L. Lemaître, *Le nécrologe de Solignac et les troubadours limousins. Nouvelles mentions de Gaucelm Faidit et de Gausbert de Puycibot*, dans *Romania*, t. 99 (1978), p. 225-229. G.B.L.

Gautier. Nom de plusieurs trouvères inconnus du XIIIe siècle. L'un d'eux dialogue avec un nommé Pierre dans une chanson politique se rapportant au conflit qui, en 1229, opposa de grands feudataires du royaume à la régente de France, Blanche de Castille. L'autre composa un jeu-parti avec Richard de Fournival*, et est le co-auteur de deux autres jeux-partis, le premier avec le poète Bestourné*, le second avec un partenaire inconnu.

ŒUVRES. — P. Zarifopol, *Kritischer Text der Lieder Richards de Fournival*, Halle, 1904 [Cf. *Romania*, t. 33 (1904), p. 424-429]. — A. Långfors, A. Jeanroy et L. Brandin, *Recueil général des jeux-partis français*, Paris, 1926, t. 2, p. 195-197 et 285 (*SATF*, 70).

→ H. Spanke, *Zur Geschichte des altfranzösischen Jeu-parti*, dans *ZFSL*, p. 52 (1929), p. 54-55. — Linker, n° 70. — Cf. *GRLMA*, t. VI/2, n° 6120. G.M. et F.F.H.

Gautier d'Arras. On ne sait rien sur sa vie. Il nous apprend dans ses deux romans, *Eracle* et *Ille et Galeron*, qu'il a travaillé pour Baudouin de Hainaut, Thibaut V de Blois, Marie de Champagne et Béatrix de Bourgogne, épouse de Frédéric Barberousse. Il est le contemporain de Chrétien de Troyes*, et il jouera un rôle intéressant dans le développement du roman courtois. Les deux romans ont été rédigés entre 1176 et 1184.

Dans *Eracle*, le héros éponyme est doué de trois dons : la connaissance des pierres, celle des chevaux, celle des femmes. L'empereur Loïs, qui l'a acheté à un sénéchal, fait appel à lui pour l'aider à choisir une femme : Eracle lui désigne Athénaïs. Quand Loïs doit s'absenter pour soumettre des rebelles, Eracle lui conseille de faire confiance à sa femme, mais Loïs a le tort de ne pas l'écouter, il fait enfermer l'impératrice. Le résultat ne se fait pas attendre : elle se donne à un de ses sujets, Paridès. De retour, l'empereur, furieux, veut mettre les coupables à mort ; mais, sur les conseils d'Eracle, il répudie sa femme et l'autorise même à épouser son amant. Eracle devient empereur de Constantinople, lutte contre le roi de Perse Cosroès qui a enlevé la vraie croix, triomphe et connaît un règne glorieux. Il s'agit d'un récit à tendance hagiographique, destiné à célébrer l'exaltation de la Croix et à faire la biographie d'Eracle devenu empereur de Byzance, qui reprit la Croix à Cosroès. Mais *Eracle* reste un roman, malgré tout, par l'agencement des éléments narratifs, et par l'imaginaire qu'il véhicule. L'usage du merveilleux rivalise avec celui des romans bretons. Le décor comporte de nombreux éléments orientaux. Gautier, peintre assez adroit des sentiments, ne tombe pas dans les raffinements du *Cligès* de Chrétien de Troyes, mais déjà l'analyse psychologique est sûre. Les monologues angoissés de l'amant et de l'amante dérivent d'*Eneas** ; la fameuse opposition du cœur et du corps se trouve déjà chez Gautier, qui l'a empruntée aux lyriques du Midi.

Dans *Ille et Galeron*, Ille, fils d'Eliduc, après avoir vaincu les usurpateurs qui lui ont ravi ses biens, s'éprend de Galeron, sœur du duc de Bretagne ; il l'épouse, mais perd un œil au tournoi et s'enfuit pour ne pas perdre l'amour de sa femme qui le rejoint, sans réussir à apprendre la vérité. À Rome, il repousse l'armée des Grecs envahisseurs, et il est aimé de Ganor, la fille de l'empereur. Le Saint Père et l'empereur veulent la lui donner en mariage, il avoue alors qu'il est marié. On fera donc rechercher Galeron, et si on ne la trouve pas, il épousera Ganor. Ille accepte. Or Galeron s'est mise à sa recherche et vit depuis quatre ans à Rome. Le jour du mariage venu, elle hésite à se faire connaître, puis se jette aux pieds d'Ille ; la cérémonie est interrompue. Ille renonce à Ganor et va rétablir la paix que la Bretagne a perdue depuis son départ. Galeron se fait nonne, et, comme Rome est de nouveau attaquée, Ille va porter secours à Ganor, la sauve des mains des félons qui s'apprêtaient à la livrer à l'empereur des Grecs, et cette fois-ci, l'épouse.

Le roman joue sur un thème connu, celui de l'homme pris entre deux femmes. C'est aussi celui du lai d'*Eliduc*, de Marie de France*, dont il pourrait être une réfection. Mais la comparaison s'arrête vite : la matière de Bretagne n'est ici qu'apparente. C'est plutôt vers Rome et l'Orient que l'attention est attirée, et la peinture de l'amour est traitée différemment.

Le roman témoigne d'un goût plus net que l'*Eracle* pour l'étude des sentiments. Gautier sait noter de quelques traits justes les états d'âme des personnages. Les monologues sont toutefois moins développés que chez Chrétien, et Gautier ne s'attarde pas trop, en particulier, à la description de l'amour naissant. L'intérêt est surtout dans l'ambiguïté sentimentale d'Ille.

ŒUVRES. — Éd. E. Löseth, *Œuvres de Gautier d'Arras...*, Paris, 1890 (*Bibl. fr. du Moyen Âge*, 6-7). — 1) *Eracle* : éd. G. Raynaud de Lage, *Gautier d'Arras, Éracle*, Paris, 1976 (*CFMA*, 102). — 2) *Ille et Galeron* : éd. F.A.G. Cowper, *Ille et Galeron, par Gautier d'Arras*, Paris, 1956 (*SATF*). — Éd. Y. Lefèvre, *Gautier d'Arras, Ille et Galeron*, Paris, 1988 (*CFMA*, 109).

→ W.C. Calin, *On the Chronology of Gautier d'Arras*, dans *MLQ*, t. 20 (1959), p. 181-196. — A. Fourrier, *Le courant réaliste dans le roman courtois en France au Moyen Âge*, Paris, 1960. — J.F. Benton, *The Court of Champagne as a Literary Center*, dans *Speculum*, t. 36 (1961), p. 551-591. — G. Van Acker, *Gautier d'Arras, le plus ancien trouvère du Nord de la France*, dans *Revue du Nord*, t. 43 (1961), p. 273-279. — L. Renzi, *Tradizione cortese e realismo in Gautier d'Arras*, Padoue, 1964 (*Univ. di Padova, Pubbl. della Facoltà di Lettere et Filosofia*, 42). — G. Raynaud de Lage, *De quelques images de Chrétien de Troyes chez Gautier d'Arras*, dans *Mél. S. Pellegrini*, Padoue, 1971, p. 489-494. — P. Nikrog, *Two Creators of Narrative Form in Twelfth Century France : Gautier d'Arras-Chrétien de Troyes*, dans *Speculum*, t. 48 (1973), p. 258-276. — E. Schulze-Busacker, *Proverbes et expressions proverbiales chez Chrétien de Troyes, Gautier d'Arras et Hue de Rotelande*, dans *Incidences*, t. 5, n° 1 (1981), p. 7-16. — P. Eley, *Patterns of Faith and Doubt : Gautier d'Arras's Eracle and Ille et Galeron*, dans *French Studies*, t. 43 (1989), p. 257-270. — F. Wolfzettel, *La recherche de l'universel. Pour une nouvelle lecture des romans de Gautier d'Arras*, dans *CCM*, t. 33 (1990), p. 113-131. — 1) *Eracle* : É. Littré, dans *HLF*, t. 22, p. 791-807. — E. Faral, *D'un passionnaire latin à un roman français ; quelques sources immédiates du roman d'Eracle*, dans *Romania*, t. 46 (1920), p. 512-536. — W.C. Calin, *Structure and Meaning in the Eracle by Gautier d'Arras*, dans *Symposium*, t. 16 (1962), p. 275-287. — G. Raynaud de Lage, *La religion d'Eracle*, dans *Mél. P. Le Gentil*, Paris, 1974, p. 707-713. — P. Zumthor, *L'écriture et la voix : le roman d'Eracle*, dans *The Craft of Fiction : Essays on Medieval Poetics*, éd. L.A. Arrathoon, 1984, p. 161-210. — N.J. Lacy, *The Form of Gautier d'Arras's Eracle*, dans *Modern Philology*, t. 83, 3 (1986), p. 227-232. — 2) *Ille et Galeron* : É. Littré, dans *HLF*, t. 22, p. 851-864. — F.A.G. Cowper, *The Sources of Ille et Galeron*, dans *Modern Philology*, t. 20, (1922-1923), p. 35-44. — E. Hoepffner, *Le roman d'Ille et Galeron et le lai d'Eliduc*, dans *Mél. M.K. Pope*, Manchester, 1939, p. 125-144. — L. Renzi, *Le décor celtisant dans Ille et Galeron de Gautier d'Arras*, dans *CCM*, t. 10 (1967), p. 39-44. — R.M. Spensley, *The Meaning of Ille's Demesure*, dans *Romanische Forschungen*, t. 84 (1972), p. 585-587. — J. Batany, *Home and Rome, A Device in Epic and Romance : Le Couronnement de Louis and Ille et Galeron*, dans *Yale French Studies*, t. 51 (1974), p. 42-60. — N. Love, *Polite Address and Characterization by Speech in Gautier's Eracle*, dans *Romance Quarterly*, t. 35 (1988), p. 21-29. — G.S. Burgess, *The Theme of Chivalry in Ille et Galeron*, dans *Medioevo Romanzo*, t. 14 (1989), p. 339-362. — Cf. *GRLMA*, t. IV/2, nos 200 et 204 ; t. IV/1, p. 97-98, 104, 113-116, 269-274, 277, 439, 479, 481. — *MB*, nos 1115-1128, 7298-7300 ; *S* 2257-2269, 3219, 3220, 3497.

A.M. et C.R.

Gautier de Belleperche. Voir : *Bible française ; Judas Machabée.*

Gautier de Châtillon. Auteur de l'*Alexandreis*, qui est le « meilleur poème épique latin du Moyen Âge » (De Ghellinck). Né vers 1135 près de Lille, Gautier étudie à Paris, puis à Reims, sous Étienne de Beauvais, enseigne à Laon, séjourne à Bologne et à Rome, devient chanoine de Reims. Vers 1165, il est à la chancellerie d'Henri II Plantagenêt et se lie avec Jean de Salisbury*. Il excelle en poésie métrique ou rythmique, et nous a laissé deux recueils de courtes pièces rythmiques, un poème sur le martyre de Thomas Becket, et des pièces satiriques.

Sa renommée est surtout due à l'*Alexandreis*, de portée anti-romaine, qui exalte Alexandre comme homme, roi et conquérant. Cette épopée est constituée d'environ 5 500 hexamètres, répartis en dix livres. Pour le fond, l'auteur s'inspire de Quinte-Curce, et à un moindre degré, de Justin. Sur le plan stylistique, il cherche à imiter Ovide, Lucain, et surtout Virgile, en se pliant aux exigences de la versification antique. L'*Alexandreis* fut achevée, d'après son prologue, en cinq ans, et dédiée à l'archevêque de Reims, Guillaume aux Blanches Mains (les initiales de chacun des livres forment l'acrostiche *Guillermus*). La date de sa rédaction reste flottante. On la situait traditionnellement entre 1178 et 1182. Mais A.C. Dionisotti a montré que le poème devait être achevé dès 1176, l'année même où Guillaume fut transféré du siège de Sens à celui de Reims.

Gautier était conscient de son talent, comme le manifeste son épitaphe, adaptée de celle de Virgile : « *Insula me genuit, rapuit Castellio nomen / Perstrepuit modulis Gallia tota meis.* » L'*Alexandreis*, qui fut célébrée par Henri d'Andeli* et Évrard de Béthune*, devint très vite un ouvrage classique, étudié dans les écoles au même titre que l'*Énéide*. Il en subsiste plus de 200 mss qui sont répertoriés par le dernier éditeur.

ŒUVRES. — *Carmina*, éd. K. Strecker, *Die Lieder Walters von Ch. in der Handschrift 351 von St. Omer*, Berlin, 1925 ; *Moralisch-satirische Gedichte Walters von Ch.*, Heidelberg, 1929. — A. Wilmart, *Poèmes de G. de Châtillon dans un manuscrit de Charleville*, dans *Revue Bénédictine*, t. 49 (1937), p. 121-169 et 322-365. — *Alexandreis*, éd. M.L. Colker, Padoue, 1978 (*Thesaurus mundi*, 17) [en annexe, éd. de gloses scolaires, s'échelonnant du XIIe au XIVe]. — R.T. Pritchard, *Walter of Ch., The Alexandreis*, Toronto, 1986 [trad. anglaise].

→ H. Christensen, *Das Alexanderlied Walters von Ch.*, Halle, 1905 [toujours utile]. — K. Strecker, *Walter von Ch. und seine Schule*, dans *Zeitschrift für deutsches Altertum*, t. 64 (1927), p. 97-125 et 161-189. — J. de Ghellinck, *L'essor de la littérature latine au XIIe siècle*, Bruxelles-Paris, 1946, t. 2, p. 210-212. — A.C. Rigg, *Golias and Other Pseudonyms*, dans *Studi Medievali*, t. 18 (1977), p. 65-109. — *Alain de Lille, Gautier de Châtillon, Jakemart Giélée et leur temps*, Lille, 1980, p. 187-258. — H.E. Stiene, J. Grub, *Verskonkordanz zur Alexandreis des Walter von Ch.*, Hildesheim-Zurich, 1985. — J.-Y. Tilliette, « *Insula me genuit* ». *L'influence de l'Énéide sur l'épopée latine du XIIe siècle*, dans *Lectures médiévales de Virgile*, Rome, 1985, p. 121-142. — H. Harich, *Alexander Epicus : Studien zur Alexandreis Walters von Ch.*, Graz, 1987. — A.C. Dionisotti, *Walter of Ch. and the Greeks*, dans *Latin Poetry and the Classical Tradition*, Oxford, 1990, p. 73-96.

L.P. et F.D.

Gautier de Coinci. Né à Coinci (Aisne) en 1177 ou 1178, il entre en 1193 au monastère bénédictin de Saint-Médard à Soissons et y reste jusqu'en 1214, date à laquelle il devient prieur à Vic-sur-Aisne. En 1233 il est appelé comme grand prieur à l'église Saint-Médard de Soissons, poste qu'il conserve jusqu'à sa mort, en 1236.

Gautier appartient sans doute à une famille noble du Soissonnais. Parmi ses intimes figurent le comte Raoul III de Soissons et sa femme, ainsi que Marguerite d'Avesnes, comtesse de Blois. Parmi ses relations ecclésiastiques, on trouve Raoul, abbé de Saint-Éloi à Noyon, Robert de Dive, prieur de Saint-Blaise, Béatrix de Cherisys, abbesse de Notre-Dame de Soissons, Berthe, abbesse de Fontevrault.

La partie principale de l'œuvre littéraire de Gautier se compose d'un recueil de *Miracles de Nostre Dame.* Reflet d'une époque vue par un clerc, il présente un double intérêt : la vision d'une société dont les fondements se fissurent, l'homme aux prises avec le monde et avec lui-même. Gautier voue une fervente dévotion à la Vierge et l'implique à tout moment dans la vie des individus.

Sa vision sociale est conforme à celle des clercs de son époque. Il réprouve les puissants laïcs qui dépouillent l'Église et les monastères. Il critique la hiérarchie ecclésiale, jusqu'aux autorités les plus hautes, dont il dénonce les mœurs dissolues et le luxe outrageant. Il s'en prend aux médecins incompétents et peu scrupuleux, aux hommes de loi qui apprennent le droit à Bologne pour tromper et voler. Il condamne les marchands qu'il assimile souvent à des usuriers, exhale une haine hyperbolique contre les juifs. Enfin il vilipende les vilains pour leur sottise et leur avarice. Au travers des *Miracles*, Gautier apparaît plutôt comme un conservateur. Il redoute les fractures qui affaibliraient le pouvoir temporel, mais sa sensibilité le conduit parfois à plus de nuances. La Vierge médiatrice cristallise les aspirations à plus de justice, canalise les mécontentements et constitue l'ultime recours pour un progrès non violent. La pensée de Gautier est donc plus complexe et plus subtile qu'il n'y paraît.

Mais c'est ailleurs que réside l'originalité de Gautier. Il s'intéresse au vécu de l'homme, se situe au confluent de la culture savante et du folklore. Chaque individu aux prises avec le monde et avec son propre destin est l'occasion d'analyses psychologiques pénétrantes. Par la variété des situations, les *Miracles* offrent à chacun un sujet de méditation sur sa condition et sur la voie à suivre pour retourner à Dieu. La Vierge, médiatrice entre l'homme et la société, l'est aussi entre l'homme et lui-même. Avocate de l'intention, elle dévoile la conscience de l'individu et lui donne la possibilité de se sauver ou bien le conduit directement au paradis. Elle intercède auprès de son fils. Marie, confidente, guide, « physicienne », ramène l'homme égaré vers le chemin de l'intériorité.

Pour faire passer ses messages, Gautier se met à la portée de tous, mais sa puissance évocatrice, sa poésie, ses jeux sur les sonorités, ses métaphores ne sont pas seulement une œuvre d'art, ils mettent en relation avec une réalité suprasensible qui replace l'individu dans l'univers. Son expérience religieuse mêle intimement littérature et vie. La simplicité de l'art doit décaper l'artifice du monde. Seuls les mots simples sont porteurs de vérité, nous dit Gautier dans le prologue de la seconde partie des *Miracles* :

Li symple mot charchié de fruit
Valent mout mielz, si com je cuit,
Et plus a l'ame son vaillant
Que mot agu ne mot taillant
Que pluisor dïent por renon,
Ou il n'a rien se fuelles non.

Les mots sacrés et bénis sont purs, parce que don de Dieu. L'écriture de Gautier s'inscrit dans la tradition monastique. Ses chansons, au même titre que sa poésie, sont l'écho de l'harmonie céleste. Gautier est un guide spirituel. C'est cette dimension qu'il convient de lui reconnaître avant tout.

ŒUVRES. — *Miracles de Nostre Dame*, éd. F.V. Koenig, 4 vol., Genève, 1955-1970 (*TLF*, 64, 95, 131 et 176) [ms. de base : Paris, BN, fr. 22928 ; un 5ᵉ vol. était prévu, qui devait comporter le glossaire et les index] ; éd. abbé Poquet, Paris, 1857, réimp. Genève, 1972 [reprod. inexacte et incomplète du ms. BN, n. acq. fr. 24541, dit ms. de Soissons] ; éd. A. Långfors, Helsinki, 1937 (*Annales Acad. Scientiarum Fennicae*, B. 34) [miracles extraits du ms. de Saint-Pétersbourg) ; éd. E. von Kraemer, Helsinki, 1960 (*Ann. Acad. Scient. Fenn.*, B. 119) [8 miracles d'après le même ms.] ; éd. L. Lindgren, Helsinki, 1963 (*Ann. Acad. Sc. Fenn.*, B. 129) (4 miracles] ; éd. J. Chailley, Paris, 1959 [éd. des chansons qui accompagnent les *Miracles* avec leur musique) ; trad. M. Lot-Borodine, *Vingt miracles de Notre Dame*, Paris, 1930 ; trad. G. Truc, *Les plus beaux miracles de la Vierge mis en français moderne*, Paris, 1932 ; P. Kunstmann, *Vierge et merveille. Les miracles de Nostre Dame narratifs au Moyen Âge*, Paris, 1981 (*Bibl. médiév. 10/18*, 1424) [d'après l'éd. Koenig].

→ A. Schinz, *L'art dans des contes dévots de G. de Coinci*, dans *PMLA*, t. 22 (1907), p. 465-520. — A. Ducrot-Granderye, *Étude sur les Miracles de Nostre Dame de G. de C.*, Helsinki, 1932 (*Annales Acad. Scient. Fenn.*, B. 25) [étude importante ; description des mss). — V. Väänänen, *Gloses marginales des Miracles de G. de Coinci*, Helsinki, 1945. — D. Colombani, *Savoir prier Notre Dame à l'exemple de G. de Coinci*, dans *Le livre des Miracles de N.D. de Rocamadour*, Rocamadour, 1972 ; *La chute et la modification : le renversement diabolique chez G. de Coinci*, dans *Senefiance*, t. 6, Aix-en-Provence, 1979, p. 135-154. — M. de Combarieu, *Le diable dans Comment Theophilus vint a penitance de G. de Coinci et dans le Miracle de Theophile de Rutebeuf, ibid.*, p. 157-181. —

B. Cazelles, « *Jeter puer* ». *Le traitement de la fuite du monde dans les Miracles de G. de Coinci*, dans *Le Moyen Âge*, t. 83 (1977), p. 255-265 ; *Un héros fatigué. Sens et fonction du mot las dans les Miracles de Notre-Dame de G. de Coinci*, dans *Romance Philology*, t. 30 (1977), p. 616-622 ; *La faiblesse chez G. de Coinci*, Saratoga, 1978. — G. Dahan, *Les juifs dans les Miracles de G. de Coinci*, dans *Archives juives*, t. 3 (1980), p. 41-49. — *Medievales*, t. 6 (1982) [entièrement consacré à G. de Coinci]. — A. Drzewicka, *La fonction des emprunts à la poésie profane dans les chansons mariales de G. de Coinci*, dans *Le Moyen Âge*, t. 91 (1985), p. 33-51, 179-200 ; *Le livre ou la voix ? Le moi poétique dans les Miracles de Notre Dame de G. de Coinci, ibid.*, t. 96 (1990), p. 245-263. — A. Garnier, *Deux miracles de Nostre Dame de G. de Coinci*, dans *Romania*, t. 106 (1985), p. 341-398 ; *Mutations temporelles et cheminement spirituel. Analyse et commentaire du Miracle de l'Empeeris de G. de Coinci*, Paris, 1988 (*Essais*, 11) ; *Autour de la mort. Temps de la dilation et Purgatoire dans les Miracles de Nostre Dame de G. de Coinci*, dans *Le Moyen Age*, t. 94 (1988), p. 183-202. — M.C. Pouchelle, *Mots fluides et vertiges : les fêtes orales de la mystique chez G. de Coinci*, dans *Annales ESC*, 1987, p. 1209-1230. — Linker n° 72. — Cf. *GRLMA*, t. VI/2, nos 400, 660, 664, 764, 839, 840, 968, 2204, 2208, 7120, 7124, 7128. — *MB* nos 2306-2314, 3148-3178, 3301, 3407, 3546, 6600, 6607-6613, 7755-7760 ; *S* 2627, 4371-4372, 5671, 5680, 5682-5711, 5715, 5800, 7998. — Cf. *The New Grove Dictionary of Music and Musicians*, t. 7, 1980, p. 193-194. T.N. et A.G.

Gautier de Compiègne. Voir : Alexandre du Pont.

Gautier de Dargies. Trouvère picard, auteur d'une œuvre lyrique importante comprenant 17 chansons d'amour, deux débats avec Richard de Fournival* et trois *descorts**. Ceux-ci sont les plus anciennes pièces françaises de ce genre dont nous connaissions l'auteur.

Gautier appartenait à la branche cadette de la famille de Dargies (Oise, arr. Beauvais, cant. Grandvilliers). Il a pu naître vers 1170-1175 et il commença à rimer au cours de la dernière décennie du XIIe siècle. Vers la même époque, il se lia d'amitié avec Gace Brulé*. Il vivait encore en 1236. Le juge de l'un de ses deux jeux-partis est Jean II, seigneur de Nesle de 1202 à 1241 environ.

Très bon versificateur, habile et varié en ses rythmes, Gautier a écrit, avec élégance souvent, avec force plus rarement, des vers où l'on trouve les thèmes et les clichés alors à la mode. De temps à autre, une image concrète, une note élégiaque ou des tours recherchés donnent à sa poésie un caractère assez personnel.

ŒUVRES. — P. Bec, *La lyrique française au Moyen Âge (XIIe-XIIIe siècle)*, Paris, 1978, t. 2, p. 126-128 [une pièce]. — *Gautier de Dargies. Poesie*, éd. A.-M. Raugei, Florence, 1981 (*Pubblicazione della Facoltà di Lettere e Filosofia dell'Università di Milano*, 90, 5).

→ E. Langlois, *Remarques sur les chansonniers français. 4. Gautier de Dargies et Garnier d'Arches*, dans *Romania*, t. 45 (1918-1919), p. 321-350. — H. Petersen Dyggve, *Personnages historiques figurant dans la poésie lyrique française des XIIe et XIIIe siècles*, dans *Neuphilologische Mitteilungen*, t. 46 (1945), p. 77-93. — Linker, n° 73. — Cf. *MB*, nos 2341-2342 ; 6457-6458 ; *S* 4315 ; 4483. G.M. et F.F.H.

Gautier de Douai. Voir : *Destruction de Rome*.

Gautier d'Épinal. Chevalier lorrain (il regrette dans ses vers de n'être pas né champenois), mort entre 1270 et 1272, Gautier d'Épinal (Vosges) est l'auteur d'une vingtaine de chansons d'amour, composées pour la plupart pendant le deuxième quart du XIIIe siècle. Il eut pour protecteurs plusieurs seigneurs de Lorraine et de Champagne orientale, notamment les comtes de Vaudémont (Meurthe-et-Moselle, arr. Nancy, cant. Vézelise), ses suzerains, et les comtes de Bar Henri II († 13 novembre 1239) et Thibaut II († 1291). Sous les lieux communs courtois, les poésies de Gautier ne manquent pas d'agrément : l'auteur manie rythmes et rimes avec maîtrise et sait, à l'occasion, donner du relief à son style.

ŒUVRES. — U. Lindelöf et A. Wallensköld, *Les chansons de Gautier d'Épinal*, dans *Mémoires de la Société néophilologique d'Helsinki*, t. 3 (1902), p. 205-318. — *Poètes et romanciers du Moyen Âge*, éd. A. Pauphilet, nouv. éd., Paris, 1952, p. 919-920 (*Bibliothèque de la Pléiade*, 52) [une chanson dans une anthologie].

→ P. Marot, *Identifications de quelques partenaires et juges des « unica » des jeux-partis du chansonnier d'Oxford*, dans *BEC*, t. 88 (1927), p. 272. — H. Petersen Dyggve, *Personnages historiques figurant dans la poésie lyrique française des XIIe et XIIIe siècles*, dans *Neuphilologische Mitteilungen*, t. 36 (1935), p. 19-29. — Linker, n° 77. Cf. *MB*, nos 2343 ; 6459. G.M.

Gautier Le Leu (2e moitié du XIIIe ; Hainaut). Jongleur, poète et moraliste français, fut probablement un clerc déclassé, en querelle avec un ordre religieux ou avec l'Église elle-même. Il est l'auteur de dix poèmes connus, dont six fabliaux* (*Les sohais, Del fol vilain, Del sot chevalier*, etc.). Toutefois on sait (*De deus vilains*, v. 177-178) qu'il a composé au moins onze fabliaux et se trouve être ainsi l'auteur le plus fécond dans le genre. Plusieurs de ses fabliaux (*De Connebert, Del prestre taint*) se distinguent par une virulente satire et la haine du clergé, attitude cynique outrée, rare dans les ouvrages de cette nature. L'obscène *Des c.*, sorte de sermon joyeux, irrévérencieuse caricature d'une vie de saint, est une des premières tentatives de ce genre en français. C'est aussi une sorte de poème héroï-comique qui parodie les héros chevaleresques et les modes littéraires de l'époque. *De Dieu et dou pescour* est un intéressant document historique, qui contient une attaque de la justice divine et de certaines doctrines fondamentales de l'Église à peu près unique au XIIIe siècle. *La Veuve*, piquant tableau de mœurs et satire des nombreuses faiblesses de la femme, est considéré comme un chef-d'œuvre de réalisme et d'observation psychologique.

Gautier Le Leu est un conteur habile, un rimeur adroit et correct ; il recherche volontiers la rime riche et même léonine. Son vocabulaire est singulièrement étendu et varié et contient des expressions populaires et des mots pittoresques de terroir qui donnent un indiscutable piquant à son style. « Verdeur d'expression, obscénité énorme, violence et hardiesse souvent poussée jusqu'à l'impudence, satire mordante et cynisme d'esprit qui se joint à un pessimisme profond, tels sont les traits essentiels de cette œuvre » : Gautier Le Leu apparaît comme un anticlérical et un anticourtois. C.-V. Langlois lui a attribué « une place de premier plan dans l'histoire de la littérature en langue d'oïl. »

ŒUVRES. — Éd. C.H. Livingston, *Le jongleur Gautier Le Leu. Étude sur les fabliaux*, Cambridge (USA), 1951 [Éd. l'ensemble de l'œuvre]. — J. Rychner, *Contribution à l'étude des fabliaux*, Neuchâtel-Genève, 1960 [Éd. *La Veuve*]. — Éd. W. Noomen et N.J. Van den Boogaard, dans *Nouveau recueil complet des fabliaux*, t. 5, Assen, 1990 [*Sot chevalier*]. — Trad. italienne R. Brusegan, dans *Fabliaux. Racconti francesi medievali*, Turin, 1980 [*Prestre teint*].

→ C.H. Livingston, *The jongleur Gautier Le Leu, a Study in the Fabliaux*, dans *The Romanic Review*, t. 15 (1924), p. 1-67. — C.-V. Langlois, *La vie en France au Moyen Âge d'après des moralistes du temps*, Paris, 1926, p. 375-381. — M. Delbouille, *Problèmes d'attribution et de composition. Le fabliau du « Prestre teint » est-il l'œuvre de Gautier Le Leu ?*, dans *RBPH*, t. 11 (1932), p. 591-597. — R. Lejeune, *Le fabliau « La Veuve » de Gautier Le Leu*, dans *Le Flambeau*, t. 19 (1936), p. 141-151 ; *La patrie de Gautier Le Leu*, dans *Le Moyen Âge*, t. 47 (1937), p. 3-23 ; *Hagiographie et grivoiserie. À propos d'un dit de Gautier Le Leu*, dans *Romance Philology*, t. 12 (1958-1959), p. 355-365. — F. Lecoy, *À propos du fabliau de Gautier Le Leu « De Dieu et dou pescour »*, dans *Mél. M. Delbouille*, Gembloux, 1964, t. 2, p. 367-379. — C. Muscatine, *The Wife of Beth and Gautier's La Veuve*, dans *Mél. E.B. Ham*, Hayward, 1967, p. 109-114 [influence de *La Veuve* sur Chaucer]. — A. Miotto, *I « fabliaux » di Gautier le Leu*, dans C. Lee, A. Riccadonna, A. Limentani et A. Miotto, *Prospettive sui fabliaux : contesto, sistema, realizzazioni*, Padoue, 1976, p. 99-128. — H.D. Merl, *Untersuchungen zur Struktur, Stilistik und Syntax in den Fabliaux Rutebeufs, Gautier le Leus und Jean de Condés*, Francfort-Berne, 1976, p. 108-237 (*Europäische Hochschulschriften*, XIII, 40). — A. Leupin, *Le sexe dans la langue : la dévoration. Sur « Du c. », fabliau du* XIIIe *s. de Gautier le Leu*, dans *Poétique*, t. 45 (1981), p. 91-110. — E. Hicks, *Fabliau et sous-littérature. Regards sur le « Prestre teint »* dans *Reinardus*, t. 1 (1988), p. 79-85. — Cf. *MB*, nos 2469-2471, 6499-6500, 7681 ; *S* 4665, 4687-4691, 5246.

C.H.L.

Gautier de Saint-Victor. Élu prieur de l'abbaye des chanoines réguliers de Saint-Victor de Paris en 1173, Gautier succédait dans cette charge à Richard de Saint-Victor. Ce maître s'est fait connaître surtout par un ouvrage de polémique, composé en 1177 ou 1178, le *Contra quatuor labyrinthos Franciae*, publié intégralement pour la première fois en 1953. Ce livre est un violent pamphlet, dans lequel l'auteur s'en prend à Pierre Abélard*, Pierre Lombard*, Pierre de Poitiers et Gilbert de la Porrée*, minotaures tapis dans les quatre labyrinthes. Gautier n'hésite pas à accuser ses adversaires d'hérésie et les accable d'injures. Bien qu'il soit dépourvu d'originalité et de profondeur, cet ouvrage présente un intérêt pour l'histoire des controverses théologiques du XIIe siècle. Gautier a laissé aussi vingt et un sermons. L'un d'eux, précédé d'une introduction de Richard sans rapport avec lui, s'est égaré parmi les œuvres de cet illustre docteur (*PL* 196 col.

1013-1018). Gautier serait mort vers 1179-1190.

ŒUVRES. — P. Glorieux, *Le « Contra quatuor labyrinthos Franciae » de Gauthier de Saint-Victor*, dans *AHDLMA*, t. 19, 1952, (1953), p. 187-335. — *Galteri A Sancto Victore et quorumdam aliorum, Sermones ineditos triginta sex*, éd. J. Châtillon, Turnhout, 1975. — J.B. Schneyer, *Repertorium der lateinischen Sermones des Mittelalters*, t. 2, Münster, 1970, p. 118-119.

→ B. Hauréau, *Notices et extraits de quelques manuscrits latins de la Bibliothèque nationale*, t. 3, Paris, 1891, p. 18-67. — J. Châtillon, *Un sermon théologique de Gauthier de Saint-Victor égaré parmi les œuvres du prieur Richard*, dans *RMAL*, t. 8 (1952), p. 43-50. — P. Glorieux, *Mauvaise action et mauvais travail. Le « Contra quatuor labyrinthos Franciae »*, dans *RTAM*, t. 21 (1954), p. 179-193. — J. Châtillon, *Gauthier de Saint-Victor*, dans *DS*, t. 6 (1967), col. 148-149. J.C. et J.L.

Gauvain de Candie. Serviteur de Philibert II le Beau, duc de Savoie de 1497 à 1504, puis de sa veuve Marguerite d'Autriche, Gauvain, sieur de Candie, avait participé aux expéditions italiennes de Charles VIII. Il écrivit un *Advisement de Memoire et Entendement*, conservé dans un manuscrit unique et sans doute autographe (Bruxelles, Bibl. royale, 10984-10985) qui fut achevé, en hâte, avant le 30 septembre 1504 et est orné de 53 dessins au lavis. Dédié à Philibert et à Marguerite, et composé peu avant le décès du jeune duc, l'*Advisement de Memoire et Entendement* est l'œuvre d'un écrivain amateur, et non d'un professionnel de la rhétorique. Il comprend un prologue en prose (la dédicace), 778 vers en formes strophiques diverses (dialogue entre *Mémoire, Entendement* et l'*Homme Mondain*), un passage en prose, 680 octosyllabes à rimes plates (l'*Homme Mondain*, convaincu par les allégories positives, reçoit une dernière leçon de *Congnoissance de Dieu*), suivis de deux parties (où l'auteur s'exprime en son nom personnel) : une *Addition* de 202 octosyllabes et une *Excusation* de 64 vers. Cette composition allégorique et morale, qui juxtapose de la prose et des vers, ne constitue pas un prosimètre organisé.

Le même manuscrit (Bruxelles, Bibl. royale, 10984-10985) possède un autre texte de Gauvain de Candie, l'*Exploration de Pitié*, poème de 228 décasyllabes à rimes plates, sur la mort de Philibert de Savoie (30 septembre 1504).

Un autre manuscrit (Paris, BN, fr. 12780), du XVIe siècle, conserve « aulcunes petites œuvres de messire Gauvain, seigneur de Candie » ; c'est un recueil de textes en vers et en prose, comprenant des pièces funèbres (l'*Oraison lamentable* [sur la mort de Philibert de Savoie], la *Lectre consolant... a madame Marguerite d'Autriche* [sur la mort de son frère, Philippe Ier le Beau, roi de Castille, qui mourut en 1506], un *Rondeau de trois cousins germains* [Charles VIII, Philibert de Savoie et Louis de Luxembourg, comte de Ligny] et un *Rondeau sur la mort de Philibert de Savoie*), des œuvres d'actualité sur les campagnes d'Italie (épîtres, récit du voyage de François Ier à la reconquête du Milanais) et des poésies amoureuses.

ŒUVRES. — C. Thiry, *Recherches sur la déploration funèbre à la Prérenaissance*, Thèse dactyl., Liège, 1973, 2 vol. [éd. de l'*Exploration de Pitié*, de l'*Oraison lamentable*, de la *Lectre consolant*, du *Rondeau sur la mort de Philibert de Savoie* et du *Rondeau de trois cousins germains*]. — *Advisement de Memoire et Entendement*, éd. E. Mottard, mémoire dactyl., Liège, 1984.

→ C. Thiry, *Débats et moralités dans la littérature française du XVe siècle : intersection et interaction du narratif et du dramatique*, dans *La Langue, le Texte, le Jeu, Perspectives sur le Théâtre médiéval, Actes du colloque international, Univ. McGill, Montréal, 2-4 octobre 1986*, Montréal, 1987, p. 201-244 (*Le Moyen Français*, 19). F.F.H.

Gauvain et Hunbaut. Roman du milieu ou de la fin du XIIIe siècle (appelé quelquefois *Hunbaut* simplement), dont il reste 3 618 octosyllabes (la fin manque), composé vraisemblablement en région picarde, sur un mode souvent burlesque. Il est consacré à Gauvain (déjà protagoniste de tout un groupe de romans), en état de disgrâce. Gauvain et Hunbaut quittent la cour et vont porter un message de la part d'Arthur au roi des Îles pour exiger de lui l'hommage. Au retour, une aventure sépare les deux amis. Gauvain rencontre un chevalier qui, pour séduire une demoiselle, lui a promis de l'épouser en prenant Gauvain pour caution ; il oblige le séducteur à tenir sa promesse, se bat ensuite contre un inconnu, en qui il reconnaît son frère Gahariet. Il se met en quête de sa sœur qui a été enlevée. Hunbaut, qui est à leur recherche, arrive chez la dame du Gaut Destroit qui aime Gauvain sur sa renommée. Gauvain rejoint le ravisseur Gorvain Cadruz.

Bien avant l'époque où fut composé le roman, l'image de Gauvain s'était détériorée. Ici les vertus courtoises et chevaleresques sont soumises à la dérision et à l'ironie. La critique s'est montrée sévère sur le « médiocre tissu d'aventures banales », mais la composition est assez soignée. Les personnages n'évoluent pas, ne subissent pas de crises, sont stéréotypés. Le texte est rempli de lieux communs de la littérature gauvinienne (ex. du motif lyrique des jeunes filles qui s'éprennent de Gauvain sans l'avoir vu). Néanmoins, il offre l'intérêt d'être le témoin d'un genre littéraire en déclin.

ŒUVRE. — Éd. J. Stürzinger et H. Breuer, *Hunbaut...*, Halle, 1914. — M. Winters, *The Romance of Hunbaut : an Arthurian Poem of the Thirteenth Century*, Leyde, 1984 (*Davis Med. Texts and Studies*, 4). — Trad. M.L. Chênerie, *Hunbaut*, dans *La légende arthurienne. Le Graal et la Table Ronde*, Paris, 1989, p. 533-582 (*Bouquins*).

→ G. Paris, *Gauvain et Humbaut*, dans *HLF*, t. 30, 69-71. — M. Friedwagner, *Zum altfranzösischen Hunbaut-Roman*, dans *ZFSL*, t. 53 (1930), p. 319-331. — K. Busby, *Caractérisation par contraste dans le roman de Hunbaut*, dans *Studia Neophilologica*, t. 52 (1980), p. 415-424 ; *Gauvain in Old French Literature*, Amsterdam, 1980 [*Degré second*, 2]. — N.J. Lacy, *The Character of Gauvain in Hunbaut*, dans *BBSIA*, t. 38 (1986), p. 289-305. — Cf. *GRLMA*, t. IV/2, n° 276 ; t. IV/1, p. 377, 384. — *MB* n°s 2082-2083, 6421 ; *S* 4191-4192.

A.M. et C.R.

Gauvain Quiéret. Issu d'une ancienne famille picarde honorablement connue, Gauvain Quiéret, seigneur de Heuchin, Equancourt, Zunelande et autres localités, naquit vers 1433 et mourut avant juillet 1470. Sa mère était la nièce du chroniqueur Jean de Wavrin*. À la différence de son cousin Adam Quiéret, dit Gauvain, notre Gauvain (surnommé, lui, Boort) mena une vie paisible, loin des entreprises guerrières de l'époque. C'est aux lettres qu'il se consacra. Mais des quelques ouvrages qu'il mentionne dans son *Trialogue*, nous n'en conservons aucun. Seul donc le *Trialogue* semble nous être parvenu. Composé après la mort de Charles VII (1461), ce texte en prose s'inspire du *Quadrilogue invectif* d'Alain Chartier*. Apparaissent en songe à l'auteur-narrateur trois dames : France, Prouesse, et Bonne Renommée. Après leur description, France prononce une complainte sur la mort du roi à laquelle répondent, en manière de consolation, Prouesse et Bonne Renommée. Cet ouvrage touffu, qui touche à la morale, l'histoire et la politique contemporaine, s'inspire en particulier des *Grandes Chroniques de France**, du *Policraticus* de Jean de Salisbury*, du *Livre du Trésor* de Brunetto Latini*, du *Livre de l'Espérance* d'Alain Chartier. Si le procédé de la prosopopée appliquée à la France n'est pas original, les personnages de Prouesse et Bonne Renommée, eux, sont neufs. Ainsi, aux trois états (le peuple, le chevalier, le clergé) du *Quadrilogue invectif* (1422), Gauvain Quiéret substitue deux vertus communes à l'ensemble de la nation issue des Troyens — une nation qui doit se rassembler autour de son nouveau roi, Louis XI.

→ R. de Belleval, *Gauvain Quiéret, seigneur de Dreuil et sa famille*, Paris, 1866 [et reprod. des sceaux de la famille Quiéret]. — M.-R. Jung, *Le Trialogue de Gauvain Quiéret* (...), dans *Romanica Vulgaria*, t. 10-11 (1989), p. 209-231 [extraits, dont le palmarès des Louis de France, d'après le seul ms. conservé]. S.L.

Gavaudan. Ce troubadour, originaire sans doute du Gévaudan comme l'indique son nom, n'est connu que par son œuvre : dix pièces de genre très varié, chansons, *sirventes*, pastourelles, chants de croisade. Gavaudan appartient à l'école du *trobar clus**, comme Arnaut Daniel* et Peire d'Auvergne*, dont il a les qualités et aussi les défauts : ses poèmes sont difficiles à comprendre.

Mentionnons ses deux pastourelles, où, contrairement à l'ensemble des troubadours, Gavaudan montre les bergères accueillantes aux déclarations d'amour ; son *planh* sur la mort de sa dame, où, dans chaque strophe, se trouvent les mots *joys* (joie) et *ira* (douleur) ; surtout son chant de croisade, qu'il aurait écrit en Espagne au lendemain de la défaite d'Alarcos (19 juillet 1195), où le roi Alphonse VIII de Castille fut écrasé par les Maures : *Senhors, per los nostres peccatz / Creys la forsa dels Sarrazis...* « Seigneur, par nos péchés grandit le pouvoir des Sarrasins ». Le poète constate que partout l'ennemi du Christ est de plus en plus redoutable : Saladin en Orient, et le roi du Maroc avec des armées puissantes. Il fait appel aux souverains de l'époque pour qu'ils viennent au secours du roi de Castille : « Personne n'eut jamais occasion si belle de servir Dieu » ; que tous les chrétiens fassent bloc pour écraser ces infidèles, pour barrer la route à ces « chiens noirs d'outre-mer », *a cas negres outramaris*. La versification de cette pièce dénote chez son auteur un talent supérieur.

ŒUVRE. — Éd. S. Guida, *Il trovatore Gavaudan*, Modène, 1979. — Éd. partielle : I. Frank, *La chanson de croisade du troubadour Gavaudan*, dans *Neuphilologische Mitteilungen*, t. 47 (1946), p. 145-171 [PC 174, 10). — M. de Riquer, *Los trovadores. Historia litteraria y textos*, Barcelone, 1975, t. 2, p. 1046-58 [PC 174, 10-6-3].

→ PC 174. — A. Del Monte, *L'ermetismo medievale : Gavaudan*, dans *Convivium*, 1949, p. 196-209 ; réimp. dans *Studi sulla poesia ermetica medievale*, Naples, 1953, p. 97-112. — E. Köhler, *Die Pastourellen des Trobadors Gavaudan*, dans *GRM*, t. 14 (1964), p. 337-349. — F.J. Oroz Arizcuren, *La lirica religiosa en la literatura provenzal antigua*, Pampelune, 1972, p. 178-185 [PC 174,9]. — R.A. Taylor, *La littérature occitane du Moyen Âge*, Toronto, 1977, n° 394-396. — M. Tato Garcia, *« Goitz ? una voz extraña en la poesia de Gavaudan*, dans *Verba*, t. 12 (1985), p. 383-391. J.S.

Geffrei Gaimar. Le nom de Geffrei Gaimar semble indiquer une origine continentale ou plus précisément germanique. S'il n'est pas né en Angleterre, il devait toutefois y résider depuis un certain temps, sa maîtrise de l'anglais devant être suffisante pour qu'on lui ait confié la traduction d'un texte vernaculaire, la chronique anglo-saxonne. On sait encore qu'il appartenait au monde clérical. Entre 1135 et 1138, il a écrit, pour Constance, la femme d'un membre d'une vieille famille du Lincolnshire, au nord de l'Angleterre, Ralf Fitz Gilbert, elle-même issue du Hampshire au sud de l'Angleterre, une chronique en vers et en anglo-normand l'*Estoire des Engleis*, qui compte plus de 6 000 vers octosyllabiques à rimes plates. L'*Estoire* était à l'origine précédée d'une *Estoire des Bretuns*. Ce premier texte, qui était fondé en partie sur la toute récente *Historia regum Britanniae* de Geoffroi de Monmouth* (1135), est aujourd'hui perdu ; il fut sans doute supplanté par le roman de *Brut* de Wace*. En effet, dans les quatre mss qui conservent l'*Estoire des Engleis*, cette œuvre de Wace précède chaque fois le texte de Gaimar. L'*Estoire des Engleis* commence à l'arrivée du roi Cerdic en 495 et se termine à la mort du roi Guillaume le Roux en 1100. Jusqu'aux vers 3583-3594, c'est-à-dire jusqu'à l'avènement du roi Edgar en 959, le poème suit d'assez près la chronique anglo-saxonne, à laquelle Gaimar ajoute cependant de longs épisodes pris à des sources inconnues, souvent d'origine danoise. Après 959, il change de méthode ; il ne suit plus une source unique mais combine des récits variés, parfois difficiles à identifier, avec des traditions orales. À partir de 1066, il utilise le *Chronicon ex chronicis* de Florent de Worcester, et sans doute l'*Historia regum* de Simon de Durham.

L'importance de Geffrei Gaimar est double. Il est le plus ancien témoin de l'histoire anglaise écrite en français qui nous soit parvenu. Il est aussi l'un des premiers à utiliser le couplet octosyllabique, qui aura tant de succès par la suite. Son œuvre a sans doute plus de valeur littéraire qu'historique. La part du réel et de la fiction est parfois difficile à faire, mais les nombreux épisodes qu'il introduit au cours de sa traduction confèrent à son *Estoire* un caractère tout à fait original. Ainsi celui de Haveloc, légendaire roi danois, qui sera remanié plus tard en lai breton ; celui de Buern Bucecarle, par lequel il explique la conquête de la Northumbrie en 866 et qui a des rapports lointains avec *Anséïs de Carthage** ; celui encore de Gormond, qui est bel et bien pour lui un chef danois du IXe siècle. Enfin le récit du procès de Godwin a pu servir de modèle à Marie de France* (*Lanval*), plutôt que celui de Daire dans le *Roman de Thèbes**.

Écrivant pour un patron laïc, en l'occurrence une dame, il essaie de rendre son ouvrage attrayant en utilisant le discours direct, en donnant des descriptions de vêtements, de meubles, de vaisselles. Il se plaît à enjoliver son récit avec des histoires ou légendes, telles celles de Haveloc, Hereward, Taillefer, le martyre de saint Edmond...

ŒUVRE. — Éd. A. Bell, Oxford, 1960, (*ANTS*, 14-16), réimp. New York, Londres, 1971 [à compléter par le compte rendu de R.N. Walpole dans *Philological Quarterly*, t. 41 (1962), p. 373-385]. — Éd. partielle M.L. Meneghetti, *I Fati di Bretagna. Cronache genealogiche anglo-normanne del XII al XIV secolo*, Padoue, 1979, p. 72-92 [éd. des v. 39-814 d'après l'éd. Bell avec quelques corrections].

→ M.D. Legge, *Anglo-Norman Literature and its Background*, Oxford, 1963, p. 27-36. — A. Bell, *Notes on Gaimar's Military Vocabulary* dans *Medium Aevum*, t. 40 (1971), p. 93-103 ; *Gaimar as Pioneer*, dans *Romania*, t. 97 (1976), p. 462-480. — M.L. Meneghetti, *L'Estoire des Engleis di Geoffrei Gaimar. Fra cronaca genealogica e romanzo cortese*, dans *Medioevo Romanzo*, t. 2 (1975), p. 232-246. — A.R. Press, *The Precocious Courtesy of Geoffrey Gaimar*, dans *Court and Poet, 3e congrès international de littérature courtoise, 1980*, Liverpool, 1981, p. 267-276. — Cf. *GRLMA*, t. XI/1, p. 317-318. — *MB*, nos 3699-3707, 6684, 6685 ; *S* 6112-6117. G.T.L.

Gennade de Marseille (2e moitié du ve siècle). Prêtre de Marseille, il a participé aux débats animés sur la nature de l'âme et sur le rapport entre la grâce et le libre arbitre qu'ont menés en Provence, à la suite de la controverse qui opposa Augustin à Pélage, Jean Cassien*, Fauste de Riez* et Claudien Mamert*. Il composa vers 470-480 un abrégé, *Définition des dogmes de l'Église*, sorte de catéchisme bien informé, destiné à instruire les fidèles sur les dogmes principaux en matière de foi, de sacrements et de morale catholiques, où il soutint la thèse modérée des Provençaux sur le rôle de « l'initiative individuelle » dans l'économie du salut. Il donna une autre synthèse avec un *Sur les hommes illustres*, où il prolongea la liste de 138 entrées établie par Jérôme au commencement du siècle, par une série de 93 noms où il donna une part éminente aux figures de la Gaule de son temps, tout en infléchissant certaines des notices en faveur des doctrines dite semi-pélagiennes. Sans égaler le niveau culturel de ses prédécesseurs ou contemporains, Gennade met une latinité bien maîtrisée et de bon aloi, qui a souvent le mérite de la clarification, au service adroit de ses convictions dogmatiques.

ŒUVRES. — *PL*, t. 58. — *De uiris illustribus*, éd. Richardson, Leipzig, 1896. — *Definitio ecclesiasticorum dogmatorum*, dans *Journal of Theological Studies*, (1906), p. 78-99.

→ E. Griffe, *La Gaule chrétienne à l'époque romaine*, Paris, 1964-1966, t. 3, p. 353 sqq. — S. Pricoco, *Storia letteraria e storia ecclesiastica dal De viris illustribus a Gennadio*, Catane, 1979. — M. Simonetti, *La produzione letteraria latina fra Romani e Barbari (sec. V-VIII)*, Rome, 1986. — Schanz, t. IV/2, p. 552-554. M.B.

Genres secondaires (lyrisme d'oc). À côté de la *canso**, du *sirventes**, du *planh**, de la *tenso**, et du *partimen**, du *descort**, de la *pastorela**, de l'*alba**, de la *dansa**, les troubadours cultivaient encore d'autres genres qui ont fourni peu d'œuvres intéressantes, comme l'*esdemessa*, sorte de *sirventes* à refrain, la *retroencha*, pièce rare avec refrain de deux ou trois vers, mais aussi la *sextina*, forme poétique constituée de six strophes de six vers élaborée par Arnaut Daniel*. Les Italiens devaient cultiver ce genre. D'autres encore sont énumérés par les *Leys d'Amors* : cossir** (élégie), *enueg* (ennui), *conortz* (encouragement) et *desconortz*, etc.

→ P. Bec, *Le problème des genres chez les premiers troubadours*, dans *CCM*, t. 25 (1982), p. 31-47. — Sur la *sextine* : J. Riesz, *Die Sestine*, Munich, 1971, [histoire de la sextine, des origines au XVIIIe siècle]. — A. Pulega, *Modelli trobadorici della sestina dantesca : exercizi di lettura*, dans *Annali della Facoltà di Lettere e Filosofia dell'Università degli Studi di Milano*, t. 31 (1978), p. 261-328. — Sur l'*enueg* : O. Gsell, *Les genres médiévaux de l'enueg et du plazer*, dans *Actes du 5e congrès international de langue et littérature d'Oc*... Nice, 1974, p. 420-427 [ce genre de *sirventes* est représenté dans l'œuvre du Monge de Montaudon*]. — P. Wunderli, *Réflexions sur le système des genres lyriques en ancien occitan*, dans *Mél. P. Bec*, Poitiers, 1991, p. 599-615. J.S.

Geoffrey Chaucer. Dans l'histoire littéraire de la Grande-Bretagne, Geoffrey Chaucer (vers 1340-1400) occupe une place prépondérante. Poète de transition et poète d'union, il appartient encore au Moyen Âge, tout en préparant la Renaissance. Tantôt issue de la tradition du passé, tantôt libérée des modèles trop stricts, son œuvre découle de deux courants opposés, et sa vie même reflète ces diverses tendances.

Fils d'un commerçant en vin de Londres, élevé dans la classe moyenne, il est devenu le page érudit d'une princesse et il s'est imprégné des manières de la cour : Chaucer est un chevalier sorti du peuple. Son mariage avec une dame d'honneur de la reine le rapproche encore de la famille royale. Aussi, de 1370 à 1386, est-il envoyé à différentes reprises en missions diplomatiques à l'étranger. Les hasards de la guerre le conduisent à faire campagne en France, pays qui devient presque le sien par l'adoption de son génie. Un moment privé de ses appuis protecteurs, Chaucer connaît une demi-disgrâce (1386-1389) ; actif et paisible, il en fait une expérience de libération intellectuelle ; enfin rentré en faveur, il conduit son œuvre à son point culminant.

Au cours de cette existence brillante et voyageuse, cosmopolite, Chaucer a entrevu, connu ou fréquenté toutes les gloires du temps : John Gower* est son ami ; il a suivi les prêches de Wyclif, rencontré Jean Froissart*, peut-être même Guillaume de Machaut* et Eustache Deschamps*, on dit aussi Pétrarque* et Boccace*. D'autre part, à la cour d'Édouard III, l'atmosphère est essentiellement française ; les coutumes, la langue, l'étiquette rappellent en tous points celles de notre pays. Comment, dans un tel temps et en un tel milieu, le jeune écrivain échapperait-il à la tentation de traduire, dans sa langue qu'on dit vulgaire mais qu'il sait puissante, les chefs-d'œuvre du continent ?

Le *Roman de la Rose** est le premier grand texte avec lequel le poète entre en contact. Enthousiasmé, il décide de le « translater », et même s'il se lasse à la longue de cette tâche aride, il n'en conserve pas moins indélébile l'empreinte du grand œuvre. C'est dans cette encyclopédie des procédés allégoriques qu'il puisera tout au long de sa production littéraire.

Après avoir appris de Guillaume de Lorris* la science du symbole, Chaucer emprunte à Guillaume de Machaut et à Eustache Deschamps les formes de la prosodie à la mode, ainsi que l'inspiration lyrique de ses rondels, ballades et complaintes. En 1369, avec le *Book of the Duchess*, il s'alimente aux mêmes sources, en particulier au *Dit de la Fontaine amoureuse* de Guillaume de Machaut. Son *A.B.C.* est une version d'un passage de la *Vie humaine* de Guillaume de Digulleville*. Dans le *Parliament of Fowls* (vers 1382), ses réminiscences vont de Marie de France* à Alain de Lille*, de Macrobe à Boccace*. Les poètes français représentent essentiellement pour lui une école de forme, où il fait l'apprentissage de l'ordre, de l'érudition, des procédés et conventions de rhétorique.

Entre 1379 et 1385, le poète anglais se tourne vers l'Italie : Dante*, Boccace et Pétrarque l'inspirent alors. Sa production en porte le sceau, avec *Anelida and Arcite, Troylus and Creseyde*, la *Legend of Good Women*. L'Italie l'aide en même temps à se libérer des contraintes formelles françaises.

Enfin, vers 1386, Chaucer conçoit le projet de tracer un vaste tableau de la société contemporaine, embrassant l'ensemble des classes sociales. Et ce sont les célèbres *Canterbury Tales*. Mais dans ce chef-d'œuvre, où la marque personnelle apparaît comme dominante, les traits continentaux demeurent marqués. On peut dire que l'essentiel de l'art chaucérien réside dans la mesure, la clarté et la grâce, mais ce sont là vertus françaises que le génie du poète a su incorporer au tempérament anglais. En vérité, c'est par cette alliance merveilleusement réussie de deux pensées, de deux natures et de deux langues, que Chaucer a cimenté les bases encore fragiles de l'édifice littéraire anglais.

BIBLIOGRAPHIE. — D.D. Griffith, *A Bibliogr. of Chaucer (1908-1953)*, Washington, 1955. — W.R. Crawford, *Bibliogr. of Chaucer, 1954-1963*, Seattle, 1967. — J. Leyerle et A. Quick, *Chaucer, A Bibliogr. Introduction*, Toronto, 1986 (*Toronto Medieval Bibliogr.*, 10).

ŒUVRES. — Éd. L.D. Benson, *The Riverside Chaucer, Based on Robinson's Edition*, Boston, 1987. — J.H. Fischer, *The Complete Poetry and Prose of Geoffrey Chaucer*, New York, 2ᵉ éd. 1989. — Éd. *The Romaunt of the Rose and Le Roman de la Rose. A Parallel Text Edition*, par R. Sutherland, Oxford, 1967. — Trad. françaises : F. Delattre, L. Cazamian, R. Huchon, J. Delcourt, C. Cestre, *Chaucer, Les Contes de Canterbury (The Canterbury Tales)*, Paris, 1942. — J.-P. Foucher, *Les Contes de Cantorbéry*, Paris, 1974. — J. De Caluwé-Dor, *Geoffroy Chaucer, Les Contes de Cantorbéry*, 1ʳᵉ partie, Gand, 1977 ; 2ᵉ partie, Louvain-Paris, 1986 (*Ktemata*, 5 et 9). — *Les Contes de Cantorbéry par Geoffroy Chaucer*, introd. et trad. par J. Dor, Paris, 1991 (10/18, *Bibl. Médiévale*, nº 2153).

→ *Généralités* : deux revues spécialisées : *Chaucer Review* et *Studies in the Age of Chaucer* [avec bibliogr. commentée]. — *Companion to Chaucer Studies*, éd. B. Rowland, Toronto-Londres, 1968. — S.S. Hussey, *Chaucer, an Introduction*, Londres-New York, 2ᵉ éd. 1981. — D. Brewer, *An Introduction to Chaucer*, Londres-New York, 1984. — *Sur les liens de Chaucer avec la France* : E.G. Sandras, *Étude sur G. Chaucer, imitateur des trouvères*, Paris, 1859. — C. Spurgeon, *Chaucer devant la critique en Angleterre et en France depuis son temps jusqu'à nos jours*, Paris, 1911. — C. Muscatine, *Chaucer and the French Tradition*, Berkeley-Los Angeles, 1957. — J.I. Wimsatt, *Chaucer and the French Love Poets*, Chapel Hill, 1968. — B.L. Witlieb, *Chaucer and the Ovide moralisé*, dans *Notes and Queries*, t. 215 (1970), p. 202-207. — L.D. Benson et T.M. Andersson éd., *The Literary Context of Chaucer's Fabliaux*, Indianapolis-New York, 1971. — J.I. Wimsatt, *Guillaume de Machaut and Chaucer's Love Lyrics*, dans *Medium Aevum*, t. 47 (1978), p. 66-87 ; *Chaucer and the Poems of « Ch »*, Cambridge, 1982 (*Chaucer Studies*, 9) [15 poèmes du ms. French 15 de l'Univ. de Pennsylvanie, édités ici, pourraient être des œuvres françaises de Chaucer]. — Cf. *MB*, n° 2844-2845, 2847-2848, 3472-3473, 4367-4374, 4391, 4393 ; *S* 1071, 2471, 3279, 3407, 3485, 4625, 4652, 4690, 4692, 4703 *bis*, 4729, 4744-4756, 4873, 4876, 4962, 5050, 5056, 5075, 5190, 5234, 5242, 5315-5331, 6738, 6788, 6789, 6810, 6813, 6839, 6876-6887, 6913, 6914, 6931, 6932, 6939, 6944, 7529-7530, 7968. M.M.D.

Geoffroi de Beaulieu. De l'ordre des frères prêcheurs, il fut pendant vingt ans confesseur de Louix IX qu'il accompagna à la croisade (1248-1254). Entre 1272 et 1275, date de sa mort, il composa, à la requête du pape Grégoire IX et en latin, une courte biographie du souverain. Il y a inséré une version courte des *Enseignements* de saint Louis*, précisant que c'était une traduction abrégée du texte écrit en français par le roi. On conserve encore de lui un unique sermon prononcé en 1272.

ŒUVRES. — *Vita et sancta conversatio piae memoriae Ludovici quondam regis Francorum*, dans *RHF*, t. 20 (1840), p. 3-26. — *Sermo de Christo rege*, éd. J. Leclercq, *Le sermon sur la royauté du Christ au Moyen Âge*, dans *ADHLMA*, t. 14 (1943-1945), p. 165-166.

→ N. de Wailly, *Examen critique de la vie de saint Louis par Geoffroy de Beaulieu*, dans *BEC*, t. 5 (1843-1844), p. 205-231 et dans *Mémoires de l'Académie des IBL*, t. 15, 2 (1845), p. 403-436. — Molinier n° 2542. — Nouveau Potthast, t. 4, p. 647 (Gaufridus de Bello Loco). G.T.L.

Geoffroi de Charny. Maître de plusieurs seigneuries en Picardie, Geoffroi de Charny s'illustra sur tous les champs de bataille avant de mourir à Poitiers en 1356. Il sert en 1337 sous le comte d'Eu et participe aux campagnes de Languedoc et Guyenne. En 1345, il se croise avec Humbert II de Viennois. En 1346, il est fait chevalier au siège d'Aiguillon, puis capitaine de Saint-Omer. Le 31 décembre 1349, voulant reprendre Calais, il est capturé par les Anglais. Jean II l'aidera à payer sa rançon. En 1355, le roi le nomme porte-oriflamme et c'est la bannière de France à la main qu'il tombera à Poitiers.

En 1352, le roi Jean a créé l'ordre de l'Étoile, ou de Notre-Dame de la Noble maison. Il n'est pas impossible que Geoffroi de Charny en ait été chevalier. En tout cas, c'est au prince de cet ordre qu'il adresse ses *Demandes pour la joute* (20), *le tournoi* (21) *et la guerre* (96). Ces questions portent sur des points de technique ou de droit des armes. Elles sont toujours associées dans les manuscrits à son *Livre de chevalerie* en prose, qui entend faire l'instruction d'un jeune chevalier et lui montrer la rudesse de son futur métier. On conserve, d'autre part, un *Livre Charny* ou *Livre messire Geoffroi de Charny*, pendant en vers du *Livre de chevalerie* en prose. Un seul volume donne l'ensemble de l'œuvre de Geoffroi de Charny, encadrant les *Demandes* entre le texte en vers et le texte en prose.

ŒUVRE. — *Livre de chevalerie* en prose, éd. Kervyn de Lettenhove dans *Œuvres de Froissart*, Bruxelles, t. 1, 1867, p. 463-553 [confond Geoffroi père et fils (mort en 1398)].

→ A. Piaget, *Le Livre messire Geoffroy de Charny*, dans *Romania*, t. 26 (1897), p. 396-411 [larges extraits du texte en vers]. — Cf. *GRLMA*, t. VIII/1, p. 361-363. — *MB*, n° 5598. S.L.

Geoffroi de La Tour Landry. Geoffroi de La Tour Landry, qui appartenait à une famille de petite noblesse, vécut en Anjou de 1330 à 1405 environ. Ses goûts littéraires, entretenus par ceux de sa grand-mère et de son père, s'affirmèrent de bonne heure ; il composa ballades et poèmes pour chanter celle qu'il aimait ; ces vers n'ont pas pu être retrouvés, pas plus que les conseils qu'il écrivit à l'intention de ses fils ; on a pensé à lui attribuer le roman de *Ponthus et Sidoine** ; mais il nous est bien connu par le *Livre*, qu'il rédigea en 1371 *pour l'enseignement de ses filles* et qui connut un grand succès.

Comme on l'a déjà remarqué, s'il s'agit d'un livre d'éducation, il s'agit également des mémoires d'un gentilhomme campagnard qui avait beaucoup lu et beaucoup retenu. Sous l'influence des prêtres qui l'ont aidé dans son entreprise, il a fait de son texte une véritable anthologie biblique et de récits hagiographiques dont il emprunte une grande partie au *Miroir des bonnes femmes**, texte anonyme franciscain du XIIIe siècle. Il s'insère ainsi dans une longue tradition. Mais il connaît l'art de suggérer, par des anecdotes plus profanes, l'usage des normes : celles qui concernent le corps, la séduction, le temps du quotidien. Cette œuvre, à la fois narrative et normative, est un document important pour l'histoire des mentalités. En outre le chevalier de La Tour Landry connaît l'art de faire revivre un milieu, la noblesse campagnarde qui, aux confins de l'Anjou et de la Bretagne, vit naître la guerre de Cent Ans. En quelques lignes, il évoque pour nous son « seigneur de père », qui aimait tant les jongleurs qu'il adoptait leur costume au point d'en être ridicule, sa grand-mère, Olive de Belleville, qui s'entourait de chansonniers et de poètes, son beau-père, le sire de Derval, Beaumanoir, le maréchal de Clermont, Boucicaut, Amaury de Craon et Foulques de Laval. Les histoires et les aventures qu'il leur prête sont vivantes et agréablement contées, les dialogues rapportés sont pleins de vivacité. Il faut avoir lu Geoffroi de La Tour Landry pour savoir comment l'on vivait à son époque, mais ne cherchons pas chez lui une satire, encore moins une philosophie ou une morale. Comme on ne concevait pas l'éducation de son temps comme on la conçoit maintenant, il raconte parfois des histoires qu'un père n'oserait même pas évoquer devant ses filles sans rougir, il ne faut point pour cela le taxer d'obscénité. De son livre se dégage certes une certaine sagesse. Ainsi averties par un père vigilant et parfois malicieux, les filles du chevalier, Marie Clérembaut, Jeanne et Anne de Rochechouart, furent-elles pour autant de bonnes épouses et maîtresses de maison ?

ŒUVRE. — Éd. A. de Montaiglon, *Le Livre du chevalier de la Tour Landry pour l'enseignement de ses filles...*, Paris, 1854 *(Bibl. elzévirienne)*. — Éd. à paraître D. Régnier-Bohler *(Lettres gothiques)*.

→ P. Boisard, *La vie intellectuelle de la noblesse angevine à la fin du XIVᵉ siècle d'après le Chevalier de la Tour Landry*, dans *La littérature angevine médiévale, Actes du colloque, 21 mars 1980, Angers*, Hérault, 1981, p. 135-154. — J.L. Grigsby, *A New Source of the Livre du Chevalier de la Tour Landry*, dans *Romania*, t. 84 (1963), p. 171-208. — A.M. de Gendt, *« Por ce a cy bon exemple » : morale et récit dans le Livre du Chevalier de la Tour Landry*, dans *Mél. W. Noomen*, Groningue, 1984, p. 67-79. — Cf. *MB* nᵒˢ 5447-5451, 7865, *S* 6062, 6703, 7603-7606.

P.B. et D.R.B.

Geoffroi de Monmouth (v. 1100-v. 1155). La date et le lieu de naissance de Geoffroi de Monmouth demeurent inconnus, mais comme, par trois fois dans son *Historia Regum Britannie*, il fait référence à lui-même en se qualifiant de *Monemutensis*, on peut estimer qu'il avait d'étroites relations avec Monmouth, au Pays de Galles ; cependant, s'il semble bien, d'après quelques évidences linguistiques, avoir été un Breton « normanisé », rien n'indique son ascendance réelle, qui peut aussi bien avoir été cornouaillaise, galloise, que bretonne continentale.

Il souscrit les chartes oxoniennes de 1129 à 1151 : sur deux d'entre elles, il est qualifié de *magister*, ce qui implique des responsabilités d'enseignement. Il fut très probablement chanoine séculier du Collège Saint-George d'Oxford. Il souscrit parfois les chartes sous le nom de *Galfridus Arturus* et Robert de Torigny* et Henri de Huntingdon le connaissent sous ce nom.

En 1149, le Collège Saint-George fut dissous et, en 1151, Geoffroi fut élu évêque de Saint-Asaph (Llanelwy) au Pays de Galles. Il fut consacré le 24 février de l'année suivante mais, si l'on en croit le *Brut y Tywysogion*, il mourut en 1155. Rien n'indique qu'il ait un jour franchi les frontières de son diocèse.

L'activité littéraire de Geoffroi appartient à sa période oxonienne. Son premier ouvrage, les *Prophetie Merlini*, est la traduction de vers bretons sur les prophéties délivrées par Merlin à Vortigern. En l'absence de toute référence à la mort du roi Henri Iᵉʳ, on peut raisonnablement le dater peu avant 1135. Ces « prophéties » sont incorporées à l'*Historia Regum Britannie* (§ 111-117), mais elles circulèrent avant que l'*Historia* ne fût achevée. Celle-ci fut terminée en 1138, puisqu'au mois de janvier 1139 Robert de Torigny en montra une copie à Henri de Huntingdon au Bec.

L'*Historia Regum Britannie* peut se diviser en cinq parties : la première commence avec la fuite d'Enée de Troie, la naissance de Brutus, et l'arrivée des Troyens en Grande-Bretagne ; bien qu'ici Geoffroi diverge de l'*Historia Brittonum* du Pseudo-Nennius, l'influence de Virgile reste très forte dans cette section (§ 6-20). La suivante concerne l'établissement de la royauté en Grande-Bretagne, et le règne des premiers rois jusqu'à César (§ 21-53) : elle comble une lacune importante dans l'histoire préchrétienne de l'île. Le thème si important des relations entre Rome et la Grande-Bretagne est abondamment développé dans la troisième section (§ 54-118), qui, après une description terrifiante du pays exsangue laissé en pâture aux Barbares, s'achève par les *prophetie Merlini.* La quatrième section est consacrée à la renaissance de la puissance des Bretons depuis les règnes d'Ambroise et d'Uther jusqu'à celui d'Arthur, qui vainc Saxons et Romains (§ 119-178). Enfin, c'est l'échec des Bretons, l'abandon de l'île, à l'exception de quelques-uns destinés à devenir des Gallois dégénérés (§ 179-208).

Selon Geoffroi, cette *Historia* n'est que la traduction d'un très ancien livre en langue bretonne que l'archidiacre d'Oxford, Walter, aurait rapporté *ex Britannia.* En réalité, Geoffroi utilise avec habileté un énorme matériel — qu'il puise chez Gildas, chez Bède le Vénérable*, dans l'*Historia Brittonum*, dans des généalogies, des légendes galloises et bretonnes continentales, et dans la littérature latine — et en fait une histoire du peuple britannique des origines au VIIe siècle. D'autre part, on a découvert depuis une quarantaine d'années l'existence d'une version variante de l'*Historia Regum Britannie.* Anonyme et antérieure à celle de Geoffroi, elle est d'un tout autre style. Geoffroi s'en est servi et d'assez nombreux mss de l'*Historia* présentent un texte combiné : à la version variante succède celle de Geoffroi. C'est un tel manuscrit que Wace* a utilisé. Mais il serait vain de chercher chez Geoffroi quelque authenticité historique, ce n'est pas son propos : il crée une œuvre et, non sans malice, lance quelques piques aux grands historiens de son époque, Guillaume de Malmesbury et Henri de Huntingdon.

Dans son *Historia Regum Britannie*, Geoffroi dit entreprendre la traduction d'un livre relatif à l'exil en Bretagne continentale du clergé britannique, mais il semble y avoir renoncé. En revanche, il composa, en hexamètres, une *Vita Merlini*, qui reprend, bien sûr, les légendes bretonnes et une partie du « matériel » pseudo-historique déjà utilisé dans l'*Historia*, mais il y ajoute quelques éléments philosophiques et astrologiques latins.

Avant même la fin du XIIe siècle, Geoffroi fut l'objet d'un malentendu ; les historiens, Guillaume de Newburgh ou Giraud le Cambrien, dénièrent à son œuvre toute valeur historique ; elle est encore l'objet de débats, alors que Geoffroi n'eut d'autre préoccupation que de créer une œuvre littéraire. Celle-ci eut un impact considérable. Elle inspira largement Geffrei Gaimar* et Chrétien de Troyes*, ainsi que de nombreuses traductions. La plus connue, et la seule complète, est celle de Wace avec son *Roman de Brut.* À côté de cette œuvre en octosyllabes, nous conservons des fragments d'autres traductions anciennes de l'*Historia.* Deux d'entre elles sont en alexandrins assonancés, une autre en décasyllabes, et plusieurs en octosyllabes à rimes plates. L'élimination des premières semble due à la promotion exclusive, pour le roman, du couplet rimé d'octosyllabes ; quant à la fragmentation des secondes, elle tient certainement au succès de la version de Wace. La plupart des fragments qui ont survécu ne le doivent qu'à leur sujet : les prophéties de Merlin, que Wace avait pris le parti de ne pas traduire. C'est pourquoi nombre de ces fragments (dodécasyllabiques, décasyllabiques et même octosyllabiques) sont conservés à l'état d'interpolations dans le *brut* de Wace où ils viennent remplir un blanc.

ŒUVRES. — *The Historia Regum Britannie of Geoffrey of Monmouth*, éd. Neil Wright ; et *A Summary Catalogue of the Mss*, éd. Julia C. Crick, 3 vol. Cambridge, 1985-1989 [la plus récente éd. et une bibliogr. à jour dans vol. I, LX-LXV]. — *Geoffrey of Monmouth Historia Regum Britanniae. A Variant Version Ed. from Mss*, éd. J. Hammer, Cambridge (Mass.), 1851 [éd. de la version variante, excellente pour ses références aux sources bibliques et littéraires de Geoffroi]. — A. Griscom et R.E. Jones éd., *The Historia Regum Britanniae of G. of Monmouth*, Londres, 1929 [à consulter pour son introd., ses appendices et sa bibliogr.]. — E. Faral éd., *La légende arthurienne, Étude et documentation (BEHE)* 3 vol., Paris, 1929 [dépassée, mais la plus accessible dans les bibl. françaises]. — Trad. en gallois, effectuée au XIVe siècle : *Ystoria brenhined y Brytanyeit*, éd. J. Rhys et J.G. Evans, *Red Book of Hergest, II : The Text of the Bruts from the Red Book*, Oxford, 1890. — Nombreuses trad. en anglais depuis J.A. Giles, *Six Old English Chronicles*, 3 vol., Londres, 1848-1903 (*Bohn's Antiquarian Library*) ; les plus accessibles : S. Evans, *Everyman's Library*, Londres, 1922 (réimp. 1920, 1928, etc.) ; L. Thorpe, dans *Penguin Classics*, 1966, avec une bibliogr. — *Life of Merlin. Geoffrey of Monmouth, Vita Merlini*, éd. B. Clarke, Cardiff, 1973.

→ *Catalogue of Romance in the Department of Mss in the British Museum,* éd. H.L.D.

Ward, vol. 1-3 (vol 3 par J.A. Herbert), Londres, 1883-1910 [réimp. 1961-1962]. — J.D. Bruce, *The Evolution of Arthurian Romance to A.D. 1300,* 2 vol., Baltimore, 1923. — E.K. Chambers, *Arthur of Britain*, Londres, 1927. — J. de Ghellinck, *L'essor de la littérature latine au* *XIIe siècle*, 1946. — L. Keeler, *Geoffrey of Monmouth and the Late Latin Chroniclers (1300-1500)*, Berkeley, Calif. 1946. — J.S.P. Tatlock, *The Legendary History of Britain. Geoffrey of Monmouth's Historia Regum Britanniae and Its Early Vernacular Versions*, Berkeley-Los Angeles, 1950. — R. Caldwell, *Wace's Roman de Brut and the Variant Version of Geoffrey de Monmouth's Historia regum Britanniae*, dans *Speculum*, t. 31 (1956), p. 675-682. — R.S. Loomis, *Wales and the Arthurian Legendes*, Cardiff, 1958. *Arthurian Literature in the Middle Ages : A Collaborative History*, Oxford, 1959. — H.E. Keller, *Wace et Geoffrey de Monmouth : Problème de la chronologie des sources*, dans *Romania*, t. 98 (1977), p. 1-14. — S. Lefèvre, *Le fragment Bekker et les anciennes versions françaises de l'Historia regum Britanniae, ibid.*, t. 109 (1988), p. 225-246. — Cf. *GRLMA*, t. XI/1, p. 315-317. — *MB* n°s 1459, 1461-1463, 1465, 1467-1469, 1472-1476, 6272-6276, 7343-7350 ; *S* 2525, 2542-2555, 2593, 2605, 3195, 4108, 6126, 6131, 6141-6143, 6158-6169.

Voir aussi : *Arthur.* G. La.

Geoffroi de Paris. Il semble certain qu'il faille différencier Geoffroi des Nés*, traducteur de vies de saints au début du XIVe siècle, et Geoffroi de Paris, auteur de la même époque, dont les écrits sont conservés dans un ms. unique, Paris BN, fr. 146, à savoir six pièces en vers français et deux en vers latins, que la table des matières attribue à « Mestre Geffroi de Paris » ; la première de ces pièces est d'ailleurs ainsi signée :

Roys, mon dité ci te defin.
Cil qui le fist si est ton homme.
Geffroy de Paris l'en le nomme.

Le manuscrit contient encore une chronique anonyme qui, depuis le XVIIIe siècle, est attribuée à l'auteur des pièces, attribution confirmée, outre les ressemblances de fond, de forme et d'inspiration, comme il sera dit plus loin, par des marques dialectales communes.

La chronique contient près de 8 000 vers octosyllabiques ; elle commence en l'an 1300 pour s'arrêter à l'automne 1316, de façon inachevée. L'auteur déclare d'emblée qu'il a « ordené sa pensee » de rimer « les faiz avenuz en cest monde » qu'il avait retenus. La date de rédaction semble se placer entre 1313 et 1317, d'une part en raison des nombreuses erreurs chronologiques qui parsèment les premières années, alors qu'à partir de 1313 ces erreurs cessent presque complètement — ce qui s'explique très bien de la part d'un écrivain consignant de mémoire et d'un seul jet l'histoire de seize années —, d'autre part à cause de la sécheresse du début, simple résumé complètement dépourvu de détails pittoresques, alors qu'à partir de 1313, la chronique se transforme en une série de récits bien plus circonstanciés. Le chroniqueur ne s'est pas servi de sources écrites. Témoin oculaire de certains événements, ce qu'il n'a pas vu, il en parle par ouï-dire, en agrémentant ce qui lui en est revenu de réflexions personnelles ; il ne copie personne. Par contre, il a été utilisé par Jean de Saint-Victor* qui, dans son *Memoriale Historiarum*, reprend en l'abrégeant le texte de la chronique pour les années 1312 à 1316.

Le premier des dits, ou *Avisemens pour le roy Loys*, contient un éloge des bons rois et s'achève par un jugement sévère sur le compte de Philippe le Bel. La pièce date de 1314-1315. Le second, *Du roy Phelipe qui ores regne*, court morceau écrit en novembre 1316, renferme des conseils à Philippe le Long. Dans *De alliatis*, écrit en latin, l'auteur exhorte le roi à combattre les ligues provinciales. Le suivant, également en latin, *De la creation du pape Jehan*, est un chant de joyeux avènement avec des considérations sur l'étymologie du nom de Jean. Dans *Un songe*, l'auteur raconte qu'il a vu en rêve les quatre derniers rois ; il fait une critique très rude du premier roi, c'est-à-dire Philippe le Bel, et couvre d'éloges le dernier, Philippe le Long. *Des alliés* contient des invectives contre les « alliés », c'est-à-dire les ligues provinciales, dont il a déjà été question dans la troisième pièce, et une exhortation au roi Philippe V sur la conduite à tenir à leur égard. Ce dit, qui est plus agréablement écrit que les autres, paraît être le chef-d'œuvre de l'auteur. Dans *De la comete et de l'eclipse, et de la lune et du soulail*, il est question des phénomènes astrologiques survenus lors de la mort de Philippe le Bel et de celle de Louis le Hutin. La dernière pièce du manuscrit, *La desputoison de l'Eglise de Romme et de l'Eglise de France pour le siege du pape*, est un dialogue entre Rome et la France au sujet de la résidence du pape en deçà ou au-delà des monts. Ces huit pièces de circonstance ont été écrites entre 1314 et 1318, soit au même moment que la chronique. Elles ne nous apprennent rien sur leur auteur, maître Geoffroi de Paris, sinon que c'était un lettré, sans doute un clerc, peut-être même un clerc de la chancellerie ou du Parlement, qui écrit avec une assez grande facilité en français et en latin, et qu'il avait des opinions politiques nettement royalistes, cléricales, conservatrices, tout en faisant preuve de beaucoup d'indépendance. Ces traits de caractère sont encore plus visibles dans la chronique qui est plus longue. Il s'y montre un ami décidé de l'autorité : autorité du pape, du roi, des « gens d'estat », mais si indépendant qu'il blâme tout le monde, pape, rois et gens en place. Les nouveautés contemporaines lui font horreur, mais il n'approuve pas les rébellions. Il avait beaucoup de curiosité et de sincérité, une information étendue, et portait un vif intérêt aux questions commerciales et financières, mais dédaignait les récréations ordinaires des rois et de la noblesse, notamment la chasse.

Certaines de ses pièces, destinées au public et dont on peut même penser que quelques-unes ont été rédigées sur commande, semblent avoir pour but d'agir sur l'opinion, au moment où s'ouvre la succession de Louis X, alors qu'il fallait écarter les ambitions de Charles de Valois. Geoffroi se fait aussi le porte-parole de tout un groupe qui n'avait cessé d'exprimer sa désapprobation à l'égard des méthodes politiques de Philippe le Bel et qui espérait qu'avec la mort du roi, les choses allaient changer. La chronique paraît moins engagée dans les querelles du jour mais est bien l'œuvre d'un homme qui a été mêlé intimement aux événements qu'il rapporte, qui y a pris parti et qui a pu toucher d'assez près certains personnages de premier plan.

Son style est assez particulier, diffus, négligé, mais vivant et véhément, avec abondance de proverbes, de locutions favorites. Ses images et ses tours de phrases sont souvent originaux mais sa technique poétique est très faible.

À ce même Geoffroi de Paris, on a tenté d'attribuer trois pièces qui, dans le ms. Paris BN fr. 24432, sont signées du prénom Gieffroy et datées de 1313, 1320 et 1324. Ce sont le *Martyre de saint Baccus*, joyeuse parodie bachique de la vie des saints où l'on raconte les tourments que subissent la vigne et son fruit pour faire le vin, le *Dit des Patenostres*, dans lequel l'auteur exhorte à prier pour toute sorte de gens — de l'Église, persécutée et dépouillée de ses biens, à ceux qui ont mal à la tête à force d'avoir trop bu —, enfin le *Dit des mais*, ou critique des états du monde. À ces trois pièces, on a associé une quatrième du même genre mais qui, dans le ms. fr. 24432, est anonyme, la *Requeste des freres meneurs*, qui est datée de 1318. Ces attributions hasardeuses semblent devoir être rejetées.

ŒUVRES. — *Chronique métrique* : éd. A. Diverrès, Paris, 1956 (*Publ. de la Fac. des Lettres de l'Univ. de Strasbourg*) [à compléter par le compte rendu de F. Lecoy dans *Romania*, t. 78 (1957), p. 105-115]. — *Dits* : éd. et trad. angl. W.H. Storer et C.A. Rochedieu, Chapel Hill, 1950 (*Univ. of North Carolina Studies in the Romance Languages and Literatures*, 16) [éd. très fautive, voir *Romania*, t. 73 (1952), p. 119-125]. — *Desputoison de l'Eglise de Rome et de l'Eglise de France pour le siege du pape* : éd. W.P. Shepard, dans *Mél. A. Jeanroy*, Paris, 1928, p. 571-581. — *Dit des mais, Patenostres, Martyre de saint Baccus*, éd. A. Jubinal, *Nouveau recueil de contes, dits et fabliaux*, t. 1, 1839, p. 238, 250. — *Requeste des freres meneurs*, éd. A. Jubinal, *Œuvres de Rutebeuf*, t. 2, 1875, p. 155.

→ N. de Wailly, dans *Mémoires de l'Académie des Inscriptions et Belles Lettres*, t. 18 (1849), p. 495-535. — C.V. Langlois, *Gefroi des Nés ou de Paris, traducteur et publiciste*, dans *HLF*, t. 35 (1921), p. 324-348 et 647-650. — J. Favier, *Philippe le Bel*, Paris, 1978. — J.C. Mühlethaler, *Le poète face au pouvoir de Geffroy de Paris à Eustache Deschamps*, dans *Milieux universitaires et mentalités urbaines au Moyen Âge. Colloque du Département d'Études médiévales de Paris-Sorbonne et de l'Université de Bonn*, Paris-Sorbonne, 1987, p. 83-101. — Molinier n° 2853. — Nouveau Potthast, t. 4, p. 658. — Cf. *MB* n°s 5026-5030, 7967 ; *S* 4954.

G.T.L.

Geoffroi (Jeufroi) de Paris. Auteur d'une énorme compilation religieuse (20 722 octosyllabes à rimes plates) achevée en 1243 ; on ignore tout de sa vie. En dépit de son titre, la *Bible des sept états du monde* n'appartient pas au genre, florissant au XIIIe siècle, des revues d'états. Les *états* dont il est question sont ceux qui jalonnent l'histoire individuelle et ecclésiale du chrétien : Ancien Testament, Nouveau Testament, Enfer, Purgatoire, condition humaine, Antéchrist, fin du Monde (on notera l'absence du Paradis). À chacun d'eux est consacré un livre. Les deux premiers occupent plus de 80 % du texte total, et leurs sources débordent largement les textes canoniques : les apocryphes (éventuellement connus à travers des textes vernaculaires médiévaux, tels la *Conception Notre-Dame* et l'*Assomption* de Wace*, le *Roman de Dieu et de sa mère* d'Herman de Valenciennes* ou encore la *Passion des Jongleurs**) fournissent nombre d'épisodes familiers. La *Descente de saint Paul en enfer* offre la matière du troisième livre, le *Purgatoire de saint Patrice**, celle du quatrième. Le cinquième livre, après un long préambule sur la misère de la condition humaine, adapte à son objet plusieurs strophes du *Regret Notre Dame* de Huon Le Roi*. Le sixième livre pourrait être de la plume de Geoffroi, tandis que le septième n'est qu'une copie des *Quinze signes du jugement*... L'apport personnel du compilateur est donc minime ; mais il reste encore à faire pour débusquer ses sources d'inspiration inavouées.

ŒUVRE. — Éd. partielles par L.E. Kastner, *Some old French poems on The Antechrist*, dans *The Modern Language Review*, t. 1 (1906), p. 269-282 ; t. 2 (1907), p. 26-33. — A.J.A. Perry, *La Passion des jongleurs, texte établi d'après la Bible des sept estaz du monde de Geuffroi de Paris*, Paris, 1981.

⟶ J. Bonnard, *Les traductions de la Bible en vers français au Moyen Âge*, Paris, 1884 [peu sûr]. — P. Meyer, *Notices et extraits des mss de la BN*, t. 39, 1908, p. 255-322 [analyse et extraits]. — J.R. Smeets, *Les traductions-adaptations versifiées de la Bible en ancien français*, dans *Les genres littéraires dans les sources théologiques et philosophiques médiévales*..., Louvain-la-Neuve, 1982, p. 249-258 [*Publ. Institut d'Ét. médiévales de Louvain*, 5] ; *Les sources de Geufroi de Paris*, dans *Rapports. Het Franse Boek*, t. 51 (1981), p. 97-109. — D.P.R. Owen, *The Vision of Hell. Infernal Journeys in Medieval French Literature*, Edimbourg, 1970. — K. Ringger, *Die Altfranzösischen Verspurgatorien*, dans *ZRPh*, t. 88 (1972), p. 390-402. — Cf. *GRLMA*, t. VI/1, p. 48-57 ; t. VI/2 n° 1836. — *MB* n° 3023-3024.

Voir aussi : *Bible française*. G.H.

Geoffroi de Picquigni. Voir : *Bible française* § 4.

Geoffroi de Vendôme (vers 1070-1132). Curieuse figure que cet abbé bénédictin qu'on suspecte d'avoir battu ses moines, faussaire de grande classe, pour assurer la puissance de son monastère, homme d'Église « hautain et ombrageux », à l'incessante activité ou polémiste grégorien intransigeant. L'historiographie donne de lui une image polymorphe que vient nuancer l'analyse de ses œuvres illustrées par une miniature où il apparaît, agenouillé, confiant, aux pieds du Christ-Roi.

Né en Anjou vers 1070 (?), Geoffroi appartient au rameau secondaire d'un lignage aristocratique, les Craon-Sablé, proche du pouvoir comtal angevin, mais qui entreprend alors un processus d'émancipation châtelaine. Il fut élevé à la cour de son parent fortuné de Craon en raison de sa position de fils de cadet. Son ambition ne pouvait donc trouver d'exutoire dans la voie nobiliaire traditionnelle : restait la voie religieuse, alors en pleine effervescence réformatrice, qui pouvait lui apparaître source de puissance et d'avenir. Aussi part-il étudier à Angers dont la renommée intellectuelle se confirmait, tant par l'intermédiaire de grandes abbayes, telle Saint-Aubin, que grâce au renouveau de l'école cathédrale dirigée par Marbode*. Il y acquiert une honnête culture, sans doute plus monastique qu'humaniste, et constate l'insuccès de la réforme. À une date indéterminée, il décide de rejoindre la vieille milice de saint Benoît, mais, dans sa fraction réformée la plus proche de Rome, au monastère exempt de la Trinité de Vendôme. Encore jeune diacre, il en est élu abbé, le 21 août 1093, après la déposition de l'abbé Bernon, jugé sénile, par le chapitre. Il est fort possible que les attaches lignagères de Geoffroi aient joué un rôle non négligeable en cette affaire car l'église Saint-Clément-de-Craon était l'objet d'une âpre dispute entre la Trinité et Saint-Aubin, qui durait depuis près d'un demi-siècle. Elire un proche parent du seigneur de Craon pouvait assurer au chapitre la possession de l'église sans omettre le bénéfice qu'il pouvait retirer de l'instruction du jeune homme. La réorganisation de la bibliothèque et du *scriptorium* date, en effet, de son abbatiat. Mais, sans le savoir, les moines s'étaient donné un maître dont le mot d'ordre fut une stricte obéissance et une discipline réaffirmée, même s'il entendait conserver le souci de la mesure.

Geoffroi fut pleinement un moine et un abbé, ardent défenseur des intérêts de son monastère, et c'est en tant que prélat régulier qu'il se lança dans la lutte grégorienne. Pour ce faire, il réaffirma, autant par parti pris théorique que par intelligence politique, le principe d'une dépendance exclusive du Saint-Siège. Elle fut rétablie à la faveur d'un voyage à Rome destiné à faire ratifier son élection et qui réinstaurait des relations personnelles et étroites avec la papauté. Urbain II, ayant recouvré le palais du Latran grâce à son intervention, l'ordonna prêtre, confirma tous les privilèges de son abbaye et maintint son titre cardinalice de Sainte-Prisque (1094). Geoffroi comprit les avantages de ce contact personnel et devint un familier des différents papes de son temps. Toute sa combative activité d'homme d'Église et de doctrinaire s'enracine dans cette double adhésion réformatrice : monastique et romaine. Grand voyageur, il se préoccupa de l'ensemble des affaires de son époque, intéressant soit le devenir de l'Église (conciles, investitures locales, capitulation de Sutri de 1111, concordat de Worms de 1122), soit les intérêts temporels et régionaux de son monastère qu'il défendit contre les prétentions féodales ou épiscopales. Il excella en ces activités, affirmant vigoureusement l'idée de primauté romaine, mû par une âpreté doctrinale et par un éclectisme pratique quand cela s'avérait nécessaire. Il mourut en plein affairement, au prieuré de Lesvières, à Angers, le 26 mars 1132.

Ses écrits sont le fruit tant de ses luttes de réformateur que de sa vocation monastique : presque 190 lettres, sermons monastiques, opuscules divers. Il s'agit d'une littérature de circonstance qui connaît un net infléchissement après 1110. Les missives brèves, préoccupées d'affaires temporelles, cèdent le pas à des lettres plus longues et aux œuvres doctrinales : sermons, traités, lettres de direction spirituelle... Ses engagements multiples l'obligèrent donc à compléter sa culture biblique et patristique et firent de lui un véritable canoniste. Cherchant à élargir les problèmes en les situant à l'échelle romaine, il amplifia et précisa, sous forme de traités étayés d'arguments et d'autorités complémentaires, des problèmes apparus à propos d'affaires concrètes : ainsi ses opuscules polémiques sur les Investitures. Ils proviennent d'une synthèse doctrinale, œuvre de maturité approfondie entre 1111-1119, qui est élaborée à partir de Pierre Damien, Humbert de Moyenmoutier et de la pratique de Grégoire VII, mais, prise ici selon une acception « ultra ». Après Humbert qui fait de l'investiture un sacrement, Geoffroi proclame que l'ingérence laïque, forme de l'hérésie simoniaque, détruit l'ordre sacramentel de l'Église, par l'usurpation de ses droits spirituels, donc la foi. Mais l'évolution des questions et la pression des événements l'amenèrent à infléchir son argumentation et à se rallier, entre 1119 et 1122, à l'idée, prônée par Yves de Chartres, d'une investiture royale des biens temporels. Il formulait déjà la théorie des deux glaives. Sa pensée ecclésiologique s'ordonne à partir de ces préceptes, affirmant vigoureusement l'idée d'une Église conçue comme le monde des clercs, détenteur de l'ordre sacramentel, sur lequel règne sans partage la papauté réformée. Pierre d'angle de sa réflexion, sa docrine sacramentaire semble, en partie, s'inspirer de Pierre Damien, et témoigne d'une grande diversité : extrême onction, confirmation, consécration épiscopale, Eucharistie et pénitence. Ses écrits apportent aussi des indications instructives sur la spiritualité monastique du temps : jeûne, essor de la dévotion mariale ou certains aspects du culte des saints : la Madeleine...

Enfin, notre prélat, comme Suger*, s'inscrit dans la lignée des abbés créateurs de programmes iconographiques. On lui doit un bel ensemble de fresques romanes peintes dans la salle capitulaire de la Trinité. Celles-ci exaltent l'autorité suprême de Pierre, et par lui, celle du pape, enfin, les mérites de son représentant dans le monastère, l'abbé lui-même ! Geoffroi manifestait, une fois de plus, son attachement aux thèses réformatrices...

ŒUVRES. — Éd. de Sirmond de 1610, reprise dans la *PL*, t. 157, col. 32-290. — E. Sackur a rééd. huit écrits polémiques dans *MGH Libelli de lite*, t. 2 p. 680-700. — Six lettres retrouvées [post. à Sirmond] ; voir *Catholicisme*, t. 4, 1956, col. 1852-1853. — Un *Commentaire sur les 50 premiers psaumes* resté inédit, BN, ms. lat. 12959, f° 79-132. — Une éd. critique, avec trad., par G. Giordanengo est en cours d'impression d'après le Ms. Vatican, Reg. Lat. 59.

→ L. Compain, *Études sur Geoffroy de Vendôme*, Paris, 1891. — A. Wilmart, *La collection chronologique des écrits de Geoffroy de Vendôme*, dans *Revue Bénédictine*, t. 43 (1931), p. 239-245. — A. Becker, *Studien zum*

Investiturproblem im Frankreich, Sarrebruck, 1955, p. 153-157. — P.D. Johnson, *Prayer, Patronage and Power. The Abbey of La Trinité de Vendôme, 1032-1187*, New York, 1981. — H. Toubert, *Un art dirigé. Réforme grégorienne et iconographie*, Paris, 1990, p. 365-403. — G. Giordanengo, *La fonction d'abbé d'après l'œuvre de Geoffroy de Vendôme*, dans *Revue d'Histoire de l'Église de France*, t. 76 (1990), p. 165-184. J.H.F.

Geoffroi de Vigeois. Fils de Geoffroi de Breuil, issu d'une famille noble des confins du Limousin et du Périgord, Geoffroi appartient à la seconde moitié du XIIe siècle. Entré très jeune à l'abbaye Saint-Martial de Limoges, il fut ensuite moine au prieuré de La Souterraine dans la Marche. En 1178, il est nommé prieur de l'abbaye Saint-Pierre de Vigeois. On ne sait plus rien de lui après 1184.

En dehors d'une version de la *Chronique du Pseudo-Turpin** qu'il dit avoir légèrement remaniée mais qui n'est pas parvenue jusqu'à nous, il a composé une chronique en latin. Quant au recueil de miracles qu'il projetait d'écrire sur saint Pardoux, il est probable que la mort l'empêcha de le réaliser. Divisée en deux parties, la chronique commence avec le règne de Robert le Pieux (996), tout en remontant parfois plus haut dans le temps, et se termine en 1184. Bien que priorité soit donnée aux événements locaux, la seconde partie est plus particulièrement consacrée aux rivalités qui opposèrent Henri II Plantagenêt et ses fils : y est décrite en détail la guerre de siège qui eut lieu à Limoges. Geoffroi est en effet très attentif à la vie de sa région, particulièrement à ce qui touche le milieu de la noblesse dont il est issu, ses institutions comme la vie des familles. Par contre, les bourgeois n'attirent pas sa sympathie. C'est aussi et avant tout un homme d'Église, fort préoccupé des affaires ecclésiastiques, qu'il s'agisse des évêques de Limoges, des ordres nouveaux ou de la vie de sa propre maison. Il semble avoir beaucoup travaillé sur les documents d'archives et avoir fait appel aux traditions locales. Esprit précis et minutieux, amateur de généalogie et attentif au détail de la liturgie et des mœurs monastiques, il s'intéresse aussi aux faits divers, aux histoires pittoresques : c'est là que nous trouvons sa vision du monde, celle d'un conservateur qui a toujours présente à l'esprit l'existence d'un ordre préétabli que seule la malice des hommes trouble souvent. Cette chronique est un des meilleurs témoignages que nous possédions sur la société monastique et laïque du Limousin aux XIe et XIIe siècles.

ŒUVRE. — Éd. Labbe dans *Nova bibliotheca manuscriptorum librorum*, t. 2 (1657), p. 279-342. — Trad. F. Bonnelye, Tulle, 1864 [défectueuse].

⟶ Dom Brial, dans *HLF*, t. 14 (1869), p. 337-346. — Arbellot, *Étude historique et bibliographique sur Geoffroi de Vigeois*, Limoges, 1888 [à utiliser avec précaution]. — P. Botineau, *La chronique de Geoffroi de Breuil, prieur de Vigeois*, dans *Positions des thèses de l'École des Chartes*, Paris, 1964, p. 25-28 [éd. partielle de la chronique]. — M. Aubrun, *Le prieur Geoffroy du Vigeois et sa chronique*, dans *Revue Mabillon*, t. 58 (1974), p. 313-326. — Molinier n° 1859. — Nouveau Potthast, t. 4, p. 648-649 [Gaufridus de Bruil]. G.T.L.

Geoffroi de Villehardouin. L'auteur de la *Conquête de Constantinople*, une des plus anciennes chroniques écrites en français, est né vers 1150 au château de Villehardouin, près de Troyes. En 1172, il apparaît sous le nom de *Gofridus de Ville Hardoin* dans la liste des vassaux du comte de Champagne. Dès 1185, il porte le titre de maréchal de Champagne ; par ses fonctions, il participe à nombre d'affaires administratives et politiques et joue un rôle important auprès de son seigneur, le comte Thibaut III. Lorsque celui-ci se croisa, le 28 novembre 1199, au tournoi d'Ecry (actuelle Asfeld-la-Ville, Ardennes), il prit à son tour la croix. À la fin de l'année 1200, quand il fallut traiter avec les Vénitiens du transport de l'expédition, c'est lui qui fut choisi avec Conon de Béthune* pour négocier au nom du comte de Champagne ; c'est lui qui fut désigné pour prendre la parole devant l'assemblée du peuple vénitien. La mort prématurée de Thibaut III (24 mai 1202) ne ruina pas son influence : c'est encore lui qui, après les refus successifs d'Eudes de Bourgogne et de Thibaut de Bar, présenta et fit agréer la candidature de Boniface de Montferrat à la tête de la croisade.

Son activité, au cours de la croisade, fut aussi variée qu'essentielle. Négociateur habile, orateur subtil, il fut de tous les conseils et de toutes les ambassades. Après la reddition de Constantinople, il fut chargé d'obtenir de l'empereur Isaac la confirmation des engagements pris par son fils Alexis ; en 1204, il contribua à la réconciliation de Boniface avec l'empereur Baudouin. Mais, chez Villehardouin, le diplomate se doublait d'un homme de guerre. Il commanda d'abord en second sous Mathieu de Montmorency, puis en chef, après la mort de celui-ci, le corps des Champenois et donna, en plus d'une circonstance, la mesure de son courage et de ses talents militaires. À la suite du désastre d'Andrinople, en 1205, il organisa la retraite et parvint à ramener à Rodosto les débris de l'armée ; en 1206, il fit partie des contingents qui délivrèrent Renier de Trit et, l'année suivante, il marcha au secours d'Equise, que menaçait Théodore Lascaris. On sait enfin que, dans l'été de l'année 1208, il se distingua au cours d'une opération dirigée par l'empereur Henri contre les Bulgares.

On conçoit que les honneurs soient venus récompenser d'aussi éclatants services. Dès 1205, Villehardouin prend le titre de maréchal de Champagne et de Romanie (bien qu'il ait résigné ses fonctions en quittant son pays, il continue tout au long de sa chronique à s'intituler maréchal de Champagne, manière commode de se désigner) ; en 1207, il reçoit de Boniface le siège de Messinople. Le chroniqueur Henri de Valenciennes* nous apprend qu'il fut chargé en 1208 de la garde de Constantinople. Le lieu et la date exacte de sa mort restent inconnus. Il était encore en Orient en 1212 et vivant l'année suivante, lorsque son fils prit le titre de seigneur de Villehardouin ; il dut mourir peu après.

C'est le récit des graves événements dont il avait été l'acteur et le témoin que le maréchal de Champagne nous a laissé dans sa chronique de la quatrième croisade, depuis la prédication de Foulques de Neuilly, en 1198, jusqu'à la mort de Boniface de Montferrat. Après avoir rappelé les préliminaires de l'expédition, Villehardouin nous renseigne sur les pourparlers avec les Vénitiens, qu'il dirigea lui-même et qui aboutirent au traité de nolis de 1201 pour le transport de l'armée. Thibaut de Champagne étant mort, le marquis Boniface de Montferrat reçoit le commandement suprême. Puis les barons gagnent séparément Venise. Certains d'entre eux ayant préféré s'embarquer directement pour la Syrie, ceux qui restent ne se trouvent plus assez nombreux pour acquitter le prix du passage et des approvisionnements. Les Vénitiens consentent à leur accorder un délai, mais à condition qu'ils les aident à reprendre Zara au roi de Hongrie. Le doge Henri Dandolo prend la croix à son tour ; et l'armée franco-vénitienne, malgré l'intervention pontificale, assiège la ville et contraint ses habitants à la reddition (novembre 1202). Pendant l'hivernage à Zara, des envoyés de Philippe de Souabe concluent avec les croisés, au nom du jeune Alexis, fils de l'empereur détrôné de Constantinople, Isaac l'Ange, une convention aux termes de laquelle, si les croisés font restituer à Alexis son héritage, celui-ci « mettra tout l'empire de Romenie a l'obedience de Rome », fournira 200 000 marcs d'argent et des vivres à l'armée qu'il s'engage à suivre, le moment venu, « en la terre de Babiloine ». Malgré une tentative de dissidence, les chefs réussissent à maintenir la cohésion et les croisés gagnent Corfou, où ils sont rejoints par le jeune Alexis et les messagers de Philippe de Souabe. Après avoir conjuré de nouvelles menaces de défections, ils s'embarquent enfin pour Constantinople, en vue de laquelle ils arrivent en juin 1203. L'armée débarque à Scutari et prend ses dispositions pour le siège. La tour de Galata est prise et les croisés donnent l'assaut : l'usurpateur Alexis III s'enfuit et Alexis IV est couronné empereur le 1er août.

En dépit de quelques résistances, les barons se décident à rester à Constantinople jusqu'au printemps suivant, en attendant l'exécution des promesses d'Alexis. Celui-ci parcourt l'empire et obtient la soumission des Grecs. Seul Johannis, roi de Bulgarie, lui refuse l'hommage. Un incendie, dont la cause demeure ignorée, ravage une partie de Constantinople. Alexis ayant refusé de tenir ses engagements, Conon de Béthune et Villehardouin sont envoyés auprès de lui pour le sommer de s'exécuter. Sur son refus, la guerre se rallume. Un Grec de noble origine, Alexis Ducas, surnommé Murzuphle, jette en prison Alexis et son père Isaac et se fait couronner empereur mais la lutte n'en continue pas moins. Un premier assaut est repoussé ; grâce à l'héroïsme d'un Vénitien, une seconde attaque livre aux croisés une partie de la ville.

Murzuphle s'enfuit et les vainqueurs s'installent sans coup férir. On partage le butin et l'on procède à l'élection du nouvel empereur. Deux candidats sont en présence, Baudouin de Flandre et Boniface de Montferrat. Celui qui ne sera pas élu recevra en compensation l'Asie Mineure et la Grèce. L'armée désigne alors six Français et six Vénitiens qui choisissent Baudoin de Flandre, dont le couronnement sera célébré le 16 mai 1204.

Il s'agit maintenant d'organiser l'empire, ce qui ne va pas sans difficultés. Boniface de Montferrat réclame, en échange des terres qu'on lui avait promises, le royaume de Salonique, pour se rapprocher du roi de Hongrie, dont il avait épousé la sœur. Un différend s'élève entre lui et Baudouin, qui marche sur Salonique. Boniface réplique en assiégeant Andrinople. Tandis que les croisés se partagent les terres en Europe et en Asie, le marquis de Montferrat essaie de conquérir la Grèce. Les Grecs, alliés à Johannis, organisent la résistance et les Français menacés se replient sur Constantinople. Villehardouin poursuit les Grecs jusque sous les murs d'Andrinople. L'empereur ayant opéré sa jonction avec Villehardouin entreprend le siège de la ville que Johannis s'apprête à secourir. Les Français, imprudemment lancés à la poursuite de l'ennemi, sont taillés en pièces. Baudouin est fait prisonnier et mourra en captivité. Villehardouin rassemble les survivants et organise la retraite sous la menace des Bulgares et de leurs alliés. Il atteint péniblement Rodosto, puis Constantinople. Henri, frère de l'empereur, est nommé régent de l'empire et cherche à redresser la situation. Les croisés en péril envoient demander du secours au pape et au roi de France. Cependant, le régent reprend aux Grecs une partie des territoires qu'ils avaient reconquis, mais c'est en vain qu'il assiège Andrinople. Peu à peu les garnisons françaises succombent sous les coups de Johannis. Chassé de Philippopoli, Renier de Trit s'enferme au château de l'Estanemac. Une nouvelle offensive de Johannis enlève aux croisés leurs derniers points d'appui ; il ravage la Thrace et ses coureurs s'avancent jusqu'aux approches de Constantinople. Par une énergique contre-offensive, Henri dégage Demotika, tandis que Villehardouin et Conon de Béthune délivrent Renier de Trit. Henri, couronné empereur le 20 août 1206, inflige à Johannis une cuisante défaite aux environs d'Andrinople, pénètre sur son territoire, puis revient à Constantinople, où il épouse la fille du marquis de Montferrat. Mais Théodore Lascaris, s'alliant à Johannis, investit par terre et par mer le château de Chivetot, sans parvenir à s'en emparer. Lascaris, de son côté, subit des échecs successifs à Équise et Nicomédie et finit par conclure une trêve avec l'empereur. Henri se rend à Andrinople et dirige contre Johannis une opération malheureuse. Il se rencontre à Ipsala avec Boniface qui lui fait hommage de ses terres. Cinq jours après son retour à Messinople, le marquis est mortellement blessé dans un engagement avec les Bulgares (4 septembre 1207). Ainsi s'achève le récit de Villehardouin. Il ne paraît pas avoir été composé au jour le jour, mais d'un seul trait, dans les dernières années de la vie de l'auteur qui avait sans doute à sa disposition des notes personnelles et des copies d'actes officiels, capables de remédier aux défaillances d'une mémoire d'ailleurs très fidèle. Sans le moindre effort pour ordonner sa matière, il rapporte les événements dans l'ordre où ils se sont produits, et la rigueur de ses données chronologiques est confirmée par la comparaison avec les documents d'archives et les chroniques contemporaines. Son style, dépourvu d'ornements, dépouillé de toute prétention littéraire, vise à renseigner plus qu'à divertir. Soucieux, en effet, d'instruire et de convaincre, c'est par la précision et la simplicité que Villehardouin s'efforce d'y atteindre. Une pensée vigoureuse, lucide et sûre d'elle-même domine une narration d'où la fantaisie est exclue, mais qu'agrémente à l'occasion quelque détail pittoresque ou le souvenir des chansons de geste et des romans du temps. Ce parti pris de sobriété n'implique ni sécheresse de cœur ni impassibilité. Villehardouin, quand il le veut et qu'il a reçu lui-même une impression profonde, sait exprimer ses émotions ou décrire les spectacles qui l'ont frappé. Mais il ne s'intéresse pas aux menus faits et ne retient les épisodes d'une bataille ou les détails d'une négociation que dans la mesure où ils expliquent ou préparent les décisions du commandement.

En effet, il ne se flatte pas d'être un

écrivain, mais un informateur et il s'estime qualifié pour ce rôle, « si com cil qui a toz les conseils fu ». C'est sa présence continuelle auprès des chefs, dans les conseils, comme au combat, qui donne toute sa valeur au témoignage de Villehardouin. On ne saurait sérieusement contester l'exactitude de ses renseignements. Mais, en raison même de la situation qu'il occupait, on a pu douter de sa sincérité, on s'est interrogé sur ses silences. On a invoqué la duplicité des Vénitiens et les intrigues de Philippe de Souabe, dont Villehardouin aurait été la dupe, sinon le complice. On s'accorde maintenant à reconnaître la sincérité de Villehardouin, sans toutefois nier l'attitude équivoque des Vénitiens, ni la conduite cupide des chefs de la croisade, ni le côté apologétique de l'œuvre en faveur de Boniface de Montferrat. Villehardouin a voulu prouver qu'il ne s'est pas engagé à la légère ; s'il a échoué, en dépit des moyens dont il disposait, malgré l'excellence de la cause qu'il soutenait, il n'y a pas eu faute de sa part. Mais comme de vives critiques s'étaient élevées contre les chefs de la croisade et les alliés des Francs, il a pris la plume pour essayer de rétablir la vérité des faits, pour justifier son action et celle de ses chefs. Il rejette la responsabilité des déviations et de l'enlisement final sur les adversaires de sa politique. Sa hantise était le maintien de la cohésion de la croisade. Pour la préserver, il se dépensa sans compter. Même si son récit est tendancieux, même si son impartialité est sujette à caution, on ne peut suspecter sa bonne foi et sa sincérité. La *Conquête de Constantinople* est l'œuvre d'un esprit sagace, avisé, courageux. Tout ce que nous entrevoyons du caractère de Villehardouin est fait pour nous donner confiance. Chevalier, il connaissait et pratiquait les vertus de son état. C'est par piété qu'il avait donné son adhésion à la croisade, et c'est de bonne foi qu'il pensait, quoi qu'il advînt, servir les intérêts de l'Église. Si, au lieu de faire voile directement sur l'Égypte ou la Palestine, il avait fallu prendre Zara, puis débarquer sur les rives du Bosphore, il n'y voyait pas autre chose qu'une intention providentielle. Il n'avait, quant à lui, qu'à s'en tenir à ses principes, à rester fidèle à ses engagements envers Dieu et envers les hommes. Conscient des risques de l'aventure, il leur opposait un courage réfléchi, et s'il se montre sévère à l'égard de certains barons, c'est qu'il répugne à absoudre les abandons et les défaillances. Sa conduite irréprochable lui donne le droit de juger les autres, et par là son livre apparaît non seulement comme un livre d'histoire, mais comme un témoignage moral.

Avec la chronique de Villehardouin, la prose fait son entrée dans la littérature française. Usant d'une langue encore mal assouplie, uniquement rompue à l'usage poétique, le chroniqueur s'est forgé un instrument nouveau, mieux adapté aux exigences de la narration historique, en dépit d'une syntaxe hésitante encore et souvent maladroite, mais dont les progrès iront s'accentuant jusqu'à la fin du Moyen Âge. En dehors des six manuscrits qui conservent le texte de Villehardouin, on connaît d'autres copies dans lesquelles le récit est continué après 1207 ou remanié et inséré dans une compilation. L'œuvre de Villehardouin a été l'objet, au XVIe siècle, d'une adaptation en latin et d'une traduction en français moderne : en 1573, le Vénitien Paolo Rannusio achevait un *De bello Constantinopolitano*, adaptation latine élargie de la *Conquête de Constantinople* ; quelques années plus tard, en 1585, Blaise de Vigenère publiait une édition bilingue sous le titre : *Histoire de Geoffroy de Villehardouyn, mareschal de Champagne et de Romenie ; de la conqueste de Constantinople par les barons françois asociez aux Venitiens, l'an 1204, d'un costé en son vieil language et de l'autre en un plus moderne et intelligible.*

ŒUVRE. — Éd. et trad. E. Faral, 2 vol., Paris, 1938-1939 (*Les Classiques de l'Histoire de France au Moyen Âge*, 18) ; 2e éd. revue et corrigée, Paris, 1961. — Éd. A. Pauphilet dans *Historiens et chroniqueurs du Moyen Âge*, Paris, 1952, p. 89-194. — Éd. J. Dufournet, Paris, Londres, 1969 [munie d'une préface et d'une chronologie]. — Adaptation en français moderne J. Longnon, Paris, 1981. — Transcription diplomatique : *Josfroi de Vileharduyn, La Conqueste de Costentinoble, d'après le ms. n° 2137 de la BN, par la section de traitement automatique des textes anciens français du CRAL*, Travaux du CRAL, Univ. de Nancy II, Nancy, 1978. — Trad. anglaise R.B. Shaw, *Joinville and Villehardouin : Chronicles of the Crusades*, Hardmondsworth, 1963 (*Penguin Classics*, L 124) [trad. basée sur les éd. N. de Wailly et E.

Faral]. — Trad. italienne F. Garavini, Turin, 1962 [d'après l'éd. Faral].

→ Sur la quatrième croisade : A. Frolow, *Recherches sur la déviation de la IVe croisade vers Constantinople*, Paris, 1955. — D.E. Queller et S.J. Stratton, *A Century of Controversy on the Fourth Crusade*, dans *Studies in Medieval and Renaissance History*, Nebraska University Press, vol. 6, 1969, p. 235-277.

E. Faral, *Geoffroy de Villehardouin : la question de sa sincérité*, dans *Revue Historique*, t. 177 (1936), p. 546-554. — J. Longnon, *Recherches sur la vie de Geoffroy de Villehardouin, suivies du catalogue des actes de Villehardouin*, Mâcon, 1939 (*Bibl. de l'École des Hautes Études*, 276) ; *Les compagnons de Villehardouin. Recherches sur les croisés de la quatrième croisade*, Genève, 1978 (*Hautes Études médiévales et modernes*, 30). — J. Frappier, *Les discours dans la chronique de Villehardouin*, dans *Mél. M. Roques*, Paris, 1946, p. 39-55. — A. Pauphilet, *Le legs du Moyen Âge*, Melun, 1950, p. 219-238. — P.M. Schon, *Studien zum Stil der frühen französischen Prosa : Robert de Clari, Geoffroy de Villehardouin, Henri de Valenciennes*, Francfort, 1960 (*Analecta Romanica. Beihefte zu den Romanischen Forschungen*, 8). — J. Beer, *Villehardouin, Epic Historian*, Genève, 1968 (*Études de philologie et d'histoire*, 7) [à compléter par le compte rendu de J. Dufournet dans *BHR*, t. 31 (1969), p. 385-388] ; *Narrative Conventions of Truth in the Middle Ages*, Genève, 1981. — J. Dufournet, *Villehardouin et les Vénitiens*, dans *L'Information littéraire*, t. 21 (1969), p. 7-19 ; *Les écrivains de la quatrième croisade. Villehardouin et Clari*, 2 vol., Paris, 1973 (*Sedes*) ; *Robert de Clari, Villehardouin et Henri de Valenciennes, juges de l'empereur Henri de Constantinople. De l'histoire à la légende*, dans *Mél. J. Lods*, t. 1, Paris, 1978, p. 183-202. — C. Buridant, *Motifs et formules dans la Conquête de Constantinople de Villehardouin*, dans *Revue des sciences humaines*, 1973, p. 355-376 ; *Blaise de Vigenere, traducteur de la Conqueste de Constantinople de Villehardouin. Récrire. Traduire, ibid.*, 1980, p. 95-118. — P. Archambault, *Seven French Chroniclers : Witnesses to History*, Syracuse, 1974. — J. Larmat, *Sur quelques aspects de la religion chrétienne dans les Chroniques de Villehardouin et de Clari*, dans le *Moyen Âge*, t. 80 (1974), p. 403-427. — R. Hartman, *La quête et la croisade. Villehardouin, Clari et le Lancelot en prose*, New York, 1977. — P. Rickard, *Blaise de Vigenere's Translation of Villehardouin*, dans *ZFSL*, t. 91 (1981), p. 1-40. — R. Colliot, *Images de la femme noble à Byzance au temps des premiers empereurs latins d'après les chroniqueurs contemporains*, dans *Senefiance*, n° 11 (1982), p. 101-127. — A. Ducellier, *Une mythologie urbaine : Constantinople vue d'Occident au Moyen Âge*, dans *MEFR. Moyen Âge, Temps modernes*, t. 96 (1984), p. 405-424. — G. Jacquin, *Le style historique dans les récits français et latins de la quatrième croisade*, Paris, Genève, 1986 [thèse de l'Univ. Lille III]. — M. Gazzoti, *Studi cinquecenteschi su La conquête de Constantinople di Geoffroy de Villehardouin*, dans *Aevum*, 1989, p. 284-335. — Molinier nos 2348, 2349. — Cf. *GRLMA*, t. XI/1, p. 52-53. — *MB* nos 3617-3640, 6665-6667, 7811 ; *S* 3220, 3959, 6009-6074, 6083. R.B. et G.T.L.

Geoffroi de Vinsauf (Gaufridus Anglicus, G. de Vinosalvo) († vers 1220). Après des études à Oxford, cet Anglais enseigna la rhétorique à Northampton, puis voyagea en France et en Italie. Il fut peut-être un des proches de Richard Cœur de Lion, dont il célébra la mort avec beaucoup d'émotion. Outre différentes poésies, insérées dans ses ouvrages à titre d'exemple ou circulant à part, il est l'auteur de manuels de composition littéraire : un *Documentum de modo dictandi et versificandi* ; une *Summa de arte dictandi* qui est composée à Bologne, en 1188-1190, par un maître Geoffroi, et dont l'attribution n'est pas absolument sûre, mais très probable ; enfin, vers 1208-1213, la *Poetria nova*, en hexamètres, son ouvrage le plus célèbre et le plus répandu des arts poétiques de l'époque, dédié au pape Innocent III et présenté à l'archevêque de Reims Guillaume aux Blanches Mains ; plus de cent manuscrits en sont conservés et ce succès dura jusqu'à l'époque de l'imprimerie. L'influence de cet ouvrage, qu'on a dit limitée aux milieux scolaires, s'avère en fait importante sur la poésie narrative européenne : il semble avoir été utilisé par Geoffrey Chaucer*, Gottfried de Strasbourg*, Brunetto Latini* et avoir influencé Dante* par l'intermédiaire de ce dernier. La doctrine de Geoffroi de Vinsauf s'appuie sur celle des auteurs antiques et y amalgame l'essentiel de l'enseignement rhétorique médiéval, au moins sous sa forme franco-anglaise.

Un traité sur la greffe des arbres et la conservation des vins lui est attribué par une erreur, ancienne, sur son nom.

ŒUVRES — E. Faral, *Les arts poétiques du XIIe et du XIIIe siècle*, Paris, 1923, p. 15-33, 197-262, 265-320. — V. Licitra, *La Summa de arte dictandi di Maestro Goffredo*, dans *Studi medievali*, t. 3 (1966), p. 865-913 [sur cette éd., voir F.J. Wortsbrock, *Deutsche Archiv für Erforschung des Mittelalters*, t. 23 (1967), p. 549-552].

→ Manitius III, 751-756. — D. Kelly, *Theory of Composition in Medieval Narrative Poetry and Geoffrey of Vinsauf's Poetria Nova*, dans

Mediaeval studies, t. 321 (1969), p. 117-148. — E.A. Gallo, *The Poetria Nova and its Sources in Early Rhetorical Doctrine*, La Haye-Paris, 1971. — S. Gallick, *The Continuity to the Rhetorical Tradition*, dans *Manuscripta*, t. 23 (1979), p. 44-47. Pa.B.

Geoffroi des Nés. Du fait de ses origines — la famille des Nés appartenait à la puissante bourgeoisie parisienne — l'hagiographe Geoffroi des Nés a été longtemps confondu avec son contemporain (premier quart du XIVe siècle) et compatriote, le chroniqueur Geoffroi de Paris*. Plus qu'un auteur original, Geoffroi des Nés fut un adaptateur : ses deux *Vies de saint Magloire*, l'une en prose (1315), d'attribution probable, l'autre en vers (1319), d'attribution certaine, reposent sur la *Vita* carolingienne complétée au XIe siècle à l'abbaye de Saint-Magloire. La *Vie* de 1319 fut rédigée à la demande expresse de l'abbé Gobert de Fraillicourt, à l'occasion de la translation des reliques dans une nouvelle châsse. Elle enrichit la *Vita* latine d'une chronique détaillée de la cérémonie. L'ensemble compte plus de 5 500 octosyllabes à rimes plates. Les vies en prose de saint Teliau (évêque Gallois du VIe) et de saint Guillaume (de Maleval), datées de 1325 et 1326, sont également des traductions. La seconde mêle à la biographie du fondateur des Guillemites (XIIe siècle) des traits légendaires empruntés à la Vie de Guilhem IX d'Aquitaine*.

ŒUVRES. — *Vie de saint Magloire*, en vers, éd. J. Denomy et J. Brückmann, dans *Mediaeval Studies*, t. 19 (1957), p. 251-312 ; t. 21 (1959), p. 53-128. — Éd. partielle A. de la Borderie, *Miracles de saint Magloire*, Rennes, 1891.

→ *Notices et Extraits des mss de la BN* t. 36/2, 1901, p. 444-445. — *HLF*, t. 33, p. 361, 428-429 ; t. 35 (1921), p. 324-327. — A. Terroine et L. Fossier, *Chartes et documents de l'abbaye de Saint-Magloire*, t. 2 (1280-1330), Paris, 1966. — Cf. *MB*, nos 7783-7784. G.H.

Georges Chastellain. Né en 1405 si l'on en croit son épitaphe, en 1415 d'après les indications biographiques tirées de son œuvre, dans le comté d'Alost en Flandre, Georges Chastellain fit ses études à Louvain. À l'âge de dix-huit ans, il est à la cour de Philippe le Bon et sert sous la bannière bourguignonne. Après le traité d'Arras (1435), il fait un long séjour en France et entre au service de Charles VII ; c'est alors qu'il se lie avec Pierre de Brézé, pour lequel il effectue deux missions diplomatiques auprès du duc de Bourgogne. Rentré en 1445, il est, l'année suivante, à la cour de Bourgogne et figure parmi les écuyers panetiers. En 1451, il est écuyer tranchant du duc Philippe, qui l'élève en 1456 au rang de conseiller et le charge de diverses missions. L'année précédente, Chastellain avait été nommé « indiciaire » c'est-à-dire chroniqueur officiel, et gratifié d'une pension importante. Il s'était vu offrir en outre une demeure à Valenciennes dans l'hôtel ducal dit Salle-le-Comte. C'est là qu'il effectuera son immense tâche d'écrivain. Le 2 mai 1473, Charles le Téméraire le crée chevalier de la Toison d'Or, mais au titre littéraire, pour la subtilité de son art, nous dit Jean Molinet* ; il sera de plus nommé indiciaire de l'Ordre. Il est mort le 20 mars 1475.

Traditionnellement, on a séparé l'immense œuvre de Chastellain en deux volets : la *Chronique* d'un côté ; le reste, souvent assimilé à la poésie, de l'autre. La séparation est arbitraire. On l'a montré, les chroniqueurs officiels de la cour de Bourgogne, dont Chastellain est le premier modèle, sont les seuls historiens à déployer une telle rhétorique. L'art poétique informe donc la chronique. D'autre part, le reste de son œuvre n'est pas toujours versifié ; proses et prosimètres y sont nombreux. Enfin, un même souffle traverse l'œuvre : l'éloge, le dithyrambe et une rhétorique de l'apparat y sont contrebalancés par le sens moral que Chastellain donne à l'histoire et à l'écriture.

Ce qui frappe, au regard de l'œuvre et du renom immenses de Chastellain, c'est la médiocrité de la tradition manuscrite. Si Chastellain est reconnu de son vivant pour « la perle et l'estoile de tous les historiographes », sa *Chronique* n'a été connue que de quelques privilégiés. La chronique part de l'assassinat de Jean sans Peur à Montereau en 1419 et s'arrête, inachevée, en 1474, soit peu de temps avant la mort de Chastellain qui n'a pas eu le temps de se corriger. La copie complète de ses œuvres historiques, que son fils avait fait faire et remise à la reine de Hongrie en 1524, est perdue. Il reste seulement le tiers de la chronique, ce qui concerne les années 1419-1422, 1430, 1431, 1451, 1452, 1454-1458 (qui forme le livre 4, le seul complet), 1461-1470. Le récit est essentiellement centré sur les faits et gestes des ducs Philippe le Bon et Charles le Téméraire, l'idée dominante de la chronique étant le conflit franco-bourguignon. À ce conflit se trouvent mêlés d'autres pays, Angleterre, Saint-Empire, Castille, Aragon, pays sur lesquels Chastellain fournit des aperçus. Il parle également du Turc, de Venise. La chronique touche ainsi à l'histoire de l'Europe du XVe siècle. Mais écrivant « au plaisir de son souverain seigneur », il fait de Philippe le héros principal du récit. La valeur de la chronique est autant historique que littéraire. Vivant en permanence à la cour de Bourgogne, averti des informations qui y circulaient, des intrigues qui s'y nouaient, il se montre particulièrement bien informé ; par sa constante référence aux sources et la richesse de sa documentation, il s'est élevé au sommet de l'art. Il fait preuve d'autre part d'un grand souci d'objectivité, d'un remarquable effort d'impartialité. Tout au long des récits, discours, portraits qui émaillent le texte, se manifeste sa maîtrise de la langue, volontiers archaïsante. Enfin c'est une histoire d'apparat, dans laquelle on retrouve l'exaltation des joutes, des rites, des prestiges de la vie aristocratique. La chronique sera continuée par Jean Molinet qui, à partir de 1463, viendra épauler Chastellain dans sa tâche.

Le reste de l'œuvre ne sera guère plus diffusé que la *Chronique*. Et pourtant, salué par ses admirateurs comme « suprême rhétoricien », Chastellain passe dès 1450 pour le maître de la poésie française. Des correspondances s'établissent donc : on conserve un échange avec Jean Castel*, le petit-fils de Christine de Pizan* ; surtout, il y a l'œuvre complexe et énigmatique des *Douze Dames de rhétorique*, fondée sur une correspondance à plusieurs voix avec Jean Robertet, vers 1463-1464.

Georges Chastellain a peu touché à la poésie courtoise, hormis dans quelques rondeaux et dans *l'Oultré d'amour*. Ce débat sentimental — un homme qui a perdu celle qu'il aimait profondément peut-il, sans paraître inconstant à ses propres yeux, s'abandonner à un second amour ? — est aussi un texte à clef dont l'héroïne serait une princesse française et le héros Pierre de Brézé. L'actualité princière se glisse ainsi dans le cadre de la courtoisie, comme partout ailleurs : les 25 strophes des *Princes* (1453) sont certainement une charge contre Louis XI ; les six quatrains des *Exclamations de trois puissants princes* parlent de la paix d'Arras (1435), tandis que le *Livre de Paix* en prose traite de la paix de Péronne (1468). Ce dernier grand acte politique de Philippe le Bon est encore le sujet d'un *Mystère sur la paix de Péronne*. Avec la théâtralisation de l'histoire, Chastellain, à qui on a souvent attribué à tort la *Moralité du concile de Bâle**, pousse au dernier degré la dramatisation présente dans ses autres textes.

Parallèlement à ces œuvres où se reflètent la politique et ses traités, il en est d'autres où l'actualité consiste en la disparition des grands de ce monde : plusieurs *Complaintes* sur la mort de Philippe le Bon (1468), une autre sur celle de Charles VII (1461) ; les *Épitaphes* de Pierre de Brézé (1465), de Jacques de Lalaing... La mort y est tempérée ou surmontée par la gloire acquise par ses héros, comparables à ceux de l'Antiquité (*Épitaphes d'Hector et Achille*). Quant aux malheurs de l'existence, il faut les surmonter par la prière (Chastellain en a écrit de nombreuses à la Vierge), la patience et l'espérance. En 1463-1464, il écrit le *Temple de Boccace*. Consolation pour Marguerite d'Anjou, fille du roi René*, épouse d'Henri VI d'Angleterre, chassée du trône par la guerre des Deux Roses, le *Temple* est aussi un hommage, et une suite, au *De casibus illustrium virorum* de Boccace*. Cette très belle œuvre en prose de Chastellain, une des mieux conservées (14 mss), témoigne de l'importance de l'écrivain dans l'édification de la gloire des hommes : le *Temple* est tout autant le lieu où la mémoire des princes est conservée que celui où s'inscrit le nom de son constructeur : Boccace puis Chastellain.

Cette conscience de la dignité de l'écrivain est forte chez les Rhétoriqueurs* dont Chastellain fut le prince. Cela explique en partie leurs expériences rhétoriques parfois extrêmes, qui vont de pair avec une vision de l'histoire forte et morale. La *Chronique*, d'ailleurs, rejoint le vers quand elle s'abrège en une *Recollection des merveilles* (vers 1462) : curieux égrenage des grands et petits événements qui ont frappé Chastellain à son époque. Comme la *Chronique*, la *Recollection* sera poursuivie par

Jean Molinet, successeur et élève du grand Georges.

ŒUVRES. — Éd. J. Kervyn de Lettenhove, 8 vol., Bruxelles, 1863-1866 ; réimp. Genève, 1971. — *Les Douze dames de Rhétorique*, éd. L. Batissier, Moulins, 1838 [seule éd. complète ; on trouve de longs extraits cependant dans l'éd. de Kervyn de Lettenhove, t. 7]. — *Le Temple de Boccace*, éd. S. Bliggenstorfer, Berne, 1988 (*Romanica helvetica*, 104). — *Chronique* : éd. J.C. Delclos, Genève 1991, (*TLF*, 394) [éd. du livre 4 d'après le ms. Londres, BL, Add 54156, qui donne un texte beaucoup plus complet que le ms. de Bruxelles suivi par l'éd. Kervyn de Lettenhove].

→ G. Pérouse, *Georges Chastellain ; étude sur l'histoire politique et littéraire du* XVe *siècle*, Paris, 1910. — K. Heilemann, *Der Wortschatz von G.C. nach seiner Chronik*, Bode, 1937. — L. Hommel, *Chastellain 1415-1474*, Bruxelles, 1945. — C.A.J. Armstrong, *Le texte de la Chronique de Chastellain pour les années 1458-1461 retrouvé dans un manuscrit jusqu'ici inconnu*, dans *Centre d'études burgondo-médianes,* 1967, p. 1-6. — V.L. Saulnier, *Sur Georges Chastelain poète et les rondeaux qu'on lui attribua*, dans *Mél. Frappier*, t. 2, Genève, 1970, p. 987-1000. — H. Naïs, *Grand temps et longs jours sont, monsieur l'indiciaire...*, dans *Mél. P. Imbs*, Strasbourg, 1973, p. 207-218. — P. Archambault, *Seven Chroniclers*, Syracuse, 1974. — J. Lemaire, *L'Oultré d'Amour de G. Chastellain : Un exemple ancien de construction en abyme*, dans *Revue Romane*, t. 11 (1976), p. 306-316. — P. Jodogne, *La rhétorique dans l'historiographie bourguignonne*, dans *Culture et pouvoir au temps de l'Humanisme et de la Renaissance*, Genève, 1978, p. 51-59. — H. Wolff, *Histoire et pédagogie princière au* XVe *siècle : Georges Chastellain, ibid.*, p. 37-49. — C. Martineau-Geniéys, *Le thème de la mort dans la poésie française de 1450 à 1550*, Paris, 1978 (*Nouvelle bibliothèque du Moyen Âge*, 6). — J.-C. Delclos, *Le témoignage de Georges Chastellain, historiographe de Philippe le Bon et de Charles le Téméraire*, Genève 1980 (*Publ. rom. et fr.* 155) ; *Le Prince ou les Princes de G. Chastellain : un poème dirigé contre Louis XI*, dans *Romania*, t. 102 (1981), p. 46-74. — M.R. Jung, *Les « Douze Dames de Rhétorique »*, dans *Du mot au texte. Actes du 3e colloque international sur le Moyen Français*, Tübingen, 1982, p. 229-240. — S. Bliggenstorfer, *Castellani Georgii Opera Poetica Gallice. Le recueil Chastelain de la Bibliothèque Laurentienne à Florence : description du ms. mediceopalatino 120,* dans *Vox Romanica*, t. 43 (1984), p. 123-153. — C. Thiry, *Un panégyrique pessimiste : la Paix de Péronne de G. Chastellain*, dans *Marche Romane*, t. 26 (1976), p. 31-53 ; *Débats et moralités dans la littérature française du* XVe *siècle : intersection et interaction du narratif et du dramatique*, dans *Le Moyen Français*, t. 19 (1986), p. 203-244. — Cf. *GRLMA*, t. VIII/1, p. 73-78, 108 sq. — *MB* n°s 4819-4825 ; 5213-5225 ; 6812-6813 ; 6984-6986 ; *S* 6009, 7345-7348, 7626, 7983, 7992, 8013-8017.

G.T.L. et S.L.

Georges d'Esclavonie. Originaire de Styrie (d'où son surnom), Georges de Rain, une fois ordonné prêtre, vint faire ses études à Paris. En 1389, il est maître ès-arts et chanoine d'Auxerre ; en 1400 il obtient la licence. Trois ans plus tard, il quitte Paris pour s'établir à Tours, pourvu d'un canonicat et de la charge de pénitencier de la cathédrale Saint-Gatien. C'est là qu'il meurt en 1416. On a conservé de lui une *Lectura super Danielem* restée inédite (1391), un résumé de la 2^a^2^ae^ de saint Thomas (1413) et un traité de spiritualité ascétique sous forme de lettre adressée à une moniale bénédictine de Beaumont-lès-Tours au moment de sa profession, l'*Epistola de virginitate servanda* (1411). Dans le brouillon autographe, le texte latin est accompagné d'une traduction française de la main de l'auteur qui, sous les titres de *Chasteau de virginité* ou de *La Vierge sacrée*, connut trois éditions au XVIe siècle. Le thème en est emprunté au *Ps.* 44, 11-12, dont le commentaire donne lieu à un véritable compendium de l'enseignement des Pères, de la théologie et de la liturgie sur la virginité.

→ *DSAM*, t. 6, 1965, col. 238-240. — G. Oury, *Un directeur de moniales au début du* XVe *siècle*, dans *Bull. de la Soc. archéol. de Touraine*, t. 34 (1965), p. 223-241. — A. Vernet, *La « première minute» du « Chasteau de Virginité » de G. d'Esclavonie*, dans *Münchener Beiträge zur Mediävistik und Renaissance-Forschung,* t. 32 (1982), p. 233-247. — *MB S* n° 8345. G.H.

Georges d'Halluin. Personnage de la noblesse du Nord, Georges d'Halluin fut aussi un savant de qualité, dont la renommée a pourtant longtemps été obscurcie. Né vers 1473 de Jeanne de la Clyte, dame de Comines, il était ainsi apparenté à l'historien Philippe de Commynes*. Seigneur de Comines, Rolleghen et Rouquette, vicomte de Nieuport, Georges fut chargé par les souverains des Pays-Bas de plusieurs ambassades. Mais s'il témoigne dans ses œuvres de l'importance, pour bien traduire les historiens latins, de l'expérience de la cour et de la guerre, c'est surtout à ses travaux d'érudition qu'il semble avoir consacré son temps. Il a beaucoup écrit ; en latin : une *Restauratio linguae latinae* (1508, éditée à Anvers en

1533) ; en français : un commentaire de l'*Enéide*, un examen critique du *De asse* de Guillaume Budé, une traduction de la *Moria* d'Érasme (l'*Éloge de la folie*). L'auteur, avec qui il avait pu par ailleurs entretenir de bons rapports, fut assez mécontent de cette version française car, comme il l'écrivit en 1517 à Thomas More : « *Nunc enim et theologi intelligunt qui gallice scient.* » Reproche fait au traducteur autant que critique de l'inculture des théologiens, cette phrase rejoint les explications que donne Georges d'Halluin, de la différence entre « latin d'église » des clercs et « latin classique » des lettrés et des auteurs classiques. Comme ce sont les premiers qui ont jusqu'alors traduit les historiens de l'Antiquité, ils n'ont, dit-il, pas su en rendre la langue, ni comprendre les réalités souvent guerrières de leurs œuvres. Noble, soldat et lettré, Georges entreprend un nouveau style de traduction avec la première des *Vies des douze Césars* de Suétone : celle de César. Pour servir d'introduction à ce projet, qui devait englober l'ensemble du texte mais qui s'est arrêté là, Georges d'Halluin écrivit *Des triomphes des Romains*, dédié au futur Charles Quint (oct. 1514), sorte de traité sur les institutions romaines. Il nous y apprend aussi qu'il fut l'auteur de traductions de Végèce, d'Onosander, et de lettres à Luigi Marliano. On conserve encore une traduction d'Elien le Tacticien, d'après la version latine de Niccolo Sagundino. Certainement influencé par les Italiens, Georges d'Halluin reste comme un des premiers humanistes en langue française. Il fut d'ailleurs l'ami et le protecteur, entre autres, de Josse Bade, De Spouter et Vivès. Il mourut en 1536.

ŒUVRES. — *De la declamation des louenges de follie* (...), Paris, Pierre Vidoue pour Galliot du Pré, 1520 [on identifie cette trad. anonyme avec celle de G. d'Halluin]. — *Restauratio linguae latinae*, Anvers, 1533.

→ E. Van Even, *Notice sur la bibliothèque de Charles de Croy, duc d'Arschot (1614)*, dans *Bulletin du bibliophile belge*, t. 9 (1852), p. 380-393, 436-451. — P.S. Allen, *Opus epistolarum Des. Erasmi Roterodami*, t. III, Oxford, 1913, lettre 641. — H. de Vocht, *History of the Foundation and the rise of the Collegium trilingue Lovaniense, 1517-1550,* 1951, p. 207, n. 5. — J. Monfrin, *Notice sur une traduction de la Vie de César de Suétone* (...), dans *Mél. R. Guiette*, Anvers, 1961, p. 203-224 ; *La connaissance de l'antiquité et le problème de l'humanisme en langue vulgaire dans la France du* XVe *siècle*, dans *The Late Middle Ages and the Dawn of Humanisme outside Italy*, Louvain-La Haye, 1972, p. 155-162 [important article qui fait le point sur cet auteur méconnu ; extraits du *Des triomphes*]. S.L.

Gérard de Liège. On ne sait rien de la vie de ce cistercien qui vivait dans la première moitié du XIIIe siècle et nous a laissé plusieurs ouvrages de spiritualité : *De remediis contra amorem illicitum ; Quinque incitamenta ad Deum amandum ardenter ; Tractatus super septem verba dicta a domino Jesu Christo pendente in cruce,* et surtout *De doctrina cordis* (*De praeparatione cordis*). Ce traité, dont l'attribution à Gérard de Liège est controversée, fut traduit en français à plusieurs reprises entre le XIIe et le XVe siècle et fournit des éléments à plusieurs écrits vernaculaires, dont le plus connu est le *Chastel périlleux* de Robert le Chartreux*.

ŒUVRES. — A. Wilmart, *Gérard de Liège. Un traité inédit de l'amour de Dieu*, dans *Revue d'ascétique et de mystique*, t. 12 (1931), p. 345-430 ; *Les traités de Gérard de Liège sur l'amour illicite et sur l'amour de Dieu [Liber de remediis contra amorem illicitum], Analecta reginensia*, Città del Vaticano, 1933, p. 183-205 (*Studi e testi*, 59) ; [*Quinque incitamenta ad deum amandum ardenter*], *ibid.*, p. 205-247. — E. Mikkers, *Le traité de Gérard de Liège sur les sept paroles de Notre Seigneur en croix,* dans *Collectanea ordinis Cisterciensium Reformatorum*, t. 12 (1950), p. 176-194 ; t. 13 (1951), p. 18-29.

→ *DS*, t. 6, 1967, col. 276-279. — *DHGE*, t. 20, 1984, col. 776. — G. Hendrix, *Gerardus Leodiensis. De doctrina cordis*, dans *Cîteaux*, t. 27 (1976), p. 135-138 ; *Deux textes d'attribution incertaine à Bonaventure restitués à Gérard de Liège*, dans *RTAM*, t. 45 (1978), p. 237-238 ; *Hugh of St Cher, OP, Author of Two Texts Attributes to the 13th Century Cistercian Gerard of Liege,* dans *Cîteaux*, t. 31 (1980), p. 343-356 [le *De doctrina cordis* et le *De septem verbis...* seraient d'Hugues de Saint-Cher, le *Septem remedia contra amorem...* et le *Quinque incitamenta...* sont confirmés comme étant de Gérard] ; *Le De doctrina cordis, source directe du Chastel Perilleux*, dans *RTAM*, t. 50 (1983), p. 252-266. — K. Chesney, *Notes on Some Treatises of Devotion Intended for Margaret of York (Ms. Douce 365)*, dans *Medium Aevum*, t. 20 (1951), p. 11-29 [fragment du *De doctrina cordis* trad. en français]. M.H.P.

Gérard de Montréal. Voir : *Gestes des Chiprois.*

Gerardus Falconarius. Composa dans la première moitié du XIIe siècle, à la cour du roi Roger II de Sicile (1130-1154), un traité latin en vingt-deux chapitres sur les maladies des oiseaux de chasse et leurs remèdes. On ne sait rien de Gerardus Falconarius, et son nom est mentionné dans un seul des 14 manuscrits qui conservent son traité. Le succès de cet ouvrage fut considérable : il fit l'objet de trois traductions italiennes, une traduction espagnole, une traduction portugaise et trois traductions françaises partielles (le manuscrit de Lyon, Bibl. mun. 765, conserve la traduction des chapitres 3-6, 9-10, 13-15, 16 [2], 18-19 ; les deux autres traductions sont celles du manuscrit de Paris, BN, fr. 25342, insérée dans *Dancus**, et celle du Vatican, Reg. lat., 1331, placée dans des recettes).

Albert le Grand* copia le traité de Gerardus dans son *De animalibus*, contribuant ainsi à sa diffusion, notamment en Angleterre. Mais Albert le Grand l'attribua aux fauconniers de l'empereur Frédéric II de Hohenstaufen († 1250), ce qui valut au traité de Gerardus d'être imprimé dans *Reliqua librorum Friderici II imperatoris De arte venandi cum avibus* (Augsbourg, 1596, p. 392-395). Une traduction en français, portant sur les chapitres 3 à 16, de cette version due à Albert le Grand est conservée dans le manuscrit Paris, BN, fr. 25342, déjà cité.

ŒUVRE. — *Dancus Rex, Guillelmus Falconarius, Gerardus Falconarius. Les plus anciens traités de fauconnerie de l'Occident*, éd. G. Tilander, Lund, 1963, p. 198-229 (*Cynegetica*, 9).

→ R. Hands, « *Dancus Rex* » *in English*, dans *Medieval Studies*, t. 35 (1973), p. 354-369. — B. Van den Abeele, *Les traités de fauconnerie latins du* XIIe *siècle, Manuscrits et perspectives*, dans *Scriptorium*, t. 44 (1990), p. 279, 281, 283 [276-286]. — Cf. *MBS* 5425. G.T. et F.F.H.

Géraud de Frachet. Né à Chalusset près de Limoges en 1206, Géraud de Frachet entra en 1225 dans l'ordre des Frères prêcheurs à Paris ; il y fit profession le 25 mars de l'année suivante. Élu en 1233 prieur du couvent de Limoges, il fut quelques années plus tard envoyé au Portugal, où il fonda le couvent de Lisbonne. Il était prieur de la maison de Marseille en 1251, quand il fut élevé à la dignité de prieur de la province de Provence en 1251. En 1259, on lui confia la direction du couvent de Montpellier, charge qu'il conserva jusqu'en 1263, date à laquelle il fut choisi comme définiteur et électeur par le chapitre provincial de Toulouse. C'est dans son couvent de Limoges qu'il se retira et qu'il termina sa vie, le 4 novembre 1271. Il prit une part très active à l'administration des maisons de l'ordre des Frères prêcheurs, ce qui ne l'empêcha pas de se livrer à la culture des lettres. Il a laissé deux ouvrages qui ont obtenu un grand succès et dont l'un est rempli de renseignements précieux sur les premiers développements de l'ordre auquel il appartenait. Cet ouvrage, intitulé *Vitae fratrum ordinis praedicatorum*, est uniquement un livre d'édification. Géraud avait été chargé de mettre en ordre un certain nombre de mémoires relatant tous les traits intéressants de la vie des frères particulièrement vertueux ; il les combina avec ses souvenirs personnels et en tira, vers 1260, la matière d'un livre qui se répandit rapidement dans toutes les maisons des frères prêcheurs. C'est un recueil d'anecdotes parfois fort monotones, dans lequel on trouve néanmoins un tableau fidèle de la vie des premiers dominicains, de leurs études, de leurs voyages, de leurs prédications. Il complétera ce recueil en y apportant additions et modifications. Il est aussi l'auteur de *Chronicae ordinis fratrum praedicatorum*, ou annales de l'ordre dominicain, dont il existe deux rédactions et qui sont presque toujours copiées à la suite des *Vitae fratrum*. Ces annales s'arrêtent en 1254. Il a surtout écrit une vaste chronique qui commence à la création du monde et va jusqu'au milieu du XIIIe siècle. Cet ouvrage, qui a la prétention d'être un résumé d'histoire universelle, n'est en fait qu'une médiocre compilation dépourvue d'originalité et n'est guère qu'un abrégé de la chronique de Robert de Saint-Marien d'Auxerre*. Le début est identique dans les deux textes. Géraud suit Robert pas à pas jusqu'en 1211. Il fait quelques additions peu intéressantes, dont certaines proviennent de Vincent de Beauvais* et de la chronique de Saint-Martin de Tours. La seule partie originale, les huit dernières pages, est consacrée aux événements du XIIIe siècle, et encore cette partie est-elle à peu près dénuée de valeur. Il arrête sa chronique à l'année 1266, en mentionnant le couronnement et les victoires de Charles d'Anjou en Italie et en Sicile. L'ouvrage a malgré tout eu beaucoup de succès, sans doute dû à la place considérable que l'auteur a accordée aux faits merveilleux et légendaires. Il a connu un certain nombre de continuations, qui sont des œuvres originales de valeur ; une partie en est due à Richard Lescot*, moine de Saint-Denis.

ŒUVRES. — *Chronicon* : éd. d'extraits dans *RHF,* t. 10, p. 292 [règne des premiers Capétiens], t. 21, p. 3-5 [principaux articles relatifs au règne de saint Louis]. — Éd. d'extraits C. de l'Escalopier, *Notice sur un ms. intitulé Annales mundi ad annum 1264,* Paris, 1842 [d'après le ms. de l'Arsenal et sans nom d'auteur]. — Éd. d'extraits Holder-Egger, dans *MGH, Scriptores,* t. 26, p. 588-589 [les meilleures parties de la chronique à partir de l'année 1230]. — Éd. J. Lemoine, *Chronique de Richard Lescot, religieux de Saint-Denis (1328-1344), suivie de la continuation de cette chronique (1344-1364), publiée pour la première fois,* Paris, 1896 (*SHF*) [éd. des continuations 1268-1285 et 1328-1364]. — *Vitae fratrum* : éd. B.M. Reichert dans *Monumenta O.P. hist.*, t. 1 (1896), p. 1-320. — *Chronica ordinis fratrum praed.* : éd. *ibid.*, p. 321-338.

→ L. Delisle, *Chroniques et annales diverses. Chronique de Géraud de Frachet,* dans *HLF,* t. 32, p. 550-567. — T. Kaeppeli, *Scriptores ordinis praedicatorum medii aevi,* t. 2, Rome, 1975, p. 35-38, n°s 1282-1285. — G.M. Spiegel, *The Chronicle Tradition of Saint-Denis. A Survey,* Brookline, Leyde, 1978, p. 108-112. — Molinier n°s 2508, 2527, 2529. — Nouveau Potthast, t. 4, p. 693-694. G.T.L.

Gerbert (pape Sylvestre II) (940-1003). Né peu après 940, d'une famille modeste, il entre, tout jeune, comme oblat à Saint-Géraud d'Aurillac. De 967 à 969 il s'initie, en Catalogne, à la science islamique, mais rien ne prouve qu'il se soit alors rendu à Cordoue. Après un bref séjour à Rome, il devient écolâtre de Reims : son enseignement jouit bientôt d'une grande renommée.

Abbé de Bobbio, en 983, par la faveur d'Otton II, Gerbert sera désormais tout dévoué à la couronne impériale. Redevenu cependant écolâtre à Reims en 984, il joue dès lors, au côté de l'archevêque Adalbéron, un rôle politique important : il contribue notamment à la révolution dynastique de 987, c'est-à-dire à l'avènement de Hugues Capet. Élu, au milieu d'un grand désordre, archevêque de Reims en 991, il doit, en 997, chercher refuge auprès du jeune Otton III. Archevêque de Ravenne en 998, et souverain pontife sous le nom de Sylvestre II, en 999, il caresse le rêve, assez chimérique, d'une étroite association de la Papauté avec l'Empire romain restauré, mais il meurt, peu après Otton III, le 12 mai 1003.

Si Gerbert s'est imposé à ses contemporains comme un extraordinaire savant, c'est d'abord parce qu'il a su fertiliser le *quadrivium* de la « Renaissance carolingienne » au moyen d'éléments, alors tout nouveaux, empruntés à la science hispano-musulmane : il semble, en particulier, avoir été le premier à introduire en Gaule l'usage des chiffres *ghubar* (préfiguration, sur l'abaque, mais sans le zéro, de nos chiffres dits arabes).

La correspondance de Gerbert est une source historique de premier ordre. Son amour des lettres classiques mérite aussi d'être souligné.

ŒUVRES. — A. Olleris, *Œuvres de Gerbert* Clermont-Ferrand, 1867. — Lettres : éd. J. Havet, Paris, 1889 ; éd. F. Weigle, *MGH Briefe der deutschen Kaiserzeit,* vol. 2, Weimar, 1966. — P. Riché annonce pour bientôt une nouv. éd. de la correspondance de Gerbert. — N. Bubnov, *Gerberti opera mathematica,* Berlin, 1899 ; réimpr., Hildesheim, 1963.

→ F. Picavet, *Gerbert, un pape philosophe* (Paris, 1898). — J.M. Millás Vallicrosa, *Assaig d'história de les idées fisiques i matemàtiques a la Catalunya medieval,* Barcelone, 1931. — M. Uhlirz, *Untersuchungen über Inhalt und Datierung der Briefe Gerberts von Aurillac,* Göttingen, 1957. — *Gerberto : scienza, storia e mito. Atti del « Gerberti Symposium » (Bobbio, iuglio 1983),* Bobbio, 1985. — P. Riché, *Gerbert d'Aurillac, le pape de l'an mil,* Paris, 1987. — Voir aussi U. Lindgren, *Gerbert von Aurillac und das Quadrivium,* Wiesbaden, 1976 ; et W. Bergmann, *Innovationen im Quadrivium des 10. und 11. Jahrhunderts,* Stuttgart, 1985. G.B.

Gerbert de Montreuil. Né dans le premier tiers du XIIIe siècle, il est originaire de Montreuil-sur-Mer (Pas-de-Calais). Outre ses relations avec la comtesse Marie de Ponthieu, il a probablement fréquenté, en dehors du Nord de la France, les résidences royales de la région du Loiret. Il connaît aussi fort bien la région de Coblence et du Rhin. Il est l'auteur du *Roman de la Violette,* d'une continuation du *Conte du Graal* de Chrétien de Troyes* et peut-être, mais rien n'est moins sûr, du serventois *De Groingnet et de Petit.*

Le *Roman de la Violette* ou de *Gérard de Nevers* (6 654 octosyllabes), écrit entre 1227 et 1229 et dédié à Marie, comtesse de Ponthieu, appartient, comme *Guil-*

*laume de Dole** ou le *Comte de Poitiers**, au cycle bien connu de la gageure (pari sur la vertu d'une femme, culpabilité apparente, innocence prouvée). Au cours d'une fête chez le roi Louis, le jeune comte de Nevers fait l'éloge de son amie absente, la belle Euriaut. Le comte Lisiard lui lance un défi, parie d'obtenir en huit jours les faveurs de la jeune fille et joue sa terre contre celle de Gérard de Nevers. Euriaut le repousse ; alors la vieille Gondrée montre à Lisiard Euriaut au bain par une ouverture pratiquée dans le mur : elle a une marque naturelle, une violette sur le sein. Lisiard révèle à la cour ce secret qu'il prétend connaître de ses intimités avec l'infidèle. Gérard emmène son amie et veut la tuer, mais comme elle l'a mis en garde contre un serpent qu'il vainc, il la laisse dans la forêt où elle est recueillie par le duc de Metz. Gérard mène une vie aventureuse ; et, déguisé en jongleur, il apprend chez Lisiard lui-même la vérité sur Euriaut. Il arrive à Metz au moment où, accusée d'avoir empoisonné la sœur du duc, Euriaut était déjà sur le bûcher. Il se fait son champion, confond le calomniateur, reprend possession de son comté de Nevers et épouse Euriaut. Gerbert de Montreuil suit de près le *Roman de la Rose* (ou de *Guillaume de Dole*) de Jean Renart* : il a imité son titre et lui a emprunté le thème central d'une jeune fille belle et vertueuse que l'on accuse faussement d'infidélité en se servant d'un signe intime de naissance, ainsi que le motif du grand tournoi. De plus, comme Jean Renart dans le *Roman de la Rose,* il a farci son roman de chansons et de refrains. On a ainsi émis l'hypothèse que Gerbert de Montreuil a cherché à rivaliser avec Jean Renart, en proposant le roman d'une artistocratie fidèle au roi Louis VIII et à son souvenir, alors que le *Roman de la Rose* a été écrit en terre d'Empire pour un milieu impérial proche des Plantagenêts. Deux mss du XVe siècle offrent une mise en prose du roman richement illustrée sous le titre de *Gérard de Nevers*.

Des études stylistiques ont montré que la *Continuation du Conte du Graal* de Gerbert et le *Roman de la Violette* de Gerbert de Montreuil sont d'un seul et même auteur. La *Continuation,* longue de 17 090 vers et connue par deux mss (BN fr. 12 576 et BN n.a. fr. 6 614), date des années 1226-1230 et y est insérée entre la *Seconde Continuation* attribuée à Wauchier de Denain* et la *Continuation* de Manessier* comme pour retarder le dénouement ; mais cette insertion est l'œuvre des scribes et non de Gerbert lui-même, qui semble avoir travaillé indépendamment de Manessier. Le point de départ est, comme pour Manessier, la fin de la *Seconde Continuation :* Perceval quitte le château du Roi Pêcheur sans avoir obtenu de réponse à ses questions, puis fait ressouder son épée par Trébuchet, le forgeron de l'Autre Monde qui meurt après sa besogne ; il épouse Blanchefleur (comme chez Wolfram von Eschenbach*), rencontre le roi Mordrach (le Mordrain de la *Queste del Saint Graal**), puis arrive au château du Graal, où il réussit l'épreuve de l'épée ; mais le Roi Pêcheur reste silencieux. Le récit revient à son point de départ et, pour achever le roman, les copistes feront appel à la *Continuation* de Manessier. La perspective religieuse, voire ecclésiastique, déjà très présente chez Manessier s'accentue ici, mais avec plus de réussite que chez son concurrent : rôle important du démon, interpolation d'épisodes de la *Queste del Saint Graal,* embarras de l'auteur à propos du mariage de Blanchefleur (le mariage n'est pas consommé immédiatement selon Gerbert, mais il affirme en même temps que les descendants de Perceval conquerront Jérusalem, allusion à Godefroi de Bouillon) ; curieusement, Gerbert fait appel pour la première fois dans les *Continuations* au personnage de Tristan (épisode de Tristan ménestrel).

ŒUVRE. — *Roman de la Violette,* éd. D.L. Buffum, Paris, 1928 (*SATF*, 72). — Éd. de la mise en prose par L.F.H. Lowe, *Gérard de Nevers,* Princeton, 1928. — *Continuation de Perceval,* éd. M. Williams, Paris, 1922-1925 (*CFMA,* 28, 30) et M. Oswald, Paris, 1975 (*CFMA,* 101).

→ M. Wilmotte, *Gerbert de Montreuil et les écrits qui lui sont attribués,* dans *Bull. Acad. roy. de Belgique, classe des lettres,* n° 3 (1900), p. 196 sqq. — F. Kraus, *Uber Gerbert de Montreuil und seine Werke,* Erlangen, 1897. — G. Paris, *Le cycle de la gageure,* dans *Romania,* t. 32 (1903), p. 480-511. — C. François, *Études sur le style de la Continuation de Perceval par Gerbert et du Roman de la Violette par Gerbert de Montreuil,* Paris, 1932. — A. Dickson, *Le Roman de la Violette,* dans *RBPH,* t. 11 (1932), p. 689-698. — A. Stanton, *Gerbert de Montreuil as a Writer of Grail Romance,* Chicago, 1942. — H. Wrede, *Die Fortsetzer des Gralromans Chrestiens de Troyes,* Göttingen, 1952. — L. Cocito, *Gerbert de Montreuil e il poema del Graal,* Gênes, 1964. — R.L. Curtis, *Tristan Studies,* Munich, 1969, p. 24-27 *(The Love Potion in The Roman de la Violette).* — J. Larmat, *Le péché de Perceval dans la Continuation de Gerbert,* dans *Mél. C. Rostaing,* Liège, 1974, p. 541-557. — K.V. Sinclair, *Gerbert de Montreuil and the Parody Audigier,* dans *Romance Notes,* t. 17 (1976-1977), p. 208-211. — K. Busby, *Der Tristan Menestrel des Gerbert de Montreuil und seine Stellung in der altfranzösischen Artustradition,* dans *Vox Romanica,* t. 42. (1983), p. 144-156. Cf. Woledge, n° 66. — Cf. *GRLMA,* t. IV/2, n° 216 ; t. IV/1, p. 103, 378, 379, 414-417, 445, 446, 448, 451-453, 474, 477, 643. — *MB* n° 1129-1145 ; *S* 2068, 3142, 6846. A.M. et J.M.F.

Gerland. Longtemps confondu avec Jean de Garlande* (depuis John Boston of Bury, vers 1410), Gerland le computiste l'a aussi été avec un Gerland de Besançon, d'une autre génération (il est mort après 1149). Son plus récent éditeur pense qu'il naquit en Lorraine, étudia à Liège, séjourna en Angleterre sous Harold Ier (1036-1040) et devint finalement professeur à Besançon. Outre son *Compotus,* qui fut aussi célèbre que l'œuvre de Bède*, Gerland écrivit sur chacun des sept arts. Ainsi conserve-t-on une *Dialectica,* des textes théologiques comme la *Candela...*

Le premier livre de son *Compotus,* écrit à la fin du XIe siècle, est proche, dans sa composition et son contenu, du *De Temporum ratione* de Bède, mais l'auteur y présente un système de correction de l'ère dionysienne, qui consiste à reporter celle-ci sept années en arrière ; ce système avait été inventé en 990 par Hériger abbé de Lobbes, à peu près à la même époque où Abbon de Fleury*, de son côté, en proposait un autre. Le second livre est un recueil de calculs intéressant la division des cycles solaire et lunaire, et de fragments relatifs à l'astronomie.

ŒUVRE. — L. De Rijk, *Garlandus Compotista. Dialectica,* New York, 1959 (l'introd. fait le point sur la biographie et l'œuvre tout entière). A.Co. et S.L.

Gervais de Tilbury. Gervais est né en Angleterre peu après 1150. Sa connaissance des sciences lui fit obtenir les bonnes grâces de l'empereur Othon IV, qui le nomma maréchal du royaume d'Arles. Il composa divers ouvrages sur l'histoire d'Angleterre, celle des Bourguignons et celle de la Terre sainte. Il dédia à Othon IV son œuvre la plus importante, les *Otia imperialia (Les Loisirs impériaux),* écrite en latin vers 1210.

La lutte entre le Sacerdoce et l'Empire battait alors son plein. En Allemagne, le poète Walther de la Vogelweide soutenait avec ardeur les droits de l'Empire et, pour un peu, aurait transféré à Othon IV et à ses successeurs la presque totalité non seulement des pouvoirs temporels, mais encore des pouvoirs spirituels du souverain pontife. Innocent III, de son côté, opposait à des prétentions abusives une doctrine qui ne l'était pas moins. Entre ces deux opinions extrêmes, Gervais de Tilbury fut le protagoniste d'une sorte de tiers parti. Pour lui, la puissance pontificale et la puissance impériale étaient égales en principe, comme venant toutes deux de Dieu. Tout au plus accordait-il à la papauté une légère suprématie, parce que c'était le pontife qui sacrait les empereurs. Au milieu des querelles qui ensanglantaient l'Europe, le clerc britannique prêchait, en somme, la conciliation.

Les *Otia Imperialia* connurent un succès immédiat et une large diffusion, attestés par l'abondance des manuscrits latins qui subsistent dans les bibliothèques européennes, et par le fait qu'ils furent traduits en français dès le Moyen Âge. Deux de ces traductions sont parvenues jusqu'à nous : la plus ancienne remonte à la fin du XIIIe siècle et est due à Jean d'Antioche*, prêtre attaché à l'Hôpital de Saint-Jean de Jérusalem ; la seconde est à dater des environs de 1330 et a pour auteur le Normand Jean de Vignay*, Hospitalier de Saint-Jacques-du-Haut-Pas et traducteur prolifique. Elles sont conservées respectivement dans les mss fr. 9113 et Rothschild 3085 de la BN.

Les *Otia* présentent un intérêt certain pour l'histoire littéraire et celle des traditions folkloriques. On y trouve, en effet, des indications souvent fort curieuses relatives aux légendes de Grande-Bretagne et surtout au cycle d'Arthur. Gervais nous conte, par exemple, que les forestiers de son pays, aux jours d'orage ou de tempête, croyaient encore voir passer sous les couverts le roi Arthur, menant sa troupe de chasseurs et sonnant du cor au cours d'une chevauchée diabolique. En un autre endroit, il nous dit que le roi Arthur, toujours vivant, réside dans une caverne située au flanc de l'Etna, où il aurait été vu par un palefrenier de l'évêque de Catane. C'est une curieuse transposition de la légende celtique d'Avallon.

Gervais de Tilbury mourut à une date demeurée incertaine, après 1221.

ŒUVRE. — *Otia imperialia,* éd. (intégrale) G. W. Leibniz *(Script. Rer. Brunswicensium),* Hanovre, 1707, I, p. 881-1004. — Éd. R. Pauli dans *MGH, Script.,* 27. (1885), pp. 359-394 [extraits]. — Éd. F. Liebrecht, *Des Gervasius von Tilbury Otia Imperialia,* Hanovre, 1856 [extraits]. — Trad. française de la troisième partie, A. Duchesne, Paris, 1992 (*La Roue à Livres*).

→ A. Luchaire, *Innocent III, la papauté et l'Empire,* Paris, 1906, p. 12 et 269. — J. Marx, *La légende arthurienne et le Graal,* Paris, 1952, p. 63 et 124. — *Il Regno normanno,* Messine, 1932, p. 179 (Antonio di Stefano, *La cultura in Sicilia nel periodo normanno*). — J. R. Caldwell, *Manuscripts of Gervase of Tilbury's « Otia Imperialia »,* dans *Scriptorium,* 1962, t. 16, p. 28-45. — A. Duchesne, *Gervais de Tilbury et les Otia imperialia : commentaire et éd. critique de la Tertia decisio dans les traductions françaises de Jean d'Antioche et Jean de Vignay,* dans *Positions des Thèses de l'École des Chartes,* 1971, p. 65-69. — R. Busquet, *Gervais de Tilbury inconnu,* dans *Revue historique,* 1941, t. 191, p. 1-20. — J. Le Goff, *Une collecte ethnographique en Dauphiné au début du* XIII*e* *siècle,* dans *Mél. C. Joisten,* 1982, p. 55-65. — Cf. *MB* n° 3796. R.H. et A.Du.

Gervais du Bus. Le *Roman de Fauvel* est composé de deux livres. Le premier est achevé en 1310, le second en 1314. Seul le second livre est signé par un « engin », une énigme qui cache le nom de Gervais du Bus (v. 3277). Celui-ci est assez bien connu. En 1312, il est chapelain d'Enguerrand de Marigny, ministre tout-puissant de Philippe le Bel jusqu'à sa chute après la mort du roi (1314) et son exécution à Montfaucon en avril 1315. Gervais devient notaire royal en 1313 et demeure à la chancellerie jusqu'en 1338.

Il est fort probable que le premier livre est aussi de lui. On a, en effet, opposé les deux livres comme de tons très différents. Mais il semble que leur caractère antithétique même soit l'indice d'un projet d'ensemble. Le premier livre (1 226 vers) décrit l'apothéose de Fauvel, le cheval de l'expression qui s'est répandue auparavant : « chevaucher Fauvel », « torchier Fauvel » (« flatter », « tromper »). Son nom est doublement interprété : comme un composé « de faus et de vel » (la Fausseté voilée) et comme l'acronyme de Flatterie, Avarice, Villainie, Variété (inconstance), Envie et Lascheté. L'hypocrisie et les vices cachés de Fauvel mènent un monde « bestorné » (sens dessus dessous et sens devant derrière), et où les hommes sont devenus « bestes ». Le pouvoir temporel se retrouve au-dessus du pouvoir spirituel : le pape cède devant le roi ; les chanoines et les ordres religieux sont riches et corrompus. Le poète conclut donc que la fin du monde approche et que le règne de l'Antéchrist a commencé. Le second livre (2 054 vers) montre que Fortune reste au-dessus de Fauvel. En effet, après une longue description de son règne (palais, courtisans), Fauvel décide d'épouser Fortune, qui lui a été généreuse, afin de la fixer. Mais celle-ci dément les mensonges des gens faux à son sujet : elle est fille de Dieu, sœur de Sapience et représente le plus souvent la providence divine. Or, dans la perspective chrétienne, prospérité et malheur peuvent s'inverser. Démasquant Fauvel, Fortune lui offre donc la main de Vaine Gloire. De nombreux « fauvaux » naissent de cette union, qui se répandront partout et d'abord dans le beau jardin de France, qu'ils vont gâter. Mais tout comme l'histoire de *Fauvain* de Raoul Le Petit* s'achève par la chute en Enfer pour Fauvain et le couronnement céleste de Loyauté, le *Roman de Fauvel,* ou *de Fauvel et de Fortune,* s'achève sur une prière confiante : le lys de la Virginité sauvera le lys de France. Ainsi, d'un livre à l'autre s'expriment le triomphe du mal masqué et la vanité de cette victoire.

On peut aussi faire une lecture historique de *Fauvel* et y voir une critique de la puissance des conseillers de Philippe le Bel, puissance que le dernier, Enguerrand de Marigny, paya de sa vie. Cette imprégnation du texte par la chronique scandaleuse contemporaine est plus visible encore dans le remaniement signé par Chaillou de Pesstain* en 1316. Cette version du roman a d'ailleurs été plus étudiée que le texte primitif.

ŒUVRE. — Éd. A. Långfors, Paris, 1914-1919 (*SATF,* 63).

→ G. Paris, *Le Roman de Fauvel,* dans *HLF,* t. 32 (1898), p. 108-153. — P.-A. Becker, *Fauvel und Fauvelliana,* Leipzig, 1936. — J. Trotin, *Un motif malicieux de la satire médiévale, le*

« prélat-nourrisson », dans *Cahiers de l'UER Froissart*, n° 1 (1976), p. 153-161. — P. F. Dembowski, *Le Faux Semblant et la problématique des masques et déguisements*, dans *Masques et déguisements dans la littérature médiévale*, Montréal-Paris, 1988, p. 43-53. — J. Batany, *D'où vient le contrôle social ? Quelques incertitudes du XIVe siècle*, dans *Razo*, t. 9 (1989), p. 169-178. — J.-C. Mühlethaler, *Les masques du clerc pour parler aux puissants* (...), dans *Le Moyen Âge*, t. 96 (1990), p. 265-286 ; *Fauvel au pouvoir : lire la satire médiévale*, Genève, à paraître. — Cf. *GRLMA*, t. VIII/1, p. 146-147. — *MB* nos 5455-5466 ; *S* 4985, 5091. S.L.

Gervaise. On n'est pas sûr de l'identité de Gervaise, auteur, au début du XIIIe siècle, d'un *Bestiaire*. Les opinions sont partagées entre un curé de Fontenay-le-Marmion (Calvados) et un cistercien de Barbery au diocèse de Bayeux. Quoi qu'il en soit, ce *Bestiaire* d'environ 1 280 octosyllabes a été écrit vers 1215 en Normandie, même si le dialecte normand a été très estompé dans l'unique manuscrit conservé, dû à la plume d'un scribe champenois ou lorrain.

Ce poème, comme la plupart de ceux du même genre, contient une foule d'histoires légendaires concernant les animaux et leurs mœurs, illustrées par d'abondantes comparaisons populaires, et s'efforce d'en tirer des leçons de morale chrétienne. Sa source, citée au v. 37, serait saint Jean-Chrysostome, ou plus exactement les *Dicta Chrysostomi*. Mais le *Bestiaire* ne se conforme exactement à aucun des manuscrits connus des *Dicta*.

ŒUVRE. — Éd. P. Meyer, dans *Romania*, t. 1 (1872), p. 410-443.

→ P. Meyer, *Les bestiaires. Le bestiaire de Gervaise*, dans *HLF*, t. 34 (1915), p. 379-381. — E. Walberg, *Quelques aspects de la littérature anglo-normande*, Paris, 1936. — F. McCulloch, *Medieval Latin and French Bestiaries*, Chapel Hill, 1962, p. 55-60. — Cf. *GRLMA*, t. VI, n° 4196. — *MB* nos 2877 ; *S* 5347, 5350, 5371.
R.H. et A.F.L.L.

Geste de Charlemagne. Les critiques ont parfois désigné sous le nom de Geste de Charlemagne un corpus de chansons de geste rattachées à diverses étapes de la vie de l'empereur. Bien qu'une légende carolingienne ait existé dès le IXe siècle, les premières de ces chansons de geste (dont la *Chanson de Roland**) datent du XIe siècle. Parmi celles où Charlemagne joue un rôle particulièrement important, citons *Aspremont**, la *Chanson de Roland, Doon de Mayence**, l'*Entrée d'Espagne**. Ces épopées survivront à travers des continuations et imitations en vers ainsi que des remaniements en prose pendant plusieurs siècles. La légende du roi jouit aussi d'un énorme succès à l'étranger : des œuvres italiennes, espagnoles, allemandes, anglaises, scandinaves et néerlandaises lui sont consacrées. En France même, des chroniques, des compositions cycliques, telles celles de Philippe Mousket*, Girart d'Amiens*, ou David Aubert*, ont également contribué à sa diffusion.

→ G. Paris, *Histoire poétique de Charlemagne*, Paris, 1905. — A. de Mandach, *Naissance et développement de la chanson de geste en Europe, I : La Geste de Charlemagne et de Roland*, Genève-Paris, 1961. — F. Ohly, *Die Legende von Karl und Roland*, dans *Studien zur frühmittelhochdeutschen Literatur. Cambridger Colloquium, 1971*, Berlin, 1974. — J. Horrent, *Les versions françaises et étrangères des Enfances de Charlemagne*, Bruxelles, 1979 (*Académie royale de Belgique, Mémoires de la Classe des Lettres*, 2e série, t. 64, fasc. 1). — A. Rosellini, *Codici Marciani di Epopea Carolingia*, Udine, 1979. — H. Krauss, *Epica feudale e pubblico borghese. Per la storia poetica di Carlomagno in Italia*, Padoue, 1980. — J. Stiennon, *L'iconographie de Charlemagne*, dans *Actes du 7e congrès international de la Société Rencesvals, Liège, 1978*, 1980, t. 1, p. 159-176. — A.G. Elliott, *The Emperor's Daughter : A Catalan Account of Charlemagne's Mother*, dans *Romance Philology*, t. 84 (1980-1981), p. 396-416. — M. Ott-Meimbeg, *Karl, Roland, Guillaume*, dans *Epische Stoffe des Mittelalters*, Stuttgart, 1984, p. 81-110. — M.-L. Meneghetti, *Tendances contraposées dans le dynamisme de la culture : le développement de l'épopée française et castillane*, dans *Senefiance*, 21 (1987), p. 897-912. — Cf. *MB* nos 1043, 1200, 1268, 1372, 1375, 1924-1926, 7859 ; *S* 1550.

Voir aussi : *Enfances Charlemagne, Pèlerinage de Charlemagne, Mort Charlemagne*. S.I.J.

Geste de Garin de Monglane. On regroupe sous ce titre des chansons de geste tardives (XIIIe, voire XIVe siècle) qui content les exploits des ancêtres de Guillaume et se continuent dans la *Geste de Guillaume d'Orange**. Les deux premières chansons, les *Enfances Garin de Monglane* et *Garin de Monglane*, sont consacrées au bisaïeul de Guillaume, Garin de Monglane. Celui-ci envoie ses quatre fils, *Ernaut de Beaulande* (père d'*Aymeri de Narbonne**), *Renier de Gennes* (père d'Olivier et d'Aude), *Girart de Vienne** et Milon de Pouille, « aux trois parts du monde » chercher fortune. Ce ne sont qu'enfants persécutés (plagiés de *Berthe aux grands pieds* et de l'histoire de Geneviève de Brabant), héros trahis, géants et enchanteurs, jeunes filles emprisonnées, incidents empruntés à *Durmart le Gallois**, etc... Bédier et Gautier jugent ces chansons comme de « méchants romans d'aventure ».

ŒUVRE. — H. Menn, *Die Chanson G. de M.*, Diss. Greifswald, 1913. — *Les Enfances G. de M.*, éd. J.-M. Paquette, thèse dactyl. Poitiers, 1968. — *La geste de Monglane. I Hernaut de Beaulande. II Renier de Gennes. III Girart de Vienne*, éd. D.M. Dougherty et E.B. Barnes, Eugène, Univ. of Oregon, 1966 [d'après le ms. Cheltenham].

→ L. Gautier, *Les épopées françaises*, 2e éd., Paris, 1882, p. 106-217. — G. Paris, *Le roman de la geste de Monglane*, dans *Romania*, t. 12 (1883), p. 1-13. — J. Bédier, *Les légendes épiques*, Paris, 1914, t. 1. — W. Hendrickson, *Les sources littéraires de Garin de Monglane*, dans *Actes du VIe Congrès internat. Rencesvals*, Aix-en-Provence, 1974, p. 607-617 ; *Toward an edition of Garin de Monglane*, dans *Mél. J. Misrahi*, Columbia, 1977, p. 46-70. — Woledge, nos 64-65. — Cf. *MB* nos 396-403, 449, 4061-4063, 6773 ; *S* 1235. A.F.L.L.

Geste de Guillaume d'Orange. C'est, parmi les trois « matières épiques » distinguées par les trouvères du XIIIe siècle, celle qui présente le plus de cohésion apparente : tous les personnages de premier plan appartiennent au même lignage, dont le héros principal est Guillaume *au court* (primitivement *au courb*) *nes*, appelé aussi Guillaume d'Orange ; tous obéissent à un idéal identique : élever en dignité la « sainte chrétienté », défendre la France contre les Sarrasins d'Espagne et se conduire en vassaux fidèles, sinon toujours très respectueux, d'un suzerain éloigné, vieilli quand il s'agit de Charlemagne, débile et couard quand il s'agit de son fils Louis.

Le poème qui représente la forme la plus ancienne de la légende est sans doute la *Chanson de Guillaume* (vers 1140). Vivien, neveu de Guillaume, attaqué en « Larchamp » par les Sarrasins, sous la conduite du roi de Cordoue Deramed, est abandonné par ses deux lâches compagnons, Thiébaud de Bourges et son neveu Estourmi. Il livre un combat désespéré, par fidélité au vœu qu'il a prononcé lors de son adoubement de ne pas reculer devant l'ennemi, mais il succombe sous le nombre. Girard, cousin de Vivien, envoyé comme ambassadeur par celui-ci, se présente à Barcelone, où se trouve Guillaume, en compagnie de son épouse Guibourc. Guillaume se rend une première fois sur le champ de bataille, ne retrouve pas Vivien, mais voit tomber, à ses côtés, ses deux compagnons Girard et Guischard, neveu de Guibourc, et comme elle d'origine païenne. Au cours d'une seconde expédition, accomplie en compagnie de Gui, le jeune frère de Vivien, Guillaume se bat contre Deramed. C'est l'intervention de l'enfant (Gui n'a que quinze ans) qui assure une victoire inattendue à Guillaume. Diverses contradictions (le décor change brusquement, Gui est fait prisonnier, Guillaume retrouve, dans des circonstances qui cadrent mal avec les scènes antérieures, Vivien qui meurt entre ses bras, Guillaume va rejoindre Guibourc à Orange), jointes à d'autres indices, incitent à déceler, sous une certaine unité de surface, le début d'un autre poème soudé au premier : *Chanson de Rainouard*. Dans cette seconde partie, Guibourc conseille à son mari de requérir l'aide de Louis. Le héros arrive à la cour de Laon, en fort maigre équipage, et est d'abord mal accueilli : Louis hésite à fournir le secours demandé. La reine, sœur de Guillaume, intervient perfidement, mais, devant la colère du héros et sur l'intervention des membres de son lignage, le roi accorde une armée. Au moment où celle-ci s'ébranle, un jeune géant, personnage dont la force n'a d'égale que la simplicité, se présente : c'est Rainouard. Armé de son « tinel » (massue), il accompagnera Guillaume en « Larchamp » et, malgré les multiples mauvais tours que lui jouent les garçons de cuisine, lui fera remporter la victoire. En réalité, ce personnage mi-héroïque, mi-burlesque, est le frère de Guibourc et, comme elle, d'origine païenne et fils de Deramed ; on l'apprendra dans le cours du récit.

Le prototype historique du héros est un Franc du Nord, Guillaume, fils d'Alde et de Thierry, petit-fils de Charles Martel, donc cousin de Charlemagne, auquel celui-ci accorda, en 790, le titre de comte de Toulouse. Tuteur du jeune roi Louis d'Aquitaine (âgé de douze ans), défenseur de la Marche de Gothie, Guillaume subit, en 793, une défaite glorieuse sur les bords de l'Orbieu (ou de l'Orbiel), aux portes de Carcassonne. L'ennemi, bien supérieur en nombre, éprouva de telles pertes que, malgré son succès (il se retira avec un riche butin), il fut à jamais banni de la région. Vers la fin du siècle, le comte de Toulouse participa à diverses actions contre Barcelone. Après une longue vie guerrière, le fils d'Alde et de Thierry se retira au monastère d'Aniane (Hérault), fondé par le célèbre Benoît d'Aniane, et mourut, en 812, en odeur de sainteté, au monastère voisin de Gellone, qu'il avait fondé et auquel il finit par donner son nom actuel : Saint-Guilhem-du-Désert.

L'élément historique qui est à la base de la *Chanson de Guillaume* paraît bien être la bataille de l'Orbieu. Si le texte, qui nous est parvenu dans un grand état de délabrement, peut être daté du milieu du XIIe siècle, il y a tout lieu de penser que la première partie du moins s'inspire d'une chanson plus ancienne. Le poème ne figure ni dans les manuscrits cycliques ni dans les mises en prose, mais la matière reprise (notamment pour la seconde partie, dans *Aliscans**) est amplifiée. On a conté les exploits antérieurs de Guillaume *(Enfances Guillaume*, Couronnement Louis*, Charroi de Nîmes*, Prise d'Orange*)* et sa fin édifiante *(Moniage Guillaume*)*. On a développé aussi le rôle des neveux que lui prête la légende, notamment Vivien (*Enfances Vivien, Chevalerie Vivien* : voir *Vivien**) et l'on a chanté ses prétendus ancêtres *(Garin de Monglane, Girart de Vienne*, Aymeri de Narbonne*, la Mort Aymeri de Narbonne*)* et frères *(Les Narbonnais*, Guibert d'Andrenas*, Prise de Cordres et de Sebille*, Siège de Barbastre*, Buevon de Commarcis*, remaniement du précédent fait, à la fin du XIIIe siècle, par Adenet le Roi*). Un neveu de Vivien est le héros de la chanson épico-romanesque qui porte son nom *(Foucon de Candie)*. Rainouard et sa descendance sont les principaux personnages d'une série d'œuvres épico-burlesques *(Bataille Loquifer*, Moniage Rainouart*, Renier)*. Enfin un dernier récit se rattache à la fois à la Geste du Roi et à la Geste de Guillaume, c'est *Galien le Restoré**.

Il est à peu près impossible de discerner l'ordre dans lequel ont été composées les différentes chansons, car les textes qui nous sont parvenus ne sont probablement que des remaniements de remaniements. Les manuscrits cycliques des XIIIe et XIVe siècles ont fait des 24 chansons (environ le quart de la production épique médiévale) l'histoire continue du lignage, auquel ils donnent le nom de son ancêtre supposé, Garin de Monglane. Ils se divisent toutefois en deux groupes : ceux du « petit cycle », qui se limitent aux dix chansons concernant Guillaume, Vivien et Rainouart, ceux du « grand cycle » qui rassemblent l'ensemble de la geste.

Héroïque et généreux, mais aussi colérique et violent, évoluant au milieu de son abondante famille (il a six frères, des sœurs et de nombreux neveux), aux côtés de son épouse (la païenne Orable, devenue par son mariage la chrétienne Guibourc, curieuse figure de femme dévouée, parfois plus virile que son mari et fidèle gardienne du prestige du lignage). Guillaume reste éminemment humain, son rire est célèbre à travers tous les récits. Si l'ensemble de la geste n'a pas la sublime et hiératique beauté de la *Chanson de Roland*, si toutes les chansons ne sont pas de la même qualité, plusieurs d'entre elles contiennent des scènes pathétiques, qui voisinent d'ailleurs avec des passages réalistes, parfois même burlesques. Dans les diverses formes qui sont parvenues jusqu'à nous, aucune n'atteint la perfection classique de la *Chanson de Roland* selon la version d'Oxford, mais l'on pressent, malgré le délabrement du seul manuscrit de la *Chanson de Guillaume*, toute la richesse épique de cette œuvre. Très « terrestre », malgré quelques outrances, la Geste de Guillaume paraît s'inspirer de celle de Charlemagne : Guillaume est accompagné de son neveu bien-aimé Vivien, qui meurt en martyr en « Larchamp », comme Roland à Roncevaux, et les poètes médiévaux soulignent, à chaque occasion, que le lignage de Guillaume prend, en quelque sorte, la relève de celui de Charlemagne. Les Narbonnais se substituent à la royauté défaillante.

Sans entrer dans la question, peut-être abusivement écartée et qui mériterait d'être reprise, de traditions épiques autochtones qui auraient chanté fort anciennement tous ces héros méridionaux, on peut être assuré, par le témoignage de quelques écrits latins, que le « fier lignage » était déjà célèbre dès le premier tiers du XIIe siècle. Aussi bien on sait maintenant, grâce à une meilleure interprétation du *Fragment de La Haye* et grâce aussi à la découverte de la *Nota Emilianense*, que, dès la première moitié du XIe ou peut-être même à la fin du Xe, il existait une légende épique de Guillaume et que celle-ci était en rapport avec la geste du Roi.

Les premiers textes conservés se situent un peu avant 1150 et la seconde moitié du siècle atteste la vogue persistante de la matière. Celle-ci sera encore rebrassée au début du XIIIe siècle par Bertrand de Bar-sur-Aube, tandis qu'à la fin du même siècle Adenet le Roi donnera son *Buevon de Commarchis* et que les XIVe et XVe siècles connaîtront toute une série de mises en prose des diverses chansons de la Geste des Narbonnais.

Nombre de personnages de toute la Geste de Guillaume sont cités dans l'*Ensenhamen* au jongleur* de Guiraut de Cabreira, qui date au moins de 1170, sinon de 1150 comme tendent à le montrer certains travaux récents.

Les littératures étrangères aussi se sont inspirées de ces récits, puisque nous trouvons notamment, en Allemagne, au début du XIIIe siècle, le *Willehalm* de Wolfram d'Eschenbach* et, en Italie, après les nombreuses adaptations de la geste en franco-italien, au début du XVe siècle, *I Storie Nerbonesi* d'Andrea da Barberino*.

ŒUVRE. — *Chanson de Guillaume*, éd. D. McMillan, 2 vol., Paris, 1949-1950 *(SATF)* ; éd. J. Wathelet-Willem, 2 vol., Paris, 1975 (*Bibl. de la Fac. de Phil. et Lettres de l'Univ. de Liège*, 210) ; éd. et trad. F. Suard, Paris, 1991 *(Classiques Garnier)* ; trad. angl. G. Price, L. Muir et D. Hoggan, Londres, 1975 ; trad. all. B. Schmolke-Hasselman, Munich, 1983.

→ J. Frappier, *Les chansons de geste du cycle de Guillaume d'Orange : La Chanson de Guillaume, Aliscans, La Chevalerie Vivien*, Paris, 1955 *(SEDES)*. — M. Tyssens, *La geste de Guillaume d'Orange dans les mss cycliques*, Paris, 1967. — J. Wathelet-Willem, *Charlemagne et Guillaume* dans *Charlemagne et l'épopée romane*, 1978, p. 215-222 ; *Aliscans, témoin de l'évolution du genre épique à la fin du XIIIe siècle*, dans *Mél. C. Foulon*, Rennes, 1980, t. 1, p. 381-392. — B. Schurfranz, *Thiebaut du Plesseis in Garin le Loheren : An Echo of La Chanson de Guillaume ?*, dans *Romance Notes*, t. 21 (1980-1981), n° 2, p. 243-247. — A.M. Colby-Hall, *In Search of the Lost Epics of the Lower Rhône Valley*, dans *Olifant*, t. 8 (1981), n° 4, p. 339-351. — P. Bennett, *Guillaume d'Orange : Fighter of Demons and Harrower of Hell*, dans *Mél. A.J. Steele*, Londres, 1982. — D. Boutet, *Les chansons de geste et l'affermissement du pouvoir royal,* dans *Annales, ESC*, 37e année (1982), p. 3-14. — A. Martineau, *L'image du corps dans la chanson de geste : étude comparée du corps dans La Chanson de Roland (v. 1-2396)*, p. 17-48. — A. Moisan, *La fuite de Charles le Chauve devant les Bretons d'Erispoé (22 à 24 août 851) et la mort du comte Vivien de Tours*, dans *Mél. R. Louis*, Saint-Père-sous-Vézelay, 1982, p. 85-100. — J. Wathelet-Willem, *Réflexions sur La Chanson de Guillaume, ibid.*, p. 607-621. — G.J. Brault, *La Chanson de Roland et La Chanson de Guillaume : à propos de l'aspect littéraire de deux chansons de geste,* dans *Actes du 8e Congrès de la Société Rencesvals, Roncevaux, 1978*, Pampelune, 1981, p. 57-62. — M. de Combarieu, « *Ermitages* » *épiques (de Guillaume et de quelques autres*), dans *Mél. J. Frappier*, Paris, 1983, p. 143-180. — J. Wathelet-Willem, *Guibourc, femme de Guillaume, ibid.*, p. 335-355. — H. Legros, « *Seignur barun* », « *Vavasseur onuré* ». *Le discours mobilisateur dans la Chanson de Guillaume*, dans *Le Moyen Âge*, t. 89 (1983), n 1, p. 41-62. — G. Ashby-Beach, *La structure narrative de La Chanson de Guillaume et de quelques poèmes apparentés du Cycle de Guillaume*, dans *Actes du 9e congrès international de la Société Rencesvals, Padoue, 1982*, Modène, 1984, t. 2, p. 811-828. — H. Legros, *De Vivien à Aiol. De la sainteté du martyre à la sainteté commune, ibid.*, t. 2, p. 931-948. — D. Evans, *Old English and Old French Epics : Some Analogues,* dans *Mel. D. McMillan*, Reading, 1984, p. 23-31. — J. Fernandez-Jimenez, *La cobardia en dos poemas épicos : La Chançun de Willame y el Poema de Mio Cid*, dans *Anuario de Letras*, t. 22 (1984), p. 261-272. — D. Buschinger, *Guillaume et Willehalm, les épopées françaises et l'œuvre de Wolfram von Eschenbach. Actes du Colloque du 12 et 13 janvier 1985*, Göppingen, 1985 (*Göppinger Arbeiten zur Germanistik*, 421). — J. Wathelet-Willem, *Vivien et le héros « al cor nes » dans la Chanson de Guillaume*, dans *Mél. M. de Riquer*, Barcelone, 1986, p. 463-476. — Cf. *MB* n°s 384 ; 396-403 ; 441 ; 4061-4063 [Garin de Monglane] ; 167-178 ; 7167-7176 ; *S* 1161-1161 ; 1229-1306 [Guillaume d'Orange].

J.W.W.

Geste de Nanteuil. On appelle « geste de Nanteuil » une branche peu connue du grand cycle épique de *Doon de Mayence**, qui doit vraisemblablement son nom à la dynastie des puissants seigneurs de Nanteuil-le-Haudouin établis en Île-de-France dès le XIe siècle. Sa localisation est, en revanche, des plus fantaisistes, car elle est due à un transfert littéraire grâce auquel Nanteuil est confondu avec Montessor, la célèbre forteresse des Quatre Fils Aymon dans les Ardennes.

La constitution de la geste de Nanteuil remonte à la fin du XIIe siècle, lorsque, après l'apparition du poème de *Doon de Nanteuil*, les trouvères dotèrent le héros,

Doon, d'une nombreuse lignée, dont chaque représentant allait devenir le protagoniste d'une nouvelle chanson de geste. C'est ainsi que se forma une petite geste autonome, qui groupe les poèmes suivants : *Doon de Nanteuil, Aye d'Avignon, Gui de Nanteuil, Parise la Duchesse* et *Tristan de Nanteuil*. Cependant, telles qu'elles nous sont parvenues, dans des manuscrits qui ne contiennent jamais plus d'une d'entre elles, ces chansons présentent d'assez importantes contradictions quant au sort qu'elles affectent aux principaux personnages. Elles partagent en revanche une inspiration romanesque commune, qui abandonne l'opposition manichéenne entre Chrétiens et Sarrasins, et se fonde sur le thème du personnage féminin arraché aux siens par des traîtres, et qui doit souvent son salut, après de nombreuses et pénibles tribulations, à des secours étrangers, chrétiens ou non.

→ F. Callu-Turiaf, *Recherches sur la geste de Nanteuil*, dans *Position... thèses, École des Chartes*, Paris, 1958, p. 127-130. — K.V. Sinclair, *The Cyclic Relationships of Tristan de Nanteuil*, dans *Journal of the Australian Univ. Lang. and Lit. Ass.*, t. 21 (mai 1964), p. 27-38. — A. Adler, *Episches Frage- und Antwortspiel in der Geste de Nanteuil*, Franfort-sur-le-Main, 1974 (*Analecta Romanica*, 36). — W.W. Kibler, *Un essai de taxinomie des relations cycliques à partir de Lion de Bourges*, dans *Actes du 8e Congrès Rencesvals*, Pampelune, 1981, p. 253-261.

1. *Doon de Nanteuil*. Il ne nous est malheureusement parvenu aucun manuscrit de *Doon de Nanteuil*. Il est toutefois assuré qu'une version de ce poème eut cours dans le troisième quart du XIIe siècle et qu'un remaniement en fut exécuté par Huon de Villeneuve, dans la première moitié du siècle suivant, en laisses d'alexandrins rimés à vers orphelin final : les notes de Claude Fauchet, au XVIe siècle, nous en ont conservé un peu moins de 250 vers. Cette chanson racontait comment, son fils ayant été tué par le messager de Charlemagne, Doon se soulevait contre l'empereur avec l'aide de Girart de Roussillon, puis, vaincu, s'enfuyait en Pouille ; on ignore quel en était le dénouement.

→ P. Meyer, *La chanson de Doon de Nanteuil*, dans *Romania*, t. 13 (1884), p. 1-26. — M.J. Ailes, *Doon de Nanteuil and the Epic of Revolt*, dans *Medium Aevum*, t. 52 (1983), p. 247-257. — Cf. *MB*, n° 324.

2. *Aye d'Avignon*. — Il y a lieu de penser qu'une version plus ancienne de cette chanson de geste a été perdue. Dans l'état que nous lui connaissons, elle a été composée vers 1200 et comporte 4 132 alexandrins assonancés.

La belle Aye est la fille du duc Antoine d'Avignon et nièce de Charlemagne. L'empereur, à la mort d'Antoine, la marie au duc Garnier de Nanteuil. Cependant Bérenger, fils de Ganelon et ancien prétendant de l'héritière, cherche, inutilement d'abord, à perdre Garnier dans l'esprit de l'empereur. N'y parvenant pas, puisque Garnier s'est justifié en duel judiciaire, il tente, en compagnie de son cousin Milon (autre prétendant), d'enlever Aye. Durant une campagne qui conduit au loin Charlemagne et Garnier, ils assiègent Avignon. Après une vive défense, la ville et la femme tombent en leur pouvoir. Charlemagne revient, sur ces entrefaites, et assiège à son tour Bérenger et Milon qui, vaincus, parviennent à s'enfuir sur le Rhône avec Aye. Ils gagnent Aigremore, dans les Baléares, où l'émir Ganor s'éprend de la captive et, pour écarter des rivaux, envoie Bérenger et Milon à Marsile. Puis entre Ganor et Marsile la guerre éclate. Pour reconquérir sa femme, Garnier offre ses services à Ganor, sans se faire reconnaître. Il tue Bérenger durant la guerre et réussit à enlever Aye, sa propre femme, qu'il reconduit en Avignon où elle lui donnera un fils, Gui de Nanteuil.

En l'absence de Garnier, Ganor se déguise, pénètre dans Avignon et enlève le jeune Gui, qu'il élève ensuite à Aigremore avec des soins paternels. Cependant, Garnier meurt par suite de nouvelles traîtrises des parents de Bérenger, qui ont réussi à dresser Charlemagne contre lui. Gui, son fils, aidé de Ganor, vient le venger ; dans la bataille, il tue Milon, à qui l'empereur avait promis la main et le fief de la duchesse. Il reçoit enfin l'héritage de Garnier, et sa mère Aye épouse Ganor qui se fait baptiser.

Ce récit connut un grand succès, si l'on juge par les fréquentes allusions qu'on rencontre en d'autres poèmes contemporains. La chanson qui nous l'a conservé représente un témoin essentiel de l'évolution de l'épopée vers le genre romanesque à la fin du XIIe siècle ou au début du XIIIe.

ŒUVRE. — *Aye d'Avignon. Chanson de*

geste anonyme, éd. S.J. Borg, Genève, 1967 (*TLF*, 134).

→ F. Lot, *Notes historiques sur Aie*, dans *Romania*, t. 33 (1904), p. 145-162. — E.R. Woods, *Aye d'Avignon : A Study of Genre and Society*, Genève, 1978 (*Hist. des Idées et Crit. Litt.*, 172). — J.-P. Martin, *Les aventures conjugales d'une héroïne épique : Aye d'Avignon dans la tour d'Aufalerne*, dans *Amour, Mariage et Transgressions au Moyen Âge*, éd. D. Buschinger et A. Crépin, Göppingen, 1983 (*Göppinger Arbeiten zur Germanistik*, 420), p. 291-300. — M. Virdis, *Tra epica e romanzo : il poema di Aye d'Avignon*, dans *Miscellanea Sanna, Annali di Lettere e Filosofia dell'Univ. di Cagliari*, nuova serie, 8 (45), 1988. — Cf. *MB*, n°s 147-153 ; *S* 993-996.

3. *Gui de Nanteuil*. Composée à la fin du XIIe siècle ou dans les premières années du XIIIe, cette chanson offre, en 3 000 alexandrins rimés environ (selon le manuscrit), une continuation de la précédente.

Gui, fils d'Aye et de Garnier, et Aiglentine, fille du roi Yon de Gascogne venue demander un mari à Charlemagne, s'éprennent l'un de l'autre. Les parents de Ganelon, menés cette fois par Hervieu, qui, ayant accusé Gui d'avoir tué Milon en traître, doit l'affronter en duel judiciaire, lui tendent un guet-apens avec l'aide de Floriant, un cousin de l'empereur, qui périt au cours du combat ; Gui en sort sain et sauf, et Charlemagne, qui le tient désormais pour responsable de la mort de Floriant, décide de donner l'héritière à Hervieu après le duel judiciaire. Mais celui-ci tourne à la mêlée entre les parents du traître et les chevaliers d'Aiglentine venus au secours de Gui, qui doit s'enfuir à Nanteuil. Aiglentine, enlevée par Hervieu, se retrouve dans le camp dressé par Charlemagne pour assiéger Gui ; elle s'y entoure de 30 jeunes filles, dont Flandrine, nièce de l'empereur, afin d'exciter la vaillance des assiégés. Cependant Aye et Ganor débarquent près de Nanteuil avec une armée où figure l'émir d'Icodium et de Sadoine, qui s'est enflammé pour Flandrine. Lorsque se produit la bataille, Gui tue Hervieu, et Charlemagne se résout alors à faire la paix. Gui épousera Aiglentine, et l'émir, sous réserve de se faire baptiser avec tous ses chevaliers, recevra la main de Flandrine.

Gui de Nanteuil, pour une large part, attribue à la génération suivante des aventures analogues à celles vécues par les personnages d'*Aye d'Avignon*, mais avec une inspiration courtoise plus marquée, notamment dans l'épisode du campement d'Aiglentine et de ses suivantes, devant lequel les chevaliers des deux armées viennent faire étalage de leur adresse et de leur bravoure.

ŒUVRE. — *Gui de Nanteuil. Chanson de geste*, éd. J.H. McCormack, Genève, 1970 (*TLF*, 161).

→ *BBSR*, t. 10, n° 336 ; t. 20, n° 319 . — Cf. *MB.*, n°s 480, 6092, 7166 ; *S* 1224-1227.

4. *Parise la Duchesse*. Ce poème de 3 106 alexandrins assonancés, datant du deuxième quart du XIIIe siècle, donne à Aye et Garnier, non un fils, mais une fille, Parise, qui a épousé le duc Raymond de Saint-Gilles. Les parents de Ganelon, veulent sa perte : ils lui envoient des pommes empoisonnées, qui provoquent par erreur la mort du frère de Raymond. Parise, accusée, est défendue en duel judiciaire par le traître Milon, qui se fait battre volontairement. Chassée par son mari, dont elle est enceinte, elle erre jusqu'en Hongrie où elle donne le jour à un fils ; mais trois voleurs enlèvent le nouveau-né et le remettent au roi, Hugues, qui le fait baptiser Huguet et l'élève comme son fils, cependant que Parise devient la nourrice d'Antoine, fils du roi de Cologne. L'hostilité des courtisans finit par faire fuir Huguet, auquel le roi projetait néanmoins de donner sa fille. Il arrive à Cologne, où sa mère le reconnaît. Quant à Raymond, il envisage d'épouser la fille du traître Bérenger, au grand dam du loyal Clarembaut, qui se retire dans un château fort, où bientôt surviennent Huguet et Antoine : Clarembaut les adoube, et, Raymond ayant mis le siège devant la place, ils combattent vaillamment mais incognito, de sorte que le duc affronte son fils et se fait désarçonner par lui sans savoir à qui il a affaire. Finalement, les traîtres sont démasqués, Raymond et Parise célèbrent à nouveau leurs noces, et Huguet épouse la fille de Hugues de Hongrie.

Les aventures de Parise, avec en particulier le motif de l'enfant dérobé à sa naissance, s'écartent de la tradition épique plus encore que les précédentes, et évoquent des thèmes romanesques fréquemment développés dans les chansons tardives. La chanson se caractérise par l'importance qu'elle donne à la bourgeoisie et son intérêt particulier pour les déboires d'une femme et de son enfant. Moins bien venue qu'*Aye* et *Gui*, n'hésitant pas à user de stéréotypes, elle sait cependant raconter avec aisance les malheurs de ses protagonistes, et pourrait bien avoir occupé, dans la consommation littéraire des XIIIe et XIVe siècles où elle ne manqua pas de succès, une place analogue à celle des feuilletons modernes.

ŒUVRE. — *Parise la Duchesse*, éd. M. Plouzeau, 2 vol., Aix-en-Provence, 1986 (*Senefiance*, 17-18) [étude, notes et glossaire d'une très grande richesse].

→ W.W. Kibler, *La « chanson d'aventures »*, dans *9e Congrès Rencesvals*, Modène, 1984, p. 509-515. — R. Hartman, *Initials and Laisse Division in Two Later Epics : Aiol and P. la Duchesse*, dans *Olifant*, t. 12 (1987), p. 5-27. — R. Hartman, *Les routes de pèlerinage dans P. la Duchesse*, *ibid.*, t. 13 (1988), p. 215-216. — Cf. *MB*, nos 621-625, 6117.

5. *Tristan de Nanteuil*. — Composé au XIVe siècle en forme de chanson de geste, ce long roman d'aventures (23 360 alexandrins) aux multiples personnages et aux péripéties débridées, qui brode avec une imagination débordante sur les divers thèmes abordés par les autres poèmes du cycle, ne saurait être résumé ici. Pour se limiter au héros éponyme, Tristan, fils de Gui de Nanteuil et d'Aiglentine, on le voit abandonné aux flots peu après sa naissance, cependant que ses parents se retrouvent aux mains des Sarrasins. Allaité successivement par une sirène, la femme d'un pêcheur et une « cerve », il est élevé par un ange dans la tanière de cette dernière ; son apparence est alors celle d'un homme sauvage, couvert de poils, ce qui ne l'empêche pas de faire un enfant à Blanchandine, fille du sultan de Babyloine, qui en retour le civilise en obtenant qu'il porte des vêtements. La fée Gloriande se charge de la suite de son éducation, parvenant à lui faire acquérir la bravoure qui lui faisait jusque-là totalement défaut en le menant à la cour d'Arthur. Une fois baptisé, il épouse Blanchandine ; mais celle-ci ayant dû se déguiser en chevalier sous le nom de Blanchandin, elle suscite l'amour d'une princesse qui obtient de l'épouser, et croyant Tristan mort, elle accepte la proposition que lui fait un ange de changer de sexe : le mariage est alors consommé, et un fils engendré qui deviendra saint Gilles. Tristan périt au combat, tué par le fils qu'il avait eu d'une autre princesse sarrasine et qui, découvrant alors qui était son père, décide de se convertir.

Ce ne sont là que quelques-unes des aventures extraordinaires rapportées par un récit fertile en évasions, en enfants perdus et retrouvés et en miracles de toutes sortes, mêlant les thèmes épiques, arthuriens et hagiographiques aux divers procédés du conte merveilleux, et qui offre un exemple particulièrement haut en couleurs de l'évolution de la chanson de geste tardive vers le roman de chevalerie.

ŒUVRE. — *Tristan de Nanteuil*, éd. par K.V. Sinclair, Assen, 1971.

→ N. Van den Boogaard, *Le caractère oral de la chanson de geste tardive*, dans *Rapports. Het Franse boek*, t. 48 (1978), p. 61-74. — K.V. Sinclair, *« Nature trait » in Medieval French*, dans *ZFSL*, t. 89 (1979), p. 151-158 ; *Tristan de Nanteuil. Thematic Infrastructure and Literary Creation*, Tübingen, 1983 (*Beihefte ZRPh*, 195). — J.-L. Picherit, *Les Sarrasins dans Tristan de Nanteuil*, dans *10e congrès Rencesvals*, Aix-en-Provence, 1987 (*Senefiance*, 20-21), p. 941-957. — *BBSR*, t. 13, n° 17. — Cf. *MB*, nos 853-854 ; *S* 1963-1972. J.P.M.

Geste des Lorrains. Le cycle des Lorrains comporte cinq chansons présentant les aventures de quatre générations de personnages : Hervis *(Hervis de Metz)*, ses fils Garin et Bégon *(Garin le Lorrain)*, Gerbert, fils de Garin *(Gerbert de Metz)*, et le propre fils de Gerbert, tantôt appelé Yon, tantôt Anseïs, *Yon ou la Venjance Fromondin* et *Anseïs de Metz* nous donnant deux versions différentes de cette dernière branche. *Garin* et *Gerbert*, composées à la fin du XIIe siècle, constituent le noyau originel du cycle, et nous sont rapportées par une vingtaine de manuscrits (plus une douzaine de fragments), ce qui les met au tout premier rang de la production épique médiévale pour le nombre de copies conservées, et laisse supposer un très large succès, dont témoigne encore l'emprunt par la *Chevalerie Ogier** d'une série de laisses à *Gerbert*. Au XIIIe siècle sont venues s'y ajouter (nouvel indice de succès) les continuations parallèles que sont *Yon* et *Anseïs*, et enfin la branche liminaire de *Hervis*. La matière de ce cycle nous est d'autre part connue par une adaptation néerlandaise et trois mises en prose du XVe siècle. Il est d'autant plus remarquable dans ces conditions que nous ne disposions que d'un seul manuscrit contenant les quatre branches (Arsenal, 3143), et dans une rédaction d'ailleurs remaniée en vue d'assurer l'unité du tout, et donc peu représentative de l'ensemble de la tradition.

À l'exception de *Hervis de Metz*, ces diverses chansons ont pour sujet essentiel la rivalité opposant deux lignages féodaux, les Lorrains et les Bordelais, dans des guerres sans cesse renaissantes. Sièges et batailles, assassinats et guet-apens alternent avec des scènes de cour qui peuvent à leur tour dégénérer en rixes tout aussi meurtrières sous les yeux d'un empereur, Pépin, le plus souvent présenté comme versatile, influençable et velléitaire. Plus que dans le détail d'une action qu'on n'a jamais pu rattacher directement ou indirectement à aucun événement connu, la valeur historique de ces chansons est dans la peinture brutale et sans apprêt des mœurs féodales.

À n'en retenir que la violence, on perdrait cependant de vue les qualités essentielles de ces chansons, et notamment de *Garin* : une composition qui sait multiplier les points de vue et les axes narratifs, entraînant ainsi le public à travers de vastes espaces ; la puissance du trait dans le dessin des principaux personnages, et le réalisme des représentations. L'interrogation, enfin, sur le rôle de la solidarité lignagère, de la puissance royale et de l'éthique religieuse, et sur les conditions de leur mise en œuvre dans la conduite de la société féodale.

La geste des Lorrains rejoint par là d'autres chansons, *Girart de Roussillon** et *Raoul de Cambrai** notamment, dont les héros éponymes lui sont d'ailleurs connus, et dont on peut penser qu'elle s'est inspirée. Mais elle met aussi en scène pour la première fois des personnages destinés à un grand avenir épico-romanesque, comme Huon de Bordeaux et Auberi le Bourguignon.

→ R.K. Bowman, *The Connections of the Geste des Loh. with Other French Epics and Med. Genres*, New York, 1940. — J. Misrahi, *The Loherain Cycle : A Project Completed*, dans *Traditio*, t. 9 (1954), p. 435-437. — J.L.R. Belanger, *Damedieus, the Religious Context of the French Epic,* Genève, 1975 (*Hist. des idées et crit. litt.*, 152). — G. Noiriel, *La Chevalerie dans la geste des Lorrains*, dans *Annales de l'Est*, t. 28 (1976), p. 167-196. — J. B. Van der Have, *Les Loh. à l'étranger*, dans *10e congrès Rencesvals*, Aix-en-Provence, 1987 (*Senefiance*, nos 20-21), p. 1089-1095 [sur la composition de la version néerlandaise]. — B. Guidot, *Continuité et rupture : l'univers épique de G. le L. et Gerbert*, dans *Olifant*, t. 13 (1988), p. 123-140 ; *Le cycle des Lorrains, un phénix rayonnant venu du Moyen Âge*, dans *Le Pays Lorrain*, 1989, p. 3-8 ; *Fixité et dérive dans le cycle des Lorrains*, dans *11e congrès Rencesvals*, Barcelone, 1990 (*Memorias de la Real Acad. de Buenas Letras de Barcelona*, t. 21), p. 321-330. — J.-P. Martin, « *Oratores* » *et* « *Bellatores* » *dans le cycle des Lorrains, ibid.*, t. 22, p. 25-38. — *La Geste des Lorrains, actes du colloque de la Section française de la Société Rencesvals (nov. 1990), Université de Paris-X-Nanterre)* à paraître dans *Littérales*]. — *BBSR*, t. 11, n° 498 ; t. 17, n° 205 ; t. 18, n° 96 ; t. 21, n° 185. — *S* 1147-1154.

1. *Hervis de Metz*. Voir : *Hervis de Metz*.

2. *Garin le Lorrain*. La limite fixée par les éditions entre *Garin* et *Gerbert* est artificielle ; il convient en effet de rattacher à *Garin* les 2 470 premiers vers de l'édition Taylor de *Gerbert*. Malgré le choix d'un manuscrit présentant une rédaction souvent distincte de la leçon commune (dont les éditions partielles du siècle dernier sont dans l'ensemble plus proches), la plus ancienne chanson du cycle apparaît ainsi dans toute son ampleur. Longue, selon les manuscrits, de 18 000 à 19 000 décasyllabes (et attribuée dans plusieurs copies à un certain Jehan de Flagy, par ailleurs inconnu), elle montre dans une première partie la restauration grâce à Hervis de l'empire de Charles Martel, affaibli par la rapacité des ordres monastiques et envahi par les Infidèles, puis les premiers exploits des deux frères Garin et Bégon contre les envahisseurs païens, et les débuts de la rivalité entre Lorrains et Bordelais, Fromont de Lens, l'un des chefs de ces derniers, ayant jugé excessives les largesses de Pépin, successeur de Charles Martel, à l'égard des deux héros ; les exactions des Bordelais conduisent à deux guerres successives où s'illustrent les qualités majeures des deux frères : sagesse et mesure de Garin, compétence guerrière (non sans excès de violence parfois) de Bégon ; et c'est le triomphe de la solidarité lignagère alliée sans réserve au droit garanti par le soutien de l'empereur.

Mais après une longue trêve, Bégon est assassiné au cours d'une chasse au sanglier ; son neveu Rigaut, fils du bâtard Hervis le Vilain, n'a alors de cesse de le venger, mais dans un premier temps Garin consent aux réparations proposées par Fromont. Bientôt cependant, les autres Bordelais refusant de lui livrer les meurtriers et l'empereur faisant montre d'une coupable faiblesse, il se lance à son tour dans la vendetta. Les épisodes sanglants s'accumulent : meurtre du Bordelais Guillaume de Blanquefort, dont le cadavre est dépecé, sacs de villes, incendies d'églises. Désireux de mettre fin aux violences et de se racheter en partant pour la croisade, Garin est assassiné dans une chapelle lors d'une rencontre destinée à conclure la paix. Avec Hernaut et Gérin, fils de Bégon, et divers autres Lorrains, dont Rigaut, Gerbert reprend la guerre, forçant comme un sanglier l'évêque bordelais Lancelin, un des assassins, avant de jeter son corps dépecé à la rivière. Mais le recours aux armes ne règle rien, et la chanson s'achève sur la mort de Rigaut, dont la soif de vengeance avait déjà coûté la vie à ses trois jeunes frères. L'impuissance de Pépin, dans cette seconde partie, laisse ainsi libre cours aux pulsions lignagères, dont on voit pourtant combien elles sont en définitive désastreuses ; et le fait que les personnages féminins prennent souvent l'initiative dans ces épisodes violents met bien en valeur le caractère pervers de l'affaiblissement de l'autorité royale.

3.*Gerbert de Metz*, dont les 12 500 décasyllabes environ datent de l'extrême fin du XIIe, reprend la querelle entre les deux lignages, en mettant en scène la génération suivante : du côté lorrain, Gerbert et ses cousins Hernaut et Gérin, auxquels se joint Mauvoisin, qui occupe dans les rapports de parenté la place laissée libre par Rigaut, sans toutefois personnifier comme ce dernier les pulsions du lignage ; et chez les Bordelais, Fromondin, le fils de Fromont, mais Fromont lui-même et son oncle Bernard de Naisil conservent une place importante dans *Gerbert*.

Deux thèmes guerriers essentiellement y sont développés : les conflits entre les deux familles, le plus souvent autour de la place forte de Géronville, sur la Gironde, où s'enracine désormais le lignage lorrain, conflits au cours desquels périssent la plupart des chefs bordelais ; et la défense par Gerbert et ses cousins de rois ou de grands feudataires (Anseïs de Cologne, par deux fois, Yon de Gascogne, Raimond de Saint-Gilles, la fille d'Aymeri de Narbonne) en butte aux attaques des Sarrasins. On y voit Hernaut épouser Ludie, la fille de Fromont ; celui-ci renier la foi chrétienne, et venir se faire tuer devant Géronville alors qu'il sert de guide à une expédition sarrasine ; Fromondin, révolté contre les Lorrains, massacrer sauvagement les deux jeunes enfants d'Hernaut et de sa sœur. Devenu ermite près de Pampelune, ce dernier survivant des Bordelais tend un piège aux trois cousins et à Mauvoisin, qui reviennent d'un pèlerinage à Saint-Jacques-de-Compostelle ; mais le traquenard est éventé et c'est lui qui est tué.

La chanson de *Gerbert* s'inspire beaucoup de celle de *Garin*, dont on retrouve le réalisme et parfois la férocité, mais au service d'une conception moins tragique du monde ; elle se caractérise notamment par une série d'épisodes plus romanesques et parfois humoristiques, par l'extermination de tous les traîtres, dont la noirceur apparaît dans l'ensemble beaucoup plus unie que dans *Garin*, et par le fait que les héros y accèdent à une dignité supérieure (Gérin et Gerbert épousent des filles de rois, Mauvoisin celle du comte de Saint-Gilles ; et Gerbert, devenu veuf, acquiert par un nouveau mariage l'héritage d'Aymeri de Narbonne) pour prix de leur lutte au service de la Chrétienté. *Garin* peignait les conséquences funestes du renoncement royal ; *Gerbert* au contraire offre avec ses héros une image renouvelée (et positive) de la royauté combattante.

ŒUVRES. — *Li Romans de Garin le Loherain*, éd. P. Paris, 2 vol., Paris, 1833-1835 [s'arrête après la mort de Bégon]. — *La Mort de Garin le Loherain*, éd. E. Du Méril, Paris, 1846 *(Roman des douze pairs de France)* [suite du précédent, jusqu'à la mort de Garin]. — E. Stengel, *Anfang der Chanson de Girbert de Metz,* dans *Romanischen Studien*, 1, 4 (1874), p. 441-552 [éd. de la fin de *Garin*, de la mort de Lancelin à celle de Rigaut] ; *Die Befreiung Narbonne's durch Gerbert de Mès*, dans *ZFSL* (1901), p. 271-301 [correspond à une lacune du ms. édité par P. Taylor]. — *Garin le Loheren*, éd. J.E. Vallerie, New York, 1947. — *Gerbert de Mez*, éd. P. Taylor, Namur, 1952 (*Bibl. Fac. Philosophie et Lettres*, 11). — *Garin le Loherain, chanson de geste mise en nouveau langage*, trad. P. Paris, Paris, 1862. — *Garin le Lorrain*, trad. par B. Guidot, Nancy, 1986 [d'après l'éd. Vallerie]. — *Gerbert*, trad. par B. Guidot, Nancy, 1988 [d'après l'édition Taylor]. — [Une nouvelle éd., par A. Iker Gittleman, est en préparation].

→ E.R. Curtius, *Garin*, dans *Romanische Forschungen*, t. 61 (1948), p. 421-437. — F. Lecoy, *Sur G. de Metz : lieux et date*, dans *Romania*, t. 77 (1956), p. 417-435. — A. Adler, *Rückzug in epischer Parade*, Francfort-sur-le-Main, 1963, (*Analecta Romanica*, 11), p. 120-189 [cf. le compte rendu de J.H. Grisward dans *CCM*, t. 7 (1964), p. 497-504]. — A. Iker Gittleman, *Le Style épique dans G. le Loherain*, Genève, 1967 (*Publ. romanes et françaises*, 94). — J.H. Grisward, *Essai sur G. le Loherain Structure et sens du prologue*, dans *Romania*, t. 88 (1967), p. 289-322 ; *Un épisode comique dans G. le Loherain : l'adoubement de Rigaut*, dans *4e congrès Rencesvals*, Heidelberg, 1969 (*Studia Romanica*, 14), p. 213-219 ; *Individualisme et « esprit de famille » dans G. le Loherain*, dans *Famille et parenté dans l'Occident médiéval*, Rome, 1977, p. 385-396. — M. Rossi, *Figures royales et conception de la fonction monarchique dans G. de Mez*, dans *Senefiance*, t. 1 (1976), p. 69-86 ; *La réprobation sociale est-elle un critère d'exclusion ? Les traîtres dans G. de Mez*, *ibid.*, t. 5 (1978), p. 27-40. — F. Lyons, *Encore l'adoubement de Rigaut*, dans *Mél. J. Lods*, Paris, 1978, p. 410-413. — B. Guidot, *La partialité du trouvère est-elle discrètement infléchie dans G. le Loherain ?*, dans *10e congrès Rencesvals*, Aix-en-Provence, 1987 (*Senefiance*, 20-21), p. 601-627. — J.-P. Martin, *Sur les prologues des chansons de geste : structures rhétoriques et fonctions discursives*, dans *Le Moyen Âge*, t. 93 (1987), p. 185-201 ; *Sur le jeu des motifs dans G. le Loherain : une narration plurilinéaire*, dans *RLR*, t. 91 (1987), p. 81-90 ; *Garin, Bégon, Rigaut : à propos de trois figures du guerrier dans G. le Loherain*, dans *Figures du guerrier médiéval* [colloque univ. de Picardie, mars 1990, à paraître]. — S.H. Cavanaugh, *The Identification of a Lost English Analogue of the "Death of Begon" Episode from the Old French Epic "Garin le Lorrain"*, dans *Medium Aevum*, 57 (1988), p. 64-67. — *BBSR*, t. 19, n° 302. — Cf. *MB* nos 385-395, 443-449, 6076-79, 6087-89 ; *S*1155-63, 1208-10.

La dernière branche raconte la mort de Gerbert, tué d'un coup d'échiquier par le (ou les) fils de Hernaut et Ludie à l'instigation de celle-ci, qui veut ainsi venger son frère. Mais c'est là tout ce qu'ont en commun les deux rédactions dans lesquelles elle nous est parvenue.

La plus courte, et sans doute la plus ancienne, *Yon ou la Venjance Fromondin* (6 670 décasyllabes rimés), rapportée par un seul manuscrit, raconte comment les comtes de Flandre et de Boulogne et d'autres parents de Fromondin cherchent à venger la mort de ce dernier en s'attaquant au royaume de Gérin, et les nouveaux affrontements guerriers qui s'ensuivent. C'est seulement à la fin, une fois la paix revenue, que Gerbert est assassiné. Mais cette conclusion n'est nullement préparée par les épisodes précédents, où Ludie se montre d'une totale loyauté envers les parents de son mari. Le premier fils de Gerbert, Yon, lui succède ; le second, Garin, reçoit Monglane en fief et sera l'ancêtre des Narbonnais et d'Olivier. Essentiellement consacrée à des récits de combats, de pillages et d'incendies, cette continuation retient surtout l'attention parce qu'elle insère dans le cycle lorrain l'histoire de Raoul de Cambrai (membre du lignage lorrain) et de son écuyer Bernier (apparenté aux Bordelais).

L'autre rédaction, *Anseïs*, prend au contraire l'assassinat de Gerbert pour point de départ. Longue d'environ 25 000 décasyllabes dans trois manuscrits, elle a été publiée dans la version remaniée du manuscrit cyclique de l'Arsenal, qui la réduit à 14 600 vers, et ne suit la leçon commune qu'après le vers 2850.

La mort de Gerbert relance le conflit entre Lorrains et Bordelais. Une première partie (entièrement refaite dans le texte publié) oppose notamment les armées conduites l'une par Ludie, l'autre par Hernaut, et voit la punition des meurtriers, leurs fils Louis et Manessier, pendus sur l'ordre de leur propre père. Avec la seconde entre en scène un nouveau personnage du parti bordelais, Bauche li cors, figure exceptionnelle de guerrier pacifique contraint au combat par le désir de vengeance insatiable des Lorrains. Les torts incombent désormais aux chefs de ces derniers, Gérin et Anseïs, le fils de Gerbert, et à l'impératrice Blanchefleur qui les soutient, et qui périra au cours d'un terrible orage. Une bataille presque apocalyptique, rappelant celle de Vaubeton dans *Girart de Roussillon*, a lieu à Santerre, où Ludie, à la tête d'une armée de femmes, est tuée par Hernaut ; les Lorrains sont finalement vaincus, et la paix rétablie grâce à saint Léger. Bauche se retire dans un ermitage, mais il y est assassiné par Anseïs et quelques compagnons : nouveaux combats, qui s'achèvent par la mort d'Anseïs, mais sa mère, pour que la paix revienne, doit épouser un Bordelais. Et Pépin, âgé de deux cents ans, se remarie avec Berthe, qui donnera le jour à Charlemagne.

Cette version est surtout remarquable par le renversement de perspective auquel elle procède en faisant désormais passer le droit du côté des Bordelais, et par la place importante qu'elle réserve aux saints hommes et à l'éthique religieuse. Elle propose ainsi un idéal de renoncement à la violence, et plus généralement au monde, qui s'incarne dans le personnage de Bauche. Cela ne suffit pas cependant à mettre un terme au cycle des vengeances, et la conclusion suggère peut-être que l'espoir, en définitive, est dans la naissance d'un nouvel empereur qui pourra établir un nouvel ordre. Mais cette chute peut aussi s'expliquer par le souci, perceptible aussi dans *Gerbert* (mariage avec l'héritière de Narbonne) et dans *Yon* (attribution de Monglane au deuxième fils de Gerbert), de se rattacher à un autre cycle, ici celui de Charlemagne, avec la légende de Berthe aux grands pieds.

ŒUVRES. — *Yon or la Venjance Fromondin*, éd. S. R. Mitchneck, New York, 1935 [l'épisode concernant Raoul et Bernier est repr. dans l'éd. Meyer-Longnon de *Raoul de Cambrai*, p. 297-320]. — *Anseÿs de Mes*, éd. H. J. Green, Paris, 1939. [Deux nouvelles éd. d'*Anseïs*, par M. Hellegouarc'h et par A. Triaud, sont en préparation].

→ C.M. Jones, *Recasting Raoul de Cambrai : the Loh. Version*, dans *Olifant*, t. 14 (1989), p. 3-18. — Cf. *MB* n°s 201-218, 864-870 ; *S* 1034. J.P.M.

Geste des nobles François. La « Geste des nobles François descenduz de la royalle lignee du noble Priam, roy de Troye, jusques au noble roy Charles, fils du roy Charles sixieme qui tant fut amé des nobles et de tous autres », tel est le titre complet de l'œuvre transmise par trois mss du XVe siècle, dans lequel on constate l'emploi abondant du terme « noble ». Comme l'indique encore le titre, l'histoire commence aux origines fabuleuses de la nation, mais l'auteur n'y consacre que quelques paragraphes, ainsi qu'aux temps mérovingiens, carolingiens et aux quatre premiers Capétiens. Ce n'est qu'à partir de Philippe le Bel qu'il commence à s'étendre et pour les règnes de Charles VI et de Charles VII, jusqu'à la fin de l'ouvrage, c'est-à-dire de 1380 à 1429, il devient prolixe.

Cet abrégé d'histoire de France, composé aux alentours de 1429, n'est pas très original et comporte beaucoup d'erreurs, peut-être imputables aux sources utilisées, de valeur historique très contestable, ainsi qu'à leurs intermédiaires ; dès le règne de Louis VII, on décèle l'influence des *Récits d'un Ménestrel de Reims**, puis celle de la *Chronique des quatre premiers Valois**, mais de façon moins apparente ; l'auteur a aussi mis à contribution la rédaction abrégée de la *Chronique normande du quatorzième siècle** et un remaniement en prose de la *Chronique de Bertrand du Guesclin* de Cuvelier*. Pour la fin, c'est-à-dire les événements de 1429, l'ouvrage a beaucoup de points communs avec la *Chronique de la Pucelle**, tous les deux utilisant sans doute la même source. L'auteur de la *Geste* ne s'est en tout cas absolument pas servi des *Grandes Chroniques de France**, comme le prétendait Vallet de Viriville mais il a certainement eu recours à d'autres sources encore ignorées. L'identité de l'auteur est difficile à percer, tellement il se montre avare de renseignements personnels. Cependant par l'importance qu'il accorde à certains événements, il donne à son œuvre une nuance politique. L'intérêt pour la maison royale se manifeste par des détails généalogiques, l'attachement de l'auteur à la personne de Charles VI lui dicte une grande discrétion à l'égard de la majesté royale ; il est d'autre part peu favorable aux ducs de Bourgogne, Philippe le Hardi et Jean sans Peur ; quant à son impartialité à l'égard de Philippe le Bon, elle provient peut-être de la source qu'il copie. Il n'est pas étonnant de le trouver parmi les fidèles du duc d'Orléans : après l'assassinat du 23 novembre 1407, la *Geste* apparaît véritablement comme une chronique particulière de la maison d'Orléans. Notons enfin le goût très vif de l'auteur pour tout ce qui touche à la vie chevaleresque et aux manifestations fastueuses.

En somme, ce texte apparaît comme l'œuvre hâtive d'un homme qui n'était pas un historien, qui a approché de près le gouvernement royal et est demeuré fidèle au roi fou, qui s'est rallié à la cause de la maison d'Orléans par opposition au duc de Bourgogne, Philippe le Hardi ; il appartenait sans doute à la génération de Charles VI et de Jean de Montagu, fidèle du duc de Berry et grand maître d'hôtel de Charles VI, auquel il adresse des louanges, alors qu'il se montre en général peu laudateur. Il s'intéresse aussi beaucoup à l'Orléanais et au pays chartrain : les détails qu'il donne sur la levée du siège d'Orléans par Jeanne d'Arc en mai 1429 constituent avec la *Chronique de la Pucelle* une source de premier ordre. Pour ces raisons, la *Geste* avait été attribuée à Guillaume Cousinot I, chancelier du duc d'Orléans de 1415 à sa mort (après 1442). Or depuis les recherches de C. Samaran, cette attribution a dû être rejetée, de même que celle de la *Chronique de la Pucelle* à Guillaume Cousinot* II, neveu du précédent, comme l'a démontré R. Planchenault : il aurait existé un *Récit du siège d'Orléans,* source commune à la *Geste* et à la *Chronique de la Pucelle.* La *Geste* garde certes son anonymat, mais elle nous révèle un aspect de la littérature historique du XVe siècle en faveur dans les milieux aristocratiques et représente un progrès certain sur les chronogrammes contemporains dépourvus de dates.

ŒUVRE. — Éd. A. Vallet de Viriville, dans *Chronique de la Pucelle ou Chronique de Cousinot,* Paris, 1859 (*Bibl. gauloise*), p. 105-204 [éd. fragmentaire à partir de l'avènement de Charles VI et intégrale depuis 1402].

→ C. Samaran, *La Chronique latine inédite de Jean Chartier,* Paris, 1928. — R. Planchenault, *La Chronique de la Pucelle,* dans *BEC,* t. 93 (1932), p. 68-80. — M. Hayez, *Un exemple de culture historique au XVe siècle : la Geste des nobles François,* dans *Mél. École fr. Rome,* t. 75 (1963), p. 127-178. — Nouveau Potthast, t. 4, p. 728. — Cf. *MB S* n° 8005. G.T.L.

Geste du chevalier au cygne. Il s'agit d'une mise en prose du début du Premier Cycle de la Croisade*, s'arrêtant au début des *Enfances Godefroi**, faite par un conseiller de Charles d'Orléans*, Berthault de Villebresme, à la requête de Marie de Clèves, veuve du prince poète. La maison de Clèves prétendait descendre d'Hélias, le chevalier au cygne, et cette « translation en prose et langaige françois clair et entendible » est dédiée au futur Louis XII et à ses sœurs. On date ce texte entre 1465 et 1473.

ŒUVRE. — Éd. E.A. Emplaincourt, *The Old French Crusade Cycle,* vol. 9, Alabama, 1989.

→ Remaniement antérieur du XIIIe s. : J.B. Roberto, *Godefroi de Bouillon : an Edition of the Picard 13th Century Abridged Prose Version as Found in Ms. 781, F. Fr, of the BN in Paris,* Alabama, 1974 [thèse Ph. D. dactyl.] dans *DAI.*, t. 25 (1974-1975), 7324 A. — Cf. Woledge, nos 36-39. — *MB* n° 897 ; *S* nos 2003-2004. I.W.

Geste Rainouart. Nom parfois donné au petit ensemble formé à l'intérieur du cycle de Guillaume par la *Bataille Loquifer* et le *Moniage Rainouart,* qui font suite à *Aliscans* avec pour objet essentiel les aventures et exploits de Rainouart, le géant au *tinel* (= bâton énorme qui lui sert de massue), fils du roi païen Desramé, affecté aux cuisines du roi Louis à Laon où il est remarqué par Guillaume et emmené à la bataille en Aliscans (il apparaît aussi dans la *Chanson de Guillaume*). Source très sollicitée de comique par son allure de (bon) sauvage égaré dans une société dont il ignore les codes, ce nouvel arrivant dans la geste de Guillaume y a engendré un « sous-cycle » qui, au cœur d'*Aliscans,* s'enchaîne avec celui de *Vivien** qui s'y achève.

Son intervention décisive dans sa première bataille a valu à Rainouart plusieurs reconnaissances : la révélation de son identité et son accueil dans la société chevaleresque par le baptême, l'adoubement, le mariage avec Aélis fille du roi et nièce de Guillaume, leur installation dans le fief de Porpaillart sur mer [peut-être Lattes, port de Montpellier] : ce par quoi s'achève le récit d'*Aliscans* auquel succède, parfois sans transition, la *Bataille Loquifer.*

1. *Bataille Loquifer* (début XIIIe, décasyllabes rimés en nombre variable autour de 4 000 selon les versions) est ainsi nommée parce qu'elle raconte l'affrontement et la victoire en combat singulier de Rainouart contre le hideux géant Loquifer de Loquiferne : qui se bat à la *loque* (massue).

Aélis meurt en mettant au monde un fils, Maillefer. Accablé de douleur, Rainouart sombre dans l'hébétude (il reste *assoté* dans la cuisine de Guillaume à Orange) dont ne parvient à le tirer que l'urgence d'une bataille contre les païens de Desramé dont le champion est Loquifer. Celui-ci est vaincu et tué par Rainouart, de même que Desramé l'est par Guillaume en combat singulier. Mais Picolet, l'espion de Loquifer, aussi monstrueux que lui, a enlevé Maillefer. Parti à la recherche de son fils, Rainouart est pendant son sommeil visité par des fées qui l'emportent en Avalon où, sous les yeux d'Arthur, de Roland et quelques représentants notoires de la cour arthurienne, il livre un combat contre le monstre-chat Chapalu à qui il doit ainsi rendre forme humaine. Toujours à la recherche de son fils, Rainouart repart, fait naufrage, est sauvé par des sirènes qui le ramènent à la rive où avait commencé son aventure en féerie.

En s'adjoignant et subordonnant ainsi la matière arthurienne, cette chanson, qui est la seule à le faire du cycle, y occupe sans doute une fonction autre que d'épigone ennuyeux qui lui a souvent été dévolue (elle est dénuée du comique habituellement attaché à Rainouart dans *Aliscans* et le *Moniage*).

2. *Moniage Rainouart* (fin XIIe-début XIIIe en décasyllabes rimés) qui s'y enchaîne parfois en continuité a été transmis par deux versions, l'une courte (3 000 vers environ), l'autre longue (plus de 7 500 vers) incluant la première, les deux ayant le même objet : les retrouvailles entre père et fils, les difficultés d'adaptation de Rainouart au *moniage* qu'il a pourtant choisi, celles-ci considérablement amplifiées dans la version longue où elles mènent à une dernière lutte contre les païens.

Pendant que Rainouart essaie sans grand succès de s'intégrer dans la vie monastique à Saint-Julien-de-Brioude, à Cordoue son fils Maillefer, qui a maintenant quinze ans, reçoit les armes et prend la tête d'une expédition païenne contre Guillaume ; celui-ci part chercher le secours de Rainouart, qu'il fait sortir de son couvent. D'émouvantes retrouvailles ont lieu sous Orange au cours d'un combat singulier qui oppose le père et le fils. [Cette partie commune aux deux versions se termine par le baptême de Maillefer, son mariage avec une nièce de Guillaume, leur installation à Porpaillart et le retour de Rainouart à Brioude.] La nature généreuse et expansive de Rainouart, son goût pour la bonne chère, sa spontanéité, s'adaptent mal aux exigences de la vie monastique et le font haïr de ses compagnons, qui tentent de l'éliminer, en lui envoyant des léopards affamés (qu'il neutralise vite), puis des païens qui réussissent à l'attirer sur leur bateau ; mais les forces se redistribuent et deux camps s'affrontent désormais, bientôt grossis de leurs alliés respectifs : celui de l'abbé devenu renégat et des païens, celui de Rainouart et des moines, dont il a gagné la confiance. Rainouart vainc en combat singulier le monstrueux Gadifer de Gadiferne, équipé d'un appareil de lutte (un *travail*) extraordinaire et, après une grande bataille générale, la victoire revient aux chrétiens. Élu roi par la commune de Gadiferne, Rainouart transmet la couronne à son fils et les deux héros meurent peu après.

Avec eux se termine la « geste Rainouart », sauf dans un ms. (Paris, BN fr. 24370) où elle se prolonge par les exploits du fils de Maillefer, *Renier de Gennes*.

Déjà bien exploité sous le personnage de Guillaume, le thème du géant au grand cœur, beau et monstrueux à la fois, souvent surpris par les effets de sa propre force phénoménale, est avec Rainouart poussé à la caricature et associé avec ceux de la naïveté et de la marginalité ; même officiellement intégré aux meilleures places dans sa société d'adoption, Rainouart y demeure l'étranger qui s'obstine à préférer le feu de cuisine à tout autre lieu, comme à toute autre arme il préfère son énorme massue. C'est néanmoins lui qui assure la victoire d'Aliscans et qui (dans la *Bataille Loquifer*) délivre la cour arthurienne de ses enchantements maléfiques. La part de sauvage qu'avec lui accueille la geste est aussi celle qu'elle se donne comme salut.

ŒUVRES. — *La Bataille Loquifer*, éd. M.J. Barnett, Oxford, 1975 (*Medium Aevum Monographs, New Series*, 6). — *Le Moniage Rainouart*, éd. P. Bianchi de Vecchi, Pérouse, 1980 (*Collana di Filologia Romanza*, 2). — *Le Moniage Rainouart I, II et III*, éd. G.A. Bertin, Paris, 1973 et 1988 (*SATF*).

→ M. Lipke, *Über das Moniage Rainoart*, Halle, 1904. — J. Rüneberg, *Études sur la geste Rainoart* (diss.), Helsinki, 1905. — A.H. Krappe, *The Origin of the Geste Rainouart*, dans *Neuphilologische Mitteilungen*, t. 24 (1923), p. 1-10. — J. Frappier, *Les chansons de geste du cycle de Guillaume d'Orange*, t. 1 (1955), p. 219-233, 267-277. — J. Wathelet-Willem, *Quelle est l'origine du tinel de Rainouart ?*, dans *Boletín de la Real Academia de Buenas Letras de Barcelona*, t. 31 (1965-1966), p. 143-151 ; *Le personnage de Rainouart dans La Chanson de Guillaume et dans l'Aliscans*, dans *Actes du 6e congrès international de la Société Rencesvals, Heidelberg, 1967*, Heidelberg, 1969, p. 166-178. — R. Lejeune, *La naissance du couple littéraire Guillaume d'Orange et Rainouart au tinel*, dans *Marche Romane*, t. 20 (1970), p. 39-60. — M. Tyssens, *La geste de Guillaume d'Orange dans les manuscrits cycliques*, Paris, 1967, p. 247-297. — M.J. Barnett, *Porpoillant in the Cycle de Guillaume d'Orange*, dans *MLR*, t. 66 (1971), p. 772-774. — C. Lecouteux, *Note sur Isabras (Bataille*

Loquifer II), dans *Romania*, t. 103 (1982), p. 83-87. — J. Batany, *Les Moniages et la satire des moines aux* XIe *et* XIIe *siècles*, dans *Mél. J. Frappier*, Paris, 1983, p. 209-237. — M. Rossi, *Rainouart assiégé : un exemple de transposition de motifs épiques traditionnels, ibid.*, p. 261-290. — D.P. Schenck, *Le comique et le sérieux dans le Moniage Guillaume et le Moniage Rainouart, ibid.*, p. 239-259. — F. Suard, *L'originalité littéraire du Moniage Rainouart, ibid.*, p. 292-311. — J. Subrenat, *Aspects juridiques et religieux du duel entre Rainouart et Gadifer dans le Moniage Rainouart I, ibid.*, p. 313-333. — F. Suard, *La Bataille Loquifer et la pratique de l'intertextualité au début du* XIIIe *siècle*, dans *8e Congrès de la Société Rencesvals, Roncevaux, 1978*, Pampelune, 1981, p. 497-503. — N. Andrieux, *Arthur et Charlemagne réunis en Avalon : la Bataille Loquifer ou l'accomplissement d'une parole*, dans *Actes du 11e congrès international de la Société Rencesvals, Padoue, 1982*, Modène, 1984, p. 425-434. — B. Guidot, *L'humour dans le Moniage Rainouart, est-il la marque d'un esprit distingué ?, ibid.*, p. 87-103. — L. Harf-Lancner, *Les fées au Moyen Âge. Morgane et Mélusine. La naissance des fées*, Paris, 1984, p. 275-277 (*Nouvelle Bibliothèque du Moyen Âge*, 8). — J. Larmat, *Manger et boire dans le Moniage Guillaume et dans le Moniage Rainouart*, dans *Actes du colloque de Nice (15-17 octobre 1982)*, Nice, 1984 (*Publ. Faculté des Lettres et Sciences humaines de Nice*, 27), t. 1, p. 391-404. — J. Wathelet-Willem, *Rainouart et son cycle*, dans *Mél. E. Köhler*, Heidelberg, 1984, p. 288-300 ; *La Bataille Loquifer dans la version D : une « mervaillose chanson »*, dans *Mél. B. Woledge*, Genève, 1987, p. 235-252. — Cf. *MB* n°s 245-248 ; 591-592 ; *S* 1064 ; 1066 ; 1242 ; 1243 ; 1262. N.A.R.

Gestes des Chiprois. Titre donné par l'éditeur à un recueil de chroniques composées en Orient au XIIIe et au XIVe siècle, transmis par un ms. unique qui fut écrit en 1343 par un certain Jean le Miège, alors prisonnier à Cérines dans l'île de Chypre (ce serait le ms. Varia 433 de la Bibl. de Turin). La compilation comprend trois parties bien distinctes : 1°) une chronique des royaumes de Jérusalem et de Chypre de 1131 à 1224 ; le début, qui devait être une sorte de chronique universelle jusques et y compris la première croisade, est perdu ; 2°) l'histoire de la lutte soutenue de 1228 à 1243 par le royaume de Chypre contre l'empereur Frédéric II ; c'est l'œuvre, probablement plus ou moins remaniée, de Philippe de Novare* ; 3°) une histoire des royaumes latins d'outre-mer depuis 1243 jusqu'au début du XIVe siècle. L'auteur de cette troisième partie est très vraisemblablement Gérard de Montréal, chevalier chypriote qui fut témoin des événements rapportés depuis 1269 ; c'est la *Chronique du Templier de Tyr* dans l'éd. G. Raynaud. Vers la fin du XVe siècle, les *Gestes* furent traduits en italien. Au XVIe siècle, ils furent insérés sous cette nouvelle forme dans une compilation d'histoire chypriote que l'on désigne communément sous le titre de *Chronique d'Amadi*, du nom du possesseur de l'unique ms. conservé, François Amadi. Cette chronique, qui s'arrête au 3 février 1442, ne contient pas les interpolations qui se sont glissées dans l'*Estoire* de Philippe de Novare, ce qui prouverait qu'elle a utilisé un exemplaire de l'*Estoire* plus proche de l'original que ne l'est le ms. de Cérines.

ŒUVRE. — Éd. G. Raynaud, Genève, 1887 (*Publ. de la Société de l'Orient latin*, Série historique, 5), p. 3-334. — Éd. G. Paris, Paris, 1906 (*Recueil des Historiens des croisades. Documents arméniens*, 2), p. 653-872. — Voir aussi l'éd. des *Mémoires* de Philippe de Novare*.

→ P. Richter, *Beiträge zur Historiographie in den Kreuzfahrerstaaten vornehmlich für die Geschichte Kaiser Friedrichs II*, dans *Mitt. Inst. österr. Geschforsch.*, t. 13 (1892), p. 257-310, t. 15 (1894), p. 593-599. — M.L. Bulst, *Zur Geschichte der Ritterorden und des Königreichs Jerusalem im 13. Jahrhundert bis zur Schlacht bei La Forbie am 17. Okt. 1244*, dans *DAEM*, t. 22 (1966), p. 197-226. — A. Bart Rossebastiano, *Sul disperso ms. di Cérines delle « Gestes des Chiprois », ora « Varia 433 » della Biblioteca Reale di Torino*, dans *Studi francesi*, t. 67 (1979), p. 76-79. — Nouveau Potthast, t. 4, p. 723-724. — Cf. *MB*, n°s 3662-3669. G.T.L.

Geta. L'une des deux « comédies » latines, qui furent composées au XIIe siècle par Vital de Blois (l'autre est appelée *Aularia**). L'argument du *Geta* est l'histoire d'Amphytrion. L'auteur respecte en général les données traditionnelles, mais attribue les premiers rôles aux esclaves et non à leurs maîtres. Geta, le personnage central, est un avatar de Sosie, qui est ici mystifié par Archas (autre nom de Mercure). Amphytrion n'est pas un militaire, mais un clerc, dont Alcmène calme la jalousie en expliquant toute l'aventure par un simple rêve érotique. Vital s'est inspiré, semble-t-il, non de l'*Amphytrion* de Plaute, mais d'une adaptation perdue, que mentionne le poète chrétien Sedulius au Ve siècle.

L'ouvrage est constitué de 265 distiques élégiaques, d'une facture très classique. Il reste vivant et gai, et d'un humour joliment irrévérencieux, même si certaines plaisanteries syllogistiques de Vital ne répondent plus au goût moderne. Les parties narratives y alternent avec les passages dialogués. Contrairement à l'*Aulularia*, la pièce connut un succès important et durable : elle fut adaptée en italien et en français (par Eustache Deschamps), et il en subsiste encore plus de 70 mss.

ŒUVRE. — Éd. É. Guilhou, dans G. Cohen, *La « comédie » latine en France au XIIe siècle*, t. 1, Paris, 1931, p. 1-57 [avec trad. française]. — A. Paeske, *Der « Geta » des Vitalis von Blois*, Cologne, 1976. — K. Bate, *Three Latin Comedies,* Toronto, 1976, p. 13-34. — J. Suchomski, *Lateinische Comediae des 12. Jahrhunderts,* Darmstadt, 1979, p. 63-91 [avec trad. allemande]. — F. Bertini, dans *Commedie latine del XII e XIII secolo,* t. 3, Gênes, 1980, p. 141-242 [avec trad. italienne]. — A.G. Elliott, *Seven Medieval Latin Comedies,* New York-Londres, 1984 [trad. anglaise].

→ R. Avesani, *Quattro miscellanee medioevali e umanistiche. Contributo alla tradizione del « Geta »,* Rome, 1967. — W. Schmidt, *Untersuchungen zum « Geta » des Vitalis Blesensis,* Ratingen-Düsseldorf, 1975. — A. Perosa, *Un nuovo codice del « Geta » di Vital de Blois,* dans *Mél. F. Munari,* Hildesheim, 1986, p. 391-409 [utile bilan des travaux sur la diffusion manuscrite]. — R. Avesani, *Il « Geta » di Vitale di Blois nei « Regia Carmina » per Roberto d'Angiù, ibid.,* p. 410-423 [fortune du texte en Italie]. F.D.

Ghatrif. Auteur persan, inconnu, d'un traité sur les maladies des oiseaux de chasse et leurs remèdes. Ce traité fut traduit en latin à trois reprises, à la cour de l'empereur Frédéric II de Hohenstaufen († 1250), en Sicile. Le texte latin, conservé dans sept manuscrits, fit l'objet d'au moins deux traductions en italien. La troisième version latine servit de base à la traduction franco-italienne établie, entre 1249 et 1272, par Daniel Deloc de Crémone à la demande du fils naturel de l'empereur Frédéric II, Henri (1224-1272), roi de Sardaigne, prisonnier à Bologne après sa défaite à Fossalta (1249). C'est, avec la traduction de *Moamin** par le même traducteur italien, conservée dans le même manuscrit (Venise, Bibl. Marciana, Gall. App. 14, Coll. 279), le plus ancien document littéraire écrit dans cette langue mixte.

ŒUVRE. — *Moamin et Ghatrif, Traités de fauconnerie et des chiens de chasse,* éd. H. Tjerneld, Stockholm-Paris, 1945 (*Studia Romanica Holmiensia,* 1).

→ A. Lupis, « *Petrus de l'Astore, Moamyn, Ghatriph* » : *Sulla tradizione dei trattati di falconeria d'epoco federiciana*, dans *Codices Manuscripti,* t. 3 (1977), p. 15. — B. Van den Abeele, *La Fauconnerie dans les lettres françaises du XIIe au XIVe siècle*, Louvain, 1990 (*Mediaevalia Lovaniensia*, series I, 18) ; *Les traités de fauconnerie latins du XIIe siècle, Manuscrits et perspectives,* dans *Scriptorium*, t. 44 (1990), p. 280, 276-286. — Cf. *MB* n°s 2950 *ter*, 6572.

G.T. et F.F.H.

Gilbert de Berneville. D'une famille originaire de Berneville (Pas-de-Calais, arr. Arras, cant. Beaumetz-lès-Loges), Gillebert semble avoir appartenu au Puy d'Arras et à la Confrérie des jongleurs et bourgeois d'Arras ; ses premières compositions poétiques peuvent dater de 1246 ; il cite dans ses poèmes le banquier et échevin Audefroi Louchart, Hue d'Arras, fils cadet d'un châtelain de la ville, Colart le Bouteiller*, un trouvère arrageois contemporain ; il voyagea dans les cours seigneuriales du Nord de la France — il prétend s'être rendu à Aix-la-Chapelle — et fut en relations littéraires avec le comte Charles d'Anjou*, avec Henri III, duc de Brabant de 1248 à 1261, qui fut son principal protecteur, avec la sœur d'Henri, Béatrice de Brabant, dame de Courtrai, comtesse de Flandre de 1247 à 1251 (mais qui porta le titre de comtesse de Flandre jusqu'en 1283). Gillebert mourut en 1270.

Les nombreuses pièces attribuées avec certitude à Gillebert de Berneville comprennent 23 chansons d'amour (dont beaucoup possèdent des refrains), deux chansons parodiques, une jolie chanson de femme, une pastourelle où il décrit avec bonheur les divertissements d'une troupe de bergers et de bergères, et trois jeux-partis (avec Thomas Hérier* et la dame de Gosnai) : il figure, avec le duc de Brabant, comme co-auteur d'un quatrième jeu-parti. Trois autres chansons et une seconde pastourelle lui sont encore attribuées, mais leur authenticité est douteuse.

Talent facile et sans profondeur, Gillebert respecte servilement les conventions courtoises. La grâce du tour et le raffinement de la forme font tout le mérite de sa poésie amoureuse. Deux de ses jeux-partis se distinguent des pièces du même genre qui furent écrites à Arras pendant le XIIIe siècle : l'un est un jeu-parti burlesque et parodique, l'autre un jeu-parti avec un partenaire fictif (*Amour*).

ŒUVRES. — A. Långfors, A. Jeanroy et L.

Brandin, *Recueil général des jeux-partis français,* Paris, 1926, t. 2, p. 149-165 (*SATF,* 70). — *Gillebert de Berneville (XIIIe siècle),* éd. M. d'Hartoy, Paris, 1974 (*Les grands trouvères oubliés*). — R. Crespo, *Gillebert de Berneville e Thomas Herier (Raynaud 1191),* dans *Studi Medievali,* t. 27 (1986), p. 889-911. — *Gillebert de Berneville, Les poésies, édition critique,* éd. K.L. Fresco, Genève, 1988 (*TLF,* 357).

→ H. Petersen Dyggve, *Personnages historiques figurant dans la poésie lyrique française des XIIe et XIIIe siècles. XVI : Thomas Herier et ses protecteurs,* dans *Neuphilologische Mitteilungen,* t. 44 (1943), p. 63-65 [55-96]. — R. Berger, *Le Nécrologe de la Confrérie des jongleurs et des bourgeois d'Arras (1194-1364), Texte et tables,* Arras, 1963 et 1970, t. 1, p. 72 ; t. 2, p. 118 (*Mémoires de la Commission départementale des Monuments historiques du Pas-de-Calais,* XI, 2 et XIII, 1). — Linker, n° 84. — Cf. *MB,* n°s 2345-2346 ; *S* 4484. F.F.H.

Gilbert de Cambres. Moine cistercien de l'abbaye de Beaubec (Seine-Maritime), auteur d'une adaptation en vers (environ 4 000 octosyllabes) de l'*Elucidarium**, qui connut une certaine diffusion aux XIIIe et XIVe siècles. Destiné en premier lieu à un public monastique, l'ouvrage se veut également utile aux clercs et aux laïcs, par le biais de la prédication. Il consiste essentiellement en une traduction du livre III du *Lucidaire,* consacré aux fins dernières, enrichie d'importants intermèdes narratifs empruntés en grande partie à la Bible. Dans ces passages, Gilbert manifeste un réel talent d'écrivain, au fait des conventions propres aux divers genres littéraires, épopée et roman. Une version en prose de la seconde moitié du XVe s. est conservée par un incunable lyonnais.

ŒUVRE. — E. Ruhe, *Himmel und Hölle. Heilswissen für Cisterzienser. Der Lucidaire en vers des Gillebert de Cambres,* Wiesbaden, 1991. Version en prose : éd. J. Nachbin, Paris, 1938.

→ V. Lefèvre, *L'Elucidarium et les Lucidaires,* Paris, 1954, p. 311-315. Cf. *GRLMA,* VI/1 n° 2368. G.H.

Gilbert de Lannoy. Issu d'une famille noble de Flandre, Gilbert de Lannoy, seigneur de Willerval, Tronchiennes et autres lieux, né en 1386, eut une existence mouvementée et aventureuse. À dix-huit ans, il participe à une expédition militaire en Angleterre ; jusqu'en 1408, il est, en qualité d'écuyer, au service de Jean de Werchin*, sénéchal de Hainaut et fait auprès de lui son apprentissage d'homme de guerre comme celui de poète (échange de ballades entre les deux hommes, qui appartiennent à la cour amoureuse de Charles VI). Il voyage en compagnie du sénéchal : en 1405 et 1406, ils vont à Jérusalem, puis en Espagne pour y combattre les musulmans (1407 et 1410). Il quitte ensuite Jean de Werchin pour passer au service du duc de Bourgogne, dont il sera en 1412 l'échanson, tout en continuant à prendre part aux conflits armés du temps. Après le traité de Chartres (1409), le calme semble revenu ; il en profite pour se rendre en Prusse afin d'y combattre les « mescreants » aux côtés des chevaliers de l'Ordre Teutonique. C'est alors qu'il sera adoubé. Son expédition, qu'il accomplit en 1413, l'emmène au Danemark, puis jusqu'en Russie et en Pologne. Il repartira huit ans plus tard pour l'Europe de l'Est. Entre-temps, il est devenu capitaine du port de l'Ecluse (1416) et premier chambellan du duc Philippe le Bon. Après le traité de Troyes (1420), ce dernier l'envoie en mission : il s'agit d'effectuer une reconnaissance de plusieurs villes d'Égypte et de Syrie. Gilbert emprunte la voie de terre : il se rend en Prusse, va voir les souverains polonais et lituaniens, prend la route de Constantinople, puis gagne la Syrie et l'Égypte. Philippe le Bon le chargera encore de plusieurs ambassades en Allemagne ; en 1430, pour le récompenser, il le fera chevalier de la Toison d'Or. Gilbert effectua ensuite plusieurs pèlerinages, au Purgatoire de Saint-Patrice en Irlande, à Saint-Jacques-de-Compostelle, en Terre sainte (1446), enfin à Rome pour le Jubilée de 1450. Il passera les douze dernières années de sa vie à revoir les notes qu'il avait prises au cours de ses voyages et, sans doute, à rédiger l'*Instruction d'un jeune prince* et les *Enseignements paternels*, deux œuvres qui lui sont attribuées.

Dans ses *Voyages et ambassades* ou récits de ses aventures, Gilbert fait part de tout ce qui lui paraît insolite dans l'ordre géographique, social ou politique, d'où la richesse de son témoignage. Il a aussi le souci du détail militaire, mentionnant l'existence d'un château, la qualité des matériaux employés. Il est le parfait prototype d'un milieu qui commence à s'intéresser aux horizons lointains et à braver les pires dangers pour satisfaire sa curiosité, sa soif d'honneurs et de richesses.

ŒUVRES. — Éd. C. Potvin, *Œuvres de Ghillebert de Lannoy, voyageur, diplomate et moraliste*, Louvain, 1978. — *Ballades* : éd. A. Piaget dans *Romania*, t. 39 (1910), p. 324-368.

→ E. Van Elewyck, *Ghillebert de Lannoy, voyageur, diplomate et moraliste du* XVe *siècle*, dans *Revue de Belgique*, t. 33 (1879), p. 105-134. — R. Arié, *Un seigneur bourguignon en terre musulmane au* XVe *siècle : Ghillebert de Lannoy*, dans *Le Moyen Âge*, t. 83 (1977), p. 283-302. — A. Bertrand, *Un seigneur bourguignon en Europe de l'Est : Guillebert de Lannoy (1386-1462), ibid.*, t. 95 (1989), p. 293-309 ; *Guillebert de Lannoy (1386-1462), Ses voyages et ambassades en Europe de l'Est,* dans *Publ. du Centre européen d'études bourguignonnes (*XIVe-XVIe *s.)*, n° 31 (1991), p. 79-92. — Molinier n° 3974. — Cf. *MB* nos 5239, 5240 ; *S* 7619, 7626, 8019, 8020. G.T.L.

Gilbert de la Porrée. Né à Poitiers aux environs de 1075, Gilbert de la Porrée (*Gilbertus Porreta*), qu'on appelle aussi Gilbert de Poitiers, fut successivement élève de Bernard de Chartres* et des deux frères Anselme* et Raoul de Laon. À son tour il s'adonna à l'enseignement, qu'il exerça à Paris et à Chartres, comme l'atteste un de ses disciples, Évrard d'Ypres, qui dit avoir suivi ses leçons dans l'une et l'autre cités. Il fut chancelier du Chapitre de Notre-Dame de Chartres de 1126 à 1137, et peut-être au-delà. Promu évêque de Poitiers en 1142, il rencontra aussitôt des difficultés en la personne de deux de ses archidiacres, Arnaud et Calon, qui le dénoncèrent au pape comme professant sur la Trinité une doctrine erronée. Il dut se défendre devant un concile réuni à Reims en 1148. Malgré les efforts déployés par saint Bernard* pour obtenir sa condamnation, Gilbert put rentrer sans déshonneur dans son diocèse de Poitiers. C'est là qu'il mourut en 1154. Les chanoines de Chartres se souvinrent de celui qui avait été un des leurs, et inscrivirent le nom de Gilbert en leur nécrologe, louant leur « très savant chancelier » d'avoir « corrigé diligemment et amélioré de plusieurs façons les livres de la bibliothèque ».

Les œuvres authentiques de Gilbert sont des commentaires bibliques (sur les *Psaumes,* sur les *Épîtres de saint Paul*) et des commentaires sur les *Opuscules théologiques* de Boèce*. À quoi s'ajoutent un sermon pour la fête de Noël et une lettre. C'est dans les commentaires sur Boèce surtout qu'il faut chercher la pensée philosophique de Gilbert. C'est là qu'on trouve la distinction fameuse entre le *quo est* et le *quod est :* en toute créature, en effet, on doit distinguer d'une part ce qu'elle est (*quod est*) et, d'autre part, ce par quoi ou en vertu de quoi elle est (*quo est*). La méthode de Gilbert consiste à traiter chaque discipline selon ses principes ou règles propres (*rationes propriae*) : on ne raisonne pas dans les sciences de la nature comme on le fait en mathématiques ou en théologie. Mais tout en prenant grand soin de respecter la spécificité de chaque science, Gilbert est convaincu que les différentes sciences sont reliées entre elles par des liens réciproques. Un de ses plus brillants élèves, Jean de Salisbury*, écrit : « En chaque discipline *(in singulis)* Gilbert avait recours, dans la mesure où le sujet traité le réclamait, à l'aide de toutes les autres *(omnium adminiculo disciplinarum)*, conscient qu'il était qu'une chose ne subsiste que par le concours mutuel de toutes les autres *(sciens auxiliis mutuis uniuersa constare)*. Il estimait que toutes les disciplines étaient liées entre elles *(connexas)* ; il les mettait au service de la théologie. »

Gilbert était un maître exigeant, qui n'hésitait pas à faire fouetter un élève pour une faute de grammaire. Il avait la dent dure contre ceux qui perdaient à l'école un temps qu'ils eussent mieux employé ailleurs. C'est ce que nous dit encore Jean de Salisbury : « Maître Gilbert, alors chancelier de Chartres, par la suite évêque de Poitiers..., quand il voyait des gens se précipiter vers les études..., avait coutume de leur conseiller l'art de boulange. Dans son pays, disait-il, c'était le seul qui acceptât couramment ceux qui étaient dépourvus de travail ou de formation. Car cet art s'exerce très facilement, et il est le soutien des autres arts, surtout pour ceux qui recherchent du pain plutôt qu'un métier. » Faites-vous donc boulangers ! Le mot est cruel. Il fait penser au conseil donné par Boileau à ceux qui se mêlent d'écrire alors qu'ils n'en ont pas le don : « Soyez plutôt maçon, si c'est votre talent » ! Cette sévère sélection, qui visait à écarter les médiocres, assura à Gilbert des disciples de qualité. L'histoire littéraire les désigne du nom de *Porrétains*. Leur nombre fut assez considérable pour qu'on puisse parler d'une *École porrétaine*. Il faut croire, en effet, que Gilbert possédait un charisme que ses écrits ne nous permettent qu'imparfaitement de deviner. Jean de Salisbury le décrit ainsi : « Quand on le laissait tranquille, Gilbert paraissait plutôt lent. Mais quand on le provoquait et attaquait par des questions stimulantes, ses reparties jaillissaient avec plus d'abondance et de clarté (*arguciis plenior et planior apparebat*). Vous l'eussiez voulu toujours excité (par des questions), afin que le feu de son esprit vigoureux tout à la fois vous éclaire et vous embrase ».

ŒUVRES. — *Commentaires bibliques (Psaumes, Épîtres de saint Paul)* : inédits ; cf. F. Stegmüller, *Repertorium Biblicum Medii Aevi,* t. 2, Madrid, 1950, p. 345-350. — *Commentaires sur les « Opuscula sacra » de Boèce :* N.M. Häring, *The Commentaries on Boethius by Gilbert of Poitiers,* Toronto, 1966. — *Sermon pour la fête de Noël :* N.M. Häring, *A Christmas Sermon by Gilbert of Poitiers,* dans *Mediaeval Studies,* t. 23 (1961), p. 126-135. — *Lettre à Matthieu de Saint-Florent : PL,* t. 188, col. 1255-1258.

→ A. Hayen, *Le concile de Reims et l'erreur théologique de Gilbert de la Porrée*, dans *AHDLMA,* 10 (1935-36), p. 29-102. — F. Pelster, *Gilbert de la Porrée, Gilbertus Porretanus, oder Gilbertus Porreta ?*, dans *Scholastik,* 20-24 (1949), p. 401-403. — M.E. Williams, *The Teaching of Gilbert Porreta on the Trinity as found in his commentaries on Boethius* [*Analecta Gregoriana,* vol. 56, Series *Facultatis Theologicae,* Sectio B, n.23], Rome, 1951. — J. Leclercq, *Textes sur saint Bernard et Gilbert de la Porrée*, dans *Mediaeval Studies,* t. 14 (1952), p. 107-128. — N.M. Häring, *A Latin Dialogue on the Doctrine of Gilbert of Poitiers, ibid.,* t. 15 (1953), p. 243-289 ; *The Cistercian Everard of Ypres and His Appraisal of the Conflict between St. Bernard and Gilbert of Poitiers, ibid.,* t. 17 (1955), p. 143-172. — S. Vanni-Rovighi, *La filosofia di Gilberto Porretano,* dans *Miscellanea del Centro di Studi medievali,* Milan, 1956 (*Pubblicazioni dell' Università del Sacro Cuore*, n.s. 58). — S. Gammersbach, *Gilbert von Poitiers und seine Prozesse im Urteil der Zeitgenossen* (*Neue Münstersche Beiträge zur Geschichtsforschung,* 5), Münster-Cologne-Graz, 1959. — H.C. Dondaine, *Écrits de la « Petite École porrétaine »,* Montréal-Paris, 1962. — H.C. Van Elswijk, *Gilbert Porreta. Sa vie, son œuvre, sa pensée,* Louvain, 1966. — J. Marenbon, *Gilbert of Poitiers*, dans *A History of Twelfth-Century Western Philosophy,* Cambridge, 1988, p. 328-352 ; *A Note on the Porretani, ibid.,* p. 353-357.

É.J.

Gilbert De Mets. Né à Grammont dans les Flandres, et non à Metz, comme on l'a longtemps cru à la suite d'une erreur de transcription des éditeurs, Gilbert De Mets, dont le nom courant en Flandre signifie « le Maçon », était en 1425 échevin de sa ville natale. En 1430, il fut nommé receveur communal. À cette date il tenait un hôtel, à l'enseigne de l'Écu de France. Il séjourna à plusieurs reprises à Paris, en 1407 puis en 1418 au moins. Il est mort après 1434. C'était un homme cultivé qui s'intitulait « libraire » des ducs de Bourgogne, Jean sans Peur puis Philippe le Bon, pour qui il copia des manuscrits. De son activité de copiste subsistent deux témoins : une copie de la traduction française du *Decameron* par Laurent de Premierfait* (Arsenal 5070), un manuscrit conservé à La Haye (ms. 510) contenant le *Lucidaire** et le roman de *Sidrac**. Il faut y ajouter l'autographe de sa seule œuvre connue, intitulée *Description de la ville de Paris et de l'excellence du royaume de France* et conservée en copie unique dans un manuscrit transcrit en 1434 (l'actuel Bruxelles, Bibl. roy. 9559-9564).

La *Description* comporte 29 chapitres, 19 dans la première partie (préambule historique), et 10 dans la seconde (description proprement dite). Pour la partie historique, Gilbert reprend presque mot pour mot le commentaire ajouté par Raoul de Presles* au chapitre 25 du livre 5 de sa traduction de la *Cité de Dieu* de saint Augustin (avec un développement sur les origines et le caractère de la royauté française), source qu'il complète par des passages tirés du traité de Jean de Montreuil*, *A toute la chevalerie.* De ce texte polémique, il ne garde toutefois que le récit des exploits guerriers des Français jusqu'à Louis VIII (à partir du règne de saint Louis, Montreuil se consacre exclusivement aux luttes franco-anglaises), son but étant seulement de rappeler « l'excellence du royaume de France ».

Dans la deuxième partie, qui est vraiment originale et pleine d'intérêt, Gilbert dépeint la ville de Paris telle qu'elle était au début du XVe siècle, montrant le percement des grandes voies, la construction des hôtels seigneuriaux et des collèges et la plupart des églises à l'état d'achèvement. Il donne beaucoup de détails précieux et laisse apercevoir clairement l'état de la société parisienne au début du règne de Charles VI.

ŒUVRE. — Éd. A.J.V. Le Roux de Lincy et L.M. Tisserand, *Paris et ses historiens aux* XIVe *et* XVe *siècles,* Paris, 1867, p. 117-241.

→ V. Fris, *Guillebert de Mets et deux épisodes de la ville de Grammont*, dans *Annales de l'Académie royale d'Archéologie de Belgique*, t. 64 (1912), p. 333-366. — N. Grévy-Pons, *Jean de Montreuil et Guillebert de Mets*, dans *RBPH*, t. 58 (1980), p. 565-587 [en appendice éd. des ch. 12 à 16 de la *Description*]. — Molinier n° 1023. — Nouveau Potthast, t. V, p. 342. — Cf. *MB S*, n° 8007. G.T.L.

Gildas Sapiens (avant 504-vers 570). Gildas est le plus ancien chroniqueur des Bretons. Il n'est connu que d'après des *Vitae* tardives, rédigées aux XIe et XIIe siècles. Cependant, on peut avancer qu'il naquit en Écosse avant 504, et qu'il fut le disciple de saint Iltut ; il vint au Pays de Galles, où il semble avoir passé la plus grande partie de sa vie. Il est certain qu'il se rendit en Irlande, douteux qu'il alla jusqu'à Rome ; c'est pourtant en revenant de Rome que, selon la tradition, il se serait arrêté à l'extrémité de la presqu'île de Sarzeau pour y fonder un cloître (Saint-Gildas-de-Ruys, Morbihan), où il serait mort vers 570. Notons que ce monastère apparaît encore, dans l'histoire littéraire, au XIIe siècle, comme lieu de séjour provisoire d'Abélard*.

Personnage presque légendaire, Gildas est connu — et reconnu — pour son œuvre appelée le *De excidio et conquestu Britanniae,* un récit de la conquête de la Bretagne, sans doute intéressant en ce qui concerne les conditions générales, plus que douteux dès lors que l'auteur descend aux détails. N'oublions pas cependant que Gildas l'intitule *Epistola,* ou *Admonitio* : ce dernier titre est, sans conteste, celui qui convient le mieux au caractère de l'œuvre, qui est une longue lamentation sur les malheurs de la Bretagne. La première partie (chap. 2-26) est une description poétique du pays, suivie d'une histoire de la Bretagne depuis l'occupation romaine jusqu'à son époque, c'est-à-dire le VIe siècle. Les sources sont empruntées à la chronique de Jérôme, à l'*Histoire de l'Église* de Rufin, à l'*Historia adversum paganos* d'Orose, mais aussi à de nombreuses traditions locales invérifiables. La seconde partie (chap.27-104) est un superbe réquisitoire contre les siens, et une ardente exhortation à la pénitence. Son propos est de montrer que la situation d'alors est le résultat des désordres et des crimes du passé : la conquête est une punition pour les péchés des Bretons, de leurs rois, de leur noblesse et de leur clergé.

La langue de Gildas, pleine de l'affectation alors en vogue, est difficile à lire ; mais ce discours sur le châtiment et la rédemption s'avère parfois d'une remarquable puissance.

Quelques fragments de lettres de Gildas touchant le droit canonique sont conservés dans la *Collectio hibernensis.* Il est de plus l'auteur d'un petit pénitenciel, connu sous le titre de *Praefatio de poenitentia.* Ce catalogue des péchés, avec indication de la pénitence correspondante, est des plus précieux pour l'histoire sociale et culturelle, car il témoigne des usages de l'époque et atteste notamment de la survie de traditions païennes.

On doit à Gildas la plus ancienne des bénédictions non liturgiques pour le voyage (*pro itineris et nauigii prosperitate*), sous la forme d'un poème rythmique de 40 vers de 11 syllabes (4 + 7) ; on ne sait à qui, de lui ou de Lathcen, il convient d'attribuer la « lorica » *Suffragare trinitatis unitas.*

ŒUVRES. — *De excidio et conquestu Britannie,* éd. T. Mommsen, dans *MGH, Auct. ant.*, XIII, *Chronica minora* (1898), p. 25-85 [encore la meilleure éd.]. — *Praefatio de poenitentia,* éd. L. Bieler, *The Irish Penitentials,* Dublin, 1963 (*Scriptores latini Hiberniae,* 5), p. 60-65 [supplante désormais l'éd. de Mommsen, *op. cit.*, p. 89-90]. — *Oratio pro itineris et navigii prosperitate,* éd. B. Bishoff, « *Das Reisegebet des Gildas (Spätes siebentes Jahrhundert ?)* », *Anecdota novissima,* Stuttgart, 1984, p. 154-161. — Lorica *Suffragare Trinitatis unitas,* éd. *PL, Suppl.* IV, 1260-1261. — *Epistolae,* éd. Mommsen, *op. cit.*, XIII (1898), p. 86-88. — Les *Vitae Gildae* sont édités par T. Mommsen, *op. cit.*, p. 91-106 (*auctore monacho Ruensi*), et p. 107-110 (*auctore Caradoco Lancarbanensi*).

→ T.D. Hardy, *Descriptive Catalogue of Materials Relating to the History of Great Britain and Ireland to the End of the Reign of Henri VII,* 3 vol., Londres, 1862-1871 (*Rolls Series,* 26). — C. Gross, *A Bibliogr. of English History to 1485 Based on the Sources and Literature of English History from the Earliest Times to About 1485,* Oxford, 1975, n° 2162. — M. Lapidge et R. Sharpe, *A Bibliogr. of Celtic-Latin Literature 400-1200,* Dublin, 1985,

p. 12-13. — F. Brunhölzl, trad. fr., t. 1, vol. 1, p. 159-161. — La bibliogr. de la revue *Anglo-Saxon England.* — Nouveau Potthast, t. 5, p. 121-122. — Cf. *MB* nos 1455, 1464 ; *S* 2542.

G.La.

Gilles Binchois (Gilles de Bins, dit). Musicien franco-flamand né vers 1400 à Mons (?), mort le 20 septembre 1460 à Soignies, une des figures majeures de la première moitié du XVe siècle et le plus remarquable représentant de la chanson bourguignonne.

Fils d'un conseiller du duc Guillaume IV de Hainaut, son nom apparaît pour la première fois dans les comptes de Sainte-Waudru où il joua de l'orgue en décembre 1419. Un témoignage indirect laisse à penser qu'en 1424 Binchois était au service de William Pole, comte de Suffolk, avec les troupes anglaises occupant la France. Cela confirme l'assertion de sa déploration « *soudart / De honnourable mondanité* ». Il rejoint la cour de Bourgogne, à une date incertaine ; il compose un motet à l'occasion du baptême d'un prince en 1431, mais n'est cité comme cinquième chapelain qu'en 1436. Les comptes de la chapelle montrent que Binchois n'avait pas de formation universitaire et qu'il n'était pas prêtre. Cela n'était pas nécessaire pour cumuler les prébendes qu'il obtint successivement à Bruges, Mons, Cassel, Soignies et qu'il conserva toutes jusqu'à sa mort. Sa présence étant indispensable à la chapelle ducale, il voyagea peu, durant ces années. Une convocation à Sainte-Waudru en 1449 lui fit rencontrer son confrère Dufay. Retiré à Soignies comme prévôt de la collégiale Saint-Vincent, il percevait, du duc de Bourgogne, une pension substantielle. De nombreux écrivains et théoriciens du XVe et du XVIe siècle ont porté un témoignage éloquent de son importance en l'associant aux noms de Dunstable et surtout de Guillaume Dufay*.

Sa musique est présente dans plus de 50 mss du XVe siècle ; beaucoup de pièces sont des *unica*, parfois noyées dans l'anonymat des Codices de Trente (mss 90 et 88). Bien qu'il ait composé une quantité non négligeable d'œuvres sacrées (de nombreux mouvements de messe, seuls ou associés par paires, des Magnificat et des motets), il reste le compositeur de chanson par excellence. Ses 55 chansons privilégient la forme du rondeau (quatrain ou cinquain) et l'octosyllabe. Il emprunte des textes aux praticiens les plus fameux de la seconde rhétorique, Charles d'Orléans* (*Mon cuer chante*), Alain Chartier* (*Triste plaisir*), et Christine de Pizan* (*Dueil angoisseux*), mais écrit aussi parfois ses propres textes.

Présenté dans la déploration de Jean Ockeghem* comme « *père de joyeuseté* », il n'exprime pas seulement la joie dans ses chansons ; on y perçoit une mélancolie plus ou moins apparente dans ce qui demeure un art de cour et de tradition, mais bien propre à cette fin du Moyen Âge telle que l'a définie J. Huizinga.

ŒUVRES. — Éd. A. Parris, *The Sacred Works of Gilles Binchois,* (thèse, Bryn Mawr College, 1965). — Éd. W. Rehm, *Die Chansons von Gilles Binchois (1400-1460)*, dans *Musikalische Denkmäler*, t. 2, Mayence, 1957.

→ D. Fallows, art. *Binchois*, dans *The New Grove Dictionary of Music and Musicians*, t. 2, 1980, p. 709-722 [bibliogr. étoffée p. 721-722].

N.S.

Gilles de Chin. Les 5 550 octosyllabes à rimes plates de cette œuvre médiocre, conservés dans un manuscrit unique du XVIe siècle, racontent la vie d'un personnage historique du Hainaut belge, Gilles, seigneur de Chin, Berlaimont et Wasmes, mort en 1137. Mais il est souvent difficile de faire le départ entre la chronique et le roman dans ce récit des exploits guerriers de Gilles (dans les joutes et dans les tournois, au cours d'un duel judiciaire, et sur les champs de bataille d'Europe et de Terre sainte) et de ses amours, selon l'éthique courtoise ; il arrive même à ce nouvel Yvain de sauver un lion, qui le suivra fidèlement et le servira.

Ce récit hybride, la première biographie romancée en quelque sorte, s'inspire surtout, dans ses parties romanesques, des romans antiques et bretons (*Eneas**, le *Chevalier au lion de Chrétien de Troyes**, *Lanval de Marie de France**...). Il présente quelque intérêt pour l'étude des familles nobles du Hainaut et pour celle du folklore hennuyer.

D'après C. Liégeois, ce « roman » aurait été composé vers 1230-1240, par Gautier de Tournai, qui aurait repris une première rédaction, écrite par Gautier le Cordier, entre 1163 et 1175 ; mais E. Langlois considère que sous ces deux noms figure un seul et même personnage et que les vers 4 904-5 487 sont interpolés.

Du *Gilles de Chin* en vers, il existe une

mise en prose du XVe siècle conservée dans deux manuscrits. Elle suit assez librement l'original, en visant surtout à introduire plus d'ordre et d'unité ; d'autre part, elle puise moins qu'on ne l'a dit dans le roman de *Gillion de Trazegnies**.

ŒUVRE. — *Gilles de Chin* en vers : éd. [imparfaite] F. de Reiffenberg, *Gilles de Chin...*, Bruxelles, 1847 (*Monuments pour servir à l'histoire de Namur, de Hainaut et de Luxembourg*, 7). — Éd. [imparfaite] E.B. Place, *Gautier de Tournay, l'Histoire de Gille de Chyn*, Evanston-Chicago, 1941 (*Northwestern Univ. Studies in the Humanities*, 7). — Mise en prose : éd. R. Chalon, *La chronique du bon chevalier messire Gilles de Chin*, Mons, 1837 (*Publ. de la Soc. des bibliophiles de Mons*, 4).

→ F. Lajard, dans *HLF*, t. 23 (1856), p. 395-409. — C. Liégois, *Gilles de Chin, l'histoire et la légende*, Louvain-Paris, 1903. — Sur la mise en prose en part. : G. Doutrepont, *Les mises en prose des épopées et des romans chevaleresques du XIVe au XVIe siècle*, Bruxelles, 1939, p. 289-292 et *passim*. — L.-P. Cormier, *The Prose Version of Gilles de Chin and the Poem*, dans *Culture*, t. 20 (1959), p. 307-314. — Cf. *MB* nos 3608, 5227, 6663, 7807. A.H.

Gilles Des Ormes. Familier du duc Charles d'Orléans*, Gilles Des Ormes est l'auteur d'un rondeau sur le thème de la « forest de Longue Actente » et d'une ballade (« Changez propos, cerf volant... ») écrite en 1467, à l'occasion de la révolte des Liégeois contre le duc de Bourgogne, Charles le Téméraire, en réponse à la ballade de Georges Chastelain* (« Souffle, Triton, en ta buse argentine... »), pièces auxquelles il convient d'ajouter au moins quatre autres rondeaux.

Né en 1438, Gilles Des Ormes était le neveu de Jean Davy, capitaine de Chambord. Écuyer tranchant du duc Charles d'Orléans en 1455, ce jeune poète et joueur d'échecs fut l'un des serviteurs les plus choyés de la maison ducale. Beaucoup de ses poésies figurent dans le recueil personnel du duc (ms. Paris, BN, fr. 25458). En 1457, Gilles Des Ormes devint capitaine de Chambord ; après la mort du duc en 1465, il resta au service de la maison d'Orléans, comme capitaine de Chambord et premier maître d'hôtel de Louis d'Orléans (futur Louis XII). Il épousa, en 1471, Jacquette de Perche, une demoiselle d'honneur de la duchesse douairière d'Orléans, Marie de Clèves. Devenu seigneur de Saint-Germain, au diocèse de Chartres, en 1483, il fut appelé comme témoin au procès d'annulation de mariage de Louis XII en 1498.

ŒUVRES. — *Rondeaux et autres poésies du XVe siècle*, éd. G. Raynaud, Paris, 1889, p. XVII-XVIII et p. 32, n° XXXV (*SATF*, 29). — *Charles d'Orléans, Poésies complètes*, éd. P. Champion, Paris, 1923 (réimp. 1971), t. 1, n° CXXIII[1] ; t. 2, nos CXXXIV, CXLI, CCCIX, CCCLXXXVI, CCCCXXVI, p. 583 et 617-618 (*CFMA*, 34 et 56). — A. Angremy, *Un nouveau recueil de poésies françaises du XVe siècle : le ms. BN nouv. acq. fr. 15771*, dans *Romania*, t. 95 (1974), p. 14 [1-53]. — *Une nouvelle collection de poésies lyriques et courtoises du XVe siècle : le ms. BN nouv. acq. fr. 15771*, éd. B.L.S. Inglis, Paris, 1985, p. 34-35 et 114, n° XLII (*Bibliothèque du XVe siècle*, 48). — Cf. *MB S* 6814. F.F.H.

Gilles le Bouvier, dit le Héraut Berry. Né en 1386, vraisemblablement à Bourges, il commence à courir le monde dès l'âge de seize ans. Les débuts de sa carrière sont modestes. D'abord attaché à la maison du duc de Berry, il passe en 1416 au service du dauphin Jean, puis en 1418 à celui du dauphin Charles. Celui-ci le nomme héraut et le crée roi d'armes de Berry, d'où le surnom qu'il conservera toute sa vie en souvenir des mauvais jours. Son métier le met sans cesse en déplacement, soit pour effectuer des recouvrements financiers, soit pour servir d'intermédiaire, d'ambassadeur. Il sillonne les routes, portant des messages royaux, recueillant ainsi ses propres informations personnelles. Il circule non seulement dans le royaume mais hors des frontières. C'est entre 1440 et 1450 que se situent la plupart de ses voyages à l'étranger. Après le recouvrement de Normandie puis celui de Guyenne, en 1451, Charles VII lui décerne le titre de roi d'armes des Français. Il a soixante-cinq ans. C'est sans doute alors qu'il s'arrête de voyager et qu'il se consacre à la rédaction de ses ouvrages. Il a dû mourir en 1455.

Premier héraut du roi de France, il a rédigé un *Armorial* pour sauver « de l'oubli et de la destruction » le nom et les armes des nobles de son pays. De ses multiples voyages, il a livré le souvenir dans le *Livre de la description des pays*. Cet ouvrage demeure l'un des plus intéressants de cette époque, même en faisant la part de l'exagération et en admettant que Berry ne se soit pas rendu dans toutes les régions qu'il assure avoir visitées (il cite plus de 70 noms). Il a peut-être exploré l'Arménie et la Turquie, il n'est pas sûr qu'il soit allé à Damas, à Trébizonde, à Prague, au Luxembourg, en Irlande. Mais il s'est réellement trouvé à Rome en 1448. C'est toutefois comme chroniqueur, avec les *Chroniques du roi Charles VII* (1402-1455), qu'il a atteint la notoriété. Si la chronique n'est vraiment originale, vivante, que pour les vingt-cinq premières années, si pour le reste Berry a le plus souvent puisé à des sources de seconde main, il est cependant toujours très bien informé : c'est aux hérauts, dont il mentionne à plusieurs reprises le rôle, qu'il doit la plupart des renseignements militaires qui abondent dans son récit. C'est comme chroniqueur militaire qu'il est d'ailleurs entré dans l'histoire. S'il n'a pas fait véritablement œuvre d'historien, il a laissé un tableau réaliste et vivant d'une époque très troublée, mais riche d'espoir et animée d'une conscience nationale.

On lui a attribué plusieurs ouvrages qui ne sont pas de lui, comme l'*Histoire du roi Richart,* les *Chroniques de Normandie,* le *Recouvrement de Normandie ;* ce dernier texte, célèbre, a seulement été fondu par Berry dans les *Chroniques de Charles VII.* Par contre, ce dernier ouvrage a été attribué à tort à Alain Chartier* dans la première édition complète des *Chroniques* parue en 1528, puis dans l'édition de Théodore Godefroy en 1614, enfin dans celle de Duchesne en 1617. Dès 1476, la première partie des *Chroniques* (1402-1422) avait été publiée par Pasquier Bonhomme qui reproduisait un manuscrit du texte des *Grandes Chroniques de France** continuées jusqu'en 1461. L'œuvre de Berry y figurait entre Jean Juvénal des Ursins* et Jean Chartier*. Ce choix peut s'expliquer par le fait que ce n'est que dans la première partie de sa chronique que Berry a fait œuvre personnelle, la seconde partie paraissant plutôt une compilation. L'étude des sources des *Chroniques de Charles VII* reste à faire.

ŒUVRES. — *Armorial de France,* éd. A. Vallet de Viriville, Paris, 1866. — *Livre de la description des pays,* éd. E.T. Hamy, Paris, 1908. — *Chroniques du roi Charles VII,* éd. H. Courteault, L. Célier, M.-H. Jullien de Pommerol, Paris, 1979 (*SHF*).

→ P. Marot, *Les voyages de Gilles le Bouvier en Lorraine en 1450 et sa présence à l'expédition du Recouvrement de Normandie,* dans *Le Moyen Âge,* t. 37 (1927), p. 280-293. — M. Prinet, *L'Armorial de Bourgogne du Héraut Berry, ibid.*, t. 42 (1932), p. 161-219. — Molinier, n°s 4134. — Nouveau Potthast, V, p. 126-127. — *MB* n° 5144-5148, 5583 ; *S* 7995. G.T.L.

Gilles le Muisit. Gilles le Muisit est né en janvier 1272, vraisemblablement à Tournai où il fit ses études. Il est probable qu'il effectua un bref séjour à Paris à la Faculté des arts mais qu'il n'alla pas jusqu'à la licence. En tout cas, il ne fréquenta ni la Faculté de théologie ni celle de droit canon. Le 2 novembre 1289, il prit l'habit à Saint-Martin de Tournai ; il y restera jusqu'à sa mort, à plus de quatre-vingts ans. Il participa très vite à la gestion du temporel de son monastère. En 1315, il était grenetier de l'abbaye. Peu avant 1330, il en était le prieur. Le 30 avril 1331, il était élu abbé à l'unanimité ; mais ce n'est que le 26 mai qu'il donnera son acceptation et le 25 octobre de l'année suivante qu'il sera béni, à cause de l'opposition de l'évêque Guillaume de Ventadour qui voulait caser un de ses protégés. Gilles s'occupa de façon remarquable de son monastère, qu'il avait trouvé en piteux état et dont il parviendra à rétablir la situation financière désastreuse. Mais cela ne lui aurait pas valu de passer à la postérité, s'il n'avait eu soin de consigner régulièrement les principaux événements dont il avait eu connaissance. Ces notes, insérées en particulier sur les feuillets restés en blanc de certains registres de comptes, commencent en 1296 (rébellion du comte de Flandre contre le roi de France). Cependant son activité littéraire n'a véritablement débuté qu'après 1346, lorsqu'il se mit à perdre la vue sous le coup de la cataracte ; en 1348, il était devenu complètement aveugle. Incapable d'inaction, il se mit dès 1347 à composer et à dicter sans trêve, en latin et en français, en prose et en vers, des ouvrages historiques et moraux. Opéré avec succès en 1351, il mourut le 15 octobre 1353.

Gilles le Muisit a laissé quatre traités historiques ou *Tractatus*, deux mémoires administratifs et plusieurs milliers de vers transcrits dans quatre mss contemporains. Son œuvre historique concerne d'une part son abbaye (*Tractatus primus* et *secundus*), d'autre part l'histoire de Tournai et du comté de Flandre (*Tractatus tertius* et *quartus*). Dans le premier traité, Gilles décrit le comportement des abbés qui l'ont précédé et qu'il a connus dès son entrée au couvent. Dans le deuxième, il esquisse un tableau de la vie quotidienne des moines de Saint-Martin, insistant sur les coutumes non écrites qui risquaient de se perdre. Il existe une version picarde remaniée du *Tractatus secundus*, que Gilles composa en 1350, le *Ch'est de l'estat*. Le troisième traité forme ce qu'on considère comme la véritable chronique de Gilles le Muisit. Le texte remonte à la Création, mais la chronique ne commence réellement qu'à partir de 1294 et va jusqu'en 1349. C'est une œuvre très personnelle, dans laquelle Gilles rapporte le plus souvent année par année ce qu'il a vu, ce qui lui a été raconté. À la fin de 1349, il entreprit le *Tractatus quartus*, sorte de supplément au *Tractatus tertius* pour les années 1349 à 1351 qu'il termine en racontant son opération. On y trouve aussi le récit de la peste, de son développement à Tournai et des efforts faits pour arrêter le fléau. Les deux derniers traités ont été écrits à partir des notes qu'il avait pris l'habitude de consigner et qui subsistent dans ses registres de comptes. Vers 1348, devenu aveugle, Gilles dut remettre l'administration de l'abbaye entre les mains des officiers claustraux. Réduit par la cécité à faire des retours sur le passé, il se lamente sur la faillite de son monastère après 1289 et, pour se justifier de cette décadence dont il n'est pas responsable, il fournit des preuves irréfutables, les comptes de sa gestion, qu'il présente d'une façon rapide et précise : *Compotus abbreviatus, Liber compilatus*. Ce sont deux documents d'une valeur incomparable sur le budget d'une abbaye bénédictine ; ils sont tout à fait conformes aux comptes *in extenso* dont on possède la copie officielle pour les années 1328-1335.

Son œuvre morale se compose d'une suite de compositions en octosyllabes à rimes plates et en quatrains d'alexandrins monorimes. Dans les *Lamentations*, faisant retour sur lui-même, sur sa jeunesse et son âge mûr, tous deux passés, il se reconnaît pécheur, déplore le temps perdu, implore l'aide miséricordieuse de Marie et, soucieux d'être utile à ses contemporains autant qu'à lui-même, met en forme un enseignement de pénitence. Le même souci de faire œuvre utile l'incita à dicter ses *Méditations*, introduction à une longue et prolixe réflexion sur le temps présent (qui va de mal en pis), où la description des états du monde (tout particulièrement de la société ecclésiastique et des femmes) sert de prétexte à une *laus temporis acti* intempestive. Gilles n'est pas un écrivain, il ne se préoccupe pas de composition, se répète à satiété ; l'admiration qu'il avoue pour le *Roman de la Rose** et le Reclus de Molliens* a visiblement été sans effet sur sa verbosité naturelle. Toutefois, on ne peut lui dénier un certain bonheur dans le choix des images, un certain pittoresque dans l'expression et, parfois, énergie et vivacité.

Sans pouvoir être comparé à Froissart ou à Jean le Bel, Gilles le Muisit est un chroniqueur de valeur, témoin de son temps, consciencieux et zélé, et surtout très scrupuleux ; c'est son trait le plus original : il tient à marquer nettement ce qu'il sait de première main et se montre prudent à propos des témoignages non vérifiés. Esprit pondéré, il déplore les maux de la guerre. Il stigmatise les troubles qui agitent très souvent les villes de la région flamande et Tournai même, il est sévère pour tous ceux qui excitent le peuple. Il s'intéresse vivement aux prédictions et aux histoires de miracles. C'est aussi un bon vivant, très préoccupé du temps, du prix des denrées, des récoltes. Son latin est clair en dépit d'incorrections et son œuvre fournit mainte indication suggestive sur la vie quotidienne de l'époque. Il faut, enfin, signaler l'iconographie précise et abondante des mss de Bruxelles et de Courtrai, en particulier la représentation de l'opération de la cataracte.

ŒUVRES. — *Tractatus primus* : éd. J.J. De Smet dans *Corpus chronicorum Flandriae*, Bruxelles, 1841, t. 2, p. 115-130 [il manque la fin]. — *Tractatus secundus* ou *De consuetudinibus* : éd. A. D'Haenens, dans *Bulletin de la Commission royale d'Histoire*, t. 124 (1959), p. 143-195 [il manque le début]. — *Tractatus tertius et quartus : Chronique et Annales de Gilles le Muisit*, éd. H. Lemaître, Paris, 1906 *(SHF)* [éd. non intégrale]. — *Poésies* et *Ch'est de l'estat* : éd. J. Kervyn de Lettenhove, 2 vol., Louvain, 1882. — *Compotus abbreviatus* et *Liber compilatus* : éd. A. D'Haenens dans *Comptes et documents de l'abbaye de Saint-Martin de Tournai sous l'administration des gardiens royaux*, Bruxelles, 1862 *(CRH)*, p. 457-579 et 649-778.

→ A. Scheller, *Étude lexicologique sur les poésies de Gillion le Muisit (préface, glossaire, corrections)*, dans *Mémoires couronnés et autres mémoires publiés par l'Académie royale des Sciences, des Lettres et des Beaux-Arts de Belgique*, t. 37 (1886). — C.V. Langlois, *La vie en France au Moyen Âge... d'après des moralistes du temps*, Paris, 1926, p. 320-373. — A. Coville, *Gille li Muisis, abbé de Saint-Martin de Tournai*, dans *HLF*, t. 37 (1938), p. 250-324. — A. D'Haenens, *Gilles Li Muisis historien*, dans *Revue Bénédictine*, t. 69 (1959), p. 258-286 ; *Gilles Li Muisis*, dans *Biographie nationale publiée par l'Académie des Sciences, des Lettres et des Beaux-Arts de Belgique*, t. 32, suppl., t. 4, Bruxelles, 1964, col. 528-540. — B. Guenée, *Entre l'Église et l'État. Quatre vies de prélats français à la fin du Moyen Âge (XIIIe-XVe siècle)*, Paris, 1987, p. 87-124. — Molinier, n° 2890. — Nouveau Potthast, t. 2, p. 133-135 [Aegidius Li Muisis]. — Cf. *MB* n°s 5338-5343, 7975 ; *S* 7446-7452. G.H. et G.T.L.

Gilles de Lessines. Savant et philosophe dominicain, il est né à Lessignes, en Hainaut (Belgique). Il a connu Albert le Grand* probablement à Cologne et avant ses études théologiques à Paris. S'il n'existe aucune trace de son commentaire des *Sentences*, presque tous ses écrits connus sont édités. Il s'intéressa aux sciences, à la philosophie et aux problèmes juridiques. Du droit canon et de la morale relève son *De usuris* (1278-1284), longtemps attribué à Thomas d'Aquin* et publié avec ses œuvres (voir texte latin et trad. française de l'abbé Vedrine dans *Opuscules de saint Thomas*, t. 7, Paris, 1858, pp. 566-661). La *Summa de temporibus* (connue aussi sous le titre de *Concordia temporum*) est une chronique biblique et historique, riche de renseignements astronomiques. Le livre III de la *Summa* qui s'arrête en 1304 — date admise ou supposée de la mort de G. de Lessines — est édité parmi les ouvrages de Roger Bacon (éd. R. Steele, t. 6, Oxford, 1926). Son traité sur la comète (*De essentia, motu et significatione cometarum*, éd. L. Thorndike, *Latin Treatises on Comets*, Chicago, 1950, pp. 103-184), rédigé peu après octobre 1264, existe aussi dans une traduction française médiévale encore inédite. Enfin, quelques mss gardent le traité inédit *De crepusculis*. Peu avant 1270 ou, selon d'autres, « vers les années 1273 à 1276 » (Van Steenberghen, p. 123), G. de Lessines écrit à Albert le Grand au sujet de 15 thèses que l'évêque de Paris Étienne Tempier se préparait à condamner et dont les 13 premières ont effectivement été condamnées en 1270 et, dans une rédaction légèrement remaniée, en 1277. (*Chart. Univ. Paris*, t. I, p. 487 ; P. Mandonnet, *Siger de Brabant*, 2e éd., t. II, Louvain, 1908, pp. 29-30). Albert le Grand répondit par un bref traité intitulé *De quindecim problematibus*. En 1278, Gilles de Lessines entreprit la défense de la philosophie de Thomas d'Aquin, en rédigeant contre le dominicain anglais et archevêque de Cantorbéry Robert Kildwarby son traité le plus connu, le *De unitate formae* (éd. M. De Wulf, Louvain, 1901). Cependant, s'il soutient la thèse thomiste de l'unicité de la forme substantielle, il n'admet pas la distinction réelle entre l'acte d'être (*esse*) et l'essence.

→ P. Glorieux, *Répertoire des maîtres en théologie de Paris au XIIIe siècle*, t. 1, Paris, 1933, n° 27 ; *La Faculté des arts et ses maîtres au XIIIe siècle*, Paris 1971, p. 146. — C.H. Lohr, *Medieval Latin Aristotle Commentaries*, dans *Traditio*, n° 23 (1967), p. 326. — T. Kaeppeli, *Scriptores Ordinis Praedicatorum medii aevi*, t. 1, Rome, 1970, p. 13-15. — S.G. Axters, *Bibliotheca dominicana Neerlandica manuscripta*, Louvain, 1970, p. 27-30, 292, 316 ; *Dictionary of Scientific Biography*, t. 5, p. 401-402. — F. Van Steenbergen, *Maître Siger de Brabant*, Louvain-Paris, 1977, p. 121-129. Z.K.

Gilles le Vinier. Chanoine de Lille et official d'Arras dès 1225, chanoine d'Arras avant 1232, Gilles le Vinier mourut en 1252 après avoir fait le voyage de Terre sainte vers 1250. Il a composé trois chansons d'amour et un descort ; il peut aussi être l'auteur d'un dialogue de femmes. Dans deux jeux-partis, il est le partenaire de son frère, Guillaume le Vinier*, trouvère beaucoup plus doué que lui ; dans un troisième plein d'esprit et de comparaisons inattendues, il discute, avec son confrère le chanoine Simon d'Authie*, la question de savoir s'il vaut mieux qu'un homme vieux aime une jeune femme, ou qu'un homme jeune ait une amie vieille.

ŒUVRES. — A. Metcke, *Die Lieder des altfranzösischen Lyrikers Gille le Vinier*, Halle, 1906. — A. Långfors, A. Jeanroy et L. Brandin, *Recueil général des jeux-partis français*, Paris, 1926, t. 2, p. 112-126 (*SATF*, 70).

→ R. Berger, *Archidiacres, officiaux, dignitaires du chapitre d'Arras (1093-1300). Essai de chronologie*, dans *Bulletin de la Commission départementale des Monuments historiques du Pas-de-Calais*, t. 8, fasc. 5 (1970), p. 525. — Linker, n° 89. — Cf. *MB* n° 2347. G.M.

Gilles de Paris. Voir : *Bible française* § 3.

Gilles de Rome. Né à Rome en 1243, appartenant peut-être à la famille des Colonna, Gilles entra vers 1258 chez les ermites de Saint-Augustin, dans le couvent de Santa Maria del Popolo. Deux ans plus tard, il fut envoyé faire ses études à Paris où il demeura de 1260 à 1278. Disciple de Thomas d'Aquin*, il prit son parti dans la dispute qui l'opposa à l'évêque de Paris Étienne Tempier. Lorsque ce dernier, en 1277, condamna l'aristotélisme, impliquant quelques passages de la doctrine de Thomas, Gilles à qui l'on reprochait d'être trop favorable à Aristote repartit pour l'Italie où il demeura de 1279 à 1285. De retour à Paris, il effectua les rétractations demandées, se rallia à l'augustinisme conservateur et fut reçu maître en théologie, ce qui lui permit dès lors d'enseigner à l'Université. En 1292, il fut nommé prieur général des ermites de Saint-Augustin, et en 1295 archevêque de Bourges. Il séjourna entre 1296 et 1299 auprès du pape Boniface VIII et se rangea à ses côtés dans le différend qui l'opposa à Philippe le Bel. Il prit part au concile de Vienne et joua un rôle dans la condamnation des Templiers comme dans celle de Pierre Jean Olivi. Il mourut en 1316. Grand admirateur de saint Thomas, il sut néanmoins garder son indépendance d'esprit. Penseur original, philosophe audacieux, écrivain fécond, interprète d'Aristote, il acquit en même temps une grande réputation de sainteté.

Gilles de Rome composa de nombreux ouvrages de dialectique (huit), de philosophie (24), de théologie (40) et des commentaires de l'Écriture sainte (huit). Vers 1279 il dédia à son élève, le jeune Philippe le Bel, son traité *De regimine principum,* destiné à la formation morale et politique de l'héritier du trône de France. Dans cet ouvrage, qui devait exercer une grande influence sur les princes et seigneurs d'Europe jusqu'à la fin du XVIe siècle, l'auteur combine habilement la morale aristotélicienne et les principes de la vie chrétienne. Dès 1282, Henri de Gauchy donnait une traduction française de ce *Miroir des princes,* dès 1288 une autre traduction paraissait en italien. Au XIVe siècle suivirent des traductions en castillan, catalan, portugais, anglais, allemand, hébreu.

La diffusion du *De Regimine principum* est encore attestée par les nombreux manuscrits médiévaux qui nous sont parvenus (194 en latin, plus de 25 en français, huit en italien, cinq en anglais, neuf en castillan, un en catalan, quatre en allemand et deux en hébreu), et par les emprunts que lui firent les compilations postérieures.

On a longtemps attribué, à tort, à Gilles de Rome, un autre ouvrage latin au titre assez proche de celui du *De Regimine principum :* le *De Informatione principum.* Anonyme, composé vers 1300-1305, le *De Informatione principum* fut traduit en français en 1379 par Jean Golein* pour le roi Charles V.

ŒUVRES. — *Aegidius Colonna, De Regimine principum libri III,* éd. H. Samaritanius, Rome, 1607. — *Aegidius Romanus, Opera omnia,* Florence, 1985-1990 [sept vol. parus] (*Unione Academica Nazionale, Testi e studi per « il Corpus philosophorum Medii Aevi »,* 4-8, 10-11). — *Li Livres du gouvernement des rois,* éd. S.P. Molenaer, New York, 1899 [éd. la trad. d'Henri de Gauchy].

→ *HLF,* t. 30 (1888), p. 421-566. — G. Bruni, *Il « De Regimine principum » di Egidio Romano. Studio bibliografico,* dans *Aevum,* t. 6 (1932), p. 346-358 ; *Le opere di Egidio Romano,* Florence, 1936. — P. Glorieux, *Répertoire des maîtres en théologie de Paris au XIIIe siècle,* Paris, 1934, t. 2, p. 293-308. — W. Berges, *Die Fürstenspiegel des hohen und späten Mittelalters,* Leipzig, 1938. — F. Maillard, *Les traductions du De regimine de Gilles de Rome,* dans *Positions thèses École des Chartes,* Paris, 1948, p. 93-96. — D.M. Bell, *L'idéal éthique de la royauté en France d'après quelques moralistes de ce temps,* Genève, 1962. — D. Quaglioni, *« Regimen ad populum », « Regimen regis » in Egidio Romano e Bartolo de Sassoferrato,* dans *Bolletino dell'Istituto storico italiano per il Medio Evo,* t. 87 (1978), p. 201-228. — *DTC,* t. 6, 1914, col. 1358-1365, et *Tables,* 1951, t. 1, col. 1812-1813. — Nouveau Potthast, t. 2, 1967, p. 136-137. — *DS,* t. 6, 1967, col. 385-390. — *DGHE,* t. 20, 1984, col. 1375. — Cf. *MB* n° 6532.

Voir : *Information des princes.*

M.H.P. et F.F.H.

Gilles de Vieux-Maisons. Chevalier briard mentionné dans des documents champenois de 1211, originaire de Vieux-Maisons (Seine-et-Marne, arr. Provins, cant. Villiers-Saint-Georges), Gilles de Vieux-Maisons était appelé Gillet par Gace Brulé* et Gilon par Conon de Béthune* ; il fut également lié d'amitié avec son compatriote Pierre de Molins* et fréquenta la cour de la comtesse Marie de Champagne. Gilles de Vieux-Maisons rima des poèmes lyriques dès avant 1190. Trois chansons

(R. 15, 1124 ; R. 1252 ; R. 2105) nous ont été conservées sous son nom. Deux autres, attribuées dans les manuscrits médiévaux à un certain Gilles de Maisons (R. 200, 1356 ; R. 769), lui appartiennent vraisemblablement aussi. L'inspiration de ces cinq morceaux, bien écrits et versifiés avec soin, est assez variée. Les attaques contre l'amour contenues dans l'un d'entre eux soulevèrent des protestations et provoquèrent une riposte de la part de Conon de Béthune et de Gace Brulé : c'est la plus ancienne querelle littéraire dont l'écho nous soit parvenu. Une des chansons d'amour courtoises de Gilles se présente sous la forme d'une *chanson à citations* (R. 1252), chacune de ses strophes se terminant par le vers initial (le vers-titre), d'une composition bien connue. L'idée du poème anthologique, exploitée avant lui par les auteurs latins du Moyen Âge dans leurs *versus cum auctoritate* et, après lui, par Pétrarque* dans une de ses chansons, n'est pas de l'invention de notre Briard ; mais il est le seul chansonnier français à en avoir tiré parti et le seul auteur qui, dans une pièce de cette sorte, ait cité des textes de ses contemporains. En même temps qu'un petit répertoire des chansons les plus en vogue à l'époque, son poème constituait un hommage délicat aux confrères qu'il faisait figurer à son palmarès (Blondel de Nesle*, le châtelain de Coucy* et Gace Brulé). Dans la seconde moitié du XIIIe siècle, le troubadour Jofre de Foixà* imita ce morceau très réussi.

ŒUVRES. — H. Petersen Dyggve, *Trouvères et protecteurs de trouvères dans les cours seigneuriales de France*, dans *Annales Academiae Scientiarum Fennicae* (série B, n° 50), Helsinki, 1942, p. 48-89 [édition]. — *Anthologie de la poésie lyrique française des XIIe et XIIIe siècles*, éd. bilingue J. Dufournet, Paris, 1989, p. 140-143 (*NRF/Poésie*) [une chanson].

→ H. Petersen Dyggve, *Personnages historiques figurant dans la poésie lyrique française des XIIe et XIIIe siècles. XVIII : Les « deux de Saint-Denis » et Gillet, amis de Gace Brulé*, dans *Neuphilologische Mitteilungen*, t. 44 (1943), p. 194-202. — I. Frank, *La chanson « Lasso me » de Pétrarque et ses prédécesseurs*, dans *Annales du Midi*, t. 66 (1954), p. 262-265 [259-268]. — Linker, n° 87 et 88. — Cf. *MB* n° 6461.

G.M. et F.F.H.

Gillion de Trazegnies. Roman en prose du milieu du XVe siècle, consacré à l'histoire d'un personnage historique du Hainaut, le chevalier bigame Gillion de Traseignies. Le texte, comme *Gilles de Chin**, appartient à la tradition des aventures outre-mer, et participe à un certain « patriotisme » hennuyer, auquel le duc de Bourgogne Philippe le Bon, dédicataire du roman, ne pouvait que souscrire. Notre version en prose pourrait provenir d'un récit en vers français perdu.

ŒUVRE. — Éd. O.L.B. Wolff, *Histoire de Gilion de Trasignyes et de Dame Marie, sa femme*, Paris-Leipzig, 1839.

→ A. Bayot, *Le Roman de Gillion de Trazegnies*, Louvain-Paris, 1903. — G. Doutrepont, *Les Mises en prose des épopées et des romans chevaleresques du XIVe au XVIe siècle*, Bruxelles, 1939, *passim* [notamment p. 290-291]. — Y. Lacaze, *Le rôle des traditions dans la genèse d'un sentiment national au XVe siècle : la Bourgogne de Philippe le Bon*, dans *BEC*, t. 129 (1971), p. 303-385 [notamment p. 339 sqq.]. — F. Horgan, *Gillion de Trazegnies*, dans *France and Britain in the Middle Ages*, Woodbridge, 1989. — D. Hüe, *Ab ovo : jumeaux, siamois, hermaphrodites et leur mère*, dans *Senefiance*, n° 26 (1989), p. 351-371. — Cf. Woledge, n° 68. — *MB*, n°s 4127-4129.

C.R.

Gilo. Voir : Cluny.

Giordano Ruffo. De la famille des Ruffo de Calabre, châtelain de Cassino et seigneur de Valle di Crati, Giordano Ruffo vécut à la cour de Frédéric II de Hohenstaufen*. Il s'occupait de la maréchalerie de l'empereur, à la mémoire duquel il dédia son traité d'hippiatrie, *De medicina equorum*, écrit entre 1250 et 1254. Ayant pris parti contre Manfred de Hohenstaufen, il fut fait prisonnier par ce dernier et mourut probablement en captivité après février 1256.

Le *De medecina equorum* est fondé sur l'expérience personnelle de son auteur, bien que celui-ci ait sans doute connu la médecine vétérinaire byzantine des *Hippiatrica*, peut-être à travers Hiéroclès. Nettement ordonnée suivant un plan original (hippologie et hippiatrie) qui devait être souvent repris par la suite, c'est l'œuvre d'un praticien expérimenté et dégagé de toute croyance astrologique. D'une réelle valeur scientifique, le *De medicina equorum* marque le renouveau de l'art vétérinaire médiéval et eut un succès considérable, puisque traduit en italien (ms. : Veline, Bibl. com., Joppi 98), en sicilien, en langue d'oc, deux fois en catalan et cinq fois en français.

Deux des traductions en français furent établies dès la fin du XIIIe siècle : l'une d'elles (conservée dans le manuscrit Paris, BN, nouv. acq. lat. 1553) dispose le texte français en regard du texte latin, tous deux ayant été transcrits par le même copiste italien, l'autre entrera au XVe siècle dans une compilation plus vaste. Une troisième traduction française, connue sous le titre de *Livre de la cure et garde des chevaux* (seul manuscrit : Reims, Bibl. mun. 991), est due à François du Tronchay et dédiée à Jean de Luxembourg. Les deux dernières traductions françaises sont conservées chacune dans un manuscrit unique (Vatican, Reg. lat. 1212, pour l'une ; Catane, Bibl. univ., Ventimiliana 42, pour l'autre qui donne un texte abrégé et remanié). La traduction en langue d'oc (manuscrit unique : Fréjus, Bibl. mun. 9) daterait du XVe siècle.

ŒUVRE. — B. Prévost, *La science du cheval au Moyen Âge, le « Traité d'Hippiatrie » de Jordanus Ruffus*, Paris, 1991 (*Sapience*, 2) [édition].

⟶ E. Langlois, *Notices des manuscrits français et provençaux de Rome antérieurs au XVIe siècle,* dans *Notices et extraits des mss BN,* t. 33^2 (1889), p. 100-101. — E. Brayer, *Un manuel de confession en ancien français conservé dans un manuscrit de Catane,* dans *Mél. d'archéologie et d'histoire de l'École française de Rome,* 1947, p. 159. — Y. Poulle-Drieux, *L'hippiatrie dans l'Occident latin du XIIIe au XVe siècle,* dans *Médecine humaine et vétérinaire à la fin du Moyen Âge,* Genève-Paris, 1966, p. 17-21 (*Hautes Études médiévales et modernes,* IV, 2). — Cf. *MB S* n° 7703. F.F.H.

Girart d'Amiens. Nous connaissons trois œuvres de Girart d'Amiens, mais seulement quelques détails sur sa vie, grâce à ses prologues et à ses dédicaces. Il sut s'attirer la protection des plus hauts personnages de l'époque. Vers 1280, il est à la cour du roi Édouard Ier d'Angleterre, où la reine Aliénor de Castille lui commande son roman arthurien *Escanor*. Quelques années plus tard, il reprendra le même sujet dans *Meliacin* (écrit selon toute vraisemblance dans le cercle royal du jeune roi de France Philippe IV, entre 1285 et 1288, peut-être à la demande de Gaucher de Châtillon), qui devait aussi inspirer le *Cleomadès* d'Adenet le Roi*. Ce dernier affirme tenir son roman d'aventures de Blanche de France, fille de saint Louis, et il se peut bien que la « belle dame d'ounourance... fille de poissant roi » qui le conta à Girart soit la même personne. Il n'y a de toute façon aucune raison d'alléguer, comme on l'a fait à tort, que Girart plagia Adenet. Pendant les premières années du XIVe siècle, enfin, Girart composera son long poème épique *Charlemagne* à la demande du comte Charles de Valois, frère de Philippe le Bel.

Escanor (dont le titre primitif devait être *Du bel Escanor de la Montagne*) est un récit de près de 26 000 vers, traitant des amours du sénéchal Keu avec Andrivette, fille du roi Cador de Northomberlande, et de la lutte entre Gauvain et son ennemi Escanor. Keu ne réussit pas à obtenir la main de la princesse dans un tournoi annoncé à cette intention et Aiglin, le frère d'Andrivette, qui jette son dévolu sur le royaume, lui fera accroire qu'elle le trompe. C'est Gauvain qui mènera cette affaire à bonne fin, quand elle lui apprendra que l'ami de celui-ci, Giflet, qui est prisonnier chez la reine des Traverses, est bien traité. Giflet, en effet, s'était épris de la reine. Leurs noces seront célébrées en même temps que celles de Keu et d'Andrivette, mais pas avant que Gauvain n'ait combattu Escanor et que les deux adversaires ne se soient réconciliés. Ce raccommodement fait-il allusion à la trêve conclue entre Édouard Ier et le prince de Galles, Llywelyn ap Gruffydd, en 1277 ? La présence dans ce roman du « roi de Gales », dont les armoiries sont décrites avec précision, nous permet de le supposer.

Meliacin (ou le *Cheval de fust*), dont la source première semble être le conte du cheval enchanté des *Mille et une Nuits* (comme pour *Cleomadès* d'Adenet le Roi, mais les deux romans ne sauraient dériver d'une seule et même version), compte 20 000 vers. Le sorcier Clamazart, qui est d'une laideur repoussante, offre un cheval volant d'ébène au roi Nubien de la Grande Erménie. Ce dernier lui promet de lui accorder tout ce qu'il voudra. Clamazart lui demande la main de sa fille Gloriande. C'est Méliacin (Cléomadès chez Adenet le Roi), le frère de la princesse, qui sauvera sa sœur de ces indignités. Mais il faudra d'abord qu'il enlève, grâce au cheval merveilleux, la belle Célinde du harem où son père l'avait enfermée et qu'il la délivre ensuite de la prison où elle était détenue par le vil Clamazart.

Plus de la moitié du *Charlemagne,* qui a pu avoir dans sa forme primitive à peu près le même nombre de vers qu'*Escanor* (il ne nous en reste qu'environ 23 000 alexandrins), n'est qu'un remaniement des *Grandes Chroniques de France**. Le premier livre nous raconte les « Enfances Charlemagne » en suivant d'assez près le récit tel qu'on le trouve dans *Mainet**. Le jeune Charles a dû s'enfuir en Espagne chez le roi païen Galafre pour déjouer les machinations de ses deux frères consanguins. Après bien des péripéties, notamment une lutte contre le géant Braimant, il pourra, avec l'aide de Galafre, rentrer en possession de son royaume et punir ses frères. Le deuxième livre fait le récit des diverses guerres de Charlemagne ainsi que des exploits de Roland, de Naime de Bavière et d'Ogier, et se termine par le célèbre voyage de l'Empereur en Orient. Le troisième livre n'est qu'une version rimée de la *Chronique du Pseudo-Turpin*. Girart s'est servi de la traduction française qui se trouvait déjà dans les *Grandes Chroniques* en y ajoutant quelques allusions aux légendes épiques françaises. Il est fort probable que le *Charlemagne* fut écrit avant l'an 1308, à l'époque où Charles de Valois posa sa candidature à l'Empire.

ŒUVRES. — 1) *Escanor* : éd. H. Michelant, *Girard d'Amiens. Escanor*, Tübingen, 1886 (*Bibl. des lit. Ver. in Stuttgart*, 178). — M. Duchein, *Un fragment d'Escanor*, dans *Romania*, t. 70 (1948-1949), p. 239-245 [éd. d'un fragment de 700 vers]. —2) *Meliacin* : éd. P. Aebischer, *Girard d'Amiens, le Roman du cheval de fust, ou de Meliacin,* Genève, 1974 (*TLF*, 212). — A. Saly, *La chanson du duc de Galice (Méliacin),* dans *TraLiLi,* t. 12, 2 (1974), p. 7-16 [éd. d'une des 24 pièces lyriques contenues dans le texte] ; *Girart d'Amiens, Meliacin ou le cheval de fust,* Aix-en-Provence, 1990 (*Senefiance,* 27).

→ G. Paris, dans *HLF,* t. 31 (1893), p. 151-205. — G.J. Brault, *Les mss des œuvres de Girard d'Amiens,* dans *Romania,* t. 80 (1959), p. 433-446.

1) *Escanor* : G.J. Brault, *Arthurian Heraldry and the Date of Escanor,* dans *BBSIA,* t. 11 (1959), p. 81-88. — E. Schulze-Busacker, *« Gauvain, li malparlier ». Le rôle de Gauvain dans le roman d'Escanor,* dans *Lancelot, Yvain et Gauvain, Colloque arthurien belge de Wégimont,* Paris, 1984, p. 113-123 (*Lettres médiévales,* 2). — P.S. Noble, *Chrétien de Troyes and Girard d'Amiens,* dans *The Legacy of Chrétien de Troyes,* vol. 2, Amsterdam, 1988, p. 143-150.

2) *Meliacin* : H.S.V. Jones, *The Cleomadès, the Meliacin and the Arabian Tales of the Enchanted Horse,* dans *Journal of English and Germanic Philology,* t. 6 (1906), p. 221-243. — A. Henry, *L'ascendance littéraire de Clavileño,* dans *Romania,* t. 90 (1969), p. 242-257. — P. Aebischer, *Anatomie historico-descriptive de l'appareil moteur de Clavileño et de ses ancêtres,* dans *Boletín de la Real Academia de Buenas Letras de Barcelona,* t. 36 (1975-1976), p. 105-114. — A. Saly, *Source d'un épisode de Cleomadès et de Meliacin,* dans *TraLiLi,* t. 8, 2 (1970), p. 7-22 ; *Les sources du Meliacin de Girart d'Amiens, ibid.,* t. 17, 2 (1979), p. 23-46 ; *Les destinataires du Roman de Meliacin, ibid.,* t.19, 2 (1981), p. 7-16 ; *Les proverbes dans le Meliacin de Girart d'Amiens : aspect et fonction,* dans *Richesse du proverbe,...,* études réunies par F. Suard et C. Buridant, Lille, 1984, t. 1, p. 121-129 ; *La chanson dans le Meliacin,* dans *TraLiLi,* t. 23, 2 (1985), p. 7-23.

3) *Charlemagne* : G.J. Brault, *The Alleged Sources of Girart d'Amiens' Charlemagne,* dans *Modern Language Notes,* t. 74 (1959), p. 412-416 ; *Girart d'Amiens and the Pseudo-Turpin Chronicle,* dans *ZRPh,* t. 76 (1960), p. 64-93 ; *the Legend of Charlemagne's Sin in Girart d'Amiens,* dans *Romance Notes,* t. 4 (1962-1963), p. 72-76. — J. Horrent, *L'histoire poétique de Charlemagne dans la littérature française au Moyen Âge,* dans *Charlemagne et l'épopée romane,* t. 1, Paris, 1978, p. 27-57. — A. Saly, *La date du Charlemagne de Girart d'Amiens,* dans *Senefiance,* n°s 20-21 (1987), p. 975-981. — Cf. *GRLMA,* t. III/2, n° 276 ; t. IV/2, n°s 220, 224 ; t. IV/1, p. 378, 397, 398, 463, 464, 465-467. — *MB* n°s 575, 1097, 1146-1149, 2052, 2053, 7637, 7828-7831 ; *S* 1550, 2239, 2244, 2270-2274, 2627. G.J.B.

Girart de Roussillon. Chanson de geste du XIIe siècle, de 10 000 vers en décasyllabes rimés, qui raconte les luttes entre Girart, fils de Drogon de Bourgogne, et son suzerain, le roi-empereur Charles. Ce dernier avait épousé la fiancée destinée à Girart, Elissent. La principale bataille du poème, celle de Vaubeton, est arrêtée par le miracle des gonfanons brûlés, mais après une trêve la guerre reprend, divisant la France en deux camps. Finalement Girart, vaincu, ayant perdu toutes ses terres, est obligé de s'exiler. Lui et sa femme Berte, sœur de la reine, passent vingt ans dans la forêt d'Ardenne, où Girart travaille comme charbonnier. Puis celui-ci retourne en France, déguisé. Réconcilié avec le roi par l'intermédiaire de la reine, qui n'avait cessé de l'aimer, il rentre en ses terres, et, après quelques démêlés avec ses anciens ennemis, il fait sa soumission définitive. Le poème se termine par la construction de l'église de Vézelay, qui s'accompagne d'un miracle.

La chanson est le fleuron d'une série de

textes construits sur la légende d'un certain Girart. Celui-ci a été identifié avec un comte Gerardus, régent du royaume de Provence au temps de Charles le Chauve avec lequel il eut des démêlés. Comme héros épique, le personnage se rencontre dans les chansons de geste sous les noms de Girart de Vienne, Girart de Fraite et Girart de Roussillon. Indépendamment, il existe aussi une *Vita* du héros en latin (fin XIe-XIIe siècle), qui connut une traduction en français au XIIIe siècle, conservée dans un seul manuscrit ; un roman en alexandrins du XIVe siècle et deux rédactions en prose, l'une par Jean Wauquelin*, l'autre, abrégée de la première, est insérée soit dans l'*Histoire de Charles Martel* par David Aubert*, soit dans la *Fleur des Histoires* de Jean Mansel*, ou bien est imprimée séparément à partir du XVIe siècle.

C'est un poème unique entre les chansons de geste, par sa langue, son style et le mélange qu'il présente d'éléments féodaux, romanesques et réalistes. Cette œuvre, en effet, a la particularité d'être conservée dans trois manuscrits et un fragment, chacun témoignant d'une réalité linguistique différente : le manuscrit d'Oxford (Bibl. Bodl., Canon. Miscell. 63 = *O*) est écrit dans une langue mixte ainsi que le fragment de Nancy (Bibl. de l'Univ. 10 = *N*), tandis que celui de Londres (Brit. Libr., Harley 4334 = *L*) est en français et celui de Paris (Bibl. nat., fr. 2180 = *P*) est en occitan (Nord-Ouest du domaine). Malgré ce caractère hybride, probablement artificiel, la langue possède une certaine beauté grâce à la variété des rimes et surtout à l'emploi du décasyllabe dit « *a majori* », comme dans :

Er le prendez, donzele, eu t'ou autrei ;
Eu prendrai ta seror per amor tei.

Les discussions juridiques, qui occupent une place importante, sont plus précises qu'ailleurs, les rapports qui relient Girart et Elissent ont quelque chose de l'amour courtois, tandis que le personnage de Berte offre un bel exemple de dévouement conjugal et de piété.

ŒUVRES. — Éd. diplomatique de *O* par W. Foerster dans *Romanische Studien,* t. 5 (1880), p. 1-101 et de *L* par J. Stürzinger, *ibid.*, p. 103-282 ; de *P,* par C. Hofmann dans C.A.F. Mahn, *Die Werke der Troubadours in provenzalische Sprache,* Berlin, 1855-1857, collationné par F. Apfelstedt, dans *Romanische Studien*, t. 5, 1880, p. 283-295. — Éd. critique W.M. Hackett, *G. de R., chanson de geste*, 3 vol., Paris, 1953-1955, (*SATF*, 86), [ms. de base = *O*, bibliographie, t. 3, p. 927-932]. — Le remaniement en alexandrins a été publié par E.B. Ham, *G. de R., poème bourguignon du XIVe siècle*, New Haven, Yale Univ. Press, 1939.

→ P. Meyer, *Girart de Roussillon, chanson de geste traduite pour la première fois*, Paris, 1884. — R. Louis, *De l'histoire à la légende. Girart, comte de Vienne (819-877) et ses fondations monastiques*, Auxerre, 1946 ; *Girart, comte de Vienne dans les chansons de geste*, 2 vol., Auxerre, 1947. — R. Taylor, *La littérature occitane du Moyen Âge. Bibliographie sélective et critique*, Toronto, 1977, nos 619-623. — M. Perugi, *La formazione della lingua dei trovatori alla luce del « Girart de Roussillon »*, dans *SMV*, t. 30 (1984), p. 191-220. — Voir plusieurs articles dans *Mél. R. Louis*, Saint-Père-sous-Vézelay, 1982. Sur l'auteur présumé de *G. de R.*, voir W.M. Hackett, dans *Mél. McMillan*, Reading, 1984, p. 43-53. Consulter la bibliographie de ses travaux dans *Mél. M. Hackett*, Univ. de Warwick, 1987. — W. Calin, *Problèmes littéraires soulevés par les chansons de geste : l'exemple d'Aspremont*, dans *Senefiance*, nos 20-21, Aix-en-Provence, 1987, p. 333-350. — A. Labbé, *Douleurs et lumières du palais dans « Girart de Roussillon », ibid.*, no 24, 1988, p. 171-200 ; *Les « jeux étranges » de l'empereur byzantin dans « Girart de Roussillon », ibid.*, no 25, 1988, p. 255-273 ; *L'enfant, le lignage et la guerre dans « Girart de Roussillon », ibid.*, no 26, 1989, p. 47-68. — G.S. Williams, *How to Make friends Burgundian Politics in Two Early Modern Prose Texts*, dans *The Sixteenth-Century Journal*, t. 20 (1989), p. 277-295 [« Hug Schapler » et « G. de Roussillon »]. — Cf. C. Brunel, nos 24 et 162. — *MB* nos 406-432 ; 4064 ; 6080-6086 ; 7161-7163 ; *S* 1149-1191 ; 6480. — Le roman en 6 712 alexandrins a été étudié par A. Jeanroy dans *HLF*, t. 38 (1949), p. 404-431.

M.Ha. et G.B.L.

Girart de Vienne. Œuvre de Bertrand de Bar-sur-Aube*, plus de 6 000 vers. Les quatre fils de Garin de Monglane, Hernaut, Girart, Renier et Milon, quittent le château paternel à la recherche de fiefs personnels. Violents, hautains envers leur suzerain, mais dévoués à sa cause, ils reçoivent les fiefs désirés. Renier est devenu l'héritier du duc de Gennes (Genève) dont il a épousé la fille ; il sera le père d'Olivier et de la belle Aude. Le jeune Aymeri, fils d'Hernaut de Beaulande et le neveu de Girart de Vienne, vient, à son tour, à la cour de Charlemagne ; l'impératrice se vante à lui d'une humiliation qu'elle a jadis infligée à Girart, qui l'avait dédaignée. Grande est l'ire du jeune homme, qui quitte bruyamment la salle et chevauche vers Vienne, où il va exciter la fureur de Girart, qui ignorait jusqu'alors l'humiliation que lui avait infligée la reine. Et c'est tout le lignage qui se rassemble et se dresse contre l'empereur. La lutte sera longue. Pour tenter d'y mettre fin, on décide que deux champions, Roland pour le roi, Olivier pour le fier lignage, se rencontreront sur une île du Rhône, située en face de Vienne. Le combat est sans issue, car tous deux sont pareillement vaillants et forts ; le jour s'achève, quand un ange vient enjoindre aux combattants de réserver leurs forces pour combattre contre l'infidèle. Les deux antagonistes se jurent une amitié éternelle qui sera scellée par les fiançailles de Roland et de la belle Aude, sœur d'Olivier. Finalement Girart s'agenouille devant son seigneur ; la réconciliation est définitive. Il ne resterait plus qu'à célébrer le mariage, mais un messager vient annoncer l'invasion de la Gascogne par les Sarrasins. Tous les chevaliers repartent au combat. Le mariage n'aura pas lieu.

Œuvre tardive (vers 1180), qui reprend de multiples motifs aux chansons antérieures, le poème de Bertrand de Bar-sur-Aube développe un thème intéressant par la volonté d'accentuer les liens qui unissent la geste du roi à celle du fier lignage et, en particulier, par le désir de justifier l'immortelle amitié qui unit les deux fiers compagnons.

Certains chercheurs (R. Louis, W. Van Emden et A.G. Elliot) ont établi que le poème de Bertrand de Bar-sur-Aube reprend une chanson primitive perdue ; ce remaniement est empreint d'une conception morale typique de l'épopée de la révolte telle qu'on la concevait durant le règne de Philippe Auguste (rebelle plus ou moins sympathique, roi ingrat, vindicatif et indécis...).

Girart de Vienne eut un très grand succès. Il en existe un remaniement en alexandrins composé au XIVe siècle, et cinq mises en prose : une par David Aubert* dans ses *Croniques et conquestes de Charlemagne*, une par Raffaele Marmora* dans *Aquilon de Bavière*, une troisième, sous forme de résumé, dans le *Miroir des Histoires* de Jean d'Outremeuse*. La quatrième figure dans la compilation du manuscrit Paris, Arsenal 3351, appelée à tort *Garin de Monglane**, et la dernière enfin dans le *Garin de Monglane* incunable.

ŒUVRES. — *Girart de Vienne par Bertrand de Bar-sur-Aube*, éd. W. Van Emden, Paris, 1977 (*SATF*, 94). Éd. D.M. Dougherty, E.B. Barnes, *La Geste de Monglane, t. 3, Girart de Vienne, from the Cheltenham Manuscript*, Eugène, Univ. of Oregon, 1966 [version en alexandrins].

→ J. Misrahi, *Girard de Vienne et la geste de Guillaume*, dans *Medium Aevum*, t. 4 (1935), p. 1-15. — R. Louis, *De l'histoire à la légende*, 2 vol., t. 1 : *Girart de Vienne et ses fondations monastiques* ; t. 2 : *Girart, comte de Vienne dans les chansons de geste*, Auxerre, 1946-1947. — W. Van Emden, *Girart de Vienne : problèmes de composition et de datation*, dans *CCM*, t. 13 (1970), p. 281-290 ; *Rolandiana et Oliveriana*, dans *Romania*, t. 92 (1971), p. 507-531 [conteste les conclusions de P. Aebischer sur un *Girart de Vienne* primitif des environs de l'An Mil]. — P. Aebischer, *Oliveriana et Rolandiana : Sur le résumé du Girard de Viane conservé par la première branche de la Karlamagnus saga : une ultime mise au point*, dans *RBPH*, t. 51 (1973), p. 517-533 ; *Bavardages érudits sur Olivier, Aude et leur père Rainier, d'après les chansons de geste ayant Girard de Vienne comme protagoniste*, dans *Des Annales carolingiennes à Doon de Mayence*, Genève, 1975 (*Publ. romanes et françaises*, 129), p. 67-92 ; *Deux récits épiques français antérieurs au « Roland d'Oxford » : le « Girart de Viane » primitif et l'« Entrée d'Espagne » primitive, ibid.*, p. 132-158. — R. Rubaud, *Girart de Vienne par Bertrand de Bar-sur-Aube. Le poète, sa vie, son milieu, ses héros*, dans *Bull. de la soc. archéologique de Langres*, t. 16 (1975), p. 361-390 et 393-433 ; t. 17 (1976), p. 469 sqq. — V. Cirlot, *El orden de la palabra y la idea de linaje en Girart de Vienne*, dans *Senefiance*, t. 20-21 (1987), n° 1, p. 163-195. — Woledge, nos 46-47, 64-65, 88-135. — Cf. *MB* nos 433-442 ; *S* 1169, 1192-1205, 5659.

J.W.W. et A.F.L.L.

Giraut. Voir : Guiraut.

Gliglois. Court roman de 2 942 vers octosyllabiques, dû à un poète picard anonyme, de la première moitié du XIIIe siècle. L'action en est extrêmement simple : Gliglois, fils d'un châtelain d'Allemagne, que son père a envoyé à la cour d'Arthur et qui entre au service de Gauvain, s'éprend de Beauté, qui repousse son amour. Le jeune homme lui donne de telles preuves de sa prouesse et de la profondeur de ses sentiments qu'elle l'acceptera pour époux. Le romancier sait construire clairement, et agréablement conter. Le récit n'a d'arthurien que le cadre, et il bannit tout merveilleux. L'esprit en est nettement courtois : le loyal et total service d'amour est assuré de sa récompense. La justesse de l'observation, la discrétion dans l'art d'évoquer les réalités contemporaines, l'aisance du style, l'heureux découpage des dialogues font le prix de ce petit chef-d'œuvre, dont on s'étonne qu'il n'ait pas été plus connu : il n'en existe aucune traduction en langue étrangère et il n'a pas eu les honneurs de la moindre allusion. Il a été conservé dans un seul manuscrit, de la Bibliothèque de Turin, détruit dans l'incendie de 1904 et dont par chance nous sont restées plusieurs copies modernes.

ŒUVRE. — Éd. C.H. Livingston, *Gliglois...*, Cambridge (Mass.), 1932. — Trad. M.-L. Chênerie, *Gliglois,* dans *La légende arthurienne. Le Graal et la Table Ronde,* Paris, 1989 (*Bouquins*), p. 711-747.

→ G. Paris, dans *HLF,* t. 30, p. 160-170. — F. Lyons, *Les éléments descriptifs dans le roman d'aventure au* XIII*e siècle,* Genève, 1965. — N.J. Lacy, *Gligois and Love's new Order,* dans *Philological Quarterly,* t. 59 (1980), p. 249-256. — K. Busby, *Gauvain in Old French Literature,* Amsterdam, 1980, p. 298-307 (*Degré second,* 2). — Cf. *GRLMA,* t. IV/2, n° 228 ; t. IV/1, p. 398. — *MB,* n°s 2065 ; *S* 2061, 4176. A.M.

Glosari. Voir : Joan de Castelnou.

Godefroy de Bouillon. Voir : *Chevalier au cygne.*

Godefroy de Fontaines. Originaire d'une famille noble, Godefroy, troisième fils du sieur de Fontaines-les-Hozémont (Liège), est né avant le milieu du XIIIe siècle. Il fait ses études à Paris, où il arrive avant 1270. Étudiant en théologie, il est sociétaire de Sorbonne et il le restera jusqu'à sa mort. Les noms de ses maîtres en théologie, cités à la suite du ms. 1022 de la Bibl. de l'Arsenal, sont plus que douteux, car cette source est sans valeur. Toutefois, lors de ses études, il aurait dû connaître Thomas d'Aquin, présent à Paris de 1269 à 1272 ; il a connu Siger de Brabant*, Boèce de Dacie*, Robert de Sorbon*, Henri de Gand*, Gilles de Rome*, Jacques de Viterbe, peut-être même le bachelier franciscain Jean Duns Scot. Il copiait et achetait des ouvrages de ses contemporains, dont Siger, Boèce, Thomas, Henri et Gilles ; il habitait le collège fondé par Robert de Sorbon ; il polémiquait contre Gilles et Henri. Maître régent avant 1285, il est aussi chanoine de Liège, Tournai, Paris et prévôt de Saint-Séverin de Cologne. Élu, en 1300, évêque de Tournai, en concurrence avec Étienne, archidiacre de Bruges, il renonce à tous ses droits à l'épiscopat. Il décède après le 16 février 1304, date à laquelle il est encore présent au collège de Sorbonne. Par testament il laisse plusieurs dizaines de manuscrits à son collège. De ce legs, la BN conserve encore 38 volumes, annotés par Godefroy.

Riches en informations sur la vie intellectuelle à la fin du XIIIe siècle, ses 15 *quodlibeta,* discutés à Paris, constituent son œuvre principale, considérée d'ailleurs comme un monument de la littérature quodlibétique. On les date entre 1285-1303/1304 (pour les *quodl.* VII-XIV, les dates proposées par Glorieux et Wippel divergent). Les *Questions disputées* de Godefroy sont moins bien connues. Elles sont éditées partiellement dans des revues et des livres. Leur nombre, leur authenticité et leur date exacte ne semblent pas encore assurés (voir Wippel, p. XXXI-XXXII, et Tihon dans *DS,* t. 6, p. 551, qui fournissent la liste des éd.). Enfin, un sermon ferme la liste des œuvres connues de Godefroy. Quant aux scolies sur la *Summa contra Gentiles* (publiées par P.A. Uccelli dans son éd. de la *SCG,* Rome 1878, Appendix, p. 1-31) et sur la *Prima Pars* de la *Summa theologiae* de Thomas d'Aquin, elles ne sont plus attribuées à Godefroy, car il ne s'agit là que des extraits et des copies mis en face du texte de Thomas (état de la question dans Wippel p. XXXIII-XXXIV). Les écrits de Godefroy ont été lus tout au long du XIVe siècle. Quant au siècle suivant, nous avons la preuve (ms. Paris, Bibl. Mazarine 3323) qu'au moins dans le collège de Sorbonne on les a étudiés régulièrement.

Godefroy n'a pas laissé une œuvre structurée englobant sa philosophie ou sa théologie. Ses écrits constituent des monographies dans lesquelles il traite soit des sujets de spéculation doctrinale, soit des questions d'actualité, comme, par exemple, celles qui relèvent des désaccords entre le clergé séculier et les ordres mendiants, celles aussi qu'a suscitées la grande condamnation de 219 thèses par l'évêque de Paris Étienne Tempier, en 1277, qu'il considère comme scandaleuse. Son attitude doctrinale est hostile aux positions métaphysiques sur lesquelles s'était fondée l'ancienne école, dite augustiniste. Elle est ouverte à l'aristotélisme et à l'interprétation d'Aristote proposée par Thomas d'Aquin. Cependant, malgré son admiration pour Thomas, Godefroy n'est pas thomiste, car en en réexaminant à son tour les problèmes, il s'éloigne du dominicain, par exemple à propos de la distinction réelle entre l'essence et l'existence, de l'unicité de la forme substantielle chez l'homme, du principe de l'individualisation, qui est, selon lui, la forme, alors que la matière est le principe de la multiplicité numérique. Il refuse le statut de la science à la théologie. L'évidence et la certitude des thèses théologiques découlent des articles de foi qui ne sont pas évidents, bien que, dans la construction d'un « système théologique », ils jouent le rôle des principes. Très tôt on a vu que les doctrines de Godefroy se construisent dans la discussion permanente avec les contemporains. Pour s'y retrouver, on a alors rédigé des tables « des divergences et des innovations doctrinales de Godefroy de Fontaines ».

ŒUVRES. — *Quodlibeta I-XV :* éd. dans *Philosophes belges,* t. 2-5 et 14, Louvain, 1904-1935 et 1937. Trois *Questions disputées* sont publiées à la suite du *Quodl.* XV ; la liste d'autres éd. est fournie par Wippel et Tihon (voir *supra*). — P. Tihon, *Le Sermon de Godefroid de Fontaines pour le deuxième dimanche après l'Épiphanie,* dans *RTAM,* n° 32 (1965), p. 43-53.

→ P. Glorieux, *La littérature quodlibétique de 1260 à 1320,* t. 1, Le Saulchoir-Kain, 1925, p. 149-168 ; *Répertoire des maîtres en théologie de Paris au* XIII*e siècle,* t. 1, Paris, 1933, n° 198. — M. De Wulf, *Un théologien philosophe du* XIII*e siècle. Étude sur la vie, les œuvres et l'influence de Godefroid de Fontaines,* Bruxelles, 1904. — P. Tihon, *Foi et théologie selon Godefroid de Fontaines,* Paris-Bruges, 1966 [bibliogr.]. — J.F. Wippel, *The Metaphysical Thought of Godfrey of Fontaines,* Washington, 1981 [bibliogr.]. — *DS,* t. 6, p. 550-551. — C.H. Lohr, *Commentateurs d'Aristote au Moyen Âge latin. Bibliogr. de la littérature secondaire récente,* Fribourg-Paris, 1988, p. 68-69. Z.K.

Godefroy de Saint-Victor. D'après les recherches de P. Delhaye, ce maître serait entré chez les chanoines réguliers de Saint-Victor de Paris vers 1155-1160, après avoir fréquenté les écoles parisiennes. C'est à Saint-Victor qu'il composa son premier ouvrage, le *Fons philosophiae,* poème de huit cents vers dans lequel il nous raconte sa vie et nous propose une description des diverses parties de la philosophie, inspirée de Hugues de Saint-Victor*. Obligé de quitter son monastère, en raison peut-être de l'hostilité du prieur Gauthier, Godefroy se consacra à la rédaction du *Microcosmus.* Dans cet ouvrage, l'auteur veut réagir contre les conceptions trop sévères de l'homme déchu qui avaient cours de son temps. Il leur oppose un humanisme tout empreint d'optimisme et procède à une sorte de réhabilitation de la nature humaine restaurée par la grâce. Godefroy a laissé également une trentaine de sermons, encore inédits, dont quelques-uns seraient autographes. Les manuscrits lui attribuent en outre plusieurs poèmes, tels *Preconium Augustini, Sequencia de sancto Victore, Planctus beate Marie.* Son nom a été évoqué comme auteur possible d'un des premiers commentaires du Décret de Gratien, issu de l'école française de droit : *Summa elegantius in jure divino seu Summa coloniensis.* On ignore la date de la mort de Godefroy. On peut conjecturer cependant qu'il revint à Saint-Victor ; peut-être faut-il l'identifier avec Godefroy qui, en 1194, exerçait les fonctions de sacriste dans cette abbaye.

ŒUVRES. — *Microcosmus.* I. Texte. II. Étude théologique par P. Delhaye, Lille, 1951 (*Mémoires et travaux... Facultés catholiques de Lille,* 56 et 57) ; *Fons philosophiae,* texte éd. et annoté par P. Michaud-Quantin, Namur-Louvain-Lille, 1956 (*Analecta mediaevalia Namurcensia,* 8). — E.A. Synan, *The Fountain of Philosophy. A Translation of the Twelfth-Century « Fons philosophiae » of Godfrey of Saint-Victor,* Toronto, 1972 (*Mediaeval Sources in Translation,* 10). — P. Damon, *The « Preconium Augustini » of Godfrey of St. Victor,* dans *Mediaeval Studies,* t. 22 (1960), p. 92-107. — J.B. Schneyer, *Repertorium,* 2, Münster, 1970, p. 203-206 [= Godefridus de Britolio].

→ P. Delhaye, *Les sermons de Godefroy de Saint-Victor, leur tradition manuscrite,* dans *RTAM,* t. 21 (1954), p. 194-210 ; *Godefroy de Saint-Victor,* dans *Catholicisme,* t. 5 (1962), col. 81-83 ; *Godefroy de Saint-Victor,* dans *DS,* t. 6 (1967), col. 552-556. — F. Gasparri, *Textes autographes d'auteurs victorins du* XII*e siècle,* dans *Scriptorium,* t. 35 (1981), p. 277-284. — G. Ouy et F. Gasparri, *Le dossier paléographique de Godefroid de Saint-Victor,* dans *Scriptorium,* t. 36 (1982), p. 29-42, 43-50. — P. Delhaye, *Le microcosme de Godefroid de Saint-Victor et sa vitalité morale dans le macrocosme,* dans *L'homme et son univers au Moyen Âge, Actes du 7e congrès international de philosophie médiévale (30 août-4 septembre 1982),* Louvain-la-Neuve, 1986 (*Philosophes médiévaux,* 27), p. 769-775. — F. Gasparri, *Godefroid de Saint-Victor : une personnalité peu connue du monde intellectuel et artistique parisien au* XII*e siècle,* dans *Scriptorium,* t. 39 (1985), p. 57-69, avec p. 68-69 éd.

de : *Sequentia de sancto Victore, Canticum beate Virginis, Planctus beate Virginis.* J.C. et J.L.

Godescalc (Gottschalk). Fils d'un comte saxon qui en 822 l'« offre » à l'abbaye de Fulda. Il y devient moine contre son gré ; en 829, il est rendu à la vie séculière (synode de Mayence), mais cette décision est cassée sur les instances de son abbé, Raban Maur*. Godescalc passe alors en France, séjourne à Corbie, s'agrège à l'abbaye d'Orbais vers 835. En 840, ses thèses extrémistes sur la prédestination sont l'occasion d'une vaste querelle. Godescalc est alors en Italie ; jusqu'en 849, il voyage à travers l'Europe (Dalmatie, Germanie). Condamné en 848 à Mayence, il l'est de nouveau à Quierzy (849), fouetté, incarcéré à l'abbaye de Hautvillers. Il soutient ensuite une controverse avec Hincmar*, archevêque de Reims, et son plus implacable adversaire, à propos de la formulation du dogme de la Trinité (peut-on dire *trina deitas ?* Hincmar le nie, Godescalc l'affirme). Il meurt à Hautvillers entre 866 et 870, sans avoir abjuré ses thèses condamnées.

La culture de Godescalc était aussi vaste que le permettait l'époque ; outre l'Écriture, il avait étudié tout spécialement la grammaire d'une part, de l'autre les œuvres de saint Augustin — *Augustinus noster,* dit-il — chez qui il trouve le principe de sa doctrine de la prédestination (elle est double, à son avis : l'une au bien, l'autre au mal). Sa connaissance de la logique est restreinte : quand il produit un syllogisme en forme (ce qui arrive fort rarement), le plus souvent il l'annonce, l'analyse, le présente, par un développement de plusieurs lignes (d'où l'on peut conclure que ses lecteurs n'étaient non plus que lui familiers avec cette technique). Son œuvre connue comprend essentiellement des écrits sur la prédestination, d'autres sur la Trinité, et des notes relatives à des questions de grammaire ; en outre, des poèmes (dont peut-être l'*Ecloga Theoduli* publiée par J. Osternacher en 1902). Son latin est savant, et même alambiqué ; il se plaît aux phrases longues, contournées, scandées par des rimes intérieures ; des caractères de son style, L. Traube infère qu'il a pu avoir pour maîtres des Irlandais. Sa pensée, soutenue et agitée par une intense passion, est violente, ennemie des nuances, mais non des subtilités. Très maîtresse d'elle-même toutefois : la dialectique de Godescalc est pressante, ingénieuse ; ses développements sont organisés rigoureusement. On aperçoit, à l'horizon de sa polémique sur la Trinité, un platonisme implicite, qui se cherche à travers une méditation sur l'analyse grammaticale de textes sacrés et patristiques (réflexion sur l'usage biblique du substantif abstrait, qui pour Godescalc signifie, dans certaines conditions, et attribué à certains personnages, une manière d'archétype vivant).

ŒUVRES. — *Carmina,* éd. L. Traube, *MGH, Poetae latini aevi karolini,* t. 3, Berlin, 1896. — C. Lambot, O.S.B., *Œuvres théologiques et grammaticales de Godescalc d'Orbais,* Louvain, 1945 ; *Lettre inédite de Godescalc d'Orbais,* dans *Revue Bénédictine,* t. 68 (1958), p. 41-51.

→ J. Jolivet, *Godescalc d'Orbais et la Trinité ; la méthode de la théologie à l'époque carolingienne,* Paris, 1958 ; *L'enjeu de la grammaire pour Godescalc,* dans *Jean Scot Erigène et l'histoire de la philosophie,* Paris, 1977, p. 79-87. J.J.

Golagros et Gawane. Roman allitératif d'environ 1 360 vers en moyen anglais, composé dans la deuxième moitié du XVe siècle par un poète écossais anonyme. L'ouvrage est connu uniquement d'après l'édition imprimée de Chepman et Millar (Édimbourg, 1508). Le récit est un remaniement libre d'un des épisodes de la mise en prose de la *Première Continuation* du *Perceval** de Chrétien de Troyes* — l'aventure du *Chastel Orgueilleus.* Le poète, qui paraît s'intéresser surtout à la narration, supprime le thème de l'amour courtois et transforme Golagros — le *soudoier* anonyme de sa source — en chevalier digne de son adversaire, Gauvain.

→ P.J. Ketrick, *Relation of Golagros and Gawane to the Old French Perceval,* Washington, 1931. F.Bo.

Goliards. Le terme de *goliard* prête à équivoque. L'origine même du mot *goliardus* est obscure. On l'a fait quelquefois dériver du latin *gula,* qui veut dire *goinfrerie,* ou du provençal *gualiar,* qui signifie *tromper.* Certains spécialistes associent le terme *goliardus* avec Golias (Goliath), l'adversaire de David dans la Bible et le symbole du Mal pour l'exégèse médiévale. Henri d'Ostie, qui enseigne le droit canon à Paris dans la première moitié du XIIIe siècle, décrit les Goliards comme des clercs qui fréquentaient les tavernes, s'adonnaient au jeu et recherchaient la compagnie des prostituées. Ils furent l'objet de nombreuses censures de la part des autorités ecclésiastiques. Ainsi, le concile de Trèves, en 1227, défendit aux Goliards de chanter des chansons parodiant le *Sanctus* ou l'*Agnus Dei.* Le concile de Rouen, en 1241, proclama que « les clercs ribauds, surtout ceux de la famille de Golias » (*clerici ribaudi, maxime qui dicuntur de familia Goliae*), ne devaient pas garder la tonsure. Les statuts du synode de Liège, en 1287, déclarèrent que les clercs goliards devaient être punis par leurs évêques. Boniface VIII, en 1298, décréta que les Goliards qui persisteraient dans leur genre de vie après trois avertissements de leurs supérieurs ecclésiastiques perdraient tous les privilèges accordés aux clercs.

Au XIIIe siècle, les Goliards sont donc, selon toute apparence, des clercs de mœurs dissolues. Il s'agit cependant d'un sens dérivé : si l'on en croit le témoignage de Giraud de Cambrie, dans son *Speculum ecclesiae* (vers 1220), « Golias » était d'abord un poète qui s'employait dans ses vers à stigmatiser avec une ironie mordante les abus du haut clergé et de la Curie romaine. Il s'agit en fait d'une création littéraire, d'un personnage mythique, sous le nom duquel ont circulé, comme en contrebande, une grande quantité de pièces satiriques, en vers latins rythmiques : les œuvres, par exemple, d'Hugues d'Orléans*, dit Primas (vers 1095-vers 1160), de l'Archipoète de Cologne (vers 1130-vers 1165), de Serlon de Wilton (vers 1110-vers 1200), ou encore les poèmes lyriques de Gautier de Châtillon* (vers 1135-vers 1182). Ces auteurs, pour autant que l'on sache quelque chose de leur existence, semblent avoir exercé en toute dignité des carrières dans l'enseignement ou l'administration ecclésiastique. On ne doit donc en aucun cas les identifier avec les clercs « ribauds » et gyrovagues qui, peut-être, colportent leurs œuvres.

On se gardera donc soigneusement de toute illusion référentielle lorsqu'il s'agira de définir la poésie « goliardique » : celle-ci, composée avec une grande virtuosité, est d'abord un exercice de style, un brillant jeu sur la langue, utilisant toutes les ressources du vers accentuel, dégagé du carcan de la métrique latine classique ; violemment satirique, elle est surtout l'expression, sur le mode de l'ironie grinçante, parfois de la cocasserie, d'un moralisme sévère dirigé contre les pratiques, notamment simoniaques, des responsables religieux. Cette satire adopte volontiers la forme de la parodie, voire de l'inversion carnavalesque (ainsi, la prétendue « secte des Goliards », sorte d'abbaye de Thélème avant la lettre, est une pure invention littéraire). La popularité de ces chants, dont certains sont de véritables chefs-d'œuvre (*Estuans intrinsecus,* de l'Archipoète, *Dives eram,* d'Hugues Primat), semble avoir été telle que ceux qui en reprenaient à leur compte le propos, les clercs « déclassés », ne tardèrent pas à constituer un danger pour l'ordre social. D'où les condamnations rappelées plus haut.

C'est donc par extension que l'on qualifie parfois, abusivement, l'ensemble de la poésie lyrique latine du XIIe siècle de « goliardique » : ainsi, le manuscrit de Munich, latin 4660 (les fameux *Carmina burana*), copié vers 1220-1230, ne comporte pas une seule fois le mot *goliardus* ou *goliardicus*... De même, l'idée de définir comme goliardique une certaine poésie amoureuse, joyeuse et sensuelle, est strictement moderne.

Le caractère anonyme de nombreuses pièces dans les collections manuscrites, l'universalité des thèmes qui y sont traités, leur très large diffusion rendent fort compliquée la tâche du chercheur qui voudrait déterminer le lieu d'origine de beaucoup de ces poèmes, mais une proportion importante des pièces anonymes sont vraisemblablement d'origine française.

→ O. Dobiache-Rojdesvensky, *Les poésies des goliards,* Paris, 1931. — H. Waddell, *The Wandering Scholars,* 7e éd., Londres, 1949. — J. De Ghellinck, *L'essor de la littérature latine au XIIe siècle,* 2e éd., Bruxelles, 1954, p. 494-508. — F.J.E. Raby, *A History of Secular Latin Poetry in the Middle Ages,* 2e éd., Oxford, 1957, t. 2, p. 171-227 et 337-341. — P. Lehmann, *Die Parodie im Mittelalter,* Stuttgart, 1963. — J.H. Hanford, *The Progenitors of Golias,* dans *Speculum,* t. 1, 1926, p. 38-58. — A.G. Rigg, *Golias and other Pseudonyms,* dans *Studi medievali,* 3e s., t. 18 (1977), p. 65-109. — R.W. Thompson, *The Origins of Latin Satire in Twelfth-Century Europe,* dans *Mittellateinisches Jahrbuch,* t. 13 (1978), p. 73-83. — J. Mann, *Satiric Subject and Satiric Object in Goliardic Literature, ibid.,* t. 15 (1980), p. 63-86.

Pour des indications bibliogr. supplémentaires se rapportant à l'histoire des Goliards et aux diverses éd. et trad. de la « poésie goliardique », voir : H. Waddell, *op. cit.*, p. 317-323. — F.J.E. Raby, *op. cit.*, p. 393-399. — Cf. aussi l'introd. à la remarquable anthologie d'E. Massa, *Carmina burana e altri canti della goliardia medievale,* Rome, 1979, p. 176-182.

M.L.C. et J.Y.T.

Gontier de Soignies. Trouvère dont l'activité littéraire s'est vraisemblablement déroulée entre 1180-1190 et 1210-1220, car ses œuvres sont citées dans le *Roman de la Rose ou de Guillaume de Dole* de Jean Renart*. Il était originaire de Soignies (Belgique, prov. de Hainaut), mais sa vie nous est inconnue. Les rares allusions personnelles contenues dans ses œuvres nous apprennent uniquement qu'il voyagea en France et dans le comté de Bourgogne, où il fut peut-être le protégé du comte palatin Othon Ier (1190-1200).

Des 34 chansons qui lui sont attribuées, 27 seulement sont authentiques. L'originalité de Gontier — peut-être l'un des meilleurs trouvères de son temps — réside dans l'emploi d'une forme poétique étrangère au lyrisme courtois, celle de la rotrouenge, pour chanter la « fine amour ».

ŒUVRES. — A. Scheler, *Trouvères belges. Nouvelle série,* Louvain, 1879 (réimp. Genève, 1977), p. 1-71. — *Gontier de Soignies, Il Canzoniere,* éd. L. Formisano, Milan-Naples, 1980 (*Documenti di Filologia,* 23).

→ G. Sivery, *La description du paysage rural par les scribes et les paysans du Hainaut à la fin du Moyen Âge,* dans *Revue du Nord,* t. 62 (janvier-mars 1980), p. 61-69. — Linker, n° 92-93. — Cf. *MB S* 4485-4486. G.M. et F.F.H.

Gontier et Pierre Col. Fils d'un bourgeois de Sens, Gontier et Pierre Col firent carrière à Paris. L'aîné était certainement Gontier, qui dut naître vers 1350-1352. C'est peut-être après des études de droit à Orléans qu'il obtint son premier office royal : receveur des aides pour les anciennes possessions normandes de Charles de Navarre, en 1379. Comme il est secrétaire du duc de Berry à la même époque, on peut croire qu'il doit cette promotion à la protection ducale. À la fin de 1380, il est notaire du roi ; au début de 1388, il prend le titre de secrétaire. Il occupa, de façon temporaire et par délégation, d'autres offices importants : général sur la finance des aides (1401), trésorier du roi (avant juin 1404). Après la paix de Bicêtre (novembre 1410), le duc d'Orléans dénonce au roi et fait chasser les personnages qu'il considère comme ses ennemis ; le duc de Bourgogne agit de même et Gontier doit fuir Paris. En 1413, après la chute du régime cabochien, il rentre dans la capitale et retrouve son poste de secrétaire qu'il gardera jusqu'à sa fin tragique en juin 1418, lors de l'entrée des Bourguignons dans Paris.

Gontier Col a participé à de nombreuses ambassades, en raison de ses compétences de rédacteur et, parfois, de son expérience de certaines affaires. On conserve plusieurs relations de ces démarches en français (un seul procès-verbal est en latin), qui peuvent lui être attribuées : ainsi en 1389, lors d'une ambassade envoyée par Jean de Berry au duc de Bourgogne ; en 1395, lors de l'envoi d'une délégation par Charles VI en Avignon à Benoît XIII pour lui proposer de mettre fin au schisme par la double cession d'obédience ; en 1414, la reine mère d'Angleterre, veuve de Jean IV de Bretagne et de Henri IV d'Angleterre, l'envoie négocier le règlement de son douaire avec son fils Jean V de Bretagne ; en juin 1415, il rédige un rapport sur les projets de mariage entre Henri V et Catherine de France.

Mais c'est pour sa participation au Débat sur le *Roman de la Rose** que Gontier reste le plus connu. Il est, en effet, l'auteur de deux lettres à Christine de Pizan* où il défend le *Roman de la Rose* et le point de vue de Jean de Montreuil*, son ami et élève à la chancellerie royale. C'est alors que se trouve également mis en lumière son frère Pierre. Celui-ci intervient au cours de la troisième étape du débat, en une très longue lettre qui répond plus particulièrement à deux écrits : la lettre de Christine à Jean de Montreuil et le *Traictié d'une vision faite contre le Ronmant de la Rose* de Jean Gerson*. Ainsi cette querelle littéraire se déroule-t-elle dans des milieux parisiens précis, puisqu'elle voit s'affronter deux secrétaires royaux et la femme d'un secrétaire royal, un chanoine de Notre-Dame de Paris et le chancelier de ce chapitre. Ces deux milieux étaient souvent très liés, puisqu'en 1389, lors de son accession au canonicat, Pierre Col a pour garant Jean Hue, chanoine et secrétaire du roi. D'ailleurs, Pierre semble avoir été plus homme d'affaires que religieux : en 1399, il se charge des procès de l'Église de Paris. Il voyagea aussi pendant les troubles parisiens, entre 1414 et 1416. Il dut aller en Égypte ; puis il passa effectivement à Naples et Constance. Revenu à Paris, on ne sait quand et comment il mourut. C'est à la correspondance de Nicolas de Clamanges* que l'on doit de connaître le voyage de Pierre. L'amitié, tout comme la culture, liait ces personnages. Hommes d'écriture — Clamanges était secrétaire pontifical —, ils étaient de ceux qui se passionnaient, à la suite d'un Pétrarque*, pour la redécouverte des œuvres antiques ; de ceux qui militaient pour une éloquence française en latin mais aussi en langue vernaculaire. Hommes de cabinet, bibliophiles ou amis de bibliophiles, tel le chanoine parisien Nicolas de Baye*, ils furent aussi acteurs d'une histoire, politiquement et culturellement, en transformation.

ŒUVRES. — *C'est ce que Gontier a a dire a Monseigneur le duc de Bourgogne de par monseigneur de Berry,* dans *Œuvres de Froissart,* éd. Kervyn de Lettenhove, Bruxelles, 1867-1877, t. 13, p. 352 sqq. [ambassade de 1389]. — *Journal* [sur la délégation de 1395], éd. Martène et Durand, *Amplissima Collectio,* t. 7, Paris, 1733, p. 479-525 ; p. 466, procès-verbal latin qui y est inclus. — *Cy après ensuit ce que je Gontier Col ai dit. (...) à hault et puissant prince le duc de Bretaingne,* éd. dans *Bull. du Comité historique des monuments écrits de l'histoire de France,* t. 4 (1853), p. 73 sqq. — Rapport sur l'ambassade anglaise de 1415, éd. imparfaite dans *Recueil de diverses pièces servant à l'histoire de Charles VI,* Paris, 1660, p. 97 sqq. — Pièces de la querelle sur le *Roman de la Rose* de Gontier et Pierre Col, dans *Christine de Pizan, Jean Gerson, Jean de Montreuil, Gontier et Pierre Col. Le débat sur le Roman de la rose,* éd. E. Hicks, Paris, 1977 (*Bibliothèque du* XVe *siècle*).

→ A. de L. Le Duc, *Gontier Col and the French Pre-Renaissance,* dans *The Romanic Review,* t. 7 (1916), p. 414-457 ; t. 8 (1917), p. 145-165. — A. Coville, *Gontier et Pierre Col et l'humanisme en France au temps de Charles VI,* Paris, 1934. — I. Zarebski, *Kodeks BJ nr 413 : Giovanni Boccaccio Genealogia Deorum a Gontier Col* (...), dans *Biuletyn Biblioteki Jagiellonskiej,* t. 15 (1964), p. 39-48. — C. Bozzolo, *L'humaniste Gontier Col et la traduction française des lettres d'Abélard et Héloïse,* dans *Romania,* t. 95 (1974), p. 199-215 [ms. qui lui appartint] ; *L'humaniste Gontier Col et Boccace,* dans *Boccaccio in Europe,* Louvain, 1977, p. 15-22. — J.L. Baird, *Pierre Col and the Querelle de la Rose,* dans *Philological Quarterly,* t. 60 (1981), p. 273-288. — A. Vernet, *Les traductions latines d'œuvres en langue vernaculaire,* dans *Traduction et traducteurs au Moyen Âge,* Paris, 1989, p. 225-241 [à propos du *Journal* de Gontier]. — Cf. *MB* n°s 5397-5398 ; *S* 4995, 7556, 8455-8456, 8493 *bis.* S.L.

Gormonda de Montpellier. Voir : Guilhem Figueira.

Gormont et Isembart. La chanson de geste connue sous ce titre ne survit que dans un fragment de 661 vers octosyllabiques conservé à Bruxelles et représentant la fin, ou presque, d'une chanson bien plus longue et parmi les plus anciennes dont l'existence soit clairement attestée. Dans une grande bataille, déjà commencée, le roi sarrasin Gormont terrasse, l'un après l'autre, les barons français qui se mesurent à lui, y compris le vaillant Hugon, meilleur serviteur du roi Louis, mais meurt enfin quand Louis le pourfend d'un grand coup d'épée. Celui-ci, en se redressant violemment pour ne pas tomber de son cheval, se rompt le diaphragme, blessure dont il mourra quelques semaines plus tard. Les Sarrasins tombent dans le désarroi, mais sont ralliés par maître Isembart le renégat (« li Margaris »), à qui il arrive de frapper et désarçonner son propre père dans la mêlée, sans le reconnaître. Après quatre jours, les païens faiblissent et Isembart tombe, mortellement blessé. Dans les derniers moments de sa vie, il revient à sa foi chrétienne.

La partie précédente du poème peut être reconstituée dans ses grandes lignes en se servant de la chronique rimée de Philippe Mousket*, du XIIIe siècle (v. 14053-14296), et par la traduction allemande d'une mise en prose du début du XVe siècle d'un roman français du XIVe, *Lohier et Mallart**. Isembart, jeune seigneur français, desservi par un parti d'ennemis à la cour du roi Louis, est cruellement persécuté par le roi, son oncle, et forcé de prendre le chemin de l'exil. En Angleterre, à Cirencestre, il s'allie au roi sarrasin Gormont et renie la foi chrétienne. Poussé par Isembart, Gormont vient en France ravager le propre pays d'Isembart, le Vimeu et le Ponthieu, et brûler l'abbaye de Saint-Riquier. Le roi Louis se met en campagne et engage la bataille près de Cayeux.

Le poème dont il reste le fragment de Bruxelles paraît dater de 1130 à peu près. Mais déjà Hariulf*, moine de Saint-Riquier et auteur d'une chronique terminée d'abord en 1088 et révisée en 1104, dit connaître la chanson et Geoffroi de Monmouth* y fait allusion dans son *Historia regum Britanniae.* Le fondement historique de la chanson fut une invasion de la France par une armée de Normands, au cours de laquelle ils brûlèrent Saint-Riquier en février 881 et furent vaincus par le roi Louis III six mois plus tard à Saucourt-en-Vimeu.

Le poète a su raconter dans des vers nerveux et simples le drame sombre du renégat auquel il réserve sa sympathie et auquel il prête un fond de sentiment français et chrétien que son apostasie n'a pas réussi à détruire.

ŒUVRE. — Éd. A. Bayot, 3e éd. Paris, 1931 (*CFMA,* 14). — Éd. Y. Otaka, 1987 (*Publ. rech. anglo-norm.,* 4).

→ La synthèse de : J.B. Ashford, *État présent des recherches sur Gormont et Isembart,* dans *Olifant,* t. 10, n° 4 (1984-1985), p. 188-209. — On consultera encore avec profit : J. Bédier, *Les légendes épiques,* t. 4, 1921, p. 21-91. — Sur le débat au sujet des origines du poème, auquel prirent part J. Bédier, A. Pauphilet, F. Lot et E. Faral, voir : I. Siciliano, *Les origines des chansons de geste,* Paris, 1951, p. 101-109. — Voir aussi : J. de Vries, *La chanson de Gormont et Isembart,* dans *Romania,* t. 80 (1959), p. 34-62. — W.C. Calin, *The Old French Epic of Revolt,* Genève, 1962. — S.G. Nichols Jr., *Style and Structure in Gormont et Isembart,* dans *Romania,* t. 84 (1963), p. 500-535. — W.G. Van Emden, *Isembart and the Old French Epic of Revolt,* dans *Nottingham Mediaeval Studies,* t. 8 (1964), p. 22-34. — P.R. Lonigan, *The Gormont et Isembart Problems and Interpretation of an Old French Epic,* Ann Arbor, 1976. — H. Legros, *Les prières d'Isembart et de Vivien,* dans *Senefiance,* t. 10, Paris (1981), p. 361-373. — A. Aragon, *Statut et fonctions du narrateur dans la chanson de geste, ibid.,* t. 20-21 (1987), n° 1, p. 197-222. — Cf. *MB* nos 450-474 ; 7166 ; *S* 787 ; 1211-1221. C.A.K.

Gossuin de Metz. Clerc, auteur (identifié par Ch.-V. Langlois) d'une encyclopédie en vers (octosyllabes à rimes plates), composée dans un dialecte lorrain notablement influencé par la langue littéraire de l'Ile-de-France.

Gossuin de Metz donna de son poème trois rédactions successives. La première rédaction (environ 6 600 octosyllabes) fut composée en 1246 et vraisemblablement offerte au comte Robert d'Artois, frère de saint Louis, qui devait mourir en 1250 à la bataille de Mansourah. Elle se divise en trois parties : introduction à l'étude de la science (première partie, en 21 chapitres), géographie et météorologie (deuxième partie, en 19 chapitres), astronomie (troisième partie, en 28 chapitres). Elle est conservée dans 67 manuscrits. La deuxième rédaction (10 600 octosyllabes) est une refonte complète, entreprise par Gossuin quand il accompagna son protecteur à la croisade ; certainement postérieure au 9 mars 1248, elle est conservée dans 23 manuscrits et ne comprend plus que deux parties, suivies d'un épilogue : des généralités préliminaires et l'histoire de la science (première partie, en six chapitres), un tableau encyclopédique des phénomènes (deuxième partie, en 75 chapitres). La troisième rédaction (conservée dans le seul manuscrit Londres, Brit. Libr., Harley 4333) est très proche de la deuxième rédaction et se caractérise par l'introduction d'un prologue, dans lequel Gossuin expliquait qu'il avait offert la première rédaction à Robert d'Artois et une autre rédaction (la deuxième ou la troisième ?) à l'évêque Jacques de Metz, frère du duc Mathieu III de Lorraine.

L'*Image du monde* fut conçue avec une illustration : la première rédaction possède ainsi 28 figures (première partie), neuf figures (deuxième partie) et neuf figures (troisième partie). Ces illustrations, toujours présentes dans les manuscrits, sont assez souvent de facture médiocre.

Le succès de l'œuvre de Gossuin de Metz fut considérable : la première rédaction, la plus répandue car dédiée à un fils de France, fut dérimée dès le XIIIe siècle, traduite sous cette nouvelle forme en hébreu, en judéo-allemand et en anglais (première édition, due à William Caxton, en 1480 ou 1481), et, toujours en prose, plusieurs fois imprimée au XVe siècle. Si la source principale de Gossuin de Metz est l'*Imago mundi* d'Honorius*, l'*Image du monde* fut utilisée à son tour par Matfre Ermengaud* pour son *Breviari d'Amor* (1288) et par la deuxième rédaction de *Renart le Contrefait** (1342 au plus tôt), ainsi que par les auteurs des encyclopédies en prose *Sidrac** et *Placides et Timeo**.

ŒUVRES. — *L'Image du monde de maître Gossouin, rédaction en prose, texte du ms. Bibl. nat. fr. 574,* éd. O.H. Prior, Lausanne-Paris, 1913. — *Édition of Gossouin's Image du monde,* éd. N. Fahs, Berkeley, Univ. of California, 1936. — *L'Ymagine del mondo (Firenze, Bibl.*

naz., cod. palat. 703), éd. F. Chiovaro, Naples, 1977 [éd. de la trad. italienne].

→ C. Fant, *L'Image du monde, poème inédit du milieu du XIIIe siècle, étudié dans ses diverses rédactions françaises...,* Uppsala, 1886. — C.-V. Langlois, *La vie en France au Moyen Âge,* t. 3, *La connaissance de la nature et du monde d'après des écrits français à l'usage des laïcs,* Paris, 1927, p. 135-197. — L. Lindgren, *Analyse de la langue de l'Image du Monde de Gossuin de Metz,* dans *Neuphilologische Mitteilungen,* t. 73 (1972), p. 499-544 [étudie la 2e rédaction, d'après Paris, BN fr. 25343]. — B. Ribémont, *Statut de l'astronomie et évolution des connaissances sur le cosmos chez les vulgarisateurs médiévaux : le cas de quelques encyclopédies en langue vernaculaire,* dans *Observer, lire, écrire le ciel au Moyen Âge, Actes du colloque d'Orléans (22-23 avril 1989),* Paris, 1991, p. 283-300. — Cf. *MB* nos 2906-2914, 6565-6567 ; *S* 5380-5383. F.F.H.

Gottfried von Straßburg. On ignore tout de l'origine, de la formation et de la condition sociale de Gottfried ; on ne peut que supposer avec quelque vraisemblance qu'il était un homme très cultivé, au sommet de la culture contemporaine, c'est-à-dire cléricale. Au reste, il est nommé « maître » Gottfried par Ulrich von Türheim et Heinrich von Freiberg, « continuateurs » de son œuvre demeurée inachevée (19 548 vers), composée dans le premier tiers du XIIIe siècle et transmise par onze manuscrits complets et seize fragments. C'est l'adaptation « créative » du *Tristan* de Thomas* (vers 1170). À partir de la comparaison des brefs passages communs au *Tristan* allemand et au récit de Thomas et de la comparaison du poème de Gottfried avec la version norroise du poème anglo-normand, la *Saga* de Frère Robert (1226), on peut caractériser ainsi la méthode d'adaptation de Gottfried : le poète a, face à son modèle, le comportement qui pourrait paraître paradoxal de se plier davantage que d'autres à l'exigence du respect du modèle, et en même temps de se permettre des libertés inouïes : d'un côté, extrême fidélité au modèle, d'autre part interprétation autonome, exposée avant tout dans des commentaires, des additions, des digressions lyriques — ainsi dans le prologue, les digressions sur l'amour, l'épisode de la grotte d'amour — qui l'amène à modifier certains épisodes. Cependant, il reste dans les limites du genre de l'adaptation, qui exige d'un côté la piété la plus grande envers le modèle, et de l'autre autorise à réinterpréter certaines scènes et à infléchir le sens de l'histoire, du moment que ces modifications sont obtenues avec le minimum de divergences, qu'elles vont dans la direction imprimée par le modèle. Cela dit, risquons une interprétation de Gottfried. D'un côté, en partie à la suite de son modèle, Gottfried ne s'intéresse guère à la description d'actions guerrières ; jamais Tristan ne cherche le combat de façon irréfléchie, pour l'amour de la bataille et pour la gloire personnelle ; il ne livre combat que pour des raisons impérieuses, et là on observe une attitude contradictoire : Tristan montre dans sa manière de combattre violence, cruauté et brutalité, en même temps qu'il fait intervenir une intelligence réfléchie et prévoyante. D'un autre côté, Gottfried — au contraire d'Eilhart von Oberg* — met au centre de son poème l'histoire d'amour, actualisant à fond les virtualités révolutionnaires du thème de Tristan : faisant de l'union entre Marke et Isolde un pur mariage de convenance, il déclare Marke, l'époux, coupable sans réserve, parce qu'il recherche en Isolde uniquement l'objet de son désir sexuel et non cette communauté profonde, signe du véritable amour. Parallèlement, dans ses digressions (qui lui sont propres), Gottfried disculpe le couple (adultère !) des amants de toute faute morale et, rejetant la morale sociale et institutionnelle du mariage, défend une nouvelle morale, plus humaine, une morale qui reconnaît le droit au bonheur individuel. Enfin, il libère l'amour de Tristan et d'Isolde du mécanisme du philtre, ce qui les rend pleinement responsables de leurs sentiments et de leurs actes : au reste, à la suite de son prédécesseur, Thomas*, il s'attache à faire de la passion amoureuse de Tristan et d'Isolde un authentique sentiment humain, réduisant la fonction du philtre à un simple signe — ou, mieux, symbole — d'une décision tout à fait personnelle d'aimer, d'une union définitive et indissoluble. En conséquence, Gottfried souligne le caractère anti-social de l'amour adultère, ou plutôt l'hostilité de la société envers l'amour, ce qui apparaît le plus nettement possible dans l'épisode de la « vie dans la forêt » : alors qu'il était chez Thomas (d'après la *Saga*) encore ancré dans la réalité, il prend chez Gottfried les traits d'une idylle irréelle, et ce n'est que dans cette existence utopique que l'amour de Tristan et d'Isolde peut s'épanouir pleinement. En effet, la tentative d'unir accomplissement de l'amour et vie sociale mène obligatoirement à une existence douloureuse, et c'est cette souffrance (*leit*) qui, pour Gottfried, est la marque du véritable amour dans la société de son temps, car celle-ci condamne inéluctablement celui qui aime vraiment à une existence tragique. Cela montre que Gottfried a parfaitement pénétré le noyau idéal du thème de Tristan qu'il a exploité poétiquement, avec toutes les ressources de son art, pour en faire une œuvre d'une grandeur artistique classique.

ŒUVRE. — *Gotfried von Strasbourg, Tristan und Isold*, éd. F. Runke, Dublin-Zurich, 1967. — *Das Tristan-Epos Gottfrieds von Straßburg*, éd. W. Spiewok, Berlin, 1989. — Trad. allemande avec introd. W. Spiewok. Amiens, 1991. — Trad. française D. Buschinger et J.M. Pastré, Göppingen, 1980.

→ F. Piquet, *L'originalité de Gottfried de Strasbourg*, Lille, 1905. — J. Fourquet, *Le cryptogramme du Tristan et la composition du poème*, dans *Études germaniques*, t. 18 (1963), p. 271-276. — D. Buschinger, *La technique de l'adaptation chez Gottfried von Straßburg d'après l'épisode de Rivalin et Blanchefleur*, dans *Mél. C. Foulon*, Rennes, 1980, p. 74-87 ; *Gottfried von Straßburg, adaptateur de Thomas de Bretagne (vers 18443-18454 et 15765-16402)*, dans *La légende de Tristan au Moyen Âge*, Göppingen, 1982, p. 167-191 ; *L'adaptation des romans courtois en Allemagne. Un exemple : le thème de Tristan*, dans *The Spirit of the Court, Selected Proceedings of the Fourth congress of the Int. Courtly Lit. Soc. Toronto 1983*, Cambridge, 1985, p. 90-109. — W. Spiewok, *La réception du thème de Tristan dans la littérature allemande d'Eilhart von Oberg à Wagner*, dans *Tristan et Iseut, mythe européen et mondial*, Göppingen, 1987, p. 378-398. D.B.

Graal. 1. *Sens et étymologie.* Le nom commun *graal* (C.S. *li graaus ;* C.R. *le graal*), attesté sous sa forme latine *gradalis* dès 1010 dans un testament du comte Armengol Ier d'Urgel en Catalogne, se retrouve dans plusieurs langues romanes : *grazal* ou *grasal* en provençal, *greal* ou *griala* en catalan... La première mention du terme en langue d'oïl serait celle du *Roman d'Alexandre** décasyllabique autour de 1160-1170 (v. 618 du ms. de Venise). Le mot désigne un plat précieux et de grande taille, puisqu'il peut contenir de gros poissons (« brochets, lamproies et saumons »), si l'on en croit le *Conte du Graal* de Chrétien de Troyes* (v. 6205), et une tête de sanglier d'après la *Première Continuation du Conte du Graal* (v. 13431 de la version longue). De plus, Hélinand de Froidmont*, dans un passage célèbre de sa *Chronique latine* (premier quart du XIIIe), définit le *graalz* comme un « plat large et tant soit peu profond » (*scutella lata et aliquantulum profunda*). L'étymologie du mot reste obscure ; il dériverait soit de *cratale,* croisement entre *crater,* « vase » et (*vas*) *garale,* « récipient à saumure » (hypothèse de C.T. Gossen), soit de *gradale,* « livre liturgique », « graduel », soit plus vraisemblablement de *cratis,* « claie ». L'étymologie médiévale, plus fantaisiste, est aussi plus riche de *senefiance :* le *graal* est « ce qui agrée », ce qui sert à gré dans l'*Estoire dou Graal* de Robert de Boron* (*Car nus le Graal ne verra, / Ce croi je, qu'il ne li agree,* v. 2661-2662) et dans la *Queste del Saint Graal.*

2. *La scène de Chrétien de Troyes et le problème des origines.* Lorsque le *graal* fait son entrée dans la littérature médiévale au v. 3208 du *Conte du Graal* de Chrétien de Troyes (entre 1181 et 1185 ?), il n'est encore qu'un nom commun (*Un graal antre ses. II. mains / Une dameisele tenoit*). L'histoire du *graal* est l'histoire de ce passage du nom commun au nom propre, de cette métamorphose d'un objet prosaïque — un *graal* — en un objet sacré et mythique — le *saint Graal.* Rappelons rapidement la scène du *Conte du Graal :* arrivé au mystérieux château du Roi Pêcheur, Perceval assiste à un spectacle singulier ; un jeune homme porteur d'une lance dont la pointe laisse couler une goutte de sang, une belle demoiselle qui porte dans ses mains un *graal* orné de pierres précieuses, suivie d'une autre qui tient un *tailleor d'argent,* soit un plat à découper, traversent la salle. Tandis que le cortège passe et repasse, la table se trouve chargée de mets abondants et exquis. Mais Perceval reste silencieux et n'ose pas demander pourquoi cette lance saigne et à qui l'on destine le service du *graal ;* s'il avait posé ces questions, le Roi Pêcheur aurait été guéri de son infirmité et son royaume aurait retrouvé sa prospérité. Ce texte frappe d'abord par son côté mystérieux et énigmatique, sinon onirique, puisque la scène est présentée en focalisa-

tion interne : le narrateur épouse le point de vue de Perceval, n'intervenant que pour regretter le silence de son héros. L'entrevue de Perceval avec son oncle ermite ne lèvera que partiellement le voile du mystère : le *graal,* affirme l'ermite, ne contient pas, comme on pourrait le croire, des poissons (nous sommes chez un Roi Pêcheur), mais une seule hostie qui suffit à maintenir en vie le roi infirme, première amorce de christianisation, amorce cependant bien timide (le *graal* est *sainte chose,* mais n'est pas encore le *saint Graal*). L'autre fait important dans le texte de Chrétien est que le *graal* n'est pas un objet isolé, il apparaît dans un cortège au côté de la lance qui saigne et du *tailloir* et est associé au motif des questions à poser et de l'infirmité du Roi Pêcheur. Le *graal* appartient donc à une séquence d'objets et à une contexture narrative complexe, ce qui explique tout à la fois la fortune du mythe au Moyen Âge (chaque écrivain élaborant sa propre syntaxe et sa propre mise en série des matériaux mythiques) et la multiplicité des thèses qu'il a pu susciter de nos jours quant à son origine.

De ce foisonnement critique, deux grands types d'explication se détachent et s'affrontent : la thèse des origines chrétiennes et celle des origines celtiques. D'après la première, les objets du cortège sont des objets liturgiques (le *graal* est un ciboire ou un calice ; le *tailloir,* une patène ; la lance qui saigne est un souvenir de la Lance de Longin, centurion romain qui perça le flanc du Christ sur la Croix avant de se convertir et de mourir en martyr), et le cortège est la transposition d'un rite (communion des malades ou viatique, rite de la Grande Entrée dans l'Église orthodoxe où la sainte Lance joue un rôle important). Quant au motif des questions à poser, il a été rapproché par M. de Riquer du rite juif du Pesaj dont la célébration ne peut se poursuivre que si le plus jeune de la famille pose quatre questions ; ces questions posées, le chef de famille peut narrer l'Exode. Certains critiques sont allés plus loin et ont proposé une interprétation allégorique du cortège : la porteuse du *graal* est l'Église (M. Roques, M. Lot-Borodine, M. de Riquer...), celle du *tailloir* serait la Foi (M. Lot-Borodine). Selon U.T. Holmes, le jeune homme qui tient la lance est une image de la Synagogue et la scène de Chrétien, qui aurait été lui-même un juif converti, serait alors une histoire figurée du passage de la Synagogue à l'Église... On peut d'abord reprocher à ces différentes explications de rester incomplètes ; chacun des rites proposés ne prend en compte qu'un des éléments du récit : *graal* pour la communion des malades, lance pour la Grande Entrée, questions à poser pour le Pesaj ; et aucun d'entre eux ne rend compte de l'infirmité du Roi Pêcheur. Surtout, ces hypothèses sont arbitraires et contradictoires entre elles, voire saugrenues, dans la mesure où elles forcent le sens du texte de Chrétien et l'interprètent à la lumière de textes postérieurs.

Les théories celtiques (voir J. Marx, R.S. Loomis et, bien qu'il soit plus nuancé, J. Frappier...) ont l'avantage de rendre compte de la scène du *graal* dans sa globalité et non plus de tel ou tel fragment narratif et surtout de s'appuyer sur la littérature galloise ou irlandaise avec laquelle Chrétien de Troyes — ses quatre romans précédents le prouvent — était en rapport d'une manière ou d'une autre. Ainsi, le *graal* est analogue au chaudron ou à la corne d'abondance qui, dans les mythologies celtiques, fait partie des talismans royaux de souveraineté et qui dispense boisson et nourriture à foison ; en effet, à chaque passage du *graal* dans la scène de Chrétien et plus nettement encore chez ses successeurs, la table des convives se couvre de mets abondants. La lance qui saigne a été mise en rapport avec la terrible lance vengeresse et destructrice de différentes divinités celtiques (Lug, Oengus, Celtchar...), lance d'où s'écoule du feu ou du sang, comme dans le *Conte du Graal.* Quant au Roi Pêcheur, il est proche des dieux marins, Bran le Béni (nom mis en rapport avec Bron, le beau-frère de Joseph d'Arimathie dans l'*Estoire dou Graal* de Robert de Boron*), et Nuadu, rois de l'Autre Monde et possesseurs d'un chaudron merveilleux ; ces divinités marines sont liées à la fertilité et à la fécondité et dans certains textes, Bran apparaît comme un roi blessé, dont le royaume est frappé de stérilité à l'image de la *terre gaste* du Roi du Graal. Enfin, le motif des questions à poser se retrouve dans un texte irlandais, l'*Extase prophétique du Fantôme ;* Conn, roi d'Irlande, arrive à la demeure mystérieuse du dieu Lug. Une jeune fille, la Souveraineté d'Irlande, donne au roi Conn deux énormes morceaux de viandes et, au moment de servir les boissons, demande à Lug : « A qui dois-je donner la coupe ? » et Lug répond : « À Conn ! » Conn est ainsi conforté dans sa souveraineté. Malgré des différences, l'*Extase prophétique du Fantôme* et le *Conte du Graal* ont en commun de lier le rétablissement ou la confirmation de la souveraineté à des questions à poser. Perceval, en posant des questions, aurait restauré la santé du Roi Pêcheur et l'intégrité de son royaume ; les éléments du cortège sont alors autant de talismans royaux que J. Grisward a pu rapprocher des trois fonctions indo-européennes : *graal* / fonction magico-religieuse, lance / fonction guerrière, *tailloir* / fonction nourricière (c'est sur le *tailloir* qu'un valet découpe la hanche de cerf qui constitue le premier mets du repas). Conservés dans le château du Roi Pêcheur, ces trois talismans royaux sont exhibés dans une procession rituelle et demandent à être conquis par un jeune héros prédestiné. Ainsi, même s'il est difficile de reconstituer avec précision le conte celtique qui a pu servir à Chrétien, même si l'on peut reprocher au canevas élaboré par J. Marx d'être un agrégat artificiel de légendes galloises ou irlandaises, l'arrière-plan mythique de la scène du *Conte du Graal* est indéniable, ce qui ne signifie pas pour autant l'effacement de toute perspective chrétienne ; l'entrevue avec l'ermite témoigne de cette ébauche de christianisation. Le génie de Chrétien de Troyes a précisément consisté à croiser les deux perspectives dans une « *molt bele conjointure* » et à colorer discrètement la matière celtique d'un sens chrétien ; il appartiendra aux continuateurs de Chrétien d'expliciter les éléments du cortège et d'en dissiper le mystère, explicitation qui ne pourra se faire que dans un sens chrétien, la mythologie celtique étant lettre morte pour un homme du XIIe ou du XIIIe siècle.

Ces deux théories, chrétienne et celtique, ne sont que les plus importantes et la seconde est désormais la plus largement adoptée. Mais on pourrait citer bien d'autres hypothèses, souvent forcées, il est vrai : explication frazérienne (J. Weston), selon laquelle la visite de Perceval au château du Roi Pêcheur est l'initiation manquée à un rite de fertilité (le *graal* est un symbole femelle et la lance, un symbole mâle) ; hypothèses qui mettent en jeu une influence ou, pour reprendre le terme de P. Gallais, des « correspondances » orientales : hermétisme selon H. Kahane et A. Pietrangeli (rapprochement avec le cortège d'Isis du livre XI de l'*Âne d'Or* d'Apulée), alchimie pour P. Duval, mystique iranienne pour P. Gallais... ; enfin, hypothèses qui, en marge des théories chrétiennes, font appel au contexte historique : croisades (H. Adolf, pour qui le château du Graal chez Chrétien de Troyes représente le royaume de Jérusalem), ou hérésie cathare (L. Olschki, H. Bayer).

3. *Le graal après Chrétien de Troyes.* La christianisation du *graal* très timide chez Chrétien (le *graal* contient une hostie, mais n'est pas encore une relique) se réalisera autour de 1200 chez Robert de Boron* dont on ne sait s'il a connu ou non le texte de Chrétien. En effet, dans son *Roman de l'Estoire dou Graal,* Robert rattache définitivement le *graal* à la Passion du Christ : il est tout à la fois le *veissel* de la Cène et celui dans lequel Joseph d'Arimathie a recueilli le sang du Christ lors de la Crucifixion. Le *Graal* devient ainsi une relique à double titre, en tant que contenant et en tant que contenu. En même temps qu'une archéologie du *Graal,* Robert de Boron nous propose une archéologie de la chevalerie, puisque Joseph d'Arimathie, premier gardien de la précieuse relique et fondateur par l'intermédiaire de son beau-frère Bron de la pieuse lignée des Rois Pêcheurs, était aussi le premier *soudoier* (« soldat ») et *chevalier* (v. 1351-1352). L'*Estoire del Saint Graal** ne parle pas de la Lance et il appartiendra à la *Continuation Gauvain* (avant 1200 pour la version courte) (voir *Perceval* [*Continuations* de]) de la christianiser en l'assimilant à la sainte Lance de Longin, instrument de Passion et de Rédemption. Le *Perceval en prose** ou *Didot-Perceval* (vers 1205-1210) sera tributaire de ces deux textes complémentaires et sera ainsi le premier roman à associer les deux reliques, saint Graal* et sainte Lance. La christianisation atteint son apogée dans la *Queste del Saint Graal* (vers 1225-1230), où le Graal est tout à la

fois une relique de la Passion, un objet liturgique, l'image de l'Esprit saint (Pentecôte initiale du saint Graal à Kamaalot) et de la Grâce. Ainsi, É. Gilson a pu montrer que les « propriétés » du *Graal* dans la *Quête* sont analogues à celles de la Grâce chez saint Bernard ; quant à la perspective eucharistique, elle est limpide dans la scène de Corbenic où le corps ensanglanté du crucifié surgit du *saint Vessel* aux yeux des trois élus comme pour mettre en image le mystère de la transsubstantiation.

La christianisation ne signifie cependant pas une fixation du mythe et, par voie de conséquence, sa mort. Le mythe vit et se transforme par la mise en série toujours différente des objets et des motifs. Ainsi, le *graal* et la lance, simplement juxtaposés chez Chrétien de Troyes, sont associés dans le *Perlesvaus** et la *Queste del Saint Graal :* le sang qui coule goutte à goutte de la sainte Lance de Longin est recueilli tout naturellement dans le saint Graal ; de plus, certains éléments du cortège, difficiles à christianiser, joueront un rôle mineur ou disparaîtront comme le *tailloir,* alors que des objets nouveaux feront leur apparition comme la bière contenant un corps (*Continuation Gauvain*), le linge de soie rouge qui sert dans la *Queste* à recouvrir le *saint Vessel*, et surtout l'épée brisée qui, chez Chrétien, n'apparaissait qu'en dehors du cortège. Parallèlement à sa christianisation — et ce n'est pas là le moindre de ses paradoxes — le mythe du *graal* s'enrichit d'éléments merveilleux, plus proches, en un sens, de l'arrière-plan celtique : ainsi, le saint Graal se déplace le plus souvent tout seul, condamnant la porteuse du *graal,* figure de l'Église pour les partisans de l'origine chrétienne, à disparaître du cortège (de la *Continuation Gauvain* à la version pourtant la plus christianisée du mythe, celle de la *Queste*) ; l'auteur de la *Continuation Gauvain* laisse libre cours à ses fantasmes loin de toute rationalisation chrétienne : une tubulure merveilleuse — un conduit d'or — recueille le sang de la Lance qui saigne. Ajoutons que la plupart des romanciers du XIIIe siècle insistent encore plus fortement que Chrétien de Troyes sur les vertus nourricières du *graal,* trait caractéristique, on l'a dit, des chaudrons, vases et cornes d'abondance celtiques et, plus largement, indo-européens. Enfin, le motif des questions à poser subsiste dans les *Continuations,* mais n'est plus décisif (il disparaîtra de la *Queste*) ; s'y substitue comme épreuve qualifiante celle de l'épée à ressouder, motif mythique bien connu faisant appel au forgeron de l'Autre Monde, Trébuchet.

Le Graal est avec Tristan et Yseut le plus grand des mythes qu'ait conçu le Moyen Âge ; mythe central, car en lui se nouent les rapports du merveilleux païen et du surnaturel chrétien, de la chevalerie et du christianisme, dont la *Queste del Saint Graal* propose une synthèse sur le modèle bernardin du *miles Christi ;* mythe créateur aussi, puisque les premiers romans français en prose, du *Didot-Perceval** au *Perlesvaus** et à la *Vulgate* arthurienne (voir *Graal. Cycle-Vulgate*), sont d'abord des romans du Graal, ce qui est une manière de rivaliser avec le texte sacré par excellence, la Bible, texte qui est précisément en prose.

ŒUVRE. — Voir : Chrétien de Troyes (*Conte du Graal*), *Perceval* (*Continuations* de), Manessier, Gerbert de Montreuil, Robert de Boron, *Perlesvaus, Estoire del Saint Graal, Queste del Saint Graal.* Les principales scènes du *Graal* dans les romans français et allemands des XIIe et XIIIe siècles figurent en trad. dans *Scènes du Graal,* textes trad. et présentés par D. Buschinger, A. Labia et D. Poirion, Paris, 1987.

→ J. Weston, *From Ritual to Romance,* Cambridge, 1920. — *Lumière du Graal,* éd. R. Nelli, *Les Cahiers du Sud,* Paris, 1951. — J. Marx, *La légende arthurienne et le Graal,* Paris, 1952. — M. Roques, *Le Graal de Chrétien et la demoiselle au Graal,* dans *Romania,* t. 76 (1955), p. 1-27. — *Les Romans du Graal dans la littérature des XIIe et XIIIe siècles, Colloques internationaux du CNRS,* 3 (*Strasbourg, mars-avril 1954),* Paris, 1956. — M. Lot-Borodine, *Le Conte du Graal de Chrétien de Troyes et sa présentation symbolique,* dans *Romania,* t. 77 (1956), p. 235-288. — C.T. Gossen, *Zur etymologischen Deutung des Grals,* dans *Vox Romanica,* t. 18 (1959), p. 177-219. — U.T. Holmes-M.A. Klenke, *Chrétien, Troyes and the Grail,* Chapel Hill, 1959. — H. Adolf, *« Visio pacis » : Holy City and Grail. An Attempt at an Inner History of the Grail Legend,* Philadelphie, 1960. — E. Jung-M.L. von Frantz, *Die Gralslegende in psychologischer Sicht,* Zurich, 1960 (2e éd. 1983 ; trad. française : *La légende du Graal,* Paris, 1988). — R.S. Loomis, *The Grail. From Celtic Myth to Christian Symbol,* Cardiff-New York, 1963. — H. et R. Kahane, A. Pietrangeli, *The Krater and the Grail : Hermetic Sources of the Parzifal,* Urbana, 1965. — J. Marx, *Nou-*

velles recherches sur la littérature arthurienne, Paris, 1965. — L. Olschki, *The Grail Castle and its Mysteries,* Berkeley, 1966. — D.D.R. Owen, *The Evolution of the Grail Legend,* Édimbourg, 1968. — M. de Riquer, *Le leyenda del graal y temas épicos medievales,* Madrid, 1968. — J. Frappier, *Chrétien de Troyes et le mythe du Graal,* Paris, 1972 (2e éd. 1979). — E.J. Weinraub, *Chrétien's Jewish Grail,* Chapel Hill, 1976. — J. Frappier, *Autour du Graal,* Genève, 1977 ; *La légende du Graal : origine et évolution,* dans *GRLMA,* t. 4/1, p. 292-331. — J. Roubaud, *Graal fiction,* Paris, 1978. — J. Grisward, *Trois perspectives médiévales,* dans *Georges Dumézil à la découverte des Indo-Européens,* éd. J.C. Rivière, Paris, 1979, p. 197-218. — H. Bayer, *Gral. Die hochmittelalterliche Glaubenskrise im Spiegel der Literatur,* 2 vol., Stuttgart, 1983. — J. Grisward, *Des Scythes aux Celtes. Le Graal et les talismans royaux des Indo-Européens,* dans *Artus,* t. 14 (1983), p. 15-22. — C. Méla, *La Reine et le Graal : la conjointure dans les romans du Graal de Chrétien de Troyes au livre de Lancelot,* Paris, 1984. — J.C. Lozachmeur, *Recherches sur les origines indo-européennes et ésotériques de la légende du Graal,* dans *CCM,* t. 30 (1987), p. 45-63. — A. Strubel, *La rose, Renart et le Graal. La littérature allégorique en France au* XIIIe *siècle,* Paris, 1989. Cf. *MB* nos 1854-1860, 1864-1870, 1873, 1877-1879, 1883-1884, 1887, 1890, 1892 ; *S* 3677-3729. J.M.F.

Graal. Cycle-Vulgate ou **Lancelot-Graal**. Vaste cycle romanesque en prose écrit entre 1215 et 1235 et conservé dans de très nombreux manuscrits, ce qui explique le titre de *Vulgate* arthurienne donné par les érudits modernes à cet ensemble. Dans les neuf manuscrits complets, on distingue cinq branches de longueur inégale : 1) l'*Estoire del Saint Graal,* qui relate la préhistoire du Graal et son transfert d'Orient en Grande-Bretagne, où il est gardé par les Rois Pêcheurs. 2) l'*Estoire de Merlin,* qui s'ouvre sur la naissance de Merlin* et s'achève sur celle de Lancelot — entre-temps Arthur est devenu roi. 3) le *Lancelot* du Lac* qui occupe à lui seul la moitié de l'ensemble et se clôt sur la conception de Galaad, fils de Lancelot et de la fille du Roi Pellès. 4) la *Queste del Saint Graal**, qui se termine sur la mort de Galaad et la disparition du Graal, qu'une main mystérieuse emporte au ciel. 5) enfin, la *Mort le Roi Artu**, qui voit s'effondrer le royaume arthurien et mourir Arthur. La tradition manuscrite est fort complexe, puisque ces romans seront inlassablement récrits, abrégés, augmentés d'interpolations jusqu'à l'aube de la Renaissance : on peut distinguer cependant une version longue (ou « version de Paris », où se trouvent les témoins de cet état du cycle), d'une version courte (ou « version de Londres ») plus tardive. L'élaboration de ce vaste cycle romanesque est évidemment à mettre en rapport avec le développement contemporain des sommes scolastiques (*Summae* théologiques, *Summae* juridiques...), et du mouvement encyclopédique (Barthélemy l'Anglais*, Vincent de Beauvais*...), ainsi qu'avec l'essor de l'architecture gothique. Le cycle de la *Vulgate* cherche ainsi à embrasser l'histoire dans sa globalité : de la Passion (début de l'*Estoire del Saint Graal*), voire de la Genèse (épisode de l'Arbre de Vie dans la *Queste del Saint Graal*), jusqu'à la fin du monde arthurien et donc de l'univers de la chevalerie (*Mort le Roi Artu*). La *Vulgate* est aussi une vaste synthèse de la littérature arthurienne antérieure, puisque sont mis à contribution Geoffroi de Monmouth*, Wace* et Chrétien de Troyes* avec le *Chevalier de la Charrete* qui forme le cœur du roman central (le *Lancelot du Lac*) et évidemment le *Conte du Graal* ; pour coordonner ces deux œuvres, il a fallu substituer à Perceval un nouvel élu du Graal, Galaad, fils de Lancelot. La trilogie en prose du pseudo-Robert de Boron* (trilogie de Modène ou du ms. Didot) joue elle aussi un rôle important dans l'expansion cyclique ; le *Joseph d'Arimathie* constitue ainsi le point de départ de l'*Estoire del Saint Graal* et le *Merlin* est tout simplement interpolé au début de l'*Estoire de Merlin.*

Devant cette vaste synthèse historique et narrative se pose le problème de l'auteur ou des auteurs. L'attribution de la *Queste del Saint Graal* et de la *Mort le Roi Artu,* ainsi que du *Lancelot* dans l'épilogue de certains manuscrits, à *Mestre Gautier Map* est purement fantaisiste, puisque Gautier Map, écrivain latin au service d'Henri II Plantagenêt, est mort en 1209. En fait, si l'on est à peu près certain de l'ordre de composition (le *Lancelot du Lac* entre 1215 et 1225, la *Queste del Saint Graal* entre 1255 et 1230, la *Mort Artu* vers 1230. L'*Estoire del Saint Graal* et la Suite de l'*Estoire de Merlin* entre 1230 et 1235), trois thèses principales ont été émises à propos de l'élaboration de ces textes : 1) la thèse « uniciste » (F. Lot) : un seul et même auteur aurait écrit l'*Estoire del Saint*

Graal, le *Lancelot*, la *Queste del Saint Graal*, la *Mort Artu*. 2) la thèse « pluraliste » (A. Pauphilet, J.D. Bruce...) : une pluralité d'écrivains aurait travaillé indépendamment à ces différents romans : les renvois et les annonces d'un roman à l'autre (comme la mention de Galaad au début du *Lancelot*) seraient l'œuvre d'interpolateurs, l'*Agravain*, dernière partie du *Lancelot*, appelée aussi « Préparation à la Quête », aurait ainsi été écrit après coup pour relier le *Lancelot* à la *Queste del Saint Graal*. Une mention particulière doit être faite à la thèse d'E. Kennedy, pour qui aurait existé un *Lancelot* en prose primitif non cyclique, un « *Lancelot* sans le Graal », dont témoignerait le ms. BN fr. 768. 3) la thèse de l'« architecte » émise par J. Frappier : un seul écrivain aurait dressé le plan de la trilogie *Lancelot / Queste del Saint Graal / Mort Artu* et plusieurs auteurs l'auraient mise en œuvre, travail d'équipe en somme comme sur les chantiers des cathédrales. L'*Estoire del Saint Graal,* ainsi que la *Suite du Merlin*, auraient été ajoutées par la suite en ouverture du cycle par des écrivains sans génie particulier. Qu'il y ait eu ou non « architecte », peu importe, deux faits semblent acquis et recueillir une assez large adhésion : plusieurs auteurs ont participé à l'élaboration du cycle et ont travaillé en relation les uns avec les autres.

À ce problème de l'auteur est subordonné celui de l'unité idéologique du cycle. On a insisté depuis F. Lot sur le double esprit de l'œuvre : esprit courtois qui triomphe dans le *Lancelot* et esprit religieux qui domine dans la *Queste del Saint Graal* notamment ; mais il ne faut pas sous-estimer les facteurs de continuité. Ainsi, le *Lancelot* est déjà un roman du Graal et la *Queste* est encore un roman sur les merveilles du monde arthurien. La plus grande figure de la chevalerie *celestiel*, Galaad, n'est-il pas le fils du plus grand des chevaliers *terriens*, Lancelot ? En fait, le lien génétique est étendu à l'ensemble du cycle et du temps historique jusqu'à former un vaste réseau généalogique, comme pour le même Galaad autour duquel se croisent les lignages de David et de Joseph d'Arimathie. À côté du thème lignager, un personnage et un objet assurent cette même fonction de cohésion : Merlin et le Graal. Le saint Graal apparaît dès le début de l'*Estoire del Saint Graal* et est emporté au ciel, tout comme Galaad à la fin de la *Queste* : le Graal disparu du monde arthurien, celui-ci ne peut que s'effondrer, effondrement qui est le sujet de la *Mort Artu*. De même, Merlin, par ses prophéties, tisse un ensemble complexe de rapports et d'échos (annonces, attentes, rappels...) entre les différentes parties du cycle : à partir de la *Queste del Saint Graal,* cette fonction prospective et rétrospective sera dévolue aux ermites, puisque Merlin a disparu du monde arthurien, victime de Viviane. À travers Merlin et le motif de la prédestination et de l'attente messianique, à travers la forme prose, le cycle de la *Vulgate* peut rivaliser avec le livre par excellence, la Bible, de l'Ancien Testament (Genèse ou *Estoire del Saint Graal,* livres historiques ou Suite *Merlin* et parties du *Lancelot,* livres prophétiques ou *Estoire de Merlin* et *Lancelot*) au Nouveau (Évangile du Graal dans la *Queste,* et Apocalypse de la *Mort le Roi Artu*). Le cycle sera largement diffusé et adapté dans toutes les littératures du Moyen Âge européen (Allemagne, Pays-Bas, Angleterre avec Malory, Espagne, Portugal...). Dante* lui-même connaissait bien le *Lancelot-Graal* qu'il cite à trois reprises dans la *Divine Comédie.* Le cycle sera encore lu et édité en plein XVIe siècle (7 éd. du *Lancelot-Graal* de 1488 à 1591, 6 de l'*Estoire de Merlin* de 1498 à 1535, 2 de l'*Estoire del Saint Graal* en 1514 et 1523).

ŒUVRE. — Il existe une seule éd. complète, celle d'H.O. Sommer, *The Vulgate Version of the Arthurian Romances*, 8 vol., Washington, 1908-1916 (version courte d'après B.M. Add. 10292-10294, « allongée » par recours souvent désordonné à des mss de la version longue). C.E. Pickford a publié un fac-similé de l'éd. du *Lancelot* de 1488 (Londres, 1973).

→ F. Lot, *Étude sur le Lancelot en prose*, Paris, 1918 (2e éd. 1954). — J.D. Bruce. *The composition of the French prose Lancelot,* dans *Romanic Review*, t. 9 (1918), p. 241-268 et 353-395, t. 10 (1919), p. 43-46 et 97-122. — A. Pauphilet. *Études sur la Queste del Saint Graal attribuée à Gautier Map.*, Paris, 1921. — J.N. Carman. *A Study of the Pseudo-Map Cycle of Arturian Romance,* Lawrence, 1973. — A. Micha, *De la chanson de geste au roman*, Genève, 1976, p. 251-272 [*L'esprit du Lancelot-Graal]*. — J. Frappier, *Le Cycle de la Vulgate*, dans *GRLMA*, t. IV/1, p. 536-589. — V.M. Lagorio, *The Apocalyptic Mode in the Vulgate*

Cycle of Arthurian Romances, dans *Philological Quarterly,* t. 57 (1978), p. 1-22. — A. Leupin, *Narrateurs et scripteurs dans la Vulgate arthurienne,* dans *Digraphe,* t. 20 (1979), p. 83-109 ; *Le Graal et la littérature. Étude sur la Vulgate arthurienne en prose,* Lausanne, 1983. — C. Méla, *La Reine et le Graal. La conjointure dans les romans du Graal de Chrétien de Troyes au livre de Lancelot,* Paris, 1984. — E.J. Burns, *Arthurian Fictions : Rereading the Vulgate Cycle,* Colombus, 1985. — A. Micha, *Essais sur le cycle du Lancelot-Graal,* Genève, 1987. Cf. *MB* n°s 1936-2028, 6397-6414, 7580-7618 ; *S* 2213, 2525, 3149, 3896, 3912, 3914, 3941-3976, 4092, 5981.

Voir aussi la notice particulière à chacun des cinq romans du cycle. J.M.F.

Graal. Cycle Post-Vulgate ou **Roman du Graal**. Cycle romanesque arthurien en prose qui a été écrit après celui de la *Vulgate* et après le *Tristan en prose,* donc entre 1230 et 1240. Placé sous l'autorité (fictive) de Robert de Boron, ce cycle a été bien moins diffusé que le Cycle-Vulgate (contre lequel il a été, dans une certaine mesure, élaboré), puisque nous n'en possédons aucun manuscrit complet. L'œuvre peut cependant en partie être reconstituée à travers des adaptations étrangères, anglaises (*Tale of King Arthur* de Thomas Malory*) et ibérique (*Baladro del Sabio Merlin* espagnol, *Demandas* espagnole et portugaise). Le cycle, de dimension vraisemblablement plus réduite que la *Vulgate*, était composé de trois parties :

1. Une *Estoire del Saint Graal*, qui était soit celle de la *Vulgate* (ms. Cambridge Univ. Libr. 7071), soit la mise en prose du *Joseph* de Robert de Boron* (BM Add. 38117, dit ms. Huth).

2. Un *Merlin* composé d'une mise en prose du *Merlin* de Robert de Boron ; suivie dans le ms. de Cambridge et chez Malory d'une suite établie à partir du *Merlin-Vulgate** et dans le ms. Huth d'une suite baptisée *Merlin-Huth* (ou suite romanesque). Entre les parties 2 et 3 du cycle prennent place des fragments conservés par les mss BN, fr. 112 et 12599. On a édité et étudié à part sous le titre de *Roman de Balain* l'épisode du Chevalier aux deux épées, Balain, qui a porté le coup douloureux contre Pellehan, le roi du Graal, appelé désormais le *Roi Mehaignié*.

3. Une *Queste - Mort Artu*, qui s'achevait sur la mort du roi Marc, ultime survivant du monde arthurien. Cette dernière partie nous est connue par les *Demandas* ibériques et fragmentairement par certains mss français (BN fr. 343 pour la *Queste* et BN fr. 340 pour quelques épisodes de la *Mort Artu**).

Le cycle est sans doute plus unitaire que la *Vulgate,* puisqu'il est centré sur la figure du roi Arthur et écarte ou abrège systématiquement les aventures de Lancelot, tout en intégrant des matériaux du *Tristan en prose**. Ainsi, c'est davantage l'inceste d'Arthur d'où est issu Mordret que l'adultère de Lancelot qui précipite la fin du monde arthurien. De plus, l'orientation morale et religieuse domine l'ensemble de l'œuvre et lui confère une couleur sombre et pessimiste ; disparaissent ainsi à la fois l'idéologie courtoise du *Lancelot** et le mysticisme de la *Queste del Saint Graal**, dont la conjonction faisait l'intérêt et la richesse de la *Vulgate*. Malgré les efforts et l'érudition de F. Bogdanow, ce cycle reste mystérieux, puisque ni les adaptations étrangères ni les fragments des ms BN fr. 112 et 12599 publiés sous les titres modernes de *Folie Lancelot* ou *Erec en prose* ne permettent d'imaginer ce qui assurait le lien entre la fin des mss Huth et de Cambridge et le début de la quête du Graal.

ŒUVRES. — Nous ne citons que les fragments les plus importants de ce cycle romanesque démembré. Pour une liste plus complète des mss et des éd., voir F. Bogdanow. *The Romance of the Grail...*, p. 271-289. — *Merlin-Huth,* éd. G. Paris et J. Ulrich, 2 vol., Paris, 1886, *SATF* [BM Add. 38117 ou ms. Huth]. Ce texte est en partie traduit par E. Baumgartner dans *Merlin le prophète ou le livre du Graal,* Paris, 1983 *(Stock plus).* — H.O. Sommer *Die Abenteuer Gawains, Ywains und le Morholts mit den drei Jungfrauen aus der Trilogie (Demanda) des Pseudo-Robert de Borron*, Halle, 1913 (*Beihefte zur ZRPh*, 47) [BN 112]. — *Le roman de Balain,* éd. M.D. Legge, Manchester, 1942 [BM Add. 38117]. — *La Folie Lancelot, a Hitherto Unidentified Portion of the « Suite du Merlin »*, éd. F. Bogdanow, Tübingen, 1965 (*Beihefte zur ZRPh*, 109) [BN fr. 112 et 12599]. — *Erec, roman arthurien en prose*, éd. C.E. Pickford, 2e éd., Genève, 1968 (*TLF*, 87) [BN fr. 112]. — *Les enchantemenz de Bretaigne*, éd. P.C. Smith, Chapel Hill, 1977 [Cambridge Add. 7071].

→ F. Bogdanow, *Essai de classement des mss de la « Suite du Merlin »*, dans *Romania*, t. 81 (1960), p. 188-198 ; *The Romance of the Grail. A Study of the Structure and Genesis of a Thirteenth-Century Arthurian Prose Romance*, New York, 1966. — C.E. Pickford, *L'Evolution du roman arthurien en prose vers la fin du Moyen Âge d'après le ms. 112 du fonds français de la BN*, Paris, 1960. — J. Marx, *Le personnage de Merlin dans le roman de Balain*, dans *Mél. R. Guiette*, Anvers, 1961, p. 65-69. — J. Marx, *Le thème du coup félon et le roman de Balain*, dans *Le Moyen Âge*, t. 72 (1966), p. 43-57. — J. Marx, *La triple quête et l'aventure du Morholt, de Gauvain et d'Yvain*, dans *Mél. R. Lejeune*, t. 2, Gembloux, 1969, p. 1063-1066. — R. Lathuillère. *Le « Roman du Graal » postérieur à la « Vulgate » (Cycle du Pseudo-Robert de Boron)*, dans *GRLMA*, t. IV/1, p. 615-622. — N.J. Lacy, *The Form of the prose « Erec »*, dans *Neuphilologische Mitteilungen*, t. 85 (1984), p. 169-177. — K. Cooper, *Merlin Romancier : Paternity, Prophecy and Poetics in the Huth « Merlin »*, dans *Romanic Review*, t. 77 (1986), p. 1-24. — F Wolfzettel, *Le roman d'Erec en prose du XIIIe siècle : un anti-« Erec et Enide »*, dans *The Legacy of Chrétien de Troyes*, N.J. Lacy, D. Kelly et K. Busby (éd.), t. 2, Amsterdam, 1988, p. 215-228. Cf. *MB* 1960, 7603, 7605, 7606 ; *S* 3955, 4133-4156.

J.M.F.

Grammaire française médiévale. Dans la culture savante médiévale, la grammaire, le premier des arts du *trivium*, est souvent définie comme la science qui enseigne à parler et à écrire correctement le latin. Quelques grammairiens ont admis la possibilité de grammaires des langues vernaculaires. Mais l'opinion commune médiévale est plutôt de limiter le champ de la grammaire au latin, ou à celui des langues sapientielles : latin, grec, hébreu et parfois arabe. D'ailleurs, *grammatica* en latin, ou *gramaire* en ancien français, peuvent être synonymes de « langue latine ».

Entre le latin, qui pour tous est une langue seconde apprise à l'école, et la langue vernaculaire, les interférences sont pourtant trop vives pour que la pensée grammaticale médiévale demeure insensible à l'expérience de la langue maternelle. L'exemple du français médiéval est très riche à cet égard. D'une part, dans le domaine d'oïl, cette langue constituait le point de départ obligé de l'initiation scolaire au latin ; l'apprentissage des concepts grammaticaux devait s'appuyer sur des exemples empruntés à la langue plus familière. D'autre part, le français, que des impératifs politiques imposaient comme langue seconde de l'administration en Angleterre, fit l'objet d'un enseignement scolaire, en particulier autour de l'Université d'Oxford, à la fin du Moyen Âge. Dès le XIIIe siècle, s'estompe en effet dans ce pays la maîtrise du français comme langue maternelle. Il nous reste donc un certain nombre de traités didactiques médiévaux qui attestent de l'un et de l'autre phénomènes et qui témoignent des premiers moments de la pensée grammaticale du français.

1. *Les Donats français.* On peut regrouper sous ce titre divers traités où s'opèrent des rapprochements entre les catégories grammaticales du latin et la langue française. Ces traités s'inscrivent dans la tradition de l'*Ars minor* du grammairien latin Aelius Donatus (seconde moitié du IVe siècle) : ce sont des traités élémentaires, dont la forme souvent dialoguée souligne la vocation pédagogique, où la matière est organisée selon les parties du discours (nom, pronom, verbe, etc.). Traditionnels dans leur structure, ces traités peuvent parfois intégrer des notions issues des spéculations grammaticales plus récentes.

Il faut distinguer d'abord ces courts traités, datant du XIIIe au XVe siècle, qui ont servi à l'enseignement du latin aux enfants de langue française. Usant des deux langues, ces opuscules recourent au latin aussi bien qu'au français, tant pour expliquer la grammaire du latin, que pour fournir des exemples qui illustrent les règles de grammaire. Ils témoignent de l'existence d'un métalangage grammatical français déjà bien développé, en même temps qu'ils attestent de la possibilité de penser le français dans le cadre conceptuel de la grammaire latine.

On peut rattacher à la même tradition un traité bien différent par ses origines et par son intention : le *Donait françois* de John Barton. Il s'agit de la première véritable grammaire du français, écrite au tout début du XVe siècle, et destinée à l'enseignement de cette langue aux Anglais. Beaucoup plus riche d'enseignements grammaticaux sur le français que les traités précédents, cet ouvrage, qui ne comporte aucune référence au latin, emprunte les mêmes schémas conceptuels qui imposent au français le cadre morphologique latin. L'ensemble de ces traités témoigne des premières orientations de la grammaire française, dont parfois celle-ci mettra du temps à se détourner, comme l'analyse casuelle de l'article.

2. *Les autres traités didactiques du français.* Nous devons à l'Angleterre d'autres traités pour apprendre le français, qu'on

peut classer en trois catégories. Premièrement les *Traités d'orthographe* qui s'inspirent de la tradition grammaticale latine, qui se donne souvent comme point de départ l'étude des lettres de l'alphabet et de l'accentuation. Suivant l'ordre alphabétique des lettres de A à Z, ces traités exposent toutes les subtilités de la prononciation du français ; ils constituent en quelque sorte les premiers essais de phonétique de la langue. En second lieu, on trouve les *Nominalia* et les *Traités de conjugaisons.* Les premiers ont pour but d'enrichir la connaissance du vocabulaire français de leurs lecteurs. Les mots enseignés y sont regroupés par champs sémantiques. Le plus ancien et le plus connu de ces traités est celui de Walter de Bibbesworth* (milieu XIIIe). Quant aux *Traités de conjugaisons,* il s'agit de listes de verbes français accompagnés de leurs différents paradigmes de conjugaisons, selon les temps et les modes. Un troisième type de traités s'attaque à la maîtrise globale de la langue, soit à l'oral, soit à l'écrit. Au premier besoin répondent les *Manières de langage.* Ce sont des manuels de conversation, construits autour de situations de la vie courante (partir en voyage, aller au marché, trouver une chambre, etc.). Ils enseignent en style direct les phrases utiles dans ces circonstances et le vocabulaire nécessaire pour que le locuteur s'exprime avec un maximum de précision. Quant à la compétence du français écrit, elle est transmise par des recueils de lettres qui constituent de véritables *Artes dictaminis* français.

3. *Les lexiques latin-français.* On oublie souvent que les dictionnaires comme ceux de Papias, d'Hugutio ou de Johannes Balbus relèvent de la grammaire. Pour répondre aux besoins de l'enseignement du latin en pays français, on voit apparaître à la fin du Moyen Âge des lexiques bilingues latin-français. Ceux-ci, comme l'*Aalma* ou l'*Abavus,* n'ont aucun rapport avec les *Nominalia* anglais organisés par champs sémantiques. Il s'agit de dictionnaires alphabétiques, dont les mots-vedettes sont latins, qui fournissent pour chacun un équivalent ou une courte définition en français, avec en marge une notation morphologique latine. Il nous reste plusieurs glossaires de ce type ; mais un seul nous est connu où les mots-vedettes sont français. Le plus considérable de ces dictionnaires bilingues fut achevé en 1440 par Firmin Le Ver ; il compte plus de 40 000 mots-vedettes latins pour lesquels sont fournis des équivalents et des définitions en français. Ces lexiques latin-français constituent une étape importante dans le développement de la lexicologie française.

→ Généralités : A. Ahlquist (éd.), *Les premières grammaires des vernaculaires européens, Histoire, Épistémologie, Langage,* t. 9/I (1987). — S. Lusignan, *Parler vulgairement. Les intellectuels et la langue française aux XIIIe et XIVe siècles,* Montréal, Paris, 1986. — D. Thomson, *The Oxford Grammar Masters Revisited,* dans *Mediaeval Studies,* t. 45 (1983), p. 298-310. — B. Merrilees, *Les débuts de la terminologie grammaticale en fr.,* dans *Romania,* t. 109 (1988), p. 397-411. — 1. Donats français : B. Merrilees, *Teaching Latin in French : Adaptations of Donatus Ars Minor,* dans *Fifteenth-Century Studies,* t. 12 (1986), p. 87-98 ; *L'art mineur fr. et le curriculum grammatical,* dans *Histoire, Épistémologie, Langage,* t. 12/II (1990), p. 15-29. — T. Städtler, *Zu den Anfängen der französischen Grammatiksprache. Textausgaben und Wortschatzstudien,* Tübingen, 1988. — M. Colombo-Timelli, *Un rifacimento antico-francese dell'Ars Minor di Donato : il ms. Parigi BN lat. 14095,* dans *Mem. Istituto Lombardo, Cl. Lettere, Sc. mor. e storiche,* t. 39 (1988), p. 7-44. — P. Swiggers, *Le Donait françois : la plus ancienne grammaire du français. Éd. avec introd.,* dans *RLR,* t. 89 (1985), p. 235-251 ; P. Swiggers, *L'article en français : l'histoire d'un problème grammatical,* dans *RLingR,* t. 49 (1985), p. 379-409. — 2. Autres traités didactiques : A.M. Kristol, *Le début du rayonnement parisien et l'unité du français au Moyen Âge : le témoignage des manuels d'enseignement du français écrits en Angleterre entre le XIIIe et le début du XVe siècle,* dans *RLingR,* t. 53 (1989), p. 335-367. — S. Lusignan, *Parler vulgairement, op. cit.,* p. 91-127. — 3. Lexiques latin-français : B. Merrilees, *Prolegomena to a History of French Lexicography. The Development of the Dictionary in Medieval France,* dans *Romance Languages Annual 1989,* t. 1 (1990), p. 285-291.

S.Lu.

Grammaire latine médiévale.

1. *Jusqu'à la fin du Xe siècle.* Premier des arts du *trivium,* la grammaire médiévale en France est d'abord en latin et enseigne à parler et à écrire correctement le latin. Depuis la fin du Ve siècle en Gaule, aucun enseignement de ce genre n'était dispensé et nous avons gardé fort peu de traces de traités grammaticaux écrits ou même seulement diffusés en Gaule entre le Ve et le milieu du VIIIe siècle, à l'exception

du manuel d'Aspérius et peut-être du *De dubiis nominibus cuius generis,* d'origine probablement aquitaine. C'est à Charlemagne que l'on doit le retour de la grammaire dans le programme des écoles monastiques et cathédrales restaurées pour des raisons à la fois religieuses et politiques (cf. l'*Admonitio Generalis* du 23 mars 789). La grammaire doit remédier à l'état désastreux de la langue écrite par un retour à une bonne lecture de la Bible et des textes liturgiques, grâce à des manuscrits soigneusement recopiés et corrigés. Premier des arts libéraux, le plus modeste et le plus laborieux, elle est indispensable pour parvenir à une meilleure connaissance de l'Écriture sainte et constitue une propédeutique à la théologie. Avec Charlemagne, la langue latine devient une langue véhiculaire, la langue des textes écrits, base essentielle pour les échanges. Charlemagne lui-même montre l'exemple, il s'exerce sur ses tablettes d'après le témoignage d'Eginhard* et ramène des différentes parties de l'Empire des hommes lettrés : d'Italie, Pierre de Pise*, Paul Diacre* et Paulin d'Aquilée*, d'Angleterre Alcuin*, d'Espagne Théodulphe* ainsi que quelques Irlandais comme Clément Scot. Tous ou presque sont d'abord des grammairiens. Grâce à la grammaire insulaire, qui a joué le rôle d'intermédiaire entre la grammaire antique et la grammaire carolingienne, les progrès ont pu être rapides, grâce aussi à la réforme de l'écriture par la diffusion de la minuscule caroline comme écriture de texte des livres et au développement des *scriptoria.* Parallèlement, on assiste à une redécouverte des textes anciens et à une intense circulation des manuscrits entre les différents centres culturels européens (cf. Loup de Ferrières*). Les premiers manuels du temps de Charlemagne sont des compilations fortement influencées par la grammaire insulaire. Avec Smaragde* apparaît la première grammaire latine (limitée encore aux parties du discours) sur le sol de l'ancienne Gaule. Sa tentative de remplacer dans les exemples les auteurs classiques des manuels antérieurs par des citations de la Bible ou des poètes chrétiens restera sans lendemain. Car le retour à la Bible et aux livres de l'Église va de pair avec la redécouverte des classiques latins. À partir de 830, les maîtres carolingiens composent essentiellement des commentaires de l'*Ars* de Donat : *Ars minor, Ars maior* en trois livres (dont parfois seul le livre II sur les parties du discours est expliqué). Ceux de Murethach* à Auxerre et de Sédulius Scottus* à Liège sont très marqués par la pédagogie irlandaise, alors partout active sur le continent. Certes, on commence à mieux connaître les *Institutiones Grammaticae* de Priscien, dont Sédulius Scottus nous a laissé un commentaire malheureusement fragmentaire. Avec lui la grammaire s'ouvre à une réflexion plus large en rapport avec les autres disciplines et avec une meilleure connaissance du grec. Un peu plus tard, avec Rémi d'Auxerre*, le programme scolaire s'élargit : à Donat sont ajoutés des manuels théoriques plus pratiques et plus lexicographiques et l'étude de la métrique est complétée grâce aux petits traités de Bède*. La méthode du commentaire de texte se généralise et porte aussi bien sur les traités théoriques que sur les *auctores* païens et chrétiens, auxquels il ajoute deux œuvres mélangeant prose et vers : la *Consolation de Philosophie* de Boèce* et les *Noces de Philologie et de Mercure* de Martianus Capella.

La grammaire carolingienne apprend surtout aux élèves quelques notions linguistiques simples : définition de la lettre, du discours, de la grammaire, des parties du discours (surtout les quatre parties déclinables). Son effort porte essentiellement sur la morphologie avec l'apprentissage des déclinaisons et des conjugaisons mais ignore à peu près tout de la syntaxe. La pédagogie du questionnement, chère à Murethach, donne aussi le goût de la discussion, parfois un peu stérile. Mais les problèmes de la langue parlée sont rarement évoqués, sauf dans le cas particulier d'Abbon de Fleury* à propos de la prononciation du latin à Ramsey. Certes on peut regretter le manque d'innovations théoriques de la grammaire carolingienne. Sur le plan lexicographique, l'attitude de Rémi d'Auxerre face aux innovations linguistiques introduites par Jean Scot Erigène* à partir du grec n'est peut-être pas une exception. Il ne faut pas oublier que l'enseignement était essentiellement oral et qu'il nous reste encore beaucoup de gloses à déchiffrer et à exploiter, à côté des traités théoriques à tradition plus stable. On sait aussi l'importance des glossaires à la fois pour l'enseignement et pour l'activité littéraire (Cf. Aynard de Saint-Evre*, Micon de Saint-Riquier*, le *Liber glossarum* et Heiric d'Auxerre*). Abbon de Saint-Germain-des-Prés* par exemple a glosé lui-même les mots difficiles du livre III de ses *Bella Parisiacae urbis,* en puisant essentiellement dans le *Liber glossarum.* Vers l'An Mil, le statut du latin comme langue de culture n'a subi aucune atteinte sérieuse, surtout en France. Le mouvement culturel, soutenu à la fois par les princes, par les grands, mais aussi par les détenteurs du savoir et par l'Église, a transformé le latin en langue véhiculaire. Certes le latin a retrouvé ainsi son rôle de langue universelle, mais c'est aussi une langue de clercs réservée à la formation d'une minorité par l'intermédiaire de l'Église.

Pour les éditions, voir aux auteurs mentionnés et dans la bibliographie donnée par L. Holtz, *Donat et la tradition de l'enseignement grammatical. Étude sur l'« Ars Donati » et sa diffusion (*IVe-IXe *siècle) et édition critique,* Paris, 1981, p. 338-341 et 574-580.

→ C. Thurot, *Extraits de divers manuscrits latins pour servir à l'histoire des doctrines grammaticales au Moyen Âge,* Paris, 1868, réimp. Francfort, 1964. — J.J. Baebler, *Beiträge zu einer Geschichte der lateinischen Grammatik im Mittelalter,* Halle-am-S., réimp. Hildesheim, 1971. — L. Jeep, *Zur Geschichte der Lehre von den Redetheilen bei den lateinischen Grammatikern,* Leipzig, 1893. — M. Roger, *L'enseignement des lettres classiques d'Ausone à Alcuin,* Paris, 1907, réimp. Hildesheim, 1968. — E. Lesne, *Les livres « scriptoria » et bibliothèques du commencement du* VIIIe *siècle à la fin du* XIIe *siècle,* Lille, 1938 ; *Les écoles de la fin du* VIIIe *siècle à la fin du* XIIe *siècle,* Lille, 1940 (*Histoire de la propriété ecclésiastique en France,* 4 et 5). — E.R. Curtius, *Das mittelalterliche Bildungswesen und die Grammatik,* dans *Romanische Forschungen,* t. 60 (1947), p. 1-26. — R.H. Robins, *Ancient and Mediaeval Grammatical Theory in Europe,* Londres, 1951 ; *A Short History of Linguistics,* Londres, 1967. — G.L. Bursill-Hall, *The Middle Ages,* dans *Historiography of Linguistics,* éd. H.A. Aarsleff, R. Austerlitz, D. Hymes *et al.,* La Haye, 1975, p. 179-230. — *La Scuola nell'Occidente latino dell'alto medioevo,* 15-21 avril 1971, Spolète (*Settimane di studio del Centro Italiano di studi sull'alto medioevo,* 19). — *La Cultura antica nell'Occidente latino...,* 18-24 avril 1974, Spolète, 1975 (*Settimane...,* 22). — L. Holtz, *La typologie des manuscrits grammaticaux latins,* dans *RHT,* t. 7 (1977), p. 247-269. — C.E. Lutz, *Schoolmasters of the Tenth Century,* New York, 1977. — P. Riché, *Écoles et enseignement dans le Haut Moyen Âge,* Paris, 1979, 2e éd. 1989. — L. Holtz, *Les manuscrits latins à gloses et à commentaires de l'Antiquité à l'époque carolingienne,* dans *Il libro e il testo, Actes du congrès international d'Urbino,* 20-23 septembre 1982, éd. C. Questa et R. Raffaelli, Urbino, 1983, p. 141-167. — V. Law, *The Insular Latin Grammarians,* Woolbridge, 1982 (*Studies in Celtic History,* 3). — *Late Latin Grammarians in the Early Middle Ages...,* dans *Historiographia Linguistica,* t. 13 (1986), p. 365-380 ; *Originality in the Medieval Normative Tradition,* dans *Mél. R.H. Robins,* Cambridge, 1986, p. 43-55. — L. Holtz, *Les innovations théoriques de la grammaire carolingienne : peu de chose. Pourquoi ?,* dans *L'héritage des grammairiens latins de l'Antiquité aux Lumières, Actes du colloque de Chantilly,* 2-4 septembre 1987, éd. I. Rosier, Paris-Louvain, 1988, p. 133-145. — E. Vineis, *La linguistica medioevale,* dans G. Lepschy, *Storia della linguistica,* t. 2, 1990, p. 11-101. — L. Holtz, *Les nouvelles tendances de la pédagogie grammaticale au* X^e *siècle,* dans *Lateinische Kultur im X. Jahrhundert. I. Internationaler Mittellateinerkongress, Heidelberg, 12-15 septembre 1988* [sous presse dans *Mittellateinisches Jahrbuch*]. C.J.

2. *Du* XIe *au* XIVe *siècle.* Le XIe siècle constitue un tournant dans l'histoire de la tradition grammaticale, marquée par un renouveau des réflexions sur le langage, résultant d'un jeu d'interactions complexes entre grammaire, logique et théologie. Le premier témoin de cette approche est le commentaire sur les *Institutiones* de Priscien (I-XVI) connu sous le nom de *Glosulae in Priscianum,* transmis par plusieurs manuscrits. Ces gloses auront une grande influence, tant sur la logique, que sur la grammaire. En témoignent, tout à la fois, l'existence de versions extrapolées, de textes doctrinalement apparentés, ainsi que les références dans les textes postérieurs, et particulièrement dans les commentaires importants de Guillaume de Conches* (1080-1154) et Pierre Hélie (vers 1140). Les thèmes nouveaux auxquels s'intéressent les grammairiens de cette époque ont pour origine une connaissance approfondie des traités de la *logica vetus,* et particulièrement du commentaire du *Peri Hermeneias* d'Aristote par Boèce*. Une bonne illustration en est l'introduction des notions de sujet et de prédicat, absentes de la tradition grammaticale antique. D'autre part, la confrontation de la définition de Priscien du nom (« le nom signifie la substance et la qualité ») aux acceptions aristotéliciennes

des notions de substance et qualité, conduit à poser une distinction sémantique entre « signification » et « référence » (*appellatio, nominatio*), thème également développé dans le *De Grammatico* d'Anselme de Cantorbéry* (1033-1109) et qui aura une importance centrale dans la logique médiévale. Par ailleurs, l'on trouve dans les *Glosulae* des réflexions sur le verbe *être* ou verbe substantif : on se demande en particulier s'il est exact de dire, avec Priscien, qu'il signifie, en tant que verbe, l'action et la passion. De telles discussions sont en fait nées en contexte théologique, lorsqu'on a commencé à s'interroger sur les énoncés théologiques, la question étant par exemple de savoir si le verbe *être* avait toujours la même acception, qu'il ait pour sujet Dieu ou la créature (*Dieu est juste / l'homme est juste*). Entre autres solutions, l'on a proposé soit que le verbe *être* soit fondamentalement équivoque, possédant à la fois une valeur existentielle et une valeur prédicative, soit, en empruntant au *De Trinitate* de Boèce*, la notion de *translatio,* que les attributs puissent être prédiqués soit « proprement », soit de manière impropre, figurée, « translatée » selon les contextes. L'approche « contextuelle » caractéristique de la sémantique médiévale était née.

La *Summa super Priscianum* de Pierre Hélie (vers 1140) constitue une œuvre charnière, dans laquelle on doit, pour en évaluer l'importance, repérer une certaine hétérogénéité. D'un côté, Pierre résume les opinions des commentateurs des générations précédentes, copiant parfois littéralement Guillaume de Conches. Ailleurs, il y ajoute des considérations originales, visant notamment à exclure du champ grammatical des considérations par trop logiques. Ainsi pour lui, les notions de « substance » et de « qualité » n'ont pas à être prises au sens aristotélicien. Il ne veut plus, comme Guillaume de Conches, distinguer des types de noms en fonction de leur signification (noms signifiant la substance comme *homme,* la qualité comme *blanc* ou *blancheur*), mais cherche plutôt à unifier la classe nominale sous une même définition, en disant par exemple que tout nom signifie « soit la substance, soit sur le mode de la substance ». De même, il se sépare de ses prédécesseurs en posant que tout verbe, y compris le verbe *être*, signifie « soit l'action, soit sur le mode de l'action ou de la passion », c'est-à-dire, explique-t-il, avec certaines caractéristiques précises (l'accident du temps, une fonction prédicative, une terminaison particulière). Enfin, Pierre fait appel à une doctrine particulière qu'il trouve chez un théologien contemporain, Gilbert de Poitiers*. L'arrivée de commentaires et traductions de certains textes logiques d'Aristote (*Réfutations Sophistiques, Topiques* surtout) va donner un élan considérable à la dimension sémantique de la logique, donnant naissance aux traités « sur les propriétés des termes », à partir du milieu du XIIe siècle. Toutes les réflexions sur la signification et la référence des noms, qui avaient été développées, dans la première moitié du siècle, conjointement par les grammairiens et par les logiciens, Pierre Abélard* notamment, vont être prises en charge par la logique, ce qui permettra à la grammaire de s'en détourner pour s'occuper principalement de syntaxe. Cet intérêt pour la syntaxe apparaîtra d'une part dans les commentaires sur le *De Constructione* ou *Priscianus Minor* (livres XVII-XVIII des *Institutiones* de Priscien), d'autre part dans le développement d'un genre nouveau de traités indépendants sur la construction, s'adressant explicitement aux « étudiants avancés » (*iam provecti*), comme ceux de Robert de Paris (vers 1160), et de Robert Blund (vers 1170). Dans ces textes, les notions fondamentales de la syntaxe sont redéfinies : on précise les définitions de *constructio* et *oratio* à partir des concepts de « régime » et de « transitivité ». La notion de « régime » (*regere, exigere*), que les grammairiens antiques (mais pas Priscien ou Donat) utilisaient dans une acception morphologique, se développe à partir du début du XIIe siècle, à partir de l'idée de « détermination sémantique » : ainsi dans l'exemple *Je semble être bon,* dit-on que *être* « gouverne » le complément *bon*. Pierre Hélie distinguera la « détermination » du « régime » qu'il définira de manière syntaxique : le verbe est comme le chef d'une armée, il régit les termes qui sont nécessaires à la complétude de l'énoncé dans lequel il se trouve. Il jugera donc en particulier que le verbe régit son sujet, ce que refusent Guillaume de Conches, et après lui Ralph de Beauvais, arguant qu'aucun des termes principaux de l'énoncé ne peut être régi, du fait de sa plus grande « dignité ». Robert Blund tentera d'organiser les relations syntaxiques et sémantiques au sein de la phrase en un système complexe : pour lui par exemple, dans l'énoncé *Je vois Platon,* le verbe détermine et régit le sujet, alors que l'oblique *Platon* détermine sémantiquement le verbe mais est régi par lui.

Parmi les concepts organisateurs de la syntaxe se trouve la notion de « fonction » : le terme *officium,* d'abord utilisé, au début du XIIe siècle, dans le contexte des discussions sur les « causes de l'invention » des parties du discours — on disait par exemple que le nom avait été inventé parce qu'il fallait un terme qui ait pour fonction (*officium*), ou pour valeur (*vis*) de signifier ce sur quoi porte le discours — prend ensuite une valeur nettement syntaxique. Elle est particulièrement développée dans les traités de grammaire et de logique de l'école « porrétaine », issue de l'enseignement de Gilbert de la Porrée*. L'on y trouve notamment l'idée qu'un énoncé comporte nécessairement deux termes, l'un qui a pour fonction de poser quelque chose (*officium supponendi*), l'autre celle de lui attribuer quelque chose (*officium apponendi*), idée qui conduira les grammairiens à dénommer *suppositum,* le sujet, et *appositum,* le prédicat. C'est dans ces textes que s'introduira une distinction entre ce qu'on appelle aujourd'hui « sujet logique » et « sujet grammatical », largement utilisée à la fin du XIIe siècle et au-delà.

Les confins du XIIIe siècle voient la naissance de grammaires didactiques versifiées, qui seront populaires dans l'ensemble des universités européennes jusqu'au XVe siècle, le *Doctrinale* d'Alexandre de Villedieu* (vers 1199) et le *Grecismus* d'Évrard de Béthune* (vers 1212). Malgré leur caractère normatif, dont témoigne l'abondance des règles et paradigmes qui y sont énumérés, il faut noter qu'elles vont également donner lieu à des commentaires universitaires, dont la célèbre glose *Admirantes.* À partir du XIIIe siècle, l'enseignement de la grammaire à l'Université prendra deux formes principales, les commentaires et les disputes. Pour obtenir leurs grades à la Faculté des arts, les étudiants devaient avoir entendu les deux Priscien, respectivement sur les parties du discours et la construction, ainsi que, facultativement, la troisième partie de l'*Ars maior* de Donat, qui contenait un traitement des « défauts et figures », censée compléter Priscien, et le *De Accentu* du Pseudo-Priscien, sur la prosodie. Les commentaires de cette période se caractérisent d'une part par un « préambule » réalisé sous forme d'une « introduction à la philosophie » (définitions et divisions des sciences en général, de celles du *trivium,* puis de la grammaire), par la distinction entre l'exposé et la division du texte d'un côté, et les questions qu'il suscite (ou *dubitabilia*) de l'autre, lesquelles finiront par subsister seules. Des disputes témoigne le genre littéraire des « sophismes grammaticaux », où l'on voit le maître organiser chaque leçon autour d'un exemple, illustrant une difficulté particulière, que l'on « discute » à partir de plusieurs questions et d'un ensemble d'arguments. Les collections de sophismes grammaticaux de la première moitié du XIIIe siècle (Robert Kilwardby, Roger Bacon*) attestent des « disputes dans les écoles » (*in scholis*), alors que la seconde moitié du XIIIe siècle nous laisse des sophismes, apparaissant souvent de manière isolée, à structure plus complexe, témoins probables des « disputes des maîtres » (*disputationes magistrorum*) auxquelles les étudiants se devaient de participer.

Le concept de « mode de signifier » devient le principe organisateur de la grammaire, dans les traités de la première moitié du XIIIe siècle (les *Notulae* de maître Jordanus, les traités de Robert Kilwardby), puis dans les grammaires « Modistes » de la seconde moitié du siècle, qu'il s'agisse de « questions sur Priscien » (Boèce de Dacie*, Jean de Dacie, Pseudo-Albert le Grand, Michel de Marbais, Raoul le Breton) ou de traités indépendants (Martin de Dacie, Thomas d'Erfurt). On distingue alors précisément, dans une unité linguistique ou « constructible », son « signifié particulier », ou sens lexical, de ses « signifiés généraux » ou « modes de signifier », qui sont tous les traits le caractérisant comme relevant de telle partie du discours (modes essentiels), de telle espèce (modes spécifiques), avec tel accident (modes accidentels). Ce sont ces « signifiés généraux » qui circonscrivent le domaine de la grammaire, dans la mesure où ce sont eux qui expliquent le fonctionnement des constructibles dans un énoncé. En effet, explique-t-on, si les mots *souffrance (dolor)* et *je-souffre (doleo)* se construisent différemment, ce n'est pas à cause de la chose qu'ils signifient, qui est identique, mais du fait que l'un est un substantif, l'autre un verbe, du fait donc de modes distincts de la signification de cette chose. À côté de ces modes de signifier des unités linguistiques, on pose deux modes de signifier communs, le « mode de la dépendance » et le « mode de ce qui termine la dépendance », qui définissent les fonctions très générales de *dependens* et de *terminans.* Les grammairiens de cette période tendent à considérer en effet qu'une construction est une relation binaire, une relation de dépendance entre deux termes : dans une construction comme l'*homme court,* le verbe *court* est le *dependens,* il ouvre une dépendance que vient achever le substantif *l'homme.* Ces fonctions ne peuvent être remplies que par des constructibles qui possèdent bien les modes de signifier requis par le type de la construction. Un adjectif, par exemple, ne pourrait terminer cette dépendance du verbe *a parte ante* (c'est-à-dire envers le sujet). Le jugement sur la correction et la complétude d'un énoncé peut alors être immédiatement *déduit* des principes de construction ainsi établis, la grammaire méritant alors véritablement le nom de « science », selon les critères de l'époque. En effet, pour reprendre notre exemple précédent, on rejettera automatiquement une séquence comme *blanc court* du fait que le *dependens : blanc* n'est pas un substantif, ou une phrase comme *si Socrate court* du fait que le constructible *si* ouvre une dépendance que rien ne vient achever, laissant ainsi l'énoncé en suspens. Cette théorie des modes de signifier et de la dépendance, qui permet de redéfinir la notion de « transitivité », se développe progressivement au cours du XIIIe siècle. Ce qui caractérise les traités « Modistes » (ou *De modis significandi*), des années 1270 et suivantes, c'est que leurs auteurs cherchent à justifier la notion de mode de signifier à partir de considérations à la fois noétiques et ontologiques, lorsqu'ils expliquent que les « modes de signifier » ont pour origine des « modes d'être » ou propriétés réelles des choses, par l'intermédiaire des « modes d'intelliger » ou propriétés conçues.

Parallèlement à ces développements, d'autres grammairiens affirment une conception différente, tenant davantage compte du langage pris dans sa dimension intersubjective, et tentant d'expliquer non seulement les phrases canoniques et correctes, mais également les phrases déviantes, comme les énoncés elliptiques ou les constructions figurées. Plusieurs auteurs du milieu du siècle, comme Robert Kilwardby ou Roger Bacon, attestent d'une telle conception, qu'on rencontre également dans la glose *Admirantes* sur le *Doctrinale* et dans plusieurs collections de sophismes anonymes. Celle-ci permet notamment de proposer une théorie générale des figures de construction. Une figure, en effet, est un énoncé qui recèle une « impropriété » linguistique, et qui ne se distingue de la « faute » que si elle possède une certaine *ratio.* Cette dernière, en fait, est double : la « raison qui rend la figure possible » et la « raison qui rend la figure nécessaire ». Par la première, on explique linguistiquement la déviation par rapport aux règles, que recèle l'énoncé figuré : ainsi, on peut avoir *turba ruunt* (la foule cour*rent*) avec un accord en nombre incorrect, parce que *turba* est un nom collectif. Par la seconde *ratio,* on doit trouver *pourquoi* cette figure a été produite : il peut s'agir de contraintes métriques ou, surtout, de la nécessité de l'expression d'un sens particulier. Dans notre exemple, l'accord pluriel permet de renforcer l'idée de grand nombre, de pluralité. C'est bien parce qu'il y a une raison linguistique et sémantique à la figure, que l'auditeur peut la recevoir comme figure et non comme faute, et l'interpréter correctement. La correction d'un énoncé ne peut plus alors être décidée en analysant simplement les relations formelles entre ses constructibles : l'énoncé le plus correct, dit Robert Kilwardby, est celui qui correspond le plus adéquatement à l'« intention de signifier » du locuteur, qu'il soit grammaticalement correct ou non. La distinction entre une correction selon la forme (*perfectio ad sensum*) et une correction selon le sens (*perfectio ad intellectum*) devient ainsi le concept central permettant d'analyser bon nombre d'énoncés non canoniques, qui, précisément de ce fait, sont pris comme base de discussion dans les disputes de grammaire.

Le XIVe siècle voit le déclin des doctrines « Modistes » à Paris, ou du moins le rejet, par les théoriciens du langage, et à cause de la montée des doctrines « nominalistes », des principes philosophiques de ce système. Les concepts de « mode de signifier » ou de « dépendance », tels qu'ils avaient d'abord été développés dans la première partie du XIIIe siècle, semblent se maintenir et même infiltrer les manuels plus élémentaires. Ces doctrines « Modistes », cependant, se répandent dans les universités d'Europe Centrale pour connaître un certain regain à Paris, avec le retour des doctrines « réalistes ».

Les remarques qui précèdent se fondent sur une connaissance encore fragmentaire du corpus grammatical médiéval, tributaire des éditions encore trop peu nombreuses, et qui ne donnent pas nécessairement une idée exacte de l'ensemble du panorama. La tradition méridionale et italienne, dont fait partie l'importante grammaire qui constitue la première partie du célèbre *Catholicon* de Johannes Balbi, est encore mal connue, et c'est le cas plus généralement de la tradition « didactique » représentée par des grammairiens à la production abondante comme un Jean de Garlande*, pour le XIIIe siècle, héraut malheureux d'une grammaire à orientation littéraire en un siècle où dominera, à l'Université de Paris du moins, la grammaire spéculative.

ŒUVRES. — Roger Bacon, *Summa Grammatica,* éd. Robert Steele, dans *Opera hactenus inedita Rogeri Baconi,* fasc. 15, Oxford, 1940. — Martin de Dacie, *Opera,* éd. H. Roos, Copenhague, 1961. — D.P. Henry, *The De grammatico of St. Anselm,* Notre-Dame, 1964. — Boèce de Dacie, *Modi significandi sive Quaestiones super Priscianum Maiorem,* éd. J. Pinborg et H. Roos, Copenhague, 1969. — Thomas d'Erfurt, *Grammatica speculativa,* éd. et trad. G.L. Bursill-Hall, Londres, 1971. — Jean de Dacie, *Opera,* éd. Alfredus Otto, Copenhague, 1975. — Ps.-Albert le Grand, *Quaestiones Alberti de modis significandi,* éd. et trad. L.G. Kelly, Amsterdam, 1977. — *The Summa of Petrus Helias on Priscianus Minor,* éd. J.E. Tolson, 1979. — Radulphus Brito, *Quaestiones super Priscianum Minorem,* éd. Jan Pinborg, Heinz Enders, Stuttgart-Bad Cannstatt, 1980. — *Robertus Kilwardby OP, In Donati Artem Maiorem III,* éd. L. Schmuecker, 1984.

→ Pour une bibliogr. récente, cf. Rosier 1990. On pourra se reporter également aux collections d'articles sur la grammaire médiévale éditées par Koerner, 1980 ; Rosier, 1988 ; Bursill-Hall et *alii,* 1990 ; et Rosier (*Grammaire 1971-1988...*), 1990, ainsi qu'aux articles de synthèse de Maieru, 1990 ; et Libera et Rosier, 1992. — L.M. De Rijk, *Logica Modernorum, A Contribution to the History of Early Terminist Logic ; 1 : On the 12th Century Theories of Fallacy ; 2 : The Origin and Early Development of the Theory of Supposition,* Assen, 1962, 1967. — G.L. Bursill-Hall, *Teaching Grammars of the Middle Ages. Notes on the Ms. Tradition,* dans *Historiographia Linguistica,* n° 4/1 (1977), p. 1-29. — C.H. Kneepkens, *Master Guido and his View on Government : On 12th Century Linguistic Thought,* dans *Vivarium,* t. 16/2 (1978), p. 108-141. — M.T. Gibson, *The Early Scholastic Glosule to Priscian, Institutiones Grammaticae : The Text and its Influences,* dans *Studi Medievali,* t. 20 (1979), p. 35-54. — R.W. Hunt, *Collected Papers on the History of Grammar in the Middle Ages*, éd. G.L. Bursill-Hall, Amsterdam, 1980. — K. Koerner éd., *Studies in Medieval Linguistic Thought, Dedicated to G.L. Bursill-Hall,* Amsterdam, 1980. — G.L. Bursill-Hall, *A Census of Medieval Latin Grammatical Mss* (*Grammatica speculativa,* n° 4), Stuttgart-Bad Cannstatt, 1981. — I. Rosier, *La Grammaire spéculative des modistes,* Lille, 1983. — V. Law, *Panorama della grammatica normativa nel tredicesimo secolo,* dans *Aspetti della letteratura latina nel secolo XIII,* éd. C. Leonardi et G. Orlandi, 1983, p. 125-145. — J. Pinborg, *Medieval Semantics. Selected Studies on Medieval Logic and Grammar,* éd. S. Ebbesen, Londres, 1984. — M.A. Covington, *Syntactic Theory in the High Middle Ages, Modistic Models of Sentence Structure,* Cambridge, 1984. — C.H. Kneepkens, *Roger Bacon on the Double Intellectus : A Note on the Development of the Theory of Congruitas and Perfectio in the First Half of the 13th Century,* dans *The Rise of British Logic,* 1985, p. 115-143 ; *Het Iudicium Constructionis. Het Leerstuk van de Constructio in de 2 de Helft van de 12 de Eeuw ;* 1 : *Een Verkennende en Inleidende Studie ;* 2 : *Uitgave van Robertus van Parijs'-Summa'Breve sit ;* 3 : *Uitgave van Robert Blunds Summa in Grammatica ;* 4 : *Werkuitgave van Petrus Hispanus' Summa Absoluta cuiuslibet,* Nimègue, 1987 ; « *Suppositio* » *and* « *Supponere* » *in 12th Century Grammar,* dans *Gilbert de Poitiers et ses contemporains, aux origines de la Logica Modernorum,* éd. J. Jolivet et A. de Libera, Rome p. 324-351. — Z. Kaluza, *Les Querelles doctrinales à Paris. Nominalistes et réalistes aux confins du XIVe et du XVe siècle,* Bergame, 1988. — K.M. Fredborg et C.H. Kneepkens, *Grammatica Porretana,* dans *Cahiers de l'Institut du Moyen Âge grec et latin,* Copenhague, t. 57 (1988), p. 11-67. — K.M. Fredborg, *Speculative Grammar,* dans *A History of 12th Century Western Philosophy,* Cambridge,

1988, p. 176-195. — I. Rosier, (éd.) *L'héritage des grammairiens latins, Actes du colloque de Chantilly,* 1988 ; *Le traitement spéculatif des constructions figurées au* XIIIe *siècle,* dans I. Rosier (éd.), Louvain, 1988, p. 101-124 ; *O Magister... Grammaticalité et intelligibilité selon un sophisme du* XIIIe *siècle,* dans *Cahiers de l'Institut du Moyen Âge grec et latin,* t. 56, 1989, p. 1-102 ; *Grammaire (1971-1988),* dans G. Fløistad (éd.) *Contemporary Philosophy. A New Survey,* vol. 6/2 (1990), p. 783-803 ; *Grammaires médiévales : Histoire Epistémologie Langage,* 1990, 12/II ; *Archives et Documents de la SHESL,* 2e série, n° 4, 1990 [complément de *Histoire Epistémologie Langage,* 12/II]. — C.H. Kneepkens, *On Mediaeval Syntactic Thought With Special Reference to the Notion of Construction,* dans *HEL,* n° 12/II (1990), p. 139-176 ; *Transitivity, Intransitivity and Related Concepts in 12th Century Grammar : an Explorative Study,* dans Bursill-Hall (éd.), 1990, p. 161-190. — A. Maieru, *La filosofia del linguaggio,* dans G. Lepschy, *Storia della linguistica,* vol. 2 (1990), p. 101-168. — G.L. Bursill-Hall, S. Ebbesen, K. Koerner (éd.), *De Ortu Grammaticae. Studies in Medieval Grammar and Linguistic Theory in Memory of Jan Pinborg,* Amsterdam, 1990. — B. Colombat et I. Rosier, *L'allothète et les figures de construction dans le Catholicon de Johannes Balbi, Introduction, édition et traduction,* dans *Archives et Documents de la SHESL,* 2e série, n° 4 (1990), p. 69-121. — K.M. Fredborg, *The Priscian Commentary from the Second Half of the Twelfth Century : Ms. Leiden BPL 154,* dans *HEL,* 12/II (1990), p. 53-68. — M. Sirridge, *Robert Kilwardby : Figurative Constructions and the Limits of Grammar,* dans *Bursill-Hall et alii,* (éd.), p. 321-338. — A. de Libera, *De la logique à la grammaire : Remarques sur la théorie de la determinatio chez Roger Bacon et Lambert d'Auxerre « Lambert de Lagny »,* dans Bursill-Hal *et alii*, 1990, p. 209-226. — A. de Libera et I. Rosier, *La pensée linguistique médiévale,* dans S. Auroux (éd.), *Histoire des Idées Linguistiques,* t. 2, 1992. I.R.

3. *Vers la Renaissance.* La réaction contre la grammaire médiévale commence en Italie dans la première moitié du XVe siècle. Laurent Valla (1406-1457) écrit ses *Elegantiae linguae latinae.* Il entend faire triompher la latinité authentique des anciens sur la latinité fautive du Moyen Âge. Il se présente comme un nouveau Camille qui chassera les Barbares de Rome. Dans la seconde moitié du XVe siècle le *Doctrinale* disparaît de l'enseignement en Italie. Il est remplacé par les *Rudiments* de Perotti (1473). Antoine Marcinelli publie vers 1491 un poème sur la grammaire latine où il s'élève contre Alexandre Gallus (Alexandre le Français). En Allemagne, Rodolphe Lange, chanoine de Münster, qui avait étudié en Italie, fait abolir vers 1480 l'usage du *Doctrinale* dans l'école cathédrale de Münster. Il doit lutter contre l'Université de Cologne, mais est soutenu par des disciples ardents. Son ami Alexandre Hegius agit dans le même sens en Flandre.

En France, Guillaume Fichet*, vers 1470, veut enseigner à parler et à écrire un latin correct. Ses presses, installées au Collège de Sorbonne, répandent les textes classiques et les écrits de ses amis humanistes. En 1542, le *Doctrinale* disparaît des écoles parisiennes. Il est remplacé un peu partout par les poèmes sur toutes les parties de la grammaire que Jean Despautères, de Ninove (Flandre), publie entre 1510 et 1519.

La nouvelle grammaire vise à enseigner le latin classique. Elle tourne le dos aux disputes du Moyen Âge. Il n'est plus question désormais des modes de signification. Les travaux grammaticaux n'ont plus pour objet les rapports du langage avec la logique et la pensée, mais la connaissance exacte du latin des Anciens.

→ Bibliogr. dans les articles de synthèse suivants : W.K. Percival, *The Renaissance : the grammatical tradition and the rise of the vernaculars*, dans Th.A. Sebeok (éd.), *Current trends in Linguistics*, vol. XIII, 1975, p. 231-275. — M. Tavoni, « La linguistica rinascimentale », dans G. Lepschy (éd.), *Storia della linguistica*, vol. 2, 1990, p. 169-312. — P. Lardet, L. Giard, W.K. Percival, *Le tournant de la Renaissance*, dans S. Auroux (éd.), *Histoire des Idées Linguistiques*, vol. 2, chap. 3, Bruxelles, 1992. J.C.C.

Grand-Saint-Graal. Voir : *Graal. Cycle-Vulgate.*

Grande-Bretagne (L'influence de la littérature française en). — L'influence de la littérature française en Grande-Bretagne, du XIIe au XVIe siècle, se présente sous plusieurs aspects. Durant la période normande et angevine qui suivit la conquête de l'Angleterre, les écrivains britanniques s'exprimaient aisément en langue française ou, plus exactement, en anglo-normand. Il est impossible ici de tenir compte des quatre cent quatre textes de cette époque. Citons pour mémoire le *Bestiaire* (c. 1121) de Philippe de Thaon*, la *Vie Seint Edmund* (c. 1170) de Denis Pirame*, le *Tristan* (c. 1170) de Thomas*, l'*Estorie des Engleis* (1145-1151) de Geffrei Gaimar*, les exploits de *Foulques Fitz-*

*Warin** (c. 1258), la *Chronique* (1307) de Pierre de Langtoft*, les *Contes moralisés* (c. 1350) de Nicole Bozon* et les multiples *lettres franco-anglaises* (1265-1399), réunies en recueil.

Toutefois, miné par la réaction populaire, par le relâchement du bilinguisme et le sentiment grandissant de la primauté nationale, le prestige de la langue française déclina peu à peu, et la guerre de Cent Ans lui porta un coup décisif. Les écrivains d'expression anglaise l'emportaient déjà manifestement. Mais, pour être rédigés dans l'idiome vernaculaire, leurs ouvrages n'en demeuraient pas moins largement impressionnés par la culture de notre pays.

Certains textes de la littérature religieuse apparaissent en effet sous un double visage : le *Manuel des Péchiez** anglo-normand (c. 1260) fut adapté par Robert Mannyng of Brunne dans son *Handlyng Sinne ; Le Somme des Vices et des Vertus* de Frère Laurent* inspira *Ayenbite of Inwit* (1340) de Dan Michel of Northgate ; le *De Anima* de Hugues de Saint-Victor* se trouve transposé dans *Sawles Warde* (c. 1200), tandis que la *Vision of Tundale*, populaire en Europe, connut une grande vogue en Angleterre vers 1400.

Quant à la littérature profane, elle est imprégnée par la pensée française et marquée par l'art français. Citer à cet égard Chaucer* (c. 1340-1400), John Gower* (c. 1330-1408) et Caxton (c. 1422-1491) est devenu un cliché que nous nous abstiendrons de renouveler ici. Il semble préférable d'évoquer John Lydgate (c. 1370-1452), dont *The Fall of Princes* reprend une version de Boccace par Laurent de Premierfait*, dont *The Pilgrimage of the Life of Man* détaille l'œuvre classique de Guillaume de Digulleville*, et dont le *Siege of Thebes* démarque le fameux *Roman de Thèbes**. Mieux vaut mentionner en outre le nom de Sir Richard Ros (1429-?) qui adapta pour ses lecteurs *La Belle Dame sans Merci* d'Alain Chartier*. Enfin, chacun sait que Sir Thomas Malory* dut à un merveilleux « livre français » l'inspiration qui fit de son *Morte Arthur* (1485) la « Somme arthurienne » par excellence, œuvre prédestinée dont l'influence n'a cessé de grandir au cours des temps.

Le roman, tel qu'il a été conçu par les écrivains de notre pays, s'est en effet imposé outre-Manche sous toutes ses formes. Pour ne pas quitter le cycle arthurien, il suffira d'énumérer quelques titres, tels que *Lancelot of the Laik* et *Le Morte Arthur* dont le thème appartient à notre *Vulgate Lancelot* ; les multiples aventures de *Gawain*, empruntées aux poètes du Nord de la France, mais développées selon le génie britannique ; les récits de *Percival*, de *Joseph of Arimathie* et du *Holy Grail* (c. 1450) fortement inspirés par Chrétien de Troyes*. D'autre part, les légendes anglaises de Charlemagne *(Sir Firumbras, Charles the Grete)* doivent beaucoup à *Balan*, et au *Fierebras* de Jean Bagnyon, tandis que notre *Chanson de Roland** est médiocrement traduite vers 1400 par un clerc anonyme. Illustrant le cycle d'Alexandre, *King Alisaunder* (1250-1300) se fonde sur le *Roman de Toute Chevalerie* de Thomas de Kent*, alors que le *Roman de Troie* de Benoît de Sainte-More* sert de base au célèbre *Seege of Troye* (1300-1325). Le roman moral, comme *Beves of Haumtoun*, le roman merveilleux avec *William of Palerme* (c. 1350), le roman sentimental avec *Parthenope of Blois, Floris and Blancheflur* (c. 1250), *Amis and Amiloun* (c. 1295), *Ipomadon* (c. 1350), et *Melusine* (c. 1495), le roman d'aventures tel que *Guy of Warwick, Havelock the Dane, King Horn* (c. 1225), et jusqu'au roman de *Renart** dans *The Fox and the Wolf* (c. 1250-1275) ont tous des modèles anglo-normands ou français. Ces textes apparaissent comme le produit direct de la féodalité continentale, importée sur le sol anglais, comme le résultat d'une évolution des mœurs vers l'instinct de chevalerie, la recherche des joutes courtoises et le charme des cours d'amour.

D'autre part, sous l'influence directe des troubadours provençaux et par l'intermédiaire de nos trouvères du Nord, le lyrisme prit en Angleterre, aux XIIIe et XIVe siècles, un développement remarquable. Sur des rythmes nouveaux empruntés à notre prosodie, les auteurs de *Lyrics* se plurent à chanter la suavité d'un mysticisme quasi sensuel, la fraîcheur de la nature et la joie de vivre, l'amour mélancolique, ardent ou résigné. C'est encore dans les chansons populaires françaises que les poètes ont trouvé le modèle des célèbres *Ballades* anglaises, ces « couplets de carole » aux éléments métriques rares.

C'est enfin le talent de Marie de France* qui fournit aux ménestrels insulaires le thème des *Lais bretons (Lai le Freine, Sir Orfeo, Sir Launfal, Sir Landeval)* etc.

Quant au théâtre, essentiellement neuf en Angleterre, il a puisé ses formes, *Miracles* ou *Mystères*, à la source continentale, mais l'évolution de ce genre diffère d'un côté et d'autre de la Manche, sans qu'il soit possible de nier cependant l'évidente parenté des deux manières.

Certes, il y a loin de l'épopée grandiose, de la prose didactique et grave du haut Moyen Âge, à cette littérature renouvelée, légère et humaine, imaginative et lyrique, sage et souriante. Il est juste de dire qu'une telle renaissance, aussi profonde sans doute et aussi riche que la Renaissance des humanistes, c'est au génie français que la Grande-Bretagne doit de l'avoir connue et réalisée. C'est grâce à cette mystérieuse osmose entre deux cultures et deux pensées que la France et l'Angleterre se sont formé jadis un commun patrimoine de l'esprit, du cœur et de l'art.

BIBLIOGRAPHIE GÉNÉRALE. — W.L. Renwick et H. Orton, *The Beginnings of English Literature to Skelton*, Londres 1952. — J.F. Wells, *A Manual of the Writings in Middle English*, New Haven (Conn.), 1916-1951.

CRITIQUES. — A. C. Baugh, *The Middle English Period*, dans *A Literary History of England*, New York-Londres, 1948. — W.H. Schofield, *English Literature form the Norman Conquest to Chaucer*, Londres, 1906. — J. Vising, *Anglo-Norman Language and Literature*, Oxford, 1923. — J. Audiau, *Les troubadours et l'Angleterre*, Paris, 1927. — M.M. Dubois, *La littérature anglaise du Moyen Âge*, Paris, 1962. — M.-D. Legge, *Anglo-Norman Literature and its Background*, Oxford, 1963. — S. Crane, *Insular Romance. Politics, Faith and Culture in Anglo-Norman and Middle English Literature*, Berkeley-Los Angeles, 1986. M.M.D.

Grandes Chroniques de France. Voir : *Chroniques de France* (*Grandes*).

Grant mal fist Adam. Sermon en vers de la première moitié du XIIe siècle commençant par « Grant mal fist Adam... » et développant les thèmes traditionnels du genre : péché, enfer, jugement, inéluctabilité de la mort, mais aussi égalité originelle des hommes. Un texte de ce sermon rimé fut édité par Jubinal d'après un seul manuscrit et, d'après trois manuscrits, une édition critique a été publiée par Suchier. Herman Bokmüller en a donné une révision graphique sur la base d'un manuscrit de l'*Alexis* (ms. de Lambspringen), étant donné que le texte restitué par Suchier se trouve dans un ms. de Paris qui contient l'*Alexis* et qu'il y a certains rapports entre tous ces mss : méthode discutable, qui pourtant a amené l'auteur à réunir sur la graphie de l'ancien français des observations intéressantes.

ŒUVRE. — Éd. H. Suchier, *Zwei altfranzösichen Reimpredigten*, Halle, Niemeyer, 1879 (*Bibl. normannica*, 1) ; nouv. éd. par W. Suchier, 1949.

→ J.-C. Payen, *Le motif du repentir dans la littérature française médiévale*, Genève, 1967, ch. IV, 1. — *GRLMA*, t. VI/1, p. 60 ; t. VI/2 n° 2215 ; — Cf. *MB* n°s 3536 ; *S* 5882. G.A.B.

Grantz Geantz. Ce poème anglo-normand, en octosyllabes irréguliers, du XIIIe ou XIVe siècle (avant 1333-1334), raconte l'origine des géants qui peuplèrent l'Angleterre. Les 30 filles d'un roi de Grèce complotèrent de tuer leurs maris mais la plus jeune sœur se repentit et éventa le projet. Les coupables furent punies et jetées dans un bateau sans nourriture. Après un long voyage, elles débarquèrent sur une île déserte qu'elles nommèrent Albion, du nom de l'aînée Albine. Cette île était remplie de démons à forme humaine qui séduisirent les sœurs. Celles-ci donnèrent naissance à des géants, les ancêtres de ceux que Brutus et les Troyens trouvèrent quand ils arrivèrent dans l'île. Cet étonnant récit généalogique, construit sur une série de fautes et de transgressions, a pour source Geoffroi de Monmouth*, mais aussi l'Antiquité (histoire des Danaïdes), la Bible et saint Augustin.

Du poème, il existe deux versions : une version longue (562 vers), conservée dans un ms. unique, qui est indépendante ; une adaptation abrégée (446 vers), qui se rencontre dans 16 mss au moins ; dans un de ces mss, le texte est isolé, alors que dans les autres il sert de prologue à la chronique en prose appelée *Brut*. — Ce nom de *Brut* a été donné à un certain nombre de compilations historiques traitant de l'histoire de l'Angleterre et utilisant l'*Historia regum Britanniae* de Geoffroi de Monmouth. Il en existe différentes rédactions. — Dans ces mss, le texte des *Grandz Geantz* a été copié à pleines lignes comme de la prose ; dans 10 mss, il est suivi d'un bref résumé en latin récapitulant la légende racontée dans le prologue et donnant le début du contenu de la chronique.

De ce poème dérive une version anglo-normande en prose et qui, comme lui, forme le prologue d'une rédaction du *Brut*. Dans six mss sur les neuf de cette version, le texte a été révisé sur le continent quant au vocabulaire et à la grammaire (deux rédactions indépendantes). Ces corrections apportent un témoignage intéressant sur les différences entre le français continental et le français d'Angleterre au XIVe siècle ; dans ce dernier persistaient grand nombre d'irrégularités et d'archaïsmes.

La version brève du poème anglo-normand a été aussi traduite en latin ; on connaît deux versions qui servent parfois de prologue à l'*Historia regum Britanniae* de Geoffroi de Monmouth. Il existe encore une version anglo-normande qui correspond à la deuxième version latine, une version anglaise en vers, une version française en alexandrins monorimes, remaniement de la version abrégée versifiée, qu'on trouve aussi en tête de la chronique du *Brut*. Mais dans les mss de la version la plus longue, on trouve le plus souvent comme prologue un remaniement français en prose de cette légende, d'où dérivent les versions anglaises, en particulier celles qui accompagnent la chronique de Caxton. On recense encore une version latine et une version française très répandue, qui apparaît dans le *Recueil des chroniques* de Jean de Wavrin*, enfin une version en vers anglais qui sert de prologue à la *Chronicle of England* de Thomas Castleford.

ŒUVRE. — Éd. G.E. Brereton, Oxford, 1937 (*Medium Ævum Monographs*, 2) [version longue et version abrégée en regard]. — Trad. D. Régnier-Bohler dans *Le cœur mangé. Récits érotiques et courtois des XIIe et XIIIe siècles*, Paris, 1979, réimp. 1988 (*Stock Plus Moyen Âge*), p. 291-295 [trad. de passages en vers et en prose].

→ P. Meyer, *De quelques chroniques anglo-normandes qui ont porté le nom de Brut*, dans *Bull. de la SATF*, t. 4 (1878), p. 122-124. — F.W. Brie, *Geschichte und Quellen der mittelenglischen Prosachronik The Brute of England oder The Chronicles of England*, Marburg, 1905. — G.E. Brereton, *Some Grammatical Changes Made by Two Continental Revisers of the Anglo-Norman Prose Version of Des Grantz geantz*, dans *Mél. M.K. Pope*, Manchester, 1939, p. 21-28. — D. Régnier-Bohler, *Figures féminines et imaginaires généalogiques : étude comparée de quelques récits brefs*, dans *Le récit bref au Moyen Âge. Actes du colloque d'Amiens (1979)*, 1979, p. 73-95. — Cf. *MB* nos 6784 ; *S* 2848.

G.T.L.

Grégoire Ier le Grand (saint) (avant 540 - 12 mars 604). Né à Rome d'une famille sénatoriale et papale en 540 au plus tard. Les hommes qui avaient contribué au magnifique renouveau des études antiques sous le roi goth Théodoric (493-526), qui avaient rouvert les trésors de l'hellénisme, Boèce* et son beau-père Symmaque, étaient morts depuis quelque vingt ans ; les rares survivants, ou se mouraient comme Denys le Petit ou, comme Cassiodore, étaient déjà des vieillards.

Grégoire, en 573, accéda à la préfecture urbaine, puis, à la mort de son père, transforma la grande maison familiale du Caelius en monastère. Vers 575, il y devint moine. Bientôt ordonné diacre, il fut envoyé par le pape Pélage II comme apocrisiaire (nonce) à la cour impériale de Constantinople (579-586). Le 3 septembre 590, dans une Rome ravagée par les inondations et la peste, le peuple et le clergé l'élurent pape. À la sainteté du moine, il joignait l'expérience du fonctionnaire et du diplomate.

C'est l'époque où se construisent en Occident les trois futurs piliers de l'Église romaine : la France, l'Espagne et l'Italie. Les Francs catholiques dominaient l'Aquitaine wisigothique, la Provence et la Burgondie. En Ibérie, le Wisigoth arien Léovigilde, roi de Tolède en 567, dut réprimer une tentative de sédition catholique dirigée par son fils Herménégilde qu'il fit exécuter en 585. Herménégilde avait abjuré l'arianisme sous l'influence de l'évêque Léandre de Séville, grand ami de Grégoire et destinataire de son œuvre principale, les *Moralia*. Dès 586, son frère Récarède succéda à Léovigilde et se rallia avec son royaume à l'Église romaine. Ainsi naquit l'Espagne catholique.

En Italie, la situation apparaissait plus complexe : ce n'était plus l'Antiquité, ce n'était pas encore le Moyen Âge, mais cette période éphémère que l'on pourrait appeler byzantine, celle de la brutale reconquête ordonnée par Justinien (535-553) sur les Goths. L'hostilité rencontrée par le pouvoir byzantin facilita l'invasion des Lombards : leur roi Alboin prit possession en 572 du trône de Théodoric à Pavie.

Si Rome continuait à jouir de certains privilèges du temps de la République, ce n'était que par la grâce de ses maîtres de Ravenne et de Byzance. Dès la fin du IIIe siècle, son rôle de capitale s'était de plus en plus vidé de réalité ; au VIe siècle, il ne restait plus à Rome d'autorité que le pape.

En raison de la carence du lointain pouvoir impérial, l'action de Grégoire, attestée par sa correspondance, s'exerça en faveur de la paix, de la justice (même fiscale) et du service intransigeant de la chose publique. Il dénonça le désordre partout, même et surtout dans le clergé, la malhonnêteté des fonctionnaires, les causes économiques profondes des abus : il s'efforça de reconstituer les finances, d'établir, comme recteurs ou contrôleurs itinérants du « patrimoine de saint Pierre », des sous-diacres et des diacres intègres et avisés.

Moine et prêtre, homme de gouvernement, il n'hésita pas à traiter avec l'occupant lombard, à assumer des responsabilités militaires et diplomatiques qui, court-circuitant l'exarque de Ravenne et l'empereur, provoquèrent leur colère. Quand il s'agissait de secourir ses compatriotes, de favoriser la conversion de vastes populations, il ne reculait pas devant le réalisme politique. Se détournant de la décadence byzantine, il prodigua sa sollicitude aux peuples germaniques encore barbares, les Francs, les Lombards, qu'il amena à la foi. L'Angleterre lui fut redevable de sa réévangélisation après les invasions anglo-saxonnes ; il prit l'initiative d'y envoyer des moines romains conduits par Augustin, qui établit son siège à Cantorbéry. L'essor monastique de l'Angleterre fut un des résultats de cette mission et c'est finalement des monastères anglais que sortiront jusqu'à l'époque de Charlemagne les grands évangélisateurs de la Frise et de la Germanie.

En même temps, par sa culture personnelle, il fut un éminent représentant et défenseur de la latinité, allant parfois jusqu'à défavoriser l'expansion byzantine en Italie et dans les îles tyrrhéniennes. De sa nonciature, en effet, il avait conservé une certaine défiance à l'égard de la partie grecque de l'Église, d'où la passion qu'il mit à contester le titre d'« œcuménique » revendiqué par le patriarche de Constantinople. Les siècles aggraveront malheureusement les malentendus.

Grégoire était un spirituel et un mystique, très au fait de la psychologie. Peu porté à l'abstraction, il s'exprimait volontiers par symboles et comparaisons ; la poésie de son langage avait sa source dans l'interprétation allégorique de la Bible, dont il faisait sa lecture principale. Cette poésie l'amenait à des analyses pénétrantes du comportement humain. Il convient en effet de souligner son extrême finesse et sa capacité, méconnue, de spéculation théologique et métaphysique. Bien qu'on ne puisse le qualifier de métaphysicien, désignation étrangère à sa personnalité et à ses tâches, la métaphysique n'est pas absente de son œuvre. C'est ainsi que, par exemple, l'*incircumscriptio* de Dieu et de la divine lumière, termes interchangeables, différente de l'« incompréhensibilité » chrysostomienne de Dieu selon laquelle Dieu ne peut être « appréhendé », est chez lui un concept plus important que celui d'incorporéité et d'individualité ; cette notion est plus subtile que celle d'incorporéité : elle signifie que Dieu échappe aux limites de l'espace et du temps, ce qu'il résume dans la formule : *Deus totus ubique simul*, dont Michael Frickel a démontré l'originalité grégorienne (pour tout ce paragraphe, cf. *DHGE*, t. XXI, col. 1415).

Grand esprit, capable de réflexion théorique, il fut en même temps un homme complet d'expérience et de pratique mais au prix d'une perpétuelle souffrance : celle du mystique arraché malgré lui à la paix du cloître. Soutenu par son intense spiritualité dans son service de l'Église et de ses frères les hommes, il élaborait, par sa pensée et son enseignement, la doctrine principalement morale dont son siècle avait besoin. S'étant assimilé la tradition, il la vivait en fonction de son expérience des voies spirituelles et mystiques ; il devint ainsi un maître très lu dans les monastères ; on composa des florilèges de ses œuvres, on les abrégea pour les rendre plus abordables ; les *Moralia* de saint Odon de Cluny*, extraits des *Moralia* de saint Grégoire, en sont un exemple. Les docteurs de la Péninsule ibérique, saint Martin de Braga*, saint Ildephonse de Tolède, saint Isidore de Séville* utilisent Grégoire dans leurs propres écrits ou dans leurs compilations. Bède le Vénérable* est tributaire de son œuvre, etc. Les *Dialogues*, d'une veine populaire facile à imiter, mais dont par là même il est permis de mettre en doute l'authenticité grégorienne (cf. *infra* ŒUVRES), ont servi de modèle à plus d'un écrit hagiographique.

Jusqu'à la réforme liturgique du IIe concile du Vatican, l'Église romaine a vécu quasi universellement sur le sacramentaire, attribué à Grégoire, que Charlemagne avait reçu du pape Adrien Ier et qu'il avait confié à Alcuin pour adaptation. Le sacramentaire, destiné au célébrant, est un rituel et un missel qui ne contient pas les lectures (épître et évangile), ce qu'est redevenu, distinct du rituel, en application de la Constitution *De sacra Liturgia* (4 décembre 1963), le missel romain que le prêtre utilise aujourd'hui à l'autel. En fait, le sacramentaire dit « grégorien » est une compilation bien postérieure à Grégoire, datant des années 650-680, où l'on peut discerner des remplois de sacramentaires antérieurs. Sur des pièces liturgiques contenues dans ce sacramentaire « grégorien », il y avait dès le VIe siècle un chant dit aujourd'hui « vieux romain » qui existait au moins à la fin du Ve, et n'a donc pu être composé au temps de Grégoire. C'est au IXe siècle seulement que le chant qui accompagne la liturgie du Missel romain a pris le nom de « grégorien », mais sa première composition (Ve-VIe), bien antérieure à Grégoire, a subi au IXe siècle des remaniements de la part des chantres des Gaules, qui ne se sont pas fait faute de panacher la mélodie romaine de souvenirs personnels. Ce métissage est notre chant « grégorien » actuel.

Cependant les innovations liturgiques de Grégoire sont importantes. Estimant à sa juste valeur l'influence des cérémonies et du chant, il s'efforça de répondre aux besoins spirituels des fidèles. Il aménagea, il refondit, il fixa. Il osa réorganiser la liturgie de la messe en modifiant la prière litanique, en introduisant le *Pater* à la suite du canon, en étendant l'emploi de l'*Alleluia* à toute l'année, carême excepté, ce qui entraîna la composition de nouveaux versets alléluiatiques.

En résumé, quelles sont les qualités de Grégoire ?

Une intelligence souveraine, merveille de compréhension et de jugement, qui apparaît dans sa correspondance ; une humilité vraie qui vérifie pleinement la formule « *Servus servorum Dei* », qu'il aimait placer en tête de ses lettres ; une forte douceur, une droiture rigoureuse, une volonté indomptable, une grande sensibilité ; une puissance de travail exceptionnelle en dépit d'un état maladif qui finira par le clouer au lit à peu près constamment ses trois ou quatre dernières années.

Fut-il aimé à la mesure de son service passionné de l'Église et de l'Italie ? Certes non : c'est là le sort de tous ceux qui ont pétri la glaise de leur temps. Sa valeur inspirait la crainte, même à ses frères dans l'épiscopat, et sa fermeté lui valut la défiance hargneuse de l'empereur et des fonctionnaires impériaux. Mais il sut garder le calme dans les tempêtes : l'adversité n'eut jamais raison de sa volonté et de la sereine bienveillance qui marquait ses relations avec chacun, quel que fût son rang ou son rôle, ni de la ténacité avec laquelle il faisait progresser vers leur solution les problèmes permanents de la Chrétienté. Ce Romain de souche méritait le titre de « *Dei consul* » que lui décerna l'auteur anonyme de son épitaphe.

ŒUVRES. — Elles reflètent la multiplicité des tâches de Grégoire. *PL*, t. 75-79, reproduit avec des fautes d'impression la magnifique édition des Mauristes (1705), dont les tables scripturaires, non reproduites par Migne, restent indispensables. — Les *Morales sur Job*, immense ouvrage de 35 livres dont l'origine est à chercher dans les conférences spirituelles de Grégoire aux moines romains qui l'avaient accompagné à Constantinople. *Moralia in Job*, éd. M. Adriaen, *CCSL* 143, 143A, 143B, Turnhout, 1979-1985. — *Morales sur Job*, Livres I-II, R. Gillet-A. de Gaudemaris, trad. française, Paris, 1952, 1975, 1990 (*Sources chrétiennes*, 32, 32 *bis*, 32 *ter*) ; livres XI-XVI, A. Bocognano, *ibid.*, 212, 221, Paris, 1974-1975. — *Expositiones in Canticum Canticorum et in Librum primum Regum*, éd. P. Verbraken, *CCSL*, 144, Turnhout, 1963, ne furent pas entièrement rédigées par Grégoire, cf. B. Capelle, *Les homélies de saint Grégoire sur le Cantique* dans *Revue Bénédictine*, t. 40 (1929), p. 204-217 : l'œuvre a été complétée par Robert de Tombelaine, 1090. — P. Verbraken, *Le texte du commentaire sur les Rois attribué à saint Grégoire, ibid.*, t. 66 (1956), p. 39-62 ; 159-217). — *Homeliae in Ezechielem Prophetam*, éd. M. Adriaen, *CCSL*, 142, Turnhout, 1971. Composées en 593-594 durant le siège de Rome par les Lombards. Comment croire, devant leur profondeur, qu'elles furent prêchées au peuple de Rome ? Cela irait à l'encontre du souci d'adaptation de Grégoire. Trad. française C. Morel, Paris, 1986-1990, (*Sources chrétiennes*, 327, 360). — *Homiliae in Evangelia, PL*, t. 76, col. 1075-1312, modèle d'adaptation aux auditeurs. « L'évangéliaire commenté par Grégoire le Grand » (A. Chavasse). — *Regula pastoralis, PL*, t. 77, col. 13-128. Directoire pour le gouvernement des âmes, le *Pastoral* est un classique ; il est dédié aux évêques en la personne de Jean, évêque de Ravenne ; dès 602, il fut traduit en grec par le patriarche Anastase d'Antioche. Trad. française J.A. Boutet, *Le Pastoral de saint Grégoire le Grand*, Bruges-Paris, 1928. — Éd. et trad. française en préparation par B. Judic dans *CCSL* et *Sources chrétiennes*. — *Gregorii Magni Dialogi Libri IV*, éd. U. Moricca, Rome, 1924, (*Fonti per la Storia d'Italia*, 57). — *Dialogues*, éd. A. de Vogüé, trad. française P. Antin, Paris, 1978, 1979, 1980 (*Sources chrétiennes*, 251, 260, 265). — *Dialogues*, trad. française, A.-J. Festugière *(Livre d'or des écrits mystiques)*, Paris, 1978. — L'inspiration et le style des *Dialogues*, le caractère anecdotique truculent d'un écrit destiné à un public souvent naïf, nous introduisent dans un univers mental d'un niveau si différent de celui des autres œuvres, qu'on se doit de prendre très au sérieux les arguments avancés tout récemment encore, appuyés sur le silence de Grégoire lui-même, du *Liber Pontificalis* et des auteurs contemporains, sur une étude minutieuse des textes et du vocabulaire, concluant à une rédaction postérieure à saint Grégoire et destinée, non sans une certaine maladresse, à rehausser sa gloire ainsi que celle de saint Benoît. Cf. F. Clark, *The Pseudo-Gregorian Dialogues*, Leyde, 1987, (*Studies in the History of Christian Thought*, 37-38). — Les *Lettres* sont une source historique de premier ordre. On en possède trois collections anciennes qui totalisent 848 lettres. « *Si le Registrum* de ce pontife n'avait pas été sauvé, il y a toute apparence qu'il ne porterait pas aujourd'hui le surnom de Grand. » (Dom Germain Morin). — *Gregorii Papae Registrum epistolarum*, éd. P. Ewald-L. Hartmann, *MGH* historica, Berlin, 1891-1899. — *Gregorii Magni Registrum epistularum*, éd. D. Norberg, Turnhout, 1982 (*CCSL*, 140, 140A). — Les notes et les tables détaillées de l'éd. Ewald-Hartmann (quelques fautes d'impression dans les chiffres), non reproduites dans l'éd. Norberg, rendent indispensable le recours à l'éd. Ewald-Hartmann.

Par des traductions en langue vulgaire, on s'est efforcé très tôt de mettre certaines œuvres de saint Grégoire à la portée des laïques. Chose étrange, les *Lettres* ne sont pas traduites, à l'exception de la lettre à Serenus, évêque de Marseille, sur le culte des images (trad. anon. XIIe siècle). Au XIIe siècle, on trouve une trad. française des *Moralia* (cf. *HLF*, t. 7, p. LV), une trad. en dialecte lorrain des homélies sur Ézéchiel, et à la fin du siècle une trad. des *Dialogues* en dialecte de la région de Liège (Paris, BN, fr. 24 764, fol. 58-173 v.). — En 1212, une *Vie* de Grégoire le Grand en 24 000 vers octosyllabiques en anglo-normand par le diacre Angier* (cf. Godding, *Bibliografia*, n. 1409-1411). — Toujours au XIIIe, trad. des *Sermons* sur la Septuagésime, Sexagésime, Quinquagésime, Passion, et trad. en vers octosyllabiques des *Dialogues* par Wauchier de Denain* ; trad. en dialecte lorrain des homélies sur Ezéchiel (Berne, Bibl. Bourgeoisie, 79) et en wallon, sans doute d'origine liégeoise, de fragments de ces mêmes homélies (Laon, 224). — Au XIVe siècle (1326 exactement) trad. française des *Dialogues* en vers octosyllabiques attribuée à Jean de Justice* ; au milieu du siècle, trad. en prose par Pierre de Hangest, chanoine d'Amiens, des homélies. Au XVe, trad. française des sermons sur la Septuagésime, la Sexagésime, la Quinquagésime, la Passion. En 1438, trad. française des homélies sur les quatre Évangiles (Oxford, Bodl. Library, Misc, 510), puis , à la fin du siècle, traduction de l'exposé sur le *Cantique des Cantiques* par le franciscain Jean Vitrier (Lille, 10 et Cambrai, 1229). Étendant à la langue française une remarque de Dom Georges Dufner sur la formation de la nouvelle *lingua volgare italiana*, les abrégés tendent à disparaître et l'on en vient à des traductions de l'œuvre entière, ce qui donnerait « à penser que, dans l'esprit de l'humanisme naissant, l'abrégé ne suffisait plus à une compréhension valide de l'œuvre volumineuse de Grégoire ».

ŒUVRES en langue vernaculaire. — *Li dialogue Gregoire lo pape*, éd. W. Foerster, Halle, 1876, réimp. Amsterdam, 1965 [éd. aussi les *Moralia*, des fragments d'homélie et la trad. du *Sermo de Sapientia*]. — *The Dialogues of Gregory the Great Translated into Anglo-Norman French by Angier*, éd. T. Cloran, Strasbourg, 1901. — *Lettre à Serenus* : éd. U. Mölk, dans *ZRPh*, t. 87 (1977), p. 289-303. — *Sermons* : éd. W. Foerster, *op. cit.* — Éd. K. Hofman, dans *Abhandlungen der Münchener Academie der Wissenschaften Philos.-Philol. Klasse*, t. 16 (1882), p. 1-125 [Homélie sur Ézéchiel]. — Éd. E. Brayer, dans *Notices et extraits mss BN*, t. 43 (1965), p. 178-192 [éd. un sermon anonyme]. — Éd. J. Chaurand, dans *Romania*, t. 88 (1967), p. 91-112 [fragments d'homélie sur Ézéchiel].

→ R. Godding, *Bibliografia di Gregorio Magno, 1890-1990*, Città Nuova Editrice, Roma, 1990 [exhaustive pour la période indiquée et composée avec le plus grand soin]. — On la complétera par les bibliogr. plus spécialisées correspondant à la visée des deux dictionnaires suivants : R. Gillet, *Grégoire le Grand*, dans *DS*, VI, Paris, 1967, col. 872-910. — R. Gillet, *Grégoire Ier le Grand, DHGE*, t. XXI, Paris, 1986, col. 1387-1420. — J. Fontaine, R. Gillet, S. Pellistrandi, *Grégoire le Grand*, Centre culturel « Les Fontaines », 15-19 septembre 1982 (Colloques internationaux du CNRS), Paris, 1986 [donne l'état de la recherche contemporaine concernant Grégoire]. — C. Dagens, *Saint Gré-*

goire le Grand. Culture et expérience chrétiennes, Paris, 1977. — C.E. Straw, *Gregory the Great. Perfection in Imperfection*, Berkeley-Los Angeles-Londres, 1988 (*Transformation of the Classical Heritage*, 14). — M. Frickel, *Deus totus ubique simul. Untersuchungen zur allgemeinen Gottgegenwart im Rahmen des Gotteslehre Gregors des Grossen*, Fribourg-en-Brisgau, 1956 (*Freiburger theologische Studien*, 69). — L. Weber, *Hauptfragen der Moraltheologie Gregors des Grossen. Ein Bild altchristlicher Lebensführung*, Fribourg, 1947 *(Paradosis)*. — F. Lieblang, *Grundfragen der mystischen Theologie nach Gregors des Grossen Moralia und Ezechielhomilien*, Fribourg-en-Brisgau, 1934 (*Freiburger theologische Studien*, 37). — E. Wellesz, *Gregory the Great's Letter on the Alleluia*, dans *Annales musicologiques*, t. 2 (1954), p. 7-26.

TRADUCTIONS en langue vernaculaire. — L. Wiese, *Die Sprache der Dialoge des papstes Gregor*, Halle, 1899. — M. Wilmotte, *Le dialecte du ms. f. fr. 24764*, dans *Mél. H. Suchier*, Halle, 1900, p. 46. — V. Recchia, *L'esegesi di Gregorio Magno al Cantico dei Cantici*, Turin, 1967. — G. Dufner, *Die Dialog Gregors des Grossen im Wandel der Zeiten und Sprachen*, Padoue, 1968. — D.D.R. Owen, *The Vision of Hell*, Edimbourg, Londres, 1970. — M. Zink, *La Prédication en langue romane avant 1300*, Paris, 1976. Cf. Woledge-Clive n°s 19, 32, 67-68, 73[1]. — *MB* n°s 3284-3299, 3526-3527, 7777-7781 ; *S* 5944-5945, 5988. D.R.G.

Grégoire de Tours (538-594). Né dans le bastion auvergnat de Clermont, si cher à son admiré prédécesseur Sidoine Apollinaire*, Grégoire est issu d'une puissante famille de rang sénatorial, dont les membres, autrefois hauts fonctionnaires impériaux, se sont succédé depuis le Ve siècle sur divers sièges épiscopaux à Tours, à Lyon, en Arles. Il reçoit son éducation à titre privé auprès des siens (notamment de son oncle Nizier), qui lui assurent une bonne culture biblique et patristique, en sacrifiant sans doute quelque peu les domaines jugés alors profanes comme la grammaire, la rhétorique et la lecture des grands textes classiques. Ces dernières disciplines, piliers des *artes liberales*, sont devenues moins facilement accessibles (mais non évanouies) en Gaule mérovingienne. Grégoire se donnera peu à peu les outils intellectuels qu'il juge nécessaires (en lisant notamment Virgile et Martianus Capella), au fil de sa carrière. Celle-ci se déroule sur le modèle attendu : apparenté à une lignée qui avait donné plusieurs évêques de Tours, cité sous autorité austrasienne, résidant lui-même en Auvergne austrasienne, préparé à cette tâche, désormais autant civile que religieuse, Grégoire devient, avec l'accord du roi Sigebert, évêque de Tours en 573 (il est consacré dans la capitale de l'Austrasie, Reims). Il participe intensément jusqu'à la fin de ses jours à la vie politique et religieuse de son temps, subit avec impatience la « tyrannie » du Neustrien Chilpéric, soutient sans défaillance le souverain « légitime » Gontran, démêle de nombreuses affaires de discipline ecclésiastique, contribue au rayonnement de saint Martin, devient l'ami intime du poète ravennate Fortunat Venance*, venu finir ses jours en Gaule comme évêque de Poitiers, et compose une œuvre écrite importante qui lui vaut sa renommée.

L'évêque commence en 575 la rédaction d'une œuvre qui s'inscrit dans la tradition de l'historiographie chrétienne inaugurée par Orose (K.F. Werner), les *Dix livres d'histoires*, qu'on désigne improprement sous le nom d'*Histoire des Francs*. Après un résumé de l'histoire du monde antique dans le premier livre, il parvient, à partir du deuxième, à la période qui précède immédiatement sa propre existence (règne de Clovis « nouveau Constantin »), puis il devient un spécialiste de l'histoire immédiate, puisque son livre cinq se clôt à la mort de Sigebert. Les livres suivants narrent les événements politiques, moraux et religieux des royaumes : les années 580-585 sont parcourues par les livres 5 et 6 ; 585-591 par les livres 7 à 10. L'extrême fin de l'œuvre, et notamment sa postface si personnelle, sont achevées en 594. Grégoire compose en outre les *Quatre livres consacrés aux miracles de saint Martin*, récriture augmentée et en même temps simplifiée de la fondatrice *Vie de saint Martin* lancée par Sulpice Sévère* deux siècles plus tôt. Fidèle à ses saints protecteurs, Grégoire consacre un court texte aux *Miracles de saint Julien* (il avait été quelque temps prêtre de la basilique de Saint Julien à Brioude). Le *Livre sur le Vie des Pères* et le *Livre à la gloire des confesseurs* étendent à un auditoire vaste les récits désormais traditionnels de l'hagiographie méditerranéenne. Sans doute entre 575 et 582, le Tourangeau compose un remarquable *Livre au sujet des temps ecclésiastiques*. Afin de procurer à son clergé et à ses moines une méthode sûre pour établir leur calendrier liturgique, il élabore un savant exposé « sur la manière dont l'office doit respecter le parcours des astres ». Retrouvant là un des domaines du *quadrivium*, l'évêque décrit avec une acuité sans faille les constellations et les astres de référence. Enfin, il commente en une brève paraphrase le célèbre poème de Lactance *Sur l'oiseau phénix*.

Après une (trop) longue période, où une critique historico-littéraire peu intéressée, dans le fond, par cette époque, avait scellé le sort de cet auteur en soulignant à la fois la barbarie de ces siècles, l'inculture de ses membres les plus éminents, la naïveté de Grégoire et la monstruosité de sa syntaxe (sans oublier son orthographe !), le temps semble venu d'une lecture et d'une étude de ce legs de la fin de l'Antiquité avec des méthodes appropriées. Il est devenu possible de démontrer que, loin d'être un auteur immergé dans l'événementiel, Grégoire « en tant qu'éducateur du peuple chrétien, a pour seule finalité la démonstration du sens moral des événements (M. Heinzelmann) ». Toute l'œuvre reçoit sa logique et son ordonnancement de cette conception moralisatrice et démonstratrice de l'histoire : c'est qu'il importe de rédiger un « guide épiscopal à l'usage du roi chrétien ». S'agissant d'instruire et d'émouvoir (sinon de plaire) un public restreint, mais dont le rôle est déterminant, le narrateur s'est donné les moyens langagiers et stylistiques de parvenir à son but. La prose de Grégoire est le fruit moins d'une impuissance à manier les registres les plus complexes du latin (il lisait Virgile et Sidoine, auteurs difficiles s'il en est) que d'un sens réfléchi des exigences de la communication générale. L'analyse des rapports entre ses théories littéraires (l'évêque en a, comme le montrent ses différentes préfaces et sa postface) et sa pratique d'écrivain révèle une élégante maîtrise que les lapsus orthographiques déparant les manuscrits des *Histoires* (remontent-ils au temps de Grégoire ?) ne doivent pas masquer. Peut-être est-ce un bel exemple de réussite rhétorique que la fameuse ouverture, où le Tourangeau déplore la mort des études libérales, ait réussi à convaincre si facilement les historiens modernes de la réalité des faits qu'elle décrit. C'est pourtant une page où les traditions de l'invective biblique et de l'attaque oratoire *in medias res* se mêlent pour donner un bel échantillon de *sermo grandis*.

ŒUVRES. — Éd. *MGH, Script. rer. Mer.*, I, 1 et 2. — *Histoire des Francs*, trad. R. Latouche, 2 vol., Paris, 1963 et 1965 (*Les classiques de l'histoire de France au Moyen Âge*, 27 et 28), nouv. éd., Paris, 1974 (*Les Belles Lettres/Méditations*) ; trad. J.J.E. Roy, Paris, 1990 (*L'Aube des peuples*). — *Libri octo miraculorum I De gloria martyrum*, trad. angl. R. van Dam, Liverpool, 1988.

→ G. Monod, *Études critiques sur les sources de l'histoire mérovingienne*, Paris, 1872. — M. Bonnet, *Le latin de Grégoire de Tours*, Paris, 1890. — G. Kurth, *Études franques*, Paris, 1919. — E. Auerbach, *Mimésis, La représentation de la réalité dans la littérature occidentale*, Paris, 1968, chap. 6 (p. 88-105). — M. Oldoni, *Gregorio di Tours e i « Libri historiarum ». Letture e fonti, metodi e ragioni*, dans *Studi medievali*, t. 13, 2 (1972), p. 563-700. — P. Riché, *Éducation et culture dans l'Occident barbare* VIe-VIIIe *s.*, Paris, 1962, 3e éd., 1973, p. 235-250. — M. Rouche, *L'Aquitaine des Wisigoths aux Arabes (418-732)*, Paris, 1979. — M. Reydellet, *La royauté dans la littérature latine de Sidoine Apollinaire à Isidore de Séville*, Rome, 1981, chap. 8 : *Grégoire de Tours et les leçons de l'expérience*, p. 345-437. — L. Pietri, *La ville de Tours du* IVe *au* VIe *siècle. Naissance d'une cité chrétienne*, Rome, 1983. — W. Goffart, *The Narrators of Barbarian History (AD 550-800). Jordanes, Gregory of Tours, Bede and Paul the Diacon*, Princeton, 1988, p. 122-234. — M. Heinzelmann, *Studia sanctorum, Éducation, Milieux d'instruction et Valeurs éducatives dans l'hagiographie en Gaule jusqu'à la fin de l'époque mérovingienne*, dans *Haut Moyen Âge : Culture, Éducation, Société* (éd. M. Sot), Paris, 1990, p. 106-138 ; *Histoire, rois et prophètes. Le rôle des éléments autobiographiques dans les « Histoires » de Grégoire de Tours*, dans *Mél. J. Fontaine*, Paris, 1992, t. 1, p. 537-550. — Manitius, t. 1, p. 216-223. — Brunhölzl, trad. fr., 1991, t. 1, p. 126-137, 268-269. M.B.

Gregori Bechada. Voir : *Canso d'Antiocha*.

Grimace. Compositeur français que l'on considère, pour des raisons stylistiques, comme un contemporain de Guillaume de Machaut*. Auteur de trois ballades (dont la double ballade *Se Zephirus / Se Jupiter*), un rondeau et un virelai. Ce dernier est unique par son utilisation des imitations textuelles.

ŒUVRES. — Éd. W. Apel, *French Secular Compositions of the Fourteenth Century*, dans *Corpus Mensurabilis Musicae*, t. 53, 1, 3 (1970-1972).

→ U. Günther, art. *Grimace* dans *The New Grove Dictionary of Music and Musicians*, t. 7,

1980, p. 733. — G. Reaney, art. *Grimace*, dans *MGG*, t. 5, vol. 920-922. N.S.

Griseldis. Dernière nouvelle du *Décaméron* de Boccace*, *Griselda* fut traduite en latin par Pétrarque* dans une de ses lettres à Boccace (*Sen.* XVIII, 3) en 1374. C'est cette version que Philippe de Mézières*, ami du poète italien, traduisit en prose française et incorpora à la fin de son *Livre de la vertu du sacrement de mariage et réconfort des dames mariées* (1385-1389). L'œuvre complète n'eut guère de succès, mais la nouvelle exemplaire de Griseldis, une fois détachée, connut une importante diffusion : elle fut copiée soit dans des recueils de textes édifiants, soit à la suite du *Livre du chevalier de la Tour Landry**, avant le *Livre de leesce* de Jean Le Fèvre*, dans le *Mesnagier de Paris** ; et elle connut une adaptation théâtrale en vers en 1395, longtemps attribuée à tort à Philippe de Mézières, l'*Estoire de Griseldis en rimes et par personnages*, imprimée à Paris chez Nicolas Bonfons entre 1548 et 1550. Par ailleurs, la lettre de Pétrarque fut traduite une seconde fois en prose française par un anonyme. Et cette seconde version connut les mêmes modes de transmission que la première : copiée dans des recueils moraux, elle figure aussi une fois à la suite du *Livre du chevalier*. Par ailleurs, elle sera substituée, dans certains manuscrits, à la version directement inspirée de Boccace du *Décaméron* français de Laurent de Premierfait*. Enfin, c'est elle qui connaîtra les honneurs de l'imprimerie dès 1484 et qui passera au XVIIe siècle dans la *Bibliothèque bleue*. La retrouvant dans « le papier bleu », Perrault lui redonnera un statut littéraire dans ses *Contes* (1694-1695). Entre-temps, l'auteur du *Chevalier errant*, Thomas III marquis de Saluces*, inséra dans son roman une version combinée des deux traductions en prose (entre 1396-1404). L'héroïne, considérée communément comme un personnage historique, sert alors, en tant que marquise de Saluces, à illustrer la famille de l'auteur. Enfin, on connaît deux versions de *Griseldis* en vers dont l'une n'est qu'un fragment. Quoique non diffusés, ces deux derniers textes témoignent encore de la large diffusion de l'histoire de cette épouse exemplaire et presque sainte à la fin du XIVe et au XVe siècle. Christine de Pizan* dans la *Cité des dames*, Martin Le Franc* dans le *Champion des dames* et Olivier de la Marche* dans le *Triomphe des dames* n'oublient pas d'évoquer cette figure féminine qui, dans les textes français, a pris le pas sur un époux dont la psychologie pourtant pouvait apparaître plus intéressante au conteur qu'était Boccace.

ŒUVRES. — E. Golenistcheff-Koutousoff, *L'Histoire de Griseldis en France au XIVe et au XVe siècle*, Paris, 1933 [éd. les deux versions en prose et les deux textes en vers]. — R. Guiette, *Le Miroir des dames mariées (...)*, Bruxelles, 1943 [éd. de la version de Philippe de Mézières telle qu'elle est insérée dans un ms. du *Mesnagier*]. — L'*Estoire de Griseldis en rimes et par personnages* (1395), éd. M. Roques, Genève, 1957 (*TLF*, 74) ; adaptation en français moderne par R. Guiette, *L'Histoire de Griseldis (...)*, Liège, 1961. Repro. de l'éd. gothique de Bonfons, Paris, 1832.

→ E. Pellegrin, *Manuscrits de Pétrarque dans les bibliothèques de France*, Padoue, 1966 [répertorie aussi les trad.] ; *Supplément*, Padoue, 1975. — J. Williamson, *La première traduction française de l'histoire de Griseldis de Pétrarque : pour qui et pourquoi fut-elle faite ?*, dans *Amour, mariage et trangressions au Moyen Âge*, Göppingen, 1984, p. 447-456 (*Göppinger Arbeiten zur Germanistik*, 420). — G. Frank, *The Medieval French Drama*, Oxford, 1954, p. 156-160. — G. Raynaud de Lage, *Sur l'attribution de l'Estoire de Griseldis*, dans *Romania*, t. 79 (1958), p. 267-271 [rejette l'attribution à Philippe de Mézières]. — G. Runnals, *A Newly Discovered Fourteenth Century French Play ? Le Mystère de Saint Christofle*, dans *Romance Philology*, t. 24 (1971), p. 464-477. — D. Maddox, *The Hunting Scene in l'Estoire de Griseldis*, dans *Mél. J.D. Powell et R. Hodgins*, Philadelphie, 1977, p. 78-94. — *La circolazione dei temi e degli intrecci narrativi : il caso Griselda*, éd. R. Morabito, L'Aquila-Rome, 1988. — R. Morabito, *La diffusione della storia di Griselda dal* XIV *al* XX *secolo*, dans *Studi sul Boccacio*, t. 17 (1988), p. 237-285. — Cf. *MB* nos 4200-4204, 5854-5861, 7089-7090, 8045-8046 ; *S* 8134, 8275-8277. S.L.

Grue ou **Celle qui fut foutue et défoutue**. Fabliau de 160 octosyllabes, du premier tiers du XIIIe siècle. Un des six manuscrits présente une version anglo-normande assez différente du texte commun. Une jeune fille est séquestrée dans une tour. En l'absence de sa nourrice, elle achète pour « un foutre » une grue à un jeune homme qui passe. Devant la colère de la nourrice, la demoiselle propose au jeune homme d'annuler le marché, ce qu'il accepte moyennant remboursement.

ŒUVRE. — Éd. W. Noomen et N.J. Van

den Boogaard, dans *Nouveau recueil complet des fabliaux*, t. 4, Assen, 1988.

→ J. Rychner, *Contribution à l'étude des fabliaux*, Neuchâtel-Genève, 1960, t. 1, p. 17-18, t. 2, p. 9-14. — R. Brusegan, *La naïveté comique dans les fabliaux à séduction*, dans *Comique, satire et parodie dans la tradition renardienne et les fabliaux. Actes du Colloque d'Amiens, 15-16 janvier 1983*, Göppingen, 1983, p. 19-30 (*Göppinger Arbeiten zur Germanistik*, 391). A.F.L.L.

Guérin ou **Garin**. Six fabliaux (*Le chevalier qui fit les cons parler, Le prestre qui abevete, Berenger au long cul, Le prestre qui menja mores, Les Tresces, La Grue* ou *Celle qui fut foutue et defoutue*) sont attribués par au moins un manuscrit à un auteur portant ce nom, dont on ne sait rien. S'agissant d'un nom fort répandu au Moyen-Âge, cette coïncidence ne permet aucune conclusion, en l'absence d'autres renseignements ; la langue des six fabliaux est trop diverse pour justifier l'hypothèse d'un auteur unique : Île-de-France et, pour certains d'entre eux, les parties les plus proches de la Champagne, la Bourgogne, l'Orléanais ou la Picardie.

Pour les fabliaux de *Berenger au long cul, Le Chevalier qui fit les cons parler, La Grue, Les Tresces*, voir au titre. Pour les deux autres textes, voir la bibliographie ci-dessous.

ŒUVRES. — Éd. A. de Montaiglon et G. Raynaud, dans *Recueil général des fabliaux*, t. 3, Paris, 1878, p. 54-57 [*Prestre qui abevete*]. — Éd. et trad. angl. T.B.W. Reid, dans *Twelve Fabliaux*, Manchester, 1958 [*Prestre qui menja mores*]. — Éd. et trad. italienne G.C. Belletti, dans *Fabliaux. Racconti comici medievali*, Ivrée, 1982 [*Prestre qui menja mores*].

→ J. Rychner, *Contribution à l'étude des fabliaux*, Neuchâtel-Genève, 1960, t. 2, p. 149-151 [*Prestre qui menja mores*]. — B.A. Pitts, *Truth-Seeking Discourse in the Old French Fabliaux*, dans *Medievalia et Humanistica*, t. 15 (1987), p. 95-117 [*Prestre qui abevete*]. — Cf. *MB S* n° 4734. A.F.L.L.

Guerric d'Igny. Après avoir été écolâtre de Saint-Martin de Tournai en 1112, Guerric entra à l'abbaye cistercienne de Clairvaux en 1125. Il fut élu abbé d'Igny, dans le diocèse de Reims, en 1138, et mourut le 11 août 1157. Sous son gouvernement, le monastère connut une période de grande prospérité et enregistra de nombreuses vocations.

Le bienheureux Guerric fut un prédicateur renommé, et l'on a conservé de lui 54 sermons authentiques, prêchés à l'occasion des fêtes liturgiques. Sa doctrine est surtout affective et mystique. Parmi ses thèmes favoris on notera celui de la pauvreté et celui de Marie, nouvelle Ève apportant une vie nouvelle. Disciple de saint Benoît, Guerric a, plus encore que son maître, scruté le dogme et prêché l'ascétisme de la conformation au Christ.

ŒUVRES. — J. Morson, H. Costello, *Guerric d'Igny, Sermons*. Intro., texte critique et notes, trad. sous la direction de P. Deseille, 2 vol., Paris, 1970, 1973 (*Sources chrétiennes*, 166, 202).

→ *DS*, t. 6 (1967) 1113-1121. — *DTC, Tables*, t. 1, 1988. — *DHGE*, t. 22 (1988) 725-726. — R. Milcamps, A. Dubois, *Le bienheureux Guerric...* dans *Collectanea ordinis Cisterciensium reformatorum*, t. 19, 1957, p. 207-221. — J. Longère, *La prédication de saint Benoît du* X^e^ *au* XIIIe *siècle*, dans *Sous la règle de saint Benoît. Structures monastiques et sociétés en France du Moyen Âge à l'époque moderne*, abbaye bénédictine Sainte-Marie de Paris, 23-25 octobre 1980, Paris, 1982, p. 433-460, notamment p. 440- 444 (*EPHE, Hautes Études médiévales et modernes*, 47). — B. Betto, *Guerrico d'Igny e i suoi sermoni (secoli* XI-XII*)*, Praglio, 1988 (*Scritti monastici*, 12). M.H.P.

Gui de Bazoches. Gui de Bazoches est né vers 1146, d'une famille de haut lignage du Soissonnais, une branche de la famille de Châtillon, qui donna plusieurs évêques à la ville de Soissons. Nous ne savons de sa vie que ce qu'il nous apprend lui-même dans sa chronique et dans ses lettres, et ce que nous en dit, dans une brève notice, Aubri de Trois-Fontaines*, qui l'a utilisée. Il était le frère d'un certain Nicolas, noble homme de Bazoches, qui fut présent à la bataille de Bouvines en 1214. Dès l'âge de sept ans, il fut envoyé chez son oncle Haimon, évêque de Châlons-sur-Marne, auprès de qui il fut élevé, puis fit ses études à Paris et à Montpellier. Après la mort de son oncle, il fit carrière à l'église cathédrale de Châlons comme chanoine et comme chantre. En 1190 il participa, avec Henri Ier comte de Champagne, à la troisième croisade, dont il rapportera quelques souvenirs dans certaines de ses lettres. Suivant Aubri de Trois-Fontaines, il mourut en l'an 1203.

Son œuvre, de grande valeur littéraire, se compose d'un ensemble de 11 livres, dont les trois premiers forment le *Liber apologie contra maledicos*, rédigé à la demande de sa mère et à elle dédié, et dirigé contre ceux qui critiquaient son mode de vie. Le quatrième livre est un traité de géographie, un *Libellus de mundi regionibus*, largement inspiré de Bède*. Les sept derniers livres (1. 5 à 11), constituent une chronique universelle, qui justifie le titre général de son œuvre, *Liber qui dicitur chronosgraphia sive liber diversarum historiarum*, en partie inspirée de Guillaume de Malmesbury, depuis la Création du monde jusqu'à la mort de Richard Cœur de Lion (1199). Il composa aussi un recueil de 37 lettres, qui donnent de précieux renseignements sur sa vie (sa propre épitaphe est insérée dans la lettre 27 adressée à sa mère), sur la vie intellectuelle et sociale du XIIe siècle, sur la ville de Paris. On y trouve aussi des souvenirs personnels d'Orient. Ces lettres sont accompagnées de poésies ou *carmina* métriques ou rythmiques, inspirés des poètes classiques.

ŒUVRE. — *Apologia contra maledicos* : éd. partielle W. Wattenbach, dans *Sitzungber. der Preuss. Akad. zu Berlin*, 1893, p. 397-420. — *Chronosgraphia* : éd. partielle O. Cartellieri, *Ex Guidonis de Bazochiis chronographie libro septimo* [c'est-à-dire le dernier livre de l'œuvre complète, où l'auteur raconte la jeunesse d'Henri VI et de Philippe Auguste, et la troisième croisade jusqu'à la mort de Richard Cœur de Lion], Iéna, 1910. — G. Waitz, *MGH, script.*, t. 26, Hanovre, 1882, p. 216-218 [extrait du 1. 7, c'est-à-dire le dernier de l'œuvre complète]. — Lettres et *carmina* : éd. partielle des *carmina* accompagnant chaque lettre : W. Wattenbach, dans *Neues Archiv.*, t. 16 (1891), p. 69-113. — G.M. Dreves, dans *Analecta Hymnica medii aevi*, t. 50 (1907), p. 508-527. — Éd. critique des 37 lettres avec les *carmina* : H. Adolfsson, *Liber epistularum Guidonis de Basochiis (Acta Univ. Stockholm., Studia lat. Stockholm*, 18), Stockholm, 1969 [avec plusieurs index et un apparat critique très détaillé].

→ L. Delisle, *HLF*, t. 32 (1898), p. 238-239. — J. Benton, *The Court of Champagne as a Literary Center*, dans *Speculum*, t. 36 (1961), p. 572-573. — J. Leclercq, *Notes sur la tradition des épîtres de saint Bernard*, dans *Scriptorium*, t. 18 (1964), p. 198-209. — B. Munk-Olsen, *L'édition d'un ms. d'auteur des lettres de Gui de Bazoches*, dans *Revue des Études latines*, t. 49 (1971), p. 66-77. — Manitius, t. 3, p. 914-920. — *Lexikon des Mittelalters*, t. 4, col 1774-1775. — Molinier n° 2 520. F.G.

Gui de Bourgogne. Cette chanson de geste anonyme de 4 300 vers en laisses d'alexandrins, daterait du premier quart du XIIIe siècle (avant 1211 selon A. Thomas). Elle se situe juste avant Roncevaux, et entre en contradiction avec *Fierabras**, *Anseïs de Carthage** et le début de *Roland**.

La chanson de *Gui de Bourgogne* est sans rapport avec des événements historiques réels. Elle raconte différemment l'histoire d'un des deux héros de *Fierabras**. Dans *Fierabras*, Gui est aimé de la Sarrasine Floripas, sœur de Fierabras, et reçoit la moitié de l'Espagne. Dans *Gui de Bourgogne*, pas trace de Floripas, mais Gui devient roi de l'Espagne entière. Le thème fondamental est la rivalité entre la jeunesse et la vieillesse, traitée à propos du siège de plusieurs villes espagnoles. L'auteur développe l'idée de la supériorité de la jeunesse, représentée par Gui, élu roi de France par ses pairs, qui réussit avec une troupe juvénile les sièges auxquels le vieux Charlemagne s'épuise depuis vingt-sept années. L'auteur veut écrire une épopée morale : il reconnaît les qualités des païens, et, s'il exalte la jeunesse, il ne se moque pas de la vieillesse.

ŒUVRE. — Éd. F. Guessard et H. Michelant, Paris, 1859 (*Anciens Poètes de la France*, 1).

→ L. Gautier, *Les épopées françaises*, Paris, 1880, t. 3, p. 482-490. — A. Thomas, *Sur la date de Gui de Bourgogne*, dans *Romania*, t. 17 (1888), p. 280-282. — J. Bédier, *Les légendes épiques*, Paris, 1921, t. 3, p. 137-140. — E.R. Curtius, *Gui de Bourgogne*, dans *Romanische Forschungen*, t. 66 (1948), p. 437-447. — J.C. Vallecalle, *Parenté et souveraineté dans Gui de Bourgogne*, dans *Senefiance*, t. 26 (1989), p. 83-97. — Cf. *GRLMA*, t. III/1, p. 36-38 ; t. III/2, n° 159. — *MB* nos 475-479 ; *S* 1031, 1143, 1222-1223, 1614. A.F.L.L.

Gui de Cambrai. Clerc, retiré probablement à la fin de sa vie au monastère d'Arrouaise en Artois, en relation avec des seigneurs picards, notamment avec le comte Raoul de Clermont. Il se chargea, vers 1190, de donner au *Roman d'Alexandre** la conclusion qui lui manquait. Ce dernier s'achevait par la mort du conquérant, traîtreusement empoisonné. Selon les idées du Moyen Âge, cette histoire ne pouvait être considérée comme terminée tant que les traîtres n'auraient pas reçu leur châtiment. Le *Vengement Alixandre* de Gui de Cambrai, en 1 749 alexandrins, raconte comment les 12 pairs vont assiéger les traîtres qui se sont retirés en Grèce, au château d'Arondel, et comment, après un long siège et des péripéties plus ou moins dramatiques, ils s'emparent du château et font périr les meurtriers dans les plus affreux supplices. L'auteur se nomme dans la troisième tirade ; il est probable, sans qu'on puisse l'affirmer absolument, qu'il n'est autre que le Gui de Cambrai qui, vers 1220-1225, devait rédiger la légende de *Barlaam et Josaphat**. Il n'a vraisemblablement pas connu la *Vengeance Alixandre* de Jean le Nevelon*.

ŒUVRE. — Éd. B. Edwards, Princeton, 1928 (*Elliott Monographs*, 23).

→ P. Meyer, *Alexandre le Grand dans la littérature française du Moyen Âge*, Paris, 1886, t. 2, p. 255-261 (*Bibl. fr. du Moyen Âge*, 4). — E.C. Armstrong, *The Authorship of the Vengement Alixandre and of the Vengeance Alixandre*, Princeton, 1926 (*Elliott Monographs*, 19). — B. Edwards, *A Classification of the Mss of Gui de Cambrai's Vengement Alixandre*, Princeton, 1926 (*Elliott Monographs*, 20). — E.B. Ham, *Five Versions of the Vengeance Alixandre*, Princeton, 1935 (*Elliott Monographs*, 34). — Cf. *GRLMA*, t. IV/2, n° 236 ; t. IV/1, p. 152, 379, 484, 485. — *MB*, n°s 949, 974-980 ; *S* 2122. L.F.F. et C.R.

Gui de Cavaillon. Grand seigneur provençal originaire de Cavaillon (Vaucluse), il est attesté par la documentation entre 1200 et 1207, à la cour d'Alphonse II de Provence. En 1204, il fut un des signataires de l'acte de mariage de Pierre II d'Aragon avec Marie de Montpellier, et à partir de 1209 il lutte contre les Français au service du comte de Toulouse. Il fut templier, conseiller de Raimon VII qui, en 1224, lui confia une mission diplomatique auprès du pape Honorius III, et à partir de 1224 il signe « Gui vicomte de Cavaillon », titre que lui conféra sans doute le comte toulousain. Sa trace se perd à partir de 1229.

Les pièces conservées de lui sont de circonstance et supposent un débat avec d'autres personnes : notamment, un *sirventes* contre Guilhem des Baux, allié des croisés (PC 192, 4) et la réplique de ce dernier (PC 209, 2) ; une élégante réponse (PC 192, 6 = 187, 1) à une *cobla* d'insinuation amoureuse que lui envoya Garsende, épouse de son seigneur Alphonse II de Provence. Gui de Cavaillon est très probablement le protagoniste d'autres textes, sous des noms différents : Cabrit, Esperdut, Guionet. Dans la *canso de la crozada**, il est mentionné fréquemment parmi les chevaliers les plus vaillants et les plus fidèles aux comtes de Toulouse. Quand Raimon VI et son fils, le futur Raimon VII, retournèrent sur leurs terres en 1206, l'auteur anonyme de la seconde partie de la *canso* met dans la bouche de notre troubadour un bel éloge des vertus courtoises, apanage des Méridionaux :

Mos Guis de Cavalho desobr'un caval ros
a dig al comte jove : « Oimais es la sazos
que a grans obs Paratges que siatz mals e [bos,
car lo coms de Montfort que destrui los [baros
e la gleiza de Roma e la prezicasios
fa estar tot Paratge aunit e vergonhos,
qu'en aisi es Paratge tornatz de sus en [jos ;
que si per vos no.s leva, per totz tems es [rescos.
E si Pretz e Paratges no.s restaura per [vos,
doncs es lo mortz Paratges e tot lo mons [en vos.
E pus de tot Paratge etz vera sospeisos,
o tot. Paratges moria, o vos, que siatz [pros !

(laisse 154, v. 6-17, éd. E. Martin-Chabot).

Mais Gui de Cavaillon monté sur un cheval [bai
a dit au jeune comte : « Voici venu le [temps
où Parage [noblesse naturelle] réclame de [vous rigueur et bonté à la fois,
car le comte de Montfort le fléau des [barons,
et l'Église de Rome et la prédication
ont avili Parage et l'ont rendu honteux,
au point que Parage à terre est abattu ;
si vous ne le relevez, pour toujours il est [mis au secret.
Et si Prix et Parage ne sont pas restaurés [par vos soins,
alors Parage est mort, en vous tout est [fini !
Puisque de tout Parage vous êtes le [véritable espoir,
que tout Parage meure, ou vous, soyez un [preux !

ŒUVRE. — Éd. partielles : A. Kolsen, *Dichtungen der Trobadors...*, Halle 1916-19, réimp. Genève 1980, p. 81-84 et 208-213 [éd. PC 192, 3 et 1a] ; *Zwei provenzalische « partimen » und zwei « coblas »*, dans *Studi medievali*, t. 12 (1939), p. 183-191. — S. Guida, *L'attività poetica di Gui de Cavaillon durante la crociata albigese*, dans *CN*, t. 33 (1973), p. 235-271 [éd. PC 192, 5-4-2-1]. — S. Thiolier-Méjean et C.

Rostaing, *Le partimen « En Raimbaut, pro domna d'aut parage »*, dans *Romanica*, t. 6 (1973), p. 217-226 [éd. PC 238, 2 : Guionet = 388, 2]. — M. de Riquer, *Los trovadores. Historia literaria y textos*, Barcelone 1975, t. 3, p. 1185-1192 [éd. PC 192, 4 et 6].

→ PC 192. — S. Guida, *Per la biografia di Gui de Cavaillon e di Bertran Folco d'Avignon*, dans *CN*, t. 32 (1972), p. 189-210 ; *La tenzone fra Ricau de Tarascon e « Cabrit », ibid.*, t. 47 (1987), p. 197-221 et dans *Mél. A. Roncaglia*, Modène, 1989, II, p. 637-661. G.B.L.

Gui de Chauliac. Originaire de Chaulhac (Lozère), né vers 1290, Gui étudia la médecine à Montpellier et à Bologne, puis exerça longtemps à Lyon. À la fois médecin et chirurgien, il se qualifiait lui-même de « *cyrurgicus magister in medicine* ». Médecin de trois papes avignonnais, Clément VI (1342-1352), Innocent VI (1352-1362) et Urbain V (1362-1370), il résidait en Avignon en 1348 lors de l'épidémie de Peste noire et il y assista aussi à l'épidémie de 1360 (il nota des différences entre la peste pulmonaire et la peste bubonique). Gui de Chauliac fut fait chanoine de Reims en 1353, de Mende en 1367. Il mourut à Lyon ou aux environs de cette ville en 1368.

Son principal ouvrage, composé en 1363, est l'*Inventarium seu collectorium in parte chirurgicali medicine*, plus connu sous les noms de *Chirurgia* ou *Chirugia magna*, dont la première édition, à Venise, date de 1498. Ce traité qui unit l'enseignement théorique au souci de faire pratiquer l'observation dans les meilleures conditions, devait connaître une fortune exceptionnelle.

La traduction française de la *Chirurgia magna*, faite au XIVe siècle, comprend un prologue, suivi de sept traités : 1. anatomie ; 2. apostumes ; 3. plaies ; 4. ulcères ; 5. fractures ; 6. maladies spéciales ; 7. antidotaire. Les premières éditions imprimées donnent à cette traduction le titre de *Guidon de la pratique en chirurgie* ou *Guidon en françois*. Certains des sept traités furent copiés isolément dans les manuscrits : l'anatomie, l'antidotaire sous le titre « Sinonimes » ; de nombreux abrégés traduits de la *Chirurgia magna* circulèrent au XVe siècle.

La *Chirurgia magna* fit également l'objet de traductions en langue d'oc, en italien, en moyen-anglais, en néerlandais et en hébreu, cette dernière étant anonyme et incomplète.

Une *Chirurgia parva*, d'attribution incertaine et qui pourrait avoir précédé la *Chirurgia magna*, fut aussi traduite en français, en allemand et en hébreu (par Asher ben Moses Valabrèque à Arles en 1468).

Deux autres œuvres latines, nettement plus courtes, ne semblent pas avoir été traduites : le *De ruptura* qui traite des hernies, et le *De subtilianti diaeta*, sur la cataracte et le régime du patient qui en est atteint, ce dernier traité ayant été rédigé, probablement en 1340, pour Jean Ier de Luxembourg, roi de Bohême (1310-1346).

ŒUVRES. — *Guy de Chauliac, La grande chirurgie*, éd. E. Nicaise, Paris, 1890 [éd. de la trad. française]. — *The Middle English Translation of Guy de Chauliac's Anatomy, with Guy's Essay on the History of Medicine*, éd. B. Wallner, Lund, 1964 (*Lunds Universitets Ärsskrift, NF*, 56, n° 5). — *Eine Altdeutsche Fassung der Kleinen Chirurgie Guys de Chauliac in der Abschrift Konrad Schrecks von Aschaffenburg 1472*, éd. G. Weber, Pattersen, 1982. — *The Middle English Translation of Guy de Chauliac's Treatise on Ulcers, Book IV of the Great Surgery*, éd. B. Wallner, Stockholm, 1982-1984.

→ E. Wickersheimer, *Dictionnaire biographique des médecins en France au Moyen Âge*, Paris, 1936, p. 214-215. — G. Sarton, *Introduction to the History of Sciences*, Baltimore, 1947, t. 3, p. 1690-1694. — M. Tabanelli, *Un secolo d'oro della chirurgia francese (1300)*, Forli, 1970 [vol. 2 : Guy de Chauliac]. — V.L. Bullough, *Chauliac (Guy de)*, dans *Dictionary of Scientific Biography*, t. 3 (1971), p. 218-219. — D. Jacquart, *Supplément au Dictionnaire biographique des médecins en France au Moyen Âge, d'Ernest Wickersheimer*, Genève, 1979, p. 95-96 (*Hautes Études médiévales et modernes*, 35). — Cf. *GRLMA*, t. VIII/1, p. 313-318. — *MB S* 5492. F.F.H.

Gui Folqueys. Voir : *Vierge (Poésies à la)*.

Gui de la Marche. Fils naturel de Hugues XII, comte d'Angoulême et de la Marche qu'on a parfois identifié à tort avec son frère légitime, du même nom, il naquit vers 1257. Entré chez les Frères Mineurs, il s'y acquit une grande réputation. Nous ignorons tout de sa vie. Il est possible qu'il ait vécu jusque vers 1315.

Nous possédons de lui un poème de sept cents vers, intitulé *Disputatio mundi et religionis*, souvent attribué à Jean Peckham. Le monde accuse, devant le pape, les ordres religieux, et en profite pour exposer les griefs traditionnels contre les réguliers. Le pape met fin au débat en donnant raison aux religieux. On lui attribue encore un poème satirique sous forme de dialogue.

ŒUVRES. — *Disputatio mundi et religionis*, éd. B. Hauréau dans *BEC*, t. 45 (1884), p. 5-30. — H. Pflaum, *Sortes, Plato, Cicero, satirisches Gedicht der dreizehnten Jahrh.*, dans *Speculum*, t. 6 (1931), p. 499-533.

→ Sbaralea, *Supplementum ad Scriptores Ord. Minorum*, Rome, 1806, p. 316. P.R.

Gui de Mori ou **de Moiri**. Lorsque le *Roman de la rose** dit de Guillaume de Lorris* fut terminé, Jean de Meun* ne fut pas le seul à le considérer comme inachevé. On conserve, en effet, plusieurs mss qui, en 78 vers, portent à son accomplissement l'histoire amoureuse de l'amant et de la rose. L'un d'eux est aussi l'unique volume connu où figure seul le premier *Roman de la rose*. C'est une copie de ce genre qu'a utilisée Gui de Mori ou de Moiri. Son remaniement, en effet, n'a d'abord porté que sur cette première partie. Il dit lui-même n'avoir connu le texte de Jean de Meun que dans un second temps. D'ailleurs, c'est au sein du second *Roman de la rose* qu'il a inscrit son nom, dans une addition à la prophétie d'Amour qui désignait Guillaume de Lorris et Jean de Meun comme les futurs rédacteurs de l'œuvre.

Gui de Mori ou de Moiri était peut-être Picard (un Mori existe dans le canton d'Arras) ; il était certainement clerc. Il a achevé son remaniement de tout le *Roman de la rose* en 1290. Aussi l'hypothèse fort hasardeuse qui l'identifiait à Guibert de Moriel-Porte, plus connu comme le grand franciscain Guibert de Tournai*, s'écroule d'elle-même puisque Guibert mourut en 1284.

Le travail de Gui de Mori aboutit à une sorte d'édition critique : à l'aide de signes marginaux, il procède à des suppressions, additions, et modifications de texte. Parfois, il restitue une partie de texte d'abord soustraite. Ces retouches nombreuses ont pour fonction de rendre l'œuvre plus « delitable » et plus « entendable ». Son souci de précision lui fait introduire un développement sur les cinq mauvaises flèches d'Amour, une longue dissertation sur les degrés de l'amour... Gui de Mori va jusqu'à transformer certains des grands épisodes du texte : celui de Narcisse par exemple. Ses partis pris paraissent ainsi rejoindre certains de ceux de Jean de Meun : la science d'école tend à l'emporter sur la poésie amoureuse.

La tradition du *Roman de la rose* de Gui de Mori a été en partie perpétuée par quelques mss du XVe siècle. C'est une copie de ce genre qu'utilisa Jean Molinet* lorsqu'il modernisa le texte.

→ F.W. Bourdillon, *The Early Editions of the Roman de la rose*, Londres, 1906. — E. Langlois, *Gui de Mori et le Roman de la Rose*, dans *BEC*, t. 68 (1907), p. 249-271 [extraits]. — L. Fourez, *Le Roman de la Rose de la bibl. de la ville de Tournai*, dans *Scriptorium*, t. 1 (1946-1947), p. 213-239 ; *Connaît-on le troisième auteur du Roman de la Rose de Tournai ?*, dans *Tournay, Reconstruction et Avenir*, t. 55-56 (1950), p. 4 [hypothèse Guibert de Tournai]. — M.-R. Jung, *Gui de Mori et Guillaume de Lorris*, dans *Vox Romanica*, t. 27 (1968), p. 106-137 [extraits]. — D.F. Hult, *Gui de Mori, lecteur médiéval*, dans *Incidences*, t. 5 (1981), p. 53-70. S. Huot, *Notice sur les fragments poétiques dans un ms. du Roman de la Rose*, dans *Romania*, t. 109 (1988), p. 119-121 [extraits de Gui de Mori ajoutés à un ms. du *Roman de la Rose*]. — G. Hasenohr dans *Mise en page et mise en texte du livre manuscrit*, Paris, 1990, p. 285-287. — Cf. *MB*, n° 2843 ; *S* 5300. S.L.

Gui de Nanteuil. Voir : *Geste de Nanteuil*.

Gui de Roye. Voir : *Doctrinal aux simples gens*.

Gui d'Ussel. Voir : Ussel (Troubadours d').

Gui de Warewic. Long roman lignagier anglo-normand du XIIIe siècle, anonyme, à la gloire d'une grande famille anglaise. Il est mêlé de réalité historique et de fiction, comme c'est le cas pour la plupart des romans qui appartiennent à ce petit groupe. L'intrigue est bâtie à partir de faits réels : Gui pourrait être soit Wigod de Wallingford, échanson d'Édouard le Confesseur, soit Brian Fitzcount, gendre de Wigod. Le combat de Gui contre Colebrand pourrait rendre compte à sa manière du duel historique entre Wigod et un chevalier viking à la bataille de Brunanburgh. Mais cette réalité ponctuelle est noyée sous une accumulation d'aventures romanesques et fictives. Gui, dans un premier temps, s'éprend de Felice, fille de son seigneur qui prend pitié de lui et lui demande de devenir le meilleur chevalier. Il finira par l'épouser après s'être couvert de gloire. La matière devient épique quand il part en guerre contre les païens à Jérusalem, puis contre les Danois. Plus tard, il reviendra vivre dénué de tout dans son royaume. Sa femme mourra après l'avoir reconnu. La fin du roman raconte les exploits de son fils Reinbrun et de Héralt, qui avait enseigné à Gui la science des armes.

On y retrouve, comme dans *Waldef**, qui pourrait avoir été son modèle, les thèmes de la séparation d'une famille et des pérégrinations du héros, propres aux légendes de saint Eustache* et d'*Apollonius de Tyr**. L'œuvre a eu un certain succès : on a conservé deux manuscrits d'un remaniement en prose du XVe siècle. Elle a été adaptée en langue étrangère, notamment en irlandais, et imprimée au XVIe siècle.

ŒUVRE. — Éd. A. Ewert, *Gui de Warewic...*, 2 vol., Paris, 1933 (*CFMA*, 74 et 75). — M. Mills et D. Huws, *Fragments of an Early Fourteenth-Century Guy of Warwick*, Oxford, 1974 (*Medium Aevum Monographs*, New Series, 4). — Éd. du remaniement en prose : D.J. Conlon, *Le Rommant de Guy de Warwick et de Herolt d'Ardenne*, Chapel Hill, 1971 (*Studies in the Romance Languages and Literatures*, 102).

→ R. Crane, *The Vogue of Guy of Warwick from the Close of the Middle Ages to the Romantic Revival*, dans *PMLA*, t. 30 (1915), p. 125-194. — D.N. Klausner, *Didacticism and Drama in Guy of Warwick*, dans *Medievalia et Humanistica*, n.s., t. 6 (1975), p. 103-119. — R.J. Pearcy, *An Episode in Gui de Warewic and Fierabras*, dans *Kentucky Romance Quarterly*, t. 26 (1979), p. 125-132. — H. Braet, *Un thème celtique dans le Roman de Gui de Warewic*, dans *Marche Romane, Mediaevalia 80*, t. 30 (1980), nos 3-4, p. 19-25. — E. Von Richthofen, *Le thème du retour d'outre-mer dans El Conde Dirlos et la Sposa padovana et le Gui de Warewic*, dans *Mél. J. Horrent*, Liège, 1980, p. 361-363. — S. Dannenbaum, *Anglo-Norman Romances of English Heroes : « Ancestral romance » ?*, dans *Romance Philology*, t. 35 (1982), p. 601-608 ; *Guy of Warwick and the Question of Exemplary Romance*, dans *Genre*, t. 17 (1984), p. 351-374. — S. Crane, *Insular Romance. Politics, Faith and Culture in Anglo-Norman and Middle English Literature*, Berkeley/Los Angeles/Londres, 1986. — Cf. *GRLMA*, t. IV/2, n° 240 ; t. IV/1, p. 289, 379, 478-479. — Woledge, n° 75. — *MB*, nos 1347-1367, 4130, 7317 ; *S* 1042, 2454-2457, 6620.

C.R.

Guiard des Moulins. Voir : *Bible française* § 4.

Guiard de Laon. Chapelain personnel de Robert de Châtillon, élu au siège de Laon, Guiard est ensuite archidiacre et official de Troyes (1215-1221).

Appelé à Paris, chanoine de Notre-Dame, régent de la Faculté de théologie, il est nommé chancelier de l'Université en 1237. Un an plus tard, il est élu évêque de Cambrai, dont le vaste territoire recouvrait une partie de la Belgique actuelle. Il meurt le 16 septembre 1248, à l'abbaye bénédictine d'Affligem, où il s'était retiré quelques mois auparavant.

Peu nombreuses, encore inédites, les *Quaestiones theologicae* sont des relations d'auditeurs. Elles font peu connaître la pensée de Guiard, qui cependant, paraît ne rien devoir à l'aristotélisme.

Au nombre de trois cent cinquante environ, les sermons sont pour la plupart antérieurs à l'épiscopat : ainsi les séries *de tempore* et *de sanctis* adaptées au calendrier parisien. On trouve également un groupe de huit sermons universitaires donnés à Paris en 1230-1231, quelques passages de sermons *In Cantica canticorum*, huit sermons synodaux probablement prononcés devant le clergé de Cambrai.

Quelques sermons ont circulé sous la forme de petits traités : celui sur la royauté du Christ, celui sur l'Assomption. Prononcé avant 1222, un sermon sur les douze fruits de l'Eucharistie n'a été longtemps connu que par ses versions en moyen-allemand, en moyen-néerlandais, en ancien français. Il a été édité par P.C. Boeren (*La vie...*, p. 310-327), mais l'original latin a été retrouvé (Bruxelles, Bibl. roy., ms. 8609-20).

Les statuts synodaux promulgués par Guiard pour le diocèse de Cambrai empruntent à ceux qu'Eudes de Sully rédigea pour Paris vers 1205. Comme la plupart des collections diocésaines du XIIIe siècle, ils donnent une grande place aux sept sacrements.

Guiard accorda aux Ordres Mendiants toute faculté de prêcher et de quêter dans son diocèse ; il favorisa le mouvement spirituel qui se déployait autour des Béguines et des monastères cisterciens. Il a influencé le mouvement spirituel du Nord de la France et de la Belgique, marqué en particulier par la dévotion à l'humanité du Christ et surtout envers l'eucharistie.

ŒUVRES. — M.-M. Davy, *Les sermons*

universitaires parisiens de 1230-1231, Paris, 1931, p. 218-242. — H. Barré, *Dossier complémentaire*, dans *Bull. de la Soc. française d'études mariales*, t. 8 (*Assomption de Marie*, III), 1950 (1951), p. 55-58. — P.C. Boeren, *Les plus anciens statuts synodaux du diocèse de Cambrai*, dans *Revue de droit canonique*, t. 3 (1953), p. 1-32, 131-172, 377-415 ; t. 4 (1954), p. 131-158. — A. Ampe, *Een oud florilegium eucharisticum in een XIV-eeuws Hs.* dans *Ons geestelijk Erf*, t. 31 (1957), p. 301-324 ; t. 32 (1958), p. 56-90. P. Glorieux, *Répertoire des maîtres en théologie de Paris au XIIIe siècle*, t. 1, Paris (1933), n° 133, p. 299-301. — J.B. Schneyer, *Repertorium*, t. 2 (1970), p. 253-282.

→ P.C. Boeren, *La vie et les œuvres de Guiard de Laon, 1170 env.-1248*, La Haye, 1956 ; *Guiard de Laon*, dans *DS*, t. 6, 1967, col. 1127-1131. J.L.

Guibert d'Andrenas. Chanson de geste, du XIIIe siècle, consacrée aux plus jeunes frères de Guillaume d'Orange.

ŒUVRE. — Éd. J. Melander, Paris, 1922.

→ P. Paris, dans *HLF*, t. 22 (1852), p. 498-501. — J. Bédier, *Légendes épiques*, t. 1 (1914), p. 48-64. — C. Siele, *Ueber die Chanson de Guibert d'Andrenas* (diss.), Marburg, 1891. — B. Guidot, *Figures féminines et chanson de geste : l'exemple de Guibert d'Andrenas*, dans *Mél. J. Wathelet-Willem*, 1978, p. 189-205. — L. Pemberton, *The Narrative Structure of the Siege*, dans *Olifant*, t. 12 (été 1982), n° 2, p. 95-124. — Cf. *MB* nos 483-486 ; *S* 1228. N.A.R.

Guibert de Nogent. Guibert est né vers 1053, un Samedi saint, probablement à Clermont-sur-Oise, d'une famille baroniale aisée de Picardie. Son père Evrard, vassal du roi de France, fut capturé au cours de la guerre menée par le roi Henri Ier contre le duc de Normandie, à la bataille de Mortemer, en 1054, et mourut peu de temps après. Guibert, qui était le dernier enfant de la famille, avait alors huit mois. Il avait été, avant même sa naissance, consacré à la Vierge. Il fut élevé par sa mère, qui prit grand soin de lui, et confié à un précepteur particulier, qui le dressa très durement. Il reçut une éducation cléricale. L'aîné de ses frères sera chevalier à Clermont, un autre, moine à Nogent comme lui. À l'âge de douze ans, sa mère le quitta pour se retirer dans un ermitage proche de l'abbaye de Saint-Germer-de-Fly, et son précepteur fit profession dans cette abbaye. Guibert, livré à lui-même, s'abandonna quelque temps à l'indolence et à la paresse, puis entra lui-même à l'abbaye de Saint-Germer (1066), où il trouva sa véritable vocation et où il restera moine pendant trente ans. Il se plonge alors dans l'étude et lit les auteurs classiques « païens » *(etnici)*, poètes et historiens. Il écrit des poèmes d'amour. À la demande d'un certain Salomon, il écrit un premier traité, *De virginitate*, inspiré d'Ovide, de Térence et surtout de Boèce*, dans lequel il réfute Eusèbe de Césarée, insiste sur le caractère ascétique de la virginité comme imitation de Dieu, dans le plan de la création. Encouragé par saint Anselme*, qui visita souvent l'abbaye de Saint-Germer quand il était prieur du Bec, il songe à écrire des sermons, qu'il improvisait facilement, et commence un commentaire de la Genèse, qu'il ne terminera qu'après la retraite de son abbé, Garnier (1084). En 1104, l'abbé de Nogent-sous-Coucy, Geoffroy, devient évêque d'Amiens : Guibert est désigné pour le remplacer. C'était une pauvre abbaye d'environ neuf moines, menacée par son seigneur Thomas de Marle. Le gouvernement de Guibert n'y fut pas parfait : il s'en désolera plus tard dans ses écrits. Il voyagea plusieurs fois, hors de la Picardie, en Ponthieu, à Langres, et peut-être à Clermont-Ferrand, où il aurait assisté à la prédication de la première croisade. Il connut aussi l'autre Anselme*, le maître de Laon, saint Norbert, fondateur des prémontrés et dédia ses ouvrages à plusieurs prélats du Nord de la France. Il mourut dans son abbaye, aux environs de l'an 1124.

Son œuvre est abondante : quelques sermons, dont il parlera plus tard dans ses mémoires, et dont l'un fut jadis attribué à saint Bernard* ; un petit traité intitulé *Quo ordine sermo fieri debeat*, où il précise les quatre méthodes de commentaire biblique : historique, allégorique, tropologique, anagogique ; œuvre d'exégèse, avec des commentaires des prophètes : *Tropologiae* sur Amos, Osée, Jérémie, dédiées à saint Norbert (avant 1120) ; d'autres commentaires tropologiques sur les 12 petits prophètes, inspirés de saint Grégoire* ; dix livres de commentaires sur la Genèse, où Guibert imite saint Augustin et le continue en quelque sorte, en dépassant le commentaire *ad litteram* de son modèle, dédiés à Barthélemy de Vir, évêque de Laon. Œuvre de théologie, avec deux petits traités : le *Tractatus de Incarnatione Contra Judeos*, composé à la demande de Bernard, doyen de la cathédrale de Soissons, pour conforter la foi d'un juif converti de l'abbaye et de certains chrétiens tentés par le judaïsme, et l'*Epistola de Buccella Judae data de veritate dominici corporis* ; œuvre spirituelle, avec un traité en l'honneur de la Vierge : *Liber de laude sancte Marie*, en 14 chapitres, contenant vers la fin le récit de miracles que l'on retrouve en partie chez Herman de Laon, composé après 1112 et dédié à Eudes abbé de Saint-Symphorien de Beauvais. Mais l'œuvre dans laquelle Guibert révèle le mieux sa spiritualité contemplative et son esprit en quête de vérité est le *De pignoribus sanctorum*, composé vers 1119-1120 et écrit pour répondre aux moines de Saint-Médard de Soissons qui prétendaient posséder une dent du Christ : dans cette œuvre, remarquable d'intelligence et de hardiesse, inspirée de saint Augustin, l'auteur s'élève contre l'abus du culte des reliques et de la crédulité monnayable, pose la question de l'authenticité des reliques et développe, dans le quatrième et dernier livre, en même temps qu'une grande exigence intellectuelle et spirituelle, une théologie mystique teintée de platonisme : cette œuvre marque très certainement une date dans l'histoire de la critique hagiographique. Les œuvres maîtresses de Guibert sont cependant historiques, et elles sont tardives : il raconte les exploits des croisés en Terre sainte, dans ses *Gesta Dei per Francos*, composés entre 1104 et 1108, en huit livres mêlés de quelques pièces de vers, sorte de réédition du récit de l'anonyme, transformé et complété, dédié à Lisiard évêque de Soissons : c'est un ouvrage bien construit et bien documenté, où est exaltée la gloire des Francs, mais où sont analysées aussi les causes exactes des événements, de sorte que le patriotisme de Guibert reste objectif et son jugement impartial. Mais si Guibert tient une si bonne place dans la Renaissance du XIIe siècle, c'est sans aucun doute grâce à son œuvre autobiographique qui en fait l'un des premiers mémorialistes : dans le *De vita sua sive monodiarum libri tres*, probablement écrit entre 1114 et 1117, à l'imitation de saint Augustin mais plus événementiel, Guibert raconte tout d'abord son enfance et sa jeunesse, l'histoire des seigneurs du Beauvaisis, son expérience à l'abbaye de Saint-Germer : le livre I se présente comme un monologue ponctué d'invocations au Seigneur ; le livre II relate l'histoire de l'abbaye de Nogent : l'esprit critique de Guibert trouve à s'exprimer dans une observation très précise et très exacte de faits et de découvertes archéologiques d'un très grand intérêt ; dans le troisième et dernier livre, l'auteur raconte l'affrontement de l'église et de la commune de Laon, et la révolution de 1112. Comme la plupart des écrivains ecclésiastiques de son temps, il est hostile au mouvement communal, « odieuse nouveauté », qui est une arme contre la théocratie. Guibert exprime son admiration pour les grands réformateurs de la vie monastique de son temps, saint Norbert et saint Bruno, donne des renseignements précieux sur les débuts de la chartreuse, sur l'enseignement, l'accroissement des écoles, les progrès de la vie intellectuelle : récit passionné où l'emporte l'affectivité, mais avec ce goût très marqué pour la recherche des causes qu'il a acquis à la lecture des auteurs classiques, qui lui donne une vue d'ensemble de l'histoire comme une succession d'événements découlant les uns des autres et permettant une perspective transcendante. Il utilise, pour la lecture des temps présents, la même méthode que pour celle de l'Écriture sainte.

ŒUVRES. — Éd. L. d'Achery, Paris 1651, reprise par Migne dans *PL*, t. 156. — *Gesta Dei per Francos*, éd. dans *Rec. hist. crois., Historiens occidentaux*, t. 4, 1879, p. 117-263. — *De vita sua*, G. Bourin, *Guibert de Nogent, Histoire de sa vie*, Paris 1907 [avec une importante intro.]. — Éd. et trad. française E.R. Labande, *G. de Nogent, Autobiographie (Les classiques de l'Histoire de France au Moyen Âge*, 34), Paris, 1981. — Trad. anglaise, C.C. Swinton, *The Autobiography of Abbot G. of Nogent*, Londres, 1924. — J. Benton, *Self and Society in Medieval France : the Memoirs of Abbot G. of Nogent* (*Mediev. Acad. Reprints for Teaching*, 15), Toronto, 1984.

→ B. Monod, *Le moine Guibert et son temps (1053-1124)*, Paris, 1905. — J. Chaurand, *La conception de l'histoire de G. de Nogent (1053-1124)*, dans *CCM*, t. 8 (1965), p. 381-395 ; *G. de Nogent chroniqueur laonnais*, dans *Mém. de la Fédér. des Soc. d'hist. et d'archéo. de l'Aisne*, t. 12 (1966), p. 122-131 ; — Kl. Guth, *G. von Nogent und die Hochmittelalterliche kritik and der Reliquienverehrung* (*Studien und Mittel. zur Gesch. d. Benediktiner ordens...*, fasc. suppl. 21), Ottobeuren, 1970. — J. Kantor, *A Psychohistorical Source : the Memoirs of Abbot G. of Nogent* dans *Journal of Medieval History*, t. 2

(1976), p. 281-303. — J. Paul, *Le démoniaque et l'imaginaire dans le De vita sua de G. de Nogent* dans *Senefiance*, t. 6 (1979), p. 373-399. — G. Duby, *Le chevalier, la femme et le prêtre...*, Paris, 1981 [chap. 8, p. 151-172]. — M.D. Coupe, *The Personality of G. of N. Reconsidered*, dans *Journal of Medieval History*, t. 9 (1983), p. 317-329. — C. de Fergusson, *Autobiography as Therapy : G. of Nogent, Peter Abelard and the Making of Medieval Autobiography*, dans *JMRS*, t. 13 (1983), p. 187-212. — R. Kaiser, *Das Geld in der Autobiogr. des Abtes G. von Nogent*, dans *Archiv für kulturgeschichte*, t. 69 (1987), p. 289-314. — C.J. Mews, *G. of Nogent's « Monodiae » (III, 17), in an Appendage to the « De haeresibus » of st. Augustine*, dans *Revue des Études augustiniennes*, t. 33 (1987), p. 113-127. — *DS*, t. 6, 1967, col. 1135-1139 (J. Chaurand). — Manitius, t. 2, p. 529 sqq. ; t. 3, p. 416-421. — *Lexicon des Mittelalters*, t. 4, col. 1768-1769. — Molinier, n° 1 856. F.G.

Guibert de Tournai. Né à Tournai, peu après 1200, Guibert est étudiant puis maître à Paris. Vers 1240, il entre chez les Frères Mineurs ; il y rencontre saint Bonaventure*, Alexandre de Halès*, Jean de La Rochelle*. À la demande de ses supérieurs, il reprend son enseignement ; de 1259 à 1261, il est maître-régent des études à la maison franciscaine de Paris, mais il ne tarde pas à laisser de nouveau sa chaire.

Il participe au second concile de Lyon (1274), en compagnie de saint Bonaventure ; le mercredi des cendres, 3 mars 1283, il prêche encore. Il meurt probablement en 1284.

La plupart des traités conservés de Guibert sont postérieurs à 1260, semble-t-il. Répartis en cinq grandes séries, ils ont souvent bénéficié d'éditions anciennes ou récentes. On peut citer parmi les œuvres didactiques : *Rudimentum doctrinae, De modo addiscendi, Eruditio regum et principum*. Deux œuvres historiques ont été publiées : la *Vita S. Eleutherii* et le *De scandalis Ecclesiae*, rédigé à la demande de saint Bonaventure en vue du second concile de Lyon, sur les maux de l'Église et les remèdes à y apporter. L'authenticité de l'*Hodoeporicon*, itinéraire de la première croisade de Louis IX, n'est pas assurée. De même celle du *Pharetra*, célèbre florilège patristique qui lui a été attribué ainsi qu'à bien d'autres auteurs. D'autres œuvres scolaires n'ont pas été retrouvées : un commentaire sur les *Sentences* et un *Quodlibetum*.

L'œuvre oratoire comporte plus de 450 sermons : *Sermones de sanctis* prêchés au clergé parisien ; *Sermones dominicales* comprenant une série pour le carême, qui a parfois circulé séparément. Les plus connus sont les *Sermones ad varios status* que Guibert a insérés lui-même dans le *Rudimentum doctrinae*, mais qui ont connu aussi une existence indépendante. Ils empruntent beaucoup aux *Sermones vulgares* ou *ad status* de Jacques de Vitry* ; les éditions anciennes sont souvent fautives.

Parmi les œuvres spirituelles : *De pace ; De virginitate* pour Isabelle († 1270), fille de saint Louis et fondatrice du monastère de Longchamp. Trois autres traités sont en fait des collections de sermons dont le titre indique le contenu : *De morte non timenda, De septem verbis Domini, De S.S. nomine Iesu.*

ŒUVRES. — A. De Poorter, *Le traité Eruditio regum et principum de Guibert de Tournai*, étude et texte inédit, Louvain, 1914 ; *Lettre de Guibert de Tournai O.F.M. à Isabelle, fille du roi de France*, dans *Revue d'ascétique et de mystique*, t. 12 (1931), p. 116-127. — *Tractatus de pace, auctore Fr. Gilberto de Tornaco*, éd. E. Longpré, Quaracchi, 1925 ; trad. A. Curvers, *Guibert de Tournai et le traité de la paix*, Namur, 1944. — Gilberto Di Tournai, *De modo addiscendi*, intro. et texte inédit de E. Bonifacio, Turin, 1953. — C. Berubé et S. Gieben, *Guibert de Tournai et Robert Grosseteste, sources inconnues de la doctrine de l'illumination, suivi de l'édition critique de trois chapitres du « Rudimentum doctrinae » de Guibert de Tournai*, dans *S. Bonaventura 1274-1974*, t. 2, Grottaferrata, Rome, 1973, p. 627-654. — S. Gieben, *« Rudimentum doctrinae » di Gilberto di Tournai, con l'edizione del suo « Registrum » o tavolla della materia*, dans *Mél. J.-G. Bougerol*, t. 2, Rome, 1988, p. 621-680.

→ J. Longère, *Les chanoines réguliers d'après trois prédicateurs du XIIIe siècle : Jacques de Vitry, Guibert de Tournai, Humbert de Romans*, dans *Le monde des chanoines (XIe-XIVe siècle)*, Toulouse, 1989 (*Cahiers de Fanjeaux*, 24), p. 257-283. — P. Glorieux, *Répertoire...*, t. 2, Paris, 1933, n° 311, p. 56-59 ; à compléter par V. Doucet, *Maîtres franciscains. Supplément au Répertoire des maîtres en théologie*, dans *Arch. Francisc. Hist.*, t. 27 (1934), p. 546. — *DS*, t. 6, 1967, col. 1 139-1 146. J.L.

Guichard de Beaulieu. Peut-être bénédictin du prieuré de Beaulieu en Bedfordshire à la fin du XIIe siècle, Guichard est l'auteur d'un sermon en vers assez désordonné (près de 2 000 alexandrins répartis en laisses) : la rhétorique de l'horreur et de l'épouvante, où le Jugement dernier joue un rôle important, y débouche sur une prédication du repentir nettement contritionniste.

ŒUVRE. — Éd. Arvid Gabrielson, Uppsala et Leipzig, 1909.

→ J.-C. Payen, *le motif du repentir dans la littérature française médiévale*, Genève, 1968, p. 490-492. — Cf. *GRLMA*, t. VI/2, n° 2 220. — *MB* n° 3527. G.H.

Guido Bonatti. Né à Cascia (Toscane) à une date inconnue, Guido Bonatti entra chez les Franciscains. Il séjourna en 1223 à Ravenne et à Bologne. Mathématicien et astrologue, il fut vraisemblablement professeur à l'Université de Bologne. Entré en 1259 au service d'Ezzelino III da Romano, qui mourut la même année, Guido Bonatti devint, en 1260, l'astrologue de Guido de Montefeltre, comte d'Urbino († 1298). Il mourut, après un long voyage à Paris, peut-être vers 1297. Son influence comme astrologue fut considérable : Dante évoque son souvenir (*Inferno*, XX, 118).

Guido Bonatti composa, après 1261 ou après 1267, un traité d'astrologie, le *Liber astronomicus*, dont la première édition imprimée est celle d'Augsbourg en 1491 : sa partie proprement astronomique, très réduite, s'inspire d'Al-Farghânî. Ce *Liber astronomicus* ne fut traduit en français qu'en 1427, par un certain Nicolas de la Horbe vraisemblablement médecin des ducs de Bourgogne, Jean sans Peur et Philippe le Bon, mort en 1435. Cette traduction intitulée *Livre nommé Introduction* (deux manuscrits incomplets : Paris, Bibl. Arsenal, 2 911 et Valenciennes, Bibl. mun., 348) comprend six parties : 1. *Introductoire*, 2. *Interrogacions*, 3. *Elections*, 4. *Revolutions*, 5. *Nativités*, 6. *Des pluyes et mutacions de l'air*.

À la fin du XVe siècle, Francesco Strigatti traduisit le *Liber astronomicus* en italien. Une traduction allemande en fut publiée en 1572, une traduction anglaise en 1676 seulement.

→ C.-V. Langlois, *Nicolas de la Horbe, traducteur*, dans *HLF*, t. 35 (1921), p. 629-630. — L. Thorndike, *A History of Magic and Experimental Science*, New York, 1923, t. 2, p. 825-840. — G. Sarton, *Introduction to the History of Sciences*, Baltimore, 1931, t. 2, p. 988-989. — E. Wickersheimer, *Dictionnaire biographique des médecins en France au Moyen Âge*, Paris, 1936, t. 2, p. 573. — J. Halbronn, *L'Itinéraire astrologique de trois Italiens du XIIIe siècle : Pietro d'Abano, Guido Bonatti, Thomas d'Aquin*, dans *L'Homme et son univers au Moyen Âge, Actes du 7e Congrès international de Philosophie médiévale (30 août - 4 septembre 1982)*, Louvain-la-Neuve, 1986, p. 668-674 (*Philosophes médiévaux*, 27). — Cf. *GRLMA*, t. VIII/1, p. 326-327. — *MB*, n° 5497. F.F.H.

Guido Parato. Né en 1439, médecin du duc de Milan François Sforza (1401-1466), Guido Parato est l'auteur d'un régime intitulé *Libellus de sanitate conservanda*, dont un exemplaire (Bruxelles, Bibl. royale 10861) fut offert au duc de Bourgogne, Philippe le Bon, à l'occasion du congrès de Mantoue en 1459 ; ce traité d'hygiène, dans lequel Guido Parato a utilisé le *Regimen sanitatis* de Maynus de Mayneriis (rédigé en 1331-1333), avec des emprunts au *Regimen sanitatis ad regem Aragonum* d'Arnaud de Villeneuve*, comprend trois parties : l'hygiène des parties du corps, l'hygiène générale (air, nourriture, sommeil, bains), les saignées.

La traduction française ou *Régime de santé* fut faite sur l'ordre de Philippe le Bon, et dédiée à ce prince ; deux manuscrits la conservent : Saint-Pétersbourg, Publ. Bibl. M.E. Saltykova-Shchedrina, fr. Q.v.VI.1 (manuscrit original) et Besançon, Bibl. mun. 1371. Cette traduction est due à un écrivain wallon, sans doute étranger à la profession médicale.

→ E. Wickersheimer, *Le Régime de santé de Guido Parato, physicien du duc de Milan, 1459*, dans *Bulletin de la Société française d'Histoire de la médecine*, t. 12 (1913), p. 82-95 [éd. d'extraits de la trad.] ; *Le bain d'après un traité d'hygiène du XVe siècle*, Paris, 1913, [éd. d'un chapitre de la trad.]. F.F.H.

Guigues Ier, prieur général des chartreux. Né en 1083 au château de Saint-Romain, dans l'Ardèche, Guigues du Châtel entra en 1106, à vingt-trois ans, à la Grande Chartreuse. Trois ans plus tard, en 1109, les frères le choisissaient comme cinquième prieur, fonction qu'il allait exercer pendant trente ans, mettant au service de l'ordre ses talents d'administrateur et la qualité de son érudition. Il procéda à une édition critique des lettres de saint Jérôme. Il recherchait activement les mss authentiques pour assurer l'activité manuelle des frères : le travail de copiste était en effet la principale occupation des chartreux dans leurs cellules. La bibliothèque de la Grande

Chartreuse put ainsi s'enrichir de nouveaux mss sous son priorat.

Sous son gouvernement, l'ordre vit la fondation de sept nouvelles maisons. C'est à leur intention, et à la demande de l'évêque de Grenoble, saint Hugues, que Guigues entreprit la rédaction des *Coutumes de Chartreuse*. Il y fait montre d'une grande expérience de la vie contemplative, en même temps que sa connaissance approfondie des anciennes observances et règles diverses lui permet de les adapter au style de vie des chartreux. Ces *Coutumes* ont donné à l'ordre sa physionomie définitive.

Guigues est l'auteur de *Méditations*, recueil de pensées intimes notées au jour le jour avec une grande spontanéité, sans aucun plan. Ce sont des sentences concises, admirablement ciselées, qui détonnent face à la grande prolixité des auteurs de l'époque. On ne connaît que peu de mss de cette œuvre littéraire très belle, quoique écrite sans prétention ; mais l'imprimerie lui assura une grande diffusion.

Guigues est l'auteur d'une *Vie de saint Hugues*, évêque de Grenoble, mort en 1132. On a aussi conservé neuf lettres de lui ; la première, *Lettre à un ami inconnu*, est un véritable petit traité spirituel.

Son entourage, ses frères chartreux le considéraient comme un homme exceptionnel, « un rare génie ». Tous louaient l'acuité de son intelligence, la sûreté de sa mémoire, l'efficacité de sa parole. Sa réputation s'étendit au-delà des limites de l'ordre cartusien, saint Bernard* de Clairvaux et Pierre le Vénérable*, abbé de Cluny, furent de ses amis. L'un comme l'autre parlent du « feu contenu » qui animait ce contemplatif qui, ne vivant que pour la connaissance, la louange et l'amour de Dieu, a su unir une âme ardente et une parfaite maîtrise de soi.

ŒUVRES. — *Coutumes de Chartreuse*, Paris, 1984, (*SC*, 313). — *Les méditations (Recueil de pensées)*, Paris, 1983 (*SC*, 308). — G. Hocquard, *Les méditations du bienheureux Guigues de Saint-Romain, 5e prieur de la Chartreuse, 1109-1136* [trad.], dans *Analecta cartusiana*, t. 112, 1 et 2 (1984). — A. Wilmart, *Meditationes Guigonis prioris cartusiae : le recueil des pensées du bienheureux Guigues*, éd. complète accompagnée de tables et d'une trad., Paris, 1936 (*Études de philosophie médiévale*, 22). — *Saint Bruno, Guigues et Anthelme. Lettres des premiers chartreux*. I : Intro., texte critique et notes, Paris, 1962 (*SC*, 88). — G. Hocquard, *Lettre du prieur Guigues à un ami sur la vie solitaire*, dans *Analecta cartusiana*, t. 82, 1 (1980), p. 3-21 [rééd. et trad. en français]. — *Vita sancti Hugonis, PL*, col. 761-784. — M.A. Chomel, B. Bligny, *Guigues le Chartreux, Vie de Saint Hugues, évêque de Grenoble, l'ami des moines*, dans *Analecta cartusiana*, 112/3 (1986) [trad. et commentaire].

→ *BHL*, 4016. — *DS*, 6 (1967), 1169-1175. — *DHGE*, 22 (1988), 1776-1777. — *Lexikon des Mittelalters*, 4[8] (1989), 1776-1777. — J. Dubois, *Les institutions monastiques au XIIe siècle. À propos des « Coutumes de Chartreuse » rédigées par Guigues et éditées par un chartreux*, dans *RHEF*, t. 72 (1986), p.209-244. M.H.P.

Guigues du Pont. On ne connaît rien de la vie de ce religieux, entré à la Grande Chartreuse déjà âgé, en 1271, et mort en 1297. Il est l'auteur d'un traité *De la contemplation*, qui ne connut pas une grande diffusion mais exerça indirectement une influence durable et féconde (notamment chez Denys le Chartreux* et Ludolphe de Saxe*).

L'enseignement de Guigues est fondé sur sa propre expérience. Il demeure en accord avec la doctrine traditionnelle de l'Église, cite les Pères latins, quelques Pères grecs, des auteurs tout à fait contemporains, comme Guillaume Peyraut († 1271) et Thomas d'Aquin*, d'autres comme le pseudo Denys l'Aréopagite*, saint Bernard*, Richard de Saint-Victor*, et son prédécesseur le chartreux Hugues de Balma*. Mais tout en reconnaissant la valeur de ce dernier, il lui reproche de méconnaître le bienfait de l'activité intellectuelle dans l'exercice de la contemplation. Esprit calme, pondéré, Guigues dispose d'une culture étendue. Le but poursuivi dans son traité, pratique et réaliste, vise essentiellement à la formation spirituelle des religieux.

ŒUVRE. — P. Dupont, *Guigues du Pont. Traité sur la contemplation*, dans *Analecta cartusiana*, t. 72 (1985).

→ *DS*, t. 6 (1967), 1176-1179. — *DHGE*, t. 22 (1988), 818. — J.P. Grausem, *Le « De contemplatione » du chartreux Guigues du Pont*, dans *Revue d'ascétique et de mystique*, t. 10 (1929), p. 258-289. — P. Dupont, *L'ascension mystique chez Guigues du Pont*, dans *Analecta cartusiana*, t. 55 (1981), p. 47-80. — J. Hogg, *Hugh of Balma and Guigo du Pont, ibid.*, t. 113, 1 (1984), p. 81-88. M.H.P.

Guilhem IX. Guilhem IX, duc d'Aquitaine et sixième comte de Poitiers, étendait ses domaines sur un vaste territoire, fief dont le seigneur, s'il dépendait nominalement du roi de France, était cependant plus puissant que le roi lui-même. Il est le premier troubadour et le premier poète en langue vulgaire de l'Europe médiévale. Il naquit en 1071 et mourut en 1126. À peine âgé de quinze ans, il prit en main le gouvernement de son fief, et, dix ans plus tard, il épousa en secondes noces Philippe, fille du comte Hugues IV de Toulouse ; ce mariage lui donna par la suite l'occasion de formuler des revendications sur le comté de Toulouse. Sa politique a parfois été critiquée : il profita en effet du départ pour la première croisade de Raimon de Saint-Gilles, héritier du comté de Toulouse, pour tenter de s'emparer de ses domaines. Mais il rencontra l'opposition de l'Église qui avait assumé la tâche de défendre les biens des croisés. Il eut alors l'idée de lever une armée avec laquelle, poussé avant tout par le goût de l'aventure, il partit pour la Terre sainte : la seule traversée de l'Europe lui causa de lourdes pertes et il parvint au siège de Constantinople avec des forces affaiblies. Contraint de lever le siège, il se dirigea vers l'Asie Mineure, y subit une terrible défaite, et, selon le récit des chroniqueurs, il arriva à Antioche avec six compagnons seulement. Après une brève halte à Jérusalem, il revint dans son fief, où sa puissance refleurit comme auparavant et mieux encore, et il poursuivit ses entreprises guerrières contre d'autres seigneurs et feudataires. L'aide qu'il apporta à Alphonse Ier d'Aragon en 1119 tourna à son honneur, car il contribua à sa victoire sur les Sarrasins. Ce fut un seigneur aventureux et sans scrupules, malgré sa vaillance ; nous en avons un exemple dans les excommunications dont il fut plusieurs fois l'objet, pour violation de droits ecclésiastiques, et scandales de vie privée. À ce propos, les chroniqueurs racontent des anecdotes piquantes. Guillaume de Malmesbury le dit *fatuus et lubricus*, et l'antique biographie provençale dit que c'était un « bon chevalier dans les armes », mais *larcs de dompnejar* (grand séducteur) et « l'un des plus grands trompeurs de femmes ». Beauté, courtoisie, esprit chevaleresque, il avait, certes, des qualités de séducteur, et sans doute ses deux épouses, Ermengarde d'Anjou (qui après avoir divorcé, épousa le comte de Bretagne) et Philippe, n'eurent guère à se louer de lui. Le chroniqueur Orderic Vital* dit de lui qu'il était « homme vaillant et excessivement gai, capable de dépasser les jongleurs mêmes par ses plaisanteries multiples ». Tel est l'homme. Quel fut le poète, premier troubadour connu, d'après la tradition ? La biographie provençale affirme « qu'il savait bien composer des poèmes et chanter ». Nous avons de lui 11 poèmes, dont l'un est d'une authenticité douteuse ; les chroniqueurs racontent sur lui des anecdotes qui sont peut-être tirées de compositions que nous ne possédons plus. À travers son œuvre, on voit se dessiner un double aspect de ce troubadour, « Guglielmo, conte di Poitiers, trovatore bifronte », dit de lui Rajna. D'un côté, allègre, moqueur, avec quelque pointe de cynisme, il apparaît de l'autre, comme un parfait poète courtois, chez qui se trouvent déjà les thèmes et les motifs qui deviendront caractéristiques de la tradition des troubadours*.

Chantre ici de l'amour charnel, et ce, jusqu'à la grivoiserie, il apparaît ailleurs comme le premier poète de l'amour courtois, voué à une dame inaccessible pour laquelle le poète soupire et tremble, et s'afflige, pénétré par le doux souvenir d'un sourire ou d'un petit présent. Le poète doit s'incliner devant la Dame, comme un humble vassal. C'est en substance une exaltation mystique de l'amour, même si quelques désirs terrestres réapparaissent çà et là. Mais l'important est son affirmation que le « service d'amour » est comme un « service féodal », que l'amour est source de vertu et de courtoisie, et que les qualités qui distinguent l'amant sont les qualités chevaleresques. Dans ces poèmes, correspondant à sa seconde inspiration, il se montre tout à fait différent de l'autre Guilhem, celui des poésies légères et badines. Même donc si nous ne possédons de lui qu'un petit nombre de poésies, elles suffisent à nous montrer la richesse et la variété de son inspiration, approfondie au surplus dans une pièce encore différente, que l'on pourrait définir comme un chant de pénitence, et dans lequel les regrets se mêlent aux repentirs : « J'ai aimé la vaillance et la joie, mais maintenant je m'éloigne de toutes deux, et m'en vais chez celui auprès duquel tous les pécheurs trouvent la paix » car « J'ai quitté tout ce que j'aimais, la chevalerie et la grandeur. »

Est-ce le diable qui se fait ermite ? Il la composa peut-être en témoignage de pénitence pour une excommunication, ou à l'occasion de son départ pour la croisade ; elle est remplie de vibrants accents de douleur et de nostalgie. Artiste consommé au surplus, et aussi poète véritable, possédant une pleine conscience de son art, qu'il présente comme un « métier » conquis avec peine, il a déjà cette haute idée de la poésie que posséderont tous les troubadours. Et il sait se servir de la langue et des vers avec habileté, selon des modulations variées que nous sentons tantôt tendres et douces, tantôt rudes et même triviales, mais toujours soutenues par des images vives et justes.

ŒUVRES. — Éd. A. Jeanroy, *Les Chansons de Guillaume IX duc d'Aquitaine*, Paris, 1913, 2e éd. 1927 (*CFMA*, 9). — W. Dürsson, *Wilhelm von Aquitanien, Gesammelte Lieder*, Zürich, 1969 [1re trad. allemande, éd. Jeanroy]. — N. Pasero, *Guglielmo IX d'Aquitania. Poesie*, Modène, 1973 [avec trad. italienne]. — G.A. Bond, *The Poetry of William VII, Count of Poitiers, IX Duke of Aquitaine*, New York-Londres, 1980 [avec trad. anglaise]. — F. Jensen, *Provençal Philology and the Poetry of Guillaume of Poitiers*, Odense, 1983 [avec trad. anglaise]. — Éd. partielle : M. de Riquer, *Los trovadores. Historia literaria y textos*, Barcelone, 1975, t. 1, p. 105-141 [PC, 183 7-1-11-6-3-4-12-10].

→ PC 183. — P. Rajna, *Guglielmo, conte di Poitiers, trovatore bifronte*, dans *Mél. A. Jeanroy*, Paris, 1928, p. 349-360. — R.R. Bezzola, *Guillaume IX et les origines de l'amour courtois*, dans *Romania*, t. 66 (1940), p. 145-237 ; repris dans *Les origines et la formation de la littérature courtoise en Occident...*, 2 vol., Paris, 1960. — R. Dragonetti, *Aux origines de l'amour courtois. La poétique amoureuse de Guillaume IX d'Aquitaine*, dans *Sexualité humaine...*, Paris, 1966, p. 139-170 ; repris dans *La musique et les lettres* ; Genève, 1986, p. 169-200. — C. Camproux, *« Farai un vers tot covinen »*, dans *Mél. J. Frappier*, Genève 1970, p. 159-172 [PC 183, 3]. — E. Köhler, *Wilhelm IX, der Pilger und die rote Katze*, dans *Mél. P. Le Gentil*, Paris, 1974, p. 421-434 [PC 183, 12]. — R. Lejeune, *L'extraordinaire insolence du troubadour Guillaume IX d'Aquitaine, ibid.*, p. 485-503 ; repris dans *Marche romane*, n° hors série (1979), p. 121-139 [essai d'interprétation de PC 183, 12]. — J.E. Blackburn, *An Analysis of the Vocabulary of William of Aquitaine*, dans *Romania*, t. 97 (1976), p. 289-305. — M. Pfister, *La langue de Guilhem IX, comte de Poitiers*, dans *CCM*, t. 19 (1976), p. 91-113. — R. Lejeune, *La part de sentiments personnels dans l'œuvre du troubadour Guillaume IX d'Aquitaine*, dans *Mél. R.R. Bezzola*, Berne, 1978, p. 241-252 ; repris dans *Marche romane*, n° hors série (1979), p. 141-150 [à propos de PC 183, 1]. — H. Braet, *Lancelot et Guilhem de Peitieus*, dans *RLR*, t. 83 (1979), p. 65-71. — G. Lachin, *Malas femnas*, dans *CN*, t. 40 (1980), p. 33-47. — L. Milone, *Il « vers de dreit nien » et il paradosso dell'amore a distanza, ibid.*, p. 123-144 [PC 183, 7]. — J.-C. Payen, *Le Prince d'Aquitaine. Essai sur Guillaume IX, son œuvre et son érotique*, Paris 1980 [très bonne bibliogr. ; écrit comme un roman]. — D. Rieger, *Guillaume IX d'Aquitaine et l'idéologie troubadouresque. Remarques sur l'emploi des noms propres chez le « premier » troubadour*, dans *Romania*, t. 101 (1980), p. 433-449. — Y. Lefèvre, *L'amour c'est le Paradis. Commentaire de la chanson IX de Guillaume IX d'Aquitaine, ibid.*, t. 102 (1981), p. 289-305 [PC 182, 8]. — P. Bec, *Le problème des genres chez les premiers troubadours*, dans *CCM*, t. 25 (1982), p. 31-47. — P. Verhuyck, *Guillaume IX, Chanson IX : Joy sans dame*, dans *Vox Romanica*, t. 41 (1982), p. 95-103 [PC 183, 8]. — N. Pasero, *Pastora contro cavaliere, Marcabruno contro Guglielmo IX. Fenomeni di intertestualità in « L'autrier jost'una sebissa » (Bdt 293, 30)*, dans *CN*, t. 43 (1983), p. 9-25. — J.E. Ruiz Domenec, *Amor y moral matrimonial : el testimonio de Guilhem de Peitieu*, Barcelone, 1983. — J.-C. Huchet, *Obscénité et « Fin amor »*, dans *RLR*, t. 88 (1984), p. 243-266. — M. Stanesco, *L'expérience poétique du « pur néant » chez Guillaume d'Aquitaine*, dans *Médiévales*, t. 6 (1984), p. 48-68. — M. Mancini, *Guglielmo IX « esprit fort »*, dans *La gaia scienza dei trovatori*, Parme, 1984, p. 59-79. — F. Jensen, *Philological Comments on the Poetry of the Earliest Troubadour*, dans *Romance Philology*, t. 38 (1985), p. 425-435. — M.-H. Fernandez, *Une réminiscence hébraïque dans la musique du troubadour Guillaume IX*, dans *Mél. P. Remy*, Kalamazoo, 1986, t. 1, p. 81-86. — U. Mölk, *Les vers longs de Guillaume d'Aquitaine, ibid.*, p. 131-141. — N. Pasero, *« La pessa e.l coutel ». Postille interpretative a un passo di Guglielmo IX*, dans *Mél. M. de Riquer*, Barcelone, 1986, t. 2, p. 581-594 [PC, 183, 1]. — R.N.B. Goddard, *The Ladies Agnes and Arsen and William IX's « Companho farai un vers*, dans *Forum for Modern Language Studies*, t. 24 (1987), p. 156-162. — M.G. Capusso, *Guglielmo IX e i suoi editori*, dans *SMV*, t. 33 (1987), p. 135-256. — G. Beech, *L'attribution des poèmes du comte de Poitiers à Guillaume*, dans *CCM*, t. 31 (1988), p. 3-16. — J. Martindale, *Cavaleria et Orgueil : Duke William IX of Aquitaine and the Historian*, dans *The Ideals and Practice of Medieval Knighthood*, éd. C. Harpel-Bill et R. Harvey, Woodbridge, 1988. — M. Stanesco, *L'étrange aventure d'un faux muet. Blessures symboliques et performances sexuelles dans un poème de Guillaume*, dans *CCM*, t. 32 (1989), p. 115-124. — Bibliogr. de la littérature occitane du Moyen Âge, dans

Bull. de l'Association intern. d'Études occitanes, n° 5 (1990), p. 15-19. C.C.

Guilhem Adémar. Le troubadour Guilhem Adémar, ou Azémar, est représenté dans la galerie satirique du Monge de Montaudon* (PC 305, 16, vers 36-42), sous les traits d'un mauvais jongleur qui porte toujours de vieux vêtements et dont la dame a trente amoureux. En 1195, Guilhem était donc déjà connu grâce à sa pratique de la jonglerie. La *Vida* dit qu'il était issu du château de Meyruèis (Lozère) dans le Gévaudan, qu'il était fils d'un pauvre chevalier et que par manque d'appui, il se fit jongleur. La brève *Vida* conclut en affirmant qu'il entra dans l'ordre de Grandmont, ce qui n'est pas attesté par ailleurs.

Dans les dix-huit poésies conservées de Guilhem Adémar — dont une avec notation mélodique (PC 202, 8) —, apparaissent des allusions historiques, parfois très difficiles à dater. Il semble certain cependant qu'une référence à *En Raimon, mon seignor* (PC 281, 6) corresponde au comte Raimon VI de Toulouse et à une période qui se situe entre 1215 et 1217. On connaît de ce troubadour une *tenso* avec Eble d'Ussel* ; en outre, il manifeste une certaine tendance à la misogynie (PC 202, 6), sans négliger cependant une note de sensualité (PC 202, 9).

ŒUVRE. — Éd. K. Almqvist, *Poésies du troubadour Guilhem Adémar*, Uppsala, 1951. — Éd. partielles : A. Kolsen, *Dichtungen der Trobadors*, Halle, 1916-1919, réimp. Genève, 1980, p. 213-217 [PC 218, 1]. — M. de Riquer, *Los trovadores. Historia literaria y textos*, Barcelone, 1975, t. 2, p. 1100-1107 [PC 202, 1 et 7]. — R. Richter, *Die Troubadourzitate im « Breviari d'Amor »*, Modène, 1976, p. 282-283 [PC 202, 1 et 11].

→ PC 202. — A. Serper, *Les troubadours Jaufré Rudel et Guillem Adémar*, dans *RLR*, t. 80 (1973), p. 405-411. — R.A. Taylor, *La littérature occitane du Moyen Âge*, Toronto, 1977, n° 398. G.B.L.

Guilhem d'Alaman. Chevalier de l'Albigeois qui combattit les Anglais pour le compte du roi de France. Vers 1327, il composa, avec le troubadour Raimon de Cornet*, une *tenso* où les portraits des deux adversaires sont accompagnés de reproches grivois.

ŒUVRE. — J.-B. Noulet et C. Chabaneau, *Deux Manuscrits provençaux du* XIV*e siècle*, Paris, 1888, p. 63-65. J.S.

Guilhem Anelier. Les manuscrits ont conservé, comme écrits par un troubadour de ce nom, quatre *sirventes**, et un long poème historique, l'*Histoire de la Guerre de Navarre*. D'après les critiques modernes, ce nom couvrirait pour les uns deux auteurs tout à fait différents ; pour les autres, de la même famille. D'autres enfin, y voient le même auteur.

Guilhem Anelier était de Toulouse, et contemporain des événements qu'il rapporte dans son poème historique. Celui-ci, écrit, avec de légères différences, sur le modèle de la *Chanson d'Antioche** et de la *Chanson de la Croisade contre les Albigeois**, en laisses monorimes de vers de 12 syllabes, et conservé par un seul manuscrit de la Bibl. de l'Académie d'Histoire de Madrid, comprend environ 5 000 vers, et traite des troubles dont la Navarre, et particulièrement Pampelune, sa capitale, furent le théâtre en 1276 et 1277. Les diverses classes de la société s'entendent pour demander au roi de France Philippe le Hardi qu'il leur envoie un gouverneur : c'est Eustache de Beaumarchais, bailli d'Auvergne, qui, ayant levé des troupes dans le Toulousain, passe par Roncevaux, entre dans Pampelune, et, incapable de rétablir l'ordre, demande une armée au roi de France. La fin du poème est mutilée.

Guilhem Anelier, de Toulouse, suivit ses compatriotes, assista aux événements, et, peu de temps après, écrivit le poème. La valeur historique de celui-ci, malgré des longueurs, des obscurités, des omissions, et une grande partialité en faveur du gouverneur, demeure réelle. Sa valeur littéraire, en revanche, est faible : l'observateur est médiocre, et le narrateur malhabile. Le vocabulaire est fortement teinté de castillan.

Les *sirventes* en revanche sont vigoureux. L'auteur s'y plaint de la décadence des traditions de libéralité chères aux troubadours. Il déplore, plus encore, les rigueurs de l'Inquisition, et déverse sa colère contre les deux ennemis de son pays, les clercs et les Français. « L'Église, dit-il, manque de sens ordinaire, car elle veut mettre les Français là où ils n'ont aucun droit... »

A la Gleiza falh son saber,
Quar vol los Frances metre lay
On non an drech per nulh dever.

C'est un écho de la *Chanson de la Croisade*

contre les Albigeois, où le jeune comte Raimon bataillant en Provence, disait : « Il n'y a en ce monde aucun homme assez puissant pour me détruire, si ce n'était l'Église. » Cette alliance de Rome et de Paris, sous le prétexte d'extirper l'hérésie cathare, devait avoir raison de toutes les résistances. « Les clercs, ajoutait le troubadour toulousain, sont si fermement unis aux Français qu'on n'ose pas contredire leurs paroles trompeuses. »

ŒUVRES. — Le poème : F. Michel, *Histoire de la Guerre de Navarre en 1276-1277*, Paris, 1856. — Nouv. éd. en cours par A. Cornagliotti. — Les *sirventes* : M. Gisi, *Der troubadour Guilhem Anelier von Toulouse*, Soleure, 1877.

→ PC 204. — C. Brunel, n° 40. — C. Higounet, *Une relecture de Guillaume Anelier*, dans *AM*, t. 97 (1985), p. 75-80. J.S.

Guilhem Augier Novella. D'après les diverses rubriques des chansonniers manuscrits, ce troubadour serait originaire d'une localité appelée aujourd'hui Saint-Donat-en-Viennois, dans la Drôme. La plus ancienne de ses œuvres conservées doit avoir été écrite à la fin de l'année 1209 ou au début de 1210. Il s'agit du *planh** (PC 205, 2) composé pour la mort de Roger Trencavel, vicomte de Béziers. L'attitude antifrançaise qu'il manifeste dans cette poésie pourrait expliquer le fait que peu après il apparaisse dans le nord de l'Italie, où il restera jusqu'en 1225 ou 1226. En 1228 se place sa dernière poésie, le *sirventes** (PC 205, 7) où il s'adresse à Raimon Berenger IV de Provence. Il fut jongleur, comme on peut le déduire de sa *tenso** avec Bertran d'Aurel (PC 205, 1 = 79, 1a) : Guilhem lui demande quel est le métier le plus déshonorant, de jongleur ou de voleur, et l'autre lui répond qu'il doit bien le savoir puisqu'il a exercé les deux.

L'œuvre conservée se réduit à neuf compositions : trois *descorts*, deux *sirventes*, deux *tensos*, un *planh* et une *canso* d'amour.

ŒUVRE. — Éd. M. Calzolari, *Il trovatore Guillem Augier Novella*, Modène, 1986. — Éd. partielle : M. de Riquer, *Los trovadores. Historia literaria y textos*, Barcelone, 1975, t. 2, p. 1176-1183 [PC 205, 2 *(planh)* et 4a *(canso)*].

→ PC 205 et 37. — J. Maillard, *Problèmes musicaux et littéraires du descort*, dans *Mél. I. Franck*, Sarrebruck, 1957, p. 388-409 [schéma strophique et musical de PC 205, 5, p. 400]. — M. Calzolari, *Guilhem Augier Novella, Bertran del Pojet e Peyre Cathala : un altro caso di intertestualità nella Provenza del* XIII *secolo*, dans *CN*, t. 46 (1986), p. 17-21. — S. Guida, *Problemi di datazione e di identificazione di trovatori. III. Guillem Augier*, dans *Studi provenzali e francesi*, 86-87, *Romanica Vulgaria*, quaderni 10-11, L'Aquila, 1989, p. 118-126.
G.B.L.

Guilhem d'Autpol. Ce troubadour du dernier tiers du XIIIe siècle fut peut-être originaire d'un lieu nommé Hautpoul, dans le Tarn. On a conservé de lui quatre poésies de genres différents : une *alba* dédiée à la Vierge Marie (PC 206, 1), une *pastorela* (PC 206, 3) d'inspiration religieuse, un *planh* sur la mort du roi de France Louis IX en 1270 (PC 206, 2), et enfin une curieuse *tenso* avec Dieu (PC 206, 4), écrite sans doute en 1269. Grâce à la fiction du songe, le troubadour en profite pour reprocher à Dieu tous les malheurs du temps : les clercs et les princes sont mauvais et ont détourné la croisade de son but, l'inégalité sociale mène le monde à sa perte. De tels textes sont de bons témoignages sur l'air du temps.

ŒUVRE. — Éd. en cours W. Paden, Evanston (Illinois), 1990. — Éd. partielles. F.J. Oroz Arizcuren, *La lirica religiosa en la literatura provenzal antigua*, Pampelune, 1972, p. 186-191 [PC 206, 1]. — M. de Riquer, *Los trovadores. Historia literaria y textos*, Barcelone, 1975, t. 3, p. 1 519-1 523 [PC 206, 4].

→ PC 206. G.B.L.

Guilhem de Berguedan. Ce gentilhomme de Berga, aux environs d'Urgel, en Catalogne, est le prototype du chevalier-troubadour, moins troubadour que chevalier, mais chevalier turbulent, querelleur. Il n'hésita pas à provoquer indûment *(malamen)* la mort d'un de ses adversaires : le 3 mars 1175, il assassine le vicomte Ramon Folc de Cardona. Il devait à son tour d'après la *Vida*, mourir assassiné par un soldat, après avoir lassé, par ses violences et ses caprices amoureux, tous ceux qui lui portaient quelque intérêt. On le mentionne comme mort en août 1196.

Il a laissé 31 poésies d'attribution sûre, parmi lesquelles quelques rares *cansos**, et une quinzaine de *sirventes**, la plupart « personnels », où il fait allusion à de nombreux événements auxquels il fut mêlé (1160-1200). Ce troubadour, qui fut en relations avec Aimeric de Peguilhan* et Bertran de Born*, dont les attitudes guerrières se retrouvent chez lui, ne manquait pas de talent, et on lit sous sa plume des poèmes vigoureux.

Sincère, il aimait les contrastes ; c'est ainsi qu'après avoir dit pis que pendre du marquis Pons de Mataplane dans un court *sirventes* original avec refrain de deux vers qui annonce la ballade, il écrit, à sa mort, un *planh** ému et émouvant : « Marquis, si j'ai de vous dit folie, si j'ai écrit sur vous des choses vilaines et grossières, c'est que j'ai menti et que j'ai été coupable. »

« Marques, s'ieu dis de vos folor / Ni motz vilans ni mal apres, / De tot ai mentit e mespres. »

Guilhem de Berguedan est un troubadour original, parfois imité par ses successeurs (y compris Bertran de Born) et qui manie le vers avec grande maîtrise. Catalan, il écrit la langue des troubadours occitans avec correction et rares sont les catalanismes qui lui échappent.

ŒUVRE. — Éd. M. de Riquer, *Guillem de Berguedà. I, Estudio historico, literario y lingüistico ; II, Edición critica, traducción...*, abbaye de Poblet, 1971 ; et C. Forner, *Guillem de Berguedà, Huguet de Mataplana, Guillem Ramon de Gironella. Obra practica*, Berga, 1986, p. 19-212 [éd. bilingue]. — Éd. partielle : M. de Riquer, *Los trovadores. Historia literaria y textos*, Barcelone, 1975, t. 1, p. 519-542 [PC 210, 11-12-8-1-9-20-2a-].

→ PC 210. — M. de Riquer, *Historia de la literatura catalana*, Barcelone, 1964, t. 1, p. 74-94. — F. Pirot, *Recherches sur les connaissances littéraires des troubadours occitans et catalans des XIIe et XIIIe siècles*, Barcelone, 1972, p. 433-442. — P.T. Ricketts, *Le troubadour G. de Berguedan (à propos de l'éd. de M. de Riquer)*, dans *Mél. C. Rostaing*, Liège, 1974, p. 883-894. R.A. Taylor *La littérature occitane du Moyen Âge*, Toronto, 1977, n°s 399-400. — J.H. Marshall, *Pour l'étude des « contrafacta » dans la poésie des troubadours*, dans *Romania*, t. 101 (1980), p. 289-335. — M. de Riquer, *G. de Berguedan, trovador y señor feudal del siglo XII. Sintesis de su fisonomia*, dans *Principe de Viana*, t. 31 (1980), p. 281-284. — V. Salvador, *Sobre la poesia del trovador G. de Berguedan : recursos estilistics i pragmatica del discurs*, dans *Actes du 17e congrès international de linguistique et philologie romanes*, Aix-en-Provence, 1986, vol. 9, p. 321-330. — C. Anatole, *« Le Bûcher d'Artuset ». Juifs et source juive en Occitanie*, Enèrgas : Vent Terral (1988), p. 29-39.

J.S. et G.B.L.

Guilhem Bru. Voir : *Joies du gai savoir*.

Guilhem de Cabestany. Ce troubadour roussillonnais, qui écrivait de 1180 à 1215, a laissé huit *cansos*, conformes, dans tous les détails de leurs développements, aux principes de l'amour courtois.

Le chevalier qui combattit à Las Navas de Tolosa fut l'un des plus charmants et des plus délicats chantres de l'amour, pour qui la fidélité à sa dame était le devoir le plus sacré. Il aima et chanta Saurimonda la femme de Raimon, seigneur de Château-Roussillon.

Les diverses rédactions de sa *Vida* abondent en détails dramatiques, appliquant aux trois personnages, Raimon, sa dame, et le troubadour, le thème du mari jaloux qui fait manger à sa femme le cœur de son amant. On ignore pourquoi le trouvère français choisit pour cette histoire le châtelain de Coucy. Il en est de même pour le châtelain du Roussillon.

Cette légende, traduite par Stendhal et introduite par lui dans son livre *De l'Amour* (chap. 52), a contribué, plus que ses œuvres, à rendre célèbre le personnage de Guilhem de Cabestany. Pour nous, il demeurera un chantre incomparable de l'amour : « La douce tristesse, / que souvent me donne Amour / me fait dire de vous, dame, / maint vers gracieux », *« Lo dous cossire / Que·m don'Amors soven, / Dona, ·m fai dire / De vos maynt ver plazen. »* (PC 213,5). C'est la chanson la plus connue de Guilhem : elle a été copiée dans plus de 20 chansonniers manuscrits et imitée par Bernart Sicart de Marvejols* (PC 67,1) et par Peire Cardenal* (PC 335,43).

ŒUVRES. — Éd. M. Cots, *Las poesias del trovador Guillem de Cabestany*, dans *Boletín de la Real Academia de Buenas Letras de Barcelona*, t. 40 (1985-1986), p. 227-230 [avec trad. espagnole]. — L. Rossi, *Le poesie Di Guillem de Cabestany. Edizione critica...* L'Aquila, 1987. — Éd. partielle : M. de Riquer, *Los trovadores. Historia literaria y textos*, Barcelone, 1975, t. 2, p. 1063-1078 [PC 213, 3-5-6]. — R. Richter, *Die Troubadourzitate im « Breviari d'Amor »* ; Modène, 1976, p. 285-286 [PC 213,3].

→ PC 213. — J.H. Marshall, *Gautier de Coinci, imitateur de G. de Cabestany*, dans *Romania*, t. 98 (1977), p. 245-249 [PC 213,7 et Raynaud-Spanke 20]. — R.A. Taylor, *La littérature occitane du Moyen Âge*, Toronto, 1977, n°s 401-402. — L. Rossi et A. Ziino, *« Mout m'alegra douza vos per boscaje »* dans *CN*, t. 39 (1979), p. 69-80 [PC 213,7]. — A. Sakari, *Ressemblances entre Guillem de Saint-Didier et Guillem de Cabestanh*, dans *Mél. H. Guiter*, Montpellier, 1981, p. 509-520. — L. Rossi, *Il cuore, mistico pasto d'amore : dal « Lai Gurun » al Decameron*, dans *Studi provenzali e francesi*, 82, L'Aquila, 1983, p. 28-128. J.S.

Guilhem de Cervera. Voir : Cerveri de Girona.

Guilhem Figueira. La *Vida*, « biographie » de ce troubadour, brève, dépouillée de toute invraisemblance, mérite d'être citée : « Guilhem Figueira était originaire de Toulouse ; son père était tailleur, et il fut lui aussi tailleur. Quand les Français occupèrent Toulouse, il s'en alla en Lombardie. C'était un bon poète et un bon chanteur ; il se fit jongleur dans les villes. Il n'était pas homme à se plaire dans la compagnie des grands et des gens bien élevés ; mais il avait la sympathie des truands et des femmes de mauvaise vie, des hôteliers et des taverniers... » Des renseignements fournis sur lui par un autre troubadour toulousain, Aimeric de Peguilhan*, confirment l'opinion du « biographe ».

Guilhem Figueira serait né à la fin du XIIe siècle, vers 1195. Il était donc en pleine jeunesse quand Simon de Montfort assiégeait Toulouse, et il avait à peine dépassé la trentaine quand fut signé le traité de Paris. Il quitta son pays occupé par de nouveaux maîtres. Il fut un « *faidit* », et il se réfugia en Lombardie, passant par la cour de Blacatz*, grand seigneur provençal, poète et protecteur des troubadours. Au-delà des Alpes, il est aussitôt parmi les protégés de l'empereur germanique Frédéric II, voyant en lui, en tant qu'ennemi de la papauté, un défenseur de la cause occitane. Il lui adresse des compliments, il l'excite à se venger des Lombards révoltés contre lui, et, après sa victoire, il entonne un chant de triomphe. Il lui demande aussi de faire la paix avec le pape, *Del preveire major / E del emperador / Volgra paz entre lor...*

« Du souverain prêtre et de l'empereur, je voudrais qu'il y ait la paix entre eux », pour entreprendre ensemble une nouvelle croisade en vue de délivrer le tombeau du Christ. Le troubadour, lui, est trop pauvre pour se décider au saint Passage ; il recommande son âme à Dieu, il « se rend » à lui ; mais il voudrait aller à Toulouse pour servir son « Comte vaillant ». À plusieurs reprises, le nom du comte de Toulouse voisine avec celui de l'empereur, et cela est significatif. L'idée de la croisade, le troubadour la reprend dans un autre chant allégorique spécialement adressé à son grand protecteur, qu'il exhorte à manger du « fruit de pénitence ».

Mais, s'il est partisan fidèle de Frédéric II, il est plus encore ennemi des clercs. Un *sirventes* très violent, qui fait écho à ceux de Peire Cardenal*, leur est consacré. « Les faux prêtres ont mis le monde en erreur, car ce sont eux qui font les péchés mortels. Il est vrai que nos pasteurs sont devenus loups ravisseurs » : *Vers es que nostre pastor / Son tornat lop raubador.*

Ils volent de tous côtés tout en montrant un visage pacifique ; ils réconfortent avec douceur leurs ouailles nuit et jour, puis, quand ils les ont en leur pouvoir, ces faux pasteurs les font mourir... Va-t-en, *sirventes*, tiens ta route, et dis-moi aux clercs trompeurs que « celui-là est mort qui se met en leur pouvoir ; à Toulouse on en sait bien la vérité. » *Qu'aicel es mortz quï s met en son poder ; / Qu'a Tolosa en sab hom ben lo ver.*

« La poésie la plus connue de Guilhem Figueira est son célèbre *sirventes* contre Rome (PC 217, 2). C'est la satire la plus hardie que le Moyen Âge méridional ait connue contre la papauté. Elle se compose de 23 strophes comprenant 161 vers. Sous une forme tantôt naïvement emphatique, tantôt singulièrement éloquente, Guilhem Figueira y développe la plupart des reproches que les ennemis de la papauté lui ont de tout temps adressés : le désir de dominer sur les esprits et les cœurs, l'amour des richesses, en opposition si complète avec la simplicité et la pauvreté de l'Église primitive » (J. Anglade).

J'ai dit, à l'article *Flors de Paradis**, que l'auteur anonyme de cette poésie avait adopté la même facture que Guilhem Figueira pour son chant de colère. Le troubadour s'en prend à Rome « chef de la décadence, où tout bien décroît, *Roma enganairitz* (Rome traîtresse), *Roma trichairitz* (Rome trompeuse), qui à ses brebis tond trop de laine ». Chaque strophe commence par le mot *Roma* qui sonne comme un son de cloche lancinant, de même que dans *Flors de Paradis*, le mot *Verges* met à chaque strophe une réconfortante douceur. Rome est cause de l'échec des croisades, Rome est cause des massacres de chrétiens, « empressée qu'elle fut aux pèlerinages hypocrites proclamés contre Toulouse » — il s'agit de la croisade contre les Albigeois — Rome a été trop dure et trop cruelle contre le comte Raimon, Rome rêve de gouverner le monde, Rome est viciée dans la personne de ses cardinaux. Le massacre de Béziers, évidemment, est évoqué. Et ce chant de malédiction se termine ainsi : « Rome... vous portez en vous, avec un visage simple d'agneau, l'âme d'un loup rapace, d'un serpent couronné né d'une vipère, et c'est pourquoi le diable prend soin de vous, comme d'un intime. »

Une dame troubadour, dame Gormonde de Montpellier, entreprit, sur le même rythme, de défendre la papauté, mais il lui manquait le souffle puissant de l'accusateur.

Guilhem Figueira nous a laissé une dizaine de pièces. Mais, n'eût-il écrit que son *sirventes* contre Rome, « Rome fléau du monde », il mériterait une place marquante dans la cohorte des grands troubadours.

ŒUVRES. — Éd. E. Levy, *Guilhem Figueira, ein provenzalischer Troubadour*, Berlin, 1880 [avec trad. allemande]. — Éd. partielle : G. Bertoni, *Un sirventese di G. Figueira*, dans *ZRPh*, t. 35, 1911, p. 489-491 [PC 217, 4]. — M. de Riquer, *Los trovadores. Historia literaria y textos*, Barcelone, 1975, t. 3, p. 1270-1279 [PC 217, 2].

→ PC 217. — J. Anglade, *Les troubadours de Toulouse*, Toulouse-Paris, 1928, p. 171-182. — É. Delaruelle, *La critique de la guerre sainte dans la littérature méridionale. Paix de Dieu et guerre sainte en Languedoc au XIIIe siècle*, dans *Cahiers de Fanjeaux*, n° 4, 1969, p. 128-139. — M. Picchio Simonelli, *Lirica moralistica nell'Occitania del XII secolo. Bernart de Venzac*, Modène, 1974, p. 151-155. — R.A. Taylor, *La littérature occitane du Moyen Âge*, Toronto, 1977, nos 403-404. — J. Garreau, *Hérésie et politique chez Guillem Figueira et Peire Cardenal*, dans *Kentucky Romance Quarterly*, t. 31 (1984), p. 243-249. J.S.

Guilhem de Galhac. Licencié en droit, procureur au Parlement, lauréat du consistoire toulousain en 1446, 1454, et à une date inconnue, mainteneur en 1453, capitoul en 1463, Guilhem de Galhac écrivit un recueil contenant les poésies occitanes couronnées par le consistoire, qu'il légua à la ville de Toulouse ; ce recueil très précieux est maintenant propriété de l'Académie des Jeux Floraux. Les poésies de Guilhem de Galhac, du genre allégorique, n'ont pas grande originalité. Son recueil, appelé « Registre de Galhac », a été publié deux fois, par J.B. Noulet en 1849, par A. Jeanroy en 1914.

→ F. Zufferey, *Bibliogr. des poètes provençaux des XIVe et XVe siècles*, Genève, 1981, n° 503. J.S.

Guilhem de Gontaut. Voir : *Consistori*.

Guilhem de la Tor. Ce troubadour, sans doute originaire d'un château disparu qui s'élevait dans une localité actuellement nommée La Tour Blanche, en Dordogne, développa toute son activité connue en Italie du Nord, dans les cours d'Este, Malaspina et Da Romano. Entre 1216 et 1220, il écrivit un éloge collectif de dames, la *Treva* (PC 236, 5a), d'intérêt historique et social, sur la paix à établir entre les deux filles de Corrado Malaspina en lutte pour la primauté courtoise. À la fin de sa production, on peut placer une *canso* (PC 236, 2), où il fait l'éloge de Giovanna d'Este, morte en 1233.

On conserve 14 pièces de Guilhem de la Tor : huit *cansos*, un *descort*, deux *sirventes*, deux *tensos* et la *Treva*. C'est un poète sans grande originalité : sa *canso* (PC 236, 10) est un pur plagiat de celle de Guilhem de Berguedan (PC 210, 6b). La *Vida* consacrée à Guilhem de la Tor amplifie sur le mode narratif le thème du débat qui l'opposa à Sordel (PC 236, 12 = 437, 38) :

Uns amics e un'amia
Sordels, an si un voler
q'a lor semblan non poiria
l'uns ses l'autre joi aver ;
e si l'amiga moris
aissi qe l'amics o vis,
qui no la pot oblidar,
qe. ill seria meillz a far
apres lei, viure o morir ?
Digatz de so vostre albir.

Un ami et une amie,
Sordel, ont tellement un seul vouloir
qu'il leur semble ne pas pouvoir
l'un sans l'autre joie avoir ;
et si l'amie meurt
et que son ami voit
qu'il ne peut l'oublier,
que lui vaut-il mieux de faire
après elle, vivre ou mourir ?
Dites là dessus votre avis.

Et pour finir, la *Vida* raconte que le poète préféra se laisser mourir.

ŒUVRE. — Éd. F. Blasi, *Le poesie di Guilhem de la Tor*, Genève-Rome, 1934. — Éd. partielle : A. Kolsen, *Dichtungen der Trobadors*,

Halle, 1916-1919, réimp. Genève, 1980 [PC 236, 1, 3a, 5, 9]. — F.A. Ugolini, *La poesia provenzale e l'Italia*, Modène, 1949 [PC 236, 5a, 12 et 11]. — M. de Riquer, *Los trovadores Historia literaria y textos*, Barcelone, 1975, t. 2, p. 1 171-1 175 [PC 236, 11]. — A. Sakari, *Une satire virulente de l'amour troubadouresque*, dans *Mél. A. Roncaglia*, Modène, 1989, 4, p. 1211-1222 [éd. et trad. de PC 234, 17, attribué à G. de la T.].

→ PC 236. — A. Pulega, *Ludi e spettacoli nel medioveo. I tornei di dame*, Milan, 1970 [éd. et commentaire de la *Treva*]. G.B.L.

Guilhem de Lobra. Voir : *Consistori*.

Guilhem de l'Olivier. Guilhem ou Guiraut de l'Olivier a vécu à Arles à la fin du XIIIe siècle. Il fait partie de cette bourgeoisie intellectuelle qui s'intéressa alors aux antiquités de la ville d'Arles, comme en témoigne le *Roman d'Arles**, cet ouvrage si bizarrement composé. Il nous reste de lui 79 *coblas* morales conservées par le manuscrit Giraud. Plus encore que celles de Bertran Carbonel*, les *coblas* de Guilhem de l'Olivier sont un tissu de poncifs et de lieux communs : « la vérité va sans cesse en avant et le mensonge fléchit et tombe toujours ». Malgré cette médiocrité, l'œuvre de G. de l'Olivier est intéressante parce qu'elle témoigne d'un certain souci de création littéraire : il semble avoir utilisé pour ses *coblas* des mètres originaux.

ŒUVRE. — Éd. en cours par S. Thiolier.

→ PC 246. Ch.R.

Guilhem de Masdovelles. Les Masdovelles constituent à Barcelone une famille de poètes. Le plus important d'entre eux est Guilhem, dont le père, portant lui aussi le nom de Guilhem, était juge de Morella, et dont les neveux, Joan Berenguer et Pere Joan, furent poètes à leur tour.

Conseiller de la généralité de Catalogne de 1380 à 1390, vivant encore en 1438, Guilhem de Masdovelles fut poète lauréat des consistoires de Barcelone et de Toulouse. Il a laissé un grand nombre de pièces, chansons d'amour, *sirventes, tensos*, poèmes historiques. Son œuvre est connue grâce à un chansonnier manuscrit, constitué vers 1470 par Joan Berenguer de Masdovelles, lequel réunit un grand nombre de ses poésies et quinze de son oncle Guilhem. Celui-ci, âgé d'environ soixante-dix ans, participa au mois de juin 1438 à Barcelone, à un concours poétique sur le thème de la plainte d'amour, où il manifesta sa grande connaissance de la littérature française du temps. Héritier de la pure tradition des troubadours, Guilhem de Masdovelles est dans leur ligne, tant pour la thématique que pour la langue. Cependant, les poètes catalans du début du XVe siècle ont déjà une conscience linguistique nette du caractère archaïque de la lyrique troubadouresque.

ŒUVRE. — Éd. R. Aramon i Serra, *El cançoner de Masdovelles (Manuscrit nº 11 de la Biblioteca de Catalunya)*, Barcelone, 1938.

→ M. de Riquer, *Historia de la Literatura Catalana*, t. 1, Barcelone, 1964, p. 683-690. J.S. et G.B.L.

Guilhem Molinier. Voir : *Leys d'Amors*.

Guilhem de Montanhagol. Originaire de Toulouse, il y mourut en 1258. À l'époque où certains troubadours reprenaient sans fin les motifs traditionnels, où d'autres cherchaient un renouvellement qui pût les en libérer, la poésie de G. de Montanhagol rend un son nouveau. Ses relations avec quelques seigneurs de son époque (Jacques Ier auprès duquel il séjourna quelque temps, Alphonse X de Castille) et surtout les événements de la lutte contre l'hérésie, inspirèrent quelques-uns de ses poèmes, qui sont de caractère politique et s'élèvent comme une protestation contre la dureté de la répression. Son plus ancien poème un *sirventes* est daté de 1233 ou 1234 (PC 225, 4). Mais la nouveauté de Montanhagol se remarque principalement dans la transfiguration courtoise de l'amour, que les troubadours avaient généralement senti comme un moyen d'élévation, et où il voit un moyen de sanctification. Tout élément mondain disparaît de sa poésie, l'amour est une « vertu » qui élève et sanctifie. Et il arrive à cette affirmation : « De l'amour vient la chasteté. » On reconnaît là le point de départ du *Dolce Stil Nuovo*.

ŒUVRE. — Éd. P.T. Ricketts, *Les poésies de G. de Montanhagol troubadour du XIIIe siècle*, Toronto, 1964. — Éd. partielle : M. de Riquer, *Los trovadores. Historia literaria y textos*, Barcelone, 1975, t. 3, p. 1429-1446 [PC 225, 7-2-12-1 = 96,1]. — R. Richter, *Die Troubadourzitate im « Breviari d'Amor »*, Modène, 1976, p. 288-297 [PC 225, 7-17-10-11-13].

→ PC 225. — L.T. Topsfield, *The Theme of Courtly Love in the Poems of G. de Montanhagol*, dans *French Studies*, t. 11 (1957), p. 127-134. — F. Branciforti, *La tradizione manoscritta del canzoniere di G. de Mon-*

tanhagol, dans *Filologia e Letteratura*, t. 11 (1965), p. 360-390 [cf. éd. Ricketts] ; *Note al testo di G. de Montanhagol, ibid.*, t. 14 (1968), p. 337-405 [commentaire détaillé de chaque poème]. — P.T. Ricketts, *Castitatz chez G. de Montanhagol*, dans *RLR*, t. 77 (1966), p. 147-149. — R.A. Taylor, *La littérature occitane du Moyen Âge*, Toronto, 1977, n°s 405-408. — P. Hutchinson, *A Lunel, lutz una luna luzens : une exploration du thème de la lumière à partir du jeu-parti de G. de Montanhagol et de Blacasset*, dans *Senefiance*, n° 13, 1983, p. 177-194. — S. Vatteroni, *Rima interna e formula sillabica...*, dans *SMV*, t. 29 (1982-83), p. 175-182. — E. Melli, *Interpretazione di Montanhagol*, dans *Mél. M. Boni*, Bologne, 1984, p. 97-142. — G. Teulière, *Interpénétration culturelle dans le Trobar : Montanhangol, Blacasset et la Kabbale*, dans *Tenso*, t. 2.1 (1986), p. 37-50. C.C.

Guilhem Peire de Cazals. De ce troubadour quercinois de la première moitié du XIIIe siècle, on a conservé dix *cansos** et une *tenso**, où il cultive parfois un style proche du *trobar ric* qui rappellerait la *sextine* d'Arnaut Daniel*.

ŒUVRE. — Éd. J. Mouzat, *Guilhem Peire de Cazals, troubadour du XIIIe siècle, éd. critique et trad.*, Toulouse-Paris, 1954. — Éd. partielles : I. Frank, *Ce qui reste d'inédit de l'ancienne poésie lyrique provençale*, dans *Boletín de la Real Academia de Buenas Letras de Barcelona*, t. 23 (1950), p. 69-75 [éd. et trad. PC 227, 5 et 10]. — K. Lewent, *An Old Provençal Poem Reedited*, dans *Mél. L. Spitzer*, Berne, 1958, p. 275-295 [PC 227, 4]. — M. de Riquer, *Los trovadores. Historia literaria y textos*, Barcelone, 1975, t. 3, p. 1321-1324 [PC 227, 3].

→ PC 227. — R.A. Taylor, *La littérature occitane du Moyen Âge*, Toronto, 1977, n°s 409-410 [bibliogr. sélective]. G.B.L.

Guilhem Raimon de Gironela. Ce troubadour fut originaire du bourg de Gironella (province de Barcelone à une vingtaine de kilomètres au nord-est de Cardona). Si c'est bien le même personnage que mentionne un acte de 1260, il aurait été, vers cette date, le compagnon de Cerveri de Girona* à la cour de Barcelone. Son activité poétique se situerait entre 1260 et 1276.

L'œuvre lyrique de Guilhem Raimon, transmise par un seul manuscrit, se compose de trois *cansos**, dont une à refrain et d'une *tenso** à laquelle prend part un certain Ponzet (et non Pouzet, orthographe de la rubrique du manuscrit). Deux des trois *cansos* s'ouvrent sur une très classique « entrée » printanière. Ces deux poèmes chantent la perfection de la dame, la joie d'amour, et, tout en proclamant la discrétion du poète, stigmatisent les *lauzengiers*. Guilhem Raimon se complaît dans les thèmes courtois les plus traditionnels. La troisième *canso* est une chanson à refrain, que l'on a appelée, sans doute à juste titre, une *retroensa* (« rotrouenge »).

Dans la *tenso* (PC 230,1a = 383,1), Guilhem Raimon soutient, contre Ponzet, qu'une dame honore beaucoup plus celui qui la sert sans récompense que celui qui jouit de ses faveurs. Guilhem propose finalement à son interlocuteur de choisir comme juge du *partimen* :

La de Palau que.s mira
En pretz, en joi et en joven..

« *La de Palau* » pourrait bien être « *Na Guyllamona, lay a Palau...* », que célèbre Cerveri dans un poème intitulé *Receta de Xarob*.

Le mince bagage lyrique de Guilhem Raimon se caractérise par le souci de la forme : ses schémas métriques sont uniques dans la poésie des troubadours.

ŒUVRES. — Éd. partielles : L. Selbach, *Das Streitgedicht in der altprovenzalisches Lyrik*, Marburg, 1886, p. 124 [éd. de la *tenso*]. — C. Appel, *Provenzalische Inedita...*, Leipzig, 1890, p. 146-152 [éd. des *cansos*]. — M. de Riquer, *Los trovadores, historia literaria y textos*, Barcelone, 1975, t. 3, p. 1672-1680 [PC 230-1a = 383,1 et 230,2].

→ PC 230. — I.M. Cluzel, *Les troubadours catalans Guilhem Raimon de Gironella et Poncet*, dans *Actes et mémoires du 2e congrès international de langue et littérature du midi de la France*, Aix en Provence, 1961, p. 65-73. I.M.C.

Guilhem Rainol d'Apt. Ce troubadour était originaire d'Apt (Vaucluse) et a vécu dans le premier tiers du XIIIe siècle. La *Vida* le qualifie de *cavalliers* et le présente comme un bon auteur de *sirventes*, craint de tous les barons à cause de sa virulence. Désormais, des deux *sirventes* qui ont été transmis sous son nom, on ne peut lui en attribuer qu'un seul (PC 231, 2), l'autre (PC 231, 1a) étant sans doute l'œuvre des troubadours tarasconnais Tomier et Palaizi*. Grâce à la *tenso* qu'il soutint avec Guilhem Magret (PC 231, 3 = 225, 5), on apprend qu'il entra en religion et prit l'habit.

En outre, on a conservé de Guilhem Rainol deux débats humoristiques avec une dame, peut-être son épouse (PC 231, 1 et 4). La langue est vive, savoureuse, soulignée de traits populaires. Si l'on en croit la *Vida*, il avait coutume de composer une musique nouvelle pour chaque *sirventes* ; aucune mélodie n'est parvenue jusqu'à nous.

ŒUVRE. — Éd. partielles : A. Kolsen, *Dichtungen der Trobadors...*, Halle, 1916-1919, réimp. Genève, 1980, p. 61-66 [PC 231, 4]. — M. de Riquer, *Los trovadores. Historia literaria y textos*, Barcelone, 1975, t. 3, p. 1 236-1 246 [PC 231, 2-4-3].

→ PC 231. Ch.R. et G.B.L.

Guilhem de Saint-Gregori. Sous le nom de Guilhem de Saint-Gregori ont été transmis cinq poèmes en langue d'oc. Dans les mss, deux seulement (PC 233, 4 et 5) sont conservés sous une attribution unique. Pour les autres, le nom de Guilhem de Saint-Gregori se trouve en concurrence avec celui de troubadours plus connus. Cette situation qui s'ajoute au silence absolu des autres sources possibles sur Guilhem, a conduit certains à douter de l'existence même du personnage. Une *tenso* avec Blacatz* (PC 233, 5) situe en réalité Guilhem à la cour du seigneur d'Aups à la fin du XIIe siècle et au début du siècle suivant. C'est un poète modeste connu surtout comme exécutant des textes des autres et qui compose en imitant le style d'Arnaut Daniel* et de Bertran de Born*.

ŒUVRE. — Éd. partielle : M. Loporcaro, *Due poesie di Guilhem de Saint Gregori (BdT. 233.2 e 233.3)*, dans *Medioevo Romanzo*, t. 15 (1990), p. 17-60. G.B.L.

Guilhem de Saint-Leidier. Le troubadour Guilhem de Saint-Leidier, ou Saint-Didier, fut seigneur de Saint-Leidier-de-la-Selve, aujourd'hui Saint-Didier-en-Velay (Haute-Loire). Il est attesté à partir de juin 1165 comme vassal des évêques du Puy et des vicomtes de Polignac et dut mourir à la fin de l'année 1200.

On conserve de lui 13 poésies d'attribution certaine. Elles révèlent une grande sensibilité et sa capacité à utiliser les *topoi* de la *fin'amor* pour exprimer, dans une *tenso* fictive, le symbolisme d'un rêve d'amour allégorique (PC 234, 12). Il célébra la sœur de Dalfin d'Alvernha* prenommée *Marquesa*, et le Monge de Montaudon* le mit en tête de sa galerie satirique de troubadours (PC 305, 16).

ŒUVRE. — Éd. A. Sakari, *Poésies du troubadour Guillem de Saint-Didier*, Helsinki, 1956. — Éd. partielles : A. Sakari, *Une tenson-plaidoirie provençale*, dans *Mél. I. Frank*, Sarrebruck, 1957, p. 595-613 [PC 234, 8]. — F.J. Oroz Arizcuren, *La lirica religiosa en la literatura provenzal antigua*, Pampelune, 1972, p. 198-203 [PC 234, 2]. — M. de Riquer, *Los trovadores. Historia literaria y textos*, Barcelone, 1975, t. 1, p. 553-65 [PC 234, 3-6-12 et 12a]. — R. Richter, *Die Troubadourzitate im « Breviari d'Amor »*, Modène, 1976, p. 298 [PC 234, 4]. — A. Krispin, *Deux « tensons » masculines/féminines du XIIe-XIIIe siècle (PC 234, 8 et 306, 2)*, dans *Via Domitia*, t. 26 (1981), p. 1-5. — A. Rossell i Mayo, *Monodia cortesana trobadorica...*, Barcelone, 1986, p. 79-82 [éd. de la musique].

→ PC 234. — D. Evans, *L'oiseau noble dans le nid d'un oiseau vilain : sur un passage de Guillem de Saint-Didier*, dans *ZRPh.*, t. 78 (1962), p. 419-436. — A. Sakari, *Ugo Marescalc, companh de Guillem de Saint-Didier*, dans *Mél. T. Nurmela*, Turku, 1967, p. 119-126. — M.-R. Jung, *Les poèmes allégoriques occitans*, Berne, 1971, p. 122-169 [PC 234, 12]. — R.A. Taylor, *La littérature occitane du Moyen Âge*, Toronto, 1977, n° 446 [bibliogr. sélective et critique]. — A. Sakari, *L'originalité de G. de Saint-Didier*, dans *Mél. R. Aramon i Serra*, Barcelone, 1979, p. 517-524. — M.Bambeck, *Zu einer strittigen Passage im « Vergiers d'Amor » » des G. de Saint-Didier*, dans *Romanische Forschungen*, t. 93 (1981), p. 37-54. — A. Sakari, *Ressemblances entre G. de Saint-Didier et Guillem de Cabestanh*, dans *Mél. H. Guiter*, Montpellier, 1981, p. 509-520 [PC 234, 15 aurait servi de modèle à PC 213, 1a]. — B. Barattelli, *Appunti per una rilettura della canzone « Dompna, ieu vos sui messatgiers » di Guillem de Saint-Didier*, dans *Quaderni di Lingue e Letterature*, t. 11 (1986), p. 399-412 [PC 234, 7]. — A. Sakari, *Le « somni » de Guillem de Saint-Didier*, dans *Mél. P. Remy*, Kalamazoo, 1986, t. 1, p. 253-264 [PC 234, 12]. G.B.L.

Guilhem de Tudela. Voir : *Chanson de la Croisade contre les Albigeois.*

Guillaume Adam. On ne sait rien des origines de ce dominicain. On suppose que c'était un Français du Midi qui étudia la théologie à Condom en 1302. Missionnaire apostolique en Perse en 1314-1317, il fut évêque de Smyrne en 1318, archevêque de Sultanieh en 1322, d'Antivari de 1324 à 1341.

Au retour d'un voyage missionnaire qui l'avait mené en Perse et à travers l'océan Indien jusqu'en Éthiopie (1312-1317), il écrivit un traité qu'il dédia au cardinal Raimond de Farges, neveu de Clément V, le *De modo Sarracenos extirpandi*, dans lequel il donne des conseils au sujet de la guerre sainte et fournit des directives tactiques pour l'expédition. Il conseille la voie terrestre et la conquête de Constantinople. On lui attribue un autre traité lié aux projets de croisade, le *Directorium ad passagium faciendum*, qui fut adressé au roi Philippe VI de Valois, en 1332, par un dominicain qui, comme Guillaume Adam, séjournait à Avignon. L'attribution est tout à fait vraisemblable : Guillaume Adam était un agent dévoué de la politique de Jean XXII et avait donc intérêt à dissimuler son nom. Dès 1333, Jean de Vignay*, en donna une traduction hâtive et plutôt négligée, sans doute à la demande du roi. En 1455, Jean Miélot* en fit une nouvelle traduction qu'il présenta, l'année suivante, au milieu d'un recueil de traités analogues, au duc de Bourgogne Philippe le Bon, après l'avoir mise, sans preuve aucune, sous le nom d'un certain Brochard l'Allemand, que l'on confondit plus tard avec le dominicain de la fin du XIIIe siècle, frère Brocard ou Burchard du Mont-Sion, dit aussi Burchardus de Saxonia ou encore de Barby — car originaire de Barby près de Magdebourg. Celui-ci avait visité en 1282 les régions orientales et, en 1285, s'était rendu en Égypte auprès du sultan sur ordre de Rodolphe Ier. Le texte fut encore attribué, mais de façon plus vraisemblable, à Raimond Étienne, évêque de Smyrne puis archevêque d'Éphèse, qui était de la province de Toulouse et accompagnait Guillaume Adam. On met sous le nom de Guillaume Adam un second traité écrit en latin, plus tard traduit par Jean Le Long* sous le nom *De l'estat et gouvernement du grant Khan* ; il a peut-être été écrit par son successeur à l'archevêché de Sultanieh en 1328, Jean de Core, dominicain comme lui. C'est une compilation des observations de plusieurs voyageurs destinée à l'information du pape Jean XXII.

ŒUVRES. — *De modo Sarracenos extirpandi*, éd. dans *Rec. hist. des croisades. Documents arméniens*, t. 2, 1906, p. 521-555. — *Directorium ad passagium faciendum*, éd. C. Kohler, *ibid.*, p. 367-517 [avec la trad. de Jean Miélot au bas des pages] ; éd. C.R. Beazley, dans *American Historical Review*, t. 12 (1906-1907), p. 813-857 ; t. 13 (1907-1908), p. 66-115. — *De l'estat du grand Caan*, éd. E. Jacquet, dans *Journal asiatique*, t. 6 (1830), p. 59-71.

→ C. Kohler, *Documents relatifs à Guillaume Adam archevêque de Sultanieh puis d'Antivari et à son entourage (1318-1346)*, dans *Revue de l'Orient latin*, t. 10 (1903-1904), p. 15-56, reproduit dans *Mél. pour servir à l'histoire de l'Orient latin et des croisades*, t. 2, Paris, 1906, p. 475-515 ; *Quel est l'auteur du Directorium ad passagium faciendum ?*, dans *Revue de l'Orient latin*, t. 12 (1909-1911), p. 104-111. — *HLF*, t. 35, p. 277-284. — R. Loenertz, *La société des frères pérégrinants*, Paris, 1921. — J. Richard, *La papauté et les missions d'Orient au Moyen Âge*, 1977, p. 170. — T. Kaeppeli, *Scriptores ordinis praedicatorum Medii Aevi*, Rome, 1970-1980, t. 1, n° 707 ; t. 2, nos 1422-1426. — U. Ganz-Blätter, *Andacht und Abenteuer. Berichte europaïscher Jerusalem — und Santiago — Pilger (1320-1520)*, Tübingen, 1990 (*Jakobus Studiens*, 4). — Nouveau Potthast, t. 5, p. 289 ; voir aussi t. 4, p. 207-208 *(Directorium ad passagium faciendum)*.

G.T.L.

Guillaume Alecis. On ne sait rien de la vie de cet auteur. Alecis pourrait être la forme latine de Hareng, nom d'une famille très nombreuse dans l'Eure, originaire de La Chapelle-Hareng ou Chapelle-Alexis. De fait, Guillaume nous apprend qu'il fut moine de l'abbaye bénédictine de Lyre. Il se dit également prieur de Bucy, localité qui reste mystérieuse. Né sans doute au début du XVe siècle, il serait mort en 1486 lors d'un pèlerinage à Jérusalem, qui fut à l'origine du *Dialogue du crucifix et du pèlerin*. Mais seul Destrées*, l'auteur du *Contreblason*, parle de cette mort en Terre sainte.

Toute l'œuvre de Guillaume Alecis est d'inspiration morale ou religieuse. Il sait mettre au service d'ouvrages d'édification et de méditation comme le *Dialogue du crucifix*, ou d'œuvres plus légères et satiriques comme le *Martyrologe des fausses langues* une grande maîtrise du vers, des jeux sur la langue et une connaissance fine de la littérature de son temps. Sa première œuvre serait l'*ABC des doubles*, daté de 1451 dans un manuscrit. Utilisant l'alphabet comme guide de construction de son texte, Alecis y donne à la rime (toujours équivoquée) des mots qui commencent par les lettres successives de l'ABC pour chaque strophe. Il se distingue ainsi des textes « abécédaires » antérieurs. Recueil d'avis moraux pour éviter la duplicité et tous les vices du monde, l'*ABC des doubles* se réfère au modèle du *Bréviaire des nobles* d'Alain Chartier* et au *Psautier des vilains* de Michault Taillevent*. Taillevent d'ailleurs s'inspirait déjà du *Bréviaire*. Dans les *Faintes du monde*, ce sont à nouveau les tentations terrestres et les tromperies des hommes et des femmes qui sont mises à l'index. Ici le procédé est énumératif, rappelant celui des *Dits de*

Chascun : Tel veut, tel vient ; l'un dit, l'une dit... Et les couplets de vers forment des suites d'antithèses, d'allure souvent gnomique : « *Tel acorde et fait du rieur / Qui ne rit si non de la bouche* », « *Tel parle de l'arche Noé / Qui ne sçait quant fut le deluge* ». Le *Debat de l'omme et de la femme* est un dialogue qui, de strophe en strophe, oppose les arguments de la tradition misogyne (la femme séductrice qui mène l'homme à sa perte) à ceux de la régénérescence de l'humanité grâce à Marie. Le *Blason des fausses amours* fut une des plus célèbres pièces de Guillaume Alecis : un gentilhomme, plein d'amoureuses pensées, rencontre un moine. Ils cheminent ensemble et le moine « blasonne » (critique) les amours folles de la jeunesse, les liaisons hors mariage et tente de ramener à la morale chrétienne son interlocuteur : la jeunesse passe vite, il faut songer à bien mourir. Cette morale très classique, voire banale, s'exprime en une strophe très particulière, qui donne au texte une allure presque primesautière : le douzain à deux rimes commence en effet par huit vers de quatre syllabes et se poursuit par quatre octosyllabes. Cette veine, propre au poète, entre stricte morale et sourire, se retrouve dans le *Passetemps des deux Alecis*. Ici le texte est censé reproduire les paroles qu'échangent, de strophe en strophe, Guillaume et son frère qui serait cordelier. Il ne s'agit pas d'un dialogue puisque le principe même du texte est la discontinuité du discours et, pour ainsi dire, le coq-à-l'âne : « *Pour donner repos / Nous jourons a changer propos* ». Mais cette plaisante musique est à double entente : sous le passe-temps, il y a la leçon. D'ailleurs, le *Passe-temps de tout homme et de toute femme* nous ramène au seul univers de la leçon morale : c'est une adaptation du *De contemptu, sive de miseria humanae conditionis* d'Innocent III. Déjà Eustache Deschamps* en avait imité des passages. Ressortissent à la même inspiration le bref *Miroir des moines* (13 huitains) et, plus étoffé (64 huitains, dont la plupart se terminent par une sentence), le *Débat de l'homme mondain et d'un sien compagnon qui se veut rendre religieux*, dont l'anonyme *Dialogue du mondain et du célestin* donnera une imitation plus incisive dans ses formulations. Enfin, Guillaume Alecis a écrit deux prosimètres, forme double très recherchée en son siècle : le *Martyrologe des fausses langues* et le *Dialogue du crucifix et du pèlerin*. L'auteur, dans le premier, chemine tristement dans une lande. Il rencontre de hauts lieux de la littérature tragique : le mûrier de *Pyrame et Thisbé**, la fontaine de Narcisse du *Roman de la Rose**. Il entre alors dans une sombre forêt où il s'endort. Alors lui apparaît le Temple des fausses langues. La langue qui a trompé Ève, celle de Caïn, de Thésée, de Judas puis toutes les langues qui répandent la calomnie sur le pape, les cardinaux, la noblesse, les juges..., racontent leurs méfaits (parties en vers) et l'auteur fait leur critique (parties en prose). Finalement, elles sont toutes justement jetées en Enfer. Le narrateur s'enfuit, retrouve une contrée riante puis couche par écrit sa vision. Son récit servira de miroir à tous ceux qui sont susceptibles de tenir des discours trompeurs. Dans le *Dialogue du crucifix*, le pèlerin interroge le Christ sur la manière dont il peut l'aimer et fuir les tentations. Il reçoit un programme de méditation et d'ascèse qui lui permettront de s'élever par neuf degrés jusques aux cieux ; les degrés correspondent aux trois étapes de la vie contemplative (purgation, illumination, union), qui sont mis en relation avec les trois étapes de l'existence terrestre du Christ (Nativité, vie publique, Passion et mort). À cette très belle œuvre spirituelle, d'où la théologie n'est pas absente, répondent quelques prières à la Vierge, parmi lesquelles figurent trois pièces en l'honneur de l'Immaculée Conception.

Si ces textes ne sont conservés que dans quelques manuscrits, la plupart ont connu de multiples impressions qui témoignent de leur succès à la fin du XVe et au XVIe siècle. Le *Passe-temps de tout homme* sera édité sept fois, le *Passe-temps des deux Alecis* trois fois, le *Martyrologe* six fois, le *Dialogue* quatre fois. Trois textes l'emportent largement, ceux où le sérieux est tempéré d'un sourire : les *Faintes du monde* furent éditées une vingtaine de fois entre 1486 environ et le milieu du XVIe s. ; le *Debat de l'omme* sera imprimé sept fois entre 1490 et 1530 environ et il sera traduit en anglais et imprimé par Wynkyn de Worde vers 1530 ; le *Blason* paraîtra une trentaine de fois entre 1486 et 1726, il sera imité par Destrées* et La Fontaine en reprendra explicitement le système strophique pour son *Janot et Catin*.

ŒUVRES. — *Œuvres poétiques*, éd. A. Piaget et E. Picot, Paris, 1896-1901, 3 vol. (*SATF*, 37).

→ Ch. Guéry, *Guillaume Alecis*, Évreux, 1917. — E. Picot, *Note sur l'auteur du contre-blason des faulces amours*, dans *Romania*, t. 19 (1890), p. 112-117. — M. Roques, *Compte rendu de L. Cons, L'auteur de la Farce de Pathelin*, *ibid.*, t. 53 (1927), p. 569-587 [on a tenté sans raison d'attribuer *Pathelin* à Guillaume Alecis.] — C.F. Bühler, *A New Guillaume Alexis Incunable*, dans *Gutenberg Jahrbuch*, (1961), p. 91-92. — P. Rezeau, *La tradition des prières françaises médiévales. À propos d'un livre d'heures et de prières (...)*, dans *RHT*, t. 7 (1977), p. 153-184. — K. Sinclair, *The Need for a New Critical Edition of an Important Devotional Text by Guillaume Alexis*, dans *Romance Notes*, t. 20 (1980), p. 430-434. — Cf. *GRLMA*, t. VIII/1, p. 105-106. — M.A. Bassy, *Woman's talk in Le Débat de l'homme et de la femme by Alexis*, dans *Fifteenth-Century Studies*, t. 16 (1990), p. 23-41. — F. Cornilliat, *Équivoques moralisées. Alexis, de l'ABC des doubles à l'Histoire de Suzanne*, dans *Poétique*, t. 21 (1990), p. 281-304. — *MB* nos 5475-5478 ; *S* 7842-7843. S.L.

Guillaume d'Amiens. Surnommé *Le Paigneur* (le peintre), Guillaume d'Amiens (Somme) est l'auteur d'un *Dit sur l'Amour*, de dix rondeaux et de trois ou quatre chansons d'amour. Sa production poétique appartient à la fin du XIIIe siècle. Son nom figure, avec celui d'un certain Hue d'Ailly, dans deux chartes amiénoises de 1301.

ŒUVRES. — A. Jeanroy, *Trois Dits d'Amour du XIIIe siècle*, dans *Romania*, t. 22 (1893), p. 58-61 [45-70]. — H. Petersen Dyggve, *Chansons françaises du XIIIe siècle (Colart le Bouteiller, Gaidifer, Wasteblé, etc.)*, dans *Neuphilologische Mitteilungen*, t. 30 (1929), p. 184-185 ; t. 31 (1930), p. 21-62. — P. Bec, *La lyrique française au Moyen Âge (XIIe-XIIIe siècle)*, Paris, 1978, t. 2, p. 161-162 [deux rondeaux].

→ Linker, no 101. — Cf. *MB* nos 2200 ; 6462. G.M. et F.F.H.

Guillaume d'Angleterre. Roman courtois du XIIe siècle, de 3 000 octosyllabes, dont une partie de la critique attribue la paternité à Chrétien de Troyes*. L'identité de l'auteur, qui se nomme *Chrétien* au début du récit, est cependant loin d'être assurée. Il subsiste deux manuscrits de ce texte originaire probablement du Centre-Est de la France, sans lien particulier avec l'Angleterre.

L'histoire du roi Guillaume représente une version sécularisée de la légende de saint Eustache, dont le thème central est la séparation, puis la réunion des différents membres d'une même famille au terme de rudes épreuves. Guillaume tombe dans le dénuement le plus total après l'enlèvement de sa femme et de ses enfants. Petit à petit, devenu riche marchand de fourrures, il retrouvera son royaume et sa famille. Le début du roman, empreint d'une certaine religiosité, tranche avec le reste qui baigne dans des réalités purement matérielles et financières. Le roi Guillaume, roi parfait, vivant dans l'ascétisme et mû par la révélation divine, devient à la fin un homme occupé essentiellement de commerce et de chasse. Le personnage de la reine Graciene est traité de la même manière. Il en reste un texte un peu insolite, dont le contenu hagiographique du début se transforme en roman d'aventures (948 vers).

Il existe une autre version du récit (fin XIIIe-début XIVe siècle), en quatrains d'alexandrins, plus réduite, dont les rapports avec lui ne sont pas tout à fait éclaircis. Il s'agit du *Dit de Guillaume d'Angleterre* (dont il existe aussi une version espagnole).

ŒUVRE. — Éd. A.J. Holden, *Chrétien, Guillaume d'Angleterre*, Genève, 1988 (*TLF*, 360). — Trad. J. Trotin, *Chrétien de Troyes, Guillaume d'Angleterre...*, Paris, 1974 (*CFMA, Trad.* 18). — Éd. du *Dit de G. d'Angleterre* : S. Buzzetti-Gallarati, *Le Dit de Guillaume d'Angleterre*, Turin, 1977.

→ A. Monteverdi, *La leggenda di S. Eustachio*, dans *Studi Medievali*, t. 3 (1909), p. 169-229, et t. 4 (1910), p. 392-498. — W. Foerster, *Die Verfasserfrage des Kristianschen Wilhelm von England*, dans *ZRPh*, t. 35 (1911), p. 470-485. — M. Wilmotte, *Chrétien de Troyes et le conte de Guillaume d'Angleterre*, dans *Romania*, t. 46 (1920), p. 1-38. — F.J. Tanquerey, *Chrétien de Troyes est-il l'auteur de Guillaume d'Angleterre ?, ibid.*, t. 57 (1931), p. 75-116. — E.A. Francis, *Guillaume d'Angleterre*, dans *Mél. R.L.G. Ritchie*, Cambridge, 1949, p. 63-76. — C. Foulon, *Les tendances aristocratiques dans le roman de Guillaume d'Angleterre*, dans *Romania*, t. 71 (1950), p. 222-237. — H.S. Robertson, *The Authorship of the Guillaume d'Angleterre*, dans *Romance Notes*, t. 4 (1963), p. 156-160. — M.D. Legge, *The Dedication of Guillaume d'Angleterre*, dans *Mél. E. Vinaver*, Manchester, 1965. — P.R. Lonigan, *The Authorship of the Guillaume d'Angleterre : a New Approach*, dans *Studi francesi*, t. 47-48 (1972), p. 308-314. — R. Colliot, *Oiseaux merveilleux dans Guillaume d'Angleterre et les Lais de Marie de France*, dans *Mél. C. Foulon*, I, Rennes,

1980, p. 115-126. — L. Lindvall, *Structures syntaxiques et structures stylistiques dans l'œuvre de Chrétien de Troyes*, dans *Romania*, t. 102 (1981), p. 456-500 [éléments sur la différence entre le *Guillaume d'Angleterre* et les romans de Chrétien de Troyes]. — C. Cremonesi, *A proposito della paternità del Guillaume d'Angleterre*, dans *Mél. Jules Horrent*, Liège, 1980, p. 77-83. — K. Holzermayr, *La métamorphose du roi Guillaume*, dans *Médiévales*, n° 4 (1983), p. 91-101. — E.J. Mickel Jr., *Theme and Narrative Structure in Guillaume d'Angleterre*, dans *The Sower and his Seed : Essays on Chrétien de Troyes*, éd. R.T. Pickens, Lexington (Ky.), 1983, p. 52-65. — Cf. *GRLMA*, t. IV/2, n° 104 ; t. IV/1, p. 97, 232, 262-264, 271, 289, 481. — *MB*, n°s 1736-1746, 3300, 4089, 6329-6332 ; *S* 2051 *bis*, 3241, 3337-3349, 5780. C.R.

Guillaume d'Auvergne. Né à Aurillac vers 1180, il fait ses études à Paris. Il est chanoine au plus tard vers 1223, maître en théologie en 1225. Il fait partie de ceux qui s'opposent en 1227 à l'élection de Philippe de Nemours au siège de Paris ; il se rend à Rome pour soutenir l'appel interjeté. Grégoire IX (1227-1241) casse l'élection, choisit Guillaume comme évêque (10 avril 1228) et le sacre lui-même. Guillaume connaît la grève universitaire de 1229-1231, le conflit du chapitre et des officiers royaux (1238), l'affaire du Talmud condamné à Paris (1244).

Les papes lui confient plusieurs missions, le roi saint Louis également qui l'estimait beaucoup. Il visite de nombreux monastères, travaille à leur réforme, combat le cumul des bénéfices, développe l'organisation paroissiale, favorise les ordres nouveaux. Il meurt en 1249, le 30 mars semble-t-il.

ŒUVRES. — Comme ses actes, ses écrits révèlent un pasteur vigilant. Une édition des *Opera omnia* parue à Venise (1591), reprise et augmentée à Paris-Orléans (1674, 2 vol. in-folio), a été reproduite à Francfort-sur-le-Main (1963). Mais pour la liste des œuvres authentiques, des attributions douteuses ou fausses, on se reportera à P. Glorieux, *Répertoire*, 1 (1933), n° 141, p. 315-320 ; à compléter par P. Allard, *Additions au « Répertoire des maîtres en théologie... »* dans *Bul. de la Soc. intern. pour l'étude de la philosophie médiévale*, t. 5 (1963), p. 147-148 et *Nouvelles additions et corrections au Répertoire de Glorieux : à propos de Guillaume d'Auvergne, ibid.*, n°s 10-12 (1968-1970), p. 212-224.

Pour une première approche des œuvres imprimées ou encore inédites de Guillaume d'Auvergne, voir P. Viard, *Guillaume d'Auvergne*, dans *DS*, t. 6 (1967), col. 1 183-1 184.

1. Les Commentaires scripturaires n'ont donné lieu qu'à des éditions ou à des études très partielles ; cf. F. Stegmüller, *Repertorium biblicum*, t. 2 (1950) n°s 2 801-2 803, p. 398-399 ; t. 7 (1977), p. 58-59. — H. Riedlinger, *Die Makellosigkeit der Kirche in den lateinischen Hoheliedkommentaren des Mittelalters*, Münster, 1958 (*BGPTM*, 38, 3), p. 241-256. — B. Smalley, *Some Thirteenth Century Commentaries on the Sapiential Books*, dans *Dominicans Studies*, t. 2 (1949), p. 326-337 ; t. 3 (1950), p. 269-270.

2. Un certain nombre d'œuvres philosophiques et théologiques ont été éditées dans les *Opera omnia*. Publications récentes : *De bono et malo*, deux traités différents éd. par J.R. O'Donnel, dans *Mediaeval Studies*, t. 8 (1946), p. 245-299 ; t. 16 (1954), p. 219-271.

Le *De gratia*, appendice du traité *Cur Deus homo* a été éd. par G. Corti, *Il « Tractatus de gratia » di Guglielmo d'Auvergne*, Rome, 1966 *(Pont. Univ. Lateranense)*. — *William of Auvergne, De Trinitate. An Edition of the Latin Text with an Introduction*, B. Switalski, Toronto, 1976 (*Studies and Texts*, 34).

Quant au *De poenitentia novus tractatus*, et *Supplementum tractati novi*, plusieurs chapitres du *Supplementum* ne sont pas de Guillaume : P. Glorieux, *Le « Tractatus novus de poenitentia »*, dans *Mél. A. Janssen*, Louvain, 1948, t. 1, p. 551-565. Le ms. Paris, BN fr. 24 434, f. 319-338 propose : *Exposicion du livre de penitence composé par Me Guillaume* [d'Auvergne], *evesque de Paris, en latin, mis en françoys.*

3. Parmi les œuvres pastorales, le *De arte praedicandi*, a été publié par A. de Poorter, *Un manuel de prédication médiévale*, dans *Revue néoscolastique de philosophie*, t. 25 (1923), p. 192-209. Voir T.M. Charland, *Artes praedicandi*, Paris-Ottawa (1936), p. 39-42.

Les *Sermones de tempore et de sanctis*, éd. dans *Opera*, t. 2, p. 1-476 sont, en fait, du dominicain Guillaume Peyraut* († 1271). Plus de cinq cents sermons sont attribués à Guillaume d'Auvergne par J.B. Schneyer, *Repertorium*, t. 4 (1970), p. 373-415. Un seul paraît avoir été publié : M.-M. Davy, *Les sermons universitaires parisiens de 1230-1231*, Paris, 1931, p. 149-153. Le ms. Paris, BN fr. 15 212, f. 169v°-181 propose un sermon *De la douce Vierge Marie* qui aurait été donné par Guillaume d'Auvergne et Philippe le Chancelier. Cf. M. Zink, *La prédication en langue romane avant 1300*, Paris (1976), p. 52, n° 47.

Le *De rhetorica divina (Opera*, 1, p. 336-406) a exercé une grande influence spirituelle. Une vingtaine de manuscrits et au moins dix éditions aux XVe et XVIe siècles le contiennent (cf. L. Hain, n°s 8301-8308 ; Copingen, n° 2873). Guillaume a rédigé cet ouvrage, probablement durant son épiscopat, dans un but de réforme cléricale. Le *De rhetorica divina* comprend deux parties : la première analyse la prière à partir des six parties du discours selon Cicéron : exode, narration, *petitio, confirmatio, reformatio, conclusio*. La seconde développe des comparaisons plus symboliques : prière vue comme ambassade, cantique, veau du sacrifice, encens, autel d'or, glaive, feu du sacrifice, lutte avec Dieu. Le *De rhetorica divina* a été traduit par Nicole Sellier, scribe du chapitre de Paris : *Le traité et enseignement de prier Dieu*... Paris, BN fr. 930, f. 1-158 (XVe). Éd. partielle (11 folios in-8°) : Antoine Vérard, Paris, 1511. — Autre trad. par Adrien Gemelli ou Jumel, archidiacre de Laon : chez Michel le Noir, Paris, 1520, in-8° (cf. *DS*, t. 6, col. 1184).

→ N. Valois, *Guillaume d'Auvergne, évêque de Paris (1228-1249). Sa vie et ses ouvrages*, Paris, 1880, réimp. W.C. Brown, Iowa, 1962. — J. Lingenheim, *L'art de prier de Guillaume d'Auvergne*, Lyon, 1934. — E. Gilson, *La notion d'existence chez Guillaume d'Auvergne*, dans *AHDLMA*, t. 15 (1946), p. 55-91. — P. Anciaux, *Le sacrement de pénitence chez Guillaume d'Auvergne*, dans *Ephemerides theologicae louanienses*, t. 24 (1948), p. 98-118. — A. Forest, *Guillaume d'Auvergne critique d'Aristote*, dans *Mél. A. Fliche*, Paris, 1952, p. 67-79. — P.M. de Contenson, *La théologie de la vision de Dieu au début du XIIIe siècle. Le « De retributionibus sanctorum » de Guillaume d'Auvergne et la condamnation de 1241*, dans *Revue des sciences phil. et théol.*, t. 46 (1962), p. 409-444. — A. Quentin, *Naturkenntnisse und Naturanschauungen bei Wilhelm von Auvergne*, Hildesheim, 1976 (*Arbor scientiarum. Ser. A. Abhandl.*, vol. 5). — J.R. O'Donnel, *The « Rhetorica divina » of William of Auvergne. A Study of Applied Rhetoric*, dans *Mél. G. Verbeke*, Louvain, 1976, p. 323-333. — A. Vanneste, *Nature et grâce dans la théologie de Guillaume d'Auxerre et de Guillaume d'Auvergne*, dans *Ephemerides theologicae lovanienses*, t. 53 (1977), p. 83-106. — E.H. Weber, *Dynamisme du bien et statut historique du destin créé. Du traité sur la chute du diable de s. Anselme aux questions sur le mal de Thomas d'Aquin*, dans *Miscellanea Mediaevalia*, t. 11 (1977), p. 154-205 [pensée de Guillaume sur le bien et le mal]. — A.E. Bernstein, *Esoteric Theology : William of Auvergne on the Fires of Hell and Purgatory*, dans *Speculum*, t. 57 (1982), p. 509-531. — S.P. Marrone, *William of Auvergne and Robert Grosseteste. New Ideas of Truth in the Early 13th Century*, Princeton, 1983.

J.L.

Guillaume d'Auxerre. Malgré le témoignage de quatre mss et de quelques auteurs anciens (A. Possevin, C. Oudin, G. Cave), il ne faut pas confondre l'auteur de la *Summa Aurea* avec Guillaume de Seignelay, évêque d'Auxerre en 1207, puis de Paris en 1223, mort en 1223.

Guillaume a habité Auxerre, il a enseigné à Paris et il a porté le titre d'archidiacre de Beauvais. Il est allé à Rome une première fois en 1227. Le second voyage a pour origine le conflit de 1229-1231 entre, d'une part, Guillaume d'Auvergne évêque de Paris, le chancelier Philippe, la régente Blanche de Castille et, de l'autre, les maîtres et étudiants parisiens. Guillaume d'Auvergne est procurateur de la bulle *Parens scientiarum* (13 avril 1231), véritable charte de l'Université de Paris, qui confirme les dispositions établies depuis 1207 et accorde au monde scolaire des garanties judiciaires supplémentaires. Il fait également partie de la commission de trois membres, nommée par lettre papale le 23 avril 1231 et chargée d'examiner les livres d'Aristote dont l'enseignement avait été interdit par le concile de Paris de 1210. Il meurt à l'automne de 1231.

On a attribué à Guillaume d'Auxerre deux gloses : l'une sur l'*Anticlaudianus* d'Alain de Lille et l'autre sur l'*Ysagoge* de Porphyre. Il est plus sûrement l'auteur d'une *Summa de ecclesiasticis officiis* et de la *Summa aurea.*

La *Summa de ecclesiasticis officiis* s'inscrit dans la série d'expositions et de commentaires de la liturgie de l'Église, qui va d'Amalaire* à Guillaume Durand*. Ce dernier utilise d'ailleurs dans le *Rationale divinorum officiorum* une bonne partie de l'ouvrage de Guillaume d'Auxerre, qui s'est lui-même inspiré de Jean Beleth* ; ainsi la distinction des quatre périodes de l'histoire du salut correspondant aux quatre temps de l'année liturgique : rénovation et Avent, déviation et Carême, réconciliation et temps pascal, pérégrination et temps après la Pentecôte. Inédite, la *Summa de ecclesiasticis officiis* est proposée par 14 mss.

La *Summa aurea* a connu une vaste diffusion (plus de 120 mss connus) et fut plusieurs fois imprimée ; l'édition de Ph. Pigounet, Paris, 1500, a été reproduite en 1964, New York (Johnson Reprint Corporation) et Francfort-sur-le-Main (Minerva). Une édition critique a été publiée (1980-1987). Le titre de *Summa aurea*, attribué par la postérité à l'œuvre majeure de Guillaume d'Auxerre, dit le crédit dont elle a joui auprès des théologiens. Postérieure au concile de Latran IV (1215) auquel elle fait allusion, antérieure à 1220, date où Roland de Crémone commence à l'utiliser, la *Summa aurea* est un recueil de *Quaestiones* regroupés par l'auteur en quatre livres selon le modèle antérieur des *Sententiae* de Pierre Lombard. Le texte se présente sous forme de *reportationes* révisées et corrigées par l'auteur. Il en existe deux recensions identifiées par l'éditeur, J. Ribaillier : la version longue est la plus récente, le texte est alors fixé, les seules variantes de quelque importance apparaissent dans les titres des questions et les introductions des sections et sous-sections. Le manuscrit de base retenu pour l'édition, Paris, BN lat. 15 746, porte la date de 1262 au feuillet de garde. Il est probable que ce témoin est une copie de l'*exemplar* ; l'édition reproduit donc le texte le plus diffusé et qui a servi de référence aux maîtres postérieurs. La version brève omet des passages de longueur très diverse selon les cas : quelques mots, une phrase ou deux, arguments ou développements d'une certaine ampleur. Les manuscrits moins nombreux que ceux de la tradition longue divergent davantage entre eux, preuve que le texte de cette recension conservait « une sorte de fluidité ».

Suivant le plan des *Sentences* de Pierre Lombard*, la *Summa aurea* traite successivement de Dieu, unité et Trinité (livre I) ; puis elle étudie la création, le libre arbitre, le péché (livre II), le Christ, les vertus (livre III), les sacrements (livre IV). Guillaume d'Auxerre croit à la possibilité d'une science théologique. À partir des articles de foi considérés comme des axiomes premiers, il établit des démonstrations rationnelles. La théologie est mise au service de la foi pour la confirmer, la défendre contre les hérétiques, la développer parmi les fidèles. À l'époque de la haute scolastique, il est l'un des premiers à aborder la doctrine des « sens spirituels », ces dispositions de l'intelligence qui lui permettent de croître dans la connaissance et l'amour de Dieu.

ŒUVRE. — *Summa aurea*, éd. J. Ribaillier, 7 vol., Paris — Grottaferrata, Collegio S. Bonaventura, 1980-1987 (*Spicilegium Bonaventurianum*, 16-20).

→ C. Ottaviano, *Guglielmo d'Auxerre († 1231). La vita, le opere, il pensiero*, Rome, 1931 (*Biblioteca di filosofia e scienze*, 12). — J. Ribaillier, *Guillaume d'Auxerre*, dans *DS*, t. 6 (1967), col. 1192-1199. — G. Mathon, *Guillaume d'Auxerre*, dans *Dictionnaire de biographie française*, fasc. 97, Paris, 1986, col. 172-173. — Jules A. St. Pierre, *The Theological Thought of William of Auxerre. An Introductory Bibliography*, dans *RTAM*, t. 33 (1966), p. 147-155. — Alain de Lille, *Anticlaudianus*, Texte critique avec une intro. et des tables, publié par R. Bossuat, Paris, 1955, p. 44. — R.M. Martineau, *La « Summa de officiis ecclesiasticis » de Guillaume d'Auxerre*, dans *Études d'histoire littéraire et doctrinale du* XIII*e siècle*, t. 2, Paris-Ottawa, 1932, p. 25-58. — A. Tiberi, *Problemi di teodicea nella « Summa aurea » di Guglielmo d'Auxerre*, Milan, 1962. — V.H. Principe, *William of Auxerre's Theology of the Hypostatic Union*, Toronto, 1963, p. 308-317 (bibliogr.).

J.L.

Guillaume de Berneville ou **de Barneville**. Ce chanoine serait d'origine normande ou plutôt anglaise, selon M.D. Legge, qui le croit chanoine de Barnwell Priory à Cambridge. Il a composé, vers 1170, une *Vie de saint Gilles* de près de 4 000 octosyllabes à rimes plates, en s'inspirant d'une *Vita* du Xe siècle (*BHL* 93-94). Son récit est bien conduit, vivant et dramatique. On connaît également une dizaine de vies de saint Gilles anonymes en prose, toutes inédites, dont plusieurs sont traduites d'après la *Légende dorée.*

Saint Gilles, ermite originaire de Grèce puis abbé dans le Sud de la France, est un personnage fortement légendaire, dont l'histoire est sans aucun fondement historique assuré. La persistance de son culte s'explique par la date de sa fête (1er septembre), qui correspond aux fêtes de la moisson et à l'ouverture de la chasse : Gilles est considéré comme le protecteur des bois et des terres cultivées. Un épisode inséré dans sa légende a assuré par ailleurs sa célébrité : il aurait reçu la confession du péché de Charlemagne (un inceste avec sa sœur, dont Roland serait le fruit). Ceci explique qu'à côté de la littérature hagiographique proprement dite, saint Gilles apparaisse aussi dans des chansons de geste (*Roland**, *Aiol**, *Elie de Saint-Gilles**, *Raoul de Cambrai**...), et dans la *Chronique* de Philippe Mousket*. L'importance donnée à cet épisode du péché de Charlemagne reflète la préoccupation théologique de l'Église du XIIe siècle pour la confession.

ŒUVRE. — Éd. G. Paris et A. Bos, Paris, 1881 (*SATF*, 14) [voir l'analyse d'A. Mussafia, dans *Romania* t. 11 (1882), p. 594-598]. — *Un fragment de la Vie de saint Gilles en vers français*, éd. L. Brandin, dans *Romania*, t. 33 (1904), p. 94-98.

→ E. Rembry, *Saint Gilles, sa vie, ses reliques, son culte dans la Belgique et le nord de la France*, Bruges, 1881, 2 vol. — E.C. Jones,

Saint Gilles. Essai d'histoire littéraire, Paris, 1914. — B. de Gaiffier, *La Légende de Charlemagne, le péché de l'empereur et son pardon*, dans *Mél. C. Brunel*, Paris, 1955, t. 1, p. 496-503. — L. Gnädinger, *Eremitica*, Tübingen, 1972 (*Beihefte zur ZRPh*, 130). — U.E. Lewes, *The Life in the Forest : The Influence of the Saint Giles Legend on the Courtly Tristan Story*, Chattanooga, 1978. — P. Johnson et B. Cazelles, *Le vain siècle guerpir*, Chapel Hill, 1979. — Cf. *MB*, n°s 3280-3283 ; *S* 1550, 2972, 5723, 5727. A.F.L.L.

Guillaume de Béthune. Trouvère du dernier quart du XIIIe siècle, Guillaume de Béthune est l'auteur de deux poèmes lyriques en l'honneur du Christ et de la Vierge : ces pièces sont imitées de deux chansons amoureuses, l'une composée par Adam de la Halle*, l'autre par Jean le Petit, d'Amiens, contemporain d'Adam et copiste du manuscrit Arras, Bibl. mun. 657. Dans la pièce écrite en l'honneur du Christ, Guillaume de Béthune traite le thème du pressoir mystique.

Plutôt qu'un membre de la famille de Béthune (Pas-de-Calais), ce poète religieux, inconnu, était vraisemblablement un clerc originaire de cette localité ou y résidant.

ŒUVRES. — E. Järnström, *Recueil de chansons pieuses du XIIIe siècle*, Helsinki, 1919, t. 1, p. 158-164. — *Anthologie de la poésie lyrique française des XIIe et XIIIe siècles*, éd. bilingue J. Dufournet, Paris, 1989, p. 320-323 *(NRF/Poésies)* [une chanson pieuse].

→ Linker, n° 98. G.M. et F.F.H.

Guillaume de Boldensele. Voir : Jean Le Long ; *Voyages*.

Guillaume Caoursin. Né à Douai vers 1430, Guillaume Caoursin fut secrétaire puis, à partir de 1462, vice-chancelier de l'ordre de Saint-Jean-de-Jérusalem. Il est mort à Rhodes vers 1501. Il a laissé une compilation en latin, *Rhodiorum historia*, qui couvre la période 1480-1489 ; seule une partie, la *Descriptio obsidionis Rhodiae urbis*, ou récit du siège de Rhodes (juillet 1480), a été éditée. Il en existe une traduction, qui aurait été ordonnée par Jacques Calliot, commandeur de Brabant et de Liège. Au texte latin le traducteur a ajouté une préface. Deux autres traductions furent faites, l'une dépourvue de préface et l'autre, qui date du XVIe siècle, attribuée à un certain baron du Ryan. Le texte fut aussi traduit en anglais, en espagnol, en italien, en allemand. Guillaume Caoursin a aussi écrit les statuts de l'ordre (1489), quelques discours et pièces diverses.

ŒUVRE. — Éd. S. Paoli, *Codice diplomatico del Sacro militare ordine Gerosolimitano*, t. 2, 1737. — Éd. A. Fjelstrup, *Johan Snels og Gotfred af Ghemens Udgaver af Guillaume Caoursins Beretning om Belejringen af Rhodos*, Copenhague, 1910. — Éd. fac-similé J. Isager, *Guillelmi Caoursin, « Descriptio obsidionis urbis Rhodie », per Johannen Suel in Ottonia impressa anno domini 1482. Facsimilileudgave med oversaettelse*, Odense, 1982.

→ *Biographie nationale de Belgique*, t. 3 (1870), p. 292-293. — Molinier, n° 5341. — Nouveau Potthast, t. 5, p. 296-297. G.T.L.

Guillaume de Champeaux. Né vers 1070 ; il a pour maîtres Manégold de Lautenbach, Anselme de Laon*, Roscelin ; il est écolâtre de Notre-Dame de Paris en 1095 ; il interrompt son enseignement en 1108 pour se retirer avec quelques autres dans l'ermitage de Saint-Victor : c'est là l'origine du célèbre monastère de chanoines réguliers qui devait avoir une telle importance dans l'histoire spirituelle et intellectuelle du XIIe siècle notamment (mais aussi au-delà), puis il reprend l'enseignement jusqu'en 1113, date à laquelle il devient évêque de Châlons-sur-Marne où il meurt vers 1121.

Il est depuis longtemps connu des philosophes pour avoir été le maître de Pierre Abélard* et, au dire de celui-ci, avoir soutenu successivement deux doctrines. Il tenait d'abord pour le réalisme le plus franc, selon lequel l'universel est une chose essentiellement la même dans tous les individus, qui ne diffèrent que par des accidents : en sorte que, privés de ces accidents, ils se retrouveraient tous identiques. Mais Abélard l'aurait forcé à se replier sur une position plus nuancée : l'espèce attribuée à deux individus, deux hommes par exemple, n'est pas réellement la même, il y a seulement entre eux ressemblance, autrement dit *non-différence* (doctrine de l'*indifferentia*). Abélard, revenu au cours de Guillaume, le fait à nouveau capituler ; il avait reconnu dans cette seconde thèse un avatar du réalisme, derechef dénoncé et réfuté ; le contenu de ces discussions est semble-t-il résumé dans les secondes gloses d'Abélard sur Porphyre (de la *Logica Ingredientibus*) ; dans les *Gloses sur les Topiques* de la même série, dans la *Dialectica*, on a quelques échos d'autres thèses logiques de Guillaume. Des textes découverts récemment exposent plus en détail son enseignement en matière de dialectique, de grammaire, de rhétorique, et à propos de problèmes et apories logiques ou grammaticaux. On peut ainsi mieux apprécier le rôle qu'il a joué dans le développement de ces disciplines au début du XIIe siècle ; le débat entre Abélard et son maître à peine moins jeune que lui y gagne un relief historique nouveau. D'autre part Guillaume, disciple original d'Anselme de Laon, contribue avec lui aux progrès que fait alors la théologie. Témoin de son importance en ce domaine sont les *Sentences* publiées par O. Lottin ; on y trouve des passages remarquables sur plusieurs points essentiels de la théologie et de la philosophie : essence divine, appropriations trinitaires, providence et contingence, réfutation de l'éternité du monde, les matières et les formes, les deux natures de l'homme intérieur, etc. Il importe donc de ne pas se contenter du récit d'Abélard pour apprécier l'importance de Guillaume de Champeaux : son œuvre, son influence, sa fondation, font de ce personnage, encore trop mal connu, un des plus importants initiateurs du XIIe siècle ; la synthèse qu'il tente, et réussit, entre le goût du savoir spéculatif et le souci de la spiritualité, est également digne d'attention, et significative d'un aspect capital de son époque.

→ O. Lottin, *Psychologie et morale aux XIIe et XIIIe siècles*, V, Gembloux, 1959. — J. Châtillon, *De Guillaume de Champeaux à Thomas Gallus : chronique d'histoire littéraire et doctrinale de l'École de Saint-Victor ; I, Guillaume de Champeaux et les origines de Saint-Victor*, dans *RMAL*, t. 8 (1952), p. 141-146. — L.M. de Rijk, *Logica Modernorum*, II, Assen, 1967. — N.J. Green-Pedersen, *William of Champeaux on Boetius' Topics according to Orléans Bibl. Mun. 266*, dans *Cahiers de l'Institut du Moyen Âge grec et latin*, t. 13 (1974), p. 13-30. — K.M. Fredborg, *The Commentaries on Cicero's De inventione and Rhetorica ad Herennium by William of Champeaux, ibid.*, t. 17 (1976), p. 1-39 ; *Tractatus Glosarum Prisciani in Ms Vat. lat. 1486, ibid.*, t. 21 (1977), p. 21-44. — J. Jolivet, *Données sur Guillaume de Champeaux dialecticien et théologien*, dans *L'abbaye parisienne de Saint-Victor au Moyen Âge*, Paris-Turnhout, 1991, p. 235-251 (*Bibliotheca victorina*, 1).

J.J.

Guillaume de Conches. Guillaume, né à Conches, en Normandie, est communément rattaché à l'école de Chartres. Il n'est pas douteux, en effet, qu'il fut l'élève de Bernard de Chartres* et l'héritier de son esprit. Il eut lui-même pour élève l'un des plus illustres représentants de l'esprit chartrain, Jean de Salisbury*. On est assez mal documenté sur la chronologie d'une vie qui semble avoir été consacrée tout entière à l'enseignement. À partir des rares confidences qu'on peut glaner dans ses œuvres, on peut inférer qu'il commença à enseigner aux environs de 1120, dans une école qui était attachée à une cathédrale dédiée à la Vierge (probablement Notre-Dame de Chartres). Déçu par l'évêque du lieu, il dut la quitter. Il trouva refuge à la cour de Geoffroy le Bel Plantagenêt, duc de Normandie. C'est à ce haut personnage, en effet, qu'il dédie un de ses derniers ouvrages, le *Dragmaticon*. On sait qu'en 1154 il vivait encore. On croit qu'il mourut peu après cette date.

Guillaume de Conches est désigné par Jean de Salisbury comme *grammaticus opulentissimus*. Il ne faut pas en conclure que seule la grammaire (au sens moderne du mot) l'intéressait. Certes, il a commenté les *Institutions* de Priscien. Mais il expose aussi le *Timée* de Platon, la *Consolation* de Boèce*, le *Commentaire* de Macrobe. Il est certain qu'il a « lu » — c'est-à-dire commenté devant ses élèves — d'autres auteurs latins, tels que Virgile, Martianus Capella, l'énigmatique *Furvus*, Juvénal. Mais l'authenticité du texte édité (fort mal d'ailleurs) par Bradford Wilson sous le titre de *Glosae in Iuuenalem* est plus que suspecte. On y trouve, certes, sous forme de gloses marginales, des lambeaux arrachés aux écrits du philosophe de Conches. Mais rien ne prouve que leur agencement soit son œuvre ; et la préface, dans laquelle Guillaume lui-même est cité, ne saurait l'être. Une comparaison avec les gloses authentiques milite en faveur de l'inauthencité.

Les gloses de Guillaume de Conches suivent évidemment le texte commenté. Mais elles abondent aussi en digressions qui fournissent à l'auteur l'occasion d'excursions multiples à travers toutes les branches du savoir philosophique. C'est dans les traités systématiques, la *Philosophia* et le *Dragmaticon*, que les intérêts majeurs de Guillaume se manifestent avec le plus de clarté. Les deux œuvres traitent des mêmes sujets ; les deux sont des ouvrages de vulgarisation scientifique à caractère encyclopédique. La *Philosophia*, œuvre de jeunesse, existe sous deux formes, l'une brève, l'autre plus développée (et peut-être interpolée) qui a été traduite en hébreu. Le *Dragmaticon*, œuvre de maturité, se présente comme un dialogue entre un philosophe et le duc de Normandie. Bien qu'écrit en latin, ce dialogue s'apparente à certains traités de vulgarisation scientifique composés en langue vulgaire à l'usage des laïcs. Il en existe d'ailleurs une version catalane.

Guillaume de Conches s'intéresse surtout aux questions naturelles. Lui-même se qualifie de *physicus*, ce qui, dans la langue du temps, désigne aussi bien le médecin que le physicien. Il a recours aux traités des médecins arabes, traduits par Constantin l'Africain. Par ailleurs, il est l'un des premiers à faire usage de façon significative des *Quaestiones naturales* de Sénèque. Soucieux d'expliquer les phénomènes physiques en physicien, il s'efforce de recourir le moins possible au miracle. Cette tendance lui sera reprochée par les autorités ecclésiastiques. Cédant aux critiques de ces dernières, il rétractera, au début de son *Dragmaticon*, certaines des thèses qu'il avait soutenues dans la *Philosophia.*

ŒUVRES. — 1. *Philosophia.* La version brève de la *Philosophia* a été publiée au XVIe siècle sous trois noms différents : Guillaume de Hirschau (Bâle, 1531), Honorius Augustodunensis (Bâle, 1544), Bède le Vénérable (Bâle, 1563). Les deux dernières éd. ont abouti en *PL* t. 90, col. 1127-1178 et t. 172, col. 39-102. Gregor Maurach a éd. successivement le livre I, le livre III, puis l'ensemble de l'ouvrage : *Philosophia mundi. Ausgabe des 1. Buchs von Wilhelm von Conches' « Philosophia » mit Anhang, Übersetzung und Anmerkungen*, Pretoria, 1974. — *Guilelmi a Conchis Philosophiae liber tertius*, dans *Acta Classica. Proceedings of the Classical Association of South Africa*, t. 18 (1974), p. 121-137. — *Wilhelm von Conches, Philosophia herausgegeben, übersetzt und kommentiert von Gregor Maurach*, Pretoria, 1980. — La version longue (peut-être interpolée) de la *Philosophia* a été éd. par Carmelo Ottaviano, *Un brano inedito della « Philosophia » di Guglielmo di Conches*, Naples, 1935. Concernant la trad. hébraïque, cf. G. Vajda, *Une version hébraïque de la Summa philosophiae de Guillaume de Conches*, dans *Revue des Études juives*, N.S., 15 (1956), p. 117-124.

2. *Dragmaticon.* L'éd. (fort imparfaite) du texte complet du *Dragmaticon*, due au médecin italien Guglielmo Gratarolo, a paru à Strasbourg en 1567, sous le titre : *Dialogus de substantiis physicis ante annos ducentos confectus a Vuilhelmo aneponymo philosopho.* Le prologue du livre VI a été éd. par A. Wilmart, *Analecta Reginensia*, Cité du Vatican, 1933, p. 263-265. Il existe une trad. ancienne en catalan : Lola Badia, *La filosofia natural de Guillem de Conches en català*, dans *Boletín de la Real Academia de Buenas Letras de Barcelona*, t. 40 (1985-1986), p. 137-169 (on notera que le ms. Halle, Universitäts- und Landesbibliothek Yc 8° 8, qui contient le texte latin du *Dragmaticon*, est d'origine catalane). — Une trad. italienne se trouve dans E. Maccagnolo, *Il divino e il megacosmo. Testi filosofici e scientifici della scuola di Chartres*, Milan 1980, p. 241-453. — Concernant les mss, tant du *Dragmaticon* que de la *Philosophia*, cf. A. Vernet, *Études médiévales*, Paris, 1981, p. 143-159 et 660-666. — O. Kristeller, *Iter Italicum*, t. II, p. 141, 394, 595. — É. Jeauneau, *Berkeley, University of California, Bancroft Library MS 2 (Notes de lecture)*, dans *Mediaeval Studies*, t. 50 (1988), p. 438-456.

3. *Glosae super Boetium* (Consolation de Philosophie) : extraits éd. par C. Jourdain dans *Notices et extraits des mss de la Bibliothèque impériale*, t. 20, 2, Paris, 1862, p. 40-82 ; et par J.-M. Parent, *La doctrine de la création dans l'école de Chartres*, Paris-Ottawa, 1938, p. 122-136. — Concernant les mss, cf. P. Courcelle, *La Consolation de Philosophie dans la tradition littéraire. Antécédents et postérité de Boèce*, Paris, 1967, p. 408-410. — S. Lenormand-Bacot, *Guillaume de Conches et le commentaire sur le De Consolatione Philosophiae de Boèce*, dans *Positions de thèses de l'École des Chartes*, 1979, p. 69-74. Par ailleurs, É. Jeauneau a repéré les mss suivants : Bruges, Grand Séminaire 101/135, fol. 125r°-142v° (réf. communiquée à Mme Lenormand-Bacot et utilisée par elle dans sa thèse de l'École des Chartes), Leningrad, Publícnaya, Bibliotéka, Cl. Lat. F.v. N. 3, fol. 136r°-148v°.

4. *Glosae super Macrobium* (Commentaire du Songe de Scipion). Le texte dans son ensemble est inédit. L'*Accessus* a été publié : H. Rodnite-Lemay, *Guillaume de Conches' Divison of Philosophy in the Accessus ad Macrobium*, dans *Mediaevalia*, t. 1 (1977), p. 115-129. De substantiels extraits sont dans H. Rodnite-Lemay, *The Doctrine of the Trinity in Guillaume de Conches' Glosses on Macrobius : Texts and Studies*, Columbia University Doctoral Dissertation, 1972. Aux mss signalés par E. Jeauneau (*ADHLMA*, t. 27 (1960), p. 17-28), on ajoutera le ms. suivant, découvert par L.M. De Rijk : Zwettl 363, fol. 132r°-135r°.

5. *Glosae super Platonem* (Timée), éd. E. Jeauneau, Paris, 1965. Deux nouveaux mss contenant, l'un le prologue (Pommersfelden, Ms. 261), l'autre une bonne partie du commentaire (Salamanque, Biblioteca universitaria, Ms. 2322) ont été découverts par P.E. Dutton : P.E. Dutton et J. Hankins, *An Early Manuscript of William of Conches' Glosae super Platonem*, dans *Mediaeval Studies*, t. 47 (1985), p. 487-494. Un ms. de Prague (Státní knihovna ČSR

IV.B.24) contient les six premiers chap. : É. Jeauneau, *Plato apud Bohemos, ibid.*, t. 41 (1979), p. 191-193.

6. *Glosae super Priscianum*. Sur ce texte inédit, cf. É. Jeauneau, *Deux rédactions des gloses de Guillaume de Conches sur Priscien*, dans *RTAM*, t. 27 (1960), p. 212-247. — K.M. Fredborg, *The Dependence of Petrus Helias' Summa super Priscianum on William of Conches' Glosae super Priscianum*, dans *Cahiers de l'Institut du Moyen Âge grec et latin*, t. 11, Copenhague (1973), p. 1-57 ; *Some Notes on the Grammar of William of Conches, ibid.*, t. 37 (1981), p. 21-41.

7. *Œuvres d'une authenticité douteuse : Moralium Dogma Philosophorum*, éd. J. Holmberg, Uppsala 1929. — *Glosae in Iuuenalem*, éd. Bradford Wilson, Paris, 1980. Pour utiliser cette dernière éd., on tiendra compte des remarques de Peter Dronke dans *Medium Ævum*, t. 52 (1983), p. 146-149, de Haijo Westra (*Mittellateinisches Jahrbuch*, 18 [1983], p. 368 sqq.) et de Bengt Löfstedt : *Orpheus*, N.S. 8 (1987), pp. 448-455. — *Scire litteras...*, éd. S. Krämer et M. Bernhard, Munich, 1988, p. 273-276.

→ C. Picard-Parra, *Guillaume de Conches et le Dragmaticon Philosophiae. Étude et édition*, dans *Positions des thèses de l'École des Chartes*, 1943, p. 175-181. — *Une utilisation des Quaestiones naturales de Sénèque au milieu du XIIe siècle*, dans *RMAL*, t. 5 (1949), p. 115-126. — A. Vernet, *Un remaniement de la Philosophia de Guillaume de Conches*, dans *Scriptorium*, t. 1 (1946-1947), p. 243-259 (réimp. dans *Études médiévales*, Paris, 1981, p. 143-159, 660-666). — T. Gregory, *Anima mundi. La filosofia di Guglielmo di Conches e la scuola di Chartres*, Florence, 1955. — É. Jeauneau, *La notion d'integumentum à travers les gloses de Guillaume de Conches*, dans *ADHLMA*, t. 24 (1957), p. 35-100 ; *La lecture des auteurs classiques à l'École de Chartres durant la première moitié du XIIe siècle. Un témoin privilégié : les Glosae super Macrobium de Guillaume de Conches*, dans *Classical Influences on European Culture*, éd. R.R. Bolgar, Cambridge, 1971, p. 95-102. — B.J. Ramm, *Guillaume de Conches : histoire de l'évolution des idées progressistes en France au début du XIIe siècle*, dans *Francuzskij Ežegodnik*, 1959 (Moscou, 1961), p. 37-75. — T. Silverstein, *Guillaume de Conches and the Elements : Homiomeria and Organica*, dans *Mediaeval Studies*, t. 26 (1964), pp. 363-367 ; *Guillaume de Conches and Nemesius of Emesa*, dans *Harry Austryn Wolfson Jubilee Volume*, t. 2, Jérusalem, 1965, p. 719-734. — P. Dronke, *William of Conches's Commentary on Martianus Capella*, dans *Mél. E.R. Labande*, Poitiers, 1974, p. 223-235 ; *Fabula. Explorations into the uses of Myth in Medieval Platonism*, Leyde-Cologne, 1974. — H. Rodnite-Lemay, *Science and Theology at Chartres : the Case of the Supracelestial Waters*, dans *The British Journal for the History of Science*, t. 10 (1977), p. 226-236. — J.A. Dane, *Integumentum as Interpretation : Note on William of Conches Commentary on Macrobius (I, 2, 10-11)*, dans *Classical Folia*, t. 32 (1978), p. 201-215. — D. Elford, *William of Conches*, dans *A History of Twelfth-Century Western Philosophy*, éd. P. Dronke, Cambridge, 1988, p. 308-327.

É.J.

Guillaume Coquillart (père et fils). On a longtemps confondu deux Guillaume Coquillart ; ce n'est que depuis 1897 que l'on fait la distinction entre ces deux homonymes, très certainement le père et le fils.

Issu d'une famille rémoise parmi les plus importantes de la bourgeoisie, Guillaume Coquillart père a dû naître vers 1421 et mourir vers 1491. Homme de loi, il fut procureur de l'archevêché au moins à partir de 1449. En 1472, il est l'un des exécuteurs testamentaires de l'archevêque de Reims, Jean Juvénal des Ursins*, auteur d'œuvres historiques et politiques. Par ailleurs, il est, dès 1470, membre du conseil de la ville. Comme tel et en tant que « praticien en court laye », il fait partie de la commission chargée en 1481 de rédiger la coutume de Reims. Mais l'homme de loi ne doit pas occulter l'amateur de littérature. Guillaume Coquillart père est l'auteur d'une traduction du *Bellum judaicum* de Flavius Josèphe. Achevé à Reims en 1460, ce travail est signé par un acrostiche final. On connaît aussi deux manuscrits copiés de sa main : l'un contient un *De moribus extraneis quarundam gentium*, extrait du *Speculum historiale* de Vincent de Beauvais* ; l'autre une œuvre plus moderne, le *De infelicitate principum* du Pogge*. Plus tard, en 1484, lors du couronnement de Charles VIII, c'est lui plutôt que son fils qui composa les quelques *Vers que la pucelle dit au roi*, à l'occasion de son entrée dans Reims. En effet, Coquillart fut récompensé pour l'organisation des festivités de cette entrée ; et selon un contemporain, il écrivit deux morceaux, aujourd'hui perdus, l'histoire de la Fontaine de Jouvence et celle de l'élection de Pharamond, destinés à être représentés aux portes de la ville.

Ainsi, Guillaume Coquillart fils descend d'une famille versée dans le droit, occupée des affaires municipales (d'autres Coquillart figurent dans les archives de la ville) qui compte, avec son père, un traducteur, poète à l'occasion. Il naquit vers 1452. En 1477, il est reçu bachelier en droit canon à Paris. C'est dans ces années d'études qu'il convient de situer la plus grande partie de son œuvre. Une œuvre de basochien donc, une œuvre de théâtre comique surtout. Le *Plaidoié* et l'*Enqueste d'entre la Simple et la Rusee* sont les deux parties d'un même procès parodique, dont l'enjeu est un jeune homme, le Mignon, que se disputent deux femmes. Ces deux pièces furent écrites pour le carnaval de 1478 et 1479. De la même veine sont les *Droitz nouveaulx* (1480). Il ne s'agit plus d'un texte dramatique, mais d'un divertissement qui a pour modèle les livres de jurisprudence. Usant d'un code scabreux, l'auteur y résoud des cas parfois proches de ceux des *Arrêts d'amour* de Martial d'Auvergne*. C'est à la même période (vers 1480) qu'appartient le *Monologue Coquillard* ou *de la botte de foin*. Cette fois, il n'y a pas de procès et aucun comique d'inspiration juridique. Un jeune amoureux vantard et élégant vient débiter sur scène sa déconvenue : le mari de sa maîtresse rentré à l'improviste, il a dû passer la nuit au grenier, caché sous une botte de foin. Considéré, à tort ou à raison, comme l'inventeur du monologue théâtral, Coquillard s'est vu attribuer dans l'édition de Galliot du Pré (1532) le *Monologue du puys* et, dans un manuscrit du XVIIIe siècle, le *Monologue du baing* et celui de *la goutiere*, trois pièces dont l'authenticité est douteuse. Chacune reprend le schéma de l'aventure du galant du *Monologue Coquillart*, seul le lieu où il se réfugie, change. Le *Monologue du baing* est la plus réussie de ces pièces et la plus digne d'être attribuée à la verve de Coquillart. Enfin, l'édition Galliot du Pré comporte aussi le *Monologue des perrucques* ou du *gendarme cassé*. Cette pièce traite d'un tout autre sujet (le soldat amer qui critique femmes et jeunes hommes élégants) et doit être rattachée à des monologues du type du *Franc Archier de Bagnolet**. Datable des années 1480-1490, elle ne saurait être de Coquillart.

Le 28 mai 1481, Guillaume devient avocat au Châtelet. L'année suivante, il obtient un canonicat dans l'église de Reims. Il est probable qu'il demeura à Paris jusque vers 1492 et que ce n'est qu'après la mort de son père, qu'il vint résider à Reims et prendre part aux affaires municipales. Reçu grand-chantre de Notre-Dame de Reims en 1494, il est dès 1495 official, c'est-à-dire juge ecclésiastique et second personnage du diocèse. En 1496, il est élu conseiller de sa ville. C'est certainement à cette période qu'appartient son *Debat des dames et des armes*. Pièce de circonstance — les représentants des armes et des femmes s'y disputent les faveurs d'un jeune roi —, elle pourrait avoir été écrite pour le couronnement de Louis XII en 1498. Enfin, parmi les pièces poétiques mises au compte de Coquillart dans les toutes premières impressions de ses œuvres, seule la *Complainte d'Echo* est peut-être de lui (vers 1494).

Auteur comique important dans sa jeunesse, Guillaume Coquillart mourut en 1510, personnage considérable et considéré de Reims. Son œuvre théâtrale même semblerait avoir ajouté à son autorité, s'il s'avérait qu'un de ses collègues, chanoine, a bien participé aux frais d'une édition de luxe des œuvres de Coquillart en 1512. Répandue par de nombreuses éditions, la production de Guillaume Coquillart valut à son auteur la renommée auprès du public et des écrivains. Ainsi est-il cité par Clément Marot aux côtés de Villon*, Jean Molinet* et Jean Lemaire. Autre preuve, peut-être, de cette influence : la composition des *Drois nouveaulx establis sur les femmes*, imitation directe des *Droitz nouveaulx*.

ŒUVRES. — Guillaume Coquillart père, *Les Vers que la pucelle dit au roi*, dans éd. M.J. Freeman, p. 125-126. Les éd. d'Antoine Vérard (vers 1492), de Nicolas Savetier pour Galliot du Pré (1530) de la *Bataille judaïque* reprennent-elles la traduction de Coquillart père ou celle d'un autre auteur ? — Guillaume Coquillart fils, *Œuvres*, éd. M.J. Freeman, Paris-Genève, 1975 (*TLF*, 218) [éd. les pièces d'attribution sûre mais aussi toutes les autres]. — *Les Droitz nouveaulx*, éd. et trad. M.L. Miranda, Rome, 1988.

→ G. Paris, *Le poète G. Coquillart chanoine et official de Reims*, dans *Mél. de littérature française du Moyen Âge*, Paris, 1912, p. 668-677 [reprise d'une communication de 1897]. — A. Longnon, *Les deux Coquillart*, dans *Romania*, t. 29 (1900), p. 564-569. — J. Dérens, *La vie et les œuvres de Guillaume Coquillart*, dans *Positions thèses Ecole des Chartes*, 1967, p. 17-20. — E. Picot, *Le monologue dramatique dans l'ancien théâtre français*, dans *Romania*, t. 15 (1886), p. 358-422, t. 16 (1887), p. 438-542 ; t. 17 (1888), p. 207-275. — L. Karl, *Echo et Narcisus von Guillaume Coquillart und von Jean de la Fontaine*, dans *ZFSL*, t. 47 (1925), p. 403-408. — M.J. Freeman, *Les éditions an-*

ciennes de Coquillart, dans *BHR*, t. 36 (1974), p. 87-104 ; *La Satire affectueuse dans les Droitz nouveaulx de G. Coquillart*, dans *Réforme, Humanisme, Renaissance*, t. 6 (1980), p. 92-97. — G. Roques, *Maistre Bidault de Cullebute, personnage de l'Enqueste de G. Coquillart* dans *TraLiLi*, t. 19 (1981), p. 145-148 ; *Notes de lexicographie française, ibid.*, t. 21 (1983), p. 7-14. — Cf. *MB* n°s 4776-4783, *S* 7322-7325*bis*.

S.L.

Guillaume Cousinot. Guillaume Cousinot, dit Cousinot de Montreuil (il devint vers 1450 seigneur de Montreuil près de Vincennes), ou Cousinot II, est né vers 1400 et mort après 1484 ; il fut à partir de 1438 secrétaire de Charles VII, puis en 1442 premier président du Conseil delphinal, qui devint le parlement de Grenoble. Il fut l'un des hommes de confiance du roi qui le chargea de nombreuses missions diplomatiques, d'inspections administratives et financières. Il occupa encore des fonctions importantes sous Louis XI et Charles VIII et mourut à un âge avancé après les États de Tours tenus en 1484. Il était le neveu de Guillaume Cousinot I, qui fut chancelier du duc d'Orléans depuis 1415 et qui mourut après 1442 et auquel on a attribué la *Geste des nobles François**. Au neveu fut attribuée la *Chronique de la Pucelle**, œuvre très proche de la *Geste*. Guillaume Cousinot II a laissé des instructions, lettres et relations d'ambassades. Il est aussi l'auteur d'un mémoire rédigé sur ordre de Louis XI pour soutenir ses prétentions sur les deux Bourgogne et sur le comté de Mâcon à la mort de Charles le Téméraire. Il est sans doute l'auteur d'une pièce en vers et en prose, intitulée *Réponse à Robertet sur le départ de la belle Etiennette* et datée de 1469.

→ A. Vallet de Viriville, dans *BEC*, t. 18 (1857), p. 1-20, et 105-126 [voir p. 126 la liste des écrits de Cousinot, des mss et des impressions]. — M. Milliez, *La succession de Charles le Téméraire d'après deux mémoires contemporains*, dans *Positions des thèses de l'École des Chartes*, Paris, 1941, p. 87-92. — R. Planchenault, *La Chronique de la Pucelle*, dans *BEC*, t. 93 (1932), p. 55-104. — Molinier n° 4143. — Cf. *MB* n°s 5149-5154.

G.T.L.

Guillaume Crétin. Le chanoine parisien Guillaume Crétin composa en décasyllabes le *Débat de deux dames sur le passetemps de la chasse des chiens et oyseaulx*, dont le sujet est inspiré par le *Roman des deduis* de Gace de la Buigne*. Conservé dans un seul ms. du XVe siècle, le *Débat* ne fut imprimé qu'après la mort de son auteur : en 1526 (deux éditions), en 1527 (deux éditions, avec d'autres œuvres de Guillaume Crétin), en 1528, et vers 1529.

ŒUVRES. — Le *Débat de deux dames sur le passetemps de la chasse des chiens et des oyseaulx*, éd. P. Lacroix et E. Jullien, Paris, 1882 (*Cabinet de Vénerie*, 5). — *Poètes et romanciers du Moyen Âge*, éd. A. Pauphilet et A.-M. Schmidt, nouv. éd., Paris, 1952, p. 1237-1253 (*Bibliothèque de la Pléiade*, 52) [éd. de la *Complaincte sur la mort de feu Guillaume de Bissipat*]. — Sur les autres poèmes de Guillaume Crétin, voir art. Crétin dans le vol. *XVIe siècle*.

→ Ajouter à la bibliogr. du vol. *XVIe siècle* : C. Martineau-Génieys, *Le Thème de la mort dans la poésie française de 1450 à 1550*, Paris, 1978, p. 365-372 et 419-429 (*Nouvelle Bibl. du Moyen Âge*, 6). — L. Brind'Amour, « *Le Plaidoyé de l'amant doloreux* » *d'une plainte sans fin*, dans *Fifteenth-Century Studies*, t. 14 (1988), p. 13-22. — Cf. *GRLMA*, t. VIII/1, p. 78, 82-83, 102, 104, 109. — *MB* n°s 4863-4865 ; 6915.

G.T. et F.F.H.

Guillaume Danicot. Voir : *Saint Julien (Vie de)*.

Guillaume de Digulleville. Né en 1295 à Digulleville (dans le Cotentin, près du cap de La Hague), Guillaume entra vers 1316 à l'abbaye cistercienne de Chaalis (Oise). De sa longue vie monastique, on sait simplement qu'une partie fut assombrie par de graves démêlés avec ses confrères (entre 1330 et 1335 ?). Jean Gallopes* lui donne le titre de prieur, mais l'assertion est invérifiable. C'est à Chaalis que Guillaume écrivit toutes ses œuvres : *Pèlerinage de vie humaine* en 1330-1331 ; *Roman de la Fleur de lis* en 1338 ; seconde rédaction du *Pèlerinage de vie humaine* en 1355 ; *Pèlerinage de l'âme* entre 1355 et 1358 ; *Pèlerinage de Jésus-Christ* en 1358.

Dans le cadre d'un songe, qui a été suggéré à l'auteur par le *Roman de la Rose**, le *Pèlerinage de vie humaine* décrit sous une forme allégorique le cheminement du chrétien vers la cité céleste. Le récit, long de 13 500 octosyllabes et destiné à être lu à un auditoire laïque, est divisé en quatre journées de lecture (5 000, 4 000, 2 500 et 2 000 vers). Soutenu par la grâce divine et les sacrements de l'Église (une place spéciale revient au « baptême secondaire » qu'est la pénitence), armé de la besace de Foi (d'où exposition des commandements et du Credo) et du bourdon d'Espérance, éclairé à l'occasion par Raison, le pèlerin, qui a refusé de revêtir l'armure des sept vertus cardinales et s'est engagé sur le chemin d'Oiseuse, est d'abord en butte aux assauts de sept vieilles femmes monstrueuses, qui représentent les sept vices capitaux (la part faite à l'avarice et à ses branches, l'usure en particulier, est remarquable). Puis, arrivé sur le bord de la mer de Tentation dans laquelle pêche Satan sous l'œil d'Hérésie, il est sauvé *in extremis* par Tribulation de la noyade lamentable à laquelle l'avait réduit l'imprudence de Jeunesse. Conduit alors par Grâce de Dieu sur la nef de religion, qui doit lui permettre une traversée plus sûre et plus rapide, il trouve refuge dans le château de Cîteaux que gouvernent les diverses vertus monastiques. Il passe là de longues années avant que Mort, précédée de ses messagères, Maladie et Vieillesse, ne vienne faucher son âme. C'est alors que le dormeur s'éveille. Somme catéchétique allégorisée, le *Pèlerinage de vie humaine* est mal composé ; le système des symboles et des personnifications est compliqué, sa pertinence échappe parfois, une foule de détails inutiles et de digressions doctrinales coupent le fil du récit (dispute entre Grâce et Nature au sujet de l'eucharistie, enseignement sur l'association du corps et de l'âme...). Mais, en contrepartie, on rencontre des scènes et des satires peintes au vif (fausses reliques et faux miracles, méfaits des officiers royaux et des sentences d'excommunication...), des fables et des apologues contés avec naturel (le corbeau et le renard, le singe savetier, l'ermite qui tua son père en croyant tuer le diable...). Loin de porter remède aux défauts de composition, la seconde rédaction, entreprise vingt-cinq ans après la première, les accentue. En effet, si certains épisodes sont déplacés de manière à rendre le récit plus cohérent (interventions de Jeunesse et de Tribulation, par exemple), l'ajout d'enseignements doctrinaux (péché originel, liberté individuelle et déterminisme astral) et d'allégories nouvelles (entièrement récrit, l'épisode des deux chemins est surchargé d'images et de figures symboliques ; de même, les périls de la mer de Tentation) en alourdit encore la marche. Le public visé n'est plus le même : toute trace d'une division en journées et d'une diffusion orale est gommée ; quelques légendes apocryphes relatives à la vie de Jésus et aux origines de l'Église sont supprimées (légende de Judas, *Credo* des apôtres) ; plusieurs longues oraisons latines de facture recherchée remplacent l'unique prière en français à Notre-Dame ; les critiques à l'égard de la royauté et des religieux ont disparu, tandis que la description de la nef de religion donne lieu à des excursus autobiographiques sur la vie à Chaalis et la misère générale des monastères. Désormais destiné en priorité à un public monastique, le *Pèlerinage* se veut plus savant et plus sévère, quand il donne l'impression de n'être que plus pesant.

Le *Pèlerinage de l'âme* retrace en 10 000 vers le sort de l'âme une fois qu'elle a quitté le corps et qu'elle s'est envolée vers le ciel où siège le tribunal céleste. Le jugement d'abord : plaidoyer de l'ange gardien, contre plaidoirie de Satan, accusation de Syndérèse, argumentations opposées de Justice et de Miséricorde, pesée de l'âme ; seule une lettre de grâce émanant de Jésus-Christ la sauve de la damnation. Condamné à mille ans de purgatoire, le pèlerin, en dépit du feu qui le dévore, observe, questionne et argumente. On apprend ainsi que l'enfer est constitué de quatre sphères concentriques : la plus extérieure, qui se présente comme une sorte de halo de couleur laiteuse, est le sein d'Abraham, où résident les anciens pères ; la seconde est le purgatoire, où les pécheurs expient ; la troisième, que l'on atteint en pénétrant sous terre, est la région des limbes, habitée par les enfants morts sans baptême ; la plus profondément enfoncée dans la terre est l'enfer. L'âme, pour sa peine, parcourt successivement ces quatre régions. L'enseignement sur le purgatoire est conforme à la doctrine courante (feu, allégement des peines par l'intercession de l'Église et les œuvres des vivants, retour sur terre des âmes condamnées à expier leurs fautes sur les lieux où elles ont été commises...). La description des tourments de l'enfer, où se réalise la synthèse du modèle savant et de systèmes plus populaires, donne l'occasion à Guillaume d'étaler les tableaux de supplices les plus violents, les plus atroces et les plus répugnants, chacun étant supplicié dans le membre par lequel il a péché. Des digressions doctrinales jalonnent le parcours : débat de l'arbre vert (du paradis) et de l'arbre sec (croix), accompagné d'une longue plainte de Notre-Dame ; exposé sur la nature de l'âme (selon saint Augustin) ; allégorie du colosse aux pieds d'argile figurant le corps social... Çà et là transparaît l'écho d'événements politiques contemporains. Sa peine achevée, le pèlerin s'élève vers le paradis. Celui-ci comprend huit *mansions* ou *siècles* (« ciels »). Dans les trois premiers, où résident les martyrs, les docteurs de l'Église et les vierges, les habitants sont couronnés de fleurs (roses rouges, soucis, primevères et lys) ; viennent ensuite les quatre ciels étoilés de pierres précieuses, où résident les apôtres et les évangélistes (escarboucles), les anges (saphirs), les prophètes (émeraudes), les ermites et les religieux (chrysolithes) ; enfin, dominant tous les autres, le ciel d'or, où se tiennent Dieu et la Vierge. Chaque jour est marqué par une fête : fêtes des saints, fêtes de la Vierge (la première étant l'Immaculée Conception), fêtes de Dieu, que l'auteur délaisse, à l'exception de Pâques et de la Trinité (que figurent les trois couleurs principales, vert, rouge, or), pour établir des correspondances entre les différents signes du zodiaque et les épisodes de la vie du Christ traditionnellement commémorés dans les *Vitae* (Enfance, Baptême, Passion, Résurrection, Ascension, Pentecôte). Dans deux mss, le texte s'achève par une série de 11 poèmes latins en l'honneur de Dieu, Marie, l'ange gardien et divers saints (dont Benoît). Les défauts et les qualités du *Pèlerinage de l'âme* sont ceux du *Pèlerinage de Vie humaine* : la manie des discours est contrebalancée, dans les meilleurs morceaux, par la vivacité des dialogues, le pittoresque ou la force des descriptions, l'impétuosité et l'âpreté du langage, l'étonnante richesse du vocabulaire, éclectique, foisonnant de trouvailles.

Le *Pèlerinage de Jésus-Christ* présente, toujours sous forme de vision, la vie de Jésus, coupée de discussions dogmatiques, d'enseignements moraux où interviennent des personnages allégoriques, des méditations affectives. Long de plus de 11 000 vers, le récit commence par le Procès de paradis et s'achève à l'Assomption. À la différence de la plupart des textes analogues de la fin du Moyen Âge, il fait une place importante aux événements et aux enseignements qui ont jalonné la vie publique de Jésus, entre le Baptême et la Passion. Comme eux, il n'hésite pas à mélanger les genres et les registres stylistiques de manière plus ou moins heureuse.

Le succès des *Pèlerinages*, et particulièrement des deux premiers, a été très vif. En témoignent le nombre des mss (quelque 80) et les remaniements dont les poèmes firent l'objet : mise en prose du *Pèlerinage de l'âme* par Jean Galopes* pour le régent Bedford (entre 1422 et 1431) ; mise en prose du *Pèlerinage de vie humaine* par un clerc d'Angers à la requête de Jeanne de Laval, seconde femme du Roi René* (1465), qui fut imprimée à plusieurs reprises avant 1500 ; révision des trois *Pèlerinages* par un moine de Clairvaux, imprimée au début du XVIe ; moralité scénique du *Pèlerinage de vie humaine* dans la seconde moitié du XIVe ; traductions ou adaptations anglaises de Chaucer, Lydgate, Bunyan ; traductions allemande, flamande, espagnole...

Le *Roman de la fleur de lis* relate, lui aussi, une vison advenue à l'auteur dans la nuit de la Toussaint 1338, année qui marque le commencement de la guerre de Cent Ans. Cette allégorie politique (1 331 vers) vise à exalter la royauté française en démontrant sa primauté sur le léopard anglais et l'aigle germanique par l'existence de privilèges d'origine divine à elle accordés en récompense du zèle qu'elle manifesta toujours pour la défense de l'Eglise (insigne des trois lys, onction du sacre, pouvoir guérisseur). Guillaume n'a pas inventé le symbole des lys, auquel s'attachaient plusieurs légendes depuis le XIIIe siècle (voir Raoul de Presles) ; mais l'interprétation qu'il en donne et le récit qu'il fait de son invention sont originaux.

ŒUVRES. — Les trois *Pèlerinages*, à l'exception de la seconde rédaction du *Pèlerinage de vie humaine*, ont été éd. par J.J. Stürzinger, Londres, 3 vol., 1893, 1895, 1897 *(Roxburghe Club)*. — *Moralité du Pèlerinage de vie humaine*, éd. G. Cohen, dans *Mystères et moralités du ms. 617 de Chantilly*, Paris, 1920, p. 95 sqq. — *Roman de la fleur de lis* : éd. A. Piaget, dans *Romania*, t. 63 (1936), p. 317-356.

→ *HLF*, t. 39, Paris, 1952, p. 1-132 (E. Faral). — C.V. Langlois, *La vie en France au Moyen Âge*, t. 4 : *La vie spirituelle*, Paris, 1928, p. 199-268 [analyse *Pèl. Vie hum.* et *Pèl. âme*]. — J. Delacotte, *G. de Digulleville. Trois romans-poèmes du XIVe*, Paris, 1932 [analyse des trois *Pèl.*]. — S.L. Galpin, *On the Sources of G. de Diguleville's Pèlerinage de l'âme*, dans *PLMA*,

t. 25 (1910), p. 275-308 ; dans *Modern Language Notes*, t. 28 (1913), p. 8-10. — E. Faral, *Guillaume de Digulleville, J. Galloppes et Pierre Virgin*, dans *Mél. M. Roques*, Paris, 1946, p. 89-102 ; *Le Roman de la Fleur de lis*, dans *Mél. E. Hoepffner*, Paris, 1949, p. 327-338. — R. Tuve, *Allegorical Imagery*, Princeton, 1966. — D.D.R. Owen, *The Vision of Hell...*, Edimbourg-Londres, 1970. — J.H.S. Wenzel, *The Pilgrimage of Life as a Medieval Genre*, dans *Medieval Studies*, t. 35 (1973), p. 370-388. — J.H. Blythe, *The Influence of Latin Manuals on Medieval Allegory...*, dans *Romania*, t. 95 (1974), p. 256-283 [en particulier la *Summa de Viciis* de Guillaume Perrault*]. — P.Y. Badel, *Le Roman de la Rose au* XIVe, Genève, 1980. — P. Dinzelbacher, *Vision und Visionsliteratur im Mittelalter*, Stuttgart, 1981. — J. Baschet, *Les conceptions de l'enfer en France au* XIVe *siècle*, dans *Annales ESC*, t. 40 (1985), p. 185-207. — Cf. *GRLMA*, t. VI/1, p. 150-151. — *MB* n°s 4904-4925, 6931-6933 ; *S* 7767-7772. G.H.

Guillaume Dufay. Célèbre compositeur français né vers 1400 et mort le 27 novembre 1474, à Cambrai. Il fut enfant de chœur à la cathédrale de Cambrai (1409-1412) et eut pour maîtres N. Malin puis R. Loqueville. On le rencontre vers 1419-1420 à Pesaro au service des Malatesta ; de retour à Cambrai (1426-1427), il est diacre de Saint-Géry ; l'année suivante, chanteur à Rome à la chapelle pontificale. Déjà considéré en 1433 comme un des plus fameux musiciens d'Europe, il noue des contacts avec la famille d'Este dès 1433 ; ces relations dureront au moins jusqu'en 1443 (voyage à Ferrare en 1437 puis envoi de musique et paiement en retour), alors que Dufay est revenu dans le Nord. Les relations avec la cour de Savoie furent plus longues et plus étroites : en 1434, pour le mariage de Louis de Savoie et d'Anne de Chypre, Dufay est maître de chapelle et son nom réapparaît sur les registres de 1437 à 1439 ; entre-temps (1435-1437), il rejoint le chœur pontifical.

Les liens avec le Nord se resserrent progressivement : gratifié d'une prébende à Saint-Donaas de Bruges en 1434, chanoine appointé à la cathédrale de Cambrai en 1436. À partir de 1440 jusqu'à sa mort, à l'exception des années 1451-1458 qu'il passe en Savoie, son activité se situe à Cambrai où il apparaît comme une des personnalités les plus éminentes de son époque. Les compositeurs Morton, H. Van Ghizeghem, le théoricien Tinctoris viennent le visiter ; en 1462, Jean Ockeghem* est son hôte.

Il continue à composer jusqu'à sa mort. Enterré dans la chapelle Saint-Étienne à la cathédrale qu'il avait si longtemps servie, il y conserva sa sépulture jusqu'en 1859 (la pierre tombale est à présent au musée de Lille).

Il laisse une œuvre considérable. Plus de la moitié de ses compositions remontent à des mélodies liturgiques, le plus souvent au *cantus*, en exploitant harmonieusement les autres voix, par l'homorythmie et souvent en faux-bourdon. Ce sont des œuvres destinées aux vêpres ou à la messe (Antiennes, Magnificat, séquences, Kyrie ou Gloria isolés). Les motets sont pour la plupart des œuvres de circonstance (par exemple le célèbre *Nuper rosarum flores* composé pour la consécration du dôme de Santa Maria del Fiore à Florence le 25 mars 1436). Ces œuvres utilisent des techniques de composition extraordinairement complexes et sophistiquées, une texture à 4 ou 5 voix, avec opposition de *bicinia*.

On lui doit encore l'établissement de la messe cyclique : après des essais de regroupement de deux pièces unifiées par différents procédés (unité rythmique, motif de tête, etc.), il construit la véritable messe unitaire. Ainsi la *Missa Sancti Iacobi* présente-t-elle une unité de mode, de texture, de schémas rythmiques. Enfin les messes tardives donnent les plus beaux exemples de messes-tenors (« *Se la face* », « *L'homme armé* », « *Ecce ancilla* », et « *Ave regina celorum* »).

Nous possédons enfin de lui 87 œuvres profanes : à l'exception de 7 ballades, quelques *ballate* ou virelais et 2 *contrafacta*, l'essentiel est composé de rondeaux français à 3 voix. Les œuvres les plus anciennes usent volontiers de l'imitation, voire de canon strict (par exemple *Entre vous, gentils amoureux*).

L'importance de Dufay est capitale pour l'évolution de la musique : son œuvre constitue le premier exemple européen de « polyphonie » au sens moderne du terme.

ŒUVRES. — Éd. G. de Van et H. Besseler, *G. Dufay : Opera omnia*, dans *Corpus Mensurabilis Musicae*, I/1-6 (1947-1949, 1951-1966).

→ C. Hamm, art. *Dufay*, dans *The New Grove Dictionary of Music and Musicians*, t. 5, 1980, p. 674-687 [importante bibliogr. et liste complète des œuvres]. N.S.

Guillaume Durand de Mende. Né à Puymisson (diocèse de Béziers) vers 1230, il étudie à Paris, puis à Bologne où il suit les cours de Bernard de Parme et d'Henri de Suse (Hostiensis). Il enseigne lui-même à Bologne et à Modène. Pape d'origine provençale, Clément IV le nomme, en 1265, « chapelain et auditeur des causes du Palais ». Grégoire X, élu au bout d'un interrègne de trois ans, le prend comme secrétaire canoniste au 2ᵉ concile de Lyon (1274). Nommé gouverneur de Romagne par Nicolas III, il mate énergiquement la révolte de Guy de Montefeltro. Pourvu de canonicats à Beauvais, Narbonne et Chartres, sans obligation de résidence, il est choisi comme évêque par le chapitre de Mende en 1285 ; il nomme son neveu (Guillaume Durand, dit le Jeune) administrateur, il ne rejoint pas son diocèse avant 1291.

Il revient en Italie en 1295 pour gouverner à nouveau la Romagne et combattre la rébellion des Gibelins ; Boniface VIII lui propose le siège archiépiscopal de Ravenne, mais il le refuse. Il meurt le 1ᵉʳ novembre 1296. Il est enterré dans l'église Sainte-Marie-de-la-Minerve ; sur son tombeau dû à Jean Cosmas, une longue épitaphe retrace sa vie et ses travaux.

ŒUVRES. — Guillaume Durand a beaucoup écrit, surtout, semble-t-il, vers la fin de sa vie. Il signale rarement ses multiples emprunts aux auteurs antérieurs ou contemporains ; il est vrai qu'il prend beaucoup de liberté par rapport à ses sources et qu'il manifeste parfois un souci d'ordre et de clarté : ainsi dans le *Rational* et le *Pontifical*, ses deux œuvres qui eurent le plus d'influence.

1. Œuvres canoniques : Le *Repertorium* pourrait avoir été publié une première fois vers 1265, et le *Speculum judiciale* vers 1271-1272. Ces traités canoniques auraient subi ensuite additions et remaniements : le *Repertorium* 2 serait postérieur au IIᵉ concile de Lyon (1274) et le *Speculum* 2 se situerait entre 1289 et 1291. Systématisation doctrinale, le *Speculum* est en même temps une encyclopédie de la pratique judiciaire. Beaucoup plus court, le *Repertorium* n'a qu'un but documentaire : distribuer les questions selon l'ordre des 5 livres des *Décrétales* de Grégoire IX. La fin du *Repertorium*, ou *Aureum confessorium et memoriale sacerdotum* vise la formation élémentaire des confesseurs, à la manière des *Summae confessorum* contemporaines. On trouvera la liste des mss et des éd. de ces deux œuvres dans J.F. Schulte, *Die Geschichte der Quellen und Literatur des canonischen Rechts*, II, Stuttgart, 1877, réimpr. Graz, 1956, p. 152-153. Le *Repertorium* est souvent imprimé, ou relié, à la suite du *Speculum*.

Le *Speculum legatorum* qui analyse le droit des légats et les formalités de procédure de leurs tribunaux a été terminé vers octobre 1279 et fusionné dans la 2ᵉ éd. du *Speculum judiciale* sous les rubriques *De legato et de dispensationibus*. — Voir L. Chevailler, *Observations sur le « Speculum legatorum » de Guillaume Durand*, dans *Mél. L. Falletti*, Paris, 1971, p. 85-98. — C.I. Kyer, *The Legation of Cardinal Latinus and William Duranti's Speculum legatorum*, dans *Bull. of Medieval Canon Law*, 10 (1980), p. 56-62.

Le *Commentaire sur les constitutions de Grégoire IX au 2ᵉ concile de Lyon* (1274) a été écrit entre 1292-1294. Éd. à Fano en 1569. — Voir L.E. Boyle, *The Date of the Commentary of William Duranti on the Constitutions of the Second Council of Lyon*, dans *Bull. of Medieval Canon Law*, 4 (1974), p. 39-47.

Dans la rédaction des Statuts synodaux de Mende qui ne sont pas antérieurs à 1292, Guillaume Durand s'est inspiré de la collection écrite en 1252 par Pierre de Sampson pour le diocèse de Nîmes. Divisés en deux grandes parties — les *Institutions* sous forme didactique, les *Constitutions* sous forme préceptive — les *Statuts de Mende*, connus par plusieurs manuscrits, ont été édités : *Instructions et constitutions de Guillaume Durand le Spéculateur* publiés d'après le ms. de Cessenon par J. Berthelé et M. Valmary, Montpellier, 1905.

2. Œuvres liturgiques : Transmis par deux mss, encore inédit, l'*Ordinaire de Mende* pourrait avoir été rédigé à la même époque que les constitutions synodales, dans le but de régler la liturgie du diocèse. — Voir P.-M. Gy, *L'ordinaire de Mende. Une œuvre inédite de Guillaume Durand l'Ancien*, dans *Liturgie et musique (IXᵉ-XIVᵉ siècle)*, Toulouse, 1982 (*Cahiers de Fanjeaux*, 17), p. 239-249.

Le *Rational* est antérieur. Guillaume Durand y travaillait encore en 1286 ; dans la préface, il porte le titre d'évêque nommé de Mende (il a été élu en 1285). Guillaume Durand veut expliquer les cérémonies aux clercs et aux fidèles, en privilégiant le symbolisme des rites et les commentaires spirituels. Le *Rational* comprend 8 livres : l'église, les différents ministres du culte (évêque, prêtre, diacre...), les vêtements des clercs, la messe, les heures de l'office, le propre du temps, le propre des saints, le comput et le calendrier. L'influence de cet ouvrage fut considérable. Édité pour la première fois en 1459 à Mayence (incunable par Furst et Schoeffer), il a été souvent réimprimé ; pour la dernière fois à Naples, en 1839. C. Barthélemy l'a traduit en français au XIXᵉ siècle : *Rational ou Manuel des divins offices de Guillaume Durand...*, ou *Raisons mystiques et historiques de la liturgie catholique*, 5 vol., Paris, 1854. Une éd. critique est en préparation au *CCCM*. Voir H. Douteil, *Studien zu Durantis Rationale divinorum officiorum als Kirschenmusikalischer Quelle*, Ratisbonne, 1969 (*Kölner Beiträge zur Musikforschung*, 52).

Écrit entre 1280 et 1290, le *Recueil des bénédictions épiscopales* rassemble des textes traditionnels et des compositions nouvelles de Guillaume Durand. Ce formulaire a eu un très grand succès ; il est souvent transmis par les mêmes manuscrits que le *Pontifical*. — Voir Dom. E. Moeller, *Le « Liber benedictionum pontificalium » de Guillaume Durand, évêque de Mende (composé entre 1280 et 1290)*, dans *Questions liturgiques et paroissiales*, t. 49 (1968), p. 12-42, 115-136.

Postérieur aux *Instructions* et *Constitutions* qu'il cite à plusieurs reprises, le *Pontifical* est la dernière œuvre de Guillaume Durand, écrite peu avant son départ de Mende, c'est-à-dire entre 1293 et l'automne 1295. L'ouvrage est divisé en 3 livres ; 1 : bénédiction et consécration des personnes, 2 : puis des choses ; 3 : autres offices pontificaux. Exposant les rites propres aux évêques, ce *Pontifical* fut adopté par la majorité d'entre eux, puis par les papes eux-mêmes. Sous Innocent VIII (1484-1492), le livre de Guillaume Durand servit de base à la rédaction du *Pontifical* qui, moyennant des adaptations mineures, resta en vigueur jusqu'au milieu du XXe siècle. — Éd. critique par M. Andrieu, *Le pontifical de Guillaume Durand* (*Le pontifical romain au Moyen Âge*, t. 3), Vatican, 1940 (*Studi e testi*, 88).

→ M. Noirot, *Durand* (Guillaume), dans *Catholicisme*, t. 3 (1952), col. 1191-1192. — L. Falletti, *Guillaume Durand*, dans *Dictionnaire de droit canonique*, t. 5 (1953), col. 1014-1075. — O. Pontal, *Les statuts synodaux de Mende*, dans *Cévennes et Gévaudan. Bull. de la Soc. des lettres, sciences et arts de la Lozère*, nouvelle série, n°s 18-19, 1972-1973, Mende, 1974. p. 127-133. — M. Dykmans, *À propos de synodes languedociens : Auger de Montfaucon ou Durand le Speculateur*, dans *Bull. de littérature ecclésiastique*, 82 (1981), p. 5-24. Une table ronde internationale du CNRS a été consacrée à : *Guillaume Durand évêque de Mende (v. 1230-1296). Mende, 24-27 mai 1990*, Paris, 1992. J.L.

Guillaume d'Ercuis. Né vers 1260 à Ercuis, dans le diocèse de Beauvais, Guillaume fut longtemps attaché au service de Philippe le Bel dont il avait été le précepteur. Ses fonctions, de même que ses missions, sont difficiles à définir. Mais jusqu'à sa mort, il eut le titre de clerc du roi. En 1284, il suit la cour à la campagne d'Aragon. En décembre 1285, il est attaché à l'hôtel royal. En 1297, il accompagne le roi dans la campagne de Flandre. Comme notaire du roi il a signé plusieurs actes, dont les plus récents sont de l'année 1302. Il est mort avant le 25 juin 1316.

Philippe le Bel récompensa largement ses services en lui octroyant de nombreux et importants bénéfices. Il est qualifié en 1290 de chanoine des églises de Laon et de Senlis. Jusqu'à sa mort, il jouira à la fois de l'archidiaconat de Thiérache au diocèse de Laon, de prébendes dans les cathédrales de Reims, de Noyon et de Senlis et d'un canonicat dans la collégiale de Mello. Les revenus de ses innombrables bénéfices et les gratifications reçues du roi lui permirent d'acheter des domaines considérables. Il en a laissé la description détaillée, avec l'état des revenus qu'il en tirait, des charges qu'il avait à supporter, des dépenses pour leur entretien, des frais de procédure, etc. dans un registre dressé en 1310, mais qui comporte quelques notes additionnelles. Bien qu'il ne donne qu'un extrait et un résumé de la comptabilité tenue dans la maison de ce personnage pendant un quart de siècle, ce document, écrit en français, peut cependant fournir des données importantes pour l'histoire économique au temps de Philippe le Bel. On y trouve aussi des notes relatives à des événements historiques, de même que des détails d'ordre plus personnel, qui rapprochent ce document du livre de raison dont les exemples sont si rares au Moyen Âge.

→ C. Kohler dans *Annuaire-Bulletin de la Société de l'histoire de France*, 1885, p. 68 et 153. — L. Delisle, *Guillaume d'Ercuis, précepteur de Philippe le Bel*, dans *HLF*, t. 32 (1898), p. 154-171. — R.H. Bautier, *Le personnel de la chancellerie royale sous les derniers Capétiens*, dans *Prosopographie et Genèse de l'État moderne*, Paris, 1986, p. 91-115. G.T.L.

Guillaume de Ferrières. Né vers 1150, Guillaume de Ferrières (vraisemblablement Ferrières-en-Gâtinais : Loiret, arr. Montargis) succéda à son père, dont il portait le prénom, comme vidame de Chartres. Il mourut en 1204, au cours de la quatrième croisade.

De son œuvre lyrique, nous conservons huit délicates chansons d'amour : placées dans les chansonniers, ainsi que dans le *Guillaume de Dole* de Jean Renart*, sous le nom du « *vidame de Chartres* », elles datent des deux dernières décennies du XIIe siècle.

C'est à tort que l'on a parfois attribué à Guillaume de Ferrières une *Vie de saint Eustache* en vers : ce poème anglo-normand, rédigé dans le nord de l'Angleterre, doit être l'œuvre d'un certain William de Ferrers, de la famille des comtes de Derby.

ŒUVRES. — H. Petersen Dyggve, *Personnages historiques figurant dans la poésie lyrique française des XIIe et XIIIe siècles*, dans *Neuphilologische Mitteilungen*, t. 45 (1944), p. 161-185 ; t. 46 (1945), p. 21-55. — *Poètes et romanciers du Moyen Âge*, éd. A. Pauphilet, nouv. éd., Paris, 1952, p. 921 (*Bibliothèque de la Pléiade*, 52) [une chanson]. — *Anthologie de la poésie lyrique française des XIIe et XIIIe siècles*, éd. bilingue J. Dufournet, Paris, 1989, p. 108-111 *(NRF/Poésie)* [une chanson].

→ H. Petersen Dyggve, *Trois versions inédites de la légende de saint Eustache en vers français, II. Version de Guillaume de Ferrières (York, Bibliothèque du Chapitre, XVI.K.13)*, dans *Romania*, t. 51 (1925), p. 363-396. — Linker, n° 292. — Cf. *GRLMA*, t. VI/2, n° 5828. — *MB* nos 2348-2350. G.M. et F.F.H.

Guillaume Fichet. On sait que Guillaume Fichet est né en Savoie, dans le comté de Genevois : il se dit souvent *Sabaudus* et se présente comme sujet de Janus de Genevois dans la lettre qu'il adresse à ce personnage. Il n'est pas certain, par contre, que sa naissance se place en 1433 au Petit-Bornand en Faucigny. Depuis 1452 au moins, il étudie les arts à l'Université de Paris et est licencié dès l'année suivante. En 1461, il est admis parmi les *socii* de la Sorbonne. Il est alors prieur du collège de la Sorbonne en 1465 et bibliothécaire à plusieurs reprises entre 1469 et 1471. En 1467, il est pendant trois mois recteur de l'Université. Enfin, en 1468, il devient maître en théologie. En ces mêmes années, un autre personnage, d'origine allemande, suit un cursus semblable ; il s'agit de Jean Heylin. Tous deux enseignent les arts et la théologie tout en poursuivant leurs propres études théologiques. On connaît leurs lectures grâce au registre de prêt du collège de la Sorbonne : en théologie, leurs choix sont traditionnels, mais leur lecture d'auteurs classiques comme Cicéron, Juvénal, semble renouvelée par le goût de la belle latinité et de l'éloquence. Si pendant tout le Moyen Âge, en effet, les classiques latins ont été avant tout des modèles pour la réflexion historique, morale et philosophique, ils redeviennent en France, en ce XVe siècle, les canons du bien dire et du bien écrire. En latin, car toutes les œuvres de Fichet sont latines. Ce nouveau goût a été influencé par l'Italie et la génération qui a précédé dans cette voie les Fichet et les Heylin : Nicolas de Clamanges*, Jean de Montreuil*...

Fichet, marqué certainement du souvenir de Pétrarque*, dont il a copié en 1453 le *De vita solitaria*, séjourne en Avignon en 1455. En 1469-1470, il est chargé par Louis XI d'une mission auprès du duc de Milan : le persuader d'appuyer le roi de France pour la réunion d'un concile. C'est en 1470 encore qu'il entre en relations épistolaires avec le cardinal Bessarion, grand érudit et protecteur des lettres grecques. La même année, Fichet et Heylin installent dans les murs de la Sorbonne la première presse parisienne. Il semble que ce soit Heylin qui se soit occupé des aspects matériels : faire venir à Paris trois typographes allemands (Ulrich Gering, Martin Crantz, Michael Friburger), préparer les textes à la publication et corriger les épreuves. Fichet, lui, s'occupe du choix des textes, et des « relations publiques ». Outre des éditions soigneusement corrigées des classiques latins, les presses de la Sorbonne font paraître des textes consacrés à la rhétorique, à la ponctuation : la *Ratio diphtongandi* de Guarino de Vérone, l'*Orthographia* de Barzizza, mais aussi la *Rhetorica* de Guillaume Fichet et un petit traité anonyme, le *Compendiosus dialogus de arte punctandi*, jusqu'alors attribué à Heylin, mais qu'il convient de rendre à Fichet. Ces éditions universitaires et savantes n'eurent qu'un temps : en 1472, Fichet et Heylin quittent Paris. Leur travail d'éditeurs était très lié au système du mécénat. Ainsi Fichet prend-il le soin de rédiger une lettre dédicatoire ou une préface spéciale pour presque chacun de ceux à qui il envoie un exemplaire de sa *Rhetorica* ou des *Orationes* de Bessarion (discours qui poussent à la croisade contre les Turcs) : René d'Anjou, Jean Rolin, Sixte IV, etc. Il est également l'auteur des préfaces des ouvrages de Barzizza, Cicéron *(De officiis)*. Après leur départ, les trois typographes allemands, installés rue Saint-Jacques, imprimeront encore des classiques, mais aussi des ouvrages plus commerciaux. Et les imprimeurs parisiens postérieurs abandonneront le caractère humanistique des presses de la Sorbonne pour la bâtarde et la gothique, types d'écriture plus familiers au lecteur moyen.

La *Rhetorica* de Fichet, fruit des cours qu'il professait à Paris, prit sa forme définitive en 1470-1471. Elle aurait trouvé sa dernière inspiration dans les œuvres oratoires de Cicéron, alors redécouvertes. Avant cela, il composa vers 1466 un petit traité sur la ponctuation, dont s'inspire très certainement le *Dialogus* publié après. En 1466 toujours, Fichet écrit sa *Consolatio luctus parisiensis*, sur la mort du médecin Eudes de Creil, victime de l'épidémie de peste. Enfin, on peut lui attribuer les *Exordia*, exercices commentés, qui accompagnent sa *Rhetorica* dans un manuscrit. En 1472, Fichet accompagne Bessarion, qui retourne en Italie après une mission auprès du roi. Le cardinal meurt en route, et Fichet se rend seul auprès du pape Sixte IV qui lui donne les charges de pénitencier et camérier. De cette époque (1477) date un sermon sur saint Étienne, dédié au cardinal et mécène Francesco Piccolomini, neveu d'Æneas Silvius Piccolomini*, le célèbre Pie II. L'unique copie contient un commentaire marginal, qui use des catégories de la *Rhetorica*. Plutôt que d'un sermon, il s'agit là d'une *oratio*. Fichet dut mourir vers 1479-1480.

Fichet illustre de manière éclatante les préoccupations des humanistes : posséder les meilleures versions des grands auteurs latins, en donner un texte clairement ponctué et divisé, écrire le plus pur et élégant latin possible. Il n'en reste pas moins que l'on a peut-être exagéré, parfois, son rôle dans le platonisme de la Renaissance. Ami de Bessarion, il imprime les *Epistolae* pseudo-platoniciennes, traduites par Leonardo Bruni, mais il n'est pas sûr qu'il ait suivi complètement Bessarion dans son combat pour Platon contre Aristote face à Georges de Trébizonde. Par ailleurs, la part de son œuvre qui revient à la pensée platonicienne est minime au regard de celle qu'occupent la rhétorique, la philosophie scolastique et la théologie. Il aura pourtant marqué son temps et son influence perdurera au travers de ses élèves, tel Robert Gaguin*.

ŒUVRES. — *Compendiosus dialogus de arte punctandi*, éd. Paris, Sorbonne, 1470. — *Rhetorica*, éd. Paris, Sorbonne, 1471. — *Consolatio luctus parisiensis*, éd. Paris, P. Gromors, 1521. — *Sermo de s. Stephano*, éd. P.O. Kristeller, *op. cit. infra.*, p. 488-497. — *De caracteribus institutio*, éd. E. Beltran dans *Un traité inconnu de Guillaume Fichet sur la ponctuation*, dans *Scriptorium*, t. 39 (1985), p. 284-291 [texte qui serait à l'origine du *Dialogus*]. — *Exordia*, éd. E. Beltan, dans *Humanistes français du* XVe *siècle (...)*, Genève, 1989, p. 137-169 (*Travaux d'Humanisme et de Renaissance*, 235). — Correspondance avec Bessarion, lettres dédicatoires des *Orationes* de Bessarion, éd. E. Legrand dans *Cent dix lettres grecques de François Filelphe*, Paris, 1892, p. 223-289. — Préfaces et lettres dédicatoires de la *Rhetorica*, fac-similés dans P. Champion, *Les plus anciens monuments de la Typographie française*, Paris, 1904.

→ A. Claudin, *Histoire de l'imprimerie à Paris. La première presse de la Sorbonne*, dans *Bulletin du bibliophile*, 1898, p. 469-486, 548-556, 574-588 ; 1899, p. 22-36. — J. Philippe, *Guillaume Fichet, sa vie, ses œuvres*, Annecy, 1892. — F. Simone, *Guillaume Fichet retore ed umanista*, dans *Memorie della Reale Accademia delle Scienze di Torino*, t. 69 (1939), p. 103-144 ; *Il Rinascimento francese*, Turin, 1961, *passim*. — J. Monfrin, *Les lectures de Guillaume Fichet et de Jean Heylin*, dans *BHR*, t. 17 (1955), p. 7-23, 145-153. — P.O. Kristeller, *An Unknown Humanist Sermon on St. Stephen by Guillaume Fichet*, dans *Mél. E. Tisserant*, Vatican, 1964, t. 6, p. 459-497 (*Studi e testi*, 236). — L. Terreaux, *La Rhetorica de Guillaume Fichet*, dans *Mél. F. Simone*, Genève, 1983, t. 4, p. 93-101. — E. Beltran, *Les sources de la Rhétorique de Fichet*, dans *BHR*, t. 47 (1985), p. 7-25 ; *Une rédaction inconnue de la Rhétorique de Guillaume Fichet, ibid.*, t. 49 (1987), p. 359-365. — H.-J. Martin, *Fichet, Heylin, Buyer : l'université et les presses*, dans *Histoire de l'édition française*, t. 1, Paris, 1989 (rééd.), p. 199-201. — R. Meyenberg, *Un nouveau manuscrit autographe de Guillaume Fichet*, dans *BHR*, t. 52 (1990), p. 77-87 [avec biblio. complète]. — Cf. *MB S* n°s 8393, 8600. S. L.

Guillaume Fillastre. Né vers 1400, Guillaume Fillastre est un enfant illégitime. Sans doute était-il le fils bâtard du doyen de Reims du même nom qui devint en 1411 cardinal au titre de Saint-Marc. Ce dernier participa au concile de Constance et termina sa vie à Rome où il mourut en 1428. C'était aussi un lettré, doué d'une grande curiosité intellectuelle, amateur et découvreur de textes latins et italiens (Cicéron, le Pogge*, etc.), bien connu pour son activité de copiste et aussi pour son grand penchant pour les femmes. Guillaume le fils sera légitimé soixante ans plus tard en 1460 par Louis XI. Il entra très tôt dans l'ordre de Saint-Benoît à Châlons-sur-Marne et fut successivement prieur de Sermaise et de Saint-Thierry à Reims. En 1436, il reçut le grade de docteur à Louvain. Philippe le Bon le chargea de deux missions à Ferrare et au concile de Bâle et l'en récompensa en lui octroyant en 1437 l'évêché de Verdun. En

1448, il est évêque de Toul, puis de 1461 à sa mort en 1473, de Tournai. En 1442, le pape lui avait accordé le droit de tenir l'abbaye de Saint-Bertin en commande, ce qui lui valut de la part des moines une résistance opiniâtre, dont il ne vint à bout que grâce à l'intervention du duc Philippe. En retour, Guillaume mit au service de la maison de Bourgogne ses remarquables qualités de diplomate. Il fut président du conseil du duc, second chancelier de la Toison d'or (1461), légat à Rome pour les négociations relatives à la croisade contre les Turcs (il subsiste deux lettres de lui concernant les préparatifs de la croisade) ; il s'employa aussi comme médiateur entre Philippe le Bon et son fils Charles.

Il est l'auteur d'un gros traité de la *Toison d'or*, qu'il entreprit en 1468 à la demande du duc Charles. L'ordre de la Toison d'or avait été institué par le précédent duc en 1430 en l'honneur de son mariage avec Isabelle de Portugal et avait donné lieu à différentes œuvres, ainsi celles de Jean Germain*, de Raoul Lefèvre*. Guillaume Fillastre va s'efforcer de christianiser tout à fait le personnage de Jason. De son projet initial, décrire les six Toisons — de Jason, Jacob, Gédéon, Mésa roi de Moab, Job et David —, il n'a réalisé que la moitié (la troisième toison existe uniquement dans le ms. de Copenhague), de manière toutefois fort prolixe. L'histoire de la Toison est racontée d'après Ovide ; s'y ajoutent des commentaires, accompagnés de discussions pieuses, d'exemples empruntés à la Bible, à l'Antiquité, aux vies de saints, ainsi que des citations tirées, entre autres, de Pétrarque* et des Pères de l'Église. Pour justifier l'adoption d'une Toison d'or comme symbole de l'institution nouvelle, Fillastre fait de ses trois toisons le point de départ de dissertations sur les vertus impliquées par l'état de noblesse, sur les grands événements et les grands hommes qui ont marqué dans les annales de la Grèce, de Rome et de la France, et répand à profusion ses connaissances littéraires et ses souvenirs livresques. Ce volumineux ouvrage est une somme de moralités et d'histoires. Des dissertations morales de Fillastre, l'une a été l'objet de transcriptions spéciales sous le titre *Brief et utile traitié de conseil*. La large place qu'occupe l'histoire dans la première partie, la Toison de Jason, a fait qu'on a attribué à Fillastre une *Chronique de l'histoire de France* allant de Clovis aux ducs de Bourgogne, texte qui n'est pas autre chose qu'un extrait de la *Toison d'Or*. On lui a aussi attribué le *Recueil des Histoires de Troyes* dont l'auteur est en réalité Raoul Lefèvre*.

ŒUVRES. — Éd. : *Le premier [-second] volume de la Toison d'or, composé par reverend pere en Dieu, Guillaume Fillastre*, Paris, François Regnault, 1516 [les deux premières parties seulement]. — Il manque une éd. complète et critique de la *Toison d'or*. Une édition du *Traité du conseil* extrait du second volume de la *Toison d'or* est en cours de préparation par H. Häyrynen. Pour les éd. précieuses du XVIe siècle, voir le *Catalogue de l'exposition de la Toison d'Or à Bruges (1907)*, Bruxelles, 1907, nos 24, 34-35, 91-92, 99, 111. — *Oratio de Christianorum expeditione adversus Turcos* : éd. H. V. Sauerland, dans *Röm. Quartalschr.*, t. 5 (1891), p. 353-363.

→ A. Bayot, *Observations sur les mss de l'histoire de la Toison d'or de Guillaume Fillastre*, dans *Revue des bibl. et arch. de Belgique*, t. 5 (1907), p. 425-438 ; *Sur l'exemplaire des Grandes Chroniques offert par Guillaume Fillastre à Philippe le Bon*, dans *Mél. G. Kurth*, Paris, t. 2, 1908, p. 183-190 [Ce ms., aujourd'hui à Saint-Pétersbourg, magnifiquement illustré, contient une version des *Grandes Chroniques* remaniée sans doute par Fillastre lui-même. Dans une étude plus récente, mais en russe, G.A. Cernova, *Les miniatures des Grandes Chroniques de France, ms. de la collection de la Bibliothèque Saltykov-Schedrin, essai d'étude des enluminures historiques*, Moscou, s.d. [voir le compte rendu de V. Vodoff, dans *BEC*, t. 120 (1962), p. 222-225] montre que le ms. aurait été composé et enluminé suivant les instructions de Guillaume Fillastre qui voulait en faire non seulement une œuvre d'art mais aussi un monument politique d'inspiration bourguignonne : ainsi les projets de croisade de Philippe le Bon auraient-ils incité le compilateur à recourir aux *Gesta Ludovici regis* pour la vie de saint Louis en raison de la place importante qu'y occupent les expéditions de Terre sainte ; c'est aussi pour ne pas avoir à traiter le sujet trop délicat de la querelle des Bourguignons et des Armagnacs que le remanieur aurait arrêté le récit à 1370. Une nouvelle reproduction des enluminures du ms. a été donnée en 1980 à Leningrad, *Les Grandes Chroniques de France. Enluminures du XVe siècle* [le ms. vient de Saint-Bertin et a été enluminé en partie par Simon Marmion] ; *Jason et Gédéon patrons de la Toison d'or, ibid.*, p. 191-208. — G. Doutrepont, *La littérature française à la cour des ducs de Bourgogne*, Paris, 1909, p. 161-166. — J. Duteil, *Un amateur d'art au XVe siècle, Guillaume Fillastre, évêque de Tournai, abbé de Saint-Bertin, chancelier de la Toison d'or*, Paris, 1920. — A. Bayot, *Observations sur les mss de l'Histoire de la Toison d'or de Guillaume Fillastre*, dans *Revue des Bibl. et Arch. de Belgique*, t. 5 (1907), p. 425-438. — P. M. Gathercole, *Struggle and Contrast in Medieval Ms. Illumination. Mss of the Golden Fleece at the Bibliothèque nationale*, dans *Romance Notes*, t. 19 (1978-1979), p. 104-111 [étude des illustrations]. — P. Cockshaw, *De la réalisation d'un livre à sa destruction : l'exemplaire de l'Histoire de la Toison d'Or de Charles le Téméraire*, dans *Mél. H. Liebaers*, Bruxelles, 1984, p. 201-212. — Molinier, nos 3810, 4911, 4918. — Nouveau Potthast, t. 5, p. 304-305. — Cf. *MB* nos 5236-5238 ; *S* 8018. G.T.L.

Guillaume Flamang. L'on sait très peu de chose de ce chanoine de Langres qui a composé un long *Mystère de saint Didier*. La *Matricula* des chanoines de Langres lui attribue une prébende en 1477 ; il y est inscrit comme chanoine-prêtre en 1495. Vers 1499, il fut curé de Monthier (arr. de Chaumont), puis se retira à l'abbaye de Clairvaux. On croit qu'il est l'auteur de Vies de saints, le plus souvent adaptées du latin : une Vie de saint Bernard, une de sainte Asceline, de sainte Hombeline et une autre de sainte Aleth, respectivement petite-nièce, sœur et mère de saint Bernard. On lui doit aussi une *Devote exhortacion pour avoir crainte du grand jugement de Dieu* (216 vers), des épitaphes, des statuts de confréries locales (Saint-Didier, Saint-Pierre et Saint-Paul de Langres) et une chronique en vers des évêques de Langres. On n'a plus réédité ses œuvres, sauf son Mystère appelé plus exactement *La Vie et passion de monseigneur sainct Didier, martir et evesque de Lengres, faictes par personnages, a la requeste de messeigneurs les Confrères de la Confrarie dudit saint audit Lengres*. Il est daté de 1482 et le seul manuscrit que nous en ayons est du 31 mai 1507.

Cette pièce, qualifiée, dans l'épilogue, *mistere ou devote histoire*, est une grande œuvre de 10 200 vers environ, une œuvre à très grand spectacle requérant 116 personnages, dont un fol qui est dessiné dans la marge du ms. En trois journées, les habitants de Langres se sont vu rappeler, d'abord la désignation divine de leur évêque, ancien laboureur génois, puis l'attaque des Vandales et le martyre de leur pasteur au Ve siècle, enfin la translation de ses reliques en 1314 et les miracles qui se sont produits en cette occasion. La deuxième journée est extraordinairement chargée de combats : prise de Langres et victoire des Romains d'Arles sur le roi vandale Croscus. La prise de Langres est particulièrement mouvementée. Presque tout se passe à Langres, d'ailleurs, et ce jeu dramatique est peut-être l'œuvre la plus spécifiquement locale que nous ayons. Malheureusement, Guillaume Flamang se montre trop savant, trop féru de latinismes, d'éloquence et d'antiquité romaine pour oser d'autres évocations que celle des seigneurs de la région. Les vers sont très variés, comme dans les grands Mystères de la Passion ; à ceux-ci, il a emprunté les diableries et les scènes en Paradis. De plus, il ajoute à son personnel un « fol » qui intervient à tout propos sans prendre à partie d'autres acteurs que les messagers. Il est bouffon, pas toujours comique, grivois après une scène tragique. Guillaume Flamang eut plus d'ambition que de vrai talent ; il recourt plus aux formules de cour et à l'éloquence religieuse qu'au vrai dialogue ; il n'a pas réussi à forger des caractères. Par exemple, sa dernière journée, réservée à la translation et à la vénération des reliques, est étirée à plaisir, gonflée d'ambassades et de louanges. Néanmoins, Guillaume Flamang ne mérite pas l'oubli des historiens modernes.

ŒUVRES. — *La vie et passion de Mgr Sainct Didier*, éd. J. Carnandet, Paris, 1855.

→ L. Petit de Julleville, *Les Mystères*, Paris, 1880, t. 1, p. 231-240 ; et t. 2, p. 43-44, 508-510. — *Bibliographia Bernardina*, t. 4 des *Xenia Bernardina*, Vienne, 1891, nos 428-429. — F. Bar, *Un cas de style « humanistique », le mystère de saint Didier*, dans *Actes du 10e Congrès de linguistique et philologie romanes, Strasbourg, 1962*, Paris, 1965, t. 2, p. 589-604. — A. Surdel, *Typologie et stylistique des locutions sentencieuses dans le Mystère de saint Didier*, dans *Richesse du proverbe*, Lille, 1984, t. 1, p. 145-162. — A. Surdel et F. Surdel-Scher, *Le lexique de la guerre dans le Mystère de saint Didier*, dans *Mél. H. Naïs*, Nancy, 1986, p. 165-175.

Voir aussi : *Saint Didier (Mystère de)*. O.J.

Guillaume Gaudoul. Chapelain de René d'Anjou*, roi de Sicile, entre 1470 et 1480, Guillaume Gaudoul composa, en 1473, un poème allégorique (598 vers, suivis d'une épître de dédicace en prose) intitulé le *Songe du Cerf*. Dédié au « cardinal d'Arles », ce poème célèbre (en plus de 400 vers) la promotion au cardinalat, le 7 mai 1473, de Philippe de Lévis (1435-1475), archevêque d'Auch, puis d'Arles (1463) : le « cerf » y symbolise le tout nouveau cardinal, les « bergers » les prêtres, les « gardes » les cardinaux, et le « lion mécontent » pourrait être Charles de Bourbon, archevêque de Lyon, qui ne devint cardinal que le 18 décembre 1476. Le *Songe du Cerf* se termine par des louanges, bien conventionnelles, à la Vierge qui a inspiré Philippe de Lévis.

Le *Songe du Cerf* n'est conservé que par une copie moderne, signée d'un certain Sarget en 1894, et reste inédit.

→ V.-L. Saulnier, *Un poète inconnu de la maison du Roi René : Guillaume Gaudoul et le Songe du Cerf*, dans *Mél. P. Le Gentil*, Paris, 1973, p. 773-788. — Cf. *MB S* 7438. F.F.H.

Guillaume Gruel. Guillaume Gruel est né vers 1400-1410 aux alentours de Montauban en Bretagne (Ille-et-Vilaine). Sa famille était de petite noblesse ; son frère aîné devint en 1420 écuyer tranchant d'Arthur de Richemont, qui avait été fait prisonnier en Angleterre après Azincourt. Lui-même entre vers 1425 au service de Richemont devenu connétable de France. Il le suivra dans la plupart de ses expéditions militaires. En 1450, il prendra une part active à la campagne de Normandie. Mais il n'est plus aux côtés de Richemont lorsque celui-ci devient gouverneur de Normandie et y séjourne de 1451 à 1455. Il reçoit cependant encore de nombreuses faveurs de son maître ; ainsi en 1457, lorsque celui-ci coiffe la couronne ducale, il est nommé capitaine de Dol-de-Bretagne. Richemont meurt l'année suivante. Lui-même décède entre 1474 et 1482.

Il a laissé une *Chronique d'Arthur de Richemont*, commencée après la mort du connétable et terminée avant 1466. La première partie va jusqu'en 1425 et est inspirée par la tradition orale. Pour la seconde partie, 1425-1458, Gruel est en majeure partie témoin oculaire. Il utilise aussi des pièces d'archives. Ce n'est toutefois pas une biographie exhaustive, mais essentiellement une histoire militaire détaillée des campagnes du connétable. On a reproché à Gruel d'avoir montré le beau côté de Richemont, donc de passer sous silence ses attitudes parfois proches de la trahison, les nombreuses intrigues auxquelles il se trouva mêlé. Gruel a voulu, en effet, composer une œuvre à la gloire d'Arthur et de la maison de Bretagne. Pour ériger progressivement son héros en personnage exemplaire, il use de distorsions et de recherches d'expressivité ; c'est ainsi que le récit d'Azincourt est récupéré pour servir le portrait du héros : il ne fournit de précisions sur les circonstances héroïques et dramatiques qui accompagnent la capture des prisonniers qu'à propos de Richemont. Pour valoriser son héros, il omet tout ce qui, dans la vie publique ou privée du connétable, serait de nature à ternir sa réputation. Il y a, du point de vue de l'historien, beaucoup d'affabulation dans la chronique de Gruel. Mais on aperçoit en fait un auteur soucieux de peindre un personnage qui ne déparerait pas un récit chevaleresque fictif de la même époque. Gruel réussit ainsi à proposer un modèle de chef avisé, de justicier exemplaire, de chevalier loyal et charitable, et surtout de bon chrétien. Malgré une prose sans apprêt, un style plutôt neutre et sec, Gruel a fait œuvre de littérateur en même temps que d'historiographe.

ŒUVRE. — Éd. A. Le Vavasseur, Paris, 1890 *(SHF)*.

→ A. Le Vavasseur, *Valeur historique de la Chronique d'Arthur de Richemont*, dans *BEC*, t. 47 (1886), p. 525-565 ; t. 48 (1887), p. 248-285. — P. Lemée, *Arthur III, duc de Bretagne et son chroniqueur Guillaume Gruel*, dans *Annuaire de la Soc. hist. et archéol. de l'arr. de Saint-Malo*, 1858, p. 50-65. — J. P. Etcheverry, *Arthur de Richemont le Justicier, précurseur, compagnon et successeur de Jeanne d'Arc, ou l'honneur d'être français*, Paris, 1983 [« preuve que la bio-hagiographie, loin d'être reléguée dans les oubliettes moyenâgeuses, continue à se bien porter »]. — C. Thiry, *Un Arthur du XVe siècle en Bretagne : Richemont, connétable, duc et chevalier*, dans *Actes du 14e congrès international arthurien, 1984*, Rennes, 1985, t. 2, p. 600-626. — Molinier n° 4153. — Nouveau Potthast, t. 5, p. 252. — Cf. *MB* n° 5169.

G.T.L.

Guillaume Guiart. Auteur d'une chronique versifiée en rimes léonines de 21 510 vers octosyllabiques, la *Branche des royaus lignages*, composée en 1306-1307 en l'honneur de Philippe le Bel, conservée dans le ms. BN fr. 5698. De la vie de l'auteur, on ne sait guère que ce qu'il en dit lui-même dans le prologue. Né à Orléans, il prit part, comme porte-étendard des sergents d'Orléans, à la campagne de Flandres en 1304. À Arras, où le retenaient les deux blessures qu'il avait reçues à l'attaque de la Haignerie, il lut une histoire écrite par des partisans de Flandres, où la vérité, selon lui, était défigurée au profit des ennemis. La lecture de ce poème, que nous ne connaissons pas, lui fit entreprendre sa chronique pour raconter la vérité de la guerre. Il interrompit pourtant cet ouvrage, fondé uniquement sur des sources orales, pour aller consulter, sur le conseil d'un clerc, les chroniques de Saint-Denis. Il brûla alors son premier travail et recommença son œuvre en avril 1306, et l'acheva après juillet 1307, date de la mort du roi d'Angleterre Edouard Ier. Selon quelques actes judiciaires, il vécut à Paris entre 1313 et 1316. Après 1316, on ne sait rien de lui.

La chronique de Guillaume Guiart commence avec le règne de Philippe Auguste et s'achève en 1307. Pour la période de 1180 à 1296, il a utilisé surtout les *Grandes Chroniques de France**, dont il avait pris connaissance à Saint-Denis. Son histoire de Philippe Auguste a pour source principale l'ouvrage latin de Guillaume Le Breton*, d'après la traduction française de Jean de Prunai dont l'œuvre a été perdue. Pour les règnes de Louis VIII, saint Louis et Philippe III le Hardi, on le voit tributaire notamment des *Gesta Ludovici octavi* et des ouvrages de Guillaume de Nangis*, *Gesta sancti Ludovici* et *Gesta Philippi tertii*, également, d'après une traduction faite par Primat et d'autres moines de Saint-Denis. Ces ouvrages avaient été intégrés dans les chroniques de Saint-Denis. Il est clair qu'il connaissait aussi la littérature en ancien français. Il avait lu la *Conquête de Constantinople* de Geoffroi de Villehardouin* et on trouve, dans sa chronique, des réminiscences du *Roman de Troie* et du *Roman de la Rose**.

Guiart fait vraiment œuvre originale quand il relate les événements de 1296 (à partir du vers 13133) à 1304, dont il peut parfois parler en témoin oculaire : d'abord la campagne anglaise en Guyenne en 1296-1297, puis le voyage en Italie de Charles de Valois en 1301-1302, enfin et surtout — et c'est la partie la plus appréciée de l'ouvrage — la campagne de Flandres de 1297 et la guerre de 1300 à 1304. Son récit de la période 1296-1304 comporte pourtant de temps en temps des emprunts aux *Grandes Chroniques*. Mais à partir du vers 16331, il n'utilise plus les chroniques officielles de Saint-Denis.

Le style de Guillaume Guiart peut sembler ennuyeux et alourdi par trop de chevilles. Mais cela est dû en partie aux exigences de la versification, surtout lorsqu'il faut trouver des rimes léonines aux nombreux noms propres. Le poète n'est pas dépourvu de talent descriptif, même si ses descriptions sont parfois encombrées de détails superflus, et sa langue est un trésor pour le lexicographe, comme l'avait déjà découvert Du Cange.

ŒUVRE. — Éd. J.A. Buchon dans *Collection des chroniques nationales françaises*, t. 7 et 8, Paris, 1828. — Éd. partielle N. de Wailly et L. Delisle dans *RHF*, t. 22 (1865), p. 171-300 [le prologue et les vers 8965-21510].

→ N. de Wailly, *Notice sur Guillaume Guiart*, dans *BEC*, t. 8 (1846), p. 1-12. — P. Paris dans *HLF*, t. 31 (1893), p. 104-143. — J. Senet, *Guillaume Guiart et la « Branche des royaux lignages »*, dans *Positions des thèses... de l'École des Chartes*, 1956, p. 87-89. — R.D.A. Crafter, *Materials for a Study of the Sources of Guillaume Guiart's La Branche des royaus lingnages*, dans *Medium Aevum*, t. 26 (1957), p. 1-16. — Molinier, n° 2848 — Nouveau Potthast, t. 5, p. 265-266. Sv.S.

Guillaume de Jumièges. Historien normand du XIe siècle, portait aussi le surnom de Caillou *(Calculus)*. On sait peu de chose de sa vie, sinon qu'il fut moine de Jumièges et vécut sous Guillaume le Conquérant, auquel il offrit son œuvre, les *Gesta Normannorum ducum*, qui constituent une sorte d'histoire officielle des sept premiers ducs de Normandie ; divisée en sept livres, elle fut achevée en 1071. Les quatre premiers livres sont un résumé de Dudon*, débarrassé de la rhétorique chère à cet auteur ; les trois livres suivants racontent les règnes de Richard II (l. V), de Richard III et de Robert (l. VI) et de Guillaume le Conquérant jusqu'en 1070 (l. VII) ; il est difficile de déterminer les sources de cette seconde partie. L'œuvre de Guillaume de Jumièges a été très lue et très utilisée à travers tout le Moyen Âge, et sans doute d'abord par Guillaume de Poitiers* dans son « Histoire de Guillaume le Conquérant », rédigée vers 1073-1074. Augmentés au début du XIIe siècle par Orderic Vital*, au milieu du siècle par Robert de Torigny*, les *Gesta Normannorum ducum* n'ont été débarrassés que très récemment de leurs additions par les éditeurs. Ils restent la source fondamentale de notre connaissance du XIe siècle normand. Comme l'auteur le déclare lui-même, il est surtout un abréviateur, et cette brièveté est sa principale vertu littéraire ; mais elle a entraîné plus d'une simplification arbitraire, notamment en matière de chronologie. Le style est précis et, sauf dans les prologues, n'est guère recherché.

ŒUVRES. — *Gesta Normannorum ducum*, éd. J. Marx *(Soc. de l'Hist. de Normandie)*, Rouen, 1914, la seule édition critique ; rééd. en préparation par E.M.C. Van Houts.

→ Outre l'intro. de l'éd. Marx, on verra une discussion approfondie des relations entre Guillaume de Jumièges et Guillaume de Poitiers dans l'introduction de l'éd. que R. Foreville a donnée de ce dernier auteur (Paris, 1952), p. 25-35, qui dispense de la littérature antérieure. — Parmi les nombreux articles de E. Van Houts, voir avant tout *The Gesta Normannorum Ducum : a history without an end*, dans *Proceedings of the Battle Conference*, t. 3, 1980, p. 106-118, 215-220, avec une ample biblio.

L.M.

Guillaume de La Penne. De ce chevalier breton du XIVᵉ siècle, on ne sait rien, si ce n'est qu'il a écrit, vers 1390, un poème en 2 750 vers octosyllabiques, la *Geste des Bretons en Italie*. C'est une narration fidèle des guerres auxquelles participèrent un certain nombre de Bretons qui s'engagèrent à l'appel du pape Grégoire XI (1370-1378) pour repousser les attaques de Florence. Le conflit débuta en juin 1376. On attribue à Guillaume un autre poème, la *Remembrance de Bertrand du Guesclin* ou description des obsèques du connétable célébrées à Saint-Denis en 1389.

ŒUVRES. — *Geste des Bretons en Italie* : éd. Martène et Durand, *Thesaurus novus anecdot.*, t. 3 (1717), col. 1457-1504 [sous le titre : *Histoire des guerres d'Italie par les Bretons*]. — Éd. Morice, *Preuves hist. Bretagne*, t. 2 (1744), p. 132-172 [reprend la précédente éd.]. — *Remembrance de Bertrand du Guesclin* : éd. L. Mirot, *La messe de Requiem de Du Guesclin en 1389*, dans *Revue des questions historiques*, 1903, p. 231-233.

→ L. Mirot, *Sylvestre Budes (13??-1380) et les Bretons en Italie*, dans *BEC*, t. 58 (1897), p. 579-814 ; t. 59 (1898), p. 262-303 [annonçait qu'il préparait une éd. de la *Geste*]. — Molinier nᵒˢ 3348, 3532. — Nouveau Potthast, t. 5, p. 337. — Cf. *MB* nᵒ 5120.

G.T.L.

Guillaume Le Breton. Comme son nom l'indique, Guillaume est un Breton, né entre 1159 et 1169, probablement dans le diocèse de Saint-Pol-de-Léon. Il est mort en 1226 ou peu après. À l'âge de douze ans, il alla étudier à Mantes puis à Paris. Dans son poème, le *Karolinus* (écrit vers 1195-1200 et dédié à Louis VIII), Gilles de Paris le cite parmi les personnages importants de la ville et lui donne le titre de *doctor*. À la fin de ses études, Guillaume retourna en Bretagne et devint chanoine de Saint-Pol-de-Léon puis de Senlis. Entre trente et quarante ans, il fit un voyage à Paris où il eut l'occasion de fréquenter la cour, et gagna la faveur royale. Le roi l'envoya auprès du pape pour régler l'affaire délicate de son divorce d'avec Ingeburge, épisode que Rigord* désapprouva sévèrement, alors que Guillaume n'en dira mot dans ses écrits. Devenu un familier du roi, il servit de précepteur au fils illégitime de Philippe, Pierre Charlot, pour lequel il composa un poème *Karlotis*, aujourd'hui perdu, et devint le chapelain du roi et son historiographe. Il a écrit deux chroniques en latin, l'une en prose, l'autre en vers. Les *Gesta Philippi Augusti*, composées entre 1216 et 1220, sont constituées de plusieurs parties : un résumé de la chronique de Rigord continuée jusqu'en 1208, l'œuvre propre de Guillaume qui s'arrêtait primitivement à 1214 et qu'il écrivit, peut-être à la demande du roi, pour célébrer la victoire de Bouvines à laquelle Guillaume avait assisté, enfin une continuation jusqu'en 1219. Cette version sera révisée après la mort de Guillaume et prolongée par un moine de Saint-Denis jusqu'en 1223 (mort de Philippe Auguste). Certaines parties de cette chronique ont servi de canevas aux parties correspondantes de son autre ouvrage, la *Philippide*, écrite en vers latins et divisée en 12 livres, dont la première rédaction semble remonter à 1220-1225, la seconde à 1226. Malgré sa grande valeur historique, la chronique en prose a eu moins de succès que le poème et a passé longtemps pour l'œuvre de Rigord. Il semblerait qu'aux environs de 1227, elle ait fait l'objet d'une traduction en vers. Deux feuillets épars retrouvés dans un paquet de parchemins divers appartenant à une collection privée, pourraient en effet contenir des fragments de cette traduction, un premier fragment ayant trait aux suites de la bataille de Bouvines, un second aux événements qui amenèrent Louis, fils du roi, à renoncer à la couronne d'Angleterre. Le traducteur, un clerc instruit, est fort au courant de l'histoire contemporaine. S'il résume en général le texte latin avec exactitude, il n'hésite pas à retrancher certains détails ou même à ajouter quelques faits provenant parfois de la tradition orale. La versification en vers octosyllabiques à rimes accouplées est celle qui est employée dans la plupart des chroniques rimées de cette époque. Cette traduction pourrait être l'œuvre perdue de Jean de Prunai. Cet auteur, selon le témoignage de Guillaume Guiart*, aurait écrit vers 1227 un « roman » qui semblerait basé sur les deux chroniques de Guillaume le Breton. Guillaume Guiart avoue en effet, dans la *Branche des royaux lignages*, que, empêché de consulter l'un des deux ouvrages de Guillaume le Breton, il s'était servi de celui de Jean de Prunai. Ce texte pouvait très vraisemblablement être écrit en vers. Il semblerait en tout cas, d'après les fragments subsistants, que ce fût une traduction de la chronique, dont le récit est sobre et bien ordonné, plutôt que de la *Philippide*, qui n'observe pas de système chronologique cohérent. Il existe une autre traduction de la chronique, mais en prose ; elle se trouve à la fin du « roman des rois » que Primat offrit en 1274 au roi Philippe le Hardi, compilation qui est à l'origine des *Grandes Chroniques de France**. De la *Philippide*, on possède aussi une traduction, qui date d'une cinquantaine d'années auparavant, vers 1220-1230 : elle se trouve à la fin de la « chronique des rois » qu'un moine anonyme compila à partir d'un corpus latin voisin de celui que Primat traduisit.

ŒUVRES. — Éd. H. F. Delaborde, Paris, 2 vol., 1882 *(SHF)*. — Éd. des fragments de la trad. en vers : C.R. Borland et R.L. Ritchie, *Fragments d'une traduction française en vers de la chronique en prose de Guillaume le Breton*, dans *Romania*, t. 42 (1913), p. 14-22. — Éd. de la trad. de la *Philippide* : C. Buridant, *La traduction de la Philippide de Guillaume le Breton du manuscrit Vatican Regina 624*, thèse dactyl., doctorat d'État, Université Lille III, s.d., 2 vol.

→ H.F. Delaborde, *Étude sur la chronique en prose de Guillaume le Breton*, dans *BEFAR*, t. 22 (1881). — P. Botineau, *L'histoire de France en français depuis Charlemagne à Philippe Auguste*, dans *Romania*, t. 90 (1969), p. 79-99. — G. Duby, *Le dimanche de Bouvines*, Paris, 1973. — G.M. Spiegel, *The Chronicle Tradition of Saint-Denis. A Survey*, Brookline, Leyde, 1978, p. 63-68. — C. Buridant, *De l'ancien au moyen français : la traduction de la Philippide de Guillaume le Breton dans la Chronique des rois de France et son évolution d'après les mss du* XIII*e au* XV*e siècle : aspects d'une récriture*, dans *Mél. H. Naïs*, Nancy, 1986, p. 35-57. — J.W. Baldwin, *Le sens de Bouvines*, dans *CCM*, t. 30 (1987), p. 119-130. — G. Labory, *Essai d'une histoire nationale au* XIII*e siècle : la Chronique de l'Anonyme de Chantilly-Vatican*, dans *BEC*, t. 148 (1990), p. 301-354. — Molinier, nos 2212, 2213. — Nouveau Potthast, t. 5, p. 294 [*Guillelmus Brito*]. — Cf. *MB* nos 3754, 3755.

G.T.L.

Guillaume le Clerc. Auteur de *Fergus* roman en vers octosyllabiques du premier tiers du XIIIe siècle, Guillaume le Clerc, de Picardie ou de Wallonie, ne doit pas être confondu avec Guillaume le Clerc*, de Normandie, auteur d'un bestiaire et du *Besant de Dieu*.

Fergus est un jeune pâtre qui, voyant passer les chevaliers d'Arthur, veut devenir chevalier. Il quitte la maison sur un vieux cheval et se fait adouber par le roi. Hébergé par un châtelain dont la fille, Galienne, s'éprend de lui, il reste insensible à cet amour et poursuit ses aventures. Il vient à bout du Noir Chevalier et l'envoie comme prisonnier chez Arthur. Lui-même revient triomphalement à la cour, puis brave mille dangers pour retrouver Galienne : il fait le vœu de ne manger ni pain ni grain avant d'avoir réussi dans son entreprise. Un nain qu'il consulte lui prédit que ce sera pour bientôt ; il apprend qu'elle est assiégée par un roi qui veut la déposséder, vole à son secours et triomphe. Les noces sont célébrées à Carduel.

Le roman aurait sans doute été composé pour un seigneur écossais, Alain de Galloway (ou bien pour sa fille et son mari John de Bailliol). En tout cas, plutôt que de décrire l'accession d'un manant à la chevalerie, Guillaume a sans doute voulu représenter un espoir dynastique, la prétention au trône d'Écosse d'une famille puissante, tout en inscrivant l'histoire dans un passé arthurien.

La valeur littéraire de *Fergus* est grande. Tout en étant profondément imprégné des romans de Chrétien de Troyes* (*Erec et Énide* et surtout *Le Conte du Graal*), et dans une moindre mesure de *Tristan** et du *Roman de Troie**, l'auteur a su de façon étonnante créer une œuvre originale et vivante, avec des détails réalistes précis, un art de la couleur locale consommé et un ton souvent humoristique et plaisant.

Fergus nous est parvenu également dans une version néerlandaise, *Ferguut*, qui donne une indication précieuse sur la diffusion du roman.

ŒUVRE. — Éd. E. Martin, *Fergus, roman de Guillaume le Clerc*, Halle, 1872. — *Guillaume le Clerc, The Romance of Fergus*, éd. W. Frescoln, Philadelphie, 1983. — Trad. R. Wolf-Bonvin, *La chevalerie des sots. Le roman de Fergus. Trubert...*, Paris, 1990 *(Stock-Moyen Âge)*.

→ W. Marquardt, *Der Einfluss Kristians von Troyes auf den Roman Fergus des Guillaume le Clerc*, Göttingen, 1906. — L. Jordan, *Zum altfranzösischen Fergus Roman*, dans *ZRPh*, t. 43 (1923), p. 154-186. — M. Schlauch, *The Historical Background of Fergus and Galiene*, dans *PMLA*, t. 44 (1929), p. 360-376. — M. D. Legge, *Sur la genèse du Roman de Fergus*, dans *Mél. M. Delbouille*, Gembloux, 1964, t. 2, p. 399-408. — N. De Paepe, *Le Fergus et le Fergut : remaniement d'une traduction courtoise*, dans *Literature and Translation...*, Louvain, 1978, p. 204-213. — B. Schmolke-Hasselmann, *Le roman de Fergus : Technique narrative et intention politique*, dans *Mél. L. Thorpe*, Glasgow, 1981, p. 342-353. — M. A. Freeman, *Fergus : Parody and the Arthurian Tradition*, dans *French Forum*, t. 8, n° 3 (1983), p. 197-215. — D.D.R. Owen, *The Craft of Fergus. Supplementary Notes*, dans *French Studies Bulletin*, t. 25 (1987-1988), p. 1-5. — Cf. *MB* n°s 2056-2063, 6419-6420 ; *S* 4170-4175.

A.M. et C.R.

Guillaume le Clerc de Normandie. Clerc, mais non prêtre, originaire de Normandie, marié et chargé de famille, Guillaume a vécu une grande partie de sa vie en Angleterre. Il a exercé son activité littéraire dans le premier tiers du XIIIe siècle ; son premier ouvrage, allégorique et moral, le *Bestiaire divin*, date de 1210 ou 1211, et son dernier, les *Treis moz* ou les *Trois ennuis de l'homme*, a été écrit entre 1227 et 1238.

Ses écrits, religieux et moraux, témoignent d'une culture assez étendue, en particulier dans le domaine biblique, et d'un remarquable don d'observation. Outre le *Bestiaire divin* dédié à son seigneur Raoul, et les *Treis moz* écrits pour Alexandre de Stavenby, évêque de Lichfield et Coventry († 1238) et fortement inspirés du *De miseria humanae conditionis* d'Innocent III, on lui doit une *Vie de sainte Marie-Madeleine* (avec miracles), un poème sur les *Joies Nostre Dame*, une *Vie de Tobie* et le *Besant de Dieu*. Ce poème moral, où il presse les hommes de mépriser le monde et la chair pour servir Dieu, est aussi une critique sociale du clergé et des grands de ce monde, en même temps qu'un rappel des devoirs du chrétien. Le propos est vif, illustré par des exemples et des paraboles. La page où Guillaume s'élève contre la croisade albigeoise est à bon droit célèbre. Le *Besant*, écrit en 1226 ou 1227, doit beaucoup au *Bestiaire*, que Guillaume n'hésite pas à piller.

Si le *Bestiaire divin* a été très diffusé (une vingtaine de manuscrits), les autres œuvres de Guillaume le Clerc de Normandie ne sont conservées que par un à quatre manuscrits. On lui a également attribué, à tort, comme le démontre P. Ruelle, la *Male Honte, Du prêtre et d'Alison* et surtout *Fergus*, que l'on sait maintenant être d'un autre Guillaume le Clerc*, de Picardie ou de Wallonie.

ŒUVRES. — *Le Bestiaire divin de Guillaume*, éd. C. Hippeau, Caen, 1882 ; réimpr. Genève, 1970. — *Guillaume le Clerc, le Bestiaire*, éd. R. Reinsch, Leipzig, 1890. — *Bestiaires du Moyen Âge*, éd. G. Bianciotto, Paris, 1980 (trad. en français moderne). — *Le Besant de Dieu de Guillaume Le Clerc de Normandie*, éd. P. Ruelle, Bruxelles, 1973 [avec une étude qui fait le point sur l'auteur et une abondante bibliogr.]. — *Les Joies de Nostre Dame des Guillaume Le Clerc de Normandie*, éd. R. Reinsch, dans *ZRPh*, t. 3 (1879), p. 200-231 [éd. les *Joies Nostre Dame* et les *Treis moz*]. — *Guillaume Le Clerc de Normandie, insbesondere seine Magdalenenlegende*, éd. A. Schmidt, dans *Romanische Studien*, t. 4 (1879-1880), p. 493-542.

→ A. Wallner, *Li Besant Deu Guillaumes von der Normandie*, Graz, 1916. — P. Meyer, *Les Bestiaires. Le Bestiaire de Guillaume*, dans *HLF*, t. 34, (1915), p. 373-379. — C. V. Langlois, *La vie en France au Moyen Âge d'après des moralistes du temps*, Paris, 1926, p. 107-128. — M.D. Legge, *Anglo-Norman Literature and its Background*, Oxford, 1963, p. 206-209, 228-230. — *The Romance of Fergus*, trad. D.D.R. Owen, dans *Arthurian Literature*, t. 18 (1989), p. 79-183. — Cf. *MB* n°s 2878-2879, 3032-3033, 3456-3460 ; *S* 5351, 5853-5854.

Voir aussi : *Bestiaires*. A.F.L.L.

Guillaume Le Normand. Voir : *Prêtre et Alison*.

Guillaume Leseur. La personnalité de Guillaume Leseur demeure énigmatique et obscure. Seul le nom donné en acrostiche à la fin de son ouvrage est certain. Guillaume fut sans doute attaché, en qualité d'homme de guerre ou de chambellan (dans l'intitulé de la chronique, il est désigné sous le titre vague de domestique), à la personne du comte de Foix, Gaston IV (1436-1472), qu'il dut accompagner dans ses voyages diplomatiques et ses campagnes militaires. Les successeurs du prince défunt le chargèrent, quelques années après sa mort, d'écrire ses hauts faits, ce qu'il fit en 1477-1478. Le manuscrit original de l'*Histoire de Gaston IV, comte de Foix (1442-1472)* a disparu. Il ne subsiste qu'une copie du XVIIe siècle malheureusement incomplète. Cependant une analyse des passages manquants prise à la même époque par un érudit et conservée dans la Collection Bréquigny, au volume 55, permet de suppléer quelque peu à ces lacunes ; les chapitres 1, 10, 11 à 13, le début du chapitre 2 et la fin du chapitre 9 sont en effet absents. Ce sont en grande partie des descriptions de tournois, de fêtes chevaleresques, pour lesquels Guillaume montre une grande passion. Mais il manque également le récit de la première campagne militaire du comte de Foix en Comminges en 1440, par lequel l'ouvrage s'ouvrait, de même qu'un certain nombre de faits importants qui se trouvaient dans le chapitre 13 : les ambassades allemandes et anglaises en France, l'arrestation de Gilles de Bretagne, l'ambassade française de 1448 à Rome, enfin et surtout la campagne du Recouvrement de Normandie en 1449-1450. Dans l'état actuel du manuscrit, la chronique, qui reste un récit de campagnes guerrières, commence au siège de Dax (juillet 1442) au cours de la grande expédition de Gascogne faite par Charles VII ; elle relate d'autre part de façon détaillée les guerres du comte de Foix en Guyenne contre les Anglais. Telle quelle, l'*Histoire de Gaston IV* est riche en renseignements nouveaux. Les descriptions des pas d'armes et des tournois sont fort intéressantes. Malgré des erreurs chronologiques dues à ce que l'auteur a écrit trente ans après les événements, des inexactitudes ou des altérations de la vérité (l'ouvrage est une commande et revêt un caractère de panégyrique), c'est une œuvre utile pour l'histoire militaire des règnes de Charles VII et Louis XI.

ŒUVRES. — Éd. H. Courteault, 2 vol., Paris, 1893-1896 *(SHF)*.

→ H. Courteault, *Le manuscrit original de l'Histoire de Gaston IV, comte de Foix, par Guillaume Leseur. Additions et corrections à l'édition de cette chronique*, dans *Annuaire-Bul. de la Soc. de l'Hist. de France*, t. 43 (1906), p. 180-212. — Molinier n° 4155. — Nouveau Potthast, t. 5, p. 337. — Cf. *MB* n° 5171.

G.T.L.

Guillaume le Vinier. Frère du trouvère Gilles le Vinier, Guillaume fut lui-même l'un des chansonniers courtois les mieux doués et les plus féconds de l'école poétique arrageoise du XIIIe siècle. Il était clerc — peu élevé dans la hiérarchie ecclésiastique, car il se maria — et bourgeois d'Arras, et il mourut avant le 4 juin 1245. Ses débuts littéraires peuvent dater des environs de 1220. Guillaume pratiqua avec élégance les genres les plus divers, puisque son œuvre, pleine d'imagination et de verve, comprend 17 chansons d'amour, trois chansons à la louange de la Vierge, trois pastourelles, un lai lyrique, un descort, une chanson de mal mariée et une reverdie où l'auteur converse avec un rossignol. Il faut y ajouter les sept jeux-partis qu'il échangea avec certains des nombreux trouvères artésiens et arrageois qui étaient ses amis (Andrieu Contredit*, Colart le Bouteillier*, Moniot d'Arras*), et le jeu-parti qu'il proposa au comte Thibaut IV de Champagne*.

ŒUVRES. — *Les Poésies de Guillaume le Vinier*, éd. P. Ménard, Genève-Paris, 1970 (*TLF*, 166). — P. Bec, *La lyrique française au Moyen Âge (XIIe-XIIIe siècle)*, Paris, 1978, t. 2, p. 62, 77-79, 128-130 [trois pièces]. — *Anthologie de la poésie lyrique française des XIIe et XIIIe siècles*, éd. bilingue J. Dufournet, Paris, 1989, p. 210-215 *(NRF/Poésie)* [une chanson].

→ R. Berger, *Le Nécrologe de la confrérie des jongleurs et des bourgeois d'Arras (1194-1361)*, Arras, 1970, t. 2, p. 115 et 118 (*Mémoires de la Commission départementale des Monuments historiques du Pas-de-Calais*, XIII, 2). — M.-H. Fernandez, *Le génie ondoyant et divers du trouvère Guillaume le Vinier (essai d'analyse littéraire et musicale)*, dans *Marche Romane*, t. 30 (1980), *Mediaevalia 80*, p. 93-103. — Linker, n° 102. — Cf. *MB*, nos 2351 ; *S* 4487-4488.

G.M. et F.F.H.

Guillaume de Lorris. Son nom n'est connu que grâce à un passage de ce que l'on appelle le second *Roman de la Rose**. Le dieu d'Amour indique, en une prophétie, quels seront les deux narrateurs successifs de l'histoire de la conquête de la rose (v. 10496-10534, éd. Lecoy) :

Vez ci Guillaume de Lorriz (...)
Et plus oncor me doit servir,
car por ma grace deservir
doit il commancier le romant (...)
et jusque la le fornira
ou il a Bel Acueill dira (...)
« car je n'ai mes aillieurs fiance. »
Ci se reposera Guillaumes,
cui li tombleaus soit pleins de baumes,

d'encens, de mirre et d'aloé,
tant m'a servi, tant m'a loé.
Puis vendra Johans Chopinel (...)

Ce montage textuel très précis, puisqu'il va jusqu'à donner l'explicit de la première partie du roman, a fait croire en l'existence réelle d'un Guillaume de Lorris. On a ainsi songé à l'identifier avec un Guillaume, seigneur de Loury-aux-Bois, et à un Guillaume de Lorris dans l'Orléanais. Ce dernier, fils d'un sergent de Philippe Auguste et de Louix IX, fabriquait des arbalètes au château de Melun en 1239. Il rendit peut-être des sentences arbitrales aux côtés de Philippe de Beaumanoir* en 1242, et ses héritiers furent couchés en 1270 sur le testament d'Alphonse de Poitiers, frère de Louis IX. Toutes ces hypothèses sont plus que fragiles et n'apportent guère à la compréhension même du texte. Elles sont engendrées, de plus, par une notion postérieure à cette époque du Moyen Âge : celle d'auteur. Analysant les jeux complexes de l'écriture du *Roman de la Rose*, roman double et un, R. Dragonetti a pris le contrepied de la critique historiciste : pour lui, Guillaume de Lorris et Jean de Meun* ne sont que les deux reflets fictifs de l'unique maître d'œuvre du texte, invisible et absent. Ce bel article, qui fait de l'écriture du roman un système clos et autonome, oublie bien sûr l'attestation extratextuelle du nom de Jean de Meun. Il implique également que la partie dite de Guillaume de Lorris ne peut signifier seule. Or, d'autres critiques ont tenté de montrer le contraire. Le premier *Roman de la rose* ne serait en effet pas inachevé, et son ouverture finale emprunterait en particulier à la lyrique courtoise, où l'accomplissement de l'amour demeure de l'ordre du désir. Quant à Guillaume de Lorris, s'il exista, il ne vit plus aujourd'hui que comme une figure du texte de Jean de Meun. On ne saurait donc lui attribuer la jeunesse du narrateur-songeur du *Roman de la rose*, dont le « je » est plutôt lyrique qu'autobiographique. On ne saurait non plus fixer sa date de naissance (vers 1210), en rapport avec les indications données par son continuateur. Guillaume de Lorris est un nom, celui d'une des plus belles fictions médiévales.

→ F. Guillon, *Étude historique et biographique sur Guillaume de Lorris*, Orléans (avant 1882) [Guillaume seigneur de Loury-aux-Bois]. — M.-R. Jung, *Gui de Mori et Guillaume de Lorris*, dans *Vox Romanica*, t. 27 (1968), p. 106-137. — R. Lejeune, *Propos sur l'identification de Guillaume de Lorris, auteur du Roman de la Rose*, dans *Marche romane*, t. 26 (1976), p. 5-17 [Guillaume de Lorris, fils du sergent]. — R. Dragonetti, *Pygmalion ou les pièges de la fiction dans le Roman de la Rose*, dans *Mél. R. Bezzola*, Berne, 1978, p. 89-111. — D. Hult, *Self Fulfilling Prophecies. Readership and Authority in the First Roman de la Rose*, Cambridge, 1986. — E. Ruhe, *In rosa venenum. Das offene Ende des Romans von Guillaume de Lorris*, dans *Mél. J.-C. Payen*, Caen, 1989, p. 323-345. — Cf. *GRLMA*, t. VI/1, p. 212 sq. 226 sq., 231 sq. ; t. VI/2, n° 4664. S.L.

Guillaume de Machaut (1300-1377). Guillaume de Machaut, poète et musicien, est né vers 1300, d'une famille obscure et roturière. Il tire vraisemblablement son « surnom » de son lieu de naissance : le bourg champenois de Machault, aujourd'hui chef-lieu de canton du département des Ardennes. Au XIVe siècle, le fief récemment entré dans la famille d'Enghien relevait de la suzeraineté des comtes de Rethel, et l'église dépendait du diocèse de Reims. Guillaume pousse assez loin, suivant le cursus médiéval, ses études littéraires, comme le prouve, outre son titre de maître ès arts, l'érudition qu'il déploie dans ses œuvres. On ignore comment il acquiert ses connaissances et s'il achève ses études de théologie. Il mène bientôt la vie du clerc lettré, attaché à un grand seigneur qui le subventionne et l'aide à obtenir des bénéfices ecclésiastiques. Sa plus ancienne composition musicale, un motet latin qui remonterait à 1324, est ainsi dédiée à Guillaume de Trie, le nouvel archevêque de Reims. Vers la même époque, Guillaume entre au service de Jean de Luxembourg, roi de Bohême, dont il devient rapidement aumônier, puis notaire et secrétaire. Il reste attaché une quinzaine d'années à la personne du prince. Il l'accompagne dans ses voyages et ses expéditions, en Allemagne et en Autriche ; en Silésie et en Pologne (1327 et 1331) ; en Lituanie (1329), où le roi assiste les Chevaliers Teutoniques dans leur œuvre d'évangélisation et de conquête ; sans doute également en Italie du Nord (1330). Il séjourne dans les divers châteaux royaux, notamment à Prague : il n'est pas sans intérêt de remarquer l'influence exercée par Guillaume sur les musiciens tchèques. Malheureusement, l'œuvre du poète garde peu de traces de ces années aventureuses. C'est Jean de Luxembourg qui obtient du pape pour Guillaume, puis pour Jean de Machaut, son frère, également aumônier du roi, plusieurs bénéfices sur lesquels nous renseignent les bulles découvertes par A. Thomas. Titulaire de la chapellenie de l'hôpital de Houdain, Guillaume reçoit de 1330 à 1333 quatre provisions de canonicat en expectative de prébende : à Verdun, Arras, Reims, Saint-Quentin. Finalement, en 1337, il entre en possession du seul canonicat de Notre-Dame de Reims. Alors commence la période la plus féconde de son œuvre poétique et musicale. Retenu par les devoirs de sa charge à Reims, Guillaume n'accompagne plus le roi de Bohême dans ses voyages. Il n'assiste donc pas à la nouvelle campagne de 1337 contre les Lituaniens, où Jean de Luxembourg contracta une incurable maladie des yeux. Et il n'évoquera même nulle part la mort héroïque à Crécy, en 1346, de celui qui était devenu Jean l'Aveugle. Pourtant, c'est sur la fille de Jean de Luxembourg, Bonne, épouse depuis 1332 du duc de Normandie, Jean, qui monte sur le trône de France en 1350, que Guillaume a reporté sa fidélité. À la mort de Bonne en 1349, Guillaume se tourne vers Charles, le jeune roi de Navarre, sans entrer véritablement à son service. Tout comme il avait composé pour Jean de Luxembourg le *Jugement dou roy de Behaingne* (avant 1342), il écrit pour Charles le *Jugement dou roy de Navarre* (1349). Lorsque Charles de Navarre, sur qui se cristallisaient les espoirs de réformation du royaume d'une partie de la noblesse et des universitaires, fut emprisonné sur l'ordre de son beau-père Jean II le Bon, d'avril 1356 à novembre 1357, Guillaume composa le *Confort d'ami*. Charles l'en récompensera entre 1359 et 1361 par le don d'un cheval. Mais déjà vers 1360, Guillaume, suivant en cela nombre des anciens partisans du roi de Navarre, s'était tourné vers la cour de France. Il accompagne Jean de Berry en octobre 1360 jusqu'à Calais où le fils de Jean II doit s'embarquer pour l'Angleterre en qualité d'otage, afin de permettre le retour du roi, prisonnier depuis la défaite de Poitiers en 1356. C'est au duc de Berry qu'il dédie en 1361 le dit de la *Fonteinne amoureuse* ; la même année 1361, il héberge à Reims Charles, duc de Normandie et régent du royaume. Dans le *Voir-Dit*, il racontera le séjour qu'il fit à Crécy en 1363 auprès du même Charles de Normandie, dont il se dit la « droite creature ». Peut-être assista-t-il en 1364 à son couronnement à Reims, même si l'on a aujourd'hui abandonné l'idée que sa célèbre *Messe* ait été composée pour l'occasion. Guillaume de Machaut meurt en avril 1377. Il fut enterré avec son frère dans la cathédrale de Reims où une plaque gravée d'une épitaphe latine demeura jusqu'à la Révolution. À côté de cette vie, qui demeure finalement pleine de zones d'ombre, il y a l'œuvre, immense et éclatante.

À la fin de sa vie, Machaut composa un *Prologue* destiné à ouvrir l'ensemble de son œuvre. Cette fiction allégorique constitue un véritable art poétique. Nature a formé spécialement Guillaume pour qu'il célébrât l'amour, et afin de l'aider dans sa tâche, elle lui donne trois de ses enfants : « Scens », la raison qui ordonne pensées et sentiments ; « Rétorique », la poésie qui les rythme et les met en rimes ; « Musique », enfin. De son côté, Amour lui amène « Dous Penser », « Plaisance » et « Espérance ». Pour Guillaume en effet la poésie et la musique sont sœurs et toutes deux, sources de joie, procèdent elles-mêmes de la joie. Musique et mots sont une dernière fois présentés comme indissociables pour la poésie lyrique. Eustache Deschamps*, le grand disciple de Machaut, les détachera dans son *Art de dictier* : les mots seuls feront entendre leur harmonie dans la poésie. D'autre part, le *Prologue* illustre un des genres que Machaut a, pour ainsi dire, inventé et, en tout cas, porté à sa perfection : le dit « autobiographique » narratif à insertions lyriques. Le *Prologue* commence en effet par quatre ballades (dialogue entre Nature et Guillaume puis Amour et Guillaume), puis vient une narration octosyllabique. Cette forme exprime à plein « l'éthique de la totalisation » et « l'esthétique de la rupture » (J. Cerquiglini) en jeu dans les dits de Machaut, mais aussi dans l'ensemble d'une œuvre qu'il a tenu à voir prendre la forme d'un livre. On conserve encore trois recueils manuscrits de ses textes et de sa musique, manuscrits qui datent de son vivant et ont pu être ordonnés selon ses directives.

Hormis les motets latins d'inspiration

religieuse, l'œuvre lyrique de Guillaume de Machaut est presque entièrement d'inspiration courtoise. Sur des thèmes devenus traditionnels, le poète subtilise en cent façons, pour *La Louange des dames*, selon le titre donné à un groupe important de ses poésies non « notées ». Il chante les beautés de la dame du moment, ou simplement son nom, celé dans une énigme ; il dit sa constance d'amant, sa joie, son espoir, sa peine. Il use avec brio des exemples antiques ou bibliques : « Quant Theseus, Hercules et Jason... » Il rend leur grâce à des images usées : « Blanche comme lis, plus que rose vermeille / Resplendissant comme rubis d'Orient. » Quelques pièces, négligeant les motifs courtois, annoncent Eustache Deschamps* : ainsi, la complainte à Henri, où il énumère les ennuis que lui suscite la guerre ; le lai « En demantant », qui pleure le désastre de Poitiers et la captivité du roi, « fleur de chrétienté ».

Il reste que le souci technique prédomine chez Guillaume de Machaut, loué par l'Anonyme des *Règles de seconde Rhétorique* pour avoir commencé « toutes tailles nouvelles et les parfaits lais d'amour ». C'est comme métricien qu'il est tenu pour le chef de la nouvelle école poétique des XIVe-XVe siècles, dont l'influence se poursuivra chez les Rhétoriqueurs*. Désormais la poésie, art savant, se coule dans les cadres précis des genres à forme fixe : lai, ballade, chant royal, rondeau, virelai. À vrai dire, Guillaume n'a pas créé ces genres nouveaux. Dès l'aurore du XIVe siècle, chez Jean de Lescurel* et dans le *Fauvel* de Chaillou de Pesstain*, on en trouve des exemples. Mais il met au point ces formes « au travail rebelles », il les distingue avec précision l'une de l'autre, il en répand de multiples modèles, harmonieuses combinaisons de strophes, de mètres et de rimes, que ses disciples suivront en y ajoutant des perfectionnements de détail. La technique de Guillaume de Machaut diffère ainsi sur quelques points de celle d'Eustache Deschamps : le premier sépare nettement de la ballade, dépourvue d'envoi, la « chanson royale » (futur chant royal), dépourvue de refrain (sauf en un cas). Le recueil des œuvres lyriques de Guillaume, qui suit en général dans les manuscrits le groupe des poèmes narratifs, et reproduit certaines des poésies insérées dans les dits, compte quelque 400 pièces, dont 235 ballades, 76 rondeaux, 39 virelais (ou « chansons baladées »), 24 lais, 10 complaintes, 7 « chansons royales ». Pour beaucoup de ces pièces, Guillaume n'a pas composé de musique. Le *Voir Dit* nous apprend qu'il forge toujours les vers avant la note : la poésie précède la musique et elle est appréciée pour elle-même ; le rythme musical peut s'ajouter au rythme poétique, mais loin de lui être indispensable, il lui est subordonné. Or selon le genre varie notablement le rapport entre le nombre des pièces « notées » et celui des pièces dépourvues de musique. La plus forte proportion de pièces « notées » (4 pour 1) se remarque dans les deux genres auxquels Guillaume paraît attacher une importance majeure : celui du lai, tenu pour le plus difficile de tous, avec ses 12 strophes « à deux paragraphes », celui du virelai, dont Guillaume le premier distingue les règles d'avec celles de la ballade. Il semble que l'artiste accumule volontairement les difficultés là où il peut le mieux montrer sa virtuosité à les vaincre. Dans les genres plus faciles de la ballade et du rondeau, la · proportion de pièces « notées » est beaucoup plus faible (1 pour 3 ou 4 non « notées »). La poésie lyrique, même chez un poète-musicien, tend ainsi à se constituer en genre purement littéraire. Cette évolution est accélérée par la substitution des rythmes fixes aux rythmes libres de naguère.

Enfin, les préoccupations techniques du virtuose conduisent Guillaume à enrichir et à perfectionner la rime. Il énumère dans le *Prologue* les types savants dont il use : rime « serpentine », « équivoque », « léonine », « rétrograde ». Le rondeau « Quand Colette Colet colie... » annonce les acrobaties verbales des Rhétoriqueurs.

À côté de cette production lyrique, il y a les dits. Le plus ancien serait le *Dit dou vergier*. Guillaume de Machaut s'y inscrit dans la tradition du *Roman de la Rose** de Guillaume de Lorris*, dont il reprend les éléments fondamentaux : l'écriture en « je » qui superpose les personnes du narrateur et de l'amant, le songe et le verger du dieu Amour. Dans le *Jugement dou roy de Behaingne*, le poète retrouve une position apparemment subalterne. Ce seul dit rédigé, non en couplets d'octosyllabes mais en quatrains (trois vers décasyllabiques et un vers tétrasyllabique), raconte le débat d'une dame dont l'amant est mort, avec un chevalier trahi par son amie. Chacun revendique le plus grand malheur. Le narrateur, qui a surpris leur conversation, propose de requérir la sentence du roi de Bohême. Celui-ci, aidé par un conseil d'allégories, tranche en faveur du chevalier. Guillaume reviendra à ce genre de casuistique amoureuse dans son *Jugement dou roy de Navarre*, dont l'ouverture rappelle les malheurs du temps et les ravages de la Peste noire. Prenant son premier texte comme point de départ, Guillaume devient un des protagonistes de la narration : une dame lui reproche la conclusion du *Jugement dou roy de Behaingne*. Le roi de Navarre, secondé lui aussi par un conseil allégorique, condamne Guillaume à une amende poétique. Dans tous les autres dits, Guillaume occupe une position centrale. La dignité du statut de l'écrivain s'en trouve renforcée. Ainsi le *Remede de Fortune* (vers 1341) conte-t-il une intrigue amoureuse : un jour, la dame secrètement aimée trouve par hasard un lai anonyme, composé en son honneur par le poète. Elle lui demande s'il en connaît l'auteur. Guillaume, par crainte de déplaire, n'ose avouer et se sauve dans un jardin. À l'amant troublé et comme en transes apparaît Espérance. À la manière de Philosophie pour Boèce*, elle le console de ce coup du sort, en lui montrant la conduite changeante et perfide de Fortune. Sur ses conseils, l'amant-narrateur qui a repris courage rejoint sa dame, qui ne repoussera pas son amour, enfin confessé. Le *Remede de Fortune* contient neuf pièces lyriques musicales, en modèle de chaque genre. Poésie et didactisme se rejoignent ainsi dans un dit qui se nomme aussi traité.

Le *Dit dou Lyon* (1342), contant une aventure surprenante de Guillaume, mêle à l'enseignement allégorique et aux thèmes féeriques des romans de chevalerie, les détails réalistes et les souvenirs personnels du poète sur les dures campagnes en Lituanie de Jean de Luxembourg. Guillaume aborde en une île enchantée. Un lion débonnaire, symbole de l'amant courtois, le guide vers une dame, à laquelle il fait fête, cependant que hurlent de rage des bêtes hideuses, images des envieux. Sur l'invitation de la dame, un vieux chevalier de sa suite explique à Guillaume le sens de ces étranges spectacles, il brosse les portraits malicieux des divers types d'amants et d'amantes, il lui révèle enfin que seuls les amants véritables, comme Guillaume, peuvent entrer en ce « jardin de fine amour ».

Le *Dit de l'Alérion* (avant 1349), ou *Dit des Quatre Oiseaux*, prétend également conter une aventure vécue par le poète, mais celle-ci se colore d'une plus grande vraisemblance. Passionné de fauconnerie, Guillaume élève successivement un épervier, un alérion, un aigle, un gerfaut, qui le quittent l'un après l'autre. Il retrouve heureusement un jour le bel alérion qu'il chérissait entre tous pour ses nobles qualités. Les oiseaux représentent symboliquement les quatre dames que Guillaume a aimées. Le *Dit de l'Alérion* est un art d'amour, qui enseigne les règles présidant aux devoirs mutuels de l'ami et de l'amie, et qu'enrichissent discussions et développements scolastiques.

Le *Confort d'ami* (1357) est comme le *Remede de Fortune* une consolation. Mais il ne s'agit plus de peines amoureuses, et le consolateur n'est plus une allégorie mais l'auteur en personne. S'adressant à Charles de Navarre, prisonnier du roi de France, Guillaume lui apporte le secours d'exemples bibliques puis lui donne des conseils qui s'appuient sur des histoires antiques, puisées pour la plupart dans l'*Ovide moralisé**. De texte de circonstance, le *Confort* se transforme en miroir du prince. On revient à la consolation amoureuse avec la *Fonteinne amoureuse* (vers 1361). Le narrateur est réveillé par les plaintes d'un amant que l'exil doit séparer de sa dame. Au matin, tous deux se promènent dans un jardin où coule une fontaine qui, analogue à celle de Narcisse dans le *Roman de la Rose**, rend amoureux ceux qui y boivent. Les deux hommes s'endorment dans ses environs et voient apparaître la dame qui console son amant. Le lendemain, celui-ci pourra prendre la mer, le cœur plein de joie. La *Fonteinne* porte aussi le titre de *Livre de Morpheus*, en raison du dieu des songes dont le pouvoir ici se manifeste.

Le *Voir-Dit* (1364) est sans aucun doute le chef-d'œuvre littéraire de Machaut. Ici plus de songe allégorique qui encadre la narration. L'auteur prétend dire la vérité :

le *Voir-Dit*, c'est le dire vrai. Et les critiques ont longtemps cru voir dans cette œuvre le récit réel du dernier amour d'un Machaut vieilli, borgne et goutteux pour une jeune fille de l'aristocratie, Péronne d'Armentières, séduite par son renom de poète. Pourtant l'anagramme qui cache le nom de la dame, comme ailleurs souvent Machaut cache son propre nom et/ou celui du destinataire, ne se laisse pas aussi facilement résoudre. Trompé par leur désir réaliste, les commentateurs ont voulu trouver un nom historique. Or, à la différence des dédicataires masculins des autres dits, il semble que la dame du *Voir-Dit* ne soit qu'une femme de fiction. Non pas Péronne d'Armentières mais « Peronne, fille a amer » : la source de l'écriture retourne ainsi vers une figure féminine. Guillaume de Machaut, comme René d'Anjou* l'a bien compris en rédigeant son épitaphe dans le *Livre du cuer d'amours espris*, n'aime pas une femme réelle mais l'amour et l'écriture qui sont indissociables dans la poésie : « l'une » de l'énigme. Le *Voir-Dit* raconte l'histoire du poète et de sa dame ; son écriture et son élaboration en livre sont concomitantes du déroulement même de l'aventure. Ainsi la dame se déclare au célèbre poète par une lettre ; d'autres courriers, des poésies sont échangés par la suite avant une première rencontre. De nouveau séparés, leur commerce redevient littéraire. Mais leur liaison est divulguée et des « losengiers » diffament sa dame auprès du poète. À l'amour succède le désamour. Mais malgré cette déconstruction narrative, le livre finit de se faire, qui insère dans sa narration en octosyllabes toutes les lettres en prose et les textes lyriques échangés. Œuvre pessimiste, en accord avec la mélancolie de son siècle, le *Voir-Dit* est aussi un exercice de subtilité où l'écrivain affirme sa position sociale au regard de la noblesse et de la figure du prince, en s'interrogeant sur les pouvoirs de la littérature et du langage.

C'est à un roi, Pierre Ier de Lusignan, roi de Chypre et de Jérusalem, qu'est consacrée la dernière œuvre de Machaut : la *Prise d'Alexandrie* (après 1369). Cette sorte de chronique en vers (près de 9 000 octosyllabes) célèbre la vie chevaleresque de ce roi dont l'assassinat émut toute la Chrétienté. Guillaume s'est documenté auprès d'anciens chambellans et hommes d'armes de Chypre, tels Bermond de la Voulte, ami du poète, Jean de Reims, et Gautier de Conflans. Après avoir rapidement évoqué la jeunesse de son héros, Guillaume raconte la tournée européenne de propagande qu'il effectua pour recruter des participants à une nouvelle croisade ; puis sa campagne d'Égypte, qui échoua malgré la prise momentanée d'Alexandrie (1365) ; ses longues négociations avec le sultan, coupées par des combats en Arménie, et un coup de main sur Tripoli ; les conflits avec divers membres de sa noblesse ; enfin le meurtre du roi par des barons de Chypre (1369). Guillaume s'est fait historien par accident, pour avoir trouvé un « beau » sujet d'actualité. Il reste poète au moins dans le prologue mythologique, où les dieux de l'Olympe, entre autres Mars et Vénus, président à la venue au monde de Pierre de Lusignan.

Grand écrivain, Machaut fut aussi un grand musicien. Maître en « la viez et nouvele forge », comme il le dit dans le *Remede de Fortune*, il a écrit selon les techniques de l'*ars antiqua** aussi bien que de l'*ars nova**, attribuée à Philippe de Vitri*. Les musicologues réservent à son talent original une place éminente. Il est d'ailleurs un des seuls musiciens du Moyen Âge dont nous possédions peut-être les œuvres complètes. Outre un hoquet et 23 motets, il est l'auteur de la première messe polyphonique complète, même si elle ne fut peut-être pas conçue au départ comme un tout : la *Messe Nostre Dame*, longtemps dite du sacre de Charles V. Parallèlement à ces œuvres « purement » musicales, Machaut, on l'a vu, a « noté » une partie de ses poésies lyriques. Parmi ces pièces à une ou plusieurs voix, on compte 42 ballades, 33 virelais, 21 rondeaux, 19 lais. On peut remarquer que les innovations en matière de rythme musical se manifestent moins dans le genre traditionnel du motet que dans le genre poétique, nouvellement fixé, de la ballade ou du rondeau. Il y a là une preuve de l'harmonie entre le génie musical et le génie poétique de Machaut.

Cependant, cette harmonie se disjoindra après lui. La lyrique ne sera plus conçue comme relevant systématiquement du chant. Ce sont les mots eux-mêmes qui auront à créer la musique. Dernier poète-musicien, Guillaume de Machaut aura réussi pourtant à introduire la polyphonie dans la littérature : par sa conception du dit mais aussi par la forme de la double ballade qui, comme le motet, superpose plusieurs voix. N'est-ce pas d'ailleurs par une ballade double (ballades 123 et 124 sur les mêmes rimes et le même refrain) qu'Eustache Deschamps déplore la « mort Machaut le noble rhétorique » ? Guillaume de Machaut aura une nombreuse postérité grâce à ses admirateurs et imitateurs : Deschamps, bien sûr, mais aussi Jean Froissart*, Christine de Pizan*, Oton de Grandson* et Geoffrey Chaucer*. Et il figurera parmi les bons auteurs chez Gilles le Muisit*, Alain Chartier*, Martin le Franc*, Michault Taillevent*...

ŒUVRES. — Les dits : *Œuvres de Guillaume de Machaut*, éd. E. Hoepffner, Paris, 1908-1922, 3 vol. [les dits à l'exception du *Voir Dit*.] — Le *Livre du Voir-Dit*, éd. P. Paris, 1875. — La *Prise d'Alexandrie*, éd. L. de Mas Latrie, Genève, 1877. — *Dit de la harpe*, éd. K. Young, dans *Mél. A. Feuillerat*, New-Haven, 1943, p. 1-20. — *Dit de la Marguerite, Dit de la rose, Dit de la fleur de lis et de la Marguerite, Dit du cerf blanc*, éd. A. Fourrier dans *Jean Froissart. Dits et débats*, Genève, 1979 (*TLF*, 274) [plus deux pièces lyriques]. — *Le Jugement dou roy de Behaingne*, éd. et trad. anglaise R. Barton Palmer, New York-Londres, 1984 (*Garland Library of Medieval Literature*, 9). — *Le Jugement dou roy de Behaigne and Remede de Fortune*, éd. J.I. Wimsatt et W.W. Kibler, éd. de la musique par R.A. Baltzer, Univ. of Georgia Press, 1988 *(The Chaucer Library)*. — *Le Jugement dou roy de Navarre*, éd. R. Barton Palmer, New York, 1988 (*Garland Library of Medieval Literature*, 45). — *Le Confort d'ami*, éd. et trad. anglaise R. Barton Palmer, New York, 1990 (*Garland Library of Medieval Literature*).

L'œuvre lyrique : *Poésies lyriques*, éd. V. Chichmaref, Paris, 1909, 2 vol. (reprints, Genève, 1973). — N. Wilkins, *La Louange des Dames*, Édimbourg-Londres, 1972 ; J. Cerquiglini, *Lob der Frauen*, avec trad. allemande de R. Pérennec mise en poésie par U. Grüning, Leipzig, 1987. — Quelques pièces dans A. Vitale-Brovarone, *Recueil de Galanteries* (...), dans *Le Moyen Français*, t. 6 (1980).

Œuvre musicale : F. Ludwig, *G. de Machaut Musikalische Werke*, Leipzig, 1926-1929, 3 vol. — L. Schrade, *The Works of G. de Machaut, vol. 3*, de *Polyphonic Music of the Fourteenth-Century*, Monaco, 1956. — S. Leguy, *G. de Machaut, Œuvres complètes*, Paris, 1977.

→ A. Machabey, *G. de Machault (13?-1377) : La Vie et l'œuvre musical*, Paris, 1955, 2 vol. — D. Poirion, *Le Poète et le Prince. L'évolution du lyrisme courtois de G. de Machaut à Charles d'Orléans*, Paris, 1965 (reprints, Genève, 1978). — W. Calin, *A Poet at the Fountain, Essays on the Narrative Verse of G. de Machaut*, Lexington, 1974. — *Machaut's World. Science and Art in the Fourteenth-Century*, New York, 1978 [18 contributions dont 7 consacrées directement à Machaut]. — *G. de Machaut, poète et compositeur, colloque de Reims*, Paris, 1982 (*Actes et colloques*, 23) [nombreuses communications dont U. Günther, *Contribution de la musicologie à la biographie et à la chronologie de G. de Machaut*, p. 95-115 ; F. Avril, *Les mss enluminés de G. de Machaut. Essai de chronologie*, p. 117-133 ; W. Calin, *Le Moi chez G. de Machaut*, p. 241-252 ; B. Gagnepain, *La musique en France à l'arrivée de G. de Machaut*, p. 273-280 ; J. Cerquiglini, *Éthique de la totalisation et esthétique de la rupture dans le Voir-Dit*, p. 253-262]. — K. Brownlee, *Poetic Identity in G. de Machaut*, Madison, 1984. — J. Cerquiglini, *Un engin si soutil. G. de Machaut et l'écriture au* XIVe *siècle*, Paris, 1985 (*Bibl. du* XVe *siècle*, 47) ; *Quand la voix s'est tue : la mise en recueil et la poésie lyrique aux* XIVe *et* XVe *siècles*, dans *La Présentation du Livre, Littérales*, t. 2 (1987), p. 313-327. — S. Huot, *From Song to Book, The Poetics of Writing in Old French Lyric and Lyrical Narrative Poetry*, Ithaca-Londres, 1987. — F. Ferrand, *Les portraits de G. de Machaut à l'entrée du prologue à ses œuvres, signes iconiques de la nouvelle fonction de l'artiste*, dans *Le Portrait*, éd. J.-M. Bailbé, Rouen, 1987, p. 11-20 (*Publ. Univ. de Rouen*, 128) ; *Aux frontières de l'écriture de la narration et du lyrisme, la Complainte*, dans *Mél. W. Spiewok*, Amiens, 1988, p. 101-117. — R. Morris, *Machaut, Froissart and the Fictionalization of the Self*, dans *The Modern Language Review*, t. 83 (1988), p. 545-555. — L. de Looze, *Masquage et démasquage de l'auteur dans les Jugements de G. de Machaut*, dans *Masques et déguisements dans la littérature médiévale*, Montréal-Paris, 1988, p. 203-209 ; *Mon nom trouveras. A New Look at the Anagrams of G. de Machaut, the Enigmas, Responses and Solutions*, dans *The Romanic Review*, t. 79 (1988), p. 537-557. — W. Calin, *Medieval Intertextuality. Lyric Inserts and Narrative in G. de Machaut*, dans *The French Review*, t. 62 (1988-1989), p. 1-10. — K. Maekawa, *New Analytical Methods for Study of Secular Illuminated Manuscripts — in the Case of G. de Machaut's Collected Works*, dans *Dokkyo Univ. Studies in French Culture*, t. 20 (1989), p. 69-92. — E.M. Steinle, *Car tu as scens, retorique et musique. Machaut's Musical Narrative of the Remede de Fortune*, dans *Mediaevalia*, t. 11 (1985), p. 63-82. — M. Switten, *Le Remede de Fortune au carrefour d'un art nouveau*, dans *CAIEF*, t. 41 (1989), p. 101-117. — J. Cerquiglini, *Le Voir Dit mis à nu par ses éditeurs* (...), dans *Mittelalter-Rezeption*, Heidelberg, 1991, p. 337-381 (*Begleitreihe zum GRLMA*, 2). — P. Imbs, *Le Voir-Dit de Guillaume de Machaut, étude littéraire*, Paris, 1991 (publication posthume).

Sur la musique : J. Hirshberg, *The Relationship of Text and Music in Machaut's ballades*, dans *Orbis musicae. Studies in Musicology*, t. 2 (1973-1974), p. 53-66. — G.A. Allaire, *Les énigmes de l'Antefana et du double hoquet de Machault : une tentative de solution*, dans *Revue de musicologie*, t. 66 (1980), p. 27-56. — L. Earp, *Machaut's Role in the Production of Manuscripts of his Works*, dans *Journal of the American Musicological Society*, t. 42 (1989), p. 461-503. — D. Leech-Wilkinson, *Machaut's Mass : an Introduction*, 1990.

Répertoire annoncé de K. Brownlee, *G. de Machaut : an Analytic Bibliography*, Londres *(Research Bibliographies and Checklists)*. — Cf. *GRLMA*, t. VIII/1, *passim*. *MB* n°s 4351-4374, 6817-6820, 7881-7882 ; *S* 4948, 4952, 5198, 6652, 6785, 6788, 6790, 6807, 6810-6811, 6816, 6826-6901, 6905, 6935, 7333, 7590. G.Be. et S.L.

Guillaume de Nangis. Guillaume de Nangis (le surnom qu'il se donne, *de Nangiaco*, laisserait supposer qu'il était originaire de Nangis en Seine-et-Marne) fut moine à l'abbaye de Saint-Denis dans la seconde moitié du XIIIe siècle. Il a dû mourir peu avant le 22 juillet 1300 ; d'après les comptes du monastère, il a exercé la fonction d'archiviste de 1289 à 1299, s'occupant de conserver et transcrire les chartes de l'abbaye. Il a eu aussi une activité historiographique particulièrement importante. Il a écrit en latin une chronique universelle, une chronique abrégée des rois de France et les vies de Louis IX et de Philippe III.

La chronique universelle ou *Chronicon* couvre l'histoire du monde depuis la Création jusqu'en 1300. C'est un texte composite qui avant 1113 est essentiellement fondé sur la chronique de Sigebert de Gembloux*, que Guillaume reprend presque mot pour mot. Bien qu'il se présente comme l'auteur du récit qui succède à Sigebert, Guillaume est encore dépendant de sources antérieures pour la période de 1113 à 1226 pour laquelle il utilise Suger*, Rigord*, Robert d'Auxerre*, Martin le Polonais, le *Chronicon Turonense*, Vincent de Beauvais* ; il n'est original que pour la période à laquelle il a vécu ; son témoignage est celui d'un auteur scrupuleux qui ne note que ce dont il a été témoin ou ce qu'il a appris des autres. Il existe au moins deux rédactions de la chronique, la première dont il subsiste deux manuscrits complets, a été poursuivie de 1300 à 1303 par un anonyme ; la seconde a eu beaucoup de succès et a été abondamment copiée, révisée et continuée jusqu'en 1340 (la chronique de 1340 à 1368 est l'œuvre de Jean de Venette* qu'on a longtemps pris pour un continuateur de Guillaume). Le *Chronicon* représente le travail historique le plus important de Guillaume, mais il est difficile de porter un jugement définitif sur la valeur de ce dernier comme historien, étant donné que les nombreux manuscrits qui conservent le texte ont été corrigés, amplifiés, révisés par différentes mains.

Les *Gesta Ludovici IX* (1126-1270) sont, comme Guillaume lui-même nous en informe, une œuvre de compilation dans laquelle il a recopié des extraits de Geoffroi de Beaulieu* et de Gilon de Reims, ce moine de Saint-Denis qui a écrit une biographie de saint Louis non terminée (elle s'arrête à 1248) et aujourd'hui perdue. Une traduction des *Gesta* fut faite avant la fin du XIIIe siècle, qui fut incorporée dans le texte des *Grandes Chroniques de France** mais ne figure que dans un manuscrit.

Les *Gesta Philippi III* sont beaucoup moins dépendants de textes antérieurs, car Guillaume fut témoin contemporain du règne du souverain. Avant 1277, Guillaume tire ses informations de la chronique de Primat. À partir de cette date, les *Gesta* sont tout à fait originaux. C'est un texte important car c'est la seule source dont nous disposions pour les quinze années de règne du roi, mais comme les *Gesta Ludovici*, il faut l'utiliser avec précaution en vérifiant sa crédibilité. Les *Gesta Philippi* ont aussi été traduits.

En dehors de ces trois ouvrages majeurs, Guillaume a écrit une courte chronique toujours en latin, ou *Chronique abrégée des rois de France*. C'était, comme la préface l'annonce, un livret pour guider les pèlerins venus visiter les tombes royales à Saint-Denis. À l'intérieur d'un arbre généalogique sont énumérés et décrits brièvement les règnes de chaque souverain depuis Priam. Guillaume en donna lui-même une traduction, dont il existe deux rédactions, une brève et une amplifiée. La version brève s'arrête, comme le texte latin auquel elle se superpose exactement, au début du règne de Philippe le Bel, la version longue, farcie d'épisodes accessoires, a reçu progressivement des additions dont les plus récentes atteignent l'année 1384. La chronique abrégée en français de Guillaume a eu beaucoup de succès, étant donné le grand nombre de manuscrits qui l'ont conservée ; elle a été ajoutée au « Roman des rois » de Primat dans certains manuscrits du XIVe siècle des *Grandes Chroniques.*

ŒUVRES. — H. Géraud, *Chronique latine de Guillaume de Nangis de 1113 à 1300 avec les continuations de cette chronique*, 2 vol., Paris, 1843-1844 [*SHF*]. — *Chronique abrégée des rois de France* : éd. partielle dans *RHF*, t. 20 (1840), p. 649-653. — *Gesta Ludovici* : éd. *ibid.*, p. 310-465 [avec la version française en regard du texte latin] ; éd. d'extraits : H. Brosien, dans *MGH, Scriptores*, t. 26 (1882), p. 632-639 et 643-667. — *Gesta Philippi III* : éd. dans *RHF*, t. 20 (1840), p. 466-539 [avec la version française] ; éd. d'extraits : H. Brosien dans *MGH, Scriptores*, t. 26 (1882), p. 667-674.

→ L. Delisle, *Mémoire sur les ouvrages de Guillaume de Nangis*, dans *Mémoires de l'Académie des Inscriptions et Belles Lettres*, t. 27, 2 (1873), p. 296-341. — H. Moranvillé, *Le texte latin de la chronique abrégée de Guillaume de Nangis*, dans *BEC*, t. 51 (1890), p. 652-659. — A. Hellot, *Chronique parisienne anonyme de 1316 à 1339 précédée d'additions à la chronique française dite de Guillaume de Nangis (1206-1316)*, dans *Mémoires de la Soc. de l'hist. de Paris et de l'Île-de-France*, t. 11 (1884), p. I-II. — L. Delisle, *Documents parisiens de la bibl. de Berne, ibid.*, t. 23 (1896), p. 248-280 [étude du ms. Berne, Bibl. de la Bourgeoisie 70, qui contient de longs extraits du *Chronicon* et éd. d'une partie de la continuation : les années 1300-1308]. — A. Bossuat, *Le Dit des Roys. Chronique rimée du XIVe siècle*, dans *Mél. Delbouille*, t. 2, 1964, p. 50-55. — L. Capo, *Da Andrea Ungaro a Guillaume de Nangis : un' ipotesi sui rapporti tra Carlo I d'Angio e il regno di Francia*, dans *Mél. de l'École française de Rome, Moyen Âge*, t. 89 (1977), p. 811-888. — G.M. Spiegel, *The Chronicle Tradition of Saint-Denis. A Survey*, Brookline, Leyde, 1978, p. 98-108. — S. Hindman et G.M. Spiegel, *The Fleur-de-Lis Frontispiece to Guillaume de Nangis's Chronique abrégée : Political Iconography in Late Fifteenth-Century France*, dans *Viator*, t. 12 (1981), p. 381-407. — Molinier, nos 2533, 2536. — Nouveau Potthast, t. 5, p. 312-314. — Cf. *MB* nos 3753 ; *S* 6110. G.T.L.

Guillaume d'Orange (Geste de). Voir : *Geste de Guillaume d'Orange ; Geste de Garin de Monglane.*

Guillaume Oresme. Voir : Nicole Oresme.

Guillaume d'Oye. Voir : *Saint Thibaut de Provins (Vie de).*

Guillaume de Palerne. Roman d'auteur anonyme, de 9 662 octosyllabes (première moitié du XIIIe siècle), conservé par un seul ms. du XIIIe siècle. Il est dédié à une comtesse Yolande, fille aînée de Baudouin IV, comte de Hainaut, et tante de Baudouin VI, empereur de Constantinople en 1204. Quelques vers manquent au cours de l'œuvre.

Guillaume, jeune fils d'Ébron, roi de Pouille, et de Félise, fille de l'empereur de Grèce, a été enlevé sous les yeux de ses parents par un loup-garou, au moment où son oncle s'apprêtait à le faire périr, pour s'assurer le trône. La bête le dépose dans une forêt près de Rome et le nourrit de fruits et de racines. Un pâtre découvre l'enfant et le porte au logis où il l'élèvera avec sa propre famille. Le loup-garou, apprend-on alors, est le fils du roi d'Espagne que sa belle-mère, désireuse de voir son fils régner, a changé en bête par enchantement. Plusieurs années ont passé. Un jour, l'empereur, égaré à la chasse, rencontre Guillaume dans la forêt, le prend à son service et le donne comme page à sa fille Mélior. Les deux jeunes gens ne tardent pas à s'aimer ; Mélior se défend d'un sentiment qui la porte vers un homme de condition inférieure à la sienne. Mais sa cousine Alexandrine, dont elle a fait sa confidente, s'efforce de rapprocher les deux amoureux ; elle ménage même une entrevue dans le verger du château. Cependant Guillaume, armé chevalier par l'empereur, met en fuite l'armée du duc de Saxe. À peine est-il rentré triomphalement à Rome que l'empereur de Grèce envoie demander la main de Mélior pour son fils Parténidon. Le jour du mariage, les amants, désespérés, prennent la fuite, déguisés au moyen de peaux d'ours, tandis qu'Alexandrine révèle la passion de Mélior pour Guillaume. On se met à la poursuite des fugitifs, dont un Grec a indiqué le déguisement ; le loup-garou, qui les suit, veille à leur subsistance, les sauve dans une carrière près de Bénévent où ils allaient être pris, en enlevant la fille du prévôt et en détournant ainsi les poursuivants. Ils arrivent sous un nouveau travestissement (peaux de biche et de cerf) dans le parc de la reine Félise. Celle-ci, devenue veuve, est assiégée par le roi d'Espagne, qui veut obtenir par la force la main de Florence, sœur de Guillaume, pour son fils Brandin, frère puîné du loup-garou. Un songe l'a avertie de sa délivrance. Elle va trouver son fils Guillaume, déguisée comme lui d'une peau de bête, pour lui demander secours. Guillaume disperse les assiégeants, fait prisonniers le roi d'Espagne et son fils, les contraint à demander la paix. Le loup-garou se jette alors aux pieds de son père, qui se souvient de l'enchantement opéré jadis par la reine sur son fils Alphonse. Sur les instances de Guillaume, la marâtre rend à Alphonse sa forme humaine et reçoit le pardon de sa victime. Guillaume épouse Mélior ; Alphonse, Florence ; et Brandin, Alexandrine. Parténidon, qui est venu secourir sa sœur Félise, retourne seul en Grèce. Quand l'empereur de Rome meurt, Guillaume est élu à sa place, tandis qu'Alphonse succède à son père sur le trône d'Espagne.

L'auteur a pris pour thème essentiel celui du loup-garou, qui appartient au folklore, et avait déjà été illustré par Marie de France* dans le lai du *Bisclavret* ; en effet, nous voyons un mari devenir loup-garou et se venger de sa femme infidèle. Le roman est rempli de longs monologues où les amoureux disent leur souffrance, leurs hésitations. L'auteur imite Chrétien de Troyes*, *Cligès* en particulier. Le hasard joue un grand rôle, dans un foisonnement d'aventures invraisemblables. La scène la mieux venue est celle du verger, où le loup entraîne après lui les poursuivants pour sauver les enfants traqués dans une carrière.

ŒUVRE. — Éd. H. Michelant, *Guillaume de Palerne*, Paris, 1876 (*SATF*, 5). — A. Micha, *Guillaume de Palerne*, Genève, 1990 (*TLF*, 384). — Version angl. du XIVe : éd. G.H.V. Bunt, *William of Palerne*, Groningue, 1985.

→ E. Boehmer, *Date de la composition de Guillaume de Palerne*, dans *Romanistiche Studien*, t. 3, nº 10 (1878), p. 131. — H.F. Williams, *Les versions de Guillaume de Palerne*, dans *Romania*, t. 73 (1952) p. 64-77. — C.W. Dunn, *The Foundling and the Werwolf : A Literary-Historical Study of Guillaume de Palerne*, Toronto, 1960. — A. Fourrier, *La « Contesse Yolent » de Guillaume de Palerne*, dans *Mél. F. Lecoy*, Paris, 1973, p. 115-123. — Sur la traduction anglaise : E.E. Foster et G. Gilman, *The Text of William of Palerne*, dans *Neuphilologische Mitteilungen*, t. 74 (1973), p. 480-495. — G.H.V. Bunt, *Patron, Author and Audience in a Fourteenth-Century English Alliterative Poem*, dans *Mél. W. Noomen*, Groningue, 1984, p. 25-36. — Cf. *GRLMA*, t. IV/2, nº 248 ; t. IV/1, p. 378, 455. — *MB* nos 1368-1373, 6250 ; *S* 1966, 2044, 2458-2462. C.R.

Guillaume Peyraut. Né vers 1200 dans l'Ardèche, le dominicain Guillaume Peyraut était rattaché au milieu du siècle au couvent de Lyon, dont il fut un temps prieur (avant 1266). Il dut y mourir en 1271. On ignore tout de la vie et des études de ce prêcheur qui jouit de son vivant même de la réputation la plus élogieuse. Guillaume fut d'abord un moraliste et un prédicateur, témoin exceptionnel, au temps des grandes sommes scolastiques et de l'aristotélisme, d'une « théologie morale chrétienne essentiellement traditionnelle et latine » d'inspiration (Dondaine). Son œuvre majeure, la *Summa de viciis et virtutibus*, fut rédigée en deux étapes, le *De viciis* vers 1236 et le *De virtutibus* avant 1248 ; dès 1250 les deux parties circulaient réunies. Chacune est divisée en plusieurs traités solidement charpentés. Les sept péchés capitaux fournissent les divisions naturelles du *De viciis*, précédés d'un bref traité préliminaire sur les motifs de détestation du péché, et suivis d'un traité particulier sur les péchés de la langue. Le *De virtutibus* est divisé en cinq traités de longueur très inégale : de la vertu en général ; les vertus théologales ; les vertus cardinales ; les dons ; les béatitudes. Traditionnelles, les sources de la *Summa* sont néanmoins très variées : outre l'expérience personnelle de l'auteur, la Bible omniprésente et les Pères, on remarquera la part faite aux moralistes païens (Sénèque en particulier) et à saint Bernard*, dont la pensée rayonne sur toute l'œuvre de Guillaume. La *Summa* est une somme de vie morale largement intemporelle, animée par une intense vie spirituelle ; elle a été conçue avant tout à l'usage des prédicateurs, auxquels elle fournit des sujets de sermons tout préparés. La liste de ceux qui lui ont emprunté serait longue (Étienne de Bourbon*, frère Laurent*, le *Manuel des péchés**, Jean Gobi*, Brunetto Latini*, Guittone d'Arezzo, Dante*, Geoffrey Chaucer*..., pour ne citer que quelques noms célèbres). En effet, la diffusion de la *Summa* fut rapide et son succès durable ne se démentit pas jusqu'au XVIe siècle : quelque 250 manuscrits s'échelonnent du XIIIe au XVe siècle, tandis que les impressions se succédèrent régulièrement de 1469 à 1519, pour connaître un regain de faveur dans la seconde moitié du XVIe, avant de s'interrompre brutalement au XVIIe. Les ultimes éditions, dues à R. Clutius, sont celles de Lyon, 1648 et de Paris-Lyon, 1668. Le texte intégral fut peu répandu proportionnellement, tandis que les abrégés et les extraits pullulèrent. Parmi ceux-ci, le *Traité de l'avarice des ministres de l'Église*, traduction française du XVe s. d'une partie du traité *De viciis, avaritia.*

On doit également à Guillaume Peyraut : 1. Deux séries de sermons, l'une sur les épîtres et les évangiles du dimanche, l'autre sur les fêtes des saints les plus importants (vers 1254-1259). La plupart sont de simples canevas modèles destinés à guider les prédicateurs. 2. Une *Expositio professionis monachorum*, commentaire de la formule de la profession bénédictine peut-être écrite à la demande des moines de Cluny. Ce texte, dans lequel l'influence bernardine est prédominante, jouit d'une grande faveur au XVe siècle surtout. 3. Un *De eruditione religiosorum*, beau traité de vie monastique en six livres, souvent attribué à tort à Humbert de Romans* (vers 1260-1265), et lui aussi largement répandu (quelque 60 mss). 4. Un *De eruditione principum*, imprimé parmi les œuvres de saint Thomas* (éd. Vivès, t. 27, Paris, 1875, p. 571-673) et parfois attribué à Vincent de Beauvais*, dont on connaît une traduction française médiévale. A. Dondaine a fait ressortir, en faveur de l'attribution à Guillaume, la parenté étroite de composition qui unit le *De eruditione principum* au *De eruditione religiosorum* ainsi que les nombreux emprunts à la *Summa de viciis et virtutibus.* Le livre 5, largement tributaire du *De eruditione filiorum nobilium* de Vincent serait postérieur. En revanche, il faut renoncer à gratifier Guillaume d'un *De proprietatibus rerum* ; il s'agit là d'une confusion (*HLF*, t. 19, 1838, p. 307-316).

ŒUVRES. — *Summa de viciis et virtutibus* : éd. partielle du traité *De avaricia*, par C. Guttowski, thèse dactyl. École des Chartes, 1975. — Pas d'éd. moderne des autres œuvres ; se reporter, pour les éd. anciennes, à Dondaine et Kaeppeli.

→ *DSAM*, t. 6, 1967, col. 1229-1234. — T. Kaeppeli, *Scriptores ordinis Praedicatorum Medii Aevi*, t. 2, Rome, 1975, p. 133-152. — J.B. Schneyer, *Repertorium der lat. Sermones des Mittelalters*, t. 2, Munster, 1970, p. 533-576. — A. Dondaine, *Guillaume Peyraut. Vie et œuvres*, dans *Arch. Fratrum Praedicatorum*, t. 18 (1948), p. 162-236. — W. Berges, *Die Fürstenspiegel des hohen und späten Mittelalters*, Leipzig, 1938. — A. Steiner, *New Light on G. Peyraut*, dans *Speculum*, t. 17 (1942), p. 519-548. — M. Bloomfield, *The Seven Deadly Sins...*, East Lansing, 1952. — H. Grabes, *Speculum, Mirror and Looking-Glass*, Tübingen, 1973. — C. Guttowski, *Le traité « De avaricia » ext. de la « Summa de viciis » de G. Peyraut*, dans *Positions des thèses de l'École des Chartes*, 1975, p. 103-112. G.H.

Guillaume de Poitiers. Il naquit à Préaux (Eure) à une date inconnue, d'une famille vraisemblablement apparentée à celle de Roger de Beaumont, fondateur des abbayes Saint-Pierre et Saint-Léger. Expert en l'art militaire, il prit une part active, dans sa jeunesse, aux combats qui marquèrent la minorité de Guillaume le Bâtard. Entre 1045 et 1050, il étudie aux écoles alors célèbres de Poitiers, d'où son surnom, et s'initie largement à la culture antique au contact des poètes, des historiens et des philosophes de la latinité classique. Entré dans les ordres, il suit le duc en qualité de chapelain dans les expéditions guerrières aux confins de l'Anjou, du Maine, de la Bretagne ; mais il ne connaît l'Angleterre qu'après 1066. Archidiacre de Lisieux sous l'épiscopat d'Hugues d'Eu (1050-1077) et de Gilbert Maminot (1077-1102), il dut mourir après 1087 et avant 1101. L'infirmité ou la disgrâce l'empêchèrent de poursuivre au-delà des événements de 1071 sa biographie du Conquérant, dont seul subsiste le fragment 1035-1067 rédigé en 1073-1074 d'après les souvenirs de l'auteur, la tradition officielle de la cour, et des emprunts — fort limités d'ailleurs — à ses devanciers tels Guillaume de Jumièges*. Il démarque, non sans habileté, César, Salluste, Virgile, Cicéron ou saint Augustin, et rehausse son récit de traits épiques et de sentences morales. Mais il n'en demeure pas moins le meilleur historien de la conquête normande par la valeur de son témoignage, son sens psychologique, sa connaissance des usages et des lois, son souci de l'enchaînement chronologique. Il a écrit des sermons et des poèmes aujourd'hui perdus, mais attestés par Orderic Vital*.

Toutefois, les *Gesta Guillelmi* ont pour premier objet la louange du duc (la *laus ducis*). Aussi le récit chronologique laisse-t-il souvent la place à un panégyrique tantôt explicite, tantôt implicite, du héros normand. Prince exemplaire, Guillaume se voit paré de toutes les qualités habituellement réservées aux rois : *fortitudo, pietas, prudentia, justitia*. Choisi par Dieu pour restaurer l'ordre perverti par des principes injustes, le duc Guillaume de Normandie conquiert en toute légitimité le royaume d'Angleterre, tombé entre les mains d'un tyran parjure. Ainsi l'*Histoire de Guillaume le Conquérant*, rédigée au lendemain de la bataille de Hastings, a-t-elle l'ambition avouée d'affirmer la légitimité des prétentions normandes et de démontrer le bon droit du duc de Normandie à la couronne d'Angleterre par un argumentaire subtil où interviennent preuves juridiques, raisons morales et justifications religieuses.

ŒUVRES. — *Gesta Guillelmi ducis Normannorum et regis Anglorum :* éd. A. Duchesne, dans *Historiae Normannorum Scriptores*, Paris, 1619, p. 178-213. — Éd. *PL*, 149, col. 1217-1270 [d'après l'éd. Duchesne]. — Éd. et trad. R. Foreville, Paris, 1952 (*Classiques de l'Histoire de France au Moyen Âge*, 23). — En préparation, une nouvelle éd. par M. Chibnall, avec trad. anglaise.

→ J. Marx, *Guillaume de Poitiers et Guillaume de Jumièges*, dans *Mél. F. Lot*, Paris, 1925, p. 543-548. — R. Foreville, *Aux origines de la légende épique. Les « Gesta Guillelmi ducis Normannorum et regis Anglorum » de Guillaume de Poitiers*, dans *Le Moyen Âge*, t. 56 (1950), p. 195-219 ; *Aux origines de la renaissance juridique. Concepts juridiques et influences romanisantes chez Guillaume de Poitiers, biographe du Conquérant, ibid.*, t. 58 (1952), p. 43-83 ; *Guillaume de Jumièges et Guillaume de Poitiers*, dans *Jumièges. Congrès scientifique du 13ᵉ centenaire*, Rouen, 1955, p. 643-653. — S. Körner, *The Battle of Hastings, England and Europe (1035-1066)*, Lünd, 1964, p. 75-136. — F. Châtillon, *Ce que peut encore nous apprendre Guillaume de Poitiers, premier biographe du Conquérant*, dans *RMAL*, t. 21 (1965) [1973], p. 173-226. — T.A. Dorey, *William of Poitiers : Gesta Guillelmi Ducis*, dans *Latin Biography*, Londres, 1967, p. 139-155. — R.D. Ray, *Orderic Vitalis and William of Poitiers : a Monastic Reinterpretation of William the Conqueror*, dans *RBPH*, t. 50 (1972), p. 1116-1127. — R.H.C. Davis, *William of Poitiers and his History of William the Conqueror*, dans *Mél. W. Southern*, Oxford, 1981, p. 71-100. — P. Bouet, *La felicitas de Guillaume le Conquérant dans les Gesta Guillelmi de Guillaume de Poitiers*, dans *Anglo-Norman Studies*, 4 (1981) [1982], p. 37-52, 174-181 I ; *Guillaume de Poitiers, biographe de Guillaume le Conquérant*, dans *Les Amis du Bec-Hellouin*, juin 1988, p. 32-42 ; *Guillaume de Poitiers, un intellectuel au service du pouvoir*, dans *Elseneur*, Centre de publications de l'Université de Caen, 5 (1989), p. 19-30 ; *Orderic Vital lecteur critique de Guillaume de Poitiers*, dans *Mél. R. Foreville*, Tournai, 1989, p. 25-50. — Molinier n° 1965. — Nouveau Potthast, t. 5, p. 316-317. R.F. et P.Bo.

Guillaume de Puylaurens. On ne sait pas grand-chose de ce chroniqueur qui fut curé de Puylaurens (Tarn, diocèse de Toulouse). Né peu après 1200, vraisemblablement à Toulouse, il y passe sa jeunesse et y poursuit ses études jusqu'à la maîtrise. Vers 1228-1230, il fait partie de l'entourage de l'évêque Foulque. En 1237-1240, il reçoit la cure de Puylaurens et semble avoir la confiance du successeur de Foulque, l'évêque Raimond du Falga, qu'il accompagne en 1241 en Provence en qualité de notaire. Après le séjour en Italie, en 1243-1244, de Raymond VII et de l'évêque Raimond, dont la disgrâce et les difficultés commencent, il devient chapelain du comte, sans doute jusqu'à la mort de ce dernier (1249), à laquelle il dut assister (pour Y. Dossat, le chapelain de Raymond VII serait un autre personnage que le chroniqueur, curé de Puylaurens et notaire des évêques de Toulouse). Guillaume vécut jusqu'en 1274 au moins, rendant des services occasionnels à l'Inquisition dans des affaires touchant le Lauragais ou plus précisément Puylaurens. Il a écrit une courte chronique en latin, consacrée à la croisade des Albigeois et au rattachement du comté de Toulouse à la Couronne au cours du XIIIᵉ siècle. Guillaume est un esprit politique et un homme de bon sens ; il écrit sur un ton plus modéré que Pierre des Vaux de Cernay*. Il montre peu de sympathie pour l'action du comte de Toulouse, sans en faire un suppôt de Satan ; il ne fait pas non plus de Simon de Montfort un saint Georges ou un Attila. Pour lui, les changements politiques survenus en France en faveur de la monarchie française sont la marque d'un plan providentiel : c'est au nom de la défense de la vraie foi qu'il accepte l'annexion du Toulousain par le roi. Sans être très original, il fait preuve d'esprit critique et d'objectivité à propos de certains événements politiques ou militaires sur lesquels on n'attendrait qu'un sermon. Ses sources sont peu apparentes. Il a eu en main l'*Historia Albigensis* de Pierre des Vaux de Cernay, la *Chanson de la Croisade Albigeoise**, des obituaires, et a dû travailler sur des documents officiels ; lorsqu'il ne se borne pas à un simple énoncé des faits, il puise dans ses souvenirs personnels.

Sa chronique a été utilisée par Bernard Gui*, qui en a inséré de nombreux fragments littéraux dans deux de ses compilations historiques, les *Flores chronicorum* et les *Comites Tolosani*, et fait souvent l'éloge de l'œuvre de Guillaume.

ŒUVRES. — Éd. J. Duvernoy, Paris, 1976 (*Sources d'histoire médiévale*).

⟶ J. Beyssier, *Guillaume de Puylaurens et sa chronique*, dans *Troisièmes Mélanges d'histoire du Moyen Âge publ. sous la dir. d'A. Luchaire*, Paris, 1904, p. 85-175. — Y. Dossat, *À propos du chroniqueur Guillaume de Puylaurens* dans *Actes du 22ᵉ congrès d'études régionales, Bagnères-de-Bigorre, mai 1966*, Toulouse, 1967, p. 47-52 ; *La croisade vue par les chroniqueurs. Guillaume de Puylaurens notaire des évêques de Toulouse*, dans *Paix de Dieu et guerre sainte en Languedoc au* XIIIᵉ *siècle. Cahiers de Fanjeaux*, nº 4, p. 234-242 ; *La Chronique de Guillaume de Puylaurens*, dans *Annales de Bretagne*, t. 87 (1980), p. 259-265. — Molinier nº 2435. — Nouveau Potthast, t. 5, p. 317. G.T.L.

Guillaume de Rubrouck. Guillaume est né à Rubrouck, village des Flandres françaises, près de Cassel, à une date inconnue, vraisemblablement vers 1215 ou même plus tôt. C'est un franciscain, qui n'a pas connu personnellement saint François, mais qui est rempli de son idéal. Peut-être est-il venu en Terre sainte avant 1248 ; il se serait alors joint à la croisade à Chypre. Il est probable qu'il fut de la campagne d'Égypte et qu'il aborda avec saint Louis à Acre en mai 1250. Ce qui est certain, c'est qu'il a vécu dans l'entourage du roi. Ce dernier le chargea en 1253 d'une mission en Asie centrale ; il s'agissait d'observer et de prendre des contacts avec les chefs mongols dans un but d'évangélisation. Rubrouck, accompagné d'un autre religieux, parcourut pendant près de deux ans toute l'Asie, effectuant plus de 16 000 km ; mais à la suite d'une interprétation faussée des lettres de recommandation dont il avait été muni, il fut renvoyé d'où il était venu, sans avoir pu faire aboutir son projet missionnaire. De son voyage qui lui permit de découvrir les chrétiens d'Asie centrale, ainsi que tout un monde de croyances et de pensées alors étranger aux Occidentaux, il rapporta un récit qui est le plus vivant de ceux qui nous sont parvenus avant celui de Marco Polo*, le plus riche en notations. Empêché, au retour, d'aller à Paris faire son rapport au roi, c'est à Saint-Jean-d'Acre que Guillaume écrivit sa relation, sous forme d'une très longue lettre adressée personnellement à Louis IX. Il dut cependant aller à Paris et revoir le roi, car il y rencontra le frère Roger Bacon* avec lequel il s'entretint. Bacon fit bon accueil aux renseignements qu'il rapportait et en retranscrivit des morceaux entiers dans son grand œuvre, l'*Opus magnum*, qu'il était en train d'élaborer.

Guillaume est un ethnologue avant la lettre. Les descriptions, qui passent en revue tous les aspects de la vie quotidienne chez les Mongols, constituent un tableau riche et précis. Il est témoin oculaire de quantité de gestes quotidiens, de rites et de pratiques religieuses ou magiques. C'est le meilleur observateur du chamanisme mongol. Il s'intéresse aux Mongols d'une façon beaucoup plus libre que Jean de Plan Carpin, franciscain italien qui avait été chargé d'une mission peu avant l'invasion mongole. Il n'a pas de goût pour les récits fabuleux. Il comble le vide géographique qui existait de son temps : la science des géographes arabes étant ignorée pour l'essentiel, on s'en tenait souvent à l'autorité d'Isidore*, qui recopie des auteurs de l'Antiquité. Son témoignage reste un des textes fondamentaux sur lesquels s'appuie notre connaissance de l'empire mongol. Il nous renseigne aussi sur les ambitions diplomatiques déployées par saint Louis.

ŒUVRE. — Éd. M. d'Avezac, F. Michel et T. Wright, dans *Recueil de voyages et de mémoires publiés par la Soc. de géographie*, Paris, 1839, t. 4, p. 213-396 [non intégrale]. — Éd. A. Van den Wyngaert, dans *Sinica Franciscana*, t. 1 (1929), p. 164-332. — Trad. anglaise W. Rockhill, *The Journey of William of Rubrouck to the Eastern Parts of the World (1253-1255)...*, Londres, 1900 (*Hakluyt Soc.*, 2ᵉ s., 4) [d'après l'éd. Michel et Wright]. — Trad. anglaise P. Jackson et D. Morgan, *The Mission of Friar William of Rubruck. His Journey to the Court of the Great Khan Möngke, 1253-1255*, Londres, 1990 (*Hakluyt Society. Works*, 2ᵉ s., 173) [trad. fondée sur l'éd. Van den Wyngaert]. — Trad. française A. T'Serstevens, *Les précurseurs de Marco Polo. Textes intégraux établis, traduits et commentés... avec une introduction sur la géographie de l'Asie avant Marco Polo*, Paris, 1959 [extraits]. — Trad. française C. et R. Kappler, *Guillaume de*

Rubrouck envoyé de saint Louis. Voyage dans l'empire mongol (1253-1255), Paris, 1985 (*Bibl. hist.*).

→ Outre le commentaire et l'annotation de la traduction Kappler, citée *supra* : M. Daunou, *Guillaume de Rubruquis*, dans *HLF*, t. 19 (1838), p. 114-126. — P. Pelliot, *Mélanges sur l'époque des croisades. III : Sur quatre passages de Guillaume de Rubrouck*, dans *Mémoires de l'Institut national de France*, t. 44, 1re partie, Paris, 1960, p. 48-65 ; *Recherches sur les chrétiens d'Asie centrale et d'Extrême-Orient*, Paris, 1973. — M. Mollat, *Grands voyages et connaissances du monde du milieu du XIIIe à la fin du XVe siècle, 1er fasc. : Voyages en Asie, XIIIe-XIVe s.*, Paris, 1984. — A.D. von den Brincken, *Eine christliche Weltchronik von Qaraqorum. Wilhelm von Rubruck OFM und der Nestorianismus*, dans *Archiv für Kulturgeschichte*, t. 53 (1971), p. 1-19. — G.A. Bezzola, *Die Mongolen in abendländischer Sicht (1220-1270). Ein Beitrag zur Frage der völkerbegegnungen*, Berne et Munich, 1974. — J. Richard, *Croisés, missionnaires et voyageurs. Les perspectives orientales du monde latin médiéval*, Londres, 1983 [recueil d'articles déjà parus ; voir notamment l'art. XII : *Sur les pas de Plancarpin et de Rubrouck : la lettre de saint Louis à Sartaq*]. — R. Ruggeri, *Marco Polo e l'Oriente francescano*, Rome, 1984. — M. Weiers, *Die Mongolen. Beiträge zur ihrer Geschichte und Kultur*, Darmstadt, 1986. — Molinier nos 2561. — Nouveau Potthast, t. 5, p. 317-319 [*Guilelmus de Rubruquis*].

G.T.L.

Guillaume de Saint-Amour. Chanoine jurassien devenu maître séculier de théologie à Paris avant 1252, sans que l'on connaisse sa carrière antérieure, lente et peut-être besogneuse. Bénéficiaire de dispenses de cumul (Mâcon, Beauvais, Granville...) et demeuré simple sous-diacre, il désire une église très traditionaliste et des clercs pourvus de biens. Aussi défend-il les privilèges des maîtres puis ceux des curés contre les nouveaux ordres mendiants, qui prêchent et quêtent partout par privilège inouï, et s'introduisent même dans les chaires universitaires où leur pauvreté systématique coûte moins — ce qui diminue les revenus des clercs du type précédent. Lutteur fougueux, il mène quatre ans (1252-1256) un combat acharné et rusé qui soulève les étudiants et même la rue contre les mendiants. Mais hargneux, excessif et sans souplesse, il tonne contre ces « Périls des derniers temps », sombrant ainsi, par ce titre même, dans le millénarisme qu'il prétendait imputer à ses adversaires. Condamné à Rome en 1256, il est banni par le pape Alexandre IX et le roi Louis IX en son village natal, terre d'Empire, de Saint-Amour (Jura). Il y gère sa fortune écornée, y remâche sa défaite et son absence de doctrine dans des *Collectiones* dont se moqua doucement le pape Clément IV. Il y meurt oublié en 1272.

→ P. Glorieux, *Répertoire des maîtres en théologie de Paris au XIIIe siècle*, I, Paris, 1933, p. 343-346. — M.M. Dufeil, *Guillaume de Saint Amour et la polémique universitaire parisienne 1252-1259*, Paris, 1972 ; *Guillaume de Saint-Amour*, dans *Encyclopaedia universalis (Thesaurus) ; Un Universitaire réactionnaire* dans *Congrès des Sociétés savantes*, Reims, 1970 ; *Guiglielmo di Sant'Amore*, dans *Dizionario degli Istituti di perfezione*, Rome, t. 4, 1975, col. 1484-1489.

M.M.Du.

Guillaume de Saint-André. On ne sait pas grand-chose sur ce Breton, si ce n'est qu'il a occupé des fonctions importantes au service du duc de Bretagne Jean V (ou IV, si l'on ne compte pas son père, Jean de Montfort, dont les prétentions au duché furent rejetées au profit de sa nièce, Jeanne de Penthièvre). En 1381, il figure comme écuyer dans une ambassade envoyée en Angleterre par le duc. En 1384, il fait partie d'une mission députée vers Charles VI pour soutenir les droits du duc. En 1387, il paraphe comme notaire la protestation du duc en réponse à l'ambassade du roi de France. Enfin en 1398, il est présent aux États de Rennes. Il a composé une chronique en vers (4 305 octosyllabes), le *Libvre du bon Jehan duc de Bretagne*, qui est une sorte de traité moral destiné à l'instruction de son fils, dans lequel il propose comme exemple des revers de fortune les événements de la vie de Jean V. L'existence du duc (vers 1340-1399) fut, en effet, remplie de vicissitudes, depuis son enfance exilée, son retour dans le duché, suivi à nouveau de l'exil et de l'errance. Guillaume arrête sa chronique au traité de Guérande (1381), qui rétablit la paix entre la Bretagne et la France, et laisse à son fils la tâche de continuer l'histoire de son souverain. Son œuvre proprement historique est suivie dans quelques manuscrits d'une adaptation en vers du *Traité des échecs* de Jacques de Cessoles*. Certains ont voulu y voir un ouvrage à part ; mais il n'y a pas de doute que cette moralisation fait partie de l'ouvrage tout entier, l'épilogue ne pouvant être que la conclusion de l'ensemble. Le texte de Guillaume, qui suit fidèlement Jacques de Cessoles, ne brille ni par l'élégance ni par l'originalité de la pensée. Cependant on y trouve quelques remarques ou développements qui valent la peine d'être relevés, comme les règles du jeu des échecs.

ŒUVRES. — Éd. G.A. Lobineau, *Histoire de Bretagne*, t. 2 (1707), col. 691-750 [extraits]. — Éd. E. Charrière, en appendice à l'éd. de la *Chronique de Bertrand du Guesclin* de Cuvelier, t. 2, Paris, 1839 (*Coll. doc. inédits*), p. 427-560 [texte non intégral].

→ F. Gallard, *Les trouvères guérandais en la fête de Saint-Nicolas au* XIV*e siècle*, dans *Bull. Soc. Nantes*, t. 20 (1881), p. 91-102. — F. Lecoy, *Guillaume de Saint-André et son Jeu des échecs moralisés*, dans *Romania*, t. 67 (1942), p. 491-503. — Molinier n° 3123. — Nouveau Potthast, t. 5, p. 340. — Cf. *MB* n°s 5119, 5384. G.T.L.

Guillaume de Saint-Cloud. Astronome parisien, maître ès arts, Guillaume de Saint-Cloud (Guillelmus de Sancto-Clodoaldo) rédigea un *Almanach planetarum*.

En 1296, il composa en latin un *Calendarium perpetuum* qu'il dédia à Marie de Brabant, seconde épouse du roi Philippe le Hardi : le quatorzième et dernier chapitre, consacré à l'algorisme, se termine par une courte note expliquant l'usage de l'« adressoir ». Il traduisit lui-même son *Calendrier de la reine*, ainsi que son commentaire, pour la reine Jeanne de Navarre († 1305), femme du roi Philippe le Bel. Cette traduction est conservée dans trois manuscrits : Paris, Bibl. Arsenal 534 et 2872, Rennes, Bibl. mun. 593. Il rédigea aussi, en latin, un *Traité sur l'Adressoir*, qui fut également traduit : cette traduction (vingt-huit vers latins, suivis d'une paraphase en français) est conservée dans le manuscrit Paris, Bibl. Arsenal 1037.

→ E.L., *Guillaume de Saint-Cloud, astronome*, dans *HLF*, t. 25, 1869, p. 63-74 ; A. Thomas, *Maître Etienne Arblant, astronome*, *ibid.*, t. 35, 1921, p. 628, note 3. — G. Sarton, *Introduction to the History of Sciences*, Baltimore, 1931, t. 2, p. 990-991. — J. Plassard, *Projets de réforme du calendrier à Paris au début du* XIV*e siècle*, dans *Positions des thèses de l'École des Chartes*, 1975, p. 175-181. — Cf. *GRLMA*, t. VIII/1, p. 321. F.F.H.

Guillaume de Saint-Étienne. Chevalier de l'ordre des Hospitaliers, il séjournait à Acre quand il incita Jean d'Antioche* à traduire en français la *Rhétorique* de Cicéron (1282), et c'est sans doute à ce moment qu'il entreprit lui-même, à la demande du grand maître, la compilation, en français, des statuts et usages de l'ordre. Après avoir séjourné en Lombardie, il devint commandeur de Chypre (1296-1300) ; il reprit alors son premier recueil pour en faire un ouvrage beaucoup plus développé qu'il intitula *Saterian*, par allusion à la *Lex Saturiana* (1296). La première partie est une compilation consacrée à l'administration et aux usages de l'ordre ; dans la seconde, Guillaume s'attachait à définir les règles de droit en usage chez les Hospitaliers. C'est là qu'il introduisit une dissertation sur les origines de l'ordre, *Comment la sainte maison de Saint Johan de Jerusalem commença*, où il écartait les légendes qui avaient cours sur l'antiquité de la fondation de l'Hôpital. L'ouvrage est intéressant pour l'histoire de l'Orient latin.

On notera l'existence d'une traduction anglo-normande versifiée de la Règle des Hospitaliers antérieure d'un siècle à la compilation de Guillaume de Saint-Étienne, œuvre présumée du chapelain d'une commanderie anglaise (probablement Clerkenwell) dans les années 1181-1185 (éd. K.V. Sinclair, Londres, 1984, *ANTS*, 42).

ŒUVRES. — Les statuts de l'ordre ont été publiés à leur date par Delaville le Roulx, *Cartulaire général de l'ordre de Saint-Jean de Jérusalem*, Paris, 1894-1906 ; la dissertation historique figure dans le *Recueil des Historiens des Croisades. Hist. Occidentaux*, t. 5.

→ L. Delisle, *Maître Jean d'Antioche, traducteur et frère Guillaume de Saint-Étienne, hospitalier*, dans *HLF*, t. 33, 1906, p. 1-40. — J. Monfrin, *Humanisme et traductions au Moyen Âge*, dans *L'humanisme médiéval dans les littératures romanes du* XII*e au* XIV*e siècles, Actes du Colloque Strasbourg, 1962*, Paris, 1964, p. 224-226. — J. Riley-Smith, *The Knights of Saint-John in Jerusalem and Cyprus c. 1050-1310*, Londres, 1967. J.R.

Guillaume de Saint-Pair. Né à Saint-Pair, petite ville située à 3 km de Granville sur la côte ouest du Cotentin, Guillaume dut entrer très jeune au monastère du Mont-Saint-Michel, puisqu'il se dit « jovencel » sous l'abbatiat de Robert de Torigny (1154-1186) ; il y passa toute sa vie. Il est mort, sans doute au début du XIIIe siècle, à l'âge de quatre-vingts ans. Vers 1160, il a écrit le *Roman du Mont-Saint-Michel* en 3 781 vers octosyllabiques. Cet ouvrage, qui se compose de trois parties, contient l'histoire du mont, de ses traditions, de ses légendes. La première partie a trait à la fondation du monastère par saint Aubert, évêque d'Avranches. La seconde se rapporte à la substitution de moines aux chanoines devenus infidèles à leur vocation, et donc la transformation de la collégiale en monastère bénédictin. La troisième partie comporte le récit des légendes et miracles de l'abbaye. Elle se termine brusquement et semble inachevée. Si ce texte ne présente pas une grande valeur historique, par contre, il est très intéressant pour l'étude du vocabulaire régional, car la langue qu'utilise Guillaume, n'ayant pas subi d'influence extérieure, revêt un caractère dialectal très fort par comparaison avec la plupart des textes en ancien français.

Le *Roman* comporte un grand nombre de mots régionaux, d'hapax et de mots rares, dont quelques-uns sont spécifiques de cette région côtière du Cotentin. C'est donc une source précieuse pour l'étude du normand et, plus généralement, du vocabulaire des régions de l'Ouest à une période donnée, puisque l'œuvre peut être datée avec précision.

ŒUVRE. — Éd. F. Michel, Caen, 1856. — P. Redlich, Marburg, 1894 (*Ausg. und Abhandl.*, 92).

→ R. Herval, *Un moine jongleur au Mont-Saint-Michel : Guillaume de Saint-Pair*, dans *Millénaire monastique du Mont Saint-Michel*, t. 2 (1967), p. 383-395. — R.G. Birrell, *Regional Vocabulary in le Roman du Mont Saint-Michel*, dans *Romania*, t. 100 (1979), p. 260-270. — Molinier n° 1243. — Nouveau Potthast, t. 5, p. 340. — Cf. *MB* n°s 3741, 6705, 6706 ; *S* 6174-6176. G.T.L.

Guillaume de Saint-Pathus. Le franciscain Guillaume de Saint-Pathus fut pendant dix-huit ans, de 1277 à 1295, confesseur de la reine Marguerite, veuve de saint Louis, puis de sa fille Blanche (1296-1314 ou 1316). C'est à la requête de cette dernière qu'il entreprit, en 1302-1303, de raconter la vie et les miracles du saint roi. Le texte qui nous est parvenu est en français (on ne sait pas si Guillaume le rédigea en français ou en latin) ; il est fondé sur les témoignages présentés lors de la seconde enquête de canonisation en 1282-1283. Au cours de cette enquête, trente-huit témoins ont déposé sur la vie du roi et trois cent trente personnes sont venues témoigner sur les miracles de saint Louis. Guillaume dut recevoir un abrégé du procès de canonisation. Il a inséré dans sa biographie une version longue des *Enseignements* du roi à son fils et à sa fille, dont la source était contenue dans le procès (voir Louis IX). On a conservé aussi de lui un sermon ou panégyrique de saint Louis en latin.

ŒUVRES. — *Vie de saint Louis* : éd. H.F. Delaborde, Paris, 1899 (*Collection de textes pour servir à l'étude et à l'enseignement de l'histoire*). — *Miracles de saint Louis*, éd. P.B. Fay, Paris, 1931 (*Classiques français du Moyen Âge*, 70). — *Sermo in honorem sancti Ludovici* : éd. H.F. Delaborde dans *BEC*, t. 63 (1902), p. 262-288.

→ Molinier, n° 2544. — Nouveau Potthast, t. 5, p. 340-341. — Cf. *MB* n°s 3333, 3334 ; *S* 5682, 6110. G.T.L.

Guillaume de Saint-Thierry. Né à Liège avant 1075, Guillaume fait des études à Reims où il devient bénédictin à Saint-Nicaise (1095 ?). Vers 1119-1120, il fait à Clairvaux la connaissance de Bernard* dont il deviendra l'ami et le biographe. Devenu abbé de Saint-Thierry, il introduit dans les monastères de l'archevêché de Reims une réforme qu'il devra défendre contre le cardinal Matthieu d'Albano, légat du pape et ancien prieur de Cluny (1132). Cependant il aspire à rejoindre Bernard, et finit par entrer dans l'abbaye cistercienne de Signy (1135) où il meurt le 8 septembre 1148. Guillaume a été longtemps méconnu, en raison de l'attribution à saint Bernard de ses principaux ouvrages. Les recherches actuelles, auxquelles A. Adam, J.-M. Déchanet et M.M. Davy ont ouvert la voie, lui redonnent aujourd'hui sa vraie place. Guillaume a composé des compilations comme les *Excerpta ex libris beati Gregori*, des traités doctrinaux, ainsi le *Speculum fidei* et l'*Aenigma fidei*, des ouvrages mystiques dont la célèbre *Lettre d'or (Epistola ad fratres de Monte Dei)* qui fut très tôt traduite en français. Il a défini son anthropologie dans *La nature de l'âme et du corps*. À cela s'ajoutent deux textes de controverse, contre Pierre Abélard* et Guillaume de Conches*. Représentant d'une théologie monastique nourrie des Pères, en particulier Origène, Grégoire de Nysse et Augustin, Guillaume développe une doctrine de l'amour véritable, qui est connaissance. L'influence d'Augustin est prépondérante, comme le montre l'importance du thème de la restauration de l'image et de la ressemblance divine.

ŒUVRES. — Les œuvres de Guillaume se trouvent dans l'éd. de la *Bibliotheca Patrum Cisterciensium* de B. Tissier (Bonnefontaine 1680), reprise aux t. 180, 184 et 185 de la PL. La plupart sont disponibles dans des éd. critiques récentes accompagnées de trad. La parution des *Opera omnia* a commencé dans le *Corpus Christianorum (Continuatio Mediaevalis)* avec la publication du *Commentaire de l'épître aux Romains* (voir *infra*). — De contemplando Deo (1121-1124), M.M. Davy, *Guillaume de Saint-Thierry, Deux traités de l'amour de Dieu*, Paris, 1953, p. 33-66 ; J. Hourlier, Paris, 1977 (*SC*, 61 bis). — *De natura et dignitate amoris (1121-1124)*, dans M.M. Davy, *Guillaume de Saint-Thierry, Deux traités*, p. 70-136. — *De sacramento altaris (c. 1127)*, dans *PL*, t. 180, col. 341-366. — *Brevis commentatio in Canticum (c. 1130), ibid.*, t. 184, col. 407-436. — *Responsio abbatum*, éd. S. Ceglar, dans *Saint-Thierry, une abbaye du VIe au XXe siècle*, Saint-Thierry, 1979, p. 334-350. — *Excerpta ex libris beati Gregorii super Cantica Canticorum*, dans *PL*, t. 180, col. 441-447. — *Excerpta ex libris beati Ambrosii super Cantica Canticorum, ibid.*, t. 185, col 1845-2060. — *Expositio super epistolam ad Romanos (1137)*, P. Verdeyen, *Guillelmi a Sancto Theodorico opera omnia*, t. 1, Turnhout, 1989 (*CCCM*, 86). — *Meditativae orationes (1137)*, M.M. Davy, Paris, 1934 ; J. Déchanet, Bruxelles, 1946 ; J. Hourlier, Paris, 1985 (*SC*, 434). — *De natura corporis et animae (1138 ?)*, M. Lemoine, Paris, 1988 (*Auteurs latins du Moyen Âge*). — *Expositio super cantica canticorum (1139)*, M.M. Davy, Paris, 1958 ; J.M. Déchanet, Paris, 1962 (*SC*, 82). — *Disputatio adversus Petrum Abelardum (1140)*, dans *PL*, t. 180, col. 249-328. — *Epistola de erroribus Guillelmi de Conchis (1141)*, J. Leclercq, dans *Revue Bénédictine*, 79 (1969), p. 382-391. — *Enigma fidei (1142-1144)* dans M.M. Davy, *Guillaume de Saint Thierry. Deux traités sur la foi : le miroir de la foi ; l'énigme de la foi*, Paris, 1959, p. 92-178. — *Speculum fidei (1142-1144), ibid.*, Paris, 1959, p. 24-90 ; J.M. Déchanet, Paris, 1983 (*Sources chrétiennes*, 301). — *Epistula ad fratres de Monte Dei (1144-1145)*, M.M. Davy, Paris, 1940 ; J. Déchanet, Paris, 1975 (*SC*, 223) ; V. Honemann, Zürich-Munich, 1978 (*Münchener Texte u. Untersuchungen zur deutschen Literatur des Mittelalters*, 61) [éd. également la trad. en ancien français]. — *Vita sancti Bernardi (1145-1148)*, dans *PL*, 185, col. 225-268.

→ A. Adam, *Guillaume de Saint-Thierry, sa vie et ses œuvres*, Bourg-en-Bresse, 1923. — A. Wilmart, *La série et la date des ouvrages de Guillaume de Saint-Thierry*, dans *Revue Mabillon*, t. 14 (1924), p. 157-167. — J.M. Déchanet, *Œuvres choisies de Guillaume de Saint-Thierry*, Paris, 1943. — *Saint-Thierry, une abbaye du VIe au XXe siècle, Actes du colloque international d'histoire monastique*, Saint-Thierry, 1979. Une orientation bio-bibliographique abondante est donnée par le P. Verdeyen dans son éd. de l'*Expositio super epistolam ad Romanos* (voir *supra*). M.L.

Guillaume de Salvarville. Ce clerc, originaire du diocèse de Rouen, est en 1349 maître ès arts, étudiant en théologie et sociétaire de Sorbonne, mentionné comme docteur en 1362 et comme vice-proviseur de Sorbonne en 1371. Chanoine prébendier de Rouen, il devient, à la fin de 1363 ou en 1364, chantre de Notre-Dame de Paris. Guillaume obtient cet office grâce à la protection du cardinal Gilles Aycelin de Montaigu dont il est aumônier et commensal. Vers 1360, il fait la connaissance d'un étudiant des arts, Gérard Groote, futur fondateur des frères de la Vie commune, avec qui il se lie d'amitié. Une lettre de Gérard à Guillaume (éd. W. Mulder, Anvers, 1933, n° 9), prouve que, vers 1378-1379, ce dernier a nourri l'idée d'abandonner les études et de partir en mission pour convertir les schismatiques de l'Italie du Sud ou de la Grèce. Avec beaucoup de bon sens, Gérard Groote l'a cependant persuadé de rester sur place et de faire œuvre de missionnaire à Paris. Lorsqu'en 1378 commence le Grand Schisme, Guillaume prend le parti du pape Urbain VI. Il se montre alors un urbaniste très actif et devient, selon toute probabilité, le premier conciliariste français. Cependant, comme tant d'autres professeurs et étudiants, il est obligé de fuir Paris (12 mars 1382). Il s'installe dans le diocèse de Liège, où, privé de son bénéfice parisien, il est nommé archidiacre du Brabant. Il meurt après le 1er juillet 1384 et avant le 17 novembre 1385. Par testament, il a laissé ses livres et une partie de ses biens au collège de Sorbonne.

Le hasard a conservé trois brefs écrits parisiens de Guillaume, une *Determinatio pro concilio generali* en latin (éd. Bliemetzrieder) et deux poèmes de circonstance en français, *Lamentation de l'Église* et *Apologie du concile* (éd. N. Valois *La France et le Grand Schisme*, I, 377-394). Ils datent de mars 1381. Le *Commentaire des Sentences* de Guillaume ne fut probablement jamais terminé car il est cité comme *acta imperfecta*. Les deux poèmes et la théologie du *Commentaire* eurent un critique virulent en la personne d'un autre sociétaire de Sorbonne, Etienne Gaudet.

Aucune lettre à Gérard Groote n'est conservée. En revanche, on connaît deux brefs récits de Guillaume en faveur de Gérard (éd. Mulder, n°s 60 et 65), et une lettre adressée à un docteur de droit à Cambrai (éd. Balluze-Mollat, *Vitae paparum Avinionensium*, I, 533-534).

La théologie spéculative de Guillaume ne nous est pas connue. On sait seulement qu'il a traité du principe de l'acte de foi et de la cause de l'assentiment aux articles de foi. Mieux connues sont ses opinions sur les raisons du Grand Schisme et sur l'issue de la crise politique et religieuse provoquée par l'événement de 1378. Conciliariste, Guillaume n'est pourtant pas un théoricien de la doctrine ecclésiologique. Il est avant tout un agitateur et un propagateur de l'idée conciliariste.

→ F. Bliemetzrieder, *Conclusions de Guillaume de Salvarvilla, maître en théologie, à Paris, sur la question du concile général pendant le grand schisme d'Occident (1381)*, dans *Revue d'Histoire ecclésiastique*, n° 11 (1910), p. 47-55. — W. Mulder, *Guillaume de Salvarvilla*, dans *Ons Geestelijk Erf*, n° 5 (1931), p. 186-211. — Z. Kaluza, *Note sur Guillaume de Salvarvilla auteur de deux poèmes sur le Grand Schisme*, dans *Mediaevalia philosophica Polonorum*, n° 19 (1974), p. 159-171 ; *Etienne Gaudet devant la preuve en théologie*, dans *Preuve et raisons à l'Université de Paris. Logique, ontologie et théologie au* XIV*e siècle*, éd. Z. Kaluza et P. Vignaux, Paris, 1984, p. 231-251. — R.R. Post, *The Modern Devotion. Confrontation with Reformation and Humanism*, Leyde, 1968, p. 80-85, 137-158. Z.K.

Guillaume Tardif (vers 1440-vers 1500). Grammairien originaire du Puy-en-Velay, bachelier en 1456, il enseigna la rhétorique au Collège de Navarre dès 1473, avant de devenir en 1475 ou 1476 précepteur du dauphin Charles, futur Charles VIII, puis en 1483 l'un des lecteurs du nouveau roi. Une querelle l'opposa, sans que l'on en connaisse l'origine précise, à un humaniste italien, Girolamo Balbi, de 1486 à 1493 : pour soutenir cette querelle, Guillaume Tardif rédigea une *Antibalbica*, puis une *Responsio ac defensio*.

On lui doit des traités de grammaire et de rhétorique en latin : *Grammatica* (dédiée au roi Louis XI et dont la première édition est de 1470), *Rhetoricae artis et oratoriae facultatis compendium*, *Eloquentiae bene dicendique scientiae compendium* (dédié au dauphin Charles et qui doit dater de 1481-1483), et de nombreuses traductions en français, toutes dédiées à Charles VIII : des *Facetiae morales* de Poggio Bracciolini (voir Pogge), des *Fables* de Lorenzo Valla (traduction imprimée pour la première fois entre 1493 et 1498), des *Rerum memorandarum libri* de Pétrarque* (dont il traduisit 19 dits dans ses *Ditz des sages hommes*) et du *De mirabilibus mundi liber* ou *Polyhistor* de Solin. Il est encore le traducteur d'un *Livre d'heures*, édité pour la première fois en 1492 et aujourd'hui disparu, et d'un *Art de bien mourir*, et l'auteur d'une *Epître à Raymond Jacques*. Toutes ces œuvres et traductions ne nous ont été conservées que par des imprimés.

En 1492, Guillaume Tardif compila un *Livre de l'art de faulconnerie et des chiens de chasse*, en deux parties, dédié à Charles VIII. Pour la première partie (fauconnerie), il s'est beaucoup inspiré du traité de *Moamin**, et peut-être de celui de *Ghatrif**, et il a utilisé les œuvres de Guillelmus Falconarius* et de Jean de Francières*. L'unique manuscrit de cet ouvrage (Glasgow, Hunterian Museum, U.5.9) fut imprimé pour la première fois à Paris en 1493 par Antoine Vérard et plusieurs fois réédité, notamment avec les traités d'Arthelouche de Alagona* et de Jean de Francières, aux XVIe et XVIIe siècles.

Grammairien et traducteur chevronné, préconisant la lecture suivie et le commentaire des grandes œuvres latines, Guillaume Tardif possède une langue aisée et agréable, qui offre une richesse de vocabulaire remarquable.

ŒUVRES. — *« Les Facéties de Poge » Florentin (...) traduction française de Guillaume Tardif*, éd. A. de Montaiglon, Paris, 1878. — *Le Livre de l'Art de faulconnerie et des chiens de chasse, par Guillaume Tardif, réimprimé sur l'édition de 1792 (sic)*, éd. E. Jullien, Paris, 1882 (réimp. Genève, 1980), 2 vol. (*Cabinet de Vénerie*, 4). — *Les « Apologues » de Guillaume Tardif et les « Facetiae morales » de Laurent Valla*, éd. P. Ruelle, Genève-Paris, 1986 (*Textes et Études. Domaine français*, 10).

→ J. Thiébaud, *Bibliographie des ouvrages français sur la chasse*, Paris, 1934, col. 867-875 (*Maître de la vénerie*, 9). — G. Mombello, *Les « Ditz des sages hommes » de Guillaume Tardif. Aspects littéraires et linguistiques*, dans *Études littéraires sur le* XV*e siècle. Actes du 5e Colloque international sur le moyen français (Milan 6-8 mai 1985)*, Milan, 1986, t. 3, p. 199-216. — Cf. *GRLMA*, t. VIII/1, p. 360. *MB* n° 5553. F.F.H.

Guillaume Tasserye. Ce poète de la fin

du XVe siècle est connu par des pièces lyriques et des textes dramatiques. Ses *Chants royaux* ont été présentés aux Palinods de Rouen, dont il a été lauréat en 1490 et 1491. Il fut encore classé deuxième en 1493, 1495, et 1498, et fut prince du Puy en 1499. Son *Triomphe des Normands*, comme les *Heures de la Conception Notre Dame*, a pour sujet l'Immaculée Conception. Le premier de ces textes est un drame qui s'ouvre par une ballade et dont les personnages sont, outre le duc de Normandie Guillaume, Salomon, Satan, Mahomet... Il fut présenté au puy de l'Immaculée Conception entre 1490 et 1499, sans que l'on puisse préciser. Enfin, le *Mystère de la Passion de Jésus-Christ*, représenté en 1492, ne saurait lui être entièrement attribué mais il est certain qu'il y participa activement, de sa plume et de sa bourse.

ŒUVRES. — *Le Triomphe des Normands de Guillaume Tasserye*, éd. P. Le Verdier, Rouen, 1908 (*Société des Bibliophiles normands*, 72) [éd. aussi le *Chant royal* de 1490].

→ Gosselin, *Recherches sur les origines et l'histoire du théâtre à Rouen avant Pierre Corneille*, dans *Revue de Normandie*, 1867-1868, p. 28-31. A.F.L.L.

Guillaume de Tignonville. D'une ancienne famille de la Beauce, Guillaume de Tignonville (Loiret, arr. Pithiviers) était chambellan de l'Hôtel du roi depuis 1395 au moins. Nommé bailli de Chartres le 18 janvier 1399, il devint prévôt de Paris le 18 mai 1401. Mais il abandonna cette fonction en 1408, à la suite d'un conflit resté célèbre avec l'évêque et l'Université (il avait fait pendre deux clercs au gibet de la ville). Il fut ensuite maître à la Chambre des comptes. Il mourut en 1414. Il participa à de nombreuses missions diplomatiques de 1391 à 1399, notamment en Allemagne et à la cour d'Avignon, puis à nouveau de 1409 à 1412. Il apparaît comme un homme indépendant d'esprit, de parti modéré, avant tout fidèle au roi.

Il fit partie de la *Cour amoureuse* de Charles VI, compagnie littéraire créée en 1401. Il a laissé une traduction en prose des *Dicta et gesta philosophorum*, qu'il acheva avant 1402 sous le titre de *Dits moraux des philosophes*. Le texte latin, comme celui d'autres livres didactiques et moraux, tel le *Secret des secrets**, descend d'une source arabe, le *Livre des Sentences des sages (Mokhtar al hikam wamahasin al kalim*), œuvre du philosophe et médecin, l'émir égyptien Aboul Wafa Mobachchir ben Fatik. Dans cet ouvrage, écrit en 1053, celui-ci s'inspirait des apophtegmes du traducteur arabe Honeïm ben Ishak, mort à Bagdad en 873.

La traduction française, comme le texte latin, contient la biographie des grands philosophes et des grands hommes du passé (Aristote, Alexandre, Socrate, Hippocrate, etc.), puis rapporte les paroles pleines de sagesse qu'ils sont censés avoir proférées. La traduction de Guillaume de Tignonville, qui est une adaptation abrégée, obtint un grand succès. Elle est conservée dans quelque 50 mss et plusieurs impressions du XVIe siècle. Elle donna lieu à deux traductions anglaises différentes, l'une due à Stebin Scrope (1450), l'autre à Antoine Wydville, second comte Rivers (1473) et une traduction provençale (retrouvée dans les débris d'un ms. découverts dans les reliures de deux registres du XVIe siècle). On sait d'autre part qu'un manuscrit du texte français était copié à Aix dès 1402. Ceci témoigne de la diffusion et du succès que rencontra ce recueil didactique.

ŒUVRE. — Éd. R. Eder, *Tignonvilla inedita*, dans *Romanische Forschungen*, t. 33 (1915), p. 851-1019 [éd. d'après 20 mss].

→ L. Level, *Guillaume de Tignonville, prévôt de Paris*, dans *Positions des thèses de l'École des Chartes*, 1935, p. 137-144, 1936, p. 145-149. — A. Coville, *La vie intellectuelle dans les domaines d'Anjou-Provence de 1380 à 1485*, Paris, 1941 [cf. p. 137-139]. — C. Brunel, *Une traduction provençale des Dits des philosophes de Guillaume de Tignonville*, dans *BEC*, t. 100 (1939), p. 309-328. — A. Demurger, *Guerre civile et changements du personnel administratif dans le royaume de France de 1400 à 1418 : l'exemple des baillis et sénéchaux*, dans *Francia*, t. 6 (1978), p. 194-195. — C. Bozzolo et H. Loyau, *La cour amoureuse dite de Charles VI*, t. 1, Paris, 1982, n. 33, p. 61. — Cf. *MB* nos 5305-5307 ; *S* 7539, 7622. G.T.L.

Guillaume Tirel, dit Taillevent. Né vers 1314, enfant de cuisine de la reine Jeanne d'Évreux dès 1326, Guillaume Tirel fit toute sa carrière auprès de la famille royale. On le retrouve queux de Philippe de Valois en 1347, puis en 1355 du dauphin, le futur Charles V, au service duquel il reste jusqu'à la mort du roi. En 1381, il devient premier écuyer de cuisine de Charles VI, et meurt en 1395.

Cette carrière a valu à Guillaume Tirel

l'attribution d'un livre de cuisine, précisément intitulé *Le Viandier Taillevent*. Pourtant, le plus ancien manuscrit de ce recueil au contenu assez variable suivant les copies, est antérieur à la naissance de ce cuisinier. C'est toutefois sous son nom que les recettes, pour professionnels, de potages, rôtis, entremets, etc., connaîtront le succès. Imprimé dès 1490, le *Viandier* eut une douzaine d'éditions jusqu'en 1602. Dès avant, une partie de sa matière avait été reprise dans le *Mesnagier de Paris** (vers 1392), et complétée puisqu'elle y est cette fois destinée à une jeune ménagère inexpérimentée.

ŒUVRES. — *Le Viandier de Guillaume Tirel, dit Taillevent*, éd. J. Pichon et G. Vicaire, Paris, 1892 et *Supplément au Viandier de Taillevent*, s.l.n.d. [voir P. Meyer dans *Romania*, t. 21 (1892), p. 631-652]. — *The Viandier of Taillevent*, éd. T. Scully, Ottawa, 1988.

→ P. Aebischer, *Un ms. valaisien du « Viandier » attribué à Taillevent*, dans *Vallesia*, t. 8 (1953), p. 73-100 [la date précoce du ms., fin XIIIe-début XIVe, l'incite à réfuter l'attribution à Guillaume Tirel]. — M. Mulon, *Deux traités inédits d'art culinaire médiéval*, dans *Bulletin philologique et historique du Comité des Travaux hist. et scient.*, 1968, p. 369-435. — *Manger et boire au Moyen Âge, actes du colloque de Nice, 15-17 octobre 1982*, Paris, 1984 (*Public. Fac. Lettres et Sciences humaines de Nice*, 27) [plusieurs articles consacrés au *Viandier*]. — B. Laurioux, *Entre savoir et pratiques : le livre de cuisine à la fin du Moyen Âge*, dans *Médiévales*, t. 14 (1988), p. 59-71. Cf. *MB* nos 5611, 7063. A.F.L.L.

Guillaume de Tyr. Né vers 1130 à Jérusalem, Guillaume de Tyr étudia pendant une vingtaine d'années en Europe. Revenu en Terre sainte, il devint archidiacre de Tyr en 1167 puis en 1175, archevêque. Il est mort le 29 septembre 1186. Il a laissé une chronique connue sous un titre impropre (attribué en Occident) que donnent seulement deux manuscrits, *Historia rerum in partibus transmarinis gestarum*, où il raconte l'histoire du royaume latin de Jérusalem jusqu'en 1184. C'est l'une des sources les plus importantes pour l'histoire des États des croisés en Terre sainte. On connaît une continuation anonyme en latin pour les années 1185-1194, rédigée en Angleterre. Mais c'est en français que l'ouvrage se répandra avec succès. La chronique a, en effet, été traduite dès le début du XIIIe siècle, entre 1220 et 1223, et a fait l'objet d'un certain nombre de continuations en français qui, élaborées en plusieurs étapes, vont jusqu'en 1277. On désigne ces textes sous divers titres, *Estoire* ou *Roman d'Eracles* du nom de l'empereur Héraclius dont il est question dans les premiers mots du texte, ou *Livre du Conquest ; Chronique d'Ernoul et de Bernard le Trésorier ; Estoires d'Oultremer*, ces deux derniers textes ne contenant pas la traduction de l'*Historia* mais seulement la continuation (voir Ernoul). Il existe également des traductions médiévales en anglais, en espagnol (la *Gran Conquista de Ultramar*) et en italien.

Guillaume de Tyr a toujours été considéré comme l'un des meilleurs écrivains du Moyen Âge. Son dernier éditeur, Huygens, tout en louant la clarté de son style, la vivacité de son récit, la qualité de sa langue, montre qu'il faut toutefois nuancer l'appréciation trop élogieuse qui lui a été prodiguée jusqu'ici un peu systématiquement. Quant à la connaissance du grec et de l'arabe qu'on lui a attribuée, on n'en a aucune preuve, non plus que pour l'hébreu et le persan.

ŒUVRES. — Texte latin : éd. R.B.C. Huygens, 2 vol., Turnhout, 1986 (*CCCM*, 63 et 63A). — M. Salloch, *Die lateinische Fortsetzung Wilhelmus von Tyrus*, Leipzig, 1934 [éd. de la continuation latine anonyme jusqu'en 1194]. — Trad. française : éd. M.R. Morgan, *La continuation de Guillaume de Tyr (1184-1197)*, Paris, 1982 (*Documents relatifs à l'histoire des croisades*, 14) [éd. d'après le ms. de Lyon, Bibl. mun. 828]. — Éd. dans *Recueil des Historiens des Croisades. Historiens occidentaux*, t. 1 et 2, Paris, 1844-1859. — Éd. M. Longobardi, *Un frammento inedito dell'Estoire d'Eracles*, dans *SMV*, t. 32 (1986), p. 113-129 [éd. du fragment de Bologne, Archivo di Stato, ms. n° 1].

→ L. de Mas-Latrie, *Essai de classification des continuations de l'Histoire des croisades de Guillaume de Tyr*, dans *BEC*, t. 50 (1860), p. 140-178. — P. Riant, *Inventaire sommaire des mss de l'Eracles*, dans *Archives de l'Orient latin*, t. 1 (1881), p. 247-252 et 716-717. — R.B.C. Huygens, *La tradition manuscrite de Guillaume de Tyr*, dans *Studi Medievali*, sér. 3, t. 5 (1964), p. 281-373. — J. Folda, *Mss of the History of Outremer by William of Tyre : a Handlist*, dans *Scriptorium*, t. 27 (1973), p. 90-95. — R. Hiestand, *Zum Leben und zur Laufbahn Wilhelms von Tyrus*, dans *DAEM*, t. 34 (1978), p. 345-380. — R.C. Schwinges, *Kreuzzugsideologie und Toleranz. Studien zu Wilhelm von Tyrus*, Suttgart, 1977 (*Monographien zur Geschichte des Mittelalters*, 15). — P.W. Edbury et J.G. Rowe, *William of Tyre, Historian of the Latin East*, Cambridge Univ. Press, 1988.

— Molinier n° 2187. — Nouveau Potthast, t. 5, p. 329-332. — Cf. *MB* n°s 3613-3616 ; *S* 6024-6031. G.T.L.

Guillaume de Villiers. Sans doute originaire de Normandie, Guillaume de Villiers est l'auteur d'un traité de médecine vétérinaire, pour lequel il a beaucoup utilisé le *De medicina equorum* de Giordano Ruffo*. Son apport personnel concerne les maladies des yeux et l'emploi des charmes. Comprenant 158 chapitres en six parties, ce traité, sans titre, n'a fait l'objet que d'une transcription partielle.

L'un des trois manuscrits conservés (Paris, BN, fr. 1287) porte la date de 1456, qui peut être celle du traité ou seulement celle de la copie.

⟶ Y. Poulle-Drieux, *L'hippiatrie dans l'Occident latin du* XIIIe *au* XVe *siècle*, dans *Médecine humaine et vétérinaire à la fin du Moyen Âge*, Genève-Paris, 1966, p. 46-47 et 123-148 (*Hautes Études médiévales et modernes*, IV, 2). — Cf. *MB S* 7703. F.F.H.

Guillebert. Voir : Gilbert.

Guillelmus Falconarius. Dans 12 des 14 manuscrits latins de *Dancus*, ce traité est suivi d'un autre traité en 37 chapitres, attribué à un Napolitain du nom de Guillelmus Falconarius, qui serait le fils d'un fauconnier célèbre et aurait été élevé à la cour du roi Roger II de Sicile (1130-1154). L'ouvrage latin de Guillelmus sur l'affaitage et les maladies des faucons et leurs remèdes, suit de près son devancier et modèle *Dancus*.

Le traité de Guillelmus a fait l'objet de quatre traductions en italien, une en espagnol et deux en français. De ces dernières, l'une est antérieure à 1284 et les manuscrits (dont celui de Paris, BN, fr. 12581) placent la traduction de *Dancus* avant celle de Guillelmus ; l'autre traduction, partielle, date du XVe siècle et présente (Paris, BN, fr. 25342) le texte de Guillelmus avant celui de *Dancus*.

Albert le Grand* copia dans son *De animalibus* un autre traité attribué à un Guillelmus, ce qui valut à ce traité d'être imprimé dans *Reliqua librorum Friderici II imperatoris De arte venandi cum avibus* (Augsbourg, 1596, p. 400-404).

ŒUVRES. — *Dancus Rex, Guillelmus Falconarius, Gerardus Falconarius. Les plus anciens traités de fauconnerie de l'Occident*, éd. G. Tilander, Lund, 1963, p. 134-175 (*Cynegetica*, 9) [éd. du texte latin]. — *Traductions en vieux français de Dancus Rex et de Guillelmus Falconarius*, éd. G. Tilander, Karlshamn, 1965, p. 24-31 et 43-47 (*Cynegetica*, 12).

⟶ C.H. Haskins, *Some Early Treatises on Falconary*, dans *Romanic Review*, t. 13 (1922), p. 20-22 [18-27]. — B. Van den Abule, *Les traités de fauconnerie latins du* XIIe *siècle, manuscrits et perspectives*, dans *Scriptorium*, t. 44 (1990), p. 281, 283 [276-286]. — Cf. *MB S*, 5425, 5427. G.T. et F.F.H.

Guillem. Voir : Guilhem.

Guiot de Dijon. Trouvère bourguignon qui composa durant le premier tiers du XIIIe siècle et fut protégé par la famille seigneuriale de Chacenay (Aube, arr. Troyes, cant. Essoyes) et, probablement, par celle d'Arcis-sur-Aube (Aube, arr. Troyes). Vingt-trois chansons lui sont attribuées par les copistes médiévaux : six le sont à bon droit, les 11 autres sont d'une authenticité douteuse. Ses poèmes, bien versifiés, sont d'une froide et monotone élégance, à l'exception de la très jolie complainte mise dans la bouche d'une jeune fille qui pleure l'absence de son amoureux, parti pour la croisade. Ce dernier poème a été attribué, à tort, par le copiste du ms. Berne, Stadtbibl. 389, à la Dame du Fayel, héroïne du *Roman du Châtelain de Coucy**.

ŒUVRES. — *Les chansons de croisade*, éd. J. Bédier, et P. Aubry, Paris, 1909 (réimp. New York, 1971), p. 107-117. — E. Nissen, *Les chansons attribuées à Guiot de Dijon et à Jocelin*, Paris, 1929 (*CFMA*, 59). — *Poètes et romanciers du Moyen Âge*, éd. A. Pauphilet, nouv. éd., Paris, 1952, p. 907-908 (*Bibliothèque de la Pléiade*, 52) [une chanson]. — P. Bec, *La lyrique française au Moyen Âge (*XIIe-XIIIe *siècle)*, Paris, 1978, t. 2, p. 92-94 [une chanson]. — *Anthologie de la poésie lyrique française des* XIIe *et* XIIIe *siècles*, éd. bilingue J. Dufournet, Paris, 1989, p. 196-199 (*NRF/Poésie*) [une chanson].

⟶ J.K. Atkinson, *Deux interprétations de la chanson « Chanterai por mon corage »*, dans *Mél. P. Jonin*, Aix-en-Provence, 1979, p. 33-45 (*Senefiance*, 7). — Linker, n° 106. — Cf. *MB* n°s 2352 ; *S* 4347 ; 4489. G.M. et F.F.H.

Guiot de Provins. Guiot a vécu à la charnière des XIIe et XIIIe siècles. Malgré son nom, il n'est pas sûr qu'il ait été originaire de Provins, mais peut-être d'Île-de-France. Il reçut une partie de sa formation en Provence, notamment à l'école de Saint-Trophime d'Arles. Il y cultiva le lyrisme provençal, qui fit son renom comme poète amoureux : il fut fêté pour son art dans la plupart des grandes cours d'Europe. Dans la *Bible Guiot*, il énumère ceux qui furent ses protecteurs : entre autres Richard Cœur de Lion, Henri le Libéral, comte de Champagne, Pierre II d'Aragon et son frère Bérenger de Provence, Frédéric Barberousse. Il a également voyagé en Palestine, auprès de Bernard IV d'Armagnac. De sa vie de poète de cour, il ne reste que cinq chansons d'amour. Il renonça ensuite au monde et devint moine cistercien à Clairvaux, qu'il quitta quatre mois plus tard pour entrer à Cluny. Il était moine depuis une douzaine d'années lorsqu'il écrivit la *Bible Guiot* (environ 2 700 octosyllabes), achevée sans doute au début de 1206. Cette satire de la société, écrite en un style très vif, se divise en deux parties distinctes. La première est consacrée au monde laïc. Guiot ne peut se consoler de voir les changements survenus dans la société séculière, les cours princières jadis brillantes devenues pauvres, tristes et moins généreuses. Mais il ne fait aucune allusion aux vilains, aux bourgeois et aux marchands, qui sont hors de sa conception courtoise du monde. La seconde partie, quatre fois plus longue, est consacrée au clergé. Guiot dresse un état critique du clergé séculier et des différents ordres religieux ; il souligne avec vigueur et saveur leurs qualités et surtout leurs défauts : les reclus emmurés sont fous, les cirsterciens austères hypocrites, etc. Ou bien c'est le laisser-aller qui triomphe, ou bien la rigueur inhumaine. Il n'y a que les chapitres de Prémontré pour trouver un juste équilibre. Mais malgré l'ironie des mots, Guiot insiste sur le caractère exemplaire de son œuvre : elle doit purifier le lecteur et l'éloigner des vices.

Cette satire morale de la société s'insère dans une tradition, entre le *Livre des manières* d'Étiennes de Fougères*, qui lui est antérieur, et la *Bible* d'Hugues de Berzé*, qui s'en inspire. Mais à chaque texte sa sensibilité : Etienne de Fougères, grave ecclésiastique, estime qu'un meilleur ordre social sera assuré si chacun remplit ses devoirs. Guiot est un moine bon vivant, ennemi des austérités, pratiquant la critique avec une ironie cinglante. Et la *Bible* d'Hugues de Berzé reflète la désillusion moralisante, plus sévère et plus croyante, d'un vieux chevalier qui a éprouvé la vanité des plaisirs mondains.

On doit aussi à Guiot de Provins un poème allégorique, l'*Armure du chevalier*, dit improprement *Suite de la Bible* (environ 560 vers), car il est d'un tout autre ton ; c'est une suite d'interprétations morales et dogmatiques sur les vertus : la chasteté, la patience, la foi, la droiture, l'humilité, la pitié, la mesure, la charité. Il semble avoir été composé à la suite d'une des nombreuses réprimandes que ses attaques contre les institutions ecclésiastiques ont values à Guiot.

ŒUVRES. — *Œuvres de Guiot de Provins*, éd. J. Orr, Manchester, 1915.

⟶ C.-V. Langlois, *La vie en France au Moyen Âge d'après quelques moralistes*, Paris, 1925, p. 47-87. — H. Petersen Dyggve, *Les seigneurs de Broyes et la date de Guyot de Provins*, dans *Neuphilologische Mitteilungen*, t. 39 (1938), p. 386-394. — M. Delbouille, *Du nouveau sur Kyot le Provençal* dans *Marche romane*, t. 3 (1953), p. 5-24. — J. Batany, *Les moines blancs dans les « États du Monde » (XIIIe-XIVe)*, dans *Cîteaux*, t. 15 (1964), p. 5-25 ; *Les convers chez quelques moralistes des XIIe et XIIIe*, *ibid.*, t. 20 (1969), p. 241-259. — J.-C. Payen, *Sens et structure d'une chanson courtoise : « Molt avrai lonc tens demoré » de Guiot de Provins*, dans *CCM*, t. 12 (1969), p. 243-252. Cf. Linker, n° 107. Cf. *GRLMA*, t. VI/2, n°s 4072, 7292. — *MB* n°s 2353-2354, 2741-2748, 6539 ; *S* 4490, 5093-5094, 5777. J.C.P. et A.F.L.L.

Guiraut de Bornelh. L'ancienne biographie provençale le désigne comme « maître des troubadours », et le chansonnier manuscrit du Vatican l'appelle *maistro in carega*. Il a joui d'une grande estime auprès de ses contemporains : Dante lui-même, dans son *De Vulgari Eloquentia*, le définit comme « le poète de la rectitude ». L'ancienne *Vida* et les commentaires (*razos*) qui précèdent certains de ses poèmes permettent de situer son activité poétique entre 1160 et 1200. Il appartient au fief du vicomte de Limoges, et la biographie le dit « un homme de basse condition, mais sage, instruit et intelligent ».

Dans l'état des connaissances actuelles, il serait né aux confins du Limousin, dans le bourg de Saint-Gervais (Haute-Vienne), près des sources de la Charente. Après de solides études dans une abbaye limousine, où sa vive intelligence l'avait introduit, il tenta sa chance dans les cours du Midi, à l'exemple de nombreux clercs roturiers. Il se rendit à la cour de Beaucaire où il connut une grande déception amoureuse avec « l'affaire du gant » qui le marquera toute sa vie : sa dame lui avait donné son gant en gage d'amour et Giraut le perdit... elle se sépara alors de lui. Comme d'autres troubadours malheureux en amour, il se réfugia à la cour de Raimbaut d'Aurenga*. De son maître, devenu son ami, il sut tirer des leçons sur l'opportunité d'écrire en *trobar leu* ou en *trobar clus*, en adaptant le style au niveau de l'auditoire, à l'importance du sujet, et à la portée envisagée pour le chant. Sa poésie étant appréciée, il prit conscience de sa valeur et se décida à regret à quitter Raimbaut pour gagner la cour d'Aragon où le roi fera de lui son troubadour attitré. Il suivra Alphonse II pendant près de trente ans, avec une interruption en 1188-1189 où il accompagnera son seigneur Adémar V de Limoges et les barons limousins en Terre sainte pour la croisade (PC 242, 6-41-15) dirigée par Richard Cœur de Lion. En 1192, il quittera définitivement l'Espagne et se retirera en Limousin. La date de sa mort n'est pas connue, vraisemblablement dans les toutes premières années du XIIIe siècle.

Ce qui compte, c'est sa personnalité telle qu'elle se dessine à travers les 76 compositions que nous possédons de lui, pour la plupart des chansons, mais également quelques *sirventes*, quelques pastourelles, quelques *planhs*, et une très belle *alba** (PC 242, 64). Ce fut d'abord un homme d'étude. « Pendant tout l'hiver, dit la *Vida,* il était à l'école et apprenait les lettres (ou les enseignait, d'où le surnom de « maître des troubadours »), et l'été, il s'en allait dans les cours... », et dans ses compositions, il se complaît à des dissertations subtiles, avec une dignité d'attitude et une attention à la forme révélatrices de la haute idée qu'il se fait de l'art. Sa poésie a un ton solennel, celui d'un moraliste parfois non dépourvu d'âpreté. Et même lorsqu'il chante l'amour, ce sentiment apparaît pour lui comme un moyen d'élévation et un appel à la vertu. En substance, il souhaite et regrette un idéal de vie austère, marqué par le culte de la droiture, dont l'ancien monde courtois pouvait donner l'exemple au monde de son temps, qui est plein de vulgarité et de corruption : « Mais, puisque les vertus de la chevalerie, écrit le poète, sont humiliées dans la fange, l'amour d'une noble dame ne trouve plus qu'à grand-peine sa digne place. »

Poursuivi par la déception d'un premier amour *« en trop ric repayre »,* il se servira de son expérience en troubadour « professionnel », faisant de l'amour courtois une éthique destinée à maintenir la stabilité d'une société qui l'approuve et lui permet de s'épanouir. Mais la dégradation des mœurs dans un monde perturbé par les guerres permanentes le fait passer de la *canso* d'amor* au *sirventes* moral et politique. Il annonce ainsi le XIIIe siècle. S'il fréquente les grands de ce monde, il ne manque pas de dénoncer les mauvaises actions des amis comme des ennemis de son mécène. Mais il sait que la politique modifie sans cesse les alliances, aussi agit-il avec beaucoup de prudence, usant alors du *trobar clus,* et le lecteur moderne, ignorant des événements connus des auditeurs contemporains, n'y voit souvent que « vers pompeux, hermétiques et obscurs d'un sermonneur doctrinaire ». En réalité, Giraut est aussi difficile à saisir en *trobar leu* qu'en *trobar clus.* Il n'empêche qu'il a souhaité à ses compositions un succès populaire qu'il a parfois connu et dont il est fier (PC 242, 11) :

me sap bo
can auch dire per contens
mo sonet rauquet e clar
e l'auch a la fon portar.

J'aime
entendre chanter avec plaisir
ma musique d'une voix claire et sans apprêt
et l'entendre porter à la fontaine.

ŒUVRES. — Éd. A. Kolsen, *Sämtliche Lieder des Trobadors G. de Bornelh,* 2 vol. Halle, 1910 et 1935, réimp. Genève, 1976. — R. Sharman, *The Cansos and Sirventes of the Troubadour Giraut de Borneil,* Cambridge (Mass.), 1989 [avec trad. américaine]. — Éd. partielles : S. Pellegrini, *Un frammento inedito di canzoniere provenzale*, dans *Anuario de Estudios Medievales*, t. 4 (1967), p. 385-391 [éd. de PC 242, 60]. — F.J. Oroz Arizcuren, *La lirica religiosa en la literatura provenzal antigua*, Pampelune, 1972, p. 204-207 [PC 242, 26]. — M. de Riquer, *Los trovadores. Historia literaria y textos*, Barcelone, 1975, t. 1, p. 463-513 [PC 242, 13-79-60-3-55-17-80-44-69-64]. — M.-A. Bossy, *Medieval Debate Poetry : Vernacular Works*, New York, 1987 [éd. et trad. anglaise de PC, 242, 22].

→ PC, 242. — K. Lewent, *G. de Bornelh und Jaufré*, dans *Neophilologus*, t. 27 (1942), p. 175-183. — B. Panvini, *Giraldo di Bornelh, trovatore del sec. XII*, Catane, 1949 [étude biog.]. — T.G. Bergin, *Dante's Provençal Gallery*, dans *Speculum*, t. 40 (1965), p. 15-30. — J. Mouzat, *Remarques sur « Linhaure » et sa localisation*, dans *Mél. R. Lejeune*, Gembloux, 1969, t. 1, p. 213-218 ; *De Ventadorn à Barjols. Les troubadours limousins en Provence entre 1150 et 1250*, dans *Mél. J. Boutière*, Liège, 1971, t. 1, p. 423-434. — H. Van den Werf, *The Chansons of the Troubadours and Trouvères. A Study of the Melodies and their Relations to the Poems*, Ütrecht, 1972 [texte et musique]. — A. Serper, *G. de Bornelh, le « gant », le trobar clus et lignaure*, dans *RLR*, t. 81 (1974), p. 93-106 [*trobar clus* = expression de l'amour malheureux]. — L.M. Paterson, *Troubadours and Eloquence*, Oxford, 1975, p. 88-144 [étude du style de G. de Bornelh]. — J. Dauphiné, *G. de Bornelh « maestre dels trobadors » : mythe ou réalité ?*, dans *Mél. P. Nardin, Annales Faculté Lettres et Sciences humaines de Nice*, n° 29 (1977), p. 91-98. — R.A. Taylor, *La littérature occitane du Moyen Âge*, Toronto, 1977, n°s 447-451. — F. Valerio, *Il sistema della nobiltà in G. de Bornelh*, dans *Spicilegio moderno*, t. 8 (1977), p. 36-62. — G. Almanza, *Sur quelques textes de G. de Bornelh*, dans *CN*, t. 38 (1978), p. 27-35 [examen de PC 242, 43-4-2-80 et éd. de 43 avec trad. française]. — G. Mastrangelo Latini, *Problemi di lettura in alcune poesie di G. de Bornelh, ibid.*, p. 159-166 [éd. de PC 242, 8 et 66]. — J.-P. Chambon, *Sur le lieu de naissance de G. de Bornelh*, dans *Romania*, t. 101 (1980), p. 514-517 [dans l'*encontrada* d'Excideuil (Charente) et dans la *villa* de Saint-Gervais (Haute-Vienne)]. — J.H. Marshall, *Pour l'étude des Contrafacta dans la poésie des troubadours, ibid.*, p. 289-335 [concerne PC 242, 38 et 69]. — M. Picone, *G. de Bornelh nella prospettiva di Dante*, dans *Vox Romanica*, t. 39 (1980), p. 22-43 [*Purgatorio*, chant 26]. — M. de Riquer, *Zu G. de Bornelh und seiner alba « Reis glorios »*, dans *Mél. G. Rohlfs*, Tübingen, 1980, p. 341-344 [étude litt. de PC 242, 64 : *alba* profane]. — C. Schwarze, *Kommentar zu G. de Bornelh « No posc sofrir », ibid.*, p. 345-352 [trad. de PC 242 ; G. de Bornelh et le *trobar leu*]. — G. Chiarini, *La canzone di G. de Bornelh « Si. m sentis fizels amics*, dans *Studi provenzali e francesi*, 82, L'Aquila 1983, p. 5-18. — R.V. Sharman, *G. de Bornelh : Maestre dels Trobadors*, dans *Medium Aevum*, t. 52 (1983), p. 63-76. — J.A. Storme, *Suggested Dialogue in the Poetry of G. de Bornelh : the Conversations of the Heart*, dans *Neophilologus*, t. 68 (1984), p. 340-354. — G. Peyrebrune, *G. de Bornelh : Planh du vicomte de Limoges, Adhémar V...*, dans *Lemouzi*, t. 98 (1986), p. 127-139. — M.C. Corcoran, *Song 53 of G. de Bornelh : Nonsense Rhyme or Lover's Lament*, dans *Neuphilologische Mitteilungen*, t. 88 (1987), p. 320-330. — G. Peyrebrune, *G. de Bornelh et l'époque limousine d'Excideuil*, dans *Lemouzi*, t. 102 (1987), p. 59-74. — A. Serper, *Ancien occitan « ab so que »*, dans *Mél. G. Gasca Queirazza*, Alexandrie, 1988, t. 2, p. 989-995. G.P. et G.B.L.

Guiraut de Cabrera. Voir : *Ensenhamen*.

Guiraut de Calanson. L'ancienne *Vida* consacrée à ce troubadour mentionne qu'il fut un jongleur de Gascogne. Or, aucun toponyme gascon approchant n'a été repéré dans la documentation. Par la critique interne des 11 poésies conservées, on sait qu'il fut en relation avec les cours d'Alphonse VIII de Castille et de Pierre II d'Aragon, et qu'il fréquenta l'entourage de Marie de Ventadorn* et de Peire de Gavaret. Sa fameuse *canso*, antérieure à 1202 : « *del menor tertz d'amor* » (PC 243,2) que commenta Guiraut Riquier*, et son *planh* (PC 243,6) sur la mort de l'infant Ferdinand de Castille, écrit après 1212, constituent les seuls repères chronologiques de sa production. Son œuvre de plus grand intérêt littéraire est le *Fadet juglar*, un *sirventes-ensenhamen* de 240 vers ouvertement écrit en réponse à celui de Guiraut de Cabrera*. On peut y voir un important répertoire de citations d'œuvres et de thèmes littéraires.

Comme poète lyrique, Guiraut de Calanson fait preuve d'originalité et même parfois de réelle réussite. Ainsi, dans cette rapide description de la dame (PC 243,10) :

Que.l sieu belh ris e la boca e la fatz,
las blancas dens e.ls sils voutz e delgatz,
e.l dous esgar val trop mais per vezer
no fai en mar l'estela contra. l ser.

« Car son beau sourire, sa bouche et sa face,
ses blanches dents, ses cils recourbés et graciles ;
son doux regard, cela vaux mieux à voir
que sur la mer, l'étoile au crépuscule. »

L'image du ciel nocturne émaillé d'étoiles revient dans la *canso* (PC 243,7) que le troubadour dédie à Pierre II :

al bon rei dels Aragones
quar sa valors
es tals que. ls sieus bos aips melhors
pot om comtar
cum las estelas, quant es sers,
e son aders
per lui ben servir mout joglar...

« au bon roi des Aragonais,
car sa valeur
est telle, que ses qualités supérieures
on peut les compter
comme les étoiles, le soir,
et que se pressent
pour le servir, maints jongleurs. »

ŒUVRES. — Éd. W. Ernst, *Die Lieder des provenzalischen Trobadors Guiraut Von Calanso*, dans *Romanische Forschungen*, t. 44 (1930), p. 255-406. — F. Pirot, *Recherches sur les connaissances littéraires des troubadours occitans et catalans des* XIIe *et* XIIIe *siècles. Les « sirventes-ensenhamens » de Guerau de Cabrera, Guirau de Calanson et Bertran de Paris*, Barcelone, 1972, p. 197-261 et 563-595 [éd. du *Fadet Joglar*]. — Éd. partielle : M. de Riquer, *Los trovadores. Historia literaria y textos*, Barcelone, 1975, t. 2, p. 1079-1087. [PC 243,2 et 6].

→ PC 243. — R.A. Taylor, *La littérature occitane du Moyen Âge*, Toronto, 1977, n° 452. — M.G. Capusso, *L'« Exposition » di Guiraut Riquier sulla canzone di Guiraut de Calanson « Celeis cui am de cor e de saber »* dans *SMV*, t. 30 (1984), p. 117-166 ; t. 31 (1985), p. 5-189 ; *Le tre frecce d'amore nella canzone allegorica di Guiraut de Calanson, « Celeis cui am de cor e de saber »*, dans *Actes du 1er congrès international de l'AIEO*, Londres, 1987, p. 157-170. — *Bulletins de l'AIEO*, n° 5, 1990, p. 22.
G.B.L.

Guiraut del Luc. Tout ce que l'on sait de ce troubadour se déduit de son œuvre conservée : deux violents *sirventes** qui ont été écrits entre 1190 et 1194, contre Alphonse II d'Aragon. Les localités appelées « Luc » ou « Le Luc » dans le Midi sont si nombreuses qu'il est difficile de déterminer sa provenance. C'est assurément un fervent partisan du comte de Toulouse. L'ironie, comme attitude et comme figure rhétorique, et le sarcasme sont les caractéristiques les plus saillantes du style de Guiraut del Luc. Authentique libelliste, il est l'un des utilisateurs les plus personnels du *sirventes* politique.

ŒUVRE. — Éd. M. de Riquer, *El trovador Guiraut del Luc y sus poesias contra Alfonso II de Aragón*, dans *Boletín de la Real Academia de Buenas Letras de Barcelona*, t. 23 (1950), p. 209-248. — Éd. partielle : A. Kolsen, *Dichtungen der Trobadors*, Halle, 1916-1919, réimp. Genève, 1980, p. 193-198 [PC 245, 1]. — M. de Riquer, *Los trovadores. Historia literaria y textos*, Barcelone, 1975, t. 1, p. 548-552 [PC 245, 1].

→ PC 245. — M. de Riquer, *La littérature provençale à la cour d'Alphonse II d'Aragon*, dans *CCM*, t. 2 (1959), p. 177-201. — F. Pirot, *Recherches sur les connaissances littéraires des troubadours occitans et catalans des* XIIe *et* XIIIe *siècles*, Barcelone, 1972. — D. Rieger, *Gattungen und Gattungsbezeichnungen der Trobadorlyrik. Untersuchungen zum altprovenzalischen Sirventes*, Tübingen, 1976. G.B.L.

Guiraut d'Espagne. Ce troubadour du XIIIe siècle appartient à une famille assez connue de Toulouse. De façon plus ou moins sûre, on lui attribue seize compositions, dont sept sont adressées à Béatrice de Provence, fille de Raimon Bérenger V, qui se maria en 1246 avec Charles d'Anjou. Le troubadour fut très lié à ce dernier, devenu comte de Provence par son mariage. On peut placer la production de Guiraut d'Espagne entre 1245 et 1265. Dans le répertoire qu'on a coutume de lui attribuer, on remarque sa préférence pour les danses (au nombre de dix), en général de style précieux.

ŒUVRES — Éd. O. Hoby, *Die Lieder des Trobadors G. d'Espagne*, Fribourg, 1915. — Éd. partielles : M. de Riquer, *Los trovadores. Historia literaria y textos*, Barcelone, 1975, t. 3, p. 1386-1391 [PC, 244, 12 et 8]. — R. Richter, *Die Troubadourzitate im « Breviari d'Amor »*, Modène, 1976, p. 300 [PC, 244,9].

→ PC, 244. G.B.L.

Guiraut lo ros. D'après la fameuse galerie satirique de troubadours que composa le Monge de Montaudon* (PC 305,16), *Girauz lo ros*, septième troubadour cité, était déjà célèbre en 1195. Suivant la *Vida*, il était natif de Toulouse, fils d'un pauvre chevalier. Guiraudo est un diminutif auquel s'ajoute le surnom de « roux ». Outre un trait personnel, peut-être faut-il y voir une allusion littéraire à la figure légendaire de Girart de Vienne, appelé *Girars li ros* dans la chanson de geste *Aspremont**. On conserve sept *cansos* de Guiraudo lo ros et une *tenso* lui est attribuée (PC 240,6a). Dans la seconde moitié du XIIIe siècle, on se souvient encore de lui comme d'un grand amoureux.

ŒUVRE. — Éd. A.M. Finoli, *Le poesie di Guiraudo lo Ros*, dans *Studi Medievali*, t. 15 (1974), p. 1051-1106. — Éd. partielle : M. de Riquer, *Los trovadores. Historia literaria y textos*, Barcelone, 1975, t. 2, p. 670-674 [PC 240,5].

→ PC 240. G.B.L.

Guiraut Riquier. Ce poète occitan qui fut des plus féconds et d'un réel talent, naquit à Narbonne vers 1230. À peu près à la même époque, Sordel* naissait à Mantoue et Raymond Lulle* à Majorque : c'est dire qu'il fut écrivain du temps de la décadence occitane. D'autre part, l'abondance et la qualité de son œuvre poétique ont permis aux critiques de l'appeler « le dernier troubadour » (Anglade). Il était de basse extraction, mais il dut recevoir, peut-être dans l'intention de devenir clerc, une instruction très développée, étant donné les connaissances historiques, philosophiques, théologiques et littéraires dont il fait preuve dans ses poèmes.

On a dit de lui qu'il fut le « dernier des poètes de cour » (Jeanroy). Si, aux temps classiques, alors que les seigneurs occitans accueillaient et traitaient généreusement les troubadours, la poésie nourrissait son homme, il n'en était plus ainsi au XIIIe siècle. Guiraut Riquier eut le tort de s'obstiner à vouloir vivre de son art, et l'histoire de sa vie, que nous connaissons bien, car le poète a pris soin de noter les dates sur ses pièces, n'est pas autre chose que l'histoire de ses démarches auprès des puissants du jour.

À Narbonne où jadis la comtesse Ermengarde avait reçu les hommages des plus célèbres troubadours, ayant elle-même son poète attitré, Peire Rogier*, et où, grâce aux nombreuses relations avec les républiques italiennes, s'était maintenue une certaine tradition littéraire, il était naturel que Guiraut Riquier s'adressât au vicomte Amalric ; mais celui-ci n'écoutait ses chants que d'une oreille distraite, et sa femme Philippe d'Anduze, pas plus que les seigneurs courtisans du vicomte ou que les bourgeois enrichis de la cité, n'appréciaient le talent du troubadour. En vain celui-ci essaya-t-il, par l'intermédiaire d'un chevalier occitan, d'intéresser à sa fortune le roi de France Louis IX : celui-ci d'ailleurs ne considérait la poésie que comme un art bien frivole.

Guiraut Riquier se tourna alors — c'était en 1268 — vers les Catalans, dont il fit une louange pompeuse : « Courtoisie, mérite et valeur, joie, reconnaissance et galanterie, sens, savoir et honneur, beau langage, belle compagnie, libéralité et amour, connaissance et grâces, toutes ces qualités sont l'apanage de la Catalogne. » C'est là qu'il ira, « dans la gaie Catalogne, le pays des hommes vaillants et des dames aimables »,

En Cataluenha la gaya,
entre.ls catalans valens
E las donas avinens.

Cependant, il ne s'arrêta pas longtemps en Catalogne et en Aragon. Vers 1270, nous le trouvons en Castille, à la cour d'Alphonse X le Savant, celui dont les lettrés de tous pays célébraient le talent poétique, la gloire et la générosité. Il trouvait là de nombreux troubadours, accourus du Languedoc, de l'Italie, avec les représentants les plus qualifiés de l'École galicienne.

Mais ici encore, au moment où était passée la période la plus brillante du règne de l'auteur des *Cantigas*, le poète narbonnais éprouva des déceptions : les nobles se révoltaient contre le roi, et la présence de trop nombreux jongleurs faisait tort à la vraie poésie. Contre les grands révoltés, Guiraut écrivit des satires vigoureuses. Contre les jongleurs, il adressa au roi une curieuse supplique, où il demandait au poète souverain de bien vouloir, par décret, mettre chacun à sa place, ce que fit le roi, sans doute par la plume de Riquier : il y aurait désormais quatre classes parmi les gens qui écrivaient des poésies ou qui vivaient de celles-ci : les bouffons, les jongleurs, les troubadours, et les docteurs en poésie, « ceux qui ont la maîtrise du souverain "trouver",

... an maestria
del sobiran trobar.

Guiraut Riquier demeura jusque vers 1279 à la cour de Castille, puis il revint à Narbonne. De sa ville inhospitalière, il adressait au comte Henri de Rodez, le dernier représentant en terre occitane des seigneurs sensibles à l'amour courtois, un chant où il disait : « Je voudrais un seigneur qui me protégeât comme il le faudrait, de sorte que je ne sois pas obligé d'errer d'une cour à l'autre ; je voudrais en finir avec cette vie. » L'appel fut entendu, et, en janvier 1280, Guiraut Riquier était à la cour du roi Henri II. Il y obtint tout de suite, par ses *tensos** un très grand succès : quand Henri II imagina d'instituer entre quatre troubadours de son entourage une sorte de concours littéraire par le commentaire poétique d'une chanson de Guiraut de Calanson*, adepte du *trobar clus**, c'est le poète narbonnais qui fut proclamé gagnant.

Mais, une année après, Guiraut se plaignait de ne pas être compris comme il aurait voulu, et revenait à Narbonne, où il fit dès lors des séjours intermittents. D'autres seigneurs qu'il pressentit ne répondirent pas non plus favorablement à ses sollicitations. À Narbonne, il célébra le vicomte, délivré de la prison à laquelle il avait été condamné à la suite d'une révolte contre le roi de France, puis son fils, qui avait remporté quelques succès militaires en Italie.

La vieillesse était arrivée, après toutes ces désillusions. Le troubadour sentait venir la mort au milieu de l'indifférence générale. Après avoir gravi ce « calvaire de l'homme de lettres qui s'obstinait, contre vents et marées, à vivre de sa plume » (Jeanroy), il reconnaissait l'échec de sa vie. « Je suis venu trop tard parmi les derniers. »

Mas trop suy vengutz als derriers,

disait-il dans son dernier *sirventes.* Le temps n'était pas encore venu où le poète, bourgeois ou fonctionnaire, n'aurait pas un si indispensable besoin de protecteurs. Guiraut Riquier dut mourir peu de temps après, vers 1295, dans cette même ville, où il était né, et qui n'avait pas su comprendre le génie d'un de ses plus glorieux enfants.

Guiraut Riquier laissait une œuvre poétique considérable et variée. Il semble, d'après la datation des pièces marquée avec soin par l'auteur, qu'on n'en ait rien perdu, et les manuscrits qui l'ont conservée étant très proches de l'époque de l'écrivain nous offrent toute garantie de parfaite authenticité. Elle comprend plus de cent pièces, environ 10 000 vers : *cansos, sirventes*, pastourelles, aubes, *tensos*, épîtres etc.

Guiraut Riquier avait un réel talent de poète et était « un maître du souverain "trouver" ». On peut lui reprocher une trop grande facilité, qu'il reconnaissait lui-même d'ailleurs : « Le chant ne m'est pas pénible, car un tel savoir m'a été donné, que je chante quand je veux, de ce qui me plaît. » De même, on peut trouver chez lui une certaine prolixité, en particulier dans ses Épîtres, et aussi quelque obscurité, venant parfois des sujets traités, un peu difficiles, et de son penchant naturel à la subtilité et à la recherche plutôt dans la pensée que dans l'expression. Son style, qui n'avait rien du *trobar clus* systématique, demeurait naturel, clair, toujours élégant, et se faisait remarquer dans les dialogues par une spirituelle vivacité.

Se rendant compte de la décadence littéraire de son temps qui entraîne surtout la poésie, Guiraut Riquier fait un effort louable pour l'endiguer. Il invente un grand nombre de mètres nouveaux, au point qu'une douzaine seulement de ses pièces sont écrites sur des formes connues. Il crée, ou s'essaie à créer, de nouveaux genres : à côté de l'aube, la *serena*, sa contre-partie, où l'amant trouve trop long le jour ; le *breu-doble*, variété de la chanson ; la *canso redonda*, qui rappelle la sixtine. Il s'applique à renouveler les anciens genres, orientant instinctivement la *tenso* par l'adjonction de nouveaux personnages, vers la comédie de salon, et faisant de la pastourelle un riche élément de roman. Il a composé en effet six pastourelles, où la même femme joue des rôles différents, ici jeune fille, plus tard femme mariée et mère de famille, et où, dans l'ensemble, la femme fait la leçon au troubadour suivant la tradition occitane ; le lieu lui-même change, les scènes se déroulent tantôt sur un chemin de Gascogne vers l'Isle-Jourdain, tantôt dans une vallée des Cévennes à Saint-Pons de Thomières ; petit roman gracieux, presque composition dramatique aux dialogues vifs et rapides. Cependant, à part l'intrigue et l'art raffiné, on ne peut pas dire que le poète ait renouvelé sensiblement la pastourelle. Du moins, a-t-il avec succès remis ce genre en honneur.

Guiraut Riquier a, on le voit, un grand souci de son art, car, selon lui, le poète a un rôle à jouer dans la société. Il veut plaire, afin de servir ; de là, une tendance à moraliser. Mais, dans la morale qu'il prêche à une société en pleine décadence, il apporte peu de personnalité, et la satire, dans ses poèmes, demeurant au stade des généralités, ne produira aucune réaction et aucun résultat. Il se montrera original seulement quand il donnera des règles de conduite, prêchant la *mezura* dans une morale utilitaire pareille à celle que l'on trouve dans les *ensenhamens*, avec une tendance au pessimisme, montrant plus de résignation que de colère devant le vice et le mal, ou encore quand il lui arrivera, devant sa propre misère, de s'écrier, comme saint Paul : « Je ne puis arriver à faire le bien que je connais, et ne puis nullement m'éloigner du contraire » :

No puesc per ren
Lo ben
Que conosc, far,
Ni ges no puesc al contrari fugir.

La psychologie ne le laisse pas indifférent, pas plus que les problèmes de philosophie où il se montre imbu de scolastique dans son goût pour les définitions et les distinctions.

Il manifeste un attrait profond pour la poésie religieuse. Celle-ci, qui avait été inspiratrice de chefs-d'œuvre dans le temps des origines de la littérature occitane, n'avait pour ainsi dire pas existé à l'époque classique dominée par l'amour et la guerre, inspirant seulement des chants de croisade. C'est après la croisade contre les Albigeois, sous l'influence des multiples pressions religieuses qui, vers le milieu du XIIIe siècle, changent l'esprit de la société, que la poésie religieuse en langue « vulgaire » reprend sa place. Tout d'abord, elle produit des poèmes qui sont des hymnes religieux, ayant l'air de traductions et de transpositions de chants liturgiques. Puis, abondonnant cette voie, les poètes écrivent des œuvres religieuses, tout en continuant leurs chansons d'amour dont ils ne peuvent se déprendre, appliquant à l'amour de la Vierge, même à l'amour de Dieu, la terminologie courtoise.

Ainsi fait Guiraut Riquier. Son premier chant religieux, daté de 1263, est un véritable hymne à la Vierge tout à fait conforme à l'esprit de l'Église officielle. Comme le chantent les Litanies, Marie est une fleur, « fleur de tout fruit savoureux, fleur de joie »,

Flors de tot frug saboros,
Flors de gaug...

Guiraut la prie, l'honore, s'étonne mais incline sa foi devant le miracle de sa maternité. Une autre poésie religieuse est une *alba* faite sur le modèle d'une aube profane. Dans tout cela, point ou peu d'originalité. Le poète se contente de suivre le cours du jour qui voit grandir le culte de la Vierge.

Ces poèmes eurent un succès très relatif. Dès 1284, le poète s'oriente insensiblement vers la seconde formule, appliquant à la poésie religieuse les procédés de la lyrique profane. Quelques années plus tard, la transformation est complète, et les poèmes à la Vierge peuvent s'appliquer à *Bel Deport*, la dame aimée et chantée, au point que le nom de *Bel Deport* est donnée à la Vierge elle-même par le poète.

En définitive, Guiraut Riquier est demeuré un grand poète de l'amour, et chez lui, comme chez de nombreux poètes de la décadence, mieux que chez aucun peut-être, on peut suivre les étapes de la transformation, de l'évolution et même de la fin (U. Mölk) de l'amour courtois. Dans ses premières *cansos*, la dame qu'il chante, *Bel Deport*, qu'Anglade a voulu identifier avec la femme du vicomte de Narbonne Philippe d'Anduze, a toutes les vertus ; le troubadour s'en déclare le chevalier servant, ne se plaignant pas de sa froideur, gagnant d'ailleurs lui-même à ce culte, qui l'a rendu poète, qui l'a rendu meilleur, car valeur morale et valeur littéraire ne font qu'un, l'amour enseignant à bien parler et à bien « trouver »,

... Quar gen parlar
Ensenha a belh trobar.

Mais l'amour, comme chez Guilhem de Montanhagol*, devient ainsi chez Guiraut Riquier principe de vertu. Nous avons en effet son opinion devant l'amour dans le commentaire qu'il fit à Rodez, en 1280, de la chanson de Guiraut de Calanson, où celui-ci décrivait le château du « tiers inférieur d'amour », c'est-à-dire de « l'amour charnel » puissant sur tous les hommes. Guiraut Riquier réprouve ce « tiers inférieur », cet « amour charnel » qui finit par être peccamineux, il admet l'amour « naturel » qui est l'amour des parents, mais il exalte l'amour « céleste » ou « divin ». C'est l'amour tel que le comprendra et l'expliquera, dix ans plus tard, le Biterrois Matfré Ermengaud* dans son *Breviari d'Amor*. Cet amour « céleste » peut être simplement un amour platonique, un amour qui touche plus l'esprit que le cœur, l'amour que chanteront, avant Dante* et avec lui, les poètes du *Dolce Stil nuovo*.

Il nous est resté 48 mélodies de Guiraut Riquier : elles manifestent une recherche stylistique caractérisée par un « effort constant pour se plier à des formes rigides sans sacrifier les rapports entre signification, son verbal et musique » (C. Phan).

Guiraut Riquier, qui se rattache si bien au passé, est aussi de son temps et laisse présager l'avenir. Il essaie, sans y réussir, d'être un novateur. Il est du moins le premier à vouloir fixer ses mélodies. L'inspiration littéraire demeure vieillie, incapable de se renouveler en trouvant, en exploitant de nouveaux thèmes, s'épuisant dans un culte exagéré de la forme. Malgré son talent, malgré ses efforts, Guiraut Riquier n'exercera pas d'influence, ne jouera pas le rôle de chef de file qui eût pu être le sien. Toutefois, son esprit dominera toute la poésie qui, à Toulouse et à Barcelone, prolongera longtemps encore l'éclat de la vieille civilisation occitane.

ŒUVRES. — Éd. H. Anglès, *Les melodies del trobador G. Riquier*, dans *Revista dels Estudis universitaris catalans*, t. 11 (1926), p. 1-78 [transcription des 48 mélodies selon le système modal]. — U. Mölk, *G. Riquier. Las Cansos. Kritischer Text und Kommentar*, Heidelberg, 1962. — V. Bertolucci Pizzorusso, *La supplica di G. Riquier e la riposta di Alfonso X di Castiglia*, dans *SMV*, t. 14 (1966), p. 9-135. — M. Longobardi, *I « vers » del trovatore G. Riquier, ibid.*, t. 29 (1982-1983), p. 17-163 [éd. critique des 26 « vers »]. — S. Guida, *« Jocs » poetici alla corte di Enrico II di Rodez*, Modène, 1983. — J. Linskill, *Les Épîtres de G. Riquier troubadour du* XIII*e siècle. Éd. critique avec trad. et notes*, Liège 1985 [15 épitres = environ 6 000 vers]. — Éd. partielles : F.J. Oroz Arizcuren, *La lirica religiosa en la literatura provenzal antigua*, Pampelune, 1972, p. 208-295 [PC 248, 7-27-31-44-46... 14 textes]. — M. De Riquer, *Los trovadores. Historia literaria y textos*, Barcelone, 1975, t. 3, p. 1609-1646 [PC 248, 4-65-44-68-49-51-32-50-22-15].

→ PC 248. — J. Anglade, *Le troubadour G. Riquier. Étude sur la décadence de l'ancienne poésie provençale*, Bordeaux-Paris, 1905, réimp. Genève 1973. — J. Salvat, *La Sainte Vierge dans la littérature occitane*, dans *Mél. J. Frank*, Sarrebruck, 1957, p. 621-624. — U. Mölk, *« Belh deport » Über das Ende der provenzalischen Minnedichtung*, dans *ZRPh*, t. 78 (1962), p. 358-374. — J.-M. Petit, *G. Riquier, période narbonnaise et destinée du dernier grand poète de cour*, dans *Actes du 45e congrès de la Fédération hist. du Languedoc médit. et du Roussillon*, Montpellier, 1973, t. 2, p. 69-75. — R.A. Taylor, *La littérature occitane du Moyen Âge*, Toronto, 1977, nos 453-459. — A. Serper, *G. Riquier, Bonfils et les Juifs de Narbonne* dans *RZLG*, t. 2 (1978), p. 421-429 [PC 248]. — V. Bertolucci Pizzorusso, *Il Canzoniere di un trovatore : il « libro » di G. Riquier*, dans *Medioevo Romanzo*, t. 5 (1978), p. 216-259 ; *Una chiosa sul « libro » di G. Riquier, ibid.*, t. 6 (1979), p. 419 ; *Libri e canzonieri d'autore nel medioevo : prospettive di ricerca*, dans *SMV*, t. 30 (1984), p. 92-116. — D.A. Monson, *Les « Ensenhamens » occitans. Essai de définition et de délimitation du genre*, Paris, 1981. — M.-G. Capusso, *L'« exposition » di G. Riquier sulla canzone di Guiraut de Calanson « Celeis cui am de cor e de saber »*, dans*SMV*, t. 30 (1984), p. 117-166 ; t. 31 (1985), p. 5-189 [état de la question]. — M. Longobardi, *Osservazioni metrico-retoriche sui « vers » di G. Riquier, ibid.*, t. 31 (1985), p. 247-253. — V. Beltràn, *Los Trovadores en la Corte de Castilla y León (II) ; Alfonso X, G. Riquier y Pero da Ponte*, dans *Romania*, t. 107 (1986), p. 486-503. — D. Billy, *La « canso redonda » ou les déconvenues d'un genre*, dans *Medievo Romanzo*, t. 11 (1986), p. 369-378. — C. Phan, *Le style poético-musical de G. Riquier*, dans *Romania*, t. 108 (1987), p. 66-78. — M. Pfister, *Sprachliches und Lexikalisches zu G. Riquier und zur Troubadour-handschrift « R »*, dans *ZRPh*, t. 104 (1988), p. 103-111. — M.-C. Viguier, *Un troubadour juif à Narbonne au* XIII*e siècle*, dans *Juifs et source juive en Occitanie, Enèrgas, Vent Terral* (1988), p. 81-92 [à propos de Bonfils]. — J.-M. D'Heur, *Un mot dans une pastourelle. « Senhada » chez G. Riquier*, dans *Mél. A. Roncaglia*, Modène, 1989, 2, p. 507-513. — M.-A. Bosay, *Cyclical Composition in G. Riquier's Book of Poems*, dans *Speculum*, t. 66 (1991), p. 277-293. J.S.

Guiraut de Salignac. Ce troubadour était issu de Salignac (Dordogne), près de Sarlat et sous son nom ont été conservés deux chansons d'amour, un *plazer* et le *partimen* avec Peironet (PC 249, 2 = 367, 1). En outre, sous le nom de « Guilhem de Salanhac », quelques chansonniers manuscrits copient une autre chanson et un *descort*. Il s'agit sans doute d'un seul et même troubadour qui composait à la fin du XIIe siècle. Peut-être petit seigneur plutôt que simple jongleur, il livre dans ses textes plusieurs références cynégétiques et manifeste une culture littéraire certaine.

ŒUVRE. — Éd. A. Strempel, *G. de Salignac, ein provenzalischer Trobador,* Leipzig, 1916, réimp. Genève, 1977. — Éd. partielle : M. de Riquier, *Los trovadores. Historia literaria y textos,* Barcelone, 1975, t. 2, p. 785-790 [PC 249, 2 = 367, 1].

→ PC 249. — F. Pirot, *Recherches sur les connaissances littéraires des troubadours occitans et catalans des* XII*e et* XIII*e siècles,* Paris, 1972, p. 251-252. — R. Richter, *Die Troubadourzitate im « Breviari d'Amor »,* Modène, 1976, p. 302 [PC 249, 1]. G.B.L.

Guiron le Courtois. Vaste roman arthurien en prose appelé parfois *Palamède*, mais le titre *Guiron le Courtois* est plus conforme au contenu du roman. Le *Guiron* est postérieur au *Lancelot-Graal**, à la première version du *Tristan en prose** et au

Graal cycle-post-Vulgate* et daterait donc des années 1235-1240. La tradition manuscrite (une trentaine de mss) est fort complexe : la version primitive représentée par le BN fr. 350 semble avoir été laissée inachevée et de nombreuses suites seront écrites au cours de la seconde moitié du XIIIe siècle et même au-delà. Ainsi, certains épisodes comme la folie du Bon Chevalier sans Peur ne trouveront un dénouement qu'à l'aube de la Renaissance dans l'immense ms. cyclique BN fr. 112. Le projet de l'auteur qui se cache derrière le pseudonyme d'Hélie de Boron (coauteur tout aussi fictif du *Tristan en prose*) est d'écrire une sorte de prologue aux vastes sommes en prose que sont le *Lancelot** et le *Tristan*, en mettant en scène la génération antérieure aux principaux chevaliers de la Table Ronde. Les héros du *Guiron* seront donc outre Guiron, Méliadus, le père de Tristan. Lac, le père d'Erec, Pellinor, le père de Perceval... et le roi sera alors tout naturellement le père d'Arthur, Uterpendragon, ou le tout jeune Arthur. Ce procédé de la « suite rétrospective » se retrouve dans certains cycles épiques (cycle de *Guillaume d'Orange**) et dans la Vulgate arthurienne (*Estoire del Saint Graal**). L'œuvre, par-delà des longueurs, présente un certain nombre de traits originaux : exaltation de la chevalerie profane et refus corrélatif de la littérature du Graal (ce qui est étonnant pour quelqu'un qui se proclame compagnon d'armes de Robert de Boron* !), ton souvent plaisant et narquois qui s'accompagne d'une décadence du code chevaleresque, fragmentation du récit en anecdotes et en historiettes. L'œuvre a connu un certain succès jusqu'à la Renaissance, en particulier en Italie où elle sera adaptée et où elle influencera Boiardo et l'Arioste. On en connaît cinq éditions partielles entre 1501 et 1532 sous le titre de *Meliadus de Leonnoys* (première partie de l'œuvre) et de *Gyron le Courtoys* (seconde partie).

ŒUVRE. — Pour une analyse de l'œuvre et de la tradition manuscrite, voir R. Lathuillère, *Guiron le Courtois. Étude de la tradition manuscrite et analyse critique*, Genève, 1966 (*Publ. rom. et fr.*, 86). L'œuvre reste encore en très grande partie inédite : outre les imprimés de la Renaissance dont le texte est proche du BN fr. 355 (C.E. Pickford en a publié deux fac-similés : *Meliadus de Leonnoys* de 1532, Londres, 1980 et *Gyron le Courtoys* de 1501, Londres, 1977), voir A. Limentani, *Dal Roman de Palamedés al cantari di Febus-el-Forte*, Bologne, 1962 [texte du BN fr. 340 avec trad. italienne médiévale en regard ; = 108-115 de l'analyse Lathuillère] et surtout V. Bubenicek, *Guiron le Courtois. Le ms. Arsenal 3325*, thèse dactylo., Paris-IV, 1985 [éd. de la version particulière du ms. Ars. 3325].

→ E. Löseth, *Le Roman en prose de Tristan, le Roman de Palamède et la Compilation de Rusticien de Pise, analyse critique d'après les mss de Paris*, Paris, 1891 (*BEHE*, 82). — F. Bogdanow, *Pellinor's Death in the Suite du Merlin and Palamede*, dans *Medium Aevum*, t. 29 (1960), p. 1-9. — C.E. Pickford, *L'évolution du roman arthurien en prose vers la fin du Moyen Âge d'après le ms. 112 du fonds français de la Bibl. nat.*, Paris, 1960, p. 113-121. — F. Bogdanow, *A Note on the Second Version of the post-Vulgate Queste and Guiron le Courtois*, dans *Medium Aevum*, t. 39 (1970), p. 288-290. — R. Lathuillère, *Le livre de Palamède*, dans *Mél. P. Le Gentil*, Paris, 1973, p. 441-450 ; *Guiron le Courtois*, dans *GRLMA*, t. IV/1, Heidelberg, 1978, p. 610-614 ; *Un exemple de l'évolution du roman arthurien en prose dans la deuxième moitié du XIIIe siècle*, dans *Senefiance*, t. 7 (1979), *Mél. P. Jonin*, p. 387-401 ; *L'évolution de la technique narrative dans le roman arthurien en prose au cours de la deuxième moitié du XIIIe siècle*, dans *Mél. A. Lanly*, Nancy, 1980, p. 203-214. — M. Olsen, *Guiron le Courtois, décadence du code chevaleresque*, dans *Revue Romane*, t. 12 (1977), p. 67-95. — M.L. Meneghetti, *Palazzi sotteranei, amori proibiti*, dans *Medioevo Romanzo*, t. 12 (1987), p. 443-456. — Cf. Woledge, n° 110. — Cf. *GRLMA*, t. IV/2, n° 252. — *MB* nos 1673, 1676-1678 ; *S* 2078, 3182-3201, 4141 *bis*, 4150, 6560.

J.M.F.

H

Hagin. Hagin (Hayyim) — dont le nom était assez répandu en France et en Angleterre — était rabbin en Angleterre en 1272 et jusqu'à l'expulsion des juifs en 1290. Il semble pouvoir être identifié avec celui qui traduisit en hébreu l'*Image du monde* de Gossuin de Metz* et avec un certain Hagin le Juif qui traduisit en français les traités d'astrologie composés en hébreu par Abraham ibn Ezra : *Le comencement de sapience* (traduit en 1273, à Malines, pour Henri Bate : cette traduction française devait ensuite servir de base à trois des versions latines du traité), et vraisemblablement le *Livre des jugements des nativités* qui est une collection d'autorités sur le véritable caractère des influences astronomiques, le *Livre des interrogations* et le *Livre des élections*, dont les traductions sont anonymes, mais conservées dans les mêmes recueils (Paris, BN, fr. 1351 et fr. 24276).

Hagin aurait encore traduit, d'après la version latine faite au XIIIe siècle, le *De revolutionibus nativitatum* (ou *Livre des révolutions*) d'Abû Ma'shar (Albumasar) : la traduction (Paris, BN, fr. 24276) paraît ne porter que sur le début du traité, le texte originel comptant neuf livres.

ŒUVRE. — R. Levy et F. Cantara, *The Beginning of Wisdom. An Astrological Treatise by Abraham ibn Ezra*, Baltimore, Londres et Paris, 1939 (*The John Hopkins Studies in Romance Literatures and Languages*, Extra Vol., 14) [éd. de la trad. française d'Hagin ; éd. avec trad. anglaise moderne, du texte hébreu].

→ P. Paris, *Hagins le Juif, traducteur français de plusieurs livres d'astronomie*, dans *HLF*, t. 21 (1847), p. 499-503. — M. Steinschneider, *Die hebraeischen Übersetzungen des Mittelalters und die Juden als Dolmetscher*, Berlin, 1893 (réimp. Graz, 1956), p. 950-951, § 570. — L. Thorndike, *A History of Magic and Experimental Science*, New York, 1923, t. 2, p. 926-930. — R. Levy, *The Astrological Works of Abraham ibn Ezra, A Literary and Linguistic Study, with Special Reference to the Old French Translation of Hagin*, Baltimore et Paris, 1927, p. 19-31 (*The John Hopkins Studies in Romance Literatures and Languages*, 8). — G. Sarton, *Introduction to the History of Sciences*, Baltimore, 1931, t. 2, p. 857. — D. Pingree, *Albumasar, De revolutionibus nativitatum*, Leipzig, 1968 (*Bibliotheca scriptorum graecorum et romanorum Teubneriana*, 304) [éd. de la version grecque]. — Cf. *MB* n° 2870. F.F.H.

Haiseau. Ce jongleur qui vivait au milieu du XIIIe siècle, sans doute aux confins de la Picardie et de la Normandie, a composé quatre très courts fabliaux (de 18 à 80 octosyllabes, et 178 pour les *Trois Dames*). On lui doit une des deux versions des *Trois dames qui troverent l'anel** ; le sujet des *Quatre prestres* est exactement le même que celui d'*Estormi* de Hue Piaucele*. *Le prestre et le mouton* raconte, en dix-huit vers seulement, comment un prêtre doit renoncer, par la faute d'un mouton, à être l'amant de la femme d'un chevalier. Enfin, l'*Anel qui faisoit les vis grans et roides* conte les malheurs d'un évêque à qui échoit un anneau aphrodisiaque.

ŒUVRES. — Éd. A. de Montaiglon et G. Raynaud, dans *Recueil général des fabliaux*, Paris, 1878, t. 3, p. 51-53 [*Anel*] ; 1890, t. 6, p. 1-7 [*Trois Dames*], 42-45 [*Quatre prêtres*] et 50 [*Prêtre et le mouton*]. — Éd. B.J. Levy et C.E. Pickford, dans *Selected Fabliaux*, Hull, 1978 [*Quatre prêtres*]. — Éd. et trad. italienne G.C. Belletti, *Fabliaux. Racconti comici medievali*, Ivrée, 1982 [*Anel*]. — Éd. W. Noomen et N.J. Van den Boogaard, dans *Nouveau recueil complet des fabliaux*, t. 2, Assen, 1984 [*Trois dames*].

→ V. Le Clerc, *Fabliaux*, dans *HLF*, t. 23, 1856, p. 69-215, notamment p. 134. — J. Rychner, *Contribution à l'étude des fabliaux*, Neuchâtel-Genève, 1960. — N.J. Van den Boogaard, *Amplification et abréviation : les contes de Haiseau*, dans *Mél. L. Geschiere*, Amsterdam, 1975, p. 55-69. — Cf. *MB S* 4593, 4698.

A.F.L.L.

Hardouin de Fontaine-Guérin. Orphelin très jeune, Hardouin de Fontaine-Guérin (Maine-et-Loire, arr. Angers, cant. Beaufort-en-Vallée) servait en 1380 dans la compagnie de Pierre de Bueil, qui fut peut-être son tuteur pendant sa minorité et devint plus tard son beau-père. Veneur et homme de guerre expérimenté, il prit part à la lutte de ses suzerains, les ducs d'Anjou, contre leurs vassaux révoltés, les vicomtes de Turenne. Prisonnier de la vicomtesse de Turenne, Aliénor de Comminges, il occupa sa captivité au château de Meyrargues (Bouches-du-Rhône, arr. Aix-en-Provence, cant. Peyrolles) à mettre en vers (1 948 octosyllabes) la *Chasse* de Gaston Phébus* († 1391). Libéré contre rançon, il mourut en 1399.

Le poème intitulé *Livre du Trésor de vénerie*, achevé le 10 décembre 1394 et dédié au duc Louis II d'Anjou, est d'un intérêt cynégétique assez faible. Sa grande originalité réside dans l'exposé des sonneries (il en détaille 14), l'énumération des forêts les plus importantes d'Anjou et du Maine, et des plus fameux chasseurs de l'époque, parmi lesquels il nomme, outre Philippe le Hardi, duc de Bourgogne, et Louis, duc d'Orléans, Gaston III, comte de Foix, Jean II, comte de Tancarville et Jean de Brézé, le grand-père de Jacques de Brézé*.

Le *Livre du Trésor de vénerie* est conservé dans deux manuscrits, celui de Paris, BN, fr. 855, devant être l'exemplaire de présentation à Louis II d'Anjou.

ŒUVRE. — Éd. J. Pichon, Paris, 1855. — Éd. H. Michelant, Metz, 1856. — Cf. *MB* n°s 5552-5552 *bis* ; *S* 7725. F.F.H.

Hariulf de Saint-Riquier. Originaire du Ponthieu, Hariulf entra entre 1071 et 1075 comme simple moine à l'abbaye bénédictine de Saint-Riquier. Après ses études, il entreprit d'écrire l'histoire du monastère, le *Chronicon centulense*, qu'il termina en 1088, puis reprit et compléta en 1104. Il a disposé de nombreuses sources, recueils de vies de saints, chartes et diplômes, correspondances d'abbés, ce qui rend cet ouvrage précieux pour l'histoire de l'abbaye et du Ponthieu.

En 1090, Hariulf rédigea une *Vie de saint Mauguille*, ermite de Montelet, près de Saint-Riquier († vers 685), et en 1100 un *Livre des miracles de saint Riquier*. Élu abbé d'Oudenbourg, près de Bruges, il fut intrônisé en 1105. Il s'intéressa alors tout naturellement au fondateur Arnoul, évêque de Soissons († 1087), et s'employa à obtenir sa canonisation par le concile de Beauvais, en 1120. Il rédigea une *Vie d'Arnoul*, puis, en 1113, un *Éloge* en vers d'Anscher, alors abbé de Saint-Riquier, et enfin sa propre épitaphe. Les droits de son abbaye ayant été mis en cause par celle de Saint-Médard de Soissons, il se rendit en 1141 à Rome auprès du pape pour défendre sa cause et obtint justice. Il laissa de ce voyage un récit qui est inséré dans la Chronique d'Oudenbourg. Il mourut en 1143.

ŒUVRES. — *PL*, t. 174, col. 1213-1366. — F. Lot, *Chronique de l'abbaye de Saint-Riquier*, Paris, 1894 (*Coll. de textes pour servir à l'enseignement de l'histoire*, 17). — [*Vita Madelgisili*] *PL*, t. 174, col. 1441-1450 ; [*Vita Arnulfi*] *ibid.*, col. 1367-1440 ; [voyage à Rome, inséré dans la Chronique d'Oudenbourg], *ibid.*, col. 1544-1554.

→ *HLF*, t. 12, 1869, p. 204-217 — F. Lot, *Nouvelles recherches sur le texte de la Chronique de Saint-Riquier*, dans *BEC*, t. 72, (1911), p. 245-270. — J. Hourlier, *La spiritualité à Saint-Riquier d'après Hariulf*, dans *Revue Mabillon*, t. 50 (1960), p. 1-20. — *BHL*, n°s 5130,703. — Molinier, n°s 518, 1127, 1140, 1143. — *Catholicisme*, t. 5, 1963, col. 511-512. — *DS*, t. 7[1], 1969, col. 77-78. — *Nouveau Potthast*, t. 5, 1984, p. 382-383. M.H.P.

Hartmann von Aue (vers 1160-1210) ; Hartmann von Aue était un ministérial originaire du Sud-Ouest allemand. De sa plume proviennent, à côté d'un traité sur la *Minne* (intitulé *Büchlein*, vers 1180-1185), de 18 chansons (chansons d'amour et chansons de croisade), d'une vie de saint ayant pour héros le pénitent pieux *Gregorius* (1187-1189 ; voir *Saint Grégoire* [*Vie de*]*) et d'une nouvelle dont le personnage principal est un prince nommé *Der arme Heinrich* (*Le pauvre Henri*, 1195), deux romans arthuriens qui sont les adaptations de romans de Chrétien de Troyes*, *Erec* (1180-1185) et *Iwein* (1200). Le sujet d'*Erec*, le premier roman arthurien de la littérature allemande, et d'*Iwein* est le conflit entre le devoir et l'inclination personnelle, qui illustre en fin de compte les relations entre l'individu, membre de l'aristocratie, et la société féodale. Mais dans l'une et l'autre œuvre, ce conflit est illustré différemment. Dans *Erec*, l'inclination personnelle, c'est l'amour (*Minne*) et le devoir consiste à satisfaire à l'exigence formulée par la société de faire ses preuves en tant que chevalier et souverain ; dans *Iwein* le devoir, ce sont les liens avec l'épouse, alors que l'inclination personnelle, c'est la soif d'aventures chevaleresques. Erec comme Iwein sacrifient le devoir à l'inclination personnelle, commettent donc une faute : Erec, trop amoureux de sa femme, néglige tournois et aventures ; Iwein, lui, invité par Gawan à ne pas perdre comme Erec son honneur de chevalier (Hartmann fait une référence explicite à *Erec*, ce que ne faisait pas Chrétien) court les tournois et laisse passer le délai fixé par son épouse pour son retour. Tous deux doivent prendre conscience de leur faute et se purifier, afin de redevenir, à un niveau supérieur, membres de la société courtoise et chevaleresque, et modèles pour elle. Le *Pauvre Henri*, quant à lui, est soustendu par l'idée que les justes rapports de l'homme avec la communauté sont inclus dans les justes relations avec Dieu. Et si à la fin Hartmann fait contracter au prince un mariage avec la fille de son paysan libre, ce tableau de la communauté conjugale d'un membre de la haute noblesse et de la fille d'un paysan offre une utopie sociale de la plus haute humanité. Le *Gregorius*, adaptation d'un manuscrit inconnu de *La Vie du pape Grégoire*, traite du destin légendaire du pape Grégoire et propose comme idéal une synthèse entre chevalerie et clergie.

ŒUVRE. — *Hartmann d'Aue, Erec-Iwein*, Paris, 1944 [extraits accompagnés des textes correspondants de Chrétien de Troyes avec intro., notes et glossaire par J. Fourquet]. — Cf. *MB* n°s 1774-1776, 7448-7451 ; *S* 3428-3449, 3586-3590. D.B.

Haymon d'Auxerre. Souvent confondu avec d'autres Haymon, en particulier avec Haymon évêque d'Halberstadt entre 841 et 853, Haymon d'Auxerre, entré probablement très jeune au monastère de Saint-Germain d'Auxerre, a étudié auprès du grammairien d'origine irlandaise, Murethach*, avant de devenir maître d'école de Saint-Germain vers 840. D'après le prologue en vers des *Collectanea* d'Heiric d'Auxerre*, on sait qu'Haymon lui enseigna les sciences scripturaires. Son activité littéraire se situe entre les années 840 et 860 et il termina sa carrière comme abbé de Cessy-les-Bois, probablement entre 865 et 875. Il est encore difficile de déterminer avec certitude l'œuvre réelle d'Haymon, souvent confondue aussi avec celle de Remi d'Auxerre* dans la tradition manuscrite. Auteur d'un homéliaire important, dont le Père H. Barré a reconstitué la physionomie originelle en éliminant les pièces interpolées et en reclassant les pièces authentiques, Haymon nous a laissé surtout des commentaires scripturaires : sur les *Épîtres de s. Paul* (près de 170 mss), sur l'*Apocalypse* (plus de 130), sur le *Cantique des Cantiques* (86 témoins), sur *Isaïe* (parvenu en deux recensions), sur la *Genèse*, sur *Ezéchiel* (un seul ms.), sur les *Douze petits prophètes* (lire *Joël* et *Amos* dans Marguerin de la Bigne, *Abdias* dans *PL*). D'autres commentaires exégétiques (*Jérémie, Daniel, Matthieu*), peuvent peut-être aussi lui être attribués. La même question se pose pour l'*Epitome historiae sacrae*, courte histoire ecclésiastique. Les *Scolia quaestionum* des *Collectanea* de son disciple Heiric et les gloses bibliques marquées *Hai* dans le recueil retrouvé par J.J. Contreni sont particulièrement utiles pour mieux repérer les œuvres authentiques. Haymon n'est pas le seul à avoir pratiqué la méthode de la *quaestio*, mais c'est certainement la figure clé pour mieux comprendre la culture exégétique d'Auxerre, dont l'influence à travers ses œuvres a été considérable pendant tout le Moyen Âge, particulièrement au XIe siècle chez les clunisiens, au XIIe siècle chez les cisterciens et surtout dans les pays germaniques et d'Europe centrale aux XIVe et XVe siècles. Parmi les auteurs médiévaux qui ont utilisé Haymon, on peut citer, entre autres, Adson de Montier-en-Der* et Atton de Verceil au Xe siècle, la *parva glossatura* d'Anselme de Laon*, Pierre Abélard*, et la *magna glossatura* de Pierre Lombard* aux XIe et XIIe, enfin le réformateur tchèque Jan Hus († 1415).

ŒUVRES. — État de la question par D. Iogna-Prat, *L'œuvre d'Haymon d'Auxerre*, dans *L'École carolingienne d'Auxerre. De Murethach à Remi. 830-908*, éd. D. Iogna Prat, C. Jeudy, G. Lobrichon, Paris, 1991, p. 157-179 (*Entretiens d'Auxerre*, 1989). — *Homéliaire*, éd. *PL*, t. 118, col. 11-804 (pour les interpolations, cf. H. Barré, *op. cit., infra*). — *Commentaires exégétiques* sur les *Épîtres de Paul*, éd. *PL*, t. 117, col. 361-938 ; sur l'*Apocalypse, ibid.*, col. 937-1220 ; sur le *Cantique des Cantiques ibid.*, col. 295-358 ; sur *Isaïe*, éd. *PL*, t. 116, col. 715-1086 ; sur la *Genèse*, éd. *PL*, t. 131, col. 51-134 (sous le nom de Remi d'Auxerre) ; sur *Ezéchiel* : inédit (extraits par J.J. Contreni et P. Stirnemann, 1991) ; sur les *Douze petits Prophètes* : éd. *PL*, t. 117, col. 11-294 et Marguerin de la Bigne, *Maxima Bibliotheca Patrum*, Lyon, 1677, t. 16, p. 961-1040. — *Epitome historiae sacrae seu De christianarum rerum memoria* éd. *PL*, t. 118, col. 817-874 (avec le *trinubium Annae* = *11,3*). — Œuvres possibles : commentaires sur *Jérémie*, sur *Daniel*, sur *Matthieu*, sur les *Juges*, les *Livres des Rois*, *Esdras* et *Néhémie*, *Esther*, *Job* et *l'Ecclésiaste* (inédits). — Extraits d'Haymon dans les *Collectanea* d'Heiric d'Auxerre (= *scolia quaestionum*), éd. R. Quadri, Fribourg, 1966 et *gloses bibliques*, éd. J.J. Contreni, *The Biblical Glosses of Haimo of Auxerre and John Scottus Eriugena*, dans *Speculum*, t. 51 (1976), p. 411-434.

→ E. Riggenbach, *Die ältesten lateinischen Kommentare zum Hebräerbrief*, Leipzig, 1907, p. 41-201 (*Forschungen zur Geschichte des neutestamentlichen Kanons*, VIII, 1). — W. Neuss, *Des Buch Ezechiel in Theologie und Kunst bis zum Ende des XII Jahrhunderts*, Münster-in-W., 1912 (*Beiträge zur Geschichte des alten Mönchtums und des Benediktinerordens*, 1-2). — A. Vaccari, *L'editio princeps del commento di Aimone alle Cantica e la chiave di un problema letterario*, dans *Biblica*, t. 5 (1924), p. 183-191, réimp. dans *Scritti di erudizione e di filologia (Storia e letteratura. Raccolta di Studi e Testi*, 42,1), Rome, 1952, p. 331-340. — F. Stegmüller, *Repertorium Biblicum medii aevi*, t. 3, Madrid, 1951, p. 7-20, n°s 3066-3072, 3075, 3085-3099, 3101-3114 ; t. 5, 1955, n°s 7194 et 8572-8573 ; *Supplementum*, 1977, p. 89-92. — H. Barré, *Les homéliaires carolingiens de l'école d'Auxerre. Authenticité, inventaire, tableaux comparatifs, initia*, Vatican, 1962, p. 49-70 et 145-160 (*Studi e Testi*, 225). — R. Quadri, *Aimone di Auxerre alla luce dei « Collectanea » di Heiric di Auxerre*, dans *Italia medioevale e umanistica*, t. 6 (1963), p. 1-48. — B. de Gaiffier, *Le « Trinubium Annae ». Haymon d'Halberstadt ou Haymon d'Auxerre*, dans *Analecta Bollandiana*, t. 90 (1972), p. 289-298. — J.J. Contreni, *Haimo of Auxerre, Abbot of Sasceium (Cessy-les-Bois) and a New Sermon of John V, 4-10*, dans *Revue Bénédictine*, t. 85 (1975), p. 303-320. — J.J. Contreni, *The Carolingian School. Letters from the Classroom*, dans *Giovanni Scoto nel suo tempo. L'organizzazione del sapere in età carolingia, Actes du 24e colloque international, Todi, 11-14 oct. 1987*, Spolète, 1989, p. 83. — S. Cantelli, *L'esegesi biblica al tempo di Ludovico il Pio e Carlo il Calvo, ibid.*, p. 262-285. — B. Van Name Edwards, *The Two Commentaries on Genesis Attributed to Remigius of Auxerre* [Diss. University of Pennsylvania, 1990], Ann Arbor, 1990, p. 1-26 et 63-162 (micr. n° 90-26547). — *Intellectuels et artistes dans l'Europe carolingienne. IXe-XIe siècle, Abbaye Saint-Germain d'Auxerre, catalogue de l'exposition juillet-octobre 1990*, Auxerre, p. 36-37 ; 59-67 ; 76-77. — Art. de J.J. Contreni, B. Edwards, A. Härdelin, D. Iogna-Prat, E. Ortigues, P. Stirnemann et C. Coupry, dans *L'École carolingienne d'Auxerre..., op. cit. supra*, p. 93-126 et 157-272. — Manitius, t. 1, 1911, p. 516-517, t. 2, p. 28, 432, 597, 676, 680, 686, 700 et 808. — *Catholicisme*, t. 5, 1957, col. 538-539 [G. Mathon]. — *Lexikon für Theologie und Kirche*, t. 4, 1960, col. 1325 [J. Gross]. — *DS*, t. 7, 1968, col. 91-97 [H. Barré]. — Brunhölzl, t. 1, 1975, p. 480-481 et 571 trad. française, t. 1/2, p. 233-234, 316-317. — *Lexikon des Mittelalters*, t. 4, 1980, col. 1864 [B. Gansweidt].

C.J.

Hayton. Le prince arménien Hayton est né entre 1230 et 1245. Il hérita du titre de comte de Gorhigos (l'antique Korykos en Cilicie) de son père, frère du roi Hayton Ier d'Arménie († 1270). Il passa son enfance à la cour de son oncle, l'accompagna dans ses voyages, prit part aux événements militaires et politiques des années 1289-1305, en partie en spectateur, en partie en faisant du commerce. Vers 1280, il avait épousé la fille de Gui d'Ibelin, dont il aura six enfants. Son pays s'était associé aux Mongols pour chasser les Égyptiens de Cilicie. C'est alors qu'en plein champ de bataille, il quitte le roi et ses amis pour entrer à l'abbaye des prémontrés de Bellapaïse à Chypre. La raison de son entrée au couvent est obscure. A-t-il été contraint de quitter l'Arménie à la suite de ses intrigues contre son cousin Hayton II (1289-1305) ? En 1306, il est envoyé en France pour une mission diplomatique : inciter le pape à lancer une croisade dont l'Arménie aurait bénéficié. Clément V le charge de mettre par écrit les événements de l'histoire arméno-tatare et de rédiger un projet pour une nouvelle croisade. Il quitte la France en février 1308 après avoir obtenu un traité avec la République de Gênes. Il meurt en 1314 ou 1315.

Il a laissé deux œuvres, une *Table chronologique*, ou *Chronologie*, ou encore *Chronographie*, qu'il a écrite vers 1296 en français : c'est un tableau très résumé des événements qui ont eu lieu entre 1076 et 1307 en Syrie, Palestine et Arménie. Son œuvre principale, également en français, le *Livre des histoires des parties d'Orient*, dite aussi *Flor (Fleur) des estoires de la terre d'Orient*, fut remise au pape dès 1307 à Poitiers et sera peu après traduite en latin. Cette version latine sera à son tour mise en français par Jean Le Long* en 1351. La *Flor des estoires* comprend quatre livres. Hayton dit qu'il a « compilé » les trois premiers livres. Faut-il comprendre « rédiger » ? Quant au quatrième livre, il l'a dicté lui-même en français à Nicolas Falcon, qui est peut-être le rédacteur de la traduction latine. Le premier livre contient la description presque complète de quatorze pays d'Asie. Le second est un résumé consacré aux dynasties arabes et turques, de Mahomet au milieu du XIIe siècle. Le troisième, particulièrement développé, contient l'histoire des Mongols et des Tartares en Orient et en Europe, leurs combats contre les Sarrasins, mais avant tout leurs liens avec la Petite Arménie. Le quatrième renferme un plan de reconquête de la Terre sainte. Ce plan de croisade, qui émane d'un spécialiste et d'un militaire oriental, est particulièrement intéressant. La perspicacité stratégique d'Hayton est étonnante, bien qu'il semble trop optimiste sur l'union et le désintéressement des princes chrétiens, sur la conquête des villes de Syrie, et se fasse des illusions sur les Mongols. Ses sources sont difficiles à établir, il a employé ses souvenirs personnels, son expérience, ses propres opinions. On trouve aussi des échos de sources européennes. Ainsi utilise-t-il pour la description de la Chine le récit de Plancarpin. La ressemblance de la première partie de son œuvre avec le récit de Marco Polo* pourrait bien provenir du hasard, car il ne l'a eu entre les mains qu'après 1307 à Venise.

Pour ses abondantes informations historiques et géographiques, la *Flor des estoires* a connu un énorme succès. Un grand nombre de copies en ont été faites ; il subsiste 16 mss de la version française, 31 de la version latine, 4 de la traduction de Le Long et 4 d'autres traductions françaises, sans compter 7 mss qui ont disparu. Le texte latin a été imprimé dès 1529 à Haguenau, la version de Jean Le Long le sera la même année, il y aura des éditions anglaise, allemande (1534), italienne (1562), néerlandaise (1563), espagnole (1595). La *Flor* sera imprimée en 1585 à Helmstedt et à Paris.

ŒUVRES. — *Table chronologique*, E. Dulaurier, dans *Recueil des historiens des croisades. Documents arméniens,* t. 1, 1879, p. 471-490. — *Flor des estoires*, éd. C. Kohler, *ibid.*, t. 2, 1906, p. 110-363 [rédactions française et latine].

→ P. Paris, dans *HLF*, t. 25, 1869, p. 479-507. — H. Omont, *Notice du ms. nouv. acq. fr. 10050... contenant le texte de la Fleur des Histoires d'Orient de Hayton*, dans *Notices et extraits des mss... B.N.*, t 38, 1903, p. 237-291. — G. Melville, *Zur Flores-Metaphorik in der mittelalterlichen Geschichtsschreibung*, dans *Hist. Jahr.*, t. 90 (1970), p. 65-80. — N. Backmund, *Die Mittelalterlichen Geschichtsschreiber des Prämonstratenserordens*, Averbode, 1972 (*Bibliotheca Analectorum Praemonstratensium*, 10), p. 292-307. — A.D. Von den Brincken, *Die Nationes Christ. Orientalium im Verständnis der lateinische Historiographie*, 1973, p. 383-412. — W. Giese, *Asienkunde für den Kreuzfahrenden Westen. Die Flos historiarum terre orientis des Hayto von Gorhigos (O. Praem.) aus dem Jahre 1307*, dans *Mél. N. Backmund*, Windberg, 1978, p. 245-264. — Nouveau Potthast, t. 5, p. 392-394. — Cf. *MB* n°s 5558, 7044 ; *S* 8079. G.T.L.

Hector et Hercule. Roman, connu aussi sous les noms de *Roman des Enfances Hector, de la Mort d'Hercule, d'Hector de Troyes* ou d'*Hercule*, composé en franco-italien, peut-être en Lombardie ou en Vénétie, au début du XIVe siècle, et racontant en 2 044 vers octosyllabiques la mise à mort en combat singulier du géant Hercule par le jeune Hector, fils de Priam, qui vengeait ainsi la mort de son aïeul Laomédon, père de Priam, et le rapt d'Exione, sœur de Priam et épouse de Télamon. Le texte du roman nous est conservé intégralement dans quatre manuscrits, tous exécutés en Italie. On peut reconnaître dans *Hector et Hercule* une très ancienne chanson de geste, d'origine française, rattachée ultérieurement à la tradition dont fait partie le *Roman de Troie* de Benoît de Sainte-Maure*, recopiée et remaniée en Italie, et conservée seulement sous sa forme franco-italienne.

ŒUVRE. — Éd. J. Palermo, *Le Roman d'Hector et Hercule, chant épique en octosyllabes italo-français*, Genève, 1972 (*TLF*, 190).

→ P. Meyer, *De l'expansion de la langue française en Italie pendant le Moyen Âge*, Rome, 1904, p. 30 sqq. — M.-R. Jung, *Hercule dans la littérature française du XVIe siècle. De l'Hercule courtois à l'Hercule baroque,* Paris, Genève, 1966 (*Travaux d'Humanisme et Renaissance*, 79). — J. Palermo, *Les armoiries d'Hector dans la tradition médiévale*, dans *Mél. J. Misrahi*, Columbia (South Carolina), 1977, p. 89-99 ; *L'Hector et Hercule franco-italien : chant épique ou roman courtois ?*, dans *Essor et fortune de la chanson de geste dans l'Europe et l'Orient latin. Actes du 9e congrès Rencesvals (Padoue, 1982)*, Modène, 1984, t. 2, p. 729-736. — Cf. *MB* n°s 1070-1071, 4132, 4133 ; *S* 6632-6637.

J.P. et C.R.

Heiric d'Auxerre. Grâce au calendrier liturgique annoté par Heiric lui-même et découvert par T. Sickel en 1861 dans le ms. 412 de Melk, nous connaissons avec certitude quelques dates de sa biographie, du moins jusqu'en 865. Né en 841, très probablement à Auxerre, il fut offert par ses parents comme oblat à Saint-Germain vers 848, tonsuré à Noël 850 et ordonné sous-diacre le 22 septembre 859. D'après le poème en tête de ses *Collectanea*, on sait qu'il a suivi les leçons biblico-théologiques d'Haymon* à Auxerre au moins jusqu'en 859 et apprit les humanités auprès de Loup de Ferrières* avant 862. En 865, il est ordonné prêtre et cinquante-six jours après, il est invité à revenir à Saint-Germain d'Auxerre. Dans la période entre 862 et 865, il a dû séjourner à Soissons, où il entra en relation avec le cercle érigénien, sans doute par l'intermédiaire de Vulfad, alors abbé de Saint-Médard, auquel Jean Scot Érigène* dédia son *Periphyseon*. Il peut très bien y avoir connu personnellement Jean Scot, dont l'enseignement philosophique et théologique a marqué profondément son œuvre, ainsi que son goût pour les mots grecs. À la demande de Lothaire, fils de Charles le Chauve, devenu abbé laïc de Saint-Germain d'Auxerre en 863, Heiric entreprend l'adaptation en vers de la *Vie de saint Germain* rédigée par Constance de Lyon, qu'il achèvera seulement en 873, à l'âge de trente-deux ans. En 875, il signale encore, dans ses notes personnelles, la mort de l'empereur Lothaire. On perd sa trace après cette date ; sans doute est-il mort ou a-t-il gagné un autre siège ? Entre 865 et 875-877, ce moine bénédictin, érudit et poète élégant, a fait preuve d'une intense activité littéraire, tout en poursuivant l'enseignement de son maître Haymon à l'école de Saint-Germain, où il eut, parmi ses disciples, Remi d'Auxerre*.

Sa *Vita sancti Germani* est un poème héroïque de 2 928 hexamètres, entrecoupés de pièces lyriques. Précédée d'une lettre de dédicace en prose à Charles le Chauve, elle paraphrase en l'amplifiant la *Vita* interpolée de Constance de Lyon et elle est répartie en six livres. Heiric l'a annotée et il l'a complétée par deux livres de *Miracula* en prose et par un sermon pour la fête de saint Germain.

Ses *Collectanea* sont un recueil de notes de cours prises en notation tachygraphique auprès de ses deux maîtres et mises au net postérieurement, probablement après 873. Dédiés à l'évêque Hildebold de Soissons (871-884), ils se divisent en trois parties : d'abord des extraits de Valère-Maxime et de Suétone, fruits de l'enseignement de Loup de Ferrières, puis les *Scolia questionum* et des extraits du *Prognosticon futuri saeculi* de Julien de Tolède reflétant l'enseignement théologique d'Haymon, suivis de deux recueils de sentences : les *Sententiae philosophorum* et les *Sententiae sapientum*. La troisième partie qui contient des extraits de Solin et le *De septem miraculis mundi* n'est peut-être pas d'Heiric.

À l'exemple d'Haymon, il a rédigé en plusieurs étapes un grand *homéliaire*, en grande partie inédit. Quelques homélies sont passées dans l'homéliaire interpolé de Paul Diacre*.

Il a aussi annoté, outre le calendrier liturgique du ms. de Melk, un abrégé du *Liber glossarum*, dictionnaire étymologique carolingien et ajouté sur les derniers feuillets un florilège métrique et une grammaire grecque. On lui attribue aussi un recueil de *gloses bibliques*, tirées d'Haymon et de Jean Scot, un florilège du *Periphyseon* de Jean Scot, des gloses sur les *Categoriae decem* du pseudo-Augustin et des scolies sur Horace.

ŒUVRES. — *PL*, t. 124, col. 1131-1272. — *Vita sancti Germani* (*BHL* 3458), éd. L. Traube, Berlin, 1896 p. 428-517 (*MGH. Poetae latini aevi carolini*, 3). — *Miracula* (*BHL* 3462), éd. P. Labbé, *Nova bibliotheca manuscriptorum librorum*, 1, Paris, 1657. — *Sermo in solemnitate S. Germani (?) (Clavis Patrum*, n° 509) : *PL*, t. 124, col. 1269-1272. — *Collectanea*, éd. R. Quadri, *I Collectanea di Eirico di Auxerre*, Fribourg, 1966 (*Spicilegium Friburgense*, 11). — *Homiliae* : éd. partielle A. Mentz, *Drei Homilien aus der Karolingerzeit in tironischen Noten*, Bayreuth, 1942 (*Quellen zur Geschichte der Kurzschrift*, 2). — E. Jeauneau, *Dans le sillage de l'Erigène : une homélie d'Héric d'Auxerre sur le Prologue de Jean*, dans *Studi Medievali* 3e sér., t. 11 (1970), p. 937-955, réimp. dans *Études érigéniennes*, Paris, 1987, p. 537-557 ; éd. critique sous presse, R. Quadri pour le *CCCM* — *Glossae biblicae*, éd. partielle J.J Contreni, *The Biblical Glosses of Haimo and John Scottus Eriugena*, dans *Speculum*, t. 51 (1976), p. 411-434. — *Florilège du « Periphyseon »*, éd. partielle J. Marenbon, *A Florilegium from the « Periphyseon »*, dans *RTAM*, t. 47 (1980), p. 241-277.

→ T. von Sickel, *Lettre sur un ms. de Melk venu de Saint-Germain d'Auxerre*, dans *BEC*, t. 23 (1862), p. 28-38. — G. Billanovich, *Dall' antica Ravenna alle biblioteche umanistiche*, dans *Annuario dell'Univ. Cattolica del S. Cuore, a. 1955-1957*, Milan, 1958, p. 83-91 ; repris dans *Aevum*, t. 30 (1956), p. 319-333. — B. de Gaiffier, *Le calendrier d'Héric d'Auxerre du ms. Melk 412*, dans *Analecta Bollandiana*, t. 77 (1959), p. 392-425. — J. Wollasch, *Zu den persönlichen Notizen des Heiricus von Saint-Germain d'Auxerre*, dans *Deutsches Archiv.*, t. 15 (1959), p. 211-226 + 2 pl. — H. Barré, *Les homéliaires carolingiens de l'école d'Auxerre...* Vatican, 1962, p. 71-93, 130-142 et 160-179 (*Studi e testi*, 225). — R. Quadri, *Aimone di Auxerre alla luce dei Collectanea di Heiric di Auxerre*, dans *Italia medioevale e umanistica*, t. 6 (1963), p. 1-48. — E. Jeauneau, *Les écoles de Laon et d'Auxerre*, Spolète, 1972, p. 511-520 (*Settimane di studio...*, 19), réimp. dans *Études érigéniennes*, Paris, 1987, p. 57-82 ; *Influences érigéniennes dans une homélie d'Héric d'Auxerre*, dans *The Mind of Eriugena*, Dublin, 1973, p. 114-124 (réimp. *ibid.*, p. 525-535). — B. Bischoff, *Paläographie und frühmittelalterliche Klassikerüberlieferung*, Spolète, 1974, p. 76-77, réimp. dans *Mittelalterliche Studien*, t. 3, Stuttgart, 1981, p. 65-67. — P. Janin, *Heiric d'Auxerre et les « Gesta Pontificum Autissiodorensium »*, dans *Francia*, t. 4 (1976), p. 89-105. — J.J. Contreni, *The Cathedral School of Laon from 850 to 930. Its Mss and Masters*, Munich, 1978, p. 81, 83, 87, 135-136, 141, 142, 145-150 (*Münchener Beiträge zur Mediävistik und Renaissance-Forschung*, 29). — B. Munk Olsen, *Les classiques latins dans les florilèges médiévaux antérieurs au XIIIe siècle*, dans *RHT*, t. 9 (1979), p. 99-103. — J. Marenbon, *From the Circle of Alcuin to the School of Auxerre,* Cambridge, 1981, p. 103-104, 122 et 171-172. — P. Riché, *Les écoles d'Auxerre au IXe siècle*, dans *Mél. R. Louis*, Saint-Père-sous-Vézelay, 1982, p. 112-117. — R. Quadri, *Sulla data di morte di Eirico di Auxerre*, dans *Studi Medievali*, 3e sér. t. 24 (1983), p. 355-366. — R. Hofman, *Glosses in a Ninth Century Priscian Ms. probably attribuable to Heiric of Auxerre...*, *ibid.*, t. 29 (1988), p. 805-839. — D. Iogna-Prat, *Agni immaculati. Recherches sur les sources hagiographiques relatives à saint Maïeul de Cluny (954-994)*, Paris, 1988, p. 122-132. — *Intellectuels et artistes dans l'Europe carolingienne IXe-XIe siècle. Abbaye Sant-Germain d'Auxerre. Catalogue de l'exposition juillet-octobre 1990*, Auxerre, 1990, p. 32, 37-43, 58-61, 69-71, 76-78, 259, 269-272. — Articles de L. Holtz, D. Ganz, P.C. Jacobsen, E. Jeauneau, R. Quadri, J.-Y. Tilliette, dans *L'école carolingienne d'Auxerre. De Murethach à Remi 830-908*, éd. D. Iogna-Prat, C. Jeudy, G. Lobrichon, Paris, 1991, p. 131-138 et 275-370 (*Entretiens d'Auxerre*, 1989). — Cf. *HLF*, t. 5, 1740, p. 525-543. — Manitius, 1, 1911, p. 499- 504, 2, 1923, p. 808 ; *Enciclopedia cattolica*, 5, 1950, p. 493-494 [G. Müller] ; *Catholicisme*, 5, 1958, col. 651-652 [G. Mathon] ; *Lexikon für Theologie und Kirche*, 2e éd. 5, 1960, col. 205-206 [A. Auer] ; *DS* 7, 1968, col. 282-285 [H. Barré] ; Brunhölzl, 1, 1975, p. 480-481 et 571-572 ; Trad. française, t. 1/2, 1991, p. 234-238, 317-318 ; *Lexikon des Mittelalters*, 4, 1989, col. 2111-2112 [J. Prelog]. C.J.

Heldris de Cornouailles. On ne connaît son nom que par deux citations qu'il en fait dans un roman d'aventures de 6 706 octosyllabes, le *Roman de Silence*, conservé par un seul manuscrit. Sans doute était-il clerc, puisqu'il fait précéder son nom de *Maistre*. On ne sait rien sur lui, sinon qu'il a dû rédiger son roman au cours de la deuxième moitié du XIIe siècle, dans une langue plus ou moins picardisante.

Le texte met essentiellement en scène l'héroïne Silence qui, pour des raisons d'héritage, est élevée comme un garçon et qui, travestie, se conduira comme tel, devenue l'un des plus brillants chevaliers du monde, en butte à l'amour et à la haine de la reine Eufème. La partie finale du roman n'est autre chose, avec d'importantes divergences, que l'histoire de Grisandole : Silence, que tout le monde prend pour un homme, réussit à s'emparer par ruse de Merlin pour l'amener à la cour du roi d'Angleterre Ebain. Il existait déjà au XIIIe siècle une version du thème du Merlin capturé. C'est cette version qu'aurait connue Heldris de Cournouailles. Il est à croire en conséquence que, malgré sa bonne connaissance de la littérature arthurienne (Geoffroi de Monmouth*, Wace*), notre auteur ne dépend pas directement du *Merlin**.

ŒUVRE. — Éd. L. Thorpe, *Le Roman de Silence. A Thirteenth Century Arthurian Verse-Romance by Heldris de Cornuälle*, Cambridge, 1972 ; compte rendu de F. Lecoy, dans *Romania*, t. 99 (1978), p. 109-125.

→ H. Gelzer, *Der Silenceroman von Heldris de Cornualle*, dans *ZRPh*, t. 47 (1927), p. 87-99. — L. Thorpe, *Merlin's Sardonic Laughter*, dans *Mél. F. Whitehead*, Manchester, 1973, p. 323-339. — M. Perret, *Travesties et transsexuelles Yde, Silence, Grisandole, Blanchandine*, dans *Romance Notes*, t. 25, n° 3 (1984-1985), p. 328-340. — K.J. Brahney, *When Silence was Golden, Female Personae in the Roman de Silence*, dans *The Spirit of the Court, Selected Proceedings of the 4th Congress of the Int. Courtly Lit. Soc. (Toronto, 1983)*, Cambridge, 1985, p. 52-61. — H. Lloyd, *The Triumph of Pragmatism. Reward and Punishment in Le Roman de Silence*, dans *Mél. K. Varty*, Cambridge, 1987, p. 77-88. — P.L. Allen, *The Ambiguity of Silence : Gender, Writing, and Le Roman de Silence*, dans *Sign, Sentence, Discourse : Language in Medieval Thought and Literature*, Syracuse (N.Y.) 1989.

— Cf. *GRLMA*, t. IV/2, n° 256 ; t. IV/1, p. 378, 467-474. — *MB* n°s 7636 ; *S* 4001, 4207.
C.R.

Hélinand de Froidmont. Né vers 1160-1170, Hélinand était de famille noble. En 1127, son père et son oncle avaient été forcés de quitter la Flandre après le meurtre, à Bruges, du comte Charles le Bon. On perd la trace de son père, mais son oncle entra au service du frère de Louis VII, Henri, archevêque de Reims, comme *cubicularius* ou *camerarius*. Hélinand fit ses études à Beauvais auprès du grammairien Raoul, disciple de Pierre Abélard* ; il devint un trouvère renommé et apprécié à la cour de Philippe Auguste. Vers 1182, à peine âgé d'une vingtaine d'années, il décida de renoncer au monde et se retira à l'abbaye cistercienne de Froidmont dans le Beauvaisis, qu'avait fondée saint Bernard* en 1129. Il est mort après 1229 car, à cette date, il se trouvait à Toulouse aux côtés de Jean de Garlande* et du légat pontifical, le cardinal de Saint-Ange, pour lutter contre l'hérésie cathare.

Son œuvre est surtout latine : Hélinand s'y montre un très grand styliste, à l'expression majestueuse et pure. Mais il est aussi l'auteur d'un magnifique poème français en douzains octosyllabiques, les *Vers de la mort*, qu'il écrivit entre 1194 et 1197. Outre qu'il est le plus ancien auteur conservé à utiliser cette forme, il fait preuve, dans ce poème, d'une éloquence puissante et d'un extraordinaire génie de visionnaire ; il déploie une débauche d'images hallucinantes sans jamais se départir d'une rhétorique souveraine et efficace qui fait de lui l'un des plus grands poètes français du Moyen Âge. Renouant avec une grande tradition prophétique, il interpelle la mort au début de chaque douzain, puis de plus en plus souvent, jusqu'à répéter le terme, d'abord au vocatif, puis de manière énonciative, à l'attaque de chaque vers. Au passage, il fustige les épicuriens de son temps, les jeunes damoiseaux adeptes de la philosophie du *carpe diem*, que condamne le poète. Ainsi s'introduit dans le texte une dimension polémique dont se souviendront Jean Bodel*, Robert le Clerc* et Adam de la Halle*, ce dernier auteur en 1276 d'un *Congé*. Les destinataires explicites du poème : la maison de Blois, l'évêque de Beauvais, les rois de France et d'Angleterre, plus d'autres encore qui sont les plus chers amis du poète, ont tous en commun d'avoir prononcé des vœux de croisade qu'ils tardent à accomplir. Les *Vers de la mort* sont donc un chant de croisade auquel Hélinand a donné la dimension d'un poème apologétique, à travers lequel se laisse deviner, en plein XIIe siècle, tout un courant d'indifférence religieuse et d'épicurisme.

La première œuvre latine d'Hélinand est une lettre, *Epistola ad fratrem Gualterum* ou *Liber de reparatione lapsi*, adressée à un moine de Froidmont, contemporain d'Hélinand, qui avait quitté l'abbaye et s'était marié. Hélinand, qui cherche à le faire revenir à Froidmont, y décrit l'austère simplicité et le silence de la vie monastique qu'il apprécie maintenant après les débauches de sa jeunesse. De son activité de prédicateur réputé subsistent 33 sermons, dont la plupart furent prononcés à l'occasion de grandes fêtes, trois au moins sont en relation avec le concile de Toulouse de 1229 ; même si l'écho n'en a guère subsisté, Hélinand a certainement prêché souvent contre l'hérésie. Dans ses sermons, il a fréquemment recours aux *exempla** qu'il tire de l'histoire sacrée, de l'histoire profane, des Pères ou des vies de saints ou encore de son expérience personnelle. Sa *Passio sanctorum Gereonis Victoris, Cassii et Florentii Thebaeorum martyrum* dépasse, grâce à ses dons littéraires, le genre des passions de saints. On lui attribue encore des poèmes latins, un commentaire sur l'Apocalypse, des gloses sur l'Exode et un *Liber de commendatione s. Bernardi ejusque dictis*. Mais son œuvre latine la plus importante est sa chronique universelle, dont une partie est aujourd'hui perdue. Des 49 livres qu'elle contenait à l'origine, il n'en subsiste actuellement plus que 23. Les 18 premiers livres racontent l'histoire du monde depuis la Création jusqu'à la mort d'Alexandre le Grand, et les cinq derniers couvrent les années 634 à 1204. Il manque donc les livres 19 à 44, qui embrassaient près de dix siècles. C'est une compilation d'un savoir qui n'est pas seulement historique, l'histoire étant le cadre à partir duquel Hélinand traite de matières variées. Ce n'est toutefois pas une encyclopédie comme le *Speculum majus* de Vincent de Beauvais*, car Hélinand n'a pas de projet d'exposé systématique du monde. Il suit la Bible depuis la Création, ajoutant d'abondants commentaires ; en même temps, il traite des païens, Grecs et Romains. Il fait de longues digressions, ainsi sur l'astrologie dans le livre 6, insère certaines de ses œuvres antérieures, une lettre à Philippe, abbé du Val-Sainte-Marie, ou encore ses traités, le *De cognitione sui* au livre 8, et le *De bono regimine principis* au livre 11. Pour écrire sa chronique, il a utilisé de nombreuses sources. Le cadre historique de la première partie est emprunté à la chronique d'Eusèbe-Jérôme, Justin, Pierre le Mangeur*, Isidore de Séville*, Flavius Josèphe, Orose, Solin et Valère-Maxime, pour ne citer que les auteurs le plus souvent mis à contribution. Dans la seconde partie, c'est la chronique de Sigebert de Gembloux* qui fournit le squelette du texte. Elle est considérablement étoffée en premier lieu par les *Gesta regum Anglorum* de Guillaume de Malmesbury, ensuite par le *Liber pontificalis*, la *Chronica major* de Bède*, le *Liber Historiae Francorum*, la continuation de la chronique de Frédégaire*, les *Annales royales*, la *Vita Karoli* d'Eginhard*, la *Vie de Louis le Pieux* par l'Astronome* et la *chronique du Pseudo-Turpin**, sans compter de très nombreuses vies de saints et plusieurs recueils de miracles, quand les œuvres historiques viennent à manquer. Hélinand cite ses sources littéralement, indiquant l'auteur et le titre de l'œuvre en marge ; mais il ne se contente pas de recopier, il discute les témoignages, note les problèmes et n'accepte pas les incohérences chronologiques et événementielles. La chronique d'Hélinand n'a pas eu une grande diffusion, mais elle a été utilisée par certains chroniqueurs, comme Aubri de Trois-Fontaines* ; Vincent de Beauvais* surtout s'en est beaucoup servi pour le *Speculum historiale* (1264). Quelques chapitres du début avaient d'ailleurs déjà disparu du temps de Vincent qui, dans ses écrits, a recueilli sous le titre *Flores Helinandi* les trois opuscules d'Hélinand, *De cognitione sui, De bono regimine principis* et *Liber de reparatione lapsi.*

ŒUVRES. — *Vers de la mort* : éd. F. Wulff et E. Walberg, Paris, 1905 (*SATF*) ; éd. C. Donà, *I Versi della morte. Appendici : Il « Vado Mori » Cinque testi mediolatini sulla morte*, Parme, 1988 (*Bibliotheca medievale*, 6). — Trad. J. Coppin, Paris, 1930. — Trad. J.M. Paquette dans *Poèmes de la mort de Turold à Villon*, Paris, 1979 (*Bibl. médiév., 10/18*), p. 65-105 [reprend l'éd. Wulff et Walberg]. — Trad. M. Boyer et M. Santucci, Paris, 1983, (*CFMA. Traductions*) [d'après l'éd. Wulff et Walberg ; préface de J. Dufournet]. — Trad. anglaise W. Paden, *The Verses on Death by Helinant de Froidmont*, dans *Allegorica*, t. 3, n° 2 (1978), p. 62-103. — *Chronique* : éd. Migne, *PL*, t. 212, col. 711-1088 [reprend l'éd. de dom Tissier dans la *Bibliotheca Patrum Cistercensium*, t. 7, 1669] ; éd. partielle M.H. Malewicz, *Libellus de efficatia artis astrologiae. Traité astrologique d'Eudes de Champagne, XIIe siècle*, dans *Mediaevalia Philosophica Polonorum*, t. 20 (1974), p. 34-91 [éd. du livre 6 où Hélinand s'attaque aux fonctions d'Eudes exposées dans son *De efficacia artis...* dont il reproduit de longs passages]. — Éd. partielle E.R. Smits, *An Unedited Correspondence between Helinand of Froidmont and Philip, Abbot of Val Ste Marie, on Genesis 27 : 1 and the Ages of the World*, dans *Erudition at God's Service, Studies in Medieval Cistercian History*, t. 11 (1987), p. 244-266 [éd. du livre 6, chap. 64-66]. — Éd. part. E.R. Smits, *Hélinand of Froidmond and the A.)Text of Seneca's Tragedies*, dans *Mnemosyne*, t. 36 (1983), p. 324-358 [éd. d'extraits du commentaire sur les tragédies de Sénèque qui se trouvent dans le livre 12]. — *Sermons* : éd. *PL*, vol. 212, col. 481-720 [reprend l'éd. Tissier qui donne 28 sermons sur 33 conservés]. — Une nouvelle éd. commentée de la chronique est en préparation par les soins d'une équipe de Groningue. Cf. *Bull. de théol. anc. et médiév.*, t. 14 (1987), p. 338.

→ M. Dumontier, *Helinand de Froidmont et la liturgie*, dans *Collectanea ordinis Cisterciensium reformatorum*, t. 14 (1952), p. 133-139, 213-215, 295-300 ; t. 17 (1955), p. 49-56, 118-125. — P. Delhaye, *La morale politique de Hélinand de Froidmond*, dans *Mél. J. Coppin*, 1966, p. 107-117. — Y. Dossat, *Les premiers maîtres à l'Université de Toulouse : Jean de Garlande, Hélinand*, dans *Les Universités du Languedoc au XIIIe siècle, Cahiers de Fanjeaux* n° 5, Toulouse, 1970, p. 179-203. — M.P. Arnaud-Cancel, *Le huitième livre de la Chronique d'Hélinand de Froidmont*, dans *Positions des thèses de l'École des Chartes*, Paris, 1971, p. 9-14 [éd. du livre 8]. — F. MacCulloch, *The Art of Persuasion in Hélinant's Vers de la mort*, dans *Studies in Philology*, t. 69 (1972), p. 38-54. — W.D. Paden, *De monachis rithmos facientibus : Hélinant de Froidmont, Bertran de Born and the Cistercian General Chapter of 1199*, dans *Speculum*, t. 55 (1980), p. 669-685. — M. Paulmier-Foucart, *Écrire l'histoire au XIIIe siècle. Vincent de Beauvais et Hélinand de Froidmont*, dans *Annales de l'Est*, t. 33 (1981), p. 49-70 ; *Hélinand de Froidmont. Pour éclairer les 18 premiers livres inédits de sa chronique. Éd. des titres de chap. et des notations marginales d'après le ms. Vatican Reg. lat. 535*, dans

Spicae. Cahiers de l'atelier Vincent de Beauvais, t. 4 (1986), p. 81-254. — *Colloque et exposition Hélinant de Froidmont, mai-juin 1987*, Warluis, ADAMA, 1987 (*Les cahiers de l'abbaye de Saint-Arnoult*, 2). — J.-C. Payen, *L'Homo Viator et le croisé : la mort et le salut dans la tradition du douzain*, dans *Death in the Middle Ages, Mediaevalia Lovaniensia. s. 1, Studia 9*, Louvain, 1983, p. 205-231. — J.B. Voorbij, *The Legend of Guntran in Helinand of Froidmont's Chronicon*, dans *Mél. W. Noomen*, 1984, p. 261-277. — B.M. Kienzle, *The Sermon as Goad and Nail : Preaching in Helinand of Froidmont*, dans *Studies in Medieval Cistercian History*, vol. 10 (1985), p. 228-240 ; *The House of the Lord : Helinand on Superfluous Monastic Construction*, dans *Proceedings of the Patristic, Medieval and Renaissance Conference* 11, Villanova (Penn.), Augustinian Historical Institute, 1986, p. 11-186 ; *Maternal Imagery in the Sermons of Helinand of Froidmont*, dans *De Ore Domini. Preacher and Word in the Middle Ages*, Kalamazoo (Michigan), 1989, p. 93-103 ; *Many Speaks against Heresy, an unedited Sermon of Helinand for the Purification, Paris, BN lat. 14591*, dans *Sacris Erudiri*, t. 32 (1991). — M. Woesthuls, *The Origins of Anonymus Primus. Helinand of Froidmont, Vincent of Beauvais and the life of saint Hugh of Cluny*, dans *Analecta Bollandiana*, t. 105 (1987), p. 385-411. — Cf. *DS*, t. 7, 1968, p. 141-144. — *Dictionnaire des auteurs cisterciens*, 1977, fasc. 4, col. 343-345. — Molinier n° 2519. — Nouveau Potthast, t. 5, p. 405-406. — *GRLMA*, t. VI/2, n° 7296 ; VI/1, p. 63 sqq., 71, 156, 246, 254, 257. — *MB* n°s 3538, 3539 ; *S* 4294, 5518, 5858-5866, 5981, 7586. G.T.L.

Hem (Roman du). Voir : Sarrasin.

Henri d'Andeli. Sans doute d'origine normande (son surnom lui viendrait du village des Andelys, dans l'Eure), il semble avoir écrit pour les milieux universitaires parisiens du deuxième quart du XIIIe siècle. Il fut le protégé de Philippe, chancelier de Notre-Dame de Paris, qui présida aux destinées des écoles parisiennes et qui mourut en 1236. C'est, de toute évidence, à l'intention du haut clergé de l'Université de Paris qu'Henri composa les quatre pièces conservées sous son nom, *La bataille des vins* (un dit des vins de France en 204 octosyllabes) peu après 1223, *Le dit du Chancelier Philippe* (266 octosyllabes, éloge funèbre de Philippe le Chancelier*), et surtout la *Bataille des sept arts* et le célèbre *Lai d'Aristote*.

La *Bataille des sept arts*, de 461 octosyllabes, fut écrite vers 1236-1250. Elle est conservée dans deux mss. Il s'agit d'un débat parodique sur les mérites respectifs de la dialectique et de l'étude des auteurs latins. Le poème décrit la rivalité entre les anciens et les modernes, entre l'enseignement donné dans les écoles d'Orléans où les écoliers se passionnaient pour la grammaire et les auteurs classiques, et l'enseignement donné dans les écoles de Paris, où l'on manifestait une prédilection particulière pour la logique et la philosophie de nature. *Grammaire*, aidée par les classiques, s'engage dans un combat contre *Logique* qui, de son côté, est soutenue par *Droit, Médecine* et *Théologie*. Henri d'Andeli, en bon moraliste, attaque les médecins de son temps. Ce poème reflète la supériorité de la logique et des livres d'Aristote sur l'étude des classiques au début du XIIIe siècle. Il contient des références précieuses sur l'histoire intellectuelle de l'époque.

Le *Lai d'Aristote* est une sorte de fabliau*, sentencieux et spirituel, de 580 vers, dont le thème est d'origine orientale. On retrouve celui-ci, entré déjà depuis un certain temps dans le folklore sous diverses formes, à l'époque où Henri d'Andeli entreprit de l'exploiter. Il le fit avec discrétion et goût.

De sa conquête des Indes, Alexandre était revenu, accompagné d'une femme, merveilleuse de beauté, dont il était épris. Cela n'alla pas sans provoquer quelques murmures ; le roi délaissait trop, pensait-on, les devoirs du gouvernement pour les joies de l'amour. Son maître Aristote censurant sévèrement sa conduite, le roi consentit pour un temps à éviter sa belle amie. Celle-ci connut bientôt la cause de la froideur royale et, pour se venger, décida d'amener le vieux philosophe à une meilleure compréhension du cœur humain. Dans le verger, le lendemain matin, elle se montra au maître avec une telle grâce et déploya une telle puissance de séduction qu'Aristote sentit toute sa sagesse l'abandonner. Il se livra sans arrière-pensée à la passion naissante et consentit à toutes les coquetteries de l'indienne. Alexandre put voir de sa fenêtre le philosophe, sellé comme un palefroi, marchant à quatre pattes, chevauché par son amie. Il s'amusa fort de ce spectacle, mais le philosophe tira la moralité de l'aventure : « Sire, voyez si j'avais raison de craindre l'amour pour vous qui êtes dans toute l'ardeur de la jeunesse, puisqu'il a pu me réduire ainsi, moi qui suis plein de vieillesse... »

Selon la version orientale du conte, le héros de l'aventure était un vizir. Henri d'Andeli ou l'un de ses devanciers firent de la victime des ruses féminines le plus illustre des philosophes, celui-là même dont Thomas d'Aquin* christianisait la doctrine. Entreprise hardie, à coup sûr, mais l'auteur sut y mettre tant de vie et d'élégance, de charme souriant, éviter si bien toute grossièreté, commune au genre littéraire, qu'il réussit à créer un véritable chef-d'œuvre.

L'indienne chevauchant Aristote devint un thème iconographique fréquent dans le bas Moyen Âge. On le voit à la façade de Saint-Jean de Lyon, dans les stalles de Rouen et de Montbenoît (Doubs), sur un chapiteau de Saint-Pierre de Caen.

ŒUVRES. — Éd. A. Héron, *Œuvres de Henri d'Andeli...*, Rouen, 1880. — *Le Dit du chancelier Philippe* : éd. P. Meyer, *Henri d'Andeli et le Chancelier Philippe*, dans *Romania*, t. 1 (1872), p. 190-215. — *Bataille des sept arts* : éd. L.J. Paetow, *The Battle of Seven Arts...*, Berkeley, 1914 (*Memoirs of the Univ. of California*, 4). — *Lai d'Aristote*, éd. M. Delbouille, *Le Lai d'Aristote de Henri d'Andeli*, Paris, 1951.

→ *La Bataille des vins* : É. Littré, dans *HLF*, t. 23, p. 227-228. — *La Bataille des sept arts*, *ibid.*, p. 225-227. — T.A. Jenkins, *On the Text of la Bataille des VII arts*, dans *Modern Philology*, t. 13 (1915-1916), p. 188-192. — P. Delhaye, *Grammatica et Ethica au* XIIe *siècle*, dans *RTAM*, t. 25 (1958), p. 59-110. — S. Heinimann, *Zur Geschichte der grammatischen Terminologie im Mittelalter*, dans *ZRPh*, t. 79 (1963), p. 23-37. — *Terminologie de la vie intellectuelle au Moyen Âge, Actes du colloque (Leyde/La Haye, 20-21 septembre 1985)*, éd. O. Weijers, Turnhout, 1988. — G. Herman, *Henri d'Andeli's Epic Parody*, dans *Annuale Mediaevale*, t. 18 (1977), p. 54-64. — *Le Lai d'Aristote* : J. Storost, *Zu Aristoteles-Sage im Mittelalter*, dans *Monumentum Bambergense*, Munich, 1955, p. 298-348 ; *Femme chevalchant Aristotle*, dans *ZFSL*, t. 66 (1954-1956), p. 186-201. — A. Ladd, *Attitude Toward Lyric in the Lai d'Aristote and Some Later Fictional Narratives*, dans *Romania*, t. 96 (1975), p. 194-208. — D.P. Smith, *Le Lai d'Aristote de Saint-Omer, ibid.*, t. 98 (1977), p. 550-559. — P. Marsili, *Réception et diffusion iconographique du conte d'Aristote et Phillis en Europe depuis le Moyen Âge*, dans *Amour, mariage et transgressions au Moyen Âge, Actes du Colloque (mars 1983)*, Göppingen, 1984, p. 239-269. — Cf. *GRLMA*, t. VI/2, n°s 4588, 4592, 5460 ; t. VI/1, p. 78, 131, 162, 165, 220, 277, 278, 289, 304. — *MB* n°s 2355, 2475-2480, 2641-2644, 6501, 7686, 7687 ; *S* 4758, 4759, 4912, 5461.

M.D., A.L.G., D.G.O. et C.R.

Henri d'Arci. L'auteur connu sous ce nom serait en réalité un templier anonyme de Le Bruère (Temple Bruer) dans le Lincolnshire. Il aurait été confondu avec le dédicataire de ses œuvres, Henri d'Arci, autre templier du même établissement, personnage important vers 1160-1180. R.C.P. Perman et M.D. Legge s'accordent sur ce point, mais divergent sur les dates. Selon M.D. Legge, cet auteur aurait été actif vers le milieu du XIIIe siècle, et en tout cas pas avant 1230. Il aurait, tout jeune, rencontré son confrère âgé et respectable, et lui aurait, des années plus tard, dédié son œuvre. R.C.P. Perman, plus simplement, fait remonter la date des œuvres d'« Henri d'Arci » jusqu'aux années 1160-1180. Sur son style également, les avis sont partagés. Si P. Meyer estime que sa langue et sa versification sont médiocres et son style pénible, M.D. Legge, quant à elle, le considère comme un auteur très didactique et austère, mais qui écrit avec vigueur.

Il a composé, ou plus exactement traduit, à l'usage des laïcs, des textes religieux : courte *Vie* en alexandrins *de sainte Thaïs*, courtisane convertie par l'ermite Paphnuce, qui finit ses jours enfermée dans une cellule de monastère, dont les *Vitae Patrum* relatent l'existence ; poème de 358 alexandrins sur l'*Antéchrist*, traduit du *Libellus de Antichristo* d'Adson de Montier-en-Der* ; récit de la *Descente de saint Paul aux enfers* ou *Vision de saint Paul** (274 alexandrins). On lui doit aussi un ouvrage plus long, une traduction assez libre des *Verba seniorum* qui constituent les livres V et VI des *Vitae Patrum* (*PL*, t. 73).

ŒUVRES. — *Henri d'Arci's Vitae Patrum. An Anglo-Norman* XIII*th Translation*, éd. B.A. O'Connor, Washington, 1949. — *Henri d'Arci : The Shorter Works*, éd. R.C.P. Perman, dans *Mél. A. Ewert*, Oxford, 1961, p. 279-321 [éd. *Antéchrist, Vie de sainte Thaïs, Descente de saint Paul aux enfers*].

→ P. Meyer, *Versions en vers des Vies de Pères : Henri d'Arci, traducteur*, dans *HLF*, t. 33 (1906), p. 256-258. — M.D. Legge, *Anglo-Norman Literature in the Cloisters*, Edimbourg, 1950, p. 55-56. — D.D.R. Owen, *The Vision of St Paul : The French and Provencal Versions and their Sources*, dans *Romance Philology*, t. 12 (1958), p. 33-51 [notamment p. 38-39]. —

M.D. Legge, *Anglo-Norman Literature and its Background*, Oxford, 1963, p. 191-192. — D.D.R. Owen, *The Vision of Hell. Infernal Journeys in Medieval French Literature*, Edimbourg, 1970, p. 53-54. — Cf. *MB* n°s 3210, 3358-3362, 3447 ; *S* 5734.

Voir aussi : *Vision de saint Paul ; Vie des Pères.* A.F.L.L.

Henri Baude. Né à Moulins dans le premier tiers du XVe siècle, Henri Baude aura une carrière mouvementée comme fonctionnaire des impôts. En 1455, il était receveur des tailles à Tulle où il résida. Puis en 1458, il est élu pour établir l'assiette de l'impôt dans le Bas-Limousin. Cette institution des élus ne datait que de 1451 et elle paraît avoir été peu appréciée des régions. D'où peut-être les deux affaires qui menèrent Baude en prison et devant les tribunaux. La première accusation pour exaction n'est connue que par la plaidoirie de maître Bataille devant la Cour des Aides lors du second procès en 1467. Si la première fois, après quatorze mois d'emprisonnement, Baude fut innocenté, la deuxième fois il fut privé de son office, soumis à une lourde amende et à la prison tant qu'il ne s'en serait pas acquitté. Tous ses biens furent alors vendus. Par un document de 1487, nous apprenons qu'il a retrouvé sa charge dans le Bas-Limousin. Pourtant il va avoir par deux fois encore des démêlés avec la justice. En 1486, une moralité de sa composition est jouée par les clercs du Palais (siège de la justice d'appel et de l'administration centrale des finances). Cette pièce, qui mettait en cause la justice de façon générale et allégorique, fut interdite ; son auteur et ses acteurs mis sous les verrous. La pièce n'est pas conservée, mais on garde une autre moralité de la même veine, la *Pragmatique entre la Court et le Palais* (vers 1485). Quant au sujet de la pièce litigieuse, il est résumé dans une des deux épîtres en vers à Jean II, duc de Bourbon, où Baude lui demande d'intercéder en sa faveur. La même année 1486, Henri va porter dans le Nord un décret sur les biens du grand bâtard de Bourgogne, Antoine. Il est battu et jeté en prison par des gens d'Antoine. S'ensuit un procès qui en 1496 n'était toujours pas clos. Tous ces déboires expliquent en partie le ton désabusé et satirique de l'œuvre de Baude. Mais la biographie ne fait pas tout à l'affaire et il est certain qu'Henri sacrifiait aussi aux modes littéraires du moment, à l'influence de François Villon*. Dans nombre de ses pièces de formes variées (rondeaux, ballades, logogriphes, calembours...) s'illustre l'esprit anti-curial ou se lit l'actualité politique. Novateur, Baude le fut par la destination qu'il choisit pour ses *Dits moraux*, « anthologie miniaturisée de lieux communs éthiques », selon les mots de P. Zumthor. Ecrits en effet « pour faire tapisserie », ils ont été utilisés dans les peintures murales du château de Bourbon-Busset. Le premier seigneur de Bourbon-Busset, Pierre de Bourbon, n'était autre que le neveu de Jean II de Bourbon. Et les dessins au trait qui servirent de modèles pour les fresques, proviennent d'un manuscrit copié en partie par François Robertet*, secrétaire du duc Jean. Bien plus, c'est l'œuvre totale ou presque d'Henri Baude qui fut sauvegardée par les recueils poétiques de François Robertet et de son fils Jean-Jacques.

Comme les auteurs de ce temps, Henri joue de son nom. Baude, le chien de chasse, « buissonne » dans les deux lettres adressées à Jean de Bourbon et dans l'*Éloge de Charles VII* offert vers 1484 à Charles VIII. On trouve dans la préface allégorique de ce texte un épisode de la jeunesse du poète. Lors de la Praguerie en 1440, il suivit le dauphin Louis, brocart à vingt cors, puis revenu de son erreur, il retrouva le cerf ailé aux quarante cors. Charles VII. On retrouve un « brocart suranné » dans l'obscure *Épitaphe de l'esleu gorrier*. Plutôt que la mort de Charles VII en 1461, nous verrions là une évocation du décès de Louis XI (1483), le jeune brocart de l'*Éloge de Charles VII*. Sur la foi d'un vers du *Débat de la dame et de l'écuyer : « Laissez buissonner baude / Secours aurez* », qu'il considère comme une signature, Montaiglon attribue à Henri cette pièce de la tradition de la *Belle Dame sans merci*. Mais il est plus probable que Baude jouait dans ses compositions d'une expression toute faite et déjà utilisée en littérature. En outre, le *Débat* n'est pas vraiment dans son style et il a connu une transmission bien différente de celle de l'œuvre du poète. Il n'est pas impossible, par contre, qu'un rondeau de la vieillesse de Charles d'Orléans* (cf. Champion, p. 394) puisse évoquer les débuts d'Henri qui aurait pu être introduit auprès du grand poète par le duc de Bourbon, collaborateur actif du cercle de Blois : « *Laissez baude buissonner / Le vieil briquet se repose.* » Assez vite oublié après sa mort (après 1496), Henri Baude verra tout de même ses *Lamentations Bourrien* reprises dans l'épigramme du *Gros prieur* de Clément Marot, grand lecteur des Rhétoriqueurs*.

ŒUVRES. — J. Quicherat, *Les vers de maître Henri Baude*, Paris, 1856 [moins les pièces jugées obscènes ou plates ; les épîtres au duc de Bourbon y figurent]. — M. Schwob, *Le Parnasse satirique du* XVe *siècle*, Paris, 1905, p. 163-164 [2 rondeaux]. — *Éloge de Charles VII*, éd. Vallet de Viriville, dans *Chronique de Charles VII par Jean Chartier*, Paris, 1858, t. 1, p. 37-46 ; t. 3, p. 127-141 (*Bibliothèque elzévirienne*, 1). — *Dictz moraulx pour faire tapisserie*, éd. A. Scoumanne, Genève-Paris, 1959 (*TLF*, 83). — *Débat de la dame et de l'écuyer*, éd. A. de Montaiglon, dans *Recueil de poésies françoises des* XVe *et* XVIe *siècles*, Paris, 1856, t. 4, p. 151-179 (*Bibliothèque elzévirienne*, 4).

→ P. Champion, *Histoire poétique du* XVe *siècle*, Paris, 1923, t. 2, p. 239-307 (*Bibliothèque du* XVe *siècle*). — A. Piaget, *La Belle Dame sans merci*, dans *Romania*, t. 34 (1905), [particulièrement p. 585-589]. — J.W. Gossner, *Henri Baude's Earliest Poem*, *ibid.*, t. 95 (1974), p. 359-362. — P. Zumthor, *Le masque et la lumière. La poétique des grands rhétoriqueurs*, Paris, 1978. — A. Bohat-Regond, *Les peintures murales de la Renaissance au château de Busset...*, dans *BHR*, t. 41 (1979), p. 245-253. — *Ditz moraulx pour faire tapisserie, Baude. Dessins du musée Condé et de la BN*, Ussel, 1988 (*Mémoires et documents sur le bas-Limousin*, 10). — Cf. *MB* n°s 4767-4775, 7932 ; *S* 7326-7329. S.L.

Henri de Ferrières. L'auteur des *Livres du roy Modus et de la royne Ratio* est un gentilhomme normand du nom d'Henri de Ferrières, dont la vie n'est pas connue. Il a assisté aux chasses du roi Charles IV (1322-1328) à Breteuil et, d'après les nombreuses allusions aux personnes et aux événements contemporains, il a composé son traité entre 1354 et 1376-1377.

Son œuvre se divise en deux livres, le *Livre de chasse* et le *Songe de pestilence*, tous deux écrits en prose entremêlée de vers. Trente-six manuscrits, dont beaucoup sont richement illustrés, nous l'ont conservée : le meilleur et le plus ancien manuscrit est Paris, BN, fr. 12399 (exécuté en 1379) ; certains manuscrits ne possèdent que le *Livre de chasse*, d'autres seulement le *Songe de pestilence*. Le succès de l'ouvrage et son influence ont été considérables.

Le *Livre de chasse* est écrit en forme de dialogues entre le roi Modus, expert en matière de vénerie, et un disciple, voire d'autres personnages, qui posent des questions. Modus décrit la vie et les habitudes des animaux, et expose les méthodes et manœuvres de chasse pratiquées en France. Il commence par le cerf, le plus noble de tous les gibiers, et les autres bêtes douces ou fauves, le daim, le chevreuil et le lièvre, continuant ensuite par les bêtes noires ou puantes, le sanglier, le loup, le goupil et la loutre. Des chapitres sont intercalés, où la reine Ratio moralise sur les habitudes des animaux : le sanglier représente le diable et les vices, le cerf symbolise les vertus et les branches du cerf dix cors les dix commandements de Dieu. Un long poème de 1044 vers offre un débat entre deux châtelaines sur la question de savoir quelle est la chasse la plus noble, celle qui se fait à l'aide de chiens ou la fauconnerie (sujet traité également par Gace de la Buigne*). La question est soumise au comte de Tancarville, Jean II († 1382), le plus grand chasseur du temps. Le roi Modus enseigne encore l'art de tirer à l'arc, la façon de chasser le cerf et le sanglier à la haie avec des rêts et des filets, la chasse faite à l'aide du faucon et de l'épervier. À la fin, plusieurs chapitres traitent de la chasse à l'aide de pièges et d'autres engins, chasse propre aux pauvres et aux indigents, mais réputée indigne des grands seigneurs. Les sources utilisées par Henri de Ferrières, à l'exception de la *Chace dou cerf** et des recettes attribuées à Petrus de l'Astore, ne sont pas connues.

Le second livre, le *Songe de pestilence*, est un ouvrage allégorique sur les malheurs, la méchanceté et les vices du temps. Modus et Ratio se plaignent devant le bon Dieu que Vérité, Charité et Humilité aient disparu de la terre, chassées, comme eux-mêmes, par Satan, la Chair et le Monde. Pour les chercher, Dieu envoie des messagers qui visitent évêques, prêtres, religieux, nobles, bourgeois et paysans, et ne rencontrent partout que Fausseté, Tricherie et Foimentie (= Perfidie). La sorcellerie et la magie fleurissent ; les ouvriers profitent de la pénurie de main-d'œuvre après la Peste noire pour demander des prix exorbitants. Après la condamnation de Satan, du Monde et de la Chair, éclata une guerre entre les Vertus, abandonnées par les hommes, et les Vices, qui les allèchent. Les hommes furent punis par de terribles fléaux : la Peste noire, la jacquerie et la guerre de Cent Ans. Le *Songe de pestilence* reflète ainsi, de la crise morale à l'origine des premiers « syndicats » ouvriers, l'histoire des mœurs et des événements sous le règne de Charles V.

ŒUVRES. — *Les Livres du Roy Modus et de la Royne Ratio*, éd. G. Tilander, Paris, 1932, 2 vol. (*SATF*, 74). — C. Nordenfalk, *Kung Praktiks och Drottning Teoris Jaktbok. Le Livre des deduis du roi Modus et de la reine Ratio*, Stockholm, 1955. — *Le Livre du roy Modus et de la royne Ratio de Henri de Ferrières*, éd. A. Pauphilet, dans *Jeux et Sapience du Moyen Âge*, Paris, 1951 *(Pléiade)*, p. 589-725 [éd. de *Modus*]. — *Le Livre de chasse du Roy Modus transcrit en français moderne... et illustré de 51 figures d'après les miniatures du manuscrit 12399 de la Bibliothèque Nationale, Paris*, éd. G. Tilander, Paris, 1931 (*Les maîtres de la vénerie*, 3). — *Le Livre de chasse du Roy Modus transcrit en français moderne...*, éd. G. Tilander, Limoges, 1973 (*Les maîtres de la vénerie*, 1). — *Le Livre de la chasse du roi Modus : manuscrit 10218-10219 de la Bibliothèque royale de Belgique, adapté en français moderne*, éd. G. Tilander, précédé d'une étude de D. Thoss, Paris, 1989, 2 vol. *(Musée du livre)*.

→ J. Thiébaud, *Bibliographie des ouvrages français sur la chasse*, Paris, 1934, col. 388-402 (*Les Maîtres de la vénerie*, 9). — *Petrus de l'Astore, edizione critica del trattato di falconeria mistilingue con una traduzione in antico francese dal ms. B.N. 2004*, éd. A. Lupis, Bari, 1979 (*Quaderni degli « Annali della Facoltà di Lingue e Letterature Straniere »*, 2). — F. Fazio, *Una fonte sconosciuta per Les Livres du roy Modus et de la royne Ratio*, dans *Annali della Facoltà di Lingue e Letterature Straniere dell' Università di Bari*, 3e série, t. 6 (1985), p. 273-303. — Cf. *GRLMA*, t. VIII/1, p. 104, 360. — *MB* nos 5533-5546 ; *S* 7719, 7724.

G.T. et F.F.H.

Henri de Gand. Théologien fameux du XIIIe siècle. Né à Gand vers 1240, maître de la Faculté de théologie de Paris dès 1276, il y enseigne jusqu'en 1292, décède en juin 1293. Clerc séculier, il a pris une part active à la fameuse censure de 1277, puis fut un des plus ardents protagonistes dans la lutte, au cours de la décennie 1280, entre les maîtres séculiers et les religieux « mendiants ». Personnage des plus marquants de l'Université médiévale de Paris, il est l'auteur, notamment, de deux séries de textes : les *Quodlibeta* (I à XV), souvent remaniés après soutenance, et une *Somme des Questions ordonnées* (également rédigées à nouveau).

Henri de Gand s'y manifeste comme l'un des principaux promoteurs de l'inflexion augustinisante et psychologiste des doctrines théologiques. En conformité avec la censure de 1277, il milite pour l'éviction de la noétique grecque et arabe (sauf celle d'Avicenne, qu'il réaménage) et y substitue une optique phénoménologiste aux positions philosophiques organiquement en sujétion envers les doctrines théologiques. En opposition aux thèses plus ou moins averroïsées des maîtres artiens du temps, il rejette de nombreuses doctrines de Thomas d'Aquin* dont par ailleurs il tire profit et prépare les préventions scotistes contre la philosophie comme telle. Ses démêlés avec Gilles de Rome* sont notoirement suscités par la faveur de ce dernier pour certaines thèses réputées thomistes. Son influence fut déterminante pour le courant augustinien franciscain, surtout avec Jean Duns Scot qui reprend et accentue plusieurs de ses conceptions. Henri de Gand a infléchi le développement des doctrines théologiques et philosophiques par ses options que sont, entre autres, le volontarisme (primauté de la volonté sur l'intelligence, en vue d'assurer la liberté face au nécessitarisme grec) ; le rejet de la notion de forme intelligible participée pour y substituer celui de la représentation vicariale ; la thèse phénoménologiste de la connaissance implicite de Dieu premier objet connu en tout acte d'intellection ; la dualité de l'âme comme principe spirituel et du principe d'animation corporelle ; le refus de l'acceptation thomiste d'une composition, chez tout sujet créé, de l'essence et de l'être comme acte de l'essence, pour y préférer la double théorie, issue d'Avicenne moyennant refonte, de l'être créé comme simplement possible sous la dépendance de Dieu seul Être nécessaire car seul à être identique à son existence d'une part, et de l'autre de l'être de l'essence réduit à l'Idée créatrice qui, en Dieu, est relative à l'essence limitée et seulement possible du créé. En simplifiant, on peut affirmer que l'inflexion henricienne de la pensée philosophique et théologique, jointe surtout à l'essor du nominalisme qu'appelait sa thèse de la représentation, a exercé une influence digne d'appréciations diverses jusque dans les siècles suivants.

ŒUVRES. — *Quodlibeta I-XV*, Paris, 1518 ; Venise, 1608 ; 1613 ; éd. critique déjà avancée sous la direction de R. Macken, Leuven : outre 2 vol. de biblio. manuscrite, *Quodlibet I* : 1979 ; *II* : 1983 ; *VI* : 1987 ; *IX* : 1983 ; *X* : 1981 ; *XII* : 1987 ; *XII* : q. 31 *(Tractatus super facto praelatorum et fratrum)* : 1989, avec une notable intro. historique de L. Hödl ; *XIII* : 1985 ; le t. *XXXVI* de cette coll. : des *Opera omnia* propose la *Lectura ordinaria super Sacram Scripturam* attribuée à Henri de Gand, éd. R. Macken, 1980 ; *Summa Quaestionum ordinariarum*, Paris, 1520, Reprint Saint-Bonaventure (New York)-Louvain-Paderborn, 1953. — J.P. Zwaenepoel, *Les Quaestiones in Librum de Causis attribuées à Henri de Gand*, Louvain-Paris, 1974 (attribution douteuse, peut-être œuvre d'Henri à la Faculté des arts).

→ P. Glorieux, *Répertoire des maîtres en théologie de Paris au* XIIIe *siècle*, n° 192, Paris, 1931, 1, p. 387 sq. — E. Gilson, *La philosophie au Moyen Âge*, Paris, 1944, p. 427 sq. — J. Paulus, *Henri de Gand. Essai sur les tendances de sa métaphysique*, Paris, 1938 ; *Les disputes d'Henri de Gand et de Gilles de Rome sur l'essence et l'existence*, dans *AHDLMA*, 14 (1943-1945), p. 73-142. — W. Schoellgen, *Das Problem der Willensfreiheit bei Heinrich von Ghent und Herveus Natalis*, Düsseldorf, 1927, reprint 1975. — P. Bayerschmidt, *Die Seins- und Formsmetaphysik des Heinrich von Ghent in ihrer Anwendung auf die Christologie*, dans *Beiträge z.Geschichte der Philos. und Theol. des Mittelalters*, t. 36, p. 3-4, Münster, 1941. — T. Nys, *De werking van het menselijk verstand volgens Hendrik van Gent*, Leuven, 1949. — J. Gomez-Caffarena, *Ser participado y ser subsistente en la metafisica de Enrique de Gand* (*Anal. Greg*, 93), Rome, 1958. — A. San Cristobal-Sebastian, *Controversias acerca de la volundad desde 1270 a 1300. Estudio historico-doctrinal*, Madrid, 1958. — R. Macken, *La volonté humaine, faculté plus élevée que l'intelligence selon Henri de Gand*, dans *RTAM*, t. 42 (1975), p. 5-51 ; *Heinrich von Gent im Gespräch mit seinen Zeitgenossen über die menschliche Freiheit*, dans *Franz. Studien*, t. 59 (1977), p. 125-182 ; *God as « primum cognitum » in the Philosophy of Henri of Ghent, ibid.*, t. 66 (1984), p. 309-315. — J.V. Brown, *Divine Illumination in Henry of Ghent*, dans *RTAM*, t. 41 (1974), p. 177-199 ; *Abstraction and the Object of Human Intellect according to Henry of Ghent*, dans *Vivarium*, t. 11 (1973), p. 80-104 ; *John Duns Scot on Henry of Ghent's Arguments for Divine Illumination : the Statement of the Case, ibid.*, t. 14 (1976), p. 94-113 ; *Intellect and Knowing in Henry of Ghent*, dans *Tijdschr. v. Filos.*, t. 35 (1975), p. 490-512, 692-710.

E.H.W.

Henri de Gauchy. Voir : *Information des Princes*.

Henri de Lancastre. « Duc de Lancastre, comte de Derby, de Lincoln, de Leicester, Sénéchal d'Angleterre, Seigneur de Bergerac et de Beaufort ». Ce premier lieutenant d'Édouard III d'Angleterre se distingua comme stratège, guerrier, diplomate et conseiller intime de son roi pendant la période de la guerre de Cent Ans qui se termina avec la paix de Brétigny (1360). Premier duc de la famille la plus riche et la plus influente d'Angleterre, qui devait donner à ce pays une dynastie célèbre, Henri de Lancastre (1310-1361) fut une des plus nobles figures du Moyen Âge. Froissart*, entre beaucoup d'autres, a fait de lui un éloge sans réserves. C'est dans un intervalle entre deux campagnes de France (en 1354) qu'Henri de Lancastre écrivit son *Livre des Saintes Médecines*, retour sur son passé et méditation d'une humilité touchante chez un si grand personnage. Il y passe d'abord sa vie en revue, décrivant les fautes qu'il se reproche, dans l'ordre classique des péchés capitaux et à l'aide de nombreuses comparaisons tirées de la vie courante et de sa propre histoire. Il y compare longuement son âme aux tourbillons de la mer, à un nid de renards, à une place de marché, et brosse des tableaux d'un réalisme frappant et d'une originalité rare à l'époque. Dans une seconde partie, il propose, aux misères de tous les pécheurs comme lui, un traitement complet, où chaque remède est un symbole : le lait de la Vierge comme fortifiant, ses larmes pour laver les plaies, l'eau de rose extraite des blessures de Jésus pour rafraîchir le malade, l'eau sortie de son côté pour l'y baigner, etc., le tout dans une langue assez correcte et un style pittoresque qui évoque celui de saint François de Sales. Le *Livre des Saintes Médecines* est le chef-d'œuvre de la prose anglo-normande.

ŒUVRE. — *Henry of Lancaster, « Le livre des saintes medecines »*, éd. E.J. Arnould, Oxford, 1940 (*ANTS*, 2).

→ E.-J. Arnould, *Étude sur le « Livre des saintes médecines »*, Paris, 1948 [accompagnée d'extraits du texte]. — R.W. Ackerman, *The Traditional Background of Henry of Lancaster's Livre*, dans *L'Esprit créateur*, t. 2 (1962), p. 114-118. — Cf. *MB* nos 4983-4984, 6946 ; *S* 7788-7789.

E.J.A.

Henri de Laon. Ce poète du XIVe siècle,

dont on ne connaît que le nom, est l'auteur d'une petite pièce de 194 octosyllabes, le *Dit des hérauts*. C'est une satire contre les hérauts d'armes qui, d'abord maîtres de cérémonies dans les tournois et experts en science héraldique, se mirent à conter les hauts faits, empiétant sur le domaine des ménestrels. Dans ce court poème, qui imite le *Conte des hérauts* de Baudouin de Condé*, l'auteur dénonce d'abord l'ignorance, la paresse et la convoitise des hérauts, puis la décadence des tournois : les seigneurs, orgueilleux, cupides, trop chicaniers, ne savent plus se battre, ni montrer prouesse, courage, endurance ; les frais des joutes sont trop élevés ; les bacheliers pauvres sont méprisés ; les chevaliers se ruinent et dilapident leurs fortunes au profit de parasites, et en particulier de ces incapables que sont les hérauts.

À côté de tant d'auteurs qui ont décrit surtout les apparences brillantes des tournois, Henri de Laon montre l'envers de ces assemblées, la sueur et le sang, les gens assommés, les boucheries d'animaux. Sa diatribe contre les hérauts est sans doute l'écho d'une jalousie de métier venant d'un ménestrel.

ŒUVRE. — Éd. A. Långfors, dans *Romania*, t. 43 (1914), p. 216-225.

→ C.-V. Langlois, *La vie en France au Moyen Âge d'après les romans mondains*, Paris, 1926, p. 225-226. — Cf. *MB* n° 5111.

J.D. et A.F.L.L.

Henri de Mondeville. Médecin normand né vers 1260, originaire d'Émondeville (Manche, arr. Cherbourg, cant. Montebourg) plutôt que de Mondeville (Calvados, arr. et cant. Caen). Élève du chirurgien Jean Pitart*, ayant étudié la médecine et la chirurgie à Montpellier, puis à Paris, Henri de Mondeville fut, dès 1298, chirurgien du roi de France Philippe le Bel. En 1304, il enseignait l'anatomie à Montpellier ; en 1306, il enseignait à Paris. Philippe le Bel l'envoya en 1312 à Arras, en Angleterre et en diverses régions de France pour le service de l'armée (il exerça son art sur les champs de bataille) et celui de la cour. Protégé du comte Charles de Valois, frère de Philippe le Bel, il résida habituellement — entre deux campagnes militaires — à Paris, où il enseigna sans doute aux écoles de chirurgie. Henri de Mondeville aurait embaumé les corps de deux rois de France, vraisemblablement Philippe le Bel et Louis X le Hutin. Il succomba sans doute à une phtisie pulmonaire — dont il souffrait depuis 1316 — aux environs de 1320.

Le seul ouvrage d'Henri de Mondeville est une *Chirurgia*, dont il entreprit la rédaction en 1306 et qu'il n'acheva pas, peut-être en raison de sa mauvaise santé : les deux premiers traités furent écrits de 1306 à 1312 environ. Cette *Chirurgia* a pu être écrite à la suggestion de Bernard de Gordon*, qui fut le professeur de Mondeville à Montpellier (« *ad peticionem et preceptum scientifici viri Magistri Bernardi de Gordonio, in preclarissimo studio Montispessulani summi professoris in scientia medicine* » d'après le manuscrit Paris, BN, lat. 7131). Dans les manuscrits les plus complets, la *Chirurgia* comprend un prologue, suivi de cinq traités : 1. l'anatomie, en 12 chapitres ; 2. les plaies ; 3. les maladies qui ne sont ni plaies, ni ulcères, ni maladies des os (la fin de ce traité n'a pas été rédigée) ; 4. (non rédigé : il aurait dû porter sur les fractures et les luxations) ; 5. l'antidotaire, en 10 chapitres (le dixième n'a pas été écrit). Mondeville tentait d'y restaurer l'unité menacée de la médecine et de la chirurgie, et, contre la doctrine traditionnelle de la suppuration dans le traitement des plaies, il préconisait le pansement sec et antiseptique (à la suite de ses prédécesseurs de Bologne : Ugo da Borgognoni et Teodorico Borgognoni).

La traduction abrégée en français (seul manuscrit connu : Paris, BN fr. 2030) des deux premiers traités de la *Chirurgia* fut rédigée du vivant de Mondeville, en 1314, par un anonyme, peut-être un jeune Normand élève à l'Université de Paris.

Le cours d'anatomie professé à Montpellier en 1304 fut traduit en langue d'oc sous le titre *Notomia de la surgia de Anric de Mondavilla* (Florence, Bibl. Medicea-Laurenziana, Ashburnham 104 ; le ms. Turin, Bibl. naz., L. IV.17 a été détruit).

Il subsiste également, de la *Chirurgia*, une traduction hollandaise faite au XIVe siècle (Londres, Brit. Libr., Cotton Galba E.XIII) et plusieurs versions anglaises du XVe siècle (Cambridge, Peter House, 118, et Londres, Wellcome Medical Historical Libr., 550).

ŒUVRES. — *Die Chirurgie des Heinrich von*

Mondeville, éd. J.L. Pagel, Berlin, 1892 [éd. du texte latin]. — E. Nicaise, *Chirurgie de Maître Henri de Mondeville, chirurgien de Philippe le Bel, roi de France ; composée de 1306 à 1320*, Paris, 1893 [trad. en français moderne]. — *La Chirurgie de Maître Henri de Mondeville ; traduction contemporaine de l'auteur*, éd. A. Bos, Paris, 1897-1898 (*SATF*, 40).

→ E. Wickersheimer, *Dictionnaire biographique des médecins en France au Moyen Âge*, Paris, 1936, p. 282-283. — G. Sarton, *Introduction to the History of Sciences*, Baltimore, 1947, t. 3, p. 865-873. — C. Brunel, *Recettes médicales de Montpellier en ancien provençal*, dans *Romania*, t. 78 (1957), p. 291, note 3. — M. Tabanelli, *Un secolo d'oro della chirurgia francese (1300)*, Forli, 1969 [vol. 1 : Henri de Mondeville]. — V.L. Bullough, *Henry of Mondeville*, dans *Dictionary of Scientific Biography*, t. 6 (1972), p. 276-277. — D. Jacquart, *Supplément au Dictionnaire biographique des médecins en France au Moyen Âge d'Ernest Wickersheimer*, Genève, 1979, p. 117-118 (*Hautes Études médiévales et modernes*, 35). — M.-C. Pouchelle, *Corps et chirurgie à l'apogée du Moyen Âge, Savoir et imaginaire du corps chez Henri de Mondeville, chirurgien de Philippe le Bel*, Paris, 1983. — Cf. *GRLMA*, t. VIII/1, p. 306, 308, 311-315, 318. — *MB* n°s 2987-2989, 6586 ; *S* 5491. F.F.H.

Henri Romain. Licencié en droit civil et en droit canon, Henri Romain remplit d'importantes charges municipales à Tournai entre 1429 et 1434. Il représenta la ville lors du sacre de Charles VII, puis accomplit, en 1429 et 1430, plusieurs missions auprès du roi ou de ses ambassadeurs, pour obtenir que Tournai ne soit pas cédée à Philippe le Bon. En novembre 1431, Henri Romain résilia sa charge de conseiller général. C'est alors certainement qu'il embrassa l'état ecclésiastique. Il fut chanoine de Tournai et de Thérouanne. Son frère, Guillaume, était célestin à Paris. Trois fois provincial de son ordre (1456-1459, 1465-1468, 1471), Guillaume Romain eut une certaine influence auprès de Louis XI. Devenu conseiller royal, il accomplira plusieurs missions auprès de Charles le Téméraire. Jalousé, disgracié, il mourut empoisonné par Tristan l'Hermite en 1475. Guillaume était en relation avec le milieu humaniste parisien, Guillaume Fichet* entre autres. Il n'est donc pas impossible que son frère Henri ait connu ce même milieu. Il entreprit, en tout cas, une refonte de l'histoire romaine dans son *Abrégié et effect des trois decades de Titus Livius*. On trouve là un résumé du texte livien dans la traduction de Pierre Bersuire*, que complète l'ouvrage de Leonardo Bruni traduit par Jean Le Bègue*. Par ailleurs, Henri Romain écrivit un *Livre des histoires romaines*, compilation d'histoire ancienne qui ne traite pas seulement de l'Empire romain mais aussi des autres royaumes. Cette fois, il résume la *Cité de Dieu* de saint Augustin, dans la version de Raoul de Presles*. Il y ajoute des éléments tirés d'autres sources, signalés comme des gloses dans les manuscrits conservés. Là encore, il utilise les traductions réalisées à l'époque de Charles V : Aristote d'après Nicole Oresme*, le *De remediis* de Pétrarque* d'après Jean Daudin*, Valère Maxime d'après Simon de Hesdin* et Nicolas de Gonesse*, etc. — ce qui témoigne de la diffusion de ces travaux anciens. Le *Livre* fut imprimé sous le titre plus approprié de *Compendium historial* par Antoine Vérard en 1509, puis Galliot du Pré en 1528.

→ L. Dupré La Tour, *Le Compendium historial d'Henri Romain (éd. critique du livre 1)*, dans *Positions des thèses de l'École des Chartes*, 1973, p. 79-84 ; *La tradition manuscrite du Compendium (...)*, dans *RHT*, t. 5 (1975), p. 137-168. — J. Monfrin, *La connaissance de l'antiquité et le problème de l'humanisme en langue vulgaire dans la France du XVe siècle*, dans *The Late Middle Ages and the Dawn of Humanism outside Italy*, Louvain-La Haye, 1972, p. 131-170 [éd. du prologue du *Compendium*]. — Cf. *MB S* n°s 8570-8571. S.L.

Henri Suso (forme latinisée de Seuse). Naquit vers 1296, soit à Constance, soit plutôt à Ueberlingen, d'un père rude et d'une mère tendrement pieuse. Il entra avant quinze ans, avec dispense, au couvent dominicain de Constance. Ayant reçu de hautes grâces spirituelles dès son adolescence, il se donna totalement à Dieu, devenant « le Serviteur de la Sagesse éternelle ».

Après Constance, et peut-être Strasbourg, il va poursuivre ses études vers 1320 à Cologne près de Maître Eckhart. Revenu à Constance, il enseigne à son tour dans son couvent, où il mène une vie retirée et très austère. À une date incertaine, vers 1326-1330, il écrit *Le Livre de la Vérité*, où il reprend les doctrines d'Eckhart en leur donnant un sens pleinement orthodoxe. Malgré cette prudence, il est appelé à se justifier devant un chapitre de son ordre aux Pays-Bas (peut-être celui de Maastricht en 1330). Il doit alors abandonner sa charge de lecteur.

Sa vie apostolique commence. Il parcourt la Suisse, l'Alsace, la vallée du Rhin. En 1336, les troubles causés par le conflit entre Jean XXII et l'empereur Louis de Bavière contraignent les dominicains à quitter Constance. Suso est prieur de la communauté en exil. Des épreuves familiales et des calomnies l'accablent. Ses supérieurs l'envoient à Ulm, où il passe ses dernières années dont on ne sait à peu près rien. Il y meurt le 25 janvier 1366.

La *Vie* de Suso, longtemps nommée autobiographie, est due en grande partie à l'une de ses filles spirituelles, Elsbeth Stagel, dominicaine à Töss, qui recueillit ses lettres et nota ses entretiens spirituels avec elle. Après la mort d'Elsbeth Stagel, une troisième main, sans doute féminine, remania le texte. En tout cas, ce n'est pas Suso lui-même qui le présenta dans la forme où nous le possédons aujourd'hui. Les derniers chapitres constituent un traité de mystique spéculative et portent le plus nettement son empreinte.

Dans l'*Horologium sapientiae* (vers 1339) et *Le Livre de la Sagesse éternelle*, de contenu très proche, Suso insiste sur la dévotion à la passion du Christ, indispensable pour parvenir à la connaissance de la divinité. Dans ses lettres de direction, où la fermeté s'allie à une exquise délicatesse, il reprend avec un accent tout personnel le thème, cher à Eckhart, de l'abandon absolu à la volonté divine. Ayant beaucoup souffert lui-même, il a écrit sur la souffrance d'admirables pages de consolation, mais les textes où il chante sa joie d'aimer Dieu sont aussi beaux, traversés d'un grand souffle poétique.

Suso, nature sensible, et qui s'épanche volontiers, est le plus accessible des mystiques rhénans ; spéculatif dans une partie de son œuvre, il n'en annonce pas moins la *devotio moderna*. L'*Horologium sapientiae*, traduit dans toutes les langues d'Europe, fut un des livres les plus répandus à la fin du Moyen Âge.

Il subsiste une cinquantaine d'exemplaires de la traduction française réalisée en 1389 par un franciscain du couvent de Neufchâteau en Lorraine (Vosges) à la demande d'un homme de loi lié au duc Henri de Bar. En outre, des extraits réunis sous le titre de *(Livre du) Trésor de Sapience* ont circulé à part — on en conserve quelque 25 copies, représentant deux rédactions — et ont constitué, à la fin du XIVe siècle, le premier *Ars bene vivendi et moriendi* français.

ŒUVRES. — Excellente éd. critique par Karl Bihlmeyer, *Deutsche Schriften*, Stuttgart, 1907. — *Horologium sapientiae*, éd. P. Künzle, Fribourg, 1977 [*Spicilegium Friburgense*, 23]. — Trad. en allemand moderne de Diepenbrock, H. Denifle, W. von Scholz, W. Oehl, Lehmann, Gabele, Heller, Schellenberg, etc. Beaucoup de trad. françaises aussi, totales ou partielles. Parmi les plus complètes et les plus récentes : P. Thiriot, *Œuvres mystiques du Bienheureux Henri Suso*, Paris, 1899. — J. Ancelet-Hustache, *Le Bienheureux Henri Suso* (avec une longue introd. critique), Paris, 1943, puis 1977. — B. Lavaud, *L'œuvre mystique de Henri Suso*, Paris, 1946, 5 vol.

→ *DSAM* 7, 1968, col. 234-257 (J.A. Bizet). — H. Lichtenberger, *Le mystique Suso (Revue des cours et conférences*. Paris, 1910 et 1910-1911). — C. Groeber, *Der Mystiker Heinrich Seuse,* Fribourg-en-Brisgau, 1941. — J. Bizet, *Henri Suso et le déclin de la scolastique*, Paris, 1946 ; *Suso et le minnesang*, Paris, 1946. — Le recueil *Heinrich Seuse, Studien zum 600 Todestag, 1366-1966*, publié sous la dir. de E. Filthaut (Cologne, 1966) représente une bonne mise au point. — Nombreuses thèses de doctorat en allemand sur divers points de doctrine ou de linguistique, en particulier, W. Baier, *Untersuchungen zu den Passionsbetrachtungen in der « Vita Christi » des Ludolf von Sachsen : Ein Quellenkritischer Beitrag zu Leben und Werk Ludolfs an zur Geschichte der Passionstheologie*, Salzbourg, 1977, 3 vol. [*Analecta Cartusiana*, 44].

Pour ce qui est de la trad. française médiévale, liste des mss conservés par J. Ancelet-Hustache, *Quelques indications sur les mss de l'Horloge de Sapience*, dans *Heinrich Seuse*..., p. 161-170 et G. Hasenohr, *Aperçu sur la diffusion et la réception de la littérature de spiritualité...*, dans *Wissensorganisierende und wissensvermittelnde Literatur im Mittelalter*, Wiesbaden, 1987, p. 57-90. — Une des rédactions du *Trésor de Sapience* a été éd. par P. Glorieux parmi les *Œuvres complètes* de Gerson (t. 10, n° 534). — Voir aussi G.A. Brunelli, *Suso, L'Orloge de Sapience et Villon*, dans *Siculorum Gymnasium*, 1965, p. 199-211 et A. Chene-Williams, *Vivre sa mort et mourir sa vie : l'art de mourir au XVe*, dans *Le Sentiment de la mort au Moyen Âge*, Montréal, 1979, p. 169-182. — Cf. *MB S* nos 7541, 7790-7794, 7878. J.A.H.

Henri de Valenciennes. Né vers 1170 à Valenciennes, Henri était sans doute un clerc, bien des détails semblent l'indiquer, entre autres le petit sermon placé en tête de ses poèmes et son amour des sermons en général. Vers 1200, il décida de prendre part à la croisade. D'abord attaché à Baudouin de Flandre qui, en 1204, fut élu empereur latin de Constantinople puis mourut à la bataille d'Andrinople, il passa au service du régent Henri, frère de Baudouin, qui fut couronné en 1206. Il accompagna le nouvel empereur en 1209 dans le royaume de Salonique et y séjourna jusqu'en 1210. On ne sait rien de ses dernières années.

Il est l'auteur de petits traités religieux ou moraux en quatrains d'alexandrins monorimes qui, dans le manuscrit de la Bibliothèque nationale de Madrid 9446, sont copiés à la suite de la *Vie de saint Jean l'Évangéliste**, sans séparation. C'est pourquoi on lui a attribué cette œuvre, sans autre certitude. Ses poèmes parlent du jugement dernier, de la luxure, des sept joies de la Vierge ; viennent ensuite une exhortation à la croisade, puis un sermon sur les trois moyens de rédemption que les hommes ont à leur disposition.

Son œuvre majeure est l'*Histoire de l'empereur Henri de Constantinople*. Écrite pendant ou peu après les événements, elle porte sur une période très brève, mais elle relate des faits capitaux pour l'Empire latin de Constantinople. Elle s'ouvre sur la campagne contre les Bulgares (25 mai 1208), puis rend compte de la guerre des Lombards et enchaîne avec la guerre civile contre les successeurs de Boniface de Montferrat à Salonique. Elle s'arrête brusquement au milieu des pourparlers de paix de l'empereur avec Michel-Ange Comnène (juillet 1209). Considérée comme une suite de la chronique de Geoffroi de Villehardouin* — elle se présente ainsi matériellement dans quatre manuscrits sur les sept qui l'ont transmise —, l'*Histoire* n'en a peut-être pas l'importance historique ni les qualités littéraires. Le récit est parfois confus. On y relève des erreurs historiques (Henri prend la Macédoine pour une ville, la bataille de Philippes pour celle de Pharsale, César pour le vaincu), mais les détails pittoresques, la peinture de caractères, le style, plus souple que celui de ses prédécesseurs, qui ressortit à la chanson de geste et au roman courtois — G. Paris soutenait que l'ouvrage avait primitivement été écrit en vers —, font de cette chronique, tout entière organisée autour de l'empereur Henri, dont elle fait un éloge dithyrambique, une œuvre, certes ambiguë, mais précieuse et attachante.

Henri a peut-être écrit pour Pierre de Douai, fils de Gautier, châtelain de Douai, et lui-même bailli de Douai et de Lécluse, qui séjourna en Orient en 1208-1209 ; son récit, en tout cas, était destiné à ses compatriotes d'Occident, aux barons, aux chevaliers et aux dames de Hainaut et de Flandre, dans un but d'information et de propagande.

ŒUVRE. — Éd. J. Longnon, Paris, 1948 (*Documents relatifs à l'histoire des croisades publiés par l'AIBL*, 2).

→ L.-F. Flûtre, *L'Histoire de l'empereur Henri de Constantinople par Henri de Valenciennes est-elle un poème dérimé ?*, dans *Romania*, t. 65 (1939), p. 204-217. — E. Westberg, *La Vie de saint Jean l'Évangéliste*, Uppsala, 1943, p. 7-8. — J. Longnon, *Le chroniqueur Henri de Valenciennes*, dans *Journal des savants*, 1945, p. 134-150 ; *Sur l'histoire de l'empereur Henri de Constantinople par Henri de Valenciennes*, dans *Romania*, t. 69 (1946), p. 198-241 ; *Les compagnons de Villehardouin. Recherches sur les croisés de la quatrième croisade*, Genève, 1979. — P.M. Schon, *Studien zum Still der frühen französischen Prosa : Robert de Clari, Geoffroy de Villehardouin, Henri de Valenciennes*, Francfort, 1960. — J. Dufournet, *Robert de Clari, Villehardouin et Henri de Valenciennes, juges de l'empereur Henri de Constantinople. De l'histoire à la légende*, dans *Mél. J. Lods*, t. 1, Paris, 1978, p. 183-202. — G. Jacquin, *Le style historique dans les récits français et latins de la quatrième croisade*, thèse, Lille, Paris, Genève, 1986. — Nouveau Potthast, t. 5, p. 412. — Molinier, n° 2350. — Cf. *MB* nos 3655-3657 ; *S* 6040, 6041, 6045. G.T.L.

Héraut Berry. Voir : Gilles le Bouvier.

Héraut Chandos. On ne connaît pas son nom véritable ; celui de « héraut Chandos » lui vient de ce qu'il fut, depuis 1363 au moins, en qualité de héraut, attaché à Sir John Chandos, homme de guerre anglais et connétable d'Aquitaine, qu'il devait suivre sur le continent pendant la campagne espagnole (1366-1367). Il était originaire du Hainaut. Jean Froissart* le cite à plusieurs reprises dans ses chroniques. Après la mort de son maître en 1370, il passa au service du Prince Noir, le fils d'Édouard III, dont il devint le roi d'armes. Il vivait encore en 1383.

Il a écrit, probablement en 1385, une chronique de plus de quatre mille vers, connue habituellement sous le titre *Vie du Prince Noir*. En fait, ce n'est pas une biographie ordinaire, comme on l'a longtemps cru. L'œuvre se divise en deux parties distinctes. La première est une esquisse de la carrière militaire du Prince Noir, et l'accent y est mis nettement sur sa « chevalerie ». Fondée sur des sources écrites et sur l'ouï-dire, elle se concentre sur les triomphes guerriers du Prince et se termine sur la vision de celui-ci au faîte de son pouvoir, gouvernant l'Aquitaine et redouté de tous. Cette partie, résolument partisane, se lit davantage comme un éloge de la chevalerie anglaise. Quoique le Prince Noir soit le sujet du poème, il n'est en aucune façon le seul héros. L'éclairage est souvent porté sur les compagnons d'armes du Prince, et par-dessus tout sur le frère du roi, Jean de Gand, duc de Lancastre. Enchâssé dans la narration assez mince des exploits militaires du Prince, se trouve en effet un ouvrage tout à fait différent, puisque l'auteur consacre une très large portion du poème à l'aventure espagnole. Le récit de l'invasion de la Castille, qui n'a duré qu'une année, occupe en fait autant de place que celui des trente années de la carrière du Prince ; c'est d'ailleurs le fait d'un témoin oculaire bien informé, qui a pris des notes méticuleuses et les a utilisées à bon escient. Cette insistance écrasante sur un seul épisode est délibérée ; elle est liée au but que se fixa l'auteur en composant la *Vie* ; car il s'agit d'un traité politique assez subtil, écrit dans l'intérêt du frère du roi et déguisé en biographie : c'est un appel fait aux classes politiques et militaires afin qu'elles appuient les visées dynastiques du duc au trône de Castille. En 1385, en effet, Jean de Gand avait atteint un tournant majeur de sa carrière. Il avait besoin de tous ses alliés pour soutenir ses ambitions. La *Vie du Prince Noir* fournissait un argument calculé pour séduire le public aristocratique et chevaleresque qu'elle visait. C'est donc une œuvre de propagande écrite dans l'intérêt du duc de Lancastre. Du poème original, il ne reste que deux copies corrompues, en anglo-normand (4 213 octosyllabes à rimes plates).

ŒUVRE. — Éd. M.K. Pope, E.C. Lodge, Oxford, 1910. — Éd. D.B. Tyson, *La Vie du Prince Noir by Chandos Herald*, Tübingen, 1975 [*Beihefte zur ZRPh*, 147]. — Trad. anglaise R. Barber, *The Life and Campaigns of the Black Prince. From Contemporary Letters, Diaries and Chronicles, Including Candos Herald's Life of the Black Prince*, Londres, 1979 *(Folio Soc.)*

→ J.J.N. Palmer, *Froissart et le Héraut Chandos*, dans *Le Moyen Âge*, t. 88 (1982), p. 271-292. — Nouveau Potthast, t. 3, p. 222 [Chandos Herald]. — Cf. *MB* n°s 5121-5123, 6977 ; *S* 7910, 7964-7966. G.T.L.

Herbert. Voir : *Roman des Sept Sages*.

Herman de Valenciennes. La *Bible*, écrite par Herman de Valenciennes soit vers 1140, soit après 1189 en près de 7 000 alexandrins, est peut-être la plus populaire et la plus appréciée des Bibles en vers français du Moyen Âge. Ce n'est pas tant un abrégé de la Bible, ou une traduction de certains livres de la Bible, qu'un choix d'épisodes tirés des livres historiques de l'Ancien et du Nouveau Testament, augmenté de légendes apocryphes. La tradition manuscrite est tout à fait mêlée. Avec un goût très sûr, Herman choisit les épisodes qu'il pensait devoir être les plus intéressants pour son auditoire, et les présenta avec une puissance dramatique et un talent de poète. Il évita l'interminable commentaire allégorique et moral, qui semblait attirer les écrivains de moindre valeur et faisait que leurs ouvrages s'élevaient rarement au-dessus du niveau de l'exégèse rimée.

Herman, qui se dit chanoine et prêtre, a mélangé avec succès trois genres littéraires en vogue : la chanson de geste, le roman et la vie de saint. Sa *Bible* a eu un grand succès : on en conserve plus de 35 manuscrits. Elle est suivie d'un récit de l'Assomption qui a parfois été copié seul. La *Bible* elle-même a également circulé sous forme d'extraits (*Vie de Jésus-Christ* et *Passion*).

La datation de la période d'activité littéraire d'Herman de Valenciennes a soulevé des questions. Selon J. Bonnard, Herman serait né vers 1112 et aurait écrit vers 1140. Pour P. Meyer, il faut retarder sa date de naissance jusque 1167 environ, et celle de la composition de la *Bible* vers 1189. On ne pourra trancher entre ces deux hypothèses qu'après avoir acquis plus de lumière sur la genèse et la structure de la *Bible*.

ŒUVRES. — *Li romans de Dieu et de sa mère d'Herman de Valenciennes*, éd. I. Spiele, Leyde, 1975 [éd. de la *Bible* et de l'*Assomption* qui la suit ; bibliogr. abondante]. — On pourra se reporter aussi aux cinq thèses de Greifswald : t. I, C.A. Strate, *De l'Assumption Nostre Dame von H. de Valenciennes*, 1913 ; les quatre autres vol., de 1914, portent tous pour titre, *La Bible von H. de Valenciennes*, t. II par O. Moldenhauser ; t. III par H. Burkowitz ; t. IV par E. Kremers, t. V par E. Martin.

→ A. Dinaux, *Le poète Herman de Valenciennes*, dans *Archives historiques et littéraires du Nord de la France*, 3e série, t. 3 (1852). — R. Reinsch, *Die Pseudo-evangelien von Jesu und Maria's Kindheit*, Halle, 1875. — J. Bonnard, *Les trad. de la Bible en vers français au Moyen Âge*, Paris, 1884, p. 11-41. — F. Mehne, *Inhalt und Quellen der Bibel des Herman de Valenciennes*, Diss., Halle, 1900. — L. Borland, *Herman's Bible and the « Cursor Mundi »*, dans *Studies in Philology*, t. 30 (1933), p. 427-444. — H. Platelle, *Herman de Valenciennes*, dans *Catholicisme*, t. 5, 1958, col. 661-662. — J.R. Smeets, *« Alexis » et la « Bible » d'Herman de Valenciennes. Le problème de l'origine de la laisse*, dans *CCM*, t. 6 (1963), p. 315-325. — Cf. *GRLMA*, t. VI/2, nos 1812, 1844, 1848, 1924. — *MB* nos 3017-3018 ; *S* 5543-5547.

P.E.B. et A.F.L.L.

Hervé de Nédellec. Hervé de Nédellec-Hervaeus Natalis (Noël), serait né vers 1260 ; Frère Prêcheur en 1276 (couvent de Morlaix, d'où « Brito » [le Breton]) ; bachelier sententiaire en 1302-1303 à Paris-Saint-Jacques, où il côtoie Jean de Paris*, Bernard d'Auvergne* et Maître Eckhart ; maître en théologie en 1307-1308, régent (chaire des Français à Saint-Jacques) jusqu'en 1309 ; est alors élu Prieur provincial de France, charge qu'il assume jusqu'en 1318 (élection comme Maître général des Prêcheurs) ; a beaucoup œuvré pour la canonisation de Thomas d'Aquin* (juillet 1323) mais, malade, il n'a pu y assister ; décès à Narbonne 7 août 1323.

Personnage renommé pour sa pondération, de sentiments nobles, de pensée ample et fine, écrivain fécond, parfois un peu ironique, auteur de nombreux ouvrages (catalogue de Kaeppeli : 31 titres assurés, et six douteux), Hervé est un des grands théologiens du début du XIVe siècle. Ses œuvres relèvent de la théologie, de la philosophie et du droit ecclésiastique. Il prend une part active aux débats ardents qu'alors suscitent surtout, plus que les différends entre clercs séculiers et réguliers, l'éclatement des savoirs et des méthodes théologiques, d'où un accent de critique en plusieurs de ses traités et jusqu'en son vaste *Commentaire des Sentences* (éd. Paris, 1647). Défenseur des doctrines théologiques de Thomas d'Aquin alors censurées dans l'Université de Paris, attaquées puis déformées par les Henri de Gand*, Gilles de Rome*, Pierre Auriol et autres, et même en l'ordre des Prêcheurs (Jacques de Metz, Durand de Saint-Pourçain*), il développe notamment l'épistémologie et la noétique (comme, à sa façon propre, son confrère Maître Eckhart, que comme Prieur provincial de France il contribue à ramener à Paris dans la chaire de Thomas d'Aquin en 1311-1313). Ses prises de position n'échappent pas à l'ambiance critique du temps qui voit s'esquisser les thèses rationalistes et où perce l'aube du nominalisme. Au registre philosophique, cet apologiste de la pensée thomiste reste assez personnel. On lui a fait grief de lâcher la grande thèse relative à ce qu'on a nommé « la distinction réelle de l'essence et de l'existence ». Mais c'est oublier que comme telle Thomas ne l'a pas soutenue, qui traite de la composition réelle de l'essence créée et de l'être comme acte. Le gauchissement de cette question par Gilles de Rome opposant à Henri de Gand deux êtres (de l'essence ; de l'existence) conduit Hervé à n'aligner que le pour et le contre sans trancher. Cette réserve était inévitable face à un problème dégénéré. Partageant l'exigence critique et l'avidité pour la certitude qui caractérisent son époque, il traite de la possibilité de démontrer l'existence de Dieu Cause première en proposant, sans céder au scepticisme gagnant plusieurs maîtres, de sérier les degrés de certitude selon chaque raison. Le traité *Du pouvoir papal*, pour toucher aux vifs débats sur le rapport Église-État, reste plus traditionnel que celui de Jean de Paris, mais le Maître de l'Ordre s'y préoccupe surtout du pouvoir juridictionnel d'ordre sacramentaire.

→ T. Kaeppeli, *Scriptores Ord. Praed. Medii Aevi*, Rome, 1975, 2, p. 231-244 [avec biblio. pratiquement complète]. — P. Glorieux, *Répert. des Maîtres en théologie de Paris au XIIIe siècle*, Paris, 1933, 1, n° 64. — A. de Guimarães, *Hervé Noël († 1323). Étude biographique*, dans *Archiv. Fratr. Praedic.*, t. 8 (1938), p. 5-81. — É. Gilson, *La philosophie au Moyen Âge*, Paris, 1944, 2e éd., p. 543-544 ; *History of Christian Philosophy in the Middle Ages*, Londres, 1955, p. 747 sq. — E. Wéber, *La démonstration de l'existence de Dieu chez Hervé de Nédellec...*, dans *Preuves et raisons à l'Université de Paris. Logique, ontologie et théologie au XIVe siècle*, éd. Z. Kaluza-P. Vignaux, Paris, 1984, p. 25-41.

E.H.W.

Hervis de Metz. Chanson de geste certainement antérieure à 1215 ; consacrée à l'ancêtre des Lorrains, *Hervis de Metz* nous est parvenue dans une version courte (*E*, 10 521 vers) étroitement apparentée à celle qui a servi de base au dérimage de Philippe de Vigneulles* en 1515 (voir *DLF* XVIe siècle), et une version longue (12 928 vers dans *T* et 13 144 vers dans *N*). Le texte est écrit en décasyllabes, à l'exception de l'épisode du tournoi de Senlis (570 alexandrins).

La chanson raconte les enfances de Hervis, père de Garin et de Bégon. Ruiné, le duc de Lorraine et de Metz est contraint, pour honorer ses dettes et pouvoir partir en Terre sainte, de donner sa fille en mariage au richissime prévôt messin Thierry. De ce mariage naît Hervis que son père envoie aux foires champenoises de Provins et de Lagny. Au lieu d'y faire du commerce, le jeune homme dilapide l'argent paternel et achète à Lagny une jeune captive, Béatrix, sans savoir qu'elle est la fille du roi de Tyr. Chassé de la maison paternelle, Hervis est recueilli par son beau-frère Baudri, épouse Béatrix, parcourt le royaume pour participer à des tournois (notamment celui de Senlis, où il fait ses premières armes) et finit par mettre son beau-frère sur la paille. C'est alors que Béatrix envoie Hervis à Tyr pour y vendre un « drap » sur lequel elle a brodé les portraits de ses parents et du roi Flore de Hongrie, son frère. Hervis parvient à Tyr et y vend le « drap » pour la somme exorbitante de 32 000 marcs mais, afin de retrouver sa sœur dont il a reconnu l'ouvrage, Flore fait suivre Hervis par deux espions. Sur le chemin du retour, Hervis arrondit son avoir en confisquant le trésor d'une bande de brigands qu'il extermine. Rentré à Metz, réconcilié avec son père, il est fait chevalier par son grand-père revenu de Terre sainte. Le poème prend alors une autre orientation. Les Messins, conduits par Hervis maintenant investi des duchés de Lorraine et de Metz, sont contraints de voler au secours des Brabançons qui refusent de passer sous la domination du roi Anseÿs de Cologne. Lors d'une première expédition en Brabant, Hervis défait Anseÿs et ses alliés ; sur le point d'aller mettre le siège devant Cologne, il apprend que Flore, grâce à ses espions, est parvenu à retrouver la trace de sa sœur Béatrix, s'est rendu à Metz déguisé en marchand et l'a enlevée. Hervis se lance au secours de Béatrix qu'on veut marier au vieux roi d'Espagne, à qui elle avait été promise autrefois. Avec la complicité de la jeune femme, il réussit dans son entreprise et rentre à Metz. Dès son retour, il doit marcher sur Louvain où son grand-père est assiégé par Anseÿs. Lors de cette seconde expédition, Anseÿs est à nouveau défait et Hervis vient assiéger Cologne. Pendant ce temps, les rois d'Espagne, de Tyr, de Hongrie et leurs alliés mettent le siège devant Metz. Les jeunes Garin et Bégon font héroïquement, mais sans succès, leurs premières armes lors d'une sortie. Traité avec Anseÿs, retournement d'alliances parmi les assiégeants de Metz, réconciliations. La première partie du texte, qui relève autant du roman d'aventures que de la chanson de geste, repose en grande partie sur l'opposition de « nature » et de « norreture » (Hervis, fils d'un « vilain » et d'une duchesse, doit faire les preuves de sa noblesse) et met en œuvre certains motifs folkloriques : princesse enlevée, reconnaissance grâce à une broderie... Il y est aussi question d'un tournoi à Senlis, dont les caractéristiques (mêlée, violences, absence des femmes...) renvoient aux tournois de la fin du XIIe siècle, plutôt qu'à ceux, plus courtois, du XIIIe siècle triomphant. La seconde partie du texte, essentiellement consacrée à la guerre entre Anseÿs de Cologne et les Lorrains, semble faire écho aux dissensions qu'a connues le Brabant dans les années 1197-1203 et pourrait exprimer la crainte des Lorrains de cette époque de voir la Basse-Lotharingie (autre nom du Brabant) se séparer du monde roman, crainte qui deviendra réalité au plus tard en 1214, après Bouvines.

ŒUVRE. — Éd. E. Stengel, Dresde, 1903 (*Gesellschaft für romanische Literatur*, 1). — Éd. J.C. Herbin, Genève, 1992 (*TLF*, 414). — Trad. française P. Walter, Nancy, 1984.

→ A. Adler, *Hervis de Mes and the Matrilineal Nobility of Champagne*, dans *The Romanic Review*, t. 37 (1946), p. 150-161 ; *Hervis de Mes and the Geste des Lorrains, ibid.*, t. 38 (1947), p. 289-296. — P. Ménard, *Berte au grand pié, Bietris, Alis...*, dans *Romania*, t. 102 (1981), p. 114-129. — C.M. Jones, *The Noble Merchant : Problems of Genre and Lineage in Hervis de Mes*, Diss. Univ. Wisconsin, Madison, 1987. — *Littérales*, t. 10 (1992) [entièrement consacré à la *Geste des Lorrains*]. — Cf. *MB*, nos 513-518 ; *S* 6102-6104.

Voir aussi : *Geste des Lorrains.* J.C.H.

Hilaire de Poitiers (début IVe-367). Né au temps de Dioclétien dans une famille aisée de Poitiers, il reçut l'éducation complète que le haut niveau culturel de l'Aquitaine du IVe siècle offrait à ses élèves ; nous ne connaissons de la première partie de sa vie que l'itinéraire spirituel qui le conduisit de la méditation philosophique à la conversion chrétienne, peut-être tardive (préface autobiographique de son traité *Sur la Trinité*), au baptême, puis, rapidement, à l'épiscopat de sa cité au milieu du siècle. Brusquement mêlé alors aux controverses christologiques qui bouleversaient la Chrétienté de son temps, il s'est engagé dans la lutte contre la diffusion en Gaule de l'arianisme, imposé par l'intervention de l'empereur, lui-même arien, Constance II. Le concile de Béziers (356) aboutit à l'envoi en exil d'Hilaire dans l'Orient grec (en Phrygie), d'où il ne put revenir qu'après la disparition de Constance, pour reprendre son siège à Poitiers, où il exerça son ministère dans une relative tranquillité jusqu'à sa disparition, probablement en 367. Son œuvre littéraire, si elle n'est pas abondante, présente les trois faces du polémiste, du théologien et du pédagogue. Le conflit d'idées se doublant d'un conflit de personnes, Hilaire retrouva les accents de la grande éloquence classique (dont il était nourri), pour lancer contre l'empereur *(Contre Constance)* ou contre tel évêque arien *(Contre Auxence)* des diatribes dont la pugnacité et l'ampleur firent écho, quatre cents ans après leur rédaction, aux *Philippiques*, et ouvrirent la voie aux colères viriles de Jérôme. La nécessité de fonder la doctrine catholique sur une argumentation détaillée et explicite, relevée par une mise en pièces des thèses adverses, le conduisit à composer pendant son exil la première œuvre théologique ample de l'Occident latin, son *Sur la Trinité* en 12 livres, préfiguration du grand œuvre augustinien, où l'apport de la pensée patristique grecque enrichit la force argumentative du latin. Enfin, nourri aussi de l'expérience humaine et artistique de l'Orient grec, il tenta de créer la première hymnodie chrétienne latine, tâche d'autant plus difficile que l'évêque s'est trouvé pris dans la contradiction entre les exigences d'un enseignement trinitaire délicat et la spécificité d'un genre destiné à l'éducation collective, qu'Ambroise porterait une génération plus tard à la perfection. Trois hymnes seulement nous sont parvenus, découverts en 1885. Le sévère Jérôme a souligné le caractère extrêmement savant du style hilarien (« Il se rehausse de la hauteur du cothurne gaulois »), ainsi que la puissance de son art oratoire (« Rhône de l'éloquence latine »). L'ampleur de sa culture, profane et chrétienne, la prégnance de sa langue, (parfois d'une austérité sallustéenne), l'intensité vitale de son engagement littéraire en font une figure fondatrice de l'Occident latin.

ŒUVRES. — *PL*, t. 9 et 10. — *CSEL*, t. 65. — *CCSL*, t. 62, 62a. — *SC*, t. 19, 19 *bis*, 254, 258, 334, 347. — A.S. Walpole éd., *Early Latin Hymns* (2), Cambridge, 1922, réimp. Hildesheim, 1966.

→ J. Daniélou, *Hilaire de Poitiers évêque et docteur*, Paris, 1968. — *Hilaire et son temps, Actes du colloque de Poitiers, (29 septembre-3 octobre 1968) à l'occasion du XVIe centenaire de la mort de saint Hilaire*, Paris, 1969. — J. Doignon, *Hilaire de Poitiers avant l'exil*, Paris, 1971. — J. Fontaine, *Naissance de la poésie dans l'Occident chrétien,* Paris, 1981, p. 81-94. — M. Simonetti, *La produzione letteraria latina fra Romani e Barbari (sec. V-VIII)*, Rome, 1986. — M. Durst, *Die Eschatologie des Hilarius von Poitiers. Ein Beitrag zur Dogmengeschichte des 4. Jh.*, dans *Hereditas I*, Bonn, 1987. — Schanz, t. IV/1, p. 226-228, 277-301. M.B.

Hildebert de Lavardin (1055-1133). L'un des meilleurs représentants de la culture chrétienne-latine qui s'est développée à la fin du XIe siècle et au début du XIIe, dans la zone d'influence du comté angevin. Né en 1055 en Vendômois, Hildebert devint écolâtre, puis évêque du Mans (1096-1125) ; à la fin de sa vie, il fut appelé à l'archevêché de Tours (1125-1133). Personnalité extrêmement attachante, qui a su harmoniser les meilleures qualités de l'évêque et du lettré, jouant à la fois un rôle actif et vraiment sacerdotal dans les luttes politico-religieuses de son temps, et apportant aux lettres latines l'enthousiasme d'un humaniste convaincu. Sa vie agitée, dans une province que se disputaient la Normandie et l'Anjou, ne le prédisposait pas à cette destinée. À lire son œuvre, on ne soupçonne pas qu'elle a vu le jour en des circonstances parfois tragiques. Ses contemporains, témoins de son action paisible et ferme, comme de ses succès littéraires, ne lui ménagèrent pas leur admiration ; les plus hautes personnalités de l'époque, avec lesquelles il fut en rapport, ont laissé de lui de beaux éloges. On lui donna le titre d'*Egregius versificator*. C'est en effet un poète raffiné, féru de classicisme, maître de sa technique et de son vocabulaire. Ses capacités sont multiples : elles ont donné naissance à une œuvre variée, toujours égale à elle-même. La langue est excellente et s'unit à la finesse de la pensée. Hildebert fut l'un des modèles les plus recommandés dans les écoles pendant deux siècles, et telle de ses œuvres a pu, par une erreur flatteuse, figurer parmi les produits de l'Antiquité dans l'*Anthologia latina*. À son humanisme de bon aloi ne fait jamais défaut la note chrétienne. En raison même de sa célébrité, il a drainé un nombre respectable de productions littéraires qui ne sont certainement pas de lui, ou dont l'attribution est douteuse.

ŒUVRES. — La première et unique éd. des œuvres complètes d'Hildebert, due à dom Beaugendre (*Venerabilis Hildeberti opera*..., Paris, 1708), est très défectueuse ; c'est pourtant elle qui, encore détériorée par J.-J. Bourassé, figure au t. 171 de la PL (col. 1-1462). On doit encore y recourir pour lire : 1. Les *Lettres* d'Hildebert (col. 141-312) : au nombre de 107, d'une haute tenue morale et spirituelle, écrites dans un style qui faisait l'admiration de Pétrarque lui-même, elles constituent un document de premier ordre sur l'action du prélat. — 2. Les *Sermons* d'Hildebert (col. 339-964) : sur les quelque 140 sermons que lui attribue généreusement Beaugendre, moins de 10 sont authentiques (cf. Hauréau, 1888, cité *infra*, Wilmart, 1935, cité *infra*). — 3. Un traité liturgique, le *Liber de expositione missae* (col. 1153-1196), abondamment diffusé au Moyen Âge. — 4. Un traité moral, le *De querimonia et conflictu carnis et animae* (col. 989-1004). — 5. Des *Vies de saints* (*vie de sainte Radegonde, vie de sainte Marie l'Égyptienne*...). En revanche, on dispose maintenant de bonnes éd. critiques des épigrammes profanes (A.B. Scott, *Hildeberti Cenomannensis Carmina minora,* Leipzig, Teubner, 1969), et bibliques (A.B. Scott, D.F. Baker et A.G. Rigg, *The Biblical Epigrams of Hildebert of Le Mans : a Critical Edition,* dans *Mediaeval Studies*, t. 47, 1985, p. 272-316), d'Hildebert, ainsi que d'une liste fiable de ses œuvres authentiques (von Moos, *op. cit. infra,* p. 359-377).

→ *HLF*, t. 11, p. 250-412. — B. Hauréau, *Notes sur les Mélanges poétiques d'Hildebert de Lavardin,* Paris, 1882 ; *Notice sur les sermons attribués à Hildebert,* dans *Not. et extr. des Mss*..., t. 22 (1888), p. 107-166 — A. Dieudonné, *Hildebert de Lavardin évêque du Mans, archevêque de Tours (1056-1133). Sa vie, ses lettres,* Paris, 1898. — F. Barth, *Hildebert von Lavardin und das kirchliche Stellenbesetzungsrecht*, Stuttgart, 1906. — F.J.E. Raby, *A History of Christian Latin Poetry,* Oxford, 1927, p. 265-273 ; *A History of Secular Latin Poetry in the Middle Ages,* t. 1, Oxford, 1934, p. 317-329. — M. Manitius, *Geschichte der lateinischen Literatur des Mittelalters,* t. 3, Munich, 1931, p. 643-646 et 853-865. — A. Wilmart, *Les sermons d'Hildebert,* dans *Revue Bénédictine,* t. 47 (1935), p. 12-51 ; *Le florilège de Saint-Gatien. Contribution à l'étude des poèmes d'Hildebert et de Marbode,* dans *Revue Bénédictine,* t. 48 (1936), p. 3-40 et 147-181. — P. von Moos, *Hildebert von Lavardin, 1056-1133. Humanitas an der Schwelle des höfischen Zeitalters,* Stuttgart, 1965. — A.B. Scott, *The Biblical Allegories of Hildebert of Le Mans,* dans *Sacris erudiri,* t. 15 (1965), p. 404-424 ; *The Poems of Hildebert of Le Mans,* dans *Medieval and Renaissance Studies,* t. 6 (1968), p. 42-83. — G. Orlandi, *Doppia redazione nei « Carmina minora » di Ildeberto ?,* dans *Studi medievali,* 3e s., t. 15 (1974), p. 1019-1049.

Voir aussi : Cluny. G.O. et J.Y.T.

Hilduin. Voir *Annales* ; Bible au Moyen Âge.

Hincmar de Laon. Né vers 835, Hincmar de Laon est par sa mère le neveu du fameux archevêque Hincmar de Reims*. Grâce à celui-ci, il reçut une excellente éducation et devint en 858 évêque de Laon. Dès lors, son tempérament arrogant et chicanier ne tarda pas à le brouiller avec le roi Charles le Chauve, puis avec son oncle. En 868, il reprit des bénéfices ecclésiastiques que Charles le Chauve avait concédés au comte de Laon ; en représailles, le roi confisqua les biens temporels du jeune évêque. Celui-ci fit alors appel à Rome, mais sans en référer à son oncle et supérieur l'archevêque de Reims. Cela n'eut pour effet que de le brouiller avec celui-ci, jusqu'alors son meilleur avocat auprès du roi. Hincmar de Laon comparut devant plusieurs conciles, échangea de nombreux dossiers patristiques avec son oncle — il est le premier à utiliser de façon massive les fausses décrétales du Pseudo-Isidore — et finit par être déposé en 871, avec l'assentiment du pape en 875. L'année suivante, il fut même aveuglé sur l'ordre de Charles le Chauve pour avoir pris part à la révolte de Carloman. À la mort du roi, Jean VIII obtint une réhabilitation partielle d'Hincmar, mais celui-ci mourut en 879, sans avoir recouvré son siège. Son œuvre est directement liée à ces querelles : cinq lettres et deux collections de textes pontificaux adressées à son oncle (la seconde est dite « *Pittaciolus* » et utilise les fausses décrétales), une *Schedula* envoyée à plusieurs évêques du royaume, une *Reclamatio et proclamatio* adressée au pape Jean VIII et une *Satisfactio ad Carolum regem.*

ŒUVRES. — *Opera,* éd. *PL,* t. 124, col. 979-1072.

→ J. Devisse, *Hincmar, archevêque de Reims,* Genève, 1975. — P.R. MacKean, *Hincmar of Laon and Carolingian Politics,* Urbana, 1978. — H. Fuhrmann, *Fälscher unter sich : Zum Streit zwischen Hinkmar von Reims und Hinkmar von Laon,* dans *Charles the Bald : Court and Kingdom,* Oxford, 1981, p. 237-254.

Do.P.

Hincmar de Reims. Né vers 806, il est élève à l'abbaye à Saint-Denis à l'époque d'Hilduin*, qui l'introduit dans la cour impériale, alors agitée par la révolte des fils de Louis le Pieux. Fidèle à Hilduin, Hincmar le suit dans son exil à Corvey (830-832). À la mort de Louis le Pieux en 840, Hincmar devient le conseiller de Charles le Chauve, avec qui il noue des relations mêlées, alliant fidélité politique et indépendance, parfois grondeuse. En 845, il est élu au siège de Reims, en remplacement de l'archevêque Ebon, qui s'était révolté contre Louis le Pieux. À ce titre, Hincmar intervient dans les grandes affaires religieuses et politiques de son temps. En 849, il condamne et emprisonne Godescalc* d'Orbais, qui soutenait des idées particulièrement rigides sur la prédestination. En 860, un synode lorrain s'appuie sur un avis faussement attribué à Hincmar pour rompre le mariage de l'empereur Lothaire II. L'archevêque de Reims rétorque indigné par un traité *Sur le divorce,* dont l'influence est grande sur le droit canonique. Hincmar intervient aussi dans les relations entre les petits-fils de Charlemagne : en 859, son intervention en faveur de Charles le Chauve empêche l'invasion de la France par son demi-frère Louis le Germanique. À l'inverse, lorsque, dix ans plus tard, Lothaire II meurt sans enfant, Hincmar aide Charles le Chauve à s'emparer de la Lotharingie. En 875, Hincmar s'oppose pourtant à l'expédition de Charles en Italie, au bout de laquelle le roi devait trouver la couronne impériale et, presque aussitôt, la mort. Dès lors, Hincmar assiste impuissant à la fin de l'empire carolingien, divisé par les révoltes et assailli par les Normands. En 882, Hincmar meurt en fuyant une incursion normande. Il venait d'achever, à partir d'un ouvrage d'Adalhard*, le traité *De ordine palatii,* vision nostalgique plutôt qu'historique de ce que fut l'empire de Charlemagne. Il laisse de nombreuses autres œuvres, au premier rang desquelles la partie des *Annales de Saint-Bertin* qui concerne les années 861-882, document de premier ordre sur l'histoire du IXe siècle : comme archevêque de Reims, Hincmar était l'un des hommes les mieux informés de son temps. Parmi ses autres œuvres, citons encore une abondante correspondance, des capitulaires et des poèmes, la *Vita Remigii,* le *De villa Noviliaco,* le *De visione Bernoldi monachi,* des traités polémiques contre son neveu Hincmar de Laon* ou contre Rothade de Soissons, quelques ouvrages théologiques comme le *De diversa et multiplici animae ratione,* le *De cavendis vitiis et virtutibus exercendis,* le *Ferculum Salomonis,* ou encore le *De praedestinatione Dei et libero arbitrio* et le *De una et non trina deitate* dirigé contre Godescalc, des ouvrages politiques comme les *Expositiones ad Carolum regem pro Ecclesiae libertatum defensione,* le *Pro institutione Carlomanni regis* (nom exact du *De ordine palatii*), le *De regis persona et regio ministerio,* le *De institutione regia,* le *De fide Carolo regi servanda,* ainsi que les *Coronationes regiae.* De tous ces textes se dégage la figure d'un pasteur vigilant et inquiet, conservateur mais lucide. Malgré la faible diffusion de ses écrits dans les siècles suivants, il exerça une influence durable sur la chrétienté occidentale alors en formation, notamment à propos du mariage et de la doctrine de la prédestination.

ŒUVRES. — Éd. *PL,* t. 125-126 — *Annales Bertiniani,* éd. G.H. Pertz, *MGH, Scriptores,* t. 1, Hanovre, 1882, p. 455-515. — *De ordine palatii,* éd. et trad. française M. Prou, Paris, 1884. — Éd. A. Boretius et V. Krause, *MGH, Capitularia regum Francorum,* t. 2, 1887, p. 518-30. — *Lettres,* éd. E. Perels, *MGH, Epistulae,* t. 8, Berlin, 1939. — *Vita Remigii,* éd. *MGH Script. rer. merov.,* t. 3, Hanovre, 1896.

→ H. Schrörs, *Hinkmar, Erzbischof von Reims,* Fribourg, 1884. — Y.M.J. Congar, *Structures et régime de l'Église d'après Hincmar de Reims,* dans *Communio,* t. 1 (1968), p. 5-18. — L.D. Davis, *Hincmar of Rheims as a Theologian of the Trinity,* dans *Traditio,* t. 27 (1971), p. 455-458. — J. Devisse *Hincmar, ar-*

chevêque de Reims, 3 vol., Genève, 1975. — J.L. Nelson, *Kingship, Law and Liturgy in the Pontifical Thought of Hincmar of Rheims,* dans *The English Historical Review,* t. 92 (1977), p. 241-279. — J. Gaudemet, *Indissolubilité et consommation du mariage. L'apport d'Hincmar de Reims,* dans *Revue de droit canonique,* t. 30 (1980), p. 28-40. — C. Von Noorden, *Hinkmar, Erzbishof von Rheims,* dans G. Hasenohr et J. Longère, *Culture et travail intellectuel dans l'Occident médiéval,* Paris, 1981. — D. Ganz, *The Debate on Predestination,* dans *Charles the Bald : Court and Kingdom,* Oxford, 1981, p. 353-373. — J.M. Wallace-Hadrill, *History in the Mind of Archibishop Hincmar,* dans *Mél. R.W. Southern,* Oxford, 1981, p. 43-70. Do.P.

Histoire ancienne jusqu'à César. Ce titre a été donné par P. Meyer à une compilation française des premières années du XIIIe siècle (vers 1213-1214), dont on ignore le titre originel. C'est une œuvre considérable, bien qu'inachevée.

Le clerc anonyme (peut-être Wauchier de Denain*) qui en est l'auteur travaillait pour la petite cour du châtelain de Lille Roger IV (1208-1230) ; dans un prologue de 284 vers, il trace un programme universel puisqu'il envisage, à partir des origines de l'homme, de raconter l'histoire des Hébreux et celle de l'Orient ancien, celle de la Grèce et celle de Rome, les débuts du christianisme et l'évangélisation des premiers siècles, les invasions barbares, l'histoire de France et celle de la Flandre. Ce programme n'a été conduit que jusqu'à l'année 57 avant J.-C. et à la campagne de César contre les Belges, ce qui fait déjà beaucoup de matière.

Ses sources principales sont la Genèse et les livres historiques de l'Ancien Testament, Josèphe et Orose ; mais il connaît aussi Eutrope, Justin, Isidore* et bien d'autres textes, historiques ou non ; il se méfie d'ailleurs de ceux qui ont une allure trop littéraire : *Por beau parler est mainte chose contee et dite que n'est mie voire en tote traitie d'estorie,* écrit-il. Il tient à la vérité des caractères et se scandalise que le romancier de *Thèbes* fasse entrer, à cheval, un ambassadeur dans une salle où le roi est encore à table, et cet ambassadeur est Tydée, si courtois et si courageux ! Il a quelque souci de critique historique et se refuse à admettre que Tournai remonte à Turnus, ou Reims à Remus, du moins au frère de Romulus ; mais c'est un homme de son temps et il croit qu'« un peu de géants » ont habité anciennement les régions du Nord, que Tongres était encore un port de mer au temps des Romains, que le grand Alexandre a soudé d'un geste deux montagnes pour fermer l'Europe aux peuples de Gog et Magog.

De temps en temps il interrompt son récit pour un commentaire moral en octosyllabes (à vingt et une reprises), sur les thèmes les plus hétéroclites : réflexions sur la durée de la vie, satire des chevaliers trop mondains, développement contre la rapacité, et à ce propos contre les cisterciens, éloge de la libéralité de Romulus, destiné à rappeler à ses devoirs son propre seigneur, etc. Les manuscrits les plus récents ont dérimé ou supprimé ces hors-d'œuvre.

Le développement du récit lui-même est fort inégal ; si l'on excepte la première section, fondée sur la Genèse, il semble que le narrateur se laisse guider par son public : le châtelain de Lille tient à entendre parler de Troie et de Rome, cela est dit expressément, et il est clair aussi que les chapitres auxquels correspondaient des romans connus ont reçu un développement plus copieux ; toutefois le *Roman de Thèbes** est le seul qui soit utilisé systématiquement par notre compilateur. C'est l'histoire de Rome (interrompue par les aventures romanesques d'Alexandre) qui est contée avec le plus d'exactitude et dans le plus grand détail. Sans être un grand écrivain, le narrateur est assez agréable et s'intéresse à ses personnages ; il n'est ennuyeux que quand il déroule de savantes et illusoires concordances chronologiques.

L'*Histoire ancienne jusqu'à César* a connu un premier remaniement au XIVe siècle (suppression de l'histoire d'Alexandre ; introduction d'un important roman de Troie en prose). Enfin, une troisième rédaction, conservée par des manuscrits du XVe siècle, combine l'*Histoire ancienne* dans sa première rédaction et la *Chronique dite de Baudouin d'Avesnes** dont elle emprunte plusieurs développements sur l'histoire sacrée.

ŒUVRE. — Éd. partielle M.C. Joslin, *The Heard Word : A Moralized History* (...), Univ. Mississipi, 1986 (*Romance Monographs*, 45) [éd. la Genèse].

→ P. Meyer, *Les premières compilations françaises d'histoire ancienne,* dans *Romania,* t. 14 (1885), p. 1-81. — G. Raynaud de Lage, *L'Histoire ancienne jusqu'à César et les Faits*

des Romains, dans *Le Moyen Âge,* t. 55 (1949), p. 5-16 ; *Les romans antiques dans L'Histoire ancienne jusqu'à César, ibid.,* t. 63 (1957), p. 267-309. — D.J.A. Ross, *The History of Macedon in the Histoire ancienne jusqu'à César* (...), dans *Classica et Mediaevalia,* t. 24 (1963), p. 181-231. — C. Williams, *A Case of Mistaken Identity : Still Another Trojan Narrative in Old French Prose,* dans *Medium Aevum,* t. 53 (1984), p. 59-72 [sur la 2e version]. — M. Szkilnik, *Écrire en vers, écrire en prose. Le choix de Wauchier de Denain,* dans *Romania,* t. 107 (1986), p. 208-230. — D. Oltrogge, *Die Illustrationszyklen zur Histoire ancienne jusqu'à César (1250-1400),* Berne-New York, 1989 (*Europäische Hochschuleschriften,* XXVIII, 94). — Cf. *MB* nos 3797-3799, 7833-7834 ; *S* 6221-6224.
G.R.L.

Histoire de la guerre de Navarre. Voir : Guilhem Anelier.

Histoire des ducs de Normandie. Voir : Benoît de Sainte-Maure.

Histoire Job. Voir : Pierre de Blois.

Historia Karoli magni et Rotholandi. Voir : *Chronique du Pseudo-Turpin.*

Honoré Bovet (ou Bouvet). Longtemps appelé à tort Bonet, ce personnage a retrouvé son véritable patronyme grâce à ses armes parlantes (un bouvillon) et à son surnom latin *Carobovis.* Né vers 1345, certainement près de Sisteron, Honoré Bovet fit ses études en Avignon. En 1382, il est présenté comme licencié en droit canon, moine de l'abbaye bénédictine de l'Île-Barbe (Lyon), prêtre et prieur de Selonnet au diocèse d'Embrun, petit bénéfice dépendant de l'Île-Barbe. Il en restera prieur jusqu'en 1405, date probable de sa mort. Il fut choisi par l'Université pour prononcer un sermon devant Louis Ier d'Anjou en 1382, et devant le très jeune Louis II et Marie sa mère en 1385 (*Journal* de Jean Le Fèvre*, chancelier d'Anjou). Il joua d'ailleurs un rôle certain, l'année suivante, dans le ralliement du comté de Forcalquier, d'abord réticent, au régime angevin représenté par Louis II encore mineur. Peut-être est-ce en témoignage de reconnaissance que le titre de docteur en décret fut conféré à Honoré en octobre 1386 par Jean Le Fèvre en personne. Dans sa jeunesse (vers 1368), Bovet s'était rendu en Italie (Rome, Ostie, Bologne peut-être) ; il est probable qu'il accompagnait alors Urbain V. Par la suite, résidant toujours en Avignon, il semble avoir eu quelque fonction à la cour de Clément VII. Il apparaît en tout cas comme un clémentiste convaincu dans sa première œuvre française, l'*Arbre des batailles*, rédigée à cette époque (1386-1389). Ce traité didactique d'une belle prose fut fort répandu : on compte plus de 60 mss, six éditions anciennes et des traductions en provençal, catalan, espagnol et anglais. La première partie donne pour cadre général à la réflexion les tribulations que connaît alors l'Église avec le schisme ; la seconde est un résumé d'histoire universelle ; les troisième et quatrième parties traitent véritablement des « batailles » et des droits des gens en toute circonstance (duels en champ clos, légitime défense, vengeance, etc.). Honoré Bovet s'est largement inspiré du *De Bello, de represaliis et de duello* du juriste bolonais contemporain, Jean de Legnano. Mais usant aussi d'autres sources, il en a dépassé la raideur juridique en animant son exposé par des références à l'histoire du temps, par le recours au dialogue. Après la première rédaction établie entre 1386 et 1387, l'auteur donna une seconde rédaction plus longue. Achevée en 1389, elle fut dédiée à Charles VI qui séjournait alors en Avignon. De là date l'entrée de notre auteur au service du roi. Il collabore, en effet, en 1389 et 1390 à la commission de réformation du gouvernement du Languedoc, qui fut confiée à Pierre de Chevreuse à la suite des plaintes provoquées par les abus du duc de Berry. Bovet fut encore chargé d'autres missions et se trouva souvent en compagnie de Charles VI. En 1392, il est conseiller du roi et pensionné par lui. C'est à Paris, dans la maison de la Tournelle, qu'il situe son *Somnium super materiam schismatis.* L'Église lui apparaît désespérée par ses malheurs, et le charge d'aller prêcher l'union. Le songeur se rend donc auprès des rois de Navarre, Portugal, Écosse, Aragon, Castille, Chypre, Hongrie, Jérusalem et Sicile, Angleterre, puis chez les ducs de Berry, Bourgogne, et enfin chez le roi de France. Bovet a certainement travaillé à ce projet de concert avec Jean Gerson*, si l'on en croit le témoignage d'un exemplaire écrit par le chancelier lui-même. Le *Somnium* fut terminé entre la mort de Clément VII (16 septembre 1394) et l'élection de Benoît XIII, à un moment donc où l'existence d'un seul pape, Boniface IX, pouvait faire espérer une solution plus facile du schisme. De cette même période sont datées quatre lettres du prieur, transcrites dans un manuscrit du *Somnium*. Dans son œuvre suivante, l'*Apparicion maistre Jehan de Meun*, Honoré Bovet conserva la fiction du songe mais revint au français (certains mss comportent des commentaires latins). C'est dans le jardin de la maison de la Tournelle, qui appartint autrefois à Jean de Meun*, que l'auteur du *Roman de la Rose** se manifeste à lui dans son sommeil. Viennent à passer un médecin, un juif, un Sarrasin et un dominicain. Jean de Meun les interroge tour à tour sur la situation de la France et de leur corporation. Le plus critique est le Sarrasin, sorte d'« Usbeck » avant la lettre. Les Français sont trop délicats d'où leurs défaites (Nicopolis, 1396), la curie papale est un lieu de délices... Jean de Meun charge à la fin le songeur de mettre ces rapports par écrit. Or, si tous les personnages s'expriment en vers, Bovet a recours à la prose pour ses propres interventions et son long témoignage final sur les abus qu'il a pu constater durant sa collaboration avec Pierre de Chevreuse. L'*Apparicion* datant de 1398, Bovet ne s'y adresse plus au roi, malade, mais en trois dédicaces différentes, au duc d'Orléans, à la duchesse d'Orléans et à Jean de Montaigu, conseiller de Charles VI. Ces dédicataires multipliés sont une preuve de la division du pouvoir politique d'alors. Bovet remania en outre son texte à l'intention du duc de Bourgogne (les passages en prose deviennent versifiés). Mais c'est au nom du roi de France qu'il se rendit en 1399 auprès de Wenceslas, roi des Romains, pour amener ce prince à la soustraction d'obédience envers Benoît XIII. On conserve le discours latin qu'il prononça alors. Bovet, élu pendant son absence abbé de l'Île-Barbe, à la mort en 1399 de Jean de Sogneto, ne put se défendre contre les menées d'opposants qui firent annuler sa désignation. A son retour en France, il se retira en Provence et obtint en 1405, peu avant sa disparition, la charge importante de maître rational de la Chambre des comptes d'Aix et le titre de conseiller de Louis II d'Anjou, comte de Provence.

ŒUVRES. — L'*Arbre des batailles*, éd. E. Nys, Bruxelles, 1883. — Trad. angl. G.W. Coopland, *The Tree of Battles and Some of its Sources*, dans *Tijdschrift voor Rechtsgeschiedenis*, t. 5 (1924), p. 173-207. — *L'Apparicion maistre Jehan de Meun et le Somnium super materia scismatis*, éd. I. Arnold, Paris, 1926 (*Publ. de la Fac. des lettres de l'Univ. de Strasbourg*, 28). — Quatre lettres latines, éd. N. Valois dans *Un ouvrage inédit d'Honoré Bonet, prieur de Salon*, dans *Annuaire-Bul. de la SHF*, t. 27 (1891). — Discours adressé à Wenceslas, éd. dans les *Fontes rerum Austriacarum*, t. 6, 2ᵉ partie, p. 174-187 ; éd. dans F.M. Bartos, *Autograf M.J. Husi*, Prague, 1954 (d'après une copie autographe de Jan Hus).

→ A. Coville, *La vie intellectuelle dans les domaines d'Anjou-Provence*, Paris, 1941, chap. 6, p. 214-318. — G. Ouy, *Honoré Bouvet (appelé à tort Bonet) prieur de Selonnet*, dans *Romania*, t. 80 (1959), p. 255-259. — N. Wright, *Honoré Bouvet and the Abbey of Ile-Barbe*, dans *RTAM*, t. 39 (1972), p. 113-126. — C. Brunel, nº 149 [le ms. provençal]. — W.D. Lange, *Zur Überlieferung des Arbre des Batailles in Spanien*, dans *Mél. J. Piel*, Heidelberg, 1969, p. 113-135. — N. Wright, *The Tree of Battles of Honoré Bouvet and the Laws of War*, dans *Mél. G. Coopland*, Liverpool, 1976, p. 12-31. — P. Contamine, *L'idée de guerre à la fin du Moyen Âge, aspects juridiques et éthiques*, dans *CRAIBL*, 1979, p. 70-86. — R. Richter, *La tradition de l'Arbre des Batailles par Honoré Bonet*, dans *Romanica Vulgaria*, t. 82 (1983), p. 129-141. — G. Ouy, *Une maquette de manuscrit à peintures*, dans *Mél. F. Calot*, Paris, 1960, p. 43-51. — J. Lemaire, *L'Apparition Maistre Jean de Meun (...) et les Lettres persanes de Montesquieu. Points de convergence*, dans *Études sur le* XVIIIᵉ *siècle*, t. 5 (1978), p. 59-71. — J. Batany, *Un Usbeck au* XIVᵉ *siècle : le Sarrasin juge des Français dans l'Apparition (...)*, dans *Senefiance*, t. 11 (1982), p. 41-58. — Cf. *MB* nºˢ 5355-5360 ; 5599-5601 ; 7059-7061 ; 8023 ; *S* 7643-7647.

S.L.

Honorius Augustodunensis. Auteur d'ouvrages théologiques, philosophiques et encyclopédiques. Dans l'un d'entre eux, le *De luminaribus Ecclesiae*, il se nomme « *Augustodunensis ecclesiae presbyter et scholasticus* ». Après avoir trop vite conclu de cette ligne qu'il aurait été écolâtre d'Autun, d'Augst ou d'Augsbourg, on pense maintenant qu'*Augustodunensis* renverrait à Ratisbonne. De ce fait, Honorius nous apparaît beaucoup moins comme le personnage « énigmatique » qu'on a dit. En effet, sans doute d'origine britannique, il naquit vers 1080 et fréquenta l'école de saint Anselme de Cantorbéry*, lequel devait l'influencer profondément. À partir de 1097, il traversa la Manche et vint se fixer comme reclus à Saint-Pierre de Regensburg près de Ratisbonne, sans doute dans un couvent de moines irlandais. C'est là qu'il serait mort vers 1157, après 1153 en tout cas. Sur la foi de son *De luminaribus Ecclesiae*, sorte de catalogue des écrivains ecclésiastiques, on lui attribue de nombreux ouvrages de toutes sortes : théologiques avec d'abord l'*Elucidarium**, exposition systématique de la foi catholique, le *De anima et de Deo*, le *De cognitione verae vitae*, l'*Inevitabile* sur le libre arbitre, l'*Eucharistion*, la *Scala coeli*, théorie de la connaissance, un recueil de sermons le *Speculum Ecclesiae*, complété par la *Refectio mentium* et le *Pabulum vitae* ; exégétiques : commentaires des *Psaumes*, du *Cantique des Cantiques*, de l'*Ecclésiaste*, des *Évangiles*, le *Sigillum sanctae Mariae*, le *Neocosmos* sur les six jours de la création ; liturgiques : la *Gemma animae* et le *Sacramentarium*, sur l'office divin ; pédagogiques : l'*Imago mundi*, sorte d'encyclopédie, la *Clavis physicae*, partie extrait, partie résumé du *De divisione naturae* de Jean Scot Erigène*, la *Summa totius*, histoire universelle ; sans compter enfin quelques écrits polémiques : l'*Offendiculum* sur l'incontinence des prêtres, la *Summa gloria*, défense de la papauté contre l'Empire. M.-O. Garrigues notamment a encore revendiqué plusieurs autres œuvres en faveur d'Honorius, dont le *Liber de haeresibus* (pendant au *De luminaribus*), le *De libero arbitrio*, le *De animae exilio et patria* (du rôle des arts libéraux comme propédeutique à la connaissance de Dieu), les *Quaestiones octo de angelo et homine*, le *Liber duodecim quaestionibus* (sur une controverse entre moines et chanoines), l'*Utrum monachis liceat praedicare*, le *De vita claustrali*, enfin la *Visio Tungduali* (voir *Vision de Tondale**). De ces ouvrages, il ressort qu'Honorius fut moins un esprit original qu'un pédagogue, un encyclopédiste et un vulgarisateur tant des Pères que des théologiens récents (Anselme surtout, mais aussi Amalaire* de Metz, Jean Scot, Rupert de Deutz). Alors que son œuvre devait demeurer à l'écart des grands courants du XIIe siècle — à cause de sa position de reclus, en marge des milieux préscolastiques —, elle fut largement répandue, traduite (en anglais, allemand, français, provençal, italien) et adaptée hors des milieux scolaires. Principalement dans les régions méridionales de l'Empire, son influence fut grande dans le renouvellement de la vie spirituelle.

ŒUVRES. — *PL*, t. 172. — *Clavis physicae* : éd. P. Lucentini, 1974. — *De anima et de Deo*, éd. M.-O. Garrigues, dans *Recherches Augustiniennes*, t. 12 (1977), p. 212-278. — *De esu volatilium*, éd. M.-O. Garrigues, dans *Studia monastica*, t. 28 (1986), p. 75-130. — *De vita vera apostolica*, éd. part. M.-O. Garrigues, dans *Le Moyen Âge*, t. 79 (1973), p. 421-447. — *Imago mundi*, éd. V.I. Flint, dans *AHDLMA*, t. 57 (1982), p. 1-153. — 4 *Quaestiones*, éd. M.-O. Garrigues, dans *Studia monastica*, t. 16 (1974), p. 45-53.

→ J.A. Endres, *H. Augustodunensis*, Munich, 1906. — E.M. Sanford, *Honorius Presbyter and Scholasticus*, dans *Speculum*, t. 23 (1948), p. 397-425. — Y. Lefevre, *L'Elucidarium et les Lucidaires*, Paris, 1954. — V.I. Flint, *The Career of H.A.*, dans *Revue Bénédictine*, t. 82 (1972), p. 63-86 ; *The Chronology of the Works of Honorius Augustodunensis, ibid.*, p. 215-242 ; *Heinricus of Augsbourg and Honorius Augustodunensis : Are they the Same Person ?*, *ibid.*, t. 92 (1982), p. 148-158 ; dans *Angelicum*, t. 50 (1973) 20-49 ; dans *RHE*, t. 70 (1975), p. 388-425. — M.-O. Garrigues, *Honorius était-il bénédictin ?*, dans *Studia monastica*, t. 19 (1977), p. 27-46 ; *L'anonymat d'Honorius Augustodunensis*, dans *Studia monastica*, t. 25 (1983), p. 1-71 ; *L'œuvre d'Honorius Augustodunensis : inventaire critique*, dans *Abhandlungen der braunschweigischen wissenschaftlichen Gesellschaft*, t. 38 (1986), p. 7-138 ; t. 39 (1987), p. 123-228 ; *Une œuvre retrouvée d'Honorius Augustodunensis ?*, dans *Studia monastica*, t. 31 (1989), p. 7-48. — B.K. Vollmann, dans *Lexikon des Mittelalters*, t. 5, 1990, p. 122-123.

Voir aussi : *Elucidarium*. Do.P.

Hoquet (en latin *hoquetus, truncatio vocis*). Ce procédé d'écriture consiste à répartir une ligne mélodique en deux voix (ou deux fois deux voix dans le cas du hoquet double dans une pièce à quatre parties) par de très courtes incises, créant ainsi une sensation de précipitation du débit musical. Décrit par Jean de Garlande* vers 1250, ce principe peut s'appliquer à une polyphonie entière, ou n'en concerner que quelques passages. Il naît vers le début du XIIe siècle, et trouve ses plus belles réalisations avec Pérotin*, Philippe de Vitri*, et surtout le célèbre *Hoquetus David* de Guillaume de Machaut*, pour disparaître au XVe siècle.

→ H. Husmann, art. *Hoquetus*, dans *MGG*, t. 6, col. 704-706. — G. Reese, *Music in the Middle Ages*, New York-Londres, 1940.

A.I.A.

Horn (Roman de). Voir : Thomas.

Hue de La Ferté. Seigneur de La Ferté (La Ferté-Bernard : Sarthe, arr. Mamers), Hue prit fait et cause pour les hauts barons (en particulier Pierre Mauclerc, comte de Bretagne) révoltés contre la régente Blanche de Castille pendant la minorité du roi Louis IX. Il écrivit, entre la fin de l'année 1226 et 1230, trois serventois diffamatoires d'une extrême violence contre la reine mère et son allié, le comte et poète Thibaut IV de Champagne* : il s'y révèle un pamphlétaire aussi doué que virulent. Il mourut en 1233.

Quelque temps après 1250, son fils, Bernard de La Ferté, collabore à la rédaction d'un jeu-parti avec le comte de Bretagne Jean Ier. Leur discussion porte sur la question de savoir quelle vertu doit être préférée chez un chevalier : la bravoure ou la libéralité ?

ŒUVRES. — Leroux de Lincy, *Recueil de chants historiques français*, Paris, 1841 (réimp. Genève, 1969), t. 1, p. 165-173. — A. Långfors, A. Jeanroy et L. Brandin, *Recueil général des jeux-partis français*, Paris, 1926, t. 1, p. XIII et 1-6 (*SATF*, 70). — F. Gennrich, *Altfranzösische Lieder, I*, Halle, 1953, p. 15-21.

→ Linker, n° 112. — Cf. *GRLMA*, t. VI/1, p. 300, 313 ; t. VI/2, n° 6076. G.M. et F.F.H.

Hue Piaucele. Auteur de deux fabliaux en octosyllabes, écrits au XIIIe siècle, et dont la langue présente des traits picards. Le couple de *Sire Hain et Dame Anieuse* (414 vers) est loin d'être uni. Sire Hain propose à sa femme de régler une fois pour toutes la question du gouvernement du ménage : il déposera ses braies au milieu de la cour et celui qui pourra s'en emparer sera le maître. À l'issue du duel, auquel un couple de voisins sert de témoins, c'est sire Hain qui l'emporte. *Estormi* (630 vers) conte les malheurs de trois prêtres qui essaient, moyennant finances, d'obtenir les faveurs d'une femme tombée dans l'indigence. Les deux époux conviennent de décourager les galants tout en en tirant profit. Mais le mari frappe si fort qu'il tue les trois prêtres. Il demande l'aide de son neveu Estormi pour se débarrasser des cadavres, lui faisant croire qu'il n'y en a qu'un, mais que c'est un revenant. Ce qui amène Estormi à tuer un quatrième prêtre, qui allait à l'office.

Les essais pour identifier Hue Piaucele avec Huon le Roi de Cambrai*, sur de simples similitudes de prénoms, ne sont pas fondés.

ŒUVRE. — Éd. P. Ménard dans *Fabliaux français du Moyen Âge*, t. 1, Genève, 1979 (*TLF*, 270) [*Estormi*]. — Éd. W. Noomen et N.J. Van den Boogaard dans *Nouveau recueil complet des fabliaux*, t. 1, Assen, 1983 [*Estormi*], et t. 2, 1984 [*Sire Hain et Dame Anieuse*]. — Éd. G. Raynaud de Lage, dans *Choix de fabliaux*, Paris, 1986 (*CFMA*, 108) [*Estormi*]. — Trad. N. Scott, dans *Contes pour rire ? Fabliaux des XIIIe et XIVe siècles*, Paris, 1977 *(10/18)* [*Estormi*]. — *Fabliaux*, trad. G. Rouger, Paris, 1978 *(Folio) [Sire Hain et Dame Anieuse]*. — Trad. italienne R. Brusegan, dans *Fabliaux. Racconti francesi medievali*, Turin, 1980 [*Estormi*].

→ W. Söderhjelm, *Hugues le Roi de Cambrai*, dans *Romania*, t. 25 (1896), p. 449-455. — J. Rychner, *Contribution à l'étude des fabliaux*, Neuchâtel-Genève, 1960. — Cf. *MB* nos 2481 ; *S* 4591, 4594, 4623. A.F.L.L.

Hue de Rotelande. Poète anglo-normand (peut-être de Rhuddhan dans le Flintshire, Pays de Galles), auteur de deux romans en vers composés sans doute au cours des années 1180. Dans *Ipomedon*, le poète fait allusion au siège de Rouen en 1174 et à sa maison de Credenhill, près de Hereford. *Protheselaus* est dédié à Gilbert Fitz-Baderon, quatrième lord de Monmouth, mort en 1191.

Sur le thème de « la grande valeur d'amour fine, vers qui ne vaut sens ni raison », *Ipomedon* offre en 10 578 octosyllabes une série d'aventures assez compliquées. Il s'agit du jeune fils du roi de la Pouille qui, pendant sept ans, à travers combats et déguisements en valet, chevalier blanc, rouge et noir, en fou même, fait la cour à la duchesse de Calabre, nommée la Fière Pucelle. On y trouve de fréquentes réminiscences du *Roman de Thèbes**, d'*Eneas** et d'une *Folie Tristan**. Le roman est conservé dans trois versions anglaises.

Protheselaus est l'histoire, en 12 741 octosyllabes, du duc de Calabre, fils cadet d'Ipomedon et de la Fière Pucelle, obligé par Daunus, son frère aîné, de fuir son pays. À travers une suite d'épisodes, le jeune chevalier errant s'acquitte de maintes prouesses en Italie et en Bourgogne, finit par épouser Médée, reine de Crète, et devient à son tour roi de Pouille. Ici aussi, les souvenirs de *Lanval* (de Marie de France*), de *Tristan**, de *Thèbes*, d'*Eneas* se multiplient.

Si, par les noms des personnages, l'œuvre de Hue de Rotelande évoque les romans imités de l'Antiquité, par ses thèmes et par son style elle rappelle plutôt les romans arthuriens.

Elle frappe parfois par des observations et des descriptions pleines de réalisme et d'humour. C'est, dans le cadre des romans d'aventures, un document d'un intérêt très réel pour la littérature et la civilisation anglo-normandes du XIIe siècle.

ŒUVRES. — 1) *Ipomedon* : éd. E. Kölbing et E. Koschwitz, Breslau, 1890. — Éd. A.J. Holden, Paris, 1979 (*Bibl. fr. et rom., Série B : éd. crit. de textes*, 17). — 2) *Protheselaus* : éd. F. Kluckow, Dresde et Halle, 1924 (*Ges. für rom. Lit.*, 17).

→ H.L.D. Ward, *Catalogue of Romances in the Department of Mss in the British Museum*, Londres, vol. 1, 1883, p. 728-757. — J. Vising, *Anglo-Norman Language and Literature*, Oxford-Londres, 1923. — E. Schulze-Busacker, *Proverbes et expressions proverbiales chez Chrétien de Troyes, Gautier d'Arras et Hue de Rotelande*, dans *Incidences*, nouv. sér., 5/1 (1981), p. 7-16. — S. Crane, *Insular Romance. Politics, Faith and Culture in Anglo-Norman and Middle English Literature*, Berkeley-Los Angeles, 1986. — 1) *Ipomedon* : L.M. Gay, *Hue de Rotelande's Ipomedon and Chrétien de Troyes*, dans *PMLA*, t. 32 (1917), p. 468-491. — R.W. Hanning, *Engin in XIIth Century Romance : an Examination of the Roman d'Eneas and Hue de Rotelande's Ipomedon*, dans *Yale French Studies*, t. 51 (1974), p. 82-101. — R.M. Spensley, *The Structure of Hue de Rotelande's Ipomedon*, dans *Romania*, t. 95 (1974), p. 341-351. — M.T. Bruckner, *Narrative Invention in Twelfth-Century French Romance : The Convention of Hospitality (1160-1200)*, Lexington, 1980. — B. Thaon, *La Fiere : The Career of Hue de Rotelande's Heroine in England*, dans *Reading Medieval Studies*, t. 9 (1983), p. 56-69. — W. Calin, *The Exaltation and Undermining of Romance : Ipomedon*, dans *The Legacy of Chrétien de Troyes*, Amsterdam, 1988, t. 2, p. 111-124 (*Faux-titre*, 37). — 2) *Protheselaus* : F. Lecoy, *Un épisode de Protheselaus et le conte du mari trompé*, dans *Romania*, t. 76 (1955), p. 477-518. — R.M. Spensley, *Form and Meaning in Hue de Rotelande's Protheselaus*, dans *The Modern Language Review*, t. 67 (1972), p. 763-774 ; *The Role of « Jolif », a Semi-Allegorical Figure in Hue de Rotelande's Protheselaus*, dans *Romania*, t. 93 (1972), p. 533-537. — J. Weiss, *A Reappraisal of Hue de Rotelande's Protheselaus*, dans *Medium Aevum*, t. 52 (1983), p. 101-111. — Cf. *GRLMA*, t. IV/2, n°s 268 et 272 ; t. IV/1, p. 104, 120-121, 276, 280-282, 283, 458. — *MB* n°s 1150-1160 ; *S* 2176, 2275-2279, 2627. J.H.W.

Hueline et Aiglantine. Voir : *Débat du clerc et du chevalier.*

Hugo de Lantins. Compositeur franco-flamand dont l'œuvre est présente dans les mêmes sources que celle d'Arnold de Lantins*. Il fut actif en Italie entre 1420 et 1430, à Venise et Rimini.

On possède de lui diverses polyphonies de la messe (quatre Gloria dont deux ont été parfois attribués à Guillaume Dufay*) et une paire associant un Gloria et un Credo. Il laisse également cinq motets à quatre voix. La musique profane est représentée par 14 rondeaux (deux d'entre eux ont pu être attribués aussi à Arnold de Lantins, un troisième est imputé au seul Lantins ?), trois *ballate* et un rondeau sur texte italien.

L'originalité de son style et ce qui le distingue de tous ses contemporains est l'utilisation répétée des procédés d'imitation.

ŒUVRES. — Éd. C. Van den Borren, *Polyphonia Sacra*, Burnham, 1932 (2e éd. revue 1962) ; *Pièces polyphoniques profanes de provenance liégeoise (XVe siècle)*, dans *Flores musicales Belgicae*, t. 1, Bruxelles, 1950.

→ H. Schoop, art. *Lantins* dans *The New Grove Dictionary of Music and Musicians*, t. 10, 1980, p. 457-458. — C. Van den Borren, *Hugo et Arnold de Lantins*, dans *Annales de la Fédération archéologique et historique de Belgique*, t. 29 (1932), p. 263. — G. Chew, *The Early Cyclic Mass as an Expression of Royal and Papal Supremacy*, dans *Music and Letters*, t. 53 (1972), p. 254. N.S.

Hugues d'Amiens. Voir : Cluny.

Hugues de Balma. On ne sait rien de la vie de ce religieux qui fut, de 1289 à sa mort en 1304, prieur de la chartreuse de Meyriat en Bresse, ardent foyer de spiritualité.

Il est l'auteur d'un ouvrage sur les voies intérieures, connu sous trois titres différents, *Theologia mystica, De triplici via ad sapientiam, Viae Sion lugent*. Longtemps attribué à saint Bonaventure*, il a été édité avec ses œuvres. L'ouvrage a été traduit plusieurs fois en espagnol, en italien (une traduction du XIVe siècle). Il existe une traduction française du XVe siècle, restée manuscrite.

Hugues propose trois voies de sanctification. La première, la voie purgative, permet d'acquérir les dispositions nécessaires au progrès de l'union de l'âme avec Dieu. La deuxième, la voie illuminative, engage un travail de méditation, principalement sur les textes de l'Écriture, qui favorise la recherche de l'amour de Dieu. La troisième, la voie unitive, préconise de garder l'âme libre de toute attache affective envers la créature, parfaitement disponible à la pénétration de la grâce divine. Il déplore l'engouement pour les recherches intellectuelles pures et la désaffection à l'égard de la vraie sagesse.

Hugues a puisé abondamment dans les écrits du Pseudo-Denys l'Aréopagite*, qu'il cite et commente (en particulier les *Noms divins* et la *Théologie mystique*). Il avait étudié la scolastique et se montre, dans son argumentation, « habitué à traiter les questions les plus difficiles avec une vigueur de raisonnement et une abondance de preuves » convaincantes. Sa doctrine « de la docte ignorance » a été étudiée et critiquée, entre autres, par le chartreux Guigues du Pont* († 1297), le chancelier Jean Gerson* († 1429), et Denys le Chartreux († 1471).

ŒUVRES. — *Theologia mystica seu De triplici via ad sapientiam, seu Viae Sion lugent*, éd. dans *S. Bonaventura, Opera, VIII*, Paris, 1886, p. 2-53.

→ *DTC*, 7[1] (1927), p. 215-219. — *Catholicisme*, 5 (1963), p. 1028-1030. — *DS*, 7[1] (1969), p. 859-873. — *Lexikon des Mittelalters*, 5[1] (1990), p. 169. — J. Krynen, *La pratique et la théorie de l'amour sans connaissance dans la « Viae Sion lugent » d'Hugues de Balma*, dans *Revue d'ascétique et de mystique*, t. 40 (1964), p. 161-183. — F. Ruello, *Statut et rôle de l'Intellectus et de l'Affectus dans la Théologie mystique d'Hugues de Balma*, dans *Analecta Cartusiana*, t. 55 (1981), p. 1-46. — J. Hogg, *Hugh of Balma and Guigo du Pont*, dans *Analecta Cartusiana*, t. 113, 1 (1984), p. 61-81.

M.H.P.

Hugues de Berzé. Poète lyrique (on lui attribue cinq chansons) et homme de guerre, Hugues de Berzé est surtout connu par sa *Bible au Seigneur de Berzé*. Geoffroi de Villehardouin* évoque le personnage au paragraphe 45 de sa *Chronique*, où il fait allusion à deux seigneurs portant ce nom (le père et le fils ; le poète est vraisemblablement le fils). Il est né à Berzé-le-Châtel, près de Mâcon, au cours de la deuxième moitié du XIIe siècle, a participé à l'expédition de Constantinople et il mourut vers 1220. Un de ses poèmes, invitant Falquet de Romans* à se croiser, est conservé dans deux versions provençalisées, d'où son attribution parfois à un pseudo-troubadour, Uc de Bersie.

La *Bible au Seigneur de Berzé*, poème de plus de 1 000 octosyllabes écrit entre 1215 et 1220, témoigne des désillusions d'un homme vieillissant. Elle est à la fois moralisante et satirique. Moralisante par ses considérations sur la fragilité de la vie, la décadence des mœurs et la nécessité de se préparer à la mort. Satirique par sa critique très violente des ordres monastiques, en particulier cisterciens et clunisiens. Hugues de Berzé connaissait la *Bible Guiot* de Guiot de Provins* (Berzé n'est pas loin de Cluny où Guiot était moine), et sa critique des « états du monde » et des ordres religieux lui doit beaucoup, encore qu'elle soit plus sévère chez Hugues de Berzé. Il y a entre les poèmes d'Hugues et sa *Bible* certains points communs : l'expression d'un repentir sincère et une certaine intensité de foi plus profonde que chez Guiot de Provins.

ŒUVRES. — *Die Lieder des Hugues de Brezé*, éd. C. Engelcke, dans *Archiv SNSL*, t. 75 (1886), p. 147-176. — *Bible au seigneur de Berzé*, éd. F. Lecoy, Paris, 1938.

→ G. Paris, *Hugues de Berzé*, dans *Romania*, t. 18 (1889), p. 553-570 [éd. la chanson provençalisée]. — C.V. Langlois, *La vie en France au Moyen Âge d'après quelques moralistes*, Paris, 1926, p. 88-106. — F. Lecoy, *Pour la chronologie d'Hugues de Berzé*, dans *Romania*, t. 67 (1942-1943), p. 243-254. — J. Batany, *Les moines blancs dans les « États du monde » (XIIIe-XIVe siècles)*, dans *Cîteaux*, t. 15 (1964), p. 5-25. — Cf. *GRLMA*, t. VI/2, nos 5596, 7168. — *MB* nos 2357, 2733-2740 ; *S* 4347.

J.C.P. et A.F.L.L.

Hugues Capet, chanson de geste. D'après une légende mentionnée par Dante (*Purgatoire*, XX, v. 49-52), le roi Hugues Capet, longtemps considéré dans les pays d'Empire comme un usurpateur, passait pour être le fils d'un seigneur français, le sire de Beaugency, marié à la fille d'un boucher parisien. C'est à partir de cette donnée fantaisiste qu'un poète du XIVe siècle s'avisa de conter les aventures de ce héros.

Après une jeunesse insouciante, où le futur roi de France a dissipé dans les plaisirs la majeure partie de son patrimoine, Hugues est accueilli à Paris par son oncle Simon qui, ayant repris à son compte le commerce familial, se propose de l'initier à la boucherie. Il y consent de mauvaise grâce et bientôt Simon, inquiet de ses prodigalités, le congédie avec un léger viatique. Le jeune homme s'en va chercher fortune à l'étranger, parcourt le Hainaut, le Brabant, la Hollande et l'Allemagne, laissant partout des bâtards, en souvenir de son passage. Menacé de mort par le mari d'une de ses victimes, il revient prudemment à Paris. Il y pénètre au moment même où l'empereur Louis, victorieux des païens conduits par Gormont et Isembart, vient d'être empoisonné par Savary de Champagne, laissant une fille, Marie, que l'assassin ose demander en mariage. Hugues intervient en faveur de Marie et de sa mère Blanchefleur, et fend d'un coup d'épée la tête de Savary. Le frère de celui-ci, Fédry, avec une armée de Bourguignons et d'Allemands, accourt pour investir Paris. Hugues, à la tête des milices bourgeoises, contraint les ennemis à lever le siège. Après bien d'autres aventures, il gagne le cœur de Marie qu'il épouse. Couronné roi de France à Reims, il meurt après neuf ans de règne, en laissant pour héritier son fils Robert.

Ce long poème à l'action mouvementée a fait couler beaucoup d'encre. Pour Littré, l'auteur, célébrant le commencement d'une nouvelle dynastie, écrivait environ vers 1328, après l'avènement de Philippe VI de Valois. Ferdinand Lot penchait pour la date de 1317, celle de l'assemblée qui avait exclu les femmes de la succession à la couronne. L'ouvrage aurait le caractère d'un manifeste politique. L'auteur, très parisien, bien que, par son origine, étranger au royaume, aurait voulu flatter la bourgeoisie de la capitale, aux dépens de la noblesse. Mais pareille attitude serait invraisemblable si le poème datait des premières années du siècle, à une époque où la monarchie et la noblesse gardaient tout leur prestige. Elle serait justifiée au contraire si la composition de *Hugues Capet* était mise en rapport avec la crise politique de 1356-1358. S'il est vrai que son principal objet est de décrire l'ascension du petit-fils du boucher vers le pouvoir royal, ce sont les exploits accomplis par Hugues pendant le siège de Paris qui la facilitent. Les combats qui se déroulent en avant des remparts, de Saint-Denis à Saint-Cloud, sont décrits avec une telle précision, qu'on peut penser que le poète s'inspire de souvenirs réels et se fait l'écho d'événements auxquels il a pris part comme acteur ou comme témoin. La victoire du Dauphin, la défaite des bandes anglo-navarraises sont dues à l'initiative des bourgeois parisiens qui lui ont prêté main forte. Rien de plus naturel alors que d'exalter le courage et le loyalisme de ces marchands auprès desquels le jeune roi trouvera désormais sa meilleure sauvegarde. Comme l'a démontré Mme S. Duparc, c'est *Hugues Capet* qui a servi de modèle à *Baudouin de Sebourc** et non l'inverse, comme on l'avait cru jusque-là. Œuvre de circonstance, cette chanson concourt, avec quelques autres, à la propagande populaire destinée à combattre dans l'esprit des masses l'action des agents étrangers et à rendre évidente aux yeux du public la légitimité d'une dynastie compromise dans l'opinion par le désastre de Poitiers.

La chanson de *Hugues Capet*, comme celles du groupe auquel elle se rattache, est composée en laisses d'alexandrins monorimes. Mélange d'emprunts livresques et de souvenirs personnels, elle marie assez habilement les sources les plus diverses et exploite non sans adresse de vieux thèmes narratifs. Mais un style filandreux, un verbiage facilité par la monorime des laisses en diminuent la valeur littéraire. Elle vaut surtout comme témoignage d'une époque où les écrivains, à tous les niveaux, participaient à la vie du royaume et s'efforçaient, selon leurs moyens, d'agir sur l'opinion.

ŒUVRE. — Éd. marquis de la Grange, Paris, 1864 (*Anc. poètes de la France*, 8). — Trad. F. Suard et J. Subrenat, La Ferté-Milon, 1987 [plus une adaptation qu'une traduction].

→ Littré, dans *Journal des savants*, 1865, p. 88-105. — F. Lot, *Études sur le règne de Hugues Capet et la fin du* X^e *siècle*, Paris, 1903 (*Bibl. Écoles des Hautes Études*, 147) [Appendice 7 : *Légendes sur Hugues Capet*, p. 324-350]. — A. Ferrière, *Hugues Capet, chanson de geste du* XIVe *siècle* [*Étude d'histoire littéraire*], dans *Positions des thèses de l'École des Chartes*, Paris, 1950, p. 49-51. — R. Bossuat, *La chanson de Hugues Capet*, dans *Romania*, t. 71 (1950), p. 450-481. — S. Duparc-Quioc, *Le Cycle de la croisade*, Paris, 1955 (*Bibl. École des Hautes Études*, 305), p. 155-169. — F. Suard, *L'épopée française tardive*, dans *Mél. Jules Horrent*, Liège, 1980, p. 449-460 ; *La fonction des proverbes dans les chansons de geste des* XIVe *et* XVe *siècles*, dans *Richesse du Proverbe. Vol. I : Le proverbe au Moyen Âge*, Lille, 1984, p. 131-144 ; *Hugues Capet dans la chanson de geste au* XIVe *siècle*, dans *Religion et culture autour de l'an Mil,* Paris, 1990, p. 215-225. — A. Gier, *Hugues Capet, le poème de l'harmonie sociale,* résumé dans *Olifant*, t. 8 (été 1981), p. 428. — Cf. *MB* n°s 4043-4045, 6770, 6771. R.B.

Hugues de Flavigny. Né à Verdun vers 1065, il fut élevé à l'abbaye de Saint-Vanne où il devint moine. Ayant pris position contre le parti impérial dans la querelle des investitures, il dut quitter Verdun et se réfugia à l'abbaye de Flavigny (Côte-d'Or), où il rejoignit Hugues de Cluny et dont il devint en 1096 abbé. Mais devenu par la suite résolument impérialiste, il dut en 1104 fuir à nouveau et retourna à Saint-Vanne. Il a rédigé vers 1103 une chronique en deux livres qui commence à la naissance du Christ et s'arrête en 1102, avec en appendice une liste des abbés de Flavigny. Hugues a utilisé la chronique d'Eusèbe-Jérôme comme base de sa chronologie et, comme source principale de renseignements sur les empereurs romains, Prosper d'Aquitaine* et Bède le Vénérable* ; mais c'est surtout au *Liber Pontificalis* qu'il emprunte la majeure partie de son texte. Hugues a inséré dans son ouvrage quantité de documents relatifs à son pays d'origine : vies de saints des diocèses de Metz et de Verdun, vies des évêques de Verdun, histoire de l'Empire ; il a eu aussi accès à un grand nombre de pièces officielles, parmi lesquelles des lettres politiques. Sa chronique est donc une source importante pour l'histoire de l'Est de la France, de même que pour celle de l'Empire et de la papauté. La chronique était à Sens entre 1103 et 1110-1120, époque où elle aurait été rattachée à la chronique de Saint-Pierre-le-Vif. Jusqu'en 1097 en effet, les deux œuvres présentent un certain nombre de passages communs, ce qui permet de se rallier à cette hypothèse en attendant une étude plus approfondie de l'œuvre de Hugues de Flavigny. Il faut ajouter, enfin, que Hugues a joué un rôle dans la redécouverte d'une œuvre de Sénèque, le *De Beneficiis*. On lui attribue aussi un poème religieux en six chants sur la création du monde, qui paraît inachevé et est inédit.

ŒUVRE. — *Chronique*, éd. Pertz, *MGH, SS*, t. 8, p. 288-502. — Migne, *PL*, t. 154, col. 21-404 [reprend l'éd. Pertz].

→ R. Köpke, *Die Quellen der Chronik des Hugo von Flavigny*, dans *Archiv der Gesellschaft für ältere deutsche Geschichtskunde*, t. 9 (1847), p. 240-292. — H. Dauphin, *L'abbaye Saint-Vanne de Verdun et la querelle des investitures*, dans *Studi Gregoriani*, t. 1 (1947), p. 237-261. — E. Hlawitschka, *Textkritisches zur Series abbatum Flaviniacensium*, dans *Mél. F. Petri*, Bonn, 1970, p. 250-265. — G. Mazzoli, *Ricerche sulla tradizione medievale del « De Beneficiis » e del « De Clementia »*, dans *Bollettino del comitato per la preparazione dell' edizione nazionale dei classici greci e latini*, n. s., 26 (1978), p. 85-109. — R.H. Bautier, M. Gilles, *Chronique de Saint-Pierre-le-Vif de Sens...*, Paris, 1979 *(Sources d'Histoire médiévale)*, p. XXXII-XXXV, 338. — M. Borgolte, *Fiktive Gräber in der Historiographie. Hugo von Flavigny und die Sepultur der Bischöfe von Verdun*, dans *Fälschungen im Mittelalter. Internationaler Kongress der MGH (Munich,1986)*, Hanovre, 1988 (*MGH Schriften*, 33/1), p. 205-240. — H. Flammarion, *Les sources narratives de Lorraine autour de l'An Mil*, dans *Religion et culture autour de l'An Mil..., Actes du colloque Hugues Capet (Auxerre, 1987)*, Paris, 1990, p. 302-308. — Molinier n° 2190. — Nouveau Potthast, t. 5, p. 583-584. — Cf. M. Manitius, *Lateinische Literatur des Mittelalters*, t. 3, Munich, 1931, p. 512-516. G.T.L.

Hugues de Fleury. On ne sait pas grand-chose de la vie d'Hugues de Fleury, qu'on appelle aussi Hugues de Sainte-Marie, du nom du domaine paternel où se trouvait une église dédiée à la Vierge. Il se fit moine à l'abbaye bénédictine de Fleury à la fin du XIe siècle et dut mourir après 1122, date à laquelle il publia son dernier ouvrage.

En dehors d'un recueil de poèmes qu'il envoya en 1110 à l'évêque Yves de Chartres en le présentant comme un écrit de jeunesse, Hugues de Fleury a laissé une œuvre historique et hagiographique importante. À la suite de ses illustres devanciers, Aimoin*, Abbon*, Raoul Tortaire et d'autres encore, il a participé de façon brillante au rôle intellectuel que jouait alors l'abbaye. La première de ses œuvres est le *Libellus de regia potestate et sacerdotali dignitati*, traité composé entre 1102 et 1107 et adressé à Henri Ier d'Angleterre. L'ouvrage se présente en deux livres : le premier traite des devoirs du roi et du prélat, surtout lors des élections épiscopales ; le deuxième est une addition postérieure, qui n'ajoute pas grand-chose à la première partie. Ce libelle a été un des plus connus et des plus étudiés, en raison de la place qu'il tient dans la littérature contemporaine relative à l'application de la réforme grégorienne et à la querelle des investitures. Hugues y prend une position modérée, entre le point de vue du roi d'Angleterre et celui de l'archevêque de Cantorbéry. Il semble avoir écrit à la demande de la comtesse de Chartres, Adèle, qui s'était entremise pour régler le problème pendant entre Henri Ier et Anselme de Cantorbéry* alors réfugié auprès d'elle.

Entre 1105 et 1109, Hugues composa la *Vita sancti Sacerdotis*, ou plus exactement, à la demande de l'abbé de Sarlat, Arnaud, procéda à une révision d'une ancienne vie de ce saint, qui fut évêque de Limoges et patron de l'abbaye bénédictine de Sarlat.

Son ouvrage le plus étendu est l'*Historia ecclesiastica* dont il faisait copier, en 1109, la première rédaction en quatre livres dédiée à la comtesse Adèle († 1137), qui s'arrêtait au règne de Charlemagne. Mais Hugues ne remit pas à sa destinataire l'ouvrage, dont il entreprit aussitôt une seconde rédaction en six livres, achevée en 1110 ; la lettre de dédicace à Adèle y est précédée d'une lettre d'envoi à Yves de Chartres, si bien que dans une série de mss, le texte de l'*Historia* est faussement attribué à ce dernier. Chacun des livres est muni d'un prologue, ceux des livres III et VI sont de véritables déclarations de principes sur la méthode historique telle que la conçoit Hugues. L'*Historia*, qui s'apparente plutôt à la chronique universelle, couvre, dans sa deuxième version, la période qui va de Ninus, le légendaire fondateur de Ninive, à l'empereur byzantin Michel III (842-867) et à la mort de l'empereur d'Occident Lothaire (855). Elle remporta un grand succès, qu'attestent les nombreux mss subsistants (environ 33). Elle semble avoir été rapidement diffusée comme un livre d'érudition, susceptible de toucher un public étendu. Il est sûr, en tout cas, que Hugues, à cette période de sa vie, a été en relations étroites avec le milieu chartrain ; le ton de sa préface à Adèle, où il vante sa curiosité d'esprit et sa noblesse de sentiments, le soin avec lequel il se ménagera l'approbation de l'évêque de Chartres, pourraient faire penser qu'il aurait occupé quelque fonction à la cour comtale ou à la cour épiscopale. De l'*Historia ecclesiastica*, Hugues a donné un résumé assez succinct d'histoire universelle pour la période allant du règne d'Auguste à celui de Charlemagne, suivi d'un catalogue des papes de saint Pierre à Léon V (903), dans lequel il a replacé l'activité de saint Sacerdos. Il envoya ce *Chronicon* aux moines de Sarlat, pour leur permettre de mieux situer la vie du saint dans son contexte historique. Dans le prologue, il justifie ce procédé, ce qui nous renseigne encore une fois sur ses méthodes historiques. C'est aussi une preuve supplémentaire de sa manie de remanier, corriger perpétuellement son œuvre. C'est beaucoup plus tard, en 1122, qu'il composa le *Liber modernorum regum* qui fait, en quelque sorte, suite à l'*Historia ecclesiastica*. Il y retrace, comme il l'avait promis à Adèle dans l'épilogue de l'*Historia ecclesiastica*, l'histoire des Francs et des Normands depuis Louis le Pieux jusqu'à la mort de Philippe Ier (1108). Toutefois, ce n'est pas à Adèle mais à la nièce de celle-ci, Mathilde d'Angleterre, épouse de l'empereur Henri V, que Hugues dédia l'ouvrage, dont il a laissé plusieurs rédactions ; ainsi la chronique dite *Ludovicus Pius* (d'après les premiers mots), qui, comme le *Liber*, va de Louis le Pieux à 1108, mais qui devient très schématique à partir de Hugues Capet, pourrait être un essai de l'auteur ; de même, une autre chronique *Ludovicus Pius* interpolée et continuée par un récit tiré des *Miracula sancti Benedicti*. Dans son état définitif, le *Liber* englobe la chronique *Ludovicus Pius* revue et corrigée, développe le récit des premiers Capétiens au moyen de diverses sources, dont la continuation de *Ludovicus Pius*. La dernière activité littéraire connue de Hugues est sa participation aux *Miracula sancti Benedicti*, une collection de récits miraculeux de saint Benoît que l'abbaye de Fleury tenait à jour. Hugues, qui succède à son confrère Raoul Le Tourtier*, a écrit le livre IX de façon très brève ; ses récits sont tous analogues : guérisons de malades, délivrances de prisonniers, etc. Les événements relatés sont datés de 1014, de 1020 et de 1021, donc contemporains.

Dans son œuvre historique, Hugues s'est soucié avant tout de montrer comment la vraie foi a progressé à travers le monde, quelles en ont été les étapes, les phases et les périodes. Au fil de ses écrits et de ses remaniements, il a perçu que l'histoire préchrétienne faisait partie, elle aussi, d'une « Histoire ecclésiastique ». C'est au moment précis où l'histoire des Francs sortait définitivement de l'orbite de l'Empire romain qu'il a fixé la ligne de démarcation entre l'histoire « ancienne » et l'histoire « moderne ». Très attaché à l'exactitude de la chronologie, il prescrit de lire le plus d'auteurs possible, vérifier ses sources, rejeter les fables et faire une compilation abrégée pour rendre l'histoire plus accessible. Malgré la rigueur de ses principes, la qualité de l'œuvre historique de Hugues laisse beaucoup à désirer. Sa chronologie est souvent fautive, il fait des erreurs de transcriptions, ne se montre pas toujours critique. Mais en dépit de ses défauts, elle constitue le premier essai d'histoire officielle de la dynastie capétienne et se trouve de ce fait à la base de corpus historiques importants. Plusieurs mss, qui utilisent pour une bonne part les œuvres de Hugues, font penser qu'il dut y avoir des projets de « sommes » historiques, réalisés vraisemblablement à Fleury, projets auxquels Hugues n'a peut-être pas été étranger. Cependant, après lui, ce n'est plus à Fleury mais à Saint-Denis que s'élabore, au cours du XIIe siècle, l'œuvre de compilation historiographique qui aboutira aux *Grandes Chroniques de France**.

ŒUVRES. — *De regia potestate et sacerdotali dignitate*, éd. E. Sackur, dans *MGH, Libelli de lite imperatorum et pontificum*, t. 2, 1892, p. 466-494. — *Vita s. Sacerdoti*, éd. Migne, *PL*, t. 163, col. 975-1004 [repr. l'éd. des Bollandistes, *Acta sanctorum Maii*, t. 2, (dern. éd., Paris, 1866, p. 12-24]. — *Chronicon*, éd. partielle C. Couderc, *Note sur une compilation inédite de Hugues de Sainte-Marie et sa vie de saint Sacerdos évêque de Limoges*, dans *BEC*, t. 54 (1893), p. 471-474 [éd. du prologue et des passages qui ont trait à Sacerdos]. — *Historia ecclesiastica* : éd. B. Rottendorff, *Hugonis Floriacensis Chronicon*, Münster, 1638 ; éd. partielles Waitz, *MGH, SS*, t. 9, 1851, p. 337-367 ; Migne, *PL*, t. 163, col. 805-854 [reprend l'éd. Waitz] ; A. Wilmart, dans *Revue Bénédictine*, t. 50 (1938), p. 293-305. — *Liber modernorum regum Francorum* : éd. Waitz, *MGH, SS*, t. 9, 1851, p. 376-395 ; Migne, *PL*, t. 163, col. 873-912 [reprend l'éd.Waitz]. — *Miracula sancti Benedicti*, éd. E. de Certain, Paris, 1858 *(SHF)*, p. 357-371. — L'éd. de l'*Historia modernorum regum* et du *Ludovicus Pius* est en cours d'achèvement par R.H. Bautier et M. Gilles.

→ A.D. von den Brincken, *Studien zur lateinischen Weltchronistik bis in das Zeitalter Ottos Von Freising*, Düsseldorf, 1957, p. 193-196. — N.F. Cantor, *Church, Kingship and Lay Investiture in England (1089-1135)*, Princeton, 1958. — H. Jedin, *Zur Widmungsepistel der Historia ecclesiastica Hugos von Fleury*, dans *Speculum historiale. Geschichte im Spiegel von Geschichtsschreibung und Geschichtsdeutung*, Munich, 1965, p. 559-566. — A. Vidier, *L'historiographie à Saint-Benoît-sur-Loire et les Miracles de saint Benoît*, Paris, 1965, p. 76-81 [publ. posthume par les moines de Saint-Benoît]. — R.H. Bautier, *La place de Fleury dans l'historiographie française*, dans *Études ligériennes d'histoire et d'archéologie médiévales. Publications de la société des fouilles archéologiques et des monuments historiques de l'Yonne*, Auxerre, 1975, p. 25-34. — J. Leclercq, *Hugues de Fleury et nous, ibid.*, p. 531-536. — J. Ehlers, *Karolingische Tradition und frühes Nationalbewusstsein in Frankreich*, dans *Francia*, t. 4 (1976), p. 986-987. — N. Lettinck, *Pour une édition critique de l'histoire ecclésiastique de Hugues de Fleury*, dans *Revue Bénédictine*, t. 91 (1981), p. 386-397. — Molinier n° 2191. — Nouveau Potthast, t. 5, p. 584-585.

G.T.L.

Hugues de Fouilloi. Chanoine régulier, prieur de Saint-Laurent-au-Bois. Longtemps, on l'a cru moine de Corbie ; quant à ses œuvres, elles ont été placées généralement sous le patronage de son homonyme, Hugues de Saint-Victor*. Né au Fouilloi, faubourg de Corbie, il reçut une éducation cléricale, avant d'entrer au petit prieuré de Saint-Laurent-au-Bois, de fondation récente. En 1132, il fut chargé de diriger une nouvelle colonie qui essaimait à Saint-Nicolas de Regni, près de Montdidier. Les chanoines réguliers de Saint-Denys de Reims voulurent en faire leur abbé, il refusa ; mais il accepta peu après de devenir supérieur de son monastère d'origine, où il eut à faire face à de nombreuses difficultés. Sa mort doit être placée entre 1172 et 1174.

Hugues a laissé une œuvre écrite assez importante, en partie inédite et mal déterminée, malgré sa diffusion qui fut extrême dans tous les milieux monastiques, au Moyen Âge. Son premier ouvrage est le *De claustro animae* dans lequel il s'efforce de tracer l'idéal de la perfection monastique et canoniale. Invitation à la vie claustrale et traité de perfection présenté sous la forme d'une allégorie des lieux qui forment le cadre de la vie monastique. Du cloître matériel, Hugues passe au cloître de l'âme, décrit le Temple de Salomon et son symbolisme, pour finir sur une vision du cloître eschatologique, la Jérusalem céleste, dont Dieu est l'abbé, et Notre-Seigneur, le prieur. L'ouvrage a connu une diffusion extrême.

Son style revêt une allure personnelle,

très caractéristique, spontanée et directe ; les images sont nombreuses, colorées, intempérantes parfois, témoignant d'une vive imagination. Hugues va quelquefois jusqu'à la truculence et la brutalité.

ŒUVRES. — Le *De claustro animae* fut imprimé pour la première fois parmi les œuvres de *Hugues de S. Victor* en 1526, à Paris, puis à Venise en 1588, enfin à Rouen en 1648. *Migne* reproduit cette dernière édition dans *PL*, t. 176, col. 1017-1182 : l'éd. critique d'I. Gobry (thèse complémentaire, Sorbonne, 1965) est restée dactylographiée. — *De Medicina animae, PL, ibid.*, col. 1183-1202 ; Hugues établit un parallèle entre les maladies de l'âme et celles du corps. — *De avibus, PL*, t. 177, col. 13-55, volucraire symbolique, dont le chap. *De tribus columbis* est un écrit plein de charme, adressé au chevalier Raynier pour l'inviter à embrasser la vie claustrale. — *De nuptiis, PL*, t. 177, col. 1201-1218 ; cet ouvrage témoigne d'un antiféminisme virulent dans le but d'inciter les âmes aux noces spirituelles. Sont inédits : *De rota praelationis et de rota simulationis* (BN ms. lat. 2494 et Saint-Omer, ms. 94), destiné à un ami qu'effrayait la perspective des responsabilités inhérentes à l'exercice de l'autorité. Voir C. de Clercq, dans *Archivum latinitatis Medii aevi*, t. 29 (1959), 219-228. — *De pastoribus et ovibus (ibid.)*, où il s'agit encore des devoirs et des responsabilités de ceux qui détiennent l'autorité sur leurs frères. — *Cartulaire de S. Laurent-au-Bois*, la meilleure source pour l'histoire de Hugues (*Bibl. de la Soc. des Ant. de Picardie*, ms. 62).

→ *DSAM*, t. 7, 1969. — *HLF*, t. 13, p. 492-507. — H. Peltier, *Hugues de Fouilloy, chanoine régulier, prieur de S. Laurent-au-Bois*, dans *RMAL*, t. 2 (1946), p. 24-44. — Y. Gobry, art. *Hugues de Fouilloy*, dans *DS*, t. VII/1, 1969, col. 880-886. — C.D. Fonseca, *Hugues de Fouilloy entre l'Ordo antiquus et l'Ordo novus*, dans *CCM*, t. 16 (1973), p. 303-312. Sur le *De claustro animae* : M. De Marco, *Per la storia della tradizione di Ugo di Fouilloi, « De claustro animae »*, dans *Aevum*, t. 36 (1962), p. 172-174 ; *Codici Vaticani del « De claustro animae » di Ugo di Fouilloi*, dans *Sacris Erudiri*, t. 15 (1964), p. 220-248. — R. Baron, *Note sur le « De claustro », ibid.*, p. 249-255. — G. Bauer, *Claustrum animae Untersuchungen zur Geschichte der Metaphor vom Herzen als Kloster*, t. 1, Munich, 1973. — Cf. *MB* n° 1046. D.G.O.

Hugues d'Orléans, surnommé Primat (vers 1093-1160). Poète latin, dont le surnom, Primat, dû à la célébrité dont il jouissait, finit par devenir générique et être appliqué à un certain type de poésie, en alternance avec le nom générique de Golias (d'où le nom de poésie goliardique), dans les manuscrits d'origine française. Il est donc délicat de reconstituer son existence d'après les poèmes qui lui sont attribués. En se fondant sur ceux qui sont signés dans le texte et ceux qui leur sont stylistiquement analogues (une cinquantaine, en deux recueils principaux), on voit se dessiner l'existence errante d'un professeur de grammaire, issu sans doute d'Orléans où l'étude des auteurs antiques était florissante et où il enseigna quelque temps, mais comptant surtout sur la protection d'évêques et de dignitaires ecclésiastiques pour assurer sa subsistance en échange de ses talents d'enseignant ou de poète. Il cite différentes villes, qui l'ont plus ou moins bien reçu : Le Mans, où peut-être Hildebert de Lavardin* le reçut sans apprécier ce vagant trop instable, Tours, Reims, Amiens, Beauvais, Sens, Paris vers 1142 d'après d'autres sources. Il est ici grugé aux dés par un confrère, là expulsé par un économe irrascible. Buveur, joueur, susceptible, impudent quémandeur, rancunier et hargneux, Hugues Primat est un maître du vers, métrique et rythmique, qu'il manie avec une égale virtuosité. Malheur au bienfaiteur pingre qui croit s'en tirer en lui donnant en hiver un manteau d'été ! La violence de la satire, et éventuellement l'entrain de la flagornerie, est chez Primat une fonction du rythme du vers et de l'éblouissante agilité des mots. Son poème le plus célèbre, *Dives eram et dilectus*, lamentation sur ses mésaventures de pique-assiette vieillissant, est en même temps un impitoyable règlement de comptes.

ŒUVRES. — W. Meyer, *Die Oxforder Gedichte des Primas*, dans *Göttinger Nachrichten*, 1907, p. 89-175, rééd. Darmstadt, 1970. — *The Oxford Poems of Hugh Primas and the Arundel Lyrics*, éd. C.J. McDonough, 1984.

→ Manitius, III, 973-978. — A.G. Rigg, *Golias and Other Pseudonyms*, dans *Studi medievali*, t. 18 (1977), p. 65-109. — C.M. Uhl, *The Learned Lyrics of Hugh Primas*, Cornell Univ., 1977. — C.J. McDonough, *Two Poems of Hugh Primas Reconsidered*, dans *Traditio*, t. 39 (1983), p. 115-134. — F. Cairns, *The Additions to the Chronica of Richard of Poitiers and H.P. of Orléans*, dans *Mittellateinisches Jahrbuch*, t. 19 (1984), p. 159-161.

Voir aussi : Goliards. Pa.B.

Hugues de Saint-Cher. Né à Saint-Cher (= Saint-Chef, Isère) près de Vienne, il est déjà docteur en droit et bachelier en théologie, quand il entre chez les Prêcheurs à Saint-Jacques de Paris, le 22 février 1225.

L'année suivante, il est élu provincial de France. En 1230, il est libéré de cette charge ; enseignant alors à Paris, il exerce une grande influence. De nouveau provincial (1236-1244), il joue un rôle important dans la vie de l'ordre ; il contribue à la fondation de couvents en France et à l'élection de Raymond de Peñafort comme maître général (1238).

Hugues de Saint-Cher remplit des missions pour le pape Innocent IV. Il est créé cardinal au titre de Sainte-Sabine, le 28 mai 1244. Il intervient au concile de Lyon (1245) et il est chargé d'une importante légation en Allemagne en 1251-1253, au cours de laquelle il sanctionne l'institution de la Fête-Dieu à Liège.

Il continue à s'occuper de l'ordre des Prêcheurs ; il obtient même d'Alexandre IV tous les pouvoirs pour une refonte de la législation (1255), qu'il ne réalise pas. La même année, il émet un jugement défavorable sur l'*Evangelium aeternum* de Joachim de Flore. En 1256, il fait partie de la commission qui censure le *Tractatus de novissimorum temporum periculis* de Guillaume de Saint-Amour*, l'adversaire des Mendiants.

Hugues de Saint-Cher meurt à Orvieto le 19 mars 1263.

Le nom de Hugues de Saint-Cher est associé aux premières réalisations médiévales de Concordances et de Correctoires bibliques. C'est au couvent Saint-Jacques de Paris, avant 1239, que fut réalisée une concordance, connue par dix-huit manuscrits, où les occurrences d'un mot sont signalées par renvoi au livre biblique correspondant ; les divisions par chapitres sont celles qu'avaient mises au point les maîtres parisiens entre 1195 et 1220. Sept lettres de A à G indiquent la position approximative du mot dans chaque chapitre.

Parmi les correctoires écrits par les Mendiants au XIIIe siècle pour améliorer la recension officielle de la Bible, celui entrepris par Hugues de Saint-Cher après 1214 n'est connu aujourd'hui que par les résumés et le texte introductif.

ŒUVRES. — Ses œuvres, nombreuses, ont connu une bonne diffusion manuscrite, en particulier les *Postillae in Bibliam* (Gen.-Apoc.) et surtout le *Tractatus super missam sive Speculum ecclesiae*. Les *Postillae* et la concordance existent en éd. anciennes (L. Hain, *Repertorium bibliographicum*, n. 8972-8992 ; *Catalogue de la BN* 74, 1929, col. 862-868).

Les *Quaestiones disputatae* réparties en plusieurs mss sont, pour la plupart, inédites ; voir cependant J.P. Torrell, *Théorie de la prophétie et philosophie de la connaissance aux environs de 1230. La contribution d'Hugues de Saint-Cher (Ms. Douai 434, Question 481)*, Louvain, 1977 (*Spic. sacrum Lovaniense*, 40). De même le Commentaire sur les Sentences est inédit en grande partie ; du livre IV, distinction 17 (sacrement de pénitence) est adapté un court directoire pour la confession (*Confessio debet esse previsa*) publié par le P. Michaud-Quantin, *Deux formulaires pour la confession du milieu du XIIIe siècle*, dans *RTAM*, t. 31, (1964), p. 43-62.

La consultation sur les bénéfices ecclésiastiques a été éd. par F. Stegmüller, *Die neugefundene Pariser Benefizien-Disputation des Kardinal Hugo von St. Cher, o.p.*, dans *Historisches Jahrbuch*, t. 72 (1953), p. 176-204.

Deux traités *De doctrina cordis* et *De praeparatione cordis*, longtemps attribués à Gérard de Liège*, seraient à restituer à Hugues de Saint-Cher, d'après G. Hendrix, *Onderzoek naar het œuvre van « Gerardus Leodiensis »*, dans *Ons geestelijk Erf*, t. 56 (1982), p. 300-341, et *Note relative aux manuscrits des traités « De doctrina cordis »* et *« De praeparatione cordis »*, dans *RTAM*, t. 54 (1987), p. 255-256.

Trois traités pseudo-bernardins sont des adaptations du *De doctrina cordis* : G. Hendrix, *De apercione cordis, De impedimentis and De custodia linguae. Three Pseudo-Bernardine Texts Restored to their True Author, Hugh of St. Cher*, dans *RTAM*, t. 48 (1981), p. 172-197. Le même auteur démontre que le *De doctrina cordis* est la source directe du *Chastel Perilleux*, dans *RTAM*, t. 50 (1983), p. 252-266. Voir Sister M. Brisson, *A Critical Edition and Study of Frere Robert (Chartreux) « Le Chastel Perilleux »*, 2 vol., Salzburg, 1974 (*Analecta cartusiana*, 19-20).

Le *Tractatus super missam sive Speculum ecclesiae* a été souvent imprimé ; ainsi G. Sölch, dans *Opuscula et textus historiam Ecclesiae ejusque vitam atque doctrinam illustrantia*, fasc. 11, Münster, 1940. Étude du contenu par G. Sölch, *Hugo von St Cher und die Anfänge der Dominikanerliturgie*, Cologne, 1938.

Le *Speculum ecclesiae* a été traduit par le Normand Jean de Vignay*, né entre 1282 et 1285, qui vécut à Paris comme hospitalier de l'ordre de Saint-Jacques-du-Haut-Pas. Dédié à Philippe VI de Valois, *le Miroir de l'Église*, l'une des dernières parmi les onze traductions réalisées par l'auteur, est peu fidèle et contient nombre d'interpolations plus ou moins longues. Voir C. Knowles, *Jean de Vignay. Un traducteur du XIVe siècle*, dans *Romania*, t. 75 (1954), p. 353-383.

→ A. Duval, *Hugues de Saint-Cher*, dans *Catholicisme*, t. 5, 1959, 1039-1041. — J.

Fischer, *Hugh of St Cher and the Development of Mediaeval Theology*, dans *Speculum*, t. 31 (1956), p. 57-69. — R.H. et M.A. Rouse, *The Verbal Concordance to the Scriptures*, dans *Arch. Fratr. Praedicat.*, t. 44 (1974), p. 5-30. — B. Smalley, *The Gospels in the Paris Schools in the late Twelfth and Early Thirteenth Centuries*, dans *Franciscan Studies*, t. 39 (1979), p. 230-254 ; t. 40 (1980), p. 298-360, repris dans *The Gospels in the Schools c. 1100-c. 1280*, Londres-Ronceverte (USA), 1985, p. 99-143. — R.H. Rouse, *L'évolution des attitudes envers l'autorité écrite : le développement des instruments de travail au* XIIIe *siècle*, dans G. Hasenohr et J. Longère, *Culture et travail intellectuel dans l'Occident médiéval*, Paris, 1981, p. 115-144. — P. Glorieux, *Répertoire*, 1, Paris, 1933, p. 43-51. — F. Stegmüller, *Repertorium Commentariorum*, 1, 1947, n° 372, p. 174-175 ; *Repertorium biblicum*, t. 3, 1951, p. 114-173. — V. Doucet, *Commentaires sur les Sentences. Supplément au Répertoire de M.F. Stegmüller*, Quaracchi, 1954, p. 45. — J.B. Schneyer, *Repertorium*, t. 2, 1970, p. 758-785. J.L.

Hugues de Saint-Victor. Ce maître, à qui la postérité devait décerner le titre de nouvel Augustin, est sans doute le plus grand de tous ceux qui ont illustré, au XIIe siècle, l'abbaye des chanoines réguliers de Saint-Victor de Paris et l'école qui, dès l'origine, y fut annexée. Nous n'avons malheureusement que des renseignements contradictoires sur les origines de Hugues. Des traditions anciennes le font naître tantôt en Saxe, tantôt en Flandre ou en Lorraine ; il semble, cependant, que Hugues soit Saxon d'origine. Il serait arrivé après 1115 à Saint-Victor, fondé par Guillaume de Champeaux* en 1208 et élevé au rang d'abbaye par une charte royale de 1214.

Ses anciens biographes nous apprennent seulement qu'il mourut à Saint-Victor le 11 février 1141.

En dépit de leur importance et de leur intérêt, les œuvres de Hugues nous sont parvenues dans un grand désordre. Les anciennes éditions, reproduites par la *Patrologie latine* (t. 175-177), ont mêlé à ses écrits authentiques un grand nombre d'ouvrages apocryphes ; elles ont négligé d'autre part plusieurs traités importants, dont quelques-uns n'ont été que récemment publiés. On utilisera les éditions anciennes avec précaution, en tenant compte de D. Van den Eynde, *Essai sur la succession et la date des écrits de Hugues de Saint-Victor*, Rome, 1960, recensé par R. Baron, dans *RHE*, t. 57, 1962, p. 88-118 ; voir aussi P. Sicard, *Hugues de Saint-Victor*, p. 273-277.

L'œuvre authentique du grand docteur témoigne de sa curiosité d'esprit et de ce goût du savoir qu'il devait communiquer à ses disciples victorins : « Apprends tout, écrit-il, et tu verras ensuite que rien n'est superflu » (*Didasc.*, VI, 3). Une large place est faite d'abord aux sciences humaines, aux arts libéraux et à la philosophie. À ces disciplines se rapportent d'abord le *De grammatica* publié par J. Leclercq (*AHDLMA*, t. 16, 1943-1945, p. 263-322), la *Practica geometriae* restituée par R. Baron (*Osiris*, t. 12, 1956, p. 107-112), un *Chronicon* encore inédit, dont l'authenticité, parfois contestée, est maintenue par D. Van den Eynde, manifeste l'intérêt que Hugues a porté à l'histoire. Mais il faut surtout mentionner le célèbre *Didascalicon* (éd. C.H. Buttimer, Washington, 1939), dont on peut rapprocher l'*Epitome Dindimi in philosophiam* (éd. R. Baron, dans *Traditio*, t. 11, 1955, p. 91-148) qui en résume et en remanie les parties philosophiques. Le *Didascalicon* veut être une introduction générale à l'ensemble des disciplines avec lesquelles il convient de se familiariser avant d'aborder l'étude de l'Écriture sainte et de la théologie. L'intérêt de ce livre vient notamment de ce qu'il substitue à la division traditionnelle des sept arts libéraux une division quadripartite des sciences qui constituent la philosophie. Au sommet du savoir humain on trouve désormais la *theorica*, subdivisée elle-même en théologie, physique et mathématique. Au-dessous de la *theorica* doit être placée la *practica* ou éthique, puis la *mechanica* qui groupe l'ensemble des techniques humaines. Enfin la *logica* rassemble les anciennes disciplines du *trivium* (grammaire, rhétorique, dialectique) et joue un rôle à la fois propédeutique et régulateur à l'égard des autres sciences.

Le *Didascalicon* se préoccupe aussi de fournir quelques principes relatifs à l'interprétation de l'Écriture. Ces données doivent être complétées par celles que nous trouvons dans les *De scripturis et scriptoribus sacris praenotatiunculae* (*PL*, t. 175, col. 9-28) qui constituent une introduction au texte sacré et un traité d'herméneutique. Hugues y distingue trois sens de l'Écriture : le sens littéral ou historique qui est celui de la lettre ou du récit et auquel il faut attacher une très grande importance, le sens allégorique ensuite qui constitue le sens théologique proprement dit, et enfin le sens anagogique ou tropologique qui découvre dans l'Écriture les enseignements spirituels et moraux propres à régir la conduite humaine. Hugues a lui-même mis en œuvre ces principes d'interprétation dans les commentaires scripturaires qui tiennent une place notable dans son œuvre. Mais comme tout son enseignement théologique et spirituel est fondé sur l'Écriture, la recherche de ces différents sens est en fait présente dans la plupart de ses ouvrages.

C'est en théologie d'ailleurs que Hugues a donné toute la mesure de son génie. Il nous a laissé dans ce domaine un grand nombre d'opuscules, de lettres ou de traités qui abordent les sujets les plus divers. Mais son œuvre la plus grandiose et la plus significative est certainement le *De sacramentis fidei christianae* (*PL*, t. 176, col. 173-618), dont une première ébauche avait été donnée dans le *De sacramentis legis naturalis et scriptae* (*ibid.*, col. 17-42). Les « sacrements », ce sont ici les signes sacrés dont traite l'Écriture et qui, selon l'interprétation allégorique, sont propres à nous instruire des mystères de la foi. Suivant une division qui lui est chère, Hugues traite d'abord de l'*opus conditionis*, œuvre de la création, c'est-à-dire de tout ce qui a constitué l'histoire spirituelle de l'humanité avant l'Incarnation : la création, la chute, le péché et la loi. La seconde partie du *De sacramentis* s'occupe de l'*opus restaurationis*, c'est-à-dire de tout ce qui touche à l'Incarnation et à la Rédemption : le Christ, l'Église, les sacrements, l'eschatologie. Nous avons donc ici un exposé d'ensemble de la théologie, une véritable somme, qui envisage cependant beaucoup moins les problèmes spéculatifs ou métaphysiques auxquels s'intéressera la scolastique du XIIIe siècle, que l'économie chrétienne considérée dans sa dimension historique.

De par sa démarche propre et sa méthode, la théologie de Hugues débouche tout naturellement sur une spiritualité dans laquelle l'inspiration scripturaire et l'expérience personnelle s'allient d'une manière particulièrement heureuse. Parmi les très nombreux ouvrages ou opuscules dans lesquels le grand docteur a traité de ces questions, il faut citer surtout ses *Homiliae in Ecclesiasten* (*PL*, t. 175, col. 113-256) et son commentaire *In Hierarchiam caelestem Sancti Dionysii* (*ibid.*, col. 923-1154) qui a contribué à répandre en Occident la pensée du Pseudo-Denys. Signalons aussi le *De arca Noe morali* (*PL*, t. 176, col. 617-680) et le *De arca Noe mystica* (*ibid.*, col. 681-704), le petit traité *De arrha animae* (*ibid.*, col. 951-970), plusieurs fois traduit en français. Sous le titre *Six opuscules spirituels*, R. Baron a édité et traduit des traités courts, peu connus mais pleins d'intérêt de Hugues (Paris, 1969). Dans tous ces ouvrages, Hugues témoigne d'un grand souci de la prière et de la vie intérieure. Il analyse avec soin les étapes qui conduisent l'âme de l'*oratio* et de la *meditatio* à la *contemplatio*. Celle-ci consiste en une connaissance de foi, toute pénétrée d'amour, qui s'identifie à la sagesse. Ces enseignements ont été recueillis avec soin par la tradition victorine, notamment par Richard de Saint-Victor*. Ils devaient exercer une influence profonde et durable sur la spiritualité des derniers siècles du Moyen Âge, dont Hugues de Saint-Victor reste un des plus grands maîtres.

ŒUVRES. — J.-B. Schneyer, *Repertorium*, t. 2, Münster, 1970, p. 786-813. — *PL*, t. 175-177. — Quelques éd. récentes : *Hugonis de Sancto Victore Didascalicon. De studio legendi. A critical Text*, par C. Buttimer, Washington, 1939. — *The Didascalicon of Hugh of St. Victor. A Medieval Guide to the Arts*, trad., intro. et notes J. Taylor, New York-Londres, 1961. — *Hugues de Saint-Victor, L'art de lire. Didascalicon*, trad., intro. et notes M. Lemoine, Paris, 1991. — *Hugues de Saint-Victor, Six opuscules spirituels : La méditation. La parole de Dieu. La réalité de l'Amour. Ce qu'il faut aimer vraiment. Les cinq Septenaires. Les sept Dons de l'Esprit saint*, intro., texte critique, trad. et notes par R. Baron, Paris, 1969 (*SC*, 155). — P. Gautier-Dalché, *La Descriptio mappe mundi de Hugues de Saint-Victor*, texte inéd., introd. et commentaire, Paris, 1988. — P. Crapillet, *Le « Cur Deus homo » d'Anselme de Canterbury et le « De arrha animae » d'Hugues de Saint-Victor, traduits pour Philippe le Bon*, textes présentés par R. Bultot et G. Hasenohr, Louvain-la-Neuve, 1984.

→ O. Lottin, *Quelques recueils d'écrits attribués à Hugues de Saint-Victor*, dans *RTAM*, t. 25 (1958), p. 248-284. — R. Baron, *Science et sagesse chez Hugues de Saint-Victor*, Paris, 1957 [biblio. générale, p. 231-263 ; avec indication des trad. manuscrites ou imprimées, p. 238-

242] ; *Études sur Hugues de Saint-Victor. Études biographique, critique, chronologique, stylistique. Étude doctrinale... Textes inédits. Index critique*, Paris, 1963 ; *Hugues de Saint-Victor*, dans *DS*, t. 7 (1969), col. 901-939 ; *Hugues et Richard de Saint-Victor*, intro. et choix de textes, Paris, 1961. — J. Taylor, *The Origin and Early Life of Hugh of Saint-Victor : An Evaluation of the Tradition*, Notre-Dame, Indiana Univ., 1957. — H. de Lubac, *Exégèse médiévale. Les quatre sens de l'Écriture*, 2ᵉ partie, I, Paris, 1961, p. 287-364, 418-435, 497-500 (*Théologie*, 42). — J. Châtillon, *Le titre du « Didascalicon » de Hugues de Saint-Victor et sa signification*, dans *Mél. M. de Gandillac*, Paris, 1985, p. 535-543. — P. Picard, *Hugues de Saint-Victor et son École,* intro., choix de textes, trad. et commentaire, Turnhout-Paris, 1991.

J.C. et J.L.

Hugues de Salve (Gonzalve de Vargas). Ce personnage appartint à la cour de Bourgogne. Dans le *Livre des faits de Jacques de Lalaing**, on le reconnaît en « Gonçale », docteur en médecine, natif du royaume de Sicile (alors au pouvoir de la maison d'Aragon) ; il offre une robe somptueuse au roi d'armes Toison d'Or (Jean Lefèvre de Saint Rémy*), lors du pas d'armes de la Fontaine des pleurs tenu en 1450. À cette époque, il recevait une pension annuelle de trois cents francs comme médecin du comte de Charolais, futur Charles le Téméraire. Il lui aurait, d'ailleurs, adressé plus tard un éloge en latin *(De laudibus Caroli Burgundiae ducis et victoriis)*. C'est vers 1454-1459, lorsqu'il est devenu prévôt de Sainte-Walburge de Furnes, que Gonzalve de Vargas adopte le nom français d'Hugues de Salve, et qu'il traduit l'œuvre d'un noble espagnol : l'*Espejo de verdadera nobleza* (vers 1441) de Diego de Valera qui devient en français, le *Traité de noblesse* de Jacques Valère. Ce *Traité* constitue le troisième élément d'un recueil sur la noblesse (voir Jean Miélot, Buonaccorso da Pistoia). L'œuvre répond surtout à des questions pratiques sur le droit des armes ; sa source principale est Bartole de Sassoferato. Diego de Valera (1412-1488) servit le roi de Castille Jean II. En 1442, il accomplit une mission diplomatique au Danemark, en Angleterre et en Bougogne. Chevalier hors pair, il releva le défi de Pierre de Charny au pas d'armes de l'Arbre de Charlemagne, qui se tint en présence de Philippe le Bon près de Dijon (*Mémoires* d'Olivier de La Marche*). Il n'est pas impossible que ce soit à cette occasion que Diego laissa copie de son traité à la cour de Bourgogne. On connaît aussi une traduction française de sa *Cronica de España abreviada* (éd. Séville, 1482), dédiée à Isabelle la Catholique. La traduction, conservée dans un manuscrit du début du XVIᵉ siècle, est dédicacée à Philippe le Beau, archiduc d'Autriche, et prince de Castille par son mariage avec Jeanne la Folle, fille des Rois Catholiques.

La traduction d'Hugues de Salve fut imprimée en 1497 à Paris par Antoine Vérard sous le titre de *Trésor de noblesse*, entre *Le gouvernement des princes (Secret des secrets*)* et les *Fleurs de Valère le Grand* (abrégé de Valère Maxime par Jean de Hangest).

ŒUVRE. — A. Vanderjagt, dans *Qui sa vertu anoblist. The Concept of noblesse and chose publique in Burgundian Political Thought*, Groningue, 1981 [éd. aussi les versions françaises de Aurispa et de Buonaccorso da Pistoia].

→ M. Prinet, *Le Trésor de noblesse*, dans *Le Bibliographe moderne*, t. 14 (1910), p. 84-89.

S.L.

Hugues de Semur (saint). Voir : Cluny.

Humbaut. Voir : *Gauvain et Humbaut*.

Humbert de Romans. Né à Romans (Drôme) vers 1200, il fait ses études à Paris et obtient la maîtrise ès arts, avant d'entrer dans l'ordre des Frères Prêcheurs, le 30 novembre 1224. Envoyé à Lyon en 1226, il est lecteur puis, en 1237, prieur du couvent lyonnais. Vers 1240, il est choisi comme provincial de la province romaine. En novembre 1244, il succède comme provincial de France à Hugues de Saint-Cher* devenu cardinal. Le 31 mai 1254, il est élu maître général au chapitre de Buda (Hongrie) et exerce ses fonctions jusqu'au 30 mai 1263, date à laquelle il démissionne. Il se retire alors au couvent de Lyon et se consacre entièrement à ses activités littéraires. Il meurt à Valence le 14 juillet 1277.

Il a joué un grand rôle dans l'ordre des Frères Prêcheurs, dont il fut le cinquième grand maître ; il en réforma la liturgie, rénova le programme d'étude ; il défendit les Mendiants contre les attaques de l'Université et du clergé séculier. Les nombreux écrits qu'il a publiés datent essentiellement de sa retraite, en dehors de ceux qu'il composa comme maître général.

Dès son élection, en 1254, il prit en main

le travail de correction, de complément et d'unification de la liturgie dominicaine, l'*Ecclesiasticum officium secundum ordinem fratrum praedicatorum*. Dans l'édition révisée du lectionnaire liturgique fut incorporée la *Legenda sancti Dominici*, qu'il composa presque entièrement à partir des *Vitae* écrites par Pierre Ferrand (1237-1242) et Constantin d'Orvieto (1248). C'est une collection de miracles et de traits édifiants, destinée à exciter la dévotion. On conserve les 14 lettres encycliques qu'Humbert adressa au terme des chapitres généraux qu'il présida de 1254 à 1262. Ces lettres exhortent les frères à fuir certains abus, à renoncer à des droits ou des facilités non indispensables, à tendre vers la perfection de leur état de religieux. C'est sans doute au début de son généralat, vers 1255, qu'Humbert a écrit le *De tribus votis substantialibus religionis* (titre donné à tort dans l'édition de l'œuvre, car elle ne parle pas une seule fois de vœux ; Humbert l'appelle dans son introduction *Epistola de regularis observantia disiplinae*). C'est un bref traité qui enseigne et recommande les vertus de la discipline régulière, les attitudes et les pratiques à observer envers Dieu et le prochain. Les *Instructiones de officiis ordinis*, rédigées après 1257, exposent en détail les devoirs des divers officiers de l'ordre, depuis le maître général jusqu'aux serveurs, cordonniers et tailleurs. C'est un ouvrage important, car il offre une peinture détaillée de la vie de l'ordre dominicain au XIIIe siècle. Considéré comme un guide semi-officiel, il sera joint, jusqu'au XIXe siècle, à chaque édition imprimée des constitutions dominicaines. La plus longue des œuvres d'Humbert est l'*Expositio regulae beati Augustini episcopi*, qu'il rédigea soit entre 1263 et 1270 soit, selon Creytens, avant son généralat, en 1248-1254, car Humbert cite les *Vitae patrum* dont il tire des *exempla**, mais sans faire référence au recueil de Géraud de Frachet*, *Vitae fratrum*, qui parut en 1260 et dont Humbert avait prescrit la composition. L'*Expositio* est un commentaire très original, nourri de citations bibliques et patristiques, un plaidoyer en faveur de la règle de saint Augustin pour laquelle les frères n'avaient plus la dévotion qu'il fallait et que certains rejetaient. Il a eu beaucoup de succès, a été copié, abrégé, traduit (en espagnol et en allemand) ; il a été publié par extraits. L'*Expositio super constitutiones fratrum praedicatorum* a été entreprise par Humbert comme la suite de l'*Expositio regulae*, pour permettre aux frères de mieux comprendre leurs constitutions, mais il n'en rédigea que le prologue et le premier chapitre ; sans doute était-il trop occupé par ses fonctions de général de l'ordre. Les *Quaestiones quinque circa statua ordinis praedicatorum* sont postérieures aux deux *Expositiones* : c'est un court traité, peut-être détaché d'une lettre, dans lequel Humbert donne son interprétation de plusieurs points relatifs aux constitutions dominicaines, l'obéissance à la règle, au supérieur, la durée de ses injonctions, son pouvoir en affaire temporelle, enfin la correction des fautes vénielles.

Humbert a composé deux grands traités sur la prédication. Le *De eruditione praedicatorum* date de la fin de sa vie (1266-1277). C'est une vaste somme à l'usage des prédicateurs mendiants dans laquelle Humbert expose, en 44 chapitres, la théorie et la technique de la prédication selon les principes en vigueur. Viennent ensuite deux séries de 100 plans de sermons chacune. Ceux de la première série s'adressent à tous les auditeurs, ceux de la seconde traitent de toutes les affaires publiques (une vingtaine concernent les élections). Humbert se contente parfois de considérations générales et de thèmes sans originalité, pour les développements pieux, mais il ne craint pas d'utiliser sa propre expérience toutes les fois qu'il le peut : il note des faits concrets et plus souvent encore propose des remarques judicieuses formulées avec une psychologie très fine. On y trouve une mine d'informations sur les idées, les mentalités et la réalité de la société du deuxième tiers du XIIIe siècle. Peu après la prise de Saphed par les Sarrasins (1266), au moment où le pape confiait aux Prêcheurs et aux Mineurs la prédication de la croisade, Humbert a composé le *De praedicatione crucis contra Saracenos*, traité destiné à fournir aux frères des idées et des matériaux : Humbert leur conseille de lire le Coran, de connaître la géographie et tout ce qui dans l'histoire justifie le passage outre-mer. Il fournit une longue liste d'*exempla* pris chez des historiens tels que Cassiodore, Bède le Vénérable*, Grégoire de Tours*, qui relatent tous des miracles résultant du signe de croix, mais aussi la *Chronique du Pseudo-Turpin**, considérée comme un texte historique ; il fait allusion une fois aux « gesta Arturi », en rapportant l'anecdote du chevalier mort, tiré du début du poème de la *Vengeance Raguidel* qu'on attribue à Raoul de Houdenc*. Cet épisode se trouve aussi raconté dans une œuvre d'un contemporain d'Humbert, le *De septem donis Spiritus Sancti* d'Étienne de Bourbon*. Le *De praedicatione crucis* a eu beaucoup de succès ; il en subsiste de nombreux manuscrits, mais aucun n'est antérieur au XVe siècle et en dehors d'éditions de cette époque, personne ne l'a publié depuis. C'est entre 1272 et 1273, et assez hâtivement, qu'Humbert a rédigé l'*Opus tripartitum* à l'occasion du concile de Lyon de 1274. Il s'agissait de trouver remède à trois fléaux, la dévastation de la Terre sainte par les musulmans, le schisme à l'intérieur de l'Église et l'immoralité du clergé et des laïcs. Dans la première partie du traité, Humbert parle longuement de la croisade, des prétextes allégués par les chevaliers pour ne pas prendre la croix, ainsi que des raisons qu'y opposera un prédicateur. La deuxième partie est un essai historique, théologique et psychologique sur le schisme grec et sur les moyens de rénover l'union. La dernière partie propose des réformes précises sur les ordres mendiants, l'Église, les prélats et l'Empire. On n'a pas conservé de manuscrits de ce mémoire. Le *De dono timoris*, parfois appelé *Tractatus de abundantia exemplorum*, est encore un manuel de prédication. Ce traité est tout à fait semblable à celui d'Étienne de Bourbon*, *De septem donis Spiritus Sancti*, que ce dernier laissa inachevé à sa mort, vers 1261. La principale différence entre les deux traités est qu'Humbert utilise moins de noms propres et transforme quelques *exempla* pour les rendre plus dramatiques et intéresser davantage l'auditoire. Certains, comme Lecoy de La Marche, voient dans le *De dono* tout simplement un abrégé du traité d'Étienne. D'autres, comme Welter, admettent que le *De dono timoris* est basé sur le *De septem donis*. Pour Heintke, les deux auteurs ont simultanément élaboré, au couvent de Lyon où Étienne a passé pratiquement toute sa vie et où Humbert a séjourné de 1226 à 1237, une collection de « matières prédicables » sur les sept dons du Saint Esprit, puis l'ont ensuite rédigée chacun de leur côté et sous leur propre mode, Humbert n'ayant composé que le don de crainte, et cela dès 1241. Plus récemment, E.T. Brett a estimé cette théorie irrecevable. Par contre, le plagiat étant chose courante au Moyen Âge, il trouve vraisemblable qu'Humbert ait copié Étienne sans le nommer, et date l'œuvre d'Humbert après 1261, année approximative de la mort d'Étienne de Bourbon, peut-être même après 1266, si l'on estime que le *De dono* vient compléter le *De eruditione praedicatorum*, puisque le traité est un recueil d'*exempla*, en vue de la prédication. Le traité d'Humbert a eu beaucoup de succès ; jusqu'à la fin du XVe siècle, il a exercé une grande et durable influence sur la plupart des compilations de sermons. Il en subsiste plus de 40 mss disséminés dans toute les bibliothèques d'Europe ; mais à l'exception d'impressions du XVe siècle, il est resté inédit. On a attribué à tort à Humbert de Romans le *De eruditione religiosorum*, qui est de Guillaume Peyraut*, de même qu'un *Libellus de septem gradibus contemplationis* qu'on a aussi imputé à Bonaventure* et à Thomas Gallus*.

ŒUVRES. — J.J. Berthier, 2 vol., Rome, 1888-1889 ; réimp. Turin, 1956 (éd. de nombreuses œuvres d'Humbert : *De tribus essentialibus votis*, t. 1, p. 1-41 ; *Expositio super regulam B. Augustini*, p. 43-633 ; *Expositio super constitutiones*, t. 2, p. 1-178 ; *Instructiones de officiis ordinis*, p. 179-371 ; *De eruditione praedicatorum*, p. 373-483 [livre 1 seulement] ; *Epistulae XII ex capitulis generalibus ad ordinem scriptae*, p. 485-524). — *Encycliques*, éd. dans *Monumenta Ordinis Fratrum Praedicatorum Historica*, Rome, t. 5, 1900, p. 15-63. — *De eruditione praedicatorum*, éd. partielle du livre 2 dans *Bibliotheca maxima veterum Patrum*, t. 25, Lyon, 1677, p. 426-567 ; éd. du chap. 15 de la 4e partie du livre 2, F. Heintke, *Humbert von Romans, der fünfte Ordensmeister der Dominikaner*, Berlin, 1933 (*Historische Studien*, 222) [en appendice] ; extraits : éd. C. Casagrande, *Prediche alle donne del secolo XIII : Testi de Umberto da Romans, Gilberto da Tournai, Stefano di Borbone*, Milan, 1978 (*Nuova Corona*, 9). — *Sermo de confessore episcopo*, éd. J. Batany, *Humbert de Romans et les périls de la vie cistercienne*, dans *Mél. A. Dimier*, t. 2, 1984, p. 7-18 [éd. des sermons 21 et 30 en appendice] ; trad. française : *Traité de l'instruction des prédicateurs*, Rome, 1910 ; trad. anglaise : S. Tugwell, dans *Early Dominicans*, New York, 1982 *(Classics of Western Spirituality)*, p. 183-370. — *Legenda s. Dominici*, éd. A.

Walz, dans *Monumenta Ord. Fratrum Praedic. Histor.*, t. 16, vol. 2, Rome, 1935, p. 353-433. — *Opus tripartitum*, éd. E. Brown, *Appendix ad fasciculum rerum expetendarum et fugiendarum*, Londres, 1690, p. 185-229 [reproduit l'éd. de P. Crabbe, Cologne, 1551]. — *Quaestiones circa statua ordinis Praedicatorum*, éd. R. Creytens, *Commentaires inédits d'Humbert de Romans sur quelques points des constitutions dominicaines*, dans *Archiv. Fratr. Praedic.*, t. 21 (1951), p. 197-214.

→ M. Daunou, dans *HLF*, t. 19, 1895, p. 335-347 [porte un jugement très négatif sur les écrits d'Humbert, « d'une assez médiocre importance »]. — P.L. Rousseau, *De ecclesiastico officio Fratrum Preadicatorum secundum ordinationem venerabilis magistri Humberti de Romanis*, Rome, 1927. — J.T. Welter, *L'exemplum dans la littérature religieuse et didactique du Moyen Âge*, Paris, Toulouse, 1927. — V. Cramer, *Humbert von Romans. Traktat über die Kreuzpredigt*, dans *Das heilige Land*, t. 79 (1935), p. 132-153, t. 80 (1936), p. 11-23, 43-60, 77-98. — K. Michel, *Das Opus tripartitum des Humbertus de Romanis*, 2e éd., Graz, 1926. — H.M. Hering, *De oratione juxta B. Humbertum de Romans, O.P.*, Rome, 1960 (*Bibliotheca Dominic.*, 1). — R. Creytens, *Les commentateurs dominicains de la Règle de S. Augustin du XIIIe au XVIe siècle. 1 : Le commentaire d'Humbert de Romans*, dans *Arch. Frat. Praedicat.*, t. 33 (1963), p. 121-157. — A. Murray, *Religion Among the Poor in Thirteenth-Century France : the Testimony of Humbert de Romans*, dans *Traditio*, t. 30 (1974), p. 285-324. — C. Carozzi, *Humbert de Romans et l'union avec les Grecs*, dans *1274, année charnière. Mutations et continuités (1974)*, Paris, 1977, p. 491-494 ; *H. de Romans et l'histoire, ibid.*, p. 849-862. — P.L. d'Avray et M. Tausche, *Marriage Sermons in ad status Collections of the Central Middle Ages*, dans *ADHLMA*, t. 47 (1980), p. 71-119. — J. Batany, *Amicti stolis albis. Deux matières de sermons chez Humbert de Romans*, dans *Cîteaux*, t. 31 (1980), p. 357-372. — J. Dubois, *Les ordres monastiques au XIIIe siècle en France d'après les sermons d'Humbert de Romans, maître général des Frères Prêcheurs († 1277)*, dans *Sacris Erudiri*, t. 26 (1983), p. 187-220. — H.M. Barth, *Die Dominikuslegende im ersten Lektionar Humbertus von Romans (1246)*, dans *Arch. Frat. Praedic.*, t. 54 (1984), p. 83-112. — E.T. Brett, *Humbert of Romans. His life and Views of Thirteenth-Century Society*, Toronto, Leyde, 1984 (*Studies and Texts*, 67). — D. Trotter, *La mythologie arthurienne et la prédication de la croisade*, dans *Pour une mythologie du Moyen Âge*. Études rassemblées par L. Harf-Lancner et D. Boutet, Paris, 1988 (*Coll. de l'École Normale Supérieure de Jeunes Filles*, 41), p. 155-177. — M. Mayemba, *De saint Dominique à saint Thomas d'Aquin. Comment parler de la spiritualité des Frères Prêcheurs au XIIIe siècle ?*, Fribourg, 1988 [dans le 3e ch., analyse du *De eruditione praedicatorum*]. — A.E. Bernstein, *The Exemplum as Incorporation of Abstract Truth in the Thought of Humbert of Romans and Stephen of Bourbon*, dans *Mél. S. Kuttner*, Washington, 1990. — S. Tugwell, *Humbert of Roman's Material for Preacher*, dans *De Ore Domini. Preacher and Word in the Middle Ages*, Kalamazoo, 1989, p. 105-117. — P.J. Cole, *The Preaching of the Crusades to the Holy Land, 1095-1270*, Cambridge, 1991. — Cf. M.H. Vicaire dans *DS*, t. 7, Paris, 1969, col. 1108-1116. — T. Kaeppeli, *Scriptores Ordinis Praedicatorum Medii Aevi*, vol. 2, Rome, 1975, p. 283-295. — Nouveau Potthast, t. 5, p. 613-614.

G.T.L.

Huon d'Auvergne. Chanson de geste franco-italienne, du premier quart du XIVe siècle, longue de 12 000 vers. Il en existe également une version italienne en prose, du XVe siècle, par Andrea da Barberino*.

À la suite d'une fausse accusation portée par sa sœur, Charles Martel marche sur l'Auvergne et force Huon à fuir. Mais la vérité éclate et Charles condamne sa sœur au bûcher. Puis il jette les yeux sur la femme de Huon, et, afin d'être tranquille, envoie le héros en ambassade auprès de Lucifer. La suite du poème est plus proche de la littérature des voyages dans l'au-delà, visions et quêtes du Paradis que des chansons de geste. Au milieu d'aventures fantastiques, Huon rencontre les ombres d'Énée et de (saint) Guillaume d'Orange, qui le guident jusqu'en Enfer. Là, il découvre les tourments des damnés, d'ordre plus intellectuel que physique. Il y rencontre des personnages bibliques (Caïn, Judas) et antiques, mais aussi des héros de chansons de geste : Gui de Nanteuil et sa femme, un démon à l'image de Guibourc, Girart de Fraite, quelques mauvais conseillers de Charles Martel, Ganelon. Huon sort sain et sauf de l'Enfer, mais Charles Martel, furieux, refuse d'admettre son récit. *Huon d'Auvergne* est le plus ancien poème français à s'inspirer de l'*Enfer* de Dante* († 1321), œuvre largement négligée en France.

On estime généralement que, malgré leurs différences, *Huon d'Auvergne* et l'*Histoire de Charles Martel* en prose, du XVe siècle, dérivent d'une même source, un poème français perdu. Mais F. Möhren, qui prépare actuellement une édition critique du poème, s'interroge sur l'origine, française ou italienne, de cette chanson.

ŒUVRE. — E. Stengel a publié plusieurs extraits dans *Eine weitere Textstelle aus der franco-venezianischen Chanson de geste von Huon d'Auvergne*, dans *Festschrift zum 13. allg. deutschen Neuphilologentage in Hannover*, Hanovre, 1908, p. 35-40 ; dans *Huons aus Auvergne Höllenfahrt*, Greifswald, 1908 ; dans *Mél. M. Wilmotte*, Paris, 1910, t. 2, p. 685-713 ; dans *Mél. P. Rajna*, Milan, 1911, p. 873-891 ; dans *Huons aus Auvergne Suche nach dem Hölleneingang*, Greifswald, 1912 ; dans *Mél. V. Crescini*, Cividale, 1927, p. 267-290 (réimp. Turin, 1960).

→ A. Graf, *Di un poema inedito di Carlo Martello e di Ugo conte d'Alvernia*, dans *Giornale di Filologia Romanza*, t. 1 (1877), p. 92-110. — L.A. Meregazzi, *L'Ugo d'Alvernia*, dans *Studi romanzi*, t. 27 (1937), p. 5-87. — D.D.R. Owen, *The Vision of Hell*, Edimbourg-Londres, 1970, p. 180-190. — F. Möhren, « *Huon d'Auvergne* » / « *Ugo d'Alvernia* » : *objet de la lexicographie française ou italienne ?*, dans *Medioevo Romanzo*, t. 4 (1977), p. 312-325. — A. Vitale-Brovarone, *De la Chanson de « Huon d'Auvergne » à la « Storia di Ugone d'Alvernia » d'Andrea da Barberino : Techniques et méthodes de la traduction et de l'élaboration*, dans *Charlemagne et l'épopée romane, Actes du 7e congrès intern. de la Société Rencesvals, Liège, 1976*, Paris, 1978, t. 2, p. 393-404. — Cf. *MB* nos 525-531, 4075, 6105-6109 ; *S* 1314-1315. A.F.L.L.

Huon de Bordeaux (Cycle de). Autour de la chanson de *Huon de Bordeaux*, écrite en pays picard entre 1260 et 1268 (M. Rossi), s'est constitué dans la seconde moitié du XIIIe siècle un cycle qu'un manuscrit de Turin daté de 1311 nous livre à peu près au complet en 32 000 vers environ. Presque toutes les chansons du cycle nous sont parvenues sous la forme de poèmes en vers assonancés de dix syllabes. Nous signalerons les exceptions. Les différents poèmes sont analysés ci-dessous dans l'ordre probable où ils ont été écrits. Ce n'est pas exactement celui qu'offrent les manuscrits.

L'œuvre connue sous le titre de *Huon de Bordeaux* (10 553 v.) a connu une fortune enviable. Très tôt pourvue de plusieurs suites et d'un prologue, mise en alexandrins d'abord (14 796 vers dans le manuscrit Paris, BN, fr. 1451), puis, au XVe siècle, en une prose qui sera imprimée au XVIe, elle connaîtra sous ce nouvel aspect, et jusqu'en 1859, au moins 32 éditions, rééditions ou réimpressions. En Angleterre, elle fournira à Shakespeare, pour le *Songe d'une nuit d'été*, le personnage d'Obéron, elle inspirera *Geoffrey* Chaucer*, Spenser, Ben Johnson. En Allemagne, Wieland y puisera à pleines mains pour écrire son *Obéron*, d'où l'on tirera un livret que viendra parer la musique de Weber.

Huon et Gérard, les deux fils de Seguin, le défunt duc de Bordeaux, ont négligé pendant plusieurs années de venir « relever » leur fief auprès de Charlemagne. Amauri, un traître, les dénonce comme rebelles, et l'empereur, vieilli et fatigué, qui songe à abandonner la couronne à son fils Charlot, se prépare à les châtier. Il y renonce toutefois sur les instances du vieux duc de Bavière, Naime, et mande à la cour les deux Bordelais. En route vers Paris, ceux-ci donnent dans une embuscade tendue par Amauri et son complice Charlot. Gérard est grièvement blessé, mais Huon tue Charlot, dont il ignore l'identité. L'intervention des pairs ne permet pas à Charlemagne de tirer prompte vengeance de ce meurtre. Il se résout donc à éloigner Huon, mais la mission dont il le charge équivaut à un arrêt de mort : le jeune baron devra se rendre à Babylone, chez l'émir Gaudisse, tuer le premier païen qu'il verra au palais, embrasser trois fois Esclarmonde, la fille de l'émir, s'acquitter de messages insolents et enfin rapporter la moustache et trois molaires de Gaudisse. Par Rome et Brindisi, Huon et une escorte de dix chevaliers gagnent la Terre sainte. C'est là que commence vraiment un extraordinaire voyage qui, par d'étranges contrées, va mener les Français à Babylone d'Égypte, c'est-à-dire au Caire. Huon surmonte tous les dangers avec l'aide de Gériaume, que sa connaissance de l'Orient rend précieux, et surtout grâce à la protection du nain Auberon, roi de Féerie. Celui-ci s'est pris pour Huon d'une vive amitié et use en sa faveur de ses prodigieux pouvoirs. Après de multiples aventures, les chevaliers rentrent en France. Esclarmonde, devenue l'épouse de Huon, les accompagne. Mais le retour est assombri par de nouveaux malheurs, dus à la trahison de Gérard. Ses compagnons massacrés, lui-même jeté en prison, Huon ne sera délivré et rétabli dans ses droits que par une dernière intervention d'Auberon.

Ce qui a dû charmer dans l'œuvre, ce qui nous ravit encore, c'est l'extraordinaire mouvement du récit, l'aisance avec laquelle le merveilleux y est mêlé au quotidien et, enfin, le relief et la véracité des caractères.

Entre un début et une fin qui sont dans la pure tradition des chansons de geste, le voyage en Orient déroule sa merveilleuse aventure, où apparaissent des personnages inattendus et hauts en couleur. Quelques figures éclatantes se détachent de cette fresque : Huon d'abord, en qui la légèreté le dispute au courage, tour à tour sentimental, égrillard et plein d'humour ; Auberon, fantasque, vindicatif et fidèle, mélange de mythologie celtique et de christianisme populaire ; Gériaume *le barbé*, mentor véhément, astucieux et fort ; Esclarmonde enfin, en qui les vertus chrétiennes s'allient curieusement aux charmes païens.

Frappés par la parenté de nom et de caractère entre Auberon et Alberich, nain doué de pouvoirs surnaturels qui apparaît dans le poème allemand d'*Ortnit*, G. Paris, suivi par P. Rajna et C. Voretzsch, croyait à l'origine germanique de *Huon de Bordeaux*. Mais cette thèse a été combattue avec d'excellents arguments par Ph.-A. Becker et D. Scheludko. L'auteur de *Huon* s'est inspiré plus ou moins largement d'autres poèmes français. Citons parmi les principaux : *Ogier le Danois*, le *Lai du cor, Fergus* de Guillaume le Clerc*, *Le Pèlerinage de Charlemagne** et *Aye d'Avignon**. D'autre part, bien des ressemblances évidentes avec d'autres œuvres s'expliquent par le fait que les trouvères empruntaient à un fonds commun de situations et de formules. Certains critiques ont cru trouver dans *Huon de Bordeaux* le souvenir de faits et de personnages réels, mais leurs arguments sont des plus fragiles.

La plus grande originalité de *Huon de Bordeaux* réside dans la combinaison harmonieuse, par un séduisant conteur, de la matière épique traditionnelle et des procédés propres aux romans bretons.

Auberon est le prologue de *Huon de Bordeaux*. Au petit roi qui, dans le poème initial, se présentait déjà comme le fils de Jules César et de la fée Morgue, sœur du roi Arthur, l'auteur a eu pour souci principal de forger une généalogie prestigieuse. Il lui donne pour ancêtres Brunehaut et Judas Macchabée. Saint Georges est son frère jumeau. Gloriant, Malabron et le géant Orgueilleux, simples comparses dans *Huon*, sont, eux aussi, pourvus d'un état-civil. Les aventures, sans grand relief, sont de deux sortes : celles qui n'ont pour fonction que d'introduire les personnages, celles qui amplifient des faits évoqués assez brièvement par Auberon dans *Huon de Bordeaux*. On notera cependant le rôle surprenant de saint Georges, séducteur de la fille du roi de Perse, et les prodiges qui l'environnent : la compagne du saint, en mal d'enfant, est délivrée par la Vierge Marie, fuyant la persécution d'Hérode avec saint Joseph et l'Enfant Jésus. Nulle impiété pourtant dans ce dernier récit, mais un des aspects étonnants qu'a pu prendre le culte marial au Moyen Âge.

Plus qu'aucune autre chanson du cycle, celle d'*Esclarmonde* mérite l'appréciation de Léon Gautier. C'est en effet une « œuvre compliquée, enchevêtrée et d'un imbroglio difficile » qui fait « penser aux *Mille et une Nuits* ». Pour avoir tué, à Mayence, Raoul, neveu de Charlemagne, Huon est assiégé dans Bordeaux par l'empereur. Il s'échappe pour chercher du secours et son voyage sera une suite d'aventures prodigieuses : il verra Judas, immergé jusqu'au cou, flotter sans fin dans un tourbillon de l'océan ; il parviendra au château de l'Aimant, d'où il sera emporté par un griffon ; il cueillera trois pommes sur l'arbre de jeunesse qui croît dans une île de Perse ; il verra rouler le tonneau où l'âme de Caïn est emprisonnée pour jamais... Après une halte à Cluny, où il retrouve sa fille Clarisse, Huon regagne Bordeaux que l'intervention d'Auberon délivre bientôt de ses ennemis. Le récit est d'une incontestable originalité. Son influence s'est exercée sur *Baudouin de Sebourc** et sur *Herzog Ernst*, poème en moyen haut-allemand. Par contre, les rédactions tardives d'*Esclarmonde* ont à leur tour emprunté à *Baudouin de Sebourc*.

Huon, roi de féerie, se compose de plusieurs récits indépendants qui ne se présentent groupés que dans un seul manuscrit. Ce sont *Le couronnement de Huon en Féerie* (444 v.), *Le combat de Huon contre les géants à Dunostre* (400 v.), *Huon le desvé* (quelques centaines de vers : le seul manuscrit qui contienne cette partie est mutilé). Dans le premier, Huon dit adieu à Bordeaux, qu'il cède à son fidèle Gériaume, et part pour le royaume de Féerie où il doit succéder à Auberon. Il passe par Rome, où il se confesse à l'« apôtre », par Jérusalem, où il vénère le Saint-Sépulcre, et par des contrées étranges mais déjà décrites dans *Huon de Bordeaux*. Car c'est du vieux poème que tout ce voyage s'inspire, parfois jusqu'à le reproduire servilement. Guidé par Malabron, Huon arrive à Monmur, la ville d'Auberon, et y est couronné, tandis qu'Auberon s'élève au ciel, où il siégera à la droite de Dieu. *Le combat contre les géants* met en scène la nombreuse famille de deux géants vaincus par Huon. C'est Malabron qui est le héros de la lutte. Il anéantit les ennemis et sera récompensé en épousant Judic, la fille de Huon. Il ne nous reste que quelques vers de *Huon le desvé*. C'était le récit d'une guerre livrée à Gériaume par un autre Huon, frère d'un traître pendu sur l'ordre d'Auberon. *Huon, roi de Féerie*, sans unité et d'intérêt médiocre, n'est que l'amplification de passages de *Huon de Bordeaux*.

Dans la chanson de *Clarisse et Florent*, on voit la fille de Huon préférer Florent, fils du roi Garin d'Aragon, aux rois d'Angleterre et de Hongrie qui demandent sa main. Enlevée par un traître, abandonnée sur le rivage, emmenée par les Sarrasins, elle est heureusement délivrée par un vicomte du roi Garin et elle retrouve Florent. Mais Garin est opposé au mariage, il y met comme condition que son fils combatte et vainque le roi de Navarre. Cependant la victoire remportée ne désarme pas le vieux roi et les amants doivent s'enfuir. Ils tombent aux mains des Sarrasins et sont enfermés dans la tour d'Aufalerne, d'où ils pourront heureusement s'échapper, grâce à l'aide que leur apporte le châtelain Sorbaré. L'arrivée de Huon et de ses légions *faees* met fin à la guerre entre l'Aragon et la Navarre. Garin se réconcilie avec son fils. Le mariage termine le récit. À partir du premier séjour de Clarisse à la cour d'Aragon, tout le roman n'est qu'une transposition de la chantefable d'*Aucassin et Nicolette**. Les tournures mêmes et le vocabulaire ont été empruntés dans une large mesure.

La chanson d'*Ide et Olive* est, comme la précédente, d'inspiration purement romanesque. La naissance d'Ide a coûté la vie à sa mère, Clarisse. Devenue une ravissante jeune fille, Ide doit fuir pour échapper à l'amour abominable que lui porte son père. Vêtue d'habits masculins, elle se réfugie à la cour de l'empereur d'Allemagne, où la jeune princesse Olive, abusée par les apparences, s'éprend d'elle. Les exploits d'Ide, qui anéantit des armées païennes et délivre Rome, avivent encore l'amour d'Olive. Dieu prend en pitié la pureté de ces sentiments, il change Ide en homme et lui permet d'épouser Olive. Croissant naîtra de leur union.

La chanson de *Godin*, dont un seul manuscrit a été conservé, a été presque entièrement mise en rimes. Seuls le début et la fin ont gardé la forme primitive en vers assonancés. C'est la guerre qui occupe la première place dans ce poème que n'anime cependant aucun souffle épique. Le jour de son baptême, Godin, le fils de Huon, est enlevé par l'émir de Roches qui voit en lui l'héritier légitime de l'émir Gaudisse. Le ravisseur se comporte en père et fait de Godin un chevalier accompli. À cette éducation collabore le fidèle Malabron, envoyé par Huon. Mais bientôt Seguin, dont le père fut jadis exécuté pour trahison, ourdit un complot contre Godin et l'émir. Presque tout le poème est le récit des luttes confuses et des batailles sans cesse recommencées que se livrent les deux clans. Des personnages surgissent à mesure que d'autres meurent et rien ne laisse prévoir la fin. Elle survient par magie : Huon se transporte avec tous ses hommes jusqu'aux abords de Roches. Les traîtres sont exterminés et les païens se convertissent.

Huon et Calisse est une vaste interpolation (2 500 vers environ) qui figure dans une version tardive, en alexandrins. Elle remplace (« développe » serait inexact) 43 vers de la version la plus ancienne de *Huon de Bordeaux* ! Huon a pris la mer pour éviter une troupe ennemie. Des vents contraires le livrent à Gorhan, roi païen d'Irlande, qui l'emmène captif. Pour le récit de cette captivité, l'auteur ne s'est guère mis en frais, il a puisé abondamment dans *Huon de Bordeaux* : rencontre de captifs bordelais à la recherche de leur seigneur ; évasion grâce à Calisse, fille de Gorhan, qui s'est éprise du jeune Français ; colère d'Auberon quand Huon oublie la foi promise à Esclarmonde ; combats contre les païens. La mort de Calisse met fin à ce hors-d'œuvre.

Le roman de *Croissant* est à peine ébauché dans le manuscrit de Turin, où il n'est qu'une digression du roman d'*Ide et Olive*. La version en alexandrins ne le contient pas, mais y fait de fréquentes allusions dans *Huon de Bordeaux* et à la fin de *Clarisse et Florent*. C'est seulement dans la version en prose que le récit figure avec un large développement. Ide, qui s'est réconcilié avec son père, laisse le gouvernement de l'empire à son fils Croissant. Mais celui-ci dilapide le trésor paternel en de folles générosités. Contraint de quitter Rome, il gagne la Provence où il fait merveille au service du comte Raymond. Pendant ce temps, le peuple romain élève à l'empire le roi Guimart de Pouille. Lorsque Croissant, meurtrier du fils de Raymond, revient à Rome, c'est pour y vivre comme un mendiant. Guimart le retrouve, se réconcilie avec lui et lui apprend qu'un immense trésor, récemment découvert, lui revient légitimement. Croissant épouse la fille de Guimart et est rétabli dans ses droits.

Exception faite d'*Esclarmonde*, les suites de *Huon de Bordeaux* n'offrent qu'un très faible intérêt littéraire. Mais leur nombre, leur étendue et la persistance de leur succès attestent l'influence non négligeable du poème qui les a inspirées.

ŒUVRES. — *Huon de Bordeaux*, éd. P. Ruelle, Bruxelles-Paris, 1960 (*Travaux de la Fac. de Philosophie et Lettres*, 20) ; trad. F. Suard, Paris, 1980 (*Stock Plus Moyen Âge*). — *Auberon*, éd. J. Subrenat, Genève, 1973 (*TLF*, 202). — *Esclarmonde, Clarisse et Florent, Ide et Olive*, éd. M. Schweigel, Marburg, 1891 (*Ausgaben und Abhandlungen*, 83) [d'après le ms. de Turin]. — *Godin*, éd. F. Meunier, Louvain, 1958. — Sur la version en alexandrins, on consultera H. Schäfer, *Über die Pariser Handschriften 1451 und 22555 der Huon de Bordeaux-Sage*, Marburg, 1892 (*Ausgaben und Abhandlungen*, 90) ; sur la version en prose, Woledge n° 80.

→ G. Paris, *Sur Huon de Bordeaux*, dans *Romania*, t. 29 (1900), p. 209-219. — C. Voretzsch, *Epische Studien, I. Die Komposition des Huon de Bordeaux*, Halle, 1900. — J. Monfrin, *La Chanson de Godin*, dans *Le Moyen Âge*, t. 57 (1961), p. 341-361 ; *Sur la date de Huon de Bordeaux*, dans *Romania*, t. 83 (1962), p. 90-101. — W.C. Calin, *The Old French Epic of Revolt*, Genève, 1962. — M. Rossi, *Huon de Bordeaux et l'évolution du genre épique*, Paris, 1975 (*Nouvelle Bibl. du Moyen Âge*, 2). — J. Subrenat, *Merveilleux chrétien et merveilleux païen dans le prologue d'Huon de Bordeaux*, dans *Actes du 5e congrès international de la Société Rencesvals, Oxford, 1970*, Salford, 1977, p. 177-187. — B.F. Beardsmore, *Auberon and Galopin*, dans *Romania*, t. 101 (1980), p. 98-106. — M. Rossi, *Le duel judiciaire dans les chansons du cycle carolingien*, dans *Mél. R. Louis*, Saint-Père-sous-Vézelay, 1982, p. 945-960. — F. Suard, *Le cycle en vers de Huon de Bordeaux*, *ibid.*, p. 1035-1050. — M. Rossi, *Sur quelques aspects littéraires de la version en alexandrins de Huon de Bordeaux*, dans *Mél. A. Planche*, Paris, 1984, t. 2, p. 429-437. — M.J. Raby, *Prolégomènes à l'édition critique de Huon de Bordeaux en prose du XVe siècle* (thèse), Univ. Iowa, 1988 [cf. *DAI*, t. 49 (1988-1989), nos 2213A-2214A]. — S. Roblin, *L'enchanteur et le roi : d'un antagonisme politique à une rivalité mythique ?*, dans *Pour une mythologie du Moyen Âge*, Paris, 1988, p. 117-136. — *Senefiance*, t. 25 (1988) : *De l'étranger à l'étrange ou la conjointure de la merveille*, [contient plusieurs articles]. — E. Baumgartner, *Le temps des automates*, dans *Mél. P. Zumthor*, Paris, 1988, p. 15-21. — Cf. *MB* nos 532-555 ; 4065 ; 6110 ; 7180-7182 ; *S* 788-789 ; 879 ; 1316-1330.

P.Ru.

Huon Le Roi de Cambrai. On regroupe sous ce nom des poèmes du XIIe siècle signés de trois noms : Huon le Roi de Cambrai, Huon le Roi et le Roi de Cambrai.

Un poète dévot, qui signe « Huon le roi de Cambrai » dédie au roi Philippe III une *Vie de saint Quentin* de plus de 4 000 octosyllabes à rimes plates, conservée dans un seul manuscrit. Il écrit aussi des *Regrets Notre Dame* développant, en douzains d'octosyllabes, un long *Planctus Mariae* qui eut un grand succès (plus de 20 manuscrits conservés). Des extraits remaniés en ont été insérés dans la *Bible des sept états du monde* de Geoffroi de Paris*.

Sous le nom de « Roi de Cambrai », c'est probablement le même poète qui a composé trois autres textes religieux ou moraux : un *Ave Maria* paraphrasé (environ 300 octosyllabes à rimes plates) ; l'*Abecés par ekivoche et li significations des lettres* (environ 450 octosyllabes à rimes riches), jeu d'esprit de ton moral, où l'auteur s'ingénie à tirer des conclusions à la fois de la forme des caractères et de la présence des différentes lettres de l'alphabet à l'initiale des mots ; la *Description des religions*, en 19 douzains d'octosyllabes finissant chacun par un proverbe, revue satirique des principaux ordres religieux (prémontrés, chartreux, franciscains, cisterciens, jacobins, etc.).

Mais faut-il identifier ce (ou ces) poète(s) pieux avec « Huon le Roi », auteur du *Vair Palefroi* (un conte de 1 342 octosyllabes, où l'on voit un cheval bien dressé réunir des amants séparés, réduisant à néant les manœuvres déloyales d'un vieil oncle) et « Huon de Cambrai », qui raille, dans une des deux versions de la *Male Honte*, les faiblesses du roi Henri III d'Angleterre ?

Malgré la parenté de certains traits dialectaux, le don de narration commun à ces poèmes, le goût pour la poésie religieuse et morale qui n'exclut pas l'esprit satirique, rien ne permet d'affirmer l'identité des trois Huon.

ŒUVRES. — *Li regrés Nostre Dame par Huon le Roi de Cambrai*, éd. A. Långfors, Paris, 1907. — *La Vie de saint Quentin*, éd. A. Långfors et W. Söderhjelm, dans *Acta Soc. Scient. Fennicae*, t. 38 (1909). — *Huon le Roi, Le Vair Palefroi, avec deux versions de la Male Honte*, éd. A. Långfors, Paris, 1912 (*CFMA*, 8). — *Huon le Roi de Cambrai, Œuvres*, t. 1, éd. A. Långfors, Paris, 1925 (*CFMA*, 13) [*ABC, Ave Maria, Description des religions*]. — Éd. W. Noomen et N.J. Van den Boogaard, dans *Nouveau recueil complet des fabliaux*, t. 5, Assen, 1990 [*Male Honte*]. — *Le Vair Palefroi, avec deux versions de la Male Honte*, trad. J. Dufournet, Paris, 1977 (*Traductions des CFMA*, 22).

→ V. Le Clerc, *Fabliaux*, dans *HLF*, t. 23 (1856), p. 69-215, notamment p. 176-177 [*Male Honte*] ; et *Poésies morales, ibid.*, p. 263 [*ABC*]. — W. Söderhjelm, *Hugues le Roi de Cambrai*, dans *Romania*, t. 25 (1896), p. 449-455. — B. Terris, *La Vierge de la Passion dans la littérature jusqu'à la fin du XVe siècle*, dans *Position... thèses... École des Chartes*, Paris, 1949, p. 147-149 [*Regrets ND*]. — J.V. Alter, *Les origines de la satire anti-bourgeoise en France*, Genève, 1966. — M.L. Chênerie, *« Ces curieux chevaliers tournoyeurs... » Des fabliaux aux romans*, dans *Romania*, t. 97 (1976), p. 327-368. — P. Harris Stäblein, *Le rôle de la bête dans la structuration dynamique des fabliaux : Du Vair Palefroi*, dans *Épopée animale, fable, fabliau. Actes du 4e colloque de la Soc. intern. Arthurienne*, Paris, 1984, p. 575-583. — P. Jonin, *Les vavasseurs des fabliaux*, dans *Mél. B. Woledge*, Genève, 1987, p. 69-85 (*Publ. romanes et françaises*, 180) [*Vair Palefroi*]. — Cf. *GRLMA*, t. VI/2, n°s 848, 916, 4092, 4096, 4298. — *MB* n°s 2482-2483, 2978, 3108, 3117, 3370 ; *S* 4766, 5671. D.G.G. et A.F.L.L.

Huon de Méry. Contemporain du premier *Roman de la Rose**, celui de Guillaume de Lorris*, le *Tournoiement Antéchrist* (entre 1234-1240) est le seul texte qui nous reste de Huon de Méry. Et tout ce que nous pouvons savoir de l'auteur, se lit dans son œuvre. Cette psychomachie entre l'armée de Dieu et celle de l'Antéchrist intègre en effet la biographie même de son narrateur. Celui-ci, qui a rejoint les armées royales en Bretagne lors de la guerre de la minorité de saint Louis, ne résiste pas à sa curiosité : il part dans la forêt de Brocéliande visiter la périlleuse fontaine du *Chevalier au lion* de Chrétien de Troyes*. Dès qu'il a bu à la tasse de cette fontaine, une tempête se déchaîne. Puis il rencontre les troupes de l'Antéchrist qui, avant le tournoi, se régalent de tous les mets de Raoul de Houdenc*, c'est-à-dire de ceux qu'il présentait dans son *Songe d'Enfer*. Les partisans de l'Antéchrist, outre les Vices, sont formés des dieux de la mythologie et de paysans. Les Vertus, les archanges et la chevalerie arthurienne sont les chevaliers de Dieu. Au cours du tournoi où l'armée divine l'emporte sur l'armée infernale, la narration se retourne brusquement vers le narrateur, simple spectateur du combat. En effet, Amour qui faisait partie des troupes divines aux côtés de Prouesse, Courtoisie et Largesse, change subitement de camp pour se ranger auprès de Vénus et Cupidon. Tous trois vont aider Fornication, presque vaincue par Virginité. Vénus lui décoche une flèche que Virginité évite en se réfugiant dans une abbaye avec Chasteté. Et la flèche perdue va frapper l'œil du narrateur. Cette blessure l'atteint jusqu'au cœur, suivant l'image traditionnelle que l'on retrouve chez Guillaume de Lorris. Le détournement de la flèche correspond sans doute à un détour narratif : c'est à cause de ces dangers de l'amour que le narrateur-auteur serait lui aussi entré en religion et serait devenu clerc. Dans les derniers vers du poème, il demande à Religion, après sa guérison, de le conduire jusqu'à l'église de Saint-Germain-des-Prés. Cette personnalisation du dit allégorique allait trouver son point d'achèvement dans le premier *Roman de la Rose*.

Huon de Méry (Méry-sur-Seine ?) a joué à plein l'intertextualité dans son *Tournoiement* : il connaît et cite implicitement l'œuvre de Chrétien de Troyes et celle de Raoul de Houdenc. Il joue aussi beaucoup sur la langue et crée parfois un climat semi-comique. Ainsi lorsqu'il décrit l'armée de l'Antéchrist, mal montée et mal armée : Avoutire (Adultère) se bat avec une porte de bordel ; Gloutonnie porte un écu de gueules (nom du rouge en héraldique) tandis que Couardie « *l'escu pale a lievre rampant / portoit qui estoit fet de tremble* » (portait un pâle écu fait de tremble, avec la figure d'un lièvre dressé). En raison de cette richesse textuelle, le *Tournoiement*, dont il subsiste aujourd'hui une dizaine de manuscrits, a connu un succès certain et durable.

ŒUVRE. — Éd. G. Wimmer, Marburg, 1888 (*Ausgaben und Abhandlungen*, 76). — Éd. M.O. Bender, University Missisipi, 1976 (*Romance Monographs* 17) [éd. décevante ; lui préférer la précédente].

→ M. Prinet, *Le langage héraldique dans le Tournoiement Antechrist*, dans *BEC*, t. 83 (1922), p. 43-53. — H.R. Jauss, *La transformation de la forme allégorique entre 1180 et 1240 : d'Alain de Lille à Guillaume de Lorris*, dans *L'humanisme médiéval dans les littératures du* XII*e* *au* XIV*e* *siècle*, Paris, 1964, p. 107-146. — G. Peron, *Raoul de Houdenc e la laicizzazione dell'Allegoria*, dans *Simbolo, Metafora, Allegoria*, éd. D. Goldin, Padoue, 1980, p. 107-121 (*Quaderni del circolo filologico linguistico padovano*, 11). — R.K. Emmerson, *Antichrist in the Middle Ages : A Study of Medieval Apocalypticism Art and Literature*, Seattle-Univ. of Washington Press, 1981. — K. Busby, *Plagiarism and Poetry in the Tournoiement Antechrist of Huon de Méry*, dans *Neuphilologische Mitteilungen*, t. 84 (1983), p. 505-521. — M.A. Tardy, *Entre le sérieux et le comique, une œuvre énigmatique : Li tornoiemenz Antecrist de Huon de Méry*, dans *Perspectives médiévales*, t. 12 (1986), p. 61-63. — E. Ruhe, *Die Turnierkunst des Huon de Méry*, dans *ZRPh*, t. 105 (1989), p. 63-80. — Cf. *GRLMA*, t. VI/1, p. 212-220 ; t. VI/2, n° 4596. — *MB* nos 3516-3517, 6407 ; *S* 5135, 5877-5878. S.L.

Huon d'Oisy. Hugues III, seigneur d'Oisy-le-Verger (Pas-de-Calais, arr. Arras, cant. Marquion) est un des plus anciens trouvères : il fut châtelain de Cambrai à partir de 1171 et vicomte de Meaux, et il mourut en 1190. Seules deux de ses compositions, toutes deux datant de 1189, nous sont parvenues. La première est un serventois acerbe, dans lequel il stigmatise la conduite de Conon de Béthune* (son élève en poésie) au début de la troisième croisade.

L'autre, qui compte 216 vers et se présente sous la forme d'un lai lyrique, est un *Tournoiement* de dames, c'est-à-dire la description d'un tournoi fictif où les champions sont des femmes. Parmi les combattantes de ce *Tournoiement* situé à Lagny, figurent plus de 30 amies ou parentes du poète, appartenant toutes à la noblesse de Picardie, d'Île-de-France et de Champagne : Alix de Montmorency, femme de Simon III de Montfort, Adèle de Breteuil, comtesse de Clermont, Alix de Dreux, seconde femme de Raoul Ier de Coucy, Yolent de Coucy, seconde femme de Robert II de Dreux et mère du trouvère Jean de Braine*, Marguerite d'Oisy, fille du comte Thibaud V de Blois et Chartres et seconde femme de Huon, ainsi que les princesses Marie de France, comtesse de Champagne, et Isabelle de Hainaut, reine de France, respectivement sœur et femme du roi Philippe Auguste.

ŒUVRES. — A. Jeanroy, *Notes sur le Tournoiement des dames*, dans *Romania*, t. 28 (1899), p. 232-244 [édition]. — *Les chansons de croisade*, éd. J. Bédier et P. Aubry, Paris, 1909 (réimp. New York, 1971), p. 51-64. — P.A. Becker, *Die Kreuzzugslieder von Conon de Béthune und Huon d'Oisi*, dans *ZFSL*, t. 64 (1941-1942), p. 305-312. — *Ludi e spettacoli nel medioevo, I Tornei di dame*, éd. A. Pulega, Milan, 1970, p. IX-XI, XXIV-XXXII, 3-12 et 87-97 *(Cattedra di Filologia romanza dell'università degli studi di Milano)*. — *Anthologie de la poésie lyrique française des* XII*e* *et* XIII*e* *siècles*, éd. bilingue J. Dufournet, Paris, 1989, p. 100-103 *(NRF/Poésie)* [une chanson].

→ H. Petersen Dyggve, *Personnages historiques figurant dans la poésie lyrique française des* XII*e* *et* XIII*e* *siècles. III. Les dames du « Tournoiement » de Huon d'Oisi*, dans *Neuphilologische Mitteilungen*, t. 36 (1935), p. 65-84 ; *V. L'Yolent à l'écu déchiqueté du « Tournoiement » de Huon d'Oisi, ibid.*, t. 37 (1936), p. 257-261 ; *X. Deux dames du « Tournoiement » de Huon d'Oisi, ibid.*, t. 41 (1940), p. 157-180. — C. Cremonesi, *A proposito di alcuni versi (55-63) del « Tournoiement des dames » di Huon d'Oisy*, dans *Studi Francesi*, t. 19 (1975), p. 81-84. — Linker, n° 114. — Cf. *GRLMA*, t. VI/1, p. 278, 291, 300, 305 ; t. VI/2, nos 6088 et 6092. — *MB* nos 2358, 2634, 6463-6465 ; *S* 4347, 4898-4900. G.M. et F.F.H.

Huon de Saint-Quentin. On ne sait rien de ce trouvère, originaire de Saint-Quentin (Aisne). Huon est l'auteur de deux poèmes satiriques (un serventois et la *Complainte de Jérusalem contre Rome*) et de deux poèmes lyriques. Le serventois, une chanson de croisade, compte quatre strophes de 11 décasyllabes. Il est conservé dans trois mss, deux d'entre eux possédant aussi la musique de cette pièce. La *Complainte de Jérusalem contre Rome* (26 strophes de 12 décasyllabes) figure dans quatre mss. Le serventois et la *Complainte* furent composés après la chute de Damiette (8 septembre 1221) et traitaient le même sujet : la responsabilité du légat Pélage et de l'Église dans l'échec de la cinquième croisade et l'évacuation de l'Égypte et de Damiette. Huon partageait l'opinion de ses contemporains, Moniot d'Arras*, Gautier de Coinci* *(Vie de sainte Léocade)* et Guillaume Le Clerc de Normandie* *(Besant de Dieu)*, et accusait Pélage de traîtrise à l'égard du chef militaire de l'expédition, Jean de Brienne, roi de Jérusalem, puis empereur de Constantinople (mort en 1237) :

De Damiete sont saisi
Par le legat nostre anemi
Et crestien de mort ataint ;
Et saciez bien qu'il est ensi :
Qu'il ont le roi Jehan trahi
(*Complainte*, v. 7-11)
Mais tel cose avés fait emprendre
Vostre legat, c'on doit le prendre
Car por lui sont crestien pris
(*Complainte*, v. 70-72)

mais, s'il invectivait avec passion contre les prélats romains qui, pour de l'argent, permettaient aux croisés de « se décroiser », Huon n'épargnait pas non plus les croisés qui avaient regagné la France sans se soucier du sort de leurs compagnons captifs.

Ses deux pièces lyriques sont des pastourelles, conservées toutes les deux dans les deux mêmes chansonniers *M* (Paris, BN, fr. 844) et *T* (Paris, BN, fr. 12615). La première (R. 41), en cinq strophes de huit vers et un envoi de quatre, a été attribuée par erreur, par le rubricateur de *M*, à Gilles de Vieux-Maisons*. La deuxième pastourelle (R. 1830), en huit strophes de six vers, qui fut parfois considérée comme l'œuvre de Jean de Braine*, doit être restituée (selon A. Serper) à Huon d'après le chansonnier *T*.

ŒUVRES. — *Les chansons de croisade*, éd. J. Bédier et P. Aubry, Paris, 1909, (réimp. New York, 1971), p. 145-151 [éd. du serventois]. — H. Petersen Dyggve, *Trouvères et protecteurs de trouvères dans les cours seigneuriales de France*, dans *Annales Academiae Scientiarum Fennicae* (série B, n° 50), Helsinki, 1942, p. 81-84. — *Huon de Saint-Quentin, poète satirique et lyrique, Étude historique et édition de textes*, éd. A. Serper, Potomac, 1983 (*Studia humanitatis*, 66). — *Anthologie de la poésie lyrique française des* XII*e et* XIII*e siècles*, éd. bilingue J. Dufournet, Paris, 1989, p. 184-187 *(NRF/Poésie)* [une pastourelle].

→ J.P. Donovan, *Pelagius and the Fifth Crusade*, Philadelphie, 1950. — A. Serper, *Deux poèmes de croisade de Huon de Saint-Quentin*, dans *RLR*, t. 80 (1972), p. 157-168 ; *Deux chansons de croisade de Huon de Saint-Quentin*, dans *Actes du 13e congrès international de linguistique et philologie romanes (Québec, Université Laval, 29 août-5 septembre 1971)*, Québec, 1976, t. 2, p. 779-788. — Linker, n° 113. — Cf. *GRLMA*, t. VI/1, p. 292 et 303 ; t. VI/2, nos 6084 et 6164. — *MB S* nos 4491-4492.

F.F.H.

Hymne. On distinguera deux sortes d'hymnes dans la liturgie latine.

1. L'Hymne au sens antique n'a pas une forme verbale déterminée, mais consiste en une louange chantée d'un dieu (ou de Dieu chez les chrétiens). Cette définition est reprise par saint Augustin après plusieurs autres auteurs : *hymni cantus sunt continentes laudem Dei, si sit laus et non sit Dei non est hymnus, si sit laus et Dei laus et non cantetur non est hymnus, oportet ergo ut si sit hymnus habeat haec tria : et laudem et Dei, et canticum* (*Enarr. in ps. CXLIX, PL*, t. 36, col. 1947-1948). Cette appellation a eu cours dans le christianisme primitif, elle se maintient après le IVe siècle et pendant une bonne partie du Moyen Âge : saint Benoît qualifie d'hymne le *Te Deum* et le *Te decet laus* (Règle, chap. XI) dont la forme verbale est libre, et l'on trouve sous la même désignation le *Gloria Patri*, le *Gloria in excelsis* qui sont des acclamations, et le *Benedictus es Domine Deus* (Daniel, III 52 sqq.) que nous rangeons dans la catégorie des *cantica* bibliques (concile de Tolède de 633, Mansi, *Amplissima Collectio*, t. X, col. 623). Pour Isidore de Séville*, tous les chants qui célèbrent la gloire de Dieu sont des hymnes (*De eccl. Off.*, VI, 2). Walafrid Strabon est encore plus net : *Notandum autem ymnos dici non tantum qui metris vel rythmis decurrunt quales composuerunt Ambrosius et Hilarius, Beda Anglorum presbyter et Prudentius... verum etiam ceteras laudationes quae verbis convenientibus et soni dulcis proferuntur : unde et liber psalmorum apud Hebreos liber hymnorum vocatur. Et quamvis in quibusdam ecclesiis ymni metrici non cantentur, tamen in omnibus*

generales hymni id est laudes, dicuntur (Walafrid Strabon, *De Exordiis...*, ch. 26, dans *MGH, Capitularia*, II, p. 506).

On est donc en présence de textes dépourvus de toute forme métrique prédéterminée.

2. Au IVe siècle, une autre forme s'est imposée : l'hymne qui apparaîtra alors est composée de strophes identiques entre elles et sans refrain. Les premiers essais furent l'œuvre de saint Hilaire* (mort en 367), mais leur langage, comme leur forme métrique, était apparemment trop compliqué et ce premier répertoire ne s'imposa pas. Peu d'années plus tard, saint Ambroise composa un répertoire dont on possède quatre pièces authentiques : *Deus creator omnium, Aeterne rerum conditor, Jam surgit hora tertia*, et *Veni redemptor gentium*. Ces pièces semblent avoir obtenu un vif succès et les copies, imitations, adaptations ne se comptent pas ; elles entrèrent assez vite dans la liturgie de l'office (matines et petites heures). Le vocabulaire se fixe : on parlera soit des hymnes (sens antique), soit des « ambrosiennes » (sens médiéval). Déjà Cassiodore admet que le terme hymne correspond à une forme verbale déterminée : *H. graecus sermo, id est laus carminum lege composita* (*In ps. 39*, § 3, *PL*, t. 70, col. 288).

À partir de cette époque, le répertoire va s'augmenter d'année en année.

Cependant l'adoption des hymnes métriques par l'Église et leur introduction dans le culte officiel ne se fit pas sans peine. Aux yeux du législateur, elles avaient le tort d'être des poésies composées par un poète, alors que la tendance était de ne conserver dans le culte que des fragments de l'Écriture. La doctrine fut extrêmement variable suivant les lieux et les temps ; en pratique, les églises séculières durent y renoncer, alors que les moines, plus indépendants, les conservèrent. C'est au XIe siècle seulement que la liturgie officielle leur fait une place évidente dans les Ordinaires. Auparavant, on en trouve d'innombrables dans les manuscrits, mais à l'état dispersé : les hymnes sont souvent ajoutées dans des recueils avec lesquels elles n'ont aucun rapport, au hasard d'un vide laissé par le texte primitif.

Un recueil d'hymnes est un hymnaire : c'est un livre qui apparaît fort tard dans le Moyen Âge. Le plus ancien dont on ait connaissance vient de Moissac (ms. Vat. Ross. 205) et remonte au Xe ou XIe siècle, suivant les auteurs (édition intégrale dans Dreves, *Analecta hymnica medii aevi*, t. 2). À partir du XIIe siècle, il n'y a plus de problème : les hymnes étant admises dans toutes les formes de la liturgie sont rassemblées dans une section spéciale des livres liturgiques, en général après le psautier. Cela est logique puisque, comme les psaumes, les hymnes sont chantées aux heures et non à la messe. La présentation paléographique des hymnes est particulière : elles ne sont jamais notées en entier comme le serait une séquence ou une antienne ; seule la première strophe reçoit des neumes ou une notation sur lignes. Il est ainsi suggéré que les strophes sont rigoureusement identiques entre elles.

Le répertoire des hymnes est très mouvant. Ayant échappé aux grandes codifications liturgiques, il s'est répandu assez capricieusement : chaque cité possède son propre répertoire d'Hymnes, et le plus souvent les mélodies chantées varient d'un endroit à l'autre pour une même pièce, ce qui a jusqu'ici freiné les études.

→ La bibliogr. relative aux hymnes est innombrable. Il faut connaître les dictionnaires *DACL* (art. de Dom Leclercq) et *MGG* (bibliogr. abondante). — H.A. Daniel, *Thesaurus hymnologicus*, 5 vol., Halle, 1941-1947. — F.J. Mone, *Hymnen des M.A.*, 3 vol., 1853-1855. — G.M. Dreves et Cl. Blume, *Analecta hymnica*, 54 vol. depuis 1886 ; tables par M. Lütolf, *Analecta hymnica Medii Aevi, Registen*, Berne-Munich, 1978, 2 t. en 3 vol. (table des inc., des genres et des auteurs). — C.A. Moberg, *Die liturg. Hymnen in Schweden*, I, *Quelle und Texte*, Uppsala, 1947. — U. Chevalier, *Repertorium hymnologicum*, 6 vol., 1889-1900. — J. Szövérffy, *Repertorium hymnologicum novum*, t. 1, Berlin, 1983 (*Med. Classics. Texts and Studies*, 16). — J. Mearns, *Early Latin Hymnaries*, Cambridge, 1913. — C. Vogel, *L'hymnaire de Murbach*, dans *Arch. de l'Église d'Alsace*, t. 9 (1958) [très important]. — B. Stäblein, *Die mittelalterlichen Hymnenmelodien des Abendlandes*, Cassel et Bâle, 1956 (*Monumenta monodica Medii Aevi*, 1). — P.L. Mittler, *Melodienuntersuchung zu den dorischen Hymnen der Lateinischen Liturgie im Mittelalter*, Siegburg, 1965. — A. Michel, *In hymnis et canticis. Culture et beauté dans l'hymnique chrétienne latine*, Louvain, 1976 (*Philosophes médiévaux*, 20). — M. Pellegrino, *Innologia cristiana latina*, Turin, 1964. — J. Szövérffy, *A Concise History of Medieval Latin Hymnody*, Leyde, 1985 (*Med. classics. Texts and Studies*, 19) ; *Across the Centuries. Latin Poetry, Irish Legends and Hymnody Between Late Antiquity and the 16th Century*, Leyde, 1988 (*Med. classics. Texts and studies*, 13). — Anthologie : H. Spitzmuller, *Poésie latine chrétienne au Moyen Âge* IIIe-XVe, Paris, 1972 [textes latins et trad. française]. — Bibliogr. dans K. Ameln, *Literaturbericht zur Hymnologie*, dans *Jahrbuch für Liturgie und Hymnologie*, Cassel, t. 28 (1984), p. 195-235. — Bibliogr. courante : *Année philologique, Medioevo latino*. S.C.

I

Ider. Voir : *Yder*.

Imitation de Jésus-Christ. Traité spirituel en quatre livres au plan assez lâche, connu à partir du deuxième quart du XVe siècle, qui exerça sur la piété chrétienne une influence incomparable. L'*Imitation* est l'œuvre d'un moine ; il faut y voir le résumé de son expérience ascétique, écrit pour lui-même et pour ses frères. Comment un écrit conçu délibérément en fonction du cloître et de la vie religieuse, conseillant le renoncement en toutes choses, s'est-il trouvé assez souple pour s'adapter naturellement aux états de vie les plus divers et devenir le classique par excellence de la spiritualité chrétienne ? C'est le mystère de l'*Imitation*.

Le traité ne porte pas de nom d'auteur. Quoi qu'il en soit des controverses sans cesse renaissantes et souvent passionnées, suscitées à ce sujet, l'*Imitation* n'est l'œuvre ni de Jean Gerson*, ni de Jean Gersen, abbé de Verceil, ni même un écrit de Gérard Groote remanié par ses disciples. L'auteur en est Thomas Hemerken a Kempis (1379 ou 1380-1471), un Rhénan, entré à vingt ans au monastère de Mont-Sainte-Agnès, à Zwolle, où il fut longtemps maître des novices, et qui travailla longtemps à traduire ou copier les grands spirituels antérieurs, principalement saint Bernard* et Bonaventure*.

On possède encore le manuscrit autographe « finitus et completus per manus fr. Thome Kempis », achevé en 1441, qui témoigne, par ses innombrables retouches, ses feuillets arrachés et remplacés, du soin que mit l'auteur à se corriger lui-même (éd. diplomatique du *Bruxell.* 5.855-61, par L.M.J. Delaissé, *Le ms. autographe de Th. a Kempis et l'Imitation de J.-C.*, Anvers, 1956). Bien des variantes importantes entre les diverses traditions manuscrites s'expliquent par le fait que le livre ne cessa d'évoluer et de se modifier sensiblement entre les mains de son auteur. Le premier manuscrit connu date en effet de 1424. Les quatre livres assez disparates qui forment l'*Imitation* appartiennent à un ensemble de treize traités dont les neuf derniers sont peu connus.

L'*Imitation* traduit les tendances foncières de la *Devotio moderna* : contemplation de l'humanité du Christ pour accéder à celle de sa divinité et à l'union de l'âme à Dieu, effusions affectives nombreuses. La mystique proprement dite n'est pas l'objet principal des quatre livres ; l'auteur, dans son souci de rendre la vie spirituelle accessible à tous, parle d'une contemplation plus active qui s'identifie pratiquement à la charité. C'est le meilleur des directoires spirituels qu'ait produit le Moyen Âge.

Huit cents manuscrits s'échelonnent de 1424 à 1500, la première édition imprimée est de 1482 environ. Sur la demande de Philippe le Bon, une traduction française fut faite en 1447, dite « traduction d'Hesdin », sous le titre *L'internelle consolation* (texte publié par A. Pereire, d'après le ms. d'Amiens, Paris, 1926). Une autre traduction se lit dans les incunables (éd. Paris, 1486). Les deux traductions présentent une curieuse transposition des livres, que l'on lit dans l'ordre II, III, I ; elles ne comportent pas le livre IV ; la traduction des incunables a subi même un remaniement discret pour accommoder le livre aux lecteurs laïcs. Une traduction plus fidèle fut publiée en 1488 à Toulouse, dans laquelle l'ordre des livres est rétabli.

ŒUVRE. — Éd. P.E. Puyol, Paris, 1886. — Éd. d'après le ms. autographe de Th. a Kempis par L.M.J. Delaissé, Bruxelles, 1956, 2 vol. — Trad. française de Lamennais rééd. avec le texte latin, par le P. Chenu, 1950. — Trad. française L. Baudry, Paris, 1950.

→ *DSAM*, t. 7², 1971, col. 2338-2368. — G. Epiney-Burgard, *Gérard Grote et les débuts de la dévotion moderne*, Wiesbaden, 1970. — A. de Backer, *Essai bibliogr. sur le livre « De I. Christi »*, Liège, 1864. — P.E. Puyol, *Descrip-*

tion des manuscrits et des principales éditions du livre « De I. Christi », Paris, 1898. — St. G. Axters, *De Imitatione Christi...*, Kempen-Niedenhein, 1971 [cite 376 mss conservés, 24 mss perdus et 40 écrivains à qui l'œuvre a été attribuée ; bibliogr.]. — J. Huijben et P. Debongnie, *L'auteur ou les auteurs de l'Imitation*, Louvain, 1957. — A. Ampe, *L'Imitation et son auteur... Réflexions critiques*, Rome, 1973 [rejette l'attribution à Th. a Kempis]. — S. Martinelli Spano, *L'autore dell'Imitazione di Cristo*, dans *Riv. Storia Chiesa in Italia*, t. 29 (1975), p. 207-220. D.G.O.

Information des Princes. On a regroupé sous ce titre les différentes traductions du *De regimine* ou *De informatione principum* de Gilles de Rome*. Rédigé entre 1277 et 1279 pour le futur Philippe le Bel, cette œuvre de philosophie morale enseigne à se gouverner soi-même (livre I), à gouverner sa maison (II) et à gouverner un état (III). Dès 1282, Henri de Gauchy, chanoine de Saint-Martin de Liège, en donna une première traduction. C'est celle qui, de loin, aura le plus de succès (plus de 20 mss) ; les autres ne sont conservées que par une seule copie et sont dues, le plus souvent, à des inconnus. Il s'agit des versions d'un certain Guillaume faite pour Guillaume de Belesvoies, citoyen d'Orléans (1330) ; de celle de Gilles Deschamp, peut-être Normand (1420) ; d'un anonyme écrivant à la demande du comte de Laval (1444) ; de Jean Wauquelin* pour le duc de Bourgogne (1450) ; de Charles de Saint-Gelais, évêque d'Elne (1487), auteur également de l'*Estrif de Science, Nature et Fortune* (1488).

Dès 1288, la version de Henri de Gauchy fut traduite en italien. Et que ce soit d'après le texte français ou l'original latin, le *De regimine* de Gilles de Rome connaîtra aux XIVe et XVe siècles des adaptations en castillan, catalan, allemand, anglais, hébreu.

On connaît encore une traduction abrégée du XVe siècle, qui a la particularité d'introduire dans son texte des éléments provenant du *De informatione principum* anonyme (vers 1300-1305), que traduisit en 1379 Jean Golein* pour Charles V. Ce *De informatione* traite surtout des vertus en général et doit être rapproché du *Speculum dominarum* de Durand de Champagne*.

D'autre part, on a parfois confondu le texte de Gilles de Rome avec celui de Guillaume Peyraut*, le *De eruditione principum* (vers 1255-1260). C'est lui qui fut traduit vers 1372 pour Charles V par un auteur resté anonyme.

Enfin, dans les années 1320, Jean d'Anneux* écrivit directement en français pour Guillaume Ier de Hainaut un miroir du prince qui se trouve intitulé dans la seule copie subsistante *De regimine principum* et insère dans son dernier livre la fable de Renard confesseur.

ŒUVRE. — Trad. Henri de Gauchy, éd. S.P. Molenaer, New York-Londres, 1899.

→ W. Berges, *Die Fürstenspiegel des hohen und späten Mittelalters*, Leipzig, 1938. — G. Bruni, *Il De regimine principum di Egidio Romano. Studio bibliografico*, dans *Aevum*, t. 6 (1932), p. 339-372 [donne une liste des mss]. — F. Maillard, *Les traductions du De regimine de Gilles de Rome*, dans *Positions des thèses de l'École des Chartes*, 1948, p. 93-96. — C.H. Lohr, *Medieval Latin Aristotle Commentaries Authors*, dans *Traditio*, t. 23 (1967), p. 327-337. — M. Salvat, *Barthélémi l'Anglais et Gilles de Rome conseillers conjugaux au XIIIe siècle*, dans *Amour, mariage et transgressions au Moyen Âge*, Göppingen, 1984, p. 435-446 [d'après les versions de Corbechon et Gauchy].

— L. Delisle, *Anonyme, auteur du Liber de informatione principum*, dans *HLF*, t. 31 (1893), p. 35-47 [texte trad. par Jean Golein].

— C.V. Langlois, *Jean d'Anneux, clerc séculier et moraliste, ibid.*, t. 35 (1921), p. 455-462. — Cf. *MB* n° 6532. S.L.

Isaac de L'Étoile. Il naquit en Angleterre vers 1105-1120, vraisemblablement d'une famille noble, et reçut une éducation soignée. En effet, sans doute vint-il en France étudier dans les écoles de Laon, de Chartres et de Paris : en tout cas, on décèle chez lui des influences de Pierre Abélard*, de Thierry de Chartres*, de Gilbert de la Porrée*, de Guillaume de Conches* et d'Hugues de Saint-Victor*. Peut-être à ce moment fit-il la connaissance de son compatriote Thomas Becket*. Ayant choisi la vie religieuse, il fit profession monastique vers 1143, probablement à Pontigny d'où il fut envoyé en 1147 à L'Étoile, dans le diocèse de Poitiers, comme abbé du monastère. Lors du conflit entre Henri II Plantagenêt et l'archevêque de Cantorbéry Thomas Becket, Isaac soutint ce dernier contre le roi d'Angleterre. Mais il n'y a sans doute pas lieu de croire que l'installation d'Isaac sur l'île de Ré soit un exil forcé, en représailles de la part d'Henri II. Plus simplement, cet établissement répond probablement à un désir bien monastique de solitude et de pauvreté. Toujours est-il qu'avec quelques compagnons, dont un autre abbé cistercien, Jean de Trizay, Isaac fonda entre 1167 et 1169 le monastère de Notre-Dame des Chateliers. C'est là qu'il mourut vers 1178. Il laissait 55 sermons et deux lettres : *De anima* et *De officio missae*, d'une belle spiritualité inspirée d'Augustin et du Pseudo-Denys. Sans doute à tort, on lui a aussi attribué des commentaires sur le *Cantique des cantiques* et sur le livre de Ruth. Quoique longtemps négligés, ces sermons et ces lettres tiennent une place de premier plan dans la littérature cistercienne du Moyen Âge et font d'Isaac, selon le cardinal de Lubac, « l'un des plus profonds métaphysiciens de son siècle ».

ŒUVRES. — Éd. *PL*, t. 194, col. 1689-1896. — *Sermons* : Éd. A. Hoste, G. Salet et G. Raciti, Paris, 1967-1987 (*Sources chrétiennes*, 130, 207, 339). — *De officio missae* : éd. et trad. anglaise, C.W. Boyle, Washington, 1963.

→ F. Bliemetzrieder, *Isaac von Stella*, 1, *Beiträge zur Lebenbeschreibung*, dans *Jahrbuch für Philosophie und spekulative Theologie*, t. 18 (1904), p. 1-35 ; *Isaac de Stella. Sa spéculation théologique*, dans *RTAM*, t. 4 (1932), p. 48-61. — E. Bertola, *La dottrina psicologica di Isacco di Stella*, dans *Rivista di filosofia neo-scolastica*, t. 45 (1953), p. 297-309. — J. Debray-Mulatier, *Biographie d'Isaac de Stella*, dans *Cîteaux*, t. 10 (1959), p. 178-198. — G. Raciti, *Isaac de Cîteaux et son siècle, ibid.*, t. 12 (1961), p. 281-306 ; t. 13 (1962), p. 18-34, 132-145, 205-215. — R. Javelet, *Intelligence et amour chez les auteurs spirituels du XIIe siècle*, dans *Revue d'ascétique et de mystique*, t. 37 (1961), p. 273-290, 429-450. — G. Raciti, *Liturgia e eucaristia y etapas de la vida espiritual en el « De officio Missae » de Isaac*, dans *Cistercium*, t. 21 (1969), p. 221-227 ; dans *DS*, t. 7, Paris, 1971, col. 2023-2038. — B. McGinn, *Isaac of Stella on the Divine Nature*, dans *Analecta cisterciensia*, t. 29 (1973), p. 3-56. — A.J. Cappelletti, *Cuatro filosofos de la Alta Edad Media*, Merida, 1974. — H. McGaffery, *Apophatic Denis and Abbot Isaac of Stella*, dans *Cistercian Studies*, t. 17 (1982), p. 338-349. Do.P.

Isidore de Séville. Isidore de Séville est né vers 560 d'une famille hispano-romaine de Carthagène. Il fut élevé par son frère Léandre qui devint évêque de Séville. Isidore lui succéda sur ce siège et mourut le 4 avril 636. La jeunesse d'Isidore fut marquée par les événements qui aboutirent à la conversion des Gots ariens au catholicisme entérinée en 589, au IIIe concile de Tolède sous la présidence de Léandre. L'œuvre d'Isidore, qui est moins celle d'un érudit que d'un pédagogue, s'explique par l'émergence d'une Espagne nouvelle qui demande des élites laïque et ecclésiastique mieux formées. Indépendamment de l'ordre chronologique, on peut répartir ses écrits en cinq grandes catégories :

1. Travaux sur l'Écriture sainte. Ce sont des sortes d'aide-mémoire pour faciliter la connaissance de la Bible. Les *Allégories* et les *Questions sur l'Ancien Testament* s'inscrivent dans la tradition de l'exégèse allégorique. Les *Proemia in libros Veteris ac Novi Testamenti* résument, en quelques lignes, le contenu de chaque livre de la Bible. Le *De ortu et obitu patrum* est un dictionnaire des principaux personnages de l'Ancien et du Nouveau Testament. Enfin, le *Liber numerorum* explique la symbolique des nombres dans l'Écriture.

2. Les œuvres de théologie, de morale et de spiritualité. Le *De fide catholica contra Judaeos* défend le catholicisme contre les objections des Juifs — très influents en Espagne. Le *De ecclesiasticis officiis*, dédié à son frère Fulgence, évêque d'Ecija, traite des offices liturgiques, en relation avec l'Ancien Testament, et des différentes catégories de fidèles (clercs et laïcs). Dans cette catégorie, les *Sentences* tiennent la première place : traité de théologie dogmatique et morale qui préfigure les sommes médiévales. Une série de chapitres sur les diverses fonctions sociales (clercs, rois, juges, avocats) montre la volonté d'agir sur la société contemporaine. Le titre traduit l'intention de se retrancher derrière les avis *(sententiae)* de ses devanciers, principalement Augustin et Grégoire le Grand*.

3. Le *De natura rerum*, traité de cosmographie, dédié au roi Sisebut (612-621) qui se piquait de littérature et avait lui-même dédié à Isidore un traité en vers sur l'éclipse de la lune.

4. Les œuvres historiques. Sans avoir un véritable talent d'historien, Isidore rédige une *Chronique* universelle où il divise, selon le schéma augustinien, l'histoire de l'humanité en six âges (d'Adam à Noé, de Noé à Abraham, d'Abraham à David, de David jusqu'à l'exil de Babylone, de l'exil de Babylone jusqu'à la naissance du Christ ; depuis, c'est le sixième âge). L'*Historia Gothorum* retrace l'histoire du peuple conquérant de l'Es-

pagne jusqu'au roi Suinthila (621-633). Cette œuvre marque la prise de conscience d'une Espagne détachée de l'Empire et prenant un nouvel essor sous l'égide gotique, comme le montre bien le célèbre prologue, connu sous le titre de *Laus Spaniae*. Enfin, dans le *De Viris illustribus*, à la suite de Jérôme et de Gennade, Isidore rédige 33 notices sur les écrivains qui ont illustré les lettres chrétiennes — dont une sur son frère Léandre.

5. Les œuvres grammaticales. Dans les *Differentiae*, Isidore s'attache à préciser les nuances qui séparent des synonymes. On peut aussi ranger dans cette catégorie les *Synonyma*, sorte d'exercice de virtuosité où il s'agit, dans la tradition de l'école antique, d'exprimer la même idée sous diverses formes. Mais le sous-titre donné par certains manuscrits *(De lamentatione animae peccatricis)* montre que l'intention spirituelle n'est pas absente de ce texte étrange.

On a encore de lui une règle monastique, quelques lettres et les précieux *Versus in bibliotheca*, une série de distiques, dont chacun résume le contenu de chaque armoire de la bibliothèque de Séville. Mais surtout, il convient de mettre à part son œuvre principale, celle qui assura sa gloire et qui fut copiée des centaines de fois au cours des siècles suivants : les *Etymologies*. Dédiée d'abord au roi Sisebut, cette vaste encyclopédie fut laissée inachevée par l'auteur qui la confia à son ami Braulion, évêque de Saragosse. Après la mort d'Isidore, celui-ci en assura la publication, après lui avoir donné sa division en 20 livres. Le premier traite de la grammaire, le second de la rhétorique et de la dialectique, le troisième comprend quatre sections : mathématique, géométrie, musique et astronomie. C'est la première manifestation de ce qui deviendra au Moyen Âge la distinction classique entre le *trivium* et le *quadrivium*. Les autres livres abordent toutes les connaissances, de la théologie jusqu'au vêtement et aux instruments de cuisine. Isidore ne prétend pas faire œuvre originale, il veut seulement rassembler, comme il l'écrit à Sisebut, « ce qui a été écrit par la plume des anciens ». Donc une œuvre de compilation, certes, où la recherche des sources peut se donner libre carrière. Mais aussi une œuvre de sauvetage des connaissances antiques qu'il a rassemblées tout au long de sa vie au cours de lectures infatigables.

Ce qu'on a pu appeler la « renaissance isidorienne » a des limites précises : c'est la primauté donnée à la grammaire, et plus précisément au sens des mots, à leur définition et à leur *origine*. Les mots expriment la réalité et celle-ci est d'autant mieux comprise qu'on connaît l'étymologie des mots. Mais cette obsession de l'origine, du retour à la source s'étend à d'autres domaines que le vocabulaire : les fonctions liturgiques du catholicisme remontent à l'Ancien Testament ; les divers peuples de l'humanité se rattachent aux fils de Noé. Quant aux étymologies données par Isidore, elles sont parfois justes, souvent fantaisistes, mais non plus que celles de Varron ou d'autres auteurs anciens.

Isidore se présente donc à nous comme le témoin d'une culture en perdition qu'il contribua à sauver et comme le fondateur d'une culture de seconde main qui régna jusqu'à la Renaissance, jusqu'au retour direct aux textes et à la critique moderne.

ŒUVRES. — Œuvres complètes dans *PL*, t. 81-84. — *Chronica* et *Historia Gothorum*, éd. Mommsen, *MGH, AA* XI, 2, 1894, p. 241 sq. — *Etymologiarum sive Originum libri XX*, éd. W.M. Lindsay, 2 vol., Oxford, 1911 ; une nouv. éd. internationale, avec trad. dans la langue de l'éditeur et commentaire, est en cours dans la collection *ALMA* ; sont déjà parus : *Etym. lib.* II, éd. P.K. Marshall, Paris, 1983 ; *lib.* IX, éd. M. Reydellet, Paris, 1984 ; *lib.* XVII, éd. J. André, Paris, 1981. — *De natura rerum*, éd. J. Fontaine, Bordeaux, 1960. — *De Viris illustribus*, éd. C. Codoñer Merino, Salamanque, 1964.

→ H.J. Diesner, *Isidor von Sevilla und seine Zeit*, Stuttgart, 1973. — J.M. Fernandez Caton, *Las etimologias en la tradición manuscrita medieval estudiada por el prof. Anspach*, León, 1966. — J. Fontaine, *Isidore de Séville et la culture classique dans l'Espagne wisigothique*, 2 vol., Paris, 1959 [à compléter par un vol. de *Notes complémentaires et supplément bibliographique*, Paris, 1983] ; *Théorie et pratique du style chez Isidore de Séville*, dans *Vigiliae Christianae*, XIV, 2, juin 1960, p. 65-101 ; *Isidore de Séville auteur « ascétique » : les énigmes des Synonyma*, dans *Studi medievali*, 3e série, 6/1 (1965), p. 163-195 ; *S. Isidore de Séville*, dans *DS*, fasc. 50-51, Paris (1971), col. 2105-2116 ; *Cohérence et originalité de l'étymologie isidorienne*, dans *Mél. Elorduy*, Bilbao, 1978. — *Isidoriana, Estudios sobre San Isidoro de Sevilla en el XIV centenario de su nacimiento*, León, 1961. — J. Madoz, *San*

Isidoro de Sevilla. Semblanza de su personalidad literaria, León, 1960. M.R.

Isopets. Si les recueils français d'apologues ont porté le titre d'*Isopets* — du nom du fabuliste grec Esope qui passait pour être l'inventeur du genre —, ils sont néanmoins issus, à travers de nombreux remaniements, de fables latines.

L'Europe médiévale a connu ces fables à travers deux branches de la tradition ésopique. La première est une version en vers latins iambiques composée, au Ier siècle, par Phèdre (dont le nom ne fut cependant connu qu'en 1596 grâce à Pierre Pithou) ; de cette version dérive la collection en prose du IVe siècle appelée *Romulus* (du nom d'un imitateur de Phèdre, un « Romulus Imperator » qui prétendait avoir traduit ses fables du grec et les dédia à son fils Tiberinus), ce *Romulus* étant la source de nombreuses dérivations ultérieures en vers et en prose, parmi lesquelles le *Romulus Nilantii* (ainsi appelé d'après le nom de son premier éditeur Jean-Frédérique Nilant, en 1709). La seconde est une rédaction en vers grecs du IIe siècle due à Babrius, traduite en distiques élégiaques au IVe siècle par un certain Flavius Aviannus (42 fables), et qui fut la source, elle aussi, de nombreuses adaptations ; c'est Aviannus qui a donné son nom aux recueils de fables connus sous le titre d'*Avionnet*.

Divers recueils se formèrent à partir de cette tradition ésopique. Au Xe siècle, l'*Esope de Wissembourg*, en prose latine, comptait 63 fables, l'*Esope d'Adémar* (compilé par Adémar de Chabannes*), également en prose latine, 67, dont 37 étaient tirées de Phèdre. Les plus fameux de ces recueils, et les plus répandus, furent les différentes versions du *Romulus*, en vers et en prose, à la tradition manuscrite complexe.

Le *Romulus anglo-latin*, qui datait de la fin du XIe siècle, était une collection latine (aujourd'hui perdue) de 75 fables de l'ancien *Romulus Nilantii*, auxquelles s'ajoutaient d'autres fables apparentées au *Roman de Renart** ; il donna naissance au *Dérivé complet du Romulus anglo-latin* (136 fables) à la fin du XIIIe siècle, inspira le *Romulus Roberti* (du nom de son premier éditeur Robert, en 1825 ; 22 fables) et un *Dérivé partiel du Romulus anglo-latin*, et fut rapidement traduit en anglais ; le *Romulus anglo-latin* est à l'origine, à travers une source composée au début du XIIe siècle en Angleterre dans le dialecte des Midlands, des *Fables* de Marie de France* (102 fables), qui constituent le plus ancien recueil de fables en français (conservé dans au moins 24 mss). En 1370, Gerhard, doyen de Minden, transposa en bas-allemand 103 fables qu'il tira du *Dérivé complet du Romulus anglo-latin* ; celui-ci fut à nouveau traduit en allemand au XVe siècle.

Du *Romulus* en distiques élégiaques, vraisemblablement dû à Walter l'Anglais (XIIe siècle) et longtemps dit « de l'Anonyme de Nevelet » (du nom de son premier éditeur Nevelet, en 1610), dérivent deux textes français : l'*Isopet* de Lyon (60 fables ; ms. unique : Lyon, Palais des Arts 57) et l'*Isopet I* de Paris (58 fables ; six mss). L'*Isopet III* de Paris (ms. unique : Paris, BN, fr. 983) est une traduction partielle (43 fables) en prose du *Romulus* de Walter l'Anglais, faite d'après un manuscrit qui contenait à la fois le texte latin et l'*Isopet I*. Plusieurs copies ajoutent à l'*Isopet I* la traduction française de 18 des 42 fables d'Aviannus, l'*Avionnet*, d'où le recueil appelé *Isopet-Avionnet*.

Le *Romulus* de Walter l'Anglais fut également la source de nombreuses versions italiennes, du portugais *O Livro de Esopo* (63 fables), de deux fragments en langue d'oc (33 vers et 9 vers), de 18 fables de l'*Ysopet* franco-italien (qui en compte 44), de 22 des 24 fables contenues dans le *Libro de Buen Amor* de Juan Ruiz, et d'un *Ysopite* en hébreu.

S'inspirant du *Romulus* en prose, Alexandre Nequam (vers 1157-1217) composa 42 fables en distiques élégiaques sous le titre *Novus Aesopus*. Du *Novus Aesopus* proviennent deux textes français, composés au début du XIVe siècle : l'*Isopet II* de Paris (40 fables) et l'*Isopet* de Chartres (40 fables ; ms. unique : Chartres, Bibl. mun. 620).

Vincent de Beauvais* († 1264) rédigea, à partir du *Romulus* abrégé en prose, un choix de 29 fables qu'il inséra dans le livre IV du *Speculum historiale*, compilé vers 1240. Dix mss, au moins, de la traduction de Jean de Vignay* (*Miroir historial*), qui était achevée en 1333, donnent une version française de ces 29 fables. Ces fables, reproduites en 1475 d'après le *Speculum historiale* dans le *Rudimentum Noviciorum*, figuraient dans la *Mer des Histoires*, traduction française du *Rudimentum*, imprimée à Paris en 1488.

Au XVe siècle, un augustin lyonnais, Julien Macho*, adapta en français l'*Aesopus* publié par Heinrich Steinhöwel et imprimé (texte latin et traduction allemande de Steinhöwel) à Ulm en 1476-1477 ; cet *Aesopus* mêlait la tradition du *Romulus* en prose à 27 fables d'Avianus, à des fables traduites en latin par Ranutio d'Arezzo et à 13 *exempla* tirés de la *Disciplina clericalis* de Pierre Alphonse*. Imprimé pour la première fois en 1480, l'*Isopet* de Julien Macho connut six éditions avant 1500. Un autre écrivain lyonnais, Pierre Sala, composa au XVIe siècle 24 fables, accompagnées d'emblèmes, qui se rattachent à la tradition du *Romulus* en prose.

Le goût du Moyen Âge pour ces contes d'animaux, en raison surtout de leur signification moralisatrice, explique leur développement, indépendamment de celui des Bestiaires*. Le souci d'instruire l'emportait sur le désir de conter avec art : après un récit bref, montrant les animaux agissant comme des hommes, la leçon morale formait l'essentiel de la fable. Aussi les *Isopets* fournirent-ils nombre d'exemples à l'enseignement et même à la prédication. Le récit ne devait se voir privilégié qu'en prenant les allures d'une « épopée animale » dans les recueils du *Roman de Renart*.

ŒUVRES. — *Steinhöwels Äsop*, éd. H. Österley, Tübingen, 1873 (*Bibliothek des literarischen Vereins in Stuttgart*, 117). — L. Hervieux, *Les fabulistes latins depuis le siècle d'Auguste jusqu'à la fin du Moyen Âge*, Paris, 1884 (2e éd. 1893-1899), 5 vol. [éd. complète des recueils latins]. — *Lyoner Yzopet. Altfranzösische Übersetzung des XIII Jahrhundert in der Mundart der Franche-Comté, mit dem kritischen Text des lateinischen Originals*, éd. W. Foerster, Heilbronn, 1882 (*Altfranzösische Bibliothek*, 5). — P. Rajna, *Frammento di una Raccolta di Favole in Provenzale*, dans *Romania*, t. 3 (1874), p. 291-294 ; *Estratti di una raccolta di favole*, dans *Giornale di filologia romanza*, t. 1 (1878), p. 13-42 [éd. de l'*Ysopet* franco-italien]. — *Die Fabeln der Marie de France*, éd. K. Warnke, Halle, 1898 (*Bibliotheca normannica*, 6). — *Die Fabeln Gerhards von Minden*, éd. A. Leitzmann, Halle, 1898. — M.P. Brush, *Ysopet III of Paris*, dans *PMLA*, t. 24 (1909), p. 494-546 [édition]. — G.E. Snavely, *The Ysopet of Jehan de Vignay*, dans *Mél. A.M. Elliott*, Baltimore, 1911, t. 1, p. 347-374 [édition]. — H. Vaganay, *Vingt fables d'Esope, traduction française du XVe siècle*, dans *Mél. E. Picot*, Paris, 1913, t. 1, p. 67-82 [éd. des fables de la *Mer des Histoires*]. — *Ysopet-Avionnet. The Latin and French Texts*, éd. K. McKenzie et W.A. Oldfather, Urbana, 1919 (*Univ. of Illinois Studies in Languages and Literature*, V, 4). — *Recueil général des Isopets*, éd. J. Bastin, Paris, 1929-1930, 2 vol. (*SATF*, 73, I et II) [éd. du *Novus Aesopus*, du *Romulus* de Walter l'Anglais et des *Isopets* français] ; t. 3 : *L'Esope de Julien Macho*, éd. P. Ruelle, Paris, 1982 (*SATF*, 120, III). — *Juan Ruiz. Libro de Buen Amor*, éd. J. Corominas, Madrid, 1967 (*Biblioteca Románica Hispánica*, 4). — *Fables from Old French : Aesop's Beasts and Bumpkins*, éd. N. Shapiro et H. Needler, Middletown, 1982 [éd. de 37 fables de l'*Isopet de Chartres*, avec trad. en anglais moderne]. — *Esope, von Julien Macho, nach der Edition von 1486*, éd. B. Hecker, Hambourg, 1982 (*Hamburger romanistische Dissertationen*, 20). — *Marie de France, Äsop*, éd. H.V. Gumbrecht, Munich, 1973 (*Klassische Texte des romanischen Mittelalters in zweisprachigen Ausgaben*, 12) [avec trad. en allemand moderne]. — *Marie de France, Fables*, éd. et trad. H. Spiegel, Toronto, 1987 (*Toronto Medieval Texts and Translations*, 5) [avec trad. en anglais moderne]. — *Marie de France. Les Fables*, éd. C. Brucker, Louvain, 1991 (*Ktêmata*, 12) [avec une trad. en français moderne].

→ G.C. Keidel, *The History of French Fable manuscripts*, dans *PMLA*, t. 24 (1909), p. 207-219. — H. Lindner, *Bibliographie zur Gattungspoetik. Theorie und Geschichte der Fabel (1900-1974)*, dans *ZFSL*, t. 85 (1975), p. 247-249. — K. Grubmüller, *Meister Esopus. Untersuchungen zu Geschichte und Funktion der Fabel im Mittelalter*, Munich, 1977. — F.P. Knapp, *Das mittelalterliche Tierepos. Zu Genese und Definition einer grossepischen Literaturgattung*, dans *Sprachkunst*, t. 10 (1979), p. 53-68. — P. Ruelle, *Notes sur le lexique des Isopets*, dans *Romania*, t. 101 (1980), p. 51-92, 366-384 et 491-513. — G. Mombello, *Le raccolte francesi di favole esopiane dal 1480 alla fine del secolo XVI*, Genève et Paris, 1981 (*Centre d'Études franco-italien. Université de Turin et de Savoie. Textes et études. Domaine français*, 5). — *Third International Beast Epic. Fable and Fabliau Colloquium, Münster 1979*, éd. J. Goossens et T. Sodmann, Cologne et Vienne, 1981 (*Niederdeutsche Studien*, 30). — G. Ashby-Beach, *Les Fables de Marie de France*, dans *Épopée animale, fable, fabliau. Actes du 4e colloque de la Société internationale renardienne (Évreux, 7-11 septembre 1981)*, Paris, 1984, p. 13-28 (*Publ. Univ. de Rouen*, 83). — J.M. Pastre, *Gerhard von Minden, adaptateur des fables d'Esope, ibid.*, p. 423-433. — *Favolisti latini medievali*, Gênes, 1984

(*Pubblicazioni dell'Istituto di Filologia classica e medievale dell'Università di Genova*, 84). — G. Dicke et K. Grubmüller, *Die Fabeln des Mittelalters und der frühen Neuzeit. Ein Katalog der deutschen Versionen und ihrer lateinischen Entsprechungen*, Munich, 1987 (*Münstersche-Mittelalter-Schriften*, 60). — F. Vielliard, *Sur la tradition manuscrite des Fables de Marie de France*, dans *BEC*, t. 147 (1989), p. 371-397. — Cf. *MB*, n°s 2539-2559, 5322-5324, 6512-6516 ; *S* 4784-4792, 7440-7441.

F.F.H.

J

Jacme March. Oncle de celui qui devait être le grand poète catalan Auzias March*, le chevalier Jacme March fut délégué, avec Luys d'Averçó*, par le roi Jean Ier d'Aragon, pour fonder à Barcelone, en 1393, un *Consistori de la Gaya Ciència* sur le modèle du Consistoire de Toulouse. En 1371, Pierre Ier le Cérémonieux lui avait demandé d'écrire le *Diccionari de Rims*, ou *Libre de Concordances* : cet ouvrage précieux contient un résumé de grammaire et de poétique sur le modèle du *Donatz proensals*, d'Uc Faidit*, puis un véritable dictionnaire de rimes très utile, sinon aux poètes, du moins aux versificateurs. On a aussi de Jacme March un certain nombre de poésies, chansons, débats, dans le goût du temps. Il est plus à l'aise dans l'expression des concepts abstraits que dans le lyrisme.

ŒUVRE. — Éd. A. Griera, *Diccionari de rims*, Barcelone, 1921. — A. Pagès, *Les « coblas » ou les poésies lyriques provenço-catalanes de Jacme, Pere et Arnau March*, Toulouse, 1949.

→ A. Pagès, *Ausias March et ses prédécesseurs*, Paris, 1912. — M. de Riquer, *Historia de la Literatura Catalana*, t. 1, Barcelone, 1964, p. 543-560. J.S.

Jacme Mota d'Arles. Ce troubadour, qui vécut à la fin du XIIIe siècle en Arles, semble avoir appartenu à une famille qui fournit à la ville d'Arles de nombreux magistrats, si l'on admet que Motet et lui ne font qu'un. Il ne nous reste de lui qu'une chanson, attribuée à Motet, et un *sirventes* sans grand intérêt en l'honneur de Charles II, roi de Naples et comte de Provence (vers 1290). Ce troubadour paraît avoir fait partie, comme Guilhem de l'Olivier*, de cette bourgeoisie intellectuelle d'Arles attachée à mettre en valeur les richesses artistiques de sa ville.

ŒUVRE. — Éd. P. Meyer, *Les derniers troubadours de la Provence*, Paris, 1871, p. 53-56.

→ PC 259, 1. Ch.R.

Jacquemart Gielée. En 1289, le poète lillois Jacquemart Gielée terminait *Renart le Nouvel,* un poème de plus de 8 000 vers, agrémenté de lettres parodiques et de refrains à la mode, où il reprenait le thème des aventures du goupil. Il n'a pas cherché à y retrouver la simplicité des branches primitives qu'il a su d'ailleurs, en quelques rares passages, rappeler avec beaucoup d'habileté. Contrairement à ce que l'on a souvent écrit, il n'a sans doute pas voulu composer un roman à clef ; le vieux roi Noble ne peut guère cacher un Philippe le Bel âgé alors d'une vingtaine d'années seulement, et l'on ne peut pas savoir si Jacquemart Gielée était du parti des « leliarts » ou si ses sympathies allaient à un Gui de Dampierre qu'on devine mal sous le pelage roux de Renart. Jamais tout au long du récit le poète ne s'est livré à des attaques précises contre des adversaires qu'il aurait nommés. Des noms de prélats apparaissent dans le texte édité par Méon en 1826, mais ils figurent en fait dans une interpolation qu'un seul des quatre mss a gardée en entier. La satire anticléricale ne manque pas de vivacité, mais Jacquemart Gielée n'a guère fait que regrouper les thèmes les plus traditionnels. En définitive, son œuvre, où l'allégorie foisonne, a surtout valeur symbolique. Renart est la personnification du démon qui séduit l'humanité par les prestiges du monde et de l'orgueil dans le premier livre, puis de la chair (gourmandise et amour) dans le second livre. Renart-Satan s'attaque aussi au clergé séculier et régulier, puis à ceux que leur idéal devrait rendre inaccessibles, les ordres mendiants. Son pouvoir s'étend de l'Occident à l'Orient (Templiers et Hospitaliers) et il finit par être installé au sommet de la roue de Fortune. Jacquemart Gielée s'est inspiré et a même parfois imité le *Tournoiement Antéchrist* de Huon de Méry*. Somme de thèmes moralisateurs et satiriques, *Renart le Nouvel* se présente aussi comme un recueil de procédés littéraires que l'auteur a su utiliser avec beaucoup de talent, donnant ainsi à son œuvre une variété de ton assez rare dans ce genre d'écrits.

ŒUVRE. — Éd. D.M. Méon, *Le Roman de Renart*, Paris, 1826, t. 4, p. 125-461. — Éd. H. Roussel, Paris, 1961 *(SATF)*.

→ [Outre la bibliogr. du *Roman du Renart**]. — J.G. Roberts, *Renart le Nouvel. Date and Successive Editions*, dans *Speculum*, t. 11 (1936), p. 472-477 ; *Renart le Nouvel and the Clerics*, dans *Kentucky Foreign Language Quarterly*, t. 5 (1957), p. 100-105. — J. Flinn, *Le Roman de Renart dans la littérature française et dans les littératures étrangères au Moyen Âge*, Toronto, 1963 (*Univ. Toronto, Romance Series*, 4). — H. Roussel et J. Trotin, *Invective aux clercs et satire anticléricale dans la littérature du Moyen Âge*, dans *Acta Universitatis Vratislaviencis*, t. 265 (1975), p. 1-36. — *Alain de Lille, Gautier de Châtillon, Jakemart Gielée et leur temps*, Lille, 1980 (*Bien dire et bien aprandre*, 2) [23 communications, dont P.-Y. Badel, *Deux exempla dans Renart le Nouvel : le nourrisson de la truie (v. 5131-5172) et le singe corrigé (v. 5437-5531)*, p. 259-276 ; J. Maillard, *Les refrains des caroles dans Renart le Nouvel*, p. 277-293 ; J. Ribard, *À propos de l'épilogue de Renart le Nouvel : Quelques réflexions sur l'allégorie de fortune*, p. 307-320 ; H. Roussel, *La structure narrative de Renart le Nouvel*, p. 321-332 ; N. Van den Boogaard, *Jacquemart Giélée et la lyrique de son temps*, p. 333-353]. — H. Roussel, *Renart le Nouvel et Jacquemart Gielee. Étude littéraire*, Lille, 1984. — E. Suomela-Härmä, *Les épigones du Roman de Renart. Évolution et mutation*, dans *RLR*, t. 90 (1986), p. 45-60 ; *Parenté naturelle et parenté spirituelle dans Renart le Nouvel*, dans *Senefiance*, t. 26 (1989), p. 287-301. — Cf. *MB* n°s 2595-2597 ; 7700-7702 ; *S* 4802 ; 4883-4889 *bis*. H.R.

Jacquemin de la Vente. Trouvère dont le nom apparaît sous la forme « Jaikemins de la Vante li clers ». Cet inconnu, peut-être un clerc vagant, semble avoir été en relations, tout au moins passagères, avec des poètes de l'école d'Arras, dans la seconde moitié du XIIIe siècle. La Vente est un nom de lieu trop fréquent pour indiquer une origine géographique précise, en l'absence d'autres éléments d'identification.

ŒUVRES. — A. Långfors, *Mélanges de poésie lyrique française*, dans *Romania*, t. 58 (1932), p. 374-379.

→ Linker, n° 128. F.F.H.

Jacques d'Ableiges. Dans la préface du plus ancien manuscrit du *Grand Coutumier de France*, Jacques d'Ableiges (né au milieu du XIVe siècle ; Val-d'Oise, arr. de Pontoise ; Vexin) s'adresse à ses quatre neveux. Pour eux, il évoque sa famille et les étapes de sa carrière de juriste : « A mes tres chiers et amez nepveus, Colin, Jehannin, Perrin et Robin d'Albeigez, Jaques d'Albeigez, vostre oncle, nagaires bailly de Chartres, de Saint Denis en France, et a present bailly d'Evreux, salut. » Jacques ou plutôt Jacquet (il ne portera le nom qu'à la disparition du père, examinateur au Châtelet de Paris, qu'il tient pour fondateur de la lignée de juristes) est un praticien, non un universitaire titré ou diplômé, qui s'est initié au service du duc Jean de Berry, très « mêlé aux affaires » dès 1371, auprès de qui il a fait « grands prouffis ». Dans quelles conditions a-t-il quitté le service du duc ? Après avoir été quelque temps « clerc et familier » d'un maître des eaux et forêts, Jacques Lempereur, il hérite la charge de son père vers 1375. De sa nouvelle fonction, il évoque un échec : le malfaiteur qu'il était venu arrêter avait trouvé refuge auprès de sa sœur, « laquelle, soubz sa robe entre ses jambes, avoit mussé son frere que l'on queroit, et faisoit semblant de travailler [...] et, pour honte et aussi pour doubte que celle femme ne se esmeut, [il] n'entra point en la chambre ou elle estoit, ou au moins ne fist pas si grant diligence comme il eust fait ». À vingt-cinq ans ou un peu plus, il n'est pas encore marié et fait une cour assidue à la femme de Nicolas Odde, dont l'oncle avait été, comme lui, au service du duc Jean de Berry. Une nuit d'absence du mari, il fait enfoncer la porte que la femme refuse d'ouvrir. Rue Pierre-au-Lard, l'action trouve un dénouement dans une rixe au couteau avec le mari ; celui-ci qui l'a blessé à la poitrine trouve asile à Saint-Méry avant d'obtenir des lettres de rémission. A trente ans, il abandonne le diminutif de son nom et épouse Françoise de Bray. Compromis quelques années plus tard dans une affaire de pot-de-vin (examinée en Parlement en 1378), il obtient néanmoins le bailliage royal de Chartres (juin 1380), qu'il quitte dès le mois de décembre de la même année, emporté, avec d'autres, dans le mouvement des fonctionnaires après la mort de Charles V. Il retrouve du service comme bailli auprès des moines noirs de Saint-Denis. Pour leur seigneurie, il rédige un règlement de la geôle dans lequel il énonce quelques précautions à prendre, dont celles-ci : « Item le geolier ne doit point baillier de buche aux prisonniers quelzconques pour eulx chauffer ne pour autre cause, pour ce qu'ilz en pourroient rompre des huis, faire des bastons afaictiez et plusieurs autres maulx. Mais il leur puelt bien baillier du charbon ce qu'ilz en pourront user de jour [...] et prendre garde qu'i ne leur en demeure point de nuit pour le peril qui en pourroit venir [...] Item touteffois que le geolier entrera en aucunes des prisons pour visiter ou autrement, il fermera a la clef le verroul dedens l'uis tout ouvert, afin que l'on ne le puisse enfermer dedens. » En 1384, il réglemente l'essai d'un nouveau pain à Saint-Denis. La même année, sans doute pour un abus de biens ecclésiastiques, l'abbé le révoque. Jacques d'Ableiges se tourne vers le Parlement, mais doit bientôt renoncer à un recours « frivole ». Il fait alors valoir qu'il doit « vaquer plus diligemment en certaines besoignes dont il dit estre chargez de par le roy nostre sire, [des] besoignes [qui] requierent celerité ». L'abbé est invité à surseoir aussi longtemps que possible. La *question* du bailli de Saint-Denis fit grand bruit dans le monde des juristes : Jean Le Coq l'a notée dans son recueil (voir *Juridique* [*Littérature*]). Les circonstances de l'épuration qui suivit l'affaire du comté d'Évreux lui sont favorables : il obtient ainsi le baillage royal d'Évreux, Breteuil et Conches au printemps de l'année 1385.

Depuis quelque temps, il amasse la documentation du *Grand Coutumier de France*, par lequel il veut honorer la mémoire de son père, le grand-père des neveux, le fondateur du savoir-faire des juristes d'Ableiges. « Pour ce que, depuis X. ou XII. ans en ença, j'ay eu souvent, poursuit-il dans la préface, en memoire et souvenance comment mon pere, vostre ayeul, dont Dieux ait l'ame, avoit passé sa jeunesse en grant travail, et comment, par la joliveté de son couraige, il avoit eu grant peine de cheminer en divers païs veoir des merveilles et des avantures de ce monde, sans l'essay desquelles pou de gens peuent venir en grant experience, et comment, depuis ce, c'est assavoir luy estant de l'aaige de L. ans, je l'ay veu vivre en tel meurté et si grant actrempance que, entre tous ceulx de sa congnoissance, il a eu renom de grant preudommie, loange de tres paisible et amoureux contenement, et los d'avoir vescu raisonnablement et justement, sans faire tort ou grief a aucun, et de conseillier et appaisier les descors de tous ses congnoissans, et tellement avoir finé ses jours que tous ceulx qui en celui temps l'avoient fréquenté ont plaint et pleuré sa fin et regreté sa vie, laquelle ilz l'eussent rachetée et racheteroient encores, se faire se povoit. Et je aye depuis pensé a la vie de mon frere vostre pere et a la moye, qui avons esté si jeunes, si infancibles et si volaiges qu'il ne nous a mie semblé que toute chretianté fust assez grande pour nostre errer, se nous eussions tousjours eu finance et compaignie. »

Les nouvelles fonctions le mettent dans les conditions d'acquitter la dette familiale. Les activités quotidiennes d'un bailli liquidateur de l'administration de Charles le Mauvais attirent son attention sur des points particuliers, les questions fiscales surtout, ce qui explique la présence d'un dossier important sur la recherche des nouveaux acquêts ecclésiastiques et les fiefs nobles tenus par les roturiers. Il se remémore aussi l'expérience passée : « Et quant nous avons erré et cheminé ce que nous avons peu, ja soit ce que, Dieu mercy, il nous en soit au mieulx venu, et que nous ayons servy de grans seigneurs et des plus grans du royaume de France aprés le roy, et eu grans prouffiz entour eulx, et honnorables estas et offices, toutes voies, quant nous avons bien essayé le siecle qui court, écrit-il encore dans sa préface, il nous a esté lait du temps passé ainsi par nous perdu, bel de nous retraire en nostre pays, et vivre atrempeement, et nous gouverner selon justice et selon raison, car, qui ainsi vit, il acquiert bon nom, et si ne peut avoir souffrete selon ce que dit le prophete : *Nunquam vidi justum derelictum, neque semen ejus querens panem* [Ps. 37 (36), 25 : Je n'ai pas vu le juste abandonné ni sa lignée cherchant du pain]. Et pour ce que je voy que vous, qui estes jeunes enfans et qui estes ou feu de vostre jeunesse, commenciez ad ce ensuivre jeunement et enfantiblement les joeunes et folyeuses traces de voz predecesseurs, et vous mectez ja au chemin et errer ça et la, et que je croy bien que, quand vous en serez saoulez, vous revenrrez es mectes de raison, quant vostre jeunesse sera refridée et meurée, se Dieu veult que vous vivez ja tant sans deshonneur ou reprouche, de laquelle Dieux vous vueille garder, et pour vous donner aucun petit commencement des termes de justice, et d'en avoir aucun commencement et aucune congnoissance, et de les entendre aucunement, et il vous y plaist a y repairer, je ay des long temps encommencié à conqueillir et assembler plusieurs memoires et oppinions des saiges, que je, qui petitement suis fondé pour estudier en grans livres ne en grans ou haultes sciences, ay quis et serchié en plusieurs petiz livres et petis traictiez, puis ça puis la, en grant peine et en grant cure, car il est plus fort a homme de petit sens et de foible esperit comme je suis de faire une très petite besongne que a ung grant saiges homs ne seroit d'en faire une grande. »

Le bailli d'Évreux ne préside pas les audiences. Il délègue cette mission avec d'autres fonctions à ses lieutenants. Ainsi a-t-il du temps à consacrer à son œuvre : « Et a present que je suis a plus grant loisir et mains embesongné que je n'ay plusieurs fois esté, poursuit-il dans sa préface, les ay mises en ordonnance et par chapitres. Et ne vueillez mie avoir en despit ceste petite compilacion pour ce se je l'ay faicte, car le bien qui y est, s'aucun pou en y a, ne vault de riens moins pour mon insufficience, et, en verité, ce qui y est, je l'ay trouvé et aconqueilly d'autre part, et acquesté sur aultruy scens. Et ne vueillent mie les lisans penser que je vueille demonstrer ne tenir pour saige moy ne pour docteur moy qui ay greigneur mestier d'estre aprins que de vouloir autruy aprendre, mais l'amour et l'affectueux desir que j'ay en vostre commencement, et ce que vous a qui je parle n'estes encores que jeunes enfans, et aussi que il convient avant encommencier a la a. b. c. que l'en puist savoir ne entendre sa grammaire le m'a fait entreprendre ». Il donne ce sens à son œuvre : « Et certes des long temps a, comme dit est, que je le commençay pour deux causes : l'une, pour moy oster d'oisiveté, qui est maitresse et naissance de tous vices, et aussi pour mon plaisir, car je y prins plus grant plaisir quand je viz que aucuns de mes amis et compaignons plus saiges que moy le me louerent et en prindrent plusieurs parties puis ça puis la sans aucun commencier en ordonnance, car encores nulz ne l'a tout ; l'autre cause et la seconde fu que vous y veissiez, quant il vous plairoit, se plaisir y povez avoir, ce que je vous conseille et amonneste tant comme je puis, et aussi que je voy bien que en aultre testament vous pourray je peu laisser, car j'ay peu d'aultres biens, dont il me desplaist, pour cause de moy principalment et de vous aprés. Et saichez que la cure que j'ay eue de plusieurs besongnes ou il m'a convenu occupper pour avoir ma vie et mon estat m'a plusieurs fois interrompu a achever mondit livret, et encores ne y preisse je mie fin, se ce ne feust ce que, pour la cause dessus dite, il m'est neccessité de labourer autre part, et aussi y a il assez commancement pour vous, car le scens naturel que Dieu vous a donné vous donra, se il lui plaist, et parfera le remanent et le commencement, qui est legier, vous donra congnoissance et entendement du plus fort ; mais quant l'en mescongnoist et ygnore du tout le commencement et les termes des choses, c'est trop fort que l'en ait vraye congnoissance de la parfaite science qui en despend. Si le vueillez prendre en gré et prier pour moy, s'il vous plaist. » Avait-il achevé son labeur quand il fut révoqué, à la fin du mois de février 1389, suite au changement de politique, les Marmousets, anciens conseillers de Charles V, ayant réussi à écarter du pouvoir les ducs d'Anjou, de Bourgogne et de Berry, les oncles de Charles VI ? Quoi qu'il en soit, Jacques d'Ableiges retrouve, comme au début de sa carrière, une charge seigneuriale : il tient en juin 1389 la mairie du chapitre cathédral de Chartres, mais délègue ses fonctions. En 1391, il est avocat au Châtelet, quand il est chargé par des *généraux réformateurs* d'enquêter dans le Tournaisis sur la gestion de ses officiers royaux, dont celle d'un ancien lieutenant du bailli de Vermandois dans ce détroit, Jean Boutillier*. Pour quelles raisons la procédure d'enquête n'a-t-elle pas été transmise ou a été escamotée, pour l'impunité de qui ? Les magistrats de Tournai sont satisfaits, ils le retiennent comme conseil du 2 août 1391 au 15 décembre 1392. Les dernières années du juriste sont plus obscures. Son nom apparaît encore en 1395 dans une quittance du receveur général des aides de Languedoc. En 1398, il est accusé « de certains crimes [malversations ?] ». Veuf depuis quelques années, il meurt avant le 3 juin 1402, laissant un orphelin d'une quinzaine d'années, Jacquet, qui devait relever le nom.

Sa « petite compilation », ou son « livret » comme il le nomme, est l'héritage intellectuel de ses neveux. Il leur explique le plan : « Mes tres chiers et amez nepveux, veuillez savoir que la premiere partie de ce livre parle de ces ordonnances royaulx sur le nombre des gens du Parlement et du Chastellet, des gaiges de bataille, des droiz royaulx, des ordonnances faictes sur les eaues et forestz, des seremens que les baillifs font, des ordonnances faictes sur le fait des bourgeois, comment les mestiers de Paris doivent estre gouvernez et de plusieurs autres ordonnances, lesquelles seront mieulx et plus proprement nommées et esclarciez en la table cy après. La IIe partie de ce livre desclaire qu'est justice, qu'est droit, qu'est usaige, qu'est stille, qu'est coustume, qu'est amortissement, qu'est franc aleu, qu'est saisine en censive, qu'est saisine en fief, et plusieurs autres choses contenues en ladite table. La IIIe partie de ce livre parle de l'office des advocas, de l'office des procureurs, de la maniere de proceder en court laye et des deppendances contenues et escriptes en la table. La IIIIe partie parle de l'office du juge, tant sur le civil comme sur le criminel, des debas qui sont et peuent escheoir entre le juge lay et le juge de l'Eglise et de plusieurs autres choses qui en deppendent et qui sont en la table ». Il a prêté son manuscrit en cours d'élaboration aux « amis et compagnons », qui en prirent des copies, le remanièrent ou le complétèrent. Il tient pourtant à préciser que « nul ne l'a tout » !

Les versions manuscrites (28 identifiées ; quelques-unes du XVe siècle) portent des titres qui en indiquent l'usage : « Style du Chatelet » ou « Stile et coustume de la viconté et prevosté de Paris », ou encore « Coustumier de France » avec la référence au détroit d'application autour de Paris.

Œuvre de praticien, destinée à l'usage de la famille, des confrères et des amis, le *Grand coutumier de France* est construit avec les emprunts aux mêmes sources que les coutumes de Senlis (1493), de Sens (1495), de Clermont-en-Beauvaisis (1496) et de Melun (1506). La faible influence sur l'*Ancienne Coutume de Paris* (1510) s'explique par les changements des mentalités et les nouvelles pratiques des juristes devant la progression des prérogatives de l'État royal.

Au début du XVIe siècle, l'auteur est oublié, l'œuvre anonyme tombe dans le domaine public. Le 6 mai 1514, le libraire parisien Galiot Dupré est autorisé, par un privilège de Louis XII, à livrer au public la première édition. Le manuscrit, avec une préface courte, est adapté à l'usage des praticiens et doté de son titre définitif : *Le Grant Coustumier de France / et instruction de practique et maniere de proceder et practiquer es sou-/ veraines cours de parlement, prevosté et viconté de Paris, et aultres / jurisdictions du royaulme de France, nouvellement veu, corri-/ gé, adapté le droit, la coustume, et ordonnances royaulx / et plusieurs arrests de la court de parlement, selon / les matieres et cas occurens, avec l'ex-/ traict de stille de la court et manie-/ re de faire les assignations et ap-/ pointements en chastellet et aul-/ tres jurisdictions de ce / royaulme.*

L'ouvrage connaît un succès peu commun : 11 éditions gothiques (toutes établies à partir de mss perdus) paraissent de 1514 à 1539 (12 septembre). Au mois d'août de cette année-là, l'ordonnance « sur le faict de la justice et abbréviation des procès » simplifie la procédure. Les premières éditions de la *Coutume de Paris* sont largement diffusées. Commun naguère, l'ouvrage devient un livre rare et recherché. En 1598, Louis Charondas le Caron (voir Jean Boutillier) donne l'édition du dernier état du droit coutumier : la première compilation de droit parisien aux origines de la *Coutume de Paris*. Dès lors, il est régulièrement cité par les praticiens comme par les compilateurs. Au XVIIIe siècle, la confusion sur le mot France lui attribuera le titre officiel de *Coutumier de Charles VI*.

L'œuvre est une mosaïque de textes, bien altérée par l'éditeur. Parmi les variantes non retenues par celui-ci, on trouve sous le titre « Des drois et des livres de loys » des considérations sur la chronologie du *Corpus juris civilis* : « Les drois anciens fais par avant ce que Notre Seigneur souffrist mort en la croix sont digeste vieille, digeste nove, enforçade et sont ceulz qui parlent *de origine juris* ; code fu fait et y furent les droiz corrigiez et enforciez par les empereurs. Et les droiz dessus diz qui ne furent corrigiez par le code demourerent en vertu, mais ilz orent lieu, tant code comme les autres, sur les subgiez que l'empereur avoit pour lors, mais iceulz drois ne s'entendent en riens ou royaume de France, pour ce que le roy n'est mie subgiet des empereurs qui firent les loiz, mais a aucuns subgiez qui sont gouvernez par coutumes. Et puet on dire que *per dissuetudinem abierunt* et, ou il n'y a coutumes, on se rapporte au droit commun. » Ailleurs, Jacques d'Ableiges a copié la formule du serment des juifs : « Juif, tu jures par la loy que Dieu donna a Moyse au mont Sinay, et especialment par les dix commandements de la loy, et reçois en toy toutes les maudiçons contenues es cinq livres Moyse, et que toutes les beneycons qui y sont te soient tournées en maleyçons et cheent sur toy et sur ta semance jucques a la Xe generacion se tu te parjures. Et avec ce, tu reçois en toy *heran, nidun* et *samaitha* (les trois degrés de l'anathème), c'est-à-dire que tu soyes destruis et mis en sentence et decevrez de tous les benefices escrips en ta loy, que ilz cheent sur toy et sur toute ta mesgnée, se ne dis verité de ce qui te sera demandé a mon entencion et non a la tienne. Dis voire et mect la main sur la teste. » Des chapitres entiers ne sont connus que dans leur version manuscrite ; le codex d'où est extraite la préface annonce, pour la première partie, des chapitres qui n'y figurent pas : les serments des avocats et des procureurs, les droits du bourreau de Paris, les règlements des métiers ; à ces textes, Jacques d'Ableiges a joint la réglementation qu'il a élaborée sur la geôle de l'abbaye de Saint-Denis et sur les métiers d'Évreux. La compilation est souvent rehaussée par les réminiscences de l'expérience, ce qui détermina encore les imprimeurs à éliminer certains chapitres, comme celui consacré aux gages de batailles, dans lequel Jacques d'Ableiges se fondant sur l'ordonnance du 25 mai 1306 et sur le *Stilus* de Guillaume Du Breuil (voir *Juridique* [*Littérature*]) indique les conditions pour que le duel reste licite et la procédure, éclairées par le souvenir du duel mémorable qui opposa « a Paris en la cousture Saint-Martin » Jean de Carrouges à Jacques le Gris le 29 décembre 1386 devant le roi et sa cour. La seconde partie est l'exposé du droit privé dans l'apparent désordre d'éléments d'un canevas d'emprunts divers sans doute remanié par les praticiens copistes des manuscrits. Presque entièrement consacrée à la procédure suivie devant le Châtelet de Paris à l'usage des avocats et des procureurs, la troisième partie est plus originale. Elle donne la formule des actes les plus courants, empruntée souvent à des affaires débattues au Châtelet, ainsi que la solution de nombreux cas concrets. Plus brève que les trois premières, la quatrième partie compte 13 chapitres fort disparates. Les plus importants concernent les rapports entre la justice royale, les tribunaux ecclésiastiques et le droit pénal. Au chapitre « Des peines » se trouvent énoncées les « sept manières » qui gouvernent l'application des peines : « la personne [...], [le] lieu [...], [le] temps [...], [la] qualité [...], la quantité [...], l'intencion [...], [et l'] acoustumance » et des brocards, la plupart adaptés du droit romain, comme « Justice sans miséricorde est crueuse, et miséricorde sans justice est lescheté », ou bien « Il vauldroit mieux prendre deux innocens que laisser aller ung coupable, mais vauldroit mieulx laisser deux coulpables que de punir ung innocent ».

La parfaite connaissance des actes de la pratique et des documents administratifs de l'époque livrera bientôt la clef d'une œuvre aussi composite (le latin côtoie souvent le français), enrichie par une très abondante documentation en amont et en aval des sentences du Châtelet et de quelques arrêts du Parlement de Paris. Avec ses répétitions et ses discordances, le *Grand Coutumier* est le dernier reflet du savoir-faire des praticiens de la fin du Moyen Âge.

ŒUVRE. — *Le grand Coutumier de France. Nouvelle édition* par E. Laboulaye et R. Dareste, Paris, 1868 [reprod. de la plus ancienne éd. ; reprod. en fac-similé, Aalen, 1969].

→ L. Delisle, *L'auteur du grand Coutumier de France*, dans *Mémoires de la Société de l'histoire de Paris et de l'Île-de-France*, t. 8 (1881), p. 140-160. — O. Martin, *Histoire de la coutume de la prévôté et vicomté de Paris*, t. 1, Paris, 1922 *(Bibliothèque de l'Institut d'histoire, de géographie et d'économie urbaines de la ville de Paris)*, p. 90-101. — P. Petot et P. Timbal, *Jacques d'Ableiges*, dans *HLF*, t. 40 (1974), p. 283-334.

J.F.

Jacques d'Amiens. Poète lyrique, vraisemblablement originaire d'Amiens (Somme), dont l'activité littéraire peut se placer entre 1250 et 1280 approximativement. Jacques d'Amiens est l'auteur d'un jeu-parti avec Colin Muset*, d'une pastourelle et de quatre chansons d'amour. L'une de ses chansons est adressée à une comtesse qui pourrait être Mahaut de Brabant, comtesse d'Artois, l'autre destinataire de la pièce, le trouvère Lambert Ferri*, entretenant des relations littéraires avec une « dame d'Artois ».

Le rubricateur du chansonnier *C* (Berne, Stadtbibl. 389) lui attribue, en outre, une belle chanson à citations (R. 1252), composée près d'un siècle plus tôt par Gilles de Vieux-Maisons*.

Ce n'est probablement pas notre poète, mais un homonyme de la fin du XIIIe siècle, qui écrivit un *Art d'amours* (2 384 octosyllabes ; cinq mss et un incunable), inspiré de l'*Ars amandi* d'Ovide*. L'auteur de cet *Art d'amours* se nomme :

Jakes d'Amiens par cest livre
A s'amie, tout a delivre
Com fins amans proie merci
(v. 2365-2367)

Cet auteur prend force libertés avec le texte d'Ovide qu'il enrichit de modèles de conversation amoureuse ; il fait aussi une longue et malicieuse allusion aux béguines. Deux des cinq mss de l'*Art d'amours* contiennent des *Remedes d'amours* (626 octosyllabes), attribués au même poète et également imités librement des *Remedia amoris* d'Ovide.

ŒUVRES. — *L'art d'amours van Jakes d'Amiens (XIII eeuw). Critische tekstuitgave*, éd. D. Talsma, Leyde, 1925 [éd. aussi les *Remedes d'amours*]. — *Artes amandi. Da maitre Elie ad Andrea Cappellano*, éd. A.M. Finoli, Varese et Milan, 1969, p. XV-XIX et 33-121 [repr. l'éd. Talsma].
— P. Simon, *Die Lieder des Jacques d'Amiens*, Berlin, 1895 (*BGRP*, 9, 3).

→ G. Kühlhorn, *Das Verhältnis der « Art d'amours » von Jacques d'Amiens zu Ovids « Ars amatoria »*, Leipzig, 1908. — R. Stone, *Les « Arts d'aimer » dans la littérature française du XIIIe siècle*, thèse Paris, 1956. — R.H. Lucas, *Mediaeval French Translation of the Latin Classics to 1500*, dans *Speculum*, t. 45 (1970), p. 241. — F. Grossi, *Il linguaggio della traduzione nei volgarizzamenti antico-francesi dell'Ars amandi di Ovidio*, dans *Acme*, 1975, p. 335-354. — Linker, nº 119. — Cf. *GRLMA*, t. VI/1, p. 111, 226 ; t. VI/2, nos 3208 et 3212. — *MB* nos 2359 ; 2751-2752 ; 2756-2758 ; *S* 4997 ; 4999.
G.M. et F.F.H.

Jacques d'Autun. Personnage inconnu du XIIIe siècle, dont le nom est aussi écrit Jacques d'Ostun (Autun, Saône-et-Loire). On lui doit la plus belle des chansons courtoises : il dit adieu à celle qu'il aime et qu'il est obligé de quitter pour des raisons obscures — qu'il semble ne pas vouloir ou ne pas pouvoir révéler ; après lui avoir rappelé leur bonheur passé, il lui promet d'élever avec soin « le beau petit enfant » qu'elle lui a donné, puis il la recommande à la Vierge. Cette courte pièce possède un charme étrange : on devine un drame intime, on se sent en présence d'une émotion véritable, bien éloignée des conventions du lyrisme courtois.

ŒUVRE. — S.N. Rosenberg, *Observations on the Chanson of Jacques d'Autun (R 350/351)*, dans *Romania*, t. 96 (1975), p. 552-560. — *Poèmes d'amour des XIIe et XIIIe siècles. Textes suivis d'exemples musicaux présentés et traduits* par E. Baumgartner et F. Ferrand, Paris, 1983, p. 133-137 (*Bibliothèque médiévale*, 1581).

→ A. Menichetti, *Tre note di filologia francese e italiana, I. Douce dame, simple et plaisant*, dans *Cultura neolatina*, t. 29 (1969), p. 159-163. — Linker, nº 126. — Cf. *MB* nos 2360 ; *S* 4493-4494.
G.M.

Jacques de Baisieux. Trouvère de la fin du XIIIe siècle, probablement originaire de Flandre, Jacques de Baisieux semble avoir eu une certaine instruction, comme en témoignent quelques connaissances du latin, la lecture du *Roman de la Rose** et des romans du Graal. On peut supposer qu'il était jongleur ou ménestrel au service d'un seigneur.

Son œuvre, composée vers la fin du XIIIe siècle, voire le tout début du XIVe, comprend 1 836 octosyllabes. L'unique manuscrit l'ayant conservée (Turin, Bibl. naz. univ. L.V. 32) a été totalement détruit au court de l'incendie de 1904 : les recherches modernes utilisent la copie du ms. de Turin établie par l'abbé Mouchet au XVIIIe siècle (Paris, BN, Moreau 1727) et cinq éditions anciennes (de 1823 à 1911). L'étude de la langue du ms. de Turin, à travers ces témoignages plus récents, montre une influence wallonne.

On doit à Jacques de Baisieux cinq poèmes : deux dits à caractère moralisant et religieux, le *Dis sor les V lettres de Maria* et le *Dis de l'espee*, un poème didactique et allégorique, les *Fiez d'amour*, une nouvelle courtoise, le *Dis des trois chevaliers et del chainse*, et un fabliau, le *Dis de le vescie a prestre*. En rapport avec la vogue de l'*Ave Maria* dans la dévotion privée au XIIIe siècle, le *Dis sor les V lettres de Maria* (246 vers) paraît exprimer, sous l'abondance et l'ingéniosité des images, un sentiment religieux sincère. Le *Dis de l'espee* (225 vers) illustre l'idéal de la chevalerie : il utilise le procédé consistant à faire figurer chacune des vertus par une des pièces de l'armement d'un chevalier. L'influence du *Roman de la Rose* sur les *Fiez d'amour* (663 vers) est nette ; ce dernier poème témoigne, en outre, de l'enracinement du système féodal dans les mentalités médiévales. Dans ses pièces didactiques, Jacques de Baisieux n'évite ni les lourdeurs, ni les répétitions inutiles ; ses meilleurs poèmes, par le style, sont vraisemblablement le *Dis des trois chevaliers et del chainse* (386 vers) qui a parfois passé à tort pour un fabliau, et le *Dis de le vescie a prestre* (320 vers), féroce satire dirigée contre les ordres mendiants réputés pour leur avarice.

ŒUVRES. — A. Scheler, *Trouvères belges du XIIe au XIVe siècle, 1re série*, Bruxelles, 1876 (réimp. Genève, 1977), t. 1, p. 162-224. — *L'œuvre de Jacques de Baisieux*, éd. critique P.A. Thomas, La Haye-Paris, 1973 (*Studies in French Literature*, 3).

→ O. Jodogne, *Le caractère wallon de La vessie au prêtre, fabliau de Jacques de Baisieux*, dans *Bulletin de la Commission royale de Toponymie et Dialectologie*, t. 44 (1970), p. 29-42. — R. Bonvin, *Le sang sur le vêtement : étude sur le conte des Trois chevaliers et du chainse*, dans *Médiévales*, n° 11 (1986), p. 65-84. — Cf. *GRLMA*, t. VI/1, p. 93, 110, 156, 162 ; t. VI/2, n°s 4100, 4104, 4108. — *MB S* n°s 4699-4700.

F.F.H.

Jacques Bauchant. Selon un prologue, Jacques Bauchant fut nommé, avant 1367, sergent d'armes dans la prévôté de Saint-Quentin en Vermandois par Charles V : le roi, qui avait entendu dire que Jacques avait une intéressante bibliothèque et quelques talents littéraires, voulut se l'attacher ainsi. La première traduction réalisée par Jacques Bauchant fut celle du *Livre des voies de Dieu* et des *Visions* d'Élisabeth de Schönau (XIIe), deux textes souvent conjoints dans les manuscrits latins et attribués ici à tort à sainte Elisabeth [de Thuringe]. Il traduisit ensuite un pseudo-Sénèque, le *De remediis fortuitorum*, œuvre assez répandue dont le sujet est proche de celui de la *Consolation de philosophie* de Boèce* ou du *De remediis utriusque fortunae* de Pétrarque* (traduit vers 1378 par Jean Daudin*). Jacques Bauchant mourut vers 1396, et certains de ses livres furent rachetés par le duc d'Orléans.

Chacune des deux traductions est conservée par un seul manuscrit. La traduction du *De remediis* eut la chance d'être légèrement remaniée pour Philippe le Bon. Mais la diffusion de ce remaniement demeura elle-même restreinte ; on en garde quatre copies.

→ C. Desmaze, *Jacques Bauchant, sergent d'armes, bibliophile saint-quentinois*, dans *Bull. de la société des antiquaires de Picardie*, 1869. — L. Delisle, *Recherches sur la librairie de Charles V*, Paris, 1907, t. 1, p. 88-91, p. 235-236. — K. Chesney, *Notes on Some Treatises of Devotion Intended for Margaret of York*, dans *Medium Aevum*, t. 20 (1951), p. 28-31 [sur la version remaniée du *De remediis*]. — Cf. *MB* n° 5955.

S.L.

Jacques Bretel. Ménestrel de la fin du XIIIe siècle, peut-être au service du comte Henri IV de Salm († 1292), Jacques Bretel est un « poète à gages », dont on ne sait s'il était ou non apparenté au trouvère arrageois Jean Bretel* († 1272). Jacques Bretel est l'auteur d'une relation du *Tournoi de Chauvency* (4 563 octosyllabes), composée pour les cours de Lorraine. C'est à tort qu'on a voulu lui attribuer aussi le roman du *Châtelain de Coucy**, dont l'auteur s'est souvenu du texte du *Tournoi* à plusieurs reprises.

Le *Tournoi de Chauvency* est à la fois un précieux document historique, par l'authenticité et la précision de son récit, et une œuvre littéraire de qualité, par son mouvement et par son esprit.

Après avoir rappelé comment le comte Henri le chargea, le 8 septembre 1285, à Salm-en-Vosges (commune de Senones : Vosges, arr. Saint-Dié), de la relation poétique des fêtes organisées à Chauvency (Chauvency-le-Château : Meuse, arr. Verdun, cant. Montmédy) pour la semaine du 1er au 6 octobre 1285 par Louis de Loos, comte de Chiny, Jacques Bretel raconte comment il s'est transporté à Chauvency pour consigner heure par heure le déroulement des cortèges, des joutes, des repas, des danses, des chansons (le *Tournoi* ne fournit pas moins de 35 refrains différents), des jeux (pantomimes et jeux de société), puis les péripéties du tournoi organisé le dernier soir. Noms des personnages, souvent identifiés grâce à l'aide du héraut Bruiant, rôle tenu par chacun, réflexions entendues, réactions personnelles, menues indiscrétions, évocation des combats et des conversations, la relation, visiblement très fidèle, est vivante et spirituelle.

Le *Tournoi de Chauvency* (conservé aujourd'hui dans quatre mss) semble avoir été écrit sur place, à la fin de 1285, dans la langue littéraire lorraine.

ŒUVRE. — *Jacques Bretel, le Tournoi de Chauvency*, éd. M. Delbouille, Liège et Paris, 1932 (*Bibl. Faculté de Philosophie et Lettres Univ. de Liège*, 49) [cf. *Romania*, t. 59 (1933), p. 131-140].

⟶ C.-V. Langlois, *La vie en France au Moyen Âge... d'après les romans mondains*, Paris, 1934, p. 228. — M. Delbouille, *Problème d'attribution et de composition, I. De la composition d'Aiol*, dans *RBPH*, t. 11 (1932), p. 52-54 [45-75]. — E. Trevisan, « *Le tournoi* » *de Jacques Bretel, roman du* XIIIe *siècle, Étude littéraire et sociohistorique*, Lyon, 1980. — Cf. *GRLMA*, t. VI/1, p. 279, 305 ; t. VI/2, n° 6324. — *MB* n°s 2623-2632 ; *S* 4897. M.D. et F.F.H.

Jacques de Brézé (vers 1440-1494). Appartenant à une opulente famille d'origine normande, Jacques de Brézé, grand sénéchal de Normandie, épousa en 1462 Charlotte de France, fille naturelle de Charles VII et d'Agnès Sorel. Ayant surpris sa femme en flagrant délit d'adultère avec son frère de lait et ami Pierre de Lavergne le 31 mai 1477, il tua les deux coupables. Condamné à mort, il vit sa peine commuée en un long emprisonnement (de 1477 à 1481) assorti d'une très lourde amende, pour laquelle il dut céder à Louis XI la quasi-totalité de ses biens (immédiatement rendus par le roi à son fils Louis de Brézé). Il mourut le 14 août 1494.

Grand chasseur, Jacques de Brézé composa, vraisemblablement après 1481, un poème sur la vénerie intitulé la *Chasse*, où il relate une chasse au cerf à laquelle prit part Anne de Beaujeu, fille de Louis XI. D'un style alerte, la *Chasse* comprend 55 strophes, chacune de 10 octosyllabes. On n'en a longtemps connu qu'un manuscrit, acheté en 1946 par G. Tilander, auquel il convient d'en ajouter deux autres : La Haye, Kongelige Bibl. 78.E.37 (qui contient aussi une copie des *Dits du bon chien Souillard*) et Turin, Archivio di Stato, J.a.VII.31 (fragmentaire).

Entre 1483 et 1490, Jacques de Brézé rédigea un charmant poème de 50 vers en l'honneur de son chien favori, les *Dits du bon chien Souillard*, conservé aujourd'hui dans quatre manuscrits. La *Chasse* et les *Dits du bon chien Souillard* furent imprimés pour la première fois vers 1494.

Grand admirateur d'Anne de Beaujeu, Jacques de Brézé lui dédia, pendant sa régence (vraisemblablement après 1488), un poème en décasyllabes (neuf strophes de 11 vers et un envoi de sept vers) : les *Louanges de Madame Anne de France*, dont le style maniéré contraste nettement avec celui de ses œuvres cynégétiques.

ŒUVRES. — *Jacques de Brézé, La Chasse, les Dits du bon chien Souillard et les Louanges de Madame Anne de France*, éd. G. Tilander, Lund, 1959 (*Cynegetica*, 6). — Cf. *MB* n°s 5554, 8010. G.T. et F.F.H.

Jacques Bruyant. Ce « fut un bon preudomme et subtil... jadis... notaire ou Chastellet de Paris », dit le *Mesnagier de Paris**. On ne sait rien d'autre sur lui, sinon qu'il était clerc. Son poème moral, la *Voie de Povreté ou de Richesse*, daté de 1342 et long de 2 626 octosyllabes à rimes plates, est le récit d'une vision directement inspiré du *Roman de la Rose**. En butte à l'hostilité de divers personnages allégoriques, assisté par d'autres, l'auteur, après avoir renoncé au chemin de Paresse et pris celui de Diligence et de Suffisance (savoir se contenter de ce que l'on a, la grande vertu des sages), parvient au château de Labour. Après une longue journée de travail, une fois le couvre-feu sonné, ayant promis à Soin et Cure de reprendre le travail le lendemain matin de bonne heure, il rejoint Repos chez lui et se réveille.

La morale est claire. Le poème a une valeur documentaire certaine : c'est l'une des rares œuvres morales à faire l'apologie du travail et, par son intermédiaire, de l'enrichissement (château de Richesse et château de Labour sont identiques) ; c'est peut-être le seul « miroir du bon ouvrier » de la littérature française médiévale. La *Voie de Povreté ou de Richesse* eut du succès : vers 1393, l'auteur du *Mesnagier de Paris* l'inséra tout entière dans son manuel, et en 1499, Pierre Gringore le plagia dans son *Chasteau de Labour*.

Jacques Bruyant est également l'auteur d'une prière à Notre-Dame en 19 douzains d'octosyllabes.

ŒUVRE. — Éd. dans J. Pichon, *Le Ménagier de Paris*, t. 2, Paris, 1846, p. 4-42 *(Soc. des bibliophiles fr.)*.

→ A. Långfors, *Jacques Bruyant et son poème, La Voie de Pauvreté ou de Richesse*, dans *Romania*, t. 45 (1918-1919), p. 49-83 [éd. aussi la prière à N.D.]. — P.Y. Badel, *Le Roman de la Rose au* XIVe, Genève, 1980. — Cf. *GRLMA*, t. VI/1, p. 151-152.

G.E.B. et G.H.

Jacques de Bugnin. Natif de Lausanne, Jacques de Bugnin porta probablement aussi le nom de sa mère (Borellier, Boralley ou Borelly). En 1462, il était chapelain de la cathédrale de Lausanne et curé de Saint-Martin de Vaud, près d'Oron-le-Châtel (canton de Fribourg, district de la Veveyse). Il fut nommé, en 1476, à titre temporaire, official et vicaire spirituel et temporel en l'absence du vicaire général Dominique de Borceriis : l'évêque de Lausanne était alors Giulio Della Rovere (le futur pape Jules II). La même année 1476, Jacques de Bugnin céda à son neveu Pierre Borellier, prêtre du diocèse de Lausanne, la jouissance de tous ses biens et manifesta son intention de se rendre en pèlerinage à Rome, puis d'entrer dans un monastère. Il semble bien avoir séjourné à Rome avant de se retirer dans l'abbaye cistercienne de Thamié, en Savoie, où il acheva le 3 juillet 1480 son *Congié pris du siecle seculier*, première œuvre d'un poète « romand » à avoir été conservée.

Dans ce *Congié* qui comprend un prologue en décasyllabes (v. 1-68), le poème proprement dit en octosyllabes (v. 69-1003) et un explicit en décasyllabes (v. 1004-1019) indiquant la date et le lieu de rédaction, Jacques de Bugnin a voulu léguer à ses lecteurs le fruit de ses méditations. Son enseignement repose sur une grande expérience de la vie sociale et, si ses vers ont parfois la maladresse du poète amateur, Jacques de Bugnin a donné à son traité une forme accessible aux humbles en composant un recueil de sentences « *sans les mectre par monseaulx comme gerbes* », mais en les groupant « *par deux vers comme fleurs speciales* » : ces sentences morales sont réunies en petits chapitres classés par ordre alphabétique de sujet (d'*Adieu, Aujourd'huy, Espoir, Faulceté* à *Vouloir*). Il se dégage du *Congié* une morale saine et prudente, ennemie de tout excès :

Ne soyes trop fol ne trop saige,
Tien le moyen en ton usaige...

Le *Congié* connut un certain succès, attesté par huit éditions à la fin du XVe et au début du XVIe siècle : la première édition est celle de Vienne vers 1485 ou 1490.

ŒUVRE. — *Jacques de Bugnin, Le Congié pris de siecle seculier, poème du* XVe *siècle*, éd. A. Piaget, Neuchâtel, 1916 (*Univ. Neuchâtel, Recueil des travaux publiés par la Fac. lettres*, 6, II). — Cf. *MB* n° 4998. F.F.H.

Jacques de Cambrai. Trouvère inconnu qui écrivit entre 1260 et 1290 environ. L'une de ses chansons pieuses *Grant talent ai k'a chanteir me retraie...* (R. 114) est imitée d'une chanson d'amour (R. 1370) de Colart le Bouteiller*. On garde de Jacques de Cambrai (Nord) quatre chansons d'amour, une pastourelle, cinq chansons et deux rotrouenges en l'honneur de la Vierge. Ses poèmes dévots contiennent nombre de symboles chrétiens : leur piété paraît sincère et contraste avec l'inspiration grivoise de la pastourelle.

ŒUVRES. — *Les Poésies du trouvère Jacques de Cambrai*, éd. J.-C. Rivière, Genève, 1978 (*TLF*, 257). — P. Bec, *La lyrique française au Moyen Âge (*XIIe-XIIIe *siècle)*, Paris, 1978, t. 2, p. 71 [une rotrouenge]. — *Anthologie de la poésie lyrique française des* XIIe *et* XIIIe *siècles*, éd. bilingue J. Dufournet, Paris, 1989, p. 310-319 *(NRF/Poésies)* [trois pièces].

→ Linker, n° 121. — Cf. *MB S* n° 4495.

G.M. et F.F.H.

Jacques de Cessoles. L'auteur du *Liber de moribus hominum et officiis nobilium ac popularium super ludo scaccorum* est longtemps resté très mal connu. L'on sait au moins aujourd'hui qu'il était originaire de la petite commune de Cessole, dans la province d'Asti. C'est certainement dans le couvent de la Madeleine de cette dernière ville que Jacques prit l'habit des dominicains. Entre 1317 et 1322, il réside au couvent majeur de Gênes. Désigné en 1318 comme vicaire de l'inquisiteur Jacques de Levanto, il est probable que Jacques de Cessoles était alors d'un âge mûr. Le couvent dominicain de Gênes fut dans la seconde moitié du XIIIe et le début du XIVe siècle un centre culturel important. De là sortirent la *Legenda aurea* de Jacques de Voragine (voir *Légende dorée*), le *Catholicon* de Jean Balbi ; et c'est là sans doute que fut composé le *Liber super ludo* *scaccorum* vers 1300. En effet, dès 1300 ou 1330, Henri de Beringen en donna une version en vers allemands ; et en 1337, le moine suisse Conrad d'Ammenhausen termina sa propre version allemande du texte.

Avant de revenir aux différentes traductions du *Liber super ludo scaccorum*, considérons son contenu. Il s'agit d'une moralisation *(de moribus)* du jeu d'échecs. Avant Jacques de Cessoles, d'autres auteurs avaient interprété symboliquement ce jeu propre aux nobles. Ainsi Jean de Galles dans son *Communiloquium* (vers 1260), le trouvère Engreban d'Arras* dans un court dit satirique (fin XIIIe) comparaient le cours du jeu à la vie humaine : les uns sont rois, les autres simples pions. Mais à la fin de la partie, toutes les pièces, indifféremment, retournent dans le sac d'où elles sont sorties. Un autre indice de la diffusion de ce style d'interprétation des échecs provient du prologue même de Jacques de Cessoles : son *Liber super ludo scaccorum* ne serait que la reprise et la mise au net d'un cycle de sermons qu'il prononça avec succès sur ce thème. Il est cependant le premier à rédiger un texte aussi exhaustif et nourri. Son œuvre est divisée en quatre parties inégales. La première rappelle l'origine du jeu : un certain Xerxès ou Philometor l'inventa pour obliger le roi de Babylone, fils de Nabuchodonosor, à maîtriser sa violence et sa cruauté. Tout en lui apprenant les règles des échecs, Xerxès lui donnait, en effet, des instructions pleines de sagesse et de modération. Jacques de Cessoles ne procède pas autrement dans ses trois autres parties. Ainsi dans la seconde, il décrit les pièces nobles de la première ligne : le roi, la reine, les deux *aufins* (fous) qui représentent les juges, les cavaliers qui sont, bien sûr, les hommes de guerre, les rocs (tours) qui symbolisent les délégués et messagers royaux. La troisième partie est consacrée aux pièces du second rang, dites populaires. Chacun des huit *paonets* (pions) représente un corps de métier : laboureur, forgeron, tisserand ou notaire, marchand ou changeur, médecin ou apothicaire, aubergiste, gardien des portes de villes, ribaud ou messager. La stricte séparation des deux rangs a valeur sociale : aux gens du tiers ne revient pas la conduite des affaires de l'État. Mais Jacques de Cessoles souligne d'autre part la dépendance des nobles par rapport aux populaires : ces pièces sont exposées en première ligne pour signifier que les populaires forment un rempart pour la sauvegarde de l'existence des nobles. Ce sont eux également qui leur fournissent le nécessaire et le superflu. Dans la dernière partie, Jacques traite de la marche des différentes pièces. On ne trouve pas là une règle complète des échecs de l'époque, mais toujours une moralisation. Ainsi la reine suit partout le roi sur l'échiquier, car elle doit en avoir des enfants pour assurer la pérennité du royaume. La seconde caractéristique du *Liber super ludo scaccorum* consiste dans les multiples digressions narratives ou *exempla** que Jacques de Cessoles insère à tout moment, comme cela se pratiquait dans les sermons. Pour ce faire, il a utilisé un ou plusieurs recueils d'*exempla* et, entre autres, le *Speculum historiale* de Vincent de Beauvais* et les *Dicta et facta memorabilia* de Valère-Maxime. Au bout du compte, son ouvrage se situe à mi-chemin entre ces recueils d'*exempla* proprement dits et les compilations d'*exempla* moralisés.

Le succès de l'œuvre a certainement été considérable. Il ne s'en est pas conservé moins de deux cents manuscrits en diverses langues, dont quatre-vingts en latin, et on peut en dénombrer trente-six éditions. L'influence exercée sous forme d'utilisation et d'imitations fut importante et les traductions nombreuses.

Ainsi les *Gesta Romanorum*, Thomas Hoccleve (*Regement of Princes*, 1412), Climente Sánchez (*El libro de los Exemplos por ABC*, 1400-1420), empruntent-ils divers *exempla* au *Liber super ludo scaccorum*. Frère Jean (*Ludus cartularum moralisatus*, 1337), Pierre-Jean Huller (*Ludus cartularum*, 1429), maître Ingold (*Guldin Spiel*, 1450), l'adaptent à d'autres jeux ; Guillaume de Saint-André*, dans son *Jeu des échecs moralisés*, qui fait suite au *Livre du bon Jehan duc de Bretaigne*, démarque Cessoles. Le *Liber super ludo scaccorum* est l'une des sources de la première partie du traité des échecs de Ruy López de Sigura (1561). Parmi les traductions, la première en date est celle de Conrad d'Ammenhausen (1337), déjà mentionnée. L'ouvrage de Cessoles fut traduit et remanié aux XIVe et XVe siècles en allemand, bas-saxon, hollandais, suédois, espagnol, catalan, italien et enfin en tchèque.

Traductions françaises. Il existe en français trois traductions du *Liber super ludo scaccorum*, à peu près contemporaines et indépendantes l'une de l'autre.

1. Seule, celle de Jean Ferron est datée du 4 mai 1347 dans le prologue, qui indique également que le traducteur était dominicain à Paris. Trait frappant de cette traduction : sa concision. Aucune digression, aucune adjonction étrangère ne viennent allonger le texte, qui est traduit très librement quant à la forme, mais au plus près quant au sens (onze manuscrits conservés).

2. Une autre version française est due au célèbre traducteur Jean de Vignay*, actif entre 1326 et 1350. Elle est dédiée à Jean de France, duc de Normandie, ce qui la situe après 1332 et, en tout cas, avant 1350. La négligence, doublée d'une incapacité de comprendre le texte latin ou, s'il le comprend, de le rendre en français, caractérise la traduction de Vignay. Les mêmes *exempla* se rencontrant chez Cessoles et dans le *Speculum historiale* que Vignay traduisit également, il est possible d'apprécier l'évolution survenue en quelques années dans ses méthodes de traduction. Il suit beaucoup plus fidèlement le texte latin de Vincent de Beauvais que celui de Cessoles, qu'il tend à interpréter et auquel il fait des adjonctions.

Jean de Vignay a ajouté au texte de Cessoles des *exempla* et des digressions empruntées à la *Légende dorée*, aux *Otia imperialia* de Gervais de Tilbury*, aux *Grandes Chroniques de France**, au *Décret* de Gratien. Il émaille son texte de proverbes, de citations diverses, de considérations et de digressions personnelles. Les manuscrits conservés témoignent de la préférence accordée à cette version, car on n'en compte pas moins de quarante-quatre. De plus, c'est elle qui sera imprimée au XVe.

3. La dernière version française dont nous ayons à parler est due à un Lorrain anonyme et n'est pas datée (un manuscrit unique à Berne). Le traducteur de Berne donne un aspect anecdotique et pittoresque étranger à l'original latin. Il n'ajoute que quelques *exempla* tirés d'autre sources.

Des *exempla* du *Jeu des Échecs moralisés* ont été repris dans la traduction de Ferron par Martial d'Auvergne* *(Vigiles de Charles VII)* et par le *Mesnagier de Paris**, dans la traduction de Vignay par Christine de Pizan* *(Mutacion de fortune).* William Caxton a fait sa traduction anglaise, *Game and Play of the Chesse* (1474) d'après l'un des huit manuscrits composites combinant les traductions de Vignay et Ferron. Dans le *Songe du Vieil Pelerin*, Philippe de Mézières* rapporte les origines du jeu des échecs d'après le texte latin ou la traduction de Jean de Vignay. Le ms. fr. 1169 de la BN a interpolé sept *exempla* de longueur importante dans le texte de Vignay. Un compilateur anonyme du XVe siècle, qui disposait des deux traductions de Ferron et Vignay, les a utilisées pour les refondre dans une compilation hybride augmentée de digressions personnelles. Elle est conservée dans le ms. fr. 1170 de la BN. Les traductions françaises du *Liber* voisinant dans les manuscrits et les impressions, avec des ouvrages de morale, d'édification, avec des prières et des enseignements des princes, il apparaît clairement que l'œuvre a toujours été lue comme un texte didactique sur le rôle que chacun doit jouer dans la société.

ŒUVRE. — Texte latin avec variantes, en bas de page dans l'éd. F. Vetter, *Das Schachzabelbuch Kunrats von Ammenhausen* (...), Frauenfeld, 1892. — Trad. Jean de Vignay, éd. Antoine Vérard, Paris, 1504 ; Michel Le Noir, Paris, 1505. — Trad. Jean Ferron : éd. A. Collet, *Le jeu des Eschaz moralisé*, thèse, Grenoble, 1984. — Trad. allemande : G.F. Schmidt, *Das Schachzabelbuch des Jacobus de Cessolis, O.P., in mittelhochdeutscher Prosa-Übersetzung*, Berlin, 1961 (*Texte des späten Mittelalters*, 13). — Trad. italienne : éd. P. Marocco, *Volgarizzamento del libro de Costumi e degli offizii de'nobili* (...), Milan, 1829.

→ T. Kaeppeli, *Pour la biographie de Jacques de Cessoles*, dans *Archiv. Frat. Praedicat.*, t. 30 (1960), p. 149-162. — F. Lajard, *Jacques de Cessoles, dominicain*, dans *HLF*, t. 25, 1869, p. 9-41 [sur le texte latin et ses trad.]. — J. Rychner, *Les trad. françaises de la Moralisatio super Ludum scaccorum de Jacques de Cessoles. Étude comparée des trad. en tant que telles*, dans *Mél. C. Brunel*, Paris, 1955, t. 2, p. 480-493. — S. Solente, *Le Jeu des échecs moralisés source de la Mutacion de fortune, ibid.*, p. 556-565. — A. Anderegg, *Les trad. françaises du Liber de moribus (...) de Jacques de Cessoles*, dans *Positions des thèses de l'École des Chartes*, 1957, p. 11-15. — D.M. Bell, *L'idéal éthique de la royauté en France au Moyen Âge d'après quelques moralistes de ce temps*, Genève-Paris, 1962, p. 87-91. — W. Ziltener, *Zur Quellenfrage der Anekdote von Alexander und Seeraüber bei Villon und Jean de Bueil*, dans *ZRPh*, t. 87 (1971), p. 238-243. — R.D. Di Lorenzo, *The Collection Form and the Art of Memory in the Libellus super Ludo schachorum*, dans *Mediaeval Studies*, t. 35 (1973), p. 205-221. — J.-M. Mehl, *L'exemplum chez Jacques de Cessoles*, dans *Le Moyen Âge*, t. 84 (1978), p. 227-246. — Cf. *MB* n°s 2980-2982, 5384, 7992-7993 ; *S* 7554-7555. A.Pa. et S.L.

Jacques de Cysoing. Poète amateur, qui était vraisemblablement un cadet de la famille de Cysoing (Nord, arr. Lille). Jacques de Cysoing composa, durant le troisième quart du XIIIe siècle, huit chansons d'amour et un serventois mordant contre les hauts barons qui préféraient s'entourer de roturiers enrichis et de flatteurs intéressés plutôt que de chevaliers de mérite. Versificateur habile et parfois raffiné, Jacques de Cysoing fait de temps en temps, dans ses chansons, des allusions à sa vie, notamment à son mariage.

ŒUVRES. — E. Hoepffner, *Les chansons de Jacques de Cysoing*, dans *Studi medievali*, t. 11 (1938), p. 69-102.

→ H. Petersen Dyggve, *Personnages historiques figurant dans la poésie lyrique française des XIIe et XIIIe siècles. XVII. Thomas Herier et ses protecteurs*, dans *Neuphilologische Mitteilungen*, t. 44 (1943), p. 62 [55-96]. — Linker, n° 122. — Cf. *GRLMA*, t. VI/2, n° 7304. — *MB* n°s 2361, 6466. G.M. et F.F.H.

Jacques Despars. Né vers 1380, Jacques Despars (Jacobus de Partibus) fit des études de grammaire à Tournai. Il fut reçu maître ès-arts à Paris vers 1402-1403 et maître en médecine à Montpellier en 1410. Il perdit son père, le chevalier Rombaud Despars, à la bataille de Blois en 1412. Il exerça une régence au sein de la Faculté de médecine de Paris de 1411 à 1419, et fut alors choisi, à deux reprises, pour représenter l'Université au concile de Constance. Jacques Despars semble avoir quitté Paris vers 1420 (ce départ était-il lié aux événements politiques de 1418 ?) pour se rendre à Tournai, où il était chanoine trésorier ; de 1426 à 1436, il vécut à Cambrai, et de 1436 à 1450, il revint habiter Tournai. Pendant la période où il ne résida pas à Paris, il se consacra à la rédaction de ses œuvres médicales, il donna ses soins aux princes de la maison de Bourgogne (il était le protégé du duc Philippe le Bon et lui servit deux fois d'ambassadeur) et pratiqua son art auprès de notables locaux. Vers 1450-1451, il revint, comme chanoine de Notre-Dame, à Paris, où il jouissait d'un certain prestige : il exerça alors sur le monde médical parisien un rayonnement à la fois intellectuel et moral. Il mourut en 1458.

Le principal ouvrage médical de Jacques Despars — auquel il consacra trente années de sa vie : de 1432 à 1453 — est le *Commentarius in Canones Avicennae*, qui porte sur les livres 1 et 3, ainsi que sur la première *fen* du livre 4 du *Canon*, dans la traduction latine due à Gérard de Crémone. Véritable somme du savoir médical au XVe siècle, ce *Commentarius* renferme en outre un nombre considérable de citations des autorités grecques et arabes, des questions de doctrine, l'énoncé de cas pratiques et des notations sur l'exercice de la médecine. Conservé dans de nombreux manuscrits (en particulier le manuscrit original en 15 vol., légué par Jacques Despars à la Faculté de médecine de Paris et dont il ne subiste qu'un seul volume : Paris, Bibl. Fac. de Médecine, 57) sous des formes plus ou moins complètes, le *Commentarius* fit l'objet d'une édition imprimée en 1498.

Parmi les autres œuvres attribuées à Jacques Despars, on peut citer la *Summula per alphabetum super plurimis remediis ex Mesue libris excerptis* (classement, dans l'ordre alphabétique des maladies, des remèdes énumérés par Ibn Mâsawaih (Mésué) dans la première partie de l'*Antidotarium*), la *Tabula magistri Jacobi de Partibus* (ou *Tabula sive sirupi ad omnes humores*), un *Tractatus super uno aphorismo Hypocratis*, une *Glossa in Alexandri Tralliani Practicam* (commentaire sur la *Practica* d'Alexandre de Tralles) et les *Régimes pour Michel et Guillaume Bernard*, ces derniers ayant été rédigés, en un français picardisant, pour un chanoine de Tournai, Guillaume Bernard, et pour son père, Michel Bernard, tous deux atteints d'arthrite.

ŒUVRES. — *Régimes pour Michel et Guillaume Bernard* et *Tabula magistri Jacobi de Partibus*, éd. D. Jacquart, thèse inédite École des Chartes, Paris, 1971.

→ E. Wickersheimer, *Dictionnaire biographique des médecins en France au Moyen Âge*, Paris, 1936, p. 326-327. — D. Jacquart, *Un médecin parisien du XVe siècle : Jacques Despars (1380-1458)*, dans *Positions des thèses de l'École des Chartes*, Paris, 1971, p. 107-113 ; *Supplément au Dictionnaire biographique des médecins en France au Moyen Âge, d'Ernest Wickersheimer*, Genève, 1979, p. 134-135 (*Hautes Études médiévales et modernes*, 35) ; *Le regard d'un médecin sur son temps : Jacques Despars (1380 ?-1458)*, dans *BEC*, t. 138 (1980), p. 35-86 [avec l'éd. de courts extraits du *Commentarius*]. — Cf. *GRLMA*, t. VIII/1, p. 313. — *MB S* n° 7690. F.F.H.

Jacques de Douai. La vie de ce philosophe, professeur à la Faculté des arts de Paris, nous est connue par une seule date : le 7 mai 1275, le cardinal-légat Simon de Brion le nomma procureur de la nation picarde. Il est l'auteur de quelques commentaires encore inédits, notamment des *Premières* et des *Secondes Analytiques*, du *De l'âme*, des *Météorologiques* et de quatre autres ouvrages d'Aristote *(De sensu et sensato, De memoria et reminiscentia, De somno et vigilia, De longitudine et brevitate vitae).* On lui attribue aussi un commentaire sur l'*Éthique à Nicomaque*, mais son authenticité, ainsi que celle des livres I et II des *Météorologiques*, a été dernièrement mise en question (Gauthier). Les commentaires sur les *Secondes Analytiques* et sur *De l'âme*, dont Grabmann a publié sept questions, sont inspirés par les ouvrages analogues de Thomas d'Aquin*.

→ P. Glorieux, *La Faculté des arts et ses maîtres*, Paris, 1971, p. 192-193. — C.H. Lohr, *Medieval Latin Aristotle Commentaries*, dans *Traditio*, t. 26 (1970), p. 139-141 ; *Commentateurs d'Aristote au Moyen Âge latin. Bibliog. de la littérature secondaire récente*, Fribourg-Paris, 1988, p. 117. — M. Grabmann, *Mittelalterliches Geistesleben*, III, Munich, 1956, p. 158-179. — J.J. Duin, *La doctrine de la Providence dans les écrits de Siger de Brabant*, Louvain, 1954. — A. Dondaine et L. Bataillon, *Le commentaire de saint Thomas sur les Météores*, dans *Archivum Fratrum Praedicatorum*, t. 36 (1966), p. 81-152. — R.-A. Gauthier, *Introduction à S. Thomae de Aquino Opera omnia*, t. I*/2, Rome-Paris, 1989, p. 59*-60*. Z.K.

Jacques Du Clercq. Fils d'un conseiller de Philippe le Bon, Jacques Du Clercq, seigneur de Beauvoir-en-Ternois, est né à Lille en 1420 et mort à Arras en septembre 1501. Dès l'âge de vingt-huit ans, il se mit à recueillir des anecdotes, compiler des notes, rassembler des pièces curieuses, matériaux qui aboutirent à ses *Mémoires*. Ceux-ci débutent en 1448 pour se terminer à la mort de Philippe le Bon en 1467. Dans la préface, il annonce qu'il écrit non pour s'enrichir ni pour plaire mais pour « desclarer les choses advenues ». Il raconte en effet les dernières batailles de la guerre de Cent Ans, celles de la guerre des Deux Roses, les différends de Philippe le Bon avec ses sujets. Mais son intérêt va plutôt aux hommes qu'à l'histoire. Plus indépendant et impartial que les autres chroniqueurs bourguignons, il dénonce les mœurs désordonnées de son temps, laissant entendre que le duc les tolérait, de même qu'il fermait les yeux sur les abus de ses officiers. Il s'intéresse surtout à l'Artois. Plusieurs chapitres de sa chronique sont consacrés aux procès de sorcellerie qui eurent lieu à Arras. Il s'élève aussi contre la dure répression qui, en 1459 et 1460, frappa les nombreux vaudois de l'Artois et les mena au bûcher. Son style, lourd et souvent obscur, est émaillé d'expressions populaires. Sa chronique complète utilement les récits de Georges Chastellain*, d'Olivier de La Marche* et d'autres contemporains de l'époque bourguignonne.

ŒUVRE. — Éd. F. de Reiffenberg, 4 vol., Bruxelles, 1823 (*Collection de mémoires relatifs à l'histoire des Pays-Bas*, I-IV) [d'après une copie du XVIIIe siècle, elle-même copie du ms. d'Arras, du XVIe siècle, le plus ancien connu] ; 2e éd., 4 vol., Bruxelles, 1835-1836 [repr. l'éd. précédente ; la liste des passages corrigés grâce à la collation du ms. du XVIe siècle est indiquée à la fin de chaque vol. dans un supplément]. — Éd. J.A. Buchon dans *Collection des chroniques nationales françaises*, t. 12 à 15 des *Chroniques* d'Enguerrand de Monstrelet*, 1826-1827 [reprend l'éd. Reiffenberg de 1823 en dépit d'une prétendue collation du ms. d'Arras. Buchon a choisi délibérément le texte de Jacques Du Clercq plutôt que celui de la Continuation anonyme de Monstrelet qui, pour lui, n'est qu'une copie confuse du texte de Du Clercq].

→ J. Stengers, *Sur trois chroniqueurs. Note sur les rapports entre la continuation anonyme de Monstrelet, les « Mémoires » de Jacques Du Clercq et les « Chroniques d'Angleterre » de Jean de Wavrin*, dans *Annales de Bourgogne*, t. 18 (1946), p. 122-130. — G. Barner, *Jacques Du Clercq und seine « Mémoires ». Ein Sittengemälde des 15. Jahrhunderts*, Phil.-Diss. Universität Köln (Dissertationsdruck, Drucketei Albers, Düsseldorf), 1989. — Molinier, n° 4741. — Cf. *MB* nos 5250, 5251. G.T.L.

Jacques de Hemricourt. Il est né et mort à Liège (1333-1403), où il a exercé diverses fonctions publiques. L'histoire locale lui a inspiré deux œuvres narratives : *Le Miroir des nobles de Hesbaye* et *Le Traité des guerres d'Awans et de Waroux* (1296-

1335). Commencé en 1353, le *Miroir* ne fut terminé qu'en 1398. Il contient les généalogies des familles liégeoises issues de Raes de Dammartin, chevalier français établi en Hesbaye, depuis 1102 jusqu'en 1398. On y trouve aussi des anecdotes intéressantes et des détails caractéristiques sur les mœurs du temps. Le *Traité des guerres d'Awans et de Waroux* relate la guerre civile qui eut lieu entre deux familles de Liège de 1298 à 1335. C'est un récit continuel de faits d'armes héroïques, de combats singuliers, de prises de châteaux, incendies, pillages...

Commencé vers 1360 et publié en 1399, le *Patron de la temporalité* est un traité de droit public qui décrit les institutions de la principauté de Liège. Cet ouvrage fut très estimé de son temps et fréquemment consulté par les tribunaux. Contemporain de Jean d'Outremeuse*, Hemricourt est un témoin plus sérieux, mais moins doué. Des sentiments personnels influencent son jugement : il regrette le déclin de l'ancienne chevalerie et le triomphe du régime démocratique.

ŒUVRES. — Éd. C. de Borman, A. Bayot et É. Poncelet, Bruxelles, 1910-1931, 3 vol. *(Commiss. Roy. d'Hist.)*.

→ A. Doutrepont, *Hemricourt et Salbray*, dans *Mél. G. Kurt*, t. 2, Liège-Paris, 1908, p. 173-181. — C.G. Roland, *Une page de Jacques de Hemricourt. La famille de Denville*, dans *Mél. C. de Borman*, Liège, 1919, p. 441-452. — Molinier n° 3463. — Cf. *MB* n°s 5056-5058 ; 6961. A.G. et G.T.L.

Jacques Legrand. Jacques Legrand (Jacobus Magni) est né vers 1360, peut-être à Toulouse mais plus probablement dans les environs de Paris. La première date connue de sa carrière est 1393 : il prêche à Paris devant le chapitre général des Augustins de l'obédience d'Avignon. Moine augustin, Legrand fit sa théologie à Paris. En 1401, il est bachelier biblique. Il jouissait alors de l'amitié de Bernard Punialis, supérieur général de l'ordre pour l'obédience d'Avignon. C'est à ce personnage qu'il dédie une de ses premières œuvres, l'*Abrégé* latin du *Reductorium morale* de Pierre Bersuire*. Enseignant philosophie et logique tout en poursuivant son propre cursus, il écrivit un *Compendium utriusque philosophiae* (métaphysique et philosophie naturelle) pour ses étudiants et commenta, comme tout théologien, les livres de la *Bible* et les *Sentences* de Pierre Lombard*. Il était licencié vers 1413.

Dès les dernières années du XIVe siècle, Jacques Legrand était devenu un prédicateur renommé, au même titre que Jean Gerson*. Nous conservons 12 de ses sermons latins, prononcés avant 1409. L'auteur s'y montre un critique sévère du comportement des princes et des prélats, principale cause des malheurs du temps. Les chroniques du Religieux de Saint-Denis* et de Jean Juvénal des Ursins* gardent témoignage de ses prêches de l'Ascension et de la Pentecôte de 1405. Sans voile, Legrand y dénonçait la corruption de la reine et de Louis d'Orléans. Cette prise de position ne reflétait nullement des penchants bourguignons ; Legrand appartenait au parti du roi, comme Gerson et Jean de Montreuil*. On compte d'ailleurs six lettres adressées à Jacques Legrand dans la correspondance de ce dernier. Après l'assassinat du duc d'Orléans par Jean sans Peur en 1407, Legrand appartint au parti armagnac. Il en fut une figure éminente, menant plusieurs ambassades en Angleterre durant l'année 1412 : les ducs d'Orléans, de Berry, de Bourbon demandaient l'aide du roi Henri IV contre le parti bourguignon. On sait que les Armagnacs rentrèrent dans Paris en septembre 1413. Jacques Legrand mourut entre 1415 et 1418, soit à Paris, soit à Poitiers où le dauphin Charles finit par se réfugier, après avoir fui la capitale.

C'est avant d'être entraîné dans la politique de son temps, que Jacques Legrand écrivit presque toute son œuvre. Une œuvre de compilation morale et scientifique, en partie dédiée à l'évêque d'Auxerre, Michel de Creney, l'ancien précepteur de Charles VI et son confesseur. Tel est le cas du *Sophilogium*. Ce texte, datable de 1398-1399, se compose de trois parties : l'amour de la sagesse et des sciences, l'amour des vertus théologales, cardinales et capitales, la connaissance des états du monde (ecclésiastique, noble, populaire). Legrand réunit là une foule d'extraits de poètes et de philosophes latins. Vers 1400, il s'inspira sans doute d'un projet plus ample que le *Sophilogium* pour une adaptation française. Mais le texte conservé, l'*Archiloge Sophie*, ne remplit que très partiellement le programme de l'introduction. Au lieu des dix livres prévus, seuls les deux premiers virent le jour. Ils sont cependant très importants pour les questions de rhétorique, de poétique et de graphie (distinction souhaitée de u et v, i et j). Legrand y tente une des premières vulgarisations de l'arithmétique, de la logique et y montre des connaissances sûres de l'alphabet hébraïque. Dans la partie consacrée à la rhétorique, on trouve un répertoire d'histoires mythologiques et bibliques destinées à appuyer tel ou tel discours, comme les *exempla** dans les sermons. Les sources en sont essentiellement Vincent de Beauvais*, Jean de Galles et Pierre Bersuire. Si l'*Archiloge* était dédiée à Louis d'Orléans, le *Livre de bonnes meurs* le fut à Jean de Berry. Il y en aurait eu deux rédactions, l'une de 1404, l'autre de 1410. Ce texte s'inspire du dernier chapitre de la seconde partie et de l'ensemble de la troisième du *Sophilogium*. C'est donc une œuvre essentiellement morale et religieuse. Elle s'achève même sur le Jugement dernier. Cette orientation a certainement contribué à son succès, comme à celui du *Sophilogium*. Alors que l'*Archiloge Sophie* ne figure que dans quatre mss, on en conserve plus de 60 du *Livre de bonnes meurs* et une centaine du *Sophilogium*. En outre, on connaît une traduction allemande manuscrite du *Sophilogium*, une version latine et trois versions anglaises imprimées du *Livre*. Enfin les deux textes furent édités respectivement en 1474 et 1478 et réimprimés plusieurs fois jusqu'au XVIe siècle. Malgré cela, Jacques Legrand sombra dans l'oubli ou l'incompréhension, alors que son œuvre témoigne non seulement de ses talents de vulgarisateur mais aussi de ses liens avec le milieu intellectuel le plus en pointe de son temps.

ŒUVRES. — *Archiloge Sophie, Livre de Bonnes Meurs*, éd. E. Beltran, Paris, 1986 (*Bibl. du XVe siècle*, 49). — *Un sermon français inédit attribuable à J. Legrand*, éd. E. Beltran, dans *Romania*, t. 93 (1972), p. 460-478. — Dans l'art. d'E. Beltran, *J. Legrand, prédicateur*, on trouvera l'éd. du *Principium super Bibliam*, et les éd. partielles de l'*Introductorium sermocinandi* et du recueil de *Sermones*. — Éd. du *Metrum de vita S. Augustini et ordine suo* (légendes de peintures) dans C. Douais, *Travaux pratiques d'une conférence de paléographie à l'Institut Catholique de Toulouse*, 1892, p. 60-64.

→ A. Combes, *Jacques Legrand, Alfred Coville et le Sophilogium*, dans *Augustiniana*, t. 7 (1957), p. 327-348, 493-514 ; t. 8 (1958), p. 17-81, 129-163. — R.H. Lucas, *Two Notes on J. Legrand, ibid.*, t. 12 (1962), p. 196-217. — E. Ypma, *Les auteurs augustins français. Liste de leurs noms et de leurs ouvrages, ibid.*, t. 20 (1970), p. 348-355. — M.-R. Jung, *Poetria. Zur Dichtungstheorie des ausgehenden Mittelalters in Frankreich*, dans *Vox romanica*, t. 30 (1971), p. 44-64. — G. di Stefano, *J. Legrand, lecteur de Boccace*, dans *Yearbook of Italian Studies*, t. 1 (1972), p. 248-264. — E. Beltran, *J. Legrand, prédicateur*, dans *Analecta Augustiniana*, t. 30 (1967), p. 148-209 ; *Jacques Legrand. Sa vie et son œuvre*, dans *Augustiniana*, t. 24 (1974), p. 132-160, 387-414 [capital] ; *Une source de l'Archiloge Sophie de J. Legrand : l'Ovidius moralizatus de Pierre Bersuire*, dans *Romania*, t. 100 (1979), p. 483-501 ; *Le Sophilogium source du Commentaire attribué à saint Thomas sur le livre De disciplina scolarium, ibid.*, t. 101 (1980), p. 530-537 ; *Christine de Pizan, J. Legrand et le Communiloquium de Jean de Galles, ibid.*, t. 104 (1983), p. 208-228 ; *Notes sur un ouvrage inconnu de J. Legrand : Traduction et Exposition françaises de la Genèse*, dans *Revue des Etudes augustiniennes*, t. 27 (1981), p. 141-154 ; *L'idéal de sagesse d'après J. Legrand*, Paris, 1989. — E. Beltran et G. Dahan, *Un hébraïsant à Paris vers 1400 : J. Legrand*, dans *Archives juives*, t. 17 (1981), p. 41-49. — B. Lindström, *Some Remarks on Two English Translations of Jacques Le Grand's Livre de bonnes meurs*, dans *English Studies*, t. 58 (1977), p. 304-311. — Cf. *GRLMA*, t. VIII/1, p. 36-37. — *MB* nos 4988-4990, 7960-7961 ; *S* 7333, 7626, 7795-7801.

S.L.

Jacques de Longuyon. Lorrain, sans doute originaire de Longuyon (Meurthe-et-Moselle), Jacques a écrit les *Vœux du paon* à la demande de Thibaud, évêque de Liège, fils de Thibaud II comte de Bar. Cet évêque mourut à Rome en mai 1312 au cours d'une escarmouche. La date de sa mort constitue le *terminus ad quem* de l'œuvre de Jacques de Longuyon. Tout ce que l'on peut avancer d'autre sur la vie du poète est hypothétique : peut-on l'identifier au « Jaiquet de Longuion » désigné comme juge dans un jeu-parti entre Jean de Chison et Roland de Reims* ; au « Jacoumet de Longuion », prévôt d'Étalle et de Longuyon qui signe plusieurs pièces judiciaires en 1293 ?

Son œuvre unique est écrite dans une des formes propres à la chanson de geste : des laisses d'alexandrins monorimes. Les *Vœux du paon* s'inscrivent en effet dans la geste d'Alexandre le Grand et sont donc le plus souvent copiés à la suite du *Roman d'Alexandre**, ou interpolés dans la troisième de ses branches. Le sujet de l'œuvre est le suivant : après la prise de Defur, Alexandre va secourir Gadifer et Bétis, fils du Gadifer vaincu et tué par les Grecs en bataille rangée (dans le *Fuerre de Gadres*, deuxième branche du *Roman d'Alexandre*). Toute l'histoire est l'occasion de batailles, duels, joutes, banquets et conversations galantes, où se nouent des amours couronnées finalement par le mariage. L'épisode même qui donne son titre au texte se situe au château de Phéson. Cassamus, l'oncle de Gadifer et Bétis, rappelle la tradition des vœux prononcés sur un noble oiseau. Le paon, apporté des cuisines, est donc présenté à chaque convive. Les chevaliers font assaut de courtoisie et de vaillance dans leurs vœux. Quant aux « pucelles », c'est le vœu de l'une d'elles, Édée, qui sera à l'origine de la première continuation des *Vœux du paon*, le *Restor du paon* de Jean le Court* dit Brisebarre : elle s'engage à « restorer » le paon « Du plus fin or d'Arrabe que on trouver pora ». Signe du succès de l'œuvre de Jacques de Longuyon mais aussi plus généralement de la figure d'Alexandre, le *Restor du paon* (avant 1338) sera lui-même poursuivi par Jean de Le Mote* avec le *Parfait du paon* (1340). Le *Restor du paon* (15 mss) et le *Parfait du paon* (deux mss) sont toujours copiés à la suite des *Vœux du paon*. Le premier raconte l'accomplissement du vœu d'Édée et insiste sur la valeur symbolique de ce paon d'orfèvrerie. Le texte s'attarde sur les mariages des « pucelles », les fêtes somptueuses où l'on décerne un prix à celui qui a le mieux accompli son vœu. Quant à Jean de Le Mote, il raconte comment Alexandre quitte Phéson pour Babylone. Il est arrêté en chemin par le château de Mélide où réside le frère de Clarvus, tué devant Phéson. On retrouve donc des éléments semblables à ceux des *Vœux* et du *Restor* : le siège d'une ville, des prisonniers qui s'occupent de poésie et d'amour avec leurs gardiennes... Alexandre, grâce à une trêve, viendra lui-même participer à ces concours littéraires. Aussi trouve-t-on dans le *Parfait du paon* l'insertion de ballades, certainement dues à Jean de Le Mote. La figure d'Alexandre se fait donc de plus en plus courtoise au fil des textes.

Conservés dans plus de trente manuscrits, les *Vœux du paon* connurent également plusieurs traductions au XVe siècle : une en néerlandais, deux en écossais, une en moyen anglais et une autre en moyen allemand. Enfin un manuscrit du XIVe siècle conserve après une version latine du *Fuerre de Gadres*, une curieuse version en prose latine des *Vœux du paon*. Il y a tout lieu de croire, malgré des divergences qui arrêtent l'éditeur de ce texte, qu'on a là une adaptation de l'œuvre de Jacques de Longuyon, avec le recours à d'autres sources dont le *Roman d'Alexandre* en vers. Outre sa valeur littéraire, ce qui semble avoir valu un tel succès à l'œuvre de Jacques de Longuyon, ce sont des épisodes comme ceux des vœux (voir les *Vœux du faisan, Vœux de l'épervier*) ou des neuf preux qu'il est le premier à fixer.

ŒUVRE. — Les *Vœux du paon* : éd. R.L.G. Ritchie dans *The Buick of Alexander (...) by John Barbour*, Edimbourg et Londres, 1921-1929 *(Scottish Text Society)*, t. 2 [1re partie des *Vœux*], t. 3 [2e partie], t. 4 [fin] ; éd. partielle : P. Meyer, *Les Neuf Preux*, dans *Bulletin de la SATF*, 1883, p. 49-54. — La version latine des *Vœux du paon*, éd. V. Licitra dans *Una redazione latina inedita* (...), dans *Studi medievali*, 1961, t. 1, p. 321-362 ; t. 2, p. 711-743.

Le *Restor du paon*, éd. R. Carey, Genève, 1966 (*TLF*, 119) ; éd. E. Donkin, Londres, 1980 (*Modern Humanities Research Association Texts and Dissertations*, 15) [meilleure que la précédente].

Le *Parfait du paon*, éd. R. Carey, Chapel Hill, 1972 (*Univ. of North Carolina Studies in the Romance Languages and Literatures*, 18).

→ F. Bonnardot, *À qui Jacques de Longuyon a-t-il dédié le poème des Vœux du paon*, dans *Romania*, t. 24 (1895), p. 576-581. — A. Thomas, *Jacques de Longuyon et ses imitateurs*, dans *HLF*, t. 36 (1927), p. 1-86. — E. Donkin, *Le plagiat de Jean Brisebarre*, dans *Romania*, t. 86 (1965), p. 395-404. — G. Mombello, *Les complaintes des IX. malheureux* (...), dans *Romania*, t. 87 (1966), p. 345-378 [sur la fortune du motif des neuf preux]. — A. Giacchetti, *Le personnage d'Alexandre dans Les Vœux du paon*, dans *Mél. J. Frappier*, Genève, 1970, t. 1, p. 351-364. — E. Emplaincourt, *Le Parfait du paon de Jean de Le Mote et la formation du deuxième cycle de la croisade*, dans *Romania*, t. 102 (1981), p. 396-405. — M. Gosman, *Le début des Vœux du paon. L'organisation d'une entrée en texte*, dans *Neuphilologische Mitteilungen*, t. 85 (1984), p. 353-366. — J.L. Grigsby, *Courtesy in Les Vœux du paon, ibid.*, t. 86 (1985), p. 566-575. — R. Blumenfeld-Kosinski, *The Poetics of Continuation in the Old French Paon Cycle*, dans *Romance Philology*, t. 39 (1986), p. 437-447. — F. Gennrich, *Der Gesangswettstreit im Parfait du paon*, dans *Romanische*

Forschungen, t. 58-59, p. 208-232. — M. Gosman, *Au carrefour des traditions scripturaires : les Vœux du paon et l'apport des écritures épique et romanesque*, dans *Senefiance*, t. 20-21 (1987), p. 551-565. — Cf. *MB* n°s 4159-4167, 7869-7870 ; *S* 6597-6600. S.L.

Jacques Milet (1425-1466). Auteur de l'*Istoire de la destruction de Troye la grant*, vaste compilation de plus de 27 000 vers, divisée en quatre journées et dédiée à Charles VII. Le mystère de la *Destruction de Troye* est conservé dans 13 mss presque identiques et 12 éditions (entre 1484 et 1544). Le mystère « composé par discrete personne maistre Jacques Milet, estudiant en loys en l'université d'Orléans, commencee l'an 1450 » est une mise en scène du *Roman de Troie* de Benoît de Sainte-Maure*, mais fondée sur la traduction latine l'*Historia destructionis Troiae* de Guido de Colonna, datant de 1287. C'est le seul mystère « profane ». Il est probable qu'il n'a jamais été monté. Il développe la destruction de Troie sans jamais entrer dans les préliminaires ni les suites de ce conflit. Des passages prolixes et ennuyeux avoisinent des scènes d'une beauté émouvante, comme la lamentation d'Hélène à la mort de Pâris ou celle de Priam à la mort de son fils Hector. Particulièrement bien réussis sont aussi le dialogue et la peinture des personnages. Milet aime l'allégorie, les songes, les proverbes, les scènes d'affection filiale ou familiale. Tout en restant essentiellement médiéval, le drame annonce l'aube de la Renaissance française ; c'est le précurseur de la tragédie classique française.

Auteur aussi d'un poème allégorique *La Forest de tristesse* (1459) — qui décrit le voyage d'un amant repoussé par une dame « sans merci » et le procès de deux détracteurs des femmes, Matheolus et Jean de Meun* — et de l'épitaphe latine d'Agnès Sorel, le Parisien Jacques Milet était très considéré par ses pairs ; on connaît des louanges à lui adressées par Simon Gréban*, Octovien de Saint-Gelais*, Jean Lemaire de Belges et quelques autres humanistes italiens.

ŒUVRE. — Repr. de l'incunable de 1484, E. Stengel, *Jacques Milet, L'Istoire de le Destruction de Troye la Grant*, Leipzig-Marburg, 1883. — *Le Forest de Tristesse de Jacques Milet*, éd. M. Dorsemaine, thèse dactyl. École des Chartes, Paris, 1976. — Éd. M. R. Jung, *Jacques Milet et son épître épilogative*, dans *TraLiLi*, t. 16, 1 (1978), *Mél. J. Rychner*, p. 241-258 [éd. de l'*Épître* et importante bibliogr.].

→ L. Petit de Julleville, *Les Mystères*, Paris, 1880, t. 2, p. 569-574. — A. Piaget, *Simon Greban et Jacques Milet*, dans *Romania*, t. 22 (1893), p. 230-243. — G. Haepke, *Kritische Beiträge zu Jacques Milets dramatische Istoire*, Marburg, 1899. — G. Frank, *The Medieval French Drama*, Oxford, 1954. — M. Dorsemaine, *Le Forest de Tristesse de Jacques Milet*, dans *Positions des thèses de l'École des Chartes*, 1976, p. 51-56. — M. R. Jung, *La Mise en scène...*, dans *Atti del 4e colloquio della SITM*, Viterbe, 1984 ; *Jacques Milet, déplorateur*, dans *Études littéraires sur le XVe siècle. Actes du 5e colloque internat. sur le Moyen Français, Milan, 1985*, Milan, 1986, t. 3, p. 141-159. — Cf. *MB* n°s 1062, 5832-5836 ; *S* 8231-8232.

H.F.W. et E.L.

Jacques le Vinier. Trouvère arrageois du troisième quart du XIIIe siècle, Jacques le Vinier n'avait, semble-t-il, aucun lien de parenté avec les poètes Gilles et Guillaume le Vinier*. On a conservé de lui quatre chansons d'amour, dont l'une (R. 1166) fut adressée à son contemporain Jean Bretel*, et trois chansons pieuses en l'honneur de la Vierge.

ŒUVRES. — E. Järnström, *Recueil de chansons pieuses du XIIIe siècle*, Helsingfors, t. 1, p. 145-149. — H. Petersen Dyggve, *Chansons françaises du XIIIe siècle (Colart le Bouteiller, Gaidifer, Wasteblé, etc.)*, dans *Neuphilologische Mitteilungen*, t. 30 (1929), p. 185-186 ; t. 31 (1930), p. 28-30 [édition].

→ A. Guesnon, *Nouvelles recherches biographiques sur les trouvères artésiens*, dans *Le Moyen Âge*, t. 15 (1902), p. 149-150. — H. Suchier et A. Guesnon, *Deux trouvères artésiens, Baude Fastoul et Jacques le Vinier, Document inédit et commentaire*, dans *Mél. M. Wilmotte*, Paris, 1910 (réimp. Genève, 1972), p. 723-725 [723-749]. — R. Berger, *Le Nécrologe de la confrérie des jongleurs et des bourgeois d'Arras (1194-1361)*, Arras, 1970, t. 2, p. 118 (*Mémoires de la Commission départementale des Monuments historiques du Pas-de-Calais*, XIII, 2). — Linker, n° 127. — Cf. *MB* n° 6467.

G.M. et F.F.H.

Jacques de Vitry. Né entre 1160 et 1170 dans un lieu impossible à préciser, Jacques de Vitry obtient la cure d'Argenteuil, sans être encore prêtre. Vers 1208, il se fixe à Oignies, près de Namur, où l'a attiré la réputation de la béguine Marie d'Oignies († 1213). Ordonné prêtre à Paris, il fait profession dans l'abbaye des chanoines réguliers, Saint-Nicolas d'Oignies.

Ses talents oratoires le désignent pour prêcher la croisade contre les Albigeois puis la cinquième croisade. Arrivé en Terre sainte à l'automne 1216, peu après avoir été nommé évêque de Saint-Jean-d'Acre, il participe, de juin 1218 à septembre 1221, à la campagne d'Égypte qui, après la prise de Damiette en 1219, faillit tourner au désastre. Vers 1222-1223, il revient en Italie ; une seconde fois (1226), il va jusqu'à Oignies et Liège ; il ne retourne pas en Palestine et Grégoire IX accepte sa renonciation au difficile évêché de Saint-Jean-d'Acre. Créé cardinal-évêque de Tusculum en 1229, il est associé aux activités de la curie pontificale jusqu'à sa mort survenue le 1er mai 1240. L'année suivante, on l'inhume à Oignies comme il en avait exprimé le désir.

Jacques de Vitry a laissé plusieurs recueils de sermons et des écrits historiques. On a de lui un peu plus de quatre cents sermons qui se répartissent en quatre séries d'inégale longueur : 194 sermons pour les dimanches et fêtes dits *sermones dominicales*, avec chaque fois un sermon sur l'évangile, l'épître et l'introït du jour ; 115 sermons environ qui traitent du sanctoral : diverses fêtes de l'année et commun, appelés *sermones de sanctis* ; 74 sermons (plus le prologue) dit *ad status* ou *vulgares* : c'est le recueil le plus diffusé de Jacques de Vitry (il est conservé dans un peu plus de 15 mss), et aujourd'hui le plus connu. Il contient des instructions appropriées aux divers états et conditions de personnes, prélats et prêtres, moines et religieuses, étudiants, pèlerins et croisés, chevaliers, marchands et laboureurs, veuves et femmes mariées. Les nombreux *exempla** qui agrémentent ces *sermones vulgares* ont contribué à leur grande célébrité ; un quatrième groupe, resté peu diffusé, celui des *sermones communes*, rassemble 27 sermons. La rédaction définitive des quatre recueils dut avoir lieu après le retour en Europe de Jacques de Vitry.

C'est entre 1219 et 1226 qu'il a rédigé l'*Historia Hierosolimitana abbreviata*. Cet écrit, au titre ambigu, se compose de deux livres : le premier, l'*Historia Orientalis*, contient une brève relation historique des trois premières croisades et des principaux événements jusqu'en 1212 ; l'ouvrage décrit aussi le pays, sa faune et sa flore, la vie des différents peuples ou sectes ; c'est donc un guide historico-géographique de la Terre sainte tout autant qu'une histoire abrégée des croisades. Il a connu une excellente diffusion et sera traduit en français dès le XIIIe siècle. Le second livre, ou *Historia Occidentalis*, n'a pas eu le même succès ; vingt-quatre manuscrits seulement en conservent le texte, alors qu'on compte six fois plus de manuscrits pour le premier livre. L'ouvrage s'ouvre sur une vigoureuse dénonciation de l'Occident et de l'Église. Il traite ensuite de quelques personnages (Foulques de Neuilly, Pierre le Chantre, Jean de Nivelles), des ordres religieux, du clergé séculier et, pour finir, de théologie et de casuistique sacramentaires. L'ouvrage ne manque pas d'intérêt ; il est l'un des plus anciens à parler de François d'Assise et donne de précieux jugements sur les ordres contemporains, par exemple, Grandmont, Arrouaise, Saint-Victor, les franciscains. Jacques de Vitry se proposait de faire, dans un troisième livre, le récit de la cinquième croisade. De nombreux manuscrits font passer pour tel un texte qui semble n'être qu'une compilation réalisée à partir de l'*Historia Damiatina* d'Olivier de Paderborn avec des compléments tirés de diverses chroniques de la Terre sainte.

On a conservé aussi de Jacques de Vitry sept lettres qu'il a écrites en Orient, entre 1216 et 1221, et dont quatre (2, 4, 6, 7) ont eu plusieurs destinataires. Elles n'ont pas connu une grande notoriété et leur influence a été faible. Dans l'*Historia Orientalis*, Jacques de Vitry a repris en partie la documentation sur la Terre sainte rassemblée dans la lettre 2. En 1216, avant son départ pour l'Orient, il écrivit la vie de Marie d'Oignies, qu'il avait connue lors de son séjour dans la région de Namur. C'est la première biographie spirituelle médiévale consacrée à une femme. Thomas de Cantimpré*, chanoine régulier près de Cambrai puis dominicain à Louvain, ajouta vers 1231 un supplément, qui relate un grand nombre de miracles opérés par Marie ou en sa faveur. Le texte de Jacques de Vitry sera traduit en français au XVe siècle.

Dans ses écrits, Jacques de Vitry apporte d'importants témoignages sur les mouvements religieux en Flandre et dans l'Italie du Nord, sur la cinquième croisade, sur l'éloquence sacrée ou encore sur la vie quotidienne à Paris ou à Saint-Jean-d'Acre.

ŒUVRES. — *Sermons* : éd. J.-B. Pitra dans *Analecta novissima Spicilegii Solesmensis, altera continuatio*, 2, Paris, 1888, p. 344-461 [éd. très partielle des *sermones vulgares*]. — T.F. Crane, *The Exempla or Illustrative Stories from the Sermones vulgares of Jacques de Vitry*, Londres, 1890, réimp. Kraus, Nendeln, Liechtenstein, 1967 [éd. des *exempla* tirés des *sermones vulgares*]. — J. Greven, *Die Exempla aus den Sermones feriales et communes des Jakob von Vitry*, Heidelberg, 1914 (*Sammlung mittellateinischer Texte*, 9] ; et G. Franken, *Die Exempla von Jakob von Vitry*, Munich, 1914 (*Quellen und Untersuchungen zur lateinische Philologie des Mittelalters*, 5) [éd. des *exempla* tirés des *sermones communes*]. — J. Longère, *Quatre sermons « ad religiosas » de Jacques de Vitry*, dans *Les religieuses en France au* XIII*e siècle*, Nancy, 1985, p. 215-300 ; *Un sermon inédit de Jacques de Vitry « Si annis multis vixerit homo »*, dans *L'Église et la mémoire des morts dans la France médiévale*, Paris, 1986, p. 31-51 ; *Quatre sermons « ad canonicos » de Jacques de Vitry*, dans *Recherches augustiniennes*, t. 23 (1988), p. 151-212 ; *Deux sermons de Jacques de Vitry (1240) « ad servos » et « ancillas »*, dans *Colloque de Maubeuge, 1988*, Maubeuge-Lille, 1990, p. 261-297. — M.C. Gasnault, *Jacques de Vitry : sermon aux gens mariés*, dans *Prêcher d'exemples. Récits de prédicateurs du Moyen Âge*, Paris, 1985, p. 41-67 [trad. du sermon].

Historia orientalis et occidentalis : éd. F. Moschus, Douai, 1597, réimp. Gregg Intern. Publ. Farnborough, Hants, Angleterre, 1971. — *The Historia Occidentalis of Jacques de Vitry*, éd. J.F. Hinnebusch, Fribourg, 1972 (*Spicilegium Friburgense*, 17) [éd. critique]. — *La traduction de l'Historia orientalis de Jacques de Vitry. Manuscrit français 17203, Bibl. nat. de Paris*, éd. C. Buridant, Paris, 1896 [éd. de la trad. française].

Lettres : éd. R.B.C. Huygens, Leyde, 1960. *Vita B. Mariae Oigniacensis* : éd. dans *Acta Sanctorum*, t. 5 (1867), p. 546-576. — *Vie de Marie d'Oignies par Jacques de Vitry. Supplément par Thomas de Cantimpré*, trad. française A. Vankenne, Namur, 1989 *(Société des études classiques)*.

→ P. Funk, *Jakob von Vitry, Leben und Werbe*, dans *Beiträge zur Kulturgeschichte des Mittelalters und der Renaissance*, 3, Leipzig et Berlin, 1909. — M. Coens, *Jacques de Vitry*, dans *Biographie nationale publiée par l'Académie des Sciences, des Lettres et des Beaux-Arts de Belgique*, t. 32 ; Suppl., t. 3, Bruxelles, 1962, p. 465-473. — J. Longère, *Œuvres oratoires de maîtres parisiens au* XII*e siècle. Étude historique et doctrinale*, 2 vol., Paris, 1975, t. 1, p. 31-33, 168-176, 346-351. — A. Forni, *Giacomo de Vitry, predicatore e sociologo*, dans *La cultura*, t. 18 (1980), p. 34-89. — C. Brémond, J. Le Goff, J.C. Schmitt, *L'« Exemplum »*, Turnhout, 1982 (*Typologie des sources du Moyen Âge occidental*, 40). — C. Cannuyer, *La date de rédaction de l'« Historia orientalis » de Jacques de Vitry (1160/70-1246) évêque d'Acre*, dans *RHE*, t. 78 (1983), p. 65-72. — A. Vauchez, *Prosélytisme et action antihérétique en milieu féminin au* XIII*e siècle : la Vie de Marie d'Oignies (1213) par Jacques de Vitry*, dans *Propagande et contre-propagande religieuses*, Bruxelles, 1987, p. 95-110. — M. Lauwers, *Expérience béguinale et récit hagiographique. À propos de la Vita Mariae Oigniacensis de Jacques de Vitry (vers 1215)*, dans *Journal des savants*, 1989, p. 61-103. — Molinier nos 2384-2386, 2698-2699. — Cf. *MB S* n° 5919. J.L. et G.T.L.

Jacques de Voragine. Voir : *Légende dorée*.

Jakemes. Voir : *Châtelain de Coucy*.

Jardin de Plaisance et fleur de rhétorique. Les anthologies occupent une place de première importance dans l'histoire de la poésie au XVe siècle. Avec la cour, l'anthologie représente le lieu de rencontre intellectuel de différents poètes et de toute une culture, et la première étape d'une confirmation ou d'une diffusion de la tradition lyrique. D'abord manuscrites, puis imprimées, ces anthologies ont rarement été rééditées à l'époque moderne, et le plus souvent elles sont démembrées en faveur de poètes isolés (ce qui détruit toutefois le « milieu culturel » qu'elles représentaient) ; nombreuses et riches, elles constituent les noyaux vitaux de la grande tradition lyrique qui s'étendit sur plus d'un siècle et demi de culture française.

Le *Jardin de Plaisance* est la plus vaste et la plus importante de ces anthologies. Le recueil est dû à un compilateur que nous ne connaissons que sous le nom de « l'Infortuné » et fut publié en 1501 par le grand éditeur Antoine Vérard : sept autres éditions suivirent dans la première moitié du XVIe siècle ; le XVIIIe le tira de l'oubli où il était tombé par la suite et le proposa à l'attention des érudits. Sa date de composition et son ampleur (258 feuillets, sur deux colonnes, pour un ensemble de 672 compositions) donnent au *Jardin de Plaisance* le caractère d'une véritable synthèse de toute la poésie courtoise depuis Guillaume de Machaut* jusqu'aux « grands rhétoriques ». L'anthologie commence par l'*Instructif de seconde rhétorique*, recueil de règles techniques concernant la composition en vers, suivant la manière de l'époque, et œuvre de l'Infortuné lui-même ; font suite de nombreux textes : rondeaux, chansons, ballades, et même quelques poèmes d'importance notable. Parmi ces poèmes plus développés, on trouve notamment la *Doléance de Mégère* de Regnaud Le Queux* (1469), le *Parlement d'Amours* de Baudet Hérenc*, la *Cruelle femme en amour* d'Achille Caulier*, le *Débat des deux fortunés d'amour* d'Alain Chartier*, le *Procès d'Honneur Féminin* de Pierre Michault*, le *Chastoiement des dames* de Robert de Blois*, la *Forest de Tristesse* de Jacques Milet* (1459), un extrait de l'*Oultré d'Amour* de Georges Chastellain*, *La Confession et Testament de l'Amant trespassé de deuil* attribuée à Pierre de Hauteville*, ainsi que *La Complainte de l'amant trespassé de dueil* et *L'Inventaire des biens demourez du decés de l'amant trespassé de dueil*. Toutes les œuvres sont présentées anonymement, mais l'éditeur moderne est parvenu à en attribuer environ 120. Sur ces données, nous pouvons établir d'abord que les critères du choix semblent reposer sur un intérêt allant, plus qu'aux « grands rhétoriqueurs » (auxquels on a accordé une place plus réduite que leur renommée ne semblait l'exiger), à la grande tradition qui va de Guillaume de Machaut à Charles d'Orléans* (et les œuvres provenant de la cour de Blois constituent le groupe le plus riche et le plus compact) ; et nous pouvons établir ensuite que l'Infortuné, tout pénétré des doctrines et des œuvres du Nord de la France, est probablement originaire de cette région ; et son anthologie témoigne de la richesse et de l'originalité de la vie sociale et littéraire (œuvre en grande partie perdue) qui marquèrent les régions septentrionales au XVe. Quant à son contenu général, le *Jardin de Plaisance* est dans son ensemble un jardin d'amour : et l'amour (et les formules de la poésie de l'amour courtois) caractérise la grande majorité des pièces, courtes ou longues, de cette anthologie.

De toutes façons, le *Jardin de Plaisance* constitue, dans son ensemble, un monument de la culture poétique et du goût du XVe siècle ; en même temps, il nous a conservé une réserve très abondante d'œuvres poétiques du XVe, provenant aussi bien d'auteurs célèbres que d'amateurs anonymes.

ŒUVRE. — *Le Jardin de Plaisance et Fleur de Rhétorique, I : Fac-similé ; II : Introduction et notes*, éd. E. Droz et A. Piaget, Paris, 1910 et 1925, 2 vol. *(SATF)*.

→ P. Champion, *À propos de Charles d'Orléans ; II : Recueils imprimés contenant des poésies de Charles d'Orléans*, dans *Romania*, t. 49 (1923), p. 585. — M.R. Jung, *Zur Dichtungstheorie des ausgehenden Mittelalters in Frankreich*, dans *Vox Romanica*, t. 30-31 (1971), p. 52 [44-64]. — D. Hüe, *La mort en appel et autres cas de jurisprudence*, dans *La Justice au Moyen Âge (Sanction ou Impunité ?)*, Aix-en-Provence, 1985, p. 165-181 (*Senefiance*, 16). — Cf. *GRLMA*, t. VIII/1, p. 47, 54, 78, 108-109. — *MB* nos 4560-4610. S.Ci. et F.F.H.

Jaufré (Roman de). Roman occitan de 10 956 vers octosyllabiques. L'auteur, par sa langue, peut être rattaché à l'extrême sud du domaine de celle-ci, Bas-Languedoc ou Catalogne. Peut-être y a-t-il eu deux rédacteurs, car une reprise est indiquée (v. 2613), sans modification sensible de style, et la conclusion demande de prier « pour celui qui a commencé l'ouvrage et celui qui l'a fini ». Mais les deux parties ont été écrites pour un roi d'Aragon qui pourrait avoir été, plutôt que Jacques le Conquérant (vers 1225-1228), son prédécesseur, le brillant et puissant Alphonse II (1152-1196), donc dans les dernières décennies du XIIe siècle. Le prénom de Jaufré (Joffre) était celui du premier comte de Barcelone (IXe) et la reine Sanche, femme d'Alphonse II, était la nièce de Geoffroy de Bretagne, troisième fils d'Henri II Plantagenêt, qui fit beaucoup pour la diffusion des légendes arthuriennes.

Le très grand intérêt du roman pour l'histoire littéraire est de prouver que ces légendes, par la voie des jongleurs ou du folklore, étaient connues largement et en détail dans le Midi avant même leur formulation écrite. Il commence par un éloge du roi Arthur et de ses chevaliers de la Table Ronde. Le roi ne peut se mettre à table avant d'avoir éprouvé quelque « aventure », il est enlevé par une bête cornue qui le tient suspendu au-dessus d'un précipice. Tous les courtisans entassent leurs habits pour protéger sa chute, alors la bête redevient un chevalier qui a appris l'art de magie. Après cette introduction, pleine d'une sorte de fantaisie surréaliste, arrive le damoiseau Jaufré, fils du preux chevalier Dozon, mort autrefois pour Arthur. Il demande à être armé chevalier, malgré les insolences traditionnelles du sénéchal Queu, et se lance aussitôt, à travers une longue série d'exploits, à la poursuite du vilain Taulat, qui a fait affront au roi Arthur et supplicie tous les mois un chevalier en faisant rouvrir ses blessures à coups de fouet (pointe de sadisme, avec plusieurs épisodes de « pucelles » menacées des pires outrages). Lépreux et géants, enchantements et même un combat avec le diable (qui disparaît après chaque coup donné), rien n'arrête Jaufré. Taulat est vaincu, et fini le deuil que menaient trois fois par nuit les habitants de Montbrun pour le chevalier supplicié. Deuil si violent que, dès qu'on leur en demandait la cause, ils entraient en fureur et pourchassaient le questionneur (prétexte à une suite de quiproquos avec le héros, qui recherchait avec une droite franchise des explications). Leur dame Brunissen, après avoir failli le faire tuer parce qu'il était venu dormir dans son verger, tombe amoureuse de Jaufré autant que lui d'elle, et leur timidité réciproque permet un long marivaudage dans le plus pur style courtois. Jaufré continue ses combats victorieux, devient le protecteur de Montbrun et entre enfin dans le lit de Brunissen (la grand-messe a lieu le lendemain, sans que soit prononcé le mot de mariage). Taulat est pardonné, et c'est pour les amants le bonheur sans nuages (et sans annonce d'enfants).

Ce « happy end » s'inspire nettement des conceptions particulières de l'« amour provençal ». Tout le roman reflète plutôt l'atmosphère « arthurienne » de chevalerie morale et mystique, pénétrée de christianisme, avec cependant pour principale récompense l'amour d'une « dame ». Jaufré est un véritable « chevalier errant », dont la patronne est l'« aventure » (mot souvent répété), c'est le type même de récit qui hantera le cerveau de Don Quichotte. Les thèmes sont pénétrés de symboles (combat avec le diable) et l'auteur joue sciemment avec l'invraisemblance pour créer autour de ses leçons de morale assez naïves une ambiance féerique qui ne manque pas de charme. Mais les récits de poursuites et de combats (qui pourraient évoquer certains films de cinéma du type « western ») nous paraissent un peu longuets. L'analyse psychologique de l'amour n'est pas très originale (thème de la nuit d'insomnie des amants, repris du *Cligès* de Chrétien de Troyes*), et peut-être le roman n'est-il que la rédaction, fort brillante d'ailleurs, d'un cycle d'épisodes déjà mis en forme par la tradition orale. Chrétien de Troyes a-t-il connu « Jaufré » ? Même s'il semble tout à fait justifié de réduire la distance chronologique entre cette création épique du Midi, la seule conservée, et les grands romans courtois du Nord, « Jaufré » manifeste son indépendance vis-à-vis des fictions arthuriennes et du roman d'oïl.

ŒUVRE. — Éd. C. Brunel, *Jaufré, roman arthurien du XIIIe siècle en vers provençaux*, Paris, 1943, 2 vol. *(SATF)*. — R. Lavaud et R. Nelli, *Les troubadours : Jaufré, Flamenca, Barlaam et Josaphat*, Paris-Bruges, 1960 [éd. C. Brunel et trad. française]. — Éd. G.G. Ferrero, *Il Jaufré, Poema arturiano in lingua d'oc*, Turin, 1961. — Trad. M. Zink, *Le roman de Jaufré*, dans *La légende arthurienne*, Paris, 1989, p. 841-922 *(Bouquins)*.

→ C. Brunel, nos 11, 126, 127, 161, 181 et 320. — R. Lejeune, *La date du roman de Jaufré*, dans *Le Moyen Âge*, t. 54 (1948), p. 256-295 [contre C. Brunel qui date le roman du XIIIe siècle, propose vers 1180]. — M. de Riquer, *Los problemas del roman provenzal de Jaufré*, dans *Mél. C. Brunel*, p. 435-461 [le dédicataire serait Alphonse II d'Aragon et l'auteur, catalan]. — R. Nelli et R. Lavaud, *Aux origines du roman psychologique : examen du Roman de Jaufré*, dans *Cahiers du Sud*, t.44 (1956-1957), p. 171-178. — P. Remy, *Jaufré*, dans *Arthurian Literature in the Middle Ages*, Oxford, 1959, p. 400-405 [date : pas avant 1182]. — G.G. Ferrero, *Appunti sul « Jaufre »*, dans *CN*, t. 22 (1962), p. 123-140 [important, sur le texte, la datation et la fonction de Jaufré dans la lyrique d'oc]. — A. Limentani, *Due studi di narrativa provenzale (Flamenca e Jaufré)*, Venise, 1962. — J.P.T. Deroy, *Merce ou la quinta linea Veneris*, dans *Actes du 6e congrès international de langue et littérature d'Oc...*, dans *RLR*, (1971), t. 2, p. 310-315. — G. Pinkernell, *Realismus (v. 1-6234) und Marchenhaftigkeit (v. 6235-10956) in der Zeitstruktur des provenzalischen Jaufré-Romans...*, dans *GRM*, t. 52 ou 53 (1972), p. 357-376 ; *Zur Datierung des provenzalischen Jaufré-Romans*, dans *ZRPh*, t. 88 (1972), p. 105-110 [date : 1177]. — F. Pirot, *Recherches sur les connaissances littéraires des troubadours occitans et catalans des XIIe et XIIIe siècles*, Barcelone, 1972, p. 498-506. — M.-J. Southworth, *Étude comparée de quatre romans médiévaux Jaufré, Fergus, Durmart le Gallois, Blancandin et l'Orgueilleuse d'Amours*, Paris, 1973. — M.-R. Jung, *Lecture de Jaufré*, dans *Mél. C.T. Gossen*, Liège, 1976, p. 427-452. — P. Remy, *Plaintes sur la déchéance de mœurs dans « Jaufré » et « Flamenca »*, dans *Romanica gandensia, 16, Études médiévales*, Gand, 1976, p. 175-193. — E. Baumgartner, *Le défi du chevalier rouge dans Perceval et dans Jaufré*, dans *Le Moyen Âge*, t. 82 (1977), p. 239-254. — R.A. Taylor, *La littérature occitane du Moyen Âge*, Toronto, 1977, n°s 664-672. [bibliogr.]. — S. Kay, *The Contrasting Use of Time in the Romances of « Jaufré » and « Flamenca »*, dans *Medioevo Romanzo*, t. 6 (1979), p. 37-62. — J. Delmas, *Un fragment rouergat du Roman de Jaufré*, dans *Romania*, t. 101 (1980), p. 271-277. — J. De Caluwé, *Quelques réflexions sur la pénétration de la matière arthurienne dans les littératures occitane et catalane médiévales*, dans *Mél. L. Thorpe*, Glasgow, 1981, p. 354-367. — E. Schulze-Busacker, *Étude typologique de la complainte des morts dans le roman arthurien en vers du* XIIe *au* XIVe *siècle, ibid.*, p. 54-68. — S. Fleischman, *« Jaufré » or Chivalry Askew : Social Overstones of Parody in Arthurian Romance*, dans *Viator*, t. 12 (1981), p. 101-129. — A. Serper, *Giraut de Bornelh et Jaufré*, dans *RLR*, t. 86 (1982), p. 293-304 [une histoire provençale de Jaufré aurait existé avant le roman]. — W. Calin, *Vers une nouvelle lecture de Jaufré : un dialogue avec Marc-René Jung*, dans *Marche Romane*, t. 33 (1983), p. 39-47 [approche freudienne] ; repris en anglais dans *Mél. P. Remy*, Kalamazoo, 1986, t. 2, p. 13-21. — C.D. Eckhardt, *Two Notes on the Authorship of Jaufré : Sir Kay Gets the Bird : the King of Aragon Reigns*, dans *Romance Notes*, t. 23 (1982-83), p. 191-196 [reprend la discussion sur la datation : 1170/après 1200, et sur l'auteur de Jaufré]. — B. Schmolke-Hasselmann, *Der französische Artusroman in Versen nach Chrétien de Troyes*, dans *Deutsche Vierteljahrsschrift für Literaturwissenschaft und Geistesgeschichte*, t. 57 (1983), p. 415-430. — K. Busby, *« Moseiner Galvain l'astruc » (Jaufre, v. 488) : le portrait de Gauvain d'après le roman de « Jaufré » et quelques troubadours de l'époque*, dans *Mél. P. Remy*, Kalamazoo, 1986, t. 2, p. 1-11. — A.A. Griffin, *The Author of « Jaufré » : a Biographical Note on an Anonymous Poet, ibid.*, p. 309-317. — A.T. Harrison, *Arthurian Women in « Jaufré », ibid.*, p. 65-73. — D. Kelly, *Exaggération, Abrupt Conversion and the Uses of Description in « Jaufré » and « Flamenca », ibid.*, p. 107-119. — A. Saly, *Jaufré, lo fil Dozon, et Girflet, fils de Do, ibid.*, p. 179-188. — A. Van Beysterveldt, *El Roman de Jaufré y la Cronica de Tablante de Ricamonte, ibid.*, p. 203-210. — K. Wais, *Brunissen in « Jaufre » und die Tradition Brünhild/Brunehaut, ibid.*, p. 211-232. — S. Spence, *Authority and Will in the « Jaufré », Guillaume IX and Raimbaut d'Aurenga*, dans *Medieval Perspectives*, t. 2 (1987), p. 105-112. — T. Hunt, *« Text » and « prétexte » : « Jaufré » and « Yvain »*, dans *The Legacy of Chrétien de Troyes*, Amsterdam, 1988, p. 125-141. — J.C. Huchet, *Le Roman à nu : « Jaufré »*, dans *Littérature 74 : Le miroir et la lettre : écrire au Moyen Âge* (mai 1989), p. 91-99. — M.R. Jung, *« Jaufré » : « E aiso son novas rials »*, dans *Mél. P. Bec*, Poitiers, 1991, p. 223-234. — A. Serper, *Giraut de Bornelh et « Jaufré », ibid.*, p. 531-539. Ja.Bo. et G.B.L.

Jaufré Rudel. Il ne reste que six poésies (dont quatre avec notation mélodique) de ce délicat troubadour, dont la vie réelle est mal connue ; il appartient sans doute à la génération qui suivit celle du premier troubadour, Guilhem IX*, et fut peut-être comme lui un seigneur ; l'ancienne *Vida* le déclare « Prince de Blaye ». Il semble que son activité poétique se situe entre 1130 et 1170 : une de ses chansons est dédiée au comte de Toulouse, Alphonse Jordan, une autre à Hugues Bruno de Lusignan. Un poème de Marcabru* lui est adressé *(A'N Jaufre Rudel oltra mar)*, et il atteste que Rudel dut participer à la croisade de Louis VII en 1147. Peut-être ne revint-il pas de cette expédition. En outre, quelques indications tirées de ses poésies où il célèbre son amour pour une dame lointaine durent donner naissance à la légende d'une dame qu'il n'avait jamais vue, la comtesse de Tripoli ; il aurait affronté pour la voir un long voyage en mer, et serait mort entre ses bras. Depuis le XIIIe siècle, les détails de ce petit roman inspirèrent des poètes, de Pétrarque* à Stendhal, de Heine à Carducci et à Edmond Rostand *(La Princesse lointaine)*, jusqu'à Ezra Pound et Alfred Döblin. Mais il s'agit en substance d'une rêverie alimentée par une image qui s'était imposée au poète, l'image d'un amour lointain et impossible, toujours insatisfait. Une de ses chansons, plus que les autres, répète, avec une douceur lancinante et très harmonieuse, le motif du souvenir et du regret de cet amour lointain (*amor de lonh)* : *Lanqan li jorn son lonc en mai m'es bels doutz chans d'auzels de loing, e qan me sui partitz de lai. remenbra.m d'un'amor de loing...* « Quand les jours sont longs au mois de mai, j'aime le doux chant des oiseaux, entendu au loin ; et quand je suis parti de là je me rappelle un amour au loin... » Il n'y a pas de remède qui puisse guérir ce cœur dolent. Éloignement mystérieux qui a nourri la légende, mais qui répond admirablement aussi à la conception courtoise de l'amour pour une femme inaccessible et en demeure l'une des plus célèbres illustrations. La critique récente souligne l'ambiguïté de cette poésie qui mêle traditions profane (l'amour de la danse) et sacrée (la dévotion à la Vierge, l'appel de la Terre sainte). Dans cette fusion parfaitement réussie, réside l'exploit de l'art lyrique des troubadours, qui réunit une double performance, linguistique et musicale.

ŒUVRE. — Éd. A. Jeanroy, *Les chansons de J. Rudel*, Paris, 1915 (*CFMA*, 15) [éd. revue 1965]. — R.T. Pickens, *The songs of Jaufré Rudel*, Toronto, 1978 [éd. synoptique de toutes les versions manuscrites de chaque poème avec trad. anglaise]. — G. Wolf et R. Rosenstein, *The Poetry of Cercamon and J. Rudel*, New York et Londres, 1983 [avec trad. angl.]. — G. Chiarini, *Il canzoniere di J. Rudel*, l'Aquila, 1985. — Éd. partielle : H. Van den Werf, *The Chansons of the Troubadours and Trouvères. A Study of the Melodies and their Relations to the Poems*, Utrecht, 1972, p. 85-89 [PC 262, 2 : texte et musique]. — M. de Riquer, *Los trovadores. Historia literaria y textos*, Barcelone, 1975, t. 1, p. 148-169 [PC 262, 6-5-4-2-3].

→ PC 262. — I. Cluzel, *Jaufré Rudel et « L'amor de lonh ». Essai d'une nouvelle classification des pièces du troubadour*, dans *Romania*, t. 78 (1957), p. 86-97. — R. Lejeune, *La chanson de l'amour de loin de J. Rudel*, dans *Mél. A. Monteverdi*, Modène, 1959, t. 1, p. 403-443 [PC 262, 2], repr. dans *Marche romane*, n° hors série (1979), p. 185-221. — L. Spitzer, *L'amour lointain de J. Rudel et le sens de la poésie des troubadours*, dans *Romanische Literaturstudien*, Tübingen, 1959, p. 363-417, repr. dans *Études de style*, Paris, 1970, p. 81-133. — R.N. Walpole, *Le commentaire de l'étude sur la chanson de « l'amour de loin » de J. Rudel par R. Lejeune*, dans *Romance Philology*, t. 13 (1960), p. 429-441. — M. Lazar, *Amour courtois et fin'amors dans la littérature du XIIe siècle*, Paris, 1964, p. 86-102. — Y. Lefèvre, *J. Rudel professeur de morale*, dans *AM*, t. 78 (1966), p. 415-422 ; *L'amors de Terra Lonhdana dans les chansons de J. Rudel*, dans *Mél. R. Lejeune*, Gembloux, 1969, t. 1, p. 185-196 [= appel de la Terre sainte]. — V. Bertolucci Pizzorusso, *Il grado zero della retorica nella vida di J. Rudel*, dans *SMV*, t. 18 (1970), p. 7-26. — J.J. Wilhelm, *Seven Troubadours, the Creators of Modern Verse*, Pennsylvanie et Londres, 1970, p. 87-106. — E.I. Condren, *The Troubadour and his Labor of Love*, dans *Mediaeval Studies*, t. 34 (1972), p. 174-195 [PC 262, 2 et 5]. — A. Serper, *Les troubadours J. Rudel et Guillem Adémar*, dans *RLR*, t. 80 (1973), P. 405-411. — L.T. Topsfield, *Troubadours and Love*, Cambridge, 1975, chap. 1 et 2. — M.-N. Lefay-Toury, *La conscience littéraire chez J. Rudel*, dans *Senefiance*, n° 2 (1976), p. 413-430 [PC 262, 3]. — R.T. Pickens, *J. Rudel et la poétique de la mouvance*, dans *CCM*, t. 20 (1977), p. 323-337. — A. Tavera, *Lanquan li jorn : l'inépuisable texte*, dans *Mél. P. Nardin*, Nice, 1977, p. 67-81. — R.A. Taylor, *La littérature occitane du Moyen Âge*, Toronto, 1977, nos 460-477 [bibliogr.]. — E. Köhler, *« Amor de lonh » oder Der « Prinz » ohne Burg*, dans *Mél. R.R. Bezzola*, Berne, 1978, p. 219-234. — M. Allegretto, *Il luogo dell'amore. Studio su J. Rudel*, Florence, 1979 [la théorie de la *fin'amor* chez J. Rudel]. — S. Kantor, *Quelques catégories de l'analyse du récit appliquées à la poésie des troubadours Guillaume IX, J. Rudel et Bernart de Ventadorn*, dans *Lingua e Stile*, 1979, p. 49-79. — G. Lachin, *Malas femnas*, dans *CN*, t. 40 (1980), p. 33-47. — M.-L. Meneghetti, *Una vida pericolosa. La « mediazione » biografica e l'interpretazione della poesia di J. Rudel, ibid.*, p. 145-163 [PC 262, 1 à 5]. — L. Milone, *Il « vers de dreit nien » e il paradosso dell'amore a distanza, ibid.*, p. 123-144. — J.A. Rea, *The Pilgrim Figure in J. Rudel*, dans *Neophilologus*, t. 65 (1981), p. 518-523. — P. Bec, *Le problème des genres chez les premiers troubadours*, dans *CCM*, t. 25 (1982), p. 31-47. — G. Le Vot, *Notation, mesure et rythme dans la « canso » troubadouresque, ibid.*, p. 205-217. — P. Skårup, *Quelques strophes de J. Rudel dont la syntaxe a été mal comprise*, dans *Revue romane*, t. 19 (1984), p. 71-84. — E.J. Burns, *The Man Behind the Lady in Troubadour Lyric*, dans *Romance Notes*, t. 25 (1985), p. 254-270. — Don A. Monson, *J. Rudel et l'amour lointain : les origines d'une légende*, dans *Romania*, t. 106 (1985), p. 36-56 [PC 262, 2]. — M.T. Bruckner, *J. Rudel and Lyric Reception : the Problem of Abusive Generalization*, dans *Style*, t. 20 (1986), p. 203-219. — C. Gross, *Studies in Lyric Time-Structure : Dreams, Visions and Reveries*, dans *Tenso*, n° 2/1 (1986), p. 21-36. — R. Rosenstein, *Retour aux origines du troubadour J. Rudel : « L'Escola N'Eblo »*, dans *Mél. M. de Riquer*, Barcelone, 1986, t. 2, p. 603-611. — P.V. Davies, *Le sentiment de la fatalité chez les premiers troubadours : les quatre traditions*, dans *Actes du 1er congrès intern. de l'AIEO*, Londres, 1987, p. 179-204. — S. Kay, *Continuation as Criticism : the Case of J. Rudel*, dans *Medium Aevum*, t. 56 (1987), p. 46-64. — R. Rosenstein, *Les années d'apprentissage du troubadour J. Rudel : de « l'escola N'Eblo » à la « segura escola »*, dans *AM*, t. 100 (1988), p. 7-15. — P. Bec, *« Amour de loin » et « dame jamais vue ». Pour une lecture plurielle de la chanson VI de J. Rudel*, dans *Mél. A. Roncaglia*, Modène, 1989, 1, p. 101-108. — P. Spillenger, *Memory and Distance in Dante and J. Rudel*, dans *Tenso*, 5/1 (1989), p. 11-32. — Voir aussi *Bibliogr. de la littérature occitane du Moyen Âge, 1*, dans *Bulletins de l'AIEO*, n° 5 (1990), p. 23-25.

C.C. et G.B.L.

Jean. Voir : *Merveilles de Rigomer*.

Jean Acart, de Hesdin. Né à Vieil-Hesdin (Pas-de-Calais, arr. Saint-Pol, cant. du Parcq), le religieux hospitalier Jean Acart est l'auteur du poème intitulé *La Prise* *amoureuse*, achevé en avril 1332. Dans ce poème (en octosyllabes) où l'Amour chasse, avec une meute allégorique, l'Amant qui finit par prodiguer à sa Dame les déclarations les plus ardentes, Jean Acart a inséré neuf ballades et neuf rondeaux : la partie narrative (1 644 vers sur un total de 1 951) est beaucoup plus étendue que la partie lyrique. *La Prise amoureuse* est conservée dans cinq mss.

Il ne paraît pas possible d'identifier l'hospitalier Jean Acart avec le théologien Jean de Hesdin qui enseignait à la Faculté de théologie de Paris dès 1340.

ŒUVRE. — *La Prise amoureuse, von Jehan Acart, de Hesdin, allegorische Dichtung aus dem* XIV. *Jahrhundert*, éd. E. Hoepffner, Dresde, 1910 (*Gesellschaft für romanische Literatur*, 22) [cf. *Romania*, t. 40 (1911), p. 129-132]. — *L'Amoureuse Prise by Jehan Acart de Hesdin : a Critical Edition*, éd. S. Walker, thèse Ph. D., Los Angeles, 1973 [cf. *DAI*, t. 34 (février 1974), p. 5210-5211 A].

→ A. Thomas, *Frère Jean Acart, poète français*, dans *HLF*, t. 37 (1938), p. 412-418. — M. Thiébaux, *The Stag of Love, The Chase in Medieval Literature*, Ithaca et Londres, 1974. — Linker, n° 130. — Cf. *GRLMA*, t. VIII/1, p. 60, 153. — *MB* n°s 4375-4377 ; *S* 5419 ; 7571.
F.F.H.

Jean d'Anneux. Docteur en théologie, recteur de Saint-Amand-en-Puelle (diocèse de Tournai) et chapelain du cardinal Annibal Cajetani, ce séculier qui abhorrait les Mendiants composa en 1328, à Avignon, un traité virulent *Contra Fratres*. Il y appuie sans retenue les positions prises par Jean XXII en 1323 contre les fraticelles, partisans de Louis de Bavière et schismatiques (bulle *Ad conditorem*, constitution *Cum inter nonnullos*), exhortant le pape à sévir plus sévèrement envers eux et à se montrer plus ferme, de manière générale, à l'égard des franciscains, dont il lui semblait grand temps d'abolir les privilèges indus et préjudiciables au clergé séculier. On lui doit aussi un *Miroir des princes*, enseignement de morale politique composé en français à l'intention du comte Guillaume Ier de Hainaut, dont la conduite et le gouvernement ne lui inspiraient qu'une estime des plus mitigées (ms. Arsenal 2059). Ses *Questiones de quolibet*, qui auraient donné un reflet de son enseignement à la Sorbonne, sont perdues, de même que ses sermons. Jean d'Anneux est mort en 1329.

→ *HLF*, t. 35 (1871), p. 455-462. — *Catholicisme*, t. 6, 1964, p. 524-525. — W. Berges, Die *Fürstenspiegel des hohen und späten Mittelalters*, Leipzig, 1938. — C. Deparis, *Les menus enseignements d'un ms. hainuyer (Ars. 2059)*, dans *Mél. W. Bal*, Louvain, 1984.
G.H.

Jean d'Antioche. La vie de Jean d'Antioche n'est connue que par ce qu'il en dit dans son premier travail. Surnommé de Harent et frère de l'ordre de l'Hôpital de Saint-Jean de Jérusalem, c'est à Saint-Jean-d'Acre qu'il traduisit en 1282 le *De inventione* de Cicéron* et l'anonyme *Rhetorica ad Herennium*, réunis sous le titre de *Rhétorique* et sous le nom de Cicéron, à la demande d'un autre hospitalier, Guillaume de Saint-Étienne*. À sa traduction, il a ajouté trois chapitres qui servent de prologue et d'annexes au texte. On a retrouvé d'autre part une traduction des *Otia imperialia* de Gervais de Tilbury* signée par un maître Harent d'Antioche que l'on peut certainement identifier à Jean d'Antioche.

Ces deux textes furent sans doute peu diffusés : un seul manuscrit subsiste pour chacun. Cependant, ils témoignent d'un premier mouvement de traduction d'œuvres techniques ou encyclopédiques et morales, dont l'Orient latin a pu être le promoteur (voir Pierre de Paris).

→ L. Delisle, *Maître Jean d'Antioche, traducteur de frère Guillaume de Saint-Etienne*, dans *HLF*, t. 33 (1906), p. 1-40. — J. Monfrin, *Humanisme et traductions au Moyen Âge*, dans *L'humanisme médiéval dans les littératures romanes du* XIIe *au* XIVe *siècle*, Paris, 1964 [notamment p. 224-226]. — A. Duchesne, *Gervais de Tilbury et les Otia imperialia : commentaire et édition critique de la Tertia decisio dans les traductions françaises de Jean d'Antioche et Jean de Vignay*, dans *Positions des thèses de l'École des Chartes*, 1971, p. 65-69. — Cf. *GRLMA*, t. VIII/1, p. 229, 260. — *MB* n°s 3005-3006, 3796 ; *S* 5930.
S.L.

Jean d'Arkel. Né en 1314 en Hollande, chanoine, puis évêque d'Utrecht en 1342, et enfin évêque de Liège de 1364 jusqu'à sa mort en 1378. À la fois homme d'Église et homme de lettres, il fut l'ami de Jean Le Bel* pour qui il rédigea une épitaphe, et écrivit un *Ars d'amour, de vertu et de boneurté*, en vers et en prose, vaste manuel philosophique et moral sur l'amour et l'amitié.

ŒUVRE. — Éd. J. Petit, *Li Ars d'amour, de vertu et de boneurté, par Jehan le Bel*, Bruxelles, 1867, 2 tomes [l'auteur a reconnu par la suite son erreur d'attribution].

→ C. Potvin, *Une énigme littéraire : quel est l'auteur de Li Ars d'amour, de vertu et de boneurté ?*, dans *Bull. de l'Acad. royale de Belgique*, 2e série, t. 47 (1879), *Classe des Lettres*, p. 455-474. C.R.

Jean d'Arras. Auteur d'un roman en prose sur la légende de Mélusine, composé en 1392-1393, à la requête de Jean de Berry, comte de Poitou et d'Auvergne. Il prétend s'inspirer d'une chronique que lui aurait procurée le duc Jean lui-même. Son texte connut un assez grand succès qu'attestent de nombreux manuscrits et éditions. Le roi d'Écosse, Elinas, a épousé la fée Présine, séduit par sa grande beauté et sa voix mélodieuse, sous la condition qu'il n'assistera pas à l'accouchement de ses enfants. L'interdiction sera transgressée, et Présine disparaîtra avec ses trois filles, Mélusine, Mélior et Palestine, dans Avalon, l'Île Perdue. Mélusine, l'aînée, enferme plus tard son père dans une montagne pour le punir. Coupable de ce châtiment, elle est condamnée à se transformer en serpent tous les samedis. Si un homme l'épouse, elle deviendra mortelle, mais si son mari l'aperçoit sous cette forme, elle retournera à son tourment. Elle épouse Raimond, fils du comte de Forez, à qui elle fait jurer de ne pas chercher à la voir ce jour-là. La prospérité comble le couple. Mélusine défriche et construit villes et châteaux forts, entre autres le château de Lusignan. Elle donne le jour à dix garçons, dont plusieurs deviendront rois par mariage, affligés chacun de particularités étranges, signes inquiétants de l'atavisme maternel. Jean d'Arras s'étend sur les prouesses de ces fils : ils sont mêlés à de nombreuses aventures, en Bretagne, en Allemagne, en Orient. C'est ainsi que l'aîné, Urien, ayant obtenu en mariage la fille du roi de Chypre, succède à son beau-père et sera l'ancêtre de Pierre de Lusignan. Un jour, Raimond, trahissant sa promesse, surprend Mélusine au bain et constate avec stupeur que « du nombril en aval estoit en forme de la queue d'un serpent ». Frappés de malédiction, les deux époux doivent se séparer, et Mélusine s'envole sous la forme d'un serpent ailé. Raimond, désespéré, après avoir fait un pèlerinage à Rome, se retire au couvent de Montserrat, en Catalogne. Mélusine reviendra à Lusignan la nuit s'occuper secrètement de ses plus jeunes enfants.

De même que chez Coudrette*, il s'agit ici de la récupération d'une légende (qu'on trouve déjà chez Gautier Map, Gervais de Tilbury* et Hélinand de Froidmont*), devenue ici l'histoire de la fée Mélusine, « maternelle et défricheuse » pour reprendre les termes de J. Le Goff, fondatrice de la famille poitevine de Lusignan. La mise en écrit de la légende, devenue roman généalogique et constitution d'une mémoire familiale, est là pour rehausser le pouvoir et le prestige de la famille, en la dotant d'ancêtres mythiques et fabuleux, mêlés étroitement à des personnages ayant réellement existé.

Avec son thème du mortel marié à un être surnaturel, intimement lié à celui de la transgression d'un tabou, cette dernière étant véritablement le nœud de l'action, l'histoire de Mélusine, avatar médiéval d'une déesse-mère, fée de la fécondité, émerge d'un fonds populaire et oral dont les origines sont difficiles à repérer, mais qui a profondément marqué la littérature médiévale, écrite et savante.

ŒUVRE. — W.J. Meyer, *Jean d'Arras, L'Histoire de la Belle Mélusine*. Repr. en facsimilé de l'éd. de Genève, imprimée par A. Steinschaber en 1478, Neuchâtel, 1924 (*Publ. annuelle de la Soc. suisse des bibliophiles*, 2 et 3). — Éd. L. Stouff, *Mélusine, Roman du XIVe siècle, par Jean d'Arras*, Dijon, 1932 (*Publ. Univ. de Dijon*, 5). — Trad. M. Perret, *Jean d'Arras. Le Roman de Mélusine ou l'Histoire de Lusignan*, préface de J. Le Goff, Paris, 1979 (*Stock plus, Moyen Âge*).

→ Sur la légende de Mélusine : L. Desaivre, *Le Mythe de la mère Lusine. Étude critique et bibliogr.*, Niort, 1885. — J. Le Goff et E. Le Roy Ladurie, *Mélusine maternelle et défricheuse*, dans *Annales ESC*, t. 26 (1971), p. 587-621. — C. Lecouteux, *La structure des légendes mélusiniennes, ibid.*, t. 33 (1978), p. 294-306 ; *Mélusine et le Chevalier au Cygne*, préface de J. Le Goff, Paris, 1984. — L. Harf-Lancner, *Les fées au Moyen Âge. Morgane et Mélusine. La naissance des fées*, Paris, 1984 (*Nouv. Bibl. du Moyen Âge*, 8). — S. Roblin, *Le sanglier et la serpente ; Geoffroy La Grant'dent dans l'histoire des Lusignan*, dans *Métamorphose et bestiaire fantastique au Moyen Âge*, Paris, 1985, p. 247-285 (*Coll. de l'ENSJF*, 28). — F. Clier-Colombani, *La fée Mélusine au Moyen Âge*, Paris, 1991 [sur l'iconographie de la légende]. — Sur le texte de Jean d'Arras : L. Stouff, *Essai sur Mélusine, roman du XIVe siècle, par Jean d'Arras*, Dijon-Paris, 1930 (*Publ. Univ. de Dijon*, 4). — M. Perret, *L'invraisemblable vérité. Témoignage fantastique dans deux romans des XIVe et XVe siècles*, dans *Europe*, n°

61 (1983), p. 25-35. — L. Harf-Lancner, *Le Roman de Mélusine et le Roman de Geoffroy à la Grand Dent. Les éditions imprimées de l'œuvre de Jean d'Arras*, dans *BHR*, t. 50 (1988), p. 349-366. — Cf. Woledge, n° 84. — *MB* n°s 4139-4151 ; *S* 6653-6665.

Voir aussi la bibliogr. sur Coudrette.

R.B. et C.R.

Jean Aubert. Clerc à la Chambre des comptes de Dijon (1393), maître de la Chambre aux deniers de la duchesse Marguerite de Flandre (1400), affecté ensuite à la Chambre des comptes de Lille comme clerc (1419) puis comme auditeur (1444), Jean Aubert fit toute sa carrière au service des ducs de Bourgogne, qui ne lui ménagèrent ni leur faveur ni leurs gratifications, afin de l'aider à « noerir, instruire et aprendre une grant mesnie de petiz enffens qu'il a » : parmi ceux-ci, David Aubert*. L'inventaire dressé à la mort de sa femme révèle un riche bourgeois, cultivé et amateur de livres. Lui-même copiste, Jean Aubert, qui mourut en 1444, nous a laissé deux œuvres religieuses en français : de brèves *Protestations à dire au lit de la mort contre les ennemis d'enfer*, dans la veine des *Artes moriendi* ; une longue *Vie de Jésus Christ*, conservée dans une demi-douzaine de manuscrits. Il s'agit d'une traduction abrégée de la *Vita Christi* de Ludolphe de Saxe*, organisée selon le plan des *Meditationes Vitae Christi* et divisée en sept parties, de manière à ce qu'à chaque jour de la semaine corresponde la méditation d'un ensemble cohérent.

ŒUVRE. — Éd. écourtée et rajeunie par A. Lecoy de La Marche, Paris, 1870.

→ P. Cockshaw, *La famille du copiste David Aubert*, dans *Scriptorium*, t. 22 (1968), p. 279-282. G.H.

Jean Aubrion. Né à Metz en 1441, Jean Aubrion fut « procureur en la cité, clerc et coutumier du palais », selon les chroniques contemporaines. Il participa à plusieurs ambassades, sans doute en qualité de secrétaire, en 1471 et 1473 auprès du duc de Bourgogne Charles le Téméraire, en 1479 vers Louis XI, en 1492 près de l'archevêque de Trèves ; à la même date, il est porte-parole des bourgeois messins au conseil échevinal. Il est mort le 10 octobre 1501 dans ses fonctions de procureur. Il a laissé un *Journal*, dans lequel il relate les faits divers, quotidiens, parfois les événements importants, qui se sont déroulés dans sa bonne ville de 1465 à sa mort. Remplie de détails pittoresques, c'est une des sources narratives très précieuses pour l'histoire des institutions municipales de Metz. Philippe de Vigneulles en fait l'éloge dans ses propres œuvres ; il a copié le manuscrit original dont il a été propriétaire et qui se trouve aujourd'hui à la bibliothèque de Vienne (Autriche). Pierre Aubrion, cousin de Jean, donna une continuation au *Journal* jusqu'en 1512, mais son travail, peu soigné, est de faible valeur.

ŒUVRE. — Éd. L. Larchey, Metz, 1857.

→ F. Bonnardot, *Jean Aubrion*, dans *Les Marches de l'Est*, 1910-1911, p. 318-324. — Molinier n° 4767. — Nouveau Potthast, t. 2, p. 418. G.T.L.

Jean d'Avesnes. Deux manuscrits conservent sous ce titre un ensemble romanesque de trois textes : le *Jean d'Avesnes* propre, la *Fille du comte de Pontieu** et *Saladin*. La cohésion de ces trois récits est assurée par une construction généalogique : Jean d'Avesnes est le grand-père de la fille du comte de Ponthieu en question et celle-ci est l'arrière-grand-mère de Saladin. S'inspirant pour le deuxième roman de la version remaniée de la *Fille du comte de Pontieu*, insérée dans la *Chronique* d'Ernoul* (vers 1228), l'auteur de la compilation y trouve la dernière partie de cette filiation ainsi que le début de l'histoire légendaire de Saladin. De ce dernier il donne une biographie complète qui achève le second cycle de la croisade, dont toutes les épopées conservées, le *Chevalier au cygne et Godefroid de Bouillon**, *Baudouin de Sebourc** et le *Batard de Bouillon**, annonçaient les aventures de Saladin. On suppose donc que l'écrivain du XVe siècle a pu utiliser un *Saladin* qui aurait été composé entre le milieu du XIVe et le milieu du XVe siècle, et aujourd'hui perdu.

Seul le premier volet de la trilogie est vraiment original. Encore use-t-il du schéma narratif du *Dit du prunier** (XIVe) où le héros, Jean, reçoit toute son éducation d'une dame dont il tombe amoureux et qui, veuve, deviendra sa femme. Amplification et transformation de ce court texte en vers, *Jean d'Avesnes* peut également être rapproché du *Petit Jehan de Saintré* d'Antoine de La Sale* (rôle d'éducatrice de la Dame des Belles Cousines) et du roman du *Comte d'Artois**. Comme dans cette œuvre, la dernière aventure du héros est la croisade. Et lorsque l'on considère le traitement courtois subi par le personnage de Saladin, on a le sentiment qu'à défaut de pouvoir reprendre les Lieux saints, le roman gagne à l'Occident celui qui historiquement a reconquis Jérusalem. Saladin, en effet, séduit la reine de France ; attiré par les valeurs de la chevalerie, il s'est fait adouber ; au moment de sa mort, persuadé par un débat théologique de la précellence de la foi chrétienne, il se donne lui-même le baptême. Par ailleurs avec le personnage fictif de Jean d'Avesnes (-le-Conte), comte de Ponthieu, métamorphose de l'historique Jean d'Avesnes (sur-Helpe) (1218-1257), turbulent comte de Hainaut, c'est la politique de Philippe le Bon dans la région nord de son duché qui est illustrée. Histoire et fiction se télescopent dans cette trilogie qui, parce qu'elle est en prise sur une certaine actualité, peut être datée de 1464-1465. Jean de Croÿ, sorte de ministre de la culture du duc Philippe, en a peut-être été le commanditaire. L'un des deux manuscrits subsistants lui appartint. Notons encore que ces deux volumes présentent chacun une version à part entière, plutôt que deux copies de la même œuvre.

ŒUVRE. — *Jean d'Avesnes*, éd. A.M. Finoli, Milan, 1979 [éd. de la version la plus concise]. — *La Fille du comte de Pontieu*, éd. C. Brunel, Paris, 1923 (*SATF*, 65), p. 51-130 [version du XVe siècle, suivant le ms. le plus long]. — *Saladin*, éd. L.S. Crist, Paris-Genève, 1972 (*TLF*, 185) [même ms. que Brunel].

→ R.S. Loomis, *The Pas Saladin in Art and Heraldry*, dans *Studies in Medieval Literature. A Memorial Collection of Essays* [de Loomis], New York, 1970, p. 245-253. — R.F. Cook et L.S. Crist, *Le deuxième cycle de la croisade (...) Les textes en vers. Saladin*, Genève, 1972. — D. Quéruel, *Le Vaillant turc et courtois Salhadin : un Oriental à la cour de Bourgogne*, dans *Senefiance*, n° 11 (1982), p. 299-311 ; *Jean d'Avesnes ou la littérature chevaleresque à la cour des ducs de Bourgogne au milieu du XVe siècle*, dans *Perspectives médiévales*, t. 14 (1988), p. 41-44 [présentation d'une thèse d'État composée d'une étude littéraire et d'une éd. du texte basée sur le ms. choisi par Brunel et Crist]. — Cf. *MB* nos 1310, 4134-4138 ; *S* 6523, 6534-6535, 6644.

Voir aussi : *Croisade (Cycle de la)*. S.L.

Jean Bagnyon. On ne sait rien de cet auteur, né dans le canton de Vaud en Suisse romande, qui écrivit au XVe siècle, à la demande d'un chanoine de Lausanne nommé Henri Bolomier ou Bolmier, une mise en prose de la chanson de geste en alexandrins de *Fierabras**, intitulée *Fierabras* ou la *Conqueste de Charlemagne des Espagnes*. Elle est conservée dans deux manuscrits, mais on retrouve également le texte de Jean Bagnyon, avec d'assez notables différences, dans le *Fierabras* imprimé de 1478. Son récit est en fait plus large que la seule histoire du géant Fierabras. Il est divisé en trois livres ; le premier contient un abrégé de l'histoire des rois de France jusqu'à Clovis, un éloge de Charlemagne et le sommaire de son règne, son voyage à Jérusalem d'après l'*Iter Ierosolymitanum* ; le second, l'histoire de Fierabras ; le troisième, le récit de la guerre d'Espagne d'après *Turpin**. Mais tout cela est très abrégé et le roman de *Fierabras* occupe à lui seul presque tout le recueil. Pour le reste de cet ouvrage, Jean Bagnyon semble avoir eu pour unique source le *Speculum historiale* de Vincent de Beauvais*, et n'avoir connu le *Turpin* qu'à travers le *Speculum*. Le roman de Jean Bagnyon a inspiré le *Carlo Magno* de Juan José Lopez.

ŒUVRES. — Éd. H.-E. Keller, Genève, 1992 (*TLF*, 413).

→ G. Doutrepont, *Les mises en prose des épopées et des romans chevaleresques du XIVe au XVIe*, Bruxelles, 1939, p. 94-102. — H.E. Keller, *Une Histoire de Charlemagne en Suisse romande*, dans *Mél. J. Rychner, TraLiLi*, t. 16 (1978), p. 259-269. — A. de Mandach, *Naissance et développement de la chanson de geste en Europe. V. La Geste de Fierabras*, Genève, 1987 (*Publ. romanes et fr.*, 177). — Cf. Woledge n° 53. — *MB S* nos 6478-6479. A.F.L.L.

Jean Barthélemy. Franciscain et docteur en théologie, Jean Barthélemy composa, entre 1450 et 1460, trois opuscules de spiritualité ascétique d'inspiration profondément franciscaine, demeurés inédits. Le *Livret de triple viduité* (1453) est une règle de vie destinée aux veuves. Le *Livret de crainte amoureuse* (1457) et le *Traité de la vanité des choses mondaines* (1460), tous deux dédiés à des clarisses de l'abbaye de Longchamp, développent, à côté d'enseignements et de méditations de portée générale, dans la droite tradition monastique, des thèmes spécifiques à l'ordre de saint François (question de la pauvreté).

→ *DSAM*, t. 1, 1935, col. 1270-1271. G.H.

Jean de Bassoles. On sait peu de choses sur Jean de Bassoles O.F.M. Il pourrait être né aux environs de 1280. Les historiens le veulent champenois, espagnol, anglais ou picard ; l'hypothèse la plus plausible est celle qui s'appuie sur le témoignage d'un franciscain du début du XVIe siècle, natif de Roye en Picardie, qui le qualifie de *conterraneus noster* : il serait alors né à Bassoles près de Laon. Beaucoup d'auteurs situent sa mort en 1347 ; on trouve cependant son obit, avec la date du 4 juillet 1333, dans un calendrier manuscrit de l'abbaye de Tewkesbury (dioc. de Worcester), conservé à Paris (BN lat. 9376). Ceci atteste des relations avec l'Angleterre, sans plus.

Ce que l'on sait de plus sûr est que Jean de Bassoles fut disciple, voire secrétaire de Duns Scot, et fidèle imitateur, semble-t-il, des doctrines philosophiques et théologiques de son maître. On lui a attribué celles des *Theoremata* qui posent aux historiens de la pensée du Docteur Subtil de difficiles problèmes. Jean de Bassoles considère comme très probables, mais non démonstratives, les raisons de poser l'existence et les attributs de Dieu ; seule la foi en donnerait la certitude. Si, comme l'atteste l'*explicit* de son Commentaire des *Sentences* de Pierre Lombard*, Jean termina sa « Lecture » en 1313, sa position ne fut pas influencée par les thèses de Guillaume d'Ockham. Mais d'autres exemplaires donnent la date de 1343. Quoi qu'il en soit de l'année, le texte du Commentaire existe et, depuis B. Hauréau qui en découvrit les mérites, il attend son historien.

ŒUVRES. — *Commentarius in Sententias Petri Lombardi*, éd. F. Reynault et J. Frellon. 2 vol., Paris, 1516-1517 (livres I-II à la Bibl. Mazarine, n° 1616 ; livres III-IV à la BN, D. 1197). Pas de mss subsistants.

→ C.V. Langlois, *Jean de Bassoles*, dans *HLF*, t. 36, 1924-1927, p. 349-355. — M. Pasiecznik, *John de Bassolis O.F.M.*, dans *Franciscan Studies*, t. 13, 4 (1953), p. 59-77 ; *His concept of Philosophical and Theological Science, ibid.*, t. 14, 1 (1954), p. 49-80. — J. Bendiek, *Über ein Argument der natürlichen Theologie*, dans *Franziskanische Studien*, t. 41 (1959), p. 1-4. — Une bibliogr. des études antérieures est donnée par E. Longpré dans : *Catholicisme*, t. 1, Paris (1948), col. 1304. J.Ba.

Jean Baudouin. Maître en décret, notaire juré de la cour de Toul, curé de Saint-Laurent de Pont-à-Mousson et chanoine de Saint-Dié, Jean Baudouin appartenait à une famille notable de la petite ville alors florissante de Rosières-aux-Salines (arr. Nancy), qui donna plusieurs officiers à l'administration ducale au cours du XVe siècle. Il est l'auteur d'une très longue (47 000 vers, pour la plupart décasyllabes à rimes plates plus ou moins réguliers) compilation morale et historique, dont le titre, repris à la dernière partie, dit assez les intentions : *L'Instruction de la vie mortelle.*

L'ouvrage, dont nous avons conservé l'un des deux exemplaires autographes, ce qui est exceptionnel pour l'époque, est divisé en cinq parties, censées correspondre aux cinq sens. La première consigne les enseignements de « philosophes » (au sens large) et s'inspire directement des *Dicta Philosophorum*. Les seconde et troisième parties sont consacrées à l'histoire sainte jusqu'à la prédication des apôtres, le tout entremêlé de notions d'histoire profane. La quatrième partie, divisée en deux sections — histoire des États (France, Empire) et histoire de l'Église —, conduit le récit des événements jusqu'à la mort de Charles VI, pour l'une, et jusqu'à la mort de Martin V (1431) pour l'autre. Elle est détaillée et parsemée de notations intéressantes pour la période contemporaine de l'auteur, celui-ci affirmant ses convictions au fil du texte. L'avènement de Charles VII est évoqué dans les cinq vers qui clôturent le règne de Charles VI et font allusion au couronnement du nouveau roi (1429), sans souffler mot, curieusement, de Jeanne d'Arc ; mais, à en croire les habitudes de composition de Jean Baudouin, ces brèves notations auraient dû être reprises dans un chapitre ultérieur, auquel la mort a coupé court. La cinquième partie offre un programme de vie religieuse aux différents états de la société laïque et ecclésiastique, traçant à chacun une règle de vie spécifique et rappelant à tous le bagage doctrinal indispensable au bon chrétien (articles de la foi, commandements, vices et vertus, confession, fins dernières...). L'ensemble présente un intérêt documentaire certain pour l'histoire religieuse, sinon pour l'histoire littéraire.

ŒUVRE. — Analyse et éd. partielle P. Meyer, dans *Romania*, t. 35 (1906), p. 531-554. — Extraits dans R.J. Dean, *Jean Baudouin's Version of the Testamenta XII Patriarcharum*, dans *Modern Language Notes*, t. 53 (1938), p. 486-493.

→ E. Duvernoy, *Un poète lorrain du XVe siècle, Jean Baudouin de Rosières-aux-Salines*, dans *Mémoires de l'Académie de Stanislas*, 1906-1907, p. 217-235. — P. Marot, *J.B. de Rosières-aux-S., chanoine de Saint-Dié...*, *ibid.*, 1929-1930, p. 116-126. — G. Hasenohr, *Un ms. autographe de l'« Instruction de la vie mortelle »...*, dans *Romania*, t. 104 (1983), p. 257-260. G.H.

Jean de Beauvau. Voir : Louis de Beauvau.

Jean Bedel. Neuf fabliaux, pour la plupart contenus dans les mss de Paris, BN, fr. 837 et Berne, Burgerbibl. 354, ont été longtemps attribués à un trouvère inconnu nommé Bedel ou Bodel, voire Jean de Boves. C. Foulon a définitivement démontré que, dans le manuscrit de Berne, il convenait de lire non pas *Bediax*, mais *Bodiax*. C'est donc Jean Bodel* qui a composé les fabliaux dont la liste figure dans le préambule du conte des *Deux chevaux*.

→ C. Foulon, *Bedel ou Bodel*, dans *Romania*, t. 71 (1950), p. 396-398. — Cf. *MB* n°s 2484-2485. A.F.L.L.

Jean Beleth. Théologien et liturgiste du XIIe siècle, qui étudia à Chartres sous Gilbert de la Porrée*, puis enseigna à Paris en même temps que Guillaume d'Auxerre* et Pierre le Chantre, Jean Beleth est surtout connu comme auteur d'une *Summa de ecclesiasticis officiis* (entre 1160 et 1164), qui fut l'ouvrage de liturgie le plus répandu du XIIIe siècle. Elle fut traduite en français dès le début du siècle. Jean Beleth utilise déjà des méthodes scolastiques et recourt moins que ses prédécesseurs, voire ses annotateurs, aux explications symboliques.

ŒUVRE. — Éd. *PL*, t. 202, col. 13-166. — Éd. H. Douteil, Turnhout, 1976 (*CCCM*, 41 et 41 A).

→ *DHGE*, t. 7 (1934), col. 517-518. — *Catholicisme*, t. 6, 1964, col. 590. — J.F. Maurel, *Jean Beleth et la Summa de eccl. officiis*, dans *Positions des thèses de l'École de Chartes*, 1953, p. 77-80. G.H.

Jean de Béthencourt. Voir : *Canarien*.

Jean de Blois. Personnage encore mal connu, Jean de Blois fut ermite de Saint-Augustin au couvent de Paris, et maître en théologie à la Sorbonne, puis prieur provincial de la province de France (1392-1393) et chapelain du duc de Berry († 1416). Il est l'auteur d'une *Postilla super evangelia dominicalia* et d'une anthologie de spiritualité ascétique bilingue (latin/français), la *Glenne des quatre estas de devotion*, tous deux conservés par une copie unique. Seul son prologue français aux psaumes et cantiques bibliques connut une certaine diffusion, en tête des traductions vernaculaires.

ŒUVRE. — Éd. partielle de la *Glenne*, par E. Ypma, dans *Augustiniana*, t. 12 (1962), p. 131-141.

→ S. Berger, *La Bible française au Moyen Âge*, Paris, 1884, p. 206-257. — E. Ypma, *Jean de Blois o.e.s.a. et ses ouvrages*, dans *Augustiniana*, t. 12 (1962), p. 123-141 ; *Les auteurs augustins français, ibid.*, t. 20 (1970), p. 363-364. G.H.

Jean Bodel (1165 ?-1210). Il appartenait à la confrérie des Jongleurs et Bourgeois d'Arras. Grâce au registre-nécrologe de cette société (BN, fr. 8541, f° 6 v°, col. 1), nous savons qu'il mourut entre le 1er octobre 1209 et le 2 février 1210. Né probablement vers 1165, il vécut à Arras. Mille détails de mœurs et de langage le prouvent dans ses ouvrages. Il était trouvère de profession, mais fut sans doute attaché à l'échevinage, vraisemblablement comme sergent, et protégé par le maire (Sauwalon Huchedieu, dont le fils, Vaast, était son ami) et les plus riches familles de la ville. Au moment où, déjà célèbre, il se disposait à partir pour la quatrième croisade (c'est-à-dire avant octobre 1202), il fut atteint de la lèpre (qu'il affirme avoir contractée en service *avenu m'est en lor servise*) ; c'est alors qu'il composa ses *Congés*. Il devait mourir quelques années plus tard près d'Arras, à la léproserie du Grand Val de Beaurains.

Il a laissé une œuvre variée, narrative, épique, dramatique et lyrique.

Les neuf fabliaux longtemps attribués à un inconnu (« Bedel » ou « Bodel ») et qui, d'après le ms. 357 de Berne, sont bien de Jehan *Bodiaus* (ou Bodel) réunissent assez curieusement le réalisme, l'esprit satirique, une connaissance variée de la vie des paysans et des marchands du pays artésien ou picard. Ce sont : *Le Vilain de Farbu* (grosse plaisanterie sur la sottise d'un vilain) ; le *Vilain de Bailleul* (à qui l'on fit accroire qu'il était mort) ; *Gombert et les deux clercs* (source du *Berceau* de Boccace* et de La Fontaine ; même thème que le fabliau *Le meunier et les deux clercs**) ; *Brunain la vache au prêtre* (apologue sur le « centuplum accipies ») ; les *Deux chevaux* (satire de la cupidité des moines) ; le *Convoiteux et l'Envieux* (conte gai sur les « *souhaits Saint-Martin* ») ; le *Souhait desvez* (fabliau égrillard) ; le *Loup et l'Oie* (conte d'animaux où le loup est joué par l'oiseau, plus faible) ; *Barat, Travers et Haimet*, ou les *Trois Larrons* (nouvelle paysanne, policière et plaisante sur le vol d'un morceau de lard, un *bacon*). Ces fabliaux sont généralement écrits en un style alerte, non dépourvu de gaîté et de force comique ; l'esprit, malgré l'obscénité de certains d'entre eux, offre un aspect sérieux et bourgeois, sans austérité, mais non sans malice.

La *Chanson des Saisnes* (ou *Chanson des Saxons*), composée dans le dernier tiers du XIIᵉ siècle, est un poème épique de 8 079 vers alexandrins. Elle raconte la guerre de Charlemagne contre Guiteclin (le Witikind de l'histoire), roi des Saxons. Elle comporte aussi deux thèmes particulièrement curieux : a) celui des *Hurepois*, vassaux de l'Ouest de la France (entre Loire et Seine) braves, mais fiers, qui refusent de payer le chevage à l'empereur, et, sous la conduite de Salomon de Bretagne, se révoltent parfois contre lui (ce qui ne les empêche pas de bien se battre pour sa gloire) ; b) celui des amours des Saxonnes et des Français (analogue à celui des belles Sarrasines et des héros épiques), en particulier la passion de la reine Sebille et de Baudouin, neveu de Charlemagne et frère de Roland. Durant la guerre, Sebille, encouragée par la Française captive Helissent, amante du jeune chevalier Bérard, a de multiples rendez-vous avec Baudouin. C'est pour celui-ci l'occasion de nombreux exploits épiques. Après la mort de Guiteclin, tué en un combat par l'empereur lui-même, Baudouin épouse Sebille et devient roi de « Sessoigne ». Lors d'une attaque des Saxons révoltés, il périt ainsi que Bérard ; Charlemagne soumet à nouveau le pays, qu'il place sous l'autorité de Dyalas, fils de Guiteclin, mais nouvellement converti au christianisme.

L'indépendance des vassaux, les luttes de Charlemagne contre les païens, rappellent nos anciennes chansons de geste ; mais ce qui donne un accent original à la *Chanson des Saisnes*, c'est le mélange inattendu du roman courtois, du réalisme bourgeois et de l'épopée chevaleresque. Ceci révèle la toute-puissance de l'esprit romanesque sur les trouvères de la fin du XIIᵉ siècle, et, par certains côtés, l'avènement littéraire de la classe bourgeoise.

Le *Jeu de Saint Nicolas* fut sans doute composé entre 1198 et 1202, et probablement représenté le 5 décembre 1200, au soir, par une confrérie arrageoise, à l'occasion d'une fête du saint. En voici une analyse :

Au cours d'une bataille entre les chrétiens et les infidèles, un *prudhomme* échappe au massacre ; il s'est confié à saint Nicolas dont il garde toujours une « image », c'est-à-dire une statue, près de lui ; les Sarrasins découvrent la statue ; le captif chrétien leur révèle que le saint protège tous les trésors. Le roi met l'« image » à l'épreuve, et fait annoncer que ses richesses ne seront plus gardées que par elle. Des voleurs l'apprennent, et pillent le trésor. Au moment où le prudhomme va payer de sa vie la colère royale, Nicolas apparaît aux malandrins et leur enjoint de restituer le bien volé ; ils obéissent. Devant le miracle, les païens se convertissent, le roi tout le premier.

Dans cette pièce, le poète a utilisé plusieurs sources, en particulier un drame en latin d'Hilaire, et un récit hagiographique de Wace*, mais il ne leur a emprunté que le miracle du trésor. Le mérite du drame est d'avoir transporté les croisades à la scène ; c'est aussi d'y avoir joint la peinture réaliste de la vie d'Arras, que, sans souci de couleur locale, le poète ressuscite, avec ses cabarets, ses buveurs et ses voleurs, aux noms comiques de Clikès, Pincedés et Rasoirs. Une lutte héroïque et un drame de la conversion, à côté de beuveries et de propos joyeux, voilà le contraste que présente cette pièce savoureuse ; elle tient à la fois du drame épique, de la comédie réaliste et de la farce, et annonce un art tout moderne.

Les cinq *pastourelles* de Bodel ne s'écartent généralement pas du cadre habituel des propos galants entre une bergère et un pâtre, terminés quelquefois par le triomphe amoureux d'un poète-chevalier. Mais le type bourgeois-paysan (résistance de la bergère) l'emporte ici sur le type aristocratique. La cinquième pastourelle de Bodel (Bartsch, III, 40) est une véritable pièce politique, dirigée, semble-t-il, à la fois contre la vanité des Flamands et contre les guerres de Philippe Auguste.

Les *Congés* sont certainement l'œuvre

la plus originale de notre auteur. Ils se composent de quarante-cinq strophes, des douzains d'octosyllabes. Il y fait ses adieux à sa ville natale et à ses amis ; il demande aux plus influents d'entre eux de l'aider de leur appui, en lui faisant attribuer un lit dans une léproserie. Tantôt le poète remercie ceux qui l'ont reçu *moitié sain et moitié pori* ; tantôt il regrette sa vie joyeuse ; le plus souvent il adresse des prières résignées et poignantes à ceux qui restent dans le monde, et des encouragements à ceux qui partent pour la croisade. Les passages émouvants, les images touchantes ou terribles, abondent dans ces vers.

Entre tous ces ouvrages, les fabliaux sont très originaux ; le drame et le poème lyrique ont eu la plus grande influence ; miracles et mystères devront beaucoup à celui qui fut l'un des premiers dramaturges en langue française. Et des poètes comme Baude Fastoul*, ou Adam de la Halle*, imiteront les *Congés*. Narrateur rustique et comique, poète épique qui a su renouveler la tradition, poète dramatique d'un génie héroïque et truculent à la fois, Bodel occupe une place importante dans l'histoire du Moyen Âge littéraire. Il ouvre dignement le règne des trouvères bourgeois du XIIIe siècle.

ŒUVRES. — 1. *Congés d'Arras* : Éd. G. Raynaud, dans *Romania*, t. 9 (1880), p. 216-247. — *Les Congés d'Arras (Jean Bodel, Baude Fastoul, Adam de la Halle)*, éd. P. Ruelle, Bruxelles, 1965 (*Travaux de la Fac. de Philosophie et Lettres*, 27).

2. *Fabliaux* : *Jean Bodel, Fabliaux*, éd. P. Nardin, Paris, 1965 (*Public. de la Fac. des Lettres de l'Univ. de Dakar*, 3). — Éd. A. de Montaiglon et G. Raynaud, dans *Recueil général des fabliaux*, Paris, 1872, t. 1, p. 132-134 *[Brunain]* et 153-161 *[Deux chevaux]* ; t. 4, 1880, p. 82-86 *[Vilain de Farbu]* ; t. 5, 1883, p. 184-191 *[Souhait desvé]* et 211-214 *[Convoiteux]*. — *Twelve Fabliaux*, éd. T.B.W. Reid, Manchester, 1958 *[Convoiteux]*. — *Trois fabliaux*, éd. M. Walters-Gehrig, Tübingen, 1961 (*Beihefte zur ZRPh*, 102) [*Barat et Haimet*]. — Trad. italienne R. Brusegan, dans *Fabliaux. Racconti francesi medievali*, Turin, 1980 [*Barat et Haimet, Vilain de Bailleul* et *Souhait desvé*]. — Éd. et trad. italienne G.C. Belletti, *Fabliaux. Racconti comici medievali*, Ivrée, 1982 *[Brunain]*. — Éd. W. Noomen et N.J. Van den Boogaard, dans *Nouveau recueil complet des fabliaux*, Assen, t. 2, 1984 *[Barat et Haimet]* ; t. 4, 1988 *[Gombert]* ; t. 5, 1990 *[Brunain, Deux chevaux, Vilain de Bailleul]* ; t. 6, 1991 [*Vilain de Farbu, Souhait desvé et Convoiteux*]. — Éd. G. Raynaud de Lage, dans *Choix de fabliaux*, Paris, 1986 (*CFMA*, 108) *[Gombert]*. — *Contes pour rire ? Fabliaux des XIIIe et XIVe siècles*, trad. N. Scott, Paris, 1977 *(10/18) [Barat et Haimet, Vilain de Bailleul, Brunain, Gombert, Souhait desvé]*.

3. *Chanson des Saisnes* : Éd. F. Michel, Paris, 1839. — Éd. A. Brasseur, Genève, 1989, 2 vol. (*TLF*, 369).

4. *Pastourelles* : Éd. K. Bartsch, dans *Romances et pastourelles françaises des XIIe et XIIIe siècles*, Leipzig, 1870.

→ W. Cloetta, *Zu Jean Bodel*, dans *Archiv SNSL*, t. 91 (1893), p. 29-54. — O. Rohnström, *Étude sur Jehan Bodel*, Uppsala, 1900. — E. Langlade, *Les origines de la littérature française. Jehan Bodel*, Paris, 1909. — C. Foulon, *L'œuvre de Jean Bodel*, Paris, 1958 (*Travaux de la Fac. des Lettres de Rennes*, I, 2). — W. Noomen, *Comique et humour chez Jean Bodel*, dans *Levende Talen*, 1960, p. 47-64. 1) Sur les *Congés d'Arras* : M. Zink, *Le ladre, de l'exil au Royaume. Comparaison entre lés Congés de Jean Bodel et ceux de Baude Fastoul*, dans *Senefiance*, t. 5 (1978), p. 69-88. 2) Sur les *Fabliaux* : P. Nardin, *Lexique comparé des fabliaux de Jean Bodel*, Paris, 1942. — J. Rychner, *Contribution à l'étude des fabliaux*, Neuchâtel-Genève, 1960. — H.D. Merl, *Untersuchungen zur Struktur, Stylistik und Syntax in den Fabliaux Jean Bodels*, Berne-Francfort, 1972 (*Europäische Hochschulschriften*, XIII, 16). — A. Riccadonna, *I fabliaux di Jean Bodel*, dans *Prospettive sui fabliaux : contesto, sistema, realizzazioni*, Padoue, 1976, p. 45-81. — J.L. Taylor, *Animal Tales as Fabliaux*, dans *Reading Medieval Studies*, t. 3 (1977), p. 63-79. — L.S. Crist et J.A. Lee, *L'analyse fonctionnelle des fabliaux*, dans *Mél. J. Horrent*, Liège, 1980, p. 85-104. — L. Rossi, *Jean Bodel et l'origine du fabliau*, dans *La nouvelle. Actes du colloque internat. de Montréal, octobre 1982*, Montréal, 1983, p. 45-63. — H. Legros, *Un auteur en quête de son public : les Fabliaux de Jean Bodel*, dans *Romania*, t. 104 (1983), p. 102-113. — P. Bancourt, *Chanson de geste, roman, romance et fabliaux : à propos de deux scènes hippiques des fabliaux*, dans *Comique, satire et parodie dans la tradition renardienne et les fabliaux. Actes du colloque d'Amiens, 15-16 janvier 1983*, Göppingen, 1983, p. 59-70 (*Göppinger Arbeiten zur Germanistik*, 391) *[Deux chevaux]*. — J.C. Payen, *Le statut de l'écrivain dans les fabliaux de Jean Bodel, ibid.*, p. 47-58. 3) Sur la *Chanson des Saisnes* : F. Menzel et E. Stengel, *Jean Bodel Saxenlied*, Marburg, 1906. — P.A. Becker, *Jean Bodels Sachsenlied*, dans *ZRPh*, t. 60 (1940), p. 321-358, réimp. dans *Zur romanischen Literaturgeschichte, Ausgewählte Studien und Aufsätze*, Munich, 1967, p. 430-465. — K.D. Uitti, *Remarques sur la « Chanson des Saisnes » de Jean Bodel*, dans *Actes du 13e congrès internat. de linguistique et philologie romane, Laval, 1971*, Québec, 1976, t. 2, p. 841-851. — P.

Aebischer, *L'élément historique dans les Chansons de geste ayant la guerre de Saxe pour thème*, dans *Des annales carolingiennes à Doon de Mayence*, Genève, 1975, p. 223-239 (*Publ. romanes et françaises*, 129). — A. Brasseur, *Étude linguistique et littéraire de la Chanson des Saisnes de Jehan Bodel*, Genève, 1990 (*Publ. romanes et françaises*, 190). — Cf. *GRLMA* t. III/2², n° 288 et t. VI/2, n° 5996. — *MB* n°s 2412-2414, 3911-3921, 6503, 6742-6749, 7260, 7660, 7668, 7682-7683, 7847-7851 ; *S* 1953, 2533, 4449, 4527, 4529-4532, 4701-4707, 4728, 6250, 6257, 6263, 6283, 6330-6363, 6372-6373, 6376, 6980. Voir aussi *Saint Nicolas*. C.F.

Jean de Bory. Ce clerc originaire du diocèse d'Amiens, pourvu de plusieurs bénéfices (dont le rectorat de l'église Saint-Médard de Paris, 1420), accomplit une brillante carrière universitaire dans le premier tiers du XVe siècle, qu'il mena de front, à partir de 1426, avec la charge d'évêque de Meaux. Sa renommée lui fit confier l'éducation des enfants de Charles VI. Il suivit en Angleterre, pour quelques années (1420-1422), Catherine de France, dont il était le confesseur, après son mariage avec Henri V. C'est pour elle qu'il composa un commentaire des Psaumes de la Pénitence en français, qui nous a été transmis par quatre mss et une édition du début du XVIe siècle. On lui doit également une exposition allégorique, tropologique et anagogique du *Carmen de muliere forti*, elle aussi en français. En revanche, il ne reste rien ni de son enseignement universitaire ni de sa prédication. Il mourut en 1435.

→ *Chartularium Universitatis Parisiensis*, éd. Denifle et Chatelain, t. 4, Paris, 1897, *passim*. G.H.

Jean Boutillier. Jean Boutillier naît à Pernes (Pas-de-Calais, arr. d'Arras) en Artois entre 1325 et 1345. Dans un premier testament (5 mars 1388), il donne cette indication : dans l'église de ce bourg « gisent mondit pere et me damoiselle mere ». Ce sont les seuls renseignements sur la famille. En 1368, il est « procureur de rentiers prenants rentes annuelles » sur la ville de Tournai, l'année suivante, en tout cas avant 1372 et jusqu'en 1383, il est « lieutenant du bailli de Vermandois en la souveraineté du Tournesis et pays environ » ressortissant à Saint-Quentin. En 1369, le siège royal de Lille est transféré à Maire (faubourg de Tournai). Là (comme à Mortagne ; il faut ajouter les justices de l'abbaye de Saint-Amand et du chapitre de Tournai), deux justices coexistent : l'une, exercée par le bailli royal ordinaire, juge ; dans l'autre, « de conjure », le bailli semonce les hommes de fief du roi, lesquels jugent ; l'une ressortit à la cour de Saint-Quentin, l'autre au parlement. Par des moyens de procédure, « par adjournemens, par quins, par dons et par paines », la justice royale empiète partout, bailli et commune plaident l'un contre l'autre. Tristan du Bos, le bailli, est son protecteur : dès le mois d'août 1380, Jean Boutillier devient « garde de par le roy nostre sire des bailliages de Tournesis et de Mortagne » ; le nouveau bailli de Vermandois est Gobert de Bos, seigneur de Guise. Après le soulèvement populaire conduit par Artevelde, la charte du 20 juin 1383 rogne les prérogatives traditionnelles par l'institution du nouveau bailliage de Tournai, Tournaisis, Mortagne, Saint-Amand « et appartenances », juridiction unique pour les appels « de tous cas de ressort, de souveraineté et autres droits royaux ». Le titulaire du nouveau bailliage est Tristan du Bos. Passé au service de la ville comme conseiller pensionnaire (Jacques d'Ableiges* le sera quatre ans plus tard), Jean Boutillier est aussi bailli des petites circonscriptions de Tournaisis et de Mortagne. Vers 1386, il redevient lieutenant du nouveau bailliage. Tristan du Bos en est toujours le titulaire. Les conflits se multiplient, le pays est si troublé « qu'il n'est homs qui se sache comment gouverne par leur folle et mauvaise gouvernance ». En 1387, Tournai assigne le bailli et les officiers royaux devant le parlement. L'année suivante, les *généraux réformateurs* ordonnent une enquête. Consignés sur un rouleau de parchemin d'une dizaine de mètres de longueur, les griefs de la commune sont graves. Les propos du bailli et de son lieutenant sur les anciennes chartes en disent assez sur les excès : ils « estoient dignes a faire fons de gheoles, con les portast boullir, et que les roys qui les avoient donnés estoient mors, et que de mort [l']homme, mort [le] plait [procès] ». L'ancien bailli du Vermandois, Henri le Masier, succède à Tristan du Bos. Le lieutenant demeure. L'ordonnance royale du 18 mai 1389 qui écarte la tutelle du bailli est ainsi jugée par la ville : « Par ledit privilege, qui equipole loy escripte ou au mains loy d'empereur, considere que le roy nostre sire est empereur en son royaume, lesdis prevos et jurés furent hors de la cognoissance dudit bailly, avec l'estat, droits communs, corps et commugne de ladite ville. » En 1391, la Chambre des comptes décide de transférer le siège du bailliage. La commune s'y oppose. Quand, en 1393, le bailliage est réinstallé à Maire, les officiers royaux sont à nouveau la cible des bourgeois qui les accusent de susciter d'interminables procès « pour leur particulier prouffit, contre l'estat populaire et le bien commun d'un chascun ». Trente-deux articles (sur 132) de l'enquête faite de septembre 1393 à octobre 1394 par des conseillers du parlement (l'ancien bailli, le procureur royal, les sergents sont aussi incriminés) concernent Jean Boutillier. Celle-ci révèle que les officiers « estoient moult chargiez par lesdittes informacions et dignes de grans punicions crimineles ». Aux accusations de réaliser d'illicites profits contre les ordonnances, il répond qu'elles ne le concernent pas puisqu'il n'est que « lieutenant dudit baillif ordonné par le roy et conseillier d'icelui seigneur a gaiges ». Quelle est, dans la joute judiciaire, la part de l'exagération révélée par les faits ? Justifie-t-elle la complaisance de Jacques d'Ableiges ? Il est « conseiller du roi », quand il meurt peu après avoir rédigé, le 16 septembre 1395, son dernier testament (avant le 24 janvier 1396).

Parachevée entre janvier 1393 et le début de l'an 1396, la *Somme rural* de Jean Boutillier est le dernier des grands coutumiers français. La copie d'un auditeur du roi pour le bailli d'Amiens est la plus ancienne version manuscrite datée (1457/1458). Une dizaine de manuscrits (certains rehaussés de miniatures) de la fin du XVe siècle sont contemporains de la première édition imprimée à Bruges en 1479 par Colard Mansion* (avec deux tableaux figuratifs : « l'arbre de lignée » et « l'arbre de consanguinité »), à partir d'un exemplaire transcrit en 1459-1460. De 1479 à 1621, l'œuvre connaît 23 éditions : les plus récentes contiennent des annotations et des mises à jour ; la traduction néerlandaise est donnée dans 6 éditions, de 1483 (Delft-Jakob Jakobszoon van der Meer) à 1550. Jean Boutillier se présente ainsi : il est « homme rural et toutesvoies enclin a la noble pratique et patrocination de stile court laye [ayant] volu rediger et mettre en ceste *Somme rural* ce [qu'il a pu] retenir des sages clers en droit civil et canon de pluiseurs coustumiers et en pluiseurs lieux et cours tant en parlement comme dehors » (ms. ; éd. de 1479). La pratique est « la seconde science de phylosophie, et celle qui le plus du monde gouverne et instruit a sagement vivre, [...] forme et voiye » moyennant laquelle tout « homme qui a postulation de cour laye et d'advocacerie se veut mettre, se doit reigler [...], qui enseigne et demonstre quelle chose on doit dire et quelle non ». Elle se divise « en quatre, c'est asscavoir par son premier nom est appellée ethique, par son second nom yconomie, par tiers nom rethorique, par son IIIe nom politique ». Telle est la préface du premier manuel méthodique et pratique de droit en usage à Tournai, en Flandre, Artois et Hainaut. Du droit écrit (droit romain et droit canonique), il donne cette définition : « La noble constitution des loix qui sont faictes et passées par les empereurs et par les saincts concilles et les consaux des senats, et les sainctes decretales faictes par nostre sainct pere le pape qu'on appelle droit canon, et les loix données par les empereurs sont appelées droit civil. » Le droit non écrit « est la coustume en païs coustumier, tenue et gardée notoirement, et equipolle a loy par l'approbation des anciens du païs, en maniere qu'on n'ait point veu entre les presens le contraire ». Celle-ci est acquise dans ces conditions particulières : « Si appartient qu'avant que coustume soit prescrite qu'elle soit telle, que par douze ou plus des plus sages et anciens du lieu ait esté appellé en cour souveraine, de laquelle il ait esté dit bien jugé et mal appellé. » Le délai de prescription est le suivant : « Coustume maintenue par le terme de cinq ans vault, si elle est consonante au droit escrit. » Le droit commun « est, come les sages dient, un droict qui s'accorde au droict escrit et a coustume de pays, et que les deux sont consonans ensemble, si que droict escrit soit conforme avec la coustume local, car lors est ce droict commun et coustume tollerable ». La *Somme rural* est la mise en ordre des notes et documents amassés par un magistrat et un praticien dans un souci d'harmonisation. Est « droict haineux [en effet] le droict que, par coustume de païs, est contraire au droict escrit, comme sont cas de retrait que coutumiers appellent cas en droict de promesse ou autres plusieurs cas qu'a droit sont contraires et toutesfois coustume les souffre et appreuve » (voir *Juridique* [*Littérature*]).

Achevée par la copie du testament de son auteur (éd. de 1479), la *Somme rural* est une compilation raisonnée du droit coutumier du Nord de la France, une des premières œuvres doctrinales par le recours constant au droit de référence : le droit romain et le droit canonique. La méthode explique la multiplication des éditions. Le jurisconsulte Cujas a dit de ce livre qu'il était « *pernecessarius in fors versari cupientibus* ». La *Somme* est divisée en deux livres. Le premier (107 titres) donne les définitions du droit, expose ses diverses branches et les différentes phases du procès dans l'ordre chronologique, et reproduit les actes de la procédure et de ses divers incidents devant les différentes juridictions (titres 4 à 39). Exposant les conditions de l'introduction de l'instance et la capacité juridique, Jean Boutillier place à cet endroit un traité des personnes. Avec la même méthode, l'exposé de la division des choses lui permet d'introduire un court traité des droits seigneuriaux. Le deuxième livre (40 titres) donne la liste « des droicts royaux et de la cognoissance que le roy a sur plusieurs cas et aussi des preventions qui a cause de sa royalle majesté lui sont appartenans » avec des indications complémentaires sur l'organisation judiciaire depuis le parlement, les grands officiers de la couronne et les barons jusqu'au geôlier et au sergent, ainsi que sur le droit canonique, le droit féodal, le droit commercial et le droit municipal. Des sentences dont les parties sont pour la plupart d'origine tournaisienne illustrent l'exposé doctrinal : celles du parlement, du grand bailli de Vermandois, de la Cour du roi en Tournaisis, à Cysoing (arr. de Lille), Amiens (Somme), Laon (Aisne), Sens (Yonne), de la Salle à Lille (Nord), du prévôt de Beauquesne (arr. d'Amiens), des hommes d'Artois, de la Chambre des comptes, du Châtelet. La *Somme rural* accommode le droit savant à la culture juridique des praticiens du XIVe siècle. Ce coutumier de transition devint, dès le début du XVIe siècle, la référence pour plusieurs générations de juristes.

ŒUVRE. — À défaut d'édition critique moderne, il faut consulter la première des cinq éditions commentées par L. Charondas le Caron (avocat au Parlement de Paris [1536-1617], auteur de *Pandectes ou Digestes du droict françois*, Paris, 1607-1610) : *Somme rural ou le Grand Coustumier général de practique civil et canon, composé par M. Jean Bouteiller, conseiller du roy en sa Cour de parlement, reveu, corrigé sur l'exemplaire manuscript, illustré de commentaires et annotations, enrichies de plusieurs ordonnances royaux, arrests des cours souveraines, singulières antiquitez et notables décisions du droict romain, et autres observations*, Paris, 1603.

→ G. Van Dievoet, *Jehan Boutillier en de Somme rural*, Louvain, 1951 (Universiteit te Leuven. Publicaties op het gebied der geschiedenis en der philologie, 3e série, 41e vol.). J.F.

Jean de Braine. Fils du comte Robert II de Dreux et cousin germain du roi Louis VIII, Jean de Braine (Aisne, arr. Soissons) devint comte de Mâcon et de Vienne par son mariage, en 1224, avec Alix, comtesse de Mâcon et de Vienne. Il était le beau-frère du poète Jean II de Roucy*, qui avait épousé, avant 1225, sa sœur, Isabelle de Dreux. Il mourut en croisade, en 1239 ou 1240.

Jean de Braine, qui protégea le trouvère Moniot d'Arras*, est l'auteur d'une chanson d'amour et d'une pastourelle assez originale (R. 1830), parfois placée sous le nom de Huon de Saint-Quentin*. L'attribution d'une autre pastourelle (R. 733) est douteuse.

Le rubricateur du chansonnier *M* (Paris, BN, fr. 844) l'ayant confondu avec Jean de Brienne, roi de Jérusalem, puis empereur de Constantinople (mort en 1237), on a souvent attribué ses poèmes à celui-ci.

ŒUVRES. — A. Guerreau, *Jean de Braine, trouvère et dernier comte de Mâcon (1224-1240)*, dans *Annales de Bourgogne*, t. 43 (1971), p. 81-96 [édition].

→ H. Petersen Dyggve, *Personnages historiques figurant dans la poésie lyrique française des XIIe et XIIIe siècles*, dans *Neuphilologische Mitteilungen*, t. 37 (1936), p. 267. — *Huon de Saint-Quentin, poète satirique et lyrique, Étude historique et édition de textes*, éd. A. Serper, Potomac, 1983 (*Studia humanitatis*, 66) [éd. la pastourelle (R. 1830)]. — Linker, n° 137. — Cf. *MB S* n° 4496. G.M. et F.F.H.

Jean Bras-de-Fer. Jean Bras-de-Fer, de Dammartin-en-Goële (non loin de la ville de Meaux), donne son nom en acrostiche dans la traduction qu'il entreprit vers 1300-1315, sous la protection du chancelier de Meaux, du *Pamphilus*. Celui-ci, faussement attribué à Ovide*, connut une grande popularité au Moyen Âge. Jean Bras-de-Fer, sous le titre de *Pamphile et Galatée,* en rédigea une adaptation française assez libre et individualisée, entre le roman allégorique et le dit amoureux, pénétrée de l'esprit ovidien et fortement influencée par le *Roman de la Rose**. Pamphile, jeune homme sans fortune, s'est épris de sa riche et belle voisine Galatée. N'osant lui adresser la parole, il recourt aux conseils de Vénus, qui lui donne un cours d'amour. Encouragé, il met la théorie en pratique et réussit à obtenir un baiser de la belle. Une vieille femme, experte en affaires d'amour, lui promet contre récompense de les réunir. Elle sera à même de tenir sa promesse. Cette poésie raffinée ne nous est conservée que par un seul manuscrit.

ŒUVRE. — Éd. J. Morawski, *Pamphile et Galatée par Jehan Bras-de-Fer de Danmartin-en-Goele. Poème français inédit du XIVe siècle. Éd. critique précédée de recherches sur le Pamphilus latin,* Paris, 1917.

→ C. Potvin, *Pamphile et Galatée, roman en vers du XIIIe siècle par Jehan Bras-de-Fer de Danmartin-en-Goele (ms. Br. 4783),* dans *Bulletin du Bibliophile belge,* t. 20 (1864), p. 101-106. — Cf. *GRLMA,* t. VIII/1, p. 206. — *MB* n° 6794. C.R.

Jean Bretel. Poète lyrique mort en 1272, il appartenait à une famille de l'opulente bourgeoisie arrageoise et fut, comme son père et son grand-père, un des « sergents héréditaires » de l'abbaye de Saint-Vaast d'Arras, c'est-à-dire un de ses officiers laïcs. Ses débuts dans les lettres doivent remonter aux environs de l'année 1245. Peu après cette date, sa fortune, son talent et ses relations avec les trouvères de l'Artois lui valurent d'être désigné par ceux-ci comme « prince du Puy » de sa ville natale, autrement dit comme président de leur association littéraire. Il ne cessa dès lors de faire figure de chef de l'école poétique arrageoise.

Jean Bretel composa des chansons d'amour courtoises — il nous en reste sept —, mais c'est dans le jeu-parti qu'il excella : il n'échangea pas moins de 89 pièces de ce genre avec une vingtaine de poètes artésiens et picards. Ses partenaires préférés, Jean de Grieviler*, Lambert Ferri* et Adam de la Halle* (qui le ridiculisa peut-être sous les traits de Robert Sommeillon dans le *Jeu de la Feuillée*), étaient des trouvères arrageois réputés, tous trois de formation cléricale. Pour arbitrer ses *partures,* le « prince » s'adressait tantôt à un confrère, tantôt à un des membres de la riche société d'Arras qui fréquentaient les séances du Puy ; une fois, il soumet sa cause au jugement de Charles d'Anjou*, le frère de Louis IX, de passage dans la capitale artésienne.

Il suffit de lire quelques-uns seulement de ses jeux-partis pour s'apercevoir que notre bourgeois ne prenait plus très au sérieux les conceptions courtoises relatives à l'amour qui inspirèrent ses prédécesseurs du XIIe et du début du XIIIe siècle. Elles forment encore, il est vrai, le fond de toutes ses œuvres. Mais elles y servent uniquement à alimenter des discussions qui lui permettent de faire valoir son ingéniosité et de donner libre cours à sa fantaisie, même quand il ne traite pas des problèmes saugrenus ou absurdes, mais aborde un sujet présentant un réel intérêt psychologique, celui-ci par exemple : quand une dame aime, d'où vient ce sentiment, à quoi aspire-t-elle, pourquoi le fait-elle ?

Ses défauts autant que ses qualités font de Jean Bretel le représentant le plus typique de l'école lyrique arrageoise. Tour à tour pédant et familier, guindé et vulgaire, plus doué pour la chicane que pour la poésie, il réussit grâce à son talent et à sa verve à animer le genre éminemment artificiel qu'il cultiva avec prédilection. Des allusions aux mœurs et aux usages contemporains, des proverbes, des locutions pittoresques, des comparaisons et des métaphores, une langue riche et parfois verte enfin donnent du piquant à ses passes d'armes poétiques souvent plus bizarres que véritablement originales.

ŒUVRES. — G. Raynaud, *Les Chansons de Jean Bretel,* dans *BEC,* t. 41 (1880), p. 195-214 [éd. de six chansons, reproduite dans *Mél. de philologie romane,* Paris, 1913, p. 315-331]. — A. Långfors, *Mél. de poésie lyrique française,* dans *Romania,* t. 52 (1926), p. 420-422 [éd. de la septième chanson] ; avec A. Jeanroy et L. Brandin, *Recueil général des jeux-partis français,* Paris, 1926, t. 1, p. 87-355 (*SATF,* 70). — *Anthologie de la poésie lyrique française des XIIe et XIIIe siècles,* éd. bilingue J. Dufournet, Paris, 1989, p. 278-281 (*NRF/Poésie*) [un jeu-parti].

⟶ A. Guesnon, *Nouvelles recherches biographiques sur les trouvères artésiens,* dans *Le Moyen Âge,* t. 15 (1902), p. 164-170. — R. Berger, *Le Nécrologe de la confrérie des jongleurs et des bourgeois d'Arras (1194-1361),* Arras, 1970, t. 2, p. 118 (*Mémoires de la Commission départementale des Monuments historiques du Pas-de-Calais,* XIII, 2) ; *Archidiacres, officiaux, dignitaires du chapitre d'Arras (1093-1300). Essai de chronologie,* dans *Bull. de la Commission départementale des Monuments historiques du Pas-de-Calais,* t. 8, fasc. 5 (1970), p. 505-541. — D. Di Croce, *Jehan Bretel di Arras : da « désir » a « plenté », dans Atti dell'Istituto Veneto di Scienze, Lettere ed Arti,* t. 137 (1978-1979), p. 203-220. — Linker, n° 133. — Cf. *MB* n°s 2362 ; 6468 ; *S* 4497. G.M.

Jean de Brie. Né à Villers-sur-Rognon (Seine-et-Marne, arr. Meaux), en 1336 au plus tard, Jean de Brie, surnommé Le Bon Berger, composa, en 1379, pour le roi Charles V, le *Vray regime et gouvernement des bergers et bergeres.* On ne connaît de sa vie que les renseignements fournis par la préface de son livre : d'abord gardeur d'oies à Villers, puis de pourceaux — expérience qui lui déplut —, et de vaches laitières, Jean se vit confier des agneaux à l'âge de onze ans ; il eut ensuite la responsabilité de 200 brebis *portieres* à Messy (Seine-et-Marne, arr. Meaux, cant. Claye-Souilly), avant de devenir l'intendant de l'hôtel de Messy, propriété de Mathieu de Pommolain, seigneur de Tueil (Le Theil : Seine-et-Marne, arr. Meaux, cant. et commune de Coulommiers) ; à Paris, il passa près de quatorze années chez Arnoul de Grandpont ; puis il entra au service d'un conseiller du roi, Jean de Hetomesnil, chanoine de la Sainte-Chapelle : le nom de Jean de Brie figure par deux fois sur le testament de Jean de Hetomesnil, qui mourut en 1380. C'est chez Jean de Hetomesnil, qui aurait pu le recommander à Charles V, que Jean de Brie composa son traité.

Aucun manuscrit du *Vray regime et gouvernement des bergers et bergeres* n'a été conservé. L'ouvrage ne nous est parvenu que sous la forme d'un résumé qui connut quatre éditions au XVIe siècle : la première est celle de Simon Vostre (Paris, s. d. [avant 1521]), puis viennent celles de la veuve Jean Trepperel et Jean Jehannot (Paris, s. d. [avant 1525]), de Denis Janot (Paris, 1542 ; reproduite par P. Lacroix) et de Jean Bogart (Louvain, 1594).

Le *Vray regime et gouvernement des bergers et bergeres* comprend 47 chapitres : une présentation de l'auteur (chap. 1), des généralités (chap. 2-4), des éléments de météorologie (chap. 5-7), la définition du métier de berger (chap. 8), la série des soins à donner mois par mois (chap. 9-20), les maladies (chap. 21-32), les remèdes (chap. 33-45), la castration (chap. 46), les chiens de berger (chap. 47). Le traité de Jean de Brie offre un curieux mélange de « naïvetés paysannes », en partie voulues, et de prétentions à l'érudition (biblique, mythologique...). S'il n'a rien de commun avec le Rustican*, dont on a voulu en faire un complément, il présente un double intérêt lexicologique et historique : le *Vray regime et gouvernement des bergers et bergeres* paraît refléter exactement les méthodes d'élevage du mouton sous le règne de Charles V. Toutefois, on a souvent peine à croire que cet ouvrage, sous la seule forme connue qui est celle du remaniement imprimé, ait été écrit par un berger : il paraît vraisemblable que la version primitive est bien due, en 1379, à Jean de Brie lui-même, mais avec la collaboration d'un lettré qui aurait rédigé le texte en procédant aux additions à caractère « non technique ».

ŒUVRE. — *Le Bon Berger, ou le Vray regime et gouvernement des bergers et bergeres, composé par le rustique Jehan de Brie (...), réimprimé sur l'édition de Paris (1541),* éd. P. Lacroix, Paris, 1879 (*Petite collection elzévirienne*) [cf. *Romania,* t. 8 (1879), p. 450-454]. — *Jehan de Brie, Le Bon Berger : le vrai règlement et gouvernement des bergers et bergeres,* trad. M. Clévenot, Paris, 1979 [trad. en français moderne].

⟶ G. Holmér, *Jean de Brie et son traité de l'art de Bergerie,* dans *Studia neophilologica,* t. 39 (1967), p. 128-149. — S. Lebert, *« Le vray regime et gouvernement des bergers et bergeres » par Jehan de Brie, premier traité connu sur l'élevage des moutons,* dans *Bulletin historique et philologique du Comité des Travaux historiques et scientifiques,* 1967, p. 50-51. — M.-T. Kaiser-Guyot, *Le berger en France aux XIVe et XVe siècles,* Paris, 1974 (*Publications Univ. Paris X-Nanterre,* Série A, *Thèses et travaux,* 26). — Cf. *MB* n°s 5525-5527 ; *S* 7732-7734.
H.N. et F.F.H.

Jean de Bueil. Jean de Bueil était d'une vieille famille noble de Touraine. Né entre 1404 et 1406, il perdit son père (Jean IV) à Azincourt en 1415. C'est son oncle, Hardouin de Bueil, évêque d'Angers qui veilla sur lui, son frère et sa sœur. À la bataille de Verneuil (1424), Jean perdit son éducateur, le vicomte de Narbonne. Il est alors « adopté » par le fameux La Hire, surnom d'Étienne Vignolles ; en 1434, il est fait chevalier par Charles d'Anjou. S'étant illustré bien avant cette date par de hauts faits, il fut appelé le « fléau des Anglais ». Il fut de tous les combats de la guerre de Cent Ans sous Charles VI et Charles VII. Très en cour sous ce dernier roi, il fut nommé grand amiral en 1450. D'abord disgracié par Louis XI avec tous les conseillers du roi défunt, le mariage de son fils Antoine en 1461 avec la troisième fille de Charles VII et d'Agnès Sorel, Jeanne de Valois, témoigne de son rapide retour en faveur (le fils de Pierre de Brézé fut pareillement marié à la même époque). Pourtant, en 1465, Jean de Bueil entra dans la Ligue du Bien public. Il sera pardonné vers 1469 avec les autres grands instigateurs de la révolte. Choisi comme conseiller, il recevra l'ordre de Saint-Michel pour ses bons offices entre le roi et son frère, le duc de Berry. Il mourut dans son château de Vaujours en 1477.

Le *Jouvencel* est son œuvre, à moins qu'il ne l'ait fait écrire par les trois serviteurs que cite son écuyer Guillaume Tringant dans le commentaire qu'il fit du texte (1477-1483). Les trois parties de l'ouvrage sont datables de 1461-1468. Le prologue caractérise l'ensemble comme un « petit traictié narratif ». Il s'agit, en effet, à la fois d'un ouvrage didactique et d'un roman. Mais l'aspect théorique, que l'on retrouve par exemple dans le *Petit Jehan de Saintré* d'Antoine de La Sale*, est ici accentué par une tripartition savante, puisque les termes en sont empruntés à Aristote. La première partie, dite « monostique », doit apprendre à un homme seul à se gouverner. On trouve alors l'histoire d'un tout jeune homme, noble mais pauvre (le *jouvencel*), qui, par sa bonne conduite et sa bravoure, va faire ses premières conquêtes — ici pleines d'humour, puisqu'il est question de quelques chevaux chétifs et de bétail. La seconde partie, dite « économique », veut enseigner à diriger une maisonnée. Le *jouvencel,* fait capitaine puis lieutenant, devient alors le maître de plusieurs hommes. Au terme de ce livre, il couronne ses exploits en délivrant le roi étranger Amyntas dont il épouse la fille. Il est alors nommé régent du royaume. Enfin, la troisième partie, dite « politique », traite du gouvernement des pays et cités. Le héros y exerce avec succès et désintéressement ses hautes charges.

L'ensemble du roman est raconté à la première personne par un narrateur qui se distingue du héros. Celui-ci ne serait autre que Jean de Bueil, aux dires de Guillaume Tringant, qui décrypte dans son commentaire les autres noms de personnes et de lieux, et fait de ce texte un roman à clef, (auto)biographique de son maître. La seule vraie fiction serait alors celle du mariage avec la fille du roi Amyntas, seul moyen pour transformer le pauvre *jouvencel* en grand dirigeant. De fait, Jean de Bueil s'est servi de sa propre expérience, mais en la distanciant pour la rendre exemplaire par l'anonymat, à la différence d'une biographie chevaleresque comme celle de Jacques de Lalaing, où la prouesse d'un individu doit valoir renommée éternelle à son nom. Et dans le *Jouvencel,* les nouvelles réalités de la guerre sont clairement traitées en regard d'une morale chevaleresque inchangée : la tactique et la manœuvre d'effectifs croissants, les engins militaires, les affrontements maritimes... L'œuvre eut du succès : outre treize manuscrits (dont quatre avec le commentaire), on en compte cinq éditions entre 1498 et 1528.

ŒUVRE. — Éd. du *Jouvencel* et du commentaire de Guillaume Tringant, C. Favre et L. Lecestre, Paris, 1887-1889, 2 vol. (*SHF*) [Favre est l'auteur de l'intro. où figure une très longue étude bio. ; Lecestre est l'éd. du texte].

→ G. Coopland, *Le Jouvencel revisited,* dans *Symposium,* t. 5 (1951), p. 137-186. — R.L. Wagner, *Villon et Jean de Bueil (d'un exemple à un mythe),* dans *Mél. E. Vinaver,* Manchester, 1965, p. 289-299. — W. Ziltener, *Zur Quellenfrage der Anekdote von Alexander und dem Seeraüber bei Villon und Jean de Bueil,* dans *ZRPh,* t. 87 (1971), p. 238-243. — S. Jauernick, *Studien zu Jean de Bueils Le Jouvencel. Untersuchungen zum französischen Prosaroman (...),* Wiesbaden, 1975. — C. Marchello-Nizia, *Ponctuations et unités de lecture dans les manuscrits médiévaux (...),* dans *Langue française,* t. 40 (1978), p. 32-44 ; *Codes vestimentaires et langage amoureux au XVe siècle,* dans *Europe,* t. 61 (1983), p. 36-42. — J. Blanchard, *Écrire la guerre au XVe siècle,* dans *Le Moyen français,* t. 24-25 (1989), p. 7-21. — S. Monsonego, J. Graff, O. Derniame, M. Henin, *Index lemmatisé du Jouvencel de Jean de Bueil, d'après l'éd. Favre-Lecestre,* dans *Cahiers du Cral,* t. 45 (1989). — Cf. *GRLMA*, t. VIII/1, p. 357-358. — *MB* n°s 5602, 7062 ; *S* 7242, 7616-7618. S.L.

Jean Buridan. Né vers Béthune avant 1300, mort après 1358. Enseignant au Collège de Navarre, il est recteur de l'Université de Paris en 1328 et en 1342. Toute sa vie, il reste à la Faculté des arts et ne devient jamais théologien. Il reçoit néanmoins de nombreux bénéfices ecclésiastiques et est chargé de plusieurs missions au nom de l'Université. C'est ainsi qu'il présente en 1344 les doléances de l'Université au sujet de la gabelle, et qu'en 1358, on trouve son nom dans un concordat mettant fin à un conflit entre la nation anglaise et la nation picarde. Son agilité d'esprit donna naissance à de nombreuses anecdotes, lui attribuant à la fois une grande subtilité dans le raisonnement et une habileté à se tirer de situations difficiles. Beaucoup de ces histoires sont à l'évidence légendaires, comme ses prétendues amours avec la reine de Navarre.

La philosophie du langage de Jean Buridan repose sur un nominalisme intransigeant (seuls les êtres singuliers existent, les termes universels sont à comprendre comme des signes) et une analyse logique fondée sur la théorie de la supposition.

Il rédige une *Somme de logique* où il commente Pierre d'Espagne*, un recueil de *Sophismes,* un *Traité des conséquences* et divers commentaires d'Aristote. Il élabore une théorie générale des inférences et des propositions conditionnelles où le syllogisme est traité comme une espèce particulière de conséquence formelle. Du point de vue sémantique, le concept est tenu pour le signifié immédiat du mot, et la chose pour son signifié ultime. Le concept, raison de la signification, constitue un mode de signification. La signification des termes doit cependant se résoudre en référence(s) à des choses réelles. De même, la proposition n'a pas de signifié propre, mais sa signification se réduit au signifié (réel) de chacun de ses termes.

La supposition, propriété selon laquelle un terme tient lieu de quelque chose dans une proposition, est l'instrument privilégié pour étudier la référence en acte de signes linguistiques. Selon Jean Buridan, il n'y a que deux principales espèces de supposition : personnelle lorsque le terme, dans une proposition, se réfère à son signifié ultime, et matérielle lorsqu'il se réfère au signe parlé ou écrit. L'opposition entre l'usage significatif des termes et leur mention est donc mise au premier plan. Ainsi, avec des positions originales, Jean Buridan contribue à faire du XIVe siècle latin une période où l'analyse du langage est au centre de la réflexion philosophique.

Jean Buridan est aussi très important pour le développement de la philosophie naturelle au XIVe siècle, en particulier dans le domaine de la dynamique. Un projectile reçoit un certain *impetus,* impulsion qui lui est conférée par le corps moteur, proportionnelle à la quantité de matière du corps mû et à la vitesse du mouvement initial. Cette qualité acquise permet d'expliquer la poursuite du mouvement des projectiles une fois que le contact avec le moteur a cessé, sans faire appel au milieu (lequel n'exerce au contraire qu'une résistance). Cet *impetus* explique aussi l'accélération dans la chute des graves. De même, les corps célestes, qui ne rencontrent pas de résistance, poursuivent indéfiniment leur mouvement à partir d'une impulsion initiale.

Jean Buridan élabore des réflexions aux frontières de la logique, de la physique et des mathématiques sur l'infini, sur le continu ou sur la divisibilité du point...

Avec Jean Buridan, la philosophie naturelle acquiert une certaine autonomie et une légitimité propre, non subordonnée à la métaphysique. Il définit les critères d'un discours scientifique portant sur les choses de la nature, combinant la rigueur démonstrative et l'exigence de référence aux choses singulières (selon les modes établis par l'analyse sémantique). Il est conduit par là à accorder une certaine importance aux données d'expérience. Il se réfère à des expériences qu'il a faites en Picardie, et, lorsqu'il se rend en Avignon, il fait l'ascension du mont Ventoux pour y effectuer des observations.

En éthique, il est devenu célèbre pour avoir expliqué que l'être humain est capable de se déterminer sans motif sensible, là où l'animal reste dans l'indétermination ; d'où l'exemple de l'« âne de Buridan », qu'on ne trouve nulle part dans ses écrits, mais qui illustre assez bien sa théorie de la volonté.

Jean Buridan exerça une grande influence, directement ou par ses élèves, non seulement sur l'Université de Paris mais plus encore dans les nouvelles universités d'Europe centrale.

ŒUVRES. — *Tractatus de suppositionibus,* éd. M.E. Reina, dans *Rivista critica di storia della filosofia,* 1957, p. 175-208 et 323-352. — *Quaestiones longae super librum Peri-hermeneias,* éd. R. Van der Lecq, Nimègue, 1983. — *Quaestiones in Praedicamenta,* éd. J. Schneider, Munich, 1983. — *Sophismata,* éd. Th. K. Scott, Stuttgart, 1977. — *John Buridan's Tractatus de infinito : Quaestiones super libros physicorum secundam ultimam lecturam, liber III, quaestiones 14-19,* éd. et intro. J.M.M.H. Thijssen, Nimègue, 1991.

⟶ E. Faral, *Jean Buridan, Maître ès arts de l'Université de Paris,* dans *HLF,* t. 38, 1949, p. 462-606. — M.E. Reina, *Il problema del linguaggio in Buridano,* Vincence, 1959. — J. Pinborg, éd., *The Logic of John Buridan,* Copenhague, 1976. — B. Michael, *Johannes Buridan : Studien zu seinem Leben, seinen Werken und zur Rezeption seiner Theorien im Europa des späten Mittelalters,* 2 vol., Diss. phil. Freie Univ. Berlin, 1985. J.Bi.

Jean Cabaret d'Orville. Jean dit Cabaret était un Picard, originaire d'Orville, commune du Pas-de-Calais. Connu pour avoir écrit la *Chronique du bon duc Loys de Bourbon,* il a aussi rédigé une histoire de Savoie qui est la première chronique savoyarde en français. L'existence d'un Cabaret qui fut au service du duc de Savoie Amédée VIII (1391-1440) est, en effet, attestée au début du XVe siècle par plusieurs pièces de la Chambre des comptes de Savoie ; d'autre part, un inventaire du Trésor des Chartes de Chambéry fait état du versement, en 1419, par ce Cabaret d'une chronique des comtes de Savoie. Perrinet Dupin*, qui écrira quelques dizaines d'années plus tard, fera nommément référence à lui dans son ouvrage sur Amédée VII, dit le comte Rouge.

La *Chronique de Savoie* en français se présente sans nom d'auteur. Jusqu'alors, l'histoire de la Savoie s'écrivait en latin, la seule et véritable chronique étant la *Chronica abbatiae Altecombae,* rédigée au milieu du XIVe siècle par un moine de Hautecombe, et encore n'est-ce qu'une généalogie détaillée de la Maison de Savoie. L'œuvre attribuable à Cabaret, encore inédite, est d'une tout autre ampleur et a dû rencontrer un grand succès, puisque 32 mss en sont parvenus jusqu'à nous. On ne soulignera jamais assez l'importance de cette chronique, dont la plupart des successeurs de Cabaret s'inspireront pendant près de deux siècles et parfois même de très près, comme Jean Servion* et Champier. Il s'agit bien entendu d'une œuvre partiale, écrite au lendemain de l'érection en duché du comté de Savoie (1416), qui exalte au-delà du réel le rôle des princes savoyards et comporte beaucoup de vieilles légendes. Elle ne doit pas pour autant être négligée ; c'est un excellent reflet des mentalités de l'époque. L'étude de la manière avec laquelle sont abordés les problèmes politiques, les relations avec la France et l'Empire, ainsi que les problèmes religieux, la sacralisation de la Maison de Savoie, etc., offrira beaucoup d'intérêt à qui ne se contentera pas d'une lecture superficielle. C'est enfin un très bon exemple de l'utilisation de la littérature à des fins politiques. Parmi les nombreuses inventions de Cabaret citons au moins la création du personnage de Bérold, père d'Humbert aux Blanches Mains (l'ancêtre historique) et neveu de l'empereur Othon III, qui donne à la dynastie une origine illustre ; cette « idée de génie » aura la vie dure et, en plein XIXe siècle, nombreux seront ceux qui croiront encore à l'existence d'un mythique Bérold. La rédaction est assez sobre et la chronologie assez peu développée.

En 1429, Cabaret écrivit, ou plutôt compila, la *Chronique du bon duc Loys,* d'après les souvenirs et les indications de Jean de Châteaumorand, chevalier du duc Louis II de Bourbon. Louis (1337-1410) était le frère de Bonne de Bourbon, épouse d'Amédée VI, le comte Vert, et grand-mère d'Amédée VIII, au service duquel fut Cabaret. Né vers 1355, Châteaumorand avait suivi son maître partout et fut mêlé à la plupart des grands événements de son temps. Il prit aussi part à des expéditions entreprises par des princes français et se trouva à Gênes avec Boucicaut* qui lui confia la défense de Constantinople contre Bajazet. La chronique a été commandée par Charles Ier, duc de Bourbon, le fils aîné du duc Louis. Cela explique le caractère de panégyrique de l'œuvre ; il faut y voir la légende un peu flattée, mais sincère, d'un prince auquel la postérité a cru devoir maintenir le surnom de bon. On relève un certain nombre d'inexactitudes, surtout dans la première partie, c'est-à-dire celle qui traite du règne de Charles V, l'auteur n'ayant pas été témoin oculaire des faits. Le but de l'ouvrage était de raconter les hauts faits du prince et de célébrer celui-ci comme l'exemple et le modèle de tous les talents et de toutes les vertus.

ŒUVRE. — *Chronique du bon duc Loys,* éd. A.M. Chazaud, Paris, 1876 (*SHF*).

→ A. Perret, *L'abbaye d'Hautecombe et les Chroniques de Savoie,* dans *Bull. hist. et philol.,* 1965, p. 668-684 ; *Chroniqueurs et historiographes de la Maison de Savoie aux* XVe *et* XVIe *siècles,* dans *Culture et pouvoir au temps de l'humanisme et de la Renaissance...,* Genève, 1978, p. 123-134. — R. Homet, *Une conception politique nobiliaire au temps de la guerre de Cent Ans [d'après la Chronique du bon duc Loys de Bourbon de Jean Cabaret d'Orville],* dans *Journal of Medieval History,* t. 15 (1989), p. 309-327. — C. Del Pedro, *La conquête savoyarde du pays de Vaud d'après les Chroniques de Savoie de Cabaret*, dans *La Maison de Savoie et le pays de Vaud*, Lausanne, 1989 (*Bibl. hist. vaudoise*, 97), p. 225-243. — D. Chaubet, *L'historiographie de la Maison de Savoie avant Guichenon,* à paraître en 1992. — Molinier, n° 3579. — Cf. *MB* n° 5168 ; *S* 8037.

D.C. et G.T.L.

Jean Campion. Voir : Jean de Le Mote.

Jean Carmen. Musicien français de la génération précédant Guillaume Dufay*. Son nom est associé à la cour de Bourgogne — en résidence à Paris en 1403 — dans un ordre de paiement en qualité de copiste et notateur de musique. Il fut également chantre en l'église Saint-Jacques-de-la-Boucherie à Paris.

On conserve de lui 3 motets à 4 voix : tous sont isorythmiques et sur teneur nouvellement composée. L'un, *Pontifici decori speculi*, adopte le canon à l'unisson dans les 2 voix les plus aiguës.

Carmen et ses contemporains Jean Tapissier* et Jean Cesaris* sont célébrés dans *Le Champion des Dames* de Martin le Franc* (vers 1440).

ŒUVRES. — Éd. G. Reaney, *Early Fifteenth-Century Music*, dans *Corpus Mensurabilis Musicae*, t. 11/1, New York, 1955.

→ C. Wright, art. *Carmen*, dans *The New Grove Dictionary of Music and Musicians*, t. 3, 1980, p. 798-799. — C. Van den Borren, *Guillaume Dufay*, p. 331 sqq. — C. Wright, *Music at the Court of Burgundy, 1364-1419*, (thèse, Harvard Univ., 1972), p. 301 sqq. N.S.

Jean Cassien (vers 360-après 435). Ce Latin d'Orient, né dans la région d'Histria, dans la Dobrogea du Nord, d'une puissante et pieuse famille, reçoit une éducation chrétienne, accède à une culture classique étendue, et part, une fois *iuuenis,* comme moine en Palestine, dans un monastère de Bethléem, en compagnie de son ami, le futur abbé Germanus. S'étant ensuite rendu auprès des illustres anachorètes d'Égypte, il y partage leur cénobitisme original pendant une dizaine d'années avant de quitter ces communautés alors perturbées par la querelle origénienne. Il vit à Constantinople au tournant du siècle auprès de Jean Chrysostome, qui en fait un de ses diacres, avant d'aller plaider à Rome la cause du patriarche, sans succès. Il retrouve probablement refuge dans son monastère de Palestine, qu'il quitte en 419, sans doute effrayé par la montée des périls, pour Marseille, à la suite du prêtre Lazare, futur évêque d'Aix, protégé de l'évêque de la cité phocéenne Procule. Ce dernier offre l'église suburbaine de Saint-Victor à Cassien, qui y installe un monastère qu'il ne quittera plus.

Contrairement à ce que cette existence mouvementée donne à croire, Cassien respecte constamment la discipline monacale (il a toujours dépendu d'un supérieur) : ainsi c'est un personnage à la stature imposante lorsqu'il commence sur le tard à écrire des œuvres dont l'influence est immédiate dans la Provence intellectuellement si active du Ve siècle, et dont le rayonnement sera considérable en Occident latin (presque toutes les bibliothèques claustrales en détiendront un manuscrit). Désireux d'apporter à ce dernier les leçons du monachisme oriental, Cassien compose vers 420 les 12 livres *Sur l'institution monacale et sur les remèdes aux huit principaux vices.* Cette œuvre est bientôt après complétée par 24 *Conférences.* Enfin, à la demande du futur pape Léon, il s'engage dans les querelles christologiques avec un traité en sept livres *Sur l'incarnation du Seigneur contre les Nestoriens,* publié en 430. Les deux premiers ouvrages jouent un rôle fondamental dans l'histoire mentale, culturelle et religieuse de l'Occident. En un temps où les dangers d'un recroquevillement local sont grands, Cassien irrigue l'Occident chrétien avec les leçons très vives d'un Orient à la fois exemplaire et presque légendaire (sa description de la vie au monastère de Tabennesi en Égypte, qui comptait près de 5 000 moines, est restée célèbre). Le prestige du cénobitisme contribue ainsi au développement de formes de vie communautaires dans une Gaule romaine où l'individualisme fait encore la part belle à l'érémitisme. Enfin, il laisse la porte ouverte à une doctrine de la prédestination moins désespérante que le rigoureux déterminisme augustinien dans une *Collation* (la treizième), dont les thèses, jugées semi-pélagiennes, lui valent les critiques de Prosper d'Aquitaine*. Ce savant moine manie un latin souple et élégant, bien adapté aux publics visés et aux sujets traités (Gennade parlera de son « style bien pesé — *librato sermone* »), avec une pointe d'acuité personnelle où une rigueur exigeante alterne avec une douceur mesurée qui annonce les enseignements de saint Benoît.

ŒUVRES. — *PL,* t. 49. — *CSEL,* t. 17. — *SC,* t. 42, 54, 64, 109.

→ J.C. Guy, *Jean Cassien. Vie et doctrine spirituelle,* Paris, 1961. — E. Griffe, *La Gaule chrétienne à l'époque romaine*, Paris, 1966, t. 3, p. 305-313, 341-343, 356-360, 371-376. — H.I. Marrou, *Patristique et humanisme,* Paris, 1976, p. 345-361 (*La patrie de Jean Cassien*), p. 363-372 (*Jean Cassien à Marseille*). — A. de Vogüé, *Les sources des quatre premiers livres des Institutions de Jean Cassien. Introduction aux recherches sur les anciennes règles monastiques latines,* dans *Studia monastica,* t. 27 (1985), p. 241-311. — Schanz, t. IV/2, p. 511-518. M.B.

Jean Castel (père et fils). Fils de Christine de Pizan et d'Étienne Castel, Jean (vers 1384/1385-vers 1425) fut secrétaire du roi comme son père. Il appartint aussi, en tant que ministre, à la Cour amoureuse de Charles VI. De lui nous ne conservons qu'un texte, contenu dans un recueil d'œuvres d'Alain Chartier* : *Le Pin.* Poème allégorique de six cent vingt décasyllabes, il mêle la symbolique animale, qui renvoie aux protagonistes de la guerre franco-anglaise (cerf d'un côté, loup et léopard de l'autre), au thème du jardin d'amour. Et si, comme le pense A. Piaget, la grande forêt représente Paris, que Jean Castel quitta vers 1418 pour se retirer auprès du dauphin, comme Alain Chartier, le pin personnifie clairement la femme aimée, dont le nom est révélé par un chiffre final (Jeanee ?). De fait, Jean avait épousé Jeanne le Page, dite la Catonne, d'une famille de fonctionnaires royaux. Il en eut trois enfants : deux Jean et une Jeanne ! L'un des fils suivit la carrière paternelle et mourut avant 1474. C'est le second qui resta dans les mémoires comme écrivain, et héritier de son père et de sa grand-mère. On a d'ailleurs dû confondre assez tôt le père et le fils (voir les éloges de Martin Le Franc* en 1440-1442, du *Jardin de Plaisance** en 1501, de Jean Bouchet en 1516).

Moine bénédictin dès 1439 à Saint-Martin-des-Champs, Jean Castel fils reçut du roi en 1459 vingt écus d'or pour « ung role de parchemin de plusieurs beaux ditez par lui faiz en rime à la louenge de Nostre Dame » (textes perdus). En 1461, Louis XI, fâché contre les religieux de Saint-Denis, en fait son nouveau chroniqueur. Jean Molinet* et Regnaud Le Queux* (en 1463 dans son *Exclamacion...*) ne le désignent pas autrement. On n'a pourtant retrouvé de ce travail qu'un simple canevas ainsi désigné : « Croniques abregees, par Castel croniqueur de France composees. » En 1465 et 1466, Jean envoie deux épîtres à Charles de Gaucourt, conseiller du roi, pour lui demander sur le mode plaisant son aide dans l'obtention de bénéfices. En 1472, il sera fait abbé de Saint-Maur-des-Fossés. Il échange encore deux lettres avec le prince des rhétoriqueurs, Georges Chastellain*. Dans cet éloge mutuel et dithyrambique, chacun joue sur le nom de l'autre (château, châtelain).

Parallèlement à ces jeux formels et plus ou moins gratuits, Jean Castel puise à une autre source d'inspiration, toute morale et spirituelle. Ainsi dédie-t-il en 1468 à Jean du Bellay, évêque de Poitiers, son *Specule des pecheurs,* qui reprend et amplifie le *Speculum peccatorum* du Pseudo-Augustin (voir *Miroir des Pécheurs*). Dernière trace de rhétorique ou résonance religieuse, il mêle là français et latin. Parce que le *Specule* apparaît toujours réuni à deux autres textes de la même veine : le *Miroir des dames* et l'*Exhortation aux mondains* (six ballades), et que souvent ces trois œuvres constituent un recueil organisé d'arts de mourir, on a été tenté, sans preuves, de lui attribuer ces deux pièces. Lui-même mourut en février 1476.

ŒUVRES. — *Le Pin,* éd. partielle dans A. Piaget, *Notice sur le manuscrit 1727 du fonds français de la Bibliothèque nationale,* dans *Romania,* t. 23 (1894), p. 197-202. — *Chroniques abrégées,* éd. dans A. Bossuat, *Jean Castel, chroniqueur de France,* dans *Le Moyen Âge,*

t. 64 (1958), p. 285-304, 499-538. — *Épîtres à Charles de Gaucourt,* éd. partielle de la première, complète de la seconde dans J. Quicherat, *Recherches sur le chroniqueur Jean Castel,* dans *BEC,* t. 2 (1841), p. 461-477. — *Épître à Georges Chastellain* et réponse de celui-ci, éd. dans Kervyn de Lettenhove, *Œuvres de G. Chastellain,* t. 6, 1863-1866 (réimp. Genève, 1971), p. 142-145. — *Specule des pecheurs,* éd. in-4° ancienne, s.l.n.d. (voir *Manuel* de Brunet, t. 1., p. 1622).

Miroir des dames, éd. dans G.A. Brunelli, *Jean Castel et le Mirouer des dames,* dans *Le Moyen Âge,* t. 62 (1956), p. 93-117. — *Exhortation aux mondains,* éd. dans Kervyn de Lettenhove, *Œuvres de G. Chastellain,* t. 8, 1863-1866 (réimp. Genève, 1971), p. 300-308.

→ C. Samaran, *Notes sur Jean Castel, chroniqueur de France,* dans *Mél. A. Thomas,* Paris, 1927, p. 395-404. — *La Cour amoureuse dite de Charles VI,* éd. C. Bozzolo et H. Loyau, t. 1, Paris, 1982, n° 51. — Cf. *MB* n°s 4553, 4992-4997, 7962-7963, 7983. S.L.

Jean Cesaris. Compositeur français de la fin du XIVe et du début du XVe. On a de lui un motet isorythmique à 4 parties, 2 ballades et 6 rondeaux (dont l'un d'attribution douteuse).

Plusieurs de ses œuvres se caractérisent par leur complexité rythmique (par combinaison des prolations) et c'est par ce trait maniériste qu'il a « étonné tout Paris ».

ŒUVRES. — Éd. G. Reaney, *Early Fifteenth-Century Music*, dans *Corpus Mensurabilis Musicae*, t. 11/1, New York, 1955.

→ T.R. Ward, art. *Cesaris*, dans *The New Grove Dictionary of Music and Musicians*, t. 4, 1980, p. 87-88. — A. Pirro, *La musique à Paris sous le règne de Charles VI*, Strasbourg, 1930. — H. Besseler, art. *Cesaris*, dans *MGG*, t. 2, col. 983-989. N.S.

Jean Chapuis. Jean Chapuis nous est connu uniquement pour avoir signé un enseignement religieux transmis sous le titre de *Sept articles de la foi* ou *Tresor, Codicille* aussi, par référence au *Testament* de Jean de Meun*, à qui il est souvent attribué dans les mss. Long de 135 douzains d'octosyllabes, le texte, sans doute écrit au début du XIVe siècle, se présente sous la forme d'un septenaire. Les « sept choses à croire » sont la nativité, le baptême, la passion, la descente aux Enfers, la résurrection, l'ascension de Jésus et le Jugement dernier. Chacune fait l'objet d'un commentaire à la fois doctrinal, moral et spirituel, dont l'expression assez contournée n'a pas nui au succès du poème : on en conserve près de 60 mss. Parmi les thèmes évoqués, on notera l'insistance sur la nécessité de la foi et des œuvres pour le salut, ainsi que la mise en garde contre l'imminence de la fin du monde.

ŒUVRE. — Éd. M. Méon, dans *Le Roman de la Rose,* t. 3, Paris, 1813, p. 331-395. G.H.

Jean Chartier. On n'a aucune mention de l'existence de Jean Chartier avant 1430, date à laquelle il est signalé pour la première fois dans les registres capitulaires de Saint-Denis : il est alors pourvu d'un office important, la prévôté de la Garenne. En 1433, il est prévôt de Cergy et d'Auvers, puis de Mareuil et de Poincy-en-Brie ; en 1435, précepteur et hôtelier de Saint-Denis ; en 1441, commis au gouvernement du temporel de l'abbaye. En 1445, il apparaît comme grand chantre, peut-être l'était-il déjà depuis 1441. Début 1450, il accompagne Charles VII dans la campagne de Normandie et assiste au siège d'Harfleur. Il meurt le 19 février 1464. En 1437, le roi l'avait nommé historiographe de France, mais il est possible qu'il ait succédé dans cette fonction dès 1420-1422 à Michel Pintoin, chantre et historiographe de Saint-Denis, auteur présumé de la chronique latine dite du Religieux de Saint-Denis*, dont son successeur aurait pu écrire les deux dernières années (1420-1422). Jean Chartier est en tout cas l'auteur d'une chronique latine du règne de Charles VII (1422-1450) ; suite naturelle de celle du Religieux, cette chronique a été commencée en 1437, date à laquelle Chartier devient historiographe officiel. Par la suite, après 1445, il a révisé puis traduit son texte. La chronique française comporte un certain nombre de modifications par rapport au texte latin (chapitres ajoutés, supprimés, développés) et est en général plus détaillée, surtout à partir de 1440. Pourvue d'une continuation jusqu'en 1461 (mort de Charles VII), elle a été incorporée dans la grande compilation historique appelée les *Grandes Chroniques de France**, à laquelle elle met un point final. Elle a été imprimée pour la première fois dans l'édition que donna en 1476 [1477] Pasquier Bonhomme d'un manuscrit des *Grandes Chroniques* continuées jusqu'en 1461.

ŒUVRES. — *Chronique française :* éd. A. Vallet de Viriville, 3 vol., Paris, 1858 (*Bibliothèque elzévirienne*). — *Chronique latine :* éd.

partielle C. Samaran dans *Annuaire-Bul. de la Société de l'Histoire de France,* 1926, p. 215-273, et dans *La chronique latine inédite de Jean Chartier (1422-1450),* Paris, 1928 (*Bibliothèque du* XVe *siècle*), p. 53-111.

→ C. Samaran, *La chronique latine inédite...* [fusion des articles parus dans *BEC,* t. 87 (1926), et dans *Ann.-Bul...,* 1926]. — Molinier n° 4133. — Nouveau Potthast, t. 3, p. 233-234. — Cf. *MB* n°s 5138-5143. G.T.L.

Jean de Choisy. Poète de la deuxième moitié du XIIIe siècle, auquel sont attribués deux dits moraux. Dans le dit *D'avoir et de savoir* (en sizains d'octosyllabes) conservé dans un ms. unique (Berne, Burgerbibl., 354), Jean de Choisy se nomme dans les vers 1 (« Jehan de Choisi viaut veoir... ») et 25 ; il expose les raisons pour lesquelles le savoir doit être préféré à tous les autres biens de ce monde. Dans le dit des *Changeurs* (en quatrains d'octosyllabes) conservé dans le même ms., l'auteur se nomme seulement « Jehan ». Ces deux poèmes moraux valent plus par les bonnes intentions de leur auteur que par les idées ou par le style.

ŒUVRES. — A. Jubinal, *Lettre au directeur d'Artiste,* Paris, 1838, p. 13-15 [éd. des *Changeurs*] ; *Rapport à M. le Ministre de l'Instruction publique,* Paris, 1838, p. 27-31 [éd. du dit *D'avoir et de savoir*].

→ V. Le Clerc, *Poésies morales,* dans *HLF,* t. 23 (1856), p. 263. — Cf. *GRLMA,* t. VI/1, p. 131 ; t. VI/2, n°s 3554 et 4110. F.F.H.

Jean de Cis. D'après le bénédictin anonyme, auteur à la fin du XIVe d'une traduction en vers de la *Consolation de philosophie* de Boèce*, un certain Jean de Cis avait, avant lui, fait le même travail. On ne sait rien d'autre de ce traducteur, peut-être originaire de Cis-la-Commune dans l'Aisne. Et c'est à tort que Paulin Paris a tenté de lui attribuer la version en vers de l'anonyme de Meun (voir Boèce). En outre, il a parfois été confondu avec Jean de Sy*, traducteur de la *Bible* commanditée par Jean le Bon.

→ P. Paris, *Les mss français de la Bibliothèque du roi,* t. 5, 1842, p. 46 et 52. — A. Thomas, *Jean de Sy et Jean de Cis,* dans *Romania,* t. 21 (1892), p. 612-615. — Cf. *MB* n°s 2656-2658 ; 5309-5310. S.L.

Jean Columbi. Docteur en théologie (avant 1499), évêque auxiliaire du Puy, le franciscain Jean Columbi († env. 1517) était lié à la famille de Bourbon. C'est au duc Pierre II (1488-1503), mari d'Anne de France*, qu'il dédia un *Traité du saint sacrement de l'autel* (1503) à la fois dogmatique et moral, de facture scolastique, mais illustré d'exemples souvent pittoresques et écrit dans une langue fluide d'où sont bannis les calques inutiles.

→ *DSAM,* t. 2, 1948, col. 1134-1135. — C. Belmon, *Le bienheureux François d'Estaing, évêque de Rodez,* Rodez-Albi, 1924, p. 375-379. G.H.

Jean de Condé. Fils de Baudouin de Condé*, et vraisemblablement originaire, comme lui, de Condé-sur-Escaut (Nord, arr. Valenciennes), le ménestrel Jean de Condé suivit l'exemple de son père (« K'en ce chemin le voel poursivre » : *Dit du Lévrier,* v. 45). Trois de ses dits se laissent dater assez facilement : *De l'ipocrisie des Jacobins,* où il est fait allusion à la mort de l'empereur Henri VII qu'au dire du trouvère, les Jacobins auraient empoisonné, peut dater de 1313 ; *De mons. Engeran de Marigni* est contemporain de l'exécution du ministre de Philippe le Bel (30 avril 1315) ; le *Dit du boin conte Willaume,* oraison funèbre de ce prince qui fut le bienfaiteur du poète, fut composé en 1337 :

C'ert li peres des menestrés ;
Cil doivent bien iestre espierdu
Quant il ont leur pere pierdu. (v. 54-56)

Jean serait ainsi (selon J. Ribard) né vers 1275-1280, ses premières œuvres pouvant dater des années 1295-1300. Sa carrière pourrait avoir eu une assez longue durée (quarante-cinq ans environ), ce que ne contredit pas l'étendue de l'œuvre conservée (quelque 20 000 vers). La date, inconnue, de la mort de Jean pourrait se situer vers 1345. Jean, qui a dû évoluer très tôt dans un milieu aristocratique, et devait être quelque peu « frotté de latin », reçut de la comtesse de Hainaut, Jeanne de Valois, épouse de Guillaume Ier le Bon (comte de 1304 à 1337), des gratifications officielles tout au long des années 1325 à 1333 : il était le ménestrel attitré de la cour de Hainaut à Valenciennes et au Quesnoy. Son rôle de poète officiel lui permit de se poser en « mainteneur » des traditions chevaleresques (*Dit de gentillesse ; Des vilains et des courtois*) et en éducateur des jeunes bachelers (*Li castois dou jouene gentil home ; Dit des. III. mestiers d'armes*) ; de là les interminables descriptions de tournois du *Lai du blanc chevalier* et du *Dit dou chevalier a le mance.* Les attaques, parfois violentes, qu'il lance contre les ordres mendiants, sans être bien originales, témoignent d'une agressivité qui contraste avec l'habituelle modération de son caractère : à cet égard, Jean reflète le climat d'hostilité larvée de son entourage envers les ordres mendiants qui traitent la « menestraudie » d'« oevre de malfé » (*Dit des Jacobins et des Fremeneurs,* v. 279) et défend la dignité des ménestrels. Si son tempérament équilibré l'a aidé à épouser les façons de voir et de sentir des grands dans l'ombre desquels il vivait, il a su aussi avoir, à l'occasion, des sursauts d'indignation qui prennent d'autant plus de relief qu'ils sont exceptionnels ; mais il devait avoir trop de finesse psychologique et d'usage du monde pour croire un instant qu'il allait réformer le siècle : Jean de Condé devait être un réaliste calme et lucide.

L'œuvre de Jean de Condé est conservée dans cinq mss médiévaux (le ms. A = Paris, BN, fr. 1446 pouvant présenter les œuvres de Jean dans l'ordre chronologique de leur composition et témoigner d'une période de création poétique commune au père et au fils) et quelques transcriptions du XVIIIe siècle, notamment celles d'Étienne Barbazan. Pour désigner ses œuvres, Jean distingue, avec une terminologie parfois flottante, les dits* à caractère moral (*Li mariages de hardement et de largeche ; Dit d'Entendement*), les contes (parfois appelés aussi « *recors* »), dont le contenu se veut essentiellement narratif (*Dit dou chien*), et les lais* où l'élément merveilleux occupe une place non négligeable (*Lai de l'Ourse*) ; il n'emploie jamais le qualificatif de fabliau*.

Cependant, il écrivit cinq fabliaux, dont le caractère frivole contraste singulièrement pour nos oreilles modernes, formées à la séparation des genres, avec le reste de son œuvre, où prédomine le souci moralisateur ; ce sont : *Les braies le priestre, Le pliçon, La nonete, Le sentier battu, Le clerc qui fu repus derriere l'escrin.* Ces fabliaux font figure de « survivances » (selon le mot de J. Bédier), un peu artificielles peut-être, d'un genre en fait déjà mort.

Jean de Condé composa trois petits « romans d'aventure », dont les caractéristiques sont souvent très proches de celles que l'on reconnaît d'ordinaire aux lais : le *Lai du blanc chevalier,* le *Dit dou chevalier a le mance* et le *Dit dou Levrier,* dont les v. 40-43 révèlent sa filiation :

Fius fui Bauduin de Condé ;
S'est bien raisons k'en moi apere
Aucune teche de mon pere
Et. I. petitet de son sens.

Parmi les huit poèmes qui ont pour sujet la femme et l'amour, on peut citer : *Pour coi on doit femmes hounourer,* le *Dit de l'amant hardi et de l'amant cremeteus,* le *Dit de biauté et de grasce,* le *Recors d'armes et d'amours* et le *Confors d'amours.*

Si certaines de ses œuvres apparaissent comme de véritables méditations sur la condition humaine (*Dit de seürté et de confort ; Dit de le mortel vie ; Dit dou vrai sage ; Dit de la candeille*), deux sont des poèmes spécifiquement religieux (*Desour l'Ave Maria ; Dit de le Pasque*). En revanche, dans la *Messe des Oiseaux* qui passe pour son chef-d'œuvre, le conte glisse, de l'allégorie de la messe, à la satire des ordres religieux : Jean s'en prend, sans ménagement (v. 1554-1568), aux « gent de Sainte Eglise » trop adonnés aux plaisirs de la chair.

Alors que Baudouin de Condé a laissé surtout des dits moraux, plus de la moitié de l'œuvre de son fils Jean relève du genre narratif. L'influence de Chrétien de Troyes* se fait sentir (*Lai du blanc chevalier ; Dit dou chevalier a le mance ; Dit dou Levrier*), comme celle de Jean de Meun*, de Rutebeuf* et de Jacquemart Gielée* ; Jean de Condé a pu connaître *Partonopeus de Blois**, le *Tournoi de Chauvency* de Jacques Bretel*, le *Cléomadès* d'Adenet le Roi*, le roman du *Chatelain de Coucy**, le *Tournoiement Antechrist* de Huon de Méry*, le *Roman des Eles* de Raoul de Houdenc*, l'*Enseignement des princes* de Robert de Blois* et le *Livre du Trésor* de Brunetto Latini*. Si sa poésie didactique est à l'évidence tributaire de celle de son père, Jean n'hésite pas à s'attaquer, et avec succès, à des genres littéraires consacrés — lais courtois et fabliaux —, ainsi qu'à des formes rythmiques difficiles — pièces strophiques et tercets coués. Du père au fils, l'art et le style, plus que la pensée, ont nettement évolué. Dernier représentant de la littérature courtoise narrative, dernier auteur de fabliaux (avec son confrère Watriquet de

Couvin*), Jean de Condé sut imprimer à son œuvre, d'une étonnante variété, un caractère de mesure et de politesse raffinée, qui en fait le charme un peu frêle.

ŒUVRES. — *Gedichte von Jehan de Condet, nach der casanatensischen Handschrift,* éd. A. Tobler, Stuttgart, 1860 (réimp. Amsterdam, 1969) (*Bibliothek des literarischen Vereins in Stuttgart,* 54) [éd. de 12 pièces]. — *Dits et contes de Baudouin de Condé et de son fils Jean de Condé,* éd. A. Scheler, Bruxelles, 1866-1867, 3 vol. — *Jean de Condé, La Messe des Oiseaux et le Dit des Jacobins et des Fremeneurs,* éd. critique J. Ribard, Genève, 1970 (*TLF,* 170). — *I fabliaux di Jean de Condé,* éd. critique A. Manfellotto, L'Aquila, 1979 (*Romanica Vulgaria,* 4). — *Jean de Condé, Opera,* éd. critique S. Mazzoni Peruzzi, Florence, 1990 (*Studi dell'Academia toscana di scienze e lettere « La Colombaria »,* 94).

→ C.-V. Langlois, *Jean de Condé, ménestrel et poète français,* dans *HLF,* t. 35 (1921), p. 421-454. — B.J. Whiting, *Proverbial Material in the Poems of Baudouin and Jean de Condé,* dans *Romanic Review,* t. 27 (1936), p. 204-233. — J. Ribard, *Contribution à la connaissance de la tradition manuscrite de l'œuvre de Jean de Condé,* dans *Romania,* t. 89 (1968), p. 125-129 ; *Un ménestrel du* XIVᵉ *siècle : Jean de Condé,* Genève, 1969 (*Publications romanes et françaises,* 104) ; *Des lais au* XIVᵉ *siècle ? Jean de Condé,* dans *Mél. J. Frappier,* Paris, 1970, p. 945-955. — M. Olsen, *Deux moralisateurs conciliants : Jean de Condé et Giambattista Giraldi Linthio,* dans *Revue Romane,* t. 8 (1973), p. 197-204. — H.-D. Merl, *Untersuchungen zur Struktur, Stilistik und Syntax in die Fabliaux Rutebeuf, Gautier Le Leus und Jean de Condé,* Berne et Francfort-sur-le-Main, 1976 (*Publications universitaires européennes,* Série XIII, *Langue et littérature française,* 40). — Y.G. Lepage, *La dislocation de la vision allégorique dans la Messe des Oiseaux de Jean de Condé,* dans *Romanische Forschungen,* t. 91 (1979), p. 43-49. — Cf. *GRLMA,* t. VI/2, nº 7004 ; t. VIII/1, p. 147, 182. — *MB* nºˢ 2803 ; *S* 4665, 4708, 4948, 5142-5149, 5422. F.F.H.

Jean Corbechon. Voir : Barthélemy l'Anglais.

Jean de Core. Voir : Guillaume Adam.

Jean de Courcy. Né en 1360, mort en 1431, seigneur de Bourg-Achard, Jean de Courcy a consacré sa jeunesse au métier des armes. La vieillesse venue, retiré dans ses terres, il se met à écrire. D'abord, entre 1416 et 1422, une compilation d'histoire ancienne intitulée la *Bouquechardière,* du nom de son fief. Il prend pour cadre la *Chronique dite de Baudouin d'Avesnes** ou *Trésor de Sapience* et le remplit avec l'*Histoire ancienne jusqu'à César**, le *Manuel d'histoire de Philippe VI de Valois**. Il puise aussi à d'autres sources, comme l'*Ovide moralisé**, pour écrire ses six livres (1 : la Grèce, 2 : Troie, 3 : destinées des Troyens après la destruction, 4 : Assyriens, 5 : Macédoniens et Alexandre, 6 : Macchabées). Très conscient de sa manière de procéder, Jean de Courcy a composé ainsi un ouvrage bien construit, intéressant et qui eut du succès (35 mss conservés). De 1424 à 1426, Jean de Courcy écrivit le *Chemin de Vaillance.* Il emprunte cette fois à la tradition du voyage allégorique en songe et de la psychomachie : le narrateur part vers le Jardin de Vaillance en compagnie de Désir, Prouesse, Hardiesse... Il rencontre en chemin l'opposition de Chair, Luxure, etc., avant d'avoir la vision finale et éblouissante de Dame Vaillance. Cette œuvre très longue (40 000 vers environ) n'est plus connue que par une seule copie. Après une longue désaffection, la critique actuelle tend à réévaluer ce pèlerinage où sont prononcés des discours sur la technique militaire, la morale, les usages...

→ J. Monfrin, *La connaissance de l'antiquité et le problème de l'humanisme en langue vulgaire dans la France du* XVᵉ *siècle,* dans *The Late Middle Ages and the Dawn of Humanism outside Italy,* Louvain-La Haye, 1972, p. 131-170 [éd. de la préface de la *Bouquechardière*]. — B. de Chancel, *Les manuscrits de la Bouquechardière de Jean de Courcy,* dans *RHT,* t. 17 (1987), p. 219-290 [étude des mss précédée d'un sommaire du texte]. — A. Piaget, *Le Chemin de Vaillance (...),* dans *Romania,* t. 27 (1898), p. 582-607 [résumé]. — S. Wenzel, *The Pilgrimage of Life as a Late Medieval Genre,* dans *Medieval Studies,* t. 35 (1973), p. 370-388. — Cf. *GRLMA,* t. VIII/1, p. 153. — *MB* nºˢ 5370-5372. S.L.

Jean Courtecuisse. Originaire du diocèse du Mans, Jean Courtecuisse fut boursier au collège parisien de Navarre. Licencié ès arts en 1373, maître en théologie en 1389, Jean Courtecuisse eut une carrière brillante. Il se vit confier de nombreuses ambassades par le gouvernement ou l'Université, en Angleterre (1395, 1398), en Allemagne (1396, 1400), en Avignon (1397) et à Venise (1400). En 1408, il devient aumônier du roi et conseiller au Grand Conseil. Chanoine du Mans, chanoine de Notre-Dame de Paris (1416-1421), il remplit les fonctions de chancelier de l'Université, à la place de Jean Gerson* de 1419 à 1421. Élu évêque de Paris alors que la capitale est aux mains des Bourguignons qui lui sont hostiles, Courtecuisse dut être transféré par le pape sur le siège de Genève. Il y mourut le 4 mars 1423, âgé d'environ soixante-dix ans.

L'œuvre conservée de Jean Courtecuisse est surtout oratoire. C'est d'ailleurs cette éloquence sacrée qui le signalait aux yeux de ses contemporains, tel Jean de Montreuil*. Outre des sermons latins, Courtecuisse en prononça 11 en français entre 1397 et 1418, à Paris, au Mans. Il y traite à plusieurs reprises du problème de la soustraction d'obédience, lié au schisme. On peut déceler dans certains de ces textes l'influence de l'œuvre gersonienne. D'ailleurs, c'est à Gerson que l'on a attribué le seul traité latin de Courtecuisse, qui porte sur les mêmes sujets, le *Tractatus de fide et Ecclesia, romano pontifice et concilio generali.* D'autre part, en 1403, Courtecuisse acheva la traduction commentée d'un court texte moral, la *Formula honestae vitae,* alors couramment attribué à Sénèque, mais dont l'auteur est Martin de Braga*. Ce travail, dédié au duc Jean de Berry, est conservé dans plus de 20 mss ; il fut imprimé certainement dès 1489 et connut plusieurs éditions jusqu'au milieu du XVIe siècle. Le succès de ce texte apocryphe tient autant au nom de Sénèque qu'à son allure : des sentences morales simples qui acquièrent profondeur et clarté par le commentaire. La version française de la *Formula* fut attribuée dans certains manuscrits à Laurent de Premierfait*, et à partir de 1528, dans les éditions, à Claude de Seyssel, tous deux grands traducteurs.

ŒUVRES. — *Tractatus de fide et Ecclesia (...),* éd. E. du Pin, dans *Gersonii opera,* Anvers, 1706, t. 1, col. 805-904. — G. di Stefano, *L'œuvre oratoire française de J. Courtecuisse,* Turin, 1969 (*Univ. Turin, Fac. di lettere e filologia, Filologia moderna* 3) [éd. 11 sermons]. — G. Hasenohr, *Le Sermon sur la Passion de J. Courtecuisse,* dans *Le Moyen Français,* t. 16 (1985). — H. Haselbach, *Seneque des IIII vertus. La Formula honestae vitae de Martin de Braga (...), traduite et glosée par J. Courtecuisse,* Francfort-sur-le-Main, 1975 (*Publications universitaires européennes,* XIII, 30).

→ A. Coville, *Recherches sur J. Courtecuisse et ses œuvres oratoires,* dans *BEC,* t. 65 (1904), p. 469-529. — H. Omont, *Inventaire des livres de Jean Courtecuisse, évêque de Paris et de Genève, ibid.,* t. 80 (1919), p. 109-120 ; à compléter par E. Pellegrin, *ibid.,* t. 103 (1944), p. 69-98. — G. di Stefano, *Un sermon français inédit de Jean Courtecuisse,* dans *Romania,* t. 85 (1964), p. 417-454 ; *Claude de Seyssel, Jean Courtecuisse, Laurent de Premierfait o Jean Trousseau,* dans *Studi francesi,* t. 28 (1966), p. 76-80 ; *L'opera oratoria di J. Courtecuisse et la letteratura parenetica del secolo XV,* dans *Miscellanea di studi e ricerche sul Quattrocento francese,* Turin, 1967, p. 93-164. — F. Oakley, *The Tractatus de fide et Ecclesia, romano pontifice et concilio generali de Johannes Breviscoxe,* dans *Mél. H. Jedin,* dans *Annuarium historiae conciliorum,* t. 8 (1978), p. 99-130. — H.J. Sieben, *Die Quaestio de infallibilitate concilii generalis (Ockam exzerpte) des Pariser Theologen J. Courtecuisse (art. III), ibid.,* p. 176-199. — Cf. *MB* nos 2651, 5304 ; *S* 7597-7598, 7834-7836. S.L.

Jean Creton. Ce valet de chambre de Charles VI, qui semble avoir été en relation avec la maison de Bourgogne, composa entre novembre 1401 et mars 1402 un récit en français, en vers mêlés de prose, sur la « prinse » et la mort du roi d'Angleterre Richard II. Cet événement dramatique (1399) fit grand bruit à l'époque. Le poème a été attribué à tort à John Trevaur, évêque gallois et politicien à la carrière mouvante : d'abord au service de Richard II, il passa à celui de Henri IV bien avant la déposition du roi Richard, puis occupa les six dernières années de sa vie à la contruction d'une alliance anti-lancastrienne entre la France, le pays de Galles et l'Écosse. On sait que Creton se trouvait en Angleterre en mai 1399 et assista aux dernières semaines du règne de Richard. Son récit est celui d'un témoin oculaire, auquel on peut dans l'ensemble accorder foi. C'est une source de grande valeur pour l'histoire de la révolution lancastrienne qui, dans les récits littéraires anglais, ne bénéficie pas de la même véracité. De Creton, on connaît encore deux lettres et une ballade.

Il existe un autre récit de la déposition de Richard II, également en français mais en prose, intitulé *Chronique de la traison et mort de Richart II ;* ce texte n'a été composé ni par Creton, ni par Jean le Bel*, ni par le Religieux de Saint-Denis*, auteurs auxquels il a été attribué à cause de la similitude qui existe entre certains passages de la *Chronique* et leurs écrits. La *Chronique,* qui se présente de façon anonyme, est l'œuvre d'un Français de l'Artois ou de la Flandre qui est sans doute arrivé en Angleterre avec Isabelle, fille de Charles VI et épouse de Richard II, en 1397 et retourné avec elle en France en 1401. Familier de la cour d'Angleterre, il semble attaché à la maison de John Holand, le demi-frère du roi. La *Chronique de la Traison* est une pièce d'occasion, écrite immédiatement après les événements, dès 1401-1402. Elle a connu quatre rédactions. Seule la première, la plus courte, est complètement indépendante de l'œuvre de Creton, les trois autres ajoutent au texte de cette première version des éléments empruntés à Creton pour quatre épisodes : l'expédition irlandaise, la capture du roi, le retour de la reine Isabelle en France et la mort du roi. En dehors de ces épisodes, les deux œuvres sont complètement différentes. Mais alors que le poème offre la garantie d'un récit auquel on peut se fier, la *Traison* comporte une certaine part d'invention et de fantaisie, qui lui enlève toute valeur historique. La langue, d'autre part, est assez pauvre ; son auteur s'intéresse beaucoup à la chevalerie et à l'héraldique. Mais alors que le poème de Creton est conservé dans sept mss seulement, la *Traison* a connu une plus large diffusion en raison de ses grandes qualités dramatiques : s'il n'y a qu'un seul manuscrit de la quatrième version et deux de la troisième, on en compte 19 de la première et 15 de la seconde. De plus, le récit de la *Traison* a été incorporé dans un certain nombre de chroniques du XVe siècle. Ainsi la seconde version est-elle passée presque en entier dans la chronique du Religieux de Saint-Denis et dans celle de Jean de Wavrin*. Le succès de la *Traison* dépassera le Moyen Âge ; certaines scènes de la chronique remodelées par le génie de Shakespeare sont entrées dans l'histoire populaire de l'Angleterre et ont influencé les historiens jusqu'aux temps modernes.

ŒUVRES. — Jean Creton, *Histoire du roy d'Angleterre Richard,* éd. et trad. anglaise J. Webb, dans *Archaelogia,* t. 20 (1823), p. 1-423 ; éd. J. Buchon, dans *Collection de chroniques,* t. 24, 1826, p. 321-466 [sous le titre *Poème sur la déposition de Richard II*]. — *Ballade et lettres,* éd. P.W. Dillon, dans *Remarks on the Manner of the Death of King Richard the Second,* dans *Archaelogia,* t. 28 (1840), p. 87-95. — *Chronique de la Traison et Mort de Richart Deux roy d'Engleterre,* éd. et trad. anglaise B. Williams, Londres, 1846 (*English Historical Society*) [éd. du ms. Paris, BN fr. 25270] ; éd. dans *La Revue rétrospective,* Paris, 1835, p. 209-289 [éd. du ms. Paris, BN fr. 3884].

→ G. Doutrepont, *La littérature française à la cour des ducs de Bourgogne,* Paris, 1909, p. 405-407. — M.V. Clarke et V.H. Galbraith, *The Deposition of Richard II,* dans *Bulletin of the John Rylands Library,* t. 14 (1930), p. 125-181 ; *Fourteenth-Century Studies,* Oxford, 1937, p. 53-98. — E.J. Evan, *An Examination of the Autorship of the Deposition and Death of Richard II Attributed to Creton,* dans *Speculum,* t. 15 (1940), p. 460-477. — J.J.N. Palmer, *The Autorship, Date and Historical Value of the French Chronicles on the Lancastrian Revolution,* dans *Bulletin of the John Rylands Library,* t. 61, n° 1 (1978) ; n° 2 (1979). — D. Johnston, *Richard II's Departure from Ireland, July 1399,* dans *English Historical Review,* t. 98 (1983), p. 785-805. — Molinier nos 3987, 3988. — Nouveau Potthast, t. 3, p. 672. G.T.L.

Jean Cuvelier. Poète et compositeur français de la fin du XIVe siècle. Selon les *Règles de la seconde rhétorique,* il s'appelait Jacquemart le Cuvelier, venait de Tournai et était « faiseur » de Charles V.

Auteur de ballades ; trois sont mises en musique à trois parties et consignées dans le ms. Chantilly* 564 (1047). Ce sont les premiers exemples du style extrêmement complexe de l'*ars subtilior*.

ŒUVRES. — Éd. W. Apel, *French Secular Compositions of the Fourteenth Century,* dans *Corpus Mensurabilis Musicae,* t. 53/1, 1970.

→ U. Günther, art. *Cuvelier* dans *The New Grove Dictionary of Music and Musicians,* t. 5, 1980, p. 107-108. — G. Reaney, *The Manuscript Chantilly, Musée Condé, 1047,* dans *Musica Disciplina,* t. 8 (1954), p. 67. — U. Günther, *Zwei Balladen auf Bertrand und Olivier du Guesclin, ibid.,* t. 22 (1968), p. 28-44. N.S.

Jean Dardel. Le frère mineur Jean Dardel, évêque de Tortiboli en 1363, mort en 1384, fut le confesseur et secrétaire de Léon V de Lusignan, roi d'Arménie. Il a écrit en français une *Chronique d'Arménie* très intéressante qui s'étend de l'ère chrétienne à 1384. Tout n'y est pas de valeur égale — ce qui précède le XIVe siècle manque d'originalité — mais pour ce qui concerne les cinquante dernières années, c'est un document de premier ordre ; c'est une source absolument originale pour l'histoire de Léon V, qui fut pendant plusieurs années prisonnier au Caire. Dardel présente les faits avec clarté, souvent même avec art. Sa narration est précise, bien ordonnée ; quelques expressions populaires, des proverbes intercalés à propos, lui donnent de la vie.

ŒUVRE. — Éd. U. Robert, Paris, 1906 (*Recueil des historiens des croisades. Documents arméniens,* 2), p. 1-109.

→ U. Robert, *La chronique d'Arménie de Jean Dardel, évêque de Tortiboli,* dans *Archives de l'Orient latin,* t. 2 (1884), p. 1-15. — F. Tournebize, *Léon V de Lusignan, dernier roi de l'Arménie-Cilicie,* dans *Études,* t. 122 (1910), p. 60-79, 196-203 ; *Histoire politique et religieuse de l'Arménie,* Paris, 1910, p. 644-753. — Molinier n° 3091. G.T.L.

Jean Daudin. Né à Franconville, Jean Daudin fut bachelier en théologie et chanoine de la Sainte-Chapelle de Paris entre 1364 et 1378 au moins. Il mourut en 1382 et fut enseveli dans la chapelle de Saint-Michel du Palais. On connaît de lui une traduction signée : celle du *De remediis utriusque fortunae* de Pétrarque*, pour laquelle il reçut 200 francs de Charles V en 1378. Par ailleurs, l'inventaire de Gilles Malet (avant 1373) signale comme de lui une traduction du *De eruditione filiorum nobilium* ou *puerorum regalium*, œuvre dédiée par Vincent de Beauvais* à Marguerite de Provence, épouse de saint Louis. Enfin, on lui attribue la version française, datée de 1374, de l'*Epistula consolatoria* que le même auteur adressa à saint Louis après la mort de son fils aîné.

Si ces deux dernières traductions ne nous sont connues que par un manuscrit unique, celle de la grande œuvre morale de Pétrarque fut mieux diffusée : imprimée en 1523 par Galliot du Pré, elle fut rééditée par Denis Janot en 1534. Malencontreusement, Daudin y fut dépouillé de son travail car les impressions reprenaient une tradition manuscrite qui l'attribue à Nicole Oresme*. Par ailleurs, Henri Romain* utilisa des passages de cette traduction pétrarquienne dans son *Livre des histoires romaines,* imprimé dès avant le *Des remèdes* par Vérard en 1509 puis Galliot du Pré en 1528 sous le titre de *Compendium historial.*

→ L. Delisle, *Anciennes traductions françaises du traité de Pétrarque (...),* dans *Notices et extraits des mss,* t. 24 (1891), p. 273-304 ; *Recherches sur la librairie de Charles V,* Paris, 1907, t. 1, p. 92-94 ; t. 2, n° 529. — N. Mann, *La fortune de Pétrarque en France : recherches sur le De remediis,* dans *Studi francesi,* t. 37 (1969), p. 1-15. — M.J. Walkley, *Procedures of Fourteenth-Century French Translation as Evidenced by Jean Daudin's Translation of the De eruditione filiorum nobilium,* dans *Proceedings of the Eleventh Congress of AULLA,* Sydney, 1967, p. 126-134. — Cf. *GRLMA,* t. VIII/1, p. 253 — *MB* n°s 5958, 7106 ; *S* 8529. S.L.

Jean Drouyn. Voir : *Trois Maries.*

Jean Dupin. On ne sait rien de la vie de cet auteur. Seul un prologue, qui n'est pas forcément de sa plume, situe sa naissance en 1302 dans le Bourbonnais. Mais il faut renoncer à l'identifier avec le Jean Dupin, docteur en théologie, prieur de Saint-Martin-des-Champs en 1353 puis abbé de Cluny en 1369 et mort en 1374. Notre Jean Dupin n'a sans doute même jamais été moine. Les seules dates sûres sont donc celles qui se trouvent dans son œuvre, composée entre 1324 et 1340. Cette œuvre, intitulée dans les manuscrits *Les Mélancolies,* est composée de deux parties distinctes. La première comporte 7 livres, qui mêlent prose et vers. Les manuscrits et les critiques modernes lui donnent pour titre *Mandevie* ou *Roman de Mandevie.* L'unique livre 8, en sizains octosyllabiques, de la seconde partie a pris, dans la critique actuelle, le nom de l'ensemble de l'œuvre : *Les Mélancolies,* alors que les manuscrits l'appellent la *Somme de l'avision Jean Dupin.* En effet, tandis que ce dernier livre résume en grande partie les sept premiers (et surtout les livres 4 à 6) en réordonnant la matière d'une satire des états du monde (religieux, nobles, médecins, sages, fous et mélancoliques...) et des réflexions sur la Fortune, un songe sert de cadre à la première partie de caractère allégorique. L'auteur est guidé par le chevalier Mandevie (qui amende la vie) dans un voyage qui le conduit du château du dieu d'Amour à la cité de Bonne Franche. Là se déroule une psychomachie entre vices et vertus (livre 2). Le prince d'Enfer conquiert la cité où s'établit le prince Volontarieux, roi de Fortune. Dans le livre 3, le nouveau gouverneur est présenté, Loyauté est jugée et l'auteur, qui, pour une fois, agit sans Mandevie, ressort en chemise de la cité de Fortune qu'il a voulu visiter. Le livre 4 décrit les nouveaux habitants de Male Serve, autrefois Bonne Franche : tous des malfaiteurs ; puis la traversée du « val des mariez », où se trouvent dix-sept sortes de mauvaises femmes. L'allégorie s'efface dans les livres suivants. Dans le livre 5 ou « miroir de la sainte Eglise », l'auteur trace un tableau critique de la hiérarchie simoniaque, des ordres mendiants... Le livre 6 traite des six âges de la vie, des conditions requises pour entrer au Paradis ; le septième retrouve un moment l'allégorie pour dire les mystères de la Trinité, de l'Incarnation et de la Résurrection. Puis Mandevie fait, à la demande de l'auteur, un exposé cosmogonique et termine par une collection de conseils moraux. Enfin après l'annonce de mauvaises années futures, Jean Dupin achève son livre 7 par un traité sur les quatre humeurs de l'homme. Cette œuvre morale s'inscrit dans la tradition du songe et du voyage allégoriques (voir les *Pèlerinages* de Guillaume de Digulleville*) mais aussi dans la thématique de la déploration du temps présent : le temps mélancolique du XIVe siècle. L'œuvre connut alors un certain succès manuscrit puis deux impressions. Aujourd'hui les critiques déplorent pour la plupart sa médiocrité littéraire.

ŒUVRE. — Éd. 1485, Chambéry, chez Antoine Neyret [l'ensemble des 8 livres] ; éd. vers 1500, Paris, chez Michel Le Noir [8 livres]. — *Les Mélancolies de Jean Dupin,* éd. L. Lindgren, Turku, 1965 (*Annales Universitatis Turkuensis,* sér. B, 95) [livre 8 uniquement].

→ L. Karl, *Un moraliste bourbonnais du XIVe siècle,* Paris, 1912. — J. Batany, *Les moines blancs dans les États du monde (XIIe-XIVe),* dans *Cîteaux,* t. 15 (1964), p. 5-25. — H. Heger, *Die Melancolie bei den französischen Lyrikern des Spätmittelalters,* Bonn, 1967, p. 62-64. — M.-R. Jung, *Jean Dupin : le Livre de Mandevie et les Mélancolies,* dans *ZRPh,* t. 84 (1968), p. 30-48 [résume les 7 premiers livres, à l'occasion d'un compte rendu de l'éd. Lindgren]. — P.-Y. Badel, *Le Roman de la Rose au XIVe siècle,* Genève, 1980, p. 220-223. — J. Batany, *Futur et typologie dans les Melancolies de Jean Dupin (1340),* dans *Mél. H. Naïs,* Nancy, 1985, p. 11-19 ; *D'où vient le contrôle social ? Quelques incertitudes du XIVe siècle,* dans *Razo,* t. 9 (1989), p. 169-178. — Cf. *GRLMA*, t. VIII/1, p. 147-148. — *MB* nos 5446, 7016-7017 ; *S* 5077, 5081, 7599-7601. S.L.

Jean du Prier dit **le Prieur**. Attaché au roi René d'Anjou* de 1451 à 1480, date de la mort de ce prince, il porta le titre de valet de chambre et maréchal des logis. Il était en fait l'auteur et le metteur en scène de pièces de théâtre pour le roi : il mit en scène à plusieurs reprises des farces, le *Mystère du Roi Avenir** (1455) et le *Mystère des Actes des Apôtres** (entre 1473 et 1478) remaniés par lui. Il est aussi l'auteur de deux poèmes *Le débat des 7 serviteurs*, composé à l'occasion de la mort en 1470 du duc de Calabre, fils de René (BN, fr. 1670) et *Le débat du Content et du Non-Content*, composé après 1480 à la demande du duc de Bourbon (BN, fr. 1685).

ŒUVRE. — Éd. A. Meiller, *Le Mystère du Roi Advenir*, Genève, 1970 *(TLF*, 157*)*.

→ R. Lebègue, *Le Mystère des Actes des Apôtres*, Paris, 1929, p. 6-11. — G. Arnaud d'Agnel, *Les comptes du roi René*, Paris, 1908-1910. — A. Lecoy de la Marche, *Le roi René*, Paris, 1875. — C. de Mérindol, *Le roi René et la seconde maison d'Anjou*, Paris, 1987. — G.A. Runnalls, *René d'Anjou et le théâtre*, dans *Annales de Bretagne*, t. 88 (1981), p. 157-180. E.L.

Jean de Eecoute. Né en Hainaut (Eeckoute est un lieu-dit voisin d'Enghien), Jean de Eecoute fit ses études au collège de Sorbonne, dont il fut bibliothécaire et prieur (1460), et obtint le doctorat en théologie en 1462. Il quitta alors Paris pour se fixer définitivement à Lille, ayant été élu trésorier de la collégiale Saint-Pierre (1463). Il mourut au retour d'un pèlerinage en Terre sainte, et fut enterré en Dalmatie (1472).

La principale œuvre de Jean de Eecoute est un *Tractatus de triplici desponsatione,* qui s'attache à exposer, sous la forme allégorique alors en vogue, l'ensemble de la théologie morale et mystique ; la question centrale y est celle du libre arbitre. Seuls les deux premiers livres ont été écrits : *Prima desponsatio inter Deum Patrem et Mariam beatam Virginem per angelum tractata* (14 chap.) ; *Secunda desponsatio inter Deum Filium et animam peccatricem in persona Marie Magdalene* (85 chap.). L'influence de saint Thomas* et de saint Bonaventure* y est prépondérante. Manque la *Tertia desponsatio Spiritus Sancti cum anima devota in persona utriusque Marie.* L'ouvrage ne fut pas diffusé ; une traduction française partielle (second traité) en fut néanmoins exécutée pour Baudouin de Lannoy en 1492.

→ E. Bayle, *Jean de Eecoute, sa vie et son œuvre,* dans *Positions des thèses de l'École des Chartes,* 1957, p. 27-30. G.H.

Jean Erart. Il a existé deux trouvères artésiens, et probablement arrageois, du même nom : le père et le fils. Distinguer les œuvres de l'un de celles de l'autre est quasiment impossible, car, à l'exception du duc Henri III de Brabant (voir Duc de Brabant) qui protégea Jean Erart le père, les destinataires des chansons de ces deux poètes appartiennent tous au milieu arrageois : en particulier, les trouvères Guillaume le Vinier* († 1245), Jean Bretel* († 1272), et Gherart Aniel, un bourgeois d'Arras, dont la mort inspira une complainte à Jean Erart (le père ?). Les deux poètes moururent vraisemblablement en 1258 ou en 1259.

On a conservé, sous le nom de Jean Erart, outre la complainte funèbre sur la mort de Gherart Aniel, 12 chansons d'amour (deux chansons d'attribution douteuse, R. 368 et R. 806, sont maintenant restituées à Raoul de Soissons*) et neuf pastourelles ; l'une des chansons (R. 1627), adressée au Puy d'Arras, doit être de Jean Erart le jeune.

Les pastourelles, originales, variées et savamment versifiées, méritent d'être comptées au nombre des productions lyriques les plus agréables et les mieux venues de l'école poétique arrageoise. Elles ont du pittoresque, du mouvement et de la vie ; elles se distinguent aussi par leur décence, la note sensuelle y étant très atténuée. Certaines sont de véritables bergeries. L'auteur se plaît à y décrire les vêtements des villageois et des pastoures, leurs divertissements, jeux et danses, leurs idylles et leurs querelles. On lit encore avec plaisir cette poésie de grand air, ces descriptions animées et amusées de scènes de la vie champêtre. D'autres pièces exploitent le thème classique de la rencontre du poète et d'une bergère, mais le chansonnier réussit à renouveler la donnée traditionnelle en modifiant soit la mise en scène, soit les raisons qui déterminent le comportement de la belle. Il imagine par exemple de faire agir celle-ci par dépit amoureux : au lieu de céder à la violence ou à la promesse d'une récompense, la paysanne donne satisfaction au galant pour se consoler ou se venger de l'indifférence de son amoureux.

ŒUVRES. — *Les poésies du trouvère Jehan Erart,* éd. T.H. Newcombe, Genève, 1972 (*TLF,* 192). — *The Songs of Jehan Erart,* éd. T.H. Newcombe, New York, 1975 (*Corpus Mensurabilis Musicae,* 67). — *Anthologie de la poésie lyrique française des* XIIe *et* XIIIe *siècles,* éd. bilingue J. Dufournet, Paris, 1989, p. 282-287 (*NRF/Poésie*) [une pastourelle].

⟶ G. Muraille, *Le duc Henri III de Brabant et le trouvère Jehan Erart,* dans *Les Lettres romanes,* t. 12 (1958), p. 414-420. — R. Berger, *Le Nécrologe de la confrérie des jongleurs et des bourgeois d'Arras (1194-1361),* Arras, 1963 et 1970, 2 vol. (*Mémoires de la Commission départementale des Monuments historiques du Pas-de-Calais,* XI, 1 et XIII, 2). — Linker, n° 154. — Cf. *MB* n°s 7662 ; *S* 4498-4499.

G.M. et F.F.H.

Jean de Fécamp. Cet Italien, né vers 990 près de Ravenne, fut un disciple de son oncle Guillaume de Volpiano, et il l'accompagna lorsque celui-ci partit fonder Saint-Bénigne de Dijon. En 1017, il fut nommé prieur, puis, en 1028, abbé de La Trinité de Fécamp. Tout en restant pendant un demi-siècle à la tête de son monastère, il eut l'occasion de régler un conflit avec l'abbé de Saint-Arnoul de Metz, entre 1047 et 1049, de gouverner de façon ponctuelle Saint-Bénigne de Dijon, entre 1052 et 1054, et plusieurs abbayes normandes. Il mourut en 1078.

Jean de Fécamp est l'auteur d'un important texte méditatif, remanié à plusieurs reprises, et qui nous est parvenu sous trois formes : *Confessio theologica,* rédigée avant 1018, *Libellus de scripturis et verbis patrum,* entre 1030 et 1050, et *Confessio fidei,* vers 1050. On a conservé de lui 13 lettres adressées à Guillaume le Conquérant, roi d'Angleterre, au pape Léon IX, et à différents évêques et abbés. On lui doit encore une *Lamentation sur la solitude perdue,* et quelques menus poèmes.

Jean de Fécamp apparaît comme un écrivain expérimenté et cultivé. À la suite de saint Augustin, il s'emploie à « confesser » Dieu, le louer, lui rendre grâce, plutôt que de confesser ses fautes. Ses sources sont la Bible, la liturgie, des *Libelli precum* d'origine carolingienne, les Pères (Augustin, Grégoire*, Gennade de Marseille*, Bède le Vénérable*, Florus de Lyon*). Pour lui le Christ guérit plutôt qu'il ne pardonne, il est une aide plus encore qu'un exemple. Ses écrits témoignent d'une expérience mystique certaine, et d'un christocentrisme qui annonce saint Bernard*. Ils tiennent une place importante dans l'histoire de la spiritualité par leur postérité. La *Confessio,* en effet, est à l'origine de trois petits livrets composés au XIIIe siècle et répandus sous le patronage de saint Augustin, le *Manuale,* les *Meditationes* et les *Soliloquia,* qui connurent une diffusion considérable dans les milieux monastiques. Traduits dans presque toutes les langues vernaculaires de l'Europe occidentale aux XIVe et XVe, les *Soliloques,* en particulier, étaient encore un des classiques de la spiritualité chrétienne du XIXe siècle.

ŒUVRES. — *PL,* t. 143, col. 797-800 ; t.147, col. 453-458, 463-474, 473-476. — J. Leclercq, J.P. Bonnes, *Un maître de la vie spirituelle au XIe siècle, Jean de Fécamp,* Paris, 1946 (*Études de théologie et d'histoire de la spiritualité,* 9).

→ A. Wilmart, *Auteurs spirituels et textes dévots du Moyen Âge latin,* Paris, 1932. — R. Bultot, *DS,* 8 (1974), p. 509-511 ; *Christianisme et valeurs humaines... La doctrine du mépris du monde...* t. 4, 2, Paris, 1964, p. 11-23. — G. Mathon, *Jean de Fécamp, théologien monastique ?* dans *La Normandie bénédictine au temps de Guillaume le Conquérant,* Lille, 1967, p. 485-500. — G. Esnos, *Les traductions médiévales... des Soliloques attribués à saint Augustin,* dans *Mél. d'archéol. et d'hist. École française de Rome,* t. 79 (1967), p. 299-370. M.H.P.

Jean Fillons de Venette. Voir : *Trois Maries.*

Jean Franchois. Compositeur franco-flamand, né à Gembloux (près Namur). Il servit en 1378 en Avignon dans la chapelle de l'archevêque de Rouen ; en 1384, il est chantre à l'église Saint-Denis de Liège, avant de repartir pour Avignon dans la chapelle du pape Clément VII. Sans doute faut-il l'identifier avec le musicien Jean François qui était depuis 1394 chapelain du duc de Bourgogne Philippe le Hardi. Retiré à Évreux à partir de 1404, il est périodiquement appelé à la cour de Bourgogne pour les grandes fêtes. Enfin, en 1414-1415, il aurait été chanteur à la chapelle du dauphin Louis de Guyenne.

Il nous a laissé des pièces de l'ordinaire de la messe à trois voix (deux Gloria, trois Credo), un seul motet *Ave Virgo lux Maria* (en deux versions) et trois chansons. De forme rondeau, elles sont parmi les plus raffinées de cette fin du Moyen Âge.

ŒUVRES. — Éd. C. Van den Borren, *Pièces polyphoniques profanes de provenance liégeoise (XVe siècle),* Bruxelles, 1950 ; *Polyphonia sacra,* Burnham, 1932, réimp. 1963.

→ J. Quiton, *À propos de Jean-François de Gembloux et de Johannes de Limburgia,* dans *Revue belge de Musicologie,* n° 21 (1967), p. 118. — J. Igoe, *Johannes Franchois de Gembloux,* dans *Nuova rivista musicale italiana,* n° 4 (1970), p. 3-50. N.S.

Jean de Francières. Né à Francières (Oise, arr. Compiègne, cant. Estrées-Saint-Denis) dans le premier quart du XVe siècle, chevalier de l'ordre de Saint-Jean de Jérusalem, Jean de Francières fut commandeur de Choisy (Choisy-le-Temple, Seine-et-Marne, arr. Meaux, cant. Mitry-Rouy) de 1447 à 1467. Envoyé à Rhodes en 1458, il prit part à la défense de l'île contre les Turcs ; il quitta Rhodes en 1469 pour rejoindre Poitiers : il avait été nommé grand prieur d'Aquitaine avant le 8 juin 1468. Il mourut en 1488.

Pendant son séjour à Rhodes, Jean de Francières avait composé un *Livre de fauconnerie,* sur le modèle du *Libro de la caza de las aves* de Pero López de Ayala, avec pour sources principales les traités, aujourd'hui perdus, de trois fauconniers qu'il connaissait personnellement : les Chypriotes Michelin et Molopin, et le Grec de Rhodes Ayme Cassian. Le *Livre de fauconnerie* témoigne ainsi de l'existence d'une littérature didactique, vraisemblablement de langue française, propre à l'Orient latin : la cour de Palerme n'est donc pas l'unique initiatrice de l'Occident médiéval dans le domaine des sciences vétérinaires. Jean de Francières consulta aussi l'ouvrage de Henri de Ferrières* et son *Livre de fauconnerie* possède deux recettes en commun avec le traité d'Adam des Esgles.

Sur les 30 manuscrits du *Livre de fauconnerie,* on distingue deux rédactions. La première, due à Jean de Francières (entre 1458 et 1463-1464), est compilée de Molopin, Michelin et Cassian. La seconde rédaction, plus développée, s'inspire aussi d'un certain Martino (à identifier avec les traités de *Dancus** et *Gerardus** ?) et possède une adaptation française du prologue de *Dancus :* exécutée à une date inconnue, elle peut être l'œuvre d'un simple copiste ; un manuscrit de cette seconde rédaction a appartenu à Yves du Fou, grand veneur de France en 1472, ou à son fils Jacques du Fou, avant de servir de base à l'édition de 1567.

Le manuscrit Paris, BN, fr. 2004 fait suivre l'ouvrage de Jean de Francières par une traduction française des recettes attribuées à Petrus de l'Astore (ces recettes ont également servi de modèle à Henri de Ferrières).

Le *Livre de fauconnerie* fut imprimé à Paris par Pierre Sergent sans date (à partir de 1531) et plusieurs fois réédité depuis 1567, avec la *Fauconnerie* d'Arthelouche de Alagona*, aux XVIe et XVIIe siècles.

ŒUVRE. — Éd. en préparation par R. Wistedt.

→ J. Thiébaud, *Bibliographie des ouvrages français sur la chasse,* Paris, 1934, col. 427-430 (*Maîtres de la vénerie,* 9). — J. Richard, *La fauconnerie de Jean de Francières et ses sources,* dans *Le Moyen Âge,* t. 69 (1963), p. 893-902. — R. Wistedt, *Le Livre de Jean de Francières et ses sources,* Lund, 1967 (*Filologiskt Arkiv,* 11). — *Petrus de l'Astore, edizione critica del trattato di falconeria mistilingue con una traduzione in antico francese dal ms. BN 2004,* éd. A. Lupis, Bari, 1979 (*Quaderni degli « Annali della Facolta di Lingue e Letterature Straniere »,* 2). — Cf. *GRLMA,* t. VIII/1, p. 360. — *MB S* n°s 7726-7727. F.F.H.

Jean Fresneau. Musicien français né à Cambrai, actif de 1470 à 1505. Chapelain ordinaire du roi de 1470 à 1475, il voyage ensuite en Italie où on le retrouve comme chanteur à la chapelle du duc Sforza à Milan (1476). En date du 28 juillet 1486, il est membre de la chapelle du roi de France et chanoine de Saint-Martin de Tours. Procureur des chanoines, il porte le titre de « prévôt du mayet ». En 1500, sa présence est signalée comme notaire et procureur. Il y était encore en février 1505.

On possède de lui une messe et six chansons. Celles-ci, dans le schéma structurel des formes fixes, continuent, par l'utilisation de l'imitation, la tradition bourguignonne.

La réputation de Fresneau était bien établie, puisque Guillaume Crétin* le cite, à côté de Josquin, Agricola, Brumel et Compère, dans sa déploration sur la mort de Jean Ockeghem*.

→ A.W. Atlas, art. *Fresneau,* dans *The New Grove Dictionary of Music and Musicians,* t. 6, p. 835-836. — F. Lesure, *Some Minor French Composers of the 16th Century,* dans *Aspects of Medieval and Renaissance Music : a Birthday Offering to Gustave Reese,* New York, 1966, p. 538. N.S.

Jean Froissart. Jean Froissart est né à Valenciennes, vers 1337. Ses talents de poète le font remarquer de la famille des comtes de Hainaut, qui le prend sous sa protection. C'est pourquoi en 1361 il se trouve en Angleterre, au service de la reine Philippa, fille du comte Guillaume et femme d'Édouard III d'Angleterre. Froissart est l'un des clercs de la chambre de la reine, il se crée de nombreuses relations à la cour ; il entre en contact avec les chefs militaires anglais comme avec les vaincus de Poitiers en résidence forcée à Londres. À la demande de sa protectrice, il se rend en Écosse, en France, en Italie. À la mort de la reine, survenue en 1369, il regagne le Hainaut plutôt que l'Angleterre, et c'est alors qu'il commence la rédaction de ses chroniques. Le premier livre est en effet dédié à Robert de Namur, beau-frère de Philippa, son nouveau protecteur. Il fréquente, à Bruxelles, la cour lettrée de Wenceslas* de Luxembourg, duc de Brabant. En 1373, il devient curé des Estinnes (on ne sait quand il avait été ordonné). Dix ans plus tard, il est chapelain de Guy de Blois, petit-fils de Jean de Beaumont (l'ancien protecteur de Jean Le Bel*), qui est devenu son nouveau mécène ; grâce à lui, il obtient un canonicat à Chimay. Il voyage encore beaucoup, en France, aux Pays-Bas, se rend même une fois en Angleterre, où il passe trois mois à la cour de Richard II, et va en Écosse. Il meurt après 1404.

C'est son œuvre historique, monumentale, qui a fait sa gloire : les *Chroniques de France, d'Angleterre et des païs voisins* sont le récit des guerres qui se sont déroulées depuis l'avènement d'Édouard III (1327) jusqu'à la mort de son petit-fils et successeur Richard II (1399-1400).

L'étude des rédactions des *Chroniques* de Froissart est loin d'être achevée (les dates proposées ici sont sujettes à révision). Les *Chroniques* sont divisées en quatre livres (division qui serait postérieure à sa mort), écrits entre 1370 et 1400 et sans cesse remaniés. Il existe plusieurs rédactions du premier livre, qui s'arrête en 1369, 1372 ou 1377 suivant les versions. Le second livre, écrit en 1387, comporte deux rédactions. Les livres III et IV ont été terminés respectivement entre 1390 et 1392 et entre 1398 et 1400. Jusqu'en 1360, le travail de Froissart repose sur les *Vrayes Croniques* de Jean Le Bel*, chanoine de Liège, mort en 1370, auquel il a peut-être succédé comme chroniqueur. Dans le prologue, il déclare le reprendre et le continuer. Il utilise aussi d'autres chroniques. Ainsi pour le récit des événements en Castille de 1366-1367, emprunte-t-il largement à la *Vie du Prince noir* du Héraut Chandos*, ouvrage dont il se sert depuis la bataille de Crécy. Il incorpore des textes de provenances diverses, parmi lesquels les *Grandes Chroniques de France**, la *Chronique de Flandre** ; il suit en cela la méthode de travail des moines de Saint-Denis, qui compilaient, empruntaient, procédaient à des révisions continues. De bonne heure, Froissart s'est prêté à des transformations ; au fur et à mesure des révisions de son texte, il s'affranchit de ses tutelles. Sa rédaction personnelle est fondée sur des sources orales. Il est redevable de l'essentiel de sa documentation aux témoignages de très nombreux princes, seigneurs, chevaliers et écuyers, maréchaux et poursuivants d'armes, eux-mêmes témoins directs ou acteurs des événements qu'ils lui rapportaient. Les souvenirs, plus ou moins proches, plus ou moins fidèles, furent soigneusement notés par lui, puis amalgamés, classifiés, ordonnés (cf. P. Contamine dans Palmer, *Froissart : Historian*). Il a parcouru l'Europe en enquêtant. Ce n'est pas un politique, mais un écrivain de métier. Il procède comme un reporter, prenant des notes au jour le jour. Il rapporte ce qu'il voit dans un style vivant, coloré, émaillé de dialogues pleins de vie. Il retient des événements leur côté spectaculaire. Il écrit pour un public noble. Ainsi les cérémonies princières, funérailles, entrées royales et surtout la guerre, tiennent une place de choix. Mais Froissart ne se limite pas à des récits guerriers. Il raconte aussi les soulèvements qui traduisent les difficultés économiques au XIVe siècle et qui ont pour cadre la Flandre, l'Île-de-France, l'Angleterre. Le nord de la France et les régions voisines sont cependant le cadre principal des chroniques.

Malgré des erreurs et des flottements dans la géographie et dans la chronologie, les *Chroniques* restent une des sources narratives capitales pour l'histoire de l'Europe occidentale au XIVe siècle comme pour celle de la guerre de Cent Ans. Le nombre très élevé des manuscrits qui subsistent (plus de 100) est la preuve du succès qu'a rencontré la chronique et de la célébrité dont Froissart a joui de son temps et tout au long du XVe siècle. En raison des difficultés causées par les remaniements successifs du texte, à la suite d'une nouvelle lecture critique de l'auteur ou de corrections apportées par des remanieurs professionnels, le problème du classement des manuscrits n'est pas définitivement résolu.

Le troisième livre est le plus brillant de tous ; il relate les événements depuis la paix de Tournai en 1385 jusqu'aux préparatifs de l'entrée d'Isabeau de Bavière à Paris en 1389, cérémonie à laquelle Froissart assista. Une partie importante du volume est consacrée au voyage que fit l'auteur en Béarn à la cour de Gaston Phébus* en 1388, pour mieux comprendre ce qui s'était passé dans le Sud-Ouest de la France, après la défaite de Poitiers (1356).

Avant de se lancer dans la *Chronique* puis parallèlement à sa rédaction, Froissart fut poète. Héritier de Guillaume de Machaut*, il a écrit des poèmes à forme fixe : ballade*, rondeau*, virelai*, chant royal. Tous ces textes, soigneusement réunis dans deux recueils distincts, sont qualifiés d'amoureux. Seules les pastourelles, genre qu'il transforme avec Eustache Deschamps*, ne portent pas ce qualificatif : c'est que le cadre pastoral y sert à une prise en compte de l'actualité politique et sociale. L'histoire pénètre la poésie. Toujours dans la lignée de Machaut, Froissart compose des dits*, simples ou à insertions lyriques. Presque tous ressortissent à l'inspiration amoureuse et dépendent de près ou de loin du *Roman de la Rose**. Ainsi le *Paradis d'Amour* (vers 1361-1362) est-il un songe allégorique dans lequel le poète visite le jardin d'Amour ; il y rencontre sa dame, lui offre une ballade et reçoit en échange une couronne de marguerites... Le *Joli mois de mai* (vers 1363) repose non sur l'octosyllabe mais sur des strophes plus complexes (14 douzains suivis d'une ballade ; 11 douzains suivis d'une ballade ; 7 douzains suivis d'un virelai). Le thème en est très lyrique : à la suite du rossignol, le poète se prend à chanter ; il compare sa dame à la rose, au lys et à l'aubépine ; il se réjouit du chant du rossignol et du souvenir de son amour ; il part en composant le virelai qu'il veut offrir à sa dame. Le *Dit de la marguerite* (1364 ?), composé peu après l'œuvre du même titre de Guillaume de Machaut, raconte l'origine de cette fleur qui, chez Froissart, est devenue un motif à ce point récurrent, que certains ont voulu y voir le nom d'une femme réelle : Marguerite de Valenciennes. Froissart semble inventer ici une fable mythologique, sur le modèle ovidien : Héro, l'amant de Céphée, se tue en tombant d'un arbre. Les larmes de Céphée se transforment en marguerite. Dans l'*Espi-*

nette amoureuse (vers 1369), on retrouve le thème du Paradis d'amour et la présence de la mythologie. Le début narre les premières années du poète jusqu'à un songe qui lui fit voir les trois déesses Junon, Pallas et Vénus. Comme Pâris, c'est à cette dernière qu'il accorde ses faveurs. Vénus en retour lui promet l'amour d'une femme plus belle qu'Hélène. La réalité viendra confirmer ce rêve. Peu de temps après il tombe amoureux et ses aventures, espoirs, départ, déceptions nous sont racontés, entrelacés des textes lyriques écrits à différents moments. La *Prison amoureuse* (1371-1372) s'inspire de la composition du *Voir-Dit* de Machaut : on y trouve en effet des poèmes, mais aussi des lettres en prose dans une narration en octosyllabes. La différence essentielle est que les deux correspondants sont masculins. Et le poète, qui prend le surnom de Flos (la fleur, la marguerite), devient un médiateur dans l'histoire d'amour de son correspondant (dont Rose est le pseudonyme) avec sa dame. Outre les poèmes et lettres en prose, la narration contient deux « dictiers » particuliers. Le premier, écrit à la demande de Rose par Flos, est une pseudo-histoire mythologique inventée par Froissart, à partir des amours de Pyrame et Thisbé* et de Pygmalion. Il s'agit de l'histoire de Pynoteus et Neptisphelé. Le second est un songe de Rose, qui donne son titre à l'œuvre : Rose et les siens (Hardement, Prouesse, Jeunesse...) livrent une bataille malheureuse contre Orgueil, Outrage, Avis et Atemprance. Rose est capturé et mis en prison sous la garde d'Atemprance. La compagnie des enfants d'Atemprance, Souvenir, Espérance, Connaissance et Avis, tempère la douloureuse absence de la dame de Rose. Il lui écrit et lui envoie une complainte fondée sur le bestiaire : le lion gémissant en prison demande aux animaux d'alerter son parent, l'aigle. Au bout d'un hiver et d'un été, Rose est délivré. Flos donne un commentaire de son rêve puis Rose lui demande de réunir en un volume leur correspondance et les poèmes échangés afin d'offrir le tout à sa dame. À première vue, cette œuvre complexe relève entièrement de la littérature. On a cependant pu montrer que le rêve de Rose sur sa prison amoureuse est une transposition de la captivité du duc Wenceslas, tombé aux mains du duc de Juliers (1371-1372), dont le délivra l'intervention de l'empereur Charles IV, son demi-frère. De même, le *Dit dou bleu chevalier* (vers 1364) est certainement une consolation au jeune duc Jean de Berry alors otage en Angleterre (voir la *Fonteinne amoureuse* de Guillaume de Machaut). Le poète en un matin de printemps observe la conduite étrange d'un chevalier vêtu de bleu, couleur de la loyauté et de la constance en amour. Tantôt il marche et chante, tantôt il s'assied et se désespère. Un moment, il s'écroule. Le poète vient lui porter secours ; les deux hommes se reconnaissent. Le poète se met en peine de consoler cet amoureux, prisonnier loin de sa dame, et qui ne peut se faire un nom. Les exemples mythologiques affluent et le chevalier demande au poète de mettre par écrit leur aventure. La dame qu'il aime l'y reconnaîtra peut-être et sera assurée de son amour.

À côté de ces pièces amoureuses dont le travail tend à renouveler la convention ou dont le prétexte est un événement, Froissart a écrit deux courts textes fort amusants : le *Debat dou cheval et dou levrier* (1365), et le *Dit dou florin* (1389). Le premier met en scène le cheval et le lévrier du poète, de retour d'Écosse. Ils disputent pour savoir qui éprouve le plus de peine à son service, mais s'accordent pour gagner au plus vite le gîte et le repas du soir. Le second raconte le vol que subit Froissart en Avignon. De ses quarante francs, seule une vieille pièce lui est restée. Il demande à celle-ci de rendre compte de toutes les sommes passées qu'il a pu dépenser ; le vieux florin lui suggère de se faire donner dix francs par quatre personnages qui l'ont toujours protégé : Bureau de la Rivière, le comte de Sancerre, le dauphin d'Auvergne et le vicomte d'Acy. Ainsi rentrera-t-il dans son argent !

L'*Orloge amoureus* (vers 1368) nous ramène au dit courtois. Mais son modèle, l'horloge, en fait un texte presque technique. Froissart y assimile l'amant à cet appareil de mesure du temps, encore nouveau à son époque. Chaque pièce de la mécanique a son équivalent allégorique : le bâti, c'est le cœur ; la première roue, Désir ; le poids-moteur, Beauté ; la corde du poids, Plaisance... Quant à l'horloger qui règle tout ce système, c'est Souvenir :

la pensée passée, présente et future de la dame à qui le poète dédie cette œuvre. La dernière grande œuvre amoureuse de Froissart fut le *Joli Buisson de Jonece.* Composé en 1373 par le poète qui se dit âgé d'environ trente-cinq ans, ce dit à insertions est à la fois un retour à la jeunesse et un ultime adieu à l'inspiration amoureuse de cet âge. Agité par ses pensées qui revêtent le visage de Philosophie, le poète est poussé par elle à reprendre la composition d'œuvres courtoises. Il dresse la liste de ses bienfaiteurs puis celle de ses textes. Que pourrait-il écrire désormais ? Philosophie l'incite à rouvrir le coffret où il a rangé le portrait de sa dame. À sa vue, il est comme ressuscité et compose un virelai. Alors Philosophie le conduit au buisson de Jeunesse, à qui elle le confie. Le poète y retrouve sa dame, aussi jeune qu'autrefois, entourée de sa cour allégorique. Une carole invite chacun à chanter un virelai puis on joue. Enflammé par Désir, le poète brûle à nouveau tout entier. Sa dame lui laisse espérer peu de chose. On organise un concours de souhaits que le poète couche par écrit au fur et à mesure. Le dieu d'Amour est désigné comme juge et l'on se met en marche pour aller le trouver, quand le poète est bousculé et se réveille. Le printemps de son rêve a laissé la place à l'hiver et il préfère reporter son amour vers la mère de Dieu à qui il dédie un lai. Le Buisson de Jeunesse, verte image des premières amours au désir ardent, se métamorphose alors en buisson resplendissant de Marie, la fleur des femmes, mère du Christ. Après cette sorte d'adieu aux sujets amoureux, Froissart ne composera plus que la *Plaidoirie de la rose et de la violette* (1392-1393), plaisant procès de deux fleurs qui revendiquent chacune la première place sur l'autre.

Entre temps, il a écrit le dernier grand roman arthurien en vers : *Meliador* (première rédaction vers 1365, seconde vers 1380). Ce texte de plus de 30 000 vers est également un retour aux sources de la matière de Bretagne : on y retrouve Guenièvre, Keu, Lancelot, Perceval, Tristan, Yvain..., à côté des personnages principaux, inventés par Froissart ; de plus, toute l'histoire se déroule outre-Manche, en Angleterre et surtout en Écosse, pays « mythiques » du genre romanesque que Froissart a bien connus. Le roman est construit sur un entrelacement de multiples aventures dont la trame principale est la suivante : Hermondine, unique fille du roi d'Écosse, est aimée d'un chevalier impétueux mais brutal, Camel de Camois. Elle ne l'aime pas et promet d'épouser celui qui, après cinq ans d'épreuves, sera jugé le plus vaillant. De très nombreux chevaliers se lancent dans cette quête de la princesse. Joutes et tournois sont liés aux histoires d'amour : celles d'Agamanor et de Phénonée, de Sagremor et Sebille en particulier. Lors du tournoi de Montgriès, Meliador, le chevalier au soleil d'or sur azur et fils du duc de Cornouailles, tue Camel puis il épouse Hermondine. Longtemps considéré comme d'un profond ennui, le *Meliador* est aujourd'hui réhabilité. On y retrouve la devise « d'armes et d'amours » dont chaque terme informe séparément les *Chroniques* et l'œuvre poétique. D'autre part, le roman enchâsse les poésies composées par le duc Wenceslas de Brabant : 52 rondeaux, 11 ballades et 16 virelais. Faire-valoir de cette œuvre lyrique, le roman expose une dernière fois sous forme de fiction toutes les caractéristiques de la culture aristocratique que l'on trouve dans les *Chroniques :* la transcendance de la quête arthurienne d'autrefois a laissé place à la recherche d'un bonheur individuel mais les valeurs anciennes, courtoisie et vaillance, qui s'expriment par la lyrique amoureuse et les affrontements chevaleresques, semblent inchangées.

Quoique les *Chroniques* aient eu un succès infiniment plus grand que l'œuvre poétique et romanesque, il convient de ne pas séparer trop arbitrairement Froissart en deux. En prose comme en vers, ses textes sont animés par un même état d'esprit aristocratique, mais aussi une conscience certaine de son métier d'écrivain. Des mots, des tournures se retrouvent ici et là. Surtout, son style semble imprégné d'un nouveau sens visuel que le renouvellement de la peinture n'a pu qu'influencer. Au portrait de la dame des dits et du roman correspondent les tableaux dressés dans les *Chroniques :* bataille de Cocherel, première crise de folie de Charles VI... Et puis, il y a le troisième livre, où l'histoire se transforme en géographie : le voyage d'information dans le Béarn offre des scènes de pure littérature. Gaston Phébus, d'ailleurs, se fait lire chaque soir sept folios du *Meliador*. Fiction et histoire s'interpénètrent pour faire rêver le lecteur.

ŒUVRES. — *Chroniques,* éd. Kervyn de Lettenhove, Bruxelles, 28 vol., 1867-1877 [les vol. 1-25 contiennent les *Chroniques*]. — Éd. S. Luce, G. Raynaud et L. Mirot, Paris, 15 vol., 1869-1975 (*SHF*) [éd. en cours ; le 15e vol. couvre les années 1387-1389]. — Éd. d'extraits A. Pauphilet et E. Pognon, dans *Historiens et chroniqueurs du Moyen Âge,* Paris, 1952, p. 374-944 [*Bibl. de la Pléiade*]. — Éd. du premier livre, G.T. Diller, *Froissart. Chroniques. Dernière rédaction du premier livre. Éd. du ms. de Rome, Reg. lat. 869,* Genève, 1972 (*TLF,* 194) ; *Chroniques, Le Manuscrit d'Amiens, livre I,* Genève, 1991 (*TLF,* 407) [depuis le règne d'Édouard II jusqu'à l'ouverture des hostilités entre le roi de France et le roi d'Angleterre (1307-1340)] ; *Livre II*, Genève, 1992 (*TLF,* 415) [depuis l'expédition du duc de Normandie en Hainaut jusqu'à la campagne d'Édouard II en France (1340-1346)]. — Éd. partielle, A. Diverres, *Froissart, Voyage en Béarn,* Manchester, 1953. — Trad. d'extraits, M.-T. de Medeiros, Paris, 1988 (*Livre de poche*). — Trad. d'extraits, D. Poulet, *Chroniques de Flandre, de Hainaut et d'Artois au temps de la guerre de Cent Ans (1328-1390),* La Ferté-Milon, 1986 (*Textes littéraires médiévaux du Nord de la France, Corps 9*). — Trad. anglaise G. Brereton, Hardmonsworth, 2e éd., 1978 (*Penguin Books*).

A. Scheler, *Poésies,* Bruxelles, 1870-1872, 3 vol. [forment les vol. 26-28 de l'éd. des œuvres complètes publiées par Kervyn de Lettenhove ; travail remplacé par les références suivantes]. — *Ballades et rondeaux,* éd. R.S. Baudouin, Genève, 1978 (*TLF,* 252) [43 ballades, 115 rondeaux]. — R.R. Mc Gregor, *The Lyric Poems of J. Froissart,* Chapel Hill, 1975 (*North Carolina Studies in the Romance Languages and Literatures,* 142) [éd. des pastourelles, servantois, virelais et chants royaux]. — *Dits et débats,* éd. A. Fourrier, Genève, 1979 (*TLF,* 274) [*Temple d'Honneur, Joli mois de mai, Dit de la marguerite, Dit dou bleu chevalier, Debat dou cheval et dou levrier, Dit dou florin, Plaidoirie de la rose et de la violette*]. — *L'Espinette amoureuse,* éd. A. Fourrier, Paris, 1963, 2e éd. Paris, 1972 (*Bibl. française et romane,* B, 27). — *La Prison amoureuse,* éd. A. Fourrier, Paris, 1974 (*Bibl. française et romane,* B, 13). — *Le Joli Buisson de Jonece,* éd. A. Fourrier, Genève, 1975 (*TLF,* 222). — *Le Paradis d'amour, L'Orloge amoureus,* éd. P.F. Dembowski, Genève, 1986 (*TLF,* 339).

Meliador, éd. A. Longnon, Paris, 1895-1899, 3 vol. (*SATF,* 35). — Trad. partielle de F. Bouchet dans *La légende arthurienne,* éd. D. Régnier-Bohler, Paris, 1989, p. 1039-1078 (*Bouquins*).

→ F.S. Shears, *Froissart, Chronicler and Poet,* Londres, 1930. — G. Price, *Aspects de l'ordre des mots dans les Chroniques de Froissart,* dans *ZRPh,* t. 77 (1961), p. 15-48. — G.T. Diller, *La dernière rédaction du premier livre des Chroniques de Froissart,* dans *Le Moyen Âge,* t. 76 (1970), p. 91-125 ; *Attitudes chevaleresques et réalités politiques chez Froissart. Microlectures du premier livre des Chroniques,* Genève, 1984 (*Études de philologie et d'histoire,* 39) ; *Froissart's Chroniques. Knightly Adventures and Warriors Forays « Que chacun se retire dans sa chacuniere »,* dans *Fifteenth-Century Studies,* t. 12 (1987), p. 17-26. — P.F. Ainsworth, *Style direct et peinture des personnages chez Froissart,* dans *Romania,* t. 93 (1972), p. 498-522 ; *J.F. and the Fabric of History : Truth, Myth and Fiction in the Chroniques,* Oxford, 1990. — P. Archambault, *Seven French Chroniclers. Witnesses to History,* Syracuse, 1974. — J. Picoche, *Le vocabulaire psychologique dans les Chroniques de Froissart,* Paris, 1976. — M.-T. de Medeiros, *Jacques et chroniqueurs, une étude comparée de récits contemporains relatant la Jacquerie de 1358,* Paris, 1979 (*Nouvelle Bibl. du Moyen Âge*) ; *Le pacte encomiastique : Froissart, ses chevaliers et ses mécènes,* dans *Le Moyen Âge,* t. 94 (1988), p. 237-255. — G. Jäger, *Aspekte des Krieges und der Chevalerie im* XIV *Jahrhundert in Frankreich. Untersuchungen zu Jean Froissarts Chroniques,* Berne, 1981. — J.J.N. Palmer éd., *Froissart : Historian,* Suffolk et Totowa, 1981 [10 communications sur Froissart historien] ; *Froissart et le Héraut Chandos,* dans *Le Moyen Âge,* t. 88 (1982), p. 271-292. — N. Wilkins, *A Pattern of Patronage : Machaut, Froissart and the Houses of Luxembourg and Bohemia in the Fourteenth Century,* dans *French Studies,* t. 37 (1983), p. 257-284. — N. Chaveyron, *Froissart le revenant,* dans *Perspectives médiévales,* n° 15 (1989), p. 66-73. — G. Costes Sodigné, B. Ribemont, *La mère et l'enfant dans les Chroniques de Froissart,* dans *Senefiance,* t. 26 (1989), p. 335-349. — Molinier, n° 3094. — Nouveau Potthast, t. 4, p. 565-568.

E. Hoepffner, *La chronologie des pastourelles de Froissart,* dans *Mél. E. Picot,* Paris, 1913, t. 2, p. 27-42. — N.R. Carter, *Anagrams in Froissart's Poetry,* dans *Mediaeval Studies,* t. 25 (1963), p. 100-108. — D. Poirion, *Le Poète et le Prince. L'évolution du lyrisme courtois de Guillaume de Machaut à Charles d'Orléans,* Paris, 1965 (Reprints, Genève, 1978), notamment p. 205-218. — N. Wilkins, *The Structure of Ballades, Rondeaux and Virelais in Froissart and in Christine de Pisan,* dans *French Studies,* t. 23 (1969), p. 337-348. — J.I. Wimsat, *The Dit dou bleu chevalier. Froissart's Imitation of Chaucer,* dans *Mediaeval Studies,* t. 34 (1972), p. 196-207. — J. Frappier, *Orphée et Proserpine ou la lyre et la harpe,* dans *Mél. P. Le Gentil,* Paris, 1974, p. 277-294. — W.W. Kibler, *Self-Delusion in Froissart's Espinette amoureuse,* dans *Romania,* t. 97 (1976), p. 77-98. — C. Thiry, *Allégorie et histoire dans la Prison amoureuse de Froissart,* dans *Studi francesi,* t. 61-62 (1977), p. 15-29. — M.A. Freeman, *Froissart's*

Le Joli Buisson de Jonece : a Farewell to Poetry ?, dans *Machaut's World Science and Art in the Fourteenth-Century,* New York, 1978, p. 235-247. — J.L. Picherit, *Le rôle des éléments mythologiques dans le Joli Buisson de Jonece de J. Froissart,* dans *Neophilologus,* t. 73 (1979), p. 498-508. — F. Wolfzettel, *La poésie lyrique en France comme mode d'appréhension de la réalité : remarques sur l'invention du sens visuel chez Machaut, Froissart, Deschamps et Charles d'Orléans,* dans *Mél. C. Foulon,* Rennes, 1980, t. 1, p. 409-419. — L. Harf-Lancner, *La chasse au blanc cerf dans le Méliador. Froissart et le mythe d'Actéon,* dans *Marche romane,* t. 30 (1980), p. 143-152 [on trouvera dans le même volume deux articles sur *Meliador* de A. Diverres et R. Deschaux]. — A. Planche, *Culture et contre-culture dans l'Epinette amoureuse de J. Froissart : les écoles et les jeux,* dans *Senefiance,* t. 9 (1980), p. 389-403 ; *Du Joli Buisson de Jeunesse au Buisson Ardent : le Lai de Notre Dame dans le Dit de Froissart, ibid.,* t. 10 (1981), p. 395-413. — D. Kelly, *Les inventions ovidiennes de Froissart. Réflexions intertextuelles comme imagination,* dans *Littérature,* t. 41 (1981), p. 82-92. — J. Lods, *Amour de regard et Amour de renommée dans le Meliador de Froissart,* dans *BBSIA,* t. 32 (1980), p. 231-249 ; *Les poésies de Wenceslas et le Meliador de Froissart,* dans *Mél. C. Foulon,* Rennes, 1980, t. 1, p. 205-216. — M. Zink, *La nuit du chasseur,* dans *Poétique,* t. 11 (1980), p. 60-77 [on verra aussi J. Grisward, *Froissart et la nuit du loup-garou. (...) modèle folklorique ou modèle mythique ?,* dans *Le Modèle à la Renaissance,* Paris, 1986, p. 21-34] ; *Les toiles d'Agamanor et les fresques de Lancelot,* dans *Littérature,* t. 38 (1980), p. 43-61. — P.F. Dembowski, *Considérations sur Méliador,* dans *Mél. J. Horrent,* Liège, 1980, p. 123-131 ; *J. Froissart and his Meliador Context, Craft and Sense,* Lexington, 1983 (*The Edward C. Armstrong Monographs on Medieval Literature,* 2) ; *Chivalry, Ideal and Real in the Narration Poetry of J. Froissart,* dans *Mediaevalia et humanistica,* t. 14 (1986), p. 1-15. — W.W. Kibler et J.I. Wimsatt, *The Development of the Pastourelle in the Fourteenth-Century : An Edition of Fifteen Poems with Analysis,* dans *Mediaeval Studies,* t. 45 (1983), p. 22-78. — B.E. Kurtz, *The Temple d'Onnour of J. Froissart,* dans *Modern Philology,* t. 82 (1984), p. 156-166. — C. Nouvet, *Pour une économie de la dé-limitation : la Prison amoureuse de J. Froissart,* dans *Neophilologus,* t. 70 (1986), p. 341-356. — P.-Y. Badel, *Par un tout seul escondire. Sur un virelai du Buisson de Jeunesse,* dans *Romania,* t. 107 (1986), p. 369-379. — A. Diverres, *The Two Versions of Froissart's Meliador,* dans *Mél. B. Woledge,* Genève, 1987, p. 37-48. — J.M. Boivin, *Le mythe irlandais dans la littérature du Moyen Âge,* dans *Pour une mythologie du Moyen Âge,* éd. L. Harf-Lancner et D. Boutet, Paris, 1988, p. 137-154 (*Coll. de l'École Normale supérieure de jeunes filles,* 41). — P.F. Dembowski, *La position de Froissart-poète dans l'histoire littéraire : bilan provisoire,* dans *TraLiLi,* t. 16 (1978), p. 131-148. — Cf. *GRLMA,* t. VIII/1, *passim.* — *MB* n°s 4085, 4396-4405, 5067-5100, 6824-6825, 6962-6972, 7880-7884, 7972-7973 ; *S* 4157, 4948, 5198, 6009, 6574-6584, 6641, 6791, 6810-6811, 6830 *bis,* 6846, 6902-6924, 7541, 7910, 7928-7955, 7983.

S.L. et G.T.L.

Jean Fusoris. Né vers 1365, originaire de Giraumont dans les Ardennes (Meurthe-et-Moselle, arr. Briey, cant. Conflans-en-Jarnisy), Jean Fusoris suivit les cours de la Faculté des arts à Paris. Devenu maître ès-arts et en médecine, son goût pour les sciences et la tradition artisanale qu'il tenait de son père, potier d'étain à Giraumont, l'amenèrent à la construction d'instruments scientifiques. Son talent et son sens des affaires le mirent en relations avec de grands personnages : le roi de Navarre, le roi d'Aragon, le duc d'Orléans. Il devint chanoine de Reims en 1404, fut ordonné en 1411, nommé chanoine de Paris la même année ; il devint ensuite prévôt de Larchant (Seine-et-Marne, arr. Melun, cant. La Chapelle-la-Reine) en 1414, curé de Jouarre-en-Brie (Seine-et-Marne, arr. Meaux, cant. La Ferté-sous-Jouarre) et chanoine de Nancy. La mise au point, en 1414, d'un instrument schématisant le mouvement des sept planètes et déterminant leur position pour une date donnée lui fit rencontrer le chef de l'ambassade anglaise, Robert de Courtenay, évêque de Norwich, auquel il le proposa en juillet 1414 et qui devint son ami. Ses relations compromettantes avec la cause anglaise (sympathie affirmée, voyages...) lui firent des ennemis : il perdit le procès qui lui avait été intenté en 1415-1416, et fut condamné à l'exil et à la résidence obligatoire à Mézières-sur-Meuse (Charleville-Mézières, Ardennes). Le succès ne lui revint qu'en 1424, lorsque les chanoines de Bourges lui commandèrent une horloge astronomique pour la cathédrale. En 1432, les chanoines de Metz lui demandèrent de rédiger un traité de cosmographie, et le roi Charles VII de calculer des tables trigonométriques et astronomiques propres à remplacer les tables alphonsines. Jean Fusoris mourut en 1436.

D'une grande prudence à l'égard de l'astrologie, indifférent aux grandes théories physiques de l'astronomie, Jean Fusoris s'appliqua à perfectionner la conception ptolémaïque de l'univers, à travers ses instruments (astrolabes, équatoires, cadrans solaires, quadrants, instruments gnomoniques, horloges) et la rédaction d'une littérature technique en latin et en français. Auteur d'une *Geometrie pratique* (conservée dans deux mss : Nantes, Bibl. mun. 456 et Paris, BN, fr. 1339), il rédigea des *Notes relatives à la gnomonique* (en latin), un *De motibus planetarum instrumenta manualiter mota* (= Instruments des sept planètes), des *Usages de l'astrolabe* (en français ; cinq mss), dédiés à Pierre de Navarre, fils de Charles le Mauvais, une *Composition de l'astrolabe* (en français traduit du latin), un *Livret d'astrologie faisant mencion de l'estat des planetes,* des *Enigma id est ludi geometrie et astrologie,* destinés au roi d'Angleterre, mais qui ne lui furent pas remis, un *Traité de cosmogonie* pour les chanoines de Reims en 1432, des *Tables trigonométriques* (en latin) dédiées à Charles VII.

ŒUVRES. — E. Poulle, *Un constructeur d'instruments astronomiques au* XV*e siècle, Jean Fusoris,* Paris, 1963 (*BEHE,* 318) [éd. de six traités en latin et en français]. — G. Arrighi, *Alcuni inediti del ms. lat. 80 (Petau 53) della biblioteca di Ginevra. « Des utilez et usaiges du gnomo » di Jean Fusoris (1365-1436) ; « Manière de trouver l'heure, pendant la nuit, par le moyen des étoiles » ; Practica extractionis radicum pro geometris,* dans *Physis,* t. 21 (1979), p. 342-349 [éd. de trois traités].

→ E. Wickersheimer, *Dictionnaire des médecins en France au Moyen Âge,* Paris, 1936, p. 403. — G. Sarton, *Introduction to the History of Sciences,* Baltimore, 1947, t. 3, p. 1497-1498. — O. Pedersen et M. Pihl, *Early Physics and Astronomy, A Historical Introduction,* New York, 1974, p. 374. — E. Poulle, *Les instruments de la théorie des planètes selon Ptolémée : Équatoires et horlogerie planétaire du* XIII*e au* XVI*e siècle,* Genève-Paris, 1980, p. 122-131 (*Hautes études médiévales et modernes*, 42). — Cf. *GRLMA*, t. VIII/1, p. 308, 323. — *MBS* n° 7686. F.F.H.

Jean Galiot. Musicien français, actif à la fin du XIVe siècle. Il laisse seulement deux œuvres qui montrent l'*ars subtilior* au sommet de sa complexité : une ballade à trois voix, *Le sault perilleux*, et un rondeau isorythmique à trois parties, *En attendant d'avoir*. Toutes deux sont conservées dans le ms. Chantilly* 564.

→ U. Günther, art. *Galiot*, dans *The New Grove Dictionary of Music and Musicians*, t. 7, 1980, p. 100. N.S.

Jean Galopes. Surnommé « le Galoys », en raison certainement de son origine insulaire, Jean Galopes était doyen de l'église collégiale Saint-Louis de La Saussaie, au diocèse d'Évreux, en même temps que chapelain du roi d'Angleterre Henri V (1413-1422). C'est à l'intention de ce dernier qu'il traduisit, entre 1420 et 1422 — alors que Henri était régent du royaume de France —, les *Meditationes Vitae Christi* pseudo-bonaventuriennes, sous le titre de *Livre doré de la Vie de NSJC selon Bonne Adventure* (six mss). Après la mort de Henri, Jean Galopes passa au service du duc de Bedford, à son tour régent de France (1422-1431), pour lequel il mit en prose le *Pèlerinage de l'âme* de Guillaume de Digulleville*. Cette mise en prose fut ensuite traduite en latin par un anonyme.

→ C. Fisher, *Die Meditationes Vitae Christi ; ihre handschriftliche Überlieferung und die Verfasserfrage.* § 3 *Französische Übersetzungen,* dans *Arch. Francisc. Hist.*, t. 25 (1932), p. 195-208. — E. Faral, *Guillaume de Digulleville, Jean Galloppes et Pierre Virgin,* dans *Mél. M. Roques,* Paris, 1946, p. 89-102. — *HLF,* t. 39, 1952, p. 129. — A. Vernet, *Les traductions latines d'œuvres en langues vernaculaires au Moyen Âge,* dans *Traduction et traducteurs au Moyen Âge,* Paris, 1989, p. 235. G.H.

Jean de Garencières. Né vers 1371 dans les domaines de Croisy-sur-Eure (Eure, arr. Évreux, cant. Pacy-sur-Eure), Jean de Garencières était le fils du chevalier Jean de Garencières (avec lequel on l'a presque toujours confondu jusqu'aux travaux de M. Neal). Le patronyme de Garencières se rattache à un nom de terre : Garencières (Eure, arr. Évreux, cant. Saint-André-de-l'Eure), Garencières-en-Drouais (Eure-et-Loir, arr. et cant. Dreux), Garencières-en-Beauce (Eure-et-Loir, arr. Chartres, cant. d'Auneau) ou Garencières (Yvelines, arr. Rambouillet, cant. Montfort-l'Amaury).

Jean de Garencières avait épousé, dès avant 1389, Jeanne de Villiers, dame de Macy, fille de Pierre Ier de Villiers, seigneur de L'Isle-Adam et grand maître d'hôtel du roi Charles V. Jean Froissart* mentionnait le jeune Jean de Garencières, qui devait avoir alors environ dix-neuf ans, parmi les 30 chevaliers qui prirent part au tournoi donné en août 1389 à Paris, pour fêter l'arrivée de la femme du roi Charles VI, Isabeau de Bavière.

Suivant l'exemple de son père, Jean de Garencières était en 1403 chambellan du duc Louis d'Orléans (Eustache Deschamps* le nomme comme appartenant à l'entourage du duc), mais il fut aussi l'un des familiers du roi Charles VI. Il écrivit deux ballades en 1389 à Avignon, en réponse au *Livre des Cent ballades* :* il faisait alors partie de la suite de Charles VI en voyage dans le Midi. Jean de Garencières eut une vie aventureuse et riche en voyages. Ayant lié sa fortune à celle du parti d'Orléans, il prit part aux guerres civiles. Il participa à la croisade en Barbarie (1390) organisée par le duc de Bourbon, oncle de Charles VI ; il effectua plusieurs missions en Italie, surtout en Lombardie auprès de Jean-Galéas Visconti, beau-père de Louis d'Orléans, en décembre 1390, puis entre octobre 1390 et avril 1392 ; il fut de l'expédition de Bretagne (1392) dirigée contre le duc de Bretagne soupçonné d'héberger le traître Pierre de Craon ; il participa également à l'expédition de Louis d'Orléans en Guyenne (1406-1407), où il fut fait prisonnier par les Anglais au siège de Bourg (1407). C'est pour Louis d'Orléans qu'il écrivit un de ses plus longs poèmes, l'*Enseignement du dieu d'Amours* (20 strophes en doubles quatrains croisés de décasyllabes), dans lequel il dialogue avec le dieu Amour à la suite d'une déception amoureuse. Lors de l'assassinat de Louis d'Orléans (23 novembre 1407) par des mercenaires à la solde du duc de Bourgogne Jean sans Peur, Jean de Garencières fut le premier à arriver sur le lieu du crime ; il resta l'ami fidèle et le compagnon du jeune duc Charles d'Orléans*, avec lequel il lutta contre le parti bourguignon ; capitaine de la ville et du château de Caen en 1410, dépossédé par le duc de Bourgogne, Jean de Garencières triompha de ce dernier avec Charles d'Orléans (1414). Il mourut à une date inconnue entre le 16 mai et le 26 juin 1415, date à laquelle son fils lui succéda.

Les poésies de Jean de Garencières nous sont parvenues en un seul manuscrit (Paris, BN, fr. 19139), où elles se trouvent avec les poèmes lyriques d'Alain Chartier* et de Charles d'Orléans, en un recueil que nous devons probablement à ce dernier. Il s'agit en tout d'environ 50 poèmes (*ballades, rondels, lettres, complaintes,* etc.), portant en général la devise de Garencières : *Vous m'avez,* pour un ensemble de 1 800 vers. Nous avons là un document typique de poésie d'amour courtois ; se rangeant exactement dans la nouvelle tradition lyrique fondée par Guillaume de Machaut*, Garencières traite les thèmes désormais habituels avec aisance et souplesse ; et c'est dans une métrique généralement correcte qu'il se plaint, auprès du dieu Amour et auprès de sa Dame, de ses peines d'amour. Nous ne reconnaissons certes pas dans son œuvre la vraie poésie ni la profondeur et la sincérité du sentiment, mais nous trouvons en lui, avec une bonne maîtrise technique de la matière, un témoin fidèle d'un certain milieu culturel :

Ennuy, soucy, courrous et desplaisance
Me sont estraine en ce jour grancieux,
Quant je ne puis regarder les beaux yeulx
De vous, m'amour, ma joyeuse esperance.

Ces poèmes lyriques, en eux-mêmes dénués de poésie, nous intéressent pourtant à deux titres différents.

D'abord parce qu'un grand nombre d'entre eux nous sont parvenus non pas isolés, mais dans le contexte d'autres poèmes que divers seigneurs avaient écrits pour des concours de poésie : et de ce point de vue, ils constituent l'un des meilleurs documents, à la fin du XIVe siècle, de cette littérature de cour, composée par des chevaliers se reposant en société des combats et qui faisaient succéder la plume à l'épée, trouvant là un instrument de raffinement des plaisirs de l'amitié et de l'amour.

En second lieu, Jean de Garencières est historiquement l'homme qui a sans aucun doute influencé de la manière la plus large et la plus déterminante la formation poétique de Charles d'Orléans. Leurs rapports personnels, l'existence de deux ballades qu'ils échangèrent en polémiquant sur un ton de plaisanterie, et surtout les très importants recoupements de style et de lettres même que l'on peut faire entre les poésies du duc et celles de son fidèle écuyer, nous garantissent que c'est de Garencières que le duc d'Orléans apprit ces formules de style courtois — dans cette tonalité particulière faite d'aisance, empreinte tantôt de mélancolie, tantôt de camaraderie teintée d'humour, que Garencières avait donnée à ce style et que Charles d'Orléans devait transformer et sublimer en vraie poésie.

Jean de Garencières jouit d'une certaine renommée parmi ses contemporains, mais il était complètement oublié au début du XVIe siècle (cependant à Venise, Mario Equicola rappelait son nom et louait son œuvre dans son *Natura d'Amore,* 1526) ; c'est A. Piaget qui l'a tiré de l'oubli à l'époque moderne.

Certaines des poésies de Jean de Garencières furent imprimées dans le recueil *Jardin de Plaisance et Fleur de Rhétorique** publié par Antoine Vérard à Paris en 1501.

ŒUVRES. — *Les Poésies de Jean de Garencières,* éd. Y.A. Neal, Paris, 1953.

→ A. Piaget, *Jean de Garencières,* dans *Romania,* t. 22 (1893), p. 422-482 ; *Ballades de Guillebert de Lannoy et de Jean de Werchin, ibid.,* t. 39 (1910), p. 325 et 331. — Y.A. Neal, *Recherches sur la vie du chevalier poète Jean de Garencières et son cercle littéraire (fin du XIVe siècle et début du XVe siècle),* thèse, Paris, 1953. — Cf. *GRLMA*, t. VIII/1, p. 63, 77, 80, 208. — *MB* nos 6832-6833. S.Ci. et F.F.H.

Jean de Garlande (Grammaticus, Anglicus). Né en Angleterre vers 1195, il étudia à Oxford vers 1210-1213. Établi à Paris vers 1220, il enseigna au « clos de Garlande », une des meilleures écoles de l'Université de Paris. Après les émeutes de 1229, il fut appelé à Toulouse où il enseigna la grammaire et la rhétorique dans cette nouvelle université fondée pour abolir les restes de l'hérésie albigeoise. Dès 1232, il revint à Paris, où il vécut jusqu'à sa mort, probablement vers 1272. Jean de Garlande est un auteur fécond, sous le nom duquel circulent en outre beaucoup d'œuvres dont l'authenticité est contestée, mais qui eurent un réel succès. Son activité littéraire, essentiellement didactique, se situe entre 1220 et 1258. Comme grammairien, il est l'auteur de trois traités de grammaire versifiés : le *Compendium Grammaticae* en 4 000 vers traite de l'orthographe, de la prosodie, des parties du discours, avec de très nombreuses citations d'auteurs classiques, dont l'exactitude laisse supposer une connaissance directe de cette littérature, et une *Clavis compendii,* abrégé du *Compendium,* destinée à remplacer le *Grécisme* d'Evrard de Béthune* et le *Doctrinal* d'Alexandre de Villedieu*, objets de critiques répétées. Le troisième traité, le plus populaire, intitulé *Ars lectoria ecclesiae* ou *Accentuarium,* déplore vivement le recul de l'étude des *auctores.* Son traité de poésie, *Parisina Poetria,* est sous l'influence des *Artes dictandi* et a probablement pour complément les *Exempla vitae honestae,* traité sur les figures de rhétorique, qui lui est aussi attribué. On lui doit aussi trois œuvres lexicographiques en prose : le *Dictionarius,* qu'il a probablement composé en premier, vers 1220, et qui porte réellement ce titre, est un dictionnaire des mots nécessaires à la vie courante d'un écolier parisien du XIIIe siècle, le *Commentarius* et le *Dictionarius metricus* en 120 hexamètres avec des mots rares souvent glosés en langues vernaculaires. Ses *Integumenta Ovidii* donnent une vision allégorique des *Métamorphoses.* Le *Morale scholarium* est un traité moral et religieux aussi bien sur les études que sur la tenue à table, sur la vie quotidienne aussi bien que sur la simonie ou les rapports entre l'Empire et la Papauté. Parmi ses œuvres plus littéraires, le *De triumphis ecclesiae* est une épopée en distiques sur les croisades et les succès de l'Église contre les infidèles et les hérétiques, en particulier albigeois. Son *De mysteriis ecclesiae,* vers 1245, explique le symbolisme des cathédrales et du culte chrétien. L'*Epithalamium* et les *Miracles de la Vierge ou « Stella maris »* témoignent de sa dévotion à la Vierge Marie. On lui a attribué aussi plusieurs petits traités grammaticaux sur les *Equivoca,* les *Synonyma,* les *Nomina et verba defectiva* et les *Verba deponentialia,* l'énigmatique *Cornutus,* petit traité versifié de morale populaire très répandu surtout en Allemagne et abondamment commenté, enfin un manuel de confession ou *Poenitentarius,* traduit plusieurs fois en langue allemande. Le *Liber de constructionibus* qui porte son nom dans un manuscrit de Bâle est en fait les *Sophismata grammaticalia* écrits probablement par Robert Kilwardby. La production littéraire de Jean de Garlande pose encore de redoutables problèmes d'authenticité, mais elle mériterait sûrement d'être mieux exploitée pour notre connaissance du XIIIe siècle.

ŒUVRES. — *Dictionarius,* éd. T. Wright, *A Volume of Vocabularies,* Londres, 1857, p. 120-138 ; éd. A. Scheler, *Lexicographie latine du XIIe et du XIIIe siècle,* dans *Jahrbuch für romanische und englische Literatur,* t. 6 (1865), p. 43-49, 142-162, 287-321, 370-379 ; trad. anglaise B.B. Rubin, Lawrence (Kansas), 1981. — *Dictionarius metricus,* éd. A. Scheler, « *Olla patella* », *vocabulaire latin versifié,* dans *Revue de l'instruction publique en Belgique,* t. 21 (1878), p. 17-30, 104-115, 268-277 ; t. 22 (1879), p. 116-126, 182-188. — *Morale scholarium,* éd. L.J. Paetow, Berkeley, 1927 (*Memoirs of the Univ. of California,* 4/2). — *Parisiana Poetria,* éd. avec trad. anglaise T. Lawler, New Haven-Londres, 1974 (*Yale Studies in England,* 182). — *Exempla honestae vitae,* éd. E. Habel, *Die « Exempla honestae vitae » des Johannes de Garlandia, eine lateinische Poetik des 13. Jahrhunderts,* dans *Romanische Forschungen,* t. 29 (1911), p. 131-154. — *De mysteriis ecclesiae,* éd. F.W. Otto, *Commentarii critici in codices bibliothecae academiae Gissenssis,* Giessen, 1842, p. 131-151. — *De triumphis ecclesiae,* éd. T. Wright, Londres, 1856. — *Epithalamium BMV,* éd. d'extraits A. Saiani, *L'Epithalamium Beatae Mariae Virginis di Giovanni di Garlandia fra Alano e Dante,* Rome, 1980. — *Stella maris seu Miracula BMV,* éd. E.F. Wilson, Cambridge (Mass.), 1946. — *Integumentum Ovidii,* éd. F. Ghisalberti, Messine-Milan, 1933 (*Testi e documenti inediti o rari,* 2). — Œuvres douteuses : *Cornutus seu Distigium,* éd. E. Habel, *Der deutsche Cornutus I. Teil. Der Cornutus des Johannes de Garlandia...,* Augsbourg, 1908, p. 23-28. — *Equivoca* et *Synonyma,* éd. *PL,* t. 150, col. 1577-1590. — M. Kurz, dans *Jahrbuch der K.K. Staatsgymnasium im IX. Bez. in Wien,* 1884-1885 [éd. des *Synonyma* seulement] = Walther, *Initia carminum,* n°s 54, 1767 et 374. — *Nomina et verba defectiva* = Walther, *Initia* n° 3582. — *Verba deponentialia* = Walther, *Initia* n° 20264. — *Composita verborum* = Walther, *Initia* n°s 86 et 885. — *Poenitentarius seu Summa penitentiae* éd. *PL,* t. 207, col. 1153-1156 (sous le nom de Pierre de Blois) = Walther, *Initia* n° 13564 ; cf. aussi M.W. Bloomfield, *Incipits of Latin Works on the Virtues and Vices, 1100-1500 A.D.,* Cambridge (Mass.), 1979, n°s 3804-3821 (commentaires), et F.J. Worstbrock, *op. cit. infra,* col. 619-623 [avec bibliogr.].

→ B. Hauréau, *Notice sur les œuvres authentiques ou supposées de Jean de Garlande,* dans *Notices et extraits des mss de la BN,* t. 27/2 (1879), p. 1-86. — E. Habel, *Johannes de Garlandia, ein Schulmann des 13. Jahrhunderts,* dans *Mitteilungen der Gesellschaft für deutsche Erziehungs — und Schulgeschichte,* t. 19 (1909), p. 1-34 et 118-130. — C.H. Haskins, *A List of Text-Books from the Close of the 12th Century,* dans *Studies in the History of Mediaeval Science,* Cambridge (Mass.), 1924, p. 356-376. — L.J. Paetow, *Morale Scolarium of John of Garlande... with an Introduction on the Life and Works of the Autor...,* Berkeley, 1927, p. 69-273. — E.F. Wilson, *The Georgica Spiritualia of Johan of Garlandia,* dans *Speculum,* t. 8 (1933), p. 358-377. — L.K. Born, *The Manuscripts of the Major Grammatical Works of John of Garland...,* dans *Transactions and Proceedings of the American Association,* t. 69 (1938), p. 259-273 ; *Quotations and Citations in the « Accentuarium » of John of Garland, ibid.,* t. 70 (1939), p. 305-317. — A. Saiani et G. Vecchi, *Studi su Giovanni di Garlandia,* Rome, 1956 et 1963 (*Biblioteca di « Quadrivium »,* serie filologica, 2 et 3). — W.G. Waite, *Johannes de Garlandia, Poet and Musician,* dans *Speculum,* t. 35 (1960), p. 179-195. — L.K. Born, *Analysis of the Quotations and Citations in the « Compendium Grammatice » of John of Garland,* dans *Mél. B.L. Ullman,* t. 2, Rome, 1964, p. 51-83. — F.T. Lawler, *John of Garland and Horace : a Medieval Schoolman Faces the Ars Poetica,* dans *Classical Folia,* t. 22 (1968), p. 3-13. — A.L. Gabriel, *Garlandia. Studies in the History of the Mediaeval University,* Notre Dame, Indiana, 1969, p. 25, 42, 53-58, et *passim.* — Y. Dossat, *Les premiers maîtres à l'université de Toulouse, Jean de Garlande, Hélinand,* dans *Les Universités du Languedoc au* XIIIe *siècle, Cahiers de Fanjeaux,* t. 5 (1970), p. 179-189. — M.L. Colker, *New Evidence that John of Garland Revised the « Doctrinale » of Alexander de Villa Dei,* dans *Scriptorium,* t. 28 (1974), p. 68-71. — J.J. Murphy, *Rhetoric in the Middle Ages,* Berkeley, 1974, p. 176-180 et *passim.* — G.L. Bursill-Hall, *Johannes de Garlandia. Forgotten Grammarian and the Manuscript Tradition,* dans *Historiographia Linguistica,* t. 3 (1976), p. 155-157 ; t. 6 (1979), p. 77-86. — Cf. *Verfasserlexikon,* 2e éd. t. 4, 1964, col. 612-623 [F.J. Worstbrock]. — *DS,* t. 8, 1969, col. 534-536 [G. Oury]. — P. Glorieux, *La Faculté des arts et ses maîtres au* XIIIe *siècle,* Paris, 1971, p. 211-214. — *Lexikon des Mittelalters,* t. 5, 1990, col. 577-578 [G. Bernt]. C.J.

Jean « de Garlande » (Musicus, Gallicus). À ne pas confondre d'après E. Reimer avec son homonyme Jean de Garlande, poète et grammairien d'origine anglaise. Le musicien Jean de Garlande, que Jérôme de Moravie appelle aussi *Gallicus,* faisait partie de la *Natio gallicorum* à la Faculté des arts de Paris et enseigna probablement « au clos de Garlande » dans la deuxième moitié du XIIIe siècle. Il composa deux traités musicaux : le *De plana musica,* traité de plain chant inédit connu seulement à travers trois fragments anonymes, que les citations de Jérôme de Moravie et de Johannes de Grocheo permettent de lui attribuer avec certitude, et le *De mensurabili musica,* qui nous est parvenu en deux recensions. Ce traité sur la polyphonie codifie les pratiques développées par l'école de Notre-Dame au XIIe siècle. Le texte de la version authentique, identifié par les citations postérieures, a été restitué par E. Reimer d'après trois manuscrits, les chapitres inédits du ms. de Paris étant édités en appendice.

ŒUVRES. — *De mensurabili musica* : éd. E. de Coussemaker, *Scriptorum de musica medii aevi nova series,* t. 1, Paris, 1864, p. 97-117 (ms. Paris) ; p. 175-182 (ms. Vatican). — S.M. Cserba, *Hieronymus de Moravia...,* Regensburg, 1935, p. 194-230. — E. Reimer, Wiesbaden, 1972, 2 vol. [éd. et comm.] (*Beihefte zum Archiv für Musikwissenschaft,* 10-11). — Trad. anglaise S.H. Birnbaum, Colorado Springs, 1978 (*Colorado College Music Press. Translations,* 9). — Cf. aussi C.S. Larkowski, Ph. Diss. Michigan State University, 1977 (UMI. 78-03518). — *De plana musica,* inédit.

→ Historique de l'identité du musicien Jean de Garlande avec le grammairien du même nom depuis E. de Coussemaker et la remise en question de cette unicité, cf. E. Reimer, *Op. cit. supra,* t. 2, p. 1-17. — W.G. Waite, *Johannes de Garlandia, Poet and Musician,* dans *Speculum,* t. 35 (1960), p. 179-195. — F.A. Gallo, *Tra Giovanni di Garlandia e Filippo da Vitry. Note sulla tradizione di alcuni testi teorici,* dans *Musica Disciplina,* t. 23 (1969), p. 13-20. — R.A. Rasch, *Johannes de Garlandia en de ontwikkeling van de voor franconische notatie,* Brooklyn, New-York, 1969 (*Musicological Studies,* 20). — F.A. Gallo, *Philological Works on Musical Treatises of the Middle Ages,* dans *Acta musicologica,* t. 44 (1972), p. 87-88. — G.A. Anderson, *Johannes de Garlandia and the Simultaneous Use of Mixed Rythmic Modes,* dans *Miscellanea musicologica,* t. 8 (1975), p. 1-81. — J. Yudkin, *The Copula According to Johannes de Garlandia,* dans *Musica Disciplina,* t. 34 (1980), p. 67-84. — E.H. Roesner, *Johannes de Garlandia on Organum in speciali,* dans *Early Music History,* t. 2 (1981), p. 129-159. — M. Haas, *Die Musiklehre von Garlandia bis Franco,* dans *Die mittelalterliche Lehre von der Mehrstimmigkeit,* éd. H.H. Eggelbrecht, F.A. Gallo, M. Haas, K.J. Sachs, Darmstadt, 1984, p. 98-99 (*Geschichte der Musiktheorie,* 5). — M. Huglo, *Bibliogr. des éd. et études relatives à la théorie musicale du Moyen Âge (1972-1987),* dans *Acta musicologica,* t. 60 (1988), p. 236-237. — Cf. *Die Musik in Geschichte und Gegenwart,* t. 7, Bâle-Londres-New York, 1958, col. 92-95 [H. Hüschen]. — *The New Grove Dictionary of Music and Musicians,* Londres, 1980, t. 9, p. 662-664 [R. Baltzer]. C.J.

Jean Gaulart de Chavenges. Clerc du diocèse de Troyes, conseiller au Parlement, il écrivait à l'intention de la famille royale, sous le règne de Philippe de Valois. Il compose, entre 1345 et 1348, un poème qui devait comprendre environ 4 850 vers, intitulé *Le Livre Royal* ou *Le Livre des Prophéties de Notre Dame* et dont on ne conserve qu'un manuscrit amputé du premier feuillet. D'une série d'emprunts à l'Écriture sainte, à Virgile* et à Ovide*, l'auteur prétend tirer un enseignement moral. Il multiplie les digressions dont la plupart ont trait à l'histoire de France depuis les origines fabuleuses jusqu'aux événements de 1344. Elles offrent en elles-mêmes peu de valeur et l'ensemble de l'ouvrage ne présente qu'un médiocre intérêt littéraire.

→ L. Delisle, *Le Livre Royal de Jean de Chavenges,* dans *BEC,* t. 62 (1901), p. 317-348. — A. Molinier, *Les sources de l'histoire de France,* Paris, 1904, n° 3166. — C.-V. Langlois, *Jean Gaulart de Chavanges, auteur d'un poème en français,* dans *HLF,* t. 26 (1927), p. 159-169. — H. Pflaum, *Ein französischer Dichter des 14 Jahrhunderts über Raschi,* dans *Monatschrift für Geschichte des Judentums,* t. 76 (1932), p. 577-586. — Cf. *MB* nos 4892, 6928. R.B.

Jean Germain. Né vers 1400 de serfs nivernais affranchis, devenus de riches bourgeois de la ville de Cluny, Jean Germain fit ses études de théologie à Paris. Il devint, par la faveur de Philippe le Bon, conseiller ducal (1429), doyen de la Sainte-Chapelle de Dijon, évêque de Nevers (décembre 1430), et premier chancelier de l'ordre de la Toison d'Or. Ambassadeur de Philippe au concile de Bâle, il y conteste, en 1433, la préséance sur son maître aux Grands Électeurs et à d'autres délégations ; partisan d'Eugène IV, il propose la médiation des princes ou défend les thèses pontificales ; à Ferrare-Florence, il intervient en faveur de l'union avec les Grecs (1438). Il lutte enfin contre l'hérésiarque Favaroni (Bâle, 1435). Évêque de Chalon-sur-Saône en 1436, fondateur de la chapelle Notre-Dame de Pitié, il joue également un rôle politique important dans les relations franco-bourguignonnes (conférence d'Auxerre, 1432 ; assemblée de Bourges, 1439 ; ambassades auprès de Charles VII en 1447 et 1451 ; conférence de la Charité en 1455).

Parmi une abondante production littéraire, il faut notamment citer le *Discours du voyage d'Oultremer,* prononcé devant Charles VII en 1451 pour l'exhorter à la croisade ; le *Liber de Virtutibus* (1452), panégyrique de Philippe le Bon, adressé à son fils et d'une grande valeur historique en ce qui concerne les projets de croisade bourguignons ou le congrès d'Arras ; la *Mappemonde Spirituelle* (1449), source de la *Topographia Sanctorum* de Maurolycus (XVIe) ; les *Deux Pans de la Tapisserie chrestienne,* manuel à l'usage des curés de campagne et de leurs ouailles, et surtout le *Trésor des Simples* (ou *Débat du Chrestien et du Sarrazin*).

Dans ce dernier ouvrage, contemporain du grand Jubilé de 1450, l'auteur utilise (l. I-II) la traduction latine, entreprise au XIIe siècle sous les auspices de Pierre le Vénérable*, de la *Risala* (ou apologie) du polémiste arabe chrétien Al-Kindi (melchite et non nestorien, IXe-Xe), présentée sous forme d'un dialogue fictif ; puis il retrace (l. III-IV) l'histoire de l'Église et (l. V) les principaux points du dogme chrétien. Le *corpus* clunisien dont fait partie l'*Apologie* inspira également Nicolas de Cues, Denys le Chartreux et Jean de Ségovie, qui entretint une active correspondance avec Jean Germain sur le problème de la conversion de l'Islam (Vat. lat. 2933, Salam. 55). Quelques renseignements historiques sur les projets de croisade du duc de Bourgogne sont épars dans le *Débat,* et notamment livre V, XVe cons., chap. III, où, après avoir retracé les récents succès remportés sur l'Islam, l'évêque de Chalon énumère les raisons d'espérer, tenant aussi bien à l'adversaire qu'aux dispositions internes du monde chrétien.

→ Sur la vie de Jean Germain : *DHGE,* t. 20 (1985), col. 931-932 (Y. Lacaze). — C.F. Bugniot, *Vie de Jehan Germain, évêque de Chalon-sur-Saône,* Chalon, 1862. — J.-L. Bazin, *Histoire des évêques de Chalon-sur-Saône,* t. 2, dans *Mém. de la Soc. d'hist. et d'archéol. de Chalon-sur-Saône,* t. 15, 1918, p. 10-31. — L.M. Poussereau, *Un serf nivernais Chancelier de la Toison d'Or,* 57e congrès des Sociétés savantes, Dijon, 1924, Paris-Nevers, 1927. — Toussaint (le P.J.), S.J., *Les relations diplomatiques de Philippe le Bon avec le concile de Bâle,* Louvain, 1942 (*Université de Louvain. Recueils de travaux d'histoire et de philologie,* III, 9). — Y. Lacaze, *Un représentant de la polémique antimusulmane au XVe siècle. Jean Germain, évêque de Nevers et de Chalon-sur-Saône (1400-1461). Sa vie, son œuvre,* dans *Position des thèses de l'École des Chartes,* 1958, p. 67-75 [la thèse contient une éd. partielle et une analyse complémentaire du *Débat*] ; *Les débuts de Jean Germain...,* dans *Mémoires de la Soc. d'hist. et d'archéologie de Chalon-sur-Saône,* t. 39 (1968), p. 63-86. — G. Chahuat, *J. Germain, évêque de Chalon-sur-Saône,* dans *Annales de l'Académie de Mâcon,* t. 49 (1968-1969), p. 35-44. — Sur son œuvre en général : B. de Gaiffier, *Les sources de la Topographia Sanctorum publiées par Maurolycus,* dans *Analecta Bollandiana,* t. 52 (1934), p. 57-63. — Kervyn de Lettenhove, *Chroniques relatives à l'histoire de la Belgique,* t. 2, 1876, p. 1-115 (*Coll. des chroniques belges*). — C. Schefer, *Le Discours du voyage d'Oultremer au très victorieux roi Charles VII,* dans *Revue de l'Orient latin,* t. 3, 1895, p. 303-342. — G. Doutrepont, *La littérature française à la cour des ducs de Bourgogne,* Paris, 1909, p. 249-252. — Sur Jean Germain et la polémique antimusulmane de son époque : R. Haubst, *Johannes von Segovia im Gespräch mit Nikolaus von Kues und Jean Germain über die göttliche Dreieinigkeit und ihre Verkundigung vor der Mohammedanen,* dans *Münchener theologische Zeitschrift,* t. 2 (1951), p. 115-129. — P.D. Cabanelas Rodriguez, *Juan de Segovia y el problema islamico,* Madrid, 1952. — Sur l'Apologie : M.-T. d'Alverny, *Deux traductions latines du Coran au Moyen Âge,* dans *ADHLMA,* t. 16 (1947-1948) p. 69-131. — S. Muñoz Sendino, *Al-Kinde, Apologia del Cristianesimo,* dans *Miscellanea Comillas,* Santander, t. II-12 (1949), p. 339-460 [éd. du texte latin]. — Sur les projets bourguignons de croisade : A.S. Atiya, *The Crusade in the later Middle Ages,* Londres, 1938 [analyse du *Discours* de 1451, p. 206-210]. — Art. de MM. Grunzweig dans *Le Moyen Âge,* t. 67 (1956), p. 119-165 ; *Byzantion,* t. 24 (1954), p. 47-61, et Marinesco, *Actes du 6e congrès International des Études byzantines, tenu à Paris en 1948,* Paris, 1951, t. 1, p. 147-168 ; *Bull. des Études portugaises et de l'Institut français au Portugal,* nouv. série, t. 13 (1949), p. 3-25. — Cf. *MB* nos 5587, 5589, 8019. Y.La.

Jean Gerson (Jean Le Charlier, 1363-1429). Théologien et prédicateur, le chancelier Gerson est l'un des auteurs les plus célèbres du Moyen Âge tardif, ce qui n'implique pas nécessairement qu'il soit bien connu. Son œuvre considérable (plus de 500 titres authentiques, sans compter, bien sûr, bon nombre de fausses attributions), déjà largement diffusée de son vivant, eut au cours du XVe siècle de nombreuses éditions, d'abord manuscrites, puis imprimées et exerça une profonde et durable influence non seulement en France, mais aussi dans les pays germaniques. Il a également joué un rôle public de premier plan au cours d'une période particulièrement troublée marquée, pour l'Église, par le Grand Schisme (1378-1417), et, pour la France, par les âpres luttes de factions et l'invasion anglaise.

Il naît le 14 décembre 1363 à Barby, non loin de Rethel, dans le petit hameau de Gerson dont il prendra plus tard le nom, selon l'usage universitaire (ce qui lui permettra un savant jeu de mots, l'hébreu *gerson* signifiant « étranger »). Il est l'aîné des 12 enfants d'un modeste artisan, Arnoul Le Charlier. Celui-ci est vraisemblablement clerc, ce qui n'a rien d'exceptionnel, à cette époque, pour un villageois de Champagne ; il est, en tout cas, très pieux et doté d'une réelle culture, comme le prouve ce que notre auteur rapportera de l'éducation chrétienne reçue au foyer paternel. Les quatre fils qui atteindront l'âge adulte seront tous d'Église (un prêtre et trois moines), et les cinq filles, dirigées de loin par leur aîné, s'organiseront en une sorte de béguinage, s'adonnant à la prière et aux exercices spirituels.

Après des études élémentaires, à Rethel puis chez les bénédictins de Saint-Remi, Jean reçoit en 1377 la tonsure de clerc (la « couronne ») des mains mêmes de l'archevêque de Reims — ce qui justifiera, cette fois encore, un jeu de mots — et, âgé de moins de quatorze ans, est envoyé à Paris comme boursier au Collège royal de Champagne, plus connu sous le nom de Collège de Navarre, en principe réservé aux jeunes Champenois. Dès 1381, il est licencié ès-arts, à peu près en même temps qu'un camarade originaire de la même province, Nicolas de Clamanges*, avec qui il se lie d'une durable amitié.

C'est quelque temps après qu'il se voit inopinément frustré des revenus d'un petit bénéfice qui devait lui permettre d'aborder les longues études de théologie. L'épître retrouvée par laquelle l'adolescent, désemparé, supplie un protecteur anonyme — presque certainement Pierre d'Ailly* — de lui venir en aide semble bien dater de la période (mars 1382) où sévit à Paris la révolte dite des « Maillotins » ; c'est sans doute grâce à l'intervention de ce protecteur qu'une nouvelle bourse lui est octroyée pour se maintenir au Collège. Par son habile composition, par l'élégance du latin, par les allusions mythologiques dont elle est enjolivée, cette lettre témoigne, certes, du talent précoce de son auteur, mais aussi du haut niveau auquel a depuis peu accédé l'enseignement rhétorique dispensé aux *artistae* de Navarre.

Ceci est confirmé par un autre texte retrouvé, datant de sa prime jeunesse : une églogue sur le Schisme qui met en scène Pan et Palès, personnifiant le Christ et l'Église. Malgré ses maladresses et ses naïvetés, ce poème est la première œuvre incontestablement humaniste composée par un Français en cette fin du XIVe siècle. La source d'inspiration en est le *Bucolicum carmen* de Pétrarque*, auteur dont la forte influence qu'il a exercée sur Gerson semble, curieusement, n'avoir guère retenu l'attention des historiens de la culture.

En 1388, Jean accompagne son maître Pierre d'Ailly qui se rend en Avignon pour obtenir de Clément VII la condamnation des thèses du dominicain aragonais Juan de Monzón, contempteur de l'Immaculée Conception. L'année suivante, il rédige contre ce personnage un traité, lui aussi récemment identifié, dont le long prologue se présente comme un véritable manifeste du jeune humanisme parisien : dans un latin qui s'efforce d'imiter celui de Pétrarque, Gerson — comme le fera, un peu plus tard, son ami Nicolas de Clamanges — s'oppose à certaines des idées maîtresses du Lauréat : il affirme que Paris demeure, en vertu de la *Translatio Studii,* le principal foyer de culture du monde, et il ne craint pas de proclamer que les Français valent bien les Grecs et les Romains, qu'ils leur sont même sans doute supérieurs.

En 1389, Pierre d'Ailly obtient de Clément VII sa nomination comme chancelier de Notre-Dame (c'est-à-dire, en fait, de l'Université de Paris), charge qui ne saurait être à ses yeux qu'une simple étape du *cursus honorum.* Il s'y fait seconder par son élève préféré afin que, le moment venu, un successeur en qui il ait entière confiance puisse le remplacer dans cette position somme toute assez modeste, mais qui présente en ces temps troublés un grand intérêt stratégique.

Dès 1391, le jeune homme s'est acquis une telle notoriété qu'il est appelé à prêcher devant le roi et la cour. Deux ans plus tard, le duc de Bourgogne, Philippe le Hardi, se l'attache comme premier aumônier et le fait nommer doyen du chapitre de Saint-Donatien à Bruges. Entre-temps, Gerson, ayant obtenu la licence (décembre 1392), a été nommé l'année suivante maître en théologie *actu regens.* Il enseignera pratiquement sans interruption jusqu'au début de 1415.

En avril 1395, Pierre d'Ailly se voit offrir par Benoît XIII l'évêché du Puy (qu'il abandonnera l'année suivante pour celui de Cambrai) ; il obtient sans peine du nouveau pape d'Avignon que son protégé lui succède à la chancellerie de Notre-Dame.

En cette qualité, Gerson va déployer

pendant des années une inlassable activité en vue de mettre fin au Schisme, soutenant le plus longtemps possible la « voie de cession » et s'opposant aux solutions extrêmes ; il multiplie les écrits et les démarches, prend part à des ambassades, et se rend au décevant concile de Pise (1409), qui n'aboutit en fin de compte qu'à créer une trinité de papes. De 1415 à 1418, il participe très activement au concile de Constance, qui réussira enfin à rétablir l'unité de l'Église, et s'y emploie avec succès à faire condamner les enseignements de Jan Hus et de Jérôme de Prague. En revanche, il ne pourra obtenir du nouveau pape Martin V une condamnation explicite du tyrannicide. Cet échec est pour lui une grave déception car, depuis près de dix ans, il combattait sans relâche les thèses de Jean Petit* (*Johannes Parvi*) qui s'était fait l'apologiste du meurtre de Louis d'Orléans commis en 1407 à l'instigation de son cousin Jean sans Peur.

En raison de cette prise de position courageuse mais dangereuse, Gerson, jadis protégé de la maison de Bourgogne, est maintenant en butte à sa vindicte. Les Bourguignons, alliés aux Anglais, s'étant emparés en mai 1418 de la capitale où ils exercent une sanglante répression, le chancelier, quand s'achève le concile de Constance, ne peut prendre le chemin du retour. Les sentiments que suscitent en lui les tragiques nouvelles venues de France nous sont connus par divers poèmes, mais surtout par une longue et pathétique *deploratio* récemment retrouvée dans laquelle, à l'exemple de Jérémie pleurant les malheurs de Jérusalem, il se lamente sur le triste sort de Paris en proie aux luttes fratricides. Il retravaillera sur ce texte à Lyon où, après avoir séjourné un an en Bavière et en Autriche, il va chercher refuge, en novembre 1419, au couvent des célestins dont son plus jeune frère, lui aussi prénommé Jean, est le prieur.

C'est là qu'il va passer les dix dernières années de sa vie. Il répond aux consultations théologiques ou morales qui lui sont demandées de toutes parts — notamment par les moines de la Grande Chartreuse, avec qui il entretient une active correspondance. Il se consacre surtout à parfaire ou à entreprendre la rédaction de très nombreux ouvrages.

L'une des dernières consultations qui lui sont demandées concerne Jeanne d'Arc ; il y répond, en mai 1429, par le traité *De Puella Aurelianensi,* concluant à l'origine divine de ses révélations. Puis il se remet à la rédaction de son volumineux *Tractatus super Cantica Canticorum,* qu'il achève le 9 juillet. Il meurt trois jours après. Bientôt, la rumeur publique colporte le récit de divers miracles qui auraient eu lieu en l'église Saint-Laurent auprès de son tombeau.

De très bonne heure, le Célestin Jean, de vingt-deux ans son cadet, dont il a jadis pris en main l'éducation et qu'il a toujours traité en fils plutôt qu'en frère, a été pour lui le plus zélé des secrétaires et le plus consciencieux des copistes. Quand son illustre aîné s'installe à Lyon, il se voit promu au rôle d'éditeur, ce qui, en un temps où l'imprimerie n'existe pas, signifie qu'il doit organiser la diffusion des œuvres de son frère : pour chaque texte, il établit avec grand soin au moins un modèle (*exemplar*) ; celui-ci est ensuite confié au *scriptorium* d'un couvent de célestins ou de chartreux (les deux ordres à qui Gerson a dédié son traité *De laude scriptorum*) qui se charge d'en multiplier les copies.

Si peu d'autographes du chancelier sont parvenus jusqu'à nous, il subsiste en revanche une bonne dizaine de manuscrits de ses œuvres copiés par son frère. Encore un peu maladroit dans sa prime jeunesse, Jean le Célestin ne tarde pas à acquérir une grande maîtrise, et l'habileté de l'écriture n'a alors d'égale que la parfaite correction de la transcription. Son rôle dépasse d'ailleurs celui d'un simple copiste : on le voit parfois ajouter à la fin d'un traité ce que nous appellerions aujourd'hui des références bibliographiques ; il renvoie d'un texte à un autre, ou explique brièvement en quelles circonstances une œuvre a été rédigée ; il lui arrive même — non sans en avertir le lecteur — de restaurer un sermon incomplet à l'aide d'un passage tiré de quelque autre écrit traitant du même sujet.

Jean le Célestin devait suivre son aîné dans la tombe dès 1434, âgé de moins de cinquante ans. Sans doute succomba-t-il à la tâche, car, pendant les cinq années qui suivirent la mort de son frère, il ne dut pas cesser de copier les œuvres du chancelier pour fournir des modèles à tous ceux qui, non seulement en France, mais jusqu'en Autriche, s'offraient à en assurer la diffusion.

L'œuvre de Gerson n'est pas seulement immense, mais aussi fort diverse. Il serait vain, comme on l'a fait parfois, de porter un jugement global sur son style, car peu d'auteurs ont su comme lui adapter le style, et même la langue, de chaque écrit ou de chaque sermon au public auquel il était destiné. S'il parle aux « gens simples sans lettres », par exemple à ses paroissiens de Saint-Jean-en-Grève, il cite des proverbes, allègue de « gros exemples » et use d'un français vigoureux et clair ; s'il prêche devant le roi et la cour, la rhétorique se fait plus subtile, la langue plus nuancée ; s'il s'adresse à des ecclésiastiques, il recourt normalement au latin « parlé », sans recherche particulière ; s'il se trouve dans un milieu très cultivé, comme au Collège de Navarre, il passe au latin pétrarquisant et cite volontiers Cicéron ou Horace.

Ce n'est, enfin, que pour lui-même et pour un cercle intime de grands lettrés qu'il compose ses poèmes qui, à la différence de la plupart des autres œuvres, n'ont eu qu'une diffusion très restreinte. Ces poèmes latins, trop peu connus, ne sont pas seulement remarquables par leur langue savante ou par l'usage de formes métriques rares, mais plus encore par ce qu'ils expriment : ils sont la quintessence de sa pensée et, pourrait-on dire, la partie la plus « gersonienne » de son œuvre.

Dans cette œuvre si vaste, que l'on a pu qualifier de miroir de son temps, deux grandes orientations dominent : la réforme de l'Église et l'éducation chrétienne des divers secteurs de la société.

Le souci de mettre fin au Schisme conduit Gerson à une réflexion ecclésiologique qui trouve sans doute son expression la plus achevée dans le traité *De vita spirituali animae :* il y développe de façon très nuancée la thèse de la supériorité de l'Église, représentée par le concile général, sur le pape, thèse que l'on a souvent grossie et schématisée.

Son désir d'éduquer le peuple chrétien se traduit par plus de 100 sermons, tant en latin qu'en français, par des opuscules catéchétiques, par de nombreux traités sur la confession, les cas de conscience, etc., mais également et plus encore, par son enseignement de la théologie mystique ; celui-ci n'est pas seulement destiné aux étudiants (les deux traités *De theologia mystica*), mais s'adresse tout aussi bien à la masse des fidèles, personnifiée par ses sœurs demeurées au village : à l'occasion de ses séjours à Bruges, Gerson a sans nul doute été influencé par la *Devotio moderna,* même s'il en a critiqué certains aspects ; il est significatif, de ce point de vue, qu'on ait longtemps voulu lui attribuer la paternité de l'*Imitatio Christi.* Quoi qu'il en soit, Gerson n'a rien d'un visionnaire ; sa mystique, nourrie de la lecture du Pseudo-Denys*, de Jean Scot Erigène* ou de Bonaventure*, demeure raisonnable. Même pour gravir la Montagne de Contemplation, ce paysan ardennais garde les pieds sur terre.

ŒUVRES. — La vieille édition des Œuvres complètes d'Ellies Du Pin (4 tomes en 5 vol., Anvers, 1706) a été aujourd'hui remplacée par celle de P. Glorieux (10 volumes, Paris-Tournai, 1960-1973), plus complète et plus maniable, mais guère plus correcte. Seules de rares œuvres ont fait l'objet d'éditions critiques : la *Theologia mystica* (éd. André Combes, Lugano, 1958), certains sermons en français (éd. Louis Mourin, Bruges, 1952). Une éd. critique de l'œuvre poétique latine par G.M. Roccati ne devrait pas tarder à paraître. Divers textes oubliés ou perdus — dont certains d'une réelle importance pour l'histoire intellectuelle — ont été retrouvés au cours des dernières décennies ; certains ont pu trouver place dans l'éd. Glorieux, d'autres ont été publiés depuis (voir la bibliogr. récente).

→ On trouve dans le t. 14 de l'*Histoire de l'Église,* intitulé *L'Église au temps du Grand Schisme et de la crise conciliaire (1378-1449),* par E. Delaruelle, E.-R. Labande et P. Ourliac, Tournai, 1964, non seulement une très bonne étude de l'œuvre et de la personnalité de Gerson, mais (p. 861-869) un état des études gersoniennes comportant une importante bibliogr. critique. Celle-ci peut être complétée pour la période plus récente par l'ouvrage de D. Calvot et G. Ouy, *L'œuvre de Gerson à Saint-Victor de Paris,* Paris, 1990 [bibliogr. p. 37-44]. G.O.

Jean Gobi junior. Originaire d'Alès dans le Gard, Jean Gobi entra au couvent des frères prêcheurs de cette ville ; en 1323, il y était prieur. Puis il rejoignit son oncle Jean Gobi senior*, prieur du couvent de Saint-Maximin en Provence, où il fut lecteur en théologie sans doute jusqu'en 1334, année de son retour au couvent d'Alès dont il fut à nouveau prieur. Il dut mourir en 1350.

Son œuvre est constituée de deux ouvrages inégalement connus. Le premier, le

De Spiritu Guidonis, est un dialogue entre Jean Gobi et un revenant, Gui de Corvo, habitant d'Alès, qui venait de mourir ; or huit jours après son inhumation — ceci se passe en 1323 — il importunait sa veuve par des cris et des gémissements. Jean Gobi se rendit dans sa maison avec une suite importante et durant deux nuits interrogea cet esprit à propos du Purgatoire et des suffrages. Le compte rendu du dialogue fut présenté au pape Jean XXII en plein consistoire et connut une large diffusion qu'attestent les 89 mss qui en subsistent et les nombreuses éditions et traductions. Il en fut fait dès le XVᵉ siècle une traduction en français, sous le titre la *Vision de l'âme de Gui de Turno*.

Le second ouvrage est mieux connu des historiens et des folkloristes, il s'agit de la *Scala coeli ;* c'est un recueil d'*exempla**, qui fut composé entre 1323 et 1330 à Saint-Maximin, dans une période d'essor du pèlerinage à sainte Marie-Madeleine organisé par ce couvent, ce qui explique la dédicace de l'œuvre à cette sainte. Le recueil regroupe environ mille *exempla* compilés dans un latin émaillé d'expressions provençales, qui sont répartis dans 125 rubriques classées par ordre alphabétique de *Abstinentia* à *Usura*. Les titres des rubriques se rattachent aux catégories traditionnelles de la prédication, les vices et les vertus, les statuts sociaux et les notions théologiques destinées à donner aux fidèles un catéchisme de base. En effet, ce recueil était affecté, comme tous ceux des ordres mendiants, à une prédication populaire en langue vernaculaire. La structure de l'*exemplum* est relativement stéréotypée : il est introduit par une leçon qui éclaire un des aspects de la rubrique et par la mention des sources faisant office d'autorité ; vient ensuite le récit, qui inclut souvent une séquence herméneutique destinée à en révéler la signification symbolique ; parfois une moralisation clôt l'*exemplum* et achève d'encadrer et de figer son interprétation.

Très diffusée auprès des prédicateurs, la *Scala coeli* a également été exploitée par les folkloristes qui y ont retrouvé la trace écrite, parfois la plus ancienne, de contes connus.

ŒUVRES. — *Scala coeli :* éd. M.A. Polo de Beaulieu, Paris, 1992 (*Sources d'histoire médiévale*). — Trad. partielle : J.-C. Schmitt, dans *Prêcher d'exemples. Récits de prédicateurs du Moyen Âge,* Paris, 1985, p. 122-137 ; J. Berlioz, C. Brémond, C. Velay-Vallantin, dans *Formes médiévales du conte merveilleux,* Paris, 1989 (*Stock/Moyen Âge*), p. 85-133 ; J. Longère, dans *Des mots pour prier. Pratiques et expériences de la prière (VIᵉ-XVᵉ),* 1991, p. 110-124. — *De spiritu Guidonis* : trad. partielle J. Chiffoleau, *La comptabilité de l'au-delà,* École française de Rome, 1980, p. 399-408.

→ J.H. Albanès, *Le couvent royal de Saint-Maximin en Provence de l'ordre des frères prêcheurs...,* dans *Bull. Soc. d'études de... Draguignan,* t. 12 (1880), p. 60-82 [à compléter par A. Roque-Ferrier dans *RLR,* t. 6 (1881), p. 98-103]. — C.V. Langlois, dans *HLF,* t. 35 (1921), p. 532-556. — J.-C. Schmitt, *Jeunes et danses de chevaux de bois. Le folklore méridional dans la littérature des exempla,* dans *Cahiers de Fanjeaux,* t. 11 (1976), p. 127-158. — M.A. Polo de Beaulieu, *Exempla et contes populaires,* dans *Le Conte de tradition orale dans le bassin méditerranéen,* Carcassonne, 1986, p. 48-66 ; *Mulier et femina. The Representation of Women in the Scala coeli of Jean Gobi,* dans *Women and the Sources of Medieval History,* Athenes-Londres, 1990, p. 50-65 ; *Recueils d'exempla méridionaux et culte des âmes du purgatoire,* dans *Cahiers de Fanjeaux,* t. 26 (1991), p. 257-278. — Cf. T. Kaeppeli, *Scriptores ordinis praedicatorum Medii Aevi,* t. 2, 1975, p. 442-446.

M.A.P.B.

Jean Gobi senior. Né à Alès à une date inconnue, d'une famille de haut rang qui donna un consul à sa ville, Jean Gobi fit profession chez les dominicains ; il fut d'abord sous-lecteur à Marvejols en 1281, puis à Alès en 1285. Il entreprit ensuite des études au *studium generale* de Paris entre 1291 et 1293, puis enseigna la théologie au couvent de Béziers et devint prédicateur général en 1300, puis prieur du couvent d'Avignon de 1301 à 1302. En 1302-1304, il fut prieur du couvent de Montpellier, durant une période particulièrement troublée de la lutte qui opposait le roi Philippe le Bel au pape Boniface VIII. C'est en qualité de prieur qu'il exhorta les religieux en juillet 1303 à refuser aux délégués du roi d'adhérer à la convocation d'un concile général chargé de juger le pape. À la suite de cette prise de position en faveur de la papauté, les dominicains furent expulsés du royaume. Jean Gobi se réfugia au couvent de Saint-Maximin, dont il fut prieur de 1304 à sa mort en 1328. En 1312, le chapitre d'Orange le désigna comme provincial de la seconde province de Provence, poste qu'il occupa jusqu'en 1314. Le cumul des fonctions de prieur et de provincial était tout à fait exceptionnel pour l'époque.

Il composa vers 1313 un livre intitulé *Miracula beate Marie Magdalene,* qui contient le récit de 85 miracles survenus à Saint-Maximin depuis 1279, date à laquelle le couvent était devenu lieu de pèlerinage au tombeau de la sainte. Les miracles sont classés par catégories d'infirmités. Malheureusement, il ne subsiste qu'une copie tardive du texte qui est inédit.

→ J.H. Albanès, *Le couvent royal de Saint-Maximin...,* dans *Bull. Société d'Études de... Draguignan,* t. 12 (1880), p. 60-82. — C.V. Langlois, dans *HLF,* t. 31 (1893), p. 47-65 ; t. 35 (1921), p. 532-534. — B. Montagnes, *Marie-Madeleine et l'ordre des Prêcheurs,* Marseille, 1984 ; *La légende dominicaine de Marie-Madeleine à Saint-Maximin,* dans *Le peuple des saints. Croyances et dévotions en Provence et dans le Comtat Venaissin à la fin du Moyen Âge,* Institut de Recherches et d'Études du bas Moyen Âge avignonnais, Avignon, 1987, p. 73-86 ; *Saint-Maximin, foyer de production hagiographique. Le Liber miraculorum beate Marie Magdalene (1315),* dans *Marie-Madeleine dans la mystique, les arts et les lettres,* Paris, 1990, p. 49-69. — Cf. T. Kaeppeli, *Scriptores Ordinis Praedicatorum Medii Aevi,* t. 2, 1975, p. 442. — *DHGE,* t. 21 (1986), col. 369. M.A.P.B.

Jean Golein. D'après son épitaphe, recueillie au XVIIe siècle, Jean Golein est né dans le pays de Caux, à Bacqueville et est mort en 1403. Né vers 1325, ce Normand appartint au couvent des Carmes de Rouen avant de venir faire ses études de théologie à Paris. Bachelier sententiaire en 1341, il est bachelier biblique en 1354. À la même date, il devient procureur du couvent parisien des Carmes. Depuis 1362 au moins, il est docteur en théologie et participe aux activités de la Faculté. Il est élu provincial de l'ordre des Carmes en 1369. Nommé chapelain de Clément VII, Golein aurait été dépêché à Paris en 1391 pour soutenir les intérêts du pape devant le roi et, pour avoir œuvré avec trop de zèle à un moment où l'Université se détournait de Clément VII, il aurait été retranché du corps enseignant.

Jean Golein fut l'un des traducteurs de Charles V les plus productifs. Avant 1369, il donna une version française de la *Vie de sainte Agnès,* patronne de Charles V (né un 21 janvier) qui lui vouait une dévotion particulière. Ce texte perdu nous est connu par la mention qu'en fait Golein en 1369 dans la préface de sa traduction des opuscules historiques et religieux de Bernard Gui* (listes chronologiques des rois de France, des empereurs, des papes, des évêques de Toulouse...) ; mais la traduction des *Flores chronicorum* du même Bernard Gui, dont on l'a souvent crédité, doit retourner à l'anonymat. En 1370, Golein traduit le *De institutis coenobiorum* et les *Collationes Patrum* de Jean Cassien*. En 1372, il s'attaque au *Rationale divinorum officiorum* de Guillaume Durand*, dans lequel il introduit un développement connu, depuis Marc Bloch, sous le nom de *Traité du sacre.* À la manière de l'évêque de Mende, il y interprète la symbolique de l'*ordo* de couronnement du roi de France, cérémonie de légitimation capitale à l'époque de la guerre franco-anglaise. En 1379, Golein met en français le *Liber de informatione principum* anonyme, à ne pas confondre avec l'œuvre de Gilles de Rome*. Enfin, à une date incertaine, Golein a traduit les *Chroniques de Burgos* de Gonzalo de Hinojosa (chronique latine universelle des origines à 1327) ; et, en s'inspirant surtout de Vincent de Beauvais*, a ajouté des *Fêtes nouvelles* (saints français pour la plupart) à la version Jean de Vignay* de la *Légende dorée**.

Le *Livre de l'information des princes* connut une diffusion liée au genre du traité d'éducation, que favorisa une certaine confusion avec l'œuvre de Gilles de Rome : conservé par une vingtaine de manuscrits, il fut édité à Paris en 1517 chez Guillaume Eustache dans un volume intitulé *Le Mirouer exemplaire et tres fructueuse instruction selon la compillation de Gilles de Rome...* Quant aux traductions de Cassien, si un manuscrit unique les préserve, elles furent éditées cependant par Antoine Vérard vers 1500. Golein y est bien présenté comme le traducteur du texte latin, mais celui-ci est censé avoir été adapté du grec par « Cassiodus » !

ŒUVRES. — *The Traité du sacre of Jean Golein,* éd. R.A. Jackson dans *Proceedings of the American Philosophical Society,* t. 115 (1969), p. 305-314.

→ P. Féret, *La Faculté de théologie de Paris au Moyen Âge,* Paris, t. 4, 1897, p. 355-360. — A. Castan, *Les chroniques de Burgos traduites pour Charles V en partie retrouvées,* dans *BEC,* t. 44 (1883), p. 265-328. — L. Delisle, *Anonyme, auteur du Liber de informatione principum,* dans *HLF,* t. 31 (1893), p. 35-47 ; *Recherches sur la librairie de Charles V,* Paris, 1907, t. 1, p. 94-104. — A. Thomas, *Bernard Gui (...),* dans *HLF,* t. 35 (1921), notamment p. 181-182, 186-191. — W. Berges, *Die Fürstenspiegel des hohen und späten Mittelalters,* Leipzig, 1938, p. 336-338. — M. Bloch, *Les rois thaumaturges (...),* Paris, 1961 [appendice 4]. — C.R. Shermann, *The Queen in Charles V's Coronation Book : Jeanne de Bourbon and the Ordo ad reginam benedicendam,* dans *Viator,* t. 8 (1977), p. 255-298. — J. Nepote, *Le Traité du sacre de Jean Golein,* dans *Le Sacre des rois, colloque de Reims, 1975,* Paris, 1985, p. 217-223. — R. Hamer, *Jean Golein's Festes Nouvelles : A Caxton source,* dans *Medium Aevum,* t. 55 (1986), p. 254-260. — Y. Le Hir, *Jean Golein et les Collacions de Cassien,* dans *Mél. R. Ménage,* Grenoble, 1987 (*Bulletin,* 32). — Cf. *MB* n°s 5018-5020, 5959, 7107 ; *S* 8530-8531.

Voir aussi : *Information des Princes.* S.L.

Jean de Grieviler. Clerc marié installé à Arras, Jean de Grieviler (Grévillers : Pas-de-Calais, arr. Arras, cant. Bapaume) fut l'un des chansonniers courtois les plus féconds de cette ville. Son activité poétique appartient au troisième quart du XIIIe siècle, époque pendant laquelle on le trouve en rapport avec tout ce que l'Artois et la Picardie comptaient de trouvères et d'amateurs de lyrisme. Il a laissé cinq chansons d'amour, très conventionnelles, d'une facture assez quelconque, un débat de forme lyrique entre Raison et Amour, enfin une chanson satirique contre l'amour et une maîtresse hypocrite, où la banalité du thème est rachetée par la vivacité de la diatribe et l'originalité des comparaisons. Il collabora en outre à la rédaction de 34 jeux-partis. Jean Bretel* est son partenaire dans 29 d'entre eux ; Lambert Ferri*, Jean Le Cuvelier*, Adam de la Halle* et Jean de Marli lui donnent la réplique dans les autres. Les « demandes d'amour » ou questions de casuistique amoureuse que Grieviler discute avec ses interlocuteurs sont, comme presque toujours dans les jeux-partis, des plus futiles. Il soutient son point de vue avec finesse et subtilité, mais il manque de brio. Son style, aisé, n'a ni force ni brillant.

ŒUVRES. — A. Långfors, A. Jeanroy et L. Brandin, *Recueil général des jeux-partis français,* Paris, 1926, t. 1, p. XXX, XLIII, 305-323 et t. 2, p. 1-14, 84-87 (*SATF,* 70). — M. Spaziani, *Le canzoni di Jehan de Grieviler, troviero del sec. XIII,* dans *Cultura neolatina,* t. 14 (1954), p. 135-154.

→ R. Crespo, *Jehan de Grieviler e Narciso,* dans *Neophilologus,* t. 71 (1987), p. 467-469. — Linker, n° 139. — Cf. *GRLMA,* t. VI/2, n° 7316. G.M.

Jean Guion (ou Gujon). Frère mineur qui vécut dans la première moitié du XIVe siècle. Son nom a passé à l'histoire littéraire par les cinq propositions théologiques qu'il soutint dans son commentaire des *Sentences* et qui se rapportent à la Trinité : elles furent jugées téméraires et Guion dut se rétracter le 12 octobre 1348.

→ Denifle-Chatelain, *Chartularium Universitatis Parisiensis,* II, n° 1158. — J.H. Sbaralea, *Supplementum,* I, n° 88. P.R.

Jean de Hanville ou **Hauville** (de Altavilla). Poète latin du XIIe siècle, normand de la région d'Évreux, mais ayant peut-être vécu en Angleterre, il est l'auteur d'une lamentation allégorique, l'*Architrenius,* en plus de 4 300 hexamètres dactyliques et en neuf livres, composée vers 1184. L'œuvre s'inspire du *De planctu Naturae* d'Alain de Lille* et participe du même mouvement philosophique et satirique issu de l'école chartraine, qui donne une forme poétique à l'énoncé d'idées morales. C'est l'initiation d'un jeune homme qui fait l'essai de toutes les voies de réussite possibles, qui passe par le palais de Vénus et celui de la gloutonnerie, par les écoles parisiennes, et qui arrive à Ambition et Présomption, c'est-à-dire à la cour royale, avant que la Nature ne lui donne pour épouse la Modération. L'auteur ne manque pas de verve et sa description de la vie épouvantable des écoliers parisiens, au l. III, est mémorable ; son style assez obscur ne l'empêcha pas d'avoir un succès certain, et même d'être doté d'un commentaire comme un auteur scolaire.

ŒUVRE. — Éd. P.G. Schmidt, Munich 1974.

→ Manitius, III, p. 805-809 — M.R. Jung, *Études sur le poème allégorique en France,* Berne, 1971, p. 113-121. — J.C. Payen, *L'utopie chez les Chartrains,* dans *Le Moyen Âge,* t. 90 (1984), p. 383-400. Pa.B.

Jean de Hauteseille. Voir : *Roman des Sept Sages.*

Jean de Haynin. Seigneur de Haynin et de Louvignies en Hainaut, Jean de Haynin est né dans la région de Mons en 1423 ; il est mort le 12 mai 1495. Il guerroya longtemps dans les armées du duc de Bourgogne ; il fut à la bataille de Gavre (1453) sous Philippe le Bon, à celle de Montlhéry (1465) sous Charles le Téméraire. Il a laissé des *Mémoires* qu'il a écrits entre 1466 et 1477, à partir de notes prises le plus souvent le jour même de l'événement et mises au net peu de temps après. Les faits qu'il rapporte aussi fidèlement que possible sont avant tout bourguignons : ils vont de la guerre du Bien public (1465) à la décapitation d'Hugonet et d'Humbercourt, conseillers du duc, par les Gantois (1477). Ce sont en général des aventures guerrières, mais on y trouve aussi un long passage décrivant les noces du Téméraire, avec le banquet, les joutes... Dans la seconde partie des *Mémoires,* plus sommaire, il fournit des renseignements généalogiques sur sa famille (il a eu treize enfants), il donne les noms des membres du Parlement de Mâlines en 1474, le texte d'une chanson sur la reddition d'Arras. Écrits dans un style simple, émaillés de réflexions de bon sens, de proverbes, ces *Mémoires,* dans lesquels il fait la part de ce qu'il a vu et de ce qu'on lui a raconté, constituent un document de valeur.

ŒUVRE. — Éd. D.D. Brouwers, 2 vol., Liège, 1905-1906 (*Société des Bibliophiles belges,* 37 et 38).

→ M. Bronckart, *Étude philologique sur la langue, le vocabulaire et le style du chroniqueur Jean de Haynin,* Bruxelles, Liège, 1933 (*Mém. acad. royale de langue et de litt. française de Belgique,* 7). — Molinier n° 4744. — Cf. *MB* n°s 5230-5235. G.T.L.

Jean Henry. Issu de la petite noblesse normande et licencié ès lois, Jean Henry mena une double carrière, politique (d'abord conseiller clerc à la chambre des enquêtes du Parlement (1454), il en est nommé président une dizaine d'années plus tard), et ecclésiastique (successivement attesté comme archidiacre d'Ouche, chanoine (1459) puis chantre (1468) de Notre-Dame). Député aux États généraux de Tours, où s'illustra Jean de Rély*, il mourut avant la fin de la session (2 février 1484). Son œuvre est exclusivement destinée à des femmes, grandes dames de la maison de Bourbon ou religieuses, tout particulièrement Fontevristes des prieurés réformés, parmi lesquelles il voulut se faire enterrer (au monastère de Fontaine-lès-Nonnes, diocèse de Meaux). Abondante et complexe, elle présente autant d'intérêt pour l'histoire de la spiritualité et de la « préréforme » que pour celle des genres littéraires. On peut, sommairement, la répartir en deux groupes. D'une part, des traités allégoriques d'inspiration ascétique exaltant les vertus de la stricte observance monastique : *Livre d'instruction pour religieuses novices,* dédié après 1468 à une novice fontevriste du prieuré de La Chaise-Dieu (diocèse d'Évreux), bâti sur l'allégorie du château de religion ; *Livre de réformation utile et profitable pour toutes religieuses désirant mener vie vertueuse,* dédié à l'abbesse réformatrice de Fontevraud, Marie de Bretagne (1467-1477), à base d'allégorie pastorale ; *Livre du jardin de contemplation,* composé à la demande de la supérieure des clarisses d'Aigueperse (Puy-de-Dôme) après 1468 et destiné à élever l'âme de la vie active à la vie contemplative, texte remarquable, entre autres, par la discrétion avec laquelle est dépeinte la scène de la Passion, le symbolisme faisant passer de suite au plan des significations. D'autre part, des méditations sur le mystère de la Nativité, qui font appel à une mise en scène dialoguée et allégorisée en tout point comparable à celle des moralités : *Livre de consolation sur la joyeuse méditation de la nativité de Jésus,* destiné aux religieuses de La Chaise-Dieu ; *Gésine Notre-Dame,* ou *Pèlerinage de Notre-Dame,* écrit à l'intention de Jeanne de France, duchesse de Bourbon († 1482), à la demande d'un ermite ; *Livre de méditation sur la réparation de la nature humaine* dédié avant 1485 à Gabrielle de Bourbon-Montpensier, la future protectrice de Jean Bouchet, elle-même auteur de deux brèves compositions allégoriques développant les thèmes du pèlerinage de vie humaine et du château de l'âme (ms. Mazarine 978).

Jean Henry fut nommé à deux reprises proviseur de l'Hôtel-Dieu de Paris. C'est au cours de son second mandat (1482-1484), pense-t-on, et dans la perspective d'une réforme de plus en plus urgente, qu'il rédigea à l'intention des religieuses le *Livre de vie active de l'Hôtel-Dieu de Paris.* Enseignement de vie spirituelle conçu pour conduire les âmes vers un idéal de réforme intérieure et non guide concret de vie quotidienne, ce texte, de même que les autres écrits de Jean Henry, déploie un allégorisme exubérant. Peut-être est-ce la raison du profond oubli dans lequel est tombée une œuvre qui mériterait d'être redécouverte.

ŒUVRES. — Toutes les œuvres de Jean

Henry ont été éditées dans les premières années du XVIe siècle. Pas d'éd. modernes, mais analyse et extraits du *Livre de vie active* par M. Gandille, *Étude du Livre de vie active de l'Hôtel-Dieu de Paris*, Paris, 1964.

→ *DSAM*, t. 7 (1968), col. 259-263 [analyse très suggestive des œuvres et des procédés de composition par J. Chaurand]. — M. Gandille, *Étude du Livre de vie active...* [indications biographiques]. — G. Hasenohr, *Aspects de la littérature de spiritualité en langue française, (1480-1520)*, dans *RHEF*, t. 77 (1991), p. 29-45.
G.H.

Jean de Jandun. Né vers 1285 à Jandun dans les Ardennes, ce représentant de l'averroïsme parisien a fait ses études et, dès avant 1307 probablement, enseigné à la Faculté des arts de Paris. En 1315, il est membre du Collège de Navarre, où il a de nombreux étudiants. Un an plus tard, il est nommé chanoine de Senlis. C'est à Paris qu'il s'est lié d'amitié avec Marsile de Padoue, son collègue de la Faculté, avec qui il est obligé de fuir la ville en 1326, à la suite de la découverte du *Defensor pacis*, ouvrage dans lequel Marsile a exposé sa philosophie politique. Les deux philosophes se rendent en Bavière et entrent au service de l'empereur Louis de Bavière, alors en rupture avec l'Église et excommunié. Jean de Jandun est à son tour excommunié en 1327. En 1327-1328, il suit l'empereur en Italie et assiste à son couronnement à Rome. Ses services sont rapidement gratifiés : au printemps de 1328, Louis de Bavière le nomme d'abord évêque de Ferrare, puis son conseiller. C'est à cette époque qu'il est dit « docteur en théologie », bien qu'il n'ait jamais étudié la théologie (*Chart. Univers. Paris.* III, 718 ; IV, 226-227). Toutefois, Jean de Jandun ne prendra jamais possession de son siège épiscopal. Il mourra sur la route de Rome à Ferrare, probablement à Montalto, entre le 10 et le 15 septembre 1328.

Lors de son enseignement à la Faculté des arts, Jandun a commenté une grande partie du *Corpus Aristotelicum*, en omettant cependant l'*Organon* et les *Parva naturalia*. Il a commenté aussi un ouvrage d'Averroès intitulé *De substantia orbis*, et un autre, l'*Expositio Problematum* (attribués alors à Aristote) du philosophe et médecin italien Pierre d'Abano. Enfin, il a écrit plusieurs questions et *sophismata*, et, en dehors de son activité à la Faculté, deux poèmes, l'un en l'honneur de Senlis, l'autre en l'honneur de Paris (1323). Dans ses écrits, Jandun polémique contre ses contemporains, philosophes (Raoul le Breton, Barthélemy de Bruges, Maino de Maineri), et théologiens (Pierre Auriol*, Landulfo Caracciolo et Thomas de Wilton). Il est très probable qu'en 1310-1311 il a été attaqué par Raymond Lulle*. Jean de Jandun ne s'est pas gêné pour piller ses collègues, notamment Thomas de Wilton.

Jusqu'à ces dernières décennies, l'historiographie se contentait de voir en Jean de Jandun un averroïste, c'est-à-dire un commentateur d'Aristote selon la lettre des textes d'Averroès qui, en séparant la philosophie de la foi, est amené à pratiquer la fameuse « double vérité ». Elle s'appuyait principalement sur les textes de grands commentaires d'Aristote connus dans les éditions du XVe et du XVIe siècles. Aujourd'hui cependant, elle a abandonné cette vision simpliste, notamment à la suite des découvertes successives des questions et des sophismes, de la reconstitution de nombreuses polémiques de Jandun, de la comparaison des versions manuscrites avec les éditions anciennes de grands commentaires, de la mise en question des concepts tels que l'averroïsme, l'averroïsme politique, la double vérité, etc. Cette révision générale des écrits et des idées de Jean de Jandun s'accompagne ainsi de celle de tout un courant de pensée du premier quart du XIVe siècle. Le problème fort compliqué des rapports entre l'œuvre de Jandun et celle de Marsile de Padoue a gagné en clarté. On ne considère plus Jandun comme coauteur du *Defensor pacis* ; la *Métaphysique* attribuée à Marsile n'est en réalité qu'une copie de la *Métaphysique* de Jandun (dont la tradition manuscrite diffère de l'œuvre imprimée ; Lambertini-Tabarroni) ; la question de l'influence de Jandun sur le *Defensor pacis*, soutenue un temps par la fausse *Métaphysique* de Marsile, perd de son acuité et doit être examinée à nouveau. Elle le sera certainement avec profit, lorsque la tradition manuscrite des œuvres de Jandun sera établie de façon critique.

ŒUVRES. — La liste des écrits, des mss. et des éd. est répertoriée dans : S. MacClintock, *Perversity and Error. Studies on the "Averroist" John of Jandun*, Bloomington, 1956. — L. Schmugge, *Johannes von Jandun (1285/1289-*

1328). Untersuchungen zur Biographie und Sozialtheorie eines lateinischen Averroisten, Stuttgart, 1966. — C.H. Lohr, *Medieval Latin Aristotle Commentaries*, dans *Traditio*, n° 26 (1970), p. 208-215. — P. Glorieux, *La Faculté des arts et ses maîtres au* XIIIe *siècle*, Paris, 1971, p. 217-220.

Depuis ont paru deux questions publiées par Z. Kuksewicz (voir C.H. Lohr, *infra*), et trois textes intitulés *De sensu agente*, éd. A. Pattin, *Pour l'histoire du sens agent. La controverse entre Barthélemy de Bruges et Jean de Jandun, ses antécédents et son évolution*, Louvain, 1988, p. 111-234. Enfin, une question attribuée à Jordanus de Tridentia et éd. par Kuksewicz, *Averroïsme bolonais au* XIVe *siècle*, Wroclaw, 1965, p. 197-215, doit être restituée à Jean de Jandun.

→ La bibliogr. récente est répertoriée par C.H. Lohr, *Commentateurs d'Aristote au Moyen Âge*, Fribourg-Paris, 1988, p. 140-42. À compléter par R. Lambertini, A. Tabarroni, *Le « Quaestiones super Metaphysicam » attribute a Giovanni di Jandun*, dans *Medioevo*, t. 10 (1984), p. 41-104. — Z. Kuksewicz, *Les Problemata de Pietro d'Abano et leur « rédaction » par Jean de Jandun, ibid.*, t. 11 (1985), p. 113-137. — R. Imbach, *Lulle face aux averroïstes parisiens*, dans *Cahiers de Fanjeaux*, n° 22 (1987), pp. 261-282 ; *Laien in der Philosophie des Mittelalters*, Amsterdam, 1989, p. 102-130.

Z.K.

Jean de Joinville. Il naquit au cours des premiers mois de 1225, de Simon, sire de Joinville, et de sa seconde femme, Béatrix de Bourgogne. La mort prématurée de son frère aîné, puis de son père, lui valut d'entrer en possession de la seigneurie de Joinville, qui appartenait à sa famille depuis le XIe siècle. Il recevait en même temps la charge héréditaire de sénéchal de Champagne et dut, pour être en mesure d'exercer ces fonctions, recevoir une éducation plus soignée que celle dont se contentaient alors les jeunes nobles de province. Il acquit des textes sacrés une connaissance plus que superficielle, apprit à lire et à écrire, comme l'atteste la formule autographe qui figure au bas de ses actes : *Ce fut fait par moi*. Quelque peu frotté de latin, il put commenter le *Credo*, citer dans cette langue le début de la messe du premier dimanche de l'Avent : *Ad te levavi animam meam*, ainsi que le cantique *Veni, creator Spiritus* et l'oraison *Esto, Domine*. Marié en 1240 à Alix de Grandpré, il assistait en 1241 à la cour plénière de Saumur, en présence de tous les grands du royaume, remplissant lui-même l'office d'écuyer-tranchant auprès de son seigneur, Thibaut, comte de Champagne. Quand le roi, réchappé d'une grave maladie, décida de prendre la croix, Joinville, inspiré surtout par l'enthousiasme religieux, se croisa à son tour en 1245. Il rejoignit le roi à Chypre, en juillet 1248, débarqua avec lui à Damiette et prit part à la bataille de Mansourah, courageusement mais sans ardeur guerrière. Il partage ensuite avec son maître les heures cruelles de la captivité, trouvant dans sa foi religieuse la force de résister aux périls qui le menaçaient. Après leur délivrance, il monta sur la galère du roi et ainsi se resserrèrent les liens de confiance et d'amitié qui les unissaient l'un à l'autre. Au conseil tenu à Acre, en juin 1250, il s'opposa avec énergie au retour du roi en France, faisant valoir, entre autres arguments, que « par sa demouree seront delivrei li povre prisonnier qui ont estei pris ou servise Dieu et ou sien, qui jamais n'en istront *(sortiront)*, se li roys s'en va ». En 1253, le roi s'attache plus étroitement Joinville, en lui concédant, à titre de fief, une rente perpétuelle de 200 livres tournois. Pendant son séjour en Orient, le sénéchal prit part à diverses opérations ; on le trouve à Acre, à Césarée, à Jaffa, à Sidon. Il partit enfin pour la France et, après une traversée mouvementée, il débarqua à Hyères, le 17 juillet 1254. Désormais il mènera une vie plus sédentaire, préoccupé de ses devoirs seigneuriaux. En 1267, il refusa de se croiser une seconde fois, prétextant qu'il était tenu d'aider et de protéger son « peuple » contre les sergents du roi de France et du roi de Navarre. On sait comment le roi s'en alla mourir sous les murs de Tunis ; nul plus que Joinville ne ressentit la perte de celui dont il avait été l'ami et le confident. Il contribua par sa déposition devant les commissaires à la canonisation du roi et assista à Saint-Denis à l'élévation des reliques par l'archevêque de Reims et son propre neveu, Henri de Villiers, archevêque de Lyon. Sous les successeurs de saint Louis, il joua encore un rôle actif, se consacrant surtout aux affaires locales ; c'est ainsi qu'il adhéra en 1314 à la ligue des barons de Champagne contre Philippe le Bel, puis se réconcilia avec Louis X. Quand il s'éteignit à quatre-vingt-douze ans, le 24 décembre 1317, il était en paix avec le nouveau roi, Philippe le Long.

Les *Mémoires*. Jean de Joinville, on l'a vu, ne manquait point de culture, moins encore de curiosité et de goût littéraire. Il lisait en latin et en français et dit avoir utilisé le *Livre de Terre sainte*, d'Ernoul*, et les *Grandes Chroniques de France**. Il aurait même composé des chansons, dont l'une, contenant l'exposé des motifs qui s'opposaient au retour en France, a été identifiée avec quelque vraisemblance par Gaston Paris. Sensible à tout ce qui parle aux yeux, il appréciait les arts graphiques ; il dirigea lui-même l'illustration de son *Credo* (voir *infra*) et sans doute celle des *Mémoires*, il fit peindre dans sa chapelle de Joinville et représenter sur un vitrail dans l'église de Blécourt un miracle de Notre Dame, dont il avait été témoin. Malgré tout, Joinville n'était pas un écrivain et ne prétendait pas se donner pour tel, mais au fil des années, les grandes heures de sa vie lui revenaient en mémoire, celles surtout qu'il avait passées dans l'intimité de son royal ami. Rassemblant ses souvenirs, peu après 1272, il rédigea pour lui-même, et sans intention de le publier, un récit de la croisade. Aussi ne fut-il pas pris au dépourvu quand la jeune reine Jeanne de Navarre, épouse de Philippe le Bel, le pria d'écrire un livre des saintes paroles et des bons faits de saint Louis. Bien qu'il sût écrire, Joinville préféra dicter ses *Mémoires* à quelques clercs de sa maison et il se trouve que ceux-ci gardèrent fidèlement le ton de la conversation familière. Le noyau principal du livre devait être constitué par le récit de 1272, mais le fervent admirateur du saint roi, pour répondre au désir de la reine, l'encadra dans le rappel de ses vertus chrétiennes, mettant en relief son humanité, sa générosité, son sens de la justice et de la charité. Ainsi l'ouvrage, dédié en 1309 à l'héritier du trône, comprenait-il deux parties essentielles, l'une réservée aux exemples donnés par le roi, dans ses propos et dans ses actes, l'autre consacrée à ses prouesses, car, chez lui, la piété n'excluait pas le courage militaire. Avant d'aborder la « chevalerie » du roi, l'auteur tenait à faire connaître « ses bons enseignements pour ce qu'il soient trouvé l'un aprés l'autre, pour edifier ceus qui les orront ». Il s'agissait bien en effet d'édifier le jeune prince, en lui proposant de suivre l'exemple de son bisaïeul, plutôt que de prendre modèle sur son père, Philippe le Bel.

Ce qui fait le charme des *Mémoires* de Joinville, car c'est bien le titre qui leur convient, c'est l'accent de sincérité, la simplicité, le naturel. Ce n'est pas un auteur qui soigne sa renommée, mais un homme de bien qui se raconte et prend plaisir à ressusciter le meilleur temps de sa longue existence. Il nous livre ses souvenirs, comme ils lui reviennent, sans hâte, ni méthode. Doué d'une extraordinaire mémoire visuelle, ce sont les petits faits qui l'ont frappé. Il a retenu les propos du roi qui sont le reflet de son âme exquise ; il se plaît à l'évoquer, venant s'asseoir, après sa messe, sous le chêne de Vincennes, écoutant les solliciteurs « sans destourbier de huissier ne autre ». Il le revoit, non sans sourire, à l'assemblée de Saumur, coiffé d'un bonnet de coton « qui mout mal li seoit pour ce que il estoit lors joennes hom ». On a justement noté que ses récits de bataille manquent de vigueur et de précision et qu'on chercherait vainement dans son livre un tableau des opérations militaires. C'est qu'il a peu de goût pour la stratégie. Le développement de la bataille de Mansourah lui échappe, comme échappera à Fabrice del Dongo celui de Waterloo. Mais il sait décrire la défense d'un pont sur un bras du Nil, où il parvient à contenir l'assaut des Sarrasins, avec un petit nombre d'hommes et des moyens de fortune : « Nous estions tuit couvert de pilés qui eschapoient des sergens. Or avint ainsi que je trouvai un gamboison d'estoupes a un Sarrazin ; je tournai le fendu devers moy, et fis escu dou gamboison, qui m'ot grant mestier ; car je ne fus pas bleciez de lour pilés qui en cinc lieus et mes roncins en quinze lieus. » Et il n'est pas indifférent au spectacle de la flotte royale appareillant de Chypre : « Le samedi fist li roys voile et tuit li autre vessel aussi, qui mout fu belle chose à veoir ; car il sembloit que toute la mers, tant comme l'on pooit veoir à l'ueil, fust couverte des voiles des vessiaus ».

Œuvre personnelle à l'objet limité, destinée à satisfaire le pieux dessein de la reine, l'*Histoire de saint Louis* ne devait guère trouver d'audience parmi les contemporains. Jeanne de Navarre, qui en avait pris l'initiative, était morte (1305) avant son achèvement et le roi Louis X († 1316) avait précédé Joinville dans la tombe. Le manuscrit qui lui fut dédié et qui figurait en 1373, dans la librairie de Charles V, a disparu depuis le XVe siècle. Une copie assez fidèle fut offerte à ce roi par Gilles Malet. Livrée par la suite au duc de Bourgogne, elle fut déposée dans un coffre de la chapelle royale de Bruxelles, où le maréchal de Saxe la découvrit en 1746. C'est actuellement le ms. fr. 13568 de la BN. Il existe deux autres copies, qui datent du XVIe siècle : l'une, découverte à Lucques par Sainte-Palaye, est entrée en 1741 à la BN où elle figure sous la cote fr. 10148 ; l'autre, trouvée en 1847 chez un libraire de Reims, est le ms. BN, n. acq. fr. 6273. Ce sont deux copies d'un même exemplaire ; le premier sur papier est d'exécution modeste, le second sur parchemin est richement enluminé mais défectueux par la perte d'un cahier et de plusieurs feuillets. La filiation des trois manuscrits qui subsistent de la *Vie de saint Louis* a donné lieu à de nombreuses discussions. Il y a lieu de croire, en fin de compte, qu'ils dérivent tous trois de l'archétype, c'est-à-dire du manuscrit présenté à Louis X en 1309.

Le *Credo*. Pour affermir dans la foi chrétienne les moribonds parmi les croisés et pour les protéger contre les pièges du diable, Joinville conçut et fit exécuter à Acre en 1250-1251 une exposition et un commentaire du *Symbole des apôtres*. Selon l'intention de l'auteur, chaque article du *Credo* devait s'appuyer sur des passages bibliques en forme de « prophéties en œuvres et en paroles », c'est-à-dire sur des événements et sur des citations qui préfiguraient ou annonçaient les points doctrinaux. Le projet original comportait deux expositions parallèles : l'une verbale, l'autre visuelle. Un seul ms., qui serait une médiocre copie d'un exemplaire révisé en 1287, présente l'exposition littéraire aussi bien que 26 miniatures du cycle iconographique insérées directement dans le texte. Par contre, deux mss offrent une série partielle ou complète de l'exposition visuelle. Quoique bien moins connu, ce bref opuscule révèle chez l'auteur les mêmes traits stylistiques et psychologiques que l'on retrouve dans la biographie de saint Louis. Il possède en outre une valeur réelle pour l'historien de la pensée ou de l'art qui s'intéresse à l'exégèse biblique ou doctrinale au Moyen Âge.

ŒUVRES. — *Mémoires* ou *Histoire* ou *Vie de saint Louis* : éd. P. Daunou et J. Naudet, dans *RHF*, t. 20 (1840), p. 190-304 [d'après le ms. dit de Bruxelles, corrigé par le ms. dit de Lucques]. — Éd. N. de Wailly, dans *Œuvres de Jean, sire de Joinville, comprenant l'histoire de saint Louis, le Credo et la lettre à Louis X*, Paris, 1867, p. 2-506 [d'après les trois mss] ; Paris, 1868 *(SHF)* [essai de restitution de la langue de l'auteur], réimp. New York, 1965 ; dans *Jean, sire de Joinville. Histoire de saint Louis, Credo et Lettre à Louis X. Texte original accompagné d'une traduction*, Paris, 1874 [éd. luxueuse et monumentale avec un appareil critique accru et des appendices historiques] ; *Joinville. Histoire de saint Louis. Texte original, précédé de notions sur la langue et la grammaire de Joinville et suivi d'un glossaire*, Paris, 1881 [éd. dite classique avec des modifications de détail], sept réimp. de 1882 à 1914. — Éd. A. Pauphilet, dans *Historiens et chroniqueurs du Moyen Âge*, Paris, 1952 *(Bibl. de la Pléiade)*, p. 201-366 [d'après l'éd. N. de Wailly de 1874]. — Éd. N.L. Corbett, *La vie de saint Louis. Le témoignage de Jehan, seigneur de Joinville*, Sherbrooke, Québec, Canada, 1977 [fidélité absolue et parfois excessive au ms. de base, fr. 13568]. — Éd. et trad. J. Monfrin, à paraître (*Garnier Flammarion*). — Trad. anglaise R.B. Shaw, *Joinville and Villehardouin : Chronicles of the Crusades*, Hardmonsworth, 1963 (*Penguin Classics*, L 124).

— *Credo* : éd. N. de Wailly, dans les éd. citées, 1867, p. 510-536 ; 1868, p. 271-288 ; 1874, p. 414-446. — Éd. L.J. Friedman, *Text and Iconography for Joinville's Credo*, Cambridge (Mass.), 1958.

— *Lettre à Louis X* : éd. N. de Wailly, dans éd. citées, 1867, p. 538 ; 1868, p. 289-290 ; 1874, p. 448-450.

→ G. Paris, *Jean, sire de Joinville*, dans *HLF*, t. 32 (1898), p. 291-459. — H.F. Delaborde et P. Lauer, *Un projet de décoration murale inspiré par le Credo de Joinville*, dans *Fondation Eugène Piot. Monuments et mémoires publiés par AIBL*, t. 16 (1909), p. 61-84. — C.V. Langlois, *Le Credo de Joinville*, dans *La vie en France au Moyen Âge*, t. 4 : *La vie spirituelle*, Paris, 1928, p. 1-22. — G. Lozinski, *Recherches sur les sources du Credo de Joinville*, dans *Neuphilologische Mitteilungen*, t. 31 (1930), p. 170-231. — L.J. Friedman (commentaire à l'éd. citée supra). — A. Foulet, *The Archetype of Joinville's Vie de saint Louis*, dans *Modern Language Quarterly*, t. 6 (1945), p. 77-81 ; compte rendu de l'édition Corbett dans *Romance Philology*, t. 33 (1979), p. 220-225. — P. Archambault, *Seven French Chroniclers : Witnesses to History*, Syracuse, 1974. — J. Monfrin, *Joinville et la mer*, dans *Mél. F. Lecoy*, Paris, 1973, p. 445-468 ; *Joinville et la prise de Damiette (1249)*, dans *CRAIBL*, 1976, p. 268-

285 ; *Jean de Joinville. Histoire de saint Louis*, dans *EPHE. IVe section. Sciences historiques et philosophiques. Annuaire 1976/1977*, p. 605-609. — M. Zink, *Joinville ne pleure pas mais il rêve*, dans *Poétique*, t. 33 (1978), p. 28-45. — P. de Latour, *Mérites et facéties d'une publication oubliée de 1547 : la première édition de la chronique de Joinville par trois méridionaux*, dans *Annales du Midi*, t. 90 (1978), p. 207-214. — M.K. Billson, *Joinville's Histoire de saint Louis : Hagiography, History and Memoir*, dans *American Benedictine Review*, t. 31 (1980), p. 418-442. — M. Perret, *À le fin de sa vie ne fuz-je mie*, dans *Revue des sciences humaines*, n° 183 (1981), p. 17-37. — K.D. Uitti, *Nouvelle et structure hagiographique : le récit historiographique nouveau de Jean de Joinville*, dans *Mittelalterbilder aus neuer Perspektive, Diskussionsanstösse zu amour courtois, Subjektivität in der Dichtung und Strategien des Erzählens*, Munich, 1985, p. 380-391. — J. Beer, *The Notion of Temporality in Early Vernacular History*, dans *New Zealand Journal of French Studies*, t. 8 (1987), p. 5-15. — J. Le Goff, *Saint Louis et la parole royale*, dans *Mél. P. Zumthor*, Paris, 1988, p. 126-136. — P. Ménard, *L'esprit de la croisade chez Joinville. Étude des mentalités médiévales*, dans *Les Champenois et la croisade. Actes des 4es journées rémoises (1987)*, Paris, 1989, p. 131-147. — A. Strubel, *Joinville, historien de la croisade ?, ibid.*, p. 149-156. — Molinier n° 2537. — Cf. *MB* n°s 3488-3490, 3670-3687, 6649, 6670-6683, 7797, 7798, 7813-7815 ; *S* 6097-6107. R.B., L.J.F. et G.T.L.

Jean Joret. Copiste attitré des rois Charles VII et Louis XI, ce Normand né en 1428 dédia à Charles VIII, dans l'espoir d'être retenu à son service, un poème abécédaire développant en 486 décasyllabes l'allégorie du jardin/Église/Paradis, dont on conserve le ms. autographe, le *Jardin salutaire* (1483).

ŒUVRE. — Éd. J.G.A. Luthereau, *Jean Joret, poète normand du* XVe *siècle...*, Paris, 1841. — Éd. partielle dans l'anthologie de J.L. Vaneille, *Les vieux maîtres de la littérature bas-normande*, t. 2, Saint-Lô, 1943, p. 132-140.

G.H.

Jean de Journi. Jean de Journi est l'auteur d'un long poème intitulé la *Dîme de Pénitence*, écrit, comme nous le disent les derniers vers, en 1288 à Nicosie (Chypre), par un homme qui semble avoir joué un certain rôle politique : dans la prière finale, il énumère les gens sur lesquels il appelle la grâce du Ciel : le pape, les souverains, et surtout Henri, le roi d'Orient menacé dans ses États, que Jean a connu personnellement. L'objet de son poème est donc la pénitence, qui est une dîme que toute l'humanité doit rendre à Dieu, et Jean le premier n'y manque pas. Dieu est une fontaine qui lave la souillure du péché. La chair est en combat perpétuel contre l'esprit et les Vices et les Vertus s'associent à cette bataille. Comment pratiquer la pénitence ? Quelles sont les conditions nécessaires de la contrition ? La confession doit être fréquente : sur ce point, Jean de Journi va plus loin que ses devanciers ; mais on peut au besoin se confesser à un laïc, à condition d'aller ensuite trouver un prêtre dès que possible. Puis l'auteur réfléchit sur le péché : il faut le juger suivant sa gravité, sa complexité, etc. Après un long développement sur la satisfaction, Jean revient à la guerre que nous livrent l'Ennemi, la chair et le monde. La pénitence seule brisera la porte de la *chartre* où le démon nous tient captifs. L'œuvre est prolixe, use et abuse de l'allégorie et du symbolisme, mais s'illustre quelquefois d'anecdotes vivement racontées, et si inspirée qu'elle soit du *De vera et falsa paenitentia* du Pseudo-Augustin, elle constitue un témoignage intéressant sur l'évolution des idées religieuses au XIIIe siècle.

ŒUVRE. — *La Dime de Penitance, verfasst im Jahre 1288 von Jehan de Journi*, éd. H. Breymann, Stuttgart, 1874.

→ W. Röhrs, *Sprachliche Untersuchung der Dime de Penitance*, dans *Romanische Forschungen*, t. 8 (1896), p. 283-531. — Sur les traités de confession, voir J.-C. Payen, *Le motif du repentir dans la littérature française médiévale, des origines à 1230*, Genève, 1968, p. 569-575 — et G. Hasenohr, *La littérature religieuse*, dans *GRLMA*, t. VIII/1, p. 272-277. — K.V. Sinclair, *The Versified Adaptation of the Prone Prayers by Jean de Journy*, dans *Romanische Forschungen*, t. 92 (1980), p. 247-250 [étude des prières pour la Terre sainte]. — D. Jacoby, *La littérature française dans les États latins de la Méditerranée orientale à l'époque des croisades : diffusion et création*, dans *Essor et fortune de la chanson de geste, Actes du 9e congrès de la Société Rencesvals, Padoue, 1982*, Modène, 1984, t. 2, p. 617-646. Cf. *GRLMA*, t. VI/2, n° 2372. — *MB* n°s 6645-6646 ; *S* 5969.

J.C.P.

Jean de Justice. Le ms. 8 de la Bibl. mun. d'Évreux, provenant de l'abbaye de Lyre (Eure), contient quatre poèmes en octosyllabes qui doivent être étudiés deux par deux.

Les deux premiers, écrits entre 1321 et 1324, témoignent de l'importance du culte marial. L'*Advocacie Notre-Dame* et la *Chapelle de Bayeux* se complètent, en outre, par une transition et une conclusion commune. La *Chapelle de Bayeux* rapporte deux procès jugés en 1321 entre le roi de France Philippe le Bel et l'évêque de Bayeux, au sujet de bénéfices de la chapelle du château royal de Bayeux : la Vierge y intervient en faveur du clergé, dont elle défend les biens. L'*Advocacie Notre-Dame*, qui est une adaptation amplifiée d'un ouvrage latin, le *Processus Sathanae*, attribué à tort au jurisconsulte Bartolo (1313-1356), se rattache au thème des « procès de Paradis ». La Vierge prend la défense du genre humain contre les accusations de Satan lors du jugement dernier. C'est à une véritable plaidoirie que nous assistons, conforme en tous points à la pratique judiciaire contemporaine. Satan déploie contre Marie toutes les ressources d'un procureur retors et, à ce titre, ce petit ouvrage mérite d'intéresser les historiens du droit. Mais il a affaire à forte partie, car la Vierge connaît tout aussi bien que lui la *Coutume de Normandie*, et excelle à réfuter ses arguments. Elle discute interlocutoires, prescriptions, ajournements, défaut de preuves, et finit par l'emporter. Une adaptation dramatique est à l'origine du *Mystère de l'Advocatie Nostre-Dame**. Les deux autres textes du ms. d'Évreux, datés de 1326, sont une *Vie de saint Grégoire* (environ 2 300 octosyllabes), traduite d'après le récit de Jean le Diacre (*BHL*, 3641), et une traduction des *Dialogues de saint Grégoire* (environ 23 000 vers).

L'attribution de ces textes pose deux questions. Sont-ils tous du même auteur ? C.V. Langlois affirme que oui, et O. Sandqvist, analysant la versification, ne se prononce pas. Qui en est l'auteur (ou les auteurs) ? En 1851, V. Pezet attribuait l'*Advocacie* et la *Chapelle* à Jean de Justice. Né à Rouen, chanoine à Bayeux puis à Paris, juriste et clerc du roi, Jean de Justice avait fondé en 1353 le collège de Justice auprès de l'Université de Paris, rue de la Harpe, avant de mourir le 15 novembre de cette même année. Il avait très probablement été mêlé personnellement, en tant que clerc du roi, aux procès de la *Chapelle de Bayeux*, tout au moins au second. Mais C.V. Langlois puis G. Gros ont démontré que cette attribution était impensable, l'auteur étant un clerc qui résidait à Bayeux, alors que Jean de Justice vivait à Paris au moment des faits. Il faut donc, semble-t-il, attribuer ces textes à un (ou deux) Anonyme(s) de Bayeux.

ŒUVRES. — Éd. A. Montaiglon et G. Raynaud, Paris, 1869-1896 [*Advocacie* et *Chapelle*]. — Éd. G. Gros, thèse dactyl., 1980 [*Advocacie* et *Chapelle* ; voir *Perspectives médiévales*, t. 7 (1981), p. 47]. — Éd. O. Sandqvist, Lund, 1989 [*Vie de saint Grégoire*]. — Éd. S. Sandqvist, Lund, 1989 [*Dialogue de saint Grégoire*].

→ C.V. Langlois, *Anonyme de Bayeux*, dans *HLF*, t. 35 (1921), p. 385-394. — V. Pezet, dans *Bull. Soc. d'agriculture, sciences, arts et belles-lettres de Bayeux*, 1850-1851. — G. Gros, *Le diable et son adversaire dans l'Advocacie Nostre Dame*, dans *Le diable au Moyen Âge, Senefiance*, t. 6 (1979), p. 237-258. — Cf. *MB* n°s 3284-3299, 7777-7781 ; *S* 7773. A.F.L.L.

Jean Juvénal des Ursins. Venue de Troyes, la famille Jouvenel s'est établie à Paris au cours de la seconde moitié du XIVe siècle. L'origine du nom des Ursins accolé à celui de Jouvenel, qui deviendra Juvénal, est encore obscure. Toujours est-il qu'en 1398, Jean Jouvenel portait sur son sceau un ourson et qu'en 1410 son fils Jean se faisait nommer dans une bulle pontificale Jean Juvénal « *de Ursinis* ». Jean le père débuta dans la magistrature comme conseiller du roi au Châtelet ; il devint en 1389 garde de la prévôté des marchands ; en 1400, il fut avocat au Parlement, en 1413, chancelier du dauphin, le duc de Guyenne. Jean le fils est né le 14 septembre 1388 à Paris ; en 1410, il est docteur en lois et en décrets. Le 5 août 1417, il figure comme avocat au Parlement. À l'entrée des Bourguignons à Paris l'année suivante, la famille Juvénal fuit Paris pour s'installer à Poitiers où fut établi le Parlement du futur Charles VII. En 1421, Jean est maître des requêtes et le 20 décembre 1426, avocat général. Il va désormais poursuivre de front une brillante carrière ecclésiastique et politique : à une époque inconnue, il avait été ordonné prêtre. Le 29 janvier 1432, il est promu évêque de Beauvais en remplacement de Pierre Cauchon. Il renonce à sa charge d'avocat général du roi et prête serment comme évêque à Charles VII. Le 3 avril 1444, il devient évêque de Laon, siège supérieur à celui de Beauvais, puisqu'il portait le titre de duché-pairie, alors que celui de Beauvais n'était que comté-pairie. En 1445, son frère Guillaume devint chancelier de France. Le 3 avril 1449, Jean accède à l'archevêché de Reims, premier siège du royaume. En même temps qu'il s'occupe de ses affaires diocésaines, il s'intéresse aux États généraux du royaume et est chargé de nombreuses missions diplomatiques : il est choisi comme négociateur pour la reddition de Rouen (1449) et pour ménager une réconciliation entre Philippe le Bon et les Gantois révoltés. Il est appelé à donner son avis dans les conseils de la couronne. En 1455, il fut désigné comme l'un des juges dans le procès de révision de la condamnation de Jeanne d'Arc. En 1465, au traité de Conflans qui termine la guerre du Bien public, il est nommé membre d'une commission de 36 réformateurs. Sa carrière politique se termine avec les États de Tours de 1468. Il est mort à Reims le 14 juillet 1473.

Son œuvre est celle d'un polémiste et d'un moraliste ; il a écrit un certain nombre de traités politiques en français avec force citations en latin dont 11 nous sont parvenus. Ce fut aussi un orateur ; on connaît de lui neuf sermons.

Le premier de ses écrits politiques, *Audite illos*, date de 1432 ; c'est une épître aux juges des juridictions civiles et ecclésiastiques de son diocèse sur l'exercice de la justice. *Tres reverends et reverends peres en Dieu* a été écrit pour les États d'abord convoqués à Blois puis réunis à Tours en 1433. Devant la triste situation d'un pays en guerre, Juvénal dresse un sombre tableau des maux du royaume et en rejette la responsabilité sur toutes les classes de la société ; il reproche l'orgueil de chacun, les ambitions démesurées du commun, le luxe et la mollesse de la chevalerie, la perversion des gens d'Église, l'iniquité et l'égoïsme des grands, et réclame l'union des sujets autour du roi. Dans *Audite celi*, écrit au moment du traité d'Arras (1435) et qui est l'œuvre de Juvénal la plus citée par les historiens, celui-ci utilise la fiction du songe pour mettre en scène des personnages allégoriques dans la bouche desquels il insère toute une série d'arguments plus ou moins originaux contre les prétentions des rois d'Angleterre à la couronne et à certaines parties du royaume de France. La *Proposicion faicte par Jehan Juvenal des Ursins evesque et conte de Beauvais par devant hault et puissant prince le conte d'Eu, lieutenant general du roy* est un court traité écrit peu après la libération de Charles d'Artois, comte d'Eu, fait prisonnier à Azincourt et libéré vers 1438. Après les États d'Orléans (1439), Juvénal composa une longue épître, *Loquar in tribulacione*, destinée au roi pour lui faire sentir l'affligeante situation où était réduit son peuple : il y fait un long et désolant tableau des malheurs du Beauvaisis et des souffrances du peuple. Il dénonce avec force les crimes commis par les gens de guerre français et leur reproche leur tyrannie aussi forte que celle des troupes anglaises. À l'occasion de la nomination de son frère Guillaume comme chancelier de France le 16 juin 1445, il lui adressa une volumineuse épître, *A, a, a, nescio loqui*, dans laquelle il donne des précisions sur le rôle de la Chancellerie et du Conseil de même que sur les droits du chancelier. Puis vient un long commentaire sur la conduite des affaires publiques ; il est aussi question de la justice, des officiers, de la guerre, des finances et de leur détournement. Ce traité, qui se place dans une longue tradition réformatrice, est très précieux car il permet de connaître l'état du royaume à cette époque. *Tres crestien, tres hault, tres puissant roy*, dit aussi *Traité compendieux*, date de 1446 : c'est, au même titre que *Audite celi*, un traité contre les prétentions des rois d'Angleterre accompagné de pièces justificatives sur la Normandie et la Guyenne. La plus ambitieuse de ses œuvres, *Verba mea* (1452), traite entre autres de la juridiction ecclésiastique. En qualité de premier pair spirituel, il siégea comme juge au procès du duc d'Alençon et adressa au roi une *Exhortation* à la clémence. À l'avènement de Louis XI (1461), il adresse au nouveau roi une « proposition » où il lui rappelle la pauvreté du peuple et lui demande d'alléger les impôts. Son dernier discours sera prononcé le 8 avril 1468 aux États de Tours.

Si on prend Juvénal dans ses écrits au pied de la lettre, on découvre un moraliste sévère aux idées souvent peu originales. Notons toutefois qu'il réclame la participation des États à la politique — une idée qui s'inscrit dans le courant réformateur. Partisan farouche des Valois, il écrit pour la défense du roi. Très préoccupé par la fiscalité, il réprouve les habitudes de la cour, critique le comportement des gens de guerre et des courtisans, le détournement des fonds. Il accable son frère le chancelier et le roi de France de conseils sur l'administration du royaume et défend la juridiction ecclésiastique. Les sources de Juvénal sont souvent difficiles à repérer. Il a pour maître Jean Gerson* dont il utilise bien souvent les formules et la forme de pensée. Quant à ses arguments pour s'opposer aux revendications des rois d'Angleterre, ce sont en général ceux de Jean de Montreuil*. Cette partie de son œuvre a été très populaire même après le Moyen Âge.

La *Chronique de Charles VI*, qui se présente de façon anonyme, passe pour avoir été écrite par Jean Juvénal, mais certains n'y voient qu'une simple traduction de la chronique latine dite du Religieux de Saint-Denis*, ce dernier ayant été récemment identifié avec Michel Pintoin, chantre de l'abbaye. Encore mal connue et à travers une traduction française moderne souvent erronée, la chronique de Michel Pintoin, qui couvre le règne de Charles VI, 1380-1422, à l'exception des deux dernières années qui sont dues à son successeur, Jean Chartier*, est un texte admirable par le style et les idées exprimées ; l'auteur y manifeste pleinement son zèle pour la majesté royale. Racontant les mêmes faits, la chronique attribuée à Jean Juvénal semble très proche de l'œuvre de Michel Pintoin. C'est cependant un travail plus original qu'on ne le pense, avec quelques menues additions et des détails sur la famille de Juvénal. Il est possible qu'une traduction du Religieux ait été entreprise par un secrétaire de Juvénal et que celui-ci y ait ajouté remarques et compléments d'information personnelle. La première partie de la *Chronique de Charles VI* (1380-1402) a été insérée dans la dernière version des *Grandes Chroniques de France**, éditée par Pasquier Bonhomme. Jean Juvénal a peut-être aussi participé à la *Chronique de la Pucelle**, compilation qu'il aurait commandée et à laquelle il aurait fourni des additions. Toutes les observations ajoutées par lui ne sont en effet que des notes marginales qui ont pu avoir été incorporées ultérieurement. P. S. Lewis suggère que Juvénal a pu jouer un rôle dans la culture historique du XVe siècle, en tant que maître d'œuvre d'une entreprise de compilation historique à laquelle il a contribué en livrant ses souvenirs et ses dossiers relatifs, notamment, au procès en nullité de la condamnation de Jeanne d'Arc.

ŒUVRES. — *Écrits politiques* : éd. P.S. Lewis, 2 vol., Paris, 1978, 1985 *(SHF)* [un troisième volume à paraître contiendra une intro. générale, en particulier biographique]. — *Histoire de Charles VI* : éd. T. Godefroy, Paris, 1614 ; rééd. D. Godefroy, Paris, 1653 [reprend l'éd. de son père].

→ P.L. Péchenard, *Jean Juvénal des Ursins... Étude sur sa vie et ses œuvres*, Paris, 1876. — P.S. Lewis, *Jean Juvenal des Ursins and the Common Literary Attitude Towards Tyranny in Fifteenth-Century France*, dans *Medium Aevum*, t. 34 (1965), p. 103-121 ; *War Propaganda and Historiography in Fifteenth-Century France and England*, dans *Transactions of the Royal Historical Society*, S. 5, t. 15 (1965), p. 1-21 ; *La noblesse des Jouvenel des Ursins*, dans *L'État et les aristocraties (France, Angleterre, Écosse)* XIIe-XVIIe *siècle*, éd. P. Contamine, Paris, 1989, p. 86-87. — J. Krynen, *Idéal du prince et pouvoir royal en France à la fin du Moyen Âge (1380-1440). Étude de la littérature politique du temps*, Paris, 1981. — Molinier n°s 3574, 5027. — Nouveau Potthast, t. III, p. 432-433 (*Chronique du Religieux de Saint-Denis*), t. VI, p. 533-536 (Jean Juvénal des Ursins). — Cf. *MB* n°s 5124-5130 ; *S* 7993, 7994.

G.T.L.

Jean de La Fontaine, de Tournai. Trouvère belge de la fin du XIIIe siècle, à qui l'on attribue une chanson d'amour (R. 819). Il est peut-être identique à Jean de Tournai, auteur d'un jeu-parti, dans lequel il a pour partenaire un certain Colart, probablement Colart le Changeur.

ŒUVRES. — *Trouvères belges du* XIIe *au* XIVe *siècle, 1re série*, éd. A. Scheler, Bruxelles, 1876 (réimp. Genève, 1977), p. 152-153. — A. Långfors, A. Jeanroy et L. Brandin, *Recueil général des jeux-partis français*, Paris, 1926, t. 1, p. 51-53 (*SATF*, 70).

→ P. Paris, *Chansonniers*, dans *HLF*, t. 23 (1856), p. 642-643. — Linker, n°s 140 (Jehan de la Fontaine) et 150 (Jehan de Tournai). F.F.H.

Jean de La Fontaine, de Valenciennes. Né en 1381, originaire de Valenciennes (Nord), Jean de La Fontaine (Johannes de Fonte) a probablement fait des études universitaires à Montpellier. C'est vraisemblablement là qu'il rédigea (vers 1413 ?) un traité d'alchimie intitulé *Fontaine des Amoureux de Science*. La date de sa mort est inconnue. Il peut être identique au

Johannes de Fonte ou Jean La Fontaine qui fut assesseur et commissaire nommé par l'évêque de Beauvais au procès de Jeanne d'Arc (1430).

La *Fontaine des Amoureux de Science* est un poème allégorique de 1 116 octosyllabes, dans lequel Jean de La Fontaine se montre un disciple docile de Guillaume de Lorris* : le début du poème (exception faite de l'allusion à la période montpelliéraine) rappelle nettement celui du *Roman de la Rose**. Dans la *Fontaine des Amoureux de Science*, le poète raconte comment, s'étant endormi près d'une fontaine, il fut initié en songe par *Cognoissance, Raison* et surtout *Nature* à l'alchimie. Le poème, assez hermétique et d'un intérêt scientifique médiocre, est conservé dans quatre manuscrits du XVe siècle et une copie moderne ; la *Fontaine des Amoureux de Science* fut imprimée à Lyon en 1488 et réimprimée une dizaine de fois jusqu'en 1590, les éditions du XVIe siècle la faisant suivre d'une moralité en vers sur l'histoire de Narcisse et Écho, ainsi que de différentes pièces lyriques.

ŒUVRE. — *La Fontaine des amoureux de science, composée par Jehan de la Fontaine*, éd. A. Genty, Paris, 1861.

→ L. Karl, *La Fontaine des Amoureux de Jean de la Fontaine*, dans *RLR*, t. 65 (1927), p. 55-70 ; *Recherches sur quelques ouvrages scientifiques du Moyen Âge : La Fontaine des amoureux de science (en vers français) par Jean de la Fontaine*, dans *Revue des Bibliothèques*, t. 38 (1928), p. 45-48. — J. Dauphiné, *De « l'Esprit de l'or » : langage et alchimie*, dans *L'Or au Moyen Âge (monnaie-métal-objets-symbole)*, Aix-en-Provence, 1983, p. 111-120 (*Senefiance*, 12). — Cf. GRLMA, t. VIII/1, p. 340, 345.
F.F.H.

Jean de Lanson. Chanson de geste anonyme du premier tiers du XIIIe siècle, composée de 6 294 vers divisés en 152 laisses assonancées ou rimées. La plupart de ces laisses sont en alexandrins.

Le récit, qui se rattache à la geste du roi, raconte la lutte qui oppose Charlemagne à un grand seigneur. L'empereur, alléché par les terres que possède Jean de Lanson, lui envoie les douze pairs en ambassade pour lui demander de devenir son vassal. Jean refuse et emprisonne les douze pairs. Après bien des ruses, des trahisons et des enchantements de part et d'autre, Charlemagne et ses chevaliers envahissent Lanson, emprisonnent Jean pour la vie, et jouissent de ses biens.

Cette chanson qui, en raison de sa composition tardive, n'a pas connu de diffusion hors du domaine d'oïl, se distingue par plusieurs qualités, humour, réalisme, variété. On notera aussi qu'au contraire d'autres poèmes du cycle, celui-ci est favorable au roi plutôt qu'au seigneur révolté.

ŒUVRE. — Éd J.V. Meyers, Chapel Hill, 1965 (*North Carolina Studies in the Romance Languages and Literatures*, 53).

→ J. Couraye du Parc, *Recherches sur Jean de Lanson*, dans *Mél. J. Havet*, Paris, 1895, p. 325-354. — A. Adler, *Jean de Lanson as Related to Auberi Le Bourguignon and to Les Quatre Fils Aymon*, dans *Romance Notes*, t. 11 (1969-1970), p. 399-406. — D. Boutet, *Les chansons de geste et l'affermissement du pouvoir royal*, dans *Annales ESC*, t. 37 (1982), p. 3-14 ; *Intertextualité et écriture épique : autour de Jehan de Lanson*, dans *Théories et pratiques de l'écriture au Moyen Âge*, t. 4, Paris, 1988, p. 75-86 ; *Jehan de Lanson : Technique et esthétique de la chanson de geste au XIIIe siècle*, Paris, 1988. — S. Roblin, *L'enchanteur et le roi : d'un antagonisme politique à une rivalité mythique ?*, dans *Pour une mythologie du Moyen Âge*, Paris, 1988, p. 117-136. — Cf. *MB* nos 556 ; *S* 1335-1337.
S.I.J.

Jean de La Rochelle. Il naquit selon toute vraisemblance dans la ville du même nom vers le début du XIIIe siècle. En 1230, nous le trouvons dans l'ordre des frères mineurs, où il devint rapidement célèbre comme théologien. Disciple d'Alexandre de Halès*, il lui succéda dans l'enseignement de la théologie à l'Université de Paris et fut l'un des interprètes de la règle de saint François en 1242. Il prit également part à la controverse relative à la pluralité des bénéfices et enseigna à Paris jusqu'en 1253, époque où saint Bonaventure* lui succéda. Il mourut au couvent des Cordeliers de Paris en 1271.

Son œuvre est essentiellement une œuvre de théologien et d'exégète. Jean de La Rochelle commenta Pierre Lombard*, expliqua les livres d'Ézéchiel, de Daniel, les Évangiles, rédigea plusieurs *Summae* dont les manuscrits se trouvent aujourd'hui épars dans les bibliothèques d'Angleterre, d'Italie et de France. Plusieurs de ses écrits sont consacrés à l'âme et ses facultés. Son œuvre reste assez peu importante, bien que son nom demeure lié à ceux d'Alexandre de Halès et de saint Bonaventure. Il garde sa place parmi les théologiens du XIIIe siècle, et plusieurs de ses œuvres seront plus tard éditées en français.

ŒUVRES. — *Deux leçons d'ouverture de cours bibliques données par Jean de la Rochelle*, éd. F.-M. Delorme, dans *La France franciscaine*, t. 16 (1933), p. 345-360. — Beaudoin d'Amsterdam, *Tres sermones inediti Joannis de Rupella in honorem S. Antonii Patavini*, dans *Coll. franciscana*, t. 28 (1958), p. 33-58. — K.F. Lynch, *John of La Rochelle, Eleven Marian Sermons*, St Bonaventure, New York, 1961. — *Tractatus de divisione multiplici potentiarum animae*, éd. P. Michaud-Quantin, Paris, 1964.

⟶ Wadding, *Annales Minorum*, Rome, 1731, p. 608-609. — Sbaralea, *Supplementum ad scriptores ordinis Minorum*, Rome, 1806, p. 458 ; *Analecta Franciscana*, t. 2 (1889), p. 59, 63 ; t. 3 (1897), p. 219, 247, 304, 696 ; t. 4 (1906), p. 337, 379, 543. — Eubel, *Provinciale Ord. Fratrum Minorum*, 1892, p. 16. — *HLF*, t. 18, 1895, p. 314 ; t. 19, p. 171 ; t. 20, 1895, p. 338 ; t. 21, p. 365. — Parth. Hinges, *De Scriptis quibusdam F. Joannis de Rupella*, dans *Arch. Francisc. Hist.*, t. 6 (1913), p. 597. — H. Felder, *Geschichte der Wissenschaft-Studien in Franziskaner Order*, Fribourg, 1904, p. 215. — C. Nappo, *La Postilla in Marcum di Giovanni de Rupella e suoi riflessi sulla Somma Halesiana*, dans *Archiv. Francisc. Hist.* (1957), nos 3-4, p. 332. — G. Manser, *Johann von Rupella, Ein Beitrag zu seiner Charakteristik mit besonderer Berücksichtigung seiner Erkenntnislehre*, dans *Jahrb. f. Philos. und spek. Theologie*, t. 26 (1912), p. 290-324. — P. Minges, *Zur Erkenntnislehre des Franziskaners Johannes de Rupella*, dans *Philos. Jahrbuch*, t. 27 (1914), p. 461-477. — A. Fries, *Ein PsalmKommentar des J. von La Rochelle*, dans *Franziskanischer Studien*, t. 34 (1952), p. 235-265. — F. Stegmüller, *Repertorium biblicum medii aevi*, t. 3, Madrid, 1951, 4888-4915, p. 411-417. — J.B. Schneyer, *Repertorium der lateinischen Sermones des Mittelalters*, Münster, 1971, p. 703-720. P.R.

Jean Le Bègue. Encore assez mal connu, ce personnage paraît pourtant avoir été étroitement lié au mouvement humaniste français des années 1400. N'appartient-il pas, comme son père et son grand-père, au milieu des fonctionnaires royaux où s'est singulièrement développé cet esprit ? Entré jeune à la Chancellerie royale comme secrétaire, il montre vers 1396 ses ambitions matrimoniales comme sa culture de latiniste antiquisant dans une *Épître* adressée à Pierre L'Orfèvre, conseiller de Charles VI et chancelier de Louis d'Orléans, pour lui demander la main de sa fille. En 1407, il est nommé greffier de la Chambre des comptes, charge qu'il occupera, au moins nominalement, jusqu'à sa mort le 8 février 1457. Fruit de cette longue activité au greffe, un *Manuel* dont ne subsistent que des copies interpolées et tardives. Jean Le Bègue participa à d'autres travaux de mise en ordre, plus ou moins inhérents à sa charge : inventaires du mobilier des palais royaux, de l'hôtel de Saint-Pol, du Louvre. Plus intéressant, car cela concerne le livre, il rédigea un catalogue de la librairie royale en 1411 puis en 1413 : le premier après la mort de Gilles Malet ; le second lors de la prise de fonction de Jean Maulin. Or le choix de Jean Le Bègue pour ces inventaires ne semble pas relever du hasard : c'est un bibliophile, un copiste, voire un préparateur d'« éditions ». Ainsi vers 1410, la lecture d'un commentaire de Salluste lui inspire le sujet de la peinture de frontispice conservée dans deux manuscrits. Mais c'est en 1417, pendant un séjour dans le Berry, qu'il rédige un véritable guide pour l'illustration de *Catilina* et *Jugurtha*. Ce programme iconographique sera réalisé à la lettre.

Vers 1425, il aurait été à l'origine de la compilation de chroniques de France (jusqu'en 1411). Des indications de sa main figurent en effet en marge de l'exemplaire qui lui appartint. C'est d'ailleurs également en marge de son Orose qu'il composa un éloge latin de cet historien. En 1431, il recueille des recettes sur les couleurs en latin et en français, et complète son ouvrage d'une table alphabétique inspirée du *Catholicon* de Jean Balbi. Tout cela apparemment à l'usage d'un atelier de copie et d'enluminure. À côté de textes anciens (Théophile, Pierre de Saint-Omer) figurent ceux que le Milanais Giovanni Alcherio rassembla auprès de peintres italiens et français dans les années 1409-1411. Qu'il ait connu directement ou non Alcherio, les liens de Jean Le Bègue avec l'Italie sont éclairés d'autre part par sa traduction du *De Bello punico* de Leonardo Bruni, qu'il offrit à Charles VII en 1445 et dont il dit avoir reçu l'original d'un ami italien. On tient là le seul texte de cet auteur qui ait eu du succès. L'œuvre de Bruni comblait, en effet, la perte de la deuxième *Décade* de Tite-Live et la version française de Le Bègue sera souvent insérée dans la traduction livienne due à Pierre Bersuire*.

ŒUVRES. — *L'Épître*, éd. dans G. Ouy, *Le*

songe et les ambitions d'un jeune humaniste parisien vers 1395, dans *Miscellanea di studi e ricerche sul Quattrocento francese*, Turin, 1967, p. 395-407. — *Les Histoires que l'on peut raisonnablement faire sur les livres de Salluste*, éd. J. Porcher, Paris, 1962. — *La Tabula de vocabulis sinonimis et equivocis colorum*, éd. M. Merrifield dans *Original Treatises on the Arts of Painting Dating from the* XIIth *to the* XVIIIth *Centuries*, Londres, 1849 (réimp. New York, 1967, t. 1, p. 1-321). — Le prologue de la trad. du *De Bello punico*, éd. J. Monfrin dans *The Late Middle Ages and the Dawn of Humanism outside Italy*, Louvain-La Haye, 1972, p. 164-167.

→ A. Martin, *Positions des thèses de l'École des Chartes*, 1908, p. 164-167. — C. Samaran, dans *HLF*, t. 39 (1962), p. 407. — B. Tosatti Soldano, *La Tabula de vocabulis (...) in relazione a Giovanni Alcherio*, dans *Annali della Facoltà di Lettere e Filosofia dell' Università degli Studi di Milano*, t. 36 (1983), p. 129-187. — D. Byrne, *An Early French Humanist and Sallust : Jean Lebègue (...)*, dans *JWCI*, t. 49 (1986), p. 41-65. — Cf. *GRLMA*, t. VIII/1, p. 229-230. S.L.

Jean Le Bel. Jean Le Bel est né à Liège vers 1290, dans une famille appartenant au patriciat urbain. Tout ce qu'on sait de lui vient de sa chronique et du témoignage laissé par Jacques de Hemricourt* dans le *Miroir des nobles de Hesbaye*. Son père Gilles, le premier à porter le surnom Le Bel, fut échevin de Liège de 1307 à 1316, un de ses frères était chevalier et échevin, l'autre chanoine de la collégiale de Saint-Jean-Baptiste. Jean Le Bel fut d'abord attaché à la maison de Jean de Beaumont, fils cadet du comte de Hainaut, et prit part à ses côtés à l'expédition de 1327 en Angleterre, au service de la reine Isabelle et de son jeune fils, devenu roi sous le nom d'Édouard III, après l'emprisonnement et la mise à mort de son père Édouard II. C'est près de Jean de Beaumont que Jean Le Bel apprit le métier des armes. Il fréquenta les fêtes chevaleresques et les tournois. Il était cependant, depuis 1312 ou 1313, pourvu d'un canonicat à la cathédrale Saint-Lambert et, de plus, prévôt de l'église Saint-Jean-Baptiste. On ne sait s'il reçut les ordres mineurs. Il n'est jamais qualifié d'écuyer ni de chevalier, seulement de chanoine. Il vécut néanmoins comme un laïc, recevant de façon fastueuse, et semble, lors de la campagne d'Écosse de 1327, avoir combattu. D'une liaison tardive, il eut deux fils jumeaux qu'il reconnut et auxquels il laissa une grande partie de sa fortune qui paraît avoir été importante. Il est mort le 15 février 1370 et fut inhumé dans la cathédrale de Liège ; son épitaphe le disait *fidus in armis*. Jacques de Hemricourt a laissé de lui le portrait d'un homme riche, gai, généreux, élégant, aimant la vie, rimant chansons et virelais. De ces textes poétiques, rien ne nous est parvenu. On ne connaît que sa grande œuvre historique, les *Vrayes Chroniques*, et encore depuis peu de temps : le manuscrit unique, signalé pour la première fois en 1768, fut retrouvé par Paul Meyer à la bibliothèque de Châlons-sur-Marne. C'est sur les conseils de Jean de Beaumont que Jean Le Bel entreprit de raconter le conflit né entre les rois de France et d'Angleterre, entre 1326 et 1361. Son sujet principal est le règne d'Édouard III, mais il inclut d'autres épisodes importants tels que les troubles de Flandre et de Hainaut, la défaite des Sarrasins à Tarifa, la jacquerie, l'état de la France pendant la captivité de Jean le Bon et un récit détaillé de la guerre de succession de Bretagne.

La chronique fait apparaître deux méthodes de composition, avant et après 1356 (date de la mort de Jean de Beaumont qui, en 1345, avait changé de camp et était devenu l'allié de Philippe VI). Les premiers chapitres (1307-1340), rédigés entre 1352 et 1356, sont l'œuvre d'un historien, alors que les suivants, écrits au fur et à mesure des événements entre 1358 et 1361, relèvent plutôt d'un chroniqueur. L'œuvre ne comporte pas de conclusion. Jean Froissart* en sera le continuateur.

Jean Le Bel a écrit d'après ses propres souvenirs et ceux de témoins bien informés qu'il a eu la chance de rencontrer, car il a lui-même peu circulé, son seul voyage étant celui de l'été 1327 en Angleterre et en Écosse. Il n'indique aucune source écrite. Son récit est en général exact, précis, bien informé. Quand ses renseignements lui semblent peu sûrs, il fait preuve de réserve. Il a le souci d'être sincère, même à l'égard de son héros Édouard III (à la différence de Froissart, il ne cache pas le viol de la comtesse de Salisbury). Ce qui l'intéresse, ce qui fait pour lui la vraie trame de l'histoire, ce sont les faits de guerre, les cérémonies et les prouesses chevaleresques. Mais son amour de la vérité, son indépendance d'esprit le rendent tout à fait lucide sur la conduite souvent cupide et orgueilleuse des nobles chevaliers. Par ailleurs, il est conscient des difficultés du peuple en temps de guerre.

Son jugement réaliste et objectif fait de sa chronique une source historique importante. La qualité littéraire du texte n'est pas moindre que sa valeur historique. Sa langue est remarquable par sa clarté, sa pureté, sa précision. Sa prose est sobre et maints chapitres, pleins de mouvement et de pittoresque, soutiennent la comparaison avec le texte de Froissart.

La chronique de Jean Le Bel n'a pas eu au Moyen Âge une longue fortune. Des deux contemporains qui ont connu personnellement l'auteur, l'un, Jacques de Hemricourt, ne la cite même pas, ce qui est tout à fait étonnant, l'autre, Jean d'Outremeuse*, a noyé dans sa compilation les emprunts textuels qu'il lui a faits. Quant à Froissart, son continuateur (se sont-ils jamais rencontrés ?), il l'a aussi pillée. Mais s'il avoue ses emprunts, dans les deux premières rédactions de ses chroniques, dans la dernière, celle du ms. du Vatican, le nom de Jean Le Bel a disparu.

ŒUVRE. — Éd. J. Viard et E. Deprez, Paris, 1904 *(SHF).*

→ A. Coville, *Jean le Bel chroniqueur*, dans *HLF*, t. 38, 1949, p. 234-258. — M.T. de Medeiros, *Jacques et chroniqueurs, une étude comparée de récits contemporains relatant la Jacquerie de 1358*, Paris, 1979 (*Nouvelle bibliothèque du Moyen Âge*, 7). — D.B. Tyson, *Jean le Bel : Portrait of a Chronicler*, dans *Journal of Medieval History*, 1986, p. 315-332 ; *Jean Le Bel, Annalist or Artist ? A Literary Appraisal*, dans *Mél. B. Woledge*, Genève, 1987, p. 217-226. — Molinier, n° 3093. — Nouveau Potthast, t. 6, p. 520. — Cf. *MB* n°s 5059-5066 ; *S* 6062, 7910, 7938, 7948. F.L.G. et G.T.L.

Jean Le Chapelain. Voir : *Segretain moine.*

Jean Le Clerc. Voir : Jean de Roye.

Jean Le Conte. Cordelier qui composa, à la fin du XIVe siècle, pour le duc Pierre II d'Alençon, une collection de cent vingt *Miracles de la Vierge* en prose. Treize d'entre eux tirent leur thème du recueil de la *Vie des Pères**, notamment les contes l'*Abbesse grosse*, l'*Ange qui jetait un brandon*, l'*Enfant juif*, etc. Un des miracles, celui d'*Un prevost qui fut pendu au gibet*, est d'origine byzantine.

ŒUVRES. — *Les légendes du « Fiancé de la Vierge » dans la littérature médiévale*, éd. partielle A. Wyrembek et J. Morawski, Poznan, 1934 [éd. des contes *Celui qui fiansa la virge Marie* et *Du clerc qui donna l'anneau à une femme*].

→ G. Börnas, *Trois contes français du XIIIe siècle tirés du recueil de la Vie des Pères*, Lünd, 1968, notamment p. 34-35. A.F.L.L.

Jean Le Court, dit Brisebarre. Brisebarre n'est que le surnom de Jean Le Court. C'est pourtant cette dénomination qui apparaît le plus souvent dans les œuvres et les manuscrits. Quant à l'origine et à l'époque du poète, l'auteur des *Règles de la seconde rhétorique* en dit ceci : « Ou temps du dit Machault fut Brisebarre, de Douay, qui fist le livre de l'Escolle de foy et le Tresor Nostre Dame, et si fist le serventoys *S'Amours n'estoit plus poissant que Nature* (...) et plusieurs aultres bons diz, qui bien font a recommander et a prisier car ses fais furent bons. » De fait, une pièce des archives parisiennes témoigne du renom d'un auteur à qui l'on paya les légendes rimées destinées à être sculptées près des statues de la reine Jeanne de Bourgogne et d'autres seigneurs, pour le portail d'une chapelle construite à partir de 1319. Notons qu'il était secondé en ce travail par un certain Mahiet, lui aussi de Douai. Jean Brisebarre s'était alors sans doute illustré par des poésies pieuses, comme le *Serventois de Nostre Dame* cité par les *Règles*, et les trois poèmes édités par A. Salmon. Or, le manuscrit unique utilisé par ce dernier en nomme ainsi l'auteur : « Brisebarre Le Court a Douay, l'an V. » Ne faut-il pas interpréter cette date comme 1305 plutôt que 1355 ainsi que l'a fait Salmon ? Quant à l'*Escole de foy* (1327) et au *Trésor Nostre Dame*, une semblable inspiration religieuse y préside. Mais il s'agit cette fois de textes didactiques rimés ; le premier expose avec simplicité les articles de la foi, le second énumère les joies et les douleurs de la Vierge. D'une tout autre inspiration est le *Restor du paon* (avant 1338) qui fait suite aux *Vœux du paon*, épopée romanesque de Jacques de Longuyon*. Enfin, on attribue à Brisebarre le *Plait de l'Evesque et de Droit* (après 1312) sur la foi d'un manuscrit. Il s'agit d'une œuvre allégorique usant du thème du procès entre les Vices (qui soutiennent l'Évêque, représentatif de tout homme) et les Vertus (qui soutiennent le Droit personnifié). Cette œuvre d'inspiration morale se trouve amplifiée dans un autre manuscrit, où elle prend le tour d'une satire sociale. Il faut sans doute considérer le *Restor du paon* comme une œuvre de jeunesse ; 1338 n'est, en effet, que la date d'un volume qui contient le cycle du Paon. Le *Trésor Nostre Dame* pourrait alors lui être postérieur, puisque Brisebarre se propose de l'écrire « pour des biens faire restor que j'ay perdus par ma folie ». Le *Trésor*, ouvrage pieux, viendrait ainsi contrebalancer, « restorer » une œuvre toute profane, le *Restor du paon*. Jean Le Court était certainement mort en 1340 lorsque Jean de Le Mote* composa son *Parfait du paon*. De ce fait, il convient de repousser l'identification parfois tentée avec un Jean Brisebarre, procureur du roi au grand bailliage de Rouen, dont on conserve deux quittances pour 1353 et 1366.

ŒUVRES. — Le *Restor du paon*, éd. R. Carey, Genève, 1966 (*TLF*, 119) ; éd. E. Donkin, Londres, 1980 (*Modern Humanities Research Association Texts and Dissertations*, 15) [meilleure éd. que la précédente]. — *Le Plait de l'Evesque et de Droit*, éd. J. Kjaer dans *Revue Romane*, t. 10 (1977), n° spécial. — A. Salmon, *Trois poèmes de Jean Brisebarre Le Court, de Douai*, dans *Mél. C. Wahlund*, Mâcon, 1896, p. 213-224.

→ Pour la bibliogr. sur le *Restor du paon*, voir Jacques de Longuyon. — A. Thomas, *Jean Brisebarre, trouvère*, dans *HLF*, t. 36 (1927), p. 35-66 [extraits des œuvres]. — J. Kjaer, *Présentation d'un texte inédit du* XIV*e siècle : Li plais de l'Evesque et de Droit*, dans *Revue Romane*, t. 10 (1975), p. 328-341. — S. Taylor, *In Defense of Larceny : a Fourteenth-Century French Ironic Encomium*, dans *Neophilologus*, t. 65 (1981), p. 358-365 [sur le *Plait*]. — Cf. *MB* nos 4167, 4893 ; *S* 6601-6603. S.L.

Jean Le Cuvelier. Trouvère arrageois dont les œuvres furent composées entre 1240 et 1270 environ. Jean Le Cuvelier a à son actif au moins sept chansons d'amour et neuf jeux-partis où Jean Bretel*, Jean de Grieviler*, Lambert Ferri*, le Trésorier d'Aire*, et d'autres trouvères arrageois ou artésiens, lui donnent la réplique.

ŒUVRES. — A. Långfors, A. Jeanroy et L. Brandin, *Recueil général des jeux-partis français*, Paris, 1926, t. 1, p. XXXI, 175-183, 238-254 ; t. 2, p. 1-4, 29-32 (*SATF*, 70). — H. Petersen Dyggve, *Chansons françaises du* XIII*e siècle (Colart le Bouteiller, Gaidifer, Wasteblé, etc.)*, dans *Neuphilologische Mitteilungen*, t. 30 (1929), p. 186-187 ; t. 31 (1930), p. 30-35 [éd. de trois chansons].

→ R. Berger, *Le Nécrologe de la confrérie des jongleurs et des bourgeois d'Arras (1194-1361)*, Arras, 1963 et 1970, 2 vol. (*Mémoires de la Commission départementale des Monuments historiques du Pas-de-Calais*, XI, 1 et XIII, 2). — Linker, n° 52. — Cf. *MB* nos 2200 ; 6470. G.M.

Jean Le Fèvre. D'origine parisienne, Jean Le Fèvre entra jeune chez les bénédictins. En 1363, il fit profession à l'abbaye de Saint-Vaast d'Arras dont il devint abbé en 1369. En 1380, il est nommé évêque de Chartres. Juriste de formation et collaborateur précieux du roi, il intervint dans les affaires du schisme et rédigea, en réponse au *De fletu ecclesie* de Jean de Legnano (1378), le traité *De planctu bonorum* (inédit), dans lequel il justifiait l'élection de Clément VII. À la mort de Charles VII (septembre 1380), il s'attacha au duc Louis d'Anjou que la reine Jeanne de Naples avait fait son héritier. Nommé chancelier du duc en 1381, il le resta après le décès de ce dernier survenu en 1384. Il est mort le 11 janvier 1390. Il a laissé un *Journal* écrit en français, jour par jour, de 1381 à 1388, avec des notes en latin de plus en plus abondantes. Dans ce mémorial très détaillé, non seulement il relate les affaires journalières de la chancellerie mais encore il fait part de faits concernant aussi bien sa vie privée que publique.

ŒUVRE. — Éd. H. Moranvillé, Paris, 1887. — Éd. V. Lieutaud, dans *Bull. de la soc. scient. et litt. des Basses-Alpes*, t. 6 (1893-1894), p. 14-20, 23-28, 49-56 ; t. 11 (1903-1904), p. 174-187, 236-252, 318-331, 492-500, 570-580 ; t. 12 (1905-1906), p. 23-24 [reprend l'éd. Moranvillé avec quelques corrections].

→ A. Coville, *La vie intellectuelle dans les domaines d'Anjou-Provence de 1380 à 1453*, Paris, 1941, p. 95-134. — E. Perroy, *Un discours inédit de Jean Le Fèvre, abbé de Saint-Vaast et conseiller de Charles V (8 décembre 1376)*, dans *Mémoires de l'Académie d'Arras*, sér. 4, t. 2 (1943-1944), p. 83-90. — Molinier n° 3576. — Cf. *MB* n° 5172. G.T.L.

Jean Le Fèvre. Procureur au Parlement de Paris, né vers 1320 à Ressons-sur-le-Matz (Oise), mort après 1380, Jean Le Fèvre est connu comme auteur et traducteur d'ouvrages moraux, qui, allusions et éditions imprimées en témoignent, jouirent d'un succès certain jusqu'en plein XVIe siècle. Ses œuvres originales sont au nombre de deux, le *Respit de la mort* et le *Livre de leesce*, ses traductions au nombre de cinq. Le *Respit* fut composé en 1376, alors que l'auteur, victime d'une épidémie, se croyait à l'article de la mort.

Plus que le contenu du poème, assez décousu et disparate (la vanité du monde ; le macrocosme et le microcosme ; les vertus de la tribulation ; les « états du monde » ; la pénitence et les exemples de la miséricorde divine...), sont dignes d'attention la langue, vivante, parsemée de termes régionaux expressifs et de locutions imagées, ainsi que le thème : en bon plaideur, Jean Le Fèvre imagine de faire appel devant un tribunal royal de la sentence de mort prononcée contre lui par le juge divin, en suivant rigoureusement les phases de la procédure en usage à la chancellerie royale et au Parlement. La trame du poème est donc une fiction juridique tirée de la théorie des obligations : si l'on considère la mort comme une dette — et c'en est bien une, que tout homme doit payer au jour fixé par Dieu —, Dieu se trouve être le créancier de l'homme, qui lui-même est mis dans la position d'un débiteur. Lorsque le débiteur ne s'acquitte pas à échéance, le créancier est amené à prendre contre lui des mesures de contrainte. Mais le débiteur insolvable peut solliciter de la chancellerie royale la délivrance d'une lettre de répit qui suspende pendant un certain temps et sous certaines conditions l'exécution normale des obligations échues. C'est ce que fait Le Fèvre : ne voulant à aucun prix mourir, il se prétend débiteur insolvable, et à ce titre réclame une lettre de répit qui entrave l'action coercitive de son créancier, Dieu, le temps pour lui de s'amender ; d'où le titre du poème et les multiples digressions — puisées à des sources aussi variées que le *Roman de la Rose**, le *De statu interioris hominis* de Richard de Saint-Victor* ou le *Liber de Pomo* pseudo-aristotélicien —, qui tendent toutes, de près ou de loin, à sa justification. Apologie du sexe féminin, le *Livre de leesce* (la joie que donnent les femmes) se présente comme une réfutation en règle, point par point, des *Lamentations de Matheolus*, traduction (postérieure au *Respit* ?) alerte de la violente satire antiféminine produite à la fin du XIIIe siècle par un clerc « bigame », réduit à l'état laïque sous le coup des constitutions du concile de Lyon (1274). Composé entre 1380 et 1387, le *Livre de leesce* n'a pas les qualités du *Respit* ni du *Mathieulet* : la verve de notre procureur sait être incisive dans la satire et la moquerie ; il devient vite plat et ennuyeux dans le dithyrambe. Parmi les traductions, méritent surtout d'être signalés, outre les *Lamentations de Matheolus*, le *Theodolet* et *La Vieille*. Le *Theodolet* est une adaptation en décasyllabes à rimes plates de l'*Ecloga Theoduli*. Attribuée à tort par les auteurs médiévaux à Théodule, évêque de Syrie au Ve siècle, l'*Ecloga* met en scène un berger païen et une bergère chrétienne, qui s'affrontent en une lutte poétique. Pseustis, originaire d'Athènes, représente le paganisme et conte les légendes mythologiques. Alithia, descendante de David, lui donne la réplique avec des histoires tirées de l'Ancien Testament ; elle sort évidemment victorieuse du tournoi. Le poème daterait du Xe siècle et serait l'œuvre d'un inconnu et non, comme on l'a cru longtemps, de Gottschalk d'Orbais au IXe siècle. L'*Ecloga* connut un grand succès dans les écoles médiévales et resta un des textes de base de l'enseignement élémentaire jusqu'au milieu du XVIe siècle (Rabelais l'évoque encore parmi les *auctores octo* dans son *Gargantua*, chap. 14). Vraisemblablement œuvre de Richard de Fournival* (XIIIe siècle), la *Vetula*, traditionnellement attribuée à Ovide*, est un poème en trois chants, dans lequel l'auteur de l'*Art d'aimer* est censé raconter un épisode de sa vie amoureuse. Dans le premier chant, parlant des usages de l'amour, le poète fait d'intéressantes digressions sur la natation, la pêche, la chasse, les mathématiques et divers jeux. Le second chant raconte comment Ovide, s'étant ménagé, grâce à une vieille entremetteuse, un rendez-vous galant avec une jeune fille, se voit berner par la vieille ; ce qui ne l'empêchera pas d'épouser, vingt ans plus tard, l'objet de ses vœux. Mais de déconvenue en déconvenue, il a perdu toutes ses illusions et a compris combien sont éphémères les joies de ce monde. Aussi décide-t-il de renoncer à sa vie frivole pour se consacrer entièrement à l'étude, ce qu'il fait dans le troisième chant du poème, qui s'achève sur les révélations de la Sibylle prédisant la naissance du Christ. Cette dernière partie assura le succès de la *Vetula* ; elle est tout imprégnée de philosophie aristotélicienne et des théories astrologiques arabes. Des savants comme Robert Grosseteste*, Roger Bacon* ou Pierre d'Ailly* s'y réfèrent, et c'est dans sa propre traduction (pas toujours très claire) que Jean Le Fèvre puisa les connaissances scientifiques dont il fait étalage, parfois maladroitement, dans le *Respit*.

On doit encore à Jean Le Fèvre une traduction des *Disticha Catonis* fort répandue, et une version des hymnes de la liturgie (ms. unique, BN, fr. 964). Si l'on ne se rallie pas à l'interprétation pourtant convaincante que J. Batany a donnée du v. 3078 du *Respit*, on continuera à penser qu'il fut également l'auteur de la première danse macabre* :

Je fis de Macabré la dance
qui toutes gens maine a sa tresche
et a la fosse les adresche...

ŒUVRES. — *Respit de la mort* : éd. G. Hasenohr-Esnos, Paris, 1969 *(SATF)* ; extraits trad. dans *Poèmes de la mort de Turold à Villon*, choisis, trad. et présentés par M. Paquette, Paris, 1979 (*Coll. 10/18*). — *Lamentations de Matheolus* et *Livre de leesce* : éd. A.G. Van Hamel, Paris, 1892-1895, 2 vol. (*BEHE*, 95-96). — *Theodolet* : éd. dactylo., thèse École des Chartes G. Esnos (éd. de l'*Ecloga* latine, J. Osternacher, Urfahr, 1902). — *La Vieille*, éd. H. Cocheris, Paris, 1861 (éd. de la *Vetula* latine P. Klopsch, Leyde, 1967 et D.M. Robathan, Amsterdam, 1968). — *Distiques* de Caton, éd. J. Ulrich, dans *Romanische Forschungen*, t. 15 (1904), p. 70-106. — Trad. des hymnes de la liturgie inédite.

→ G. Esnos, *Jean Le Fèvre et le Respit de la mort*, dans *Positions des thèses de l'École des Chartes*, 1965, p. 23-28. — P.Y. Badel, *Le Roman de la Rose au* XIV*e siècle*, Genève, 1980, p. 180-200 (*Publ. romanes et françaises*, 153). — G. Hasenohr, *La locution verbale figurée dans l'œuvre de Jean Le Fèvre*, dans *La locution*, éd. G. Di Stefano et R.G. McGillivray, Montréal, 1986, p. 229-281 (*Le Moyen Français*, 14-15). — J. Batany, *Bonheur et malheur dans les estats sociaux...*, dans *l'Idée du bonheur au Moyen Âge*, éd. D. Buschinger, Göppingen, 1990, p. 59-67.

Ecloga Theoduli : B. Nye Quinn, *Ps. Theodulus*, dans *Catalogus translationum et commentariorum*, éd. P.O. Kristeller, t. 2, Washington, 1971, p. 2383-2408. — R.P.H. Green, *The Genesis of a Medieval Texbook : the Models and Sources of the « Ecloga Theoduli »*, dans *Viator*, t. 13 (1982), p. 49-106. — G. Hasenohr, *Tradition du texte et tradition de l'image. À propos d'un programme d'illustration du « Theodolet »*, dans *Mél. F. Masai*, Gand, 1980, p. 451-467.

De Vetula : D.M. Robathan, *Living Conditions in the thirteenth Century as reflected in the Pseudo Ovidian « De Vetula »*, dans *Mél. B.L. Ullmann*, 1960, p. 96-102. — F. Bruni, *Dal « De Vetula » al « Corbaccio » : l'idea d'amore e i due tempi dell' intelletuale*, dans *Medioevo Romanzo*, t. 1 (1974), p. 161-216. —

Disticha Catonis : R. Hazelton, *The Christianisation of « Cato » : the « Disticha Catonis » in the Light of the Late Medieval Commentaries*, dans *Mediaeval Studies*, t. 19 (1957), p. 157-173. — E. Ruhe, *Untersuchungen zu den altfr. Übersetzungen der Disticha Catonis*, Munich, 1968.

Danse macabre : voir l'éd. du *Respit*, p. 195-197 et, pour une interprétation neuve, J. Batany, *Les « Danses Macabré » : une image en négatif du fonctionnalisme social*, dans *Dies illa. Death in the Middle Ages...*, éd. J. Taylor, Liverpool, 1984, p. 15-27. — Cf. *GRLMA*, t. VIII/1, p. 158, 223, 228, 271. *MB* n°s 5291-5303, 7986 ; *S* 7586, 7591.

G.H.

Jean Lefèvre de Saint-Rémy. Né vers 1396 à Abbeville, ce personnage fut plus connu sous les surnoms successifs qu'il porta : Charolais, depuis son entrée au service de Philippe (comte de Charolais jusqu'à la mort de Jean sans Peur) jusqu'en 1429, où, à l'occasion de son mariage avec Isabelle de Portugal, le duc de Bourgogne créa l'ordre de la Toison d'or. Alors Jean Lefèvre en devint le premier roi d'armes et prit le nom de l'ordre lui-même. C'est par son épouse que Jean Lefèvre acquit titre et biens seigneuriaux. Enfin en 1468, peu avant sa mort, Charles le Téméraire le fera chevalier.

Jean aura été roi d'armes trente-six ans, voyageant à travers l'Europe pour porter les colliers de l'ordre aux membres élus, se chargeant en même temps de messages politiques, organisant des tournois... Il désignera lui-même son successeur, Gilles Gobert dit Fusil, qui prendra à son tour le surnom de Toison d'or.

Au regard de cette carrière, on comprend mieux l'orientation des écrits de Jean Lefèvre. Sa *Chronique*, qui couvre les années 1408-1436, porte aussi le titre de *Mémoires sur l'institution de la Toison d'Or*. On y trouve, de fait, la narration de faits de guerre, de manifestations de la vie chevaleresque et des cérémonies de l'ordre bourguignon. Œuvre de sa vieillesse (il la commencera au plus tôt en 1462), la *Chronique* utilise Enguerrand de Monstrelet*, mais certainement aussi un récit que Jean Lefèvre aurait écrit antérieurement et dont Georges Chastellain* avait fait son profit. Son *Épître sur les faits d'armes de Jacques de Lalaing* raconte des événements de 1445-1450. En 1450, au Pas de la Fontaine des pleurs tenu par Jacques de Lalaing, Toison d'or était présent comme juge, assisté d'un héraut d'armes qui avait relevé son premier surnom, Charolais. De ce témoignage technique, l'auteur du *Livre des faits de Jacques de Lalaing** s'est servi, en reprenant le texte à la lettre. Enfin, on conserve un traité du blason écrit à Bruges le 4 janvier 1463, ainsi qu'un petit texte, écrit à la même date, « touchant le fait d'armorie », et s'intéressant spécifiquement aux bordures et aux brisures.

ŒUVRES. — *Chronique de Jean Lefèvre*, éd. F. Morand, 1876-1881, 2 vol. *(SHF)* [donne à l'annexe 3 les sommaires du Traité du blason]. — *Épître...*, éd. F. Morand, dans *Annuaire-Bulletin de la Société de l'Histoire de France*, 1884, p. 177-239.

→ J.B. Aquarone, *Un chapitre de la Chronique de Jean Lefèvre* (...), dans *Mél. P. Le Gentil*, Paris, 1974, p. 33-54. — J.-C. Delclos, *Jean Le Fevre : l'une des sources du livre II de Georges Chastellain*, dans *Rencontres médiévales en Bourgogne (XVe siècle)*, t. 1 (1991), p. 7-18. — Cf. *MB* n° 5201 ; *S* 7990, 8022. S. L.

Jean Le Long. Surnommé Iperius, parce qu'il était originaire de la ville d'Ypres, près de Saint-Omer — il ne faut pas le confondre avec un autre Jean d'Ypres, hagiographe, qui fut aussi moine de Saint-Bertin et mourut en 1230 —, Jean Le Long entra vers 1340 à l'abbaye de Saint-Bertin puis alla à Paris étudier le droit. Il revint dans son abbaye dont il devint abbé le 24 mars 1365. Au cours d'un voyage en Avignon, il rencontra le pape Urbain V (1362-1370). De retour dans le Nord, il se consacra jusqu'à sa mort (1383) à l'administration de son abbaye.

Il a fait œuvre d'historien et de traducteur. Comme historien, il a composé vers 1383 un *Chronicon Sancti Bertini* ou *Chronicon Sithiense*, compilation sans beaucoup de sens critique dans laquelle il relate les faits des 54 abbés et les événements depuis la fondation du monastère, en 590, jusqu'en 1294. Il en existe des continuations anonymes qui vont jusqu'en 1497. Mais c'est surtout son œuvre de traducteur qui est importante ; Jean Le Long a mis en français plusieurs récits de voyages en Asie : 1) Le *Liber peregrinationis* de Riccoldo da Monte di Croce, dominicain qui parcourut l'Orient dans la seconde moitié du XIIIe siècle et écrivit sa relation en 1309. 2) Le texte latin de la *Flor des estoires* de Hayton* (1307 pour le texte français). 3) L'*Itinerarium de mirabilis orientalium Tartarorum* d'Odoric de Pordenone. Ce franciscain avait été envoyé par le pape en Orient. De retour à Padoue en mai 1329, il écrivit la relation de son voyage en latin, qu'il termina l'année suivante. Il en existe une autre traduction faite par Jean de Vignay*. 4) Le *Liber de quibusdam ultramarinis partibus et praecipue de Terra sancta*, que Guillaume de Boldensele écrivit en 1336. Né au début du XIVe siècle, ce dominicain avait quitté son couvent de Saint-Paul de Minden et en 1334-1335, avait effectué en Terre sainte un pèlerinage, que lui avait imposé le pape Jean XXII en pénitence. Il alla en Palestine et en Égypte et, à son retour en 1336, il écrivit la relation de son voyage à la demande du cardinal Élie de Périgord, un des personnages marquants de la cour d'Avignon, ami de Pétrarque* et très intéressé par les missions vers l'Asie que la papauté organisait alors. L'ouvrage a eu beaucoup de succès. 5) Un traité latin, *De l'estat et du gouvernement du grant Kaan de Cathay, empereur des Tartares*, écrit à la demande de Jean XXII, par Guillaume Adam* ou par son successeur à Sultanieh, Jean de Core. 6) Des lettres que le roi des Tartares, le grand Khan de Cathay, envoya au pape Benoît XII en 1338.

Ces diverses traductions se trouvent réunies dans un certain nombre de manuscrits, dont le plus célèbre, copié vers 1400 pour le duc de Bourgogne, est appelé le *Livre des Merveilles* (BN, fr. 2810) ; elles ont été reproduites dans l'*Hystoire merveilleuse, plaisante et récréative du grand empereur de Tartarie*, parue à Paris en 1529.

ŒUVRES. — *Chronicon S. Bertini*, éd. Martène, *Thesaurus novus anecdotorum*, t. 3, 1717, p. 445-776 ; éd. des parties originales, Holder-Eger, dans *MGH, SS*, t. 25, p. 747-866 ; éd. de fragments dans *RHF*, t. 7, p. 266-270 ; 9, p. 70-80 ; 10, p. 297-299 ; 11, p. 380-384 ; 13, p. 455-475 ; 18, p. 594-610. — Trad. d'Odoric de Pordenone, éd. H. Cordier, *Les voyages en Asie au XIVe siècle du bienheureux Odoric de Pordenone, religieux de Saint-François*, Paris, 1891. — Trad. de Guillaume de Boldensele, éd. C. Deluz, *Guillaume de Boldensele. Liber de quibusdam ultramarinis partibus et praecipue de Terra sancta (1336) suivi de la traduction de frère Jean le Long*, thèse, Paris IV, 1972. — *Lettres du grand Kaan*, éd. E. Jacquet, dans *Le Nouveau Journal Asiatique*,

t. 7 (1831), p. 414-426 ; éd. dans L. de Backer, cité *infra*, p. 335-346. — Reproduction en fac-similé : H. Omont, *Le livre des Merveilles, Marco Polo, Odoric de Pordenone, Mandeville, Hayton...*, 2 vol., Paris, 1907.

→ L. de Backer, *L'Extrême-Orient au Moyen Âge*, Paris, 1877 [un peu vieilli]. — N. Huyghebaert, *Iperius et la translation du Saint-Sang à Bruges*, dans *Ann. de la Société d'émulation de Bruges*, t. 100 (1963), p. 110-187 ; *L'abbé Lionnel de Saint-Bertin à la seconde croisade. Études sur quelques sources du chroniqueur Iperius*, dans *Bull. Soc. Acad. des Antiqu. de la Morinie*, t. 20 (1963), p. 97-113. — M. Mollat, *Les explorateurs du* XIIIe *au* XVIe *siècle*, Paris, 1984. — Molinier, n°s 1782, 3090. — Cf. *MB* n°s 5558 ; *S* 8096, 8122. G.T.L.

Jean Le Marchant. À la demande de l'évêque de Chartres Matthieu des Champs (1247-1259), ce chanoine de Péronne composa dans la langue de l'Ouest de la France, entre 1252 et 1262, un *Recueil de Miracles de Notre-Dame de Chartres* en octosyllabes. Ce *Recueil* contient 32 *Miracles*, tous survenus à la cathédrale de Chartres ou dus à la Vierge de Chartres. Le fait est à noter, car il est rare que les collections de *Miracles* ne concernent qu'un seul sanctuaire. Deux des *Miracles* sont empruntés à Gautier de Coinci*. Les autres sont la traduction d'un recueil latin anonyme, de l'extrême fin du XIIe siècle, édité par A. Thomas (*BEC*, t. 42 [1881] p. 505-550).

ŒUVRE. — Éd. P. Kunstmann, Ottawa, 1973.

→ K. Dunker, *Zu Jean le Marchant*, Erlangen, 1886 ; ou *Romanische Forschungen*, t. 3 (1887), p. 373-402. — P. Kunstmann, *Sur l'auteur et la date du livre des Miracles de ND de Chartres*, dans *Romance Notes*, t. 13 (1971), p. 344-350. — G. Gros, *Préférer la Vierge à l'autre Marie (étude sur le miracle XXIII de Jean Le Marchant)*, dans *Senefiance*, t. 30 (1991), p. 145-160. — Cf. *MB S* n°s 5680, 5712-5714. A.F.L.L.

Jean de Le Mote. Né à une date inconnue, Jean de Le Mote est très certainement originaire du Hainaut. Les traits dialectaux de sa langue le prouvent, mais aussi le sujet de sa première œuvre connue, rédigée en 1339 : *Li regret Guillaume comte de Hainaut*. Il s'agit d'un texte allégorique, écrit à la demande de la reine d'Angleterre, Philippa, fille du comte de Hainaut, mort en 1337. L'auteur-narrateur compose dans son sommeil une chanson qu'il veut porter à un puy. En chemin, il trouve un château où trente dames se sont enfermées à jamais pour se désoler sur la mort du comte : Débonnaireté, Humilité, Largesse, etc., toutes qualités qui furent compagnes du défunt durant sa vie. Le narrateur observe et note les complaintes successives des trente femmes, par une fente dans le mur que lui a indiquée Débonnaireté. Le résultat est une œuvre aux moyens littéraires raffinés, pleine d'invectives envers une mort allégorisée, contre qui l'on ne peut rien. Le ton en est donc assez différent du poème de Jean de Condé* sur le même sujet, *Li dis dou boin conte Willaume*. Il est probable qu'avant de travailler pour la reine Philippa, Jean de Le Mote s'illustra d'abord dans les puys poétiques si nombreux dans le Nord. À preuve, le début du songe du *Regret*, mais aussi la ballade qui suit chacune des plaintes des figures allégoriques. Le début de sa carrière fut peut-être aussi celui d'un copiste, si on identifie notre auteur avec le clerc de la chancellerie de Hainaut, Jean de La Mote, mentionné dans un compte de 1325-1326. En 1340, Jean est à Paris et vit chez son protecteur, l'orfèvre royal Simon de Lille (mort en 1348). Il compose alors pour lui le *Parfait du paon* (voir Jacques de Longuyon). On trouve là encore des ballades insérées et une description assez précise du fonctionnement des puys poétiques. La même année, il achève pour Simon la *Voie d'Enfer et de Paradis*. Ce texte allégorique a lui aussi un songe pour cadre. Le rêveur veut visiter l'Enfer. Ses guides, Désespérance et Meurtre, l'y mènent donc, en lui faisant rencontrer en chemin les sept péchés personnifiés (Orgueil, Avarice, Paresse, Envie, Colère, Gourmandise, Luxure). Arrivé en Enfer, le rêveur veut repartir. On lui fait alors comprendre son erreur : il est damné et la Mort, montée sur un bœuf, le perce d'une flèche. Mais *in extremis*, sa dévotion pour la Vierge le sauve, et il se retrouve au Paradis dont il visite les sept cieux en compagnie de Confession et de Satisfaction, puis de la Vierge. Le réveil intervient alors et le poète, après des prières pour Simon de Lille, se disculpe d'avoir plagié dans ce texte le Reclus de Molliens*. Si ce passage témoigne de la conscience qu'il avait de son originalité à l'égard de cet auteur, il n'en reste pas moins qu'il en reprend certains procédés rhétoriques et que le sujet même qu'il traitait était alors exploité par un anonyme sous un titre semblable.

On connaît, enfin, un dernier témoignage du talent poétique de Jean de Le Mote. Il s'agit d'un échange de ballades avec Philippe de Vitri* et Jean Campion. Le premier de ces deux personnages est célèbre, comme poète et musicien. Quant au second, il faut sans doute l'identifier à un chapelain de Notre-Dame de Tournai, plus tard doyen de Saint-Donat de Bruges. Tous deux critiquent deux ballades mythologiques de Jean de Le Mote, qui leur répond séparément. Philippe de Vitri a un grief supplémentaire à l'encontre de Jean : son séjour « en Albion de Dieu maudite ». Comme l'ensemble de l'échange doit dater de 1350, faut-il croire que Jean, après la mort de Simon de Lille, est passé au service de la reine Philippa ? ou bien a-t-il séjourné en Angleterre avant de travailler pour l'orfèvre parisien ? Si la première solution est préférable, on aurait dans ces quatre ballades les dernières traces d'un poète dont il convient de souligner le rôle, décelable dès le *Regret*, dans la fixation de la forme ballade*. Et si les critiques modernes ont été bien sévères à son égard, le Tournaisien Gilles le Muisit*, qui le comptait parmi les auteurs vivants en 1350, ne le rangeait pas sans quelque raison aux côtés de Philippe de Vitri et Guillaume de Machaut*. D'ailleurs son *Regret* figure parmi les sources du *Book of the Duchess* de Geoffrey Chaucer*, auprès d'œuvres de Machaut.

ŒUVRES. — Éd. R. Carey, *Le Parfait du paon*, Chapel Hill, 1972 (*Studies in the Romance Languages and Literatures*, 118). — Éd. A. Scheler, *Li Regret Guillaume comte de Hainaut*, Louvain, 1882. — Éd. M.A. Petty, *La Voie d'Enfer et de Paradis*, Washington, 1940. — E. Pognon, *Ballades mythologiques de Jean de la Mote, Philippe de Vitry et Jean Campion*, dans *Humanisme et Renaissance*, t. 5 (1938), p. 385-417 [éd. l'ensemble de l'échange, soit six ballades] ; F. Diekstra, *The Poetic Exchange between Philippe de Vitry and Jean de Le Mote : a New Edition*, dans *Neophilologus*, t. 70 (1986), p. 504-519 [deux ballades seulement avec trad. anglaise].

→ Pour la bibliogr. du *Parfait du paon*, voir Jacques de Longuyon. — E. Hoeppfner, *Die Balladen des Dichters Jehan de la Mote*, dans *ZRPh*, t. 35 (1911), p. 153-166. — A. Thomas, *Jean de la Mote, trouvère*, dans *HLF*, t. 36 (1927), p. 66-86. — E. Roy, *Les poèmes français relatifs à la première croisade* (...), dans *Romania*, t. 55 (1929), p. 411-468. — C. Rosenthal, *A Possible Source of Chaucer's Book of the Duchesse. Li Regret* (...), dans *MLR*, t. 48 (1933), p. 511-514. — J. Severs, *The Sources of the Book of the Duchess*, dans *Mediaeval Studies*, t. 25 (1963), p. 355-362. — D. Owen, *The Vision of Hell* (...), Édimbourg-Londres, 1970, p. 162-164. — S. Wenzel, *The Pilgrimage of Life as a Medieval Genre*, dans *Mediaeval Studies*, t. 35 (1973), p. 370-388. — C. Thiry dans *De la mort marâtre à la mort vaincue* (...), dans *Death in the Middle Ages*, Louvain, 1983, p. 239-257. — J. Baschet, *Les conceptions de l'enfer en France au* XIV*e* *siècle : imaginaire et pouvoir*, dans *Annales ESC*, t. 40 (1985), p. 185-207. — Cf. *GRLMA*, t. VIII/1, p. 88-89. — *MB* n°s 4168, 4926-4929, 5348 ; *S* 6524, 6604.

Voir aussi : *Voies de Paradis*. S.L.

Jean Le Nevelon. On l'identifie avec Johannes Nevolonis qui, entre 1183 et 1193, est attesté comme archidiacre de la cathédrale d'Arras et détient de larges possessions en Artois. Il est l'auteur, avant 1191, d'une *Vengeance Alixandre* d'un peu moins de deux mille alexandrins. Cette *Vengeance* continue le *Roman d'Alexandre**, la mort par le poison du héros macédonien ne pouvant rester impunie dans la mentalité de l'époque. Elle est dédiée à un comte Henri, vraisemblablement Henri Ier de Champagne, surnommé le Libéral. Il semble que Jean le Nevelon n'ait pas connu le *Vengement Alixandre* de Gui de Cambrai*.

ŒUVRE. — Éd. E.B. Ham, Princeton, 1931 (*Elliott Monographs*, 27) ; 2e éd. Ann Arbor, 1946 (*Univ. of Michigan Publ., Language and Lit.*, 22).

→ P. Meyer, *Alexandre le Grand dans la littérature française du Moyen Âge*, Paris, 1886, t. 2, p. 261-267 (*Bibl. fr. du Moyen Âge*, 4). — K. Sachrow, *Ueber die Vengeance d'Alexandre von Jean le Venelais*, Diss., Halle, 1902. — E.C. Armstrong, *The Authorship of the Vengement Alixandre and of the Vengeance Alixandre*, Princeton, 1926 (*Elliott Monographs*, 19). — B. Edwards, *A Classification of the Mss of Gui de Cambrai's Vengement Alixandre*, Princeton, 1926 (*Elliot Monographs*, 20). — E.B. Ham, *An Eight Venjance Alixandre*, dans *Modern Language Notes*, t. 56 (1941), p. 409-414 ; *Five Versions of the Vengeance Alixandre*, Princeton, 1935 (*Elliott Monographs*, 34) ; *Venelais ecdotique*, dans *Romance Philology*, t. 10 (1956-1957), p. 157-167. — J.F. Benton, *The Court of Champagne as a Literary Center*, dans *Speculum*, t. 36 (1961), p. 551-591. — Cf. *GRLMA*, t. IV/2, n° 304 ; t. IV/1, p. 152, 379, 484, 485. — *MB* n°s 950, 951, 974-980, 7284 ; *S* 2122.

C.R.

Jean le Page (Pagus ou Pagius). Maître ès arts à Paris dans les années 1225-1230, bachelier sententiaire entre 1240 et 1245, il est présenté comme un des trois lieutenants du chef des forces de « Dame Logique », Pierron de Courtenay, dans *La Bataille des sept arts* d'Henri d'Andeli*. Cité comme « maître » dans une lettre de Grégoire IX à Saint Louis (datée du 6 mai 1231), il semble avoir été étroitement associé au règlement des problèmes universitaires issus de la grève de 1229-1231. Victime probable des condamnations parisiennes de 1241 (comme en témoigne la liste des *errores Pagi* dressée dans le manuscrit latin Vat. lat. 692), le théologien a laissé une œuvre abondante — deux cours d'ouverture (*introitus*), une reportation (Paris, BN, lat. 15652) et une version rédigée (Padoue, Antoniana, 139) de sa lecture des *Sentences*. Toutefois, c'est l'œuvre logique de J. le Page qui constitue l'essentiel de ce qui nous est parvenu : un ensemble de commentaires sur la *Logica vetus* (dont seules les *Rationes super Praedicamenta Aristotelis* ont été éditées) et deux traités théoriques portant, l'un, sur les propriétés syntactico-sémantiques des termes catégorématiques — les *Appellationes* (divisées en trois parties respectivement consacrées aux théories de la « restriction », de l'« appellation » et de l'« ampliation ») — l'autre, sur les propriétés des termes syncatégorématiques (*Syncategoremata*). Caractéristiques de la logique parisienne de la première moitié du XIIIe siècle, les thèses de J. le Page sur la « supposition naturelle » (omnitemporelle) des termes sujets de propositions « scientifiques » ont été discutées jusque dans les années 1270-1280 (comme le montre le recueil de *sophismata* du ms. Paris, BN, lat. 126135 qui leur consacre d'assez longs développements).

ŒUVRES. — *Rationes super Praedicamenta Aristotelis*, éd. E. Franceschini, dans *Giovanni Pago : Le sue « Rationes super Predicamenta Aristotelis » e la loro posizione nel movimento aristotelico del secolo XIII, Sophia*, 2 (1934), p. 172-182, 329-350, 476-486. — *Syncategoremata*, éd. partielle H.A.G. Braakhuis, *De 13de Eeuwse Tractaten over Syncategorematische Termen, I : Inleidende Studie*, Nimègue, 1979, p. 168-248. — *Appellationes*, éd. A. de Libera, dans *AHDLMA*, t. 60 (1984-1985), p. 193-255.

→ A. de Libera, *Supposition naturelle et appellation : Aspects de la sémantique parisienne au XIIIe siècle*, dans *Histoire, Épistémologie, Langage*, 3/1 (1981), p. 63-77. A. de L.

Jean (ou **Jeannot**) **de Lescurel**. Clerc parisien qui fut, pour divers forfaits, « pendus en cest habit [de Saint Marcel] a Paris au commun gibet des larrons » en 1304 d'après la *Chronique parisienne anonyme*. Ce mauvais garçon était poète et composa un grand nombre de dits notés, de rondeaux et de ballades. On en possède encore 33, conservés dans un ms. unique (Paris, BN, fr. 146). Ces pièces sont précieuses pour l'histoire de la musique.

Voir aussi : Chaillou de Pesstain.

ŒUVRES. — F. Gennrich, *Jehannot de l'Escurel, « Balades, Rondeaux et Diz Entez sus Refrois de Rondeaux »*, Langen bei Frankfurt, 1964. — N. Wilkins, *The Works of Jehan de Lescurel*, Rome, 1966 (*Corpus Mensurabilis Musicae*, 30) ; *One Hundred Rondeaux and Virelais from the Late Middle Ages*, Cambridge, 1969, p. 13-15 et 145. — P. Bec, *La lyrique française au Moyen Âge (XIIe-XIIIe siècle)*, Paris, 1978, t. 2, p. 170-171 [une pièce].

→ C.-V. Langlois, *Jean de Lescurel, poète français*, dans *HLF*, t. 36 (1927), p. 109-115. — W. Arlt, *Aspekte der Chronologie und des Stilwandels im französischen Lied des 14. Jahrhunderts*, dans *Forum musicologicum*, t. 3 (1982), p. 209-227. — Linker, n° 162. — Cf. *MB* n° 4552. G.M. et F.F.H.

Jean Le Sénéchal. Voir : *Livre des Cent Ballades.*

Jean le Teinturier d'Arras. Auteur artésien du XIIIe siècle d'un poème allégorique de 310 vers, sous forme de songe, le *Mariage des sept arts*, visiblement inspiré du *De nugiis Mercurii et Philologiae* de Martianus Capella. Réunies dans le désir de se marier avec les sept vertus, Logique, Grammaire, Rhétorique, Musique, Astronomie, Géométrie et Arithmétique sont personnifiées et mises en scène dans une intention didactique. Théologie leur déconseille le mariage et leur recommande la virginité. Le dénouement tombe dans le burlesque, avec le poète qui se réveille assoiffé.

Il existe également une version anonyme, légèrement postérieure, le *Mariage des sept arts et des sept vertus*, de la fin du XIIIe siècle, texte picardisant copié dans le nord du domaine lorrain, de 93 quatrains d'alexandrins monorimes. L'auteur ici a remplacé la vision par le cadre d'un salut d'amour, et l'ordre des personnages ainsi que la formation des couples sont un peu différents, révélant une tendance implicite à critiquer la version de son prédécesseur Jean le Teinturier. Par ailleurs les considérations sur l'amour physique sont exclues des réflexions sur le mariage. La fin est complètement différente, d'où tout comique est exclu : le poète se fait reconnaître par les dames et leur demande conseil en amour. Musique compose une chanson que le poète devra chanter en présence de sa dame.

On attribue aussi à Jean le Teinturier la chanson « Ma dame en cui Deus ait mis... », légère et galante.

ŒUVRES. — *Mariage des sept arts* : éd. A. Långfors, *Le Mariage des sept arts par Jehan le Teinturier d'Arras, suivi d'une version anonyme. Poèmes français du* XIIIe *siècle*, Paris, 1923 (*CFMA*, 31). — *Chanson* : éd. A. Dinaux, *Les trouvères artésiens*, Paris-Valenciennes, 1843, réimp. Genève, 1969.

→ *Mariage des sept arts* : É. Littré, dans *HLF*, t. 23 (1856), p. 219-223. — A. Ladd, *Attitude Toward Lyric in the Lai d'Aristote and Some Later Fictional Narratives*, dans *Romania*, t. 96 (1975), p. 194-208. — R. Dragonetti, *Le mariage des arts au Moyen Âge*, dans *Littérature et musique*, Publ. des Fac. universitaires Saint-Louis, n° 28, Bruxelles, 1982, p. 59-73, réimp. dans *La musique et les lettres, Études de littérature médiévale*, Genève, 1986, p. 43-57 (*Publ. romanes et françaises*, 181). — Linker, n° 160. — Cf. *GRLMA*, t. VI/2, n°s 4600 et 4604 ; t. VI/1, p. 221 - 222. — *MB* n° 2645. C.R.

Jean Maillart. Il fut notaire particulier du roi de 1294 à sa mort survenue entre le 29 juillet 1322 et décembre 1323. Qualifié en 1311 de chanoine de Tournai, il avait reçu en viager de Philippe le Bel une maison à Paris. Certains préambules des actes qu'il écrivit à la demande du roi sont tout à fait remarquables par leur style. Il a écrit en 1316, à la requête de Pierre de Chambly, chambellan du roi, le *Roman du comte d'Anjou* (8 156 octosyllabes), qu'il a signé à la fin mais de façon énigmatique (v. 8069-8070).

La fille du comte d'Anjou, héroïne de l'histoire, afin d'échapper aux désirs incestueux de son père (qui meurt peu après de repentir), s'enfuit avec sa gouvernante et vient trouver refuge auprès du châtelain de Lorris ; sans jamais dévoiler son identité, elle devient l'épouse du comte de Bourges et donne naissance à un fils ; mais la comtesse de Chartres, fort mécontente du choix de son neveu, profite de l'absence de ce dernier pour forger des lettres et provoquer la mort de la jeune femme et de son enfant ; au dernier moment, les quatre serfs chargés de l'exécution prennent pitié des victimes et les laissent s'enfuir. Après de cruelles tribulations, pendant lesquelles la jeune femme se voit réduite à la mendicité, son époux découvre la trahison de sa tante, mais apprend avec joie le subterfuge des serfs ; déguisé en mendiant, il part à la recherche de sa femme et la rejoint enfin à Orléans. L'évêque d'Orléans, frère du comte d'Anjou, fait avouer à la jeune femme son identité et lui rend ses domaines ; après une expédition guerrière sanctionnée par le roi, la comtesse de Chartres est brûlée vive et les deux époux peuvent enfin jouir avec tranquillité de leur bonheur.

L'histoire assez réaliste, dans un style plaisant et vivace, se rattache par le contenu à un ancien conte populaire, celui de la jeune fille en proie à l'amour incestueux de son père. Le thème se retrouve d'un bout à l'autre de l'Europe dans la littérature depuis le XIIe siècle, en particulier dans la *Belle Hélène de Constantinople** et *La Manekine* de Philippe de Beaumanoir*. Par ailleurs, y réside une intention morale, l'auteur montrant les effets de l'espérance en Dieu et les vicissitudes de la fortune.

ŒUVRE. — Éd. M. Roques, Paris, 1931 (*CFMA*, 67).

→ J. Strayer, *The Reign of Philip the Fair*, Princeton, 1984. — C.V. Langlois, *La Vie en France ... d'après les romans mondains du temps*, Paris, 1924, p. 260-285. — A. Planche, *Omniprésence, police et auto-censure des pauvres. Le témoignage du roman du Comte d'Anjou (1316)*, dans *Littérature et société au Moyen Âge. Actes du colloque (mai 1978)*, Amiens, 1978, p. 263-283. — W.R.J. Barron, *À propos de quelques cas d'écorchement dans les romans anglais et français du Moyen Âge*, dans *Mél. J. Lods*, Paris, 1978, t. 1, p. 49-68. — T.S. Fenster, *Joie mêlée de Tristouse : the Maiden with the cut-off Hand in Epic Adaptation*, dans *Neophilologus*, t. 65 (1981), p. 345-357. — A. Planche, *La table comme signe de la classe. Le témoignage du Roman du comte d'Anjou*, dans *Manger et boire au Moyen Âge. Actes du colloque de Nice (oct. 1982)*, Nice, 1984, t. 1, p. 239-260. — Y. Foehr-Janssens, *Quand la manchote se fait brodeuse*, dans *Littérature*, t. 74 (mai 1989), p. 63-75. — Cf. *GRLMA*, t. IV/2, n° 298 ; t. IV/1, p. 378, 400, 434, 450. — *MB* n°s 1177-1184 ; *S* 2283.
J.C.S. et C.R.

Jean Malkaraume. Auteur d'origine lorraine, Jean Malkaraume (Mal Carême) adapta en vers français les livres historiques de l'Ancien Testament entre la fin du XIIIe et le début du XIVe siècle. Il nous reste une seule copie (BN, ms. fr. 903) de son œuvre. Se réclamant de l'autorité du *Roman de Troie* de Benoît de Sainte-Maure*, Jean Malkaraume a inséré cet ouvrage entre son récit de la mort de Moïse et l'histoire de Josué ; plus loin, il a inséré une traduction personnelle de la légende de *Pyrame et Thisbé**, d'Ovide. Dans la partie biblique de son œuvre — les deux cinquièmes environ du manuscrit — le poète raconte assez amplement les faits jusqu'à la mort de Moïse ; dans la suite, il se limite aux événements marquants et aux principaux personnages de l'Ancien Testament. Le manuscrit finit brusquement, aussitôt après le combat de David et Goliath. Le poème est écrit en octosyllabes, mais ni le mètre, ni les rimes ne sont parfaits. Jean Malkaraume avait été très attiré par l'ouvrage latin, *Aurora*, ou *Biblia versificata*, de Pierre Riga*. Il lui emprunta quelques-uns de ses passages les plus emphatiques et bizarres, dont il donne une traduction serrée. L'influence de l'*Aurora* peut être sentie également dans beaucoup de passages qui proposent une explication morale ou allégorique des épisodes racontés.

ŒUVRE. — Éd. J.R. Smeets, Assen-Amsterdam, 1978, 2 vol.

→ P.E. Beichner, *La Bible versifiée de Jehan Malkaraume et l'Aurora*, dans *Le Moyen Âge*, t. 61 (1955), p. 63-78. — J. Bonnard, *Les traductions de la Bible en vers français au Moyen Âge*, Paris, 1884, p. 55-66. — J.R.S. Smeets, *La Bible de Jehan et Ovide le Grant*, dans *Neophilologus*, t. 58 (1974), p. 22-33 ; *Le « duis » de Pyramus et Thisbé dans la Bible de Malkaraume*, dans *Langue et littérature du Moyen Âge*, éd. par R.E.V. Stuip, Assen, 1978, p. 74-83 ; *Les corrections apportées à la Bible de Malkaraume*, dans *Mél. O.J. Lieftinck*, Amsterdam, 1972, p. 88-95 ; *La Bible de Jean de Malkaraume*, dans *The Bible and Medieval Culture*, Louvain, 1979, p. 220-235 ; *Les traductions-adaptations versifiées de la Bible en ancien français*, dans *Les genres littéraires dans les sources théologiques et philosophiques médiévales*, Louvain-la-Neuve, 1982, p. 249-258. — Cf. *GRLMA*, t. VI/1, n° 1848. — *MB* nos 3019, 7742 ; *S* 5548-5553.

P.E.B.

Jean de Mandeville. Chevalier anglais qui aurait vécu au XIVe siècle et à qui sont attribués des *Voyages* et un *Lapidaire*. Sa vie n'est connue que par ce qui en est dit dans les *Voyages* : Mandeville était « né et nourri d'Angleterre de la ville de Saint-Aubin », il passa la mer en 1322, voyagea jusqu'en Inde et en Chine (ce qui reste douteux) et composa son récit en 1356. D'autres renseignements proviennent du chroniqueur liégeois Jean d'Outremeuse* dans *Le Myreur des Histors* et sont sujets à caution : Jean de Mandeville « seigneur de Montfort, de Castel Pérouse et de l'île de Campdi » aurait fui l'Angleterre à la suite d'un meurtre ; au retour de ses voyages (1343), il se serait installé à Liège, où il aurait été connu comme médecin sous le nom de Jean de Bourgogne ou Jean à la Barbe, auteur, en 1365, d'un *De pestilencia* qui devint vite célèbre ; à sa mort (1372), il aurait été enterré à l'église des Guillemins : ces renseignements figuraient en partie sur sa pierre tombale, encore visible en 1798, et à laquelle le chroniqueur les avait peut-être empruntés. Auteur célèbre et célébré du XVe au début du XIXe siècle comme chevalier anglais, médecin, explorateur et savant, Mandeville fut accusé, à partir de 1830, de n'être qu'un plagiaire, voire de n'avoir jamais existé ; il devint l'objet d'une querelle entre les médiévistes belges et les médiévistes anglais qui, tous, le revendiquaient comme compatriote : « Mandeville » n'étant plus qu'un nom qui identifie un livre, celui des *Voyages*, et le rôle des Liégeois (à commencer par celui de Jean d'Outremeuse) dans la confusion entre les deux personnages, Jean de Bourgogne et Mandeville, restant à déterminer.

L'identité précise de « Mandeville » demeurant inconnue, malgré de nombreuses recherches et controverses, on peut seulement conclure que l'auteur des *Voyages* est un laïc, dévot, âgé, d'une culture assez vaste, qui comprend le latin, mais est bien aise de pouvoir s'aider d'une traduction quand elle s'offre, et qui a l'expérience du voyage. L'accord s'est fait sur son origine anglaise et la rédaction de son livre à Liège. Il serait mort en 1372.

Les *Voyages* connurent, au Moyen Âge, un vif succès, qu'attestent plus de 250 mss (en dix langues : français, anglais, latin, allemand, néerlandais, danois, tchèque, italien, espagnol, gaélique) et 90 éditions imprimées avant 1600.

On s'accorde à dater la rédaction des *Voyages* de 1355-1356 ou 1357, le plus ancien ms. (Paris, BN, nouv. acq. fr. 4515, témoin de la version « continentale ») ayant été copié en 1371 ; la première édition du texte français est celle de Lyon en 1480. La version originale des *Voyages*, certainement écrite en français et sur le continent, donna naissance, à travers de multiples copies, à trois versions distinctes. Une version « continentale » (33 mss), à partir de laquelle ont été faites des traductions latine, italienne, espagnole et allemande. Une version « insulaire » (21 mss), faite en Angleterre avant 1390, dont procèdent des traductions latines, anglaises et gaéliques : la traduction en moyen-anglais devint vite un classique et fit longtemps considérer Mandeville, dans les pays anglo-saxons, comme le père de la prose anglaise ; de cette version « insulaire » provient un sous-groupe qui a gagné la France avant 1402 et s'est développé parallèlement à la version « continentale » et parfois en contaminant celle-ci. Une version « liégeoise » des *Voyages* (sept mss), augmentée d'interpolations dues à Jean d'Outremeuse et concernant Ogier le Danois et Mandeville lui-même : l'étude du seul manuscrit complet de cette version (Chantilly, musée Condé, 699) tendrait à prouver que le corpus mandevillien qu'il contient serait sorti d'une officine liégeoise avant 1390, sans que l'on puisse affirmer avec certitude que Jean d'Outremeuse en était l'éditeur responsable. De cette version « liégeoise » procèdent des traductions latine, danoise, allemande, néerlandaise et tchèque.

Les quatre principales traductions anglaises des *Voyages* furent toutes faites à partir de la version « insulaire », certaines faisant également l'objet d'extraits : ces traductions sont dites respectivement « Cotton » (du ms. unique : Londres, Brit. Libr., Cotton Titus C. XVI), « Egerton » (du ms. unique : Londres, Brit. Libr. Egerton 1982), version « défective » (deux mss) et « Pynson » (d'après la première édition due à Richard Pynson à Londres, en 1496 ; au moins 29 mss). Une cinquième traduction anglaise est rimée et très abrégée : en 294 vers, *The boke of Mawndevile* fut composé entre environ 1375 et environ 1460. Il faut y ajouter la traduction irlandaise abrégée, établie en 1475 à Rosbrin (Cork) par Fínghin O'Mathghamhna (ou O'Mahony, qui mourut en 1496) sur une traduction anglaise (la traduction « Cotton ») de la version « insulaire » : cette traduction irlandaise est conservée dans deux mss, tous deux incomplets de la fin, et un fragment.

Des cinq traductions latines, la première (trois mss, dont celui de Leyde, Univ. Bibl., Vulcan 96) se rattache à la version « insulaire », comme aussi la deuxième (sept mss, dont celui de Londres, Brit. Libr., Royal 13.E.IX), la troisième (ms. unique : Londres, Brit. Libr., Harley 82) et la quatrième (ms. unique : Oxford, Bodleian Libr., Ashmole 769 [8080]). Au contraire, la Vulgate latine (39 mss) est un texte abrégé (traduit avant 1400) fondé sur la version « liégeoise », et la seule traduction latine à avoir été imprimée.

L'Espagne connut les *Voyages* à travers deux versions : une traduction aragonaise, faite à la fin du XIVe siècle, vraisemblablement pour Juan Ier d'Aragon, sur la base de la version « continentale », et conservée dans un ms. unique (Escorial, Real Bibl. de San Lorenzo, MIII 7-115) ; une version espagnole établie sur un texte latin et connue seulement à travers des éditions imprimées à Valence (en 1521, 1524, 1531 et 1540).

Les *Voyages* firent l'objet de deux traductions en allemand. La plus ancienne, qui peut dater de 1393-1399 et a sûrement été achevée avant 1409 (date du ms. Munich, Bayerische Staatsbibl., Cgm. 332), est due à Michel Velser, un membre de la famille von Vels, originaire du sud du Tyrol, et qui séjourna longtemps à Chieri, en Piémont : deux rédactions subsistent de cette traduction qui se fonde sur la version « continentale », et dont la première édition fut imprimée à Augsbourg, sans doute dès 1478, ou au plus tard en 1481. La seconde traduction allemande est l'œuvre d'Otto von Diemeringen, chanoine de Metz de 1369 à 1398 : établie d'après la version « liégeoise », elle fut imprimée à Bâle dès 1481 ou 1482, puis à Strasbourg en 1484. Sur cette seconde traduction fut faite une version en moyen-bas-allemand, conservée dans au moins trois mss.

La traduction allemande d'Otto von Diemeringen servit également de base à la traduction tchèque faite, au plus tard en 1410, par l'historien hussite Vivřincen Vavřinec de Březová (né en 1370 ou 1371 ;

mort en 1436) : elle est conservée dans au moins six mss, dont le plus ancien est daté de 1445.

La traduction italienne, établie d'après la version « continentale », fut imprimée deux fois à Bologne en 1488 :11 mss des XVe et XVIe siècles, et de nombreux fragments, la conservent.

La version danoise, élaborée à partir de la traduction latine dite Vulgate, se rattache donc à la version « liégeoise ». Elle pourrait avoir été faite en 1444 et est conservée dans quatre mss, dont le plus ancien (Stockholm, Kung. Bibl., M. 307, copié par le franciscain Ole Jacobsen) date de 1459.

Deux traductions néerlandaises assurèrent la diffusion des *Voyages* dans les pays flamands : leurs traducteurs sont inconnus et la première édition imprimée est celle de La Haye en 1470. La plus ancienne traduction remonte au XIVe siècle : elle se fonde sur la version « liégeoise », avec dans certains mss, une variante dite des 17 alphabets (tous les autres textes parlant de six alphabets seulement). La deuxième traduction fut établie, au XVe siècle, sur la traduction allemande d'Otto von Diemeringen : elle dépend donc aussi de la version « liégeoise ».

Itinéraire d'Angleterre à Constantinople, description de Constantinople, des îles de la Méditerranée orientale, de l'Égypte, de la Terre sainte, de la Syrie et de l'Orient (Asie Mineure, Asie, Inde, « Cathay », Turkestan, Perse, Arménie), aperçus sur l'Éthiopie, la Libye, la Nubie, les pays d'Afrique du Nord, et itinéraire de retour d'Asie en Occident, les *Voyages* connurent ainsi, sous les formes les plus diverses et dans des langues variées, un succès exceptionnel.

Le récit de « Mandeville » est aussi un livre de géographie : les *Voyages* se distinguent des autres relations de voyages par un certain souci d'élaborer une cartographie d'ensemble de la terre. Leur auteur sut unir, à l'expérience des voyages (jusqu'à l'Euphrate), une vaste culture livresque. Parmi ses nombreuses sources, tant latines que françaises, les plus importantes furent : le récit d'Odoric de Pordenone *(Descriptio orientalium partium)* dans la traduction française établie en 1351 par Jean Le Long* d'Ypres, le *Liber de quibusdam ultramarinis partibus* de Guillaume de Boldensele (écrit en 1332), la *Flor des estoires de la terre d'Orient* de Hayton* en 1307, l'*Historia Hierosolymitana* de Jacques de Vitry*, les souvenirs de Jean de Plan-Carpin et le *Devisement du monde* de Marco Polo* (1298), ainsi que les encyclopédies de Solin, Pline l'Ancien, Brunetto Latini* et Vincent de Beauvais*, auxquelles il faut ajouter les *Otia imperialia* de Gervais de Tilbury* et l'*Image du monde* de Gossuin de Metz*. Mais « Mandeville » a connu aussi la *Legenda aurea* de Jacques de Voragine*, la légende d'Alexandre, les chansons de geste du cycle de la Croisade*. À leur tour, les *Voyages* furent utilisés, comme source géographique, par des écrivains : Jean d'Outremeuse, avant 1400, dans le second livre du *Myreur des Histors*, Christine de Pizan* dans le *Chemin de longue estude* (1401).

Le style des *Voyages* est remarquable par sa sobriété et sa variété. « Mandeville » a le sens du détail pittoresque, du mot juste, et il lui arrive de défendre des idées originales (ainsi son appel au respect pour les non-chrétiens) et d'inscrire dans un récit de voyage, et non plus dans une cosmographie, sa croyance en la rotondité de la terre (qui devait influencer Christophe Colomb).

Outre les *Voyages*, « Mandeville » se vit aussi attribuer un *Lapidaire* considéré peut-être comme un complément obligé de son grand traité sur l'Orient fabuleux : les *Voyages* font plusieurs allusions à des pierres précieuses et consacrent un petit chapitre au diamant. Jean d'Outremeuse — déjà responsable, en partie, de la légende de « Mandeville » — prétend citer, dans son *Trésorier de philosophie naturelle des pierres précieuses*, 13 extraits d'un lapidaire latin qui serait l'œuvre de « Mandeville » : toutefois aucun témoin de ce lapidaire latin ne subsiste.

Le *Lapidaire* de « Mandeville », en français et en prose, paraît de longueur très variable suivant les témoins : il décrit 105 pierres en moyenne dans les mss du XVe siècle, 67 d'après les éditions anciennes, 25 seulement dans le corpus mandevillien du manuscrit de Chantilly, musée Condé 699 (qui date du XIVe siècle et énumère 61 pierres, en ne traitant que les 25 premières). Certains témoins tardifs de ce *Lapidaire* possèdent nombre d'articles en commun avec des manuscrits du XVe siècle d'un lapidaire anonyme plus ancien, le *Lapidaire du Roi Philippe* (avant 1310), et avec la *Compilation du XVe siècle*, vaste ouvrage minéralogique : l'origine de ces contaminations reste à déterminer. Le ton et le style de ce *Lapidaire* ne sont pas indignes de l'auteur des *Voyages*.

ŒUVRES. — Pour les *Voyages : Mandeville's Travels, Texts and Translations*, éd. M. Letts, Londres, 1953 (*Hakluyt Society*, Series II, 102) [éd. de la version « continentale » d'après Paris, BN, nouv. acq. fr. 4515, et de la trad. anglaise « Egerton »]. — *I Viaggi di Giovanni Da Mandavilla, Volgarizzamento antico toscano*, éd. F.S. Zambrini, Bologne, 1870 (réimp. 1968). — *The Buke of John Maundeuill*, éd. G.F. Warner, Westminster, 1889 [éd. de la trad. anglaise « Egerton »]. — W. Stokes, *The Gaelic Maundeville*, dans *Zeitschrift für celtische Philologie*, t. 2 (1899), p. 1-63 et 226-312 [éd., avec une trad. en anglais moderne]. — *De Reis van Jan Mandeville, naar de middelnederlandsche handschriften en incunabelen*, éd. N.A. Cramer, Leyde, 1908 [éd. de la plus ancienne trad. néerlandaise]. — *Itinerarium orientale, Mandeville's Reisebeschreibung in mittelniederdeutscher Übertragung*, éd. S. Martinsson, thèse, Lund, 1918 [éd. de la version en moyen-bas-allemand faite sur la trad. d'Otto von Diemeringen]. — *The Bodley Version of Mandeville's Travels, from Bodleian Ms. E Musaeo 116 with Parallel Extracts from the Latin Text of British Museum Ms. Royal 13.E.IX*, éd. M.C. Seymour, Londres, New York, Toronto, 1963 (*EETS*, 253) [éd. de la trad. anglaise « défective » et d'extraits de la deuxième trad. latine]. — T. Stemmler, *Die Reisen des Ritters Johann Mandeville durch das Gelobte Land, Indien und China*, Stuttgart, 1966 [trad. en allemand moderne de la version d'Otto von Diemeringen, avec les gravures sur bois de l'éd. de 1499 à Strasbourg]. — *Mandeville's Travels*, éd. M.C. Seymour, Oxford, 1967 [éd. critique de la trad. anglaise « Cotton »]. — *The Metrical Version of Mandeville's Travels*, éd. M.C. Seymour, Londres, New York, Toronto, 1973 (*EETS*, 269) [éd. de *The boke of Mawndeville* en vers et de la troisième trad. latine]. — *Sir John Mandevilles Reisebeschreibung in deutscher Übersetzung von Michel Velser, nach der Stuttgardter Papierhandschrift Cod HB V 86*, éd. E.J. Morrall, Berlin, 1974 (*Deutsche Texte des Mittelalters*, 66). — *Juan de Mandavila, Libro de las maravillas del mundo, Manuscrito de El Escorial*, éd. P. Lira Montañés, Saragosse, 1960-1979, 3 vol. [éd. de la version aragonaise]. — *The Travels of Sir John Mandeville*, intro. M.C. Seymour, Exeter, 1981 [fac-similé de l'éd. Pynson de 1496]. — *John Mandeville, Viaggi ovvero trattato delle cose più meravigliose e più notabili che si trovano nel mundo*, éd. E. Barisone, Milan, 1982. — *The Travels of Sir John Mandeville : A Manuscript in the British Library*, intro. J. Krása, New York, 1983 [fac-similé du ms. Londres, Brit. Libr., Add. 24189 qui se réduit à 28 ill. dépendant de la trad. tchèque]. — *Juan de Mandavila, Libro de las maravillas del mundo*, éd. G. Santonja, Madrid, 1984 (*Biblioteca de Obras Raras y Curiosas*, 3) [d'après l'éd. de la version espagnole de 1524 à Valence]. — *Jean de Mandeville, Reisen*, éd. E. Bremer et K. Ridder, Leyde, 1987 [repr. des éd. de la trad. de Diemeringen à Bâle en 1481 et de la trad. de Velser à Augsbourg en 1480]. — *The Travels of Sir John Mandeville*, trad. C.W.R.D. Moseley, Londres, 1983 [trad. anglaise moderne]. — Pour le *Lapidaire : Le Lapidaire du XIVe siècle, Description des pierres précieuses... d'après le traité du chevalier Jean de Mandeville*, éd. I. Del Sotto, Vienne, 1862 (réimp. Genève, 1974).

→ Pour les *Voyages* : F. Šimek, *Cestopis tzv. Mandevilla, český preklad pořizen Vavřincen z Březové (Travel Account of the So-Called Mandeville, Czech translation by Vavřinec of Březová)*, Prague, 1911 (2e éd. 1963). — R. Fazy, *Jehan de Mandeville, ses voyages et son séjour discuté en Égypte*, dans *Études asiatiques*, t. 4 (1950), p. 30-54. — J.W. Bennett, *The Rediscovery of Sir John Mandeville*, New York, 1954 (*The Modern Language Association of America, Monographs Series*, 19). — G. De Poerck, *La tradition manuscrite des Voyages de Jean de Mandeville*, dans *Romanica Gandensia*, t. 4 (1955), p. 125-158 ; *Le corpus Mandevillien du ms. Chantilly 699*, dans *Mél. R. Guiette*, Anvers, 1961, p. 31-48. — M.C. Seymour, *The Irish Version of Mandeville's Travels*, dans *Notes and Queries*, t. 208 (1963), p. 364-366. — M.C. Seymour et R.A. Waldron, *The Danish Version of Mandeville's Travels*, *ibid.*, t. 208 (1963), p. 406-408. — R. Lejeune, *Jean de Mandeville et les Liégeois*, dans *Mél. M. Delbouille*, Gembloux, 1964, t. 2, p. 409-437. — M.C. Seymour, *The Scribal Tradition of Mandeville's Travels : the Insular Version*, dans *Scriptorium*, t. 18 (1964), p. 34-48. — L. Schepens, *Quelques observations sur la tradition manuscrite du Voyage de Mandeville*, *ibid.*, t. 18 (1964), p. 49-54. — C. Moseley, *The Metamorphoses of Sir John Mandeville*, dans *Yearbook of English Studies*, t. 4 (1974), p. 5-25 ; *The Avaibility of Mandeville's Travels in England*, dans *The Library*, 5e série, t. 3 (1975), p. 128-132. — S.A.J. Bradley, *Mandeville Rejse. Some Aspects of its Changing Role in the Later Danish Middle Ages*, dans *Mediaeval Scandinavia*, t. 9 (1976), p. 146-163. — F. Fery-Hue, *Un extrait des « Voyages » de Jean de Mandeville : le chapitre du baume*, dans *Romania*, t. 105 (1984), p. 511-525. — W. Günther Ganser, *Die niederländische Version der Reisebeschreibung Johanns von Mandeville, Untersuchungen zur handschriftlichen Überlieferung*, Amsterdam, 1985 (*Amsterdamer Publikationen zur Sprache und Literatur*, 63) [éd. trois extraits]. — C.

Deluz, *Le livre de Jehan de Mandeville, Une « géographie » au XIVe siècle*, Louvain-la-Neuve, 1988 (*Publ. de l'Institut d'Études médiévales de Louvain, Textes, Études, Congrès*, 8). — Pour le *Lapidaire* : L. Mourin, *Les lapidaires attribués à Jean de Mandeville et à Jean à la Barbe*, dans *Romanica Gandensia*, t. 4 (1955), p. 159-171 [éd. du *Lapidaire* de Chantilly, musée Condé 699]. — A. Goosse, *Les lapidaires attribués à Mandeville*, dans *Les Dialectes belgo-romans*, t. 17 (1960), p. 63-112. — Cf. *MB* n°s 5523-5524 ; 5559-5566 ; 8006 ; 8014-8018 ; *S* 7958 ; 8082 ; 8097-8119. F.F.H.

Jean Mansel. Né entre le 28 mai 1400 et le 27 mai 1401, Jean Mansel était le fils d'un fonctionnaire à la cour de Bourgogne. Lui-même eut une brillante carrière administrative. Dès le 3 février 1435, il reçoit la charge de receveur des ouvrages du château d'Hesdin. En 1443, il est nommé receveur particulier des aides d'Artois à Hesdin, en 1448 receveur général de la ville et châtellenie d'Hesdin et, en 1460, il obtient la recette générale des aides ordinaires d'Artois, du Boulonnais et de Saint-Pol. En 1470, il est commis à l'inspection des ouvrages du château d'Hesdin. Il est mort entre septembre 1473 et septembre 1474. Mais c'est en qualité d'écrivain qu'il est le plus connu. Il est, en effet, l'auteur d'une vaste compilation historique intitulée *Fleur des histoires*, qui s'étend depuis la création jusqu'au règne de Charles VI. Cet ouvrage, dans lequel se côtoient l'histoire biblique et l'histoire profane de l'Antiquité, les vies de saints et l'histoire de France, fut un des plus gros succès de librairie au XVe siècle : il en subsiste quelque 49 mss, dont 21 pour le premier état. Car l'œuvre a connu deux versions, une brève en trois livres, une longue en quatre livres. Dans son état premier, représenté notamment par les mss Bruxelles BR 9231 et 9232, elle constitue une tentative assez remarquable pour embrasser l'histoire universelle dans une perspective suggérée par les vicissitudes de l'Église militante. Dans le prologue, le Christ, entouré de sa mère et des parents de celle-ci, Joachim et Anne, ainsi que des apôtres et des anges, s'avance au centre de son armée, précédé de l'avant-garde des saints de l'Ancien Testament, et suivi de l'arrière-garde des saints de la Nouvelle Alliance. La matière sacrée est ainsi répartie en trois livres, le premier va de la Création à Auguste ; dans le second, la vie du Christ s'accompagne des actes des apôtres, des miracles de Notre-Dame, de l'histoire et des miracles des anges ; le troisième livre est consacré aux actes des saints, auxquels s'ajoutent les livres 1, 3 et 5 des *Dialogues* de saint Grégoire* ainsi qu'une ample collection d'exemples moraux. Mansel complète son banquet spirituel en faisant une place considérable à l'histoire romaine (de la mort d'Auguste à Titus, puis de Domitien à Valentinien) et à l'histoire de France jusqu'à Charles VI, tandis que deux traités, l'un « Des provinces du monde », l'autre « De la noblesse des edifices de Romme », sont mis en rapport avec l'histoire romaine, et qu'une histoire des papes (jusqu'à Clément V), une « hystoire de la grant cité des Belges » (cette dernière ne se trouvant qu'à la fin du ms de Bruxelles 9231) viennent s'ajouter à l'histoire de France. Dans ces « notables histoires » se rencontrent aussi des morceaux provenant de l'épopée (le règne de Charles le Chauve est un abrégé de *Girart de Roussillon**) ou même des éléments romanesques (histoire de Griseldis*). Ainsi se mêlent les « més » pour la réfection de l'âme et les « entremés » profanes, ces derniers prenant le dessus dans la seconde rédaction. La première version en trois livres date des années 1446-1451. Jean Mansel fut par la suite chargé, pour le compte du duc de Bourgogne, de la confection d'*Histoires romaines*, connues par un seul exemplaire (Arsenal 5087-5088) et dont l'ornementation, confiée au peintre Loyset Liédet, fut achevée le 14 novembre 1454. Il est probable que Mansel est le rédacteur de l'ouvrage, qui sera incorporé dans la seconde version des *Fleurs des histoires*, dont il formera le deuxième livre. Quelques années plus tard en effet, Jean Mansel — ou un remanieur resté anonyme — donna de la compilation une édition revue et augmentée. Dans cette nouvelle version, le prologue général est adapté à la division quadripartite adoptée. L'histoire profane, poussée jusqu'en 1450 ou même 1467 dans les *Histoires de Hainaut*, qui ne se trouvent que dans cette version, tend à prendre le pas sur l'histoire sacrée. Aucun ms. complet n'a subsisté de cette nouvelle édition qui n'est connue que par des copies mutilées. La première version a eu du succès puisqu'elle est encore copiée en 1480, alors que la rédaction en quatre livres existait depuis 1464 au moins. Cette œuvre a été diffusée, semble-t-il, essentiellement dans l'entourage des deux derniers ducs de Bourgogne.

Les sources des *Fleurs des histoires* ne sont pas encore bien connues. On constate que Jean Mansel a beaucoup puisé dans l'œuvre de ses devanciers. C'est ainsi que dans les *Histoires romaines*, il reprend intégralement les *Faits des Romains**, auxquels il ajoute toutefois un long développement sur de nouvelles expéditions de César. Il semble avoir utilisé Tite-Live à travers la traduction de Pierre Bersuire*, de même qu'il s'est servi des *Annales de Hainaut* de Jacques de Guise dans la traduction de Jean Wauquelin* : le traité *Des Provinces du monde* est une fidèle transcription de la traduction par Jean Corbechon du livre 15 du *De proprietatibus rerum* de Barthélemy l'Anglais*. Enfin, pour l'histoire profane, dès le règne de Valentinien, il a recours aux *Grandes Chroniques de France**, qu'il recopie fidèlement, tout en s'écartant parfois délibérément du texte. Il semble dans ses modifications se faire l'écho de la propagande bourguignonne. Le plus souvent il résume les ouvrages qu'il utilise. L'histoire de Griseldis est ainsi un abrégé d'une traduction anonyme du XVe siècle du récit de Pétrarque*. On attribue encore à Jean Mansel une *Vie de Jésus-Christ* en français ; ce n'est pas une traduction du traité latin de Ludolphe de Saxe*, comme on l'a écrit, mais une adaptation qui abrège et modifie le texte latin, en suivant un plan particulier, et augmentée à la fin d'un supplément original. Ce plan consiste à diviser la vie de Jésus Christ en sept parties adaptées à chacun des jours de la semaine, comme l'avait déjà fait Jean Aubert*. Le supplément est un résumé de légendes sur la vengeance de la mort de Notre-Seigneur, c'est-à-dire sur la punition de Judas, de Pilate et des juifs, qui accompagnent souvent les *Vies* du Christ.

Le nom de Mansel a été rattaché à une officine de miniaturistes de grand talent établie à Hesdin : le « Maître du Mansel » est en effet reconnu pour être l'auteur de plusieurs peintures dans les mss Bruxelles, BR 9231, 9232 et 10515, ainsi que Vienne, ND des Écossais, 139 et 140.

ŒUVRES. — La *Fleur des histoires* est inédite. Une éd. des livres I et II de la première rédaction est entreprise par M. Orloff.

→ L.F. Flutre, « *Li Fait des Romains* » *dans les Littératures française et italienne du* XIIIe *au* XVIe *siècle*, Paris, 1932, p. 124-156. — C. De Poerck, *Introduction à la « Fleur des Histoires » de Jean Mansel (*XVe *siècle)*, Gand, 1936. — H. Martin, *Les Histoires romaines de Jean Mansel, illustrées par Loyset Leydet, cinquante-cinq planches reproduisant les miniatures et les encadrements des manuscrits 5087 et 5088 de la Bibliothèque de l'Arsenal*, Paris, s.d. — G. Dogaer, *Flemish Miniature Painting in the 15th. and 16th. Centuries*, Amsterdam, 1987, p. 14-15, 43-47, 51-55 [sur le « Maître du Mansel »]. — N. Borel, *La version en trois livres de la Fleur des histoires. Étude de la tradition manuscrite et édition partielle du livre III*, dans *Positions des thèses de l'École des Chartes*, Paris, 1991, p. 25-31. — Molinier n° 3932. — Cf. *MB* n°s 428, 5186-5189 ; *S* 5857.

G.D.P. et G.T.L.

Jean Massue. Né à Aizecourt, près de Péronne, Jean Massue était dès avant 1488 au service de Jean de Chabannes (1462-1503), dont le père, Antoine, comte de Dammartin, célèbre homme de guerre du temps de Charles VII et Louis XI, fut grand maître de France en 1467. Le fils eut une vie retirée et sans éclat ; il était amateur de livres et fit écrire des ouvrages pour célébrer la mémoire de son père et les mérites des premiers comtes de Dammartin. Bien que marié, Jean Massue se dit « religieuse personne », se prévalant sans cesse du titre de prieur des Dames et de Saint-Sornail. Peut-être faut-il identifier ce mystérieux prieuré, dont il était en fait bénéficiaire, avec celui de Saint-Saturnin dans le diocèse de Meaux et le doyenné de Dammartin-en-Goële où Jean de Chabannes avait un château.

Il acheva le 13 mai 1497 une compilation d'anecdotes historiques, à laquelle il donna le titre de *Marguerites historiales*, parce que la mère et la première femme de Jean de Chabannes se prénommaient toutes deux Marguerite. Dans le prologue, il énumère ses fonctions : valet de chambre du comte de Dammartin, il est aussi gruyer du Thour (Ardennes), prévôt criminel de Montfermeil et, depuis 1494, receveur de Puisaye, où il a des biens. Malade et sans doute âgé quand il termine son œuvre, il est mort avant le 12 novembre 1497.

Dans son ouvrage, l'auteur se propose comme but l'édification du lecteur. L'histoire ancienne forme l'essentiel de la matière. Les Romains sont le plus souvent cités et, parmi les Grecs, Alexandre occupe une place privilégiée. Quelques chapitres traitent d'histoire contemporaine, de théologie, de philosophie. L'auteur livre parfois des souvenirs personnels. Enfin, il a parsemé son ouvrage de réflexions où il fait souvent preuve d'esprit satirique. Les indications qu'il donne sur les événements et les personnages contemporains sont précieuses. Les sources qu'il utilise et qu'il recopie mot pour mot, essentiellement Valère-Maxime dans la traduction de Simon de Hesdin* et Nicolas de Gonesse*, permettent de se faire une idée de la culture d'un homme de la fin du XVe siècle.

ŒUVRE. — Éd. de fragments dans P. Champion, *Cronique martiniane. Édition critique d'une interpolation originale pour le règne de Charles VII restituée à Jean Le Clerc*, Paris, 1907, p. 117-120 [sous le titre de la *Marguerite des Vertus et Vices*].

→ P. Paris, *Les manuscrits françois de la bibliothèque du roi*, t. 7 (1848), p. 316-334. — C. Eymard, *Les Marguerites hystorialles de Jehan Massue*, dans *Positions des thèses de l'École des Chartes*, Paris, 1973, p. 84-89 [éd. critique]. — Molinier n° 4191. G.T.L.

Jean Maupoint. Fils d'un sergent, Jean Maupoint est né à Paris à la fin du XIVe ou au début du XVe siècle ; il entra très tôt à Sainte-Catherine de la Couture. Il fut ensuite envoyé au couvent de Notre-Dame de Mons (Hainaut) ; en 1428, il est sous-prieur à Notre-Dame-en-l'Isle à Troyes ; en 1436, on le trouve à Montpellier et en 1438, il est élu prieur de son premier couvent parisien, Sainte-Catherine de la Couture, qu'il trouva ravagé par la guerre. Tout en s'occupant de son monastère, il obtint les grades de bachelier en théologie et de maître ès arts. En butte aux tracasseries des sergents d'armes du roi, on le voit, en 1446, faire une démarche auprès du souverain. Son administration fut sévèrement attaquée. Maupoint se défendit. Mais il n'apparaît pas avoir été un bon administrateur. Il est mort le 11 novembre 1476.

Il a laissé un journal dont le tout début est en latin, le reste en français, qu'il rédigea à la suite d'un registre de comptabilité ; il avait aussi inséré dans deux autres registres, qui sont perdus, des notes historiques sur les événements antérieurs à 1437 qui intéressaient le prieuré, ou même avaient une portée plus générale. Seule subsiste la partie la plus importante de son œuvre, qui va de 1437 à 1469 ; le principal morceau a trait à la guerre du Bien public et à la bataille de Montlhéry. Son récit est celui d'un contemporain qui ne raconte que ce qu'il a vu ou entendu dire. Sa sincérité est complète. Il bénéficie parfois d'informations particulières, de renseignements obtenus de gens bien placés. Deux manuscrits conservent le texte du journal, l'un est une copie de l'original faite au XVIIe siècle, dans laquelle le journal est prolongé jusqu'en 1476, l'autre date du XVe siècle et comprend seulement deux fragments. Le premier va de 1461 à 1465 et est muni d'une continuation jusqu'en 1470, le second va de 1462 à 1464 et est suivi du récit du sacre de Louis XI sur une dizaine de feuillets. Les deux copies comportent un certain nombre de différences (additions et interpolations).

ŒUVRE. — Éd. G. Fagniez, *Journal parisien de Jean Maupoint, prieur de Sainte-Catherine de la Couture*, dans *Mémoires de la Société de l'histoire de Paris*, t. 4 (1877), p. 23-114.

→ Molinier n° 4152. G.T.L.

Jean Meschinot. Seigneur des Mortiers, terre située près de Nantes, Meschinot naquit vers 1420 et mourut le 12 septembre 1491. Il fut de 1442 à 1488 écuyer de cinq ducs de Bretagne : Jean V, François Ier, Pierre II, Arthur III et François II. Sous ce dernier, il se mit également au service d'une famille parente de celle de Bretagne : les Laval. Plus tard, il sera maître d'hôtel de la jeune duchesse Anne de Bretagne.

L'œuvre de Meschinot a été rassemblée dans quatre manuscrits. À côté de ces recueils, certains textes ont été imprimés dès 1493 à Nantes par Étienne Larcher ; d'autres (poèmes courts surtout) ont été copiés dans des manuscrits lyriques. Tous les recueils manuscrits commencent par les *Lunettes des princes*, qui connurent un succès presque égal à celui des *Testaments* de François Villon*. On a là un *opus magnum*, forme chère aux Rhétoriqueurs*. S'y déploie en effet tout le talent du Breton pour les formes rimées (parties 1 et 3) comme pour la prose (partie 2). Ce texte très concerté, que l'on peut dater entre 1461 et 1465, repose sur le modèle de la *Consolation de philosophie* de Boèce*. Il use de l'allégorie et du songe. « L'acteur » se voit en effet décrire par Raison des lunettes qui ont pour verres Prudence et Justice, monture de Force fixée par le clou de Tempérance. Ces lunettes, qui permettent de déchiffrer le livre de Conscience, sont destinées à chacun puisque tout homme a souveraineté sur son âme, en est le « prince ».

Suit dans trois manuscrits sur quatre le recueil des *Vingt-cinq ballades*. Le refrain de ces pièces est fourni à Meschinot par le dernier vers des vingt-cinq strophes du *Prince* de Georges Chastellain*. Ce jeu d'échange est une des preuves de l'éclat que l'auteur retira de son précédent succès. Par ailleurs, ce jeu d'échos a pour sujet la figure du prince détestable qu'incarnait alors, pour le défenseur des droits bretons comme pour le chroniqueur bourguignon, Louis XI.

Enfin, les manuscrits rassemblent des textes poétiques divers : œuvres de jeunesse que sont certains poèmes amoureux écrits sur commande ; pièces de circonstances, comme la complainte sur la mort d'Isabelle de Portugal (1472) ; pièces religieuses, qui ne refusent pas toujours les prouesses de versification ; ballades morales et politiques.

En dehors de la seconde partie des *Lunettes des princes*, un seul autre texte en prose est conservé. C'est la *Supplication* adressée à François II en 1473 au sujet d'un duel judiciaire. Meschinot s'y déclare allégoriquement : *Banni de liesse, a present demourant au diocese d'Infortune, paroisse d'Affliction et voisin prouchain de Desespoir*, s'inscrivant ainsi dans la mélancolie du siècle.

ŒUVRES. — *Les Lunettes des princes*, éd. C. Martineau-Génieys, Genève, 1972 (*Publications romanes et françaises*, 121). — *Les vingt-cinq ballades*, éd. dans Kervyn de Lettenhove, *Œuvres de Georges Chastellain*, Bruxelles 1863-1866 (réimp. Genève, 1971), t. 7, p. 463-486. — Autres textes poétiques : éd. dans G. Raynaud, *Rondeaux et autres poésies du* XVe, Paris, 1889 (*SATF*, 29), p. 28-29, 107 [deux rondeaux, une ballade] ; éd. P. Champion, *Trois ballades de Meschinot*, dans *Romania*, t. 49 (1923), p. 426-432 ; éd. dans B. Inglis, *Le ms. BN n.a. fr. 15771*, Paris, 1985 (*Bibliothèque du* XVe *siècle*, 48), p. 46-47 [deux rondeaux].

→ P. Champion, *Histoire poétique du* XVe *siècle*, Paris, 1923, t. 2, p. 189-238. — P. Zumthor, *Le masque et la lumière...*, Paris, 1978. — C. Martineau - Génieys, *Le thème de la mort dans la poésie française de 1450 à 1550*, Paris, 1978 (*Nouvelle bibl. du Moyen Âge*, 6), p. 263-271. — J. Lemaire, *J. Meschinot, précurseur de Maurice Scève ?*, dans *Studi francesi*, t. 58 (1976), p. 72-76. — P. Zumthor, *Lecture d'une ballade de J. Meschinot*, dans *Le Moyen Français*, t. 1 (1977), p. 5-32. — A. Planche, *Le corps en vieillesse. Regards sur la poésie du Moyen Âge tardif*, dans *Razo*, t. 4 (1984), p. 39-57. — D. Hüe, *Dérives et grenouillages (...)*, dans *Senefiance*, t. 15 (1985), p. 213-232 ; *La mort en appel (...)*, *ibid*, t. 16 (1986), p. 165-181 ; *L'image de l'âge (...)*, *ibid*, t. 19 (1987), p. 133-150 ; *Rhétorique et testaments (...)*, dans *Médiévales*, n°s 16-17 (1989), p. 217-232. — Cf. *GRLMA*, t. VIII/1, p. 54-55. — *MB* n°s 4856-4861 ; *S* 6786, 7355, 7373-7376, 7584.

S.L.

Jean de Meun. Jean de Meun fait le catalogue de ses œuvres antérieures dans le prologue de sa traduction de Boèce*, qu'il dédie à Philippe le Bel : « Je Jehan de Meun qui jadis ou Rommant de la Rose, puis que Jalousie ot mis en prison Bel Acueil, enseignai la maniere du chastel prendre et de la rose cueillir, et translatay de latin en françois le livre Vegece de Chevalerie et le livre des Merveilles de Hyrlande, et la Vie et les Epistres Pierres Abaelart et Heloys sa fame, et le livre Aered de Esperituelle Amitié (...) » Ainsi est-on assuré de devoir au même personnage la continuation du premier *Roman de la Rose**, dit de Guillaume de Lorris*, et une série de traductions de textes latins, dont deux sont perdues : les versions françaises de la *Topographia hibernica* de Giraud de Barri et du *De amicitia spirituali* de Aelred de Rievaulx*. Qualifié çà et là de « maître » — Gontier Col* le dit même docteur en théologie —, Jean de Meun fit sans doute des études ès arts, quoiqu'on n'en ait pas gardé trace dans les cartulaires universitaires. En tout cas, ses traductions conservées témoignent de sa qualité de clerc. La traduction de Végèce fut achevée en 1284 et dédiée à Jean de Brienne, comte d'Eu, compagnon de croisade de Louis IX* et de Jean de Joinville*. Alors que le *Livre de chevalerie* et la *Consolation de philosophie* sont conservés, chacun, par une vingtaine de manuscrits, la correspondance de Pierre Abélard* et d'Héloïse ne subsiste plus que dans une copie due à Gontier Col. Il n'est pas certain d'ailleurs que cette version soit bien celle de Jean de Meun ; en tout cas, les trois derniers textes du manuscrit (les deux confessions d'Abélard et la lettre de Pierre le Vénérable* à Héloïse) sont le fait d'un traducteur différent, appartenant à la seconde moitié du XIVe siècle. Rappelons que la figure d'Héloïse est très présente dans le

Roman de la Rose, où elle sert le parti des opposants au mariage. L'admiration des frères Col*, de Jean de Montreuil*, et d'autres, pour ce texte de Jean de Meun était renforcée, sur ce point, par leur quête des épistoliers latins (Cicéron*, Sénèque, Abélard).

Quant au *Roman de la Rose* (seconde partie), si l'on estime chronologique le catalogue fixé par Jean de Meun au début du Boèce, il aurait donc précédé les travaux de traduction. Mais on y trouve déjà toute la science de son temps et un écho d'une des querelles qui ébranlèrent l'Université au milieu du XIIIe siècle : celle qui opposa Guillaume de Saint-Amour* et les ordres mendiants. C'est grâce à la suppression prononcée par l'Église, en 1274, d'un des quatre ordres mendiants cités par Jean de Meun (v. 12107), les Sachets, que F. Lecoy a pu fixer la date approximative de l'achèvement de la seconde partie du *Roman de la Rose*. Curieusement et drôlement, le seul témoignage parisien de l'existence de Jean de Meun nous renvoie à un autre ordre mendiant : celui des Frères prêcheurs ou Jacobins. C'est à eux que fut léguée, en 1305, la maison à la tournelle qu'occupait Jean de Meun, et qui dans les rôles de la taille ou dans l'*Apparicion maistre Jehan de Meun* d'Honoré Bovet* (1398) continua d'être désignée par le nom de l'auteur du second *Roman de la Rose*. Ainsi en 1305, Jean devait être mort. À défaut de date de naissance, Jean en donne le lieu : Meun-sur-Loire. Or les Archives du Loiret ont livré, avant l'incendie de 1940, un maître Jean de Meun. Fils cadet d'un petit seigneur, il fit des études à Bologne de 1265 à 1269, avant d'être archidiacre de Beauce dans l'église d'Orléans jusqu'en 1303. Il n'est peut-être pas impossible de conjuguer les témoignages parisien et orléanais pour reconstruire un seul personnage. Cela ne saurait, toutefois, conduire très loin. Et la légende en dit parfois plus long que les archives.

Ainsi, on a cru voir dans le legs de la maison à la tournelle une preuve de repentir : Jean aurait renié l'œuvre de jeunesse où il se montrait assez paillard et « paiëné ». Le *Testament* (544 quatrains d'alexandrins monorimes) et le *Codicile* (11 huitains octosyllabiques), qui lui sont attribués dans de nombreux manuscrits (117 et 48), seraient une autre preuve du fait que Jean était devenu sincèrement pieux sur ses vieux jours, quoique toujours ironique sur la pauvreté des ordres mendiants. Mais Jean Bouchet, dans ses *Annales d'Aquitaine* publiées à Poitiers en 1545, raconte ce tour ultime que Jean de Meun aurait joué aux Jacobins : en échange d'une sépulture dans leur église, il leur léguait sa maison et un grand coffre, présumé rempli d'une fortune. À son ouverture, on n'y trouva que des ardoises couvertes de figures géométriques... De même, Jean de Meun ne cesse de jouer des tours à la critique historiciste et sérieuse. Tous les discours de savoir de son *Roman de la Rose* forment bien une somme traditionnelle, mais leur insertion dans un cadre romanesque et allégorique leur imprime un autre tour, un autre ton. Peut-être ne sont-ce que des reflets trompeurs agencés par un universitaire dont la biographie nous échappe. Le nom que Jean de Meun se donne dans le seul *Roman de la Rose* ne varie-t-il pas entre Chopinel et Clopinel ? La figure du bon buveur (la chopine) se trouve alliée à celle du boiteux (clopiner), l'attribut du goliard à celui du clerc dont la position est toujours « louche » et le regard « biaisé » (de ce point de vue, boiter ou loucher est équivalent).

ŒUVRES. — Le *Testament* et le *Codicille*, éd. Méon, dans *Le Roman de la Rose*, Paris, 1814, 4 vol. — Le *Testament*, éd. S. Buzzetti-Gallaratti, Alessandria, 1989. — Les *Lettres d'Abélard et Héloïse* : éd. F. Beggiato, Modène, 1977, 2 vol. [éd. très fautive] ; éd. E. Hicks, t. 1, Paris, 1991 (*Nouvelle Bibliothèque du Moyen Âge*, 16) ; éd. partielles, C. Charrier, *Jean de Meun, trad. de la première épître de Pierre Abélard (Historia calamitatum)*, Paris, 1934 ; M. Zink, *La trad. française attribuée à J. de Meun de la lettre de Pierre le Vénérable à Héloïse*, dans *Pierre Abélard-Pierre le Vénérable, les courants philosophiques, littéraires et artistiques en Occident au milieu du XIIe siècle*, Paris, 1975, p. 29-37. — La trad. de la *Consolatio philosophiae* de Boèce, éd. V.L. Dedeck-Héry, dans *Mediaeval Studies*, t. 14 (1952), p. 165-275. — La trad. de l'*Epitoma rei militaris* de Végèce, éd. L. Löfstedt, Helsinki, 1977 (*Annales Academiae Scientiarum Fennicae*, sér. B, 200).

→ J. Quicherat, *Jean de Meung et sa maison à Paris*, dans *BEC*, t. 41 (1880), p. 46-52. — P. Paris, *Jean de Meun, traducteur et poète*, dans *HLF*, t. 28 (1881), p. 391-439. — R. Louis, *Esquisse d'une biographie de Jean de Meun* (...), dans *Études ligériennes d'histoire et d'ar-*

chéologie médiévales (1969), Paris, 1975, p. 257-265. — G. Hilder, *Der scholastische Wortschatz bei Jean de Meun. Die Artes liberales*, Tübingen, 1972 (*Beihefte zur ZRPh*, 129). — L. Frati, *Poesie alchimistiche attribuite a Jean de Meun*, dans *Archivum romanicum*, t. 3 (1919), p. 321-326 [attribution dans des mss des XVe-XVIIe]. — L.J. Friedman, *Jean de Meun and Ethelred of Rievaulx*, dans *L'Esprit créateur*, t. 2 (1962), p. 135-141. — C. Bozzolo, *L'humaniste Gontier Col et la trad. française des lettres d'Abélard et Héloïse*, dans *Romania*, t. 95 (1974), p. 199-215 [ms. qui lui appartint]. — S. Vanni Rovighi, *Un dibattito sull' autenticità dell' epistolario di Abelardo ed Eloisa*, dans *Aevum*, t. 50 (1976), p. 357-359. — H. Silvestre, *L'idylle d'Abélard et Héloïse : la part du roman*, dans *Bulletin de l'Académie royale de Belgique, Classe des lettres et des sciences morales et politiques*, t. 71 (1985), p. 157-200 [serait un faux littéraire de Jean, en réaction contre les thèses grégoriennes officialisées en 1139]. — L.C. Brook, *Comment évaluer une trad. du XIIIe siècle ? Quelques considérations sur la trad. des lettres d'Abélard et Héloïse* (...), dans *Spirit of the Court, Selected Proceedings of the 4e Congress of the international Courtly Literature Society*, Cambridge, 1985, p. 62-68. — E. Hicks et J. Scheidegger, *Le Corpus abélardien de Jean de Meun : recherches et méthodes*, dans *Bulletin de la section linguistique de la Faculté des lettres de Lausanne*, t. 6 (1984), p. 117-145. — E. Hicks, *Les métamorphoses du cercle vicieux : inventaires lexicaux et critique textuelle dans un corpus bilingue*, dans *Mél. H. Naïs*, Nancy, 1986, p. 415-423. — S. Buzzetti-Gallaratti, *Nota bibliografica sulla tradizione manoscritta del Testament di Jean de Meun*, dans *Revue Romane*, t. 13 (1978), p. 2-32. — A. Lanly, *Villon, Le Roman de la Rose et le Testament de Jean de Meun*, dans *Mél. J. Séguy*, Toulouse, 1978, t. 1, p. 237-251. — L. Löfstedt, *La réduplication synonymique de Jean de Meun dans sa traduction de Végèce*, dans *Neuphilologische Mitteilungen*, t. 77 (1976), p. 449-470. — R. Crespo, *Jean de Meun, traduttore della Consolatio* (...), dans *Atti della Academia delle Scienze di Torino (Classe di scienze morali, storische e filologiche)*, t. 103 (1969), p. 71-170. — G.M. Cropp, *Le prologue de J. de Meun et le Livre de Boece de consolacion*, dans *Romania*, t. 103 (1982), p. 278-298. — Cf. *GRLMA*, t. VI/1, p. 168 sqq., 227 sq., 236 sq. ; t. VI/2, nos 2233, 2234, 4672 ; t. VIII/1, *passim*. — *MB* nos 2663-2666, 2677, 2951, 3316, 5494 *bis*, 7707, 8022 ; *S* 4970-4978, 4991-4995, 5085, 5207-5208, 5409-5418, 5869, 5977, 7184, 7333.

S.L.

Jean Michel. Voir : *Mystère de la Passion, de Jean Michel*.

Jean Miélot. Né à Gueschard, entre Abbeville et Hesdin, à une date inconnue, Jean Miélot entra en 1448-1449 au service de Philippe le Bon comme copiste, enlumineur et traducteur. En 1455, il est chanoine de la collégiale Saint-Pierre de Lille. Après, nous ne possédons plus de documents à son sujet. Finalement ce sont ses multiples œuvres qui ponctuent le plus concrètement son existence.

Il a traduit de nombreux textes pieux : le *Speculum humane salvationis* de Ludolphe de Saxe* (*Miroir de l'humaine salvation*, 1448) ; le *Speculum aureum anime peccatricis* de Denis le Chartreux ou Jacques de Gruytrode (*Miroir de l'âme pécheresse*, 1451) ; le *Cordiale de quattuor novissimis* parfois attribué à Denis le Chartreux (*Traité des quatre dernières choses*, 1455) ; un long *Traité sur le Pater Noster* en 1457 ; un autre sur l'*Ave Maria* en 1458 ; une lettre du pseudo-saint Bernard à Raymond de Chastel Ambroise ; un *Traité de la science de bien mourir*, œuvre peut-être de Mathieu de Cracovie. Miélot a également adapté en prose française le *Martyrologe romain* et cinq vies de saints, dont celle de saint Josse (1449), pour lequel Philippe le Bon avait une dévotion particulière, car il était le patron d'un de ses fils, mort en bas âge.

Ses versions françaises de la *Descriptio terre sancte* (1450-1456) et du *Directorium ad passagium faciendum* (1455), qu'il attribue à un certain Brochard l'Allemand mais qui serait de Guillaume Adam*, s'intègrent dans le rêve de croisade longtemps caressé par le duc de Bourgogne.

Enfin Miélot a traduit des ouvrages d'inspiration plus historique ou politique, souvent récents : les *Orationes de vera nobilitate* de Buonaccorso da Pistoia* (*Débat de la vraie noblesse*, 1449) ; la traduction latine par Jean Aurispa du douzième *Dialogue des morts* de Lucien, texte faussement attribué à Buonaccorso (*Débat d'honneur entre Hannibal, Alexandre et Scipion*, 1450) ; la *Summa de aetatibus* de Jean de Mortegliano (1463) ; le *Romuleon* de Roberto della Porta (1463-1465). En 1468, il traduisit également une lettre de Cicéron* à Quintus.

L'écriture de Miélot, comme celle de David Aubert*, a pu aussi être celle d'un remanieur. En 1451, il se contente de donner un prologue un peu différent à la traduction anonyme de la fin du XIIIe siècle du *De XII utilitatibus tribulationis* de Pierre de Blois* *(Consolation des desolez)*.

Même chose pour les *Moralités des philosophes*, traduction d'une œuvre latine attribuée à Guillaume de Conches, qui dans une copie se trouvent pourvues d'une dédicace au duc Philippe et remaniées ici ou là. En 1456, c'est en compilateur qu'il travaille sur 126 *Miracles de Notre-Dame* en prose et sur un recueil de 351 proverbes.

En revanche, en 1460, il revoie entièrement l'*Épître d'Othéa* de Christine de Pizan*, pour en adapter le texte au programme iconographique d'un manuscrit. Il coupe ou ajoute selon les besoins de la mise en page, et s'explique sur ce remaniement dans la cent unième histoire de son cru.

D'ailleurs, les manuscrits de Miélot témoignent d'un grand souci calligraphique et d'une nouvelle tentative pour faire de la page écrite un décor en soi. Notons pour finir que Miélot a traduit les chapitres 2 et 3 du livre XIV des *Genealogiae deorum gentilium* de Boccace* sous ce titre : « Invectives contre raillars, jengleurs et autres mespriseurs des ouvrages et estudes des clercz sciencieux et vertueux » et qu'il est peut-être l'auteur de quatre poésies latines composées avant le 14 avril 1471, qui sont adressées au roi de France, au roi d'Angleterre, au duc de Bourgogne et au comte de Warwick.

Si nombre de ses travaux restèrent limités à quelques manuscrits de luxe, certains eurent une plus grande diffusion et furent imprimés par William Caxton et/ou Colard Mansion*.

ŒUVRES. — *Les quatre choses derrenieres*, éd. W. Caxton (et Colard Mansion), s.d. (1475-1476), s.l. (Bruges). — *L'Art de bien mourir*, éd. C. Mansion, s.d. — *La controverse de noblesse*, éd. C. Mansion, s.d. — *Le Débat entre trois valeureux princes*, éd. C. Mansion, s.d. — Pour ces deux derniers ouvrages, éd. M. Burger, Breslau, 1901-1902 ; éd. A. Vanderjagt, dans *Qui sa vertu anoblist. The Concept of noblesse and chose publicque in Burgundian Political Thought*, Groningue, 1981. — *Proverbes* (sauf de 323 à 332) éd. J. Ulrich, dans *ZFSL*, t. 24 (1902), p. 191-199. — *Miroir de l'humaine salvacion*, éd. P. Perdrizet et J. Lutz, Mulhouse, 1907, 2 vol. — *Miracles de Notre Dame*, éd. G.F. Warner, Westminster, 1885. — G. Mombello, *Quattro poesie latine di Jean Miélot*, dans *Miscellanea di studi e ricerche sul Quattrocento francese*, Turin, 1967, p. 213-240.

→ P. Perdrizet, *Jean Miélot, l'un des traducteurs de Philippe le Bon*, dans *RHL*, t. 14 (1907), p. 472-482. — R. Bossuat, *Jean Miélot, traducteur de Cicéron*, dans *BEC*, t. 99 (1938), p. 1-45. — L.M.J. Delaissé, *La miniature flamande (Le mécénat de Philippe le Bon)*, Bruxelles, 1959, p. 77-79 , 83-91. — G. Mombello, *Per la fortuna del Boccacio in Francia. Jean Miélot traduttore di due capitoli della Genealogia*, dans *Studi sul Boccaccio*, Florence, 1963, t. 1, p. 415-444. — G. Dogaer, M. Debae, *La librairie de Philippe le Bon*, Bruxelles, 1967 [13 notices]. — Cf. *GRLMA*, t. VIII/1, p. 247, 279-280, 289. — *MB* n°s 5979-5986 ; *S* 8591-8597.

S.L.

Jean de Mirecourt (?-1349 ?). Originaire de Lorraine, Jean de Mirecourt était profès de l'abbaye de Cîteaux. Étudiant au Collège Saint-Bernard de Paris, il y côtoya des confrères anglais, comme Richard de Lincoln, et y lut les *Sentences* pendant l'année universitaire 1344-1345. Il fut ensuite abbé de Royaumont (c'est sous ce nom qu'il est cité en 1348-1349 par Pierre de Ceffons*) et mourut probablement en 1349, peut-être de la Peste noire. Il est parfois désigné sous le nom de *Monachus albus*. Il a laissé un Commentaire des *Sentences* conservé dans une vingtaine de manuscrits, qui témoignent d'une assez large diffusion de son œuvre sur le continent aux XIVe et XVe siècles. Pierre d'Ailly* le connaît et l'utilise.

Jean de Mirecourt a été longtemps considéré par les historiens de la philosophie médiévale comme un penseur original et comme un des représentants les plus caractéristiques de ce « scepticisme » qui se serait développé au XIVe siècle. Des travaux récents ont montré qu'en réalité son épistémologie n'a rien de révolutionnaire, que l'affaire Jean de Mirecourt n'a aucun rapport avec celle de Nicolas d'Autrecourt*, et que, pour le reste, son rôle a surtout été de vulgariser à Paris des thèses courantes à Oxford depuis une décennie. Jean de Mirecourt démarque, en effet, largement les écrits des théologiens anglais des années 1330-1340, d'Adam Wodeham à Thomas Buckingham, en passant par Robert Holcot, Robert Halifax, Thomas Bradwardine et quelques autres moins célèbres. C'est à eux qu'il emprunte ses propositions les plus provocantes et les plus paradoxales, lorsqu'il traite de la révélation des futurs contingents ou du pouvoir de Dieu sur le passé.

Le goût du sensationnel, sensible chez Jean de Mirecourt, devait attirer l'attention sur lui. Une première liste de soixante-trois articles extraits de sa lecture fut dénoncée. Jean de Mirecourt se défendit par une apologie adressée en 1347 à l'envoyé du pape Clément VI auprès de l'Université, le franciscain Pasteur « de Serrescuderio », archevêque d'Embrun. Malgré ce plaidoyer, une seconde liste de quarante et une propositions fut condamnée la même année par quarante-trois maîtres en théologie parisiens et la sentence fut prononcée par le chancelier de l'Université, le Florentin Roberto de Bardi. Les propositions suspectes ou condamnées portaient sur quelques-uns des problèmes brûlants que l'introduction à Paris des doctrines anglaises avait mis à l'ordre du jour, par exemple le concours de Dieu à l'acte peccamineux (« Que Dieu fait que quelqu'un pèche ») et l'hypothèse du Christ trompé ou trompeur. Certaines d'entre elles n'expriment qu'imparfaitement la pensée de l'auteur, à qui l'on reprochait surtout de n'avoir pas défendu assez nettement les positions traditionnelles. La condamnation de ces articles marque en tout cas le début d'une période de réaction et de suspicion, dont se plaindra bientôt Pierre de Ceffons.

ŒUVRES. — Seules quelques questions de Jean de Mirecourt ont été intégralement éditées : A. Franzinelli, *Questioni inedite di Giovanni di Mirecourt sulla conoscenza*, dans *Rivista critica di storia della filosofia*, t. 13 (1958), p. 319-340, 415-449. — M. Parodi, *Questioni inedite tratte del I libro del « commento alle Sentenze » di Giovanni di Mirecourt* (qq. 13-16), dans *Medioevo*, t. 3 (1977), p. 237-284 ; t. 4 (1978), p. 59-92. L'éd. complète de ses « apologies » a été faite par F. Stegmüller, *Die zwei Apologien des Jean de Mirecourt*, dans *RTAM*, t. 5 (1933), p. 40-78, 192-204.

→ G. Tessier, *Jean de Mirecourt, philosophe et théologien*, dans *HLF*, t. 40 (1974), p. 1-52 (utilise la thèse inédite de l'École des Chartes de G. Ouy, 1946). — J. Van Neste, *The Epistemology of John of Mirecourt : A Reinterpretation*, dans *Cîteaux*, t. 27 (1976), p. 5-28 ; *A Reappraisal of the Supposed Scepticism of John of Mirecourt*, dans *RTAM*, t. 44 (1977), p. 101-126. — W.J. Courtenay, *John of Mirecourt and Gregory of Rimini on Wether God Can Undo the Past, ibid.*, t. 39 (1972), p. 224-256 ; t. 40 (1973), p. 147-174. — M. Parodi, *Il linguaggio delle « proportiones » nella « Distinctio prima » di Giovanni di Mirecourt*, dans *Rivista critica di storia della filosofia*, t. 39 (1984), p. 657-686. — J.-F. Genest et P. Vignaux, *La bibliothèque anglaise de Jean de Mirecourt :* subtilitas *ou plagiat ?*, dans O. Pluta (éd.), *Die Philosophie im 14. und 15. Jahrhundert, In memoriam Konstanty Michalski (1879-1947)*, Amsterdam, 1988, p. 275-301.

J.F.G.

Jean Molinet. Jean Molinet est né à Desvres dans le Pas-de-Calais en 1435 et mort à Valenciennes en 1507, à l'âge de soixante-douze ans. Il fit ses études à Paris, où il obtint le titre de maître ès arts. C'est à partir de 1463-1464 qu'il commence à célébrer la maison de Bourgogne : la *Complainte de Grece* exhalte les projets de croisade de Philippe le Bon contre les Turcs qui avancent en Europe ; le *Dictier des quatre vins franchois* est une allégorie sur la bataille de Montlhéry, semi-défaite de Louis XI en 1465 face aux Bourguignons. C'est en ces mêmes années que Molinet dut devenir l'assistant de Georges Chastellain*, chroniqueur officiel de la cour. À la mort de ce dernier en 1475, Molinet recevra le titre d'historiographe. À ce poste, il servira successivement Charles le Téméraire († 1477), Marie de Bourgogne († 1482) et son mari Maximilien d'Autriche, leur fils Philippe le Beau († 1506), puis la régente Marguerite d'Autriche*, sœur de Philippe. Resté veuf avec deux enfants, Molinet devint prêtre et chanoine de l'église Notre-Dame de la Salle-le-Comte à Valenciennes. Il y fut enterré auprès de Georges Chastellain.

Tout comme son maître, Molinet a mené de front la rédaction de sa *Chronique*, qui couvre les années 1474-1507 avec une baisse de densité à partir de 1493 (traité de Senlis), et l'écriture d'œuvres multiples : poésies, proses, mais surtout prosimètres. Dans cette dernière forme, rhétorique par excellence, Molinet traite des grands événements politiques du temps. C'était déjà le cas dans la *Complainte de Grece*, ce le sera encore dans le *Trosne d'honneur*, monument élevé à la mémoire de Philippe le Bon, mort en 1467 ; dans le *Naufrage de la Pucelle* (1477), analyse assez sombre de la situation de l'État bourguignon au moment du mariage entre la fille du Téméraire, Marie et Maximilien d'Autriche ; dans le *Chappellet des Dames* (1478), éloge de Marie de Bourgogne construit sur l'étymologie symbolique de son nom, qui tresse une couronne de fleurs (marguerite, ancolie, rose, ypericon, églantine) ; dans la *Ressource du petit peuple* (1481), réflexion impartiale sur les problèmes de l'État bourguignon et les remèdes à y apporter ; dans l'*Arbre de Bourgogne* (forme définitive, après avril

1486), où Molinet retrace les aventures de l'État bourguignon depuis la mort du Téméraire jusqu'au couronnement de Maximilien comme roi des Romains.

À côté de ces grandes œuvres, où l'élévation du sujet est rendue par une rhétorique double et par le procédé de l'allégorèse (Noblesse, Expérience, Vérité... prennent la parole en alternance avec l'Auteur), il y a l'œuvre en vers ; courtes pièces : ballade de la maladie de Naples, chant royal composé pour le Puy de Valenciennes, épitaphes de Philippe le Bon, Josse de Lalaing, Philippe de Crèvecœur, etc., ou textes de plus d'ampleur : *Complainte sur la mort madame d'Ostrisse* (Marie de Bourgogne en 1482 ; 496 vers) ; *Voyage de Naples* (1496 ; 148 vers), inspiré par l'expédition de Charles VIII en Italie ; la suite de la *Recollection des merveilles* de Georges Chastellain ; *Débat d'avril et de mai, Débat du poisson et de la chair...* Poésie du débat, procédé de la prosopopée et exemple de Chastellain contribuent à rendre plausible l'attribution faite à Molinet d'un *Mystère de Saint-Quentin* et d'une *Passion de Jésus-Christ.*

Si dans les prosimètres, la part la plus importante du message et de l'argumentation s'énonce en prose, l'auteur met plutôt l'accent sur les passages en vers. Et l'*Art de rhétorique* (avant 1492), qui lui est traditionnellement attribué, souligne la modernité de la strophe à rimes batelées (abaabbcc) que Molinet a héritée de Chastellain et à laquelle il recourt le plus souvent pour les prosimètres. Davantage que son prédécesseur, Molinet semble se rapprocher des genres poétiques ; il latinise plus que lui et déploie aussi une plus grande culture de l'Antiquité et de la mythologie. Ultime différence : alors que l'œuvre de Chastellain a vu sa diffusion limitée à quelques manuscrits, copies prises par des admirateurs comme Jean-Jacques Robertet, petit-fils de Jean Robertet*, celle de Molinet, sauf la *Chronique*, a été imprimée. En 1531, 1537 puis 1540 à Paris, la plus grande partie de l'œuvre poétique et les prosimètres paraissent sous le titre de *Faitz et Dictz de Jean Molinet*, titre repris par l'éditeur moderne. Certains de ces textes ont également été imprimés séparément : le *Temple de Mars* (1475), réquisitoire contre la guerre, est édité au moins six fois entre 1476 et 1520 ; la *Ressource du petit peuple* connaît une édition en 1500 ; la *Robe de l'archiduc* (après mai 1493), allégorie sur la Bourgogne laissée par Marie à Maximilien, à laquelle tous tentent d'arracher un morceau, est imprimée en 1500 ; la *Naissance de Charles d'Autriche* (mars 1500), futur Charles Quint, fut éditée en 1501 ; il y eut au moins deux éditions du *Testament de la guerre*, en 1520 et 1559 ; la *Complainte de Constantinople* fut imprimée en 1510 et 1532 ; la *Recollection* en 1510. Enfin, le *Donnet à Charles VIII* et deux rondeaux furent insérés dans le *Jardin de Plaisance** (1501) ; un recueil des prières fut imprimé sous le titre de *Recueil de louenges* (Paris, vers 1502) ; les *Traictez singuliers* (Paris, 1525) éditaient, outre des textes de Guillaume Crétin*, admirateur et correspondant de Molinet, les *Épitaphes d'Hector et Achille* de Chastellain et le *Temple de Mars*. D'autres livres du XVIe véhiculeront encore quelques textes de Molinet. Le XVIIIe siècle renouera avec lui en éditant Guillaume Crétin (1723), mais surtout en donnant dans la *Légende de maistre Pierre Faifeu* (1723) quatre de ses textes : la *Recollection*, le *Ditié de Verjus*, le *Testament de la guerre* et le *Calendrier.*

Molinet, un des piliers de l'école dite des Rhétoriqueurs*, a donc connu un succès durable : c'est que son œuvre poétique était tout aussi bien politique et morale. La flamboyance de la rhétorique y était au service d'une vision du monde. La tendance à la moralisation, qui marque spécialement la fin du Moyen Âge, s'exprime d'ailleurs de façon exemplaire dans la mise en prose moralisée que Molinet donna de l'œuvre poétique par excellence : le *Roman de la Rose**.

ŒUVRES. — *Chronique*, éd. G. Doutrepont et O. Jodogne, Bruxelles, 1935-1937, 3 vol. *(Acad. royale de Belgique ; Coll. des anciens auteurs belges).* — *Faictz et dictz*, éd. N. Dupire, Paris, 1937-1939, 3 vol. (*SATF*, 80). — C. Thiry, *Un inédit de J. Molinet. L'épitaphe de Josse de Lalaing, sire de Montigny (1483)*, dans *Bulle. de la commission royale d'histoire*, t. 139 (1973), p. 29-66. — *Mystère de saint Quentin*, éd. H. Chatelain, Paris, 1908.

→ N. Dupire, *Jean Molinet. Sa vie, ses œuvres. Étude critique des manuscrits et des éditions des poésies*, Paris, 1933, 2 vol. — P.A. Becker, *J. Molinet*, dans *ZFSL*, t. 59 (1935), p. 1-21 ; rééd. dans le recueil *Zur romanischen Literaturgeschichte*, Munich, 1967, p. 541-557.

— F. Joukovsky-Micha, *La mythologie dans les poèmes de J. Molinet*, dans *Romance Philology*, t. 21 (1968), p. 286-302. — P. Jodogne, *La conjuration des Pazzi racontée par les chroniqueurs français et bourguignons du* XVe *siècle* (...), dans *Culture et politique en France à l'époque de l'Humanisme et de la Renaissance*, Turin, 1974, p. 169-212 ; *La rhétorique dans l'historiographie bourguignonne*, dans *Culture et pouvoir au temps de l'Humanisme et de la Renaissance*, Genève, 1978, p. 51-69. — C. Marazza, *Molinet e l'uccisione di Galeazzo Maria Sforza*, dans *Studi di letteratura francese*, t. 3 (1975), p. 61-85 (*Bibliotheca dell' Archivum Romanicum*, série 1, 123). — F. Rigolot, *Rhétorique du mot poétique*, dans *Poétique*, t. 28 (1976), p. 466-483. — G. Angeli, *Il rude engin di Molinet*, dans *Paragone*, juin 1977, p. 21-47. — P. Zumthor, *Le Masque et la lumière. La Poétique des grands Rhétoriqueurs*, Paris, 1978 [étudie spécialement la *Ressource du petit peuple*]. — C. Martineau-Génieys, *Le thème de la mort dans la poésie française de 1450 à 1550*, Paris, 1978, p. 274-282, 312-317, etc. (*Nouvelle Bibliothèque du Moyen Âge*, 6). — J. Lemaire, *Meschinot, Molinet, Villon : Témoignages inédits. Étude du Bruxellensis IV 541, suivie de l'éd. de quelques ballades*, Bruxelles, 1979 (*Archives et Bibliothèques de Belgique*, 20) ; *Un témoignage curieux sur Molinet en 1500*, dans *Romania*, t. 101 (1980), p. 106-115 ; *J. Molinet et le thème de la vieillesse*, dans *Senefiance*, t. 19 (1987), p. 169-180. — F. Ferrand, *Le Grand Rhétoriqueur Jean Molinet et la chanson polyphonique à la cour des ducs de Bourgogne*, dans *Musique, littérature et société au Moyen Âge*, Paris, 1980, p. 395-407. — J. Scheidegger, *La lettre du nom : l'anthroponymie de J. Molinet*, dans *Le Moyen Français*, t. 8-9 (1981), p. 198-235. — M. Santucci, *Les prières dans les Faictz et Dictz de Molinet*, dans *Senefiance*, t. 10 (1981), p. 495-514. — G. Gros, *De la Ballade des pendus à la Complainte des trépassés de J. Molinet. Permanence d'un thème, ibid.*, p. 315-335. — C. Thiry, *Au carrefour de deux rhétoriques : les prosimètres de J. Molinet*, dans *Du mot au texte. Actes du 3e colloque sur le Moyen Français*, Tübingen, 1982, p. 213-227 (*Tübingen Beiträge zur Linguistik*, 175) ; *Débats et moralités dans la littérature française du* XVe *siècle : intersection et interaction du narratif et du dramatique*, dans *Le Moyen Français*, t. 19 (1986), p. 203-244 [sur le *Naufrage de la pucelle*]. — D. Hüe, *Des mots dorés aux mots de gueule. Étude sur le thème de l'or chez Molinet*, dans *Senefiance*, t. 12 (1983), p. 185-207 ; *Rhétorique et testaments : forme antérieure de l'utopie ?*, dans *Médiévales*, t. 18 (1990), p. 93-100. — C.J. Brown, *Du manuscrit à l'imprimé en France : le cas des Grands Rhétoriqueurs*, dans *Les Grands Rhétoriqueurs, Actes du 5e colloque sur le Moyen Français*, Milan, 1985, t. 1, p. 108-123 [à propos de Molinet, André de La Vigne* et Jean Lemaire de Belges] ; *L'Éveil d'une nouvelle conscience littéraire en France à la grande époque de transition technique : J. Molinet et son moulin poétique*, dans *Le Moyen français*, t. 22 (1989), p. 15-35. — S.S. Sutch, *Comment lire une allégorie de personnification séculière, ibid.*, p. 49-59 [sur le *Trosne d'honneur*]. — F. Sautman, *Des vessies pour des lanternes ; Villon, Molinet and the Riddles of Folklore*, dans *Neophilologus*, t. 69 (1985), p. 161-184. — J. Devaux, *La fin du Téméraire ou la mémoire d'un prince ternie par l'un des siens*, dans *Le Moyen Âge*, t. 95 (1989), p. 105-128. — Woledge n° 90. — Cf. *GRLMA*, t. VIII/1, *passim*. — *MB* n°s 4833-4847, 5245-5249, 5808-5813, 6987, 7933 ; *S* 4879, 6443, 7336, 7349-7359, 7982, 8015, 8023-8025.

Voir aussi : *Arts de seconde rhétorique ; Saint Quentin (Mystère de).* S.L.

Jean de Montreuil. Jean Charlin, dit Jean de Montreuil (1354-1418), prévôt de Lille, notaire et secrétaire du roi, humaniste et écrivain politique, fut une des personnalités marquantes de l'histoire intellectuelle sous le règne de Charles VI. Après des études au Collège de Navarre, il devient secrétaire du chancelier de France, Miles de Dormans, avant d'être directement au service du duc d'Orléans et du roi de France au plus tard en 1389. Entré dans les ordres majeurs et titulaire de plusieurs canonicats, son office le plus important est celui de la prévôté du chapitre de Saint-Pierre de Lille, obtenue au plus tard en 1394. Comme secrétaire, il participe à plusieurs ambassades, en 1394 en Écosse, en 1395 en Italie, en 1400 en Allemagne, en 1403 en Avignon, en 1413 en Italie et en Flandre.

Attiré par la culture classique, admirateur de Pétrarque* et de Salutati, il prit contact avec ce dernier dès 1384 au cours d'un voyage en Italie où il accompagnait Miles de Dormans. Avec un groupe d'amis officiant pour la plupart au sein des chancelleries royale ou pontificale (notamment Nicolas de Clamanges*, Gontier Col*, Jean Muret, Laurent de Premierfait*, Ambrogio dei Migli), il fut l'un des animateurs d'un groupe de lettrés adonnés à l'humanisme, soucieux de se réapproprier la rhétorique classique, rivalisant avec les Italiens dans la recherche des manuscrits d'auteurs anciens. Au côté des frères Col, lors de la querelle sur le *Roman de la Rose**, il prit la défense de Jean de Meun* attaqué par Christine de Pizan*, mais renonça à la controverse lorsque celle-ci, sous l'impulsion de Jean Gerson* intervenu à la demande de Christine, se déplaça du terrain proprement littéraire à celui de la théologie. On sait qu'il rédigea notamment un traité en français sur le *Roman de la Rose* et une compilation sur la rhétorique, aujourd'hui perdus. Par contre, l'on possède, transmise par deux recueils autographes, une partie de sa correspondance, très beau témoignage de l'activité humaniste en France au temps de Charles VI.

Les ouvrages politiques de Montreuil ont été mieux conservés. En 1394, il écrit en latin puis en français à Jean de Gand pour qu'il soit le promoteur d'un traité de paix entre les rois de France et d'Angleterre (ép. 162 et 232, *Miraberis illustris* et *Tu te merveilles*). L'avènement des Lancastre lui fait comprendre qu'il n'y aura pas de paix possible tant que les Anglais auront des possessions en France. Dès lors, toute son œuvre politique est axée autour de deux thèmes principaux : l'exhortation au combat contre l'ennemi par le biais essentiellement d'un rappel historique de la vaillance française (traités *Regali ex progenie* et *A toute la chevalerie*), la dénonciation des prétentions anglaises à la couronne de France et de leurs droits sur certaines provinces continentales *(Traité contre les Anglais* en trois étapes principales, deux françaises, une latine ; de ce traité, il tire un *Résumé*, là encore en deux versions, une latine et une française). Chaque manuscrit d'un même traité témoigne d'une version différente, nous montrant ainsi que Montreuil, de 1406 à 1417, n'a cessé de travailler ses œuvres polémiques. Cette activité inlassable est à l'origine d'une certaine forme de littérature polémique : la propagande anti-anglaise en France au XVe. Son argumentation se retrouve chez Jean Juvénal des Ursins*, Robert Blondel*, Noël de Fribois* et dans plusieurs traités anonymes. À la suite de Richard Lescot*, Montreuil trouve dans un manuscrit de Saint-Denis un article de la *lex salica*, dont il fera la fameuse loi salique régissant les règles de succession au trône de France.

À mi-chemin entre ses goûts humanistes et ses préoccupations historico-politiques, Montreuil a également rédigé en 1417 un pamphlet contre l'empereur Sigismond coupable de s'entendre avec Henri V (*Quatinus vestre*), et sans doute à la même date un *Perbrevis epilogus gestorum Karoli Magni*.

Victime de son anglophobie, et surtout sans doute de ses sympathies orléanaises, Montreuil périt le 12 juin 1418, lors des massacres qui suivirent la prise de Paris par les partisans de Jean sans Peur. Il fut l'un des esprits les plus originaux de son temps et si, dans le double domaine où il exerça son activité littéraire, son côté précurseur a donné un caractère inachevé et un style souvent rudimentaire à ses écrits, sa personnalité en fait un des témoins les plus précieux des nouvelles tendances culturelles qui se mettent en place en France à cette époque.

ŒUVRES. — *Opera*, t. 1 : *Epistolario*, éd. E. Ornato, Turin, 1966 ; t. 2 : *L'œuvre historique et polémique*, éd. N. Grévy, E. Ornato et G. Ouy, Turin 1975 ; t. 3 : *Textes divers, appendices et tables*, éd. N. Grévy-Pons, E. Ornato et G. Ouy, Paris, 1981 ; t. 4 : *Monsteroliana*, éd. E. Ornato, G. Ouy et N. Pons, Paris, 1986.

→ E. Ornato, *Jean Muret et ses amis Nicolas de Clamanges et Jean de Montreuil*, Genève-Paris, 1969. — E. Hicks et E. Ornato, *Jean de Montreuil et le débat sur le « Roman de la Rose »*, dans *Romania*, t. 98 (1977), p. 34-64 et 186-219. — G. Ouy, *Jean de Montreuil et l'introduction de l'écriture humanistique en France au début du XVe*, dans *Litterae Textuales. Essays Presented to G.I. Lieftinck. 4. Miniatures, Scripts, Collections*, Amsterdam, 1972, p. 53-61. — N. Grévy-Pons, *Propagande et sentiment national pendant le règne de Charles VI : l'exemple de Jean de Montreuil*, dans *Francia*, t. 8 (1980), p. 127-145. — Cf. *MB* n°s 5392-5396, 5970 ; *S* 7556, 7565, 7900-7901, 8007, 8392-8393, 8474, 8480, 8482-8488, 8493, 8564. N.P.

Jean de Murs. Astronome, mathématicien, musicien et théoricien de la musique, dont la vie est connue surtout par les notes autographes des marges du manuscrit Escurial, Real Bibl. de San Lorenzo, O. II. 10 (découvert en 1962 par G. Beaujouan). Jean de Murs (Johannes de Muris) naquit à Lisieux vers 1300, ou même vers 1290-1295, si l'on admet qu'il a participé, avec son père Henri de Murs et Jean de Lignières, à un attentat contre un chanoine de Meaux, Guillaume Martin, le 7 septembre 1310, attentat ayant entraîné la mort du clerc de ce chanoine, Andriet ; l'affaire, jugée le 16 avril 1311, par le connétable Gaucher de Châtillon, se termina par la condamnation à l'exil à Chypre, pour trois à sept ans, de Jean de

Murs et des autres nobles impliqués : Jean de Murs séjourna-t-il à Chypre ou se contenta-t-il de rester hors du royaume jusqu'à la révision du procès par le roi ? Sa participation à cet attentat expliquerait la médiocrité de sa carrière ultérieure (il ne reçut que deux bénéfices ecclésiastiques : en 1329 sur l'abbaye du Bec-Hellouin, en 1342-1344, un canonicat à Mézières-en-Brenne) et la lacune présentée par sa biographie jusqu'en 1317.

Jean de Murs semble avoir passé sa jeunesse à Meaux, mais étudia à Évreux en 1318 et fut reçu maître ès-arts à Paris en 1321. De 1338 à 1342, il figura sur la liste des clercs de Philippe III d'Évreux, roi de Navarre. De 1342 à 1344, il résida à Mézières-en-Brenne (Indre, arr. Le Blanc) où il faisait partie du chapitre. Il collabora à la réforme du calendrier entreprise par le pape Clément VI (1342-1352) ; il enseigna à la Sorbonne non seulement les mathématiques et l'astronomie, mais peut-être aussi, dans le cadre du Quadrivium, la musique. Jean de Murs procéda à de nombreuses observations du soleil à Évreux (la plus célèbre fut celle de l'équinoxe de printemps en 1319), Bernay (1321), Fontevrault (1326-1327) et Paris. La date de sa mort, peut-être à Paris, n'est pas connue, mais paraît postérieure à 1345.

Jean de Murs est l'auteur de nombreux traités de théorie musicale (dont l'*Ars novae musicae*, composé en 1319, la *Musica speculativa secundum Boetium* achevée en 1323-1324 à la Sorbonne, le *Libellus cantus mensurabilis* entre 1340 et 1350), de mathématiques et d'astronomie (dont les *Canones tabulae tabularum*, sorte de table de multiplication en numérotation sexagésimale rédigée en 1321, l'*Expositio tabularum Alfonsii* en 1321 et les *Canones de eclipsi lunae*, composés en 1329). On considère comme un apport original dans le domaine de l'arithmétique et de l'algèbre son *Opus quadripartitum numerorum* (achevé en 1343 et probablement rédigé à Mézières), gros manuel d'enseignement composé de trois livres (arithmétique théorique, arithmétique pratique, algèbre), d'un *Semiliber* (fait d'extraits du *Liber Abaci* de Léonard de Pise) et d'un quatrième livre en quatre traités (*De moventibus et motis*, *De ponderibus*, *De arte consolandi, De arte delendi*) ; un cinquième traité sur la musique a disparu sans laisser de traces ; à ces cinq livres, il faut ajouter une épître en vers dédiée à Philippe de Vitri*, fondateur de l'*Ars nova**.

Son *De arte mesurandi* fut interrompu, semble-t-il, par sa mort et est resté inachevé : le seul manuscrit qui le conserve (Paris, BN, lat. 7384) est partiellement autographe et fut donné par Henri Oresme, neveu de Nicole Oresme*, à Henri de Fontaines, puis appartint à Oronce Finé. Dans ce traité de mathématiques, Jean de Murs utilisait les traductions latines des œuvres d'Archimède et du *Commentaire sur la sphère et le cylindre* d'Eutocius, faites par Guillaume de Moerbeke.

Les œuvres de Jean de Murs connurent une large diffusion en France et à l'étranger.

ŒUVRE. — M. Curtze, *Die Sinusrechnung des Johannes de Muris*, dans *Bibliotheca mathematica*, 3e série, t. 1 (1900), p. 413-416. — H. L.L. Busard, *Die « Arithmetica speculativa » des Johannes de Muris*, dans *Scientiarum historia*, t. 13 (1971), p. 103-132. — « *Critique de 1317* », « *Patefit* », « *Sermo de regulis compotistarum* » de Jean de Murs, « *Pré-rapport* », « *Lettre à Clément VI* », « *Résumé* » de Jean de Murs et Firmin de Belleval, éd. J. Plassard, thèse inédite de l'École des Chartes, Paris, 1975. — M. Clagett, *Archimedes in the Middle Ages*, Philadelphie, 1978, vol. 3, 1re partie, p. 3-123 et 3e partie, p. 1321-1325 (*Memors of the American Philosophical Society*, 125) [éd. d'extraits du *Quadripartitum numerorum* et du *De arte mesurandi]*. — *Le « Quadripartitum numerorum » de Jean de Murs*, éd. G. l'Huillier-de Guibert, thèse inédite de l'École des Chartes, Paris, 1979. — E. Poulle, *Jean de Murs et les tables alphonsines*, dans *AHDLMA*, t. 47 (1980), p. 241-271 [éd. de l'*Expositio tabularum Alfonsii]*.

→ G. Sarton, *Introduction to the History of Sciences*, Baltimore, 1947, t. 3, p. 652-657. — M. Clagett, *Johannes de Muris and the Problem of Proportionnal Means*, dans *Mél. O. Temkin*, Baltimore, 1968, p. 35-49. — S. Victor, *Johannes de Muris'Autograph of the « De arte mesurandi »*, dans *Isis*, t. 61 (1970), p. 389-395. — E. Poulle, *John of Murs*, dans *Dictionary of Scientific Biography*, t. 7 (1973), p. 128-133. — O. Pedersen et M. Pihl, *Early Physics and Astronomy, A Historical Introduction*, New York, 1974, p. 375. — G. Beaujouan, *Observations et calculs astronomiques de Jean de Murs (1321-1344)*, dans *Actes du 14e congrès international d'histoire des sciences*, Tokyo-Kyoto, 1974, t. 2, p. 27-30. — J. Plassard, *Projets de réforme du calendrier à Paris au début du* XIVe *siècle*, dans *Positions des thèses de l'École des Chartes*, 1975, p. 175-181. — G. l'Huillier-de Guibert, *Le « Quadripartitum numerorum » de Jean de Murs (1343), étude et édition critique, ibid.*, 1979, p. 83-88 ; *Aspects nouveaux de la biographie de Jean de Murs*, dans *AHDLMA*, t. 47 (1980), p. 272-276. F. F. H.

Jean de Neuville. Chevalier et trouvère artésien, Jean de Neuville (Neuville-Vitasse : Pas-de-Calais, arr. et cant. Arras) était le deuxième fils d'Eustache de Neuville le jeune et fut en relations poétiques avec Colart le Bouteiller*. Il mourut entre 1246 et 1254. Son œuvre poétique comprend une pastourelle d'inspiration quelque peu libertine, sept chansons d'amour et une assez remarquable complainte sur la mort de sa dame.

ŒUVRES. — *Die Lieder des altfranzösischen Lyrikers Jehan de Nuevile*, éd. M. Richter, thèse, Halle, 1904 [éd. de neuf chansons, dont deux d'attribution douteuse].

→ A. Guesnon, *Publications nouvelles sur les trouvères artésiens*, dans *Le Moyen Âge*, t. 22 (1909), p. 65-70. — Linker, n° 145. — Cf. *MB* n° 2363. G.M. et F.F.H.

Jean de Nostredame. Fils d'un notaire provençal, Jean de Nostredame est né à Saint-Rémy-de-Provence au début du XVIe siècle. Il est le frère puîné de Michel, le célèbre astrologue, connu sous le nom latin de la famille : Nostradamus. Il fut procureur en la cour du parlement de Provence et c'est avec ce titre qu'il figure en tête du livre qui fit sa gloire : *Vies des plus célèbres et anciens poètes provençaux*, publié en 1575. Il mourut peu après. L'*Histoire de Provence* de son neveu César renseigne sur cette étonnante famille de juifs convertis devenus humanistes et dont il faut considérer l'œuvre historique avec une extrême prudence. En effet, même si le *Consistori** de Toulouse avait tenté de maintenir jusqu'au XVe siècle la science du *Gai Saber*, c'est-à-dire les valeurs à la fois littéraires et spirituelles héritées de la grande époque des troubadours, leurs œuvres lyriques copiées dans les chansonniers manuscrits étaient tombées dans l'oubli. La littérature occitane antérieure à l'invention de l'imprimerie se perdit en grande partie ou, dans le meilleur des cas, ne fut conservée que dans des manuscrits peu nombreux et enfouis dans des bibliothèques privées, la plupart en Italie. Néanmoins, des érudits du Midi, tels Jean de Nostredame ou Peiresc un peu plus tard, furent en correspondance avec les humanistes italiens pour qui l'influence des troubadours était encore vivace. Dante*, Pétrarque* les avaient cités dans leurs œuvres, imités en cela par leurs commentateurs, Bembo, Barbieri. Jean de Nostredame avait du goût pour l'histoire de son pays et la chance d'avoir à sa disposition, outre une riche bibliothèque personnelle où il pouvait puiser à loisir, le précieux dépôt d'archives d'Aix et celles du comte de Sault. Chez ce dernier se trouvait un célèbre chansonnier provençal, peut-être identifiable à T (Paris, BN, fr. 15211) qui porte quelques annotations de sa main, et qui lui servit de source principale pour rédiger les *Vies*. Son imagination foisonnante fit le reste.

Le parlement de Provence existait à Aix depuis 1501 et regroupait les grandes familles du pays qui avaient naguère fréquenté la cour de René d'Anjou*. Les savants n'y étaient pas rares, en tous domaines d'ailleurs. Il régnait dans cette société un goût très vif pour l'archéologie et l'histoire régionales inspiré par un patriotisme local : la Provence n'avait officiellement perdu sa nationalité qu'en 1481. C'est dans ce milieu intellectuel très actif que vécut Jean de Nostredame et qu'il composa son œuvre.

Or les fables qu'il inventa sur les troubadours dont il lisait les noms dans le chansonnier du comte de Sault ou ses sources imprimées, en grande partie italiennes, se transmirent parmi les érudits et influencèrent la recherche des romanistes jusqu'en plein XIXe siècle, où fleurit précisément la « mode troubadour ». L'invention du Monge des Isles d'or, moine de Lérins, et de ses compagnons, moines de Montmajour, comme biographes des troubadours, constitue le fleuron du tissu séduisant d'anachronismes et d'idées fausses qu'il mit en forme. On en trouve des traces très nettes dans la copie du chansonnier provençal I (Paris, BN, fr.854) effectuée sans doute à Aix-en-Provence au début du XVIIIe siècle et qui se trouve depuis 1983 au Centre international de Documentation occitane, à Béziers. On doit encore à Jean de Nostredame un remaniement en prose du *Roman d'Arles** que P. Meyer publia en 1872 (*Romania*, t. 1, p. 51-68) sous le titre de *Tersin*. Précurseur d'un autre renouveau de la poésie provençale qui devait se réaliser avec la fondation du *Félibrige* en 1854, François Raynouard (1761-1836), lui aussi Aixois et parlementaire, auteur du *Lexique roman* en six volumes, offrira les moyens de corriger les erreurs de son lointain confrère en publiant, non plus les *Vies*, mais les textes mêmes des anciens poètes, sous le titre de : *Choix de Poésie originales des troubadours*, à Paris, de 1816 à 1861. Il ouvrit ainsi le champ à la recherche moderne.

ŒUVRE. — Éd. C. Chabaneau et J. Anglade, *Jehan de Nostre dame, Les Vies des plus célèbres et anciens poètes provencaux*, Paris, 1913, réimp. Genève, 1970.

→ G. Brunel-Lobrichon, *Le chansonnier provençal conservé à Béziers*, dans *Actes du 1er congrès internationnal de l'AIEO*, Londres, 1987, p. 139-147. — G.D.B. Brunetti, *Sul canzonière provenzale T (Parigi, Bibl. nat. f. fr. 15211)*, dans *CN*, t. 50 (1990), p. 45-73. G.B.L.

Jean de Noyal. Jean de Noyal (ou de Nouelles) fut abbé du monastère bénédictin de Saint-Vincent de Laon de 1368 à 1396. Il est l'auteur d'un *Miroir historial*, qu'il a achevé en 1388 et dont il ne subsiste que la dernière partie, de 1223 à 1380. C'est essentiellement une compilation, dans laquelle l'auteur ne fait que recopier, de façon souvent maladroite et peu soignée, des extraits de chroniques, ou encore un texte entier, comme celui de la *Chronique normande abrégée* ou seconde rédaction de la *Chronique normande du XIVe siècle**, tout en le remaniant et le complétant sur certains points. On trouve cependant dans le *Miroir* quelques passages originaux, qui fournissent des renseignements intéressants sur certains épisodes de la guerre de Cent Ans, notamment sur les combats dont les pays voisins de Laon furent le théâtre de 1340 à 1380 et sur les guerres qui ravagèrent alors les terres d'Empire limitrophes de la France. On découvre aussi beaucoup de détails curieux dans les courtes annales des dix dernières années du règne de Charles V.

ŒUVRE. — Éd. partielle dans *RHF*, t. 21 (1855), p. 182-198 [pour les années 1264-1328]. — Éd. partielle J. Kervyn de Lettenhove dans *Istore et croniques de Flandres*, Bruxelles, 1879 (*Commission royale d'hist.*), t. 1, p. 618-632 [fragment qui concerne le règne de Philippe VI]. — Éd. partielle A. Molinier, *Fragments inédits de la chronique de Jean de Noyal*, dans *Ann. Bull. de la Société de l'histoire de France*, 1883, p. 246-275 [éd. des fragments originaux pour les années 1330-1380].

→ A. et E. Molinier, *Chronique normande du XIVe siècle*, Paris, 1882, p. LVIII-LXIV. — Molinier n° 3101. — Cf. *MB* n° 5103. G.T.L.

Jean Ockeghem. Musicien franco-flamand, né vers 1410, mort le 6 février 1497 à Tours (?). Chantre de la cathédrale d'Anvers (1443-1444), il entre ensuite au service du duc de Bourbon, Charles Ier, et à ce titre, réside à Moulins (vers 1445) jusqu'à ce qu'il rejoigne la chapelle musicale du roi Charles VII (où une première mention de son nom apparaît le 30 septembre 1453). Premier chapelain en janvier 1454, il reçoit du roi (en sa qualité d'abbé de Saint-Martin-de-Tours) l'importante charge de trésorier de l'abbaye (1459). Le service d'Ockeghem à la cour de France continue sans interruption sous le règne de Louis XI. Chanoine de Notre-Dame de Paris (1463-1470), il est également chapelain de Saint-Benoît et voyage comme diplomate en Espagne (1470) et, pour des motifs plus personnels, en Flandre (1484).

Toujours qualifié de premier chapelain du roi, son nom disparaît pourtant des registres de comptes à partir de 1476 (il était toutefois présent à la cour le Jeudi saint 1488). En revanche, il est régulièrement cité dans les registres de Saint-Martin jusqu'à sa mort (il testera d'ailleurs en faveur du chapitre).

Les plus éminents poètes et musiciens contemporains déplorent son décès en vers latins ou français : Guillaume Crétin*, Jean Molinet* (mis en musique par Josquin des Prés) et même Érasme en une *naenia, Ergone conticuit*.

Ockeghem jouissait de son vivant d'une réputation bien établie de maître ; aussi est-on surpris du petit nombre d'œuvres qui lui sont attribuées au vu de l'admiration qu'on lui portait. La part la plus imposante est constituée de ses messes polyphoniques : outre le premier Requiem conservé, elle comprend 13 Ordinaires cycliques (dont trois incomplets) et un Credo isolé. Il laisse en outre neuf motets et une chanson-motet, la déploration sur la mort de Gilles Binchois* (1460).

Les chansons regroupent 21 titres, en majorité de formes fixes : on compte 16 rondeaux, quatre bergerettes (ce virelai écourté remis à la mode par Antoine

Busnois*). En général à trois parties, pourtant deux exemples ont quatre voix. Il privilégie l'écriture à prédominance de triple, avec toutefois des exceptions comme *Prendez sur moy*, triple canon à la quarte.

On sait peu de chose des relations d'Ockeghem avec ses contemporains musiciens. Il est pourtant évident qu'il était au fait des traditions musicales de la cour de Bourgogne et de la cathédrale de Cambrai. Les seules mentions qui subsistent dans les archives de Cambrai (1462, 1464) indiquent qu'il fut l'hôte de Guillaume Dufay*, à deux reprises.

Durant les années qu'il passa en France, personne n'atteignit sa stature de musicien. Il acceptait la tradition, mais avec une telle liberté d'invention dans le traitement du motif de tête, du *cantus firmus* et de l'imitation que les genres musicaux établis, par son invention créatrice et ses innovations techniques, s'en trouvaient transformés. Sa science du contrepoint a rendu possibles les accomplissements de la génération suivante des maîtres tels Obrecht, La Rue et surtout Josquin.

ŒUVRES. — Éd. D. Plamenac, *Masses I-VIII*, Leipzig, 1927 ; 2e éd. revue, New York, 1959 ; *Masses IX - XVI*, New York, 1947 ; 2e éd. 1966. — Éd. E. Droz, G. Thibault et Y. Rokseth, *Trois chansonniers français du* XVe *siècle*, Paris, 1927. — Éd. M. Picker, *The Chanson Albums of Marguerite of Austria*, Berkeley-Los Angeles, 1965.

→ L.L. Perkins, art. *Ockeghem* dans *The New Grove Dictionary of Music and Musicians*, t. 13, 1980, p. 489-496. — E. Krenek, *Johannes Ockeghem*, New York, 1953. — E. Sparks, *Cantus firmus in Mass and Motet (1420-1520)*, Berkeley-Los Angeles, 1963. N.S.

Jean d'Outremeuse (*alias* Jean Des Prés). Né et mort à Liège (1338-1400). Jean d'Outremeuse se fit aussi appeler Jean Des Prés, du nom de la famille liégeoise, à laquelle il prétendait appartenir et qu'il tenta de rattacher aux lignages épiques : Radus Des Prés aurait été le « bras droit » d'Ogier le Danois à Liège. Jean d'Outremeuse a exercé à Liège les fonctions de greffier près la cour de l'Official. Son œuvre littéraire est abondante, mais elle n'a pas été conservée en entier : on peut lui attribuer avec certitude une chanson de geste, une chronique en vers, une chronique universelle en prose et une sorte de lapidaire.

La chanson d'*Ogier le Danois* est perdue. L'auteur dit, dans sa chronique universelle en prose le *Myreur des histors*, qu'elle était divisée en trois livres et qu'elle racontait non seulement les hauts faits d'Ogier (doté de toutes les vertus humaines et chrétiennes), mais encore ceux de ses ancêtres et de ses successeurs, bref « tout ce, ou asseiz prés, que Charle le Grant fist a son temps ». Cette chanson de geste était rédigée en laisses de décasyllabes monorimes, comme le montrent les passages que le *Myreur des histors* dérime plus ou moins adroitement.

De la chronique en vers, la *Geste de Liège*, nous avons quelque 53 000 vers : le premier livre en entier (40 000 vers), 12 224 vers (mêlés de résumés en prose) du second, quelques bribes du troisième. La forme est épique : des laisses d'alexandrins monorimes terminées par un hexasyllabe rimant avec la laisse suivante. Jean d'Outremeuse y raconte l'histoire de sa ville depuis les origines, c'est-à-dire depuis la fondation de Tongres par Tongris, descendant d'Enée : la matière n'est donc pas épique, bien que le récit adopte les procédés de l'épopée. Pour la période carolingienne (l'histoire de Charlemagne occupe à elle seule plus de 8 000 vers), Jean d'Outremeuse résume rapidement les épisodes qu'il avait déjà racontés dans son *Ogier le Danois* (qui est donc antérieur) ; un seul récit épique a reçu un grand développement, celui de *Jean de Lanson**. L'intérêt historique varie suivant les époques : une bonne partie du premier livre (qui va jusqu'à 1200) ne se nourrit guère que de légendes et de vies de saints ; la suite donne plus de place aux faits réels. Si les historiens n'ont guère accordé de crédit à la *Geste de Liège* du fait de sa forme versifiée, on en a tiré, vraisemblablement au XVe siècle, un abrégé, la *Chronique en bref*, qui devait exercer sur l'historiographie liégeoise une influence profonde.

La chronique en prose, le *Myreur des histors*, est postérieure aux deux poèmes (ce qui ne veut pas dire que l'auteur a cessé de tenir à jour la *Geste de Liège*), comme le prouvent les traces qui subsistent de leurs rimes. Jean d'Outremeuse a voulu raconter l'histoire de l'univers depuis le Déluge. Parmi ses sources, extrêmement nombreuses, il y utilise, outre les *Voyages* de Jean de Mandeville*, ses propres ouvrages : la *Geste de Liège* — dont il retient pratiquement tous les épisodes, mais en les condensant — lui donne les matériaux pour l'histoire liégeoise, qui est bien traitée ; *Ogier le Danois* lui fournit presque tout ce qu'il faut pour raconter le règne de Charlemagne. D'où l'importance donnée, dans cette chronique universelle, d'une part à la ville de Liège, d'autre part à la période carolingienne, et dans celle-ci à Ogier qui prend à Charlemagne le rôle principal. Aux faits historiques, Jean d'Outremeuse a mêlé des légendes, non seulement épiques (inceste de Charlemagne), mais de toute provenance, et la vérité, moins romanesque, doit souvent céder ou s'accommoder : la chronologie (Charlemagne aurait vécu 157 ans et Ogier aurait connu une éternelle jeunesse !) a dû gêner Jean d'Outremeuse plus encore que la vraisemblance. Cependant, l'historiographie liégeoise s'est longtemps inspirée de Jean d'Outremeuse, d'autant plus séduisant que ses récits exaltaient la grandeur de Liège. Mais si le chroniqueur forge volontiers les détails qui lui manquent, s'il accorde créance aux « fables » les plus extravagantes, s'il a préféré ses propres œuvres aux auteurs sérieux (Martin le Polonais, Vincent de Beauvais*), il a disposé de sources aujourd'hui perdues, et, en dehors de la mise en scène et quand l'honneur de la famille de Pré ou Des Prés n'est pas en jeu, il invente moins qu'on ne l'a cru, surtout pour les événements récents : malheureusement, le quatrième livre, qui commençait en 1341, n'a pas été conservé.

Grand collectionneur de légendes, qu'elles soient relatives à Ogier, à Mandeville, ou à des épisodes météorologiques, Jean d'Outremeuse est un important témoin de l'histoire littéraire : il apparaît comme un versificateur médiocre et laborieux, mais il sait, en prose, raconter avec vivacité et varier le ton.

Sa quatrième œuvre connue, le *Trésorier de philosophie naturelle des pierres précieuses*, est une sorte d'immense lapidaire, vraisemblablement élaboré entre 1382 et 1390 (la date de 1390 est donné par l'un des deux mss : Bruxelles, Bibl. royale 2761 = ancien Ashburnham Barrois 368). Ce *Trésorier* comprend quatre livres : le premier applique aux pierres les principes de la physique scolastique (origine des pierres et de leurs couleurs) ; les vertus des pierres sont décrites dans le second livre (256 pierres présentées dans l'ordre alphabétique) ; le troisième livre traite des pierres gravées ; le quatrième donne des indications techniques, notamment sur la manière de tailler, polir et modifier les pierres. Pour cet ouvrage très vaste, Jean d'Outremeuse, qui a consulté les chapitres minéralogiques des principales encyclopédies latines et françaises, ainsi que les lapidaires* adaptés du *De gemmis* de Marbode*, dit avoir utilisé le *Lapidaire* attribué à Jean de Mandeville par le ms. Chantilly, musée Condé, 699. À plusieurs reprises, il cite un lapidaire en latin, dans lequel il voit l'original composé par Jean de Mandeville : on peut supposer qu'il s'agit en réalité d'une pâle traduction.

ŒUVRES. — *Ly Myreur des histors*, éd. A. Borgnet et S. Bormans, Bruxelles, 1864-1880, 6 vol. (*Commission royale d'Histoire*) [la *Geste de Liège* est éd. en appendice]. — *Jean d'Outremeuse, Le Myreur des Histors, fragment du second livre (années 794-826)*, éd. A. Goose, Bruxelles, 1965 *(Académie royale de Belgique, Classe des Lettres et des Sciences morales et politiques, Collection des anciens auteurs belges, nouv. série,* 6).

→ P. Thiry, *La langue de Jean d'Outremeuse*, thèse dactylo, Liège, 1924. — J. Lejeune, *Jean d'Outremeuse, le quatrième livre du « Myreur des histors » et la « Chronique en bref »*, dans *Annuaire d'histoire liégeoise*, t. 4 (1951), p. 457-525. — A. Goosse, *La « Chronique abrégée » de Jean d'Outremeuse*, dans *RBPH*, t. 32 (1954), p. 5-50. — J. Lejeune, *Une source méconnue : la « chronique en bref » de Jean d'Outremeuse, ibid.*, t. 34 (1956), p. 985-1020 ; réponse de A. Goosse, *ibid*, t. 34 (1956), p. 1248-1251. — A. Goosse, *Les lapidaires attribués à Mandeville*, dans *Les Dialectes belgo-romans*, 17 (1960), p. 63-112 ; *Ogier le Danois, Chanson de geste de Jean d'Outremeuse*, dans *Romania*, t. 86 (1965), p. 145-198 ; *Jean d'Outremeuse et Jean de Mandeville*, dans *Mél. W. von Wartburg*, Tübingen, 1968, t. 1, p. 235-250. — D. Crahay, *Un manuscrit fantôme de Jean d'Outremeuse*, dans *Scriptorium* t. 38 (1984), p. 319-322. — M. Tyssens, *Jean d'Outremeuse et le cycle de Guillaume d'Orange*, dans *Mél. D. Mc Millan*, Reading, 1984, p 175-195. — A. Gier, *Jean d'Outremeuse, « La Geste de Liège ». L'histoire régionale au* XIVe *siècle*, dans *Fifteenth-Century Studies*, t. 14 (1988) p. 87-94. Cf. *GRLMA*, t. VIII/1, p. 161, 169-170. — *MB* n°s 4058 ; 5045-5055 ; 6958-6960 ; 7968-7971 ; *S* 7956-7059.

Voir aussi : *Chevalier Ogier.* A.Go. et F.F.H.

Jean Panier. Le marchand parisien Jean Panier, qui vivait à la fin du XVe siècle, est le copiste du ms. Vatican, Reg. lat. 1323 ; on a voulu lui attribuer certains des traités qui y sont contenus, en particulier les œuvres anonymes : le *Nouvelet*, poème, sans grande originalité, sur l'amour et le printemps, la *Grandeur de Paris et rues* (42 octosyllabes) qui porte la date de 1476, et l'*Epistre des Ronmains* (33 huitains de décasyllabes), poème sur l'insatiable avidité et la profonde corruption des Romains. Entre 1475 et 1477, Jean Panier a ajouté, dans les marges et dans les espaces blancs de son manuscrit, des notes sur les événements marquants de ces années ; il est aussi l'auteur d'un récit en prose sur la *Venue et entrée faicte par le noble roy Charles huitiesme de ce nom* à Rouen en 1485 : un court passage en vers porte en acrostiche son nom « JEHAN PANIERS ». L'identification (proposée par E. Langlois en 1889) avec un Jean Panier, sieur de Bougival, attesté en 1480, n'est pas confirmée.

On doit également à Jean Panier deux prières adressées à saint Louis, roi de France, et insérées dans un recueil de louanges qui fut publié à Paris, sans date [après le 25 octobre 1499], par Antoine Vérard : ces deux prières (l'une en 11 douzains de décasyllabes, l'autre en cinq douzains et un sizain de vers de quatre syllabes) donnent, en acrostiche, le nom de « JEHAN PANIER » et permettent de préciser qu'il était mercier.

ŒUVRES. — A. Keller, *Romvart. Beitraege zur Kunde mittelalterlicher Dichtung aus italienischen Bibliotheken*, Mannheim et Paris, 1844, p. 141-157 [éd. de courts extraits du ms. Vatican, Reg. lat. 1323]. — *Entrée de Charles VIII à Rouen en 1485*, éd. C. de Robillard de Beaurepaire, Rouen, 1902, p. 1-10 (*Société des bibliophiles normands*, 65). — A. Menichetti, *L'inedita « Epistre des Ronmains » del cod. vat. Reg. lat. 1323*, dans *Cultura neolatina*, t. 26 (1966), p. 158-198 [éd.]. — *Les prières aux saints en français à la fin du Moyen Âge. II : Prières à un saint particulier et aux anges*, éd. P. Rézeau, Genève, 1983, p. 309-316, n°s 153 et 154 (*Publications romanes et françaises*, 166).

→ E. Langlois, *Notices et extraits des mss français et provençaux de Rome antérieurs au* XVIe *siècle*, dans *Notices et extraits mss BN*, Paris, 1889, t. 33, 2, p. 111-124. — E. Droz, *Notice sur un recueil de louanges*, dans *Romania*, t. 49 (1923), p. 59-60 [48-62]. — Nouveau Potthast, t. 4, p. 331-332. — Cf. *MB* n° 4555.

F.F.H.

Jean de Paris. Jean de Paris fut un *famosus magister in artibus* avant d'entrer chez les frères prêcheurs à Paris. Comme fruits de cette première période de sa carrière scientifique, on possède une *Abbreviatio librorum naturalis philosophiae Aristotelis* et un *Tractatus de formis* (partiellement édité par Allamannus, dans sa *Summa philosophiae*, t. 3, sect. 6, Paris, 1894, pp. 523-581), qu'il remania et publia plus tard, après son entrée chez les dominicains. En 1293-1294, il lit les *Sentences* comme bachelier à la Faculté de théologie de Paris et y est un prédicateur renommé. Un peu plus tard, il intervient dans la polémique suscitée autour de la doctrine de saint Thomas* par le *Correctorium* du franciscain Guillaume de la Mare et écrit, pour défendre son maître, un *Correctorium Corruptorii « Circa »* (éd. J. P. Müller, Rome, 1941). Quelque temps après, il est contraint de justifier seize propositions extraites de son enseignement et dénoncées au général des dominicains comme erronées. Ces dénonciations arrêtent sa carrière enseignante (éd. de son *Mémoire justificatif* par P. Glorieux, dans *Revue des sc. philos. et théol.*, 17, 1928, p. 407-413). En 1300, il publie deux opuscules *De adventu Christi* — plagiat du *De vitiis contractis in studio theologiae* de Roger Bacon* — et *De antechristo* (éd. à Venise en 1516). En 1302-1303, paraît son *De potestate regia et papali* (éd. J. Leclercq, dans *Jean de Paris et l'ecclésiologie du* XIIIe *siècle*, Paris, 1942, p. 171-260). Dans ce traité, il défend les vues de Philippe le Bel. Dante* s'inspira de ce traité et au temps du gallicanisme cet écrit sera édité six fois en vue de défendre l'autonomie du pouvoir royal. En 1303, Jean souscrit à l'appel au concile lancé par Philippe le Bel contre Boniface VIII. En 1304, il se voit promu licencié en théologie et devient aussitôt maître régent. En 1305, il est exclu de l'Université à cause de sa doctrine sur l'Eucharistie. Pour exposer la présence réelle du Christ, il avait eu recours à la théorie de l'impanation, sans vouloir s'écarter toutefois de la foi de l'Église. Il en appela au pape, se rendit à la Curie pontificale à Bordeaux et y mourut le 22 septembre 1306. Ses derniers écrits (1304-1305) furent : un *Quodlibet* (éd. A.J. Heiman, dans *Nine Mediaeval Thinkers*, Toronto, 1956, p. 271-291), une *Determinatio de confes-*

sionibus fratrum (dans *Annales eccl.* de Baronius, t. 24, an. 1321, n. 20-31, p. 152-158) et une *Determinatio de modo existendi corpus Christi in sacramento altaris* (l'éd. Allix, Londres, 1686, est défectueuse). Jean de Paris fut un métaphysicien de valeur. Dans toutes ces controverses, il fit preuve d'une grande originalité de pensée et d'une logique intransigeante.

ŒUVRES. — *Jean de Paris, Commentaire sur les Sentences*, éd. J. Müller, l. 1, Rome, 1961 ; l. 2, Rome, 1964. — F. Bleinstein, *Johannes Quidort von Paris Über königliche und päpstliche Gewalt. (De regia potestate et papali). Textkritische Edition mit deutscher Übersetzung.* Stuttgart, 1969 *(Frankfurter Studien zur Wissenschaft von der Politik*, Bd 4) [trad. anglaise : A.P. Monahan, New York, 1974 (*The Records of civilisation. Sources and Studies*, 90)]. — J.P. Müller, *Eine Quästion über das Individuationsprinzip des Johannes von Paris O.P. (Quidort)*, dans « *Virtus politica* » *Festgabe zum 75. Geburtstag von Alfons Hufnage*, 1974, p. 335-356 (éd. de cet écrit sur l'individualisation d'après le ms. Toulouse, 739, f. 14-15v°). — A. Pattin, *Jean de Paris et son traité sur l'impanation*, dans *Angelicum*, t. 54 (1977), p. 184-206 (éd. critique de ce traité conservé dans un seul ms. Paris, BN, lat. 14889, f. 70-72).

→ P. Glorieux, *Répertoire des maîtres en théologie de Paris au* XIII*e siècle*, 1, n° 60. — C.H. Lohr, *Medieval Latin Aristotle Commentaries*, dans *Traditio*, t. 27 (1971), p. 273. — C. Trabold, *Esse und Essentia nach Johannes Quidort von Paris im Vergleich mit Thomas von Aquin*, dans *Freiburger Zeitschrift für Philosophie und Theologie*, t. 5 (1958), p. 3-36, 156-177, 404-442. — J.P. Müller, *La date de la lecture sur les Sentences de Jean Quidort*, dans *Angelicum*, t. 36 (1959), p. 129-162. — L. Höld, *Johannes Quidort von Paris O.P. (1306). De confessionibus audiendis (Quaestio disputata Parisius de potestate papae*), Munich, 1962 *(Mitteilungen des Grabmann Instituts der Universität München*,6). Ad.P.

Jean de Paris (ou du Châtelet). *Voir : Caton (Distiques de).*

Jean de Paris (Roman de). L'auteur anonyme de ce charmant petit roman en prose nous raconte les aventures d'un certain Jean, roi de France. Il s'étend surtout sur celles qui se rapportent à sa victoire sur le vieux roi d'Angleterre, qui lui aussi prétendait à la main de la fille du roi d'Espagne. L'auteur a pu connaître le roman *Jehan et Blonde* de Philippe de Beaumanoir*, puisque dans ces deux romans les futurs époux avaient tout enfants été promis l'un à l'autre. Il s'agit également aussi dans *Jehan et Blonde* d'une rivalité entre un Français et un Anglais qui voyagent ensemble, circonstance qui donne lieu à des quiproquos. Il ne saurait être question ici toutefois d'un remaniement tardif de ce roman du milieu du XIIIe siècle. De plus, c'est à tort qu'on l'a parfois rangé parmi les romans de chevalerie composés au XVIe siècle. Selon toute vraisemblance, *Jean de Paris* a été composé à Lyon par un familier de la cour de France vers la fin du XVe siècle. L'auteur (on a parfois pensé à Pierre Sala) s'est sans doute inspiré des circonstances qui entourèrent le mariage de Charles VIII avec Anne de Bretagne en 1491. Par ailleurs, l'entrée triomphale du héros semble bien imitée de celle que fit Charles VIII à Florence. Le souvenir de l'entrée telle que le roman nous la présente nous est resté dans la locution proverbiale *c'est un train de Jean de Paris*, locution reprise par Mme de Sévigné sous la forme d'*équipage de Jean de Paris* et qui sert à désigner un train de vie fastueux.

Ce roman connut une grande popularité à la Renaissance. Les deux manuscrits conservés sont d'ailleurs du XVIe siècle. Le texte en fut imprimé par Claude Nourry vers 1533. Peut-être fut-il ainsi remis en vogue par le courant d'hispanisme provoqué en France par le mariage de François Ier avec Éléonore d'Autriche, sœur de Charles Quint (1530). Quoi qu'il en soit, cinq autres éditions se succédèrent au XVIe siècle et ce petit roman fit partie de la littérature de colportage aux siècles suivants. On en fit une traduction flamande au XVIIe siècle. *Jean de Paris* fut enfin représenté sur la scène parisienne au XIXe siècle, et c'est sous cette forme qu'il fut traduit en anglais à la même époque.

ŒUVRE. — Éd. E. Wickersheimer, Paris, 1923 (*SATF*, 66).

→ E. Wickersheimer, *Le Roman de Jehan de Paris. Sources historiques et littéraires. Étude de la langue*, Paris, 1925. — L. Muir, *Pierre Sala and the Romance of Jean de Paris*, dans *French Studies*, t. 14 (1960), p. 232-234. — J.G. Brault, *Early Hispanisms in French (1500-1550)*, dans *Romance Philology*, t.15 (1961), p.137-138. — H. Hatzfeld, *Le style du roman Jehan de Paris*, dans *Mél. J. Frappier*, Genève, 1970, t.1, p.397-406. — R. Dubuis, *Le personnage du roi dans la littérature narrative du* XV*e siècle*, dans *Culture et pouvoir au temps de l'Humanisme et de la Renaissance*, Genève, 1978, p. 17-36. — O. Jodogne, *Le roman de Jean de Paris et le roi Charles VIII*, dans *Bull. de l'Académie* *royale de Belgique, Classe des lettres et des sciences morales et politiques*, t. 65 (1979), p. 105-120. — M. Perret, *L'Espace du texte ; localisation et auto-référence dans la prose des* XIV*e et* XV*e siècles*, dans *Théories et pratiques de l'écriture au Moyen Âge*, Paris, 1988, t. 4, p. 191-198. — Woledge, n° 87. — Cf. *MB* nos 4237-4243 ; *S* 6441, 6645-6650, 6734. G.J.B.

Jean Perréal. Né vers 1460, originaire de Lyon, Jean Perréal fit plusieurs séjours en Italie et en Angleterre ; il fut au service de Marguerite d'Autriche*, comme valet de chambre et peintre ordinaire, depuis 1504 ; il suivit la cour de France à Blois, à Tours, à Saint-Germain-en-Laye et à Paris, où il mourut sans doute en juin ou juillet 1530.

Ami de l'écrivain lyonnais Pierre Sala (avant 1457-1529), Jean Perréal eut une activité débordante et multiforme : il fut tour à tour, et avec talent, architecte, décorateur, sculpteur, peintre, miniaturiste et poète. Il dirigea des travaux de voirie à Lyon (1518), de ponts (1509) et de fortifications (1494, 1512, 1524). Il organisa toutes les entrées solennelles de grands personnages ou de souverains à Lyon, de celle du cardinal de Bourbon (1485) à la deuxième « entrée » de François Ier (1522) ; il prit une part active aux cérémonies du mariage de Charles VIII en 1491 et de Louis XII en 1514, ainsi qu'aux funérailles d'Anne de Bretagne en 1514 et de Louis XII en 1515. On lui doit les dessins des tombeaux des ducs de Bretagne à Nantes (1502) et des ducs de Savoie à Brou (1511). En revanche, l'attribution des portraits et des miniatures reste soumise à quelques incertitudes.

Jean Perréal se piquait aussi d'écrire : ses lettres (ms. Paris, BN, fr. 1412) montrent une grande spontanéité et témoignent d'une culture certaine ; l'une d'elles, datée du 4 janvier 1511, contient une dissertation scientifique sur les diverses espèces d'albâtre. Bien que loués par ses contemporains, ses vers — des pièces de circonstance — paraissent plus médiocres : une épître (40 décasyllabes et 10 alexandrins) à Pierre Sala pour le remercier de lui avoir dédié son *Livre d'amitié*, et une épître (170 décasyllabes) au sujet de l'affection qu'un échevin de Rouen, Jacques Le Lieur, lui témoignait au vu d'un simple portrait.

Il faut également restituer à Jean Perréal une œuvre littéraire beaucoup plus considérable et parfois attribuée à tort à Jean de Meun* : *Les Remontrances ou la Complainte de nature a l'alchimiste errant* (1 083 octosyllabes), munies d'un prologue (19 vers) qui donne en acrostiche le nom de « JEHAN PERREAL DE PARIS », et la *Response de l'alchimiste a Nature* (885 octosyllabes) sont conservées dans six mss, dont trois ne sont que des copies tardives de textes imprimés. *Remontrances* et *Response*, souvent associées sous le titre de la *Complainte de Nature*, firent l'objet de plusieurs éditions anciennes : dans la première (Paris, 1561), elles sont attribuées à Jean de Meun, précédées de la *Fontaine des amoureux de science* de Jean de La Fontaine* et suivies du *Sommaire philosophique* du pseudo-Nicolas Flamel* ; cette édition de Paris fut réimprimée à Lyon en 1590 et inspira une nouvelle édition, à Lyon, en 1618.

D'après l'épître dédicatoire en prose qui la précède dans le ms. Paris, Bibl. Sainte-Geneviève 3220 (l'exemplaire de dédicace au roi François Ier), la *Complainte de Nature* fut écrite environ un an après la victoire de Marignan, donc en 1516, en Dauphiné, à l'issue d'une longue maladie. Il est difficile de déterminer quelle occasion précise fit naître l'intérêt de Jean Perréal pour l'alchimie : il s'occupa d'alchimie à Paris dès 1507, en Avignon en 1509 et à Metz en 1518-1519. S'il attaquait les faux alchimistes, Jean Perréal voulait, dans la *Complainte de Nature*, défendre la légitimité de l'alchimie quand elle était pratiquée conformément aux usages. Sa principale source est le *Roman de la Rose** (d'où la facile attribution à Jean de Meun), avec des emprunts à de nombreux traités latins d'alchimie.

ŒUVRE. — *Le Roman de la Rose par Guillaume de Lorris et Jehan de Meung*, éd. D.M. Méon, Paris, 1813, t. 4 , p. 123-168 et 169-202 [éd. des *Remontrances* et de la *Response*].

→ L. Frati, *Poesie alchimistiche attribuite a Jean de Meun*, dans *Archivum Romanicum*, t. 3 (1919), p. 321-326. — A. Vernet, *Jean Perréal, poète et alchimiste*, dans *BHR, Travaux et documents*, t. 3 (1943), p. 214-252 [éd. de l'épître dédicatoire, du prologue et des 66 premiers vers] ; *Jean Perréal, poète et alchimiste*, dans *Études médiévales*, Paris, 1981, p. 416-454 et 672-673 [réimp. de l'article précédent, avec des additions]. — C. Sterling, *Une peinture certaine de Perréal enfin retrouvée*, dans *L'Œil*, nos 103-104 (juillet-août 1963), p. 1-15 et 64-65. — J. Dauphiné, *De « l'esprit de l'or » : Langage et alchimie*, dans *L'Or au Moyen Âge (monnaie-métal-objets-symbole)*, Aix-en-Provence, 1983, p.111-120 (*Senefiance*, 12). — W. Wells, *French Fifteenth Century Miniature Painting. A New Hypothesis : Jean Perréal, from the René to the Bourbon Master*, dans *Apollo*, t. 124 (1986), p. 11-21. — Cf. *GRLMA*, t. VIII/1, p. 340 et 345. — *MB*, n°s 7030-7031. F.F.H.

Jean Petit. Né vers 1360-1364, au pays de Caux, il fréquenta l'Université de Paris et devint maître ès arts en 1385. Il aborda ensuite l'étude du droit civil et du droit canon à Orléans ; de retour à Paris, il suivit les cours de la Faculté de théologie, comme boursier du collège du Trésorier, fondé par un Cauchois. Maître en théologie en 1402, il eut pour premiers protecteurs les derniers Martel de Basqueville de la ligne directe, en particulier Guillaume VII Martel. À la mort de celui-ci (fin 1395 ou début 1396), la fortune, sensiblement réduite, des Basqueville passa à la branche cadette des Martel de Saint-Vigor, et Jean Petit chercha un nouvel appui auprès de la maison de Bourgogne. Porte-parole de l'Université dans diverses assemblées, il fut mêlé aux débats suscités par le schisme et prit position en faveur de la double cession ou abdication simultanée des deux papes. Il nous a laissé un récit détaillé de l'ambassade envoyée auprès de Benoît XIII. L'échec de cet essai de conciliation engagea l'Université dans la voie des solutions extrêmes, dont Jean Petit se fit l'ardent défenseur. Par sa vigoureuse éloquence, à peu près dépouillée d'effets littéraires, mais non de pédantisme, il apparaît déjà comme un redoutable polémiste. Il joua un rôle essentiel à l'assemblée du clergé de 1406, en menant l'attaque contre le pape d'Avignon. L'assassinat de Louis d'Orléans, le 23 novembre 1407, allait lui fournir une nouvelle occasion d'exercer son ardeur combative. L'année suivante, il lut devant le Conseil du roi réuni à l'Hôtel Saint-Pol un long mémoire tendant à la *Justification de monseigneur le duc de Bourgogne sur le fait de la mort et occision de feu le duc d'Orléans*. Après un succès passager, la violence du ton, le caractère tendancieux des insinuations dirigées contre la vie publique et privée de la victime, lui attirèrent bien des inimitiés. La *Justification*, dénoncée en 1414 au concile de Constance, fut condamnée sur l'intervention de Jean Gerson*. Mais après 1408, il ne semble pas que Jean Petit ait occupé une place de premier plan. Les services qu'il avait rendus à la Bourgogne ne lui valurent aucune faveur exceptionnelle. Conseiller et maître des requêtes du duc, il vit doubler sa pension, mais ne reçut aucun bénéfice important. Il devait mourir presque oublié le 15 juillet 1411 à l'Hôtel-Dieu de Hesdin.

Au cours de ses études universitaires, Jean Petit déploya une certaine activité intellectuelle. Il a composé entre 1388 et 1392 des poésies de circonstance soit sur commande, soit pour exprimer son sentiment sur les problèmes du temps. On lui attribue à juste titre : *La Desputoison des pastourelles* (1856 octosyllabes), suivie d'un office de la *Conception de la Vierge*, écho des débats auxquels donnèrent lieu les propositions du dominicain Juan de Monzon contre la doctrine de l'Immaculée Conception approuvée par les milieux universitaires et le clergé de Normandie.

Le *Livre du Champ d'or a la couleur fine et des trois nobles marteaux* (3 052 octosyllabes) fut écrit, en 1389, à la gloire des Martel de Basqueville, sur la demande de la veuve de l'un d'eux. Jean Petit, dont le nom est donné par une énigme aux vers 61-70, y chantait les armoiries des Martel de Basqueville sous la forme classique du « songe ». La *Vie monseigneur saint Léonard [de Noblat]* (702 octosyllabes) relate trois délivrances de prisonniers, obtenues par l'intervention miraculeuse de saint Léonard. Dans la *Complainte de l'Eglise* (40 huitains d'octosyllabes), Jean Petit lançait, en 1392, un appel pour la paix religieuse et la fin du schisme, où il suppliait le roi de France et où il s'adressait à la fois au duc de Berry, au duc de Bourbon, au duc de Bourgogne, Philippe le Hardi, et au duc Louis d'Orléans. On lui doit encore le *Miracle de Basqueville* (2 394 octosyllabes, disposés en douzains et précédés d'un prologue en prose), postérieur au *Livre du Champ d'or* qui raconte la libération, par l'intercession de saint Léonard, des sires de Basqueville et de Buiville, prisonniers des Sarrasins. L'ensemble de ces œuvres poétiques n'est conservé que par un unique manuscrit du XVe siècle (BN, fr. 12470). On lui doit également deux sermons latins, l'un sur le relâchement des mœurs du clergé, l'autre sur l'Eucharistie.

Si le nom de Jean Petit est encore cité

par les historiens, il le doit moins à son œuvre poétique qu'à la *Justification de Jean sans Peur*. Cette apologie du tyrannicide, reproduite intégralement ou en abrégé par les chroniqueurs bourguignons du XVe siècle, entre autres Enguerrand de Monstrelet,* vaut peut-être moins par elle-même que par les discussions qu'elle a suscitées et par ses conséquences politiques.

ŒUVRES. — *Le Livre du Champ d'or et autres poèmes inédits, par Me Jean Le Petit*, éd. P. Le Verdier, Paris, 1896 (*Société rouennaise des Bibliophiles*, 38) [éd. du *Livre du Champ d'or*, du *Miracle de Basqueville* et de la *Vie monseigneur saint Léonard*]. — L. Lindvall, *Semprés, lues, tost, viste et leurs synonymes. Étude lexicographique d'un groupe de mots dans le français des XIIe-XVIe siècles*, Göteborg, 1971, p. 134-180 (*Romanica Gothoburgensia*, 13) [éd. du *Miracle de Basqueville*].

→ A. Coville, *Jean Petit. La question du tyrannicide au commencement du XVe siècle*, Paris, 1932 [fondamental]. — A. Hellot, *Essai historique sur les Martel de Basqueville et sur Basqueville-en-Caux (1000-1789)*, Rouen et Dieppe, 1879 ; *Nobles et vilains. Les prouesses des Martel. Le miracle de Basqueville-la-Martel, d'après les poésies inédites de Jean Petit*, Paris, 1894 [éd. de courts extraits]. — J.-M. Dequeker-Fergon, *L'histoire au service des pouvoirs. L'assassinat du duc d'Orléans*, dans *Médiévales*, t. 10 (1986), p. 51-68. — Linker, n° 158. — Cf. *GRLMA*, t. VIII/1, p. 350. R.B. et F.F.H.

Jean Piscis. Clerc du diocèse de Vienne, Jean Piscis fut reçu maître ès-arts à Paris et maître en médecine à Montpellier. Il exerça la charge de chancelier de l'Université de Montpellier de 1396 jusqu'à sa mort en 1433. Comme médecin, il se montra résolument hostile à l'utilisation de procédés astrologiques dans la thérapeutique. Auteur de *Accumulationes receptarum sub brevi compendio* (collection de 70 recettes, traitant principalement des fièvres), de *Certaines cures et regimens d'aucunez œuvrez particulieres* et de *Proprietez de certainez viandes* (ces deux textes étant conservés, à la suite l'un de l'autre, dans deux manuscrits : Paris, BN, fr. 19994 et nouv. acq. fr. 11649), Jean Piscis composa aussi un *Abrégé* du *Thesaurus pauperum* d'Arnaut de Villeneuve*, un *Regimen pestilencie* (en 1431) et un *Fragmentum antidotarii*.

ŒUVRES. — « *Certaines cures et regimens d'aucunez œuvrez particulieres* », *A Critical Edition*, éd. E.P. de Luca, thèse Univ. of North Carolina, Chapel Hill, 1974 [éd. aussi les *Proprietez de certainez viandes*].

→ E. Wickersheimer, *Dictionnaire biographique des médecins en France au Moyen Âge*, Paris, 1936, p. 464. — C.H. Talbot, *The « Accumulationes receptarum » of Joannes Piscis*, dans *Bull. of the History of Medicine*, t. 34 (1960), p. 123-136. — D. Jacquart, *Supplément au Dictionnaire biographique des médecins en France au Moyen Âge, d'Ernest Wickersheimer*, Genève, 1979, p. 174-175 (*Hautes Études médiévales et modernes*, 35). — C. de Tovar, *Les versions françaises de la « Chirurgia parva » de Lanfranc de Milan, Étude de la tradition manuscrite*, dans *RHT*, t. 12-13 (1982-1983), p. 213-226 [notices des mss fr. 19994 et nouv. acq. fr. 11649]. — Cf. *MB S* n° 7693. F.F.H.

Jean Pitart. Né entre 1230 et 1236, sans doute originaire de Normandie, Jean Pitart fut le protégé de Gui de Châtillon, comte de Saint-Pol († 6 avril 1317). Chirurgien du roi de France Philippe le Bel dès 1298, il occupait encore les fonctions de chirurgien royal sous le règne de Charles IV le Bel (1322-1328). Il fut aussi le protégé du comte Charles de Valois, frère de Philippe le Bel. Jean Pitart convoqua et présida, à partir de 1311, les commissions d'examen des barbiers. Il mourut après 1327-1328.

Le nom de Jean Pitart est attaché à un vaste ensemble de recettes chirurgicales en français, bien que deux seulement de ces recettes portent explicitement son nom. Cet ensemble réunit des recettes d'emplâtres et de boissons, selon les méthodes salernitaines : le mode d'emploi est indiqué avec soin. L'ensemble de ces recettes fait partie d'une compilation médicale connue souvent sous le titre de *Recettes enseignées au roy Philippe le Bel*, qui comprend aussi une traduction partielle du *Thesaurus pauperum*, attribué à Pierre d'Espagne*.

Le petit poème anonyme intitulé *Dit de bigamie* (158 octosyllabes en rimes équivoquées) n'est plus attribué à Jean Pitart.

ŒUVRE. — K. Südhoff, *Ein chirurgisches Manual des Jean Pitart*, dans *Archiv für Geschichte der Medizin*, t. 2 (1909), p. 190-278 [éd. partielle].

→ A. Thomas, *Jean Pitart, chirurgien et poète*, dans *HLF*, t. 35 (1921), p. 310-324. — E. Wickersheimer, *Dictionnaire biographique des médecins en France au Moyen Âge*, Paris, 1936, p. 465. — C. de Tovar, *Contamination, interférences et tentatives de systématisation dans la tradition manuscrite des réceptaires médicaux français : le réceptaire de Jean*

Sauvage, dans *RHT*, t. 3 (1973), p. 123-125. — D. Jacquart, *Supplément au Dictionnaire biographique des médecins en France au Moyen Âge, d'Ernest Wickersheimer*, Genève, 1979, p. 175 (*Hautes Études médiévales et modernes*, 35). — Cf. *GRLMA*, t. VIII/1, p. 311. — *MB S* n° 7692. F.F.H.

Jean Priorat. Fils d'un bourgeois de Besançon, Jean Priorat vint peut-être à Paris faire des études. En 1285, il suivit comme écuyer le comte de Bourgogne, Othon IV, jusqu'en Aragon. Dépité par les résultats de cette campagne, il se serait tourné vers l'oncle du comte, Jean de Chalon-Arlay. C'est à lui en tout cas qu'il dédie son *Abrejance de l'ordre de chevalerie*, mise en vers de la traduction du *De re militari* de Végèce par Jean de Meun*. Œuvre unique d'un auteur mort dès 1290, œuvre conservée par un seul manuscrit, l'*Abrejance* témoigne sans doute de la rapide diffusion du travail de Jean de Meun, certainement du succès de Végèce et du goût encore vif pour les formes rimées.

ŒUVRE. — Intro. et éd. U. Robert, Paris, 1897 (*SATF*, 38, I et II).

→ Cf. *MB* n°s 2951-2952. S.L.

Jean de Prouville. Originaire de Prouville (Somme, arr. Doulens, cant. Bernaville), clerc et médecin, protégé par le comte de Saint-Pol, Gui de Châtillon († 6 avril 1317), Jean de Prouville est l'auteur d'un poème médical mnémotechnique (292 vers) en cinq chapitres, intitulé *Liber de signis pronosticis*. Mais il est surtout connu comme traducteur supposé, du latin en français, d'une *Chirurgie*, attribuée à un énigmatique « abbé Poutrel » (manuscrit unique : Vatican, Reg. lat. 1211). Cette *Chirurgie*, qui n'a, malgré son titre, aucun rapport avec la chirurgie proprement dite, est un réceptaire médical, d'inspiration salernitaine et montpelliéraine, bien ordonné et divisé en chapitres : règles générales, potions, onguents, nettoyage des plaies, soins à donner aux maladies de la peau. D'une langue médicale hésitante, assez imprécise, la *Chirurgie de l'abbé Poutrel* remonte à la même source latine que la *Chirurgie « Thedric »* (adaptation très libre de la *Cyrurgia* de Teodorico Borgognoni*, conservée dans le manuscrit Paris, BN, fr. 2029) du XVe siècle, qui possède les mêmes recettes mais sans les longs développements de la *Chirurgie de l'abbé Poutrel*, et offre un vocabulaire médical bien formé : cette source latine devait être un recueil, dont le début du texte seulement ressemble au réceptaire intitulé *Tractatus medico-chirurgicus cuiusdam religiosi viri anonymi* (Rome, Bibl. Vallicelliana, C. 102).

On peut donc attribuer à Jean de Prouville, non pas traducteur mais compilateur-adaptateur, une glose médicale, établie sur une compilation de textes salernitains et rédigée en région picarde au tout début du XIVe siècle : le mystérieux abbé Poutrel, dont le nom n'apparaît que deux fois et de manière incidente, ne devrait être que l'un des intermédiaires entre la source initiale et le dernier rédacteur.

ŒUVRE. — *La Chirurgie de l'abbé Poutrel. Texte picard de 1300 environ*, éd. Ö. Södergård, Stockholm, 1980 (*Acta Universitatis Lundensis, Sectio I : Theologica Juridica Humaniora*, 34).

→ E. Wickersheimer, *Dictionnaire biographique des médecins en France au Moyen Âge*, Paris, 1936, p. 470. — Ö. Södergård, *La langue médicale française, quelques nouvelles datations*, dans *Mél. F. Lecoy*, Paris, 1973, p. 541-550. — D. Jacquart, *Supplément au Dictionnaire biographique des médecins en France au Moyen Âge, d'Ernest Wickersheimer*, Genève, 1979, p. 176 (*Hautes Études médiévales et modernes*, 35). — C. de Tovar, *À propos de la Chirurgie de l'abbé Poutrel*, dans *Romania*, t. 103 (1982), p. 345-362. — Cf. *GRLMA*, t. VIII/1, p. 40, 311. - *MB S* n°s 5496, 5503. F.F.H.

Jean de Prunai. Voir : Guillaume Le Breton.

Jean Quentin. Originaire de Noyon, chanoine des églises de Noyon, Senlis (1472), Paris (1482), docteur en théologie, théologal du chapitre de Troyes (1474), évêque élu de Senlis à deux reprises (1496, 1499) et sans succès, Jean Quentin est surtout connu comme pénitencier de Notre-Dame (1482) et procureur de l'ordre des Minimes, dont il hébergea la première communauté parisienne sous son toit. Grand adversaire de Simon de Phares* et des « astrologiens », il faisait partie, aux côtés de Nicole Hacqueville, Jean Standonck et Jean Raulin*, du cercle des réformateurs parisiens des dernières décennies du XVe siècle. Il mourut en 1503.

Outre des prières et des méditations, il nous reste de lui quelques opuscules de spiritualité en français, explicitement destinés et adaptés aux laïcs « de moyen estat », qui, seuls ou accrochés aux livres d'Heures, jouirent d'une large diffusion : *La manière de bien vivre dévotement et salutairement par chascun jour pour hommes et femmes de moyen estat*, qui marque une rupture dans la pastorale féminine et fut traduite en anglais par Robert Copland ; *L'examen de conscience*, qui suit le plan traditionnel des sept vices capitaux et de leurs branches ; l'*Horloge de la Passion*, remarquablement fidèle aux évangiles canoniques ; l'*Horloge de dévotion*, traduction camouflée de l'*Horologium devotionis* de Berthold le Teutonique ; le *Cordial* ou *Traité pour enflammer les âmes d'amour divin*. Les sermons qu'il aurait prononcés en français à Saint-Séverin et qui auraient fait l'objet d'une reportation en 1480 sont perdus. On doit à Jean Quentin une édition des sermons latins de Nicole Hacqueville et une édition du *Stimulus amoris*.

ŒUVRES. — *Horloge de la Passion*, éd. H. Rochais, dans *Mél. de sciences religieuses*, t. 14 (1957), p. 151-166.

→ *DSAM*, t. 12 (1986), col. 2727-2729. — A. Renaudet, *Préréforme et humanisme à Paris au temps des guerres d'Italie*, Paris, 1953, p. 174-176. — L. Dautheuil, *Jean Quentin, Humaniste, évêque élu de Senlis*, dans *Comptes rendus et Mémoires de la Soc. d'Hist. et d'Archéol. de Senlis*, 1967-1968, p. 55-83. G.H.

Jean Rammesson. Voir : Pierre Poquet.

Jean Raulin. Né à Toul en 1443, maître ès-arts puis docteur en théologie de l'Université de Paris (1479) et grand maître du Collège de Navarre (1481), il entra brusquement à Cluny comme novice en 1497. Réformateur convaincu, il ne cessa d'œuvrer, difficilement parfois, à la réforme des monastères d'hommes et de femmes, payant de sa personne, encourageant le retour aux vertus monastiques (sa *Collatio de perfecta religionis plantatione, incremento et instauratione*, prononcée à Cluny au cours d'une assemblée générale de l'ordre autour de Jacques d'Amboise en 1498 et imprimée l'année même à Bâle avec une préface de Sébastien Brant, en est un bon exemple), favorisant le retour aux études. Il mourut au collège de Cluny en 1515. La tentative de réforme animée par Raulin se rattache à celle que tentèrent, à la même époque, des hommes comme Philippe Bourgoing, Guy Jouennaux, Jean Quentin* et bien d'autres.

Jean Raulin, qui était nominaliste, publia des commentaires de la *Logique* d'Aristote (1500). Mais on lui doit surtout des sermons au peuple, dans la veine de ceux d'Olivier Maillard* et de Michel Menot, dont un recueil consacré à la pénitence, l'*Itinerarium paradisii*, qui se termine par des sermons sur le mariage et constitue une somme pastorale et spirituelle. Tous, de même que son *Doctrinale de triplici morte*, furent imprimés à plusieurs reprises au cours du XVIe siècle.

ŒUVRES. — Les sermons, l'*Itinerarium* et le *Doctrinale* sont rassemblés dans les *Opera quae inveniri potuerunt...*, Anvers, 1611-1612, 7 vol. ; rééd. 1663.

→ *DSAM*, t. 13 (1987), col. 1545. — P. Féret, *La Faculté de théologie de Paris. Époque moderne*, t. 2/1, Paris, 1901, p. 309-316. — A. Renaudet, *Préréforme et humanisme à Paris pendant les premières guerres d'Italie*, Paris, 1953 (*passim*). — P. Massaut, *Josse Clichtove, l'humanisme et la réforme du clergé*, Paris, 1968, 2 vol. (*passim*). — C.H. Lohr, *Medieval Latin Aristotle Commentaries Authors*, dans *Traditio*, t. 27 (1971), p. 273-274. — N. Lemaître, *Le mariage dans les sermons de J.R.*, dans *RHEF*, t. 77 (1991), p. 751-170. G.H.

Jean Régnier. Fils de Jean Régnier l'aîné (mort entre 1421 et 1424), Jean Régnier fut nommé bailli d'Auxerre le 13 juillet 1424, lors de la cession de l'Auxerrois par les Anglais au duc de Bourgogne. Cela faisait donc de lui un serviteur bourguignon. Et c'est comme tel qu'il sera capturé par les partisans de Charles VII dans la forêt des Andelys, le 14 janvier 1432, alors qu'il portait des lettres à Rouen. Conduit à Beauvais, ville « française » depuis 1430, il restera prisonnier pendant près d'un an et demi. Libéré contre mille écus, il dut laisser sa femme et un de ses fils en otages jusqu'au versement du reste de la rançon. En février 1432, menacé de mort, il avait été sauvé par l'intercession de grands hommes d'armes comme La Hire, Potron de Xaintrailles (l'armée de Charles VII devait partir de Beauvais pour délivrer Rouen). Cet incident figure dans les chroniques d'Enguerrand de Monstrelet* et de Jean de Wavrin*. Rendu à la vie civile, Jean Régnier retrouva sa charge ; et il se vit confier d'autres missions ducales : il est un des délégués au concile de Bâle en 1437 ; en 1445, il accompagne la duchesse de Bourgogne à Reims puis à Châlons ; en 1449, il est à Bruges. Il fut certainement largement récompensé par le duc puisqu'en 1441, il acquiert le château et la terre de Guerchy et cinq autres terres en 1456. Il meurt entre 1468 et 1472.

L'œuvre de Jean Régnier n'a été conservée que par l'édition de 1526 chez Jean de la Garde, à Paris, sous ce titre : *Les Fortunes et adversitez* (hormis une seule ballade dans le ms. Berne 205). La première partie, et la plus longue de ce recueil poétique, intitulée le *Livre de la prison*, est datable de 1432-1433, mais il n'est pas impossible que le poète y ait retravaillé plus tard. C'est un montage de pièces lyriques (ballades, rondeaux, fatras, lais) dans une narration autobiographique en octosyllabes. Jean Régnier, prisonnier, y montre ses douleurs et son désespoir (complaintes, prières) ; il y déplore aussi les malheurs de la France. Mais l'œuvre contient également des pièces amoureuses que Jean adresse à son épouse, ou, transformé en écrivain public, qu'il rédige pour un codétenu anglais et des visiteurs, puis pour ses hôtes lors du voyage qu'il fait dans les Flandres pour trouver l'argent de sa rançon. Une des insertions les plus importantes du recueil est le *Testament* du prisonnier qui, avant sa libération, se croit mortellement malade. À la suite du *Livre de la prison*, viennent des pièces dont le sens anecdotique n'est plus indiqué que par des rubriques. Elles datent de 1433-1465 environ. Les deux premiers textes sont des requêtes que Jean Régnier adresse au duc afin d'obtenir un dédommagement pour la rançon qu'il a dû verser. Viennent ensuite la longue *Complainte sur la mort d'Anne de Chauvigny*, comtesse de Joigny (1457), des textes composés pour la duchesse de Bourgogne, la reine de France, le comte de Nevers et la correspondance poétique de Jean avec son neveu Guillaume de Montbléru, à propos du procès que Jean dut soutenir plusieurs années contre Philippe de Jaucourt. Notons ici qu'il n'est pas impossible que ce neveu soit le Montbléru, conteur de la soixante-troisième des *Cent Nouvelles nouvelles**.

Il est sûr que Jean Régnier n'a pas commencé à écrire en prison ; il est probable qu'il participa auparavant à des puys, si nombreux dans le Nord. Dans le *Livre de Prison*, il cite un rondeau d'Alain Chartier* avant d'en faire une ballade layée et il emprunte quelques refrains à Eustache Deschamps*. Se situant ainsi dans la grande tradition du XIVe siècle, Jean Régnier use dans son œuvre de toutes les ressources rhétoriques et de toutes les nuances de ton possibles.

ŒUVRE. — *Les Fortunes et adversitez*, éd. E. Droz, Paris, 1923 (*SATF*, 67).

→ P. Champion, *Histoire poétique du XVe siècle*, Paris, 1923, t. 1, p. 227-284 [quelques erreurs sur la biographie, rectifiées par E. Droz]. — R. Ménage, *Deux poètes en prison : Maître Jean Reynier et le prisonnier de Loches*, dans *Senefiance*, t. 5 (1978), p. 239-249. — W. Kellermann, *Über die altfranzösischen Gedichte des uneingeschränkten Unsinns*, dans *Archiv SNSL*, t. 205 (1968), p. 1-22 [sur la fatrasie]. — P. Tucci, *La poesia di Jean Regnier. I Orientamenti critici*, Padoue, 1979. — Cf. *MB* n°s 4801-4809 ; *S* 7065-7066, 7584.

Voir aussi : *Resverie, Fatrasie, Fatras*. S.L.

Jean de Rély. Issu d'une famille notable d'Arras, chanoine de Notre-Dame (1482), doyen de Saint-Martin de Tours et évêque d'Angers (1491), confesseur et conseiller très écouté de Charles VIII, ami des réformateurs et de Lefèvre d'Étaples, Jean de Rély occupa une place non négligeable sur la scène politique, religieuse, intellectuelle de la fin du XVe siècle. En comparaison, sa production littéraire apparaît bien insignifiante. Si l'on excepte la révision de la Bible française commanditée par Charles VIII, dont les éditions se succédèrent régulièrement jusque dans les années 1550, concurremment à la traduction de Lefèvre d'Étaples, on ne peut guère citer qu'un *Traité de virginité et de religion*, écrit en 1480, alors que Jean de Rély était chapelain de l'évêque d'Amiens, Louis de Gaucourt. Encore s'agit-il d'une œuvre de circonstance, simple enfilade d'exemples hagiographiques à la louange de la virginité, exaltée comme le fondement de toutes les vertus monastiques féminines, pauvreté y comprise (ms. BN, fr. 1896). Jean de Rély mourut en 1499, sans que le roi, malgré ses efforts, ait pu l'imposer sur le siège épiscopal de Paris.

→ *DSAM*, t. 13, 1987, col. 335-337. — A. Renaudet, *Préréforme et humanisme*, Paris, 1953. — Y. Labande-Mailfert, *Charles VIII et son milieu*, Paris, 1975. — S. Berger, *La Bible française au Moyen Âge*, Paris, 1884, p. 309-312. — S.B.T. Chambers, *Bibliography of French Bibles*, Genève, 1983. — E.F. Rice, *The Prefatory Epistles of Jacques Lefèvre d'Étaples...*, New York-Londres, 1972. — Cf. *GRLMA*, t. VIII/1, p. 71-74, 118, 136.

Voir aussi : *Bible française*. G.H.

Jean de Remin. Peut-être apparenté à la famille de Remi (voir Philippe de Beaumanoir), ce clerc de la seconde moitié du XIVe siècle, dont on ne connaît que le nom, écrivit en 1366 un *Enseignement moult* *piteux* en plus de 5 500 octosyllabes à rimes plates, qui nous a été conservé par un manuscrit et une édition du début du XVIe siècle. L'originalité et l'intérêt de cette préparation à la mort, archaïque du point de vue doctrinal — Jean de Remin reste, en plein XIVe siècle, adepte du contritionisme et, comme Guillaume de Digulleville* une dizaine d'années auparavant, admet deux manières de faire son purgatoire, l'une dans un lieu de souffrances *ad hoc*, l'autre sur le lieu de ses fautes — proviennent de ce qu'elle ne se présente ni comme un poème allégorique ni comme un manuel théorique (ce que seront les *Artes moriendi*), mais recourt à la fiction (?) d'une expérience personnelle : le mourant auquel le prêtre prêche le repentir, la résignation, la rédemption des péchés par la souffrance acceptée avec sérénité, est un individu de chair et d'os, même si son histoire et son comportement sont exemplaires. Ses réactions et l'enseignement qui lui est dispensé, notamment le pardon des offenses, s'enracinent dans un vécu douloureux.

→ M. Lamarque, *Un art de mourir du XIVe siècle : « Ung enseignement moult piteux » de Jean de Remin*, dans *Positions des thèses de l'École des Chartes*, 1984, p. 77-81. G.H.

Jean Renart. Jean Renart n'a clairement signé qu'un seul des textes qui lui sont attribués : le *Lai de l'Ombre* (v. 953). Mais on trouve au début de ce court texte une allusion explicite au roman de l'*Escoufle* et à son héros, Guillaume (v. 22-24). Et P. Meyer, en comparant ces deux œuvres puis en les mettant en parallèle avec le *Guillaume de Dole*, a découvert de frappantes similitudes stylistiques entre elles. Mais ce sont A. Mussafia et F.M. Warren qui en ont conclu que Jean Renart devait être l'auteur des trois textes. Enfin, J. Bédier a cru déceler dans l'*Escoufle* et le *Guillaume de Dole* la signature cachée de Renart sous forme de deux « engins » à la fin de chaque roman (v. 9100 ; v. 5654-5655). Chaque fois, il est vrai, le mot « seurnon/sornon » fait signe, qui correspond à notre nom de famille. Et Bédier de trouver les lettres qui forment le nom de Renart par une lecture inversée du vers, de droite à gauche. Quoique l'existence de ces cryptographies ne soit pas absolument incontestable, l'on s'est accordé à attribuer à Jean Renart ces deux romans. Même L. Foulet, qui considère pourtant que les derniers vers du *Guillaume de Dole* ont plutôt été rédigés par le copiste du seul manuscrit subsistant. D'ailleurs l'étude statistique de L. Lindvall, réalisée grâce à l'outil informatique, corrobore la thèse traditionnelle : les trois textes mis sous le nom de Renart présentent nombre de ressemblances entre eux et des différences prononcées avec des œuvres contemporaines. Ainsi de *Galeran de Bretagne**, dont certains voulaient identifier le signataire, Renaut, avec Renart. Or, en ce cas, les similitudes narratives sont contredites par des écarts stylistiques. Une autre étude statistique, celle de C. Müller, a tenté en vain de démontrer à son tour l'attribution à Jean Renart de trois œuvres anonymes : le fabliau d'*Auberée**, les débats de *Renart et de Piaudoue* et *Du Plait de Renart de Dammartin contre Vairon son roncin* (ces deux débats avaient déjà été imputés à Renart avec quelque probabilité). La tentation de mettre un nom sur une œuvre anonyme continue d'autre part à emprunter les voies des comparaisons thématiques traditionnelles : sur la foi de rapprochements très contestables entre l'*Escoufle*, le *Guillaume de Dole* et *Floriant et Florete**, C. Lévy pense possible l'écriture de ce dernier texte par Renart. De même E. Okafor, au terme d'une comparaison des structures du *Lai de l'Ombre* et de la *Châtelaine de Vergy**, suppose à la légère que Jean Renart serait l'auteur de ce dernier texte.

« On ne prête qu'aux riches » et Jean Renart est un grand auteur. On ne donne qu'aux rusés et Jean Renart ne porte pas pour rien le nom du goupil. On a pourtant tenté de cerner le personnage historique de cet auteur, d'après les indications de ses œuvres. L'*Escoufle* daterait de 1200-1202 car il est envoyé à un comte de Hainaut. Or après le départ pour la croisade, en 1202, de Baudouin IV, qui y mourut, il n'y eut plus de comte de Hainaut jusqu'en 1246. Le *Lai de l'Ombre*, qui fait allusion au précédent roman, lui est forcément postérieur. Il est dédicacé à un évêque désigné mais non encore consacré, dont le nom n'est pas précisé. Mais comme le *Guillaume de Dole* est dédié à Milon de Nanteuil, évêque élu de Beauvais en 1217, consacré en 1222 après un séjour en Terre sainte et mort avec ce titre en

1234, on peut supposer que le *Lai de l'Ombre* est adressé au même personnage et fut donc rédigé entre 1217 et 1222. Quant au *Guillaume de Dole*, on le date diversement : entre 1200-1211 (C. Mattioli), entre 1212-1213 (R. Lejeune) et vers 1228 (F. Lecoy). Ces datations reposent sur des interprétations différentes d'éléments historiques et réels présents dans le roman : les noms des combattants du tournoi de Saint-Trond en particulier. On rencontre là, en effet, nombre de grands seigneurs français et allemands du siècle : Renaut de Dammartin, comte de Boulogne, Eudes de Ronquerolles, Gaucher de Châtillon... Mais Jean Renart ne mentionne parfois qu'un titre : le comte de Luxembourg, le comte de Champagne..., et c'est sur l'identification de ces personnages que les critiques débattent. On pourrait cependant supposer qu'avec la liberté propre à l'écrivain, Jean Renart a pu faire figurer des morts et des vivants au tournoi, dédoubler un seul seigneur réel en le désignant par deux de ses titres tour à tour... Mais comme la critique considère depuis longtemps Jean Renart comme un auteur réaliste (pas de merveilleux chez lui comme dans les romans de Chrétien de Troyes* et de ses successeurs), chaque chose devait être à sa place. C'était oublier que le merveilleux chez Jean Renart est celui de l'invention, du langage et de ses tours. D'où l'importance du nom propre et du jeu de cache-cache auquel l'auteur se livre avec lui. Ainsi le titre de l'*Escoufle* renvoie-t-il au nom d'un mauvais oiseau de proie, car il ne peut être dressé. Tout le roman tend à transformer ce mauvais titre, prétendument hérité du conte originel, en un plus beau, qui serait le « Roman de l'anneau ». Ce texte, pris entre deux noms, présente aussi une histoire double. Comme dans *Cligès* de Chrétien de Troyes, on nous raconte d'abord la vie du père de Guillaume de Montivilliers. Élevé à la cour de l'empereur de Rome, dont le comte son père est conseiller, Guillaume est promis à Aelis la fille de l'empereur. Mais le père de Guillaume meurt et l'empereur revient sur sa promesse. Les jeunes amants s'enfuient vers Rouen, pays paternel de Guillaume. En route, ils se reposent près de Toul. En gage d'amour, Aelis a donné à Guillaume un anneau enveloppé dans une aumônière. Un escoufle s'en empare, prenant l'étoffe pour un morceau de chair. Guillaume part à la poursuite de l'oiseau ; ainsi commence la longue séparation des amants. Plus tard, au cours d'une chasse, Guillaume tuera un autre escoufle et de rage, en dévorera le cœur. C'est cette réappropriation symbolique du cœur de l'aimée, qui entraînera le récit de reconnaissance entre Aelis et Guillaume et la fin heureuse du texte. De même, c'est un anneau qui est au cœur du *Lai de l'Ombre* : un chevalier courtise une femme qui ne veut s'accorder à ses sentiments. Il finit par renverser la situation en sa faveur en offrant au reflet de la dame dans un puits l'anneau que celle-ci refusait. Geste d'amour redoublé ou ruse réfléchie ? La ruse et le dédoublement sont encore clairement à l'œuvre dans le *Guillaume de Dole* : un empereur, Conrad, tombe amoureux « de loin », sur la foi des dires de son jongleur Jouglet, de Lienor, la sœur du preux Guillaume. Du couple frère-sœur, c'est le frère que Conrad invite à sa cour. Guillaume se couvrira de gloire lors du tournoi de Saint-Trond, tandis que le sénéchal de l'empereur, jaloux de l'ascendant que ce nouveau venu prend sur son maître, part pour Dole afin d'y voir Lienor et de tenter de la discréditer. Comme la jeune fille est invisible pour tous les étrangers lorsque son frère est absent, ce sera la mère de Lienor elle-même qui révélera un détail secret de l'anatomie de la jeune fille : elle porte sur la cuisse une tache de naissance en forme de rose. Fort de cette révélation, le sénéchal rentre à la cour et avoue faussement à Conrad que celle qu'il entendait épouser s'est donnée à lui. Lorsque Lienor apprend ce mensonge de la bouche d'un jeune parent qui vient, en une scène comique, la menacer de laver dans son sang l'opprobre qui atteint Guillaume, elle décide de se rendre à son tour à la cour pour démasquer l'imposteur. Elle lui fait envoyer, de la part de la châtelaine de Dijon que le sénéchal aurait longuement mais en vain prié d'amour, une aumônière contenant un anneau (cf. l'*Escoufle*), une broche et une ceinture à porter à même la peau. Arrivant incognito mais somptueusement parée à Mayence (cf. le cortège de la fée de *Lanval*), Lienor accuse devant la cour le sénéchal de l'avoir violée et de lui avoir volé les objets qu'elle lui a fait remettre. Le sénéchal se défend en jurant n'avoir jamais vu cette jeune fille. Lienor, en avouant alors son surnom « la pucele a la rose » et sa parenté « la suer a mon segnor Guillaume », retrouve son renom perdu et épouse Conrad. Ce roman « rose » où tout finit bien, même pour le sénéchal qui est simplement condamné à se croiser, emprunte la majeure partie de sa narration à ce que G. Paris a nommé le cycle de la gageure (un mari ou un frère parie tout ou partie de sa fortune sur la chasteté de sa femme ou de sa sœur, qui va être mise à l'épreuve par l'autre parieur. Échouant à la séduire, celui-ci se procure une preuve trompeuse). Mais dans le *Guillaume de Dole*, Jean Renart préfère une des variantes du récit, celle qui fait disparaître le pari. Celui-ci est comme remplacé par un défi que se lance l'auteur à lui-même : insérer dans sa narration des pièces lyriques qui viendront ponctuer et commenter l'action. Ainsi les fêtes champêtres organisées par Conrad sont-elles soulignées par la citation du début de vingt chansons à danser, dont cinq évoquent le nom traditionnel de « bele Aelis » (cf. l'*Escoufle*). La présentation de Lienor et de sa mère brodant dans la « chambre des dames » est largement construite sur les deux chansons de toile qu'elles chantent successivement. On a là, d'ailleurs, un des rares témoignages conservés sur ce genre qui fut certainement populaire et qui se faisait passer pour plus ancien qu'il n'était en jouant de certains archaïsmes. Enfin, Conrad, Guillaume et Jouglet entonnent, en situation, des chansons courtoises de trouvères et de troubadours, dont la plupart sont également attestées par des chansonniers. Cette pratique de l'anthologie et de l'insertion poétiques, Jean Renart la décrit ainsi dans son prologue (v. 8-15) : « *Car aussi com l'en met la graine / es dras por avoir los et pris / einsi a il chans et sons mis / en cestui Romans de la Rose / qui est une novele chose/ et s'est des autres si divers / et brodez, par lieus, de biaus vers / que vilains nel porroit savoir.* » Le vrai titre, en effet, de l'œuvre n'est pas *Guillaume de Dole*, choisi par les critiques pour éviter des confusions, mais bien le *Roman de la Rose*, en référence au signe que porte Lienor. Tout comme cette rose est au centre de l'intrigue et colore le texte, les insertions lyriques viennent broder, brocher la narration. Elles en font une œuvre novatrice : Jean Renart est le premier à pratiquer ces insertions ; et neuve : la donnée traditionnelle du conte est transformée par la chatoyance de la matière textuelle.

Quelle fut l'audience de Jean Renart ? L'*Escoufle* n'est conservé que par un manuscrit et un court fragment ; le *Roman de la Rose* ne figure que dans un unique volume. Seul le *Lai de l'Ombre* est encore connu par six manuscrits du XIIIe et un manuscrit du début du XIVe siècle. L'œuvre romanesque de Jean Renart, superbe mais complexe, n'a-t-elle pas eu de lecteurs ? Les grands seigneurs pour qui il a travaillé (le comte de Hainaut, Milon de Nanteuil) et dans l'entourage desquels il a pu vivre (le comte Renaut de Boulogne, Thibaut de Bar) n'auraient-ils pas apprécié des ouvrages illisibles pour les « vilains » ? Il reste que Jean Renart a influencé d'autres écrivains. Le mystérieux Renaut s'est inspiré de l'*Escoufle* pour écrire son *Galeran de Bretagne*. Et dès 1227-1229, Gerbert de Montreuil*, qui semble connaître aussi l'*Escoufle*, reprend dans son *Roman de la Violette* non seulement le thème du *Roman de la Rose* mais aussi sa technique des insertions lyriques, suivi en cela par d'autres. La *Violette*, pâle imitation de la *Rose*, connaîtra néanmoins un succès apparemment plus grand (quatre manuscrits, une mise en prose au XVe siècle). Sans doute parce que Gerbert y revient à une écriture plus traditionnelle et mieux prisée, où le héros se multiplie en combats et en aventures chevaleresques. Ne poursuit-il pas d'ailleurs la grande tradition romanesque avec sa continuation du *Conte du Graal* de Chrétien de Troyes ? Ainsi la création de Jean Renart semble surtout intéresser les Modernes dont il est comme la créature. Critiques et philologues trouvent dans son œuvre un terrain d'élection. Ainsi l'édition du *Lai de l'Ombre* par Bédier est-elle à l'origine d'une longue interrogation sur la meilleure manière d'éditer un texte médiéval et d'en classer les manuscrits. La richesse de l'œuvre de Renart est inépuisable pour tous ceux qui veulent s'y mirer.

ŒUVRES. — *L'Escoufle*, éd. H. Michelant et P. Meyer, Paris, 1894 (*SATF*, 33) ; éd. F. Sweetser, Genève, 1974 (*TLF*, 211). — *Le*

Roman de la Rose ou de Guillaume de Dole, éd. G. Servois, Paris, 1893 (*SATF*, 32) ; éd. F. Lecoy, Paris, 1962 (*CFMA*, 91) ; trad. J. Dufournet, J. Kooijman, R. Ménage et C. Tronc, Paris, 1979 (*CFMA, Traductions*, 26). — Le *Lai de l'Ombre*, éd. J. Bédier, Paris, 1913 (*SATF*, 61) ; éd. F. Lecoy, Paris, 1979 (*CFMA*, 104).

⟶ R. Lejeune, *L'œuvre de Jean Renart*, Liège, 1935. — A. Fourrier, *Le courant réaliste dans le roman courtois en France au Moyen Âge*, Paris, 1960, t. 2. — G. Paris, *Le cycle de la gageure*, dans *Romania*, t. 32 (1903), p. 481-551. — J. Bédier, *La tradition manuscrite du Lai de l'Ombre. Réflexions sur l'art d'éditer les anciens textes*, Paris, 1929 (reprints, Paris, 1970). — F. Whitehead et C.E. Pickford, *The Introduction to the Lai de l'Ombre : Sixty Years Later*, dans *Romania* t. 94 (1973), p. 145-156. — P. Galloway, *Manuscript Filiation and Cluster Analysis : the Lai de l'Ombre Case*, dans *La pratique des ordinateurs dans la critique des textes*, Paris, 1979, p. 87-96 (*Coll. intern. du CNRS*, 579). — F. Lecoy, *Variations sur le texte du Lai de l'Ombre*, dans *Romania*, t. 103 (1982), p. 433-469 ; *Sur la date du Guillaume de Dole, ibid.*, t. 82 (1961), p. 379-402. — C. Mattioli, *Sulla datazione del Guillaume de Dole*, dans *Cultura neolatina*, t. 25 (1965), p. 91-112. — M. Delbouille, *Sur les traces de Bele Aëlis*, dans *Mél. J. Boutière*, Liège, 1971, t. 1, p. 200-218. — J.-C. Payen, *Structure et sens de Guillaume de Dole*, dans *Mél. F. Lecoy*, Paris, 1973, p. 483-498. — G.T. Diller, *Remarques sur la structure esthétique du Guillaume de Dole*, dans *Romania*, t. 98 (1977), p. 390-398. — F. Gégou, *J.R. et la lyrique occitane*, dans *Mél. P. Le Gentil*, Paris, 1974, p. 319-323. — M. Picchio-Simonelli, *I giuochi semantico-compositivi del Lai de l'Ombre e un crittogramma di J.R.* dans *Cultura neolatina*, t. 35 (1975), p. 31-38. — A. Limentani, *Per J.R. : evoluzione di una lingua poetica*, dans *Actes du 13ᵉ congrès intern. de linguistique et philologie romanes*, Québec, 1976, t. 2, p. 947-963. — C. Müller, *Les moyens statistiques et l'attribution des textes médiévaux anonymes : à propos d'une recherche sur J.R., ibid.*, p. 633-641. — T. Hunt, *Precursors and Progenitors of Aucassin et Nicolette*, dans *Studies in Philology*, t. 74 (1977), p. 1-19. — C. Levy, *Un nouveau texte de J.R. ?*, dans *Romania*, t. 99 (1978), p. 405-406. — M. Zink, *Belle. Essai sur les chansons de toile*, Paris, 1978 (*Essai sur le Moyen Âge*, 1) ; *Roman rose et rose rouge : le Roman de la rose ou de Guillaume de Dole de J.R.*, Paris, 1979. — M.L. Chênerie, *L'épisode du tournoi dans Guillaume de Dole. Étude littéraire*, dans *RLR*, t. 83 (1979), p. 41-62. — M.-R. Jung, *L'empereur Conrad chanteur de poésie lyrique. Fiction et vérité dans le Roman de la rose de J.R.*, dans *Romania*, t. 101 (1980), p. 35-50. — S.Kay, *Two Reading of the Lai de l'Ombre*, dans *The Modern Language Review*, t. 75 (1980), p. 515-527. — D. Poirion, *Fonction de l'imaginaire dans l'Escoufle*, dans *Mél. C. Foulon*, Rennes, 1980, t. 1, p. 287-293. — M. Accarie, *Courtoisie et fine amors dans le Guillaume de Dole*, dans *Razo*, t. 3 (1982), p. 5-16. — R. Lejeune, *La Coupe de la légende de Tristan dans l'Escoufle de J.R.*, dans *Mél. D. Ross*, New York, 1982, p. 119-124. — L. Cooper, *L'ironie iconographique de la coupe de Tristan dans l'Escoufle*, dans *Romania*, t. 104 (1983), p. 157-176. — M.R. Blakeslee, *Les allusions aux romans de Tristan dans l'œuvre de J.R.*, dans *Tristan et Iseut, mythe européen et mondial* Göppingen, 1987, p. 42-58. — D. Régnier-Bohler, *Geste, parole et clôture : les représentations du gynécée (...)*, dans *Mél. A. Planche*, Nice, 1984, p. 393-404. — C. Alvar, *Algunos aspectos de la lirica medieval : el caso de belle Aeliz*, dans *Mél. M. de Riquer*, Barcelone, 1986, p. 21-37. — R. Dragonetti, *Le mirage des sources. L'art du faux dans le roman médiéval*, Paris, 1987 [sur Jean Renart, *Galeran de Bretagne* et le *Roman de la Rose*]. — E.E. Okafor, *Les sources et la structure de la Chastelaine de Vergi*, dans *Francofonia*, t. 12 (1987), p. 65-77. — M.-C. Struyf, *Les orphelins de père dans l'œuvre de J.R.*, dans *Senefiance*, t. 26 (1989), p. 273-285. — J.W. Baldwin, *J.R. et le tournoi de Saint-Trond : une conjonction de l'histoire et de la littérature*, dans *Annales ESC*, mai-juin 1990, nº 3, p. 565-588. Cf. *GRLMA*, t. IV/1, p.400-453 ; t. IV/2, nº 312 ; t. VI/2, nºˢ 7308, 7312. — *MB* nºˢ 1185-1218, 6223-6226, 7301-7302, 7305 ; *S* 2061, 2065, 2078, 2285-2335.S.L.

Jean de Renty. Trouvère artésien du milieu du XIIIᵉ siècle, Jean de Renty est l'auteur d'un jeu-parti avec Jean Bretel*, d'une jolie pastourelle — une des meilleures du genre — et de dix chansons d'amour. L'une de ces chansons est adressée à André de Renty, le chef de la maison de Renty (Pas-de-Calais, arr. Saint-Omer, cant. Fauquembergues) : peut-être le poète appartenait-il lui-même à ce lignage. Dans une autre de ses compositions, Jean de Renty accuse de partialité les juges d'un Puy, sans doute celui d'Arras.

ŒUVRES. — *Zwei altfranzösische Minnesinger. Die Gedichte Jehan's de Renti und Oede's de la Couroierie*, éd. H. Spanke, Chemnitz-Leipzig, 1907 [réimp. dans *ZFSL*, t. 32 (1908), p. 157-218]. — A. Långfors, A. Jeanroy et L. Brandin, *Recueil général des jeux-partis français*, Paris, 1926, t. 1, p. 355-356 (*SATF*, 70).

⟶ A. Guesnon, *Publications nouvelles sur les trouvères artésiens*, dans *Le Moyen Âge*, t. 22 (1909), p. 79-89. — Linker, nº 146. — Cf. *MB* nº 2364. G.M.

Jean et François Robertet. Jean Robertet est issu d'une famille anciennement établie à Montbrison. Son grand-père, Jean, y était notaire ; son père, Pierre, bachelier en droit, devint secrétaire de Jean II, duc de Bourbon (1426-1488). On ne sait à quelle date naquit son fils Jean. Celui-ci marcha sur les brisées paternelles. En 1461, il est dit « conseiller, plus ancien auditeur et familier secretaire » du duc et il est appointé comme « greffier » du Bourbonnais, d'Auvergne et de Clermont. En 1467, il est en plus « bailli d'Usson » et en 1470, « secretaire de confiscation ». Parallèlement, envoyé en 1463 en mission auprès de Louis XI par Jean II, Jean va entamer une carrière auprès du roi de France. Cette double allégeance n'ira pas sans problèmes, lorsque le duc et le roi seront en opposition (entre 1472 et 1483). En tout cas, Robertet résida certainement à Paris à partir de 1467. À cette date, il est élu sur le fait des aides pour la région de Clermont et le bas-pays d'Auvergne. En 1469, Louis XI fonde l'ordre de Saint-Michel. Jean en est le premier greffier ; en tant que tel, il collabore avec Jean Fouquet à l'élaboration des statuts de l'ordre. En 1469 ou 1470, il devient secrétaire du roi. En 1471, il est nommé en outre greffier du Parlement du Dauphiné. Après la mort de Louis XI (1483), la faveur de Jean auprès de Charles VIII ne se démentira pas. Ainsi, en 1492, est-il valet de chambre du roi et examinateur au Châtelet. C'est à cette époque qu'il se retira à Montbrison, en laissant sa charge de notaire-secrétaire du roi à l'un de ses fils, Florimond.

Homme politique, Jean Robertet fut aussi écrivain à ses heures. En 1458, il participa au concours de Blois avec un certain Monbeton, sur le thème : « Je meurs de soif auprès de la fontaine ». Rappelons que le duc Jean II fut un collaborateur actif de l'album de Charles d'Orléans* ; qu'il entretint lui aussi une cour littéraire (Guillaume Cadier, Henri Baude*), dont Jean Robertet fut l'élément majeur. La cour bourbonnaise était très liée, d'autre part, à la cour de Bourgogne : la mère de Jean II n'était autre qu'Agnès, sœur de Philippe le Bon ; une sœur de Jean II, Isabelle de Bourbon, fut l'épouse de Charles, comte de Charolais ; et le frère cadet de Jean et Isabelle, Jacques de Bourbon, fut élevé et vécut à la cour de Bourgogne jusqu'à sa mort (1468). Son tuteur y était Antoine de Vergy, seigneur de Montferrand. C'est par son intermédiaire et par celui d'un certain seigneur de La Rière (peut-être André de Vitri-Larière) que Jean Robertet fut mis en relation avec le « prince des poètes », Georges Chastellain*. Le fruit de ces rapports écrits, les *Douze dames de Rhétorique*, que l'on date de 1463-1464, est une œuvre complexe. Au centre d'une correspondance en vers et en prose, en français et en latin, échangée entre Robertet, Montferrand, La Rière et Chastellain, est enchâssé un texte de fiction, les *Douze dames de Rhétorique* proprement dites. Jean Robertet s'adresse au grand Georges en louanges dithyrambiques, pour obtenir de lui une œuvre originale. Chastellain se fait tirer l'oreille, prétendant être à court d'inspiration. Montferrand lui écrit alors pour lui raconter comment les douze suivantes de Rhétorique lui sont apparues dans un verger, à Bruges, le 8 mai. Elles lui ont laissé douze descriptions d'elles-mêmes (douze poèmes strophiques, les *Enseignes*) à envoyer à Robertet en dédommagement de sa peine et récompense de ses qualités poétiques. Georges accueille le projet de cet envoi avec joie ; il y joint tout de même un long poème et une lettre en prose où, tout en faisant l'éloge de Robertet, il lui demande de mettre « règle et bride aussi à son langage qui trop en louenge proflue, et alors quant sa faveur sera distilée parmi rayson, sa dilection sera acceptable à George et non jamais effacée ». Qui est l'auteur de la partie centrale du recueil ? Montferrand ? Chastellain sous le masque de Montferrand ? Kervyn de Lettenhove a évoqué l'existence d'une dame de Bruges, sur la foi de ce passage de la lettre finale de Montferrand à Robertet : « Si riens y a du coffre de George, vous le trouverez à la fin ; mais le principal et le premier, c'est ouvrage de femme que George ignore. Icelui-ci ignorant se recommande à vous, et je, par sa prière, le vous recommande. » Il nous semble bien plutôt que la dame que méconnaît l'ignorant Georges, c'est Rhétorique en personne. A-t-on donc ici deux poétiques qui s'affrontent ou un jeu de faux-semblants autour du dithyrambe et de la modestie de l'écrivain ? En tout cas se fait jour ainsi une certaine réflexion sur la « *vox poetica* », et l'art italianisant d'un Robertet dont les douze suivantes de Rhétorique nous apprennent que « outre la grâce donnée en propre terroir, se est allé rendre en pays gourmant pour réfection nouvelle (...) C'est en Ytalie (...) sur qui les respections du ciel influent aorné parler, et vers qui tyrent toutes douceurs élémentaires pour là fondre harmonie ». Voyage italien qui doit prendre place, bien sûr, avant 1463. Cette double révérence, envers Chastellain et l'Italie, est à l'origine de deux œuvres de 1476 : la *Complainte* sur la mort du grand Georges (en vers et prose) et la première adaptation en vers français (huitains) des six *Triomphes* de Pétrarque*. On conserve encore des pièces « mineures » telles que des épitaphes parodiques : pour Galmier, fou du duc de Bourbon (vers 1502) ou Basque, un chien de Louis XI ; une réponse à Jacques de Brézé* qui le sollicitait afin de rentrer en grâce auprès d'Anne de Beaujeu (vers 1488-1490). Jean Robertet dut s'éteindre vers la fin de l'année 1502. En 1504, Jean Lemaire l'évoque comme mort *(Plainte du Désiré)* et le 3 mai 1503, Jean Molinet* fait de même dans une lettre à Florimond, successeur de Jean dans sa charge.

Mais c'est François, un autre fils, qui a suivi la carrière poétique de son père, l'a imité même puisque l'on conserve de lui une adaptation différemment versifiée des *Triomphes* de Pétrarque (rondeaux). C'est lui qui répondit pour son frère Florimond à une lettre de Molinet ; on conserve aussi un échange entre François et Guillaume Crétin* ; il composa trois rondeaux sur la devise d'Anne de Bretagne *(Non mudera)* et un *Débat du Boucanier et du Gorrier,* pièce sur la vie de cour. Enfin, selon E. Droz, l'*Arrêt de la louange de la dame sans sy* pourrait lui être attribué. Cette pièce en tout cas met en scène un petit cénacle composé, outre Robertet, de Crétin, Hemont et Octovien de Saint-Gelais*. Peut-être a-t-il encore écrit les épitaphes de Triboulet, fou de Louis XII, et de plusieurs chiens du roi. Enfin François, puis son fils Jean-Jacques, jouèrent un rôle important dans la transmission manuscrite des œuvres de leurs père et grand-père mais aussi de celle d'Henri Baude. Clément Marot écrivit une *Déploration de François Robertet.*

ŒUVRES. — *Œuvres* de Jean Robertet, éd. M. Zsuppán, Paris, 1970 (*TLF*, 159) [n'éd. pas les textes latins du poète, ni le texte central des *Douze dames de Rhétorique*, ni les lettres des autres participants]. — *Les Douze dames de Rhétorique,* éd. L. Batissier, Moulins, 1838 [seule éd. complète ; on trouve de longs extraits cependant dans l'éd. de Chastellain par Kervyn de Lettenhove, t. 7].

Certaines œuvres de François Robertet sont éd. dans A. Joly, *La Vraye histoire de Triboulet et autres poésies inédites récréatives, morales et historiques des* XV*e et* XVI*e siècles*, Lyon, 1867.

→ P. Champion, *Histoire poétique du* XV*e siècle*, Paris, 1923, t. 2, p. 288-307 [sur Jean et ses enfants]. — M. Zsuppán, *An Early Example of the Renaissance Themes of Immortality and Divine Inspiration : The Work of Jean Robertet,* dans *BHR*, t. 28 (1966), p. 553-563 ; *Jean Robertet's Life and Career : a Reassessment, ibid.*, t. 31 (1969), p. 333-342. — M.-R. Jung, *Les Douze dames de Rhétorique*, dans *Du mot au texte, Actes du 3e colloque sur le Moyen Français*, Tübingen, 1982, p. 229-240. — J.-C. Mühlethaler, *Un manifeste poétique de 1463 : les « Enseignes » des Douze dames de Rhétorique,* dans *Les Grands Rhétoriqueurs, Actes du 4e colloque sur le Moyen Français*, Milan, 1985, t. 1, p. 83-101. — E. Droz, *Un ms. ignoré de la BN*, dans *Romania*, t. 45 (1918-1919), p. 503-513 [à propos de François Robertet comme auteur de l'*Arrêt...*]. — Cf. *GRLMA*, t. VIII/1, p. 78-80, 82, 108. — *MB* nos 4862 ; *S* 7344, 7394-7396. S.L.

Jean de Roquetaillade. Jean de Roquetaillade, *de Rupescissa*, originaire de Marcolès, près d'Aurillac, entra chez les frères mineurs de cette ville en 1332. Il avait commencé cinq ans plus tôt à étudier à l'université de Toulouse et il y poursuivit des études de théologie jusqu'en 1337-1338. Toulouse était alors un foyer de Spirituels actifs, suivant de près le déroulement de la lutte entre la papauté et les Fraticelles, Michel de Césène, Bonagrazia de Bergame, Guillaume d'Ockham, et le souvenir des Béguins brûlés par l'Inquisition quinze ans plus tôt n'était pas effacé. Formé dans cette atmosphère un peu exaltée, Jean de Roquetaillade adhéra avec enthousiasme aux doctrines de Pierre-Jean Olieu, et souscrivit à l'idéal d'absolue pauvreté qui lui était présenté.

Très tôt, dès sa jeunesse, il avait été favorisé de visions, de révélations et, de retour à Aurillac, il se mit à prophétiser, ne se privant pas de dénoncer le luxe des évêques, les vices du clergé, le scandale représenté par l'Église d'Avignon, tout en protestant de son attachement au souverain pontife. L'orthodoxie de ses propos inquiéta bientôt ses supérieurs qui entreprirent de mettre un terme à ses discours. En décembre 1344, il fut arraché à sa terre natale *(extraherunt me inimici mei de terra nativitatis mee)*, soustrait à l'autorité du supérieur du couvent d'Aurillac et envoyé dans celui de Figeac où il fut jeté en prison. Ce devait être le commencement d'un long calvaire qui allait se prolonger pendant une vingtaine d'années, jusqu'à sa mort. Il raconte lui-même fort longuement, dans un langage très imagé et très vivant, l'existence qui fut alors la sienne. Passant de cachots en culs-de-basse-fosse, transféré d'un couvent à l'autre, toujours croupissant dans la boue, sur une litière jamais renouvelée, affligé de plaies, grouillant de vermine, enchaîné comme un chien, nourri de façon épisodique et détestable, il finit par se retrouver en 1349 en Avignon, enfermé dans la prison pontificale du Soudan. Il comparut tour à tour devant les cardinaux Talleyrand de Périgord, en 1351, et Guillaume Court, en 1354. La curiosité qu'il suscitait lui amenait de nombreux visiteurs et plus d'un sympathisant, mais nombre de ses correspondants le considéraient comme un illuminé, un aliéné, voire un furieux, et il reconnaît lui-même être doté d'un caractère particulièrement violent. En définitive, son cas laissait le pape et les cardinaux un peu perplexes. L'Église se sentait menacée par une activité prophétique particulièrement florissante alors, qu'elle considérait comme subversive, mais les tribunaux ne trouvaient nulle juste cause pour envoyer au bûcher l'auteur de ces vaticinations. Toujours maintenu dans son état de prisonnier, Jean de Roquetaillade ne désespérait pas de recouvrer un jour la liberté. Mais en 1360 Froissart* assure qu'il était encore détenu par Innocent VI au château de Bagnoles. On ne trouve plus trace de lui après 1365.

Le plus clair de la vie active de Jean de Roquetaillade se déroula au fond de sombres prisons. C'est là qu'il composa plusieurs traités, prophéties, commentaires, qui sont autant de monuments documentés, farcis de citations émanant de ce milieu de prophètes et de visionnaires avec lesquels il garda jusqu'au bout des liens très serrés. Il prophétisait l'avènement de l'Antéchrist, et, en conséquence de la dépravation du clergé, il annonçait guerres et ruines, chute des princes, schisme de l'Église, étayant ses dires sur des calculs aussi savants que fumeux, signalant au passage la réalisation de telle ou telle prophétie antérieure. Son inspiration s'appuie sur les prophètes Daniel et Ezéchiel, sur l'Apocalypse de Jean, mais aussi sur les mystiques Hildegarde de Bingen et Robert d'Uzès, le pseudo-Cyrille et les apocryphes de Joachim de Flore, les prophéties dites de Merlin* et d'autres. L'influence de Pierre-Jean Olieu et d'Arnaut de Villeneuve* paraît aussi manifeste. On reste confondu devant l'abondance de cette production, dans les conditions que l'on a vues. L'homme semble avoir eu la plume aussi leste que le verbe. Son œuvre, composée en grande partie en Avignon, en une période de forte tension eschatologique, connut une énorme diffusion.

La plupart des écrits de Jean de Roquetaillade sont restés inédits. Nous citerons le *Commentaire sur l'oracle de Cyrille* ; le *Livre des événements futurs secrets (Liber secretorum eventuum)* (édition en préparation par C. Morerod), dont il existe une traduction en catalan ; le Commentaire sur la prophétie d'Arnaut de Villeneuve, *Veh mundo in centum annis* ou *De oneribus orbis* ; le *Livre révélateur (Liber ostensor)* (édition en préparation sous la direction d'Y. Boisset et A. Vauchez) ; enfin le *Vade mecum in tribulatione*, qui a été traduit en français, en allemand et en catalan. Cet ensemble doit être complété par quelques lettres, par un fragment d'un commentaire de Merlin et par l'*Apologue des oiseaux* que rapporte Froissart. Jean de Roquetaillade fait encore allusion à une vingtaine d'ouvrages, aujourd'hui perdus, qu'il aurait composés (toujours en captivité), et à trois autres qu'il aurait prévu d'écrire. La bibliothèque pontificale conservait aussi sous son nom un *Liber Paragolici* qui n'a pas été retrouvé. Par ailleurs notre prophète était aussi alchimiste et, dans ce domaine, ses ouvrages ont été publiés et traduits en plusieurs langues.

ŒUVRES. — *De consideratione quintae essentiae*, Bâle, 1561 et 1597, repris en 1602 sous le titre *De confectione veri lapidis philosophorum* dans *Theatrum chimicum*, Ursel, 1602, p. 191-200. — *Liber lucis seu Liber de confectione veri lapidis philosophorum*, paru dans *Verae alchemiae*, 1561, repris dans *Theatrum chimicum*, Ursel, 1602, p. 297-308. — *Vade mecum in tribulatione*, éd. E. Brown, *Appendix ad fasciculum rerum expetendarum et fugiendarum...* Londres, 1690, p. 496-508. — *Lettres, ibid.*, p. 494-496 et dans la *Chronique latine de Guillaume de Nangis de 1113 à 1300, Continuations de cette chronique de 1300 à*

1368, éd. H. Géraud, t. 2, Paris, 1843, p. 235-237 *(Société de l'Histoire de France)*. — *Apologue des oiseaux*, dans J. Froissart, *Chroniques...*, éd. L. Mirot, t. 12, Paris, 1931, p. 228-232 *(Société de l'Histoire de France)*.

→ J. Bignami-Odier, *Études sur Jean de Roquetaillade (Johannes de Rupescissa)*, Paris, 1952, nouv. éd. dans *HLF*, t. 41 (1981), p. 75-240. — M. Reeves, *The Influence of Prophecy in the Later Middle Ages*, Oxford, 1969. — R. Halleux, *Les écrits alchimiques de Jean de Rupescissa*, dans *HLF*, t. 41 (1981), p. 241-277. — *Les textes prophétiques et la prophétie en Occident* (XIIe-XVIe), dans *Mél. de l'École française de Rome, Moyen Âge*, t. 102/2, 1990. — *Fin du monde et signes des temps. Visionnaires et prophètes en France méridionale (fin* XIIIe-*début* XVe *siècle), Cahiers de Fanjeaux*, t. 26, 1992. M.H.P.

Jean de Roucy. Jean II de Roucy (Aisne, arr. Laon, cant. Neufchâtel-sur-Aisne) est l'auteur d'une chanson d'amour que des compilateurs médiévaux ont aussi attribuée par erreur à un « comte de Couci ». Jean II fut comte de Roucy de 1212 à sa mort en 1251 ; marié avant 1225 à Isabelle de Dreux, il se trouvait ainsi le beau-frère du poète Jean de Braine* ; séparé pour consanguinité en 1235, il épousa en secondes noces Marie, fille de Simon de Dammartin.

ŒUVRES. — H. Petersen Dyggve, *Personnages historiques figurant dans la poésie lyrique française des* XIIe *et* XIIIe *siècles*, dans *Neuphilologische Mitteilungen*, t. 37 (1936), p. 261-283.

→ Linker, n° 147. F.F.H.

Jean de Rouvroy. L'origine géographique de Jean de Rouvroy est incertaine. Mais il existe plusieurs Rouvroy en Picardie et en Champagne. Et d'après les actes universitaires qui le mentionnent, Jean appartenait à la nation française. En outre Launoy le compte en 1388 parmi les artistes du Collège de Navarre qui recevait souvent des Champenois. À cette date, Jean de Rouvroy devait avoir une quinzaine d'années, ce qui situe sa naissance vers 1373. En 1403, il est étudiant en théologie et secrétaire du duc d'Orléans. En 1413, il participe à une assemblée de l'Université qui approuve la proposition du chancelier Jean Gerson* de faire condamner la doctrine du tyrannicide de Jean Petit*. Il est alors maître ès-arts. Lors d'une semblable condamnation en 1416, il est maître en théologie. Cette même année, il devient maître du collège parisien de Fortet, sur la recommandation de conseillers du duc d'Orléans agissant de la part du roi. On comprend, avec de pareilles relations, que la prise de Paris par les Bourguignons en 1418 ait bouleversé la vie de cet universitaire. Et Jean de Rouvroy ne réapparaît dans notre documentation qu'en 1425. Il est alors à Bourges et se trouve qualifié de conseiller de Charles VII. Il est en outre chanoine à la fois de la Sainte-Chapelle et de la cathédrale de Bourges. C'est certainement de cette période que date sa traduction des *Stratagèmes* de Frontin. En effet, le prologue s'adresse à un jeune roi et le dauphin prend ce titre en 1422. Par ailleurs, le canonicat de la Sainte-Chapelle lui fut certainement octroyé en récompense de son travail, en 1425. Ainsi a-t-il pu se refaire une situation après sa fuite de Paris ; peut-être avec l'appui d'une ancienne relation, Guillaume Machet, confesseur de Charles VII depuis 1420. Aux anecdotes de Frontin, Jean de Rouvroy ajoute des histoires tirées de Tite-Live, Justin, Orose... Et dans plusieurs manuscrits, les *Stratagèmes* sont suivis d'un glossaire des termes difficiles qui rappelle celui de Pierre Bersuire*, ainsi que d'extraits de l'*Epitoma rei militaris* de Végèce. L'une et l'autre annexes sont certainement de la plume de Jean. De 1433 à 1437, il est procureur du chapitre cathédral de Bourges et de l'évêque de Puy au concile de Bâle. Il y défend alors la thèse de l'Immaculée Conception, pour laquelle le concile ne se prononcera favorablement qu'en 1439. À cet effet, Jean compose un sermon *(Ego mater pulchrae dilectionis)*, un traité *(Sapientia aperuit ora mutorum)* et un rapport qu'il lut en 1436 *(Tota pulchra es)*. Rentré à Bourges en 1437, Jean de Rouvroy se consacre à ses devoirs de chanoine et remplit en tant que tel plusieurs missions auprès du roi et de Jacques Cœur. Il meurt le 10 juillet 1461.

ŒUVRES. — Le rapport *Tota pulchra es*, éd. dans P. de Alva et Astorga, *Monumenta antiqua Immaculatae Conceptionis SS. Virginis Mariae ex variis authoribus*, Louvain, 1664, t. 1, p. 356-376. — Le sermon *Ego mater pulchrae dilectionis*, éd. dans A. Emmen, *Mutter der schönen Liebe. Ein unveröffentlicher sermo (...)*, dans *Wissenschaft und Weisheit*, t. 19 (1956), p. 81-89. — L. Löfstedt, *Aucuns notables extraitz du Livre de Végèce*, dans *Neuphilologische Mitteilungen*, t. 83 (1982), p. 297-312.

→ A. Emmen, *Ioannes de Romiroy sollici-*

tator causae Immaculatae Conceptionis in concilio Basilensi, dans *Antonianum*, t. 32 (1957), p. 335-368 [attribue les trois textes latins à un même auteur mais commet une erreur sur son nom]. — R. Bossuat, *Jean de Rovroy, traducteur des Stratagèmes de Frontin*, dans *BHR*, t. 32 (1960), p. 273-286, 469-489. — P. Santoni, *Jean de Rouvroy, traducteur de Frontin et théologien de l'Immaculée Conception*, dans *BEC*, t. 137 (1979), p. 19-58. — R.H. Lucas, *Mediaeval French Translations of the Latin Classics to 1500*, dans *Speculum*, t. 45 (1970), p. 238-239 [liste des mss]. — Cf. *GRLMA*, t. VIII/1, p. 253, 259, 349. — *MB* n°s 5597, 8073 ; *S* 8566.
S.L.

Jean de Roye. Né vers 1425, mort avant 1495, Jean de Roye appartenait à une famille de la bourgeoisie parisienne ; pourvu dès le commencement du règne de Louis XI d'une charge de notaire au Châtelet de Paris, il fut, en 1469, commis à dresser l'inventaire des biens parisiens du cardinal La Balue et à prendre note des dépositions des témoins interrogés pour le procès de l'ex-favori du roi. Il assuma aussi les fonctions de secrétaire du duc Jean II de Bourbon et de garde de l'hôtel familial au moins depuis 1465. Il a laissé une chronique, connue depuis le XVIe siècle sous le nom impropre de *Chronique scandaleuse* (« à cause qu'elle fait mention de tout ce qu'a fait le roi Louis XI et recite des choses qui ne sont pas trop a son avantage », note La Croix du Maine à l'article Jean de Troyes — coquille typographique pour Jean de Roye). De ce texte, il subsiste deux manuscrits, l'un va de 1460 à mars 1479 et l'autre, lacunaire, débute au milieu du récit de l'entrée solennelle de Louis XI à Paris le 31 août 1461 et s'arrête brusquement à la fin de la bataille de Guinegate (7 août 1479). Dans les deux manuscrits, la chronique se présente de façon anonyme mais l'un d'eux porte la signature de Jean de Roye, reconnu depuis l'édition de Mandrot pour être non seulement le possesseur du manuscrit mais aussi l'auteur du texte. La *Chronique scandaleuse* passait jusque-là pour l'œuvre d'un plagiaire, qui se serait emparé de la chronique officielle de Louis XI entrée dans les *Grandes Chroniques de France** dans l'édition de 1514 ; une partie en fut aussi attribuée à Jean Castel*, le chroniqueur officiel du roi, ainsi dans la compilation d'Antoine Vérard dite *Chronique martiniane*, où l'éditeur du XVIe siècle donne un texte abrégé et interpolé de la *Chronique scandaleuse.*

Cette chronique est une œuvre d'origine parisienne, où rien ne sent le plagiat. L'auteur a noté les événements au jour le jour tels qu'ils se déroulaient sous ses yeux ou qu'il les entendait raconter, si bien que le nom de journal conviendrait mieux à son récit que celui de chronique. La chronique embrasse tout le règne de Louis XI mais ne devient détaillée qu'à partir de 1464 et seulement jusqu'à 1477, ce qui peut s'expliquer par la disgrâce du cardinal-archevêque de Lyon, Charles de Bourbon, et les soupçons que Louis XI conçut contre le duc Jean II, son frère, après les révélations du duc de Nemours. Dans le cours du texte, Jean de Roye, en effet, mentionne souvent la maison de Bourbon. Cette chronique, qui est une source de premier ordre pour l'histoire de Paris en particulier, a parfois été reproduite en partie mais textuellement par ceux qui ont écrit l'histoire de Louis XI, ainsi Robert Gaguin* dans le *Compendium supra Francorum gestis*, et par les compilateurs qui travaillèrent à la continuation des *Grandes Chroniques de France.*

Un manuscrit de la Collection Clairambault à la BN de Paris, le ms. 481, contient une chronique de Louis XI qui, à partir de 1464, renferme beaucoup de passages identiques à la *Chronique scandaleuse* : l'auteur serait un certain Jean Le Clerc, qui fut nommé secrétaire du roi en 1466 et mourut en 1510 ; il fut de plus attaché à la maison de Chabannes, ce qui explique le grand intérêt porté dans la chronique aux faits et gestes d'Antoine de Chabannes, comte de Dammartin ; celui-ci fit une fortune rapide à la suite du duc de Bourbon dont il était le sénéchal en 1428 et fut très influent sous Charles VII et Louis XI. Il faut signaler encore que l'interpolation du ms. Clairambault présente une étroite parenté avec le texte de la *Chronique scandaleuse* édité par Vérard.

ŒUVRE. — Éd. B. de Mandrot, Paris, 2 vol., 1894 et 1896 (*SHF*) [dans le vol. 2, éd. des interpolations]. — Éd. d'extraits de la *Chronique scandaleuse* interpolée, J. Quicherat, *Un ms. interpolé de la Chronique scandaleuse*, dans *BEC*, 4e série, t. 1 (1855), p. 261-279, 412-442 ; t. 2 (1856), p. 242-267, 556-573.

→ J. Quicherat, art. cité, p. 231-261. — B. de Mandrot, *Quel est le véritable auteur de la Chronique anonyme de Louis XI dite la*

Scandaleuse ?, dans *BEC*, t. 52 (1891), p. 129-133. — P. Champion, *Chronique martiniane. Édition critique d'une interpolation originale pour le règne de Charles VII restituée à Jean Le Clerc*, Paris, 1907. — J. Dufournet, *La destruction des mythes dans les Mémoires de Philippe de Commynes*, Genève, 1966. — Molinier n° 4666. G.T.L.

Jean de Saint-Quentin. Clerc inconnu de la première moitié du XIVe siècle. On lui attribue 22 dits en quatrains d'alexandrins monorimes de caractère parénétique et hagiographique, qui constituent un groupe homogène, même s'il est impossible de prouver de manière définitive que tous ont bien été composés par lui. La plupart sont des récits de miracles dans lesquels la Vierge tient le premier rôle, concurrencée par le diable ; mais on rencontre aussi des contes folkloriques, tels le *Dit des annelets*, ou le dit de *Merlin Mellot*. Tous ont une finalité morale (mise en garde contre les dangers de la pauvreté, contre l'avarice, l'inceste...), ou religieuse (vertus de la confession, de l'Eucharistie, de l'eau bénite...), qu'explicite un épilogue. Originairement composés pour être récités en plein air, les *Dits* de Jean de Saint-Quentin semblent être eux-mêmes la mise en forme de traditions orales : il est rare qu'ils coïncident avec les sources ou les versions livresques connues (*Légende dorée**, Vincent de Beauvais*, par exemple) ; ils présentent d'intéressantes versions parallèles aux recueils de miracles de Gautier de Coinci*, de Jean Le Conte*, ou de Jean Miélot*, aux *exempla** de Cesaire de Heisterbach, de Jacques de Vitry*, d'Etienne de Bourbon*, ou du *Ci nous dit**, et surtout à la *Vie des Pères** du XIIIe siècle. À ce titre, en dépit de leur médiocrité stylistique, les *Dits* apportent « une contribution importante à l'histoire des thèmes miraculeux et populaires du Moyen Âge ».

ŒUVRE. — Éd. de la totalité des *Dits* par B. Munk-Olsen, Paris, 1978 (*SATF*) [éd. isolées indiquées p. CLII].

→ J. Morawski, *Mélanges de littérature pieuse*, dans *Romania*, t. 45 (1939), p. 327-358. — B. Munk-Olsen, *Problèmes d'attribution : la version de la Vie de saint Alexis en quatrains monorimes*, dans *Mél. A. Blikenberg*, Copenhague, 1963, p. 144-165. — W. Kleist, *Die erzählende französische Dit-Literatur in « quatrains alexandrins monorimes »*, Hambourg, 1973. — Les études particulières à chaque récit sont indiquées dans l'éd. Munk-Olsen ; ajouter, pour le *Dit du petit Juitel*, G. Dahan, *Les Juifs dans les Miracles de Gautier de Coincy*, dans *Archives juives*, t. 16 (1980), p. 41-49. — Cf. *MB* nos 3182, 3477 ; *S* 691, 5855-5857. G.H.

Jean de Saint-Victor. « Jean, surnommé Baüyn, vécut dans une admirable piété sans autre occupation que de se remplir de la vérité. Sa science devint si étendue et l'Histoire sainte lui devint si naturelle qu'il composa un abrégé d'annales depuis la création du monde jusqu'en 1322, en parcourant tous les événements de l'Ancien et du Nouveau Testament, aussi bien que ceux de l'Église et des États et réglant sa conduite sur tous les effets de la providence divine qu'il méditoit dans sa solitude et dont il paroit qu'il n'est jamais sorti. Il n'a même pas fait connaître son nom, qu'on n'a découvert que depuis sa mort, conservant ainsi le silence dans ses ouvrages, éternisant en quelque sorte l'oubli de lui-même par les soins qu'il a pris de se cacher à la postérité. Il mourut vers 1351. Estant originaire de Paris, il en porta le nom et entra dans Saint-Victor l'an 1327 et fut vingt-deux ans dans une piété héroïque avant que de commencer d'écrire, ce qu'il ne fit que par l'ordre de ses supérieurs et très secrètement, comme nous avons dit. » C'est ainsi que Simon Gourdan, historien victorin, présente au XVIIe siècle dans ses *Vies et maximes saintes des hommes illustres qui ont fleuri dans l'abbaye de Saint-Victor* l'auteur du *Memoriale historiarum*. Semblables propos sont repris dans les *Antiquates regalis abbatiae Sancti Victoris libri duodecim* de Jean de Thoulouze, bibliothécaire de l'abbaye vers 1640. Ces deux victorins sont soucieux de mettre en valeur les plus glorieux souvenirs de leur maison. Or dévoiler l'identité de cet auteur n'est pas chose facile. Il faut donc rester très circonspect quant au patronyme qu'ils proposent et attribuer les détails supplémentaires à leur zèle hagiographique. Néanmoins, quelques dates relevées dans le récit lui-même ainsi qu'un intérêt indéniable pour l'abbaye de Saint-Victor de Paris témoignent de l'origine victorine de cette œuvre élaborée vraisemblablement à partir des années 1307-1311 et achevée avant 1335. Au XVIIIe siècle, la question de la nationalité de Jean de Saint-Victor a retenu plusieurs érudits. D'aucuns ont affirmé qu'il était Anglais, arguant en particulier de son opinion très réservée sur l'usage de la loi salique. De plus, on connaissait à cette date la présence déjà ancienne à Cambridge de deux manuscrits du *Memoriale*. Cependant cette hypothèse est difficile à soutenir au regard des passages où l'auteur parle des Français comme des « nôtres », où il fait siens les intérêts du roi de France. Mais il est vrai que son attention est souvent tournée vers l'Angleterre, dont il connaît fort bien l'histoire et les sources historiques. On peut penser qu'il a bénéficié, dans l'élaboration de son travail, du réseau de relations que Saint-Victor avait tissé outre-Manche. Au-delà des problèmes d'identité qui demeureront sans doute insolubles, nous avons dans le *Memoriale historiarum* une chronique universelle dont la première partie est consacrée à une description du monde habité et à l'Histoire sainte ; la seconde partie, après un prologue et un traité de l'origine des royaumes, résume les événements sous la forme d'annales et même d'éphémérides pour l'époque contemporaine de l'auteur, à savoir les règnes de Philippe le Bel et de ses fils (jusqu'en 1322). L'auteur compile de très nombreuses sources anciennes : Bède le Vénérable*, Hugues de Fleury*, Geoffroi de Monmouth*, Hugues de Saint-Victor*... Certaines (Isidore de Séville*, Guillaume de Malmesbury...) sont relayées par le *Speculum historiale* de Vincent de Beauvais*. Pour la période qui lui est contemporaine il fait appel, entre autres, à Guillaume de Nangis* et à sa continuation, aux *Grandes Chroniques de France**, à Geoffroi de Paris*, à Bernard Gui*... À ces sources, il ajoute dans les toutes dernières années des observations personnelles. C'est donc une œuvre bien documentée malgré quelques erreurs chronologiques. Le petit nombre de manuscrits médiévaux conservés (environ une dizaine) pourrait indiquer un succès limité auprès des contemporains, impression contrebalancée par sa circulation au XVe siècle et l'usage non négligeable qu'en firent les historiens modernes. Enfin l'élégance de la langue latine, le soin apporté à l'écriture, le souci de clarté qui préside à la compilation sont les marques d'un travail d'universitaire assez proche, semble-t-il, des milieux pré-humanistes. Il faut également noter l'existence de plusieurs continuations en latin et en français. Le *Memoriale historiarum* est sans aucun doute un élément décisif du renouveau intellectuel de Saint-Victor dans le premier tiers du XIVe siècle et plus particulièrement de son activité historiographique.

ŒUVRE. — Éd. partielles : A. Duchesne, *Historiae Francorum scriptores coaetanei*, t. 1, Paris, 1636, p. 128-133. — Guigniaut et N. de Wailly, *Recueil des historiens des Gaules et de la France*, t. 21, p. 632-673. — E. Baluze, *Vitae paparum Avenionensium*, éd. G. Mollat, Paris, 1914-1922, 4 vol.

→ C. Samaran, *Jean de Saint-Victor chroniqueur*, dans *HLF*, t. 41, Paris, 1981, p. 1-23. — P. Gautier-Dalché, *La descriptio mapae mundi de Hugues de Saint-Victor*, dans *L'abbaye parisienne de Saint-Victor au Moyen Âge*, Paris, 1991, p. 143-161 (*Bibliotheca victorina*, t. 1). — M. Schmidt-Chazan, *L'idée d'empire dans le Memoriale historiarum de Jean de Saint-Victor*, dans *L'historiographie médiévale en Europe*, éd. J.-P. Genet, Paris, 1991. I.G.

Jean de Salisbury. Né en Angleterre entre 1115 et 1120, Jean de Salisbury arriva très jeune en France où, pendant une douzaine d'années (1136-1148), il suivit les leçons des maîtres les plus fameux sur la Montagne Sainte-Geneviève, à Paris et aussi — ce point, un instant contesté, semble avoir été bien établi par Olga Weijers — à Chartres. Pierre Abélard*, Albéric de Paris, Robert de Melun, Guillaume de Conches*, Thierry de Chartres*, Richard l'Évêque, Gilbert de la Porrée*, Pierre Hélie, Robert Pullen et Simon de Poissy furent ses maîtres. À partir de l'année 1148, commence pour Jean de Salisbury une période de vie active pendant laquelle il se trouve mêlé aux grands événements de ce temps : il est tour à tour secrétaire de Thibaut archevêque de Cantorbéry, conseiller du pape Adrien IV, secrétaire de Thomas Becket*. La disgrâce de ce dernier lui donne l'occasion de méditer sur les « vanités de la cour » (thème de son *Policraticus*) et de brosser, dans un ouvrage intitulé *Metalogicon*, un vivant tableau de la vie intellectuelle de son époque. Lorsque, en 1170, Thomas Becket est assassiné dans sa cathédrale, la vie de Jean de Salisbury prend un autre cours. Mais, en 1176, il est élu évêque de Chartres, où il meurt le 25 octobre 1180.

L'œuvre de Jean de Salisbury, par sa variété et sa richesse, intéresse l'histoire générale aussi bien que l'histoire des idées ou celle des institutions. Elle est écrite dans un latin très pur, avec un brin de préciosité et la touche d'un humour qu'on peut qualifier d'anglais. Elle abonde en citations d'auteurs classiques, au point que le *Policraticus* peut faire penser — la remarque est du savant chanoine Yves Delaporte — aux *Essais* de Montaigne. Mais elle est riche aussi en descriptions de la vie et des mœurs du temps, recueillies au cours des nombreux voyages que l'auteur effectua dans les Gaules, à Rome et dans les Pouilles. C'est à l'occasion d'un voyage dans les Pouilles, région où la langue grecque était connue et pratiquée, que Jean de Salisbury semble s'être intéressé aux nouvelles traductions d'œuvres grecques (en particulier les *Seconds Analytiques* d'Aristote). À partir de 1159, il prend goût à Denys l'Aréopagite*, un goût qu'il a pu développer au contact de son ami et compatriote Raoul de Reims ; il joue un rôle dans le renouveau des études dionysiennes au XIIe siècle, en encourageant Jean Sarrazin à retraduire les œuvres de l'Aréopagite.

Jean de Salisbury a sa place dans l'histoire de la philosophie médiévale. Cependant, il ne conçoit pas la philosophie comme un savoir abstrait, détaché de la vie. Quand, plusieurs années après les avoir quittés, il rend visite à ses anciens condisciples sur la Montagne Sainte-Geneviève, il constate avec désenchantement qu'ils agitent toujours les mêmes questions, qu'ils n'ont pas progressé d'un pouce : « Je réalisai alors... que la dialectique, si utile aux autres disciplines, gît anémique et stérile, si elle est seule ; qu'elle ne fait germer dans l'âme le fruit de philosophie qu'à la condition d'être fécondée d'ailleurs » (*Metalogicon* II, 10 ; éd. Webb, p. 82-83). Il connaît et cite les anciens philosophes. Bon nombre d'anecdotes, édifiantes ou curieuses, qu'il raconte à leur sujet dans le *Policraticus,* passeront dans le *Chronicon* d'Hélinand de Froidmont* et, de là, dans le *Speculum* de Vincent de Beauvais*, pour aboutir dans le *De vita et moribus philosophorum* de Walter Burley. Les sympathies de Jean de Salisbury vont aux représentants de la Nouvelle Académie, dont le scepticisme modéré convient à son sens du juste milieu et de la mesure. Son maître — maître à penser aussi bien que maître à écrire — est Cicéron* : « Le monde latin n'a rien produit de plus grand que Cicéron » (*Entheticus*, 1215).

Ami de la mesure et de la modération, Jean de Salisbury pouvait cependant comprendre l'héroïsme, celui de Thomas Becket en particulier. Car cet humaniste ne lisait pas seulement les auteurs classiques ; il lisait aussi les Pères de l'Église et plaçait au-dessus de tout l'autorité de la Bible (*Entheticus*, 443-452). Il professait avec Macrobe que le rôle de la philosophie, *rerum omnium moderatrix*, était de prescrire à toute chose sa mesure. Mais il ajoutait aussitôt : « Il est une chose, cependant, à laquelle la philosophie elle-même ne peut fixer de limite ; il est un cas où la mesure qu'elle prescrit est de n'avoir pas de mesure... Si, comme le veut Platon, le philosophe est l'amoureux de Dieu, qu'est-ce que la philosophie, sinon l'amour de la divinité ? Voilà ce à quoi le philosophe ne saurait imposer de limite. La mesure imposée à la charité est qu'il faut aimer Dieu d'un amour sans limite » (*Policraticus* VII, 11 ; éd. Webb II, p. 135, 1-20). Il y a là un écho de la formule admirable de Sévère de Milève, que le *Traité de l'amour de Dieu* de saint Bernard* a rendue célèbre : « La raison d'aimer Dieu, c'est Dieu même ; la mesure de l'aimer, c'est de l'aimer sans mesure » (*PL* 182, 974A). La vraie philosophie est amour de Dieu, le vrai philosophe est celui qui aime Dieu. « Par cet appel à l'amour et à la piété, écrit Étienne Gilson, s'achève et se couronne cette conception de la vie qui fut celle d'un esprit plus délicat sans doute que puissant, mais si fin, si riche et si parfaitement cultivé que sa présence rehausse et ennoblit en notre pensée l'image du douzième siècle tout entier. »

ŒUVRES. — *Opera omnia*, éd. J.A. Giles, Oxford 1848 (*PL*, t. 199). — *Policraticus*, éd. C. Webb, Oxford, 1909. — *Metalogicon*, éd. C. Webb, Oxford 1929 (cf. C. Webb, *Ioannis Saresberiensis Metalogicon : Addenda et corrigenda*, dans *Mediaeval and Renaissance Studies* t. 1 [1941-1943], p. 232-236) ; éd. J.B. Hall, Turnhout, 1991, *CCCM*, 98). — *Historia Pontificalis*, éd. W. Arndt dans *Monumenta Germaniae, Scriptores*, XX, 515-545 ; éd. R.L. Poole, Oxford, 1927 ; éd. M. Chibnall (avec trad. anglaise), Londres, 1956. — *Lettres*, éd. W.J. Millor, H.E. Butler et C.N.L. Brooke, Londres, 1955 (t. I) et Oxford, 1979 (t. II). — *Entheticus de dogmate philosophorum*, éd. R.E. Pepin, dans *Traditio*, t. 31 (1975), p. 127-193 : *Enthe-*

ticus Maior and Minor, éd. J. van Laarhoven, Leyde, 1987.

→ C. Webb, *John of Salisbury*, Londres 1932. — É. Gilson, *La philosophie au Moyen Âge, des origines patristiques à la fin du* XIVe *siècle*, Paris 1947, p. 274-277. — H. Liebeschütz, *Medieval Humanism in the Life and Writings of John of Salisbury*, Londres, 1950 [Reprint, Liechtenstein, 1968]. — M. Dal Pra, *Giovanni di Salisbury*, Milan 1951. — K. Guth, *Johannes von Salisbury (1115/20-1180)*, St. Ottilien, 1978. — *Notre-Dame de Chartres*, XIe année, n° 44, septembre 1980 [n° spécial consacré à Jean de Salisbury]. — M. Wilks, *The World of John of Salisbury*, Oxford, 1984 [notamment p. 109-116 : *The Chronology of John of Salisbury's Studies in France*, par Olga Weijers]. É.J.

Jean Sarrasin. Après avoir été comptable au service d'Alphonse de Poitiers, Jean Sarrasin devint chambellan de saint Louis, qu'il accompagna à la septième croisade. Témoin de la prise de Damiette (juin 1249), il en envoya le récit à son ami Nicolas Arrode, bourgeois de Paris. Il devint, peut-être à son retour en France, comptable de l'hôtel du roi, fonction qu'il conserva jusqu'à sa mort, le 19 juin 1275. Il fut aussi voyer de Paris à la suite d'Étienne Barbette décédé, et rédigea en 1270 un petit traité des droits du voyer. En tête de la lettre qu'il adressa à Nicolas Arrode, le 23 juin 1249, il a placé une courte histoire de l'expédition depuis le départ d'Aigues-Mortes, ce qui permet de contrôler Jean de Joinville*, qui écrit longtemps après les événements. Sa lettre, d'autre part, compte parmi les plus anciennes qui aient été écrites en français. Elle ne nous est pas parvenue à l'état isolé mais se trouve insérée dans une des continuations de l'*Éracles*, ou traduction de l'*Historia Hierosolymitana* de Guillaume de Tyr*, la continuation Rothelin (1229-1261), du nom d'un abbé français du XVIIIe siècle qui posséda le manuscrit.

ŒUVRE. — Éd. A. Foulet, Paris, 1924 (*CFMA*, 43).

→ J. Monfrin, *Joinville et la prise de Damiette (1249)*, dans *CRAIBL*, 1976, p. 268-285. — Molinier n° 2559. — Cf. *MB* n°s 3698, 7818. G.T.L.

Jean Saulnier. Originaire du diocèse de Rouen, Jean Saulnier parcourut le cursus universitaire des étudiants en théologie (maître ès arts, bachelier puis maître régent, en 1421) à la Sorbonne, dont il manqua devenir le chancelier à la mort de Jean Gerson* (1429). Lui-même disparut en septembre 1430, sans avoir été investi du siège de Nevers, dont il fut chanoine puis évêque élu (1430). Il fut enterré à Sainte-Geneviève.

Son enseignement universitaire n'a pas laissé de trace, mais la grosse somme française qu'il composa après 1413 pour Catherine d'Alençon, comtesse de Mortain et belle-sœur de la reine Isabeau, témoigne du même souci pastoral d'éducation des laïcs qu'atteste la 27e des *Nouvelles de Sens**, dans laquelle il campe le type du bon confesseur. Elle s'inscrit dans la lignée à la fois morale, ascétique et spirituelle illustrée au siècle précédent par le *Miroir des dames* du franciscain Durand de Champagne*. L'allégorie choisie comme ligne directrice de la composition, à partir du thème *Sapientia / Mulier sapiens aedificavit sibi domum* (*Prov.* XIV, 1) : comment édifier, orner, dédier ce temple de la Trinité qu'est la conscience, est commune aux deux traités. Très structurée, abondamment nourrie d'autorités (Augustin, Bernard*, Hugues de Saint-Victor*, Pierre le Chantre, Pierre Lombard*, saint Thomas*...) et d'*exempla** *(Vitae Patrum, Dialogi, Disciplina clericalis, De dono timoris...)*, la *Maison de conscience* de Jean Saulnier tranche par son envergure et sa cohésion sur l'ensemble de la production religieuse contemporaine en langue vernaculaire.

→ *DSAM*, t. 14 (1988), col. 363-365. — P. Paris, *Les mss français de la bibliothèque du roi*, t. 4, Paris, 1841, p. 144-146. — A. Denifle et E. Chatelain, *Chartularium Universitatis Parisiensis*, t. 4, Paris, 1897, *passim*. — E. Langlois, *Nouvelles françaises inédites du* XVe *siècle*, Paris, 1908, p. 105. G.H.

Jean Sauvage, de Picquigny. Médecin picard, originaire de Picquigny (Somme, arr. Amiens) et ayant vécu au XIVe siècle. Jean Sauvage s'installa à Blois et y traduisit, à la demande d'un seigneur (peut-être de la famille de Châtillon), le *Thesaurus pauperum* attribué à Pierre d'Espagne*, compilation de remèdes de toutes provenances destinés, si l'on en croit son titre, aux soins des pauvres gens.

Cette traduction, le *Tresor des povrez*, faite sur une copie contaminée du *Thesaurus*, est écrite pour la plus grande partie en octosyllabes, le rédacteur adoptant la prose à partir du troisième tiers de l'ouvrage. Connue sous le titre de *Réceptaire de Jean Sauvage*, elle contient de longues interpolations tirées de deux autres réceptaires : la *Lettre d'Hippocrate à César** et un réceptaire en vers anglo-normands (analogue à celui que conserve le manuscrit Cambridge, Trinity College, 1044). Le *Réceptaire de Jean Sauvage* est conservé dans trois collections médicales (Paris, Bibl. de l'Arsenal 3174, BN fr. 1319 et Berlin, Staatsbibl., Hamilton 407), copies dans lesquelles un ingénieux système de paragraphes et de signes de renvoi témoigne d'un exceptionnel souci de présentation matérielle.

ŒUVRE. — C. de Tovar, *Contamination, interférences et tentatives de systématisation dans la tradition manuscrite des réceptaires médicaux français : le réceptaire de Jean Sauvage*, dans *RHT*, t. 3 (1973), p. 115-191 ; t. 4 (1974), p. 239-288 [éd. de larges extraits].

→ E. Wickersheimer, *Dictionnaire biographique des médecins en France au Moyen Âge*, Paris , 1936, p. 483. — D. Jacquart, *Supplément au Dictionnaire biographique des médecins en France au Moyen Âge, d'Ernest Wickersheimer*, Genève, 1979, p. 181 (*Hautes Études médiévales et modernes*, 35). — Cf. *GRLMA*, t. VIII/1, p. 311-312, 318. — *MB S* n° 7692. F.F.H.

Jean Scot Érigène. Deux traits font de Jean Scot Érigène un personnage de premier plan. Par ses commentaires et ses traductions, il révèle au Moyen Âge occidental plusieurs ouvrages de l'antiquité profane, et, plus profondément, les thèmes essentiels de la patristique, latine et surtout grecque, représentée en particulier par Augustin, Grégoire de Nysse, Grégoire de Naziance, Denys l'Aréopagite* et Maxime le Confesseur. Intimement liée à ces divers courants, l'œuvre personnelle d'Érigène, le *Periphyseon* (ou *De Divisione naturae*), présente, en matières littéraires, philosophiques, exégétiques et théologiques, le système le plus complet, le plus rigoureux et le plus original de la pensée latine entre le Ve et le XIIe siècle.

Les noms *Scotus Eriugena* indiquent une origine irlandaise : au IXe siècle, la *Scotia* désigne à la fois l'Écosse et l'Irlande, et le terme *Eriugena* spécifie qu'il s'agit de l'Irlande. En dehors de son pays d'origine, nous savons peu de choses sur la vie de Jean Scot. Avant 847, Charles le Chauve le place à la tête de l'école du palais : il y rédige vraisemblablement ses *Annotationes in Martianum Capellam*. Aux côtés d'Hincmar de Reims* et de Pardulus de Laon, il s'oppose à la doctrine de Godescalc* sur la prédestination, et compose sur ce sujet le *De divina praedestinatione liber* (851). Charles le Chauve lui confie la traduction des œuvres de Denys l'Aréopagite*, déjà traduites par Hilduin : Jean Scot achève cette traduction, ou plutôt cette révision, vers 860-862. Il traduit encore les *Ambigua* de Maxime le Confesseur, le *De hominis opificio* de Grégoire de Nysse. Mais la grande œuvre d'Érigène reste le *Periphyseon*, rédigé durant les années 862-867. Vers 870, il donne ses *Expositiones super ierarchiam* (sic) *caelestem sancti Dionysii*, où sont repris bien des thèmes du *Periphyseon*. On lui doit encore une *Homilia in Prologum sancti Evangelii secundum Joannem* (sur *Jean* I, 1-14) et un *Commentarius in sanctum Evangelium secundum Joannem* (qui s'interrompt à *Jean* VI, 14). On ne sait rien de sûr des dernières années de Jean Scot.

Son œuvre eut une influence considérable et un sort inégal. De son vivant déjà, les thèses de son *De praedestinatione* sont condamnées aux conciles de Valence (855) et de Langres (859). Celles du *Periphyseon* sont reprises ou utilisées, entre autres, par Remi d'Auxerre*, Martin de Laon, Hucbald de Saint-Amand, Almanne de Haut-Villers. Jusqu'à la fin du XIIe siècle, elles inspirent plus d'un essai de synthèse théologique. Mais elles sont compromises par l'exploitation qu'en font les disciples d'Amaury de Bène en faveur de leurs propres thèses « panthéistes ». D'où la condamnation du *Periphyseon* par le concile de Paris (1210), et par Honorius III (1225). En revanche, la traduction et le commentaire dionysiens d'Érigène feront autorité auprès de tous les traducteurs, commentateurs ou interprètes du Pseudo-Denys au Moyen Âge.

Les « nouveautés » de Scot Érigène, qui lui valurent, à des degrés divers, les condamnations dont son œuvre fut frappée, apparaissent aussi bien dans ses prises de position méthodologiques que dans ses hardiesses doctrinales. En définissant les droits et le rôle de la *vera ratio* en théologie, Érigène fait franchir à cette discipline un pas décisif. À ses yeux, l'Écriture *(auctoritas divina)* reste la régulatrice souveraine de l'œuvre théologique, mais l'autorité des Pères de l'Église *(aucto-*

ritas Patrum) ne saurait régler, à elle seule, les questions que l'Écriture ne tranche pas. Aussi bien les Pères ne sont-ils pas toujours d'accord entre eux sur ces diverses questions, et on ne peut pas espérer sérieusement les résoudre par le simple rapprochement d'opinions ou de thèses plus ou moins discordantes. La présentation cohérente des données de la foi exige que la raison discute et compare les témoignages des Pères, tranche quels sont les mieux accordés à ces données. La raison juge ainsi les *autorités* patristiques et en règle l'utilisation théologique, selon les critères et les ressources de la grammaire, de la rhétorique et de la dialectique. Mais, en déterminant l'autorité réelle des Pères, elle reste elle-même subordonnée au donné révélé, et le *Periphyseon* se donne pour une stricte exégèse de l'Écriture, des premiers chapitres de la *Genèse* en particulier, dont Érigène veut dégager un *Hexaemeron* authentiquement biblique et rationnellement cohérent.

La synthèse doctrinale de Scot Érigène se présente en quatre temps, qui correspondent respectivement à une « division » de la totalité des objets de l'intelligence : 1) *la nature qui crée et n'est pas créée* : Dieu en tant que principe de « tout ce qui est et de tout ce qui n'est pas » ; 2) *la nature qui est créée et qui crée* : les causes primordiales ou archétypes, coéternels à Dieu parce que créés de toute éternité, mais non pas coessentiels à Dieu parce qu'inférieurs à Dieu en tant que créés par lui ; 3) *la nature qui est créée et ne crée pas* : l'ensemble des créatures, invisibles ou visibles (purement intellectuelles, ou soumises au régime des sens, ou matérielles) dont les divers rangs hiérarchiques (ou l'« éloignement » inégal de leur cause) constituent autant de manifestations différentes de Dieu *(théophanies)* ; 4) *la nature qui ni ne crée ni n'est créée* : Dieu en tant que terme inaccessible de la divinisation *(théôsis)* qui s'effectue, pour toute la création, par la double voie de l'intelligence *(gnostica vis)* et de l'amour *(éphésis, érôs, agapê)*. De manière moins artificielle et plus profonde, la synthèse érigénienne se présente souvent selon le schème néoplatonicien (et pseudo-dionysien) de la procession *(proodos, exitus)* et de la conversion *(épistrophê, reditus)*. Ce rythme double et simultané de l'univers érigénien correspond, pour l'essentiel, aux dichotomies communes à tous les « platonismes ».

Dans le sens « descendant », qui est celui de la *division progressive des natures (diairétikê, divisio, productio)*, on développe une théologie du symbole, par quoi Dieu se manifeste *(théophanie)* dans une variété de raisons, d'images et de formes, qui s'affirment et se multiplient indéfiniment jusqu'au dernier terme de la procession ou de la création. Dans le sens « ascendant », qui est celui de la *réduction régressive des natures (analytikê, resolutio, reductio)*, on s'attache à une théologie de la négation, par quoi sont surmontées et rejetées, dans l'ordre inverse de leur production ou de leur affirmation, toutes les manifestations de Dieu (matérielles, sensibles, intelligibles), toutes les étapes de la multiplicité : ainsi se réalise l'unité parfaite de l'intelligence et de son objet, qui est la divinisation. La démarche de négativité et d'union est supérieure à la démarche de symbolisation et de division. Selon les termes « platoniciens » qu'Érigène emprunte à Denys, cette démarche est « plus divinisatrice, plus anagogique, plus unitive ». Dans un autre vocabulaire, qui n'est plus dionysien mais érigénien, on dira que la théologie négative restitue radicalement les êtres à la pureté de leurs natures, c'est-à-dire des natures que n'altère plus leur condition empirique dans l'espace et le temps. La démarche, en quelque sorte « cosmolytique », du retour, doit être ainsi préférée à la démarche « cosmogonique » de la procession.

De ce point de vue, tout ce qui conduit à nier ou à contester la valeur empirique d'une créature doit être déjà inscrit au profit de la théologie négative qui, elle, « restaure » les natures en les « restituant » à la vérité de leurs archétypes. Par là se trouve justifiée, en particulier, l'excellence du symbole laid, « dissemblable », voire monstrueux *(tératologie)*, sur le symbole apparemment « ressemblant » qui répond aux canons d'une beauté ou d'une perfection seulement empiriques (sensibles ou intelligibles). Ce dernier type de symbole risque d'enchanter et de retenir, pour lui-même et à son propre niveau, l'intelligence qui le contemple, et dont il peut ainsi compromettre l'ascension spirituelle et la divinisation. À l'inverse, le symbolisme laid ou « tératologique » doit détourner l'intelligence de lui-même, et, après l'avoir peut-être déconcertée, la porter à chercher, ailleurs et plus haut, la « nature vraie » dont il ne lui a présenté, de toute évidence, qu'une expression fragile et altérée.

La connaissance vraie, qui est aussi divinisation, se situe essentiellement dans cet effort « anagogique » de l'intelligence qui, par-delà la dispersion et la multiplicité des « théophanies », sait retrouver l'unité de leurs causes primordiales et sa propre unité. L'intelligence doit, pour ainsi dire, détruire le monde pour rejoindre celui qui le crée, et se rassembler en lui, dans l'intégrité originelle de sa propre nature.

Cette dernière précision aurait dû défendre Jean Scot de l'accusation de « panthéisme », d'autant plus que, pour lui, l'essence divine n'est pas directement *(immediate, amésôs)* accessible à l'intelligence divinisée, et que celle-ci, dans la meilleure des hypothèses, atteint seulement la première des « théophanies ». Mais cette position sera, elle aussi, vigoureusement combattue à partir du XIIe siècle, et pratiquement condamnée par l'Université de Paris en 1241. D'une manière générale, l'Occident latin s'éloignera de la doctrine érigénienne, — qui lui aura pourtant servi de stimulant, — dans la mesure où il découvrira les valeurs proprement historiques du christianisme, réduites au minimum par les schèmes néoplatoniciens de Denys et d'Érigène ; dans la mesure où il reconnaîtra une consistance propre aux natures empiriques, abstraction faite de leur référence à leurs « causes primordiales » et à leur fonction symbolique ; dans la mesure où une mystique de l'« affectivité » repoussera les « médiations intelligibles ou hiérarchiques » ; dans la mesure aussi où l'exégèse s'attachera par priorité au sens strictement littéral de l'Écriture. En revanche, pour les principes mêmes de la primauté de l'Écriture et de son caractère doctrinalement normatif ; pour le traitement, la confrontation, et même l'élimination des autorités patristiques ; enfin, pour la place et le rôle à accorder à la raison dans l'aménagement de la « science théologique », le Moyen Âge latin peut être considéré comme l'authentique héritier de Jean Scot Érigène.

ŒUVRES. — L'éd. des œuvres complètes, due à Heinrich-Joseph Floss (1819-1881) se trouve dans Migne, *PL*, t. 122, Paris, 1853. L'œuvre majeure de l'Érigène, le *Periphyseon* (*PL*, t. 122, col. 439-1022), a été dotée de tables : *Johannis Scoti Eriugenae Periphyseon Indices generales confecit*, G.H. Allard, Montréal-Paris, 1983. L'éd. de Floss, œuvre d'un érudit compétent et consciencieux, doit cependant être complétée par les éd. plus récentes, énumérées ci-dessous selon la chronologie de leur parution.

1. *Iohannis Scotti Carmina*, éd. L. Traube, *MGH, Poetae Latini Aeui Carolini* III, Berlin 1896, p. 518-556. [nouv. éd. M. Herren, à paraître coll. *Scriptores Latini Hiberniae*]. — 2. *Iohannis Scotti epistolae*, éd. E. Dümmler, *MGH, Epistolae* VI, Berlin 1902, p. 158-162. — 3. *Iohannis Scotti Annotationes in Marcianum*, éd. C.E. Lutz, Cambridge (Mass.), 1939 [la version du ms. d'Oxford (Auct. T. 2.19) pour le livre I a été publiée par É. Jeauneau, *Quatre thèmes érigéniens*, Montréal-Paris 1978, pp. 91-166]. — 4. *Le « De imagine » de Grégoire de Nysse traduit par Jean Scot Érigène*, éd. M. Cappuyns dans *RTAM*, t. 32 (1965), p. 205-262. — 5. *Iohannis Scotti Eriugenae Periphyseon (De Diuisione Naturae)*, éd. I.P. Sheldon-Williams, lib. I, II, III (coll. *Scriptores Latini Hiberniae*, t. 7, 9, 11 Dublin, 1968, 1972, 1981). Le livre IV est sous presse, le livre V en préparation [trad. anglaise du *Periphyseon* par I.P. Sheldon-Williams (1908-1973), rev. et publiée par J.J. O'Meara, Montréal, 1987]. — 6. *Homélie sur le Prologue de Jean*, éd. É. Jeauneau dans *SC*, t. 151, Paris, 1969. — 7. *Commentaire sur l'évangile de Jean,* éd. É. Jeauneau dans *SC*, t. 180, Paris, 1972. — 8. *Expositiones in Ierarchiam coelestem*, éd. J. Barbet, dans *CCCM*, t. 31, Turnhout 1975. — 9. *De Diuina Praedestinatione Liber*, éd. G. Madec, *ibid.*, t. 50, Turnhout, 1978. — 10. *Maximi Confessoris Ambigua ad Iohannem iuxta Iohannis Scotti Eriugenae latinam interpretationem*, éd. E. Jeauneau, dans *CCSG*, t. 18, Turnhout 1988. 11. *Maximi Confessoris Quaestiones ad Thalassium una cum latina interpretatione Ioannis Scotti Eriugenae iuxta posita*, éd. C. Laga et C. Steel, dans *CCSG*, t. 7 et 22, Turnhout, 1980 et 1990.

→ Les publications relatives à Jean Scot Érigène sont si nombreuses qu'il est impossible de les énumérer ici. On en trouvera la liste dans M. Brennan, *A Bibliogr. of Publications in the Field of Eriugenian Studies 1800-1975*, dans *Studi Medievali*, 3e série, t. 18 (1977), p. 401-447 ; *Guide des études érigéniennes. Bibliogr. commentée des publications 1930-1987*, Fribourg-Paris, 1989. — Le livre qui a joué un rôle décisif dans le renouveau des études érigéniennes est celui de Dom M. Cappuyns, O.S.B., *Jean Scot Érigène, sa vie, son œuvre, sa pensée*, Louvain-Paris, 1933 (réimp. Bruxelles, 1965). — La *Society for the Promotion of Eriugenian Studies (SPES)*, fondée par J.J. O'Meara, a grandement contribué à ce renouveau. La *SPES*, en collaboration avec W. Beierwaltes, a organisé un certain nombre de colloques consacrés à Jean

Scot, dont les travaux ont été publiés : *The Mind of Eriugena* (Dublin, 1970, éd. J.J. O'Meara et L. Bieler) ; *Jean Scot Érigène et l'histoire de la philosophie* (Laon, 1975, éd. R. Roques) ; *Eriugena. Studien zu seinem Quellen* (Fribourg-en-Brisgau, 1979, éd. W. Beierwaltes) ; *Jean Scot écrivain* (Montréal, 1983, éd. G.H. Allard) ; *Eriugena Rediuiuus* (Bad-Hombourg, 1985, éd. W. Beierwaltes) ; *Begriff und Metapher. Sprachform des Denkens bei Eriugena* (Bad-Hombourg, 1988, éd. W. Beierwaltes) ; *Giovanni Scoto nel suo tempo* (Todi, 1987, éd. C. Leonardi). — Parmi les contributions récentes on peut citer : M. Dal Pra, *Scoto Eriugena*, 2e éd., Milan, 1951. — T. Gregory, *Giovanni Scoto Eriugena. Tre Studi*, Florence 1963. — R. Roques, *Libres sentiers vers l'érigénisme*, Rome 1975. — J. Marenbon, *From the Circle of Alcuin to the School of Auxerre*, Cambridge, 1981. — G. Schrimpf, *Das Werk des Johannes Scottus Eriugena im Rahmen des Wissenschaftverständnisses seiner Zeit. Eine Hinführung zu Periphyseon*, Münster, 1982. — C. Riccati, « *Processio* » *et* « *Explicatio* ». *La doctrine de la création chez Jean Scot et Nicolas de Cues*, Naples, 1983. — A. Wohlmann, *L'homme, le monde sensible et le péché dans la philosophie de Jean Scot Érigène*, Paris, 1987. — É. Jeauneau, *Études érigéniennes*, Paris, 1987. — J.J. O'Meara, *Eriugena*, Oxford, 1988. — G. Madec, *Jean Scot et ses auteurs*, Paris, 1988. — D. Moran, *The Philosophy of John Scottus Eriugena : A study of Idealism in the Middle Ages*, Cambridge, 1989. — W. Otten, *The Anthropology of Johannes Scottus Eriugena*, Leyde, 1991.

R.Ro.

Jean Servion. Né d'une famille originaire d'un hameau jouxtant Saint-Julien-en-Genevois, Jean Servion fut, comme son père, syndic de Genève. Il fut aussi au service de Philippe de Bresse, futur duc de Savoie (1496-1497), qu'il suivit à Loches où ce dernier avait été emprisonné par Louis XI (1464-1466). Il dut mourir avant 1473, peut-être vers 1465-1466. Il a écrit une *Chronique de Savoie*. Mais à part un prologue original, qui consiste en une adaptation de la légende de l'aigle d'or, cette chronique n'est qu'un décalque de l'ouvrage de son prédécesseur, Jean Cabaret*, avec quelques amplifications et des détails supplémentaires, pour la plupart inexacts.

ŒUVRE. — Éd. F.E. Bollati, *Gestez et Croniques de la mayson de Savoye*, 2 vol., Turin, 1879.

→ Voir la bibliogr. de Jean Cabaret. — Molinier nº 3516.

D.C.

Jean de Stavelot. Né le 5 juin 1388 ou 1390, Jean de Stavelot était le fils d'un échevin, dont on ignore le nom de famille. Il entra à 14 ans au monastère bénédictin de Saint-Laurent de Liège et reçut la prêtrise en 1414. Il est mort le 16 octobre 1449. Il a eu une activité littéraire intense. Mais la plupart de ses travaux, dont la liste subsiste dans plusieurs catalogues, ne sont pas parvenus jusqu'à nous.

Il a copié de nombreux ouvrages en latin et en français, des textes liturgiques, des encyclopédies comme le *Tresor* de Brunetto Latini*, le *Livre de Sidrac**, des poèmes moralisateurs, des ouvrages historiques comme le *Patron de la Temporalité* de Jacques de Hemricourt* et surtout le *Myreur des histors* de Jean d'Outremeuse*, dont on conserve, dans la version de Jean de Stavelot, deux livres sur quatre.

Son œuvre principale est la « cinquième chronique du pays de Liege en bref » qu'il rédigea pour donner une suite à partir de 1400 et jusqu'en 1447 aux « quatre chroniques » de Jean d'Outremeuse, comme il appelle le *Myreur des Histors*. Il y raconte les événements liégeois, y met peu de faits extérieurs, y glissant quelques rares allusions au reste de l'univers. Il parle de ce dont il a été témoin, direct ou indirect, il est honnête mais sans grande perspicacité. Il est plus sûr que son prédécesseur, dont la tendance à enjoliver a suscité la méfiance, mais il manque tout à fait de pittoresque. Il reproduit des documents, parfois très longs, énumère soigneusement le nom des personnages principaux, ce qui alourdit son exposé. Il a farci sa chronique de vers ; ce n'est cependant ni un grand poète ni un habile versificateur. Il a écrit une autre chronique en latin, dont on ne possède qu'une partie (années 1364-1428), qui présente une étroite parenté avec le texte français. Elle sera continuée par Adrien d'Oudenbosch de 1447 à 1449.

Jean de Stavelot fut aussi dessinateur ; il a laissé deux recueils illustrés de sa main : un *Speculum humanae salvationis*, réalisé en 1428, auquel est joint un livre sur saint Laurent, patron du monastère (Bruxelles ms. 9332-46), et un *Liber de sancto Benedicto* conservé au musée Condé à Chantilly, qui date de 1432. Ce ms. (coté 1401) est un gros volume de plus de 200 feuillets, qui renferme des traités et des récits sur la vie et les miracles de saint Benoît accompagnés d'un commentaire iconographique. La cinquième partie, *Vie de saint Benoît**, figurée par des scènes de l'Ancien Testament, est constituée de 70 tableaux de grandes dimensions qui couvrent les trois quarts de chaque page ; trois quatrains disposés sur six lignes, dont le premier est en latin, le deuxième en français et le troisième en flamand, complètent chacun des dessins. L'artiste s'est aussi représenté en buste au bas de chaque tableau.

Tantôt porté aux nues, tantôt dénigré, Jean de Stavelot ne manque pas de talent ; son art a surtout une portée didactique et morale. Il y manifeste un certain humour monastique, traitant avec beaucoup d'esprit soit des situations scabreuses soit l'exemplarité des vertus.

ŒUVRES. — *Vie de saint Benoît* : éd. A. Henry, *Une œuvre trilingue de Jean de Stavelot*, dans *Latomus*, t. 1 (1937), p. 187-210. — *Chronique latine* : éd. S. Balau, dans *Chroniques liégeoises*, t. 1, Bruxelles, 1913 *(Commission royale d'histoire)*, p. 69-143. — *Chronique française* : éd. A. Borgnet, Bruxelles, 1861 *(Commission royale d'histoire)*. — *Continuatio Reinerii de abbatibus Sancti Laurentii Leodensium* ou notice des abbés de Saint-Laurent de Liège : éd. W. Arndt, dans *MGH, Scriptores*, t. 20, 1868, p. 604-612.

→ S. Balau, *Les sources de l'histoire du pays de Liège au Moyen Âge. Étude critique*, Bruxelles, 1903, p. 595-604. — L. Delisle, *Le livre de J. de Stavelot sur saint Benoît*, dans *Notices et extraits des mss de la BN*, t. 39 (1908), p. 179-209. — H. Silvestre, *Les écrits de Jean de Stavelot († 1449) relatifs à l'histoire de l'abbaye de Saint-Laurent à Liège*, dans *Revue bénédictine*, t. 62 (1952), p. 143-148. — C. Gaier, *Ce que les illustrations d'un chroniqueur nous révèlent sur l'armement de son temps : le Speculum humanae salvationis de Jean de Stavelot*, dans *Bulletin de la Société du Vieux-Liège*, t. 136 (1962), p. 124-135. — A. Goosse, *Jean de Stavelot, moine de Saint-Laurent de Liège*, dans *Saint-Laurent de Liège*, Liège, 1968, p. 99-106. — P. Harsin, *Les chroniqueurs de l'abbaye de Saint-Laurent au* XV*e siècle, ibid.*, p. 93-95. — J. Stiennon, *Les mss à peinture de l'ancienne bibl. de l'abbaye Saint-Laurent de Liège, ibid.*, p. 148-151. — A. Vantuch, *La participation liégeoise à la croisade contre les hussites en 1421, d'après Jean de Stavelot*, dans *Liège et Bourgogne*, Paris, 1972, p. 45-54. — J. Stiennon, *Les autoportraits de Jean de Stavelot, moine de Saint-Laurent de Liège*, dans *Revue bénédictine*, t. 94 (1984), p. 401-409. — Molinier n° 3945. — Cf. *MB S* n° 5202. G.T.L.

Jean de Sy. Voir : *Bible française* § 2.

Jean Tapissier. Compositeur français et pédagogue, né vers 1370 et mort avant août 1410. De son vrai nom Jean de Noyers, il est présenté dans les *Arts de seconde rhétorique** comme un des principaux poètes-musiciens français. Engagé en 1391 comme valet de chambre et musicien de la cour par Philippe le Hardi, il l'accompagne en un voyage à Milan et Avignon. Au service du duc, il effectue des voyages, notamment en Flandres (1399). Il maintient toutefois une école de chant à Paris où l'on envoie les enfants de chœur de la chapelle ducale (1406). Certains de ses élèves chantent à Amiens devant Jean sans Peur (1408) et on le gratifie pour l'aide qu'il apporte au service divin lorsque la cour de Bourgogne est à Paris. Il est encore cité par Martin le Franc* dans *Le Champion des Dames* (vers 1440).

Son œuvre conservée comprend un Credo et un Sanctus à trois voix, ainsi qu'un motet isorythmique à quatre parties.

ŒUVRES. — Éd. G. Reaney, *Early Fifteenth-Century Music*, dans *Corpus Mensurabilis Musicae*, t. XI/1, 1955.

→ C. Wright, art. *Tapissier*, dans *The New Grove Dictionary of Music and Musicians*, t. 18, 1980, col. 572. N.S.

Jean de Thuin. Le nom de cet auteur n'apparaît explicitement que dans un texte en prose des environs de 1260, l'*Hystore de Julius Cesar* (six mss subsistants, dont un fragment). Depuis les recherches menées vers 1950 par P. Hess, on reconnaît cependant pour forme antérieure et modèle de ce récit le *Ronman de Julius Cesar*, poème d'environ 9 500 alexandrins (quatre mss conservés, dont un fragment), autrefois tenu pour l'œuvre de Jacot de Forest, personnage également inconnu en dehors de la tradition manuscrite du *Ronman*. À défaut d'une véritable certitude, les meilleures raisons incitent aujourd'hui à attribuer de même à Jean de Thuin la composition de cette première version.

Le début du récit que nous transmettent le *Ronman* et l'*Hystore de Julius Cesar* consiste en une adaptation assez fidèle, quant aux grandes lignes narratives, du poème latin de la *Guerre civile*, selon un modèle épico-romanesque qui paraît s'inspirer au plus près du *Roman d'Alexandre** d'Alexandre de Paris. S'appuyant sur Lucain — auteur prestigieux entre tous pour les lettrés de son époque — Jean de Thuin y renouvelle et développe les péripéties issues du conflit de pouvoir surgi en 50 av. J.-C. entre César et Pompée. Face au message philosophique du poète latin, privilégiant la sagesse acquise par Pompée dans la défaite, ou la vertu indéfectible d'un Caton, les remaniements d'aspect que l'auteur médiéval impose à son modèle, d'un point de vue formel et idéologique, montrent la volonté de réhabiliter, par les cadres de la chanson de geste et du roman, la figure exemplaire, politique et guerrière, de César*. Intéressantes aussi pour la réflexion littéraire de cette époque paraissent certaines tendances dont témoigne Jean de Thuin (comme celle consistant, à l'instar d'un certain nombre d'auteurs contemporains, à évacuer du récit la plus grande part du substrat merveilleux qu'offraient les sources), ou encore les correspondances de pensée que l'on constate avec des écrivains comme Jean de Meun*, ou Rutebeuf*. La matière de cette fable historique prête lieu en outre à divers autres retours significatifs de la littérature vernaculaire. Selon une tradition qui fait songer tout particulièrement aux amours d'Énée et de Lavinie dans *Eneas**, ou d'Alexandre et de la reine Candace dans le *Roman d'Alexandre*, notre auteur greffe par exemple au débat des armes, qui animait jusqu'ici la conduite du héros, un ample récit, sous forme d'aventure romanesque et d'un pénétrant *Art d'aimer*, de la rencontre entre César et Cléopâtre, à peine esquissée dans les derniers vers de la *Guerre civile*.

Le projet complexe d'une légende conquérante et héroïque, susceptible pourtant d'une caution historique, se réaffirme au-delà de cette partie du récit, à travers le choix de notre auteur de prolonger le poème interrompu de Lucain jusqu'au moment du retour victorieux à Rome en 45 av. J.-C., et de conclure sur l'évocation du triomphe, interprété comme le cérémonial élevant César à la dignité de premier empereur des Romains. Pour pallier le défaut de son modèle et recueillir les informations nécessaires sur les dernières campagnes césariennes, Jean de Thuin a recours principalement à la série des trois textes historiques poursuivant les *Commentaires sur la guerre civile* de César, à savoir le *Bellum Alexandrinum*, le *Bellum Africum* et le *Bellum Hispaniense*. La partie inspirée de Lucain offrait cependant déjà les indices manifestes d'une influence de la tradition historiographique latine, en particulier des *Commentaires* eux-mêmes, mais aussi, des impacts de la littérature savante en langue vernaculaire, spécialement des *Faits des Romains**.

ŒUVRES. — F. Settegast, *Li Hystore de Julius Cesar*, Halle, Niemeyer, 1881. — O. Collet, *Le Roman de Jules César. Éd. critique d'après tous les mss conservés, précédée d'une introduction et accompagnée de notes et index* [thèse Fac. Lettres Univ., Genève, 1990 (à paraître)].

→ A. Duval, *Le Roman de Julius Cesar par Jacos (Jacques) Forest*, dans *HLF*, t. 19 (1838), p. 681-686. — F. Settegast, *Jacos de Forest e la sua fonte*, dans *Giornale di filologia romanza*, t. 2 (1879), p. 172-178. — V.L. Dedecek, *Étude littéraire et linguistique de Li Hystore de Julius Cesar de Jehan de Tuim*, Philadelphie, 1925 (*Publ. Univ. Pennsylvania, Dpt of Romanic Languages and Literatures*, n° 13). — A. Långfors, *Deux traités sur l'amour tirés du ms. 2200 de la Bibl. Sainte-Geneviève*, dans *Romania*, t. 56 (1930), p. 361-388 [*Hystore*, p. 364-373]. — L.F. Flutre, *Li Fet des Romains dans les littératures française et italienne du* XIII*e au* XVI*e siècle*, Paris, 1932, chap. 3 (p. 6-24) ; *Sur un traité d'amour courtois du ms. 2200 de la Bibliothèque Sainte-Geneviève*, dans *Romania*, t. 59 (1933), p. 270-276. — J.-J. Salverda de Grave, *Un imitateur du Roman d'Eneas au* XIII*e siècle en France*, dans *Studi Medievali*, t. 5 (1932), p. 309-316 [*Hystore*, p. 311 sqq]. — P. Hess, *Li Roumanz de Julius Cesar. Ein Beitrag zur Cäsargeschichte im Mittelalter*, Winterthur, 1956. — Cf. *MB* nos 1030, 1088-1092 *bis*, 1093 ; *S* 2234, 7294. O.C.

Jean Tinctor. Théologien né à Tournai au début du XVe siècle, Jean Tinctor eut une brillante carrière universitaire à Cologne. Il y fut successivement doyen de la Faculté des arts en 1433 et de la Faculté de théologie en 1442, puis recteur en 1440, 1455 et 1456. Il prit part à la controverse qui, entre 1423 et 1460, divisa à Cologne les tenants du réalisme aristotélicien, en se rangeant du côté des thomistes. Nommé chanoine de Tournai en 1457, il s'installa définitivement dans sa ville natale, où il mourut en 1469. De sa production universitaire on retiendra divers commentaires sur Aristote (*Physique, Métaphysique, Éthique* notamment), un commentaire des *Sentences* et un autre de la *Somme théologique* de saint Thomas*. Sont liés à son activité pastorale tournaisienne les sermons, et tout particulièrement le *Sermo contra sectam Vaudensium* de 1460, qui doit être resitué dans le contexte de la Vauderie d'Arras (cf. A. Duverger, *La vauderie dans les états de Philippe le Bon*, Arras, 1885). Il s'agit en réalité d'un traité, dans lequel Jean Tinctor, après avoir dénoncé l'abomination de la *vauderie* — le terme doit être entendu au sens de « sorcellerie » —, incite les autorités religieuses et civiles à sévir avec la plus grande rigueur. Une seconde partie décrit les pouvoirs du démon et les merveilles que les vaudois accomplissent en son nom, avant d'expliquer comment discerner les diverses sortes de maléfices.

Le *Sermo* jouit d'une faveur certaine dans les décennies qui suivirent sa rédaction ; il fut immédiatement traduit en français et figure, sous sa forme latine et le patronage de Jean Gerson*, dans le premier livre imprimé par les Frères de la vie commune à Bruxelles en 1475.

→ M. Grabmann, *Der belgische Thomist Johannes Tinctoris († 1469) und die Enstellung des Kommentars zur Summa Theologiae des hl. Thomas von Aquin*, dans *Mél. R.J. Martin*, Bruges, 1948, p. 409-436 ; repris avec additions dans *Mittelalterliches Geistesleben*, t. 3, 1956, p. 411-432. — C.H. Lohr, *Medieval Latin Aristotle commentaries Authors*, dans *Traditio*, t. 27 (1971), p. 287-289. — Z. Kaluza, *Nouvelles remarques sur les œuvres de Gilles Charlier*, dans *AHDLMA*, t. 38 (1971), p. 176. — E. Van Balberghe et J.F. Gilmont, *Les théologiens de la Vauderie au* XV*e siècle...*, dans *Mél. F. Masai*, t. 2, Gand, 1979, p. 392-411. — E. Balmas, *Il « Traicté de Vauderie » de Johannes Tinctor*, dans *Protestantesimo*, t. 34 (1979), p. 1-26.

G.H.

Jean Tisserant. Frère Mineur de l'Observance, célèbre prédicateur et poète religieux, Jean Tisserant naquit à Bourg-en-Bresse. Prêchant à la cour de Philippe le Bon, docteur en théologie, propagateur de la réforme franciscaine de l'Observance en France, il fut, avec frère Jean Bourgeois, choisi par Charles VIII pour fonder le second couvent des Cordeliers de Lyon. Il fut également le confesseur d'Anne de Bretagne. Ses succès oratoires l'amenèrent en 1468 à Paris, où il séjourna jusqu'en 1470. Il monta dans les chaires des églises de la capitale, et tout Paris vint l'écouter. Le succès du prédicateur venait de la nouveauté de sa méthode. Elle consistait à faire chanter à la foule un « Dicté en françois », petite complainte à la Vierge dont chaque strophe débutait par un mot de l'*Ave Maria*.

Peu de temps avant sa mort, en 1492, il fonda l'ordre des Filles repenties ou Pénitentes de Saint-Magloire. C'est à l'intention de ses protégées que Tisserant écrivit une *Dévote contemplation excitant à la crainte de Dieu*. Il est encore l'auteur d'une *Très belle salutation pour les Sept Portes de Nostre-Dame* (BN, Rés. p. Ye, 301) et d'un *Dicté en françois*, glose poétique du *Salve Regina* (BN, Rés. p. Ye, 301) :

O doulce fleur du jardin de liesse
O Clemence, reconfort et soulas...

La plus grande partie de son œuvre poétique consiste en Noëls répandus d'abord à l'état de manuscrits, puis en « fascicules imprimés soit du vivant de l'auteur, soit dans les dernières années du XVe siècle » et parvenus jusqu'à nous.

Jean Tisserant doit surtout être regardé comme le créateur du cantique populaire, car, au dire d'Amédée Gastoué, avant Tisserant, « aucun manuscrit ne contient de Noëls, et aucun texte du Moyen Âge n'y fait allusion ». Mais on lui doit aussi plusieurs hymnes et un office latins (publiés au t. 50 des *Analecta hymnica Medii Aevi*, Leipzig, 1907).

→ P. Ubald d'Alençon, *Jean Tisserant auteur du chant « O Filii et Filiae »*, dans *Études franciscaines*, t. 7 (1902), p. 538-541. — A. Gastoué, *L'« O Filii », ses origines, son auteur*, dans *Tribune de Saint Gervais*, 13e année, 1907, p. 82-90. — P. Raoul, *Un poète franciscain du* XV*e siècle, Frère Jehan Tisserant*, dans *Amis de Saint François*, n° 43 (1947), p. 9. P.R. et G.H.

Jean de Trie. Poète lyrique du XIIIe siècle, auquel sont attribuées deux chansons. Il peut s'agir de Jean II de Trie (Trie-la-Ville : Oise, arr. Beauvais, cant. Chaumont), surnommé Billebaut, l'un des fils de Mathieu de Trie, comte de Dammartin, et de Marsilie de Montmorency. Le poète Jean de Trie était mort en 1302.

L'une de ses chansons est adressée à la « dame de Blois » : vraisemblablement la comtesse Marie de Blois, qui épousa en 1225 Hugues de Châtillon, comte de Saint-Pol, et mourut en 1241, ce qui daterait la chanson de 1230-1241.

ŒUVRES. — H. Petersen Dyggve, *Trouvères et protecteurs de trouvères dans les cours seigneuriales de France*, Helsinki, 1942, p. 136-197 (*Annales Academiae Scientiarum Fennicae*, B, 50) [édition].

→ Linker, n° 151. F.F.H.

Jean Vaillant. Compositeur et professeur de musique à Paris, actif entre 1360 et

1390. Son œuvre profane survit dans le ms. Chantilly* 564, principale source des œuvres profanes des chanteurs pontificaux. Faut-il dès lors l'identifier au chapelain Johannes Valentis qui servit la cour d'Avignon sous Clément VI (de 1352 à 1361) ? Ce nom est très communément répandu et l'on trouve un Vaillant à la cour du duc de Berry entre 1377 et 1387.

Les cinq œuvres conservées dans le codex de Chantilly (trois rondeaux, une ballade, un virelai) font penser qu'il s'agit d'un jeune contemporain de Guillaume de Machaut*. Pourtant son style est parfois différent, notamment dans le virelai *Par maintes foys* où figurent de « réalistes » cris d'oiseaux.

ŒUVRES. — Éd. W. Apel, *French Secular Compositions of the Fourteenth Century*, dans *Corpus Mensurabilis Musicae*, LIII/1, New York, 1970.

→ U. Günther, art. *Vaillant* dans *The New Grove Dictionary of Music and Musicians*, vol. 19, p. 487. N.S.

Jean de Venette. Voir : *Chronique dite de Jean de Venette.*

Jean de Vignay. Ce traducteur naquit en Normandie, dans les environs de Bayeux, entre 1282 et 1285. Devenu religieux hospitalier de Saint-Jacques-du-Haut-Pas de Paris, il fut patronné par Jeanne de Bourgogne, épouse du roi Philippe VI. Elle est la dédicataire de la plupart de ses traductions tandis que Philippe VI se voit adresser trois textes et le dauphin Jean, futur Jean le Bon, un. L'activité de Jean de Vignay embrasse les années 1326-1350. La date de sa mort est inconnue. Des quatre traductions qui doivent être ses dernières, la *Chronique de Primat* a été écrite avant 1348, date de la mort de Jeanne de Bourgogne à qui elle est dédiée, les *Enseignements* et le *Miroir de l'Église*, dédiés à Philippe de Valois, avant 1350 (année où le roi mourut) et le *Jeu des Échecs* avant 1350 aussi, puisqu'il est dédié au duc de Normandie qui à cette date devint roi.

Ce qui nous reste de l'œuvre de Jean de Vignay comprend 11 traductions qui se divisent assez nettement en trois groupes. Les œuvres du premier groupe sont *De la Chose de la Chevalerie* (vers 1320) — traduction du *De re militari* de Végèce —, la traduction des *Épîtres et des Évangiles* pour toute l'année (1326), et les deux premiers livres du *Miroir historial*, traduction du *Speculum historiale* de Vincent de Beauvais*. Ces œuvres sont caractérisées par la maladresse de leur style ; Jean, très jeune encore, ne savait bien ni écrire le français ni comprendre le latin, et l'on y trouve des erreurs et des contresens à foison. Nous constatons, dans les *Épîtres et Évangiles* et dans les manuscrits les plus anciens de la traduction de Végèce, force archaïsmes et même une survivance sporadique de la déclinaison.

Ces ouvrages montrent aussi une tendance à traduire mot à mot qui s'atténuera ultérieurement.

Le second groupe, qui comprend cinq traductions, marque la période de la maturité de l'auteur. Dans toutes les traductions de ce groupe, Jean suit son original de très près, et son style, bien que dépourvu d'élégance, est bien meilleur que dans les œuvres de sa première période. La traduction de la *Légende dorée** de Jacques de Voragine, qui de toutes les œuvres de Jean a connu le plus de popularité, appartient à ce groupe, ainsi que l'énorme *Miroir historial* (à l'exception, comme nous venons de l'expliquer, des deux premiers livres).

Les quatre traductions du troisième groupe se distinguent nettement de toutes les autres. Jean est jusqu'ici un traducteur d'une fidélité pénible. Mais, dans le *Jeu des échecs* et dans le *Miroir de l'Église* (traductions du *Liber super ludo scaccorum* de Jacques de Cessoles* et du *Speculum Ecclesiae* d'Hugues de Saint-Cher*), il se permet au contraire une liberté étonnante — il change des passages, il en omet, il en ajoute. Si ce n'étaient quelques particularités de style qui caractérisent Jean de Vignay, on aurait de la peine à croire que ces deux traductions sont de la même main que les autres. Pour ses additions, nous ne sommes sûrs d'une source écrite que deux fois ; ce sont l'*Expositio orationis dominicae* de Pierre Abélard*, traduite en entier et insérée dans le *Miroir de l'Église*, et, dans le *Jeu des échecs*, un long extrait de l'*Ordene de chevalerie** attribué à tort à Hue de Tabarie (XIIIe siècle). Autrement ce sont des anecdotes et des légendes populaires, prises à coup sûr d'une tradition orale. Il y a aussi des additions plus courtes, telles que des citations bibliques et des proverbes. Le style même est devenu plus diffus et moins fidèle au latin ; on dirait que Jean fait des progrès vers l'élégance.

Nous considérons en outre comme appartenant à la dernière période de la vie littéraire de Jean deux traductions dont le texte latin n'est pas conservé. Ce sont les *Enseignements* de Théodore Paléologue et la *Chronique* de Primat (voir *Chroniques de France*). Les *Enseignements*, comme le prouve un prologue qui se trouve dans un manuscrit du *Miroir de l'Église* à Dijon, furent faits pour être présentés avec ce dernier au roi Philippe de Valois. Dans ce même prologue, il explique qu'il a ajouté des passages « lesquelles... touchent... à l'information de bonnes meurs ». En plus, les *Enseignements* sont parsemés de proverbes et de citations du même genre que ceux que Jean a insérés dans le *Jeu des échecs*. La traduction de Primat contient au moins deux additions : une vie de saint Louis dont le texte latin se trouve dans un ancien lectionnaire actuellement à la BN, et la description de quelques miracles du saint roi vus par Jean lui-même ou par son père. Dans la partie de la chronique qu'on peut comparer avec son texte original — c'est-à-dire la vie de saint Louis mentionnée ci-dessus —, on remarque que sa façon de traduire ressemble beaucoup à celle du *Jeu des échecs* ; il y a moins de fidélité que dans les traductions antérieures.

Enfin, s'insérant certainement entre le premier et le second groupe de textes, on trouve les traductions des *Otia imperialia* de Gervais de Tilbury*, des *Merveilles de la terre d'outremer* d'Odoric de Frioul ou de Pordenone et du *Directorium ad passagium faciendum ad terram sanctam* de Guillaume Adam*. Ces trois textes doivent dater des années 1331-1333. Quant à son *Alexandre* en prose de 1341, mentionné dans le catalogue de la bibliothèque de Charles VI, il a disparu.

Jean de Vignay n'avait qu'une médiocre connaissance du latin ; d'où de nombreux contresens et une absence d'esprit critique face à un texte corrompu. Quant à son style français, lourd et maladroit, il s'améliore un peu dans le *Jeu des Échecs*, sans jamais être élégant. On trouve même beaucoup d'erreurs dans sa langue, surtout en ce qui concerne la syntaxe. Il faut pourtant ajouter que sa fidélité à son original fait qu'il est très fortement influencé par le style de celui-ci, et que ses meilleures traductions sont celles où le texte latin est simple et clair. Il y a même parfois, par exemple dans les *Épîtres et Évangiles*, une dignité assez émouvante dans cette traduction littérale.

Pour juger du savoir de Jean de Vignay, et de l'étendue de ses lectures, il faut nous en rapporter à ses prologues et aux additions qu'il fait au *Jeu des échecs* et au *Miroir de l'Église*. Nous voyons alors que ses lectures étaient très restreintes. Ses citations courtes sont presque toujours tirées de la Bible, de saint Augustin ou de saint Bernard* (presque toujours inexactes, donc données de mémoire), ou bien ce sont des proverbes. Pour ses interpolations plus longues, il a eu recours, comme nous l'avons vu, à la tradition populaire. En somme, Jean n'était pas un érudit.

Toutefois, Christine de Pizan* usa beaucoup de la traduction de Végèce pour son *Livre des fais d'armes et de chevalerie*. Certaines de ses traductions furent assez répandues sous forme manuscrite puis imprimée. L'énorme *Miroir historial* est conservé par 17 mss, la plupart fragmentaires ; il fut imprimé deux fois, en 1495-1496 par Antoine Vérard et en 1531 par Nicolas Couteau. Le *Jeu des échecs moralisés* est connu par plus de 40 mss et deux éditions (Vérard, 1504, Michel Le Noir, 1505). De plus, 10 mss contiennent un texte français qui combine les versions de Jean de Vignay et de Jean Ferron. C'est ce texte composite que William Caxton traduira en anglais, en 1474. De même, c'est une version remaniée de la *Légende dorée** que Caxton a traduite. Quant au texte non remanié de la *Légende*, transmis par une vingtaine de copies, il fut imprimé dès 1476 à Lyon. Les *Festes nouvelles*, qui y furent ajoutées par Jean Golein*, figurent dans sept mss et de nombreuses éditions lyonnaises et parisiennes des XVe et XVIe siècles. Enfin, Julien Macho*, à la fin du XVe siècle, a remanié le recueil des légendes ajoutées au texte Jean de Vignay de la *Légende dorée*.

Tout ceci témoigne moins peut-être du succès d'un traducteur particulier que de l'intérêt durable de ces textes pour un public français. À l'inverse, les œuvres de « curiosité », comme les *Otia imperialia*, le *Directorium* et les *Merveilles*, eurent une diffusion restreinte. Plusieurs fois oubliées et redécouvertes, elles ont donc donné lieu à des traductions successives. Ainsi Jean d'Antioche* avait-il déjà traduit l'œuvre de Gervais de Tilbury ; ainsi Jean Miélot* retraduira-t-il le *Directorium.*

ŒUVRES. — *Jeu des échecs moralisés*, éd. Antoine Vérard, Paris, 1504 ; Michel Le Noir, Paris, 1505. — *Chronique de Primat*, trad. Jean de Vignay, éd. N. de Wailly, L. Delisle, C. Jourdain, Paris, 1876, p. 5-106 (*Recueil des historiens des Gaules et de la France*, 23). — *De la chose de chevalerie*, éd. L. Löfstedt, Helsinki, 1982 (*Annales Academiae scientiarum fennicae*, B 214). — *Légende dorée*, éd. partielle : R. et R. Heamer, *A Critical Edition of Four Chapters from the Légende dorée*, dans *Mediaeval Studies*, t. 51 (1989), p. 130-204. — *Les Merveilles de la terre d'outremer*, éd. D.A. Trotter, 1990, Univ. of Exeter (*Textes litt.*, 75).

→ P. Meyer, *Les anciens traducteurs français de Végèce et en particulier Jean de Vignai*, dans *Romania*, t. 25 (1896), p. 401-423. — J. Bastin, *Le Traité de Théodore Paléologue dans la Traduction de Jean de Vignay*, dans *Mél. M. Roques*, Paris, 1946, p. 78-88. — D.J.A. Ross, *Methods of Book-Production in a XIVth Century French Miscellany*, dans *Scriptorium*, t. 6 (1952), p. 63-75 [sur un ms. contenant les *Merveilles*, le *Directoire*, le *Miroir historial*, la *Chronique de Primat*]. — C. Knowles, *A 14th Century Imitator of Jean de Meung : Jean de Vignay's Translation of the De Re Militari of Vegetius*, dans *Studies in Philology*, t. 53 (1956), p. 452-458 ; *Caxton and his Two French Sources : The « Game and playe of the chesse » and the Composite mss of the Two French Translations of the « Ludus Scaccorum »*, dans *Modern Language Review*, t. 49 (1954), p. 417-423 ; *Jean de Vignay : Un traducteur du XIVe siècle*, dans *Romania*, t. 75 (1954), p. 353-383 ; *Les Enseignements de Théodore Paléologue*, dans *Byzantion*, t. 22 (1952), p. 389-394. — W.F. Manning, *The Jean de Vignay Version of the Life of Saint Dominic*, dans *Arch. Frat. Praedicat.*, t. 40 (1970), p. 29-46 [éd. partielle de cette vie]. — A. Duchesne, *Gervais de Tilbury et les Otia imperialia : commentaires et éd. critique de la Tertia decisio dans les trad. françaises de Jean d'Antioche et Jean de Vignay*, dans *Positions des thèses de l'École des Chartes*, 1971, p. 65-69. — C. Buridant, *Jean de Meun et Jean de Vignay, traducteurs de l'Epitoma rei militaris de Végèce (...)*, dans *Mél. A. Lanly*, Nancy, 1980, p. 51-69. — *Vincent of Beauvais and Alexander the Great : Studies on the Speculum Maius and its Translations into Medieval Vernaculars*, Groningue, 1986. — Cf. *GRLMA*, t. VI/2, n° 1456 ; t. VIII/1, p. 229-230, 251, 261. — *MB* nos 4889, 5384, 5555-5557 *bis*, 5595-5596, 5948, 7992, 8022 ; *S* 5413, 5415, 5418, 5766, 5768-5769, 5930, 6479, 7745, 8096. C.K. et S.L.

Jean Wauquelin. Venu de Picardie, Jean Wauquelin s'établit à Mons vers 1441 et y dirigea un atelier de copie. Il fut ainsi le premier grand « éditeur » du règne de Philippe le Bon, précédant de peu Jean Miélot* qui travailla à Lille, et de plus de dix ans David Aubert* qui vécut surtout à Bruges.

Le premier travail daté de Jean Wauquelin a été effectué pour Antoine de Croÿ en 1444-1445. Il s'agit d'une traduction en prose de l'*Historia regum Britanniae* de Geoffroi de Monmouth* avec l'insertion des *Prophetiae Merlini* du même auteur. Vint ensuite le seul texte à avoir peut-être été directement commandé vers 1445 par le duc de Bourgogne : *Girart de Roussillon**. Le texte s'achève d'ailleurs par une ballade de présentation au duc Philippe. Ce roman en prose utilise la *Vita Girardi comitis*, le roman en alexandrins — ces deux œuvres rédigées à l'abbaye de Pothières aux XIIe et XIVe siècles — et le roman provençal. Jean Wauquelin a politisé le texte en lui conférant le caractère d'une chronique. De fait, Girart de Roussillon, dont le gisant était conservé à Pothières, était considéré comme l'ancêtre de la dynastie bourguignonne. Aussi Philippe le Bon visita-t-il l'abbaye lors d'un voyage dans son duché patrimonial en 1433, accompagné d'Isabelle de Portugal alors enceinte du futur Charles le Téméraire. Des raisons d'ordre politique encore sont sans doute à l'origine de la rédaction par Wauquelin des *Chroniques de Hainaut*. Le Hainaut est le dernier des territoires rattachés au duché de Bourgogne et c'est d'un conseiller hennuyer du duc, Simon Nockart, qu'émane la commande du texte. Wauquelin y traduit en partie les *Annales historiae illustrium principum Hannoniae* de Jacques de Guise ; il termine le prologue et la première partie du texte en 1446, la seconde en 1448. Des pièces d'archives exceptionnelles permettent de suivre l'élaboration des trois gros volumes de cette chronique dont la décoration ne sera achevée que vers 1468 par Guillaume Vrelant (t. 2) et Loyset Liédet (t. 3). Quant à la décoration du premier tome, on l'a récemment attribuée à Jean Wauquelin en personne.

Vers 1447, il travaille à un autre texte historique, traduit de la *Chronica ducum Lotharingie et Brabantiae* d'Edmond de

Dynter : la *Chronique des ducs de Brabant*. Ce duché était revenu à la Bourgogne après la mort en 1431 de Philippe de Brabant. En 1448, Wauquelin compile pour Jean de Bourgogne, cousin du duc et gouverneur de Picardie, un « roman historique » en prose : les *Chroniques d'Alexandre*. Pour cela il utilise un *Roman d'Alexandre** en vers contenant le *Fuerre de Gadres*, la *Prise de Defur*, les *Vœux du Paon* de Jacques de Longuyon*, le *Restor du Paon* de Jean Le Court*... mais aussi le *Roman d'Alexandre* en prose et un livre du *Speculum historiale* de Vincent de Beauvais*. De la même année date la mise en prose de la *Belle Hélène de Constantinople**.

En 1450, revenant à la veine didactique, Jean Wauquelin traduit le *De regimine principum* de Gilles de Rome*. La seule copie conservée est de la main de Jacques Pilavaine qui lui succéda à Mons, après sa mort survenue le 7 septembre 1452. Enfin à une date inconnue, il mit en prose pour Jean de Croÿ, frère d'Antoine, la *Manekine* de Philippe de Beaumanoir*. Relevons un détail qui, de façon traditionnelle, atteste du statut d'auteur et de copiste de Jean Wauquelin : l'acrostiche dont il signe ses *Chroniques d'Alexandre* et sa *Belle Hélène*.

ŒUVRES. — *Girart de Roussillon*, éd. L. de Montille, Paris, 1860 [éd. médiocre d'après un seul ms.] ; éd. partielle P. Le Gentil dans *Mél. I. Siciliano*, Florence, 1966, t. 1, p. 623-635 ; *Girart de Roussillon, l'épopée bourguignonne*, Paris, 1990 [adaptation en français moderne de R.H. Guérand]. — *Chroniques de Hainaut*, éd. F. D'Urban, dans *Histoire de Hainaut*, Paris, 1826-1838 [avec le texte latin]. — *Chronique des ducs de Brabant*, éd. P.F.X. de Ram, Bruxelles, 1854-1857, 3 vol. *(Coll. des Chroniques belges inédites)*. — *La Manekine*, éd. H. Suchier, dans *Œuvres poétiques de Philippe de Rémi, sire de Beaumanoir*, Paris, 1884 (*SATF*, 18), p. 267-366.

→ G. Doutrepont, *La littérature française à la cour des ducs de Bourgogne*, Paris, 1909 (*Bibliothèque du XVe siècle*, 8). — Repr. des 26 miniatures de la *Belle Hélène*, Van den Gheyn, Bruxelles, 1913. — L.M.J. Delaissé, *Les Chroniques de Hainaut de l'atelier de Jean Wauquelin à Mons*, dans *Mél. E. Panofsky*, Bruxelles, 1955, p. 21-56. — A. Van Buren, *New Evidence for Jean Wauquelin's Activity in the Chroniques de Hainaut...*, dans *Scriptorium*, t. 26 (1972), p. 249-268. — Y. Cazeaux, *Philippe le Bon et Girart de Roussillon...*, dans *Mél. R. Louis*, (Saint-Père-sous-Vézelay), 1982, t. 2, p. 903-925. — M. Gosman, *Les fais et conquestes du noble roy Alexandre : dérimage ou remaniement ?*, dans *Actes du 4e colloque intern. sur le Moyen Français*, Amsterdam, 1985, p. 315-334. — Cf. *GRLMA*, t. VIII/1, p. 204, 209, 211, 239. — *MB* nos 428-429, 5978 ; *S* 1040, 1177, 8027-8028.

S.L.

Jean de Wavrin. Né vers 1400 (il a quinze ans à Azincourt), Jean, bâtard de Wavrin (il sera légitimé en 1437 par le duc de Bourgogne, en 1447 par le roi de France), seigneur du Forestel (en 1442), participe à des expéditions guerrières du côté bourguignon et sert dans les armées anglaises en 1428 et jusqu'à la paix d'Arras (1435). Il se met alors au service de Philippe le Bon, qu'il avait accompagné en 1427-1428 dans ses expéditions aux Pays-Bas. Auparavant, en 1420, il avait pris part à la croisade infructueuse du pape Martin V contre les hussites de Bohême. Le duc de Bourgogne le nomme chambellan ; Jean assume pour lui des fonctions administratives et diplomatiques. En 1463, il est envoyé en ambassade à Rome pour débattre la question de la croisade contre les Turcs. En 1464, il fait partie de la délégation dépêchée par Philippe le Bon en Hainaut pour discuter le projet de défense des frontières contre les Liégeois. En 1467, il accompagne Antoine, bâtard de Bourgogne, à la cour d'Angleterre. En 1469, il assiste à l'entrevue du comte de Warwick et de Charles le Téméraire à Saint-Omer. Il meurt entre 1472 et 1475.

À l'instigation de son neveu Waleran, capitaine général de la flotte bourguignonne « en la mer du Levant », il a écrit le *Recueil des croniques et anciennes istoires de la Grant Bretaigne, a present nommé Engleterre*. C'est une histoire de l'Angleterre, depuis les origines fabuleuses d'Albion jusqu'à la mort du roi Henri IV (1413), pour la version primitive, qui date des années 1445 et compte quatre volumes divisés en six livres chacun. Une seconde rédaction fut réalisée en 1469, en six volumes ; la chronique y sera continuée jusqu'en 1471 (réinstallation d'Édouart IV sur le trône anglais). En fait, malgré son intitulé, l'ouvrage traite, du moins à partir du XIVe siècle, autant de l'histoire de France et de Bourgogne que de celle de l'Angleterre. On y trouve notamment une nouvelle relation de la guerre du duc Philippe contre les Gantois, un récit du sac de Liège et de Dinant par l'armée de

Charles le Téméraire. Jean de Wavrin a beaucoup utilisé les chroniques de Jacques Du Clercq* et Jean Chartier* ; par contre, à l'inverse de ce qu'on croyait jusqu'à présent, c'est la continuation d'Enguerrand de Monstrelet* qui l'a beaucoup pillé, et non l'inverse.

On a suggéré que Jean de Wavrin a été non seulement chroniqueur mais aussi l'auteur de plusieurs romans de chevalerie (*Seigneurs de Gavre**, la version en prose du *Florimont* d'Aimon de Varennes*, le roman du *Comte d'Artois*, Gillion de Trazegnies**). Il est en tout cas sûr que ce fut un bibliophile remarquable ; ses goûts littéraires le portaient vers les romans de chevalerie qui se déroulaient dans sa région natale, le Nord de la France, ainsi qu'aux œuvres inspirées de l'Antiquité. On peut lui attribuer sans erreur la possession de douze volumes qui portent ses armes ou son nom et qui sont le reflet de ses goûts. Tous ont été fabriqués entre 1450 et 1470 et sortent d'un même atelier, situé à Lille et dit du « Maître de Wavrin ».

ŒUVRE. — Éd. E. Dupont, 3 vol. ; Paris, 1858-1863 *(SHF)* [éd. partielle qui supprime les passages relatifs à l'Angleterre de même que ceux que l'éditrice estime provenir de Froissart, Monstrelet, etc.]. — Éd. W. Hardy, 5 vol., Londres, 1864-1891 (*Rerum Brit. medii aevi scriptores*, 39), [trad. anglaise dans les deux premiers volumes].

→ F.V. Goethals, *Histoire de la maison de Wavrin et de quelques familles qui en sont issues*, Bruxelles, 1866. — J. Stengers, *Sur trois chroniqueurs. Note sur les rapports entre la continuation anonyme de Monstrelet, les « Mémoires » de Jacques Du Clercq et les « Chroniques d'Angleterre » de Jean de Wavrin*, dans *Annales de Bourgogne*, t. 18 (1946), p. 122-130. — A. Naber, *Jean de Wavrin, un bibliophile du quinzième siècle*, dans *Revue du Nord*, t. 69 (1987), p. 281-293 ; *Les manuscrits d'un bibliophile bourguignon du XVe siècle, Jean de Wavrin, ibid.*, t. 72 (1990), p. 23-48. — Molinier n° 3955. — Cf. *MBS* n°s 6615, 8029-8030.

G.T.L.

Jean de Werchin. Sénéchal de Hainaut, seigneur de Cysoing, Jean de Werchin incarne le chevalier-poète de la fin du Moyen Âge. Renommé pour ses prouesses, il figure comme exemple dans le *Livre des faits de Jacques de Lalaing** au même titre que Gilles de Chin*, personnage historique, et Gillion de Trazegnies*, personnage romanesque. Enguerrand de Monstrelet*, dans sa chronique, raconte plusieurs des « emprises » du chevalier, par exemple combattre tout adversaire qui se présenterait sur sa route vers Saint-Jacques-de-Compostelle. Jean de Werchin fut également poète et ami de poètes : Christine de Pizan* loue sa valeur dans une ballade (n° 245, éd. Roy), le range parmi les vrais amoureux de son *Débat des deux amants*, le choisit comme juge pour trancher les cas qu'elle expose dans le *Livre des trois jugements* et le *Dit de Poissy*. C'est d'ailleurs sur le modèle de ces textes qui appellent à un débat, que le sénéchal composa vers 1404 son *Songe de la barge*. Le cadre réel de cette œuvre allégorique est un décor militaire : le port de Brest et le bateau où le poète attend le départ de l'expédition dirigée par Jacques II de Bourbon, comte de la Marche, contre les Anglais, pour soutenir les Gallois. Songeant à sa dame déloyale, l'auteur s'endort. Il trouve alors réunie la cour de justice d'Amour dans la Lande joyeuse de la Forêt amoureuse. Tout comme il l'a vu faire aux amants malheureux, le narrateur veut exposer son cas. Au moment où il se dirige vers Amour, sa barge est violemment heurtée par un autre bateau. Le rêveur se réveille et décide de rimer sa vision (strophes de trois décasyllabes et un vers de quatre rimant aaab ; b devenant la rime a de la strophe suivante ; pour les discours, décasyllabes à rimes plates). La seconde œuvre de Jean de Werchin a le même cadre et les mêmes résonances, mais il s'agit cette fois d'un recueil de 46 ballades échangées entre lui et Gilbert de Lannoy* qui, alors âgé de dix-huit ans, était son écuyer. Jean de Werchin y est l'homme d'expérience qui conseille au jeune amoureux de ne pas s'arrêter à une maîtresse trop cruelle, pour éviter le désespoir. Gilbert récuse ce conseil et refuse ce qu'il considère comme de la déloyauté. Ces jeux rhétoriques ne sont pas sans intérêt ni talent ; ils témoignent en outre des capacités littéraires de personnages qui appartenaient à la Cour amoureuse de Charles VI : Jean de Werchin comme conseiller, Gilbert de Lannoy comme écuyer. Et dans une des quarante-six ballades se trouvent apostrophés Lourdin de Saligny, chambellan du roi et chevalier-trésorier de sa Cour amoureuse, qui composa lui-même des ballades (si l'on en croit un inventaire ancien de bibliothèque), ainsi que Jean de

Garencières* le jeune, le grand poète. Combattant, Jean de Werchin mourut à Azincourt en 1415.

ŒUVRE. — Le *Songe de la barge*, éd. partielle A. Piaget dans *Romania*, t. 38 (1909), p. 71-110 [les passages sautés sont résumés] ; les 46 *Ballades, ibid.*, t. 39 (1910), p. 324-368.

→ J. Bataille, *Cysoing, les seigneurs, l'abbaye, la ville, la paroisse*, Lille, 1934. — Cf. *MB* n°s 4558-4559. S.L.

Jeu d'Adam. Un manuscrit du XIIIe siècle conserve, sous le titre *Ordo representacionis Ade*, le texte d'un drame qui a été composé par un Anglo-Normand entre 1146 et 1174. C'est le plus ancien drame religieux en français que l'on possède. Il est aussi remarquable par le talent psychologique et dramatique de l'auteur que par le développement de la mise en scène, que précisent de copieuses rubriques en latin.

Le manuscrit ne contient pas la fin. La pièce est écrite en octosyllabes à rimes plates ou en décasyllabes formant des quatrains monorimes. Un chœur chante des textes liturgiques en latin. L'action se divise en trois parties : la première (590 vers) embrasse la vie d'Adam et d'Ève et se termine par leur mort et leur entrée en Enfer. La seconde (154 vers) met en scène le meurtre d'Abel par Caïn. La troisième (198 vers), imitée du sermon du pseudo-saint Augustin, est constituée par le défilé traditionnel des prophètes qui annoncent la venue du Messie. Une idée théologique relie ces trois parties : la faute des premiers parents, suivie du meurtre d'Abel (qui préfigure la mort du Christ), sera réparée par la Rédemption, qu'espèrent Adam et Ève.

La pièce était jouée devant le porche d'une église. Non seulement les rubriques indiquent le décor et les costumes, mais elles donnent des conseils pour la diction, la physionomie et les gestes des acteurs. L'action se passe d'abord dans le Paradis terrestre, situé sur une éminence et orné d'arbres, de fleurs et de fruits. Après les recommandations de Figura (Dieu) à Adam et Ève, le diable les tente au cours d'un dialogue animé. Un serpent « machiné avec art » monte dans l'arbre, puis Ève cueille la pomme, elle en mange, ainsi que son mari. Figura les chasse du Paradis ; avec douleur, ils cultivent la terre ; ensuite, ils meurent. Dans la seconde partie, l'auteur a su ménager une progression dramatique. La troisième est animée par un dialogue entre Isaïe et un Juif de la Synagogue.

Des études récentes ont montré que le *Jeu d'Adam* se rattache étroitement à la liturgie (par son titre aussi bien que par le contexte dans lequel il figure).

ŒUVRE. — Éd. : *Le Mystère d'Adam (Ordo representacionis Ade). Texte complet du ms. de Tours*, par P. Aebischer, Genève, 1963 (*TLF*, 99) ; A. Pauphilet, dans *Jeux et Sapiences du Moyen Âge*, Paris, 1970 (Pléiade) ; *Le Jeu d'Adam (Ordo representacionis Ade)*, par W. Noomen, Paris, 1971 (*CFMA*, 99). — Trad. G. Cohen, *Le jeu d'Adam et d'Ève*, Paris, 8e éd., 1945.

→ L. Petit de Julleville, *Les Mystères*, 2 vol., Paris, 1880. — G. Cohen, *Histoire de la mise en scène dans le théâtre religieux français du Moyen Âge*, Paris, 1926. — E. Auerbach, *Mimesis*, Berne, 1946, chap. 7. — G. Frank, *The Medieval French Drama*, Oxford, 1954. — W.C. Calin, *Structural and Doctrinal Unity in the Jeu d'Adam*, dans *Neophilologus*, t. 46 (1962), p. 249-254. — W. Noomen, *Le Jeu d'Adam, étude descriptive et analytique*, dans *Romania*, t. 89 (1968), p. 145-193. — T. Hunt, *The Unity of Play of Adam (Ordo representacionis Ade)*, *ibid.*, t. 96 (1975), p. 368-388, 497-527. — M. Accarie, *La mise en scène du Jeu d'Adam*, dans *Mél. P. Jonin*, Aix-en-Provence, 1979, p. 1-16. — J.-P. Bordier, *Le fils et le fruit. Le Jeu d'Adam entre la théologie et le mythe*, dans *The Theatre in the Middle Ages*, Louvain, 1985, p. 84-102 [*Mediaevalia Lovaniensa*, Series I, Studia III]. — J. Beck, « *Adam, ubi es ?* ». *Le thème de l'espoir dans le Mystère d'Adam*, dans *Studi medievali*, t. 27 (1987), p. 801-810. — R.F. Jones, *A Medieval Prescription for Performance, le Jeu d'Adam*, dans *Performing Texts*, Philadelphie, 1988, p. 101-115. — Cf. *MB* n°s 3893-3906, 6734-6738, 7846 ; *S* 880, 1809, 6249, 6250, 6252, 6258 *bis*-6263, 6268, 6286-6329, 6373. Ra.L. et C.R.

Jeu de l'Étoile. Le Jeu de l'Étoile est le titre donné aux 300 premiers vers d'une Nativité inachevée. Une étoile très lumineuse apparaît, mais le texte s'arrête avant que les scènes se déroulent près de la crèche. Le manuscrit a été copié par un scribe sans doute wallon à la fin du XVe siècle, sur les pages blanches d'un obituaire de l'abbaye de Cornillon à Liège. Le manuscrit a été brûlé en 1944. L'édition a été faite à partir d'une photographie.

ŒUVRE. — *Le Jeu de l'Étoile du ms. de Cornillon (Liège)*. Éd. C. Thiry, Bruxelles, 1980 *(Académie royale de langue et de littérature françaises)*.

→ C. Thiry, *Une nativité savante en Wallonie : le Jeu de l'Étoile*, dans *L'Ethnie française*, nov.-déc. 1970, p. 23 ; *Un inédit du* XVe *siècle : une Nativité de l'Étoile, ibid.*, nov.-déc. 1971, p. 1-16. — Cf. *MB S* n°s 8200-8202, 8132.
E.L.

Jeu de sainte Agnès. C'est le plus ancien spécimen qui reste du drame occitan, si l'on néglige un mince bout de rôle du XIIIe siècle. C'est aussi l'unique drame consacré à la martyre romaine, qui ait été conservé, de toutes les littératures françaises du Moyen Âge. Encore est-il incomplet du début, le ms. unique (Vatican, Chigi C. V. 151) ayant perdu ses trois ou quatre premiers feuillets. Il a été composé dans la région de Béziers (Hérault) entre 1340 et 1350. Historiquement, le Midi a connu très tôt le culte de la jeune Agnès, morte probablement à l'occasion de la persécution de Dioclétien, au début du IVe siècle. En dehors de l'Italie, le Midi fut en effet la seule région à lui vouer une vénération particulière.

La légende d'Agnès est connue au Moyen Âge par trois textes fréquemment utilisés pour les versions en langue vulgaire : — les *Gesta sanctae Agnetis* du Pseudo-Ambroise, texte qui date probablement du IVe siècle, — une version abrégée transmise par Vincent de Beauvais* dans son *Speculum historiale* au milieu du XIIIe siècle et — la *Légende dorée** compilée par Jacques de Varazze à la fin du XIIIe siècle. Le poète occitan a préféré le récit, à la fois structuré et rempli de détails pittoresques, du Pseudo-Ambroise. La beauté d'Agnès, âgée de treize ans, chrétienne à l'insu de ses parents, a enflammé d'amour Apodeixès (nom sorti, par un bizarre contresens, du mot grec *apodeixis*), fils du préfet (dit ici : sénateur) de Rome, Simproni. Ses offres de mariage ayant été repoussées, Apodeixès tombe malade (ici commence le texte conservé) ; son père renouvelle la demande, mais en vain, puis il somme la jeune fille d'abjurer sa foi et (puisqu'elle veut rester vierge) de se faire vestale. Sur son refus, il la fait dépouiller de ses vêtements et traîner dans un lupanar. Mais les miracles se multiplient : les cheveux d'Agnès recouvrent entièrement sa nudité ; une robe blanche lui est apportée du ciel ; un ange vient la protéger. Tous ceux qui pénètrent dans le mauvais lieu en sortent convertis. Apodeixès, qui a voulu porter la main sur elle, est étouffé par un démon. Mais Agnès le ressuscite et lui aussi se convertit. C'est en vain qu'on la place sur un bûcher ardent ; il faut, pour la faire mourir, qu'on lui enfonce une épée dans la gorge.

Aux personnages indispensables, le poète occitan a ajouté un messager comique et des parents de Simproni, avec l'intention visible de fournir un rôle à un plus grand nombre d'acteurs, peut-être quarante-cinq à cinquante. En outre, il a créé plusieurs scènes nouvelles accompagnées d'intermèdes musicaux, aux moments les plus cruciaux. Par un procédé que l'on connaît dans les drames français du XIIIe siècle, les changements de mètres sont réservés aux péripéties et aux amplifications. Le poète fait donc œuvre originale dans l'évolution du théâtre occitan antérieur à 1500. Il avait sans doute reçu une formation de clerc ; ses didascalies — 153 indications scéniques comprises dans le texte — sont en latin, mais dans une langue fort corrompue et qui ressemble davantage à de l'occitan qu'à du latin. Néanmoins, le travail de l'auteur occitan dépasse de beaucoup la plate adaptation ou l'utilisation d'un canevas étoffé par quelques dialogues. Il utilise principalement le mouvement d'un grand nombre de personnages et les effets sonores, tant acoustiques que musicaux.

Le plus grand intérêt de l'œuvre réside dans sa forme unique, qui fait de la polymétrie une composante fondamentale de sa structure : si la plus grande part du texte est écrite en octosyllabes, l'auteur utilise dans les dialogues et les insertions lyriques jusqu'à cinq schémas métriques différents : une variété que même les troubadours n'atteignent pas facilement dans le cadre plus restreint et maniable des strophes d'une poésie. Aux 16 insertions lyriques qui, pour la plupart, ont conservé la mélodie des pièces qui leur servaient de « timbre », il faut ajouter les trois chants liturgiques et deux passages des dialogues entre le Christ et les archanges, pour lesquels l'accompagnement musical semble avoir été omis par hasard. Ceci élève le nombre des parties chantées à 21 morceaux, qui appartiennent presque tous à la tradition occitane incarnée dans la poésie des troubadours et leurs mélodies. L'une d'elles est celle d'une pièce de Guilhem IX* : *Pos de chantar* (PC 183,

10). C'est la plus ancienne mélodie provençale connue, hélas incomplète. Elle soutient ici le chant que tous les convertis entonnent en l'honneur du « *Bel seiner Dieus* ». Son rythme solennel, inspiré de la liturgie, se prête fort bien à leur profession de foi.

Selon E. Schulze-Busacker : « L'originalité du choix thématique et les modalités de son traitement contribuent donc à faire de ce drame l'œuvre la plus remarquable de la dramaturgie occitane avant 1500. »

ŒUVRE. — Éd. A. Jeanroy et T. Gerold [transcription des mélodies, p. 58-77], *Le Jeu de sainte Agnès, drame provençal du XIVe siècle*, Paris, 1931 (*CFMA*, 68). — Éd. des mélodies : F. Gennrich, *Der musikalische Nachlass der Troubadours*, Darmstadt, 1958-1960, t. 3, p. 238-246.

→ C. Brunel, n° 336. — E. Hoepffner, *Les intermèdes musicaux dans le Jeu provençal de sainte Agnès*, dans *Mél. G. Cohen*, Paris, 1950, p. 97-104. — E. Paganuzzi, *Spigolature nel dramma provenzale di S. Agnese del cod. vatic. Chigi C. V. 151*, dans *CN*, t. 26 (1966), p. 101-104. — J.-M. Piemme, *L'espace scénique dans le Jeu de sainte Agnès*, dans *Mél. R. Lejeune*, t. 1, Gembloux, 1969, p. 235-245. — J.-M. D'Heur, *Le motif du vent venu du pays de l'être aimé, l'invocation au vent, l'invocation aux vagues...*, dans *ZRPh*, t. 88 (1972), p. 78-82. — A. Roncaglia, *Appunti per una nuova edizione del Mistero provenzale di sant' Agnese*, dans *Mél. L. Ronga*, Milan, 1973, p. 573-591. — R. Taylor, *La littérature occitane du Moyen Âge*, Toronto, 1977, nos 683-685 [bibliogr.]. — E. Schulze-Busacker, *Le théâtre occitan au XIVe siècle : le Jeu de sainte Agnès*, dans *The Theatre in the Middle Ages*, Louvain, 1985, p. 130-193. — J. Beck, *Sexe et genres dans l'hagiographie médiévale. Les mystères à saintes*, dans G. Di Stefano et R.M. Bidler, *La langue, le texte, le jeu. Perspectives sur le théâtre médiéval, Actes du colloque intern.*, Montréal, 1986 (*Le Moyen français*, 19), p. 18-33. A.J. et G.B.L.

Jeu des trois rois. Le Jeu des trois rois est le thème de plusieurs pièces.

1. Le **Geu des trois roys** contenu dans le ms. 1131 de la Bibl. Sainte-Geneviève. C'est le second mystère du recueil ; il compte 1 564 vers et 18 personnages. Il pouvait être joué à la suite du *Mystère de la Nativité* qui le précède.

ŒUVRE. — Éd. R. Whittredge, *La Nativité and the Geu des Trois rois, Two Plays from the Ms. 1131 of the Bibl. Sainte-Geneviève*, Paris, Bryn Mawr, 1944.

2. Le **Jeu des Trois rois de Neuchâtel** compte 299 vers et 11 personnages. Il met en scène la Nativité du Christ avec les rois Mages et les bergers. Le texte comprend deux processions, celle des rois Mages et celle des bergers, puis deux adorations, celle des rois puis celle des bergers. Ce texte était destiné probablement à prendre place dans un office liturgique.

ŒUVRE. — Éd. et trad. A. de Mandach, *Le jeu des trois rois de Neuchâtel*, Genève, 1982 (*TLF*, 301).

3. ***Le joyeux mystère des trois rois*** de Jean d'Abondance. Ce jeu compte 664 vers et 17 personnages. Il fut écrit par Jean d'Abondance autour de 1530. Le ms. original est perdu et on connaît le texte par une copie du XVIIIe siècle (BN, nouv. acq. fr. 4222). Un vilain y dit 36 vers en franco-provençal.

ŒUVRE. — Éd. Y. Giraud, S. de Reyff et N. King, *Trois Jeux des Rois*, Fribourg, 1985.

→ L. Petit de Julleville, *Les mystères*, Paris, 1880, t. 2, p. 619. — D. Carnahan, *Jehan d'Abundance*, dans *The University Studies*, Urbana, t. 3, n° 5 (1909), p. 232-266. — P. Aebischer, *Neuf études sur le théâtre médiéval*, Genève, 1972, p. 67-82. — J.C. Aubailly, *Deux jeux de Carnaval*, Genève, 1978 (*TLF*, 245). — M. Rousse, *Jehan d'Abondance et la Farce de la Cornette*, dans *La vie théâtrale dans les Provinces du Midi, Actes du 2e colloque de Grasse, 1976*, Tübingen, 1980, p. 51-62.

4. Rôles du **Jeu des trois rois**. Des fragments de rôles de Balthazar et de la Vierge conservés aux Archives d'État de Fribourg comptent 170 vers d'un probable Jeu des trois rois. Il pourrait, en effet, s'agir de fragments d'une Passion, ces vers présentant des ressemblances avec le *Mystère de la Passion d'Arras**.

ŒUVRE. — Éd. G.A. Runnalls, *The Medieval Actor's Roles Found in the Fribourg Archives*, dans *Pluteus*, t. 4 (1986), rôle V, p. 47-54.

Le jeu des rois est lié bien évidemment à la Nativité et on retrouve la scène des bergers (mais sans les rois) dans les Mystères de la Passion*. On connaît aussi une *Moralité des trois rois* en Provence de la fin du XVe siècle. Une comédie de Marguerite de Navarre a également pour thème l'adoration des trois rois.

→ J. Chocheyras, *Le théâtre religieux en Savoie au XVIe siècle*, Genève, 1971. — Éd. E. Schneegans, *Œuvres de Marguerite de Navarre, Les Comédies*, Strasbourg, 1923. — N. King, *Mittelalterliche Dreikönigsspiele*, Fribourg, 1979, 2 vol. E.L.

Jeu du Pèlerin. C'est une sorte d'avantjeu dramatique d'auteur inconnu, destiné à précéder la représentation d'une pièce d'Adam de la Halle*, probablement le *Jeu de Robin et de Marion* qui le suit dans le ms. BN, fr. 25566.

Le pèlerin, qui arrive de contrées fabuleuses, et auquel vient s'opposer un « vilain », affirme qu'en Pouille on dit le plus grand bien d'un clerc « net et soustieu » (élégant et fin), Adam « li Bochus » d'Arras. À cette occasion, il fait lui-même l'éloge d'Adam :

le joli, le largue, le donneur
qui ert de toutes vertus plains.

Le trouvère excellait dans divers genres : *canchons, partures, motets, ballades*. Les deux hommes entremêlent plaisanteries et chansons. La pièce, incontestablement arrageoise, est d'une invention assez faible : elle est cependant intéressante pour les informations qu'elle nous donne sur la vie et les œuvres d'Adam de la Halle.

ŒUVRE. — Éd. E. Langlois, *A. Le Bossu, Le Jeu de Robin et Marion, suivi du Jeu du Pèlerin*, Paris, 1924 (*CFMA*, 36). — *Le Jeu de Robin et Marion, par Adam de la Halle, précédé du Jeu du Pèlerin*, éd. K. Varty, Londres, 1962.

→ H. Guy, *Essai sur la vie et les œuvres littéraires du trouvère Adam de la Hale*, Paris, 1898. — J. Dufournet, *Complexité et ambiguïté du Jeu de Robin et Marion. L'ouverture de la pièce et le portrait des paysans*, dans *Mél. J. Horrent*, Liège, 1980, p. 141-159. — Cf. *MB* n°s 3990 ; *S* 6421-6428. C.F.

Joan Berenguer de Masdovelles. Ce poète catalan du XVe siècle, neveu de Guilhem de Masdovelles*, fut un des plus féconds de l'École littéraire issue des Jeux Floraux de Toulouse et de Barcelone. On a conservé de lui 172 œuvres de tout genre, composées entre 1438 et 1467 : poésies amoureuses (quelques milliers de vers) ; poésies religieuses, surtout dédiées à la Vierge ; débats avec d'autres poètes ; pièces historiques concernant notamment le prince de Viane et des personnages ou des événements remarquables de son temps. Il fut un versificateur habile, héritier des thèmes courtois et des techniques de la lyrique troubadouresque, devenant moralisateur avec le temps. Avant 1470, il rédigea de sa propre main le manuscrit appelé « Chansonnier de Masdovelles », qui conserve ses œuvres, celles de son oncle Guilhem, et de son frère Pere. Grâce à ce recueil autographe, on peut analyser l'évolution de sa langue, dont le caractère catalan s'affirme progressivement aux dépens de ses sources toulousaines.

ŒUVRE. — Éd. R. Aramon i Serra, *El cançoner dels Masdovelles*, Barcelone, 1938.

→ M. de Riquer, *Historia de la Literatura Catalana*, t. 3, Barcelone, 1964, p. 117-144. J.S. et G.B.L.

Joan de Castelnou. Troubadour du XIVe siècle, d'une famille sans doute originaire de Castelnou en Roussillon, il vécut en Aragon et à Toulouse. Dans cette dernière cité, il fréquenta le Consistori* tout en entretenant des relations avec la noblesse de l'autre côté des Pyrénées.

Ce serait à la demande d'un noble catalan, Dalmau de Rocaberti, qu'il écrivit un *Compendi* des *Leys d'Amors**, sorte de résumé du traité toulousain, utilisant à cet effet la rédaction rimée dont le manuscrit est à la Bibliothèque de Catalogne, à Barcelone. Il puisa à la même source pour composer en 1341 la *Glosa* en vers du *Doctrinal* de Raimon de Cornet*, œuvre polémique qu'il dédia à l'infant Pierre d'Aragon. Dans ces deux œuvres en prose, Joan de Castelnou manifeste une haute estime pour les prescriptions académiques du Consistoire toulousain.

Conformément à ces prescriptions, il composa les onze poèmes qui restent de lui, dont cinq *cansos* d'amour où l'on trouve les idées courtoises et la terminologie des troubadours de la décadence, leur ton moralisateur, ainsi que le goût de l'allitération et de la préciosité. Dans un *vers* et un *sirventes*, le troubadour demande à tous les chrétiens de suivre à la croisade — les projets de croisade ne cessaient de se renouveler — le roi de France, Philippe VI de Valois « qui a, dit-il, force et courage plus que tout autre roi ».

Joan de Castelnou est, à l'inverse de son rival en poésie Raimon de Cornet, l'adversaire des Anglais qui, en occupant la Guyenne, l'avaient peut-être chassé de son pays natal, et ami du roi de France, à l'instar de la majorité des intellectuels toulousains de cette époque.

Son œuvre de grammairien ou de poète présente surtout l'intérêt d'un témoignage.

ŒUVRE. — En prose : Éd. J.M. Casas Homs, *Joan de Castellnou, segle XIV, obres en prosa*, Barcelone, 1969. — En vers : J. Massó Torrents, *Poésies en partie inédites de Johan de Castellnou et de Raimon de Cornet*, dans *AM*,

t. 26 (1914), p. 449-474 et t. 27-28 (1915-1916), p. 3-36.

→ C. Brunel, 1973, n°s 37-38. — A. Jeanroy, *La poésie provençale...*, dans *HLF*, t. 38, 1949, p. 85-110. — M. de Riquer, *Historia de la Literatura catalana*, Barcelone, 1964, t. 1, p. 523-526. — E. Zufferey, *Bibliographie des poètes provençaux des* XIVe *et* XVe *siècles*, Genève, 1981, n° 518. J.S. et G.B.L.

Joan Esteve. Le troubadour Joan Esteve est connu par le chansonnier manuscrit *C* (Paris, BN, fr. 856) qui le dit originaire de Béziers. Onze compositions sont conservées sous son nom et ont été créées entre 1270 et 1288. En 1270, il consacra un *planh* à la mort du vicomte Amalric de Narbonne (PC 266, 1) et en 1284, il écrivit une poésie (PC 266, 4) à l'occasion d'un accident sanglant survenu durant les fêtes de l'Ascension. Son goût pour la piété se déploie dans sa chanson religieuse (PC 266, 8) sous la forme poétique du *descort*. On connaît en outre de lui trois pastourelles, une poésie amoureuse adressée à une dame du nom-*senhal* de *bel rai*. Dans le contexte politique de son époque, il est plutôt partisan des Français : la majorité de ses poésies sont dédiées à Guilhem de Lodève, grand amiral de France. Lorsque ce dernier fut fait prisonnier par les Catalans, Joan Esteve adressa, en 1286, un *sirventes* (PC 266, 6) au roi Philippe IV, pour lui demander d'obtenir sa libération. À la mort de Guilhem, il lui consacra un *planh* (PC 266, 10).

ŒUVRE. — Éd. G. Azaïs, *Les troubadours de Béziers*, Béziers, 1869, p. 59-118. — S. Vatteroni, *Le poesie del trovatore Johan Esteve*, Pise, 1986. — Éd. partielle : F.J. Oroz Arizcuren, *La lirica religiosa en la literatura provenzal antigua*, Pampelune, 1972, p. 296-309 [*PC* 266, 8]. — M. de Riquer, *Los trovadores. Historia literaria y textos*, Barcelone, 1975, t. 3, p. 1601-1608 [PC 266, 6 et 9].

→ PC 266. — J.H. Marshall, *The Isostrophic Descort in the Poetry of the Troubadours*, dans *Romance Philology*, t. 35 (1981-1982), p. 130-157. — M. Shapiro, *The Decline of Joi in the Provençal Planh*, dans *Kentucky Romance Quarterly*, t. 28 (1981), p. 351-369. G.B.L.

Joc-partit. Voir : *Partimen*.

Jocelin, Jocelin de Bruges et Jocelin de Dijon. Une chanson d'amour (R. 921) et une pastourelle (R. 968) sont attribuées à Jocelin, trouvère inconnu, identique peut-être à Jocelin de Bruges, l'auteur d'une pastourelle (R. 1848, 1854) antérieure à 1225, dont la grossièreté rappelle celle des fabliaux. Jocelin de Dijon, lui, passe pour l'auteur d'une chanson d'amour écrite vers 1220 et d'une pastourelle (R. 95), dans laquelle le chevalier en quête d'une bonne fortune rencontre, non une bergère, mais une « damoiselle », et échange avec elle des propos empreints d'une grande courtoisie. Il est possible que la première de ces pièces ait été composée par Guiot de Dijon*, la seconde par Jocelin de Bruges.

ŒUVRES. — K. Bartsch, *Altfranzösische Romanzen und Pastourellen*, Leipzig, 1870, p. 91, 316 et 319. — E. Nissen, *Les chansons attribuées à Guiot de Dijon et Jocelin*, Paris, 1929 (*CFMA*, 59).

→ Linker, n°s 166, 167 et 168. — Cf. *MB* n° 2352. G.M.

Jofre de Foixà. Jofre de Foixà appartient au lignage d'Ampurdan des seigneurs de Foixà, dont le château est encore conservé. C'étaient des vassaux des comtes d'Ampurias. Très jeune, Jofre entra dans l'ordre franciscain à Barcelone ; la documentation le mentionne à Monzon en 1267. Sans que l'on en connaisse le motif, il quitta l'ordre de saint François, en 1275, pour celui de saint Benoît et entra sans doute au monastère de Saint-Félix de Guixols. Quand les Français envahirent la Catalogne, Pierre III le Grand nomma Jofre de Foixà procureur du monastère de Saint-Pierre de Galligants et lui confia, de même que son successeur Alphonse, des missions délicates. En 1293, on retrouve Jofre en Sicile, abbé du monastère Saint-Jean-des-Ermites à Palerme, sous la protection du roi Frédéric de Sicile et de son frère Jacques II d'Aragon. Le 11 juillet 1295, le pape Boniface VIII émit une bulle permettant à Jofre de Foixà de jouir de certains bénéfices qui lui étaient refusés parce qu'il avait été franciscain avant d'être bénédictin. Ce document pontifical fait état des qualités littéraires du troubadour. Jofre de Foixà est enfin attesté à la cour pontificale d'Agnani, et c'est la dernière mention de son nom.

Son œuvre la plus importante est un traité de grammaire et de poétique, *Regles de trobar*, écrit sur l'ordre de Jacques II d'Aragon quand il était roi de Sicile et que la présence du troubadour cesse d'être attestée en Catalogne ; le texte se situe donc entre 1289 et 1291. Dans ce traité fort intéressant, Jofre prétend amplifier et compléter les *Razos de trobar* de Raimon

Vidal* de Besalu. Par ailleurs, sa production lyrique se réduit à quatre *cansos*, peut-être œuvres de jeunesse, écrites quand le troubadour vivait en Catalogne. L'une d'elles (PC 304, 1), véritable chanson d'amour selon les canons de la *fin' amor*, est agrémentée au vers terminal de chaque strophe par la citation du premier vers d'un troubadour antérieur : Arnaut de Mareuil* (v. 7 et 14), Perdigon* (v. 21 et 28), Folquet de Marseille* (v. 35), Gaucelm Faidit* (v. 42) et Pons de Capdueil* (v. 45) ; Jofre de Foixà y manifeste également sa connaissance des trouvères français Gilles de Vieux-Maisons* et Gace Brulé*. Pour cette technique, il inspira Pétrarque* dans sa chanson *Lasso me*.

ŒUVRE. — Éd. E. Li Gotti, *Jofre de Foixà, Vers e regles de trobar*, Modène, 1952. — J.H. Marshall, *The « Razos de trobar » of Raimon Vidal and Associated Texts*, Londres, 1972 [p. 56-91]. — Éd. partielle : M. de Riquer, *Los trovadores. Historia literaria y textos*, Barcelone, 1975, t. 3, p. 1647-1652 [PC 304, 1].

→ PC 304. — C. Brunel, 1973, n°s 32 et 37. — I. Frank, *La chanson « Lasso me » de Pétrarque et ses prédécesseurs*, dans *AM*, t. 66 (1954), p. 259-268. — M. de Riquer, *Historia de la literatura catalana*, Barcelone, 1964, t. 1, p. 172-182. — R.A. Taylor, *La littérature occitane du Moyen Âge*, Toronto, 1977, p. 130.

G.B.L.

Johannes Galiot. Voir : Jean Galiot.

John Gower (vers 1330-1408). Gentilhomme du Kent, partisan de Henri IV et ami de Chaucer, semble avoir vécu à Londres en contact avec la cour. En 1398 il épousa Agnès Groundolf. Quelque temps après son mariage, il perdit la vue et dut cesser toute activité littéraire. Aveugle, il termina ses jours au Prieuré de Saint-Mary-Overy (actuellement St Saviour's in Southwark) et fut inhumé dans l'église.

Gower écrivit en trois langues. En français il rédigea les quelque 30 300 vers du *Mirour de l'Omme* (1376-1379), œuvre morale destinée à combattre les débordements du siècle, le *Traité pour essampler les amantz mariez* (1397) et *Cinkante Ballades* d'amour (vers 1399) dont deux sont dédiées à Henri IV. Il mit en latin, sous la forme allégorique d'un bestiaire, *Vox Clamantis* (vers 1382), la révolte des paysans, et sa *Cronica Tripartita* fut consacrée à critiquer les douze dernières années du règne de Richard II. Mais c'est à ses ouvrages en anglais que Gower doit l'essentiel de sa réputation. Son chef-d'œuvre, *Confessio Amantis*, écrit en 1390, révisé en 1393, constitue l'exposé impressionnant, en 33 444 octosyllabes rimés, de la confession d'un amant. Ce long poème, enrichi de cent contes, disserte presque continuellement de l'amour et des péchés qu'il engendre. Mais le moraliste manie sans légèreté un sujet aussi subtil. On lui pardonne pourtant ses platitudes en raison de la clarté de son style, de la correction de sa langue et de la musicalité de ses vers. Son mérite réside dans la tranquille expression de sentiments respectables, et son succès est d'avoir prouvé que le vers français pouvait être écrit en anglais. La critique s'est longtemps montrée injuste pour ce bon ouvrier qui symbolise sous son triple aspect la culture anglaise du XIVe siècle.

ŒUVRES. — *The Complete Works*, éd. G.C. Macaulay, Oxford, 1899-1902, 4 vol. [œuvres en français : vol. 1 ; en anglais : vol. 2-3 ; en latin, et biographie : vol. 4].

→ E. Fowler, *Une source française des poèmes de Gower*, Mâcon, 1905. — M.D. Legge, *Anglo-Norman Literature and its Background*, Oxford, 1963, p. 220-222, 357-361. — J.H. Fisher, *John Gower, Moral Philosopher and Friend of Chaucer*, New York, 1964. — E. Weber, *John Gower, Dichter einer ethischpolitischen Reformation*, Bad Homburg, 1965. — I. Masayoshi, *John Gower the Medieval Poet*, Tokyo, 1976. — M. Wickert, *Studies on John Gower*, Washington, 1982 [trad. des *Studien zu John Gower*, Cologne, 1953]. — S.B. Greenfield, F.C. Robinson, *A Bibliography of Publications on Old English Literature to the End of 1972*, Toronto, 1980. — Cf. *GRLMA*, t. VIII/1, p. 149. — *MB* n°s 4388-4395 ; *S* 7775-7780.

M.M.D.

Joies du gai savoir. On est convenu de désigner sous ce titre la poésie florale couronnée par le *Consistori de la subregaya companhia del Gai Saber**, de Toulouse, aux XIVe et XVe siècles, des fleurs académiques, violette, églantine et souci. On trouve ces poésies couronnées — ou du moins présentées au concours — dans trois mss : le registre de Raimon de Cornet* — trois poésies du XIVe siècle ; le registre de Guilhem de Galhac* — sept pièces du XIVe et 60 du XVe siècle ; le chansonnier dit « de Saragosse » qui est à Barcelone (Bibl. de Catal. 146) — 18 pièces du XIVe siècle. On arrive à un total de 90 pièces à peine sur les 450 que l'on devrait avoir.

La plus grande partie des pièces est consacrée à des thèmes religieux, chansons à la Vierge sous forme de litanies, sermons, poésies allégoriques sur des sujets de morale : elles n'offrent qu'un intérêt relatif. Les pièces consacrées aux événements historiques, bien moins nombreuses, sont plus vivantes : elles ont trait à la croisade d'Orient dont l'idée hantait toujours les esprits (voir Berenguer de l'Hospital) ; certaines concernent les souverains du temps, les poètes prenant le plus souvent parti en faveur du roi de France contre son adversaire anglais. Quelques poésies enfin ont trait à la vie toulousaine : ce sont des plaintes sur la misère de l'époque, des louanges de Toulouse et de ses Capitouls ; on note un beau poème de Élias de Solier sur le grand incendie qui ravagea Toulouse en 1463.

Que faut-il penser de cette poésie florale ? Les historiens ont été généralement très sévères pour elle, trop sévères. Les poèmes ne manquent pas, où il y a belle inspiration, souffle ardent, puissance musicale et verbale. Ils prouvent qu'il y avait encore à cette époque des possibilités de renouvellement, à Toulouse aussi bien qu'en Catalogne où, à côté du prolongement de l'inspiration troubadouresque, se produisait, sous l'influence italienne, un rajeunissement hardi des genres littéraires.

Mais Toulouse vit régner une poésie académique, factice, verbale, où la forme même du vers, où la langue, elle aussi, marquaient la décadence qui se faisait sentir dans l'inspiration dès la fin du XIIIe siècle. La poésie courtoise pouvait difficilement résister aux conséquences, désastreuses pour elle, des modifications politiques, sociales, religieuses, du pays, venant après la croisade contre les Albigeois. Les conditions de vie dont elle dépendait ayant disparu, cette poésie aurait dû évoluer. Elle allait mourir pour avoir été trop fidèle à elle-même.

Le Consistoire de Toulouse eut du moins le mérite de prolonger pendant près de deux siècles la vie de la langue occitane comme langue de poésie. C'est seulement au début du XVIe siècle, en 1513, que, devenu Collège de Rhétorique, il couronnera de vulgaires poésies en français, avant d'offrir ses fleurs à Ronsard et à Baïf.

ŒUVRES. — Éd. A. Jeanroy, *Les Joies du Gai Savoir. Recueil de poésies couronnées par le Consistoire de la Gaie Science (1324-1484)*, Toulouse, 1914 [registre de G. de Galhac]. — J. Anglade, *Origines du Gai Savoir*, dans *Las Leys d'Amors*, t. 4, Toulouse-Paris, 1920, p. 15-51.

→ C. Brunel, nos 265-266. — M. de Riquer, *Historia de la Literatura catalana*, t. 1, Barcelone, 1964. — F. Zufferey, *Bibliogr. des poètes provençaux des XIVe et XVe siècles*, Genève, 1981. — P. Bohigas, *Aportació a l'estudi de la literatura catalana*, Barcelone, 1982 [recueil de 26 études entre 1928 et 1980 sur les premiers poètes catalans s'exprimant en langue d'oc au XIVe siècle suivant les règles du Consistoire des Jeux Floraux de Toulouse]. — R. Dragonetti, *« La musique et les lettres », Études de littérature médiévale*, Genève, 1986. J.S.

Joinville. Voir : Jean de Joinville.

Jonas d'Orléans (avant 780-843). Venu d'Aquitaine, il reçut l'éducation soignée que permettait le renouveau du siècle : étude de la grammaire, redécouverte de la métrique classique (et de Virgile), constitution d'une vraie culture patristique. Devenu prêtre, il effectua un voyage dans les Asturies vers 800, avant que sa réputation de pasteur et de moraliste ne lui valût de succéder à Théodulf sur le siège épiscopal d'Orléans en 818. Protégé de l'empereur Louis le Pieux (auquel il dédia des poèmes auliques), il fut naturellement mêlé aux troubles qui secouèrent l'Empire. À côté d'une œuvre attendue de récriture hagiographique *(Vie de saint Hubert)*, et de poésie de circonstance, il s'attacha à la réorganisation de l'église franque (Synodes) et, dans la ligne de la pastorale entreprise par Césaire d'Arles*, complétant le programme dressé par Raban Maur* à l'intention des clercs (*Sur l'éducation des clercs*, 819), il brossa en trois livres le premier traité *Sur l'éducation des laïcs* (vers 830), dont la seconde partie est un véritable exposé de spiritualité conjugale. Des événements dramatiques comme la pénitence publique subie par Louis le Pieux à Soissons en 833 expliquent peut-être que Jonas ait tenté de justifier en un autre long traité la supériorité de l'état de clerc sur celui de prince et de l'Église sur l'Empire, tout en dressant un guide de conduite à l'usage des souverains, fondant ainsi le genre si prisé du « miroir des princes ». L'ampleur de la documentation patristique qui soutient la démonstration de ces deux ouvrages permet d'entrevoir l'étendue de la renaissance culturelle du IXe siècle : Cyprien, Lactance, Ambroise,

Jérôme, Augustin, Grégoire le Grand*, Isidore de Séville* fournissent un matériel abondant à la méditation du lettré aquitain. Vers 840, il dut enfin, à la demande du souverain, entreprendre la difficile réfutation des œuvres de son contemporain, l'évêque Claude de Turin, à propos du culte des images, de la célébration des saints et de la nature du Christ (querelles iconoclaste et adoptianiste). Sous la maîtrise toute carolingienne d'une latinité d'excellent aloi, perce fréquemment la vivacité d'engagements personnels, dont l'abondance des références savantes ne cache pas entièrement le parti-pris.

ŒUVRES. — *PL*, t. 106. — *MGH, Epistulae Karolini Aevi*, t. 5. — *MGH, Poetae Karolini Aevi*, t. 3.

→ E. Delaruelle, *Jonas d'Orléans et le moralisme carolingien*, dans *Bull. de littérature ecclésiastique*, t. 55 (1954), p. 129-143. — P. Hadot, *Fürstenspiegel*, dans *Reallexicon für Antike und Christentum*, t. 8, 1972. — J. Chélini, *L'aube du Moyen Âge, La vie religieuse des laïcs dans l'Europe carolingienne*, Paris, 1991, p. 199-237, 395-424. — J. Schröder, *Zur Überlieferung von De institutione laicali des Jonas von Orléans*, dans *DAEM*, t. 44 (1988), p. 83-97. — Manitius, t. 1, p. 374-380. — Brunhölzl, trad. fr., 1991, t. 2, p. 155-159, 299-300. M.B.

Jordan Fantosme. Sur son origine on ne sait rien. Un Jordanus Fantasma fut l'un des élèves préférés de Gilbert de la Porrée*, évêque de Poitiers depuis 1142 ; on rencontre encore un clerc du nom de Fantosme, attaché à l'évêque de Winchester, Henri de Blois, entre 1150 et 1180. Il y a toute probabilité que ce soit le même personnage et qu'on puisse y voir l'auteur d'un poème historique en anglo-normand qui ne lui est pas expressément attribué, mais dans lequel intervient cinq fois le nom Jordan Fantosme. Ce texte a été appelé à tort par les éditeurs modernes *Chronique de la guerre entre les Anglois et les Ecossois* ou encore *La guerre d'Écosse* ; s'il y est, en effet, question des invasions écossaises dans le Nord de l'Angleterre, il relate aussi la révolte du jeune roi Henri, fils d'Henri II, soutenu par le roi d'Écosse Guillaume le Lion, contre son père, alors que ce dernier était en lutte contre le roi de France, Louis VII, et le comte de Flandre, Philippe. Le terme de chronique, d'autre part, est inadéquat, car il ne s'agit pas d'un récit événementiel ; à ce texte poétique conviendrait mieux le titre *Estoire del viel rei Henri*.

Jordan Fantosme connaît très bien les événements qu'il raconte et dont il a souvent été témoin oculaire ; il s'est aussi précieusement documenté et est remarquablement bien informé des affaires écossaises. Il est tout à fait favorable à Henri II. Il a vraisemblablement écrit en 1174-1175, à la demande du nouvel évêque de Winchester, Richard d'Ilchester ; celui-ci, en effet, avait été chargé par Richard de Lucy, justicier d'Angleterre, de prévenir Henri II de l'état désespéré de ses barons loyaux.

La métrique jordanienne a beaucoup désorienté par son apparent désordre : l'emploi par Jordan Fantosme de vers de longueur différente n'est pas dû au hasard mais correspond à une intention déterminée de la part de l'auteur, qui désirait écrire en vers un texte digne de foi. Il imite, mais de façon plus compliquée, son prédécesseur Élie de Winchester* qui, dans son court poème, l'*Afaitement Caton*, maniait cinq mètres différents. Ainsi utilise-t-il le vers décasyllabique pour raconter la première irruption écossaise dans le Nord-Ouest de l'Angleterre, réservant l'alexandrin aux événements qui se placent entre la mission de Richard auprès de Henri II et la fin de la révolte. Quant aux laisses dites jordaniennes, elles racontent la tentative anglaise de traiter avec les Écossais dans le Northumberland en 1173. Mais Jordan Fantosme emploie encore d'autres combinaisons métriques à l'intérieur des sections. C'est un remarquable versificateur qui a peut-être été influencé par la lyrique d'oc.

ŒUVRE. — Éd. et trad. anglaise R.C. Johnston, Oxford, 1981.

→ M.D. Legge, *Anglo-Norman Literature and its Background*, Oxford, 2e éd., 1971. — W. Warren, *Henry II*, Londres, 1973. — A. Gransden, *Historical Writing in England*, Londres, 1974. — R.C. Johnston, *The Historicity of Jordan Fantosme's Chronicle*, dans *Journal of Medieval History*, 1976, p. 159-168 ; *Jordan Fantosme's Experiments in Prosody and Design*, dans *Mél. P. Jonin*, Aix-en-Provence, 1979, p. 357-367. — Cf. *GRLMA*, t. XI/1, p. 326-327. G.T.L.

Jordi de Sant Jordi. Ce chevalier-troubadour naquit à Valence dans les dernières années du XIVe siècle. Fonctionnaire à la cour du roi d'Aragon Alphonse le

Magnanime, il fut ambassadeur, combattit en Italie où il demeura quelque temps prisonnier du condottiere Sforza, et mourut encore très jeune vers 1425. Sa réputation de poète fut grande : dans une composition célèbre, le marquis de Santillana le fait présenter à Vénus par Homère, Virgile et Lucain pour être couronné. De plus, il l'estime excellent musicien. Il n'est plus possible d'en juger, car aucune composition n'a subsisté.

Il a laissé une œuvre peu abondante, mais significative. On voit bien chez lui le passage de l'inspiration troubadouresque à une inspiration plus moderne, soufflant d'Italie avec Pétrarque*. Ses deux plus longs poèmes, *Enuig* (Ennui), et *Passió d'Amor*, sont écrits d'une plume vraiment « courtoise ». Pour les autres poésies, on peut les diviser en deux catégories : les poésies d'inspiration pétrarquiste, dans le fond et même dans la forme (adoption du vers libre, essai du vers endécasyllabique italien), et celles où se perpétue l'influence des grands troubadours occitans, Peire Vidal* et Peire Cardenal*.

La poésie de Jordi de Sant Jordi est parmi les plus pures de la lyrique catalane. Quant à sa langue, elle demeure identique, sauf pour de menus détails, à celle de tous les poètes d'Occitanie, qui régnait d'une façon incontestable sur les deux versants à l'est des Pyrénées.

ŒUVRE. — Éd. M. de Riquer, *Jordi de Sant Jordi, estudio y edición*, Grenade, 1955.

→ R. Lapesa, *La obra literaria del Marquès de Santillana*, Madrid, 1957. — M. de Riquer, *Historia de la Literatura Catalana*, t. 1, Barcelone, 1964, p. 654-676. — O. Gsell, *Les genres médiévaux de l'enueg et du plazer*, dans *Actes du 5e congrès international de langue et littérature d'oc...*, Nice, 1974, p. 420-427. — G. Tavani, *Strutture metriche e strofiche nelle poesia di Jordi de Sant Jordi*, dans *Mél. G. Gasca Queirazza*, Alexandrie, 1988, t. 2, p. 1033-1045. J.S.

Jotsald. Voir : Cluny.

Joufroi de Poitiers. Roman anonyme du XIIIe siècle, de 4 613 octosyllabes, dont la fin manque dans le seul manuscrit subsistant. Il comporte des particularités linguistiques fort intéressantes, qui révèlent un lieu d'origine du Sud-Est, peut-être l'aire franco-provençale.

Après une dissertation sur l'amour en général, le roman raconte les diverses aventures de Joufroi, fils du comte Richier de Poitiers et de la reine Aliénor. Après une éducation chevaleresque en Angleterre au terme de laquelle il combat pour défendre l'honneur de la reine Halis, Joufroi retourne à Poitiers et délivre une dame, Agnès de Tonnerre, prisonnière de son mari jaloux. Suivent diverses aventures du héros, en Angleterre à nouveau, avec son compagnon Robert — ils portent, entre autres, secours au roi Henri contre le roi d'Écosse et d'Irlande — et Joufroi se marie avec une fille de riches bourgeois, dont il convoite la dot et qu'il abandonne par la suite. Après avoir été recherché à la cour anglaise par le troubadour Marchabrun, Joufroi rentre à Poitiers assiégé par le comte de Toulouse, non sans avoir eu avant son départ une aventure assez leste avec la reine Halis. Il remporte la victoire sur le comte de Toulouse, grâce en partie à Robert ; la paix reviendra avec le mariage du héros et de la fille du comte.

Ce roman est difficile à classer, de par l'accumulation des thèmes. Dans un manque absolu de didactisme moralisant, il joue sur le comique du fabliau*, sur la parodie des valeurs courtoises et chevaleresques, sur le réalisme des personnages, des lieux, des caractères et des traits qui font songer quelquefois à Jean Renart*, dans une absence totale de merveilleux et de mystère. La constante de ce texte singulier est sans doute la manière humoristique de traiter ce mélange curieux. De plus le narrateur intervient à de nombreuses reprises, de façon souvent inattendue ou impudente, se compare aux protagonistes, demande leur avis aux auditeurs. Joufroi, image du chevalier licencieux, arrogant et incorrigible, pourrait être inspiré de Guillaume VII de Poitiers, duc d'Aquitaine. Le style est quelquefois entaché de transitions assez malhabiles et de formules toutes faites.

ŒUVRE. — Éd. W.O. Streng-Renkonen, *Joufrois, roman français du XIIIe siècle...*, Turku, 1930. — P.B. Fay et J.L. Grigsby, *Joufroi de Poitiers...*, Genève, 1972 (*TLF*, 183). — Trad. française R. Noël, *Joufroi de Poitiers*, New York, 1987 (*Studies in the Humanities*, 7).

→ C.-V. Langlois, *La société française au XIIIe siècle d'après dix romans d'aventure*, Paris, 1904, p. 34-56 ; *La vie en France au Moyen Âge... d'après des romans mondains du temps*, Paris, 1926, p. 107-126. — J.L. Grigsby, *The Narrator in Partonopeu de Blois, Le Bel Inconnu and Joufroi de Poitiers*, dans *Romance Philology*, t. 21 (1967-1968), p. 536-543 ; *Le Voyage de Charlemagne : A(n) (un)Likely Source for Joufroi de Poitiers*, dans *Romance Notes*, t. 27 (1986-1987), p. 95-102. — Cf. *GRLMA*, t. IV/2, n° 316 ; t. IV/1, p. 378, 400, 421-425, 451, 452, 453. — *MB* n°s 1374-1380 ; *S* 2062, 2463, 5083. C.R.

Jourdain de Blaye. Chanson de geste de la fin du XIIe ou du début du XIIIe siècle. Jourdain de Blaye constitue avec *Ami et Amile** la « petite geste de Blaye ». L'auteur insère ses héros imaginaires dans la généalogie historique des seigneurs de Blaye, sans doute pour flatter ces derniers, estime J. Bédier.

Le poème (4 245 vers) est constitué de 165 laisses de décasyllabes assonancés puis rimés, auxquels se mêlent des hexasyllabes et des alexandrins. Le sujet en est l'usurpation et les crimes de Fromont, ainsi que la terrible vengeance qu'en tire Jourdain, de nombreuses années plus tard ; mais ce thème central est interrompu par de longues aventures romanesques. La chanson se divise en trois grandes parties ; la première conte l'enfance de Jourdain : l'assassinat des parents du héros par le traître Fromont, qui s'empare de Renier, parrain de l'enfant, et de sa femme Erembour ; celle-ci livre à Fromont, à la place de Jourdain, son propre fils que le traître décapite. La seconde partie fait le récit des aventures de Jourdain adulte : censé être le fils de Renier, il entre au service de Fromont. Maltraité par celui-ci, il s'enfuit, participe à une expédition militaire de Renier contre Fromont, dont il tue le fils. Là commencent les épisodes romanesques : Renier, Erembour et Jourdain s'embarquent en mer, et ce ne sont que séparations, captivités, combats contre les Sarrasins, duel entre Renier et Jourdain qui se méconnaissent (variante de ce thème universel : le combat du père et du fils), « révoltes » de la mer contre un blessé ou une accouchée, retrouvailles enfin. Entre temps, Jourdain a épousé Oriabel, fille du roi Marcon ; leur fille connaît à son tour des aventures dues à la jalousie d'une reine et à l'amour indiscret d'un fils d'empereur, qu'elle finit par épouser.

La troisième partie concerne la vengeance contre Fromont. Jourdain va assiéger Blaye, triomphe du traître et le fait supplicier. Il donne Blaye à Renier et succède lui-même à Marcon, tandis que son gendre devient empereur à Constantinople.

K. Hofmann et J. Koch ont montré tout ce que la partie romanesque doit à un texte (français, ou peut-être latin) du roman d'*Apollonius de Tyr** : il est toutefois exagéré, comme l'ont fait certains auteurs, de qualifier *Jourdain* de « roman français d'Apollonius » ; Hofmann a mis en lumière, outre les ressemblances étroites des deux textes, la transposition qu'a subie le premier, dans le sens chrétien et dans le sens chevaleresque.

Si le ton de notre poème est souvent gauche, l'auteur sait se montrer énergique ou émouvant. Il faut mettre hors de pair deux scènes : celle où Erembour passe en prison une dernière nuit avec le fils qu'elle sacrifie pour sauver Jourdain, et où elle exprime la douleur qu'elle éprouvera désormais à voir jouer les enfants des autres (v. 647-676), et, dans le registre courtois et gracieux, celle où Jourdain, que le roi Marcon refuse d'envoyer au danger, se fait armer chevalier par la princesse Oriabel (v. 1744-1768).

Cette chanson de geste a donné lieu à deux réécritures : une version en alexandrins et une rédaction en prose du XVe siècle (sans doute de 1456), connue par un manuscrit et des incunables.

ŒUVRE. — Éd. P.F. Dembowski, Chicago-Londres, 1969 [version en décasyllabes].

→ H. Andresen, *Zu Jourdain de Blaivies*, dans *ZRPh*, t. 28 (1904), p. 571-578. — O. Kalbus, *Die Prosafassung des altfranzösische Apollonius-Romans (Jourdains de Blaivies)*, Berlin, 1914. — B.H. Rasmussen, *L'origine des chansons de geste : Ami et Amile et Jourdain de Blaye*, dans *Actes du 4e congrès des romanistes scandinaves, Revue romane*, n° spécial, 1967, p. 232-239. — P.F. Dembowski, *La prétendue geste de Blaye*, dans *Actes du 11e congrès intern. de linguistique et de philologie romanes*, Madrid, 1968, p. 841-851. — B.H. Rasmussen, *Le cycle de Blaye et l'histoire*, dans *Actes du 4e congrès Rencesvals, Heidelberg, 1967*, Heidelberg, 1969, p. 82-89. — T. Sato, *Sur le thème de la substitution d'un enfant de vassal à celui de son seigneur dans la « Chanson de Blaye » et le joruri « La Maison de Sugawara »*, dans *Charlemagne et l'épopée romane, Actes du 7e congrès Rencesvals, Liège, 1976*, Paris, 1978, p. 661-668. — Cf. *MB* n°s 557-562, 6765 ; *S* 1019-1021, 1338-1341. F.B. et A.F.L.L.

Jourdain Cathala. Voir : *Voyages*.

Journal du siège d'Orléans et du Voyage de Reims. Ce récit, de grande valeur pour l'histoire du siège d'Orléans, a été écrit vers 1466-1467, d'après les notes d'un habitant d'Orléans qui fut témoin oculaire.

ŒUVRE. — Éd. P. Charpentier, C. Cuissard, Orléans, 1896.

→ F. Guillon, *Étude historique sur le journal du siège qui fut mis devant Orléans par les Anglais en 1428-1429*, Paris, 1913. — R. Planchenault, *La chronique de la Pucelle*, dans *BEC*, t. 93 (1932), p. 55-104. — R. Pernoud, *La libération d'Orléans, 8 mai 1429*, Paris, 1969 *(Trente journées qui ont fait la France)*. — J. Debal, *La topographie de l'enceinte fortifiée d'Orléans au temps de Jeanne d'Arc*, dans *Jeanne d'Arc, une époque, un rayonnement. Colloque d'histoire médiévale, Orléans, (oct. 1979)*, Paris, 1982, p. 23-41. — Molinier n° 4503. — Nouveau Potthast, t. 6, p. 576. G.T.L.

Journal d'un bourgeois de Paris. L'auteur, resté anonyme (le prologue du texte, qui aurait sans doute indiqué son nom, a disparu) n'était pas un bourgeois. C'était un Parisien, un clerc de l'Université, sans doute chanoine de Notre-Dame et probablement docteur en théologie. Il a laissé le récit des événements parisiens des années 1405 à 1449. Comme sa rédaction originale est perdue et que la copie la plus complète qui subsiste (deuxième moitié du XVe siècle) est lacunaire du début et de la fin, on ignore quand son récit commençait et finissait exactement. Plutôt que journal, le titre de « mémoires » conviendrait mieux, car l'auteur ne semble pas avoir écrit au jour le jour, mais plutôt par périodes. L'ouvrage se présente sous forme de notes concises : y sont rapportés, année par année (l'année commençant à Pâques), les fêtes et solennités de la cité, entrées et sorties de charge des magistrats, des gens d'Église, déplacements des souverains, cérémonies universitaires, etc. Ses précisions sont telles que, grâce à lui, on peut reconstituer les listes des échevins. Sont consignés le prix des denrées, les variations climatiques, le nombre des morts victimes des épidémies. Mais le récit peut déborder le système habituel de paragraphes courts : ainsi, pour traiter de scènes de batailles, dessiner de grandes allégories, rapporter un sermon... Le « Bourgeois » est un esprit critique. Bien qu'il soit ouvertement du côté bourguignon, donc hostile aux Armagnacs, il n'hésite pas à contester Jean sans Peur, en 1419, puis Philippe le Bon dès 1422. S'est-il rallié au roi après 1436 ? Le texte ne l'implique pas. Il prend le souverain à partie et traite le gouverneur de Paris, Arthur de Richemont, de traître. Par contre, il n'est qu'indulgence pour le petit peuple, plein de compassion pour les animaux, les enfants, les miséreux. C'est d'ailleurs en raison de son amour pour sa ville et pour les gens du menu que Denys Godefroy, dans son édition de l'*Histoire de Charles VI* de Jean Juvénal des Ursins* (1653), lui a donné le nom de Bourgeois de Paris. Son *Journal*, vivant, alerte, rempli de précieux détails, offre un remarquable témoignage sur la vie quotidienne et les mouvements d'opinion à Paris à la fin de la guerre de Cent Ans.

ŒUVRE. — Éd. A. Tuetey, Paris, 1881 *(Société de l'histoire de Paris et de l'Île-de-France)*, réimp. Genève, 1975. — Éd. C. Beaune, Paris, 1990 *(Lettres gothiques)* [suit l'éd. Tuetey mais en tenant compte des mss de Paris et d'Aix ; l'orthographe a été modernisée]. — Trad. anglaise J. Shirley, *A Partisan Journal, 1405-1409, translated from the Anonymous Journal d'un bourgeois de Paris*, Oxford, 1968.

→ A. Longnon, *Paris sous la domination anglaise*, Paris, 1888. — B. Geremek, *Les marginaux parisiens aux XIVe et XVe siècles*, Paris, 1976. — Molinier, n° 4149. — Cf. *MB* nos 5174-5176 ; *S* 8008-8009. G.T.L.

Judas Machabée (Poème sur et **Chevalerie de).** L'histoire du héros biblique Judas Machabée a été très populaire au Moyen Âge. Dès Philippe Mousket* et Jacques de Longuyon*, Judas fait partie des neuf preux ; il a joué par la suite un rôle important dans les lettres comme dans les arts. Entre 1242-1244 et 1268, un certain Gautier de Belleperche, qui se dit *arbalestrier*, lui consacre un *Roman* en vers de plus de 23 500 octosyllabes. Ce Gautier est difficile à identifier ; J.R. Smeets qui, dans un premier temps, en faisait un cistercien de l'abbaye de Foigny, établit dans sa récente édition que c'était en fait un homme de guerre qui aurait appartenu à une famille du Ponthieu possédant le fief de Belleperche. Le poème de Gautier n'est pas une traduction littérale du premier livre des Machabées, mais un vaste récit épique centré sur les hauts faits de Judas Machabée, grand champion de l'indépendance de la Judée. La source de Gautier est principalement la Bible (texte latin de la Vulgate ou traduction française). Il connaît très certainement le *Roman d'Alexandre**, enfin on décèle une influence juive directe ou indirecte (histoire de Judith). Gautier s'étend longuement sur les combats et batailles, les ravages de villes et désolations des peuples, les exploits héroïques et la vie des camps. Par ailleurs il néglige les réflexions morales et les interprétations allégoriques ou symboliques si souvent fréquentes dans les traductions versifiées de la Bible au Moyen Âge. Assez âgé lorsqu'il commença à écrire, Gautier s'est arrêté volontairement avant la fin misérable de son héros. En 1280, un certain Piéros du Riés, personnage encore plus énigmatique que Gautier, s'est chargé de terminer le poème en racontant la mort de Judas en plus de 7 000 vers octosyllabiques. Sans doute était-il picard et très probablement clerc. Ce n'est pas un poète aussi doué que Gautier, mais son style ne manque pas de vivacité. Ce même Piéros du Riés est aussi l'auteur d'une autre composition poétique sur l'histoire de Judas, la *Chevalerie de Judas Machabée et de ses nobles frères*, qu'il termina en 1285. Sa source principale est bien évidemment la Bible, mais il se permet beaucoup de libertés. S'il reprend parfois Gautier de Belleperche et beaucoup plus souvent la fin du poème, dont il est l'auteur, il s'est aussi servi pour des descriptions d'animaux du *Speculum naturale* de Vincent de Beauvais* et a puisé dans des *Bestiaires**, dont celui de Pierre de Beauvais*. Le poème est dédié à Guillaume de Tenremonde, fils de Gui de Dampierre, comte de Flandre. J. R. Smeets suggère que le remanieur de *Beuve de Hantone** et d'*Anséis de Carthage** (vers 1240), dénommé lui-aussi Piéros du Riés, pourrait être le même que l'auteur de la *Chevalerie*.

ŒUVRE. — Gautier de Belleperche et Piéros du Riés, *Roman de Judas Machabée*, éd. J. R. Smeets, 2 vol., Assen, Maestricht, 1991 ; *Le fragment de la Chevalerie de Judas Machabée de Gautier de Belleperche contenu dans le ms. Garrett 125 de la Princeton University Library*, Leyde, 1985 [le titre de *Chevalerie de Judas Machabée* est donné par J. R. Smeets aussi bien au poème de Gautier de Belleperche terminé par Piéros du Riés qu'à celui de ce dernier qui porte effectivement ce titre dans le ms. alors que le premier s'intitule souvent seulement roman]. — Piéros du Piés, *Chevalerie de Judas Machabée*, éd. J. R. Smeets, Groningue, 1955 [à la fin, éd. de 2 courts fragments du *Roman de Judas*].

→ J. Bonnard, *Les traductions de la Bible en vers français au Moyen Âge*, Paris, 1884, p. 168-180. — H. Everlien, *Über Judas Machabée von Gautier de Belleperche*, Halle, 1897. — R. McGrath, *The Romance of the Maccabees in Mediaeval Art and Literature*, Princeton University, 1963. — D. A. Trotter, *Judas Maccabeus, Charlemagne and the Oriflamme*, dans *Medium Aevum*, t. 54 (1985), p. 127-129. — Cf. *GRLMA*, t. VI/2, n°s 1820, 1832. — *MB* n°s 3035, 3036, 7746.

Voir aussi : *Bible au Moyen Âge*.

G.T.L. et A.F.L.L.

Julien Macho. Le peu que l'on sait de cet auteur provient des titres et colophons des éditions de ses œuvres. Il appartenait à l'ordre des Ermites de Saint-Augustin et était docteur en théologie. Il aurait été prieur du couvent de son ordre à Lyon ; en août 1481, il aurait présidé le chapitre provincial de la province de Narbonne, réuni au couvent de Montagny. De fait, c'est entre 1477 et 1480 que les textes de Julien Macho paraissent à Lyon, chez différents imprimeurs : Barthélemy Buyer, Guillaume Le Roy... Ce court laps de temps explique que la production de Macho ne soit pas proprement originale, mais comprenne trois traductions de textes latins et la révision de textes français.

Le premier livre paraît en juillet 1477 ; c'est le *Miroir de vie humaine*, traduction du *Speculum vitae humanae* de l'évêque de Zamora, Rodrigo Sanchez de Arevalo (1404-1470), un ami du cardinal humaniste Bessarion. L'œuvre latine connaissait alors un grand succès. Imprimée pour la première fois à Rome en 1468, elle l'était sur les presses de la Sorbonne dès 1472.

Le second ouvrage est imprimé en août 1477, toujours chez Barthélemy Buyer. Cette fois, sous le titre de *Legende des saints nouveaulx*, on trouve la révision des vies de saints, ajoutées par Jean Golein* à la version française de Jean de Vignay* de la *Legenda aurea*. Pour ce faire, Julien Macho s'était assuré la collaboration d'un dominicain, Jean Bathalier. Le texte de Golein révisé par les deux hommes sera republié cinq fois, à la suite précisément de la *Légende dorée**.

En août 1478 paraît la seconde traduction de Macho : le *Mirouer de la redempcion de l'umain lignage*. Cette fois encore, il s'agit d'une œuvre latine bien connue et fort diffusée en latin et en traductions, l'anonyme *Speculum humanae salvationis*. Jean Miélot* déjà en avait donné une version française en 1448. Ce qui est particulier dans le travail de Macho, c'est qu'il ne traduit pas simplement le *Speculum*, mais imite une compilation allemande qui avait beaucoup ajouté à cette œuvre, et qui avait paru à Bâle en 1476. Cela correspond à la façon dont Macho a travaillé sur le corpus des fables ésopiques à partir de l'édition latino-allemande de Heinrich Steinhöwel, parue à Ulm en 1476-1477. Conservé exceptionnellement encore par un manuscrit, l'*Esope* de Macho parut à Lyon en 1480 et fut réimprimé une douzaine de fois.

Enfin, Macho a publié à des dates incertaines des ouvrages bibliques : la révision avec Pierre Farget, augustin lui aussi, du texte français du *Nouveau Testament* et vraisemblablement de l'*Ancien Testament* ; la révision du texte de la *Bible moralisée* sous le titre de *L'Exposicion et la vraye declaracion de la Bible*. Ainsi Julien Macho représente-t-il un de ces humanistes français de la fin du XVe siècle qui, à la différence souvent de leurs contemporains italiens, ne se sont pas tournés uniquement vers les œuvres antiques ou les textes contemporains, mais aussi vers le patrimoine en langue vulgaire que leur avait laissé le Moyen Âge.

ŒUVRE. — *Ésope*, éd. B. Hecker, Hambourg, 1982 (*Hamburger romanistische Dissertationen*, 20) ; éd. P. Ruelle, t. 3 du *Recueil général des Isopets*, Paris, 1982 *(SATF)*.

→ E. Ypma, *Les auteurs augustins français. Liste de leurs noms et de leurs ouvrages*, dans *Augustiniana*, t. 21 (1971), p. 594-596 [liste des œuvres et des mss]. — G. Mombello, *Appunti su Julien Macho e sulla fortuna della Bible moralisée*, dans *Studi francesi*, t. 61-62 (1977), p. 157-176. — D. Gerd et K. Grubmüller, *Die Fabeln des Mittelalters und der frühen Neuzeit. Ein Katalog der deutschen Versionen und ihrer lateinischen Entsprechungen*, Munich, 1987 (*Münster Schriften Mittelalters*). — Cf. *MBS* nos 4785, 4790, 7745.

Voir aussi : *Bible française*, § 8. S.L.

Julien Pomère (vers 450-après 500). Ayant probablement fui les persécutions vandales en Afrique, il vint se réfugier en Arles où il fut ordonné prêtre, avant d'y devenir moine, puis abbé. Il fut un des maîtres intellectuels et spirituels de Césaire*, venu de Chalon, au tournant du siècle, partager la vie monastique de la Provence. Son expérience du danger et de l'exil, enrichie par une forte culture profane et religieuse, le conduisit à s'intéresser à la fois aux obligations de la vie sociale et aux aspirations de la vie recluse, comme il le fit dans la seule œuvre qui nous soit parvenue de lui, le traité en trois livres *Sur la vie contemplative*. Il s'y efforce notamment de brosser le portrait de l'évêque idéal, stigmatise la conduite des hypocrites, et — étape essentielle dans l'histoire de la communication en Occident latin — approfondit les leçons d'Augustin pour tracer le cadre d'une parole latine adaptée à la pastorale collective, ouvrant ainsi la voie à la prédication populaire du haut Moyen Âge. Lui-même donne l'exemple de la sobriété langagière, tout en coulant ses phrases dans une syntaxe fluide.

ŒUVRES. — *PL*, t. 59. — Éd. M.J. Suelzer, *De vita contemplativa*, dans *Ancient Christian Writers*, t. 4, Westminster, 1947.

→ H.G. Beck, *The Pastoral Care of Souls in Southern France during the Sixth Century*, Rome, 1950. — C. Rapisarda, *Lo stile umile nei sermoni di Cesario d'Arles, Giustificazioni teoriche e posizioni polemiche*, dans *Orpheus* (1970), p. 115-159. — Brunhölzl, *Geschichte der lateinischen Literatur des Mittelalters*, Munich, 1975 (trad. française partielle, 1992). — C. Tibiletti, *La teologia della grazia in Giuliano Pomerio, Alle origini dell' agostinismo provenzale*, dans *Augustinianum* (1985), p. 489-506. — M. Simonetti, *La produzione letteraria latina fra Romani e Barbari (sec. V-VIII)*, Rome, 1986. — Schanz, t. IV/2, p. 554-556. M.B.

Juridique (Littérature). La littérature juridique ouvre les chemins de la connaissance du droit, œuvre de vérité ou de justice. Les conditions de l'exercice de celle-ci ont évolué avec les institutions tout au long du Moyen Âge. La littérature juridique de la France médiévale jalonne ainsi les étapes du déploiement de l'État royal dans le cadre administratif de la Gaule romaine adapté aux réalités germaniques.

1. La littérature juridique à l'époque franque. — En Gaule romaine, les Barbares migrants n'ont pas de droit écrit, leurs rapports sociaux sont fondés sur les traditions orales transmises par les ancêtres. L'Église de l'Empire maintient son emprise, les croyances religieuses des Germains se transforment. Dans le nouveau cadre politique des royaumes, les législateurs barbares font rédiger des compilations juridiques dans la tradition romaine.

— Les lois des Gots, des Burgondes et des Francs : Conduits par Alaric, les Visigots s'emparent de Rome en 410. En 418, l'empereur Honorius décide de les fixer en Aquitaine. Vers 458, Théodoric II, roi des Visigots (453-467), fait mettre en œuvre, par le préfet du prétoire Magnus de Narbonne, un *Édit* qui énonce les solutions des conflits juridiques entre Gots et Gallo-Romains à partir des *Sentences* (vers 325) de Paul (préfet du prétoire sous Septime Sévère) et du *Code Théodosien* (438). Son frère Euric (vers 466-485) le fait assassiner et lui succède. Quand, le 4 septembre 476, le dernier empereur d'Occident Romulus Augustule est dépouillé des insignes impériaux, Euric est maître non seulement de la plus grande partie de l'Espagne, mais aussi de tout l'ouest de la Gaule jusqu'à la Loire, et de la Tarraconaise. Dans le gouvernement des Gaules, il se trouve en position de préfet du prétoire. Pour compléter l'œuvre des *constitutions* impériales, il est ainsi, la même année, en mesure de légiférer par *édit* comme son frère (*Code d'Euric* connu par des fragments) pour toutes les populations de l'ancienne préfecture des Gaules. Alaric II (485-507), son fils, veut l'imiter, mettre un terme à la chicane en corrigeant l'injustice de certaines lois et en rendant plus clair ce qui, dans la législation romaine, peut paraître obscur. Dans ces perspectives, il confie au comte Goiaricus, faisant office de préfet du prétoire, la présidence d'une commission d'évêques et de comtes qui doit préparer un nouveau *code*. Dans la vingt-deuxième année de son règne, il soumet la *Lex romana Visigothorum* à l'approbation d'une assemblée d'évêques et de nobles, selon les nouveaux usages, et la promulgue à Toulouse le 3 février 506, interdisant l'usage de tout autre livre de droit. À Aire-sur-l'Adour (Landes), le référendaire Anianus authentique aussitôt les copies qu'il destine aux comtes. Cette première compilation officielle de *constitutions* extraites des Codes Grégorien (vers 292), Hermogénien et Théodosien (*supra*), et de *novelles* (= nouvelles *constitutions* de l'empereur, postérieures à la publication du *Code* : celles de Théodose II, Valentinien III, Marcien, Majorien et Sévère), avec des fragments des œuvres doctrinales des jurisconsultes Gaïus (Antonin le Pieux), Paul (*supra*) et Papinien (préfets du prétoire sous Septime Sévère) est le plus ancien document de la littérature juridique européenne. Résumé (*Epitome*) ou copié jusqu'au xe siècle, le *Code* conservera en Occident ce niveau de connaissance du droit romain ; à partir du xvie siècle, l'œuvre sera connue sous le nom de *Bréviaire d'Alaric* (*infra*).

Dans la vallée du Rhône très romanisée, les Burgondes doivent bientôt eux aussi faire rédiger les lois de la coexistence avec les autochtones majoritaires, pour tenir compte des nouveaux modes de vie. Le sénateur Syagrius de Lyon est considéré par Sidoine Apollinaire* comme le « nouveau Solon des Burgondes » : il a sans doute pris part à l'œuvre s'il ne l'a pas achevée. Les *Leges Burgundionum* (*Lois des Burgondes*) marquent l'abandon de la méthode traditionnelle. Élaborée de 483 à 517 (52), complétée jusqu'en 532, la compilation, connue sous le nom de *Liber constitutionum* ou *Lex Gundobada* (*Loi Gombette*), transmise par une quinzaine de mss du VIIIe au Xe siècle, nous est parvenue dans les versions élaborées sous les règnes de Gondebaud (474-516), et de son fils et successeur Sigismond (516-523) : elle comprend 88 ou 105 titres (selon les mss). Ce *code* de droit romano-germanique pour Gallo-Romains et Burgondes s'ouvre sur la *constitution* de prescriptions de droit public souscrite par le roi et trente et un comtes. En 534-535, les Francs qui font la conquête du royaume respectent les lois personnelles : ils maintiennent l'usage de la loi qui suscitera l'*Adversus legem Gundobadam* d'Agobard* (779-840), archevêque de Lyon. Élaborée vers 517, la *Lex romana Burgundionum* (*Loi romaine des Burgondes*, transmise par 16 mss du VIIe au Xe siècle et 1 ms. du XVIe siècle) connue sous le nom de Papien, déformation de Papinien, suite à une erreur de lecture d'un fragment de Papinien [*supra*] par un copiste, est la systématisation des principales lois romaines en 47 titres (les 36 premiers titres suivent le plan de la *Loi Gombette*). Après la conquête, la *Loi romaine* sera abandonnée pour le *Bréviaire* (*supra*) plus complet.

Dès le milieu du IVe siècle, des Francs sont au nord de la Gaulle les alliés des Romains. En Belgique seconde, Clovis (vers 465-511) hérite le commandement de la *province* à la mort de son père Childéric Ier à Tournai (482). L'évêque Remi écrit aussitôt au roi païen qu'il considère, dans la tradition de l'Empire chrétien, comme investi d'un commandement romain et capable de faire barrage à l'expansion des Francs rhénans. Pour prendre en main un autre royaume et son armée avec un nouveau siège de puissance, Clovis provoque le « roi des Romains », Syagrius, l'élimine à Soissons (486) et prend la place. Syagrius trouve un asile provisoire auprès d'Alaric II, roi des Visigots ariens, ennemis héréditaires des Francs. Interrompant les expéditions guerrières qui l'avaient amené jusqu'à Bordeaux, Clovis consolide sa position en épousant Clotilde, une princesse catholique, la nièce du patrice Gondebaud, « gloriosissime » roi des Burgondes (492). Vainqueur des Alamans (496), Clovis entrevoit l'intérêt de rompre avec le passé. À Tours, il promet de se faire baptiser et de se tourner vers le Dieu unique qui rassemble. À Reims, il se convertit au catholicisme avec son peuple (Noël de l'an 498). Au début du VIe siècle, il est en mesure d'intervenir dans un conflit interne au royaume des Burgondes. En 502, il rencontre Alaric II (*supra*) dans une île de la Loire près d'Amboise pour marquer les limites des royaumes ; Syagrius est extradé. Vainqueur des Alamans près de Zülpich (Tolbiac ; Prusse-Rhénane, chef-lieu Cologne), il devient leur roi (506). La royauté de Clovis a fait ses preuves dans la tradition impériale, son premier biographe Grégoire de Tours (*infra*) évoquera le nouveau Constantin. Les évêques gaulois tiennent le roi des Francs saliens, premier roi chrétien à la tête de la nouvelle société gallo-franque, pour un auguste catholique investi de la mission de sauvegarder l'unité. La victoire sur Alaric II et les hérétiques à Vouillé près de Poitiers (507) fonde les nouveaux rapports avec les évêques et les *nobles* qui ont approuvé le *Bréviaire* (*supra*) et lui offre le trésor des Gots. L'empereur Anastase reconnaît dans ce roi triomphant l'égal de Théodoric le Grand, qui avait épousé Audoflède, sa sœur (493), après avoir éliminé Odoacre. À Tours, il adresse à Clovis un codicille de nomination comme consul (508). Maître de la *gens Francorum* et du plus grand état d'Occident, Clovis part pour Paris qu'il élève au rang de *cathedra regni* (siège du royaume). Il peut désormais faire rédiger le droit des *nations* dans la tradition romaine en tenant compte des nouvelles vues chrétiennes sur le monde. Le *Pactus legis Salicae* (*Pacte de la loi salique*) concerne les Francs comme les Gallo-Romains. Si l'authenticité des prologues du *Pactus* se discute encore, le prologue court marque bien l'intention majeure d'introduire la paix entre les Francs et, par l'*auctoritas* de leur loi, de les faire respecter des autres peuples. Les infractions sont décrites concrètement, en l'absence de toute norme, à partir de cas précis. Tout au long du *Pactus*, l'intention est traduite par la notion même de tarifs, impliquant le règlement des litiges par le paiement d'une composition légale, et par la prise en compte par l'État des responsabilités familiales quant au maintien de la paix. Le long prologue ajoute que « les Francs surpassent les autres *nations* par la vaillance de leurs armes ». « Quatre hommes choisis parmi un très grand nombre : Visogast, Arogast, Salegast et Vidogast, dont les domaines sont sur l'autre rive du Rhin, [respectivement] à Botheim, Saleheim et Vidoheim, réunis en trois *malli* (*mallus* = le tribunal, l'assemblée judiciaire du peuple) pour décider des cas à retenir et formuler la règle appropriée à chacun » : c'est, fictivement schématisée, la forme traditionnelle d'élaboration d'un code. Dans le *Pactus*, les actions criminelles sont sanctionnées par les règles légales fondatrices du nouvel ordre. Le premier chapitre indique les pénalités pour défaut devant le *mallus* ; le second énumère les solutions des conflits les plus fréquents dans une société nomade sédentarisée depuis peu : les instincts de vengeance en cas d'atteintes au bétail et aux personnes — de l'injure au meurtre, de l'adultère à l'infanticide — y sont strictement tarifiées afin de préserver la paix publique. Celle-ci n'est guère menacée par la transmission de la propriété : sa réglementation est très limitée. Dans le titre *De alodis*, le *Pactus* exclut les filles de la terre des ancêtes : « Mais en ce qui concerne la terre, qu'aucun bien propre n'appartienne aux femmes, mais que toute la terre appartienne au sexe masculin qui seraient les frères » (LVIII. *De alodis*, 5). C'est dans ce texte antique que, neuf siècles plus tard, les juristes trouveront l'argument pour rejeter les prétentions du roi d'Angleterre sur le royaume de France. La loi est glosée (gloses malbergiques en langue tudesque indiquant les paroles à prononcer au malberg, sur la colline où siège [*supra*] le tribunal).

L'application de la norme juridique est

battue en brèche, mais l'ancienne tradition se manifeste encore, quoique timidement, dans la première législation royale qui adapte la *Loi salique* aux nouvelles réalités sociales. Si le *Praeceptum* de Childebert Ier (511-558) de 528 concerne l'orthodoxie chrétienne, le *Pactus pro tenore pacis* de Childebert Ier complété par Clotaire Ier (551-561) édicte les nouvelles compositions sanctionnant le vol, celui des esclaves surtout. À défaut de fils, l'*Edictum* de Chilpéric Ier, roi de Neustrie (561-584), appelle la fille à la succession de la terre ; l'édit revient aussi sur le vol des esclaves. Par un nouvel édit, le roi Gontran confirme les décisions du deuxième concile (23 octobre 585) de Mâcon (dans une discussion d'ordre grammatical rapportée par Grégoire de Tours*, un évêque souleva la question de savoir si le mot *homo* pouvait s'appliquer à la femme (c'est l'origine de la légende que le concile ait délibéré sur la question de savoir si les femmes avaient une âme) pour le maintien de la paix et de la justice (10 novembre 585). Pour tenter d'endiguer la vengeance privée, le *Décret* (*Decretio*) d'Andernach (Prusse) de Childebert II, roi d'Austrasie (570-596), énonce les délits publics (meurtre, rapt, vol, incendie) sanctionnés de peines corporelles (28 février 596). Le roi de Neustrie Clotaire II (584-629) reconstitue l'unité du royaume en 613, convoque un concile général à Paris et édicte les mesures destinées à rétablir la paix et l'ordre, condamne les impôts nouveaux tenus pour injustes et les tonlieux introduits par les fils de Clotaire Ier, ratifie les décisions des pères conciliaires pour contrecarrer l'usage du mariage par achat (18 octobre 614). L'édit porte la souscription royale et celle du référendaire.

Avec la sédentarisation et la mutation institutionnelle, le chevauchement d'autres limites et la coexistence en Gaule d'ethnies gallo-romaines et franques posent le problème de l'application des lois personnelles. Vers 633-639, le roi Dagobert fait rédiger la loi des Francs d'Austrasie dite *Loi ripuaire*, connue par trente-cinq manuscrits. La loi atteste un progrès dans l'assimilation des réalités gallo-romaines et chrétiennes : le meurtre d'un évêque ou d'un simple clerc est pris en considération par un tarif spécial de composition. La loi indique aussi les modalités d'application : « Nous décrétons que, dans le territoire ripuaire, Francs, Burgondes, Alamans ou quelle que soit la nationalité de celui qui est appelé en jugement, il soit jugé selon la loi du lieu de sa naissance. S'il était condamné selon sa loi personnelle, qu'il ne subisse pas la peine prescrite par la Loi ripuaire » (XXXXV, 3-4). La réponse du plaideur à la question du juge : « Sous quelle loi vis-tu ? », indique la loi applicable et introduit l'instance. Les descendants des Gallo-Romains et les membres du clergé demeurent régis par le droit romain ; les Francs saliens et ripuaires, les Basques et les Bretons ont leurs propres lois dans le cadre du nouvel Empire franc. La loi du lieu est appliquée aux populations sédentarisées ; ceux qui se déplacent pour leurs affaires peuvent se prévaloir de leur loi personnelle. Ces principes contradictoires sont souvent réduits par suite de l'ignorance des juges et des diseurs de droit qui mémorisent les lois du vaste empire.

— Grégoire de Tours et Venance Fortunat : Deux hommes d'Église décrivent cette société qui débute : Grégoire de Tours* († 593), dans son *Histoire des Francs*, Venance Fortunat* († 609), dans ses *Poèmes*. Leurs témoignages sont importants : l'*honor* du premier, la *familiarité* du second avec l'ancienne reine Radegonde permettent d'apprécier la littérature officielle, même si tous deux, amis qui s'estiment, s'attachent souvent à décrire les faits miraculeux. Mais le chroniqueur des faits mémorables reproduit à l'occasion quelques documents juridiques, comme les *quinquennalia* (chroniques officielles du royaume) ou le pacte d'Andelot (Andelot-Blancheville, Haute-Marne, arr. de Chaumont) entre le roi Gontran, le roi Childebert II et sa mère, la reine Brunehaut (29 novembre 587). Avec des moyens d'expression différents, le chroniqueur de cour révèle les usages de la nouvelle chancellerie et du nouveau pouvoir. Ainsi donne-t-il la description du nouveau *cursus honorum* (comment le serf Leudaste devient comte ; la carrière du palatin Condo, conseiller des rois...), dans la tradition antique adaptée aux nouvelles réalités. Sa galerie de portraits de rois est inspirée des réminiscences de la haute époque, la flatterie n'exclut pas la raillerie, l'attitude vis-à-vis du clergé révèle les conflits entre deux organisations rivales et complémentaires : venu notifier la décision d'un concile, le prêtre Nuncupatus est renvoyé entravé sur un chariot chargé d'épines...

— La littérature juridique de l'Empire franc : Le *Pactus* est le fondement juridique du royaume franc, mais il n'est pas figé dans un écrit normatif. Fondateur d'un nouvel ordre, Pépin III veut retrouver le droit des ancêtres en révisant la *Loi salique* : la nouvelle version est un corpus du droit franc en 100 titres (99 dans quelques mss) des années 763-764, que Charlemagne fait réviser en 798 (*Lex salica emendata*). La version en 100 titres subit une ultime révision en 802-803 : apurée des gloses malbergiques devenues incompréhensibles, restructurée dans sa composition et son contenu en soixante-dix titres, cette dernière formulation est la « reconstitution » de la loi de Clovis en 65 titres pour l'Empire chrétien rénové. Sous cette forme (*Lex salica karolina*), la loi est diffusée aux Alamans, aux Bavarois et aux Lombards. En 1031, la *Loi salique* est encore citée au concile de Limoges.

Grégoire de Tours (*supra*) utilise le mot *capitularium* pour désigner le registre où sont consignés les renseignements nécessaires à la levée de l'impôt. Pépin III utilise la première fois le terme de *capitula* sans signification technique. Dans l'Édit des Lombards du 1er mars 750, *capitulare* est utilisé dans le sens d'édit subdivisé en *capitula* (articles). Le capitulaire *de Villis* n'est que la réglementation très détaillée de l'administration des domaines royaux (770-800). Charlemagne introduit cet usage dans le sens d'édit par le capitulaire d'Herstal (mars 779), en concurrence avec la terminologie traditionnelle : *constitutio, decretum, edictum* ou *praeceptum*. Les *capitula* qui concernent la hiérarchie et la discipline ecclésiastique, la prestation de la dîme, la répression des vols et des parjures, la circulation des voyageurs, le déni de justice sont arrêtés dans un synode (diète) auquel prennent part évêques, abbés et comtes du royaume. L'*Admonitio generalis* (Exhortation générale), capitulaire ecclésiastique qui condamne notamment l'usure (789), est complétée lors de la *diète* de Francfort (794). Alcuin, qui écrit en 799 à Charlemagne, s'adresse au « guide du peuple chrétien » (*rector populi christiani*). Au lendemain du couronnement impérial qui enchevêtre les intérêts de l'Église et de l'État (Noël 800), Charlemagne est tenu pour l'héritier occidental des premiers empereurs chrétiens et le nouveau protecteur de l'Église (*tuitio*). L'élaboration des capitulaires prend plus d'ampleur, Charlemagne peut envisager de modifier les *leges* dans le contexte de la *renovatio imperii*. Dans le capitulaire "programmatique" de 802, il rappelle que « les juges doivent dire le droit selon la loi écrite, non selon leur fantaisie » (*Judices secundum scriptam legem juste judicent, non secundum arbitrium suum*). Les premiers capitulaires ont souvent un caractère mixte. Quelques documents sont assimilables à des capitulaires, comme les instructions complémentaires sollicitées par les missi dominici ou les ordres de mobilisation adressés aux abbés immunistes (*infra*). Le roi franc dispose du pouvoir de ban (*bannum*), qui justifie la contrainte étatique sanctionnée par l'amende. L'*admonitio* ou *adnuntiatio* présente les dispositions arrêtées (*capitula*) par les grands et donne l'ordre à l'assemblée de s'y conformer. La liste qui leur est lue est souvent sommaire, allusive ou même obscure, mais suffisante pour imposer le respect du *verbum regis* (allocution du roi) devenu *verbum imperatoris* (allocution de l'empereur) : elle n'est qu'un texte pratique de publication et d'application, souvent dépourvu de protocole initial et d'eschatocole, négligés par le copiste, par conséquent difficilement datable. La même procédure est en usage régionalement et localement : les missi dominici, ou plus rarement les évêques et les comtes, sont chargés de donner lecture des capitulaires dans les assemblées de grands et de *fideles* (ceux qui ont prêté le serment de fidélité) et d'obtenir leur adhésion, garantie supplémentaire de l'obéissance obligatoire. En principe la chancellerie impériale n'intervient pas ; à l'origine, la forme des capitulaires n'est pas stéréotypée, même si certains peuvent avoir la forme de diplômes. Leur durée de validité est fonction des dispositions publiées.

Le début du règne de Louis le Pieux coïncide avec un retour à une législation par constitutions écrites sans consultation du plaid et un effort de rationalisation des modes d'élaboration des règles normatives et des injonctions administratives. Dans un ensemble de quatre capitulaires des années 818-819, les *capitula ecclesiastica* viennent en premier, puis les *capitula quae legibus addenda sunt* (seuls ces capitulaires qui complètent les lois nationales ont valeur législative), élaborés par les *legislatores*, experts diseurs de droit, les *capitula quae perscribenda et ab omnibus observanda sunt* (les dispositions indépendantes qui s'imposent à tous) et les *capitula praecipue ad legationem missorum nostrorum ob memoriae causam pertinentia* (aide-mémoires des directives données verbalement aux missi dominici). Le classement n'est pas rigoureux : dans les documents de la pratique administrative peuvent se glisser des règles normatives.

Les années troublées de la fin du règne de Louis le Pieux et la guerre entre ses fils irrités par l'avantage fait à l'enfant du deuxième lit, Charles, les amènent à prendre conscience de leur force et de l'importance de leur accord, source d'une autorité comparable à celle qui fonde la *constitutio regis*. C'est ainsi que chacun des neuf premiers articles du capitulaire (33 articles) publié au plaid de printemps de Quierzy par le nouvel empereur (14 juin 877) est approuvé spécialement : à la suite du prescrit, de la prière ou de la question de l'empereur est consigné l'accord ou tout au moins la réponse des membres de la diète. À ce prix, Charles le Chauve réussit à maintenir en Francie occidentale une tradition abandonnée ailleurs. Le dernier capitulaire de portée générale est promulgué à Ver (Ver-sur-l'Annette, Oise, arr. de Senlis, c^on^ de Nanteuil-le-Haudouin) par Carloman II en 884, quatre ans avant l'élection du roi Eudes : il réitère les sanctions contre les voleurs.

En 882, Hincmar de Reims* (806-882), qui reprend le traité de droit public (perdu) d'Adalard, abbé de Saint-Pierre de Corbie et conseiller de Charlemagne, avec le même titre de *De ordine palatii* (De l'organisation du palais), décrit l'administration des premières années du IXe siècle mais livre aussi des indications sur la nouvelle procédure : si les *capitula* élaborés à l'automne peuvent être soumis au consentement des grands au printemps, ils sont désormais publiés avec l'accord général des fidèles (*supra*).

Les capitulaires parvenus jusqu'à nous sont rédigés en latin. Aucun n'est connu dans sa version authentique. La critique textuelle est donc difficile puisque les capitulaires ont été copiés dans des compilations contemporaines dues à l'initiative privée : la plus ancienne collection est celle de l'évêque de Liège, Gerbald (entre mars 806 et octobre 809). La collection (vingt-neuf capitulaires) composée en 827 par l'abbé de Saint-Wandrille (Saint-Wandrille-Rançon, Seine-Maritime, arr. de Rouen, c^on^ de Caudebec-en-Caux), Anségise, pour conserver les capitulaires « écrits au cours des temps ici et là sur de nombreuses petites pièces de parchemin » acquiert valeur officielle : le capitulaire de Worms y fait référence en 829. Vers 850, un diacre de Mayence, Benoît le Lévite, compile, après un prologue en vers et une préface en prose, des textes scripturaires, divers extraits des lois barbares et de capitulaires retouchés ou apocryphes, et des canons de conciles pour rehausser la puissance de l'Église en renforçant tout particulièrement son pouvoir juridictionnel ; seule compte alors, dans la perspective de l'époque, la finalité de l'œuvre pour le maintien de l'équilibre des forces qui mènent le monde. Le Palais ne tient pas une collection officielle : Charles le Chauve fait référence à la collection monastique en 857.

Comme l'empereur, et avec le vocabulaire en usage dans ses bureaux, le roi franc émet quelques *constitutions* pour mettre en place la nouvelle administration du royaume, multiplie aussi les concessions de diplômes (= actes de souverains particulièrement solennels) d'immunités (*edicta, decreta, constituta, praecepta*) et confirme les anciennes immunités mérovingiennes et les concessions à titre de bienfait (= concession, révocable en principe, assurant un statut social) ou de précaire (= concession en principe gratuite et révocable *ad nutum*, obtenue à la suite d'un échange de lettres, en vue de l'exploitation d'une tenure) qui préparent les futurs rapports féodaux. La réglementation est encore très limitée en ce qui concerne le droit privé ; la lacune est compensée par les exhortations (*supra*) régulières des missi dominici.

Des décisions administratives notifiées dans les plaids sont mentionnées dans quelques-uns des diplômes rassemblés dans les *formulaires*, recueils de modèles d'actes. Difficiles à dater, car le copiste complète la collection d'actes anciens qu'il a sous les yeux avec de nouvelles formules presque toujours dépouillées des indications des noms de lieux et de personnes, les *formulaires* sont désignés par le nom de la région concernée ou par celui de l'éditeur moderne (*Formulae Andegavenses* ou *Mabillonicæ* [d'Angers ou de Mabillon], *Formulæ Turonenses* ou *Sirmondicæ* [de Tours ou de Sirmond], *Formulæ Arvernenses* ou *Baluzianæ* [d'Auvergne ou de Baluze], *Formulæ Laudunenses* [de Laon]...) ; celui de Marculf, moine de Saint-Germain, est composé pour Landry, évêque de Paris (650-vers 656). Les diplômes des souverains et les chartes sont rares pour la période mérovingienne. Leur nombre s'accroît avec les Carolingiens, qui redécouvrent l'antique usage du *polyptyque* (*Code Théodosien* : registre des biens établis pour servir de base à l'établissement de l'impôt) pour maîtriser le temps en figeant les rapports sociaux : polyptyques de Saint-Germain-des-Prés dit d'Irminon (806-829), de Saint-Victor de Marseille (814), de Saint-Pierre de Gand (825-835), de Saint-Bertin (847-853), de Montier-en-Der (848), de Saint-Remi de Reims (861), de Saint-Pierre-Saint-Paul de Wissembourg (870 ; Bas-Rhin, ch.-l. d'arr.)... Ainsi, par le biais de l'établissement généralisé des *polyptyques*, aucune abbaye n'échappe au contrôle fiscal de l'État ni aux réquisitions militaires, même si Saint-Amand, Saint-Riquier et Saint-Sauveur de Fulda n'ont transmis que les épaves de ces documents. D'une tout autre nature, les *livres des cens* (*libri censuales*) de la période suivante répondent aux exigences des nouveaux rapports sociaux : ils sont régulièrement mis à jour en fonction des fluctuations économiques. À la fin du XIIIe siècle, les *terriers* tentent de reconstituer le faire-valoir direct en renforçant les liens de domination ou en rétablissant ceux qui ont été usurpés.

Enfin, dès le Xe siècle, quelques établissements ecclésiastiques sont bien conscients des nouvelles difficultés. Préoccupés par leur devenir terrestre, ils entrevoient l'intérêt de conserver les chartes et les diplômes fondant leurs droits et des intérêts autres qu'économiques (*supra* : polyptyques) dans des *cartulaires*, dont certains sont tenus comme des chroniques ou des annales. Le plus ancien (870) est celui de Saint-Pierre-Saint-Paul de Wissembourg (dioc. de Spire ; Bas-Rhin), abbaye fondée au VIIe siècle par Dagobert Ier ; un des cartulaires de Saint-Pierre de Corbie (dioc. d'Amiens ; Somme) date de la fin du Xe siècle ; l'un des cartulaires (rouleau) de Saint-Florent-lès-Saumur (dioc. d'Angers) date de la même époque ou des premières années du XIe siècle ; la liste des cartulaires du XIe siècle est encore assez brève (14) : chapitre d'Arles ; abbayes de Saint-Denis, de Saint-Florent-lès-Saumur, de Saint-Guénolé de Landévennec (dioc. de Quimper), de Saint-Martin d'Ainay (dioc. de Lyon), de Saint-Pierre de Cluny (2 ; dioc. de Mâcon), de Saint-Sauveur de Redon (dioc. de Vannes), de la Trinité de Vendôme (vers 1070 ; dioc. de Blois) ; aumônerie de Saint-Martial de Limoges (rouleau) ; prieurés de Davron (dépendant de Josaphat ; dioc. de Chartres), de Saint-Clémentin (dépendant de l'abbaye Saint-Florent-lès-Saumur ; dioc. de Maillezais-la-Rochelle), de Saint-Pierre (rouleau) de Montcaret (dioc. de Périgueux) ; XIe-XIIe siècles (4) : abbayes de Saint-Bénigne (dioc. de Langres), de Dijon, de Saint-Victor de Marseille ; aumônerie de Saint-Martial de Limoges (rouleau), prieuré de Correns (dioc. de Fréjus ; dépendant de l'abbaye Saint-Pierre de Montmajour, dioc. d'Arles). Si les documents originaux se sont pour la plupart perdus, nombreux sont ceux qui ont été préservés par cet enregistrement.

2. La littérature juridique des Capétiens directs. — Avec l'évolution des mentalités et les nouvelles conditions d'exercice de la justice, les droits ethniques n'ont plus cours depuis longtemps. Désormais, la coutume fige les droits seigneuriaux (l'usage du vocable *consuetudo* [coutume] se multiplie alors) sur un territoire (détroit).

— La coutume, source de droit : La coutume se manifeste dans tous les rapports sociaux. À la fin du XIIIe siècle, Philippe de Beaumanoir* indique que la coutume s'impose quand elle se distingue de l'usage : « La disference qui est entre coustume et usage si est que toutes coustumes sont a tenir, mès il i a de teus usages que qui vourroit pledier encontre et mener dusques a jugement, li usages seroit de nule valeur » (§ 684). L'usage consacré par le temps (répétition d'actes ou continuité d'action « maintenue de si lonc tans comme il puet souvenir a homme sans debat ») fonde la coutume, qui peut être aussi « aprouvée par jugement » (§ 683). Jean Boutillier*, juriste du XIVe siècle, expose que la coutume non écrite « est (...) tenue et gardée notoirement, et equipolle a loy par l'approbation des anciens du païs, en maniere qu'on n'ait point veu entre les presens le contraire ». Mais elle désigne aussi des droits d'origine publique privatisés par les seigneurs qui dominent politiquement ou foncièrement. Sur ce terrain, l'adhésion populaire — nécessaire pour fonder la coutume — peut avoir d'imprévisibles conséquences. Le neuvième comte de Guînes, un seigneur d'Ardres († 1220), ramena un jour d'Angleterre un ours magnifique. L'animal fit bientôt la conquête des villageois, qui réclamèrent l'organisation de combats avec des mâtins. Le seigneur consentit, à condition que la population prenne en charge la nourriture de l'ours. Ne songeant qu'au « plaisir a le veoir jouer et esbattre », les villageois s'engagèrent à fournir un pain de chaque fournée en oubliant de faire rédiger par un juriste la lettre de non-préjudice. L'ours mourut. Pour Lambert*, le curé d'Ardres qui conte l'histoire dans sa *Chronique* (918-1203 ; trad. du XVe), « l'esbattement de l'ours (...) a trompé et desceu le peuple, et introduit et amené ung si mauvais usaige et coustume damnable, car l'extraction du fournaige (droit de fournage) de cest ours est tourné en coustume si execrable que si la misericorde de Dieu et vostre grace, sieur très charitable, n'y subvint, ce pain se cueillera a perpetuité, sans avoir le plaisir et passe temps de l'ours, vœulle ou non le povre peuple, et se demandera comme rente ordinaire ». C'est ainsi que ce « pain de dolleur » est à l'origine du *droit de fournage* longtemps exigé des habitants par la maison d'Ardres (Pas-de-Calais, arr. de Saint-Omer). Souvent les mauvaises coutumes *(malae consuetudines)* ou les redevances nouvellement imposées *(exactiones)* fondent l'emprise de nouveaux pouvoirs à partir d'une création *ex nihilo* et la fortune des maisons qui débutent. Les communautés urbaines et villageoises s'efforcent alors de secouer ces nouveaux jougs et obtiennent les « bonnes coutumes » (franchises et libertés), à l'origine des privilèges des nouveaux corps. Les vieux usages ruraux maintenus fragmentent la coutume, les usages communautaires des familles *(convenientiae)* se diffusent et renforcent son assise territoriale : le territoire de la seigneurie et de la principauté devient aussi le *détroit* coutumier *(supra)*. Derrière la coutume, il y a également l'autorité et la justice. Les coutumes se développent rapidement dans le cadre des seigneuries indépendantes. La carte des coutumes de l'Île de France (Senlis, Mantes, Dreux, Meulan, Meaux, Montfort-l'Amaury, Dourdan, Étampes, Melun...) est aussi la carte politique avec les sièges d'autorité devant la faiblesse des premiers Capétiens. Le Vexin français fait face au Vexin normand, révélateur des réalités capétiennes. Là, l'unité politique et l'unité coutumière sont scellées par l'autorité ducale dès le milieu du XIe siècle. Les coutumes préservent avant tout les héritages dans le cadre des solidarités nouvelles de la seigneurie — ce que négligeaient les lois barbares, adaptées à la vie nomade — mais ne réglementent pas encore les conventions matrimoniales.

— La justice royale : Le roi qui trône sur le nouveau sceau de majesté est le justicier avec ses attributs (depuis Henri Ier). Au XIIIe siècle, le premier devoir du roi d'assurer à son peuple la justice est analysé comme le devoir de maintenir chacun en son droit en réduisant les *mauvaises coutumes (supra)*, de réprimer les atteintes à l'*ordre public* et d'assurer le respect de l'*utilité commune*. À la cour sont évoqués les litiges relatifs aux successions (succession de Champagne). Le recours à la justice royale favorise l'individualisation des coutumes invoquées : celles de France (Paris), d'Anjou, du Maine, de Touraine, de Champagne, de Poitou, de Flandre... Le Parlement est institutionnalisé quand saint Louis rentre de croisade. Notés dans un recueil dont les quatre premiers registres (1254-1318) portent le nom d'*Olim*, premier mot du premier arrêt copié dans le second registre (*Olim homines de Baiona*... « Jadis, ceux de Bayonne... », 1293), les arrêts font jurisprudence et permettent de comprendre les modalités d'application des dispositions de droit privé d'un *détroit* coutumier donné. Ce ne sont pas les plus anciens documents de jurisprudence : en Normandie, dès la fin du XIIe siècle, les décisions de l'Échiquier étaient déjà notées sur des rouleaux de parchemin *(rotuli)*. La conquête aura pour effet de renforcer la spécificité des coutumes normandes : les fiefs confisqués aux seigneurs normands, dont sont investis les chevaliers français, seront régis par celles-ci. Les textes de nombreuses autres juridictions de diverses contrées, laïques ou ecclésiastiques, sont conservées.

— L'actualité du droit romain : Avant le milieu du XIIe siècle, dès 1130-1150, dans le Midi, en Provence, à Avignon, Montpellier, Valence, Marseille, Arles et Saint-Gilles, en terre d'Empire, le *Corpus juris civilis* est le fondement d'un droit altéré sous l'influence des grammairiens, du droit canonique et par l'essor du droit coutumier. De nouvelles compilations sont élaborées : la *Summa Institutionum « Justiniani est in hoc opere »*, rédigée à Die ou à Valence vers 1130-1150, la *Summa Codicis* (Commentaire systématique du *Code* de Justinien) rédigée à Saint-Gilles ou à Arles vers 1140 par maître Géraud (en activité de 1132 à 1180), les *Exceptiones legum Romanorum* ou *Exceptiones Petri* (Saint-Ruf ?, avant 1144), le *Brachylogus juris civilis* ou *Corpus legum*, abrégé du droit de Justinien (Auxerre, milieu du XIIe siècle), l'*Epitome exactis regibus*, un vocabulaire élaboré à partir du *Digeste* et du *Code* (Nord, deuxième moitié du XIIe siècle) et « Lo Codi », somme provençale au Code (vers 1165), inspirée de la *Summa Codicis*. Les juristes méridionaux subissent l'influence des thèses bolonaises. Dès les premières années du XIIe siècle, les glossateurs de Bologne commentent (gloses et sommes) le droit de Justinien redécouvert dans les *Pandectae pisanae* (*Littera florentina*, après la victoire en 1406 des Florentins sur les Pisans ; l'abréviation *ff* des anciennes éditions désigne le *Digeste*), les *Institutes*, le *Code* (sans les *Tres libri*) et les *Novelles*, peut-être grâce aux recherches mises en œuvre dans l'entourage pontifical. Irnerius (1088-1125), le promoteur, fait des disciples. Les plus célèbres sont les Quatre Docteurs : Bulgarus, Hugo, Jacobus et Martinus Gosia (vers 1090-vers 1165). Ce dernier enseignait que le droit devait être tempéré par les principes de l'équité ; ses disciples, les *Gosiani*, n'ont pas bonne presse en Italie. Certains doivent s'exiler, leurs idées gagnent le Midi. Dès 1140, un disciple de Bulgarus, Rogerius, s'installe en Provence, peut-être à Arles, où, pour sa *Summa*, il puise à la *Summa Codicis* et au « Codi ». D'autres Bolonais s'installent dans le Midi, comme Placentin († 1192) vers 1163-1165. Est-il le fondateur de l'université de Montpellier ? Accurse († 1260), son disciple, réunit les gloses de ses prédécesseurs avec les siennes dans une œuvre encyclopédique connue comme la Grande Glose *(Glossa ordinaria)*. Ce complément au *Digeste* et au *Code* acquiert rapidement valeur officielle. Quelques romanistes français vont atteindre aussi la célébrité : Étienne d'Orléans*, dit de Tournai († 1203), abbé de Sainte-Geneviève de Paris puis évêque de Tournai, Pierre de Blois († 1200), Jean de Blanot (près de Cluny ; vers 1230-vers 1310), official de Lyon (1267-1287), auteur d'un *De actionibus*, Neveu de Montauban, juge à Albi, auteur du *Liber fugitivus*, traité de procédure publié en 1534 avec le coutumier de Jean Masuer, Drogon de Hautvilliers, écolâtre de Reims, futur pape sous le nom de Clément IV (1265-1268) ; Guy Fulcodi, conseiller du roi, professe peut-être à Paris avant de devenir évêque du Puy et archevêque de Narbonne : il est considéré comme le premier jurisconsulte de la France de son temps. Les juristes provençaux, eux, sont maintenant attirés par l'Italie du Nord et du Centre, comme ce Jean Blanc, qui, après des études à Modène vers 1235, est l'auteur d'une *Summa super usibus feudorum* (Commentaire systématique des usages des fiefs ; milieu du XIIIe siècle) et donne des consultations à Marseille. L'école des glossateurs a achevé son interprétation textuelle. Les praticiens du Bas-Languedoc et du Rouergue, puis ceux du Haut-Languedoc (université de Toulouse, vers 1228 ; *studia* éphémères à Manosque, Narbonne, Orange, Alès, Pamiers) connaissent eux aussi le droit romain. Les progrès du droit écrit, dans les pays soumis aux traditions orales, s'expliquent par sa supériorité technique.

Celle-ci provoque, dès avant la fin du XIIe s. dans le Midi, des renonciations formelles générales devant notaire à utiliser le droit romain ou certaines de ses dispositions, comme le sénatus-consulte velléien qui interdisait à toute femme de se porter caution ou d'emprunter pour autrui, ou la *loi seconde*, qui prévoyait la rescision du contrat de vente en cas de lésion d'outre-moitié. Les nécessités pratiques et l'esprit d'imitation amènent villes et villages à faire rédiger leurs coutumes : Tarascon (1148-1188), Arles et Foix (v. 1160), Béziers (1185), Montauban (1194-1195), Cahors (fin du XIIe), Alès (1200 et 1217), Montpellier (1204-1205), Carcassonne (après 1205), Mirepoix (1207), Saint-Gilles (1210-1215), Albi (1220), Narbonne (1232), Montrastruc (1242), Avignon (1243), Perpignan (1243-1246), Bordeaux (1252), Villefranche-de-Rouergue (1256), Bayonne (1273), Mende (1276), Aurillac (1280), Cordes (1282), Toulouse (1286), Marciac (1298), Millau (XIIIe), Montesquiou (1307), Éauze (1352), Saint-Sever (1380), Armagnac (1428)... Toutes ces coutumes méridionales (coutumes des pays dits de droit écrit) donnent les règles de la vie municipale, mais n'ont pas, en général, l'ampleur des coutumes septentrionales.

3. La littérature juridique de l'État royal. — Dès la deuxième moitié du XIIe siècle, des juristes bolonais s'interrogent sur l'emprise impériale. Philippe Auguste pense alors se prémunir contre les prétentions impériales de contrôler la France avec l'Angleterre et l'Espagne, en proclamant l'existence de liens étroits de sa dynastie avec la lignée carolingienne, avec un autre empereur, Charlemagne. Assimilant Philippe à César, le premier biographe du roi, Rigord*, lui donne la titulature impériale de *semper Augustus* (toujours Auguste). Le second biographe, le continuateur Guillaume le Breton*, donne à son héros le surnom de Karolide pour qualifier une autorité comparable à celle de Charlemagne. Bouvines (1215) ratifie ces idées. Mais, élaboré dans la partie orientale et commenté en Italie, l'antique droit romain est droit d'empire. Les théologiens de Paris sont alors inquiets de voir les étudiants préférer en masse le droit. Opportunément, ils obtiennent du pape Honorius III l'interdiction d'enseigner le droit civil (droit romain) à Paris sous peine d'excommunication (décrétale *Super specula*, 16 novembre 1219, « parce que, en France [Île de France], (...) les laïques n'utilisent pas les lois des Romains » ; Philippe le Bel affectera de croire que la décrétale avait été demandée par son ancêtre ; la prohibition, qui entrave aussi indirectement l'étude du droit canonique, ne sera levée qu'en 1679, sauf exceptions personnelles très rares). En autorisant cet enseignement à Orléans, le pape Grégoire IX favorise le renouveau de la méthode des romanistes (*A nobis tua fraternitas...*, 17 janvier 1235).

— L'influence du droit romain : Trois des fondateurs du *Studium* d'Orléans sont connus : Guido de Cumis, Lombard, Pierre d'Auxonne (Côte-d'Or) et Simon de Paris. Ces deux derniers sont docteurs de Bologne. L'influence de l'école d'Orléans est considérable. Les maîtres complètent la *Grande Glose* d'Accurse (1185-vers 1263). C'est là que les étudiants se préparent aux plus hautes charges de l'Église ou de l'État, que les compilateurs des coutumiers (voir *Livre de jostice et de plet** et *Établissements de saint Louis**) puisent leur documentation. Jacques de Révigny (vers 1235-1296) reçoit l'enseignement de Jean de Monchy. Les cours *(lecturae, repetitiones)* du dialecticien adaptateur de la méthode scolastique de saint Thomas*, le maître le plus célèbre de l'université, sont conservés. À Orléans, il écoute François Accurse fils venu donner devant l'université une leçon sur une loi du *Code* de Justinien ; il n'est que bachelier, mais conteste la glose magistrale et triomphe du maître bolonais invité. Il enseigne à Orléans vers 1260. Une collection de questions élaborées à partir de cas pratiques date de cette époque : les *Quaestiones doctorum Tholosanorum* (recueil de questions formées par les docteurs de Toulouse à partir de cas pratiques de la fin du XIIIe siècle, avec des extraits de commentaires d'auteurs de Montpellier du début du XIVe siècle). La fonction de professeur n'est alors qu'une étape du *cursus honorum* médiéval : Jacques de Révigny achève sa carrière comme évêque de Verdun en 1289. Originaire du Bourbonnais, Pierre de Belleperche, son principal disciple, enseigne entre 1280 et 1296 à Orléans. À la mort de Pierre Flotte (1302), il devient chancelier et rédige l'*ordonnance de réforme*. Il passe ensuite au service du roi. En 1306, il obtient l'évêché d'Auxerre († 1308). À la même époque (1306), Pierre Dubois* rédige son *De* *recuperatione sanctae terrae* (De la récupération de la Terre sainte), où il recommande la rédaction d'un résumé du droit civil en deux volumes portatifs pour étudiants pauvres. Guillaume de Cunh (Cuneo) et Pierre Jame (Petrus Jacobi) d'Aurillac, auteur de la célèbre *Practica aurea* (1311) et d'un traité de procédure, sont aussi des disciples de Jacques de Révigny. L'essor de la science juridique française au XIIIe s., où prédomine l'école d'Orléans, le dernier maître de la grande époque est Lambert de Salins, prépare la renaissance de l'école historique du XVIe siècle qui s'illustrera, à la suite de Jacques Cujas notamment.

Le roi « n'a point de souverain es choses temporiex, il ne tient de nelui que de Dieu et de lui » (*Établissements de Saint Louis**, II, 14). Les légistes vulgarisent la célèbre formule : « Le roi est empereur en son royaume ». Le royaume est devenu réalité allodiale. Il est ainsi définitivement dégagé de l'emprise de l'Empire germanique. Philippe le Bel doit pourtant proclamer que le royaume n'est pas régi par le droit romain : si les habitants de certaines parties du royaume sont soumis à ce droit, ce n'est pas « en tant que droit écrit, mais par une coutume conforme à ce droit, qui s'est introduit dans l'usage » avec son autorisation et celle de ses prédécesseurs.

Les œuvres des romanistes forment le chaînon entre le droit romain antique et les nouvelles formulations juridiques en gestation, alors que, en Lombardie d'abord, les coutumes féodales sont compilées dans les livres des fiefs *(Libri feudorum)*, utilisés et commentés comme des compléments de droit féodal au *Digeste* et au *Code* de Justinien vers 1220-1230. Les diseurs de droit conservent la tradition des *Lettres du Sépulcre*, perdues avec Jérusalem en 1187. Elles inspirent les *Assises de Jérusalem*, qui contiennent des *records* de justice de la fin du XIIe siècle des deux juridictions : celle des chevaliers (Haute Cour ou cour des barons) et celles des roturiers dans les villes importantes (cours des bourgeois). Les *Assises de la Haute Cour* sont rédigées à Acre après la perte de Jérusalem (1187), le *Livre au roi*, vers 1197-1205, les *Assises de la Cour des bourgeois*, vers 1229-1244, le *Livre de forme et de plait que sire Filippe de Novaire fit pour un sien ami apprendre et enseigner comment on doit plaidoier en la Haute Cour* (Acre ou Nicosie), vers 1252-1257, la *Clef des assises de la Haute Cour du royaume de Jérusalem et de Chypre*, vers 1265-1266, le *Livre de Jean d'Ibelin*, comte de Jaffa (vers 1265-1286), rédigé vers 1265, dont s'inspirera le *Livre de Jacques d'Ibelin*. Dans le royaume, les liens contractuels sont strictement définis : « La dame ne le sire n'est seigneur se non dou dreit. Bien sachiés qu'il n'est mie seigneur de faire tort. » Le maître n'est ni le seigneur ni le roi, le maître est le droit d'origine divine. Pour Jean d'Ibelin, la coutume doit « estre tenue mieux que leis ne decrès ne decretales ». S'il est « empereur en son royaume » et a repoussé les prétentions impériales, le roi de France, lui, n'est pas l'empereur et n'a pas le pouvoir de porter atteinte à la coutume ni même celui de la modifier. Dans la *curia*, le parlement, cour souveraine, sont jugées et abolies les mauvaises coutumes (*exactiones* : les exigences fiscales au-delà de ce qui est dû).

— La rédaction des coutumes : La coutume tient une place considérable. Elle est conservée dans la mémoire collective, l'oralité prévaut longtemps. Vers 1393, Jean Boutillier* peut encore écrire : « Tesmoins par vive voix destruisent lettres », avant que l'Ordonnance de Moulins sur la réforme de la justice (février 1566) n'impose l'acte écrit passé devant notaire et des témoins pour « toutes choses excedant la somme ou valeur de cent livres ». Les nouvelles pratiques et le recours à l'écrit imposent aux juristes la nécessité de recourir à des *recueils* de coutumes. Les premières coutumes rédigées sont méridionales et urbaines. Dans la moitié septentrionale de la France, les jurisconsultes rédigent des coutumiers. Les plus anciens apparaissent vers 1200 et sont normands. Le *Très ancien coutumier de Normandie* (pour tous ces textes, voir au mot Coutumier) est connu sous deux formes, latine et française ; un peu plus tard, le *Grand coutumier de Normandie* aura très vite une importance telle qu'il sera considéré comme un coutumier officiel, donné sous une forme latine *(Summa de legibus Normanniae)*, mais aussi sous deux formes françaises, postérieures à la précédente, en prose et en vers, cette dernière, vers la fin du XIIIe siècle. D'autres recueils sont aussi des sources littéraires importantes du XIIIe siècle. Deux œuvres sont influencées par l'école d'Orléans. Vers 1253, un coutumier de Vermandois contenant du droit romain est connu sous le titre de *Conseil à un ami*. Son auteur est l'ancien bailli de Vermandois, Pierre de Fontaines*. Le *Livre de jostice et de plet** est une compilation de droit romain, de droit canonique et de droit coutumier. L'ouvrage connu sous le nom des *Établissements de Saint Louis** est un coutumier privé de Touraine-Anjou et de l'Orléanais, dont l'influence déborde rapidement de cette région. Achevé en 1265, le *Facet* de Saint-Amand (Saint-Amand-en-Pévèle, Pas-de-Calais, arr. d'Arras, con de Pas-en-Artois) est complété aux XIVe et XVe siècles. L'œuvre du XIIIe siècle la plus achevée est la compilation des *Coutumes du comté de Clermont-en-Beauvaisis* (1279-1283) de Philippe II de Remi, sire de Beaumanoir (voir Philippe de Beaumanoir). Elle est contemporaine de l'*Ancien coutumier de Champagne*. Au XIVe siècle, presque toutes les provinces sont ainsi dotées de coutumiers. Citons encore le *Grand coutumier de France* (1387-1389 ; voir Jacques d'Ableiges), les *Anciens usages d'Artois*, le *Livre de Jean Roisin** (1267-1283), la *Très ancienne coutume de Bretagne* ayant exceptionnellement un caractère officiel, le *Vieux coutumier de Poitou*... La diffusion des coutumiers est variable (pour la *Somme rural*, voir Jean Boutillier).

Ratifiées par l'autorité, quelques coutumes ont acquis valeur officielle dans le cadre provincial ou urbain. Des difficultés résultant de la preuve des coutumes devant les juridictions du royaume *par quoy les procez sont souventesfoys moult allongez, et les parties constituées en grands fraiz et despens, et que si les coustumes, usages et stiles des pays de nostredit royaume estoient redigez par escrit les procez en seroient de trop plus briefz, et les parties soubslevées de despenses et mises, et aussi les juges en jugeroyent mieux et plus certainement, car souventesfoys advient que les parties prennent coustumes contraires en un mesme pays, et aucunes foys les coustumes muent et varient a leur appetit, dont grandz dommages et inconveniens adviennent a [ses] subjectz*, Charles VII, roi réformateur, ordonne, à Montils-lès-Tours, dans la trente-deuxième année de son règne (avril 1454) que « les coustumes, usages et stiles de tous les pays [du] royaume soyent redigez et mis en escrit, accordez par les coustumiers, praticiens et gens de chascun desdiz pays [du] royaume, lesquelz coustumes, usages et stiles ainsi accordez seront mis et escritz en livres, lesquelz seront apportez (...) pour les faire veoir et visiter par les gens [du] grand conseil ou [du] parlement, et (...) les decretez et conformez (...) » (art. 125), avec, comme aux origines, le consentement populaire donné non plus au *mallus (supra)*, mais dans le cadre moderne des états du bailliage : clergé, noblesse, tiers état. L'homologation provoque la résistance des autorités locales, bien conscientes de la transmutation des vieilles coutumes qui acquièrent ainsi les caractères de la loi. Les anciens recueils privés n'ont plus leur raison d'être. L'ordonnance de Charles VII initie un mouvement si puissant qu'il franchit bientôt les limites du domaine royal : le 11 mars 1457, à Bruges, Philippe le Bon, duc de Bourgogne, ordonne lui aussi la rédaction des coutumes de son duché (1459) ; en 1531, Charles Quint prend la même décision pour les Pays-Bas. Pour accélérer le travail, Charles VIII doit décider de simplifier la procédure de rédaction par lettres patentes du 15 mars 1497 : les commissaires travailleront sur place, ne soumettant au roi et au Parlement que les difficultés. Les textes officiels de plus de 400 coutumes (générales [60] ou locales) sont déposées à la Chancellerie du Parlement ou de la Cour souveraine du *détroit* coutumier concerné. Le centre a l'antériorité dans la rédaction : Nivernais (1493), Grand-Perche (1505), Montfort-l'Amaury, Melun et Sens (1506), Auxerre, Beauvaisis et Touraine (1507), Chartres (1508), Auvergne, Meaux, Orléans, Paris (prévôté et vicomté ; la plus importante parce que le Parlement siège à Paris), Troyes et Vitry-en-Perthois (1509), Bordeaux (1520), Bourbonnais (1521), Blois (1523), Haute-Marche (1526), Bourges (1529), Lorris-Montargis (1531), Auxerre, Clermont-en-Beauvaisis, Senlis et Valois (1539), Berry (1540), Mantes, Meulan et Étampes (1556)... Les coutumes de l'Ouest : Maine-Anjou (1508), Angoumois et Poitou (1514), Loudun (1518), Bretagne (1539), Normandie (1587)... Les coutumes du

Nord : Abbeville, Amiens, Noyon, Ponthieu et Saint-Riquier (1507), Aire et Saint-Omer (1507-1509), Arras (1528), Flandre (1531), Lille (1533), Hainaut (1534), Péronne (1536), Valenciennes (1540), Artois (1544), Boulonnais (1551), Tournai (1552), Reims (1553), Vermandois-Laon (1556), Guînes (1567), Bouillon et Sedan (1568), Cambrai (1574), Calais (1583)... Les coutumes de l'Est : Bar-le-Duc (1506), Chaumont-en-Bassigny (1509), Bourgogne (1524), Dauphiné (1531), Franche-Comté (1539), Metz (1562), Bar (1579), Lorraine et Blâmont (1596), Vaudémont (1607-1608)... Toutes ces coutumes permettent de retrouver l'image de la France médiévale, comme une collection du Dalloz donnerait celle d'une France contemporaine.

— Le mouvement doctrinal : Malgré la rédaction officielle largement diffusée par les progrès de l'imprimerie, certains praticiens continuent de tenir à jour leurs coutumiers manuscrits. La coutume est pour quelque temps encore leur domaine, non celui des universitaires, mais le pouvoir cherche à accélérer l'unification. Dès 1508, un avocat du roi du bailliage d'Autun, Nicolas Bohier (1469-1539), qui a étudié le droit romain à Pise puis à Montpellier, publie le premier commentaire de la *coutume de Bourges*. En 1517, la *coutume de Bourgogne* est commentée par Barthélémy de Chasseneuz (vers 1480-1541). Cette année-là, les coutumiers généraux prennent le relais des coutumiers du Moyen Âge (*Les grandes coustumes generalles et particulieres du royaulme de France selon lesquelles se reiglent toutes les cours et jurisditions dudit royaulme, lesquelles coustumes ont esté establyes, confermées et par edict perpetuel roborées et auctorisées par la court de Parlement, cest asçavoir les coustumes de la prevosté et vicomté de Paris, ville capitalle du royaulme, les coustumes de Meaulx, Melun, Victry, Chaumont, Orleans etc., par lequel establissement, confirmation et arrest dicelle court, donné le premier jour de mars mil cinq cens et dix, a esté dit ordonné et expressement deffendu a tous practiciens de ce royaulme et a tous autres de quelque estat quilz soyent que doresenavant ilz ne proposent ne alleguent en jugement ne dehors autres coustumes esditz lieux que celles qui ont esté rapportées et approuvés par ladicte court, et qui sont contenues en ce present volume sur grosses peines et amende arbitraire, sur lesquelles coustumes et a chascun article dicelles ont esté apposées plusieurs bonnes et briefves cotacions, lequel doit estre appellé le coustumier auctentique de France, et l'enseigne et refuge de tous practiciens, avec la table alphabetique amplement colligée pour plus facillement entendre le contenu dicelles coustumes. Nouvellement imprimées a Paris, l'an mil cinq cens et dix sept* ; la dernière édition sera donnée par Charles A. Bourdot de Richebourg, Paris, 1724). Désormais, les praticiens commentent le droit figé dans l'écrit imprimé. De 1539 à 1601, la *coutume de Paris* aura cinq commentateurs : Charles Du Moulin (1500-1566), Louis Le Caron dit Charondas (1536-1617), René Choppin (1537-1606), Gilles Fortin et Pierre Pithou (1539-1621). Paris rayonne vers la province : Charles Du Moulin *(Molinaeus)* est fils d'un avocat au Parlement de Paris, mais n'a pas la facilité d'élocution suffisante pour exercer avec talent la profession de son père ; il renonce au barreau et devient le « prince des légistes » du XVIe siècle ; il est lui-même tellement convaincu de sa supériorité qu'il écrit souvent en tête de ses consultations : « *Ego qui nemini cedo et a nemine doceri possum* (Moi qui ne cède devant personne et n'ai rien à apprendre de personne) » ; il enseigne dans les universités de Tübingen (18 décembre 1553-30 septembre 1554), Dôle (novembre 1555-décembre 1556) et Besançon (derniers jours de l'année 1556) que la *coutume de Paris* est « la plus importante de toutes les coutumes du royaume » *(caput omnium hujus regni consuetudinum)*. Par cette formule, il énonce l'antidote à l'idée que le droit romain de Justinien serait le droit commun de la Chrétienté. Dès 1582, Louis Le Caron publie le premier commentaire de la *coutume de Paris* révisée en 1580. Les coutumes des provinces ont aussi leurs commentateurs : la *coutume de Bretagne**, Bertrand d'Argentré (1519-1590), sénéchal de Rennes en 1547, en 1576 ; la coutume d'Anjou, René Choppin (1537-1606), en 1581 ; la coutume du Nivernais, Guy Coquille (1523-1603), en 1605.

Les *stiles* (manières d'écrire) de procédure gouvernent la phase judiciaire. Jean Boutillier souligne leur importance : « Stille est une chose en cour tellement reiglée et de si long temps que nul des frequentans d'icelle cour ne le rameine en doute. » Vers 1330, Guillaume Du Breuil, avocat au Parlement, rédige en latin un traité de procédure devant cette juridiction *(Stilus curie parlamenti Francie)*. Traduite à la fin du XIVe siècle ou au début du XVe siècle, l'œuvre est largement utilisée par l'auteur du *Grand Coutumier de France*, Jacques d'Ableiges*. D'autres styles ou recueils de procédure, des commentaires d'enquêtes ou d'arrêts, des recueils de notables sont composés à Paris au XIVe siècle : le *Style de la Chambre des enquêtes et le Style des commissaires du Parlement* (1336), les *Coutumes tenues toutes notoires et jugées au Châtelet de Paris*, un *Style du Châtelet*, les *Décisions* de Jean Des Marès († 1383) ou Pseudo-Des Marès, les *Questions* de Jean Lecoq († v. 1400-1404), tous deux avocats au Parlement de Paris.

— Le droit canonique : La littérature juridique s'enrichit encore avec l'essor du droit canonique favorisé par la *Réforme grégorienne*. Ce droit correspond au renouveau et au développement de la juridiction de l'Église, qui renforce ses structures monarchiques. Aux XIIe-XIIIe siècles, la plupart des canonistes glosent les deux premières parties du *Corpus juris canonici* : le *Décret* (vers 1140) de Gratien (peut-être moine de Bologne) et les *Décrétales* de Grégoire IX (1234), et des recueils subséquents. Vers 1170, Rufin analyse le *Décret*. Étienne d'Orléans* (1128-1203), formé en Italie, évêque de Tournai et archidiacre de Londres, rédige une *Summa*. L'Italien Hostiensis (Henri de Suse) enseigne à Paris. Il est l'auteur d'une *Summa* si célèbre que les praticiens s'y réfèrent comme à la *Summa aurea* (vers 1200-1271). Guillaume Durand* le *Speculator* (du nom de son *Speculum judiciale* [1271-1272]) est administrateur de la Romagne pontificale, évêque de Mende (1230-1296). Le cardinal Bérenger Frédol († 1323) et Guillaume de Mandagout, son élève, archevêque d'Embrun, puis d'Aix († 1321), participent à la rédaction du *Sexte* de Boniface VIII. Pierre Bertrand († 1349), auteur de plusieurs traités, combat les doctrines des légistes devant l'assemblée de Vincennes (15 décembre 1329) ; le rapporteur, Pierre de Cugnières, y expose la distinction entre le spirituel et le temporel.

— Les lois urbaines : Après l'éclipse de l'activité législative de la fin du IXe siècle au XIIe siècle, les ordonnances des autorités publiques des pays, seigneurs laïques et ecclésiastiques, et à leur tête, le roi, donnent encore des images de la société qui enrichissent la littérature juridique. Les villes connaissent un développement économique qui les pousse à revendiquer l'autonomie. Elles se dotent de *chartes*. Les formes de la vie municipale sont très variées. Quelques chartes ont essaimé et pris une extension considérable, comme les *Établissements* de Rouen (1160-1170), les chartes de franchises de Lorris-en-Gâtinais (confirmées en 1155) et de Beaumont-en-Argonne (1182) ou encore l'*Alphonsine* de Riom (1249). Les libertés conquises varient avec l'ampleur des revendications bourgeoises et de la victoire remportée sur l'autorité dominatrice. Elles présentent trois caractères : elles sont négociées avec la puissance territoriale, le seigneur, arrachées par la force à la suite de luttes, ou bien elles constatent par écrit un *modus vivendi* ancien (Laon, 1128 ; Millau, 1187) ; elles imposent des règles de droit aux habitants ; elles sont fragmentaires et n'ont jamais l'ampleur d'un code. Les chartes de franchises proclament certaines *libertés*, mais ne confèrent jamais l'autonomie avec l'organisation municipale (Centre, Guyenne et Gascogne : Neuville-sur-Seille [967-969], Strasbourg [987], Orléans [1057], Oloron [1080], Étampes [1082], Morlaàs [1088], Lorris-en-Gâtinais [confirmée en 1155], Beaumont-en-Argonne [1182]...). Les chartes de commune (dans le Nord ; charte de Jean sans Terre pour Bayonne [1215]) contiennent des articles de droit civil et de droit pénal accordés à un groupe uni dans une *conjuratio* auquel elles peuvent conférer une certaine autonomie (Cambrai [1077], Saint-Quentin [1080], Beauvais [vers 1099], Arras [avant 1100], Noyon [1108-1109], Laon [1111], Valenciennes [1114], Soissons [1116], Amiens [1117], Corbie [1123], Saint-Omer [1127], Compiègne [1152]...). Les chartes de consulat (Midi) établissent en principe les conditions de l'autonomie ; les consuls, les magistrats de ces villes ont des pouvoirs judiciaires et parfois le pouvoir normatif (Avignon [avant 1129], Saint-Gilles-du-Gard [1143], Nîmes [1144], Toulouse [1152], Arles

[1162-1164], Nice [1176], Marseille [1178], Carcassonne [1184], Béziers [1185], Millau [1187], Montauban [1195], Agen et Perpignan [1197], Narbonne [fin du XIIe siècle], Rodez [début du XIIIe siècle], Alès [1200], Lodève [1202], Gaillac [1203], Montpellier [1204], Uzès [1206], Albi [1220], Cordes [1222], Mende [1275], Lagrasse [1287]... À la mort d'Alphonse de Poitiers [1271], la sénéchaussée de Toulouse compte 143 consulats).

Louis IX uniformise l'administration des villes royales *(bonnes villes)* et veut contrôler leurs finances. Par ordonnance (1256-1261), il impose l'élection annuelle des maires : « Nous ordenons que tuit li mayeur de France soient fait lendemain de la feste saint Simon et saint Jude [28 octobre] » et la vérification annuelle des comptes à Paris : « Derechief nous ordenons que li noviaus maires et li viez, et quatre des preudeshomes de la ville, desquiex quatre li uns ou les deux qui auront receu ou despandu cette année les biens de la ville, viegnent a Paris a nos gens [des comptes] aux octaves de la saint Martin [11 novembre] ensuivant pour rendre compte de leur recepte et de leurs depens. » Le petit-fils de Saint Louis, Philippe le Bel, précise le statut des *bourgeois du roi*, justiciables des tribunaux royaux, dans les villes du domaine royal (mai 1287) qu'il étend à tout le royaume « dans ses limites et ailleurs » (mai 1293 et 1295).

— L'essor de la législation royale : Le renforcement du pouvoir royal dès le XIIe siècle, puis l'affirmation de l'État royal au XIIIe siècle mettent désormais le roi en mesure d'abroger par voie législative les *mauvaises coutumes* (expressément visées dans l'ordonnance de Saint-Germain-en-Laye de mai 1235 sur le *relief* ou rachat des fiefs ; *Ordinatum fuit ad relevationem malarum consuetudinum...*) et d'introduire les nouvelles règles de la centralisation. Des deux premières dispositions normatives du *rex Francorum*, la première condamne les juifs relaps au bannissement du royaume (1144), la seconde, réclamée par le haut clergé et soumise à un *conseil* de barons *(postulationibus cleri et assensu baroniae)* réunis à Soissons, impose la paix *(Constitutio pacis)* pour dix ans (10 juin 1155). Ces dispositions concernent le royaume, non le seul domaine royal, mais la paix est limitée au nord-est de la France d'où viennent les participants au *conseil*. Le même principe vaut pour l'accord obtenu des *grands* réunis à Villeneuve-le-Roi le 1er mai 1209 sur les devoirs des feudataires en cas de partage d'un fief. Cet *Établissement des fiefs* (Louis VIII) n'est en fait que la décision acquise pour l'Île-de-France et une partie du Beauvaisis. Mais les établissements de 1188, sur les dettes des croisés, et de 1205-1206, sur les limites de la juridiction ecclésiastique, sont ratifiés, l'un, par le conseil d'archevêques, d'évêques et de barons, l'autre, par les *barons*, sans indication de noms de personnes. Sous Philippe Auguste, le domaine de la couronne a quadruplé, avec l'acquisition du Vermandois et d'Amiens, du Berry, de l'Anjou, du Maine et de la Normandie. Pour son domaine, le roi prend des décisions autonomes, à la troisième personne, comme celle de juillet 1219 d'attribuer au mari les conquêts en cas de prédécès de sa femme sans enfant. Par contre l'*établissement* du 8 novembre 1223 *(Stabilimentum super judaeos)* qui officialise le statut de *Judei nostri* (nos juifs : depuis le milieu du XIIe siècle, les juifs relèvent du seigneur foncier à qui, comme des serfs, ils acquittent le cens recognitif de leur état) est, pour la première fois, rédigé à la première personne et juré par 23 *grands* ou dignitaires, mais ne s'impose pas encore aux barons absents du *conseil*, comme celui de Melun de décembre 1230 sur la même question. Les ordonnances royales, aussi rares et timides sous les premiers Capétiens que sous les derniers Carolingiens, deviennent plus nombreuses. Les grandes ordonnances *(statuta)* de saint Louis, celle de décembre 1254 (*Ex debito regie potestatis, pacem et quietem subjectorum nostrorum, in quorum quiete quiescimus, precordialiter affectantes, et adversus injuriosos et improbos, qui tranquilitati eorum invident et quiete, zelum indignationis habentes, ad hujusmodi propulsandas injurias, et statum regni reformandum in melius ad presens tempus subscripta duximus ordinanda* [...] : Ainsi que la puissance royale nous en fait le devoir, recherchant avec amour, de tout notre cœur, la paix et la tranquillité de nos sujets, sans lesquelles il n'est point de repos pour nous-même, et rempli d'indignation contre ceux qui par leurs injustices et malhonnêtetés empêchent la tranquillité et le repos de notre peuple, nous ordonnons ce qui suit, afin d'écarter les iniquités et d'améliorer dès à présent l'état de notre royaume [...], à la suite des enquêtes de 1247 sur la réformation du royaume, laquelle « amenda mout li royaumes » (Joinville*), de janvier 1258, sur l'interdiction de « toutes les guerres, les incendies et les destructions de charrues », de février 1258, sur les batailles (duels) et la preuve par témoins (devant les résistances, Philippe le Bel doit autoriser le duel par l'ordonnance du 1er juin 1306 avec une nouvelle réglementation), et de 1264, sur la circulation des monnaies, préservent la plénitude de la puissance royale *(Omnia ergo singula supradicta, que pro subditorum quiete duximus ordinanda, retenta nobis plenitudine regie potestatis declarandi, mutandi vel etiam corrigendi, addendi vel minuendi...)* : elles sont décidées par le roi seul, de sa propre inspiration et puissance *(ex debito regie potestatis)*. Pour la première fois, la validité de l'ordonnance est liée à la volonté royale : c'est le *quamdiu nobis placuerit* (tant qu'il nous plaira).

Chef d'État, le roi peut réglementer l'exercice de la profession d'avocat *(advocationis officium)* qu'il soumet, par serment, à la bonne foi, et limiter leur salaire *(salarium)* à 30 livres (Paris, 23 octobre 1274), et fixer la procédure en Parlement (7 janvier 1277). L'enjeu est d'importance et justifie cette disposition : « Li advocats ne soient si hardis d'eus mesler d'aleguer droict escrit (droit romain) la ou coustumes aient leu, mais usent de coustumes. » Les coutumiers citent les ordonnances royales, en font état, ou bien encore, comme les *Coutumes de Clermont-en-Beauvaisis* (1283) de Philippe de Beaumanoir*, en dissèquent les principes, les fondements et les conditions de promulgation : le point de départ est le *Quod principi placuit, legis habet vigorem* des *Institutes* (1, 2, 6) et du *Digeste* (1, 4, 1 pr.), que le juriste incorpore au paragraphe 1103 de ses *Coutumes* en « ce qu'il li plest a fere doit estre tenu pour loi », et « ce ne puet fere nus [nul] fors li [hormis lui] ou roiaume de France ». Les *établissements* spéciaux ne valent que pour le domaine royal, les *établissements* généraux sont valables dans tout le royaume : « Més quant li rois fet aucun establissement especiaument en son demaine, si baron ne lessent pas pour ce a user en leur terres selonc les anciennes coustumes. Més quant li establissements est generaus, il doit courre par tout le roiaume, et nous devons croire que tel establissement sont fet par tres grant conseil et pour le commun pourfit [intérêt général] » (§ 1499) : le *grand conseil* préalable, grande consultation de compétences et d'autorités qualifiées, sera maintenu comme *loi fondamentale* de la monarchie française. Les nouveaux *établissements* sont justifiés « ou tans de guerre et ou tans que l'en se doute de guerre » (§ 1510) et « du tans de necessité qui vient par famine » (§ 1514). « Chascuns barons aussi [le peut] en sa terre, mès que ce ne soit pour emprendre contre le roi » (§ 1510). Il y a cinq conditions à la formulation d'un nouveau droit : « Tout soit il ainsi que li rois puist fere nouveaus establissements, il doit mout prendre garde qu'il les face par resnable cause et pour le commun pourfit et par grant conseil, et especiaument qu'il ne soient pas fet contre Dieu ne contre bonnes meurs... » (§ 1515).

Sous Philippe le Bel (1285-1314), la participation des barons à la cour royale *(consilium, parlamentum)* diminue, celle des légistes augmente ; l'activité législative est sextuplée, le conflit avec la papauté porte la royauté au faîte de sa puissance (voir *Établissements de Saint Louis*). Le roi décide que les justices temporelles seront exercées par des laïcs (1er novembre 1287), organise le Parlement (novembre 1291), le notariat public (ordonnance d'Amiens de juillet 1304) et le royaume (23 mars 1303). Philippe le Long (1317-1322) sépare de sa cour, matrice féodale des institutions modernes, le Conseil, où sont conçues les ordonnances, et le Parlement, où la justice est rendue et les ordonnances sont publiées (ordonnance de Pontoise-Longchamp-Saint-Germain du 18 juillet 1318 ; ordonnance de Bourges du 17 novembre 1318, et les règlements du 3 décembre 1319 et de décembre 1320). Ces mesures sont à l'origine d'une nouvelle limitation du pouvoir législatif du roi : renouant avec les *parlamenta* du XIIIe siècle, le Parlement interprète et vérifie les ordonnances (les premières remontrances datent de la fin du XIVe siècle) qu'il consigne dans des registres, et formule des règles générales ayant force de loi, sauf opposition royale, pour combler les lacunes du droit ou de la procédure (futurs *arrêts de règlement*).

En 1306, les clercs des comptes quittent le Conseil pour occuper, dans la Cité, le local construit dans l'enceinte du palais : *Camera computorum* désigne désormais le groupe de spécialistes chargés des comptes de l'État royal. L'ordonnance de Vivier-en-Brie de janvier 1320 fixe la nouvelle organisation de la Chambre des comptes, laquelle, à partir de 1337, interprète et vérifie les lettres patentes relatives au domaine royal (premières remontrances à la fin du XIVe siècle) qu'elle consigne dans des registres.

Les *établissements* royaux ou ordonnances, les textes de portée générale, de réformation de la justice et de la police ou du royaume, doivent être distingués des *édits* portant sur une matière déterminée ou concernant un intérêt limité, territorial ou corporatif. Les *déclarations* sont des textes interprétatifs des précédents. Les *lettres patentes* concernent un privilège particulier, telle une nomination ou une *provision* d'office ; en la forme, elles s'opposent aux *lettres de cachet* : à la différence de celles-ci, expédiées cachetées sans qu'on puisse en connaître le contenu, et acheminées secrètement au destinataire, les *lettres patentes* sont présentées ouvertes pour l'enregistrement en Chancellerie, et le contrôle découlant du conseil peut s'exercer par le chancelier en des *remontrances*, qui sont l'un des devoirs de sa charge ; toutefois, simple garde royal des Sceaux, le chancelier doit, après ses *remontrances*, s'incliner devant la volonté royale. À partir de Philippe le Bel et même déjà sous Philippe Auguste (1190) et saint Louis (1264), le *conseil* préalable se manifeste dans les cas importants en des cours plus solennelles, des états généraux convoqués par le roi selon les structures sociales du temps. Légistes, États, parlements et autres cours souveraines ont, par l'enregistrement, un rôle certain dans l'élaboration de la législation, manifestation officielle de la littérature juridique en ce qui concerne le droit public et même, quoique plus discrètement, le droit privé. Les *arrêts de règlement* des cours souveraines, textes de principe, sont encore une autre source après la mise en place définitive des parlements.

La littérature juridique de la France médiévale atteste l'importance de la mutation des rapports sociaux alors que l'État royal est la manifestation d'une emprise renouvelée. Elle envahit aussi d'autres genres littéraires : textes hagiographiques, chansons de geste, fabliaux et romans *(Roman de Renart*)*. Paul Valéry pensait que « le chef-d'œuvre littéraire de la France [était] peut-être sa prose abstraite, dont on ne trouve la pareille nulle part. » La richesse et la variété de la littérature juridique de la France médiévale confirment ce jugement et permettent de cerner la notion de droit médiéval, dans sa complexité, comparable, par plus d'un aspect, à celle de notre droit contemporain en mutation dans le cadre européen en expansion. Mais les sociétés médiévale et contemporaine sont aux antipodes l'une de l'autre. Le droit médiéval peut être défini comme l'ensemble des coutumes et des normes juridiques qui déterminent la condition de chacun. La définition trouve sa justification dans le profil historique de la période, depuis l'isolement de la Gaule entourée d'États indépendants à l'aube de l'Europe après l'effondrement occidental de l'Empire romain, qui nécessite une formulation écrite des coutumes orales, à la naissance de l'État monarchique, avec, sous l'influence protestante, l'expression d'une nouvelle souveraineté, dégagée de la propriété et illustrée par les adages empruntés au droit romain redevenu instrument de la puissance. L'État royal croît quand la coutume prend la force et les caractères de la loi, quand le roi renforce ses droits de justicier pour le *bien commun* ou l'*utilité commune*, quand il affirme que toute justice émane de lui. La flexibilité de la pratique s'accommode de la flexibilité de la coutume. Quand les coutumes rédigées cessent d'être source vivante du droit et se figent dans un *code* diffusé par l'imprimerie, le prince et les cours souveraines prennent le relais pour adapter la loi aux besoins sociaux et introduire les considérations d'équité. Multiforme, la littérature juridique du Moyen Âge permet de suivre l'évolution de cette société médiévale caractérisée par la complexité des rapports sociaux.

TEXTES. — Loi salique : éd. K.-A.

Eckhardt, *Pactus Legis Salicae*, I. *Einführung und 80 Titel-Text* ; I, 2. *Systematischer Text*, II, 1. 65 *Titel-Text* ; II. 2. *Kapitularien und 70 Titel-Text*, Göttingen, 1954-1957 ; III. *Lex Salica. 100 Titel-Text*, Weimar, 1953 *(Germanenrechte neue Folge. Deutschrechtliches Institut)*. — Reconstitution du texte primitif avec les variantes présentées en colonnes par K.-A. Eckhardt, *Pactus Legis Salicae, MGH, Legum sectio I : Legum nationum Germanicarum*, t. 4[1], Hanovre, 1962. — Loi ripuaire : éd. F. Beyerle et R. Buchner, *Lex Ribuaria, MGH, Legum sectio I*, t. 5, Hanovre, 1954. — Loi des Burgondes : éd. L. R. de Salis, *Leges Burgundionum, MGH, Legum sectio I*, t. 2[1], Hanovre, 1892. — Loi des Wisigots, éd. K. Zeumer, *Leges Visigothorum, MGH, Legum sectio I*, t. 1, Hanovre-Leipzig, 1902 ; éd. G. Hänel, *Lex romana Visigothorum...*, Leipzig, 1849 (reprint Aalen, 1962). — *Formulae Merowingici et Karolini Aevi, MGH, Legum sectio V : Formulae*, Hanovre, 1882-1886. — *Marculfi Formularum libri duo. Recensuit, francogallice vertit adnotatiunculis instruxit* Alf Uddholm, Upsala, 1962 *(Collectio scriptorum veterum Upsaliensis)*.

La législation conciliaire est accessible dans les collections générales de G.D. Mansi, *Sacrorum conciliorum noua et amplissima collectio...*, 31 vol., Florence, 1759-1798 (reprod. anastatique, Paris-Leipzig, 1901-1927) et celle de C.J. Héfélé et H. Lecercq, *Histoire des conciles d'après les documents originaux...*, 8 tomes en 16 vol., Paris, 1907-1921 ; les collections de la période franque : *Concilia aevi Merovingici*, éd. F. Maasen, *Concilia aevi Karolini*, éd. A. Werminghoff, *MGH, Legum sectio III, Concilia*[1-2], Hanovre-Leipzig, 1893-1906-1908 ; *Concilia Galliae, 511-695*, éd. C. de Clercq, Turnhout, 1963 (*Corpus christianorum*, *Series latina*, 148 A).

Quelques capitulaires « ecclésiastiques » sont joints aux textes conciliaires édités par A. Werminghoff *(supra)*. L'ensemble des capitulaires de l'époque franque est accessible dans une collection ancienne (*MGH, Legum sectio II : Capitularia regum Francorum* : reprod. anastatique, 1960) qui doit être mise à jour pour tenir compte des découvertes récentes et d'éditions nouvelles de quelques documents : *Capitularia regum Francorum*, t. I : 507-827, éd. A. Boretius, Hanovre, 1883 ; t. II en 3 fasc. : 828-877, éd. A. Boretius et V. Krause, Hanovre, 1890-1893-1897.

Les actes et documents originaux en écriture latine conservés dans les dépôts des archives et les bibliothèques de France sont publiés en fac-similé au format de l'original, avec analyse, étude paléographique et transcription de chacun : *Chartae latinae antiquiores. Facsimile-Edition of the Latin Charters Prior to the Ninth Century* éd. par A. Bruckner et R. Marichal, part. 13-16, France, I-IV, H. Atsma et J. Vezin ; part. 17, France V, H. Atsma, R. Marichal, J.-O. Tjäder et J. Vezin ; part. 18, France VI, H. Atsma, R. Marichal, P. Gasnault et J. Vezin ; part. 19, France VII, H. Atmsa, J. Vezin et R. Marichal, Dietikon-Zurich, 1981-1987. Dans un vol. complémentaire en préparation, les mentions dorsales seront présentées avec les observations paléographiques et diplomatiques.

Les diplômes sont édités dans la *Collection des Chartes et Diplômes relatifs à l'Histoire de France, AIBL : — Recueil des actes de Charles II le Chauve, roi de France*, t. 1 (843-860) commencé par A. Giry, continué par M. Prou, terminé et publié sous la direction de F. Lot par G. Tessier, Paris, 1943 ; t. 2 (861-877) terminé et publié sous la direction de F. Lot et C. Brunel, par G. Tessier, Paris, 1952 ; tome 3 (introduction et table)... terminé et publié sous la direction de C. Brunel par G. Tessier, Paris, 1955. — *Recueil des actes de Louis II le Bègue, Louis III et Carloman II, rois de France (877-884)*, par F. Grat, J. de Font-Réaulx, G. Tessier et R.-H. Bautier, Paris, 1978. — *Recueil des actes d'Eudes, roi de France (888-898)*, publié sous la direction de G. Tessier par R.-H. Bautier, Paris, 1967. — *Recueil des actes de Charles III le Simple, roi de France (893-923)*, publié sous la direction de F. Lot par P. Lauer, Paris, 1940-1949. — *Recueil des actes de Robert Ier et de Raoul, rois de France (922-936)*, publié sous la direction de R.-H. Bautier par J. Dufour, Paris, 1978. — *Recueil des actes de Louis IV, roi de France (936-954)*, publié sous la direction de M. Prou par P. Lauer, Paris, 1914. — *Recueil des actes de Lothaire et de Louis V, rois de France (954-987)*, publié sous la direction de H. d'Arbois de Jubainville par L. Halphen, avec la coll. de F. Lot, Paris, 1908. — *Recueil des actes de Philippe Ier, roi de France (1059-1108)*, publié sous la direction de H. d'Arbois de Jubainville par M. Prou, Paris, 1908. — *Recueil des actes de Louis VI le Gros, roi de France (1108-1137)*, publié sous la direction de R.-H. Bautier par J. Dufour, t. 1, Paris, 1992, t. 2 et 3 à paraître. — *Recueil des actes de Philippe Auguste, roi de France*, publié sous la direction d'É. Berger par H.-F. Delaborde, t. 1 (an. I-XV, 1179-1194), Paris, 1916 ; sous la direction de C. Brunel par H.-F. Delaborde, C. Petit-Dutaillis et J. Monicat, t. 2 (an. XVI-XXVII, 1194-1206), Paris, 1943 ; sous la direction de C. Samaran par J. Monicat et J. Boussart, t. 3 (an. XXVIII-XXXVI, 1206-1215), Paris, 1966 ; sous la direction de C. Samaran par M. Nortier, t. 4 (an. XXXVII-XLIV, 1215-1223), Paris, 1979.

Un diplôme d'immunité d'Hugues Capet : voir J. Foviaux, *Comment évêques et moines détenant l'armée, la justice et les finances ont transmis l'autorité au* dux *devenu roi*, dans *Colloque du Millénaire capétien (30-31 mai 1987). Les Robertiens-Capétiens du* IXe *au* XXe *siècle, Bulletin de la Société historique de Compiègne*, t. 30 (1988), p. 95-110 (107-110).

Les *Layettes du Trésor des Chartes* (des origines à 1270) ont été publiées en 5 vol. (t. 1, éd. A. Teulet, 755-1223 ; t. 2, éd. A. Teulet,

1224-1246 ; t. 3, éd. J. de Laborde, 1247-1260 ; t. 4, éd. É. Berger, 1261-1270 ; t. 5, éd. H.-F. Delaborde, Série des sacs), à Paris, de 1863 à 1909 (*Inventaires et documents*) ; la publication des *Registres du Trésor des Chartes* est en cours : J. W. Baldwin, *Règne de Philippe Auguste*, en préparation. — J. Glénisson et J. Guérout, sous la direction de R. Fawtier, t. 1 : *Règne de Philippe le Bel*, Paris, 1958 ; J. Guérout, t. 2 : *Règnes des fils de Philippe le Bel*, Paris, 1966 ; J. Viard et A. Vallée..., t. 3 (en 3 vol.) : *Règne de Philippe de Valois*, Paris, 1978, 1979, 1984.

La description des institutions de la centralisation carolingienne a été éditée par M. Prou : Hincmar, *De ordine palatii*, texte latin, traduit et annoté, Paris, 1884 (*BEHE. Sciences philosophiques et historiques*, 58e fasc.).

La consultation du *Corpus Iuris Canonici* dans l'éd. critique en 2 vol. de Æ. Friedberg, t. 1 : *Decretum magistri Gratiani* ; t. 2 : *Decretalium collectiones*, Leipzig, 1879 (reprod. anastatique, Graz, 1955) est facilitée depuis l'éd. d'un index : I. *Indices canonum, titulorum et capitulorum Corpus Iuris Canonici*, établi par X. Ochoa et A. Diez, Rome, 1964 *(Institutum Iuridicum Claretianum, Universa Bibliotheca Iuris, Subsidia)*. Les progrès réalisés depuis Friedberg dans la connaissance du *Décret* rendent nécessaire une nouvelle édition.

La *Summa Institutionum « Justiniani est in hoc opere » (manuscrit Pierpont Morgan, 903)* a été éd. par P. Legendre, Francfort, 1973 (*Jus commune. Sonderhefte*, 2). — Les *Exceptiones legum Romanorum* ou *Exceptiones Petri* ont été éd. par F. C. von Savigny, dans son *Histoire du droit romain au Moyen Âge...*, trad. C. Guenoux, Paris, 1839, p. 297-367. — *Corpus legum sive Brachylogus juris civilis...*, éd. Éd. Böckling, Berlin, 1829. — *Die Epitome exactis regibus mit Anhängen und einer Einleitung. Studien zur Geschichte des römischen Rechts im Mittelalter*, éd. par M. Cohn dit Conrat, Berlin, 1884 (rééd. Aalen, 1965). — *Lo Codi : eine Summa codicis in provenzalischer Sprache aus der Mitte des XII. Jahrhunderts...*, éd. H. Fitting, Halle, 1906 (reprint Tübingen, 1968) ; — *Lo Codi : eine Summa codicis in provenzalischer Sprache aus dem XII. Jahrhundert. Die provenzalische Fassung des Handschrift A (Sorbonne 632)*, éd. F. Derrer, Zurich, 1974 *(Philosophische Fakultät)*. — H. Gilles, *Trois consultations des* doctores Tholosani *en faveur du monastère de Prouille*, dans *Tijdschrift voor Rechtsgeschiedenis*, t. 39 (1971), p. 157-220. — G. Giordanengo, *Consultations juridiques de la région dauphinoise (XIIIe-XIVe siècles)*, dans *BEC*, t. 129 (1971), p. 49-81. — H. Gilles, *Les* doctores Tholosani *et la ville d'Albi*, dans *Mél. Roger Aubenas. Recueil de mémoires et travaux publiés par la Société d'histoire du droit et des institutions des anciens pays de droit écrit*, fasc. 9 (1974), p. 313-342.

Pierre Dubois, *De recuperatione Terre sancte*, éd. par C.-V. Langlois, Paris, 1891 *(Collections de textes pour servir à l'étude et à l'enseignement de l'histoire)*.

Les quatre premiers registres des arrêts du Parlement de Paris ont été édités par A.-A. Beugnot, *Les Olim ou registres des arrêts rendus par la Cour du roi*, t. I : 1254-1273, Paris, 1839 ; t. II : 1274-1318, Paris, 1842 ; t. III[1] : 1299-1311, Paris, 1845 ; III[2] : 1312-1318, Paris, 1848 (*Collection de documents inédits sur l'histoire de France...* Ire série, histoire politique) ; Bernadette Auzary prépare les tables dans le cadre du Centre d'étude d'histoire juridique (ERA 145). — É. Boutaric, *Actes du Parlement de Paris*, t. I : 1254-1299, Paris, 1863 ; t. II : 1299-1328, Paris, 1867 (*Inventaires et documents*). — *Actes du Parlement de Paris*, deuxième série : 1328-1350, *Jugés*, t. I : 1328-1342, par H. Furgeot, Paris, 1920 ; t. II : 1343-1350, par H. Fugeot, revu par M. Dillay, S. Clémencet et J.-P. Laurent, Paris, 1960 ; t. III : *Index*, additions et corrections aux t. I et II, par J.-P. Laurent, M. Dillay et G. Vilar, Paris, 1975 (*Inventaires et documents*). — Quelques recueils privés de jurisprudence ont été édités : celui de l'avocat parisien Jean Le Coq (éd. par M. Boulet, *Questiones Johannis Galli*, Paris, 1944, *Bibl. des Écoles françaises d'Athènes et de Rome*, 156), celui du jurisconsulte Gui Pape (*Decisiones Magistri Guidonis Pape*, Lyon, 1512) et le recueil d'un conseiller du Parlement de Toulouse (éd. par J.-L. Gazzaniga, *Jurisprudence du Parlement de Toulouse du XVe siècle. Étude d'une collection d'arrêts*, dans *Annales de l'Université des sciences sociales de Toulouse*, t. 19 (1971), p. 297-409).

Les éd. des styles de procédure : le *Liber inquestarum* de Nicolas de Chartres (1269-1298), publié par L. Delisle, *Fragments inédits du registre dans lequel Nicolas de Chartres avait consigné les actes du Parlement, de 1269 à 1298*, dans *Notices et extraits des mss de la Bibl. Nat.*, t. 23[1] (1872), p. 113-194, et par C.-V. Langlois, avec une note de L. Delisle, dans *BEC*, t. 46 (1885), p. 440-477. — G. du Breuil, *Style du Parlement de Paris... Nouveaux fragments du* Liber inquestarum *de Nicolas de Chartres*, éd. H. Lot, Paris, 1877 ; *Stilus curie Parlamenti*, nouvelle éd. critique publiée avec une introd. et des notes, par F. Aubert, Paris, 1909 (*Collection de textes pour servir à l'étude et à l'enseignement de l'histoire*, 72). — P. Fournier, *Guillaume Du Breuil, juriste*, dans *HLF*, t. 37 (1938), p. 120-146. — Voir aussi *Enquêtes et procès, étude sur la procédure et le fonctionnement du Parlement au XIVe siècle, suivie du Style de la Chambre des enquêtes, du Style des commissaires du Parlement et de plusieurs autres textes et documents*, éd. par P. Guilhiermoz, Paris, 1892. — A. Giffard, *Études sur les sources du droit coutumier aux XIVe et XVe siècles*. I. *Un style du Châtelet utilisé par d'Ableiges*, II. *Les « coutumes notoires », les « décisions » de J. des Marès et leurs sources*, III. *Un troisième abrégé de Beaumanoir*, dans *Nouvelle revue historique de droit français et étranger*, t. 30 (1906), p. 425-452 et 609-629. — P. Ourliac, *Un nouveau style du parlement de Paris*, dans *Mél. d'archéologie et d'histoire*, t. 54 (1937), p. 1-43, repris dans *Études de droit et d'histoire*, Paris, 1980, p. 11-47.

Les leçons de Montpellier : *Les docteurs de droit de l'université de Montpellier, ayant écrit des traités ou des gloses*, dans É.M. Meijers, *Études d'histoire du droit publiées par les soins de R. Feenstra et H.F.W.D. Fischer*, t. III. *Le droit romain au Moyen Âge*. Première partie : A. L'enseignement du droit romain dans trois universités du XIIIe siècle, Leyde, 1959, p. 205-208. — O. Fabre, *Quaestiones doctorum Montispessulani*, dans *Recueil de mémoires et travaux publiés par la Société d'histoire du droit et des institutions des anciens pays de droit écrit*, fasc. 5 (1966), p. 35-46. — André Gouron, *Les juristes de l'École de Montpellier*, Milan, 1970 (*Jus romanum medii aevi*, pars IV, 3a) ; *Qui était l'énigmatique maître G.* [magister Guido, Quercynois] *?*, dans *Journal des Savants*, 1990, p. 269-289. — Orléans : W.M. d'Ablaing, *Les* lecturae *de Jacques de Révigny*, dans *Nouvelle Revue historique de droit français et étranger*, t. 12 (1888), p. 360. — P. de Tourtoulou, *Les œuvres de Jacques de Révigny d'après deux manuscrits de la Bibliothèque Nationale*, Paris, 1899. — J. Acher, *Six* disputationes *et un fragment d'une* repetitio [d'Herman de Blistam] *orléanaises*, in *Mélanges Fitting*, t. 2, Montpellier, 1908 (reprod. anastatique, Aalen, 1969), p. 287-373. — G. Testaud, *Recherches sur l'École de droit d'Orléans : une* repetitio *de Guillaume de la Chapelle sur le titre* De procuratoribus X, I 38, in *Mélanges Fitting*, t. 2, p. 203-234. — C. Lefebvre, *De quelques fragments d'une* lectura *de Jean de Monchy sur le Code*, dans *Tijdschrift voor Rechtsgeschiedenis*, t. 26 (1958), p. 294-315. — É.M. Meijers, *L'Université d'Orléans au XIIIe siècle*, dans *Études d'histoire du droit...*, p. 3-148. — M.B. Paradisi, *La scuola di Orleans. Un'epoca nuova del pensiero giuridico*, dans *Studia et documenta historiae et juris*, t. 26 (1960), p. 347-362. — R. Feenstra, *Influence de l'enseignement du droit romain sur les nations étrangères*, dans *Actes du Congrès sur l'ancienne Université d'Orléans (XIIIe-XVIIe siècles)*. Recueil des conférences prononcées les 6 et 7 mai 1961 à l'occasion des journées d'étude consacrées à l'ancienne Université d'Orléans, Orléans, 1962, p. 43-61. — P. Weimar, *Die Erstausgabe der sogenannten* Lectura Institutionum *des Pierre de Belleperche*, dans *Tijdschrift voor Rechtsgeschiedenis*, t. 35 (1967), p. 284-289. — G. Fransen, *Textes de l'École d'Orléans dans le manuscrit Urgel 2036*, dans *Studi Senesi*, t. 81 (1969), p. 7-26. — R. Feenstra, *Une édition inconnue des* Distinctiones super Digesto veteri *de Lambert de Salins, parue sous le nom de Lambertus de Ramponibus*, dans *Mélanges Pierre Tisset*, Montpellier, 1970, p. 184-185 (*Recueil de mémoires et travaux publié par la Société d'histoire du droit et des institutions des anciens pays de droit écrit*, fasc. 7 ; reprod. dans R. Feenstra, *Fata iuris romani. Études d'histoire du droit*, Leyde, 1974 (*Leidse juridische reeks*, 13), p. 173-182 ; *Les* Casus Institutionum *de Guido de Cumis (Manuscrits et éditions)*, dans *Études en souvenir de Georges Chevrier*, t. I, Dijon, 1972, p. 231-235 (*Mémoires de la Société pour l'histoire du droit et des institutions des anciens pays bourguignons, comtois et romands*, t. 29 (1968-1969) ; repris dans *Fata...*, p. 260-282). — R. Feenstra, Quaestiones de materia feudorum *de Jacques de Révigny*, dans *Studi Senesi*, t. 84 (1972), p. 379-401 (réimpr. dans *Fata...*, p. 298-320) ; *Les* Casus Codicis *de Guido de Cumis dans les manuscrits et dans l'édition incunable des* Casus longi cum casibus brevibus Codicum, dans *Mélanges G. Fransen*, t. I, *Studia Gratiana*, t. 19 (1976), p. 177-204 ; repris dans *Le droit savant au Moyen Âge et sa vulgarisation*, Londres, 1986 (Variorum Reprints, n° VII, addenda), p. 20-21. — H. van de Wouw, *Quaestiones aus Orléans aus der Zeit vor Jacques de Révigny*, dans *Tijdschrift voor Rechtsgeschiedenis*, t. 48 (1980), p. 43-56. — C.H. Bezemer, *A* repetitio *by Jacques de Révigny on the Creations of the* ius gentium, dans *Tijdschrift voor Rechtsgeschiedenis*, t. 49 (1981), p. 287-321. — L.L.J.M. Waelkens, *La théorie de la coutume chez Jacques de Révigny. Édition et analyse de sa répétition sur la loi* De quibus (D. 1, 3, 32), Leyde, 1984 (*Rechtshistorische Studien*, 10). — R. Feenstra, *L'enseignement du droit à Orléans. État des recherches menées depuis Meijers*, dans *Études néerlandaises de droit et d'histoire présentées à l'Université d'Orléans pour le 750e anniversaire des enseignements juridiques*, dans *Bulletin de la Société archéologique et historique d'Orléans*, nouv. série, t. 9-n° 68 (1985), p. 13-29 ; repris dans *Le droit savant au Moyen Âge et sa vulgarisation*, Londres, 1986 (Variorum Reprints, n° II, addenda, p. 4-12). — E.J.H. Schrage, Nemo praecise ad factum cogi potest : *une* quaestio *inédite de Jacques de Révigny sur l'exécution réelle*, dans *Études néerlandaises...*, p. 53-67. — M. Duynstee, *Jean Noaille et sa* lectura *sur le titre* De actionibus *des* Institutes, *ibid.*, p. 118-132. — C.H. Bezemer, *Les répétitions de Jacques de Révigny. Recherches sur la répétition comme forme d'enseignement juridique et comme genre littéraire, suivies d'un inventaire des textes*, Leyde, 1987 (*Rechtshistorische Studies*, 13). — L.J. Van Soest-Zuurdeeg, *La* lectura *sur le titre* De actionibus (Inst. 4, 6) *de Jacques de Révigny*. Édition du texte, précédée de prolégomènes, Leyde, 1989 (*Rechtshistorische Studien*, 14). — C.H. Bezemer, *Les* quaestiones disputatae *orléanaises dans les commentaires de Jacques de Révigny*, dans *Tijdschrift voor Rechtsgeschiedenis*, t. 58 (1990), p. 5-38. — R. Feenstra, *L'École de droit d'Orléans au XIIIe siècle*, dans *El dret comù i catalunya. Actes del Ier Simposi internacional,*

Barcelone, 25-26 mai 1990, éd. par A. Iglesia Ferreiròs, Barcelone, 1991, p. 285-307 ; *L'École de droit d'Orléans au treizième siècle et son rayonnement dans l'Europe médiévale*, dans *Revue d'histoire des facultés de droit et de la science juridique*, n° 13 (1992). — Toulouse : *Responsa doctorum Tholosanorum*, éd. par Édouard-Maurice Meijers, Haarlem, 1938. — É.M. Meijers, *La première époque d'épanouissement de l'enseignement de droit à l'Université de Toulouse (1280-1330)*, dans *Études d'histoire du droit...*, p. 167-204. — I.A. Heide-Bloech, *Untersuchungen zu den Quaestiones Doctorum Tholosanorum*, Francfort-sur-le-Main, s.l., 1968 *(Inaugural-Dissertation zur Erlangung des Doktorgrades der Rechtswissenschaftlichen Facultät der Johann Wolfang Goethe-Universität Frankfurt am Main)*. — H. Gilles, *Trois consultations des* doctores Tholosani *en faveur du monastère de Prouille*, dans *Tijdschrift voor Rechtgeschiedenis*, t. 39 (1971), p. 157-220 ; *Les* doctores Tholosani *et la ville d'Albi*, dans *Mélanges Roger Aubenas. Recueil de mémoires et travaux publiés par la Société d'histoire du droit et des institutions des anciens pays de droit écrit*, fasc. 9 (1974), p. 313-342.

Le droit féodal : *Consuetudines feudorum*, éd. K. Lehmann, Göttingen, 1892-1896 (reprod. anastatique par K.A. Eckhardt, Aalen, 1971). — L'éd. complète des *Assises de Jérusalem* a été donnée par A.-A. Beugnot, 2 vol., Paris, 1841-1843 *(Recueil des historiens des croisades. Lois)* ; du point de vue critique, elle est insuffisante ; de préférence, on se reportera pour le livre des *Assises de la Cour des bourgeois* à l'éd. de E.H. von Kausler, t. 1 (seul paru), Stuttgart, 1839.

Éd. des principaux coutumiers :

1) Coutumiers du XIIIe siècle : *Coutumiers de Normandie*, textes critiques publiés avec notes et éclaircissements, par E.-J. Tardif, 2 vol., Rouen, 1881-1903 : t. 1, *Le très ancien coutumier de Normandie, 1 : texte latin, 2 : textes français et normand*, Rouen, 1881, t. 2, *La Summa de legibus Normannie in curia laicali*, Rouen, 1903 *(Société d'histoire de Normandie)*. — *Le Conseil de Pierre de Fontaines ou traité de l'ancienne jurisprudence française. Nouvelle édition publiée d'après un ms. du XIIIe siècle appartenant à la Bibliothèque de Troyes, avec notes explicatives du texte et des variantes tirées des manuscrits de la Bibliothèque du roi*, A.-I. Marnier, Paris, 1846. — *Li livres de jostice et de plet publié pour la première fois d'après le manuscrit unique de la BN* par P.-N. Rapetti, avec un glossaire des mots hors d'usage par P. Chabaille, Paris, 1850 *(Documents inédits sur l'histoire de France)*. — *Les Établissements de Saint Louis, accompagnés de textes primitifs et dérivés, avec une introduction et des notes publiés pour la Société de l'histoire de France*, par P. Viollet, 4 vol., Paris, 1881-1886. — Philippe de Beaumanoir, *Coutumes de Beauvaisis. Texte critique publié avec une introduction, un glossaire et une table analytique*, par A. Salmon, 2 vol., Paris, 1899-1900 (*Collection de textes pour servir à l'étude et à l'enseignement de l'histoire*, 24 et 30 ; reprod. anastatique, 1970) ; 3e vol. par G. Hubrecht, *Commentaire historique et juridique*, Paris, 1974.

2) Coutumiers du XIVe siècle : *La très ancienne coutume de Bretagne, avec les assises, constitutions de Parlement et ordonnances ducales, suivies d'un recueil de textes divers antérieurs à 1491, éd. critique accompagnée de notices historiques et bibliogr.* par M. Planiol, Rennes, 1896 (*Bibliothèque bretonne armoricaine publiée par la Faculté des lettres de Rennes*, fasc. 2 ; reprod. anastatique, 1984). — *Le Grand Coutumier de France*, nouv. éd. É. Laboulaye et R. Dareste, Paris, 1868 (reprod. anastatique, Aalen, 1969). — *Somme rural ou le Grand Coustumier général de practique civil et canon, composé par M. Jean Bouteiller, conseiller du roy en sa Cour de parlement, reveu, corrigé sur l'exemplaire manuscript, illustré de commentaires et annotations, enrichies de plusieurs ordonnances royaux, arrests des cours souveraines, singulières antiquitez et notables décisions du droict romain, et autres observations*, éd. L. Charondas Le Caron, Paris, 1603.

Les coutumes ont été compilées par C.-A. Bourdot de Richebourg, *Nouveau Coutumier général ou corps des coutumes générales et particulières de France et des provinces connues sous le nom des Gaulles, exactement vérifiées sur les originaux conservez au greffe du Parlement de Paris et des autres cours du royaume*, avec les notes de T. Chauvelain, J. Brodeau et J.-M. Ricard, avocats au Parlement, jointes aux annotations de C. Du Moulin, F. Ragueau et G.-M. de la Rochemaillet, mis en ordre et accompagné de sommaires en marge des articles, d'interprétation des dictions obscures et employées dans les textes, des listes alphabétiques des lieux régis par chaque coutume, et enrichi de nouvelles notes tirées des principales observations des commentateurs et des jugements qui ont éclairci, interprété ou corrigé quelques points et articles des coutumes, 4 t. en 8 vol., Paris, 1724.

Voir aussi les articles : *Coutume de Bretagne (Très ancienne) ; Philippe de Beaumanoir ; Coutumiers de Normandie ; Établissements de Saint Louis ; Jacques d'Ableiges ; Jean Boutillier ; Livre de jostice et de plet ; Pierre de Fontaines ; Coutume de Poitou.*

Les premières éd. des coutumes sont indiquées par A. Gouron, O. Terrin et J.-M. Carbasse *(infra : instruments de recherches)*. Signalons quelques éd. modernes de coutumes : 1) Alsace : *Coutumes de la Haute-Alsace dites de Ferrette...*, publiées par É.-T. Bonvalot, Colmar, 1870. 2) Anjou-Maine : *Coutumes et institutions de l'Anjou et du Maine antérieures au XVIe siècle. Textes et documents avec notes et dissertations*, éd. C.-J. Beautemps-Beaupré, 2 vol., Paris, 1877-1883. — G. d'Espinay, *La coutume de*

Mirebeau et de Faye-la-Vineuse, dans *Mémoires de la Société nationale d'agriculture, sciences et arts d'Angers*, 4e série, t. 5 (1891 [1892]), p. 5-48 ; *La coutume de Vendôme, ibid.*, t. 5 (1891 [1892]), p. 291-311 ; *Le ressort de la coutume d'Anjou, ibid.*, t. 6 (1892), p. 110-118 (carte). — 3) Aquitaine : É. Chénon, *L'ancien coutumier de Berry*, dans *Nouvelle Revue historique de droit français et étranger*, t. 29 (1905), p. 581-612. — *Le « pays » de Berry et le « détroit » de sa coutume, ibid.*, t. 38-39 (1914-1915), p. 569-610 et 760-807 (carte) ; t. 40 (1916), p. 110-162 et 511-554. — *La coutume de Saint-Sever (1380-1480), éd. et commentaire des textes gascon et latin,* M. Maréchal et J. Poumarède, Paris, 1988 (*Mémoires et documents d'histoire médiévale et de philologie*, 2). — 4) Artois : *Coutumier d'Artois*, éd. J. Tardif, Paris, 1883. — C. Hirschauer, *La rédaction des coutumes d'Artois au* XVIe *siècle*, dans *Nouvelle Revue historique de droit français et étranger*, t. 41 (1918), p. 43-64. — 5) Béarn : *Fors de Béarn. Législation inédite du* XIe *au* XIIIe *siècle*, avec trad. en regard, notes et introd., éd. J. Hatoulet, Pau, s.d. — *Les fors anciens de Béarn*, éd. et trad. P. Ourliac et M. Gilles, Paris, 1990. 6) Bourgogne : *Le coutumier bourguignon glosé (fin du* XIVe *siècle)*, éd. M. Petitjean, M.-L. Marchand, dir. J. Metman, Paris, 1982 *(Centre d'étude d'histoire juridique. Centre de recherches historiques de la Faculté de droit et de science politique de Dijon)*. — 7) Champagne : É. Chenon, *L'ancien coutumier de Champagne*, dans *Nouvelle Revue historique de droit français et étranger*, t. 31 (1907), p. 285-344. — P. Portejoie, *L'ancien coutumier de Champagne (*XIIIe *siècle). Éd. critique avec une introd. et des notes*, Poitiers, 1956. — G. Chevrier, *La coutume de Chaumont-en-Bassigny*, dans *Mémoires de la Société pour l'histoire du droit et des institutions des anciens pays bourguignons, comtois et romands*, 21e fasc. (1961), p. 135-178. — 8) Échiquier : les Jugements de l'Échiquier de Normandie ont été éd. par L. Delisle, *Recueil des jugements de l'Échiquier de Normandie au* XIIIe *siècle (1207-1270)*, Paris, 1864, à compléter par : *Jugements de l'Échiquier de Normandie au* XIIIe *siècle tirés d'un ms. du Vatican (1244-1248)*, éd. L. Auvray, dans *BEC*, t. 49 (1888), p. 635-644. — R. Génestal, *Index des termes juridiques et économiques contenus dans le Recueil...*, Paris, 1929 ; E. Perrot, *Arresta communia scacarii (1276-1290, 1291-1294), deux collections d'arrêts notables de l'Échiquier de Normandie de la fin du* XIIIe *siècle*, Caen, 1910 (*Bibliothèque d'histoire du droit normand*, 1re série, textes, 1) ; *Décisions de jurisprudence normande (Échiquier, début du* XIVe *siècle)*, dans *Nouvelle Revue historique de droit français et étranger*, t. 35 (1911), p. 189-203 ; les *Attirements et jugiés d'eschéquiers*, éd. R. Génestal et A. Tardif, Paris, 1921 ; et les *Ordonnances de l'Échiquier de Normandie aux* XIVe *et* XVe *siècles, avec introd. et notes* par F. Soudet, Paris, 1929 ; *Index-Glossaire*, par R. Boimare, Rouen-Paris, 1932. — 9) Flandre : *Le livre des usaiges et anciennes coustumes de la conté de Guysnes, avec une introduction et des notes*, par Taillar..., *et un aperçu historique sur le comté de Guînes*, par A. Courtois, Saint-Omer, 1856 *(Société des antiquaires de la Morinie)*. — R. Monier, *Le Livre Roisin, coutumier lillois de la fin du* XIIIe *siècle publié avec une introd. et un glossaire*, Paris, 1932. — 10) Gascogne : *Rôles gascons* éd. par F. Michel, C. Bémont et Y. Renouard, 5 vol., Paris, 1885-1962 *(Collection de documents inédits)*. — 11) Hainaut : L. Verriest, *Institutions médiévales. Introduction au corpus des records de coutumes et des lois de chefs-lieux de l'ancien comté de Hainaut*, 2 vol., Mons, 1946 *(Le Hainaut. Encyclopédie provinciale)*. — 12) Lorraine : J.-N. Beaupré, *Essai historique et bibliogr. sur la rédaction officielle et la publication des principales coutumes de la Lorraine ducale et du Barrois, accompagné de documents inédits et d'une bibliogr. de ces coutumes*, dans *Mémoires de la Société royale des sciences, lettres et arts de Nancy*, 1843, p. 89-272. — *Les plus principales et générales coustumes du duchié de Lorraine. Texte inédit, précédé d'un introd.* par E.-T. Bonvalot, Paris, 1878. — P. Boyé, *Les anciennes coutumes inédites du Bassigny-Barrois*, dans *Bulletin historique et philologique du Comité des travaux historiques et scientifiques...*, 1901, p. 203-222. — H. Rogé, *Droit coutumier de Verdun et du pays verdunois*, thèse, Nancy, 1904. — P. Boyé, *Les coutumes du bailliage de Bar-le-Duc*, Paris, 1905. — Les publications du Centre lorrain d'histoire du droit : *Le style de Vaudémont*, éd. J. Coudert, Nancy, 1970 ; *La coutume de Vaudémont*, éd. J. Coudert, Nancy, 1972 ; *Usages judiciaires et institutions coutumières dans le bailliage de Châtel-sur-Moselle (1450-1723)*, Nancy, 1985. — 13) Nivernais : *La coutume de Nivernais, accompagnée d'extraits du Commentaire de cette coutume par Guy Coquille...*, nouv. éd. Dupin Aîné, 1864. — 14) Paris : *Textes des coutumes de la prévôté et vicomté de Paris*, éd. E. de Laurière, 3 vol., 1778. — 15) Picardie : *Ancien coutumier inédit de Picardie, contenant les coutumes notoires, arrêts et ordonnances des cours, assises et autres juridictions de Picardie, au commencement du quatorzième siècle (1300 à 1323), publiés d'après le manuscrit français n° 9822-3 de la Bibliothèque royale*, par A.-I. Marnier, Paris, 1840. — *Coustumes des pays de Vermendois et ceulx de envyron*, publiées d'après le ms. inédit des Archives du département de l'Aube, par C.-J. Beautemps-Beaupré..., Paris, 1858. — H. Bourde de la Rogerie, *Coutumes de Clermont-en-Beauvaisis*, Chartres, 1895. — G. Testaud, *Un texte coutumier inédit : la coutume du comté de Clermont-en-Beauvaisis de 1496*, dans *Nouvelle Revue historique de droit français et étranger*, t. 27 (1903), p. 250-275, 421-452 et 497-538. — C. Gut, *Les coutumes de la prévôté* *royale de Noyon, rédaction de 1507*, dans *Bulletin philologique et historique du Comité des travaux historiques et scientifiques...*, 1958 [1959], p. 421-440.

Pour les villes, on consultera d'abord les *Documents sur les relations de la royauté avec les villes en France de 1180 à 1314*, éd. A. Giry, Paris, 1885 *(Recueil de textes pour servir à l'étude et à l'enseignement de l'histoire)* ; les *Privilèges et chartes de franchises de la Flandre*, 2 vol., éd. G. Espinas, C. Verlinden, J. Buntinx, Bruxelles, 1959-1961 *(Recueil des anciennes coutumes de Belgique. Coutumes du pays et comté de Flandre)* ; et le *Recueil de textes d'histoire urbaine belge des origines au milieu du* XIIIe *siècle*, présenté par M. Martens, dans *Elenchus fontium historiae urbanae*, éd. C. Van de Kieft et J.F. Niermeijer, t. 1, Leyde, 1967, p. 278-404.

Les coutumes de quelques villes : H. Tropamer, *La coutume d'Agen*, thèse de droit, Bordeaux, 1911. — Éd. H.É. Rébouis, *Les coutumes de l'Agenais : Monclar, Monflanquin (1256-1270), Saint-Maurin (1358)*, dans *Nouvelle Revue historique de droit français et étranger*, t. 14 (1890), p. 387-432 [table] (reprint, Saint-Antoine-de-Ficalba, 1982) ; *Les coutumes de l'Agenais : Nomdieu (1305-1308), Sauvagnas (1264)*, éd. *ibid.*, t. 14 (1890), p. 891-926 [table]. — *Les coutumes de l'Agenais. I. Les coutumes du groupe de Marmande (Marmande, Caumont, Tonneis-Dessout, La Sauvetat-du-Dropt)*, éd. P. Ourliac et M. Gilles, Montpellier, 1976 ; *II (Bouglon, Montpezat, Montréal, Outre-Garonne et Bruilhois)*, Paris, 1981 *(Publications de la Société d'histoire du droit et des institutions des anciens pays de droit écrit)*. — *Coutumes de la ville d'Ax-sur-Ariège, 1241-1391-1672. Étude et notes avec des textes romans, latins et français*, éd. F. Pasquier, Foix, 1888. — *Coutumes inédites de Belvès (Dordogne)*, éd. A. Vigié, Bar-le-Duc [1900]. — É.-M. Méijers et A.S. de Blécourt, *Le droit coutumier de Cambrai*, Haarlem, 1932-1945 (*Rechtshistorisch Institut*, Leyde, série II, 4 et 12). — H. Barckhausen, *Essai sur le régime législatif de Bordeaux au Moyen Âge*, dans *Nouvelle Revue historique de droit français et étranger*, t. 14 (1890), p. 357-386. — *Livre des coutumes*, Bordeaux, 1890 (*Archives municipales de Bordeaux*, 5). — *Les coutumes et libertés de Carcassonne*, publiés pour la première fois par J.-P. Cros Mayrevieille, dans *Mémoires de la Société des arts et des sciences de Carcassonne*, t. 1 (1851), p. 175-272. — Éd. H.-É. Rébouis, *Coutumes de Castel-Amouroux et de Saint-Pastour en Agenais*, Paris, 1888 ; *Coutumes de Castelsagrat [en Quercy]*, dans *Bulletin archéologique et historique de la Société archéologique de Tarn-et-Garonne*, t. 15 (1887), p. 81-116 [table] ; *Coutumes de Clermont-Dessus en Agenais (1262)*, Paris, 1881 (reprint, Saint-Antoine-de-Ficalba, 1982). — H. de Luçay, *Le comté de Clermont-en-Beauvaisis. Étude pour servir à son histoire. Un référendum législatif au* XVIe *siècle : la réformation de la coutume*, dans *Mémoires d'archéologie, sciences et arts du département de l'Oise*, t. 17 (1898), p. 88-128. — *Coutumes de Goudourville en Agenais (1278)*, éd. É. Rébouis, Paris, 1892. — *Coutumes de la ville de l'Isle-Jourdain,* XIIe *siècle*, éd. E. Cabié, Paris, 1882. — J. Foviaux, *L'organisation d'un* oppidum *devenu* civitas : *l'*institutio pacis, *origine de la commune de Laon ?*, dans *La charte de Beaumont et les franchises municipales entre Loire et Rhin*, Nancy, 1988, p. 119-147 (145-146). — *Les coutumes de La Réole*, éd. P. Imbart de la Tour, dans *Annales de la Faculté des lettres de Bordeaux*, t. 15 (1893), p. 221-263. — *Les coutumes de Larroque-Timbard, 1270*, éd. A. Mouillé, dans *Revue historique de droit français et étranger*, t. 10 (1864), p. 141-194 et 391-415 ; t. 11 (1865), p. 73-94. — *Coutumes de Lauzerte*, éd. É. Rébouis, dans *Bulletin archéologique et historique de la Société archéologique du Tarn-et-Garonne*, t. 14 (1886), p. 20-29. — *Coutumes de Lorris, publiées d'après le registre original du Parlement de Paris*, éd. A. Tardif, Paris, 1885 *(Recueil de textes pour servir à l'enseignement de l'histoire du droit)*. — *Le droit coutumier de la ville de Metz au Moyen Âge*, t. 1 : *Jugements des maîtres échevins de Metz*, éd. J.-J. Salverda de Grave, É.-M. Meijers, J. Schneider, t. 2 : *Aperçu systématique du droit civil de Metz d'après la jurisprudence du* XIVe *siècle*, Haarlem, 1951 et 1965. — *Thalamus parvus. Le petit Thalamus de Montpellier, publié... par la Société archéologique de Montpellier*, Montpellier, 1836-1840. — *Les coutumes de Perpignan, suivies des usages de la dîme, des plus anciens privilèges de la ville et de documents complémentaires, publiés en latin et en roman*, éd. J. Massot-Reynier, Montpellier, 1848 (*Publications de la Société archéologique de Montpellier*, n° 17). — *Les chartes communales de Poitiers et les Établissements de Rouen*, éd. E. Audouin, dans *Bulletin historique et philologique du Comité des travaux historiques et scientifiques...*, 1912, p. 125-158. — M. Dillay, *Catalogue des chartes de franchises de la France*, t. 1 : *Les chartes de franchises du Poitou*, Paris, 1927 *(Société d'histoire du droit)*. — C. Gut, *Les coutumes de Pont-sur-Seine [dans l'Aube]*, dans *Études d'histoire du droit privé offertes à Pierre Petot*, Paris, 1959, p. 257-270. — *Coutumes de Puymirol [en Agenais]*, éd. H.-É. Rébouis, dans *Nouvelle Revue historique de droit français et étranger*, t. 11 (1887), p. 288-334 [table]. — A. Giry, *Les Établissements de Rouen. Études sur l'histoire des institutions municipales de Rouen, Falaise, Pont-Audemer, Verneuil, La Rochelle, Saintes, Oleron, Bayonne, Tours, Niort, Cognac, Saint-Jean-d'Angély, Angoulême, Poitiers, etc.*, t. 1,

Paris, 1883 ; t. 2, *Documents*, Paris, 1885 (*BEHE. Sciences philologiques et historiques*, fasc. 55 et 59). — *Archives législatives de la ville de Reims*..., éd. P. Varin, 4 vol., Paris, 1840-1852 (*Documents inédits sur l'histoire de France*... 1re série, *histoire politique*). — G. Musset, *La coutume de Royan au Moyen Âge*, La Rochelle, 1905. — É.-M. Meijers et J.-J. Salverda de Grave, *Des lois et coutume de Saint-Amand*, Haarlem, 1934 (*Rechtshistorisch Instituut*, Leyde, serie II, 6). — *Coutumes de Saint-Bauzeil (Ariège), texte inédit de 1281*, publié avec préface et notes par F. Pasquier, Paris, 1881. — E. Cabié, *Anciennes coutumes de la ville de Saint-Sulpice*, Albi, 1885 *(Revue du département du Tarn)*. — P. Collinet, *L'influence du Grand Coutumier sur les coutumes rédigées au XVe siècle. Coutumes de Sens*, dans *Nouvelle Revue historique de droit français et étranger*, t. 30 (1906), p. 213-214. — *Cinq coutumes du Tarn-et-Garonne : Larrazet, Angeville, Fayolles, Lauzerte et Valence-d'Agen*, éd. É. Rébouis, Montauban, 1886. — H. Gilles, *Les coutumes de Toulouse (1286) et leur premier commentaire (1296)*, Toulouse, 1969 (*Recueil de l'Académie de législation*, série 6, 5). — *Coutumes de la ville de Tournai*, éd. L. Verriest, Bruxelles, 1923 *(Recueil des anciennes coutumes de Belgique)*. — É. Rébouis, *Coutumes de Valence-d'Agen concédées le 28 février 1283 par Édouard Ier, roi d'Angleterre*, dans *Bulletin archéologique et historique de la Société archéologique du Tarn-et-Garonne*, t. 14 (1886), p. 177-194. — *Le livre des droits de Verdun*, éd. É.-M. Meijers et J.-J. Salverda de Grave, Haarlem, 1940 (*Rechtshistorisch Instituut*, Leyde, serie II, 10).

Les textes normatifs : *Recueil général des anciennes lois françaises depuis 420 jusqu'à la Révolution de 1789*, par F.A. Isambert *et alii*, 1-29, Paris, 1822-1833 [t. 29 : table analytique du *Recueil*]. — 1) Période franque : *Diplomata regum Francorum e stirpe Merowingica. Diplomata maiorum domus regiae. Diplomata spuria* éd. K.A.F. Pertz, *MGH*, 1872 (reprod. anastatique, 1980), *Diplomata* (in-fol.) I. — *Pippini, Carlomanni, Caroli Magni Diplomata*, éd. E. Mühlbacher, A. Dopsch, J. Lechner et M. Tangl, *MGH*, 1906 (reprod. anastatique, 1979), *Diplomata Karolinorum*, 1. — *Capitularia regum Francorum*, éd. G. H. Pertz, Hanovre, 1835 (reprod. anastatique, 1965), *MGH*, *Leges* (in-fol.) 1. — *Capitularia regum Francorum*, éd. A. Boretius, *MGH*, Hanovre, 1883 (reprod. anastatique, 1960), éd. A. Boretius et V. Krause, Hanovre, 1890-1897 (reprod. anastatique, 1960-1980). — 2) Période capétienne : *Ordonnances des rois de France de la troisième race*, recueillies par ordre chronologique par E. de Laurière, 1-21, Paris, 1723-1849 (reprod. anastatique, Farnborough, 1967-1968 ; cette collection dite du Louvre comprend des textes de 1051 à 1514). — J.-M. Pardessus, *Table chronologique des ordonnances des rois de France de la troisième race..., suivie d'une table alphabétique pour en faciliter l'usage*, Paris, 1847 (reprod. anastatique, Farnborough, 1968).

La doctrine : Guillaume Durand, *Speculum judiciale*..., Strasbourg, 1473. — [N. Bohier], *Consuetudines inclite civitatis et septene Biturigum per egregium virum Nicolaum Boerii juris utriusque licenciatum de Montepesulano ac serenissimi Francorum principis in suo magno consistorio consiliarium ordinarium glosate, que etiam in civitate et vicecomitatu Parisiensi, ducatibus, Borbonensi et Burgundiensi, loco de Lorry ac toto fere regno Francie, Dalphinatu et Italia ac aliis mundi partibus inconcusse observantur, una cum tabula earumdem ac nonnulis consiliis per ipsum Boerii editis*, Lyon, 1508. — [B. de Chasseneuz], *Commentaria Bartholomei de Chasseneuz, jurium doctoris advocati regii seu fiscalis Heduensis in consuetudines ducatus Burgundie principaliter et totius fere Gallie consecutive*, Lyon, 1517. — [J. Masuer], *Aureus ac perutilis tractatus domini Masuerii*..., Paris, 1534 (1re éd., Paris, 1510). — [R. Choppin], *De legibus Andegavensium municipalibus libri III. itemque praevius tractatus de summis gallicarum consuetudinum regulis*, Paris, 1581. — G. Coquille, *Coustumes du pays et duché de Nivernois, avec les annotations et commentaires... [du] sieur de Romenay*..., Paris, 1605. — P. Pithou, *Les coustumes du bailliage de Troyes en Champaigne, avec quelques annotations sur ycelles*..., Paris, 1600. — [C. Du Moulin], *Prima pars commentatorium in consuetudines Parisienses*..., Paris, 1539 ; *Le Grand Coustumier général contenant toutes les coustumes générales et particulières du royaume de France et des Gaulles et mesmemens celles qui ont esté rédigées par les trois estats et homologuées, corrigées et annotées de décisions et arrests*..., Paris, 1567. — L. Le Caron dit Charondas, *Le droit civil ou coustume réformée et rédigée par escrit de la ville, prévosté et vicomté de Paris, avec les annotations... et un avant-propos au sénat et au peuple parisien*, Paris, 1582. — A. Loisel, *Institutes coutumières ou manuel de plusieurs et diverses règles, sentences et proverbes tant anciens que modernes, du droit coutumier et plus ordinaire de la France*..., Paris, 1607 (rééd. par M. Reulos, Paris, 1935).

INSTRUMENTS DE RECHERCHE. 1) Inventaire des textes : G. Gavet, *Sources de l'histoire des institutions et du droit français. Manuel de bibliogr. historique*, Paris, 1899. — G. Dolezalek, *Verzeichnis der Handschriften zum römischen Recht bis 1660*, 4 vol., Francfort-sur-le-Main, 1972 ; *Repertorium manuscriptorum veterum Codicis Iustiniani*, Francfort-sur-le-Main, 1985. — A. Gouron et O. Terrin, *Bibliogr. des coutumes de France. Éditions antérieures à la Révolution*, Genève, 1975 (*Travaux d'histoire éthico-politique*, 28). — J.-M. Carbasse, *Bibliogr. des coutumes méridionales*, dans *Recueil de mémoires et travaux publiés par la Société d'histoire du droit et des institutions des anciens pays de droit écrit*, t. 10 (1979), p. 7-89. — L'inventaire des cartulaires a été réalisé par H. Stein, *Bibliogr. générale des cartulaires français ou relatifs à l'Histoire de France*, Paris, 1907 [La Section de diplomatique de l'IRHT vient d'entreprendre, sous la direction d'Anne-Marie Legras, la réalisation d'un nouveau répertoire des cartulaires français à paraître en fascicules par provinces ecclésiastiques.].

2) Bibliographie : A.-A. Grandin, *Bibliogr. générale des sciences juridiques, politiques, économiques et sociales de 1800 à 1926*, 3 vol., Paris, 1926 ; *Suppléments*, 1926-1949, 19 vol., Paris, 1928-1950 *[Recueil Sirey]*. — La liste des revues, des collections de monographies et des éditions des sources publiées par les instituts et les centres de recherche d'histoire du droit internationaux, nationaux et régionaux : dans R. Feenstra, *Repertorium bibliographicum institutorum et sodalitatum juris historiae*, Leyde, 1969 ; *Supplementum* (1969-1974), Leyde, 1975. — *Ius Romanum Medii Ævi (Société d'histoire des droits de l'Antiquité)* : I, 1 a-d [Plan de l'ouvrage et bibliogr.], Milan, 1961. — G. Lepointe et A. Vandenbossche, *Éléments de bibliogr. sur l'histoire des institutions et des faits sociaux (985-1875)*, Paris, 1958 ; continués depuis sous la forme d'une bibliogr. annuelle par G. Lepointe, M. Boulet-Sautel, G. Sautel et A. Vandenbossche, *Bibliogr. en langue française d'histoire du droit* concernant l'année (depuis 1957 jusque 1969), 12 vol., Paris, 1961-1972, par M. Boulet-Sautel, G. Sautel et A. Vandenbossche (1973-1982) et par M. Boulet-Sautel, G. Sautel *et alii* (1983) ; le dernier vol. paru (t. 29, 1991) recense les publications de l'année 1987 (1 780 numéros). — D'utiles notices bibliogr. se trouvent dans l'*Introduction bibliogr. à l'histoire du droit et à l'ethnologie juridique*, sous la dir. de J. Gilissen, 9 vol., Bruxelles, 1964-1982 : B/6, *Monarchie franque (VIe-IXe siècle)*, 1984 ; B/9, *Droits canoniques*, 1963 ; C/1, *France (avant 1789)*, 1967 *(Études d'histoire et d'ethnologie juridiques)*. — G. Hubrecht, *Préface à une bibliogr. des coutumes et coutumiers, Bibliogr. des coutumes et coutumiers. III. Coutumes dont existent des éd. incunables*, et *La coutume de Bretagne*, dans *Bulletin de la Société des bibliophiles de Guyenne*, 1955, p. 61-66 ; 1957, p. 2-13 ; 1961, p. 6-15. — Bibliogr. des sources du droit médiéval de l'Europe dans *Handbuch der Quellen und Literatur der neueren europäischen Privatrechtsgeschichte* publié par le Max-Planck-Instituts für europäische Rechtsgeschichte (Francfort), dir. H. Coing : vol. 1, *Mittelalter (1100-1500). Die gelehrten Rechte und die Gesetzgebung*, Munich, 1973. — G. Giordanengo, *Les droits savants au Moyen Âge : textes et doctrines. La recherche en France depuis 1968*, dans *BEC*, t. 148 (1990), p. 439-476.

3) Guides de recherche : A. Tardif, *Histoire des sources du droit français. Origines romaines*, Paris, 1890 (reprod. anastatique, Aalen, 1974). — J. Gilissen, *Introduction historique au droit (esquisse d'une histoire universelle du droit ; les sources du droit depuis le XIIIe siècle ; éléments d'histoire du droit privé)*, Bruxelles, 1979. — L'étude des sources narratives sera orientée par la consultation de A. Molinier, *Les sources de l'histoire de France*, 6 vol., Paris, 1901-1906 et des fascicules de la *Typologie des sources du Moyen Âge occidental* publiée par l'Université catholique de Louvain : *Les décrétales et les collections de décrétales*, par G. Fransen, 1972, mise à jour en 1985 ; *Les actes publics*, par L. Génicot, 1972 ; *La jurisprudence*, par P. Godding, 1973 ; *Les collections canoniques*, par G. Fransen, 1973, mise à jour en 1985 ; *La loi*, par L. Génicot, 1977, mise à jour en 1985 ; *Les polyptyques et les censiers*, par R. Fossier, 1978 ; *La coutume*, par J. Gilissen, 1982 ; *Les questions disputées et les questions quodlibétiques dans les facultés de théologie, de droit et de médecine*, par B.C. Bazan, J.W. Wippel, G. Fransen et D. Jacquart, 1985 (*Les questions disputées dans les facultés de droit*, par G. Fransen, p. 225-277) ; *Les coutumiers, les styles, les formulaires et les* « artes notariae », par G. Van Dievoet, 1986. — L'histoire des sources du droit canonique : A. Tardif, *Histoire des sources de droit canonique*, Paris, 1877 (reprod. anastatique, Aalen, 1974). — P. Fournier et G. Le Bras, *Histoire des collections canoniques en Occident depuis les fausses décrétales jusqu'au Décret de Gratien*, 2 vol., Paris, 1931-1932 (reprod. anastatique, Aalen, 1972). — A. Van Hove, *Prolegomena ad codicem iuris canonici*, 2e éd., Malines-Rome, 1945. — C. De Clercq, *La législation religieuse franque. Étude sur les actes de conciles et les capitulaires, les statuts diocésains et les règles monastiques*, 2 vol., t. 1, Louvain-Paris, 1936, t. 2, Anvers, 1958 (Université de Louvain, Recueil de travaux publiés par les membres des conférences d'histoire et de philologie, 2e série, fasc. 38).

→ La littérature juridique doit être examinée dans le contexte historique socio-institutionnel. Parmi les grands manuels classiques, on consultera E. Glasson, *Histoire du droit et des institutions de la France*, 8 vol., Paris, 1891-1903, (t. 4 : *La féodalité* ; t. 8 : *Époque monarchique*, Paris, 1891-1903). — J. Brissaud, *Cours d'histoire générale du droit français public et privé...*, t. 1 : *Sources, droit public* ; t. 2 : *Droit privé*, Paris, 1904 (réimp. en 1935). — J. Declareuil, *Histoire générale du droit français des origines à 1789*, Paris, 1925. — A. Esmein, *Cours élémentaire d'histoire du droit français...*, 15e éd. mise à jour par R. Génestal, Paris, 1925. — É. Chénon, *Histoire générale du droit français public et privé des origines à 1815*, t. 1 : *Période gallo-romaine, période franque, période féodale et coutumière* (sources du droit, droit public), t. 2 : *Période féodale et coutumière (du* X^e *siècle au* XVIe *siècle), période monarchique*, publ. par F. Olivier-Martin, Paris, 1926-1929. — H. Regnault, *Manuel d'histoire du droit français*, 5e éd., Paris, 1947. — A. Dumas, *Manuel d'histoire du droit français*, Aix-en-Provence, 1948. — P. Tisset et P. Ourliac, *Manuel d'histoire du droit français*, Paris, 1949. — F. Olivier-Martin, *Histoire du droit des origines à la Révolution*, dernier tirage, Paris, 1951 (reprod. anastatique, 1984). — G. Lepointe, *Histoire des institutions et des faits sociaux (987-1875)*, Paris, 1956 ; *Histoire des institutions et des faits sociaux*, Paris, 1963.

Les principaux manuels actuels sont ceux de P.-C. Timbal et A. Castaldo, *Histoire des institutions et des faits sociaux*, 8e éd., Paris, 1990. — J. Ellul, *Histoire des institutions*, t. 3 : *Le Moyen Âge*, 7e éd. réimp., Paris, 1990. — F. Garrisson, *Histoire du droit et des institutions*, **Le pouvoir, des temps féodaux à la Révolution*, 2e éd., Paris, 1984, ***La société des temps féodaux à la Révolution*, Paris, 1983. — M.-B. Bruguière, H. Gilles et G. Sicard, *Introduction à l'histoire des institutions françaises des origines à 1792*, Toulouse, 1983. — J. Foviaux, *De l'Empire romain à la féodalité*, préface de J. Imbert, Paris, 1986 (*Droit et institutions*, t. 1 ; suite à paraître). — J.-L. Harouel, J. Barbey, É. Bournazel, J. Thibaut-Payen, *Histoire des institutions de l'époque franque à la Révolution*, Paris, 1990.

1) Les synthèses : R. Aubenas, *Cours d'histoire du droit privé. Anciens pays de droit écrit (*XIIIe-XVIe *siècle), 5 fasc., Aix-en-Provence, 1952-1956*. — P. Ourliac et J.-L. Gazzaniga, *Histoire du droit privé français de l'An mil au Code civil*, Paris, 1985 *(L'évolution de l'humanité)*. — R. C. Van Caenegem, *Introduction historique au droit privé*, Bruxelles, 1988.

2) Le droit romain : E. Maynial, *Remarques sur la réaction populaire contre l'invasion du droit romain en France aux* XIIe *et* XIIIe *siècles*, dans *Mél. Chabaneau,* Erlangen, 1907, p. 557-584 (*Romanische Forschungen*, t. 23). — É. Chénon, *Le droit romain à la* curia regis *de Philippe Auguste à Philippe le Bel*, dans *Mél. Fitting*, t. 1, Montpellier, 1907 (reprint, Aalen, 1969), p. 195-212. — Le problème de la traduction en français des œuvres de droit romain a été abordé par F. Olivier-Martin, *Les Institutes de Justinien en français. Traduction anonyme du* XIIIe *siècle*, publiée avec une introd., Paris, 1935 *(Société d'histoire du droit)*. — P. Ourliac, *Droit romain et pratique méridionale au* XVe *siècle : Étienne Bertrand*, Paris, 1937. — *Studies in the Glossators of the Roman Law. Newly Discovered Writings of the Twelfth Century*, éd. H. Kantorowicz et W.W. Buckland, Cambridge, 1938. — W. Ullmann, *Honorius III and the Prohibition of Legal Studies*, dans *The Juridical Review*, t. 60 (1948), p. 177-186. — M. Boulet, *Équité, justice et droit chez les glossateurs du* XIIe *siècle*, dans *Recueil de mémoires et travaux publiés par la Société d'histoire du droit et des institutions des anciens pays de droit écrit*, fasc. 2 (1951), p. 1-11. — S. Kuttner, *Papst Honorius III und das Studium des Zivilrechts*, dans *Mél. M. Wolff*, Tübingen, 1952, p. 79-101. — C.G. Mor, *L'introduction du droit de Justinien en France*, dans *Recueil de mémoires et travaux de la Société d'histoire du droit et des institutions des anciens pays de droit écrit*, t. 3 (1955), p. 47-53. — J.-P. Lévy, *La pénétration du droit savant dans les coutumiers angevins et bretons au Moyen Âge*, dans *Tijdschrift voor Rechtsgeschiedenis*, t. 24 (1956), p. 1-53. — A. Gouron, *Les étapes de la pénétration du droit romain au* XIIe *siècle dans l'ancienne Septimanie*, dans *Annales du Midi*, t. 69 (1957), p. 103-120. — G. Chevrier, *Les étapes de la pénétration du droit romain dans le comté de Bourgogne au* XIIIe *siècle*, dans *Mémoires de la Société pour l'histoire du droit et des institutions des anciens pays bourguignons, comtois et romands*, fasc. 19 (1957), p. 37-43. — R. Aubenas, *Quelques réflexions sur le problème de la pénétration du droit romain dans le Midi de la France au Moyen Âge*, dans *Annales du Midi*, t. 76 (1964), p. 371-377. — P. Duparc, *La pénétration du droit romain en Savoie (première moitié du* XIIIe *siècle)*, dans *Revue historique de droit français et étranger*, t. 43 (1965), p. 22-86. — P. Legendre, *Le droit romain, modèle et langage : de la signification de l'*utrumque Ius, dans *Études d'histoire du droit canonique dédiées à Gabriel Le Bras, 3 : Droit canonique et droit romain*, t. 2, Paris, 1965, p. 913-930. — R. Aubenas, *De quelques problèmes concernant la renaissance du droit romain au Moyen Âge*, dans *Recueil de mémoires et travaux publié par la Société d'histoire du droit et des institutions des anciens pays de droit écrit*, fasc. 6 (1967), p. 51-53. — R. Feenstra, *À propos d'un nouveau manuscrit de la version latine du Codi (ms. Lucques, Bibl. Feliniana 437)*, *ibid.*, fasc. 6 (1967), p. 35-44. — J. Bréjon de Lavergnée, *La pénétration du droit romain dans les pays de l'Ouest de la France, ibid.*, fasc. 6 (1967), p. 55-61. — M.-L. Carlin, *La pénétration du droit romain dans les actes de la pratique provençale (*XIe-XIIIe *siècle)*, Paris, 1967 (*Bibliothèque d'histoire du droit et droit romain*, t. 11). — P. Ourliac, *Sur deux feuillets du Codi*, dans *Mél. R. Aubenas*, Montpellier, 1974, p. 595-612 (*Recueil de mémoires et travaux publié par la Société d'histoire du droit et des institutions des anciens pays de droit écrit*, fasc. 9). — J.-P. Poly, *Les légistes provençaux et la diffusion du droit romain dans le Midi*, dans *Mél. R. Aubenas*, p. 613-635. — A. Gouron, *Du nouveau sur Lo Codi*, dans

Tijdschrift voor Rechtsgeschiedenis, t. 43 (1975), p. 271-277 ; *La science du droit dans le Midi de la France au Moyen Âge*, Londres, 1984 (*Variorum Reprints*, 7). — P. Ourliac, *L'esprit du droit méridional*, dans *Mél. J. Yver*, Paris, 1976, p. 577-594. — A. Gouron, *La science juridique française aux* XIe *et* XIIe *siècles : diffusion du droit de Justinien et influences canoniques jusqu'à Gratien*, Milan, 1978 (*Jus Romanum Medii Ævi*, Pars I, 4[d-e] ; repris dans *Études sur la diffusion des doctrines juridiques médiévales*, Londres, Variorum Reprints, 1987). — J. Verdraud-Voyer, *Réformation des coutumes et droit romain. Pierre Lizet et la coutume de Berry*, dans *Annales de la Faculté de droit et de science politique de Clermont I*, fasc. 18 (1981), p. 313-381. — M. Boulet-Sautel, *Le droit romain et Philippe Auguste*, dans *La France de Philippe Auguste. Le temps des mutations. Actes du colloque international organisé par le CNRS*, publiés sous la dir. de R.-H. Bautier, Paris, 1982, p. 489-501. — A. Gouron, *L'auteur et la patrie de la Summa Trecensis*, dans *Ius commune*, t. 12 (1984), p. 1-38 ; *L'élaboration de la Summa Trecensis*, dans *Mél. A. Guarino*, t. 3, Naples, 1985, p. 3681-3696 ; *Lo Codi, source de la Somme au Code de Rogerius*, dans *Mél. R. Feenstra*, Fribourg, 1985, p. 301-316 ; *Le ms. 632 de la Sorbonne : à la convergence des droits savants en Pays d'Oc*, dans *Mél. de la Bibliothèque de la Sorbonne*, t. 6 (1985), p. 6-20 ; *Primo tractavit de natura actionum Geraudus : studium Bononiense, glossateurs et pratique juridique dans la France méridionale*, dans *Chiesa, diritto e ordinamento della « Societas christiana »* (La Mendola, 1983), Milan, 1986, p. 202-219. — J. Foviaux, *Le législateur : poète et barbare*, dans *Annales d'histoire des facultés de droit et de la science juridique*, 1986, n° 3, p. 9-22. — J.-P. Poly, *Coheredes legum Romanorum : la renaissance du droit romain dans le Midi de la France*, dans *Mél. Ferran Valls i Taberner*, t. 10, Barcelone, 1989, p. 2909-2946.

Pour les romanistes du Moyen Âge, on se reportera au grand ouvrage en cours de publication dans le cadre européen, *Le Nouveau Savigny : Ius Romanum Medii Ævi*, Milan, depuis 1960, et à É.-M. Meijers, *Études d'histoire du droit*, publiées par R. Feenstra et H.F.W.D. Fisher, t. 3-4 : *Le droit romain au Moyen Âge*, Leyde, 1959-1966. — G. Chevrier, *Sur l'art de l'argumentation chez quelques romanistes médiévaux au* XIIe *et au* XIIIe *siècle*, dans *Archives de philosophie du droit*, t. 11 : *La logique du droit* (1966), p. 115-148. — P. Legendre, *Écrits juridiques du Moyen Âge occidental*, Londres, 1988 *(Variorum Reprints)*. — A. Gouron, *Le rôle des maîtres français dans la renaissance juridique du* XIIe *siècle*, dans *CRAIBL*, 1989, p. 198-207.

3) Le droit canonique : G. Le Bras, C. Lefebvre, J. Rambaud, *L'âge classique (1140-1378). Sources et théorie du droit*, Paris, 1965 (*Histoire du droit et des institutions de l'Église en Occident*, t. 7). — J. Rambaut-Buhot, *Le Décret de Gratien, legs du passé, avènement de l'âge classique*, dans *Entretiens sur la renaissance du* XIIe *siècle*, Paris-La Haye, 1968, p. 493-512 (*Décades du Centre culturel international de Cerizy-la-Salle. Nouv. série*, 9). — P. Ourliac et H. Gilles, *La période post-classique (1378-1500)*. I. *La problématique de l'époque, les sources*, Paris, 1971 (*Histoire du droit et des institutions de l'Église en Occident*, t. 13[1]). — L. Chevailler, *Observations sur le Speculum legatorum de Guillaume Durand*, dans *Mél. L. Faletti*, 1971, p. 85-98. — R. Metz, *Regard critique sur la personne de Gratien, auteur du Décret (1130-1140), d'après les résultats des dernières recherches*, dans *Revue des sciences religieuses*, t. 58 (1984), p. 64-76. — J. Gaudemet, *Les sources du droit de l'Église en Occident du* IIe *au* VIIe *siècle. Initiations au christianisme ancien*, Paris, 1985 ; *Regard sur l'histoire du droit canonique antérieurement au Décret de Gratien*, dans *Studia et documenta historiae et juris*, t. 51 (1985), p. 73-130. — A. Gouron, *Une école ou des écoles ? Sur les canonistes français (vers 1150-vers 1210)*, dans *Proceedings of the Sixth International Congress of Medieval Canon Law*, Cité du Vatican, 1985 (*Monumenta Iuris Canonici*, séries C : subsidia 7), p. 223-240 ; *Canon law in Parisian circles before Stephan of Tournai's Summa*, dans *Proceedings of the Eight Intern. Congress of Medieval Canon law* (San Diego, 1988), Cité du Vatican, 1992 (sous presse).

4) Le droit coutumier : J.-M. Pardessus, *Mémoire sur l'origine du droit coutumier en France et sur son état jusqu'au* XIIIe *siècle*, dans *Mémoires de l'Institut royal de France. AIBL*, t. 10 (1833), p. 666-765. — H. Klimrath, *Histoire du droit. Études sur les coutumes*, dans *Revue de législation et de jurisprudence*, t. 6 (1837), p. 107-135 et 161-214 [carte]. — J.-N. Beaupré, *Essai historique et bibliogr. sur la rédaction officielle et la publication des principales coutumes de la Lorraine ducale et du Barrois*, dans *Mémoires de la Société royale des sciences, lettres et arts de Nancy*, Nancy, 1843, p. 89-272. — H. Beaune, *Introduction à l'étude historique du droit coutumier français jusqu'à la rédaction officielle des coutumes*, Lyon, 1880. — G. d'Espinay, *La coutume de Touraine au* XVe *siècle*, Tours, 1888 (*Mémoires de la Société archéologique de Touraine*, t. 34). — H. J. S. Maine, *Dissertations on Early Law and Custom chiefly Selected from Lectures Delivered at Oxford*, Londres, 1883. — G. d'Espinay, *Les réformes de la coutume de Touraine au* XVIe *siècle*, Tours, 1891 ; *La réforme de la coutume du Maine en 1508*, Mamers, 1893. — É. Massé, *La coutume d'Auvergne, son origine, ses*

sources, son commentaire, thèse de droit, Riom, 1913. — É. Mallet, *Thaumas de La Thaumassière, commentateur des coutumes de Berry*, Paris, 1915. — O. Martin, *Histoire de la coutume de la prévôté et vicomté de Paris*, t. 1, Paris, 1922 ; t. 2 (fasc. 1 et 2), Paris, 1926-1930 *(Bibliothèque de l'Institut d'histoire, de géographie et d'économie urbaines de la ville de Paris)*, rééd. avec mise à jour bibliographique, Paris, 1972 ; *La coutume de Paris, trait d'union entre le droit romain et les législations modernes (Six cours professés en mars 1925 à l'Université d'Utrecht)*, Paris, 1925. — L. Morin, *Recherches sur l'impression des coutumes au* XVIe *siècle à Troyes et en Bourgogne*, dans *Bulletin philologique et historique...*, 1925, p. 151-185. — J. Van Kan, *Les efforts de codification en France. Étude historique et psychologique*, Paris, 1929 ; *L'unification du droit et les résistances de jurisconsultes sous l'Ancien Régime*, dans *Mél. P. Fournier*, Paris, 1929, p. 363-374. — A. Lebrun, *La coutume, ses sources, son autorité en droit privé. Contribution à l'étude des sources du droit positif à l'époque moderne*, Paris, 1932. — R. Génestal, *Études sur les sources du droit normand aux* XIIIe, XIVe *et* XVe *siècles*, dans *Bulletin de la Société des antiquaires de Normandie*, t. 40 (1932), p. 1-27. — C. Petit-Dutaillis, *L'« établissement pour le commun profit » au temps de Saint Louis*, dans *Anuario de Historia del Derecho español*, t. 10 (1933), p. 197-202. — R. Besnier, *La coutume de Normandie. Histoire externe*, Paris, 1935. — R. Filhol, *Le Premier Président Christofle de Thou et la réformation des coutumes*, thèse de droit, Paris, 1937. — F. Olivier-Martin, *Le roi de France et les mauvaises coutumes*, dans *Zeitschrift der Savigny-Stiftung für Rechtsgeschichte, Germanistische Abt.*, t. 58 (1938), p. 108-137. — M. Boulet, *Survivances et transformations d'une seigneurie médiévale au début du* XVIe *siècle*, dans *Le Moyen Âge*, 1949, p. 103-126. — P. Timbal, *Un conflit d'annexion au Moyen Âge : l'application de la coutume de Paris au pays d'Albigeois*, Toulouse, 1950 (*Bibliothèque méridionale*, 2e série, t. 33). — J. Yver, *Les caractères originaux du groupe de coutumes de l'Ouest de la France*, dans *Revue historique de droit français et étranger*, t. 30 (1952), p. 18-79 ; *Les caractères originaux de la coutume de Normandie*, dans *Mémoires de l'Académie nationale des sciences, arts et belles lettres de Caen*, t. 12 (1952), p. 307-356. — P. Ourliac, *Les coutumes du Sud-Ouest de la France*, dans *Mél. Hinojosa, Anuario de Historia del Derecho español*, t. 23 (1953), p. 407-422 (repris dans *Études d'histoire du droit médiéval*, Paris, 1979, p. 3-15). — J. Yver, *Les caractères originaux des coutumes du Nord*, dans *Revue du Nord*, t. 35 (1953), p. 197-220 ; t. 36 (1954), p. 5-36. — P. Siguret, *Quatrième centenaire de la rédaction des coutumes du Perche (1558-1958)*, dans *Cahiers percherons publiés par l'Association des amis du Vieux Nogent et du Perche*, n° 7 (septembre 1958), p. 1-13. — P. Timbal, *Histoire du droit privé. La coutume, source du droit privé français*, Paris, 1958-1959 *(Les Cours de droit. DES droit romain et histoire du droit)*. — P. Petot, *Le droit commun en France selon les coutumiers*, dans *Revue historique de droit français et étranger*, t. 38 (1960), p. 412-429. — R. Filhol, *La rédaction des coutumes en France aux* XVe *et* XVIe *siècles*, dans *La rédaction des coutumes dans le passé et dans le présent*, Bruxelles, 1962 (*Institut de sociologie Solvay. Études d'histoire et d'ethnologie juridique publiées par le Centre d'Histoire et d'ethnologie juridique*, 3) ; trad. *The Codification of Customary Law in France in the Fifteenth and Sixteenth Centuries*, dans H.J. Cohn, éd., *Government in Reformation Europe, 1520-1560*, Londres, 1971, p. 265-283 [repris dans *Aux alentours...*] ; *La preuve de la coutume dans l'ancien droit français*, dans *Recueils de la Société Jean Bodin pour l'histoire comparative des institutions*, t. 17 : *La preuve (Moyen Âge et temps modernes)*, Bruxelles, 1965, p. 357-373. — P. Graveri, *Ricerche sulla formazione del diritto consuetudinario in Francia (sec.* XIII-XVI*)*, Milan, 1969 (*Ius nostrum*, 12). — J. Yver, *Le très ancien coutumier de Normandie. Miroir de la législation ducale ? Contribution à l'étude de l'ordre public normand à la fin du* XIe *siècle*, dans *Tijdschrift voor Rechtsgeschiedenis*, t. 39 (1971), p. 333-374. — R. Gräfe, *Das Eherecht in den Coutumiers des 13. Jahrhunderts. Eine rechtsvergleichende Darstellung der französischen Ehepersonen und Ehegütterechts im Mittelalter*, Göttingen-Zurich-Francfort, 1972 (*Göttinger Studien zur Rechtsgeschichte*, 6). — J.-P. Lévy, *Le droit romain en Anjou, Bretagne, Poitou (d'après les coutumiers)*, Milan, 1976 (*Jus Romanum Medii Aevi*, pars V, 4, b). — P. Ourliac, *La première coutume d'Auvillar*, dans *Annales de la Faculté de droit de Bordeaux I*, t. 2 (1978), p. 171-181. — A. Gouron, *Coutumes et commentaires : essai d'analyse quantitative*, dans *Mél. J. Yver*, Paris, 1978, p. 321-332. — É. Magnou-Nortier, *Les mauvaises coutumes en Auvergne, Bourgogne méridionale, Languedoc et Provence au* XIe *siècle : un moyen d'analyse sociale*, dans *Structures féodales et féodalisme dans l'Occident méditerranéen (*Xe-XIIIe *siècle). Bilan et perspectives de recherches*, Rome, 1980, p. 135-172 (*Collection de l'École française de Rome*, 44). — M. Reulos, *Les coutumes de Touraine. Histoire et caractères à la lumière de travaux récents*, dans *Bulletin trimestriel de la Société archéologique de Touraine*, t. 39 (1980), p. 403-412. — P. Ourliac, *1210-1220 : la naissance du droit français*, dans *Mél. A. Biscardi*, t. 3, Milan, 1982, p. 489-510. — A. Gouron, *Aux origines de l'« émergence » du droit : glossateurs* *et coutumes méridionales* (XIIe-*milieu du* XIIIe *siècle)*, dans *Mél. J. Ellul*, Bordeaux, 1983, p. 255-270. — A. Lefebvre-Teillard, *Recherches sur la pénétration du droit canonique dans le droit coutumier français* (XIIIe-XIVe *siècle)*, dans *Actes du congrès consacré à la coutume, inspiration, formation, expression (Société pour l'histoire du droit et des institutions des anciens pays bourguignons, comtois et romands*, 40), p. 59-76. — M. Reulos, *La coutume de Melun au* XVIe *siècle*, dans *Fortunes de Jacques Amyot. Actes du colloque international* présentés par Michel Balard, Paris, 1986, p. 29-37. — A. Gouron, *Aurore de la coutume*, dans *Recueil de mémoires et travaux publiés par la Société d'histoire du droit et des institutions des anciens pays de droit écrit*, fasc. 14 (1988), p. 181-187 ; *Sur les origines de l'expression « droit coutumier »*, dans *Glossae. Revista de historia del derecho europeo*, t. 1 (1988), p. 179-188 ; *« Non dixit : Ego sum consuetudo »*, dans *Zeitschrift der Savigny-Stiftung für Rechtsgeschichte, kan. Abt.*, t. 74 (1988), p. 133-140. — H. Vidal, *Grégoire VII, Urbain II et la coutume*, dans *Recueil de mémoires et travaux publiés par la Société d'histoire du droit et des institutions des anciens pays de droit écrit*, fasc. 14 (1988), p. 255-262. — *Aux alentours du droit coutumier. Articles et conférences du doyen René Filhol*, Poitiers, 1988 *(Université de Poitiers. Faculté de droit et des sciences sociales)*. — P. Ourliac, *Réflexions sur l'origine de la coutume*, dans *Mél. J. Metman*, p. 341-354.

5) La législation royale : son étude est guidée par G. Tessier, *Diplomatique royale française*, Paris, 1962, complétant A. de Boüard, *Manuel de diplomatique française et pontificale*, 2 vol., et 2 albums (1 : *Diplomatique* ; 2 : *L'acte privé*), Paris, 1929-1952. — F. Olivier-Martin, *Les lois du roi*, 1946-1947, Paris (*Les Cours de droit. Doctorat* ; reprint, Paris, 1988). — Y. Bongert, *Vers la formation d'un pouvoir législatif royal (fin* XIe-*début* XIIIe *siècle)*, dans *Mél. J. Macqueron*, Aix-en-Provence, 1970, p. 127-140. — A. Gouron, *Législateur et droit privé dans la France médiévale*, dans *Mél. B. Paradisi*, Florence, 1982, p. 211-230. — P. Ourliac, *Législation, coutumes et coutumiers au temps de Philippe Auguste*, dans *La France de Philippe Auguste. Le temps des mutations,* actes publiés sous la dir. de R.-H. Bautier, Paris, 1982, p. 471-488. — É. Magnou-Nortier, *Lex et consuetudo. Enquête dans les sources législatives carolingiennes*, dans *Recueil de mémoires et travaux publiés par la Société d'histoire du droit et des institutions des anciens pays de droit écrit*, fasc. 14 (1988), p. 197-207. — G. Giordanengo, *Le pouvoir législatif du roi de France* (XIe-XIIIe *siècle) : travaux récents et hypothèses de recherche*, dans *BEC*, t. 147 (1989), p. 283-310.

6) L'enseignement du droit : É. Caillemer, *L'enseignement du droit civil en France vers la fin du* XIIIe *siècle*, dans *Nouvelle Revue historique de droit français et étranger*, t. 3 (1879), p. 599-618. — Esquirou de Parieu, *Étude sur la Pratique Dorée de Pierre Jacobi, jurisconsulte du* XIVe *siècle*, dans *Revue de législation et de jurisprudence*, t. 4 (1884), p. 422-423. — H. Denifle, *Urkunden zur Geschichte der mittelalterlichen Universitäten. II. Zum Rechtsstudium in Avignon im 13. Jahrhundert*, dans *Archiv für Literatur und Kirchengeschichte des Mittelalters*, t. 4 (1888), p. 246. — M. Fournier, *Histoire de la science du droit en France*, t. 3 : *Les universités françaises et l'enseignement du droit au Moyen Âge*, Paris, 1892 ; reprint, Aalen, 1970. — P. de Tourtoulon, *Placentin, sa vie, ses œuvres. Étude sur l'enseignement du droit romain au Moyen Âge dans le Midi de la France*, thèse de droit, Paris, 1896. — É. Caillemer, *Jean de Blanot*, dans *Mél. C. Appleton*, Lyon-Paris, 1903, p. 51-110 ; *Les débuts de la science du droit en Provence. Johannes Blancus Massiliensis*, dans *Congrès des sociétés savantes de Provence*, Valence, 1907, p. 767-792. — R. Grand, *Un jurisconsulte du* XIVe *siècle, Pierre Jacobi, auteur de la Practica aurea*, dans *BEC*, t. 100 (1918), p. 68-101. — P. Fournier, *Pierre Jame (Petrus Jacobi) d'Aurillac, jurisconsulte*, dans *HLF*, t. 36 (1927), p. 481-521. — P. Tisset, *Placentin et son enseignement à Montpellier. Droit romain et coutume dans l'ancien pays de Septimanie*, dans *Recueil de mémoires et travaux publié par la Société d'histoire du droit et des institutions des anciens pays de droit écrit*, fasc. 2 (1951), p. 67-94. — A.-J. Boyé, *Notes sur Jean Faure*, dans *Mél. P. Petot*, Paris, 1959, p. 27-38. — M. Boulet-Sautel, *Le concept de souveraineté chez Jacques de Révigny*, dans *Actes du congrès sur l'ancienne université d'Orléans* (XIIIe-XVIIIe *siècles). Recueil des conférences prononcées les 6 et 7 mai 1961...*, Orléans, 1962, p. 15-27. — L. Prosdocimi, *La doctrine et la coutume à l'École de droit d'Orléans, ibid.*, p. 101-106. — A. Gouron, *Enseignement du droit, légistes et canonistes dans le Midi de la France à la fin du* XIIIe *siècle et au début du* XIVe *siècle*, dans *Recueil de mémoires et travaux publiés par la Société d'histoire du droit et des institutions des anciens pays de droit écrit*, fasc. 5 (1966), p. 1-33 [index des noms de personnes]. — C.G. Mòr, *À l'origine de l'École de Montpellier : Rogerius ou Placentin ?, ibid.*, fasc. 6 (1967), p. 17-21 = *Album J. Balon*, Namur, 1968, p. 147-155. — A. Gouron, *Un juriste montpelliérain chef d'école : Brémond, seigneur de Montferrier*, dans *Mél. É. Baratier*, Marseille, 1972, p. 108-115 (*Provence historique*, t. 23 ; *La science...*, 5) ; *Canonistes et civilistes des écoles de Narbonne et de Béziers*, dans *Proceedings of the Fourth International Congress of Medieval Canon Law*, Cité du Vatican, 1976, p. 523-536 (*Monumenta Iuris Canonici*, Series C : subsidia 5) ; *Une école française de droit [Die] dans la*

première moitié du XIIe *siècle*, dans *Mél. R. Aubenas*, Montpellier, 1974, p. 363-384 (*Recueil...* précité) ; *Autour de Placentin à Montpellier : maître Gui et Pierre de Cardona*, dans *Mél. G. Fransen*, t. 1, Rome, 1976, p. 337-354 (*Studia Gratiana*, t. 19 ; *La science...*, 7) ; *Die Entstehung der französischen Rechtsschule. Summa Iustiniani est in hoc opere und Tübinger Rechtsbuch*, dans *Zeitschrift der Savigny Stiftung für Rechtsgeschichte, Romanistische Abt.*, t. 93 (1976), p. 138-160. — J.-P. Poly, *Les maîtres de Saint-Ruf : pratique et enseignement du droit dans la France méridionale au* XIIe *siècle*, dans *Annales de la Faculté de droit de l'université de Bordeaux I*, t. 2 (1978), p. 183-203. — L. Mayali, *Les magistri dans l'ancienne Septimanie au* XIIe *siècle*, dans *Recueil de mémoires et travaux publiés par la Société d'histoire du droit et des institutions des anciens pays de droit écrit*, fasc. 10 (1979), p. 91-105. — L.L.J.M. Waelkens, *La théorie de la coutume chez Jacques de Révigny : édition et analyse de sa répétition sur la loi De quibus (D. 1, 3, 32)*, thèse de droit, Leyde, 1984. — *Études néerlandaises de droit et d'histoire présentées à l'Université d'Orléans pour le 750e anniversaire des enseignements juridiques*, éd. R. Feenstra et C.M. Ridderikhoff, dans *Bulletin de la Société archéologique et historique de l'Orléanais*, t. 9, n° 68 (1985). — A. Gouron, *Comment dater la venue de Placentin à Montpellier ?*, dans *Mél. J. Metman*, Dijon, 1988, p. 187-194. J.F.

K

Karleto. Voir : *Mainet*.

Konrad von Würzburg. Né vers 1220-1230, mort en 1287, Konrad von Würzburg était un écrivain professionnel, qui a écrit la plupart de ses œuvres pour les patriciens de Bâle. Il possédait une culture étendue, et la vaste palette thématique de son œuvre lyrique, narrative et didactique est impressionnante.

Nous connaissons de Konrad un lai religieux et un lai profane, des chansons d'amour et des poèmes gnomiques. Il a composé trois vies de saint (du pape *Silvestre*, de *saint Alexis**, qui abandonne sa fiancée la nuit de ses noces, s'adonne à l'amour de Dieu et mène désormais une vie de pauvreté, et de *saint Pantaléon*, qui se fait baptiser dans la vieille Rome et meurt martyr), un grand poème religieux à la gloire de la Vierge Marie, *La Forge d'Or (Goldene Schmiede)*, où Konrad von Würzburg brille par son style fleuri *(geblümter Stil)*. En outre, il écrit plusieurs grandes œuvres narratives : — *Engelhard*, qui traite comme *Ami et Amile** du thème de l'amitié et de la fidélité inébranlables entre deux amis qui consentent l'un pour l'autre les plus grands sacrifices ; *Partonopier et Meliur*, adaptation d'une œuvre française du XIIe siècle, *Partonopeus de Blois**, œuvre qui appartient à la même tradition thématique que, par exemple, le *Lai de Lanval* de Marie de France*, le *Lai* de Graelent* cité dans le *Tristan* de Gottfried von Straßbourg*, ou encore *Mélusine** : le héros, ami d'une fée, transgresse une interdiction qu'elle lui a faite, est puni et doit reconquérir sa faveur ; *Le Chevalier au cygne* (motif de Lohengrin), œuvre où on trouve une scène très réaliste de tribunal qui nous renseigne sur la pratique du droit au Moyen Âge, et enfin *La guerre de Troie*, œuvre demeurée inachevée, qui reprend en l'amplifiant celle de Benoît de Sainte-Maure*, qu'avait déjà adaptée à la fin du XIIe siècle Herbort von Fritzlar. Par son *Tournoi de Nantes*, il inaugure le genre de la poésie héraldique. Enfin, il a contribué à la formation du genre de la nouvelle en Allemagne : *Le Conte du Cœur (das Herzmaere)*, où il reprend le thème du cœur mangé, thème exploité entre autres par le poète français Jakemes dans le *Roman du Châtelain de Coucy* et de la dame de Fayel, Le Salaire du monde (Der Welt Lohn)*, où Dame Monde apparaît comme figure allégorique, ravissante par devant et repoussante par derrière, rongée par les vers et la vermine, et *Heinrich von Kempten*, chevalier intrépide, qui ne craint même pas l'empereur Frédéric Barberousse et frappe de ses poings la personne sacrée du souverain ; mais il peut, pour finir, reconquérir la bienveillance de Barberousse par un acte de sauvetage.

En général, Konrad suit le modèle des anciens, pour ce qui est des thèmes et du contenu, mais pour la forme il cherche des voies nouvelles. Surtout, il est un novateur en ce qui concerne les poèmes allégoriques (annonçant l'allégorie d'amour répandue aux XIVe et XVe siècles), la poésie héraldique ; il contribue de manière décisive à l'évolution du genre de la nouvelle. Il est par excellence un poète de transition.

→ A. Moret, *L'originalité de Conrad de Wurzbourg*, Genève, 1976 [réimp. éd. de Lille, 1933 ; cet ouvrage comporte une bibliogr. importante]. — Cf. *MB S* n° 2469. D.B.

L

Lai. Parler de *lai* au singulier est presque impossible en raison des multiples acceptions du terme. Cette plasticité sémantique a permis de désigner des genres ou des formes très différents, en synchronie comme en diachronie (voir *infra*). Il semble que l'on ne puisse rendre compte de cette richesse de *lai* en le rattachant, comme cela a été le cas fort longtemps, à une racine celtique. L'étude du terme ayant commencé avec la redécouverte des *Lais* de Marie de France*, c'est l'histoire du genre particulier — et du mot — qu'elle propose ou suppose, qui a été généralement enregistrée par les linguistes comme par les critiques littéraires. Dans cette optique, *lai* est forcément d'origine bretonne et désigne originellement un chant. Mais l'étude de R. Baum a montré que dès ses premiers emplois, en langue d'oc comme en langue d'oïl, le terme *lai* recouvre des champs sémantiques très variés : « chant, musique, narration, langue, discours ». Il propose donc de rattacher le mot *lai* à un thème latin plutôt que celtique : « laicus ». Ainsi, le terme renverrait non à la matière de Bretagne, sous-jacente à certains genres qu'il servira à nommer, mais à l'opposition entre culture latine et culture vulgaire, culture des lettrés et culture des laïcs ou « lais ». Comme le mot *roman, lai* désignerait d'abord de façon très générale la langue du peuple puis toutes sortes de compositions réalisées dans cette langue, qu'elles soient narratives ou lyriques.

→ R. Baum, *Eine neue Etymologie von frz. lai und apr. lais. Zugleich : Ein Plädoyer für die Zusammenarbeit von Sprach und Literatur Wissenschaft,* dans *ZRPh*, Sonderband zum 100 jährigen Bestehen, 1977, p. 17-18 ; *Les troubadours et les lais, ibid.*, t. 85 (1969), p. 1-44.

S.L.

Lai lyrique. Il n'existe pas un seul lai lyrique. Plusieurs formes lyriques différentes portèrent ce nom.

1. *Le lai-descort.* Cette forme se caractérise par l'hétérostrophie et l'hétérométrie. Elle comporte en effet un nombre variable de strophes (entre 4 et 23 mais plus généralement de 5 à 13) et chaque strophe comprend un nombre variable de vers (20 en moyenne mais jusqu'à 53). De plus, si le mètre moyen est de 7 ou 8 syllabes, il peut aussi être de 2 ou 13 syllabes. Cette discordance formelle trouve son écho dans la musique de la pièce. Chaque strophe a une mélodie propre, à la différence de la chanson courtoise à laquelle le lai-descort s'oppose. Si la musique de la chanson comporte de nombreux mélismes, celle du lai-descort est presque seulement syllabique. Sa mélodie a ainsi les allures d'un récitatif plutôt que d'un air. Chanson et lai-descort ont cependant la même thématique courtoise, et dans l'une comme dans l'autre, l'amour de la dame est parfois relayé par celui de Notre-Dame. Et le lai-descort figure dans les chansonniers au côté des autres genres de la lyrique*.

Les plus anciens lais-descorts datent sans doute de la fin du XIIe ou du début du XIIIe siècle. Ils sont dus à des trouvères connus comme Thibaut de Champagne*, Gautier de Coinci*, Guillaume le Vinier*, Gilles le Vinier*... Quant aux pièces anonymes, elles se voient en revanche désignées par un titre dans les rubriques des mss : *Lais des amants, Lai de la rose, Lai des pucelles, Lai du chèvrefeuille,* poème qui n'a rien à voir avec le texte du même nom de Marie de France*. Le corpus mélodique est assez mince au regard des textes conservés : une trentaine de mélodies de lais et une douzaine pour les descorts. Ce dernier terme remplace parfois, en effet, celui de *lai.* Or, le descort* est un genre également pratiqué en langue d'oc, selon les mêmes formules. Il est fort probable d'ailleurs que le lai-descort d'oïl provienne du genre occitan du descort.

2. *Le lai des* XIVe-XVe *siècles ou grand lai.* Au XIVe siècle, le lai-descort, comme d'autres genres lyriques tels la ballade* ou le rondeau*, va tendre vers une forme fixe. Les étapes marquantes de ce figement se trouvent dans quatre pièces lyriques du *Roman de Fauvel* de Chaillou de Pesstain* *(Lai des Hellequines, Lai de Fortune, Lai de Vénus, Lai de Fauvel)* et dans les 24 lais de Guillaume de Machaut*. Le lai est alors le plus souvent limité à 12 strophes (ou couplets) hétérométriques, divisées en deux ou quatre sections (demi-strophes et *quartiers*). Le schéma de la dernière strophe (vers et rimes) reprend celui de la première, afin de clore le chant. Dans le *Fauvel*, les pièces de Jeannot Lescurel* et celles de Machaut, la musique est très importante. Après la mort de Machaut, le dernier poète-musicien, le *lai*, comme les autres genres de la lyrique, va cesser d'être *noté* par ceux des poètes qui l'utiliseront. Ainsi des 12 lais d'Eustache Deschamps*, qui donne cependant dans son *Art de dictier* une structure de lai proche de celle de son maître Machaut ; ainsi des 14 lais de Jean Froissart* ou des 3 lais de Christine de Pizan*. Cependant, le lai reste une structure riche, complexe, jugée difficile et longue à composer. La malléabilité du genre continue à se lire dans sa thématique : entre joie traditionnelle et tristesse du siècle. S'opposent ainsi les *lais mortels* de Machaut et Christine de Pizan et le *Lai de Plaisance,* le *Lai de la Paix* d'Alain Chartier*. De plus en plus aussi, le lai s'éloigne de la lyrique pure pour s'incorporer des éléments didactiques, mythologiques voire narratifs. Le lai ne se distingue plus du *dit** que par sa richesse rythmique. Machaut n'a-t-il pas repris le dit de la *Fontaine amoureuse* dans son *Lai de la Fontaine* et composé le dit du *Confort d'ami* après le *Lai de Confort* (à identifier sans doute avec le *Lai de Bon Espoir* cité dans le *Confort d'ami*) ? Mais certains lais ne présentent plus guère de trace de la complexité strophique propre au genre. Ainsi, dans le *Lai de Vaillance* de Deschamps, seule la première strophe (et la dernière, bien sûr) présente des vers coupés de trois syllabes ; les autres sont isométriques (heptasyllabes). De même son *Double lai de la fragilité humaine,* adaptation du *De contemptu mundi* d'Innocent III, est composé de 38 strophes isométriques en heptasyllabes ou octosyllabes. Le titre de *double lai* ne vise qu'à donner une idée de la longueur de ce texte, entièrement didactique et moral. Le XVe siècle verra le déclin et la mort du grand lai. Cependant les *Arts de seconde rhétorique** continuent à en décrire la formule avec plus ou moins de précision (L'Anonyme, Baudet Herenc*), mais aussi parfois des contresens (L'Anonyme lorrain). Enfin sont répertoriés sous le nom de simple lai-double lai des formes différentes ou à tout le moins écourtées du grand lai. Le simple lai (*Art* attribué à Jean Molinet* et *Traité de Rhétorique*, anonyme) ne compte en effet, d'après les exemples, qu'une seule strophe de 12 vers sur deux rimes. Les vers sont hétérométriques (vers long et vers court) mais aussi isométriques. Le simple lai est particulièrement propre, selon l'*Art* attribué à Molinet, aux « oroisons, requestres et loenges ». Le double lai est lui aussi constitué d'une seule strophe. Appelé encore lai renforcé, il compte non pas 12 mais 16 vers. Chaque quartier de la strophe est en effet renforcé par l'adjonction d'un vers long. Enfin il existe des formes layées (ballade, rondeau), qui n'ont rien de commun avec le grand lai, sauf par ce qu'elles en reprennent l'alternance ressentie comme essentielle de vers longs et verts courts (*Règles de la seconde rhétorique*, Baudet Hérenc, Fabri). La strophe du simple lai donnée en exemple par l'*Art* attribué à Molinet pourrait n'être d'ailleurs qu'un couplet de ballade layée.

3. *Le lai arthurien.* À la différence du lai-descort et du grand lai, le lai arthurien n'est pas autonome. C'est un genre qui ne fonctionne qu'en insertion : dans la trame narrative des romans en prose du XIIIe siècle. Génétiquement indépendant du lai-descort, le lai arthurien pourrait avoir des origines celtiques dont sa thématique et sa forme seraient des échos. Il se présente en effet comme une suite de quatrains isométriques et isostrophiques monorimes. Or dans la poésie irlandaise ancienne, le lai était un interlude lyrique en quatrains monorimes, intégré à un récit en prose. Cependant, ce qui justifie surtout l'appellation de lai arthurien, ce sont les personnages auxquels surtout on en attribue la composition (Iseut, Arthur, Guenièvre, Lancelot...). Le premier d'entre eux n'est autre que Tristan, célèbre déjà dans les

romans en vers pour ses qualités de musicien. Et c'est dans le *Tristan en prose**, autour de 1250 donc, qu'apparaît le lai arthurien. D'autres romans du Graal, Cycle Post-Vulgate*, comme *Guiron le Courtois** présentent de ces lais. Leur thématique est, une fois encore, assez variée : joie, douleur amoureuse, invective, déploration funèbre... Mais ce qui les distingue surtout, ce sont leurs archaïsmes au regard du récit en prose et de sa « modernité » : archaïsmes de langue, du schéma strophique, de la musique. On peut croire, comme Pierre Bec, que cela tient à leur origine ancienne : pièces autrefois autonomes, elles auraient été ensuite insérées à un récit plus récent. Mais il est plus tentant de voir dans ces pièces des compositions contemporaines des romans dont on aurait voulu marquer l'antiquité en usant délibérément de ces archaïsmes ; au même titre que l'étude récente de Michel Zink sur les chansons de toile (dont certaines subsistent en insertions dans le *Roman de la Rose* de Jean Renart*) a montré leur trompeuse ancienneté.

Au XIVᵉ siècle, le lai intégré se transforme lui aussi. Les lais du *Perceforest** ou d'*Ysaye le Triste** n'ont plus rien à voir avec avec ceux du *Tristan en prose* ou de *Guiron le Courtois*. Il s'agit de pièces dont la structure strophique et métrique varie selon les cas. Dans *Ysaye le Triste*, on trouve même, désigné comme un lai, un ensemble de formes différentes, dont une ballade et deux rondeaux. Le terme lai montre ainsi la flexibilité de son sens dont le degré zéro serait « une unité poétique ». Quant au caractère lyrique de ces derniers lais intégrés, il est parfois étouffé par le didactisme ; certaines pièces, encore, servent de résumé aux actions précédentes.

ŒUVRES. — 1. Lais-descorts : Outre les éditions des auteurs connus (Gautier de Dargies*, Colin Muset*, Guillaume le Vinier*, Gilles le Vinier*, Adam de Givenchy*, Andrieu Contredit*, Thomas Hérier*, Thibaut de Champagne*, Gautier de Coinci*...), voir : A. Jeanroy, L. Brandin et P. Aubry, *Lai et descorts français du XIIIᵉ siècle, texte et musique*, Paris, 1901.

2. Lais des XIVᵉ-XVᵉ siècles : voir les éd. du *Roman de Fauvel* de Chaillou de Pesstain, de Guillaume de Machaut, Eustache Deschamps, Jean Froissart, Christine de Pizan, Oton de Grandson...

3. Lais arthuriens : Les Lais du roman de *Tristan en prose* : éd. J. Maillard, dans *Mél. R. Lejeune,* Gembloux, 1969, t. 2, p. 1347-1364 [trois lais avec la musique d'après le ms. Vienne 2542] ; éd. T. Fotitch et R. Steiner, Munich, 1974 (*München romanistischen Arbeiten*, 38) (les 37 lais du ms. Vienne 2542].

→ Généralités : J. Maillard. *Évolution et esthétique du lai lyrique des origines à la fin du XIVᵉ siècle,* Paris, 1963 [exposé musicologique plutôt que littéraire] ; *Lai, Leich,* dans *Mél. L. Schrade,* Berne-Munich, 1973, p. 523-545. — P. Bec, *La lyrique française au Moyen Âge (XIIᵉ-XIIIᵉ siècle),* Paris, 1977, t. 1, p. 189-213 [exposé très clair] ; t. 2 (choix de textes des catégories 1 et 3), p. 126-145.

1. R. Baum, *Le descort ou l'anti-chanson,* dans *Mél. J. Boutière,* Liège, 1971, t. 1, p. 75-98. — J. Maillard, *Descort, que me veux-tu ?,* dans *CCM,* t. 25 (1982), p. 219-223. — J.H. Marshall, *The Transmission of the Lyrics Lais in the Old French Chansonnier T,* dans *The Editor and the Text,* éds. P.E. Bennett et G.A. Runnals, Édimbourg, 1990, p. 20-32. — Cf. *MB* nᵒˢ 2260 ; *S* 4398-4405.

2. D. Poirion, *Le poète et le prince. L'évolution du lyrisme courtois de Guillaume de Machaut à Charles d'Orléans,* Paris, 1965 (réimp. Genève, 1978), p. 400-406, 409-414. — G. Reaney, *The lais of G. de Machaut and their Background,* dans *Proceedings of the Royal Academy Association,* t. 82 (1955), p. 15-32. — R. Deschaux, *Le lai et la complainte,* dans *GRLMA*, t. VIII/1, p. 72-77.

3. J. Maillard, *Coutumes musicales au Moyen Âge d'après le Tristan en prose,* dans *CCM,* t. 2 (1959), p. 341-353. — E. Baumgartner, *Sur les pièces lyriques du Tristan en prose,* dans *Mél. F. Lecoy,* Paris, 1973, p. 19-25. — A. Giachetti, *Une nouvelle forme du lai apparue à la fin du XIVᵉ siècle,* dans *Mél. F. Lecoy,* Paris, 1973, p. 147-155 [sur *Ysaye le Triste*]. — J.-M. D'Heur, *Les lais arthuriens anonymes français et leur traditon galaïco-portugaise,* dans *BBSIA*, t. 24 (1972), p. 210. S.L.

Lai narratif. Le lai narratif est l'autre visage littéraire du *lai**. Ce type de *lai* est apparu au XIIᵉ siècle et s'est maintenu au siècle suivant. Il est donc à peu près contemporain du lai-descort décrit ci-dessus. Cette concomitance de deux genres, sans aucun rapport formel, souligne encore la plasticité du mot *lai.*

L'histoire du lai narratif repose essentiellement sur les prologues des *Lais* de Marie de France* et sur l'interprétation qu'on en a faite. Marie prétend tirer l'argument de ses contes, de *lais* que les harpeurs bretons chantaient, à propos de tel ou tel événement « romanesque ». Le roman en prose du XIIIᵉ siècle mettra en scène, ou rêvera à son tour cette origine du lai lyrique en créant le lai arthurien (voir *supra*). Car ce sont les héros arthuriens eux-mêmes qui seront les musiciens, auteurs de lais où s'exprimeront leur joie, leur douleur ou leur indignation. Ce rêve s'appuie peut-être sur des souvenirs réels. Le *Tristan* de Thomas* ne parle-t-il pas d'un « *lai pitus d'amur* » que chante Iseut sur une histoire de cœur mangé ? De même, le *Tristan* de Gottfried de Strasbourg* évoque un *Lai de Thisbé* et un *Lai de Didon*.

Quant à Marie, du chant-source qu'elle suppose, elle fait une narration pure, même si certains ont parlé d'un possible prélude musical précédant la narration elle-même des lais narratifs (il subsiste une portée vide de notes avant le *Lai de Graelent* dans le ms. BN fr. 2168). Typologiquement cependant, lai narratif et chant sont incompatibles. De fait, le lai narratif est, comme le roman, écrit en couplets d'octosyllabes. À la différence du roman pourtant, il ne compte jamais beaucoup plus d'un millier de vers (et au minimum une centaine). Le lai est, en effet, une forme courte. Et son appartenance aux genres narratifs est encore manifestée par la confusion qui se réalise parfois entre lai et fabliau*, lai et nouvelle en vers ou conte, deux autres formes courtes. Ainsi *Narcisse** passe-t-il dans un des quatre mss où il subsiste pour un lai, parce que ce conte d'un millier de vers y côtoie des textes de ce genre. Ainsi le *Mantel mal taillé**, *Nabaret* (histoire de mari jaloux) et le *Lecheor* sont-ils considérés, suivant les critiques, comme fabliau ou comme lai. Le *Lecheor* (que l'on pourrait appeler encore Lai du con) est, en tout cas, une claire parodie du lai d'aventure : ce qui pousse les chevaliers à tournoyer ou à faire leur cour n'est rien d'autre que le besoin sexuel. Le *Lai du cor* de Robert Bicket* traite, lui, avec un humour assez cru, de la chasteté des femmes mariées. Outre la diversité des tons (du sourire au rire, du fantastique au réalisme), la disponibilité thématique est caractéristique du lai narratif. Car si la plupart des lais ressortissent à la matière de Bretagne, certains, spécialement du XIIIe siècle, sortent de ce cadre : le *Lai de l'ombre* de Jean Renart*, le *Lai d'Aristote* d'Henri d'Andeli*, le *Lai de l'oiselet**, le *Lai d'amour* d'un certain Girard (qui emprunte aux saluts d'amour), le *Lai de l'épervier* (histoire d'un mari jaloux et de sa femme, adultère et rusée), le *Lai du conseil*... Reste un thème fédérateur, avec toutes ses nuances, l'amour.

À ce thème, les grands lais anonymes du XIIe et du XIIIe siècle, souvent parallèles à ceux de Marie de France, joignent la dimension de l'Autre Monde. Le sujet de *Désiré, Graelent* et *Guingamor* est celui de la fée maîtresse, comme dans *Lanval*. Le motif commun à *Tydorel, Tyolet* et l'*Espine*, est la rencontre avec un chevalier surnaturel. Dans *Tydorel*, c'est une reine sans enfant qui devient l'amie de ce chevalier du lac et en a un fils qui ne peut dormir ; dans *Tyolet*, un jeune homme, élevé loin de tout comme Perceval, rencontre pour la première fois un chevalier-cerf, devient lui-même chevalier à la cour d'Arthur et réussit l'épreuve proposée par une jeune femme-fée afin de devenir son époux : lui rapporter la patte du blanc cerf. Dans l'*Espine* enfin, deux enfants s'aiment depuis leur enfance ; on les sépare ; le jeune chevalier décide de tenter l'épreuve qualifiante du gué de l'Espine, la nuit de la Saint-Jean. Sous les yeux de son amie qui a été transportée là miraculeusement, il combat trois chevaliers de l'Autre Monde et gagne un cheval blanc féerique. *Melion* combine les motifs de la femme venue de l'Autre Monde (l'Irlande), de la chasse au cerf et du lycanthrope (comme dans le *Bisclavret* de Marie). *Doon* montre des ressemblances avec *Milun* de Marie de France*. Ce lai raconte comment un jeune homme au cheval merveilleux réussit les trois épreuves imposées par une orgueilleuse demoiselle à ses prétendants. Il l'épouse puis la quitte en lui annonçant la naissance d'un fils et en lui confiant un anneau de reconnaissance. Bien plus tard, le fils viendra jouter en Bretagne contre son père qui le reconnaît à l'anneau. Tous deux rentrent auprès de la dame.

Le lai du *Trot* est moins le récit d'une aventure comme les précédents qu'une sorte d'*exemplum* destiné à mettre en garde les femmes contre l'orgueil et le refus de l'amour. Son héros rencontre dans la forêt deux groupes d'amoureux à cheval puis un groupe de femmes tristes, mal montées, un groupe d'hommes solitaires également pitoyables et enfin une femme qui lui explique le sens de ce spectacle : les premières femmes ont toujours servi Amour ; les autres s'y sont refusés.

On a montré déjà que les lais anonymes et ceux de Marie de France empruntaient aussi bien à des traditions celtiques qu'à des traditions orientales ou à la littérature de leur temps. Cela serait un élément de plus en faveur d'une origine non celtique, ou non simplement celtique.

Certains lais ont connu des traductions ou adaptations dans d'autres langues : en norrois (le *Strengleikar* du milieu du XIIIe siècle) et en anglais (aux XIVe et XVe siècles) ; certains aussi ont été intégrés à des romans du XIIIe siècle.

ŒUVRES. — P.M. O'Hara Tobin, *Les lais anonymes des XIIe et XIIIe siècles. Édition critique de quelques lais bretons*, Genève, 1976 [*Graelent, Guingamor, Désiré, Tydorel, Tyolet, Espine, Melion, Doon, Trot, Lecheor, Nabaret*]. — Éd. et trad. A. Micha, Paris, 1992 *(Garnier Flammarion)* [textes de l'éd. Tobin, entièrement traduits]. — Trad. de *Graelent, Guingamor, Désiré, Tydorel, Melion, Doon, Espine, Trot, Lecheor, Nabaret, Tyolet* dans D. Régnier-Bohler, *Le cœur mangé. Récits érotiques et courtois des XIIe-XIIIe siècles*, Paris, 1979 *(Stock Plus Moyen Âge)*. — Trad. de *Graelent* et *Tyolet* dans H. Braet, *Deux lais féeriques bretons*, Bruxelles, 1979 *(Aureliae Philologica)*.

Lai d'Haveloc, éd. A. Bell dans *Le lai d'Haveloc and Gaimar's Haveloc Episode*, Manchester, 1925. — *Lai d'Amour*, éd. G. Paris dans *Romania*, t. 7 (1878), p. 407-415. — *Lai de l'épervier*, éd. G. Paris, *ibid.*, p. 1-21. — *Lai du Conseil*, éd. A. Barth, dans *Romanische Forschungen*, t. 31 (1912), p. 799-872. — Éd. de la trad. norroise, R. Keyser et C.R. Unger, *Strengleikar (...)*, Christiana, 1850.

→ K. Warnke, *Marie de France und die anonymen Lais*, Cobourg, 1892. — J. Frappier, *Remarques sur la structure du lai. Essai de définition et de classement*, dans *La littérature narrative d'imagination ; des genres littéraires aux techniques d'expression*, Paris, 1961, p. 23-39. — H.F. Williams, *The Anonymous Breton Lays*, dans *Mél. A.W. Thompson*, 1964, p. 63-75. — H. Baader, *Die Lais : zur Geschichte einer Gattung der altfranzösischen Kurzerzählungen*, Francfort-sur-le-Main, 1966 (*Analecta romanica*, 16). — R. Baum, *Recherches sur les œuvres attribuées à Marie de France*, Heidelberg, 1968 (*Annales Universitatis Saraviensis*, 9). — J.-C. Payen, *Le lai narratif*, Turnhout, 1975 (*Typologie des sources du Moyen Âge occidental*, 13), et *Mise à jour*, 1985 ; *Lai, fabliau, exemplum, récit court. Pour une typologie du récit bref au Moyen Âge*, dans *Le récit bref au Moyen Âge*, Amiens et Paris, 1980, p. 7-23. — J. Paredes Nuñez, *Formas narrativa breves en la literatura romanica medieval : problemas de terminologia*, dans *Beiträge für romanische Philologie*, t. 26 (1987), p. 91-109.

M. Guillet-Rydell, *Nature et rôle du mariage dans les lais anonymes bretons*, dans *Romania*, t. 96 (1975), p. 91-104. — F. Suard, *Les fils dans les lais anonymes*, dans *Le récit bref au Moyen Âge*, Amiens-Paris, 1980, p. 57-72. — D. Régnier-Bohler, *Figures féminines et imaginaire généalogique : étude comparée de quelques récits brefs, ibid.*, p. 73-95. — B. Schmolke-Hasselmann, *L'intégration de quelques récits brefs arthuriens (Cor, Mantel, Espee) dans les romans arthuriens du XIIIe siècle, ibid.*, p. 107-128. — P.M. O'Hara-Tobin, *L'élément breton et les lais anonymes*, dans *Mél. C. Foulon*, Liège, 1980, t. 2, p. 277-286. — L. Harf-Lancner, *Les fées au Moyen Âge*, Paris, 1984 (*Nouvelle Bibliothèque du Moyen Âge*, 8). — Cf. *MB* nos 1533-1535, 6289 ; *S* 2650-2660, 2837-2845, 2847, 2848, 2848 bis.

Conseil : cf. *MB* nos 1315, 1543. — *Désiré* : cf. *MB* nos 1549 ; *S* 2844, 2845, 2847, 2848, 2852, 2853. — *Doon* : cf. *MB* nos 1536 ; *S* 2844, 2847, 2848. — *Épervier* : cf. *MB* nos 2506-2507 ; *S* 2839. — *Espine* : cf. *MB* nos 1539, 7363 ; *S* 2844, 2847, 2848, 2854. — *Graelent* : cf. *MB* nos 1541, 1549, 1553, 7355, 7366 ; *S* 2744, 2844-2848, 2853, 2859. — *Guingamor* : cf. *MB* nos 1487, 1536, 1540, 1552, 6287 ; *S* 2571, 2689, 2744, 2844, 2845, 2848, 2855-2860. — *Haveloc* : cf. *MB* nos 523, 1544 ; *S* 2844, 2847 ; 2861-2863. — *Lecheor* : cf. *MB* nos 1536, 2085 ; *S* 2839, 2840, 2844, 2864, 4595, 4602. — *Melion* : cf. *MB* nos 1549 ; *S* 2844, 2847, 2865. — *Tydorel* : cf. *MB* nos 1536, 1542, 1545, 1548, 1550 ; *S* 2844, 2847, 2848, 2867. — *Trot* : cf. *MB* nos 1550 ; *S* 2866. — *Tyolet* : cf. *MB* nos 1536 ; *S* 2844, 2847, 2848, 2868, 2869. S.L.

Lai d'Ignauré. Ce lai, appelé quelquefois *Lai du Prisonnier*, en allusion à la chaîne amoureuse qui lie son auteur à une dame, raconte qu'en Bretagne, un damoiseau nommé Ignauré a douze amies à la fois ; aucune d'elles n'a soupçonné son manège, mais un jour qu'elles s'amusent à la confession, celle qui fait le prêtre découvre la fourberie de cet amant au cœur innombrable : chacune, en effet, a chuchoté à l'oreille du pseudo-confesseur le nom de son ami. Elles décident de se venger. Ignauré tombe dans le piège qu'elles lui tendent ; mais, assailli par les dames armées d'un couteau, il redit son amour à chacune. Il n'en faut pas davantage pour qu'elles fassent grâce au coupable, à condition que désormais il n'en aime plus qu'une, et fidèlement. Ignauré accepte et choisit celle qui a proposé cette solution, mais une méchante langue fait connaître aux maris leur infortune. Celui de l'amie élue surprend les amants et annonce à sa femme qu'il va faire périr le coupable. Averties de ce projet, toutes les femmes déclarent à leur seigneur qu'elles ne mangeront plus, jusqu'à ce que le prisonnier ait été rendu à la liberté. Les barons font alors mettre Ignauré à mort, lui arrachent le cœur, et le servent aux dames affamées.

Ignauré, poème d'environ 650 vers à la langue picardisante, date des premières années du XIIIe siècle. Il existe d'assez fortes présomptions pour que la signature *Renaus* à la fin soit celle de Renaut de Beaujeu*, auteur du *Bel Inconnu*. Le texte se rattache par son thème fondamental à la légende du cœur mangé (voir *Châtelain de Coucy*). C'est la première œuvre française que nous connaissions qui ait utilisé ce thème. Mais le lai est ici en pleine décomposition, à la limite du fabliau*, l'histoire galante (le chevalier aimant plusieurs femmes à la fois) prenant le pas sur la donnée tragique du cœur mangé. On retrouve Ignauré — séducteur-type — dans un *ensenhamen* occitan d'Arnaut Guilhem de Marsan*.

ŒUVRE. — Éd. R. Lejeune, *Renaut (de Beaujeu), Le Lai d'Ignaure ou le Lai du Prisonnier*, Bruxelles, 1938 (*Acad. royale de Langue et de Litt. fr. de Belgique*, Textes anciens, 3). — Éd. et trad. anglaise : P. Brians, *Bawdy Tales from the Courts of Medieval France*, New York, 1972 (*Harper Torchbooks*, T.B., 1725). — Trad. D. Régnier-Bohler, dans *Le cœur mangé. Récits érotiques et courtois...*, Paris, 1979 *(Stock Plus)*.

→ R. Lejeune, *Le personnage d'Ignauré dans la littérature provençale*, Bruxelles, 1939. — D. Bertrand et J.-J. Vincensini, *La vengeance est un plat qui se mange cuit*, dans *Bull. du Groupe de recherches sémio-linguistiques de l'EHESS*, n° 16 (1980), p. 30-43. — Voir également la bibliogr. sur le thème du cœur mangé à *Châtelain de Coucy*. — Cf. *MB* nos 1551 ; *S* 2839, 4602.

Voir aussi : *Lai*. A.M. et C.R.

Lai de Narcisse. Voir : *Narcisse*.

Lai de l'oiselet. Le lai met en scène, dans un jardin merveilleux, un oiseau et un vilain devenu propriétaire d'un domaine qui fut autrefois voué à la vie courtoise. L'oiseau, dans un chant extraordinairement mélodieux, déplore la disparition de celles et de ceux qui s'entretenaient de la « bone amour ». Il est ensuite pris au lacs par le vilain et, en échange de sa liberté, lui enseigne trois préceptes : « Ne pleure pas ce que tu n'as jamais possédé » ; « Ne crois pas tout ce qu'on te dit » ; « Ne jette pas ce que tu as entre les mains ». Là-dessus, l'oiseau s'envole en abandonnant le vilain furieux, le verger sèche et la source tarit.

Ce lai anonyme, de 4 à 500 vers suivant les rédactions, date du second tiers du XIIIe siècle. D'une fable moralisante qui vient de l'Inde et qu'il a dû puiser dans la *Disciplina clericalis* de Pierre Alphonse*, l'auteur a tiré un texte plein de charme, glorifiant le monde de la courtoisie et sa noblesse d'âme, et mettant en relief la fonction profanatrice du vilain sur le jardin d'amour. Il existe plusieurs rédactions isolées de ce récit. L'une d'elles fait partie du *Donnei des amanz**.

ŒUVRE. — Éd. G. Paris, *Le Lai de l'Oiselet, poème français du XIIIe siècle...*, Paris, 1884 ; réimp. dans *Les légendes du Moyen Âge*, Paris, 1903, p. 271 sqq. — R. Weeks, *Le Lai de l'Oiselet*, dans *Mél. G.S. Loomis*, Paris-New York, 1927, p. 341-354.

→ H. Matsubara, *Un conte japonais parallèle au Lai de l'Oiselet*, dans *Mél. J. Misrahi*, Columbia (Caroline du Sud), 1977, p. 197-209. — C. Lee, *Il Giardino rinsecchito. Per una rilettura del Lai de l'Oiselet*, dans *Medioevo Romanzo*, t. 5 (1978), p. 66-84. — Cf. *GRLMA*, t. VI/2, n° 3220 ; t. VI/1, p. 115. — *MB* nos 1546, 2521-2523 ; *S* 5138, 5139. Voir aussi : Lai.

A.M. et C.R.

Lambert d'Ardres. Chargé de la cure d'Ardres (Pas-de-Calais, arr. de Saint-Omer), Lambert a rédigé au début du XIIIe siècle une chronique des comtes de Guines ou *Historia comitum Ghisnensium*. Divisé en trois parties, l'ouvrage raconte au début l'histoire des comtes de Guines, depuis le légendaire Sifroi, qui aurait vécu au Xe siècle, jusqu'à Baudouin II, contemporain de la rédaction. La seconde partie est consacrée aux seigneurs d'Ardres alliés à la maison de Guines par le mariage du comte Baudouin († 1206) avec Chrétienne d'Ardres, héritière de cette seigneurie. La troisième partie prolonge le récit jusqu'en 1203. Lambert a écrit pour répondre aux vœux d'Arnoul de Guines, seigneur d'Ardres († 1220), à qui l'œuvre est dédiée. Mais le mobile essentiel qui le pousse à écrire est le désir de reconquérir les bonnes grâces du comte Baudouin. Celui-ci, en effet, avait été furieux que le curé ait tardé à sonner les cloches le jour du mariage de son fils, en l'année 1194, parce que Baudouin, à la suite d'une affaire obscure de démolition du moulin d'une veuve, était sous le coup d'une sentence d'excommunication. La chronique, qui a été écrite entre

1194 et 1206, est conservée par 11 mss dont le plus ancien date du XVe siècle. Le texte, incomplet de la fin, s'arrête dans le cours d'une phrase ; le dernier événement raconté appartient à l'année 1203. Une traduction de la chronique fut faite à la fin du XVIe siècle, il en subsiste un manuscrit.

La chronique de Lambert d'Ardres est un document important pour l'histoire du comté de Guines. Les sources de l'auteur sont multiples : s'il rapporte des légendes, des traditions orales, il a aussi inséré des sources écrites, généalogies, cartulaires, qui sont aujourd'hui perdues. Pour la période contemporaine, il apporte son témoignage personnel. Il livre des renseignements précieux pour l'histoire de la société féodale et de la civilisation de son époque (construction de châteaux, composition de la bibliothèque d'un seigneur...). Il fait preuve d'une certaine culture classique, fait allusion à des œuvres en langue vulgaire (romans, chansons de geste, chansons de croisade) qui étaient lues à la cour de Guines. On peut lui reprocher un manque de concision, de rigueur et de sobriété, mais sa plume a le sens du pittoresque et son récit est très vivant.

ŒUVRE. — Éd. J. Heller, *MGH, SS*, t. 24 (1879), p. 557-642 ; éd. Marquis de Godefroy Ménilglaise, Paris, 1855 *(Société des antiquaires de la Morinie)* [accompagnée d'une trad. ancienne ; l'éd. est moins satisfaisante que celle de Heller].

→ W. Erben, *Zur Zeitbestimmung Lamberts von Ardre*, dans *Neues Archiv*, t. 44 (1922), p. 314-340 [soutient que la chronique a été composée fin du XIVe-début XVe siècle, hypothèse démolie par Ganshof, voir art. suivant]. — F.L. Ganshof, *À propos de la chronique de Lambert d'Ardres*, dans *Mél. F. Lot*, Paris, 1925, p. 105-234. — M.F. Bourdat, *La Chronique de Lambert d'Ardres, édition critique*, dans *Positions des thèses de l'École des Chartes*, 1970, p.41-43. — Molinier n° 1795. G.T.L.

Lambert d'Auxerre. Dominicain probablement né à Lagny (ou Ligny-le-Châtel), précepteur de Thibaut V de Champagne, roi de Navarre, dans les années 1250-1255, L. d'Auxerre est peut-être identique au Lambert de Lagny, administrateur du domaine des comtes de Champagne à Paris de 1263 à 1265. Il est, en tout cas, l'auteur de la plus importante somme de logique parisienne de la seconde moitié du XIIIe siècle, la *Summa Lamberti*, actuellement préservée dans plus de 15 mss. Indépendante des *Tractatus* de Pierre d'Espagne* et des *Introductiones in logicam* de Guillaume de Sherwood, la *Somme de logique* de L. d'Auxerre se présente comme l'articulation d'un ensemble de lemmes (vraisemblablement empruntés à un manuel composé dans le cercle de Jean le Page*) et de longs développements personnels — y compris des *dubitationes* et des *quaestiones* — reflétant la pratique concrète de l'enseignement de la logique à la Faculté des arts de l'Université de Paris vers la fin des années 1250. Forte de 8 livres (sur *Les propositions, Les prédicables, Les catégories, Les post-prédicaments, Le syllogisme, Les topiques, Les fallacies, Les suppositions*), la *Summa Lamberti* retient principalement l'attention par son exposé de la sémantique des termes (dont les vues sur la supposition naturelle, partiellement héritées de Jean le Page, se retrouveront jusque chez Jean Buridan*) et sa théorisation des phénomènes d'ambiguïté syntactico-sémantique à l'aide de notions empruntées à la fois à la grammaire (théorie des modes de construction, *modus construendi*) et à la logique (théories des modes de l'énonciation, *modus proferendi*).

ŒUVRES. — *Summa Logicae*, éditée par F. Alessio (d'après le ms. Paris, BN, lat. 16617), dans *Lamberto d'Auxerre, Logica (Summa Lamberti)*, Florence, La Nuova Italia Editrice, 1970. — *Appellationes*, éd. de la *Summa* VIII d'après 5 mss dans A. de Libera, *Le traité « De appellatione » de Lambert de Lagny* (Lambert d'Auxerre), dans *AHDLMA*, t. 48 (1982), p. 227-285.

→ L.M. De Rijk, *The Development of « suppositio naturalis » in Mediaeval Logic. II : Fourteenth Century Natural Supposition as Atemporal (Omnitemporal) Supposition*, dans *Vivarium*, 14 (1973), p. 43-79. — A. de Libera, *De la logique à la grammaire : Remarques sur la théorie de la « determinatio » chez Roger Bacon et Lambert d'Auxerre (Lambert de Lagny)*, dans *De ortu grammaticae. A Tribute to Jan Pinborg*, éd. par G. Bursill-Hall, S. Ebbesen et K. Koerner (*Studies in the History of the Language Sciences*, 43), Amsterdam-Philadelphie, 1990, p. 209-226. A.de.L.

Lambert Ferri. Chanoine d'Arras, Lambert Ferri (1268-1301) fut l'un des représentants les plus typiques sinon les mieux doués de l'école poétique d'Arras durant le troisième quart du XIIIe siècle. Auteur de deux chansons à la louange du Christ et de la Vierge, Lambert composa aussi deux chansons d'amour, dont l'une est dédiée à la « dame d'Artois » : l'identification proposée avec Mahaut de Brabant, qui resta comtesse d'Artois après la mort de son mari Robert Ier (1250) jusqu'en 1265, date à laquelle son fils devint comte, semble peu sûre pour des raisons chronologiques. Une autre de ses chansons (R. 2053) fut imitée par Adam de la Bassée* dans sa chanson latine « *Ave rosa rubens* » *(Ludus super Anticlaudianum)*. Lambert est surtout connu pour sa participation, soit comme partenaire, soit comme juge, à de nombreux jeux-partis : il en échangea 26 avec différents trouvères artésiens, et surtout avec Jean Bretel*, le prince du Puy d'Arras, son partenaire dans 20 d'entre eux. Les questions de casuistique amoureuse qu'il y discute, non sans subtilité, ont un certain intérêt psychologique, mais elles paraissent rarement compatibles avec sa qualité d'ecclésiastique.

ŒUVRES. — A. Långfors, A. Jeanroy et L. Brandin, *Recueil général des jeux-partis*, Paris, 1926, t. 1, p. XXXI, XXXIX, 175-237 (*SATF*, 70). — M. Spaziani, *Il canonico Lambert Ferri*, dans *Mél. I. Frank*, Sarrebrück, 1957, p. 678-684 [éd. des deux chansons d'amour].

→ R. Berger, *Archidiacres, officiaux, dignitaires du chapitre d'Arras (1093-1300). Essai de chronologie*, dans *Bull. de la Commission départementale des Monuments historiques du Pas-de-Calais*, t. 8, fasc. 5 (1970), p. 505-541. — A. Hughes, *The « Ludus super Anticlaudianum » of Adam de la Bassée*, dans *Journal of the American Musicological Society*, t. 23 (1970), p. 7 et 23, n° 85. — Linker, n° 170. — Cf. *MB* n° 7663. G.M. et F.F.H.

Lambert le Bègue. Prêtre du diocèse de Liège, peut-être à Theux, Lambert mourut en 1177 ou 1187. Il apparaît dans la vie publique liégeoise en pleine efflorescence hérétique et se lie au mouvement réformateur. Une mission prêchée au couvent de Neufmoustiers, près de Huy, le conduit devant la curie liégeoise sous l'accusation d'hérésie. Incarcéré, il s'enfuit, va à Rome où il est entendu par le pape et probablement absous. La légende selon laquelle il aurait été le fondateur des béguinages (dont l'origine est bien liégeoise), ce qui lui aurait valu son surnom, est très controversée.

Son souci de traduire en langue vernaculaire les textes bibliques est pour beaucoup dans les soupçons d'hérésie qui ont pesé sur lui. À en croire une *Vita Odiliae* d'un prêtre liégeois, la *Gesta episcoporum Leodiensium* de Gilles d'Orval, Aubri de Trois-Fontaines*, le *Myreur des Histoires* de Jean d'Outremeuse* et son propre témoignage, Lambert aurait traduit les *Actes des Apôtres*, les *Épîtres* de saint Paul, et composé une *Vie de sainte Agnès* destinée à des jeunes filles, dans laquelle il insistait sur la chasteté. Tous ces textes sont perdus ; il ne nous reste de lui qu'un pamphlet défendant l'ordre sacerdotal contre l'*Antigraphum Petri*, et un psautier latin, dans lequel sont insérées une vingtaine de prières en français à lui attribuées. Ces prières ont toutes pour thème un épisode de la vie du Christ.

ŒUVRES. — Tous les articles ci-dessous, sauf Fayen, sont des éd. partielles des prières, qui se complètent ; éd. F.J. Schirmer, dans *Archiv SNSL*, t. 37 (1865), p. 321-328. — Éd. P. Meyer, dans *Revue des Sociétés Savantes*, 5e série, t. 6 (1873), p. 236, et dans *Romania*, t. 24 (1900), p. 541-542. — *L'Antigraphum Petri et les lettres concernant Lambert le Bègue conservées dans le ms. de Glasgow*, éd. A. Fayen, dans *Bull. de la Commission royale d'histoire de Belgique*, 5e série, t. 9 (1899), p. 255-356. — Éd. M. Valkhoff, dans *Romania*, t. 62 (1936), p. 17-26. — Éd. K.V. Sinclair, dans *Australian Journal of French Studies*, t. 1 (1964), p. 5-10, et dans *Romania*, t. 86 (1965), p. 22-47.

→ J. Sonet, *Répertoire d'incipits de prières en ancien français*, Genève, 1956, nos 60, 196, 418, 526, 1619, 1684, 1928, 2076 et 2279. — P. Fredericq, *Les documents de Glasgow concernant Lambert le Bègue*, dans *Bull. de l'Acad. royale de Belgique*, 3e série, t. 29 (1895), p. 148. — P. Meyer, *Le Psautier de Lambert le Bègue*, dans *Romania*, t. 29 (1900), p. 528-545. — P. Van Mierlo, article *Béguins*, dans *DS*, t. 1 (1932), col. 1341-1351. — E. de Moreau, *Histoire de l'Église en Belgique*, Liège, 1945, t. 3. — J. Russel, *Heresy in the Diocese of Liège Before 1160*, Atlanta, 1960. — G. de Poerck, *Un préréformateur liégeois au milieu du XIIe siècle, Pierre, auteur de l'Antigraphum*, dans *Saint-Laurent de Liège...*, éd. R. Lejeune, Liège, 1968, p. 581-600. — Cf. *GRLMA*, t. VI nos 250, 452, 1496. — *MB S* nos 5593-5594. A.F.L.L.

Lambert le Tort. Voir : *Roman d'Alexandre.*

Lancelot (en prose). Précédé de l'*Estoire del Saint Graal** qui conte les antécédents du Graal et du *Merlin** qui nous fait assister à la création de la Table Ronde et à l'avènement d'Arthur, le *Lancelot* constitue la partie centrale du cycle, prolongé par la *Queste del Saint Graal** et par la *Mort Artu**. C'est une œuvre immense de 2 500 pages, un vrai roman fleuve aux nombreux affluents, à la fois roman d'aventure, roman d'amour et roman du Graal pénétré plus qu'il n'y paraît à première vue de sentiments religieux.

Il n'est guère possible d'analyser et même de résumer le fourmillement d'aventures qui se déroulent depuis la naissance de Lancelot jusqu'au moment où se dessine le destin de son fils Galaad. Enlevé au berceau à son père Ban par la fée Niniane et élevé par elle dans son domaine du lac, d'où son nom de Lancelot du Lac, il est conduit et présenté à la cour par sa protectrice. Il ne tarde pas à s'y signaler par ses prouesses, dont la première est la délivrance de la Douloureuse Garde. Bientôt commencent les quêtes où évoluent tous les prestigieux chevaliers de la Table Ronde, Yvain, Lionel, Hector, Keu, Sagremor, Gaheriet, etc. Il n'y a pas moins de huit quêtes dans le *Lancelot* : de Lancelot par Gauvain, de Lancelot par Gauvain accompagné de 19 chevaliers, de Gauvain par Hector, de Gauvain par Lancelot, Galescalain et Yvain, de Lancelot prisonnier de Morgain par Galehaut, Lionel et Gauvain, de la reine prisonnière de Méléagant par Lancelot et est insérée ici la matière du *Chevalier de la Charrette* de Chrétien de Troyes*, de Lancelot par Gauvain et neuf chevaliers ; d'Hector, Lionel et des compagnons par Bohort, Gaheriet et Lancelot. Toutes sont riches en duels, tournois, délivrances de prisonniers, évasions, défis à relever, reconnaissances. Dans cette foule d'acteurs, on le voit, Lancelot garde une place privilégiée dans son rôle de libérateur, de défenseur des faibles, de fidèle dévouement à ses compagnons. La matière ne se réduit pas à ces sortes d'épreuves. Voici, au début, un chapitre sur des démêlés entre Ban et Pharien d'une part, et le turbulent Claudas de l'autre ; et vers la fin une campagne militaire sur le continent où Arthur affronte Claudas qui doit faire appel au secours de Rome.

Dans ce labyrinthe, le narrateur a ménagé des repères : retours des quêteurs à la cour, mises en écrit et récapitulations des faits, annonces, rappels. Si le procédé de l'entrelacement, repris par nos romanciers cycliques contemporains, nous mène par rupture et renouage des fils narratifs, provisoirement coupés, d'un théâtre à l'autre, d'un personnage à l'autre, l'auteur n'a rien laissé au hasard dans l'agencement des rencontres et des séjours et, comme l'a montré F. Lot, il a réussi à établir à travers l'écheveau des événements et de ces quêtes entrecroisées d'exactes correspondances chronologiques. Enfin il a ménagé une autre sorte de correspondance entre les épisodes, les détails, les symétries qui, comme dans un jeu de glaces, se reflètent les uns dans les autres, s'enrichissent par des oppositions ou des parallèles et qui témoignent d'un art poussé jusqu'à l'ingéniosité.

Le sujet du *Lancelot* est profane : c'est l'histoire d'un amour unique et magnifique. Certes, cet amour reste « courtois », puisqu'il unit deux êtres en dehors du mariage et il reste conforme aux règles du code amoureux. L'amant n'obtient les faveurs de la dame, dont les volontés font loi, qu'après une longue patience, il est dans une attitude de parfaite obéissance à son égard, il s'abîme dans la contemplation de l'être aimé, au point de tout oublier du monde extérieur : on le verra quand Lancelot à la Douloureuse Garde est paralysé dans son action, littéralement hypnotisé par l'image de la reine. Mais l'auteur va bien au-delà de la peinture d'un amour de tête, plus ou moins codifé. La passion anime ces deux personnages de chair et de sang. Dès son arrivée à la cour, les regards de Guenièvre se sont posés sur cet adolescent d'une séduisante gaucherie. Il devra faire ses preuves avant d'obtenir un premier baiser. Cette scène des aveux est menée avec beaucoup de finesse, la reine jouant non sans coquetterie de la timidité de ce novice. Cet amour, qui n'a rien d'idyllique ni de mystique, détone au milieu des médiocrités sentimentales ambiantes, d'un libertinage presque toujours sans délicatesse. Il va s'approfondissant à travers les épreuves, les absences et ne se réalise pleinement que par la possession charnelle. Dans des rendez-vous clandestins, Guenièvre se donne tout entière à sa passion, mais elle est une amante despotique. Son amour est traversé de jalousies, du besoin de savoir que Lancelot est tout à elle. Lancelot appartient corps et âme à la reine, dans une fidélité à toute épreuve, étranger aux tentations (il repousse Brisane) qu'il suscite par sa valeur et sa beauté. Si Guenièvre est en proie à l'angoisse, quand elle apprend par une fausse nouvelle la mort de son ami, celui-ci songe à se la donner, quand il croit morte la reine. Les égarements de Lancelot tournent à la folie quand, trompée par de fausses apparences, Guenièvre le bannit de sa présence. Il a l'occasion en deux fois de la défendre, d'abord dans l'affaire de la fausse Guenièvre qui tentait de la supplanter dans le cœur d'Arthur, prouvant par les armes l'innocence de son amie, ensuite quand il va l'arracher à la prison de Méléagant. Cet amour, dont on suit les progrès, est magnifié dans la belle scène où Guenièvre, prise de remords, s'accuse d'être l'obstacle qui interdit à Lancelot l'aventure suprême, celle du Graal ; il répond avec une belle assurance qu'il doit à la reine ce qu'il est pour l'instant : le meilleur chevalier du monde. La passion des amants est aussi totale que celle de Tristan et Iseut, bien qu'elle doive garder une retenue extérieure, en raison du rang social de la reine. Cette discrétion rendait nécessaires les absences de Lancelot loin de la cour, engagé dans les quêtes ou prisonnier à plusieurs reprises, en particulier de Morgain qui lui voue une haine tenace.

En outre, l'auteur écrit un roman de l'amitié. Séduit par les qualités et la bravoure de Lancelot, Galehaut s'attache à lui d'une amitié quasi maladive. Toujours en transe pour son ami, toujours attentif à ne pas blesser son amour-propre, toujours en quête de sa présence, quand le bon géant ne peut le rejoindre par suite d'un malheureux malentendu, il meurt de cette séparation.

Le *Lancelot* garde des liens étroits avec les romans du Graal, ne serait-ce d'abord parce que, au cours de ses pérégrinations, le héros est trompé par une ruse de la fille du roi Brangoire qui, follement éprise de lui, donne naissance à celui qui sera plus tard l'élu du Graal, Galaad. Mais surtout quelques-uns des paladins sont conduits dans leurs chevauchées jusqu'au château du Graal où se déroule, avec quelques variantes, le fameux cortège de Chrétien de Troyes : de la sorte, se dessine la hiérarchie reprise par la *Queste*. Le premier visiteur est Gauvain qui admire seulement le vase sacré, sans penser un seul instant qu'il se trouve en présence d'un saint objet dispensateur de miracles, et qui n'a d'yeux que pour la belle demoiselle qu'il suit du regard. Fermé à la grâce, Gauvain essuiera par la suite plusieurs échecs. Le deuxième visiteur est Lancelot ; sans pouvoir s'empêcher d'admirer la beauté de la porteuse, il la juge inférieure à celle de la reine, mais il devine que l'objet est une « sainte et digne chose », aussi joint-il les mains à son passage, pour faire comme tout le monde : comportement de profane, mais intuition du sacré. Le troisième visiteur à Corbenic est Bohort ; de lui-même, dès qu'il voit le saint vaissel, il l'adore, s'incline en larmes, pénétré d'une foi profonde. Ces trois visites s'échelonnent selon une gradation judicieusement calculée : on va de l'aveuglement et de l'indifférence de Gauvain à la sincère componction de Bohort, en passant par le respect tout extérieur de Lancelot.

Le second passage de Bohort à Corbenic, le plus longuement développé, confirme son rang dans la future hiérarchie des quêteurs dans la *Queste*. Après s'être confessé et avoir communié, il ne peut entrer dans la chambre du Graal, interdite par une épée prête à le frapper ; il interprète cette interdiction comme un signe de Dieu. Il entrevoit cependant le Graal et quand le prudhomme, vêtu comme un évêque, découvre le vaissel à l'éclat insoutenable, il est atteint de cécité, mais il recouvrera la vue au matin. Bohort est l'homme des mérites, par là il a participé à sa guérison. Plus tard Lancelot sera guéri miraculeusement sans même voir le Graal, quand on l'a transporté, ligoté au Palais Aventureux. Mais son péché de luxure, qui lui est reproché par les ermites, l'élimine définitivement.

Ajoutons que si l'on prie peu dans le *Lancelot*, le roman est pénétré de la notion de péché : le péché est stigmatisé sous toutes ses formes, moins par des condamnations théoriques que par le simple jeu des actes : ainsi l'orgueil (Brumant le paie de sa vie), la colère (Mauduit qui sème la mort), l'envie (la Fausse Guenièvre, Morgain) la paresse (Arthur oublieux de ses devoirs de suzerain), l'avidité (Claudas l'insatiable, conduit à sa perte), mais surtout la luxure, le péché irrémédiable de Lancelot et celui d'Arthur berné par l'enchanteresse Camille, puis par la fausse Guenièvre.

Par la richesse de la matière, par la

variété des tons, par la pénétration psychologique, par l'habileté de la composition, le *Lancelot*, malgré quelques longueurs, est le chef-d'œuvre incontesté des romans en prose du Moyen Âge et son auteur le maître de la prose française.

ŒUVRE. — 1) Éd. A. Micha, *Lancelot, roman en prose du* XIIIe *siècle*, 9 vol., Genève, 1978-1983 [*TLF*, 247, 249, 262, 278, 283, 286, 288, 307 et 315]. — Des extraits de cette éd. ont été trad. par A. Micha : *Lancelot, Roman du* XIIIe *siècle*, 2 vol., Paris, 1983-1984 (10/18). 2) Éd. H.O. Sommer, *The Vulgate Version of the Arthurian Romances*, t. 3-5, 1910-1912, Washington. 3) Éd. E. Kennedy, *Lancelot du Lac. The Non-Cyclic Old French Prose Romance*, 2 vol., Oxford, 1980 [éd. du ms. BN fr. 768 qui représenterait un état primitif du roman, jusqu'au premier baiser de Lancelot et de Guenièvre]. Trad. avec le texte de E. Kennedy en regard par F. Mosès, Paris, 1991 *(Lettres Gothiques)*.

→ F. Lot, *Étude sur le Lancelot en prose*, Paris, 1918, (2e éd., 1954). — A. Micha, *Les mss du « Lancelot en prose »*, dans *Romania*, t. 81 (1960), p. 145-187 [voir la suite de l'étude de la tradition manuscrite, dans *Romania*, t. 84 (1963) à 87 (1966)]. — J. Frappier, *Amour courtois et table ronde*, Genève, 1973, p. 181-208 *(Le personnage de Galehaut dans le « Lancelot en prose »)* ; *Le Cycle de la Vulgate*, dans *GRLMA*, t. IV/1, Heidelberg, 1978, p. 536-589. — J. Roubaud, *Galehaut et l'Eros mélancolique*, dans *Mezura*, t. 1 (1979), p. 1-37. — F. Wolfzettel, *Lancelot et les fées : essai d'une lecture psychanalytique du « Lancelot en prose »*, dans *Marche Romane*, t. 32 (1982), p. 25-42. — L. Harf-Lancner, *Lancelot et la Dame du Lac*, dans *Romania*, t. 105 (1984), p. 16-33. — C. Méla, *La Reine et le Graal : la conjointure dans les romans du Graal de Chrétien de Troyes au livre de Lancelot*, Paris, 1984. — *Approches du Lancelot en prose*, études réunies par J. Dufournet, Paris, 1984. — *Lancelot. Actes du colloque des 14 et 15 janvier 1984 (Univ. d'Amiens)*, éd. D. Büschinger, Göppingen, 1984. — E. Kennedy, *Lancelot and the Grail. A Study of the Prose Lancelot*, Oxford, 1986. — A. Micha, *Essais sur le cycle du Lancelot-Graal*, Genève, 1987. — F. Suard, *La conception de l'Aventure dans le « Lancelot en prose »*, dans *Romania*, t. 108 (1987), p. 230-253. — D. Boutet, *Lancelot : préhistoire d'un héros arthurien*, dans *Annales. ESC*, t. 44 (1989), p. 1229-1244. — Cf. *MB* nos 1983-1991, 6397, 6412-6413, 7585-7586, 7588-1791 ; *S* 4014-4047.

Voir aussi : *Graal. Cycle-Vulgate* ; *Chevalier de la Charrette*, sous Chrétien de Troyes.

J.M.F.

Lancelot-Graal. Voir : *Estoire del saint Graal* ; *Lancelot* en prose, appelé aussi *Lancelot* propre ; *Merlin* ; *Merlin (L'Estoire de)*, ou *Merlin-Vulgate* ; *Mort le Roi Artu* ; *Queste del Saint Graal* ; et aussi *Graal. Cycle-Vulgate*. — *Cf. MB* nos 1936-1955, 6398-6399, 7580-7581, 7600 ; *S* 3941-3976.

Landri (Chanson de). Quatre ou cinq témoignages prouvent qu'il a existé au XIIe siècle une *chanson de Landri*. Elle a été perdue depuis, sans qu'on puisse dire de façon certaine qui en était le héros. F. Lot tient pour Landri de Nevers, celui qui apparaît dans *Girart de Roussillon** ou celui qui reçut le comté de Nevers entre 986 et 990. M. Delbouille croit qu'il s'agirait de Landri le Timonier, connu par l'épisode de *Synagon* dans le *Moniage Guillaume**. J. Bédier juge que les éléments sont insuffisants pour se prononcer.

→ F. Lot, *La Chanson de Landri*, dans *Romania*, t. 32 (1903), p. 1-7. — M.C. Spalding, *Landericus and Wacherius*, dans *PMLA*, t. 25 (1910), p. 152. — J. Bédier, *Les légendes épiques*, t. 4, Paris, 1921, p. 386-387. — M. Delbouille, *La chanson de Landri*, dans *RBPH*, t. 5 (1926), p. 339-350. — Cf. *MB* nos 563-565.

A.F.L.L.

Lanfranc († 1089). Écolâtre et prieur du Bec, puis abbé de Saint-Étienne de Caen et archevêque de Cantorbéry. Né à Pavie, au début du XIe siècle, il fit dans sa ville natale de bonnes études littéraires et juridiques. Vers 1035, il quitta son pays, et vint s'établir en Normandie. Il enseigna d'abord à Avranches, puis à l'abbaye du Bec, où il s'était fait moine. La part que l'écolâtre prit à la controverse soulevée par Bérenger de Tours sur l'*Eucharistie* attira sur Lanfranc l'attention de la chrétienté. Yves de Chartres, Anselme d'Aoste, Anselme de Lucques (le futur Alexandre II) vinrent se former à son école.

Guillaume le Conquérant, qui le fréquentait et l'avait pris pour conseiller, le tira de son monastère pour en faire l'abbé de Saint-Étienne de Caen, l'Abbaye-aux-hommes ; puis, en 1070, il devint archevêque de Cantorbéry et primat d'Angleterre. Lanfranc seconda de tout son pouvoir le Conquérant, dans l'œuvre de réforme et d'assimilation que celui-ci entreprit au sein de l'Église d'Angleterre, avec parfois trop de souplesse et de docilité. Il mourut peu après son protecteur et ami, le 28 mai 1089.

Son œuvre littéraire est importante, sans être considérable ; la pièce maîtresse en est l'ouvrage qu'il écrivit pour combattre l'hérésie de Bérenger ; il y montre un sens averti de la tradition, mais peu de goût pour la dialectique ; son tempérament d'homme d'action le portait peu à entrer dans les discussions purement rationnelles.

ŒUVRES. — L. d'Achery réunit pour la première fois les œuvres de Lanfranc en 1648, il les fit paraître dans la *Bibliotheca Patrum*, t. 13, col. 617-833. Migne reproduira à peu de chose près cette édition dans sa *PL*, t. 150, col. 1-782 ; il empruntera toutefois plusieurs éléments à l'édition de J.A. Giles, *Patres Ecclesiae Anglicanae*, Oxford-Paris, 1844. I. *Commentaire sur les Épîtres de saint Paul* ; l'authenticité, mise en doute par Mabillon, a été solidement démontrée par H. Böhmer. — 2. *Libellus de sacramento corporis et sanguinis Christi contra Berengarium*, éd. dès 1518 à Bâle par Sichard. Lanfranc y démasque les tendances rationalistes qui étaient à la base de l'interprétation eucharistique de Bérenger. — 3. *Statuta sive Decreta pro Ordine Sancti Benedicti*, coutumier auquel Lanfranc a apporté tous ses soins, puisant dans les meilleurs recueils des abbayes célèbres du continent, Le Bec, Cluny, monastères de Flandre. Dom Knowles en a donné une édition critique sous le titre *Decreta Lanfranci monachis cantuariensibus transmissa*, éd. D. Knowles (*Corpus Consuetudinum monasticarum*, 3), Siegburg, 1967. — 4. On possède quelques notes sans grande importance sur *les Conférences de Jean Cassien*. — 5. Les *lettres* de Lanfranc conservées au nombre d'une soixantaine sont une source de valeur pour l'histoire du droit canonique. — *The Letters of Lanfranc, Archbishop of Canterbury*, éd. et trad. H. Clover-M. Gibson *(Oxford Medieval Textes)*, Oxford, 1979. — 6. Trois ouvrages sont aujourd'hui perdus : un *Commentaire des psaumes* ; les *Laudes, triumphi et res gestae Guillelmi*, à la gloire du Conquérant ; une *Historia ecclesiastica*.

→ *HLF*, t. 8, p. 260-305. — Cellier, *Hist. des aut. eccl.*, t. 21, p. 1-36. — A. du Boys, *Lanfranc et Guillaume le Conquérant*, dans *Revue des questions hist.*, t. 30 (1881), p. 329-382. — D.C. Douglas, *Odo, Lanfranc and the Domesday Survey*, dans *Historical Essays... James Tait*, Manchester, 1933. — R.W. Southern, *Lanfranc of Bec and Berenger of Tours*, dans *Studies in Medieval History*, Oxford, 1948, p. 27-48. — R. Foreville, *L'école de Caen au* XIe *siècle et les origines normandes de l'Université d'Oxford*, dans *Mél. A. Fliche*, Paris, 1953, p. 81-100. — R.B.C. Huygens, *Bérenger de Tours, Lanfranc et Bernold de Constance*, dans *Sacris Erudiri*, t. 16 (1965), p. 355-403. — J. de Montclos, *Lanfranc et Bérenger. La controverse eucharistique du* XIe *siècle* (*Spicilegium Sacrum Lovaniense. Études et Documents*, 37). Louvain, 1971. — M. Gibson, *Lanfranc of Bec*, Londres, 1977. — Bibliographie dans *Bulletin d'histoire bénédictine (Supplément à la Revue Bénédictine)*, t. 8 (1970-1974), n°s 4833-4838 ; t. 9 (1975-1978), n°s 3295-3302. D.G.O.

Lanfranc Cigala. Troubadour génois de la première moitié du XIIIe siècle. Il était juge, et son nom apparaît à partir de 1235 dans divers documents, dont l'un, daté de 1258, doit être de peu postérieur à sa mort. Il fut à la tête du cénacle poétique génois dont firent partie d'autres troubadours de langue provençale — Bonifaci Calvo*, Luquet Gatelus*, Perceval Doria*... — et on peut le considérer comme le plus grand des écrivains italiens qui écrivirent des poésies en provençal, supérieur même à Sordel* dont la célébrité plus grande est due en partie à une personnalité humaine plus vivante, et en partie aussi à Dante*. Trente-deux compositions de Lanfranc sont parvenues jusqu'à nous ; ce sont en grande partie des poèmes d'amour ; suivant l'exemple de Guilhem de Montanhagol*, la femme y est entièrement spiritualisée, et l'amour apparaît comme un ravissement esthétique, complètement étranger à la matière et aux sens : c'est le thème qui deviendra celui des *Stilnovisti*. De son œuvre, on retiendra surtout un remarquable (chant-pleur) *chan-plor* (PC 282, 7), composé pour la mort d'une dame que le troubadour appelle Luresana. Mais on ne peut négliger certains *sirventes* politiques, en particulier celui qui est adressé à Louis IX, à l'occasion de la septième croisade. Ses dernières poésies sont des chansons religieuses, dans lesquelles il exprime à la Vierge son aspiration à un bonheur, qu'un monde céleste, où l'esprit ne peut rencontrer de déception, peut seul offrir.

ŒUVRE. — Éd. G. Toja, *Lanfranco Cigala. Liriche*, Florence, 1952 [avec trad. italienne]. — F. Branciforti, *Lanfranco Cigala. Il canzoniere*, Florence, 1954. — Éd. partielles : G.G. Ferrero, *I trovatori d'Italia (Sordello-Lanfranc Cigala)*, 2 vol., Turin, 1967 [huit poèmes de L. Cigala, éd. et trad. en italien]. — F.J. Oroz Arizcuren, *La lirica religiosa en la literatura provenzal antigua*, Pampelune, 1972, p. 310-337 [PC 282, 2-10-17 et 18]. — M. de Riquer, *Los trovadores. Historia literaria y textos*, Barcelone, 1975, t. 3, p. 1359-1369 [PC 282, 5-25 et 10].

→ PC 282. — E.D. Healy, *Lanfranc Cigala, Poet of the dolce stil nuovo in Provençal*, dans *Studies in Philology*, t. 45 (1948), p. 432-444. — K. Lewent, *Remarks on the Vocabulary of the Italian Troubadour L. Cigala*, dans *Studia Neophilologica*, t. 32 (1960), p. 310-319. — A.M. Boldorini, *Per la biografia del trovatore Lanfranco Cigala*, dans *Mél. G. Falco*, Milan,

1962, p. 173-197. — K. Lewent, *On the texts of L. Cigala's poems*, dans *Mél. Li Gotti*, t. 2, Palerme, 1962, p. 171-192 [importantes corrections à l'éd. Branciforti]. — R.A. Taylor, *La littérature occitane du Moyen Âge*, Toronto, 1977, n°s 479-480. C.C.

Lanfranc de Milan. Médecin italien, Lanfranc fut l'élève de Guillaume de Saliceto (1210-vers 1280), dont la *Chirurgia* est réputée l'œuvre la plus importante de l'École de Bologne. Banni de Milan par Matheo Visconti vers 1290, Lanfranc s'établit d'abord à Lyon, puis à Paris. Il donnait des leçons de chirurgie en 1295 à Paris, où il put avoir pour élève Henri de Mondevile*. Il mourut avant 1306.

Lanfranc rédigea à Lyon une *Chirurgia parva* (dédiée à son ami Bernard) en deux parties. 1 : la chirurgie proprement dite, en quinze chapitres (blessures, abcès, fractures, ulcères, maladies des yeux...) ; 2 : le formulaire (qui est un court antidotaire). Conçue comme un petit traité de formation générale, facile à consulter, la *Chirurgia parva* n'est pas seulement un répertoire de recettes : la partie théorique y tient déjà une place relativement importante. L'œuvre majeure de Lanfranc, sa *Chirurgia magna* ou *Practica que dicitur ars completa totius chirurgiae*, fut composée à Paris en 1296 et dédiée au roi Philippe le Bel et au même Bernard : elle dominera tout l'enseignement chirurgical jusqu'à Gui de Chauliac*. *Chirurgia magna* et *Chirurgia parva* furent imprimées ensemble à Venise en 1498 et traduites, ensemble ou séparément, en français, en catalan, en italien (Vatican, Vat. lat. 10239), en allemand, en anglais, en flamand et en hébreu. Cette œuvre chirurgicale inspira Henri de Mondeville *(Chirurgia)* et Gui de Chauliac *(Chirurgia magna)*, Jan Yperman *(Cirurgie)* et Thomas Schelling *(Boek van Surgien)* ; Lanfranc donna le premier exemple connu de tentative de chirurgie de la douleur (névrotomie en cas de névralgies incurables).

Le chirurgien lyonnais Guillaume Ivoire réalisa, en 1473, la traduction française de la *Chirurgia magna* (17 mss connus) ; cette traduction fut imprimée pour la première fois à Lyon en 1491. La diffusion considérable de la *Chirurgia magna* fut également assurée par des traductions en castillan (Madrid, Bibl. nac., 2147 et 2165), dans le dialecte de la Saxe (deux versions différentes), en allemand (deux versions), en moyen-allemand (sous la forme d'extraits) et en moyen-anglais (deux mss : Oxford, Bodleian Libr., Ashmole 1396, datant de 1380, et Londres, Brit. Libr., Add. 12056, datant de 1420).

La *Chirurgia parva* fit l'objet de cinq traductions anonymes en français. La première version française est conservée sous la forme d'un fragment datant des XIIIe-XIVe siècles (Berne, Burgerbibl. A. 95), copié en Flandre ou dans le Nord de la France : ce seul témoin, dû à un copiste médiocre, montre que cette traduction, presque contemporaine de Lanfranc, suit scrupuleusement le texte latin, avec de courtes gloses assez naïves. Les autres versions françaises, toutes du XVe siècle, sont conservées chacune dans un manuscrit unique : Paris, BN, fr. 2029, fr. 19994, nouv. acq. fr. 11649 et Bibl. Sainte-Geneviève, 1037 (ce dernier manuscrit remontant au même modèle que le fragment de Berne). L'influence de la *Chirurgia parva* s'est manifestée bien au-delà des territoires francophones : elle a été connue en Catalogne grâce à une traduction en catalan faite par Guillem Salva en 1329 (Madrid, Bibl. nac., 10162), en Flandre (deux versions flamandes différentes, dont la plus ancienne remonte au XIVe siècle) et a circulé en Allemagne dans trois rédactions en langue vulgaire, dont celle d'Otto Brunfels (imprimée pour la première fois à Strasbourg, en 1518).

L'œuvre chirurgicale de Lanfranc fut aussi utilisée dans l'*Ars cyrurgie secundum Lanfrancum et Guillelmum de Saliceto* de Guillelmus Sedacerii (Madrid, Bibl. nac., 4235).

D'autres textes sont attribués à tort à Lanfranc : une *Practica avium et equorum* et *Der Jonghe Lanfranc* (compilation de recettes médicales, rédigée directement en langue vulgaire, sans doute vers 1450, par un praticien flamand anonyme).

ŒUVRES. — *Lanfrank's « Science of Cirurgie »*, éd. R. von Fleischhacker, Londres, 1894 (*EETS*, 102). — A. Werk, *Die angebliche Practica avium et equorum des Lanfrancus de Mediolano*, thèse de médecine vétérinaire, Giessen, 1909. — *Der « Jonghe Lanfranc »*, éd. R. Müller, thèse Fac. Médecine, Bonn, 1968 (*Altdeutsche Lanfranc-Übersetzungen*, 1). — A. Berg, *Lanfranks « Chirurgia Parva » in der Abschrift Konrad Schrecks von Aschaffenburg*, thèse Fac. Médecine, Würzburg, 1975 (*Altdeut-*

sche Lanfranc-Übersetzungen, 3, 1). — S. Scholle, *Lanfranks « Chirurgia parva » in mittelniederfränkischer Übertragung*, thèse Fac. Médecine, Würzburg, 1976 (*Altdeutsche Lanfranc-Übersetzungen*, 2, 1). — D. Scholz, *Lanfranks « Chirurgia Parva » in einer Prager Überlieferung des Spämittelalters*, thèse Fac. Médecine, Würzburg, 1977 (*Altdeutsche Lanfranc-Übersetzungen*, 4).

→ E. Wickersheimer, *Dictionnaire biographique des médecins en France au Moyen Âge*, Paris, 1936, p. 248 et 518. — D. Jacquart, *Supplément au Dictionnaire biographique des médecins en France au Moyen Âge, d'Ernest Wickersheimer*, Genève, 1979, p. 196 (*Hautes Études médiévales et modernes*, 35).— G. Keil et R. Müller, *Deutsche Lanfrank-Übersetzungen des 14. und 15. Jahrhunderts. Zur Wertung der Lanfranc-Zitate in Brunschwigs « Chirurgie »*, dans *Mél. E. Heischkel-Artelt et W. Artelt*, Stuttgart, 1971, p. 90-110. — G. Beaujouan, *Manuscrits médicaux du Moyen Âge conservés en Espagne*, dans *Mél. de la Casa de Velazquez*, t. 8 (1972), p. 186 et 192. — H.U. Röhl, *Textkritische Vorstudien zur « Chirurgia Parva » Lanfranks*, med. Diss., Bonn, 1976 [classsement des mss du texte latin, avec pour base Vatican, Palat. lat. 1165, du début du XIVe siècle]. — C. de Tovar, *Les versions françaises de la « Chirurgia parva » de Lanfranc de Milan, Étude de la tradition manuscrite*, dans *RHT*, t. 12-13 (1982-1983), p. 195-262. F.F.H.

Lapidaires. Les lapidaires sont des catalogues de gemmes et d'autres substances analogues, dans lesquels chaque nom est suivi d'un exposé de la valeur médicale et des vertus magiques de la « pierre ». Depuis Aristote, les auteurs grecs avaient traité de l'intérêt médicinal des minéraux ; au Ier siècle de notre ère, un certain Damigéron en exploita les propriétés magiques. De l'adaptation de Damigéron en latin, faite probablement au Ve siècle et dont l'original est perdu, il subsiste deux versions. Dans son *Polyhistor*, Solin donnait de courtes notations sur les gemmes, au hasard de ses descriptions géographiques. Pline l'Ancien, en revanche, consacra aux minéraux la totalité du livre XXXVII du *De Natura rerum* ; d'autres encyclopédistes, utilisant Pline, imitèrent cette dernière disposition : Isidore de Séville*, qui classa les gemmes d'après leurs couleurs (livre XVI des *Etymologiae*), Barthélemy l'Anglais* (livre XVI du *De Proprietatibus rerum*), Thomas de Cantimpré* (livre XIV du *De Natura rerum*), Vincent de Beauvais* (livre VIII du *Speculum naturale*, et dans une moindre mesure livre VII). Une semblable disposition se retrouve dans certaines encyclopédies en langue vulgaire, comme le *Breviari d'amor* de Matfre Ermengaud* et *Sidrac**.

Les traités de Pline, Damigéron et Isidore furent les trois principaux ouvrages utilisés par l'évêque de Rennes Marbode* dans la rédaction de son poème *De Gemmis*, à la fin du XIe siècle. Décrivant 60 pierres en 734 vers (avec un prologue de 23 vers), ce poème connut un succès considérable : au moins 250 manuscrits le conservent. Traduit et adapté, parfois à plusieurs reprises, en français, en langue d'oc, en italien, en irlandais, en danois et en hébreu, le *De Gemmis* fut la source principale des lapidaires médiévaux, rédigés en langue vulgaire, tant en vers qu'en prose.

La plus ancienne adaptation du *De Gemmis* est la *Première version en vers* (inc. : « *Evax fut un mult riche reis...* »), en anglo-normand et qui daterait d'avant 1150. Dérive de cette *Première version en vers* et du *De Gemmis*, un premier lapidaire en prose qui aurait été composé après le milieu du XIIe siècle et qui est aujourd'hui perdu. Ce lapidaire perdu paraît être la source de la *Première version en prose anglo-normande* (exécutée dans le troisième quart du XIIe siècle), puis, par plusieurs intermédiaires, de la *Deuxième version en prose anglo-normande* (milieu du XIIIe siècle). Une *Troisième version en prose anglo-normande* (fin du XIIIe siècle), dont l'auteur pourrait être un bijoutier, a utilisé Damigéron et la *Première version en prose anglo-normande* ou la source perdue de cette *Première version en prose anglo-normande*. La *Quatrième version en prose anglo-normande* n'est conservée qu'à l'état de fragment.

À l'opposé de ces lapidaires « païens », essentiellement minéralogiques et magiques, certains lapidaires, d'inspiration « chrétienne », organisent leur texte à partir des deux listes de pierres fournies par la Bible : celle des 12 pierres du Rational (Exode, 18, 17-21 : sarde ou sardoine, topaze, émeraude, escarboucle ou rubis, saphir, jaspe, ligure, agate, améthyste, chrysolithe, onyx, béryl) et celle des 12 pierres des fondements de la Jérusalem céleste (Apocalypse, 21, 19-20 : jaspe, saphir, calcédoine, émeraude, sardonyx, sarde ou sardoine, chrysolithe, béryl, topaze, chrysoprase, hyacinthe, améthyste). Ces listes (qui ont huit pierres en commun) firent l'objet de très nombreux commentaires qui en développèrent la symbolique : les uns dus aux Pères de l'Eglise (Augustin, Jérôme), d'autres à des théologiens comme saint Epiphane, Hildebert*, Hugues de Saint-Victor*, Alexandre Nequam*, Raban Maur*, d'autres restant anonymes.

Parmi les lapidaires en vers, deux sont attribués à Philippe de Thaon*. Le *Lapidaire alphabétique* (1 710 vers), qui se fonde sur Isidore et Damigéron, traite 78 pierres disposées en ordre alphabétique, d'où son nom. Le *Lapidaire apocalyptique* (297 vers) traite, avec davantage de détails, des 12 pierres de l'Apocalypse, auxquelles sont ajoutés le cristal, la perle et l'aimant. À la fin de son *Bestiaire*, Philippe de Thaon mentionne le turobolon, l'aimant et la perle, pour lesquels il s'inspire du *Physiologus* (qui est déjà son modèle pour les animaux décrits dans son *Bestiaire*), et évoque les 12 pierres de l'Apocalypse.

Le *Lapidaire chrétien en vers* décrit 17 pierres suivant une disposition particulière : vient d'abord « la nature » des 12 pierres de l'Exode, puis la « senefiance » de ces pierres, puis la « couleur » des quatre pierres supplémentaires de l'Apocalypse, enfin le diamant. L'une de ses sources est la *Deuxième version en prose anglo-normande.*

En prose, le *Lapidaire du Roi Philippe* se compose du même « noyau » initial de 17 pierres, d'inspiration chrétienne, suivi d'ajouts exclusivement minéralogiques, plus ou moins longs suivant les manuscrits (jusqu'à 71 pierres supplémentaires), et souvent accompagné d'un traité des pierres gravées. Écrit par un inconnu, pour Philippe III le Hardi ou Philippe IV le Bel, le *Lapidaire du Roi Philippe* est antérieur, dans sa première rédaction (neuf mss), à 1310 ; deux autres rédactions seront faites postérieurement, conservée chacune dans un manuscrit unique. Ses sources sont, outre une glose apocalyptique, la *Deuxième version en prose anglo-normande*, le *Lapidaire chrétien* et le chapitre minéralogique de *Sidrac* (dont la *Deuxième version en prose anglo-normande* est également l'une des sources). Le *Lapidaire du Roi Philippe* connaîtra un succès certain puisqu'il sera traduit une fois en latin (texte qui a longtemps passé pour l'« original » latin) et deux fois en moyen-anglais (une version du Southern et une version du nord des Middlands).

Se rattache au *Lapidaire du Roi Philippe*, bien que d'inspiration païenne, un groupe de deux petits lapidaires en prose, dont chacun est conservé dans un unique manuscrit qui lui donne son nom : *Lapidaire de Florence* (14 pierres) et *Lapidaire de Troyes* (28 pierres), ainsi qu'une vaste compilation minéralogique en deux parties (58 pierres en 82 articles et 37 pierres), qui présente nombre d'articles en commun avec le lapidaire attribué à Jean de Mandeville : la *Compilation du XVe siècle*. Le *Lapidaire de l'Arsenal* (23 pierres), en prose et d'inspiration païenne, a pour source principale la *Première version en prose anglo-normande*. D'autres lapidaires en prose, également conservés dans un manuscrit unique, sont plus tardifs : *Lapidaire de Berne* (23 pierres) et *Lapidaire de la Mazarine* (13 pierres).

Un *Lapidaire* en prose, exclusivement minéralogique et magique, est attribué à Jean de Mandeville* au milieu du XIVe siècle. Un peu plus tardif, car vraisemblablement élaboré entre 1382 et 1390, le *Trésorier de philosophie naturelle des pierres précieuses*, sorte d'immense lapidaire, est dû à Jean d'Outremeuse*.

Un grand recueil alphabétique, en prose (conservé dans deux mss : Paris, BN, fr. 2007 et Turin, Bibl. reale, Varia 110), fut composé au XVe siècle : l'auteur, inconnu, décrit environ 139 pierres et s'inspire nettement, dans certains passages, du *Lapidaire* attribué à Jean de Mandeville.

Les traités sur les pierres gravées, tous en prose, qui ne mentionnent pas obligatoirement le nom de la pierre, se rattachent à la glyptique antique et à la symbolique zodiacale. L'un est placé en dépendance de la *Première version en prose anglo-normande* (deux mss), un autre de la *Deuxième version en prose anglo-normande* (deux mss) ; une autre version, comprenant cinq traités placés à la suite les uns des autres, accompagne le *Lapidaire du Roi Philippe* dans la majorité de ses manuscrits : il en existe une traduction latine (deux mss), comme pour le *Lapidaire du Roi Philippe* ; cette même version, souvent abrégée, accompagne également le texte du *Lapidaire* attribué à Jean de

Mandeville. Une dernière version fait suite au grand recueil alphabétique conservé dans les mss Paris, BN, fr. 2007 et Turin, Bibl. reale, Varia 110.

ŒUVRES. — *Marbode of Rennes' (1035-1123) « De lapidibus » Considered as a Medical Treatise*, éd. J.M. Riddle, Washington, 1977 (*Sudhoffs Archiv, Beihefte*, 20) ; [cf. *Speculum*, t. 57 (1982), p. 911-916 et *CCM*, t. 26 (1983), p. 263-264]. — *Les lapidaires français du Moyen Âge, des XIIe, XIIIe et XIVe siècles*, éd. L. Pannier, Paris, 1882 (*BEHE*, 52) [éd. de la *Première version en vers* de Marbode, du *Lapidaire de Modène* (en vers), du *Lapidaire de Berne* (en vers), du *Lapidaire de Cambridge* (en vers) et du *Lapidaire chrétien*]. — *Anglo-Norman Lapidaries*, éd. P. Studer et J. Evans, Paris, 1924 [éd. de la *Première version en vers* de Marbode, d'adaptations en vers, des trois versions en prose de Marbode, du *Lapidaire de Cambridge* (en vers), du *Lapidaire alphabétique* (en vers), du *Lapidaire apocalyptique* (en vers), de deux traités de pierres gravées en prose]. — *English Mediaeval Lapidaries*, éd. J. Evans et M.S. Serjeantson, Londres, 1933 (*EETS*, 1933) [éd. de l'*Old English Lapidary*, de deux versions anglaises du *Lapidaire du Roi Philippe*, de l'*Ashmole Lapidary*, du *Peterborough Lapidary* et du *Sloane Lapidary*]. — *The Lapidaire Chrétien, Its Composition, Its Influence, Its Sources*, éd. L. Baisier, Washington, 1936 [cf. *Speculum*, t. 12 (1937), p. 111-114]. — W. Ziltener, *Der Lapidaire de Philippe in der Berner Handschrift 646*, dans *Mél. E. Lommatzsch*, Munich, 1975, p. 413-440. — *Lapidaire du Roi Philippe, Compilation du XVe siècle*, trad. latine du *Lapidaire du Roi Philippe*, éd. F. Hue, thèse inédite de l'Ecole des Chartes, Paris, 1975 [avec l'éd. de lapidaires « isolés » en prose]. — P. Tomasoni, *Il Lapidario Estense*, dans *Studi di Filologia Italiana*, t. 34 (1976), p. 131-186 [éd. du *Lapidaire de Modène* (en vers)]. — *The Middle English « Boke of Stones », The Southern Version*, éd. G.R. Keiser, Bruxelles, 1984 (*Scripta. Mediaeval and Renaissance Texts and Studies*, 13) [éd. de l'une des versions anglaises, celle du Southern, du *Lapidaire du Roi Philippe*].

⟶ P. Meyer, *Les plus anciens lapidaires français*, dans *Romania*, t. 38 (1909), p. 47-53 et 254-258. — J. Evans, *Magical Jewels of the Middle Ages and the Renaissance, Particulary in England*, Oxford, 1922. — C. Pina, *I lapidari di Modena, Berna, Cambridge e la loro fonte latina*, thèse, Pavie, 1971-1972. — R. Halleux, *Damigéron, Evax et Marbode, l'héritage alexandrin dans les lapidaires médiévaux*, dans *Studi Medievali*, t. 15 (1974), p. 327-347. — F. Hue, *Contribution à l'étude des lapidaires anonymes en prose française (fin du XIIIe-fin du XVe siècle)*, dans *Positions des thèses de l'École des Chartes*, Paris, 1975, p. 113-121. — W.M. Holler, *Unusual Stone Lore in the Thirteenth-Century « Lapidary of Sydrac »*, dans *Romace Notes*, t. 20 (1979), p. 1-8. — M.-E. Herrera, *La tradition manuscrite du « Liber lapidum » de Marbode de Rennes d'après les mss conservés en France*, thèse dactylo., Paris-IV, 1986. — F. Fery-Hue, *Une version remaniée du « Lapidaire Chrétien en vers » : le ms. Paris, BN, nouv. acq. fr. 11678*, dans *Romania*, t. 107 (1986), p. 92-103. — S. Baggio, *Censure lapidarie*, dans *Medioevo Romanzo*, t. 11 (1986), p. 207-228. — K. Ringger, *Bestiaires et lapidaires, un genre littéraire ?*, dans *Actes du 18e congrès international de Linguistique et de Philologie romanes, Univ. de Trèves (Trier)*, 1986, Tübingen, 1988, t. 6, p. 136-148. — Cf. *GRLMA*, t. VI/2, nos 3620, 3624, 3628, 3632, 3636, 3644, 3648, 3652, 3668, 4208 ; t. VI/1, p. 132-134 ; t. VIII/1, p. 307. — *MB* nos 2886-2902 ; 5523-5524 ; 8006 ; *S* 5376-5379 ; 5404. F.F.H.

Laurent (Frère). Dominicain, confesseur de Philippe III le Hardi, frère Laurent (Laurent du Bois) composa en 1279, à la demande du roi, un manuel d'instruction morale et religieuse, la *Somme le Roi*, ou *Livre des vices et des vertus*, dont les rapports avec le *Miroir du monde** font l'objet de plusieurs études. D'une grande élévation d'esprit, animée par une spiritualité vivifiante, la *Somme le Roi* resta, durant tout le Moyen Âge, le livre de référence des laïcs épris de perfection. Son influence sur la littérature didactique et ascétique fut considérable. Plus de 80 mss et diverses traductions attestent son succès.

ŒUVRE. — Éd. en préparation par E. Brayer (*SATF*). — Trad. anglaises médiévales ; *The Book of Vices and Virtues*, éd. W. Nelson Francis [*Early English Texts Society*, O.S. 217] Londres, 1942. — *Dan Michel's Ayenbite of Inwyt, vol. I (Texte), II (Introd., notes et glossaire)*, éd. Pamela Gradon [*ibid.*, O.S. 23 et 278], Londres, 1965 et 1979 [le 1er volume est une révision de l'éd. Richard Morris qui datait de 1866].

⟶ P. Meyer, étude dans *Bull. SATF*, 1892, p. 68, sqq. et dans *Romania*, t. 27 (1898), p. 109. — P. Mandonnet, *Laurent d'Orléans, auteur de la Somme le Roi*, dans *RLR*, t. 56 (1913), p. 20 ss. — Ch.-V. Langlois, *La vie en France au Moyen Âge... IV : La vie spirituelle*, 1928, p. 123-198. — E. Brayer, *La Somme le Roi de frère Laurent*, dans *Positions des thèses de l'École des Chartes*, 1940, p. 27-35 ; *Contenu, structure et combinaisons du Miroir du monde et de la Somme le Roi*, dans *Romania*, t. 79 (1958), p. 1-38 et 433-470. — R. Tuve, *The Allegorical Imagery. Some Mediaeval Books and their Posterity*, Princeton, 1966. — Leo Carruthers, *La Somme le Roi et ses traductions anglaises, étude comparée*, Paris, 1986 (*AMAES*, 12) ; *L'Échelle de Jacob ou le bonheur céleste*, dans Danielle Buschinger éd., *L'idée de bonheur au Moyen Âge, Actes du colloque d'Amiens (mars 1984)*, Göppingen, 1990, p. 103-113 [sur la structure de la *Somme le Roi*] ; *Lorens of Orléans and the Somme le Roi, or the Book of Vices and Virtues*, dans *Vox Benedicta*, t. 5 (1988), p. 190-200 ; *Allegory and Bible Interpretation : the Narrative Structure of a Middle English Sermon Cycle*, dans *Journal of Literature & Theology*, t. 4 (1990), p. 1-14 [comparaison des structures de la *Somme le Roi* et de *Jacob's Well*]. — Cf. *MB* n°s 3598-3606 ; *S* 5893-5899, 7814, 7828. É.Br.

Laurent Pignon. Né à Sens aux environs de 1368, Laurent Pignon était lecteur en théologie au couvent des dominicains de la ville en 1393 ; il en fut élu prieur en 1403. Quelques années plus tard (1412), Jean sans Peur le choisit comme confesseur du jeune comte de Charolais, le futur Philippe le Bon, qui, une fois devenu duc de Bourgogne (1419), le confirma dans sa charge, lui obtint le titre d'évêque de Bethléem (1423), le siège épiscopal d'Auxerre (1432), et fit de lui l'un de ses conseillers. Laurent accomplit diverses missions religieuses et diplomatiques pour le duc, jouant notamment un rôle important comme porte-parole de l'ambassade bourguignonne au concile de Bâle (1433) et lors des préparatifs de la paix d'Arras de 1435, qui mit fin à la guerre franco-bourguignonne. Il mourut en 1449 et fut enterré dans le chœur de l'église des dominique à Auxerre.

Alors qu'il était encore lecteur à Sens, Laurent Pignon avait composé deux ouvrages historiographiques à la gloire des frères prêcheurs : un *Catalogus fratrum spectabilium Ordinis Praedicatorum* (1394) et une *Chronica compendiosa de capitulis generalibus et provincialibus Franciae Ordinis Praedicatorum*, qui va de 1203 à 1412 et repose, à partir de l'année 1389, sur son expérience personnelle. Entre 1411 et 1415, il écrivit à l'intention de Jean sans Peur un traité *Contre les devineurs* (inédit), dont l'arrière-plan doctrinal, philosophique et théologique n'est pas sans rappeler celui des traités similaires de Nicole Oresme* et de Jean Gerson*. Puis dans les années 1430, il destina à Philippe le Bon un traité politique *Du commencement de seigneurie et de diversité d'états*, qui résulte de la réunion de deux textes distincts : une traduction du *Circa originem potestatum et jurisdictionum quibus populus regitur* que le dominicain Durand de Saint-Pourçain* (vers 1275-1334) avait rédigé à l'occasion de l'assemblée de Vincennes de 1329, et un récit original, le *Traité de la cause de la diversité des états* qui, fondé sur la tradition dionysienne et appuyé par de larges emprunts au *De veritate catholicae fidei contra Gentiles* de Thomas d'Aquin* ainsi qu'à son propre traité *Contre les devineurs*, s'efforcent d'établir les causes et le bien-fondé théoriques de la division tripartite de la société.

ŒUVRES. — *Catalogus et Chronica* : éd. G. Meersseman, Rome, 1936 (*Monumenta Ordinis Praedicatorum Historica*, 18). — *Du commencement de seigneurie et de diversité d'états* : éd. A.J. Vanderjagt, dans *Laurens Pignon, O.P. : Confessor of Philip the Good*, Venlo, 1985, p. 35-195.

→ Th. Kaeppeli, *Scriptores Ordinis Praedictorum*, t. 3, Rome, 1980, p. 67. — R. Mohl, *The Three Estates in Medieval and Renaissance Literature*, New York, 1933. — A.J. Vanderjagt, *Einige inleidende opmerkingen over Laurentius Pignon en zijn Werk*, dans *Mél. A.G. Jongkees*, Groningue, 1977, p. 197-222 ; *« Qui sa vertu anoblist ». The Concept of « noblesse » and « chose publique » in Burgundian Political Thought*, Groningue, 1981 ; *Burgundian Political Ideas Between Laurentius Pignon and Guillaume Hugonet*, dans *Fifteenth Century Studies*, t. 9 (1984), p. 197-213 ; *Laurens Pignon, O.P. : Confessor of Philip the Good*, Venlo, 1985.
G.H.

Laurent de Premierfait. Champenois, Laurent est désigné en latin comme Laurentius Campanus ou Laurentius Trecensis ; en français, il échangea rapidement son nom de famille, Guillot, pour celui de son village, Premierfait. D'après une lettre de son ami Giovanni Moccia, Laurent fit ses études à Troyes. De fait, le premier document le concernant montre son ordination comme acolyte par Pierre d'Arcis, évêque de Troyes, le 5 mars 1379. On ne sait comment Laurent arriva en Avignon, où il fut, de 1390 à 1397 environ, secrétaire du cardinal Amédée de Saluces. Peut-être fut-ce par l'entremise de Jean Muret, qui obtint en 1387 une prébende au chapitre de Reims grâce à la position qu'il occupait en Avignon dès 1380, et par celle de Giovanni Moccia. On retrouve Laurent à Paris où, le 13 novembre 1400, il aurait achevé la traduction du *De casibus* de Boccace*, pour et chez Jean Chanteprime, un des deux généraux des finances, c'est-à-dire un des plus grands serviteurs de la royauté. Aussi n'est-il pas étonnant de voir évoluer Laurent dans le milieu de la curie royale : en 1402, il est nommé exécuteur testamentaire de Jean Bertaut, notaire-secrétaire assez proche de Charles VI ; entre 1408 et 1410, il signe des actes comme notaire impérial et apostolique pour le dauphin Louis de Guyenne. De cette époque du protectorat de Jean Chanteprime date sa révision de la traduction du Tite-Live de Pierre Bersuire*, texte qu'il utilisa pour sa seconde version du *De casibus* achevée en 1409 et dédiée au duc Jean de Berry. En octobre 1410, Chanteprime meurt et Laurent entre au service de Bureau de Dammartin, trésorier du roi d'origine champenoise. C'est chez lui qu'il termine en trois ans sa version du *Decameron* de Boccace*. Un Italien, le cordelier Antonio d'Arezzo, lui traduisait le texte en latin avant que Laurent ne le transposât en français. Le 15 juin 1414, l'œuvre finie fut dédiée au duc de Berry. Parallèlement, Laurent traduisit deux courts textes philosophiques de Cicéron* : le *De senectute* et le *De amicitia*. Le premier est dédié en 1405 à Jean de Bourbon, oncle de Charles VI ; le second, commencé pour le duc à la même époque, est terminé le 9 juillet 1416 pour Jean de Berry. Enfin, le 1er février 1418, il achève sa révision de la traduction par Nicole Oresme* des pseudo-*Economiques* d'Aristote. Laurent travaillait alors pour un troisième protecteur : Simon du Bois, capitaine de la Porte du Temple.

Le traducteur français ne doit pas faire oublier l'auteur latin. Laurent écrivit en effet des « *accessus ad auctores* » pendant son séjour parisien, à la fin du XIVe siècle : deux *Compendia* sur la *Thébaïde* et l'*Achilléide* de Stace, poète très lu au Moyen Âge ; un *Commentum* sur les pièces de Térence, redécouvert en France à la moitié du XIVe siècle à partir des manuscrits carolingiens. Fin commentateur et grand lecteur des classiques, Laurent se fit auprès de ses amis humanistes, parisiens comme Jean de Montreuil* et les frères Gontier et Pierre Col*, avignonnais comme Jean Muret, Nicolas de Clamanges*, Giovanni Moccia et le cardinal Pietramala, une grande réputation comme poète latin. Antonio Loschi, chancelier de Jean Galeas Visconti, le présente même comme le premier poète des Gaules. Les critiques regrettaient donc la perte des poésies de Laurent. Mais, outre les vers écrits à la louange de Boccace insérés dans certaines copies du *De casibus*, G. Ouy vient de retrouver et de préparer pour l'édition cinq poèmes latins en hexamètres. Ces textes importants, datables de 1415, concernent le problème du schisme et la guerre franco-anglaise : il s'agit de la *Prosopopée de la Paix*, de deux *Prosopopées de l'Église*, de l'*Invective contre Pedro de Luna* (le pape Benoît XIII) et de la *Prophétie sur Henri V d'Angleterre*. On y découvre ce style complexe auquel Moccia faisait quelques reproches, au nom d'un idéal de clarté et de latinité : tendance à l'obscurité et hellénismes trop nombreux. Pour Jean Le Bègue*, qui participa à la diffusion des *Compendia*, c'est Laurent « *poeta et orator eximius* », qui meurt en 1418 (indication portée en marge d'une lettre de Jean de Montreuil). Pourtant, c'est l'œuvre de traduction qui a été la plus diffusée : on compte 14 mss du *De amicitia*, 26 du *De senectute*, édité par Antoine Vérard en 1509 ; une quinzaine du *Decameron* (éd. Vérard, 1485) et une soixantaine du *De casibus* (plusieurs éd. à la fin du XVe), qui fait ainsi figure de « best-seller ».

Si ses amis humanistes, latinistes avant tout, virent en Laurent de Premierfait un poète capable de rivaliser avec les Italiens, si l'histoire privilégia au contraire son œuvre française, la critique actuelle doit considérer conjointement les deux volets de son travail : humanisme savant et « vulgarisation » y sont intimement liés. Là est une des grandes originalités de Laurent de Premierfait.

ŒUVRES. — *Des cas des nobles hommes et femmes, Book I*, éd. P.M. Gathercole, Chapel Hill, 1968 (*North Carolina Studies in the Romance Languages and Literatures*, 74). — Les 29 vers latins à la louange de Boccace, éd. dans P.M. Gathercole, *A Frenchman's Praise of Boccaccio*, dans *Italica*, t. 40 (1963), p. 225-230.

→ H. Hauvette, *De Laurentio de Primofacto* (...), Paris, 1903. — J. Monfrin, *Humanisme et traductions au Moyen Âge*, Colloque de Strasbourg, Paris, 1964, p. 233-237. — G. Ouy, *Paris, l'un des principaux foyers de l'humanisme en Europe au début du XVe siècle*, dans *Bull. de la Société de l'Histoire de Paris et de l'Île-de-France*, t. 94-95 (1967-1968), p. 71-98. — P.M. Gathercole, *The Mss of L. de Premierfait Works*, dans *Modern Language Quarterly*, t. 19 (1958), p. 268-269, *The Mss (...). Additions and Changes, ibid.*, t. 23 (1962), p. 225-228 ; *Fifteenth-Century Translation : the Development of L. de Premierfait, ibid.*, t. 21 (1960), p. 365-370 ; *Lydgate's Fall of Princes and the French Version of Boccaccio's De Casibus*, dans *Miscellanea di studi e ricerche sul Quattrocento francese*, Turin, 1967, p. 165-178 ; *Boccaccio in French*, dans *Studi sul Boccaccio*, t. 5 (1969), p. 275-297. — E. Ornato, *Jean Muret et ses amis* (...), Paris, 1969. — G.P. Norton, *L. de Premierfait and the Fifteenth-Century French Assimilation of the Decameron : a Study in Tonal Transformation*, dans *Comparative Literature Studies*, t. 9 (1972), p. 376-391. — P. Cucchi et N.J. Lacy, *La tradition manuscrite des Cent Nouvelles de L. de Premierfait*, dans *Le Moyen Âge*, t. 80 (1974), p. 483-502. — P. Cucchi, *The First French Decameron : L. de Premierfait's Translation and the Early French Nouvelle*, dans *French Literature Series*, t. 2 (1975), p. 1-14. — C. Bozzolo, *Manuscrits des traductions françaises d'œuvres de Boccace. XVe siècle*, Padoue, 1973 (*Medioevo e umanesimo*, 15) ; *L'humaniste Gontier Col et Boccace*, dans *Boccaccio in Europe*, Louvain, 1977, p. 15-22 [la paraphrase en alexandrins français de l'éloge latin de Boccace par Laurent est écrite de la main de Gontier Col ; elle pourrait être l'œuvre de Gontier] ; *L. de Premierfait et Térence*, dans *Mél. G. Billanovich*, Rome, 1984, p. 93-129 ; *La lecture des classiques par L. de Premierfait*, dans *L'aube de la Renaissance*, 1986. — C. Bozzolo et C. Jeudy, *Stace et L. de Premierfait*, dans *Italia medioevale e umanistica*, t. 22 (1979), p. 413-447. — G. di Stefano, *La traduction du Decameron*, dans *Essais sur le moyen français*, Padoue, 1977, p. 68-96. — F. Peano, *Giovanni Moccia e L. de Premierfait : problemi di stile e di linguaggio nel primo Umanesimo francese*, dans *Studi francesi*, t.70 (1980), p. 66-73. — R.C. Famiglietti, *L. de Premierfait : The Career of a Humanist in Early Fifteenth-Century Paris*, dans *Journal of Medieval History*, t. 9 (1983), p. 25-42. — M.-H. Tesnière, *Un remaniement du Tite-Live de Bersuire par L. de Premierfait*, dans *Romania*, t. 107 (1986), p. 231-281. — Cf. *GRLMA*, t. VIII/1, p. 223, 235-239, 244, 250, 255-256. — *MB* nos 5972, 7039, 8065-8069 ; *S* 7575, 8426-8428, 8430-8432, 8453-8456, 8463-8469, 8472, 8475, 8493 *bis*, 8561-8565. S.L.

Légende dorée. Jacques dit « *de Voragine* » est l'auteur du très célèbre recueil de vies de saints que le succès para du titre de « *Legenda aurea* ». Natif de Varazze en Italie du Nord, il entra dans l'ordre de saint Dominique puis devint archevêque de Gênes, ville où il mourut en 1298. La *Legenda sanctorum alias Lombardica hystoria* fut composée vers 1261-1266 et s'inscrit dans la tradition latine déjà installée au XIIIe siècle, des « légendiers », c'est-à-dire des recueils de textes courts destinés aux fidèles chrétiens et relatant la vie des saints ou résumant le sens des fêtes liturgiques qui se succèdent chaque jour de l'année. Le mot de légende n'a pas le sens moderne de récit fabuleux mais l'acception latine de texte « à lire » au cours des offices religieux. Pour les ordres nouveaux fondés au XIIIe siècle par François d'Assise et Dominique de Guzman, ces hommes qui furent animés par la volonté de développer la dévotion du peuple chrétien, il s'agit de mettre à la portée des laïcs des textes brefs, au sens facile à retenir, capables enfin d'alimenter un imaginaire orienté vers la recherche d'une vie conforme à l'Évangile. Où trouver de meilleurs exemples que dans les vies des saints, ces champions qui ont précédé sur la voie du salut les chrétiens du temps ? L'originalité de la *Légende dorée* par rapport aux légendiers qui l'ont précédée tient aussi à son plan : avec un souci didactique évident, le pieux archevêque a voulu conduire le fidèle, comme par la main, tout au long de l'année liturgique, depuis le premier dimanche de l'Avent, en suivant l'ordre du calendrier. Assurément, le merveilleux ne manque pas dans les récits des conversions ou des martyres, des dévotions et des miracles, mais il est dans le goût du temps sans doute, et surtout il est toujours exemplaire, au service de la même cause : donner au lecteur le goût de la sainteté en entretenant sa ferveur pour Dieu par l'intermédiaire de ses hérauts, les saints. Les sources de la *Légende dorée* sont très nombreuses ; l'auteur, en homme du Moyen Âge, ne les cite pas le plus souvent. Il fait mieux. On a longtemps considéré son œuvre comme une simple compilation. En réalité, puisant à toutes les sources dont il pouvait disposer en son temps, avec une prédilection pour l'œuvre de ses confrères prêcheurs, Jean de Mailly et Vincent de Beauvais*, il crée une œuvre neuve qui nourrit des générations d'hommes et de femmes, jusqu'à la fin du Moyen Âge et dans toute l'Europe. En effet, le texte latin, copié très vite en plus de mille manuscrits, fut traduit dans toutes les langues de l'Occident et connut en outre de multiples additions. Il fut non seulement l'un des textes les plus copiés au Moyen Âge mais à partir du XVe siècle en France le premier imprimé, souvent avant la Bible. Au XVIe siècle, des critiques de plus en plus vives se font entendre chez les catholiques comme chez les réformés : la dévotion aux saints tient plus de la superstition que de la piété véritable due à Dieu seul. Néanmoins, la fortune de la *Légende dorée* perdure, on en trouve des traces dans la fameuse *Bibliothèque bleue* ; elle a réellement atteint son but en devenant tout à fait populaire.

Le texte latin connut plusieurs traductions françaises. La plus répandue est celle du dominicain Jean de Vignay*, conservée dans de nombreux manuscrits, parfois avec des ajouts ou *festes nouvelles*, parfois remaniée, parfois encore sous forme d'extraits. Parmi les autres traductions, certaines bénéficient d'attributions, d'autres se révèlent anonymes. Le recueil original a rapidement été utilisé comme une mine où vinrent puiser prédicateurs en quête d'images fortes, dévots d'un saint ou d'un groupe de saints, partisans d'une spiritualité ou d'une autre au sein de l'Église. Il en est résulté l'apparition de « morceaux choisis » dispersés dans de nombreux manuscrits et œuvres divers.

En langue d'oc, la *Légende dorée* est connue par trois versions anonymes, chacune conservée dans un manuscrit.

ŒUVRE. — Éd. partielles : W.F. Manning, *The Jean de Vignay Version of the Life of Saint Dominic*, dans *Arch. Frat. Praedicat.*, t. 40 (1970), p. 29-46 [liste des mss, éd. d'après BN, fr. 241]. — Éd. en cours du texte de la première version occitane sous la direction d'A. Vitale-Brovarone.

→ Généralités : M.-C. Pouchelle, *Représentations du corps dans la Légende dorée*, dans *Ethnologie française* (1976), p. 293-308. — B. Dunn-Lardeau et D. Coq, *Fifteenth and Sixteenth Century Editions of the « Légende dorée »*, dans *BHR*, t. 47 (1985), p. 87-101. — A. Boureau, *La Légende dorée : le système narratif de Jacques de Voragine*, Paris, 1984 [des réserves]. — S.L. Reames, *The « Legenda aurea ». A Reexamination of its Paradoxical History*, Madison (Wisconsin), 1985. — B. Dunn-Lardeau (sous la dir. de), *Legenda aurea. Sept siècles de diffusion. Texte latin et branches vernaculaires. Actes du colloque international*, Montréal, 1986. — Trad. françaises : C. Knowles, *Jean de Vignay, un traducteur du XIVe siècle*, dans *Romania*, t. 75 (1954), p. 353-383 [avec liste des mss et bibliogr.]. — W.F. Manning, *Les vies médiévales de saint Dominique en langue vulgaire*, dans *Cahiers de Fanjeaux*, n° 1 (1966), p. 48-68 ; *Les mss et miniatures des vies en langue vulgaire, ibid.*, p. 69-73. — B. Dunn-Lardeau, *Étude autour d'une Légende dorée (Lyon, 1476), dans TraLiLi*, t. 24 (1986), p. 257-294 ; Bibliogr. générale en cours, sur le texte latin et la branche française. — Cf. *MB* nos 4889-4890 ; *S* 4788, 5692, 5766-69. — Trad. en langue d'oc : C. Brunel, *Bibliogr. des mss littér. en anc. prov.*, Paris, 1935, réimp. Genève, 1973, nos 176, 93 [actuellement perdu], 238, et 197. — G. Brunel, *« Vida de sant Frances », versions en langue d'oc et en catalan de la « Legenda aurea ». Essai de classement des mss*, dans *RHT*, t. 6 (1976), p. 219-265.

G.B.L.

Légendes pieuses en occitan. La littérature occitane du Moyen Âge est riche de légendes ayant trait, pour la plupart, à des sujets religieux.

En poésie, le thème de la fin du monde a été plusieurs fois traité, souvent d'après des modèles français, comme *Les Quinze Signes**..., ou les *Prédictions de la Sibylle*. Dans le *Roman d'Arles**, on peut lire la *Légende du bois de la Croix*, bois qui provenait du fruit de l'arbre du bien et du mal dans le Paradis terrestre.

En prose, quelques légendes tournent autour de la vie du Christ, comme *La Vengeance du Sauveur*, par la prise de Jérusalem, la *Passion de l'Image du Christ*, la *Lettre du roi d'Édesse*, désireux de guérir par la contemplation de l'image du Sauveur. Mais le plus grand nombre ont trait aux Vies des saints*, beaucoup plus extraordinaires que les récits de la *Légende dorée** ; une des plus intéressantes concerne saint Benoît.

→ C. Brunel, p. 123. — G. Hasenohr, *Le christianisme méridional au miroir de sa littérature (XIIIe siècle)*, dans *Heresis*, n° 11 (1988), p. 29-40.

J.S.

Legiloque. Voir : *Dialogue du père et du fils.*

Leonin (Magister Leoninus ; Leo ?). Compositeur d'*organa* actif entre 1163 et 1190. On lui doit, selon un traité anonyme (Anonyme IV), le développement de la polyphonie par la création du *Magnus Liber*. Aucune œuvre ne subsiste de lui dans les sources musicales. L'Anonyme IV laisse entendre qu'il aurait établi des polyphonies à deux voix pour le Graduel et l'Antiphonaire ; en usage jusqu'à Pérotin*, ces *organa* auraient été abrégés et enrichis de nombreuses et meilleures clausules. Ce seul témoignage de l'œuvre de Léonin est postérieur d'un siècle à l'activité du compositeur. De plus, l'état original du *Magnus Liber* n'est pas conservé. Son contenu a pu, au moins partiellement, être reconstitué par H. Husmann en 1963.

Le nom de Léonin est habituellement associé à la cathédrale Notre-Dame de Paris, par référence à la fois à l'Anonyme IV et à Pérotin. Pourtant la cathédrale ne voit pas achever son chœur et consacrer son maître-autel avant 1282, et les offices eurent lieu à Saint-Étienne jusqu'en 1285. Doit-on plutôt l'identifier à *Henricus Leonellus laicus*, de l'abbaye Saint-Victor, dont le nom apparaît entre 1163-1164 pour disparaître entre 1187 et 1192 ?

→ I.D. Bent, art. *Léonin* dans *The New Grove Dictionary of Music and Musicians*, t. 10 (1980), p. 676-677. — H. Husmann, *The Origin and Destination of the Magnus Liber organi*, dans *Musical Quarterly*, t. 49 (1963), p. 311. — G. Birkner, *Notre Dame-Cantoren und -Succentoren vom Ende des 10. bis zum Beginn des 14. Jahrhunderts, In memoriam Jacques Handschin*, Strasbourg, 1962. — F. Reckow, éd. *Der Musiktraktat des Anonymus 4*, Wiesbaden, 1967, t. 1, p. 46, 98 ; t. 2, chap. 2. N.S.

Léopold d'Autriche. Astronome et météorologiste de la seconde moitié du XIIIe siècle. Dans le prologue de son livre *Compilatio de astrorum scientia*, Léopold mentionne seulement son nom et son pays natal : il se dit « *ducatus Austrie filius* ». Son traité d'astronomie est une compilation divisée en dix livres : Léopold s'y montre un encyclopédiste de l'école de Vincent de Beauvais* et de Brunetto Latini*. Fondé sur des théories empruntées à la science arabe et à la science hellénistique, la *Compilatio de astrorum scientia* présente des idées assez confuses sans véritables conclusions. Léopold y décrit les mouvements célestes, la terre, et les rapports entre les diamètres des corps célestes et celui de la terre. Comptant dix sphères célestes, il donne des listes d'étoiles et de constellations. Il consacre un chapitre aux changements de l'air, et à l'influence des astres sur les vents et les pluies, qui paraît avoir été bien connu des scolastiques. Léopold fait de nombreux emprunts au *De magnis conjunctionibus* d'Abû Ma'shar (Albumasar), et cite les tables des mouvements de la lune et des planètes, dressées par Al-Zarkali.

L'original latin de la *Compilatio de astrorum scientia* date de 1271 et fut imprimé pour la première fois à Augsbourg en 1489. La traduction anonyme française, intitulée *Li Compilacions de la science des estoilles*, ne porte que sur huit des dix livres du texte latin et est antérieure à 1324 : le seul ms. qui la conserve (Paris, BN, fr. 613) ayant appartenu à Marie de Luxembourg, seconde femme du roi Charles IV le Bel, morte en 1324. C'est à cette traduction que l'œuvre de Léopold doit de figurer parmi les meilleurs textes en langue vulgaire fondés sur l'astronomie arabe, au XIIIe siècle.

ŒUVRE. — *Li Compilacions de la science des estoilles, books I-III, by Leopold of Austria*, éd. F.J. Carmody, Berkeley et Los Angeles, 1947 (*Univ. California, Publ. in Modern Philology*, 33). — Cf. *GRLMA*, t. VIII/1, p. 324. — *MB* n° 5498 *bis*. P.M.G. et F.F.H.

Lettre d'Hippocrate à César. Petit réceptaire anonyme en prose, composé au XIIIe siècle. Les manuscrits lui donnent souvent pour titre : « C'est li livres que Ypocras envoia a Cesaire pour son cors desfendre d'enfermeté. » Les recettes y sont disposées dans l'ordre classique : de la tête aux pieds. Deux brefs traités sur les quatre humeurs et les urines le précèdent. Le vocabulaire de la *Lettre d'Hippocrate à César* est nettement anglo-normand, les copies françaises les plus anciennes apparaissant comme des copies secondaires. Très vite, le texte s'encombre d'additions et de répétitions innombrables : il varie beaucoup d'une copie à l'autre. Le style souvent pittoresque fait assister par le menu au travail d'une infirmerie familiale. Dans ce texte modeste, presque « rustique », le malade est un pauvre homme de la campagne, à qui il faut tout expliquer.

Le texte est conservé, en entier ou sous la forme d'extraits, dans au moins 48 manuscrits. Il est utilisé dans divers réceptaires du XIIIe au XVe siècle, dont le *Réceptaire de Jean Sauvage* : en particulier, Jean Sauvage* met en vers le traité des urines de la *Lettre d'Hippocrate à César*.

Une version très abrégée (37 recettes, sans traité des quatre humeurs, ni des urines) en wallon, suivie de 13 recettes d'eaux médicinales et d'autres recettes médicales en latin, figure dans le manuscrit Warfusée, Bibl. du comte d'Oultremont, 44 (copié en 1439 et dont le contenu principal est la *Chronique* de Jean d'Outremeuse*). Sous le nom d'*Enseignemens Ypocras*, cette version wallonne doit remonter au début du XVe siècle.

ŒUVRE. — R. Reinsch, *Maître André de Coutances. Le roman de la résurrection de Jésus-Christ*, dans *Archiv*, t. 64 (1880), p. 170-176 [éd. des recettes d'après le ms. Londres, Brit. Libr., Add. 10289]. — *La Lettre d'Hippocrate à César*, éd. C. de Tovar, thèse de 3e cycle, Strasbourg, 1970 [édition]. — *Une Lettre d'Hippocrate d'après un manuscrit inédit*, éd. Ö Södergard, Stockholm, 1981 (*Acta Universitatis Lundensis, Sectio I, Theologica, Juridica, Humaniora*, 35) [éd. d'après le ms. Vatican, Reg. lat. 1211]. — M.G. Boutier, *Un médicinaire du XVe siècle (Warfusée)*, dans *Les Dialectes de Wallonie*, t. 12 (1984), p. 107-134 [éd. de la version wallonne]. — T. Hunt, *Popular Medicine in thirteenth-century England*, Cambridge, 1990, p. 100-141, 362-365 et 402-403 [éd. d'extraits].

⟶ C. de Tovar, *Contamination, interférences et tentatives de systématisation dans la tradition manuscrite des réceptaires médicaux français : le réceptaire de Jean Sauvage*, dans *RHT*, t. 3 (1973), p. 128-133. — M. Faribault, *La Chirurgie par rimes, Problèmes de compilation de recettes médicales en français*, dans *Fifteenth Century Studies*, t. 5 (1982), p. 47-59. — Cf. *GRLMA*, t. VIII/1, p. 311-312. F.F.H.

Lettre du Prêtre Jean. La légende médiévale du Prêtre Jean subit bien des transformations et des embellissements lorsqu'elle pénètre et se diffuse en Occident. Le Prêtre Jean apparaît pour la première fois dans la chronique d'Otton de Freising où il est question d'une terrible défaite infligée peu avant 1145 aux souverains seldjouqides de l'Asie centrale, les *Samiardi*, par un roi nestorien, appelé *Presbyter Johannes*. Mais c'est par un autre document que la légende se répandit et eut un retentissement considérable, la lettre en latin qu'adressa vers 1150 ce *Presbyter Johannes* à l'empereur byzantin, Manuel Comnène, à Frédéric Barberousse et au pape Alexandre III. Il y disait qu'il gouvernait un royaume chrétien immense, rempli de richesses exotiques et annonçait son intention de libérer la Terre sainte de l'Infidèle. Beaucoup d'hypothèses ont été avancées pour identifier le Prêtre Jean. La bataille mentionnée dans la chronique allemande était sans doute celle qu'ont dû livrer le sultan seldjouqide Sandjar et son neveu en 1141 contre une puissante tribu asiatique, les Khara-Khitai, qui avait entrepris la conquête des terres de l'Asie centrale et dont le chef avait adopté le titre de Gor-Khan ou roi des rois. Il est donc exclu que le vainqueur de 1141 ait été chrétien et se soit préoccupé de venir au secours des chrétiens en Terre sainte. Pourtant la plupart de ceux qui se sont occupés du Prêtre Jean ont opté pour une identification du Prêtre avec le Gor-Khan. Pour l'historien roumain Marinescu, l'origine de la légende du Prêtre-roi est africaine ; il démontre, en effet, que le nom de Jean doit être la transformation phonétique du titre de *Zan* porté par le roi chrétien d'Éthiopie : *Gian*, soit *Jean, Johannes*. Le fait que la côte Est d'Afrique et le Sud-Ouest de l'Asie aient été réunis sous le même vocable géographique d'Inde facilita la confusion. En 1177, le pape Alexandre III écrivit une lettre adressée à Jean, roi des Indes, dans laquelle il répondait à plusieurs questions de son destinataire ; cela prouve l'existence à cette date d'une légende autour du Prêtre Jean.

La *Lettre du Prêtre Jean* a eu un énorme succès. Le texte latin a été copié de nombreuses fois et a fait l'objet d'interpolations et de traductions-adaptations en langues vulgaires. La tradition latine est très difficile à établir. De l'« original » latin qu'il a reconstitué, Zarncke distingue cinq interpolations qui peuvent être datées entre 1150-1160 (date présumée de l'original) et 1300. Il subsiste, jusqu'ici, vingt-cinq copies en ancien français et deux copies en occitan ; dans les 25 copies françaises, on distingue deux copies en vers et 23 en prose, ces dernières se partageant à leur tour en deux rédactions. La version en vers est attribuée à un certain Roau d'Arundel, qui aurait travaillé au monastère de Waltham en Angleterre, ou encore dans la demeure d'un haut dignitaire ecclésiastique anglais, William de Vere, suivant l'indication portée sur le ms. Ces différentes rédactions comportent, à travers un canevas identique, un certain nombre de fluctuations dues au travail d'interpolateurs, remanieurs et traducteurs, fluctuations qui se manifestent surtout dans le domaine du merveilleux et dans quelques allusions à des situations historiques.

La *Lettre du Prêtre Jean* est un faux, qui s'insère dans toute une tradition médiévale très importante (Donation de Constantin, correspondance fictive entre le Christ et Abgar...). Pour rendre son document authentique, l'auteur a exploité un certain nombre d'éléments traditionnels : le christianisme du Prêtre, les Indes, la légende de saint Thomas (l'apôtre aurait converti l'Inde), le cadre prophétique autour du Cosmocrator attendu, enfin le nom du Prêtre, Johannes (en hébreu : qui jouit de la grâce de Dieu), qui incarne la fusion entre royauté et sacerdoce. Appartenant à plusieurs registres, la Lettre nous a été transmise par des compilations d'inspiration moralisatrice ou théologique, même si on la trouve dans des volumes relatifs aux croisades ou dans des recueils plus littéraires.

ŒUVRE. — Éd. M. Gosman, *La lettre du prêtre Jean. Les versions en ancien français et en ancien occitan*, Groningue, 1982 *(Mediaevalia Groningana)*. — Trad. par Roau d'Arundel, éd. A. Hilka, *Die anglo-normannische Versversion des Briefes des Presbyters Johannes*, dans *ZFSL*, t. 28 (1915), p. 82-112.

→ F. Zarncke, *Der Presbyter Johannes*, dans *Abhandlungen der Kön. Sächs. Gesellschaft der Wissenschaften, Phil. Hist. Klasse*, t. 7 (1879), p. 827-1039 ; 8 (1883), p. 1-186 [sur le texte latin et les versions allemandes]. — C. Marinescu, *Le Prêtre Jean. Son pays. Explication de son nom*, dans *Bull. Ac. roumaine*, t. 10 (1923), p. 73-112. — E.R. Ross, *Prester John and the Empire of Ethiopia*, dans *Travel and Travellers of the Middle Ages*, éd. par A.P. Newton, New York, 1926. — J. Richard, *L'Extrême-Orient légendaire au Moyen Âge. Roi David et Prêtre Jean*, dans *Annales d'Éthiopie*, t. 2 (1957), p. 225-242. — M.D. Legge, *Anglo-Norman Literature and its Background*, Oxford, 1963, p. 201-204 [sur la trad. de Roau d'Arundel]. — M. Gosman, *Otton de Freising et le prêtre Jean*, dans *RBPH*, t. 61 (1983), p. 270-285 ; *Cerveri de Gérone et la Lettre du prêtre Jean : la réception d'un message*, dans *Actes du 1er congrès intern. de l'AIEO*, éd. P.T. Ricketts, Londres, 1987, p. 219-227 ; *La légende du Prêtre Jean et la propagande auprès des croisés devant Damiette (1218-1221)*, dans *La croisade : réalités et fictions. Actes du colloque d'Amiens (1987)*, Göppingen, 1989, p. 133-142. — M. Mollat, *Les explorateurs du* XIIIe *au* XVIe *siècle*, Paris, 1984. — A.D. von den Brincken, *Presbyter Johannes, Dominus Dominantium. Ein Wunschbild des 12. Jahrhunderts*, dans *Ornamenta Ecclesiae*, t. 1, Cologne, 1985, p. 83-97. — U. Knefelkamp, *Die Suche nach dem Reich des Priesterkönigs Johannes*, Gelsenkirchen, 1986. — J. Barrow, *A Twelfth-Century Bishop and Literary Patron : William de Vere*, dans *Viator*, t. 18 (1987), p. 175-189. — Cf. *GRLMA*, t. VI/2, n° 3704 ; t. VI/1, p. 141. — *MB S* nos 3903, 5371, 5454, 8079.

G.T.L.

Leys d'Amors. On appelle de ce nom le code poétique édité à Toulouse, au XIVe siècle, par le *Consistori* de la Subregaya Companhia del Gai Saber*.

1. *Histoire*. La nouvelle Compagnie, fondée en 1323 pour maintenir le culte de la poésie, ayant organisé pour le mois de mai 1324 un concours poétique entre tous les poètes des pays de langue d'oc, sentit aussitôt la nécessité d'un Code. On avait déjà, sans doute, les *Razos de trobar* du Catalan Raimon Vidal de Besalu*, abrégé de grammaire paraphrasé par l'Italien Terramagnino de Pise* et le Catalan Jofre de Foixà*. On avait aussi le *Donatz proensals* d'Uc Faidit* écrit en Italie. Cela ne suffisait pas. Il y eut, à Toulouse même, dès 1324, des discussions (voir Raimon de Cornet*).

Les Sept Troubadours fondateurs donnèrent commission orale « à maître Guilhem Molinier », docteur en droit, de rédiger les règles poétiques, avec l'aide de l'honorable Bartholomieu Marc*. Ces règles furent appelées *Leys d'Amors*, *amor* étant synonyme de « poésie ». Ceci se passa vraisemblablement vers 1341, date où Joan de Castelnou* rédigeait un *Glosari* du *Doctrinal* de Raimon de Cornet, où il faisait de nombreuses allusions aux *Leys*, qui avaient coûté, de 1324 à 1341, *gran trebalh e gran estudi*.

Alors, tout en continuant ses concours, la Compagnie organisa définitivement son règlement intérieur. En 1355, elle donna commission, « écrite », cette fois, par une lettre en 70 vers, à Guilhem Molinier devenu son chancelier, de revoir, ordonnancer et corriger lesdites *Leys d'Amors*, ce que fit aussitôt, et rapidement, le chancelier, en s'entourant de conseillers nombreux et accrédités. Et le Consistoire put promulguer son règlement, « fontaine publique qui donne son eau à tous, pauvres ou riches, pourvu qu'ils en désirent ».

2. *Rédactions*. De ces *Leys d'Amors*, voici les rédactions successives, avec leurs manuscrits et leurs éditions.

a. Première rédaction en cinq livres en prose (1er stade des *Leys*). Le manuscrit est à l'Académie des Jeux Floraux, à Toulouse. Il a été l'objet d'une publication très défectueuse en 3 vol. (1841-1843), par Gatien-Arnoult, sous le titre *Monuments de la littérature romane* (GA). L'ouvrage comprend : la grammaire, la poétique, les parties du discours, la rhétorique, les rimes.

b. Rédaction en six livres en prose. Le manuscrit, encore inédit, est aux archives de la Couronne d'Aragon, à Barcelone.

L'ouvrage comprend : l'*art de trobar*, la grammaire et la poétique, les genres poétiques, et encore la grammaire, la rhétorique, les rimes.

c. Rédaction en six livres en vers. Le manuscrit est à la Biblioteca Central de Barcelone. Il a été publié en un volume (1927) par J. Anglade sous le titre *Las Flors del Gai Saber*. Même division que pour le précédent. Ces deux rédactions catalanisées (*b* et *c*) se rapportent à la première rédaction en cinq livres primitivement conçue en six livres.

d. Rédaction en trois livres en prose (2e stade des *Leys*). Le manuscrit est à l'Académie des Jeux Floraux, à Toulouse. Il a été publié en 4 vol. (1919-1920) par J. Anglade sous le titre *Las Leys d'Amors* (JA). L'ouvrage comprend : l'historique de la fondation et le traité d'éthique, la grammaire et la poétique, et encore la grammaire. (Le vol. 4 comprend des notes de l'éditeur.)

3. *Contenu. Les Leys d'Amors* furent composées pour l'enseignement de la science de « trouver », c'est-à-dire « faire une nouvelle composition en roman pur et bien mesuré ». *Trobar es far noel dictat / En romans fi, ben compassat.* Les règles en furent codifiées dans une intention à la fois littéraire et morale.

Si nous juxtaposons les différentes rédactions des *Leys* comme si elles ne formaient qu'un seul ouvrage, voici leur contenu.

a. Historique de la fondation et de l'organisation du Consistoire, 1323-1355 (JA, I.). Voir *Consistori**.

b. Un traité d'*éthique* (JA, I.). La nature de Dieu, de l'amour et de ses fondements philosophiques, des vertus morales, en particulier « le conseil ».

c. Un exposé très complet de la *grammaire* (GA, JA, Barcelone *b* et *c*). La grammaire comprend un traité de phonétique (lettres, syllabes, mots, accent), un traité de morphologie et de syntaxe (genre, nombre, cas, parties du discours) : on y conseille le bon usage, *us acostumat*, et les exemples des anciens troubadours, *los anticz trobadors*. Cette partie, oiseuse parfois, est méritoire et utile. Quelques exemples poétiques.

d. Un *art poétique* (GA, JA, Barcelone *b* et *c*). On étudie le vers *(bordo)*, la rime, la strophe, les genres littéraires, en se basant sur les anciens troubadours dont l'empire empêche tout renouvellement. Nombreux exemples poétiques.

e. Un cours de *rhétorique* (GA, Barcelone *b* et *c*). L'auteur, décrivant les vices et les figures, se perd dans des développements très longs pour les lecteurs d'aujourd'hui.

4. *Sources.* L'auteur ne cite que très rarement, et d'une façon très vague, à la manière des auteurs du Moyen Âge, les sources dont il s'inspire. Pour l'éthique, il consulte Brunetto Latini*, Albertano da Brescia, et un livre anonyme qui eut grande vogue à la fin du XIIIe siècle, le *Compendium theologiae veritatis* ; il cite surtout Sénèque, Cicéron*, Aristote. Pour la grammaire, il puise dans les *Étymologies* d'Isidore de Séville*, dans les ouvrages de Priscien, Donat, Alexandre de Villedieu.

5. *Influence.* L'influence des *Leys d'Amors* fut très grande et s'étendit au loin. On en trouve des traces en Castille avec Enrique de Villena et son *Arte de trobar*, au Portugal, en France du Nord, en Italie. La Catalogne surtout se tourne alors vers Toulouse et son foyer de poésie : Raimon de Cornet*, Joan de Castelnou* adressent leurs œuvres à un prince catalan ; on rédige pour les Catalans deux versions catalanisées, l'une en vers, l'autre en prose, du code toulousain ; en 1393, le roi Jean Ier d'Aragon charge deux savants catalans, Jacme March* et Luys d'Averçó*, d'établir à Barcelone un Consistoire poétique sur le modèle de celui de Toulouse, Consistoire qui devait fonctionner jusqu'en 1475.

Le résultat le plus positif des *Leys d'Amors* fut le maintien de la langue occitane comme langue de poésie ; de 1323 à 1484, Toulouse et Barcelone furent des centres de la poésie en langue d'oc.

ŒUVRE. — Éd. J. Anglade, *Las Leys d'Amors*, 4 t., Toulouse-Paris, 1919-1920. — Éd. en cours G. Gonfroy [version longue, mss de Toulouse et de Barcelone].

→ C. Brunel, nos 263, 33, 37 et 264. — A. Jeanroy, *La poésie provençale dans le Sud-Ouest de la France*, dans *HLF*, t. 38, 1949, p. 139-233. — R. Lafont, *Les « Leys d'Amors » et la mutation de la conscience occitane*, dans *RLR*, t. 77 (1966), p. 13-59. — J.H. Marshall, *Observations on the Sources of the Treatment of Rhetoric in the « Leys d'Amors »*, dans *The Modern Language Review*, t. 64 (1969), p. 39-52. — J. Salvat, *« Lo Desconortz de las donas », fragment inédit d'un poème occitan du XIVe siècle*, dans *Mél. J. Boutière*, Liège, 1971, p. 507-

516. — R.A. Taylor, *La littérature occitane du Moyen Âge*, Toronto, 1977, n°s 696-703 [bibliogr.]. — F. Zufferey, *Bibliogr. des poètes provençaux des* XIVe *et* XVe *siècles*, Genève, 1981 ; — J.-C. Huchet, *L'« amor de lonh » du grammairien*, dans *Médiévales*, t. 9 (1985), p. 64-79. — G. Gonfroy, *L'écriture poétique et ses modèles dans les « Leys d'Amors »*, dans *Littérales*, t. 4 (1988), p. 213-226. J.S.

Liber Fortunae. Injustement emprisonné, l'auteur du *Liber Fortunae* — un curé originaire de Troyes ou d'Amiens ? dont la critique n'a pas encore réussi à percer l'anonymat — eut, au matin des Rameaux 1346, une vision de la Fortune. Après lui avoir exposé son rôle dans le gouvernement du monde, Fortune lui dispensa un enseignement religieux, dogmatique et moral, dans la lignée du l'*Elucidarium** et de la *Somme le Roi* de frère Laurent*, faisant une place importante à la confession. Le cadre (fictif ?) de ce poème de 4 770 octosyllabes à rimes plates se situe dans la tradition directe de la *Consolatio Philosophiae* de Boèce*.

ŒUVRE. — Éd. J.L. Grisby, Berkeley-Los Angeles, 1967.

→ A. Långfors, *Une énigme dans le Liber Fortunae*, dans *Romania*, t. 45 (1918-1919), p. 265-268. — J.L. Grigsby *The Gooddess Fortuna in the Liber Fortunae*, dans *L'Esprit créateur*, t. 2 (1962), p. 110-113. — P.Y. Badel, *Le Roman de la Rose au* XIVe *siècle*, Genève, 1980. G.H.

Liber Historiae Francorum. Voir : Frédégaire.

Lidia. Comédie latine en 278 distiques élégiaques, composée dans le dernier quart du XIIe siècle, et imitée par Boccace*.

Lydie, femme du duc Décie, aime le jeune chevalier Poirier, à qui elle dépêche sa servante, appelée Borgne. Poirier, après quelque résistance, accepte de répondre aux désirs de Lydie, à condition qu'elle accomplisse trois épreuves : supprimer le faucon favori de Décie, arracher à ce dernier d'abord cinq poils de barbe, puis une dent. Lydie, à force de ruse, satisfait à ces demandes. Elle s'impose même une quatrième condition : commettre l'adultère en présence de son mari, sans que celui-ci en croie ses yeux. Qui grimpe dans les branches d'un poirier, fait-on croire à Décie, est victime d'une illusion et voit des entretiens innocents se muer en scènes érotiques. Tandis que le duc monte dans l'arbre, les amants s'emploient à confirmer la réalité du phénomène. Le poirier enchanté est ensuite abattu.

L'auteur exploite des thèmes attestés dans les recueils d'*exempla*, qu'il combine avec des tirades misogynes. Mais il ne cherche pas à édifier son public ; son intention est seulement de faire rire des maris dociles et bernés. Ce conte versifié est de lecture plaisante, tout en restant inférieur — à cause d'une rhétorique trop répétitive — au modèle avec lequel il était censé rivaliser (le *Géta** de Vital de Blois). L'ouvrage, dont on possède seulement deux manuscrits, dut avoir un succès médiocre. Il eut toutefois le mérite d'inspirer à Boccace, qui est le copiste d'un des exemplaires, la nouvelle VII, 9 du *Décaméron*.

La *Lidia* pose deux problèmes d'histoire littéraire, en partie liés et qui n'ont pas encore reçu de solution définitive. Est-elle du même auteur que le *Miles gloriosus**, auquel semble renvoyer le vers initial ? Cet auteur peut-il être identifié ? Faral répondait oui à la première question et voyait dans le poète anonyme un adversaire direct de Matthieu de Vendôme*. Roy a ensuite proposé la candidature d'Arnoul d'Orléans*, soutenue par Bertini et Tandoi, mais brutalement rejetée par Suchomski. Les contributions récentes de Cecchini et Orlandi ouvrent d'autres perspectives. Le premier vers de la *Lidia*, qui fait allusion à une comédie antérieure, intitulée *Eques ludens*, est sûrement corrompu : l'identification de cette pièce avec le *Miles gloriosus* est donc d'une fragilité extrême. Les analyses métriques et stylistiques montrent d'autre part que la *Lidia* et le *Miles gloriosus* peuvent difficilement être attribués au même poète. Comme la *Lidia* semble polémiquer, aux v. 17-18, avec l'*Art poétique* de Matthieu de Vendôme, l'attribution de cette pièce à Arnoul, bien qu'elle soit indémontrable, garde une certaine vraisemblance. Le *Miles gloriosus* en revanche serait d'un autre écrivain.

ŒUVRE. — Éd. E. Lackenbacher, dans G. Cohen, *La « comédie » latine en France au* XIIe *siècle*, t. 1, Paris, 1931, p. 211-246 [avec trad. française]. — J. Suchomski, *Lateinische Comediae des 12. Jahrhunderts*, Darmstadt, 1979, p. 205-235, 276-291 [avec trad. allemande]. — A.G. Elliott, *Seven Medieval Latin Comedies*, New York-Londres, 1984 [trad. anglaise].

→ E. Faral, *Le fabliau latin au Moyen Âge*,

dans *Romania*, t. 50 (1924), p. 351-362. — B. Roy, *Arnulf of Orleans and the Latin « Comedy »*, dans *Speculum*, t. 49 (1974), p. 258-266. — F. Bertini, *Riflessi di polemiche fra letterati nel prologo della « Lidia » di Arnolfo di Orléans*, dans *Sandalion*, t. 1 (1978), p. 193-209. — V. Tandoi, *Qualche nota a Vitale di Blois cultore dei classici*, dans *Annali della Scuola Normale Superiore di Pisa*, t. 13 (1983), p. 217-238 [explication des v. 431-432]. — E. Cecchini, *A proposito di « commedie » medioevali : stemmi, problemi testuali, questioni attributive*, dans *Maia*, t. 37 (1985), p. 59-77. — G. Orlandi, *Metrica « medievale » e metrica « antichizzante » nella commedia elegiaca : la tecnica versificatoria del « Miles gloriosus » e della « Lidia »*, dans *Tradizione classica e letteratura umanistica. Per Alessandro Perosa*, t. 1, Rome, 1985, p. 1-16. — J. Usher, *Rhetorical and Narrative Strategies in Boccacio's Translation of the « Comoedia Lydiae »*, dans *The Modern Language Review*, t. 84, 1989, p. 337-344. F.D.

Liesse et Cardenois. Voir : *Passebeauté et Cardenois.*

Lignages d'Outremer. Voir : *Croisades (Littérature des)*, § 8.

Lion de Bourges. Cette chanson de geste, évoquée par deux œuvres de la fin du XIVe siècle (*Tristan de Nanteuil** et la *Chronique de Bertrand du Guesclin* de Jean Cuvelier*), n'est plus conservée que par deux mss tardifs (entre fin XIVe et XVIe s.). Le plus ancien contient une version en laisses monorimes d'alexandrins (34 298 vers). Le plus récent donne un texte en couplets d'octosyllabes mais certains passages sont en décasyllabes, ou même en alexandrins. L'œuvre semble avoir connu un succès plus grand en Allemagne qu'en France, si l'on en croit les trois mss (XVe s.) de mises en prose allemande et leurs quatre impressions connues (Strasbourg, 1514 ; Francfort, 1568, 1579, 1587).

Lion de Bourges raconte les exploits du fils de Herpin de Bourges, un des héros des *Chétifs**. À la recherche de ses parents dont il a été séparé dès sa naissance, Lion réussit à reprendre la ville de Bourges, dont son père avait été banni. Suit l'histoire mouvementée des fils jumeaux de Lion, Guillaume et Olivier.

ŒUVRE. — Éd. de la version en alexandrins par W.W. Kibler, J.-L. Picherit et T.S. Fenster, Genève, 1980, 2 vol. (*TLF*, 285).

→ E. Müller, *Überlieferung des Herpin von Burges*, Halle, 1905 [sur les versions allemandes]. — W.W. Kibler, *The Fake Pilgrim in Lion de Bourges*, dans *Romance Notes*, t. 11 (1969), p. 407-413 ; *Un essai de taxinomie des relations cycliques à partir de Lion de Bourges*, dans *Actes du 8e congrès de la Société Rencesvals Pampelune, 1981*, Paris, 1983, p. 247-251. — W.W. Kibler et J.-L. Picherit, *Lion de Bourges*, dans *Olifant*, t. 2 (1974-1975), p. 5-13, 129-138, 183-197, 246-259. — J.-L. Picherit, *Le merveilleux chrétien et le motif du mort reconnaissant*, dans *Annuale Mediaevale*, t. 16 (1975), p. 41-51 ; *La Légende de la mutilation du pape Léon* (...), dans *Neuphilologische Mitteilungen*, t. 84 (1983), p. 297-300. — T.S. Fenster, *Joie melee de tristouse : The Maiden with the Cut-Off Hand in Epic Adaptation*, dans *Neophilologus*, t. 65 (1981), p. 345-357. — P. Harris-Stäblein, *L'or du texte* (...), dans *Senefiance*, t. 12 (1983), p. 415-433. — F. Suard, *Chanson de geste et roman devant le matériau folklorique : le conte de la Fille aux mains coupées dans la Belle Hélène de Constantinople, Lion de Bourges et la Manekine,* dans *Mittelalterbilder aus neuer Perspektive* (...), éd. E. Ruhe et R. Behrens, Munich, 1985, p. 364-379. — G. Roques, *Remarques sur le texte de Lion de Bourges*, dans *TraLiLi*, t. 24.1 (1986), p. 239-255. — Cf. *MB* nos 4046-4055 ; *S* 6540-6548. S.I.J.

Lion Couronné. Cette œuvre anonyme répond à une ballade de Georges Chastellain*, le *Lion rampant* (armoiries de Bourgogne), louange de Philippe le Bon trépassé (juin 1467). Ici, on a une sorte de compliment de joyeux avènement adressé au jeune Charles le Téméraire. Celui-ci est couronné à la fin du texte par Loyale Entreprise, Diligente Poursuite, Ample Faculté et Persévérance, en dépit des menaces d'Envie. Ces personnages allégoriques, amenés par un songe de l'auteur, s'entretiennent l'un après l'autre avec Envie dans des débats versifiés. Ceux-ci sont précédés d'explications en prose sur leur présentation matérielle (objets symboliques, physionomie). Œuvre d'un « petit » rhétoriqueur, le *Lion couronné* est sans doute le fait d'un disciple du grand Chastellain.

ŒUVRE. — Éd. K. Urwin, Genève-Paris, 1958 (*TLF*, 81).

→ O. Jodogne, dans *Le Moyen Âge*, t. 66 (1960), p. 407-409 [compte rendu de l'éd.]. S.L.

Livre imprimé. C'est vers 1440-1450 que la technique occidentale d'impression des textes au moyen d'une presse et de caractères mobiles fut définitivement mise au point, vraisemblablement dans la région de Mayence.

L'apparition du livre imprimé, la diffusion de celui-ci au XVe siècle étant un phénomène européen, son étude doit obligatoirement déborder le cadre français.

Nous insisterons cependant plus particulièrement sur le rôle joué par le livre imprimé en France.

1. Les origines. À l'origine de cette révolution technique, la réunion d'un certain nombre de conditions.

a) Le besoin de textes. Déjà au XIIIe siècle, le développement des études avait provoqué avec l'apparition de la *pecia*, l'utilisation de procédés permettant de multiplier les manuscrits universitaires (voir l'article Livre manuscrit). De même au XIVe et au XVe siècle, le besoin de reproduire certains textes à un nombre croissant d'exemplaires semble se faire sentir plus vivement et on peut supposer que la pratique d'« imposer » les manuscrits qu'on observe alors (cf. C. Samaran, art. cité), correspond sans doute au besoin d'accélérer la reproduction des textes. Enfin, on peut rappeler que nombre de textes littéraires, en particulier le *Roman de la Rose** et les *Voyages* de Jean de Mandeville*, sont parvenus jusqu'à nous à des centaines d'exemplaires, ce qui montre qu'ils furent sans cesse recopiés. Aussi ne faut-il pas s'étonner si, dans la première partie du XVe siècle, les ateliers de copistes semblent avoir été très nombreux et très actifs (cf. C. F. Buhler, *op. cit.*). Et dans ces conditions, il apparaît normal qu'on ait alors cherché à mettre au point un procédé de reproduction mécanique des textes.

b) Les progrès de la métallurgie. De ce point de vue, on savait depuis longtemps, certes, frapper en Occident une *matrice* de métal à l'aide d'un *poinçon* de métal plus dur et prendre l'empreinte de cette matrice en coulant dans celle-ci un métal fusible à basse température. Depuis longtemps donc, on possédait les notions théoriques qui allaient permettre de multiplier les caractères typographiques. Cependant, on ne doit pas moins noter que c'est précisément au début du XVe siècle, vraisemblablement dans la région de Liège, qu'apparaît le haut fourneau, et toute la machinerie qui sera utilisée dans la métallurgie jusqu'à la révolution mécanique du XVIIIe siècle (cf. B. Gilles, art. cité). Vers la même époque, d'autre part, l'exploitation des mines d'Allemagne et de Bohême connaît un nouvel essor : dans ces conditions, le « climat » est alors favorable à des recherches telles que celles de Gutenberg et de ses concurrents.

c) L'essor de l'industrie papetière. En même temps, le papier devient en Europe, et surtout en France, d'un usage de plus en plus courant.

Mis au point en Chine dans les premiers siècles de notre ère, l'art de faire du papier avait été connu des Arabes vers le VIIIe siècle. Au XIe et au XIIe siècle, le papier était introduit par leur intermédiaire en Europe, et bientôt on en fabriquait en Espagne et en Italie. Vers la même époque, cependant, on avait eu l'idée en Occident d'adapter aux axes entraînés par les roues des moulins à eau, des « lèves » permettant de transformer le mouvement circulaire de ceux-ci en mouvement alternatif. Adopté par les papetiers de Fabriano, en Italie, ce procédé permit de remplacer la meule, utilisée par les Arabes pour broyer et triturer la chiffe, par des maillets. Aussi l'industrie italienne du papier se développa-t-elle considérablement au XIVe siècle et répandit-elle ses produits à travers l'Europe et particulièrement en France par l'intermédiaire des marchands lombards. A la même époque, d'autre part, des battoirs se multipliaient, en particulier dans le Comtat Venaissin, dans la région de Troyes, ainsi qu'à Corbeil, Essonnes et Saint-Cloud. Au XVe siècle, la Champagne devient centre exportateur très actif, tandis que des moulins à papier apparaissent un peu partout en Europe.

Ainsi se trouve mis à la disposition des Occidentaux, dans le siècle qui précède l'apparition de l'imprimerie, un nouveau « support » des textes, parfaitement plan, donc plus apte que le parchemin à passer sous la presse, et qui, surtout, pouvait être fabriqué en quantité pratiquement illimitée, alors qu'on ne pouvait disposer que d'une quantité limitée de parchemin.

d) Les facteurs économiques, sociaux et politiques. Cependant, il est intéressant de noter que, de même que d'autres progrès dans le domaine de l'écriture (Renaissance carolingienne) ou que d'autres grandes découvertes, l'invention de l'imprimerie précède une Renaissance, loin d'en être une conséquence. On aimerait pouvoir faire état à son sujet d'un renouveau économique, d'un essor démographique, or tel ne semble pas être le cas. Pourtant, il convient d'observer que l'art typographique trouve son berceau dans la vallée du Rhin, pays de civilisation urbaine comptant nombre de villes habitées par une riche bourgeoisie marchande, centres de foires parfois importantes, en un temps où la paix est générale en Europe — ce qui facilite les échanges commerciaux — et surtout en une époque où ceux-ci se développent grâce au progrès de certaines techniques capitalistes de payement. Si l'on considère que Gutenberg travailla à Strasbourg à mettre au point des procédés destinés à être exploités pour les foires d'Aix-la-Chapelle, et si l'on ajoute qu'on trouve parmi ses bailleurs de fonds un papetier et un banquier, on peut donc estimer que l'imprimerie fut, pour une part au moins, fille d'une certaine forme d'esprit capitaliste. C'est là un point de vue que des études ultérieures sur le XVe siècle, encore mal connu, pourraient sans doute permettre de confirmer.

2. LES PRÉCÉDENTS.

a) Le précédent chinois. Cependant, la Chine qui, en inventant le papier, a indirectement contribué à faire apparaître l'imprimerie en Occident, connaissait alors depuis longtemps des techniques du même ordre. Très tôt, on y a employé des procédés d'estampage sur pierre ; d'autre part, on connaît des xylographes chinois à partir du milieu du VIIIe siècle ; à partir du XIe siècle, enfin, on y utilise épisodiquement des procédés d'impression par caractères mobiles, — technique qui prend un certain essor en Corée dans la première partie du XVe siècle (cf. M.R. Guignard dans L. Febvre et H.J. Martin, *op. cit.*, p. 97-106).

Mais ces réalisations semblent n'avoir pas eu d'influence directe sur celles d'Occident : Marco Polo*, tout en s'émerveillant de voir en Chine des billets de banque, n'observe pas que ce sont des xylographes. Peut-être cependant est-ce par l'Orient que l'Occident apprend à utiliser la xylographie pour décorer les tissus. D'autre part, tout en connaissant l'usage des caractères mobiles, les Chinois lui préfèrent toujours la xylographie, mieux adaptée à leur système d'écriture et correspondant peut-être davantage à leur conception calligraphique de la lettre. Enfin, leurs entreprises typographiques et xylographiques apparaissent comme le résultat d'initiatives des empereurs ou de mécènes. Sans doute l'absence d'un moteur capitaliste semblable à celui d'Occident, et la structure même de la société chinoise administrative et rigide, s'opposaient-elles à ce qu'il en fût autrement (cf. E. Balazs, art. cité).

b) Les xylographes. Employée déjà pour l'impression sur tissu, la technique xylographique est tout naturellement utilisée dès la seconde partie du XIVe siècle pour imprimer des images sur papier. Dès la fin de ce siècle, peut-être sous l'impulsion des ordres religieux naît ainsi, et se développe, particulièrement dans les états bourguignons, toute une industrie d'images de dévotion (notamment images de la Vierge et de saints tels que saint Roch, sainte Apolline, saint Sébastien) qui ornent les demeures, décorent le fond des coffrets de voyage ou servent très probablement de talismans ou de remèdes, cousus dans les vêtements ou encore appliqués sur une partie du corps malade. Bientôt des images profanes apparaissent et on groupe les planches dans des Apocalypses, des Arts de mourir (voir *Art de bien vivre et de bien mourir*, ou des histoires légendaires (*Dit des Neuf Preux**). On fait d'abord accompagner ces recueils de légendes manuscrites, puis on grave celles-ci. En dernier ressort enfin, on publie d'autres livrets qui ne comportent que du texte : *Doctrinal* d'Alexandre de Villedieu*, grammaires élémentaires de Donat, dont il est difficile de dire s'ils sont sûrement antérieurs à l'invention de l'imprimerie.

Au total, si la technique de l'imprimerie est totalement différente de celle du xylographe, il apparaît probable que le succès des xylographes contribua à développer l'idée de mettre au point un procédé plus perfectionné de reproduction des textes.

3. L'INVENTION DE L'IMPRIMERIE.

a) Le processus. Si on cherche tout d'abord en quoi consiste précisément cette invention, on peut considérer que la technique typographique proprement dite, telle qu'elle fut finalement mise au point, suppose la solution de trois problèmes : la multiplication des caractères mobiles isolés ; la mise au point d'une encre grasse propre à encrer ces caractères ; la construction d'une presse permettant de réaliser l'impression proprement dite.

En fait, le grand problème résidait pour les chercheurs dans la conception et la mise au point d'un procédé permettant de multiplier les caractères isolés, de manière assez uniforme pour que l'impression proprement dite puisse se réaliser dans de bonnes conditions. Aussi, face aux difficultés que posait ce problème, peut-on se demander si certains d'entre eux ne commencèrent pas par essayer de mettre au point un procédé métallographique, plus simple au premier abord — intermédiaire entre la xylographie et l'impression par caractères isolés — et consistant à réaliser des *pages-bloc* dont les caractères auraient été fondus ensemble à partir d'une matrice-bloc réalisée au moyen de poinçons indépendants (voir à ce sujet les travaux de M. Audin cités *infra*).

b) Les auteurs de l'invention. D'assez nombreux documents d'archives et sources narratives semblent montrer que, dès le second quart du XVe siècle, des recherches étaient menées en différentes régions d'Europe pour mettre au point des procédés de reproduction mécanique des textes :

En Avignon : des documents notariés datés de 1444-1446 nous apprennent qu'un orfèvre originaire de Prague, Procope Walfoghel, entendait enseigner à des habitants de la ville un *ars scribendi artificialiter* qui semble bien être un procédé d'imprimerie.

Dans les Pays-Bas : les comptes de Jean le Robert, abbé de Saint-Aubert de Cambrai, font état de l'achat de deux exemplaires d'un *Doctrinal*, l'un à Bruges (1445) l'autre à Valenciennes (1451), « jetés en moule ». Surtout, en 1563, un chroniqueur de Haarlem, le médecin Adrien de Jonghe, précisant une assertion avancée par avant, affirme que, le premier, un habitant de cette ville, Laurent Janszoon surnommé Coster, aurait découvert l'art d'assembler des caractères de métal fondu et imprimé notamment un *Speculum humanae salvationis* et des Donat.

De Strasbourg à Mayence : surtout le fameux Jean Gensfleich, dit Gutenberg, orfèvre de profession, issu d'une famille de monnayeurs de Mayence, tente de mettre au point un procédé d'imprimerie, d'abord à Strasbourg entre 1436 et 1439, et plus tard à Mayence (cf. les procès avec ses commanditaires). Bien qu'il soit à peu près certain qu'il ait abouti, on ne connaît pas d'impressions signées par lui, tandis que deux de ses anciens associés, Fust et Schoeffer, fondent une officine prospère (voir à ce sujet J. Guignard, *Gutenberg et son œuvre*, ouvr. cité).

c) Les premières impressions. Dans ces conditions, la grande question est de savoir à qui attribuer les premières impressions et notamment les Donat, les calendriers, les lettres d'indulgence et les autres livrets du même genre, qui sont parvenues jusqu'à nous, ou dont des feuilles ont été exhumées de reliures du temps, ainsi que certaines grandes impressions comme les Bibles à quarante-deux et à trente-six lignes, le Psautier de Mayence de 1457, le Missel de Constance, etc. (cf. la mise au point de J. Guignard, *op. cit.*). Sans entrer ici dans le détail, indiquons sommairement qu'on a souvent supposé que certains des livrets d'aspect très primitif retrouvés précisément dans les Pays-Bas sont des impressions métallographiques, d'origine hollandaise. En tout cas, le nombre des publications retrouvées révèle que dès les années 1450-1460 plusieurs ateliers fonctionnaient déjà à Mayence et dans la région, et peut-être aussi en Hollande.

4. LA DIFFUSION DE L'IMPRIMERIE.

a) Les grands centres. Ainsi, dès la décennie 1450-1460 au moins, des ateliers typographiques fonctionnent à Mayence de façon industrielle. Bientôt, nombre de compagnons formés par Gutenberg, Fust ou Schoeffer quittent leur maître pour aller chercher fortune ailleurs. Parfois ils trouvent très vite à se fixer définitivement dans de grands centres comme Venise, Lyon ou Paris. Souvent aussi, on les trouve se déplaçant avec leur matériel au gré des commandes que leur passent des mécènes (souvent des prélats) ou des bailleurs de fonds. Ainsi en va-t-il par exemple pour le fameux Neumeister, qu'on rencontre à Foligno où ses travaux sont financés notamment par un orfèvre (1470), puis vraisemblablement de retour à Mayence (1479), ensuite à Albi (1480), Lyon (1485) et Vienne-sur-le-Rhône (1489) où il travaille pour l'évêque, enfin à Lyon où il meurt (1498).

À ces premiers imprimeurs, tous d'origine germanique, viennent s'adjoindre d'autres typographes et d'autres libraires dans les trente dernières années du siècle. Beaucoup sont des clercs, d'anciens copistes, stationnaires ou enlumineurs, ou encore des orfèvres. Grâce à tous ces hommes, le nouvel art se répand à travers l'Europe avec une très grande rapidité. Dès avant 1460, Mentelin, enlumineur et notaire de l'évêque de Strasbourg, crée dans cette ville une firme qui suscite bientôt des concurrents. Puis vient, avant 1470, le tour de Bamberg, Cologne, Bâle, Nuremberg, sans compter d'autres centres plus ou moins éphémères. En 1480, des presses typographiques ont fonctionné dans cent dix villes d'Europe au moins. Déjà, Venise s'affirme comme la métropole du livre, suivie par Milan, Augsbourg, Nuremberg, Florence, Cologne, Paris, Strasbourg, Bâle. À cette date, la plupart des imprimeries fonctionnent dans de grandes villes d'Allemagne (notamment région rhénane et Allemagne du Sud), des Pays-Bas aussi, et surtout d'Italie (plaine lombarde). En France, Paris possède des presses depuis 1470, Lyon depuis 1473, Angers et Toulouse depuis 1476, Poitiers depuis 1479, sans compter les ateliers épisodiques.

À la fin du siècle enfin, le mouvement de diffusion s'est encore accentué. En 1500, on peut dénombrer deux cent trente-sept centres ayant possédé des presses. La France, l'Allemagne du Nord, dans une certaine mesure et même l'Espagne tendent à rattraper leur retard. Si Venise reste en tête (près du quart peut-être des impressions parvenues jusqu'à nous, datées des années 1495-1496 et 1497), Paris et Lyon occupent désormais le second et le troisième rang, devant Florence, Leipzig, Deventer, Milan (déjà en déclin), Strasbourg, Cologne, Augsbourg, Nuremberg et Bâle (en déclin comme Milan).

b) Le commerce et l'industrie du livre. Au total, on peut constater que, si des mécènes ont parfois attiré des typographes dans des villes d'importance secondaire, bien souvent ceux-ci n'ont pas pu fonder d'établissement définitif. Certes, la présence d'une université importante, d'un évêché ou d'un archevêché dont dépend un clergé nombreux, ou d'une grande cour de justice aide à provoquer la création de centres typographiques. Mais c'est dans les grands centres commerçants et dans les capitales où se trouve concentrée une clientèle importante, et qui surtout disposent d'un réseau de communications sûres, que les presses se fixent avant tout.

S'il en est ainsi, c'est parce que les lecteurs — ceux surtout d'ouvrages savants — sont encore à cette époque relativement peu nombreux, et disséminés. Aussi dès les années 1470-1475 — dans des officines parfois spécialisées, il est vrai, dans la publication d'ouvrages de belle latinité —, on constate à travers l'Italie, et peut-être même à Paris, chez Gering, une véritable crise de surproduction. Or, très vite, les chiffres des tirages s'élèvent pour atteindre couramment le millier à la fin du siècle (cf. L. Febvre et H.J. Martin, *op. cit.*, p. 327-334). Donc, le grand problème est pour les éditeurs un problème de débouchés.

Dès 1460-1470, Schoeffer envoie à Paris des agents. Bientôt il y a un correspondant à poste fixe, Herman Statboen qui, à sa mort en 1474, conserve chez lui des livres appartenant au libraire mayençais évalués à 2 425 couronnes. Vers la même époque, Sweynheim et Pannartz envoient, de Rome, des facteurs à travers l'Allemagne. Peu à peu, les libraires les moins importants se mettent au service des grands éditeurs et profitent, à l'occasion, pour écouler leur propre production, des correspondances de ceux-ci. En même temps apparaissent les premiers catalogues de livres, — souvent des feuilles volantes qu'un courrier affiche à la porte d'une auberge. Si bien que, vers 1490, le réseau commercial du livre est établi à travers toute l'Europe. Et, tandis que de grands éditeurs comme les Koberger de Nuremberg possèdent des boutiques en France, à Paris, Lyon et Toulouse, de grands libraires allemands, vénitiens ou lyonnais ont des correspondants chargés de prospecter le marché espagnol.

En même temps, les fonctions de graveur de caractères, d'imprimeur et d'éditeur tendent à se différencier dans une certaine mesure. De plus en plus, vers la fin du siècle, les imprimeurs cessent de tailler leurs poinçons pour acheter à des collègues, plus ou moins spécialisés, matrices ou fontes. Surtout, si l'établissement d'une imprimerie coûte relativement cher, il faut disposer pour financer une grande édition (notamment pour acheter le papier nécessaire) de capitaux encore plus considérables qui, en bien des cas, ne peuvent être récupérés que lentement. Aussi, si de grands libraires éditeurs comme les Koberger, les Alde ou les Amerbach, possèdent leur propre officine, en bien des cas, — et plus particulièrement peut-être en France — le libraire fait figure de commerçant capitaliste employant, au gré des commandes, des typographes artisans.

Ainsi s'amorce — encore que ce schéma mérite d'être nuancé — au sein des métiers du livre une certaine hiérarchisation : au-dessus des autres, de grands libraires possédant un réseau commercial étendu, spécialisés surtout dans les grandes éditions (textes savants, grands livres illustrés), et dirigeant ou non une officine typographique. Au-dessous, des libraires moins puissants — imprimeurs ou non — se livrant avant tout à un commerce local ou régional (livres d'heures, ouvrages en langue vulgaire), et aussi des imprimeurs, travaillant pour le compte d'autrui et réinvestissant en publications personnelles le salaire par eux ainsi gagné.

c) Le cas de Paris et de Lyon. La France posséda, certes, au XVe siècle, nombre de centres typographiques (en 1500 des presses fonctionnaient ou avaient fonctionné dans une quarantaine de villes de la France actuelle). Toulouse, Rouen et Troyes présentèrent de ce point de vue une notable importance, mais Paris et Lyon jouèrent en ce domaine le rôle de métropoles internationales.

Paris. Les premières presses à avoir fonctionné en France, en 1470, furent celles qu'Ulrich Gering de Constance, Michel Friburger de Colmar et Martin Krantz de Steyn installèrent à la Sorbonne, à l'appel du prieur de cet établissement, Jean Heynlin de Steyn. Durant trois années, ces typographes travaillèrent surtout à l'édition de textes de bonne latinité pour le petit groupe d'amateurs de belles lettres qui s'était constitué là autour de Guillaume Fichet*. Parmi les éditions qu'ils mirent alors au jour, signalons les lettres et le traité de l'orthographe de Gasparino de Bergame, des œuvres de Salluste et de Valère Maxime, le *De Officiis* de Cicéron*, les *Élégances* de Laurent Valla et la *Rhétorique* de Guillaume Fichet lui-même, de même que le Commentaire de Scot sur le quatrième livret des *Sentences* de Pierre Lombard*, et bien d'autres ouvrages.

Par la suite — le petit groupe qui les encourageait s'étant peut-être disloqué — Gering et ses compagnons quittent la Sorbonne et s'installent près de là, rue Saint-Jacques « Au soleil d'or ». Après avoir renouvelé leur matériel et s'être procuré des caractères plus traditionnels, ils semblent s'efforcer d'étendre leur clientèle et, tout en continuant à mettre au jour des ouvrages littéraires, impriment aussi en assez grand nombre les textes philosophiques, canoniques ou théologiques alors les plus en usage, et même des livres de dévotion (opuscules de Nider ; *Legenda aurea* de Jacques de Voragine), ou encore le *Manipulus curatorum* de Guy de Montrocher.

À cette époque, cependant, Gering n'est plus le seul imprimeur de Paris. Dès 1474, deux autres typographes, eux aussi d'origine germanique, Pierre César (Keysere) et son associé Jean Stoll s'établissent rue Saint-Jacques et engagent la concurrence. Puis, très vite, près d'eux, le long de la rue Saint-Jacques et dans les artères avoisinantes, apparaissent de nouveaux ateliers typographiques et des boutiques de libraires. En même temps, d'autres libraires, spécialisés dans l'édition des livres en français, apparaissent sur certains ponts, sur le parvis de Notre-Dame et surtout au Palais (cf. A. Claudin, *op. cit.*). De ces libraires, nous retiendrons deux exemples particulièrement célèbres : Antoine Vérard et Jean I Petit.

Antoine Vérard dirigeait à l'origine un atelier où on calligraphiait des manuscrits de luxe. Lorsque paraissent en France les premiers livres illustrés, il décide d'opérer sa « reconversion ». Très vite, il apparaît comme le grand éditeur des livres en français et surtout des livres illustrés. Mais pour les plus riches de ses clients, il fait imprimer les livres sur vélin, et les illustre d'enluminures et de lettres peintes.

Fait caractéristique : si Vérard possède des bois et même des caractères, il ne possède pas d'atelier typographique proprement dit, mais il fait travailler les meilleurs imprimeurs de la capitale (Jean du Pré, Pierre Le Rouge, Pierre Levet, Gillet, Coustiau, Trepperel, etc.). Très tôt, d'autre part, il ne se contente pas de vendre ses éditions dans ses boutiques parisiennes (l'une au Palais, l'autre du côté de Notre-Dame), mais les écoule en province et jusqu'en Angleterre (il a un dépôt à Londres et publie des éditions en anglais).

Jean Petit, fils d'un boucher parisien,

commence à travailler en 1493 seulement. Comme Vérard, il est avant tout libraire éditeur et fait travailler les imprimeurs pour son compte. L'un des quatre libraires jurés de l'Université, ce capitaliste ne tarde pas à devenir à Paris le grand maître des éditions savantes. C'est lui qui, au début du XVIe siècle, financera l'installation de l'officine de Josse Bade. De 1493 à 1530, il éditera plus de 1 000 volumes, seul ou en association : soit plus du dixième de la production des presses parisiennes.

Lyon. C'est en 1472 que fonctionna pour la première fois une presse à Lyon. A l'origine de l'entreprise, Barthélemy Buyer, fils d'un bourgeois, petit-fils par sa mère de mercier, devenu docteur en droit sur le tard. C'est lui qui installa à Lyon dans sa propre demeure un typographe ambulant, Guillaume Le Roy, venu de Bâle, semble-t-il. L'atelier ainsi créé se spécialise très vite dans l'édition de textes en langue vulgaire, et aussi de recueils juridiques, souvent destinés à l'exportation. Très vite également, Buyer s'efforce d'étendre un réseau d'affaires destiné à écouler non seulement ses propres productions, mais aussi celles des typographes et des libraires qui ne tardent pas alors à s'établir à Lyon. Son activité dans ce domaine a laissé des traces en Avignon, à Paris et Toulouse (relais vers l'Espagne). Il est probable qu'il travailla aussi en liaison avec des libraires vénitiens. En même temps, Lyon devient une métropole de l'imprimerie. Des quelque 49 imprimeurs qui y travaillèrent avant 1500, une minorité de Français : 20 contre 20 Allemands, 5 Italiens, 1 Belge, 1 Espagnol. S'il en va ainsi, c'est que Lyon, grâce à sa situation et à ses foires, joue un rôle de « plaque tournante ». Parmi les marchands qui viennent là deux fois l'an, nombreux sont les libraires, souvent étrangers, qui échangent des marchandises et règlent les créances : c'est grâce à ces foires que les libraires lyonnais joueront un rôle de trait d'union entre l'Allemagne, l'Italie et l'Espagne, où ils auront au XVIe siècle, avec les Vénitiens, la haute main sur le commerce du livre, souvent par l'intermédiaire de firmes toulousaines qui jouent le rôle de succursales.

5. LA PRODUCTION IMPRIMÉE : LES INCUNABLES.

a) L'aspect extérieur. À l'origine, les typographes furent tout naturellement incités à imiter le plus rigoureusement possible le manuscrit qui leur servait de modèle. Longtemps même, ils firent peindre les initiales et « rubriquer » le volume de la même façon qu'un manuscrit. Ce n'est donc que peu à peu que le livre imprimé affirma son originalité. D'où les difficultés qu'opposent à toute étude ces imprimés d'un caractère très particulier. De cette étude les Allemands ont fait une véritable science (cf. C. Haebler, *Handbuch der Inkunabelkunde, op. cit.*). Nous nous bornerons ici à quelques observations très générales :

Les caractères. Tout d'abord, les premiers imprimeurs, dont beaucoup savaient tailler leurs propres caractères, imitent servilement les modèles manuscrits. De façon très générale, ils utilisent, comme les scribes, quatre types principaux d'écriture selon les ouvrages :

la traditionnelle « lettre de somme » pour les écrits universitaires ;

la « lettre de missel », gothique moins ronde avec des traits droits et des brisures pour les livres liturgiques ;

la « gothique bâtarde », dérivé calligraphique de la cursive, employée dans les chancelleries, déjà utilisée dans les manuscrits de luxe pour les ouvrages littéraires et pour certains textes latins, généralement narratifs ;

enfin une lettre copiée de l'écriture humanistique, pour les ouvrages relevant de cette tendance : les caractères romains et aussi l'italique.

Jusque vers 1480, d'autre part, les typographes s'efforcent de reproduire exactement les variétés locales ou régionales de ces divers types. Peu à peu, cependant, une certaine uniformisation tend à s'opérer à mesure que l'imprimerie se répand, que les imprimeurs s'habituent à utiliser leur matériel loin du lieu où il a été acquis ou mis au point, et que le commerce des caractères prend naissance. À la fin du siècle d'autre part, grâce au prestige de certaines éditions italiennes, le caractère romain gagne déjà du terrain. Bientôt, il en sera de même de l'italique (cf. les copies lyonnaises des éditions aldines).

La présentation du texte. À l'origine,

les typographes s'efforcent, de même, de reproduire toutes les abréviations qu'ils trouvent dans les manuscrits et fournissent un texte aussi serré que ceux-ci. Mais, si les scribes procédaient ainsi pour économiser parchemin ou papier, les imprimeurs avaient tout intérêt à résoudre les abréviations pour diminuer le nombre des signes typographiques. Ainsi font-ils peu à peu, mais en revanche les lignes resteront serrées tant que la lettre romaine n'aura pas triomphé.

D'autre part, à l'origine, de même que le manuscrit, l'incunable commence par un incipit fournissant le titre de l'ouvrage et parfois le nom de l'auteur et se termine par un colophon où s'insère normalement le nom du typographe, souvent son adresse, et aussi la date de l'achevé d'imprimer. Peu à peu, cependant on prend l'habitude de placer en tête de l'ouvrage une page de titre imprimée. A la fin du XVe siècle, cette pratique tend à se généraliser en France. Parfois l'imprimeur ou le libraire y introduit sa marque, quelquefois aussi son adresse. Mais la page de titre ne prendra son aspect définitif que plus tard.

Enfin, si les ouvrages sont parfois foliotés, le foliotage est bien souvent fautif. D'autre part, les cahiers composant le volume comprennent d'ordinaire un nombre inégal de feuillets. Aussi toute description d'ouvrages de ce genre comporte-t-elle avant tout le détail des signatures auxquelles on a par ailleurs intérêt à se référer pour les citations.

Illustration. Très tôt (Bamberg, 1462), on avait pris en Allemagne l'habitude de décorer de bois xylographiques les livres imprimés. Dès 1478, cette technique fut introduite à Dijon où les typographes allemands étaient nombreux (Le *Miroir de rédemption de l'humain lignage* de Julien Macho*). Dès lors, des imprimeurs comme Mathieu Husz, puis Mathieu Hur, Nicolas Philippi et Marc Reinhardt, Gaspard Ortuin, Guillaume Le Roy, Jacques Arnoullet, Balsarin, Michel Topié, illustrent souvent de bois les livres de piété et les romans qu'ils publient. Commençant par copier les modèles allemands, les graveurs sur bois lyonnais — à l'origine cartiers de profession — ne tardent pas à se créer un style original de gravures à grands traits, presque sans hachure, aux tailles vigoureuses dont la raideur confère à l'image une saveur populaire qui ne doit rien à l'art germanique. A Paris, le premier livre illustré est le Missel de Paris (Jean du Pré, 1481). Tout d'abord l'illustration ne s'y répand que lentement et est surtout employée pour des livres liturgiques. Puis, des libraires comme Jean Bonhomme, Guy Marchant, avec sa célèbre *Danse macabre** (1485), et surtout Pierre Le Rouge avec sa fameuse *Mer des hystoires* (1488), réalisent des chefs-d'œuvre. A la fin du siècle, c'est Antoine Vérard (cf. plus haut) qui joue en ce domaine le rôle principal, tandis que se multiplient les livres d'heures illustrés, qui deviennent dès cette époque une spécialité parisienne (cf. R. Brun, *Le Livre français, op. cit.*).

b) La production. Le catalogue général des incunables entrepris par les Allemands *(Gesamt Katalog der Wiegendrucke : GKW)* n'étant pas achevé, on ne peut pas dire au juste combien d'éditions de livres imprimés avant 1500 sont parvenues jusqu'à nous. Le nombre en apparaît cependant devoir avoisiner 40 000 (C. F. Buhler, *op. cit.*), sans compter les disparues, fort nombreuses sans doute. Au total, c'est donc par dizaines de millions qu'il faut assurément évaluer le nombre des livres et des livrets répandus à travers l'Europe dans le demi-siècle qui suivit l'apparition de l'imprimerie.

De ces ouvrages, les trois quarts sont en latin. Bien qu'un plus grand nombre d'incunables aient été imprimés en Italie qu'en Allemagne, on trouve à peu près autant de livres en dialectes italiens que d'ouvrages en dialectes allemands. Les éditions en langue française sont un peu moins nombreuses, puis viennent celles en espagnol, en flamand et en anglais.

D'autre part, on constate que beaucoup d'ouvrages traitent évidemment de sujets religieux. Beaucoup d'éditions de l'Ecriture sainte (à peu près 130 connues) avec ou sans commentaires, en latin, mais parfois aussi en langue vulgaire (surtout en allemand, plus rarement en français). Beaucoup d'éditions liturgiques sont également parvenues jusqu'à nous, en dépit de disparitions particulièrement nombreuses en ce domaine. En ce qui concerne les grands textes théologiques ou philosophiques, qui intéressent un public naturellement moins nombreux, il y a moins d'éditions qu'on ne pourrait peut-être s'y attendre, et surtout peu de réimpressions, même du sempiternel Pierre Lombard* (7 dont une seule à Paris). En revanche, les recueils de citations *(Auctoritates Aristotelis)* ou les compilations en forme de lexique (comme celles de Giovanni Balbi, de Giovanni Murchsini ou de Pierre le Mangeur*) trouvent plus d'audience, grâce à leur utilité pratique.

De même, certains ouvrages de caractère encore plus utilitaire, comme le *Manipulus curatorum* de Guy de Montrocher (98 éditions dénombrées par Peddie), et comme certains autres ouvrages de ce genre. Mais ce sont surtout les livres de dévotion qui obtiennent un large accueil : l'*Imitation de Jésus Christ**, les œuvres des mystiques rhénans, de Nider, de Herp, de Henri Suso*, la *Cité de Dieu* de saint Augustin, les *Méditations*, les *Soliloques* attribués au même, les œuvres mystiques de saint Bernard* ou à lui attribuées, les *Meditationes Vitae Christi* mises sous le nom de saint Bonaventure*, de petits traités signés Jean Gerson* ou Pierre d'Ailly*, les *Fioretti* de saint François d'Assise*, les écrits de sainte Catherine de Sienne, ceux de sainte Brigitte de Suède sont tous sans cesse réimprimés. De même aussi, le *Quadragesimale* de Gritsch, la *Vita Christi* de Ludolphe de Saxe* (qui sera recherchée jusqu'au XVIIe siècle), et encore des ouvrages de caractère plus populaire, tels que les *Arts de mourir*. Mais de tous ces ouvrages, aucun ne trouve une audience comparable à celle de la *Légende dorée** de Jacques de Voragine (173 éditions récemment dénombrées). Enfin, dans le même ordre d'idées, il conviendrait de citer les éditions de livres d'heures, dont les typographes parisiens s'étaient fait une spécialité, si nombreuses à être parvenues jusqu'à nous, et beaucoup plus nombreuses, à coup sûr, à avoir été imprimées.

En même temps, on voit se multiplier à l'infini les petits ouvrages traditionnels d'initiation à l'étude du latin : 280 impressions du *Doctrinal* d'Alexandre de Villedieu*, 356 de l'*Ars minor* de Donat recensées au *GKW*, font sans doute de ces ouvrages les *best-sellers* de l'époque. De la même façon, Ésope, Caton, les Auctores octo, le *De consolatione philosophiae* de Boèce* conservent une vogue immense. Parmi les grands auteurs enfin, à côté des Pères des premiers siècles (saint Jérôme, saint Augustin, Lactance), les poètes (Virgile*, Ovide*, mais aussi Juvénal ou Perse) semblent très appréciés. De même, Térence est recherché (bien plus que Plaute). Parmi les historiens, on peut citer Salluste, Tite-Live, Végèce, César ; parmi les philosophes, Sénèque. Mais c'est surtout, déjà, de Cicéron que la popularité apparaît grande.

Destinés à un public seulement national, les ouvrages en français font ordinairement l'objet d'un moins grand nombre de tirages. Parmi les impressions de ce genre, beaucoup de traductions, — non seulement d'ouvrages écrits en latin, mais aussi d'œuvres littéraires italiennes (Dante*, Boccace*, Leonardo Bruni, Pétrarque*). De plus, on imprime assez souvent les ouvrages de la littérature courtoise : le *Roman de la Rose**, dont la vogue ne se démentira qu'au XVIIe siècle ; ou encore, par exemple, le *Champion des Dames* de Martin Le Franc*, le *Doctrinal de court* de Pierre Michault*, l'*Abuzé en court**, la *Mélusine*, ou encore les œuvres de Christine de Pizan* et d'Alain Chartier*, auxquelles se joindront à la fin du siècle les *Lunettes des princes* de Jean Meschinot*, le *Chasteau de Labour* de Pierre Gringore ou le *Mystère de la Passion** de Jean Michel.

Avec le *Roman de la Rose*, l'*Abuzé en court*, le *Bélial*, les œuvres d'Alain Chartier, Gringore, Meschinot, François Villon*, semblent avoir été les plus recherchées. Mais en même temps, on commence à multiplier un autre type d'ouvrages : les romans de chevalerie. Ceux qui célèbrent les exploits légendaires des héros du Moyen Âge apparaissent alors les plus demandés : en particulier le *Fierabras**, la Conquête du Grand Charlemagne, les *Faits et gestes de Godefroy de Bouillon*, et aussi *Merlin*, Pierre de Provence*, Robert le Diable*, Lancelot*, Tristan**. Enfin, tout ce qui touche à l'histoire légendaire de Troie semble passionner les esprits, de même que les récits qu'on trouve par exemple dans la *Mer des histoires*.

Soulignons enfin le succès des récits moraux ou moralisateurs, parfois d'une verve pieuse, parfois aussi d'une verve gauloise, — souvent écrits de cour tendant à la longue à devenir ouvrages populaires.

Citons en particulier les *Cent Nouvelles nouvelles**, les *Quinze joies de mariage**, le *Doctrinal des filles mariées*, qui devaient figurer dans les bibliothèques à côté des *Faintises du monde* attribuées à Guillaume Alecis* ou de farces comme *Pathelin**, des *Arts de mourir* et du *Compost et Kalendrier des bergiers*, dont la carrière ne faisait alors que commencer.

6. CONCLUSION.

Les recherches de C. F. Buhler (*Fifteenth Century Book, op. cit.*) montrent que parmi les livres édités au XVe siècle, près des deux tiers sont l'œuvre de contemporains, beaucoup d'autres ayant été composés depuis moins d'un siècle. Cette considération suffit à expliquer le rôle de « ferment » (Lucien Febvre) dès lors rempli par le livre imprimé. Parmi les textes mis au jour, cependant, souvent, le meilleur ne prédomine pas : les *Voyages* de Jean de Mandeville*, par exemple, sont plus souvent réimprimés au temps de Colomb que le récit de la découverte de l'Amérique. Sans doute est-ce pour cela que Michelet a parlé de la « survie inespérée » assurée à certains textes par la presse...

Cependant, il est certain que l'imprimerie joue un rôle considérable dans le phénomène d'« accélération de l'histoire » qui marque la Renaissance (humanisme, Réforme, développement d'une opinion publique).

En ce qui concerne l'humanisme, ce rôle apparaît clairement dès le XVe siècle. Les stationnaires suffisant alors à multiplier les manuscrits traditionnels, et notamment les manuscrits universitaires, déjà répandus en nombre, bien souvent, les imprimeurs sont attirés à l'origine par des mécènes, amateurs de Belles-Lettres (notamment à Paris et en Italie, vers 1470) ; ils contribuent alors à multiplier les éditions de bonne latinité et facilitent la diffusion sinon de l'esprit humaniste, du moins du préhumaniste. Souvent l'entreprise tourne court, mais il reste des éditions qui seront lues et relues. Et surtout, l'organisation d'un commerce international du livre facilite la diffusion hors d'Italie des belles éditions italiennes des classiques latins, puis des grecs (rôle de Milan, puis rôle de Venise au temps des Alde).

Enfin l'imprimerie, multipliant des textes identiques, contribue à fixer la langue. Surtout, elle contribue à attirer l'attention sur la nécessité de donner des textes corrects et de vérifier si un texte est apocryphe ou non. Il est caractéristique de ce point de vue d'observer que, tandis qu'à l'origine les apocryphes sont si nombreux dans les textes patrologiques qu'on imprime (cf. article saint Augustin dans le *GKW*), un travail d'épuration s'opère très tôt dans ce domaine. D'autre part, les éditeurs prennent très vite, — dans un but surtout commercial —, l'habitude de donner les œuvres complètes des grands auteurs — notamment des Pères de l'Église — ce qui ne se faisait guère auparavant. Et on comprend dans ces conditions pourquoi, au temps d'Érasme et de Rabelais, les humanistes joueront si volontiers le rôle de correcteurs d'imprimerie.

→ M. Audin, *La métallographie et le problème du livre*, dans *Gutenberg Jahrbuch* (1930), p. 11-52 ; *Typographie et stéréographie, ibid.* (1931), p. 28-37 ; *Découverte de la typographie*, dans M. Audin, *Somme typographique*, t. 1 (Lyon, 1948), p. 113-239 ; *À propos des premières techniques typographiques*, dans *BHR*, t. 18 (1956), p. 161-170. — E. Balazs, *La pérennité de la société bureaucratique en Chine*, dans *International Symposium on History of Eastern and Western Cultural Contacts, Collection of Papers Presented and Compiled by the Japanese National Commission of Unesco*, 1959. — R. Brun, *Le livre français*, Paris, 1948. — C. F. Buhler, *The Fifteenth-Century Book, the Scribes, the Printers, the Decorators*, Philadelphie, 1960 [suggestif] ; *Fifteenth-Century Books and the Twentieth Century*, New York, 1952. — A. Claudin, *Histoire de l'imprimerie en France*, Paris, 1900-1905, 4 vol. — L. Febvre et H.-J. Martin, *L'Apparition du livre*, Paris, 1958 [bibliogr. méthodique, 2e éd., 1970]. — B. Gilles, *Lents progrès de la technique*, dans *17e semaine de synthèse, L'invention humaine*, Paris, 1954. — J. Guignard, *Du manuscrit au livre*, dans *La France graphique*, 1955, p. 8-16 ; *Gutenberg et son œuvre*, Paris, 1960. — K. Haebler, *Handbuch der Inkunabelkunde*, Leipzig, 1925 ; *Die deutschen Buchdrucker des XV. Jahrhunderts im Auslande*, Munich, 1924. — C. Samaran, *Manuscrits « imposés » à la manière typographique*, dans *Mél. Martroye*, Paris, 1940, p. 325-336 ; *Manuscrits « imposés » et manuscrits « non coupés »*, dans *Comitato di scienze storice. X Congresso internazionale,* Roma, 1955, t. 7 (1957), p. 88-89, p. 152-153. — Mise au point récente de la question dans *Histoire de l'édition française,* t. 1 : *Le livre conquérant. Du Moyen Âge au milieu du XVIIe siècle,* sous la dir. de H.-J. Martin et R. Chartier, Paris, 1982, et H.-J. Martin, *Histoire et pouvoirs de l'écrit*, Paris, 1989. H.J.M.

Livre manuscrit. Sauf pour certaines œuvres de basse époque, postérieures à l'introduction de l'imprimerie en France (1470), les textes médiévaux en langue vulgaire ne nous ont été conservés que dans des manuscrits. Les premiers livres imprimés sont, en effet, surtout latins (77 % de la production antérieure à 1500 ; 4 à 5 % seulement en français). Les seules œuvres un peu importantes antérieures au XVe siècle qui aient été imprimées avant 1500 ont été, sauf erreur, le *Roman de la Rose**, la *Mélusine* de Jean d'Arras*, le *Sidrac** ; les romans de chevalerie plusieurs fois imprimés à cette époque sont des remaniements de chansons de geste et de romans arthuriens dont le fond est ancien, mais la forme récente. Pour le XVe siècle même, rares sont les œuvres d'une certaine valeur, telles que le *Mystère de la Passion** de Jean Michel, des *farces*, des *soties*, que nous ne connaissons que par des imprimés.

Il ne faudrait d'ailleurs pas s'imaginer qu'il y a entre le livre imprimé et le livre manuscrit des différences fondamentales. Le manuscrit « d'auteur », autographe, est une rareté ; c'est au point que les médiévistes hésiteraient presque à appeler « manuscrit » le texte autographe de la *Summa contra Gentiles* de saint Thomas* : écrit dans une écriture qui n'est lisible que pour les seuls initiés, destiné à demeurer parmi les papiers personnels de l'auteur, ce n'est pas un « livre ». Or, tel est le sens courant du mot « manuscrit » : c'est un livre copié pour diffuser dans le public la pensée de l'auteur, écrit donc dans une écriture lisible pour tous, une écriture « livresque », en latin *libraria*, qu'imiteront servilement d'ailleurs les premiers imprimeurs. Le livre imprimé se distingue du livre manuscrit beaucoup moins par le fait qu'il a été exécuté mécaniquement que parce qu'il en a été tiré le même jour un grand nombre d'exemplaires rigoureusement semblables : un livre imprimé qui n'aurait été tiré qu'à un exemplaire ne différerait en rien d'un « manuscrit ».

Le plus ancien manuscrit qui contienne un texte français est celui de la *Cantilène de sainte Eulalie* ; il est, d'assez peu, sans doute, postérieur à 881. Les célèbres *Serments de Strasbourg**, le plus ancien texte français, ont bien été prononcés en 843, mais le manuscrit qui nous les a conservés n'est que de la fin du Xe siècle au plus tôt.

Au IXe siècle, la forme du livre est, en Occident, depuis longtemps fixée : c'est un ensemble de cahiers de parchemin cousus entre eux, un *codex*. Dans le monde gréco-latin, le *codex* a supplanté le *volumen*, le « rouleau », depuis le IIIe ou le IVe siècle ; cependant, l'usage du rouleau a survécu pour certains documents et même pour quelques textes littéraires : il a ainsi été fabriqué, au XVe siècle, des abrégés d'histoire universelle illustrée, copiés sur de longues bandes de parchemin de 11 m de long sur 50 cm de large. Cette disposition en longueur n'a d'ailleurs rien de commun avec celle du texte des *volumina* antiques et il s'agit de sortes de « tableaux » plus que de livres.

Bien que les littératures française et provençale aient pris leur essor au début du XIIe siècle, ce n'est qu'à partir du XIIIe que les manuscrits deviennent relativement nombreux. Cela s'explique : la langue française a subi au cours du XIIIe siècle de profonds changements ; dès le milieu du XIVe siècle, la lecture d'un manuscrit du XIIe devait être une besogne fastidieuse et en 1450, François Villon* montre une ignorance surprenante de l'« ancien français ». Or, les modes littéraires n'ont pas moins changé que la langue. Un Chrétien de Troyes*, dont l'œuvre suscitait encore l'admiration au début du XIIIe siècle, n'est plus lu au XIVe. Il y eut, très tôt, des amateurs qui se sont constitué de petites bibliothèques, mais les grands bibliophiles sont du XVe siècle. Lorsque saint Louis a voulu fonder une bibliothèque, c'est une bibliothèque de patristique et le fonds de celle de Charles V est constitué par des ouvrages scientifiques, moraux ou historiques. Ce n'est qu'au XVIe siècle que des érudits commenceront à s'intéresser à notre littérature du Moyen Âge et à en recueillir les monuments. Il n'y a donc jamais eu au Moyen Âge, pour les œuvres en langue vulgaire, spécialement pour la littérature d'agrément, de grandes bibliothèques appartenant à des institutions stables, couvents ou collèges, comme il y en a eu pour la littérature latine. La disparition des manuscrits anciens s'explique donc par leur âge et ne prouve rien quant au nombre de manuscrits qui ont pu exister dès le XIIe siècle. Cependant, il est certain que le nombre des lecteurs de langue française, laïcs donc, s'est beaucoup accru au cours des XIIIe et XIVe siècles et qu'en conséquence il s'est créé alors un commerce du livre français.

La matière première usuelle du livre est alors, chacun le sait, le parchemin. Cependant le papier a déjà, à cette époque, fait son apparition en France. L'un des premiers livres sur papier est le manuscrit du *Jeu d'Adam** copié, dans le deuxième quart du XIIIe siècle, dans le Sud-Ouest et dont le papier vient d'Espagne. Mais on sait que le papier ne sera vraiment abondant qu'au XVe siècle. Il était assurément moins cher que le parchemin, cinq ou six fois moins, semble-t-il, mais le coût du papier est encore de nos jours relativement peu de chose par rapport à celui de la main-d'œuvre ; à plus forte raison pour un livre manuscrit. D'autre part, il n'inspirait pas confiance : en 1492, Jean de Trittenheim écrivait : « Le parchemin dure mille ans ; pour le papier, deux cents ans c'est déjà beaucoup » ! Enfin le papier supporte mal la peinture telle qu'on la pratiquait. Le manuscrit sur papier a donc été presque toujours un livre bon marché, copié à la hâte ; c'est, très souvent, un brouillon, une copie personnelle ; mais il ne faut pas généraliser : il y a, au XVe siècle, des manuscrits sur papier très soignés et même très joliment illustrés d'aquarelles plus libres, donc plus originales, que les grandes peintures sur parchemin.

L'écriture des manuscrits français ne diffère pas, cela va de soi, de celle des manuscrits latins contemporains. Les plus anciens sont donc dans cette écriture qu'on appelle parfois « romane », et qui n'est qu'une forme tardive de la minuscule « caroline » du VIIIe siècle. Ceux des XIIIe et XIVe siècles sont en minuscule « gothique », non pas toujours cette gothique très anguleuse qui est encore l'écriture imprimée allemande et qui est une écriture de luxe, mais une gothique plus ronde, moins régulière, généralement d'une lecture facile. Comme les livres latins, les manuscrits français contiennent un certain nombre d'abréviations, mais elles sont beaucoup moins nombreuses. Elles sont toutes empruntées au latin et c'est peut-être la raison de leur petit nombre, car peu d'abréviations latines pouvaient s'adapter sans transformations profondes à la langue française ; mais d'autre part il est bien certain que, la clientèle à laquelle s'adresse le livre français étant peu instruite, il ne pouvait être question d'exiger d'elle qu'elle connût un grand nombre de signes spéciaux ou de combinaisons de lettres dont la solution supposait la maîtrise d'un assez vaste vocabulaire ; de plus, le livre français est généralement moins technique que le livre latin ; or, les abréviations sont surtout fréquentes dans les livres techniques. Le français ne s'est donc jamais créé un système d'abréviations autonome : il emprunte les abréviations latines sans se soucier d'une adaptation littérale : par exemple, le latin *multum* s'abrège *mlt* ; en français, *multum* a donné *mout*, mais on conserve l'abréviation *mlt* ; comme les latiniseurs ont, bien avant la Renaissance, écrit souvent *moult* pour *mout*, le philologue qui publie un texte français ne sait pas comment il doit transcrire ; l'abréviation *mlt* a d'ailleurs dû contribuer à répandre la graphie *moult*.

Au cours du XIVe siècle, l'écriture a changé : le nombre des gens qui savent écrire s'accroît tous les jours ; la minuscule gothique est une écriture lente comme le serait notre lettre d'imprimerie ; c'est par excellence une écriture de professionnels ; les particuliers l'altèrent nécessairement : ils lient les lettres et, par conséquent, ajoutent aux traits verticaux des *b, h, l*, par exemple, des boucles, comme dans nos « italiques » ; ces nouveautés ont déjà acquis droit de cité dans les « documents » ; elles s'introduisent dans les livres ; des calligraphes donnent à ces écritures courantes une forme régulière et élégante, ces nouvelles écritures livresques sont intermédiaires entre les écritures usuelles et les anciennes minuscules gothiques : on leur donne, dès l'époque, le nom de « bâtardes ». Les manuscrits français ont été très souvent écrits en « bâtarde » : l'un des fournisseurs de la cour de Bourgogne, David Aubert*, lui a donné ses lettres de noblesse, de sorte que les imprimeurs auront tendance à imprimer en « bâtarde » la plupart des livres français.

Comme on l'a vu pour les abréviations, ce sont les livres latins qui ont été les modèles des livres français. Les premiers copistes ont donc dû adapter à la prononciation française l'alphabet latin. Adaptation difficile : le français moderne compte 19 voyelles, l'ancien français n'en avait pas moins, l'alphabet latin n'en a que six ; l'emploi des accents est moderne. L'adaptation s'est faite du Xe au XIIe siècle : tous les témoins en ont disparu. On écrit parfois que l'ancien français n'a pas d'orthographe, ce n'est pas exact ; il en a plusieurs suivant les dialectes ; elles sont plus libres qu'aujourd'hui, mais les copistes des plus anciens manuscrits conservés observent déjà — s'ils savent leur métier, naturellement — des règles assez fixes. Cette orthographe est, au XIIIe siècle, relativement phonétique, bien qu'elle soit déjà un peu influencée par le latin et déjà archaïque. Malheureusement, par la suite, elle a eu tendance à se fixer : nous prononçons *roua*, mais nous écrivons encore *roi* comme au XIIIe siècle. D'autre part, par suite du progrès de la culture, laquelle est latine, du fait que les auteurs sont plus savants, c'est-à-dire connaissent mieux le latin, que les bureaucrates rédigent plus d'actes latins que de français, l'orthographe s'est latinisée : elle est devenue étymologique. Enfin, comme dans l'écriture de l'époque on ne distingue pas *i* de *j*, *u* de *v*, que *u* et *n* se confondent souvent, on a eu recours à des lettres parasites fort utiles, mais qui sont parfois restées lorsqu'elles n'ont plus eu leur raison d'être : on écrit *fuy* pour éviter qu'on ne lise *fin*, *huile* pour qu'on ne lise point *vile*, *ung* pour qu'on n'interprète pas *vu*, etc. Les premiers imprimeurs ont reproduit servilement la graphie des manuscrits. Enfin on sait que le dictionnaire français-latin de Robert Estienne, le premier répertoire complet de la langue (1539-1540), a adopté l'orthographe de l'administration centrale et, comme il a servi de modèle au dictionnaire de l'Académie (1694), il a ainsi consacré des usages que tous les philologues déplorent.

Nous connaissons fort mal les conditions dans lesquelles un auteur pouvait faire éditer, c'est-à-dire copier et diffuser, ses œuvres.

L'opinion courante est que, antérieurement au XIIIe siècle, les grands producteurs de livres sont les ateliers monastiques. Cela est vrai, *grosso modo*, pour les livres latins ; ce ne l'est probablement pas pour les livres français, mais nous en possédons si peu de cette époque que toute discussion est oiseuse. Au XIIIe siècle apparaissent, dit-on, les ateliers « laïques » — la majorité des copistes étant certainement constituée par des « clercs », il serait plus juste de dire « séculiers ». En soi, cette innovation ne tire pas à conséquence : il n'y a aucune différence entre un manuscrit exécuté dans un atelier monastique et un manuscrit copié dans un atelier séculier. L'important, c'est qu'un atelier monastique n'a pas, à proprement parler, d'activité commerciale : il travaille normalement pour la bibliothèque de son couvent, exceptionnellement pour quelque protecteur ou bienfaiteur. Il y a bien eu, à la fin du XIVe siècle, aux Pays-Bas, à Deventer, Kempen, Zwolle, quelques communautés, les frères de la Vie commune, qui ont assuré leur subsistance par la production de petits livres, généralement de piété, très bon marché, en néerlandais. Il n'y a rien eu, à notre connaissance, de comparable en France. Certaines abbayes, comme Saint-Denis, ont bien composé en français des guides, des histoires, des œuvres de propagande, mais sans que cela devînt une industrie régulière.

Au contraire, les ateliers séculiers ont été de véritables maisons d'édition. Le développement des écoles urbaines, l'organisation des Universités, ont créé une clientèle nouvelle à laquelle il a fallu procurer, au meilleur prix, des livres scolaires. Les autorités universitaires ont donc été amenées à réglementer la profession : ces règlements sont la seule source qui nous permette d'en imaginer l'activité. Elles ont accordé à quelques libraires agréés des privilèges analogues à ceux dont jouissaient les professeurs et les étudiants. En contrepartie, elles les obligeaient, sous la foi du serment, à afficher les titres des ouvrages qu'ils avaient en magasin, fixaient le chiffre de la commission qu'ils pouvaient prélever sur le prix de vente des livres d'occasion et, pour les livres neufs, mettaient en dépôt chez eux des « exemplaires » dont le texte avait été contrôlé, qu'ils pouvaient louer par cahier — ou « pièce » (lat. *pecia*), terme officiel —, ceci afin de permettre à plusieurs copistes de travailler simultanément à la même œuvre. L'étudiant qui désirait un livre louait donc les « pièces » les unes après les autres et les copiait ou les faisait copier par un « escrivain ». À Paris, en 1275, le nombre des ouvrages dont les exemplaires étaient ainsi déposés chez les libraires agréés était de 138. Ce système dura jusqu'au début du XVe siècle, peut-être jusqu'à l'invention de l'imprimerie, mais cela est douteux.

Tous ces livres sont naturellement latins ; la production des livres français n'a jamais été réglementée. Nous ne pouvons en imaginer les modalités que par analogie ; d'après la forme ou le contenu des manuscrits, la teneur des « explicit » dans lesquels les copistes consignent parfois leurs noms et qualités ainsi que le lieu et la date d'achèvement de leur travail, mais cela seulement au XVe siècle, d'après quelques documents d'archives, récents eux aussi, le plus souvent.

Les genres littéraires pratiqués au début de notre littérature, au XIIe siècle, vies de saints, chansons de geste, poésies lyriques, sont essentiellement oraux, et il y aura longtemps encore des jongleurs ou des trouvères tels que Rutebeuf* ou Colin Muset*, qui gagneront leur vie en allant eux-mêmes réciter ou chanter leurs productions dans les lieux publics, lors des foires, des pèlerinages, des fêtes, ou dans les châteaux. En principe, l'écriture n'était pas plus indispensable à ces artistes qu'aux danseurs de carole qui accompagnaient leurs danses de chants. Nous avons parfois peine à croire qu'un jongleur pût connaître par cœur des poèmes de plusieurs milliers de vers ; mais l'exemple des *runot* finnoises ou des *bylines* russes nous oblige à l'admettre. Bien plus, un jongleur qui possédait un répertoire dont il avait éprouvé le succès avait intérêt à s'en réserver le monopole, et le moyen le plus sûr n'était-il pas de n'en rien mettre par écrit ? Cependant la situation d'un jongleur dans le royaume de France sous le règne de Louis VII n'est que très vaguement comparable à celle d'un *skazitel* (diseur) de *bylines* à qui un manuscrit ne serait d'aucun secours puisqu'il ne sait ni lire, ni écrire et dont l'auditoire est aussi ignorant que lui. Ni l'auditoire, ni le jongleur français du XIIe siècle ne sont aussi « primitifs ». Le jongleur a fait des études ; elles ont été beaucoup plus orales que de nos jours, mais la lecture et les exercices écrits y ont tenu déjà une place importante : il a probablement déjà perdu cette prodigieuse mémoire des analphabètes ; il a éprouvé les commodités de l'écriture ; peut-être déjà est-il plus un écrivain qu'un improvisateur : il y a dans la chanson courtoise, et même jusque dans certains passages de la *Chanson de Roland**, de ces finesses, que nous appelons justement « d'écriture », qui semblent supposer un auteur composant la plume à la main.

Nous possédons quelques manuscrits auxquels on a donné le nom de « manuscrits de jongleurs » : Paris, BN fr. 2493 *(Raoul de Cambrai*)* ; 2494 *(Aliscans*, Bataille Loquifer*)* ; 2495 (*Aspremont** et *Jean de Lanson**, deux manuscrits en réalité indépendants), Arsenal 6562 *(Aliscans, Loquifer, Moniage Rainouart*, Moniage Guillaume*)* ; Londres, Br. Mus. Harley 4334 *(Girart de Roussillon*)* ; Oxford, Bodl. Digby 23 *(Roland)* ; Venise, Saint-Marc Fr. XIC *(Beuve de Hantone*)* ; volumes de petit format (16/17 sur 10/12 cm) à une seule colonne, négligés, fatigués comme s'ils avaient beaucoup voyagé. Mais il y a, tant en latin qu'en français, beaucoup de livres aussi petits, aussi négligés, aussi fatigués qui n'ont, nous le savons, jamais quitté leur couvent natal, et l'examen des fautes de copie du *Roland* d'Oxford n'incite pas à le considérer comme exécuté par ou pour un jongleur.

La plupart des manuscrits des chansons de geste sont, comme déjà ci-dessus le manuscrit de l'Arsenal, ce que les spécialistes appellent des manuscrits « cycliques » dans lesquels on a réuni plusieurs chansons primitivement indépendantes consacrées au même héros, Guillaume d'Orange par exemple, et dont la réunion tend, vaille que vaille, à constituer une biographie complète. Tous, cycliques ou non, sont tardifs : du XIIIe siècle au plus tôt et souvent de la fin du siècle ; seul, le *Roland* d'Oxford est probablement du second quart du XIIe siècle, c'est-à-dire postérieur de quelque trente ans seulement à la mise par écrit du texte.

Ce qui a frappé tous les critiques dans la tradition des chansons de geste, c'est sa variété : « Chaque rédaction, dit J. Bédier de la *Chanson de Roland*, offre en effet des traits de détail et parfois de longues scènes qui lui sont propres ; mais à l'ordinaire, elles se correspondent strophe pour strophe, et souvent phrase pour phrase et pourtant de telle sorte que, dans ces strophes qui racontent une même scène, dans ces phrases qui rendent une même idée, on ne rencontre que rarement deux vers identiques. » Pour expliquer « ce phénomène si particulier », J. Bédier supposait que, vu la vogue de certaines chansons, des conventions avaient pu s'établir entres les jongleurs pour en régler l'exploitation : chaque confrérie aurait eu sa version propre qu'elle pouvait colporter à condition qu'elle offrît « une certaine proportion d'éléments originaux et distinctifs » ; de là, dans chaque « ménestrandie », un travail de démarcage de la version rivale. Mais d'autre part, certains des manuscrits cycliques sont presque luxueux : ce sont visiblement des « anthologies » sorties de chez un bon libraire. Or, beaucoup plus tard, nous savons comment se fabriquaient ces exemplaires : un Jean Wauquelin*, bourgeois de Mons, en a exécuté pour le duc de Bourgogne Philippe le Bon ; ce Jean Wauquelin était à la fois copiste, ou patron d'un atelier, puisqu'il a, en 1453, copié pour le duc les œuvres de Jean Froissart*, mais il était aussi auteur, c'est-à-dire compilateur ou traducteur ; en 1447, d'après « ung livret rimé à luy délivré par sondit très redoubté seigneur le duc Philippe... pour qui et au commandement duquel est cette histoire composée », il a écrit un *Girart de Roussillon** en prose, en combinant une version en alexandrins de la vieille chanson et une vie latine du XIIe siècle. Ce travail que J. Bédier attribue à une ménestrandie de jongleurs pourrait bien, comme le supposait L. Gautier, être le fait d'un atelier de copistes ; les deux explications ne s'excluant d'ailleurs pas. De toute façon, l'écriture fixe ici dans des conditions obscures, non pas un texte définitivement arrêté par un auteur, mais une tradition mouvante dont elle arrête arbitrairement le cours. Le premier, copiste ou jongleur, qui a composé un manuscrit cyclique a agi plus comme le Finlandais Lönnrot composant librement, en 1835, avec les chansons qu'il avait recueillies, son *Kalevala*, que comme un dactylographe ou un typographe.

Le cas de la poésie lyrique populaire est analogue : nous la connaissons surtout par des recueils composés au XVe siècle qui ne sont pas très différents, *mutatis mutandis*, de ceux que les folkloristes modernes ont publiés.

La tradition manuscrite de certaines autres œuvres qui, même si des contes populaires en sont la source, ont été dès leur origine écrites par un auteur, dont nous savons même parfois le nom, n'est pas toujours très différente : le *Roman de Renart** comporte, chacun le sait, une vingtaine de récits ou « branches » ; aucun manuscrit ne nous les a conservés intégralement et dans le même ordre ; chacun d'eux est une collection qui représente une élaboration différente ; le nombre des branches varie, leur distribution, la façon de les raccorder ou de les séparer diffèrent.

Chacun de nos *Chansonniers*, recueil de chansons, non pas populaires, mais « courtoises », dont les auteurs ont été soucieux de leur réputation, est cependant une anthologie composée bien après la mort des poètes, on ne sait par qui ni où.

C'est également par des anthologies que nous connaissons les *fabliaux*.

Des œuvres d'une étendue considérable ont été, elles aussi, diffusées de cette façon : les romans de Chrétien de Troyes* ont pris place dans d'énormes recueils à côté de l'interminable *Roman de Troie**, du *Brut* de Wace* et d'autres œuvres romanesques. Des ouvrages relatifs à la connaissance de la nature et du monde, des encyclopédies, ont été réunis dans de très gros volumes. Cela n'a rien d'étonnant : de tout temps on a constitué des « Bibliothèques » spécialisées, des « Traités », des « Grundriss », des « Digests ». Mais les philologues sont souvent déconcertés par le contenu de certaines de ces « Bibliothèques » médiévales où l'on rencontre des romans, des fabliaux, des poèmes moraux, des pièces de théâtre, où se mêlent le religieux, le profane, l'élégant, le trivial, voire l'obscène ; témoignage de la variété des goûts de nos ancêtres et, même, d'une liberté d'esprit inattendue pour qui ne connaît le Moyen Âge que par les manuels d'histoire.

On aimerait savoir comment se sont formés ces recueils où se trouvent réunies des œuvres écrites dans toutes les provinces du royaume. Certains sont assurément des recueils privés, comme ce manuscrit provençal du milieu du XIVe siècle qui contient *Daurel et Beton**, une *Passion*, des pièces pieuses ; mais beaucoup sont sortis de l'officine d'un libraire comme ce recueil que le catalogue de la librairie de Charles V décrit : « Très grand volume, escript de lettres de forme à deux coulombes, très bien historié. » S'agit-il d'un livre composé par un libraire de sa propre initiative avec des textes lui appartenant et offert aux chalands dans sa boutique ? Ou d'une œuvre exécutée à la commande et dont le client a fourni les textes ? Le fait qu'il n'y a peut-être pas deux anthologies ayant le même contenu plaide pour une exécution sur mesure. C'est, en effet, probablement, le cas le plus général et, sans exclure la possibilité que le libraire ait eu parfois quelques textes parmi lesquels le client choisissait ceux dont il désirait copie, il est vraisemblable que c'est le client qui se procurait les textes, comme le faisaient les étudiants chez le libraire agréé de l'Université.

Au XVe siècle, époque où les livres sont souvent signés et datés par les copistes, on peut constater que des lettrés qui ne sont ni des princes ni des Crésus, un Jean Bouhale, par exemple, chancelier de l'Université d'Angers, un évêque d'Amiens, etc. ont fait copier des manuscrits par des copistes auxquels ils assuraient le vivre et le couvert. On dit que ces copistes sont des étudiants qui paient ainsi leur scolarité. Peut-être, mais ces manuscrits sont d'une écriture de professionnels hautement qualifiés ; les copistes sont des clercs, mais cela ne prouve rien. Des artisans ayant boutique en ville ont été travailler à domicile : Raoul Tainguy, écrivain à Paris, très connu, est allé copier un Froissart à Jagny, en Seine-et-Oise, chez un chancelier de France. Un mécène comme Philippe le Bon n'a pas chez lui d'atelier : il passe des commandes à des officines de Paris, Dijon, Mons, Grammont, Lille, Bruxelles, Gand, Bruges, Audenarde, Hesdin, La Haye. Il leur fournit le « livret », il surveille lui-même la copie : on lui apporte les cahiers en cours de travail. Comme il s'agit de livres de luxe, ornés de grandes peintures, de lettres historiées rehaussées d'or, leur exécution demande des années, dix ans, vingt ans. On dresse une « minute » sur papier, d'une écriture presque aussi belle et du même style que la « grosse » définitive sur parchemin. On peint à l'aquarelle sur la minute les esquisses des miniatures ; minute, puis grosse se promènent de ville en ville pour passer du copiste à l'enlumineur, au doreur, au relieur.

Tout le monde ne pouvait se permettre ces prodigalités, mais, plus modeste, le processus devait être le même : le client apporte le texte. Au XIVe siècle, le propriétaire d'un manuscrit y a noté qu'il avait dû s'en procurer l'*exemplar* dans une taverne — le lieu peut sembler inattendu, mais il y avait bien, à Paris, rue Serpente, en 1292, un Guillaume « escrivain » qui était aussi « tavernier » — après des recherches qui ont dû être laborieuses puisque, alors qu'il a payé 14 sols au copiste, 10 deniers seulement au tavernier pour la location de l'*exemplar*, il a donné 2 sols à celui qui lui a indiqué où gîtait l'*exemplar*.

Naturellement il a pu y avoir des exceptions : le duc de Berry a acheté, fort cher, à un libraire, sans le lui avoir commandé, un roman arthurien en prose. Mais était-ce vraiment un livre neuf ? un laissé-pour-compte ? Assurément il a dû arriver qu'un libraire plutôt que de laisser ses copistes en chômage leur ait fait copier quelques livres. Mais, en ce cas, il a dû choisir des livres d'une vente assurée, les mêmes que de nos jours : des livres scolaires et des livres de piété. Pour ceux-là, la production a pu devenir, dès avant l'imprimerie, presque industrielle : en 1437, en Hollande, un atelier a reçu une commande de 400 exemplaires d'un petit livre de prières. C'est probablement pour ces livres de petit format et de peu de valeur que l'on a imaginé, pour qu'ils soient tous semblables, pour que plusieurs copistes puissent travailler à la fois, pour qu'ils travaillent plus machinalement, le procédé de l'« impression », adopté plus tard par l'imprimerie : le copiste ne copie pas sur un cahier, mais sur une feuille non encore pliée sur laquelle on a marqué à l'avance la place et le sens de chaque page.

Si l'on voit intervenir dans l'exécution du livre le libraire et l'acheteur, on ne voit pas paraître l'auteur. Se serait-il désintéressé de la publication de son œuvre ? Ce qui est certain, c'est qu'il ne touchait pas de droits d'auteur, l'idée en aurait peut-être même paru simoniaque. Le mécénat est la règle : la réputation d'un auteur lui vaut des bénéfices ecclésiastiques — tous sont clercs —, parfois des fonctions administratives. L'écrivain fonctionnaire est né très tôt : Philippe de Beaumanoir* était bailli de Vermandois ; Guillaume de Machaut*, au surplus chanoine de Reims, notaire-secrétaire de Jean de Luxembourg, roi de Bohême ; Eustache Deschamps*, bailli de Vermandois, etc. Si l'auteur tire un parti direct de son œuvre, c'est en l'offrant à un ou plusieurs personnages qui le récompensent et qui, peut-être, se chargeront de l'« édition » : un prévôt de Bruges, Hubert, rédige une vie de saint Hubert, son patron ; il l'offre au duc de Bourgogne et c'est celui-ci qui la fait « grosser » par l'un de ses copistes les plus célèbres : David Aubert*. Les œuvres complètes d'Eustache Deschamps ont été réunies, aussitôt après sa mort, par le copiste Raoul Tainguy, probablement sur l'ordre et aux frais d'un des amis de Deschamps, le chancelier Arnaud de Corbie.

Cependant toutes les œuvres n'ont pas été ainsi offertes à des mécènes. Jean de Meun* n'a dédié à personne son *Roman de la Rose** ; il avait, il est vrai, de la fortune, « grant chevance », dit-il ; mais ce n'était pas un amateur, il n'écrivait pas pour lui et ses amis ; il écrivait, il le dit, pour répandre ses idées et il y a réussi : nous avons encore plus de 300 manuscrits du *Roman* et nous savons que le succès en fut immédiat et considérable. Malheureusement nous n'avons aucune idée de la façon dont Jean de Meun s'y prit pour le publier.

La connaissance que nous avons de la littérature médiévale dépend évidemment de façon très étroite des conditions de sa publication. Du fait que beaucoup d'œuvres nous ont été transmises par des anthologies relativement tardives, nous n'en avons, surtout pour le XIIe et le début du XIIIe siècle, qu'une connaissance partielle, tributaire du goût, non point même des contemporains, mais de leurs enfants ou petits-enfants : supposons que nous ne connaissions Corneille que par des morceaux choisis revus et corrigés par Voltaire ! Mais les comparaisons sont superflues : les faits parlent d'eux-mêmes. Dante*, bon connaisseur de la poésie provençale, professait pour les troubadours Arnaut Daniel* et Aimeric de Belenoi* une admiration qui nous surprend. Du *Tristan* de Thomas*, comme de celui de Béroul*, nous déplorons de n'avoir plus que des fragments, nous regrettons plus encore d'avoir perdu celui de Chrétien de Troyes* ; ces œuvres ont été victimes de leur succès : la légende qu'elles ont rendue populaire a été sans cesse remise au goût du jour et personne ne s'est soucié des vieux poètes. Si les manuscrits du *Roland* d'Oxford, de *Gormont et Isembart*, de *Guillaume* sont anglo-normands, c'est que le goût de ces régions périphériques, comme disent les savants, retardait sur celui du centre. Au moment où un copiste anglais recopie la chanson de *Guillaume d'Orange**, les Parisiens, eux, lisent dans des manuscrits cycliques la chanson de *Vivien**, qui n'est pas sans beauté, mais qui est plus classique. Certaines œuvres charmantes, comme *Flamenca**, non seulement ne nous sont connues que par un seul manuscrit, mais n'ont été citées par aucun contemporain. À l'inverse du *Tristan*, la rareté des manuscrits est ici le signe d'un succès médiocre qui amenait sous la plume de C.-V. Langlois ces réflexions désabusées : « Les livres qui ont trouvé beaucoup d'amateurs sont les plus vulgaires, les plus distingués sont parmi ceux qui ont été les moins recherchés. Après tout, c'est assez naturel. »

Il ne faudrait pas d'ailleurs tomber dans un pessimisme excessif : on a constaté que, lorsqu'au début du XIIIe siècle un auteur fait à la littérature antérieure des allusions ou des emprunts, il est rare que nous ne puissions pas les identifier : nous avons donc de la littérature de la deuxième moitié du XIIe siècle une connaissance à peu près égale à celle qu'en avaient les deux ou trois générations suivantes.

La littérature du XIVe et surtout celle du XVe siècle nous sont mieux connues, puisque les manuscrits sont alors très nombreux ; si nombreux que la situation est inversée : les grands livres de luxe sont encore si frais qu'il est bien évident qu'ils n'ont jamais été lus, peut-être même rarement regardés. De nos jours, des érudits ont publié des poèmes écrits en marge d'actes notariés, de livres d'heures, de registres de comptabilité ou copiés sur de méchants petits cahiers de papier que personne à l'époque n'a certainement jamais lus.

Enfin, nous ignorons la plupart du

temps quelle confiance nous devons accorder au texte des manuscrits. Il ne s'agit pas ici de ces textes « fluides » des chansons de geste, mais du texte d'œuvres, telles que le *Cligès*, ou l'*Erec* de Chrétien de Troyes, que l'auteur a livrées aux copistes sous une forme — ou sous plusieurs formes en cas de « réédition » — achevée. Non seulement les copistes ont commis, en les copiant, des fautes involontaires, qu'il est, en général, assez facile de déceler et, donc, de corriger, mais encore ils les ont consciemment, et souvent continûment, altérées. Le Raoul Tainguy qui a copié Froissart et Deschamps a intercalé dans leurs œuvres des passages de son cru. Un Guiot*, copiste à Provins, qui a réuni dans un gros manuscrit les romans de Chrétien de Troyes et quelques autres, et qui est un bon copiste, se lasse, cependant, et abrège, sans vergogne, fort intelligemment d'ailleurs, les 3 000 derniers vers du *Roman de Troie* qui en compte, il est vrai 30 000. Sans prendre toujours avec le texte d'aussi grandes libertés, tous les copistes lui infligent une foule de petites corrections. Les textes du XIIe et même du XIIIe siècle ont encore une forte coloration dialectale ; ce n'est qu'au XIVe siècle que la langue de Paris commence à submerger les langues provinciales. Les copistes ne respectent jamais le dialecte de l'auteur. Sans doute prononçaient-ils, au moins mentalement, les mots qu'ils écrivaient, donc avec leur « accent » particulier ; en conséquence ils les orthographiaient à leur manière. Naturellement la graphie du modèle les influençait : l'œil l'emportait parfois sur l'oreille ; de là un mélange incohérent. S'ils rencontrent un mot qu'ils ne comprennent pas ou qu'ils croient fautif, ils le remplacent par un autre qui leur est plus familier. Ces changements sont compréhensibles : le bon copiste veut donner un « bon » texte, c'est-à-dire un texte que son client lira facilement ; nos professeurs qui éditent des textes à l'usage des enseignements élémentaires n'agissent pas autrement, bien qu'ils y mettent plus de discrétion. Mais il est d'autres corrections dont nous cherchons en vain la raison. Un copiste écrit : *« A vous, amants, plus qu'a nule autre gent, est bien sujet que ma douleur complaigne »*, un second : *« A vous, Amour, plus qu'a nule autre gent est bien raison... »*, à quoi riment ces changements ? Lorsque nous disposons de plusieurs manuscrits d'un même texte, nous y rencontrons en foule des variantes de ce genre et leur fréquence interdit de penser qu'elles soient toutes le fruit d'une distraction. Chaque copiste agit comme un « éditeur » moderne, au sens scientifique du terme, mais comme un mauvais « éditeur ».

Éditer un texte du Moyen Âge est, en effet, une tâche difficile. Entre ces manuscrits divergents, auquel fera-t-on confiance ? Les philologues ne sont pas encore parvenus à se mettre d'accord. Au XVIIIe siècle et au début du XIXe, ils se laissaient guider par leur goût. Plus tard, ils ont inventé des procédés qui tendent à établir la généalogie des manuscrits conservés, afin de n'utiliser que les chefs de famille, les seuls qui soient proches du texte original et dont tous les descendants ne sont que des copies sans autorité ; ensuite, lorsque ces patriarches n'étaient pas d'accord, ils les confrontaient, comme des témoins indépendants et taxaient d'imposture ceux dont le témoignage ne concordait point : ils fabriquaient donc un texte composite qui amalgamait les leçons de tous les témoins fidèles. Sans renoncer à établir la généalogie des manuscrits, les éditeurs sont aujourd'hui plus prudents, ils pensent que, si bien faite que puisse être une généalogie de manuscrits, elle ne sera, cependant, jamais que probable ; ils choisissent donc parmi les manuscrits chefs de famille un manuscrit dont la langue soit la plus proche de celle de l'original et ils le reproduisent scrupuleusement, ne corrigeant que les fautes de copie grossières et, par conséquent, évidentes. Ils ont ainsi conscience de ne point donner au lecteur moderne le texte même de l'auteur, mais un texte qui a été réellement lu quelque trente ou quarante ans après sa mort. Solution modeste qui donne, cependant, aux études sur la littérature médiévale la possibilité de se fonder sur des textes dont l'origine, la date, la langue sont connues avec une précision suffisante.

→ L'ouvrage le plus sérieux sur les manuscrits médiévaux reste encore : N. Wattenbach, *Das Schrift-wesen im Mittelalter*, 3e éd., Leipzig, 1896. — On pourra consulter aussi, avec le même profit, F. Milkau, *Handbuch der Bibliothekswissenschaft*, 3 vol., 2e éd., Stuttgart, 1950. — D. Diringer, *The Hand-Produced Book*, Londres, 1953, donne un bon exposé, bien illustré, de l'histoire du livre manuscrit dans toutes les civilisations ; pour le Moyen Âge occidental, la partie concernant le livre dans les Îles Britanniques est particulièrement développée. Pour la France, plus particulièrement, cf. M. Thomas dans L. Febvre et H.-J. Martin, *L'apparition du livre* (*Bibl. de Synthèse historique. L'évolution de l'humanité*, 49), Paris, 1958, p. 1-24. Il n'existe aucun travail systématique sur la production des manuscrits français : le meilleur moyen d'amasser de la documentation est de lire les introd. aux éd. qui comportent toutes les indications sur les manuscrits utilisés. On trouvera tous les *explicit* dans C. Samaran et R. Marichal, *Catalogue des manuscrits en écriture latine portant des indications de date, de lieu ou de copiste* (Paris, 1959-1965). Une bibliogr. courante des études relatives aux manuscrits est publiée sous le titre *Bulletin codicologique* par la revue *Scriptorium* et le Centre belge d'Archéologie et d'Histoire du Livre à Bruxelles depuis 1959. — Pour le livre universitaire, cf. J. Destrez, *La Pecia*, Paris, 1935 et G. Pollocrol, *The Pecia System in the Medieval Universities*, dans *Mél. N.R. Ker*, Londres, 1978, p. 145-161. — Pour l'écriture, M. Prou, *Manuel de paléographie latine et française*, 4e éd. refondue avec la coll. de A. de Boüard, Paris, 1924, vieilli, la 1re éd. est de 1889, mais qui contient un petit dictionnaire des abréviations françaises. — Cf. aussi, sur ce point, A. Chassant, *Dictionnaire des abréviations latines et françaises*. — Les meilleurs exposés d'ensemble sur l'histoire de l'écriture latine sont : C. Cencetti, *Lineamenti di Storia della scrittura latina*, Bologne, 1954. — B. Bischoff, *Paläographie des römichen Altertums und des abendländischen Mittelalters*, Berlin, 1979 ; trad. française H. Atsma et J. Vezin, Paris, 1984. — Plus sommaire, A. Petrucci, *Breve Storia della scrittura latina*, Rome, 1989. — Cf. aussi, pour une orientation générale : B. Bischoff, G.-I. Lieftinck, G. Battelli, *Nomenclature des écritures livresques*, Paris, 1954. — Sur la présentation du livre, cf. *Mise en page et mise en texte du livre manuscrit*, H.-J. Martin et J. Vezin dir., Paris, 1990. — Sur le procédé de l'« imposition » : C. Samaran, *Contribution à l'histoire du livre manuscrit au Moyen Âge. Manuscrits « imposés » et manuscrits non « coupés »*, dans *Comitato internazionale di Scienze storiche. 10e Congresso internazionale di Scienze storiche*, Rome, 1955, 7, p. 88-89 ; et *Atti*, p. 151-155. — G.I. Lieftinck, *Medieval Manuscripts with « Imposed » Sheets*, dans *Het Boek*, t. 34 (1958), pp. 210-220. — Les manuscrits français sont dispersés dans le monde entier. Pour la France, les catalogues de presque tous les fonds ont été publiés : L. Delisle, *Inventaire général et méthodique des manuscrits français de la BN*, 2 vol., Paris, 1878 ; et deux autres séries : *Catalogue des manuscrits français de la Bibliothèque impériale* (*nationale* après 1871), Paris, 1868 et sq., in-4° ; *Catalogue général des manuscrits français*, 13 vol. in-8°, Paris, 1895-1918 avec table générale alphabétique. — Les nouvelles acquisitions avec table tenue à jour sont inventoriées dans la salle de lecture du Département des mss de la BN. Il existe depuis 1841 un *Catalogue général des manuscrits des bibliothèques publiques de France*, dont 7 vol. ont paru sous format in-4° et la suite sous format in-8° depuis 1885 ; toutes les bibliothèques publiques y sont inventoriées. — Les catalogues des bibliothèques étrangères se trouvent à la disposition des lecteurs dans la salle de lecture du Département des Manuscrits de la BN. La section romane de l'IRHT, Paris, travaille à constituer un répertoire général de tous les manuscrits français et une collection de microfilms ; l'Institut a publié, de 1952 à 1968, un *Bulletin d'information* (CNRS, Paris). Sur les méthodes d'édition, cf. R. Marichal, *La critique des textes* dans l'*Histoire et ses méthodes*, sous la dir. de C. Samaran, Paris, 1961, p. 1247-1366 [avec bibliogr.] ; et surtout, *La pratique des ordinateurs dans la critique des textes*, Paris, 1979. R.M.

Livre de l'Échelle de Mahomet. Cette relation d'un voyage nocturne de Mahomet constitue un témoin précieux de la connaissance que l'Occident a pu avoir d'un aspect important de l'Islam, la tradition orale du prophète ou *hadith*, explicitant certaines sourates, difficiles ou allusives, du *Coran*. Au cours d'une ascension *(miraj)* sous la conduite de Gabriel, Mahomet visite les cieux et les enfers, rencontre les prophètes qui l'ont précédé, scelle une alliance avec Dieu et reçoit des révélations angélologiques, cosmologiques et apocalyptiques.

Des versions orales du *miraj* en arabe ont circulé dès le VIIe siècle mais c'est au XIIIe que le roi de Castille Alphonse X (1252-1284), surnommé *el Sabio* (le Sage ou le Savant) à cause de sa remarquable activité culturelle, commanda la traduction de ce beau texte : dans une première étape, le médecin du roi, Abraham, un érudit juif arabophone, mit en forme dans sa langue vulgaire (le castillan — l'intégralité de cette version a été perdue) plusieurs compilations du récit arabe oral populaire ; ensuite un secrétaire du roi, Bonaventure de Sienne, a exécuté la traduction dans la langue de culture, le latin ; nous possédons enfin une ultime version en ancien français.

Si une des versions en latin a été insérée dans un manuscrit du XIVe siècle de la *Collectio Toletana* fondée par Pierre le Vénérable* et destinée à fournir aux théologiens chrétiens un ensemble de données sur l'Islam afin de mieux le connaître et le combattre, il n'en reste pas moins qu'Alphonse le Sage a fait traduire le *miraj* pour « faire connaître la vie et la sagesse de Mahomet ».

Les versions canoniques orales du *miraj* ont fourni le canevas de base du récit, canevas enrichi par les créations d'une imagination populaire nourrie de merveilleux et aboutissant à un intertexte où se rencontrent des influences orientales (la cosmogonie chaldéenne, le *Livre des morts* égyptien, les ascensions iraniennes), juives (les légendes de la *Aggada*), chrétiennes canoniques (la *Bible*) ou apocryphes (Évangiles et apocalypses apocryphes, écrits intertestamentaires).

Certains érudits ont voulu y voir une source de la *Divine Comédie* de Dante*, mais cela reste très contesté.

ŒUVRES. — Texte latin et trad. : éd. G. Besson et M. Brossard Dandré *(Lettres gothiques)*, Paris, 1991. — Textes latins et français : éd. E. Cerulli, *Il « libro della Scala » e la questione delle fonti arabo-spagnole della « Divina Commedia »*, Vatican, 1949 [à compléter par J. Monfrin, *Les sources arabes de la « Divine Comédie » et la traduction française du livre de l'ascension de Mahomet*, dans *BEC*, 1951, p. 277-287]. — Texte français : éd. P. Wunderli, *Le livre de l'Eschiele de Mahomet*, Berne, 1968 [texte amélioré par rapport à l'éd. Cerulli].

→ M.T. d'Alverny, *La connaissance de l'Islam au temps de saint Louis*, dans *Actes des colloques de Royaumont et de Paris (21-27 mai 1970)*, Paris, 1976, p. 235-246. — M.M. Dufeil, *Visions de l'Islam depuis l'Europe au début du* XIVe *siècle*, dans *Cahiers de Fanjeaux*, t. 18 (1983). — J. Vernet, *Ce que la culture doit aux Arabes d'Espagne*, Paris, 1985, p. 329-352. — C. Kappler *et alii, Apocalypses et voyages dans l'au-delà*, Paris, 1987, p. 329-352. — J. Bencheikh, *Le Voyage nocturne de Mahomet*, Paris, 1988 [texte fabriqué à partir de toutes les versions arabes et de la version latine à utiliser avec précaution]. I.W.

Livre de ou des tribulacions. Voir : Pierre de Blois.

Livre des Cent Ballades. Organisée sur un chiffre symbolique et sur des séries formelles, cette œuvre appartient au mouvement de mise en recueil propre à la lyrique des XIVe et XVe siècles. Au surplus, les cent pièces sont ici mises en récit : un jeune chevalier reçoit les conseils d'un plus ancien à propos de la fidélité nécessaire en amour ; puis il se verra adresser un discours fort dissemblable par une jeune femme coquette, la « Guignarde ». A la fin, le jeune homme, acteur et narrateur de cette histoire, appelle à débattre sur la constance ou l'inconstance en amour. D'où une suite de pièces (3 à 13 suivant les manuscrits) qui constituent le dossier des *Réponses* aux *Cent Ballades*. Ainsi le texte se fait-il pluralité de voix et d'auteurs. D'ailleurs, ce serait pendant un voyage outre-mer que quatre grands seigneurs auraient mis en œuvre les cent poèmes : Philippe d'Artois, Jean de Crésecque, Jean II Le Meingre, dit Boucicaut* et Jean le Sénéchal. C'est ce dernier qui semble avoir assumé la majeure partie du travail, même si la collaboration des trois autres paraît indiscutable. On peut noter que Jean le Sénéchal est également l'auteur d'une complainte où il déplore la mort de l'aimée.

Après leur retour en France en 1389, le débat se serait instauré auquel participèrent : François d'Auberchicourt, Jean de Chambrillac, le duc de Berry... mais aussi les quatre auteurs de départ. G. Raynaud situe ce concours poétique en Avignon lors d'un séjour de Charles VI (31 octobre-6 novembre 1389). Comme trois des responsables de l'œuvre (à l'exception de Boucicaut) trouvèrent la mort à Nicopolis en 1396, on a là un « *terminus ad quem* ».

Il n'est pas indifférent de constater, enfin, que ce recueil prend place à un moment où les ordres chevaleresques renaissent, qui incluent souvent dans leur programme la défense des femmes : l'ordre de l'Écu d'or de Louis de Bourbon, de la Dame blanche à l'Escu vert de Boucicaut (1399), personnage qui appartint peu après à la Cour amoureuse dite de Charles VI (1400) ainsi que certains des seigneurs qui firent réponse. Dans son *Epître au Dieu d'Amour* (1399), Christine de Pizan* fait d'ailleurs l'éloge des Boucicaut, Oton de Grandson*, Hutin de Vermeilles (qui serait le vieux chevalier conseilleur des *Cent Ballades*), suppôts loyaux des femmes et de l'amour.

ŒUVRE. — Éd. G. Raynaud, Paris, 1905 (*SATF*, 52) [en annexe, *Complainte* de Jean le Sénéchal, p. 232-239]. — Éd. A. Vitale-Brovarone, *Recueil de galanteries*, dans *Le Moyen Français*, t. 6 (1980) [textes supplémentaires des *Réponses*, tirés du ms. de Turin].

→ J. Cerquiglini, *Le lyrisme en mouvement*, dans *Perspectives médiévales*, t. 6 (1980), p. 75-86. — C. Bozzolo et H. Loyau, *La cour amoureuse dite de Charles VI*, t. 1, Paris, 1982 [pour la biographie de certains des participants au *Livre*.]. — Cf. *MB* n°s 4431-4436 ; *S* 6816-6950. S.L.

Livre des faits de Jacques de Lalaing. On a là ce que l'on appelle traditionnellement une biographie héroïque. Jacques est né vers 1420 de Guillaume de Lalaing et de Jeanne de Créquy. Il appartient à une des plus grandes familles du Hainaut. Sa vie fut celle d'un guerrier qui se couvrit de gloire au cours de faits militaires, de tournois et de pas d'armes. Il mourut en 1453, fauché par un boulet de canon à Poucques (actuellement Poeke, en Belgique).

C'est son père qui aurait alors commandé le *Livre des faits*, destiné à fixer et commémorer la gloire du bon chevalier Jacques. Pour cela, il reçut de Jean Lefèvre de Saint-Rémy*, héros d'armes de la Toison d'or, une *Épître sur les faits d'armes de Jacques de Lalaing*, où sont racontées ses « emprises » chevaleresques des années 1445-1450. Entre autres, le fameux Pas de la Fontaine des pleurs. Toison d'or y était présent comme juge et assisté d'un héraut d'armes qui avait relevé son premier surnom, Charolais. Ce dernier a fourni lui aussi à Guillaume de Lalaing des mémoires, aujourd'hui perdus. Le rédacteur du *Livre des faits* a repris le témoignage de Lefèvre de Saint-Rémy dans ses chapitres 17 à 20 (combat contre Jean Boniface, de Sicile), 33 à 36 (joutes à Valladolid), 42 à 66 (combats en Écosse, Angleterre, à Bruges). Pour les chapitres 21 à 32 (emprise du bracelet d'or) et 37 à 41, ce sont sans doute les mémoires de Charolais qui ont dû être mis à contribution. Les 16 premiers chapitres au contraire sont originaux. Ils racontent l'enfance et les premières prouesses du petit Jacques jusqu'en 1445. Ce récit imite en partie les premières pages de *Jean de Saintré* d'Antoine de La Sale* : reprise des conseils à propos des sept péchés capitaux ; présence de deux belles cousines (Marie de Clèves, duchesse d'Orléans et Marie de Bourbon, duchesse de Calabre). Tout cela pourtant ne saurait suffire pour attribuer à Antoine de La Sale le *Livre des faits*, dont la rédaction (vers 1470-1472) est postérieure à sa mort. De la même manière, on ne peut attribuer cette œuvre à Georges Chastellain*, sous prétexte que le rédacteur anonyme a terminé son ouvrage en recopiant un long passage des *Chroniques*, qui traite des prouesses de Jacques de Lalaing dans les guerres de Flandres, puis l'épitaphe en vers consacrée par Chastellain à ce modèle des chevaliers. On a songé aussi à rapprocher le *Livre des faits* de *Gilles de Chin** et *Gillion de Trazenies**, romans « parus » à la même époque à la cour de Bourgogne, et qui racontent les exploits de membres plus ou moins historiques de deux autres grandes familles du Hainaut. D'ailleurs, le prologue du *Livre des faits* n'oublie pas de rappeler la mémoire des seigneurs hennuyers Gilles de Chin, Gilles de Trazenies et Jean de Werchin*.

Les parallèles établis entre le *Livre des faits, Jean de Saintré* et les deux Gilles montrent comment réalité et fiction se mêlaient dans la vie et la littérature d'alors. Le comportement romanesque de Jacques de Lalaing, lors de son emprise du bracelet (1446-1447), trouva par exemple un écho dans le roman « réaliste » de *Jean de Saintré* (1456).

ŒUVRE. — Éd. Kervyn de Lettenhove dans *Œuvres de Georges Chastellain*, Bruxelles, 1866, t. 8 (réimp. Genève, 1971), p. 1-259.

→ R. Born, *Les Lalaing, une grande mesnie hennuyère (1096-1600)*, Bruxelles, 1981. — G. Raynaud, *Un nouveau manuscrit du Petit Jehan de Saintré*, dans *Romania*, t. 31 (1902), p. 527-546. — C.C. Willard, *The Concept of True Nobility at the Burgundian Court*, dans *Studies in the Renaissance*, t. 14 (1967), p. 33-48. — Y. Lacaze, *Le rôle des traditions dans la genèse d'un sentiment national au XVe siècle. La Bourgogne de Philippe le Bon*, dans *BEC*, t. 129 (1971), p. 303-385. — R. Morse, *Historical Fiction in Fifteenth-Century Burgundy*, dans *The Modern Language Review*, t. 75 (1980), p. 48-64. — M. Stanesco, *Sous le masque de Lancelot. Du comportement romanesque au Moyen Âge*, dans *Poétique*, t. 61 (1985), p. 23-33. — A. Black, *Jehan de Saintré and le Livre des faits de Jacques de Lalaing : a Common Source ?*, dans *Notes and Queries*, t. 34 (1987), p. 353-355 ; — Woledge n° 83. — Cf. *MB* n°s 5226, 6989. S.L.

Livre du chevalier de La Tour Landry. Voir : Geoffroi de La Tour Landry.

Livre des faits de Jean le Meingre, dit Boucicaut. Rédigée entre avril 1406 ou 1407 et avril 1409, cette œuvre, dont ne subsiste qu'un seul manuscrit, retrace la biographie du maréchal de France et gouverneur de Gênes (1366-1421), depuis son enfance jusqu'en 1409. Se donnant explicitement comme une glorification de la chevalerie en la personne de Boucicaut, l'ouvrage se lit comme un « roman de cape et d'épée » (J. Dufournet). Chevalier courageux, défenseur des dames et auteur lyrique, le maréchal incarne bien le héros parfait (voir *Livre des Cent Ballades*). Mais cette biographie est aussi une pièce de circonstance, un travail polémique. Il s'agit en effet de combattre la version vénitienne de l'expédition en Syrie (1403), de justifier l'attitude de Boucicaut au moment de l'acquisition de Pise par Florence (1405-1406) et surtout sa politique très controversée à Gênes d'où les Français furent chassés en septembre de cette année 1409. Rentré peu après en France, Boucicaut sera, comme tant d'autres, capturé à Azincourt. C'est en Angleterre que mourra ce personnage à la fois pleinement romanesque (fondateur et membre de plusieurs ordres chevaleresques) et engagé dans les affaires diplomatiques de son temps.

Le texte ne livre pas le nom de son auteur et il semble impossible de l'attribuer encore à Christine de Pizan* ou à Honorat Durand ; impossible aussi de le donner à Nicolas de Gonesse*, pourtant confesseur du maréchal à Gênes et traducteur, à la suite de Simon de Hesdin*, de Valère-Maxime, auteur antique qui est la principale source érudite de la biographie de Boucicaut.

ŒUVRE. — Éd. D. Lalande, Paris-Genève, 1985 (*TLF*, 331).

→ D. Lalande, *Jean II Le Meingre, dit Boucicaut (1366-1421), étude d'une biographie héroïque*, Genève, 1988 ; *La naissance d'un sobriquet : Boucicaut*, dans *RLR*, t. 85 (1981), p. 115-123. — Cf. Molinier, n° 3578. — *MB* n° 5167. S.L.

Livre de Jean Roisin. La législation flamande prend de l'importance avec Philippe d'Alsace (1157/1163-1191). Elle apparaît sous forme de *keuren,* des ordonnances organisant la vie en communauté. La plus ancienne est celle d'Arras (1157-1163). Dès la fin du XIIe siècle, les habitants de Lille se sont émancipés eux aussi ; leur charte s'est perdue. Le premier texte lillois connu est la charte de la comtesse Jeanne de Flandre, qui détermine les conditions du renouvellement des magistrats municipaux après accord des échevins, des jurés et du corps des bourgeois (mai 1235) : l'échevinage viager est proscrit, le principe de l'annualité consacré ; élus par le comte après le conseil des quatre prêtres paroissiaux (Saint-Pierre, Saint-Étienne, Saint-Maurice et Saint-Sauveur de Lille), les échevins forment le tribunal compétent pour toute affaire mettant en cause ou impliquant un bourgeois.

Un registre des actes régissant la ville de Lille est régulièrement mis à jour. Dans celui qui nous est parvenu, deux des trois derniers textes sont datés de 1267. La copie de l'ordonnance de la « contesse Margerite de Flandres et de Hainau sour [...] fiestes [et des] eschevins des boines villes de Flandre en l'an del incarnastion MCCLXVII, le lundi apriès le nativité saint Jehan Baptiste [27 juin] ou bieffroit [beffroi] a Bruges » contient cette précision donnée par le compilateur : « qui adont estoit de fust [en bois, détruit dans l'incendie du 15 août 1280]. » Le dernier chapitre contient les indications sur les limites de la « pourchainte [la banlieue] » extraites de la « pais » conclue le 1er octobre 1267. Le livre est mis à jour à partir du mois de mai 1283.

La première mention du *Livre de Jean Roisin* apparaît dans les comptes de la ville rendus à la Toussaint de l'an 1349 : cette année-là, Wuillaume de Pontrohart reçoit une indemnité « pour V. douzaines et 1/2 de fronchine [parchemin préparé pour l'écriture] acatée pour faire un *livre de Mestre Jehan Roysin,* la ou il eut XXX. quaiiers [cahiers], et pour celui livre enluminer de viermellon et loiier [relier] — LXXIIII. s. Item, audit Wuillaume, pour se paine de che livre escrire, donnet par halle IIII. escus valent ... C. s. ». D'après l'archétype perdu, cette copie est l'un des 10 mss de l'œuvre (ms. daté de 1349 ; deux de la fin du XIVe siècle ; quatre du XVe siècle ; un de la fin du XVIe siècle ; deux mss du XVIIe siècle datés, l'un de 1617, l'autre de juin 1619 ; un ms. du XVIIe siècle) parvenus jusqu'à nous. Le codex est régulièrement consulté et mis à jour jusqu'au début du XVIe siècle par l'inscription des nouveaux documents concernant les privilèges et la justice de la commune ; le ms. autographe de Jean Roisin est négligé : il s'est perdu. Le registre est par la suite appelé le *livre* ou *registre Roisin*.

Le nom de Jean Roisin apparaît à l'occasion de l'inscription en 1292 de

Jacques, son premier fils, sur le *registre des bourgeois :* « Jaquemes Roysins, filz Jehan Roysin le Clerc ». La capitulation du 29 août 1297 a pour conséquence que Philippe le Bel se substitue au comte de Flandre dans ses rapports avec la commune, mais introduit dans le serment *(infra)* de respecter les franchises cette formule : « La souveraineté de nous et de nos successeurs sauve » (1er septembre 1297). Il est le nouveau « seigneur de la terre » jusqu'en 1302, date à laquelle Lille retombe sous le contrôle flamand. Cette année-là, Jean Roisin est second clerc de la ville (du 1er novembre 1301 au 24 août 1302) : au cours de cette période, il reçoit chaque fois dix livres aux termes de Noël, de Pâques et de la Saint-Jean. Les comptes de la ville de 1302, perdus à ce jour, portaient à la rubrique : « Payements pour services de clercqz » cette mention connue par une copie du XVIIe siècle : « A Jehan Roysin qui est celuy qui at faict le livre Roysin, en halle, LX.l. » En 1303, Pierre, son second fils, entre lui aussi en bourgeoisie.

En 120 chapitres (215 dans l'édition moderne), le *Livre de Jean Roisin* est un corpus de droit urbain. Après la définition du droit empruntée au droit romain et ajoutée au milieu du XIVe siècle, le livre précise les « franquises des bourgois ». L'essence de ces libertés bourgeoises est l'indépendance et l'autonomie de la justice : « Lois est et franchize as bourgois, as bourgoizes et as enfans des bourgois de cheste ville que nuls, dedens le castelerie [dans la châtellenie] de Lille, n'a a jugier ne ne doit jugier les corps, les meubles ne les cateuls [les maisons] des bourgois, des bourgoises ne des enfans des bourgois de ceste ville fors que eschevin de Lille, et de chou sunt dou tout et doivent y estre ramenet au jugement d'eschevins de Lille » (2). Pour lutter contre la rapacité des juges seigneuriaux, les bourgeois ont forgé, il y a « si lonc temps dont il n'est memore, de trois cens ans et de plus », le droit d'*arsin*. Le rewart [le gardien-juge] et les échevins de Lille se sont attribués « dedens le castelerie [dans toute la châtellenie] » le droit d'incendier la maison de quiconque « de forains [des étrangers] bat, laidenge [cause dommage] ou navre [blesse], ou tueche a tort, sans raison, bourgois de ceste ville » et refuse de se soumettre au jugement de l'échevinage. Après « le verité enquise » sur la culpabilité, « on prent IIII. baniers [quatre responsables de la milice] par commun assens [accord] » et l' « on crie le ban [la sommation des magistrats de la ville] et [...] doit li bancloque [la cloche du beffroi] et li escallette [la petite cloche] sonner par III. fies [trois fois], et cascune fie longement, si que, dedens le darraine fie, les darraines banieres doivent y estre hors de le ville ». Quand « les banieres [...], li rewars et tous li communs [les bourgeois en corps] a armes » sont arrivés devant « le maison del homme de forain malfaiteur », le bailli « doit faire faire ban a haute vois et apieller le malfaiteur par non et par sournon une fie et autre et tierche qu'il viegne avant pour amender [pour réparer] le fourfait qu'il a fait ». S'il « ne vient avant dedens le tierc appiel », on « doit bouter ou faire bouter le fu [mettre le feu] » a la maison « au res de capielle [à l'exception de l'oratoire] et tout ardoir [tout brûler] et tout sarter [essarter, détruire] quanques il ara dedens le pourpris [l'enclos de la maison] » (3).

L'arsin est l'arme dont se sert la commune contre l'emprise des puissances traditionnelles dans la ville. Les conflits sont nombreux avec le chapitre Saint-Pierre. Le dernier chapitre *(supra)* du *Livre de Jean Roisin* contient les indications précises sur les limites de la « pourchainte [la banlieue] », son bornage selon des points de repère fixes et le ressort de l'échevinage ; les indications sont extraites de la « pais » conclue le 1er octobre 1267 avec l'autorisation de la comtesse Marguerite et de Gui (fils associé depuis 1251, comme Philippe l'avait été en 1157) entre la ville et le chapitre (213) : les échevins de la ville exercent aussi les fonctions d'échevins de Saint-Pierre.

Les règles coutumières de la ville de Lille sont annoncées par des formules : « Lois est et franchize as bourgois, as bourgoizes et as enfans des bourgois de cheste ville que... » (2), « Lois est en cheste ville que... » (50), « Sacent tout qu'il est concordet par eschevins, par les VIII. hommes, et par tout le consel de le ville, et par le commun de le ville que... » (8), « Se nus bourgois ou bourgoize... » (54), « Et est assavoir que par anchiien usage... » (91). Le droit des bourgeois ne concerne pas les simples manants de la châtellenie, mais ceux-ci subissent sa contrainte. Le bourgeois entre dans une amicale syndicale par la prestation de ce serment : « Vous fianchiés [donnez votre parole] et jurés bourgois de le ville de Lille a y estre droituriers [qui applique le droit] et loiaus viers le ville et viers les bourgois, les bourgoises et les enfans des bourgois de le ville, et que vous jamais n'irés contre l'esquevinage de le ville, et que vous aiderés les bourgois, les bourgoises et les enfans des bourgois de le ville contre l'omme de forain [l'étranger à la ville], ou que chou soit, a vo sens et a vo pooir dou droit dou bourgois et dou tort de l'ome de forain, et que vous venrés a tous les besoins que li ville ara, soit par nuit, soit par jour, dedens le ville et dehors, quant li bancloke et li escallete sonera, ou se vous en y estes semons [convoqué] ou requis d'eschevins ou de par eiaus » (190). Garant et âme de la solidarité égalitaire bourgeoise, le rewart prête ce serment : « Vous fianchiés a y estre rewars de le ville droituriers et loiaus, et a consillier le vile et les eschevins bien et loialment, et a warder [garder] le loy et le franchise de le ville, et a ministrer le besoigne de le ville et le besoigne des bourgois, des bourgoises et des enfans des bourgois et des bourgoises de cheste ville, ausi avant dou poure [du pauvre] comme dou riche devant le signeur de le tiere [seigneur ayant le pouvoir de ban] et ailleurs, partout ou besoins sera, et a cheler [tenir secret] vo consel, et le consel d'eschevins, et le consel de le ville, et chou vous ne lairés [vous ne violerez] pour amour, pour haine, pour pierte, ne pour waigne [par intérêt] ne pour choze qui avenue soit ne qui avenir puist, que vous ensi ne le fachiés bien et loialment, se Dius vos ait et chist saint » (182). Les bourgeois s'expriment dans les assemblées, mais l'égalité est surtout judiciaire. Ils sont jugés par leurs pairs : « Lois est en cheste ville que li eschevin de cheste ville jugent de meubles, de cateuls [biens appartenant à un individu, constructions légères (écuries, étables, granges...) ; ou le blé sur pied avant la moisson ; les maisons sont des biens de famille, des « héritages »], de mellées [affrontements de bandes], d'assaus [violations de domicile], de toutes manieres de criesmes, de toutes enfraintures [infractions] et de toutes autres avenues [événements], quelles qu'elles soient, qui avienent dedens les tiermes [les limites] del esquevinage de cheste ville, et si jugent ausi li eschevin de cheste ville toutes les avenues et toutes les enfraintures, queles qu'elles soient, qui avienent de bourgois de cheste ville a autre, ou que chou soit hors de le castelerie de Lille, et li fourfais [l'amende] est au conte de Flandres, et dedens le castelerie ausi, et li fourfés est au signeur » (49). La mort est sanctionnée par la mort, « membre pour membre, et se mellée avient [...] par quoy il ait membre copet jus [membre coupé gisant à terre], a le semonse dou signeur eschevin doivent enquerre le veritet dou fet » (154). Mais « l'usage anchyen » est que « nuls ne nulle [...] ne fourfait corps et avoir » (155) : emprisonnement et confiscation sont exclus. La peine de mort est celle des violeurs, des faux-monnayeurs ou des assassins : ils ont la « tieste coper d'une ais [tranchoir monté sur une pièce de bois] », sont « boullis ou markiet » ou pendus « as fourques » (171-173). Le livre précise comment le bourgeois « tient en prison » : « Chius qui bourgois tient em prison, li doit livrer I. pain de denier le jour et fontaine a boire, et se li bourgois a deniers ou amis de quoy il voelle mius [mieux] avoir ou on li voelle mius envoiier, souffrir le doit chius qui le tient em prison que on li envoit ou qu'il l'acache [l'achète] et que on li aporche [lui apporte], et si li doit livrer kiute [matelas] de plume et linchius [des draps] de XV. iours a autres, et kiute pointe [courtepointe] ou couvretoir [couvre-lit] ou tapich par quoy il ait couvreture qu'il n'ait froit, et si le doit tenir em prison en maison sour le tiere [la terre] le conte, la ou il puist aler de iours a feniestres sour rue ou sour cauchie [sur chaussée], et livrer fu [feu] et lumiere, et si li doit livrer taule [table] et nappe pour sus mignier [pour manger dessus], et touelle [essuie-main] pour ses mains essuer, et si le doit tenir em prison en uns aniaus [à un anneau] et mettre un homme, s'il voet, avoec lui pour lui warder [garder], ensi que devant est dit en l'estaulissement dou tamps Thumas Bouvier [bailli de Lille], et si le puet, s'il voet, enfrumer par nuit, en cambre ou en sollier, en tel maniere qu'il le doit deffrumer lendemain pour yssir hors de soleil levant, et enfrumer par nuit a quevre fu de saint Pierre, et s'il a femme ou ami qui voelle a lui parler, laissier li doit parler, mais s'il voet, il doit y estre avoec, et le puet oir, et si li doit livrer kaiere [chaise] et cousin pour sus seir, et si le doit laissier par iour ou bouge de le maison et laissier aler al avant cambre, parsi que quant il y va, il poet envoyer pour lui warder, s'il voet » (66).

Les privilèges sont précaires, les autorités concurrentes actives, l'équilibre est garanti en principe par un serment réciproque, celui du comte : « Sire, chi jurés vous que vous le ville de Lille, le loy et le franchize de le ville, les usages et les coustumes, les corps et les cateus des bourgois de le ville warderés [garderez] et menrés par loy et bon esquevinage, et ensi le jurés sour les sains euwangilles et sour les saintes paroles qui chi sunt escriptes que vous le tenrés bien et loialment », et celui de la ville : « Sire, nous fianchons [nous garantissons] vo corps et vo yretage [vos domaines] de le conté de Flandres a warder, et ensi nous le juron a tenir bien et loialment a no sens et a nos pooirs » (176). Lille fait partie de la hanse de Flandre, le comte garantit le paiement des dettes contractées sur les foires de sa « terre », au châtelain, son représentant, la ville prête ce serment : « Sire, nous fianchons et jurons que se vous avés mestier del aiiuwe [aide] de le ville que li ville vous doit aidier a sauveir vo corps et vo tiere, si lonc que li castelerie dure, et y doit li ville et li commugne aler a armes quant de vous ou de vo ciertain message en sera requise, ensi que de solel luisant doit yssir li ville et de solel luisant doit rentrer en le ville. Et se vous aviés mestier d'armes que bourgois ait en le ville, on les vos doit faire avoir, sauf chou que le bourgois en demeure garnis pour sen corps et pour se maisnie [sa famille] telles armes que a lui appartient. Et s'il vos plaisoit el temps que tel wiere [guerre] ou tel estrit [conflit] ariés retourner en le ville, loiaus denrées vos doit on faire avoir et a cheus qui avoec vous seroient. Et si devés avoir vo entrer et vo ysir en le ville et vos gens a vo volenté. Et si doit-on faire ban et deffense par le ville sour l'amisté [lien associatif entre les bourgeois] que nus ne preste armes ne chevaus a cheus qui seroient contre le castelain et que nus ne les hierbeghe [héberge] ne soustoite [loge sous son toit] ne leur fache vinage [voisinage] ne amistet tant qu'il seront en wiere contre le castelain. Et se li sires de le tiere voloit le castelain mener hors loy, envoyer doit li ville a sen coust et a sen frait au signeur de le tiere pour lui pryer qu'il maine le castelain par loy » (203).

Le *Livre de Jean Roisin* contient un grand nombre d'ordonnances, de formules de procédure à prononcer mot pour mot, des formules de serments, le droit urbain pratique et le droit privé des bourgeois, comme les droits hors part des veuves et des veufs : les vêtements et les accessoires ménagers les meilleurs pour les unes, avant tout le cheval, le couchage et l'armure pour les autres (207-208). Aucune référence n'est faite au droit romain, qui n'apparaît que dans les additions postérieures.

ŒUVRE. — *Le livre Roisin*. Coutumier lillois de la fin du XIIIe siècle publié avec une introduction et un glossaire par R. Monier, Paris-Lille, 1932 *(Documents publiés par la Société d'histoire du droit des pays flamands, picards et wallons, 2)*. J.F.

Livre de jostice et de plet. L'incipit « Ci commence li livres de jostice et de plet » reproduit dans la table des matières de l'unique manuscrit conservé a donné le titre du coutumier. Annoncées sous la rubrique : « Ci commencent les titres de la première partie des costumes de France », trois ordonnances placées en tête y sont également : l'ordonnance pour « la réformation des mœurs dans le Languedoc et le Languedoil » de décembre 1254 et, avec quelques variantes, les ordonnances qui se trouvent aussi en tête (neuf premiers chapitres du livre I) des *Établissements de Saint Louis** (coutumier des années 1272-1273), celle sur la procédure au Châtelet et celle de février 1258 sur les duels et la preuve par témoins (voir Juridique [Littérature], 3 : *La littérature juridique de l'État royal — l'essor de la législation royale*).

Des 342 paragraphes qui composent le coutumier, près de 200 sont la traduction littérale du livre du *Digeste* dont le plan a servi de modèle. Parmi les 20 livres du coutumier, seul le dix-neuvième ne correspond ni à un livre ni à un titre du *Digeste*, mis à part le titre 49, que l'on trouve aussi au livre III : « De maus renomez. » Celui-ci est inspiré du *De his qui notantur infamia* (D. III,2,1,1), le prêteur du fragment de droit romain prenant le nom d'un confrère du compilateur souvent mis en situation, Jean de Beaumont, sous cette forme : « Les paroles Johan de Beaumont sont teles : Cil est mal renomez, qui pour aucune mauvestés [faute] s'en vint de l'ost le roi ; et li bordelier [la prostituée], et li larron, et li toleor [l'escroc], et li tricheor [le fraudeur] ; et cil qui ovrent de boisdie [celui qui agit frauduleusement] ; et cex qui ovrent mauvesement de bail [de tutelle] ; et feme qui prant home que ses sires [la parenté mâle] het de mort segont droit [selon le droit] ; baillif qui fet tot [tort] apenseement [avec préméditation], et qui prant loer por droit fere [qui prend une rémunération pour faire droit], et baillif qui est hors de baillie par son forfet [pour sa mauvaise action] ; cil qui ovre de son privilege fausement ; chevaliers qui est desordrenz [ami du désordre] ; avotres et avotresse [adultère, s. m. et f. : « fez en feme mariée, et pechié de char en veve, ou en vierge, ou en valet »] ; truanz [vagabonds], travailleors [contestataires] de genz a cort ; cil qui traïst celui a cui il doit aidier ; omecide, traitor, murtrier, aforceors [violeurs] de femes ; qui tost [arrache] membre, qui fet sanc et chaable [impact du jet d'une pierre, sans effusion de sang ; chabler les noiz = gauler les noix] ; *procurator*, *curator*, *tutor*, avoquat, s'il ne font en la chose ce que il doivent. Sont mau renommé : Cil qui demende chose que l'en ne li doit mie, parjur, foimentie ; et cil qui prant feme mariée par tricherie ; fille ou filz qui est ou poer son pere et se marie sanz son congié [autorisation] ; cil qui prant la feme a autre ; arbitre qui prant loer [rémunération] ; cele est mau renomée qui fet son mari de celui qui ne l'est pas ; qui decet l'eguiée [trompe l'équité] en [est] maux renomez ; faus temoinz maux renomez » (1 et 2). L'ensemble du livre XIX forme, en 49 titres, un corpus de droit coutumier souvent rédigé sous forme de question-réponse. « De la division de coicier [injurier], et comment le en puet apeler » (21) indique les injures les plus courantes : « Coicier si est dit de boche et de parole. Quant aucuns cuice [injurie] un autre, et dit tex paroles hors jostice : ''Tu es ribauz et larron, ou tricherres [fripon], ou que une feme est putain'', et l'en s'en plaint, et l'offre l'en a prover si com l'en doit, et par soi ou par garanz, et li copables fet encontre tel ni et tel deffansse comme il doit, droit dit que la prove au copable vet avant, car, en tel chose, qui n'a parit ne ou n'a chetel [biens meubles], n'a que sormise [allégation], si est li copables loisanz de prandre la prove au demandeor et do garant, et de quenoistre que c'est voirs ou d'escondire [nier] par la soe [sienne] ». Les questions de droit pénal et de procédure livrent des indications précieuses sur le nouveau formalisme qui tend à s'imposer en ce temps de mutation. Il est notamment mis en valeur dans « Comment l'en doit apeler de membre tolu [arraché] » (XIX, 9) : « Un home dit issint : ''Johen m'a copé le poing d'une espée, don je sui mahignez [mutilé] a tort ; s'il le me conoist, biau m'en est ; s'il le nie, prez sui do mostrer et de l'averer, et vez ci li mahaing apertement''. Johan respont, et dit qu'il no fist pas, et en offre a fere tel ni et tel deffansse comme il doit. Et droiz dit qu'il a bataille [duel judiciaire]. Or demende l'en, por ce qu'il n'a pas dit ''si com il doit'', et juigement est fez, s'il se puet changier ? Et l'en dit que non, segont les moz [mots]. Et s'il eust mis ''si com je doz'', il se puet changier » (1). Le même livre traite enfin des « plegements [cautionnements] » et « essoines [empêchements] », des « contremands [excuses] » et « recrances [possessions provisoires] ». À la fin de « Comment l'en puet home apeler de servage » (13) se trouve cette définition : « Servage est si granz crimes que, quant hons est sers, il pert le poer de soi et de ses choses, et est donez a autrui ».

Les emprunts au droit romain (voir : *Juridique [Littérature], 3) La littérature juridique de l'État royal — l'influence du droit romain)* sont parfois attribués à des officiers royaux, à Jean de Beaumont, chambellan, à Godefroid de la Chapelle, panetier, à Renaud de Tricourt, bailli de Gisors, à des administrateurs du Gâtinais du temps où Philippe de Remy, père de Philippe de Beaumanoir* auteur des *Coutumes de Beauvaisis* (voir : *Juridique [Littérature]*, 3), fut bailli de Robert d'Artois de 1237 à 1250, ou du Beauvaisis où il se retira, comme Jean de Beaumont, Renaud de Tricourt, Godefroid de la Chapelle, Jean le Moine ou Adam :

« Gefroi de la Chapele dit que cil bans n'a pas leu, se cil est hors dou poer a celui juge qui le fera semondre » (II,9,3) ; « Se la demende est tele qu'ele vaille deus, ou trois, ou quatre, Jehan de Beaumont dit que li pleges est tenuz de tant com la chose vaut » (II,10,6)... L'autorité royale ou celle de Louis IX est même invoquée comme celle de la reine Blanche. Le roi remplace l'empereur, si ce n'est pas l'autorité conjointe du roi et de la reine : « Loys rois dit que costume doit valoir loi : quant aucune doutance ist de la loi, ele doit avoir l'autorité des choses qui tosjorz sunt jugiés. Ce qu'est amené avant par folie, sanz reson au comancement, et enprès est tenu par cotume, ne deit pas tenir en autres quas semblables » (I,2,5) ; « Li rois Phelippe et la reine Blanche dit : "Tuit flueve, tuit port a bau prou [à peu près] sont communes". Blanche dit : "Li huages [usages] des rivages est communes par le droit de gent, si cum li fluves, et i puet l'en sa nef ariver et ses cordes lier as arbres qui [i] sont nés, et sechier sa raiz, et destroser sa nef, et metre a terre seche, chascuns puet ce fere, ausint comme il puet mener son chalant par le fleuve. Mès cil [qui] ont desus lor teneueres, il i ont seignorie, et por ce sont li arbre lor qui i nessent ou rivage" [...] Blanche dit que ausit com ceaus que l'en adeffie sus la mer est privé, ausit ce que la mer souprent est commun » (I,11,3 et 6).

Le droit coutumier forme en importance le deuxième élément du codex, avec 96 titres, souvent très courts, étayés de rares références jurisprudentielles. Pour illustrer « Comment l'en puet vendre teneures », le compilateur donne l'extrait d'une sentence de saint Louis en son Conseil de septembre 1259 : « Por estoper l'usure as mauvès creanciers que la dame de Chevri ne ses sires ne vandroient point de lor heritage por lor dete, ainz seroit la terre laborée et gaagnié en sauve main, et totes les issues seroient bailliés as detors en esquit » (XVIII,3). Les étapes de la formalisation juridique des rapports féodaux sont encore décelables, comme dans « De forterece jurée » : « L'en doit jurer forterece la ou ele a forme de chastiau, tot soit-il segonz sires, ou tierz, ou quarz. Qui jure forterece, si jure qu'il la baudra a son seignor totes les foiz qu'il vodra avoir por son besoing. Et l'en li doit baller totes les foiz qu'il l'en requiert ne n'est pas tenuz li sires a mostrer son besoing a son home ou a son juré. Bien si gart que il n'i mesprigne, et bien apert il ne la pot tenir que quarante jorz, et la puet tenir tant comme besoing li durra. Sires doit avoir forterece si comme ele est, et ausi la doit rendre. Quand home vant terre de fié, li sires do fié ara le serement qu'ele est vandue dou vendeor avant qu'il reçoive l'acheteor a home. Et se li sires reçoit ad seisine, il n'ara plus son serement » (XII, 10).

Enfin, les décrétales de Grégoire IX (voir *Juridique* [*Littérature*]) sont reproduites en paragraphes, dans les titres suivants : « De lois et de longue tenue » (I,2,7), « D'establissemanz » (I,3,2 et 6), « D'empetremanz » (I,4), « De postulacions » (I,5), « D'eslections, et de cels que l'en doit eslire, et des choses que l'en doit faire par eslection » (I,6)... Ce dernier titre livre des indications précises sur l'administration des villes, ainsi que la question des frais de campagne : « Quant la vile de Bapaumes fu sans meor, li borgois despendirent moult en eslection. L'en demande d'on l'en doit ce paier et l'en respont que des biens dou commun de la vile doivent estre renduz les despans qui furent fet en eslection » (44 ; X,1,6,46).

Le *Livre de jostice et de plet* est un montage cohérent de textes, sous l'influence de l'école d'Orléans, à l'usage de la pratique judiciaire. Le compilateur est peut-être Philippe de Reims, bailli de Gâtinais. Dans cette œuvre, achevée vers 1260, l'auteur indique clairement les prétentions royales : « Ce que plest au prince vaut loi, ausint com se toz li peuples donoit tout son poer et son commandement a la loi que li rois envoie » et note que les résistances face à l'emprise de l'État royal naissant sont apparentes : « Uns fit marchié a un autre par paroles acordées. Li acheterres demanda son marchié, li autres dit que pour ce que il i a paumée est marchié par cotume, et il n'i ot point de paumée, que por ce veaut-il que li marchiez fust nus. L'en commande que li marchiez soit que convenances acordées [sans gestes ni déclarations formelles] par bones mors font le marchié, non pas la paumée, et li cuers doit sivre la parole, et otroie l'en bien que qui voudra fere la paumée, qu'il la face, car paumée est sennefiance que l'en revest l'achateor par bone foi de marchié » (II,7). La mise en place de syndicats de défense avant la lettre est condamnée. Ici, c'est l'intérêt commun qui est mis en avant : « Li bochier d'Orliens prennent sor chascune beste six deniers, et metent en une boete a defendre cels de lor borc contre autres genz. Li rois deffent que ce ne soit plus fet, car tel cotume amene plus content que pez, et est doumageuse au peuple » (I,2,6), là, celui des seigneurs : « L'université dou païs avoient une confrerie et avoent seel et fesoent taille sor aus, et cez deners prenient et metient en une boeste. Et quant aucuns de cele confrerie mesfesoit a aucun des confreres, li mestre d'icele confrerie en voloient tenir droit. Com de costume tuit sunt de la justice le roi, l'en demande s'il poeent ce fere. Et l'en respont que non, et deffent l'en qu'il ne le facent plus, car tiel costume est domageuse as seigneurs, ne costume n'est pas tenable s'ele n'est commune ou establie par la bone volenté au prince » (8).

ŒUVRE. — *Li livres de jostice et de plet* publié pour la première fois d'après le manuscrit unique de la Bibliothèque nationale, par H. Klimrath et J. Rapetti, avec un glossaire des mots hors d'usage par P. Chabaille, Paris, 1850 *(Collection de documents inédits sur l'Histoire de France. Première série. Histoire politique)*.

→ H. Klimrath, *Note sur le Livre de jostice et de plet*, dans *Travaux sur l'histoire du droit français,* publiés par L.A. Warnkönig, t. 2, Paris-Strasbourg, 1843, p. 27-132. — H. Stein, *Conjectures sur l'auteur du Livre de jostice et de plet*, dans *Nouvelle revue historique de droit français et étranger,* 1917, p. 346-382. — G. Sicard, *Observations sur quelques chapitres du Livre de jostice et de plet concernant le droit des obligations*, dans *Mél. P. Petot,* Paris, 1959, p. 519-532. J.F.

Logiciens du XIᵉ **au** XIVᵉ **siècle**. On les répartira en deux groupes, et ce sera une division aussi bien selon leur temps que selon l'objet de leurs études. Jusque vers le milieu du XIIᵉ siècle, les textes où l'on apprend la logique sont principalement les deux premiers traités de l'*Organon* d'Aristote (*Catégories, Interprétation*), avec l'introduction (*Isagogè*) composée par Porphyre, et quelques traités et commentaires dus à Boèce*. Les autres traités d'Aristote sont encore imparfaitement connus, et d'ailleurs peu répandus ; l'histoire de leur introduction dans la culture occidentale reste confuse, bien que des travaux récents (notamment de L. Minio-Paluello) la précisent de mieux en mieux. On peut donc dire en gros que, jusqu'à Abélard compris (à quelques détails près, voir plus loin), les maîtres en dialectique se bornent à commenter ce premier *corpus*, qu'on désignera par la suite du nom de *logica vetus*. On ne traitera ici que du problème qu'ils ont tous rencontré, au début même de leur cours : celui du mode d'être des genres et des espèces, évoqué par Porphyre dans les premières lignes de l'*Isagogè* (pour un aperçu des questions proprement techniques, voir Pierre Abélard). Par la suite, la connaissance des livres d'Aristote se complète : à la *logica vetus* s'ajoute dans le deuxième quart du siècle la *logica nova*, c'est-à-dire les *Analytiques premiers* et *seconds*, les *Topiques* et les *Réfutations sophistiques*. Cet apport incite à des recherches nouvelles dont on donnera un aperçu dans une seconde partie et qui caractérisent la logique telle qu'elle sera pratiquée au XIIIᵉ siècle et dans la suite du Moyen Âge.

1. Porphyre, au chapitre 1 de l'*Isagogè*, avertit le lecteur qu'il n'abordera pas, dans un ouvrage élémentaire, une triple question : si les genres et les espèces sont des réalités subsistantes ou des concepts ; si, dans le premier cas, ils sont corporels ou non, et si enfin ils sont séparés ou s'ils existent dans les choses sensibles. Cette recherche où il refuse de s'engager, tous ses commentateurs, à commencer par Boèce, s'y complairont. De là cette « querelle des universaux » dont Victor Cousin prétendait bien abusivement qu'elle était le point central de la philosophie médiévale. La chose apparaît dans la seconde moitié du XIᵉ siècle, avec une modification aux termes du problème posé par Porphyre ; l'alternative n'est plus entre les conceptions (*intellectus*) et les choses (*res*), mais entre celles-ci et les mots (*voces*). Ce déplacement est caractéristique de la philosophie proprement médiévale et peut en être considéré comme le premier acte. Mais on ne sait rien des arguments échangés, on ne connaît guère que des noms. On sait qu'au XIᵉ siècle Odon de Cambrai exposait la dialectique *in re*, et Raimbert de Lille *in voce* ; et que cette dernière doctrine avait une saveur de nouveauté. Du même côté que Raimbert, on range un certain Jean « le Sophiste » (ce

qui paraît vouloir dire simplement « le logicien »), qui eut pour élèves Robert de Paris, Roscelin* de Compiègne, Arnulf de Laon. Roscelin eut pour élève Abélard ; son adversaire, saint Anselme, se réclame du réalisme de même que Guillaume de Champeaux*, autre maître d'Abélard.

Sur l'état de la question vers le milieu du XIIe siècle, on a un témoignage précieux : celui de Jean de Salisbury*, qui énumère « les opinions des modernes sur les genres et les espèces » (*Metalogicon* II, 17 ; cet ouvrage fut terminé avant 1160), non sans observer qu'il est contraire à une saine pédagogie, et à l'esprit même de Porphyre, de traiter de ce problème devant de jeunes étudiants, comme le font les maîtres de son temps. D'abord vient la doctrine selon laquelle genres et espèces sont des *voces* : elle a presque entièrement disparu avec Roscelin, qui la soutenait. Pour d'autres, et avant tout pour « notre Abélard, le Péripatéticien du Pallet » (c'est le lieu de sa naissance), ce sont des *sermones* (voir Pierre Abélard ; la *vox*, c'est le mot sous son aspect physique ; le *sermo*, le mot en tant qu'il a un sens) ; ils nient qu'on puisse attribuer une chose à une autre — ce que pourtant Aristote a fait, note Jean. Tel autre, qui se fonde sur Cicéron et Boèce, dit que les genres et les espèces sont des « intellections » (*intellectus*). En face de ces trois types de doctrines, se situent les opinions des réalistes, « nombreuses et diverses ». L'un dit que l'universel, à quoi il faut reconnaître l'existence et l'unité d'une chose, est lié essentiellement à l'individu : c'est la doctrine des *status*, élaborée par Gautier de Mortagne (Platon est individu en tant que Platon ; espèce en tant qu'homme ; genre, subalterne et suprême, en tant qu'animal et que substance) ; doctrine qui, elle aussi, n'a plus de tenants, au moment où Jean écrit. Un autre, qui prend Platon pour maître et imite Bernard de Chartres*, voit dans les genres et les espèces des idées, ou formes exemplaires, raisons premières et immuables des choses sujettes au changement ; des textes de Sénèque, de Boèce, de saint Augustin, viennent étayer cette doctrine ; mais cela est loin d'Aristote, bien que Bernard et ses auditeurs aient cherché à concilier Platon et Aristote — « des morts qui ne se sont pas entendus quand ils étaient en vie ». Un autre encore, avec Gilbert, évêque de Poitiers (Gilbert de la Porrée*), attribue l'universalité aux « formes natives » (*formae nativae*) ; une telle forme est la copie d'un exemplaire éternel, et réside dans les choses créées. Gosselin de Soissons accorde l'universalité aux choses prises collectivement, la refuse aux choses prises une à une : interprétation à laquelle les textes ne se laissent guère plier. Un autre enfin recourt à un nouveau langage : les genres et les espèces, choses universelles, sont *rerum maneries* ; formule que Jean de Salisbury ne se flatte pas de savoir interpréter. Pour lui (*Metalogicon*, II, 20), il entend ne pas s'écarter de la doctrine d'Aristote : genres et espèces n'existent pas, ils ne sont que connus ; toutes les opinions qu'il a énumérées sont, à un titre quelconque, différentes de celles d'Aristote ; et s'il s'y tient, lui, ce n'est pas tant qu'elle soit la plus vraie — Platon a bien des partisans, parmi lesquels Augustin — mais « peut-être simplement parce qu'elle s'accommode mieux aux disciplines » de la logique, dont Aristote est l'initiateur. Attitude naturelle chez un auteur qui, dès son prologue, s'est proclamé « académicien dans les matières dont un sage peut douter », et « satisfait de la simple probabilité ». Jean de Salisbury, devant cette abondance de solutions au problème écarté par Porphyre, est gagné par une satiété voisine de celle d'un Montaigne, que rebuteront les contradictions des philosophes.

2. On a vu plus haut qu'au milieu du XIIe siècle l'œuvre logique d'Aristote est connue dans son entier (ainsi, par exemple, de Jean de Salisbury). Outre la *logica vetus*, qu'il connaît à fond, Abélard dit avoir eu entre les mains les *Réfutations sophistiques*, mais dans l'ensemble il ignore le contenu de la *logica nova*. Dans la seconde moitié du siècle, de nombreux logiciens sont actifs à Paris ; on connaît au moins des noms de leurs écoles respectives : les *Parvipontani*, les *Melidunenses*, les *Montani*, les *Porretani*, autrement dit les disciples d'Adam de Balsham dit Adam du Petit-Pont* à cause du lieu où il enseignait, de Robert de Melun, d'Albéric du Mont, de Gilbert de la Porrée (Gilbert de Poitiers). Des écrits issus de ces écoles, progressivement étudiés et publiés depuis les travaux pionniers d'E.A. Moody jusqu'au nouveau cours des études médié-

vistes qui s'est affirmé dans les années 1960, jettent un jour nouveau sur l'histoire de la logique médiévale. En deçà des différences doctrinales et techniques qu'on ne peut détailler ici, tous ces logiciens ont en commun de se préoccuper de sémantique et de la logique des propositions autrement qu'on n'avait fait jusqu'alors : on lit maintenant les traités qui constituent la *logica nova*, en particulier les *Réfutations sophistiques*, et l'intérêt pour la grammaire, toujours vif depuis au moins le début du siècle, s'articule à l'étude des termes dans les propositions et les raisonnements. Ainsi s'opère le changement de perspective majeur qui définit la *logica modernorum* ; on ne considère plus les noms comme étant d'abord des porteurs de significations en soi, mais comme des substituts des choses dans les propositions et donc en tant que placés dans des contextes qui modulent ou modifient leurs significations ; c'est cette fonction qu'on appellera *suppositio*, concept principal de la logique des termes (logique *terministe*). La question des universaux, qui en soi relève de la sémantique, prend sa place dans cette nouvelle structure avant de se développer au XIIIe siècle comme un problème de noétique et de métaphysique. Cette redistribution du champ du savoir induit une nouvelle économie des traités. La *Dialectica* d'Abélard était organisée selon l'ordre des textes de la *logica vetus* et traitait successivement des « cinq voix » (cette partie manque dans l'unique manuscrit connu) ; des prédicaments, de la signification, du nom, du verbe ; des propositions catégoriques ; ces trois sujets correspondent à l'*Isagogè*, aux *Catégories*, à l'*Interprétation* ; ensuite, des syllogismes catégoriques, des topiques, des syllogismes hypothétiques, des divisions et des définitions, sujets qui correspondent aux monographies de Boèce. Les ouvrages composés au XIIIe siècle sont autrement organisés, ils étudient principalement les termes et les variétés de leurs suppositions (ampliation, restriction), ainsi que les conséquences logiques, les sophismes (*fallaciae*) et les puzzles logiques (*sophismata*). Le développement et le raffinement des études commencées dès le XIIe siècle aboutissent à des spéculations de haute technicité qui ont ouvert certaines des voies où s'est engagée la logique contemporaine.

Citons enfin quelques noms parmi les plus importants, en se limitant à ceux qui aux XIIIe et XIVe siècles ont enseigné à Paris (car une histoire de la logique devrait prendre en compte l'école anglaise) : Lambert d'Auxerre* (actif en 1250), Pierre d'Espagne* († 1277), Roger Bacon* (étudie à Oxford, maître ès arts à Paris, meurt vers 1292-1294) ; Guillaume d'Ockham († 1347-1349) étudie à Oxford et enseigne à Londres, mais le courant philosophique qu'il inaugure s'est répandu sur l'Europe entière ; parmi ses représentants parisiens citons Jean Buridan* (à Paris, d'environ 1320 à environ 1360), Albert de Saxe* (à Paris de 1351 à 1362), Marsile d'Inghen* (à Paris de 1359 à 1379 environ).

→ E.A. Moody, *Studies in Medieval Philosophy, Science and Logic. Collected Papers, 1933-1969,* Los Angeles, 1975. — L.M. de Rijk, *Logica Modernorum. A Contribution to the History of Early Terminist Logic. I : On the Twelfth Century Theories of Fallacy ; II : Part One : The Origin and Early Development of the Theory of Supposition ; Part Two : Texts and Studies*, Assen 1962, 1967 ; *Through Language to Reality. Studies on Medieval Semantics and Metaphysics*, Londres, 1989. — J. Jolivet, *Arts du langage et théologie chez Abélard*, Paris, 1re éd. 1969, 2e éd. 1982 ; *Aspects de la pensée médiévale : Abélard. Doctrines du langage*, Paris, 1987. — A. Kenny, N. Kretzmann, J. Pinborg, *The Cambridge History of Later Medieval Philosophy*, Cambridge, 1982 [chap. 4-24]. — J. Pinborg, *Medieval Semantics. Selected Studies on Medieval Logic and Grammar*, Londres, 1984. — J. Jolivet et A. de Libera éd., *Gilbert de Poitiers et ses contemporains. Aux origines de la « Logica Modernorum », Actes du 7e symposium européen d'histoire de la logique et de la sémantique médiévales, Poitiers 17-22 juin 1985*, Naples, 1987. — J. Biard, *Logique et théorie du signe au XIVe siècle*, Paris, 1989. — Dans G. Fløistad, *La philosophie contemporaine. Chroniques nouvelles*, vol. 6 : *Philosophie et science au Moyen Âge*, Dordrecht-Boston-Londres, 1980 : J. Pinborg, *Grammar* (p. 779-782) ; I. Rosier, *Grammaire* (p. 783-803) ; J.A. Trentman, *Logic* (p. 805-819) ; C.J. Martin, *Research in Early Medieval Logic* (p. 821-828). J.J.

Lohier et Maller. Cette chanson de geste du XIVe siècle, perdue, n'existait plus que dans une version néerlandaise et dans une version en prose allemande traduite en 1437 pour la comtesse Elisabeth de Nassau-Saarbrück. U. Mölk a récemment édité un fragment (160 lignes), retrouvé à Wiesbaden (Hessiche Hauptst Abt 1105 Nr 40), d'une mise en prose française de cette chanson, datée de 1405.

L'histoire de *Lohier et Maller* développe le sujet ancien et bien connu de l'expulsion et du retour du héros : Lohier, un des fils du roi de France Charles, part avec son compagnon Maller pour Constantinople après avoir été banni de la cour à cause de folies de jeunesse, et court là-bas une série d'aventures avant de retourner en France par la force de l'épée et finalement de se réconcilier avec le roi Louis III, son frère. L'auteur inconnu avait subi l'influence de plusieurs autres chansons de geste, telles que *Roland**, *Anseïs de Carthage**, *Hugues Capet**, mais surtout de *Gormont et Isembart** qu'il a tout simplement ajoutée à son propre poème pour ainsi dire terminé, et il n'est pas impossible que le reste de *Lohier* soit une des versions de *Floovant**. *Lohier* ne brille pas par son originalité, mais sa lecture est plus agréable que celle de la plupart des chansons épiques de l'époque.

ŒUVRES. — *Loher und Maller Ritterroman*, éd. K. Simrock, Stuttgart, 1868 [version allemande]. — *Lohier et Malart. Fragment eines verschollenden französischen Heldenepos*, éd. U. Mölk, dans *NAWG*, 1988, t. 1, *Philologisch-historische Klasse,* fasc.5, p. 135-164 [description, histoire, étude et transcription du fragment].

→ G. Paris, *Lohier et Mallart*, dans *HLF*, t. 28 (1881), p. 239-253. — K. Wais, *Märchen und Chanson de geste, Themengeschichtliches zu Robert le Diable, Berte aus grans piés, Lohier und Maller,* dans *Mél. J. Wilhelm*, Wiesbaden, 1977, p. 120-138.— Cf. Woledge, n° 101. — *MB* n°s 457, 4056-4057. H.F.W. et A.F.L.L.

Lombarda (Na). Le nom de Na Lombarda, attesté dans une charte de 1206, et 16 vers de cette *trobairitz** du XIIIe siècle ont été transmis par une *razo* (commentaire en prose) que conserve un manuscrit unique, le chansonnier provençal H (Vat. lat. 3207, f. 43v°). Selon le rédacteur anonyme de la *Vida,* cette dame était de Toulouse « noble, belle et avenante de sa personne,... savait bien *trouver* et composait de beaux couplets d'amour. »

Les deux *coblas* qui lui sont attribuées, répondent en miroir à celles (deux *coblas* suivie d'une *tornada**) que lui adresse Bernart Arnaut, comte d'Armagnac de 1217 à 1226. Ce protecteur des troubadours est nommé dans *Abrils issia* (PC 411,III) de Raimon Vidal*.

Dans la *tenso** ainsi échangée, la voix féminine répond à la masculine à travers un jeu d'échos, qui utilise non seulement la même versification mais les mêmes noms passés d'un genre à l'autre. La subtilité de la forme a fait ranger cette pièce dans la catégorie du *trobar clus**. La critique actuelle y trouve matière à réflexion sur la lyrique féminine.

ŒUVRE. — Éd. O. Schultz, *Die provenzalischen Dichterinnen*, Leipzig, 1888, réimp. Genève, 1975, p. 10 et 22. — J. Véran, *Les poétesses provençales du Moyen Âge*, Paris, 1946, p. 88-94. — J. Boutière et A.-H. Schutz, *Biographies des troubadours*, 2e éd., Paris, 1964, p. 416-419. — D. Perkal-Balinsky, *The minor Trobairitz...*, *DAI*, 47 (1987), 2577 A, Northwestern University, 1986.

→ PC 288,1. — T. Sankovitch, *Lombarda's Reluctant Mirror : Speculum of Another Poet*, dans *The Voice of the Trobairitz*, éd. W.D. Paden, Philadelphie, 1989, p. 183-793, 233-234. I.M.C. et G.B.L.

Lorenç Mallol. Poète catalan de la fin du XIVe siècle qui fut couronné au Consistori* de Toulouse pour des poésies religieuses allégoriques non dépourvues de valeur.

→ F. Zufferey, *Bibliogr. des poètes provençaux des XIVe et XVe siècles*, Genève, 1981, n° 530. J.S.

Lorenzo Rusio. Vétérinaire romain, Lorenzo Rusio dédia au cardinal Napoleone Orsini (mort en mars 1342) son *Liber marescalcie.* Divisé en 181 chapitres, ce traité d'hippiatrie en latin utilise les sources traditionnelles et s'achève sur une liste de *Memoralia* contenant des indications astrologiques. Conservé aujourd'hui dans treize manuscrits, le *Liber marescalcie* fut traduit deux fois en italien (par Antonio Dapera et par frère Antonio de Barulo ou Barlecta), une fois en flamand et une fois en français. La traduction française, conservée dans un seul manuscrit (Montpellier, Éc. de médecine, 266), fut imprimée à plusieurs reprises à Paris au XVIe siècle.

→ Y. Poulle-Drieux, *L'hippiatrie dans l'Occident latin du XIIIe au XVe siècle*, dans *Médecine humaine et vétérinaire à la fin du Moyen Âge*, Genève-Paris, 1966, p. 40-42 (*Hautes Études médiévales et modernes*, IV, 2). — Cf. *MB S* n° 7703. F.F.H.

Louis IX. On sait par Joinville que le roi saint Louis a laissé pour son fils aîné Philippe, le futur Philippe III, des instructions qu'il rédigea en français, vraisemblablement entre juin 1267 et février 1268.

Le texte original du roi est perdu. La copie française la plus fidèle se trouve dans le registre manuscrit *Noster* de la Chambre des comptes, maintenant BN lat. 12814, seul registre à avoir échappé à l'incendie de 1737. Il existe deux autres versions des *Enseignements* :

— Une version courte représentée par la traduction latine abrégée faite, à l'en croire, par Geoffroi de Beaulieu* d'après l'original de saint Louis, et insérée dans sa biographie du roi ; de cette version découlent le texte latin de Guillaume de Nangis*, dans les *Gesta Ludovici*, et plusieurs traductions françaises ; parmi celles-ci, certaines sont l'exacte traduction de Geoffroi de Beaulieu à l'exception d'un passage sur le pape qu'elles omettent.

— Une version longue représentée par la traduction latine faite pour l'enquête de canonisation du roi, qui est perdue mais dont descendent le texte français de Guillaume de Saint-Pathus*, inséré dans sa vie de saint Louis, et le texte latin d'Yves de Saint-Denis*.

Du texte de Geoffroi de Beaulieu découlent deux familles d'une troisième version dite interpolée : la rédaction contenue dans les trois manuscrits de l'*Histoire* de Joinville* et celle que renferment certains manuscrits des *Grandes Chroniques de France**.

Le texte de Joinville a passé longtemps pour la version authentique. En effet, Geoffroi de Beaulieu a prétendu s'appuyer sur le texte original de saint Louis et sa rédaction abrégée a servi de base à Joinville et à la vie de saint Louis incorporée dans les *Grandes Chroniques de France*. Guillaume de Saint-Pathus, par contre, a conservé la version intégrale des *Enseignements*, le texte qu'il a inséré dans sa vie de saint Louis étant fondé sur les documents de canonisation du roi ; mais sa version est de ce fait pleine de latinismes.

Les *Enseignements* sont issus des propres réflexions du roi sur la Bible, les écrits des Pères de l'Église, spécialement saint Augustin, et les conseils prodigués par sa mère et son grand-père. Il faut y adjoindre les points de vue des grands penseurs de son temps, en particulier Gilbert de Tournai et Vincent de Beauvais*. Enfin, la part de l'expérience personnelle a joué un rôle non négligeable.

Le saint roi a laissé aussi des instructions à sa fille Isabelle, rédigées à la même époque. Le texte le plus correct se trouve dans la *Vie de saint Louis* de Guillaume de Saint-Pathus.

ŒUVRES. — Éd. D. O'Connell, *The Teachings of Saint Louis*, Chapel Hill, 1972 (*North Carolina Studies in the Romance Languages and Literature*, 116) [texte des *Enseignements à Philippe*]. — *Enseignements à Isabelle, ibid.*, 216. — *Les propos de Saint Louis*, Paris, 1974 (*Archives*) [texte des *Enseignements à Philippe*, p. 185-191, des *Enseignements à Isabelle*, p. 191-194].

→ J. Richard, *Saint Louis*, Paris, 1983. — C.-V. Langlois, *La vie spirituelle...*, dans *La vie en France au Moyen Âge du* XIIe *au milieu du* XIVe *siècle*, t. 4, Paris, 1928, p. 23-46 [texte des Enseignements à Philippe, p. 35-42 ; des *Enseignements à Isabelle*, p. 42-46]. — J. Le Goff, *Saint Louis et la parole royale*, dans *Mél. P. Zumthor* Paris, 1988, p. 126-136. — Cf. *GRLMA*, t. VI, n° 2876. *MB* n°s 3688-3697 ; *S* 6108-6110. G.T.L.

Louis de, Pierre de, Jean de Beauvau. Les critiques sont partagés depuis longtemps sur l'attribution du *Roman de Troyle et Criseida*, traduction française du *Filostrato* de Boccace*, qui s'illustre par son style et son art subtils. Est-ce l'œuvre de Pierre de Beauvau (vers 1380 - vers 1436) comme le pense A. Coville, ou de son fils Louis (vers 1418-1462), comme l'ont écrit le marquis de Paulmy, H. Hauvette et P. Champion ? Entre ces deux serviteurs des rois de Sicile-Anjou, G. Bianciotto, dans son édition critique du texte, tranche en faveur du fils. Ce « Loys de Beauvau seneschal d'Anjou » est connu comme l'auteur du *Pas de la Bergiere* tenu par le roi René à Tarascon en 1449 (89 douzains décasyl. ; 3 mss). Il est donc aussi le premier traducteur direct d'une œuvre italienne de Boccace (vers 1453-1455). François Villon* évoque d'ailleurs en un jeu ce *Roman de Troyle et Criseida* (*Testament* v. 1370-1377), lorsqu'il parle des amours de Robert d'Estouteville et de sa participation au tournoi de la Joyeuse Garde organisé par René d'Anjou* à Saumur en 1446. Or le prévôt y jouta uniquement contre Louis de Beauvau. C'est Louis encore qui apparaît parmi les morts du cimetière littéraire du *Livre du Cuer d'amours espris* de son maître.

Les liens des Beauvau avec la dynastie angevine remontent au-delà de Louis. Pierre de Beauvau fut, en effet, gouverneur de Calabre puis de Provence (1430) pour Louis III d'Anjou. Lorsque ce roi mourut en 1434 et que son frère cadet, René, lui succéda, Louis de Beauvau reçut la charge de capitaine de la ville d'Angers. Entre 1437 et 1442 environ, il se trouvait à Naples auprès d'Isabelle de Lorraine, épouse du roi René. C'est à cette époque que Louis gagna les bonnes grâces de son maître et en obtint de hautes charges dont celle de sénéchal d'Anjou qu'il exerça entre 1445 et 1458 environ. C'est lui encore qui mena les armées de René contre les Vénitiens, lors de l'expédition de Lombardie en 1453. Et Louis mourut en Italie même, au cours d'une mission auprès du pape Pie II (voir Aeneas Silvius Piccolomini), en 1462.

Avec ce personnage se dessine donc une image toujours plus juste du milieu littéraire de l'époque et, plus particulièrement, du rôle joué par la cour angevine dans ce que l'on nommera plus tard l'italianisme. Louis de Beauvau, grâce à ses séjours répétés dans la péninsule, maîtrisait parfaitement l'italien. Un de ses cousins et un descendant de Geoffroi de La Tour Landry*, Jean de Beauvau, évêque d'Angers (mort en 1479), a de son côté traduit en français la version italienne due à François Philelphe du *Discours sur la guerre de Troie* de Dion Chrysostome.

ŒUVRE. — *Roman de Troyle,* éd. dans L. Moland et C. d'Héricault, *Nouvelles françaises du* XIV*e siècle*, Paris, 1858 (*Bibliothèque elzévirienne*, 11). — Éd. G. Bianciotto, thèse dactylo., Paris, 1977. — *Pas de la Bergière,* éd. dans les *Œuvres du roi René,* par le comte de Quatrebarbes, t. 2, Angers, 1834, p. 49-96.

→ A. Coville, *La vie intellectuelle dans les domaines d'Anjou-Provence*, Paris, 1941, chap. 4. — G. Bianciotto, *À propos du Testament de Villon : Troïle et Robert d'Estouteville*, dans *Mél. J. Frappier*, Genève, 1970, t. 1, p. 115-132. — C. Bozzolo, *Manuscrits des traductions françaises des œuvres de Boccace.* XV*e siècle*, Padoue, 1973 (*Medioevo e umanesimo*, 15), p. 29-33, 110-119, 165-168. — G. Bianciotto, *Recherches sur Louis de Beauvau et le Roman de Troyle*, dans *Les Angevins de la littérature*, Angers, 1979, p. 28-47 ; *Édition critique et commentée du Roman de Troyle, traduction française du* XV*e siècle du Filostrato de Boccace*, dans *Perspectives médiévales*, t. 7 (1981), p. 15-22 [présentation de sa thèse d'État]. — Cf. *MB* nos 4190-4194 ; *S* 8470-8472. S.L.

Louis de Gouvys. Ce gentilhomme normand, qui porte le nom de la localité de Gouvix (Calvados : arr. Caen, cant. Bretteville-sur-Laize), dédia à Charles IV, duc d'Alençon (1492-1525), beau-frère du roi François Ier, son *Nouvelin de vénerie*, contenant dix-neuf chapitres sur la chasse du cerf, qui n'est qu'un plagiat grossier des chapitres 22, 24, 26-35, 38-41, 44 et 45 du *Livre de la Chasse* de Gaston Phébus*.

Le *Nouvelin de vénerie* est conservé dans un seul manuscrit (Paris, Musée du Petit-Palais, Dutuit 217), très soigné qui appartint au dédicataire, le duc d'Alençon ; il reste inédit.

→ E. Rahir, *La Collection Dutuit, Livres et manuscrits*, Paris, 1899, p. 90. G.T. et F.F.H.

Louis le Roi. Voir : *Destruction de Rome.*

Loup de Ferrières. Né dans la France de l'Ouest vers 805, Loup, appelé aussi Servat Loup, appartenait à une famille de fonctionnaires, d'origine bavaroise par son père Anthelmus et implantée dans la région d'Auxerre sans doute depuis Charles Martel. Étroitement lié à Auxerre par des liens familiaux (son oncle Angelhelme, puis ses propres frères Héribald (828-857) et Abbon (857-860) se succèdent au siège épiscopal d'Auxerre), Loup devint moine bénédictin à Ferrières-en-Gâtinais, au diocèse de Sens. Remarqué par son abbé Aldric, disciple d'Alcuin* et futur archevêque de Sens, il fut envoyé à Fulda en 829 auprès de Raban Maur* pour compléter sa formation théologique. C'est là qu'il rencontra Eginhard* et Godescalc d'Orbais*. Il compila alors un recueil des lois germaniques, corrigea le commentaire de Raban Maur sur le livre des *Nombres* et composa les vies de saint Maximin et de saint Wigbert. Rentré à Ferrières en 836, il est ordonné prêtre et chargé de la formation des jeunes moines, dont Heiric d'Auxerre*. Grâce à la faveur de Charles le Chauve, il est nommé abbé de Ferrières en 840 et ne cesse de s'occuper des affaires de l'abbaye et de l'État jusqu'à sa mort en 862. Il participe aux colloques de Thionville (844) et de Meersen (847), aux conciles de Verneuil (844) et de Paris (849). Il exerce des missions officielles en Bourgogne en 844 et 845, et à Rome en 849. Parallèlement, il joue un rôle important au cours de la controverse sur la prédestination. Peu après avoir siégé au synode de Soissons lors de l'été 862, il mourut à Ferrières des suites d'une longue maladie, au moment où les Normands, remontés jusqu'à Melun, menacent son abbaye. Homme de vaste culture, lettré toujours en quête de manuscrits nouveaux et rares, très soucieux d'échanges culturels et cultivant de solides amitiés, Loup de Ferrières est un des représentants les plus significatifs de la renaissance carolingienne et le fondateur de la célèbre école d'Auxerre. Sa *Correspondance* reflète bien sa personnalité attachante et les diverses formes de son activité.

Comme homme de loi, Loup prépara une édition des *Canons* du synode de Verneuil (décembre 844) et pour le duc de Frioul un *corpus* des lois barbares qu'il orna de peintures et de pièces en vers. Augustinien déclaré, il prit une part active à la querelle de la prédestination et composa à la demande de Charles le Chauve, en 849, un *Liber de tribus questionibus*, bientôt complété par un florilège ou *Collectaneum* sur les mêmes questions : libre arbitre, prédestination et efficacité rédemptrice du sang du Christ. Il ne craint pas de s'opposer à Raban Maur* et à Hincmar de Reims* et répond avec équilibre et discrétion à la consultation de Godescalc* sur les modalités de la vision béatifique (lettre n° 80). On lui doit aussi un florilège patristique sur les épîtres de saint Paul, une vie de saint Maximin de Trèves, rédigée à la requête de Waldon, moine de Saint-Maximin, peut-être aussi une vie de saint Wigbert de Fritzlar, deux hymnes et une homélie en l'honneur de ce saint et une homélie sur saint Jodocus. Auteur de plusieurs poèmes, il écrivit aussi un petit traité sur la métrique de Boèce, connu actuellement à travers 16 mss. Il est surtout célèbre par sa *Correspondance* : 132 lettres, qui nous ont été conservées par miracle dans un unique manuscrit (Paris, BN lat. 2858). Rassemblées à Ferrières même par les familiers de Loup, avec peut-être la participation de son disciple Heiric d'Auxerre*, ces lettres ne nous sont pas parvenues dans le désordre et le recueil commence par la première lettre de Loup à Eginhard*, où il préconise avec ardeur l'idéal de sagesse désintéressée, qui marquera tous ses disciples et particulièrement Heiric et Remi d'Auxerre*. Il a joué un rôle considérable dans la recherche et l'étude des manuscrits d'auteurs classiques (Cicéron, Tite-Live, Aulu-Gelle, Macrobe, etc.) qu'il a souvent annotés de sa main.

ŒUVRES. — *PL*, t. 119, col. 423-700. — *Carmina* : éd. L. Levillain, dans *BEC*, t. 46 (1885), p. 320 [n°s 6 et 7] ; K. Strecker, Berlin, 1923, p. 1032, 1052 et 1059 (*MGH, Poetae latini aevi carolini*, 4) et 1951, p. 154 (6) [= *Epitaphium H. abbatis*] ; B. Bischoff, *Anecdota carolina*, dans *Mél. K. Strecker*, Dresde, 1931, p. 3-5 (n°s 2-6). — *Epistulae*, éd. E. Dümmler, Berlin, 1902, p. 7-126 (*MGH, Epistulae*, 6, 1). — L. Levillain, *Loup de Ferrières. Correspondance*, Paris, t. 1, 1927 ; t. 2, 1935 (*Les classiques de l'Histoire de France au Moyen Âge*, 10 et 16) [avec trad. frrançaise]. — P.K. Marshall, *Servatus Lupus. Epistulae*, Leipzig, 1984 ; trad. anglaise : G.W. Regenos, La Haye, 1966. — *Genera metrorum*, éd. R. Peiper, *Boethius*, Leipzig, 1871, p. XXV-XXVIII. — *Sermo in festivitate s. Jodoci confessoris*, éd. W. Levison, *Eine Predigt des Lupus von Ferrières*, dans *Mél. W. Goetz*, Leipzig, 1927, p. 3-14. — *Vita s. Maximini Trevirensis*, éd. B. Krusch, Hanovre, 1896, p. 71-82 (*MGH, Scriptores rerum Merovingicarum*, 3). — *Vita s. Wigberti Friteslariensis*, éd. O. Holder-Egger, Hanovre, 1887, p. 36-43 (*MGH Scriptores*, 15, 1).

→ L. Levillain, *Étude sur les lettres de Loup de Ferrières*, dans *BEC*, t. 62 (1901), p. 454-456. — J. Schnetz, *Ein Kritiker des Valerius Maximus im 9. Jahrhundert*, Neuburg an D., 1901 (*Beilage zum Jahresbericht des Gymnasiums in Neuburg a.D.*). — C.H. Beeson, *Lupus of Ferrières as Scribe and Text Critic...*, Cambridge (Mass.), 1930 (*The Mediaeval Academy of America*, 4). — L. Meagher, *The Gellius Manuscript of Lupus of Ferrières*, Chicago, 1936. — C.H. Beeson, *The Autorship of « Quid sit ceroma »*, dans *Mél. E.K. Rand*, New York, 1938, p. 1-7. — E. von Severus, *Lupus von Ferrières. Gestalt und Werk eines Vermittlers antiken Geistesgutes an das Mittelalter im 9. Jahrhundert*, Münster, 1940 (*Beiträge zur Geschichte des alten Mönchtums und des Benediktinerordens*, 21). — C.H. Beeson, *Lupus of Ferrières and Hadoard*, dans *Classical Philology*, t. 43 (1948), p. 190-191. — G.W. Regenos, *The Letters of Lupus of Ferrières*, dans *The Classical Bulletin*, t. 25 (1949), p. 55-57. — A. La Penna, *Le Parisinus latinus 6370 et le texte des « Commentarii » de Macrobe*, dans *Revue de Philologie*, t. 24 (1950), p. 177-187. — G.I. Lieftinck, *Le manuscrit d'Aulu-Gelle à Leuwarden exécuté à Fulda en 836*, dans *Bulletino dell'« Archivio paleografico italiano »*, n.s., t. 1 (1955), p. 11-17. — E. Pellegrin, *Les manuscrits de Loup de Ferrières...*, dans *BEC*, t. 115 (1957), p. 5-31, réimp. dans *Bibliothèques retrouvées*, Paris, 1988, p. 131-157. — R.J. Gariepy, *Lupus of Ferrières and the Classics*, Darien (Conn.), 1967 ; *Lupus of Ferrières Carolingian Scribe and Text Critic*, dans *Mediaeval Studies*, t. 30 (1968), p. 90-105. — B. Bischoff, *Paläographie und frühmittelalterliche Klassikerüberlieferung*, dans *La cultura antica nell'Occidente latino dal* VII *al* XI *secolo*, Spolète, 1975, p. 71-80 (*Settimane di studio...*, 22), réimp. dans *Mittelal-*

terliche Studien, t. 3, Stuttgart, 1981, p. 63-67. — R. Quadri, *Paolo Diacono e Lupo di Ferrières...*, dans *Studi medievali*, 3e sér., t. 16 (1975), p. 737-746 + 2 pl. — V. Brown, *Lupus of Ferrières on the Metres of Boethius*, dans *Mél. L. Bieler*, Leyde, 1976, p. 63-79. — R.J. Gariepy, *Lupus of Ferrières' Knowledge of Classical Latin Literature*, dans *Mél. A. Boutemy*, Bruxelles, 1976, p. 152-158. — R. Schipke, *Eine von Lupus von Ferrières korrigierte Handschrift...*, dans *Mél. H. Lülfing*, Berlin, 1976, p. 33-38. — H.I. Oskamp, *A Schoolteacher's Hand in a Florentine Manuscript*, dans *Scriptorium*, t. 31 (1977), p. 191-197. — P.K. Marshall, *The « Epistulae » of Servatus Lupus...*, dans *Revue Bénédictine*, t. 89 (1979), p. 183-187 ; *The Learning of Servatus Lupus...*, dans *Mediaeval Studies*, t. 41 (1979), p. 506-513 ; *The Codex Bernensis of the Letters of Servatus Lupus...*, dans *Revue Bénédictine*, t. 91 (1981), p. 164-169. — M. Hardy, A. Labbé, *En marge du conflit entre Charles le Chauve et Girart de Vienne. Loup de Ferrières, Remi d'Auxerre et le peintre Fredilo*, dans *Mél. R. Louis*, t. 1, Saint-Père-sous-Vézelay, 1982, p. 119-169. — B. Löfstedt, *Zu den Briefen des Lupus von Ferrières*, dans *Rivista di cultura classica e medioevale*, t. 24 (1982), p. 93-96. — B. Munk Olsen, *L'étude des auteurs classiques latins aux* XIe *et* XIIe *siècles*, t. 3, 1re partie, Paris, 1987, p. 306-308 (*Documents, études et répertoires publiés par l'IRHT*). — R. Hofman, *Glosses in a Ninth Century Prisciean Ms. Probably Attributable to Heiric of Auxerre...*, dans *Studi Medievali*, 3a série, t. 29 (1988), p. 805-839. — *Intellectuels et artistes dans l'Europe carolingienne.* IXe-XIe *siècle, abbaye Saint-Germain-d'Auxerre, catalogue de l'exposition, juillet-octobre 1990*, Auxerre, 1990, p. 32, 39, 226-229 et 258-262. — L. Holtz, *L'école d'Auxerre*, dans *L'école carolingienne d'Auxerre. De Murethach à Remi (830-908)*, éd. D. Iogna Prat, C. Jeudy, G. Lobrichon, Paris, 1991, p. 131-137 (*Entretiens d'Auxerre*, 1989). — Cf. *HLF*, t. 5, 1866, p. 255-272. — Manitius, 1, 1911, p. 483-490 ; 2, 1923, p. 807 ; 3, 1931, p. 1063. — *Lexikon für Theologie und Kirche*, t. 6, 1961, col. 1219 [A. Hamann]. — Brunhölzl, t. 1, 1975, p. 476-480 et 570 ; trad. française, t. 1, vol. 2, 1991, p. 200, 229-234, 238-239, 315-316. — *Catholicisme*, t. 7, 1975, col. 1189-1190 [G. Mathon]. — *DS*, t. 9, 1976, col. 1086-1087 [R. Grégoire]. C.J.

Loys. Fauconnier de Philibert II, duc de Savoie (1497-1504), Maistre Loys composa en italien, à la fin du XVe siècle, un traité de fauconnerie, qui fut très vite traduit, à la demande de Philibert, par le chanoine Pierre Alardet sous le titre de *Livre de fauconnerie*. Cette traduction, conservée dans un seul manuscrit du XVIe siècle (Paris, BN, fr. 12401), est encore inédite.

F.F.H.

Loyset Compère. Célèbre compositeur né dans le Hainaut vers 1445, mort à Saint-Quentin le 16 août 1518. On le trouve entre 1474 et 1476, à la chapelle des Sforza à Milan, puis en 1486, à Paris, « chantre ordinaire » du roi Charles VIII. En 1494 il est naturalisé pour devenir « chapelain ordinaire et chantre » et il accompagne le roi en Italie (notamment à Rome). Il continuera à servir la cour de France, au moins par intermittence, mais poursuivra sa carrière dans le Nord. Titulaire d'un canonicat à la collégiale de Saint-Quentin depuis 1491, il est, entre 1498 et 1500, doyen de l'église Saint-Géry de Cambrai. Ensuite, on le retrouve prévôt de la collégiale Saint-Pierre de Douai (1500-1503). Les dernières années de sa vie se passent à la collégiale de Saint-Quentin.

Son œuvre comprend trois messes polyphoniques complètes, des mouvements isolés, six *Magnificat*, 24 motets (à quatre et cinq voix), cinq motets-chansons (à trois voix), 47 chansons (à trois et quatre voix), deux *frottole*.

Il a pratiqué deux styles de composition : respectueux de la tradition, il a adopté, pour ses motets-tenors, motets à *cantus firmus* et la plupart de ses chansons, le style bourguignon tardif, mais il a su également trouver dans les formes italiennes de la fin du XVe siècle, *lauda* et *frottola*, l'idée du support harmonique fondamental dans le *bassus*. Il est incontestablement un des grands maîtres de la chanson et du motet aux alentours de 1500.

ŒUVRES. — Éd. L. Finscher, *Loyset Compère : Opera Omnia*, dans *Corpus Mensurabilis Musicae*, t. 15, 1958.

→ J. Rifkin, B. Hudson, art. *Compère*, dans *The New Grove Dictionary of Music and Musicians*, t. 4 (1980), p. 595-598. — L. Finscher, *Loyset Compère (c. 1450-1510) — Life and Works*, dans *Musicological Studies and Documents*, t. 12 (1964). N.S.

Lucidaires. Voir : *Elucidarium*.

Ludolphe de Saxe. Né vers 1300, Ludolphe entra en 1340 à la Chartreuse de Strasbourg, où il mourut en odeur de sainteté en 1378, après un séjour de plusieurs années dans les chartreuses de Coblence et de Mayence. Son œuvre principale, la *Vita Jesu Christi e quatuor Evangeliis et scriptoribus orthodoxis concinnata*, qui embrasse dans une vision historique du salut l'ensemble du mystère du Christ, est, selon le mot de Dom Wilmart, « l'un des plus beaux et savants ouvrages qui nous viennent du Moyen Âge... », unissant exégèse et enseignement ascétique. Elle eut une très large diffusion dans les cercles dévots du XVe et du XVIe siècle, où son influence fut comparable à celle de l'*Imitation de Jésus-Christ** ; en latin d'abord, puis dans les diverses langues vernaculaires, lorsque celles-ci eurent pris le relais. En français, il y eut dans un premier temps la traduction abrégée de Jean Aubert*, puis, dans le courant du XVe, trois traductions anonymes inédites et le remaniement inséré dans la *Fleur des histoires* de Jean Mansel* ; enfin, la traduction que le franciscain Guillaume Le Menand dédia à Charles VIII. Imprimée à de nombreuses reprises à partir de 1487 sous le titre de *Grand Vita Christi*, elle figurait au début du XVIe dans toutes les bibliothèques privées de quelque importance.

ŒUVRE. — Éd. A.C. Bollard, L.M. Rigollot, J. Carnandet, Paris-Rome, 1865 (in-folio) ; 1870 (in-8°, 4 vol.) ; trad. française F. Broquin, Paris, 1870-1899, 7 vol.

→ *DSAM*, t. 9, 1976, col. 1130-1138. — W. Baier, *Untersuchungen zu den Passions Betrachtungen in der « Vita Christi » des Ludolf von Sachsen*... Salzbourg, 1977, 3 vol. (*Analecta cartusiana*, 47) [bibliogr.]. G.H.

Luquet Gatelus. Poète et magistrat génois, exerça les fonctions de podestat à Bologne, et d'ambassadeur auprès de Boniface VIII. Il s'intéressait aux événements politiques qui agitaient l'Italie à la fin du XIIIe siècle : Charles d'Anjou*, Conrad, Manfred remplissent les strophes de deux *sirventes* que nous avons de lui, dont l'un est adressé à Sordel*. On conserve encore de lui une *tenso** avec Bonifaci Calvo* (PC 290, 2 = 101, 8a). Six poèmes au total lui ont été reconnus par la critique.

ŒUVRE. — Éd. M. Boni, *Luchetto Gattilusio. Liriche*, Bologne, 1957 [avec trad. italienne ; attribue à L. Gatelus PC 282, 1c-1d et 26a].

→ PC 282. — M. Boni, *Luchetto Gattilusio*, dans *SMV*, t. 4 (1956), p. 7-56 [étude sur la vie et l'œuvre]. — R.A. Taylor, *La Littérature occitane du Moyen Âge*, Toronto, 1977, n° 481. J.S. et G.B.L.

Luys d'Averçó. Natif de Barcelone au milieu du XIVe siècle, Luys d'Averçó est un bourgeois qui appartenait à une famille d'armateurs. Il fut chargé de fonctions importantes, sur le plan financier et politique, pour la vie de la cité. Il mourut entre 1412 et 1415. On n'a conservé de lui aucune œuvre poétique et on ne sait pas s'il en écrivit. Il tint cependant un rôle primordial dans la fondation du Consistoire poétique de Barcelone et le 20 février 1393, le roi Jean Ier d'Aragon le désigna comme juge dans cette assemblée, avec le chevalier Jacme March*. Inspiré notamment par les *Leys d'Amors** et le *Compendi* de Joan de Castelnou*, il composa en prose un long traité de rhétorique et de grammaire, suivi d'un dictionnaire de rimes, qu'il intitula : *Torcimany*, c'est-à-dire « interprète » *de la sciencia gaya de trobar*. Le manuscrit unique, autographe, est conservé à la bibliothèque de El Escorial (M.I.3). Les mots du dictionnaire sont en principe enregistrés sous leur forme catalane, mais les termes occitans ne manquent pas, d'ailleurs bien distingués des premiers. Pour enrichir son rimaire, l'auteur a ajouté des formes castillanes et aragonaises. Il s'agit de rendre compréhensible aux non-doctes la science des troubadours, dans une langue accessible à tous. Selon Luys d'Averçó, la poésie est un art difficile et obscur, en raison de la langue usitée par ses contemporains, les poètes lyriques catalans, qui se réfèrent toujours à celle des troubadours, alors que, par ailleurs et consciemment, la prose catalane s'élabore.

ŒUVRE. — Éd. J.M. Casas Homs, *Torcimany de Luis de Averçó, tratado retorico grammatical y diccionario de la rima*, 2 vol., Barcelone, 1956.

→ M. de Riquer, *Historia de la Literatura Catalana*, Barcelone, 1964, t. 1, p. 560-569. G.B.L.

Lyrique (Poésie). 1. *Un surgissement paradoxal*. Depuis bien longtemps, dès avant la formation des langues romanes, des témoignages indirects signalaient que des chansons circulaient dans le peuple, en particulier des chansons d'amour chantées par des femmes et dont l'Église se scandalisait : les sermons de saint Césaire d'Arles* s'en inquiètent déjà dans les premières années du VIe siècle et bientôt des conciles les condamnent. Mais l'Église elle-même ne s'inspirait-elle pas de ces rythmes populaires en accueillant une poésie liturgique dont la métrique, abandonnant l'alternance des syllabes longues et brèves qui fonde la versification du latin classique, reposait sur le nombre des pieds et sur la rime ? Pourtant, les premiers poèmes lyriques en langue romane — en l'occurrence en langue d'oc — qui nous ont été intégralement conservés n'ont rien de populaire, quel que soit le sens que l'on donne à ce mot. Ils sont complexes, raffinés, volontiers hermétiques. Ils sont éperdument aristocratiques et élitistes, affichant avec une arrogance provocante leur mépris des rustres incapables de les goûter et insensibles à l'élégance des manières et de l'esprit. Et le premier poète dont l'œuvre nous soit parvenue était l'un des princes les plus puissants d'alors, Guilhem IX*, comte de Poitiers et duc d'Aquitaine (1071-1126). En quelques années, ses successeurs et ses émules en poésie, les troubadours*, se multiplient dans toutes les cours méridionales, en attendant d'être imités en France du Nord, dans la seconde moitié du XIIᵉ siècle, par les trouvères*. Une poésie de cour : tel est à l'origine ce lyrisme que l'on dit pour cette raison *courtois* et qui célèbre une conception de l'amour aussi nouvelle et aussi provocante que son brusque surgissement, la *fin'amor* (voir sur ces deux notions l'article *Courtoisie*).

2. *La poésie des troubadours.* En attendant d'être célébrées, dans un esprit un peu différent, par les romans, courtoisie et *fin'amor* trouvent leur expression dans la poésie lyrique des troubadours de langue d'oc, et plus tard des trouvères de langue d'oïl, c'est-à-dire de ceux qui « trouvent » (*trobar* en langue d'oc), qui inventent des poèmes. C'est une poésie lyrique au sens exact du terme, c'est-à-dire une poésie chantée, monodique, dont chaque poète compose, comme le dit l'un d'eux, *los motz e.l so*, les paroles et la musique.

Le genre essentiel en est la chanson, en langue d'oc *canso**, terme bientôt préféré à celui de *vers** employé par les premiers troubadours (voir l'article *Chanson*), expression de ce qu'on a appelé le « grand chant courtois ».

La *canso* se caractérise par la virtuosité des jeux prosodiques, mais plus encore par le style et par le ton. La langue est tendue, l'expression parfois compliquée à plaisir, plus souvent elliptique ou heurtée avec, jusque dans les sonorités parfois, une recherche de la rugosité plus que de la fluidité. Autour des années 1170, certains troubadours ont cultivé l'hermétisme en pratiquant le *trobar clus*, c'est-à-dire la création poétique « fermée », obscure, tel Raimbaut d'Aurenga* qui décrit ainsi son activité poétique :

Cars, bruns et teinz mots entrebesc,
Pensius pensanz

« les mots précieux, sombres et colorés, je les entrelace, pensivement pensif. »

D'autres préfèrent un style plus accessible, « léger » (*trobar leu*). Dans un débat qui l'oppose à Raimbaut d'Aurenga, Guiraut de Bornelh* se réjouit ainsi que ses chansons puissent être comprises même par les simples gens à la fontaine. Enfin, le *trobar ric* (« riche ») dont le meilleur représentant est Arnaut Daniel*, qui relève aussi, cependant, du *trobar clus*, semble jouer avec prédilection de la somptuosité de la langue et des mots, de la virtuosité de la versification.

Cette poésie si attentive aux raffinements de l'expression ne cherche nullement l'originalité du contenu. Elle ne craint pas d'être répétitive et de redire sans se lasser, chanson après chanson, que le printemps invite à chanter l'amour, mais que ce chant est douloureux dans la bouche de celui qui aime sans être payé de retour. La création poétique, pour les troubadours, vise à se conformer le plus possible à un modèle idéal, tout en y introduisant des décalages et des innovations menus, des subtilités rhétoriques et métriques, et en jouant de l'infinité des variantes combinatoires entre les motifs convenus. Mais cette poétique « formelle » ne traduit pas, comme on le dit parfois, un repli du langage sur lui-même et une indifférence au référent. Au contraire sa monotonie comme son expression tendue semblent la conséquence d'une exigence de sincérité incluse dans les règles mêmes de la poésie. Celle-ci suppose une équivalence entre les propositions « j'aime » et « je chante », et elle en déduit que le poème doit, d'une certaine façon, ressembler à l'amour, que les caractères, que la perfection du poème reflètent les caractères et la perfection de l'amour. Celui qui aime le mieux est le meilleur poète, comme le dit Bernart de Ventadorn* :

Non es meravilha s'eu chan
Melhs de nul autre chantador,
Que plus me tra·l cors va amor
E mels sui faihz a so coman.

« Il n'est pas étonnant que je chante mieux que nul autre chanteur, car mon cœur m'entraîne plus vers l'amour et je suis plus soumis à ses commandements ».

Les tensions du style reflètent celles de l'amour, le *joi*, et Arnaut Daniel se définit comme amant et comme poète en trois *adunata* célèbres :

Eu son Arnauz qu'amas l'aura
Et chatz la lebre ab lo bou
E nadi contra suberna.

« Je suis Arnaut qui amasse le vent, chasse le lièvre avec le bœuf et nage contre la marée ».

De façon générale, de même que l'amour doit tendre vers une perfection idéale sans être affecté par les circonstances et les contingences, de même la chanson qui l'exprime et le reflète doit tendre vers une perfection abstraite qui ne laisse aucune place à l'anecdote. C'est ainsi que l'usage de commencer toute chanson par une évocation de la nature printanière — usage remontant sans doute aux racines mêmes du lyrisme roman et qui était l'occasion de brèves descriptions charmantes à nos yeux —, cet usage passe de mode et est raillé au XIIIe siècle, parce que, comme l'expliquent abondamment les trouvères, le véritable amoureux aime en toute saison, et non pas seulement au printemps.

3. *Les origines.* Comme celle des chansons de geste, bien que pour des raisons différentes, la naissance du lyrisme courtois a retenu, parfois de façon excessive, l'attention des érudits. Les caractères de la courtoisie et de la *fin'amor*, la sophistication de cette poésie, interdisent, on l'a dit, d'y voir l'émergence pure et simple d'une poésie *populaire* antérieure. Le point de vue fondamentalement masculin sur l'amour qui est celui de la courtoisie, la soumission de l'amant à sa *dame* l'excluent presque à eux seuls. Dans la plupart des civilisations, et en tout cas tout autour du bassin méditerranéen, le lyrisme amoureux le plus ancien est en effet attribué aux femmes et jette sur l'amour un regard féminin. On verra plus loin que ce que l'on peut savoir du premier lyrisme roman est conforme à cette situation générale.

Certains ont à l'inverse nié toute solution de continuité entre la poésie latine et le lyrisme courtois. Celui-ci ne serait que la transposition en langue vulgaire de la poésie latine de cour qui est pratiquée dès le VIe siècle par l'évêque de Poitiers Venance Fortunat*, lorsqu'il célèbre les nobles épouses des princes, qui est au XIe siècle celle de Strabon, d'Hildebert de Lavardin*, de Baudri de Bourgueil*, qui, vers la même époque, est cultivée par les clercs des écoles de Chartres, à la louange parfois des dames de la ville. Ce qui, chez les troubadours, échappe à cette exaltation platonique des dames, et en particulier les chansons grivoises du premier troubadour, Guilhem IX, serait à mettre au compte de l'inspiration ovidienne des clercs vagants ou Goliards*. Il est bien vrai qu'une certaine influence de la rhétorique médiolatine et que des réminiscences ovidiennes sont sensibles chez les troubadours. Mais il suffit de les lire pour mesurer combien leur ton diffère de celui de la poésie latine, où l'on ne trouve guère cette gravité passionnée qui fait de l'amour le tout de la vie morale et de la vie tout court. En outre, les centres de Chartres et d'Angers sont bien septentrionaux pour avoir joué un rôle déterminant dans la naissance d'une poésie en langue d'oc. En dehors de celle des Goliards, la poésie latine était lue, et non chantée. Enfin, à de rares exceptions près, les troubadours étaient loin de posséder une culture latine suffisante pour mener à bien une telle entreprise d'adaptation.

On a souvent soutenu, depuis longtemps et non sans arguments, que la poésie courtoise et la *fin'amor* avaient une origine hispano-arabe. Dès le début du XIe siècle, les poètes arabes d'Espagne comme Ibn Hazm, qui écrit vers 1020 son *Collier de la colombe* — et un siècle avant eux déjà Ibn Dawud avec son *Livre de la fleur* — célèbrent un amour idéalisé, dit amour *odhrite*, qui n'est pas sans analogie avec ce que sera la *fin'amor*. Belles capricieuses et tyranniques, amants dont les souffrances revêtent la forme d'un véritable mal physique pouvant conduire à la mort, confidents, messagers, menaces du gardien ou du jaloux, discrétion et secret, une atmosphère printanière : tout l'univers amoureux et poétique des troubadours est là, bien que les différences entre les deux civilisations fassent sentir leurs effets de façon non négligeable. Mais l'argument le plus fort peut-être repose sur la similitude des formes strophiques dans les deux poésies. Une influence de l'une sur l'autre n'est pas historiquement impossible. En Espagne, les deux civilisations étaient au contact l'une de l'autre. La guerre même de *reconquista* favorisait les rencontres, et l'on sait très précisément que dans les deux camps on avait du goût pour les captives chanteuses.

Mais alors pourquoi la poésie des troubadours a-t-elle fleuri au nord et non au sud des Pyrénées ? Quant à la strophe du *muwwashah* et du *zadjal* andalous, utilisée plus tard par les troubadours, elle est ignorée des Arabes jusqu'à leur arrivée en Espagne. De là à conclure qu'elle a été empruntée par eux aux chrétiens mozarabes et que c'est elle qui imite une forme ancienne du lyrisme roman, reprise ensuite indépendamment par les troubadours, il y a un pas qui a été franchi d'autant plus facilement par certains savants qu'ils disposaient de deux arguments en faveur de cette hypothèse. D'une part, la pointe finale (*khardja*) qui termine le *muwwashah* est parfois en langue romane — et c'est ainsi, nous y reviendrons, par le détour de la poésie arabe que nous sont connus les plus anciens fragments du lyrisme roman. Si les Arabes empruntent des citations à la poésie indigène, ils peuvent aussi lui avoir emprunté des formes strophiques. D'autre part, dès avant les troubadours, ce type strophique se trouve dans la poésie liturgique latine, qui n'avait guère de raison de s'inspirer de la poésie érotique arabe, par exemple dans les *tropes* de Saint-Martial de Limoges.

En réalité, aucune de ces hypothèses n'est démontrable. Aucune d'ailleurs n'est exclusive des autres : le jeu des influences a certainement été complexe. Il convient aussi, bien entendu, de tenir compte d'autres facteurs, par exemple des conditions socio-historiques : cadre particulier de la vie castrale dans lequel les jeunes nobles faisaient leur apprentissage militaire et mondain ; aspirations et revendications de cette catégorie des « jeunes », exclus longtemps et parfois définitivement des responsabilités et du mariage (Georges Duby) — et l'on peut remarquer l'emploi insistant et particulier du mot « jeunesse » dans la poésie des troubadours ; conséquences dans le domaine culturel des attitudes de rivalité et de mimétisme de la petite et de la grande noblesse (Erich Köhler, dont les analyses s'appliquent mieux au roman courtois qu'à la poésie lyrique). Tous ces éléments doivent être pris en considération, à condition de ne pas y chercher de déterminismes simplificateurs.

4. *Des troubadours aux trouvères.* On se reportera à l'article *Troubadours* et aux notices particulières qui les concernent pour connaître les troubadours, princes ou marchands, hobereaux ou pauvres hères, clercs ou jongleurs.

Comment, au reste, les connaissons-nous ? En partie par les manuscrits qui nous ont conservé leurs chansons — les *chansonniers*. Ce sont des anthologies dans lesquelles les œuvres de chaque troubadour sont souvent précédées d'un récit de sa vie (*vida*), tandis que certaines chansons sont accompagnées d'un commentaire (*razo*) qui prétend en éclairer les allusions en relatant les circonstances de leur composition. Certaines *vidas** sont à peu près véridiques. D'autres sont presque inventées de toutes pièces à partir des chansons elles-mêmes. Ce ne sont pas les moins intéressantes. Elles nous montrent dans quel esprit on lisait les troubadours à l'époque où elles ont été rédigées et où les manuscrits qui les contiennent ont été copiés, c'est-à-dire dans le courant ou vers la fin du XIIIe siècle. Cet esprit, celui de l'anecdote autobiographique, paraît bien éloigné de l'idéalisation généralisatrice à laquelle aspire la poésie des troubadours.

C'est que les temps avaient changé. La courtoisie elle-même avait changé en passant en France du Nord et, au début du XIIIe siècle, lors de la croisade albigeoise, la France du Nord devait imposer rudement le changement aux cours méridionales.

Le lyrisme courtois s'acclimate en France du Nord vers le milieu du XIIe siècle. Le symbole, sinon la cause, de cette expansion est le mariage en 1137 d'Aliénor d'Aquitaine*, la petite-fille du premier troubadour, avec le roi de France Louis VII le Jeune, puis, après sa répudiation en 1152, avec le roi d'Angleterre Henri II Plantagenêt. L'une des deux filles nées de son premier mariage, Marie, devenue comtesse de Champagne, sera la protectrice d'André le Chapelain* et surtout de Chrétien de Troyes*. L'esprit courtois atteint ainsi toutes les grandes cours francophones.

Émules des troubadours, les trouvères se distinguent cependant par plusieurs traits de leurs modèles. Dans le cadre du grand chant courtois, ils se montrent généralement plus réservés, plus pudibonds même. Usant avec une habileté très délibérée de toutes les ressources de la versification et de la rhétorique, ils gomment plus leurs effets que les troubadours et ne recourent guère au style âpre, flamboyant, paradoxal et tendu cher aux Méridionaux. Le *trobar clus* qui, même dans le Sud, n'a été en fait qu'une mode passagère, leur est inconnu. En revanche, leurs mélodies nous sont plus souvent parvenues que celles des troubadours, et les derniers d'entre eux, comme Adam de la Halle* dans les années 1280, feront faire des progrès décisifs à la polyphonie, entraînant d'ailleurs du même coup l'éclatement inéluctable de la synthèse du texte et de la musique sur laquelle reposait le lyrisme courtois.

Il faut ajouter que les conditions mêmes de la vie littéraire sont différentes. Certes, on trouve parmi les trouvères le même éventail social que chez les troubadours (voir l'article *Trouvères lyriques* et les notices particulières qui les concernent). Mais la proportion des nobles dilettantes, auteurs chacun de quelques chansons parce que cela fait partie du jeu social, est plus faible que dans le Sud ; un signe en est que, pour une production globale à peu près égale, nous ne connaissons les noms que de deux cents trouvères environ contre quatre cent cinquante troubadours. Surtout, quelle que soit l'importance des grandes cours lettrées comme celle de Champagne, la plupart des trouvères, à partir de la fin du XIIe siècle, appartiennent au milieu littéraire des riches villes commerçantes du Nord de la France, en particulier d'Arras.

Dans plusieurs de ces villes apparaissent au XIIIe siècle des sociétés littéraires qui organisent des concours de poésie. La plus illustre est le *Puy* d'Arras, lié à une confrérie nommée de façon significative *Confrérie des jongleurs et bourgeois d'Arras* et dominée par les grandes familles commerçantes de la ville. Ces poètes urbains, qui peuvent être aussi bien des bourgeois que des clercs, des jongleurs ou des nobles, continuent bien entendu à pratiquer le grand chant courtois. Mais, sans retomber dans l'erreur ancienne qui serait de vouloir définir une littérature « bourgeoise » au XIIIe siècle, il faut bien reconnaître qu'ils ont un goût marqué, et presque inconnu des troubadours, pour des genres lyriques qui constituent une sorte de contrepoint parfois comique et grivois de la courtoisie ou qui paraissent hériter d'une tradition antérieure à elle.

C'est pourquoi on a attendu d'en venir aux trouvères pour aborder les genres lyriques non courtois, bien que certains paraissent descendre des formes primitives de la poésie romane.

5. *Les chansons de femme et le lyrisme non courtois.* Les genres non courtois sont en effet de deux sortes. Les uns posent directement l'énigme d'une poésie populaire, dont ils conservent ou dont ils créent artificiellement l'écho : ce sont les aubes* et les chansons de toile. Les autres, qui peuvent à l'occasion ou même fondamentalement charrier des éléments d'origine populaire, forment, on l'a dit, l'envers de la courtoisie et, dans l'état où nous les saisissons, n'existent que par rapport à elle : ce sont les reverdies, les chansons de malmariée, les pastourelles. En outre les chansons à danser, définies par leur forme — parfois ancienne — empruntent thématiquement à tous les autres genres et leur fournissent des refrains et parfois des mélodies.

On a dit plus haut que la forme primitive du lyrisme amoureux était généralement celle de la chanson de femme. Bien que cette situation soit masquée dans la littérature romane par le brusque surgissement du lyrisme courtois, un faisceau d'indices témoigne de son existence : la condamnation par l'Église, à date très ancienne, de chansons féminines lascives ; les quelques épisodes amoureux des premières chansons de geste, comme la mort de la belle Aude dans la *Chanson de Roland**, qui paraissent réserver aux femmes l'expression élégiaque de l'amour ; plus encore, le fait que toutes les *khardjas* empruntées à la poésie mozarabe soient des extraits de chansons de femmes, où l'amour s'exprime généralement avec une gravité passionnée et sensuelle. Cette tonalité se retrouve par instants dans la poésie de quelques femmes troubadours, les *trobairitz**, qui habituellement se bornent à mettre au féminin les stéréotypes du grand chant courtois.

6. *Les chansons de toile.* Mais surtout il existe en langue d'oïl un genre très particulier, celui de la chanson de toile, qui paraît se rattacher à cette tradition, bien que les quelque vingt chansons qui nous sont parvenues soient largement postérieures au développement de la poésie courtoise et en portent la marque. La forme des chansons de toile les rend analogues à de petites chansons de geste. Presque toutes sont en décasyllabes. Leurs strophes, parfois rimées, mais souvent assonancées, ne se distinguent alors des laisses épiques que par leur brièveté relative, leur régularité et la présence d'un refrain. Ce sont des chansons narratives à la troisième personne. Leur style, comme celui des chansons de geste, est raide, leur syntaxe répugne à la subordination et chaque phrase dépasse rarement la longueur du vers. Elles mettent en scène des jeunes filles sensuellement et douloureusement éprises de séducteurs indolents ou d'amants lointains, qu'elles attendent, assises à la fenêtre, occupées à des travaux d'aiguille : d'où leur nom. Certaines sont insérées dans un roman du début du XIIIe siècle, le *Roman de la Rose ou de Guillaume de Dole* de Jean Renart*. Cet auteur subtil et malicieux, qui se vante d'être le premier à avoir eu l'idée de citer des pièces lyriques dans un roman, fait dire à une vieille châtelaine que « c'était autrefois que les dames et les reines faisaient de la tapisserie en chantant des chansons d'histoire ».

Sur la foi de ce témoignage, et sur l'apparence des chansons de toile, on a longtemps admis sans discussion qu'elles étaient très anciennes. Mais certains traits s'accordent mal avec cet archaïsme apparent, dans lequel il faudrait plutôt voir soit une survivance au sein de pièces qui se seraient sur d'autres points modifiées, soit l'effet d'une recherche délibérée. Ce qui est certain, c'est que ces chansons ont été composées par des hommes : l'une d'elles le reconnaît, d'autres sont l'œuvre d'un trouvère connu, Audefroi le Bâtard*. Il semble qu'elles aient bénéficié d'une sorte de mode, dans le premier tiers du XIIIe siècle, au sein de milieux littéraires raffinés de Picardie, de Wallonie, de Lorraine, qui, habitués, à la sophistication du grand chant courtois, trouvaient du charme à leur simplicité. Il y aurait donc eu une part d'artifice dans leur succès, voire dans leur écriture, mais on imagine mal qu'elles aient pu être inventées de toutes pièces dans ces circonstances et qu'elles puissent ne pas reposer sur une tradition ancienne.

7. *L'aube.* D'autres types lyriques se sont pliés plus aisément aux conventions de la courtoisie. Ainsi, la chanson d'aube, connue par presque toutes les poésies du monde de la Chine à l'Égypte ancienne et à la Grèce. Dans l'Occident médiéval, ce n'est pas toujours une chanson de femme, mais elle l'est souvent, en particulier dans ses plus anciens spécimens. Son sujet est la douloureuse séparation des amants au matin, après une nuit d'amour. Il pouvait aisément s'intégrer à l'univers courtois, puisqu'il suppose des amours clandestines. De fait, c'est le seul des genres lyriques non courtois en eux-mêmes à avoir connu un succès aussi grand, et peut-être plus grand, auprès des troubadours qu'auprès des trouvères.

Bien que l'adaptation aux thèmes à la mode soit encore plus nette dans les genres que l'on va décrire maintenant, ces genres ont parfois été considérés comme révélateurs de sources folkloriques du lyrisme roman.

8. *La reverdie.* La reverdie, comme son nom le suggère, est l'extension à toute une chanson de la strophe printanière initiale des troubadours et des trouvères. Il n'est donc pas surprenant qu'elle revête dans les quelques exemplaires que nous en connaissons la forme d'un sous-genre courtois. Mais on a pu soutenir que la reverdie, qui survivrait à l'état de résidu dans la strophe printanière, pourrait être l'écho des célébrations du renouveau printanier qui, remontant au paganisme, ont survécu sous des formes atténuées presque jusqu'à nos jours. Au cours de ces fêtes, marquées par une certaine licence, les femmes pouvaient avoir, semble-t-il, l'initiative amoureuse. Un charmant poème connu sous le nom de *Ballade de la reine d'avril* pourrait en être un témoignage explicite. Mais il ne semble pas être aussi ancien qu'il le paraît et il est curieusement

composé dans une langue artificielle (langue d'oïl maquillée en langue d'oc), dont il n'offre d'ailleurs pas le seul exemple.

9. *Les chansons de rencontre amoureuse : pastourelle et malmariée.* Mais le genre de prédilection des trouvères, en dehors de la chanson courtoise et du jeu-parti, est la chanson de rencontre amoureuse, narrative et dialoguée. Le poète y raconte comment, et avec quel succès, il a tenté de séduire une jeune personne, le plus souvent une dame mal satisfaite de son mari (chanson de *malmariée*) ou une bergère (*pastourelle*). L'élégance apparente de la requête amoureuse offre un contraste piquant aussi bien avec la brutalité du désir qu'avec la rusticité de la bergère ; le mari est un *vilain* dont l'incapacité à remplir le devoir conjugal justifie l'infortune : tout est ainsi prétexte à un détournement burlesque et souvent obscène des règles de la courtoisie. À cela s'ajoute, dans les pastourelles, l'attrait qu'exerce la bergère, chargée de tout l'érotisme diffus de la nature printanière au cœur de laquelle elle vit et dont elle est comme l'émanation. Les fantasmes de ces chansons s'organisent ainsi autour des motifs agrestes et printaniers dans une sorte d'esprit de revanche sexuelle : revanche de la malmariée sur son mari, de la jeune fille sur sa mère qui l'empêche d'aimer, du chevalier trousseur de bergères sur la dame courtoise qui le fait languir.

10. *Les chansons à danser.* La force de ces fantasmes apparaît de façon particulièrement saisissante dans les brefs *rondeaux* à danser, dérivant, semble-t-il, d'une forme strophique très ancienne, qui évoquent pêle-mêle tous les thèmes lyriques sous une forme allusive, fragmentaire, disloquée entre les trois vers du couplet et les deux vers du refrain, sachant bien quel lien secret unit leur apparent disparate : le pré et ses fleurs nouvelles, la jeune fille à la fontaine, la bergère et son troupeau, la malmariée et son jaloux, le mal d'amour et les gestes de la danse. Chacun d'eux condense en cinq vers le parfum ténu et troublant de cette poésie.

11. *Le dit* : une naissance de la poésie.* Le grand chant courtois des trouvères survit jusqu'à la fin du XIIIe siècle. Adam de la Halle*, auteur aux talents variés, en est un des derniers représentants. Mais l'expression poétique emprunte dès ce moment d'autres voies, qui ne sont plus celles du lyrisme. Une poésie récitée, dont l'origine et les conventions n'ont rien à voir avec le lyrisme courtois, se développe et constitue la préhistoire de la notion moderne de poésie. C'est elle en effet qui, pour une large part, donnera naissance à ce que nous appellerions aujourd'hui la « poésie personnelle », ou même la « poésie lyrique », dans l'usage commun que nous faisons de cette expression et qui ne se réfère plus au chant. C'est aussi cette poésie récitée — le *dit* par opposition au chant — qui est le cadre de la dramatisation du moi.

L'inspiration première de cette poésie est à la fois morale, religieuse et satirique. Elle se développe à partir du milieu du XIIe siècle sous la forme de « sermons » en vers, de revues des catégories de la société ou « états du monde », qui dénoncent les vices de chacun, mais elle tend, vers le tournant du siècle, à s'enraciner dans l'expérience et le point de vue particuliers du poète. Ils orchestrent, vers 1190, l'ouverture et la chute des *Vers de la Mort* d'Hélinant de Froidmont*, dont le succès et l'influence sont considérables et dont la forme strophique sera très souvent reprise. Ils nourrissent et ils structurent de façon infiniment plus radicale et plus dramatique en 1202 les *Congés* de Jean Bodel*, devenu lépreux, et, soixante-dix ans plus tard, ceux d'un autre Arrageois devenu lépreux à son tour, Baude Fastoul*. Frappé par le terrible mal dans lequel il veut voir une grâce et non un châtiment, méditant sur les voies de Dieu, sur la souffrance et sur la mort, le poète, exclu vivant du monde des vivants, prend congé de tous ses amis l'un après l'autre, tout en se peignant avec un humour noir sous les traits terribles et grotesques qui sont désormais les siens, se regardant avec le regard des autres, riant de lui-même avant qu'on rie de lui. Et quelques années plus tard, Adam de la Halle pousse jusqu'au bout la logique de cette dramatisation du moi en écrivant, à côté de ses propres *Congés* — provoqués, non par la maladie, mais par le dégoût de sa ville natale et de ses habitants — et sur le même thème, le *Jeu de la Feuillée*, plus révélateur, précisément en tant qu'œuvre dramatique, de l'évolution de la poésie que de celle du théâtre.

Mais c'est Rutebeuf*, dont l'activité

s'étend entre 1250 et 1280 environ, qui incarne plus que tout autre cette mutation du langage poétique. Ses dits apparaissent comme une caricature du moi et du monde à travers un imaginaire concret. Le poète parle de lui et prétend raconter sa vie en même temps que celle de ses compagnons de débauche et de misère, bien qu'il soit évidemment vain de chercher la part de vérité que peuvent renfermer ces fausses confidences : un mariage malheureux, la faim, le froid, la maladie, la soumission dégradante à la passion du jeu et à celle du vin. Il fait en même temps le récit de ses rêves et des visions allégoriques dont il prétend avoir été favorisé. Au milieu de tout cela il multiplie les plaisanteries, les calembours, les jeux verbaux, il commente son propre nom à partir d'étymologies fantaisistes. En un mot, sa poésie donne souvent l'impression d'une parade de soi-même, d'un de ces monologues de théâtre tout entiers conçus en fonction de l'effet qu'ils veulent produire sur le public, auquel ils doivent donner l'impression d'être une confidence sans fard, improvisée sous le coup de l'humeur et du découragement, dans un de ces moments où l'on oublie le respect humain, où l'on renonce à sauver les apparences, et où l'on ne sait plus que faire rire tristement ou amèrement de soi-même. Certaines des formes métriques auxquelles il a recours, comme celle du *tercet coué*, renforcent l'impression de désinvolture affectée et de facilité lasse. Cette poésie des choses de la vie n'a nullement pour préalable une exigence de sincérité, contrairement à la poésie courtoise, beaucoup plus abstraite pourtant et aux règles formelles rigides. Elle vise seulement à une dramatisation concrète du moi. C'est une poésie de la réalité particulière et reconnaissable, mais travestie, comme est travesti le moi qui l'expose et qui s'expose.

La présentation qui vient d'être faite du dit pourrait laisser croire qu'il comporte par définition une part de comique. Il n'en est rien. Mais le comique amplifie souvent les effets de la théâtralisation et de l'exhibition du moi. Théâtralisation et exhibition elles-mêmes ne revêtent pas nécessairement — ne revêtent pas le plus souvent — la forme de la confidence. Elles n'en sont pas moins toujours présentes, ne serait-ce que dans les formes de l'énonciation. Comme l'écrit Jacqueline Cerquiglini : « Le dit est un discours qui met en scène un "je", le dit est un discours dans lequel un "je" est toujours représenté. Par là, le texte *dit* devient le *mime* d'une parole. » On verra plus loin comment la poésie de la fin du Moyen Âge construit le personnage du poète à partir de la combinaison du dit et des formes proprement lyriques.

12. *La fin du Moyen Âge et les nouvelles règles du jeu lyrique*. La poésie de la fin du Moyen Âge, que la Renaissance devait tant mépriser, a été le genre littéraire le plus prestigieux de son temps. « À l'époque de Guillaume de Machaut*, écrit Daniel Poirion, on peut dire que le lyrisme constitue le noyau dur de la production littéraire. » Il s'est gonflé et diversifié. L'extension de la prose, le monopole grandissant qu'elle exerce sur les formes narratives tendent à donner par opposition à toute la production en vers une unité qu'elle n'avait jamais eue. La notion de poésie, dont on a vu l'émergence au XIIIe siècle, recouvre désormais tout ce qui s'écrit en vers. Et le vers, considéré comme plus orné et plus difficile que la prose, est chargé, si l'on peut dire, d'un plus fort coefficient de littérarité. D'où son prestige. À l'inverse, les prosateurs se targuent d'une plus grande vérité, mais se reconnaissent, non sans complaisance, une certaine maladresse. Le véritable homme de lettres devient celui que l'on commence à appeler le poète : le mot apparaît pour la première fois dans un emploi proche de son acception moderne à la fin du XIIIe siècle dans le *Livre du trésor*, une encyclopédie en français du Florentin Brunetto Latini*. Or le vers, objet de la notion nouvelle de poésie, est associé — implicitement, mais de plus en plus nettement à mesure que chansons de geste et romans en vers se font plus rares jusqu'à n'être plus que des survivances — à l'expression de l'affectivité et à la peinture du moi, qui caractérisent, bien que de façon différente et presque opposée, aussi bien le lyrisme courtois que le dit.

C'est ainsi que la poésie telle qu'elle s'épanouit au XIVe siècle combine l'esthétique du dit et une esthétique proprement lyrique. Le dit offre un cadre à demi narratif et, au moins à son point de départ, conventionnellement autobiographique. Dans ce cadre viennent volontiers s'insérer des pièces lyriques, qui jouent le rôle d'un commentaire affectif et que le recours à des formes fixes replie en même temps sur elles-mêmes. Que le cadre du dit s'efface, et les pièces lyriques, restées seules, cherchent à entretenir, par leur organisation en recueil, l'illusion d'une continuité, voire d'une narration. Ainsi dans son *Voir dit* (« Dit véritable »), Guillaume de Machaut raconte comment, poète vieillissant et illustre, il a reçu une lettre d'une très jeune admiratrice, comment s'est engagée entre eux une correspondance poétique et sentimentale, comment l'amour les a entraînés au-delà de la correspondance. Lettres et poèmes sont insérés dans le dit. Machaut avait déjà usé d'une construction analogue vingt ans plus tôt dans le *Remède de fortune.* L'*Espinette amoureuse* de Jean Froissart* évoque de la même façon les amours de jeunesse du poète, et l'on pourrait ainsi multiplier les exemples. D'un autre côté, les recueils de pièces lyriques ne cherchent pas seulement une unité en recourant à une forme unique (par exemple la ballade) ou en se définissant par un nombre rond de poèmes (*Cent ballades* de Christine de Pizan* ou de Jean le Sénéchal*, *Cinquante ballades* en français de John Gower*) ; ils supposent que chaque poème est une étape dans une histoire dont le récit est sous-entendu, mais que le commentaire lyrique permet de soupçonner ou de reconstituer : ainsi la *Louange des dames* de Machaut, les *Cent ballades d'amant et de dame* de Christine de Pizan, ou même les poèmes de Charles d'Orléans* tels que les dispose le manuscrit autographe du poète.

Les poèmes lyriques eux-mêmes ont abandonné la forme à la fois longue et libre de la *canso*. Celle-ci réunissait l'histoire et le cri de l'amour. La première est désormais prise en charge par le dit ou par le recueil en tant que composition. Au lyrisme proprement dit reste le cri qui s'exprime dans des poèmes à formes fixes, lovés autour de leur refrain.

Cet enroulement est si fortement ressenti que le nom même du rondeau n'est plus rapporté à la ronde, à la danse en rond qui lui avait peut-être donné son nom et qui avait défini sa forme, écrit-on, « qui s'enroule sur elle-même comme un cercle, commençant et se terminant de la même façon ». C'est dire que les poètes exploitent désormais systématiquement ses traits marquants : le contraste des voix entre le refrain et le couplet, les effets d'écho, le discontinu, l'ébauché. Guillaume de Machaut, sensible à l'importance du refrain, a tendance à le privilégier au détriment du couplet, de manière qu'il soit attendu avec plus d'impatience et que son impact soit plus fort, succédant aux vers de remplissage d'un couplet banal. D'autres mettent en évidence le mouvement circulaire du rondeau grâce à un texte d'un extrême dépouillement, de façon à montrer que ce mouvement à lui seul suffit à donner une épaisseur poétique à un texte transparent, de façon aussi à créer l'illusion de la simplicité, de la raideur mélancolique que l'on prêtera plus tard aux chansons définies comme populaires. Cette manière est celle de certains rondeaux d'Eustache Deschamps* et de Christine de Pizan et contraste fortement avec le style habituel de ces poètes. Cependant, il arrive au rondeau de déborder un peu le schéma très bref qui est au départ le sien (ABaBabAB). Il peut s'étendre sur plusieurs strophes. Refrain et couplet peuvent être allongés. Enfin, son refrain, inséré ou final, peut être ramené à un seul vers : c'est, semble-t-il, souvent le cas chez Charles d'Orléans, pour autant que la tradition manuscrite, qui systématiquement ne donne à la reprise que les premiers mots du refrain, autorise la reconstitution. Cette façon de faire suggère d'ailleurs un nouveau mode de lecture, parcourant le poème dans sa nouveauté sans s'astreindre à écouter ses répétitions, mais en laissant seulement la porte ouverte à leur possible retour. Aussi bien, le rondeau survivra longtemps encore avec un refrain réduit à un hémistiche, ou même à un seul mot.

D'autres genres offrent plus aisément et plus naturellement l'extension qu'appelle une rhétorique flamboyante. Le virelai ne remplit qu'à demi cette exigence. Ses strophes sont composées de deux parties dont la seconde reproduit le schéma des rimes de refrain répété à la suite de chacune d'elles, après avoir servi de prélude. À ceci près qu'il n'a pas recours au refrain inséré, ce genre est donc assez proche du rondeau. Il fait au refrain une large place, d'autant plus large que, la structure de la seconde partie de la strophe étant la même que celle du refrain, ce dernier doit être étoffé si l'on veut que la strophe le soit aussi. Toute réduction de la partie répétitive du poème se paie donc, en principe, par une réduction égale de la partie discursive. Et pourtant les poètes cherchent souvent à en faire le support d'une analyse développée des sentiments. Deschamps et Christine de Pizan, dont les rondeaux sont si différents, le font servir à une poésie didactique ou simplement raisonneuse qui lui convient mal. Là encore, on en reviendra à réduire la reprise du refrain, devenu une gêne.

On ne s'étonne donc pas, dans ces conditions, de voir le succès de formes qui font peu de place au refrain, comme la ballade, ou même qui ne lui en font aucune, comme le chant royal. À la fin de chacune des trois strophes et de l'envoi de la ballade, l'unique vers refrain séduit l'esprit comme une citation bien trouvée, chaque fois adaptée de façon ingénieuse au contexte, plus qu'il n'émeut les sens par le vertige des rythmes et des échos. En même temps, la régularité du mètre et sa longueur, puisque le décasyllabe est le vers le plus employé par la ballade et le chant royal, permettent au discours poétique de se déployer et de mettre en évidence ses articulations. On comprend aussi que les recueils de ballades soient particulièrement bien placés pour impliquer une trame narrative qui serait ailleurs supportée par un dit.

Cette attention aux formes n'est pas propre à la poésie de langue d'oïl, il est vrai prédominante à cette époque. Au XIVe siècle, les *Leys d'Amors** de Guilhem Molinier, traité de grammaire et de poétique occitanes destiné à aider le Consistoire du Gai Savoir toulousain à renouer avec l'art ancien des troubadours, manifestent la même tendance, bien que leur objet soit la conservation des formes lyriques anciennes.

Un dernier trait, mais essentiel, marque le lyrisme de la fin du Moyen Âge : la séparation d'avec la musique. Guillaume de Machaut, qui dans le *Voir dit* prête à sa jeune admiratrice la capacité de rimer, mais non de « noter », est le dernier à être à la fois musicien et poète. Son « neveu » Eustache Deschamps n'est plus capable de composer de la musique, et il la dissocie de la poésie dans l'*Art de dictier et de faire chansons* (1392), premier traité de versification française. Les formes fixes, définies à l'origine aussi bien musicalement que métriquement et liées ainsi à la danse, comme les noms de rondeau ou de ballade le disent, tirent paradoxalement de n'être plus chantées une importance nouvelle. L'attention portée à la métrique et aux virtuosités qu'elle permet en est augmentée, comme le montrera au XVe siècle l'œuvre des « grands rhétoriqueurs* ». À l'inverse, la *canso* devient chanson au sens moderne du mot : deux somptueux manuscrits du XVe siècle ont recueilli des chansons d'allure populaire, dont beaucoup conservent, en la simplifiant, la forme qui avait été celle du premier lyrisme courtois.

ŒUVRES (genres lyriques non courtois et anthologies). — K. Bartsh, *Altfranzösische Romanzen und Pastourellen*, Leipzig, 1870. — F. Gennrich, *Rondeaux, Virelais und Balladen aus dem Ende des XII., dem XIII. und dem ersten Drittel des XIV. Jahrhunderts mit den überlieferten Melodien*, Dresde, 2 vol., 1921. — A. Jeanroy et L. Brandin, *Recueil général des jeux partis*, Paris, 1926. — K. Heger, *Die bisher veröffentlichten Hargas und ihre Deutungen*, Tübingen, 1960. — N.H.J. Van den Boogaard, *Rondeaux et refrains du XIIe au début du XIVe siècle*, Paris, 1969. — J.C. Rivière, *Pastourelles*, Genève, 3 vol., 1974-1976. — M. de Riquer, *Los trovadores*, 3 vol. Barcelone, 1975. — P. Bec, *La lyrique française au Moyen Âge (XIIe-XIIIe siècle). Contribution à une typologie des genres poétiques médiévaux*, vol. 1 : *Études*, vol. 2 : *Textes*, Paris, 1977-1978. — M. Zink, *Belle. Essai sur les chansons de toile suivi d'une édition et d'une traduction*, Paris, 1978. — E. Baumgartner et F. Ferrand, *Poèmes d'amour des XIIe et XIIIe siècles*, Paris, 1983. — J. Dufournet, *Anthologie de la poésie lyrique française des XIIe et XIIIe siècles*, Paris, 1989. — U. Mölk, *Romanische Frauenlieder*, Munich, 1989.

→ A. Jeanroy, *Les origines de la poésie lyrique en France au Moyen Âge*, Paris, 1989 [4e éd. 1965] ; *Bibliogr. sommaire des chansonniers provençaux*, Paris, 1916 ; *Bibliogr. sommaire des chansonniers français du Moyen Âge*, Paris, 1918 ; *La poésie lyrique des troubadours*, 2 vol., Toulouse-Paris, 1934. — P. Verrier, *Le vers français*, 3 vol. Paris, 1931-1932. — A. Pillet, H. Carstens, *Bibliogr. der Troubadours*, Halle, 1933. — G. Errante, *Sulla lirica romanza delle origini*, New York, 1942. — G. Lote, *Histoire du vers français ; Le Moyen Âge* 1, 3 vol. Paris, 1949. — G. Thibault, *Chanson II. Chanson von ca. 420 bis ca. 1520*, dans *Die Musik in Geschichte und Gegenwart*, 2, 1952, col. 1046-1954. — I. Frank, *Répertoire métrique de la poésie des troubadours*, 2 vol., Paris, 1953-1957. — G. Raynaud, H. Spanke, *Bibliogr. des altfranzösi-*

schen Liedes, Leyde, 1955. — R. Dragonetti, *La technique poétique des trouvères dans la chanson courtoise*, Bruges, 1960. — P. Le Gentil, *La strophe zadjalesque, les kharjas et le problème des origines du lyrisme roman*, dans *Romania*, 84, 1963, p. 1-27, 209-250, 409-411. — D. Poirion, *Le poète et le prince. L'évolution du lyrisme courtois de Guillaume de Machaut à Charles d'Orléans*, Paris, 1965. — M. Zink, *La pastourelle. Poésie et folklore au Moyen Âge*, Paris, 1972. — P. Zumthor, *Essai de poétique médiévale*, Paris, 1972. — U. Mölk et F. Wolfzettel, *Répertoire métrique de la poésie lyrique française des origines à 1350*, Munich, 1975. — R. Guiette, *D'une poésie formelle en France au Moyen Âge*, dans *Forme et signifiance*, Genève, 1978 (1re éd. 1960). — P. Zumthor, *Le masque et la lumière. La poétique des grands rhétoriqueurs*, Paris, 1978. — M. Zink, *La sujectivité littéraire : autour du siècle de saint Louis*, Paris, 1985. — P. Zumthor, *La lettre et la voix. De la « littérature » médiévale*, Paris, 1987. — L. Formisano, *La lirica. A cura di..., Strumenti di filologia romanza*, Bologne, 1990. — P. Lorenzo Gradin, *La Canción de mujer en la lírica medieval*, Compostelle, 1990. — Cf. *GRLMA*, t. II, *Les genres lyriques* éd. E. Köhler, t. 1, fasc. 2. « Bibliogr. générale » et fasc. 5 « Tenzone, Partimen, Pastorella, Tagelied, Romanze, Tanzlied und Estempida, Religiöse Lieder, Salut d'Amor », Heidelberg, 1979. — R.A. Taylor, *La littérature occitane du Moyen Âge. Bibliographie sélective et critique*, Toronto, 1977. — *Bibliographie de la littérature occitane du Moyen Âge* (*Bulletins de l'Association internationale d'Études occitanes,* 5), Londres, 1990. — Cf. *MB* nos 2134-2409, 6423-6491, 7638-7665 ; *S* 4218-4523.

Le lecteur se reportera en outre à la bibliogr. des articles *Courtoisie, Troubadours, Trouvères, Dits*, etc., ainsi qu'à celle des articles particuliers consacrés à chaque poète. M.Z.

M

Macaire ou la Reine Sebile. Cette chanson de geste de la fin du XIIe siècle est une des rares épopées consacrées aux aventures personnelles de Charlemagne. L'empereur se croit, à tort, trompé par son épouse Sebile, et la chasse. Un seigneur traître, Macaire, amoureux de la reine, la poursuit. Après de nombreuses aventures, Charlemagne reconnaît l'innocence de sa femme. Sur le thème de l'innocence persécutée mais finalement triomphante, l'auteur anonyme a composé là un récit plaisant, varié, parfois burlesque, sans véritable héroïsme. On n'en conserve en français que des fragments dans trois manuscrits, mais un remaniement franco-italien permet de le connaître dans son intégralité. Il en existe également une mise en prose française du XVe siècle qui fait partie de la compilation intitulée *Garin de Monglane* (voir *Geste de G. de M.*), une version en prose espagnole du XIVe siècle, une traduction allemande faite pour Elisabeth de Nassau-Saarbrücken, et deux romans, en espagnol et en flamand, imprimés au début du XVIe siècle. Jean d'Outremeuse* a résumé la légende dans son *Miroir des histoires*.

ŒUVRE. — *Macaire*, éd. F. Guessard, Paris, 1866 *Anciens poètes de la France*, 9) [ms. de Venise]. — *Fragments uniques d'un roman du XIIIe sur la Reine Sebile*, éd. A. Scheler, dans *Académie royale de Belgique. Bulletin de la classe des lettres et sciences morales*, 2e série, t. 39 (1875), p. 404-425. — Éd. A.T. Baker et M. Roques, dans *Romania*, t. 44 (1915-1917), p. 1-13 [fragment anglo-normand]. — Éd. P. Aebischer, dans *ZRPh*, t. 66 (1950), p. 385-408 [fragment de Sion]. — Éd. H. Tiemann, *Der Roman von der Königin Sibille in drei Prosafassungen des 14. und 15. Jahrhunderts*, Hambourg, 1977.

→ P. Paris, *Macaire*, dans *HLF*, t. 26 (1873), p. 373-387. — P. Rajna, *Le origini dell'epopea francese*, Florence, 1884, p. 179-198. — A. Haggerty Krappe, *Une version norroise de la Reine Sibille*, dans *Romania*, t. 56 (1930), p. 585-588. — E. von Richthofen, *Sevilla-Sebile-Sisibe*, dans *Mél. J. Boutière*, Liège, 1971, p. 501. — J. Horrent, *L'histoire poétique de Charlemagne dans la littérature française du Moyen Âge,* dans *Charlemagne et l'épopée romane, Actes du 7e congrès de la Soc. Rencesvals, Liège, 1976*, Liège, 1978, t. 1, p. 27-57. — J.I. Chicoy-Daban, *Posibles bases históricas de la Chanson de Sebile*, dans *Anales de Historia Antigua y Medieval*, Univ. Buenos-Aires, 1980, p. 57-77. — H. Krauss, *Epica feudale e pubblico borghese. Per la storia poetica di Carlomagno in Italia*, Padoue, 1980, p. 183-02. — Cf. *GRLMA*, t. III/1, p. 49 ; t. III/2, n° 228. — *MB* nos 566-573, 6111 ; *S* 1342-1344, 1459. A.F.L.L.

Macé de La Charité. Macé de La Charité fut curé de Sancoins (Cher), et sans doute en même temps notaire de la prévôté du même bourg, qui dépendait, avec son prieuré et son église, de l'abbaye clunisienne de La Charité-sur-Loire. Il composa, entre 1283 et 1312, sans doute peu après 1300, à l'usage des clercs peu lettrés et des laïcs et dans une langue marquée de traits berrichons, une Bible en octosyllabes, qui est une des Bibles versifiées françaises les plus longues et les plus complètes. Il est évident que l'intention de l'auteur était de faire une traduction libre de l'*Aurora* de Pierre Riga*, et il exécuta son plan avec tant de fidélité qu'il cita comme ses propres sources celles que Pierre Riga avaient mentionnées en divers endroits de son poème. Macé utilisa un manuscrit de l'*Aurora* contenant les interpolations de Gilles de Paris. Mais il cite aussi l'*Historia scolastica* de Pierre le Mangeur* et les *Antiquités judaïques* de Flavius Josèphe. Après avoir achevé la traduction, Macé, à la demande d'Étienne de Corbigny, abbé cistercien de Fontmorigny (Cher), ajouta une exégèse allégorique de l'*Apocalypse** (environ 9 000 vers) qui amenait la longueur totale du poème à presque 43 000 vers. Il y développe, sous forme d'une voie de Paradis, le rôle du sacrement de pénitence, qui va croissant chez les laïcs à la fin du XIIIe siècle. Il en reste maintenant un seul manuscrit, Paris, BN fr. 401 ; malheureusement, le manuscrit 906 de la Bibl. de Tours a été détruit durant la deuxième guerre mondiale.

ŒUVRE. — *La Bible, Macé de La Charité*, éd. sous la dir. de J.R. Smeets, Leyde, 7 vol. ; I : J.R. Smeets, *Genèse, Exode*, 1967 ; II : P. Verhuyck, *Lévitique, Nombres, Deutéronome, Josué, Juges*, 1977 ; III : A. Prangsma-Hajenius, *Rois*, 1970 ; IV : H. Van der Krabben, *Ruth, Judith, Tobie, Esther, Daniel, Job*, 1964 ; V et VI : J.R. Smeets, *Cantique des Cantiques, Maccabées*, 1982 ; *Évangiles, Actes des apôtres*, 1986 ; VII : R. Lops, *Apocalypse*, 1982 [l'étude et la bibliogr. sont réparties sur les sept vol.].

→ G. Paris, *Macé de la Charité*, dans *HLF*, t. 28 (1881), p. 208-221. — J. Bonnard, *Les traductions de la Bible en vers français au Moyen Âge*, Paris, 1884, p. 67-82. — P.E. Beichner, *The Old French Verse Bible of Macé de la Charité, a Translation of the Aurora*, dans *Speculum*, t. 22 (1947), p. 226-239. — B. Pitts, *Versions of the Apocalypse in Medieval French Verse, ibid.*, t. 58 (1983), p. 31-59 ; *Imitation and Invention in Macé's Rhymed Gospel*, dans *RTAM*, t. 52 (1985), p. 216-223. — Cf. *MB* n°s 3020-3022 ; *S* 5554-5560. P.E.B. et A.F.L.L.

Mahieu le Vilain. Originaire de Neufchâtel-en-Bray (Seine-Maritime, arr. Dieppe), au diocèse de Rouen, Mahieu le Vilain n'est guère connu que par sa traduction française des *Météorologiques* d'Aristote (l'unique manuscrit de cette traduction, Bruxelles, Bibl. royale, 2903, s'interrompt au chapitre 4 du livre 3).

Les dates assignées à cette traduction (entre 1270 et 1290) restent controversées, mais le travail de Mahieu est certainement postérieur à 1260 : il a en effet pour bases le texte d'Aristote et le commentaire d'Alexandre d'Aphrodise, l'un et l'autre traduits du grec en latin par Guillaume de Moerbeke en 1260.

ŒUVRE. — R. Edgren, *Les Météores d'Aristote*, Uppsala, 1945 [édition]. — Cf. *MB* n° 2864. G.B.

Maieul (saint). Voir : Cluny.

Mainet. De la chanson de geste mi-assonancée mi-rimée qui raconte la jeunesse de Charlemagne, il ne s'est conservé que quelques fragments délabrés (Paris, BN nouv. acq. fr. 5094, XIIIe), qui nous livrent un récit alerte et coloré. La chanson doit dater de la première moitié (selon G. Paris) ou de la seconde moitié du XIIe siècle, selon J. Horrent. Ce dernier estime qu'il a existé dans le second quart du XIIe siècle une version antérieure, perdue, du *Mainet*. La langue dénote la France de l'Est.

Heudri et Hainfroi (Rainfroi), les fils de la « serve » substituée dans le lit nuptial de Pépin à l'épouse légitime Berthe aux grands pieds, ont empoisonné Pépin et Berthe et relégué dans les cuisines le fils légitime, le jeune Charles (ou Charlot), pour gouverner à leur guise le royaume. La vie de Charles est menacée par ses demi-frères. Après les avoir malmenés, Charles s'enfuit de France avec quelques partisans. Il gagne la cour du roi sarrasin de Tolède Galafre, se met à son service sous le nom de Mainet et est armé chevalier par lui. Pour son compte, il tue son ennemi Braimant, sur lequel il conquiert l'épée Durendal. À Tolède, des amours s'ébauchent entre Mainet et Galienne, la fille de Galafre. Après avoir promis Galienne à Mainet, Galafre se laisse gagner par des conseils hostiles au jeune Français et permet à son fils Marsile de lui tendre une embuscade. Mainet tomberait dans le guet-apens, sans l'intervention de Galienne, qui grâce à son miroir magique pénètre les desseins de son frère. Mainet vainc Marsile et épouse Galienne, qui dans l'entre-temps est devenue chrétienne. Après avoir sauvé Rome des Sarrasins, il regagne la France où il se venge des bâtards Heudri et Hainfroi et ceint la couronne royale.

Ce récit d'aventures épiques et romanesques a été un des grands succès narratifs du Moyen Âge. Il constitue le livre premier de la compilation de Girart d'Amiens* sur *Charlemagne* (fin du XIIIe), est résumé, dans les *Conquestes de Charlemaine* attribuées à David Aubert* (XVe), se trouve dans l'*Histoire de Charlemagne* du ms. Oc 81 de la Bibl. de Dresde (XVe). Une version franco-italienne de 3 536 vers, le *Karleto*, conservée dans un ms. unique du XIVe siècle (ms. fr. XIII de la Bibl. Marciana de Venise) lui est consacrée, tandis que le roman franco-italien de Raffaele Marmora* sur *Aquilon de Bavière* (1379-1407) s'en souvient et qu'Andrea da Barberino* l'a inclus dans ses *Reali di Francia* (début du XVe).

Il ouvre également la compilation allemande improprement appelée *Karlmeinet* (XIVe). Si celle-ci connaît, comme les versions précédentes, le conflit entre Mainet et ses demi-frères, elle ignore l'épisode où Mainet sauve Rome. Il en est de même de la compilation chevaleresque espagnole intitulée *Gran Conquista de Ultramar* (vers 1300), dont la principale originalité est d'arabiser les noms des princes musulmans. Celle du Stricker, auteur du poème allemand *Karl* (XIIIe) et du rédacteur de la chronique de Weihenstephan (XVe) est de montrer un Mainet fuyant les charmes de la princesse sarrasine et accordant son pardon à ses demi-frères.

Les allusions sont nombreuses à l'épisode initial de la chanson consacré à la rivalité entre le jeune Charles et le couple d'usurpateurs : la chronique d'Aubri de Troisfontaines*, année 763 ; les chansons de geste de *Renaut de Montauban**, de *Garin de Monglane* (voir *Geste de G. de M.*), de *Doon de Mayence**, le *Mireur des histoires* de Jean d'Outremeuse* (XIVe), etc. La *Karlamagnussaga*, en sa branche I (XIIIe), connaît aussi cette rivalité, mais la rapporte à un récit tout différent et aussi répandu, celui de Charles qui s'acoquine avec le larron Basin et sauve ainsi sa couronne.

Il est vain de chercher dans l'histoire authentique de Charlemagne les fondements du récit épique de *Mainet*. Mais on a mis celui-ci en relation avec la victoire que Charles Martel, le bâtard de Pépin de Herstal, remporta en 716 à Amblève près de Malmédy sur le Neustrien Raginfredus (Rainfroi), maire du palais du roi mérovingien Chilpéric II (Helpri, devenu Heldri). Le noyau historique du récit aurait une origine ardennaise. Les noms concordent, les situations s'opposent, le bâtard historique étant devenu fils légitime, et le Mérovingien légitime et son maire étant devenus des frères bâtards. Dans la perspective de l'hypothèse prémentionnée, la fuite, le mariage en Espagne, qui échappent autant à l'histoire de Charles Martel qu'à celle de Charlemagne, ne seraient qu'invention poétique.

L'antécédent historique trouvé dans l'histoire de Charles Martel ne rend compte, du reste, que d'une des formes qu'a prise la relation littéraire des aventures de jeunesse de Charlemagne. En effet, en Espagne, on a expliqué différemment les motifs de la fuite du jeune Charles à Tolède : Mainet se serait réfugié à la cour de Galafre à la suite d'une mésentente avec son père Pépin et n'aurait regagné son pays qu'à la mort de celui-ci, en compagnie de la belle Galienne, la fille de son royal hôte, qui allait devenir ainsi reine de France (version rapportée par l'archevêque de Tolède don Rodrigo Jiménez de Rada dans son *Historia de rebus hispanicis*, lib IV, cap. XI ; 1243 ; par les compilateurs de la *Primera Crónica General*, 1289) ; ou encore, si l'on en croit une allusion du *cantar de gesta* appelé *Roncesvalles* (XIIIe), le jeune Mainet se serait exilé à Tolède pour y conquérir du profit, y trouver femme et y gagner l'estime de ses propres compatriotes. Les formes du récit connues en Espagne ne trouvent pas plus d'appui dans la vie historique de Charlemagne, que celle qui met en cause Heudri et Rainfroi : le futur Charlemagne ne s'est jamais enfui de France par crainte de son père ni ne s'est aventuré jusqu'à Tolède en quête de bénéfices, d'épouse et d'honneur. L'auteur, que l'on veut tolédan ou français de Tolède pour des raisons toponymiques, aurait transféré au héros carolingien et français les aventures d'un prince chrétien d'Espagne, Alphonse VI, roi de Tolède.

Les deux hypothèses historiques, qui chacune ont leurs points forts et leurs points faibles, s'excluent, l'une expliquant la genèse du récit en se fondant sur un épisode, l'autre en se fondant sur un autre. La seconde conjecture a pour elle de partir d'un épisode qui appartient à toute la tradition et dont l'existence est assurée dès le milieu du XIIe siècle par une double allusion de la *Chronique du pseudo-Turpin** (liv. XII et XX), encore qu'il faille accueillir sous réserve les conclusions auxquelles elle aboutit sur l'origine tolédane du récit.

ŒUVRE. — Éd. G. Paris, dans *Romania*, t. 4 (1875), p. 303-337 [à compléter par C. Samaran, *Lectures sous les rayons ultraviolets*, *ibid.*, t. 53 (1927), p. 291-297].

→ K. Bartsch, *Über Karlmeinet*, Nuremberg, 1861. — G. Paris, *Histoire poétique de Charlemagne*, Paris, 1865, réimp. 1905, p. 230-246. — M. Milà y Fontanals, *De la poesía heroico-popular castellana*, Barcelone, 1874, réimp. 1959, p. 416-428. — P. Rajna, *Le origini dell'epopea francese*, Florence, 1884, p. 203-216. — P. Riebe, *Über die verschiedene Fassungen der Mainetsage*, Greifswald, 1906. — F. Blasi, *Il Mainet*, Messine, 1953. — J.R. Allen, *Les structures de Mainet*, dans *Charlemagne et l'épopée romane. Actes du 7e congrès de La Société Rencesvals, Liège, 1976*, Liège, 1978, t. 2, p. 405-414. — J. Horrent, *Les versions françaises et étrangères des Enfances de Charlemagne,* Bruxelles, 1979 (*Mémoires de l'Académie royale de Belgique, Classe des Lettres*, 64,1). — F. Gégou, *Aiquin, personnage symbolique*, dans *Senefiance*, t. 20-21, 1987, p. 539-549. — Cf. *GRLMA*, t. III, n° 183 — *MB* n°s 574-581 *bis*, 6112 ; *S* 1345-1351. J.H.

Maladies des femmes. Titre donné à trois poèmes distincts, traitant de gynécologie. En 170 octosyllabes environ, le poème « *Si com Aristotele nous dit / En Alisaundre en son escrit...* » est conservé dans un seul manuscrit (Cambridge, Trinity College, 1109) ; en 172 octosyllabes, un autre poème « *Laquelle que soit dame ou pucele / Ki desire avoir la face belle...* », anglo-normand, est conservé dans Cambridge, Trinity College, 1044 ; en décasyllabes, un dernier poème « *Bien samble, femmes, de ce n'aiés dotaunce / Ci est escrit por voir de lor science...* » est conservé dans le même ms. Cambridge, Trinity College, 1044. Ces trois pièces restent inédites.

→ P. Meyer, *Les manuscrits français de Cambridge. III. Trinity College*, dans *Romania*, t. 32 (1903), p. 87-90, 101. F.F.H.

Manessier. Clerc écrivant pour Jeanne, comtesse de Flandre de 1206 à 1244, Manessier est l'auteur de la *Troisième Continuation du Conte du Graal* de Chrétien de Troyes*. Dans les 11 000 vers de son œuvre dédiée à Jeanne de Flandre, la petite-nièce de Philippe de Flandre sous la protection duquel Chrétien avait commencé son *Conte du Graal*, Manessier donne un dénouement au roman. La datation est délicate, puisque Jeanne a régné effectivement à deux reprises, entre 1214 et 1227 (son mari, Ferrand de Portugal, ayant été fait prisonnier à Bouvines) et entre 1233 et 1237 (de la mort de Ferrand à son remariage) et que le texte contient un certain nombre d'épisodes en commun avec la *Queste del Saint Graal** (v. 1225). La datation haute (1214-1225) est préconisée par J. Marx pour qui la parenté entre les deux textes est due à des sources communes perdues ; en revanche, pour C. Corley, Manessier connaît le *Lancelot-Graal** et n'a donc pu écrire qu'après 1230. L'œuvre s'enchaîne sur la *Seconde Continuation* de Wauchier de Denain* : Perceval quitte le château du Roi Pêcheur, où il s'est fait expliquer le sens des différents objets (Graal, Lance qui saigne, Épée brisée qui est à l'origine du coup félon de Partinal contre le frère du Roi Pêcheur, Goon Désert), puis il fait ressouder son épée par Tribuet (Trébuchet), le forgeron de l'Autre Monde avant de retrouver Blanchefleur. Plus loin, Perceval tue Partinal, auteur du Coup Douloureux, et apporte sa tête au château du Graal ; cette bonne nouvelle suffit à guérir le roi infirme ; le festin commence : la procession du Graal défile. Peu de temps après, le Roi Pêcheur meurt et Perceval est alors couronné roi à Corbenic par Arthur, y règne pendant sept ans, puis se fait ermite après la mort de son frère Agloval. Il meurt à son tour : Graal, lance et *tailloir* remontent au ciel. Dans ce texte encore très peu étudié et de qualité littéraire plutôt médiocre, la perspective religieuse se fait plus nette que dans les deux premières *Continuations* : Perceval devient ermite, diacre, puis prêtre ; le diable y est très présent et le symbolisme religieux est riche, bien qu'il reste sans clé, les ermites n'intervenant pas systématiquement, comme dans la *Queste del Saint Graal**, pour donner la *senefiance* des aventures. En même temps, apparaît dans ce texte ou plutôt resurgit le motif de la vengeance et de la rivalité lignagère (épisode de Gauvain-Keu-Silimac et châtiment de Partinal), motif qui appartient à une tradition ancienne attestée en particulier par le *Peredur* gallois. Manessier aurait influencé la rédaction longue de la *Première Continuation* ou *Continuation Gauvain* (voir *Perceval* [Continuations de]).

ŒUVRE. — W. Roach, *The Continuations of the Old French Perceval of Chrétien de Troyes*, t. 5, Philadelphie, 1983.

→ F. Lot, *Les auteurs du Conte du Graal*, dans *Romania*, t. 57 (1931), p. 117-136. — R.H. Ivy, *The Manuscript Relations of Manessier's « Continuation » of the Old French « Perceval »*, Philadelphie, 1951. — H. Wrede, *Die Fortsetzer des Gralromans Chrestiens de Troyes*, Göttingen, 1952. — J. Marx, *Étude sur les rapports de la 3e Continuation du Conte du Graal de Chrétien de Troyes avec le cycle du Lancelot en prose en général et de la Queste del Saint Graal en particulier*, dans *Romania*, t. 84, (1963), p. 451-477 [repris dans J. Marx, *Nouvelles recherches sur la littérature arthurienne*, Paris, 1965, p. 239-259]. — G.D. West, *Silimac the Stranger*, dans *Romance Philology*, t. 24 (1970-1971), p. 599-611. — J.C. Payen, *Les Continuations de Perceval*, dans *GRLMA*, t. 4/1, p. 354-361. — C. Corley, *Manessier's Continuation of Perceval and the Prose Lancelot Cycle*, dans *The Modern Language Review*, t. 81

(1986), p. 574-591. J.M.F.

Mantel mal taillé. Les dames et demoiselles de la cour du roi Arthur ont à subir une épreuve : l'une après l'autre, elles essaient un manteau enchanté qui, selon qu'il leur sied ou ne les couvre qu'imparfaitement, attestera leur fidélité ou leur inconstance. Seule l'amie du chevalier Caradoc se tirera de cette épreuve.

Composé dans le premier quart du XIIIe siècle, ce court récit de quelque 900 octosyllabes — appelé quelquefois *Cort Mantel* — est difficile à classer. En effet, tout en étant considéré comme un lai*, il s'apparente aux fabliaux* par sa misogynie, par le comique et la grossièreté de certains passages, et appartient en même temps au domaine romanesque arthurien par sa structure narrative, son idéologie, et son motif, sans doute celtique, de l'épreuve de chasteté, qu'on retrouve dans tout un ensemble de textes comme *Lancelot* de Chrétien de Troyes*, les *Merveilles de Rigomer*, Jaufré**, la *Vengeance Raguidel**, le *Lai du Cor* (voir Robert Bicket).

ŒUVRE. — Éd. F.A. Wulff, *Le Conte du Mantel...*, dans *Romania*, t. 14 (1885), p. 343-380. — P.E. Bennett, *Mantel et Cor, deux lais du XIIe siècle*, Exeter, 1975 (*Textes littéraires*, 16). — C. Lee, *Il Falcone desiderato. Poemetti erotici antico-francesi*, Milan, 1980 (*Nuova Corona*) [éd. avec trad. en italien].

→ K. Polheim, *Der Mantel*, dans *Mél. K. Strecker*, Leipzig, 1941, p. 41-64. — T.P. Cross, *Notes on the Chastity-Testing Horn and Mantel*, dans *Modern Philology*, t. 10 (1912-1913), p. 289-299. — E. Baumgartner, *À propos du mantel mautaillié*, dans *Romania*, t. 96 (1975), p. 315-332. — P.E. Bennett, *Le Lai du Cort Mantel et la critique de la courtoisie*, dans *Les Lettres romanes*, t. 32 (1978), p. 103-121. — B. Schmolke-Hasselmann, *L'intégration de quelques récits brefs arthuriens (Cor, Mantel, Espée) dans les romans arthuriens du XIIIe siècle*, dans *Actes du colloque d'Amiens (avril 1979)*, Amiens, 1979, p. 57-72. — R.H. Bloch, *Le Mantel mautaillé des fabliaux. Comique et fétichisme*, dans *Poétique*, t. 14 (1983), p. 181-198. — Cf. *MB* nos 2512-2515, 6290, 6291, 6508, 7364, 7365 ; *S* 990, 2839, 2841, 2844, 2848, 2851, 4595, 4757. C.R.

Manuel d'histoire de Philippe de Valois. Cette chronique universelle abrégée est une compilation entreprise vers 1326, à la demande de Philippe de Valois, probablement par un religieux anonyme de Saint-Denis.

Elle a fait l'objet d'une double rédaction, la première vers 1326-1327, la seconde vers 1330. Cette deuxième rédaction contient en addition un catalogue des papes et un catalogue des rois de France. Elle a eu plusieurs continuations, dont celle, en latin, de Guillaume Saignet, homme de confiance de Charles VII. Elle a été insérée plus tard dans une autre compilation historique, beaucoup plus importante, dont la plus grande partie consiste en une traduction des *Flores chronicorum* de Bernard Gui*.

Suivant l'exemple de Vincent de Beauvais*, source principale de l'ouvrage avec Martin de Tropau et Bernard Gui, l'auteur divise l'histoire du monde en six âges, les cinq premiers allant de la création à la naissance du Christ, le dernier continuant jusqu'à nos jours. Les fables et les miracles voisinent avec l'histoire des empereurs, des papes, des rois de France et d'Angleterre, comme avec les vies des saints. Le merveilleux retient autant sinon plus que le déroulement de faits purement historiques, l'ensemble étant exposé sans aucun esprit critique, dans une composition manquant parfois d'organisation et dont la valeur littéraire laisse à désirer. Néanmoins, l'ouvrage connut un réel succès : une trentaine de manuscrits en sont conservés aujourd'hui, et il figurait en deux exemplaires dans la bibliothèque de Charles V.

ŒUVRES. Éd. Guigniaut et N. de Wailly, *Fragments d'une chronique anonyme finissant en 1328...* dans *RHF*, t. 21 (1855), p. 146-158 [extraits].

→ C. Couderc, *Le manuel d'histoire de Philippe VI de Valois*, dans *Mél. G. Monod*, Paris, 1896, p. 415-444. — H. Omont, *Anonyme, auteur d'une « Chronique universelle » en français*, dans *HLF*, t. 36 (1927), p. 631-633. — A. Coville, *La vie intellectuelle dans les domaines d'Anjou-Provence*, Paris, 1941, p. 321-324. — Cf. *MB* nos 5031-5032. M.H.P.

Manuel des péchés. Sous la direction du pape Innocent III, le début du XIIIe siècle fut marqué par une réforme de l'éducation du bas clergé et des fidèles. Le douzième concile œcuménique (IVe concile de Latran en 1215) promulgua à cet effet des directives détaillées qui furent répétées par bon nombre d'évêques et qui, en Angleterre surtout, provoquèrent l'apparition d'un grand nombre d'œuvres didactiques inspirées des canons du Concile.

Le *Manuel des Péchés*, écrit vers 1270, est l'une des plus remarquables de ces œuvres. Écrit en français d'Angleterre par un clerc anglais, il passe en revue les infractions aux principaux points de morale religieuse à l'usage des laïcs, en y ajoutant la manière de se confesser. L'auteur déclare vouloir rester anonyme, et le William de Waddington, ou de Widdentone, mentionné dans un épilogue de plusieurs manuscrits, n'est sans doute que l'auteur de plusieurs suppléments de caractère différent : un sermon sur l'amour de Dieu et la haine du péché, et une série de prières au Christ et à sa Mère. La doctrine du *Manuel* n'a rien d'original, mais elle supporte un véritable traité de la morale chrétienne, dont l'expression est souvent heureuse. La langue de l'ouvrage (c'est un exemple caractéristique de l'anglo-normand tardif) et surtout les 64 *exempla* qui servent d'illustration à la doctrine méritent de retenir l'attention. Ces récits édifiants vont d'une brève référence biblique ou de simples récits tirés des *Vies des Pères**, jusqu'à des sortes de fabliaux constituant, dans leur ensemble, un tableau vivant, et parfois réaliste, de la vie communale au Moyen Âge.

La popularité de l'ouvrage est attestée par le nombre de manuscrits (15 complets, de 1 200 vers en moyenne) et plus encore par une traduction-adaptation en vers anglais, parue, sous le titre littéralement traduit de *Handlyng Synne*, quelque trente ans plus tard. On a aussi une traduction littérale, en prose anglaise, et même une nouvelle adaptation en vers anglais du XVe siècle.

ŒUVRE. — Éd. F.J. Furnivall, Londres, 1862 (*Roxburghe Club*). — Trad. anglaise de Robert Mannyng, éd. F.J. Furnivall, Londres, 1901-1903 (*EETS*, 119 et 123) ; éd. I. Sullens, New York, 1983 (*Medieval and Renaissance Texts and Studies*, 14).

→ E.J. Arnould, *Le Manuel des Péchés. Étude de littérature religieuse anglo-normande*, Paris, 1940. — C.G. Laird, *Mss. of the Manuel des Pechiez*, dans *Stanford Univ. Studies in Language and Literature*, 1941, p. 99-123 ; *Character and Growth of the Manuel des Pechiez*, dans *Traditio*, t. 4 (1946), p. 253-306. — N.W. Bloomfield, *The Seven Deadly Sins. An Introduction to the History of a Religious Concept...*, Michigan, 1952. — M.D. Legge, *Anglo-Norman Literature and its Background*, Oxford, 1963, p. 213-214. — J.-C. Payen, *Le motif du repentir dans la littérature française médiévale*, Genève, 1968, p. 563-569. — Cf. *GRLMA*, t. VI/2, n° 2480. — *MB* nos 3590-3594 ; 6658 ; 6661-6662 ; *S* 5984, 7828. E.J.A.

Manuel Diez de Calatayud. Majordome du roi Alphonse V d'Aragon, Manuel Diez accompagna le roi lors de la conquête de Naples en 1443. C'est à l'occasion de cette expédition et à la demande du roi qu'il aurait entrepris, en catalan, la rédaction de *Lo libre de la menescalia*, écrit avant 1450. Ce traité comporte deux parties : la première est réservée à l'hippologie, la seconde est consacrée à l'étude des maladies et des remèdes suivant l'ordre des régions du corps. Manuel Diez est également l'auteur d'un *Tractat de les mules* en catalan.

Lo libre de la menescalia fut traduit en castillan par Martin Martinez de Ampiés, député du royaume d'Aragon en 1480 (qui traduisit aussi le *Tractat de les mules*), et en français par un traducteur anonyme. Cette traduction française, conservée dans deux manuscrits (Montpellier, Ec. de médecine, 266 et Paris, BN fr. 2002), est encore inédite.

→ P. Bohigas, *El repertori de manuscrits catalans de la Institució Patxot, Missió de París, Biblioteca Nacional (1926-1927)*, Barcelone, 1932, p. 34-37. — Y. Poulle-Drieux, *L'hippiatrie dans l'Occident latin du XIIIe au XVe siècle*, dans *Médecine humaine et vétérinaire à la fin du Moyen Âge*, Genève-Paris, 1966, p. 36-38 (*Hautes Études médiévales et modernes*, IV, 2). — Cf. *MB S* n° 7703. F.F.H.

Manuscrit. Voir : Livre manuscrit.

Marbode († 1123). Né, pense-t-on, vers 1035, Marbode est, avec Baudri de Bourgueil* et Hildebert de Lavardin*, un des protagonistes de la renaissance littéraire qui se manifeste dans l'Ouest de la France à la fin du XIe et au début du XIIe siècle. Écolâtre, puis archidiacre de la cathédrale d'Angers entre 1069 et 1096, date à laquelle il est élu évêque de Rennes, bon connaisseur de la littérature latine classique, il se distingue aux yeux de ses contemporains par ses talents de pédagogue et de versificateur. Il est ainsi l'auteur de l'un des premiers traités de rhétorique médiévaux, le *De ornamentis verborum*, inspiré du quatrième livre de la *Rhétorique à Herennius*, et d'un lapidaire en vers hexamètres destiné à connaître un succès et une diffusion considérables à travers tout le Moyen Âge. Mais toute son œuvre de polygraphe talentueux témoigne, avec un rien de pédanterie professorale (voir par exemple son goût un peu lassant pour la versification léonine), de l'appétit humaniste pour l'étude qu'il a su faire partager à ses élèves. On ne saurait dire pour autant que, retranché dans sa tour d'ivoire, il fut étranger aux problèmes de son temps : défenseur modéré de la réforme grégorienne dont il s'efforça de faire appliquer les prescriptions, il se montre d'autre part réticent face aux excès d'endurance ascétique d'un Robert d'Arbrissel. On trouve un écho de ces préoccupations morales et religieuses dans son œuvre la plus aboutie, le *Liber decem capitulorum*, écrite vraisemblablement vers la fin de sa vie.

ŒUVRES. — L'éd. incomplète qu'en a donnée Beaugendre à Paris en 1708 (*venerabilis Hildeberti opera et Marbodi opuscula*) est très défectueuse. — J.-J. Bourassé, qui révisa l'éd. de Beaugendre pour Migne, *PL*, t. 171, col. 1465-1736, fit pis encore. On aurait meilleur compte à recourir à l'éd. *princeps* d'Y. Mayeuc (Rennes, 1524), si celle-ci n'était pas quasi introuvable (seul exemplaire repéré : Paris, BN, Rés. p. Ic. 1553). Il faut donc se résigner à consulter la *PL* pour lire les *Lettres* de Marbode, peu nombreuses et moins populaires que celles d'Hildebert de Lavardin (col. 1465-1486), ainsi que ses nombreuses *Vies de saints*, en vers comme en prose (col. 1493-1648), dont A. Degl'Innocenti (cité *infra*) vient tout juste d'établir le canon définitif. Le *Liber lapidum* a été médiocrement éd. par J.M. Riddle, avec une traduction anglaise de C.W. King (Wiesbaden, 1977, *Sudhoffs Archiv.*, t. 20). — Les *Carmina varia* ont été publiés et commentés par W. Bulst (art. cité *infra*, 1939 et 1950). — Enfin, le *Liber decem capitulorum* a fait l'objet de deux bonnes éd., par W. Bulst (Heidelberg, 1947), et par R. Leotta (Rome, 1984, avec un excellent commentaire).

→ *HLF*, t. 10, p. 343-392. — L. Ernault, *Marbode, évêque de Rennes*, Rennes, 1890. — L. Pannier, *Les lapidaires français du Moyen Âge*, Paris, 1882. — F.J.E. Raby, *A History of Christian Latin Poetry*, Oxford, 1927, p. 273-277 ; *A History of Secular Latin Poetry in the Middle Ages*, Oxford, 1934, p. 329-337. — M. Manitius, *Geschichte der lateinischen Literatur des Mittelalters*, t. 3, Munich, 1931, p. 719-730. — A. Wilmart, *Le florilège de Saint-Gatien. Contribution à l'étude des poèmes d'Hildebert et de Marbode*, dans *Revue Bénédictine*, 48, 1936, p. 235-258. — W. Bulst, *Studien zu Marbods « Carmina varia » und « Liber decem capitulorum »*, dans *Nachrichten von der Gesellschaft der Wissenschaften zu Göttingen, Phil. hist. Klasse*, n.s., t. 2, fasc. 10, 1939, p. 173-241 ; *Liebesbriefgedichte Marbods*, dans *Mél. P. Lehmann*, St. Ottilien, 1950, p. 287-301. — R. Leotta, *Il « De ornamentis verborum » di Marbodo di Rennes*, dans *Studi medievali*, 3e s., t. 29 (1988), p. 103-127. — A. Degl'Innocenti, *L'opera agiografica di Marbodo di Rennes*, Spolète, 1990. J.Y.T.

Marcabru. Personnalité poétique de grande importance, c'est le premier poète du *trobar clus** bien qu'il n'en soit nullement le théoricien. Quelques allusions nous permettent de croire qu'il fut au service de Guillaume VIII de Poitiers, puis d'Alphonse VII de Castille, et de situer son activité poétique entre 1130 et 1148 (année pendant laquelle il adressa une chanson à Jaufré Rudel*). Selon l'ancienne *Vida*, c'était un enfant trouvé : « On le trouva devant la porte d'un homme riche... et l'on ne sut jamais rien de sa naissance... et il s'appelait *pan perdut*... » Sans doute devait-il être d'une humble origine ; c'était peut-être un clerc manqué qui entra dans le monde courtois en tant que jongleur ou jongleur soldat. Nous pouvons sans doute trouver une trace de cette origine, et de sa gêne en face d'un monde auquel il n'appartenait pas de naissance, dans son attitude hostile à l'égard de la « courtoisie » et surtout de la conception courtoise de l'amour. Dans un langage très personnel, avec des mots rudes, brutaux, qu'il forge parfois lui-même, il s'élève contre la *fin' amor*, amour selon lui faux et mensonger, qui corrompt les familles : « Tout mari aujourd'hui veut être un amant, un fidèle d'amour, et il courtise la femme de son voisin, qui le paie de la même monnaie. Et les femmes abandonnées se consolent, et, trahies, elles se vengent. Et rien ne sert de les enfermer, de les faire garder... Plutôt que de ne pas vous trahir, elles vous trahiront avec leurs gardiens mêmes. C'est ainsi que le monde se peuple de bâtards... » Et il juge sur un ton presque prophétique la société courtoise dont il dénonce la corruption ; en termes méprisants et enflammés, il fustige les lâches, les paresseux qui ne l'écoutent pas : « ... Je m'en vais semant mes reproches sur les rochers, où ne germe ni fleur ni blé... ; dormira qui voudra : je pense et rêve des choses graves, selon la nature et contre la nature... seul, sans compagnon... » Il y a en lui un réalisme cru et violent, un goût très différent de celui de Guilhem IX* et d'Eble de Ventadour*, contre l'école poétique desquels tonne Marcabru, et sa poésie prend une partie de son relief dans cette expression rude et abrupte, qui lui est très personnelle. Parfaitement conscient en outre de la valeur de la poésie — idée qui, cette fois, est commune à tous les troubadours —, fier de son talent, il cherche souvent à exprimer un univers poétique pour initiés, dans une forme difficile et obscure, très élaborée, qui vise à produire des effets vivaces et nouveaux, grâce aussi à une construction originale des mètres et des strophes et à des combinaisons de vers et de rimes d'une grande variété. Il a lui-même une pleine conscience de son obscurité : « j'éprouve moi-même de l'embarras à éclaircir ma parole obscure... » (PC, 293, 37), mais il y trouve la plénitude de l'expression poétique. « C'est une exigence, écrit A. Viscardi, qui confirme, s'il en était besoin, le fait que les nouveaux poètes d'art vulgaire sont étroitement rattachés à la tradition littéraire et scolastique latine du Moyen Âge, qu'ils dépassent pourtant et renouvellent profondément avec leur œuvre. En réalité, le *trobar clus** des troubadours n'est pas autre chose que le *grande genus dicendi*, le "style tragique" des rhéteurs et des écrivains de cour et des juristes médiolatins. Le *grande genus dicendi* naît lui aussi, non seulement de la "construction" très compliquée du discours et de l'usage savant des "figures", mais aussi de l'usage d'un lexique inhabituel et précieux, scrupuleusement choisi... Mais... alors que le style tragique des textes médiolatins n'est qu'un formalisme vain, froid et inerte, ... le *trobar clus* des troubadours est le moyen nécessaire pour réaliser des fantômes, désirés et contemplés dans le tourment d'une aspiration anxieuse vers une forme parfaite, dans la conscience que l'art est une discipline sévère. » Marcabru est le premier grand représentant de cette tendance et il fera école. Son œuvre (42 textes conservés) aura une influence considérable sur ses contemporains et les troubadours qui le suivront.

ŒUVRE. — Éd. J.M.L. Dejeanne, *Poésies complètes du troubadour Marcabru*, Toulouse, 1909, réimp. New York-Londres, 1971. — Éd. en préparation par A. Roncaglia. — Éd. partielles : A. Roncaglia, *Marcabruno : « Aujatz de chan »*, dans *CN*, t. 17 (1957), p. 20-48 [PC 293, 9]. — E. Lommatzsch et F. Gennrich, *Leben und Lieder der provenzalischen Troubadours. Lieder verschiedener Gattung mit einen musikalischen Anhang*, Berlin, 1959 [avec transcription des mélodies de PC 293, 18, 30 et 35]. — A. Roncaglia, *Cortesamen vuoill comensar*, dans *RCCM*, t. 7 (1965), p. 948-961 [PC 293, 15]. — R. Lavaud et R. Nelli, *Les Troubadours*, t. 2, Paris, 1965. — P.T. Ricketts et E.J. Hathaway, *Le « Vers del Lavador » de Marcabru : éd. critique, trad. et commentaire*, dans *RLR*, t. 77 (1966), p. 1-11 [PC 293, 35]. — F. Pirot, *Ce n'était point le troubadour Marcabru*, dans *AM*, t. 78 (1966), p. 537-541. — F.R. Hamlin, E.J. Hathaway et P.T. Ricketts, *Introduction à l'étude de l'ancien provençal*, Genève, 1967, rééd. 1985 [*Vida* (ms. A) et PC 293, 1, 18 et 35]. — P.T. Ricketts, *« A l'alena del vent doussa » de Marcabru, éd. critique, trad. et commentaire*, dans *RLR*, t. 78 (1968), p. 109-115 [PC 293,2]. — A. Roncaglia, *La tenzone tra Ugo Catala e Marcabruno*, dans *Mél. B. Terracini*, Milan, 1968, p. 203-254 [PC 293,6 = 451,1]. — F. Pirot, *« A la fontana del vergier » du troubadour Macabru (PC 293, 1), éd., trad. et notes*, dans *Mél. P. Imbs*, Strasbourg, 1973, p. 621-642. — M. de Riquer, *Los trovadores, Historia literaria y textos*, Barcelone, 1975, t. 1, p. 170-219 [PC 293, 30-18-17-6 = 451,1-9-22-1-35-25 et 26]. — P.T. Ricketts, *« Doas cuidas ai, compaigner » de Marcabru : éd. critique, trad. et commentaire*, dans *Mél. C. Camproux*, Montpellier, 1978, p. 179-194 [PC 293,19] ; *« Lo vers comensa » de Marcabru (PC 293, 32), éd. critique, trad. et commentaire*, dans *Mél. L. Topsfield*, Cambridge, 1984, p. 7-26.

→ PC 293. — A. Viscardi, *Storia delle litterature d'oc e d'oïl*, Milan, 1959, p. 133-140. — F. Pirot, *Bibliogr. commentée du troubadour Marcabru*, dans *Le Moyen Âge*, t. 73 (1967), p. 87-126 [complète jusqu'en 1966]. — R.A. Taylor, *La littérature occitane du Moyen Âge*, Toronto, 1977, n°s 482-496 [bibliogr. sélective]. — R.N.B. Goddard, *The Iconography of the Whore in Marcabru's « Soudadier, per cui es jovens », Marbod of Rennes and the Beatus of Liebana Manuscripts*, dans *RZFL, Cahiers d'histoire des littératures romanes*, t. 11 (1987), p. 277-291 ; *Colour-Symbolism in the Troubadour Marcabru and his Followers*, dans *Reading Medieval Studies*, t. 13 (1987), p. 3-23. — S. Gaunt et R. Harvey, *Bibliogr. commentée du troubadour Marcabru. Mise à jour*, dans *Le Moyen Âge*, t. 94 (1988), p. 425-455. — R.N.B. Goddard, *Eugenius of Toledo and Marbod of Rennes, in Marcabru's « Pois la fuoilla revirola »*, dans *Medium Aevum*, t. 57 (1988), p. 27-37 [PC 293, 38]. — R. Harvey, *The Troubadour Marcabru and His Public*, dans *Reading Medieval Studies*, t. 14 (1988), p. 46-76. — W.D. Paden, *Reading Pastourelles*, dans *Tenso*, t. 41 (1988), p. 1-21. — E. Schulze-Busacker, *L'influence littéraire du « Vers del lavador »*, dans *Mél. G. Gasca Queirazza*, Alexandrie, 1988, t. 2, p. 977-988. — R. Harvey, *The Troubadour Marcabru and Love*, Londres, 1989. — M.-N. Toury, *« La falsa razos daurada » : Marcabru et l'inconnaissable*, dans

Mél. J.-C. Payen, Caen, 1989, p. 391-402. — M. Mancini, *Marcabru, i sambuchi e il castello assediato*, dans *Mél. A. Roncaglia*, Modène, 1989, 3, p. 773-787. — J.-C. Payen, *Un moraliste qui se veut marginal : note sur la poétique du troubadour Marcabru, ibid.*, 3, p. 993-1003. — G. Straka, *Mistral, imitateur de Marcabru, ibid.*, 4, p. 1313-1321 [de la *pastorela* aux *Isclo d'Or*]. — *Bibliogr. de la littérature occitane du Moyen Âge* I, dans *Bulletins de l'AIEO*, t. 5 (1990), p. 26-29. — P.T. Ricketts, *L'« estribot ». forme et fond*, dans *Mél. P. Bec*, Poitiers, 1991, p. 475-483 [PC 335,64]. C.C.

Marcoat. Troubadour imitateur direct de Marcabru dont on ne connaît que les deux *sirventes* conservés sous son nom, qu'il donne lui-même à la rime (PC 294, 2). Il cite Marcabru* comme déjà mort, sans doute depuis peu : il semble probable qu'il ait écrit entre 1160 et 1170. Le ton particulièrement caricatural et cruel de son œuvre le place en marge de la poésie raffinée de la *fin'amor*. Il s'attaque à deux malheureux amputés, sans doute pour leurs méfaits, et montre ainsi un aspect de la société du XIIe siècle peu représenté dans la poésie.

ŒUVRE. — Éd. J.M.L. Dejeanne, *Le troubadour gascon Marcoat*, dans *AM*, t. 15 (1903), p. 358-371. — A. Jeanroy, *Jongleurs et troubadours gascons*, Paris, 1923, *CFMA*, n° 39, p. 12-15. — Éd. partielle : M. de Riquer, *Los trovadores. Historia literaria y textos*, Barcelone, 1975, t. 1, p. 258-262 [PC 294,1].

→ PC 294. — S. Méjean, *Contribution à l'étude du sirventes joglaresc*, dans *Mél. J. Boutière*, Liège, 1971, t. 1, p. 377-395 [PC 294, 1 et 2]. — F. Pirot, *Recherches sur les connaissances littéraires des troubadours occitans et catalans des XIIe et XIIIe siècles*, Barcelone, 1972. — M. Levesque, *Pour le commentaire de Marcoat*, dans *Via Domitia*, t. 26 (1981), p. 52-61. G.B.L.

Marco Polo. Né en 1254 à Venise, mort en 1324, Marco Polo passa vingt-quatre ans hors de sa patrie dont seize environ au service de l'empereur mongol de Chine. En 1260, son père Niccolo et son oncle Matteo, des négociants engagés dans le commerce avec l'Orient, effectuèrent un grand voyage qui les conduisit à Constantinople, puis à Soldaïa sur la mer Noire, où ils retrouvèrent le frère aîné, Marco dit le Vieux, qui tenait le comptoir familial ; de là, ils se dirigèrent vers l'empire mongol de Chine et rencontrèrent le Grand Khan, Kubilaï. Celui-ci les chargea, à leur retour, de lettres pour le pape, dans lesquelles il demandait l'envoi de « sages hommes de la loi chrétienne ». Mais quand ils passèrent à Acre, en 1269, Clément IV (1265-1268) était décédé. Ils rentrèrent à Venise, d'où ils repartirent deux ans plus tard, emmenant avec eux le jeune Marco Polo. Ils prirent, à leur passage à Acre, des lettres du nouveau pape, Grégoire X, destinées au Grand Khan, auprès duquel ils arrivèrent en 1275. Ils restèrent longtemps en Chine et fréquentèrent la cour mongole. Kubilaï engagea à son service le jeune Marco, lui confiant des fonctions administratives et plusieurs missions d'inspection et d'information à l'intérieur de l'empire, qui l'emmenèrent jusqu'en Inde. En 1295, les trois voyageurs étaient de retour à Venise. Selon la légende forgée au XVIe siècle par Ramusio, ils seraient arrivés en haillons, semblables à des Tartares par leur allure et leur façon de s'exprimer. Tenus pour morts, ce ne serait qu'à la vue des joyaux qu'ils avaient cachés dans la doublure de leurs hardes qu'on les aurait reconnus. Trois ans plus tard, Marco Polo, qui commandait une galère, aurait été capturé au cours d'une bataille navale entre Venise et Gênes. C'est dans sa prison génoise qu'il aurait fait la relation de ses voyages à un autre prisonnier, connu comme rédacteur ou remanieur de romans arthuriens en prose sous le nom de Rusticien de Pise*. La part qui revient à chacun des deux n'est pas, en effet, complètement éclaircie. D'après l'opinion admise jusqu'à présent (voir *infra* une nouvelle théorie), Rusticien passe pour le rédacteur principal en franco-italien. De l'original perdu, on connaît cinq dérivés de caractère très divers, ce qui rend délicat l'établissement d'une édition critique. Ces dérivés se répartissent en deux groupes : quatre versions qui remontent séparément à la rédaction franco-italienne à travers un ou plusieurs intermédiaires, et une cinquième assez différente et encore mal connue. Le texte le plus proche de l'original semble être celui du ms. BN fr. 1116 (début XIVe), écrit dans un français fortement italianisé. En 1307, Marco Polo offrit une copie de son livre à un Français, Thibaut de Chepoy, de passage à Venise ; ce dernier, alors au service de Charles de Valois, frère de Philippe le Bel, avait été envoyé, en 1306, à la conquête du royaume de Constantinople. La mission échoua. À son retour en 1310, Thibaut fit adapter en français le texte franco-italien, qui fut arrangé, modifié, raccourci, avec le souci de plaire aux seigneurs et dames de la cour, à qui l'ouvrage était destiné. De ce remaniement, auquel contribuèrent plusieurs scribes, parmi lesquels un copiste de l'entourage de Chepoy et un certain Grégoire, on a dénombré une trentaine de manuscrits. Un autre dérivé (troisième groupe) est représenté par une version toscane ; un quatrième groupe par une version vénitienne. Un contemporain de Marco Polo, le dominicain Francesco Pipino de Bologne, fut chargé par le chapitre général de son ordre de traduire en latin un exemplaire de cette version. La traduction, achevée à Bologne vers 1320, eut un énorme succès : on en a recensé une cinquantaine de manuscrits. Elle a donné naissance à de multiples rédactions secondaires et a été retraduite en latin, toscan, allemand, espagnol... C'est elle qui assura la plus vaste diffusion du texte ; elle montre par ailleurs que le livre de Marco Polo était alors considéré comme un guide pour les missionnaires chrétiens. Le cinquième groupe est représenté par une version latine différente de la traduction de Pipino, qui comporte un certain nombre d'additions. Après avoir été traduit de français en latin, le livre de Marco Polo le sera dans presque toutes les langues européennes et connaîtra de nombreuses éditions du XVe au XVIIe (47 entre 1477 et 1626). En 1553, le Vénitien Ramusio (1485-1557) publia en italien, d'après un texte latin — peut-être celui de Pipino ou encore celui du cinquième groupe — une nouvelle version de l'ouvrage, qu'il amplifia, ajoutant une préface enrichie de scènes pittoresques et imaginaires (retour au bercail...). Et c'est ainsi que s'est forgée une légende. Il inséra ce texte dans le second volume de ses *Navigazioni e Viaggi*, qui parut à Venise en 1559, deux ans après sa mort. C'est ainsi que le livre de Marco Polo fut désormais considéré comme un ouvrage géographique de référence, qui sera utilisé par des explorateurs comme l'avait déjà fait Christophe Colomb.

Il convient peut-être de revoir complètement le stemma de la tradition polienne. D'après des recherches récentes, il apparaît que la prison dans laquelle Marco Polo aurait été enfermée serait une fiction inventée par Rusticien. Dans ce cas Marco Polo aurait écrit lui-même en vénitien le texte original des voyages dont dériveraient deux rédactions principales, celle en français par Rusticien de Pise, celle en latin par Fra Pipino de Bologne.

Dans la version française, l'ouvrage a pour titre *Le Devisement du monde* ou le *Livre des merveilles* ; celui de *Milione*, propagé dans les rédactions italiennes, n'a pas été élucidé : pour certains, ce serait un sobriquet donné pour railler la vanité du voyageur. Une autre version rapporte que ce serait un surnom attribué à l'aïeul de l'auteur, Emilione. Une troisième version, plus plausible, y voit la déformation du nom Vilioni, devenu Milioni, pris par les Polo pour se distinguer des autres Polo de Venise, après l'acquisition de la maison de cette famille qui s'éteignit au début du XIVe siècle.

L'ouvrage de Marco Polo a passé souvent pour une relation de voyage ou encore un manuel de marchand. Ce n'est pourtant pas le récit fidèle des expéditions de Marco Polo, comme le compte rendu précis, souvent pittoresque, que Guillaume de Rubrouck* fit de sa mission en Mongolie (1254). Dans le prologue sont racontées, mais très brièvement, les deux expéditions en Chine, celle du père et de l'oncle puis celle des trois voyageurs. Mais l'essentiel de l'ouvrage est composé de longs chapitres géographiques dans lesquels sont décrites des villes et des provinces, enrichis, mais rarement, de renseignements sur le nombre de journées de voyage, sur les vivres à emporter... L'itinéraire donné est tout à fait fantaisiste. Par ailleurs, l'ouvrage ne semble pas chercher à initier les autres voyageurs et marchands à la conduite des affaires dans ces pays si peu fréquentés. Le livre se contente d'énumérer les grandes richesses, les étrangetés remarquables capables d'impressionner un auditoire curieux d'exotisme. Car le *Devisement* est une œuvre littéraire, écrite pour être dite et lue, dans le but de distraire et de plaire. C'est pourquoi Marco Polo a choisi de rapporter, non pas la route effectivement suivie, mais une route exceptionnelle, idéale, donc imaginaire. Il faut aussi tenir compte du rôle joué par Rusticien de Pise. L'invocation initiale, dans laquelle l'auteur s'adresse aux empereurs, rois, duc, marquis, comtes, chevaliers, bourgeois, et à tous ceux qui veulent connaître de nouvelles choses et se plaisent à découvrir l'inconnu, est une formule voisine de celle qui ouvre le roman arturien de Rusticien, *Meliadus*. En dehors des intentions romanesques des auteurs, le *Devisement* traduit souvent la préoccupation du chrétien et du missionnaire. On y trouve le reflet de curiosités pour tout ce qui se rapporte aux croyances et aux cultes, aux possibilités de prêcher et de convertir, aux succès des premiers missionnaires. Les voyages des trois Polo s'insèrent, en effet, dans de nombreuses missions à la fois diplomatiques et religieuses. Ni manuel de marchand, ni récit de voyage, le *Devisement* ne se définit pas aisément. Marco Polo n'est-il pas fidèle à la tradition encyclopédique médiévale, quand il raconte la merveille, ce qui fait vibrer, ce qui révèle ?

ŒUVRE. — Texte franco-vénitien, éd. L.F. Benedetto, *Il Milione*, Florence, 1928 ; éd. Ronchi, Milan, 1982 [avec une introd. de C. Segre]. — Texte toscan, éd. M. Ruggieri, *Il Milione*, Florence, 1986 (*Biblioteca dell'Archivum Romanicum*, Série 1, *Storia, letteratura, Paleografia*, 200). — Version française, éd. G. Pauthier, Paris, 1865 ; réimp. Genève, 1978. — Trad. française, L. Hambis, *La description du monde*, Paris, 1955 ; *Le Devisement du monde. Le Livre des merveilles*, 2 vol., Paris, 1980, réimp. 1991 [introd. et notes de S. Yerasimos]. — M.T. Richol, Paris, 1987 [d'après la transcription de Pauthier]. — Trad. anglaise, A.C. Moule et P. Pelliot, *The Description of the World*, 2 vol., Londres, 1938 [d'après le texte de Benedetto ; dans le vol. 2, transcription du texte latin du cinquième groupe]. — Trad. allemande, E. Guignard, *Marco Polo : Il Milione. Der Wunder der Zeit*, Zurich, 1983. — Éd. M. Milanesi, *J.B. Ramusio, Navigazioni e Viaggi*, vol. 3, Turin, 1980, p. 37-297 [éd. du texte de Marco Polo, revu et amplifié par Ramusio]. — Reprod. en fac-similé, H. Omont, *Le livre des merveilles, Marco Polo, Odoric de Pordenone, Mandeville, Hayton, etc.*, 2 vol., Paris, 1907 [reprod. des 265 miniatures du ms. BN, fr. 2810].

→ G. Zaccagnini, *Francesco Pipino tradut-tore del Milione, cronista e viaggiatore in Oriente nel secolo* XIV, dans *Atti e memorie d.R. Dep. di storia patria per l'Emilia e la Romagna*, sez. 5, vol. 1, 1935-1936, p. 61-95. — M. Roques, dans *Romania*, t. 76 (1955), p. 399-408 [compte rendu de l'éd. Hambis ; excellente mise au point sur les éd. et la tradition manuscrite]. — L. Olschki, *L'Asia di Marco Polo*, Venise, 1957 [à compléter par des ajouts et corrections dans *Atti dell'Ist. veneto di Scienze, Lettere ed Arti, Classe di Scienze morali*, t. 120 (1962), p. 687-698]. — C.T. Gossen, *Marco Polo und Rustichello da Pisa*, dans *Mél. Lommatzsch,* Munich, 1975, p. 133-143. — U. Tucci, *I primi viaggiatori e l'opera di Marco Polo*, dans *Storia della cultura veneta, 1 : Dalle origini al Trecento*, Vicence, 1976, p. 633-670. — V. Bertoluci Pizzorusso, *Enunciazione e produzione del testo nel Milione*, dans *SMV*, t. 25 (1977), p. 5-43. — F. Ubleis, *Marco Polo in Südasien*, dans *Archiv für Kulturgeschichte*, t. 60 (1978), p. 7-16. — P.-Y. Badel, *Lire la merveille selon Marco Polo*, dans *Revue des sciences humaines*, n° 183 (1981-1983), p. 7-17. — J. Heers, *Marco Polo*, Paris, 1983. — G. Ronchi, *Traduzione e compendio nella versione toscana del Milione*, dans *Avventure del Milione*, Parme, 1983, p. 23-48. — M. Mollat, *Les explorateurs du* XIIIe *au* XVIe *siècle*, Paris, 1984. — P. Ménard, *L'illustration du Devisement du monde de Marco Polo. Étude d'iconographie comparée*, dans *Bull. de la Société nationale des Antiquaires de France*, 1985, p. 85-91, et dans *Métamorphoses du récit de voyage. Actes du colloque de la Sorbonne et du Sénat*, Paris, 1986, p. 17-31. — N. Ohler, *Reisen im Mittelalter*, Munich, 1986. — G. Ineichen, *La Mescolanza delle forme linguistiche nel Milione di Marco Polo*, dans *Testi, Cotesti e Contesti del franco-italiano, Atti del 1° Simposio franco-italiano (Bad Homburg, aprile 1987)*, Tübingen, 1989, p. 65-74. — F. Reichert, *Columbus und Marco Polo. Asien in Amerika*, dans *Zeitschrift für hist. Forschung*, t. 15 (1988), p. 1-63. — B. Wehr, *À propos de la genèse du Devisement dou monde de Marco Polo*, à paraître dans *Le passage à l'écrit des langues romanes : problèmes linguistiques et typologiques*, Tübingen, 1992 (*Narr. Scriptoralia*). — Cf. *GRLMA*, t. VI/2, n° 3700 ; t. VI/1, p. 142. — *MB* n°s 5567-5581 ; 7050-7058, 8013 ; *S* 169, 8079, 8083-8095 *bis*. G.T.L.

Marguerite d'Autriche. Cette très haute princesse (Bruxelles, 10 janvier 1480-Malines, 1er décembre 1530), la plus puissante des quatre ou cinq Marguerite dont les oriflammes claquent au vent de la Renaissance, a peu de droits incontestables à figurer très longuement dans un livre sur les lettres françaises.

Sa vie fut de gloire plus que de bonheur. Fille de Maximilien d'Autriche et de Marie de Bourgogne, elle connut d'abord, comme tant de princesses en ces temps, l'incertitude d'une succession de projets de mariage ou d'unions. Fiancée dès 1482 au dauphin (le futur Charles VIII), elle passe son enfance en Touraine. Ensuite on la renvoie, elle épouse l'infant d'Espagne don Juan, fils des souverains catholiques, mais il meurt. Le duc de Savoie Philibert le Beau (frère de Louise de Savoie) l'épouse en 1501 mais meurt en 1504 ; la veuve inconsolable prit du fait la devise fameuse : « Fortune infortune fort une. » En Savoie, Marguerite résidait surtout au château de Pont-d'Ain près de Bourg.

À la mort de son frère Philippe le Beau et à cause de l'incapacité de Jeanne la Folle, Marguerite devient tutrice de ses neveux (dont Charles Quint) et gouvernante des Pays-Bas (1507). Sa cour est alors à Malines. Sans plus nous occuper de son action politique, d'importance (paix des Dames de 1529), évoquons à présent son mécénat.

De langue et de culture françaises, Marguerite posséda une riche bibliothèque, formée au cours de ses différents séjours (Savoie, Castille, Pays-Bas) et particulièrement enrichie par l'acquisition d'une partie de la bibliothèque des Croÿ-Chimay, grands seigneurs de la cour de Bourgogne. Grande amatrice de romans de chevalerie et d'ouvrages historiques, Marguerite s'entoura de poètes, musiciens, peintres et sculpteurs. Dès 1505, elle entreprend, en souvenir de Philibert, la construction de l'église de Brou où elle reposera finalement elle aussi. Jean Perréal, Michel Colombe et Jean Lemaire participèrent à ce chef-d'œuvre de la pré-Renaissance. Les trois albums poétiques de Marguerite (Bibl. royale Bruxelles, mss 228, 10572 et 11239) témoignent encore de ses goûts et de ceux de son époque. Les quelque 170 pièces qu'ils contiennent, sont pour la plupart accompagnées de musique. Elles sont attribuées à des personnages plus ou moins célèbres : Josquin des Prés*, Jan Ockeghem*, Pierre de la Rue, Alexandre Agricola… Quant à Marguerite, on lui attribue aujourd'hui deux ou trois chansons mélancoliques dont la musique est de Josquin des Prés et Pierre de la Rue. Et il n'est pas impossible qu'elle ait elle-même écrit la *Complainte de Marguerite d'Autriche* : s'adressant à un amoureux, la princesse renonce à l'amour de cet inconnu par fidélité au souvenir de l'époux disparu.

De grands noms comme ceux d'Érasme, Vivès, Corneille Agrippa et Jean Second peuvent être associés à la cour de Malines. Mais ce sont des auteurs s'exprimant en français qui ont dédié leurs œuvres à Marguerite. Michele Riccio, Napolitain devenu conseiller de Louis XII, écrit pour elle son *Changement de fortune en toute prospérité*, où il souligne les qualités morales qui ont permis à Marguerite de surmonter ses épreuves ; Jean Franco lui dédicace une *Généalogie abrégée de Charles Quint* (1527). À côté de ses écrivains d'occasion, on trouve Octovien de Saint-Gelais* qui déplore le départ de la jeune Marguerite de la cour de France. On trouve surtout Jean Lemaire de Belges (voir le volume XVIᵉ siècle), qui suivit Marguerite depuis la Savoie. Les *Épîtres de l'amant vert*, pièces spirituelles qu'écrit avant de mourir, puis d'outre-tombe, le perroquet de Marguerite, amoureux de sa maîtresse, datent des mêmes années (1504-1505) que la *Couronne margaritique*. Cette glorification allégorique fixe l'image de Marguerite en veuve éplorée et fidèle ; elle constitue aussi un des témoins de la poésie de cour de l'époque, qui renouvelait celle des Rhétoriqueurs*.

→ M. Françon, *Albums poétiques de Marguerite d'Autriche*, Cambridge (Mass.)-Paris, 1934. — M. Françon et G. de Boom, *Les poésies de Marguerite d'Autriche*, dans *The Romanic Review*, t. 25 (1934), p. 207-219. — G. de Boom, *Marguerite d'Autriche-Savoie et la Pré-Renaissance*, Paris, 1935 ; *Marguerite d'Autriche*, Bruxelles 1946. — J. Strelka, *Gedichte Margarethes von Österreich, die Handschrift 2584 der Wiener National-Bibliothek*, Vienne, 1954 [éd. la *Complainte de Marguerite*] ; *Der burgundische Renaissancehof Margarethes von Österreich und seine literarhistorische Bedeutung*, Vienne, 1957. — *Exposition Marguerite d'Autriche*, Brou, 1958. — M. Picker, *The Chanson Albums of Marguerite of Austria : Mss 288 and 11239 of the Bibliothèque royale de Belgique, Brussels*, dans *Annales musicologiques*, t. 6 (1958-1963), p. 145-285 ; *The Chansons Albums of Marguerite of Austria : Mss. 228 and 11239 of the Bibliothèque royale de Belgique, Brussels. A Critical Edition and Commentary*, Berkeley-Los Angeles, 1965. — M.B. Winn, *Octovien de Saint-Gelais : Complainte sur le départ de Marguerite*, dans *Le Moyen Français*, t. 5 (1979), p. 65-80. — M. Picker, *More Regret Chansons for Marguerite d'Autriche, ibid.*, p. 81-101. — G. Cammaert, *De musiek aan het Hof van Margareta van Oostenrijk*, dans *Handelingen van de Koninklijke Kring voor Oudheidkunde, Letteren en Kunst van Mechelen*, t. 84 (1980), p. 79-95 ; *Album de Marguerite d'Autriche (ms. 228)*, Peer, 1986 (introd. de M. Picker). — *Van Orley et les artistes de la cour de Marguerite d'Autriche*, Bourg-en-Bresse, 1981 [catalogue d'exposition]. — *La librairie de Marguerite d'Autriche*, exposition Europalia 87 Österreich, Bruxelles, 1987. — *Livre des Basses Danses de Marguerite d'Autriche*, éd. C. Thiry, Graz, 1988. — Cf. *MB* nᵒˢ 4571, 4882-4884. V.L.S. et S.L.

Marguerite d'Oingt. Nous savons peu de

choses de la vie de Marguerite d'Oingt. Elle était fille de Guichard, seigneur d'Oingt en Beaujolais. Dès l'année 1286, elle était religieuse à la chartreuse de Poleteins, dans l'Ain, qu'elle ne devait plus quitter. Elle en devint prieure, et c'est sous ce titre qu'elle est citée dans un acte de 1288. Elle mourut le 11 février 1310. Dans ses écrits, Marguerite apparaît comme une femme cultivée, écrivant facilement le latin, contant agréablement en dialecte, comme une religieuse fervente, avancée dans les voies de la mystique, gratifiée de visions, humble et qui, pleine de sagesse, admirait sans les imiter les grandes mortifications de l'une de ses compagnes, Béatrix d'Ornacieu.

Ses œuvres, conservées dans un unique manuscrit provenant de la Grande Chartreuse, comprennent : des méditations, où dominent les thèmes de la Passion et du Jugement ; le *Speculum*, dans lequel Marie retrace, en trois visions, son expérience mystique ; une vie de sainte Béatrix d'Ornacieu, première prieure de la chartreuse de Parménie († 1303) ; et des fragments de lettres adressées à son directeur de conscience et à une dame. Les méditations sont écrites en latin, les autres ouvrages en dialecte lyonnais, la fin est fortement influencée par le français. Le *Speculum* a été traduit en langue d'oc au XIVe siècle.

ŒUVRES. — Éd. E. Philipon, Lyon, 1877 [éd. défectueuse]. — Éd. A. Duraffour, P. Gardette et P. Durdilly, Paris, 1965 [excellente éd., avec étude linguistique]. — *Speculum*, traduction occitane : éd. D. Zorzi, *La spiritualità e le visioni di due certosine Lionesi contemporanee di Dante*, dans *Aevum*, t. 27 (1953), p. 510-531.

→ *HLF*, t. 20, p. 305-323, art. *Marguerite de Duyn*, par V. Le Clerc ; *DSAM*, t. 10, 1977, col. 340-343 (B. Gaillard). — P. Gardette, *Marguerite d'Oingt. Pour une nouvelle édition de ses œuvres*, dans *Mél. I. Franck*, 1957. — M. Gonon, *Quelques aspects de la vie à la chartreuse de Poleteins en Dombes au Moyen Âge*, dans *Mémoires de l'Acad. des Sc. Belles Lettres et Arts de Lyon*, 3e série, t. 40 (1986), p. 125-131. P.G.

Marguerite Porete. C'est une érudite italienne, R. Guarnieri, qui la première, en 1946, mit en relation le *Miroir des simples âmes anéanties* avec la béguine hennuyère Marguerite Porete. Faute d'autres documents, l'histoire de Marguerite se confond avec celle de son livre, car c'est pour avoir persévéré jusqu'au bout dans l'enseignement du pur amour tel que l'expose le *Miroir* qu'elle fut suppliciée en 1310. Le livre avait été condamné une première fois en 1306 par l'évêque de Cambrai et brûlé sur la place publique de Valenciennes. Mais, passant outre à l'interdiction qui lui avait alors été faite, Marguerite avait continué à propager sa doctrine et à communiquer son livre, aussi bien à des « personnes simples, bégards et autres », qu'à des dignitaires de l'Église, y compris l'inquisiteur de Haute-Lorraine — preuve qu'elle était convaincue de sa bonne foi et de son orthodoxie. Il est vrai qu'avant cet épisode, le *Miroir* avait reçu l'approbation de trois clercs, dont l'un au moins, Godefroid de Fontaines, était un éminent théologien, savant renommé et personnage important de l'Université. La seule réserve que celui-ci avait émise, comme Gerson* un siècle plus tard, louant la « subtilité » de l'auteur, touchait la diffusion de l'œuvre : s'adressant à des âmes d'élite, elle risquait d'induire dangereusement en erreur le commun des fidèles et ne devait pas être mise entre toutes les mains. Un second procès fut donc engagé contre Marguerite en 1309 par l'inquisiteur Guillaume de Paris devant 21 théologiens de la Sorbonne (dont la moitié avait siégé au procès des Templiers), et la cause de Marguerite fut jointe (intentionnellement ?) à celle d'un béguin illuminé, suspect de millénarisme et de dolcinisme, qui, sans la connaître, s'était érigé en défenseur de Marguerite. Quinze articles extraits du *Miroir* furent de nouveau condamnés en avril 1309, et, le 1er juin 1310, Marguerite, qui avait toujours refusé de prêter serment et de répondre aux questions de l'inquisiteur, fut brûlée vive en place de Grève, comme hérétique et relapse. Le rédacteur des *Grandes chroniques**, qui la qualifie de « béguine clergesse », rapporte que sa constance émut la foule aux larmes.

L'histoire du *Miroir*, dont les poursuites de l'inquisition jalonnent l'avancée dans l'Europe entière, ne faisait que commencer. Il franchit, en effet, les barrières linguistiques comme nul autre écrit mystique médiéval en langue vulgaire : outre les versions française et latine primitives, apparurent deux traductions italiennes (fin XIVe et XVe), une traduction anglaise, due vraisemblablement à un évêque de

Londres, dans la seconde moitié du XIVe, suivie d'une nouvelle traduction latine, et, peut-être, une traduction allemande. Globalement et abusivement confondue avec les déviations de la secte du Libre Esprit, la doctrine du *Miroir* fut condamnée par le concile de Vienne (1311-1312), en même temps que celle des mystiques rhéno-flamands, et tout particulièrement de Maître Eckhart. Les campagnes menées par des prédicateurs influents à Venise et à Padoue entraînèrent une nouvelle condamnation au concile de Bâle (1439). Les interventions réitérées de la hiérarchie, les prises de position hostiles qui se multiplient après 1430 (saint Bernardin, Laurent Justinien, Jean de Capistran, saint Antonin...) n'empêcheront pas le *Miroir* de rester en faveur dans certains monastères italiens, tels Subiaco ou les milieux de l'Oratoire du divin amour. C'est dire l'ampleur du succès qu'il connut en Italie. Moins aisément décelable en France, pour ne rien dire de l'Angleterre, son audience y fut sans aucun doute beaucoup plus grande que ne le laisserait supposer l'unique exemplaire vernaculaire conservé, tardif ; en particulier dans l'ordre de Fontevraud, où Marguerite de Navarre en prit connaissance (cf. *Les Prisons*).

Traité de mystique spéculative relatant une expérience personnelle sous une forme dialoguée, le *Miroir* divise la vie spirituelle en sept *états, êtres* ou *degrés*, par lesquels l'âme s'élève de la vallée de l'humilité jusqu'au sommet de la montagne de contemplation. Touchée par la grâce et libérée du péché mortel, l'âme se mortifie par une ascèse sévère ; elle observe d'abord les commandements (1er état), puis les conseils (2e état), et s'astreint à l'obéissance (3e état). Elle parvient ainsi à une sorte de contemplation acquise, d'exultation et d'ivresse spirituelle (4e état). Aveuglée par la grande clarté de l'Amour, l'âme se croit au sommet de la vie d'union, alors qu'elle est toujours dans l'état des *marris*, car il existe encore ici-bas deux états dans lesquels Dieu, par pur amour, élève l'âme au-dessus d'elle-même. Ces deux stades, qui font allusion à l'amour extatique, sont propres aux âmes libérées (*franches*) ; ce sont eux qui constituent l'objet du *Miroir*. Dans le 5e état, l'âme, par une illumination soudaine du Saint-Esprit, se voit elle-même comme un rien formant un être unique avec le péché. Elle est alors poussée à transporter sa volonté en Dieu, pour l'unir parfaitement à la divine volonté, ce qui est l'état de liberté. Dans le 6e état, enfin, l'âme est absorbée, anéantie en Dieu, déifiée. Ainsi se réalise l'unité ontologique : le rien devient tout et le tout rien. L'âme a alors atteint la liberté et la paix parfaites. Elle est impeccable, n'a que faire des vertus, de l'ascèse, de la prière, des œuvres... ; son salut même lui est indifférent. La doctrine de Marguerite est imprégnée de la spiritualité des Pères grecs, et tout particulièrement de l'enseignement du pseudo-Denys*, qu'elle a peut-être connu à travers Guillaume de Saint-Thierry* : les points de convergence entre la *Lettre aux frères du Mont-Dieu* et le *Miroir* sont nombreux. Outre les cisterciens, elle a lu aussi les victorins (Hugues* et Richard*), saint Bonaventure* et, bien sûr, Augustin (*Ama et fac quod vis*). Nombre de thèmes et d'expressions lui sont communs avec les béguines flamandes dont elle était toute proche, en particulier Béatrice de Nazareth († 1268). C'est donc dans le cadre de la mystique orthodoxe plus que dans celui des aberrations du Libre Esprit que le *Miroir* doit être envisagé, car si l'écriture de Marguerite est celle d'une mystique, son bagage doctrinal n'en est pas moins solide, comme elle le montre à l'occasion. Le traité était destiné à être lu à haute voix. Le lyrisme qui l'anime de bout en bout — on ne peut pas ne pas penser à Jacopone da Todi — s'exprime dans une prose rythmée et rimée qui évolue à certains moments vers des formes entièrement poétiques. Des rapprochements formels ont été faits avec la *Lumière ruisselante* de Mechtilde de Magdebourg. La forme dialoguée crée une tension dramatique spontanée entre les personnifications des forces intérieures et des forces célestes mises en présence : *Ame* et *Dame Amour*, entourées de *Courtoisie* et *Entendement d'Amour*, confrontées à *Raison, Entendement de raison* et aux *Vertus* (P. Dronke). Elle confère spontanéité et chaleur aux formulations les plus abstraites et les plus savantes, prises dans une trame qui sollicite autant l'affectivité que l'intelligence. Le livre de Marguerite Porete est bien, à tous égards, une œuvre majeure de la littérature spirituelle française.

Reste la question de la langue d'origine : français ou latin ? Le plus vraisemblable semble que Marguerite, comme la plupart des béguines, ait mis par écrit son expérience dans sa langue maternelle et que de ce texte original français, perdu comme sont perdues toutes les copies qui ont circulé du vivant de l'auteur, ait été effectuée très tôt une traduction latine (simultanément ? pour les besoins des procès d'inquisition ?) dont cinq exemplaires sont encore conservés à l'heure actuelle.

ŒUVRE. — Éd. R. Guarnieri, Rome, 1965 (*Archivio italiano per la storia della pietà*, 4) [éd. du texte en ancien français, avec un très important dossier sur le mouvement du Libre Esprit]. — Éd. P. Verdeyen, Turnhout, 1986 (*CCCM* 69) [texte fr. de l'éd. Guarnieri et trad. latine du XIVe s.]. — Trad. français moderne M. Huot de Longchamp, Paris, 1984 [importante intro.]. — Extraits en français moderne dans G. Epiney-Burgard et E. Zum Brunn, *Femmes troubadours de Dieu*, Turnhout, 1988, p. 174-213.

→ Voir la bibliogr. indiquée dans les éd. citées *supra*. Parmi les études les plus accessibles : *DSAM*, t. 5, 1964, col. 1241-1268. — E.W. Mc Donnell, *The Beguines and Beghards in Medieval Culture*, New York, 1969. — R.E. Lerner, *The Heresy of the Free Spirit in the Later Middle Ages*, Berkeley-Los Angeles, 1972. — J. Dagens, *Le « Miroir des simples âmes » et Marguerite de Navarre*, dans *La mystique rhénane*, Paris, 1963, p. 282-289. — J. Orcibal, *Le « Miroir des simples âmes » et la « secte » du Libre Esprit*, dans *Revue de l'histoire des religions*, t. 88, 1969, p. 35-60. — P. Dronke, *Women Writers of the Middle Ages*, Cambridge, 1984. — *Jan van Ruusbroec. The Sources, Content and Sequels of his Mysticism*, Louvain, 1984. — P. Verdeyen, *Le procès d'inquisition contre Marguerite Porete...*, dans *Rev. d'hist. eccl.*, t. 81 (1986), p. 47-94. — P. Skårup, *La Langue du miroir des simples âmes...*, dans *Studia neophilologica*, t. 60 (1988), p. 231-236. — Plusieurs art. importants de K. Ruh ont été repris dans ses *Kleine Schriften*, Berlin-New York, 1984. — Cf. *MB S* nos 7821-7826. G.H.

Mariage des neuf filles du diable. Court poème moral de 666 octosyllabes, de la fin du XIIIe siècle. Dans un des manuscrits, l'auteur anonyme dit écrire « solom Robert Groceteste » (Robert Grosseteste*) ; mais cette attribution est très douteuse. L'œuvre, écrite en anglo-normand, est postérieure à 1256, date du *Calendrier* de Raoul de Lenham*, auquel elle emprunte quelques vers. Elle s'inspire d'une fable allégorique employée dès le début du XIIIe siècle par les auteurs de sermons, tels Jacques de Vitry*, Eudes de Cheriton* et Adam de la Vacherie. Le sujet est une fable courante au XIIIe : le diable a eu de *Mauvaistié* neuf filles, auxquelles il a donné des époux : ainsi *Simonie* a épousé les prélats, *Hypocrisie* les moines, *Ravine* les chevaliers, *Usure* les bourgeois, *Tricherie* les marchands, *Sacrilège* les laïcs, *Faux-Service* les prévôts et baillis, *Orgueil* les dames et demoiselles ; seule, *Lècherie* (Débauche) se donne à tous. À travers cette affabulation allégorique, l'auteur critique travers et excès : la vénalité et la cupidité des prêtres, la perversité et la piété intéressée des moines, les exactions des chevaliers, la malhonnêteté des marchands, la coquetterie des femmes..., appelle le lecteur à méditer sur la mort et la perte des biens terrestres, l'incite à épouser la vertu.

Le thème du Mariage des filles du diable a également été traité dans un *dit* français anonyme en 21 strophes d'Hélinand*, et dans deux poèmes provençaux, dont l'un semble avoir la même source latine que le poème anglo-normand.

ŒUVRES. — Éd. A. Jubinal, dans *Nouveau Recueil de contes, dits, fabliaux*, Paris, 1839, t. 1, p. 283-292 [dit français anonyme]. — Éd. M. Chabaneau, dans *RLR*, t. 12 (1891), p. 218 [seconde rédaction provençale]. — Éd. P. Meyer, dans *Notice du ms Rawlinson Poetry 241*, dans *Romania*, t. 29 (1900), p. 54-72 [version anglo-normande et version provençale qui auraient la même source].

→ C. Sachs, dans *Mitteilungen aus Handschriften*, dans *Herrigs Archiv*, t. 21 (1857), p. 259-266 et t. 22 (1857), p. 413-423. — Cf. *GRLMA*, t. VI n° 4120. — *MB* nos 3479, 6653.
J.D. et A.F.L.L.

Mariage des sept arts et des sept vertus. Voir : Jean le Teinturier d'Arras.

Marie de France. On sait fort peu de choses de l'identité et de la vie de cet auteur du XIIe siècle, qui s'est fait connaître par un prénom de femme, Marie, cité dans trois œuvres — un ensemble de 12 lais, des fables et l'*Espurgatoire seint Patriz* (voir *Purgatoire de saint Patrice*) —, en particulier dans un vers célèbre : « Marie ai nun, si sui de France » (*Fables*, Épilogue, v. 4).

De nombreuses hypothèses, toutes invérifiables, ont été émises sur son compte : on a voulu reconnaître en Marie tour à tour la femme d'Henri de Champagne et l'abbesse de différents monastères anglais. On peut seulement avancer qu'originaire de France (en donnant à ce mot un sens assez large), Marie a vécu en Grande-Bretagne, très probablement à la cour du roi Henri II (1113-1189), brillant foyer intellectuel du monde occidental à cette époque.

Les lais, *Guigemar, Equitan,* le *Freisne, Bisclavret, Lanval,* les *Deux Amants, Yonec,* le *Laustic, Milun,* le *Chaitivel, Chevrefeuille, Eliduc,* écrits sans doute aux alentours de 1160, constituent à juste titre la part la plus célèbre de son œuvre. Seul un manuscrit les contient tous. Quatre manuscrits offrent un ou plusieurs lais. Ce sont des contes en octosyllabes, inspirés, dit l'auteur, par les anciens lais des harpeurs bretons, mais traités de façon très personnelle. Ils rapportent des histoires d'amour, merveilleuses, héroïques ou simplement humaines. L'auteur met en jeu une gamme variée de moyens dramatiques et de nuances sentimentales. Son chef-d'œuvre est sans contredit le lai de *Lanval*, mais tous les lais ont leur charme et témoignent d'un réel talent de conteur ; ses effets sont mesurés ; avec une grande sobriété d'expression, elle peint des personnages d'une psychologie souvent raffinée sous des dehors presque naïfs, et atteint à l'émotion et à la poésie sans jamais hausser le ton.

Marie s'est inspirée de traditions celtiques, mais surtout elle a puisé dans les livres, empruntant à Ovide*, à l'*Eneas**, au *Brut* de Wace*, à *Tristan**. L'originalité du travail d'écrivain de Marie réside dans l'agencement de tous ces éléments, et dans le développement narratif du lai originel en conte. Son talent, par ailleurs, a su combiner merveilleux celtique traditionnel et monde courtois de son époque. Les personnages, pris dans leur tragique histoire d'amour, féodale et chrétienne, évoluent dans des décors situés en Bretagne. Le surgissement du fantastique colore les traits réalistes du récit d'une impression étrange, propice à l'imagination. D'une manière différente de celle de son contemporain Chrétien de Troyes, Marie a joué un rôle prépondérant dans l'apport de la matière de Bretagne dans la littérature française.

Le recueil des fables, le premier en date de nos *Isopets**, pourrait être daté entre 1167 et 1189. Il est écrit dans la vieille tradition ésopique fort populaire au Moyen Âge. Les 40 premières fables dériveraient du *Romulus Nilantinus*. Pour les 62 autres, la majeure partie remonterait à l'Antiquité, le reste étant d'origine populaire et folklorique. La fable ici est un moyen destiné à illustrer, à travers les animaux, une certaine image de l'homme aux prises avec les problèmes de la vie féodale de l'époque. Le récit, piqué de quelques traits de satire, est assez sec, la morale insistante.

« Marie ne nous en offre pas moins... un bon exemple de ce qu'une culture et une pensée "renaissantes" peuvent apporter de "moderne" à la littérature du temps, en stimulant la force créatrice, en l'incitant à s'exercer en dehors aussi de la tradition classique, à transférer dans de nouveaux champs l'ambition acquise au contact des anciens » (J. Rychner).

BIBLIOGRAPHIE. — G.S. Burgess, *Marie de France, an Analytical Bibliogr.*, Londres, 1977 (*Research Bibliographies and Checklists*, 21) [jusqu'à la fin de 1975] ; *An Analytical Bibliography, Suppl. n° 1*, Londres, 1986, 76 p.

ŒUVRES. — Éd. Y. Otaka, *Œuvres complètes*, Tokyo, 1987. — *Les Lais* : éd. K. Warnke, 3e éd., Halle, 1924 (*Bibl. Norm.*, 3). — Éd. E. Hoepffner, Strasbourg, 1921 (*Bibl. romanica*, 274-277). — Éd. A. Ewert, Oxford, 1944. — Éd. J. Lods, Paris, 1959 (*CFMA*, 87). — Éd. J. Rychner, Paris, 1966 (*TLF*, 66). — *Lanval* : éd. J. Rychner, Genève, 1958 (*TLF*, 77). — Éd. E. von Richthofen, *Vier altfranzösische Lais : Chievrefeuil, Laustic, Bisclavret, Gingamor,* Tübingen, 1981. — *Chèvrefeuille* : éd. et trad. J.-C. Payen, dans *Tristan et Yseut ; les Tristan en vers...*, Paris, 1974 (*Classiques Garnier*). — Trad. : P. Jonin, Paris, 1972 (*CFMA*, Trad., 13). — L. Harf-Lancner, Paris, 1990 (*Lettres gothiques*) [avec le texte de Warnke en regard]. — *Les Fables* : éd. K. Warnke, Halle, 1898 (*Bibl. Norm.*, 4). — Éd. et trad. allemande U. Gumbrecht, Munich, 1973 (*Klassische Texte des rom. Mittelalters in zweisprachigen Ausgaben*, 12). — Éd. et trad. anglaise H. Spiegel, Toronto-Buffalo-Londres, 1987 (*Toronto Medieval Texts*, 5). — Éd. et trad. française : C. Brucker, Louvain, 1991 (*Ktemata*, 12). — *Espurgatoire* : Voir *Purgatoire de saint Patrice*.

→ De nombreux articles et ouvrages ont été publiés. Nous ne citons ici que les études d'ensemble les plus importantes, et nous renvoyons pour le reste aux bibliogr. et aux intro. des éd. — J. Bédier, *Les lais de Marie de France*, dans *Revue des Deux Mondes*, t. 107 (1891),

p. 835-863. — L. Foulet, *Marie de France et les lais bretons*, dans *ZRPh*, t. 29 (1905), p. 19-56 et 293-322 ; *Marie de France et la légende de Tristan, ibid.*, t. 32 (1908), p. 161-183 et 257-289. — M.E. Smith, *A Classification for Fables Based on the Collection of Marie de France*, dans *Modern Philology*, t. 15 (1917-1918), p. 477-489. — E. Hoepffner, *La tradition manuscrite des Lais de Marie de France*, dans *Neophilologus*, t. 12 (1927), p. 1-10 et 85-96 ; *La géographie et l'histoire dans les Lais de Marie de France*, dans *Romania*, t. 56 (1930), p. 1-32 ; *Les Lais de Marie de France*, Paris, 1935 (*Rev. des Cours et Conférences*). — C. Foulon, *Marie de France et la Bretagne*, dans *Annales de Bretagne*, t. 60 (1952), p. 243-258. — M. Lazar, *Amour courtois et fin'Amors dans la littérature du* XIIe *siècle*, Paris, 1964 (*Bibl. fr. et rom.*, série C, *Études litt.*, 8). — R.N. Illingworth, *La chronologie des Lais de Marie de France*, dans *Romania*, t. 87 (1966), p. 433-475. — M.H. Ferguson, *Folklore in the Lais of Marie de France*, dans *Romanic Review*, t. 57 (1966), p. 3-24. — E.J. Mickel jr., *Marie de France*, New York, 1974 (*Twayne's World Author Series*, 306). — K. Grubmüller, *Meister Esopus, Untersuchungen zu Geschichte und Funktion der Fabel im Mittelalter*, Munich, 1977 (*Münchener Texte und Untersuchungen zu deutschen Literatur des MA*, 56). — P. Ménard, *Les Lais de Marie de France, contes d'amour et d'aventure du Moyen Âge*, Paris, 1979 (*Litt. modernes*, 19). — J. Ferrante, *The French Courtly Poet : Marie de France*, dans *Medieval Women Writers*, éd. K.M. Wilson, Athènes, 1984, p. 64-89. — J. Flori, *Seigneurie, noblesse et chevalerie dans les Lais de Marie de France*, dans *Romania*, t. 108 (1987), p. 183-206. — D. Rocher, *Marie de France et l'amour tristanesque*, dans *Tristan et Iseut, mythe européen et mondial, Actes du colloque, janvier 1986*, Göppingen, 1987, p. 341-351 (*Göppinger Arbeiten zur Germanistik*, 474). — G.S. Burgess, *The Lais of Marie de France : Text and Context*, Athens-Manchester, 1987. — D.M. Faust, *Women Narrators in the Lais of Marie de France*, dans *Women in French Literature*, Saratoga (Calif.), 1988, p. 17-27 (*Stanford French and Italian Studies*, 58). — S.G. Nichols, *Working Late : Marie de France and the Value of Poetry, ibid.*, p. 7-17. — M.-L. Ollier, *Le recueil comme forme. À propos des Lais de Marie de France*, dans *Der Ursprung von Literatur. Medien, Rollen, Kommunikationssituationen zwischen 1450 und 1650*, Munich, 1988, p. 65-83. — G.S. Burgess, *The Lais of Marie de France. Text and Context*, Manchester, 1988, 245 p. — C. Brown, *Glossing the origin. Lost wax poesis in the Lais of Marie de France*, dans *Romance Philology*, t. 43 (1989-1990), p. 197-208. — Cf. *MB* n°s 1480-1532, 2552-2559, 6277-6288, 6516, 7351-7370 *bis* ; *S* 2028, 2044, 2057, 2064, 2074, 2075, 2526, 2639, 2647, 2650, 2655, 2661-2836, *2737 bis*, 2872, 3348, 4300, 4716, 4750, 4770-4783, 4787, 4855, 5024, 5227, 5653, 5654, 5760, 6738, 7588. J. Lo. et C.R.

Marie de Ventadour. Voir : Ventadour (Maison de).

Maroie de Diergnau. Poétesse lilloise du deuxième quart du XIIIe siècle, auteur d'une chanson d'amour dont il ne reste qu'une belle strophe, et d'un jeu-parti où elle soutient, contre une certaine dame Margot, qu'une femme, éprise d'un homme trop timide pour se déclarer, ne doit pas craindre d'avouer ses sentiments la première. Maroie, à qui le trouvère Andrieu Contredit* adressa une de ses chansons (R. 262), tirait son nom de Diergnau, faubourg de l'ancien Lille avec château féodal.

ŒUVRES. — A. Långfors, A. Jeanroy et L. Brandin, *Recueil général des jeux-partis français*, Paris, 1926, t. 2, p. 171-174 (*SATF*, 70). — H. Spanke, *Zur Geschichte des Altfranzösischen Jeu-parti*, dans *ZFSL*, t. 52 (1929), p. 49-50 [39-63].

⟶ Linker, n° 177 et 178. G.M.

Marsile d'Inghen. Né aux Pays-Bas, peut-être à Nimègue, vers 1340, mort en 1396. On ne sait presque rien sur le début de sa vie. Le 27 septembre 1362, il devient maître ès arts de l'Université de Paris. Il est élu recteur en 1367 et en 1371. En 1363 puis de 1373 à 1375, il est procureur de la nation anglaise. En 1369 et 1377-78, il représente l'Université à la cour papale d'Avignon. Il est présent à Rome en 1378 lorsque Urbain VI est élu pape, où il pressent que l'Église court au schisme. On n'en trouve plus trace à Paris après 1379, puis on le retrouve à Heidelberg, dont il est le premier recteur en 1386 et où il devient docteur en théologie. Il meurt le 20 août 1396.

Actif à Paris au moment où les idées de Jean Buridan* sont influentes, proche d'Albert de Saxe*, Marsile reprend pour l'essentiel la théorie buridanienne de la supposition. Il étudie les variations de référence des termes selon leur usage dans des propositions, à l'aide des concepts de supposition et d'appellation. Mais en ce qui concerne la théorie de la signification, il ne suit pas l'idée buridanienne selon laquelle le plan conceptuel serait le signifié immédiat des termes, et il met à nouveau l'accent (comme Guillaume d'Ockham ou Albert de Saxe) sur la désignation directe des choses. Dans son étude de la référence, il estime que des verbes tels que « comprendre » ou « signifier » étendent au-delà du possible la supposition des termes qu'ils gouvernent, ce qui permet de poser un domaine d'objets proprement imaginaires — ce qui peut jouer un rôle, par exemple, dans certains raisonnements physiques.

En ce qui concerne la philosophie naturelle, il ne reprend pas littéralement la théorie buridanienne de l'*impetus*. Il admet une *virtus impressa*, communiquée aux corps mus et concevable aussi bien pour les corps célestes que pour les corps terrestres ; mais, pour lui, le milieu aide au mouvement du projectile, il n'est pas simplement un obstacle.

Dans ses *Questions sur les Sentences*, on trouve un exemple évoquant le pseudo-« âne de Buridan » : celui d'un chien affamé, ne sachant se décider entre deux morceaux de viande placés à égale distance de lui. Seul l'homme a le pouvoir de se décider, en se libérant des tendances naturelles et des influences des astres.

Les écrits de Marsile d'Inghen ont eu une influence considérable dans les jeunes universités d'Europe centrale et d'Europe du Nord.

ŒUVRES. — Marsilius of Inghen, *Treatises on the Properties of Terms*, éd. E.P. Bos, Dordrecht-Boston-Lancaster, 1983. — *Marsilius of Inghen over het goddelijke Weten*, I : *Studie* ; II : *Textuitgave*, éd. M.J.F.M. Hoenen, *Ingenium Publischers*, Nijmegen, 1989.

→ G. Ritter, *Studien zur Spätscholastik*, I : *Marsilius von Inghen und die okkamistische Schule in Deutschland*, « *Sitzungsberichte der Heidelberger Akademie der Wissenschaften* », 4. Anhandlungen, Heidelberg, 1921. J.Bi.

Martial d'Auvergne. Il naquit à Paris entre 1430 et 1435, de Martial d'Auvergne l'aîné, notaire au Châtelet et procureur au Parlement, et de Marie de Bohain. Il était à son tour procureur dès 1458. Habitant l'île de la Cité, il exerça à deux reprises la charge de marguillier de sa paroisse, Saint-Germain-le-Vieux. La *Chronique scandaleuse* raconte que, le 24 juin 1466, Martial fut pris d'un accès de frénésie, se jeta par la fenêtre et faillit mourir. Il avait épousé peu auparavant Martine Fournier, fille d'un conseiller au Parlement, dont il eut quatre fils : Germain, Guillaume, Louis et Martial. Guéri de son accès de folie, il aurait résolu d'abandonner la veine amoureuse pour se consacrer à des œuvres plus sérieuses. Il mourut le 13 mai 1508.

Les *Arrêts d'Amour* (vers 1460) développent la fiction d'une cour judiciaire, le parlement d'Amour, qui juge en dernier ressort de toutes causes relatives à l'amour et prononce sur ces matières des arrêts sans appel : les arrêts d'Amour. Martial prétend donner le procès-verbal, en prose comme il est naturel, d'une séance où sont ainsi tranchés cinquante et un cas après exposés contradictoires des parties. L'œuvre se rattache au cycle de la *Belle dame sans merci* d'Alain Chartier* et se présente même comme une continuation d'un des poèmes du cycle, les *Erreurs du jugement de la belle dame*. Malgré le caractère irréel du sujet et leur composition stéréotypée, en dépit de leur style alourdi de toutes les formules de la procédure, les *Arrêts d'Amour* valent par le réalisme du détail concret ou psychologique, par l'humour et la vie de la narration. On les placera dans l'histoire littéraire à côté d'autres recueils de pièces narratives ou satiriques courtes, où s'est formé l'art de la nouvelle en prose et dans lesquels s'exprime un réalisme comparable : les *Quinze joies de mariage**, les *Cent Nouvelles nouvelles**. Les *Arrêts* connurent une belle diffusion imprimée. Et leur cadre juridique incita un juriste du XVIe siècle, Benoît le Court, à en écrire un commentaire latin sur le mode plaisant ; il y cite pourtant bien des autorités anciennes et modernes (Valla, Panormita, Bembo, Guillaume Budé et Guillaume Crétin*...). La première édition commentée des *Arrêts* parut à Paris en 1533.

Les *Vigiles de Charles VII* (entre 1477 et 1483) sont un long poème à la louange du feu roi Charles VII, comprenant, comme l'*Officium defunctorum* ou *Vigiles des morts*, neuf psaumes et neuf leçons alternant par groupes de trois. Les *psaumes*, en quatrains d'octosyllabes rimant abab, forment une chronique de la vie de Charles VII (1402-1461), versifiée sur les données des chroniques du héraut Berry* et de Jean Chartier*, truffée d'*exempla* empruntés au *Livre de bonnes meurs* de Jacques Legrand* et au *Jeu des échecs moralisés* de Jacques de Cessoles*, traduction de Jean Ferron. Les *leçons*, sorte d'intermèdes lyriques à la chronique, mettent dans la bouche de France, Noblesse, Labour ou Marchandise, les regrets du bon vieux temps ; écrites dans des mètres variés, elles ne manquent pas d'agrément.

Les *Matines de la Vierge* ont été composées du vivant de Louis XI sur le même plan que les *Vigiles de Charles VII*. Les psaumes traitent de la généalogie, de la vie et des miracles de la Vierge, tandis que dans les leçons, Martial parle de lui-même et de la vie sur un ton personnel et parfois vraiment touchant.

L'attribution à Martial d'Auvergne de la *Danse des femmes*, pendant de la *Danse macabre des hommes*, fondée sur le manuscrit français 25 434 de la BN, paraît plausible. En revanche, l'*Amant rendu cordelier à l'observance d'amour** n'est certainement pas de lui, non plus, sans doute, que la *Confession de la belle fille**.

ŒUVRES. — *Les Arrêts d'Amour*, éd. J. Rychner, Paris, 1951 (*SATF*) [d'après l'imprimé le plus ancien, car les mss ont disparu]. — *Les Vigiles de Charles VII*, éd. dans *Les poésies de Martial de Paris dit d'Auvergne (...)*, Paris, 1724. — *Les Matines de la Vierge*, éd. Y. Le Hir, Genève-Paris, 1970 (*TLF*, 165). — *La Danse des femmes*, éd. L. Götz, dans *ZFSL*, t. 58 (1934), p. 318-334 ; éd. J.-M. Paquette dans *Poèmes de la mort de Turold à Villon*, Paris, 1979 (*Bibliothèque médiévale*), p. 265-272 [reprise du texte de L. Götz].

→ A. Piaget, *La Belle Dame sans merci et ses imitations*, dans *Romania*, t. 34 (1905), p. 416-428. — W. Söderhjelm, *La Nouvelle française au XVe siècle*, Paris, 1910, p. 159-191. — V. Puttonen, *Études sur Martial d'Auvergne*, Helsinki, 1943. — J. Rychner, *Martial d'Auvergne et les Vigiles de Charles VII*, dans *Positions des thèses de l'École des Chartes*, 1941,p. 99-104 ; *Note sur les origines, les homonymes et le père de Martial d'Auvergne*, dans *Romania*, t. 70 (1949), p. 526-532 ; *Les sources morales des Vigiles de Charles VII, ibid.*, t. 77 (1956), p. 39-65, 446-487. — E. Stojkovic Mazzariol, *Gli Arrêts d'Amour di Martial d'Auvergne*, Venise, 1964. — R. Favreau, *L'origine de Martial d'Auvergne*, dans *Romania*, t. 86 (1965), p. 261-263. — M.L. Arcangeli Morenzi, *Aspetti del tema della Vergine nella letteratura del Medioevo*, Venise, 1968, p. 270-273. — L. Sozzi, *La nouvelle française au XVe siècle*, dans *CAIEF*, t. 23 (1971), p. 67-84. — H. Hatzfeld, *About the Style of Les Arrets d'Amour by Martial d'Auvergne*, dans *Mél. J. Misrahi*, Columbia, 1977, p. 331-343. — M. Bath, *The Legend of Caesar's Deer*, dans *Medievalia et Humanistica*, t. 9 (1979), p. 53-66. — S. Spada, *La Dance des femmes di Martial d'Auvergne. Proposta di lettura,* dans *SMV*, t. 28 (1981), p. 67-94. — D. Hüe, *La mort en appel et autres cas de jurisprudence*, dans *Senefiance*, t. 16 (1985), p. 165-181. — Cf. *MB* n°s 4291-4311, 6812-6813, 7878-7879 ; *S* 6732, 6777-6778, 7568, 7750.

J.Ry. et S.L.

Martin de Braga (vers 510-579). Parti de sa Pannonie natale pour la Terre sainte où il vit comme moine, Martin prend (vers 550) la route (maritime) de l'Occident latin dans l'espoir de convertir les Suèves, maîtres chrétiens, mais ariens (448), de l'ancienne Galice romaine, à l'orthodoxie catholique. Son débarquement est suivi de succès rapides qui conduisent le souverain et ses sujets à la conversion, et Martin au statut de figure majeure du royaume, ayant l'oreille des rois. Une fois fondé le monastère de Dumio dont il est élu abbé, avant d'être consacré comme évêque de cette cité, il préside deux grands conciles réorganisateurs tenus en 561 et 572 à Braga (le second sur la demande du roi Miro) dont il devient l'archevêque jusqu'à sa mort.

L'œuvre littéraire de Martin n'est dénuée ni d'originalité ni d'intérêt. Parfaitement bilingue (on parle alors le grec en Palestine), doté d'une culture qui suscite l'admiration de ses contemporains Fortunat* et Grégoire de Tours*, formé au discernement pastoral le plus actif, il s'avère capable d'une expression multiforme. Martin traduit, en effet, du grec et compile des recueils d'*exempla** destinés à servir de règle à ses moines (les *Sentences des Pères d'Égypte*), rédige des modèles de sermons consacrés à la conversion et à la catéchèse des petites gens (*Sur la correction des illettrés*), esquisse des traités de morale visant sans doute un public averti de religieux (*Pour chasser l'arrogance, Pour chasser l'orgueil, Exhortation à l'humilité*), approfondit sa recherche en une première parénèse individuelle destinée à un évêque (*Sur la colère*) puis en une seconde dédiée à un laïc, le roi Miro (*Recette pour une vie digne*).

À travers les deux grandes langues de l'Empire, sous une forme triple — biblique, patristique et classique — reparaît de manière vive en lui l'héritage de l'Antiquité chrétienne. Il est nourri d'« histoires » merveilleuses des Pères grecs du désert, mais aussi instruit de leur tradition canonique : lecteur de Jean Cassien*, il s'inspire de ses *Conférences* dans plusieurs de ses guides moraux ; enfin, il jouit d'une connaissance pénétrante des œuvres morales de Sénèque, qu'il réussit à démarquer avec tant d'adresse que sa *Recette* passera (sous des noms divers) aux yeux des lecteurs médiévaux pour une œuvre du Cordouan. Cette maîtrise des niveaux élevés de la culture ne l'empêche pas de jouir de grandes capacités d'observation des *realia* qui caractérisent mentalités et coutumes populaires, dans la tradition de l'Augustin des *sermones* et de Césaire d'Arles*. Son écriture varie en conséquence suivant les règles du *decorum* antique, entre une latinité précise et fouillée sans excès et un *sermo humilis* qui offre un étonnant échantillonnage de recettes pédagogiques. Le sermon-type *Sur la correction des illettrés* traversera l'Europe, puisqu'on en retrouve des *loci* en Gaule mérovingienne (chez Eloi), puis carolingienne (chez Pirmin).

Le nombre des traductions vernaculaires atteste le succès considérable dont jouit la *Formula honestae vitae* tout au long du Moyen Âge. La plus répandue en français fut celle que Jean Courtecuisse* dédia en 1403 au duc de Berry. Parfois attribuée, à tort, à Laurent de Premierfait*, à Claude de Seyssel ou à un mystérieux Jean Trousseau, il en subsiste une trentaine de copies. Elle avait été précédée par une traduction anonyme en vers du XIIIe siècle et, en 1372, par une première version en prose liée, elle aussi, au nom de Jean Trousseau. La traduction en langue d'oc de Daude de Pradas*, connue sous le titre de *Roman des quatre vertus cardinales*, est dédiée à Étienne III de Chalanson, évêque du Puy-en-Velay de 1220 à 1231. Jofroi de Waterford et Servais Copale intégrèrent de larges parties du traité de Martin de Braga dans leur version du *Secret des secrets**. Et, parmi d'autres, Christine de Pizan* s'en inspira dans son *Livre de Prudence* et son *Livre de Prod'hommie de l'homme.*

ŒUVRES. — Éd. C.W. Barlow, New Haven, 1950. — *Formula honestae vitae* : Trad. fr. de Jean Courtecuisse, éd. H. Haselbach, Berne Francfort, 1975. — Trad. occitane de Daude de Pradas, éd. A. Stickney, Florence, 1879.

→ C.P. Caspari, *Martin von Bracara's Schrift De Corrections Rusticorum,* Christiania, 1883. — P. David, *L'organisation ecclésiastique du royaume suève au temps de saint Martin de Braga*, dans *Études historiques sur la Galice et le Portugal du VIe au XIIe siècle*, Lisbonne-Paris, 1947, p. 1-82. — J. Folhen, *Un apocryphe de Sénèque mal connu : le De uerborum copia,* dans *Mediaeval Studies,* t. 42 (1980), p. 139-211. — M. Meslin, *Persistances païennes en Galice vers la fin du VIe siècle,* dans *Mél. M. Renard,* t. 2, Bruxelles, 1969, p. 512-524. — M.J. Pinheiro Maciel, *O « De correctione rusticorum » de S. Martinho de Dume*, dans *Bracara Augusta,* t. 34, (1980), p. 483-561. — M. Banniard, *Normes culturelles et réalisme langagier au VIe siècle : les choix de Martin de Braga,* dans *Concilio III de Toledo, XIV centenario, IV Parte, Actas del congreso international,* Tolède, 1991, p. 661-676. — Manitius, t. 1, p. 109-114. — Brunhölzl, trad. fr., 1991, t. 1, p. 72-77, 255-256. — Sur les traductions françaises : G. Di Stefano, *Claude de Seyssel, Jean Courtecuisse, Laurent de Premierfait o Jean Trousseau,* dans *Studi francesi,* t. 28 (1966), p. 76-80. — Manitius, t. I, p. 109-114. — Brunhölzl, trad. fr., 1991, t. 1, p. 72-77, 255-256. — Cf. *GRLMA,* t. VII/2, n° 4024. — *MB* nos 2651-2652, 5304 ; *S* 7597, 7598.

M.B. et G.H.

Martin da Canal. Chroniqueur vénitien dont on ignore tout, sauf le nom. Il appartient vraisemblablement au milieu bourgeois, peut-être notarial, de la ville. Il est l'auteur d'une chronique de Venise, les *Estoires de Venise*, qui va des origines à 1275. Le début de la composition date de 1267. Jusqu'au doge Ranieri Zeno (1253-1268), c'est une compilation, se transformant par la suite en un récit personnel et détaillé des événements concernant la République de Venise. Martin a utilisé de nombreuses sources latines, comme par exemple le *Chronicon altinate* ou les *Annales Venetici Breves* ; pour ce qui touche à la quatrième croisade, il utilisa sans doute Geoffroi de Villehardouin*, sans que ce dernier soit pour autant son seul modèle. La particularité de Martin est d'avoir rédigé en français, langue qui n'est pas la sienne, pour — comme il le dit lui-même — des raisons de commodité et d'esthétique. Il écrit d'ailleurs dans un français relativement correct, loin de l'hybride franco-italien ou franco-vénitien. Par ailleurs, il fait preuve d'un sens historique remarquable (même s'il est quelquefois voilé par certaines allusions), et laisse transparaître une certaine culture d'« actualité ». On peut s'étonner de l'insuccès et du manque de diffusion de cette chronique conservée par un manuscrit unique.

ŒUVRE. — Éd. et trad. italienne A. Limentani, Florence, 1973 (*Civilta veneziana. Fonti e testi*, 12, *serie terza*, 3) [à compléter par le compte rendu de G. Holtus dans *ZRPh*, t. 90 (1974), p. 317-335].

→ *HLF*, t. 23, p. 463-465. — A. Limentani,

Tradizione letteraria e funzione pubblicistica nella preghiera a San Marco di Martino da Canal, dans *CN,* t. 24 (1964), p. 142-196 ; *Cinque note su Martino da Canal,* dans *Atti dell'Istituto Veneto di Scienze, Lettere ed Arti (Classe di Scienze Morali, Lettere ed Arti),* t. 24 (1965-1966), p. 257-281 ; *Approssimazioni alla biografia di un cronista duecentesco : Martino da Canal e gli Ziani,* dans *Mél. I. Siciliano,* Florence, t. 2, 1966, p. 657-675 ; *Martino da Canal e l'Oriente mediterraneo,* dans *Venezia e il Levante fino al secolo XV. Atti del I Convegno internazionale di storia della civilta veneziana (Venise, 1968),* vol. 2, *Arte-Letteratura-Linguistica,* Florence, 1974, p. 353-371 ; *Martin da Canal e Les Estoires de Venise,* dans *Storia della cultura veneta,* t. 1, Vicence, 1976, p. 590-601 [présentation d'ensemble]. — G. Fasoli, *La Cronique des Veniciens di Martino da Canal,* dans *Studi medievali,* t. 2 (1961), p. 42-74 [analyse d'ensemble] ; *Liturgia e ceremoniale ducale,* dans *Venezia e il Levante fino al secolo XV..., op. cit.*, vol. 1, *Storia-Diritto-Economia,* Florence, 1973, p. 261-295. — A. Pertusi, *Maistre Martin da Canal interprete cortese delle crociate e dell'ambiante veneziano del secolo XIII,* dans *Venezia dalla prima crociata alla conquista di Costantinopoli del 1204,* Florence, 1965-1966, p. 103-135. — Cf. *MB S* n°s 169, 6085-6096. G.T.L. et C.R.

Martin le Béguin. « Menestrel le conte de Bolongne et al marischal de France », Martin le Béguin, de Cambrai, figurait, en 1276-1277, dans les comptes de Guy de Dampierre (1225-1305), comte de Flandre, sous le diminutif de « Martinet » et devait être en relation avec un autre trouvère, Gérardin de Boulogne. Martin est l'auteur de quatre chansons d'amour et vraisemblablement aussi d'une estampie (R. 474) encore appelée la *Note Martinet*. Girart d'Amiens* cite, dans son roman *Meliacin,* une chanson (R. 1172) de Martin parmi des œuvres de poètes plus connus : Gace Brulé*, Perrin d'Angicourt*, Thibaut de Champagne*. Cette même chanson (R. 1172) servit de modèle à une chanson latine d'Adam de la Bassée* *« Ave princeps celestis » (Ludus super Anticlaudianum).*

ŒUVRES. — H. Petersen Dyggve, *Chansons françaises du* XIIIe *siècle (Colart le Bouteiller, Gaidifer, Wasteblé, etc.),* dans *Neuphilologische Mitteilungen,* t. 30 (1929), p. 184 ; t. 31 (1930), p. 18-21 [éd. de R. 1992 et R. 1329]. — N.H.J. Van den Boogaard, *Martinet, ménestrel du comte de Boulogne,* dans *Mél. C. Rostaing,* Liège, 1974, p. 1183-1199 [édition].

→ A. Hughes, *The « Ludus super Anticlaudianum » of Adam de la Bassée,* dans *Journal of the American Musicological Society,* t. 23 (1970), p. 7 et 23, n° 83. — Linker, n°s 179 et 180. — Cf. *MB S* n° 4500. F.F.H.

Martin Le Franc, vers 1410-1461. — Il naquit dans le comté d'Aumale en Normandie, étudia à Paris et, entré dans les ordres, devint protonotaire apostolique et secrétaire des papes Félix V et Nicolas V, et fut prévôt de Lausanne et chanoine de Genève. Outre une traduction du prologue de Jérémie pour la Bible Servion (terminée en 1462), ce personnage puissant, doué d'un esprit indépendant, érudit, critique et vigoureux, écrivit dans ses moments de loisir deux longs ouvrages de portée morale et didactique, le *Champion des Dames* (1440-1442) et l'*Estrif de Fortune et de Vertu* (1447-1448), dédiés à Philippe le Bon, duc de Bourgogne. S'opposant à la misogynie de Jean de Meun* et de Matheolus, il composa le *Champion* ; c'est une défense des femmes où l'auteur rappelle les faits et les vertus d'un grand nombre de dames historiques et mythologiques, avec des digressions contre les nobles, la corruption du gouvernement, le luxe excessif de la cour.

Le *Champion des dames* a joué un rôle de premier plan dans la première bataille d'idées en France, née du Débat sur le *Roman de la Rose** : la querelle des femmes, qui se poursuivit jusqu'après le milieu du XVIe siècle. Il y exalte donc les talents de Christine de Pizan* et de Jeannette de Nesson. Sous forme d'allégorie, le *Champion* compte plus de 24 000 vers octosyllabiques en huitains rimant ababbcbc. L'objet de l'*Estrif*, également allégorique, est de présenter un débat entre les Dames Fortune et Vertu devant Dame Raison pour décider laquelle des deux dirige le monde. Conclusion : le but final n'est pas ici-bas, mais au ciel. Voilà une doctrine élevée faite pour plaire à une époque si troublée par des désordres de toute sorte. L'auteur mêle prose et vers (dans la proportion de 9 à 1). Ces poèmes de mètres très variés, bien encadrés dans la discussion en prose, ont une grande portée philosophique ; l'auteur y fait preuve de virtuosité et d'élans lyriques.

Les deux chefs-d'œuvre de Martin connurent le succès. Si le *Champion des dames* n'est conservé que par une dizaine de mss, il fut imprimé dès 1488 environ à Lyon puis à Paris, en 1530. On ne compte pas moins d'une trentaine de copies de *L'Estrif* ; il fut édité par Colard Mansion* vers 1477 puis deux fois à Paris par Michel Le Noir, en 1506 et 1519. Ces deux grands textes ont occulté les rares pièces lyriques qui nous restent de Martin Le Franc : un rondeau sur le schéma des impossibles, conservé dans trois recueils poétiques et publié dans le *Jardin de Plaisance* ; une ballade peut-être. Martin était un admirateur de Guillaume de Machaut*, Christine de Pizan et Charles d'Orléans*. Penseur hardi et fertile, il fut lui aussi un grand poète et mérite de se classer, après François Villon*, à côté d'Alain Chartier* et Charles d'Orléans.

ŒUVRES. — Le *Champion des dames,* éd. incunable lyonnaise ; première partie (8 144 vers) éd. A. Piaget, Lausanne, 1968. — La *Complainte du Champion des dames* éd. G. Paris, dans *Romania,* t. 16 (1887), p. 383-427. — *L'Estrif de Fortune et de Vertu,* éd. A. Bayot, Bruxelles, 1928. — Dix des 23 poèmes de l'*Estrif,* éd. par H.F. Williams dans *Mél. E. Li Gotti,* t. 3, Palerme, 1962, p. 468-478. — Rondeau, éd. dans G. Raynaud, *Rondeaux et autres poésies du* XVe *siècle,* Paris, 1889 (*SATF,* 29), p. 52 et dans B. Inglis, *Le manuscrit BN n.a. fr. 15771,* Paris, 1985 (*Bibliothèque du* XVe *siècle,* 48), p. 129.

→ A. Piaget, *Martin Le Franc, prévôt de Lausanne,* Lausanne, 1888. — F. Joukovsky-Micha, *La notion de vaine gloire de Simund de Freine à Martin Le Franc,* dans *Romania,* t. 89 (1968), p. 1-30, 210-239. — O. Roth, *Studien zur Estrif de Fortune et Vertu des M. Le Franc,* Berne, 1970 (*Publications universitaires européennes,* XIII, 6) [éd. de 11 des poèmes de l'*Estrif] ; M. Le Franc et le De remediis de Pétrarque,* dans *Studi francesi,* t. 45 (1971), p. 401-419 ; *M. Le Franc et les débuts de l'humanisme italien,* dans *Il Petrarca ad Arqua,* Padoue, 1974, p. 245 sqq. — H.F. Williams, *Structural Aspects of Le Champion des Dames* dans *Fifteenth-Century Studies* t. 10 (1984), p. 149-161 ; *Saint Valentine in the Champion des Dames,* dans *Le Moyen Français,* t. 17 (1985), p. 73-82. — S. Bagoly, *De mainctz aucteur une progression. Un siècle à la recherche du Parnasse français, ibid,* p. 83-123. — L. Barbey, *Maître Le Franc, prévôt de Lausanne, avocat de l'amour et de la femme au* XVe, Fribourg, 1985 [sur le *Champion*]. — Cf. *GRLMA,* t. VIII/1, p. 56-57, 108, 158. — *MB* n°s 4794-4798, 6909 ; *S* 7333, 7504-7510.

H.F.W. et S.L.

Martin de Saint-Gille. Maître ès-arts et en médecine, Martin de Saint-Gille fut au service de Jeanne de Bourbon, épouse du dauphin Charles (futur Charles V) et commença, en 1362, à traduire les *Aphorismes* d'Hippocrate, sous le titre de *Livre des Amphorismes Ypocras.* Cette traduction, faite à la demande d'un ami avignonnais du traducteur, Robert de Saingal, sergent d'armes et barbier du pape Urbain V (1362-1370), fut dédiée à Gui de Chauliac* — que Martin de Saint-Gille avait rencontré alors qu'il était à la cour pontificale —, à Pierre Chauchat et à Jean de Coucy, et sans doute achevée vers 1365, la sixième section étant datée de mars 1364.

Le *Livre des Amphorismes Ypocras* comprend, outre la traduction des textes d'Hippocrate et de Galien, un abondant commentaire dû au traducteur : copié par Jean Tourtier (vraisemblablement Jean Trotier, chirurgien du duc de Bedford, qui participa à l'embaumement du roi Charles VI en 1422), le seul manuscrit qui le conserve (Paris, BN, fr. 24246) a été commencé en 1429.

ŒUVRE. *Les « Amphorismes Ypocras » de Martin de Saint-Gille, 1362-1366,* éd. G. Lafeuille, Genève, 1954 (*Travaux d'humanisme et Renaissance,* 9) ; *Les commentaires de Martin de Saint-Gille sur les « Amphorismes Ypocras »,* éd. G. Lafeuille, Genève, 1964.

→ E. Wickersheimer, *Dictionnaire biographique des médecins en France au Moyen Âge,* Paris, 1936, p. 543. — D. Jacquart, *Supplément au Dictionnaire biographique des médecins en France au Moyen-Âge, d'Ernest Wickersheimer,* Genève, 1979, p. 207 (*Hautes Études médiévales et modernes,* 35). — Cf. *MB* n°s 7740 ; *S* 7694.

F.F.H.

Martyre de saint Étienne. Voir : *Mystères hagiographiques (Cycle de).*

Martyre de saint Pierre et de saint Paul. Voir : *Mystères hagiographiques (Cycle de).*

Matfre Ermengaud. Originaire de Béziers, juriste de formation, adepte de la spiritualité franciscaine, il composa à la fin du XIIIe siècle le *Breviari d'Amor,* le texte le plus long et le plus diffusé (une trentaine de mss complets et fragmentaires) de la littérature occitane. Sous l'apparence d'une vaste encyclopédie, exposé de connaissances variées mais partielles, en 34 597 vers octosyllabiques, cette œuvre originale est dominée par un principe religieux fondamental qui exalte l'unité métaphysique de Dieu et de la création, dans et par l'Amour.

Le plan de l'œuvre est fourni par le commentaire d'une grande miniature placée en tête des manuscrits et représentant l'« arbre d'amour », sur le modèle d'un arbre généalogique, image mnémotechnique que reprendra pour son *Liber figurarum,* Joachim de Flore. Du tronc — Dieu, maître de la Nature — sont issues deux branches principales : le droit naturel, commun à l'ensemble des êtres animés, et le droit des gens, propre à l'homme. Du premier descendent l'amour entre les sexes et l'amour de la progéniture ; du second descendent l'amour de Dieu et du prochain, ainsi que l'amour des biens temporels. De ces droits naissent des biens spécifiques, les fruits de l'arbre, que l'on ne peut cueillir que par l'exercice de vertus (théologales, cardinales, dons du Saint-Esprit, œuvres de miséricorde) ; les vices à éviter, représentés par des haches et des scies qui attaquent les branches de l'arbre, sont l'orgueil et les sept péchés capitaux. Chaque élément donne lieu à une exposition circonstanciée, susceptible elle-même de se ramifier : la foi engendre une *Vie de Notre-Dame* et une *Vie de Jésus* ; l'oraison donne naissance à plusieurs modèles de prières ; une explication du *credo* bifurque en paraphrase de l'Evangile, puis en traduction de trois vies de saints, André, Jean évangéliste et Thomas, la dernière inachevée, puisées dans la *Légende dorée** ; les péchés suscitent un guide d'examen de conscience et de confession... Si bien que de l'Amour dérive un exposé complet de la doctrine et de la morale chrétiennes, théologiquement structuré et en même temps très concret.

Incorporé dans la partie terminale du *Breviari,* le « *Perilhos tractat d'amor de las donas* » exalte les vertus de l'amour courtois, sans résoudre la contradiction interne entre l'idéologie de la *fin'amor* et l'éthique chrétienne. Pour tenter une conciliation, Matfre utilise la misogynie des *Proverbes de Salomon,* de saint Jérôme et des *Remedia amoris* d'Ovide. Si l'on compare son état d'esprit avec celui qui régit le *Roman de la Rose**, Matfre semble plus près, en définitive, de Guillaume de Lorris* que de Jean de Meun*.

Cet ouvrage servit de conservatoire à la poésie lyrique des troubadours : 262 citations de *cansos* réparties entre 66 troubadours, y compris Matfre lui-même, et six textes anonymes, quatre chansons de trouvères complètent la collection. Quelques textes ne sont connus que par le *Breviari.*

On s'interroge sur les raisons de l'immense succès de cette œuvre : la beauté et le nombre des miniatures ? Plus de 250 images animent en effet 11 sur 13 des mss complets conservés, ou bien les ambiguïtés intrinsèques de l'œuvre mi-religieuse, mi-profane, ont-elles correspondu à l'attente d'une chrétienté laïque ouverte à cette spiritualité franciscaine qui allait recevoir dans le Midi le plus grand écho ? Mais la vogue du *Breviari* paraît avoir cessé avec l'étouffement de la civilisation occitane. La lecture d'une autre encyclopédie, traduite, elle, du latin — le *Trésor* du florentin Brunetto Latini* —, allait peu à peu supplanter l'œuvre de Matfre chez les lettrés et les bourgeois du Midi.

ŒUVRES. — Éd. G. Azaïs, *Le Breviari d'Amor de Matfre Ermengaud, suivi de la lettre à sa sœur*, Béziers-Paris, 1862-1881, 2 vol. — J. Bousquet, éd. du « *Perilhos tractat d'amor de donas* », thèse manuscrite École des Chartes, Paris, 1948. — Éd. critique complète en cours, par P.T. Ricketts, qui a publié le t. 5 (v. 27252 T-34597), « *Perilhos tractat d'amor* », Leyde, 1976, et le t. 2 (v. 1-8880), Londres, 1989.

→ PC 297. — P. Meyer, *Matfre Ermengau de Béziers troubadour*, dans *HLF*, t. 32 (1898), p. 16-56. — J. Bousquet, *Positions des thèses Ec. Nat. des Chartes,* 1948, p. 29-34. — P.T. Ricketts, *The Hispanic Tradition of the Breviari d'Amor by Matfre Ermengaud of Béziers,* dans *Mél. J. Manson*, Oxford, 1972, p. 227-253. — K. Laske-Fix, *Der Bildzyklus des Breviari d'Amor,* Munich, 1973. — R. Richter, *Per il problema della tradizione contaminata nel « Breviari d'Amor »,* dans *Medioevo Romanzo*, t. 1 (1974), p. 375-388 [stemma des mss]. — F.-R. Durieux. *La catéchèse occitane ou catalane de Matfre Ermengaud et de Raymond Lulle*, dans *Cahiers de Fanjeaux*, t. 11, 1976, p. 217-225. — R. Richter, *Die Troubadourzitate im « Breviari d'Amor »,* Modène, 1976, p. 311-319 ; avec M. Lütolf, *Les poésies lyriques de Matfre Ermengau,* dans *Romania*, t. 98 (1977), p. 15-33 [éd. PC. 297, 4 et 8 avec étude musicologique] ; *En marge d'une édition critique des citations de troubadours dans Matfré Ermengau,* dans *CN*, t. 38 (1978), p. 199-205 [essai de localisation des *scripta* des mss]. — R. Nelli, *L'aumône dans la littérature occitane, le « Breviari d'Amor » de Matfré Ermengaud,* dans *Cahiers de Fanjeaux*, t. 13, 1978, t. 45-56. — B. Blumenkranz, *Une version occitane de la Bible dans le Breviari d'Amor de Matfré Ermengaud (fin 13e siècle),* dans *Archives juives* (1982), p. 20-24. — G. Brunel, *Un fragment du Breviari d'Amor au Palais du Roure (Avignon),* dans *Romania*, t. 104 (1983), p. 177-197 [état des mss et bibliogr.].

Ja.Bo. et G.B.L.

Matheolus ou Matthieu le Bigame. Voir : Jean Le Fèvre.

Matthieu de Caerci. Natif du Quercy, ce troubadour n'est connu que par une poésie conservée dans un seul chansonnier manuscrit *(C)* qui transmet son nom précédé du titre de « maître ». Cette pièce unique est un *planh** sur la mort de Jacques Ier le Conquérant qui eut lieu le 26 juillet 1276, lendemain de la fête de saint Jacques le Majeur. Le *planh* est long (89 vers) et se caractérise par sa tonalité moralisatrice et religieuse qui n'atteint jamais la solennité de celui que Cerveri de Girona* consacra au même événement. Matthieu compare la douleur des sujets du Conquérant à celle des Bretons à la mort du fameux roi Arthur et ne peut s'empêcher de demander la protection des fils du roi dans la dernière *tornada*.

ŒUVRE. — Éd. M. de Riquer, *Los trovadores. Historia literaria y textos,* Barcelone, 1975, t. 3, p. 1540-1544 [PC 299, 1].

→ PC 299. — J. De Caluwé, *Quelques réflexions sur la pénétration de la matière arthurienne dans les littératures occitane et catalane médiévales,* dans *Mél. L. Thorpe,* Glasgow, 1981, p. 354-367. G.B.L.

Matthieu d'Escouchy. Matthieu d'Escouchy est né vers 1420 à « Quesnoy le Comte » en Hainaut. Il s'établit assez tôt à Péronne, dont il devient prévôt vers 1447. En 1465, il rejoint l'armée royale et participe à la bataille de Montlhéry, où il est fait prisonnier. Rendu à la vie civile, en 1467 il est procureur du roi à Saint-Quentin, en 1473 garde des Sceaux royaux du bailliage de Senlis. On perd sa trace après 1482.

Il a laissé une chronique qu'il présente dans la préface comme une suite de l'œuvre d'Enguerrand de Monstrelet*, et qui traite des dix-sept dernières années du règne de Charles VII (1444-1461). Y sont relatés les faits contemporains : ainsi, la terrible guerre civile que Philippe le Bon mena contre les Gantois révoltés. On y trouve aussi une description du fameux banquet du faisan de 1454, au cours duquel le duc et les nobles de la cour de Bourgogne jurèrent d'aller combattre l'Infidèle (voir *Vœux du faisan*). Écrivain consciencieux à l'esprit impartial, Matthieu d'Escouchy ne se laisse pas entraîner, comme son devancier Monstrelet, par une évidente sympathie pour la maison de Bourgogne. Son style est pittoresque, coloré ; certains passages de sa chronique offrent une véritable originalité.

ŒUVRE. — Éd. du Fresne de Beaucourt, 3 vol., Paris, 1863-1864 *(SHF).*

→ S.C. Aston, *A Manuscript of the Chronicle of Mathieu d'Escouchy and Simon Greban's Epitaph for Charles VII of France,* dans *Mél. A.C. Baugh,* Philadelphie-Londres, 1961, p. 299-344. — G. Halligan, *La Chronique de Mathieu d'Escouchy,* dans *Romania,* t. 90 (1969), p. 100-110. — Molinier n° 4154. — Cf. *MB* nos 5228-5229 ; *S* 7991, 8031-8033. G.T.L.

Matthieu de Gand. Clerc, Matthieu de Gand devint archidiacre d'Ostrevant en l'église d'Arras en 1253 au plus tard. Il est l'auteur de quatre chansons d'amour et le co-auteur de quatre jeux-partis avec les trouvères arrageois Robert de le Pierre*, Henri Amion et Colart le Changeur.

ŒUVRES. — *Dichtungen von Matthäus dem Juden und Matthäus von Gent,* éd. H. Wolff, thèse Greifswald, Berlin, 1914. — A. Långfors, A. Jeanroy et L. Brandin, *Recueil général des jeux-partis français,* Paris, 1926, t. 1, p. XLIX et t. 2, p. 134-144 (*SATF,* 70).

→ R. Berger, *Archidiacres, officiaux, dignitaires du chapitre d'Arras (1093-1300). Essai de chronologie,* dans *Bull. de la Commission départementale des Monuments historiques du Pas-de-Calais,* t. 8, fasc. 5 (1970), p. 505-541. — Linker, n° 174. — Cf. *MB* n° 2365. G.M.

Matthieu le Juif. Trouvère du deuxième quart du XIIIe siècle, il est, à notre connaissance, le seul représentant de sa race qui ait composé des chansons courtoises en langue d'oïl. Nous ignorons tout de lui. Dans les deux chansons qu'il a laissées, il prétend s'être converti au christianisme pour l'amour de sa belle. Une de ces pièces (R. 313) eut beaucoup de succès. Elle est assurément l'une des plus singulières que les poètes courtois nous ont léguées : chacune de ses strophes commence par des éloges ou des protestations d'amour à l'adresse de la dame et s'achève par une imprécation contre elle. Matthieu a probablement emprunté l'idée de ce contraste surprenant à un poème du troubadour Albert* de Sisteron, où l'on trouve un mélange semblable de louanges et d'invectives.

ŒUVRES. — A. Jeanroy, *Une imitation d'Albert de Sisteron par Mahieu le Juif,* dans *Romania,* t. 27 (1898), p. 148-150. — *Dichtungen von Matthäus dem Juden und Matthaüs von Gent,* éd. H. Wolff, thèse Greifswald, Berlin, 1914. — *Chansons satiriques et bachiques du* XIIIe *siècle,* éd. A. Jeanroy et A. Långfors, Paris, 1921, p. 46-48 et 110-116 (*CFMA*, 23).

⟶ Linker, n° 175 (Maihieu). — Cf. *MB* n° 2365. G.M.

Matthieu Paris (vers 1200-1259). Matthieu Paris est le plus célèbre et le plus prolixe des chroniqueurs monastiques du Moyen Âge anglais. Né vers 1200, il entra chez les bénédictins de Saint-Albans, dans le Hertforshire, en 1217 ; il commença à travailler au scriptorium de l'abbaye que dirigeait le chroniqueur Roger de Wendover (1236), puis le remplaça. Matthieu s'inscrit donc parmi les nombreux chroniqueurs de Saint-Albans qui, à l'œuvre sinon au tout début du XIIe siècle, du moins vers 1216 avec Roger, poursuivirent leurs travaux jusqu'au XVe siècle. Jouissant d'une excellente réputation auprès de ses contemporains, remarquablement informé (parmi ses informateurs, on relève les noms du roi Henri II et de son frère Richard de Cornouailles, du roi Haakon IV de Norvège, du baron de l'Échiquier Alexandre Swereford, etc.), il fut invité par le roi Haakon de Norvège, en 1248, pour réformer l'abbaye de Saint-Benet d'Holm.

Son œuvre principale, les *Chronica majora,* est essentiellement une copie révisée — avec additions, surtout après 1213 — des *Flores historiarum* (depuis la Création jusqu'en 1235) de Roger de Wendover ; elle est, de plus, dotée d'une continuation indépendante de 1235 à 1259. Le *Liber additamentorum* est une sorte d'appendice aux *Chronica majora* et aux *Gesta abbatum* de Saint-Albans, et se présente comme une collection des documents utilisés par Matthieu, mais elle ne semble avoir atteint sa forme définitive qu'après sa mort.

Ses autres chroniques (*Historia Anglorum, Abbreviatio Chronicorum Angliae,* et *Flores historiarum*) sont des abrégés de son œuvre maîtresse. L'*Historia Anglorum*, commencée en 1250, est un abrégé, concernant surtout l'histoire anglaise, des *Chronica majora,* mais elle inclut cependant quelques nouveaux éléments pour la période 1067-1253.

L'autorité de l'*Abbreviatio Chronicorum Angliae (1000-1255),* et des *Flores historiarum* (jusqu'en 1259) a été longtemps discutée. L'*Abbreviatio Chronicorum Angliae* fut écrite à Saint-Albans, et fut attribuée à Matthieu Paris par son éditeur moderne, Madden. Les *Flores Historiarum* furent cependant longtemps attribuées à Matthew de Westminster, mais il est acquis qu'il ne s'agit là que d'un personnage entièrement fictif, et que l'œuvre qui lui était attribuée avait été écrite par différentes personnes à différentes époques. Le manuscrit le plus ancien (à Manchester, Chetham 6712) appartenait à l'abbaye de Saint-Albans ; il fut transféré à l'abbaye de Westminster en 1265 où, dans un premier temps, il trouva une suite, de différentes mains, jusqu'en 1306 ; la chronique fut ensuite poursuivie, sans doute par Robert de Reading, jusqu'en 1326. Les *Flores historiarum* sont donc, jusqu'en 1265, une chronique de Saint-Albans, qui dérive jusqu'en 1259 de l'œuvre de Matthieu Paris, et est peut-être de la main de Matthieu en personne. La continuation effectuée à Saint-Albans jusqu'en 1265 présente un changement de ton radical, et s'avère des plus favorables au mouvement baronial.

Historiographe de l'abbaye en 1236, il tira ses informations de nombreux documents, incluant les bulles pontificales, les lettres royales, mais aussi de conversations avec des témoins visuels d'événements narrés. Son opinion est exprimée avec ferveur, et il condamne tout ce qu'il regarde comme abus, tant de la cour que de l'Église ; il réprimande pape, roi, nobles, clergé lorsqu'il les estime dignes d'être blâmés. Aussi le jugement porté sur lui par les historiens modernes est-il sévère. C'est oublier que l'homme avait de multiples centres d'intérêt, et que nombreuses sont ses réalisations. Il possédait de multiples talents, puisqu'il était tout à la fois historien, hagiographe, cartographe, sculpteur, ouvrier en métal et enlumineur.

Sans doute faudrait-il mieux laisser la parole au rédacteur des *Gesta abbatum Sancti Albani*, qui écrit de son prédécesseur : *Il était si habile à graver l'or et l'argent et d'autres métaux, et à peindre des tableaux, qu'on ne pense pas qu'il ait laissé de successeur dans le monde latin,* et qui ajoute encore : *[il] écrivit et illustra très magnifiquement les Vies de saint Alban, saint Amphibalus, saint Thomas et saint Edmond, archevêque de Canterbury (...) il fut un moine religieux, un chro-*

nographe incomparable et un peintre tout à fait excellent. Il enrichit aussi le monastère de beaucoup de livres écrits de sa main, ou émanant d'autres scribes, qui montrent suffisamment combien il excellait par son savoir et son talent de peintre.

On doit aussi à Matthieu Paris de nombreuses cartes : cartes d'Angleterre et d'Écosse, cartes de Palestine, cartes du monde, des itinéraires de Londres à Apulée et, enfin, une esquisse des voies romaines en Angleterre.

Hormis une *Vita abbatum Sancti Albani*, écrite en latin, on lui attribue également quatre vies de saints en anglo-normand : une vie de saint Alban, en laisses d'alexandrins monorimes, écrite entre 1230 et 1240 [voir *saint Alban (Vie de)*] ; une vie de saint Édouard le Confesseur en octosyllabes, rédigée entre 1236 et 1245 [voir *saint Édouard le Confesseur (vie de)*] ; une vie de saint Thomas Becket, attribuée à Matthieu Paris grâce au témoignage de Thomas Walsingham, chroniqueur de Saint-Albans et directeur du scriptorium ; on n'en a conservé que des fragments en octosyllabes, dont chaque page est ornée d'une enluminure accompagnée d'une rubrique explicative en vers. La source de cette vie de saint Thomas est le *Quadrilogus* composé en 1198 ou 1199, de la juxtaposition d'extraits des principaux historiens de Thomas Becket : Guillaume de Canterbury, Jean de Salisbury*, Alain de Tewkesbury, Herbert de Bosham. La dernière œuvre hagiographique de Matthieu est une vie de saint Edmond d'Abingdon, archevêque de Canterbury de 1234 à 1240. Cette vie en octosyllabes (2 020 vers) a été écrite très tôt après la mort du saint, entre 1247 et 1259. Matthieu a utilisé comme source sa propre chronique latine. Il dédie son œuvre à la comtesse Isabelle d'Arundel, qui était la patronne de Wymondham, prieuré dépendant de l'abbaye de Saint-Albans. On connaît également deux vies anonymes en prose de saint Edmond de Canterbury, qui sont de courts textes insérés dans des légendiers.

ŒUVRES. — 1) *Les manuscrits.* Il est indispensable de voir le t. 2 de T.D. Hardy, *Descriptive Catalogue of Materials relating to the History of Great Britain and Ireland to the End of the Reign of Henri VII,* 3 vol. Londres, 1862-1871 (*Roll Series*, 26). Ont été écrits ou/et enluminés par Matthieu Paris : Cambridge, Corpus Christi College, mss 26 et 16 : *Chronica majora* I et II [Les dessins marginaux sont aussi de sa main] ; Londres, British Libr., Royal ms 14 C vii. *Flores historiarum* [écrit et illustré par Matthieu Paris] ; Londres, British Libr., Cotton Claudius D VI. *Abbreviatio compendiosa chronicorum Angliae (1000-1255)* ; Londres, Brit. Libr., Cotton Nero DI, Recueil historique [Le principal traité contenu dans ce volume est illustré de dessins au trait attribués à Matthieu Paris] ; Dublin, Trinity College, E i 40. « Book of St Albans » : Vie de saint Alban, f. 29-50 [Les dessins au lavis sont de la main de Matthieu] ; Manchester, Libr., Chetham 6712. *Flores historiarum,* etc. [autographe de 1241 à 1249] ; Malibu, Getty Museum (Cf. vente Sotheby, 24 juin 1986, n° 40), Vie de saint Thomas Beckett [Ms autographe] ; Oxford, Bodl. Libr., Ashmole 304 (Madan 25168), *Astromania* [ms probablement exécuté et illustré par Matthieu Paris] ; Cambridge, Univ. Libr., Ee. 3. 59. *Vita s. Ædwardi* [la décoration est l'œuvre de Matthieu Paris, à tout le moins exécutée sous sa direction] ; Londres, British Libr., Royal 4 D vii. [ms ayant appartenu à Matthieu Paris, qui en fit une copie pour les moines de Saint-Albans]. On peut aussi consulter N.R. Ker, *Books, Collectors and Libraries Studies in Medieval Heritage*... edited by A.G. Watson (Londres, 1985), p. 73, qui cite plusieurs manuscrits où se reconnaît la « façon » de Matthieu Paris.

2) *Les œuvres historiques. Chronica majora,* éd. R. Luard, 7 vol., Londres, 1872-1883 (*Rolls Series,* 57) [vol. 6 contient le *Liber Additamentorum*, et vol 7 l'index]. — *Historia Anglorum (...) Item eiusdem Abbreviatio Chronicorum Angliae.* éd. F. Madden, 3 vol. Londres, 1866-1869 (*Rolls Series,* 44). — *Flores historiarum* [depuis la Création jusqu'en 1326], éd. H.R. Luard, 3 vol., Londres, 1890 (*Rolls Series,* 95). — Des extraits de ces œuvres sont donnés par F. Liebermann, *MGH, Scriptores,* XXVIII, 107-389, 390-434, 456-504. — Trad. française A. Huilliard-Bréholles, *La Grande chronique de Matthieu Paris,* 9 vol., Paris, 1840-1841. — Trad. anglaise J.A. Giles, *Matthew Paris' English history (with a continuation) from 1235 to 1273,* 3 vol., Londres, 1852-1854 (*Bohn's Antiquarian Library).* — C.D. Yonge, éd. et trad., *The Flowers of History, to 1307,* 2 vol., Londres, 1853 (*Bohn's Antiquarian Library*).

3) *Les œuvres hagiographiques. Fragments d'une vie de saint Thomas de Cantorbéry en vers accouplés,* éd. P. Meyer, Paris, 1855 (*SATF,* 21). — *La vie de saint Edmond, archevêque de Cantorbéry,* éd. A.T. Baker, dans *Romania,* t. 55 (1929), p. 332-381. — *Estoire de Seint Ædward le rei,* éd. H.R. Luard, dans *Lives of Edward the Confessor,* Londres, 1858 (*Rolls Series,* 3). — Reprod. photo. par M.R. James, *Roxburghe Club,* 1920. — *Vie de Saint Auban,* éd. R. Atkinson, Londres, 1876. — *Illustrations to the Life of St. Alban in Trinity College, Dublin, MS. E. i. 40,* reprod. photo. par W.R.L.

Lowe et E.F. Jacob, introd. par M.R. James, Oxford, 1924.

4) *L'œuvre cartographique. Early Maps of Great Britain,* I : *The Matthew Paris Maps,* par J.B. Mitchell ; II : *The Gough Map,* R.A. Pelham ; III : *Aegidius Tschudi's Maps,* par Heawood, dans *Geog. Journ.*, 81 (1933), p. 27-45. — Cartes d'Angleterre et d'Écosse : Londres, Brit. Libr., Cotton Claudius D VI, f. 8v°, et Julius D VII, f. 50v°-53 ; Royal 14 C VII ; Cambridge, Corpus Christi College 16, f. 5v°. Esquisse des voies romaines : Londres, Brit. Libr., Nero D I, f. 186v°. — Cartes de Palestine : Londres, Brit. Libr., Royal 14 C VII, f. 4v°-5 ; Cambridge, CCC 16 f. ii*b*-v*a,* et CCC 26, f. II*b*-iv*a* : Oxford, Corpus Christi College 2, f. 2*b*-i*a.* — Cartes du monde : Cambridge, CCC 26, p. 284 ; Londres, Brit. Libr., Cotton Nero D V, f. 1*b.* — Itinéraires de Londres à Apulée : Londres, Brit. Libr., Royal 14 C VII, fol. 2*a*-4*a* ; Cotton Nero D I, fol. 182*b*-183*a* ; Cambridge, CCC 26, fol. i*a*-iii*a* et CCC 16, fol. ii*a* (incomplète).

→ L'ouvrage de base est celui de R. Vaughan, *Matthew Paris,* Cambridge, 1958. — Voir aussi la recension de F.M. Powicke. *EHR*, t. 4 (1959), p. 482-485. En plus des introd. de Luard et de Liebermann à leurs éd. on peut consulter : J.J. Saunders, *Matthew Paris and the Mongols,* dans *Mél. B. Wilkinson,* Toronto, 1969, p. 116-132. — F.M. Powicke, *The Compilation of the Chronica majora of Matthew Paris*, dans *Proceedings of the British Academy,* t. 30 (1944), p. 144-160. — V.H. Galbraith, *Roger Wendover and Matthew Paris*, Glasgow, 1944 (*The David Murray Lecture, Glasgow Univ. Publ.*, 61). — M.D. Legge, *Anglo-Norman Litterature in the Cloisters,* Édimbourg, 1950, p. 19-43 ; *Anglo-Norman Literature and its Background* (Oxford, 1963), p. 268-269. — M.D. Knowles, *The Religious Orders in England,* I, Cambridge, 1948 (réimp. 1950-1956). — R.W. Hunt, *The Library of St. Albans*, dans *Mél. N.R. Ker* (1978), p. 267-268. — Cf. *MB S* 5735-5740, 5774-5775.
G.La.

Matthieu le Poirier. Auteur picard de la fin du XIIIe siècle, Matthieu le Poirier *Mahiu li Poriier* a laissé trois poèmes allégoriques conservés dans le seul manuscrit Paris, BN, nouv. acq. fr. 1731. Deux d'entre eux portent le même titre, *Le Court d'Amours* ; dans le premier, où se découvre l'influence du *Roman de la Rose** (ce qui permet de situer sa composition à la fin du XIIIe ou au début du XIVe), une Cour d'Amour, formée du grand Bailli et de ses douze assesseurs (Biau Parler, Deduiant, Ami...), émet des jugements sur de difficiles problèmes amoureux, mais Envie chasse cet aréopage ; dans le second, suite et contrepartie du précédent, Envie malmène les vrais amants, encourage les félons, mais un roi qui a épousé une bergère rétablit l'ancienne cour.

Le Ju de le Capete Martinet — « le capete Martinet » désigne le bandeau dans le jeu de colin-maillard, long de 553 vers, relate un rêve où se meuvent aussi des personnages allégoriques. L'auteur, en proie à la souffrance d'amour, transporté dans un verger, y voit d'abord des enfants jouer à colin-maillard ; une fillette y attrape ceux qui ne s'intéressent pas au jeu : image de la Dame qui dédaigne ses soupirants et se tourne vers les indifférents. Alors, au poète malheureux, de plus en plus irrité contre Cupidon, apparaissent dans ce verger un homme (Amour) et plusieurs femmes (Grâce, Merci, Espérance...) aux traits séduisants et, rejetée à l'extérieur, une dame en noir, hideuse (Désespérance), dont la laideur effraie le héros : Espérance et Amour réussissent à le convaincre de persévérer dans sa passion et de ne pas s'abandonner au désespoir (... *Se tu veus d'Amour goïr, eslonge le che que tu peus*).

ŒUVRES. — *Le Ju de le Capete Martinet,* éd. G. Raynaud, dans *Romania* t. 10 (1881), p. 519-532. — *« Le Court d'Amours » de Mathieu Le Poirier et la suite anonyme de la « Court d'Amours »,* éd. T. Scully, Waterloo (Ontario), 1976.

→ J.M. d'Heur et M. Zink, *Pastourelle et courtoisie. Sur un arrêt inédit de « Le Court d'Amours » de Mahiu li Poriier,* dans *Mél. J. Wathelet-Willem*. Liège, 1978, p. 125-142 [éd. de 200 vers], et p. 741-750. — E. Doss-Quinby, *Chi refrains fu bien respondus : les refrains dans la Suite anonyme de la « Court d'amours » de Mahieu le Poirier,* dans *Romance Notes*, t. 28 (1987-1988), p. 125-135. — Cf. *GRLMA*, t. VI/1, p. 240-241 ; t. VI/2, n° 4676. — *MB* nos 2802 ; *S* 5053-5054.
J.D.

Matthieu de Vendôme. Poète latin et auteur d'un art poétique très influent. Né à Vendôme, il étudie à Tours sous la direction de Bernard Silvestre*, puis à Orléans, où il devient professeur et compose un *Art de versifier*. Peut-être en raison d'un conflit avec Arnoul d'Orléans*, il quitte cette ville pour Paris, où il réside en 1175. Dix ans plus tard, il est à Tours, où il dédie à l'archevêque Barthélemy (1174-1206) sa *Tobiade*, un poème biblique en 1 113 distiques élégiaques, qui entra bientôt dans les programmes scolaires. Plusieurs de ses poèmes ont un sujet emprunté à Ovide*, alors en vogue. Ainsi, le *Pyrame et Thisbé**, ou les aventures romanesques de deux enfants, épisode qui sera traité en français durant le Moyen Âge à diverses reprises. À l'exemple de Vital de Blois*, il écrivit une comédie élégiaque, *Milon,* dont la source n'est pas encore repérée avec certitude. Mais son meilleur ouvrage est l'*Ars versificatoria*, en prose mêlée de vers ; on y voit que l'auteur avait une connaissance approfondie de Cicéron* et des poètes latins (au premier rang desquels Horace, Ovide et Lucain) ; il aime la brièveté et les descriptions bien faites ; les préceptes qu'ils donnent et qui seront suivis manifestent la sûreté de son goût.

ŒUVRES. — *Opera omnia*, éd. F. Munari, 3 vol. Rome, 1977, 1982 et 1988 (*Storia e letteratura,* 144, 152, 171) [t. 1 *Catalogo dei Manoscritti,* t. 2. *Piramus et Tisbe, Milo, Epistule, Tobias,* t. 3. *Ars versificatoria*]. — *Ars*, éd. E. Faral, *Les arts poétiques du* XII*e et du* XIII*e siècle,* Paris, 1923, p. 1-14 et 109-193. — R.P. Parr, *Matthew of V., « Ars versificatoria » (The Art of the Versemaker),* Milwaukee, 1981 [trad. anglaise]. — *Piramus*, éd. P. Lehmann, *Pseudo-Antike Literatur des Mittelalters,* Leipzig-Berlin, 1927, p. 31-35. — *Milo* (ou *De Afra et Milone)* éd. M. Abraham, dans G. Cohen, *La « comédie » latine en France au* XII*e siècle,* t. 1, Paris, 1931, p. 153-177 [avec trad. française]. — P. Busdraghi, dans *Commedie latine del* XII *e* XIII *secolo,* t. 1, Gênes, 1976, p. 139-195 [avec trad. italienne].

→ J. de Ghellinck, *L'essor de la littérature latine au* XII*e siècle,* Bruxelles-Paris, 1946, t. 2, p. 244 (et *passim*). — B. Roy, H. Shooner, *Querelles de maîtres au* XII*e siècle : Arnoul d'Orléans et son milieu,* dans *Sandalion,* t. 8-9 (1985-1986), p. 315-341. — F. Munari, *Kleine Schriften,* Berlin, 1980 [sept articles portent sur M. de Vendôme]. — F. Quadlbauer, *Ovidkritik bei Matthaeus von V. und ihre poetologisch-rhetorischen Hintergründe*, dans *Mél. F. Munari,* Hildesheim, 1986, p. 424-445.

L.P. et F.D.

Matthaeus Platearius. Des deux médecins salernitains qui portèrent le nom de Platearius, le premier, Johannes, qui vécut à la fin du XIe et au début du XIIe siècle, composa un manuel de médecine intitulé *Pratica brevis.* Le second, Matthaeus, exerça son activité au milieu du XIIe siècle ; dans un passage du *De virtutibus et laudibus compositarum medicinarum,* Gilles de Corbeil dit avoir été son élève. Matthaeus est l'auteur de deux ouvrages qui s'adressaient autant aux médecins et aux chirurgiens qu'aux apothicaires et aux herboristes : des *Glossae in Antidotarium Nicolai* et un *Liber de simplici medicina,* qui furent souvent copiés du XIIe au XVe siècle. Les *Glossae* furent imprimées pour la première fois à Venise, avec les œuvres de Ibn Mâsawailh (Mesue), de 1489 à 1491 ; elles avaient été mises en vers par Gilles de Corbeil dans son *De virtutibus et laudibus compositarum medicinarum.*

Le *Liber de simplici medicina*, encore appelé *Circa instans* d'après les premiers mots du prologue, est un traité de matière médicale (appartenant au règne végétal, animal et minéral) qui combine pharmacopée descriptive et thérapeutique, en 273 ou 276 chapitres suivant les témoins (version courte), voire 432 chapitres (version longue). Cet ouvrage est une édition revue, corrigée et considérablement augmentée du *De gradibus simplicium* de Constantin l'Africain. Très utilisé par Thomas de Cantimpré*, Barthélemy l'Anglais*, Vincent de Beauvais*, Pietro dei Crescenzi, le *Circa instans* le fut encore, au XIVe siècle, par Conrad von Megenberg, et au XVe siècle par les auteurs anonymes des nombreux *Herbarius, Herbolarium, Hortus sanitatis...* Il fut édité pour la première fois — sous le nom de Johannes Platearius et en 276 articles — en 1488 dans un recueil médical, dont le premier traité est la *Practica* de Sérapion.

Au XIVe siècle, le *Liber de simplici medicina* connut deux grandes amplifications, en latin toujours : celle de Bartholomeo Mini de Sienne (dont le ms. original est : Londres, Brit. Libr., Egerton 747) et celle de Manfred de Monte Imperiali (dont le plus ancien ms. est : Paris, BN, lat. 6823). Ces deux remaniements associaient étroitement le texte et l'illustration, à la façon des manuscrits de Dioscoride (*De materia medica*) et du pseudo-Apulée, alors que rien n'indique si le *Liber de simplici medicina* originel était illustré. L'adaptation due à Bartholomeo Mini comptait 490 articles ; désignée par le titre de *Tractatus de herbis*, c'est un véritable herbier qui fait des emprunts importants au pseudo-Apulée, au *De virtutibus herbarum,* au *Tacuinum sanitatis* et au *Livre des secrés de nature.*

Le *Liber de simplici medicina* de Matthaeus Platearius fut traduit en français à plusieurs reprises. La première traduction, effectuée au XIIIe siècle et conservée dans un ms. unique (Paris, Bibl. Sainte-Geneviève, 3113), suit le texte de Platearius, qu'elle abrège par endroits et qu'elle complète par des emprunts à Constantin l'Africain et à *Macer Floridus.* Le XVe siècle vit de nombreuses traductions françaises du *Liber de simplici medicina,* souvent faites d'après des témoins de la version longue et dont les manuscrits, enrichis d'illustrations souvent très soignées, possèdent de nombreuses interpolations tirées de Al-Râzî (Rhazés), Ibn-Sînâ (Avicenne), Constantin l'Africain, *Macer Floridus,* Isaac et du pseudo-Apulée.

Du *Tractatus de herbis* de Bartholomeo Mini dérivent une adaptation abrégée, en langue d'oc, rédigée à la fin du XIVe siècle (ms. unique : Florence, Bibl. Naz., Pal. 586) et une traduction française, également de la fin du XIVe siècle. Cette traduction, conservée dans de nombreux manuscrits, fut appelée *Livre des simples médecines, Secrets de Salerne, Arboliste* ou *Arbolayre.* Œuvre d'un traducteur anonyme, elle connut un grand succès et fut imprimée d'abord sous le titre d'*Arbolayre* (en 1486), puis sous celui de *Grant Herbier en françoys.* Seul le titre de *Livre des simples médecines* assure un lien avec le traité de Matthaeus Platearius.

Le *Liber de simplici medicina* fit aussi l'objet de traductions dans d'autres langues vernaculaires, en particulier le néerlandais. Le principal ouvrage de Matthaeus Platearius s'est ainsi trouvé, sous diverses formes, en bonne place dans le grand mouvement d'intérêt pour les plantes, qui allait aboutir à la naissance d'une nouvelle science, la botanique.

ŒUVRES. — *Le livre des simples médecines, traduction française du Liber de simplici medicina dictus Circa instans de Platearius,* éd. P. Dorveaux, Paris, 1913 (*Publications de la Société française d'Histoire de la Médecine,* 1) [éd. de la trad. du XIIIe siècle]. — *Een Middelnederlandse versie van de Circa Instans van Platearius naar de hss Portland, British Museum ms Loan 29/332 (XIV eeuw) en Universiteitsbibliotheek te Gent hs 1457 (XV eeuw),* éd. L.J. Vandewiele, Oudenaarde, 1970. — *Le Livre des simples medecines. Codex Bruxellensis IV 1024 : A 15th Century French Herbal, Vol. I : Fascimile, Vol. II : Introduction and Adapted Text,* par C. Opsomer-Halleux, Anvers, 1984, 2 vol. [avec une trad. en anglais moderne]. — *Platearius. Le Livre des simples médecines d'après le ms. français 12322 de la BN de Paris,* trad. G. Malandin, étude codicologique de F. Avril, commentaire de P. Lieutaghi, Paris, 1986.

→ G. Sarton, *Introduction to the History of Sciences,* Baltimore, 1931, t. 2, p. 241-242. — E. Wickersheimer, *Dictionnaire biographique des médecins en France au Moyen Âge,* Paris, 1936, p. 667. — C. Maury, *Un herbier en français du XVe siècle : Le Livre des simples médecines,* dans *Positions des thèses de l'École nationale des Chartes,* Paris, 1963, p. 105-108. — Cf. *GRLMA,* t. VIII/1, p. 311. — *MB* nos 6587 ; *S* 7697-7702. F.F.H.

Maugis d'Aigremont. Voir : *Renaut de Montauban.*

Maurice de Provins. Voir : *Bible au Moyen Âge.*

Maurice de Sully. Maurice de Sully naît vers 1120 à Sully-sur-Loire d'une famille modeste. Venu à Paris vers 1140, il y fait de solides études. Chanoine-diacre, il est, fin 1159, archidiacre de Paris avec la charge, semble-t-il, du Hurepoix. A la mort de Pierre Lombard* en 1160, il est choisi pour lui succéder comme évêque de Paris. Il entretient d'excellents rapports avec la papauté et la royauté. Entre autres missions, Alexandre III le charge à Sens d'empêcher les vaines discussions théologiques, ce qui vise probablement le « nihilisme » christologique dont on accusait l'enseignement au moins oral de Pierre Lombard. C'est Maurice de Sully qui baptise en 1165 le futur Philippe Auguste ; quand le roi part pour la croisade en 1190, il figure parmi les six personnages prévus pour exécuter le testament royal.

Le nom de Maurice de Sully devait passer à la postérité grâce à la construction de Notre-Dame dont la première pierre fut posée en 1163. Administrateur remarquable, il réorganise la vie ecclésiale à Paris ; dans la Cité, il met en place une distribution territoriale en douze paroisses qui restera la même jusqu'au XVIIIe siècle ; dégagée de tout service paroissial, Notre-Dame ne sera plus que « l'église de l'évêque de Paris, la paroisse de l'histoire de France » (Friedmann). À l'extérieur de la Cité, pour répondre au développement de la ville, dont témoigne en 1190 le commencement d'une nouvelle enceinte par Philippe Auguste, Maurice de Sully crée l'archiprêtré de Saint-Séverin.

Selon Robert d'Auxerre*, l'éloquence de Maurice de Sully fut une des causes de son accession à l'épiscopat. Deux groupes de sermons lui ont été attribués : le premier compte vingt sermons qui relèvent de la prédication savante adressée à des clercs. L'authenticité de cette série peut être discutée, cependant il paraît justifié d'y voir un témoignage de l'activité pastorale de Maurice de Sully antérieure à son épiscopat.

Personne ne met en doute le rattachement à l'évêque de Paris d'une deuxième série de sermons pour le peuple, destinés aux dimanches et jours de fête : la difficulté vient de ce qu'il existe deux versions de ce recueil, l'une latine et l'autre française, toutes deux attestées par de nombreux manuscrits. On voit les problèmes qui se posent : quel est le texte authentique, en quelle langue prêchait-on ?

Pour L. Bourgain et A. Lecoy de la Marche, le recueil latin est un sommaire assez développé, un manuel de prédication rédigé par Maurice de Sully, à l'intention des prêtres, dans une langue noble et universelle. Les versions françaises seraient des adaptations réalisées, à partir du recueil latin, par des prédicateurs de diverses régions.

C.A. Robson, éditeur d'une version française, situe entre 1168 et 1175 une première rédaction des sermons français. Maurice de Sully aurait ensuite développé ce texte primitif ; cette tradition longue, deuxième en date, se lirait dans la plupart des manuscrits. Le texte latin pourrait être partiellement l'œuvre d'un traducteur.

R. Bossuat a critiqué et rejeté cette thèse, il fait valoir que les plus anciennes copies de la version française sont du second quart du XIIIe siècle, donc tardives. Pour lui, Maurice de Sully a rédigé un sermonnaire en latin vers 1168-1171 ; devant le succès que rencontrait ce recueil, un clerc lettré, peut-être victorin, l'aurait traduit dans le premier tiers du XIIIe siècle, en l'enrichissant « d'emprunts à Pierre le Mangeur*, à Richard de Saint-Victor* et à quelques autres. »

En somme, cette position est proche de celle soutenue par L. Bourgain et A. Lecoy de la Marche : antériorité et authenticité du manuel latin par rapport aux versions françaises.

Cependant si les recueils en langue vulgaire ne sont pas les premiers chronologiquement, ils correspondent à la prédication faite par les prêtres et entendue par les fidèles : depuis plusieurs siècles, on ne prêchait plus au peuple en latin mais dans les diverses langues vernaculaires.

ŒUVRES. — Seul le texte français a fait l'objet d'une édition : C.A. Robson, Oxford, 1952 [d'après le ms. Paris, BN, fr. 13314]. — A. Boucherie, *Le dialecte poitevin au XIIIe siècle*, Paris, 1873 [simple reprod. du ms. Poitiers 97, lui-même copie du BN, fr. 13314].

→ L. Bourgain, *La chaire française au XIIe siècle*, Paris, 1879, réimpr. Genève, 1973. — A. Lecoy de la Marche, *La chaire française au Moyen Âge*, 2e éd., Paris, 1886, réimpr. Genève, 1974. — V. Mortet, *Maurice de Sully, évêque de Paris (1160-1196). Étude sur l'administration épiscopale pendant la seconde moitié du XIIe siècle*, Paris, 1890. — A. Friedmann, *Paris, ses rues, ses paroisses du Moyen Âge à la Révolution. Origine et évolution des circonscriptions paroissiales*, Paris, 1959. — J. Longère, *Œuvres oratoires de maîtres parisiens au XIIe siècle. Étude historique et doctrinale*, Paris, 1975, t. 1, p. 14-18, 88-91, 296-300 ; t. 2, p. 14-17, 79-82, 228-231 et *passim* ; *Les sermons latins de Maurice de Sully, évêque de Paris (1196). Contribution à l'histoire de la tradition manuscrite*, Steenbrugge-Dordrecht, 1988 (*Instrumenta patristica*, 16). — M. Zink, *La prédication en langue romane avant 1300*, Paris, 1976, p. 32-36, 144-146, 173-180, 221-226 ; rééd. 1982. — *Bulletin d'information de l'IRHT*, t. 8 (1959), p. 47-68. — J.B. Schneyer, *Repertorium*, t. 4 (1972), p. 170-178. — Cf. *MB* nos 3528-3532.

J.L.

Melior et Ydoine. Voir : *Arts d'aimer*.

Ménestrel d'Alphonse de Poitiers. Alphonse, comte de Poitiers, frère du roi saint Louis, avait confié à un sien ménestrel le soin de traduire en français, pour lui, l'*Historia regum Francorum* ou *Gesta Francorum usque ad annum 1214*. Cette compilation en trois livres, du début du XIIIe siècle, était l'œuvre d'un moine de Saint-Germain-des-Prés, dont on ignore le nom mais qui était bien informé et bien documenté. Le traducteur, demeuré anonyme lui aussi, se piquait de bien connaître la grammaire (la langue latine). Entre 1250 et 1270, il traduisit fort librement tout le texte, y ajoutant un court prologue de dédicace, et il poursuivit la chronique jusqu'à l'avènement de saint Louis. L'original latin contenait un *Turpin** abrégé, dit version C. Le Ménestrel inséra le pseudo-Turpin dans sa traduction, mais en suivant tantôt cette version C, tantôt la traduction française de type court, due à Nicolas de Saint-Lis. La traduction du Ménestrel a été connue de

Primat qui lui a emprunté une partie de sa préface des *Grandes Chroniques**.

ŒUVRE. — Éd. dans *RHF*, t. 10 (1874) p. 278-280 ; t. 11 (1876) p. 319 ; t. 12 (1877) p. 222-227 ; t. 17 (1878) p. 429-432 ; N. de Wailly, *Examen de quelques questions relatives à l'origine des chroniques de Saint-Denis*, dans *Mémoires de l'Institut royal de France. Académie des Inscriptions et Belles Lettres* t. 17, 1re p. (1847), p. 405-407 [éd. du prologue seulement].

→ P. Paris, *HLF*, t. 21 (1847), p. 735. — A. Molinier, *Les Grandes Chroniques de France au* XIIIe *siècle*, dans *Mél. G. Monod*, Paris, 1896, 9, 309. — A. de Mandach, *Chronique dite Saintongeaise. Texte franco-occitan inédit*, Tübingen, 1970, p. 148-154 (*Beiheft zur ZRPh*, 120). — Molinier n° 2216 et t. V, n° 176. — Cf. *MB* n° 3756. M.H.P.

Mériadeuc, ou **Le Chevalier aux deux épées**. Roman de quête arthurien, d'auteur inconnu, de plus de 12 000 octosyllabes, du premier tiers du XIIIe siècle. Réduite à ses épisodes essentiels, l'action du roman est la suivante : Mériadeuc, dont on ne connaîtra le nom et qui ne le connaîtra lui-même que vers la fin du roman, est appelé le Chevalier aux deux épées, depuis qu'à la cour d'Arthur il a pu, seul des chevaliers, déceindre l'épée que portait Lore, dame de Cardignan. Après cet exploit, il a disparu et Lore déclare qu'elle n'aura d'autre époux que le héros qui, par cette épreuve, s'est révélé le plus brave de tous. Or, cette épée, c'est celle de Bléheri, père de Mériadeuc, et Lore l'avait prise à Bléheri lui-même, le soir où un chevalier était venu l'enterrer à la Gaste Chapelle. Un jour, dans un château, dont la coutume veut que tout chevalier étranger soit tué, la dame du lieu reconnaît en Mériadeuc son fils, grâce à l'écu qu'il porte, et elle lui raconte comment Bléheri est mort. Brien de la Gastine, l'ennemi de Bléheri, avait réussi par ruse à prendre Gauvain pour champion, et c'est ce dernier qui, sans le savoir, a tué Bléheri. Mériadeuc délivre les dames que Brien avait dépossédées, et tue en duel Brien qu'il sait être maintenant le vrai meurtrier de son père. Sur les conseils de sa mère, il se réconcilie avec Gauvain qui l'accompagne à la cour, où ont lieu les noces et le couronnement de Mériadeuc et de Lore.

Ce n'est là que le thème central, noyé dans une foule de péripéties plus ou moins originales. Au début d'abord, un messager vient de la part du roi Ris demander à Arthur sa barbe, et le même Ris impose à Lore l'épreuve de la Gaste Chapelle ; puis sur les instances de Lore, bien décidée à n'épouser que le chevalier qui a su déceindre l'épée, Gauvain se met en quête du Chevalier aux deux épées : entre autres aventures amoureuses et guerrières, il est blessé par Brien des Îles qui l'a attaqué lâchement, car la reine des Îles, dont ce dernier veut obtenir la main, aime Gauvain et ne prendra pour mari qu'un chevalier supérieur à son héros ; il ébauche une idylle avec la fille du châtelain du Port ; aux noces de la dame des Îles, il se bat incognito contre Mériadeuc, puis se venge de Brien des Îles qui l'avait fait passer pour mort. Plus tard, il vient au secours de la mère de Mériadeuc, assiégée par Galien, fils de Brien de la Gastine.

L'œuvre est touffue, et si le procédé de l'entrelacement permet de ne pas s'égarer, il est employé avec l'intention de dérouter le lecteur, de le perdre au milieu d'un réseau d'aventures plus ou moins bien tressé. L'auteur essaie de ménager l'intérêt en réservant pour plus tard l'explication d'épisodes étranges ou merveilleux : par exemple, on n'apprendra que très avant dans le récit que le chevalier enterré à la Gaste Chapelle est Bléheri. Le héros du roman est presque autant Gauvain — un Gauvain traditionnel, beau parleur, beau jouteur, homme à succès — que Mériadeuc, à l'origine mystérieuse, taillé suivant le modèle courant. Certains épisodes sont inspirés de Chrétien de Troyes*.

Quant au style, il ne manque pas d'aisance, ni même de précision dans la description ; l'importance accordée à la toilette féminine ou masculine fait de plusieurs passages un véritable journal des modes du temps. La versification, très souple, multiplie les rejets et les enjambements.

ŒUVRE. — Éd. W. Foerster, Halle, 1877. — Éd. R.T. Ivey, thèse, Univ. North Carolina, Chapel Hill, résumé dans *DAI*, t. 34 (1973-1974), p. 5914A.

→ G. Paris, dans *HLF*, t. 30, p. 237-246. — R.H. Thompson, *Le serviteur de la société : la composition structurale dans Li Chevaliers as Deus Espees*, dans *Studia neophilologica*, t. 49 (1977), p. 95-100. — R. Colliot, *Problèmes de justice dans Li Chevaliers as deus espees. Gauvain, meurtrier par procuration*, dans *Senefiance*, n° 16 (1985), p. 125-137 ; *Petit vocabu-*

laire de la communication dans Li Chevaliers as deus espees, dans *Pris-Mas,* t. 1, 2 (1985), p. 50-56 ; *Ambiguïté de l'aventure dans le Chevalier aux deux épées. Un monde étrange,* dans *Senefiance,* n° 25 (1988), p. 71-88. — Cf. *GRLMA,* t. IV/2, n° 100 ; t. IV/1, p. 377, 393-394. — *MB* n°s 2099-2100 ; *S* 3994, 4201, 4202. A.M.

Merlin. Le personnage de Merlin a connu une fortune presque égale à celle d'Arthur* dans la littérature du Moyen Âge. Son nom apparaît pour la première fois dans la *Prophetia Merlini* de Geoffroi de Monmouth* (1134), mais sa légende remonte plus loin. Il n'est pas impossible qu'avant cette date il y ait eu quelque tradition populaire galloise sur un barde ou un chef de clan nommé Myrrdin, tradition peut-être liée à la ville de Kaermerdin (Carmathen). Un personnage du nom d'Ambrosius qui paraît dans l'*Historia Britonum* (VIIIe-IXe), né sans père et qui prononce une prophétie sur l'avenir des Bretons devant Wortegirn, préfigure Merlin. C'est en tout cas Geoffroi qui le nomme ainsi (*Merlinus qui et Ambrosius dicebatur*) en 1134 et fait de lui, en tant que prophète, un des acteurs de l'histoire bretonne. Il enrichit son existence d'épisodes nouveaux dans l'*Historia Regum Britanniae* où il est le conseiller des rois Aurélius et Uter. Enfin, le même Geoffroi illustre dans sa *Vita Merlini* (1148) la puissance divinatrice de Merlin, représentée comme un homme des bois, époux de Guendeloena ; il révèle au roi Rodarch l'infidélité de sa femme Ganieda.

Dès le XIIe siècle, l'historiographie et la polémique assureront la vogue de Merlin considéré comme le symbole de l'espoir breton : il est accueilli par les littératures galloise, écossaise, anglaise, puis sur le continent, et jusqu'en Italie. Les *Prophéties de Merlin* de Maître Richard d'Irlande, vers 1276, sont en réalité l'œuvre d'un Vénitien, probablement franciscain, qui, par ses prophéties politiques, entend soutenir la cause des Guelfes ; son œuvre contient des éléments didactiques et moraux et propose un idéal de vie chrétienne qui n'est autre que celui des franciscains spirituels.

La carrière de Merlin dans la littérature française s'ouvre avec le *Merlin* de Robert de Boron*, dont il ne nous reste que les 502 premiers vers, mais nous possédons la translation en prose, en entier. L'auteur y poursuit l'histoire du Graal* dont il avait conté les antécédents lointains dans son *Joseph* (ou *Roman de l'Estoire dou Graal*). Le livre commence par le conseil des démons qui, frustrés par le Rédempteur, veulent créer un être à leur dévotion. Puisant dans l'*Historia* de Geoffroi et dans le *Brut* de Wace* qui en dérive, en supprimant ce qui n'intéresse que la chronique des faits bretons, Robert raconte la naissance merveilleuse de Merlin, né d'une vierge et d'un incube, le secours qu'il apporte à sa mère condamnée à mourir, les réponses qu'il fait à Vertigier qui a envoyé ses messagers à la recherche de l'enfant sans père pour l'interroger sur sa tour qui s'écroule, son aide à Pendragon et à Uter, le transport des pierres de Salesbières érigées en l'honneur de Pendragon tué à la bataille. Mais surtout Merlin favorise les amours d'Igerne et d'Uter, d'où naîtra le roi Arthur ; et il fait fonder la Table Ronde, exacte réplique de la Table du Graal, elle-même faite à l'image de la table de la Cène. En annonçant à Uter que le siège périlleux de la Table Ronde ne sera rempli qu'au temps de son successeur, dont il assure l'accès au trône, Merlin devient le promoteur de la gloire et de la grandeur arthuriennes.

Au reste, il n'est plus seulement le prophète, mais aussi l'enchanteur, un mystificateur qui aime mettre à l'épreuve aussi bien ses royaux amis que le premier venu. Sa science du passé et de l'avenir, qu'il tient de sa double origine, diabolique et chrétienne, fait de lui un joyeux compagnon, inquiétant parfois par ses métamorphoses et son rire magique. Fabliau par certains côtés, chronique par d'autres, œuvre édifiante par les sermons qui y sont disséminés, le *Merlin* du pseudo-Robert de Boron* est l'Évangile du Graal et l'annonce d'Arthur. Il appelle un troisième roman où se réaliseront les prophéties sur la Table Ronde : un *Perceval* (le *Didot-Perceval*) vient achever la trilogie du pseudo-Robert de Boron ; Merlin y parle en prophète, mais n'est plus au premier plan.

Quand le grand cycle du *Lancelot-Graal** s'est constitué, *Merlin* devait naturellement conserver la place qu'il avait dans le cycle précédent : il assurait la liaison entre les origines du Graal et le *Lancelot** propre qui place le lecteur à la période brillante du roi Arthur et de ses chevaliers. Mais son texte fut retouché pour s'harmoniser au nouvel ensemble. Dans les autres parties du corpus, Merlin n'a qu'une importance très épisodique, bien que *passim* son rôle de prophète soit rappelé : il apprend à Morgue ses enchantements (le Val sans retour), il tombe amoureux de Viviane qui, ayant appris de lui ses secrets, l'enferme à jamais dans une cave de la forêt de Darnantes (ces deux épisodes dans le *Lancelot* propre). Merlin a reçu une double suite, car il fallait combler la lacune temporelle qui sépare l'avènement d'Arthur de son apogée : la *Suite-Vulgate* (éd. par O. Sommer) (voir *Merlin* [*L'Estoire de*]) met notre personnage constamment en scène : grâce à sa science de l'avenir, il assiste Arthur de ses conseils et de son aide, et fait l'objet du conte de Merlin sauvage à Rome. La *Suite-Huth* (voir *Merlin* [*L'Estoire* de] et *Graal Cycle-Post-Vulgate*) le présente comme un prophète, mais aussi comme un interprète de songes. C'est sous des traits analogues qu'on le retrouve dans le *Livre d'Artus* (voir *Artus*), addition tardive au cycle, et dans le *Tristan** en prose, où il joue auprès de Tristan le même rôle qu'il jouait ailleurs auprès d'Arthur. Dans les romans en vers du XIIIe siècle, le magicien a effacé de plus en plus le prophète (voir *Balain** ; *Méraugis de Portlesguez* de Raoul de Houdenc*). Il est impossible de citer toutes les œuvres où il est mentionné.

ŒUVRE. — 1) *Merlin en prose* du pseudo-Robert de Boron précédé du fragment du *Merlin* (en vers) de Robert de Boron, éd. A. Micha, Genève, 1979 (*TLF*, 281). — 2) *Estoire de Merlin* ou *Merlin-Vulgate* (= *Merlin en prose* + *Suite-Vulgate* ou « Suite historique »), éd. H.O. Sommer, *The Vulgate Version of the Arthurian Romances*, t. 2, Washington, 1908. Texte traduit dans sa quasi-totalité par E. Baumgartner dans *Merlin le prophète ou le Livre du Graal*, Paris, 1980, p. 13-187 (*Stock Plus Moyen Âge*). — 3) *Merlin* du Cycle post-Vulgate ou *Merlin-Huth* (=*Merlin en prose* + *Suite-Huth* ou « Suite romanesque »), éd. G. Paris et J.Ulrich, 2 vol., Paris, 1886. — Larges extraits traduits par E. Baumgartner, *op. cit.*, p. 188 sqq. — 4) *Les Prophéties de Merlin,* éd. L.A. Paton, 2 vol., New York-Londres, 1926-1927. — À compléter maintenant pour les insertions romanesques par A. Berthelot, *Les Prophesies de Merlin (Cod. Bodmer 116)*, Cologny-Genève, 1992. — Cf. *MB* nos 1974-1979 ; *S* 2598, 3942, 3988, 4010-4013, 6560, 6568. — 5) Pour les textes latins, voir E. Faral, *La légende arthurienne. Études et documents*, t. 3, Paris, 1929.

→ E. Brugger, « *L'Enserrement Merlin* » ; *Studien zur Merlinsage*, dans *ZFSL*, t. 29 (1906), p. 54-140 ; t. 30 (1906), p. 169-239 ; t. 31 (1907), p. 239-281 ; t. 33 (1908), p. 145-194 ; t. 34 (1909), p. 99-150 ; t. 35 (1910), p. 1-55. — P. Zumthor, *Merlin le prophète : un thème de la littérature polémique, de l'historiographie et des romans,* Lausanne, 1943 ; reprint, Genève, 1973. — A.O.H. Jarman, *The Legend of Merlin* Cardiff, 1960. — L. Thorpe, *Merlin's Sardonic Laughter*, dans *Mél. F. Whitehead,* Manchester, 1973, p. 323-339. — A. Micha. *L'Estoire de Merlin*, dans *GRLMA*, t. IV/1, Heidelberg, 1978, p. 590-600. — R.H. Bloch, *Merlin and the Modes of Medieval Legal Meaning,* dans *Archéologie du signe*, éd. L. Brind'Amour et E. Vance, Toronto, 1983, p. 127-144. — C.A. Harding, *Merlin and Legendary Romance*, New York-Londres, 1988. A.M.

Merlin (L'Estoire de) ou **Merlin-Vulgate**. Deuxième partie du cycle de la *Vulgate,* formé du *Merlin* du pseudo-Robert de Boron* (= p. 3-88 de l'éd. Sommer) et d'une *Suite*, quatre fois plus longue que le *Merlin* propre, destinée à faire le raccord avec le *Lancelot** (p. 88-466). La *Suite* est donc postérieure à la constitution du *Lancelot-Graal** et date probablement des années 1230-1235. La *Suite* se présente comme la chronique de la période de trois ans qui sépare l'avènement d'Arthur (fin du *Merlin* de Boron) de la période la plus brillante du règne (début du *Lancelot*) ; on l'appelle aussi « Suite historique » pour la distinguer de la « Suite romanesque » du *Graal Cycle-Post-Vulgate** (*Suite-Huth*, éd. Paris-Ulrich). En effet, elle est constituée essentiellement de deux longues guerres menées par Arthur contre les rois feudataires en rébellion, puis contre les Saxons qui sont des païens, guerres auxquelles ont été mêlés quelques contes (Merlin et Grisandole, l'*enserrement* de Merlin par Viviane...), et l'épisode du mariage d'Arthur et de Guenièvre. L'auteur, à court d'imagination, fait souvent appel au *Lancelot propre*, en particulier pour la fin de la *Suite* (Claudas en guerre contre Ban et Bohort, naissance de Lancelot...) et s'y réfère explicitement au moyen de la formule : « *Si con li contes le vous devisera ça avant.* » Le ms. BN, fr. 337 présente une suite particulière, intitulée le *Livre d'Artus* (voir *Artus*).

ŒUVRE. — Voir notice précédente, sous le n° 2.

→ P. Zumthor, *La délivrance de Merlin,* dans *ZRPh*, t. 62 (1942), p. 370-386. — A. Micha, *De la chanson de geste au roman,* Genève, 1976, p. 319-429 ; *Étude sur le Merlin de Robert de Boron,* Genève, 1980. — F. Paradis, *Le mariage d'Arthur et Guenièvre : une représentation de l'alliance matrimoniale dans la « Suite Vulgate de Merlin »,* dans *Le Moyen Âge,* t. 92 (1986), p. 211-235. — Cf. *MB* n°s 1959-1973, 1980-1981, 6400-6402, 6414, 7594-7602, 7604 ; *S* 2213, 3900, 3942, 3944, 3988, 4005, 4693, 6560.

Voir aussi : Merlin et Robert de Boron (Pseudo-) ; Graal Cycle Vulgate. J.M.F.

Merlin de Cordebeuf. Deuxième fils de Durand Regnaud de Cordebeuf (Allier, cant. Saint-Pourçain, commune Parai-sous-Briailles), Huguet de Cordebeuf, dit Merlin, épousa, à Paris, le 25 janvier 1431 la poétesse Jamette de Nesson, nièce du célèbre poète bourbonnais Pierre de Nesson*. En 1493, Merlin était au service du duc de Bourbonnais et d'Auvergne ; en 1445, il faisait partie de l'entourage royal, car il suivait le roi Charles VII à Nancy ; il était dit « escuier de l'escurie du roy » vers 1454 ; il prit part à la campagne de Roussillon (1462-1463) sous le commandement de Jacques d'Armagnac, duc de Nemours et comte de la Marche. Merlin de Cordebeuf resta fidèle au roi Louis XI pendant la guerre dite de la Ligue du Bien public : il fut, pour cette raison, révoqué de sa charge de gouverneur de Gannat par son suzerain le duc de Bourbonnais, révolté, mais cette charge lui fut rendue un peu plus tard (le 8 février 1467).

Jamette de Nesson mourut sans postérité entre 1467 et 1476. Merlin, remarié avec Antonie Blanche, décéda entre 1499 et 1510.

Merlin est l'auteur de l'*Ordonnance et maniere des chevaliers errants*, conservée dans deux manuscrits (celui de Paris, BN, fr. 1997, mutilé, daterait de 1458).

ŒUVRE. — R. de Belleval, *Du costume militaire des Français en 1446*, Paris, 1866, p. VI-VII et 78-83 [éd. de la première partie de l'*Ordonnance et maniere des chevaliers errants].*

→ A. Thomas, *Jamette de Nesson et Merlin de Cordebeuf,* dans *Romania*, t. 35 (1906), p. 82-94 et 604-605. F.F.H.

Merveilles de Rigomer. Vaste roman inachevé qui s'arrête au vers 17 271, dont la langue révèle la région de Tournai-Cambrai (Hainaut). Il a été écrit par un certain Jehan, dont on ne sait rien, vers le milieu du XIIIe siècle. Dionise, la dame du château de Rigomer en Irlande, est victime des enchantements jetés sur son château par une fée : elle ne pourra se marier que lorsqu'un chevalier hors pair mettra fin aux sortilèges. Une foule de héros répondent à son appel, parmi lesquels Sagremor, Keu, Lancelot, Gauvain, puis cinquante-huit chevaliers bretons. C'est Gauvain qui, finalement, libérera la jeune fille, mais il refuse la main de Dionise et lui donne pour époux le chevalier Midomidas. Une partie finale, sorte de conte adventice dont le seul lien avec le reste pourrait être le thème de la quête, raconte l'histoire d'Arthur, champion d'une demoiselle. L'auteur a mis à contribution l'*Erec* et l'*Yvain* de Chrétien de Troyes*, mais son roman se caractérise quelquefois par des effets de monotonie et de longueur et n'a d'autre unité que celle des romans à quête. Il s'agit en fait d'un foisonnement compliqué d'aventures, d'un récit aux quêtes multiples (de Lancelot, de Gauvain, d'Arthur, etc.), dont le fil conducteur est la fin des enchantements de Rigomer, réservée au chevalier élu, en l'occurrence Gauvain.

Son aspect le plus original se manifesterait plutôt dans la présence de thèmes d'un folklore païen et rural (vision animiste de la nature, crainte des morts, cultes rendus à des déesses mères), accolés à la matière celtique et arthurienne des romans du temps.

ŒUVRE. — *Les Mervelles* [sic] *de Rigomer von Jehan*, éd. W. Foerster, Dresde, t. 1, 1908, t. 2 (avec H. Breuer), 1915 (*Gesellschaft für rom. Lit.*, 19 et 31). — Trad. M.-L. Chênerie, dans *La légende arthurienne. Le Graal et la Table Ronde,* Paris, 1989 (*Bouquins*), p. 959-1037.

→ G. Paris, dans *HLF*, t. 30, p. 86-96. — O. Schulz-Gora, *Zu den Merveilles de Rigomer,* dans *ZRPh*, t. 55 (1935), p. 663-667. — D. Kelly, *Multiple Quests in French Verse Romance : Merveilles de Rigomer and Claris et Laris,* dans *L'Esprit créateur*, t. 9 (1969), p. 257-266. — T.E. Vesce, *Celtic Material in Les Merveilles de Rigomer*, dans *Romance Notes*, t. 11, n° 3 (1970), p. 640-646. — M.-L. Chênerie, *Un recueil arthurien de contes populaires au XIIIe siècle : les Merveilles de Rigomer,* dans *Réception et identification du conte...*, Toulouse, 1987. — Cf. *GRLMA*, t. IV/2, n° 296 ; t. IV/1, p. 378, 394, 395, 397. — *MB* n°s 2101-2107, 7635 ; *S* 2422, 4203-4204. A.M. et C.R.

Mesnagier de Paris. Manuel qu'un riche

bourgeois anonyme, peut-être officier royal, écrivit vers 1393 à l'intention de sa toute jeune femme. Le *Mesnagier* se compose de trois distinctions : la première règle la conduite et explique les devoirs de l'épouse chrétienne ; la seconde définit les obligations de la maîtresse de maison ; la troisième, consacrée aux loisirs, devait contenir trois articles, dont il ne reste qu'un traité d'*espreveterie*, sans doute parce que le livre n'a jamais été terminé. On n'a souvent retenu du *Mesnagier* que la seconde distinction, source d'information de premier ordre sur la vie domestique, et particulièrement l'alimentation, des classes aisées de la société à la fin du Moyen Âge (l'essentiel en est constitué par un recueil de recettes accompagné d'exemples types de menus). Mais il ne faut pas oublier qu'elle occupe simplement la seconde place d'un ensemble cohérent, conçu comme un tout ; la première est tenue par un enseignement normatif de morale religieuse, car il importe avant tout que l'épouse cherche sans cesse et en toute chose à se conformer à l'idéal chrétien (d'où, la chair étant faible, l'importance de l'exposé sur les trois moments de la pénitence et l'examen de conscience selon les sept vices principaux et leurs branches, que contrebalancent les sept vertus opposées), tel qu'il apparaît aux moralistes médiévaux : la bonne épouse doit être chaste, fidèle, prudente, discrète, obéissante, soignée dans sa tenue, pleine de prévenances et de respect pour son mari. Les vertus domestiques viennent ensuite.

Homme cultivé, l'auteur s'est servi de plusieurs sources, la plupart en prose française. Mais, esprit curieux et critique, il ne manque pas de les agrémenter de commentaires tirés de son expérience personnelle. Pour la première distinction, il a utilisé la *Somme le Roi** de frère Laurent*, *Griseldis**, les *Moralités sur le jeu des eschecs*, le *Roman des sept sages**, le *Livre de Mélibée et Prudence* de Renaut de Louhans*, ainsi qu'une exposition de la messe, anonyme, très connue. Pour la seconde, il a emprunté intégralement la *Voie de Povreté et de Richesse,* poème de Jacques Bruyant*, et puisé largement dans une édition amplifiée du livre de cuisine attribuée à Guillaume Tirel dit Taillevent*. Il cite parfois des souvenirs personnels ou des contes populaires pour illustrer ses préceptes. Ses conseils (deuxième distinction) sur le jardinage, les domestiques, les vins, les chevaux et (troisième distinction) l'*espreveterie* sont peut-être originaux.

Par la variété même des éléments qu'il réunit, le *Mesnagier de Paris* possède un charme et un intérêt exceptionnels. Il les doit au caractère bon et humain de son auteur, à ses emprunts littéraires qui reflètent le goût contemporain, à un style apparemment sans apprêt, qui se veut celui de la conversation, aux nombreux détails qui jettent une vive lumière sur la vie bourgeoise et l'histoire sociale du XIVe siècle.

ŒUVRE. — Éd. J. Pichon, Paris, 1846, 2 vol. *(Soc. bibliophiles fr.).* — Éd. G.E. Brereton et J.M. Ferrier, Oxford, 1981. — Adaptation partielle en français moderne : C. Hieatt et S. Butler, *Pain, vin et venaison, un livre de cuisine médiévale,* Montréal, 1977.

→ G.E. Brereton, *Deux sources du Ménagier de Paris...*, dans *Romania* t. 74 (1953), p. 338-357 ; *A Husband's Aside : the Use of the Second Person Singular...*, dans *French Studies*, t. 31 (1977), p. 257-267 ; *« Seulement pour vous endoctriner » : the Author's Use of Exempla,* dans *Medium Aevum*, t. 48 (1979), p. 77-89. — F. Möhren, *Wort und sachgeschichtliche Untersuchungen an fr. landwirstschaftlichen Texten 13, 14, und 18 Jahrhundert...*, Tübingen, 1986. — *Manger et boire au Moyen Âge*, Paris, 1984 (*Publ. Fac. Lettres et Sc. humaines de Nice*, 27). — M. Zimmermann, *Ein spätmittelalterliches Hausbuch. Le Ménagier de Paris*, dans *Vom Hausbuch zur Novelle...*, Düsseldorf, 1989 (*Studia humaniora*, 12), p. 23-78. — Cf. *MB* nos 5452, 5453 ; 7018 ; 7990 ; *S* 7607, 7608, 7738, 7739. G.E.B. et G.H.

Meunier et les deux clercs. Fabliau du XIIIe siècle, en 322 octosyllabes. Deux pauvres clercs empruntent du froment et un cheval pour se faire boulangers. Mais le meunier leur vole ces biens, sans qu'ils réalisent qu'il est le coupable. Désespérés, ils lui demandent l'hospitalité et, dans la nuit, abusent de sa femme et de sa fille. Et l'un des clercs conte ses exploits au meunier qu'il prend pour son compagnon. Au matin, le meunier veut les battre, mais sa femme révèle le vol qu'il a commis : les deux clercs le rossent et récupèrent leur bien. Le thème du clerc qui avoue, par méprise, sa bonne fortune au mari est commun avec celui de *Gombert et les deux clercs* de Jean Bodel* ; il a servi de source à Boccace*, Chaucer et La Fontaine.

ŒUVRE. — Éd. A. Montaiglon, et G. Raynaud, dans *Recueil général des fabliaux*,

Paris, 1883, t. 5, p. 83-94. — Éd. P. Ménard, dans *Fabliaux français du Moyen Âge*, t. 1, Genève, 1979 (*TLF*, 270). — Trad. italienne R. Brusegan, dans *Fabliaux. Racconti francesi medievali*, Turin, 1980.

→ G. Ebeling, *Zur Berliner Fabliauxhandschrift [Hamilton, 257]*, dans *Mél. A. Tobler*, 1895, p. 335-341. — J. Rychner, *Contribution à l'étude des fabliaux*, Neuchâtel-Genève, 1960, t. 1, p. 103 et t. 2, p. 153-160. — C. di Girolamo et C. Lee, *Writers and Reworkers Forms of Intertextuality in Medieval Narrative*, dans *Formation, codification et rayonnement d'un genre médiéval. La Nouvelle. Actes du colloque de Montréal 1982*, Montréal, 1983, p. 16-24. — L. Rossi, *Jean Bodel et l'origine du fabliau, ibid.*, p. 45-63. A.F.L.L.

Michault Taillevent. Longtemps confondu avec Pierre Michault*, Michault Le Caron, surnommé Taillevent, est né entre 1390 et 1395 dans la région d'Aire-sur-Lys (Pas-de-Calais). La suite de sa vie est connue par les comptes de la cour de Bourgogne. De 1426 à 1448, il est gagé comme « joueur de farses » et « valet de chambre » de Philippe le Bon. On peut fixer la date de sa mort entre 1448 et 1458. Outre ses gages, modestes, Michault reçut des gratifications pour les divertissements qu'il mit sur pied ou ses déplacements au service du duc : en Bourgogne, à Bruxelles, à Paris, dans le Jura. À côté de ces activités de metteur en scène et d'organisateur des « menus plaisirs », il y a la poésie de cour. Et dans le cadre où Michault Taillevent a travaillé, on ne peut guère séparer les pièces d'inspiration autobiographique, les œuvres qui commémorent de grands événements et celles qui s'inscrivent dans une tradition déjà riche. Les unes et les autres ont alterné durant la carrière de l'auteur et ses 14 textes eurent probablement le même public.

L'œuvre la plus ancienne est la *Destrousse* (vers 1430 ; huitains d'octosyllabes) où Michault raconte comment, dormant à la belle étoile, il se fit dévaliser près de Pont-Sainte-Maxence. À la même époque, il composa le *Dialogue de son voiage de Saint Glaude* (voyage dans le Jura ; émerveillement devant les montagnes et les techniques d'extraction du sel). Le *Songe de la Toison d'Or* (fin 1431) exalte la fondation de cet ordre par Philippe le Bon, grâce à la vision du palais d'Honneur où sont reçus les 31 membres de l'ordre. Une *Moralité* met en scène Povre Commun, Guerre, l'Envoyé du pape... Écrite au moment du traité d'Arras entre Charles VII et le duc de Bourgogne (1435), elle plaide en faveur d'un retour à la paix pour soulager le peuple et réconcilier les grands seigneurs, parents et ennemis. Autour de 1440, Michault Taillevent écrit deux de ses œuvres qui connurent la plus grande diffusion : le *Psautier des vilains* (11 mss) et le *Passe temps* (13 mss, deux éditions incunables). Le *Psautier des vilains* répond explicitement au *Bréviaire des nobles* d'Alain Chartier*. En une suite de 13 ballades, les vertus à cultiver pour éviter la vilenie du « vilain » et acquérir la noblesse du « gentil » exposent leur programme (Gentillesse, Hardiesse...). Dans le *Passe Temps,* Michault regrette le temps passé de la jeunesse et de son insouciance. Chacune des 93 strophes de ce traité mélancolique est terminée par un proverbe : forme figée du sens commun qui modère l'épanchement lyrique.

En 1443, Michault écrit cinq poèmes à l'occasion de la prise de Luxembourg par son maître. Puis, vers 1444, c'est un texte à nouveau bien diffusé : le *Debat du Cuer et de l'Ueil* (16 mss ; éd. anonyme dans le *Jardin de Plaisance*, 1501). Si l'on y retrouve l'esprit des poèmes de Charles d'Orléans* (allégorie et débat intérieur), la narration l'en différencie, qui passe par les stations suivantes : chasse au cerf, réunion de femmes dans la forêt, songe enfin où est insérée la dispute entre Cœur et Œil. Le premier reproche au second de l'avoir conduit inconsidérément à aimer une des jeunes femmes de la forêt. Ils portent leur débat devant Amour ; ils combattent en champ clos lorsque Pitié apporte un message de Vénus à son fils, Amour : les champions doivent cesser le combat et la rejoindre. Elle fait rédiger leur différend et offre une couronne de roses à qui jugera le mieux de leur cas. On rejoint donc ici la tradition des débats ouverts, comme ceux de Christine de Pizan*, par exemple. Thème traditionnel aussi que celui du *Regime de Fortune* (vers 1445) : sept ballades et un rondeau sur les inconstances du sort humain. C'est à un coup de Fortune, la mort prématurée de Catherine de France, comtesse de Charolais, qu'est consacré le *Lai sur sa mort* (1446). Enfin Michault dit adieu à l'amour dans le *Congé d'Amour* et la *Bien Allée* (six et sept ballades, après 1440).

Les aspects traditionnels de cette œuvre ne doivent pas en cacher la valeur et parfois la difficulté. Riche vocabulaire, rythmes assez variés et modernité du ton ont dû contribuer au succès de certaines pièces. Cité dans l'inventaire du *Testament de l'amant trespassé de deuil* (1447-1448) attribué à Pierre de Hauteville*, le *Passe-Temps* trouva une réponse dans le *Temps perdu* de Pierre Chastellain*. Quant au *Regime de Fortune,* mis au compte du grand Alain Chartier*, il fut imprimé parmi ses œuvres à trois reprises (1498, 1518 et 1529).

ŒUVRES. — R. Deschaux, *Un poète bourguignon du* XVe *siècle. Michault Taillevent,* Genève, 1975 (*Publ. romanes et françaises,* 132) [éd. de toutes les œuvres et étude].

→ A. Piaget, *Pierre Michault et Michault Taillevent,* dans *Romania*, t. 18 (1889), p. 439-452. — G. Doutrepont, *La littérature française à la cour des ducs de Bourgogne,* Paris, 1909, p. 152-155, 321-323. — P. Champion, *Histoire poétique du* XVe *siècle,* Paris, 1923, t. 1, p. 285-338. — M. Duchein, *Le poète Michault Le Caron, dit Taillevent*, dans *Positions des thèses de l'École des Chartes,* 1949, p. 48-52. — D. Poirion, *Le temps perdu et retrouvé... au* XVe *siècle*, dans *Revue des Sciences humaines*, t. 4, n° 183 (1981), p. 71-84. — J.C. Muhlethaler, *Poétiques du* XVe *siècle : Situation de François Villon et Michault Taillevent,* Paris, 1983. — L. Brind'amour, *Amour et littérature à la fin du* XVe *siècle : Michault Taillevent et Guillaume Crétin*, dans *Fifteenth-Century Studies,* t. 12 (1987), p. 5-15. — C. Thiry, *Débats et moralités dans la littérature française du* XVe *siècle : intersection et interaction du narratif et du dramatique,* dans *Le Moyen Français*, t. 19 (1986), p. 203-244 [sur la *Moralité d'Arras*]. — J. Cerquiglini, *Actendez, actendez,* dans *Mél. P. Zumthor,* Paris, 1988, p. 39-47 (*Nouvelle Bibliothèque du Moyen Âge*, 12). — Cf. *GRLMA*, t. VIII/1, p. 74, 81, 102, 108, 118, 136-137. — *MB* n°s 4784-4793, 6853, 6908, 7092 ; *S* 6998, 7360-7361. S.L.

Michel Pintoin. Voir : Religieux de Saint-Denis.

Micon de Saint-Riquier (Mico Centulensis). Moine et écolâtre du monastère de Saint-Riquier dans la première moitié du IXe siècle, il composa de petits poèmes de circonstance, transmis dans la collection des *Carmina Centulensia* (*tituli,* épitaphes, inscriptions funéraires et monumentales, épigrammes, etc.). Ses autres œuvres sont le reflet de son enseignement grammatical et de son intérêt pour la prosodie. Il est célèbre surtout pour son *Opus prosodiacum,* un des plus anciens et des plus riches florilèges prosodiques destinés à l'apprentissage de la quantité des syllabes. À chaque mot classé dans l'ordre alphabétique correspond la citation d'un ou plusieurs vers qui le contiennent avec indication de l'auteur. Sur les 408 vers cités, 229 sont extraits de poètes classiques. Dans la marge droite on trouve également un grand nombre de lemmes sans exemple, qui ont été ajoutés, à leur place alphabétique, ou bien pour mémoire ou bien en vue de compléter le florilège à l'occasion d'une refonte. Des gloses interlinéaires nombreuses, en partie en notes tironiennes, contiennent des notes grammaticales et des explications de mots. Ce florilège, qui a connu une certaine diffusion, a une source commune avec les *Exempla diversorum auctorum,* postérieure à la *Vita Mammae* de Walafrid Strabon. Il peut être daté du milieu du IXe siècle plutôt que de 825, comme l'avaient proposé Traube et Manitius, en se fondant sur les données d'un poème, qui, en réalité, n'est pas de Micon, mais de Dicuil. On doit aussi à Micon un traité de prosodie sur la première syllabe, le *De prima syllaba,* basé essentiellement sur Priscien et connu seulement par deux manuscrits (dans l'édition de Manitius, seule la première partie est de Micon, la deuxième étant en fait de Dicuil). Enfin son glossaire alphabétique, conservé en deux morceaux et incomplet dans deux manuscrits de Bruxelles, est encore inédit. Ordonné alphabétiquement, il commence par des extraits tirés de l'abrégé de Pompeius Festus par Paul Diacre* (cf. éd. Traube, p. 368). Manitius lui attribue aussi deux œuvres perdues : un commentaire des Évangiles et un poème sur la Genèse, ainsi que l'*Epistola censuum,* qui est en réalité de Dicuil.

ŒUVRES. — Parmi les *Carmina Centulensia* éd. L. Traube, Berlin, 1896, 1964, p. 279-294 [*Opus prosodiacum*] ; p. 294-319 [*Carmina* n°s 1-67], p. 330-331 [*Carm.* n°s 91-92], p. 335-336 [*Carm* n°s 102-104] et p. 358-368 [*Carm.* n°s 152-171] (*MGH. Poetae latini aevi Carolini*, 3). — *De prima syllaba,* éd. M. Manitius, dans *Münchener Museum für Philologie*, t. 1 (1912), p. 126-154.

→ L. Traube, *Sophocles, ein Dichter der Anthologia latina,* dans *Rheinisches Museum für Philologie*, n.s., t. 44 (1889), p. 478-479 ; *Bannita cassidile,* dans *Archiv für lateinische Lexikographie und Grammatik,* t. 6 (1889), p. 365-367. — R. Ellis, *The Prosody of Mico the Levite,* dans *The Journal of Philology,* t. 22 (1892), p. 9-21. — M. Bonnet, *L'« opus prosodiacum » de Micon et le ms de Paris 1928,* dans *Revue de Philologie,* n.s., t. 18 (1894), p. 159. — M. Manitius, *Zu lateinischen Dichtern : 4. Zum Florilegium des Micon,* dans *Rheinisches Museum für Philologie,* n.s., t. 50 (1895), p. 315-320 ; *Zur karolingischen Literatur. III, Remigius von Auxerre und Mico von St. Riquier,* dans *Neues Archiv,* t. 36 (1910), p. 52-53. — K. Strecker, *Studien zu den karolingischen Dichtern. I. Zu Micons Schrift De prima syllaba,* dans *Neues Archiv,* t. 43 (1920), p. 479-487. — A. Van de Vyver, *Dicuil et Micon de Saint-Riquier,* dans *RBPH,* t. 14 (1935), p. 25-47. — B. Munk Olsen, *Les classiques latins dans les florilèges médiévaux antérieurs au* XIII*e* *siècle,* dans *RHT,* t. 9 (1979), p. 57-62 ; *L'étude des auteurs classiques latins aux* XI*e* *et* XII*e* *siècles,* 2, Paris, 1985, p. 840, 844, 846, 855, 858 et 859. — V. Sivo, *Appunti sull'« Opus prosodiacum » di Micone di Saint-Riquier...,* dans *Annali della Facoltà di Lettere e filosofia della Università degli studi di Bari,* t. 30 (1987), p. 217-236. — Cf. Manitius, 1, p. 469-476. — Brunhölzl, 1, p. 307, 349 et 552 ; trad. française, t. 1, vol. 2, 1991, p. 65, 67, 107, n. 41, 278. — *Verfasserlexikon,* 4, col. 753 [K. Langosch].

C.J.

Miles gloriosus. Comédie latine en 183 distiques élégiaques, composée, sans doute en France du Nord, vers la fin du XIIe siècle.

Malgré son titre, l'ouvrage n'a aucun rapport avec la pièce homonyme de Plaute. Il relate les amours vénales d'un jeune chevalier et d'une bourgeoise romaine. Le jeune homme est associé à un usurier, à qui il remet par contrat la moitié de ses gains et qui est, sans qu'il le sache, le mari de sa maîtresse. L'usurier, que le gigolo tient au courant de ses rendez-vous, essaie de surprendre les amants en flagrant délit, en présence de ses beaux-frères. Mais les circonstances ou la ruse d'une servante le font échouer à trois reprises. Le mari trompé cherche alors à confondre les adultères au cours d'un banquet très arrosé. Le jeune homme bavarde inconsidérément, mais, prévenu discrètement par sa maîtresse, transforme *in extremis* l'histoire de ses amours secrètes en récit de songe. Chassé par ses beaux-frères, qui restent convaincus de l'innocence de leur sœur, le mari est contraint de s'expatrier en abandonnant l'essentiel de sa fortune. La femme épouse son jeune amant, et tous deux vivent heureux en profitant des biens de l'exilé.

Cette « comédie » ne renferme presque aucune partie dialoguée : elle peut être définie comme un conte en vers, entrecoupé de monologues verbeux. Les personnages sont sans relief, et l'intrigue assez peu comique. Faral a soutenu jadis que le *Miles gloriosus* était évoqué au début de la *Lidia** (sous le nom d'*Eques ludens*) et qu'on devait postuler le même auteur pour les deux comédies. Les travaux de Cecchini et d'Orlandi ont montré combien cette thèse était fragile. L'attribution du *Miles* à Arnoul d'Orléans* est également très douteuse, bien qu'elle ait été acceptée dans la récente édition italienne.

ŒUVRE. — Éd. R. Baschet, chez G. Cohen, *La « comédie » latine en France au* XII*e* *siècle,* t. 1, Paris, 1931, p. 179-210 [avec trad. française]. — S. Pareto, dans *Commedie latine del* XII *e* XIII *secolo,* t. 4, Gênes, 1983, p. 11-93 [avec trad. italienne].

→ E. Faral, *Le Fabliau latin au Moyen Âge* dans *Romania,* t. 50 (1924), p. 351-362. — B. Roy, *Arnulf of Orleans and the Latin « Comedy »,* dans *Speculum,* t. 49 (1974), p. 258-266. — E. Cecchini, *A proposito di « commedie » medioevali : stemmi, problemi testuali, questioni attributive,* dans *Maia,* t. 37 (1985), p. 59-77. — G. Orlandi, *Metrica « medievale » e metrica « antichizzante » nella commedia elegiaca : la tecnica versificatoria del « Miles gloriosus » e della « Lidia »,* dans *Mél. A. Perosa,* t. 1, Rome, 1985, p. 1-16. F.D.

Milon d'Amiens. On ne sait rien de l'auteur qui écrivit en picard au XIIIe siècle *Le Prêtre et le chevalier.* Ce fabliau de 1 364 octosyllabes est conservé dans un seul ms. Comme tant d'autres fabliaux, il raconte comment un avare se fait jouer par plus malin que lui. Un chevalier demande l'hospitalité à un prêtre cupide qui l'oblige à accepter ses conditions : chaque chose lui sera comptée cinq sous, mais il pourra tout obtenir. La note est exorbitante. Le chevalier y ajoutera pour dix sous les faveurs de la nièce et de la concubine de son hôte. Et le prêtre le chassera sans rien lui faire payer quand il en exigera autant de lui !

ŒUVRE. — Éd. A. de Montaiglon et G. Raynaud, dans *Recueil général des fabliaux,* Paris, 1887, t. 2, p. 46-91.

→ M.-L. Chênerie, *Ces curieux chevaliers tournoyeurs,* dans *Romania,* t. 97 (1976), p. 327-368. — A.E. Cobby, *Le Prestre et le Chevalier. Sens et morale,* dans *Reinardus,* t. 3 (1990), p. 25-35. A.F.L.L.

Mimes. Ce genre de comédie populaire, goûté jadis chez les Grecs et chez les

Romains, continua de plaire aux Français du Moyen Âge. E. Faral, *Mimes français du* XIIIe *siècle*, Paris, 1910, présente une édition commentée du *Privilège aux Bretons*, de la *Paix aux Anglais** des *Deux bourdeurs ribauds**, du *Dit de l'Herberie*, de Rutebeuf*. On trouve une bibliographie détaillée dans J. Rolland, *Le Théâtre comique en France avant le* XVe *siècle*, Paris, 1926, p. 6-61. — Cf. *MB* n° 3946.

R.B.

Miracle des trois pèlerins de Saint Jacques. Plusieurs fragments conservés à la Bibliothèque nationale (n.a. fr. 14062) contiennent 485 vers de huit syllabes. Les 14 feuillets qui subsistent, sur 28 à l'origine, mettent en scène l'histoire de trois pèlerins dont l'un, faussement accusé, est sauvé par un miracle. Le texte est d'origine lyonnaise et fortement influencé par le théâtre comique.

ŒUVRE. — Éd. G. Ouy, *Le Miracle des trois pèlerins de Saint Jacques. Une pièce de théâtre médiéval sauvée de la destruction,* dans *Pluteus,* t. 2 (1984), p. 93-140. E.L.

Miracles. En écrivant ses huit livres de *Miracles*, Grégoire de Tours* préludait à un genre littéraire dont le succès allait être immense d'un bout à l'autre du Moyen Âge. Il n'avait pas conscience de faire œuvre originale ; les récits de miracles sont de tous les temps, ils forment le complément obligé de toutes les *Vitae sanctorum*. Néanmoins, il est incontestable que l'influence de Grégoire de Tours fut considérable.

Ce qu'il avait fait pour Saint-Martin de Tours, avec son *De Virtutibus Sancti Martini*, d'autres allaient le faire pour les divers sanctuaires de la chrétienté. Après l'An Mil, c'est une efflorescence sans précédent. À Fleury par exemple, les *Miracles de saint Benoît* sont consignés par Adrevald, Raoul Le Tourtier* et Hugues de Fleury*, tandis que Didier du Mont-Cassin collige ceux du sanctuaire italien. Aimoin recueille à Paris ceux de *saint Germain*, Hariulf* ceux de *saint Riquier* ; Guillaume du Merle, au XIIe siècle, ceux de *saint Josse*, et Hermann, ceux de *saint Martin* à Tournai. Certains recueils ont une attache topographique moins marquée, tel l'ouvrage célèbre de Pierre le Vénérable*, abbé de Cluny, *De Miraculis*, dont le titre devrait plutôt être traduit : *Récits merveilleux*. Ces miracles sont de toute nature, destinés seulement à illustrer d'exemples concrets et directs certaines vérités de la foi. Les *Livres de Miracles* de Césaire d'Heisterbach sortent de la même veine.

Le réveil du culte de la Vierge, aux XIe et XIIe siècles, sous l'influence de l'Orient, est à l'origine d'un nombre considérable de recueils spécialisés : les *Miracles de Notre Dame*. Chaque sanctuaire marial tint, lui aussi, à posséder ses annales merveilleuses. L'Angleterre se signale particulièrement dans cette voie ; n'est-ce pas chez elle qu'est célébrée pour la première fois en Occident la fête de la Conception de la Vierge ? Guillaume de Malmesbury composa un recueil, justement célèbre, des *Miracles de Notre Dame*. En France, les sanctuaires de Chartres, Coutances, Laon, Soissons, Saint-Pierre-sur-Dives, Rocamadour constituent des collections qui ont pour auteurs Gilon, Hermann de Laon, Hugues Farsit, Gautier de Compiègne, Vincent de Beauvais*, etc. À côté des récits historiques, nés près des sanctuaires, à partir de faits dûment constatés, se glissent dans ces compilations de véritables contes, destinés à faire grandir la confiance en Notre-Dame. Plusieurs de ces légendes plongent leurs racines jusque dans le folklore païen. Par ailleurs, les auteurs de *Miracles* ne se font nul scrupule de confisquer, au profit de leur sanctuaire, tel fait merveilleux, né ailleurs.

Les recueils de *Miracles*, rédigés en latin, restaient réservés aux clercs qui y trouvaient un aliment pour la prédication populaire. Dès le XIIe siècle, traductions et adaptations se multiplient, les rendant directement accessibles au public de langue romane. Adgar*, un moine anglo-normand, transpose en un style rocailleux une série de Miracles, empruntés pour une large part à Guillaume de Malmesbury. Une autre collection anglo-normande du XIIIe siècle est plus complète, mais sans grand mérite littéraire. On doit y ajouter l'œuvre d'un moine de Bury-Saint-Edmond, Evrard de Gateley*. En 1262, Jean Le Marchant*, sur la demande de l'évêque Macé, compose laborieusement les *Miracles de Notre-Dame de Chartres*. Mais la collection de Gautier de Coinci*, prieur de Vic-sur-Aisne († 1236), éclipse toutes les autres par la profondeur de son enseignement et le brillant de son écriture.

Rutebeuf*, le premier, transpose sur la scène les récits ; avec son *Miracle de Théophile*, il inaugure un genre nouveau : le *Miracle par personnages*. Divers recueils ont vu le jour après Gautier de Coinci ; ils font assez pâle figure auprès de lui. Citons Jean de Saint-Quentin*, le *Rosarius*, composé au XIVe siècle, et Jean Mielot* qui, au XVe, compose également une collection. Mais nombre de *Miracles* se retrouvent à l'état isolé sous forme de fabliaux, tels *La Bourgeoise de Narbonne*, le *Dit du bœuf*, le *Dit de la bourgeoise de Rome*, le *Dit du chevalier et de l'écuyer* (par Jean de Saint-Quentin), *Le Clerc de Rouen* (par Thibaut de Vernon*), le *Jeu des dés* et *Le Harpeur de Rochester*.

Si les *Miracles de Notre Dame* tiennent le premier rang, la littérature romane, pas plus que la littérature latine dont elle est dérivée, n'a négligé les autres saints, mais les plus intéressants *Miracles* se rencontrent dans la catégorie des *Miracles de Notre-Dame par personnages** ; les recueils de sanctuaire n'ont guère de valeur littéraire.

→ *HLF*, t. 12, p. 295-491 ; t. 19, p. 843-857 ; t. 23, p. 116-126. — *BHL*, Bruxelles, 1898-1901 (2 vol.) ; *Suppl.*, 1911 ; *Novum Suppl.*, 1986. — A. Poncelet, *Index miraculorum B.M.V.*, dans *Analecta bollandiana*, t. 21 (1902), p. 241-360. — A. Mussafia, *Studien zu den mittelalterlichen Marienlegenden*, dans *Sitzungsbericht des K.K. Akademie der Wissenschaft, philologische-historische Classe*, Vienne, 1886-1898. — U. Ebel, *Das altromanische Mirakel. Ursprung und Geschichte einer literarischen Gattung*, Heidelberg, 1965 (*Studia romanica*, 8). — P. Bétérous, *Les collections de miracles de la Vierge en gallo- et ibéro-roman au XIIIe siècle*, Dayton (Ohio), 1983-1984. — Cf. *MB* nos 3127-3192, 7083-7085 ; *S* 2627, 4954, 5680-5716. D.G.O.

Miracles de Notre Dame par personnages. Le manuscrit en deux volumes BN, fr. 819-820, appelé aussi ms. Cangé, contient 40 miracles de Notre-Dame. Ce manuscrit est une anthologie rétrospective, qui fut peut-être offert à un grand personnage. Les 40 miracles commencent par « Ci comence un miracle de nostre Dame de... » suivi du titre. Voici la liste des 40 miracles (la lettre P indique que le miracle contient un sermon, la lettre S un serventois) :

1. De l'enfant donné au diable (1 527 vers, 18 personnages) S ; 2. De l'abbeesse grosse (1 226 vers, 13 personnages) P ; 3. De l'evesque que l'arcediacre murtrit (1 138 vers, 21 personnages) PS ; 4. De la femme du roy de Portigal (1 539 vers, 16 personnages) P ; 5. De la nativité nostre seigneur Jhesucrist (1 064 vers, 13 personnages) P 2S ; 6. Saint Jehan Chrisothomes (1 579 vers, 20 personnages) P ; 7. De la nonne qui laissa son abbaie (1 102 vers, 17 personnages) P ; 8. De un pape qui vendi le basme (1 278 vers, 15 personnages) ; 9. De saint Guillaume du desert (1 431 vers, 29 personnages) P ; 10. De l'evesque a qui N. Dame s'apparut (838 vers, 11 personnages) P ; 11. De un marchant et un larron (761 vers, 10 personnages) P ; 12. De la marquise de la Gaudine (1 410 vers, 17 personnages) ; 13. De l'empereur Julien (1 588 vers, 21 personnages) P ; 14. De un prevost que Nostre Dame delivra (1 399 vers, 20 personnages) P 2S ; 15. De un enfant que N. Dame resuscita (1 844 vers, 22 personnages) S ; 16. De la mere du pape (1 824 vers, 14 personnages) ; 17. De un paroissien excomenié (2 036 vers, 14 personnages) (la fin manque) ; 18. De Theodore (1 710 vers, 21 personnages) P 2 S ; 19. De un chanoine qui se maria (1 278 vers, 16 personnages) P 2S ; 20. De saint Sevestre (1 450 vers, 24 personnages) 2 S ; 21. De Barlaam et Josaphat, (1 729 vers, 21 personnages) P 2 S ; 22. De saint Panthaleon (1 731 vers, 21 personnages) P ; 23. De Amis et Amile (1 898 vers, 20 personnages) ; 24. De saint Ignace (1 200 vers, 15 personnages) P 2S ; 25. De saint Valentin (1 361 vers, 22 personnages) P 2S ; 26. De une femme que N. Dame garda d'estre arse (1 552 vers, 26 personnages) P 2S ; 27. De l'empereris de Romme (2 126 vers, 25 personnages) P ; 28. De Oton, roy d'Espaigne (2 079 vers, 25 personnages) P ; 29. De la fille du roy de Hongrie (2 542 vers, 32 personnages) ; 30. De saint Jehan le Paulu hermite (1 612 vers, 22 personnages) P 2S ; 31. De Berthe femme du roy Pepin (2 896 vers, 31 personnages) P 2S ; 32. Du roy Thierry (2 384 vers, 29 personnages) ; 33. De Robert le dyable (2 279 vers, 44 personnages) ; 34. De sainte Bautheuch (2 635 vers, 32 personnages) ; 35. De un marchant et un juif (1 626 vers, 27 personnages) ; 36. De Pierre le changeur (2 119 vers, 24 personnages) P ; 37. De la fille d'un roy (3 324 vers, 36 personnages) P ; 38. De saint Lorens (2 075 vers, 29 personnages) (la fin

manque) ; 39. De Clovis (2 450 vers, 34 personnages) ; 40. De saint Alexis (2 659 vers, 36 personnages).

Ces miracles sont une source essentielle pour le théâtre du XIVe siècle. Ils sont caractérisés par leurs dimensions restreintes, la simplicité de leur mise en scène pour laquelle presque aucune didascalie n'est fournie. Vingt-quatre d'entre eux contiennent un sermon. Les pièces sont composées en octosyllabes mais le dernier vers de chaque réplique compte quatre syllabes.

Ces miracles furent représentés tous les ans de 1339 à 1382 (sauf en 1354 et de 1358 à 1360) « au puy des orfèvres », à Paris, dans leur salle, donc au moment de la réunion annuelle de la confrérie Saint-Éloi des orfèvres de Paris. La représentation était suivie d'un concours poétique, d'où les serventois couronnés et estrivés, copiés à la suite de certains des miracles.

Les sources des miracles sont très variées : vies de saints, chansons de geste, miracles narratifs de Gautier de Coinci* et auto-citations des miracles précédents. Certains de ces miracles ont peut-être inspiré Jehan Louvet, auteur de 12 mystères représentés par la Confrérie de Notre-Dame de Liesse (Liance) à Paris de 1536 à 1550, pour les nos 1 (La reine de Portugal, 1536), 5 (La Fiancée d'un chevalier, 1540) et 6 (L'enfant ressuscité, 1541).

ŒUVRES. — Éd. G. Paris et U. Robert, *Les Miracles de Notre Dame par personnages,* Paris, 1876-1893, 8 vol. (*SATF*). — Éd. G.A. Runnalls, *Le Miracle de l'enfant ressuscité (n° 15),* Genève, 1972 (*TLF*, 182). — Éd. N. Wilkins, *Two Miracles* (*nos 7 et 25*), Édimbourg, 1972.

→ R. Gultz, *Les Miracles de Notre-Dame par personnages : Kritische Bibliographie und Neue Studien zu Text,* Berlin, 1954. — L. Petit de Julleville, *Les mystères,* Paris, 1880, t. 1, p. 115-186 ; t. 2, p. 226-335. — G.A. Runnalls, *The Manuscripts of the Miracles de Notre-Dame,* dans *Romance Philology,* t. 22 (1968-1969), p. 15-22 ; *The Miracles de Notre Dame par personnages : Erasures in the Manuscripts and the Dates of the Plays and the Serventois,* dans *Philological Quarterly*, t. 49 (1970), p. 19-29 ; *Medieval Trade Guilds...* dans *Medium Aevum* t. 39 (1970), p. 257-287. — W. Noomen, *Pour une typologie des personnages des Miracles de Notre-Dame,* dans *Mél. L. Geschière,* Amsterdam, 1975, p. 71-89. — W. Wilkins, *Music in the* XIVth *Century Miracles de Notre-Dame,* dans *Musica Disciplina,* t. 18 (1974), p. 39-75. — E. Konigson, *Structures élémentaires de quelques fictions dramatiques dans les Miracles par personnages du ms. Cangé,* dans *Revue d'histoire du théâtre,* t. 29 (1977), p. 105-127. — R. Lebègue, *La tragédie religieuse en France,* Paris, 1929, p. 74-77. — C.J. Stratman, *Bibliography of Medieval Drama*, Berkeley, 1954 ; 2e éd. augm., New York, 1972, nos 7292-7323. — Cf. *GRLMA*, t. XII/1 : Le théâtre religieux français (sous presse). — *MB* nos 5686-5707 ; *S* 7083-7085, 8030-8034, 8146-8160. E.L.

Miracula sancti Benedicti. Voir : Aimoin de Fleury ; Hugues de Fleury ; Raoul le Tourtier.

Miroir des bonnes femmes. Œuvre d'un franciscain anonyme de la seconde moitié du XIIIe siècle, le *Miroir des bonnes femmes* n'est pas un traité d'instruction morale analogue au *Miroir des Dames* de Durand de Champagne*, mais un recueil d'*exempla**. Il regroupe en deux séries, autour d'un noyau d'*exempla* bibliques (36 dans la première partie, 30 dans la seconde), des anecdotes empruntées à l'Antiquité, à l'hagiographie, à l'histoire ou la légende, qui illustrent les unes le comportement des mauvaises femmes, les autres le comportement des bonnes femmes. Le chevalier Geoffroi de La Tour Landry* lui fit de larges emprunts.

→ J.-L. Grigsby, *Miroir des bonnes femmes,* dans *Romania,* t. 82 (1961), p. 458-481 ; t. 83 (1962), p. 30-51 [étude du texte et résumé des *exempla*] ; *A New Source of the Livre du Chevalier de La Tour Landry, ibid.*, t. 84 (1963), p. 171-208. G.H.

Miroir des Pécheurs. Le *Speculum peccatoris* pseudo-augustinien (*PL*, t. 40, col. 983-992), qui porte parfois comme sous-titre *ars moriendi* — ce qu'il est en réalité — connut de nombreuses traductions en langue vulgaire, surtout au XVe siècle en France et en Italie, où le texte latin avait eu une énorme diffusion. Il veut être un avertissement, et en même temps une description du trépas de l'homme, sans adopter toutefois — pour des motifs qu'il n'est pas facile de démontrer — le schéma rigide de l'*ars moriendi*, qui opposait aux cinq tentations du diable au moment de la mort (*temptacio diaboli de fide, de desperacione, de impaciencia, de vana gloria, de avaricia*) autant de *bonae inspirationes*. On y trouve aussi la reprise de certains motifs qui rattachent le *Speculum* à l'ascétisme monastique du Xe au XIIIe siècle et, plus loin encore, à la tradition biblique.

Le texte résulte d'une habile *contami-*

natio du *De modo orandi* de Hugues de Saint-Victor* du *Liber conscientiae* attribué à saint Bernard* et du *De spiritu et anima* anonyme, mais attribué à Augustin lui-même. Malgré sa nature composite — qu'accusent la succession inorganique des thèmes et leur dispersion — cette petite œuvre, qui ne cesse de rappeler l'avertissement dramatique du *Liber Deuteronomii (Utinam saperent et intelligerent ac novissima providerent)* chaque « tournant » du discours, finit par acquérir une certaine unité de ton qui n'apparaît pas, cependant, comme le fruit d'une composition élaborée dans la méditation, ou mieux comme un fait de style.

Après avoir rappelé la fragilité de l'homme et la certitude de la mort, le sermon nous invite à observer les commandements et à nous rappeler le conseil *Utinam saperent*... Ce conseil permet de triompher des vices, mais ils sont rares ceux qui méditent sur la misère de l'homme faible, pécheur, sur le péril imminent de la vie et sur la puanteur de l'abîme infernal. Afin de pourvoir à nos derniers instants, il faut que nous méditions sur la nécessité de connaître la misère de l'homme.

Le cinquième chapitre évoque la terreur de l'agonie et l'horreur de la décomposition, afin de mortifier surtout la vaine science du monde. Les images pleines d'angoisse de l'enfer, l'énumération des vices qui mènent à la damnation, la peur du démon qui envahit l'âme même de saint Martin et de la sainte Vierge (chapitre VII) précèdent la conclusion, dont l'effet dramatique est remarquable. Après une dernière menace, les motifs macabres s'estompent dans l'évocation finale.

Il est difficile de localiser le *Speculum*, même s'il est de plus en plus probable qu'il vient d'Italie : en effet, la littérature ascético-religieuse de ce pays, aux XIIIe et XIVe siècles, contient un grand nombre des motifs évoqués plus haut et dont quelques-uns remontent à saint Anselme*, à saint Bernard*, et surtout au *De contemptu mundi* d'Innocent III, mort en 1216. C'est de celui-ci, en effet, que dépendent clairement certaines œuvres ascétiques de Bono Giamboni (*Della miseria dell'uomo*), de Giacomino da Verona (*Caducità della vita umana*), d'Agnolo Torini (*Breve raccoglimento della miseria umana*). À Gênes, Florence, Milan, Ravenne, Padoue, Palerme et Rome, il y a des mss latins du *Speculum* : on peut tous les situer entre le XIVe et le XVe siècle ; on en trouve en outre une trentaine en France, quelques-uns en Allemagne et un à Oxford. L'imprimerie favorisa la propagation ultérieure de cette petite œuvre latine, toujours attribuée à saint Augustin : elle fut d'abord éditée à Augsbourg, par G. Zainer, sans date, mais avant 1473 ; à Vienne en 1481, à Paris chez Caillaut en 1483, à Venise en 1491 (pour se limiter au XVe siècle). De même que la localisation du *Speculum* est incertaine, l'auteur en est anonyme ; aussi les attributions que l'on trouve dans de nombreux catalogues de mss (Augustin, Grégoire le Grand*, Anselme, Bernard) apparaissent-elles trop « faciles » pour être acceptées sans être examinées à fond et accompagnées de plus amples recherches.

Les nombreuses citations bibliques, les *exempla* puisés dans l'Ancien Testament et l'hagiographie, quelques échos de la culture classico-médiévale, permettent de deviner le monde complexe d'un écrivain qui ne se contente pas de reprendre purement et simplement les motifs ascétiques traditionnels, mais chez qui la sensibilité macabre commence déjà à se modifier : le *memento mori* et l'évocation de la décomposition physique, par exemple, perdent le caractère terrible du *De contemptu mundi,* et le but pédagogique est moins évident en de nombreux passages plus ouvertement narratifs.

Chez la plupart des écrivains humanistes contemporains des traducteurs, français et italiens, la méditation de la mort ne s'attache déjà plus à l'évocation choquante du cadavre en proie à la vermine ou aux flammes éternelles, puisque l'image de la mort est devenue, pour ainsi dire, comme « intérieure ». Mais la fortune et la diffusion des adaptations relativement indépendantes du texte latin montrent que la tradition et la sensibilité chrétienne traditionnelle n'étaient que peu ou point changées. On pourrait soutenir, tout au plus, que le thème de la préparation à la mort étant plus net que les autres dans le *Speculum*, celui-ci marque une phase des *Artes moriendi* plus proche de nous dans le temps, qui ne remonte probablement pas au-delà de 1350.

L'édition du *Mirouer des pecheurs* français procurée par G.A. Brunelli (Milan, 1959) cite significativement Gerson* et Gerard Groote parmi les auteurs auxquels on a attribué la traduction, même si la paternité de l'un ni de l'autre ne peut être retenue. En regard des six mss qui ont abouti à la BN de Paris, et de six autres retrouvés et étudiés par Brunelli (Avignon, Privas, Lyon, Chantilly, Valenciennes), tous de la première moitié du XVe siècle, sauf un, nous avons à peine quatre mss de la traduction italienne (Milan, Bologne, Modène, Rome) du XVe et un (Florence) du commencement du XVIe siècle.

La traduction française, plus souple et harmonieuse, offre un contraste très net avec la lourde grossièreté du texte italien ; les notes les plus effrayantes et les plus macabres sont adoucies. Le ton naturel, qui est l'une des qualités propres à la version française, s'est perdu dans l'adaptation italienne, désordonnée et très parcimonieuse pour ce qui est des citations et des allusions à la Bible, mais scrupuleuse lorsqu'il s'agit d'enregistrer les *exempla* (Samson, Salomon, David, saint Martin, etc.).

Brunelli avait déjà mis en lumière quelques-unes des qualités du *Mirouer*, dans lequel les expressions, choisies à dessein, tendent à produire comme une musique intérieure. Lorsque émotion et rhétorique se fondent, on est déjà dans le domaine de l'art. Quelques variantes nous avertissent que la méditation, d'origine monastique, tend à se propager du fond des cloîtres vers un large cercle de lecteurs. Les traductions italiennes sont généralement moins proches du latin que les traductions françaises. Toutefois, dans les unes et les autres, les finesses de rhétorique, qui révèlent chez l'auteur anonyme un souci de la forme digne d'attention, ont disparu, soit que le traducteur ait été poussé par le désir de commenter, soit qu'il ait été guidé par le choix d'un style impropre. Mais quand il était facile de conserver la figure de rhétorique, chacune des deux langues romanes l'a maintenue. C'est ce qui est arrivé pour les anaphores et, en italien, pour certaines figures étymologiques, le traducteur français tentant souvent, de son côté, de récupérer les cadences expressives. Il n'empêche que les considérations du *Mirouer* nous apparaissent bien pauvres et bien plates en comparaison du lyrisme d'un François Villon* et d'un Jean Castel*, qu'inspirèrent quelques-uns des thèmes les plus sombres du *Mirouer des pécheurs.*

ŒUVRES. — *PL*, t. 40, col. 983-992 [texte latin]. — V.A. Amico, *Specchio di peccatori attribuito a s. Agostino,* Bologne (1866) [éd. de la trad. italienne d'après le ms. fautif de la Bibl. univ. de Bologne]. — Éd. de la trad. française par G.A. Brunelli, dans *Miscellanea del Centro di Studi Medievali dell'Università del Sacro Cuore*, 2e série, Milan, 1958, p. 167-207.

→ G.A. Brunelli, *Una « Ars moriendi et bene vivendi » nella Francia del sec. XV,* dans *Studi francesi,* t. 5 (1958), p. 177-189. — K. Chesney, *Notes on Some Treatises of Devotion Intended for Margaret of York (ms. Douce 365),* dans *Medium Aevum* t. 20 (1951), p. 11-39. — G. Hasenohr, *La littérature religieuse,* dans *GRMLA*, t. VIII/2, p. 277-283. — Sur le contexte doctrinal, se reporter à la bibliogr. de l'art. *Art de bien vivre et de bien mourir**, et surtout à R. Bultot, *La doctrine du mépris du monde en Occident de s. Ambroise à Innocent III*, Louvain-Paris (1963-1964), 2 vol. — Cf. *MB* nos 7958-7959. C.B.

Miroir du monde. Traité anonyme sur la vertu et sur les vices, composé probablement vers les années 1270 et suivantes, puisqu'il a été utilisé en 1279 par frère Laurent* dans la *Somme le Roi*. Ensuite, les deux textes ont subi des fusions et des remaniements, dont le succès jusqu'à la fin du XVe siècle est attesté par de nombreux mss et par des traductions étrangères.

ŒUVRE. — Éd. F. Chavannes, Lausanne, 1845.

→ E. Brayer, *Contenu, structure et combinaisons du Miroir du monde et de la Somme le Roi* dans *Romania*, t. 79 (1958), p. 1-38 et 433-470. — Cf. *MB* nos 3598-3606, 7804. É.Br.

Mirouer historial abregié de France. Ce texte anonyme, commandé par Charles VII en 1451 ou même avant, fut écrit par un notaire et secrétaire du roi, peut-être par Noël de Fribois* lui-même ; les ressemblances entre le *Mirouer* et l'*Abregé des chroniques* tant pour le style, le contenu que la façon d'utiliser les sources le font supposer. Le *Mirouer* retrace l'histoire des rois de France depuis les origines troyennes jusqu'en 1380. L'ouvrage est divisé en trois livres correspondant aux « mutacions des lignes et genealogies des roys » : le premier va des origines au règne de Pépin, le second traite des Carolingiens, le troisième des Capétiens. Le texte est formé d'extraits tirés d'auteurs latins avec leur traduction, le tout accompagné d'un commentaire en français et de nombreuses additions faites par l'auteur dans une intention didactique. Car le propos du *Mirouer* est de fournir des exemples du passé pour guider la conduite morale et politique du roi. À l'intérieur de ce plan, trois grands thèmes assez proches sont abordés : la vocation spéciale du royaume dans la Chrétienté et les privilèges octroyés par Dieu à la couronne, la succession royale et la signification du changement dynastique, enfin la nature et l'étendue du royaume, le pouvoir royal et son autorité. Le *Mirouer* met l'accent sur la piété des rois de France, leur rôle de défenseurs de l'Église et de la papauté et la faveur divine spéciale qui leur a été concédée. Pour appuyer sa démonstration, l'auteur s'est servi principalement du *Speculum historiale* de Vincent de Beauvais*, l'autre source importante étant l'*Historia ecclesiastica* de Hugues de Fleury*. L'auteur utilise encore, mais plus rarement, Grégoire de Tours*, la chronique de Martin le Polonais et, pour la dernière période, les *Grandes Chroniques de France**. Du *Mirouer*, il subsiste deux rédactions : l'une compte cinq mss, l'autre conservée dans un seul ms, est une version révisée qui pourrait constituer la version définitive. Elle contient plusieurs chapitres sur les relations franco-impériales et franco-papales, révélateurs des préoccupations de la cour au milieu du XVe siècle. D'une façon générale, l'auteur reprend l'interprétation que donne de l'histoire de France Vincent de Beauvais* (ainsi celle des *mutacions* et du *reditus*), dont il se sert pour soutenir la propagande royale ; il insiste avec force sur le thème de l'indépendance de la couronne et sur celui des limites territoriales du royaume.

Le nombre peu élevé de manuscrits subsistants indique une circulation restreinte du *Mirouer*. Néanmoins, la plus grande partie du texte français fut reprise et augmentée pour former la base du *Mirouer historial de France,* que publia Galliot du Pré en 1516 [1517].

→ P.S. Lewis, *War Propaganda and Historiography in Fifteenth Century France and England,* dans *Transactions of the Royal Historical Society,* 5th ser., t. 15 (1965), p. 1-21. — P. Saenger, *John of Paris, Principal Author of the Quaestio de Potestate papae,* dans *Speculum,* t. 56 (1981), p. 41-55. — K. Daly, *Le Mirouer historial abregié de France and the Speculum historiale of Vincent of Beauvais : Historical Culture and Politics at the Court of Charles VII,* dans *16e colloque de l'Institut d'études médiévales, Université de Montréal (1988)*, Paris, Montréal, 1991. K.D.

Moamin. Arabe inconnu, auteur d'un traité en deux livres consacrés, le premier à la fauconnerie, le second à la vénerie. Ce traité fut traduit en latin par Théodore, philosophe et médecin à la cour sicilienne de l'empereur Frédéric II de Hohenstaufen*. Faite à la demande de l'empereur, la traduction a dû être achevée avant le 14 avril 1241. Une traduction franco-italienne en fut établie, entre 1249 et 1272, par Daniel Deloc de Crémone pour le fils naturel de Frédéric II, Henri (1224-1272), roi de Sardaigne, prisonnier à Bologne depuis sa défaite de Fossalta (1249). Avec la traduction de *Ghatrif** par le même traducteur italien et conservée dans le même manuscrit (Venise, Bibl. Marciana, Gall. App. 14, Coll. 279), ce traité serait le plus ancien document littéraire écrit dans cette langue mixte en usage dans le Nord de l'Italie.

Le texte latin de *Moamin*, conservé dans vingt-cinq manuscrits et toujours inédit, a été également traduit en italien (quatre manuscrits) et en espagnol en 1250 (trois manuscrits). Les chapitres que cette traduction espagnole consacre aux soins des chiens et à leurs maladies sont une source importante du *Libro de la monteria* du roi Alphonse X d'Espagne (1255-1284).

ŒUVRE. — *Moamin et Ghatrif, Traités de fauconnerie et des chiens de chasse*, éd. H. Tjerneld, Stockholm-Paris, 1945 (*Studia Romanica Holmiensia,* 1).

→ A. Lugis, *Petrus de l'Astore, Moamyn, Ghatriph : sulla tradizione dei trattati di falconeria d'epoca fredericiana*, dans *Codices manuscripti*, t. 3 (1977), p. 15. — B. Van den Abeele, *La fauconnerie dans les lettres françaises du XIIe au XIVe siècle*, Louvain, 1990 (*Mediaevalia Lovaniensia*, series I, 18) ; *Les traités de fauconnerie latins au XIIe siècle. Manuscrits et perspectives*, dans *Scriptorium*, t. 44 (1990), p. 280 [276-286]. — Cf. *MB* nos 2950 *ter*, 6572.

G.T. et F.F.H.

Mode (lat. *modus*). L'un des termes de la théorie musicale dont le sens a le plus évolué au cours des âges, de sorte que toute la littérature qui s'y rapporte abonde en malentendus et en contradictions.

a) Sens post-hellénistique (Boèce* et continuateurs). *Modus* est la traduction du grec

tropos, qui s'applique, dans la théorie classique de la musique grecque, à la transposition pure et simple d'un même schéma mélodique à différentes hauteurs. *Tropos*, dans cette même théorie grecque, a pour synonyme *tomos* ; les deux termes sont également latinisés, de sorte que les trois mots latins *modus, tonus* et *tropus* sont ici rigoureusement synonymes. Les hauteurs auxquelles ils renvoient sont désignées par des adjectifs topiques (dorien, hypodorien, etc.) qui n'affectent pas le contenu mélodique, mais seulement la hauteur absolue. Ces « modes » sont au nombre de 7, 8, 13 ou 15 selon les auteurs.
b) Sens ecclésiastique primitif (théorie byzantine et auteurs carolingiens jusqu'à Hucbald). *Modus* traduit le grec byzantin *échos*, sans aucun point commun avec le précédent. La théorie est flottante, mais le terme semble désigner un moyen de classement des antiennes et des timbres de récitation des psaumes en fonction de leurs formules mélodiques. Ces « modes » sont toujours au nombre de huit, divisés en quatre principaux ou *authentes* ayant chacun son « plagal » ou collatéral *lateralis, subjugalis, plagalis*. Les noms topiques sont inconnus. Mais *tonus* apparaît souvent comme synonyme de *modus*.
c) Sens ecclésiastique tardif (après Hucbald). Vers la fin du IXe siècle la musique grecque classique ayant disparu, sa théorie transmise par Boèce* n'est plus comprise. Les modes décrits selon le sens *a* sont compris comme s'appliquant au sens *b*. Les invraisemblances, très nombreuses, sont d'abord subies plus ou moins passivement, puis corrigées (principalement au XIe siècle). De la fusion abusive des sens *a* et *b* naissent une définition nouvelle du mode et une terminologie pseudo-grecque appliquant aux octaves modales les noms topiques des *modi* de Boèce. Il y a ici toujours huit modes, quatre authentes et quatre plagaux, mais ils seront désormais définis d'après une octave-type (*octave modale*) et une finale ; celle-ci se confond avec la borne inférieure de l'octave-type pour les modes authentes (ex. 1er mode — octave de *ré*, finale *ré*), mais non pour les plagaux (ex. 2e mode — octave de *la,* finale *ré*). Cette définition est restée en vigueur jusqu'à nos jours en ce qui concerne le plain-chant. Hors de ce domaine, elle s'est à nouveau transformée à partir du XVIe siècle environ : le « mode » a aujourd'hui, en musique courante, un sens tout autre, également différent de celui qu'il avait pris au XVIIe siècle par exemple, mais ceci n'appartient plus au domaine du présent dictionnaire.
d) Sens rythmique dans l'*Ars Antiqua* (XIIe-XIIIe). Formule rythmique, identique en principe pour toute la durée d'une pièce et déterminant son rythme de base. Les théoriciens musicaux du XIIIe siècle décrivent généralement six modes, tous ternaires : 1. *trochaïque* (longue, brève) ; 2. *ïambique* (brève-longue) ; 3. *dactylique ternaire* (longue de trois temps, brève, longue de deux temps) ; 4. *anapestique ternaire* (brève, longue de deux temps, longue de trois temps) ; 5. *ex omnibus longis* ; 6. *ex omnibus brevibus*. La description des modes chez les auteurs médiévaux concerne principalement le motet, mais il est certain que vers la fin du XIIIe siècle elle s'appliquait aussi à d'autres genres. On manque de témoignages avant cette période, car la notation n'est devenue capable de préciser ce point que vers 1260. L'extension du principe modal au répertoire antérieur a été proposée au début du XXe siècle par Pierre Aubry, et la paternité de cette théorie a fait l'objet de très vives controverses.
e) Sens rythmique dans la notation proportionnelle (XIVe-XVe siècle). Convention, traduite par divers procédés graphiques, selon laquelle l'une des valeurs de notes, la longue, se divisait tantôt en trois (*mode parfait*) tantôt en deux (*mode imparfait*) par rapport à la valeur immédiatement inférieure (brève). Cette convention relative aux rapports de la longue et de la brève était complétée par des conventions similaires entre les autres valeurs : celle qui régissait les rapports entre la brève et la semi-brève s'appelait *temps* (elle est à l'origine de notre expression « mesure à trois temps » etc.) ; celle qui régissait les rapports entre la semi-brève et la minime s'appelait *prolation*.

→ P. Wagner, *Einführung in die gregorianischen Melodien,* Leipzig, 1895-1921, reprint, 1962. — J. Chailley, *L'imbroglio des modes*, Paris, 1960. — W. Apel, *The Notation of Polyphonic Music : 900-1600,* Cambridge (Mass.), 1942, 5e éd. (rév.), 1961. — G. Reichert, *Tonart und Tonalität in der älteren Musik,* dans *Musikalische Zeitfragen*, t. 10 (1962), p. 97. — A.F. Gallo, *Philological Work on Musical Trea-*

tises on Music, dans *Mél. L. Schrade*, t. 1, Berne-Munich, 1973, p. 365-433. J.Ch.

Monge de Montaudon. Selon l'ancienne *Vida*, le moine de Montaudon naquit à Vic (Vic-sur-Cère, près d'Aurillac). De famille noble, il embrassa l'état ecclésiastique ; d'abord moine dans une abbaye d'Aurillac, il devint plus tard prieur de « Montaudon ». Il excellait dans l'art de composer des couplets et des *sirventes** ; ce talent lui attira de grands honneurs, dont il fit profiter son prieuré. Avec l'autorisation de son abbé, le moine se mit aux ordres de son suzerain, Alphonse II* d'Aragon, seigneur du Carlades (1162-1196), et ce souverain lui ordonna « de manger de la viande, de courtiser les dames, de chanter et de faire des vers ». C'est ainsi que le moine serait devenu « seigneur du Puy Sainte-Marie », c'est-à-dire président d'une sorte de société poétique, la Cour du Puy, qui proposait un « épervier » comme prix à ses lauréats. Il est question de cette société poétique dans une chanson de Rigaut de Barbezieux* (PC 421,2), elle-même reprise dans un récit italien du *Novellino* (44) qui, à son tour, servit de trame à la nouvelle catalane du XVe siècle *Curial e Güelfa*. Vers la fin du XIIe siècle la Cour du Puy paraît avoir brillé d'un éclat assez vif, mais éphémère. Ensuite, d'après la *Vida*, le moine s'en alla en Espagne, où il mourut après avoir dirigé le prieuré de Vilafranca. Montaudon serait un « monticule isolé » au sud-est de Clermont-Ferrand et Vilafranca, Villefranche-de-Conflent (département actuel des Pyrénées-Orientales).

Toutefois, ces précisions ne sont généralement évoquées qu'avec d'expresses réserves.

Si l'on se fonde sur les déclarations du troubadour lui-même, on ne peut guère retenir comme assurés que les points suivants :

— sa qualité de moine (*morgues* ou *monges*), (PC 305,12 et 16 par exemple) ;

— ses nombreux voyages, et notamment en « Espagne » (PC 305,12) ;

— ses relations épistolaires ou directes avec des troubadours de la deuxième moitié du XIIe siècle, et avec certaines personnalités telles que le roi Richard Cœur de Lion*, l'empereur Othon IV (1175-1216) et Marie de Ventadour*.

Ces témoignages permettent de fixer les dates de 1155-1220 comme limites approximatives de la vie du Moine. Ses poésies auraient été écrites entre 1180 et 1213 environ.

L'Italien Francesco da Barberino (XIVe siècle), dans ses *Documenti d'Amore*, traduit en latin plusieurs citations qu'il prétend empruntées au *monachus de Montalto* (A. Thomas, *Fr. da Barberino et la littérature provençale au Moyen Âge*, Paris, 1883, p. 184 notamment). Ces citations ne se retrouvent pas dans les poésies du Moine, conservées par la tradition manuscrite. Celles-ci (au nombre de 17) comprennent : deux *sirventes*, quatre *tensos*, quatre *enuegs*, un *plazer*, une *cobla* et huit *cansos*.

Les chansons, écrites avec élégance, ne distinguent guère le Moine des troubadours contemporains. Les thèmes de la discrétion en amour, de la toute-puissance de l'amour et de l'obéissance inconditionnée à l'amour, sont parfois traités avec bonheur mais sans grande originalité.

Malgré quelques réussites formelles, ce ne sont pas toutefois les chansons qui assurent au Moine une place de choix dans l'ancienne poésie provençale.

Le *sirventes* authentique (PC 305,16) est l'imitation d'une pièce, antérieure d'une trentaine d'années, que l'on doit à Peire d'Alvernha* (PC 323,11). Comme son prédécesseur, le Moine fait une revue satirique des troubadours de son temps : seize en tout, parmi lesquels Guilhem de Saint-Leidier*, Raimon de Miraval*, Peirol*, Gaucelm Faidit*, Arnaut Daniel*, Peire Vidal* et l'auteur lui-même, « lo fals monges de Montaudon ». C'est une galerie de caricatures : Peirol l'Auvergnat « est plus sec que du bois qui brûle », le chant d'Arnaut Daniel « ne vaut pas un fruit d'églantier » ; quant à Peire Vidal, en voici le portrait en pied :

Peire Vidals es dels derriers,
Que non a sos membres entiers :
Et agra·il ops lenga d'argen
Al vila, qu'era pelliciers,
Que anc, pois se fetz cavalliers,
Non ac pois membransa ni sen. (v. 85-90)

« Peire Vidal est parmi les derniers,
Il n'a pas les membres entiers :
Il lui faudrait une langue d'argent
A ce vilain qui était pelletier,
Car depuis qu'il s'est fait chevalier,
Il n'a plus ni tête ni sens. »

Réputation surfaite, absence de talent, misères physiques ou mésaventures sentimentales, tels sont les reproches dont le Moine accable ses confrères : toutefois, il ne se ménage pas lui-même (strophe 17), et cette pièce revêt une importance capitale pour la connaissance des principaux poètes de la fin du XIIe siècle.

Nous avons noté la présence dans l'œuvre du Moine de quatre *enuegs*, et d'un *plazer*. Les *enuegs* (ennuis) énumèrent en détail les choses ou les gens qui provoquent le dégoût du troubadour. Le *plazer* (plaisir), au contraire, cite les objets et les êtres agréables. Ces genres ont été cultivés, dans l'ancienne littérature d'oc, par d'autres troubadours : Bernart de Tot lo Mon, Guiraut de Salignac* et Cerveri de Girona*. L'*enueg* n'est pas sans rapport avec l'*escondit* (protestation d'innocence), où l'on trouve de même une énumération des situations désagréables où le troubadour souhaite de se trouver, pour donner à sa dame la preuve de son innocence et de sa loyauté. Il est intéressant de signaler que les trois genres, *enueg, escondit* et *plazer*, ont joui d'une assez grande faveur chez les poètes catalans médiévaux : nous nous bornerons à citer les noms de Jofre de Foixà*, Jordi de Sant Jordi* et Pere March.

Voici, à titre d'exemple, quelques vers d'*enueg* du moine de Montaudon (PC 305,10, v. 1-9) :

Fort m'enoia, s'o auzes dire,
parliers quant es avols servire ;
et hom que trop vol autr'aucire
m'enoia, e cavals que tire ;
et enoia·m, si Dieus m'ajut,
joves hom, quan trop port'escut
que negun colp no·i a avut,
capellan e monge barbut
e lausengier bec esmolut.

« Je suis fort ennuyé, si j'ose dire,
d'un beau parleur mauvais serviteur ;
un homme qui veut toujours en tuer un [autre
m'ennuie aussi, et un cheval qui renâcle ;
et il m'ennuie, que Dieu m'assiste !
le jeune homme qui ne cesse de porter [l'écu
où il n'a reçu aucun coup,
et les curés et les moines barbus
et les médisants au bec acéré. »

Les trois *tensos** « fictives » (PC 305,12, 7 et 11) révèlent une grande personnalité. La première *tenso* a pour personnages Dieu et le Moine : celui-ci déclare qu'il a perdu l'amitié des barons depuis qu'il est resté *aclis en claustra* « prosterné dans un cloître ». Dieu répond qu'il aime le chant et le rire du troubadour, et c'est pourquoi il l'invite à quitter le cloître et à se rendre auprès du roi « à qui est Oléron » (Richard Cœur de Lion).

La deuxième *tenso* (PC 305,7) est particulièrement intéressante. Les interlocuteurs sont toujours les mêmes c'est-à-dire Dieu et le Moine ; Dieu fait part d'une plainte qu'il a reçue de la part des *voutz* (images peintes des saints). Celles-ci protestent contre les *dompnas que·s van peignen* « les dames qui se fardent », car elles « font renchérir la couleur ». Dieu veut donner satisfaction aux « Images » en interdisant aux dames l'usage du fard. Le Moine intercède en faveur de la *peingtura* ; elle ne pourrait cesser, assure-t-il, qu'à ces conditions :

Que fassatz lor beutatz durar
A las dompnas tro al morir,
O que fassatz lo teing perir,
Qu'om no·n puosc' el mon ges trobar.
(v. 37-40).

Dieu réplique ; le Moine fournit de nouveaux arguments, et c'est entre les deux interlocuteurs, au sujet des dames, un échange de propos dont la liberté n'a guère d'équivalent dans l'ancienne litterature d'oc (strophes 7-10). La langue et le style du Moine ont ici la verdeur et l'exubérance qui caractérisent Aristophane ou Rabelais.

Le débat se prolonge dans la *tenso* double (PC 305,11). Après des plaintes de saint Julien (cette partie du poème est d'ailleurs incomplète dans les manuscrits), les Images saintes et les Dames comparaissent devant Dieu. Finalement, sur l'intervention de saint Pierre et de saint Laurent, l'usage du fard est concédé aux dames pour une durée de quinze années « après l'âge de vingt-cinq ans ». Le poème se termine sur une *finida* en forme de *sirventes* ; le troubadour y rapporte que certaines dames ne tiennent pas leur serment et trahissent le *covenen*. C'est une occasion, pour le troubadour, de nous fournir d'assez curieux détails sur la manière dont les dames composent leur fard :

En lait de sauma an temprat
Favas, ab que s'an adobat
Lo viel cortves... (v. 66-68)

Le réalisme des poésies « humoristiques » du Moine de Montaudon a justement retenu l'attention des historiens de la littérature. Dès 1774, dans l'*Histoire littéraire des troubadours* (III, p. 162), l'abbé Millot estimait que certaines pièces du troubadour « sont d'un caractère si original, qu'elles intéressent par la singularité ».

Pour finir, il n'est pas inutile de signaler que Jean de Nostredame*, dans ses *Vies des plus célèbres et anciens poètes provencaux*, a volontairement fait du Moine de Montaudon l'un des éléments de son mythique religieux du monastère de Saint-Pierre de Montmajour d'Arles ; il surnomme celui-ci *lou flagel dels Trobadors*. La « chanson satyrique » que Nostredame attribue à son fabuleux moine de Montmajour est tout simplement le *sirventes* du prieur du Montaudon (voir P. Meyer, *Les derniers troubadours de la Provence*, Paris, 1871, p. 134-138).

ŒUVRE. — Éd. E. Philippson, *Der Mönch von Montaudon,* Halle, 1873, réimp. Genève, 1977. — M. Routledge, *Les poésies du Moine de Montaudon*, Montpellier, 1977 [éd. d'après *C*]. — Éd. partielles : M. de Riquer, *Los trovadores. Historia literaria y textos,* Barcelone, 1975, t. 3, p. 1024-1045 [PC 305, 10-8-15-12 et 16]. — R. Richter, *Die Troubadourzitate im « Breviari d'Amor »,* Modène, 1976, p. 320-321 [PC 305, 16 et 14]. — N.S. Grassano, *Analisi ed edizione critica di due componimenti del Monaco di Montaudon,* dans *Studi filologici e letterari,* Gênes, 1978, p. 275-324 [PC 305, 13 et 11]. — A. Rossell i Mayo, *Monodia cortesana trobadoresca. Seixanta-quatre transcripcions inédites de Mn. H. Anglès,* Barcelone, 1986, p. 83-85 [éd. de la musique].

→ PC 305. — M.J. Routledge, *Essai d'établissement du texte du sirventes : « Pos Peire d'Alvernhe a chantat »,* dans *RLR*, t. 78 (1969), p. 103-127 [PC 305, 16] ; *« Pos Peire d'Alvernh'a chantat » et les biographies des troubadours, ibid,* t. 83 (1978), p. 307-324 [suite de 1969] ; *The Monk who Knew the Ways of Love,* dans *Reading Medieval Studies*, t. 12 (1986), p. 3-25. — S. Thiolier, *Présentation des « enuegs » du moine de Montaudon*, dans *Actes du 1er Colloque de langue et civilisation auvergnates,* Clermont-Ferrand, 1976, p. 29-35. — N.S. Grassano, *Per un'edizione del sirventese : « Pos Peire d'Alverng'a chantat »*, dans *Mél. G. Favati*, Gênes, 1975, p. 193-213. — S. Asperti, *La data di « Pos Peire d'Alvernh'a cantat »*, dans *Studi provenzali e francesi* 86/87, *Romanica Vulgaria,* Quaderni 10/11, l'Aquila, 1989, p. 127-135 [PC 305, 16, aurait été composé entre 1192 et 1194]. I.M.C.

Moniage Guillaume. De ce récit, qui appartient à la Geste de Guillaume*, on possède deux rédactions, l'une courte (environ 950 décasyllabes) tronquée de la fin, et une longue (6 629 décasyllabes). Il est daté du XIIe siècle. Bien que l'on considère d'ordinaire la version courte comme antérieure, cette opinion n'est pas unanimement admise.

Après la mort de Guibourc, Guillaume, devenu vieux et plein de repentir, veut se retirer au couvent. Mais le héros n'arrive pas en un jour à dépouiller le vieil homme, aussi sa forte stature, son redoutable appétit, ses colères spectaculaires terrorisent-ils les moines qui s'efforcent d'éloigner de leur communauté un aussi encombrant personnage. Mais, si Guillaume est chargé de péchés, il jouit de la protection de Dieu, il déjouera le piège que lui ont tendu les bons moines et se retirera en un ermitage, à Saint-Guilhem-du-Désert, où il finira ses jours en odeur de sainteté. Cependant, en plusieurs circonstances, il quittera provisoirement sa vie de reclus pour reprendre les armes et voler au secours de son suzerain, le roi Louis. Comme l'a remarqué B. Woledge, les auteurs des deux rédactions possèdent « la vivacité, le don de trouver des expressions tour à tour pittoresques, touchantes ou amusantes, qui traduisent admirablement bien les diverses situations dans lesquelles se trouvent les personnages ».

ŒUVRE. — *Les deux rédactions en vers du Moniage Guillaume, chanson de geste du XIIe siècle,* éd. W. Cloetta, Paris, 2 vol., 1906 et 1911 *(SATF)*. — Trad. angl J.M. Ferrante, dans *Guillaume d'Orange. Four Twelfth-Century Epics*, New York et Londres, 1974 [extrait de la version courte].

→ M. Tyssens, *La geste de Guillaume d'Orange dans les mss cycliques*, Paris, 1967, p. 299-324. — Plusieurs art. dans le t. 3 des *Mél. J. Frappier*, Paris, 1983. — Cf. *MB* nos 582-590, 7196 ; *S* 1229, 1234, 1268, 1352-1354, 1353 *bis*. J.W.W.

Moniage Rainouart. Voir : *Geste Rainouart*.

Moniot d'Arras. Trouvère artésien, dont les œuvres furent écrites entre 1213 et 1239. Pendant sa jeunesse, alors qu'il était dans les ordres (Moniot = petit moine), il rima des chansons en l'honneur de la

Vierge : deux d'entre elles nous ont été conservées. Sorti du cloître pour des motifs et dans des circonstances que nous ignorons, il se mit à fréquenter les cours seigneuriales du nord de la France ; il s'éprit d'une dame qu'il rencontra dans l'une d'elles et commença alors à chanter l'amour courtois. Ses vers, aux nombreux traits autobiographiques, plurent : il devint le protégé de puissants barons, parmi lesquels le trouvère Jean de Braine*, son frère le comte Robert III de Dreux, Gérard III, seigneur de Picquigny et vidame d'Amiens, et le comte de Boulogne Alphonse de Portugal. Douze chansons d'amour, un motet, une chanson de malmariée (citée dans le *Roman de la Violette* de Gerbert de Montreuil* et donc antérieure à 1227-1229) et un jeu-parti avec Guillaume le Vinier* datent de cette période de sa vie. Sans chercher à renouveler les thèmes traditionnels du lyrisme courtois, Moniot exprime avec finesse des pensées délicates, une tendresse timide et grave, absolument dépourvue de sensualité. Sa versification est d'une grande élégance, ses rythmes d'une grande souplesse. Son œuvre forme une sorte d'« autobiographie amoureuse ».

ŒUVRES. — A. Långfors, A. Jeanroy et L. Brandin, *Recueil général des jeux-partis français,* Paris, 1926, t. 2, p. 104-107 (*SATF*, 70). — H. Petersen Dyggve, *Moniot d'Arras et Moniot de Paris, trouvères du* XIIIe *siècle. Édition des chansons et étude historique,* Helsinki, 1938 (*Mémoires de la Société néophilologique de Helsinki,* 12). — P. Bec, *La lyrique française au Moyen Âge (*XIIe-XIIIe *siècle),* Paris, 1978, t. 2, p. 18-20 [une chanson de malmariée]. — H. Van der Werf, *Trouvères. Melodien II,* Kassel, 1979 (*Monumenta Monodica Medii Aevi,* 12). — *Anthologie de la poésie lyrique française des* XIIe *et* XIIIe *siècles,* éd. bilingue J. Dufournet, Paris, 1989, p. 178-183 (*NRF/Poésie*) [trois chansons].

→ R. Lejeune, *Moniot d'Arras et Moniot de Paris,* dans *Neuphilologische Mitteilungen*, t. 42 (1941), p. 1-14. — Linker, n° 185. — Cf. *MB* n°s 2367, 6478 ; *S* 4315. G.M. et F.F.H.

Moniot de Paris. Trouvère parisien non identifié, qu'il importe de ne pas confondre avec Moniot d'Arras*, ce dernier étant le seul que les copistes médiévaux appellent parfois Moniot tout court. On possède encore neuf des œuvres de Moniot de Paris : quatre pastourelles, deux reverdies, une chanson de malmariée et deux chansons à refrains, dont l'une contient un code sommaire du savoir-vivre courtois. Ces pièces paraissent nettement postérieures aux poésies de Moniot d'Arras : il est vraisemblable que Moniot de Paris les a composées après 1250.

Versificateur doué, sachant combiner et varier les rythmes, Moniot de Paris semble avoir reçu une formation religieuse (son surnom pourrait désigner un ancien moine), car certains de ses procédés lyriques sont en rapport avec ceux de la poésie latine médiévale. Il se montre un poète enjoué, spontané, spirituel ; il a le trait pittoresque, le tour ingénieux et piquant, la verve badine, mais il abuse des diminutifs. Une autre de ses caractéristiques est l'emploi fréquent des refrains. Ses pastourelles et ses chansons, où il chante quelquefois une simple « pucelle » et non une dame, ont une grâce légère et sensuelle.

En 1278-1279, un nommé Moniot écrivit un *Dit de Fortune* en 22 quatrains d'alexandrins monorimes. Conservé dans un seul ms. (Paris, BN, fr. 837), c'est l'un des trois poèmes composés à l'occasion de la mort de Pierre de La Broce*, conseiller et favori du roi Philippe III le Hardi, dont l'exécution donna lieu à des interprétations très diverses. Aucun élément ne permet encore d'identifier ce Moniot avec le trouvère Moniot de Paris.

ŒUVRES. — F. Schneegans, *Trois poèmes de la fin du* XIIIe *siècle sur Pierre de la Broce,* dans *Romania*, t. 58 (1932), p. 520-550. — H. Petersen Dyggve, *Moniot d'Arras et Moniot de Paris, trouvères du* XIIIe *siècle. Édition des chansons et étude historique,* Helsinki, 1938 (*Mémoires de la Société néophilologique de Helsinki,* 12). — H. Van der Werf, *Trouvères. Melodien II*, Kassel, 1979 (*Monumenta Monodica Medii Aevi,* 12). — *Anthologie de la poésie lyrique française des* XIIe *et* XIIIe *siècles,* éd. bilingue J. Dufournet, Paris, 1989, p. 270-277 (*NRF/Poésie*) [deux chansons].

→ R. Lejeune, *Moniot d'Arras et Moniot de Paris,* dans *Neuphilologische Mitteilungen*, t. 42 (1941), p. 1-14. — Linker, n° 186. — Cf. *GRLMA* t. VI/1, p. 168, 303 ; t. VI/2, n° 6216. — Cf. *MB* n°s 2368-2370, 6478 ; *S* 4315.
G.M. et F.F.H.

Monstrelet. Voir : Enguerrand de Monstrelet.

Moralité de Bien avisé, Mal avisé. Cette moralité religieuse à 59 personnages compte environ 8 000 octosyllabes. Sa première représentation datée de façon certaine a eu lieu en 1439 à Rennes, mais la pièce pourrait être antérieure. Dans l'édition Vérard, la moralité commence par une description minutieuse de la topographie du décor, fait rare qui mérite d'être noté.

Le thème est celui du double voyage de la vie humaine. L'humanité est représentée par deux protagonistes complémentaires évoluant sur deux voies diamétralement opposées, le « chemin de salvation » et le « chemin de perdition ». Ils font route ensemble jusqu'à Franche Voulenté. Là, Mal Advisé s'endort. Bien Advisé se décide à suivre le chemin des vertus. Il passe par Raison, Foi, Contrition, Humilité, Confession, Pénitence, Satisfaction, Aumône, Jeûne, Oraison et les sept vertus cardinales et théologales, pour mourir entre les bras de Bonne Fin. À son réveil, Mal Advisé prend le mauvais chemin, celui des vices, qui le conduit par Tendresse, Rébellion, Folie, « Hoquellerie », Désespérance, Pauvreté, « Mallemeschance », Larcin et Honte, jusqu'aux mains de Male Fin qui l'étrangle et le livre aux diables.

L'auteur enrichit le schéma foncièrement dualiste de cette allégorie par de nombreuses digressions didactiques.

ŒUVRE. — Reprod. de l'éd. Pierre le Caron pour A. Vérard, dans W. Helmich, *Moralités françaises. Réimpression fac-similé de vingt-deux pièces allégoriques imprimées aux* XVe *et* XVIe *siècles*, Genève, 1980, t. 1, p. 1-109. Cette moralité avait été édit. par J. Babelon (thèse École des Chartes, 1910) mais l'unique exemplaire a été perdu ; on peut toutefois consulter les *Positions des thèses de l'École des Chartes pour l'année 1910*, p. 13-17.

→ W. Helmich, *Die Allegorie in französischen Theater des 15 und 16 Jahrhundert*, Tübingen, 1976 (*Beihefte zur ZRPh*, 156). — A.E. Knight, *The Condemnation of Pleasure in Late Medieval French Morality Play*, dans *The French Review*, t. 57 (1983), p. 1-9. — Y. Le Hir, *Indications scéniques dans la moralité Bien Advisé et Mal Advisé*, dans *BHR*, t. 46 (1984), p. 399-405, Lewicka *S* 155-156. — *MB* n°s 5870 ; *S* 8265. A.F.L.L.

Moralité de l'homme pécheur. Par ses dimensions (22 000 vers répartis en 62 rôles), cette moralité peut se mesurer avec les grands mystères religieux de la même époque. Elle daterait des environs de 1494, et a été jouée à Orléans et à Tours. D'après les nombreuses didascalies qui émaillent le texte, la mise en scène, assez brillante, utiliserait la musique. L'humanité, personnifiée par l'Homme pécheur, se trouve successivement sur le mauvais et sur le bon chemin. Selon un schéma d'action fréquent dans la moralité religieuse, trois étapes caractérisent ce voyage : le bon début, la chute morale et la remontée finale. À cela s'ajoute un procès de paradis, dérivé du motif allégorique des quatre filles de Dieu. Le ton est celui du didactisme religieux et moral, ponctué de longs discours récapitulant l'enseignement de la théologie ascétique et morale de l'Église.

ŒUVRE. — Réimpr. fac-similé de l'éd. Paris, Antoine Vérard, s.d. dans W. Helmich, *Moralités françaises*, Genève, 1980, t. 1, p. 111-421.

→ A.E. Knight, *Uses of Rhetoric in Medieval French Drama* dans *Mél. B.M. Craig,* York, 1982, p. 73-80 ; *The Condemnation of Pleasure in Late Medieval French Morality Plays,* dans *The French Review*, t. 57 (1983), p. 1-9. — Cf. Lewicka *S* 157. — *MB S* 8265, 8267. A.F.L.L.

Moralité du cœur et des cinq sens de l'homme. Poème de 262 vers, dans lequel Dieu confie aux soins de Raison six écoliers turbulents, soit le Cœur et les cinq sens de l'homme (langue, œil, toucher, flair et ouïe). Copiée à la suite d'un recueil de textes de Gerson*, cette moralité lui a été attribuée. Des deux éditeurs, Morawski rejette cette attribution et Bossuat la considère comme indigne de l'auteur dans sa maturité, mais possible, s'il a composé ce texte lors de son séjour au Collège de Navarre à Paris entre 1377 et 1383, avant qu'il n'aborde l'étude de la théologie.

Le thème des cinq sens semble avoir été en vogue au XVe siècle, puisqu'il apparaît aussi dans plusieurs sermons de Gerson, dans une ballade de François Villon* et dans un poème d'Olivier de La Marche*. C'est aussi le sujet d'une grossière *Farce des cinq sens de l'homme*, qui met en scène la bouche, les mains, les yeux, les pieds, l'ouïe et le cul.

ŒUVRES. — *Ancien théâtre français*, éd. Viollet le Duc, Paris, 1854-1857, t. 3, p. 300-324 [farce]. — Éd. J. Morawski, dans *RLR*, t. 65 (1927), p. 71-85. — Éd. R. Bossuat, *Jean Gerson et la moralité du « Cœur et des cinq sens »,* dans *Mél. Hoepffner,* Paris, 1949, p. 347-360 (réimp. Genève, 1974).

→ L. Petit de Julleville, *Répertoire du théâtre comique en France au Moyen-Âge,* Paris, 1886, n° 85. — L. Vinge, *The Five Senses. Studies in a Literary Tradition,* Lünd, 1975 [farce]. — Lewicka, n°s 992-993. — Cf. *MB* n°s 5872, 5874 ; *S* 5063. A.F.L.L.

Moralité du concile de Bâle. Composée vers 1434-1435, la *Moralité du concile de*

Bâle est la première œuvre qui utilise le théâtre comme instrument de diffusion d'idées politiques. Souvent attribuée à tort à Georges Chastellain, la pièce reste anonyme, mais il est certain que son auteur était clerc : ses « procédés scolastiques d'argumentation » (Beck), ses citations bibliques, ses sentiments partisans ne laissent aucun doute.

L'intrigue décrit une séance du concile où siègent des personnages tels que la France, déchirée par la guerre, et l'Église, méconnaissable tant elle est corrompue, toutes les deux symboles du désarroi général. Un débat s'engage avec Paix, Réformation et Hérésie, sur les moyens de faire rentrer les choses dans le bon ordre. L'auteur présente le concile comme le seul corps capable de réconcilier les pays entre eux, de régler leurs relations et de réformer l'Église.

ŒUVRE. — Éd. J. Beck, Leyde, 1979 (*Studies in the History of Christian Thought*, 18).

→ K. Urwin, *Date of the Mystère du Concile de Basle Attributed to Georges Chastelain,* dans *The Modern Language Review,* t. 30 (1935), p. 508-510. — J. Beck, *Ideological Drama in Fifteenth-Century France*, dans *Fifteenth Century Studies,* t. 1 (1978), p. 1-14 ; *Traditions renouvelées et synthèses créatrices : la moralité du Concil de Basle et l'originalité du théâtre au XVe siècle,* dans *Mél. F. Simone*, Genève, 1983, t. 4, p. 83-92. — C. Thiry, *Débats et moralités dans la littérature française du XVe siècle : intersection et interaction du narratif et du dramatique,* dans *Le Moyen Français* t. 19 (1986), p. 203-244. — Cf. *MB S* 8269-8270.

S.I.J.

Mors de la Pomme. Le *Mors de la pomme*, petit poème anonyme de 508 vers divisés en quatrains d'octosyllabes à rimes croisées, associant étroitement texte et image, terminés chacun par un verset latin tiré des Psaumes, est une des variations les plus singulières sur le thème de la *Danse macabre*.

Le premier érudit qui attira l'attention de la critique sur le *Mors de la Pomme* fut É. Mâle (*L'idée de la mort et la Danse macabre,* dans *Rev. des Deux Mondes*, 1906). Toutefois, l'unique ms. alors connu (Paris, BN, fr. 17001) copié par Jean Mielot*, daté de 1468, ne fut publié qu'en 1920 par E. Schneegans. Un second ms., conservé à la Bibl. Ambrosienne de Milan (S. 67 sup.), toujours inédit, est antérieur au précédent ; il est incomplet de la fin et privé des illustrations que conserve, au contraire, le ms. parisien, mais il permet de combler ses lacunes et de rétablir l'ordre normal des scènes. Le poème, qui, à notre avis, remonterait à la première moitié du XVe, est centré sur la chute et la Rédemption. Le début se présente comme un sermon. L'auteur explique que la mort est née au Paradis terrestre : l'ange qui a chassé Adam et Ève du paradis remet en même temps à la Mort trois flèches et un « mandement » muni du sceau de Dieu, afin de mettre en évidence que la Mort opère en son nom. Dans le « mandement », Dieu, parlant comme un souverain, fait savoir à tous qu'il donne les pleins pouvoirs à la Mort. Voilà pourquoi ayant ses titres en règle, la Mort commence tranquillement son œuvre. Armée de l'un des trois traits que l'ange lui a remis, elle se présente auprès de chaque victime avec le décret qui l'a nommée « sergant criminel » de Dieu. Du trait elle frappe inexorablement ses victimes, le plus souvent à l'improviste. Elle est à côté de Caïn quand il tue son frère ; elle frappe ensuite Abel et s'en va à travers le monde, où le travail ne lui manquera pas.

L'intérêt et la nouveauté du poème consistent dans le fait que les personnages ne sont pas isolés ; la Mort les frappe en pleine action, dans la rue, au milieu de la foule, à la table familiale. Il manque une rencontre véritable entre les vivants et la Mort, qui se glisse, tantôt insidieuse, tantôt violente, dans leur existence terrestre. La Mort frappe le pape entouré de ses cardinaux et l'empereur au milieu de sa cour ; elle transperce le guerrier en pleine bataille et la jeune fille dans sa chambrette devant le miroir ; elle arrache l'enfant à sa mère, la bien-aimée à son amoureux. Le poème se termine par des visions épouvantables de l'enfer et par les tourments des condamnés. Pour accentuer le caractère édifiant de l'œuvre, le poète a placé au milieu du poème une scène qui résume un des monuments de l'art et de la poésie du XVe siècle : l'*Ars moriendi**. Tandis que les autres scènes sont isolées, et sans aucun rapport entre elles, figure au centre du poème un diptyque représentant, d'une part, une femme mourante, dont un ange et un diable se disputent l'âme ; d'autre part, Dieu recevant l'âme des mains d'un ange, en présence d'un diable. C'est la scène finale de l'*Ars moriendi.*

Le *Mors de la Pomme* est une œuvre purement édifiante, sans intention satirique. La Mort accomplit sa mission sereinement, sans haine ni férocité, sans chercher à ridiculiser ses victimes. L'ironie, le sarcasme, les attitudes frénétiques et grotesques de la Mort, ce qui fait l'originalité et la beauté tragique de la *Danse macabre** sont absents de notre poème. Est-ce la raison de l'insuccès évident qu'a rencontré la tentative ? On notera une contradiction entre la représentation iconographique et le texte du *Mors de la Pomme :* dans les dessins, le squelette armé du dard destiné à frapper échappe aux regards de ses victimes, tandis que dans le texte, il s'adresse directement à eux.

ŒUVRE. — Éd. E. Schneegans, dans *Romania*, t. 46 (1920), p. 556—570 ; reprod. dans J.M. Paquette, *Poèmes de la mort de Turold à Villon*, Paris, 1979, p. 225-249 *(10/18, Bibl. médiévale)*. — Éd. L.P. Kurtz, New York, 1937.

→ E. Mâle, *L'art religieux de la fin du Moyen Âge en France*, Paris, 1931, p. 378-380. — A. Monteverdi, cr. de l'éd. Schneegans, dans *Archivum romanicum* t. 5 (1921), p. 109-134, et réponse d'E. Schneegans, dans *Romania*, t. 51 (1925), p. 609-612. — A. Tenenti, *La vie et la mort à travers l'art du* XV*e siècle*, Paris, 1952 ; *Il senso della morte e l'amore della vita nel Rinascimento*, Turin, 1957. — Cf. *MB* nos 5442-5443. P.M.

Mort Artur. Voir : *Mort le Roi Artu.*

Mort Aymeri, dite aussi **Les Sagittaires** (4 176 décasyllabes assonancés et en partie rimés). Chanson de geste appartenant au « grand cycle » de *Guillaume d'Orange** et dont l'époque de composition (sans doute le XIIIe siècle) reste incertaine. Elle raconte les derniers exploits d'Aymeri de Narbonne (père de Guillaume) qui, à l'article de la mort, rassemble assez de forces pour appeler ses fils et se battre lui-même avec succès contre les païens, puis contre les Sagittaires, archers exceptionnels et race monstrueuse mi-homme mi-cheval, combat où il mourra ainsi que deux de ses fils.

Conçue comme une fin de geste qui doit mener jusqu'à sa mort l'ancêtre de celle-ci, la chanson ne termine en fait nulle part le cycle de Guillaume ; dans l'un de ses deux manuscrits, elle est enchâssée « en incidences » dans le récit du *Moniage Rainouart**. L'image finale qui y est donnée d'Aymeri est celle d'un vieillard espiègle et vigoureux qui, pour reprendre Narbonne, imagine la ruse d'y entrer avec ses chevaliers déguisés en femmes et qui, une fois à cheval et en armes, retrouve une énergie de jeune guerrier.

ŒUVRE. — Éd. J. Couraye du Parc, Paris, 1884 *(SATF).*

→ F. Dubost, *L'autre guerrier : l'archer-cheval : du Sagittaire du Roman de Troie aux Sagittaires de la Mort Aymeri de Narbonne.* dans *Senefiance,* t. 25, 1988, p. 171-188. — Cf. *MB* n° 161. N.A.R.

Mort Charlemagne. Chanson de geste franco-italienne transcrite vers le milieu du XIVe siècle, peut-être à Bologne, communément appelée ainsi par la critique moderne parce qu'elle est entièrement consacrée à la mort solennelle de Charlemagne.

Le jour venu de sa mort, qui a été précédé par plusieurs prodiges, Charlemagne, devant la cour réunie à Aix, se dirige vers *l'arche* qui sera sa sépulture et où il restera siégeant en majesté.

Cette mort d'apparat est associée à la transmission de la couronne à Louis et à la reconnaissance de Guillaume comme protecteur du royaume. Un récit comparable est donné par une version unique — courte et très différente des autres (Paris, BN, fr. 1448) — du *Couronnement de Louis** sans qu'il ait été possible d'établir une filiation entre les deux textes.

ŒUVRE. — G. Contini, *Le début de la Mort Charlemagne,* dans *Mél. R. Louis.*, Saint Père-sous-Vézelay, 1982, t. 1, p. 303-311 [éd. partielle].

→ G. Contini, *La canzone della « Mort Charlemagne »,* dans *Mél. M. Delbouille,* Gembloux, 1964, t. 2, p. 105-126. — M.L. Meneghetti, *Tendances contraposées dans le dynamisme de la culture : le développement de l'épopée française et castillane,* dans *8e Congrès de la Société Rencesvals, Roncevaux, 1978*, Pampelune, 1981, t. 2, p. 897-912. — D. Hoggan, *La version abrégée du Couronnement de Louis a-t-elle connu une grande diffusion ?,* dans *Mél. D. Mc Millan,* Reading, 1984, p. 55-66. — M. Tyssens, *Jean d'Outremeuse et le cycle de Guillaume d'Orange, ibid.*, p. 175-195. — M.-L. Meneghetti, *Ancora sulla Morte (o Testamento) di Carlo Magno*, dans *Testi, Cotesti e Contesti del franco-italiano, Atti del 1° Simposio franco-italiano (Bad Homburg, aprile 1987)*, Tübingen, 1989, p. 245-284. — A. Cornagliotti, *Problemi testuali della Mort Charlemagne, ibid.*, p. 196-

201. — Cf. *MB S* n° 1110. N.A.R.

Mort Godefroi. Voir : *Prise d'Acre.*

Mort de Maugis. Voir : *Renaut de Montauban.*

Mort le Roi Artu. Roman qui forme la dernière partie du *Graal-Cycle-Vulgate** et qui a été écrit autour de 1230. Alors que Bohort est le seul des trois élus de la quête du Saint Graal à revenir à la cour du roi Arthur, Lancelot retombe dans le « *pechié de la reïne* » ; Agravain, le frère de Gauvain, le dénonce au roi. Mais une suite de circonstances pousse Arthur et Gauvain à croire que Lancelot est amoureux de la belle demoiselle d'Escalot. Guenièvre est déchirée par la jalousie jusqu'au jour où une nacelle mystérieuse aborde à Kamaalot. On y trouve le corps de la demoiselle d'Escalot morte de désespoir depuis peu devant la cruelle indifférence de Lancelot. Entre-temps, les soupçons du roi se sont aggravés au cours d'une visite imprévue au château de Morgain, où il a vu les images des amours de Lancelot et de Guenièvre, images peintes naguère par Lancelot. De plus, la reine, accusée d'avoir empoisonné un chevalier, est menacée du bûcher. Lancelot la sauve et les deux amants se réfugient à la Joyeuse Garde qu'Arthur ne tarde pas à assiéger. Le roi accepte finalement — sur l'ordre du pape — de se réconcilier avec Guenièvre, mais décide de poursuivre Lancelot dans son royaume de Gaunes au-delà de la mer, confiant la garde de la reine et du trésor royal à Mordret, frère de Gauvain. Cette guerre se termine par un combat singulier entre Lancelot et Gauvain, où ce dernier est grièvement blessé. Arthur lève le siège de la cité de Gaunes, mais deux nouvelles difficultés surgissent : les Romains ont déjà envahi la Bourgogne et s'avancent vers l'armée d'Arthur ; surtout, Mordret, qui est en fait le fils incestueux d'Arthur, s'est fait proclamer roi. Arthur quitte le continent pour châtier le traître et l'usurpateur, mais est bientôt privé de Gauvain qui meurt à Douvres. Dans la plaine de Salesbieres (Salisbury), s'engage la bataille décisive. Arthur et Mordret s'entre-tuent, mais le vieux roi a le temps de rejoindre le rivage, en donnant à Girflet l'ordre de jeter dans le lac son épée Escalibor. Le roi s'embarque sur *la nef des dames* où se trouve en particulier Morgain, sœur du roi ; quelques jours après, Girflet retrouve la tombe d'Arthur à la Noire Chapelle. Les fils de Mordret s'emparent du pouvoir et, par crainte de leur vengeance, la reine Guenièvre se réfugie dans une abbaye : mais Lancelot les combat et les renverse, avant de se retirer dans un ermitage, tout comme Hector et Bohort.

La *Mort Artu* est placée sous l'autorité fictive de Gautier Map, tout comme la *Queste del Saint Graal**, sur laquelle elle s'articule rigoureusement. De fait, si l'un et l'autre romans sont dus à des auteurs différents, la forte cohérence de la trilogie *Lancelot-Queste-Mort Artu* et l'abondance des rappels et des annonces laissent penser qu'il y a eu, d'une manière ou d'une autre, concertation et planification. Cette cohésion ne signifie pourtant pas uniformité. Le contraste est grand entre la dilution narrative du *Lancelot** et le strict resserrement du récit dans la *Mort Artu*, entre la composition symbolique de la *Queste* et la composition dramatique de la *Mort Artu*. Ainsi la fin du monde arthurien est aussi brutale qu'a été longue son apogée (soit le *Lancelot*) ; dans ce moment décisif, plus de place pour des aventures annexes, pour des digressions, pour des rétrospections : toutes les aventures s'enchaînent rigoureusement pour amener la catastrophe finale dans une sorte de « crescendo de la mort » (J. Frappier) qui peut faire penser à la tragédie classique. La corrélation n'est pas qu'interne, mais s'étend habilement à l'ensemble du cycle. La chute de l'univers arthurien est ainsi présentée comme la conséquence et le développement fatal de ce qui est au cœur du *Lancelot* : l'amour adultère de Lancelot pour la reine. Cette faute apparaît désormais au grand jour, tout comme l'inceste d'Arthur d'où est issu Mordret, inceste préparé lui aussi, mais plus discrètement, dans le *Lancelot*, sous la forme de prophéties et de révélations partielles. La *Mort Artu* est donc d'abord le dévoilement, l'apocalypse au sens étymologique du terme, de la double faute du couple Lancelot-Arthur, adultère du premier et inceste du second, apocalypse de la puissance destructrice de la passion amoureuse, de Lancelot à Mordret, de la demoiselle d'Escalot à Guenièvre et à Arthur. Dans cette perspective apocalyptique, tout discours herméneutique devient désormais accessoire : le récit de la *Mort Artu* se contente, à travers une prose claire et rigoureuse, de montrer et de *demonstrer,* la *senefiance* des ermites et les discours de Merlin laissant place à la violence des images depuis l'épisode de la salle aux peintures du château de Morgain jusqu'à la scène célèbre de l'épée jetée au lac ou du départ d'Arthur sur *la nef des dames.* L'imaginaire de la *Mort Artu* rejoint alors celui de l'épopée, ne serait-ce qu'à travers la première place accordée à la figure royale ; de plus, le motif de l'épée jetée à l'eau, comme celui de l'inceste royal, sont communs à bien des textes épiques de l'aire indo-européenne (voir J. Grisward) et figurent en particulier dans certaines versions de la légende de Charlemagne (*Karlamagnussaga* scandinave, *Ronsasvals** provençal), où Charlemagne, père incestueux de Roland, jette l'épée Durendal dans un lac ou dans une eau courante, personne n'étant digne de la porter après Roland. Ainsi, c'est au contact de l'épopée que l'auteur de la *Mort Artu* innove et confère à son texte une dimension mythique, puisque aussi bien Geoffroi de Monmouth* que Wace* ignoraient l'inceste arthurien et l'épée jetée au lac. Cette couleur mythique et épique ne signifie pas l'effacement de tout arrière-plan théologique. Dieu, à travers Fortune, est bien présent derrière cette apocalypse, mais la théologie de la *Mort Artu* est sensiblement différente de celle de la *Queste del Saint Graal* et, en un sens, moins radicale. Plus d'élus et de réprouvés, mais des hommes aux prises avec leur passion fatale qui les aveugle jusqu'à les détruire sans pour autant les priver du repentir comme Guenièvre qui se réfugie dans une abbaye, ou Lancelot qui se retire du monde dans un ermitage. La *Mort Artu* est une Apocalypse, non un Jugement dernier. On a ainsi opposé l'augustinisme néoplatonicien de la *Queste* à une conception de l'homme plus proche de l'aristotélisme chez l'auteur de la *Mort Artu* (voir A. Adler).

ŒUVRE. — Éd. J. Frappier, Paris, 1936 (rééd. Genève, 1956) (*TLF*, 58). — Trad. française : G. Jeanneau, Paris, 1983 *(10/18)* ; M.L. Ollier, Paris, 1992 *(ibid.).*

→ J. Frappier, *Étude sur la Mort le Roi Artu, roman du* XIIIe *siècle,* Genève, 1936 (2e éd. revue et augm. 1961). — A. Adler, *Problems of Aesthetic Versus Historical Criticism in « La Mort Le Roi Artu »,* dans *PMLA*, t. 65 (1950), p. 930-943. — J. Frappier, *La bataille de Salesbieres,* dans *Mél. R. Lejeune*, Gembloux, t. 2, 1969, p. 1007-1023. — J. Grisward. *Le motif de l'épée jetée au lac : la mort d'Arthur et la mort de Batradz,* dans *Romania*, t. 90 (1969), p. 289-340 et 473-514. — J. Rychner, *Formes et structures de la prose française médiévale : l'articulation des phrases narratives dans la Mort Artu,* Neuchâtel-Genève, 1970. — R.H. Bloch, *From Grail Quest to Inquest : The Death of King Arthur and the Birth of France,* dans *The Modern Language Review*, t. 69 (1974), p. 40-55. — K. Wais, *Über themengeschichtliche Zusammenhange des versenkten Schwertes von Roland. Arthur. Starkad und anderen* dans *GRM*, t. 26 (1976), p. 25-53. — A.D. Zuurdeeg, *Narrative Techniques and their Effects in La Mort le Roi Artu*, York, 1981. — E. Archibald, *Arthur and Mordret : Variations on an Incest Theme* dans *Arthurian Literature*, t. 8 (1989), p. 1-27. — Cf. *MB* n°s 2014-2028, 6408-6410, 7617 ; *S* 3548, 3909, 3943, 3944, 3947, 3959, 4059, 4090-4120, 4131, 4134, 8527.

Voir aussi : *Graal-Cycle-Post-Vulgate.*

J.M.F.

Motet. Genre littéraire et musical issu probablement de l'organum à vocalises, et consistant à l'origine (fin du XIe) à mettre des paroles sous les vocalises de la voix organale de celui-ci. Ces paroles furent dites *motetus* ou *motulus*, et le nom passa de là à l'ensemble de la composition. Primitivement à 2 voix, celle-ci devint parfois à 3, exceptionnellement à 4 voix. Elle se compose d'une teneur, habituellement instrumentale sans paroles, dont la mélodie préexistante, toujours liturgique avant la fin du XIIIe siècle, parfois profane ensuite, est découpée selon un rythme préétabli (voir *mode*). À cette teneur se contrepointe, sur un rythme différent, une autre mélodie dotée cette fois de paroles, et qui prend elle-même le nom de *double* ou de *motet.* Si le motet est à 3 voix (*motet triple*), à cette seconde mélodie s'en contrepointe une troisième, dite *triple*, encore de rythme et de paroles différents. De même éventuellement pour la 4e voix, dite *quadruple*. Les plus anciens motets sont latins et pieux, et les différents textes — y compris l'origine de la teneur — sont unis entre eux par une analogie sémantique. Celle-ci disparaît bientôt totalement, de sorte que le motet devient la combinaison contrapuntique de textes différents sans aucun rapport entre eux, exercice de caractère exclusivement musical. Vers le milieu du XIIIe siècle on se mit à composer des motets profanes, souvent en français, mais la teneur resta longtemps liturgique, même en ce cas. Enfin, vers la fin du XIIIe siècle, on contrepointa parfois, sur teneur liturgique, un double latin pieux et un triple français profane. L'*Ite missa est* de la Messe de Tournai est conçu de la sorte.

Au cours du XIVe siècle, le motet se transforma profondément. La teneur cessa d'être obligatoirement un texte préexistant ; on lui ajouta une autre voix complémentaire, dite contre-teneur (lat. *contratenor*), qui devint l'origine de la partie de basse, tandis que la voix de teneur, restée au-dessus, allait devenir le *ténor*. La chanson à 3 voix du XVe siècle (une voix chantée, 2 voix instrumentales) découle ainsi directement du motet sous sa forme teneur + contre-teneur instrumentales et « motetus » chanté. En outre, le style se modifia, le rythme devint plus varié par disparition des modes rythmiques, le syllabisme strict fit place aux vocalises, etc.

Vers la fin du XVe siècle le mot « motet » perdit son sens technique. On l'employa — et on l'emploie encore — avec un sens musical très vague, pour désigner toute pièce polyphonique latine dont l'emploi liturgique n'est pas obligatoirement déterminé.

Motet enté : Genre de motet particulier, en usage vers la fin du XIIIe siècle, influencé par la mode des refrains. Dans le motet enté, l'une des parties — généralement la partie de motet — commence et finit par la citation, paroles et musique, d'un morceau préexistant — souvent un rondeau — entre les deux moitiés duquel se glisse un commentaire libre. Adam de la Halle* a composé des motets entés.

Motet isorythmique : nom donné par les modernes à une variété de motet du XIVe siècle dans laquelle la teneur, et parfois aussi les autres voix, sont soumises à un rythme préétabli, parfois très complexe.

→ E.H. Sanders, L.L. Perkins... art. *Motet*, dans *The New Grove Dictionary of Music and Musicians,* t. 12, 1980, p. 617-647 [importante bibliogr.].

J.Ch.

Mule sans frein. Voir : *Demoiselle à la mule.*

Murethach (Muridac, Muiredach). Irlandais, fier de son nom celte (cf. le mot gaëlique *muiredach*, qui est un titre nobiliaire), il est à l'origine de la célèbre école carolingienne d'Auxerre et maître d'Haymon d'Auxerre*. Il enseigna la grammaire à Auxerre, puis à Metz, dans le sillage de l'évêque Drogon, fils bâtard de Charlemagne, auquel il dédia un poème à la gloire de Metz. Composé à Auxerre vers 840 et publié entre 844 et 855 dans le royaume de l'empereur Lothaire, son commentaire de l'*Ars major* de Donat puise à la même source irlandaise que l'*Ars Laureshamensis,* l'*Ars Brugensis* et le commentaire de Sedulius Scottus. Suivant fidèlement le texte de Donat, dont il cherche d'abord à expliquer le sens, il signale au fur et à mesure des passages commentés les questions qu'ils soulèvent. Cette pédagogie du questionnement sera reprise par son disciple Haymon* dans ses commentaires bibliques et par Heiric d'Auxerre* dans la partie haymonienne de ses *Collectanea*, intitulée *Scolia quaestionum*. Largement diffusée en France surtout au tournant des IXe et Xe siècles et jusqu'au XIIIe, la grammaire de Murethach est parfois transmise dans un contexte rémigien, mais elle semble n'avoir exercé aucune influence profonde directe sur Remi d'Auxerre*.

ŒUVRES. — Commentaire sur l'*Ars major* de Donat. Éd. L. Holtz, *Murethach (Muridac). In Donati artem Maiorem*, Turnhout, 1977, (*CCCM*, 40). — *Carmen* adressé à Drogon. Éd. B. Bischoff, *Muridac doctissimus plebis, ein irischer Grammatiker des IX. Jahrhunderts*, dans *Celtica*, t. 5 (1960), p. 40-44, réimp. dans *Mittelalterliche Studien*, 2, Stuttgart, 1967, p. 51-56.

→ L. Holtz, *Sur trois commentaires irlandais de l'Art majeur de Donat au IXe siècle,* dans *RHT*, t. 2 (1972), p. 45-73 ; *Grammairiens irlandais au temps de Jean Scot,* dans *Jean Scot Erigène et l'histoire de la philosophie, 3e colloque international Jean Scot (Laon, 7-12 juillet 1975)*, Paris, 1977, p. 69-78 (*Colloques internationaux du CNRS,* 561). — *Donat et la tradition de l'enseignement grammatical...*, Paris, 1981, p. 488-490 (*Documents, études et répertoires publiés par l'IRHT*). — C. Jeudy, *Nouveaux fragments de textes grammaticaux* dans *RHT*, t. 14-15 (1984-1985), p. 137-138 et pl. III. — M. Lapidge et R. Sharpe, *A Bibliogr. of Celtic Latin Literature 400-1200,* Dublin, 1985, nos 670-671, p. 176-177. — *Intellectuels et artistes dans l'Europe carolingienne IXe-XIe siècle. Catalogue de l'exposition d'Auxerre, abbaye Saint-Germain, juillet-octobre 1990*, Auxerre, 1990, p. 33-36. — L. Holtz, *La main de Franciscellus Mancini...* dans *Scriptorium* t. 44 (1990), p. 217-219 ; *Murethach et l'influence de la culture irlandaise à Auxerre*, dans *L'École carolingienne d'Auxerre. De Murethach à Remi d'Auxerre, 830-908*, Paris, 1991, p. 147-156 (*Entretiens d'Auxerre*, 1989). — Brunhölzl, trad. française, t. 1, vol. 2, 1991, p. 316. C.J.

Musica Enchiriadis. Traité de musique écrit vers l'an 900 dans l'empire ouest-franc. Édité tout d'abord par Martin Gerbert en 1784, il est associé à un important groupe de textes attribués à Hucbald de Saint-Amand. Même si l'attribution n'était pas fondée, la discussion considérable qu'il a provoquée persiste encore. Plusieurs traités carolingiens contemporains et anonymes, du plus haut intérêt, lui sont fréquemment associés (*Scolica enchiriadis, Commemoratio brevis de psalmis et tonis modulandis, Alia musica* et un court essai sur la division du monocorde *Super unum concavum lignum*).

Il subsiste une quarantaine de mss de la *Musica enchiriadis,* ce qui en fait un des écrits les plus populaires du Moyen Âge. Ce traité est très connu pour ses descriptions de l'*organum* parallèle ou presque parallèle (*cantilena diaphonia*) et son système de notation diastématique, associant la notation dasienne. Pourtant cela ne constitue qu'un élément secondaire, le propos principal étant une théorie de l'hexacorde comme principe générateur du chant.

ŒUVRE. — M. Gerbert, *Scriptores ecclesiastici de musica sacra* (Sankt Blasien, 1784), Reprint G. Olms, Hildesheim, 1963, p. 152-212. — H. Schmid éd., *Musica et scolica enchiriadis una cum aliquibus tractulis adiunctis,* Munich, 1981.

→ P. Spitta, *Die Musica enchiriadis und ihre Zeitalter* dans *Vierteljahrsschrift für Musikwissenschaft,* t. 5 (1889), p. 443-482. — P. Dronke, *The Beginnings of the Sequence*, dans *Beiträge zur Geschichte der deutschen Sprache und Literatur,* t. 87 (1965), p. 43. N.S.

Musique au Moyen Âge (Les instruments de). L'Occident médiéval, du haut Moyen Âge à la Renaissance, connaît une variété impressionnante d'instruments de musique. Si les musées nationaux ne conservent que de rares merveilles, le patrimoine musical médiéval n'en est pas pour autant altéré. En effet, les sources iconographiques et littéraires, intarissables, témoignent d'une sensibilité et d'une pratique musicales importantes. Aussi, une classification de l'*instrumentarium* médiéval semble s'imposer. Comme le proposait déjà le théoricien français Jean de Murs*, au XIIIe siècle, l'ordonnance tripartite des *tensibilia* (cordes), des *inflatibilia* (vents), et des *percussibilia* (percussions) recouvre toute la *musica instrumentalis*. En outre, la voix, élément de la *musica humana*, occupe une place prépondérante au sein de la production musicale. Qu'elle soit traitée monodiquement comme dans le chant de l'Église médiévale, dit Chant grégorien, ou polyphoniquement dès l'*Ars Antiqua** (la teneur est bien souvent d'origine grégorienne), la voix évolue dans une perspective mélodique nette et souple. Le contrepoint, subtil pendant l'*Ars Nova** (XIVe siècle), et en particulier chez Guillaume de Machaut*, se développe, mêlant parties vocales et instrumentales. La teneur, ainsi que la contre-teneur sont en général dépourvues de textes. Le chanteur est donc accompagné par des instruments dont le choix n'est pas mentionné par le compositeur. Ainsi les interprètes peuvent délibérément attribuer aux parties sans texte des instruments répondant aux nécessités musicales de la pièce (ambitus et caractère général de l'œuvre).

Tensibilia : En raison de leur ancienneté et de leur grande diversité de formes, les instruments à cordes soulèvent un problème complexe de reconnaissance. Parmi ces instruments, nous trouvons des instruments ne comportant que des cordes à nu, des instruments à touchettes et enfin des instruments à archet.

La harpe et la lyre — ne comportant que des cordes à nu —, existant depuis 5 000 ans, représentent les deux plus anciens types d'instruments à cordes. Elles ont joué toutes deux un rôle important et sont présentes encore partout dans le monde. Elles font partie des instruments de prédilection des Égyptiens et des Babyloniens. Au Moyen-Âge, les cordes étaient faites de boyaux d'animaux (mouton) et pour le même usage furent utilisés le crin de cheval et la soie. Ce n'est qu'au XIIIe siècle que les cordes seront métalliques. De fait, la sonorité devint plus puissante et plus éclatante. Les cordes étaient faites en cuivre.

Chacune d'entre elles était fixée à une cheville. La tension en était réglée à l'aide d'une clé et l'accord en était diatonique. La harpe chromatique n'apparaît qu'au XVIe siècle. On jouait de la main droite, la main gauche tenant l'instrument. Les petites harpes étaient tenues à la main alors que les grandes étaient posées à même le sol. Le nombre de cordes était variable : de 6 à 25. Par ailleurs, la symbolique médiévale reconnaît à la harpe des pouvoirs surnaturels capables de détruire le pouvoir d'un sort.

Le psaltérion et le dulcimer présentent des similitudes à tel point que l'on peut regrouper leur étude. Tous deux sont munis de caisse de résonance ayant, de part et d'autre de celle-ci, deux jeux de chevalets sur lesquels les cordes sont tendues à l'aide de vis que l'on utilise pour accorder. Souvent, les cordes sont doubles. Le psaltérion est de forme triangulaire (delta renversé dont la caisse de résonance est en haut). Au XIVᵉ siècle, il prend la forme stylisée d'un T, puis celle d'un rectangle, puis adoptera une forme trapézoïdale. Il suffira de lui adjoindre un clavier pour qu'il donne naissance au XVᵉ siècle à l'épinette, au virginal, puis plus tard au clavecin. Il se développe surtout au Proche-Orient, dès le XIIIᵉ siècle. Instrument à cordes pincées, on jouait du psaltérion avec les doigts ou avec un plectre, soit en le posant sur les genoux, soit en l'inclinant sur la poitrine.

En revanche, le dulcimer est à cordes frappées. En forme de trapèze, on en joue en le posant sur une table ou sur les genoux. Son registre musical et le nombre de cordes sont variables.

Le luth, la guitare, la cithare, la mandora, la citole suivent le principe des instruments à touchettes. Les cordes sont arrêtées par un clavier divisé par une série de touches. Le luth, introduit en Europe au Xᵉ siècle par les Maures, joue pendant plus de trois siècles un rôle important, appelé d'abord guitare mauresque puis leüt au XIVᵉ siècle. Le luth se caractérise par un fond arrondi et un manche court à touchettes. Au XIVᵉ siècle, il y a 4 cordes attachées sur un chevalet fixé sur la caisse de résonance. Plus tardivement, pour lui donner plus de sonorité, on le munit de doubles cordes.

La cithare est un instrument à cordes pincées, venant de la Grèce antique et qu'Homère nomme Phorminx dans l'*Iliade* et l'*Odyssée*. On peut la comparer à la lyre mais elle se différencie par ses montants plus massifs et plus solides. Une cithare du Moyen-Âge a pu être conservée au British Museum. Elle date de 1300-1330 environ.

La mandora, instrument de la famille des luths, a 4 cordes doubles, elle est en forme de demi-poire. La table est plate, le fond est bombé. On la trouve en France dès le XIIIᵉ siècle.

La citole est très souvent rencontrée dans les poèmes médiévaux du XIIᵉ au XIVᵉ siècle. C'est un instrument délicat, précieux. Il est par excellence l'instrument des jeunes dames de l'époque.

La vièle, le rebec, la trompette marine : les instruments à archets. La vièle suit différents modèles : le type élancé en forme de poire que l'on appelle rebec et la forme en 8 resserrée au centre, la vièle proprement dite.

Le rebec, de petite taille, au registre soprano, comme la mandora, se tenait appuyé contre l'épaule, sur la poitrine ou posé sur l'aisselle.

Au XVᵉ siècle apparaît un instrument insolite appelé « trompette marine ». Cet instrument qui avait parfois jusqu'à 2 m de long possédait une très longue caisse de résonance étroite, en forme de trapèze sur laquelle venait s'insérer un manche. Elle n'avait qu'une seule corde en boyau qui passait sur un chevalet ; ce dernier ne comportant qu'un pied reposant sur la caisse tandis que l'autre, plus court, restait libre. À la vibration de la corde, celui-ci venait frapper un carré d'ébène dans la caisse de résonance. Au lieu d'appuyer la corde contre le manche, l'instrumentiste ne faisait que l'effleurer. De ce fait il n'en sortait pas un son fondamental, mais harmonique. La vibration du pied du chevalet avec le son de l'harmonique produisait une sonorité cuivrée qui pouvait rappeler celle de la trompette.

Inflatibilia : Comme l'attestent les arts plastiques, les instruments à vent sont nombreux et se répartissent en différentes catégories. On trouve des flûtes, des trompettes et des cors, des chalumeaux simples ou doubles, des cornemuses.

Les flûtes peuvent être droites ou à bec ou bien encore traversières. Deux méthodes tout à fait différentes étaient utilisées pour la production du son : soit souffler au travers d'un trou rond comme pour les flûtes de Pan ou la flûte traversière, soit souffler dans un embout (bec) en forme de sifflet comme pour le flageolet. La forme primitive de la flûte droite est celle de la flûte taillée dans un roseau. Elle comportait 3 trous (sans le pouce). De petites dimensions, elles avaient une sonorité aiguë et étaient appelées flausteles. Les flûtes longues avaient généralement 6 trous. Ces instruments munis d'une embouchure à forme de gros sifflets étaient appelés flûtes à bec. Il faut différencier cependant la flûte à bec du flageolet. Ce dernier présente la caractéristique particulière d'avoir deux trous supplémentaires servant pour le pouce.

La flûte double fut aussi en vogue au Moyen-Âge. Ellc était conçue pour jouer en quartes et quintes consécutives.

Le fretiau, devenu le galoubet provençal au XVIe siècle, est une longue flûte cylindrique avec 3 trous (2 pour les doigts, un pour le pouce). L'étroitesse de l'extrémité est importante, car elle permet d'obtenir le 2e harmonique (l'octave), mais aussi les 3, 4 et 5es. Il est possible de monter une échelle diatonique avec une simple flûte à 3 trous en jouant sur la pression du souffle.

Trompettes et cors : C'est dans un manuscrit espagnol du XIIIe siècle, les *Cantigas de Santa Maria*, que l'on peut découvrir une des premières reproductions médiévales de la longue trompette ou *anafil (al nafir* en arabe). Instrument de plus de 2 m de long, orné de bannière armoriée, on n'en obtenait que des notes de la série harmonique. Elles étaient utilisées pour les cérémonies et leur popularité fut encouragée par les croisades. La trompette à coulisse apparaît dès la fin du XIVe siècle, directement issue de la buisine (instrument guerrier employé aussi dans les tournois et les fêtes). Elle avait un son clair.

Primitivement, les cors n'avaient aucun rôle musical, ils étaient destinés à donner des signaux. D'abord en corne de bélier puis en métal, la taille de l'instrument devenait variable. Le petit cor, léger, est appelé graisle, son son aigu et clair était d'usage pour les fêtes. Aux Xe et XIe siècles, on importe de Byzance des cors en ivoire : des olifants. Les cors, percés de plusieurs trous afin d'obtenir un plus grand nombre de sons, donnent naissance au cornet à bouquin.

Chalumeaux et cornemuses : À partir du XIIe siècle, cet instrument à anches est cité sous le nom de chalémie ou chalemelle. D'origine orientale, les sonorités dues à l'anche double les rendent aptes à des musiques de plein air. Il existe deux sortes de chalémies : les « douces », instruments bas, dont le corps est long et étroit, et les chalémies « bruyantes », hauts instruments, plus courts, à la perce conique et plus large. Appartenant à la même famille, la cornemuse dérive de l'*aulos* grec. Elle est faite d'un réservoir en peau de mouton qui alimente en air plusieurs tuyaux en bois : un pour la mélodie, et 2 ou 3 autres formant le bourdon, ce dernier apparaissant vers 1350.

Percussibilia : D'après les sources littéraires et iconographiques, toute la période médiévale est riche d'instruments à percussion : tambours, tambourins, naquaires, crotales, trépie, *tintinnabulum*, castagnettes, crécelle, guimbarde.

Les crotales sont une sorte de cymbales de petite taille. Utilisées par paire, on frappe l'une contre l'autre, et le son qui s'échappe de ces deux plaques de métal crée une légère étincelle sonore.

Le trépie ou triangle accompagnait généralement la vielle à roue. Autour de la barre inférieure du triangle étaient fixés des anneaux qui tintaient lors de leur légère collision. Parmi les instruments possédant un timbre de clochettes, le *tintinnabulum* tient la primeur. Il s'agit d'une série de cloches en forme de tasses renversées, accordées avec précision. Elles étaient frappées avec des petites baguettes ou des marteaux. De là, naît le carillon.

Les naquaires, quant à elles, font partie de la famille des tambours. Adoptées par les guerriers occidentaux au XIIIe siècle, ce sont de petites timbales qui se jouent par paire et que l'on portait à la ceinture. Par ailleurs, le *tympanum* est l'ancêtre de notre tambourin ; quant au timbre dont la sonorité alerte crée un rythme, on y devine aisément notre tambour de basque actuel.

C'est au début du XVIe siècle que l'ensemble de l'instrumentarium connaît de nouveaux développements. Des instruments plus complexes voient le jour, ceux dits « à clavier ». L'orgue portatif, le monocorde, le positif, le clavicorde, la vielle à roue ou chifonie connaissent un renouveau. Le Moyen-Âge donne à l'Occident une palette sonore des plus riches, travaillant avec science et raffinement.

S.B.

Mystère de l'Advocatie Nostre Dame. Deux fragments de ce mystère de la fin du XIVe siècle sont conservés à la Bibl. municipale d'Angers (ms.572 [536]). Ils totalisent 492 vers. Le texte est écrit en octosyllabes. Le mystère est fondé sur le poème l'*Advocacie Nostre Dame* de Jean de Justice*.

ŒUVRE. — Éd. G.A. Runnalls, *The Mystère de l'Advocacie Nostre Dame : a Recently Discovered Fragment*, dans *ZRPh*, t. 100 (1984), p. 41-77.

→ A. Henry, *A propos du Mystère de l'Advocacie Nostre Dame*, dans *ZRPh*, t. 100 (1984), p. 513-515. E.L.

Mystère de l'Ascension de la Vierge. Un manuscrit du milieu du XVe siècle de la Bibl. de Rodez conserve ce mystère long d'environ 1 700 vers, qui comprend une quarantaine de personnages dont un Fol. Le prologue décrit la mise en scène.

ŒUVRE. — Éd. B. Lunet, dans *Mémoires de la Société des lettres, sciences et arts de l'Aveyron*, t. 4 (1842-1843), p. 300-375.

→ G. Raynaud, *Notice du ms. 57 de la Bibl. mun. de Rodez*, dans *Bull. SATF*, t. 13 (1887), p. 78-79. — L. Petit de Julleville, *Les mystères*, Paris, 1880, t. 2, p. 15-16 et 473-474. — D. Carnahan, *The Prologue in the Old French Mysteries*, Newhaven, 1905, p. 171-172. E.L.

Mystère de l'Assomption de la Vierge Marie. Mystère connu seulement par une édition. Il compte 39 personnages et 3 000 vers environ. L'ange Gabriel annonce à Marie sa fin prochaine. Les anges transportent les apôtres auprès d'elle. Elle meurt. Saint Michel terrasse Satan qui s'efforçait d'emporter son âme en Enfer. Jésus l'emporte au Ciel. Les apôtres ensevelissent son corps et les Juifs qui veulent troubler la cérémonie sont frappés de cécité. Jésus revient pour effectuer l'Assomption. En montant au Ciel, Marie jette sa ceinture à saint Thomas. Il existe d'autres versions de l'Assomption de Notre Dame : l'Ascencion : une version dans le cinquième livre du *Mystère des Actes des Apôtres**, le ms. 1075 de la Bibliothèque James de Rothschild. Un fragment de ms (97 feuillets) contenait un mystère de l'Assomption de la Vierge incomplet en trois journées et 50 personnages et appartenait à la collection de M. de Soleinne, mais il a apparemment disparu. Un *Mystère de l'Assomption de la Vierge* fut joué en 1351 à Bayeux, d'où est originaire Jean de Justice*, auteur de l'*Advocacie de Nostre Dame*. Le mystère fut joué aussi à Montauban de 1429 à 1445, sauf en 1441, année de peste.

→ L. Petit de Julleville, *Les mystères*, Paris 1880, t. 1, p. 274-275 ; t. 2, p. 4, 15-16, 470-474. — R. Lebègue, *Le mystère des Actes des Apôtres*, Paris, 1929, p. 167-174. Ra.L. et E.L.

Mystère de l'Incarnation et Nativité. Drame représenté à Rouen sur la place du Neuf-Marché à Noël 1474, comprenant 12 593 vers partagés en deux journées et requérant 78 personnages. On ne le connaît que par un incunable (BN. Rés. Yf 12).

La mise en scène est explicitée par un texte qui se trouve à la fin de l'incunable et décrit « comment estoient faictes les establies ». Le prologue nous apprend aussi que les « lieux » étaient désignés par des écriteaux et les didascalies en français sont en outre très précises. Des espaces avaient été réservés pour les notations musicales, malheureusement absentes.

L'édition a ceci de particulier que les sources du texte sont indiquées : la Bible, saints Thomas*, Bonaventure*, Augustin, Nicolas de Lyre*, Bède*, ou autres mystères rouennais. Le texte est cependant tout à fait indépendant des grands Mystères de la Passion.

La première journée s'achève avec la Visitation ; la seconde avec le retour des bergers (on ne parle pas des rois Mages). Mais l'auteur ne s'en tient pas aux faits évangéliques. D'une part, il a repris le défilé des Prophètes, le procès de Justice et de Miséricorde et il a introduit la légende du mariage de la Vierge. D'autre part, il a ajouté un épisode de l'histoire romaine en faisant jouer un rôle à l'empereur Auguste appelé Octavien.

ŒUVRE. — Éd. Pierre Le Verdier, *Mystère de l'Incarnation et Nativité de Nostre Sauveur et Rédempteur Jésus-Christ, représenté à Rouen en 1474*, Rouen, 3 vol., 1884-1886 (*Soc. des Bibliophiles normands*).

→ L. Petit de Julleville, *Les mystères,* Paris, 1880, t. 2, p. 36-38, 430-436. — I.M. Fanger, *The Production of Incarnation et Nativité de Rouen en 1474,* Tufts Univ., 1972. — H. Rey-Flaud, *Le cercle magique,* Paris, 1973, p. 185-187. — E. Konigson, *L'espace théâtral médiéval,* Paris, 1975, p. 160-165. — Cf. *MB* n° 5771 ; *S* 8204.

O.J. et E.L.

Mystère de la Passion, dite **Passion de Sainte-Geneviève**. Cette œuvre de 4 477 vers est contenue dans le ms. 1131 de la Bibl. Sainte-Geneviève (fol. 70-116).

Le mystère met en scène les événements de la Semaine sainte. Il commence par le souper chez Simon le Lépreux, au cours duquel Madeleine demande à l'hôte de pouvoir s'approcher du Maître. Nous assistons ensuite à la résurrection de Lazare, à l'entrée à Jérusalem, à la trahison de Judas, à la Cène chez le même Simon (avant le lavement des pieds, Lazare décrit l'Enfer, avec ses neuf tourments et ses quatre étages) et dès lors, se suivent les épisodes évangéliques jusqu'à la mort du Christ. Après la mort du Christ, reste un tiers du mystère. Le débat classique entre Synagogue et sainte Église a lieu tout d'abord. Sont exposées ensuite les démarches de Joseph d'Arimathie, à qui Anne et Caïphe dénient la faveur qu'il avait obtenue de Pilate, l'achat du suaire avec un long boniment d'un mercier qui refuse tout l'argent pour ce qui est destiné au Christ. Ni la Vierge ni les saintes femmes n'assistent à l'ensevelissement. Trois soldats fanfarons s'installent près du tombeau. Des anges annoncent la résurrection et les gardes constatent que le sépulcre est vide. La pièce se termine par la Descente aux Enfers, par l'arrivée des saintes femmes qui achètent des onguents à un épicier, par l'annonce de l'archange saint Michel, par l'apparition du Christ à Madeleine, par l'arrivée de saint Pierre et de saint Jean. Pour finir, le centurion s'adresse aux spectateurs et les invite à chanter le *Te Deum* et le *Benedicamus*. Le manuscrit ne contient aucune indication scénique.

Le mystère est écrit en octosyllabes à rimes plates. Il comprend 60 personnages. La pièce comprend des répliques chantées sur des airs d'hymnes comme le *Veni Creator* pour les plaintes, *Hostis Herodes, Pange lingua, Beata nobis gaudia*. La pièce est indépendante des autres mystères de la Passion. Elle est une étape entre les premiers mystères assez courts, comme la *Passion du Palatinus* et les grands *Mystères de la Passion, Semur* et *Arras*. On peut la dater du troisième quart du XIVe siècle.

P. Piétresson de Saint-Aubin a retrouvé dans les Archives de l'Aube (Paris, BN, n.a.fr. 2139) deux feuillets manuscrits contenant 243 vers qui correspondent aux v. 446-562, 579-581 et 957-1032 de la *Passion* de la Bibl. Sainte-Geneviève.

ŒUVRE. — Éd. G.A. Runnalls, *Le Mystère de la Passion Nostre Seigneur,* Genève, 1974 (*TLF*, 206). — Éd. A Jubinal, *Mystères inédits du XVe siècle,* Paris, 1837, t. 2, p. 139-311. — Éd. E. Gallagher, *Le Mystère de la Passion Nostre Seigneur,* Chapel Hill, 1976. — P. Piétresson de Saint-Aubin, *La Passion de Notre-Seigneur Jésus-Christ*, dans *BEC*, t. 85 (1924), p. 310-322.

→ L. Petit de Julleville, *Les mystères,* Paris, 1880, t. 2, p. 379-394. — É. Roy, *Le Mystère de la Passion en France du XIVe au XVIe siècle,* Paris, 1903, réimp. Genève, 1974, p. 55-69. — G. Frank, *The Medieval French Drama.* Oxford, 1954, p. 141-144. — J.G. Wright, *Study of the Themes of the Resurrection.* Bryn Mawr, 1936. — E. Gallagher, *Sources and Secondary Characterization in the Sainte-Geneviève Passion Nostre Seigneur,* dans *Neuphilologische Mitteilungen,* t. 79 (1978), p. 173-179. — Cf. *MB* nos 5763-5764 ; *S* 8134, 8169 *bis*, 8190-8193. O.J. et E.L.

Mystère de la Passion d'Amboise. Un fragment de ms. (BN, n.a.fr. 1445) contient 988 vers mettant en scène des scènes de la Passion du Christ. Le ms. serait un fragment d'une Passion jouée à Amboise en 1507, tout à fait indépendante des autres mystères de la Passion.

ŒUVRE. — Éd. É. Picot, dans *Romania*, t. 19 (1890), p. 260-282. — Éd. G.A. Runnalls, dans *Le Moyen Français*, t. 26 (1990).

→ L. Petit de Julleville, *Les Mystères*, Paris, 1880, t. 2, p. 90, 93-94. — É. Roy, *Le Mystère de la Passion en France*, Paris, 1903, réimp. Genève, 1974, p. 313-314. — Cf. *MB* n° 5767.

E.L.

Mystère de la Passion, d'Arnoul Gréban. C'est le Mystère évangélique le plus célèbre du XVe siècle. Nous l'avons conservé en huit manuscrits, dont quatre seulement sont complets ; le plus ancien d'entre eux est le n° 815 du fonds fr. de la BN (terminé le 7 janvier 1458, n.st.) ; les plus récents, du XVIe siècle. Les éditeurs, G. Paris et G. Raynaud, ont choisi un texte tardif de 1473 sensiblement corrigé, rafraîchi linguistiquement et remanié. Cette œuvre n'a jamais été imprimée ni au XVe siècle ni au XVIe, car dès 1486 Jean Michel, dans son *Mystère de la Passion**, développa deux de ses parties ou Journées et ce remaniement évinça l'œuvre originale. L'œuvre elle-même daterait de 1450 environ.

Une introduction de 1510 vers dite *incident littéral* (ou épisode accessoire reproduisant la lettre de la Genèse) précède l'œuvre proprement dite dans quatre manuscrits sur huit : en fait, on a dû la négliger dans certaines représentations. Elle rappelle la Création, la faute des mauvais anges et celle de l'homme, le crime de Caïn et la mort des premiers parents : le texte est étroitement apparenté au début du *Mystère du Vieil Testament**.

La première Journée s'ouvre par un long prologue où nous apprenons les intentions du dramaturge : évoquer par personnages la Passion rédemptrice en suivant les évangiles « sans prolixité et sans apocryphe recevoir ». A l'appel des premiers parents et des prophètes gémissant dans les Limbes, s'ouvre en Paradis le procès bien connu où Miséricorde tente de convaincre Justice de la licéité d'une rédemption. L'argument décisif, c'est que les promesses des prophètes doivent être tenues ; Vérité et Paix arbitrent le débat en faveur de Miséricorde. Dieu entérine cette décision et il reste alors à désigner le Rédempteur ; Sapience propose Dieu le Fils et Justice exige qu'il souffre dans tout le corps qu'il incarnera. Comme l'a dit l'auteur, des éléments de ce procès ont été empruntés au *Tiers Livre des Sentences* (ou *Somme théologique*) de saint Thomas d'Aquin*. Désormais, l'action se poursuit surtout sur la terre, mais elle sera souvent sertie d'épisodes en Paradis et en Enfer, car les deux mondes extra-terrestres observent les événements et les orientent.

Les épousailles de Marie et de Joseph ne sont pas mentionnées, l'Annonciation a lieu, la Visitation ensuite, suivie d'une scène d'allégresse en Paradis et d'une assemblée des démons en Enfer. On y chante un *silete* : « La dure mort eternelle, c'est la chançon des dampnez » et les voix horribles sont discordantes. Mais Lucifer est inquiet parce que les habitants des Limbes ne cessent de réclamer du secours. D'où viendrait-il ? Que Satan s'en préoccupe sur terre !

Au retour de la Vierge, Joseph est fort troublé en la voyant enceinte ; du Ciel, Dieu mande Gabriel pour le rassurer et lui annoncer le mystère. Dans une maison voisine, le prévôt de Judée, Cirinus, fait promulguer le recensement. Suivent alors le départ pour Bethléem et la recherche d'un logement. Alors s'insère une belle pastorale où les bergers disent leur bonheur ; ils s'amusent des menteries de Rifflart, puis de ce qu'il a vu à Bethléem la veille : ici il désigne les sergents avec le même embarras que le fait Thibaut l'Agnelet dans *Pathelin**. Nous revenons à la Nativité, à ses échos en Paradis et à l'adoration de Marie et de Joseph, pour rejoindre les bergers au moment où Gabriel leur apparaît. Déjà les trois rois Mages ont aperçu l'étoile, l'interprètent et se mettent en route, chacun de son côté. Nouvelle scène chez les bergers qui choisissent de curieux cadeaux pour l'Enfant : un flageolet, un hochet, un calendrier de bois, une sonnette, puis ils vont adorer le nouveau-né, le louant en un langage pour le moins inspiré. Le retour des bergers ne nous est pas épargné. Cette « bergerie » ou pastorale est l'épisode para-évangélique le plus profane que s'est permis Arnoul Gréban. Voici la rencontre des Mages, puis la Circoncision qui chevauche sur le voyage des rois et leur arrivée à Jérusalem. Le texte des Évangiles est développé alors sans interruption jusqu'au massacre des Innocents : cette scène est longue et particulièrement horrible, car le cynisme des bourreaux, feignant la tendresse, nous exaspère. L'auteur s'y laisse entraîner par la légende qui veut qu'on ait tué par erreur le dernier-né d'Hérode et qu'il se soit suicidé pour échapper à un mal soudain. De même, on ajoute l'histoire des idoles s'écroulant dans un temple d'Égypte. La première Journée s'achève par le long épisode de la perte de Jésus dans le Temple. Des docteurs y dissertent sur la venue du Christ ; et l'Enfant, par des réflexions surprenantes, renforce l'opinion de ceux qui croient que le Messie est descendu sur terre. Rendez-vous est pris avec les spectateurs pour le lendemain.

La deuxième Journée, comme toutes les autres, commence par un prologue. Elle est consacrée aux premiers épisodes de la vie publique du Christ annoncée par saint Jean-Baptiste : le baptême de Jésus, ses tentations, l'évocation des apôtres (Judas nous laisse entrevoir un passé chargé de crimes), les noces de Cana, les rencontres des vendeurs du Temple, de Nicodème, de la Samaritaine, la résurrection de la fille de Jaïre (appelé ici Ysmael) et du fils de Lucine, la veuve de Naïm. Le festin d'Hérode et la décollation de saint Jean-Baptiste nous détournent du Maître. On revient à lui avec la fille possédée du diable, le paralytique, un sermon avec la parabole du semeur, la pêche miraculeuse, la promotion de saint Pierre, la Transfiguration. Mais voici un conseil des Pharisiens et des Scribes qui décide de confondre Jésus en lui amenant la femme adultère. Nous rencontrons Madeleine, pour la première fois, au repas chez Simon : nous ne connaissons ses fautes que par son repentir et par la surprise de Marthe et de Lazare de la retrouver amendée. Suivent la guérison de l'aveugle-né et la résurrection de Lazare qui fait sensation dans l'Enfer dont il s'est échappé. Les Pharisiens et les Scribes se concertent plus fréquemment encore et plus longuement. D'autre part, Notre Dame dit à Jésus ses angoisses et lance des invectives contre les ennemis de son fils. En intermède, Lazare décrit pour ses sœurs les peines de l'enfer. Au second repas chez Simon, Madeleine oint la tête de Jésus, ce qui provoque le dépit de Judas et sa résolution de le trahir pour récupérer la quote-part qu'il aurait perçue si l'équivalent en espèce de ces parfums lui avait été confié. Voici alors l'entrée triomphale à Jérusalem, interrompue par un nouveau conseil des Juifs. Puis, Notre Dame tente d'obtenir du Christ qu'il sauve l'humanité sans se livrer à la mort ou en mourant sans souffrir, ou de mourir avant lui, ou de le voir mourir sans éprouver de douleur. Ces quatre demandes, dont les deux dernières nous surprennent, sont repoussées fermement par Jésus. L'épisode du figuier maudit et un sermon sur le thème *Erunt novissimi primi, erunt primi novissimi* nous ramènent au complot tragique des Pharisiens et des Scribes, mais, pour l'instant, ils échouent dans leurs tentatives de le confondre. Alors l'Enfer ordonne à Satan et à Bérith de fomenter une machination qui fera mourir le Christ ; qu'ils se servent de la cupidité de Judas et de la haine des Pharisiens ! Et, en effet, Judas va s'offrir aux ennemis de son Maître tandis que celui-ci délègue Pierre, Jacques et Jean auprès d'Urion chez qui il veut manger la pâque. Les Pharisiens réunissent leurs hommes d'armes. Jésus prend congé de sa mère et de ses amis de Béthanie, et alors commence la Cène avec tous les épisodes de l'Évangile de saint Jean. Puis, chez les Juifs, Judas donne ses dernières instructions aux hommes qui vont arrêter Jésus. Au Jardin d'Olivet, celui-ci s'adresse à son Père qui, au Ciel, tente de fléchir la rigueur de Justice ; mais elle maintient ses exigences. L'archange Michel est envoyé pour réconforter le Sauveur. On en arrive à l'arrestation du Maître, aux reniements de saint Pierre et aux premiers supplices de Jésus. On annonce la suite de la représentation pour le lendemain.

La troisième Journée s'en tient davantage encore à la narration évangélique ; sans doute, sont développés longuement les dialogues des Juifs et surtout les sarcasmes et les tourments raffinés que les bourreaux réservent à leur victime. Mais l'attention de l'auteur se porte visiblement sur la psychologie de Pilate, homme incontestablement épris de justice mais résistant mal aux manœuvres des Juifs. En Enfer, Lucifer pressent la délivrance des âmes justes après la mort de Jésus. Dès lors, on révise les consignes données autrefois à Satan et à Bérith : qu'ils s'attachent à éviter la mort de Celui qui pourrait descendre en Enfer et y exercer ses ravages. C'est la femme de Pilate qui, comme Ève autrefois, pourra être l'instrument des diables et obtenir de son mari que Jésus ne soit pas condamné à mourir ! Telle est l'interprétation du songe de la femme de Pilate, rapporté dans l'Évangile. Arnoul Gréban ne néglige pas les épisodes traditionnels de la fabrication de la croix et des clous : un bourreau souhaite même que ceux-ci ne soient pas trop pointus afin que le condamné souffre davantage. Sur la route du Calvaire, surgit le groupe des saintes femmes, puis Notre Dame arrive avec Madeleine, Marie Jacobi et Joseph d'Arimathie. En Paradis, Dieu envoie une nouvelle fois Michel pour réconforter son Fils, tandis qu'en Enfer on renforce les portes par crainte du Rédempteur. Au Calvaire, c'est Marie qui couvre la nudité de son fils. Le crucifiement a lieu sur la croix à terre qu'on dresse ensuite. Déjà Satan guette sa proie. Les sept paroles du Christ ne sont pas omises et elles interrompent d'une part les moqueries des Juifs, de l'autre la longue complainte de Notre Dame (près de 200 vers). L'auteur accepte aussi la légende de l'invention diabolique des dés pour attribuer par le sort la robe inconsutile. Une scène très courte nous transporte à Athènes où « saint Denis » commente à Empédocle le sens de l'éclipse qui les effraie. En Paradis, les anges chantent le *Kyrie eleison* des Ténèbres. En Enfer, l'âme de Jésus commande aux portes de s'écrouler et les premiers parents, les prophètes et le précurseur chantent leur délivrance. Lucifer n'a plus qu'à espérer les âmes des deux larrons, mais Michel lui ravira celle de Dismas. La légende de Longin est introduite. L'ensevelissement s'accompagne des achats chez la marchande de soie et chez l'épicier qui, pour une fois, ne sont guère bavards. À la descente de croix, Notre-Dame consent mal à cesser sa complainte à la demande de Joseph d'Arimathie. Les Juifs placent une garde au tombeau et la Journée se termine par la promesse que la Résurrection sera représentée le dimanche suivant.

Le prologue de la quatrième Journée rappelle les événements de la troisième. Les soldats se vantent de pouvoir faire bonne garde. D'autre part, les Juifs sont décidés à punir Joseph pour avoir dépendu le corps et lui avoir donné une sépulture : on le convoque, on l'entend se défendre et on l'emprisonne. Les trois Maries se rendent chez l'épicier, plus bavard, pour y acheter encore des onguents. Les apôtres surgissent de leur refuge ; saint Pierre, de la fosse où il pleurait son reniement. En Enfer, on déplore encore le départ des Justes et on s'inquiète de savoir où est Jésus. Puis, en Paradis, Dieu attend la résurrection qui se manifestera par un effroyable tremblement de terre. C'est à sa mère que le Ressuscité apparaîtra d'abord, puis à Madeleine, puis aux autres saintes femmes, aux apôtres enfin. Dans sa prison, Joseph d'Arimathie est visité par le Christ qui le délivre. Les Juifs sont stupéfaits de ne point l'y trouver. Et, à leur grand dam, les soldats leur annoncent la disparition du corps qu'ils gardaient. Les Juifs les menacent ; mais, avec assez d'astuce, les soldats promettent de leur rendre Jésus si les Pharisiens réussissent à retrouver Joseph. Ce défi, ceux-ci ne le relèvent pas, mais obtiennent que, pour de l'argent, les soldats proclament que les disciples ont ravi le corps. À Pilate, les soldats vont donc conter leur bourde, mais le juge ne les croit pas : selon lui, le Christ est ressuscité et les gardes ont été corrompus par les Juifs. On représente alors l'épisode des pèlerins d'Emmaüs, les deux apparitions de Jésus aux apôtres rassemblés (la seconde fois avec Thomas), la pêche miraculeuse. Tandis qu'en Enfer, les diables s'inquiètent toujours des événements, les apôtres gravissent la montagne où aura lieu l'Ascension ; Notre Dame et ses compagnes y vont aussi. Puis Pilate dit à sa femme et au centurion ses regrets d'avoir condamné le Christ, ses craintes pour son avenir et il se prépare à écrire aux sénateurs romains en leur envoyant des cadeaux. Peu avant l'Ascension, Joseph rencontre Nicodème tandis qu'au Paradis, Adam, Ève, les prophètes et le larron se réjouissent de la venue prochaine de leur Rédemption. Il arrive enfin et est fêté par Dieu et ses archanges. L'Enfer l'apprend avec dépit. Ensuite, saint Pierre préside l'élection du remplaçant de Judas. Après la descente du Saint-Esprit et les louanges dites par chacun des assistants, est représentée une *Moralité finable* : au Ciel, Dieu le Père fait comparaître, devant lui et Jésus, ses Attributs qui avaient participé au procès initial : Sapience, Miséricorde, Justice, Vérité et Paix. Elles se réjouissent de la Rédemption ; selon la prédiction de David, Miséricorde et Vérité, Paix et Justice se donnent le baiser de paix et l'auteur congédie ses spectateurs en leur proposant de corriger les imperfections de son œuvre. *Te Deum laudamus.*

Les mss de Chantilly et de Rome ont développé quelques scènes de cette Passion qui compte déjà 34 425 vers. Par ses dimensions, par la variété de ses formes métriques et de ses procédés stylistiques, par son lyrisme comme par l'art scolastique de ses nombreux débats, par ses effets dramatiques, ce Mystère de la Passion est le chef-d'œuvre du théâtre du XVe siècle. Arnoul Gréban a des talents variés ; sa *Bergerie* ne nous prouve-t-elle pas qu'il eût pu être aussi bien un excellent auteur profane ? Grâce au langage familier et grossier de ses bourreaux et de ses messagers, comme aux discussions savantes des attributs de Dieu et des docteurs de la Loi, à la variété des épisodes et des tons, toujours adéquats, l'œuvre a pu plaire à un public varié. Assurément, — quelques manuscrits aux didascalies abrégées nous le prouvent — l'œuvre a été destinée aussi à la lecture.

Jusqu'au XVIe siècle, la première et la dernière Journée, celles que Jean Michel n'a pas remaniées, ont été reprises dans les remaniements toujours plus développés du Mystère de la Passion.

ŒUVRE. — Éd. O. Jodogne, 2 vol., Bruxelles, 1965 et 1983 (*Mémoires de l'Académie royale de Belgique. Classe des Lettres*, t. 12, fasc. 3 ; t. 13, fasc. 2). — *Le vray mistere de la Passion d'Arnoul Greban*, adapt. C. Gailly de Taurines et L. de la Tourrasse, Paris, 1902, dernière éd. Charleville, 1935. — Trad. partielle M. de Combarieu du Grès et J. Subrenat, Paris, 1987 (*Folio*).

→ É. Roy, *Le Mystère de la Passion en France*, Paris, 1903, réimp. Genève, 1974, p. 205-248. — G. Frank, *The Medieval French Drama*, Oxford, 1954, p. 181-187. — P. Champion, *Histoire poétique du XVe siècle*, Paris, 1966, t. 2, p. 133-188. — R.L. Wadsworth, *The Bourreaux in Arnoul Greban's Mystère de la Passion*, dans *Rev. de littérature comparée*, t. 44 (1970), p. 499-509. — R. Mesnage, *La mesnie infernale de la Passion d'Arnoul Greban*, dans *Senefiance*, t. 6 (1979), p. 333-349. — J.-P. Bordier, *Recherches sur le message théâtral des Mystères de la Passion en français (XIIIe-XVIe siècle)*, thèse d'État, Paris, 1990 [voir la présentation dans *Perspectives médiévales*, n° 16 (1990), p. 111-115]. — Cf. *MB* nos 5741-5752, 8038 ; *S* 6255, 6259, 6261, 8169 *bis*, 8178-8182, 8198.

O.J.

Mystère de la Passion d'Arras. Dû, selon toute vraisemblance, à Eustache Marcadé*, mort en 1440, et auteur du *Mystère de la Vengeance de Notre Seigneur**, qui fait suite à ce mystère dans le ms. 597 de la bibliothèque d'Arras. C'est le premier des grands mystères de la *Passion*. Il compte 24 945 vers.

Outre les Évangiles, l'auteur a utilisé les légendes tirées des Apocryphes, les glossateurs, la *Somme* de saint Thomas*, et le *Pèlerinage de Jésus-Crist* de Guillaume de Digulleville*.

Il a eu le mérite de répartir la vie du Christ en quatre journées bien distinctes. La première est consacrée aux premières années, la seconde embrasse la vie publique, la troisième a pour sujet la passion, la mort et l'ensevelissement de Jésus, et la dernière commence à la résurrection et finit à la descente du Saint-Esprit. Cette belle ordonnance se retrouve dans la *Passion* de Gréban (voir *supra*).

Docteur en droit canon, official de l'abbaye de Corbie, Marcadé a développé l'enseignement religieux. Les prêches sont nombreux, et surtout l'auteur a donné tout son sens au drame de la Rédemption en l'encadrant du Procès de Paradis (v. 83-106 et 24 595-24 862). Du psaume 84 : « la Miséricorde et la Vérité se sont rencontrées, la Justice et la Paix se sont embrassées », un moine franciscain, qui écrivit au XIIIe siècle les *Méditations sur la vie de Jésus-Christ*, avait tiré le thème d'un Procès plaidé devant Dieu le Père par Miséricorde et Paix, Justice et Vérité ; à la fin, Dieu décidait d'envoyer son Fils sur terre pour racheter le genre humain. Marcadé fut, semble-t-il, le premier en France qui mit à la scène cet épisode ; à son exemple, Gréban et d'autres auteurs de *Passions* placeront au début et à la fin de l'œuvre ce Procès surnaturel, où le salut du genre humain est l'objet du débat.

L'auteur cherche à émouvoir le public en multipliant les plaintes de Marie et de son entourage, et en représentant très longuement le massacre des Innocents et les tortures du Christ.

Les épisodes comiques sont nombreux et variés : diableries burlesques, boniments des marchands et de l'hôtelier d'Emmaüs, railleries des bourreaux, farces de bergers ; Madeleine pécheresse adresse aux passants un pressant appel.

S'il ne subsiste qu'un manuscrit de cette *Passion*, elle n'en a pas moins eu une assez vaste diffusion. Elle a été jouée à Metz en 1437. Gréban l'a largement utilisée. Les deux *Passions* du XVIe siècle, dont l'une a été jouée à Valenciennes et dont l'autre y est conservée, lui ont fait des emprunts.

ŒUVRE. — É. Roy, *Le mystère de la Passion en France du XIVe au XVIe siècle*, Paris, 1903, réimp. Genève, 1974, p. 265-312. — *Le Mystère de la Passion (texte du ms. 697 de la Bibl. d'Arras)* éd. J.M. Richard, Paris, 1893.

→ G. Frank, *The Medieval French Drama*, Oxford, 1954, p. 179-181. — J. Desobry, *Moine, juriste et compositeur de théâtre, Eustache Marcadé († 1440)* dans *Bulletin trimestriel... Société des Antiquaires de Picardie*, 1967, p. 145-161. — J.-P. Bordier, *Recherches sur le message théâtral des Mystères de la Passion en français (XIIIe-XVIe siècle)*, thèse d'État, Paris, 1990 [voir la présentation dans *Perspectives médiévales*, n° 16 (1990), p. 111-115]. — Cf. *MB*, n° 5725-5732, 8176-8177 ; *S* 8169 *bis*, 8177.

Ra.L.

Mystère de la Passion d'Autun, mystère du XVe siècle. De ce drame nous conservons deux versions, l'une copiée par Antoine Roman au XVe siècle et contenant 937 vers (BN, fr. 4356), l'autre transcrite par Philippe Biard, « écolier » d'Autun en

1470-1471 (BN, fr. 4085). Cette dernière est la plus étendue ; elle compte 2 117 vers, dont 230 sont narratifs. Ces deux versions ont des passages communs, mais aussi des épisodes particuliers ; elles paraissent remonter indépendamment à un drame perdu du XIVe siècle qui serait proche du *Mystère de la Passion du Palatinus** et, par elle, de la *Passion* (narrative) *des Jongleurs**. Ce mystère aurait été résumé par la version Roman, tandis qu'il serait plus fidèlement reproduit par la version Biard, qui l'aurait adapté à la lecture, à l'aide d'importantes transitions narratives. Ces deux versions, et peut-être l'œuvre originale, sont bourguignonnes.

Un prologue introduit le drame qui s'ouvre sur la dernière Cène et se termine avant l'ensevelissement du Crucifié, dans la version Roman. Dans l'autre version, par contre, outre la descente de Croix dont la Vierge n'est pas témoin, nous trouvons d'autres épisodes : les gardes au tombeau, la résurrection commandée par l'ange, la descente de Jésus aux enfers avec un « cantique » d'Adam, la fuite des gardes, une complainte de Notre Dame, l'apparition d'un ange et de Jésus à Madeleine. Enfin, cette version Biard se termine par un sermon de Jésus commentant son œuvre de rédemption, rappelant ses souffrances, réclamant l'amour des hommes unis en pensée à sa Passion. Il n'y a plus de *Te Deum*.

Par rapport à la *Passion du Palatinus,* notre drame est plus riche : il introduit la complainte de Judas et un plaidoyer de Pilate devant Joseph d'Arimathie. De son côté, la version Roman seule ajoute le Lavement des pieds, les interventions de la femme de Pilate et des filles de Jérusalem. Dans les détails, les deux versions placent l'attribution de la robe après le crucifiement par le recours de quatre bourreaux au jeu de dés. La version Roman nous montre un bourreau réclamant d'une femme de Jérusalem une pièce de toile dont la moitié servira à faire des « braies » au crucifié et l'autre à lui essuyer la face ; un aveugle la réclame ensuite dans l'espoir de guérir. Le crucifiement a lieu, la croix déjà dressée. L'aveugle Longin donne le coup de lance et recouvre la vue bien avant la mort du Christ, et non immédiatement avant le *Consummatum est* comme dans le *Palatinus*. Il n'y a pas de diablerie.

C'est l'œuvre la plus terne du genre. Si la version Biard tente de rompre la monotonie de l'octosyllabe en risquant quelques séries de vers d'autres mesures, la version Roman n'a même pas ce mérite et, dans les deux textes, les vers faux sont légion. Chose curieuse, deux chansons sur les événements, celle de la « févresse » et celle de Longin, interrompent l'action dans les deux versions.

Elles valent plutôt comme les témoins d'une œuvre perdue, descendante du récit fameux, la *Passion des Jongleurs,* et parente de la *Passion du Palatinus* et du *Mystère de la Passion de Sion** dont elle est peut-être contemporaine. C'est le drame religieux du XIVe siècle que les versions d'Autun reflètent tardivement.

ŒUVRE. — G. Frank, Paris, 1934 *(SATF)*.
→ G. Frank. *The Medieval French Drama*, Oxford, 1954, p. 129-131. — É. Roy, *Le mystère de la Passion en France*, Paris, 1903, réimp. Genève, 1974, p. 40-55. — F. Schumacher, *Les éléments narratifs de la Passion d'Autun* dans *Romania*, t. 37 (1908), p. 571-593. — J.-P. Bordier, *Recherches sur le message théâtral des Mystères de la Passion en français (XIIIe-XVIe siècle)*, thèse d'État, Paris, 1990 [voir la présentation dans *Perspectives médiévales*, n° 16 (1990), p. 111-115]. — Cf. *MB* nos 5715, 5722-5274 ; *S* 6249, 8132, 8169 *bis*, 8175. O.J.

Mystère de la Passion d'Auvergne. Deux fragments d'un ms. conservé à la BN (n.a. fr. 462) contiennent environ 4 500 vers d'un mystère de la Passion, soit deux journées d'un mystère qui devait comporter six ou sept journées. Le premier fragment met en scène la mort de Jean-Baptiste, plusieurs miracles de Jésus et la conversion de la Madeleine ; le deuxième fragment contient la dernière partie du jugement de Jésus et la Passion. Cette Passion qui contient des traits de langue qui la rattachent sans aucun doute à l'Auvergne n'a aucun lien avec les autres Passions sauf avec la Passion d'Harvard, fragment de 1 014 vers de la fin du XIVe siècle (Harvard College Library, ms. Thr. 262), qui est un remaniement de la première journée du mystère. C'est à partir du ms. d'Harvard que la Passion fut jouée à Montferrand en 1477. Cette représentation est très documentée.

ŒUVRE. — Éd. G.A. Runnalls, Genève, 1982, (*TLF*, 303). — Éd. J. Elliot et G.A. Runnalls, *The Baptism and Temptation of Christ, the First Day of a Medieval French Passion Play*, New Haven, 1978.

→ É. Roy, *Le Mystère de la Passion en France*, Paris, 1903, réimp. Genève, 1974, p. 35-377. — A. Bossuat, *Une représentation du Mystère de la Passion à Montferrand en 1477*, dans *BHR*, t. 5 (1944), p. 326-345. — G.A. Runnalls, *The Harvard Passion Fragment*, dans *Tréteaux*, t. 1 (1978), p. 19-21 ; *Le théâtre à Montferrand*, dans *Le Moyen Âge*, t. 85 (1979), p. 465-494. — C. Thiry, *Une avocate inspirée ? Procula dans quelques passions françaises*, dans *Le Moyen Français*, t. 11 (1982), p. 54-88. — J.-P. Bordier, *Recherches sur le message théâtral des Mystères de la Passion en français (XIIIe-XVIe siècle)*, thèse d'État, Paris, 1990 [voir la présentation dans *Perspectives médiévales*, n° 16 (1990), p. 111-115]. — Cf. *MB* nos 7565-7566 ; *S* 8194-8197. E.L.

Mystère de la Passion, de Jean Michel. L'œuvre est signée et l'auteur déclare qu'il n'apporte que des « addicions et corrections » au Mystère de la Passion, entendons aux deuxième et troisième journées du *Mystère de la Passion* de Gréban*. C'est en août 1486 que ce remaniement de 29 926 vers a été représenté à Angers ; il fut joué à Paris en 1490, 1498 et 1507. De plus, il a été incorporé aux *Mystères de la Passion* de Mons* et de Valenciennes*.

Jean Michel était médecin de la ville et régent de l'Université d'Angers ; il y est mort en 1501. Son *Mystère de la Passion* nous est parvenu en 17 éditions imprimées s'échelonnant de 1488 à 1550 environ (la meilleure et la plus ancienne est celle de la BN Rés. Yf. 69). Il connut donc un très grand succès auprès des lecteurs comme des spectateurs.

Les emprunts à Arnoul Gréban sont presque littéraux : des 17 373 vers des journées II et III de Gréban, 11 296 sont repris par Michel, mais cela ne représente que 38 % de son remaniement angevin. Avec beaucoup d'adresse et comme en communion d'esprit et d'âme avec son devancier, Jean Michel a pu confondre ses emprunts dans une œuvre nouvelle où tout paraît être d'un même créateur. Tout d'abord, les deux journées de Gréban ont reçu une justification propre : Michel en fait l'exposé dramatique de la vie publique du Rédempteur et l'illustration de la parole évangélique *Et Verbum caro factum est* (c'est le thème du prologue). Puis, il s'est permis, contrairement à Gréban, d'introduire « apocrife ou contemplatif » qui ne répugne pas à la vérité, afin d'émouvoir les gens simples, ignorants ou indifférents. C'est pourquoi il a multiplié les sermons du Maître, il a imaginé de nouveaux conseils des Juifs, il a composé des monologues et des complaintes et il a ajouté des épisodes pour justifier l'attitude des personnages : les vies mondaines de Madeleine et de Lazare, les fautes de Judas, les méfaits de Barrabas et des larrons, insérés très tôt dans les épisodes classiques du drame, expliqueront mieux le comportement des comparses ou leur destin au moment où l'Évangile (en l'occurrence Gréban) les introduira sur scène.

Commencée à la prédication du Baptiste, la première journée s'achève par sa décollation, la deuxième par la préparation de l'entrée à Jérusalem, la troisième par la comparution de Jésus devant Caïphe, la dernière par la garde au tombeau. Cette quatrième partie fut la moins remaniée : près de 60 % des vers sont de Gréban.

L'art de Jean Michel s'apparente à celui de son devancier ; il est un peu moins savant que lui, un peu moins rhétoriqueur, plus simple en somme, mais non moins lyrique. Son œuvre fut si goûtée que désormais on a renoncé à représenter la version des deuxième et troisième journées de Gréban. Michel a supplanté son modèle qu'on n'a d'ailleurs jamais imprimé à l'époque, alors que la *Passion* de Michel l'a été dix-sept fois au moins entre 1488 et 1550.

ŒUVRE. — Éd. O. Jodogne, Gembloux, 1958. — Adaptation : G. Cohen, *La Passion des Théophiliens* (extr. de l'imprimé BN, rés. Yf 13 exclusivement), Paris, 1950.

→ É. Roy, *Le Mystère de la Passion en France*, Paris, 1903, réimp. Genève, 1974, p. 280-306. — G. Frank, *The Medieval French Drama*, Oxford, 1954, p. 187-189. — M. Accarie, *Le théâtre sacré de la fin du Moyen Âge. Étude sur le sens moral de la Passion de Jean Michel*, Genève, 1979. — J. Chocheyras, *Les éd. de la Passion de Jean Michel au XVIe siècle,* dans *Romania*, t. 87 (1966), p. 175-193. — J.-P. Bordier, *Recherches sur le message théâtral des Mystères de la Passion en français (XIIIe-XVIe siècle)*, thèse d'État, Paris, 1990 [voir la présentation dans *Perspectives médiévales*, n° 16 (1990), p. 111-115]. — Cf. *MB* nos 5753-5755, 8040 ; *S* 5371, 8169 *bis*, 8180, 8183-8188, 8198. O.J.

Mystère de la Passion de Leyde. Un fragment de ms. de la Bibl. de l'Université de Leyde (LTK 1055) contient 237 vers (octosyllabes) qui mettent en scène la Passion du Christ depuis le partage de ses vêtements jusqu'à l'épisode de Longin. Ce ms. conserverait une version de la Passion dont l'original pourrait remonter au XIIIe siècle et serait de provenance normande. Ce fragment est totalement indépendant des autres Passions et serait une des plus anciennes Passions dramatiques en français.

ŒUVRE. — Éd. A.W. Wybrand, *Fragment van een oud Fransch mysteriespiel,* dans *Studien en bijdragen op't gebied der historische theologie,* t. 4 (1880), p. 106-118. — Éd. G.A. Runnalls, dans *Romania,* t. 105 (1984), p. 88-110. E.L.

Mystère de la Passion de Mons, joué à Mons en 1501. Seuls ont été conservés, de ce Mystère en quatre Journées, les *Prologues* (du début et de la fin de chaque Journée) et le texte de la Matinée de la troisième Journée. L'œuvre avait été représentée à Amiens l'année précédente et peut-être a-t-elle été remaniée par le poète athois Julien Fossetier. De la Création à la Pentecôte, terme du drame, c'est le texte d'Arnoul Gréban* et le développement de Gréban par Jean Michel*. Très peu d'apports ; les noms de quelques personnages secondaires ont été modifiés et une allégorie, Humain Lignaige, a été introduite.

Cette Passion est célèbre par l'extraordinaire documentation que l'on conserve sur la représentation du 5 au 11 juillet 1501 : distribution des rôles, état complet des frais de tous genres et *Abregiets* ou livres de conduite du régisseur, comprenant des didascalies très minutieuses ainsi que le premier et le dernier vers de chaque réplique. Ces archives ont permis de connaître fort bien la mise en scène de cette époque.

ŒUVRE. — Éd. G. Cohen, Gembloux, 1957 [compte rendu et corr. par O. Jodogne, dans *Rev. d'Hist. eccl.* t. 52 (1957), p. 558-560].

→ É. Legros, dans *Les Dialectes belgoromans,* t. 15 (1958), p. 206-208. — G. Cohen. *Le livre de conduite du régisseur et le compte des dépenses pour le Mystère de la Passion joué à Mons en* 1501, Strasbourg, Fac des Lettres, 1925 [cf. P. Faider dans *RBPH*, t. 9 (1930), p. 558-563]. — Cf. *MB* n° 8039 ; *S* 8198-8199. O.J.

Mystère de la Passion de Semur. Œuvre bourguignonne (9 580 vers, deux journées, 190 personnages), copiée par Jean Floichot, clerc et notaire royal à Semur (en-Auxois ?) (BN, fr. 904). Elle comprend une *Nativité* suivie d'un *Jeu des trois Rois*, une *Passion* réunie à une *Résurrection* imitées toutes des œuvres correspondantes du recueil de Sainte-Geneviève. Au début de la pièce, on trouve quelques épisodes de l'Ancien Testament que justifient le défilé des Prophètes et le débat entre *Synagogue* et *Ecclesia*. Celui-ci est complété par un dialogue entre Espérance et Charité : on le voit, on n'en est pas encore à l'époque où devient obligatoire le traditionnel *procès de Justice et de Miséricorde*. On remarque la conversion des bergers après la Nativité : ne les voit-on pas se retirer dans un couvent ? On retiendra surtout l'introduction du grossier *Rusticus* alias Cham, le fils de Noé ; peut-être est-ce une addition au texte primitif. Rusticus détend le public par ses disputes familiales et par ses plaisanteries faciles ; son rôle n'est toutefois qu'une surcharge nuisible au ton de l'œuvre. Car le lyrisme n'en est pas absent, et même il est plus riche que dans la *Passion Sainte-Geneviève** : ainsi, le rôle et les déplorations de la Vierge sont très développés.

Il n'y a pas encore de rondeaux et on s'étonne de trouver des alexandrins. Les tirades de huit syllabes sont parfois suivies d'un vers de quatre selon le procédé hérité du XIVe siècle. Et, de fait, des archaïsmes phonétiques nous prouveraient que l'œuvre est du premier tiers du XVe siècle, mais elle a pu être remaniée. Des disparates linguistiques amènent l'éditeur à croire que les deux Journées appartiennent à deux auteurs différents. Les didascalies sont encore toutes rédigées en latin. Par ses sources (les œuvres du manuscrit de Sainte-Geneviève et les *Meditationes Vitae Christi* attribuées à tort à saint Bonaventure), par son esprit, la *Passion de Semur* paraît se situer avant la grande *Passion d'Arras**.

ŒUVRE. — Éd. É. Roy, *Le mystère de la Passion en France du* XIVe *au* XVIe *siècle*, Paris, 1903, réimp. Genève, 1974, p. 74*-123* et p. 3-204. — Éd. L. Muir et P. Durbin, *The Passion de Semur*, Leeds, 1982 (*Leeds Medieval Studies*, 3).

→ G. Frank, *The Medieval French Drama*, Oxford, 1954, p. 176-179. — E. Streblow, *Le Mystère de Semur*, Diss. Greifswald, Leipzig, 1905. — A. Jeanroy, *Notes critiques sur la Passion de Semur,* dans *RLR,* t. 49 (1906), p. 220-229. — H. Pflaum, *Die allegorische Streit zwischen Synagogue und Kirche in der europäischen Dichtung des Mittelalters,* dans *Archivum romanicum*, t. 18 (1934), p. 302-307. — G.A. Runnalls, *The Evolution of a Passion Play : la*

Passion de Semur, dans *Le Moyen Français*, t. 19 (1988), p. 163-202. — J.-P. Bordier, *Recherches sur le message théâtral des Mystères de la Passion en français (XIIIe-XVIe siècle)*, thèse d'État, Paris, 1990 [voir la présentation dans *Perspectives médiévales*, n° 16 (1990), p. 111-115]. — Cf. *MB* nos 5719-5721, 6722 ; *S* 6259, 8169 *bis*. O.J.

Mystère de la Passion de Sion. Un fragment de ms. de la fin du XIIIe ou début du XIVe siècle, découvert à Sion en Valois, contient 87 vers en octosyllabes, dialogués. On y trouve la fin d'un discours d'Adam lors de la descente de Jésus aux enfers, quelques répliques des gardes au tombeau, et, dans un autre feuillet, la fin du sermon de Jésus (45 vers) qui achève la pièce. Cette *Passion de Sion* est apparentée à la *Passion du Palatinus** et à la *Passion d'Autun**.

ŒUVRE. — Éd. J. Bédier, dans *Romania*, t. 24 (1895), p. 86-94.

→ G. Frank, *La Passion d'Autun*, Paris, 1934 *(SATF)* ; *The Palatine Passion and the Development of the Passion Play*, dans *PMLA*, t. 35 (1920), p. 464-483. — Cf. *MB* n° 5718. E.L.

Mystère de la Passion de Troyes. Le ms. 2282 de la Bibl. mun. de Troyes conserve un *Mystère de la Passion* en quatre journées. Celui-ci comprenait « La création et la chute de l'homme, la naissance de Jésus Christ, sa vie, sa passion, sa résurrection et son ascension ». Chaque journée est contenue dans un cahier (7 824, 7 961 et 7 312 vers). Le troisième cahier donc la troisième journée (la Passion) est perdu. Le début du texte reproduit le *Mystère du Vieil Testament**. La suite est une version du manuscrit C d'Arnoul Gréban*. Cependant, le manuscrit est intéressant car il comprend de nombreuses additions et modifications en marge, le rôle entier du sot a été ajouté. Le copiste principal a nom Brochart mais le manuscrit a été retouché par de nombreuses mains. Cette passion fut mise en scène à Troyes de 1482 à 1490, en 1496, 1505 et encore 1531. La Passion était jouée « ou cloistre », aux environs du cloître Saint-Étienne. La pièce comprend 212 personnages parlants.

ŒUVRE. — Éd. J.C. Bibolet, Genève, 1987 (*TLF*, 347).

→ L. Petit de Julleville, *Les Mystères*, Paris, 1880, t. 2, p. 58-59, 411-413. — G. Paris et G. Raynaud, éd. de *La Passion d'Arnoul Greban*, Paris, 1878 (*SATF*), p. XXI-XXIV. — Cf. *MB* n° 5748. E.L.

Mystère de la Passion de Valenciennes en 20 journées. « La Passion de Jesu Crist en rime franchoise » est connue par le ms. 421 de la Bibl. de Valenciennes. Le mystère de 40 000 vers environ, en 20 journées, a été faussement attribué à Jean Molinet* par N. Dupire (dans ce cas, elle aurait été écrite entre 1501 et 1507). R. Lebègue la croit plus tardive : elle aurait été jouée à Douai en 1549.

L'auteur a repris des tranches importantes des *Passions* de Jean Michel*, d'Arras*, de Greban* ainsi que du *Vieil Testament** et des *Actes des Apôtres**. Il a ajouté l'épisode de Noé, l'histoire des parents de la Vierge, de nouveaux miracles évangéliques, la mort d'Hérodiade et l'Assomption. Indépendant du *Mystère de la Passion* de Valenciennes en 25 journées.

ŒUVRE. — Éd. partielle A. Kneisel, Greifswald, 1906.

→ L. Petit de Julleville, *Les Mystères*, Paris, 1880, t. 2, p. 418-421. — É. Roy, *Le Mystère de la Passion en France*, Paris, 1903, réimp. Genève, 1974, p. 310-312. — K. Mokross, *Weitere Studien über... Teil II : Journée XI-XV*, Greifswald, 1908. — O. Schaab, *Studien über den Teil der beiden Valenciennner Passion-Mysterien. Journée XVI*, Greifswald, 1909. — B. Koeppen, *Die beiden Valencienner Passionen in ihrem Verhältnis zu den Quellen. Journée XIII-XV*, Greifswald, 1911. — N. Dupire, *Le Mystère de la Passion de Valenciennes*, dans *Romania*, t. 48 (1922), p. 571-584. — R. Lebègue, *Le Mystère des Actes des Apôtres*, Paris, 1929, p. 62-72. — M. Foley, *Two Versions of the Flood*, dans *Tréteaux*, t. 2 (1980), p. 21-38. — J.-P. Bordier, *Recherches sur le message théâtral des Mystères de la Passion en français (XIIIe-XVIe siècle)*, thèse d'État, Paris, 1990 [voir la présentation dans *Perspectives Médiévales*, n° 16 (1990), p. 111-115]. — Cf. *MB* nos 5756-5761, 8040 ; *S* 8199. E.L.

Mystère de la Passion de Valenciennes en 25 journées. Mystère de 25 000 vers environ conservé en deux mss. inédits (Rothschild 1-7-3 et BN, fr. 12536). Le mystère joué à Valenciennes en 1547 fut composé par Philippe Caraheu, prêtre, Roland Gerald et Christoffin Hanelois dit des Maret. Les deux mss contiennent les enluminures d'Hubert Cailleau représentant la mise en scène (le « teatre ou hourdement ») et les sujets des 25 journées qui ont été édités avec les autres documents écrits, par E. Konigson.

ŒUVRE. — Éd. E. Konigson, *La représenta-*

tion théâtrale d'un mystère de la Passion à Valenciennes en 1547, Paris, 1969.

→ Stratman, 7324-7332. — L. Petit de Julleville, *Les Mystères*, Paris, 1880, t. 2, p. 144-156 et 422-424. — B. Koeppen, *Die beiden Valencienner Passionen...* Greifswald, 1911. — E. Konigson, *L'espace théâtral médiéval*, Paris, 1975. — H. Rey-Flaud, *Le cercle magique*, Paris, 1973, p. 196.222. — A.H. Nelson, *Mechanical Wheels of Fortune (1100-1547)*, dans *JWCI*, t. 43 (1980), p. 227-233. — Cf. *MB* n°s 5756-5761 ; *S* 8189. E.L.

Mystère de la Passion du Palatinus ou **Passion Palatine**, mystère du XIVe siècle. Il ne fut découvert qu'en 1916, par K. Christ, dans le ms. *Palatinus Latinus* 1969 (XIVe siècle) du Vatican. Cette pièce de 1 996 vers commence un peu avant la dernière Cène (au cours de laquelle Madeleine oint d'aromates les pieds de Jésus) et se termine à la résurrection annoncée par l'ange aux trois Marie et par Madeleine à saint Pierre. Dans la dramatisation des événements évangéliques s'insèrent des passages lyriques (260 vers au total : plaintes de Notre Dame, de saint Jean et des Marie) rédigés en décasyllabes souvent et en couplets de vers variés ; quelques scènes réalistes comme celle de la « févresse » forgeant les clous, d'une diablerie, de l'achat des aromates chez un épicier qui se dit médecin de Salerne ; des anachronismes dans des imprécations où l'on découvre le pape, les cardinaux, des Jacobins, des Cordeliers et saint Antoine ; des détails curieux, comme le compte des deniers à Judas, le partage des vêtements avant la condamnation du Christ, la commande des clous par Hérode, la crucifixion sur la croix déjà dressée (selon la tradition primitive), la décision de Satan de finir ses jours en Lombardie, l'appel d'un ange à Jésus l'avertissant que le temps est venu de ressusciter. Le *Te Deum*, traditionnel à la fin des œuvres religieuses antérieures, est entonné par Madeleine, mais il est suivi d'une prière en français de saint Pierre. La montée au Calvaire n'est pas mise en scène.

L'enchaînement des répliques par la rime n'est qu'occasionnel ; il ne paraît pas encore être de règle. En outre, six vers narratifs, dont un seul rime avec un vers dramatique, manifestent une adaptation discrète du manuscrit à la lecture plutôt qu'à la représentation. La langue peut indiquer que cette œuvre composite provient de l'est ou du sud-est de l'Île-de-France. Parfois, le dialogue a une certaine vivacité, mais l'ensemble est pauvre et les vers ne sont pas toujours réguliers.

L'intérêt de cette Passion est ailleurs. Elle est la plus ancienne de cette seconde série de drames sur la Rédemption qui, rompant avec la tradition représentée par la *Résurrection du Sauveur*, s'attache à mettre en scène les divers éléments authentiques et légendaires contenus dans le poème narratif dit la *Passion des jongleurs**. Environ 15 % des vers de ce récit sont repris dans le *Palatinus* ; et d'une comparaison de celui-ci avec les deux versions de la *Passion d'Autun*, il résulte que la *Passion des jongleurs* a dû donner naissance à une œuvre dramatique de la fin du XIIIe siècle, qui se serait perdue. D'ailleurs, la plus grande partie du *Palatinus* pourrait dater du XIIIe siècle ; l'œuvre aurait été remaniée au début du XIVe.

ŒUVRE. — Éd. G. Frank, Paris, 1922 (*CFMA*, 30). — K. Christ, dans *ZRPh*, t. 40 (1920), p. 405-489.

→ G. Frank, *The Palatine Passion and the Development of the Passion Play*, dans *PMLA*, t. 35 (1920), p. 464-83 ; *Vernacular Sources and a French Passion Play*, dans *Modern Language Notes*, t. 25 (1920), p. 257-269 ; *The Medieval French Drama*, Oxford, 1954, p. 126-129. — P.M. Mass, *Étude sur les sources de la Passion du Palatinus*, diss. Tiel, 1942. — J.P. Bordier, *Lectures du Palatinus*, dans *Le Moyen Âge*, t. 80 (1974), p. 429-482 ; *Recherches sur le message théâtral des Mystères de la Passion en français (XIIIe-XVIe siècle)*, thèse d'État, Paris, 1990 [voir la présentation dans *Perspectives médiévales*, n° 16 (1990), p. 111-115]. — Cf. *MB* n°s 5713-5717 ; *S* 6249, 6255, 6261, 8132, 8169 *bis*, 8174-8175. O.J.

Mystère de la Patience de Job. Mystère de 7 095 vers et 57 personnages écrit entre 1448 et 1478 dans l'Ouest de la France (entre l'Anjou et la Saintonge). La pièce est connue par un manuscrit (BN, fr. 1774) et de nombreuses éditions de la fin du XVIe et du début du XVIIe siècle. Ce mystère est indépendant du *Mystère* à 14 personnages contenu dans le *Vieil Testament**. Les deux mystères ont la même source : le Livre de Job. La première partie, qui montre Job heureux et prospère au milieu des siens, ajoute au récit biblique des éléments dramatiques (tableaux de la vie des petites gens, le messager et sa bouteille), et une scène de pastorale, imitation évidente du *Jeu de Robin et Marion* d'Adam de La Halle* (v. 1188-1430). La seconde partie, de loin la plus longue, fait valoir la patience de Job frappé dans ses biens, sa famille et sa chair ; la troisième partie narre le retour à la prospérité et à la joie. Plusieurs représentations au XVIe siècle d'un mystère portant le même nom sont assez bien documentées (Metz, 1514, Nancy, 1533, Draguignan, 1534, Limoges, 1540, Rouen, 1556). Seul le manuscrit pour la représentation de Lanslevillard en 1542, remaniement de la *Patience de Job*, est conservé.

ŒUVRE. — Éd. A. Meiller, Paris, 1971 (*Bibl. fr. et rom.*, B11).

→ L. Petit de Julleville, *Les mystères*, Paris, 1880, t. 2, p. 377-378. — J. Lafond, *Job et les musiciens*, dans *Bull. de la Soc. nat. des Antiquaires de France*, 1957, p. 183-184. — J. Chocheyras, *Le théâtre religieux en Savoie*, Genève, 1971, p. 29-34, 109-124. — L.L. Besserman, *The Legend of Job in the Middle Ages*, Harvard, 1979. — Y. Le Hir, *Pour une édition du mystère de Job*, dans *Mél. Gardette*, Strasbourg, 1966, p. 301-309. — Cf. *MB S* nos 8222-8223. E.L.

Mystère de la Résurrection. « Le Mistere de la Resurrection de Nostre Seigneur » est conservé dans deux mss (BN fr. 972 et Chantilly 615 (632)) et un incunable d'Antoine Vérard. Ce mystère de 18 000 vers environ en trois journées et 105 personnages a été faussement attribué à Jean Michel* par Antoine Vérard. Il fut représenté en 1456 à Angers devant le roi René. On pourrait l'attribuer à Jean du Prier*, auteur du *Mystère du Roi Advenir**. Le mystère comprend la légende des deux fils du vieillard Siméon, ressuscités en même temps que le Christ. Un aveugle et un valet, un messager joyeux offrent des intermèdes plaisants. La pièce se termine par la composition du Symbole des Apôtres.

ŒUVRE. — Éd. O. Jodogne, dans *Acad. Royale de Belgique. Bull. de la classe des Lettres et Sciences morales et pol.*, 5e s., t. 53, 8-10 (1967), p. 359-373. — Éd. partielle P. Servet, thèse, Paris, 1990 à paraître [1re journée] ; [voir la présentation dans *Perspectives Médiévales*, no 16 (1990), p. 129-131].

→ L. Petit de Julleville, *Les Mystères*, Paris, 1880, t. 2, p. 446-451. — G. Mâcon, *Note sur le Mystère de la Résurrection*, Paris, 1898 (extrait du *Bull. des Bibliophiles*). — É. Roy, *Le Mystère de la Passion en France*, Paris, 1903, réimp. Genève, 1974, p. 313. — D. Carnahan, *The Prologue in the Old French Mysteries*, New Haven, 1905, p. 158-160. — R. Lebègue, *Le Mystère des Actes des Apôtres*, Paris, 1929, p. 6-11. — Cf. *MB* nos 5770 ; *S* 8203.
O.J. et E.L.

Mystère de la Résurrection du manuscrit 1131 de la bibliothèque Sainte-Geneviève (1 746 vers et 23 personnages). Dernière pièce de ce recueil célèbre, consacrée à la garde du tombeau, à la descente du Christ en enfer, aux complaintes de Notre-Dame et de saint Jean et des saintes Femmes, à l'arrivée de ces dernières au tombeau ouvert, à la surprise des gardes qui se disputent entre eux jusqu'à en venir aux mains et à s'enfuir, à l'apparition du Christ à Madeleine, puis à Salomée et à Jacobée. Comparée aux mystères de la Résurrection postérieurs, cette œuvre se caractérise par l'absence de certains détails : les Juifs ne scellent pas le tombeau avant de le confier aux soldats ; l'épicier, avant de vendre les onguents, ne fait pas le boniment auquel s'attendaient les spectateurs de la *Passion Sainte-Geneviève* ; la pièce se termine après la première apparition du Ressuscité. En revanche, le lyrisme des plaintes de Notre-Dame et de saint Jean est très développé : la Vierge, par exemple, paraphrase amèrement toutes les louanges de l'*Ave Maria* (l'auteur les attribue à Gabriel). Le chant du *Veni Creator*, du *Gloria* et du *Victimae Paschali* agrémente l'exécution du drame, qui se termine par le *Te Deum*. Ce qui est surprenant, ce sont les 550 premiers vers : un sermon sur le thème *In principio creavit*... et sur une prophétie de Jérémie ; puis la création d'Adam et Ève, la tentation par Belgibus (Belzebuth), la faute, et l'expulsion du Paradis. Le drame, par la jonction de ces épisodes avec la Résurrection, expose la portée de l'œuvre divine : la délivrance par Dieu de ceux qu'il avait dû condamner à l'Enfer et le remplacement par les justes des sièges célestes laissés vacants par les anges maudits. De l'examen du texte, on a pu conclure que cette pièce était du même auteur que la Nativité et le *Jeu des Trois rois** (1 564 vers, 18 personnages) contenus dans le même manuscrit ; on peut attribuer ces trois œuvres à l'extrême fin du XIVe siècle.

ŒUVRE. — Éd. J.F. Burks, Indiana, 1957. — Éd. A. Jubinal, *Mystères inédits du XVe siècle*, Paris, 1837, t. 2, p. 312-379.

→ L. Petit de Julleville, *Les mystères*, Paris, 1880, t. 2, p. 385-394. — G. Frank, *The Medieval French Drama*, Oxford, 1954, p. 136-153. — J. Wright, *Study of the Theme of the*

Resurrection in Medieval French Drama, Bryn Mawr, 1935. — R. Whittredge, *La Nativité et le Geu des Trois Roys*, Bryn Mawr, 1944, p. 18 et 199. — Cf. *MB* n° 5770. E.L.

Mystère de la Résurrection par Eloy du Mont, dit Costentin. Mystère composé vers 1530, comptant 3 500 vers, deux journées, 22 personnages et dont le ms. (BN, fr. 2238) conserve la notation musicale pour l'épisode de la *Visitatio sepulchri* (fol. 76-86).

→ L. Petit de Julleville, *Les mystères*, Paris, 1880, t. 1, p. 335-337 ; t. 2, p. 605-608. — R. Lebègue, *La Tragédie religieuse en France*, Paris, 1929, p. 28-40. E.L.

Mystère de la Vengeance de Notre Seigneur. Œuvre anonyme imprimée par Antoine Vérard en 1491 et rééditée six fois au moins jusqu'en 1539. Il a servi ensuite au réviseur du *Mystère des Actes des Apôtres** en 1541. Ce mystère n'a plus été publié depuis. Il contient 22 000 vers environ et requiert 177 personnages ; quatre Journées qui ne sont connues que par l'analyse de Petit de Julleville. C'est un développement de l'œuvre du même nom, due à Eustache Marcadé* (13 961 vers en trois journées dans un ms ; 14 954 vers en quatre journées dans l'autre). On ignore où et quand le mystère fut mis en scène. Tandis qu'on s'amuse à Jérusalem à l'approche de la Pâque, au Paradis, Justice obtient, malgré Miséricorde et Paix, le châtiment des Juifs meurtriers. Dieu, pourtant, par des prodiges menaçants, tentera de convertir le peuple. Pilate rejette sur les Juifs la responsabilité de la condamnation du Thaumaturge, tandis que Vespasien, atteint de la lèpre, apprend par un ange déguisé que le voile de la Sainte Face pourrait le guérir. Auprès de l'empereur Tibère, arrivent les messagers de Pilate... et de Caïphe qui prépare sa riposte. Dans la seconde Journée, Tibère, apprenant les miracles de Jésus, voudrait le faire reconnaître comme dieu par le sénat ; il n'y réussit pas. D'autre part, en Espagne, Vespasien fait venir Vérone et il guérit. À cette nouvelle, Tibère cite Pilate devant son tribunal ; celui-ci jouit d'une immunité certaine, car il a revêtu la robe de Jésus sous la sienne. Mais on découvre ce stratagème et Pilate est exilé à Lyon où il se tue de désespoir. À Rome se succèdent les empereurs Caligula, Claude et Néron sous le règne duquel les Juifs se révoltent et Vespasien est chargé de les punir. Il s'embarque avec son fils Titus. Dans la troisième Journée, la ville juive de Jotapate est défendue par Josèphe contre Vespasien, puis, celle-ci prise, c'est le tour de Jérusalem qui résiste plus longtemps et qui connaît ensuite un désastre affreux.

On aura reconnu le thème très populaire de la *Vengeance Nostre Seigneur*, emprunté à deux récits apocryphes du VIIe s., la *Cura sanitatis* et la *Vindicta Salvatoris*. Dans notre mystère, comme dans la *Vengeance* du XIIe s., une femme de Jérusalem a mangé son enfant pendant la famine : Josèphe l'avait écrit. En effet, les émotions fortes sont nombreuses dans notre jeu : les cruautés de Néron, les sièges militaires longs et cruels. Rien n'est trop violent : deux captifs sont écorchés vifs, puis pendus entre un chat, un singe et un chien. Les derniers soldats juifs avalent leur or pour le soustraire aux envahisseurs, mais ceux-ci éventrent leurs cadavres.

De la *Vengeance* il existe encore plusieurs Mystères. L'un a été représenté à Metz en 1437 et il dura quatre jours. Celui-ci ou un autre fut joué à Amiens en 1446, à Abbeville en 1458 et en 1463, à Lille en 1484, à Reims en 1531. Souvent, il suivait la représentation d'une *Passion* dont il était l'épilogue historique.

ŒUVRE. — *Vengeance Notre Seigneur d'Eustache Marcadé*, éd. part., dactylo. A. Cornay, dissert. Tulane Univ, 1957 [cf. *DAI*, t. 18, 2133].

→ L. Petit de Julleville, *Les Mystères*, Paris, 1880, t. 2, p. 451-460. — B. Oldörp, *Untersuchungen über das Mystere « La Vengeance Nostre Seigneur », Paris 1491, Anthoine Verard und sein Verhältnis zu dem Mystere de la Vengeance de Nostre Seigneur*, diss. Greifswald, 1907. — R. Lebègue, *Le Mystère des Actes des Apôtres*, Paris, 1929, p. 213-225. — Sur le texte d'E. Marcadé : E.B. Ham, *The Basic Ms. of the Marcadé « Vengeance »*, dans *MLR*, t. 29 (1934), p. 405-420. — A. Kail, *Notes sur un passage de la Vengeance Notre Seigneur*, dans *Revue des Études juives*, 1962, p. 399-407. — S.K. Wright, *The Vengeance of our Lord. Medieval Dramatizations of the Destruction of Jerusalem*, Toronto, 1989. — Sur le thème de la *Vengeance* : A. Micha, *La légende de l'empereur malade et de la vengeance du sauveur dans les récits en presse française*, dans *Mél. J. Lods*, Paris, 1978, t. 2, p. 433-446. — Cf. *MB* nos 5725-5732. O.J.

Mystère des Actes des Apôtres. Dès le début du XVe siècle, tandis que les mystères de la Passion et de la Résurrection s'augmentaient de toute la vie du Christ, on songea à compléter le drame de la Rédemption en représentant soit la prise de Jérusalem par Titus (*Vengeance de Nostre Seigneur*), soit la vie de Marie et des Apôtres. En 1421, un *Mystère des Actes des Apôtres* était joué dans deux églises de Besançon à l'Ascension et à la Pentecôte ; cet usage continua au moins jusqu'en 1454, mais le texte de ce mystère n'a pas été conservé.

Un seul mystère français des Actes des Apôtres subsiste, celui que le roi René d'Anjou* commanda à Simon Gréban*, frère d'Arnoul Gréban* qui mit peut-être la main à la pâte. L'œuvre aurait été écrite en 1460-1470. D'autre part, en 1478, le Roi René demanda à son valet de chambre Jean du Prier*, qui composait et faisait jouer des mystères et des farces, de « mettre en ordre un livre des Apôtres ». Du Prier a donc dû remanier l'œuvre de Simon Gréban.

Le texte le plus ancien de ce mystère est conservé dans deux mss. Le ms le plus ancien est incomplet et est conservé en deux lieux différents : la Bibliothèque Nationale (fr. 1528-9) conserve les livres I et V, la British Library (add.ms. 17425-8) les livres II, VI, VII et VIII. Manquent donc les livres III, IV et IX. Ce ms fut écrit pour Marguerite de Navarre entre 1527 et 1538. Le second ms. (Bibl. de l'Arsenal, 3360-3) est daté de 1538. Comprenant 63 000 vers et 500 personnages, le *Mystère des Actes des Apôtres* est le plus copieux des drames français. L'auteur, qui a imité 300 vers de la Passion d'Arnoul Gréban*, a réparti en neuf livres l'histoire des apôtres à Jérusalem, leurs voyages en Orient, aux Indes, en Arménie, en Espagne, en Grèce, en Éthiopie, en Babylonie, en Scythie, à Rome, et l'histoire des empereurs romains de Tibère à Néron. Le mystère se termine par le supplice de saint Pierre et de saint Paul. Aux *Acta Apostolorum*, l'auteur a joint les nombreuses légendes issues de *l'Historia certaminis apostolici* d'Abdias, traduite par Eutrope.

La facture ne présente guère d'originalité. Les scènes comiques et les supplices alternent avec les scènes édifiantes. De nombreux miracles et épisodes magiques satisfont le goût du public pour les prodiges. L'auteur n'ignore ni l'histoire antique, ni la mythologie, et il imite un passage des *Métamorphoses* d'Ovide*.

De nombreuses représentations intégrales ou partielles eurent lieu au XVIe siècle. Les plus importantes furent celles de Bourges (30 avril-août 1536) et de l'hôtel de Flandre à Paris (8 mai-25 septembre 1541, en 35 journées). À ces occasions, le mystère fut imprimé à Paris en 1538 (par Nicolas Couteau), 1540 et 1541 (par les frères Les Angeliers). La représentation de Bourges est célèbre pour son faste ; le texte fut révisé et allongé par Jean Chaponneau. On a conservé parmi de nombreux documents d'archives le texte de la « Monstre » écrit par un habitant de Bourges (Bourges, Bibl. mun. 317) et le livre des comptes (Bourges, Bibl. mun. 328 [272]). À Paris, les confrères de la Passion recrutèrent les acteurs par un cri le 16 décembre 1540 (BN, Rés. Yf 2910) ; la représentation eut lieu devant un parterre et trois étages circulaires aménagés en loges et galeries. L'assistance était très nombreuse. Le texte avait été allongé d'atroces épisodes tirés de la légende de Néron. Ce spectacle suscita une diatribe du procureur général du Parlement de Paris contre les confrères de la Passion ; sept ans plus tard le Parlement leur interdit de jouer les « mystères sacrés ».

→ Stratman, 7232-7236. — Frères Parfaict, *Histoire du théâtre françois,* Amsterdam, 1735 (rééd. Genève, 1967), t. 2, p. 234, 377-455. — L. Petit de Julleville, *Les Mystères,* Paris, 1880, t. 1, p. 262-264, 276-277, 365-367, 423-424 ; t. 2, p. 461-465. — R. Lebègue, *Le mystère des Actes des Apôtres*, Paris, 1929. — H. Rey-Flaud, *Le cercle magique,* Paris, 1973. — Cf. *MB* nos 5768-5769 ; *S* 8031, 8033. Ra.L. et E.L.

Mystère des trois Doms. Mystère en trois journées joué à Romans (Drôme) du 27 au 29 mai 1509. Cette œuvre de 11 289 vers et 96 personnages fut écrite par le chanoine Pra, de Grenoble, et légèrement remaniée par Claude Chevalet, de Vienne. Elle relate la conversion, le martyre et la translation des reliques des saints Séverin, Exupère et Félicien, patrons de Romans. Les trois journées sont encadrées par un « Entraige » ou prologue (Europe écarte Asie et Afrique comme indignes d'entendre cette représentation pieuse) et par la *Translacion* qu'on n'a pas pu exécuter en 1509, faute de temps. On relève les rôles bouffons épisodiques du tavernier Guélis, des tyrans et surtout du bourreau maître

Nicole, qu'accompagne son amie Pouldrefine. En Enfer, Proserpine a son siège, tout comme Notre Dame au Paradis ; les diables se délectent en dévorant les corps et les âmes. Les didascalies du texte sont très précises. Malheureusement, le manuscrit utilisé pour l'édition de Giraud et Chevalier a été égaré. Cependant les documents sur la représentation de 1509 sont riches et précis. Les comptes sont conservés à la BN (n.a. fr. 1261 ; 80 fol. et un ms. non coté).

ŒUVRE. — Éd. P.E. Giraud et U. Chevalier, Lyon, 1887 [compte rendu G. Paris, dans *Journal des savants*, 1887, p. 755-764].

→ M. Giraud, *Composition, mise en scène et représentation du Mystère des trois Doms* Lyon, 1848. — J. Chocheyras, *Le théâtre religieux en Dauphiné,* Genève, 1975, p. 19-24, 249-256. — H. Rey-Flaud, *Le cercle magique,* Paris, 1973, p. 161-173. — *Acquisitions du département des mss, 1981*, dans *Revue de la BN*, t. 3 (1982), p. 44-46. O.J. et E.L.

Mystère du Chevalier qui donna sa femme au diable. Pièce de 1 380 vers à 10 personnages qui s'apparente aux *Miracles de Nostre Dame par personnages**. Il n'existe plus de manuscrit, seulement plusieurs imprimés du début du XVIe siècle. Le texte original date peut-être du XVe siècle.

ŒUVRE. — Éd. Viollet Le Duc, *Ancien théâtre français*, Paris, 1854-1857, t. 3, p. 425-478 (*Bibl. Elzévirienne*).

→ E. Fournier, *Le théâtre français avant la Renaissance*, Paris, 1872, p. 175-191. — L. Petit de Julleville, *Les Mystères*, Paris, 1880, t. 2, p. 335-340. E.L.

Mystère du Jugement. Il existe deux mystères du Jugement.

1. *Jour du Jugement*. Court mystère de 2 800 vers environ (2 438 vers conservés) à 94 personnages, conservé dans un seul ms. (Bibl. Besançon, ms. 579). L'évocation du Jugement dernier dénoue le drame de l'Antéchrist. Celui-ci est né du diable Engignart et d'une courtisane juive. Sa vie sert de repoussoir à celle du Christ (rencontre de Satan dans le désert et miracles) et son règne dans le monde chrétien résulte des reniements à Jésus, ceux des dix rois et de deux cardinaux. Le pape renonce à se soumettre au pseudo-Messie, alors que l'empereur a pris son parti. Dieu envoie sur terre Énoch et Élie pour mettre en garde ses fidèles ; Antéchrist les fait arrêter et exécuter : leur mort est marquée d'un tremblement de terre et les anges les font ressusciter trois jours plus tard. Dieu lance alors ses anges exterminateurs : Antéchrist est foudroyé et ceux qu'il avait guéris ou ranimés à la vie retournent à leur état premier. Les anges, des apôtres et Judas Macchabée obtiennent le salut des justes ; les morts comparaissent au Jugement. Un usurier et sa famille, un évêque luxurieux et la « prieuse », sa maîtresse, exhalent leurs regrets ; mais déjà les diables se réjouissent de se voir confier leurs âmes.

Le mystère est écrit en octosyllabes à rimes plates. Le texte comprend quelques hymnes liturgiques ; la représentation eut lieu un Vendredi saint. La critique a récusé la date du 5 avril 1398 donnée par É. Roy. En revanche, le *Jour du Jugement* pourrait être de la fin du XIVe siècle : il est proche, en effet, des Mystères du manuscrit de Sainte-Geneviève* par sa forme, sa langue et sa longueur.

ŒUVRE. — Éd. É. Roy, *Études sur le théâtre français au XIVe siècle, Le Jour du Jugement, Mystère français sur le Grand Schisme, publié pour la première fois d'après le ms. 579 de la Bibl. de Besançon et les Mystères de Sainte-Geneviève,* Paris, 1902 [comptes rendus importants dans *Romania*, t. 32 (1903) p. 635-636, et N. Valois dans le *Journal des Savants,* nouv. série, t. 1 (1903), p. 677-686]. — Éd. et trad. J.J. Nonot, thèse, Lyon, 1987 [voir *Perspectives médiévales*, n° 15 (1989), p. 103-105].

→ G. Frank, *The Medieval French Drama,* Oxford, 1954, p. 131-135. — G. Cohen, *Le Jour du Jugement dans le théâtre français du Moyen-Âge,* dans *Convivium* t. 25 (1957), p. 268-275. — Cf. *MB* nos 5762 ; *S* 6257, 7842.

2. *Mystère du Jugement de Dieu*. Ce mystère inédit, dont on ne connaît que des fragments, est différent du précédent. Le texte complet devait compter 20 000 vers environ et plus de 200 personnages. Il aurait été composé vers la fin du XVe siècle et remanié vers la fin du XVIe siècle dans un esprit agressif à l'égard des protestants. Ce mystère de l'Antéchrist et du Jugement de Dieu se composait de trois journées. Le Jugement de Dieu (dernière partie de la troisième journée) pouvait se jouer séparément. Les fragments qui nous restent sont « la 3eme journée du Jugement de Dieu » (BN fr. 15063 : 91 feuillets contenant le texte complet du Jugement de Dieu et des fragments du *Mystère de l'Antéchrist)*, 2 500 vers de la première

journée (Arch. dép. Savoie, J. 134 A), et 600 vers de la troisième journée (*ibid.*, J. 134 B ; certains passages sont des remaniements du texte de la BN). Le mystère fut joué en 1580 et 1608 à Modane en Savoie.

→ É. Roy, *Études sur le théâtre français. Le Jour du Jugement,* Paris, 1902, p. 179. — L. Petit de Julleville, *Les Mystères,* Paris, 1880, t. 2, p. 460. — J. Chocheyras, *Le théâtre religieux en Savoie au* XVI*e* *siècle,* Genève, 1971, p. 22-27, 181-228. — L. Gros, *Étude sur le Mystère de l'Antéchrist,* Chambéry, 1962. — Cf. *GRLMA*, t. XII (sous presse). E.L.

Mystère du Roi Avenir, par Jean du Prier dit le Prieur. Jean du Prier*, dit le Prieur, « mareschal des logiz du roi de Cecille René le bon » a porté à la scène en ce mystère en trois journées comprenant 16286 vers et 116 personnages, autour de 1455, une légende célèbre du Moyen Âge, celle de Barlaam et Josaphat*, fils du roi païen Avenir et que convertit l'ermite Barlaam. La plus belle scène est celle de la seconde journée où Josaphat, à qui l'on a caché la maladie, la pauvreté et la mort de peur qu'il ne cherche et trouve dans la foi chrétienne le seul remède à ces maux, les découvre dans la personne d'un lépreux, d'un pauvre et d'un vieillard. Avenir se fait chrétien et Josaphat, ermite, tandis que leur successeur donne le royaume à l'Église et se fait moine. Le mystère est très intéressant pour sa mise en scène documentée par de nombreuses didascalies. Le ms. fr. 1042 de la BN est très intéressant car l'auteur lui-même est intervenu de sa main après la copie par deux copistes différents. Dans la première et la troisième journées, les rôles du duc égyptien et de Don Diego ont été ainsi très augmentés. Le texte est aussi conservé dans deux ms du XVIIIe siècle (BN fr. 24334 et Bibl. Arsenal 3495).

ŒUVRE. — Éd. A. Meiller, Genève, 1970 (*TLF*, 157).

→ L. Petit de Julleville, *Les mystères*, Paris, 1880, t. 1, p. 299-309 ; t. 2, p. 474-478. — M.B. Pitts, *Le Mystère du Roi Avenir or the Barlaam and Josaphat Massacre,* dans *Fifteenth Century Studies*, t. 2 (1979), p. 159-172. — Cf. *MB* nos 5784 ; *S* 8134, 8212-8213. G.C. et E.L.

Mystère du siège d'Orléans. Un manuscrit unique (Vat. Reg. 1022) à la Bibliothèque Vaticane conserve le mystère de 20 529 vers qui met en scène le siège d'Orléans en 1428-1429. C'est donc un mystère sur la vie de Jeanne d'Arc, qui a pris comme sources des documents contemporains de la sainte. Le texte que nous avons conservé est probablement le remaniement d'une pièce primitive, composée vers 1434 et destinée à célébrer la fête du 8 mai, date commémorative de la délivrance d'Orléans en 1429.

ŒUVRE. — Éd. F. Guessard et E. de Certain, Paris, 1862 (*Documents inédits sur l'Histoire de France*, 7). — Éd. M.L. Hamblin, *The Fifteenth-Century French Mistere du Siège d'Orléans, an Annotated Edition*, thèse, Arizona, 1984.

→ L. Petit de Julleville, *Les mystères,* Paris, 1880, t. 2, p. 576-582. — G. Frank, *The Medieval French Drama,* Oxford, 1954, p. 203-206. — P. Sadron, *Un singulier protecteur du théâtre au* XV*e* *siècle. Gilles de Rays (1404-1440),* dans *Revue d'histoire du théâtre,* t. 8 (1956), p. 321-327. — J. Subrenat, *Jeanne et ses compagnons lorrains dans le « Mistere du Siege d'Orléans »*, dans *Perspectives médiévales*, n° 14 (1988), p. 72-88. — Voir *ibid.*, n° 18 (1992) [3 articles]. — Cf. *MB* nos 5825-5831, 8042. E.L.

Mystère du Vieil Testament. Œuvre collective constituée peut-être vers 1450 et imprimée par Pierre Le Dreu vers 1500 à Paris. La pièce, qui compte 49 366 vers, a été jouée à Paris vers 1500 puis en 1541 par les confrères de la Passion à l'Hôtel de Flandre (une édition de 1542 de Jehan Real a été imprimée à cette date). Plusieurs épisodes de cette compilation ont été imprimés et joués à part, avec des modifications plus ou moins considérables, tels le *Sacrifice d'Abraham** ou la *Vendition de Joseph*. Le texte est constitué d'un premier mystère occupant 42 feuillets, qui va de la création des anges à la visite de la reine de Saba. On peut y distinguer 40 épisodes. Il est suivi de six mystères indépendants qui sont : Job, Tobie, Susanne et Daniel, Judith, Esther, Octavien et les Sibylles. Les sources de ce mystère sont très variées : la Bible, mais aussi d'autres mystères, y compris des pièces perdues.

ŒUVRE. — *Le Mistere du Vieil Testament*, éd. J. de Rothschild, Paris, 1878-1891 (6 vol. *SATF*). — Éd. B. Craig, *La creacion, la Transgression and l'Expulsion of the Mistere du Vieil Testament,* Lawrence, 1968.

→ L. Petit de Julleville, *Les mystères*, Paris, 1880, t. 2, p. 352-377. — G. Frank, *The Medieval French Drama*, Oxford, 1954, p. 194-196. — H. Hess, *Studien zum Mistere du Viel Testament*, Francfort, 1936. — W. Noomen, *Étude sur les formes métriques du Mystère du Viel Testament*, Amsterdam, 1962. — M. Lazar, *Dramatisation de la matière biblique dans le*

Mystère du Viel Testament (Joseph et ses frères) dans *Mél. R. Lejeune,* Gembloux, t. 2, 1969, p. 1433-1451. — H. Rey-Flaud. *Le cercle magique,* Paris, 1973, p. 232-235. — Cf. *MB* n°s 5774-5778, 7086 ; *S* 8205-8211. E.L.

Mystère d'un jeune enfant donné au diable. Pièce connue seulement par une édition. « Cy commence le mystere ou miracle de la glorieuse vierge Marie qui est d'un jeune enfant que sa mère donna au dyable quant il fut engendré. » Mystère de 1 443 vers à 15 personnages qui date du milieu du XVe siècle mais qui par sa forme et sa longueur fait penser aux miracles du XIVe siècle, en particulier aux *Miracles de Nostre Dame**, dont il est cependant tout à fait indépendant. Les « estages » sont décrits dans le prologue. Un des personnages est un Fol. Un miracle du même nom fut joué à Metz en 1512.

→ J. Babelon, *La bibliothèque française de Fernand Colomb,* Paris, 1913, p. 142-144, 282-332. E.L.

Mystère d'une jeune fille laquelle se voulut habandonner a péché. Mystère connu seulement par deux imprimés du XVIe siècle. « S'ensuyt un beau mistere de Nostre Dame a la louenge de sa tresdigne nativité d'une jeune fille laquelle se volut habandonner a péché pour nourrir son pere et sa mere en leur extreme povreté et est à XVIII personnages. » Une édition est parue chez O. Arnoullet, Lyon, 1543, l'autre chez Jehan Saint Denis, Paris, 1535. La pièce a 1 769 vers et 18 personnages. Elle fait penser aux miracles du XIVe siècle. La version originale datant du XIVe siècle aurait été remaniée pour une représentation organisée par la Confrérie de Nostre Dame de Liance avant 1442.

→ Éd. L. et M. Locey, Genève, 1976 (*TLF*, 226).

→ L. Petit de Julleville, *Les Mystères*, Paris, 1880, t. 2, p. 340-341. — Cf. *MB S* n°s 8162-8163. E.L.

Mystères de la ville de Lille (Cycles de). Un ms. inédit de la Bibl. de Wolfenbüttel (Guelf. 9 Blankenburgis) inconnu jusqu'en 1985 renferme sur 310 feuillets 73 mystères français dont la longueur varie entre 300 et 1 750 octosyllabes. Chaque pièce est précédée d'une scène historiée. Le ms. comprend 43 pièces tirées de l'Ancien Testament, 22 du Nouveau Testament, cinq de l'histoire romaine, une vie de saint, un miracle et une moralité. Ce ms. conserve les mystères qui étaient joués à Lille dans la deuxième moitié du XVe siècle lors de processions religieuses annuelles. Les pièces étaient jouées « sur cars, carettes, esclans ou escaffaulx portatifs » sous la haute direction de l'évêque des fous élu dans le chœur de la collégiale Saint-Pierre.

→ A.E. Knight, *Processional Theatre in Lille in the Fifteenth-Century*, dans *Fifteenth-Century Studies*, t. 13 (1988), p. 347-358. — L. Lefebvre, *Histoire du théâtre de Lille*, Lille, 1907, t. 1, p. 8-9. — W. Wilde, *Mittelalterliche Handschrifte der Herzog-August-Bibliothek*, Francfort-sur-le-Main, 1972. E.L.

Mystères de saints. Voir : *Saint* [nom du] (*Mystère de*).

Mystères du manuscrit 1131 de la Bibliothèque Sainte-Geneviève. Le manuscrit 1131 de la Bibliothèque Sainte-Geneviève (anciennement Yf 10) contient une série de 11 mystères : *La Nativité Nostre Seigneur* (fol. 1r°-21) ; *Le Jeu des trois rois** (fol. 21-37) ; *La ressurrection Nostre Seigneur* (fol. 37-55 v°) ; *La vie Monseigneur saint Fiacre* (fol. 55 v°-69v°) ; *La Passion Nostre Seigneur* (fol. 70 v°-116) (voir : *Mystères de la Passion* ; *de la Résurrection* ; *de Saint Fiacre*) ;

et un cycle de Mystères hagiographiques* : *Le martyre de saint Estienne* (fol. 141v°-145) ; *La conversion saint Pol* (fol. 145-149) ; *La conversion saint Denis* (fol. 149v°-154) ; *Comment saint Pere et saint Pol alerent a Romme* (fol. 154-164v°) ; *Le jeu saint Denis* (fol. 164-182) ; *les miracles madame sainte Geneviève* (fol. 183-217).

Le manuscrit comprend aussi une vie de sainte Geneviève* en prose, trois prières adressées à elle en français et quatre en latin et une invocation à la Vierge en octosyllabes français. E.L.

Mystères en Occitanie. Dans les pays de langue d'oc, la littérature dramatique a la même origine que celle des autres pays européens, de la France en particulier. Elle est sortie de l'Église, et toute sa matière est religieuse. Dans la constitution de cette littérature, il faut ménager une place spéciale à la *Passion de Jésus Christ** ou « Passion de Clermont ». Originaire d'Auvergne, dans la deuxième moitié du Xe siècle, ce poème narratif est écrit dans une langue très archaïque, fort discutée par la critique, et qu'il est désormais convenu de rattacher à l'aire linguistique occitane.

De la comédie occitane médiévale, il ne reste actuellement qu'un fragment de farce profane encore inédit, témoin d'un genre qui se développera à la fin du Moyen Âge. On trouve aussi en Catalogne, au XVe siècle, quelques manifestations théâtrales profanes, mais les thèmes eux-mêmes, Paradis et Enfer, Danse de la Mort, dénotent une préoccupation, sinon religieuse, du moins spirituelle. D'autre part, dans le théâtre religieux, on ne trouve aucune des grossièretés et des bouffonneries dont sont parsemés les mystères français, et qui ont donné naissance, au nord de la Loire, aux « jeux », aux « farces », aux « sotties ». Le théâtre occitan conservé du Moyen Âge est surtout religieux.

Le drame liturgique s'est développé en Occitanie d'une manière indépendante. On en a une preuve dans le fait que des fragments de mystères ont été découverts qui remontent au XIIIe siècle. Les manuscrits n'ont laissé dans les rubriques en latin — sauf pour le *Jeu de sainte Agnès** — aucune indication précise ; toutefois, un cahier contenant des indications pour la mise en scène d'une passion provençale a été découvert récemment. La scène devait être divisée en plusieurs *cadefalcs* — correspondant aux « maisons » des mystères français — représentant les localités et les sites mentionnés dans le texte ; on peut même supposer qu'un seul *cadefalc* désignait à la fois plusieurs lieux.

Une dernière remarque s'impose : le théâtre religieux du Moyen Âge en langue d'oc est beaucoup moins abondant (16 pièces) que le théâtre religieux en langue française. Sa qualité même, sauf quelques exceptions, est nettement inférieure.

Dès le XIIIe siècle, on trouve les premiers témoignages de l'art dramatique occitan. Ce sont des fragments d'un mystère de la Nativité qui aurait été joué à Périgueux, en terre « limousine ». Ces menus fragments (22 vers) représenteraient le rôle d'un acteur secondaire intervenant à trois reprises dans le mystère : ils auraient été oubliés par lui — soit qu'on jouât le mystère contre le mur de la cathédrale Saint-Front, soit que l'acteur fût lui-même un ouvrier occupé à des travaux de restauration — dans un trou pratiqué au parement extérieur de l'abside, à 10 m au-dessus du sol, où on les retrouva, vers 1853, au cours d'une réparation.

Ces fragments n'ont pas de valeur littéraire. Ils sont toutefois un témoignage de l'existence de mystères en langue d'oc dès le XIIIe siècle. On a d'ailleurs signalé des représentations d'un « Jeu de saint Martial » organisées à Limoges en 1290. De la fin du XIIIe paraît être un texte, complet cette fois, en 792 vers, l'*Esposalizi de Nostra-Dona*, conservé par deux manuscrits, l'un à Florence, l'autre à Séville. Ce mystère conte le mariage de la sainte Vierge et de saint Joseph, la visite de Marie à Élisabeth, ainsi que la Nativité du Sauveur et l'Adoration des Bergers. L'auteur anonyme s'est inspiré directement des Évangiles canoniques de Matthieu et de Luc, ainsi que des Évangiles apocryphes, peut-être à travers des poèmes français sur Marie et Jésus. Le sujet du mariage est nouveau au théâtre et connaîtra une large diffusion. Le mystère est écrit en vers de huit syllabes à rimes plates. La langue est du dialecte languedocien, et la versification assez maladroite.

La Passion dite « provençale », où « Passion Didot » est postérieure à l'*Esposalizi,* et doit dater du milieu du XIVe siècle. Elle est antérieure aux Passions de France, avec qui elle ne supporte pas de rapprochement. Les scènes du mystère se suivent comme dans les Évangiles. L'auteur, anonyme, a ajouté à la matière évangélique plusieurs épisodes, comme la Plainte de la Vierge, la Descente de Jésus aux Enfers empruntée à l'Évangile de Nicodème, surtout la Légende de Judas, invention qui lui est propre, qui ne se trouve dans aucun autre mystère, et qui est d'un tragique émouvant. La « Passion provençale » comprend 2 370 vers, la plupart octosyllabiques, rimant deux à deux, avec des groupes de trois vers monorimes. Le style est souvent naturel, familier même, toujours expressif. Voici le Christ apparaissant à Thomas l'incrédule : « Barons, que Dieu vous sauve ! Comment allez-vous ? Ayez bonheur et paix. Écoute, Thomas, mon ami. Approche-toi. Donne ici ton doigt... »

Baros, Dieu vos sauv ! Co estat ?
Per cert aiat e be e patz !
Aujas, Thomas, lo meu amic :
Fay te en sa. Da sa ton dit...

C'est une œuvre intéressante, témoignage éloquent de l'art dramatique occitan soumis aux inspirations dominicaine et franciscaine, témoignage aussi d'une foi pétrie de sensibilité et de sérieux sans mélange discordant. Aux tenants d'un catharisme de fantaisie qui remplirait d'hérésie toutes les branches de la littérature occitane des grands siècles de foi, il suffit d'opposer ces pages franchement catholiques et ferventes, destinées au public de ce temps. On peut conclure, avec l'éditeur Shepard, que cette Passion « occitane » « ne manque pas d'une certaine originalité et occupe une place à part dans la série des mystères en langue vulgaire. »

Le *Jeu de sainte Agnès** est un mystère à situer dans la seconde moitié du XIVe siècle.

Le mystère de saint Jacques présente une famille de trois personnes s'en allant en pèlerinage à Saint-Jacques-de-Compostelle : dans une auberge, la servante tombe amoureuse du fils. C'est un des rares incidents « humains » de ce théâtre religieux.

La Catalogne, au XIIIe siècle, voit jouer le *Cant de la Sibilla*, il en reste aussi des témoignages en langue d'oc, des représentations de martyres à Gérone, à Majorque, et les Miracles de saint Nicolas. Au XIVe siècle, on joue à Majorque *La conversió de la Magdalena*, où se trouve la légende de Satan de la Passion ; le diable intervient d'ailleurs souvent dans des représentations en prose sous le nom de *Mascaró*. Le mystère le plus populaire, qui date de la seconde moitié du XVe siècle est le *Misteri d'Elx* (Mystère d'Elche), en deux journées et en vers, représenté la veille et le jour de l'Assomption, thème de l'œuvre : tout le mystère était chanté. D'autres mystères, le Paradis, le Massacre des Innocents, saint Christophe, étaient très populaires à Valence au XVe siècle.

Deux autres groupes de productions théâtrales prouvent la vigueur et la popularité des représentations dramatiques religieuses en terre occitane au XVe siècle. Un groupe de mystères alpins a conservé les vies dramatiques de saints choisis pour patrons par des paroisses ou des confréries des Hautes-Alpes, plus précisément du Briançonnais, où ils ont été découverts : *Mystères des saints Pierre et Paul, de saint Pons, de saint Antoine, de saint Eustache, de saint André*. Ces pièces, anonymes, sont l'œuvre sans prétention du clergé local aux environs de l'an 1500. Ce sont des compositions honnêtes, correctement versifiées, où la langue est gâtée par des gallicismes, et dont la graphie se détériore d'année en année. Elles sont, généralement, des imitations, assez indépendantes, de mystères français.

Les mystères rouergats, qui constituent un autre groupe, avaient plus d'ambition. Il y avait là une œuvre cyclique comprenant l'histoire de la Passion et de l'Ascension du Christ, précédée de la Création, et suivie du Jugement dernier ; la Passion, qui manque, devait être au centre de l'œuvre. C'est un ensemble d'épisodes groupés dans un ordre arbitraire, formant un total de 9 000 vers. L'auteur a connu, imité même d'autres mystères occitans et français, mais il garde son originalité propre, évitant la note comique, faisant peu intervenir le démon. Malgré une versification parfois incorrecte, ces mystères, d'origine rouergate, rédigés vers la fin du XVe siècle, ont un réel intérêt de témoignage, et leur valeur littéraire n'est pas à dédaigner.

ŒUVRES. — Éd. W.P. Shepard, *La Passion provençale du ms. Didot, mystère du XIVe siècle,* Paris, 1928 *(SATF)*. — S. Kravtchenko-Dolbemann, *L'Esposalici de Nostra Dona. Drame provençal du XIIIe siècle,* dans *Romania*, t. 68 (1944-1945), p. 273-315 [éd. du ms. de Séville]. — A. Vitale-Brovarone, *Il quaderno di segreti d'un regista provenzale del Medioevo. Note per la messa in scena d'una passione*, Alexandrie, 1984, [éd. d'un cahier, fin XIVe-début XVe].

→ C. Brunel, nos 49, 297 et p. 121. — E. Roy, *Le mystère de la Passion en France du XIVe au XVIe siècle,* Dijon, 1903-1904. — A. Jeanroy, *Le théâtre méridional des origines à la fin du XIVe siècle,* dans *HLF*, t. 38 (1949), p. 431-461. — J. Chailley, *Le drame liturgique médiéval à Saint-Martial de Limoges,* dans *Revue d'Histoire du Théâtre*, t. 7 (1957), p. 127-144. — J. Salvat, *La Sainte Vierge dans la littérature occitane,* dans *Mél. I. Frank,* Sarrebruck, 1957, p. 614-656. — J. Monfrin, *Un témoignage sur le théâtre comique méridional* dans *CRAIBL*, 1965, p. 507-511. — O.B. Hardison Jr., *Christian rite and Christian Drama in the Middle Ages. Essays in the Origins and Early History of Modern Drama,* Baltimore-Londres, 1966 [chap. 7 : *The Vernacular Tradition*]. — H. Lewicka *Le mélange des langues dans l'ancien théâtre du Midi de la France,* dans *Mél. J. Boutière,* Liège, 1971, t. 1, p. 347-359. — R. Axton, *European Drama of the Early Middle Ages,* Londres, 1974. — J. Chocheyras, *Le théâtre religieux en Dauphiné du Moyen Âge au XVIIIe siècle (Domaine français et provençal),* Genève, 1975. — R.A. Taylor, *La littérature occitane du Moyen Âge,* Toronto, 1977, p. 127-129 [bibliogr.]. — D. Gangler-Mundwiler, *Les diableries nécessaires. Le rôle des scènes diaboliques dans l'action des Mystères de la Passion,* dans *Mél. J. Lods,* Paris, 1978, t. 1, p. 249-268. — M. Le Merrer, *D'une source narrative occitane de la Passion provençale et des Mystères rouergats : l'Évangile de Gamaliel,* dans *Actes du 2ᵉ colloque de Grasse : la vie théâtrale dans les provinces du Midi,* Tübingen-Paris, 1980 ; *Des Sibylles à la Sapience dans la tradition médiévale,* dans *Mél. de l'École française de Rome,* t. 98 (1986), p. 13-33. — H. Rey-Flaud, *Pour une dramaturgie du Moyen-Âge,* Paris, 1980. — P. Pons, *Le diable dans les Mystères briançonnais,* dans *Bull. de la soc. des Études hist. des Hautes Alpes,* 1985-1986, p. 27-33. — Pour la Passion provençale ou Passion Didot, cf. *MB* nᵒˢ 5733-40 ; *S* 6249. Sur la Passion de Clermont-Ferrand, *MB* nᵒˢ 6023 ; *S* 591, 642 et 646. J.S.

Mystères hagiographiques (Cycle de) du ms. 1131 de la Bibl. Sainte-Geneviève. Le ms. 1131 de la bibl. Sainte-Geneviève (ancienne cote Yf 10) contient 11 pièces dont six forment un mystère cyclique de 6 800 vers environ, conçu comme un tout et précédé d'un seul prologue. Les six parties pouvaient cependant être jouées séparément. Le titre en est : « Cy sont les representacions des martirs saint Estienne, saint Pere, saint Pol et saint Denis et des miracles madame sainte Geneviève, translatees proprement et vraiement de latin en françois rimé. » Le cycle des mystères contient donc *Le martire de saint Estienne* (346 vers, 13 personnages) ; *La Conversion Saint Pol* (360 vers, 24 personnages), *La Conversion Saint Denis* (470 vers, 8 personnages) ; le *Martire de saint Pere et saint Pol* ou « Comment s. Pere et s. Pol alerent à Romme et comment ils furent martirez » (868 vers, 25 personnages) — ces quatre premiers mystères constituant le *Cycle des Mystères des Premiers Martyrs — Le Geu Saint Denis* (1 496 vers, 56 personnages) et *Les Miracles Madame sainte Geneviève* (3 127 vers, 56 personnages). Ces mystères datent du milieu du XVᵉ siècle.

Il existe d'autre part six feuillets manuscrits d'un remaniement d'une partie du *martire de saint Pere et saint Pol* (vers 1416-1816) dits « fragment d'Anholt ».

ŒUVRE. — Éd. G.A. Runnalls, *Le cycle de mystères des premiers martyrs*, Genève, 1976 (*TLF*, 223) [rééd. aussi le fragment d'Anholt]. — Éd. H. Andresen, *Bruchstück eines altfranzösischen Mystere*, dans *ZRPh.*, t. 26 (1902), p. 76-100. — B. Seubert, *Le Geu saint Denis*, Genève-Paris, 1974 (*TLF*, 204). — Éd. C. Sennewaldt, *Les miracles de Madame Sainte Geneviève*, Francfort, 1937. — A. Jubinal, *Mystères inédits du XVᵉ siècle*, Paris, 1837.

→ L. Petit de Julleville, *Les mystères*, Paris, 1880, t. 2, p. 510-511, 544-548. — G. Frank, *The Medieval French Drama*, Oxford, 1954, p. 142-145. — Cf. *MB S* 8227. E.L.

N

Naissance du chevalier au cygne. Elioxe. Béatrix. Cette chanson de geste proche du conte est une préface ajoutée au *Chevalier au cygne** : elle relate l'histoire entièrement légendaire des ancêtres de Godefroi de Bouillon, en mettant en scène le motif folklorique de la marâtre sorcière qui change en oiseaux les enfants d'une belle-fille détestée. Ce motif vient d'une des histoires du *Dolopathos** (*Johannis de Alta Silva Dolopathos, sive de rege et septem sapientibus*), qui est une version du roman indien des *Sept Sages** et se retrouve dans des légendes germaniques.

Dans la version *Elioxe*, la plus ancienne, la mère est une fée qui meurt en mettant au monde ses enfants ; le rôle principal est tenu par la petite fille, la sœur des enfants cygnes, seule à avoir échappé à la transformation. Dans la version *Béatrix*, le rôle principal est tenu par le frère aîné, Élias, enfant dépourvu d'éducation comme Perceval, mais qui parvient à sauver sa mère par un duel judiciaire.

Les enfants, à l'exception d'un des frères, peuvent retrouver leur forme originelle. Élias, sur l'ordre d'un ange, part dans un bateau tiré par le cygne et la chanson se termine sur l'annonce des événements du *Chevalier au cygne.*

ŒUVRE. — Éd. E.J. Mickel et J.A. Nelson, *The old French Crusade Cycle*, vol. 1, Alabama, 1977.

→ F. Lot, *Le mythe des enfants cygnes*, dans *Romania*, t. 21 (1892), p. 62-67. — Cf. *MB* n°s 892-909 ; *S* 1995, 1996, 1999, 2002.

Voir : *Cycle de la Croisade.* I.W.

Narbonnais. Chanson de geste, qui donne son nom au *Cycle des Narbonnais* (auquel appartiennent aussi *Aymeri de Narbonne** et le *Siège de Barbastre**). Cette chanson, en 8 063 décasyllabes assonancés, date des environs de 1210 : son auteur, inconnu, paraît être originaire de la Brie, dont il cite beaucoup de noms de lieux, ainsi que du Valois, du Beauvaisis et des Ardennes. Les *Narbonnais* sont conservés dans cinq mss, tous cycliques : la chanson ne nous est pas parvenue de façon isolée — son état primitif —, mais remaniée pour entrer dans le *Cycle des Narbonnais*, puis dans le *Cycle de Guillaume d'Orange*. On voyait autrefois (avant l'éd. H. Suchier) dans les *Narbonnais* deux poèmes distincts, *Le Département des Enfanz Aymeri* et *Le Siège de Narbonne*, mais ces deux « parties » semblent bien former un tout cohérent, dû à un auteur unique. Les *Narbonnais* ont vraisemblablement une origine autochtone empruntée à la thématique celtique (et non germanique).

Le Département des Enfanz Aymeri : le comte Aimeri est à Narbonne avec sa femme Hermanjart. Six de leurs sept fils étant en âge de devenir chevaliers, Aimeri les chasse de la ville, envoyant Bernart, Guillaume, Hernaut et Aïmer à la cour de Charlemagne, Bueve à la cour du roi Yon de Gascogne, Garin à son oncle Boniface de Lombardie. Le plus jeune, Guibert, reste auprès de son père pour en prendre un jour la succession. Les six frères partent et se rejoignent, après diverses aventures, à Paris, à la cour de Charlemagne, qui les arme chevaliers.

Le Siège de Narbonne : les Sarrasins profitent de l'absence des fils d'Aimeri pour assiéger Narbonne. Guibert est fait prisonnier, quand il se joint à une sortie commandée par son père. Libéré par celui-ci, et guéri des blessures que lui ont infligées les Sarrasins en le clouant à une croix, il part demander secours au roi de France. Chemin faisant, il apprend la mort de Charlemagne et l'avènement de Louis, qu'il retrouve à Orléans. Assemblant une armée et accompagné des sept fils d'Aimeri, les Narbonnais, le roi Louis avance, livre une grande bataille à l'armée de l'amirant qui assiège Narbonne, et lui fait subir une défaite écrasante.

Si l'auteur des *Narbonnais* n'a pas le

même talent que le poète d'*Aymeri de Narbonne* (qui précède les *Narbonnais* dans les mss), son récit est d'une bonne tenue littéraire ; il donne des descriptions pittoresques de Paris (v. 1870-1877) et de Narbonne (v. 3401-3602) ; la grande scène initiale, celle du « département », compte parmi les meilleures du cycle.

Outre les cinq mss cycliques des *Narbonnais*, il existe des fragments de la mise en prose latine d'un ancien poème composé en hexamètres : cette prose latine, dite « fragment de La Haye » (trois feuillets montés sur onglets à la fin du ms. La Haye, Bibl. royale 921), alimenta une longue controverse (cf. *MB* n°s 7183 ; *S* 1360-1362) ; le caractère énigmatique de ce « fragment de La Haye » tient en grande partie au fait que nous ignorons sa place exacte dans la tradition de l'épopée.

Les *Narbonnais* firent l'objet, au XVe siècle, d'un remaniement en prose française qui prit la deuxième place dans le « cycle de Guillaume d'Orange » en prose (deux mss : Paris, BN, fr. 796 et fr. 1497).

Andrea da Barberino* donna, vers 1410, une version italienne en prose des *Narbonnais* dans ses *Storie Nerbonesi*.

ŒUVRE. — *Les Narbonnais, chanson de geste*, éd. H. Suchier, Paris, 1898, 2 vol. (*SATF*, 41). — *Les Narbonnais, Fragments of an Assonanced Version*, éd. G. Hutchings, dans *Mél. M.K. Pope*, Manchester, 1939, p. 145-159. — O. Schumann, *Über das Haager Fragment*, dans *ZRPh*, t. 67 (1951), p. 131-146 [édition].

→ A.F. Reinhard, *Die Quellen der Nerbonesi*, thèse, Halle, 1900. — E.W. Scherping, *Die Prosafassungen des Aymeri de Narbonne und der Narbonnais*, thèse, Halle, 1911. — J. Bédier, *Les légendes épiques. Recherches sur la formation des chansons de geste*, Paris, 1914, t. 1, p. 4, 35-48, 52-53 et 67-69. — M. Tyssens, *Le Siège de Narbonne assonancé*, dans *Mél. R. Lejeune*, Gembloux, 1969, t. 2, p. 891-917. — J.H. Grisward, *Archéologie de l'épopée médiévale. Structures tri-fonctionnelles et mythes indo-européens dans le cycle des Narbonnais*, Paris, 1981 (*Bibliothèque historique*). — B. Sergent, *Observations sur l'origine du cycle des Narbonnais*, dans *Romania*, t. 105 (1984), p. 462-491. — M. Tyssens, *Relectures de la Geste des Narbonnais*, dans *Au carrefour des routes d'Europe : la chanson de geste, 10e congrès international de la Société Rencesvals pour l'étude des épopées romanes, Strasbourg, 1985*, Aix-en-Provence, 1987, t. 1, p. 163-195 (*Senefiance*, 20-21). — J.-C. Vallecalle, *Un emprunt d'Anséis de Carthage (ms. A) à la Chanson des Narbonnais*, *ibid.*, t. 2, p. 1057-1073. — D. Boutet, *Du mythe à la chanson de geste : le problème de l'ajustement dans les Narbonnais*, dans *RLR*, t. 91 (1987), p. 25-35. — J.H. Grisward, *Aymeri de Narbonne ou la royauté masquée*, dans *Mél. J.-C. Payen*, Caen, 1989, p. 199-210. — Cf. *MB* n°s 593-597 ; 6114 ; 7183 ; *S* 1357-1362. F.F.H.

Narcisse. De même que *Philomena** et *Pyrame et Thisbé**, *Narcisse* est une adaptation des *Métamorphoses* d'Ovide* (livre III, v. 339-512). La version française en 1010 octosyllabes doit dater des mêmes années 1165-1175 que *Philomena*, alors que *Pyrame et Thisbé* est légèrement antérieur (vers 1160). Mais l'ensemble de ces trois textes appartient bien au même mouvement anglo-normand d'adaptation des œuvres et thèmes antiques. *Narcisse* est d'ailleurs conservé par quatre manuscrits dont deux contiennent également *Pyrame et Thisbé*. Celui des quatre volumes qui servit le plus souvent de base aux éditions du *Narcisse* (BN, fr. 2168) conserve ce conte au milieu de lais narratifs* ou de Marie de France*. D'où le titre reçu depuis par la critique de *Lai de Narcisse*.

L'adaptation française de la tragique histoire d'un amour non réciproque entre Narcisse et Écho, être désincarné, crée le personnage humain, tourmenté et fort de Dané. Quant à la fascination de Narcisse pour son image en miroir, elle aura la postérité poétique et interprétative que l'on sait : depuis *Cligès* de Chrétien de Troyes* jusqu'à l'*Épître d'Othéa* de Christine de Pizan*, en passant bien sûr par le *Roman de la Rose** et bien d'autres.

Comme *Pyrame et Thisbé*, le conte ovidien donna également lieu au XVe siècle à une moralité : l'*Istoire de Narcisus et de Écho* (un ms. incomplet, deux éd. incunables du théâtre de Guillaume Coquillart*).

ŒUVRE. — Éd. M. Thiry-Stassin et M. Tyssens, Paris, 1976 (*Publications de la Fac. de Philosophie et Lettres de l'Univ. de Liège*, 211). — Éd. et trad. anglaise R.J. Cormier dans *Three Ovidian Tales of Love (...)*, New York-Londres, 1986 (*Garland Library of Medieval Literature*, A, 26) [reprend le texte de l'éd. de 1976].

— Éd. de la moralité par A. Hilka dans *ZRPh*, t. 56 (1936), p. 276-321.

→ L. Vinge, *The Narcisus Theme in Western European Literature up to the early 19th century*, Lund, 1967. — F. Goldin, *The Mirror of Narcissus in the Courtly Lyric*, Ithaca, 1967. — M. Thiry-Stassin, *Quelques allusions médiévales au thème de Narcisse*, dans *Marche romane*, t. 20 (1974), p. 47-58 ; *Une autre source ovidienne du Narcisse*, dans *Le Moyen Âge*, t. 84 (1978),

p. 211-226. — R.J. Cormier, *One Heart, one Mind : the Rebirth of Virgil's hero in Medieval French Romances*, Univ. of Mississippi, 1973 (*Romance Monographs*). — M.-N. Lefay-Toury, *La tentation du suicide dans le roman français du* XIIe *siècle*, Paris, 1979 (*Essais sur le Moyen Âge*, 4). — C. Huber, *Narziss und die Geliebte. Zur Funktion des Narziss-Mythos im Kontext der Minne bei Heinrich von Morungen und anderen*, dans *Deutsche Vierteljahrschrift für Literaturwissenschaft und Geistesgeschichte*, t. 59 (1985), p. 587-608. — E. Schmid, *Augenlust und Spiegelliebe. Der mittelalterliche Narziss, ibid.*, p. 551-571. — R. Crespo, *Richard de Fournival e Narcisso*, dans *Medioevo romanzo*, t. 11 (1986), p. 193-206. — L. Schosler, *La constellation de Narcisse*, dans *Mél. A. Dees*, Amsterdam-Philadelphie, 1988, p. 247-263. — Cf. *MB* n°s 1084-1085, 5837-5838 ; *S* 2050, 2229-2233, 2773. S.L.

Navigatio Sancti Brendani (*Voyage de saint Brendan*). Une des histoires les plus connues du Moyen Âge décrit l'odyssée de sept années entreprise par l'abbé irlandais saint Brendan (vers 484-578) et ses 14 moines pour visiter le Paradis et l'Enfer. Leur barque erre pendant des années, avec des escales fixées par la Providence, comme le dos d'un énorme poisson que les navigateurs avaient pris pour un îlot, l'île des oiseaux, qui sont les anges fautifs dans une espèce de Purgatoire, une abbaye merveilleuse hors du temps et des contingences matérielles. Ils traversent aussi des épreuves, rencontrent divers monstres, etc. Au bout de sept ans, ils arrivent en vue de l'Enfer, un mont au sol noir. Sur un rocher battu par les flots, Judas raconte ses peines à Brendan, qui obtient pour lui quelque répit. Puis, guidés par un ange, ils abordent le Paradis, une montagne précieuse. La *Navigatio* se termine par le retour en Irlande, pour la joie et l'édification des foules.

Bien que la plus ancienne version soit connue par un manuscrit continental, on considère la *Navigatio Sancti Brendani* comme un des chefs-d'œuvre du genre des *Navigations* (en gaélique *imrama*, sg. *imram*), qui comprend des œuvres d'une singulière poésie, les unes païennes, d'autres plus ou moins complètement christianisées. Dans cette littérature de la quête, le voyage sert d'arrière-plan à des aventures fantastiques, dont le point culminant est la visite du Paradis. La *Navigatio sancti Brendani* est composite : fondée sur un vieux conte de mer irlandais *(imram Maelduin)*, elle contient des éléments primitifs celto-chrétiens visionnaires (*terra repromissionis sanctorum*, la *terre promise des saints*) et ascétiques *(peregrinatio)*, émaillés de réminiscences classiques ; c'est pourquoi on l'a appelée fréquemment une Énéide christianisée.

Un premier récit, en prose latine, a été rédigé par un *Scottus* inconnu dans la première moitié du Xe siècle en Lotharingie (version 1). En raison de son intérêt général pour toutes les couches de la population, en tant qu'histoire religieuse, récit d'aventure, poème ascétique et visionnaire, ce texte s'est répandu rapidement partout en Europe ; il a engendré des versions nouvelles et indépendantes ; il a été traduit dans un grand nombre de langues vulgaires, et bientôt est devenu partie intégrante du folklore de l'Europe médiévale. Quelques géographes interprètent ce voyage, d'après des sagas en vieux norrois, comme le témoignage d'une découverte de l'Amérique antérieure aux Vikings.

Le texte en prose est accessible dans 120 mss environ, datant du Xe au XVe siècle. Très tôt, une fusion entre la *Navigatio S. Brendani* et la *Vita S. Machuti* (Saint-Malo) a produit un certain nombre d'adaptations et de versions interpolées. Des versions en vers de l'histoire célèbrent les aventures incroyables de saint Brendan (version 2) ou en font la satire (version 3), visant particulièrement le caractère fabuleux du voyage.

Par ailleurs, la *Navigatio sancti Brendani* a largement inspiré la littérature française médiévale.

Au début du XIIe siècle, un certain Benoît* ou Benedeit, qui se dit lui-même *apostoile* (cette dénomination a laissé les chercheurs perplexes ; Benoît était-il évêque ? Il est en tout cas resté non identifié), adapte la *Navigatio* en un poème anglo-normand d'environ 2 000 octosyllabes, qui est la plus réussie des adaptations en français (version 4). Il ne s'agit pas d'une simple traduction, mais d'un complet remaniement. Son poème est sobre et reste proche de l'original. Il dédie son œuvre à la jeune femme d'Henri Ier Beauclerc, roi d'Angleterre ; suivant qu'il s'agit, comme le dit un ms., de sa première femme Maud ou Mathilde, petite-nièce de saint Édouard le Confesseur, morte en 1118, ou, selon les trois autres mss, de sa seconde, Aalis ou Adeliza de Louvain, épousée en 1121, le poème daterait des environs de 1106 (théorie de R.L.G. Ritchie) ou de 1121, date que préfère l'éditeur Waters. Le ton de Benoît est plus édifiant que celui de la *Navigatio* latine, insistant particulièrement sur la nécessité de la confiance en Dieu, car il fait de son œuvre un combat pour la foi, même si, écrivant pour un public laïque, il laisse transparaître une influence courtoise.

Le poème de Benoît eut un certain succès. Il a donné lieu à un remaniement en octosyllabes écrit en picard avant 1267 (version 5). Et des retraductions en latin en sont même issues (version 6).

Une version du *Voyage de saint Brendan* a été insérée dans l'*Image du monde* du Lorrain Gossuin de Metz* (version 7). Il existe également deux versions en prose française du XIIIe siècle (version 8) : l'une a été écrite dans le Nord-Est de la France ; l'autre, picarde, intégrée dans des légendiers hagiographiques, a été très largement diffusée. Au milieu du XVe siècle enfin, un auteur anonyme en composa une version en prose provençale (version 9), inspirée d'un texte latin abrégé de la *Navigatio*.

La *Navigatio sancti Brendani* a connu un très grand succès dans toute l'Europe médiévale : on en connaît des versions en italien, en espagnol, en néerlandais, en allemand, en norvégien et en anglais.

ŒUVRES. — 1. *Navigatio Sancti Brendani Abbatis, from the Early Latin Manuscripts*, éd. C. Selmer, Notre Dame, 1959 [importante bibliogr. sur les textes, le folklore, l'histoire, la légende]. — 2. *Die lateinische Übersetzung des altfranzösische Gedichtes auf St Brendan*, éd. E. Martin, dans *Zeitschrift für dt. Alterthum*, t. 16 (1873), p. 289-322. — 3. *Satire en vers rythmiques sur la légende de saint Brendan*, éd. P. Meyer, dans *Romania*, t. 31 (1902), p. 376-379. — 4. *The Anglo-Norman Voyage of St Brendan by Benedeit*, éd. E.G.R. Waters, Oxford, 1928. — *Benedeit. Le Voyage de saint Brendan*, éd. E. Ruhe, Munich, 1977. — *The Anglo-Norman Voyage of St Brendan*, éd. I. Short et B. Merrilees, Manchester, 1979. — *Benedeit. Le Voyage de saint Brendan*, trad. I. Short et B. Merrilees, Paris, 1984 *(Bibliothèque médiévale)*. — 5. Éd. T. Auracher, dans *ZRPh*, t. 2 (1878), p. 438-457 [remaniement en vers picard, avant 1267]. — *Brandans Seefahrt*, éd. H. Suchier, dans *Romanic Studies*, t. 1 (1875), p. 557 sqq. — *Drei Erzählungen...*, éd. A. Hilka, Halle, 1928 [troisième version française rimée, contenant deux épisodes de plus que les précédentes]. — 6. *The Lisbon « Vita S. Brandani Abbatis ». A Translation from the Old French into Latin*, éd. C. Selmer, dans *Traditio*, t. 13 (1957), p. 313-344. — 7 et 8. *La légende latine de saint Brandain*, éd. A. Jubinal, Paris, 1836 [éd. également la version du Nord-Est de la France et celle insérée dans l'*Image du monde*]. — 8. *Die altfranzösische Prosaübersetzung von Brendans Meerfahrt*, éd. C. Wahlund, Uppsala, 1901 [les deux versions en prose française du XIIIe]. — 9. *Die altprovenzalische Prosaübersetzung von Brendans Meerfahrt*, éd. C. Wahlund, dans *Mél. W. Foerster*, Halle, 1902, p. 175-198.

→ H. d'Arbois de Jubainville, *Le Cycle mythologique irlandais*, Paris, 1884. — J. Runeberg, *Le conte de l'île poisson*, dans *Mémoires de la Soc. Néophilologique de Helsingfors*, t. 3 (1902). — A. Bayot, *Le Voyage de saint Brendan dans les légendiers français. Essai de classement des manuscrits*, dans *Mél. C. Moeller*, Louvain, 1914, t. 1, p. 456-467. — G. Dottin, *Les littératures celtiques*, Paris, 1924. — E. Walberg, *Sur le nom de l'auteur du Voyage de saint Brendan*, dans *Studia Neophilologica*, t. 12 (1939), p. 46-55. — F. Bar, *Les routes de l'Autre Monde*, Paris, 1946. — C. Selmer, *A Study of the Latin Mss of the « Navigatio sancti Brendani »*, dans *Scriptorium*, t. 3 (1950), p. 177-182. — H.R. Patch, *The Other World Accorded to Descriptions in Medieval Literature*, Cambridge (Mass.), 1950. — R.L.G. Ritchie, *The Date of the Voyage de saint Brendan*, dans *Medium Aevum*, t. 19 (1950), p. 64-66. — C. Selmer, *The Vernacular Translation of the Navigatio sancti Brendani : a Bibliogr. Study*, dans *Medieval Studies*, t. 18 (1956), p. 145-157 ; *Brendanus versus Brandanus*, dans *Scriptorium*, t. 10 (1957), p. 256-259. — J. Marx, *Les littératures celtiques*, Paris, 1959. — M.D. Legge, *Anglo-Norman Literature and its Background*, Oxford, 1963, p. 8-18, 250-251. — C. Hogetoorn, *Le Voyage de saint Brendan par Benedeit*, dans *Rapports HFB*, t. 55 (1985), p. 110-124 [avec bibliogr.]. — J. Tattersall, *Expedition, Exploration and Odyssey. Extended Voyage Themes, and their Treatment, in Some Early French Texts*, dans *Mél. B. Woledge*, Genève, 1987, p. 191-214 (*Publ. romanes et françaises*, 180). — Cf. *GRLMA*, t. VI, nos 4430-4454. — *MB* nos 3226-3239, 6625-6627, 7764-7771 ; *S* 3903, 5632, 5651, 5731, 5756-5763, 8062.

C.S., F.B. et A.F.L.L.

Nennius (IXe siècle). Copiste qui, travaillant sans doute au pays de Galles, recopia, remania et compléta à l'époque carolingienne un certain nombre de récits concernant l'histoire de la Bretagne, que l'on désigne sous le titre artificiel d'*Histoire des Bretons*. Il s'agit, en fait, d'un ensemble disparate, dont la tradition manuscrite ne permet pas une reconstitution sûre, et qui comprenait, semble-t-il, en tout neuf parties : 1) Sur les six âges du monde ; 2) Histoire des Bretons ; 3) Vie de saint

Patrick ; 4) Questions arthuriennes ; 5) Généalogie des rois saxons ; 6) Annales de Cambria ; 7) Listes de Wallisia ; 8) Les cités de Bretagne ; 9) Prodiges de la Bretagne. Les documents sur lesquels a travaillé le compilateur remontent au moins à l'époque mérovingienne et l'on y relève comme sources César, Jérôme, Gildas*, Isidore* et Bède*. Un de leurs intérêts est d'apporter quelques lumières sur les origines historiques de la « matière arthurienne », car y apparaît, sous la rubrique correspondant à l'an 488, un « Arthur qui luttait contre [les Saxons] à cette époque, aux côtés des rois bretons. Quant à lui, il était général ». Les annales de Cambria permettent d'établir ses dates biographiques : de 460 à 530 apparemment. Enfin, le témoignage de Gildas (VIe siècle) dans sa brève notice historique *Sur la destruction et la complainte de la Bretagne* prête un rôle déterminant dans la lutte contre les envahisseurs saxons à un général du nom d'*Ambrosius Aurelius*, lui-même descendant sans doute de la caste des généraux d'Empire qui, lors de la division de l'Empire en Occident, poursuivirent, tel Syagrius en Gaule, une activité militaire autonome à la tête de troupes devenues leurs mercenaires. Cet Ambrosius et l'Arthur de Nennius furent-ils un seul et même personnage ? C'est une des questions fort controversées des recherches sur la genèse du cycle de la *Table Ronde* : ces modestes notes latines, écrites parfois en un latin boitillant, permettent du moins de saisir quelque chose du personnage, de son contexte historique et des représentations initiales, avant que cette structure narrative d'accueil ne subisse la métamorphose grâce à laquelle la puissance de l'imaginaire celtique la hissa dans la légende.

ŒUVRES. — *MGH, Auctores Antiquissimi, Chron. min.*, t. 3. — F. Lot, *Nennius et l'Historia Brittonum*, Paris, 1934. — Éd. J. Morris, Londres et Chichester, 1980.

→ E. Faral, *La légende arthurienne*, 3 vol., Paris, 1959, t. 1, p. 56-220 ; t. 3, p. 2-44. — K.H. Jackson, *The Arthur History*, dans R.S. Loomis éd., *Arthurian Literature in the Middle Ages : a Collaborative History*, Oxford, 1959. — M. Simonetti, *La produzione letteraria latina fra Romani e Barbari (sec. V-VIII)*, Rome, 1986. — F. Kerlouegan, *Le De excidio Britanniae de Gildas, Les destinées de la culture latine dans l'île de Bretagne au VIe siècle*, Paris, 1987. — Manitius, t. 1, p. 240-243. — Brunhölzl, trad. fr., 1991, t. 2, p. 248-249, 323-324. M.B.

Nevelon Amion. Trouvère du XIIIe siècle, dont on ne possède qu'un *Dit sur l'amour* en 22 douzains d'octosyllabes, conservé dans deux mss. Nevelon Amion aurait appartenu à l'opulente famille Amion*, dont les membres occupèrent diverses charges municipales à Arras : trois personnages appelés « Nievelot Amion » apparaissent dans le *Nécrologe de la confrérie des jongleurs et des bourgeois d'Arras* pour les années 1248, 1279 et 1294, mais il est encore impossible de déterminer lequel de ces trois personnages pourrait être le poète.

ŒUVRE. — A. Jeanroy, *Trois dits d'amour du XIIIe siècle*, dans *Romania*, t. 22 (1893), p. 54-58 [45-70] [édition].

→ P. Paris, *Chansonniers*, dans *HLF*, t. 23 (1856), p. 612-615. — A. Jeanroy et H. Guy, *Chansons et dits artésiens du XIIIe siècle*, Bordeaux, 1898, p. 107 (*Bibliothèque des Universités du Midi*, 2). — A. Guesnon, *Nouvelles recherches biographiques sur les trouvères artésiens*, dans *Le Moyen Âge*, t. 15 (1902), p. 146. — R. Berger, *Le Nécrologe de la confrérie des jongleurs et des bourgeois d'Arras (1194-1361)*, Arras, 1970, t. 2, p. 118 (*Mémoires de la Commission départementale des Monuments historiques du Pas-de-Calais*, XIII, 2). — Linker, n° 188. F.F.H.

Nicolas d'Amiens. Né vers 1147, mort après 1204, Nicolas fut un disciple de Gilbert de la Porrée*. Il est l'auteur d'un *Ars Catholicae Fidei*, dédié au pape Clément III. Cet ouvrage, divisé en cinq livres, et attribué parfois à Alain de Lille*, se donne pour but de remédier aux maux de la Chrétienté, dont les causes sont les nombreuses hérésies en Occident et l'Islam en Orient. Les problèmes religieux sont exposés et résolus au moyen de définitions, d'axiomes, de vrais théorèmes. Dans les discussions entre chrétiens et juifs, Nicolas, comme Raymond Lulle*, se montre partisan de la méthode de persuasion qu'il juge préférable à une véritable croisade. Rédigé dans un style concis et clair, ce texte paraît être plus un résumé qu'une explication détaillée de la foi.

Nicolas d'Amiens est aussi un chroniqueur, auteur d'une continuation de Sigebert de Gembloux* en huit livres. Cette chronique universelle est fondée sur Sigebert († 1112), sur le continuateur de Sigebert, Anselme de Gembloux (1112-1135) et sur les continuations dites d'Ourscamp (jusque 1154) et d'Anchin (1149-1201).

ŒUVRES. — *PL*, t. 210, col. 595-618 [éd. de l'*Ars Fidei* sous le nom d'Alain de Lille]. — *MGH, SS*, t. 6, p. 473-475. — *Hist. des Gaules et de la France*, t. 14, p. 21, 23 ; t. 18, p. 701-702.

→ *HLF*, t. 17, 1832, p. 1-5. — *DTC*, t. 11, 1931, col. 555-558. — J. de Ghellinck, *L'essor de la littérature latine au XI*[e] *siècle*, Paris, 1946. — P. Glorieux, *L'auteur de l'« Ars Fidei Catholicae »*, dans *RTAM*, t. 23 (1956), p. 118-122. — M.-T. d'Alverny, *Alain de Lille, Textes inédits*, Paris, 1965, p. 69, 320-322. — E. Colomer, *Ramón Lull. Die Vorgeschichte des Motivs vom Frieden im Glauben bei Raimund Lull*, dans *Der Frieden unter den Religiosen, Mitteilungen und Forschungbeiträge der Cusanus Gesellschaft*, 16 (1984), p. 82-112. — Molinier, 2193, 2208. M.H.P.

Nicolas d'Autrecourt. Clerc séculier né aux environs de 1300 dans le diocèse de Verdun, il étudia les arts libéraux à Paris et obtint la maîtrise vers 1320. Ses études en droit, faites probablement à Orléans, furent interrompues après le grade de bachelier. De retour à Paris, Nicolas reprit son enseignement à la Faculté des arts, commença les études théologiques et, vers 1332, fut reçu comme sociétaire de Sorbonne, où durant une année il remplit la fonction de prieur. Il commenta les *Sentences* de Pierre Lombard* en 1335-1336 et la même année écrivit neuf lettres adressées à (et contre) son collègue de la Faculté de théologie, le franciscain Bernard d'Arezzo. En décembre 1340, déjà licencié en théologie, il fut appelé à Avignon pour s'expliquer sur les erreurs dont une liste, rédigée à Paris, avait été envoyée à Benoît XII. Après la mort de ce pontife (1342), le procès fut repris sous Clément VI qui nomma le cardinal Guillaume Court à la tête du tribunal. Une longue liste d'articles erronés fut alors rédigée à partir des lettres à Bernard, de l'enseignement oral, du Premier Principium des *Sentences* et d'une minuscule partie du traité dit *Exigit Ordo*. Ces thèses, jugées tantôt fausses, tantôt erronées, tantôt hérétiques, condamnées en 1346, furent rétractées d'abord à Avignon (1346), puis à Paris devant l'Université réunie solennellement chez les Jacobins (1347). C'est à ce moment-là que Nicolas dut brûler publiquement ses écrits. Plus encore à cause de l'audace dont il fit preuve devant le tribunal, l'homme fut puni sévèrement : il perdit son titre de maître et son droit d'enseigner et d'obtenir de nouveaux titres. En 1350, Nicolas fut élu doyen du chapitre de Metz, où il vécut jusqu'en 1369.

Des neuf lettres qu'il écrivit au franciscain d'Arezzo, deux seulement sont conservées. Elles sont à compléter par une lettre d'un certain maître Gilles à Nicolas et par la réponse de celui-ci (éd. Imbach-Perler). La *Question théologique*, discutée à la Faculté, est presque en entier consacrée au problème de la vision traité dans la perspective de la physique médiévale. Les deux rédactions connues de ce texte sont éditées avec le traité *Exigit Ordo*, dont le titre, après une correction qui s'impose, peut se traduire comme « Traité utile pour savoir si ce que disent les péripatéticiens est démonstratif » (éd. O' Donnell). Dédicacé à un sieur Eudes *(dominus Odo)* inconnu, l'*Exigit Ordo* n'est pas terminé. Sa copie unique reproduit le brouillon d'auteur rédigé durant les années de son enseignement des arts.

Peu accessible en raison de la rugosité de sa langue, des incorrections de la copie manuscrite passées dans l'édition, de la démarche intellectuelle de son auteur, l'*Exigit Ordo* est un ouvrage pluridimensionnel : critique à l'égard d'Aristote et de l'aristotélisme de l'École, créateur d'une doctrine originale, il est aussi, et peut-être avant tout, un acte moral, une preuve que son auteur n'est pas un incapable (*praesumptuosus* au sens que donne à ce terme l'*Éthique à Nicomaque*), comme ses collègues l'ont prétendu. La critique de l'aristotélisme est menée sur deux plans, institutionnel et doctrinal. En effet, au nom de sa propre conception de la philosophie, fondée sur l'expérience des sens et la rigueur logique, Nicolas rejette l'enseignement de l'aristotélisme alors généralisé et identifié à la philosophie tout court. C'est donc une révolte contre l'Université. Cependant, annoncée depuis le titre de l'ouvrage et les deux prologues, la critique de la doctrine d'Aristote ne se fait pas par l'examen des thèses fondamentales, mais par l'élimination de ces thèses, superflues et privées de sens à cause et en face de la spéculation qui s'organise autrement. Il semble, toutefois, que le titre donné à l'ouvrage peut se justifier, dans la mesure où les points de départ de la doctrine de Nicolas se trouvent précisément dans la critique aristotélicienne de quelques « physiciens », notamment des atomistes. La construction d'une philosophie cohérente, fondée sur des idées des présocratiques, annule quasi automatiquement la critique aristotélicienne. L'univers est un ensemble des choses (*res permanentes*) composées d'atomes et éternelles. La démonstration de l'éternité des choses est fort compliquée et nécessite des retours successifs au texte primitif ; elle est donc présentée partiellement dans le premier chapitre, elle se prolonge dans les ajouts à la fin du premier Prologue, elle apparaît à nouveau dans la seconde partie du traité. L'analyse de la structure métaphysique du monde et la physique occupent les cinq premiers chapitres. Les cinq suivants sont consacrés aux problèmes liés à l'*apparentia*, l'apparition d'un objet à nos facultés de perception, où Nicolas définit les conditions de cette « apparition » qu'un philosophe doit prendre en compte. C'est dans cette partie du traité qu'il donne sa division des êtres, décrit les facultés intellectuelle et volitive et leurs actes, définit la vérité, bref, construit son ontologie et son épistémologie. Voilà la belle manière choisie par le philosophe pour donner tort à ses critiques. Il est certain que Nicolas d'Autrecourt sut se rendre insupportable à ses collègues. Cependant, présentement, nous sommes loin de ce conflit. La vigueur de la spéculation du philosophe, la force avec laquelle il s'opposa à Aristote, le courage dont il ne se départit ni à Paris, ni en Avignon, prouvent que ses ambitions intellectuelles dépassaient largement le travail de démolition conduit par un « esprit aventureux » et « insolent » que l'histoire se complaisait à lui attribuer. Un faible pour l'utopie, une sensibilité aux problèmes moraux, un sens aigu du caractère transitoire de toute philosophie rendent même à cette pensée — la résistance du texte vaincue — des traits attachants.

ŒUVRES. — L'*Exigit Ordo* et la *Question théologique* sont éd. par J.R. O' Donnell, *Nicholas of Autrecourt*, dans *Mediaeval Studies*, n° 1 (1939), p. 179-280. — Les *Lettres*, dans Nicolaus von Autrecourt, *Briefe*, Neu herausgegeben von R. Imbach und D. Perler [avec une trad. allemande et une longue bibliogr.]. — La sentence du tribunal d'Avignon avec les listes des erreurs condamnées, dans *Chartularium Universitatis Parisiensis*, éd. H. Denifle et E. Chatelain, t. 2, Paris, 1891, n° 1124.

→ P. Vignaux, *Nicolas d'Autrecourt*, dans *DTC*, t. 11, 1re partie, col. 561-587. — R. Paqué, *Le statut parisien des nominalistes*, trad. de l'allemand par E. Martineau, Paris, 1985, p. 214-311. — K.H. Tachau, *Vision and Certitude in the Age of Ockham*, Leyde, 1988, p. 315-352. — J.M.M.H. Thijssen, *John Buridan and Nicholas of Autrecourt on Causality and Induction*, dans *Traditio*, n° 43 (1987), p. 237-255. — *The « Semantic » Articles of Autrecourt's Condemnation*, dans *AHDLMA*, n° 57 (1990), p. 155-175. — Z. Kaluza, *Serbi un sasso il nome. Une inscription de San Gimignano et la rencontre entre Bernard d'Arezzo et Nicolas d'Autrecourt*, dans *Historia philosophiae medii aevi, Mél. K. Flasch*, éd. B. Mojsisch et O. Pluta, t. 1, Amsterdam, 1991, p. 437-466. Z.K.

Nicolas Basserau. Voir : *Saint Nicolas (Vie de)*.

Nicolas de Baye. Né vers 1364 à Baye en Champagne, dans une famille de condition servile, Nicolas fut affranchi le 15 septembre 1373 et reçut la tonsure de clerc. Boursier au collège de Beauvais, il étudia le droit à Paris puis à Orléans. Vers 1395, il est de retour à Paris et dans un acte de 1399 porte le titre d'avocat au Parlement. En novembre 1400, il devient greffier civil ; il est alors sous-diacre, maître ès-arts, licencié en droit civil, bachelier en décret, chanoine de Soissons et curé de Montigny-Lencoup. En janvier 1417, il devient conseiller clerc et le reste jusqu'à l'entrée des Bourguignons à Paris en 1418. Il est décédé le 9 mai 1419.

Pendant les seize années où il tint la plume de greffier, il consigna de sa propre main les décisions du Conseil et les plaidoiries à l'audience, travail énorme dont témoignent les neuf registres de près de 600 feuillets qui subsistent. Sur ces registres, il nota non seulement les faits relatifs à l'activité judiciaire mais encore les événements politiques du temps (en français mêlé de latin). Son *Journal* est une source précieuse pour l'histoire de son temps. Son exemple sera suivi par Clément de Fauquembergue*, son successeur, qui lui aussi intercala des notes personnelles dans les registres du Parlement. On possède encore de Nicolas un *Mémorial* écrit en latin qui complète les notes insérées au Conseil et aux Matinées, dans lequel il expose sa façon de penser plus librement que dans les registres. Il appartenait sans doute au parti armagnac puisqu'il fut proscrit en 1418, mais il n'en juge pas moins sévèrement le duc d'Orléans.

ŒUVRE. — Éd. A. Tuetey, 2 vol., Paris,

1885-1888 *(SHF)*. — Molinier, n° 3583. — Nouveau Potthast, II, p. 467. — Cf. *MB* n° 5173. G.T.L.

Nicolas de Biard. Frère mendiant, actif à Paris dans le troisième quart du XIIIe siècle. On ne peut se prononcer sur son appartenance à l'ordre des prêcheurs ou, plus probablement, des mineurs. Il a prêché à Paris, et composé au moins deux collections de sermons modèles en latin farci de français (*de dominicis, de festis*), très appréciées des prédicateurs, et diffusées avant 1276 par *exemplar* et *pecia*. Beaucoup d'extraits de ces sermons se retrouvent dans son recueil de *Distinctiones*, lui-même très diffusé du XIIIe au XVe siècle. La Summa *Abstinentia*, encore appelée *Dictionarius pauperum* et précocement éditée (2 éd. incunables à Paris), ne peut lui être attribuée avec certitude.

→ Quétif-Échard, *Script. O. Praed.*, t. 1, col. 123-125. — T. Kaeppeli, *Scriptores Ordinis Praedicatorum Medii Aevi*, t. 3, Rome, 1980, p. 150. — F. Stegmuller, *Repertorium biblicum*, t. 4, Madrid, 1954, nos 5693-5695. — J.-B. Schneyer, *Repertorium der lateinischen Sermones des Mittelalters*, Münster, t. 4, 1972, p. 228-250. — A. Teetaert, *Nicolas Biard*, dans *DTC*, t. 11 (1931), col. 589-592. — J.-C. Schmitt, *Nicolas de Byard*, dans *DS*, t. 11 (1982), col. 254-255. — Daunou, dans *HLF*, t. 18 (1835), p. 530-531. — V. Le Clerc, *ibid.*, t. 21 (1847), p. 164-166. — A. Lecoy de La Marche, *La chaire française au Moyen Âge*, Paris, 1886², p. 134-135. — B. Hauréau, *Notices et extraits de quelques mss de la BN*, Paris, 1890-1893, t. 1, p. 206 ; t. 2, p. 84-100 et 285-292 ; t. 3, p. 114 ; t. 4, p. 67 ; t. 5, p. 142 ; t. 6, p. 264-265 ; *Notices et extraits des mss de la BN*, t. 33, Paris, 1890, p. 265-277. — A. Wilmart, *Un répertoire d'exégèse composé en Angleterre au début du XIIIe siècle*, dans *Mémorial Lagrange*, Paris, 1940, p. 343-346. — *Lexikon für Theologie und Kirche*, t. 7 (1962), col. 982-983. — J.-B. Schneyer, *Einige Sermoneshandschriften aus der früheren Benedikterbibliothek des Mont-Saint-Michel*, dans *Sacris Erudiri*, t. 17 (1966), p. 187-202. — *Eine Sermonesliste des Nicolaus de Byard, o.f.m.*, dans *Arch. Francisc. Hist.*, t. 60 (1967), p. 3-41. — L.-J. Bataillon, *Les instruments de travail des prédicateurs au XIIIe*, dans *Culture et travail intellectuel dans l'Occident médiéval*, Paris, 1981, p. 197-209 ; *Intermédiaires entre les traités de morale pratique et les sermons. Les Distinctions bibliques alphabétiques*, dans *Les genres littéraires dans les sources théologiques et philosophiques médiévales. Définition, critique et exploitation*, Louvain-la-Neuve, 1982, p. 213-226 ; *L'agir humain d'après les Distinctiones bibliques au XIIIe*, dans *L'homme et son univers au Moyen Âge*, Louvain, 1986, p. 776-790. — N. Bériou, *La prédication de Ranulphe de la Houblonnière. Sermons aux clercs et aux simples gens à Paris au XIIIe*, Paris, 1987, 2 vol. N.B.

Nicolas Chuquet. D'origine parisienne, bachelier en médecine, Nicolas Chuquet arriva à Lyon en 1480. Il s'installa « rue de la Grenette », dans le quartier commerçant, pour y exercer le métier d'« escripvain », puis celui de « maistre d'algorisme » jusqu'à sa mort en 1488. Estienne de La Roche, qui habitait à deux cents pas de sa maison et avait pu être son élève, posséda le manuscrit de ses œuvres et le pilla pour publier, à Lyon, *L'arismethique nouellement composee* en 1520 et *L'arismetique et Geometrie* en 1538.

Le manuscrit de Nicolas Chuquet, copié en 1484-1485 et très vraisemblablement autographe, est le recueil Paris, BN, fr. 1346, qui contient ses quatre ouvrages mathématiques : le *Triparty en la Science des Nombres*, des *Problèmes et applications*, la *Géométrie* (intitulée *Comment la science des nombres se peult appliquer aux mesures de geometrie*) et une arithmétique pratique à l'usage des marchands (intitulée *Comment la science des nombres se peult appliquer au fait de marchandise*). Un autre manuscrit (Paris, BN, nouv. acq. fr. 1052), copié vers 1475 et qui peut également être en partie autographe, conserve, à la suite du *De sphera* de Nicole Oresme*, une première rédaction de la *Géométrie*.

Dans le *Triparty en la Science des Nombres*, Nicolas Chuquet cite Boèce* et Jean Campanus, de Novare, mais il a certainement subi d'autres influences italiennes, peut-être celle de Filippo Friscobaldi (dont on ne connaît pas pour l'instant d'œuvre mathématique, mais qui se trouvait à Lyon à cette époque) : on peut aussi supposer qu'il est allé en Italie et a pu y avoir connaissance de traités plus élaborés et d'œuvres antiques exploitées dans les écoles. Il se montre algébriste de talent et énonce avec clarté la règle des signes de la multiplication et de la division ; il traite aussi de la notation dite « cartésienne » des exposants et de leur emploi dans le calcul des radicaux et la résolution des équations. On peut deviner, dans le *Triparty*, l'idée qui sera celle des logarithmes et fera la gloire de Neper (John Napier) cent trente ans plus tard, de même qu'on y trouve une approximation pour le calcul de la racine cubique, longtemps attribuée à Cardano (1559).

Les principes exposés dans sa *Géométrie* montrent Nicolas Chuquet puisant à deux traditions différentes : celle qui remonte à la *Practica Geometrie* d'Hugues de Saint-Victor, dont le noyau est la connaissance et l'usage des instruments et des procédés matériels (tradition qu'il a connue comme étudiant à la Faculté des Arts) et un courant plus tardif, surtout représenté en Italie, où dominent les descriptions des figures et les problèmes sur la ligne, les surfaces et les volumes. Ce dernier courant présente une parenté nette avec les livres d'abaque et de mercature. Si Nicolas Chuquet se limite à l'usage de deux instruments classiques et déjà fort anciens, le quadrant et l'astrolabe, il applique avec bonheur la science des nombres à la résolution des problèmes de géométrie dont les mathématiciens italiens, ses contemporains (Piero della Francesca et Luca Paccioli notamment), connaissaient les difficultés.

La langue de Nicolas Chuquet paraît marquée par des habitudes italiennes, ce qui pourtant ne permet pas de supposer qu'il ait copié ou traduit tout ou partie de ses quatre traités. Il a dû repenser en français ses sources d'inspiration pour les adapter à son public.

ŒUVRES. — A. Marre, *Le Triparty en la Science des Nombres par Maistre Nicolas Chuquet, Parisien*, dans *Bull. di biblio. e di storia delle scienze matematiche e fisiche*, t. 13 (1880), p. 593-658, 693-814 [éd. des 166 premiers problèmes et réponses] ; *Appendice au Triparty en la Science des Nombres par Nicolas Chuquet, Parisien, ibid.*, t. 14 (1881), p. 413-460. — *Nicolas Chuquet, La géométrie : première géométrie algébrique en langue française (1484)*, éd. H. l'Huillier, Paris, 1979 (*L'Histoire des sciences. Textes et études*). — *Nicolas Chuquet, Renaissance Mathematician : a Study With Extensive Translation of Chuquet's Mathematical Ms. Completed in 1484*, trad. G. Flegg, C. Hay et B. Moss, Dordrecht, Boston et Lancaster, 1985 [trad. anglaise moderne d'extraits du *Triparty*].

→ C. Lambo, *Une algèbre française de 1484 : Nicolas Chuquet*, dans *Revue des questions scientifiques*, t. 2 (1902), p. 442-472. — H. l'Huillier, *Éléments nouveaux pour la biographie de Nicolas Chuquet*, dans *Revue d'histoire des sciences*, t. 29 (1976), p. 347-350. — G. Beaujouan, *The Place of Nicolas Chuquet in a Typology of Fifteenth-Century French Arithmetic*, dans *Mathematics from Manuscript to Print, 1300-1600*, Oxford, 1988, p. 73-88. — H. l'Huillier, *Concerning the Method Employed by Nicolas Chuquet for the Extraction of Cube Roots, ibid.*, p. 89-95. — P. Benoit, *The Commercial Arithmetic of Nicolas Chuquet, ibid.*, p. 96-116. — B. Moss, *Chuquet's Mathematical Executor : Could Estienne de La Roche have Changed the history of algebra ?, ibid.*, p. 117-126. — A. Vitale-Brovarone, *Considérations sur la production de textes mathématiques en France et sur leur diffusion manuscrite et imprimée*, dans *Le Moyen Français*, nos 24-25 (1991), p. 23-53. — Cf. *GRLMA*, t. VIII/1, p. 307. — *MB* nos *S* 7687-7689. F.F.H.

Nicolas de Clamanges. Nicolas Poilevilain est né dans les environs de Châlons-sur-Marne, à Clamanges, vers 1363. Boursier au Collège de Navarre en 1375, il y fut l'élève de Pierre d'Ailly* et le condisciple de Jean Gerson* et Jean Courtecuisse*. Maître ès arts en 1380, il entama des études théologiques qu'il ne termina jamais. Il resta donc simple bachelier en théologie. Cela ne l'empêcha pas de prendre une part active aux affaires universitaires, et tout d'abord aux côtés de son ancien maître. Ainsi en 1394 rédige-t-il deux lettres au nom de l'Université ; l'une est adressée le 23 septembre au collège des cardinaux, l'autre à Benoît XIII le 23 octobre. Chaque fois bien sûr, il est question du schisme. Le 23 septembre, la nouvelle de la mort de Clément VII est parvenue à Paris. Boniface IX, le pape romain, restant seul, l'Université espère une fin prochaine du schisme et demande aux cardinaux d'Avignon de ne pas se presser de donner un successeur à Clément VII. Mais Benoît XIII est élu dès le 28 septembre. Le schisme reste donc ouvert, et la lettre d'octobre exhorte le nouveau pape avignonnais à s'occuper de l'union de l'Église. À la fin de la même année, Nicolas adresse en son propre nom une autre épître au souverain pontife. Il y déplore la désunion des chrétiens et appelle de ses vœux le retour de bons pasteurs. Ces lettres frappèrent par la qualité de leur style un cardinal résidant en Avignon : Galeotto Tarlati da Pietramala. Celui-ci adressa ses félicitations à Nicolas qui l'en remercia. Il n'est pas impossible que Clamanges ait dû à l'appui de ce personnage son poste de secrétaire pontifical auprès de Benoît XIII, de 1397 à 1407. Se trouvant ainsi au cœur même du conflit, Nicolas composa plusieurs œuvres sur le sujet : *De ruina et reparatione Ecclesiae* (vers 1401), *Deplo-*

ratio calamitatis ecclesiastice per scisma (vers 1408). Universitaire français en Avignon, sa situation était fort incommode, puisque dès la fin de 1397 eut lieu la première soustraction d'obédience de l'Université du roi et du clergé français. Nicolas n'en obtint pas moins un certain nombre de bénéfices, à la suite de son canonicat à Saint-Cloud en 1395 : il fut chanoine de Langres en 1398, trésorier du chapitre de cette ville en 1399, chantre de Bayeux vers 1403. En 1407, toutes les démarches de Pierre d'Ailly pour faire cesser le schisme sont restées sans résultat. Ni Benoît XIII ni Grégoire XII, successeur de Boniface, ne veulent céder. Et le pape d'Avignon, menacé d'une nouvelle soustraction d'obédience de la part des Français, publie en janvier 1408 une bulle d'excommunication à l'encontre de Charles VI. Nicolas de Clamanges, accusé d'avoir rédigé cette bulle, d'être un partisan acharné de Benoît, abandonne son poste et rentre en France où il tente de se justifier. Retiré près de Sens à la chartreuse de Valprofonde, il gagne ensuite le monastère augustin de Fontaine-au-Bois, dans la région de Provins. Il y restera de 1408 à 1417 environ. C'est dans cette retraite qu'il composa ou révisa la plupart de ses opuscules à sujet religieux : *De filio prodigo, De fructu eremiti, De fructu rerum adversarum*... C'est là encore qu'il écrivit ses dix *Orationes*. À cette époque eurent lieu les conciles de Pise (1409) et de Constance (1414-1418), auxquels il faut certainement relier la *Disputatio habita super materia concilii generalis cum quodam scholastico Parisiensi*. Clamanges sortit de sa retraite lors de l'élection de Martin V, espérant peut-être retrouver son poste de secrétaire pontifical. Il n'en fut rien. En 1426, il était revenu à Paris, au Collège de Navarre, où il ne mourut qu'en 1437.

Protagoniste d'une histoire mouvementée, Nicolas de Clamanges reste surtout comme écrivain humaniste. S'il revint à des thèmes et des textes religieux après son retour en France, il le fit en une langue latine qui témoignait des efforts qu'il avait toujours poursuivis pour atteindre à une latinité parfaite, à une éloquence classique. Ce souci de restauration, que le cardinal Pietramala avait remarqué très tôt, est éclatant dans la correspondance que Clamanges entretint avec ses amis parisiens Jean de Montreuil*, Gontier Col*, secrétaires du roi, Jacques de Nouvion, secrétaire du duc d'Orléans, Pierre d'Ailly, Gérard Machet... On conserve en effet pour certaines de ses lettres deux textes différents : la rédaction primitive et la rédaction remaniée dans les années 1420. C'est ainsi qu'il réécrit complètement sa réponse à Pietramala (*Perpulchras pater*), mort dès 1398, et rédige une seconde lettre (*Quod in superiori*), fictivement adressée au cardinal. Sûr de sa culture, de sa plume, fort de sa réputation littéraire acquise dans les milieux parisiens comme avignonnais, Clamanges se permet alors de relancer dans ces deux lettres la « querelle » pétrarquienne dans laquelle un Jean de Montreuil était intervenu dès 1394. Traitant le poète italien de bavard, Clamanges affirme la primauté des Français en littérature. Cette critique de Pétrarque*, assortie de l'affirmation qu'il ne l'a presque jamais lu, est tendancieuse. Clamanges, s'il n'a pas imité directement des textes comme le *De vita solitaria*, le *De otio religioso*, les *Psalmi penitentiales* et le *Bucolicum carmen* de Pétrarque dans son *De fructu eremiti*, ses *Orationes* et son *Ecloga* (fin 1394), les a très certainement connus. À tout le moins, il avait le même genre de culture que le grand poète qui vécut lui aussi assez longtemps en Avignon. Ne mit-il pas le même soin à écrire, réviser et copier sa correspondance que Pétrarque ? Le récit latin, où il raconte la tragique histoire de deux jeunes amants, fut adapté par deux fois en français. Par Rasse de Brunhamel*, sous le titre d'*Histoire de Floridan et Elvide*, pour faire suite au *Petit Jean de Saintré* d'Antoine de La Sale* ; puis par l'anonyme auteur des *Cent Nouvelles nouvelles** (98e nouvelle). Ne peut-on trouver là un parallèle à la destinée de *Griseldis** ? En revanche, si Pétrarque s'illustra par ses poésies latines et italiennes, Nicolas n'écrivit que des vers latins. Ainsi, par exemple, sa *Descriptio et laus urbis Janue* (1408), sa *Deploratio elegiaca* sur la mort de Jacques de Nouvion (1411). Il paraphrasa aussi en latin deux textes poétiques français : le *Dit de Franc Gontier* de Philippe de Vitri* devint une *Descriptio vite rustice* et le *Contredit de Franc Gontier* de Pierre d'Ailly une *Descriptio vite tirannice*. Les deux textes latins furent édités en 1490. Le dernier domaine où Clamanges et Pétrarque furent en concurrence est celui de la critique textuelle des classiques. On sait, à présent, quel fut l'apport de Nicolas au texte des discours cicéroniens en particulier. Ainsi la pseudo-querelle avec Pietramala indique tout à la fois la conscience qu'avait Clamanges de pouvoir se mesurer avec le grand érudit italien, et sa fierté de Français. Un Français qui, curieusement pour nous, ne s'exprima jamais dans sa langue maternelle.

ŒUVRES. — Éd. J. Lydius, *Opera omnia*, Leyde, 1613, 2 vol. [à compléter par les ouvrages suivants]. — Éd. du *De studio theologico* par d'Achery, dans *Spicilegium*, Paris, 1723, t. 1, p. 473-480. — Éd. de la *Descriptio et laus urbis lanue* par A. Coville, dans *Recherches sur quelques écrivains du XIVe et du XVe siècle*, Paris, 1935, p. 256-259 ; de la *Descriptio vite rustice* et de la *Descriptio vite tirannice, ibid.*, p. 274-281 ; éd. de 13 lettres dont celles à Jean de Montreuil, *ibid.*, p. 282-317. — Éd. du texte latin *De ruina et reparatione Ecclesiae* et de son ancienne trad. française par A. Coville, *Le Traité de la ruine de l'Église de Nicolas de Clamanges, et la traduction française de 1564*, Paris, 1936. — Éd. de la lettre à Clément VII dans A. Combes, *Jean de Montreuil et le chancelier Gerson*, Paris, 1942, p. 629-633 (*Études de philosophie médiévale*, 32). — Éd. des lettres à Pierre d'Ailly dans A. Combes, *Sur les lettres de consolation* (...), dans *AHDLMA*, t. 13 (1940-1942), p. 367-387. — Éd. des 10 oraisons par J. Leclercq, *Les prières inédites de N. de Clamanges*, dans *Revue d'ascétique et de mystique*, t. 23 (1947), p. 170-183. — Éd. de l'*Historia de raptoris raptaeque virginis lamentabili exitu* avec les deux trad. anciennes en français par H.P. Clive, *Floridan et Elvide*, Oxford, 1959. — Éd. de sept lettres dans D. Cechetti, *Nicolas de Clamanges e Gérard Machet. Contributo allo studio dell' epistolario di N. de Clamanges*, dans *Atti della Accademia delle Scienze di Torino*, 1965-1966, p. 133-191. — Éd. de la correspondance avec Gerson dans P. Glorieux, *Œuvres complètes de J. Gerson*, t. 2. — Éd. d'une églogue dans D. Cechetti, *Un' egloga inedita di Nicolas de Clamanges*, dans *Miscellanea di studi e ricerche sul Quattrocento francese*, Turin, 1967, p. 25-57, 89-96. — Trad. un peu abrégée du *De novis celebritatibus non instituendis* par P. Glorieux, *Mœurs de chrétienté au temps de Jeanne d'Arc. Le traité contre l'institution de fêtes nouvelles de N. de Clamanges*, dans *Mél. de science religieuse*, t. 23 (1966), p. 15-29.

→ A. Coville, *Recherches sur quelques écrivains du XIVe et du XVe siècle*, Paris, 1935, p. 208-317. — G. Ouy, *Autographes calligraphiés et scriptoria d'humanistes en France vers 1400*, dans *Bulletin philologique et historique du comité des travaux historiques et scientifiques*, 1963, p. 891-898 ; *Le Collège de Navarre, berceau de l'humanisme français*, dans *Actes du 95e congrès des Sociétés savantes*, Paris, 1975, t. 1, p. 283-298 ; *Le thème du taedium scriptorum gentilium chez les humanistes, particulièrement en France au début du XVe siècle*, dans *CAIEF*, t. 23 (1971), p. 9-26. — N. Mann, *Humanisme et patriotisme en France au XVe siècle, ibid.*, p. 51-66. — P. Glorieux, *Notations biographiques sur N. de Clamanges*, dans *Mél. M.D. Chenu*, Paris, 1967, p. 291-310. — D. Cechetti, *Nicolas de Clamanges e Gérard Machet. Contributo allo studio dell' epistolario di N. de Clamanges*, dans *Atti della Accademia delle Scienze di Torino*, 1965-1966, p. 133-191 ; *L'elogio delle arti liberali nel primo Umanesimo francese*, dans *Studi francesi*, t. 28 (1966), p. 1-9 ; *Un' egloga inedita di Nicolas de Clamanges*, dans *Miscellanea di studi e ricerche sul Quattrocento francese*, Turin, 1967, p. 25-57, 89-96 ; *Sulla fortuna del Petrarca in Francia : un testo dimenticato di Nicolas de Clamanges*, dans *Studi francesi*, t. 32 (1967), p. 201-222 [éd. de la lettre-pamphlet à Renaud de Fontaines] ; *Petrarca, Pietramala e Clamanges. Storia di una « querelle » inventata*, Paris, 1982 [éd. de quatre lettres] ; *L'evoluzione del latino umanistico in Francia*, Paris, 1986 (*Rubricae*, 3) ; *Il primo umanesimo francese*, Turin, 1987 (*Collana di critica linguistica e politica*). — E. Ornato, *Jean Muret et ses amis Nicolas de Clamanges et Jean de Montreuil : contribution à l'étude des rapports entre les humanistes de Paris et ceux d'Avignon (1394-1420)*, Genève-Paris, 1969 ; *La redécouverte des discours de Cicéron en Italie et en France à la fin du XIVe et au début du XVe siècle*, dans *Atti del IV Congresso intern. di Studi Neo-latini*, Bologne, 1979. — A. Saccaro, *Französischer Humanismus des 14. und 15 Jahrhunderts*, Munich, 1975 (*Freiburger Schriften zur romanischen Philologie*, 27), p. 48-70. — F. Bérier, *Note sur la datation, la tradition manuscrite et le contenu des dix oraisons de l'humaniste N. de Clamanges*, dans *Senefiance*, t. 10 (1981), p. 7-25 [l'auteur a éd. les *Opuscula* dans une thèse restée manuscrite]. — F. Suard, *Floridan et Elvide aux XVe et XVIe siècles*, dans *La Nouvelle. Définitions, transformations*, éd. B. Alluin et F. Suard, Lille, 1990, p. 163-179. — F. Bérier, *Remarques sur le De lapsu et reparatione iustitiae de N. de C. (vers 1360-1437) et sa traduction en français par François Juret (1553-1626)*, dans *Mél. N. Hepp*, Paris, 1990, p. 25-39. — Cf. *GRLMA*, t. VIII/1, p. 224, 227. — *MB* nos 4324 ; *S* 8392-8393, 8474, 8489-8493, 8565.

S.L.

Nicolas Flamel. Le plus célèbre personnage de l'histoire alchimique était un bourgeois parisien, qui a représenté pour un large public l'alchimiste type, à la fois savant, discret et modeste, et dont le succès a fini par couronner les efforts. Nicolas Flamel naquit peut-être à Pontoise (dont il dota l'église Notre-Dame) vers 1330. Bachelier ès-arts, d'un milieu assez modeste, il devint écrivain public, puis libraire. Son frère Jean, enlumineur, entra au service du duc de Berry. La fortune de Nicolas Flamel remonte à son mariage (en 1360 ?) avec dame Pernelle, deux fois veuve et fort riche. Bien que Nicolas Flamel n'ait jamais pratiqué l'alchimie, la fortune de sa femme, l'aisance de son commerce, ses largesses envers les pauvres et envers les églises contribuèrent à la naissance de sa légende. Outre ses acquisitions immobilières rue de Montmorency (la maison où il vécut est l'actuel n° 51 de la rue de Montmorency) et rue du Cimetière-Saint-Nicolas, il fit construire en 1389 le portail de l'église Saint-Jacques et la première arcature du Charnier des Innocents ; en 1402, il offrit un portail à l'église Sainte-Geneviève-des-Ardents ; en 1407, il fit construire la maison « au Pignon » et la deuxième arcature du Charnier des Innocents, et en 1411 il finança la reconstruction de la chapelle de l'hôpital Saint-Gervais. Veuf de Pernelle depuis 1397, il mourut le 22 mars 1418.

D'après la légende alchimique, Nicolas Flamel aurait fait en 1379 un voyage à Saint-Jacques de Compostelle et aurait commencé, dès son retour en 1380, ses expériences alchimiques. Il aurait trouvé, aux environs de 1382 et en présence de sa femme, le secret de la fabrication de l'or. Après le décès de Pernelle en 1397, il aurait consacré les dernières années de sa vie à la rédaction des nombreux ouvrages placés sous son nom : 1. le *Livre des figures hiéroglyphiques* ; 2. le *Sommaire philosophique* ; 3. le *Livre des lavures* ; 4. le *Grand eclaircissement de la pierre philosophale pour la transmutation de tous les métaux* ; 5. le *Désir désiré* ; 6. le *Psautier chimique* (ouvrage non retrouvé) ; 7. la *Musique chimique* (qui reste inconnu). Une bonne partie de ce corpus, attribué à tort à Nicolas Flamel, semble une production des cercles hermétistes français des environs de 1600.

ŒUVRES. — *Nicolas Flamel, le Grand eclaircissement de la pierre philosophale*, Paris, 1628 (réimp. Neuilly, 1976). — *Nicolas Flamel, Le Livre des figures hiéroglyphiques, le Sommaire philosophique, le Désir désiré*, éd. M. Préaud, avec une étude historique par E. Canseliet, Paris, 1970 (*Bibliotheca hermetica*) [liste des mss et des éd. anciennes, p. 229-230]. — C. Gagnon, *Description du « Livre des Figures Hiéroglyphiques » attribué à Nicolas Flamel, suivie d'une réimpression de l'édition originale...*, Montréal, 1977.

→ G. Ziegler, *Nicolas Flamel ou le secret du Grant Œuvre*, Paris, 1971 [tableau chrono. p. 252-257]. — C. Gagnon, *Analyse archéologique du « Livre des Figures Hiéroglyphiques » attribué à Nicolas Flamel*, thèse, Montréal, 1975. — C. Thiry, *Le « Sommaire philosophique », poème moyen français ?*, communication présentée le 12 février 1981 au Centre de Philologie médiévale de l'Université de Liège. — R. Halluix, *Le mythe de Nicolas Flamel ou les mécanismes de la pseudépigraphie alchimique*, dans *Archives internationales d'Histoire des sciences*, t. 111 (1983), p. 234-255. — Cf. *GRLMA*, t. VIII/1, p. 40, 341-342, 344. — *MB* n° 5494. F.F.H.

Nicolas de Gonesse. Né en 1364 dans le diocèse de Laon, Nicolas de Gonesse fit ses études à Paris. Maître ès arts et enseignant dans cette faculté dès avant 1387, il est bachelier en théologie en 1396 et docteur en 1403. Avant février 1407, il obtient son premier bénéfice important : un canonicat à Laon. Nicolas est alors à Gênes, confesseur du maréchal de Boucicaut, gouverneur de la ville pour le roi (voir *Livre des faits de Jean le Meingre, dit Boucicaut*). Avant cela, Nicolas avait été lié avec d'autres grands personnages : en 1396, il avait reçu, sans que l'on sache pourquoi, dix francs or du duc d'Orléans et en 1404, il était encore en relation avec lui ; vers 1400-1401, il achevait pour le duc de Berry la traduction des deux derniers livres des *Facta et dicta memorabilia* de Valère Maxime. Simon de Hesdin*, en effet, s'était interrompu au chapitre 4 du livre 7, vers 1383. Reprenant la même méthode de traduction accompagnée de gloses, Nicolas de Gonesse s'appuie beaucoup sur les commentaires latins des Italiens Dionigi da Borgo San Sepolcro (mort en 1342) et Luca da Penne (vers 1374-1375). Mais il emprunte aussi à d'autres sources. Les plus éclairantes sur la culture de Nicolas, car les plus novatrices, sont Boccace* *(De casibus, De montibus)*, Pétrarque* *(De remediis utriusque fortunae)* et Plutarque. De ce dernier auteur, Nicolas traduit le *De cohibenda ira*, d'après le texte latin de Simone Athumano (1373, en Avignon), remanié en 1395 par Coluccio Salutati. Cette toute première traduction française d'un texte de Plutarque, Nicolas l'insère dans le chapitre 3 du dernier livre des *Facta*. Sa connaissance des grands auteurs italiens, de textes antiques à peine redécouverts, témoigne du fait qu'il a dû avoir des liens avec les milieux préhumanistes de l'époque. N'a-t-il pas composé aussi vers 1400 une défense de la poésie *(Collatio artis poetice probativa)*, qui, à côté des références obligées et classiques (saint Augustin, Cicéron, Aristote...), tire argument du livre 14 de la *Genealogia deorum gentilium* de Boccace, œuvre alors peu diffusée ? Nicolas de Gonesse s'inscrit ainsi dans le milieu lettré, alors tout occupé de ses querelles littéraires. Entre 1389 et 1404, un Francesco da Piano écrivit lui aussi une apologie de la poésie.

L'œuvre conjointe de Simon de Hesdin et Nicolas de Gonesse eut une importante fortune manuscrite (une cinquantaine de mss). L'imprimerie s'empara du texte dès 1476 et l'on connaît quatre autres éditions parisiennes et lyonnaises, entre 1485 et 1500. En 1463, Jean de Hangest rédigea un abrégé des *Facta* français tandis qu'en 1409, le dominicain Pierre Hérard de Reims avait utilisé la traduction de Simon et Nicolas pour son commentaire latin des *Facta*. Ainsi, la « vulgarisation » d'un texte important pour la connaissance de l'Antiquité et pour les exemples moraux, si bien accueillie par le public, finit par servir même aux latinistes.

Quant à Nicolas de Gonesse, sa carrière à Laon n'est plus documentée après 1413. On sait seulement qu'il se rendit au concile de Constance (1414-1418), où il représenta peut-être son chapitre.

→ G. Di Stefano, *Ricerche su Nicolas de Gonesse*, dans *Studi francesi*, t. 26 (1965), p. 201-221. — H. Millet, *Nouveaux documents sur Nicolas de Gonesse, traducteur de Valère Maxime*, dans *Romania*, t. 102 (1981), p. 110-114. — G. Di Stefano, *Tendenze culturali del primo Umanesimo francese. I La cultura di N. de G.*, dans *Studi francesi*, t. 27 (1965), p. 401-417 ; *II La diffusione della traduzione e gli epigoni della tradizione, ibid.*, p. 417-422 ; *La découverte de Plutarque en France au début du* XV*e siècle*, dans *Romania*, t. 86 (1965), p. 463-519 ; *Nicolas de Gonesse et la culture italienne*, dans *CAIEF*, t. 23 (1971), p. 27-44 ; *Le traducteur comme lexicographe*, dans *14e Congresso internazionale di linguistica e filologia romanza*, Naples, 1977, t. 4, p. 45-56 ; *Essais sur le moyen français*, Padoue, 1977, chap. 2 et 3 (*Ydioma Tripharium*, 4). — M.-T. Casella, *Il Valerio Massimo in volgare : dal Lancia al Boccaccio*, dans *Italia medievale e umanistica*, t. 6 (1963), p. 49-136. — D.M. Schullian, *A Preliminary List of mss of Valerius Maximus*, dans *Mél. B.L. Ullman*, Saint Louis Univ., 1960, p. 81-95 [avec les mss des trad. française, italienne, catalane, allemande...]. — M.A. Berlincourt, *The Relationship of some Fourteenth Century Commentaries on Valerius Maximus*, dans *Mediaeval Studies*, t. 34 (1972), p. 361-387. — J. Monfrin, *La connaissance de l'antiquité et le problème de l'humanisme en langue vulgaire dans la France du* XV*e siècle*, dans *The Late Middle Ages and the Dawn of Humanism outside Italy*, Louvain-La Haye, 1972, p. 131-170 [éd. la préface de Jean de Hangest]. — Cf. *MB* nos 5962 ; *S* 8505, 8535, 8537-8544. S.L.

Nicolas de Gorran. Voir : *Bible au Moyen Âge.*

Nicolas Grenon. Compositeur français et pédagogue. Il apparaît en 1399 en qualité de clerc à Notre-Dame de Paris, remplaçant son frère comme chanoine à l'église du Saint-Sépulcre ; il en devient rapidement sous-diacre puis diacre. En 1403, il est maître des enfants de chœur à la cathédrale de Laon. En 1409, il chante au chœur de Cambrai et enseigne la grammaire. Le 1er juillet 1412, il entre au service du duc de Bourgogne, Jean sans Peur, comme maître des enfants de chœur à la chapelle. À la mort du duc, il fait un court séjour à Cambrai avant de travailler à Rome (1425-1427) comme maître des enfants de chœur de la chapelle pontificale. Il finira ses jours à Cambrai où il meurt en 1456.

Il compose dans les trois genres de polyphonie vocale du début du XVe : la chanson profane, le motet et la messe. On conserve de lui cinq chansons (trois rondeaux, une ballade et un virelai). Ses quatre motets sont strictement isorythmiques dans toutes les voix. Le seul fragment de messe existant, un Gloria, est incomplet (avec les seules voix de motet et de triple).

ŒUVRES. — Éd. C. Van den Borren, *Polyphonia sacra*, Burnham, 1932, 2e éd., 1962. — Éd. J. Marix, *Les musiciens de la cour de Bourgogne au* XV*e siècle (1420-1467)*, Paris, 1937.

→ C. Wright, art. *Grenon* dans *The New Grove Dictionary of Music and musicians*, t. 7 (1980), p. 702. N.S.

Nicolas d'Hacqueville. Frère mineur de la seconde moitié du XIIIe siècle, originaire des environs de Coutances ou d'Évreux, dont la vie est peu connue. Il a laissé des recueils de sermons *dominicales* et *de* *sanctis*, souvent imprimés du XVe au XVIIe siècle sous le nom de Jean Quentin. Pas d'édition moderne.

→ *HLF*, t. 31 (1893), p. 95-100. — B. Hauréau, *Notices et extr. des mss de la BN*, notamment t. 3-6, Paris, 1891-1893. — J.B. Schneyer, *Nicolaus de Aquaevilla*, dans *Repertorium der lateinischen Sermones des Mittelalters*, t. 4, Münster (1972), p. 189-205. P.R.

Nicolas de La Horbe. Voir : Guido Bonatti.

Nicolas de Lyre. Voir : *Bible au Moyen Âge.*

Nicolas Trevet (né vers 1265, mort après 1334). Dominicain anglais, professeur à Oxford, fut un écrivain aux curiosités multiples et un innovateur dans l'étude des auteurs antiques. Ses œuvres se répandirent dans toute l'Europe et lui valurent l'admiration et la protection d'un cardinal, et même d'un pape. Ses traités sur l'astronomie, la messe, et la règle de saint Augustin s'ajoutèrent à des commentaires sur plusieurs livres de l'Ancien Testament et sur la *Consolation de la Philosophie* de Boèce*. Il fut le premier qui composa des expositions sur la *Cité de Dieu* de saint Augustin, sur les *Controverses* (« Déclamations ») de Sénèque le Rhéteur, sur les *Tragédies* de Sénèque le Jeune, et sur l'histoire *Ab urbe condita* de Tite-Live. C'est cette dernière œuvre qui nous fournit la clef de son travail de prédilection, l'historiographie. Dans ce domaine, Trevet écrivit trois œuvres dont deux en latin. La plus connue, les *Annales sex regum Angliae*, date des années 1320-1323 ; sous forme annalistique, elle fait le résumé des événements qui ont conduit à l'accession au trône d'Étienne (1135) et continue jusqu'à la mort d'Édouard Ier (1307). C'est essentiellement une histoire angevine. L'*Historia*, qui est adressée à maître Hugues, archidiacre de Canterbury et nonce papal en Angleterre, est une chronique universelle, également sous forme annalistique, qui va de la Création à la naissance du Christ, car elle est inachevée ; elle a été composée en 1327-1328. La troisième œuvre historique, les *Cronicles...*, dédiée à la princesse Marie de Woodstock, quatrième fille d'Édouard Ier, religieuse à Amesbury, est écrite en anglo-normand. Ce texte, le plus intéressant, est un résumé de l'histoire du monde qui va de la Création jusqu'aux événements contemporains de l'auteur. Elle est inachevée ; peut-être fut-elle interrompue par la mort de l'auteur. D'un caractère moins politique que les *Annales*, elle traite plus particulièrement de l'histoire légendaire, religieuse et dynastique. Lorsque l'auteur relate des conflits d'intérêts, on s'aperçoit que ses sympathies vont à l'Église et à l'ordre auquel il appartient. Mais lorsqu'il traite de la dynastie angevine, on le sent désireux de ménager la susceptibilité de la princesse, sa protectrice. C'est ainsi qu'il tait certaines critiques à l'égard du roi Édouard Ier qu'il s'était permises dans les *Annales*, et qu'il s'abstient de mentionner les malheurs du règne d'Édouard II. Bien qu'en général Trevet utilise des sources connues, il conserve dans les *Cronicles* plusieurs détails et récits auxquels on ne connaît pas de sources antérieures, notamment l'histoire de Constance, reprise par Geoffrey Chaucer* dans le Conte de l'Avocat (*Man of Law's Tale*), et un aspect de la querelle entre Jean XXII et Louis de Bavière.

ŒUVRES. — Pour les éd. des œuvres historiques, on se reportera à l'article de R.J. Dean mentionné *infra*. — L'éd. des *Cronicles* annoncée par R.C. Johnston en 1963 (cf. *Scriptorium*, t. 17 (1963), p. 155, n° 99), et signalée encore par R.J. Dean, n'a pas encore paru.

→ A.B. Emden, *A Biographical Register of the University of Oxford*, t. 3, Oxford, 1959, p. 1902-1903. — Sur l'œuvre historique, voir R.A. Pratt, *Chaucer and Les Chronicles of Nicholas Trevet*, dans *Mél. R. Willard*, Austin, Univ. of Texas, 1969, p. 303-311 ; et surtout R.J. Dean, *Nicolaus Trevet, Historian*, dans *Mél. R.W. Hunt*, Oxford, 1976, p. 328-352. — E.A.C. Mantelle, *The Editions of Nicholas Trevet's Annales sex regum Angliae*, dans *RHT*, t. 10 (1980), p. 257-275. — Cf. *MB* n°s 5497 ; *S* 7967-7970, 8513, 8514, 8524, 8524 *bis*, 8554.

Voir aussi : Pierre Bersuire ; Raoul de Presles.

R.J.D.

Nicolas de Vérone. Né quelques décennies avant 1343, il pourrait s'être trouvé parmi les victimes de la peste de 1348. Clerc italien qui connaît bien la langue et la littérature françaises, il écrivit trois poèmes en franco-italien, différents les uns des autres par leur nature et par les problèmes qu'ils soulèvent.

Il compose en 1343 un poème sur la bataille de Pharsale qu'il dédie à Nicolas Ier, marquis d'Este, dans lequel il prend pour guide, non pas le texte de Lucain, mais certains passages des *Faits des*

*Romains**. La *Pharsale*, longue de 3 166 alexandrins, constitue un essai intéressant de traitement dans le genre épique d'un sujet qui n'appartient à aucun des cycles traditionnels.

Il est également l'auteur d'une *Passion,* composée essentiellement d'extraits des Évangiles et de citations de l'Ancien Testament. Il est difficile d'entrevoir la forme sous laquelle il a connu ces textes.

On lui attribue la *Prise de Pampelune,* véritable chanson de geste, écrite dans un style archaïsant et destinée à l'exécution orale, dont il nous reste un fragment de 6 117 alexandrins, qui constitue la suite de l'*Entrée d'Espagne**.

ŒUVRES. — *Pharsale* : éd. H. Wahle, Marburg, 1888. — *Passion* : éd. C. Castellani, *Sul fondo francese della Biblioteca Marciana, a proposito di un codice ad esso recentemente aggiunto. Notizie storiche e bibliografiche,* dans *Atti del Reale Istituto Veneto di Scienze, Lettere ed Arti,* série 7, t. 5 (1892-1893), p. 56-94. — R. Massart, *Contribution à l'étude du vocabulaire de Nicolas de Vérone,* dans *Mél. M. Delbouille,* t. 1, Gembloux, 1964, p. 421-450 [éd. des 184 premiers vers]. — *Prise de Pampelune* : éd. A. Mussafia, Vienne, 1864 (*Altfr. Gedichte aus venezianischen Handschriften*, 1).

→ Généralités : D. Riccoboni, *Studi sul dialetto veneto. II. Intorno alla lingua di Nicola da Verone...,* dans *Atti del Reale Istituto veneto di Scienze, Arti e Lettere,* t. 8 (1896-1897), p. 1239-1246. — G. Arnaldi et M. Pastore-Stocchi éd., *Storia della cultura veneta,* 2 vol., Vicence, 1976. — R. Specht, *Recherches sur Nicolas de Vérone. Contribution à l'étude de la littérature franco-italienne du* XIV*e siècle,* Berne-Francfort, 1982 (*Publ. univ. européennes,* série 13, n° 78). — *Pharsale* : F. Di Ninni, *Tecniche di composizione nella Pharsale di Niccolo da Verona,* dans *Medioevo Romanzo,* t. 10 (1985), p. 103-122. — *Passion* : G. Bertoni, *Correzioni al testo della Passione di Niccolo da Verona,* dans *ZRPh,* t. 34 (1910), p. 86-88 [éd. Castellani]. — F. Di Ninni, *La Passion di Niccolo da Verona fra traduzione e tradizione,* dans *Studi francesi,* t. 75 (1981), p. 407-423. — *Prise de Pampelune* : F. Di Ninni, *L'episodio di Guron de Bretagne nella Prise de Pampelune,* dans *Cultura neolatina,* t. 40 (1980), p. 183-192. — R. Specht, *Nicolas de Vérone, La prise de Pampelune et le chemin de Saint-Jacques,* dans *Actes du 8e congrès de la Société Rencesvals,* Pampelune, 1981, p. 469-474. — F. Di Ninni, *La formazione del lessico in Niccolo da Verona,* dans *Testi, Cotesti e Contesti del franco-italiano, Atti del 1° Simposio franco-italiano (Bad Homburg, aprile 1987),* Tübingen, 1989, p. 202-208. — Cf. *MB* n°s 3063-3064, 4074, 4153, 6593, 6776 ; *S* 169, 800, 5616-5618, 6508, 6515, 6516.

C.R.

Nicole Bozon. Frère mineur, poète et auteur des *Contes moralisés* (écrits entre 1320 et 1350), Bozon compte parmi les plus importants des écrivains anglo-normands de son époque. On doit localiser son activité dans la région de Nottingham (Angleterre) à la fin du XIIIe et au début du XIVe siècle. Dans son *Char d'Orgueil,* écrit vers 1290, il s'appelle « ordenours », indiquant ainsi qu'il avait le privilège — réservé d'habitude à l'évêque — d'absoudre ceux qui avaient été excommuniés pour avoir fait violence à des clercs. Franciscain d'un monastère de Nottingham, il aurait commencé ses études de théologie à Stamford, les aurait continuées à l'Université d'Oxford. Tout semble indiquer qu'il est des Bozon de Norfolk ou de Nottingham, famille illustre et distinguée, dont le manoir se trouvait peut-être entre Catton et Linton, à peu de distance du confluent du Derwent et de la Trente. Écrivain très populaire, il eut une abondante production à caractère religieux et allégorique. Son œuvre la plus connue, les *Contes moralisés,* un recueil de 144 à 215 contes édifiants destinés à illustrer des sermons, a été traduite en latin. Choisissant la langue vernaculaire, Nicole Bozon destine son ouvrage non seulement aux prédicateurs en quête d'*exempla* pour illustrer leurs sermons, mais à un public plus large de laïcs. Partant de notions d'histoire naturelle, les « propriétés des choses », il tire de leur observation une application morale, qu'il illustre par une fable ou un récit anecdotique plus ou moins historique. L'originalité de Bozon n'est pas dans le choix des exemples, mais dans le caractère populaire de l'enseignement qu'il en tire : une morale adaptée aux laïcs, parfois égoïste, plus sociale que réellement religieuse.

On doit également à Nicole Bozon des œuvres religieuses : une *Passion* et un petit traité allégorique *Comment le fiz Deu fu armé en la croyz* (pour reconquérir l'humanité dévoyée par Satan) ; peut-être un *Évangile* (attribution douteuse) ; des œuvres consacrées à la Vierge (*Annonciation, Ave Maria paraphrasé, Plainte Notre Dame*) ; des sermons en vers, deux prières.

Plus originaux sont les deux poèmes allégoriques de la *Lettre de l'empereur Orgueil* et du *Char d'Orgueil* (description du char de la reine de péché, fille de

Lucifer, dont les différents éléments ont leur répondant dans les différents vices) et ses traités moraux (les *Proverbes de Bon Enseignement* et le *Traité de denaturesce,* sur l'absence d'affection naturelle entre les membres d'une famille). Une satire misogyne, la *Femme comparée à la pie,* et son contre-texte, la *Bonté des femmes,* lui ont souvent été attribués. Il est encore l'auteur d'une *Desputoison du corps et de l'âme* ; quant à la *Plainte d'amour* (satire de la décadence morale de la société ecclésiastique, qui s'en prend en particulier à la Curie romaine), on ne saurait la lui attribuer avec certitude. On lui doit encore une série de 11 courtes vies de saints et de saintes en octosyllabes : Agathe*, Agnès*, Christine*, Elisabeth de Hongrie*, Julienne*, Lucie, Marguerite*, Marie-Madeleine*, Marthe, Paphnuce et Paul ermite. Dans ces vies, Bozon a suivi assez fidèlement la *Légende dorée**.

ŒUVRE. — Éd. A. Jubinal, *La Passion,* dans *Nouveau recueil de contes,* Paris, 1839-1842. — Éd. F. Stengel, *La Desputeison de l'ame et du corps,* dans *ZRPh,* t. 4 (1880), p. 74-80. — Éd. P. Meyer, *La Bonté des femmes,* dans *Romania,* t. 15 (1886), p. 315-321. — Éd. P. Meyer et L.T. Smith, *Les contes moralisés de Nicole Bozon,* Paris, 1889 (*SATF,* 28). — Éd. J. Vising, *La Plainte d'amour,* Göteborg, 1907. — Éd. A.T. Baker, *An Anglo-French Life of Saint Paul the Hermit,* dans *The Modern Language Review,* t. 4 (1908-1909), p. 491-504 ; *Vie de Saint Panuce,* dans *Romania,* t. 38 (1909), p. 418-424. — Éd. J. Vising, *Deux poèmes de Nicholas Bozon. Le Char d'Orgueil. La Lettre de l'empereur Orgueil,* Göteborg, 1919. — Éd. A. Thorn, *Les Proverbes du bon enseignement de Nicole Bozon,* Lund-Leipzig, 1920. — Éd. F.J. Tanquerey, *Plaintes de la Vierge en ancien français,* Paris, 1921. — Éd. M.A. Klenke, *Three Saint's Lives by Nicholas Bozon* (Marguerite, Marie-Madeleine, Marthe), Saint Bonaventure (New York), 1947 ; *Seven More Poems by Nicholas Bozon* (Évangile, Vies des saintes Lucie, Élisabeth, Christine, Julienne, Agnès, Agathe), *ibid.,* 1951. — Éd. B.J. Levy, *Nine Verse Sermons by Nicholas Bozon,* Oxford, 1981.

→ M.D. Legge, *Anglo-Norman Literature and its Background,* Oxford, 1963, p. 229-232. — B.J. Levy, *The Anglo-Norman Verse Sermons of Nicholas Bozon,* dans *Medieval Sermon Studies Newsletter, Report of the Symposium,* 1980, p. 9-11. — G. Dicke et K. Grubmüller, *Die Fabel des Mittelalters und der frühen Neuzeit. Ein Katalog der deutschen Versionen und ihrer lateinischen Entsprechungen,* Munich, 1987 (*Münster Mittelalterliche Schriften*). — Cf. Sonet n°s 161 ; 929. — *MB* n°s 3365-3367 ; 3399 ; 3413 ; 3421 ; 3428 ; 3535 ; 5326-5337 ; 7000-7004 ; 7989 ; *S* 4787 ; 4879 ; 5875 ; 5925-5927.

Voir aussi : *Débat de l'âme et du corps.*

M.A.K. et A.F.L.L.

Nicole Gilles. Notaire et secrétaire du roi depuis le 7 février 1475 au plus tard, clerc extraordinaire à la Chambre des comptes en 1482-1483, clerc et contrôleur du trésor de 1484 à sa mort en 1503, Nicole Gilles appartenait à la noblesse de robe. En dehors des missions qu'il accomplit pour le roi en Poitou, en Normandie et à Florence, il semble qu'il ne quitta guère Paris, où il possédait une maison et un hôtel. Il était marguillier de l'église Saint-Paul. Il avait le goût des livres et réunit une importante bibliothèque. Dès 1474, il avait fait copier un *Doctrinal aux simples gens* (BN, fr. 17088). Il collabora aux éditions d'Antoine Vérard, notamment à l'impression des *Cent Nouvelles nouvelles** (1486). Comme auteur, il composa des *Annales et Croniques de France,* qui s'étendent des origines troyennes à Charles VIII. Ce n'est qu'à partir du règne de Louis XI que l'ouvrage devient original et acquiert toute sa valeur. Auparavant, ce n'est qu'une compilation issue en partie des *Grandes chroniques de France**. Imprimée dès 1492, rééditée en 1498, cette œuvre allait connaître bon nombre d'éditions et de continuations entre 1510 et 1617.

Figure de transition entre le Moyen Âge et la Renaissance, Nicole Gilles est l'initiateur du mouvement nouveau de l'histoire humanistique. Il ne peut toutefois être considéré comme le type achevé de l'historien humaniste en raison de son manque de critique. La place qu'il occupe dans l'historiographie française est due surtout à la conception et à la forme de son ouvrage ainsi qu'à sa langue, plutôt qu'à l'originalité ou à la valeur historique de ses *Annales.*

ŒUVRE. — Éd. Galliot du Pré, Paris, 1525 [le texte, qui va jusqu'à 1520, porte un titre nouveau « Les tres elegantes, tres veridiques et copieuses annales des tres preux, tres nobles... moderateurs des belliqueuses Gaules... compilees par... Nicole Gilles... »].

→ J. Riche, *L'historien Nicole Gilles (14. ?-1503),* dans *Positions... thèses... École nationale des Chartes,* Paris, 1930, p. 136-140. — A. Lapeyre et R. Scheurer, *Les notaires et secrétaires du roi sous les règnes de Louis XI, Charles VIII et Louis XII (1461-1515),* t. 1, Paris, 1978, notice n° 295. — A. Jouanna, *La quête des origines dans l'historiographie française du* XVe *siècle et du début du* XVIe, dans *Colloque de Tours 1983,* Paris, 1985, p. 301-311. — Molinier n° 4669. — Cf. *MB S,* n°s 7996-7997. G.T.L.

Nicole de la Chesnaye. La *Condamnation de Banquet.* Cette moralité de 3 650 vers illustre les méfaits de la table sur les convives qui abusent de ses joies. Elle est l'œuvre de Nicole de la Chesnaye, père ou fils. M. Parfondry, qui date la *Condamnation* de 1480 environ, se prononce pour le père, maître d'hôtel de Louis XI, mort en 1505 ; P. Marot en tient pour le fils, mort en 1549. La *Condamnation* a été imprimée en 1507 dans un recueil intitulé *La Nef de santé, avec le Gouvernail du corps humain et la condamnacion des bancquets a la louenge de diepte et sobrieté,* dont le premier texte, anonyme, a parfois été attribué aussi à Nicole de la Chesnaye. La *Condamnation* vise à la fois l'hygiène et la morale. De joyeux compagnons se retrouvent chez Disner puis chez Soupper, où ils sont attaqués par des maladies personnifiées. Enfin chez Bancquet, ces maladies tuent quatre d'entre eux et mettent les autres en fuite. La *Condamnation* a servi de motif pour des tapisseries à Nancy.

ŒUVRE. — Éd. G. Doutrepont, Bruxelles, 1931 (*Académie royale de Belgique, Classe des Lettres,* 28, 3). — *Les méfaits de la glucosité,* trad. L. Chancerel, Paris, 1943 [adaptation moderne]. — Trad. J. Wathelet-Willem, Liège, 1965 [adaptation abrégée et modernisée pour une troupe théâtrale]. — Réimp. dans W. Helmich, *Moralités françaises. Réimpression fac-similé de vingt-deux pièces allégoriques imprimées aux* XVe *et* XVIe *siècles,* Genève, 1980, t. 2, p. 1-85. — *La Condamnation de Banquet,* éd. J. Koopmans et P. Verhuyck, Genève, 1991 (*TLF,* 395) [l'éd. Vérard de 1507 sert de base ; c'est celle reproduite en fac-similé par Helmich en 1980].

→ P. Marot, *Nicole de la Chesnaye, auteur de la Condamnation de Banquet,* dans *Mél. C. Brunel,* Paris, 1955, t. 2, p. 223-237. — I. Brooke, *La Condamnation de Banquet et les tapisseries de Nancy,* dans *Le lieu théâtral à la Renaissance,* Paris, 1964, p. 357-361. — M. Parfondry, *La Condamnation de Banquet, moralité médiévale, et son auteur, Nicole de la Chesnaye,* dans *Mél. M. Delbouille (Marche Romane),* Liège, 1973, p. 251-258. — J. Wathelet-Willem, *Répression des excès de table et de vin à la fin du* XVe *siècle,* dans *Manger et boire au Moyen Âge, Actes du Colloque de Nice (octobre 1982),* Paris, 1987, t. 2, p. 307-312. — Cf. Lewicka, n°s 1020-1028, 1135 ; *S* 151. — *MB* n°s 5873 ; *S* 8265, 8271-8274. A.F.L.L.

Nicole de Margival. Écrivain de la fin du XIIIe ou du début du XIVe siècle. On attribue à Nicole de Margival (vraisemblablement Margival : Aisne, arr. Soissons, cant. Vailly-sur-Aisne) deux poèmes à vocation morale et didactique.

Le dit intitulé *Les Trois mors et les trois vis* (environ 200 octosyllabes, avec des rimes équivoquées) traite le thème devenu classique de la rencontre que font trois jeunes gens, au milieu d'une partie de plaisir, de trois squelettes. Sa structure est assez complexe : une introduction, six discours dialogués (un par personnage) de 24 vers chacun, six strophes intermédiaires de quatre vers, une conclusion. *Les Trois mors et les trois vis* sont conservés dans trois mss.

Le dit de *La Panthère d'Amours* (2 665 vers) figure dans deux mss (Leningrad, Bibl. publ. Saltykov-Shchedrin, Fr. Q. v. XIV.3 [= 53] et Paris, BN, fr. 24432). Le nom et le surnom du poète (identifié par Paulin Paris) apparaissent dans l'anagramme : « Digne amour li cela » (v. 2657). Autour d'une image unique (celle de la panthère, symbole de la féminité), le dit de *La Panthère d'Amours* combine le modèle du *Roman de la Rose**, sa source principale, avec la tradition des bestiaires. Le poète s'endort dans sa chambre à Soissons, d'où il est emporté par des oiseaux dans une forêt ; il s'y trouve parmi des bêtes qui suivent une belle panthère (qui signifie la dame), dont la douce haleine (sa parole) les guérit tous, sauf le dragon (les médisants, ennemis de l'amoureux). Le poète devient le vassal du dieu d'Amour et est conduit au manoir de ce suzerain. Sa timidité en présence de la dame semble incurable. Amour et Vénus, sa femme, raisonnent et instruisent le poète ; puis Amour l'envoie au palais de Fortune, où il est enfin rejoint par la panthère. Sept pièces lyriques d'Adam de la Halle* sont insérées dans *La Panthère d'Amours,* avec 11 autres poèmes de Nicole de Margival. Une autre source est le *Bestiaire divin* de Guillaume Le Clerc*, ainsi que le *Dit de l'annelet,* aujourd'hui perdu, d'un certain Jehan l'Espicier. Nicole de Margival dut composer *La Panthère d'Amours* après 1290 (date à laquelle Drouart la Vache termina sa version du *De amore* d'André le Chapelain*, dont l'influence sur Nicole de Margival est nette) et avant 1328, année du décès de la reine Clémence de Hongrie, veuve de Louis X le Hutin, qui possédait dans sa bibliothèque deux exemplaires de ce poème. Le dit de *La Panthère d'Amours* devait inspirer à Geoffrey Chaucer* certains éléments de *The House of Fame.*

On a parfois attribué, à tort, à Nicole de Margival un poème intitulé l'*Ordre d'Amour,* dont l'auteur serait un certain Nicole.

ŒUVRES. — *Le Dit de la Panthère d'Amours, par Nicole de Margival,* éd. H.A. Todd, Paris, 1883 (*SATF,* 17) [éd. aussi *Les Trois mors et les trois vis* : p. XXXI-XXXIX ; corrections dans *Modern Language Notes,* 1887, col. 115-118]. — G.S. Giauque, *A Critical Edition of the Dit de la panthere d'amours,* thèse Univ. d'Oregon, 1971 [voir *DAI,* t. 32 (mai 1972), 6425-6426 A].

→ P. Paris, *Dits,* dans *HLF,* t. 23 (1856), p. 278-279 ; *Chansonniers, ibid.,* p. 727-733. — C. Iburg, *Über Metrum und Sprache der Dichtungen Nicole de Margivals nebst einer kritischen Ausgabe des « Ordre d'Amour » von Nicole und einer Untersuchungen über den Verfasser des Gedichtes,* dans *Romanische Forschungen,* t. 31 (1911-1912), p. 395-485. — E. Hoepffner, *Les Poésies lyriques du Dit de la Panthère, de Nicole de Margival,* dans *Romania,* t. 46 (1920), p. 204-230. — A.C. Baugh, *Chaucer and the Panthère d'Amours,* dans *Mél. H.M. Flasdieck,* Heidelberg, 1960, p. 51-61. — D. Ruhe, *Le Dieu d'Amours avec son Paradis. Untersuchungen zur Mythenbildung um Amor in Spätantike und Mittelalter,* Munich, 1974, p. 160-163 (*Beiträge zur Romanischen Philologie des Mittelalters,* 6). — M. Demaules, *Nicole de Margival et le songe d'Orphée,* dans *Romania,* t. 109 (1988), p. 280-302. — Cf. *GRLMA,* t. VI/2, nº 4680 ; t. VI/1, p. 239-240 ; t. VIII/1, p. 60. — *MB* nºs 2801 ; *S* 5055-5056.

Voir aussi : *Trois morts et trois vifs (légende des).* U.T.H. et F.F.H.

Nicole Oresme. Originaire du diocèse de Bayeux, Oresme naquit vers 1322. C'est vers 1336 sans doute qu'il commença son cursus universitaire à Paris. Il est plus que probable qu'il suivit l'enseignement des arts dispensé par Jean Buridan*. Mais la première date avérée de ses études est 1348 : Nicole devient alors boursier en théologie d'un des grands collèges de la capitale, le Collège de Navarre, fondé par la reine Jeanne d'Évreux, épouse de Philippe le Bel. En 1356, il est tout à la fois docteur en théologie et grand maître du Collège de Navarre. Cette nomination, au lendemain de Poitiers, est lourde de sens. Loin de faire alors partie des gens du roi, Oresme, par ses attaches normandes, son statut de navarriste et d'universitaire, se range parmi les réformateurs dont les espoirs se cristallisent alors sur la personne du roi de Navarre, Charles le Mauvais. Lorsque Charles de Navarre aura montré à ces partisans de circonstance qu'il ne répond pas à leur attente, nombre de Navarrais — les intellectuels en particulier — se retourneront vers Jean II, à son retour d'Angleterre, puis vers Charles V. Oresme fera partie de ces gens-là. Sans doute peut-on dater son ralliement à la royauté des années 1361-1362. Car s'il perd la direction du Collège de Navarre en 1361, lors d'un procès intenté par Simon Fréron, dès 1362 il obtient un canonicat dans la cathédrale de Rouen. Puis en 1363, il devient chanoine de Notre-Dame de Paris. À Noël 1363, il est en Avignon où il prêche devant Urbain V. Dès l'année suivante, année du couronnement de Charles V, il devient doyen de la cathédrale de Rouen. Pendant toute la durée de son décanat, Oresme résidera tantôt à Rouen, tantôt à Paris. Plus précisément, il sera très assidu aux chapitres de son église entre 1366-1369 puis 1373-1377 ; en revanche, pendant les années 1370-1372, ses absences seront fréquentes. Cette période correspond à l'achèvement des premières traductions commentées du corpus moral aristotélicien : l'*Éthique,* la *Politique,* l'*Économique.* En 1377, il termine son travail sur la somme de philosophie naturelle qu'est le *Du ciel et du monde* d'Aristote. Charles V l'en récompense en lui faisant obtenir l'évêché de Lisieux. Même alors, Oresme continuera de résider à Rouen. C'est là très certainement qu'il mourra le 11 juillet 1382, avant d'être transporté et enterré dans la cathédrale de Lisieux.

Universitaire, Oresme prit part au règlement des affaires qui agitaient la Sorbonne : le procès de Denis Foulechat* en 1364 ; la recherche en 1375 de l'auteur de la traduction française, aujourd'hui perdue, du *Defensor pacis* de Marsile de Padoue, œuvre censurée par le pape. Il fut également présent lors d'actes plus banals : la séance des *quodlibeta* de 1370 ; l'installation du nouveau chancelier Jean de Chaleur…

Ecclésiastique, il a soutenu sa charge de doyen puis d'évêque avec conscience. Luttant au nom du chapitre contre les tentatives d'empiétement de l'archevêque de Rouen, Philippe d'Alençon, dont les sentiments étaient navarrais ; débattant plus tard avec son propre chapitre, à Lisieux, pour le paiement de réparations dans la cathédrale. Il a également écrit contre les dangers qui minaient l'Église : son sermon avignonnais de 1363 décrit avec l'acuité d'un visionnaire les périls qui guettent l'Église (corruption, richesse excessive des prélats, ordres mendiants) et énonce avec habileté les mesures propres à y remédier.

Les œuvres proprement théologiques d'Oresme remontent aux années de ses études bibliques. Il semble que l'on ait correctement identifié une partie de sa lecture des *Sentences* de Pierre Lombard* avec la *quaestio* : *Utrum Christus justus legislator sit omnium cognitor.* Il nous reste en tout cas son grand traité *De communicatione idiomatum in Christo,* subtile étude sur une prérogative christologique où il reprend la thèse occamiste de la puissance absolue de Dieu.

Mais Oresme est avant tout ce que nous appelons aujourd'hui un philosophe et un savant. Ses 115 sermons latins eux-mêmes reflètent cette culture. Oresme y donne une exposition du thème de l'Écriture qui fait presque plus appel à la philosophie morale et aux sciences qu'à un commentaire proprement biblique.

Les premières œuvres d'Oresme se rattachent à son enseignement à la Faculté des arts : *quaestiones* sur les écrits d'Aristote (*De anima, De celo, De generatione et corruptione, De meteoris*...), mais aussi *quaestiones* sur des œuvres non aristotéliciennes appartenant au même cursus : le *De sphera* de Jean de Sacrobosco, la *Geometria* d'Euclide...

À la suite de ces œuvres « académiques » vinrent des traités qui sont le résultat de recherches mathématiques et physiques originales. Dans l'*Algorismus proportionum,* il met en valeur l'intérêt et la technique des exposants fractionnaires. Le *De proportionibus proportionum* expose la théorie des relations numériques et géométriques dont l'application à la mécanique céleste se lit dans le *De commensurabilitate vel incommensurabilitate motuum celi.* Oresme étudie la possibilité d'une représentation géométrique de la quantité et de la qualité dans le *De configurationibus qualitatum et motuum.*

Ces deux derniers traités recoupent singulièrement une des préoccupations constantes d'Oresme, la lutte contre les fausses sciences : l'astrologie judiciaire, les arts divinatoires et magiques. Le *De commensurabilitate,* en effet, tend à démontrer l'impossibilité de connaître avec une précision suffisante les mouvements célestes et, même, pose la question de leur régularité. Le *De configurationibus* s'attarde longuement à décrire les bases des arts magiques : tromperies optiques, psychologiques... Sur ces sujets, Oresme a rédigé trois œuvres : le *Tractatus contra judiciarios astronomos* (à partir de 1349), le *Livre de divinacions* (1356 ?) et la *Quaestio contra divinatores horoscopios* (une des quatre parties des *Quodlibeta* de 1370). Passant du latin au français dans les deux premiers de ces textes, Oresme retravaille complètement le sujet, l'enrichit et dédie son œuvre aux laïcs. Il ne s'attache d'ailleurs qu'aux dangers temporels que ces pratiques divinatoires font courir aux hommes, laissant délibérément de côté le problème de la damnation.

Le *Livre de divinacions,* dont le titre est un hommage à Cicéron, est la première œuvre française d'Oresme. Elle est suivie par le *Traité de la sphère* (entre 1356 et 1365) qui en est comme la contrepartie. Oresme y donne en effet un recueil très clair des connaissances cosmologiques que tout honnête homme peut acquérir, sans se dévoyer et se détourner de ses fonctions dans la société. Si le *Livre* intéresse chaque individu, il s'adresse en priorité aux gouvernants et sans doute au futur Charles V, dont les penchants pour l'astrologie et les arts divinatoires étaient connus. Dans le *De moneta* (vers 1356-1357), Oresme critique la fréquence des mutations monétaires de l'époque. La monnaie n'appartient pas au prince mais à la communauté. C'est uniquement pour son bien et avec son accord que le prince peut remuer les espèces, et non pour en tirer un profit propre. Cette position, qui ressortit aux opinions des réformateurs, se vit réalisée avec la création du franc par Jean le Bon en 1360, inaugurant ainsi une longue période de stabilité monétaire.

Cette orientation politique et philosophique d'Oresme explique son travail sur le corpus aristotélicien. Traduisant et commentant l'*Éthique,* la *Politique* et l'*Économique* (travail achevé entre 1370 et 1374), puis *Du ciel et du monde* (achevé en 1377) pour Charles V, Oresme ne se contente pas de vulgariser l'œuvre d'Aristote. Il ne s'agit pas de simples traductions françaises. Son but est plus ambitieux : il veut écrire philosophie, politique et science, non plus en latin, mais en français. Nouveau Cicéron, après le passage du grec au latin, Oresme tente l'ultime transfert : celui du latin à une nouvelle langue nationale. Ce changement de langue de la culture est clairement motivé dans l'*excusacion* de l'*Éthique.* Un développement semblable se lisait déjà dans le prologue de la traduction du *Quadripartitum* de Ptolémée (vers 1362-1363), longtemps attribuée à Oresme alors qu'elle est d'un de ses parents, frère ou cousin, Guillaume Oresme. Sans doute Nicole a-t-il participé à l'écriture de ce prologue ; dans ces années-là, en tout cas, il s'est clairement et presque définitivement détourné de l'écriture en latin.

On a souvent proféré des erreurs à propos d'Oresme : il aurait été le précepteur du dauphin Charles ; serait l'auteur du *Songe du Vergier**... Un certain nombre d'œuvres latines qui lui sont attribuées sont d'une authenticité douteuse : le *De malis venturis super Ecclesiam,* l'*Ars predicandi...* Un travail de précision reste à faire sur tous ces sujets. On peut cependant dès maintenant remettre en cause sa qualité de notaire-secrétaire du roi en 1359. Une liste perdue portait la signature : Oresme. Comme, en 1359, Nicole est loin d'adhérer au parti du roi, le signataire serait plus vraisemblablement un membre de sa famille, monté comme lui faire carrière à Paris, Guillaume par exemple. De même, la traduction française du *De moneta* ne nous paraît pas être l'œuvre de Nicole.

À défaut d'une influence politique précise (son titre de conseiller royal en 1378 paraît surtout honorifique), Oresme a exercé une influence intellectuelle importante. Grand savant, il a donné à la langue française un nouveau statut, en faisant de manière claire une langue philosophique et scientifique. Très novateur en cela, il ne sera pas réellement suivi avant longtemps. Certaines de ses œuvres seront pourtant imprimées et son nom restera assez connu au XVIe siècle.

Quant à son apport scientifique, il a été différemment mesuré par les critiques modernes. Précurseur de Galilée pour les uns, personnalité plus traditionnelle pour les autres, Oresme n'en demeure pas moins un grand mathématicien, continuateur, par exemple, du *De Arte mensurandi* de Jean de Murs*.

Des mathématiques à la langue française, Nicole Oresme a toujours milité pour la clarté de l'expression, contre les fausses sciences et les fables de l'occultisme.

ŒUVRES. — E. Borchert, *Der Einfluss des Nominalismus auf die Christologie der Spätscholastik nach dem Traktat De communicatione idiomatum in Christo des N.O.,* Münster, 1940. — *Algorismus proportionum,* éd. M. Curtze, Berlin, 1868. — *De proportionibus proportionum et Ad pauca respicientes,* éd. Venise en 1505 ; Paris, s.d. ; éd. et trad. anglaise E. Grant, Univ. Wisconsin Press, 1966. — *Tractatus de commensurabilitate vel incommensurabilitate motuum celi,* éd. et trad. anglaise E. Grant, *ibid.,* 1971. — *Tractatus de configurationibus qualitatum et motuum,* éd. et trad. anglaise M. Clagett, Univ. Wisconsin Press, 1968. — *Livre de divinacions* et *Tractatus contra astronomos judiciarios,* éd. G.W. Coopland dans *N. Oresme and the Astrologers,* Cambridge (Mass.), 1952. Le *Tractatus* a également été publié par H. Pruckner dans *Studien zu den astrologischen Schriften des Heinrich von Langenstein,* Leipzig-Berlin, 1933, p. 227-245. — *Tractatus de inventione (...) monetae,* 8 éd. anciennes jusqu'au XVIe ; la première parut à Cologne en 1484 dans les œuvres de J. Gerson ; éd. R. Mynors avec trad. anglaise de C. Johnson dans *The De moneta of N. Oresme and English Mint Documents,* Londres, 1956. Une trad. française du *De Moneta* par F. Chartrain a paru dans l'ouvrage très critiquable de C. Dupuy, *Traité des monnaies de N. Oresme et autres écrits monétaires du XIVe siècle,* Lyon, 1989, p. 47-91. — *Traité des monnoies,* éd. Colard Mansion vers 1479 ; éd. L. Wolowski, Paris, 1864, reprint Genève, 1976. — *Quaestio contra divinatores horoscopios,* éd. S. Caroti, dans *AHDLMA,* t. 43 (1976), p. 201-310. — *De causis mirabilium,* éd. B. Hansen, Toronto, 1985 [une des quatre autres parties des *Quodlibeta* de 1370]. — *Traité de la sphère,* éd. Simon du Bois, Paris, vers 1528. — *Le Livre de Éthiques d'Aristote,* éd. A.D. Menut, New York, 1940. — *Le Livre de Politiques d'Aristote,* éd. A.D. Menut, Philadelphie, 1970 (*Transactions of the American Philosophical Society,* 60, 6). — *Le Livre de Yconomique d'Aristote,* éd. A.D. Menut avec la version latine et une trad. anglaise, Philadelphie, 1957 (*ibid.,* 47, 5). L'*Éthique* fut imprimée à

Paris par Antoine Vérard en 1488, la *Politique* et l'*Économique* par le même en 1489. — *Livre du ciel et du monde,* éd. A.D. Menut et A.J. Denomy, Londres, 1968 (*Publications in Medieval Sciences*) [rééd. avec trad. anglaise du texte paru en 1941-1943 dans *Mediaeval Studies,* t. 3-4].

→ F. Meunier, *Essai sur la vie et les ouvrages de N. Oresme,* Paris, 1857. — C. Jourdain, *N. Oresme et les astrologues de la cour de Charles V,* dans *Revue des Questions historiques,* t. 18 (1873), p. 136-159. — E. Bridrey, *N. Oresme Étude d'histoire des doctrines et des faits économiques. La théorie de la monnaie au* XIVe *siècle,* Paris, 1906 [fourmille d'erreurs dont certaines corrigées par le compte rendu suivant]. — A. Landry, *Notes critiques sur le N. Oresme de M. Bridrey,* dans *Le Moyen Âge,* t. 22 (1909), p. 145-178. — L. Thorndike, *A History of Magic and Experimental Science,* New York, 1934, t. 3, chap. 25-27. — J.P.H. Knops, *Études sur la traduction française de la Morale à Nicomache d'Aristote par N. Oresme,* Gravenhage, 1952 [corrections à l'éd. Menut de l'*Éthique*]. — R. Mathieu, *À la recherche du De anima de N. Oresme,* dans *AHDLMA,* t. 23 (1956), p. 243-255 [la thèse de Mathieu sur Oresme de 1963 est restée inédite et donc inaccessible]. — M. Clagett, *N. Oresme and Medieval Scientific Thought,* dans *Proceedings of the American Philosophical Society,* t. 108 (1964), p. 298-309. — R. Taylor, *Les néologismes chez N. Oresme traducteur du* XIVe *siècle,* dans *Actes du 10e congrès intern. de linguistique et philologie romanes,* Paris, 1965, t. 2, p. 727-736. — H. Estrup, *Oresme and Monetary Theory,* dans *The Scandinavian Economic History Review,* t. 14 (1966), p. 97-116. — S. Shahar, *N. Oresme, un penseur politique indépendant de l'entourage du roi Charles V,* dans *L'information historique,* t. 32 (1970), p. 203-209. — P.M. Gathercole, *Illuminations in the Manuscripts of N. Oresme in Paris Bibliothèque nationale,* dans *Manuscripta,* t. 16 (1972), p. 40-47. — K. Baldinger, *Zum Übergang von der lateinischen zur französischen Fachterminologie im 14. Jahrhundert,* dans *ZRPh,* t. 91 (1975), p. 485-490. — C.R. Sherman, *Some Visual Definitions in the Illustrations of Aristotle's Nicomachean Ethics and Politics in the French Translation of N. Oresme,* dans *The Art Bulletin,* t. 59 (1977), p. 320-330 ; *A Second Instruction to the Reader from N. Oresme, Translator of Aristotle's Politics and Economics, ibid.,* t. 61 (1979), p. 467-469. — E. Grant, *Scientific Thought in Fourteenth Century Paris. Jean Buridan and N. Oresme,* dans *Machaut's World. Science and Art in the Fourteenth Century,* New York, 1978, p. 105-124. — S. Caroti, *La critica contro l'astrologia di N. Oresme e la sua influenza nel medioevo e nel rinascimento,* dans *Memorie dell'Accademia dei Lincei. Classe di scienze morali, storiche e filologiche,* 8e série, vol. 23, Rome, 1979. — F.J. Meissner, *Maistre N. Oresme et la lexicographie française,* dans *Cahiers de lexicologie,* n° 40 (1982), p. 51-66 ; *Zum Wortschatz des Livre de divinacions von N. Oresme,* dans *Archiv SNSL,* t. 219 (1982), p. 140-145. — L. Blancard, *Sur la traduction française du Traité des monnaies d'Oresme,* dans *Mémoires de l'Acad. des Sciences, Arts et Belles-Lettres de Marseille,* 1982, p. 543-551. — M. Lejbowicz, *Guillaume Oresme, traducteur de la Tétrabible de Claude Ptolémée,* dans *Pallas,* t. 30 (1983), p. 107-133 ; *N. Oresme et les voyages circumterrestres ou le poème entre la science et la religion,* dans *AHDLMA,* t. 55 (1988), p. 99-142 ; *Langage et économie : les figures du progrès chez N. Oresme,* dans *Le Moyen Âge et la science,* éd. B. Ribémont, Paris, 1991, p. 47-132. — S. Babbitt, *Oresme's Livre de politiques and the France of Charles V,* Philadelphie, 1985 (*Transactions of the American Philosophical Society,* 75, 1) ; *N. Oresme, The Limits of Imagination,* dans *Mediaevalis,* t. 10 (1984), p. 63-80. — P. Contamine, *Le royaume de France ne peut tomber en fille (...),* dans *Perspectives médiévales,* t. 13 (1987), p. 67-81. — L. Gillard, *N. Oresme économiste,* dans *Revue historique,* t. 279 (1988), p. 3-39. — F. Neveux, *N. Oresme et le clergé normand du* XIVe *siècle, ibid.,* t. 281 (1989), p. 51-75. — S. Lusignan, *La logique de la translatio studii et les traductions françaises de textes savants au* XIVe *siècle,* dans *Traduction et traducteurs au Moyen Âge,* Paris, 1989, p. 303-315. — *Nicolas Oresme. Tradition et innovation chez un intellectuel du* XIVe *siècle,* études recueillies et éd. par P. Souffrin et A. Segonds, Paris, 1988. — *Autour de N. Oresme,* actes du colloque de Créteil (1987), éd. J. Quillet, Paris, 1990. Liste des mss (à corriger parfois) et bibliogr. ancienne dans A.D. Menut, *A Provisional Bibliography of Oresme's Writings,* dans *Mediaeval Studies,* t. 28 (1966), p. 278-299 ; *A Supplementary Note,* t. 31 (1969), p. 346-347. — Bibliogr. détaillée et assez récente dans C.H. Lohr, *Medieval Latin Aristotle Commentaries Authors : Narcissus-Richardus,* dans *Traditio,* t. 28 (1972), p. 290-298 ; à compléter par celle du volume de 1988 éd. P. Souffrin et A. Segonds. On trouvera là les éd. des *quaestiones* que nous n'avons pu citer, faute de place. — Cf. *GRLMA*, t. VIII/1, *passim.* — *MB* n°s 5499-5508, 7032-7036, 7998-8004 ; *S* 7495, 7664-7682. Re.M. et S.L.

Nicole de Saint-Nicolas. Originaire de Saint-Nicolas en Belgique, entre Gand et Anvers. Il aurait vécu en Lombardie, où il a composé vers la fin du XIIIe siècle un recueil de problèmes et de règles de jeux d'échecs, de trictrac et de mérelles, avec dessins à l'appui. Les manuscrits italiens destinés à son entourage lombard seraient signés du pseudonyme *Bonus socius,* alors que ceux traduits en français donneraient son vrai nom.

ŒUVRE. — Éd. de deux courts extraits : H. Andresen, *Aus einem altfranzösischen Tractat über das Schachspiel,* Halle, 1913.

→ F. Lajard, *Nicolas de Nicolaï,* dans *HLF,* t. 25 (1869), p. 41-58. — H.R.J. Murray, *A History of Chess,* Oxford, 1913, p. 618-703 ; *A History of Board Games Other than Chess,* Oxford, 1952. C.R.

Nicolet de Turin. Ce troubadour piémontais écrivait aux environs de 1230. On a de lui trois *tensos* avec Falquet de Romans*, Uc de Saint-Circ*, et Jean d'Aubusson : la dernière, plus originale, est relative à un songe et remplie d'allusions à la situation politique de l'Italie sous Frédéric II.

ŒUVRE. — Éd. G. Bertoni, *I trovatori d'Italia,* Modène 1915, réimp., 1967, p. 25.

→ PC 310. — R.A. Taylor, *La littérature occitane du Moyen Âge,* Toronto, 1977, p. 152-153 [bibliogr.]. J.S.

Nicolo Da Casola. Familier de la cour de Ferrare, il est l'auteur en 1358 d'un très long poème épique en franco-italien (il nous en reste 37 535 décasyllabes et alexandrins), *Attila* ou *La Guerre d'Attila,* portant ainsi jusqu'en Italie la vie légendaire du roi des Huns. Ce texte est caractéristique du développement de l'épopée française en Italie au XIVe siècle, et plus particulièrement de la floraison d'une certaine littérature franco-italienne à la cour de Ferrare.

Il existe par ailleurs un court texte en prose lié à la *Guerre d'Attila, L'Estoire d'Atile en Ytaire,* de la fin du XIVe siècle. On ne sait pas si cette prose vient de la chanson de geste franco-italienne ou bien si elle en est la source.

Nicolo Da Casola est également l'auteur présumé d'une *Passion de Jésus-Christ.*

ŒUVRE. — G. Stendardo, éd. *Nicolo da Casola, La guerra d'Attila...,* Modène, 1941, 2 vol. — Sur *L'Estoire d'Atile* : V. Bertolini, éd. *Estoire d'Atila en Ytaire...,* Vérone, 1976.

→ G. Bertoni, *Attila, poema franco-italiano di Nicola da Casola,* dans *Collectanea Friburgensia,* nouvelle série, t. 9 (1907). — Cf. *MB* nos 4097-4098 *bis,* 6787 ; *S* 6517-6520. C.R.

Nithard. Nithard est né peu avant 800. Il était, ainsi que son frère Hartnid, le fils naturel de Berthe, une des filles de Charlemagne, et du poète Angilbert*, qui avait occupé une place importante à la chapelle royale de Charlemagne et fut ensuite abbé laïque de Saint-Riquier, chargé de la défense des côtes septentrionales de l'empire. Nithard semble avoir été élevé au palais. Il était donc le cousin germain des fils de Louis le Pieux, et l'on conçoit que leurs rivalités l'aient touché au point de vouloir en démêler les raisons profondes. S'il fut abbé de Saint-Riquier, en 843, ce fut, comme son père, à titre laïque, alors que l'abbé régulier était Ricbodon, fils d'une sœur de sa mère. Mais il n'était point d'Église et, à la différence des autres écrivains de son temps, il exerça le métier des armes et joua un rôle important dans la guerre entre Charles le Chauve et Lothaire. Il mourut dans un combat entre Charles et Pépin II d'Aquitaine, à Agout près d'Angoulême, en juin 844. À en croire son épitaphe, due au poète Micon*, moine de Saint-Riquier, il était « plein de science, versé dans les lettres sacrées, juste et sage, soldat prévoyant et grave, et qui ne succomba qu'à la perfidie de son adversaire ». Il fut, aux dires d'Hariulf*, enseveli à Saint-Riquier aux côtés de son père.

Mêlé à l'action militaire et diplomatique, non seulement acteur mais témoin des événements, pourvu au surplus d'une vaste culture acquise à l'école du palais, Nithard était hautement qualifié pour écrire l'histoire de sa curieuse époque. Il fut à peu près le seul historien « laïque » de son temps. C'est sur les instances du roi Charles, à peine âgé de dix-huit ans, dont il fut le principal conseiller, qu'il entreprend son ouvrage en 841. Il utilise les moments de répit que la guerre lui laisse pour composer, à l'aide de souvenirs personnels, de notes manuscrites et de documents officiels, un récit coordonné. Les événements, depuis la mort de Charlemagne, les origines de la guerre civile, et surtout les hostilités qui eurent lieu à partir de juin 840, s'achèvent au milieu de l'année 843, après le mariage de Charles le Chauve et l'entrevue de Coblence, qui devait préparer le traité de Verdun. Ils se déroulent méthodiquement, en fonction de leurs causes et de leurs conséquences, leur exposé n'ayant sa raison d'être qu'en vue d'une démonstration. Nithard veut prouver que le roi Charles n'a aucune responsabilité dans les malheurs présents. Les troubles résultent des erreurs et faiblesses de Louis le Pieux et des machinations de Lothaire. Celui-ci est défait à Fontenoy, le 25 juin 841, par ses frères

Louis et Charles, qui vont resserrer leur alliance et la confirmer, le 14 février 842, à Strasbourg, par un acte solennel, par ce qu'on appelle les *Serments de Strasbourg**. Louis le Germanique parle en langue romane pour être entendu des soldats de Charles et celui-ci en tudesque ou langue francique rhénane, à l'intention des soldats de Louis. Puis les deux armées jurent à leur tour, chacune en sa propre langue. On sait l'intérêt que présentent pour l'étude des origines du français ces vestiges de l'ancienne *lingua romana,* les plus anciens que nous possédions, grâce à l'intelligence de Nithard et au respect qu'il témoigne aux documents authentiques et à la valeur des mots. L'historien continue son récit jusqu'aux préliminaires du traité de Verdun. Inquiet pour l'avenir, il achève par une comparaison pessimiste entre le règne brillant de Charlemagne et le temps présent où la folie des hommes s'accompagne de troubles atmosphériques, justifiant ainsi ce verset de l'Écriture : « Et l'univers luttera contre les insensés ».

Ainsi les *Histoires* de Nithard, distribuées en quatre livres, sont essentiellement une œuvre originale où les souvenirs personnels occupent le premier plan. La langue en est correcte, simple et claire, plus proche de celle d'Alcuin* que de celle d'Eginhard*. L'œuvre de Nithard ne se rattache pas à l'historiographie antique. Ce n'est pas non plus une compilation ni une œuvre d'érudit. C'est un ouvrage d'histoire contemporaine, vécue par l'auteur. Toutefois, pour le premier livre, l'auteur a utilisé les vies de Louis le Pieux, les mêmes sources qu'a utilisées un biographe anonyme de Louis le Pieux appelé « L'Astronome »*, l'œuvre d'Eginhard, une version remaniée des *Annales royales* et les *Annales de Saint-Bertin.* Son style, orné de réminiscences bibliques et profanes, a des formules neuves qui font image et des traits descriptifs ou moraux qui évoquent tel épisode guerrier, un type de récit qui présente quelques analogies avec l'*Histoire des Lombards* de Paul Diacre*, proche aussi d'Ammien Marcellin, dont on ne peut pas affirmer que Nithard se soit directement inspiré. Le témoignage historique de Nithard est d'une valeur exceptionnelle. Il a connu personnellement les acteurs du drame qu'il met en scène et son information est, pour son époque, aussi correcte qu'abondante. Bien que sa parenté étroite avec la famille impériale ne lui ait pas permis d'observer entre les fils de l'empereur une impartialité totale, et en particulier envers Lothaire qui est peint de couleurs sombres, Nithard peut être considéré comme l'un des historiens les plus fidèles, les plus intelligents et les plus rigoureux de son temps.

ŒUVRE. — Une seule œuvre : *Historiarum libri quatuor,* éd. H. Pertz, *MGH, SS,* 2, Hanovre, 1829, p. 649-672, repro. dans *PL,* t. 116, col. 45-76. — H. Pertz, *MGH, Script. rer. German. in usum Scholar.,* Hanovre, 1830. — E. Müller, *ibid.,* Hanovre-Leipzig, 1907, p. 1-50 [avec le *rythmus de pugna Fontanetica* d'Angilbert, p. 50-61] ; nouv. éd., Hanovre-Hahn, 1956. — R. Rau, dans *Fontes ad historiam regni Francor. aevi Karol. illustrandam, Pars 1, Annales regni Francor.* (*Ausgewählte Quellen zur Deutschen Gesch. des Mittelalters,* 5), Berlin, 1958 [reproduit l'éd. Müller de 1907]. — Éd. partielles du texte du serment de Strasbourg : C.W. Wahlung, *Bibliogr. der Französ. Strassb. Eide von Jahre 842,* Abt. 1, XVIe, dans *Mél. Ad. Mussafia,* 1905, p. 96 ; Abt. 2, XVIIe, dans *Mél. Wilmotte,* t. 2 (1910), p. 863-881. — Trad. française F. Guizot, dans *Coll. des Mém. relatifs à l'Hist. de France...,* t. 3 (1824), p. 433-497. — Éd. et trad. française Ph. Lauer, *Nithard... De dissensionibus filiorum Ludovici Pii... (Les classiques de l'Histoire de France,* 7), Paris, 1926 [avec un fac-similé du serment de Strasbourg] ; 2e éd., Paris, 1964. — Trad. allemande J. von Jasmund, dans *Gesammtausg. der Geschichtschreiber der deutschen Vorzeit ; 9e Jahrhundert,* t. 6, 1851 ; 2e éd. 1877 ; 3e et 4e éd. revues par W. Wattenbach, *ibid.,* t. 20, 1889 ; 5e éd. E. Müller, *ibid.,* Leipzig [1912]. — Trad. anglaise B.W. Scholz et B. Rogers, *Carolingian Chronicles. Royal Frankish Annals and Nithard's Histories,* Ann Arbor, Michigan, 1970. — Éd. de l'épitaphe de Nithard composée par Micon, dans *MGH, Poet. lat. aevi Carol.* t. 3, p. 310, n° 33.

→ G. Meyer von Knonau, *Ueber Nithards vier Bücher...,* Leipzig, 1866. — U. Berlière, *Nithard Abt von Saint-Riquier,* dans *Studien und Mitteil. aus d. Benedikt. und cisterz orden,* t. 8 (1887), p. 175-181. — H. Wehlen, *Geschichtsschreibung und Staats-auffass. im Zeitalter Ludwigs des Frommen (Historische Studien,* 418), Lübeck, 1969. — F.L. Ganshof, *Een Historicus uit 9e eeuw. Nithard,* dans *Mededel. V. d. Kon. Acad. voor Wetenschappen Letteren en Shonekunsten van Belgie. I cl. d. letteren,* t. 33, 3 (1971). — H. Patze, *Iustitia bei Nithard,* dans *Mél. H. Heimpel,* II, Göttingen, 1972, p. 147-165. — V. Onnerfors, *In Nithardi Historiarum Libros Annotatiunculae. Tradition und Wertung,* dans *Mél. F. Brunhölzl,*

Sigmaringen, 1989. — Brunhölzl, t. 1, p. 299, 399-402. — Manitius, t. 1, p. 471, 544, 657-660. — Molinier, n° 750. R.B. et F.G.

Noël de Fribois. D'origine normande, exilé par les Anglais, Noël de Fribois accompagna Jean VIII comte d'Aumale au Mont-Saint-Michel vers 1420. Devenu notaire et secrétaire du roi Charles VII avant 1425, il résigna ce poste en 1444. Auparavant, il avait occupé la fonction de notaire au concile de Bourges de 1438 ; c'est en cette qualité qu'il signa la Pragmatique Sanction. De 1452 à 1459, il fut conseiller du roi. La date de sa mort est inconnue.

Il a composé un *Abrégé des chroniques de France* qu'il présenta au roi Charles VII en juin 1459. Ce texte comporte au moins cinq rédactions. La plus proche de l'exemplaire royal débute par une chronique, qui commence aux origines troyennes pour se terminer en 1383. À l'occasion de la succession de Philippe VI, l'auteur introduit un court traité sur la loi salique et contre les prétentions du roi anglais Edouard III au trône de France (ce qui montre l'influence de Jean de Montreuil*). Suit un petit commentaire sur le statut et les devoirs du roi. L'ouvrage se termine par une « Brieve impugnacion et confutacion selon droit divin et humain d'une pretendue privacion que feu Henry (V)... fist faire... a l'encontre du roi nostre sire (Charles VII) ». On retrouve des arguments semblables dans l'*Oratio historialis* de Robert Blondel*, lui aussi normand et ardent défenseur des droits de la couronne de France. Il est possible que Fribois ait écrit d'autres œuvres. On sait, en effet, qu'il reçut en juillet 1459 soixante livres tournois pour son travail « touchant le fait des chroniques de France ». Faut-il voir là une participation au projet du manuscrit des *Grandes Chroniques de France** qu'illustra Jean Fouquet ? D'autre part, il y a de grandes ressemblances entre l'*Abrégé* de Fribois et un texte anonyme contemporain, le *Mirouer historial abregié de France**, ce qui laisse penser que ces deux œuvres pourraient être du même auteur.

→ A. Labat, *L'Abrégé des chroniques de France de Noël de Fribois,* dans *Positions... thèses... École des Chartes,* Paris, 1953, p. 47-49. — A. Lapeyre, R. Scheurer, *Les notaires et secrétaires du roi sous les règnes de Louis XI, Charles VII et Louis XII (1461-1515),* Paris, 1978 [notice 251]. — N. Reynaud, *Jean Fouquet,* Paris, 1981, p.60. — K. Daly, *Histoire et politique à la fin de la guerre de Cent Ans : L'« Abrégé des chroniques » de Noël de Fribois,* dans *La France anglaise au Moyen Âge, Actes du 111ᵉ congrès national des Sociétés savantes (Poitiers, 1986),* Paris, 1988, t. 1, p. 91-101 ; *Mixing Business with Leisure : Some French Royal Notaries and Secretaries and their Histories of France, c. 1459-1509,* dans *Power, Culture and Religion in France c. 1350-1550,* Woodbridge, 1989, p. 99-115. — Molinier n° 4157. — Nouveau Potthast, t. 4, p. 557-558. — Cf. *MB* n°s 5165, 5166 ; *S* 7998. K.D.

Nompar de Caumont. Né vers 1393, mort en 1428, Nompar, seigneur de Caumont en Agenais, a laissé le récit du pèlerinage qu'il fit en 1418 en Terre sainte. Sans être de la grande littérature, ce texte est intéressant, car il nous apprend ce qu'étaient la condition de pèlerin et la mentalité chevaleresque au début du XVᵉ siècle. En 1417, Nompar était allé à Saint-Jacques-de-Compostelle. De ce premier voyage, il n'a noté que la liste des distances qui ont jalonné son itinéraire. Nompar est aussi l'auteur de *Ditz et Enseignements,* poème long et décousu qu'il écrivit pour l'édification de ses enfants.

ŒUVRE. — *Voyage d'oultremer en Jérusalem*, éd. marquis Lelièvre de la Grange, Paris, 1858, Slatkine Reprints, Genève, 1975 [à la fin, p. 141-150, éd. des notes du *Voyage de Saint-Jacques-de-Compostelle*]. — Éd. P. Noble, Oxford, 1975 *(Medium Aevum Monographs,* n.s., 7). — *Ditz et Enseignements*, éd. J. Galy, Paris, 1845.

→ P. Noble, *L'identité de l'auteur du Voyaige d'Outremer en Jherusalem,* dans *Romania,* t. 90 (1969), p. 390-395. — Cf. *MB* n° 5584. G.T.L.

Nouvelles dites de Sens. Un manuscrit nous a conservé un recueil de nouvelles, réunies dans la seconde moitié du XVᵉ siècle par un auteur ou un remanieur originaire de Sens. En effet, nombre de personnages portent les noms de Senonais de l'époque et la géographie du recueil se limite souvent à la région de Sens. Quant aux nouvelles, un certain nombre ressortit à des contes ou bons mots, racontés ailleurs ; d'autres s'inspirent des pieuses histoires des *Vies des Pères* ; enfin, le troisième pan est surtout constitué d'exhortations morales, peu ou pas narratives.

Ce recueil a été peu étudié, et le style de son auteur est traité avec assez de mépris par E. Langlois. Pourtant, on trouve là des histoires communes au *Novellino,* au *Decameron,* mais aussi des schémas de contes et de fabliaux* (la *Bourse pleine de sens* par exemple). Cette intense circulation est une caractéristique du genre, de même que la tendance à donner des noms propres, réels (Guillaume de Tignonville*, Gadifer de La Sale) ou réalistes aux personnages, afin de s'approprier une histoire ancienne pour la renouveler. Quant à l'adjonction d'enseignements chrétiens, cela nous ramène aux origines ou aux tentations de la nouvelle : être une morale de l'histoire.

ŒUVRE. — Éd. complète, ou partielle pour certaines histoires connues par ailleurs, dans E. Langlois, *Nouvelles françaises inédites du* XVe *siècle,* Paris, 1908 (*Bibliothèque du* XVe *siècle,* 6).

→ G. Paris, *Le cycle de la gageure,* dans *Romania,* t. 32 (1903), p. 481-551. — W. Söderhjelm, *Les nouvelles françaises du ms. Vatic. reg. 1716,* dans *Neuphilologische Mitteilungen,* t. 7-8 (1908), p. 159-175. — L. Sozzi, *La nouvelle française au* XVe *siècle,* dans *CAIEF,* n° 23 (1971), p. 67-84. — Woledge n° 107. — Cf. *MB* n°s 4233-4236. S.L.

Novas. On entend, par ce mot *novas* — au pluriel —, dans la littérature occitane du Moyen Âge, ce que la littérature moderne et contemporaine appelle en France « nouvelle », c'est-à-dire un genre littéraire intermédiaire entre le roman et le conte, plus étendu que celui-ci, moins long que celui-là. Ce genre particulier fut inventé par le Midi de la France. Il en reste malheureusement peu de spécimens, alors que les preuves ne manquent pas que de nombreux troubadours en écrivaient et leur devaient une part de leur célébrité.

Les principales de ces *novas* sont *Castia-Gilos,* de Raimon Vidal de Besalu*, de la fin du XIIe siècle, *Lo Papagai* (Le Perroquet), d'Arnaut de Carcassés*, du début du XIIIe. On pourrait classer dans ce genre, si la longueur de l'œuvre ne permettait d'y voir l'unique spécimen des romans de mœurs, le chef-d'œuvre de *Flamenca** du XIIIe siècle.

La *nova* se distingue du roman d'aventures en ce que l'on n'y conte qu'une seule aventure, et du fabliau, très développé au nord de la France, en ce que l'action se passe exclusivement dans le milieu de l'aristocratie ou de la bourgeoisie, avec toute l'atmosphère et le vocabulaire de la société courtoise, et sans aucune vulgarité, quoique le sentiment de l'amour y soit parfois dépeint avec des caractères réalistes.

Ces nouvelles sont en vers de huit syllabes à rimes plates. On y trouve au suprême degré les caractères du genre : délicatesse, grâce, facilité élégante. On peut, par elles, compléter le tableau de la société raffinée des XIIe et XIIIe siècles en Occitanie, fourni par les poésies lyriques des troubadours, et les romans comme *Flamenca.*

On appelle souvent *novas rimadas* de longues poésies en vers de huit syllabes à rimes plates, traitant de sujets philosophiques. Les *Novas de l'Heretge,* de Sicart de Figueiras, sont un « débat », un procès d'un hérétique cathare, en laisses monorimes, avec intercalation d'un vers plus court.

Le modèle des *novas* en prose, dont la plupart ont malheureusement disparu, est fourni par les Biographies des Troubadours : *Vidas**, qui servirent de modèle au *Novellino* italien.

→ C. Brunel, n° 194 [Sicart de Figueiras]. — A. Limentani, *L'eccezione narrativa. La Provenza medievale e l'arte del racconto,* Turin, 1977. — R.A. Taylor, *La littérature occitane du Moyen Âge,* Toronto, 1977, n° 732 [sur Sicart de Figueiras]. — E.M. Ghil, *L'Âge de Parage. Essai sur le poétique et le politique en Occitanie au* XIIIe *siècle,* New York-Paris, 1989, p. 295-364 [La Nova de *Flamenca**]. J.S.

Novele cirurgerie. Collection de recettes médicales en 1 787 vers (octosyllabes, assez souvent irréguliers, organisés en couplets) anglo-normands, rédigée au XIIIe siècle. Des cinq mss des XIIIe et XIVe siècles qui la conservent, seul le ms. Oxford, Bodleian Libr., Bodley 761, en donne le titre : « *Ici comence la novele cirurgerie en franceis par rime* ». Le contenu (recettes et remèdes) est uniquement médical et n'a rien à voir avec la chirurgie.

ŒUVRE. — Éd. C.B. Hieatt et R.F. Jones, Londres, 1990 (*ANTS,* 46).

→ T. Hunt, *The « Novele cirurgerie » in Ms. London, British Library Harley 2558,* dans *ZRPh,* t. 103 (1987), p. 271-299. F.F.H.

O

Ockeghem. Voir : Jean Ockeghem.

Octavian. Voir : *Florent et Octavien.*

Octovien de Saint-Gelais. Cinquième fils de Pierre de Saint-Gelais et de Philiberte de Fontenay, Octovien naquit en 1468 à Montlieu, en Saintonge. Il appartenait à une branche cadette des Saint-Gelais. Son père était attaché au comte Jean d'Angoulême. Son cousin Charles de Saint-Gelais fut évêque d'Elne de 1470 à 1475. Après ses études à Paris, au collège Sainte-Barbe puis à la Sorbonne (il obtint sa « licence » en 1488), Octovien fut introduit à la cour de Charles VIII par son frère aîné Jean (né en 1457), chambellan de Charles d'Angoulême, qui était très en faveur auprès de Louise de Savoie, la toute jeune femme de Charles d'Angoulême. Octovien y connut de nombreux succès mondains : sa prestance et ses pièces de vers plurent ; ce serait à cette époque qu'une dangereuse maladie l'aurait amené à quitter sa vie de plaisirs : il se mit alors à composer le *Séjour d'Honneur* comme un hommage à cette vie de poète courtisan (*Honneur* désigne la cour de France), à laquelle sa faible santé lui imposait de renoncer. Octovien reprit ses études de théologie, fut ordonné prêtre en 1491 ou 1492, et devint, en 1494, à l'âge de vingt-six ans, évêque d'Angoulême : sa nomination à cet évêché fut-elle une marque de la faveur de Charles VIII ? Dans son diocèse d'Angoulême, le nouvel évêque encouragea les constructions d'églises ; il favorisa les travaux d'embellissement de la ville d'Angoulême ; il éleva aussi un enfant prénommé Mellin, que l'on appelait son neveu et qui était son fils naturel ; il continua à versifier, mais dans un style plus réservé. De santé fragile depuis son enfance, vieilli prématurément par les excès de son séjour parisien, Octovien mourut, sous l'apparence d'un vieillard, dans le petit village de Vars près d'Angoulême, en 1502, à l'âge de trente-quatre ans.

Le *Séjour d'Honneur* (8 794 vers), qui mêle prose et vers, fut vraisemblablement commencé dans les derniers mois de 1489 (avant la mort, le 13 mars 1490, du duc Charles Ier de Savoie) et terminé à la fin de l'été 1494 (peu après la mort, le 14 août 1494, du grand sénéchal de Normandie Jacques de Brézé* et avant les projets d'expédition militaire en Italie). Le manuscrit Paris, BN, fr. 12783 est l'exemplaire de dédicace au roi Charles VIII. Le *Séjour d'Honneur* fut imprimé une première fois à Paris, pour Antoine Vérard, sans date [vers 1494], puis pour le même libraire à Paris en 1519. Dans le *Séjour d'Honneur* qui traduit l'idéalisation courtoise de l'amour, Octovien fait montre d'une culture historique traditionnelle et adopte une attitude prudente et flatteuse à l'égard du passé politique.

En 1493, Octovien de Saint-Gelais avait adressé à Charles VIII une *Epistre en equivocques.* Il composa une *Élégie* à l'occasion de la mort du comte Charles d'Angoulême le 1er janvier 1496. La *Complainte sur le trépas du roi,* rédigée après la mort de Charles VIII, son bienfaiteur (7 avril 1498), est la seule de ses œuvres à avoir été insérée dans le recueil publié par Antoine Vérard à Paris, en 1500, sous le titre *Le Vergier d'Honneur*.

On doit aussi à Octovien de Saint-Gelais des traductions en vers français d'œuvres latines. L'*Ystoire de Eurialus et Lucresse* fut ainsi tirée du roman d'Aeneas Silvius Piccolomini* *De duobus amantibus historia.* Charles VIII lui commanda, en 1494, une traduction de l'ouvrage latin que venait de lui offrir Boniface Symonnetta, le *Livre des persécutions des Crestiens,* qui fut édité à Paris par Antoine Vérard à une date inconnue (1496 ?). Pour Charles VIII encore, Octovien rédigea, en 1496, une traduction, en décasyllabes, des 21 lettres d'Ovide*, les *Héroïdes,* conservée dans 14 mss et deux éditions du

XVIe siècle, la première étant celle de Paris en 1534. Sa traduction de l'*Enéide,* qui figure dans quatre manuscrits (le ms. de dédicace, Paris, BN, fr. 861, orné de 13 peintures, porte la date du 27 avril 1500), est une œuvre de courtisan, à la gloire du roi Louis XII, nouvel Enée, héros des guerres d'Italie. Octovien aurait également traduit pour Charles VIII, sous le titre de *Trésor de noblesse,* le *De Informatione Principum.*

Octovien de Saint-Gelais fut aussi l'auteur de nombreuses pièces lyriques (rondeaux et ballades), composées pendant son séjour à la cour de France ou postérieures, d'inspiration lyrique, grivoise ou politique. Beaucoup de ces pièces sont contenues dans les mss Paris, BN, fr. 1721, fr. 12490, nouv. acq. fr. 477 et nouv. acq. fr. 1158 ; elles entrèrent dans des recueils poétiques imprimés au XVIe siècle, notamment : *La Chasse et le départ d'Amours* (Paris, 1509) et les *Rondeaux en nombre troys cens cinquante* (Paris, s.d. [avant 1533]). Outre des œuvres d'Octovien de Saint-Gelais (29 pièces de circonstance, dont cinq en l'honneur de Marguerite d'Autriche*), *La Chasse et le départ d'Amours* regroupait la *Chasse d'Amours* anonyme, un poème de Blaise d'Auriol* (la *Departie d'Amours*), et des pièces nettement plus anciennes, dues à Charles d'Orléans* et à ses contemporains.

L'attribution à Octovien de Saint-Gelais de la *Chasse d'Amours* (8 828 décasyllabes) n'est pas absolument confirmée. Ce poème anonyme, qui est calqué, en grande partie, sur la *Retenue d'Amours* de Charles d'Orléans, n'est conservé dans aucun manuscrit des œuvres d'Octovien : il ne figure que dans le recueil composite *La Chasse et le départ d'Amours,* publié par Antoine Vérard en 1509, soit sept ans après la mort d'Octovien.

ŒUVRES. — *Aeneas Sylvius Eurialus und Lukrezia, übersetzt von Octovien de Saint-Gelais,* éd. E. Richter, Halle, 1914. — C. Thiry, *Recherches sur la déploration funèbre à la Prérenaissance,* thèse dactylo., Liège, 1973, 2 vol. [éd. de la *Complainte sur le trépas du roi*]. — *Octavien de Saint-Gelais, « Le Séjour d'Honneur »,* éd. J.A. James, Chapel Hill, 1977 (*North Carolina Studies in the Romance Languages and Literatures,* 181). — M. Picker, *More « Regret » chansons for Marguerite d'Autriche,* dans *Musique naturelle et musique artificielle. In memoriam Gustav Reese,* Montréal, 1980, p. 11-28 (*Le Moyen Français,* 5). — M.B. Winn, *Octovien de Saint-Gelais : Complainte sur le départ de Marguerite, ibid.*, p. 65-80. — *La Chasse d'Amours (attribué à Octovien de Saint-Gelais),* éd. M.B. Winn, Genève, 1984 (*TLF,* 322). — D. Thoss, *Publius Ovidius Naso, Héroïdes, traduites en vers français par Octovien de Saint-Gelais (Österreichische Nationalbibliothek, Wien, Codex 2624),* Munich, 1986 (*Codices illuminati medii aevi,* 1) [fac-similé et intro.].

→ H.J. Molinier, *Essai biographique et littéraire sur Octovien de Saint-Gelays, évêque d'Angoulême (1468-1502),* Rodez, 1910. — S. Cigada, *Introduzione alla poesia di Octavien de Saint-Gelais,* dans *Aevum,* t. 39 (1965), p. 244-265 [éd. d'une partie du *Séjour d'Honneur*]. — Y. Labande-Mailfert, *Charles VIII et son milieu (1470-1498). La jeunesse au pouvoir,* Paris, 1975. — J. Lemaire, *Le ms. Paris, BN, nouv. acq. fr. 1158. Observations sur quelques œuvres de Mellin et d'Octovien de Saint-Gelais,* dans *Scriptorium,* t. 31 (1977), p. 30-69. — M.B.W. Marvin, *« Regret » chansons for Marguerite d'Autriche by Octovien de Saint-Gelais,* dans *BHR,* t. 39 (1977), p. 23-32. — C.M. Scollen, *Octovien de Saint-Gelais translation of the « Aeneid » : poetry or propaganda ?, ibid.*, t. 39 (1977), p. 253-261. — J. Lemaire, *Notes lexicologiques sur le « Séjour d'Honneur » d'Octovien de Saint-Gelais,* dans *Le Moyen Français,* n° 3 (1980), p. 89-106 ; *Note sur la datation du « Séjour d'Honneur » d'Octovien de Saint-Gelais,* dans *Romania,* t. 102 (1981), p. 239-249 ; *Amours et tabous sexuels dans le « Séjour d'Honneur » d'Octovien de Saint-Gelais,* dans *Amour, mariage et transgression au Moyen Âge, Actes du colloque des 24, 25, 26 et 27 mars 1983,* Göppingen, 1984, p. 481-491 (*Göppinger Arbeiten zur Germanistik,* 420). — J. Monfrin, *Les translations vernaculaires de Virgile au Moyen Âge,* dans *Lectures médiévales de Virgile, Actes du colloque organisé à l'École française de Rome (Rome, 25-28 octobre 1982),* Rome, 1985, p. 220-221 [189-249] (*Coll. École française de Rome,* 80). — J. Lemaire, *L'histoire et son usage dans « Le Séjour d'Honneur » d'Octovien de Saint-Gelais,* dans *Studi Francesi,* t. 93 (1987), p. 421-428. — T. Brückner, *Die erste französische Aeneis, Untersuchungen zu Octovien de Saint-Gelais' Übersetzung, mit einer kritischer Edition des VI. Buches,* Düsseldorf, 1987 (*Studia Humaniora,* 9) ; *Octovien de Saint-Gelais' Ovide-Übersetzung der pariser Codex fr. 874 (B.N.),* dans *Renaissance Mitteilungen,* t. 13 (1989), p. 93-101. — M. Deschamps, *Octovien de Saint-Gelais : « Le Livre des Epistres de Ovide »,* dans *Memini,* n° 17 (décembre 1989), p. 19-20. — Cf. *GRLMA*, t. VIII/1, p. 1, 31, 105-106, 146, 156-157, 207, 230-231, 249, 256, 262-263. — *MB* nos 4556-4557, 4873 ; *S* 7397-7407, 7572, 8610.

F.F.H.

Odilon de Cluny (961-1049). Odilon de Cluny est né en 961 ou 962 dans une famille aristocratique des environs de Brioude, les

Mercœur. D'abord chanoine de Saint-Julien de Brioude, il se laisse attirer à Cluny*, par l'abbé Maieul, vers 990. Il compte dès lors parmi les plus fidèles disciples de l'abbé qui le choisit comme coadjuteur en 993.

Cinquième abbé de Cluny (994-1049), Odilon marque l'histoire du monastère de façon déterminante. Il dote la communauté de coutumes (*Liber tramitis aeui Odilonis*). Le travail idéologique accompli au *scriptorium* sous son abbatiat n'est pas moins important, Odilon se révélant un dynamique commanditaire de textes. C'est de son époque que date, en particulier, la constitution d'une historiographie proprement clunisienne avec la rédaction des *Histoires* de Raoul Glaber*.

L'œuvre personnelle d'Odilon est constituée d'hymnes, de sermons, qui manifestent la piété eucharistique et mariale de l'abbé, et de textes hagiographiques relatifs à son prédécesseur, Maieul, et à l'impératrice ottonienne Adélaïde. Peut-être lui doit-on également une épitaphe du mari d'Adélaïde, Otton le Grand. Ces deux derniers textes mettent en forme un idéal de souverains chrétiens qui prolonge le miroir aux laïcs offert par Odon de Cluny* dans sa *Vita sancti Geraldi*.

ŒUVRES. — Les hymnes, sermons et écrits hagiographiques d'Odilon se trouvent dans la *Bibliotheca Cluniacensis* (Paris, 1614 et Bruxelles-Paris², 1915) et au t. 142 de la *PL*. Seuls l'*Epitaphium Ottonis* et l'*Epitaphium domne Adalheidae auguste* ont fait l'objet d'une édition critique respectivement par K. Strecker, *MGH, Poetae latini* V, p. 282-283 et H. Paulhart, *Die Lebensbeschreibung der Kaiserin Adelheid von Abt Odilo von Cluny,* dans *Mitteilungen des Instituts für österreichische Geschichtsforschung,* Ergängzungsband XX. 2, Graz-Cologne, 1962, p. 27-45. On trouvera un classement des sermons authentiques d'Odilon en annexe de l'étude de Dom J. Hourlier signalée *infra*.

→ Dom J. Hourlier, *Saint Odilon abbé de Cluny* (*Bibliothèque de la Revue d'histoire ecclésiastique,* 40), Louvain, 1964. — P. Corbet, *Les saints ottoniens. Sainteté dynastique, sainteté royale et sainteté féminine autour de l'an Mil* (*Beihefte der Francia,* 15), Sigmaringen, 1986. — D. Iogna-Prat, *Agni immaculati. Recherches sur les sources hagiographiques relatives à saint Maieul de Cluny (954-994),* Paris, 1988. — R. Maloy, *A Carolingian and Eleventh Century Monastic Sermon on Luc 10 : 38-42,* dans *Marianum,* 1976, p. 349-386. — M.-C. Garand, *Une collection personnelle de saint Odilon de Cluny et ses compléments,* dans *Scriptorium,* 33 (1979), p. 163-180. D.I.P.

Odon de Cluny († vers 942). Originaire du Berry, Odon entra dans la communauté canoniale de Saint-Martin de Tours puis partit poursuivre ses études à Paris sous la conduite de Remi d'Auxerre*. Attiré par une vie monastique de forme très pure, il finit par découvrir, avec son compagnon Adhegrin, le monastère de Baume-les-Messieurs (Jura), gouverné par l'abbé Bernon qui avait été formé à la discipline de Benoît d'Aniane. Bernon fonda également les monastères de Déols, Massay et Cluny. À la mort de Bernon, en 927, Odon lui succéda à la tête de Cluny*. Dès lors, son rayonnement personnel et celui du monastère devinrent très grands. On sollicita Odon pour fonder, relever ou reprendre en main de nombreux monastères en Bourgogne, Aquitaine et Italie — en particulier à Rome. Parmi les restaurations dont il fut chargé, le monastère de Saint-Julien de Tours l'attira entre tous ; c'est là qu'il voulut mourir, auprès de saint Martin pour lequel il nourrissait une grande dévotion.

L'œuvre littéraire d'Odon est d'une grande importance. On lui doit la *Vita sancti Geraldi,* première biographie du « chevalier » chrétien dans laquelle Odon définit la place des guerriers comme bras armé de l'Église ; un abrégé de type exégétique des *Moralia in Iob,* de Grégoire le Grand* ; un florilège qui est une sorte de petit guide de vie spirituelle, les *Collationes ;* et surtout l'*Occupatio,* vaste fresque métrique de l'histoire du salut depuis la Pentecôte. Il a également composé des hymnes en l'honneur de saint Martin et quelques sermons (desquels on retirera désormais le *Sermo in cathedra Petri,* remploi de Léon le Grand, et le *Sermo in veneratione sanctae Mariae Magdalenae,* montage réalisé au début du XIe siècle à partir d'homélies d'Haymon d'Auxerre*).

ŒUVRES. — Intégralement éditées dans la *Bibliotheca Cluniacensis* de Marrier-Duchesne, Lutetiae Parisiorum, 1614 (Bruxelles-Paris, 1915²) et au t. 133 de la *PL* [d'où l'on retirera les œuvres pseudépigraphes signalées *supra*]. — L'*Occupatio* a été éditée de façon critique (qui serait à reprendre) par A. Swoboda, Leipzig, 1900. — Les hymnes se trouvent dans les *Analecta hymnica Medii Aevi,* éd. C. Blume et G. Dreves, 50, Leipzig, 1907, p. 265-270. — Une trad. de la *Vita sancti Geraldi* a été faite par G. Venzac dans la *Revue de la Haute-Auvergne,* t. 43 (1972), p. 211-322.

⟶ G. Braga, *Problemi di autenticità per Odone di Cluny : l'Epitome dei « Moralia » di Gregorio Magno,* dans *Studi Medievali,* 3e série, t. 28/2 (1977), p. 45-51 [sans doute la meilleure intro. à l'œuvre d'Odon]. — M.L. Fini, *L'editio minor della « Vita » di Oddone di Cluny e gli apporti dell'Humillimus. Testo critico e nuovi orientamenti,* dans *L'Archiginnasio,* t. 63-65 (1968-1970), p. 132-259 ; *Studio sulla « Vita Odonis reformata » di Nalgodo. Il « fragmentum mutilum » del Codice latino NA 1496 della Bibliothèque Nationale di Parigi,* dans *Rendiconti dell'Accademia di Scienze dell'Istituto di Bologna,* Classe di Scienze morali, Bologne, t. 63/2 (1975), p. 33-147 [deux art. fondamentaux sur le dossier hagiographique d'Odon]. — V. Fumagalli, *Note sulla « Vita Geraldi »,* dans *Bullettino dell'Istituto storico italiano per il Medio evo e Archivo Muratoriano,* t. 76 (1964), p. 217-240. — B. Hamilton, *The Monastic Revival in Tenth Century Rome,* dans *Studia Monastica,* t. 4 (1962), p. 35-68 [repris dans *Monastic Reform, Catharism and the Crusades (900-1300),* Londres, 1979]. — Dom K. Hallinger, *Zur geistigen Welt der Anfänge Klunys,* dans *DAEM,* t. 10 (1954), p. 417-445. — B. Hauréau, *Histoire littéraire du Maine,* Paris, 1876², p. 240-292. — I Deung-Su, *Note sull'agiografia del secolo X e la santità laicale,* dans *Studi Medievali,* 3e série, t. 30/1 (1989), p. 143-161. — D. Iogna-Prat, *« Bienheureuse polysémie » : la Madeleine du « Sermo in veneratione sanctae Mariae Magdalenae » attribué à Odon de Cluny,* dans *Marie-Madeleine dans la mystique, les arts et les lettres, Actes du colloque d'Avignon (juillet 1988),* Paris, 1989, p. 21-31. — Dom J. Leclercq, *Saint Odon et son idéal,* dans *Témoins de la spiritualité occidentale,* Paris, 1965, p. 127-135. — F. Lotter, *Das Idealbild adliger Laienfrommigkeit in den Anfängen Clunys. Odos Vita des Grafen Gerald von Aurillac,* dans *Benedictine Culture 750-1050,* éd. W. Lourdaux et D. Verhelst, Louvain, 1983, p. 86-95. — B.H. Rosenwein, *Rhinoceros Bound. Cluny in the Tenth Century,* Philadelphie, 1982. — E. Sackur, *Die Cluniacenser und ihrer kirchlichen und allgemeingeschichtlichen Wirksamkeit bis zur Mitte des elften Jahrhunderts,* I : Halle, 1892, p. 36-120 ; II : Halle, 1894, p. 330-345. — J. Schneider, *Aspects de la société dans l'Aquitaine carolingienne d'après la « Vita sancti Geraldi Auriliacensis »,* dans *CRAIBL,* 1983, p. 8-19. — J. Wollasch, *Königtum, Adel und Kloster im Berry während des 10. Jahrhunderts,* dans *Neue Forschungen über Cluny und die Cluniacenser,* éd. G. Tellenbach, Fribourg-en-Brisgau, 1959, p. 120-142 (sur les origines d'Odon). D.I.P.

Odoric de Pordenone. Voir : Jean Le Long ; Jean de Vignay ; *Voyages.*

Office. On comprend sous ce nom l'ensemble des lectures, prières et chants que célèbre l'Église aux différentes heures qui, en dehors de la messe, sanctifient la journée chrétienne. Les clercs, religieux et religieuses sont tenus à l'obligation de dire cet office chaque jour. Cette obligation est fort ancienne et se retrouve dans le rituel juif. Déjà les premiers chrétiens priaient à plusieurs instants de la journée : d'après la *Tradition apostolique* de saint Hippolyte (éd. et trad. B. Botte, Paris, 1946 [*Sources chrétiennes,* 11]), ces obligations sont fixées à l'instant du réveil, à la troisième heure, à la sixième et à la neuvième, puis avant le coucher, au milieu de la nuit et au chant du coq. Clercs et laïcs sont alors atteints par la même règle. Le formulaire s'est lentement développé et fixé ; au VIe siècle, on le trouve dans la Règle de saint Benoît, sous sa forme monastique, et dans l'office romain, sous sa forme cathédrale, à peu près dans l'état où il se trouvait encore avant le concile Vatican II. À cette époque il ne contraint plus les laïcs, mais les seuls clercs. Peu à peu les clercs ont cessé de chanter l'office et se sont contentés de le lire ; alors qu'on l'avait copié dans des livres dits antiphonaires* (*antiphona,* antienne) avec sa musique, on se contenta de rappeler le texte verbal dans des recueils qu'on appellera bréviaires (*breviarium,* abrégé).

L'horaire est celui de la journée antique. Il débute donc comme elle par un office de la veille au soir, puisque la journée antique commence à la tombée de la nuit. Ce sont les vêpres, qui ont lieu à six heures du soir. Au moment du coucher viennent les complies (d'institution un peu plus récente), puis dans la nuit, les matines, suivies des laudes au lever du soleil. A six heures, on chante prime, à neuf heures tierce, à midi sexte, à trois heures none, à six heures vêpres.

À l'intérieur de l'office on trouve un mélange de tous les styles musicaux familiers à l'Église : des lectures cantillées, des psaumes (psalmodie), des antiennes (chant syllabique), des répons (chant orné), des hymnes* (répertoire plus tardif, syllabique).

⟶ A. Baumstark, *Liturgie comparée...,* 3e éd., Chevetogne, 1953. — P. Salmon, *L'office divin, histoire et formation du bréviaire,* Paris, 1959 (*Lex orandi,* 27) ; *L'office divin au Moyen Âge...,* Paris, 1967 (*Lex orandi,* 43). — A.G. Martimort, *L'Église en prière,* t. 4, p. 167-293, Paris, 1983. — Pour la partie musicale : J. Chailley, *Histoire musicale du Moyen Âge,*

Paris, 1969. — S. Corbin, *L'Église à la conquête de sa musique,* Paris, 1960. S.C.

Office des Fous. Appelé aussi *Office de l'Âne,* il était donné, aux XIIe et XIIIe siècles, lors de la fête des enfants des maîtrises, notamment à Sens et à Beauvais, entre Noël et l'Épiphanie, le plus souvent le jour de la Circoncision ou des Saints Innocents.

Au cours de cet office tropé, un enfant était élu à la dignité de *Praeses* ou *Baculus.* Son arrivée à l'église, lors des vêpres, juché sur un âne et portant un bâton parodiant la crosse épiscopale, était accompagnée par le fameux « conduit de l'âne », *Orientis partibus.* Les chants exécutés tout au long de la journée alternaient lyriques vernaculaire et latine, mêlant parfois les deux dans un même texte.

Parmi les sources comportant cet office, citons la célèbre compilation faite à Sens par l'archevêque Pierre de Corbeil* (XIIIe siècle) et un texte authentique de l'office festif de Beauvais (Londres, British Library, Egerton 2615, f. 1-2).

→ H. Villetard, *Office de Pierre de Corbeil (Office de la Circoncision) improprement appelé « Office des Fous »,* Paris, 1907. — H.C. Greene, *The Song of the Ass Orientis partibus, with Special Reference to Egerton MS. 2615,* dans *Speculum,* t. 6 (1931), p. 534-549. — W. Arlt, *Ein Festoffizium des Mittelalters aus Beauvais in seiner liturgischen und musikalischen Bedeutung,* Cologne, 1970, 2 vol. — J. Heers, *Fêtes des fous et carnavals,* Paris, 1983.

Voir aussi : *Âne (Fête de l').* A.I.A.

Ogier d'Anglure. Ogier VIII, seigneur d'Anglure (Marne, arr. Épernay), né vers 1360, mort après 1412, fit en 1395 un pèlerinage aux Lieux saints. De son voyage, qui dura presque une année, il a laissé un récit dont l'original ne nous est pas parvenu. Nous le connaissons par deux versions un peu différentes, une rédaction française (BN, fr. 15217) de la fin du XVe siècle, dans laquelle le nom du seigneur d'Anglure apparaît ; une relation écrite en dialecte messin au début du siècle, dans laquelle le fond du récit a été délibérément transformé, les noms d'Ogier d'Anglure et de ses compagnons de route supprimés. En 1838, le texte messin a subi encore une transformation. Un éditeur-traducteur attribue cette fois le voyage à quatre chevaliers messins parmi lesquels Nicole Louve (connu pour avoir écrit une ballade au retour d'un voyage de Terre sainte en 1428), présenté comme l'auteur de la relation. C'est pourquoi on a souvent attribué à ce dernier la paternité du voyage qui, avant la refonte messine, est celui d'Ogier d'Anglure.

Ce récit fournit un témoignage précieux sur la dévotion du pèlerin mais aussi sur la curiosité du voyageur, qui se manifeste dans quelques notations intéressantes, comme la rencontre à Venise avec Boucicaut* et le futur duc de Bourgogne en route pour Nicopolis.

ŒUVRE. — *Le saint voyage de Jherusalem* : éd. F. Bonnardot et A. Longnon, Paris, 1878 (*SHF*). — Trad. anglaise : R.A. Browne, Gainesville, Univ. Press of Floride, 1975.

→ C. Deluz, *Prier à Jérusalem*, dans *Senefiance*, n° 10 (1981), p. 187-210. — Cf. *MB* n° 5582. G.T.L.

Ogier le Danois. Voir : *Chevalerie Ogier.*

Olivier de la Haye. Auteur — inconnu par ailleurs — qui composa, en 1426, un poème sur la peste de 1348 : le nom d'Olivier de la Haye est donné par une énigme insérée dans le poème. Celui-ci est rédigé en octosyllabes (3 652) à rimes plates et comprend 19 chapitres qui relatent la commande du poème par un roi de France, les causes de la peste, ses symptômes, l'hygiène à adopter en cas d'épidémie et les principaux remèdes contre la peste ; le poème, de facture assez médiocre, paraphrase la traduction en prose française (1349) de la célèbre « consultation des médecins de Paris sur la peste » (*De praeservativis epidemiae ex decreto Facultatis medicae Parisiensis d. d. anno 1348*) et se termine sur les excuses du traducteur, Olivier de la Haye, qui regrette de n'avoir pu mieux faire.

Des deux manuscrits du XVe siècle qui conservent ce poème, l'un (Lyon, Palais des Arts, 26), mutilé au début, a appartenu à l'écrivain lyonnais Pierre Sala, puis à différents médecins.

ŒUVRE. — *Olivier de la Haye, Poëme sur la grande peste de 1348*, éd. G. Guigue, Lyon, 1888.

→ E. Wickersheimer, *Dictionnaire biographique des médecins en France au Moyen Âge*, Paris, 1936, p. 586. — R. Sies, *Das « Pariser Pestgutachten » von 1348 in altfranzösischer Fassung. Untersuchungen zur mittelalterlichen Pestliteratur, IV*, Pattensen, 1977, p. 101 (*Würzburger medizinhistorische Forschungen*, 7). — Cf. *GRLMA*, t. VIII/1, p. 253, 319-320. F.F.H.

Olivier de La Marche. Olivier de La Marche est né vers 1425 à Villegaudin (Saône-et-Loire) d'une famille originaire de la Bresse. Après la mort de son père (1437), il est admis au nombre des pages de Philippe le Bon et attaché à la maison de Bourgogne, qu'il servira dès lors fidèlement. Dans ses *Mémoires,* il racontera en détail les innombrables fêtes chevaleresques auxquelles il assistera et qu'il organisera parfois (comme, en 1454, le Banquet du Faisan), les nombreuses missions diplomatiques qu'il effectuera, les abondantes opérations militaires auxquelles il participera jusqu'à ce que son grand âge le force à la retraite. En 1447, il est élevé au rang d'écuyer panetier, puis après un petit congé qu'il passe en Bourgogne et où il se remet aux études de rhétorique, il devient écuyer tranchant et est attaché au service du comte de Charolais. Il participe à la guerre de Philippe le Bon contre les Gantois révoltés. En 1461, il reçoit le titre de maître d'hôtel de la maison de Bourgogne. Créé chevalier le matin de la bataille de Montlhéry (17 juillet 1465), il s'y comporte vaillamment. Le comte de Charolais le charge à son tour de nombreuses ambassades et missions. Il fait un séjour à la cour de Bretagne, assiste au siège de Dinant (1466). Au moment de la mort du duc Philippe (1467), il est en Angleterre à la suite du bâtard de Bourgogne. Il y retourne plusieurs fois pour négocier le mariage du duc Charles avec Marguerite d'York, qui sera célébré en juillet 1468 et donnera lieu à de somptueuses fêtes à Bruges. Le nouveau duc le comble de faveurs et le nomme gouverneur et capitaine de nombreux châteaux, maître de la monnaie de Gueldre, bailli d'Amont. En 1477 à la bataille de Nancy qui coûte la vie à Charles, il est fait prisonnier pendant quelques mois. Pour répliquer aux prétentions de Louis XI, qui réclamait le retour du duché de Bourgogne, il met son bras et sa plume au service de la duchesse Marie de Bourgogne et de Maximilien d'Autriche, dont les noces sont célébrées en août 1477. Olivier est alors élevé au rang de grand maître d'hôtel. En 1481, il est commissaire du duc à l'assemblée des États de Hainaut. À partir de 1482, il commence à se retirer des affaires de l'État et, en raison de son grand âge, il est à l'écart des opérations militaires. En 1484, il est chargé de l'instruction du jeune Philippe le Beau né en 1478. Il s'installe en 1488 à Malines et se consacre à l'écriture. Il meurt à Bruxelles le 1er février 1502.

Auteur très fécond, Olivier de La Marche a fait œuvre d'historien et de poète. Son œuvre poétique comporte de très nombreuses pièces (rondeaux, ballades, poésies pieuses ou politiques), parmi lesquelles se détache le *Chevalier délibéré.* Ce poème, achevé en 1483 et composé de 338 strophes d'octosyllabes, nous fait parcourir des lieux symboliques : le logis d'Entendement, la lande du Temps, le palais d'Amour, celui d'Étude... L'Acteur, parti affronter les deux chevaliers au service de Mort, Accident et Débile, voit périr sous les coups du premier Charles le Téméraire et sa fille Marie de Bourgogne, Philippe le Bon sous les coups du second. Ces grands personnages enrichissent alors le cimetière de Fraîche Mémoire. Quant à l'Acteur, il énumère à la fin du songe qu'il raconte les différents messagers qui lui seront envoyés par Débile : Surdité, Presbytie... Ce voyage à travers les domaines de Vieillesse et de Mort montre presque sereinement les nécessités et contraintes qui incombent aux mortels. Cette œuvre remporta un grand succès, notamment en Espagne, où des traductions en furent faites au XVIe siècle : ce fut le livre de chevet de Charles Quint. Dans le *Parement et triomphe des dames* (1493-1494), écrit en huitains octosyllabiques, le poète décrit chaque pièce du vêtement féminin de son temps et en tire une moralisation à l'usage des dames ; chaque chapitre est suivi d'un morceau en prose contenant un exemple de la vertu symbolisée dans les vers précédents (chemise d'honnêteté, pantoufles d'humilité, lacet de loyauté, etc.). C'est pendant sa captivité (1477) qu'il composa le *Débat de Cuidier et de Fortune,* série de poésies pieuses et de prières. Dans la *Complainte sur la mort de Marie de Bourgogne,* suivie dans les mss par le *Dialogue entre l'âme et l'œil,* l'auteur superpose à l'image de la pourriture, qui n'est pas neuve, celle de la Mort qui, comme un fossoyeur ou un ordonnateur de pompes funèbres, met ses victimes en bière ou au tombeau.

Mais compte surtout le chroniqueur : ses *Mémoires,* qui embrassent une période de cinquante-trois années (1435-1488), se composent de deux livres. Le premier, commencé en 1470, relate les faits auxquels Olivier a été mêlé de 1435 à 1467 ; le deuxième est constitué de notes prises au fur et à mesure des événements. En tête fut ajoutée une introduction spécialement composée pour l'instruction du jeune Philippe le Beau vers 1490, dans laquelle Olivier retrace de façon fantaisiste l'origine de la maison de Bourgogne qu'il fait remonter à Priam. Malgré des négligences et des erreurs chronologiques, abondantes surtout dans le second livre, les *Mémoires* sont précieuses comme reflet d'une époque et par les vues originales et les renseignements qu'on y trouve. Olivier de La Marche a écrit pour l'honneur et la gloire de la maison de Bourgogne, mais son ouvrage n'est pas un travail de commande et il y montre une relative indépendance d'esprit. Son style est plus simple, plus naturel que celui des chroniqueurs officiels bourguignons. Aux *Mémoires* viennent s'annexer quelques pièces à caractère historique ou documentaire, le *Traité des noces de Charles le Téméraire* (1468), l'*État de la maison du duc Charles* (1474), excellent ouvrage pour l'histoire de l'administration du Téméraire. Cette pièce fut écrite à la demande d'Édouard IV d'Angleterre qui voulait se constituer une maison semblable avant d'opérer sa descente en France. Dans l'*Advis au roy Maximilian premier touchant la maniere dont on se doibt comporter a l'occasion de rupture avec la France* (1494), Olivier adresse une série de conseils à l'archiduc et se montre plus politique que dans ses *Mémoires*. Le *Livre de l'advis du gaige de bataille,* écrit vers 1494, également destiné à l'instruction de Philippe le Beau, nous apprend la tenue, l'étiquette, le luxe de la maison de Bourgogne. Olivier s'est inspiré du *Traité du gage de bataille* de Jean de Villiers de l'Isle-Adam qui fut conseiller et chambellan de Philippe le Bon et mourut en 1437. Citons encore un *Traité du tournoi tenu à Gand par Claude de Vauldray en 1469* (1470), adressé au comte de Bresse, une *Epitre pour tenir et célébrer la noble feste de la Toison d'or* (1500), écrite à Philippe le Beau et contenant le cérémonial pour les fêtes et les chapitres de l'ordre de la Toison d'Or.

ŒUVRES. — *Mémoires,* éd. H. Beaune et J. d'Arbaumont, 4 vol., Paris, 1883-1888 (*SHF*). — *Débat de Cuidier et de Fortune,* éd. K. Heitmann, dans *Archiv für Kulturgeschichte,* t. 47 (1965), p. 266-305. — *Le chevalier délibéré,* éd. F. Lippmann, Chiswick Press, 1898. — *Parement et triomphe des dames,* éd. J. Kalbfleisch, Rostock, 1901 (*Berner Diss.*). — *Complainte sur la mort de Marie de Bourgogne,* éd. C. Ruelens, dans *Recueil de chansons, poèmes et pièces en vers français relatifs aux Pays-Bas,* t. 3, Bruxelles, 1878, p. 25-38. — *Épître du gaige de bataille,* éd. Prost, dans *Traités du duel judiciaire,* Paris, 1878, p. 1-54. — *Poèmes*, éd. H. Stein, dans *Olivier de la Marche, historien, poète et diplomate bourguignon,* Bruxelles, Paris, 1888, p. 207-229. — *Avis au roy des Romains*, éd. *ibid.*, p. 232-235.

→ H. Stein, *Olivier de La Marche, historien...*, Bruxelles, 1888 ; *Nouveaux documents sur Olivier de La Marche et sa famille,* Bruxelles, 1922. — G. Doutrepont, *La littérature française à la cour des ducs de Bourgogne,* Paris, 1909. — C. Claveria, *Le chevalier délibéré d'Olivier de La Marche y sus versiones espanoles del siglo* XVI, Saragosse, 1950. — K. Heitmann, *Die spanischen Übersetzer von Olivier de La Marches « Chevalier délibéré » : Hernando de Acuna und Jeronimo de Urrea,* dans *Mél. H. Flasche,* Berne et Munich, 1973, p. 229-246 [examen de la fortune ibérique du *Chevalier délibéré*]. — P. Archambault, *Seven French Chroniclers. Witnesses to History,* Syracuse, 1974. — R. Ménage, *Le voyage délibéré du chevalier de La Marche*, dans *Senefiance*, n° 2, 1976, p. 211-219. — G.A. Pérouse, *Une édition méconnue d'Olivier de La Marche,* dans *BHR,* t. 39 (1977), p. 307-310. — K.W. Hempfer, *Ernst und Spiel oder die Ambivalenz des Rittertums um 1500,* dans *Romanische Forschungen,* t. 99 (1987), p. 348-374. — J. Devaux, *La fin du Téméraire... ou la mémoire d'un prince ternie par l'un des siens,* dans *Le Moyen Âge,* t. 95 (1989), p. 105-128. — Molinier n° 3961. — Cf. *MB* n°s 4826-4832, 5241-5244 ; *S* 7362-7365.

Voir aussi : *Vœux du faisan.* G.T.L.

Olivier Maillard. Né probablement à Yvignac (Côtes-d'Armor) autour de 1430, envoyé à Paris où il prit ses grades à l'Université, sa réputation de théologien et de docteur s'étendit très vite. Peut-être faut-il placer autour de 1460 le début de sa vie de prédicateur populaire. Sa réputation est telle qu'il en arrive à prêcher tous les jours, voire deux fois le jour. On le rencontre en Belgique, en Espagne, en Allemagne, en Hongrie, en Angleterre, mais surtout en France : à Poitiers, Tours, Nantes, Laval, Le Mans, Toulouse, Albi, Cahors et évidemment à Paris où l'église Saint-Jean-en-Grève l'entendit bien souvent.

Si son franc-parler populaire lui attira la malveillance de Louis XI, il eut une profonde influence sur Charles VIII, dont il fut le confesseur. En 1485, chargé par Innocent VIII de préparer à la cour de France la suppression de la Pragmatique Sanction, Maillard se heurta aux tendances gallicanes du Parlement. Il échoua, mais il rencontra un vrai succès dans l'affaire de la restitution de la Cerdagne et du Roussillon à Ferdinand d'Aragon. Défenseur acharné et fougueux de sainte Jeanne de France répudiée par son royal époux, Maillard protesta contre l'annulation du mariage et les menées du pape et du roi.

Cordelier de l'Observance, et vicaire provincial ou général à de nombreuses reprises entre 1475 et 1502, Olivier Maillard se vit à même, de par les nombreuses charges qu'il occupa, de propager cette réforme de l'ordre franciscain à la fin du XVe et au début du XVIe siècle. Il termina sa vie si active en 1502, vraisemblablement le 13 juin, au petit couvent de Sainte-Marie-des-Anges à Toulouse. Il fut enseveli dans la salle du chapitre, et en 1508 transporté dans la chapelle même.

Son œuvre comporte surtout des *Sermons* rédigés en latin et publiés de son vivant par de grands imprimeurs, tels Jean Petit, Pigouchet ou Jean de Vingle. Parmi les œuvres françaises, il faut citer la *Confession du frère Olivier Maillard,* qui compta sept éditions non datées, les autres de 1481, 1524, 1529 ; la *Confession générale de frère Olivier Maillard,* publiée en 1526 et 1527 à Lyon ; l'*Histoire de la Passion de Jésus-Christ remémorée par les mystères de la Messe,* publiée en 1493 par Jean Lambert, puis à Paris par J. Bonhomme en 1552 ; un *Sermon* prêché à Bruges et publié à Anvers en 1503 ; une *Chanson piteuse* ; la *Ballade de frère Olivier Maillard* ; des *chants royaux* en l'honneur de la Vierge. À cette liste il faut joindre l'addition latine d'une *Passion de Notre-Seigneur* prêchée à Paris (Paris, 1513, chez Jean Petit). En revanche, l'attribution à Olivier Maillard de l'ensemble des pièces réunies sous le titre d'*Instruction et consolation de la vie contemplative* par A. Vérard, reprise par La Borderie, manque de vraisemblance.

Suivant l'habitude des prédicateurs de l'époque, ses sermons sont autant de satires, parfois virulentes, contre les grands seigneurs ecclésiastiques ou laïques, les bourgeois avares, les femmes et leur toilette, les bouchers qui donnent un coup de pouce à la balance, etc. Parfois Maillard joue au tribun avec une certaine crudité de langage, un certain débraillé dans l'expression.

ŒUVRES. — Arthur de La Borderie, *Œuvres françaises d'Olivier Maillard, publiées d'après les manuscrits et éditions originales...,* Nantes, 1877. — *Histoire de la Passion,* éd. G. Peignot, Paris, 1828, 1835.

→ *DSAM,* t. 10, 1977, col. 106-109. — Lecoy de la Marche, *La chaire française au Moyen Âge,* Paris, 1868. — A. Samouillan, *Olivier Maillard, sa prédication et son temps,* Toulouse, 1891. — A. Mabille de Poncheville, *Bienheureux Olivier Maillard, le moine au franc-parler,* Paris, 1946. — B. Chevalier, *Olivier Maillard et la réforme des Cordeliers (1482-1502),* dans *Revue d'Histoire de l'Église de France,* t. 65 (1979), p. 25-39 [bibliogr.]. — Cf. *MB* nos 5002, 5002 *bis,* 6949-6951. P.R.

Ordene de chevalerie. Petit traité sur les vertus chrétiennes de la chevalerie, de la deuxième moitié du XIIIe siècle, construit autour de l'adoubement de Saladin par Hue de Tabarie, un de ses anciens prisonniers considéré à tort comme l'auteur. Saladin est présenté comme un personnage valeureux, généreux, magnanime, courtois en un mot. Le texte a ceci d'intéressant que l'auteur récapitule et décrit l'ensemble des cérémonies à exécuter pour la réception des chevaliers dans l'ordre. Il existe plusieurs rédactions de ce récit, en vers et en prose. Les rédactions en prose sont plus tardives.

ŒUVRE. — Éd. et trad. anglaise de la version commune du XIIIe s. K. Busby, *Raoul de Houdenc : le Roman des Eles ; the Anonymous Ordene de chevalerie...,* Amsterdam-Philadelphie, 1983 (*Ütrecht Publ. in General and Comparative Lit.*, 17). — K. Busby, *Three Anglo-Norman Redactions of l'Ordene de chevalerie,* dans *Mediaeval Studies,* t. 46 (1984), p. 31-77 [éd. des trois versions anglo-normandes en vers du XIVe s.].

→ A. Duval, dans *HLF,* t. 18 (1835), p. 752-760. — R.F. Cook et L.S. Crist, *Le deuxième cycle de la croisade. Deux études sur son développement. Les textes en vers. Saladin,* Genève, 1972, p. 124-132 (*Publ. rom. et fr.*, 120). — J.H. Grisward, *Le lit de paradis et le seigneur coloré. Note sur l'Ordene de Chevalerie et la Queste del Saint Graal,* dans *Mél. W. Spiewok,* Amiens, 1988, p. 147-154. — Cf. *GRLMA,* t. VI/2, n° 2760. — *MB* n° 2681 ; *S* 5135. C.R.

Orderic Vital. Le plus grand historien normand du XIIe siècle n'était par ses origines nullement normand : fils d'un clerc français, Odelerius d'Orléans, et d'une Anglaise, il naquit le 16 février 1075 à Atcham en Shropshire. Il fit des études élémentaires à Shrewsbury. Mais il fut envoyé dès 1085 par son père à l'abbaye normande de Saint-Évroult que protégeait le comte de Shrewsbury, Roger de Montgommery. C'est à Saint-Évroult qu'Orderic — devenu Vital pour plaire à ses condisciples normands — reçut sa formation intellectuelle et fit toute sa carrière, marquée seulement par sa promotion aux ordres ecclésiastiques (sous-diacre en 1091, diacre en 1093, prêtre en 1108) et par de brefs voyages en France, en Bourgogne et en Angleterre. Il mourut peu après 1141.

Déjà fort cultivé, il décida, peu après 1100, à la demande de ses supérieurs, de se faire historien. Son premier projet fut celui d'une simple histoire de Saint-Évroult ; mais il s'élargit bientôt aux dimensions d'une histoire universelle en 13 livres centrée sur la Normandie, qui demanda presque trente ans de travail (la rédaction définitive s'étendit de 1123 à 1141). Les deux premiers livres ne sont qu'une assez sèche compilation d'histoire universelle du Iᵉʳ au XIᵉ siècle ; mais l'essentiel de l'ouvrage (du milieu du XIᵉ siècle à 1138) est d'une valeur exceptionnelle. Documenté souvent de première main, utilisant des pièces d'archives, tous les livres, tous les informateurs qui affluaient à Saint-Évroult, Orderic est admirablement au courant des affaires de tout le monde normand, de la Sicile à l'Écosse et même à la Norvège. Malgré un plan confus, des redites, des longueurs et des omissions, un souffle épique passe parfois et l'intention de glorifier dans son œuvre les Normands, maîtres de leur temps dans le domaine politique, y est évidente : elle mérite mieux, a dit un Jésuite allemand, le P. Wolter, le titre de *Gesta Dei per Normannos* que l'étiquette neutre d'*Histoire Ecclésiastique* qu'elle porte traditionnellement. Orderic sait fort bien tracer des portraits, brosser des tableaux dramatiques comme celui de la mort et de la sépulture de Guillaume le Conquérant ou du naufrage de la Blanche-Nef. Mais il est encore plus précieux par l'extrême abondance des détails d'histoire religieuse, sociale, économique, administrative ou généalogique qu'il est seul à avoir conservés. Son style, simple et direct, n'est pas toujours très correct, mais est souvent vif et coloré. Quoique contemporain de saint Bernard*, Orderic n'a guère été touché par l'esprit nouveau du XIIᵉ siècle ; pieux sans épanchement, il s'en tient à l'aspect concret des événements et est, par l'esprit, plutôt un homme du XIᵉ siècle, de la génération des grands conquérants normands. Cela explique sans doute que, malgré tout son talent, il ait été peu lu et peu utilisé au Moyen Âge.

Outre son *Histoire Ecclésiastique,* Orderic Vital n'a laissé qu'un seul travail de quelque importance : une série de gloses et d'additions aux *Gesta Normannorum ducum* de Guillaume de Jumièges*, rédigées sans doute vers 1109. On lui attribue aussi quelques vers.

ŒUVRES. — *Historia Ecclesiastica,* éd. A. Le Prévost et L. Delisle, Paris, 1838-1855, 5 vol. (*SHF*) ; rééd. par M. Chibnall, Oxford, 1969-1980, 6 vol. avec trad. anglaise (pour les livres I et II, sommaires et extraits seulement). — Interpolations à Guillaume de Jumièges, *Gesta Normannorum ducum,* éd. J. Marx (*Soc. de l'Hist. de Normandie*), Rouen, 1914, p. 151-198.

→ L. Delisle, *Notice sur Orderic Vital,* en tête du t. 5 de l'éd. Le Prévost (p. 1-106), point de départ nécessaire de toute étude. — *Orderic Vital et l'abbaye de Saint-Evroult. Notice et travaux...,* Alençon, 1912. — R. Darlington, *Historical Research in medieval England,* Londres, 1947. — H. Wolter, *Ordericus Vitalis, ein Beitrag zur Kluniazensischen Geschichtsschreibung,* Wiesbaden, 1955 (documentation excellente, interprétation clunisienne forcée). — M. Chibnall, *The World of Orderic Vitalis*, Oxford, 1984. — L. Musset, *L'horizon géographique, moral et intellectuel d'Orderic Vital*, dans *La chronique et l'histoire au Moyen Âge*, Paris, 1984, p. 101-122. L.M.

Ordo representacionis Ade. Voir : *Jeu d'Adam*.

Ornement des dames. Le plus ancien recueil, en français, de recettes consacrées aux soins de beauté. Écrit au XIIIᵉ siècle par un auteur inconnu qui vivait en Angleterre, l'*Ornement des dames* est conservé dans un manuscrit unique (Oxford, Bodleian Libr., Ashmole 1470), recueil médical en latin — à l'exception de ce texte — copié dans la seconde moitié du XIIIᵉ siècle. En dépit de son titre « Incipit Ornatus mulierum » et des rubriques latines attribuées aux recettes, l'*Ornement des dames* n'est pas traduit du *De ornatu mulierum* ou *Trotula* minor*, recueil de recettes de beauté qui fait souvent suite au traité de gynécologie appelé *De passionibus mulierum* ou *Trotula major,* mais le copiste responsable du titre et des rubriques a pu croire qu'il s'agissait d'une traduction.

Comprenant soixante-douze recettes en prose, précédées d'un prologue de quarante-six vers (de six à neuf syllabes), l'*Ornement des dames* fait de nombreuses allusions à « Trotula », mais se réclame aussi de Galien, Hippocrate, Constantin l'Africain et d'une « sarrasine de Messine ». Si les ressemblances avec les œuvres de Constantin sont rares mais bien réelles, aucune influence d'Hippocrate ni de Galien n'est visible : ces références paraissent « gratuites », comme le souvenir, fréquemment rappelé, de « Trotula ». De même, l'*Ornement des dames* ne fait aucun emprunt à un autre traité de cosmétologie célèbre : le *De medicamini faciei feminae* d'Ovide*.

ŒUVRE. — *L'ornement des dames (Ornatus mulierum), texte anglo-normand du* XIIIe *siècle,* éd. P. Ruelle, Bruxelles, 1967 (*Université libre de Bruxelles. Travaux de la Fac. Philosophie et Lettres,* 36) [avec trad. en français moderne]. — Cf. *MB S* n° 5501. F.F.H.

Orson de Beauvais. Chanson de geste composée vers 1180-1185 sans doute par un poète originaire du Beauvaisis. Les mentions de l'oriflamme et de Saint-Denis marquent la proximité du Vexin français. Le poème, conservé dans un manuscrit unique, est long de 3 745 alexandrins distribués en laisses tantôt assonancées, tantôt rimées.

L'histoire, assez banale, se rattache à la geste de France. Le comte Orson de Beauvais est fait prisonnier par les Sarrasins. Sa femme Aceline et son jeune fils Milon sont persécutés par Ugon de Berry. Le traître Ugon épouse Aceline sans consommer ce mariage. Milon s'échappe après avoir mené une bataille victorieuse contre les Sarrasins et délivré en même temps son père. Le roi Basile lui offre la main de sa fille, la princesse Oriente ; Milon accepte, mais veut d'abord délivrer sa mère et punir Ugon. Orson et Milon arrivent à temps pour sauver Aceline, déjà libérée par le fidèle vassal Doon, et pour châtier le traître.

Dans la chanson, Orson a un rôle passif ; l'histoire, qui illustre l'idéal chevaleresque et féodal de l'Île-de-France, donne le premier rôle à son fils.

ŒUVRE. — Éd. G. Paris, Paris, 1899 *(SATF).*

→ A. Thomas, *Une représentation d'Orson de Beauvais à Tournai en 1478,* dans *Romania,* t. 36 (1907), p. 434-435. — W. Benary, *Über die Verknüpfungen einiger französischen Epen und die Stellung des Doon de la Roche,* dans *Romanische Forschungen,* t. 31 (1912), p. 303-394. — A. Adler, *Epische Spekulanten. Versuch einer synchronen Geschichte des altfranzösischen Epos,* Munich, 1975, p. 149-165. — Cf. *MB* n°s 615-617. S.I.J.

Otinel. *Otinel* est une chanson de geste composée pendant la deuxième moitié du XIIe siècle et qui vient s'encadrer dans le cycle épique de Charlemagne alors en formation. L'auteur de la *Chanson de Roland** avait déjà laissé entendre que Charlemagne, avant l'effort suprême et douloureux qui fait le sujet de ce poème, guerroyait depuis sept ans contre les Sarrasins d'Espagne :

Carles li reis, nostre emperere magnes
Set anz tuz pleins ad estet en Espaigne
(v. 1-2)

c'était une invitation pour les poètes épiques français de la deuxième époque à remplir ces années par de nouvelles gestes. C'est d'ailleurs ce qu'a fait le Pseudo-Turpin, dont la *Chronique* raconte par le détail une série de campagnes menées par l'empereur qui servent de prélude au désastre de Roncevaux et à la victoire finale remportée sur Baligant. Les événements tout fictifs racontés dans *Otinel* s'insèrent, en effet, après le combat entre Roland et Fernagu qui se lit dans la *Chronique du Pseudo-Turpin**.

Le jeune Sarrasin Otinel est au service de l'empereur Garsile. Garsile, après avoir saccagé Rome, s'est établi en Lombardie dans une ville forte, Atilie. De là il envoie Otinel auprès de Charlemagne à Paris pour sommer celui-ci de lui rendre hommage et de renoncer à la foi chrétienne. Otinel s'acquitte de sa mission avec une insolence qui fait enrager les Français. Pour son propre compte, il ajoute qu'il voudrait profiter de l'occasion pour venger son oncle Fernagu tué par Roland. Roland relève le défi ; la rencontre a lieu dès le lendemain et menace de tourner mal pour Roland lorsque Dieu, touché par les prières des Français, envoie le Saint-Esprit sur Otinel. *Le cuer li mue* ; Otinel jette son épée et embrasse la foi chrétienne. Après son baptême à Notre-Dame de Paris, Charles lui offre sa fille Belissent en mariage et la Lombardie en dot. Mais Otinel n'acceptera ces dons que lorsqu'il aura fait ses preuves de chevalier chrétien. Il en trouve l'occasion devant Atilie, où il dépasse par ses exploits Roland, Olivier, Ogier. Les Français prennent Atilie, Otinel épouse Belissent et accepte de devenir roi de Lombardie.

Il y a dans *Otinel* fort peu de chose qui soit historique ou traditionnel. Le poète savait que Charles avait mené ses armées en Italie. Paris, Saint-Denis, Roland, Olivier, c'était monnaie courante. Un détail toponymique est intéressant : le combat entre Roland et Otinel a lieu *entre deux eves*, la Seine et la Marne. Au-delà des Alpes, Atilie et le reste, tout est inventé. C'est une chanson faite surtout d'imitations, où sont exploités des thèmes connus et sans doute applaudis : l'ambassadeur insolent, le païen converti, l'amour entre un païen et une chrétienne. Le poète ne s'attarde pas à des raffinements psychologiques ; il se contente d'un mécanisme grossier pour conduire l'action dramatique de son récit. Le poème manque totalement de grandeur et de pathétique. Son style a pourtant le plus souvent une allure rapide ; les scènes d'ambassade, d'adoubement, de combat, sont assez vivement enlevées, et il y a de la tendresse dans les gestes et paroles de Belissent.

La chanson semble avoir eu peu de succès en France. Elle y fut peut-être éclipsée par *Fierabras** qui lui ressemble beaucoup. Philippe Mousket* ne l'a pas utilisée. Des détails en furent recueillis au XIVe siècle par Jean d'Outremeuse* dans son *Myreur des histores*, de façon très particulière, du reste. C'est à l'étranger qu'*Otinel* trouva sa plus grande popularité. En moyen anglais, trois manuscrits conservent autant d'adaptations de la chanson, dont l'une, en « tail-rhyme », fut incorporée dans un roman cyclique qu'on a intitulé *Charlemagne et Roland*. Une tradition en vieux norrois, faite probablement d'après un texte anglo-normand, passa dans la grande compilation de matière carolingienne connue sous le nom de la *Karlamagnus saga*. Une version danoise fait partie de la *Karl Magnus Krønike*, traduction assez libre de la *Saga* norroise. Deux traductions galloises ont été éditées et traduites en anglais ; il y reste bien des obscurités. Jacques d'Acqui, racontant à la fin du XIIIe siècle dans sa *Cronica Imaginis Mundi* les guerres de Charlemagne en Italie, recueillit la légende d'*Otinel* et l'arrangea à sa façon. De ces diverses traditions nationales on ne trouve plus que des débris, à partir desquels il serait très difficile et peut-être aventureux de vouloir reconstituer le premier *Otinel*. Ce qui est sûr, c'est que nous voyons toujours transparaître derrière la masse des variantes de forme et de détail le même poème médiocre que nous présente l'*Otinel* français.

ŒUVRE. — Éd. F. Guessard et H. Michelant, Paris, 1859 (*Anc. Poètes de la France*, 1). — Éd. E. Langlois, *Otinel, Aspremont, deux fragments épiques*, dans *Romania*, t. 12 (1883), p. 433-446.

→ J. Bédier, *Les Légendes épiques,* Paris, 1917, t. 2, p. 269-275. — H.M. Smyser, *Charlemagne and Roland in the Auchinleck Ms.*, dans *Speculum,* t. 21 (1946), p. 275-288. — P. Aebischer, *Études sur Otinel. De la chanson de geste à la saga norroise et aux origines de la légende*, Berne, 1960 [excellente bibliogr. ; voir l'analyse par P. Le Gentil, *Réflexions sur la Chanson d'Otinel,* dans *Cultura neolatina,* t. 21 (1961), p. 66-70]. — C. Minis, *Über das altfranzösischen Epos Otinel,* dans *Zur Vergegenwärtigung vergangener philologischer Nächte,* Amsterdam, 1981 (*Amsterdamer Publikationen zur Sprache und Literatur*, 46), p. 233-237. — Cf. *GRLMA*, t. III/1, p. 23-24 ; t. III/2, n° 201. — *MB* nos 618-620 *bis*, 6116 ; *S* 1377, 1378, 1380. R.N.W.

Oton de Grandson. Né en Savoie entre 1340 et 1350, fils de Guillaume de Grandson et de Jeanne de Vienne, Oton de Grandson mena une vie de capitaine, au service du roi d'Angleterre le plus souvent. Sa famille appartenait à la haute noblesse vaudoise et portait une devise parlante : « A petite cloche grand son ». Oton épousa le 25 septembre 1365 Jeanne, fille d'Humbert d'Allamand, seigneur d'Aubonne et de Coppet. En 1368, il prit part à des combats entre chevaliers savoyards et seigneurs de Haute-Bourgogne. Lieutenant du comte de Pembroke, Oton, qui avait cherché fortune et gloire en Angleterre dans la guerre contre la France, fut capturé à l'issue du combat naval devant La Rochelle entre la flotte anglaise et la flotte espagnole, alliée de la France : il resta prisonnier en Espagne de 1372 à 1374. Sa rançon fut probablement payée par le roi d'Angleterre Édouard III. Sorti de captivité, il entra au service de Jean de Gand, duc de Lancastre, roi nominatif de Castille et de León. Il était revenu en Savoie en 1376. De retour en Angleterre en 1379, il participa à une nouvelle expédition anglaise et, en 1382, il devait se rendre au Portugal, envoyé par le roi d'Angleterre Richard II, mais son voyage fut annulé. La mort de son père en 1386 fit de lui l'héritier des seigneuries de Sainte-Croix, Grandcour, Cudrefin, Aubonne et Coppet. Très en faveur — comme son père avant lui — auprès du comte de Savoie Amédée VII, dit le Comte Rouge, auquel l'unissait une lointaine parenté, il devint l'un de ses conseillers. Grand propriétaire, Oton de Grandson eut à soutenir un long procès contre Rodolphe de Gruyère et Jean de la Baume. Il semble avoir été enfermé quelque temps, en 1389, au château de Morges, puis au château de Chillon, pour une cause inconnue aujourd'hui.

La mort, le 2 novembre 1391, du Comte Rouge — selon toute probabilité, d'infection tétanique à la suite d'un accident de cheval — fut à l'origine de toutes les vicissitudes et de la fin tragique d'Oton de Grandson. La rumeur publique accusa la mère du comte, Bonne de Bourbon, de l'avoir fait empoisonner et désigna Oton de Grandson parmi les complices du crime. Une très longue controverse s'ensuivit, dans laquelle intrigue politique, intérêts économiques, haine populaire et intervention de diverses autorités se mêlèrent. Derrière les comtesses Bonne de Bourbon, veuve d'Amédée VI et nommée régente par son fils Amédée VII, et Bonne de Berry, veuve d'Amédée VII, s'affrontèrent les seigneurs vaudois : Louis de Cossonay et Oton de Grandson, conseillers d'Amédée VII, furent attaqués par de jeunes mécontents menés par Rodolphe de Gruyère et Gérard d'Estavayer. Oton, qui s'était refugié — après un bref séjour à la cour de Bourgogne — auprès du roi d'Angleterre (il prit part à la seconde expédition du comte de Derby en Prusse et en Palestine en 1392-1393), fut condamné et ses terres confisquées en 1393 : les seigneuries d'Aubonne et de Coppet furent vendues à Rodolphe de Gruyère et à Jean de la Baume, Gérard d'Estavayer administra les châtellenies de Cudrefin et de Grandcour pour leur nouveau propriétaire François Corneri. Mais en 1395, Oton fut proclamé innocent par le roi de France Charles VI et réhabilité. Rentré en Savoie, il fut poursuivi à nouveau par Gérard d'Estavayer qui, pour préserver ses droits, reprit l'accusation d'assassinat et jeta finalement son gant à Oton en présence des officiers du jeune comte Amédée VIII. Après de longues hésitations, le Conseil de Savoie ordonna pour le 7 août 1397, à Bourg-en-Bresse, un duel judiciaire (un des derniers « jugements de Dieu » connus) : le jeune Gérard tua misérablement le vieil Oton au milieu de l'allégresse populaire des habitants du pays de Vaud. Un récit du duel fut fait par Olivier de La Marche* dans son *Livre de l'advis du gaige de bataille.*

La brillante réputation qu'Oton de Grandson s'était acquise par ses faits d'armes et sa courtoisie (Jean Froissart* l'évoque à plusieurs reprises), fut néanmoins dépassée, de son vivant, par la très grande renommée de poète dont il jouit : il était l'ami d'Eustache Deschamps* ; Christine de Pizan* (dans l'*Epistre au dieu d'Amours* et le *Débat de deux amans*), Alain Chartier*, Martin Le Franc*, Georges Chastellain*, Olivier de La Marche et l'Anglais Geoffrey Chaucer* parlèrent de lui en termes élogieux. Sa popularité fut grande aussi en Espagne, sans doute à cause de son séjour prolongé comme prisonnier : il fut loué et admiré par le marquis de Santillane et par d'autres auteurs espagnols. Oton de Grandson paraît l'un des poètes les plus typiques de l'amour courtois dans la seconde moitié du XIVe siècle.

Dix-huit manuscrits médiévaux, au moins (mais aucun manuscrit autographe), conservent ses poésies : environ 80 compositions pour un total de plus de 6 000 vers. Certaines de ses ballades furent imprimées dans le recueil *Jardin de Plaisance et Fleur de Rhétorique** (1501).

L'une des premières œuvres d'Oton de Grandson est vraisemblablement la *Complainte de saint Valentin* (15 huitains d'octosyllabes ; quatre mss). La *Complainte de l'an nouvel* (8 huitains de décasyllabes ; deux mss), où apparaît un certain Lesparre (vraisemblablement Florimont, sire de Lesparre, qui fut fait prisonnier après la bataille navale de La Rochelle en 1372) aurait-elle était écrite pendant la captivité en Espagne d'Oton et Florimont ? La *Pastourelle* (19 dizains d'octosyllabes), conservée dans cinq mss, est l'un des poèmes d'Oton de Grandson qui eut le plus de succès. Dans le *Livre Messire Ode* (environ 2 500 octosyllabes rimant deux à deux), conservé dans trois mss, Oton intercale de nombreuses pièces (environ 35) : ballades, chansons, rondeaux, complaintes, lais, débats du Cœur et du Corps, lettres en prose et en vers. La *Complainte amoureuse de saint Valentin* (ms. unique : Paris, BN, fr. 1131) reproduit en son début les 21 premiers vers du *Lay de désir en complainte* (en douze strophes) et plaide, pour la dernière fois, la cause désespérée de l'amour d'Oton. Sur le même thème de la Saint-Valentin, Oton de Grandson a aussi composé une *Ballade de saint Valentin* et une *Double Ballade de saint Valentin.* À ces titres, on peut ajouter : la *Complainte* (48 quatrains), la *Complainte d'Amour* (14 mss), l'*Estrenne du jour de l'an,* le *Lai de plour,* les *Cinq balades ensuivans* et les *Six balades ensuivans.*

Le *Songe de saint Valentin* traite de la Saint-Valentin des oiseaux, comme *The parlement of Foules* de Chaucer. Dans la *Compleynt of Venus,* ce même Chaucer adapte trois ballades (des *Cinq balades ensuivans,* du ms. Paris, BN, fr. 2201) d'Oton de Grandson, et dans le *Book of the Duchess,* il s'inspire nettement de la *Complainte de l'an nouvel* et de la *Complainte de saint Valentin.*

L'attribution à Oton de Grandson (A. Piaget en 1904) de la *Belle dame qui eut merci* (incipit : *Belle qui bon renom et los / fait sage de vous appeler...*) repose sur des analogies de versification très nettes. Ce poème anonyme, conservé dans 17 mss, dont quelques-uns, du XIVᵉ siècle, possèdent une ou plusieurs pièces d'Oton de Grandson, avait longtemps passé — au mépris de la chronologie — pour être une réplique à la *Belle Dame sans merci* (1424) d'Alain Chartier*, voire une contrepartie due à ce même poète : la *Belle Dame qui eut merci* fut associée — bien que n'ayant aucun rapport avec elle — à la querelle de la *Belle Dame sans merci* dès le XVᵉ siècle et les imprimeurs (en premier Pierre Levet à Paris en 1489) la publièrent, à la suite de la *Belle Dame sans merci,* sous le nom d'Alain Chartier, avec deux autres poèmes d'Oton de Grandson également attribués par eux à Chartier : la *Pastourelle* et la *Complainte de saint Valentin.*

La dame chantée par Oton, inconnue qui ne fléchit jamais, parée du titre de princesse, est appelée tantôt Isabelle (en acrostiche dans le *Souhait de saint Valentin,* le *Songe de saint Valentin,* la *Complainte de Grandson*), tantôt « la non per de France » : placée trop haut pour l'amour d'Oton, serait-ce Isabeau de Bavière, reine de France ? Le réalisme autobiographique de la poésie d'Oton de Grandson est si limité qu'en voulant pousser l'enquête, on ne pourrait vraisemblablement arriver qu'à des erreurs ou à des banalités.

Plainte amoureuse intarissable adressée à une beauté céleste, les poèmes d'Oton, en dépit d'une certaine monotonie, présentent une remarquable légèreté et agilité dans la composition ; ils révèlent un amoureux timide, sensible à l'excès, fidèle jusqu'à la mort. Sa réputation de grand amoureux rejoint ainsi celle de grand capitaine pour faire d'Oton de Grandson le poète par excellence de l'amour au XIVᵉ siècle.

ŒUVRES. — A. Piaget, *Oton de Granson et ses poésies,* dans *Romania,* t. 19 (1890), p. 237-259 et 403-448 [éd. d'extraits] ; *Oton de Grandson. Sa vie et ses poésies,* Lausanne et Genève, 1941 (*Mémoires et documents publiés par la Société d'histoire de la Suisse romande,* 3ᵉ série, 1) [éd.]. — *Recueil de galanteries,* éd. A. Vitale-Brovarone, Montréal, 1980, p. 5, n° 3 ; p. 64, n° 158 ; p. 69, n° 162 ; p. 148, n° 227 (*Le Moyen Français,* 6). — C.A. Cunningham, *A Critical Edition of the Poetry of Oton de Grandson, MS. L,* Chapel Hill, thèse Univ. North Carolina, 1987 [cf. *DAI,* t. 48 (1987-1988), p. 2332 A-2333 A].

→ A. Piaget, *La Belle Dame sans merci et ses imitations. VI. La Belle Dame qui eut merci,* dans *Romania,* t. 33 (1904), p. 200-206. — G. Bertoni, *Liriche di Oton de Grandson, Guillaume de Machaut e di altri poeti in un nuovo canzoniere,* dans *Archivum romanicum,* t. 16 (1932), p. 1-20. — H. Braddy, *Chaucer's Book of the Duchess and Two of Granson's Complaintes,* dans *Modern Language Notes,* t. 52 (1937), p. 487-491 ; *Sir Oton de Graunson... Flour of Hem That Make in Fraunce,* dans *Studies in Philology,* t. 35 (1938), p. 10-24 ; *Chaucer and Graunson : The Valentine Tradition,* dans *PMLA,* t. 54 (1939), p. 359-368. — L. Mourin, *Le débat des Deux Grands Amis,* dans *Scriptorium,* t. 1 (1946-1947), p. 151-154. — H. Braddy, *Chaucer and the French Poet Graunson,* Baton Rouge, 1947. — A. Henry,

Une copie inconnue du « Lay de désir en complainte » d'Oton de Grandson, dans *Mél. K. Michaëlsson,* Göteborg, 1952, p. 250-255. — J.B. Severs, *The Sources of the Book of the Duchess,* dans *Mediaeval Studies,* t. 25 (1963), p. 355-362. — N.R. Cartier, *Oton de Grandson et sa princesse,* dans *Romania,* t. 85 (1964), p. 1-16 ; *Le « bleu chevalier » de Froissart et le « livre de la duchesse » de Chaucer, ibid.,* t. 88 (1967), p. 233-234 [232-252]. — F. Igly, *Oton de Grandson, chevalier-poète du* XIVe *siècle,* Sierre, 1969 (*Nouvelle Bibliothèque Travers,* 126). — J.C. Laidlaw, *An Unidentified Fragment of the « Livre Messire Ode de Granson »,* dans *Scriptorium,* t. 24 (1970), p. 53-54. — Cf. *MB* n°s 4378-4387 *bis*, 6821 ; *S* 6810, 6816, 6886, 6944-6947. S.Ci. et F.F.H.

Oustillement au vilain. Ce poème de 258 hexamètres, de la fin du XIIIe siècle, contient le plus ancien inventaire de tout ce dont le vilain a besoin dans son ménage. L'auteur ajoute des règles et des conseils pour la vie conjugale et sociale, parfois teintés d'un certain esprit satirique.

ŒUVRE. — Éd. A. de Montaiglon et G. Raynaud, dans *Recueil général des fabliaux,* Paris, 1877, t. 2, p. 148-156. — *Poèmes français sur les biens d'un ménage depuis l'Oustillement au vilain du* XIIIe *siècle jusqu'aux Controverses de Gratien du Pont,* éd. U. Nyström, Helsinki, 1940 (*Ann. Acad. Scient. Fennicae,* B 46).

→ M.-T. Lorcin, *« De l'oustillement au vilain » ou l'inventaire sans raton-laveur,* dans *Revue historique,* 1985, p. 321-339. — Cf. *GRLMA,* t. VI/2, n° 3572. — *MB* n° 6524.
A.F.L.L.

Ovide moralisé. Les 72 000 vers octosyllabiques de l'*Ovide moralisé* sont un des témoignages les plus typiques de l'immense vogue d'Ovide au cours des XIIe, XIIIe et XIVe siècles, l'*aetas ovidiana,* comme disait Traube.

Attribué à tort à Philippe de Vitri* ou à un certain « Crestiens li Gois », l'*Ovide moralisé* est, selon C. De Boer, l'œuvre d'un anonyme bourguignon (mais il pourrait bien être plutôt un homme du Centre-Ouest), qui travaillait entre 1291 et 1328. Cet auteur a traduit les quinze livres des *Métamorphoses,* tout en puisant de-ci de-là à d'autres sources, ovidiennes ou autres, et en insérant même des textes en langue vulgaire, comme *Pyrame et Thisbé**, dans le quatrième livre et, dans le sixième, *Philomena**. Chaque récit est suivi d'une interprétation qui veut exposer le sens caché de la fable, en développant pour cela, tantôt une préfiguration du *Nouveau Testament,* tantôt quelque allégorie à sens moral, historique, géographique ou scientifique.

Cette œuvre immense s'inscrit dans le cadre des interprétations allégoriques des textes de l'Antiquité, d'Ovide en particulier. Songeons à Arnoul d'Orléans*, Jean de Garlande*... Leur relecture des mythes permettait de les mettre au service d'une morale chrétienne. Pierre Bersuire* ne fit rien d'autre, lorsqu'il moralisa à son tour les *Métamorphoses* dans le livre XV de son *Reductorium morale.* Il ignorait, d'ailleurs, lors des deux premières rédactions l'existence de l'*Ovide moralisé* en vers. Ce n'est que lors de sa troisième révision (après 1350) qu'il put en tenir compte. Ensuite, au XVe siècle, l'*Ovide moralisé* fut dérimé anonymement par deux fois : la première, vers 1466-1467 par un clerc d'origine normande vivant dans l'entourage de René d'Anjou* (un ms.) ; la seconde avant 1480 (3 mss). Enfin, en 1484, Colard Mansion* édita les *Métamorphoses d'Ovide moralisées,* à partir de la seconde mise en prose ; et comme cette version est caractérisée par la suppression des moralisations, Mansion les rétablit à partir du texte latin de Bersuire, qu'il attribue à tort à Thomas Walleys. Cette édition princeps sera suivie de beaucoup d'autres (Vérard dès 1493, 1498 ?, 1507...). William Caxton, de son côté, traduisit, en 1480, la seconde version en anglais. Ce travail resta à l'état manuscrit.

La vingtaine de mss conservés des XIVe et XVe siècles de l'*Ovide moralisé* en vers, relayés aux XVe et XVIe par les impressions des textes en prose, ont permis une large diffusion de ce répertoire mythologique à un public de non latinistes ; et, par le biais des cycles d'enluminures puis des gravures, une imprégnation des mémoires par la figuration des dieux antiques. Et nombreux furent les emprunts faits à ces textes, de Guillaume de Machaut* à Geoffrey Chaucer* en passant par Christine de Pizan*, par exemple.

ŒUVRES. — *Ovide moralisé* en vers, éd. C. De Boer, Amsterdam, 5 vol., 1915-1938 (avec la collaboration, pour certaines parties, de M.G. De Boer et J.Th.M. van't Sant). — *Ovide moralisé* en prose, première rédaction, éd. C. De Boer, Amsterdam, 1954. — *The Metamorphoses of Ovid translated by William Caxton,* éd. D. Bush, New York, 1968 [texte anglais de Caxton].

→ G. Paris, *Chrétien Legouais et autres*

imitateurs d'Ovide, dans *HLF,* t. 29 (1885), p. 455-517. — E. Langlois, *Une rédaction en prose de l'Ovide moralisé,* dans *BEC,* t. 62 (1901), p. 251-255 [première rédaction]. — J. Engels, *Études sur l'Ovide moralisé,* Groningue, 1943. — H. Weinrich, *Structures narratives du mythe,* dans *Poétique,* t. 1 (1970), p. 25-34. — P. Demats, *Fabula. Trois études de mythographie antique et médiévale,* Genève, 1973 (*Public. rom. et fr.,* 122). — W.G. van Emden, *L'histoire de Pyrame et Thisbé dans la mise en prose de l'Ovide moralisé (...),* dans *Romania,* t. 94 (1973), p. 29-56 [sur les rapports des différents textes en prose ; éd. de *Pyrame et Thisbé* dans la seconde rédaction en prose]. — R. Levine, *Exploiting Ovide : Medieval Allegorizations of the Metamorphoses,* dans *Medioevo Romanzo,* t. 14, 1989, p. 197-213. — J.B. Friedman, *Eurydice, Heurodis and the Noon-Day Demon,* dans *Speculum,* t. 41 (1966), p. 22-29 [sur les miniatures]. — C. Lord, *Three Manuscripts of the Ovide moralisé,* dans *The Art Bulletin,* t. 57 (1975), p. 161-175. — Cf. *MB* n°s 5311-5318, 6992-6998, 7987-7988 ; *S* 5198, 7524-7534. A.H. et S.L.

Ovide au Moyen Âge. Au Moyen Âge, Ovide semble devenir multiforme ; ou plutôt, il subit, grâce à ses interprètes et à ses imitateurs, une sorte de transfiguration qui dépend à la fois de ses tendances internes et de l'optique médiévale. C'est ainsi qu'il sert de matière d'enseignement, d'autorité quasi philosophique, de modèle pour les écrivains de langue latine puis de langue vulgaire, et de personnage de légende. Son influence, quoique continue, s'affirme particulièrement aux XIIe et XIIIe siècles.

On lit Ovide dans les écoles, presque autant que Virgile*. On le recopie et on l'explique. Les commentaires de l'*Art d'aimer,* des *Héroïdes,* des *Fastes* et surtout des *Métamorphoses* abordent une infinité de sujets : grammaire, rhétorique, histoire, interprétation allégorique de la mythologie, morale même. Car leur originalité réside principalement dans le désir de « moraliser » Ovide. Citons, selon un ordre à peu près chronologique, Manegold de Lautenbach, Arnoul d'Orléans*, Jean de Garlande*, Pierre Bersuire*, Giovanni del Virgilio, etc. Malgré sa forme poétique, on peut rattacher à cette tradition allégorico-moralisante l'*Ovide moralisé** écrit en ancien français.

Ovide se classe ainsi parmi les autorités auxquelles se réfèrent les ouvrages didactiques de langue latine. D'Isidore de Séville* à Raban Maur*, Alexandre Nequam*, Honorius*, Hugues de Saint-Victor*, Guillaume de Conches*, Barthélemy l'Anglais*, Thomas de Cantimpré*, Alexandre de Halès*, etc., les citations admiratives se transmettent et se multiplient. On en compte plusieurs centaines dans le *Miroir du Monde* de Vincent de Beauvais* ; et elles restent nombreuses aussi bien chez un savant comme Albert le Grand* que chez des auteurs de langue vulgaire comme Brunetto Latini*. Car Ovide ne fournit pas seulement des exemples pour les études de style, d'étymologie ou de versification. On puise des généralités psychologico-morales sous forme de *sententiae* dans les *Amours,* l'*Art d'aimer* ou les poèmes de l'exil ; des récits merveilleux ou édifiants et des vérités scientifiques dans les *Fastes* et les *Métamorphoses.* On le traite expressément en philosophe, en connaisseur averti de la nature et du monde.

Mais son influence est surtout vivante dans le domaine proprement littéraire et poétique. Les écrivains de langue latine copient aisément l'hexamètre et le distique ovidiens plus souples que le vers de Virgile. Ovide est pour eux, dans ses œuvres personnelles ou mythologiques, le poète d'un amour aux formes changeantes : familier, impudent, merveilleux, dramatique etc. Il est en même temps l'un des maîtres de la poésie philosophico-scientifique, parce que les *Fastes* et les *Métamorphoses* — dont le Moyen Âge apprécie le merveilleux et l'ampleur — prétendent expliquer la création du monde et tout son devenir. Chacun à sa manière, Hildebert de Lavardin*, Marbode*, Baudri de Bourgueil*, Bernard de Chartres*, Alain de Lille*, Alexandre Nequam, Gautier de Chatillon* et beaucoup d'autres s'inspirent des poèmes d'Ovide.

Les bestiaires* de Guillaume le Clerc de Normandie* ou Philippe de Thaon* portent encore l'empreinte de ses intentions didactiques. Mais pour la plupart des écrivains de langue vulgaire, Ovide est surtout un peintre de l'amour. C'est d'abord sous le couvert des adaptations de l'*Art d'aimer* ou des *Métamorphoses* qu'on essaie de définir l'amour courtois. Ovide prête à toute la littérature européenne Pyrame et Thisbé, Philomèle, Myrrha, Narcisse, Orphée... De façon plus originale, il transmet son humour, son goût de la parodie, son sens du merveilleux, de la galanterie, ou du romanesque. On trouve la marque d'Ovide chez Boccace*, chez Dante* ou chez Geoffrey Chaucer* ; dans les fabliaux*, dans le roman d'*Eneas**, les *Lais* de Marie de France*, ou les contes de Chrétien de Troyes*, dans le *Roman de la Rose**...

L'engouement pour Ovide, qui explique seul la floraison médiévale des poèmes pseudo-ovidiens (*Pamphilus siue de amore, De Vetula,* etc.), gagne même l'imagination populaire. Dans la légende créée autour de Sulmone, Ovide fait figure de sage, de saint quelquefois, et plus généralement de magicien qui métamorphose et se métamorphose.

→ G. Paris, *Chrétien Legouais et autres traducteurs ou imitateurs d'Ovide,* dans *HLF,* t. 29 (1885), p. 455-525. — M. Manitius, *Geschichte der lateinischen Literatur des Mittelalters,* Munich, 1911-1931. — G. Pansa, *Ovidio nel medio evo e nella tradizione popolare,* Sulmone, 1924. — E.K. Rand, *Ovid and his Influence,* New York, 1925. — A. Monteverdi, *Ovidio nel Medio Evo,* dans *Atti dell'Accademia nazionale dei Lincei, Rendiconti delle adunanze solenni,* t. 5 (1957), p. 697-708. — F. Munari, *Ovid im Mittelalter,* Zurich-Stuttgart, 1960 (*Lebendige Antike*). — S. Viarre, *La survie d'Ovide dans la littérature scientifique des XIIe et XIIIe siècles,* Poitiers, 1966 (*CESCM,* 4). — P. Demats, *Fabula. Trois études de mythographie antique et médiévale,* Genève, 1973, chap. 3 (*Public. romanes et françaises,* 122). — A. Petit, *Aspects de l'influence d'Ovide sur les romans antiques du XIIe siècle,* dans Actes du colloque : *Présence d'Ovide,* éd. R. Chevallier, Paris, 1982, p. 219-240. — A. Moss, *Ovid in Renaissance France. A Survey of the Latin Editions of Ovid and Commentaries Printed in France before 1600,* Londres, 1982 (*Warburg Institute Surveys,* 7). — R.J. Hexter, *Ovid and Medieval Schooling : Studies in Medieval School Commentaries on Ovid's Ars amatoria, Epistulae ex Ponto and Epistulae Heroidum,* Munich, 1986 [répertorie les mss latins des commentaires d'Ovide]. *Bibliografia Ovidiana,* Sulmone, 1958 [répertorie les études de détail]. — G. Amielle, *Recherches sur des traductions françaises des Métamorphoses d'Ovide illustrées et publiées en France à la fin du XVe et au XVIe siècle,* Paris, 1989 (*Caesarodunum, Textes et images de l'Antiquité,* 1). — Cf. *MB* nos 1072-1085, 1735, 2750-2758, 5311-5318, 6992-6998, 7712 ; *S* 2134, 2214-2233, 2807, 2824, 3774, 4997-5003, 5247, 5270, 5332, 5550-5551, 7003, 7515-7518, 7524, 7574.

Pour les traductions et adaptations, voir : *Ovide moralisé, Arts d'aimer,* Octovien de Saint-Gelais, *Histoire ancienne jusqu'à César, Pyrame et Thisbé, Philomena, Narcisse.* S.V.

P

Païen de Maisières. Voir : *Demoiselle a la mule.*

Paix aux Anglais, Charte de la paix aux Anglais, Nouvelle charte de la paix aux Anglais. Ce sont trois textes politiques et satiriques écrits au XIIIe siècle et en jargon, et qui peuvent être datés assez exactement. Le premier morceau remonterait au traité signé à Paris par Louis IX et Henri III en 1258, à moins qu'il ne soit un peu plus tardif et de la même époque que le second texte. Celui-ci date du 17 avril 1264, au moment où Henri III, menacé dans son propre pays par ses barons, passa un accord avec saint Louis. Le troisième texte est daté de 1299, année du traité de Montreuil entre Philippe le Bel et Edouard Ier, qui mettait fin à la guerre entre les deux rois. La *Paix aux Anglais* se présente comme un poème de vingt-deux quatrains monorimes en alexandrins (un Anglais y décrit, moitié racontant, moitié mimant, un grand conseil tenu par le roi d'Angleterre), alors que les deux textes suivants sont en prose et affectent la forme parodique des proclamations de traités de paix faites par les hérauts d'armes sur les places publiques. Ces trois textes ont les mêmes caractéristiques : prononciation étrange, barbarismes et emprunts directs à l'anglais, formant une langue pleine de double sens, peu facile à comprendre mais parfois fort drôle.

ŒUVRES. — Les trois textes : éd. dans E. Faral, *Mimes français du XIIIe siècle,* Paris, 1910, p. 32-50. — *Paix aux Anglais* et *Charte de la paix aux Anglais :* éd. dans A. Jubinal, *Jongleurs et trouvères,* Paris, 1835, p. 170-176 ; réimp. Genève, 1977. — *Paix aux Anglais,* éd. dans P. Rickard, *Britain in Medieval French Literature 1100-1500,* Cambridge, 1956 [reprend le texte de Faral].

→ E. Lalou, *Les textes en jargon franco-anglais du XIIIe au XVe siècle,* dans *La France anglaise au Moyen Âge. Actes du 111e congrès national des Sociétés savantes, Poitiers, 1986,* Paris, 1988, t. 1, p. 550-551. — Molinier no 2638, 2945. — Cf. *MB* nos 2606, 2608, 2609.

G.T.L.

Palaizi. Voir : Tomier et Palaizi.

Palamède. Voir : *Guiron le Courtois.*

Parise la Duchesse. Voir : *Geste de Nanteuil.*

Partimen. Le *partimen,* ou *joc-partit,* est, dans la littérature occitane du Moyen Âge, un genre littéraire dialogué voisin de la chanson. Il est, lui aussi, un débat, une discussion entre deux interlocuteurs ; mais il n'y a ici aucun autre choix en dehors de l'alternative offerte par l'un des deux interlocuteurs. En voici quelques exemples : Qu'est-ce qui vaut mieux, la science ou l'amour ? — Quels sont ceux qui valent mieux, les Catalans (il s'agit ici des méridionaux en général, des Occitans) ou les Français ? — Vaut-il mieux épouser une veuve ou une jeune fille ? On s'est demandé si les *partimens* étaient l'œuvre de deux auteurs différents ou d'un seul, s'ils étaient improvisés.

Le *partimen* aurait pénétré d'Occitanie en France du Nord par le Poitou.

Le *partimen* est soumis aux mêmes règles que la *canso**. Agréable passe-temps, dédaigné par les poètes de quelque renom, il fut en faveur auprès des jongleurs et des poètes de salon.

→ S. Neumeister, *Das Spiel mit der höfischen Liebe : das altprovenzalische « Partimen »,* Munich, 1969 ; *Le classement des genres lyriques des troubadours,* dans *Actes du 6e congrès de langue et littérature d'Oc, RLR* (1971), t. 2, p. 401-415. — C. Rostaing, *Le « partimen » de Guionet et Raimbaut et son prolongement possible chez les trouvères,* dans *Mél. C.T. Gossen,* Berne-Liège, 1976, p. 769-776. — R.A. Taylor, *La littérature occitane du Moyen Âge,* Toronto, 1977, nos 219-221 [bibliogr. sélective]. — M.A. Bossy, *Aimeric de Peguilhan's Partimens,* dans *Neuphilologische Mitteilungen,* t. 80 (1979), p. 123-132. — E. Köhler, *Partimen (« Joc partit »),* dans *GRLMA,* t. II/1, no 5, Heidelberg, 1979, p. 16-32. — C. Camproux, *On the Subject of an Argument Between Elias and His Cousin,* dans *The Interpretation of*

Medieval Lyric Poetry, éd. W.T.H. Jackson, New York, 1980, p. 61-90. — G.M. Cropp, *The « Partimen » Between Folquet de Marseille et Tostemps, ibid.,* p. 91-112. — J.H. Marshall, *Pour l'étude des « Contrafacta » dans la poésie des troubadours,* dans *Romania,* t. 101 (1980), p. 289-335. — M. Shapiro, *« Tenson » et « partimen », la « tenson » fictive,* dans *Atti del 14e Congresso intern. di Linguistica e Filologia romanza,* Amsterdam, 1981, p. 287-301. — R. Schnell, *Zur Entstehung des altprovenzalichen dilemmatischen Streitgedichts,* dans *GRM,* t. 33 (1983), p. 1-20 [« partimen » et « jeu-parti » apparaissent simultanément]. — J.H. Marshall, *Deux partimens provençaux du chansonnier T,* dans *Mél. A. Roncaglia,* Modène, 1989, 3, p. 809-817 [éd. PC 35, 1 = 139, 1 et 13, 1 = 436, 2]. J.S.

Partonopeus de Blois. Le roman d'aventure anonyme de *Partonopeus de Blois,* composé probablement avant 1188, a joui au Moyen Âge d'un succès large et durable. C'est un énorme récit de quelque 20 000 vers dans sa forme complète, gonflé de plusieurs éléments venus s'ajouter à un noyau primitif. Son influence se retrouve dans d'autres romans français et, du XIIIe au début du XVIe siècle, il a été traduit ou adapté en six langues : allemand, néerlandais, anglais, danois, islandais et espagnol. Ce roman satisfaisait au goût du public courtois du Moyen Âge, narrant une histoire d'amour et d'aventures surprenantes, embellie de descriptions pittoresques des splendeurs de la vie chevaleresque, et d'analyses détaillées des souffrances amoureuses du héros.

Partonopeus, neveu du roi de France Clovis, après s'être égaré au cours d'une chasse au sanglier dans les Ardennes, est transporté par un bateau magique au château de la fée Melior. Elle se glisse dans son lit à la faveur de l'obscurité, lui expliquant qu'elle a combiné cette aventure pour l'épouser. Comme il est trop jeune pour être chevalier, le mariage doit être différé, mais en attendant elle lui rendra visite de nuit, s'il jure de ne jamais chercher à la voir. Après un intermède de félicité auprès de Melior, il s'en retourne défendre la France attaquée. Sa mère, cependant, le persuade de manquer à son serment et lui donne une lanterne pour voir son amie. Melior alors le chasse, car il lui a fait perdre par là ses pouvoirs magiques. Il erre dans la forêt en humeur de suicide, jusqu'à ce qu'il soit réconforté par une sœur de Melior. En fin de compte, après beaucoup d'aventures dramatiques, il défait les autres prétendants de Melior dans un tournoi et gagne ainsi sa main.

Les grandes lignes du récit et beaucoup de ses épisodes dérivent d'un ensemble de sources, celtiques à l'origine, en ce qui concerne l'union d'un héros avec une fée qui lui impose un tabou. Un proche modèle se trouve dans des lais* bretons tels que *Graëlent*, et *Guingamor* et *Lanval* de Marie de France*, ainsi que dans certains épisodes de romans arthuriens où intervient la fée Morgain. Dans ces récits, la fée défend à son amant de parler d'elle ; la variante que nous avons dans *Partonopeus* — le héros ne doit pas la voir — et la façon dont le héros contrevient à l'interdiction en employant une lanterne attestent l'influence du mythe de Psyché. L'auteur s'est inspiré aussi du roman d'*Eneas** et du *Roman de Thèbes** pour les descriptions brillantes de la vie de cour et la relation minutieuse d'un amour romanesque. L'auteur, avec un art consommé, entremêle de nombreux thèmes : antique, épique, historique, oriental, agrémentés de merveilleux. À partir de ces divers éléments, il a composé un récit qui garde encore aujourd'hui beaucoup de son charme.

ŒUVRE. — Éd. J. Gildea, *Partonopeu de Blois,* Villanova (Penn.), vol. 1, 1967 ; vol. 2, part 1, 1968 ; part 2 [avec intro. de L. Smith], 1970.

→ A. Moret, *Partonopeus de Blois, conte de fée et roman de chevalerie, dans la littérature européenne du Moyen Âge,* Lille, 1933. — H. Newstead, *The Traditional Background of Partonopeus de Blois,* dans *PMLA,* t. 61 (1946), p. 916-940, avec suite par L.M. McCobb, *The Traditional Background of Partonopeu de Blois. An Additional Note,* dans *Neophilologus,* t. 60 (1976), p. 608-610. — S.P. Uri, *Some Remarks on Partonopeus de Blois, ibid.,* t. 37 (1953), p. 83-98. — T.H. Brown, *The Relationship between Partonopeus de Blois and the Cupid and Psyche Tradition,* dans *Brigham Young University Studies,* t. 5 (1964), p. 193-202. — J.L. Grigsby, *The Narrator in Partonopeu de Blois, Le Bel Inconnu and Joufroi de Poitiers,* dans *Romance Philology,* t. 21 (1967-1968), p. 536-543. — C. Bercovici-Huard, *Partonopeus de Blois et la couleur byzantine,* dans *Senefiance,* n° 11 (1982), p. 177-196. — L. Harf-Lancner, *Les fées au Moyen Âge. Morgane et Mélusine. La naissance des fées,* Paris, 1984 (*Nouvelle Bibl. du Moyen Âge,* 8). — P.M. Joris, *Note sur le noir dans le Partonopeu de Blois,* dans *Senefiance,* n° 24 (1988), p. 141-152. — A. Fourrier, *Le courant réaliste dans le roman courtois en France au Moyen Âge,* Paris, 1960,

p. 315-446. — Cf. *GRLMA*, t. IV/2, n° 372 ; t. IV/1, p. 98, 104, 108, 118, 119, 120, 274-276, 277, 439. — *MB* n° 1381-1387 *bis*, 6252 ; *S* 2034, 2052, 2062, 2076, 2441, 2464-2471. He.N.

Pas Salhadin. Poème de 611 octosyllabes du XIIIe siècle glorifiant le rôle du roi Philippe Auguste pendant la troisième croisade : la cité sainte a été conquise par trahison, mais le roi, aidé de douze chevaliers, retient les Sarrasins dans un défilé étroit et les met hors de combat ; Jérusalem est reconquise. Cette légende a pour origine les exploits de Richard Cœur de Lion à la bataille de Jaffa.

ŒUVRE. — Éd. F.E. Lodeman, dans *MLN*, t. 12 (1897), p. 21-34, 84-96, 209-229, 273-281.

→ R.S. Loomis, *The Pas Saladin in Art and Heraldry*, Princeton, 1954. — Cf. *MB* nos 6664, 7808 ; *S* 6033. I.W.

Paschase Radbert. Né vers 790, Radbert fut élevé à Soissons par les moniales bénédictines de Notre-Dame puis par les moines de Saint-Pierre et tonsuré dès l'enfance. Plus tard, il ajoutera à son nom germanique le surnom latin de Paschase, usage fréquent à l'époque. Après avoir vécu quelque temps dans le monde, il entra à l'abbaye de Corbie dont Adalhard*, cousin de Charlemagne, était abbé. Devenu moine avant 812, il reçut son instruction aux écoles du monastère sous la conduite d'Adalhard († 826), puis de son frère Wala († 836), avant d'en prendre lui-même la direction et eut Ratramne* pour disciple. Par humilité, il refusa toujours la prêtrise, et resta diacre. En 822, il participa avec Adalhard à la fondation de l'abbaye de Corvey en Saxe. En 843-844, il fut élu abbé de Corbie et, à ce titre, prit part aux conciles régionaux de Paris (847), où il obtint un privilège consacrant les libertés de son abbaye, et de Quierzy (849) qui prononça une deuxième condamnation de Godescalc* pour sa doctrine de la prédestination. À la suite de difficultés rencontrées et avec Charles le Chauve et dans sa communauté, Radbert se démit de sa charge et se retira à l'abbaye de Saint-Riquier. Peu de temps après, il revint à Corbie comme simple moine et se consacra aux travaux intellectuels qu'il avait dû en partie abandonner au cours de son abbatiat. Il y bénéficiait de l'importante bibliothèque de l'abbaye qui devait marquer son œuvre. Il mourut à une date indéterminée, vers 860. Du vivant de Radbert, Engelmodus composa un éloge en vers à sa gloire. Une *Vita brevis* fut écrite par un moine anonyme de Corbie, probablement peu après 1058, date de l'élévation solennelle du corps de Radbert.

L'œuvre de Radbert est abondante et variée. Peu après la mort d'Adalhard, voulant laisser aux moines de Corbie et de Corvey un mémorial de leur ancien abbé et un exemple à suivre, Radbert inaugure une nouvelle forme d'hagiographie, sans récits de miracles ni détails biographiques, mais étudiant la spiritualité de son héros et les valeurs qu'il avait incarnées, utilisant la Bible, les Pères de l'Église, Boèce*... La *Vita S. Adalhardi* est accompagnée d'une *Ecloga duarum sanctimonialium*, élégie sous forme de dialogue entre Galathée (Corbie) et Philis (Corvey). Radbert est ainsi revenu à la littérature de Consolation chrétienne restée inexplorée jusqu'à l'époque carolingienne. L'*Exaggeratio*, abrégé de cette *Vie*, a vraisemblablement été rédigée, à la demande de Gérard de la Sauve-Majeure, par l'auteur anonyme de la *Vita brevis* avec laquelle elle présente de nombreuses analogies. L'*Epitaphium Arsenii* ou *Vita Walhae*, en deux livres écrits, l'un peu après 825, l'autre après la résignation de Radbert, emprunte la forme du dialogue, unique dans la littérature carolingienne et bien adaptée à l'exposition d'opinions divergentes, le sujet étant, en effet, particulièrement délicat à traiter. Cette œuvre est pleine d'allusions aux événements de l'époque et de sévères critiques de la cour et de la politique royale. Les protagonistes en sont, sous des noms d'emprunt, Paschase et des moines de Corbie. Ces œuvres, destinées au seul public des moines de Corbie et Corvey, eurent une diffusion restreinte. Le *De passione ss. Rufini et Valerii* est une révision littéraire de l'ancienne *Passio* de ces deux saints martyrs de la région, exécutée par l'abbé de Corbie à la demande des habitants de Bazoches, près de Soissons. Radbert a été un des plus grands exégètes de son temps, à la fois par son érudition et par son jugement personnel. L'*Expositio in evangelium Matthaei*, en 12 livres, est son œuvre exégétique la plus importante. Il y introduit des homélies prêchées longtemps auparavant. Les livres 1-4 furent écrits avant 831, et les livres 5-12, au cours des dernières années passées à Corbie. Ils contiennent de nombreuses citations patristiques et des allusions aux événements contemporains. Dans l'*Expositio in Psalmum 44,* en trois livres, dédiée à l'abbesse de Notre-Dame de Soissons, Radbert propose aux moniales l'idéal de la Vierge et rappelle sa propre éducation dans leur monastère. L'*Expositio in Threnos* est, avec celui de Raban Maur*, le seul commentaire de cette époque sur les Lamentations de Jérémie. Il date des dernières années de la vie de Radbert et contient des allusions à l'invasion des Normands de 856. Le *De fide, spe et caritate* (840-856), composé à la demande de Warin, abbé de Corvey, pour l'instruction de ses novices, s'appuie sur de nombreux textes bibliques et patristiques. Le *De benedictionibus Patriarcharum,* conservé dans un unique ms. (Reading, Publ. Libr. 40.47), inédit à l'exception du prologue et du début, a été attribué avec vraisemblance à Paschase. Il a été rédigé à la demande de Marcward, abbé de Prüm, de 822 à 853, complété après la mort de celui-ci et dédié à son successeur Eigel (853-860). L'auteur y étudie les bénédictions prophétiques de Jacob et Moïse, dans la Genèse et l'Exode. Radbert fut également l'un des plus grands théologiens du Haut Moyen Âge. Son principal ouvrage théologique est le *De corpore et sanguine Domini,* écrit vers 831-833 à la demande de Warin, abbé de Corvey. Ce fut la première étude systématique de théologie consacrée à l'Eucharistie. Il le révisa vers la fin de 843 pour l'offrir à Charles le Chauve et fut attaqué par Godescalc et Raban Maur qui, en fait, portaient des jugements erronés sur sa doctrine. On attribue également à Ratramne de Corbie*, son ancien disciple, une polémique contre Radbert. Paschase composa aussi plusieurs écrits de théologie mariale, notamment le *De Assumptione,* lettre, souvent désignée par ses premiers mots : *Cogitis me,* que Radbert adressa aux moniales de Notre-Dame de Soissons, mais qui a longtemps passé pour une œuvre de saint Jérôme (*ep. 9*), à qui Radbert l'avait fictivement attribuée. Cette lettre *Cogitis me* constitue un témoignage important de la théologie et de la piété mariales au Moyen Âge. Dans le *De partu Virginis* dédié (854) aux moniales de Notre-Dame de Soissons qui l'avaient interrogé à ce sujet, et complété par un second livre, Radbert défend la virginité perpétuelle de Marie, notamment au moment de l'enfantement du Christ. Le *De Nativitate Mariae* a été attribué à Radbert par dom C. Lambot. Il s'agit d'une rédaction plus correcte et plus brève de l'évangile du pseudo-Matthieu, précédée de deux lettres de Radbert, qui n'en font qu'une, selon Lambot. Trois homélies sur l'Assomption attribuées à Ildefonse de Tolède († 667) ont été en réalité prononcées par Radbert devant les moniales de Notre-Dame de Soissons. La source de la première se trouve dans le sermon 4 du pseudo-Ildefonse, qui est peut-être également de Radbert.

ŒUVRES. — Éd. : *PL,* t. 120 [incomplète]. — *Ecloga duorum sanctimonialium :* éd. R.P.H. Green, *Seven Versions of Carolingian Pastoral,* Reading, 1980, p. 21-25 et 94-98. — Trad. angl. : A. Cabaniss, *Charlemagn's Cousins. Contemporary Lives of Adalard and Wala,* Syracuse (USA), 1967. — *Expositio in Matthaei Evangelium :* B. Paulus, 3 vol., Turnhout, 1984 (*CCCM,* 56, 56A, 56B) ; *Expositio in Lamentationes Hieremiae : ibid.,* 1988 (*CCCM,* 85B). — *De benedictionibus Patriarcharum :* P. Blanchard dans *Revue Bénédictine,* t. 28 (1911), p. 425-432. — *De fide, spe et caritate :* B. Paulus, Turnhout, 1990 (*CCCM,* 97). — *De Corpore et Sanguine Domini :* B. Paulus, 1969 (*CCCM,* 16). — *De partu Virginis :* E.A. Matter, Turnhout, 1985 (*CCCM,* 56C, p. 5-96). — *De Assumptione :* A. Ripberg, Turnhout, 1985 (*CCCM,* 56C, p. 97-172). — *De nativitate Mariae : PL,* 30, col. 297-305 [les 2 lettres qui précèdent le texte sont éd. par C. Lambot dans *Revue Bénédictine,* t. 46 (1934), p. 277-278]. — *Sermones : PL* 96, col. 235-236, 239-59. — *Vita s. Radberti :* O. Holder-Egger, *MGH, Script.,* 15, 1, p. 452-454.

→ Dom P.-N. Grenier, *Paschase Radbert, Étude sur sa vie et ses écrits,* dans *Analecta iuris pontifici,* 15e série, 1876, p. 385-400 ; *Histoire de la ville et du comté de Corbie des origines à 1400,* Amiens-Paris, 1910 (*Soc. des Antiq. de Picardie*). — C. Rodenberg, *Der Vita Walae als historische Quelle,* Göttingen, 1877. — H. Peltier, *Paschase Radbert, abbé de Corbie,* Amiens, 1938. — H. Barré, *La lettre du pseudo-Jérôme sur l'Assomption est-elle antérieure à Paschase Radbert ?* dans *Revue Bénédictine,* t. 68 (1958), p. 63-123 et 203-225. — H. Weisweiler, *Paschasius Radbertus als Vermittler des Gedankengutes der karolingischen Renaissance in den Matthäus-kommentare des Kreises um Anselm von Laon,* dans *Scholastik,* n° 35 (1960), p. 363-402 ; 503-536. — G. Mathon, *Paschase Radbert et l'évolution de l'humanisme carolin-*

gien..., dans *Corbie, abbaye royale* (13e centenaire), Lille, 1963, p. 135-155. — R. Maloy, *The Sermonary of St Ildefonsus of Toledo,* dans *Classical Folia,* n° 25 (1971), p. 137-199, 243-301. — J.-P. Bouhot, *Ratramne de Corbie. Histoire littéraire et controverses doctrinales,* Paris, 1976, p. 117-149 ; *Extraits du « De corpore et sanguine » de Paschase Radbert, sous le nom d'Augustin,* dans *Recherches Augustiniennes,* n° 12 (1977), p. 119-173. — D. von der Nahmer, *Die Bibel im Adalhardleben des Radbert von Corbie,* dans *Studi medievali,* n° 23 (1982), p. 15-83. — H. Silvestre, *Nouvelles éditions de Paschase Radbert* dans *Scriptorium,* n° 42 (1988), p. 115-118. — D. Ganz, *The « Epitaphium Arsenii » and Opposition to Louis the Pious,* dans *Charlemagn's Heir...*, Oxford, 1990, p. 537-550 ; *Corbie in the Carolingian Renaissance,* Sigmaringen, 1990 [bibliogr. abondante]. — Cf. *HLF,* t. 6 (1866), p. 287-314, 769-770. — Molinier, n° 761. — Manitius, t. 1, p. 401-411. — R. Grégoire, dans *DS,* t. 12 (1983), col. 295-301. — J.-P. Bouhot, dans *Catholicisme,* t. 10 (1985), col. 727-729.

M. d'H.

Passebeauté et Cardenois (Roman de). Ce roman d'aventure de la fin du XIVe siècle, conservé dans un seul manuscrit madrilène mutilé au début et à la fin, débute avec la naissance du prince Cardenois. Sept bonnes fées lui donnent sagesse, courtoisie, hardiesse, beauté... tandis qu'une « faulce vielle » vient lui prédire « paine et travaill ». De fait, il connaîtra des amours traversées pour une princesse d'outre-mer : Passebeauté. Son compagnon Bruniffort s'éprendra, lui, de la suivante : Liesse. Il convient donc de rectifier le titre jusqu'alors reçu : *Liesse et Cardenois*.

Ce texte en prose présente des insertions lyriques. La technique n'est pas neuve, mais les pièces insérées ici appartiennent toutes à Guillaume de Machaut* (elles furent composées entre 1342 et 1365). Bien plus, la longue description de Passebeauté est démarquée d'un passage du *Jugement dou roy de Behaigne.* Tout cela témoigne, s'il en était encore besoin, du retentissement de l'œuvre du poète en son temps.

Par ailleurs, on a remarqué l'importante présence de la Catalogne dans ce texte. Le nom du héros renvoie à la grande famille des Cardona, dont un membre, Aliénor, mariée vers 1338 à Huguet de Cervello, fait, par le biais d'une comparaison, une apparition fugitive. Or cette famille de Cardona est présente dans d'autres romans français de la même époque : *Melusine* de Jean d'Arras*, le *Petit Jehan de Saintré* d'Antoine de La Sale*, le roman du *Comte d'Artois**. On a ainsi un nouvel indice des liens culturels et politiques existant entre les royaumes de France et de Catalogne à la fin du Moyen Âge.

ŒUVRE. — Éd. M. Cocco, Bologne, 1975 (*Testi,* 6).

→ M. Cocco, *L'inedito Roman de Cardenois e la fortuna di Guillaume de Machaut,* dans *Cultura neolatina,* t. 31 (1971), p. 125-153. — G.B. Speroni, *Una rilettura del Roman de Cardenois...*, dans *Medioevo Romanzo,* t. 4 (1977), p. 110-134. — A.-M. Holzbacher, *Elementos histórico-geográficos en el Roman de Passebeauté et Cardenois...* dans *Boletín de la Real Academia de Buenas Letras de Barcelona,* t. 39 (1983-1984), p. 177-190. — Cf. *MB S* nos 6651-6652.

S.L.

Passion de Jésus-Christ, dite ***Passion de Clermont***. Ce poème de 516 octosyllabes assonancés deux à deux, réunis en couplets de quatre, représente le plus ancien récit roman de la Passion, conçu pour être chanté par un seul exécutant ; le premier couplet, accompagné d'une notation en neumes, donne le modèle de la mélodie. La narration, qui suit de près le récit évangélique, repose sur une combinaison, dont on n'a pas trouvé d'autres exemples, des quatre Évangiles et du début des Actes. Elle comprend non seulement la Passion du Christ, mais aussi les épisodes qui l'ont précédée et suivie du Dimanche des Rameaux à la Pentecôte. Très sobre, elle ne manque cependant pas d'efficacité littéraire. Mais c'est la langue du poème qui a surtout été étudiée. Elle est remarquable par son archaïsme. F. Diez voyait dans notre poème l'œuvre d'un poète d'oïl vivant non loin des pays d'oc, et écrivant pour un public capable de comprendre et d'apprécier les formes méridionales dont il se sert à l'occasion. Sa langue, purement littéraire, ne correspondrait à aucun dialecte particulier. G. Lücking attribuait les formes méridionales au copiste ; G. Paris, plus prudent, estimait que le mélange linguistique atteint un degré d'homogénéité tel, qu'il soit dû à l'auteur ou à un copiste, qu'il est devenu pratiquement impossible de faire le départ entre éléments linguistiques originaux et éléments surajoutés. Il semble plus juste à l'heure actuelle d'y voir, après D'A.S. Avalle, une langue interrégionale du Poitou, avec des traits d'oc. C'est en Auvergne, à Clermont, que la copie unique qui nous a conservé la *Passion,* et avec elle la *Vie de saint Léger**, a été exécutée, par quatre mains différentes. Nous savons en effet que le *Liber glossarum* dans les feuillets inoccupés duquel ont été recopiés, à la fin de certains cahiers, un petit nombre d'œuvres versifiées latines de contenu non liturgique et nos deux poèmes en langue vulgaire, faisait partie entre 980 et 1010 du « trésor » de la cathédrale de Clermont. Il passa plus tard à la bibliothèque capitulaire, où il se trouvait toujours à la veille de la Révolution. Un des poèmes latins insérés se rapporte à des événements de 943 ; nos poèmes en langue vulgaire, qui se trouvent recopiés plus bas, ont probablement été insérés plusieurs années au moins après cette date, sinon même au début du XIe siècle.

ŒUVRE. — Éd. G. Paris, dans *Romania,* t. 2 (1873), p. 295-314 et dans *Les plus anciens monuments de la langue française (IXe, Xe siècles),* Paris, 1875 (*SATF*) [album de facsimilés]. — Éd. E. Stengel, dans *Die ältesten französischen Denkmäler,* 2e éd., Marbourg, 1901 (*Ausgaben und Abhandlungen,* 11). — Éd. W. Foerster et E. Koschwitz, dans *Altfranzösischer Uebungsbuch...,* 7e éd. par A. Hilka, 1932. — Éd. D'A.S. Avalle, *Cultura et lingua francese delle origini nella Passion di Clermont-Ferrand,* Milan, 1962.

→ G. De Poerk, *Les plus anciens textes de la langue française comme témoins de l'époque,* dans *RLR,* t. 27 (1963), p. 1-34 ; *Le ms. Clermont-Ferrand 240 (anc. 189), les « Scriptoria » d'Auvergne et les origines spirituelles de la Vie française de Saint Léger,* dans *Scriptorium,* t. 18 (1964), p. 11-33. — D'A.S. Avalle, *Protostoria delle lingue romanze (dal sec. VII ai Giuramenti di Strasburgo e con particolare riguardo al territorio gallo-romanzo)...,* Turin, 1965 ; *Quelques problèmes à résoudre dans la critique textuelle de la Passion,* dans *Romance Philology,* t. 19 (1965), p. 276-278. — T.D. Hemming, *Problems of the Clermont-Ferrand Passion Narrative,* dans *Medium Aevum,* t. 35 (1966), p. 43-48. — J. Rychner, *Observations sur le style des deux poèmes de Clermont : la Passion du Christ et la Vie de saint Léger,* dans *Mél. R.R. Bezzola,* Berne, 1978, p. 353-371. — W. Dietrich, *Die Sprachhistorische Bedeutung der Clermonter-Passion,* dans *Mél. H. Lausberg,* Stuttgart, 1987, p. 28-39. — R.N. Illingworth, *The Structure of the Passion of Clermont-Ferrand,* dans *Medium Aevum,* t. 57 (1988), p. 274-284. — Cf. *GRLMA,* t. I, n° 45, et p. 469, 473-476, 480, 566, 571, 582. — *MB* nos 2-5, 31, 32, 6023 ; *S* 591, 642, 646. G.D.P.

Passion des jongleurs. Les premières Passions dramatiques de langue française (*Mystère de la Passion du Palatinus** et *Mystère de la Passion d'Autun**) ont pour source principale un texte narratif connu sous le nom de *Passion des jongleurs.* Il s'agit d'un poème narratif anonyme en octosyllabes à rimes plates datant de la fin du XIIe ou du début du XIIIe siècle, qui aurait pu faire partie du répertoire des jongleurs. Sa popularité et son influence paraissent certaines, à en juger par le nombre de mss (environ 26) et de versions conservés. Ces récits commencent le plus souvent par l'entrée à Jérusalem et la préparation de la Cène, racontant ensuite l'institution des sacrements, la trahison de Judas, la crucifixion, le miracle de Longin, la résurrection et la descente aux Enfers. Les sources sont les Évangiles canoniques, mais aussi des récits apocryphes comme l'Évangile de Nicodème. La *Passion des jongleurs,* produite probablement par un auteur qui appartenait à un milieu clérical, se situe à la frontière entre genre narratif et genre dramatique, les jongleurs usant déjà de procédés semi-dramatiques.

ŒUVRE. — *La Passion des Jongleurs, Texte établi d'après la Bible des sept estaz du monde de Geufroi de Paris (BN, fr. 1526),* éd. A. Joubert Amari Perry, Paris, 1981. — F. Foster, *The Northern Passion,* Londres, 1913 (éd. de la version anglo-normande).

→ G. Frank, *Vernacular Sources and an Old French Passion Play,* dans *Modern Language Notes,* t. 35 (1920), p. 257-269. — S. Sticca, *The Latin Passion Play : its Origins and Development,* Albany, 1970. — Cf. *MB* nos 5708-5712. G.H.

Pastoralet. Bourguignons et Armagnacs sont dans cette œuvre des bergers qui se disputent le pouvoir dans le « hault bois » (Paris) et le « pourpris » (le royaume de France). Rédigée en octosyllabes et divisée en vingt chapitres, elle compte aussi une quinzaine de pièces lyriques (rondeaux, ballades, lais...). On peut dater le texte, conservé par un unique manuscrit, entre 1422 et 1425. L'auteur, qui se cache sous le nom de Bucharius, n'est pas autrement connu. Voir sous ce pseudonyme un boucher de la révolte cabochienne de 1413 n'est pas sérieux. En revanche, l'on peut affirmer l'origine picarde (région de Saint-Pol) de l'écrivain. D'ailleurs Bucharius dit avoir utilisé la Chronique de l'abbaye de Cercamp. Autre source avouée : les *Grandes Chroniques de France**. Mais une comparaison des textes tend à infirmer ce renseignement. Par contre, l'auteur a lu et utilisé Jean Froissart* ; peut-être aussi les *Justifications* de Jean Petit* et le *Songe véritable* (pamphlet politique en vers, écrit en 1406).

Au-delà de ces sources, le modèle essentiel et structurant de tout le texte est celui de la pastorale. Or, ce modèle est dualiste et conduit à un schématisme moral des personnages (les bons, les méchants) qu'illustre l'étymologie des noms propres, connotée négativement : Tristifer (Louis d'Orléans), Belligère (Isabeau de Bavière) ou neutre et, partant, positive : Florentin (Charles VI), Léonet (Jean sans Peur).

Du fait même de cette bipolarité, un certain nombre d'acteurs historiques ont été exclus (le peuple et ses révolutions) ou mis à la marge (les Anglais sont confinés dans trois chapitres). On peut donc remettre en cause le statut d'œuvre de propagande que l'on a toujours attribué au *Pastoralet*. S'il a bien été écrit « principalement a l'onneur et loenge de tres noble et tres exellent princhе Jehan, duc de Bourgongne », le texte se trouve détourné d'un discours purement politique par la pastorale qui oscille entre le réel et la tentative de s'en évader. Le *Pastoralet*, s'il est une œuvre de circonstance, est donc aussi une fiction.

ŒUVRE. — Éd. J. Blanchard, Paris, 1983.

→ J. Blanchard, *La Pastorale en France aux XIVe et XVe siècles*, Paris, 1983 (*Bibliothèque du XVe siècle*, 45) [particulièrement le chap. 4, p. 147-235]. — J.-M. Dequeker-Fergon, *L'histoire au service des pouvoirs. L'assassinat du duc d'Orléans*, dans *Médiévales*, t. 10 (1986), p. 51-68. — On trouvera une éd. presque complète du *Songe véritable* due à H. Moranvillé dans *Mémoires de la Soc. de l'Hist. de Paris et de l'Île-de-France*, t. 17 (1890), p. 217-438. — Cf. *MB* nos 5194-5195 ; *S* 8035. S.L.

Pastorela. Ce genre littéraire de la littérature occitane du Moyen Âge semble, de prime abord, d'origine populaire. Il s'agit là, en effet, du poète qui, en voyage, rencontre une bergère, généralement jeune et avenante, et lui offre son amour. La réplique de la pastoure et la suite du dialogue montrent que la bergère a trop d'esprit et de finesse pour une fille des champs. Même si l'origine du genre a pu être populaire, car, au fond, il y a un débat, il fallait bien que le genre évoluât pour plaire à la société courtoise et raffinée dans laquelle vivaient les troubadours.

La forme dialoguée a permis aux auteurs de donner aux « pastourelles » un tour dramatique, et Guiraut Riquier* en a laissé six qui constituent une sorte de roman. Dans les « pastourelles » françaises, formées sur le modèle des *pastorelas* occitanes vers le milieu du XIIIe siècle, les bergères écoutent les sollicitations des poètes et des rois et finissent par succomber, tandis que dans les *pastorelas* occitanes, ce sont les bergères qui bernent leurs flatteurs.

La littérature occitane compte une trentaine de *pastorelas* ou *pastoretas*. Au XIVe siècle, on écrivit, sur le modèle des *pastorelas*, des compositions désignées par des noms différents suivant les animaux gardés par la femme ; ainsi les *Leys d'Amors** citent une « pastourelle » dénommée *porqueira*.

→ J. Audiau, *La Pastourelle dans la poésie occitane du Moyen Âge*, Paris, 1925. — P. Zumthor, *Langue et technique poétiques à l'époque romane (XIe-XIIe siècle)*, Paris, 1963, p. 145-150. — W. Engler, *Beitrag zur Pastourellen-Forschung*, dans *ZRPh*, t. 74 (1964), p. 22-39. — A. Biella, *Considerazioni sull'origine e sulla diffusione della « pastorella »*, dans *CN*, t. 25 (1965), p. 236-267. — M. Zink, *La pastourelle. Poésie et folklore au Moyen Âge*, Paris, 1972. — E. Köhler, *La pastourelle dans la poésie des troubadours*, dans *Mél. F. Lecoy*, Paris, 1973, p. 279-292. — M. Radcliffe et G. Halligan, *Étude du genre de la pastourelle*, dans *Journal of the Australian Universities Language and Literature Association*, t. 44 (1975), p. 220-246. — J.-P. Diény, *Pastourelles et magnanarelles. Essai sur un thème littéraire chinois*, Genève, 1977. — E. Schulze-Busacker, *L'exorde de la pastourelle occitane*, dans *CN*, t. 38 (1978), p. 222-232 [sur les débuts printaniers]. — E. Köhler, *Les genres lyriques*, dans *GRLMA*, t. II/1, fasc. 5, Heidelberg, 1979, p. 33-43. — Cf. *MB* nos 2267-2278 ; *S* 4414-4426. J.S.

Pastourelle. Voir : *Lyrique (Poésie)*.

Pater. Enseigné par le Christ lui-même à ses disciples, d'où son nom : « Prière du Seigneur » ou « Oraison dominicale », le *Notre Père* a été transmis en deux versions différentes par Mathieu (6, 9-13 : sept demandes) et Luc (11, 2-4 : cinq demandes).

Les Pères de l'Église ont commenté le *Notre Père* dans des traités généraux sur la prière (Tertullien, Origène), des écrits à la fois exégétiques et spirituels (Jérôme, Augustin), des homélies (Grégoire de

Nysse, Jean Chrysostome), particulièrement celles destinées aux catéchumènes (Cyrille de Jérusalem, Augustin).

Au Moyen Âge, les commentateurs s'inspirent des Pères qu'ils recopient parfois textuellement. À partir du XIIIe siècle, des questions théologiques sont soulevées : nature, conditions, efficacité de la prière (Guillaume d'Auvergne*, Thomas d'Aquin*). Les Pères sont cités plutôt à titre d'autorité. À la fin du Moyen Âge règne une grande diversité : à côté des traités exégétiques et spirituels, se multiplient les exposés catéchétiques, moraux.

RECUEILS D'INCIPIT. — A. Långfors, *Les trad. et paraphrases du Pater en vers français du Moyen Âge. Essai de bibliogr.*, dans *Neuphilologische Mitteilungen,* t. 14 (1912), p. 35-45. — J. Sonet, *Répertoire d'incipit de prières en ancien français,* Genève, 1956 (*Public. romanes et françaises,* 54), p. 223-225, n. 1245-1255. — K.V. Sinclair, *Prières en ancien français,* Hamden (Connecticut), 1978, p. 100-101, n. 1246-1255 ; *Prières en ancien français. Additions et corrections aux art. 1-2374 du Répertoire de Sonet,* Supplément, Townsville, Australie, 1987, p. 119, n. 1247-1254 ; *French Devotional Texts of the Middle Ages. A Bibliogr. Ms. Guide Second Supplement,* New York-Westport-Londres, 1988, p. 202-203, n. 6159-6165. — P. Rézeau, *Répertoire d'incipit des prières françaises à la fin du Moyen Âge. Addenda et corrigenda aux répertoires de Sonet et Sinclair. Nouveaux incipit,* Genève, 1986 (*Public. romanes et françaises,* 174), p. 299, R. 595-599. — E. Brayer, *Catalogue des textes liturgiques et des petits genres religieux — Pater noster,* dans *GRLMA, La littérature didactique, allégorique et satirique,* t. VI/2, Heidelberg, 1970, p. 23-25. — M.W. Bloomfield, B.-G. Guyot..., *Incipits of Latin Works on the Virtues and Vices 1100-1500 A.D. Including a Section of Incipits of Works on the Pater Noster,* Cambridge (Mass.), 1979, p. 567-686, n. 8001-9261. — Cf. *MB* nos 3491-3493 ; *S* 5971-5972.

→ J. De Fraine, *Oraison dominicale,* dans *Dictionnaire de la Bible, Supplément,* t. 6 (1960), c. 788-800. — A. Hamman, *Le Pater expliqué par les Pères,* nouv. éd. Paris, 1962. — J. Carmignac, *Recherches sur le Notre Père,* Paris, 1969. — J. Angénieux, *Les différents types de structure du Pater dans l'histoire de son exégèse,* dans *Ephemerides theologiae louanienses,* t. 46 (1970), p. 40-77, 325-359. — W.D. Lange, *Stilmanier und Parodie. Zum Wandel der mehrsprachigen Dichtung des Mittelalters,* dans *Mél. K. Langosch,* Darmstadt, 1973, p. 398-416 [exemples de parodies du *Pater*]. — A. Solignac, *Pater noster* I : *Inventaire des commentaires ;* II : *Interprétation spirituelle,* dans *DS,* t. 12¹ (1984), col. 388-413. — S. Heinimann, *Il paternostro in volgare francese,* dans *Mél. A. Roncaglia,* t. 2, Modène, 1989, p. 663-672 [étudie trois *Pater* en français]. — J. Longère, *La prédication et l'instruction des fidèles selon les conciles et les statuts synodaux depuis l'Antiquité jusqu'au XIIIe siècle,* dans *L'encadrement religieux des fidèles au Moyen Âge et jusqu'au concile de Trente, Actes du 109e congrès des Sociétés savantes, Dijon (1984),* Paris (1985), p. 391-418. — *Prier au Moyen Âge. Pratiques et expériences (Ve-XVe siècle).* Textes trad. et commentés sous la dir. de N. Bériou, J. Berlioz, J. Longère, Paris-Turnhout (1991), p. 255-280. J.L.

Pathelin (Farce de Maître Pierre). Nul n'ignore le sujet de la farce de *Pathelin,* cent fois publiée, commentée, adaptée même aux exigences de la scène moderne, et toujours jeune après cinq siècles, puisqu'elle fut composée, selon toute vraisemblance, entre 1456 et 1469. C'est, en plus copieux, le thème de *Trubert et Antrongnart,* c'est-à-dire la mésaventure d'un avocat trop malicieux qui, avec l'aide de sa femme, la docile Guillemette, trompe et mystifie le drapier Joceaulme, avare et balourd, mais finit par trouver plus malin que lui en la personne de son client, le naïf berger Thibault l'Aignelet. Il n'y a rien à reprendre dans ce petit chef-d'œuvre, dont l'action se déroule avec une régularité parfaite suivant un plan qui rappelle, à bien des égards, celui des comédies antiques. Mais ce qui en fait le mérite inégalable, c'est sa grande vertu comique, l'imprévu des situations, le naturel des propos qui reflètent la vérité, sans tomber dans la vulgarité, pour satisfaire à bon marché les bas éléments de l'auditoire.

La pièce n'est qu'une succession d'épisodes bien choisis pour mettre en valeur l'hypocrisie des personnages qui se dupent les uns les autres. C'est une scène d'intérieur où Pathelin, couché dans l'alcôve, jargonne en divers langages et en différents dialectes, pour mieux feindre le délire, tandis qu'avec une naïve impudence, son épouse abasourdit le drapier de son bavardage ; c'est le réjouissant procès, tout en quiproquos, où le drap dérobé et les moutons « cabassés » s'enchevêtrent à tel point que le juge rend son arrêt sans y avoir rien compris. Pour finir, Pathelin, trompeur trompé, tirera lui-même la conclusion de l'aventure.

Dans cette galerie de fripons qui n'ont rien à s'envier les uns les autres, le plus malmené est le marchand qui perd son drap et ses brebis sans la moindre compensation. Pathelin triomphe au début, mais s'effondre à la fin du compte, tandis que le berger matois, profitant des leçons du maître, s'en tire par un acquittement. Cette pièce à double intrigue, où jamais l'auteur ne s'embrouille, où le spectateur se meut sans effort, n'a de la farce que le nom et le style, mais elle comporte une action plus complexe et plus nuancée qui l'apparente à la comédie. On a signalé à bon droit le contraste entre l'immoralité du sujet et l'expérience littéraire du poète. Il est à croire que ce problème serait aisément résolu si nous possédions la clef de *Pathelin.* C'est pour l'avoir compris qu'en 1735, un érudit suggéra l'attribution de la farce à Pierre Blanchet. D'autres lui donnèrent comme auteurs ceux du *Roman de la Rose** et, avec moins d'invraisemblance, Antoine de La Sale*, François Villon*, Guillaume Alecis*, dont les œuvres poétiques, et notamment les *Feintes du monde,* doivent beaucoup à *Pathelin.* Mais il n'est pas certain que l'origine de cette farce soit normande et que la verve de l'auteur se soit exercée aux dépens des drapiers de Rouen et des avocats de l'Échiquier. Malgré tant d'ingénieuses recherches, *Pathelin* garde son secret et il nous faut le prendre tel qu'il est. Il porte en lui le résultat des efforts de plusieurs siècles et les promesses de l'avenir. Ce qui permit sa création, c'est que la connaissance de l'Antiquité s'était répandue dans l'élite, à telles enseignes qu'on traduisait Térence à peu près dans le même temps ; c'est que la pratique de l'observation réaliste avait enfin substitué la vérité objective aux symboles et aux allégories, et que les auteurs ne dédaignaient plus de paraître dans leurs œuvres. Il est par suite aisé de découvrir à *Pathelin* des sources, depuis les *Nuits attiques* d'Aulu-Gelle jusqu'à l'*Advocacie Nostre Dame**, en passant par Eustache Deschamps*. Ce qui vaut mieux d'être noté, c'est que le XVIIe siècle, qui, à peu d'exceptions près, n'a rien compris au Moyen Âge, s'est souvenu de *Pierre Pathelin* et que, par l'effet d'une métempsycose qui n'a rien d'inattendu, ce Tartuffe renaîtra sous la plume de Molière.

La farce de *Pathelin* nous a été conservée par d'anciens imprimés et par quelques manuscrits. À la différence de R.T. Holbrook qui pensait que ces manuscrits n'étaient que des copies d'éditions du XVe et du XVIe siècles, M. Rousse a mis en évidence que le manuscrit le plus ancien (ms. de la Vallière), grâce à l'étude de ses filigranes, fut copié dans la 2e moitié du XVe siècle, probablement après 1470, contemporain donc des éditions les plus anciennes, et qu'apparemment il ne leur doit rien. Il n'est pas interdit de penser que ce manuscrit a pu conserver des leçons plus exactes que les anciens imprimés. Il existe de nombreuses traductions et adaptations de *Pathelin,* depuis le remaniement de Brueys et Palaprat, au XVIIe siècle, jusqu'à nos années les plus récentes.

ŒUVRE. — *Fac-similés* : éd. imprimée par Marion de Malaunoy, veuve de Pierre Le Caron (vers 1500), Paris, 1904, reprint Londres-New York, 1965 (*SATF*) ; éd. de Guillaume Le Roy (1485 ou 1486), Paris, 1907 (*Soc. des Textes français modernes*) ; éd. de Pierre Levet (1489), Genève-Lille, 1953 (*TLF*). — *Éditions :* R.T. Holbrook, Paris, 1924 ; 2e éd., 1937 (*CFMA,* 35). — J. Hasselmann, Paris, 1958 (*Classiques Hatier,* 183) [avec trad.]. — C.E. Pickford, Paris, 1967 (*Petits Classiques Bordas*). — J.-C. Aubailly, Paris, 1979 (*Bibl. du Moyen Âge*) [avec trad.]. — J. Dufournet, Paris, 1986 (*Garnier Flammarion*) [avec trad.]. — *Traduction* : O. Jodogne, 1975 (*Ktemata,* 2).

→ R.T. Holbrook, *Étude sur Pathelin. Essai de bibliogr. et d'interprétation,* Paris-Princeton, 1917 (*Elliott Monographs,* 5). — L. Cons, *L'auteur de la farce de Pathelin,* Paris-Princeton, 1926 (*Elliott Monographs,* 17). — P. Fleuriot de Langle, *Les sources du comique dans Maître Pathelin,* Paris, 1926. — R. Lejeune, *Pour quel public la Farce de Maistre Pierre Pathelin a-t-elle été rédigée,* dans *Romania,* t. 82 (1961), p. 482-521. — H. Lewicka, *Pour la localisation de la farce de Pathelin,* dans *BHR,* t. 24 (1962), p. 273-281. — M. Rousse, *Pathelin est notre première comédie,* dans *Mél. P. Le Gentil,* Paris, 1973, p. 753-758. — J. Frappier, *La farce de Maistre Pierre Pathelin et son originalité,* dans *Du Moyen Âge à la Renaissance,* Paris, 1976, p. 245-259. — R. Ménage, S. Amacher et C. Poirot, *Les techniques théâtrales dans la farce de Maître Pathelin,* dans *Recherches et travaux de l'Université de Grenoble,* n° 17 (1978), p. 53-61. — J.-C. Payen, *La farce et l'idéologie : le cas de Maître Pathelin*, dans *Le Moyen Français*, t. 8-9 (1981), p. 7-25. — P.E. Bennett, *Le Goupil, le corbeau et les structures de Maistre Pierre Pathelin*, dans *Le Moyen Âge*, t. 89 (1983), p. 413-432. — T. Boucquey, *Une farce au crible discursif : Pathelin, fou du texte*, dans *Le Moyen Français*, t. 19 (1986), p. 79-91. — J. Dufournet et M. Rousse, *Sur la farce de maître Pierre Pathelin*, Paris, 1986 (*Unichamp*, 13). — D. Smith, *Le jargon franco-anglais de*

Maître Pathelin, dans *Journal des savants*, 1989, p. 259-276. — M.J. Walkley, *Une allusion au proverbe « Il ne se tort pas qui va plain chemin » dans Pathelin (v. 284-290)*, dans *New Zealand Journal of French Studies*, t. 10 (1989), p. 283-525. — M. et F. Josseaume et B. Roy, *C'est ung Guillaume qui a seurnom de Joceaume. Pathelin (v. 389-390)*, dans *Le Moyen Âge*, t. 96 (1990), p. 503-518 [sur les deux Josseaume qui seraient à l'arrière-plan du personnage du drapier (un noble angevin et le grand réformateur franciscain), ce qui conforterait l'hypothèse d'une origine angevine (cour de René d'Anjou*) de la farce]. — Cf. *MB* n°s 5902-5939, 7094-7101, 8057 ; *S* 6372, 6647, 7125, 8303, 8307, 8317, 8357-8380. R.B. et C.R.

Paul Diacre. Paul est né entre 720 et 730, d'une noble famille lombarde, descendant de Leupichi, compagnon du premier roi lombard Alboin, et établie depuis lors dans le Frioul. Son père s'appelait Warnefried, nom que Paul attachera souvent au sien. Sa mère se nommait Theudelinde. Lui-même et la tradition manuscrite associent à son nom le titre de diacre mais l'on ne sait rien de son ordination.

Après quelques années passées probablement à la cour de Cividale, chef-lieu du duché lombard de Frioul, il rejoignit la cour de Pavie où il reçut une excellente éducation et fut l'élève du grammairien Flavien. Il était en tout cas présent à la cour lombarde du temps du roi Rachis (744-749), précédemment duc de Frioul, puis de ses successeurs Aistulf et Didier, où il était employé à la chancellerie. Précepteur des enfants du roi Didier, et surtout de sa fille Adelperga, il accompagne celle-ci en Bénévent après son mariage avec Arichis, duc lombard de Bénévent (762). Il lui dédie un *carmen* sur les six âges du monde (763). Plus tard (avant 774), il lui adressera son *Historia Romana*, bref traité de chronologie historique accompagnée d'une lettre dédicatoire dans laquelle il se qualifie de diacre. Après la conquête du royaume par Charlemagne, une révolte éclata dans le Frioul, contre les Francs, dans laquelle le frère de Paul, Arichis, fut impliqué : dépouillé de tous ses biens, celui-ci fut expédié prisonnier en France. Paul, peut-être impliqué lui-même, entra à l'abbaye du Montcassin. Il fut alors amené à entrer en relation avec Charlemagne pour intercéder en faveur de son frère ; il envoya au roi une épître métrique puis se rendit en 782, à la cour franque, où il obtint enfin sa libération. Paul reçut auprès de Charlemagne un accueil enthousiaste, en raison de sa grande culture et y fut retenu quelques années, jusqu'en 786, années pendant lesquelles il participa, aux côtés de Paulin d'Aquilée* et Pierre de Pise*, avant l'arrivée d'Alcuin*, à la première renaissance carolingienne, et travailla beaucoup : compositions poétiques de circonstance, œuvres grammaticales, ouvrages historiques surtout, avec la biographie des évêques de Metz, d'où il écrivit, en 783, à l'abbé du Montcassin Theudemar des lettres émouvantes de nostalgie. En 787, Paul Diacre put enfin regagner l'Italie du Sud et son abbaye qu'il ne quittera plus et où l'amitié de Charlemagne le suivra encore. C'est là qu'il écrivit ses œuvres les plus importantes, œuvres essentiellement historiques et spirituelles, avec un homéliaire, une vie de saint Grégoire*, et surtout l'*Historia Longobardorum*, son œuvre la plus célèbre et sans doute la plus personnelle. Paul Diacre mourut le 13 avril, probablement de l'année 799, en tout cas avant le couronnement impérial de Charlemagne de Noël 800.

ŒUVRE. — L'œuvre de Paul Diacre est essentiellement celle d'un grammairien, préoccupé par les exigences de l'enseignement élémentaire, et d'un poète, celle d'un historien surtout, mais rarement celle d'un théologien.

Grammaire : *De verborum significatione*, abrégé de l'ouvrage de Sextus Pompeius Festus, abréviateur lui-même d'un grammairien de l'époque d'Auguste, Verrius Flaccus, fut composé sur l'ordre de Charlemagne et à lui adressé. *PL*, t. 95, col. 1603-1710 [d'après A. Mail]. — O. Müller, Leipzig, 1839. — W.M. Lindsay *(Biblioth. Teubner.)*, Leipzig, 1933. — R. Cervani, *L'epitome di Paolo Diacono del De verborum significatione di Pompeo Festo*... (*Univ. degli studi di Trieste, Istit. di Filologia*, 13), Rome, 1978. *Commentarius in Donatum*, grammaire latine à l'usage des écoles. Éd. A. Amelli, Montcassin, 1899.

→ B. Löfstedt, *Notizien zu mittelalterlichen Grammatiker*, 2, *Paulus Diaconus*, dans *Archiv. lat. med. Aevi*, 42 (1982), p. 79-83. *De speciebus praeteriti perfecti*, dont la 1re partie, composée d'un abécédaire de 23 strophes, serait de Pierre de Pise. Éd. E. Dümmler, *MGH, Poet. lat. aev. carol.*, I, Berlin, 1881, p. 625-628.

Poésies et lettres : *Carmina*, épitaphes pour de grands personnages de la cour lombarde ou carolingienne, épîtres métriques, lettres dédicatoires ou correspondance adressée à Charlemagne lui-même ou à Pierre de Pise. Éd. des poésies : *PL*, t. 95, col. 1591-1604. — E. Dümmler, *MGH, Poet. lat. aev. Carol.*, I,

Berlin, 1881, p. 37-86. — K. Neff, *Die Gedichte des Paulus Diaconus (Quellen und Untersuchungen zur latein. Philol. des M.A.*, III, 4), Munich, 1908. — Éd. des lettres : *PL*, t. 95, col. 1583-1592. — *MGH, Epist.*, IV, Berlin 1895, p. 505-516. — A. Hammen, *Patrol. cursus completus series lat. supplementum*, IV, 1970, col. 2279-2283.

Œuvres historiques : *Libellus de ordine episcoporum Mettensium*, composé par Paul Diacre pendant son séjour à Metz, à la demande de l'évêque Angilramm, relate, dans une 1re partie, les origines apostoliques de l'église de Metz ; s'étend, dans la 2e partie, avec complaisance, sur saint Arnoul, un des ancêtres de la dynastie carolingienne. Éd. G.H. Pertz, *MGH, Script.*, II, Hanovre, 1829, p. 260-270. — *PL*, t. 95, col. 699-710. — Version amplifiée : *Gesta episcoporum Mettensium, PL*, t. 95, col. 710-714. — Version poétique : *Versus de episcopis Mettensibus, PL*, t. 95, col. 721-724. — E. Dümmler, *MGH, Poet. lat. aev. Carol.*, I, Berlin 1881, p. 60. — K. Neff, *Die Gedichte des Paulus Diaconus*, Munich, 1908, p. 186 [qui attribue ce poème à Angilramn].

→ K.V. Jäschke, *Die Karolingergenealogien aus Metz und Paulus Diaconus*, dans *Rheinische Vierteljahrsblätter*, t. 34 (1970), p. 190-218. — W. Goffart, *Paul the Deacon's Gesta Episcoporum Mettensium and the Early Design of Charlemagne's Succession*, dans *Traditio*, t. 42 (1986), p. 59-93.

Historia Romana, précédée d'une lettre dédicatoire adressée à Adelperga, duchesse de Bénévent, dans laquelle s'expriment les sentiments du maître envers l'élève. Cet ouvrage, rédigé à sa demande, est un remaniement, dans un sens chrétien, du *Breviarium* d'Eutrope, dont le récit s'arrêtait à la mort de l'empereur Jovien (363 : 1. 1-10), et sa continuation jusqu'au milieu du règne de Justinien (565 : 1. 11-16) : c'est dans cette 2e partie que l'auteur se montre le plus personnel. Si la 1re partie reste proche en effet du texte d'Europe, assorti de quelques compléments pris dans saint Jérôme, Orose, Jordanès, Aurelius Victor, la 2e partie est une composition plus originale, plus personnelle, à partir de sources qu'il est parfois difficile d'identifier, mais toutes de bon aloi : ouvrage empreint d'une intention morale et d'un goût marqué pour la légende et le merveilleux, il fut très diffusé et très utilisé au Moyen Âge. *PL*, t. 95, col. 743-998. — H. Droysen, *MGH, Auct. Antiq.*, II, Berlin, 1879, p. 183-224. — A. Crivelluci, Rome, 1914 *(Coll. Fonti per la storia d'Italia)*.

→ G. Puccioni, *San Girolamo, Paolo Diacono e l'Origo Gentis Romanae*, dans *Annali della Scuola Normale Sup. di Pisa, lettere, storia e filosofia*, t. 24 (1955), p. 237-259. — G. Brugnoli, *Paolo Diacono e l'Origo Gentis Romanae*, dans *RCCM*, t. 2 (1960), p. 371-387. — R. Cervani, *Romanita e Cristianesimo nella prospettiva storiografica alto medievale : l'Historia Romana di Paolo Diacono*, dans *Annali di storia. Università degli studi di Lecce*, t. 4 (1981), p. 5-40.

Historia Longobardorum : c'est l'œuvre la plus célèbre de Paul Diacre, et la plus diffusée. Reprenant le récit de l'*Historia Romana* au milieu du VIe siècle, il le poursuit jusqu'à l'année 744 (fin du règne de Liutprand), où il fut probablement interrompu par la mort : conçu comme une histoire générale — Lombards, Francs, Byzantins et Romains — basée sur des sources très variées : l'*Origo Gentis Longobardorum* qui est le plus ancien récit de l'histoire des Lombards, la chronique perdue de Secundus de Trente, le *Chronicon Rotaris*, les Annales de Bénévent et de Spolète, perdues ; pour les Francs, il se sert de Grégoire de Tours* ; il recourt au *De Rebus Geticis* de Jordanès, il utilise Grégoire le Grand*, les *Gesta Pontificum*, Bède*, Isidore de Séville*. Empreinte de naïveté et de goût du fantastique, où les faits de la tradition orale sont reproduits intégralement, l'*Historia Longobardorum* est une œuvre bien construite, de bonne valeur historique et impartiale, où le sentiment national et la religion n'entrent pas en conflit avec la tradition romaine, extrêmement utile pour la transmission de sources, autrement perdues et pour la connaissance de la période la plus obscure du Moyen Âge. Éd. L. Bethmann et G.Waitz, *MGH, Script. Rerum langobard.*, Hanovre, 1878, p. 45-187 [avec une introd. sur la vie de Paul Diacre). — *MGH Script. Rerum germ. in usum scholar.*, Hanovre, 1878. — *PL*, t. 95, col. 433-672. — Trad. allemande O. Abel, *Paulus Diaconus and die übrigen Geschichtschreiber der Langobarden*, Leipzig, 1839, rééd. Jacobi, 1978. — Trad. anglaise E. Peters et W.D. Foulques, Philadelphie, 1974. — Trad. italienne E. Fabiani et F. Roncoroni, Milan, 1970 et 1974.

→ A. Pontoni, *Introduzione alla Historia Longobardorum di Paolo Diacono*, Milan, 1940 ; *Introduzione agli studi su P.D. storico dei Longobardi*, Naples, 1946. — D. Bianchi, dans *Mem. storiche Forogiuliesi*, t. 25 (1930), p. 23-58 ; t. 27-29 (1931-1933), p. 207-221 ; t. 30 (1934), p. 1-16 et 117-168 ; t. 31 (1935), p. 1-74 ; t. 40 (1952-1953), p. 1-75. — E. Pontieri, *Paolo Diacono storico dei Longobardi*, dans *Divagazioni storiche e storiografiche*, Naples, 1960, p. 7-40, — E. Sestan, *La Storiagrafia dell' Italia Longobarda : Paolo Diacono*, dans *La storiografia medievale*, I *(17a settimana di studio)*, Spolète, 1970, p. 357-386 et 687-706. — L. Alfonsi, *Romani e Barbari nella Historia Longobardorum di Paolo Diacono*, dans *Romanobarbarica*, 1 (1976), p. 7-23 ; *Aspetti del pensiere storiografico di Paolo Diacono*, dans *La storiografia ecclesiastica nella tarda antichità, Atti del convegno tenuto a Erice, 3-8 déc. 1978*, Messine, 1980, p. 11-25. — K.H. Krüger, *Zur « Beneventanischen » Konzeption der langobardengeschichte des Paulus Diaconus*, dans *Frühmittelalterliche Studien*, t. 15 (1981), p. 18-35.

— W. Goffart, *The Narrators of Barbarian History...*, Princeton, 1988.

Littérature religieuse : *Vita S. Gregorii Magni* : pour laquelle l'auteur a surtout utilisé Bède le Vénérable. Éd. *AA. SS.*, mars, II, 130-136 et J. Mabillon, *AA. SS. Ord. S. Bened.* I, 386-397. — *PL*, t. 75, col. 41-59 [texte interpolé]. — Éd. crit. H. Grisar, dans *Zeitschrift für Kathol. Theologie*, t. 11 (1887), p. 162-173.

→ W. Stuhlfath, *Gregor der Grosse*, Heidelberg, 1913. — O. Limone, *La tradizione manoscritta della Vita s. Gregorii Magni di Paolo Diacono, censimento dei Testimoni*, dans *Studi Medievali*, 3ᵉ série, t. 29 (1988), p. 887-953.

Homéliaire : composé par Paul Diacre au Montcassin après son retour de France, sur l'ordre de Charlemagne, il s'agit d'un recueil d'homélies patristiques collationnées pour les lectures liturgiques de l'office de nuit, peut-être aussi pour constituer un manuel de prédication. La collection originale, de 244 pièces, fut amplifiée ensuite, en partie d'homélies composées par Paul Diacre lui-même. L'usage de cet homéliaire fut prescrit par Charlemagne dans un capitulaire rendu entre 786 et 800, et il fut utilisé comme lectionnaire patristique par l'Église latine jusqu'à son élimination au concile œcuménique Vatican II, par la constitution *Sacrosanctum concilium* du 4 décembre 1963. *PL*, t. 95, col. 1159-1666 (trois homélies composées par Paul Diacre : deux sur l'Assomption, une sur saint Benoît : *ibid.*, col. 1566-1584 ; une 4ᵉ homélie, sur Math. 18, 23 : éd. *Maxima Bibliotheca Patrum*, t. 27, p. 484-486).

→ F. Wiegand, *Das Homeliarium Karls des Grossen*, dans *Studien zur Geschichte der Theol. und Kirche*, t. 1, 2, Leipzig, 1897. — L. Smetana, *Paul the Deacon. Patristic Anthology*, dans *Old english Homily and its Backgrounds*, Albany, 1978, p. 75-98. — J.P. Bouhot, *L'homéliaire des Sancti Cath. Patres...*, dans *Revue des Études august.*, t. 21 (1975), p. 145-196 ; t. 22 (1976), p. 143-186 ; t. 24 (1978), p. 103-158. — R. Grégoire, *Homéliaires liturgiques médiévaux*, Spolète, 1980.

Il manque une étude d'ensemble sur la biographie, la personnalité et l'œuvre de Paul Diacre. — L. Bethmann, *Paulus Diaconus, Leben und Schriften*, dans *Archiv. der Gesell. für ältere deutsche Geschichtskunde*, t. 10 (1849), p. 246-334. — F. Dahn, *Langobardische Studien*, t. 1, Leipzig, 1876. — *Miscellanea di studi intorno a Paolo Diacono*, dans *Mem. stor. Forogiuliesi*, t. 25, Udine, 1930. — O. Bertolini, *Carlomagno e Benevento*, dans *Karl der Grosse*, 1, *Lebenswerk und Nachleben*, Düsseldorf, 1961, p. 609-671. — Brunhölzl, 1, p. 59, 257-268, 362, 546. — *DS*, t. 12, 1ʳᵉ partie, 1984, col. 560-562 (J. Hourlier). — Manitius, 1, p. 257-272. — Molinier, 1, p. 35-36, 82, 184-186 et nᵒˢ 219, 222, 228, 635. F.G.

Paul Lanfranc da Pistoia. Ce troubadour vivait à Bologne dans la deuxième moitié du XIIIᵉ siècle. Il a laissé une courte pièce historique relative à la campagne entreprise par le roi de France Philippe III le Hardi contre le roi d'Aragon Pierre III, campagne qui se termina par un désastre pour les fleurs de lis. Elle commence ainsi : « Vaillant Seigneur, roi des Aragonais... » *Valenz Senher, rei dels Aragones...* (PC 317, 1). On peut y voir un appel à une alliance entre l'Aragon, la Castille et l'Angleterre contre la France, et la dater de 1285, au moment de la mort du roi de France et alors que Pierre d'Aragon vivait encore — il mourra en novembre 1285. Composée dans l'esprit des *sirventes** politiques, la pièce mérite une certaine estime. Mais, quelle que soit sa valeur, elle a le mérite d'être un véritable sonnet, avec ses deux quatrains aux rimes alternées et ses deux tercets de la forme la plus classique. Les vers sont de dix pieds, comme seront les vers des sonnets de Pétrarque*, mais il y a des rimes masculines et féminines, comme plus tard chez les premiers sonnettistes français Marot et Mellin de Saint-Gelais, tandis que Pétrarque n'aura utilisé que des rimes féminines. Le sonnet de Paul Lanfranc a le privilège d'être l'un des trois textes de ce genre conservés en langue d'oc, avec les deux sonnets de Dante da Maiano*. Du troubadour bolonais il reste en outre sept autres sonnets en italien.

ŒUVRE. — Éd. G. Bertoni, *I trovatori d'Italia*, Modène, 1915, réimp. Rome, 1967, p. 142 et p. 457. — M. de Riquer, *Los trovadores. Historia literaria y textos*, Barcelone, 1975, t. 3, p. 1662-1665.

→ PC 317. — C. Kleinhenz, *Esegesi del sonetto provenzale di Paolo Lanfranchi da Pistoia*, dans *Studi e problemi di critica testuale*, t. 2 (1971), p. 29-39. J.S. et G.B.L.

Paulet de Marseille. Ce troubadour du XIIIᵉ siècle dédia trois chansons parmi les huit poésies (cinq *cansos**, un *sirventes**, une *pastorela**, un *planh**) qui sont conservées de lui, au vicomte de sa ville natale, Barral des Baux, connu pour sa politique française, dans la suite de Charles d'Anjou*. Mais au début de 1262, lorsque Marseille se souleva contre le comte de Provence et les Français, Paulet devenu *faidit*, proscrit, se retira à la cour de l'infant Pierre d'Aragon en Catalogne. Il s'opposa désormais à Charles d'Anjou et prétendit considérer son nouveau protecteur comme le défenseur de la cause des Provençaux (PC 319, 6). Sa position antifrançaise ne l'empêcha pas de célébrer avec émotion en 1268 (PC 319, 7) la mort de son ancien seigneur, Barral des Baux, qu'il n'avait pas oublié. Il se semble pas être revenu en Provence.

ŒUVRE. — Éd. I. de Riquer, *Las poesias del trovador Paulet de Marselha*, dans *Boletín de la Real Academia de Buenas Letras de Barcelona*, t. 38, (1978-1982), p. 133-205. — Éd. partielle : M. de Riquer, *Los trovadores. Historia literaria y textos*, Barcelone, 1975, t. 3, p. 1447-1454 [PC 319, 6].

→ PC 319. G.B.L.

Paulin d'Aquilée. Nous savons par une lettre d'Alcuin* que Paulin était originaire d'Italie. Il naquit probablement dans le duché de Frioul, vers 730-740. On ne sait rien de sa naissance, de sa famille ni de son éducation. Le premier document historique dans lequel il apparaît est un diplôme de Charlemagne, du 17 juin 776, lui faisant don des propriétés que possédait dans le Frioul un certain Wendland qui, avec le duc Rotgand, avait pris le parti des Lombards dans leur révolte contre le roi franc. Paulin y est désigné *viro valde venerabili, artis grammaticae magistro*. Était-il déjà engagé à la cour royale ? En tout cas, il vécut ensuite dans l'entourage de Charlemagne où il adopta, dans l'Académie* Palatine, le pseudonyme de Timothée. Le roi l'avait en grande estime, attachait le plus grand prix à sa compétence et à son enseignement. Il exerça en effet à la cour les fonctions de *grammaticus* et fut le maître d'Angilbert*. Il se lia d'amitié avec son collègue Alcuin. En 787, mourait Sigwald, patriarche d'Aquilée résidant à Cividale (l'ancien *Forum Julii* où résidait aussi le marquis franc qui avait remplacé le duc lombard). Le patriarcat d'Aquilée était alors coupé en deux parties : un territoire littoral, dominé par les Byzantins et dont le chef spirituel était installé à Grado, et un territoire continental de domination lombarde, dont l'archevêque avait fui Aquilée, ruinée depuis le saccage d'Attila, pour s'établir, en 737, à Cividale. Les archevêques rivaux de Grado et de Cividale se considéraient comme héritiers légitimes de toute l'ancienne province métropolitaine et portaient tous deux le titre de patriarche d'Aquilée. Paulin fut nommé en 787 patriarche d'Aquilée à Cividale, à la mort de Sigwald. Il s'efforça, dès lors de pacifier les régions transalpines et de favoriser l'expansion franque, et organisa, en 796, l'évangélisation de l'ancien empire des Avars, récemment soumis par le fils de Charlemagne, dans une conférence réunie au bord du Danube, dont les actes nous sont conservés. Il participa et intervint personnellement au très important concile d'Aix-la-Chapelle, en 789, pour la réforme de l'Église et de l'État, au concile de Ratisbonne, en 792, où furent condamnés les adoptianistes espagnols, au concile de Francfort, en 794, où, au nom des évêques italiens, il rédigea le *Libellus Sacrosyllabus* contre les erreurs adoptianistes d'Elipand de Tolède et de Félix d'Urgel *(Contra Felicem Urgelitanum)*, au concile d'Aix-la-Chapelle, en 801 ou 802, où il s'occupa, en qualité de légat, de la réforme des clercs. Entre-temps, en 796 ou 797, il présida le synode de Cividale dont les Actes sont conservés, sur la question de l'addition du *filioque* au *Credo* de Nicée, de la discipline ecclésiastique, du renouveau de la vie chrétienne, auquel il consacra toute sa vie. Il fut très étroitement lié avec Heric, duc de Frioul, auquel il adressa une sorte de « miroir des princes » : le *Liber exhortationis ad Hericum comitem*, et écrivit, à l'occasion de sa mort, en automne 779, un poème élégiaque qui devint le modèle du *planctus*. On lui a attribué à tort une élégie sur la ruine d'Aquilée. Paulin mourut sans doute en 802, probablement le 11 janvier. Son tombeau, dans la basilique de Cividale, fut l'objet d'un culte public.

À son œuvre théologique, disciplinaire et didactique, il faut ajouter des œuvres poétiques, liturgiques et musicales (16 pièces au moins) : poèmes métriques et savants, mais aussi parfois rythmiques et simples, afin de les faire chanter lors de cérémonies collectives (comme tel hymne « pour demander la pluie »). De sa correspondance, six lettres ont été conservées, dont trois adressées à Charlemagne, une à ses suffragants et une au pape Léon III. Il fut le destinataire de plusieurs lettres, et de quelques poésies d'Alcuin.

La pensée mouvante et complexe de Paulin d'Aquilée n'est pas toujours éclairée par son style, que rend souvent trop compliqué le goût d'une syntaxe surchargée à l'excès dans ses lettres et ses traités. On apprécie d'autant plus qu'il ait su se limiter à une écriture limpide quand il s'adressait à un laïc ou quand il composait telle strophe, dont il attendait sans doute qu'elle devînt un refrain « populaire ».

ŒUVRES. — Éd. F. Madrisius, Venise, 1737. — *PL*, t. 99, col. 9-684. — *Ad monachos de poenitentia : PL*, t. 103, col. 69-702. — *Libellus sacrosyllabus* : A. Werminghoff, dans *MGH, Concilia aevi Carolini*, I, 1, Hanovre-Leipzig, 1906, p. 130-142. — *Actes du Synode de Cividale : ibid.*, p. 178-195. — *Carmina* : éd. E. Dümmler, dans *MGH, Poetae lat. aevi Carolini*, I, Berlin, 1881, p. 123-148. — K. Strecker, *ibid.*, IV, 2-3, Berlin, 1923, p. 462-471 *(Versus de Jacob et Joseph)*, p. 526-529 *(De Caritate)*, p. 539-540 *(In quadragesima)*, p. 580-581 *(De die Paschali)*, p. 911 (*Versus ad amicum* : de Paulin ?), p. 913 *(Ad Zachariam presbyterum)* ; IV, 1, Weimar, 1951, p. 208-219 *(De Lazaro)*, p. 219-225 *(Pro aeris temperie)*, p. 229 *(De die paschali)*. — B. Bischoff, *Caritas-Lieder*, dans *Mittelalterliche Studien*, t. 2, Stuttgart, 1967, p. 56-77. — D. Norberg, *L'œuvre poétique de Paulin d'Aquilée*, Stockholm, 1979 (*Kungl. Vitterhets Historie ochantikvitets Akademien Handlingar Filologisk-filosofiska*, 18). — *Liber exhortationis ad Hericum comitem* : P. Lehmann, dans *Sitzungsberichte der Bayer. Akad. Philol.-hist. Klasse*, Munich, 1955-1957. — *Epistulae* : éd. E. Dümmler, *MGH, Epistulae Carolini aevi*, II, Berlin, 1895, p. 516-527.

→ C. Giannoni, *Paulinus II patriarch von Aquileia*, Vienne, 1896. — P. Paschini, *S. Paolo patriarca († 802) e la chiesa Aquileiese alla fine del sec. VIII*, Udine, 1906. — A. Wilmart, *L'hymne de Paulin sur Lazare dans un ms. d'Autun*, dans *Revue Bénédictine*, t. 34 (1922), p. 27-45 ; *L'hymne de la charité pour le Jeudi Saint*, dans *Auteurs spirituels et textes dévots du Moyen Âge*, Paris, 1932, p. 26-36 ; *L'ordre des parties dans le traité de Paulin d'Aquilée contre Félix d'Urgel*, dans *Journal of Theological Studies*, t. 39 (1938), p. 22-37. — D. Norberg, *La poésie latine rythmique du haut Moyen Âge*, chap. 8 : *Saint Paulin d'Aquilée et l'hymne Congregavit nos in unum*, dans *Studia latina Holmiensia*, t. 2, Stockholm, 1954, p. 87-97. — F. Zagiba, *Paulinus II... und die Anfänge der Slavenmission*, dans *Vescovi e diocesi in Italia nel medioevo*, Padoue, 1964, p. 339-348 (*Italia Sacra*, 5). — M. Toller, *S. Paolino*, Udine, 1965. — O. Prinz, *Mittellateinisch Bibicus. Bemerkungen zum Wortschatz des Paulinus von Aquileia*, dans *Mél. A. Blaschka*, Weimar, 1970, p. 211-212. — E. Franceschini, *Note sull' inno ritmico De caritate di Paolino d'Aquileia*, dans *Studi in onore di Alberto Chiari*, t. 1, Brescia, 1973, p. 511-520 [réimp. dans *Scritti di filologia latina medievale*, 1, Padoue, 1976, p. 366-371]. — R. Étaix, *L'ancienne collection de sermons attribués à saint Augustin : De quatuor virtutibus caritatis*, dans *Revue Bénédictine*, t. 95 (1985), p. 44-59. — *Bibl. Sanctor.*, t. 10 (1968), col. 144-148 (I. Dariale). — Brünhölz, I, p. 62, 250-257, 264, 267, 517, 545. — *DS*, t. 20, 1, 1984, col. 584-588 (A. Solignac). — Manitius, I, p. 368-370. — Molinier n° 786. F.G.

Paulin de Béziers (1re moitié du Ve siècle). Dans le concert des « examens de conscience » que provoqua le choc des invasions, un *Épigramme* de 110 vers nous est parvenu, attribué avec vraisemblance à Paulin de Béziers. On devine qu'il appartenait à cette caste des laïcs lettrés convertis à la vie ascétique, dont était alors riche l'aire circumpyrénéenne. Dans le cadre d'une élégante imitation des *Bucoliques*, l'auteur traquait en des hexamètres dynamiques les raisons des troubles de son temps, qu'il imputait aux désordres internes de la société où il vivait. Il retrouva ainsi la veine de la tradition satirique classique pour stigmatiser les vices de ses contemporains en une méditation glissant de la diatribe à la parénèse chrétiennes.

ŒUVRES. — *PL*, t. 61. — *CSEL*, t. 16.

→ E. Griffe, *L'Epigramma Paulini, poème galloromain du Ve siècle*, dans *Revue des Études augustiniennes*, t. 2 (1956), p. 187-194. — M. Schanz, C. Hosius, G. Krueger, *Geschichte der römischen Literatur...*, Munich, 1959 (rééd.). — J. Fontaine, *Naissance de la poésie dans l'Occident chrétien. Esquisse d'une histoire de la poésie latine chrétienne du IIIe au VIe siècle*, préface J. Perret, Paris, 1981, p. 230-232. — M. Simonetti, *La produzione letteraria latina fra Romani e Barbari (sec. V-VIII)*, Rome, 1986. M.B.

Paulin de Nole (353-431). Issu d'une puissante famille de l'aristocratie impériale, il naquit à Bazas (près de Bordeaux), et reçut une éducation raffinée sous la férule du poète et futur précepteur impérial Ausone. Le *cursus honorum* le conduisit au consulat, puis à l'administration de la Campanie. Sous l'influence de son épouse, l'Hispano-Romaine Thérésia, Paulin déjà converti et baptisé, franchit un second degré de conversion en choisissant la vie ascétique, au grand scandale d'Ausone. Ordonné prêtre à Barcelone, il se retira ensuite en Campanie où il vécut sur le dernier de ses domaines (il avait vendu les autres), auprès du tombeau de saint Félix, à Nole, cité dont il devint l'évêque au tournant du siècle. Il organisa une fête annuelle (chaque 14 janvier) en l'honneur du saint patron de Nole ; sa célébration était pour lui l'occasion de composer et de lire (ou de faire lire) à la foule des fidèles un poème de circonstance consacré à Félix. Les 13 *Poèmes anniversaires* qui nous sont parvenus mettent en place un genre littéraire neuf, visant simultanément des auditeurs de tous niveaux culturels, dans un même mouvement de célébration : entre les raffinements délicats et les enthousiasmes folkloriques, Paulin créa quelque chose des futures chansons de geste (il parle justement des *gesta Felicis*). À côté de cette suite majeure, il composa de nombreuses pièces de circonstance : élégie émouvante sur la mort d'un enfant ; épithalame somptueux en forme de spirituelle parénèse chrétienne à l'occasion du mariage de son ami Julien d'Eclane... Tout un cycle d'une vie simultanément spirituelle et sociale intense se déploya ainsi en une lente construction, à la fois héritée de genres passés et fermement dominés, et fondatrice de tonalités nouvelles.

ŒUVRES. — *PL*, t. 61. — *CSEL*, t. 29-30.

→ P. Fabre, *Saint Paulin de Nole et l'amitié chrétienne*, Paris, 1949. — R.P.H. Green, *The Poetry of Paulinus of Nole, A Study of his Latinity*, Bruxelles, 1971. — R. Herzog, *Probleme der heidnisch-christlichen Gattungskontinuität am Beispeil des Paulinus von Nola*, dans *Entretiens de la Fondation Hardt*, t. 23, Genève, 1977, p. 373-423. — J. Fontaine, *Naissance de la poésie dans l'Occident chrétien. Esquisse d'une histoire de la poésie latine chrétienne du* IIIe *au* VIe *siècle*, Paris, 1981, p. 161-176. — Schanz, t. IV/1, p. 259-276. M.B.

Paulin de Périgueux (2e quart-fin du Ve siècle). Faisant partie de l'élite lettrée de la Gaule du Ve siècle, admirateur de saint Martin, lecteur de Sulpice Sévère et ami du deuxième successeur de Martin sur le siège de Tours, l'évêque d'origine sénatoriale Perpetuus (461-491), Paulin reçut de ce dernier la commande d'un poème épique, qui prendrait pour thème la *Vita* publiée en 397 par Sulpice. Reprenant en hexamètres la *Vie de saint Martin*, il était destiné à la lecture publique, lors des festivités qui réuniraient la foule des pèlerins, dans la somptueuse basilique que Perpetuus faisait alors bâtir en l'honneur du saint. Ce difficile travail d'amplification poétique et oratoire de l'œuvre en prose, si parfaite et close sur elle-même, aboutit à une œuvre en six chants de bonne facture, dont la progression est parfois lente et lourde, malgré des moments de réussite, comme le récit dramatique de la délivrance d'Arles par l'empereur Majorien, ou de la guérison miraculeuse d'une jeune femme de la famille du poète.

ŒUVRES. — *PL*, t. 61. — *CSEL*, t. 16.

→ P. Brown, *The Cult of the Saints. Its Rise and Function in Latin Christianity*, Chicago, 1981 (trad. française, 1984). — J. Fontaine, *Hagiographie et politique, de Sulpice Sévère à Venance Fortunat*, dans *Revue d'histoire de l'Église de France*. — M. Simonetti, *La produzione letteraria latina fra Romani e Barbari (sec. V-VIII)*, Rome, 1986. — Schanz, t. IV/2, p. 376-378. M.B.

Pauvre clerc. Fabliau du XIIIe siècle, en 254 octosyllabes, conservé dans un seul manuscrit. Un pauvre clerc qui demande la charité se fait éconduire par une dame. Mais il aperçoit un valet qui apporte dans la maison vin et nourriture, et un prêtre qui s'y glisse. Puis il rencontre le mari qui l'invite à dîner. À leur arrivée à la maison, le prêtre a juste le temps de se cacher. La femme prétend que le repas n'est pas prêt et, pour passer le temps, le mari demande au clerc de lui raconter une histoire. Le clerc dévoile alors, sous le couvert du récit d'une grande peur vécue, l'existence du repas, du vin et la cachette du prêtre.

ŒUVRE. — Éd. A. de Montaiglon et G. Raynaud, dans *Recueil général des fabliaux*, Paris, 1883, t. 5, p. 192-200. — Éd. G. Raynaud de Lage, dans *Choix de fabliaux*, Paris, 1986 (*CFMA*, 108). A.F.L.L.

Péan Gastineau. Chanoine de l'église de Saint-Martin de Tours, qui a vécu au XIIIe siècle. Il est essentiellement connu par sa *Vie de saint Martin de Tours** en vers, conservée par un seul manuscrit, écrite vers 1250 et représentative par sa langue de la région tourangelle.

ŒUVRE. — Éd. W. Söderhjelm, Helsingfors, 1899.

→ P. Meyer, dans *Romania*, t. 21 (1892), p. 136-137. — A. Mussafia, *Zur Kritik und Interpretation romanischer Texte*, Vienne, 1896-1903 (*Sitzungsberichte der kaiserliche Akad. der Wissenschaften*). — P. Meyer, dans *HLF*, t. 33 (1906), p. 369. — T. Söderhjelm, *Die Sprache in dem altfranzösischen Martinsleben des Péan Gatineau aus Tours*, dans *Mémoires de la Soc. néo-philologique à Helsingfors*, t. 4 (1906), p. 51-233. — Cf. *MB* n°s 3335-3337. C.R.

Peire d'Alvernha. Troubadour qui vécut au XIIe siècle, et dont l'activité poétique peut se situer entre 1150 et 1170. Jongleur d'origine modeste, il voyagea à travers les cours de Provence et d'Espagne, et acquit une grande renommée auprès de ses contemporains. Dante* le plaça parmi les *Antiquiores doctores*. Ce fut un homme savant ; il cherchait à renouveler la poésie en la dégageant des thèmes traditionnels : « Mon souci angoissé, affirme-t-il, est de chanter d'une manière qui ne ressemble à aucune autre : le chant qui rappelle celui d'un autre ne vaut rien ». Malgré une autre déclaration contradictoire, son désir de s'exprimer d'une manière simple et facile, il apparaît comme un disciple de l'art de Marcabru*, dont il refuse la trivialité et les expressions violentes, mais dont il perpétue le style austère, dans une poésie difficile et élaborée, à la recherche d'une forme raffinée et complexe. C'est dans la noblesse et la puissance des expressions, dans la mesure du ton, même lorsqu'il utilise des images réalistes, que réside sa plus grande maîtrise, d'où sa réputation et son influence.

ŒUVRE. — Éd. R. Zenker, *Die Lieder Peires von Auvergne*, Erlangen, 1900. — A. Del Monte, *Peire d'Alvernha : Liriche ; testo, traduzione e note*, Turin, 1955. — Éd. partielle : F.J. Oroz Arizcuren, *La lirica religiosa en la literatura provenzal antigua*, Pampelune, 1972, p. 338-361 [PC 323, 16 et 21]. — M. de Riquer, *Los trovadores. Historia literaria y textos*, Barcelone, 1975, t. 3, p. 311-341 [PC 323, 23-7-15-24-4 = 70, 2 et 11]. — A. Cannistrà, *Edizione critica di un « difficile » testo di P. d'Alvernha*, dans *Mél. G. Contini*, Florence, 1984, p. 45-65 [PC 323, 24].

→ PC 323. — R. Lejeune, *La « galerie littéraire » du troubadour Peire d'Alvernhe*, dans *Actes et mémoires du 3ᵉ congrès international de Langue et Littérature d'Oc*, Bordeaux, 1965, p. 35-54, repr. dans *Marche Romane*, hors série (1979), p. 299-311 [concerne PC 323, 11]. — M. Dumitrescu, *L'« escola N' Eblon » et « aquestz trobadors »*, dans *Mél. R. Lejeune*, Gembloux, 1969, p. 107-118 [concerne PC 323, 11]. — F. Pirot, *Recherches sur les connaissances littéraires des troubadours occitans et catalans des* XIIᵉ *et* XIIIᵉ *siècles*, Barcelone, 1972, p. 173-177 [sur PC 323, 11]. — A. Tavera, *Le « congé » de P. d'Alvernha, un problème d'édition*, dans *Actes du 5ᵉ congrès international de Langue et Littérature d'Oc...*, Nice, 1974, p. 444-456 [PC 323, 10]. — L.T. Topsfield, *The « Natural Fool » in P. d'Alvernha, Marcabru and Bernart de Ventadorn*, dans *Mél. C. Rostaing*, Liège, 1974, t. 2, p. 1149-1158. — R. Lejeune, *Le troubadour lombard de la « Galerie littéraire » satirique de P. d'Alvernha*, dans *Marche Romane*, t. 25 (1975), p. 31-47, repr. dans *Marche Romane*, hors série (1979), p. 313-328 [= Peire de la Caravana* ?, 1161]. — L.M. Paterson, *Troubadours and Eloquence*, New York-Oxford, 1975, p. 55-87. — R.A. Taylor, *La littérature occitane du Moyen Âge*, Toronto, 1977, nᵒˢ 184, 386, 500-505 [bibliogr.]. — R. Lejeune, *La « Galerie littéraire » du troubadour Peire d'Alvernhe et ses implications avec la Catalogne*, dans *Estudis Universitaris Catalans*, t. 24 (1980), p. 267-276. — H. Braet, *Pour le commentaire de P. d'Alvernha, « En estieu, qan crida.l jais (PC 323, 17)*, dans *Mél. J.R. Smeets*, Leyde, 1982, p. 43-48. — J. Gruber, *Die Dialektik des Trobar. Untersuchungen zur Struktur und Entwicklung des occitanischen und französischen Minnesangs des 12. Jahrhunderts*, Tübingen, 1983. — F. Beggiato, *Forni ed avorni*, dans *Mél. A. Roncaglia*, Modène, 1989, 1, p. 119-125. — S.B. Gaunt, *Irony in the Poetry of Selected Early Troubadours*, ou *Troubadours and Irony*, Cambridge, 1989. C.C.

Peire III d'Aragon. Pierre le Grand (Peire II comme comte de Barcelone et III comme roi d'Aragon) naquit en 1240. Roi de 1276 à sa mort le 10 novembre 1285, il est mentionné par plusieurs troubadours, notamment Cerveri de Girona*. Il intervint personnellement par quelques *coblas* dans un débat politique qui opposa poétiquement cinq troubadours, durant l'été 1285, tandis que les armées de France et d'Aragon s'affrontaient par les armes. Peu avant de mourir, l'Aragonais allait voir la déroute des Français de Philippe III le Hardi, qui périt durant la retraite.

L'initiateur du débat devait être Bernart d'Aurillac, surnommé dans les rubriques du chansonnier provençal *C* : « mayestre de Bezers », un partisan du roi de France. On conserve de lui quatre compositions : deux *cansos* dont une à la Vierge, un *sirventes* et les *coblas* du débat politique, auquel participèrent également Peire Salvatge, un jongleur attaché à la cour du roi Peire III ; Roger* Bernart III comte de Foix qui s'était révolté contre ce dernier en 1280, et figurait dans l'armée française en 1285 ; et enfin un troubadour anonyme, lui aussi hostile au roi d'Aragon.

Le curieux cycle de poésie qui résulta de ces discussions révèle à l'évidence la force du *sirventes** comme arme politique. Les mêmes mots et la même musique traversèrent à plusieurs reprises les lignes de combattants ennemis, tour à tour en poste d'attaque ou de défense.

ŒUVRE. — Éd. M. de Riquer, dans *Los trovadores. Historia literaria y textos*, Barcelone, 1975, t. 3, p. 1590-1600.

→ PC 57, 325, 357 et 182. — G. Brunel-Lobrichon, *Le chansonnier provençal conservé à Béziers*, dans *Actes du 1er congrès international de l'AIEO*, Londres, 1987, p. 143-144 [PC 182, 325, 357]. G.B.L.

Peire de Barjac. La tradition lui attribue une *canso* et trois manuscrits transmettent une *Vida* de ce troubadour (*I, K* et *N*²). Ce texte biographique est un simple extrait de la *Vida* d'un autre troubadour, Guilhem de Balaun. Peire est présenté, en effet, comme un « chevalier, compagnon de Guilhem de Balaun » ; ce dernier aurait, par son entremise, rétabli la concorde entre Peire et sa dame, épouse d'un « vavasseur » du château de Jaujac (arr. Largentière, Ardèche). Le lieu d'origine de Peire (Barjac) est une commune de l'actuel département du Gard distante de plus de 50 km de Balaun et de Jaujac. Les deux troubadours ont vraisemblablement vécu dans la première moitié du XIIIe siècle, puisque, selon les *Vidas*, ils auraient été contemporains de Bernart VII (?) d'Anduze (mort vers 1223). Des documents d'archives attestent que Peire de Barjac était mort en 1246.

La *canso* de Peire de Barjac est adressée fort cavalièrement à une dame, pour prendre congé d'elle. Le troubadour reproche à la dame d'avoir préféré un autre *drut* (amant), et lui déclare que, pour sa part, il a choisi une nouvelle amie *plus bela e plus pros*.

ŒUVRE. — Éd. K. Bartsch, *Chrestomathie provençale*, 6e éd. revue par E. Koschwitz, Marburg, 1904, col. 217-220.

→ PC 326. — I. Gaussen, *Poètes et prosateurs du Gard en langue d'oc, depuis les troubadours jusqu'à nos jours*, Paris, 1962. — S. Guida, *Nuovi documenti su alcuni trovatori del XIII secolo*, dans *CN*, t. 39 (1979), p. 81-105. I.M.C.

Peire Bremon Lo Tort. D'après sa *Vida*, ce troubadour du XIIe siècle fut un pauvre chevalier de la région de Vienne. On ne conserve de lui que deux *cansos* d'amour marquées de traits franco-provençaux. L'une d'elles (PC 331, 1) est écrite en Occident quelque temps après son retour de Syrie où il a laissé la dame qu'il aimait. Il s'adresse à *Guillelm Longa-Espia* de Montferrat, qui mourut en juillet 1177.

ŒUVRE. — Éd. J. Boutière, *Peire Bremon lo Tort*, dans *Romania*, t. 54 (1928), p. 427-452. — V. De Bartholomaeis, *Il trovatore Peire Bremon lo Tort*, dans *Studi medievali*, t. 8 (1930), p. 53-71. — Éd. partielle : M. de Riquer, *Los trovadores. Historia literaria y textos*, Barcelone, 1975, t. 1, p. 514-518 [PC 331, 2].

→ PC 331. — J.H. Marshall, *Le troubadour Peire Bremon Lo Tort et deux chansons d'attribution douteuse*, dans *Le Moyen Âge*, t. 86 (1980), p. 67-91 [éd. PC 356, 2 et 70, 11]. G.B.L.

Peire Bremon Ricas Novas. Ce troubadour provençal est à distinguer de Peire Bremon lo Tort, grâce à son surnom, sans doute de jongleur : « beaux contes » ou « joyeuses nouvelles ». Il apparaît à la cour de Raimon Bérenger IV de Provence à partir de 1230, et pendant les années où il soutint un échange de *coblas* avec Gui de Cavaillon* (PC, 192, 1 = 330, 20). Dans cette cour, il fut en relation avec Bertran d'Alamanon* et avec Sordel*, dont il imita le *planh* pour la mort de Blacatz* (1236), en proposant avec truculence de faire dépecer le corps du défunt (PC, 330, 14). Désavoué par le comte de Provence, Peire Bremon abandonna sa cour peu après 1237 et visita celle de Barral des Baux à Marseille et celle du comte Raimon VII de Toulouse. Sa dispute avec son ami Sordel provoqua une série de six *sirventes* qui ne manquent pas d'intérêt. Ils furent écrits en 1240 ou 1241. Ensuite, on perd la trace du troubadour. On conserve de lui vingt poésies, quatorze d'entre elles sont de discrètes chansons d'amour.

ŒUVRES. — Éd. J. Boutière, *Les poésies du troubadour Peire Bremon Ricas Novas*, Toulouse-Paris, 1930, réimp. New York-Londres, 1971 ; voir compte rendu par K. Lewent, dans *ZRPh*, t. 51 (1931), p. 568-591. — Éd. partielles : G. Bertoni et A. Jeanroy, *Un duel poétique au XIIIe siècle, les sirventes échangés entre Sordel et Peire Bremon Ricas Novas*, dans *AM*, t. 28 (1916), p. 269-305. — M. de Riquer, *Los trovadores. Historia literaria y textos*, Barcelone, 1975, t. 3, p. 1280-1287 [PC, 330, 21 *(canso)* et 18 *(sirventes)*].

→ PC, 330. — R.A. Taylor, *La littérature occitane du Moyen Âge*, Toronto, 1977, nos 506-507. G.B.L.

Peire Camo. Voir : *Consistori*.

Peire Cardenal. 1. La vie de Peire Cardenal, le grand troubadour du XIIIe siècle, nous est connue par la biographie qu'écrivit de lui l'Auvergnat Miquel de la Tor, auteur de poésies disparues dont la copie au XVIIIe siècle par G. Plà a été récemment retrouvée à la Bibliothèque de l'Académie d'Histoire de Madrid. Et cette biographie, qui a tous les caractères de la plus grande authenticité, a pu être complétée par de nombreux détails qu'ont fournis les œuvres mêmes du troubadour.

Peire Cardenal, né vers 1180, devait mourir centenaire vers 1280. Il était de famille noble, du Puy-en-Velay. Conformément à une tradition familiale, il se prépara, jeune clerc, à la prêtrise et aux fonctions de chanoine. Sans jamais recevoir les ordres, il fut « chanoine damoisel » de la « chanoinie-majeure du Puy », et, à l'école de la cathédrale, il apprit la grammaire, les éléments des lettres et des sciences, de la théologie et du droit ; il sut bien lire et bien chanter, *saup ben lezer e chantar*. Parvenu à l'âge d'homme, « il s'éprit de la vanité de ce monde », et prit part aux tournois poétiques du Puy-Sainte-Marie où s'était illustré le Monge de Montaudon*.

« Se sentant gai, beau, jeune », il se fit troubadour. Il composa des *cansos* d'amour, en petit nombre, et de nombreux *sirventes*, qu'il fit très beaux et très bons : *fetz cansons, mas paucas ; et fetz mans sirventes, e trobet los molt bels e bons*. Le biographe rapporte que « Peire Cardenal fréquentait les cours de rois et de gentils barons, menant avec lui son jongleur qui chantait ses *sirventes* ». Ces grands personnages qui furent sans doute les protecteurs du troubadour s'appelaient Raimon VI (1194-1222) dont il fut quelque temps secrétaire, et Raimon VII (1222-1249) ; de ces deux comtes de Toulouse, Peire Cardenal a dit la louange ; il faut compter aussi, comme ses protecteurs, les seigneurs d'Auvergne, ceux du Viennois et du Valentinois, le seigneur Hugues des Baux, vicomte de Marseille, les seigneurs comtes de Foix dont il vanta les prouesses et la valeur, et enfin le roi d'Aragon Jacques Ier, le roi Conquérant, pour lequel il eut une admiration sans bornes.

Marié et père de famille, Cardenal mena une vie pauvre, vivant de ses métiers de secrétaire et de troubadour. Comme il avait un tempérament positif, né pour moraliser et pour critiquer, et comme il était assez misogyne, ses attaques lui valurent des représailles qui le rendirent prudent.

2. L'œuvre de Peire Cardenal est très abondante ; seuls, le Catalan Cerveri de Girona*, et le Narbonnais Guiraut Riquier* nous ont laissé un plus grand nombre de pièces. Toute sa production poétique, près d'une centaine de poésies, nous a été conservée par trois principaux mss de la BN de Paris.

Cardenal n'a écrit ni *albas*, ni *pastorelas*, ni *dansas*. En revanche, à côté des genres traditionnels comme la *canso**, la *tenso**, le *partimen**, le *sirventes**, le *planh**, le *descort**, la *cobla*, on trouve sous sa plume des genres nouveaux : *estribot, sermo, crida, faula*. Il arrive que les titres donnés aux pièces par l'auteur ou par les éditeurs ne répondent pas toujours parfaitement à leur contenu : c'est ainsi que le magnifique « Chant à la Croix », poésie purement religieuse, a été improprement appelé « Chant de Croisade » (PC 335, 15).

D'après le thème des pièces, je grouperai la production poétique de Peire Cardenal, et j'exposerai successivement les chants d'amour, les satires, et les chants religieux.

3. Peire Cardenal a chanté l'amour. Pouvait-il, vrai troubadour, y échapper ? Tout l'y portait d'ailleurs, le milieu où il avait passé sa jeunesse, à « La Cour du Puy », et le milieu où il vécut à Toulouse auprès du comte Raimon VI, son patron et protecteur. Cependant, comme le dit son « biographe », il a écrit peu de *cansos*. Peut-être quelques-unes se sont-elles perdues, ce qui expliquerait leur petit nombre. Cela tient sans doute surtout à ce que, du moment où Peire Cardenal prit au sérieux son rôle de poète satirique, l'amour ne l'intéressa plus. Pour cette raison, les historiens placent aux premières années de sa vie poétique, au début du XIIIe siècle, la composition par Cardenal de ses pièces amoureuses. Il est difficile, étant donné le peu de renseignements que nous possédons sur la vie du poète, et que ces pièces sont dépourvues d'allusions historiques précises, de dater ces chants d'amour.

Les historiens situent quelques-unes de ces poésies dans une période très brève allant de 1202 à 1204. Le poète est alors « conformiste », chantant l'amour selon le rite, les règles, les formules de la poésie courtoise régnant dans la société du temps ; cinq *coblas* datent aussi de cette époque ; le poète y proclame que le désir est meilleur que la jouissance ; il y donne à la dame les conseils traditionnels en matière d'amour : connaître avant de voir, être femme de mérite avant de plaire, se méfier du fou et être prudente dans son accueil. Devant les changements profonds qui se produisent dans la société, le poète ne peut plus jouir de l'amour, se contente de garder de cette vie courtoise de profonds regrets et se déclare prêt à changer de vie.

De 1204 à 1208, années du séjour de Cardenal à Toulouse, datent trois *cansos* et diverses *coblas*. Le comte de Toulouse, son protecteur, est entraîné dans les événements qui préparent la tragédie de la croisade contre les Albigeois dont il sera la principale victime. Le poète rompt alors, non peut-être avec l'amour, du moins avec la manière « conformiste » dont le chantaient les troubadours. L'amour, selon lui, est injuste, procurant plus de maux que de biens ; ce temps de douceur dont il jouissait n'avait que du venin. Lui sait bien ce que c'est que d'aimer, et il regrette ce temps d'aimer ; mais c'en est fini, la vraie et solide galanterie a fait chemin arrière. Désormais il sera content de l'amour, n'ayant plus à accomplir d'exploit, ni à prolonger une inutile attente, ni à faire d'hommage à sa dame, n'étant plus « ni son captif, ni son homme-lige », *Ni soi sos pres ni sos liatz*. (PC 335, 7 v. 29). Complètement désabusé sur l'amour courtois, Peire Cardenal s'installe dans la critique ironique.

On voit qu'il eût pu être un maître dans le chant de l'amour. Il préféra s'adonner à la satire. Cela devait lui procurer moins de gloire passagère, mais aussi la réussite géniale dans un genre moins fréquenté. Il eût pu être un Ovide ; il aima mieux être un Juvénal.

4. C'est dans la satire en effet que Peire Cardenal a excellé. Il nous a laissé, dans le genre satirique, 56 *sirventes*, 18 *coblas*, et divers autres chants intitulés *faula, estribot, planh*, etc. Des détails historiques, des adresses, des allusions permettent d'aspirer à un classement et à une datation de ces nombreuses pièces ; mais il y a des difficultés, parce que souvent, dans la même pièce, le poète traite de plusieurs personnages ou de plusieurs sujets. Un classement général est acceptable cependant : il y a les satires d'ordre personnel ou d'ordre politique, les satires contre le clergé, les satires de morale générale. Toutes ces pièces occupent la vie entière de Peire Cardenal après 1208, chacune d'elles se prêtant souvent par des détails à une datation probable.

Les satires d'ordre personnel contre des médisants inconnus, contre des riches ou des barons du Gapençais, du Velay son pays, de la Gascogne, contre certains clercs d'Auvergne, en particulier le chanoine du Puy Estève de Belmon, voleur, cruel et traître, offrent pour nous peu d'intérêt. Nous en trouvons davantage dans les *sirventes* d'ordre historique, où sont les idées politiques du poète, celles de nombreux troubadours après la croisade contre les Albigeois. Il se déchaîne contre Jean Sans Terre et sa cour, « cour avec courte courtoisie », *E cort ab corta cortezia*, parce que les Anglais ne veulent pas guerroyer contre les Français. Pour ceux-ci, le poète n'a pas assez de mépris : ce sont des cruels, des buveurs, des menteurs d'où viennent fausseté et démesure, déloyauté et incrédulité ; d'eux est sorti tout le mal qui déferle sur la société. En revanche, le poète exalte les vertus des comtes de Toulouse : Raimon VI, dont la valeur orne le monde entier, et le Comte Jeune, Raimon VII ; « tout comme l'eau sort de la fontaine, de lui naît chevalerie », *Qu'aissi com nais aiga de fon, Nais d'el cavalaria* ; il lutte contre les clercs et les Français, il tient victorieusement tête à ses ennemis.

Ces pièces, où la louange de certains côtoie la colère contre les autres, montrent le grand nombre et la variété des connaissances politiques de Peire Cardenal, qui pouvait apprécier les souverains et les peuples, qui intervenait pour insulter ou pour louer, et ainsi domina tout son siècle de 1208 à 1270.

5. Les *sirventes* contre les gens d'Église ne sont pas très abondants ; en revanche, ils sont très violents. Au Moyen Âge, cette satire était fréquente. Dans le Nord de la France, mise à la mode par les fabliaux*, elle tournait à la moquerie en s'attaquant aux curés, aux moines, aux nonnains. En Occitanie, plus particulièrement avec Peire Cardenal, elle tournait à la colère, s'adressant aux clercs puissants, aux prélats, aux ordres religieux, à l'Église en général où régnaient la vénalité, la simonie, le népotisme.

Sans doute, notre poète ne s'attaque-t-il pas à Rome directement, comme son contemporain Guilhem Figueira*, mais c'est tout comme. Et l'un de ses reproches les plus violents à l'adresse des clercs et des religieux est qu'ils ne manifestent aucun zèle pour la délivrance des Lieux saints, « ayant peur de passer la mer autant que de mourir ».

6. Contre la société de son temps en général, le clergé non compris, Peire Cardenal a écrit plus de 40 pièces, passant pour ainsi dire en revue les classes qui méritent le fouet : puissants et riches, barons cupides, femmes amoureuses et dévergondées. Le mal est général ; et le poète imagine une « fable » originale, regrettant le sort des vivants, et des voleurs, et du monde entier où le mensonge et la cupidité ont pris la place de l'amour et de l'honneur. On pourrait croire qu'une pluie de malheurs est tombée sur le monde, où il n'y a plus que des fous, sauf un seul homme sensé que la pluie n'a pas atteint, mais qui passe pour fou aux yeux de tous les autres.

Devant ces vices qui couvrent le monde comme d'un couvercle d'insanités, devant le mensonge universel et la cupidité tenace qui engendrent une méchanceté sans bornes, quelle doit être l'attitude du poète ? Le poète doit être affligé de tout cela plus qu'il ne le serait d'un cilice, mais il ne peut pas ne pas chanter, et il ne peut pas chanter le mal, lui qui doit haïr le mal et aimer le bien. Sans doute ne peut-il pas tout dire, mais c'est un devoir rigoureux pour lui de faire la leçon. Peu importe s'il lui faut souffrir de cette attitude ; son devoir est de prêcher à ce monde pervers, en lui rappelant un remède chrétien, qui est la pensée de la mort, et un remède social, qui est la courtoisie source de vraie valeur.

7. Violemment anticlérical, comme le prouvent ses satires contre le clergé, Peire Cardenal demeure profondément croyant et religieux. Dans toute son œuvre, ici et là, perce un sentiment religieux sincère, qui invite à aimer, craindre, servir et prier Dieu. Mais il a écrit aussi quelques poèmes significatifs : professions de foi, vraies prédications, hymnes et prières, dont la seule lecture rend vains tous les efforts pour tenter de découvrir chez le grand troubadour des traces d'inspiration cathare.

Dans le poème qu'il appelle *estribot* (PC 335, 64), et qui se termine par une très violente satire du clergé, il fait une véritable profession de foi résumant le dogme catholique, et il affirme sa foi en Rome et en saint Pierre, à qui il fut ordonné d'être juge de pénitence, de sens et de folie :

E cre Rom'e sant Peire a cuy fon [comandatz
Jutge de penedensa, de sen e de foldatz.

Un chant émouvant, qui prend pour prétexte la malheureuse affaire de Baudouin, le frère du comte de Toulouse Raimon VI, traître à la cause occitane, pris et pendu, est l'exaltation de la justice souveraine de Dieu. Son hymne à la Croix est un des plus beaux poèmes qui aient jamais été composés en l'honneur de l'instrument de la Rédemption. Les quatre bras de la Croix étendus sur le monde prouvent que le Christ a tout en son pouvoir. Et le poète invite les hommes à mener une vie sainte à la suite du Christ, fruit de savoir et arbre de vie.

Deux *predicansas*, qui sont deux vrais sermons, permettent au poète de poursuivre son rôle de correcteur des vices. Ici, plus de colère et de satire, mais des conseils et des exhortations qui sont comme une Introduction à la Vie dévote. Les deux sermons commencent par un pressant appel, où le poète prie ses auditeurs de collaborer à l'œuvre de Rédemption, où il développe l'idée qu'un bon prédicateur doit faire d'abord lui-même ce qu'il enseigne, se continuent par des conseils d'ordre pratique, et prennent fin sur une prière ou sur un charitable encouragement. Une prière à « Dieu juge » est motif pour le poète, mué en philosophe, de résoudre à sa manière le problème de la destinée humaine : que Dieu le ramène là d'où il est parti le premier jour, ou bien qu'il soit prêt à lui pardonner toutes ses fautes.

Dans une prière à la Vierge, le poète dit sa confiance en Marie souveraine : « Celui qui en toi se fie n'a pas besoin d'autre défenseur. » (PC 335, 70) :

Aquel que en te se fia
Ja no.l cal autre defes.

Cette pièce, qui, par la répétition des deux derniers vers à la fin de chaque strophe et à la fin de la poésie, annonce le chant royal et la ballade du XVIe siècle, est « empreinte de gravité religieuse » (J. Anglade), et on y admire « le ton de sincérité profonde et l'harmonie remarquable du vers » (J. Boutière).

8. Peire Cardenal avait une haute conception de son métier poétique, et aussi une haute idée de son propre talent. Fin lettré connaissant la Bible et les auteurs de l'Antiquité ainsi que les chansons de geste du Moyen Âge, il a laissé des œuvres remarquables par le style : descriptions et portraits, images et comparaisons se pressent sous sa plume. L'antithèse, poussée parfois jusqu'à l'allitération, lui permet des effets étonnants.

En ce qui concerne la forme poétique, il se conforme, d'une façon générale, aux règles traditionnelles, pour les genres littéraires comme pour la strophe, la rime, le rythme du vers, se contentant d'y apporter une incontestable habileté. Les rares mélodies qu'on a conservées de lui ne permettent pas malheureusement d'apprécier son talent musical. La langue est chez lui d'une pureté parfaite.

9. Ce fier poète, qui fut un grand artiste, n'eut pas, de son temps, la renommée qu'il méritait. Cela s'explique par le fait qu'il écrivit peu de *cansos* et traita peu de l'amour. Son talent demeura inconnu de longs siècles. Aujourd'hui on peut lire son œuvre, et lui donner la première place dans la satire occitane, à côté de celle de Bertran de Born*. Ajoutons avec Alfred Jeanroy : « Par l'aprêté de l'ironie, l'originalité des images, la variété et la force de l'expression, Peire Cardenal se place vraiment au premier plan des satiriques de tous les temps. » Il ne peut être comparé qu'à Juvénal : tous deux considèrent leur talent comme devant servir à une mission salutaire ; tous deux s'indignent contre les grands vices de l'humanité, flétrissant spécialement le mensonge ; tous deux regrettent le temps passé, République romaine ou temps de Courtoisie ; tous deux se dressent contre la triste situation faite aux poètes de leur temps, et contre les idées, les façons de vivre venant du dehors, la Grèce ou la France ; pour tous deux, c'est la vertu qui fait la vraie noblesse ; tous deux ont touché aux grands problèmes de l'âme et de la destinée ; ils se sont adonnés surtout à la satire ; ils ont les mêmes qualités de style, Juvénal étant plus éloquent, Cardenal plus artiste. On peut appeler Peire Cardenal « le Juvénal d'Occitanie ».

ŒUVRES. — Éd. R. Lavaud, *Poésies complètes du troubadour Peire Cardenal (1180-1278)*, Toulouse, 1957 [voir K. Lewent, *Remarks on the Texts of P. Cardenal's Poems*, dans *Neuphilologische Mitteilungen*, t. 62 (1961), p. 71-94]. — Éd. partielles : A. Kolsen, *Dichtungen der Trobadors...*, Halle, 1916-1919, réimp. Genève, 1980, p. 115-119 [PC 335, 54]. — G. Contini, *Quelques sirventes de P. Cardenal*, dans *Mél. C. Brunel*, Paris, 1955, t. 1, p. 272-287 [PC 335, 16, 65, 19, 68, 51, 56 et 8]. — F.J. Oroz Arizcuren, *La lirica religiosa en la literatura provenzal antigua*, Pampelune, 1972, p. 362-369 [PC 335, 70]. — M. de Riquer, *Los trovadores. Historia literaria y textos*, Barcelone, 1975, t. 3, p. 1478-1518 [PC 335, 15-7-53-30-29-55-70-31-1-67 et la fable]. — R. Richter, *Die Troubadourzitate im « Breviari d'Amor »*, Modène, 1976 [PC 335, 7-11-50-6-53-5-38 et 48]. — A. Compan, *Le sirventes LVII de Peire Cardenal*, dans *Mél. A. Planche*, Nice, 1984, p. 127-136. — A. Rossell i Mayo, *Monodia cortesana trobadoresca...*, Barcelone, 1986, p. 87-89 [éd. de la musique].

→ PC 335. — C. Brunel, n° 134. — C. Campros, *Peire Cardenal e li normas de la civilizacion occitana*, dans *Oc*, n° 207 (1958), p. 5-11. — L. Cocito, *Aspetti e motivi della poesia di P. Cardenal*, Gênes, 1958. — F. Fabre, *Deux pièces du troubadour P. Cardenal*, dans *Les Lettres romanes*, t. 13 (1959), p. 399-412 [PC 335, 12 et 13]. — F.M. Chambers, *The Lady from Plazensa*, dans *Mél. A.H. Schutz*, Ohio State Univ., 1964, p. 196-209 [PC 335, 44]. — F. Goldin, *The Law's Homage to Grace : P. Cardenal's « vera vergena, Maria »*, dans *Romance Philology*, t. 20 (1966-1967), p. 466-477 [PC 335, 70]. — C. Camproux, *Amour chez Peire Cardenal*, dans *Mél. G. Straka*, Lyon, 1970, t. 1, p. 395-409 ; *Cardenal et Rutebeuf, poètes satiriques*, dans *RLR*, t. 79 (1971), p. 3-28. — C. Lassalle, *Langage imagé dans les sirventes de P. Cardenal*, dans *Actes du 6e congrès de Langue et Littérature d'Oc*, dans *RLR*, 1971, fasc. 2, p. 369-384. — F. Pirot, *Recherches sur les connaissances littéraires des troubadours occitans et catalans des XIIe et XIIIe siècles*, Barcelone, 1972. — C. Camproux, *La mentalité spirituelle chez P. Cardenal*, dans *Cahiers de Fanjeaux*, n° 10 (1975), p. 287-314. — R.A. Taylor, *La littérature occitane du Moyen Âge*, Toronto, 1977, nos 508-515 [bibliogr. sélective]. — J.H. Marshall, *Imitation of Metrical Form in P. Cardenal*, dans *Romance Philology*, t. 32 (1978-1979), p. 18-48 [étude détaillée des *contrafacta*] ; *Pour l'étude des Contrafacta dans la poésie des troubadours*, dans *Romania*, t. 101 (1980), p. 289-335 [PC 335, 18 imite 404, 4 et 335, 35 imite 461, 148] ; *The Isostrophic Descort in the Poetry of the Troubadours*, dans *Romance Philology*, t. 35 (1981-1982), p. 130-157. — R. Lassalle, *Arcanes de l'Orient chez P. Cardenal*, dans *Senefiance*, t. 11, Aix-en-Provence, 1982, p. 213-227. — J. Garreau, *Hérésie et Politique* *chez Guillem Figueira et P. Cardenal*, dans *Kentucky Romance Quarterly*, t. 31 (1984), p. 48-68. — C. Camproux, *Philosophie et Joy d'amor*, dans *Écrits sur les troubadours et la civilisation occitane du Moyen Âge*, t. 2, Montpellier, 1985, p. 7-22. — G. Crémieux, *De la folie à la mort. Images de l'individu chez P. Cardenal dans les pièces : « Una ciutatz fo, no sai cals » et « Un sirventes novel vueill comensar »*, dans *Mél. P. Remy*, Kalamazoo, 1986, t. 1, p. 67-79 [fable et PC 335, 67]. — R. Lassalle, *Les dits de P. Cardenal et le modèle structural des narrations classiques, ibid.*, t. 2, p. 121-131. — *Bibliogr. de la littérature occitane du Moyen Âge*, dans *Bulletins de l'AIEO*, n° 5, 1990, p. 30. — S. Vatteroni, *Peire Cardenal et l'« estribot » nella poesia provenzale*, dans *Medioevo Romanzo*, t. 15 (1990), p. 61-91 [éd. PC 335, 64 ; concerne aussi Palais et Folquet de Marseille*]. — M. Careri, *A la ricerca del libro perduto. Il doppio ritrovato*, dans *Lyrique romane médiévale : la tradition des chansonniers*, Liège, 1991, p. 329-378 [Miquel de la Tor]. — V. Roncoroni-Arlettaz, *Gioacchino Plà, Poesie provenzali...*, Lausanne, 1991. J.S.

Peire de Corbian. Oncle du troubadour Aimeric de Belenoi*, Peire de Corbian, qui écrivait aux environs de 1250, a laissé une jolie poésie à la Vierge, *Domma, dels Angels regina*, et une courte encyclopédie scientifique, le *Thezaur*. Ce poème de 520 vers de 12 syllabes finissant tous sur la même rime, *ens*, dénote une grande prétention, mais un talent restreint. L'auteur, qui s'appelle *maistre*, était sans doute clerc. Peire de Corbian y expose la nature de Dieu « en trois personnes comme un seul cierge brûlant », *Cestas tres res essemble son us ciris ardens*. Puis, c'est la création du monde, l'Incarnation, l'histoire de Jésus et de ses disciples. Il parle ensuite des sept arts libéraux, traite longuement des astres, et, plus brièvement, des genres littéraires en vogue chez les troubadours. « Voilà, dit-il en terminant, mon trésor et l'entassement de mes connaissances, ma joie, mon repos, ma délectation. »

Cette œuvre présente un réel intérêt. Il faut reconnaître l'exploit technique de bâtir tout un long poème sur la même rime, et la poésie en souffre. Des modifications ont été portées au texte de l'auteur par des copistes postérieurs sous la forme d'interpolations parfois maladroites dans le chansonnier manuscrit *R* (Paris, BN, fr. 22543). Le *Thezaur* est également conservé dans deux manuscrits italiens.

ŒUVRE. — Éd. G. Bertoni et A. Jeanroy, *Le « Thezaur » de Peire de Corbian*, dans *AM*, t. 23 (1911), p. 289-308 et 451-471. — F.J. Oroz Arizcuren, *La lirica religiosa en la literatura provenzal antigua*, Pampelune, 1972, p. 370-377 [PC 338, 1].

→ PC 338. — C. Brunel, n°s 194, 320. — Y. Lefèvre, *Deux poètes médoquains du XIIIe siècle (Aimeric de Belenoi et Pierre de Corbian)*, dans *Revue historique de Bordeaux*, t. 13 (1964), p. 123-131. — F. Pirot, *Recherches sur les connaissances littéraires des troubadours occitans et catalans des XIIe et XIIIe siècles*, Barcelone, 1972, p. 207-216. — R.A. Taylor, *La littérature occitane du Moyen Âge*, Toronto, 1977, p. 138-139 [bibliogr.]. — A. Viaut, *Le texte occitan du Médoc, inventaire bibliogr.*, Talence, 1977.

J.S. et G.B.L.

Peire de Janilhac. Le Consistori* de Toulouse couronna d'un prix exceptionnel, une « dame d'argent », en 1471, un poème occitan, précurseur du « chant royal » en vogue à partir du XVIe siècle, dû « à maître Peire de Janilhac, né à Paris, bachelier en décrets, étudiant à Toulouse, quoiqu'il fût français, parce qu'il l'écrivit en langage de Toulouse ».

ŒUVRE. — Éd. A. Jeanroy, *Les Joies du Gai Savoir*, Toulouse-Paris, 1914, p. 271.

→ F. Zufferey, *Bibliogr. des poètes provençaux des XIVe et XVe siècles*, Genève, 1981, n° 542. J.S.

Peire de La Caravana. D'origine lombarde, il est le plus ancien troubadour né en Italie. Il a été identifié avec le *veilletz lombartz* évoqué par Peire d'Alvernha* dans sa galerie satirique de troubadours (PC 323, 11 aux vers 73-78). Il composa au printemps de 1157, un *sirventes** de forme originale, à l'adresse des villes lombardes qu'il exhorte à s'unir contre Frédéric Ier Barberousse. Le refrain revient comme une litanie :

Lombart, be.us gardatz,
que ja non siatz
peier que compraz,
si ferm non estaz.

Lombards, prenez bien garde
à ne pas devenir
pires que des vendus,
si vous ne tenez pas ferme.

ŒUVRE. — Éd. G. Bertoni, *I Trovatori d'Italia*, Modène, 1915, réimp. 1967, p. 206-208. — M. de Riquer, *Los trovadores. Historia literaria y textos*, Barcelone, 1975, t. 1, p. 276-280.

→ PC 334, 1. — R. Lejeune, *La « galerie littéraire » du troubadour Peire d'Alvernhe*, dans *Actes du 3e congrès international de langue et littérature du Midi de la France*, Bordeaux,

1965, p. 35-54. — V. Bertolini, *In margine a Peire de la Caravana*, dans *Atti e Memorie dell'Academia di Agricoltura, Scienze e Lettere di Verona*, s. 6, t. 24 (1972-1973), p. 281-290 ; *ibid.*, s. 6, t. 26 (1974-1975), p. 103-105. G.B.L.

Peire de La Mula. D'après la *Vida*, Peire de la Mula fut d'abord *joglar* (jongleur) à Montferrat, dans le Piémont, puis *trobaire* (troubadour) *de coblas e de sirventes*. On ne sait rien de sa vie. Ses œuvres, peu importantes, où il critique les jongleurs, et les grands qui manquent de générosité, permettent de croire qu'il est un des premiers troubadours en date au pays d'au-delà des Alpes, à la fin du XIIe siècle ou au début du XIIIe.

ŒUVRE. — Éd. G. Bertoni, *I trovatori d'Italia*, Modène, 1915, réimp. 1967, p. 245-251. — Éd. partielle : M. de Riquer, *Los trobadores. Historia literaria y textos*, Barcelone, 1975, t. 2, p. 803-805.

→ PC 352. — R.A. Taylor, *La littérature occitane du Moyen Âge*, Toronto, 1977, p. 152-153. J.S.

Peire de Ladils. Ce troubadour était né à Bazas, en Aquitaine dans la première partie du XIVe siècle. Avocat, il dut quitter son pays natal à cause de ses idées politiques, parce qu'il était partisan du roi de France contre le roi d'Angleterre, en un temps où ces deux souverains se disputaient l'Aquitaine. Il vint à Toulouse, où son activité littéraire se place entre 1325 et 1350. Quoiqu'il n'ait pas été lauréat du Consistori* toulousain, ses œuvres ont été conservées par des manuscrits qui ont gardé des pièces couronnées aux concours. On a de lui des *cansos* d'amour sans originalité, des *tensos* avec Raimon de Cornet* et un *sirventes* contre le roi d'Angleterre où il manifeste plus de personnalité, des danses, une prière. Son style est élégant et simple, sa langue pure.

ŒUVRE. — Éd. J.-B. Noulet et C. Chabaneau, *Deux manuscrits provençaux du* XIVe *siècle, contenant des poésies de Raimon de Cornet, Peire de Ladils...*, Paris, 1888, p. 84-131.

→ C. Brunel, n° 265. — A. Jeanroy, *Pey de Ladils, troubadour. La poésie provençale au* XIVe *siècle*, dans *HLF*, t. 38 (1949), p. 67-75. — F. Zufferey, *Bibliogr. des poètes provençaux des* XIVe *et* XVe *siècles*, Genève, 1981, n° 543. J.S.

Peire de Lunel de Montech. Ce troubadour-magistrat, d'une famille quercynoise originaire de Corbarieu (Tarn-et-Garonne), fut quelque temps official du diocèse de Montauban. Il résida ensuite à Toulouse, où, en 1355, il faisait partie, comme mainteneur, du Consistori* del Gai Saber. On a de lui diverses pièces lyriques et un *Ensenhamen del Guarso* en 382 vers.

Dans un de ses *sirventes*, composé en 1336, le poète reproche au roi de France Philippe VI et à d'autres souverains d'avoir abandonné le projet de croisade qui préoccupait alors les esprits, pour reporter dans le duché de Guyenne la guerre contre les Anglais. Son œuvre est très variée par les sujets et les idées comme par la forme. On a voulu lui attribuer la composition de la célèbre poésie *Arlabeca**.

ŒUVRE. — Éd. E. Forestié, *Peire de Lunel dit Cavalier Lunel de Montech, troubadour du* XIVe *siècle, mainteneur des Jeux Floraux de Toulouse*, Montauban, 1891. — G.E. Sansone, *Testi didattico-cortesi di Provenza*, Bari, 1977, p. 291-338.

→ PC 289. — C. Brunel, n° 194. — A. Jeanroy, *La poésie provençale dans le Sud-Ouest de la France et en Catalogne, du début au milieu du* XIVe *siècle*, dans *HLF*, t. 38, 1949, p. 76-85. — F. Pirot, *Recherches sur les connaissances littéraires des troubadours occitans des* XIIe *et* XIIIe *siècles*, Barcelone, 1972, p. 26-37. — G. Passerat, *Les écrivains occitans de Tarn-et-Garonne : de Marcabrun à Perbosc*, dans *Bull. Soc. archéologique de Tarn-et-Garonne*, t. 102 (1977), p. 69-91 [entre autres, des prêtres comme Peire de Lunel]. — R.A. Taylor, *La littérature occitane du Moyen Âge*, Toronto, 1977, n°s 566 et 713. — D.A. Monson, *Les « Ensenhamens » occitans. Essai de définition du genre*, Paris, 1981. — F. Zufferey, *Bibliogr. des poètes provençaux des* XIVe *et* XVe *siècles*, Genève, 1981, n° 544. J.S.

Peire Rogier. Ce troubadour auvergnat, contemporain de Peire d'Alvernha*, fut d'abord, dit sa *Vida*, chanoine de Clermont. Jeune encore et beau, lettré, bon chanteur et bon « trouveur », il abandonna son canonicat et se fit jongleur. Il fut longtemps le poète favori d'Ermengarde de Narbonne, en l'honneur de qui il composa plusieurs pièces où il l'appelait *Tort n'avetz*, « Vous en avez tort ». La vicomtesse, qu'il aimait et qu'il chantait, le prit en affection, mais la présence trop prolongée du troubadour à la cour narbonnaise fit jaser, au point qu'Ermengarde le congédia. Il alla à la cour de Raimbaut d'Aurenga* en Provence ; on le vit ensuite auprès du roi d'Aragon Alphonse II, et, plus tard, auprès de Raimon V, comte de Toulouse, l'un des princes les plus accueillants aux poètes. Après une vie de succès et d'honneur, l'ancien chanoine voulut finir ses jours dans l'ordre de Grammont.

Peire Rogier n'a laissé que huit *cansos*, où il chante l'amour courtois suivant les formules traditionnelles : ne pas se fâcher de l'attente que lui impose sa dame, ni des faveurs qu'à d'autres elle peut accorder, ne jamais faire de reproches, ne pas être exigeant et toujours espérer. Il a écrit un *sirventes* à l'adresse de Raimbaut d'Aurenga qui lui répondit : là encore il n'est question que d'amour. Peire d'Alvernha le lui reprocha dans sa « galerie littéraire » (PC 323, 11 vers 10-12).

Quelques-unes de ses pièces sont en forme de dialogue ou *coblas tensonadas* : l'une d'elles annonce le fameux dialogue monosyllabique de *Flamenca**. Le sentiment amoureux et la forme poétique font de Peire Rogier un poète du *trobar leu*, caractérisé par l'aisance et le naturel.

ŒUVRE. — Éd. C. Appel, *Das Leben und die Lieder des Trobadors Peire Rogier*, Berlin, 1882. — D.E.T. Nicholson, *The Poems of the Troubadour Peire Rogier*, Manchester et New York, 1976. — Éd. partielles : M. de Riquer, *Los trovadores. Historia literaria y textos*, Barcelone, 1975, t. 1, p. 263-271 [PC 356, 1 et 4]. — R. Richter, *Die Troubadourzitate im « Breviari d'Amor »*, Modène, 1976, p. 344-348 [PC 356, 4 et 7].

→ PC 356. — L. Cocito, *Sul canzoniere di Peire Rogier*, dans *Mél. F. Piccolo*, Naples, 1962, p. 217-249. — R. Lejeune, *Le calendrier du « Roman de Flamenca ». Contribution à l'étude de mentalités médiévales occitanes*, dans *Mél. C. Rostaing*, Liège, 1974, t. 2, p. 585-595. — R.A. Taylor, *La littérature occitane du Moyen Âge*, Toronto, 1977, nº 517. — E. Esposito, *Le problème du classement des variantes : le cas de variante-faute*, dans *Actes du 17ᵉ congrès international de linguistique et philologie romanes*, Aix-en-Provence, 1986, t. 9, p. 27-36 [leçons de PC 356, 3-5-6]. J.S. et G.B.L.

Peire Salvatge. Voir : Peire III d'Aragon.

Peire d'Ussel. Voir : Ussel (Troubadours d').

Peire de Valeira. Il ne faut guère tenir compte de la *Vida* consacrée à ce troubadour, qui témoigne d'une confusion avec Arnaut de Tintinhac*. On estime cependant qu'il appartient à la première génération des troubadours et on le situe vers le milieu du XIIᵉ siècle. Deux *cansos* lui sont attribuées.

ŒUVRE. — Éd. A. Jeanroy, *Jongleurs et troubadours gascons des XIIᵉ et XIIIᵉ siècles*, Paris, 1923, p. 1-3 (*CFMA*, 39). — Éd. partielle : M. de Riquer, *Los trovadores. Historia literaria y textos*, Barcelone, 1975, t. 1, p. 241-244 [PC 362, 3]. G.B.L.

Peire Vidal. C'est peut-être la personnalité la plus remarquable parmi les troubadours de la fin du XIIᵉ siècle et des premières années du XIIIᵉ siècle. Il était déjà réputé lorsqu'en 1184, Bertran de Born* composa un *sirventes** (PC 80, 28) sur la mélodie, les strophes et les rimes d'une de ses chansons (PC 364, 25). En reprenant des thèmes traditionnels sans doute, mais avec fantaisie, Peire Vidal réussit à leur donner sa marque propre, celle d'un poète au charme indéniable. C'est un Toulousain, d'origine bourgeoise, fils de fourreur ; le Monge de Montaudon*, en 1195, dans sa satire des troubadours (PC 305, 16, v. 85-90), dit qu'il était fourreur et se fit chevalier. Il aimait, en effet, à se prendre pour un chevalier, ce qui signifie que ses fanfaronnades étaient bien connues. Il mena une vie aventureuse qui, grâce aux allusions de ses poèmes, a fourni une base commode à la représentation romanesque et légendaire que transmet la *Vida*.

Pendant une première période, jusqu'en 1185 environ, et à travers une vingtaine de *cansos*, Peire Vidal célèbre une dame du nom de Na Vierna et Raimon V de Toulouse, sous le *senhal* de *Castiat*. C'est une époque heureuse ; puis les relations se rompent avec Raimon V et le troubadour se tourne vers l'ennemi de Toulouse, Alphonse II* d'Aragon, sans cesser d'écrire cependant des chansons d'amour pour Na Vierna, l'épouse de Barral de Marseille (?). L'aventure, fictive, peut-être, du baiser volé à la dame pendant son sommeil, est l'occasion de quelques poèmes qui se situent autour de 1186. C'est à la cour d'Alphonse II que Peire Vidal composa son fameux *gap*, ou énorme plaisanterie : *Drogoman senher* (PC 364, 18), où il se montre si agressif à l'égard de son seigneur naturel, Raimon V. Il n'empêche que Peire Vidal reviendra auprès de lui, après avoir séjourné fort agréablement dans les cours espagnoles. Il s'en souviendra toujours avec bonheur au point de prendre passionnément parti (PC 364, 35 et 36) pour la paix entre les rois chrétiens d'Espagne qui sont *de gran valor, adreit e franc e cortes e leyal* (PC 364, 36). Vers 1187, il fait un pèlerinage en Terre sainte. Il se réconcilie avec Raimon V de Toulouse qui meurt en 1195. Désormais, Peire Vidal ne fait plus mention de Na Vierna. Une nouvelle dame en effet, qui porte un prénom à la mode, la Loba, apparaît dans quatre chansons entre 1190 et 1194. On retrouve le troubadour dans les cours d'Italie du Nord, à partir de 1195. Il est chez Boniface de Montferrat, d'où il part faire un voyage en Hongrie, à la cour du roi Emeric, gendre d'Alphonse II d'Aragon. Il demeura aussi à Gênes, où en manière de plaisanterie, il se proclama « empereur » des habitants. De là vient la légende de son mariage supposé avec une Grecque, petite-fille de l'empereur de Constantinople ; ce qui lui aurait permis d'accéder à la succession. Il s'agit de constructions romanesques, nées de ses propres vantardises :

Las aventuras de Galvanh
ai totas e d'autras assatz ;
a quan sui en caval armatz
tot quan cossec, pesseg e franh.
Cent cavaliers ai totz sols pres
et ai agut tot lur arnes ;
cent donas ai fachas plorar,
et autras cent rir'e joglar.

Les aventures de Gauvain
je les ai toutes, et d'autres encore ;
et quand je suis à cheval, armé,
tout ce que j'atteins, je le renverse et le [brise.
Cent chevaliers, j'ai pris tout seul,
et j'ai eu tout leur équipement,
cent dames, j'ai fait pleurer,
et cent autres, rire et s'amuser.

Sa dernière poésie datable (PC 364, 38), se situe entre 1204 et 1207 et a peut-être été écrite à Malte. On en a conservé 45 d'attribution certaine, dont 12 avec la musique notée.

Original, sans avoir à recourir à des artifices de forme compliqués, très doué pour la composition lyrique — paroles et musique —, Peire Vidal attire la sympathie. Agile et brillant, il est capable de caricaturer sans blesser, de prendre parti dans les luttes politiques de son temps, sans trop d'esprit sectaire. Ses folies ont du charme, sa parole n'est jamais monotone et souvent il se prend lui-même comme sujet de la parodie et de l'humour Fanfaron par goût mais aussi par métier, c'est un bouffon de cour, il exagère pour plaisanter, car ni le bon sens ni la délicatesse ne lui font défaut.

ŒUVRE. — Éd. J. Anglade, *Les poésies de P. Vidal*, Paris, 2e éd. 1923 (*CFMA*, 11). — S. D'A. Avalle, *Peire Vidal. Poesie*, Genève, 1964. — Éd. partielles : M. de Riquer, *Los trovadores. Historia literaria y textos*, Barcelone, 1975, t. 2, p. 858-914 [PC 364, 25-1-18-28-11-7-37-16-8-15 et 30]. — R. Richter, *Die Troubadourzitate im « Breviari d'Amor »*, Modène, 1976, p. 349-362 [PC 364, 17-27-18-43-30-11-4 et 39]. — P. Blackburn, *Peire Vidal*, New York, 1972 [trad. anglaise de certains textes].

→ PC 364. — S. Battaglia, *La poesia di Peire Vidal*, dans *Studi Romanzi*, t. 23 (1933), p. 137-164, réimp. dans *La Coscienza letteraria del Medioevo*, Naples, 1965, p. 285-307. — C. Brunel, *« La Loba » célébrée par Peire Vidal et Raimon de Miraval*, dans *Mél. E. Hoepffner*, Paris, 1949, p. 261-264. — E. Hoepffner, *Le troubadour P. Vidal. Sa vie et son œuvre*, Paris, 1961. — A. Ferrari, *Bernart de Ventadorn « fonte » di P. Vidal ?* dans *CN*, t. 21 (1971), p. 171-203. — F. Musso, *Tono iperbolico e vanterie in P. Vidal*, dans *Mél. C. Guerrieri Crocetti*, Gênes, 1971, p. 437-453. — J.-C. Payen, *« Peccat » chez le troubadour P. Vidal*, dans *Mél. J. Boutière*, Liège, 1971, p. 445-452. — C. Cremonesi, *Conon de Béthune, Rambaldo di Vaqueiras e Peire Vidal*, dans *Mél. G. Favati*, Padoue, 1977, p. 233-244. — R.A. Taylor, *La littérature occitane du Moyen Âge*, Toronto, 1977, nos 518-524. — J. Sabrsula, *Intonation, pause et syntaxe dans les vers de P. Vidal*, dans *Mél. C. Camproux*, Montpellier, 1978, p. 217-223. — T. Sankovitch, *Structure and Unity in the Poems of P. Vidal*, dans *Neophilologus*, t. 62 (1978), p. 374-385. — G.P. Zarri, *Un nouvel essai d'application des ordinateurs à l'étude de la tradition manuscrite de P. Vidal*, dans *CN*, t. 38 (1978), p. 261-284. — Z. Falvy, *Egy trubadur Magyarorszagon. A Troubadour in Hungary, P. Vidal*, Budapest, 1981 [compte rendu par G. Le Vot, dans *CCM*, t. 30 (1987), p. 159-161 : enregistrement remarquable des chants dont la mélodie est conservée dans les mss]. — A. Loeb, *La définition et l'affirmation du groupe noble comme enjeu de la poésie courtoise ? Quelques analyses des textes du troubadour P. Vidal*, dans *CCM*, t. 30 (1987), p. 303-314. — A. Tavera, *« Entrebesc » : à propos d'une gageure de P. Vidal*, dans *Mél. A. Roncaglia*, Modène, 1989, 4, p. 1345-1367 [PC 364, 29]. — *Bibliogr. de la littérature occitane du Moyen Âge*, dans *Bulletins de l'AIEO*, n° 5 (1990), p. 32. C.C. et G.B.L.

Peire Guilhem de Luserna. Était-il Italien — de Luserna en Piémont —, ou Provençal — de Luserne dans les Basses-Alpes ? Rien n'est sûr. En tout cas, il est en relation avec la cour d'Este et écrit dans le premier quart du XIIIe siècle. En

1226, il compose un *sirventes* (PC 344, 3), où il manifeste son hostilité contre l'empereur Frédéric II. Vers la même époque, il fait l'éloge de la comtesse Jeanne d'Este et prend la défense de Cunizza de Romano, la dame qu'enleva Sordel*. Uc de Saint-Circ* (PC 457, 28) répliqua à ce poème (PC 344, 5). Il exalte la générosité et la courtoisie (PC 344, 4), écrit en l'honneur de la Vierge, avec beaucoup de grâce et dans un style simple. On a conservé de lui cinq textes sans musique.

ŒUVRE. — Éd. partielles : F.J. Oroz Arizcuren, *La lirica religiosa en la literatura provenzal antigua*, Pampelune, 1972, p. 386-391 [PC 344, 1]. — M. de Riquer, *Los trovadores. Historia literaria y textos*, Barcelone, 1975, t. 2, p. 1161-1163 [PC 344, 4].

→ PC 344. — F.M. Chambers, *The Lady from Plazensa*, dans *Mél. A.H. Schutz*, Ohio State Univ., 1964, p. 196-204 [rapports entre les noms de lieu et les qualités de la dame]. G.B.L.

Peire Guilhem de Tolosa. De ce troubadour toulousain, qui écrivait entre 1245 et 1265, on a un *sirventes joglaresc* où il fait l'éloge de la générosité, une *tenso* avec Sordel* où il se dit adversaire de l'amour platonique, et un poème allégorique d'environ 450 vers de huit syllabes, qu'on a appelé *Le Dieu Amour*, et qui est une des plus jolies productions de la littérature occitane.

Le poète, se mettant lui-même en scène, rencontre, au cours d'un voyage, sur une route près de Toulouse, un chevalier d'une beauté éclatante, accompagné d'une dame aussi belle ; tous deux sont à cheval sur des montures ravissantes ; ils sont suivis d'un écuyer armé d'un arc et de flèches, d'une demoiselle qui chante. La compagnie jeune et joyeuse invite le troubadour à une collation sur l'herbe, après laquelle le chevalier révèle son identité et celle de ses compagnons : il est le Dieu Amour, la Dame est Pitié, l'écuyer Loyauté, la demoiselle Pudeur. Cette première partie du poème est une narration d'une grande fraîcheur. La deuxième partie, plus didactique, est une leçon que, sur sa demande, le troubadour reçoit du chevalier, relative à l'amour, à ses effets merveilleux, à ses douces blessures dont personne ne veut guérir. Et l'exposé finit par la louange de la dame, « cime de courtoisie, que chacun doit honorer » :

Car dona es cap de cortesia,
Et tota gen deu la ondrar.

Ce poème, à rapprocher des poèmes allégoriques français, n'est conservé que dans un seul ms., le chansonnier provençal *R* (Paris, BN, fr. 22543).

ŒUVRE. — Éd. J. Anglade, *Quatre poésies du troubadour Peire Guilhem de Tolosa*, Toulouse, 1917.

→ PC 345. — C. Brunel, n° 194. — M.-R. Jung, *Les poèmes allégoriques occitans*, dans *Études sur le poème allégorique en France au Moyen Âge*, Berne, 1971, p. 122-169. — R.A. Taylor, *La littérature occitane du Moyen Âge*, Toronto, 1977, n° 704 ; *The Figure of Amor in the Old Provençal Narrative Allegories*, dans *Court and Poet, Selected Proceedings of the Third Congress of the International Courtly Literature Society*, Liverpool, 1981, p. 309-317.
J.S. et G.B.L.

Peire Raimon de Tolosa. Ce troubadour toulousain, fils de bourgeois, s'était fait jongleur ; il était cependant très savant et subtil. Sa *Vida* dit : « Il sut bien chanter et bien inventer ; il fit de bons vers, de bonnes chansons et de bonnes mélodies. »

Les historiens le suivent de Toulouse à la cour d'Alphonse II* d'Aragon. Il demeura peu de temps au-delà des Pyrénées, et revint à Toulouse, dont il chanta une dame, peut-être la comtesse de Toulouse elle-même. Il partit ensuite au-delà des Alpes, à la cour d'Este, dont il célébra la princesse Béatrix ; là, il fut en relations avec le seigneur Guilhem de Malespina et le troubadour de Bologne Rambertino Buvalelli. Vers la fin de sa vie, il revint en Languedoc, prit femme à Pamiers et mourut dans cette ville. Son activité littéraire se place entre 1180 et 1225.

Il est resté de lui 18 *cansos*, toutes consacrées à chanter l'amour courtois suivant la plus pure tradition des grands troubadours classiques.

Ses débuts de chansons demeurent un peu conventionnels, avec la description du printemps, et de tout ce qu'offre d'aimable le retour de la belle saison. Il est cependant l'un des poètes qui ont réussi à éviter la banalité des descriptions : ses paysages d'hiver et de printemps ne manquent pas de pittoresque, et on trouve sous sa plume un véritable sens de la nature.

Dans ses dissertations amoureuses, il garde une note très idéaliste, se disant l'esclave de sa dame, lui vouant une discrétion à toute épreuve. Faisant intervenir la médecine dans l'amour courtois, il dit : « Je connais le médecin qui seul peut me donner la santé. » Consulté, l'Amour médecin fait connaître son ordonnance : attendre, patienter, se mettre à la diète. Le poète se plaint, car le remède est trop dur et risque de le faire mourir. Peire Raimon a donné de la poésie une définition que les romantiques français n'auraient pas désavouée (PC 355, 5) :

Atressi com la candela
Que si meteyssa destruy
Per far clardat ad autruy,
Chant, on plus trac greu martire,
Per plazer de l'autra gen.

« Tout comme la chandelle qui elle-même se détruit pour faire clarté à autrui, je chante, au plus fort du martyre, pour le plaisir des autres. »

« Comme je sais bien que je fais folie, car je donne l'allégresse aux autres et à moi la peine et le tourment, personne, s'il m'arrive du mal, ne doit me plaindre de mon malheur. »

À l'instar de tous les grands poètes, Peire Raimon demande à ses intimes souffrances le secret éternel de la poésie. Grâce, élégance, sobriété sont la marque de son style. Vrai poète, ayant une haute conception de son art, se gardant de tout excès ridicule et puéril, il fait preuve d'une fine sensibilité. Le troubadour catalan Auzias March* devait lui emprunter le thème d'un de ses chants.

ŒUVRE. — Éd. A. Cavaliere, *Le poesie di Peire Raimon de Tolosa*, Florence, 1935. — Éd. partielles : M. de Riquer, *Los trovadores. Historia literaria y textos*, Barcelone, 1975, t. 2, p. 931-940 [PC 355, 14 et 17]. — R. Richter, *Die Troubadourzitate im « Breviari d'Amor »*, Modène, 1976, p. 338-343 [PC 355, 3-7-13-18 et 20].

→ PC 355. — J. Anglade, *Les troubadours de Toulouse*, Toulouse-Paris, 1928, p. 57-86. — K. Lewent, *À propos du troubadour Peire Ramon de Tolosa*, dans *Romania*, t. 66 (1940), p. 12-31. — R.A. Taylor, *La littérature occitane du Moyen Âge*, Toronto, 1977, n° 516. — J.H. Marshall, *Pour l'étude des « Contrafacta » dans la poésie des troubadours*, dans *Romania*, t. 101 (1980), p. 295-300 [P. Raimon de Tolosa a servi de modèle à des chansons de Bertran de Born* et de Guilhem de Berguedan*]. — N.B. Smith, *From Peire Ramon de Tolosa to Ausias March : Towards a Post-Courtly Psychology*, dans *Actes del segon Coll. d'Estudis Catalans a Nord-America*, Barcelone, 1982, p. 189-195. — M. Egan, *Commentary, « vita poetae » and « vida ». Latin and Old Provençal « Lives of Poets »*, dans *Romance Philology*, t. 37 (1983), p. 36-48 [l'exemple de P. Raimon de Tolosa].

J.S.

Peirol (vers 1160-après 1221). Troubadour auvergnat, originaire du château de ce nom, près de Rochefort-Montagne (Puy-de-Dôme). Comme *paubres cavalliers*, il chercha la protection du Dalfin d'Alvernhe*, comte de Clermont, et paraît avoir fréquenté sa cour dans la dernière décennie du XIIe siècle, choisissant comme sa dame la sœur du Dalfin, femme de Beraud III de Mercœur († 1219). À en juger par les renseignements sans doute fictifs que donne la *vida* provençale, Peirol aurait été congédié par Dalfin, jaloux de l'amour que porta le poète à sa sœur, et aurait été obligé de se faire *joglar*. Les détails de sa vie manquent ; il visita la cour de Blacatz*, se trouva en Italie en novembre 1220, où il assista au couronnement de l'empereur Frédéric II, et fit le voyage en Terre sainte. La date et le lieu de sa mort sont inconnus ; selon le chansonnier manuscrit provençal E, *pres moiller en Montpellier e i definet*.

Outre quelques pièces d'attribution douteuse, l'œuvre poétique de Peirol comporte 32 poésies, dont 25 chansons d'amour, un *sirventes*, deux chansons de croisade (dont une date de 1188 et l'autre de 1221), trois *tensos* (deux avec le Dalfin d'Alvernhe et une, qui date probablement de 1190-94, avec Gaucelm Faidit*) et un échange de *coblas* avec Blacatz. La musique de 17 poèmes a été conservée. Toutes ces pièces témoignent d'une admirable adresse technique ; les chansons d'amour surtout, malgré les lieux communs qui en caractérisent le fond, sont à la fois d'une invention délicate, d'une versification souple et gracieuse, et d'une harmonie intérieure agréable, tandis que la dernière chanson de croisade (PC 366, 28) compte parmi les meilleurs exemples du genre.

ŒUVRE. — Éd. S.C. Aston, *Peirol, troubadour of Auvergne*, Cambridge, 1953. — Éd. partielle : J.-L. Gandois et P. Porteau, *Peirol, troubadour d'Auvergne*, dans *Revue d'Auvergne*, t. 59 (1955), p. 1-56 [PC 366, 10-12-23-28-29 et 31]. — M. de Riquer, *Los trovadores. Historia literaria y textos*, Barcelone, 1975, t. 2, p. 1113-1128 [PC 366, 2-29-28 et 5]. — R. Richter, *Die Troubadourzitate im « Breviari d'Amor »*, Modène, 1976, p. 363-366 [PC 366, 33-13-19 et 9]. — A. Rossell i Mayo, *Monodia cortesana trobadoresca. Seixanta-quatre trans-*

cripcions inédites de Mn H. Anglès, Barcelone, 1986, p. 91-119 [éd. de la musique].

→ PC 366. — M.L. Switten, *Metrical and Musical Structure in the Song of Peirol*, dans *Romanic Review*, t. 51 (1960), p. 241-255 ; *Text and Melody in Peirol's « Cansos »*, dans *PMLA*, t. 76 (1961), p. 320-321. — R.A. Taylor, *La littérature occitane du Moyen Âge*, Toronto, 1977, n°s 525-527. — V. Pollina, *Troubadours dans le nord : Observations sur la transmission des mélodies occitanes dans les manuscrits septentrionaux*, dans *RZLG*, t. 9 (1985), p. 263-278. S.C.A.

Pèlerin de Prusse. Auteur d'un traité d'astrologie en français, le *Traité des élections universelles des douze maisons* (deux mss : Oxford, St. John's College, 164, et Vatican, Bibl. apost. vat. Reg. lat. 1337) divisé en trois parties (1. généralités ; 2. élections ; 3. médecine astrologique) et dédié, le 11 juillet 1361, au dauphin Charles (futur Charles V). Pélerin écrivit aussi un traité sur l'astrolabe en français, *Usages de l'astrolabe*, conservé dans le manuscrit Oxford, Saint John's College, 164. Ces *Usages de l'astrolabe*, également commandés par le dauphin Charles, furent achevés le 9 mai 1362.

On a parfois attribué aussi à Pélerin de Prusse la traduction (dédiée au dauphin Charles) du *Liber introductorius* d'Alcabitius, faite sur la version latine de Johannes Hispalensis.

→ L. Thorndike, *A History of Magic and Experimental Science*, New York, 1934, t. 3, p. 586-587. — G. Sarton, *Introduction to the History of Science*, Baltimore, 1947, t. 3, p. 1498. — Cf. *GRLMA*, t. VIII/1, p. 323, 325, 327. F.F.H.

Pèlerinage de Charlemagne. Le joyeux *Pèlerinage de Charlemagne* est épique par son sujet, son idéologie, ses personnages, son dénouement, par certains de ses motifs. En effet, il raconte la pérégrination triomphante de Charlemagne, de ses pairs (Aïmer, Berenger, Bernard de Brusbant, Ernaut de Gironde, Gerin, Guillaume d'Orange, Naimes, Ogier de Danemark, Olivier, Roland, l'archevêque Turpin), accompagnés d'une innombrable escorte, à Jérusalem, où la naïveté éblouie d'un Juif confond l'empereur et ses onze pairs avec le Christ et ses apôtres, où le généreux patriarche charge les Français de reliques précieuses, et ensuite à Constantinople, dont le roi Hugon, imprudemment promu au rang de rival de Charles par la reine de France elle-même, est vaincu par ce dernier, sans bataille rangée, grâce entre autres à l'aide que, très francophile, Dieu apporte aux Français. Chanson de geste donc, mais qui par son allure facétieuse, sa brièveté et sa métrique inusitée (870 alexandrins), vit en marge de la grande épopée sérieuse et convaincue, prend l'aspect d'une « pochade » épique née d'une imagination rieuse.

Le poème est comique : le grave conflit de primauté entre le royaume de France et l'Empire de Byzance est présenté sous la forme d'une querelle de ménage entre Charlemagne et la reine ; la précellence de Charles est suggérée ingénument par l'illusion du Juif de Jérusalem et assurée par la réalisation haute en couleur de certaines des vantardises héroï-comiques (les fameux « gabs ») qu'a candidement inventées la fantaisie énorme des pairs avinés. Le comique d'ordinaire est gros, ressortit à la farce, mais il s'élève parfois à la finesse ironique (v. 869-870). C'est surtout un comique de situation, fondé avec adresse sur un double retournement : dans leurs « gabs », les Français se moquent d'Hugon, celui-ci veut le leur faire payer cher en se servant de leurs propres moqueries, l'accomplissement de ces dernières imposé par Hugon tourne à sa confusion.

Charlemagne est le grand triomphateur de l'aventure et magnanimement il pardonne à son épouse. Ce dénouement s'accorde avec l'explication qui voit dans le comique de l'ouvrage un divertissement gratuit. On a cependant voulu souvent transformer ce comique en une raillerie satirique qui s'exercerait aux dépens du Charlemagne épique, du genre littéraire, de la classe sociale, voire de la nation, dont il serait le porte-étendard, ou des croyances religieuses qui font partie de son credo (p. ex. aux reliques), ou encore d'un quelconque souverain réel qu'on aurait travesti en un empereur d'épopée risible.

Notre curieux poème nous est parvenu dans un texte unique, de langue anglo-normande, transcrit de l'avis général à la fin du XIIIe-début du XIVe siècle, et conservé dans le ms. de la King's Library 16. E. VIII du Musée britannique, ms. qui a disparu depuis 1879. Cette transcription doit être considérée comme une copie, qui rend assez fidèlement le poème (malgré les anglo-normandismes de langue habituels) plutôt que comme un remaniement qui en aurait modifié la substance narrative.

Pour autant que l'on puisse passer de la localisation de l'aventure racontée à celle du poème, celui-ci doit être français, voire francien : Charlemagne y est le roi de Paris, et non plus de Laon ou d'Aix-la-Chapelle ; il entretient des relations directes et amicales avec Saint-Denis ; la coutume française de « gaber » qu'il pratique règne à Paris et à Chartres ; l'examen de la langue des assonances ne contredit pas cette localisation, au contraire (voir la confusion an / en). Si le poème a été composé pour un public de France, et non par un poète francien pour quelque public français d'outre-mer, ce public est le plus normalement celui de Paris et des environs.

La date de l'œuvre est fort controversée. Le *Pèlerinage* a été traîné de la seconde moitié du XIe siècle à la seconde moitié du XIIe. L'analyse linguistique s'étant révélée inopérante, il faut prendre en considération les données fondamentales du récit : un roi de France dévot, qui a des démêlés avec la reine, s'en va à Jérusalem et à Constantinople, est en termes excellents avec le patriarche, mais connaît des difficultés graves avec l'empereur après avoir été bien accueilli par lui. Le seul souverain français avant 1300 qui réunisse tant bien que mal ces traits est Louis VII (1119-1180, roi en 1137) : il participa à la deuxième croisade (1146 à 1149), entretint des rapports tantôt favorables tantôt hostiles avec l'empereur byzantin Manuel Comnène (1147, 1150-1151), fit un pieux séjour à Jérusalem (qu'il prolongea jusqu'à Pâques de 1149) et fut au cours même de la croisade en conflit avec la reine, Aliénor d'Aquitaine (1148), qu'il devait répudier en 1152. En outre, il eut comme compagnon de croisade l'empereur germanique Conrad III, l'égal en droit de l'empereur de Constantinople. Si le poète n'a pas pris Louis VII pour cible, il a dû se souvenir en composant son *Pèlerinage de Charlemagne* de certains incidents de la deuxième croisade. Sans doute sa composition date-t-elle d'une époque de peu postérieure à la fin de celle-ci. Ces incidents, il les utilisa à sa manière, moins pour eux-mêmes que pour donner un frisson d'actualité à son œuvre.

Le *Pèlerinage* est fondé sur une connaissance assez poussée de l'épopée française (tant de la geste royale, avec la *Chanson de Roland**, que de la geste méridionale), à laquelle se mêlent celle des motifs merveilleux qui faisaient le charme des romans courtois à l'antique ou à la byzantine et celle de la vénération publique pour quelques-unes des plus illustres reliques de l'abbaye de Saint-Denis.

L'œuvre, agencée avec un art attentif, fait partie d'une tradition qui remonte haut. Issue sans doute du souvenir laissé par les bonnes relations que le Charlemagne historique est dit avoir entretenues avec les souverains de l'Orient moyen (voir Eginhard*, *Vita Karoli*, § 16 : avec Haroun al Raschid, qui aurait placé les Lieux saints sous la protection de Charles, avec les empereurs de Constantinople « qui spontanément sollicitaient son amitié et son alliance »), la tradition du voyage imaginaire de Charlemagne en Orient apparaît dès la fin du Xe siècle dans le *Chronicon* de Benoît de Saint-André du Mont Soracte, pour réapparaître dans la *Descriptio qualiter Karolus Magnus clavum et coronam Domini a Constantinopoli Aquisgrani detulerit qualiterque Karolus Calvus hec ad Sanctum Dionysium retulerit*, récit de translation de reliques dionysiennes obtenues à la suite d'une croisade victorieuse de l'empereur, dans la branche I de la compilation scandinave de la *Karlamagnus Saga*, où Charlemagne triomphe épiquement d'un adversaire de l'empereur de Constantinople et en est récompensé par de pieux présents. La *Chanson de Roland* fait allusion à un récit un peu différent, où Charlemagne aurait triomphé de l'empereur byzantin (v. 2329 du ms. d'Oxford).

Ces récits relatent avec gravité la randonnée épico-dévote de Charlemagne à Jérusalem et à Constantinople. L'originalité de notre poète a été de l'avoir contée sur le mode plaisant. Il a connu le succès en France et à l'étranger, comme le montre la tradition attestée par les versions de *Galien le Restoré**, par la branche VII de la *Karlamagnus Saga*, par les versions galloises du livre rouge de Hergest et du recueil Hengwrt et par la version italienne des *Fatti di Spagna*, où le récit est très déformé.

ŒUVRE. — Éd. diplomatique et critique E. Koschwitz, Heilbronn, 1879 ; 7e éd., Leipzig,

1923. — Éd. A. Cooper, Paris, 1925 [reprend l'éd. de Koschwitz et y ajoute une trad. française ; à compléter par : A. Cavaliere, *Per il testo critico del Pèlerinage Charlemagne*, dans *Mél. I. Siciliano*, Florence, 1966, t. 1, p. 213-223 ; J. Horrent, *Contribution à l'établissement du texte perdu du Pèlerinage de Charlemagne*, *ibid.*, p. 557-579]. — Éd. diplomatique et critique P. Aebischer, Genève, 1965 (*TLF*, 115). — Éd. G. Favati, Bologne, 1965 (*Biblioteca degli Studi mediolatini e volgari*, 4). — Éd. J.-L. Picherit, Birmingham, 1984. — Éd. I. de Riquer, Barcelone, 1984. — Trad. M. Tyssens, Gand, 1978 (*Ktemata*, 3).

→ G. Paris, *La Chanson du Pèlerinage de Charlemagne*, dans *Romania*, t. 9 (1880), p. 1-50. — R.C. Bates, *Le Pèlerinage de Charlemagne : A Baroque Epic*, New Haven, 1941. — R.N. Walpole, *The Pèlerinage de Charlemagne, Poem, Legend and Problem*, dans *Romance Philology*, t. 8 (1955), p. 173-186. — P. Aebischer, *Les versions norroises du Voyage de Charlemagne en Orient, leurs sources*, Paris-Liège, 1956. — J. Horrent, *La Chanson du Pèlerinage de Charlemagne : problèmes de composition*, dans *La technique littéraire des chansons de geste. Actes du colloque de Liège (septembre 1957)*, Paris, 1959, p. 409-428. — H.J. Neuschäfer, *Le Voyage de Charlemagne en Orient als Parodie der Chanson de Geste*, dans *Romanistisches Jahrbuch*, t. 10 (1959), p. 78-102. — B. Panvini, *Ancora sul Pèlerinage Charlemagne*, dans *Siculorum Gymnasium*, t. 13 (1960), p. 17-80. — J. Horrent, *Le Pèlerinage de Charlemagne*, Paris-Liège, 1961. — P.E. Bennett, *Le Pèlerinage de Charlemagne : le sens de l'aventure*, dans *Actes du 9e congrès international de la Société Rencesvals, Padoue, 1982*, Modène, 1984, t. 1, p. 475-487. — M. Bonafin, *Fiaba e chanson de geste. Note in margina a una lettura del Voyage de Charlemagne*, dans *Medioevo Romanzo*, t. 9 (1984), p. 3-16. — J.E. Burns, *Portraits of Kingship in the Pèlerinage de Charlemagne*, dans *Olifant*, t. 10 (1984-1985), p. 161-181. — S. Ceron, *Un gap épique : Le Pèlerinage de Charlemagne*, dans *Medioevo Romanzo*, t. 11 (1986), p. 175-191. — M. Gosman, *La propagande politique dans le Voyage de Charlemagne à Jérusalem et à Constantinople. Encore une fois le problème de l'unité*, dans *ZRPh*, t. 102 (1986), p. 53-66. — R. Lafont, *De la chanson de Sainte Foy à la Chanson de Roland : le secret de la formule de composition épique*, dans *RLR : Six études sur la chanson de geste*, t. 91 (1987), p. 1-23. — A. Serper, *Romania, Byzance et l'épopée*, dans *Mél. A. Roncaglia*, Modène, 1989, t. 4, p. 1297-1303. — P.E. Bennett, « *La grant ewe del flum* » : *Toponimy and Text in Le Pèlerinage de Charlemagne*, dans *The Editor and the Text*, Edimbourg, 1990, p. 125-136. — Cf. *MB* nos 636-645 ; 1390 ; 1393 ; 1397-1398 ; 6118 ; 7189-7192 ; *S* 1381-1419. J.H.

Perceforest. Cette vaste composition en prose fut achevée entre 1337 et 1344. Œuvre anonyme, elle semble avoir été écrite à la louange du comte Guillaume Ier de Hainaut. C'est lui, en effet, qui, dans la fiction, a rapporté d'Angleterre un *Perceforest* latin pour le faire traduire en français. Le plan général du roman a pour but d'établir un pont entre les deux grands cycles du Moyen Âge : le *Roman d'Alexandre** et la quête du Graal*. Situant sa narration après les aventures d'Alexandre dans le *Fuerre de Gadres* et les *Vœux du paon* de Jacques de Longuyon*, l'auteur imagine un débarquement du grand roi en Angleterre. L'île est sans souverains et ses forêts peuplées d'enchanteurs. Alexandre confie l'Écosse à Gadifer et l'Angleterre à son frère, Bétis. Celui-ci prendra le surnom de Perceforest, en pénétrant les bois maléfiques de Darnante. Le livre I s'achève sur le couronnement de Gadifer et le départ d'Alexandre pour l'expédition de Babylone, où il périra. Dans le livre II, Gadifer, blessé par un sanglier, devient le Roi Mehaigné. Il est emporté dans le royaume de Féérie où sa femme le rejoint. Perceforest, frappé par la disparition de son frère et la nouvelle de la mort d'Alexandre, tombe dans une prostration complète jusqu'à ce qu'un songe lui fasse comprendre qu'il a failli à son devoir. Le livre s'achève avec la création par Perceforest de l'ordre du Franc-Palais, préfiguration de celui de la Table Ronde. La structure du livre III est donnée par les douze tournois du Chastel aux Pucelles : le vainqueur épouse une des douze petites-filles de Pergamon. Le livre s'achève par l'histoire de Troylus et Zellandine, une variante de la Belle au bois dormant. Le livre IV s'ouvre sur la fête du Dieu Souverain (prémices du christianisme), qui consacre la réussite du règne de Perceforest. Mais le royaume est dévasté peu après par l'invasion romaine. Trahis, les chevaliers anglais et écossais meurent tous à la bataille du Franc Palais. Perceforest a été emporté au royaume de Féérie. Cependant, quelques enfants ont survécu et entreprennent, après le départ des Romains, de reconstruire le pays. Le livre s'achève par la réunion des nouveaux chevaliers autour du perron surgi sur l'emplacement du Franc Palais. Une épée est fichée dans ce perron que nul ne parvient à retirer. On décide, pour redonner un roi au pays, de retrouver la descendance de Perceforest : sa fille Betoine, veuve du fils qu'Alexandre avait eu de la fée Sybille, lors de son séjour en Angleterre. Dans le livre V se déroulent à nouveau douze tournois : ceux de la Fontaine aux Pastoureaux. À chaque tournoi, l'on gagne une rose vermeille. Celui qui aura remporté les douze roses, obtiendra la petite-fille de la Reine Fée. Gallafur, descendant du Roi Mehaigné, reçoit de la Reine Fée un écu blanc orné d'une croix rouge. Dans le livre VI, Gallafur muni de ce signe achève les aventures de la forêt de Darnante et retrouve la descendante de Perceforest qu'il épouse. Roi d'Angleterre, Gallafur a trois enfants : Olofer, Gallafur et Ygerne. Le pays est ravagé par une invasion nordique et le roi est transporté dans l'Île de Vie, auprès de Gadifer et Perceforest. Le nouveau roi, Scapiol, découvre la retraite d'Ygerne (future mère d'Arthur) et l'épouse, tandis que Ollofer et Gallafur vont achever les grandes aventures du texte. Ollofer tue, en effet, le sanglier qui avait blessé Gadifer et de ses os fait un onguent qui guérira le roi Méhaigné. De son côté, Gallafur rencontre Alain le Gros qui lui raconte l'histoire de Joseph d'Arimathie. Lépreux, Gallafur est guéri par la vue du Saint Graal. Converti et baptisé du nom d'Arfasen, il se fait transporter avec un prêtre dans l'Île de Vie pour annoncer la bonne nouvelle. Puis il ramène Perceforest, Gadifer, Gallafur, la Reine Fée et l'ermite Dardanon, qui meurent en abordant en Angleterre. La *Queste del Saint Graal** peut commencer.

Si le *Perceforest*, dans l'équilibre de ses six livres, apparaît comme une construction concertée, le détail de sa narration est fourmillant : les personnages y sont innombrables, leurs aventures d'armes et d'amours s'y trouvent entrelacées. « Les épisodes brillants, dramatiques ou comiques s'enchevêtrent ; les quêtes, les tournois, les enchantements », les déguisements abondent (J. Lods). Les vers, une vingtaine de lais* lyriques ou narratifs, se mêlent parfois à la prose. Cette somme romanesque, les éditeurs du XVIe siècle et les auteurs de traités de chevalerie des siècles suivants, l'ont considérée avant tout comme un livre d'éducation et un recueil d'exemples. Mais il y a plus : on trouve là un tableau pseudo-historique des fondements et des coutumes de la chevalerie chrétienne. Ce rêve qui réunit l'Antiquité d'Alexandre et le Graal chrétien, allait trouver une résonance particulière auprès de la cour de Bourgogne. Le seul manuscrit qui conserve la version longue du roman, fut copié par David Aubert* pour Philippe le Bon en 1459-1460. Quant aux deux autres manuscrits (version courte), l'un fut commandé vers 1477 par le chambellan du duc, Louis de Bruges, et l'autre exécuté à la même époque pour Jacques d'Armagnac, dont la bibliothèque fut souvent constituée en liaison avec le milieu bourguignon. Ainsi, la tradition manuscrite du *Perceforest*, postérieure de plus d'un siècle à la date présumée de sa composition, et les deux impressions du XVIe siècle indiquent un milieu puis une époque qui se complurent dans la lecture de ce roman de chevalerie : modèle pour la cour littéraire et fastueuse de Bourgogne ; archétype pour un siècle où la chevalerie réelle finit de s'évanouir.

Les imprimés de 1528 et 1531 donnèrent lieu à deux traductions : en italien (éd. en 1588) et en espagnol par Fernando de Mena (un manuscrit de 1573 et 1576).

ŒUVRE. — Éd. complète, Paris, Galliot du Pré, 1528 ; Gilles de Gourmont, 1531. — Éd. d'un épisode du livre III, l'*Histoire du Chevalier Doré et de Cœur d'Acier*, Paris, Denis Janot, 1541 ; Lyon 1542 ; 1570, 1577. — *Première partie*, éd. J.H.M. Taylor, Genève, 1979 (*TLF*, 279). — *Troisième partie*, éd. G. Roussineau, Genève, 1988, t. 1 (*TLF*, 365) ; t. 2, Genève, 1992 (*TLF*, 409). — *Quatrième partie*, éd. G. Roussineau, Genève, 1987, 2 vol. (*TLF*, 343). — *Les Parties lyriques du Roman de Perceforest*, éd. J. Lods, Paris, 1953. — Éd. partielle, G. Paris, *Le Conte de la Rose dans le roman de Perceforest*, dans *Romania*, t. 23 (1894), p. 78-140.

→ J. Lods, *Le roman de Perceforest. Origines, composition, caractères, valeur et influence*, Genève-Lille, 1951. — L.F. Flûtre, *Études sur le Roman de Perceforest*, dans *Romania*, t. 70 (1948-1949), p. 474-522 ; t. 71 (1950) ; p. 374-392, 482-508 ; t. 74 (1953), p. 44-102 ; t. 88 (1967), p. 475-508 ; t. 89 (1968), p. 355-366 ; t. 90 (1969), p. 339-370 ; t. 91 (1970), p. 188-226 ; *Les proverbes du Roman de Perceforest*, dans *RLingR*, t. 31 (1967), p. 89-104. — M.J. Baker, *France's First Sentimental Novel and Novels of Chivalry*, dans *BHR*, t. 36 (1974), p. 33-45. — J. Michael, *The Spanish Perceforest : a Recent Discovery*, dans *Mél. F. Whitehead*, Manchester, 1973, p. 209-218. — J.H.M. Taylor, *Reason and Faith in the Roman de Perceforest, ibid.*, p. 303-322 ; *Aroés the Enchanter. An Episode in the Roman de Perceforest and its Sources*, dans *Medium Aevum*, t. 47 (1978), p. 30-39. — E. Zago, *Some Medieval Versions of Sleeping Beauty : Variations on a Theme*, dans *Studi francesi*, t. 69 (1979), p. 417-431. — C. Roussel, *Le jeu des formes et des couleurs : observations sur la beste glatissant*, dans *Romania*, t. 104 (1983), p. 49-82. — E. Bozoky, *De la parole au monument : marquer la mémoire de la littérature arthurienne*, dans *Jeux de mémoire*, Montréal-Paris, 1985, p. 73-82 *(Études médiévales)*. — G. Roussineau, *Éthique chevaleresque et pouvoir royal dans le Roman de Perceforest*, dans *Actes du 14ᵉ congrès intern. arthurien*, Rennes, 1985, t. 2, p. 521-535. — W. Van Hoecke, *La littérature française d'inspiration arthurienne dans les anciens Pays-Bas*, dans *Arturus Rex*, Louvain, 1987, t. 1 (*Med. Lovaniensia*, 16). — K. Baldinger, *Beiträge zum Wortschatz des Perceforest*, dans *ZRPh*, t. 104 (1988), p. 259-263. — Woledge n° 112. — Cf. *MB* nᵒˢ 4086-4087, 6779-6781 ; *S* 2598, 6558, 6585-6591. S.L.

Perceval (Continuations de).

1. *Continuation de Perceval* (*Première*) ou *Continuation Gauvain. Continuation* anonyme du *Conte du Graal* de Chrétien de Troyes*, dont le personnage principal est Gauvain. Il existe plusieurs rédactions de ce texte fort complexe : rédaction courte (env. 9 500 vers) qui date d'avant 1200, rédaction longue (env. 19 600 vers) qui serait postérieure à la *Continuation* de Manessier* (après 1220 ?), enfin rédaction mixte (env. 15 300 vers). Le style et l'esprit varient beaucoup d'une rédaction à l'autre, ce qui complique l'analyse de l'œuvre. On distingue six branches : 1) *Guiromelant* (duel de Gauvain et Guiromelant, mariage de Guiromelant avec la sœur de Gauvain, Clarissant. Dans les rédactions longues figure ici une première visite de Gauvain au château du Graal : Gauvain pose les questions, mais ne parvient pas à ressouder l'épée brisée). 2) *Brun de Branlant* (siège de Branlant par l'armée d'Arthur et amours de Gauvain et de la pucelle de Lis). 3) *Caradoc* (rivalité Eliavrès-Caradoc ; fameux épisode du serpent suscité par Eliavrès pour qu'il dévore le bras de Caradoc Briebras). 4) *Le Chastel Orgueilleux* (reddition du Chastel Orgueilleux assiégé par Arthur et retour de Gauvain au château de Lis). 5) *Visite de Gauvain au château du Graal* (échec de Gauvain qui ne ressoude pas l'épée et s'endort à l'écoute du Roi Pêcheur. Duel de Gauvain et de son fils). 6) *Guerrehet* (Guerrehet venge un chevalier dont le cadavre gît dans une nef traînée par un cygne). Si la première branche s'enchaîne de manière cohérente avec le récit de Chrétien de Troyes, la suite du texte est plutôt déconcertante, puisque le parallèle Perceval / Gauvain sur lequel reposait le roman de Chrétien tourne court au profit de Gauvain et de héros entièrement nouveaux comme Caradoc, et il n'est donc pas possible, comme le pensait autrefois M. Wilmotte, d'attribuer cette continuation à Chrétien lui-même. L'œuvre se présente davantage comme une compilation de lais consacrés à Gauvain (br. 1, 2, 5), à son frère Guerrehet (br. 6), à Caradoc (br. 3), à une expédition d'Arthur (br. 4). Le traitement du motif du Graal obéit dans ce texte à deux évolutions divergentes : christianisation (la lance devient pour la première fois la Lance de Passion, celle de Longin, mais seule la version longue et certains manuscrits de la version courte interpolent un résumé de l'*Estoire* de Robert de Boron* et font du *graal* la relique de la Cène et de la Passion), accentuation du côté merveilleux et païen (Graal qui se déplace de lui-même, conduit d'or qui recueille le sang de la Lance qui saigne, coloration funèbre du cortège, motif mythique de l'épée à ressouder qui relègue au second plan celui des questions à poser). Ainsi, si le continuateur christianise le texte de Chrétien, il nous livre en un sens une matière moins élaborée, plus brute que son glorieux prédécesseur. En creux n'apparaît que mieux le génie de Chrétien de Troyes : associer dans une *conjointure* mystérieuse la perspective merveilleuse et la vision chrétienne.

ŒUVRE. — Éd. W. Roach, R.H. Ivy et L. Foulet, *The Continuations of the Old French Perceval of Chrétien de Troyes*, t. 1 [version mixte] ; t. 2 [version longue] ; t. 3 [version courte], Philadelphie, 1949-1956. La branche 3 (« Livre de Caradoc ») a été trad. par M. Szkilnik dans *La légende arthurienne. Le Graal et la Table ronde*, dir. D. Régnier-Bohler, Paris, 1989 (*Bouquins*), p. 431-507.

→ F. Lot, *Les auteurs du Conte du Graal*, dans *Romania*, t. 57 (1931), p. 117-136. — H. Wrede, *Die Fortsetzer des Gralromans Chrestiens de Troyes*, Göttingen, 1952. — J. Marx, *La quête manquée de Gauvain*, dans *Mél. É. Gilson*, Toronto-Paris, 1959, p. 415-436. — P. Gallais, *Formules de conteur et interventions d'auteur dans les mss de la Continuation Gauvain*, dans *Romania*, t. 85. (1964), p. 181-

229. — J. Frappier, *Amour courtois et table ronde*, Genève, 1973, p. 153-167 [*Le personnage, de Gauvain dans la Première Continuation de Perceval*]. — A. Leupin, *Les enfants de la Mimésis. Différence et répétition dans la « Première Continuation de Perceval »*, dans *Vox Romanica*, t. 38 (1979), p. 110-126. — K. Busby, *Gauvain in the Old French Literature*, Amsterdam, 1980, p. 152-184. — C. Corley, *Réflexions sur les deux premières continuations de « Perceval »*, dans *Romania*, t. 103 (1982), p. 235-258. — A. Leupin, *La faille et l'écriture dans les « Continuations de Perceval »*, dans *Le Moyen Âge*, t. 88 (1982), p. 237-269. — E. Baumgartner, *Caradoc ou de la séduction*, dans *Mél. A. Planche*, Nice, 1984, p. 61-69. — G. Vial, *Le Conte du Graal. Sens et unité. La Première Continuation. Texte et contenu*, Genève, 1987. — P. Gallais, *L'imaginaire d'un romancier français de la fin du* XIIe *siècle. Description raisonnée, comparée et commentée de la « Continuation-Gauvain »*, 4 vol., Amsterdam, 1988-1989.

Voir aussi : *Golagros and Gawane*.

2. *Continuation de Perceval (Seconde)* ou *Continuation Perceval. Continuation* du *Conte du Graal* de Chrétien de Troyes*, dont le personnage principal est Perceval (v. 1205-1210). P. Meyer, suivi par Wrede, Vial et Corley, attribue la *Seconde Continuation* à Wauchier de Denain* qui a traduit en prose les *Vitae Patrum* pour le comte Philippe de Namur (1196-1212), puis pour Jeanne de Flandre. En effet, un des manuscrits parle de *Gauciers de Donaing* (les autres manuscrits déforment davantage ce nom) comme de celui qui *l'estoire / Nos a mis avant an memoire* ; surtout, Jeanne, comtesse de Flandre de 1206 à 1244, est la petite-nièce de Philippe de Flandre sous la protection duquel Chrétien de Troyes a commencé son *Conte du Graal*. Il n'y a donc rien d'étonnant à ce que ce soit un clerc de l'entourage de Jeanne de Flandre qui prolonge le roman commencé quelques décennies plus tôt par l'écrivain champenois, fait d'autant plus vraisemblable que le troisième continuateur, Manessier*, affirme explicitement être au service de la comtesse. Cette *Continuation* qui fait suite dans les manuscrits à la *Continuation Gauvain* (ou *Première Continuation de Perceval*) et qui s'étend sur 13 000 vers se divise aisément en cinq branches : 1) Perceval vaincu aux échecs par un adversaire invisible se voit imposer par une demoiselle la quête de la tête du Blanc Cerf ; il perd cette dernière pendant son combat contre le Noir Chevalier. 2) Perceval revoit Blanchefleur à Beaurepaire, prie avec sa sœur sur la tombe de sa mère et retrouve la tête du Blanc Cerf. 3) Aventures de Perceval au Pont de Verre, au Château de l'Échiquier où la châtelaine s'offre à lui, et au Mont Douloureux, où il délivre Bagomedès pendu par Keu et par trois compagnons devenus fous. 4) Gauvain revient avec son fils Guinglain à la cour d'Arthur. 5) Perceval chez le Roi Pêcheur pose les questions, mais ne peut entièrement ressouder l'épée. Tout comme le premier continuateur, le second se plaît à retarder le dénouement de la quête de Perceval par différents procédés : quête parallèle de l'animal blanc, thème folklorique bien connu ; conquête de la demoiselle à l'Échiquier, motif que l'on retrouve dans le *Didot-Perceval** ; entrelacements (insertion d'aventures de Gauvain) ; persistance d'une crevasse (*creveüre*) sur l'épée à ressouder, qui relance le récit. Le Graal, à la différence de la version primitive de la *Première Continuation*, est ici nettement christianisé, puisqu'il a recueilli le sang du Christ lors de la Passion.

ŒUVRE. — Éd. W. Roach, *The Continuations of the Old French Perceval of Chrétien de Troyes*, t. 4, Philadelphie, 1971.

→ P. Meyer, *Wauchier de Denain*, dans *HLF*, t. 33 (1906), p. 258-292. — E. Brugger, *The Illuminated Tree in two Arthurian Romances*, New York, 1929. — F. Lot, *Les auteurs du « Conte du Graal »*, dans *Romania*, t. 57 (1931), p. 117-136. — H. Wrede, *Die Fortsetzer des Gralromans Chrestiens de Troyes*, Göttingen, 1952. — E.S. Greenhill, *The Child in the Tree*, dans *Traditio*, t. 10 (1954), p. 323-371. — G. Vial, *L'auteur de la deuxième « Continuation » du « Conte du Graal »*, dans *TraLiLi*, t. 16 (1), 1978 (= *Mél. J. Rychner*), p. 519-530. — C. Corley, *Réflexions sur les deux premières « Continuations de Perceval »*, dans *Romania*, t. 103 (1982), p. 235-258 ; *Wauchier de Denain et la deuxième « Continuation de Perceval »*, *ibid.*, t. 105 (1984), p. 351-359 [ces deux art. sont repris et amplifiés dans *The Second Continuation of the Old French Perceval. A Critical and Lexicographical Study*, Londres, 1987]. — M. Szkilnik, *Écrire en vers, écrire en prose. Le choix de Wauchier de Denain*, *ibid.*, t. 107 (1986), p. 208-230. — Cf. *MB* n°s 1849-1898, 6371-6386, 7545, 7550, 7552, 7559 ; *S* 553, 2582, 2611, 2855, 3859, 3866-3896 *bis*. J.M.F.

Perceval en prose ou **Didot-Perceval.** Voir : Robert de Boron (Pseudo-).

Perceval de Cagny. Robert, dit aussi Perceval de Cagny (auj. lieu-dit dans l'Oise, arr. Beauvais, c. Songeons), originaire du Beauvaisis, était attaché à la maison des comtes, puis ducs d'Alençon, au service desquels il est entré en 1390, à l'âge de quinze ans environ. Il débuta par l'office de panetier, devint écuyer d'écurie puis maître d'hôtel. Il est mort après 1438. Il a écrit une chronique, qu'il a dictée à partir de 1436. L'ouvrage se compose de deux parties. La première est une suite de notices généalogiques de la famille d'Alençon, depuis saint Louis jusqu'à 1436. La seconde est une véritable chronique qui commence à l'année 1239, à l'arrivée de la Couronne d'épines à Paris, et se termine en 1438, mais n'est originale qu'à partir de 1393.

C'est un texte important pour l'histoire du XIVe et du XVe siècle, particulièrement pour celle de Jeanne d'Arc, dont Perceval de Cagny donne une image tout à fait différente de l'historiographie officielle. Dans celle-ci en effet, la mission de la « Pucelle » est réduite à deux points : la libération d'Orléans, le sacre de Reims. Perceval de Cagny écrit au nom du duc d'Alençon — on connaît les liens entre Jeanne et la famille d'Alençon — ; il impute à la trahison son échec devant Paris ; il met en cause la mauvaise volonté de son entourage, notamment de Charles VII. Ce texte capital, premier récit en forme indépendant du pouvoir royal, n'a eu aucune diffusion : on n'en connaît aucun manuscrit du XVe siècle, seulement une copie du XVIIe siècle. Il est souvent ignoré ou mal compris par les historiens, qui interprètent mal, par exemple, la réserve que manifeste l'auteur quand il fait allusion à la mort de Jeanne.

ŒUVRE. — Éd. H. Moranvillé, Paris, 1902 (*SHF*).

→ G. Krumecht, *Jeanne d'Arc in der Geschichte : Historiographie, Politik, Kultur*, Sigmaringen. 1989. — Nouveau Potthast, t. 3, p. 105. — Molinier n° 4148. G.T.L.

Perceval Doria, de Gênes. Il exerça à plusieurs reprises les fonctions de podestat, à Asti, Arles, Avignon, Parme. Il écrivit, vers 1258, à la louange, de Manfred, roi de Naples et de Sicile, un poème (PC 371,1) qui rappelle les chants de guerre de Bertran de Born*, à un moment où l'on craignait une guerre entre Alphonse X de Castille et Richard Cœur de Lion. Perceval Doria fut gibelin et mourut au service de Frédéric II et de Manfred de Sicile, alors qu'il commandait une armée en 1264.

Il a vécu en Provence et en Italie. Il a composé dans la langue des deux pays et appartient à l'École poétique sicilienne.

ŒUVRE. — Éd. G. Bertoni, *I trovatori d'Italia*, Modène, 1915, réimp. 1967, p. 307-315. — B. Panvini, *Le rime della scuola siciliana*, 2 vol., Florence, 1962 et 1964. — Éd. partielle : M. de Riquer, *Los trovadores. Historia literaria y textos*, Barcelone, 1975, t. 3, p. 1376-1380 [PC 371, 1].

→ PC 371. — W. Pagano, *Repertorio tematico della Scuola Poetica Siciliana*, Bari, 1968. — J. Palermo, *La poésie provençale à la cour de Frédéric II de Sicile*, dans *RLR*, t. 79 (1969), p. 71-82. — H. Krauss, *Gattungssystem und Sitz im Leben : Zur Reception der altprovenzalischen Lyrik in der sizilianischen Dichterschule*, dans *Zeitschrift für Literaturwissenschaft und Linguistik*, t. 11 (1973), p. 37-70. — R.A. Taylor, *La littérature occitane du Moyen Âge*, Toronto, 1977, nos 846-853. J.S. et G.B.L.

Perdigon. L'œuvre de ce troubadour, qui comprend sept *cansos*, trois *tensos*, des *coblas*, un chant à la Vierge (PC 370, 15), le fait apparaître comme un chantre délicat de l'amour. Il jouit parmi ses contemporains d'une réputation de poète que l'on peut justement apprécier car ses pièces ont été conservées par de nombreux manuscrits qui ont gardé la musique de trois d'entre elles. D'autres troubadours l'ont cité, et de nombreux poètes italiens l'ont imité ou traduit.

Son caractère et sa vie prêtent à discussion. On a de lui deux *Vidas*. L'une, brève, est toute à la louange du troubadour, célébrant ses succès, les honneurs dont il jouit à la cour du Dalphin d'Alvernhe* et auprès d'autres barons, relatant ensuite les malheurs qui l'accablèrent et sa mort dans l'ordre de Cîteaux. L'autre, plus longue, ne manifeste pour lui aucune sympathie, et l'accable, faisant de lui un adversaire violent et irréductible du comte de Toulouse Raimon VI, ennemi de son protecteur Guilhem des Baux, prince d'Orange.

Les anciens historiens ont d'abord suivi ce biographe et fait de Perdigon le seul troubadour qui ait été favorable à Simon de Montfort et à la croisade.

En réalité, rien dans l'œuvre de Perdigon ne justifie cette adhésion et il faut considérer cette seconde *Vida* comme un tissu d'inventions. On peut situer l'ensemble de la production (12 poésies) de Perdigon entre les années 1195 et 1212.

ŒUVRE. — Éd. H.J. Chaytor, *Les chansons de Perdigon*, Paris, 1926 (*CFMA*, 53). — Éd. partielles : F.J. Oroz Arizcuren, *La lirica religiosa en la literatura provenzal antigua*, Pampelune, 1972, p. 392-397 [PC 370, 15]. — J.H. Marshall, *Le « partimen » de Dauphin d'Auvergne et Perdigon*, dans *Mél. C. Rostaing*, Liège, 1974, t. 2, p. 669-678 [PC 370, 11 = 119, 6]. — M. de Riquer, *Los trovadores. Historia literaria y textos*, Barcelone, 1975, t. 2, p. 955-962 [PC 370, 14 et 2]. — R. Richter, *Die Troubadourzitate im « Breviari d'Amor »*, Modène, 1976, p. 367-371 [PC 370, 9-3 et 14]. — A. Rossell i Mayo, *Monodia cortesana trobadoresca. Seixanta-quatre transcripcions inédites de Mn. H. Anglès*, Barcelone, 1986, p. 121-130 [éd. de la musique].

→ PC 370. — E. Hoepffner, *La biographie de Perdigon*, dans *Romania*, t. 53 (1977), p. 343-364. J.S. et G.B.L.

Peredur. Roman en prose gallois, dont le plus ancien manuscrit connu, le *Livre Blanc de Rhydderch* date de la fin du XIIIe siècle. Ce roman traite du même sujet que le *Perceval* de Chrétien de Troyes*. Il s'en distingue cependant à la fois par le ton et par certains détails du récit. Ainsi, d'après le conteur gallois, les sorcières de Caer Loyw avaient estropié le Roi Pêcheur et tué le cousin germain de Peredur. Le roman s'achève sur un épisode au cours duquel Peredur, accompagné du roi Arthur et de ses chevaliers, tue les sorcières. Plusieurs critiques, notamment I.-L. Foster, croient que le *Peredur* et le *Perceval* remontent à une source commune, un roman français aujourd'hui perdu, mais il est très probable, comme l'a montré J.-D. Bruce, que le *Peredur* n'est qu'une adaptation du poème de Chrétien et de ses continuations. Rien ne nous oblige à croire en effet que les divergences qui séparent les deux romans ne soient pas dues à l'apport du conteur gallois.

ŒUVRE. — *Peredur*, éd. G.W. Goetinck, Cardiff, 1976. Trad. française de J. Loth, *Les Mabinogion*, t. 2, Paris, 1913, p. 47-120.

→ M.R. Williams, *Essai sur la composition du roman gallois de Peredur*, Paris, 1910. — I.L. Foster, *Gereint, Owein and Peredur*, dans *Arthurian Literature in the Middle Ages*, éd. R.S. Loomis, Oxford, 1959, p. 192-205. — J. Marx, *Nouvelles recherches sur la littérature arthurienne*, Paris, 1965, p. 113-135 [*Le cortège du Château des Merveilles dans le roman gallois de Peredur*, et *Observations sur la structure du roman gallois de Peredur*]. — G.W. Goetinck, *Peredur : a Study of Welsh Tradition in the Grail Legends*, Cardiff, 1975. — A. Pioletti, *Peredur e Perceval. La vendetta, il lignaggio, il paradiso*, dans *Quaderni di Filologia Medievale. Catania*, t. 1, 1980, p. 65-152. — C. Lloyd-Morgan, *Narrative Structure in Peredur*, dans *Zeitschrift für celtische Philologie*, t. 38 (1981), p. 187-231. — Cf. *MB* nos 1841, 2113, 2114 ; *S* 3224, 3768, 3818, 3862, 3863. F.B.

Perlesvaus. Roman arthurien dont le titre exact donné par le prologue est le *Haut Livre du Graal* et qui se présente comme une continuation en prose du *Conte du Graal* de Chrétien de Troyes*. L'auteur anonyme attribue son récit, par un artifice bien connu, à *Josephés, le bon clerc et le bon hermite*, qui aurait mis ce roman par écrit sous la dictée d'un ange et du Saint-Esprit ; de plus, d'après l'épilogue, le texte original latin se trouverait dans l'île mythique d'Avalon où sont enterrés Arthur et Gueniêvre (allusion à l'abbaye de Glastonbury). Ce Josephés est-il, comme on l'a souvent affirmé, un souvenir de l'historien juif Flavius Josèphe ou alors le nom du premier évêque de Jérusalem et du premier prêtre à célébrer l'Eucharistie que mentionnent l'*Estoire del Saint Graal** ou la *Queste** ? La réponse est liée au délicat problème des rapports du *Perlesvaus* avec la *Vulgate* arthurienne (voir *Graal Cycle-Vulgate*), d'autant plus que le *Perlesvaus* contient un certain nombre d'autres éléments et épisodes communs avec le grand cycle du *Lancelot-Graal*. Certains critiques (Lot, Bruce, Bogdanow) considèrent le *Perlesvaus* comme postérieur à la *Vulgate*, d'autres (Nitze, Carman, Marx, Frappier, Kelly) comme antérieur. Dans le premier cas, il daterait des années 1230-1240, dans le second, des années 1200-1210, constituant ainsi le premier témoin important de prose française (avec le *Joseph-Merlin-Perceval* du pseudo-Robert de Boron*). Dans tous les cas, le *Perlesvaus* constitue un texte très original et très différent des autres romans du Graal, qu'il s'agisse des *Continuations** ou des cycles en prose. Le récit en est complexe et touffu et s'articule sur l'échec de Perceval lors de sa visite au château du Graal dans le *Conte du Graal* de Chrétien de Troyes : la demoiselle chauve, messagère du Roi Pêcheur, arrive à la cour d'Arthur, reproche à Perceval son silence et relance de la sorte la quête du Graal. Quatre personnages se détachent de ces aventures — Perceval, appelé ici *Perlesvaus*, Gauvain, Lancelot et, ce qui est plus surprenant, le roi Arthur — et y connaissent des fortunes diverses : Gauvain reste silencieux devant le Saint Graal, Lancelot est privé de la vision du vase précieux à cause de son amour pour Guenièvre, Perceval mène à bien les aventures en attaquant et en poussant au suicide le Roi du Chastel Mortel, qui dévastait la terre du Roi Pêcheur ; quant à Arthur, il se rend ensuite en pèlerinage au château du Graal. Dans ce roman, l'esprit de croisade est plus exacerbé que partout ailleurs : les chevaliers d'Arthur sont ici des soldats du Christ en lutte contre les infidèles et les tenants de l'Ancienne Loi ; ils les combattent et assurent parfois leur conversion. Même Lancelot, qu'on ne nous montre jamais aux côtés de Guenièvre — l'auteur mentionne cependant leurs amours adultères —, se rachète en défendant le royaume d'Arthur. Si l'on y voit comme F. Bogdanow un texte postérieur au *Lancelot-Graal**, il faudrait y déceler la volonté de réhabiliter le monde arthurien si malmené dans la *Queste* et dans la *Mort Artu**. De plus, en même temps que le texte christianise le Graal (il est le *Saintisme Vessel* qui a recueilli le sang du Christ lors de la Passion) et toutes les aventures (nombreux ermites herméneutes), la matière apparaît à bien des égards plus fruste et plus proche du fonds celtique, ce qui pourrait justifier une datation haute ; ainsi, la cruauté de nombre de scènes (décapitations, cannibalisme, cuve pleine de sang humain...) frappe le lecteur habitué au merveilleux plus mesuré et plus sobre de Chrétien ou du *Lancelot en prose**.

ŒUVRE. — Éd. W. A. Nitze-T. Atkinson Jenkins, 2 vol., Chicago, 1932-1937. — Trad. anglaise de N. Bryant, Londres, 1978. Larges extraits traduits en français par C. Marchello-Nizia dans *La légende arthurienne. Le Graal et la Table ronde*, dir. D. Régnier-Bohler, Paris, 1989 (*Bouquins*), p. 117-309.

→ W. Nitze, *The Old French Grail Romance Perlesvaus. A Study of its Principal Sources*, Baltimore, 1902. — J.N. Carman, *The Relationship of the Perlesvaus and the Queste del Saint Graal*, Lawrence, 1936 ; *The Symbolism of the « Perlesvaus »*, dans *PMLA*, t. 61 (1946), p. 42-83. — J.C. Payen, *L'art du récit dans le Merlin de Robert de Boron, le « Didot-Perceval » et le « Perlesvaus »*, dans *Romance Philology*, t. 17 (1964), p. 570-585. — J. Marx, *Nouvelles recherches sur la littérature arthurienne*, Paris, 1965, p. 228-238 [*Où en est la question des rapports du Perlesvaus et de la Queste del Saint-Graal* ?]. — T.E. Kelly, *Le Haut Livre du Graal : Perlesvaus. A Structural Study*, Genève, 1974. — F. Bogdanow, *Le Perlesvaus*, dans *GRLMA*, t. IV/2, Heidelberg, 1984, p. 43-67. — C. Lloyd-Morgan, *The Relationship between the Perlesvaus and the Prose Lancelot*, dans *Medium Aevum*, t. 53 (1984), p. 239-252. — C. Méla, *La Reine et le Graal*, Paris, 1984 (chap. 4). — Cf. *MB* n°s 1917-1935, 6395, 6396, 7576 ; *S* 2646, 3883, 3901-3922.

J.M.F.

Pérotin (Perotinus Magnus ; Magister Perotinus). Compositeur d'*organum*, de déchant et de conduit, actif à Paris à la fin du XIIe siècle. Il fut le plus célèbre des musiciens et préposé, en cette qualité, à la révision et à la réécriture du *Magnus Liber* (attribué à Léonin*). Ses réalisations sont décrites par deux théoriciens du milieu du XIIIe siècle (Jean de Garlande* et l'Anonyme IV) : il s'agit d'*organa* quadruples (*Viderunt omnes, Sederunt principes*), d'*organa* triples (*Alleluia, Nativitas ; Alleluia, Posui adiutorium*) et de conduits (*Salvatoris hodie, Dum sigillum summi patris, Beata viscera*).

D'autres œuvres lui ont été attribuées sur critères stylistiques : ainsi H. Husmann lui prête-t-il des *organa* supplémentaires à trois voix (dont trois *Benedicamus domino*), cinq clausules à trois ou quatre parties, outre les 156 clausules à deux voix pour le *Magnus Liber* (cf. Florence, ms. Plut. 29.1, f.178-183 v°).

Créateur de l'*organum* triple et quadruple, il marque, vers 1200, une étape fondamentale dans le développement de la polyphonie occidentale.

→ I.D. Bent, art. *Pérotin* dans *The New Grove Dictionary of Music and Musicians*, t. 14, 1980, p. 540-543. — F. Ludwig, *Repertorium organorum recentioris et motetorum vetustissimi stili*, t. 1/1, Halle, 1910. — F. Reckow éd., *Der Musiktraktat des Anonymus 4*, Wiesbaden, 1967 ; *Das Organum*, dans *Mél. L. Schrade*, Berne-Munich, 1973, p. 478. — R. Flotzinger, *Der Discantussatz im Magnus liber und seine Nachfolge*, Wiener musikwissenschaftliche Beiträge, t. 8, Vienne, 1969.

N.S.

Perrin d'Angicourt. Trouvère qui composa ses œuvres entre 1245 et 1250 principalement. Perrin tirait son nom soit de la localité d'Achicourt (Pas-de-Calais, arr. et cant. d'Arras) située aux portes d'Arras, soit, plus probablement, de celle d'Angicourt dans le Beauvaisis (Oise, arr. Clermont, cant. Liancourt). Il passa peut-être quelque temps à Paris, où il avait des amis, fut en relation avec Jean Bretel* et d'autres trouvères du Puy d'Arras et compta parmi ses protecteurs d'aussi puissants personnages que le comte de Flandre Guy de Dampierre, le duc Henri III de Brabant et le frère du roi Louis IX, Charles d'Anjou*, avec lequel il échangea un jeu-parti (R. 938). C'est vraisemblablement à la cour de ce dernier, maître de la Provence depuis 1246, que Perrin séjourna quand il se rendit dans cette région. Rejoignit-il ce prince en Italie lorsque celui-ci y eut été couronné roi de Naples et de Sicile, en 1265 ? Ce n'est pas impossible, mais on n'oserait l'affirmer, car il n'est pas prouvé que notre poète soit identique à l'un des *Petrus de Angicuria* qui résidèrent à Naples dans l'entourage de Charles, le premier, mentionné dans un document de 1269, en qualité de *rector capellae* et de *familiaris* du souverain ; le second, qui était *forestarius* et mourut en 1274.

Perrin a laissé une œuvre assez importante. Plus de 35 poèmes lui sont attribués par les copistes médiévaux. Vingt-neuf seulement sont d'une authenticité assurée. Si l'on excepte trois jeux-partis et la pastourelle (R. 573) où l'auteur raconte sa conduite cynique avec une bergère, toutes ces pièces sont des chansons courtoises passablement monotones : le poète y formule en termes convenus les thèmes et les sentiments de convention imposés aux chantres de la « fine amour ». Il faut reconnaître cependant que ses compositions se recommandent par leur forme très artistique, la recherche de l'expression raffinée, la fluidité du vers, une langue musicale et un style coulant, bien adapté à la délicatesse de l'inspiration.

ŒUVRES. — *Die Lieder des Troveors Perrin von Angicourt*, éd. G. Steffens, Halle, 1905 (*Romanische Bibliothek*, 18). — *Les Chansons de Perrin d'Angicourt : Concordances et index*, établis d'après l'éd. de G. Steffens par G. Lavis et M. Stasse, Liège, 1991.

→ W. Foerster, *Zu Perrin von Angicourt*, dans *ZFSL*, t. 29 (1906), p. 291-301. — A. Guesnon, *Publications nouvelles sur les trouvères artésiens*, dans *Le Moyen Âge*, t. 22 (1909), p. 70-79. — G. Bertoni, *Di un poeta francese in Italia, alla corte di Carlo d'Angio*, dans *Studi di Filologia moderna*, t. 5 (1912), p. 233-240. — A. Långfors, A. Jeanroy et L. Brandin, *Recueil général des jeux-partis français*, Paris, 1926, t. 1, p. XXXIII-XXXIV (*SATF*, 70). - Linker, n° 192. — Cf. *MB* n°s 2372-2375. G.M.

Perrine de La Roche et de Baume. Voir : *Sainte Colette (Vie de).*

Perrinet Dupin. Né à La Rochelle, issu d'un bon milieu social (dans l'un de ses écrits il se dit gentilhomme et « de bon hostel »), qualifié dans divers documents de la Chambre des comptes de Savoie de *cronicarum compositor*, Perrinet Dupin était en 1476 secrétaire du duc de Savoie, Philibert 1er. Après avoir écrit en 1448 un roman de chevalerie, *Philippe de Madien*, pour lequel il s'inspira de *Florimont* d'Aimon de Varennes* et qu'il dédia à la duchesse Anne de Lusignan, belle-fille d'Amédée VIII (1391-1440), il entreprit la rédaction d'un certain nombre de chroniques de Savoie. Il est aussi l'auteur d'une supplique sous forme de questionnaire qu'il adressa vers 1476 à la duchesse Yolande, fille de Charles VII et veuve d'Amédée IX (1465-1472), père de Philibert ; il s'agissait d'obtenir des informations pour écrire l'histoire du duc Amédée VIII. Ce document est important pour montrer comment un romancier se transforme peu à peu en historien. Le style de Perrinet Dupin, avec ses phrases d'une longueur démesurée, est parfois pénible, mais ses récits sont dans l'ensemble vivants et les harangues mises dans la bouche de ses personnages témoignent d'un certain art dans la mise en scène.

ŒUVRES. — *Chronique du Comte Rouge* (incomplète), *Chroniques d'Amédée III, Humbert III, Thomas Ier, Amédée VIII* (fragments), éd. E. Bollati sous le titre : *Humbert III le Saint. Amédée VII le Rouge. Chroniques de Perrinet du Pin*, Turin, 1893, t. 1, p. 29-401 ; t. 2, p. 1-205. — *Supplique à la duchesse Yolande*, éd. D. Chaubet, dans *Journal des savants*, 1984, p. 93-125. — *La conqueste de Grece faicte par Philippe de Madien, aultrement dit le chevalier a l'espervier blanc*, éd. Paris, Galliot du Pré, 1527.

→ Voir la bibliogr. de Jean Cabaret. — G. Doutrepont, *Les mises en prose des épopées et des romans chevaleresques du* XIVe *au* XVIe *siècle*, Bruxelles, 1939, p. 158-160, 439, 480. — Molinier n° 3517. — Nouveau Potthast, t. 4, p. 256. D.C.

Perrot de Garbelai. On ne sait rien de lui, excepté que Garbelei est un nom de lieu irlandais, et qu'il a écrit en anglo-normand à la fin du XIIIe ou au début du XIVe siècle un traité de géographie (près de 1 000 hexamètres) intitulé les *Divisiones Mundi*.

Il remanie de façon peu originale la *Mappemonde* de Pierre de Beauvais*, mais il utilise aussi le *De philosophia mundi* et le *De imagine mundi* d'Honorius Augustodunensis*.

ŒUVRE. — Éd. O.H. Prior, Cambridge, 1924 (*Cambridge Anglo-Norman Texts*) [éd. en parallèle les passages correspondants du *De Imagine mundi* d'Honorius].

⟶ G.L. Hamilton, *Encore un plagiat médiéval : « La Mappemonde » de Pierre de Beauvais et les « Divisiones Mundi » de Perot de Garbelai*, dans *Mél. A. Jeanroy*, Paris, 1928, p. 627-638. — Cf. *GRLMA*, t. VI/2, n° 3676. — *MB* n°s 2867-2868. A.F.L.L.

Perrot de Nesle. Auteur d'une chanson à la Vierge (R. 2113) et d'un jeu-parti (R. 942) avec Jean Bretel* (qui mourut en 1272), Perrot de Nesle figure comme partenaire du même Jean Bretel dans trois autres jeux-partis. En tête du ms. Paris, BN, fr. 375, Perrot a ajouté une présentation en vers octosyllabiques de certains des textes de ce célèbre recueil composé essentiellement de romans. Peut-être originaire de Nesle (Somme, arr. Péronne), Perrot ne semble pas se rattacher à la famille picarde des seigneurs de Nesle.

ŒUVRES. — E. Järnström, *Recueil de chansons pieuses du* XIIIe *siècle*, Helsinki, 1910, t. 1, p. 149-152, n° 59 [édition]. — A. Långfors, A. Jeanroy et L. Brandin, *Recueil général des jeux-partis français*, Paris, 1926, t. 1, p. 255-265 et 335-338 (*SATF*, 70). — Éd. des « Sommaires » du BN, fr. 375 par L. Jordan, dans *Romanische Forschungen*, t. 16 (1903), p. 735-755.

⟶ H. Petersen Dyggve, *Trouvères et protecteurs de trouvères dans les cours seigneuriales de France*, Helsinki, 1942, p. 231 (*Annales Academiae Scientiarum Fennicae*, B, 50). — C. François, *Perrot de Neele, Jehan Madot et le ms. BN fr. 375*, dans *RBPH*, t. 41 (1963), p. 761-779. — M.L. Arcangeli Marenzi, *Aspetti del tema della Vergine nella letteratura francese del Medioevo*, Venise, 1968, p. 209. — W.M. Newman, *Les seigneurs de Nesle en Picardie (*XIIe*-*XIIIe *siècle), leurs chartes et leur histoire*, Paris, 1971, 2 vol. (*Bibl. de la Société d'histoire du droit des pays flamands, picards et wallons*, 27). — Linker, n° 195. — Cf. *MB* n°s 2376-2377 ; *S* 4501. F.F.H.

Petermann Cudrefin. Voir : *Pleur de la sainte âme*.

Petit-Saint Graal. Voir : Robert de Boron (Pseudo).

Petite Philosophie. Abrégé de cosmographie et de géographie, composé en Angleterre au début ou dans la première moitié du XIIIe siècle. Ce poème de type encyclopédique comprend 2 920 vers, en majorité des octosyllabes à rimes plates ; l'auteur adopte le décasyllabe environ 200 vers avant la fin. La source de ce poème est le livre I de l'*Imago mundi* d'Honorius*, avec une influence très secondaire de l'*Elucidarium* : après un prologue original, l'auteur reproduit sa source avec pédanterie et lourdeur. Ce poète inconnu devait espérer vivre de sa plume, puisqu'il s'élevait vivement contre l'envie et l'avarice qui faisaient tant de tort à la science et aux savants.

La *Petite Philosophie* est conservée dans sept manuscrits, tous anglo-normands et datant des XIIIe et XIVe siècles.

ŒUVRE. — Éd. W.H. Trethewey, Oxford, 1939 (*ANTS*, 1). — Cf. *MB* n° 2926. F.F.H.

Pétrarque. Francesco Petrarca naît à Arezzo en 1304 et meurt à Arqua, près de Padoue, en 1374. Mais sa vie se déroula souvent hors d'Italie. Son père, exilé de Florence en même temps que Dante*, s'établit à Carpentras, assez près d'Avignon, siège pontifical, centre commercial et intellectuel très important. Après des études de grammaire et rhétorique, Pétrarque part à Montpellier (1316) puis Bologne (1320-1326) pour étudier le droit, avec son frère cadet. À partir des années 1320, il s'adonne à la littérature, soutenu par son père puis par le mécénat successif des Colonna, d'Azzo da Correggio qui règne sur Parme, des Visconti de Milan, des maîtres de Padoue, Iacopo et Francesco da Carrara. Pour ces différents protecteurs, Pétrarque voyagea en ambassadeur. Mais au cours de ses déplacements en France, Flandre, Allemagne et Italie, il ne cessa jamais de chercher des manuscrits et des textes. Dans la lignée des Padouans Lovato Lovati et Albertino Mussato, Pétrarque établit des éditions pré-critiques d'auteurs latins : Tite-Live, Cicéron* dont il a retrouvé les *Lettres à Atticus* en 1345 à Vérone. S'imprégnant de ces œuvres, de leur style, il écrit des textes qui en sont comme des versions modernes et personnelles. Il en va ainsi de son *De viris illustribus*, essai sur l'histoire de Rome, hommage à Tite-Live ; de son épopée virgilienne, l'*Africa*, consacrée à Scipion l'Africain ; de ses *Rerum memorandarum libri*, qui ont pour modèle Valère-Maxime... Toutefois, c'est Cicéron, son auteur le plus cher, qui influence les plus nombreux de ses projets : sa correspondance divisée en deux recueils, *Familiares* et *Seniles* ; l'œuvre de sa maturité, le *De Remediis utriusque fortunae*, dont la structure est empruntée aux *Tusculanes*, tandis que le fond ressortit au stoïcisme. Pétrarque écrivait rarement une œuvre d'un trait ; sa nature inquiète, sa pensée en mouvement le conduisait à consacrer de nombreuses années à l'élaboration d'un texte. Il eut aussi des crises mystiques ; se montra partagé entre l'influence de Cicéron et de saint Augustin (*Secretum*), entre les vies active et contemplative (*De vita solitaria, De otio religioso*). Or c'est à ses talents de chasseur de manuscrits, d'historien des textes et d'auteur moral que Pétrarque dut d'être reconnu par un cercle de lettrés italiens puis français et européens. Parmi les Italiens, citons Coluccio Salutati ; parmi les Français, Jean Gerson*, Jean de Montreuil*, Nicolas de Clamanges*. Ce dernier construisit d'ailleurs une partie de son œuvre en réponse à la critique anti-française formulée par Pétrarque dans une de ses lettres et dans l'*Invectiva contra Gallum* : *Extra Italiam oratores aut poetas minime querendos*. Quant au « grand public », c'est aussi par une de ses grandes œuvres morales, le *De remediis*, qu'il connut Pétrarque. Si le texte latin fut très souvent copié puis imprimé, on en donna aussi plusieurs traductions françaises : celle de Jean Daudin* en 1378, celle d'un anonyme travaillant pour le cardinal d'Amboise à Rouen en 1503. C'est à Pétrarque encore que la littérature française dut l'histoire de *Griseldis**. Mais la diffusion de ce texte édifiant perdit vite de vue son origine italienne.

Pour les Modernes, Pétrarque est au contraire en premier lieu l'amant de Laure et le poète italien du *Canzoniere*. Cette poésie vernaculaire et sa forme par excellence, le sonnet, ne gagnèrent véritablement la France qu'au XVIe siècle et, moins au travers de l'œuvre du maître que par celles de ses disciples italiens, Tebaldeo et Serafino Aquilano puis Pietro Bembo. Quant à l'autre grand texte poétique italien de Pétrarque, les *Trionfi*, il ne fut imité au Moyen Âge que par l'intermédiaire d'une paraphrase en vers latins (Jean et François Robertet*, Jean Molinet*). Il fallut attendre 1530 environ et 1538 pour que Simon Bourgouin* puis Jean Meynier traduisent en vers français les *Trionfi*, non plus considérés comme un recueil de sentences morales mais comme un admirable exemple de poésie humaniste. Le *Canzoniere*, lui, fut intégralement traduit en 1548 par Vasquin Philieul.

Ainsi, la connaissance de l'œuvre de Pétrarque a successivement porté sur son œuvre morale latine, sur sa poésie latine, sur ses vers italiens allégoriques avant de toucher au *Canzoniere*. À la fin du XVe siècle et au début du XVIe siècle, ce que l'on imprime de l'œuvre latine de Pétrarque est bien maigre : un chapitre des *Rerum memorandarum* dans un genre de recueil alors en vogue, titré *De facetiis ac salibus illustrium*, où l'extrait de Pétrarque est suivi des bons mots réunis par le Pogge* et Valla. Quant à l'édition commentée par Josse Bade en 1502 du *Bucolicum carmen*, elle fut éclipsée par le succès des *Bucoliche* de Battista Mantovano, que Bade lui-même jugeait supérieures aux textes de Pétrarque et de Virgile. À partir donc du XVIe siècle, le *Canzoniere*, ses traductions et ses imitations, ont occulté le reste de l'œuvre immense de Pétrarque.

ŒUVRES. — On trouvera une bibliogr. récente et claire des ouvrages de Pétrarque dans le petit essai de N. Mann, Oxford, 1984 (trad. française, 1989, *Actes Sud Essais*).

→ J. Anglade, *Notice d'un commentaire sur Pétrarque*, dans *Romania*, t. 54 (1928), p. 511-514 [sur le *Trionfo d'Amore*]. — E. Golenistcheff-Koutouzoff, *La première trad. des Triomphes de Pétrarque en France*, dans *Mél. H. Hauvette*, Paris, 1934, p. 107-112. — M. Françon, *Vasquin Philieul, traducteur de Pétrarque* dans *French Studies*, t. 4 (1950), p. 216-226. — E. Pellegrin, *Mss de Pétrarque dans les bibl. de France*, Padoue, 1966 (*Censimento dei codici petrarcheschi*, 2). — F. Simone, *Il Rinascimento francese*, Turin, 1961, p. 141-222 ; *Il Petrarca e la cultura francese del suo tempo* (...), dans *Studi francesi*, t. 41 (1970), p. 201-215. — E. Ornato, *La prima fortuna del Petrarca in Francia. I Le letture petrarchesche di Jean de Montreuil. II. Il contributo del Petrarca alla formazione culturale di Jean de Montreuil, ibid*, t. 14 (1961), p. 201-217 ; t. 15 (1962), p. 401-414. — G. Billanovich, *La Bibl. de Pétrarque et les bibl. médiévales de France et de Flandre*, dans *L'Humanisme médiéval dans les littératures romanes du XIIIe au XVIe siècle*, Paris, 1964, p. 206-215 ; *La tradizione del testo di Livio e le origini dell'Umanesimo* (...), dans *Studi sul Petrarca*, t. 9, 1981. — N. Mann, *La fortune de Pétrarque en France : Recherches sur le De remediis*, dans *Studi francesi*, t. 37 (1969), p. 1-

15 ; *Pierre Flamenc, admirateur de Pétrarque*, dans *Romania*, t. 91 (1970), p. 306-340 et p. 491-520 ; *Petrach's Role as Moralist in Fifteenth Century France*, dans *Humanism in France at the End of Middle Ages and in the Early Renaissance*, New York, 1970, p. 6-28 ; *The Mss of Petrarch's De remediis : a Checklist*, dans *Italia medioevale e umanistica*, t. 14 (1971), p. 57-90 ; *Petrarch and the Transmission of Classical Elements*, dans *Classical Influences on European Culture*, 1971, p. 217-224 ; *Petrarch*, Oxford-New York, 1984, trad. française, 1989 (*Actes Sud Essais*). — G. Ouy, *Gerson émule de Pétrarque*, dans *Romania* t. 88 (1967), p. 175-231. — D. Cecchetti, *Sulla fortuna del Petrarca in Francia : un testo dimenticato di Nicolas de Clamanges*, dans *Studi francesi*, t. 32 (1967), p. 201-222 ; *Il Petrarchismo in Francia*, Turin, 1970 [fortune aux XVe et XVIe, avec anthologie de textes]. — O. Roth, *Martin Le Franc et le De remediis de Pétrarque*, dans *Studi francesi*, t. 45 (1971), p. 401-419. — A. Saccaro, *Französischer Humanismus des 14. und 15 Jahrhunderts*, Munich, 1975 (*Freiburger Schriften zur romanischen Philologie*, 27), p. 148-177. — S. Minta, *Petrarch und Petrarchism. The English and French Traditions*, Manchester-New York, 1980. — A. Slerca, *André de La Vigne petrarchista*, dans *Le Moyen Français*, t. 11 (1982), p. 7-53. — J. Williamson, *La première trad. française de l'histoire de Griseldis de Pétrarque : pour qui et pourquoi fut-elle faite ?*, dans *Amour, mariage et transgressions au Moyen Âge*, Göppingen, 1984, p. 447-456 (*Göppinger Arbeiten zur Germanistik*, 420).

J.G. Fucilla, *Oltre un cinquantennio di scritti sul Petrarca (1916-1973)*, Padoue, 1982 (*Studi sul Petrarca*, 15). — Cf. *GRLMA*, t. VIII/1, p. 43-44, 107-108. — *MB* n°s 7106 ; *S* 3631, 6795, 7049, 7507-7508, 8393, 8407-8418, 8442, 8485, 8488, 8493, 8542. S.L.

Philippe de Beaumanoir. Depuis les récentes recherches de B. Gicquel, il convient de distinguer Philippe de Beaumanoir, le père, qui fut poète, et Philippe de Beaumanoir, le fils, qui fut juriste. Tous deux furent baillis. Jusqu'alors, on les considérait souvent comme une seule et même personne.

1. **Philippe de Remy, sire de Beaumanoir.** Philippe de Remy — bourg du Beauvaisis oriental — fils de Pierre de Remy, prévôt de Compiègne, est né vers 1205-1210. Il est possible qu'il ait effectué un séjour en Angleterre avant d'être nommé, vers 1237, bailli du Gâtinais pour Robert d'Artois, frère de saint Louis. En 1250, à la mort de Robert, le Gâtinais fut réuni à la France ; Philippe ne conserva pas ses fonctions de bailli, mais il demeura au service de la veuve de Robert, Mahaut d'Artois, qui se remaria avec le comte de Saint-Pol. C'est à la suite de l'aménagement de son fief de la Terre-Bernard, qui se trouvait sur le finage de Remy, et de la construction d'un manoir, qu'il devint seigneur de Beaumanoir. Il dut mourir peu avant 1265.

Il a laissé une œuvre poétique importante et variée, qui comprend deux romans, des chansons courtoises, un fabliau moral, une prière et deux pièces surprenantes par leur ton anti-lyrique et satirique. Ces textes sont conservés dans deux recueils, le ms. BN fr. 1588 qui contient les œuvres narratives et une série de pièces plus courtes, le chansonnier fr. 24406 qui renferme d'autres œuvres lyriques et des chansons courtoises qui ne sont pas toutes indentifiées.

Ses romans, la *Manekine* et *Jehan et Blonde*, datent vraisemblablement des années 1230-1240, moment où la mode est au roman d'aventure réaliste et psychologique. Dans la *Manekine* (8 590 octosyllabes), l'héroïne, la jeune Joïe, est la fille du roi de Hongrie ; celui-ci, devenu veuf, veut l'épouser, car il a promis à sa femme mourante de ne se remarier qu'à une femme qui lui ressemblerait ; mais Joïe, révoltée, se coupe le poing et s'enfuit. Après des péripéties, elle épouse le jeune roi d'Écosse mais celui-ci, sur les fausses accusations de sa mère, délaisse sa femme enceinte et s'en va courir les tournois. La jeune mère doit encore une fois fuir avec son nouveau-né. Sept ans plus tard, c'est la fin des épreuves, elle retrouve à Rome son époux, sa main coupée et son père venu implorer son pardon. Cette histoire de la « fille aux mains coupées » a connu une grande diffusion dès le XIIIe siècle et jusqu'au XVe siècle dans toute l'Europe ; ainsi en France au XIIIe siècle, le même thème se retrouve dans la *Belle Hélène de Constantinople**, au XIVe dans le *Roman du comte d'Anjou* de Jean Maillart*. Successivement roman idyllique et roman d'apprentissage, axé sur le mariage comme moyen privilégié de la morale aristocratique, *Jehan et Blonde* (6 262 octosyllabes) conte les aventures de Jehan, l'aîné des six enfants du seigneur de Dammartin qui, par sa prodigalité, s'est appauvri et endetté. Jehan décide de partir chercher fortune. Au cours de ses pérégrinations, il est attaché au service de Blonde, fille du comte d'Oxford, dont il tombe amoureux, mais que son père veut marier au comte de Gloucester. Les deux jeunes gens parviennent à s'enfuir et à célébrer leurs noces à Dammartin. Le roi de France leur donne des terres et le comte d'Oxford, finalement, leur accorde sa bénédiction. Ils eurent quatre enfants, « les plus biaus du monde ». *Jehan et Blonde* est la source directe du *Willehalm von Orlens* que Rudolf von Ems écrivit entre 1238 et 1242, ce qui atteste le rayonnement de Philippe de Remy dont l'œuvre avait franchi une frontière linguistique. Il faut noter aussi de nombreuses ressemblances entre la première partie du *Roman de la Rose** et ses deux romans. Bailli du Gâtinais, Philippe de Remy n'a pas pu ne pas connaître Guillaume de Lorris*, Lorris étant le siège de son bailliage.

Le conte dit de *Folle Largesse* est un fabliau moral ; il raconte l'histoire d'un saulnier dont la femme distribuait tout le sel que son mari peinait à rapporter et la façon dont elle fut guérie de sa prodigalité. La prière est un *Ave Maria* en alexandrins. Les deux dernières pièces sont surprenantes, car elles relèvent d'un genre qui est loin de l'éthique courtoise. Le premier texte, que Beaumanoir qualifie d'*Oiseuses*, daterait de 1237 ; il appartient au genre de la *Resverie**, dans lequel chaque distique a un sens propre qui n'a rien à voir avec le distique précédent auquel la rime l'attache. C'est une poésie du non-sens relatif, du discontinu. Dans le second texte ou *Fatrasies**, qui comprend 11 strophes de 11 vers, règne de bout en bout la fantaisie, mais sans aucune des obscénités dont sont truffées les *Fatrasies d'Arras*, seul autre exemple du genre. Il s'agit encore d'une succession de vers rimés reposant sur le non-sens absolu, parfois ironiques, souvent très drôles. Ils sont de types divers, certains énoncent des choses impossibles, d'autres paraissent mettre bout à bout des vers composés par deux ou trois auteurs distincts qui échangeraient des répliques sur des sujets complètement différents, aboutissant à des phrases d'un évident effet comique. L'auteur se serait plu à jouer avec les mots au dépit du sens. On date les *Fatrasies* du séjour auprès de Mahaut d'Artois, donc après 1250. La tentative sera riche d'avenir lointain.

ŒUVRES. — Œuvres complètes, éd. H. Suchier, Paris, 2 vol., 1884-1885 (*SATF*). — *La Manekine*, trad. C. Marchello-Nizia, Paris, 1980 (*Stock-Plus Moyen Âge*). — *Jehan et Blonde*, éd. S. Lécuyer, Paris, 1984 *(CFMA)* ; trad. S. Lécuyer, Paris, 1990. — *Chansons*, éd. A. Jeanroy, dans *Romania*, t. 26 (1897), p. 517-536 [éd. de 11 chansons tirées du chansonnier 24406, qui ne sont pas signées et que l'auteur attribue toutes à Beaumanoir]. — *Oiseuses*, éd. avec trad. italienne G. Angeli, dans *Il Mondo rovesciato*, Rome, 1977 [en appendice]. — *Fatrasie*, éd. L.C. Porter, dans *La Fatrasie et le Fatras*, Genève, 1960 [en annexe].

→ *Aspects de la vie au* XIIIe *siècle. Histoire. Droit. Littérature. Actes du Colloque international Philippe de Beaumanoir et les Coutumes de Beauvaisis (1283-1983), (Beauvais, Clermont-en-Beauvaisis, 1983)*, Beauvais, 1984 [ouvrage essentiel qui fait le point sur la question des deux Philippe et de leurs œuvres respectives]. — C.V. Langlois, *La vie en France au Moyen Âge d'après des romans mondains du temps*, Paris, 1924, p. 177-209. — B. Gicquel, *Le Jehan et Blonde de Philippe de Remi peut-il être une source de Willehalm von Orlens ?*, dans *Romania*, t. 102 (1981), p. 306-323. — C. Roussel, *Chanson de geste et roman : remarques sur deux adaptations littéraires du conte de la « Fille aux mains coupées »*, dans *Essor et fortune de la chanson de geste dans l'Europe et l'Orient latin. Actes du 9e congrès de la Société Rencesvals, (Padoue, 1982)*, Modène, 1984, p. 565-582. — M.M. Castellani, *L'eau dans la Manekine de Philippe de Beaumanoir*, dans *Senefiance*, n° 15 (1985), p. 79-90. — F. Suard, *Chanson de geste et roman devant le matériau folklorique : le conte de la Fille aux mains coupées dans la Belle Hélène de Constantinople, Lion de Bourges et la Manekine*, dans *Mittelalterbilder aus neues Perspektive. Diskussionsanstösse zu amour courtois*, Munich, 1985, p. 364-379. — J. Dufournet et M.M. Castellani, *Temps liturgique et temps folklorique dans la Manekine de Philippe de Beaumanoir*, dans *Mél. P. Zumthor*, Paris, 1988, p. 64-72. — M. Shepherd, *Philippe de Remi's « La Manekine » and « Jehan et Blonde » : A Study of Form Meaning on Two Thirteenth-Century Old French Verse Romance*, 1990 (*Faux-titre*, 48). — *Un roman à découvrir : Jehan et Blonde de Philippe de Remy* (XIIIe *siècle*), Paris, 1991 (*coll. Unichamp*) [études recueillies par J. Dufournet]. — Cf. *GRLMA*, t. IV/2, nos 384 et 388 ; t. IV/1, p. 378, 379, 400, 425-434, 449-453, 476, 481. — *MB* nos 1220-1223, 2378, 6228, 6479 ; *S* 2061, 2336, 4389, 4390, 4392, 4396, 4397.

2. **Philippe de Beaumanoir.** Bien qu'il n'ait pas possédé la seigneurie de Beaumanoir, puisqu'il était le fils cadet du sire de Beaumanoir, mais la terre du Moncel, sise au village de Pontpoint, sur laquelle il édifiera son « beau manoir », le fils de Philippe de Remy est passé à la postérité

sous le nom de Philippe de Beaumanoir. Il est né aux alentours de 1252-1254. C'est à l'âge de vingt-cinq, trente ans que commence sa carrière administrative. De 1279 à 1283 au moins, il est bailli de Clermont-en-Beauvaisis et en même temps garde pour le comte des prévôtés de Remy, Gournay et Méry. Il entre alors dans l'administration royale où il va servir pendant plus de onze années. Adoubé chevalier, il est nommé en 1284 sénéchal de Poitou, qu'il quitte en 1287 pour la Saintonge. En 1289, il regagne le nord de la Loire et devient bailli de Vermandois, l'un des bailliages les plus importants du royaume. En 1291, il est bailli de Touraine, à l'automne 1292, bailli de Senlis. Il meurt le 7 janvier 1296, laissant une succession fort compliquée, à la mesure de son administration financière qui ne semble pas avoir été irréprochable.

Il est l'auteur d'un ouvrage remarquable, fruit de ses connaissances et de la pratique journalière qu'il avait acquise du droit coutumier, les *Coutumes de Beauvaisis*. Il l'entreprit alors qu'il était bailli de Clermont, et le termina le 27 septembre 1283. Il a voulu mettre par écrit les droits et coutumes qu'il entendait faire respecter dans son comté pour maintenir l'ordre et éviter que les coutumes « se corrompent par les jeunes jugeeurs qui ne sevent pas », la source principale de l'ouvrage étant la coutume du comté de Beauvaisis. Cette coutume a force de loi lorsqu'elle est générale par tout le comté. Mais quand une contestation s'élève au sujet d'une règle particulière, le long usage ne suffit plus, la coutume doit être approuvée par jugement. Le rôle de la jurisprudence consiste donc à reconnaître et affirmer la coutume lorsqu'elle est contestée. Beaumanoir fournit une centaine de références à cette jurisprudence. Divisé en 70 chapitres, l'ouvrage est très complet. On est séduit par la clarté de son exposé, son souci de toujours accorder à la justice les coutumes qu'il expose, par la pitié et la mesure qu'il manifeste en toutes choses. Pour lui, les coutumes ont le commun profit pour origine et la raison pour mesure. Le portrait qu'il fait du bailli modèle est célèbre ; celui-ci doit posséder dix vertus : foi chrétienne, bonté, patience, vigueur physique, générosité, obéissance, sens du bien et du mal, compétence de la gestion domaniale et de la comptabilité, loyauté et sagesse, ces deux dernières vertus étant pour lui les principales. Bien différent des légistes de Philippe le Bel, il paraît plus proche de la chevalerie que du monde des écoles. Chez lui la courtoisie s'impose aux coutumes, l'harmonie à l'ordre féodal et à l'ordre royal, la justice aux baillis et aux juges. Son livre fait penser à Joinville*, dont le portrait de saint Louis se rapprocherait de celui qu'il fait du bon bailli (P. Ourliac).

Bien que Beaumanoir nous paraisse surpasser tous les autres juristes du Moyen Âge, son œuvre semble avoir eu beaucoup moins de succès auprès des praticiens que d'autres qui n'ont certainement pas sa valeur, tels le *Grand Coutumier de France* de Jacques d'Ableiges*, ou la *Somme rural**. Il est rarement cité dans les décisions de justice et si 11 mss des *Coutumes de Beauvaisis* sont parvenus jusqu'à nous, il n'y eut pas d'édition imprimée avant la fin du XVIIe siècle. Peut-être parut-il trop savant à ses contemporains. Il faut ajouter que ce livre n'est pas une rédaction officielle des coutumes, mais un traité de la doctrine et de la pratique, d'où son caractère d'originalité et de personnalité. Les *Coutumes de Beauvaisis* sont une source d'importance pour la connaissance de la vie juridique au XIIIe siècle comme pour celle de la société médiévale.

ŒUVRE. — Éd. A. Salmon, *Philippe de Beaumanoir. Coutumes de Beauvaisis. Texte critique*, t. 1 et 2, Paris, 1899-1900 *(Collection de textes pour servir à l'étude et à l'enseignement de l'histoire)*, réimp. 1970.

→ t. 3 : G. Hubrecht, *Commentaire historique et juridique*, Paris, 1974. — *Actes du colloque Beaumanoir* cités *supra*. — Cf. *MB* n°s 2690, 2690 *bis* et *ter*, 6574, 6575 : *S* 5435-5437.

G.T.L.

Philippe Bouton. Né en 1419, Philippe Bouton, seigneur de Corberon (Côte-d'Or, arr. Beaune, cant. Seurre), était cousin d'Olivier de La Marche*. Familier du Grand Bâtard de Bourgogne, il composa divers poèmes, de valeur très inégale. Il mourut en 1515.

Son œuvre la plus importante est le *Miroir des Dames*, qui fut parfois attribué à tort à son fils Claude Bouton, seigneur de Corberon et agent politique de Charles Quint : cette énumération poétique de toutes les *femmes de bien* depuis Ève jusqu'à une *belle et bonne (...) / Vivant et regnant clerement / A present vertueusement* qui pourrait être Marie de Bourgogne, fille de Charles le Téméraire, daterait des années 1477 à 1482. Deux autres poèmes, beaucoup plus courts, portent son nom dans le manuscrit Vienne, Österreichische Nat. Bibl., 3391 : le *Régime pour longuement vivre, envoyé de Bourgogne par messire Philippe Bouton, chevalier, seigneur de Corberon, à Monseigneur le Prince de Chimay* et le *Rondeau Bouton*, de style très grossier. *Les Gouges*, composées de treize strophes où dialoguent le Grand Bâtard et Bouton, sont conservées dans deux mss (Bruxelles, Bibl. royale, 11205 et Paris, BN, fr. 1721). Sont également attribués à Philippe Bouton un *Dialogue de l'homme et de la femme* et le *Poème de la Toison d'Or* (Bruxelles, Bibl. royale, 11205).

ŒUVRES. — E. Beauvois, *Un agent politique de Charles-Quint, le Bourguignon Claude Bouton, seigneur de Corberon*, Paris, 1882 (réimp. Genève, 1971), 2e partie, p. 3-30 [éd. du *Miroir des Dames*]. — A. Piaget, *Les Princes, de Georges Chastelain*, dans *Romania*, t. 47 (1921), p. 170-173 et 177-178 [éd. *Les Gouges*, le *Régime* et le *Rondeau Bouton*]. — L. Mourin, *Le « Dialogue de l'homme et de la femme » attribuable à Philippe Bouton*, dans *Scriptorium*, t. 1 (1946-1947), p. 145-151 [édition]. — J. de la Croix Bouton, *Un poème à Philippe le Bon sur la Toison d'Or*, dans *Annales de Bourgogne*, t. 42 (1970), p. 5-29 [édition].

→ A. Piaget, *Le Miroir aux Dames, poème inédit du XVe siècle*, Neuchâtel, 1908, p. 7-9 (*Univ. de Neuchâtel, Recueil des travaux publiés par la Fac. lettres*, 2, II). — Cf. *GRLMA*, t. VIII/1, p. 105. — *MB* nos 4799-4800, 6910 ; *S* 7366. J.L.C.B. et F.F.H.

Philippe Camus. L'*Histoire d'Olivier de Castille et Artus d'Algarbe* a été composée en milieu bourguignon entre 1430 et 1460. Cinq manuscrits, sur les six qui nous ont transmis ce récit en prose, indiquent dans le prologue que l'auteur se nomme Philippe Camus et ce dernier dit avoir entrepris de « translater » le récit du latin en français à la requête de Jean de Croÿ. Le sixième manuscrit, superbement illustré par Loyset Liédet, met en scène David Aubert*, qui affirme avoir travaillé à la demande de Philippe le Bon. Il s'agit en réalité d'une réelle recomposition.

Ce roman est un témoignage fort intéressant de l'écriture romanesque au XVe siècle : deux trames aux structures apparemment hétérogènes — la légende des Deux Frères (tradition d'*Ami et Amile**) et celle du Mort Reconnaissant (motif qui a joui d'une belle extension en Italie, en Angleterre et en Allemagne, et pour le domaine français dans *Richard le Beau** et dans *Lion de Bourges**) —, sont entrelacées avec beaucoup de fermeté pour constituer une sorte de « nouveau roman », régi par la notion de *contrat*. La version de David Aubert met tout particulièrement l'accent sur la désignation du souverain.

Ce double héritage narratif fonde deux solidarités symboliques : par le pacte qui lie deux jumeaux « métaphoriques » et par celui qui lie le mort au vivant qui lui a assuré une sépulture, alors que ses proches l'avaient abandonné. La notion du contrat restructure en profondeur la fiction, au profit d'une vision pragmatique du héros romanesque : l'enjeu en est la stature du souverain et la légitimation de son pouvoir. La fin du roman devient une sorte de chronique dynastique et met en scène un beau déploiement d'alliances et d'extensions territoriales : à la Castille, berceau du héros, s'associent l'Angleterre, gagnée par la victoire au tournoi, et l'Irlande gagnée par la prouesse bien connue de la tradition ; puis, lorsque Olivier se retire prématurément vieilli, il donne sa propre fille en mariage à Artus qui réunit ainsi aux royaumes de son « frère » et beau-père l'Algarbe et le Portugal. Le roman témoigne d'une profonde imprégnation de l'écriture romanesque par de nouveaux codes qui concernent l'espace symbolique du pouvoir : le revenant devient un intendant de spectacles, qui mène vers le futur souverain des cortèges savamment organisés, dont le déroulement rappelle le cérémonial d'une entrée royale. Le temps du revenant, suggéré par l'énigme du chromatisme des cortèges — noir, rouge et blanc — y devient le temps du futur roi d'Angleterre.

L'Histoire d'Olivier de Castille et Artus d'Algarbe a très tôt intéressé le monde de l'imprimerie : un grand imprimeur de Genève, Louis Cruse, nous a laissé six magnifiques impressions, entre 1482 et 1497. Bien au-delà, le récit survivra jusqu'à l'aube du colportage. D'autre part, Philippe Camus aurait dérimé pour Jean de Croÿ le roman d'Adenet le Roi*, *Cleomades*. Cette mise en prose, qui est, en réalité, un récit fort contracté, est conservée par un seul manuscrit. Mais il existe un autre *Cleomades*, encore plus court. Les deux versions seraient-elles l'œuvre de Philippe Camus, comme l'imaginait Albina de la Mare (*Catalogue of the Medieval Manuscripts Bequeathed to the Bodleian Library by J.P. R. Lyell*, Oxford, 1971) ? La version la plus courte est passée à l'imprimé.

ŒUVRE. — D. Régnier-Bohler en prépare l'éd.

→ G. Doutrepont, *La littérature française à la cour des ducs de Bourgogne*, Paris, 1909, p. 54-56, 61. — M. Van Houtryve, *Un manuscrit d'Olivier de Castille enluminé par Liédet*, dans *Scriptorium*, t. 4 (1950), p. 240-243. — E. von Richthofen, *Le substrat hispano-portugais de la légende Loherinc et de l'Arthus d'Algarbe*, dans *Anuario de Estudios medievales*, t. 2 (1965), p. 524-530. — D. Régnier-Bohler, *Le Monarque et son Double : la légende des Deux Frères à la cour de Bourgogne, l'Histoire d'Olivier de Castille et Artus d'Algarbe*, dans *Revue des Sciences humaines*, 1981-1983, p. 109-123 ; *Traditions et structures nouvelles chez Philippe Camus : la genèse de l'Histoire d'Olivier de Castille et Artus d'Algarbe*, dans *Actes du 5ᵉ colloque intern. sur le Moyen Français (Milan 6-8 mai 1985)*, t. 3, p. 54-72 ; *Béances de la terre et du temps : la dette et le pacte dans le motif du Mort reconnaissant au Moyen Âge*, dans *L'Homme*, t. 111-112 (juillet-décembre 1989), p. 161-178. — Cf. Woledge, n° 118 [*Olivier de Castille*] et 117 [*Cléomadès*]. — *MB S* n° 6666. D.R.B.

Philippe de Commynes. Chroniqueur et homme politique. Né en 1447 au château de Renescure, près d'Aire, d'une famille de hauts fonctionnaires bourguignons autoritaires et cupides, il perd très jeune son père et connaît alors une situation financière difficile qui limite son éducation. Écuyer du comte de Charolais (1464), il suit de près la bataille de Montlhéry (1465), les négociations qui mettent un terme à la guerre du Bien Public, les expéditions punitives contre les villes révoltées. Personnage important, conseiller et chambellan du duc, il participe aux funérailles de Philippe le Bon et aux noces du Téméraire. L'entrevue de Péronne (1468) marque un tournant dans sa vie : flatté et acheté par Louis XI, il met à profit son influence pour tirer le roi des griffes de son vassal. Pourtant, toujours considéré comme un serviteur fidèle, il accomplit des missions à Calais pour réconcilier son maître et les Lancastre restaurés (1470), en Angleterre pour acheter l'entourage royal (1471), en Bretagne et en Espagne : sans doute, alors, passant par la cour de Louis XI, met-il au point sa trahison (été 71). Dans la nuit du 7 au 8 août 1472, il abandonna le duc de Bourgogne, à un moment où celui-ci se livrait à une vaine et cruelle dévastation du pays de Caux ; il semble hors de doute que le chroniqueur ait trahi par cupidité. Il en fut bien récompensé : pension de 6 000 livres tournois, titres de chambellan et de conseiller, principauté de Talmont arrachée aux La Trémoille, opulent mariage avec Hélène de Chambes qui lui apporte en dot la seigneurie d'Argenton (27 janvier 1473) etc. De 1472 à 1477, il est en quelque sorte le premier ministre tout-puissant ; aucun domaine de la politique royale ne lui est interdit ; il contribue aux succès du moment (entrevue de Picquigny en 1475, constitution de la ligue antibourguignonne). Après la mort du Téméraire, suspect, écarté de la première place au profit de Jean de Daillon et de quelques comparses comme Olivier le Daim..., un moment exilé en Poitou (1477), il est chargé de missions particulières en Bourgogne ; à Florence (1478) où il aide Laurent de Médicis à rétablir la situation sans y réussir parfaitement ; en Piémont où il défend par tous les moyens l'influence française. À la Cour où il revient de temps à autre, il soutient les intérêts italiens contre récompenses et il assiste à la déchéance physique et à la mort de Louis XI (30 août 1483). Le changement de régime accentue la défaveur que, contrairement à ce qu'on affirme généralement, le roi défunt avait déjà manifestée à son ancien favori. Maintenu d'abord dans ses fonctions, jouant même un rôle aux États généraux de 1484, mais attaqué par les La Trémoille auxquels il finit par restituer Talmont, et enfin chassé de la Cour par l'action de René de Lorraine, il complote contre les régents, d'abord avec le duc de Bourbon qui l'abandonne, ensuite avec le duc d'Orléans. Échec complet : arrêté le 29 janvier 1487, emprisonné pendant plus de vingt mois, condamné le 24 mars 1489 à l'exil dans une de ses terres et à la confiscation du quart de ses biens, il se retire à Dreux, attendant son heure, revenant enfin à la Cour où, plus ou moins suspect, il ne sera jamais plus au premier plan. Durant l'expédition d'Italie (1494-95), au cours d'une longue ambassade, il négocie la neutralité de Venise, mais ne peut empêcher la formation de la Sainte-Ligue ; il rencontre Savonarole qu'il apprécie, assiste à la bataille de Fornoue, conclut le traité de Verceil, échoue de nouveau à Venise et à Milan, malgré ses talents d'ambassadeur. Aussi connaît-il à son retour (fin 1495) une disgrâce sans recours, à laquelle ne met pas fin Louis XII, son ancien complice, quand il monte sur le trône en 1498. Jusqu'à sa mort, le 18 octobre 1511, il est contraint à vivre loin des affaires publiques, passant son temps en procès contre des voisins ou des vassaux.

À la demande de l'archevêque de Vienne, le Napolitain Angelo Cato médecin astrologue de Louis XI, Commynes composa des *Mémoires*. Les cinq premiers livres furent dictés, dans sa retraite de Dreux, en 1489-1490 ; il leur ajouta le sixième en 1492-1493. L'ensemble est consacré au règne de Louis XI (1465-1483). Quant aux livres VII et VIII, relatifs à l'expédition de Charles VIII en Italie, leur rédaction fut plus décousue, puisqu'il écrivit le livre VII de décembre 1495 au printemps de 1496, les chapitres 1-22 du livre VIII dans les derniers mois de 1497, le chapitre 23 et le début du suivant au printemps de 1498, la majeure partie du chapitre 24 et les chapitres 25-27 à la fin de 1498.

À l'origine, il s'agit de simples mémoires, de documents pour Angelo Cato qui voulait écrire en latin une histoire de Louis XI ; mais bientôt Commynes y vit la possibilité de justifier ses choix (et en particulier son changement de camp qui demeure à l'arrière-plan de son œuvre) et d'introduire des réflexions sur l'action politique. Ainsi créa-t-il le genre des Mémoires historiques dont il a fixé les traits distinctifs (refus du beau style et de l'érudition, information précise d'un témoin oculaire, point de vue individuel) et qu'il a si bien illustré qu'il servira de modèle et de caution, aux côtés de César, aux écrivains des XVIe et XVIIe siècles. Mais le souci d'expliquer le réel l'a amené à faire œuvre de moraliste et de politique, usant fréquemment de la digression, donnant un portrait pessimiste des princes et des hommes, fixant, avant Machiavel, les règles de la réussite politique, s'inspirant en particulier de l'enseignement et de l'expérience des ambassadeurs italiens en France.

Commynes se présente comme un témoin qui rapporte ce qu'il a vu, ou ce que des témoins sûrs lui ont appris ou certifié. S'il n'occupe pas le devant de la scène, il est toujours en bonne place dans la coulisse, et suggère constamment sa présence et son efficacité dans les négociations menées sous le Téméraire ou Louis XI. Si l'on peut lui reprocher quelques erreurs de chronologie, si quelques détails peuvent prêter à discussion, il nous livre en général des faits vrais ; mais, ce qui n'a pas été suffisamment souligné, il les choisit, il en tait certains, il attribue à d'autres une cause contestable ou fausse, moyen de surprendre la bonne foi du lecteur.

Si ses *Mémoires* ne retiennent que les plus importants des événements politiques, s'ils savent distinguer l'accidentel de l'essentiel, si l'anecdotique n'y est jamais gratuit, si avant tout y sont recherchées les causes profondes et secrètes, c'est que Commynes les écrit pour les gouvernants et les princes, non pour les simples, jugeant les actions et les comportements d'un point de vue politique, proche souvent de celui de Machiavel ; comme lui, il déduit de l'étude des hommes des règles de conduite ; la réussite, seule, importe ; aussi peut-on, étant donné la « mauvaistié » du monde, corrompre les serviteurs de ses rivaux, user de la tromperie, et même manquer à sa foi : « Qui aura le profit, aura l'honneur ». Il préfère la ruse à la violence, mais il ne proteste pas contre les châtiments rigoureux et exemplaires de Saint-Pol, de La Balue... Toutefois, l'omniprésence de la Providence distingue nettement ses *Mémoires* des écrits du secrétaire florentin : dans ce monde méchant et dur, dont notre chroniqueur accentue la noirceur, Dieu intervient sans cesse pour accabler les princes cruels qui, abandonnés par la grâce et traqués par leurs ennemis, vont d'échec en échec jusqu'à la ruine totale. Pour réussir, il faut donc par sa piété se concilier la bienveillance divine. Mais, sur un plan plus humain, les princes doivent s'entourer de conseillers qu'ils consulteront, mais sans jamais leur laisser la décision finale, ni tomber sous l'influence d'un seul ministre, car la sagesse est sujette à de graves défaillances et l'argent vient à bout de toutes les fidélités.

Le prince dont il s'efforce de dégager le portrait sera pacifique ; il ne recourra à la guerre que rarement et dans des cas très particuliers ; utilisant la ruse, il s'assurera les services d'ambassadeurs expérimentés, adroits et fidèles ; il se livrera à des tractations secrètes (« des pratiques » dans le vocabulaire de notre auteur) par de « sages et bons serviteurs » et non en personne : Commynes déconseille les entrevues princières, que la déloyauté et la cupidité rendent dangereuses. Ce prince idéal se rapproche beaucoup de l'image — un peu retouchée — qu'il nous laisse de Louis XI, encore qu'il le critique à l'occasion, lui reprochant de ne pas s'accommoder de la prospérité, de mécontenter sans profit par de petits moyens et des intempérances de langage, de trop aimer les rencontres entre chefs d'état, de trop bien doter les églises. Quant au Téméraire, il incarne, à ses yeux, tous les défauts à éviter si l'on veut réussir politiquement : orgueil, entêtement, incompétence, cruauté... Cette volonté d'enseigner aux princes l'art d'arriver à leurs fins amène notre auteur à nous laisser des grands de son temps un portrait ou une esquisse le plus souvent suggestifs et exacts, qui peu à peu se précisent grâce à une multitude de notations dispersées dans les *Mémoires*, à des remarques didactiques, à des scènes réalistes, à la confrontation des protagonistes, à la narration des faits marquants ou significatifs.

Commynes se plaît à développer des considérations générales sur les formes de gouvernement, sur la constitution des États, sur les mœurs des nations européennes dont il a connu la plupart au cours de ses missions : il apporte d'intéressantes précisions sur l'Angleterre dont il vante la monarchie constitutionnelle et le rôle du Parlement, mais il signale que les Anglais sont souvent colériques, et par là inaptes aux tractations diplomatiques, perdant ainsi l'avantage que leurs archers, les meilleurs du monde, leur assurent dans les batailles. Évoquant tour à tour le faste des Pays-Bas, le courage et l'indiscipline des Suisses pleins de rudesse, la puissance future des Allemagnes trop divisées encore, il admire le gouvernement de Venise dans la mesure où il n'est pas démocratique et lui prédit une brillante destinée. Dans cette bigarrure et ces oppositions, il décèle une chance de stabilité : chaque nation est surveillée par une autre qui l'empêche de s'accroître ; ainsi la Providence a-t-elle établi une sorte d'équilibre européen, toujours instable. Nul doute enfin que notre auteur n'ait été partisan d'une monarchie forte, débarrassée de la féodalité qui la menace ; mais ses déboires après la mort de Louis XI l'ont conduit à pencher vers une monarchie modérée, aristocratique et représentative, où les États généraux consentiront librement l'impôt, ce qui rapproche Commynes du Fénelon des *Tables de Chaulnes* et du *Plan de Gouvernement*. Bref, on peut dire qu'il a pressenti quelques idées qui connaîtront une belle fortune : équilibre européen, théorie des climats, libre consentement de l'impôt, machiavélisme.

On a trop dénigré le style de Commynes : il faut reconnaître qu'il est encombré d'incidentes, de parenthèses, qu'il donne une impression de nudité et de sécheresse, comparé à l'abondance et à la redondance de Georges Chastellain* et de Jean Molinet*. Mais, malgré une apparente négligence qui semble éloignée de toute recherche d'élégance, il sait choisir le mot qui convient : ainsi les princes efféminés de la Ligue du Bien Public montent une « hacquenée », c'est un « hobin » trop ardent qui jette à terre la malheureuse Marie de Bourgogne, les vaincus de Roye s'en vont avec un « courtault » (cheval à la queue et aux oreilles coupées), et le Téméraire est sauvé à Montlhéry par le peu chevaleresque fils de Jean Cadet « gros et lourd et ort » porté par « ung cheval de ceste propre taille ». Il connaît l'art de fixer une idée par un détail concret qui heurte : veut-il stigmatiser la cruauté de son ancien maître ? il termine son évocation du massacre de Nesles par la vision des soldats « aux poings couppez ». Il glisse toute sa malice dans une parenthèse : « ledict duc Philippes qui, depuis sa mort, a esté le bon duc Philippes » ; il manie l'humour avec une belle aisance, suggérant le contraste (« le duc Jehan de Bourbon qui estoit vieil et vouloit espouser sa sœur ») ou la disproportion (les soldats du duc de Bourgogne sont terrorisés en voyant dans le lointain de longues lances : « ilz trouvèrent que c'estoient grans chardons ») ; ne sont pas rares les tours d'une rude familiarité : à Montlhéry, deux ennemis qui s'enfuient fort loin « n'avoyent garde de se mordre l'un l'autre ». Sans nous étendre sur des récits qu'il réussit à dramatiser en passant sous silence les éléments neutres, sans relever des images énergiques et des traits pittoresques, signalons des scènes de franche comédie, comme celle où Louis XI dissimule derrière un paravent un ambassadeur bourguignon et, feignant la surdité, incite un envoyé de Saint-Pol à exagérer son imitation caricaturale du Téméraire. Ainsi, par les qualités d'un style méconnu, Commynes, malicieux et retors, peut prendre place parmi les bons écrivains de notre littérature.

ŒUVRES. — *Mémoires* : éd. B. de Mandrot, 2 vol., Paris, 1901-1903 (*Coll. de textes pour servir à l'étude et à l'enseignement de l'histoire*, 33 et 34). — Éd. J. Calmette et G. Durville, 3 vol., Paris, 1924-1925 (*Les classiques de l'histoire de France au Moyen Âge*, 3, 5 et 6). — Éd. N. Coulet, Paris, 1963 *(Le monde en 10/18)* [adaptation en français moderne des livres I à VI d'après l'éd. Calmette]. — Éd. J. Dufournet, Paris, 1979 (*Folio*, 1078) [livres I à VI d'après l'éd. B. de Mandrot, avec une introd.] — Trad. anglaise I. Cazeaux, 2 vol., Colombia, Univ. of South Carolina Press, 1969-1973. — *Lettres* : éd. E. Benoist, Lyon, 1863 [conservées aux archives de Florence] ; éd. Kervyn de Lettenhove, 3 vol., Bruxelles, 1867-1874 [lettres et négociations] ; éd. L. Sozzi, dans *Mél. T. de Marinis*, Vérone, 1963, t. 4, p. 205-262 [lettres inédites adressées à Francesco Gaddi].

→ J. Dufournet, *La destruction des mythes dans les Mémoires de Philippe de Commynes*, Genève, 1966 (*Publ. romanes et françaises*, 89) ; *La Vie de Philippe de Commynes*, Paris, 1969 ; *Études sur Philippe de Commynes*, Paris, 1975 (*Bibl. du* XVe, 40) ; *Sur Philippe de Commynes. Quatre études*, Paris, 1982 *(Bibliothèque du Moyen Âge) ; Lire Commynes. L'entrevue de Péronne et l'expédition contre Liège*, dans *Mémoires de la Société d'histoire de Comines-Warneton et de la région*, t. 12 (1982), p. 25-54 ; *Les premiers lecteurs de Commynes ou les Mémoires au* XVIe *siècle, ibid.*, t. 14 (1984), p. 51-94 ; *Philippe de Commynes et l'Espagne, ibid.*, t. 15 (1985), p. 43-54 ; *Le prince et ses conseillers d'après Philippe de Commynes, ibid.*, t. 17 (1987), p. 55-70 ; *Commynes et l'invention d'un nouveau genre historique : les Mémoires, ibid.*, t. 18 (1988), p. 57-72 ; *Cinq lecteurs de Commynes de 1822 à 1832, ibid.*, t. 19 (1989), p. 73-98 ; *Philippe de Commynes et l'Italie, ibid.*, t. 20 (1990), p. 33-62. — K. Bittmann, *Ludwig XI und Karl der Kühne. Die Memoiren des Philippe de Commynes als historische Quelle*, Göttingen, 3 vol., 1964-1970 (*Veröffentlichungen des Max-Planck-Instituts für Geschichte Schriften*, 9/I/1, 9/I/2, 9/II/1). — P. Archambault, *Commynes. History as Lost Innocence*, dans *Seven French Chroniclers : Witnesses to History*, Syracuse, 1974, p. 101-115. — J. Demers, *Commynes mémorialiste*, Montréal, 1975. — R. Bertrand, *Index automatique du vocabulaire : livre I des Mémoires de Commynes*, Aix-en-Provence, 1982 *(Publ. du CUERMA)* [à partir de l'éd. Calmette]. — A. Tenenti, *Il significato della morte nella storia. Ph. Commynes e Guiccardini*, dans *Intersezioni*, t. 7 (1987), p. 215-234. — J. Blanchard, *Commynes et la nouvelle histoire*, dans *Poétique*, t. 79 (1989), p. 287-298. — Nouveau Potthast, t. 3, p. 519-522. — Cf. *MB* n°s 5261-5290, 7981-7982 ; *S*, 6009, 6647, 7588, 7626, 7982, 7983, 8044-8078.

J.D.

Philippe le Chancelier (av. 1185-1236). L'enfant naturel, né entre 1160 et 1185, de l'archidiacre de Paris Philippe, était apparenté par son père à la famille de Nemours. Deux autres membres de la famille, respectivement évêques de Noyon (Étienne † 1211) et de Paris (Pierre † 1218), favorisèrent la carrière de ce fils illégitime, que l'on a confondu à tort avec Philippe de Grève (chanoine de Notre-Dame en 1181, et ensuite doyen de Sens jusqu'à sa mort vers 1220).

Après ses études de théologie et, sans doute aussi, de droit canon, Philippe fut lui-même archidiacre à Noyon, peut-être dès 1202. Il devint de surcroît, à partir de 1217, chancelier de Notre-Dame. Candidat malheureux à la succession épiscopale parisienne en 1227, il resta chancelier jusqu'à sa mort. À ce titre, il joua un rôle de premier plan dans la naissance de l'Université de Paris. D'abord réticent, il semble avoir progressivement opté pour le soutien de l'institution que le pape, désormais, favorisait ouvertement (conflit de 1229-1231).

Ses démêlés avec le monde scolaire ne l'ont pas empêché de prendre une part active, jusqu'à sa mort, à la vie intellectuelle parisienne, et de multiplier les déplacements dans le Nord de la France, où il a souvent prêché. Son œuvre littéraire reflète cette activité typique des maîtres en théologie parisiens devenus chanceliers de Notre-Dame.

Outre un fragment de commentaire des *Sentences* de Pierre Lombard*, et diverses questions connues grâce à des notes d'auditeurs, la production théologique de Philippe le Chancelier consiste dans une Somme magistrale, la *Summa de bono*, sans doute achevée en 1232, et publiée par N. Wicki en 1984. Cette synthèse originale a été construite autour de la notion du bien, à un moment où les cathares posaient de manière radicale le problème du mal. La clarté des formules, la nouveauté de certaines synthèses (par exemple, sur les propriétés transcendantes de l'être, les facultés de l'âme, la syndérèse, la prudence) lui ont assuré une place de choix dans le développement de la pensée scolastique, entre Guillaume d'Auxerre*, Alexandre de Halès* (qui en est à la fois inspirateur et tributaire) et les autres maîtres des années 1230-1250, voire audelà.

En tant que maître et chancelier, Philippe a aussi beaucoup prêché. Des quelque 700 sermons actuellement répertoriés, sept seulement sont édités. Pourtant, il s'agit là aussi d'une œuvre majeure, dont l'importance se mesure à son succès, persistant en plein XIVe siècle. On peut distinguer deux types principaux de textes. Certains sont plutôt des commentaires exégétiques en forme de sermons, dont on ne sait s'ils furent jamais prêchés : les uns portent sur les Évangiles des dimanches (*Summa super Evangelia*, probablement composée vers 1230-1236), les autres, sur le Psautier (*Summa* ou *Distinctiones super Psalterium*, 330 sermons ; deux éditions anciennes, en 1523 et 1600). Le reste de l'œuvre homilétique de Philippe est plus certainement proche de sa prédication effective devant les auditoires les plus divers, avec ce ton d'autorité, et cette manière franche et directe qui le caractérisent si bien : environ 120 *sermones festivales* pour les dimanches, les fêtes et certaines circonstances particulières, que le chancelier semble avoir réunis en collection dans les années 1227-1231 ; et des sermons isolés dans des compilations hétérogènes.

Philippe le Chancelier pourrait enfin avoir été l'un des derniers grands théologiens poètes dans le milieu scolaire parisien. Un seul poème en langue vernaculaire lui est attribué. L'inventaire méthodique de la tradition manuscrite des œuvres versifiées reste à faire ; mais on a déjà identifié de très nombreuses pièces profanes et religieuses en latin qui lui reviennent. Sa virtuosité dans la maîtrise des genres (satire, morale, mystique) s'allie aux qualités déjà signalées du penseur, précis, habile et efficace.

Ainsi, à maints égards, Philippe le Chancelier apparaît comme l'un des hommes les plus doués et les plus influents de sa génération, dont on commence à peine à mesurer la stature et le rôle.

ŒUVRES. — *Summa de bono*, éd. N. Wicki, Berne, 1984.

→ B. Hauréau, *Notices et extraits des mss de la Bibl. Impériale*, t. 21/2, Paris, 1865, p. 183-194. — P. Glorieux, *Répertoire des maîtres en théologie de Paris du XIIIe siècle*, t. 1, Paris, 1933, p. 282-284. — H. Meylan, *Les questions de Ph. le Chancelier*, dans *Positions des thèses de l'École des Chartes*, 1927, p. 89-94. — N. Bériou, *Philippe le Chancelier*, dans *DS*, t. XI/1 (1984), col. 1289-1297. — N. Wicki, *Philipp der Kanzler und die Pariser Bischofswahl von 1227-1228*, dans *Freiburger Zeitschrift für Philosophie und Theologie*, t. 5 (1958), p. 318-326. — S. Ferruolo, *The Origins of the University. The Schools of Paris and their Critics, 1100-1215*, Stanford, 1985.

Sur l'œuvre théologique : O. Lottin, *Psychologie et morale aux XIIe-XIIIe siècles*, Louvain-Gembloux, 1942-1960, 6 t. [tables]. — W.-H. Principe, *The Theology of the Hypostatic Union in the Early Thirteenth-Century*, IV : *Philip the Chancellor's Theology of the Hypostatic Union*, Toronto, 1975. — J.-P. Torrell, *Théorie de la prophétie et philosophie de la connaissance aux environs de 1230*, Louvain, 1977. — L.-J. Bataillon, *Intermédiaires entre les traités de morale pratique et les sermons. Les Distinctiones bibliques alphabétiques*, dans *Les genres littéraires dans les sources théologiques et philosophiques médiévales*, Louvain-la-Neuve, 1982, p. 213-226 (p. 220).

Sur les sermons : A. Lecoy de la Marche, *La chaire française au Moyen Âge*, Paris, 1886², p. 94-95 et 524-525. — J.-B. Schneyer, *Die Sittenkritik in den Predigten Philipps des Kanzlers*, Münster, 1962 ; *Repertorium der lateinischen Sermones des Mittelalters*, Münster, t. 4, 1972, p. 818-868. — R.-E. Lerner, *Weltklerus und religiöse Bewegung im XIII Jahrundert*, dans *Archiv für Kulturgeschichte*, t. 51 (1969), p. 94-108.

Sur l'œuvre poétique : F. Mone, *Lateinische Hymnen des Mittelalters*, Fribourg-en-Brisgau, t. 1. (1853), p. 172 ; t. 2 (1854), p. 165-166. — P. Meyer, *Henri d'Andeli et le chanc. Ph.*, dans *Romania*, t. 1 (1872), p. 190-215. — G.M. Dreves, *Analecta hymnica medii aevi*, t. 20-21, Leipzig, 1895 ; t. 50, 1907 [tables]. — F. Ludwig, *Repertorium organorum recentioris et motetorum vetustissimi styli*, t. 1/1, Halle, 1910, p. 243-267. — U. Chevalier, *Repertorium hymnologicum*, t. 5 : *Addenda et corrigenda*, Louvain, 1921, Index II, p. 119. — F.J.E. Raby, *The Oxford Book of Medieval Latin Verse*,

Oxford, 1959. — G. Vecchi, *Poesia latina mediœvale*, Parme, 1958², p. 380-383. — V. Saxer, *Les hymnes magdaléniennes attribuées à Philippe le Chancelier sont-elles de lui ?* dans *Mél. de l'École française de Rome, Moyen Âge*, t. 88 (1976), p. 157-197. N.B.

Philippe de Mézières. Né sans doute en 1327, Philippe appartenait à la petite noblesse de l'Amiénois. Cadet de famille à vocation guerrière, vers 1345 il commence sa vie d'aventures : il est en Italie pour apprendre le métier des armes. Très vite, il rejoint l'expédition orientale de Humbert II de Savoie et en 1346, il est armé chevalier après la bataille de Smyrne. Il rencontre alors Hugues IV de Lusignan, roi de Chypre, et son fils Pierre, comte de Tripoli. En 1347, Philippe fait un pèlerinage en Terre sainte qui va marquer sa vie entière et sa pensée. De là date son rêve de croisade, qu'il va partager avec les Lusignan de Chypre. En 1349 d'ailleurs, fort de l'appui de Hugues IV, il part chercher en Occident des soutiens pour ce projet. En vain. Mais Pierre de Tripoli succède en 1358-1360 à son père sur le trône de Chypre et de Jérusalem. Il fait de Philippe son chancelier. Pierre et Philippe, rejoints dans leur quête par Pierre Thomas, légat pontifical, parcourent l'Europe. Ils cherchent à concrétiser leur rêve de croisade et à trouver des alliés pour que Pierre puisse recouvrer son royaume de Jérusalem. En 1365, une expédition est organisée, qui se termine par la prise d'Alexandrie, malheureusement abandonnée très vite. En 1366, Pierre Thomas meurt et en 1369, Pierre de Tripoli est assassiné à Chypre. Philippe, réfugié à Venise, traverse une crise spirituelle et pense se retirer du monde. C'est alors qu'il se consacre à l'instauration en Occident d'une fête, qui était une des plus importantes de l'Église grecque : celle de la Présentation de Marie au Temple. En 1372, il se rend en Avignon comme ambassadeur de Pierre II de Chypre auprès du pape. Appelé à Paris par Charles V vers 1373, Philippe devient un proche conseiller du roi jusqu'à la mort de ce dernier, en 1380. Après Grégoire XI, il gagne Charles V à la fête de la Présentation de la Vierge. La première célébration a lieu au Collège de Navarre, d'où est issu Michel de Creney que Philippe recommanda au roi vers 1378 pour instruire le jeune Charles VI. Au plus tard en 1379, Philippe se lie étroitement avec le couvent des Célestins et après la mort de Charles V, il s'y retire définitivement jusqu'à sa mort en 1405. C'est là, pendant les vingt-cinq dernières années de sa vie, qu'il va rédiger la plus grande partie de son œuvre.

On sait que Philippe fit ses premières études à l'école capitulaire d'Amiens et on suppose que c'est entre 1349 et 1360, période la moins documentée, qu'il a pu étudier à l'Université de Paris. En 1354-1357, il était en tout cas en France, où il prit part aux affrontements contre les Anglais. Homme d'action et d'étude, chevalier mystique, Philippe mania le latin comme le français pour son grand œuvre de réformation. Son rêve de reconquête de la Jérusalem terrestre se conjugue, en effet, toujours avec celui de s'approcher ainsi de la Jérusalem céleste. Lors de sa visite aux Lieux saints, Philippe avait songé à créer un nouvel ordre militaire : la Chevalerie de la Passion de Jésus-Christ. Les textes à ce propos se multiplient : en 1368 puis 1394, il en rédige la règle en latin *(Nova Passionis religio)*, qu'il traduit en 1396 *(Chevalerie de la Passion)* et abrège à la même période pour l'envoyer au frère de Richard II d'Angleterre *(Sustance de la Chevalerie de la Passion)*. L'*Epistre lamentable et consolatoire* adressée en 1397 au duc de Bourgogne, Philippe le Hardi, après la défaite de Nicopolis, appartient au même groupe. L'*Epistre* met en scène un dialogue entre l'auteur et l'ombre de Jean de Blaizy, tué à Nicopolis. C'est un autre procédé littéraire qui est à l'œuvre dans le *Songe du Vieil Pelerin* (entre 1386-1389). Dans cette grande machine allégorique, l'auteur, Ardant Désir, et sa sœur, Bonne Espérance, guident Vérité, Paix, Justice et Miséricorde à travers le monde, pour qu'elles y examinent l'état moral et spirituel des royaumes et trouvent un endroit propice à forger « les bons besants », chassés du monde par la fausse monnaie des hypocrites en tous genres. Le terme du voyage sera la France, où les Vertus délivrent à Charles VI, le jeune Cerf Volant, un traité de gouvernement par le biais du jeu d'échecs (voir Jacques de Cessoles). Dans son *Livre de la vertu du sacrement de mariage et du réconfort des dames mariées* (entre 1385 et 1389), Philippe parle des exigences du mariage chrétien, sans oublier les noces mystiques de Dieu et de sa créature. Et l'exemple de *Griseldis**, qu'il traduit du latin de Pétrarque*, son ami, y vaut autant pour la femme mariée que pour l'âme chrétienne.

Hanté par les figures de la Passion christique et de Marie, Philippe rédige enfin des œuvres où s'exprime son espoir dans le salut de l'âme, rachetée de ses péchés par le sacrifice de la croix et protégée par l'intercession de la Vierge : l'*Oracio tragedica Passionis* (1389-1390), la *Contemplacio hore mortis et instrumentum agonisantis*, le *Soliloquium peccatoris cujusdam cum Deo seu ars navigandi ad portum salutis* (1386-1387) et enfin la *Preparacion en Dieu de la mort d'un povre et viel pelerin* (1392), appelé parfois son *Testament*. Philippe y indique comment il faudra à sa mort maltraiter et humilier son cadavre, renchérissant ainsi sur la cérémonie voulue par Pierre Thomas, son ami et père spirituel, dont il avait écrit en 1366 une *Vita* en vue de sa canonisation. Elle sera traduite en français au XVe siècle. L'œuvre du « Viel Pelerin » ne sera, par ailleurs, guère diffusée quelque importante qu'elle paraisse aujourd'hui pour comprendre l'esprit de croisade toujours latent à la fin du Moyen Âge, le renouveau de la dévotion ou l'imprégnation littéraire des textes les plus didactiques. Seule l'histoire de *Griseldis** connaîtra le succès et ce, indépendamment du *Livre de la vertu du sacrement de mariage*. En 1395, on fit une adaptation théâtrale de cette nouvelle, que certains ont voulu attribuer à Philippe, mais dont il ne fut certainement que le commanditaire. Cependant, le dossier pour la fête de la Présentation de Marie se vit couronner par un jeu liturgique dont Philippe composa la mise en scène, à défaut d'en être l'auteur. Son rôle dans le théâtre du temps s'enrichit encore si l'on admet qu'il fut l'inspirateur, en 1378, de l'« entremet » sur la prise de Jérusalem par Godefroid de Bouillon, représenté au cours du banquet qu'offrit Charles V à l'empereur Charles IV.

ŒUVRES. — La *Sustance de la Chevalerie de la Passion* : éd. A. Atiya dans *The Crusade of Nicopolis*, Londres, 1934 ; éd. A.H. Hamdy dans *Bulletin of the Faculty of arts*, Alexandrie, 1963-1964. — L'*Epistre lamentable et consolatoire*, éd. partielle Kervyn de Lettenhove dans *Chroniques de Froissart*, Bruxelles, t. 16, 1872, p. 444-523. — Le *Songe du Viel Pelerin*, éd. G. Coopland, Londres, 1969 [2 vol. ; éd. imparfaite]. — *Griseldis* traduite par Philippe, éd. dans E. Golenistcheff-Koutousoff, *L'Histoire de Griseldis en France au XIVe et au XVe siècle*, Paris, 1933, p. 151-191. — L'*Estoire de Griseldis en rimes et par personnages* (*1395*), éd. M. Roques, Genève, 1957 (*TLF*, 74). — La *Preparacion en Dieu de la mort* ou *Testament*, éd. A. Guillemain dans *Mél. J. Lods*, Paris, 1978, t. 1, p. 297-322. — La *Vita sancti Petri Thomae*, éd. J. Smet, Rome, 1954. — Le recueil relatif à la Présentation de la Vierge, éd. W.E. Coleman, Toronto, 1981. — Le *Festum praesentationis Beatae Mariae*, éd. et trad. anglaise R.S. Haller, Lincoln (Nebraska), 1971 ; trad. française dans G. Cohen, *La mise en scène au XIVe siècle* (...), dans *Revue d'histoire du théâtre*, t. 9 (1957), p. 155-167. — G. Coopland, *Philippe de Mézières Letter to king Richard II* (...), New York, 1976 [éd. et trad. d'une lettre de 1395 où Philippe prêche la réconciliation des deux royaumes par le mariage d'Isabelle de France avec Richard II]. — Lettres latines : éd. N. Iorga dans *Une collection de lettres de Philippe de Mézières*, dans *Revue historique*, t. 49 (1982), p. 39-57, 306-322 ; A. Callebaut, *Thomas de Frignano, ministre général, et ses défenseurs : Pétrarque, Philippe de Cabassol et Philippe de Mézières, ibid.*, t. 10 (1917), p. 239-249 [éd. de la lettre de félicitation de Philippe à Thomas, général des franciscains] ; N. Iorga, *L'épître de Philippe de Mézières à son neveu*, dans *Bulletin de l'Institut pour l'étude de l'Europe sud-orientale*, t. 8 (1921), p. 27-40 [éd. partielle de cette lettre de 1381 à Jean de Mézières, chanoine de Noyon où Philippe exprime ses regrets de la mauvaise conduite de Jean ainsi que sa haute idée de la fonction sacerdotale].

→ N. Iorga, *Philippe de Mézières (...) et la croisade au XIVe siècle*, Paris, 1896. — A. Molinier, *Description de deux mss de Ph. de M.*, dans *Archives de l'Orient latin*, t. 1 (1881), p. 335-364 [analyse et extraits des différents textes sur la Chevalerie de la Passion]. — O. Caudron, *La spiritualité d'un chrétien du XIVe siècle* (...), dans *Positions des thèses de l'École des Chartes*, 1983, p. 35-45 ; *Philippe de Mézières*, dans *DS*, t. 12 (1), Paris (1984), col. 1309-1316 [excellente notice] ; *Ph. de M. étudiant à l'université de Paris*, dans *BEC*, t. 139 (1981), p. 245-246 ; *Un épisode de la Guerre de Cent ans : Ph. de Mézières capitaine de Blérancourt dans les années 1350*, dans *Mémoires ; Fédération des sociétés d'histoire et d'archéologie de l'Aisne*, t. 29 (1984), p. 69-73. — A. Guillemain, *Le Songe du viel pelerin. Étude et édition*, dans *Positions des thèses de l'École des Chartes*, 1954 [livre I seulement]. — D. Bell, *Étude sur le Songe du Viel Pelerin*, Genève, 1955. — J.M. Ferrier, *The Old Pilgrim's catchwords : notes on parlant moralment and quel merveille (...)*, dans *Mél. T.B. Reid*, Oxford, 1972, p. 99-116. — P.-Y. Badel, *Le Roman de la rose au XIVe siècle. Étude de la réception de l'œuvre*, Paris,

1980, p. 200-205, 380-398. — A. Strubel, *Le Songe du viel pelerin et les transformations de l'allégorie au XIVe siècle*, dans *Perspectives médiévales*, t. 6 (1980), p. 54-74. — J. Krynen, *Idéal du prince et pouvoir royal en France à la fin du Moyen Âge* (...), Paris, 1981. — C. Marchello-Nizia, *Entre l'histoire et la poétique, le Songe politique*, dans *Revue des Sciences humaines*, t. 55 (1981), p. 39-53. — G. di Stefano, *Nota sul Songe* (...), dans *Le Moyen Français*, t. 11 (1982), p. 129-132 [sur la prose rimée]. — J. Pomian-Turquet, *Ph. de Mézières : carnaval romain ou révolte de Cola di Rienzo ?*, dans *Médiévales*, t. 4 (1983), p. 123-131. — M. Gosman, *La réception de la matière « classique » chez Ph. de M. : la référence persuasive dans le Songe du Viel Pelerin*, dans *Actes du 5e colloque intern. sur le Moyen Français*, Milan, 1986, vol. 3, p. 27-38. — J. Blanchard, *Discours de la réformation et utopie à la fin du Moyen Âge : le Songe* (...), dans *Studi francesi*, t. 96 (1988), p. 397-483. — E. Golenistcheff-Koutoussoff, *Étude sur le Livre de la vertu du sacrement de mariage*, Belgrade, 1937. — J. Williamson, *La première traduction française de l'histoire de Griseldis de Pétrarque : pour qui et pourquoi fut-elle faite ?*, dans *Amour, mariage et transgressions au Moyen Âge*, Göppingen, 1984, p. 447-456 (*Göppinger Arbeiten zur Germanistik*, 420). — G. Raynaud de Lage, *Sur l'attribution de l'Estoire de Griseldis*, dans *Romania*, t. 79 (1958), p. 267-271 [rejette l'attribution à Philippe de Mézières]. — J.-L. Picherit, *De Ph. de M. à Christine de Pizan*, dans *Le Moyen Français*, t. 13 (1983), p. 20-36 ; *Formes et fonctions de la matière proverbiale dans le Songe* (...), *ibid.*, t. 14-15 (1984), p. 384-399. — J. Williamson, *Ph. de Mézière's Book for Married Ladies, a Book from the Entourage of the Court of Charles VI*, dans *4e Congress of the Intern. Courtly Literature Society*, Cambridge, 1985, p. 393-408. — J. Blanchard, *Politique des points de vue et stratégies discursives. Philippe et le discours de la réformation morale*, dans *Actes du 18e Congrès intern. de linguistique et de philologie romanes*, Trèves, 1986, t. 6, p. 491-500. — Cf. *GRLMA*, t. VIII/1, p. 152, 285. — *MB* n°s 4201, 5624-5628, 7067, 8025 ; *S* 7491-7503, 7626, 7637, 7647, 7662, 7872, 8082. S.L.

Philippe Mousket. L'histoire des rois de France, rédigée par Philippe Mousket, commence, conformément à la tradition chère aux chroniqueurs du Moyen Âge, au siège de Troie pour s'arrêter brusquement en 1243. Elle a été baptisée *Chronique rimée* par le premier éditeur du texte complet, le baron de Reiffenberg. Dès le début du XIIIe siècle, les chroniqueurs ne sont plus uniquement des clercs. Philippe Mousket est un laïc, resté fidèle à la forme poétique traditionnelle, l'octosyllabe à rimes plates. Son entreprise s'inscrit dans un vaste mouvement de compilation et de traduction, à une époque où l'histoire trouve dans la population des villes un public intéressé. Comme l'œuvre, conservée dans un seul manuscrit, n'a jamais été achevée, nous pouvons supposer que Mousket y travaille jusqu'à sa mort. Les incertitudes relatives à sa biographie et même à son nom ont duré jusqu'aujourd'hui. Pourtant, la confusion avec l'évêque de Tournai nommé Philippe de Gand († 1283) et les formes *Mouskes, Mouskés* et *Mouskès* ne sont plus permises depuis longtemps.

Pour la première partie de sa chronique, consacrée à l'histoire carolingienne, Mousket n'adapte pas simplement une seule compilation, mais fait des emprunts à de multiples sources, en agrémentant le tout de récits fabuleux, puisés dans des documents qu'il croit dignes de foi. Il se sert par exemple de la Geste des Lorrains* qu'il considère comme de l'histoire. Il insère dans sa chronique des résumés, plus ou moins détaillés, de récits épiques, parmi lesquels certains ne nous sont connus que par des textes différents de ceux qu'il emploie. Dans certains cas, il semble qu'il ait eu accès à des versions plus anciennes que celles qui nous sont parvenues. On trouve même des récits que Mousket est seul à attester. Les extraits sont reproduits sans grand souci d'ordre chronologique et sont choisis de manière arbitraire.

Mousket n'a pas seulement puisé dans des chansons de geste et des documents historiques, il rapporte aussi des faits divers, des croyances qui paraissent avoir eu un certain succès, comme le miracle des fûts des lances qui reverdissent. Il a connu diverses légendes monastiques, telles que la vie de saint Amauberge. Des traditions légendaires alimentent sa chronique : l'histoire fictive de saint Gilles, le ravissement de Charles le Chauve au ciel, la légende de l'origine diabolique des comtes de Champagne, la dévotion de Gerbert au diable, des prophéties d'origine anglaise, etc. Le monde réel et le monde fictif se partagent la scène. On voit figurer avec le puissant monarque que fut Charlemagne, un grand nombre de personnages, dont quelques-uns sont historiques, mais dont la plupart sont fabuleux. Des héros épiques accompagnent des personnages historiques dans des récits de bataille. On trouve de longs passages à propos des Normands, que Mousket semble avoir beaucoup admirés, et des détails à propos de tout, avec une préférence pour ce qui est légendaire et improbable. Il règne, dans ce mélange de matières si diverses, un grand désordre relatif au temps, au lieu et aux idées.

La *Chronique rimée* constitue une source narrative de premier ordre pour l'histoire de France à partir de l'avènement de Philippe Auguste. Elle est notamment une mine de renseignements pour le règne de Jeanne de Constantinople et pour les aventures du faux Baudouin. Le témoignage de Mousket est dans ces cas indépendant de tous les autres et prend une valeur historique authentique.

Les monographies sur Philippe Mousket et sa *Chronique rimée* font défaut à partir de 1949, mises à part quelques brèves notices de dictionnaires et quelques articles sur le lexique et la syntaxe. Nombre d'historiens citent assurément notre auteur après cette date. Ils renvoient à tel ou tel passage de son œuvre et invoquent son témoignage sur l'Inquisition et les hérétiques, sur la croisade, sur la bataille de Bouvines, sur les jeux au Moyen Âge, sur la noblesse flamande, sur Blanche de Castille, etc. D'autres, plus anciens, n'avaient d'ailleurs pas manqué de le faire à propos de l'histoire de saint Louis, des premiers sièges de la ville de Tournai, du règne de Ferrand de Portugal ou de Richard Cœur de Lion.

Les historiens de la littérature et les critiques modernes le lisent encore pour y chercher les sources des chansons de geste.

Si Mousket n'est pas un grand écrivain, s'il a été gêné par la rime, il doit cependant être considéré comme un des chroniqueurs les plus vivants et les plus savoureux de son époque. Certains érudits ont pensé que son texte pouvait avoir influencé celui de David Aubert*.

J. Horrent a qualifié Mousket de « chroniqueur à l'oreille épique ». Nous avons affaire, en effet, à une compilation pseudo-historique, où les thèmes épiques sont « historicisés ». Pour citer encore J. Horrent, nous sommes bien, ici, en présence d'une « utilisation chronistique du matériau épique ».

ŒUVRE. — Éd. F. de Reiffenberg, Bruxelles, 3 vol., 1836-1838, 1845 (*Coll. de chroniques belges inédites*, sér. in-4°). — Une éd. critique est en cours de préparation par les soins de R. Mantou.

→ R. Mantou, *Notes lexicologiques sur la Chronique rimée de Philippe Mousket*, dans *Mél. J. Wathelet-Willem*, Liège, 1978, p. 403-412 ; *Notes de syntaxe sur la Chronique rimée de P. Mousket*, dans *RBPH*, t. 56 (1978), p. 607-628 ; *Hapax et pseudo-hapax dans la Chronique rimée de P. Mousket*, dans *Mél. M.A. Arnould et P. Ruelle*, Bruxelles, 1981, p. 371-385. — R.N. Walpole, *An Anonymous Old French Translation of the Pseudo-Turpin Chronicle. A Critical Edition of the Text Contained in BN mss. fr. 2137 and 17203 and Incorporated by P. Mouskés in his Chronique rimée*, Cambridge (Mass.), 1979 (*Mediaeval Academy Books*, 89). — A. Moisan, *Répertoire des noms propres de personnes et de lieux cités dans les chansons de geste françaises et les œuvres étrangères dérivées*, 5 vol., Genève, 1986 [cf. vol. 3]. — Molinier n° 2522. — Cf. *GRLMA*, t. III/1, fasc. 2, p. 1-51 ; t. XI/1, p. 306, 330. — *MB* n°s 3770-3779, 6711 ; *S* 6198, 6199. R.Ma.

Philippe de Nanteuil. Seigneur de Nanteuil-le-Haudouin (Oise, arr. Senlis) en 1229, Philippe II de Nanteuil participa à la croisade commandée par son ami le comte Thibaut IV de Champagne* en 1239. Fait prisonnier après la défaite de Gaza (13 novembre 1239), il fut emprisonné au Caire. Il rentra en France en 1240. Il reprit la croix quelques années plus tard et suivit saint Louis en Égypte (1248). Il se distingua aux côtés du souverain — Jean de Joinville* le signale — et il mourut au cours de l'expédition (fin 1249 ou 1250).

Pendant sa captivité au Caire, Philippe de Nanteuil avait composé des chansons afin de soutenir le moral de ses compagnons d'infortune ; le continuateur de Guillaume de Tyr* l'évoque dans sa chronique : « *Or Philippes de Nantuel fu menés avec les autres prisons en Babyloine. En la prison ou il fu mis, il fist plusieurs chançons ; aucune il envoia en l'ost des crestïens, que nous dirons a ceus qui oïr la voudront. En chantant veil mon duel faire.* » Deux de ses chansons de croisade nous ont été conservées (R. 164 ; R. 1133), ainsi qu'un jeu-parti où il dialogue avec Thibaut de Champagne, qui le qualifie de *bon chanteor*. On attribue aussi à Philippe de Nanteuil deux débats et une chanson d'amour (R. 522), cette dernière étant également attribuée parfois à Gace Brulé*.

ŒUVRES. — *Les Chansons de croisade*, éd. J. Bédier et P. Aubry, Paris, 1909 (réimp. New

York, 1971), p. 217-225. — *Les chansons de Thibaut de Champagne*, éd. A. Wallensköld, Paris, 1925, p. 150-163 et 169-172 (*SATF*, 69). — A. Långfors, A. Jeanroy et L. Brandin, *Recueil général des jeux-partis français*, Paris, 1926, t. 1, p. 11-14 (*SATF*, 70). — *Anthologie de la poésie lyrique française des* XIIe *et* XIIIe *siècles*, éd. bilingue J. Dufournet, Paris, 1989, p. 188-191 *(NRF/Poésie)* [une chanson].

⟶ L. Fautrat, *Nanteuil, son abbaye et sa demeure seigneuriale*, dans *Comité archéologique, comptes rendus et mémoires*, 3e série, t. 6 (1891), p. 49-105. — Linker, n° 197. — Cf. *GRLMA*, t. VI/1, p. 292 ; t. VI/2, n° 5636.

G.M. et F.F.H.

Philippe de Novare. Né à Novare en Lombardie, de famille noble, aux environs de 1195, Philippe passa encore jeune en Terre sainte, où il se mit au service d'un baron de Chypre, Pierre Chape, qu'il accompagna en 1218 au siège de Damiette. Marié à une dame franque et très lié à Balian d'Ibelin dont il devint le vassal, il prit une part active à la lutte entre les Ibelin et Frédéric II, et fut l'un des artisans du triomphe définitif du parti guelfe en Syrie et à Chypre. Il vivait encore en 1264 et fit souche d'une noble famille d'outremer. Sa réputation comme « chanteur » était encore dépassée par ses talents de juriste : on le disait le « meillour pleidiour deça la mer ».

Vers 1252, il voulut réunir en un recueil des ouvrages divers qu'il avait composés à différentes époques ; y figuraient une autobiographie, des rimes et chansons courtoises et des poèmes de circonstance, une histoire en prose de la guerre de Frédéric II contre les Ibelin et des chansons religieuses, œuvres de sa « vieillesse ». Ce recueil est perdu. Seul un court fragment de l'autobiographie semble avoir passé dans la première partie de la compilation historique connue sous le nom de *Geste des Chiprois** ; le récit de la guerre de Chypre ou l'*Estoire et le droit conte de la guerre qui fu entre l'empereur Frederic et messire Johan de Ybelin, seigneur de Baruth* se retrouve dans la seconde partie de cette compilation avec quelques-uns des poèmes que Philippe y avait intercalés. L'autobiographie et l'*Estoire* ont été publiées sous le titre de *Mémoires*. Dans les poèmes que Philippe avait composés lors de la guerre de Chypre, guerre qu'il assimile aux aventures de Renart, tous les personnages importants des deux camps apparaissent sous les noms et les traits des acteurs du *Roman de Renart**, notamment dans le dernier et le plus important qu'il appelle lui-même une « branche de Renart » : c'est une satire féroce qui atteste une très grande familiarité de l'auteur avec l'œuvre de Pierre de Saint-Cloud et ses successeurs.

Entre 1252 et 1257, il écrivit le *Livre à un sien ami en forme de plait*, traité de droit féodal à l'usage des avocats, qui fait connaître les institutions des royaumes latins de Jérusalem et de Chypre et est l'un des meilleurs éléments du recueil des *Assises de Jérusalem* (sous ce titre sont réunis divers ouvrages dus à des jurisconsultes de l'Orient latin) ; il en aurait entrepris la révision peu avant sa mort. Enfin, vers 1265, il composa un traité de morale, *Des quatre tens d'aage d'ome* ; c'est le livre d'un homme d'expérience et d'un fin lettré qui, à soixante-dix ans passés, nous fait part de ses réflexions sur les hommes et les illustre d'anecdotes, de proverbes, de citations. Philippe trace le portrait du parfait chevalier et de la dame accomplie aux quatres périodes de la vie humaine, formule des principes d'éducation solide et sévère ; le ton n'est cependant jamais celui d'un moraliste impérieux, mais celui d'un aimable causeur.

L'œuvre de Philippe révèle à la fois « un beau caractère de chevalier », un esprit clair et délié, et un talent littéraire indéniable.

ŒUVRES. — *Mémoires 1218-1243*, éd. C. Kohler, Paris, 1913 (*CFMA*, 10) ; Trad. anglaise. J.L. La Monte et M.J. Hubert, *The War of Frederick II against the Ibelins in Syria and Cyprus by Philip de Novare*, New York, 1936. — *Livre en forme de plait*, éd. Beugnot, dans *Assises de Jérusalem*, 2 vol., Paris, 1841-1843, t. 1, p. 475-571. — *Des quatre tenz d'aage d'ome*, éd. M. de Fréville, Paris, 1888 *(SATF)*.

⟶ G. Paris, *Les Mémoires de Philippe de Novare*, dans *Mél. de littérature française*, Paris, 1912, p. 427-470. — C.V. Langlois, *La vie en France au Moyen Âge... d'après des moralistes du temps*, t. 2, Paris, 1926, p. 205-240. — A. Foulet, *Les Mémoires de Philippe de Novare sont-ils un plaidoyer ?*, dans *Romania*, t. 56 (1930), p. 419-427. — J. Flinn, *Le Roman de Renart dans la littérature française et dans les littératures étrangères au Moyen Âge*, Toronto, 1963, p. 158-173. — A. Bart Rossebastiano, *La « Chanson d'aube » di Filippo di Novara*, dans *Annali dell'Instituto Universitario Orientale*, Sez. Romanza, t. 21 (1979), p. 417-424. — D. Jacoby, *La littérature française dans les États latins de la Méditerranée orientale à l'époque des croisades : diffusion et création* dans *Essor et fortune de la chanson de geste dans l'Europe et l'Orient latin. Actes du 9e congrès de la Société Rencesvals*, Padoue, 1982, t. 2, p. 617-646. — K.W. Hempfer, *Ernst und Spiel oder die Ambivalenz des Rittertums um 1500*, dans *Romanische Forschungen*, t. 99 (1987), p. 348-374. — Molinier n° 2558. — Linker n° 198. — Cf. *GRLMA*, t. *VI*/2, n° 2764. — *MB* nos 2682, 2683, 2970, 3662-3669, 6669 ; *S* 4502.

J.R. et G.T.L.

Philippe de Savoie. Né en 1438 et mort en 1497, fils du duc de Savoie Louis Ier, il monta sur le trône en 1496 après l'extinction de la branche de son frère aîné Amédée IX. Il est l'auteur d'un récit historico-politique, la *Chanson de Philippe de Savoie*, où il énumère les causes qui ont conduit la Savoie à la ruine et préconise le dévouement à l'Empire et le refus de tout hommage à la France.

ŒUVRE. — Éd. F.E. Bollati, Milan, 1879.

→ Dufayard, *Histoire de Savoie*, Paris, 1914. — D. Chaubet, *L'historiographie de la Maison de Savoie avant Guichenon*, à paraître. D.C.

Philippe de Thaon. Né sans doute en Angleterre dans une famille normande originaire de la région de Caen, Philippe de Thaon a composé, entre 1113 et 1154, les premiers ouvrages scientifiques en langue vulgaire. On lui doit un traité de *Comput* sans originalité, écrit en 1113 ou 1119, utilisant comme sources notamment Bède* ; un *Bestiaire* composé entre 1121 et 1135, traité moralisé dans lequel l'auteur s'est attaché à indiquer la signification symbolique des faits qu'il énonçait. Sa source principale est le *Physiologus.* Il est divisé en deux, un *Bestiaire* proprement dit et un *Volucraire* consacré aux oiseaux ; deux *Lapidaires*, l'un dit *apocalyptique*, car il traite des douze pierres de la fondation de la Jérusalem céleste ; l'autre, dit *alphabétique*, est purement descriptif et ne contient pas d'allégorie.

H. Shields a démontré qu'on devait aussi lui attribuer le *Livre de Sibile* composé vers 1140, traduction de la *Sibilla Tiburtina* en prose latine, grossie d'emprunts divers. La prophétie porte sur une vision de neuf soleils apparaissant simultanément une nuit, et qui caractérisent les âges de l'homme.

Philippe de Thaon, que les critiques s'accordent à juger un auteur médiocre et pédant, même si ses ouvrages ont plu au public, a le mérite d'avoir été un pionnier de la littérature scientifique vernaculaire.

ŒUVRES. — *Comput*, éd. E. Mall, Strasbourg, 1873 ; éd. I. Short, Londres, 1984 (*ANTS, Plain Texts Series*, 2). — *Bestiaire*, éd. E. Walberg, Lünd-Paris, 1900. — *Lapidaire*, éd. P. Meyer, dans *Romania*, t. 38 (1909), p. 481-522 ; éd. P. Studer et J. Evans, dans *Anglo-Norman Lapidaries*, Paris, 1924, p. 200-259. — *Livre de Sibile*, éd. H. Shields, Londres, 1979 (*ANTS*, 37) [voir Morini dans *Medioevo Romanzo*, t. 8 (1983), p. 259-269] ; éd. J. Haffen, *Contribution à l'étude de la Sibile médiévale*, Paris, 1984.

→ C.-V. Langlois, *La vie en France au Moyen Âge* ; t. 3 : *La connaissance de la nature et du monde d'après des écrits français*, Paris, 1927, p. 1-43. — M.D. Legge, *Anglo-Norman Literature and its Background,* Oxford, 1963, p. 18-26 ; *La précocité de la littérature anglo-normande*, dans *CCM*, t. 8 (1965), p. 327-349. — R. Pickens, *The Literary Activity of Philippe de Thaün* dans *Romance Notes*, t. 11 (1969-1970), p. 208-212 ; t. 12 (1970-1971), p. 1-5. — P. Bennett, *Some Doctrinal Implications of the Comput and Bestiaire of Philippe de Thaün*, dans *Épopée animale, fable, fabliau, Actes du 4e colloque de la Soc. internationale renardienne*, Paris, 1984, p. 95-105. — Cf. *MB* nos 2856-2858, 2872-2876 ; *S* 5336-5337, 5352-5355, 5666-5668.

Voir aussi : *Bestiaires.* A.F.L.L.

Philippe de Vitri (1285/95-1361). Salué par Pétrarque* comme *poeta nunc unicus galliarum* (lettre de Padoue, février 1350), défini par Pierre Bersuire* comme *moralis philosophie historiarumque et antiquitatum zelator precipuus et in cunctis mathematicis eruditus*, et reconnu par Léon l'Hébreu comme expert éminent de toutes sciences, Philippe de Vitri est un bel exemple de la relativité de nos connaissances sur les auteurs du Moyen Âge. Il ne reste de lui aucun traité philosophique, mathématique, historique : de courts poèmes en français, des motets en latin surtout, et l'*Ars Nova**, tels sont les vestiges de ce qui semble être un immense naufrage.

Fils de famille noble, Philippe de Vitri est un chanoine richement prébendé, comme l'attestent deux bulles de Jean XXII ; secrétaire de Charles IV puis maître des requêtes de la maison royale, c'est un homme de la cour (Charles IV, Philippe VI, Jean II) dont on trouve mainte trace dans les documents d'archives — s'il s'agit du même personnage : il participe au siège d'Aiguillon (1346), accomplit des missions diplomatiques (auprès du pape en

Avignon, 1350), fait partie des neuf « generaux reformateurs » choisis par les États généraux (1357) ; à partir de 1351, il est évêque de Meaux (lettre de Pétrarque, d'Avignon, 1351).

Même s'il n'a pas composé d'ouvrage de théorie musicale (l'*Ars* appartient à la *musica instrumentalis*, à la pratique), la réputation de Philippe de Vitri repose sur sa contribution à l'histoire de la musique. Des quatre titres que lui attribue De Coussemaker *(Ars Nova, Ars cuntrapuncti, Ars Perfecta, Liber musicalium)* seul le premier est sûr, et sur ses 24 chap., les 10 derniers sont les seuls originaux. Selon un *Art de seconde rhétorique*, il *« trouva la maniere des notes, les quatre prolations, les notes rouges et la nouveleté des proportions »* (E. Langlois, *Recueils d'Arts de seconde rhétorique*, 1902, p. 12). Il est en effet l'inventeur d'un nouveau système de notation, répandu dans toute l'Europe : distinction des « modes » (division de la longue en brèves), des « temps » (div. de la brève en demi-brèves) et des « prolations » (div. de la demi-brève en minimes) ; définition des « points » *(« punctus divisionis/additionis »)*, des notes noires et rouges (*« notula rubra »*), passage de la mesure parfaite à la mesure imparfaite (*« tempus imperfectum »*).

Son œuvre en français se réduit à peu de chose, même si la *Seconde Rhétorique* lui accorde la découverte de la *« maniere des motets et des ballades et des lais et des simples rondeaux »*. Deux textes ont survécu : un bref encouragement à la croisade, sous la forme d'une métaphore vaguement allégorisée, le *Chapel des trois fleurs de lis* : un « chapel » (couronne de fleurs) réunit les trois vertus indispensables au succès de l'entreprise (Science, Foy, Chevalerie) ; dans le poème sont insérés des passages de Végèce traduits par l'auteur. Le *Dit de Franc Gontier*, dont on a retrouvé 32 v. (ms. du XVe, éd. 1490), peut se résumer entièrement dans la rubrique de l'éditeur de 1591 : *« Combien est heureuse la vie de celuy qui fait sa demeure aux champs... »* ; parodié par François Villon* dans le *Contredit*, ce texte appartient à une veine fort prisée aux XIVe et XVe siècles (Eustache Deschamps*, Christine de Pizan*, Alain Chartier*, Jean Meschinot*). À cela s'ajoute un motet en français, à sujet amoureux : *« Douce playsance est d'amer loyalment... »* (1317), ainsi qu'une ballade sans musique contre Jean de Le Mote*, lourdement mythologisée, et de ton satirique *(« De terre o grec Gaule appellee / Castor fuitis fuyans com cers / En Albion... »)*

C'est des souvenirs d'un jeu-parti avec Jean de Savoie et Jean Campion (*Ulixea fulgens facundia...*, éd. E. Pognon) et de quelque 12 ou 15 motets en latin, que l'on doit se contenter pour comprendre l'éloge que fait Gace de la Buigne* de « Phelippe de Vitri », comme celui *« Qui mieux sceut motez que nul hom »*. Les sujets en sont moraux (*« Scias eciam quod fructus delabescit...* » sur les coups de Fortune), satiriques (*Ypocrite pontifices / Velut stelle / Et gaudebit..., Cum statua / Hugo / magister invidie...*, 1330, *Vulpes... qui de leonis consensu proprio monarcizat... ; cf.* P. Meyer, *Chansons lat. et fr.*, Paris, 1908 (*SATF*, 34), p. 50) ou religieux (*Tuba sacre fidei / In arboris / Virgo..., Firmissime / Adesto / Alleluya...*, 1314) ; on attribue aussi à Philippe de Vitri deux motets et des pièces à une voix insérées dans le *Fauvel** (*Benedictus / Floret / Florens...) ; Franc Gontier* contient un motet latin (*Colla jugo / Bona condit / Libera me...*) dans le ton de l'œuvre. Parmi d'autres titres : *Impudenter circuivi / Virtutibus...* (1330), *O canenda / Rex quem..., Petre Clemens...* (1342, sur Clément VI). Les innovations concernent la présence du contreténor, les deux voix supérieures rapides sur le texte latin accompagnées d'un ténor instrumental lent, et les cellules rythmiques *(taleae)*, courtes.

ŒUVRES. — *Chapel...* et *Franc Gontier* : éd. A. Piaget, dans *Romania*, t. 27 (1898), p. 55-92, avec une intro. substantielle. — *Ars Nova* : E. de Coussemaker, *Scriptorum de musica medii aevii*, n° 3 (1869), p. 13-22 ; nouv. éd. G. Reaney, A. Gilles et J. Maillard, *Philippi de Vitriaco Ars Nova*, dans *Corpus Scriptorum de Musica*, n° 8, 1964. — Motets : L. Schrade, *Polyphonic Music of the XIVth Century*, I, Monaco, 1956, p. 72-109 [14/15 motets].

→ E.H. Sanders, *Vitri*, dans *The New Grove Dictionary of Music*, 1980. — J. Maillard et A. Gilles, dans *L'Éducation musicale*, n° 17, 161. — A. Coville, *Ph. de Vitry, notes biographiques*, dans *Romania*, t. 59 (1933), p. 520-547. — E. Pognon, *Ballades mythologiques de Jean de la Mote, Ph. de Vitri, Jean Champion*, dans *BHR*, n° 5 (1938), p. 385-417. — A. Gilles, *Contribution à un inventaire analytique des mss intéressant l'Ars Nova de Ph. de Vitri, RBM*, n° 10, 1956. — E. Werner, *The Mathem Foundations of Ph. de Vitri Ars Nova*, dans *Journal of the Amer. Musical Society*, n° 9, 1956. — Motets : H. Besseler, *Die Motete von Franko von Köln bis Ph. de Vitri*, dans *Archiv für Musikwissenschaft*, n°s 7-8 (1925-1926), p. 137-258 [motets 6, 7, 9, 10]. — A. Gastoue, *Le ms. de musique du Trésor d'Apt*, Paris, 1936 [motets 9 et 13]. — G. Zwick, *Deux motets inédits de Ph. de Vitri et Guill. de Machaut*, dans *Revue de musique*, n° 30 (1948), p. 28. — J. Maillard-A. Gilles, *Notes sur trois motets fantômes de l'Ars Nova de Ph. de Vitri*, n° 38 *ibid.*, 1956, p. 147. — E.H. Sanders, *The Early Motets of Ph. de Vitri*, dans *Journal of the American Musical Society*, n° 27 (1975), p. 24. — L. Schrade, *Ph. de Vitri Some New Discoveries*, dans *Musical Quarterly*, n° 42, 1956. — Cf. *MB* n°s 5344-5349 ; *S* 7285. A.S.

Philomena. Version d'environ 1 470 octosyllabes, des alentours de 1165-1170, de l'histoire de Térée, de Procné et de Philomèle, tirée d'une fable d'Ovide* (VIe livre des *Métamorphoses*), et insérée dans l'*Ovide moralisé**. Son attribution à Chrétien de Troyes* a été et est toujours abondamment discutée. Le poète se nomme, dans le cours du texte, « Crestiens li Gois », mention fort embarrassante. Par ailleurs, Chrétien de Troyes, au début de *Cligès*, rappelle qu'il a écrit « et de la hupe et de l'aronde et del rossignol la muance », ce qui ne saurait être qu'une autre, ou la même, version de cette histoire.

ŒUVRE. — Éd. C. De Boer, *Philomena, conte raconté d'après Ovide par Chrétien de Troyes, publ. d'après tous les mss de l'Ovide moralisé*, Paris, 1909. — Éd. et trad. anglaise : R.J. Cormier, *Three Ovidian Tales of Love*, New York, 1986 (*Garland Libr. Med. Lit.*, 26).

→ G. Paris, *Chrétien Legouais et autres traducteurs ou imitateurs d'Ovide*, dans *HLF*, t. 29 (1886), p. 489-497. — C. De Boer, *Chrétien de Troyes, auteur de Philomena*, dans *Romania*, t. 41 (1912), p. 94-100. — E. Hoepffner, *La Philomena de Chrétien de Troyes, ibid.*, t. 47 (1931), p. 13-74. — R. Levy, *État présent des études sur l'attribution de Philomena*, dans *Les Lettres Romanes*, t. 5 (1951), p. 46-52. — M.-C. Gérard-Zai, *L'auteur de Philomena*, dans *Revista de istorie şi teorie literara*, t. 3 (1976), p. 361-368. — G.S. Burgess, *The Theme of Beauty in Chrétien's Philomena and Erec et Enide*, dans *Mél. L. Thorpe*, Glasgow, 1981, p. 114-128. — E. Schulze-Busacker, *Philomena. Une révision de l'attribution de l'œuvre*, dans *Romania*, t. 107 (1986), p. 459-485. — Cf. *MB* n°s 1072-1081, 6212, 7292 ; *S* 2218-2220, 3091. C.R.

Philomena (Roman de). On désigne par ces mots le récit intitulé *Ayssi se conte en cal manieyra Karles... edifiquec lo monestier de la Grassa, item con conqueric la ciutat de Narbona e d'autres nobles locx.* C'est donc, en réalité, une chronique de la fondation du monastère de La Grasse (Aude) et des luttes de Charlemagne contre les Sarrasins à l'occasion de la prise de Narbonne. Si le texte est appelé généralement « roman de Philomena », c'est que, dans le prologue de sa traduction latine (XIVe siècle), on lit : « Et... suo iurato scriptori nomine Filomena precepit ut... totam ystoriam in scriptis redigeret ». Filomena serait donc le nom du chroniqueur, scribe de Charlemagne. Le récit provençal a été transmis par deux manuscrits du début du XIVe siècle, rédigés dans la région de Narbonne. L'intérêt de ce texte d'oc pour l'étude des traditions épiques est indéniable. On trouve, auprès de Charlemagne, les personnages principaux qui figurent dans les chansons de geste (*Rotlan, Olivier, Naymes de Bavieyra, Turpi...* etc.). Le récit mêle le souvenir des traditions monastiques de l'abbaye de La Grasse à la relation d'interminables guerres contre les Sarrasins. Trois armées païennes sont successivement écrasées et finalement, après la prise de Narbonne, Charlemagne octroie *la tersa part* de la ville à « N'Aymeric », et restaure l'abbaye dans son ancienne splendeur.

Le moine qui, à l'abbaye de La Grasse vers 1200, pour la plus grande gloire de ce monastère, a composé ce texte, sorte de « pot-pourri » de traditions épiques, porte témoignage de récits perdus, au confluent de l'ouest (*Turpin**) et du sud (*Ronsasvals**). Il pose à l'historien du fait épique le problème de son émergence et à celui du cycle de Charlemagne, celui de son rayonnement, dans tout l'Occident médiéval.

ŒUVRE. — Éd. F. Schneegans, *Gesta Karoli Magni ad Carcassonam et Narbonam*, Halle, 1898.

→ C. Brunel, n°s 14 et 163. — F. Pirot, *Recherches sur les connaissances littéraires des troubadours occitans et catalans des XIIe et XIIIe siècles*, Barcelone, 1972. — J. Stiennon, *Robert, architecte de Charlemagne et maître d'œuvre de la Grasse d'après les Gesta Karoli magni ad Carcassonam et Narbonam*, dans *Mél. R. Louis*, Saint-Père-sous-Vézelay, 1982, p. 293-302. — H.E. Keller, *Autour de Roland : Recherches sur la chanson de geste*, Paris-Genève, 1989, p. 297-355 [« L'Histoire poétique de Charlemagne en

Occitanie »]. — A.G. Remensnyder, *The Ordering of Past and Present. The Social Meaning of Monastic Foundation Legends in the South of France,* thèse Berkeley, 1991 [à paraître à Cambridge, 1992]. I.M.C. et G.B.L.

Pierre Abélard. Né au Pallet, non loin de Nantes, en 1079. Fils aîné d'une famille noble, il renonce à la carrière des armes pour celle de la philosophie, et entreprend un voyage d'études qui le mène dans chaque ville où il peut trouver un maître renommé. C'est ainsi qu'il écoute Roscelin* à Loches ; sans doute aussi Thierry de Chartres*, dont il est incapable d'assimiler l'enseignement scientifique ; il a peut-être eu encore pour maître Ulger d'Angers ; ajoutons-y un certain *Magister Vasletus,* inconnu autrement. Enfin Abélard arrive à Paris, où il suit le cours de dialectique de Guillaume de Champeaux*. Il entreprend d'en réfuter les thèses réalistes, et quitte l'école pour enseigner lui-même, avec succès, à Melun d'abord, puis à Corbeil. Malade, il se retire quelques années en Bretagne (vers 1105). En 1108, il revient à Paris, et suit le cours de rhétorique de Guillaume de Champeaux ; il le force encore, nous dit-il, à abandonner sa nouvelle adaptation du réalisme. Abélard retourne à Melun, l'école de Guillaume est désertée ; il installe sur la Montagne Sainte-Geneviève le siège de son enseignement. Vers 1113, il retourne en Bretagne, à l'occasion des professions religieuses de son père et de sa mère, puis va écouter Anselme de Laon*, qui enseigne la *sacra pagina* (l'Écriture et ses gloses). Ces leçons lui paraissent vides et décevantes, il y est peu assidu ; ses camarades l'en ayant défié, il entreprend de commenter lui-même Ézéchiel. Anselme lui ferme son école, et Abélard revient à Paris, où, pendant plusieurs années, ses succès professoraux ne se démentent pas (il y dirige même les écoles). Il y joint un succès amoureux en séduisant Héloïse, nièce du chanoine Fulbert, et son élève ; il l'épouse, bien qu'Héloïse ait tenté de le détourner de cette union au nom de l'idéal du clerc défini par saint Jérôme. Le mariage devait rester secret ; Fulbert s'efforçant de le divulguer, Héloïse de son côté le niant, Abélard, pour soustraire sa femme aux persécutions de son oncle, la fait se retirer à l'abbaye d'Argenteuil. Fulbert se croit joué ; il fait émasculer Abélard, surpris dans son sommeil. Devenu moine à Saint-Denis, Abélard se rend insupportable aux autres religieux dont il critique les mauvaises mœurs ; ils l'incitent à reprendre son enseignement. En 1120, il s'établit à Maisoncelle, en Champagne, où, paraît-il, 3 000 étudiants viennent l'écouter ; cela lui vaut des attaques de la part de ses collègues délaissés. En 1121, sa *Theologia Summi boni* (*Tractatus de unitate et trinitate divina*) est condamnée au concile de Soissons ; Abélard est conduit à l'abbaye de Saint-Médard, non loin de cette ville. Le légat pontifical le fait ramener à Saint-Denis ; là, il entreprend de démontrer aux moines que leur maison n'a pas été fondée par Denys l'Aréopagite*, considéré comme le confident de saint Paul et l'auteur d'un célèbre ensemble d'écrits mystiques. De nouveau tourmenté, il s'enfuit en Champagne, où le comte Thibaut lui permet de s'installer au prieuré de Saint-Ayoul, à Provins. En 1122, la situation d'Abélard se régularise ; l'abbé de Saint-Denis étant mort, son successeur, Suger*, l'autorise à ne pas rentrer dans ce monastère. Il s'établit alors sur la paroisse de Quincey, près de Nogent-sur-Seine, et construit un oratoire qu'il appelle le Paraclet. Nouvel afflux d'étudiants ; jusqu'en 1125, Abélard enseigne là, redoutant vaguement d'autres persécutions, songeant même à se réfugier « chez les idolâtres ». Mais les moines de Saint-Gildas-de-Rhuys (près de Vannes) le choisissent pour abbé. Il donne le Paraclet à Héloïse, devenue religieuse après leur malheur (cette donation, faite en 1129, est confirmée en 1130 par le nouveau pape Innocent II, qui, de passage en France, a été visité par Abélard). Quelques années après, il doit s'enfuir de Saint-Gildas : ses moines, qu'il avait entrepris de réformer, se sont révoltés, ils ont poussé l'hostilité jusqu'à vouloir l'empoisonner. On le retrouve à Paris en 1136 : à cette date, Jean de Salisbury* suit ses leçons sur la Montagne Sainte-Geneviève ; peu de temps après, il les interrompt. En 1140, sa *Theologia (Introductio ad theologiam)* est condamnée au concile de Sens ; elle avait été dénoncée par saint Bernard*, lui-même alerté par Guillaume de Saint-Thierry*. Abélard ne peut ou ne veut se défendre. Il décide d'en appeler au pape, entreprend le voyage de Rome, mais doit s'arrêter à Cluny, dont l'abbé, Pierre le Vénérable*, l'accueille avec la plus grande charité. Il y passe quelques mois actifs et tranquilles, mais il est de plus en plus malade ; Pierre le Vénérable l'envoie chercher un climat meilleur au couvent de Saint-Marcel, près de Chalon-sur-Saône. Il y meurt en 1142.

Tout au long de sa vie agitée, Abélard a enseigné, écrit. On a d'abord de lui quelques textes qui datent probablement des débuts de sa carrière : ce sont des gloses littérales, assez courtes, sur quelques livres classiques de dialectique (l'*Isagogè* de Porphyre, les *Catégories* et l'*Interprétation* d'Aristote, les *Divisions* de Boèce*). De la grande période de son enseignement parisien datent d'autres gloses, plus étendues, de contenu plus riche et plus original, sur l'*Isagogè,* les *Catégories*, l'*Interprétation*, et les *Topiques* de Boèce ; d'autres gloses sur l'*Isagogè* sont un peu plus tardives. La *Dialectica* est contemporaine de la deuxième série de gloses. Vers 1120, il rédige la *Theologia Summi boni*. Peu après il commence à composer d'autres œuvres qu'il grossira et remaniera à plusieurs reprises de sorte qu'on en possède des « éditions » successives : la *Theologia christiana*, le *Sic et non*, la *Theologia Scholarium* (qu'on a appelée aussi *Introductio ad theologiam*). Le *Dialogue entre un philosophe, un juif et un chrétien,* qu'on a cru longtemps avoir été sa dernière œuvre, date sans doute de cette même période. Avant de quitter Saint-Gildas, il écrit l'*Historia calamitatum* et l'*Hymnarius Paraclitensis ;* entre son retour à Paris et le concile de Sens, le *Commentaire sur l'Épître aux Romains* et l'*Éthique*. Ce ne sont là que les produits les plus marquants d'une abondante production ; il faudrait y joindre, pour être complet, des sermons, des poèmes, et divers autres écrits. Le latin d'Abélard, moins oratoire que celui de saint Bernard, moins recherché que celui de Jean de Salisbury, vaut surtout par sa netteté, le constant souci de la propriété des termes et de la précision des développements.

Dialecticien, Abélard a remporté un immense succès. Le point principal de sa doctrine consiste en sa critique serrée du réalisme : les genres et les espèces ne sauraient être des *choses* ; de quelque façon qu'il cherche à épurer sa conception, toujours le réaliste en arrive à des absurdités. Pour les éviter, il faut entrer résolument dans une autre voie : un universel ne peut être qu'un prédicat, c'est-à-dire un *mot* (*vox*, selon la première terminologie d'Abélard ; *sermo* dans ses dernières gloses, c'est-à-dire une *vox* en tant que douée d'un sens ; car prise en elle-même, en tant que son proféré, la *vox* est une chose ; c'est dans le sens que réside l'universalité). Ce mot ne doit pas être employé au hasard : au-delà de la simple correction grammaticale, le dialecticien s'occupe de ce qui « fonde l'imposition » d'un universel ; d'où tient donc sa vérité l'attribution d'un même mot à des sujets différents ? D'une *convenance* entre eux ; Socrate et Platon *conviennent*, ou *se rencontrent*, non *dans l'homme (in homine*), ce qui nous ramènerait au réalisme, mais *dans l'être-homme (in esse hominem*), dans un *état (status)* qui n'est pas une chose, mais en somme un acte. Cette opposition aux thèses réalistes est le point le plus immédiatement remarquable dans la pensée très originale d'Abélard logicien ; on ne pourrait aller plus loin dans l'exposé sans entrer dans des développements trop spéciaux. Notons seulement que la sémantique abélardienne a des implications qui l'auraient fait taxer de réaliste par les nominalistes du XIVᵉ siècle, s'ils l'avaient connue. On peut aussi énumérer parmi les traits les plus caractéristiques et les plus intéressants de la logique d'Abélard : sa doctrine de la signification (les mots signifient des choses et des intellections ; signifier, c'est d'abord « engendrer une intellection » ; pour développer ce dernier concept, Abélard ébauche une analyse de la connaissance qui ne doit évidemment rien à Aristote, dont il ignorait le *De anima*, mais dont certains points évoquent curieusement la phénoménologie moderne : ainsi, l'intellection est un acte de l'âme qui « se dirige vers une forme », elle-même « chose imaginaire et feinte, qui n'est rien ») ; sa doctrine du sens des propositions (« ce que dit » une proposition, ce n'est pas une chose, mais « une manière d'être des choses » ; on retrouve ici un aspect, ou un corollaire, de la critique du réalisme) ; sa doctrine de la preuve (distinction entre l'argumentation topique, ou rhétorique, et la conséquence syllogistique ; la première vaut par les faits et rapports contingents qu'elle énonce ; la seconde, par sa forme seule, qui est garante de vérité ; entre les deux, la conséquence hypothétique, qui exprime des rapports éternels sans poser l'existence de leur contenu : *si est homo, est animal*). Ajoutons que l'apport d'Abélard en matière de logique, le plus important sans doute de son époque en entendant par ce mot la première moitié du XIIe siècle, a été rapidement dépassé du fait de la remise en circulation de traités d'Aristote jusqu'alors peu exploités, notamment les *Réfutations sophistiques,* et des nouvelles recherches, au croisement de la grammaire et de la logique, qui en ont résulté et qui ont ouvert la voie à tout le développement ultérieur de la logique médiévale.

Les travaux de théologie d'Abélard peuvent se grouper sous quatre chefs.

1. Dans la ligne de l'enseignement théologique traditionnel, on trouve le *Sic et Non*, recueil d'« autorités » (extraits des œuvres des Pères, décisions conciliaires) classées méthodiquement selon les questions auxquelles elles fournissent des réponses ; à chacune de ces questions correspondent deux groupes de citations, celles qui disent *oui* et celles qui disent *non* (d'où le titre). Le principe d'une *question* née d'une contradiction de ce genre s'est dégagé au XIIe siècle, et Abélard a contribué grandement à le rendre systématique. Ce dossier est précédé d'un important prologue, qui est une sorte de traité de la critique historique dans son application à la théologie. On y lit que les oppositions entre les auteurs sont le plus souvent résolues par un examen du sens des mots, qui peut varier selon l'usage et le temps. En cas de contradiction réelle, il faut évaluer les poids respectifs des autorités, classées selon une hiérarchie qui comprend, du plus au moins décisif, l'Écriture, les Pères, les auteurs ecclésiastiques ; une difficulté dans l'Écriture elle-même est imputable soit au copiste, soit au traducteur, soit au lecteur. Il faut savoir enfin, dit Abélard, que la clef de la sagesse, c'est l'interrogation continuelle : Aristote et l'Évangile sont d'accord là-dessus, et Jésus qui, parmi les docteurs, interroge et répond, nous est un modèle.

2. Les trois Théologies comprennent des éléments différents. La première et la plus grande part des deux autres sont consacrées à réfuter les objections des dialecticiens (dont Roscelin est le premier visé) contre le dogme de la Trinité, rattaché d'emblée par Abélard à la révélation, sans aucun essai de le retrouver par des *rationes* (comme le faisait saint Anselme*). Abélard s'attache à montrer que les jugements où s'expriment les rapports trinitaires — rapports d'identité et de diversité — ne sont nullement absurdes. Il fonde sa démonstration sur une analyse sémantique des mots *idem* et *diversum*, et sur des « similitudes » où Guillaume de Saint-Thierry et saint Bernard ont vu à tort des tentatives pour scruter le mystère, alors qu'elles servent seulement de modèles logiques (par exemple, la « similitude » d'une statue de cire : la cire, et la statue qui « en provient » — *ex cera* — sont à la fois, selon le point de vue, identiques et différentes ; les jugements qui exprimeront cette double relation ne seront point contradictoires). Dans le dernier livre de chacune des deux dernières *Théologies* (les rédactions que nous en avons sont très voisines), Abélard procède, nous dit-il, non plus par « raisons nécessaires » (il désigne donc par là la dialectique appliquée à l'analyse des jugements), mais par « des raisons convenables et vraisemblables » (*honestissimae ac verisimiles*). Il y traite de la puissance et de la science divines, de la providence et du futur... Il y a là aussi beaucoup de dialectique, et de la plus savante, mais l'objet, et même la méthode, rappellent cette fois-ci saint Anselme.

3. En morale, Abélard cherche à cerner l'essence du péché d'une façon dialectique, en le réduisant, par élimination des définitions larges, à sa définition la plus propre, qui en fait un consentement au mal ; c'est donc l'intention qui fonde la valeur de l'acte. C'est là le nœud central de cet ouvrage, qui traite aussi des divers degrés des péchés, de la rémission, du mérite, de la confession, etc. Le dernier chapitre refuse le pouvoir de lier et de délier aux évêques qui manquent de piété et de discernement.

4. Le *Dialogue*, œuvre apologétique peut-être inachevée, a pour intérêt principal d'intégrer la morale antique au christianisme comme une sorte de propédeutique, dont l'essentiel est conservé dans la synthèse suprême offerte par la révélation contenue dans le Nouveau Testament.

Dans les lettres d'Abélard, il faut mettre

à part des autres celles qui sont adressées à Héloïse. Souvent traduite et paraphrasée, cette correspondance, dont l'authenticité au moins globale est maintenant le plus généralement admise, doit surtout son succès au romanesque de l'histoire dont elle est à la fois le commentaire et une péripétie. Les lettres qui viennent d'Abélard datent de la fin de son séjour à Saint-Gildas ; celles d'Héloïse sont évidemment de la même époque. On y trouve traitées des questions purement théologiques et monastiques ; mais aussi on y entend dialoguer d'une part une femme encore brûlante, audacieuse dans la description qu'elle fait de ses tourments, et jamais revenue du don total de soi-même ; d'autre part un religieux, dont la passion humaine, sans doute moins intense dès le début, est passée, et s'est entièrement transmuée en un amour spirituel auquel il cherche à convertir Héloïse. Parmi les autres lettres citons celle, adressée à un adversaire inconnu de la dialectique, où Abélard fait de cet art un éloge étincelant, et aussi la fameuse *Historia calamitatum (Histoire de mes malheurs)*, où il retrace, pour un ami, ce que fut sa vie, avec ses succès et ses revers, jusqu'à son séjour à Saint-Gildas (c'est parce qu'elle avait eu connaissance de cette lettre qu'Héloïse s'est plainte à Abélard de n'avoir jamais reçu de lui rien de tel : d'où leur correspondance). C'est un chef-d'œuvre de narration et d'analyse psychologique (voir notamment le récit de son débat avec Héloïse à propos de leur mariage) ; et en certains endroits, d'ironie (récit de sa condamnation à Soissons).

Poète, Abélard avait composé, à l'époque de sa passion pour Héloïse, des chansons que, nous dit-elle, tout le monde chantait ; il ne nous en reste rien, on ne sait même pas si elles étaient en français ou en latin. Mais on a encore un long poème moral adressé à son fils Astralabe (né peu avant son mariage avec Héloïse), des hymnes, et des *planctus,* poèmes de déploration inspirés de thèmes bibliques. Ces textes sont d'une belle tenue, la valeur lyrique et le contenu intellectuel en sont riches.

→ La bibliogr. est trop abondante pour être même résumée. Les éd. des œuvres principales sont énumérées par D.E. Luscombe dans P. Dronke [éd.], *A History of Twelfth-Century Western Philosophy*, Cambridge, 1988, p. 453 ; le chapitre consacré à Abélard par le même auteur (*ibid.*, p. 279-307) contient dans les notes l'essentiel de la littérature secondaire. Voir aussi C. Mews, J. Jolivet, *Peter Abelard and his Influence*, dans G. Fløistad éd., *La philosophie contemporaine, Chroniques nouvelles*, t. 6 : *Philosophie et science au Moyen Âge*, Dordrecht-Boston-Londres, 1990, t. 1, p. 105-140. J.J.

Pierre d'Ailly (Pierre Marguerite, dit). Né à Compiègne en 1351, Pierre est envoyé en 1364 à Paris pour étudier au Collège de Navarre. Dès 1367, il obtient la licence ès arts et entre l'année suivante à la Faculté de Théologie. Il est bachelier sententiaire en 1375 et, en 1381, licencié, puis maître régent. Il a commencé, sur ces entrefaites, à s'initier à l'art subtil du cumul des bénéfices, dans lequel il deviendra vite expert.

Au début de l'année 1381, il s'acquiert une grande popularité dans le milieu universitaire en menant la lutte contre le prévôt de Paris Hugues Aubriot ; celui-ci est jeté en prison, ce qui déplaît fort au régent du royaume, Louis d'Anjou, qui le soutenait discrètement.

En cette même année 1381 la plupart des maîtres et étudiants réclament la convocation d'un concile pour mettre fin au Schisme qui, depuis plus de deux ans, cause un tort considérable à l'Université. Pierre d'Ailly est choisi pour aller exposer cette revendication au jeune roi et à ses oncles. Peu après, il diffuse un mordant pamphlet, l'*Epistola Leviathan*, fustigeant tous ceux qui s'opposent à la tenue du concile. Or c'est précisément le cas de Louis d'Anjou, déjà fort irrité par la récente condamnation d'Aubriot. Pour échapper à la vindicte du régent, le nouveau maître en théologie doit chercher refuge à Noyon, où il vient de recevoir un canonicat.

Louis d'Anjou mort (1384), Pierre peut regagner Paris et est bientôt nommé Grand Maître du Collège de Navarre.

En 1385, il force à démissionner le chancelier de l'Université Jean Blanchart, qui avait entrepris de s'enrichir en faisant payer fort cher les diplômes qu'il était chargé de décerner au nom du pape.

Peu après, il triomphe d'un autre ennemi des universitaires parisiens, le dominicain aragonais Juan de Monzón, contempteur de l'Immaculée Conception. Exploitant à fond sa victoire, il persuade Charles VI de se séparer de son aumônier dominicain et obtient aussitôt sa place. Il devient ainsi un très puissant personnage, non seulement parce que toutes les fondations royales passent sous son contrôle, mais surtout parce qu'il peut exercer un grand ascendant sur le roi.

Clément VII, désireux de se concilier ses bonnes grâces, le nomme à la chancellerie de l'Université. Cette charge, bien qu'assez modeste, présente, en ces temps troublés, un réel intérêt stratégique ; il s'y fait donc très vite seconder par son disciple préféré, le jeune Jean Gerson*, afin de disposer, le moment venu, d'un successeur qui ait toute sa confiance.

Ce moment vient bientôt. Clément VII étant mort en septembre 1394, le nouveau pape d'Avignon, Benoît XIII (Pedro de Luna) comble de faveurs l'aumônier du roi. Dès l'année suivante, il le nomme évêque du Puy — où il ne se rendra jamais — et, en 1396, le transfère à Cambrai. Pierre d'Ailly devient ainsi évêque-comte et prince d'Empire. Sa nomination irrite fort le duc de Bourgogne qui, à ce fils de boucher, aurait préféré le noble Louis de La Trémoille ; ce n'est qu'au terme d'une longue lutte que le nouvel évêque parvient à s'imposer.

La soustraction d'obédience décidée en 1398 par les maîtres du jour, Philippe le Hardi et Jean de Berry, est un grave échec pour Louis d'Orléans, qui comptait sur Benoît XIII pour favoriser ses ambitions, mais aussi pour Pierre d'Ailly, que ses démêlés avec le duc de Bourgogne ont poussé dans le camp du frère du roi. L'évêque de Cambrai disparaît pour quelques années de la scène politique. Il se consacre à l'administration de son diocèse et à la rédaction de divers ouvrages.

En 1403, Louis d'Orléans, qui acquiert toujours plus d'influence, réussit à imposer la restitution de l'obédience du royaume au pape d'Avignon. Pierre d'Ailly est choisi comme ambassadeur pour aller porter à Benoît XIII le message du roi.

Ce succès sera de courte durée. Le nouveau duc de Bourgogne, Jean Sans Peur, après avoir fait assassiner son cousin Louis d'Orléans, dicte au malheureux Charles VI des décisions toutes différentes. Une nouvelle soustraction d'obédience est décrétée en mai 1408. Pierre d'Ailly doit se réfugier à Cambrai pour échapper à l'arrestation.

En 1409, déçu par l'attitude de Benoît XIII, l'évêque de Cambrai se rend au concile général convoqué à Pise à l'initiative de cardinaux des deux obédiences. Mais, au lieu de mettre fin au Schisme, cette assemblée ne réussit qu'à créer une trinité de papes : Alexandre V (mort peu après, et remplacé par Jean XXIII) vient s'ajouter à Grégoire XII et à Benoît XIII qui refusent tous deux de se plier aux décisions du concile.

Installé à Rome, Jean XXIII nomme en 1411 divers cardinaux parmi lesquels Pierre d'Ailly qui, en 1413, devient légat du pape en Allemagne. En cette qualité, il encourage Sigismond à pousser au rétablissement de l'unité de l'Église. Le Roi des Romains contraint Jean XXIII à convoquer un nouveau concile général qui s'ouvrira à Constance en novembre 1414.

N'éprouvant guère de reconnaissance et encore moins d'estime envers celui qui l'a fait cardinal, notre prélat ne s'oppose que très mollement à sa déposition (mai 1415) ; Grégoire XII abdique quelques semaines plus tard ; Benoît XIII ne sera déposé qu'en juillet 1417. En novembre de cette même année, le concile met fin au schisme en élisant à l'unanimité Othon Colonna (Martin V).

Pierre d'Ailly met bien plus d'ardeur à obtenir la condamnation de Jean Hus, dont la doctrine lui paraît menacer les fondements mêmes de l'Église comme de la société civile.

En avril 1418, il quitte Constance pour Avignon, où le nouveau pape l'a nommé son légat. C'est là que lui parvient la nouvelle des massacres perpétrés à Paris en mai et juin lors de la prise de la capitale par les Bourguignons ; plusieurs de ses amis ont péri, et la bibliothèque de son cher Collège de Navarre a été saccagée. Dès la fin de l'année 1419, il peut reprendre contact avec Gerson, réfugié à Lyon. Le 9 août 1420, il meurt en Avignon ; ses restes seront inhumés plus tard dans le tombeau qu'il s'est fait construire à la cathédrale de Cambrai.

Ce n'est que récemment que l'on a commencé à s'intéresser sérieusement à l'œuvre de Pierre d'Ailly, qui demeure en partie inédite ou n'est accessible que dans de très vieilles éditions. Cette œuvre considérable — quelque 170 ouvrages ou opuscules actuellement connus — a été, en effet, longtemps éclipsée par celle de son ami et ancien disciple Jean Gerson*, dont elle est loin d'avoir la puissante originalité. Elle n'en mérite pas moins d'être étudiée, dans la mesure où elle est représentative de certaines tendances de son temps et où elle a exercé une influence intellectuelle importante et durable, comme en témoignent les nombreuses éditions des XVe et XVIe siècles.

On a la chance de posséder des manuscrits autographes ou originaux de la plupart de ses écrits, parfois même en plusieurs exemplaires, ce qui rendra plus sûre la tâche des éditeurs.

Pierre d'Ailly était en effet un copiste très actif qui, dans la dernière partie de sa vie, s'exerça même à la calligraphie avec un certain talent. En outre, ses moyens lui permettaient non seulement de s'acheter beaucoup de livres, mais aussi d'entretenir un scriptorium personnel chargé de copier, bien sûr, ses propres ouvrages, mais aussi certains textes qu'il souhaite posséder, voire diffuser, comme par exemple les œuvres de Guillaume d'Auvergne*. Comme il ne subsiste aucun inventaire de sa bibliothèque, qui devait être l'une des plus riches librairies privées de son temps, il est impossible de savoir quelle proportion de l'ensemble représentent les quelque soixante-dix volumes identifiés à ce jour comme en provenant (les résultats de cette recherche n'ont pas encore été publiés). C'est de loin la bibliothèque municipale de Cambrai qui en conserve le plus grand nombre, mais on en trouve également à la Bibliothèque nationale, à la Mazarine et à l'Arsenal, provenant pour la plupart du Collège de Navarre.

Il a certes été lié d'amitié avec les principaux humanistes français de la première génération, Jean de Montreuil*, Nicolas de Clamanges*, Jean Gerson*, Gérard Machet, tous Navarristes comme lui, mais il est demeuré en marge de ce mouvement.

Comme Christophe Colomb possédait un exemplaire de son *Ymago Mundi*, Pierre d'Ailly a été parfois considéré comme un précurseur de la découverte de l'Amérique ; il ne s'agit en fait que d'une compilation qui n'apporte pas grand-chose de nouveau par rapport à Ptolémée ou Pomponius Mela ; on pourrait d'ailleurs en dire autant, *mutatis mutandis*, d'une quinzaine d'autres ouvrages cosmographiques, astronomiques ou astrologiques qu'il a composés. Il faut signaler à ce propos que, contrairement à son maître Nicole Oresme* et à son élève Jean Gerson, il était convaincu de l'influence des astres sur les destinées humaines ; l'interprétation de quelques passages obscurs de ses écrits astrologiques lui a valu d'être présenté par certains auteurs comme une sorte de prophète qui aurait prédit la Réforme de Luther ou la Révolution française.

Plus intéressantes sont ses œuvres logiques, philosophiques et théologiques (*Tractatus exponibilium, De insolubilibus, De anima, Super Sententias,* etc.) ; elles témoignent de la pénétration en France du nominalisme occamiste qui, en dépit de toutes les condamnations officielles, n'avait cessé de gagner du terrain à l'Université de Paris au cours de la seconde moitié du XIVe siècle.

Son œuvre ecclésiologique et politique, inséparable du contexte historique dans lequel elle a été rédigée, pose en principe la supériorité de l'Église universelle, représentée par le concile, sur le pape.

On possède également de Pierre d'Ailly des lettres et des sermons en latin et en français ; ces derniers ont fait l'objet d'une excellente édition. Il serait injuste d'omettre quelques œuvres en français : le *Livre du Rossignolet,* le *Jardin amoureux de l'Ame devote* (longtemps attribué à Gerson) et un petit poème, les *Contredits de Franc Gontier*, dont son ami Nicolas de Clamanges composa une paraphrase en hexamètres latins.

→ La liste des œuvres de Pierre d'Ailly donnée par L. Salembier, *Petrus de Alliaco* (Lille, 1886), p. XIII-XIX, n'est ni exhaustive ni établie de façon critique, mais elle n'a pas encore été remplacée. Pour les œuvres philosophiques (problèmes d'authenticité et de chronologie), on peut aujourd'hui se reporter à un art. de M. Chappuis, L. Kaczmarek et O. Pluta dans la *Freiburger Zeitschrift für Philosophie und Theologie,* t. 33 (1986), p. 593-615. — Seuls, jusqu'à ces dernières années, avaient fait l'objet d'éd. correctes l'*Imago mundi* (éd. B. Buron, 3 vol., Paris 1930), les sermons français contenus dans le ms. 574 de la Bibl. mun. de Cambrai (par E. Brayer, dans *Notices et Extraits des mss de la BN et autres bibliothèques,* t. 43, Paris 1965, p. 145-343), et les deux traités contre Jean Blanchart, *Radix omnium malorum* et *Super omina vincit Veritas* (éd. par Alan E. Bernstein en appendice à son ouvrage *Pierre d'Ailly and the Blanchard Affair,* Leyde 1978). D'autre part, au sujet des mss autographes du prélat, il faut signaler la repro. en fac-similé d'une sorte de carnet de notes : G. Ouy, *Le recueil épistolaire autographe de Pierre d'Ailly et les notes d'Italie de Jean de Montreuil* (*Umbrae Codicum Occidentalium*, vol. 9), Amsterdam, 1966. — Tout récemment, à l'initiative de O. Pluta de l'Univ. de Bochum, les premières éd. critiques (précédées d'importantes intro.) des *Opera philosophica et theologica* sont parues dans le cadre des *Bochumer Studien zur Philosophie :* le *Tractatus de anima* (éd. O. Pluta, Amsterdam, 1987), le *Tractatus super de Consolatione Philosophiae Boethii* (éd. M. Chappuis, Amsterdam, 1988) ; d'autres (*Conceptus, De insolubilibus, Tractatus exponibilium*) vont suivre très prochainement. Pour ce qui est des autres œuvres, mieux vaut se reporter aux mss, dont bon nombre sont autographes ou originaux, qu'à des éditions des XVe ou XVIe siècles. — Pour aborder l'étude du personnage, on n'avait longtemps disposé que de la vieille monographie de P. Tschackert, *Peter von Ailly* (Gotha, 1877, réimp. 1968) ou de la médiocre thèse latine de L. Salembier (Lille, 1886), meilleure cependant que le livre en français du même auteur, *Le cardinal Pierre d'Ailly* (Tourcoing, 1932). Mieux vaut désormais se reporter au long chapitre qui lui est consacré dans B. Guenée, *Entre l'Église et l'État : quatre vies de prélats français de la fin du Moyen Âge* (Paris, 1987), p. 125-299 et 461-477 (notes) qui comporte (p. 442-447) une très riche bibliogr.

G.O.

Pierre Alphonse. Voir : *Chastoiement d'un père à son fils.*

Pierre Auriol. L'on admet communément et à titre purement conjectural que ce franciscain de la province d'Aquitaine est né vers 1280, non loin de Gourdon dans le Quercy. C'est soit dans son pays natal, soit à l'Université de Toulouse, donc avant 1300, que, encore enfant, Pierre a connu un Cadurcin, Jacques Deuze, futur pape Jean XXII, à qui il allait plus tard dédicacer son *Commentaire des Sentences*. Il est peu probable qu'il ait étudié à Paris en 1304 ; il est en revanche sûr qu'il a effectué un séjour parisien avant 1312. Toutefois, durant l'année académique 1312-1313, Pierre est lecteur dans le *studium generale* de son ordre à Bologne, où il écrit son ouvrage philosophique, le *Tractatus de principiis*. À la fin de 1314, on le retrouve à Toulouse, où il prêche et prend part aux débats qui animent alors l'ordre franciscain, notamment la question de la pauvreté, ou à ceux qui opposent les franciscains aux dominicains, à savoir la question de l'Immaculée Conception. Pendant toutes ces années, il prépare son *Commentaire des Sentences*, objet de ses cours à Paris dans les années 1316-1318. Cette *lectura* à peine achevée, Jean XXII oblige le chancelier de l'Université de Paris à accorder la licence à Pierre Auriol. À l'automne de 1318, Auriol devient donc docteur en théologie et commence son enseignement en tant que maître régent à l'école franciscaine. À ce titre il a, en 1320, discuté son unique *Quodlibet*. Élu provincial d'Aquitaine à la fin de 1320, il n'a pas eu le temps de prendre sa nouvelle fonction car, en février de l'année suivante, le pape le nomma archevêque d'Aix. Il est décédé le 10 janvier 1322 en Avignon. Dix ans plus tard, l'ermite Thomas de Strasbourg critique à Paris son *socius* franciscain comme représentant de l'école de Pierre Auriol. En Angleterre, le Ier livre du *Commentaire des Sentences* d'Auriol est connu par Guillaume d'Ockham probablement dès avant l'automne 1318. Par la suite, ce *Commentaire* est cité et discuté par Walter Chatton dès sa première *lectura* (1321-1323), plus tard encore par Adam Wodeham. En fait, Pierre Auriol fait partie des plus grands philosophes et théologiens du XIVe siècle.

Personne, depuis le travail de Teetaert (*Dictionnaire de théologie catholique*, XII-2, 1935, col. 1810-1881), n'a étudié l'ensemble des problèmes posés par l'œuvre et la pensée de Pierre Auriol. Les travaux d'érudition récents ont permis toutefois de rejeter quelques ouvrages considérés aujourd'hui comme inauthentiques (*Quaestiones disputatae* et *Quaestiones super Metaphysicam*) ou comme douteux (*Postilla super Isaiam*), et d'en introduire de nouveaux, par exemple le *Commentarium in Ioannem* et la *Postilla in Apocalypsim*. Cependant, ces nouvelles attributions n'ont pas encore été suffisamment examinées. En fait, la recherche des manuscrits n'est pas systématique, puisqu'on n'envisage actuellement aucune édition complète des œuvres d'Auriol. Trois de ses ouvrages rédigés à Toulouse traitent la problématique discutée alors vivement dans les milieux franciscains. Ce sont les traités *De paupertate et usu paupere* (fin 1311-mai 1312 ; éd. dans *Firmamenta trium ordinum beati patris nostri Francisci,* Paris, 1511, f. 116-ra-119rb, *De conceptione b. Mariae Virginis*, fin 1314-début 1315 ; éd. Quaracchi, 1904, p. 23-

94) et *Repercussorium* (début 1315 ; éd. à la suite du précédent, p. 95-153). Partiellement polémique, ce dernier défend aussi bien la thèse immaculiste que le traité *De conceptione,* attaqué par un dominicain inconnu. À cette même période d'avant 1316 appartient le *De principiis physicis* (ou *De principiis naturae*, Bologne, 1312), inédit, qui examine en quatre livres le problème de l'hylémorphisme. Enfin, vers 1314, Auriol a rédigé son *Commentarium in Ioannem* (*Compendiosa expositio Evangelii Ioannis*). Le séjour parisien n'a pas été moins actif. Œuvre majeure d'Auriol, son *Commentaire des Sentences* (Rome, 1596-1605, 2 vol.) a une tradition manuscrite compliquée qui a amené les historiens à distinguer jusqu'à quatre rédactions. La situation du 1er livre semble toutefois plus claire : on ne distingue aujourd'hui que le *Scriptum* (le meilleur manuscrit étant celui de la Vaticane, Borghèse 329, partiellement édité par Buytaert : Prologue et dist. I-VIII, St. Bonaventure, 1953-1956, 2 vol.) et le *Commentum* ou *Reportatio* (le meilleur manuscrit étant 123 du même fonds). Le *Scriptum,* dont la copie citée fut terminée le 19 mai 1317, a été achevé à Toulouse probablement, bien avant les leçons effectives, alors que les reportations conservent les cours donnés à Paris. Les leçons de Bible données au cours de la régence de Paris, connues sous des titres variés de *Compendium Bibliorum, C. litteralis sensus totius Scripturae* etc., ont été de tous les écrits d'Auriol les plus souvent publiés (la dernière édition est celle de P. Seeboeck, Quaracchi, 1896). Le dernier ouvrage d'une importance certaine est le *Quodlibet* de la fin de 1320. Composé de seize questions, il a donné à son auteur l'occasion de critiquer Thomas d'Aquin*, Godefroy de Fontaines*, Jean Duns Scot, Hervé de Nédellec* et Thomas de Wilton. Il est édité à la suite du *Liber Sententiarum* de Pierre Lombard*, Rome, 1605. Cette longue liste est à compléter par la *Postilla in Apocalypsim*, déjà mentionnée, et par un grand nombre (cent quatre-vingt-quatorze) de sermons, dont les *Sermones de tempore* et *De sanctis*.

Les premières études modernes de la doctrine d'Auriol portaient sur son conceptualisme et sa théologie (prédestination et justification, les rapports entre son conceptualisme et sa théologie trinitaire). Aujourd'hui, les historiens s'intéressent davantage aux problèmes épistémologiques, tels que la connaissance intuitive, l'intuition du non-existant, la constitution d'un objet apparent, le concept de la science, etc. On a pratiquement abandonné l'examen de l'ancienne édition du *Commentaire des Sentences* pour se tourner vers les manuscrits.

→ P. Glorieux, *Répertoire des maîtres en théologie de Paris au XIIIe siècle*, II, Paris, 1934, n° 351 ; *La littérature quodlibétique,* I, Kain, 1925, p. 255-256 ; II, Paris, 1935, p. 218. — C.H. Lohr, *Medieval Latin Aristotle Commentaries* dans *Traditio,* t. 28 (1972), p. 346-347. — J.B. Schneyer, *Repertorium der lateinischen Sermones des Mittelalters für die Zeit von 1150-1350,* Münster, 1972 (*Beiträge zur Geschichte der Philosophie und Theologie des Mittelalters,* t. 43/4), p. 582-598. — Le choix de biblio. qui suit accorde une préférence aux études des textes et des manuscrits. F. Stegmüller, *Ein neuer Johanneskommentar des Petrus Aureoli* dans *Franziskanische Studien*, t. 33 (1951), p. 207-219. — F. Pelster, *Zur Überlieferung des Quodlibet und anderer Schriften des Petrus Aureoli* dans *Franciscan Studies* t. 14 (1954), p. 392-411 ; *Zur ersten Polemik gegen Aureoli : Raymundus Bequini O.P., seine Quästionen und sein Correctorium Petri Aureoli, ibid.*, t. 15 (1955), p. 30-47. — P.K. Brampton, *A Note on Auriol, Ockham ans MS. Borghese 329*, dans *Gregorianum* t. 41 (1960), p. 713-716. — S. Brown, *Avicenna and the Unity of the Concept of Being,* dans *Franciscan Studies,* t. 25 (1965), p. 117-150. — V. Heynck, *Die Kommentare des Petrus Aureoli zum dritten Sentenzenbuch*, dans *Franziskanische Studien,* t. 51 (1969), p. 1-77. — T. Suarez-Nani, « *Apparentia* » *und* « *Egressus* ». *Ein Versuch über den Geist als Bild des trinitarischen Gottes nach Petrus Aureoli*, dans *Philosophisches Jahrbuch,* t. 93 (1986), p. 39-60. — O. Grassi, *Intuizione e significato,* Milan, 1986. — K.H. Tachau, *Vision and Certitude in the Age of Ockham,* Leyde, 1988.

Z.K.

Pierre de Beauvais. Nous n'avons que très peu de renseignements sur Pierre de Beauvais, d'abord appelé Pierre le Picard. Ses ouvrages nous apprennent qu'il était probablement clerc, attaché à la maison de Dreux : à Philippe de Dreux, évêque de Beauvais, à son beau-frère Robert de Dreux et sa femme Yolande de Couci. Ses œuvres dénotent un intérêt particulier pour le Beauvaisis, où il se trouve en 1212. Il a résidé à Saint-Denis, où il a sans doute adapté la *Vie de saint Eustache** et le *Voyage de Charlemagne en Orient*. Ses œuvres — des traductions rédigées en vers ou en prose — s'échelonnent, semble-t-il, au cours des vingt premières années du XIIIe siècle, et s'apparentent à la littérature didactique, traitant de morale, de religion, de science ou d'histoire. Il nous en reste 24 mss, dont deux recueils, un complet et un sélectif. La langue des mss, dont la majorité est du XIIIe siècle, est francienne ou picardisante, montrant une diffusion assez bien localisée.

Parmi les œuvres en prose, signalons tout d'abord son *Bestiaire*, antérieur à 1206, qui présente l'originalité, outre le fait d'être écrit en prose, de subsister sous deux versions : une courte, de 38 chapitres, tirée du *Physiologus* (voir *Bestiaires*), dédiée au comte Robert de Dreux, et une longue, de 71 chapitres, postérieure, qui développe le texte de la première et y ajoute des articles nouveaux dont les sources sont mal déterminées. L'attribution de la version longue à Pierre n'est pas absolument sûre.

Toujours avant 1206, il adapta le *Voyage de Charlemagne en Orient*, traduit de l'*Iter Hierosolymitanum.* Pierre ne serait pas l'auteur de la version Johannès de la *Chronique du Pseudo-Turpin** insérée, avec de légers remaniements, à la suite de sa traduction de l'*Iter*, constituant ainsi un corpus des Voyages de Charlemagne en Orient et en Espagne. L'adaptation en français des livres II et III du *Liber sancti Jacobi*, la *Translation et Miracles de saint Jacques*, datée de 1212, remanie et condense en un texte plus cohérent le récit de la translation. L'*Olympiade* dresse une sorte de liste des treize prises de Jérusalem, de Nabuchodonosor à Saladin (1187). Un ms. (sur 12) est signé par Pierre, et le prologue est bien dans le style de celui-ci.

De diffusion plus restreinte, son œuvre poétique est néanmoins importante : la *Mappemonde* (954 vers), brève description du monde directement traduite de l'*Imago mundi* d'Honorius Augustodunensis*, est dédiée au comte Robert. Il en reste deux mss. Pierre s'étend particulièrement sur les merveilles d'Asie. Il semble qu'il ait cru traduire, d'après son prologue, non pas Honorius, mais Solin. À la fin du XIIIe siècle, Perrot de Garbelai* transposera, dans ses *Divisiones Mundi*, le poème de Pierre.

Les autres textes en vers sont d'inspiration religieuse : *Vie de saint Eustache* (1 726 vers, quatre mss) dérivant du texte latin commun à toutes les adaptations françaises ; *Vie de saint Germer* (874 vers, un ms.), consacrée au saint mérovingien fondateur de l'abbaye de Saint-Germer-de-Fly, dont le culte est localisé dans le Beauvaisis ; *Vie de saint Josse* (820 vers, un ms.), adaptation d'une vie latine composée par Florent, abbé de Saint-Josse-sur-Mer ; *Les trois séjours de l'homme et la vertu du psautier* (248 vers, un ms.), petit traité sur la récitation des psaumes qui font accéder à la béatitude éternelle, les trois « séjours » étant le monde, la tombe et le ciel (la source en est les *Dicta sancti Augustini,* insérés dans les *Enarrationes in psalmos* du XIIe siècle, jadis attribuées à Rémi d'Auxerre*) ; *La diète du corps et de l'âme* (220 vers, deux mss) développant le thème du Christ médecin ; *L'œuvre quotidienne* (120 vers, deux mss), dont l'attribution à Pierre de Beauvais est probable, est un petit traité sur la prière ; les *Trois Marie* (114 vers, un ms.), enfin, consacré à la légende des trois filles de sainte Anne.

ŒUVRE. — *Bestiaire* : Version courte : éd. G.R. Mermier, Paris, 1977 [doit être utilisée avec les corrections de C. Rebuffi, dans *Medioevo Romanzo*, t. 5 (1978), p. 34-65] ; version longue : éd. C. Cahier et A. Martin, dans *Mél. d'archéologie, d'histoire et de littérature,* Paris, t. 2 (1851), p. 85-100, 106-232 ; t. 3 (1853), p. 203-288 ; t. 4 (1856), p. 55-87. — Trad. G. Bianciotto, dans *Bestiaires du Moyen Âge*, Paris, 1980 (*Stock Plus*). — *Mappemonde* : éd. A. Angremy, dans *Romania*, t. 104 (1983), p. 316-350 et 457-498. — *Olympiade* : éd. M.L. Berkey, Jr., dans *Speculum*, t. 41 (1966), p. 505-515. — *Livre de saint Jacques* : éd. *id.*, dans *Romania*, t. 86 (1965), p. 77-103. — *Vie de saint Eustache* : éd. J.R. Fischer, dans *The Romanic Review*, t. 8 (1917), p. 1-67. — *Vie de saint Germer* : éd. Caix de Saint-Aymour, dans *Mémoires du comité archéo. de Senlis*, 3e série, t. 8 (1895), p. 45-80. — *Vie de saint Josse* : extraits publ. par P. Meyer, dans *Notices et extraits,* t. 33 (1889), p. 16 sqq. ; éd. P. Hänseler, Greifswald, 1915 (*Romanisches Museum,* 4). — *Voyage de Charlemagne en Orient* : éd. R.N. Walpole, dans *Semitic and Oriental Studies,* t. 11 (1951), p. 433-456.

→ P. Meyer, *Notice sur deux anciens mss... BN Moreau 1715-1716,* dans *Notices et extraits...*, t. 33 (1889), p. 9-48 ; dans *HLF*, t. 33, p. 38 ; t.34, p. 381-389. — C.-V. Langlois, *La vie en France au Moyen Âge,* Paris, 1927, p. 123 sqq. — G.L. Hamilton, *Encore un plagiat médiéval : La Mappemonde de Pierre de Beau-*

vais et les Divisiones mundi de Perot de Garbelai, dans *Mél. A. Jeanroy,* 1928, p. 627-638. — G. Cronin, *The Bestiary and the Mediaeval Mind. Some Complexities,* dans *Modern Language Quarterly,* t. 2 (1941), p. 191-198. — R.N. Walpole, *Two Notes on Charlemagne's Journey to the East, the French Translation of the Latin Legend by Pierre of Beauvais,* dans *Romance Philology,* t. 7 (1953-1954), p. 130-142. — W. Derks, *Pierre de Beauvais. La tradition de la Chronique du Pseudo-Turpin...,* Louvain, 1958. — A. Angremy, *Les œuvres poétiques de Pierre de Beauvais,* dans *Positions des thèses de l'École des Chartes,* 1962, p. 17-21. — Florence Mc Culloch, *Mediaeval Latin and French Bestiaries,* Chapel Hill, 1962, p. 62-69, 3e éd. 1970 (*North Carolina Studies in the Romance Languages and Literatures,* 33). — M.L. Berkey, *Pierre de Beauvais : an Introduction to his Works,* dans *Romance Philology,* t. 18 (1965), p. 387-398. — G.R. Mermier, *De Pierre de Beauvais et particulièrement de son Bestiaire. Vers une solution des problèmes,* dans *Romanische Forschungen* t. 78 (1966), p. 338-371. — C. Rebuffi, *Studi sulla tradizione del Bestiaire di Pierre de Beauvais,* dans *Medioevo Romanzo,* t. 3 (1976), p. 165-194. — R.L.H. Lops, *La Huppe : histoire littéraire et légendaire d'un oiseau,* dans *Mél. J.R. Smeets,* Leyde, 1982, p. 171-185. — Cf. *GRLMA,* t. VI/2, nos 2248, 2396, 2400, 3688, 4228 ; t. VI/1, p. 62, 73, 134, 176. — *MB* nos 2866-2868, 2880, 3259, 3325 ; *S* 5347, 5349, 5356-5359, 6217 ; 6237. C.R.

Pierre de Beauvau. Voir : Louis de Beauvau.

Pierre Bersuire. Il naquit vraisemblablement à la fin du XIIIe siècle à Saint-Pierre-du-Chemin, en Vendée. On ne sait quelles études il poursuivit ni quels grades il obtint. Une partie de sa jeunesse s'écoula en Poitou. Après avoir fait profession dans l'ordre des frères mineurs, il entra chez les bénédictins. C'est pendant le long séjour qu'il fit à la cour pontificale d'Avignon (vers 1320-1350), sous la protection du cardinal Pierre des Prés, qu'il composa ses principaux ouvrages, profitant des ressources intellectuelles que lui offraient la Bibliothèque pontificale et celle de son protecteur. Il y côtoya de nombreux savants et lettrés, comme Thomas Waleys sans doute, et se lia d'amitié avec Pétrarque*, qu'il rencontra en Avignon ou à Vaucluse, à partir de 1338 ; il devait le revoir plus tard, en 1361, à Paris, lorsque celui-ci, mandaté par Galéas Visconti, rapportera au roi Jean le Bon un anneau qu'il avait perdu à la bataille de Poitiers ; ce fut l'occasion de longues conversations. Pierre Bersuire fut pourvu, tout au long de sa vie, de divers bénéfices. Vers 1350, il quitta Avignon pour Paris, vraisemblablement pour y suivre les cours de la Faculté de théologie. Son office de chambrier de l'abbaye Notre-Dame de Coulombs (diocèse de Chartres) lui valut alors quelques démêlés avec son abbé, et une accusation d'hérésie pour laquelle il fut emprisonné dans la Chambre du secret du Palais royal. Blanchi de ces accusations, il devint, en 1354, prieur de l'abbaye Saint-Eloi de Paris. Il mourut avant la fin de l'année 1362.

Bersuire a laissé une œuvre importante et en grande partie originale. En 1359, dans une sorte de postface à un de ses ouvrages, il énumère cinq œuvres qu'il reconnaît pour siennes : le *Reductorium morale,* le *Repertorium*, le *Breviarium*, une traduction de Tite-Live en français, une *Cosmographia seu mundi mappa.* Leur chronologie détaillée est difficile à établir, car Bersuire remaniait, semble-t-il, souvent ses œuvres. On n'a pas retrouvé la *Cosmographia.*

L'œuvre latine est constituée d'un ensemble de trois ouvrages, *Reductorium, Repertorium* et *Breviarium* (dont deux particulièrement volumineux), destiné à fournir au prédicateur un matériel de référence pour son enseignement. Il est basé sur un commentaire suivi de la Bible, et tient à la fois de l'encyclopédie et du répertoire de théologie morale. Le *Reductorium morale* (rédigé vers 1320-1350) comporte seize livres sous sa forme définitive. Les treize premiers livres (achevés vers 1340-1341) sont une encyclopédie moralisée du monde et de la nature des choses. Chacun des éléments est ramené (*reductio*) à son interprétation morale, selon une méthode répétitive : 1) définition du caractère du sujet ; 2) ce qu'il peut représenter pour le chrétien du point de vue de la morale et de la foi ; 3) citation de textes sacrés. Le plan et la matière de l'œuvre sont empruntés au *De natura rerum* de Barthélemy l'Anglais*, la moralisation à une *Moralisatio* de ce même ouvrage par un frère mineur. Cette première partie n'eut pas beaucoup de succès. On n'en connaît qu'un exemplaire complet. Les trois derniers livres, qui ne faisaient pas partie du plan primitif, ont connu chacun une existence indépendante.

Le livre XIV, *De mirabilibus mundi* (achevé entre 1343-1345), est une moralisation des merveilles du monde. Il fourmille de renseignements sur les régions que Bersuire connaît bien, en particulier le Poitou : première attestation de la légende de Mélusine, notations sur les oiseaux du marais poitevin. Le livre XV, *De Fabulis poetarum* ou *Ovidius moralizatus*, se veut une interprétation morale des fables des poètes, sous la forme d'un commentaire suivi des quinze livres des *Métamorphoses* d'Ovide*. Il est précédé d'une introduction *De forma et figuris deorum,* sur les dieux et leurs attributs, qui fit le succès de l'œuvre, et pour lequel Pétrarque lui avait prêté son *Africa.* Débarrassé de ses moralisations, il sera à l'origine d'un *Libellus de imaginibus deorum* (deuxième moitié du XIVe) qui connut un grand succès. Bersuire s'était aidé d'un *Ovide moralisé** en vers français et du *Fulgentius Metaforalis* de John Ridewall. L'*Ovidius moralizatus* eut au moins deux rédactions. On en a recensé une soixantaine de mss. Le livre XVI, *Super totam Bibliam,* est une moralisation des passages les plus connus de la Bible. Le *Repertorium morale* (rédigé entre 1335/1337 — 1340-1342) est un recueil alphabétique de plusieurs milliers de mots latins de toute nature (noms propres, noms communs, verbes, adverbes etc.) pris dans la Bible et commentés dans le même esprit que le *Reductorium.* Il s'appuie sur une parfaite connaissance de la Bible, que Bersuire assure avoir étudié quatre fois en entier, et sur des concordances bibliques. Le *Breviarium morale* ou *Directorium* est vraisemblablement une introduction à l'ensemble, une sorte de recueil de thèmes et d'autorités. On n'en a retrouvé, semble-t-il, qu'un fragment.

Entre 1354 et 1356, Bersuire traduisit, à la demande de Jean le Bon, les trois *Décades* (I, III et IV) alors connues de Tite-Live. Pour ce faire, il s'aida du commentaire sur les *Décades* (I et III) que le dominicain anglais Nicolas Trevet* avait rédigé à la demande du pape Jean XXII (vers 1316-1328). Bersuire fit précéder sa traduction d'un glossaire commentant certains mots du vocabulaire technique ou institutionnel de l'Antiquité romaine. L'ouvrage connut un grand succès. On en a recensé plus de 60 mss. On le trouvait dans toutes les grandes bibliothèques princières. On en connaît un remaniement dû vraisemblablement à Laurent de Premierfait*, au moment où celui-ci rédigeait sa seconde version de la traduction du *De casibus.* Source essentielle de la connaissance de l'histoire romaine à la fin du Moyen Âge, cette traduction sera très largement utilisée dans les compilations à caractère historique de la seconde moitié du XVe siècle, comme les *Histoires* de Jean Mansel* ou le *Compendium historial* d'Henri Romain*. Elle donnera également naissance à une version catalane et à une version castillane. Elle sera encore utilisée au XVIe siècle par John Bellenden pour sa traduction anglaise de Tite-Live (1533).

Pétrarque admirait Bersuire, le qualifiant de *vir insignis pietate et litteris.*

ŒUVRES. — Se reporter aux indications données par C. Samaran et J. Monfrin, *infra* ; en outre *Reductorium morale, Liber XV, Ovidius moralizatus,* éd. J. Engels, Ütrecht, 1960 et 1962 [d'après l'éd. imprimée de 1509].

→ F. Ghisalberti, *L'Ovidius moralizatus di P. Bersuire,* Rome, 1933. — K.V. Sinclair, *The Melbourne Livy,* Melbourne, 1961. — C. Samaran et J. Monfrin, *Pierre Bersuire prieur de Saint-Eloi de Paris (1290 ?-1362),* dans *HLF,* t. 39 (1962), p. 258-450 [fondamental ; liste des mss et des imprimés]. — J. Rychner, *Observations sur la traduction de Tite-Live,* dans *Journal des savants* (1963), p. 242-267. — J. Engels, *Berchoriana I : Notice bibliographique,* dans *Vivarium,* t. 2 (1964), p. 62-124 [bibliogr. commentée de l'œuvre de Bersuire] ; *II : Les pseudo-Bersuires, ibid.,* t. 3 (1965), p. 128-148 ; *La lettre-dédicace à Pierre des Prés, ibid.,* t. 7 (1969), p. 62-72 ; *L'édition critique de l'Ovidius moralizatus, ibid.,* t. 9 (1971), p. 19-24. — M.S. Van der Bijl, *Berchoriana : la collatio pro fine operis, ibid.,* t. 3 (1965), p. 149-170 ; *Ovidius moralizatus, cap. ii, ibid.,* t. 9 (1971), p. 25-48 ; *Petrus Berchorius, Bersuire redivivus : les sermons, ibid.,* t. 22 (1984), p. 113-121. — M.-H. Tesnière, *Le livre IX des Décades de Tite-Live traduites par Pierre Bersuire, suivi du commentaire de Nicolas Trivet. Édition critique,* dans *Positions des Thèses de l'École des Chartes,* 1977, p. 143-148 ; *Un remaniement du Tite-Live de Pierre Bersuire par Laurent de Premierfait (ms. Paris, BN, fr. 264-265-266),* dans *Romania,* t. 107 (1986), p. 238, 241, 243, 253, 261. — Cf. *MB* n° 5949-5954, 7102-7104, 8061-8063 ; *S* 7519-7523, 8509-8524 *bis.* — *GRLMA,* t. VIII/1, p. 238, 241, 243, 253, 261. M.H.T.

Pierre de Blois. Né vers 1130-1135, issu d'une famille de petite noblesse bretonne établie à Blois, il étudie à Tours et Orléans (lettres), Bologne (droit) et Paris (théologie). En 1166, il fait partie de l'équipe envoyée en Sicile à l'appel de la régente Marguerite ; il se voit confier l'instruction du jeune Guillaume II (1166-1189) et la garde du sceau royal. À la suite d'intrigues politiques qui chassent ou mettent à mort les Français, il quitte la Sicile deux ans plus tard et reprend son enseignement. En 1172, il entre au service de l'archevêque de Rouen, Rotrou de Warwick. Dès 1173, il accompagne son archevêque et l'évêque Arnoul de Lisieux* envoyés par Henri II en mission diplomatique auprès du roi de France. Vers 1174, il se rend en Angleterre et devient chancelier de l'archevêque de Canterbury, Richard († 1184), dont il défend les intérêts à Rome et à la cour anglaise. Il est engagé dans des tâches administratives et chargé de la correspondance officielle. Ses tentatives pour retourner en France comme prévôt de Chartres ayant échoué, il continue sa carrière en Angleterre. En 1183, il est promu archidiacre de Bath. Il est possible que le roi lui ait proposé un poste dans sa chancellerie, car son nom apparaît sur des documents ; mais il reste à la disposition du siège de Canterbury, qui l'envoie en mission auprès du Saint-Siège (1187). Il est probable qu'il a quitté le service royal avant la mort du roi (1189). Il apparaît cependant encore lié à la cour, puisqu'il signe une charte de la reine Aliénor. En 1190, il suit l'archevêque Baudouin en Terre sainte. À son retour, il travaille pour une foule de gens, parmi lesquels la reine et l'archevêque Geoffroi d'York. Après le départ d'Aliénor pour Fontevrault, on le retrouve à Canterbury auprès du nouvel archevêque, Hubert Gautier, qui le fait participer, en 1195, aux négociations de paix entre Français et Anglais. Pierre aurait bien voulu rentrer en France, mais n'obtient pas d'Eudes de Sully, évêque de Paris, les libéralités qu'il sollicitait. Il se consacre dès lors entièrement à la théologie, se détournant de la vie politique, de la vie du siècle, et se fait ordonner prêtre, à l'âge de soixante-dix ans environ. Vers 1206, il résigne, ou perd, son archidiaconat de Bath et obtient une prébende à Londres. Il s'occupe désormais d'instruction pastorale et joue le rôle de conseiller théologique du clergé anglais, tout en luttant contre ceux qui avaient détourné à leur profit les revenus qui lui avaient été attribués. Il meurt en 1211 ou 1212.

Pendant plus de trente ans, Pierre de Blois fut employé en service de cour, auprès des prélats, des princes et des rois. Excellent poète et brillant *dictator,* en contact permanent avec les hommes importants de son temps, il avait tous les atouts pour occuper un rang élevé dans la société de son temps. S'il n'a pas réussi une belle carrière, ce fut en raison de son manque de souplesse, de son honnêteté et de son hésitation entre l'engagement dans le monde et le refus de ce monde. Ce fut par ailleurs un censeur impitoyable au franc-parler redoutable. Plein d'admiration pour Henri II, qu'il considérait comme un nouveau Charlemagne et auquel il consacra un ouvrage, *De praestigiis fortunae,* aujourd'hui perdu, il n'hésita pas à critiquer sévèrement le roi, sa famille et sa cour.

Pierre de Blois a laissé une copieuse œuvre littéraire et théologique, transmise en plus de 500 mss, dont une grande partie est consacrée à sa correspondance. Dès 1183, en effet, à la demande du roi Henri, il a constitué une première collection de ses lettres, qui rassemblait 95 missives, et qu'il a ensuite reprise, modifiée, augmentée à plusieurs reprises. Un certain nombre de lettres datant de la fin de sa vie sont encore inédites. Dans sa collection, il a inséré toutes les lettres d'intérêt personnel, écartant celles qui avaient trait à des matières politiques et surtout financières. Il a voulu dire tout ce qui le concernait, sa famille, son éducation, les aléas de sa carrière, les choix qu'il a faits, ses maladies, ses crises spirituelles. La collection poursuit un but moral, celui d'aider le lecteur à bien conduire sa vie, chaque lettre s'adressant, au-delà de son destinataire réel, à un public plus large. É. Cardwell a montré que le succès de cette collection, qu'atteste le très grand nombre de manuscrits (surtout du XVe siècle), vient des idées spirituelles qui animent les lettres, comme de leur style accompli.

La lumière n'a pas encore été faite sur l'authenticité de tous les écrits de Pierre de Blois, d'autant plus qu'une partie a été écrite au nom des personnages dont il était le secrétaire. C'est le cas, par exemple, outre un grand nombre de lettres, de l'*Instructio fidei catholicae,* composée au nom d'Alexandre III à l'intention du sultan d'Ikonium qui songeait à se convertir au christianisme. On peut lui attribuer avec certitude : 1. Un *De transfiguratione Domini*, sermon sous forme d'un commentaire d'un passage de saint Matthieu ; 2. Un *De conversione s. Pauli*, autre sermon sur un passage des *Actes des apôtres* ; 3. Un *Compendium in Job* ; brève exégèse d'une partie du livre de Job, composée à la demande du roi vers 1175. Sur le modèle des *Moralia in Job* de saint Grégoire* et avec de continuelles références à l'Ancien et au Nouveau Testament, à l'œuvre de saint Ambroise, saint Jérôme, saint Augustin, Bède*, Raban Maur*, saint Bernard*, Jean de Salisbury*, Pierre le Chantre* et Geoffroi de Monmouth*, Pierre illustre rapidement le texte biblique en donnant une série d'explications religieuses, de leçons morales et d'avertissements salutaires sur la vanité des richesses terrestres, l'inconstance de la fortune et la force de la résignation humaine. Il n'y a là rien de bien neuf, mais l'argumentation est assez personnelle. La petite œuvre de Pierre de Blois a connu une large fortune, comme en témoignent les 150 mss, plus ou moins complets, qui ont été copiés jusqu'au XVIIe siècle, et la traduction-adaptation en français teinté de picardisme faite au début du XIVe siècle par un versificateur peut-être tournaisien. Intitulée l'*Hystore Job* et composée de 3 336 vers octosyllabiques, elle est conservée dans un ms. unique, qui n'a gardé ni le prologue ni le nom de Pierre de Blois. Malgré quantité de vers répétitifs, le poème ne manque ni de fantaisie ni de vivacité d'expression. Son auteur se montre sensible au fait concret, palpable, il ancre dans la réalité quotidienne chaque élément, même abstrait, du texte latin ; 4. Un *Libellus de arte dictandi rhetorice*, manuel de rhétorique, rassemblant des extraits de tous les textes sur l'art de composer en prose que pouvait se procurer un professeur français de la fin du XIIe siècle. Bien que l'unique ms. tardif (XIVe) qui l'a transmis porte le nom de Pierre de Blois et donne une date de composition comprise entre 1181 et 1185, l'attribution est contestée par la critique récente ; 5. Deux œuvres de Pierre de Blois ont pour thème l'urgence du secours à la Terre sainte. Ce sont le *Dialogus inter regem Henricum secundum et abbatem Bonnevallis* suivi de la *Conquestio de dilatione vie Ierosolimitane* (en deux parties dans l'éd. Migne), et la *Passio Raginaldi principis Antiochiae* suivie de l'*Exhortatio ad eos qui nec accipiunt nec predicant crucem*. Dans la première œuvre (1188-1189), le roi est invité, pour calmer sa colère contre ses fils rebelles, à trouver la consolation dans la prière et à prendre part à la libération de la Terre sainte, ce dont il se montre très désireux. Suit une longue lamentation sur la chute de Jérusalem et la négligence de l'Occident, accompagnée d'une critique de l'empereur et du roi de France qui, en dépit de leurs vœux, tardent à remplir leur devoir de croisés. La deuxième œuvre a été écrite un peu avant (décembre 1187-janvier 1188). C'est alors qu'il se trouvait à la cour papale que Pierre a appris les nouvelles dramatiques de la défaite de Hattin et de la mort de Renaud de Châtillon : il présente ce dernier comme un martyr de la Chrétienté tué par Saladin de façon atroce. Puis il s'adresse à un prélat, sans doute l'archevêque de Canterbury Baudouin au service duquel il était, pour le presser de prêcher la croisade. L'exhortation de Pierre n'aura aucun impact. Lorsqu'il regagne l'Angleterre, le roi est mort, Giraud de Barri a remplacé Pierre auprès de Baudouin, qui a pris la croix. Pierre le suivra en 1190 ; mais l'archevêque meurt six semaines après. La seule partie de ces traités à avoir connu le succès est la lamentation qui suit le dialogue entre le roi et l'abbé, souvent appelée *Tractatus de Ierosolimitana peregrinatione* ou encore *Conquestio nimis dilatione Ierosolimitani itineris*. Le *Dialogue*, par contre, a été complètement négligé du fait de la mort du roi ; 6. Un *De confessione sacramentali*, dédié à un prélat anonyme ; 7. Un *De Poenitentia vel satisfactione a sacerdote injungenda*, complément du précédent ; 8. Une *Vita s. Guthlaci anachoretae et confessoris*, écrite en 1196 à l'occasion du second transfert des reliques de cet ermite mort en 715, patron de l'abbaye bénédictine de Crowland, pour son abbé Henri de Longchamp ; 9. Un *Contra perfidiam Judaeorum*, citations bibliques et arguments alimentant la controverse avec un juif ; 10. Un *De testimoniis fidei*, vue d'ensemble sur les hérésies depuis les origines du christianisme ; 11. Un *De institu-*

tione episcopi, traité sur les devoirs de l'évêque, dédié à Jean de Coutances, évêque de Worcester ; 12. Une *Invectiva in depravatorem operum,* défense contre un chanoine régulier qui avait attaqué les œuvres théologiques de Pierre ; 13. Un *De amicitia christiana et de dilectione Dei ac proximi :* longtemps attribué à Cassiodore, ce double traité est dédié à Guillaume de Sainte-Mère-Église, évêque de Londres, et dépend étroitement du *De amicitia spirituali* et du *Speculum caritatis* d'Aelred de Rievaulx*. S'y mêlent deux courants de pensée, l'un, humaniste, qui remonte à l'Antiquité, l'autre qui se nourrit d'éléments chrétiens ; 14. Des *Sermons*, la plupart d'entre eux datant du temps où Pierre était archidiacre.

L'œuvre poétique de Pierre, encore mal connue, fait de lui, aux côtés de son ami Gautier de Châtillon*, un des plus éminents poètes lyriques de la fin du XIIe siècle. Outre les deux pièces qu'on lui connaissait, on ne lui attribue pas moins de 52 chansons anonymes en latin, chansons d'amour, chansons morales et satiriques, chansons historiques. À la fin de sa vie, il condamnera ses activités de poète. Quelques vers en français seraient peut-être de lui, mais il ne faut pas oublier l'existence de son homonyme Pierre de Blois, qui fut chanoine de l'église de Chartres et son correspondant (lettres 75 et 76), auteur également d'un traité de droit canon.

On lui a attribué à tort plusieurs ouvrages qui figurent dans les mss ou les éditions sous son nom, le *De eucharistiae mysteriis,* œuvre de Pierre le Peintre* ; un *De fide ;* un *De poenitentia*, poème apocryphe ; le *Quales sunt*, qui est peut-être l'œuvre de Guillaume, prieur de Grandmont (1170-1188) ; le *Remediarum conversorum*, commentaire de Job, qui doit être restitué à Pierre de Waltham, archidiacre de Londres (vers 1190-1196) ; une *Continuatio Historiae Croylandensis Ps. Ingulphi,* faux du XVIe siècle, issu de l'abbaye de Croyland ; le *De duodecim utilitatibus tribulationis* ou *tribulationum*, qui a été aussi imputé à l'ermite et mystique anglais, Richard Rolle (1300-1349). Ce traité, qui propose 12 réponses élémentaires au problème du mal, existe sous deux formes, une rédaction longue (au moins 20 mss) et une rédaction courte issue de la première (au moins huit mss, plus deux contenant une version légèrement remaniée). Le texte est anonyme, si ce n'est qu'un ms. de la version courte remaniée et deux extraits l'attribuent à Pierre de Blois. Il existe aussi plusieurs versions en français, connues sous différents titres (*Douze services, Douze fleurs ou Douze profits de tribulacion, Livre de/des tribulacions*), qui furent populaires et dont on connaît plus de 20 mss (le plus ancien date d'avant 1270). Cette œuvre a beaucoup de points communs avec la *Summa de viciis et virtutibus* de Guillaume Peyraut*, mais on ne peut pas dire quel texte a précédé l'autre. Étant donné la date tardive des mss de la version longue latine (un seul ms. de la fin du XIIIe, les autres du XVe ou du XVIe), il est également possible que le texte français ait été traduit en latin et non l'inverse. La version courte du traité latin a circulé en Angleterre où elle a été traduite. Le texte français du *Livre de tribulacion* a aussi été traduit en Angleterre à deux reprises, à la fin du XIVe ou au début du XVe siècle, sous les titres de *Book of tribulation* et *Sermon of Tribulation*. Le succès de l'œuvre vient de ce qu'elle s'adresse aussi bien aux clercs qu'aux laïcs, aux hommes qu'aux femmes, aux riches qu'aux pauvres, aux puissants qu'aux faibles, les tribulations étant définies en termes vagues : pertes de prospérité, mort des parents.

Si, en tant qu'auteur spirituel, Pierre de Blois n'a pas eu beaucoup de lecteurs au Moyen Âge, il a, par contre, été beaucoup lu et recopié comme satiriste et moraliste. Mais il lui a été souvent fait reproche d'être un plagiaire et un compilateur peu original. Dans une lettre adressée à Réginald, évêque de Bath, il se défend de ces accusations en se comparant à une abeille qui butine çà et là pour faire son miel. Des études récentes ont mis l'accent sur la richesse de sa documentation, la valeur de sa pensée et le talent de son œuvre poétique.

ŒUVRES. — Éd. d'ensemble : J.A. Giles, t. 1-3, Oxford, 1846-1847 ; t. 4, Londres, 1847 [inexacte et non critique] ; reprise par Migne, *PL*, t. 207 [ajoute de nombreuses notes tirées de l'éd. P. de Goussainville, Paris, 1667, éd. non exhaustive dont les attributions sont parfois erronées]. — *Compendium in Job,* éd. du texte latin et du texte français en regard, J. Gildea, 2 vol., Liège, 1974-1979. — *De amicitia christiana et de dilectione Dei et proximi,* éd. et trad.

française M.M. Davy, *Un traité de l'amour au* XII*e siècle. Pierre de Blois*, Paris, 1932. — *Dialogus inter regem Henricum II et abbatem Bonevallis,* éd. R.B.C. Huygens, dans *Revue Bénédictine,* t. 68 (1958), p. 87-112. — *Libellus de arte dictandi rhetorice,* éd. partielle, T. Janson, *Prose Rythm in Medieval Latin from the* IX*th to the* XIII*th Century,* dans *Acta Universitatis, Stockolmiensis* (*Studia latina Stockolmiensis,* 20), 1975, p. 120-121. — *Carmina*, éd. partielle, P. Dronke, *Peter of Blois and Poetry at the Court of Henry II,* dans *Mediaeval Studies,* t. 38 (1976), p. 185-235 [liste de 52 poèmes que Dronke attribue à P. de B. et éd. de cinq d'entre eux] ; éd. partielle J. Mc Donough, *The Oxford Poems of Hugh Primas and the Arundel Lyrics edited from Bodleian Library Ms. Rawlinson G. 109 and British Library Ms. Arundel 384* (*Toronto Mediaeval Latin Texts,* 15), Toronto —, Leyde, 1984 [éd. de 19 poèmes] ; éd. de quelques poèmes avec trad. française dans P. Bourgain, *Poésie lyrique latine du Moyen Âge,* Paris, 1989 (*Bibl. médiévale*, 2009). — *Vita s. Guthlaci*, éd. C. Horstmann, dans *Nova legenda Anglie,* Oxford, 1901, t. 2, p. 698-719. — *Vita Wilfridi,* éd. d'un extrait : Leland dans *Monasticon Anglic.,* 2e éd., t. 2, 1819, p. 133. — *Livre de tribulacion,* éd. de la trad. en moyen-anglais avec le texte français en bas de page, A. Barratt, *The Book of Tribulation*, Heidelberg, 1983 (*Middle English Texts).* — Peter of Waltham, *Remediarum conversorum,* éd. J. Gildea, Villanova Univ. Press, 1984.

→ R.W Southern, *Some New Letters of Peter of Blois,* dans *English Historical Review*, t. 53 (1938), p. 412-424 [a retrouvé quelque 60 lettres] ; *Medieval Humanism and Other Studies,* Oxford, 1970 [cf. p. 105-132 : *Peter of Blois, a Twelfth Century Humanist ?*] ; *Peter of Blois and the Third Crusade*, dans *Mél. Davis,* 1985, p. 207-218. — E. Cardwell Higonnet, *Spiritual Ideas in the Letters of Peter of Blois,* dans *Speculum*, t. 50 (1975), p. 218-244. — A. Dalzell, *The Forma dictandi Attributed to Albert of Morra and Related Textes,* dans *Mediaeval Studies,* t. 39 (1977), p. 440-465. - E. Türck, *Nugae curialium. Le règne d'Henri II Plantagenêt (1145-1189) et l'éthique politique,* Genève, 1977 (*Hautes Études médiévales et modernes,* 28), p. 133-142. — L.L. Besserman, *The Legend of Job in the Middle Ages,* Harvard Univ. Press, 1979 [le *Compendium* et l'*Hystore Job* sont, de façon regrettable, seulement cités en note, sans aucune discussion]. — R. Köhn, *Militia curialis. Die Kritik am geistlichen Hofdienst bei Peter von Blois und in der lateinischen Literatur des* IX-XII *Jhts,* dans *Soziale Ordnungen im Selbstverständnis des Mittelalters*, Berlin, 1979-1980 (*Miscellanae Mediaevalia,* 12), p. 227-257. — A.M. Musumeci, *I poveri e la poverta nel pensiero e nell'opera di Pietro di Blois,* dans *Quaderni Catanesi di Studi classici e medievali,* 1980, p. 325-371 ; *Le lettere CCXIX e CCXX di Pietro di Blois. Alcune riflessioni sulla « svolta » nei rapporti tra Chiesa gerarchica e movimento religioso, ibid.,* 1984, p. 407-433. — M. Camargo, *The Libellus De arte dictandi rhetorice Attributed to Peter of Blois,* dans *Speculum*, t. 59 (1984), p. 16-41. — G.M. Cantarella, *La Sicilia e i Normanni. Le fonti del mito,* Bologne, 1989. — Cf. R. Koehn dans DS, t. XII, col. 1510-1517. — *MB* nos 2379, 6590 ; *S* 5586-5589.

G.T.L.

Pierre de Ceffons (milieu du XIVe siècle). Moine cistercien, profès de Clairvaux, il lit les *Sentences* au Collège Saint-Bernard de Paris pendant l'année 1348-1349, au plus fort de la Peste noire, et compose plusieurs écrits de circonstance, de caractère surtout polémique. Vers 1353, il fait mettre au net sa *lectura*, qu'il dédie à son protecteur Bernard de Laon, abbé de Clairvaux. On perd ensuite sa trace.

Pierre de Ceffons est avant tout l'auteur d'un pamphlet anonyme, l'*Epistola Luciferi* (1352), sorte de « lettre ouverte » du diable au clergé, où, sur un ton sardonique, le prince des ténèbres félicite les princes de l'Église de leurs vices : orgueil, cupidité, fourberie, luxure et simonie. Cette œuvre, qui, sous des dehors parodiques, traduit une indignation sincère, se situe dans une tradition littéraire continue et a rencontré un vif succès aux XIVe et XVe siècles. On en connaît en France deux éditions incunables. Une version amplifiée, émanant des milieux érudits d'inspiration évangélique, a été imprimée à Paris en 1521. En Allemagne, ce texte fut annexé par la propagande luthérienne et Flaccius Illyricus en attribua la paternité à Nicole Oresme*.

L'*Epistola Luciferi* n'est que la première partie d'une trilogie, qui comprend une « lettre du Christ aux prélats » (1353), divisée en cent chapitres (*Epistola Jesu Christi* ou *Centilogium*), où Pierre de Ceffons expose son idéal d'humanisme chrétien, et un *Parvum decretum de potestate papae,* où il discute les prétentions des curialistes. Quelques années plus tôt (1348), Pierre de Ceffons avait déjà défendu les droits de la conscience, en s'opposant violemment à une décision du chapitre général (1348) qui obligeait tous les religieux de l'ordre à réitérer à leur abbé les confessions déjà faites auprès d'autres prêtres.

Quant à sa monumentale lecture des *Sentences*, transmise par un manuscrit unique provenant de Clairvaux (Troyes,

Bibl. mun. 62) et encore à peine explorée, elle apparaît de plus en plus comme un témoin privilégié des discussions qui avaient cours à l'Université de Paris après l'invasion des « subtilités anglaises ». Pierre de Ceffons y fait preuve à la fois d'érudition littéraire et de curiosité scientifique. Il connaît les œuvres des logiciens et des *calculatores* d'Oxford, a lu le *De causa Dei* de Thomas Bradwardine, et s'élève ironiquement contre l'atmosphère de suspicion qui règne à Paris depuis la condamnation de son confrère Jean de Mirecourt* en 1347. Son nonconformisme et son acuité intellectuelle font ainsi de Pierre de Ceffons l'un des écrivains latins les plus originaux du milieu du XIVe siècle.

→ Sur l'*Epistola Luciferi,* voir G. Zippel, *La lettera del diavolo al clero, dal sec. XIIe alla Riforma,* dans *Bull. dell'Istituto storico ital. per il medio evo,* t. 70 (1958), p. 125-179 (texte de l'*Epistola,* p. 163-166). — B. Moreau, *Une impression clandestine à Paris au temps du concile de Sens, l'Epistola Luciferi,* dans *Le livre dans l'Europe de la Renaissance, Actes du 28e colloque international d'études humanistes de Tours*, Paris, 1989, p. 343-360.

Sur l'ensemble de l'œuvre, D. Trapp, *Peter Ceffons of Clairvaux*, dans *RTAM*, t. 24 (1957), p. 101-153 ; éd. de l'*Epistola introductoria* à sa lecture des Sentences, p. 128-153 ; *A Round-Table Discussion of a Parisian O. Cist. Team and OESA-Team about AD 1350, ibid.*, t. 51 (1984), p. 206-222. — J.E. Murdoch, *Subtilitates Anglicanae in Fourteenth Century Paris : John of Mirecourt and Peter Ceffons*, dans M.P. Cosman et B. Chandler (éd.), *Machaut's World : Science and Art in the Fourteenth Century,* New York, 1978, p. 51-86. — J.-F. Genest, *Pierre de Ceffons et l'hypothèse du Dieu trompeur,* dans Z. Kaluza et P. Vignaux (éd.), *Preuve et raisons à l'Université de Paris, Logique, ontologie et théologie au XIVe siècle,* Paris, 1988, p. 197-214.

Le chercheur belge Marcel Haverals a retrouvé une partie de la correspondance de Pierre de Ceffons (Londres, British Library, Harley 267, f. 131-147), découverte signalée en 1978. L'intérêt de ces lettres est surtout rhétorique, mais on y trouve aussi diverses allusions aux événements contemporains. André Vernet en prépare l'édition. J.F.G.

Pierre de Celle (v. 1115-1183). Entré comme moine à l'abbaye de Montier-la-Celle dont il devint l'abbé en 1145, Pierre est surtout connu pour avoir été l'abbé de Saint-Remi de Reims de 1162 à 1180-1181 et avoir doté de chapelles rayonnantes le chœur de l'église abbatiale. Il devint à cette date, et pour deux ans seulement, évêque de Chartres. Ses œuvres écrites comprennent des lettres qui pour une grande partie sont des témoignages d'amitié, des sermons adressés surtout à une communauté monastique, des commentaires scripturaires (deux commentaires sur le livre de Ruth, un exposé sur le Tabernacle, un autre Sur les Pains) et des traités ascétiques (*De disciplina claustrali, De conscientia, De puritate animae, De afflictione et lectione*). Le style exubérant de Pierre, où les images et les termes de l'Écriture se succèdent et s'entremêlent au gré d'une imagination débordante, peuvent déconcerter le lecteur moderne. Mais à qui sait regarder au-delà de la lettre se révèle bientôt une doctrine d'une grande richesse spirituelle et d'une profonde théologie.

ŒUVRES. — *PL* 202, 397-1146. — *Commentaria in Ruth, Tractatus de Tabernaculo,* éd. G. de Martel, Turnhout, 1983, (*CCCM*, 54). — *De disciplina claustrali*, éd. et trad. *id.*, *L'école du cloître*, Paris, 1977 (*SC*, 240). — Trad. angl. H. Feiss, *Selected Works. Sermons. The School of the Cloister. On Affliction and Reading. On Conscience*, Kalamazoo, 1987 *(Cistercian Studies Series,* 100).

→ J. Leclercq, *La spiritualité de Pierre de Celle*, Paris, 1946. — A. Prache, *Saint-Remi de Reims. L'œuvre de Pierre de Celle et sa place dans l'architecture gothique*, Genève-Paris, 1978 (*Bibl. de la Société française d'archéologie,* 8). — G. de Martel, *Recherches sur les manuscrits des sermons de Pierre de Celle,* dans *Scriptorium* t. 33 (1979), p. 3-16 ; *Une grande figure du XIIe siècle, Pierre de Celle,* dans *Notre-Dame de Chartres*, t. 15 (1984), p. 14-18. D.G.M.

Pierre Chastellain. Longtemps confondu avec Vaillant*, en raison de la signature « Pierre Chastellain dit Vaillant », découverte par A. Piaget en 1894, à l'explicit du *Temps perdu* (au fol. 33v° du ms. Turin, Bibl. reale, L. IV.3 [détruit en 1904]), Pierre Chastellain est l'auteur de deux poèmes à caractère autobiographique, *Le temps perdu* et *Le temps recouvré*. D'après les détails fournis par ces deux œuvres, on peut supposer que Pierre Chastellain connaissait bien la Flandre, dont il pouvait même être originaire (il distingue les sons *en* et *an* à la rime), qu'il avait appris à jouer de la harpe, qu'il avait deux enfants de sa femme Jeannette, qu'il avait exercé divers métiers (dont celui de changeur), puis avait pratiqué l'alchimie, qu'en 1450 il était au service d'un roi (vraisemblablement René d'Anjou*) et qu'à cette date, il était âgé de plus de quarante-trois ans (sa naissance se placerait alors avant 1408) et se rendait à Rome pour le jubilé. Il aurait écrit *Le Temps perdu* avant 1450 et *Le Temps recouvré* en 1451. Son nom figurait dans les comptes de la maison du Roi René pour les mois de novembre et décembre 1448.

Bien que ces rares détails biographiques ne soient pas absolument inconciliables avec le peu que nous savons de « Vaillant », comment expliquer pourquoi un seul et unique poète serait appelé, dans les comptes du roi René d'Anjou, Pierre Chastellain en 1448 et Jehan Vaillant en 1451 ? Et comment justifier les différences, fort sensibles, de ton et de style ?

Dans *Le temps perdu* (74 septains d'octosyllabes) et *Le temps recouvré* (278 septains d'octosyllabes), Pierre Chastellain prend pour point de départ le *Passe Temps* de Michault Taillevent*. Il raconte pêle-mêle ses souvenirs personnels, notamment ses mésaventures diverses en Italie, et y ajoute un fatras de connaissances hétéroclites, puisées dans les œuvres de Vincent de Beauvais*, de Raymond Lulle*, et dans le *Roman de la Rose**. Malgré des maladresses et de lourdes digressions sur des lieux communs (pauvreté, vieillesse, mort), Pierre Chastellain a écrit une œuvre originale, très personnelle et vivante, où abondent les notations pittoresques, sous des formes populaires, et où foisonnent les proverbes et les sentences.

ŒUVRES. — *Les Œuvres de Pierre Chastellain et de Vaillant, Poètes du XVe siècle,* éd. R. Deschaux, Genève, 1982 (*TLF*, 300).

→ A. Piaget, *Pierre Chastellain, dit Vaillant,* dans *Romania,* t. 23 (1894), p. 257-259. — E. Winkler, *Französische Dichter des Mittelalters, I. Vaillant,* Vienne, 1918 (*Sitzungsberichte der Kaiserliche Akademie der Wissenschaften in Wien, Phil.-hist. Klasse,* 186, 1). — P. Champion, *Histoire poétique du XV*e *siècle,* Paris, 1923, t. 1, p. 339-392. — F. Pascal, *Pierre Chastellain, dit Vaillant, étude et édition,* dans *Positions des thèses de l'École des Chartes,* Paris, 1944, p. 131-136. — A. Angremy, *Un nouveau recueil de poésies françaises du XV*e *siècle : le ms. BN nouv. acq. fr. 15771,* dans *Romania* t. 95 (1974), p. 21-22. — Cf. *MB* nos 4848, 4852-4855 ; *S* 6814, 7344. F.Pa. et F.F.H.

Pierre Choisnet (1411 ?-1483 ?). Médecin et astrologue de Louis XI, il est l'auteur d'un poème moral, le *Livre des trois eages.* On lui attribue également le *Rosier des guerres**.

→ P. Champion, *Le Livre des trois eages de Pierre Choisnet,* dans *Mél. F. Lot.* Paris, 1925, p. 111-125. — Ch. Samaran, *Pierre Choisnet. Le « Rosier des guerres » et le « Livre des trois eages »,* dans *BEC,* t. 87 (1926), p. 372-379. — Nouveau Potthast, III, p. 242-243. — Cf. *MB* nos 5603-5607. G.T.L.

Pierre Cochon. Né vers 1385-1390 dans le pays de Caux à Fontaine-le-Dun (Seine-Maritime), Pierre Cochon (qu'il ne faut pas confondre avec le Pierre Cauchon du procès de Jeanne d'Arc, qui fut évêque de Beauvais puis de Lisieux), réside dès 1406 à Rouen où, plus tard, il occupe les fonctions de notaire apostolique à la cour archiépiscopale ; en 1421, on le trouve attaché à l'officialité. En 1436, il est curé de Vittefleur, puis peu après, de son village natal, Fontaine-le-Dun. Il est mort au début de l'année 1456.

Il a écrit une chronique dénommée *Chronique normande* depuis Vallet de Viriville, bien qu'elle ne rapporte pas seulement des faits touchant la Normandie ; et si, dans la partie contemporaine, le pays de Caux est abondamment mentionné, il n'est question ni du Vexin, ni du Roumois, ni du pays de Bray. La chronique commence en 1108 et s'arrête en 1430. Jusqu'en 1270, ce n'est qu'une copie remaniée et abrégée des *Récits du Ménestrel de Reims**, dont elle reprend d'ailleurs l'incipit. La partie suivante est empruntée à une ou à plusieurs chroniques du XIVe siècle, perdues, que Pierre Cochon recopie et abrège. Il est impossible de déterminer exactement où commence son œuvre. À partir de 1405-1406, il raconte des faits dont il a été témoin oculaire ou qui lui ont été rapportés. La chronique s'arrête brusquement en 1430, au moment où Jeanne d'Arc arrive à Rouen pour être jugée. On peut penser que Pierre Cochon a préféré garder le silence sur cette affaire, ne pouvant, sans se compromettre, parler en faveur de Jeanne ni aller contre sa conscience en la discréditant. À partir du sacre de Reims, on remarque qu'il ne parle plus du dauphin mais du roi de France. Car s'il se montre bienveillant envers les Bourguignons, qui pour lui défendent la cause du peuple, auquel il appartient et dont le sort lui tient à cœur, il a peu de sympathie pour les Anglais et reste fidèle à la royauté de son pays. Il porte un jugement défavorable sur la conduite et la moralité de la noblesse ; il est nettement hostile à Louis d'Orléans, dont il ne réprouve pas l'assassinat. Le trait le plus saillant de son caractère reste son attachement aux privilèges normands, surtout ecclésiastiques, et son combat contre les entreprises continuelles des officiers du roi. Il écrit dans la langue de son terroir, le pays de Caux, dans un style simple, parfois rude, émaillé de proverbes, d'expressions populaires, qui rendent son texte attachant et vivant.

Source importante, malgré ses inexactitudes, pour l'histoire de la Normandie sous Henri V, la chronique est aussi précieuse parce qu'elle reflète les sentiments d'un homme issu du peuple, fervent normand, plein de bon sens.

Elle est conservée dans un manuscrit unique, autographe, le ms. Paris BN fr. 5391, qui contient d'autres œuvres qui ont pu être soit composées par Pierre Cochon (ainsi une courte chronique rouennaise, 1371-1434, et un texte intitulé *Or parleron d'un cas advenu en la court de l'eglise de Rouen,* qui donne quelques renseignements sur la vie de l'auteur), soit copiées par lui (comme le *Dit des roys*, court poème sur Paris et les rois de France jusqu'à Charles VI).

ŒUVRES. — *Chronique normande et chronique rouennaise,* éd. C. Robillard de Beaurepaire, Rouen, 1870 (*Société de l'histoire de la Normandie*). — Éd. partielle de la *Chron. normande*, Vallet de Viriville, *Chronique de la Pucelle ou chronique de Cousinot suivie de la chronique normande de P. Cochon relative aux règnes de Charles VI et de Charles VII,* Paris, 1859, p. 343-348 (*Or parleron d'un cas*, p. 363-468).

→ A. Coville, *Jean Petit. La question du tyrannicide au commencement du XVe siècle,* Paris, 1932, p. 139, 167-169, 171-174, 375 [Pierre Cochon a repr. la seconde partie de la *Justification* de Jean Petit*]. — M. Nordberg, *Les sources bourguignonnes des accusations portées contre la mémoire de Louis d'Orléans,* dans *Annales de Bourgogne,* t. 31 (1959), p. 85-93. — R. Bossuat, *Le Dit des roys, chronique rimée du XVe siècle,* dans *Mél. Delbouille,* 1964, t. 2, Gembloux, p. 49-58. — Molinier n° 4144.

G.T.L.

Pierre de Corbeil. Chanoine et écolâtre de Paris, archevêque de Sens (1200-1222), auteur de deux petits traités philosophiques (dont un *Remedium contra concubinas atque conjuges*), Pierre de Corbeil est surtout connu pour sa rédaction d'un Office* dit « des Fous » — en réalité de la Circoncision —, qui comprend des textes versifiés, de la polyphonie et des parodies. On lui attribue aussi deux poèmes.

ŒUVRE. — H. Villetard, *L'office de Pierre de Corbeil, texte et chant publiés d'après le ms. de Sens. XIIIe siècle,* Paris, 1907.

→ U. Chevalier, *Repertorium hymnologicum*, n°s 7569 et 14280. E.L.

Pierre de Corbie. Trouvère arrageois du début du XIIIe siècle, Pierre de Corbie (Somme, arr. Amiens) était déjà chanoine d'Arras en 1191. Cinq poèmes lyriques bien versifiés lui sont attribués. Les deux premiers sont des chansons d'amour sans grande originalité, le troisième (R. 29) est une chanson satirique, dont un certain Hanet fait les frais pour avoir épousé une femme plus riche que lui. Les deux derniers (R. 291 ; R. 2041) consistent en un dialogue courtois entre l'auteur et un berger. Dans l'un d'eux, le berger prodigue au poète des consolations conformes à la plus pure orthodoxie courtoise.

Il est possible que le juge de Guillaume le Vinier* dans un jeu-parti (R. 1085) soit ce même Pierre de Corbie.

ŒUVRES. — K. Bartsch, *Altfranzösische Romanzen und Pastourellen,* Leipzig, 1870, p. 279-281 [éd. de R. 2041 et de R. 291]. — F. Noack, *Der Strophenausgang in seinem Verhältnis zum Refrain und Strophengrundstock in der refrainhaltigen altfranzösischen Lyrik,* Marburg, 1899, p. 99 et 104 (*Ausgaben und Abhandlungen aus dem Gebiete der romanische Philologie,* 98) [éd. de R. 46 et R. 158]. — E. Ulrix, *Les Chansons inédites du ms. fr. 844 de la BN à Paris,* dans *Leuvensche Bijdragen*, t. 13 (1921), p. 69 [éd. de R. 29].

→ H. Petersen Dyggve, *Onomastique des trouvères,* Helsinki, 1934, p. 202. — R. Berger, *Le Nécrologe de la confrérie des jongleurs et des bourgeois d'Arras (1194-1361),* Arras, 1970, t. 2, p. 118 (*Mémoires de la Commission départementale des Monuments historiques du Pas-de-Calais,* XIII, 2). — Linker, n° 204.

G.M. et F.F.H.

Pierre Crapillet. Originaire d'Annoire (Jura), issu d'une famille d'ecclésiastiques et d'universitaires, Pierre Crapillet apparaît comme maître (recteur) de l'Hôpital du Saint-Esprit de Dijon en 1440. Il le restera vingt ans, menant jusqu'à sa mort (1460), avec obstination et énergie, une œuvre de redressement disciplinaire, liturgique, religieux et intellectuel, mais aussi économique et politique : les deux grandes préoccupations de son rectorat furent la formation des religieux et l'affirmation de l'indépendance de la maison dijonnaise envers la maison mère de Besançon. Sur le point de s'affranchir définitivement de la tutelle bisontine, il échoua subitement quand le soutien ducal vint à lui faire défaut. À sa mort, Dijon était retombé dans l'obédience de l'Hôpital de Besançon et dans la médiocrité.

En relations suivies avec le duc de Bourgogne de par sa charge et par l'intermédiaire d'un de ses frères, conseiller de Philippe le Bon, Pierre Crapillet traduisit pour le duc le *Cur Deus homo*. Sa traduction est la seule translation médiévale française connue du traité majeur de saint Anselme*. Il entreprit aussi la traduction du *De arrha animae* de Hugues de Saint-Victor*, mais, frappé par la mort ou par la disgrâce du duc, il ne laissa qu'une ébauche, bien inférieure à l'ancienne traduction de Pierre de Hangest (second quart du XIVe siècle). Ces deux œuvres, toutefois, témoignent de la vitalité intellectuelle (sans lendemain) de l'Hôpital de Dijon au milieu du XVe siècle, qu'atteste aussi une activité soutenue de copie et de compilation.

ŒUVRE. — Éd. R. Bultot et G. Hasenohr, Louvain-la-Neuve, 1984 (*Publ. de l'Institut d'études médiévales*, 2e sér. 6).

→ R. Bultot, *Un traducteur de Philippe le Bon méconnu : P.C. d'Annoire († 1460)*, dans *Les sources littéraires et leurs publics dans l'espace bourguignon (XIVe-XVIe)*, Neuchâtel, 1991, p. 183-188. G.H.

Pierre de Crescens (Pier' dei Crescenzi, Petrus a Crescentiis). Né et mort à Bologne (1230-1321). Après des études de logique, de médecine, de sciences naturelles et surtout de droit, Pier' dei Crescenzi fut reçu *doctor utriusque juris* et *judex* en 1268. Magistrat gibelin dans la guelfe Bologne, il exerça surtout ses fonctions auprès de podestats d'autres cités italiennes. En 1299, il prit sa retraite à Bologne et dans sa ferme de Ca d'Olmo. C'est là qu'il écrivit, dans un latin assez italianisé, le meilleur traité d'agriculture du Moyen Âge : le *Ruralium commodorum libri XII*, qu'il dédia, entre 1305 et 1309, à Charles II d'Anjou*, roi de Sicile, et au général des frères prêcheurs, Aimeri Giliani.

Le succès de l'œuvre est attesté par le très grand nombre de manuscrits du texte latin (au moins 94), par l'existence de traductions en italien, en français et en allemand, et par de nombreuses éditions dans ces différentes langues jusque vers 1550 (première édition du texte latin : 1471, à Augsbourg). La traduction italienne, due à un anonyme toscan, date du XIVe siècle : conservée dans au moins 23 mss, elle fut imprimée pour la première fois en 1478 à Florence. La traduction française est connue sous le nom de *Rustican**.

Les 12 livres du *Ruralium commodorum* sont : 1. l'habitat rural, 2. généralités sur les plantes, 3. céréales et légumineuses, 4. vigne, 5. arbres, 6. herbes, 7. prés et bois, 8. profits champêtres, 9. animaux domestiques, 10. chasse et pêche, 11. « règles » sur les dix livres précédents, 12. calendrier rural. L'œuvre de Pier' dei Crescenzi apparaît comme une vaste compilation. L'auteur avoue certaines sources antiques, ou même médiévales, comme Albert le Grand*, mais, au livre 9, il recopie sans le dire le traité d'hippiatrie de Giordano Ruffo*. Peut-être voulait-il dissimuler des attaches intellectuelles avec l'entourage de l'empereur Frédéric II. Les *Ruralium commodorum libri XII* offrent, à quelques détails près, un bon reflet de l'agriculture évoluée de l'Italie au début du XIVe siècle, sans être trop tributaires de l'Antiquité.

ŒUVRE. — A. Röding, *Studier till Petrus de Crescentiis och hans'antika källor*, Göteborg, 1927 [classement des mss latins, étude des sources antiques de l'œuvre, éd. critique de la fin du livre 9]. — *Das Jagdbuch des Petrus de Crescentiis in deutschen Übersetzungen des XIV. und XV. Jahrhunderts*, éd. K. Lindner, Berlin, 1957 (*Quellen und Studien zur Geschichte der Jagd*, 4) [éd. livre 10].

→ *Pier de Crescenzi (1233-1321). Studi e documenti*, éd. P. Tommaso Alfonsi, R. Bozzelli, L. Frati, A. Sorbelli..., Bologne, 1933. — W. Richter, *Die Überlieferung der Ruralia Commoda des Petrus de Crescentiis im 14. Jahrhundert*, dans *Mittellateinisches Jahrbuch*, t. 16 (1981), p. 223-275. — J.-C. Gaulin, *Sur le vin au Moyen Âge. Pietro dei Crescenzi, lecteur et utilisateur des « Géorgiques » traduites par Burgundio de Pise*, dans *Mél. Ec. Fr. de Rome*, t. 96 (1984), p. 95-127. — P. Toubert, *Crescenzi, Pietro de'*, dans *Dizionario biografico degli Italiani*, t. 30, 1984, p. 649-657. — Cf. *GRLMA*, t. VIII/1, p. 226, 233, 241, 306-307.

H.N. et F.F.H.

Pierre Des Gros. De ce franciscain, on ne connaît guère que son gros ouvrage le *Jardin des nobles*. Rédigé entre 1461 et

1464, il est dédié à Yvon du Fou. Ce dernier, petit noble breton, fit une brillante carrière sous Louis XI et Charles VIII. En 1464, il est premier échanson du roi, sera grand veneur de France en 1472 puis maître des eaux et forêts de Poitou et sénéchal de la même province en 1485. Il meurt en août 1488. Le texte de Pierre Des Gros s'appuie sur l'exégèse d'un verset du *Cantique des cantiques : « Hortus conclusus soror mea.* » Il en développe tous les sens, selon la tradition scolastique, en trois livres différents ; et le titre de l'ouvrage ressortit à l'une de ces explications qui voit en « *soror mea* » l'ensemble des nobles cœurs humains, la noblesse. Contrepoint de cette rhétorique un peu artificielle aujourd'hui, le style de l'auteur est souvent savoureux et direct. Le moraliste touche à une multitude de sujets : le goût des nobles pour l'art du jardinage, la mode féminine, l'allaitement maternel, le rituel de prise de l'oriflamme royal à Saint-Denis... Ce dernier passage appartient à une longue partie consacrée à l'affirmation du pouvoir royal en regard de la puissance papale. Pierre Des Gros affiche par ailleurs ses sentiments anti-anglais et sa satisfaction de voir la France enfin rétablie dans l'intégrité de son territoire.

ŒUVRE. — Éd. de quelques passages par P. Paris dans *Les manuscrits françois de la bibliothèque du roi*, Paris, 1838, t. 2, p. 144-163 [d'après un des deux mss conservés] ; éd. du passage sur l'assemblée du Louvre en 1303 par P. Saenger dans *John of Paris, Principal Author of the Quaestio de potestate papae (Rex pacificus),* dans *Speculum*, t. 56 (1981), p. 51-52. — Cf. *GRLMA*, t. VIII/1, p. 96, 149. S.L.

Pierre d'Espagne (Petrus Hispanus Portugalensis). Né vers 1200-1205 à Lisbonne, il étudie successivement à Paris (de 1220 à 1229), Toulouse et Montpellier. Entre 1245 et 1250 il enseigne la médecine à Sienne. Après avoir été archevêque de Braga et cardinal de Frascati (1273), il est élu pape en 1276 (sous le nom de Jean XXI). C'est lui qui charge Étienne Tempier, évêque de Paris, d'une enquête sur les enseignements donnés à l'Université, laquelle aboutit à la condamnation de 219 articles le 7 mars 1277. Il meurt accidentellement, peu de temps après, à Viterbe (20 mai 1277).

Logicien, P. d'Espagne a laissé un manuel élémentaire, les *Summulae logicales* (dont le titre original semble avoir été *Tractatus*), qui, à l'exception de l'Angleterre, a servi de texte de base quasi obligatoire pour l'enseignement de la logique dans l'ensemble des universités européennes du XIIIe au XVIe siècle — ce qui explique que des auteurs philosophiquement aussi éloignés que le nominaliste Jean Buridan* (*Lectura Summae logicae*), ou les réalistes thomistes de la *Bursa Montana* de Cologne (*Copulata*) en aient donné un commentaire suivi. Tenant d'une sémantique acceptant à la fois la *suppositio naturalis* (référence extrapropositionnelle d'un terme pour tous les objets constituant son extension, qu'ils soient présents, passés, futurs ou possibles) et la *suppositio simplex* (référence d'un terme à des entités intentionnelles), P. d'Espagne a également rédigé un ouvrage de logique plus technique, les *Syncategoremata,* où il développe certains problèmes de syntaxe et de sémantique logiques dans le style alors caractéristique de Paris (c'est-à-dire sans aborder les problèmes de quantification universelle traités, à part, dans les *Sommes de logique*).

Psychologue, P. d'Espagne a laissé au moins un commentaire du *De anima* d'Aristote (plusieurs autres *Lecturae* lui ayant été attribuées, mais sans raison valable) : il s'y montre un partisan résolu de ce qu'E. Gilson a appelé l'« augustinisme avicennisant ».

ŒUVRES. — *Summulae logicales*, éd. critique L.M. De Rijk, Assen, 1972. — *Syncategoremata,* éd. L.M. De Rijk et trad. angl. J. Spruyt, Leyde, 1992 (*Studien und Texte zur Geistesgeschichte des Mittelalters*, 30). — *Obras filosoficas,* éd. M. Alonso, 3 vol., Madrid, 1941-1952 [textes sur le *De anima*].

→ L.M. De Rijk, *On the Genuine Text of Peter of Spain's « Summulae logicales », I-V*, dans *Vivarium*, n°s 6-8 (1968-1970), p. 1-34 ; 69-101 ; 8-61 ; 120-162 ; 10-55. — A. de Libera, *The Oxford and Paris Traditions in Logic,* dans *The Cambridge History of Later Mediaeval Philosophy,* éd. N. Kretzmann, A. Kenny et J. Pinborg, Cambridge 1982, p. 147-187. A. de L.

Pierre Dubois. D'origine normande, Pierre Dubois est né dans la région de Coutances (Manche), vers 1250-1255. Il étudie à l'université de Paris, où il a l'occasion d'assister aux leçons de Siger de Brabant* et d'entendre saint Thomas* prêcher. Puis il étudie le droit et retourne dans son pays natal, où il devient avocat du roi, tout en plaidant aussi à l'occasion pour d'autres clients, parmi lesquels le roi d'Angleterre Édouard Ier. À la mort de Philippe le Bel, il semble être passé au service de Mahaut d'Artois ; après 1320, il disparaît de la documentation.

En dehors de sa carrière de juriste, il a eu une activité littéraire féconde. Il a laissé 12 traités, composés entre 1300 et 1313. Ce sont pour la plupart des libelles en latin ou en français, souvent anonymes et transmis dans des manuscrits tardifs, comme *La remontrance du peuple de France...* (1308), dans lequel il justifie après coup l'attitude de Philippe le Bel à l'égard de Boniface VIII, ou encore la *Summaria brevis et compendiosa doctrina felicis expeditionis et abreviationis guerrarum ac litium regni*, traité sur les moyens de mettre un terme aux guerres et aux procès du royaume, ou bien de courtes invectives dirigées contre les Templiers. Ces écrits n'eurent pas ou peu d'influence directe sur le roi. Dubois les a peut-être composés pour pouvoir entrer au Conseil, à moins qu'il ait seulement voulu exprimer ses idées politiques.

Son traité le plus long, le *De recuperatione Terrae sanctae*, rédigé en 1306, tranche sur ses autres œuvres. L'ouvrage comprend deux parties ; la première est un projet détaillé de récupération et de défense de la Terre sainte ; la seconde, essentiellement politique, expose comment le roi de France pourrait se faire élire empereur et prendre la tête de la croisade, alors que son frère ceindrait la couronne impériale de Byzance. Dans la première partie, qui est dédiée au roi d'Angleterre Édouard Ier, avec mission de la transmettre secrètement au pape, Pierre Dubois expose un certain nombre d'idées originales, en particulier son système pédagogique. Avant de récupérer et coloniser la Terre sainte, il convient que l'Occident soit pacifié et l'Église réformée. Puis, pour assurer la stabilité des États libérés d'Orient, il faut y envoyer des hommes et des femmes suffisamment instruits. Dubois décrit en détail le système scolaire qu'il préconise pour former cette élite. Prenant modèle sur l'organisation des Ordres mendiants, il établit un réseau hiérarchisé de *studia* : *studia* de grammaire, où garçons et filles entreraient à quatre ou cinq ans, *studia* de logique et philosophie (de onze-douze ans à quatorze ans), *studia* supérieurs, soit de théologie, soit de droit civil et canonique, soit de médecine, soit de sciences (mathématiques, sciences naturelles, astronomie), où iraient les meilleurs élèves ; les garçons les moins doués auraient le choix entre la chirurgie humaine et vétérinaire et les arts mécaniques, arts utiles à la guerre, et les filles seraient orientées vers des écoles de médecine et de chirurgie. Leurs études terminées, tous seraient envoyés en Terre sainte où ils serviraient comme prédicateurs, juges, médecins, ingénieurs militaires. Quant aux filles, Dubois les voyait épouser des médecins qu'elles seconderaient, des chrétiens orientaux qu'elles ramèneraient à l'obéissance de Rome, des notables musulmans qu'elles s'efforceraient de convertir. Dans son projet, P. Dubois a suivi deux grands principes pédagogiques : celui d'un enseignement ordonné à des fins pratiques, donc limité dans le temps, d'où le recours à des manuels, abrégés, extraits ; celui de la formation de personnes compétentes, d'où l'organisation de *studia* élitistes dont le recrutement se ferait à partir de garanties intellectuelles et sociales (priorité aux fils de nobles). Il est vrai que ces *studia* ressemblent beaucoup aux collèges universitaires tels qu'ils fonctionnaient au début du XIVe siècle. P. Dubois a défendu la valeur du savoir et le rôle des lettrés mais, comme le montre J. Verger, a manqué d'imagination pour renouveler le système qu'il critiquait. Dans le *De recuperatione*, il soumet aussi un certain nombre de projets hardis, tels que l'arbitrage international comme moyen d'assurer la paix perpétuelle entre les peuples de l'Occident fédérés en « états unis » sous la haute suzeraineté du roi de France, la suppression du célibat des prêtres et du pouvoir temporel des papes, la confiscation par les couronnes des biens des églises et des couvents.

Par ses écrits, Pierre Dubois a pris part aux grands débats du règne de Philippe le Bel : querelle avec Boniface VIII, Croisade, Temple. À ces questions sensibles, il apporte des réponses qui semblent à la fois chimériques et modernes. Toutefois, en dépit ou à cause de certaines hardiesses, il apparaît comme le fidèle porte-parole d'un corps social en pleine ascension, celui des légistes, et le témoin d'une nouvelle idéologie, cette mystique capétienne et royale sur laquelle Philippe le Bel s'appuya si souvent face à la papauté et à l'Empire.

ŒUVRES. — *Deliberatio super agendis a Philippo IV contra epistolam Bonifacii papae VIII...*, éd. P. Dupuy, dans *Histoire du différend d'entre le pape Boniface VIII et Philippe le Bel*, Paris, 1655, p. 44-47. — *La Remontrance du peuple de France...*, éd. et trad. G. Lizerand, dans *Le dossier de l'affaire des Templiers*, Paris, 1923, 3e éd., Paris, 1989 (*Les classiques de l'histoire de France au Moyen Âge*, 2), p. 84-101. — *Summaria brevis et compendiosa doctrina felicis expeditionis...*, éd. T. Kämpf, Leipzig, 1936 [à compléter avec le c.r. critique de F. Baethgen dans *Mitteilungen des Instituts für Österreichische Geschichtsforschung*, t. 58 (1950), p. 351-372, réimp. dans *Mediaevalia. Aufsätze, Nachrufe, Besprechungen*, Stuttgart, 1960, p. 385-398]. — *De recuperatione Terrae sanctae*, éd. C.-V. Langlois, Paris, 1891 (*Coll. de textes pour servir à l'étude et à l'enseignement de l'histoire*) ; éd. A. Diotti, *Pierre Dubois. De recuperatione Terre sancte. Dalla respublica christiana ai primi nazionalismi e alla politica antimediterranea*, Florence, 1979 [intéressante introduction et bibliogr. à jour] ; trad. angl., W.I. Brandt, *The Recovery of the Holy Land*, New York, 1956 (*Records of Civilization. Sources and Studies*, 51). — *De Torneamentis et Justis* [mémoire anonyme mais copié à la suite du *De recuperatione*, en faveur des joutes et des tournois condamnés par Clément V, le 14 septembre 1313], éd. R.J. Long, *In Defense of the Tournament : an Edition of Pierre Dubois De Torneamentis et Justis*, dans *Manuscripta*, t. 17 (1973), p. 67-79.

→ E. Zeck, *Der Publizist Pierre Dubois : eine Bedeutung im Rahmen der Politik Philippe des Schönen und seine literarische Denk-und Arbeitsweise im Traktat De recuperatione Terre sancte*, Berlin, 1911. — G. Bientinesi, *Vincenzo di Beauvais e Pietro Dubois considerati come pedagogisti*, dans *Atti della R. Accademia delle scienze di Torino*, t. 51 (1915-1916), p. 1411-1430 et t. 52 (1916), p. 191-207. — W.I. Brandt, *Pierre Dubois, Modern or Medieval ?*, dans *American Historical Review*, t. 35 (1930), p. 507-521. — M. Delle Piane, *Vecchio e nuovo nelle idee politiche di P. Dubois*, dans *Univ. di Siena. Fac. di giurisprudenza. Collana di studi Pietro Russi*, n.s., t. 1, Florence, 1959 [bibliogr. raisonnée des œuvres de P.D.]. — G. Hödl, *Ein Weltfriedensprogramm um 1300*, dans *Mél. F. Hausmann*, Graz, 1977, p. 217-233. — G. Oxle, *Utopisches Denken im Mittelalter : Pierre Dubois*, dans *Historische Zeitschrift*, t. 224 (1977), p. 293-339. — F.E. et F.P. Manuel, *Utopian Thought in the Western World*, Cambridge, Mass., 1979. — C. Samaran, *Projets français de croisade de Philippe le Bel à Philippe de Valois*, dans *HLF*, t. 41 (1981), p. 33-74 [*De recuperatione* de Pierre Dubois, p. 62-64]. — S. Menache, *Un peuple qui a sa demeure à part. Boniface VIII et le sentiment national français*, dans *Francia*, t. 12 (1984), p. 193-208 [sur les arguments de la propagande royale contre le pape]. — S. Schein, *The Future « Regnum Hierusalem ». A Chapter in Medieval State Planning*, dans *Journal of Medieval History*, t. 10 (1986), p. 704-717 ; *The Image of the Crusader Kingdom of Jerusalem in the Thirteenth Century*, dans *RBPH*, t. 64 (1986), p. 704-717. — J.F. Roderick, *The Sacred College of Cardinals : Size and Geographical Composition (1099-1986)*, dans *Archivum Historiae Pontificum*, t. 25 (1987), p. 7-71 [position de P.D. sur les fonctions et prérogatives du collège des cardinaux]. — J. Verger, *Ad studium augmentandum : l'utopie éducative de Pierre Dubois dans son De recuperatione Terrae sanctae*, dans *Mél. Bibl. de la Sorbonne*, t. 8 (1988), p. 106-122. — Pour une histoire du règne : D. Poirel, *Philippe le Bel*, Paris, 1991. G.T.L.

Pierre Fabri. Voir : *Arts de seconde rhétorique,* ainsi que *Fabri (Pierre)* dans le vol. *XVIe siècle*.

Pierre Farget. Voir : *Bible française* § 2.

Pierre de Fénin. On ne possède aucune indication précise sur le lieu et la date de la naissance de Pierre de Fénin. On présume qu'il était Artésien. Il serait mort en 1433 — certains ont voulu le faire mourir en 1506 et y voir un personnage de la fin du XVe siècle ; mais il doit s'agir d'une confusion avec un petit-neveu du premier, portant le même nom. En tout cas, il fut prévôt d'Arras. On lui attribue une chronique qui couvre les années 1407-1422 et a été écrite postérieurement aux événements par un auteur sérieusement documenté. La chronique s'ouvre sur l'assassinat du duc d'Orléans (1407) et raconte les dissensions et la rupture entre la maison de France et celle de Bourgogne. Elle s'arrête au moment où Philippe le Bon vient de faire échec aux prétentions du duc de Gloucester, qui convoitait le Hainaut et la Hollande. Très court, le texte offre une grande unité. Il est tout entier consacré à la lutte franco-bourguignonne, les événements étant présentés plutôt d'un point de vue bourguignon. Le style est direct, familier, coloré de picardismes.

ŒUVRE. — Éd. Mlle Dupont, Paris, 1837 *(SHF)*.

→ Puisieux, *Pierre de Févin, chroniqueur artésien du XVe siècle,* dans *Bull. de la Soc. des antiquaires de Picardie,* t. 24 (1910), p. 322-333 [d'après la généalogie du chroniqueur, il apparaît qu'on devrait écrire Févin et non Fénin]. — Molinier n° 3938. — Cf. *MB* nos 5198-5200.

G.T.L.

Pierre Fontaine. Musicien français né à Rouen vers 1390, mort vers 1450. Attaché à la cour de Bourgogne à partir du 25 mai 1403, sans doute comme enfant de chœur car on l'appelle alors « le petit Perrinet », il y sert comme chapelain de 1415 à 1419. À la mort du duc Jean sans Peur, il voyage en Italie du Nord et devient membre de la chapelle pontificale le 30 mars 1420. Vers 1428-1430, il revient à la cour de Bourgogne où il exercera comme chanteur à la chapelle du duc Philippe le Bon durant une vingtaine d'années. Son nom disparaît des registres en 1447, mais il ne sera pas remplacé avant 1451.

Il semble avoir écrit uniquement de la musique profane. Sept chansons lui sont attribuées (six rondeaux et une ballade). La plupart sont dans le style simple, à prédominance du triple, de la chanson septentrionale du début du XVe siècle.

ŒUVRES. — Éd. de cinq chansons par J. Marix, *Les musiciens français à la Cour de Bourgogne au XVe siècle (1420-1467)*, Paris, 1937.

→ C. Wright, art. *Fontaine,* dans *The New Grove Dictionary of Music and Musicians*, t. 6, 1980, p. 696-697 ; *Music at the Court of Burgundy, 1364-1419*, thèse, Harvard Univ., 1972.

N.S.

Pierre de Fontaines. Originaire d'un pays de coutume, le Vermandois, probablement du Saint-Quentinois, Pierre de Fontaines participe, de 1236 à 1252, au règlement de divers litiges ; en 1244, il siège « en la court le roi » à Pontoise, laquelle décide que, prêté une fois pour toutes, le serment de protéger les personnes et les biens du chapitre de Saint-Quentin n'a pas à être renouvelé. Ses activités de juriste ont permis de le distinguer. En 1252, il participe à une enquête ratifiée en parlement à Pontoise. Au mois de mars 1253 ou peu avant, il obtient le bailliage de Vermandois, après avoir été un temps le conseiller de la comtesse Mahaut d'Artois, veuve de Robert, frère de Louis IX. Peu après le retour de croisade du roi (la première), il siège dans la nouvelle formation judiciaire de la cour : le parlement. Avec le futur bailli de Tours, il est devenu l'un des plus proches familiers du roi. Au cours d'une séance estivale du chêne de Vincennes immortalisée par Jean de Joinville*, le roi « demandoit : "A-il [i]ci nullui qui ait partie ?" Et cil sel avoient qui partie avoient, et lors il disoit : "Taisés-vous tuit, et on vous delivrera l'un aprés l'autre". Et lors, il appeloit monsignour Perron [Pierre] de Fonteinnes et monsignour Geoffroy de Villete, et disoit a l'un d'aus : "Delivrez-moi [= jugez] ceste partie" ». En 1257, « monseigneur Perron de Fontaines, chevalier le roi » rédige les articles qui réglementent la justice des maires et jurés de Saint-Quentin sur les hommes du chapitre cathédral. L'année suivante, il siège à l'Échiquier de Caen. Quand il meurt (avant 1267), il a marié son fils Jean à Emmeline, la fille du seigneur de Plaissie (Plaissie-Patte-d'Oie, canton de Guiscard) ; cette année-là, sa veuve, Agnès de Blérancourt (Aisne, arr. de Laon, canton de Coucy), se remaric avec Renier de Vendeuil, un petit seigneur de la région.

Ayant quitté le bailliage, Pierre de Fontaines rédige, de 1253 à 1259, pour le Vermandois, un manuel de droit coutumier en langue vernaculaire picarde. Après la rubrique : *Chi commence li prologues que Pierre de Fontaines fist devant le livre que il donna a son ami*, il écrit : « D'emprendre de che don vous m'avés tantefois proié et requis [...], et pour ce ai-je cangié le repos de ma vie a grant travail pour consellier vostre fill par vostre requeste, solonc mon pooir. Entendant m'avés fait pluisiors fois ke vous avés .I. fill ki moult bien se doutrine de bones meurs et de ferme creanche ke vous esperés ke il aprés vous tiengne vostre hyretage pour ce si vauriés ke il s'entendist es lois, si ke kant il hyretast, ke il sache droit faire a ses sougis et retenir se terre selonc les lois du païs et selonc les coustumes dont il est en usage de court laie, et sache ses amis conseller, kant mestier fera, et de che m'avés vous requis et requerés ke je fache un escrit selonc les usages et les coustumes du païs et de toutes cours laïes. »

La forme du manuel est didactique, la leçon souvent donnée sous la forme de réponses à des questions, lesquelles sont parfois tirées de solutions jurisprudentielles, ou bien sous celle de conseils d'un père à un fils qu'une transcription en francien de la fin du XIIIe siècle n'hésite pas à identifier à l'héritier royal, Philippe. La rubrique est ainsi rédigée : *Ci commence li livres des lois en françois selonc les usages et les coustumes de France que mestre Pierres de Fontaines fist pour son ami le roy*. L'*explicit* confirme ainsi l'attribution : « Ci fine li livres des loys en françois selonc les usages et les coustumes de France que mestre Pierres de Fontaines fist pour son ami le roy Phelippe par l'amounestement au roy Louys, son pere, et bien est profitables. *Explicit Deo gracias.* » Ainsi les juristes veulent-ils, dès la fin du XIIIe siècle, donner un caractère officiel à l'œuvre créatrice de Pierre de Fontaines, qui, le premier, formule les coutumes du Vermandois.

Les « anchienes coustumes ke li preudoume soloient tenir et user sunt moult anoienties », écrit-il. Il donne les causes de la dégradation : l'action des agents de l'administration locale du royaume, baillis et prévôts, « ki plus entendent a leur volenté faire ke a user des coustumes », « partie par le volenté a ceux qui plus s'aherdent a leur avis ke a fais des anchiens », enfin par le fait des riches, « ki ont souffert et despouilliés les povres ». « Si ke li païs est a bien prés sans coustume, si ke prés n'a par avis d'oumes de .IIII. ou de .III. sans essample de coustume ki tiengnent, et de ces avis avient il a le fois ke tix empert ki gaaignier deust, car li avis est mult perilleus ki ne sieut ou loys escrite ou coustume esprouvee. » L'œuvre est nouvelle, « pour ce ke nus n'enprist onques » ; ensuite, ces « costumes sunt pres ke corrompues et moult se renversent par les casteleries [chatellenies] ». Elle pourra être corrigée, et « mult me plaist ke il i metent amendement, se il voient ke mestier en soit, et sachent il bien ke la ou il s'amenderont, il seront plus a loer que je, car, si comme le loys dist, cil qui amende soutiennent le cose ki est faite, fait plus a loer ke cil ki le fist, mais je leur proi ki ne se hatent mie de respondre, ains dient tout atrait les mots et entendent ke on veut dire, car on n'entent mie tel fois est si tost come on ot le cose dire ».

Douze mss (des années 1270-1280 jusqu'au début du XIVe siècle) donnent des leçons différentes. L'aspect composite de certains tient probablement au hasard de la reliure, d'autres ne contiennent que l'œuvre de Pierre de Fontaines, tous attestent l'intérêt des praticiens pour elle. La rubrique : *Ci commence li conseulz que messires Pierres de Fonteinnes donne a son ami* a donné le titre à l'œuvre. Trop archaïque, celle-ci n'a pas eu la diffusion par l'imprimerie (10 éditions) du traité de procédure devant le Parlement de Guillaume du Breuil (vers 1330) (voir *Juridique* [*Littérature*]).

Face au pouvoir concurrent ou contestataire des seigneurs, l'emprise de l'État royal privilégie la justice protectrice, fondée sur la stricte application de la coutume. Les institutions sont en mutation. Pierre de Fontaines, l'un des premiers baillis juristes, ne les décrit pas, mais énonce, pour valoriser les nouveaux rapports sociaux, les règles de procédure en usage devant les cours laïques, lesquelles, multipliant les enquêtes, créent le nouveau droit. Une mauvaise interprétation d'une coutume ou un « jugemens [...] fais contre la coumune coustume du païs » ouvre la voie d'un recours au roi. La brèche dans le droit souverain des seigneuries est décrite pour la première fois (justice du comté de Ponthieu). C'est l'occasion de préciser le devoir du roi qui, n'étant pas l'empereur, a en charge « le coustume du païs [...] a warder [garder] » et doit restaurer, dans les délais et conditions précisés, le droit sous peine de « l'amende que li jugeor feront au roi ». Dans ces conditions, s'il ne vient en « cort » ou n'obtient un délai (un « contremans » ; une quinzaine) en fournissant les « ensoines » (excuses légitimes), le seigneur, qui « est tenus de droitoier », perd la saisine de « la chose clamée » ou son droit, solution confirmée par deux arrêts du Parlement (1260 et 1263), et se met « en defaute ».

Avec la maîtrise d'un précurseur, Pierre de Fontaines multiplie les références à la « coumune coustume » comme les *Institutes* de Justinien renvoient au droit commun (*jus commune*). Quand il proclame que « molt doit en amer l'usage et fermement tenir, qui s'acorde a lois escrites [le droit romain], car plus seurement ne puet nus juger », il n'exprime pas un principe réducteur. Quand la loi écrite est plus claire et « nostres usages s'accorde » à elle, il estime nécessaire de savoir « comment eles en parolent », comme en matière d'arbitrage. Par ses multiples emprunts à des traductions contemporaines du *Digeste* et du *Code* (aux livres II et III, dont il suit l'ordre et adapte la traduction), il comble les silences de la coutume (les conséquences du « menchoine [mensonge] de son aage », les conditions de la mise « en saisine », « le raison de justice et de loiautés [équité] », les conditions de la sauvegarde, les cas de nullité des testaments, la possession de bonne foi...), donne du relief à certains articles contradictoires (la vente sous la contrainte, l'arbitrage, les conventions de mariage...) et, rattachant directement à « le volenté le roi » la répression des outrages à ses officiers, prévôts et baillis, renforce les droits de l'État royal. Enfin l'Écriture lui inspire quelques principes, comme celui-ci : « On doit ainsi jugier le haut home come le bas. »

Le seul texte législatif cité par Pierre de Fontaines est « l'establissement [ordonnance] le roi Phelippe [Auguste] » sur le douaire coutumier (1214). Quand il explique la formation du premier appel d'un jugement « a Saint-Quentin entre deus dames » sans bataille de faux jugement, il ne mentionne pas l'ordonnance (février 1261) prohibant le recours au duel pour atteindre la vérité (voir *Établissements de Saint Louis*), mais laisse cette voie ouverte dans l'hypothèse où le plaignant maintient l'accusation de fausseté sous serment. Il ne prône pas de système, il n'est préoccupé que par l'efficacité : « Quand on fera jugement seur le demandeur, on devra ainssi dire au deffendeur : "Nous disons par droit que vous devés demourer quites en pais sans rien faire encontre", et par ceste raison porroit on aussi bien amener en temoingnage l'anemi a l'apelé, coume un autre ki estre n'i deveroit, car lors seroient fausse li droit escrit, qui de che parollent et dient : *On doit amener kant on est accusés preuves plus cleres que li jors,* c'est a dire k'eles soient teles que on ne puist riens dire ne en leur dis ne en leur parolles ne en leur persounes. »

Homme de progrès, Pierre de Fontaines appartient à la génération des juristes, chevaliers et maîtres, qui, au cœur du XIIIe siècle, ont modernisé l'État royal en développant sa fonction essentielle dans le Parlement, première formation spécialisée démembrée de la cour du roi. Les pratiques modernes qui ont pris corps à cette époque charnière se laissent entrevoir dans ce premier manuel de droit coutumier éclairé par la pratique, l'expérience personnelle et le recours au droit savant dans la tradition des maîtres de l'école d'Orléans (voir *Livre de jostice et de plet ; Établissements de saint Louis* et *Juridique* [*Littérature*]).

ŒUVRE. — La 1re éd. donnée par Du Cange à la suite de l'*Histoire de S. Louis [...] par Jean [...] de Joinville...*, Paris, 1668, (p. 77-160) n'a pas été remplacée par celle de A.-J. Marnier, *Le Conseil de Pierre de Fontaines ou traité de l'ancienne jurisprudence française. Nouvelle édition publiée d'après un manuscrit du XIIIe siècle appartenant à la Bibliothèque de Troyes, avec notes explicatives du texte et des variantes tirées des manuscrits de la Bibliothèque du roi...*, Paris, 1846.

→ P. Petot, *Pierre de Fontaines et le droit romain*, dans *Mél. G. Le Bras,* t. 2 : III *Droit canonique et droit romain au Moyen Âge,* Paris, 1965, p. 955-964. — Q. Griffiths, *New Men among the Lay Counselors of Saint Louis' Parlement,* dans *Mediaeval Studies*, t. 32 (1970), p. 234-272 ; *Les origines et la carrière de Pierre de Fontaines, jurisconsulte de Saint Louis. Une reconsidération avec documents inédits*, dans *Revue historique de droit français et étranger*, 48e année (1970), p. 544-567. J.F.

Pierre Gencien. Bourgeois parisien et écuyer de Philippe le Bel, mort en 1298. Le *Tournoiement des dames,* qu'il écrivit aux environs de 1270, est, en quelque 1 800 octosyllabes, la relation d'un tournoi organisé dans la région de Lagny (Seine-et-Marne) par une cinquantaine de Parisiennes désireuses de savoir comment elles se tireront d'affaire dans l'expédition en Terre sainte où elles comptent aller. À la différence des poèmes du même genre, mais de forme lyrique, composés à la fin du XIIe siècle par Huon d'Oisy* et par Richard de Semilly*, celui de Pierre Gencien se présente comme le récit d'un rêve de l'auteur, non comme la description de joutes réelles, et les combattantes qui y paraissent sont de riches bourgeoises, non des dames de l'aristocratie féodale. Son mérite littéraire est inférieur à celui des tournois plus anciens ; en revanche c'est un texte précieux pour l'histoire de Paris et pour ce qui est des références à des personnages identifiés.

ŒUVRE. — Éd. M. Pelaez, *Le Tournoiement as Dames de Paris...*, Pérouse, 1917 ; éd. A. Pulega, *Ludi e spettacoli nel medioevo. I Tornei di dame,* Milan, 1970.

→ C.-V. Langlois, dans *HLF*, t. 35, p. 284-301 et 646. — F. Maillard, *Note sur le Tournoiement as Dames de Paris,* dans *Romania*, t. 89 (1968), p. 539-541, attribue au père l'œuvre jusqu'alors imputée à son fils et homonyme, mort en 1304 à la bataille de Mons-en-Puelle].

— Cf. *GRLMA*, t. VI/2, n° 6340 ; t. VI/1, p. 279, 305. — *MB* n°s 2635 ; *S* 4901.

G.M. et C.R.

Pierre Gringore. Voir : *Théâtre profane.*

Pierre de Hauteville. Né en 1376, Pierre de Hauteville vécut à Tournai et Lille ; il présida la confrérie littéraire du « Chapel vert », comme « Prince de la cour d'Amour ». Il mourut à Lille le 10 octobre 1448.

Pierre de Hauteville est l'auteur présumé de *La Confession et Testament de l'Amant trespassé de deuil* (271 sizains d'octosyllabes) : ce texte anonyme fait partie du cycle de la querelle de la *Belle Dame sans merci* (1424), dont il constitue une « lecture » particulière, et s'inscrit, en même temps, dans la tradition du « testament », à laquelle se rattache la production de François Villon*. Composée vraisemblablement entre 1441 et 1447, *La Confession et Testament* appartient au groupe de textes de la querelle de la *Belle Dame sans merci,* où la Dame paraît digne et noble, et dans lesquels ce n'est plus son refus qui anéantit l'Amant, mais sa disparition. *La Confession et Testament* semble ainsi le pendant de l'*Amant rendu cordelier*, texte auquel Pierre de Hauteville doit beaucoup. *La Confession et Testament* qui contient d'abondantes références à la musique et aux chansons du XVe siècle, est conservée dans quatre manuscrits qui, tous, possèdent aussi le texte de l'*Amant rendu cordelier*. Une version de *La Confession et Testament* a été insérée aux fol. CCXLVII-CCLVIII du recueil *Jardin de Plaisance** (1501).

On attribue aussi au « Prince d'Amour » deux autres textes qui sont étroitement liés à *La Confession et Testament :* deux des quatre manuscrits de *La Confession et Testament* (Vatican, Reg. lat. 1363 et Reg. lat. 1720) les contiennent. Ce sont : *La Complainte de l'amant trespassé de dueil* (19 sizains de décasyllabes) et *L'Inventaire des biens demourez du decés de l'amant trespassé de dueil* (153 quatrains d'octosyllabes) qui entourent également *La Confession et Testament* dans le recueil *Jardin de Plaisance* (1501).

Si *La Complainte* s'appuie sur un vocabulaire de dérivation juridique — pour que l'Amant puisse prétendre à présenter sa « querelle » devant le tribunal céleste —, *L'Inventaire* fait, à travers l'énumération versifiée de *realia* (pièces d'habillement, meubles, ustensiles...), le portrait du quotidien d'un seigneur. Le caractère antithétique des deux textes est évident : le poète passe de la pure tradition littéraire, toujours à la frontière entre la convention rhétorique et l'inspiration sincère, à l'établissement d'une liste détaillée. Parmi les livres du défunt, *L'Inventaire* cite :

Le livre *Lancelot du Lac*
Et ung vielz *Rommant de la Rose* (...)
Le livre *des Joies et Doulours,*
Du Jenne Amoureux Sans Soucy,
La Belle Dame Sans Mercy
Et aussi *l'Ospital d'Amours ;*
Passe temps Michault y estoit,
L'Amoureux rendu cordelier
Et d'autres livres ung millier...
(v. 431-432, 437-443).

Cette citation d'œuvres « modernes », antérieures à 1441 (la *Belle Dame Sans Mercy,* l'*Ospital d'amours,* le *Passe temps Michault,* l'*Amoureux rendu cordelier*), fournit un *terminus a quo* pour les trois poèmes attribuables à Pierre de Hauteville.

ŒUVRES. — *Le Jardin de Plaisance et Fleur de Rhétorique, I : Fac-similé ; II : Introduction et notes*, éd. E. Droz et A. Piaget, Paris, 1910 et 1925 ; t. 1, fol. CCXLVII-CCLVIII ; t.2, p. 305-318, n° 617 (SATF) [éd. de la *Complainte*, de la *Confession et Testament* et de *L'Inventaire]*. — *« La Confession et Testament de l'Amant trespassé de deuil », de Pierre de Hauteville,* éd. R.M. Bidler, Montréal, 1982 (*Inedita & Rara,*1). — *« La Complainte de l'amant trespassé de deuil ». « L'Inventaire des biens demourez du decés de l'amant trespassé de dueil », de Pierre de Hauteville*, éd. R.M. Bidler, Montréal, 1986 (*Le Moyen Français*, 18).

⟶ D. Poirion, *Le Poète et le Prince, L'évolution du lyrisme courtois de Guillaume de Machaut à Charles d'Orléans*, Paris, 1965, p. 40, 155, n. 39 (*Univ. Grenoble, Publ. Fac. Lettres et Sciences humaines*, 35). — R.M. Bidler, *De Pierre de Hauteville à Villon*, dans *Le Moyen Français*, n°s 8-9 (1981), p. 26-36. — H. Häyrynen, *La « Complainte de l'amant trespassé de dueil »*, dans *Approches du moyen français*, éd. U. Jokinen et P. Sihvonen-Hautecœur, Jyväskylä, 1988, p. 38-89 (*Studia philologica Jyväskyläensia*, 22). — D. Hüe, *Rhétorique et testaments : formes antérieures de l'utopie ? (2e partie)*, dans *Médiévales*, n° 18 (printemps 1990), p. 93-100. — M.B. Winn, *« L'Amant trespassé de dueil » and music : a note on Pierre de Hauteville*, dans *BHR*, t. 52 (1990), p. 89-96. — Cf. *GRLMA*, t. VIII/1, p. 57, 90. F.F.H.

Pierre Hélie. Voir : *Grammaire latine médiévale*, § 2.

Pierre de l'Hôpital. De ce poète de la

première moitié du XIVᵉ siècle, on ne sait rien, sinon qu'il était clerc et probablement originaire de Picardie, d'Artois ou de Wallonie. Il est l'auteur d'un poème en octosyllabes, une *Voie d'Enfer et de Paradis*. A. Thomas croyait ce poème anonyme, mais l'auteur se nomme dans un quatrième manuscrit (Saint-Omer, Bibl. mun. 752), inconnu de Thomas.

Le sujet et le cadre sont les mêmes que ceux de la *Voie d'Enfer et de Paradis* de Jean de le Mote* : dans un premier songe, le clerc-narrateur est guidé par Désespérance, fille d'Orgueil, chez les sept péchés capitaux et jusqu'au seuil de l'Enfer. Là, il prie, Contrition lui apparaît et le sauve. Cette *Voie d'Enfer* est parfois l'occasion d'une critique sociale, voire même d'une satire politique. Dans un second songe, Dieu envoie au clerc Espérance, pour lui servir de guide sur la *Voie de Paradis* qui passe chez les sept vertus. Cette partie, très édifiante, est sans aucune originalité.

Le poème de Pierre de l'Hôpital a donné lieu à une version remaniée, également en octosyllabes, écrite dans l'Orléanais à la fin du XIVᵉ ou au début du XVᵉ siècle, ainsi qu'à une version théâtrale écrite par un clerc, une moralité divisée en deux journées, dont la première porte le titre de *Speculum mondiale de septem viciis capitalibus...*, et la seconde celui de *Speculum mondiale de septem virtutibus...* Les trois versions (Pierre de l'Hôpital et les deux remaniements) sont inédites.

→ A. Thomas, *Anonyme, auteur de la Voie d'enfer et de paradis*, dans *HLF*, t. 26 (1927), p. 86-100. — P.Y. Badel, *Le poème allégorique*, dans *GRLMA*, t. VIII/1, p. 139-160. A.F.L.L.

Pierre de la Broce (Poèmes sur). Le manuscrit Paris, BN fr. 837, de la fin du XIIIᵉ siècle, contient trois poèmes sur Pierre de la Broce. D'abord chirurgien et valet de chambre de Louis IX, selon la tradition, puis son chambellan, celui-ci fut aussi l'ami du futur Philippe III qui, après 1270, en fit son conseiller et son favori, ce qui lui attira jalousie et haine. La mort subite, en 1276, de Louis, le fils aîné du roi et de sa première femme, Isabelle d'Aragon, le perdit. Marie de Brabant, seconde femme du roi, fut accusée d'avoir empoisonné le prince. Pierre de la Broce et ses amis semblent s'être faits les échos de ce bruit, auquel d'autres vinrent s'ajouter. Le duc de Bourgogne, le comte d'Artois, le comte de Flandre forcèrent Philippe III à livrer son conseiller à la justice pour prouver l'innocence de la reine et la venger. Accusé de haute trahison, il fut pendu à Montfaucon le 30 juin 1278.

Dans l'opinion de la postérité, le malheureux favori a bénéficié du doute qui planait sur toute cette affaire ; c'est pourquoi Dante* l'a placé non en Enfer mais au Purgatoire. Mais Pierre de la Broce devint avant tout le type de la victime des caprices de la fortune. L'auteur anonyme du *Somnium cujusdam clerici* (ms. Reims 1275), poème en vers latins, le montre en train de descendre la roue de Fortune. C'est cette image que l'on retrouve dans le dit intitulé *De Pierre de Broce qui despute a Fortune par devant Reson*, poème incomplet du début, dont il subsiste 279 octosyllabes : Pierre y décrit sa disgrâce. C'est un débat sur Fortune, sujet fréquemment traité depuis Boèce*. Dans le *Dit de Fortune* atrribué à un certain Moniot (serait-ce Moniot de Paris* ?), et composé de 22 quatrains d'alexandrins monorimes, on trouve un jeu de mots sur « brocher », fréquemment employé, qui semble bien faire allusion à Pierre de la Broce. Le troisième poème, le plus intéressant de ce groupe, *De Pierre de la Broche,* compte 135 alexandrins groupés en strophes de quatre vers monorimes : Pierre se lamente à Dieu de ses malheurs, tout en reconnaissant qu'il a lui-même causé sa disgrâce et sa condamnation par son avarice et son orgueil.

Tous les chroniqueurs de l'époque, comme ceux qui suivirent immédiatement, évoquent l'affaire et fournissent sur elle des détails abondants, mais parfois confus et contradictoires.

ŒUVRES. — Éd. F.E. Schneegans, *Trois poèmes de la fin du XIIIᵉ siècle sur Pierre de la Broce*, dans *Romania*, t. 58 (1932), p. 520-550.

→ E. Littré, *Songe d'un clerc,* dans *HLF*, t. 22 (1852), p. 103-104. — A. Långfors, *En marge de trois poèmes sur Pierre de la Broce*, dans *Annales Acad. Scient. Fennicae*, série B, t. 30 (1934), p. 373-392. — C.V. Langlois, *Le règne de Philippe III le Hardi*, Paris, 1887. — Cf. Molinier nᵒˢ 2814, 2815. — *MB* nᵒˢ 3995-4001, 5010-5017. G.J.B. et G.T.L.

Pierre de La Cépède. Auteur d'origine marseillaise qui compose en 1432 un roman en prose, *Paris et Vienne*, qui serait le remaniement d'un texte plus ancien, peut-être traduit du provençal. Il raconte les aventures du chevalier Paris avec la fille du dauphin du Viennois, et l'on a pensé qu'il pouvait s'agir d'une évocation allégorique du rattachement du Dauphiné à la France. Ce texte pourrait fournir un jalon important pour l'histoire de la pénétration du français en Provence. Il a eu un succès certain, car on en connaît huit manuscrits, une douzaine d'éditions du XVIe siècle et diverses traductions étrangères.

ŒUVRE. — Éd. R. Kaltenbacher, *Der altfranzösische Roman Paris et Vienne*, dans *Romanische Forschungen*, t. 15 (1904). — Éd. de la trad. anglaise de William Caxton, Mac Edward Leach, Oxford, 1957 (*EETS*, 234). — Éd. de la version espagnole, A. Galmes de Fuentes, Madrid, 1970.

→ A. Coville, *La vie intellectuelle dans les domaines d'Anjou-Provence de 1380 à 1435*, Paris, 1941, p. 481-491. — J.J. Saint-Clair, *Ideological Structure in Paris et Vienne*, dans *Semasia*, t. 4 (1977), p. 65-99. — W.T. Cotton, *Fidelity, Suffering and Humor in Paris and Vienne*, dans *Chivalric Literature : Essays on Relations Between Literature and Life in the Later Middle Ages*, Kalamazoo, 1980 (*Studies in Medieval Culture*, 14). — F. Karlinger, *Paris et Vienne. Wanderungen, Wandlungen und Nachklänge*, dans *Mél. R. Baehr*, Göppingen, 1981, p. 127-142. — Woledge, n° 120. — Cf. *MB* nos 4152 ; *S* 6667-6668. R.B. et C.R.

Pierre de La Palu (v. 1270-1342). Théologien dominicain, originaire de Bresse (Ain). En 1309-1310 il succède à Durand de Saint-Pourçain* comme lecteur des *Sentences* au couvent parisien, puis il enseigne comme maître de 1314 à 1317. Il joue ensuite un rôle important dans diverses querelles doctrinales et ecclésiastiques. Membre de la commission chargée d'examiner le *Commentaire des Sentences* de son confrère Durand de Saint-Pourçain, il est l'un des auteurs de la liste de 93 erreurs dressée contre ce dernier, accusé de s'écarter de l'enseignement de saint Thomas*. En 1329, nommé patriarche de Jérusalem, il est envoyé à Chypre et en Égypte, pour négocier un statut plus favorable des Lieux saints. En 1333-1335, il prend part aux querelles sur la vision béatifique, causées par l'enseignement de Jean XXII. On le trouve aussi impliqué dans les controverses sur la pauvreté dues aux spirituels franciscains. Il meurt à Paris le 31 janvier 1342.

Pierre de La Palu a laissé un *Commentaire des Sentences* presque tout entier consacré à l'exposé et à la discussion des opinions de Durand de Saint-Pourçain. Cette œuvre et le reste des activités qui ont occupé sa carrière, font de lui un témoin notable des luttes doctrinales de l'époque, dans lesquelles il a joué le rôle de gardien de l'orthodoxie la plus rigoureuse, voire la plus étroite.

→ R. Hedde et E. Amann, dans *DTC*, t. 12—2 (1935), col. 2033-2036. — P. Fournier, dans *HLF*, t. 37 (1938), p. 39-84. — T. Kaeppeli, *Scriptores Ordinis Praedicatorum medii aevi*, t. 3, Rome, 1930, p. 243-249. J.F.G.

Pierre de Langtoft. Pierre de Langtoft, chanoine de Bridlington, dans le Yorkshire, écrivit à la fin du XIIIe ou au début du XIVe siècle, à la suggestion d'un certain Édouard Scaffeld, personnage de la suite d'Antony Bek, évêque de Durham et figure politique de premier plan, une chronique en anglo-normand et en laisses d'alexandrins monorimes comptant près de 10 000 vers, qui couvre l'histoire du peuple anglais depuis Brutus jusqu'à la fin du règne d'Édouard Ier. L'ouvrage se divise en trois livres qui ont parfois été considérés comme trois œuvres totalement distinctes. Le premier livre (3 010 vers) est un *Brut*, c'est-à-dire une compilation historique où l'*Historia regum Anglorum* de Geoffroi de Monmouth* a été employée, donc une histoire des rois bretons, comme l'avait déjà écrite son prédécesseur Wace* ; à ce dernier d'ailleurs, Langtoft reproche d'avoir repris les futilités rapportées par Geoffroi de Monmouth et se prétend un adaptateur plus critique de Geoffroi, plus indépendant et plus soucieux de vérité. Comme ce dernier cependant, il s'inscrit dans la tradition de Geoffroi de Monmouth en reproduisant les *Prophéties de Merlin* qu'il insère entre le premier et le second livre. La filiation a si bien été perçue par les scribes qu'un manuscrit de Langtoft porte le texte de Geoffroi en guise de premier livre et deux autres le texte normand de Wace. Le second livre (4 200 vers) retrace l'histoire des rois anglo-saxons et de plusieurs rois normands depuis 684, date de l'abdication de Cadwallader, à 1272, année de la mort de Henri III, d'après les chroniques de Henri de Huntington et Guillaume de Malmesbury. La dernière partie (2 000 vers environ suivant les rédactions) traite du règne d'Édouard Ier (1272-1307) dont Langtoft se dit le contemporain. Elle a été composée à partir de 1294, nettement après les deux premiers livres, qui datent de 1280 environ. De cette partie, il existe deux rédactions : l'une couvrant les années 1272 à 1296, est munie d'une continuation qui mène d'abord jusqu'à l'exécution de William Wallace en 1305, puis Langtoft reprit la plume pour aller presque jusqu'à la fin du règne ; enfin un remanieur a mené cette rédaction jusqu'en 1307. C'était un proche du roi, relativement francophile, qui a sans doute modifié les orientations du chroniqueur. Le premier texte de Langtoft, qui allait jusqu'en 1296, a servi de point de départ à un autre continuateur qui l'a prolongé jusqu'à la mort du roi, en le modifiant profondément, même si le contenu reste presque identique. Cette seconde rédaction a connu plusieurs étapes (révision du premier texte jusqu'en 1296 ; continuation jusqu'à la fin 1296-début 1297 ; longue continuation jusqu'à la mort d'Édouard). Comme Langtoft n'a pas dû mourir avant le début de 1307, on peut penser que la plupart de ces révisions ont été composées de son vivant. Mais c'est la seconde rédaction, celle qui lui est le moins redevable, tout en étant diffusée sous son nom, qui a remporté le plus de succès (14 mss). C'est également cette rédaction qui, en 1338, sera traduite en moyen-anglais, par Robert Mannyng, originaire de Bourne dans le Lincolnshire ; celui-ci avait une bonne expérience littéraire puisque, trente-cinq ans plus tôt, il avait adapté une autre œuvre anglo-normande, le *Manuel des Pechiez**. Du texte de Langtoft, il écartera le premier livre, lui préférant l'œuvre de Wace ; il apportera d'ailleurs à l'ensemble quelques transformations.

La principale singularité littéraire du *Règne d'Édouard Ier*, donc de la dernière partie de la chronique de Pierre de Langtoft, est constituée par l'ajout à la fin de certaines laisses de chansons politiques et satiriques, très nationalistes, très anti-écossaises, d'origine populaire, dont l'insertion, jamais artificielle, ne fait que prolonger les motifs épiques des laisses : la lâcheté de l'ennemi parjure, la condamnation morale des vassaux rebelles ou félons et leur déshonneur. Les vers de ces chansons sont généralement allitérés et relativement courts (trois à neuf syllabes). Leur texte, le plus souvent bilingue, semble d'origine plus anglaise que française. Ces chansons ont beaucoup contribué à la diffusion et au succès du *Règne d'Édouard Ier*, qui figure dans 18 des 21 mss de l'œuvre de Langtoft historien. Sur ces 21 mss, sept contiennent des vers du *Règne d'Édouard Ier* sans autre texte qui lui soit attribuable. La rapide et grande diffusion du texte de Langtoft s'explique par plusieurs facteurs : la brièveté du premier texte par rapport au *Brut* de Wace (3 000 vers pour Langtoft, 15 000 pour Wace) ; le fait que la chronique ait été menée jusqu'en 1305, voire 1307, couvrant ainsi toute l'histoire anglaise ; la forme adoptée enfin, quasiment épique, parfois romanesque, propre en tout cas à lui gagner le public de l'épopée et du roman. D'autre part, la première rédaction du *Règne d'Édouard Ier* imputable à Langtoft a fourni pour ce règne la matière des nombreux *Brut* en prose anglo-normande, latine et moyen-anglaise qui se répandirent au XIVe siècle, tradition totalement indépendante de Robert Mannyng.

ŒUVRE. — Éd. et trad. anglaise T. Wright, 2 vol., Londres, 1866-1868 (*Rolls Series*). — Éd. de la 3e partie, J.C. Thiolier, *Édition critique et commentée de Pierre de Langtoft. Le règne d'Édouard Ier*, Créteil (CELIMA, Univ. de Paris-XII), t. 1, 1989. — Éd. d'un extrait M.L. Meneghetti, *I Fatti di Bretagna. Cronache genealogiche anglo-normanne dal XII al XIV secolo,* Padoue, p. 59-66 [passage relatant la trahison de Mordret d'après les quatre mss les plus importants de Langtoft, précédé du texte latin correspondant de Geoffroi de Monmouth].

→ P. Paris, *Pierre de Langetost*, dans *HLF*, t. 25 (1869), p. 337-350, 652-654. — O. Preussner, *Robert Mannyng of Brunne's Übersetzung von Pierre de Langtoft Chronicle und ihr Verhältniss zum Originale,* Bresslau, 1891. — M.D. Legge, *A List of Langtoft's Mss with Notes on Ms. Laud. Misc. 637,* dans *Medium Aevum*, t. 4 (1935), p. 20-24 ; *Anglo-Norman Literature and its Background,* Oxford, 1963, p. 278-280. — R. Crosby, *R. Mannyng of Brunne : a New Biography*, dans *PMLA*, t. 57 (1942), p. 15-28. — R. Stepsis, *Pierre de Langtoft's Chronicle. An Essay in Medieval Historiography,* dans *Medievalia et Humanistica*, n° 3 (1972), p. 51-73. — J.C. Thiolier, *Pierre de Langtoft et le règne d'Édouard Ier*, dans *Mél. C. Rostaing*, Liège, 1974, p. 1107-1115. — T.M. Smallwood, *The Text of Langtoft's Chronicle*, dans *Medium Aevum*, t. 46 (1977), p. 219-230 [voir l'éd. citée de J.C. Thiolier, p. 209-211, à propos de cet article]. — Cf. *MB* nos 5033-5036, 6954 ; *S* 6158, 7971-7975. G.T.L.

Pierre Le Baud. Historien de la Bretagne

mort le 19 septembre 1505. Fils de Pierre, seigneur de Saint-Ouen-des-Toits dans le Maine, et de Jeanne de Châteaugiron, bâtarde de Patry seigneur de Derval et de Rougé, il fut prêtre, desservant de l'église Saint-Nicolas de Châteaugiron, puis chantre et chanoine de la collégiale Notre-Dame de Laval, trésorier de la Madeleine de Vitré, grand-chantre du chapitre de Saint-Tugal à Laval le 1er mars 1493. Simultanément il fut secrétaire de Jean de Châteaugiron sire de Derval (1480), aumônier de Guy XV comte de Laval, puis de la reine Anne de Bretagne. Il fut le grand-oncle de l'historien Bertrand d'Argentré (voir sa notice dans ce Dictionnaire, vol. XVIe s.). Gravitant dans l'entourage ducal, il fut l'un des historiens bretons qui s'efforcèrent de justifier par leurs écrits les prétentions des ducs de la dynastie de Montfort à la souveraineté.

Son œuvre principale est une chronique de Bretagne qui existe en deux rédactions. 1. la *Compillacion des Cronicques et Ystoires des tresnobles roys et princes de Bretaigne armoricque jadis extraitz et descenduz de ceulx de Bretaigne insulaire*, allant des origines à 1458, en partie inédite, dédiée en 1480 à Jean de Derval ; 2. les *Cronicques des Roys, Ducs et Princes de Bretaigne armoricaine aultrement nommée la moindre Bretaigne*, allant de Jules César à 1458, écrites entre 1498 et 1505 pour la reine Anne de Bretagne. Dans ces œuvres de grande valeur historique, surtout la seconde, sont insérées, le cas échéant en traduction, des chroniques ou des fragments de chroniques plus anciennes, dont certaines, telles la *Chronique de Nantes* ou les *Gesta episcoporum Dolensium* de Baudri de Bourgueil*, sont aujourd'hui perdues. Il subsiste, d'ailleurs, aux Archives départementales d'Ille-et-Vilaine, un manuscrit composé par ou pour Le Baud, contenant des œuvres très anciennes dont il se servit pour ses chroniques.

Il écrivit en outre un *Bréviaire des Bretons*, en vers, allant des origines à 1469 ; des *Chroniques de Vitré*, allant de 876 à 1486, dédiées à Jeanne de Laval, sœur de Guy XV de Laval et veuve du Roi René ; une *Généalogie des tresanciens Roys, Ducs et Princes, qui au temps passé ont régy et gouverné ceste royalle principauté de Bretaigne*, allant des origines à 1486, inédite, dédiée à la duchesse Marguerite de Foix et destinée à prouver qu'Anne de Bretagne pouvait succéder à son père François II, à l'exemple d'autres reines et duchesses montées autrefois sur le trône de Bretagne.

ŒUVRES. — *Histoire de Bretagne avec les Chroniques des Maisons de Vitré et de Laval*, éd. d'Hozier, Paris, 1638 [contient aussi le *Bréviaire des Bretons*]. — *Cronicques et Ystoires des Bretons*, éd. partielle de Ch. de La Lande de Calan, Rennes, 1907-1922 (*Soc. des Bibliophiles bretons*).

→ B. Hauréau, *Hist. litt. Maine*, Paris, 1852, t. 2, p. 165-175 ; 1874, t. 7, p. 76-89. — O. de Gourcuff, *Une Histoire de Bretagne en vers au XVe siècle*, dans *Revue de Bretagne, de Vendée et d'Anjou*, t. 8 (1892), p. 486-490. — *Chronicon Nannetense ou Chronique de Nantes*, éd. R. Merlet, Paris, 1896, p. XI-XIV. — C. Couderc, *Le Bréviaire des Bretons de P. Le Baud faussement attribué au copiste Mauhugeon*, dans *BEC*, t. 61 (1900), p. 71-74. — J. Kerhervé, *Aux origines d'un sentiment national. Les chroniqueurs bretons de la fin du Moyen Âge*, dans *Bull. Soc. archéol. du Finistère*, t. 108 (1980), p. 165-206 ; *Les débuts de l'État moderne : l'exemple de la Bretagne*, dans *Historiens et géographes*, n° 318 (1988), p. 27-36. — J.-C. Cassard, *L'histoire en renfort de la diplomatie : la « Genealogie des roys, ducs et princes de Bretaigne » de Pierre Le Baud (1486)*, dans *107e congrès national des Sociétés savantes, Brest 1982, philol. et hist.*, t. 2, p. 229-245 ; *Un historien au travail : Pierre Le Baud*, dans *Mém. Soc. Hist. Archéol. Bretagne*, t. 62 (1985), p. 67-95. — A. Gier, *L'Histoire du roi Arthur dans les « Chroniques des Bretons » de Pierre Le Baud*, dans *Travaux de linguistique et de littérature*, t. 22 (1984), p. 275-287. — Molinier nos 3121-3126, 5423. — Cf. *MB* n° 5252-5254. M.L.A.

Pierre le Chantre (Petrus Cantor). Issu d'une famille de chevaliers du Beauvaisis, il est maître en théologie à Paris, un peu avant 1173 et en 1183, chantre de la cathédrale, d'où son surnom. Choisi comme évêque de Tournai en 1191-1192, il voit son élection annulée par l'archevêque de Reims. Selon le chroniqueur Ralph de Coggeshall, il fut élu évêque de Paris en 1196 mais déclina cette charge. Désigné doyen par le chapitre de Reims, il meurt le 25 sept. 1197 avant de prendre cette fonction.

P. le C. fut un des premiers, avec Pierre Lombard* sans doute, à commenter l'ensemble de la Bible. Ces commentaires, conservés par de nombreux mss, restent inédits pour la plupart. En complément, la *Summa de contrarietatibus theologicis* ou *De tropis loquendi* traite de la grammaire et du vocabulaire de la Bible pour en dissiper les apparentes contradictions et la *Summa* ou *Distinctiones Abel* recueille, suivant l'ordre alphabétique, les interprétations allégoriques des termes de la Bible, en fonction de sens exégétiques différents. Les commentaires bibliques étaient liés à l'exercice universitaire de la « lectio ». La *Summa de sacramentis et anime consiliis* résulte, elle, des « disputationes » ou questions posées sur le texte biblique. Elle suit l'ordre des sacrements. P. le C. n'a laissé d'après J.-B. Schneyer que cinq sermons. Mais son œuvre maîtresse, le *Verbum abbreviatum*, exposé de sa doctrine théologique et spirituelle, est un guide de morale pratique pour les gens d'Église, et spécialement les prédicateurs, qui subsiste dans une centaine de mss en trois versions : longue, abrégée (la plus répandue) et moyenne, où certains passages de la première sont réintroduits en marge. Plus moraliste que dogmatique, l'œuvre de P. le C. a certainement influencé les décisions du quatrième concile du Latran, à propos des ordalies et des mariages consanguins ; sa *Summa de sacramentis* fut utilisée par les auteurs de Pénitentiels et on peut compter parmi ses disciples Robert de Courson et Étienne Langton*.

ŒUVRES. — *Verbum abbrev.*, version abrégée, éd. G. Galopin, 1639, reprise dans *PL*, t. 205, col. 21-370 ; certaines additions marginales de la version moyenne, incorporées dans les notes de Galopin, *PL*, 205, col. 369-528 ; chap. 66-80 de la version longue, *ibid.*, col. 527-554. — *Summa* ou *Distinct. Abel*, éd. de fragments dans J.-B. Pitra, *Spicilegium Solesmense*, t. 2-3, Paris, 1855, p. 1-276. — *Summa de sacramentis*, éd. inachevée, J.-A. Dugauquier, Louvain-Paris, 1954-1967, 5 vol (*Anal. mediaev. Namurcensia*, 4, 7, 11, 16, 21). — *The Christian at Prayer, An Illustrated Prayer Manual attributed to Peter the Chanter*, éd. R.C. Trexler, New York, 1987 [le livre 5 édité est un guide illustré de la prière, tiré d'un *De penitentia* attribué par les mss à un Pierre le Chantre].

→ Stegmüller, t. 4, p. 248-275 et nos 6445-6531 ; t. 9, p. 337-340. — Schneyer, 1972, p. 628-629 (*BGPTM*, 43/4). — *DS*, t. 12/2, 1986, col. 1533-1538 (J.W. Baldwin). S.L.

Pierre le Fruitier dit Salmon. La carrière de ce clerc, doublé d'un aventurier politique et d'un mythomane, qui vécut sous Charles VI et Charles VII, est assez difficile à établir. On sait qu'il était dans la suite du confesseur d'Isabelle de France, quand celle-ci partit pour l'Angleterre en 1396 rejoindre son mari Richard II. Compromis dans une histoire de vol, il dut se réfugier en Belgique puis à Ütrecht. Il ne réapparaîtra qu'en 1407, sans qu'on sache quelles furent ses activités entre-temps, et il joua dès lors un rôle tout à fait obscur : il est à l'hôtel du roi comme secrétaire, la cour l'utilise comme messager dans les tractations avec Benoît XIII, ce dernier lui donne une prébende à Tournai. Il subit la vindicte de l'Université de Paris, est arrêté et mis en prison en mai 1408. Libéré peu de temps après, il se réfugie en Avignon. On le trouve ensuite à Gênes, puis à Rome. Il voulut jouer un rôle de conseiller auprès des princes mais le seul à s'intéresser à lui fut le duc de Bourgogne qui en fit son agent. C'est pourquoi dans ces années tourmentées 1407-1409 de crise politique et religieuse, il passa du côté bourguignon. En 1415, il se trouvait avec les ambassadeurs bourguignons au concile de Constance. On perd sa trace à cette date, mais on sait qu'il vivait encore en 1427.

Il a rédigé en 1409 un grand ouvrage qui se compose de quatre parties : la première, sous forme de demandes de la part du roi et de réponses de son conseiller, traite des devoirs du roi et de ses serviteurs ; la deuxième est un commentaire assez verbeux de passages de l'Écriture sainte ; la troisième, la plus importante, comporte le récit des faits auxquels il avait assisté au cours de ses missions, ainsi que la transcription des lettres envoyées et reçues par lui à cette occasion ; enfin la dernière, qui ne se trouve que dans la seconde rédaction, revue et corrigée par lui-même, est un pastiche en français de la *Consolation* de Boèce*. Pierre le Fruitier est encore très mal connu. En tout cas, il est sûr qu'il n'est pas l'auteur de la *Chronique* du Religieux de Saint-Denis*.

ŒUVRE. — Éd. G.A. Crapelet, *Les demandes faites par le roi Charles VI touchant son état et le gouvernement de sa personne, avec les réponses de Pierre Salmon son secrétaire et familier*, Paris, 1833 (*Coll. des anciens monuments de la langue française*) [éd. de la première et de la troisième partie seulement].

→ B. Guenée, *Un meurtre, une société : l'assassinat du duc d'Orléans : 23 novembre 1407*, Paris, 1992 (*Bibliothèque des histoires*). — H. Moranvillé, *La Chronique du Religieux de Saint-Denis et les Mémoires de Salmon*, dans *BEC*, t. 50 (1889), p. 1-40. — B. Prost, *Pierre Salmon et la chronique de Saint-Denis*, dans *Arch. hist. et litt.*, t. 1, p. 25-27 [réfute l'hypothèse de Moranvillé]. — Molinier, n° 3577. — Cf. *MB* n°s 5132-5137. M.H.P.

Pierre le Mangeur (*Comestor, Manducator*). Né à Troyes, Pierre le Mangeur reçoit sa première formation à l'école cathédrale de la ville. Élève de Pierre Lombard à Paris avant 1158, il devient lui-même professeur, puis chancelier des écoles de 1168 à 1178. Le chancelier confère la *licentia docendi* dont la délivrance est normalement gratuite, comme le rappellent Alexandre III vers 1170-1172 et le concile Latran III, can. 18, en 1179.

Pourtant Alexandre III autorise Pierre le Mangeur, en 1174, à percevoir une taxe sur les candidats à la maîtrise.
Il semble qu'il ait gardé jusqu'à sa fin une prébende à Troyes. Il se désigne comme *presbyter Trecensis* dans sa dédicace de l'*Historia scolastica* (*PL* 198, 1053) ; il est appelé *decanus Trecensis* en 1178, par le cardinal Pierre de Saint-Chrysogone, légat pontifical (*PL* 200, 1371). En 1178, Pierre le Mangeur laisse son poste et se retire à l'abbaye de Saint-Victor où il meurt vers 1179 ; il est inhumé au monastère. Il avait composé lui-même l'épitaphe gravée sur sa tombe (Cf. *PL* 198, 1048).

L'œuvre la plus connue de Pierre le Mangeur est l'*Historia scolastica* (*PL* 198, 1049-1644). Dédiée à Guillaume aux Blanches-Mains, alors archevêque de Sens (1168-1176) avant de passer au siège de Reims, c'est une vaste compilation qui présente toute l'histoire biblique depuis le paradis terrestre jusqu'à l'Ascension. Les livres commentés sont les suivants : Genèse, Exode, Lévitique, Nombres, Deutéronome, Josué, Juges, Ruth, Samuel, Rois, Tobie, Ezéchiel, Daniel, Judith, Esther, Maccabées, Évangile. L'*Historia actuum apostolorum* qui forme la dernière partie (*PL* 198, 1645-1722) pourrait être de Pierre de Poitiers, chancelier des écoles parisiennes (1193-1205).

Comme le titre de l'œuvre l'indique, Pierre le Mangeur s'en tient à l'*historia*, premier des quatre sens scripturaires. Cette attention exclusive à « la lettre », au « fondement » de l'histoire, ne comporte aucun mépris pour la théorie des quatre sens, dont le Mangeur rappelle le principe dans sa préface et que ses sermons mettent abondamment à contribution. Pierre le Mangeur fait appel à l'historien juif Josèphe, à Augustin, Jérôme, Isidore de Séville*, Raban Maur* et, parmi les contemporains, à André de Saint-Victor* († 1175), un des premiers à souligner l'intérêt du sens littéral. Son souci de synchronisme le pousse à insérer un certain nombre de faits tirés de l'histoire profane ou des légendes : prise de Troie, origine de Rome.

Vers la fin du XIIIe siècle, l'*Historia scolastica* fut adaptée en français par Guiard des Moulins sous le nom de *Bible historiale*. Aux livres historiques de l'Ancien et du Nouveau Testament retenus par Pierre le Mangeur, il ajouta la traduction de plusieurs autres livres sacrés (voir *Bible, Traductions*).

Composé probablement entre 1165 et 1170, en dépendance étroite du 4e livre des *Sentences* de Pierre Lombard*, le *De sacramentis* témoigne d'une meilleure organisation des sujets traités, d'un apport documentaire original et d'un progrès dans la terminologie.

ŒUVRES. — Éd. critique par R.M. Martin, *Pierre le Mangeur, De sacramentis*, en appendice à H. Weisweiler, *Maître Simon et son groupe « De sacramentis »*, Louvain, 1937 (*Spicil. Sacrum Lovaniense*, 17). Sont encore inédites : la *Glose sur les évangiles,* la *Glose sur les Sentences*, la plus grande partie des *Quaestiones theologicae*. Sur les 150 sermons sûrement attribués, 50 ont été édités dans *PL* 171 [sous le nom de Hildebert de Lavardin] et 198.

→ G. Lacombe, B. Smalley, *Studies on the Commentaries of Cardinal Stephen Langton*, dans *AHDLMA*, t. 5, 1930 (1931), p. 5-182. — A.M. Landgraf, *Recherches sur les écrits de Pierre le Mangeur*, dans *RTAM*, t. 3 (1931), p. 366-372. — H. de Lubac, *Exégèse médiévale. Les quatre sens de l'Écriture*, 2e partie, 1, Paris, 1961, p. 379-385 (*Théologie,* 42). — I. Brady, *Peter Manducator and the Oral Teaching of Peter Lombard*, dans *Antonianum*, t. 41 (1966), p. 454-490. — J. Longère, *Œuvres oratoires de maîtres parisiens au XIIe siècle. Étude historique et doctrinale*, Paris (1975), t. 1, p. 20-21 [vie], 96-114 [christologie-ecclésiologie], 302-310 [vertus et vices] ; t. 2, p. 19-20, 83-93, 233-237. — B. Smalley, *Peter Comestor on the Gospels and his Sources,* dans *RTAM*, t. 46 (1979), p. 84-129, repris dans *The Gospels in the Schools c.1100-c.1280,* Londres-Ronceverte (USA), 1985, p. 37-83. — P.M. Bogaert, *Adaptations et versions de la Bible en prose (langue d'oil)*, dans *Les genres littéraires dans les sources théologiques et philosophiques médiévales, Actes du colloque de Louvain-la-Neuve 25-27 mai 1981*, Louvain-la-Neuve, 1982, p. 259-277. — R.P. McGerr, *Guyart Desmoulins, the Vernacular Master of Histories and his Bible-Historiale*, dans *Viator,* t. 14, 1983, p. 211-244. — J. Longère, *Pierre le Mangeur*, dans *DS*, t.12, 2 (1986), col. 1615-

1626. — L. Hain, *Repertorium bibliographicum* t. 1b (1827), n°s 5529-5540 ; Coppinger, supplément, t. 1, Londres (1895), n°s 5530-5540 ; t. 2a (1898), n° 1709 ; t. 2b (1902), n° 5532. — F. Stegmüller, *Repertorium biblicum*, t. 4 (1954), n°s 6543-6572, p. 280-291 ; t. 9 (1977) ; n°s 6543-6565, p. 341. — J.B. Schneyer, *Repertorium*, t. 4 (1972), p. 636-651. — Cf. *MB* n° 3015. J.L.

Pierre le Peintre. Ce poète latin, « fils de Jean », était originaire de Flandre. Il fut d'abord écolâtre, enseignant la grammaire à la fin du XIe siècle, puis chanoine de Saint-Omer. On connaît de lui plusieurs poèmes qui furent intercalés dès 1120 dans le *Liber Floridus,* compilation due à un autre chanoine de Saint-Omer, Lambert. Parmi les 18 *carmina* édités, on notera le *Domnus vobiscum* (titre donné par Manitius), comparaison entre le riche ecclésiastique grassement prébendé, et le pauvre maître d'école famélique, le *De sacra eucharistia* ou *De sacramento altaris*, souvent attribué à Hildebert, exposé didactique du sacrement de l'Eucharistie représentant la doctrine courante à la fin du XIe siècle, le *De denario*, petit poème sur la puissance de l'argent régissant tout dans le monde.

ŒUVRES. — *PL*, t. 163, col. 1003-1030 [notamment col. 1014-1015, 1020]. — B. Hauréau, *Notices et extraits de quelques mss de la BN*, t. 5, Paris, 1892, p. 211-228. — A. Boutemy, *Quelques œuvres inédites de Pierre le Peintre,* dans *Latomus,* t. 7 (1948), p. 51-69. — L. Van Acker, *Petri Pictoris Carmina...*, Turnhout, 1972 (*CCCM*, 25).

→ M. Donnini, *Il « racconto » sull'amore incestuoso in Pietro Pittore, Semiotica della novella latina,* dans *Il racconto,* Bologne, 1985, p. 237-248. — *DTC*, t. 12², 1935, col. 2036-2038. M.H.P.

Pierre le Vénérable (v. 1094-1156). Le dernier des grands abbés de Cluny. Oblat à Sauxillangues, il fit profession en 1109, puis passa dix ans à Vézelay auprès de son frère Ponce, futur abbé du monastère ; en 1120, il est désigné comme prieur conventuel de Domène près de Grenoble ; il devient abbé de Cluny en 1122, ayant à peine atteint la trentaine, après une période difficile où la grande abbaye a connu une dure crise interne. S'appliquant d'abord à pacifier les âmes, à remettre en ordre le temporel, il put bientôt réadapter l'observance clunisienne, sans avoir à changer notablement l'œuvre de ses prédécesseurs, à la valeur permanente de laquelle il croyait, en dépit des critiques dont l'institut clunisien était l'objet.

Ouvert à tous les problèmes de la chrétienté, il s'occupe des juifs à convertir au Christ ; des musulmans : il fait traduire le *Coran* par Pierre de Tolède, Herman le Dalmate et Robert de Rétines ; les hérétiques du Sud-Ouest retiennent son attention, il écrit contre eux des ouvrages de polémique ; mais rien ne le détourne de l'idéal contemplatif qui est celui de Cluny.

Son style clair et précis, autant que ses qualités de cœur et d'intelligence rendent la lecture de ses œuvres toujours agréable. La partie la plus riche reste le recueil des *Lettres*, constitué par son disciple et dévoué secrétaire Pierre de Poitiers. Toutes les œuvres, au reste, sont marquées de ce même esprit de juste milieu, de réflexion rigoureuse, originale et sereine. Pierre le Vénérable est la plus belle expression de l'humanisme chrétien du XIIe siècle.

ŒUVRES. — Cf. Marrier, *Bibliotheca cluniacensis,* rééd, Mâcon 1915 et *PL*, t. 184, col. 61-1054. — *Statuta Petri Venerabilis abbatis Cluniacensis,* IX (1146-1147), éd. G. Constable (*Corpus Consuetudinum Monasticarum*, 6), Siegburg, 1975. — Les *Lettres* sont groupées en un recueil de six livres, préfacés par un éloge en vers de Pierre de Poitiers ; plusieurs ont un style remarquablement soigné : éd. G. Constable, *The Letters of Peter the Venerable*, 2 vol., Cambridge (Mass.), 1967 (*Harvard Historical Studies*, 78). — *Peter the Venerable*, Toronto, 1974. *Selected Letters,* éd. J. Martin-G. Constable (*Toronto Medieval Latin Texts,* 3). — Le *De miraculis* est une œuvre d'édification, elle conserve un certain nombre de souvenirs de la famille clunisienne et tient une bonne place parmi les recueils similaires produits par les XIIe et XIIIe siècles : éd. D. Bouthillier, Turnhout-Paris, 1988 (*CCCM*, 83). — Le *Traité contre les partisans de Pierre de Bruys* combat une hérésie mal connue, apparentée au manichéisme : éd. J. Fearns, Turnhout-Paris, 1968 (*CCCM*, 10). — L'*Adversus Judaeorum inveteratam duritiem* est assez voisin de l'apologétique telle que la conçoivent les auteurs modernes : éd. Y. Friedman, Turnhout-Paris, 1985 (*CCCM*, 58). — L'*Adversus nefandam sectam Saracenorum* a été écrit vers 1143, après le second voyage de Pierre en Espagne ; il n'en reste que les deux premiers livres. *Liber contra sectam siue haeresim Sarracenorum,* éd. J. Kritzeck dans *Peter the Venerable and Islam*, Princeton, 1964 (*Princeton Oriental Studies*, 23). — Quelques *Sermons* de Pierre ont été conservés : éd. G. Constable, dans *Revue Bénédictine,* t. 64 (1954), pp. 224-272 ainsi qu'un *Office de la Transfiguration*, dont il introduisit à Cluny la fête, célébrée depuis longtemps en

Orient. — Les *Poésies*, la plupart liturgiques, sont d'une bonne venue, mais ne le placent pas au premier rang des auteurs médiévaux.

→ A. Wilmart, *Le poème apologétique de Pierre le Vénérable,* dans *Revue Bénédictine*, t. 51 (1929), p. 169-171. — J. Leclercq, *Pierre le Vénérable*, Saint-Wandrille, 1946. — M.T. d'Alverny, *Deux trad. latines du Coran au Moyen-Âge*, dans *AHDLMA*, t. 14 (1947-48), p. 69-131. — *À Cluny, Congrès scientifique... 1949*, Dijon, 1950. — M.C. Bodard, *Le mystère du Corps du Seigneur, quelques aspects de la christologie de Pierre le Vénérable,* dans *Collectanea Ordinis Cisterciensium Reformatorum*, t. 18 (1956), p. 100-131. — M.D. Knowles, *Cistercians and Cluniacs. The Controversy between St-Bernard and Peter the Venerable,* Oxford, 1955. — *Petrus Venerabilis (1156-1956)*, Rome, 1956 (*Studia Anselmiana*, 40). — J. Leclercq, *Aspects de la personnalité de Pierre le Vénérable,* dans *Témoins de la spiritualité occidentale*, Paris, 1965, p. 236-261 — D. Van den Eynde, *Les principaux voyages de Pierre le Vénérable,* dans *Benedictina*, t. 15 (1968), p. 58-110. — *Pierre Abélard-Pierre le Vénérable. Les courants littéraires et artistiques en Occident au milieu du XIIe siècle. Abbaye de Cluny, 2 au 9 juillet 1972*, Paris, 1975 (*Colloques internationaux du CNRS*, 546). — J.P. Torrell, *L'Église dans l'œuvre et la vie de Pierre le Vénérable,* dans *Revue thomiste*, t. 77 (1977), p. 357-392, 558-591 ; *Les juifs dans l'œuvre de Pierre le Vénérable,* dans *CCM*, t. 30 (1987), p. 331-346. — G.M. Cantarella, *Un problema del XIIe s. L'ecclesiologia di Pierre il Venerable,* dans *Studi Medievali*, t. 19 (1978) p. 159-209. — A.M. Piazzani, *Un falso problema storiografico. Note a proposito della « amicizia » tra Pierre il Venerabile e Bernardo di Clairvaux*, dans *Bull. dell'Istuto stor. ital. per il Medio Evo e arch. Muratoriano,* t. 89 (1980-1981), p. 443-487. — J.P. Torrell et D. Bouthillier, *Miraculum, une catégorie fondamentale chez Pierre le Vénérable,* dans *Revue thomiste*, t. 80 (1980), p. 357-386 ; *La notion de prophétie de la méthode apologétique, dans Le Contra Sarracenos de Pierre le Vénérable,* dans *Studia Monastica*, t. 18 (1975), p. 257-282 ; *De la légende à l'histoire. Le traitement du « miraculum » chez Pierre le Vénérable et chez son biographe Raoul de Sully,* dans *CCM*, t. 25 (1982), p. 81-99 ; *Une spiritualité de combat. Pierre le Vénérable et la lutte contre Satan*, dans *Revue thomiste*, t. 84 (1984), p. 47-81. — U. Wawrzyniak, *Philologische Untersuchungen zum « Rythmus in laude Salvatoris » des Petrus Venerabilis,* Berne-Francfort, 1985 (*Lateinische Sprache und Literatur*, 22). — J.P. Torrell et D. Bouthillier, *Pierre le Vénérable et sa vision du monde. Sa vie. Son œuvre. L'homme et le démon*, Louvain, 1986 (*Spicilegium Sacrum Lovaniense,* 42) ; *Pierre le Vénérable, abbé de Cluny : Le courage de la mesure,* Tours, 1988. — G. Constable, *Cluniac Studies*, Londres, 1980 (*Collected studies series*, 109). — M.T. d'Alverny, *Translations and Translaters,* dans *Renaissance and Renewal in the 12th Century,* Oxford, 1982, p. 421-462. — Y. Friedman, *When were Pierre the Venerable's Polemical Written ?* dans *Bar Illan Studies in History, 2 : Confrontation and Coexistence*, Bar Illan, 1984, p. 123-137. — M.T. Brolis, *La Crociata di P. il V. guerra di arma o guerra di idee ?* dans *Aevum*, t. 61 (1987), p. 327-354 — Bibliogr. dans *Bulletin d'histoire bénédictine (Supplément à la Revue Bénédictine*), t. 7 (1964-1969), nos 1486-1490 ; t. 8 (1970-1974) ; nos 2504-2511 ; t. 9 (1975-1978), nos 3555-3562 ; t. 10 (1979-1984), nos 5299-5308.

Voir aussi : Cluny. D.G.O.

Pierre de Limoges. Voir : Robert de Sorbon.

Pierre Lombard († en 1160). Né vers 1100 à Lumellogno, il vint en France, déjà formé à la théologie à la cathédrale de Lucques, sous la direction de maître Otton. Il put perfectionner sa doctrine à Paris au contact des Victorins qui l'accueillirent vers 1133-1136, grâce à une recommandation de saint Bernard* à l'abbé Gilduin (ep. 410 ; *PL*, t. 182, col. 619a). Il fréquenta l'école d'Hugues de Saint-Victor* dont il utilisera les écrits. Bientôt chancelier de Paris, il enseigne aux cloîtres de Notre-Dame, commentant d'abord la Sainte Écriture, psaumes et Épîtres de Saint Paul, puis systématisant son enseignement. En 1159, une année avant sa mort, il devient évêque de Paris. L'influence qu'il a exercée lui confère le premier rang parmi les théologiens du XIIe siècle. Ses *Livres des Sentences*, reprise plus rationnelle et didactique de son enseignement, mêlent les citations scripturaires et les opinions des Pères de l'Église, pour la commodité des étudiants. Les quatre livres suivent l'ordre chronologique : I la Divinité, II la Création, III l'Incarnation et la Rédemption, IV les 7 sacrements et les fins dernières. Cette œuvre dut être composée vers 1155-1158. La théologie scolastique naissante trouve grâce à lui son orientation définitive et sa stabilité. Il en perfectionne la méthode et, sous son impulsion à la fois novatrice et très traditionnelle, la nouvelle discipline découvre la voie qu'elle va suivre pendant plusieurs siècles. Ses *Sentences* sont une Somme de toutes les connaissances théologiques, rassemblées selon un ordre logique, pour former un exposé doctrinal complet. Mais il fut contesté, notamment par Gautier de Saint-Victor, et il faut attendre le IVe concile de Latran

(1215) pour que son enseignement soit adopté. Distribués à l'origine en livres et en chapitres puis divisés en distinctions, chapitres et articles, sans doute par Alexandre de Halès* qui fut le premier à prendre cette œuvre comme texte de base pour son enseignement parisien (1223-1227), les *Livres des Sentences* devinrent jusqu'au XVIe siècle l'ouvrage classique de théologie que les étudiants devaient commenter pour parvenir à la maîtrise. Il faut ajouter à l'œuvre de Pierre Lombard 33 sermons au moins, insistant sur la virginité et la Résurrection.

ŒUVRES. — *Sententiae*, éd. I. Brady, Grotaferrate, 1971-1981. — J. Hamesse et CETEDOC, *Thesaurus Librorum Sententiarum Petri Lombardi*, Turnhout, 1991 (*Corpus Christianorum*) [concordance sur microfiches de tous les mots de l'œuvre]. — *Commentaires scripturaires, PL*, t. 191 et 192.

→ *DTC*, t. 12/2, col. 1941-2017. — *DS*, t. 12, 1986, col. 1604-1612 (L. Brady). — *Catholicisme*, t. 11, 1988, p. 386-390 (G. Mathon). — *Pier Lombardo*, périodique publié à Novare, t. 1, 1957 [voir notamment t. 4 (1960), p. 149-153, *Bibliografia Lombardiana*]. — J. De Ghellinck, *Le mouvement théologique au XIIe siècle*, 2e éd. Bruges, 1948, p. 213-296. — *Miscellanea Lombardiana*, Novare, 1957 [Études pour le 7e centenaire de Pierre Lombard]. — P. Delhaye, *Pierre Lombard, sa vie, ses œuvres, sa morale*, Montréal-Paris, 1961 [conférence Albert le Grand, 1960]. — J. Longère, *Œuvres oratoires des Maîtres parisiens au XIIe siècle*, Paris, 1975, t. 1, p. 13-14 ; t. 2, p. 14. — F. Stegmüller, *Repertorium Commentariorum in Sententias Petri Lombardi*, 2 vol., Wurzbourg, 1947. — V. Doucet, *Commentaires sur les Sentences. Supplément au Répertoire de M. Fr. Stegmüller*, Quaracchi, 1954. — J. Van Dyk, *Thirty Years since Stegmüller. A Bibliogr. Guide to the Study of medieval Sentence Commentaries*, dans *Franciscan Studies*, t. 39 (1979), p. 255-315.

D.G.O. et F.G.

Pierre de Maubeuge. Ce clerc originaire de Maubeuge et versé dans la littérature morale, est l'auteur, au XIIIe siècle, de trois poèmes copiés à la suite dans le manuscrit Paris, BN fr. 17177. Le premier est un poème de 244 octosyllabes sur les *Quatre martyres*, qui sont « chasteté en jeunesse », « largesse en pauvreté », « humilité en hautesse » et « abstinence en abondance », et sur le grand mérite qu'il y a à pratiquer ces vertus dans de telles conditions. Les *Quatre vices* (286 octosyllabes), en sont la contrepartie : « pauvreté en orgueil », « luxure en vieillesse », « cupidité en richesse », et « paresse en jeunesse ». Le troisième est un court poème de 60 octosyllabes sur les *Quatre complexions de l'homme* ou les *Quatre tempéraments* (sanguin, colérique, flegmatique, mélancolique), inspiré du *Regimen Sanitatis Salernitatum*. Les intentions de Pierre de Maubeuge sont didactiques, et ses trois poèmes présentent un caractère de morale pratique : il veut convaincre son public de mener une vie simple et saine au milieu de la société courtoise.

ŒUVRES. — P. Meyer, *Notice du ms. fr. 17177 de la BN*, dans *Bulletin SATF*, t. 21 (1895), p. 80-118, notamment p. 99-103 [éd. *Quatre complexions*]. — J. Morawski, *Le ms fr. 25418 de la BN et les vers sur les quatre tempéraments humains*, dans *Neuphilologische Mitteilungen*, t. 28 (1927), p. 204-207. — *Les poèmes de Pierre de Maubeuge*, éd. K. Busby, dans *Pluteus*, t. 3 (1985), p. 37-56.

→ Cf. *GRLMA*, t. VI, n° 3724. A.F.L.L.

Pierre Michault. Depuis l'article d'A. Piaget, l'histoire littéraire a définitivement distingué Pierre Michault de Michault Taillevent*, confondus depuis les travaux de Montfaucon au XVIIIe siècle. Ce que l'on sait de la vie de Pierre Michault se résume à deux documents de la cour de Bourgogne : en novembre 1466, le fils de Philippe le Bon, Charles, alors comte de Charolais, le retient comme « secrétaire signant », charge non gagée plus honorifique que réelle ; en septembre 1468, il reçoit dix livres du duc Philippe, en tant que chapelain du protonotaire, Artus de Bourbon, que le duc envoie à Rome en 1464 à propos du projet d'expédition contre les Turcs puis en Touraine auprès de Louis XI. En 1473, Charles le Téméraire nomme Artus maître des requêtes du Parlement de Malines. Il est probable que Pierre Michault suivit la fortune de celui dont il était le chapelain.

Ainsi, deux de ses œuvres concernent un membre de la famille de Bourgogne : la *Complainte sur la mort d'Ysabeau de Bourbon* (comtesse de Charolais, épouse de Charles) composée après le 26 septembre 1464 ; le *Doctrinal du Temps présent*, ou *Doctrinal rural* ou encore *Doctrinal de court*, dédié en 1466 au duc Philippe et à son fils Charles. Son premier texte daté est la *Dance aux Aveugles* de 1464. Le *Procès d'Honneur féminin* ou *Avocat des Dames*, est postérieur à 1461. Hormis la *Complainte* (64 huitains décasyllabiques), Pierre Michault n'a écrit que des prosimètres, une des formes les plus chères aux Rhétoriqueurs*. Le *Procès* s'inscrit dans la tradition de la querelle des femmes. Le vieil Honneur féminin demande à l'auteur-narrateur d'assister au procès qu'il intente à ses ennemis devant le tribunal de Raison. Honneur féminin est assisté par Boccace*, Alain Chartier* et Martin Le Franc*, tandis que la défense est soutenue par Juvénal, Matheolus* et Jean de Meun*. Ceux-ci sont condamnés par Raison au terme du jugement. La vision, entre sommeil et veille, évanouie, l'auteur-narrateur entreprend de mettre par écrit ce dont il a été témoin. L'œuvre est conservée dans un seul manuscrit, mais son sujet lui a valu d'être incorporée au *Jardin de Plaisance et fleur de Rhétorique**, qui compile en particulier des textes de la querelle de la Belle Dame sans Merci (huit éditions à partir de 1501). La *Dance aux Aveugles* est elle aussi une vision de l'auteur-narrateur endormi, à un moment où l'angoisse de la mort l'étreint. Son Entendement surgit alors devant lui et lui parle des trois puissances aveugles qui font danser l'humanité : Amour, Fortune et Mort. Tous deux visitent alors les domaines de ces trois puissances. Cette œuvre eut un grand succès (19 manuscrits et une dizaine d'éditions) et une influence rapide. L'image de la Mort montée sur un bœuf, dont la *Dance* offre le premier exemple littéraire, s'est répandue dans l'iconographie grâce aux miniatures puis aux bois gravés de cette œuvre. Et Amé de Montgesoie*, lui aussi auteur d'une *Complainte* sur la mort de la comtesse de Charolais, s'est inspiré de la *Dance* pour son *Pas de la Mort,* précisément dédié à Isabelle de Bourbon. Cette préoccupation de la mort se retrouve enfin dans le *Doctrinal du Temps présent*, qui s'achève sur un *memento mori*. S'inspirant d'un classique de la grammaire élémentaire en douze chapitres, le *Doctrinale puerorum* d'Alexandre de Villedieu*, Pierre Michault décrit ici la science pervertie du temps présent, spécialement à l'œuvre dans les cours princières. C'est dans une forêt profonde que l'auteur-narrateur rencontre dame Vertu, toute échevelée. Elle vient d'échapper à Dédain, portier de l'école de Fausseté. Vertu y conduit l'auteur pour qu'il entende les leçons de la grammaire professée par douze maîtres dont Vantance, Vaine-Gloire, Concupiscence, Ambition, Flatterie, et puisse les révéler au public. Pierre Michault se livre donc à un jeu sur la grammaire latine, que l'on retrouve de façon moins systématique dans certaines poésies des rhétoriqueurs. Ainsi Vantance explique les six cas de la déclinaison latine en insistant sur l'ablatif (cas propre à la rapine et au pillage) ; Corruption commente la différence entre syllabes longues et brèves en indiquant quelles sont les personnes à renvoyer promptement sans leur parler (débiteurs, victimes d'injustices...) et celles qu'il convient de circonvenir par de longs discours (riches protecteurs) ou abuser par des retards. Le *Doctrinal* eut lui aussi une audience certaine : dix manuscrits, quatre éditions anciennes et une traduction flamande imprimée au XVe siècle, en sont connus.

ŒUVRES. — *Œuvres poétiques,* éd. B. Folkart, Paris, 1980 (*10/18*) [Contient le *Procès d'Honneur féminin*, la *Dance aux aveugles* et la *Complainte sur la mort d'Ysabeau de Bourbon*]. Cette publication reprend des travaux précédents, souvent plus documentés du même auteur : *Le Procès d'Honneur féminin,* dans *Le Moyen Français*, t. 2 (1978) ; *Perspectives médiévales sur la mort : La Complainte de P.M. sur la mort d'Ysabeau de Bourbon (1465), ibid.*, t. 3 (1980), p. 29-74. — *La Complainte* est également éd. par C. Thiry dans *De la mort marâtre à la mort vaincue* (...), dans *Death in the Middle Ages,* éd. H. Braet et W. Verbeke, Louvain, 1983, p. 239-257. — *La Danse aux aveugles*, fac-similé de l'éd. de Laurent Le Petit (XVIe) par A. Pilinski, Paris, 1884. — *Le Doctrinal du temps présent,* éd. T. Walton, Paris, 1931 ; fac-similé d'éd. antérieures à 1474 du *Doctrinal* par E. Droz, Lyon, 1925 (*Livres à gravures imprimés à Lyon*).

→ A. Piaget, *Pierre Michault et Michault Taillevent*, dans *Romania*, t. 18 (1889), p. 439-452. — E. Beltran, *Un passage du Sophilogium emprunté par Michault dans le Doctrinal, ibid.*, t. 96 (1975), p. 405-412. — B. Folkart, *Structures lexicales et idéologiques au XVe siècle : la Dance aux aveugles de P.M.*, dans *CN*, t. 37 (1977), p. 41-74. — C. Martineau-Geniéys, *Le thème de la mort dans la poésie française de 1450 à 1550,* Paris, 1978 (*Nouvelle Bibliothèque du Moyen Âge,* 6), p. 221-261, 331-338. — B. Roy, *Amour, Fortune et Mort : La danse des trois aveugles,* dans *Le sentiment de la mort au Moyen Âge,* éd. C. Sutto, Montréal, 1979, p. 119-137. — K. Baldinger, *Vocabulaire étymologique de P.M. : Le Procès d'Honneur féminin, ca. 1465,* dans *RLingR,* t. 46 (1982), p. 35-98. — J. Lemaire, *Un manuscrit inconnu du*

Doctrinal de cour de P.M. Étude codicologique et philologique, dans *Mél. A. Planche*, Nice, 1984, p. 299-309. — Cf. *GRLMA*, t. VIII/1, p. 148-149. — *MB* n°s 4810-4815, 6911, 7935 ; *S* 7367-7372. S.L.

Pierre de Molins. Chevalier champenois qu'à la suite de deux rubricateurs médiévaux on a longtemps et à tort appelé Pierre de Molaine : il s'agit de Pierre II de Molins (Marne, arr. Épernay, cant. Avize) qui fut l'ami de Gace Brulé*, de Gilles de Vieux-Maisons*, et de Guillaume V de Garlande (Seine-et-Marne, arr. Melun, cant. Brie-Comte-Robert, commune de Réau), dit « Noblet ». Les débuts poétiques de Pierre de Molins sont probablement antérieurs à 1200 ; il vivait encore en 1210-1214. Son œuvre conservée se réduit à deux chansons d'amour (R. 14 ; R. 1429), et à une « chanson de congé » (R. 661 = 715), où il se plaint vivement des cruautés d'Amour et proclame qu'il renonce à servir davantage un maître aussi tyrannique et décevant.

ŒUVRES. — H. Petersen Dyggve, *Personnages historiques figurant dans la poésie lyrique française des* XIIe *et* XIIIe *siècles. XV. Messire Pierre de Molins*, dans *Neuphilologische Mitteilungen*, t. 43 (1942), p. 62-91.

→ H. Petersen Dyggve, *Personnages historiques figurant dans la poésie lyrique française des* XIIe *et* XIIIe *siècles. XIV. Identification de Noblet, ami de Conon de Béthune, Gace Brulé et Pierre de Molins,* dans *Neuphilologische Mitteilungen* t. 43 (1942), p. 7-20 ; *Gace Brulé, trouvère champenois. Éd. des chansons et étude historique,* Helsinki, 1951, p. 53-55 (*Mémoires de la Société néophilologique d'Helsinki,* 16). — Linker, n° 207. G.M. et F.F.H.

Pierre de Nesson. Issu d'une famille de bourgeois et marchands drapiers, qui avaient été créanciers du duc de Berry, le poète est originaire d'une petite ville de la Basse-Auvergne, Aigueperse, sur les confins du Bourbonnais, où il naquit en 1383. Il fut attaché dès son enfance à la maison de Jean, duc de Bourbon. Il est probable qu'il fréquenta, comme la plupart de ses compatriotes, la Faculté des arts de Paris et la Faculté de droit d'Orléans, jusqu'à la maîtrise. Compromis avec les Armagnacs, en avril 1413, à trente ans, il échappa à la fureur de ses ennemis et trouva refuge dans les prisons. Il ne fut délivré qu'en septembre. A trente-deux ans, en 1415, il fut émancipé par son père devant la juridiction du Châtelet. L'année suivante — avait-il quelque office de finance ? — il fut mis en cause devant la Cour des Aides, mais il obtint congé et défaut contre ses adversaires non comparants et, la même année, secrétaire du duc de Berry, à l'occasion des funérailles du prince, il reçut une livrée de drap noir. Fidèle au souvenir du duc de Bourbon, qui, prisonnier en Angleterre après Azincourt, y mourra en 1434, c'est à lui que Nesson pense en composant, peu après 1424, son *Lai de Guerre*, lequel débute ainsi : « Guerre, deesse des abysmes d'enfer... » Ce *Lai* est une fière réponse au *Lai de Paix* d'Alain Chartier*. Le poète y rappelle aussi l'honneur que lui a fait la femme du duc de Berry, Marie, qui l'a « tenu son officier / En se bonne conté de Montpensier ». En 1425, il est en possession de l'office d'élu sur le fait des aides au diocèse de Clermont, office exercé aussi par un autre poète du XVe siècle, Henri Baude*. Très goûtée de son temps, sa poésie n'a tout de même pas l'éclat de celle de son contemporain Chartier, mais elle annonce d'autres poètes vigoureux, François Villon* et déjà Agrippa d'Aubigné. On trouve chez Nesson, dans ses *Vigiles des Morts*, paraphrase commentée des neuf leçons extraites du livre de Job qui font partie de l'office des morts (260 sizains d'octosyllabes), des traits tirés des thèmes du *De miseria humanae conditionis sive de contemptu mundi* du cardinal Lothaire (le futur pape Innocent III), dont s'inspire aussi Eustache Deschamps* pour un abrégé qu'il en donne, en prose et en vers, dans son *Double lay de la fragilité humaine*. Nesson médite lui aussi sur la nausée et le néant de la condition humaine :

Hélas ! quant les arbres florissent
Des belles odorans fleurs yssent
Et fruits savoureux...
Mais de toy n'yst que ordure,
Morveux, crachatz et pourriture...

Il médite sur la vanité de cette vie et trouve dans des pensées funèbres une joie amère et un réconfort ou une évasion aux malheurs du temps présent, la mort n'étant que le prélude à la vraie vie. Poète de la mort, des funérailles, du macabre, c'est sans doute celui des écrivains du XVe qui nous a laissé l'expression la plus âpre et la plus lyrique du thème du *contemptus carnis*. Il a écrit aussi une *Oraison à Notre Dame*, dans laquelle il fait foi et hommage à la Vierge en son nom et au nom de sa famille, réfutant à l'aide d'une argumentation juridique en forme les prétentions que pourrait élever Jésus à recevoir seul cet hommage. En 1436, il fit partie d'une ambassade que le roi de France envoyait à Bâle et à Bologne, auprès du pape Eugène IV, pour essayer de conjurer le schisme. En mars 1439, il plaidait encore au Parlement contre un adversaire inconnu. Il mourut quelques années après, en tout cas avant 1442-1443. Villon avait alors onze ans. R. Bossuat écrit que « par ces temps d'invasion, de pillages, de massacres où la vie humaine a perdu son prix, où la liberté n'est plus qu'un vain mot, nombreux sont les poètes qu'assiège une mélancolie profonde et qui ne gardent du monde qu'une vision désenchantée », et que les méditations en vers que Nesson nous a laissées dans ses *Vigiles des Morts* sont « le tableau le plus sombre et le plus saisissant des fins dernières de l'homme, exprimant tout le pessimisme d'une époque affreuse où le poète, détaché d'une vie sans espoir, s'en va chercher dans les cimetières, devant les charniers où la *Danse Macabre* déroule la plus triste sarabande, une funèbre inspiration ».

ŒUVRES. — E. Piaget et E. Droz, *Pierre de Nesson et ses œuvres,* Paris, 1925 [éd. du *Lai de guerre* et de l'*Oraison à Notre-Dame* ; reproduction en fac-similé du plus ancien imprimé des *Vigiles des morts*]. — Extraits des *Vigiles* dans J.M. Paquette, *Poèmes de la mort de Turold à Villon*, Paris, 1979, p. 217-224 (10/18, *Bibl. Médiévale*).

→ P. Champion, *Histoire poétique du* XVe *siècle*, Paris, t. 1, 1923, p. 167-225. — A. Piaget, E. Droz, *op. cit.* — C.S. Shapley, *Studies in French Poetry of The Fifteenth Century,* La Haye, 1970. — C. Martineau-Génieys, *Le thème de la mort dans la poésie française de 1450 à 1550,* Paris, 1978, — Cf. Sonet-Sinclair-Rézeau n° 1085. — Cf. *MB* n°s 5400-5407. G.A.B.

Pierre d'Orgemont. Voir : *Chroniques de France* (*Grandes*).

Pierre de Paris. On sait peu de chose de la vie de Pierre de Paris. D'après les traits de franco-italien qui émaillent ses œuvres, il doit être originaire de Vénétie ou des côtes dalmates. C'est à Chypre qu'il composa deux œuvres perdues : une traduction de la *Politique* d'Aristote et un traité philosophique où il traitait entre autres du libre arbitre. Ce texte était dédié au « seigneur de Tyr », qu'il faut sans doute identifier avec Amauri de Lusignan. Proclamé régent du royaume de Chypre en 1309, celui-ci fut assassiné dès 1310. Nous connaissons ces détails grâce aux allusions faites dans sa traduction de la *Consolatio philosophiae* de Boèce*. Conservée dans un manuscrit unique, daté de 1309 et copié pour un Génois, cette version française en prose est pourvue d'un commentaire. Un volume du XVe siècle, d'une main italienne, en donne une traduction latine maladroite. Une œuvre de Pierre de Paris nous reste : la traduction française du *Psautier*, avec une paraphrase empruntée à la glose ordinaire et interlinéaire (voir aussi *Bible française*, § 4). Celle-ci est dédiée à Simon Le Rat, frère hospitalier de Saint-Jean-de-Jérusalem. Frère Simon résida à Chypre de 1299 à 1310, comme maréchal de l'ordre ou comme commandeur de Chypre. À partir de 1313, il devint prieur de France. Pierre de Paris est désigné par le titre de « maître », mais on ne sait où il acquit ses grades universitaires, et les critiques qui se sont penchés sur sa traduction de Boèce, sont fort sévères pour ce qui est de sa connaissance du latin, des réalités et des littératures antiques. Mais peut-être pourrait-on le réévaluer en tant que représentant de la communauté latine d'Orient, qui se prit tôt au jeu de la traduction vernaculaire. Pensons à Jean d'Antioche* et à son travail sur la *Rhetorica vetus* et la *Rhetorica nova,* réalisé à la demande d'un autre hospitalier, Guillaume de Saint-Étienne* en 1282.

→ A. Thomas, *Notice sur le ms. latin 4788 du Vatican* (...), dans *Notices et extraits des mss de la BN et autres bibliothèques*, t. 41, Paris, 1923, p. 29-90 [longs extraits de la *Consolation*]. — A. Thomas et M. Roques, *Traductions françaises de la Consolation de Philosophie de Boèce*, dans *HLF*, t. 37, 1938, p. 441-450. — P. Courcelle, *Étude critique sur les Commentaires de la Consolation de Boèce (IXe-XVe siècle)*, dans *AHDLMA*, t. 12 (1939), p. 100 et 134. — S. Berger, *La Bible française au Moyen Âge,* Paris, 1884, p. 72, sqq., p. 346 [notice du ms. BN fr. 1761 du Psautier et quelques extraits courts]. — E. Brayer et A.-M. Bouly de Lesdain, *Les prières usuelles annexées aux anciennes traductions du Psautier*, dans *Bulletin de l'IRHT* t. 15 (1967-1968), p. 77-78. — Cf. *MB* n°s 2667-2668. S.L.

Pierre de Peckham, ou de Fecham, ou d'Abernon. Ce clerc anglais, mort aux environs de 1293, est l'auteur de trois œuvres religieuses écrites en anglo-normand « parce que les laïcs comprennent le français », dans l'ordre chronologique suivant : la *Lumière as lais,* la *Vie de saint Richard,* et le *Secret des Secrets**. Ce dernier ouvrage n'est qu'une des nombreuses versions populaires d'une prétendue lettre d'Aristote à Alexandre, contenant des conseils de politique et de morale, et aussi de diététique et d'hygiène (éd. O.A. Cumberlegge, *Anglo-Norman Texts* n° 5, Oxford, 1944). La *Vie de saint Richard,* évêque de Chichester († 1253), fut directement traduite du latin à la requête de la comtesse d'Arundel (éd. A.T. Baker, dans *RLR*, 1910). La *Lumière as Lais* a près de 14 000 vers. C'est une compilation encyclopédique de théologie, tirée surtout des commentaires scolastiques sur les *Sentences* de Pierre Lombard*, augmentés, nous dit l'auteur, de sources « plus sûres », telles que l'*Elucidarium** attribué à Honorius d'Autun. Sous forme de dialogue entre maître et disciple, on y trouve la réponse à une extrême variété de questions portant sur la nature de la divinité, des anges, des choses matérielles, sur les mystères du christianisme et les grandes questions théologiques, y compris la prédestination, ou sur des points élémentaires de morale et de pratique religieuse, le tout en un style abstrait et monotone qu'alourdissent une langue et une versification des plus gauches. La *Lumière as Lais,* écrite en 1267, est un de ces essais, nombreux en Angleterre à cette époque, qui visaient à mettre à la portée du commun des prêtres et des fidèles les articles fondamentaux de la foi et de l'observance religieuse ; mais c'est le seul qui ait vulgarisé les idées du Lombard. Son caractère systématique et sa facture scolastique (chacun des six livres est divisé et subdivisé en distinctions et chapitres, ou questions, comme le sont les commentaires latins des *Sentences*) lui valurent auprès des clercs un succès qu'attestent encore les 12 mss qui nous restent.

ŒUVRE. — M. Hessenauer, *La lumiere as lais. Pierre de Peckhams Vermittlung scholastischer Theologie*, Wiesbaden, 1989.

→ D. Jones, *The Medieval Lives of St. Richard of Chichester*, dans *Analecta Bollandiana*, t. 105 (1987), p. 105-129 [Vies et Miracles en latin, Vie anglo-normande de Pierre de Peckham]. — C.V. Langlois, *La vie en France au Moyen Âge*, t. 4 : *La vie spirituelle* , Paris, 1928, p. 66-122 [vue d'ensemble et analyse de la *Lumière as lais*]. — D. Legge, *Pierre de Peckham and his « Lumiere as lais »*, dans *The Modern Language Review* t. 24 (1929), p. 37-47 et 153-171 ; *Anglo-Norman Litterature and its background,* Oxford, 1963, p. 214-216. — Y. Le Fèvre, *L'Elucidarium et les Lucidaires*, Paris, 1954, p. 315-323. — Cf. *GRLMA*, t. VI/2 n° 2404. — *MB* n°s 3585-3589. E.J.A.

Pierre de Pise (Petrus Pisanus). Ce diacre italien, mort avant 799 en Italie, était déjà assez âgé (*senex* d'après Eginhard*), quand il arriva à la cour de Charlemagne, où il enseigna la grammaire à l'empereur. Il composa quelques poèmes adressés à Paul Diacre*, à Angilbert et à Charlemagne et dédia à ce dernier une grammaire, paraphrase de l'*Ars minor* de Donat, où les paradignes grammaticaux occupent beaucoup de place. Elle nous est parvenue en deux versions, la seconde remaniée par l'auteur lui-même et conservée actuellement à Berlin dans un manuscrit copié à la cour de Charlemagne avant 791. Les deux versions figurent aussi dans le ms. Bern, Burgerbibliothek 207, copié probablement à Fleury à la fin du VIIIe siècle. Cette contribution importante à la pédagogie carolingienne mériterait une monographie.

ŒUVRES. — *Carmina*, éd. E. Dümmler, *Pauli et Petri Diaconorum carmina*, Berlin, 1881, 1964, n°s 11, p. 48 ; 13, p. 50 ; 15, p. 52 ; 40, p. 73 et 41, p. 74 (*MGH, Poetae latini aevi Carolini,* 1). — Éd. K. Neff, *Die Gedichte des Paulus Diaconus*, Munich, 1908 (parmi les poèmes de Paul Diacre). — *Grammatica*, éd. partielle H. Hagen, *Anecdota Helvetica,* Leipzig, 1870, p. XCVI-XCVIII et 159-171 ; éd. en fac-similé B. Bischoff, *Sammelhandschrift Diez B. Sant. 66 Grammatici latini et catalogus librorum*..., Graz, 1973, p. 27-30 et fac-similé, p. 3-66 (*Codices selecti phototypice impressi,* 42).

→ M. Manitius, *Zur Grammatik Peters von Pisa*, dans *Münchener Museum für Philologie*, t. 1 (1912), p. 178-182. — L. Holtz, *Donat et la tradition de l'enseignement grammatical*..., Paris, 1981, p. 358, 362, 377, 409 et apparat critique de l'*Ars Donati (Documents, études et répertoires publiés par l'IRHT*). — Cf. Manitius, 1, p. 452-456 ; 2, p. 806. — Brunhölz, 1, p. 249-250 et 545 ; trad. française, t. 1, vol. 2, 1991, p. 12-14, 20, 28, 59, 264. C.J.

Pierre Poquet. Originaire de Bourgogne (Gerson ne l'appelle jamais autrement que Pierre Bourguignon), Pierre Poquet fut une figure marquante de son époque. Entré en 1369 au couvent des Célestins de Paris, après des études de droit, il en fut élu prieur en 1374. Désigné comme provincial de France en 1379, il le resta jusqu'à sa mort en odeur de sainteté (1408). Il a laissé quelques textes dans lesquels s'exprime sa ferveur religieuse : un *Orationarium in vita Domini nostri Jhesu Christi*, recueil inédit de méditations et d'oraisons sur la vie du Christ, dans la mouvance des *Meditationes Vitae Christi* pseudo-bonaventuriennes et de la *Vita Christi* de Ludolphe de Saxe ; un abrégé commenté à l'intention des célestins des *Collationes* de Jean Cassien, inédit ; un *Dictamen de laudibus beati Josephi*, qui révèle une dévotion intense envers l'époux de la Vierge. Ce long poème est le premier ouvrage qui, en France, fut consacré à saint Joseph, avant ceux de Jean Gerson* et de Pierre d'Ailly* ; dans les années 1410 ; il fut traduit en français avant 1464 par un nommé Jean Rammesson, peut-être célestin lui aussi.

La renommée dont Pierre Poquet jouit de son vivant résulte moins de son œuvre littéraire que de son rayonnement spirituel, dont témoignent les contemporains, et de l'influence qu'en tant que directeur de conscience, il put exercer sur des personnages de premier plan comme Philippe de Mézières* et Louis d'Orléans, voire Charles V et Jeanne de Bourbon.

ŒUVRE. — Éd. du *Dictamen de laudibus beati Josephi* par M. Lieberman dans *Cahiers de Joséphologie*, t. 12 (1964), p. 5-71. — Éd. de la trad. de Jean Rammesson par M. Lieberman, *ibid.*, t. 20 (1972), p. 5-110 et 253-261.

→ *DSAM*, t. 12, 1985, col. 1922-1926 [notice très documentée d'O. Caudron]. — *Cahiers de Joséphologie*, t. 9 (1961), p. 199-266 ; t. 15 (1967), p. 49-50, 109. G.H.

Pierre de Provence et la belle Maguelonne. Il faut tout d'abord abandonner, comme une fable inventée au XVIIe siècle, l'attribution à Bernard de Tréviers, sans doute simple sculpteur du XIIe siècle, d'une version originale de *Pierre de Provence*. Il en va de même du remaniement qu'en aurait fait Pétrarque* lors de son séjour à Montpellier. Toutefois, le roman tel qu'il nous a été conservé au XVe siècle, est situé dans le cadre géopolitique du XIIe siècle. Pierre de Provence est, en effet, le fils du comte de Provence et Maguelonne la fille du roi de Naples. Or, au XVe siècle, comte de Provence et roi de Naples sont une seule et même personne : le roi René* chef de la maison d'Anjou. Par ailleurs, tout le roman repose sur des schémas de contes déjà exploités.

Pierre est parti faire ses armes à Naples, où il tombe amoureux de Maguelonne. Ils se fiancent, mais Pierre veut revoir ses parents et Maguelonne part avec lui en secret. En chemin, ils se reposent. Maguelonne s'endort tandis que Pierre la contemple puis tire du corsage de son amie les trois anneaux qu'il lui avait offerts et qu'elle avait enveloppés dans une étoffe de soie rouge. Attiré par la couleur, un oiseau rapace s'empare du sachet (voir l'*Escoufle* de Jean Renart*). En cherchant à le lui reprendre, Pierre prend la mer sur une barque et des Sarrasins le capturent ; il vivra longtemps chez eux. Maguelonne de son côté se réveille, abandonnée. Après maintes aventures, elle fondera au « Port Sarrasin » un hôpital pour les pèlerins. Un jour, on pêche un poisson et dans son ventre on retrouve les trois anneaux (voir la *Manekine* de Philippe de Beaumanoir*). Le roman s'achève après les retrouvailles des amants et leur mariage.

On peut voir à la base de ce roman anonyme en prose française une légende qui justifie le nom de l'ancienne ville de Maguelone, située près de Montpellier, ou qui rappelle une fondation pieuse dans cette cité (rôle joué au XIe siècle par Pierre de Melgueil et son épouse Almodis dans l'histoire de l'île et de l'église de Maguelone). Toujours est-il que le texte eut beaucoup de succès, du moins sous l'une de ses formes, car on en connaît deux rédactions. La première, qui daterait de la première moitié du XVe siècle, est conservée par quatre manuscrits et ne fut imprimée qu'une fois à Lyon pour Barthélemy Buyer, vers 1480. La seconde rédaction, plus courte, figure dans une seule copie, où elle est datée de 1453. Ce manuscrit (Cobourg, Bibl. ducale S IV 2) est l'œuvre d'un Allemand et présente une double particularité : une traduction latine juxtalinéaire et des gloses allemandes marginales. De fait, *Pierre de Provence* fut très goûté en Allemagne, du XVe siècle jusqu'au romantisme. Cette seconde version fut traduite en allemand par Veit Warbeeck pour le mariage de l'électeur Jean de Saxe et de Sibylle de Clèves en 1527. En France même, cette rédaction fut imprimée dès 1485 environ et ne connut pas moins d'une vingtaine d'éditions différentes jusqu'à la fin du XVIe siècle. Alors le texte entra en 1620 dans la fameuse *Bibliothèque bleue* et s'y maintint jusqu'à la fin du XIXe siècle. *Pierre de Provence* donna encore matière à un mystère imprimé vers 1529 à Paris par Jean Saint-Denis ; à des traductions en espagnol (Cervantès le cite deux fois dans *Don Quichotte*), néerlandais, danois, polonais, grec...

L'histoire de Pierre et Maguelonne reparaît comme un thème folklorique récurrent, dans le domaine de l'astronomie populaire en Provence, au XIXe siècle. Les *Memori* de Mistral, *Les Lettres de mon moulin* d'Alphonse Daudet s'en font l'écho : après une course folle, la belle Vénus-Maguelonne — l'étoile du berger — retrouve tous les sept ans Saturne-Pierre pour une conjonction, symbole de leur union.

ŒUVRE. — Éd. A. Biedermann, Halle-Paris, 1913 [rédaction primitive d'après le ms. Paris, BN. fr. 1501]. — R. Colliot, Paris-Aix-en-Provence, 1977 (*Senefiance*, 4) [éd. du texte de la seconde version, sans la trad. latine et les gloses du ms. de Cobourg]. — L. Andriès, *Robert le Diable et autres récits,* Paris, 1981, p. 173-217 (*Stock Plus Moyen Âge*) [texte de la Bibliothèque Bleue]. — Éd. partielle et trad. allemande dans F. Karlinger et I. Lackner, *Romanische Volksbücher* (...) *Magelone, Genovefa...,* Darmstadt, 1978.

→ W. Söderhjelm, *Pierre de Provence et la belle Maguelonne* dans *Mémoires de la Soc. néophil. de Helsingfors,* t. 7 (1924), p. 1-50. — M. Roques, préface à l'*Histoire de P. de P. et de la belle M.,* renouvelée par G. Michault, Paris, 1926. — A. Coville. *La vie intellectuelle dans les domaines d'Anjou-Provence de 1380 à 1435.* Paris, 1941, p. 462-481. — A. Birner, *Untersuchungen zur Magelone in der Westromania,* Salzbourg, 1977 [résumé dans *Sprachkunst* t. 9 (1978), p. 190-91]. — Woledge, nos 121-122. — Cf. *MB* nos 4154 ; *S* 6701-6702.

S.L. et G.B.L.

Pierre Riga. L'*Aurora*, ou *Biblia versificata,* de Pierre Riga, chanoine de Reims, écrite dans le dernier quart du XIIe siècle, est un des livres les plus populaires du Moyen Age. A peu près 250 manuscrits de ce poème latin se trouvent en Europe et en Amérique. Écrivant à la requête de ses étudiants et de ses collègues, Pierre Riga présenta au public l'*Aurora* en trois éditions, successivement, à mesure qu'il les complétait. La première édition comprenait les cinq livres du Pentateuque, Josué, les Juges, Ruth, les 4 livres des Rois, les Maccabées et l'Évangile (jusqu'au Sermon sur la montagne). La seconde édition fit quelques corrections et ajouta Esther, Judith, Tobie, Daniel, le reste de l'Évangile, y compris la Passion, et les *Recapitulationes*. Cette dernière partie est un livre (letter-dropping = lipogrammatique) dont chaque passage est écrit sans l'une ou l'autre des lettres de l'alphabet (sans A, ou sans B, etc.) ; mais on n'y voit guère plus qu'une suite d'extraits des livres précédents faits pour paraître nouveaux grâce à l'habile substitution de synonymes appropriés. La troisième édition ajouta les Actes des Apôtres, le Cantique des Cantiques, et Job, qui furent écrits en vers hexamètres rimés, bien que les livres précédents eussent été écrits en distiques. L'ouvrage comprenait déjà plus de 15 000 vers avant que Gilles de Paris, semble-t-il, en fît deux copies, ajoutant des prologues aux livres et faisant des interpolations jusqu'à ce que sa dernière version l'eût augmenté de 3 300 vers.

Quelques livres de l'*Aurora* consistent presque entièrement en textes et commentaires versifiés, à sens moral et allégorique, comme le Lévitique, le Deutéronome, ou le Cantique des Cantiques ; certains sont des récits presque ininterrompus, comme les Actes des Apôtres, ou Judith ; et d'autres sont mélangés, ainsi la Génèse, ou l'Évangile.

Une comparaison de l'*Aurora* avec ses sources montrera immédiatement que Pierre Riga n'était pas un exégète original, mais qu'il avait un remarquable talent pour condenser des sommes volumineuses de prose et les présenter sous forme métrique. Il était peut-être plus rhéteur que poète. Plusieurs poèmes bibliques particuliers, qui montrent beaucoup de rhétorique (par exemple, l'Histoire de Suzanne), et qu'il avait antérieurement publiés dans une première collection intitulée *Floridus aspectus* dédiée à l'archevêque de Reims (1140-1161), il les utilisa de nouveau en divers endroits de l'*Aurora*. Et à la vérité il écrivit un « art de la poésie » comme seconde partie du *Floridus aspectus* (seul ms. complet : Paris, Arsenal 1136). Il faut enfin signaler un *De decem preceptis* attribué par A. Vernet à Pierre Riga (Walther, *Initia* n° 184485 ; Cf. *BEC* t. 102, 1941, p. 263).

L'*Aurora* a été lue non seulement

comme œuvre littéraire, mais comme histoire de la Bible, comme commentaire biblique. Et des poètes l'ont honorée par des traductions et des emprunts. Jean Malkaraume* lui emprunta des passages pour sa *Bible* en vers ; Macé de la Charité* traduisit tout l'ouvrage en vers français pour sa *Bible*, sauf les *Recapitulationes* ; et de l'autre côté de la Manche, l'auteur du *Cursor Mundi*, écrit en anglais moyen, en traduisit des passages ; et, à la fin du XIVe siècle, John Gower* en utilisa 450 vers ou davantage, avec peu ou pas de changement, dans son poème latin *Vox Clamantis*.

ŒUVRE. — *Aurora, Petri Rigae Biblia versificata. A verse Commentary on the Bible,* éd. P.E. Beichner, 1965, 2 vol. (*Publ. in Mediaeval Studies,* 19).

→ F. Stegmüller, *Repertorium biblicum medii aevi*. Ce recueil donne non seulement la plus complète liste imprimée des mss, mais indique aussi les lieux où ont été imprimés des extraits des textes. — Voir aussi les articles suivants de P.E. Beichner : *The Old French Verse Bible of Macé de la Charité, a Translation of the Aurora*, dans *Speculum*, t. 22 (1947), p. 226-239 ; *The Cursor mundi and Petrus Riga, ibid.*, t. 24 (1949), p. 239-250 ; *Gower's Use of Aurora in Vox Clamantis* dans *Speculum* 30 (1955), p. 582-595 ; *La Bible versifiée de Jehan Malkaraume et l'Aurora,* dans *Le Moyen Age*, t. 61 (1955), p. 63-78 ; *Cantica canticorum Beatae Mariae*, dans *Marianum* (Rome), t. 21 (1959). — P.E. Beichner, *The « Floridus Aspectus » of Peter Riga and Some Relationship to the « Aurora »*, dans *Classica et Mediaevalia,* t. 30 (1969), p. 451-481. P.E.B.

Pierre Rivière. Compatriote et ami de Jean Bouchet, Pierre Rivière est né à Poitiers à une date inconnue ; il étudia le droit et mourut précocement en 1499. C'est grâce à l'*Épitaphe* que composa pour lui Bouchet, que l'on peut lui rendre la paternité de *La Nef des Folz,* publiée anonymement en 1497 à Paris. Il s'agit d'une traduction française en vers de la version latine due à Jacob Locher (1497) du *Narrenschiff* de Sebastian Brant (1494). Adaptant son modèle au goût français, Rivière lui a ajouté 11 461 vers. Cette traduction qui témoigne de l'effet immédiat et immense qu'eut le texte satirique de Brant, exerça à son tour son influence. Jean Drouin la mit en prose dès 1498 ; Alexander Barclay la prit comme modèle avec les versions latines et néerlandaise pour son adaptation anglaise (1507) ; et Jean Bouchet usa du travail de son ami pour ses *Regnars traversans* (1500 ou 1503), œuvre que son éditeur, Antoine Vérard, tronqua et compléta par d'autres pièces (voir André de La Vigne). Enfin peut-être *La Nef des Folz* de Rivière joua-t-elle quelque rôle dans les errances nautiques de Panurge et Pantagruel.

ŒUVRE. — Éd. E. Dubruck, Ann Arbor, Michigan Academy of Science, Arts and Letters, 1977, 2 vol. [transcription de l'unique éd. de 1497].

→ E. Dubruck, *Sebastian Brant in France : A Ship of Fools by Pierre Rivière,* dans *Revue de littérature comparée,* t. 48 (1974), p. 248-256 ; *On Pierre Rivière Translator of Brant's Narrenschift,* dans *BHR*, t. 42 (1979), p. 109-110. — B. Quillet, *Le Narrenschiff de Sebastian Brant, ses traducteurs et ses traductions aux XVe et XVIe siècles,* dans *Culture et marginalités au XVIe siècle*, Paris, 1973, p. 111-124. — Cf. *MB S* n° 7584. S.L.

Pierre de Saint-Cloud. Voir : *Roman d'Alexandre* et *Roman de Renart*.

Pierre de Tarentaise. Né à Tarentaise-en-Forez, au diocèse de Lyon, avant 1225. Il entre chez les Dominicains et est envoyé à Paris pour ses études théologiques. Il est maître avant juin 1259. En 1272, il est nommé archevêque de Lyon et, l'année suivante, créé cardinal-évêque d'Ostie. Il prend part au concile de Lyon (1274). En 1276, on le choisit à l'unanimité comme successeur de Grégoire X. Il prend le nom d'Innocent V, mais ne règne que quatre mois. L'ouvrage le plus important qui nous est parvenu est son *Commentaire des Sentences*, composé de 1257 à 1259 et imprimé à Toulouse (1640-1652). Cet ouvrage ne présente guère d'originalité. Ses sources principales sont saint Bonaventure* et saint Thomas*. Il utilise et résume leurs œuvres, sans toutefois les citer nommément.

→ P. Glorieux, *Répertoire des maîtres en théologie de Paris au XIIIe siècle*, Paris, 1931, t. 1 n° 17 ; *Le quodlibet de Pierre de Tarentaise,* dans *RTAM*, t. 9 (1937), p. 237-280. — H.D. Simonin, *Les écrits de Pierre de Tarentaise,* dans *Beatus Innocentius V (Petrus de Tarantasia, O.P.) studia et documenta,* Rome, 1943, p. 163-335. — M.H. Laurent, *Le Bienheureux Innocent V (Pierre de Tarentaise) et son temps,* Vatican, 1947. — J.P. Mérimée, art. *Innocent V (Pierre de Tarentaise)...*, dans *DSAM*, t. 72, Paris, 1972, col. 1773-1775. Ad.P.

Pierre Tudebode. On ne sait rien sur lui, sinon qu'il aurait été prêtre à Civray, à quelque 50 km de Poitiers. Il a laissé un récit de la première croisade dont il a dû être un témoin oculaire. Souvent considéré comme un plagiaire des *Gesta Francorum et aliorum Hierosolymitanorum,* dont l'auteur anonyme avait, lui aussi, participé à la première croisade, Tudebode a été réhabilité par ses derniers éditeurs. Ceux-ci pensent que Tudebode et l'auteur des *Gesta* ont utilisé une source commune, aujourd'hui disparue, qui se reflète aussi chez Raimon d'Aguilers*. Si la distinction entre les *Gesta* et Tudebode n'a pas été clairement établie dès le début, c'est sans aucun doute parce que les *incipit* et *explicit* des deux œuvres se ressemblent de façon frappante (sauf dans un manuscrit). De plus, le récit de Tudebode et les *Gesta* sont souvent identiques dans la forme comme dans le contenu. Cependant, le texte de Tudebode est assez prosaïque, dénué de l'enthousiasme pour les saints qui anime Raimon d'Aguilers, et du préjugé favorable à Bohémond et à Tancrède qui apparaît dans les *Gesta* : il a rédigé un texte plus neutre, qui n'est hostile ni aux princes normands ni à leur rival, le comte de Toulouse. S'il a, comme ses confrères, utilisé des matériaux juridiques et liturgiques, enrichis de contes et de pieuses remarques, pour donner de la vie à son récit, s'il l'a enjolivé à l'aide d'histoires la plupart du temps communes à tous, plusieurs de ses relations sont tout à fait personnelles, et on perçoit une nette divergence sur l'importance respective accordée aux divers épisodes. Il semble donc que Tudebode, Raimond d'Aguilers et l'auteur des *Gesta* aient tous trois disposé des documents et compilations officiels de l'histoire de la croisade, auxquels chacun a ajouté à sa guise, afin de soutenir l'intérêt du lecteur. Aucun d'eux ne peut donc prétendre à une antériorité sur les autres.

ŒUVRE. — Éd. J.H. et L.L. Hill, *Historia de Hierosolymitano itinere*, Paris, 1977 (*Documents relatifs à l'histoire des croisades publiés par l'Académie des IBL*).

→ N. Jorga, *Les narrateurs de la première croisade,* Paris, 1928. — J.H. et L.L. Hill, *Raymond IV de Saint-Gilles,* Toulouse, 1959. — Molinier n° 2116. G.T.L.

Pierre des Vaux-de-Cernay. Moine de l'abbaye cistercienne des Vaux-de-Cernay, Pierre était le neveu de l'abbé Gui qui dirigeait le couvent depuis 1184. Il accompagna son oncle à la quatrième croisade et lorsque celui-ci devint en 1212 évêque de Carcassonne, son neveu le suivit. Pierre, qui devait avoir alors une trentaine d'années, prit part à la croisade contre les Albigeois qu'il raconta dans son *Historia Albigensis*. Peut-être fut-il l'historiographe officiel de la croisade. Il n'a cependant pas séjourné de façon continue dans le Midi. Après avoir suivi les opérations militaires pendant l'année 1212 et assisté au concile de Lavaur (janvier 1213), il est retourné en France avec son oncle, qui se trouvait à Paris en mars 1213 ; il n'a donc pas été témoin de la bataille de Muret. En avril 1214, il retourna dans le Midi ; il rejoignit Simon de Montfort à Saint-Thibéry et suivit l'armée en Agenais et en Rouergue. L'année suivante, il accompagna la chevauchée du prince Louis. En 1216, il se trouvait à Nîmes et assista aux opérations de Simon de Montfort devant Beaucaire. Il fut présent au siège de Toulouse. Il avait regagné l'Île-de-France avant la fin de l'année 1218. La première rédaction de l'*Historia*, avec sa préface au pape Innocent III, date du début de 1213. Elle a été munie de deux continuations écrites au fil des événements. Dès la fin de 1218, Pierre disparaît du champ de l'histoire. On ne sait s'il est mort ou s'il a simplement regagné son abbaye.

Le sujet de l'*Historia* est le péril cathare dénoncé par l'Église romaine et combattu par les croisés. Le plan général comprend trois parties : l'hérésie, la prédication, la croisade, chacune offrant de multiples subdivisions. Pierre se montre tout d'une pièce dans ses jugements. Deux principes s'opposent au pays des Albigeois, Dieu et Satan. Presque tout le Midi appartient au camp du Mal. L'armée des croisés est l'armée du Seigneur, Simon de Montfort est digne de tous les éloges. Malgré sa passion, Pierre est un historien lucide, il ne cherche pas à dissimuler les faiblesses de son propre camp. Son récit parfois apologétique est un récit authentique de la croisade, la relation des événements n'a pas été déformée. Il lui a été facile de combler les lacunes de sa documentation grâce à son oncle Gui qui, très estimé du pape Innocent, fut l'une des personnes importantes de la croisade. Il a par ailleurs fréquenté les prélats, les chefs militaires, coudoyé les combattants et a pu glaner des renseignements lors des grands rassemblements, au parlement de Pamiers, au concile de Lavaur. Il a eu aussi accès aux archives de la croisade. Il reproduit presque textuellement certains passages d'une source de premier ordre, la *Manifestatio heresis Albigensium et Lugdunensium*, œuvre d'un Méridional, peut-être Ermengaud de Béziers : cathare converti, compagnon de Durand de Huesca. (Cette œuvre, écrite en 1203-1204, a été attribuée à Ermengaud par A. Dondaine, attribution contestée par C. Thouzellier et A. Cazenave ; pour cette dernière, l'auteur serait Raoul de Fontfroide, cistercien et commissaire apostolique, compagnon de Pierre de Castelnau.)

L'*Historia* connut une bonne diffusion. Des abrégés et des extraits en ont été faits dès le XIIIe siècle. Au XIVe siècle, Bernard Gui* insère des passages dans ses divers ouvrages. Sous l'influence des dominicains d'autre part, l'*Historia* devint une biographie de Simon de Montfort, son épopée, le récit de ses triomphes et de ses prouesses, comme l'indique le titre de certains mss.

De l'*Historia*, il fut fait une traduction française au XIIIe siècle, qui est conservée dans deux mss, Paris, B.N. Moreau 1719 et Bruxelles, Bibl. roy. 15703 ; et une autre au XVe siècle qui eut une plus grande diffusion et est conservée dans six mss. Enfin, au XVIe siècle, plusieurs traductions furent faites, dont celle de Guillaume Pellicier, évêque de Montpellier, qui est conservée sous une double forme, brouillon et mise au net.

ŒUVRE. — Éd. P. Guébin et E. Lyon, 3 vol., Paris, 1926-1939 *(SHF)* [éd. de la trad. française du XIIIe siècle dans le 3e vol.]. — Trad. P. Guébin et H. Maisonneuve, *Pierre des Vaux-de-Cernay, Histoire albigeoise*, Paris, 1951 (*L'Église et l'État au Moyen Âge*, 10).

→ Le t. 4 des *Cahiers de Fanjeaux*, paru en 1969 et intitulé *Paix de Dieu et guerre sainte en Languedoc au XIIIe*, est consacré à la croisade albigeoise. Voir plus spécialement l'art. de Y. Dossat, *La croisade vue par les chroniqueurs. Pierre des Vaux-de-Cernay, cistercien et correspondant de guerre*, p. 223-233. — C. Thouzellier, *Le Liber antiheresis de Durand de Huesca et le Contra haereticos d'Ermengaud de Béziers*, dans *Hérésie et hérétiques, vaudois, cathares, patarins, albigeois*, Rome, 1969. — J. Duvernoy, *Le catharisme : la religion des cathares*, Toulouse, 1976. — A. Cazenave, *Bien et mal dans un mythe cathare languedocien*, dans *Miscellanea mediaevalia*, t. 2 : *Die Mächte des Guten und Bösen*, 1977, p. 344-387. — E. Del Cura, *Fuentes para el estudio de los valdenses medievales*, dans *Compostellani*, t. 29 (1984), p. 9-123. — A.J. Andrea, *Cistercian Accounts of the Fourth Crusade : Where they Anti-Venitian ?*, dans *Annales de Cîteaux*, t. 41 (1985), p. 3-41. — Molinier n° 2432. G.T.L.

Pierrequin de la Coupelle. Trouvère artésien, Pierrequin était originaire soit de Coupelle-Vieille, soit de Coupelle-Neuve (Pas-de-Calais, arr. Montreuil, cant. Fruges). Il rima six chansons d'amour, plutôt médiocres et mal versifiées, vers le milieu du XIIIe siècle. L'une d'elles est adressée à un Puy, sans doute celui d'Arras, une autre à un comte de Soissons qui ne peut être que Raoul III de Nesle (Somme, arr. Péronne) qui mourut en 1235, ou, plus probablement, son fils et successeur Jean II de Nesle, dit le Bon et le Bègue (décédé entre avril 1270 et février 1272).

ŒUVRES. — A. Långfors, *Mélanges de poésie lyrique française, VII*, dans *Romania*, t. 63 (1937), p. 474-493 [édition].

→ H. Petersen Dyggve, *Trouvères et protecteurs de trouvères dans les cours seigneuriales de France*, dans *Annales Academiae Scientiarum Fennicae* (série B, n° 50), Helsinki, 1942, p. 198-241. — W.M. Newman, *Les seigneurs de Nesle en Picardie (XIIe-XIIIe siècle), leurs chartes et leur histoire*, Paris, 1971, t. 1, p. 326 et 342 (*Bibl. de la Société d'histoire du droit des pays flamands, picards et wallons*, 27). — Linker, n° 202. — Cf. *MB* n° 2380. G.M. et F.F.H.

Pierrot du Riés. Voir : *Bible française* § 2 et *Judas Macchabée.*

Pistoleta. Si l'on s'en rapporte à la *Vida* qui lui est consacrée, Pistoleta, originaire de Provence, aurait d'abord été le *cantaire* (chanteur) d'Arnaut de Mareuil*. Il serait ensuite devenu troubadour lui-même, mais, en dépit du succès de ses chansons, il aurait mené une existence peu glorieuse jusqu'au moment où, devenu marchand, il se serait assuré une confortable aisance. La *Vida* ajoute qu'il aurait pris femme à Marseille.

Pistoleta (« petite lettre ») est certainement un sobriquet de jongleur. Les allusions à ses protecteurs (Ebles V de Ventadorn, Thomas Ier de Savoie, Pierre II d'Aragon) permettent de conjecturer que ce troubadour a vécu dans les dernières années du XIIe siècle et dans le premier tiers du XIIIe (1195-1230 environ). Sa production de troubadour commencerait vers 1205.

Les manuscrits attribuent à Pistoleta onze pièces : sept *cansos*, deux *sirventes*, un *partimen* avec Blacatz*, qui fut aussi pour lui un mécène, et une *tenso* « fictive », c'est-à-dire où le poète fait intervenir une interlocutrice imaginaire. On ne trouve guère, dans les *cansos*, que les thèmes courants de la « courtoisie », traités sans grande originalité. Il serait injuste cependant de ne pas signaler l'élégance de la forme et l'aisance de la versification. Le *partimen* roule sur un sujet assez banal de casuistique amoureuse : faut-il se contenter d'aimer sa dame « parfaitement », ou vaut-il mieux chercher à jouir d'elle ? Blacatz soutient cette dernière opinion contre Pistoleta, qui se fait le champion de la *fin'amor*. Dans la *tenso* fictive, le troubadour demande à une dame imaginaire si l'on doit, lorsqu'on est épris, déclarer son amour ; enhardi par les encouragements de son interlocutrice, le poète lui avoue enfin qu'elle est précisément celle qu'il aime :

Vos es cella vas cui mos cors s'aten... (Éd. Niestroy, pièce X, vers 55).

L'un des deux *sirventes* de Pistoleta connut au Moyen Âge une très grande faveur. Il pourrait être intitulé : « Les Souhaits » (PC 372, 3). Plusieurs versions en ont été conservées dans une langue hybride d'oc et d'oïl et deux chansonniers manuscrits français ont préservé sa mélodie. Pour la verve plaisante de ce *sirventes*, Pistoleta mérite d'être distingué dans la foule des troubadours mineurs.

ŒUVRE. — Éd. E. Niestroy, *Der Trobador Pistoleta*, Halle, 1914 [avec trad. allemande]. — Éd. partielle : M. de Riquer, *Los trovadores. Historia literaria y textos*, Barcelone, 1975, t. 2, p. 1164-1170 [PC 372, 3]. — R. Richter, *Die Troubadourzitate im « Breviari d'Amor »*, Modène, 1976, p. 372-373 [PC 372, 3]. — A. Rossell i Mayo, *Monodia cortesana trobadoresca. Seixanta-quatre transcripcions inédites de Mn. H. Anglès*, Barcelone, 1986, p. 131-133 [éd. de la musique].

→ PC 372. — R.A. Taylor, *La littérature occitane du Moyen Âge*, Toronto, 1977, n° 529. — W. Jr. Paden, *The Role of the Joglar in Troubadour Lyric Poetry*, dans *Mél. L. Topsfield*, Cambridge, 1984, p. 90-111.

I.M.C. et G.B.L.

Placides et Timeo, ou « Li secrés as philosophes ». Encyclopédie en prose, cet ouvrage affecte la forme classique du dialogue entre un maître (le philosophe Timeo, éponyme du fameux dialogue de Platon) et son disciple (le jeune prince Placides). Questions et réponses forment une série de petits traités : métaphysique, gynécologie, embryologie, météorologie, sciences naturelles, sociologie et économie politique, cosmographie, astrologie, médecine et hygiène. La diversité des sujets abordés et les redites — à vocation pédagogique — procurent la sensation d'un émiettement des connaissances, mais l'auteur use d'une plume alerte et varie les procédés d'exposition (citations, étymologies, exempla*) pour entretenir l'intérêt du lecteur.

Les huit mss conservés — certains incomplets, d'autres présentant des insertions et des développements parasites — se répartissent en deux rédactions partiellement divergentes. Deux de ces mss sont datés : Rennes, Bibl. mun. 593 (de 1304, qui fournit le *terminus ante quem*) et Paris, BN, fr. 1543 (de 1402).

L'auteur reste inconnu : l'attribution à un certain « Jehan Bonnet, prestre, docteur en théologie, natif de Paris » par la préface d'un ms. (Paris, BN, fr. 212) sujet à caution, ne peut être retenue. Mais la personnalité de cet auteur se dessine : très influencé par les théories aristotéliciennes, s'inspirant beaucoup de l'*Image du monde* et du *Secret des secrets**, c'est un universitaire de la Faculté des arts qui ne devait pas avoir achevé son cursus, un esprit tourné vers les questions pratiques, d'une relative liberté d'attitude à l'égard de l'orthodoxie, un vulgarisateur doué d'un ton et d'un langage adaptés à l'exposé scientifique.

L'œuvre a connu un certain succès : la bibliothèque de Charles V en possédait trois exemplaires ; Antoine Vérard l'a imprimée vers 1504 dans un recueil intitulé *Le cuer de philosophie* (qui comprend aussi une *Espere du ciel* d'après John Holywood et un traité de comput, parfois attribué à Simon de Compiègne), plusieurs fois réimprimé jusqu'en 1538.

ŒUVRE. — *Placides et Timeo ou Li secrés as philosophes*, éd. C. Thomasset, Genève-Paris, 1980 (*TLF*, 289) (cf. *Romania*, t. 105 (1984), p. 142-154).

→ C.-V. Langlois, *La vie en France au Moyen Âge*, t. 3, *La connaissance de la nature et du monde*, Paris, 1927, p. 276-334. — C. Thomasset, *Une vision du monde à la fin du XIII*ᵉ *siècle : Commentaire du dialogue de Placides et Timeo*, Genève, 1982 (*Publ. romanes et françaises*, 161). — Cf. *MB* n°s 2927-2928 ; *S* 5391-5392. R.M. et F.F.H.

Plainte d'amour. Conservée par cinq mss anglo-normands de la première moitié du XIVe siècle, la *Plainte d'amour* se présente sous la forme d'un dialogue entre l'Amour (c'est-à-dire la *caritas*) et un « prudhomme » de ses dévots. Le poème, traditionnellement (mais sans preuves) attribué au franciscain Nicole Bozon*, compte un millier de vers répartis entre 169 sizains. Amour se plaint d'avoir été chassé de ce monde et, regrettant les honneurs qui lui étaient autrefois rendus lorsqu'il régnait en maître sur la cité, brosse en contrepoint un tableau navrant des faits et gestes des différents états. Dorénavant, la société dégénérée est entièrement asservie à Convoitise, clercs et laïcs indistinctement. La démarche du poète rappelle celle du Reclus de Molliens* *(Roman de Carité)*, mais, prise dans le lyrisme des regrets, la satire s'exprime moins âprement.

ŒUVRE. — Éd. J. Vising, Göteborg, 1905.

⟶ P. Meyer, *Les mss français de Cambridge*, dans *Romania*, t. 15 (1866), p. 292-295 (ms. GG. 1.1). — E. Walberg, *Quelques aspects de la littérature anglo-normande*, Paris, 1936. — D. Legge, *Anglo-Normand Literature and its Background*, Oxford, 1963, p. 230. G.H.

Planh. « Les troubadours, dit Raynouard, donnèrent le nom de *planh*, complainte, à leurs pièces dans lesquelles ils célébraient la mémoire d'une amante, d'un ami, d'un bienfaiteur, ou déploraient des calamités publiques... Un mélange touchant d'amour et de douleur, de piété et de résignation, une teinte mélancolique et tendre caractérisent ce genre de poésie dans lequel la sensibilité habituelle des troubadours les rendait si propres à réussir. »

Le *planh* est donc une variété du *sirventes*. Comme lui, il se rapporte à un événement récent ; comme lui, il loue et blâme ; comme lui, il emprunte souvent sa forme, surtout pour la musique, à d'autres pièces et en effet on n'a qu'une seule mélodie spéciale de *planh*, celle du *planh* de Gaucelm Faidit* sur la mort de Richard Cœur de Lion*. Les vers qui conviennent le mieux à ce genre solennel de poésie sont ceux de douze, surtout de dix syllabes.

L'origine de ce genre littéraire se trouve dans la plainte funèbre, en faveur chez les Grecs et les Romains, qui se transmit à travers les siècles barbares dans les épitaphes et les « rouleaux mortuaires » de l'époque carolingienne, puis dans les *planctus* latins du VIIIe siècle composés par les clercs en l'honneur de personnalités ecclésiastiques et où dominait la note religieuse. L'esprit qui anime les *planhs* occitans est surtout laïque, malgré la présence de l'élément religieux surtout à la fin des pièces, et plus encore de l'élément jongleresque, les troubadours déplorant la mort des grands personnages surtout en tant que protecteurs généreux de la poésie.

La mort de la dame aimée provoque parfois une douleur réelle très vive chez le troubadour, au point de lui faire abandonner la poésie (Salh d'Escola*), de le faire partir en Terre sainte pour y mourir (Pons de Capduel*). Le troubadour Pujol pleure sur l'entrée au couvent de deux jeunes filles : « Que feront désormais vos yeux vairs et vos blanches dents ? Et qui défendra la valeur ? »

Et que faran vair huelh ni blancas dens ?
Ni per cuy er mantenguda valors ?

Les calamités publiques ne laissent pas les poètes indifférents : morts survenues à Béziers le jour de la fête de la Charité (1284), grand incendie de Toulouse (1464), danger imminent des Turcs (1471).

C'est principalement la mort des grands personnages, surtout quand ils ont été leurs protecteurs et leurs bienfaiteurs, qui inspire les chants funèbres des troubadours : comtes et marquis de Provence, rois d'Aragon ou de Castille, simples gentilshommes aussi et parfois simples bourgeois ; Blacatz*, vicomte d'Aulps en Provence, provoque par sa mort trois *planhs*. Les idées générales ont, cela se comprend, une certaine uniformité : la douleur du poète est si grande qu'il doit faire effort pour chanter cette mort ; ce chant sera le dernier de sa vie — cela se réalisait parfois, comme pour Aimeric de Belenoi* ; à sa douleur doit se joindre celle de tous les peuples bénéficiaires de la générosité du disparu ; la perte subie dans le monde est incalculable, et elle légitime cette grande douleur.

La beauté des chants n'est pas toujours en rapport avec les mérites de la personne disparue. Ainsi en fut-il pour le jeune roi d'Angleterre loué d'une façon exagérée par Bertran de Born* : « Mort cruelle et douloureuse, tu peux te vanter d'avoir enlevé au monde le meilleur chevalier qui fût jamais... »

Estouta mortz, plena de marrimen,
Vanar ti potz que.l melhor chavalier
As tout al mon qu'anc fos de nula gen...

Ces apostrophes, ces malédictions sont fréquentes, comme aussi les implorations et les prières. Il y a souvent de l'emphase et de l'exagération ; l'accent personnel, l'émotion communicative font parfois défaut, alors que ce genre de poésie demanderait plus de simplicité, d'intimité, de spontanéité.

Cependant, le sens chrétien, qui n'est pas absent des complaintes funèbres, avec la fragilité des biens terrestres, la vanité de ce monde, la cruauté de la mort, imprime à ces chants une allure souvent grave et solennelle. Dans de nombreux *planhs*, il y a du mouvement, de la force et de l'éclat.

Parmi les plus beaux, citons ceux de Gaucelm Faidit sur la mort de Richard Cœur de Lion, de Bertran de Born sur la mort du roi Henri le Jeune d'Angleterre, de Giraut de Bornelh* sur la mort d'Henri V vicomte de Limoges, de Sordel* sur la mort de Blacatz.

On conserve environ 40 *planhs*.

→ S. Pelligrini, *Un topos letterario-storiografico. A proposito del compianto provenzale per Roberto d'Angio*, dans *Critica storica*, t. 1 (1962), p. 10-22. — S.C. Aston, *The Provençal planh : II ; The Lament for a Lady*, dans *Mél. R. Lejeune*, Gembloux, 1969, t. 1, p. 57-65 ; *The Provençal planh : I ; The Lament for a Prince*, dans *Mél. J. Boutière*, Liège, 1971, t. 1, p. 23-30. — R.A. Taylor, *La littérature occitane du Moyen Âge*, Toronto, 1977, n°s 238-239 [bibliogr. sélective]. — É. Schulze-Busacker, *La complainte des morts dans la littérature occitane*, dans *Le sentiment de la mort au Moyen Âge. Actes du 5e colloque de l'Institut d'études médiévales de l'Univ. de Montréal*, Montréal, 1979, p. 229-248 [utilise *Ronsasvals**, *Jaufré** et surtout les *planhs*]. — D. Smoje, *La mort et l'au-delà dans la musique médiévale*, *ibid.*, p. 249-267. — M. Shapiro, *The Decline of « joi » in the Provençal « planh »*, dans *Kentucky Romance Quarterly*, t. 28 (1981), p. 351-369. — P.H. Stäblein, *New Views on an Old Problem : The Dynamics of Death in the « Planh »*, dans *Romance Philology*, t. 35 (1981-1982), p. 223-234 [propose une nouvelle définition]. — J. Yearley, *A Bibliogr. of « Planctus » in Latin, Provençal, French, German, English, Italian, Catalan and Galician-Portuguese from the Time of Bede to the Early Fifteenth Century*, dans *Journal of the Plainsong and Medieval Music Society*, t. 4 (1981), p. 12-42. — J.R. Secor, *The « Planctus Mariae » in Provençal Literature : a Subtle Blend of Courtly and Religious Traditions*, dans *The Spirit of the Court, Selected Proceedings of the Fourth Congress of the International Courtly Literature Society*, Cambridge, 1985, p. 321-326 [étude de vocabulaire]. — E.M. Ghil, *L'Âge de Parage. Essai sur le poétique et le politique en Occitanie*, New York-Paris, 1989, p. 219-294. J.S.

Pleur de la sainte âme. Beau poème mystique du XIVe siècle en 201 quatrains d'alexandrins monorimes, de tonalité très affective, dont le cœur est une longue méditation sur les épisodes extrêmes de la vie de Jésus (petite enfance et passion). L'attribution à Petermann Cudrefin, chancelier de la ville de Fribourg dans le premier quart du XVe siècle, soutenue par l'éditeur, ne tient pas.

ŒUVRE. — Éd. A.S. Bates, Ann Arbor, 1958, à rectifier par le compte rendu de C. Régnier dans *Romance Philology*, t. 14 (1960-61), p. 179-184. G.H.

Poème moral. Le titre de ce poème, qui n'en comporte pas dans les manuscrits, a été donné par Paul Meyer, qui l'a découvert dans un manuscrit d'Oxford. Il s'agit d'une œuvre édifiante en alexandrins ; l'examen de la langue et différentes allusions à des coutumes locales situent l'œuvre en pays wallon. Antérieur au concile du Latran de 1215, qui précise la doctrine chrétienne de la pénitence, le *Poème moral* remonterait au début du XIIIe siècle. Après un développement sur la vanité des plaisirs, l'auteur raconte la conversion de saint Moïse et celle de sainte Thaïs, ce qui lui permet d'abondantes digressions sur la confession. Mais le chrétien a bien des facilités pour faire son salut, pourvu qu'il soit capable d'efforts et de vigilance. Que ceux qui ont peur de succomber gagnent les couvents ; mais — et cette notation exceptionnelle dément que l'auteur soit un moine — plus méritants que les religieux sont ceux qui, restés dans le siècle, sortent victorieux du combat contre les passions. « Guide du laïc vers les fins dernières », dit Auguste Bayot, le *Poème moral* n'est pas une œuvre négligeable : il s'en dégage un certain humanisme, dans la mesure où le chrétien n'a pas à fuir le monde, mais à l'affronter.

ŒUVRE. — *Le Poème moral*, éd. A. Bayot, Bruxelles-Liège, 1929 (*Acad. roy. de langue et litt. fr. de belgique, Textes anciens*, t. 1) [cette excellente édition disqualifie toutes celles qui la précèdent].

→ O. Müller, *Theologisches zum altfranz. Poeme moral*, dans *Theologie und Glaube*, t. 14 (1922), p. 17-25. — J.-C. Payen, *Le motif du repentir dans la littérature française médiévale*, Genève, 1967, p. 500-505. — F. Melonio, *Morale de l'histoire et leçon du poème dans le « Poeme moral »...*, dans *CCM*, t. 27 (1984), p. 329-338. — Cf. *GRLMA*, VI/2, n° 2304 ; VI/1, p. 65. — *MB* n°s 3551-3557. J.C.P.

Poésies religieuses en occitan. Il s'agit ici de poésies anonymes, dont toutes les littératures sont riches au Moyen Âge. Ne sont pas compris dans cette étude les poèmes faisant l'objet d'autres articles quoique ayant presque tous un caractère religieux, comme le *Boecis**, la *Chanson de sainte Foy**, les *Mystères**, les *Joies du Gai Savoir**, le *Cossir** *de la Mort*, l'*Arlabeca**, le poème *Flors de Paradis**, les *Vies de saints**. Un article spécial est consacré aux Poésies à la Vierge.

1. Comme pour la plupart des langues romanes filles du latin, les premières productions littéraires sont du domaine religieux. Il est deux courts poèmes, la *Cantilène de sainte Eulalie**, et une *Passion de Jésus-Christ**, qui ont été l'objet de nombreuses éditions, et que la plupart des historiens ont considérés comme d'anciens monuments de la littérature française.

2. Un certain nombre de poésies religieuses, composées vers l'an 1050, peuvent être divisées, par l'étude de la langue, en deux groupes. a) Un groupe limousin provenant de l'abbaye de Saint-Martial de Limoges, comprenant un *Cantique sur l'Annonciation* (strophes alternées en latin et en occitan), un *Versus Sanctae Mariae* racontant l'histoire de la Rédemption — ces deux pièces paraissent avoir été écrites dans le rythme et sur la mélodie d'hymnes latines liturgiques — et une curieuse *Oraison à Dieu*, unique strophe monorime de six vers de dix syllabes sur le rythme 4 + 6, qui semble être la dernière strophe d'une véritable chanson de geste perdue ; b) Un groupe rouergat composé d'une *Hymne au Christ*, qui contient des vers de douze pieds, les premiers en date que l'on connaisse dans les littératures modernes, et d'une *Confession à Dieu* établie sur des idées générales de repentir. On trouve, dans tous ces poèmes des temps « primitifs », une grande habileté de versification, prouvant que la langue est déjà prête pour produire des chefs-d'œuvre.

3. De nombreuses poésies religieuses anonymes furent écrites au temps de la décadence, aux XIVe et XVe siècles.

Il faut mentionner en premier lieu les poèmes illustrant les *Leys d'Amors**, dont on peut croire, sans pouvoir l'affirmer, qu'ils sont l'œuvre du rédacteur des *Leys*, le chancelier Guilhem Molinier. Il s'agit d'une longue *poésie théologique* sur Dieu, son pouvoir, son existence, en 729 vers de huit syllabes à rimes plates, et d'un poème de 500 vers environ, divisé en strophes de six vers de 12 syllabes se terminant tous sur des rimes féminines : le titre en est *La Contemplacio de la Crotz*. C'est un récit de la Passion du Christ d'après les Sept Heures du Bréviaire. On y sent l'esprit franciscain, l'influence de saint Bonaventure* et de Ludolphe de Saxe* à travers un opuscule latin qui fut très répandu au Moyen Âge. La valeur littéraire en est exceptionnellement grande et fait de ce poème une belle page d'anthologie. Sur le même thème, on a une *Contemplacio de la Passio de Nostre Senhe* en dialecte catalano-occitan du XIVe siècle, ainsi qu'un *Roman de las Horas de la Crotz* également bâti sur les Heures du Bréviaire. Ce dernier, en vers de huit pieds à rimes plates, est de valeur poétique moins grande.

Un recueil de poésies religieuses sur des sujets divers, écrites en Haute-Italie vers 1250, offre un intérêt moindre encore, ainsi que les poésies d'un manuscrit de Carpentras en catalan de Valence. Il en est de même de nombreuses prières, litanies, traductions, paraphrases et légendes dans lesquelles s'est exercée la piété des générations ferventes sous l'influence de jour en jour grandissante des ordres religieux franciscain et dominicain.

ŒUVRES. — Éd. B. Spaggiari, *La poesia religiosa anonima catalana o occitanica*, dans *Annali della Scuola Normale Superiora di Pisa*, s. 3, t. 7, 1 (1977), p. 117-350.

→ C. Brunel, p. 117-120. — M.R. Harris, *The Occitan Translations of John XII and XIII-XVII from a Fourteenth-Century Franciscan Codex*, Philadelphie, 1985. — P. Bianchi de Vecchi, *Un opuscolo inedito in lingua d'oc ; « Ayssi son las collatios de XII Santz Payres ermitas » (MS 9 della Biblioteca della Chiesa Nuova di Assisi)*, dans *Mél. G. Gasca Queirazza*, Alexandrie, 1988, t. 1, p. 23-47. J.S.

Pogge (Gian Francesco Poggio Bracciolini, dit Le). Né près de Florence en 1380, Le Pogge y mourut en 1459. Pourtant, comme secrétaire du pape Boniface IX, il voyagea beaucoup : en Angleterre, en Allemagne, en France. Devenu plus tard chancelier de la république florentine, il créa dans sa ville l'académie Valdarnina. Le politique n'a en effet jamais occulté en lui l'amateur des lettres et l'écrivain. Il fut un grand redécouvreur de manuscrits de classiques latins : traités de Cicéron*, comédies de Plaute, Lucrèce, Quintilien* et Stace... Et toute son œuvre est latine : sa correspondance ; son *Historia Florentiae* pour les années 1350-1445 ; sa satire anticléricale *De hypocrisia* ; des œuvres morales comme le *De varietate fortunae* (1431-1448)... Il traduisit en latin les *Histoires* de Diodore de Sicile, la *Cyropédie* de Xénophon (voir Vasque de Lucène), l'*Âne d'or* et le *Cynique* de Lucien. Presque tous ces textes connurent une certaine fortune et furent édités au XVIe siècle. Mais ce qui le rendit célèbre dans toute l'Europe, ce sont les *Facetiae* (1438-1452), son recueil de contes et de bons mots imprimé dès 1470 environ. À l'instar du *Decameron* de Boccace*, les *Facetiae* influèrent sur le devenir de la nouvelle française (voir les *Cent Nouvelles nouvelles*).

Traduisant l'*Aesopus* de Heinrich Steinhöwel qui contenait huit facéties du Pogge, Julien Macho* en adapta sept en français. Cet *Esope* parut en 1480 et fut réédité cinq fois au XVe siècle. Quelque dix ans plus tard, Guillaume Tardif* donna une traduction complète du recueil du Pogge (112 facéties). Son travail parut chez Jean Trepperel à Paris, vers 1496, et fut réimprimé de nombreuses fois au XVIe siècle.

→ A. Petrucci, *Bracciolini Poggio*, dans *Dizionario biografico degli Italiani*, Rome, 1971, t. 13, p. 640-646. — D. Guerne, *Le Traité des faiz et haultes prouesses de Cyrus par Vasque de Lucène, d'après Xénophon*, dans *Positions des thèses de l'École des Chartes*, Paris, 1957, p. 79-82. — P. Koj, *Die frühe Rezeption der Fazetien Poggios in Frankreich*, Hambourg, 1969 *(Romanisches Seminar der Universität Hamburg)*. — L. Sozzi, *Le Facezie di Poggio nel quattrocento francese*, dans *Miscellanea di studi e ricerche sul quattrocento francese*, Turin, 1967, p. 409-516. — E.S. Mazzariol, *L'auteur des Cent Nouvelles nouvelles et le Pogge : une rencontre manquée ?*, dans *Études littéraires sur le XVe siècle. Actes du 5e colloque intern. sur le Moyen Français*, Milan, 1986, t. 3, p. 103-123. — Cf. *MB S* n° 6758. S.L.

Poire (Roman de la). Voir : Thibaut.

Pons de Capdueil. Originaire de Saint-Julien-Chapteuil, près du Puy en Haute-Loire, ce troubadour de la fin du XIIe et du début du XIIIe siècle (1190-1237) avait tout ce qu'il fallait pour plaire : art du poète, du musicien, du chanteur, galanterie, vaillance, générosité. Il aima et chanta Azalaïs de Mercœur, fille de Bernart d'Anduze et épouse d'Odilon de Mercœur. Une de ses *Vidas*, purement légendaire, raconte des aventures amoureuses qu'il aurait entreprises pour provoquer la jalousie et l'amour de sa dame. Une autre, plus vraisemblable, rapporte qu'il lui demeura fidèle tant qu'elle vécut ; après sa mort, il quitta l'Auvergne et le Velay pour la Provence ; puis, il suivit Frédéric II* en Terre sainte où il mourut, mais ceci n'est pas assuré.

Poète abondant et à l'inspiration variée, Pons de Capdueil a laissé des chansons d'amour et des *sirventes* de croisade. Ses vingt-trois *cansos* contiennent à peu près toute l'argumentation relative à l'amour courtois. On cite comme modèle du genre le *planh** écrit un peu avant 1237, à la mort de sa dame Azalaïs (PC 375, 7) : « La vie n'est pour moi qu'angoisse et tristesse depuis qu'est morte ma dame Azalaïs. »

Que viures m'es marrimens et esglais
Pus morta es ma dona N'Azalais.

Elle est au ciel sans doute, mais le monde est dans la désolation. Quant à lui, le troubadour, il ne saurait plus aimer.

Dans ses trois *sirventes* de croisade, Pons de Capdueil réunit les arguments invoqués généralement à ce sujet par les prédicateurs : il faut suivre l'étoile à l'exemple des rois mages ; en prenant la croix, on se fait pardonner ses péchés et on gagne le ciel ; ceux qui ne peuvent faire eux-mêmes le saint passage par le fait de la vieillesse ou de la maladie doivent donner leur argent pour ceux qui partent, ou payer les frais d'un combattant :

Totz hom cui fai velhez'o malautia
Remaner sai, deu donar son argen
A selhs qu'iran...

On a conservé de lui 27 poésies, pour la plupart des poèmes d'amour.

ŒUVRES. — Éd. M. von Napolski, *Leben*

und Werke des Trobadors Ponz de Capduoill, Halle, 1879. — Éd. partielles : H.H. Lucas, *Pons de Capduoil and Azalaïs de Mercor : a Study of the Planh*, dans *Nottingham Medieval Studies*, t. 2 (1958), p. 119-131 [PC 375, 7]. — M. de Riquer, *Los trovadores. Historia literaria y textos*, Barcelone, 1975, t. 3, p. 1261-1269 [PC 375, 20 et 22]. — R. Richter, *Die Troubadourzitate im « Breviari d'Amor »*, Modène, 1976, p. 374-377 [PC 375, 21-27-3 et 23]. — J.C. Rivière, *En prélude à une nouvelle édition de Pons de Capdoill : la chanson « Us gais conortz me fai gajamen far »*, dans *Mél. P. Remy*, Kalamazoo, 1986, t. 1, p. 241-251 [PC 375, 27]. — A. Rossell i Mayo, *Monodia cortesana trobadoresca. Seixanta-quatre transcriptions inédites de Mn. H. Anglès*, Barcelone, 1986, p. 135-139 [éd. de la musique].

→ PC 375. — J. Perrel, *Le troubadour Pons, seigneur de Chapteuil et de Vertaison (c. 1160-c. 1227) : son temps, sa vie, son œuvre*, dans *Revue d'Auvergne*, t. 90 (1976), p. 89-199. — J.H. Marshall, *The Isostrophic Descort in the Poetry of the Troubadours*, dans *Romance Philology*, t. 35 (1981-1982), p. 130-157 [PC 375, 26]. — E.W. Poe, *Old Provençal « Escars/escas : « Poor » ? Reconsidering the Reputation of Pons de Capdoill*, dans *Tenso*, 4. 2 (1989), p. 37-58. J.S. et G.B.L.

Pons de La Guardia. Il s'agit d'un *Poncius de Guardia*, noble catalan, de la famille de la Guardia de Ripoll, originaire du diocèse de Vich (province actuelle de Barcelone), aux confins des comtés de Besalù et de Cerdagne. Pons est attesté dans treize documents, entre 1154 et 1188. Né vraisemblablement vers 1140, cadet des seigneurs de la Guardia de Ripoll, il a combattu pour la *Reconquista* dans l'armée d'Alphonse II d'Aragon, pendant la campagne de Cuenca en 1177. Il paraît donc difficile de reconnaître le même personnage dans le *Ponce Çaguardia* qui figure sur la liste des chevaliers ayant pris part à la bataille de Las Navas de Tolosa (16 juillet 1212). Peut-être les deux Pons étaient-ils parents ? De toute manière, l'âge du troubadour, qui aurait été alors septuagénaire, ne permet guère de conjecturer qu'il se soit trouvé parmi les combattants de 1212.

Neuf *cansos* peuvent être attribuées à Pons, un chevalier, homme d'action qui aime écrire des chansons d'amour.

Il est possible de voir dans ces neuf poèmes un cycle homogène, consacré à l'amour de Pons pour une seule et même dame, qu'il désigne par le pseudonyme : *On-tot-mi-platz* (Où tout me plaît). Nous connaissons, d'autre part, certaines dames chantées par le troubadour, et notamment Azalaïs de Burlatz (PC 377, 6), fille de Raimon VI de Toulouse, et Marquisa d'Urgel, vicomtesse de Cabrera ; le *senhal* (ou pseudonyme) s'applique à cette dernière, si l'on en croit les vers suivants (PC 377, 4) :

Que mandamen n'ai avut e coman
d'On-tot-mi-platz, de midons la
[Marqueza...

Mais l'identification, bien que fort acceptable, n'est pas indiscutablement assurée. Quoi qu'il en soit, Marquisa d'Urgel était bien connue des troubadours : elle a été célébrée par Bertran de Born*, Guilhem de Berguedan* et Peire Vidal*.

Les neuf chansons de Pons de la Guardia semblent puiser toute leur inspiration dans l'arsenal de thèmes amoureux caractéristique de la courtoisie. Le troubadour catalan sait toutefois s'exprimer avec élégance et facilité (PC 377, 3 v. 5-12) :

... Tot lo païs, de Salsas tro a Trems,
salv Deus, e plus cel on midon estai
Tot n'o am mais car ma dona i sai,
qu'el'es mos jois et el'es tot cant ai,
e res no'm am mas leys cui amar suel
ni de mos jorns autra non amarai ;
e sai e cre que leis aman morai,
pus a leis platz qu'enaixi m'o acuill.

Tout le pays, de Salsas jusqu'à Tremp,
que Dieu le sauve, et bien plus celui où
ma dame se trouve.
Je l'aime encore plus, car j'y sais ma
[dame ;
car elle est ma joie et tout ce que je
[possède,
et je n'aime qu'elle, que j'aime de toujours
et de ma vie je n'en aimerai d'autre ;
et je sais et je crois qu'en l'aimant je
[mourrai,
puisqu'il lui plaît d'ainsi me l'accorder.

Sans s'affirmer avec originalité, l'œuvre de Pons de la Guardia peut justement être regardée, selon I. Frank, comme l'un des « chaînons par lesquels les poètes lyriques de la Péninsule se rattachaient à l'école des troubadours provençaux ».

ŒUVRES. — Éd. I. Frank, *Pons de la Guardia, troubadour catalan du* XII*e siècle*, dans *Boletín de la Real Academia de Buenas Letras de Barcelone*, t. 22 (1949), p. 229-328. — Éd. partielle : M. de Riquer, *Los trovadores. Historia literaria y textos*, Barcelone, 1975, t. 1, p. 543-547 [PC 377, 3].

→ PC 377. — M. Coll i Alentorn, *Sobre el nom del trobador català P. de la Guardia*, dans *Mél. I Frank*, Sarrebruck, 1957, p. 179-182 [Ponç Saguàrdia]. — M. de Riquer, *Historia de la Literatura Catalana*, Barcelone, 1964, t. 1, p. 71-73. — A. Sakari, *Pontus de la Gardie, capitaine scandinave, descend-il du troubadour homonyme ?*, dans *Mél. L.N. d'Olwer*, t. 2, Barcelone, 1966, p. 203-207 [non]. — F.M. Chambers, *Two Troubadours Lyrics*, dans *Romance Philology*, t. 30 (1976), p. 134-143 [attribution incertaine de PC 377, 2]. — R.A. Taylor, *La littérature occitane du Moyen Âge*, Toronto, 1981, n° 532. I.M.C. et G.B.L.

Pons d'Ortaffa. Ce troubadour, originaire d'Ortaffa (Pyrénées-Orientales), se confondrait avec Pons Ier, seigneur du lieu, dont le nom figure dans un acte d'octobre 1217 et dont on possède le testament daté de juillet 1240. Il est probable qu'il ne mourut qu'en 1246, date de la copie du testament. Les manuscrits attribuent à Pons deux *cansos*, dont l'une est conservée avec la musique. Ces textes constituent les seuls témoignages d'un talent qui, dans l'exploitation de thèmes connus, notamment chez Bernart de Ventadorn*, paraît assez original pour retenir l'attention de la critique (PC 379, 2, v. 41-48).

Ieu soi aissel que no tensa
ab sidons, ni no m'azir
ni.m sai de res enardir
mas de so qu'a leis agensa.
E soi sel que fai semensa,
e sai cela e cobrir
miels qu'autre drutz, e grazir
qui.m fa secors ni valensa.

Je suis celui qui ne discute pas
avec sa dame, ni ne m'irrite ;
je ne sais en rien m'enhardir
sauf pour ce qui lui plaît.
Je suis celui qui va semant,
et sais cacher et couvrir
mieux qu'autre amant, et remercier
qui me prête secours ou vaillance.

ŒUVRE. — Éd. d'après le chansonnier provençal *C* : R. Taylor, *Pons d'Ortaffa : Images of Exile and Love*, dans *Mél. P. Bec*, Poitiers, 1991, p. 572-575. — Éd. partielle : M. de Riquer, *Los trovadores. Historia literaria y textos*, Barcelone, 1975, t. 3, p. 1311-1315 [PC, 379, 2].

→ PC 379. — M. de Riquer, *Historia de la Literatura Catalana*, Barcelone, 1964, t. 1, p. 123-124. — G. Le Vot, *Notation, mesure et rythme dans la « canso » troubadouresque*, dans *CCM*, t. 25 (1982), p. 205-217. — R. Taylor, *art. cit.*, p. 567-572. I.M.C. et G.B.L.

Ponthus et Sidoine. Ce roman en prose fut écrit aux confins de la Bretagne, de l'Anjou, du Poitou et de la Touraine, à la fin du XIVe ou au début du XVe siècle. Adaptation assez fidèle du roman de *Horn*, il s'inscrit dans une tradition de mises en prose et d'adaptations qui a connu un grand succès au XVe siècle. Il retrace les aventures de Ponthus, fils du roi de Galice, et ses amours contrariées avec Sidoine, fille du roi de Bretagne.

Politiquement, le texte s'inscrit également dans la tradition : dans la lignée des *Miroirs du Prince*, si abondants au XVe siècle, il propose une conception de la royauté, sans originalité et très conservatrice, où perspectives politique, morale et religieusc se confondent.

Le roman apparaît comme une sorte d'« exemplum » et laisse percer une intention didactique. Pour cette histoire exemplaire, l'auteur utilise abondance de procédés didactiques : outre la structure et la rigueur de la composition, un prologue annonce la valeur exemplaire du roman, et un chapitre d'« enseignements » clôt le roman ; l'aspect antithétique et très manichéen des personnages ne permet pas d'erreur d'interprétation ; si les exemples tirés de l'Ancien et du Nouveau Testament sont peu nombreux, les proverbes, les phrases d'allure sentencieuse ou les comparaisons banales, en revanche, émaillent le texte.

Le roman, cependant, est plein de vie, de bonhomie et d'humour. L'action est mouvementée. Les épisodes s'enchaînent dans un récit alerte.

Ce roman est un bon témoin de son temps. L'entreprise est peu originale, mais, par sa banalité même, elle est typique d'une écriture, d'un public et d'une époque. C'est sans doute son manque d'originalité qui a causé le succès de *Ponthus* : il correspond au goût d'un public qui aime les histoires indéfiniment ressassées, dans lesquelles il reconnaît ses héros, dans lesquelles le matériel romanesque lui est familier ; il se sent à l'aise dans ce qu'il connaît déjà et apprécie le stéréotype comme un refrain connu qui le conforte et le rassure ; et, dans le cas de *Ponthus*, s'ajoute le plaisir d'entendre des noms familiers, qui étaient souvent ceux de parents ou d'amis habitant ces régions de l'Ouest de la France où se situe l'action du roman. De plus, en cette période troublée, la construction harmonieuse du roman, l'heureuse issue des aventures de héros sans reproche pouvaient satisfaire une profonde aspiration à la paix. L'exaltation d'un idéal chevaleresque, contredit par les faits, répondait sans doute aussi à un besoin : la noblesse pouvait encore espérer trouver dans la pratique des vertus chevaleresques une justification de sa raison d'être.

L'interrogation demeure entière sur l'auteur. L'abondance des personnages apparentés aux La Tour Landry, comme l'a montré P. Boisard, a parfois conduit à penser qu'il s'agirait d'un roman de famille, à la gloire de la famille La Tour Landry, analogue au roman de *Mélusine* pour les Lusignan. S'il n'est pas impossible que ce roman ait été écrit par Geoffroi de La Tour Landry*, auteur du *Livre du chevalier de La Tour Landry pour l'enseignement de ses filles*, qui eut un petit-fils appelé Ponthus, aucun argument décisif n'a pu être apporté pour le prouver. La comparaison de quelques passages des deux ouvrages ne permet pas de tirer de conclusion définitive ; elle laisse cependant percevoir une plus grande fermeté dans la pensée et l'expression du chevalier que chez l'auteur de *Ponthus*, et conduirait plutôt à penser que l'œuvre a été écrite dans l'entourage du chevalier, mais qu'il n'en est sans doute pas l'auteur.

ŒUVRE. — À paraître : M.-C. de Crécy, *Édition critique du roman de Ponthus et Sidoine*, Thèse, Paris, 1988. — Éd. de la trad. anglaise ancienne, P.J. Mather dans *PMLA*, t. 12 (1897), p. 1-150.

→ G. Paris, *King Ponthus and the fair Sidoine, éd. by P.J. Mather*, dans *Romania*, t. 26 (1897), p. 468-470. — E. Droz, *Ponthus et la belle Sidoine (Livres à gravures impr. à Lyon, au* XV*e* *siècle)*, Paris, 1926. — A. Thomas, *Ponthus de la Tour-Landri*, dans *Romania*, t. 34 (1905), p. 283-287. — P. Boisard, *Le roman de Ponthus et Sidoine et la famille de la Tour Landry*, dans *Positions des thèses de l'École des Chartes*, Paris, 1958, p. 11-14. — P. Aebischer, *Le ms. Supersaxo 97 bis de la Bibl. cantonale du Valais : le Roman de Ponthus et Sidoine...*, dans *Valesia*, t. 14 (1959), p. 245-269. — P.J.V. Bell, *A Contribution to the Study of the Old French Romance Ponthus et Sidoine*, thèse, Londres, 1961. — P. Boisard, *La vie intellectuelle et la noblesse angevine à la fin du* XIV*e* *siècle d'après le Chevalier de la Tour Landry*, dans *La littérature angevine médiévale, Actes du colloque du 22 mars 1980*, Angers, 1981, p. 135-154. — Woledge, n° 124. — Cf. *MB* nos 4155, 7865-7866 ; *S* 6703. M.C.C.

Post-Vulgate (Cycle). Voir : *Graal. Cycle Post-Vulgate.*

Prêtre et Alison. Ce fabliau de la fin du XIIIe siècle ou du début du XIVe siècle est dû à un Guillaume le Normand, dont on ne sait rien et qu'il ne faut pas confondre avec Guillaume le Clerc de Normandie*. En 450 octosyllabes environ, il conte la ruse d'une bourgeoise à laquelle un prêtre luxurieux voulait acheter la vertu de sa fille âgée de douze ans : elle accepte mais substitue à sa fille une prostituée bien connue, et, en déclenchant un incendie, oblige le prêtre à rentrer chez lui dans le plus simple appareil. Le stratagème du feu est également employé dans le *Cuvier** par une femme pour délivrer son amant.

ŒUVRE. — Éd. A. de Montaiglon et G. Raynaud, dans *Recueil général des fabliaux*, Paris, 1877, t. 2 p. 8-23. — Éd. P. Ménard, dans *Fabliaux français du Moyen Âge*, t. 1, Genève, 1979 (*TLF*, 270). — *Fabliaux*, trad. G. Rouger, Paris, 1978 *(Folio)*.

→ Cf. *MB* nos 2474 ; *S* 4594. A.F.L.L.

Prévostin (Praepositinus) de Crémone. Originaire probablement de Crémone, Prévostin appartient au groupe de maîtres les plus célèbres de la fin du XIIe et du début du XIIIe siècle à Paris. Dès 1295 et pendant dix ans environ il réside à Mayence, où il exerce la fonction d'écolâtre de la cathédrale. À partir de 1206, il est de nouveau à Paris avec le titre de chancelier de Notre-Dame. Il meurt peu après 1210. Du grand nombre d'ouvrages attribués à Prévostin, la critique historique a retenu comme authentiques : la *Summa theologiae* composée de quatre livres, dont seuls le premier et le dernier sont édités ; la *Summa super Psalterium* inédite (après 1196) ; les *Collecta ex Distinctionibus* dérivés probablement des *Distinctions* perdues de Prévostin ; le *De officiis* (avant 1198) ; et les *Sermons*. La *Summa theologiae* et le *De officiis* ont été largement utilisés tout au long du XIIIe siècle.

ŒUVRES. — *Tractatus de officiis*, éd. J.A. Corbett, Notre Dame-Londres, 1969 ; *De sacramentis et de novissimis (Summae théologiae pars IV)*, Rome, 1964 ; le livre I de la même *somme* est éd. dans C. Angelini, *L'Ortodossia e la grammatica. Analisi di struttura e deduzione storica della teologia trinitaria di Prepositino*, Rome, 1972, p. 191-303.

→ J.B. Schneyer, *Repertorium der lateinischen Sermones des Mittelalters für die Zeit von 1150-1350*, Münster 1972 (*Beiträge zur Geschi-*

chte der Philosophie des Mittelalters, t. 43-4), p. 870-876. — J. Longère, *Œuvre oratoire de maîtres parisiens au* XIIe *siècle*, 2 vol., Paris, 1975 ; *Prévostin de Crémone*, dans *DS*, t. XII-2, col. 2185-2193, où l'on trouvera l'état des recherches actuelles. Z.K.

Prières en langue d'Oïl. Les recueils de textes dévots, les livres de prières, les livres d'heures latins nous ont transmis un nombre considérable de prières en langue d'oïl des XIIIe-XVe, d'une grande diversité de facture, sinon d'inspiration. Beaucoup sont encore inédites, mais la quasi-totalité se trouve maintenant répertoriée grâce à la ténacité et à la minutie de quelques érudits qui, ces dernières années, ont ouvert un champ de recherche fécond aux historiens de la littérature et du sentiment religieux.

ŒUVRES. — Très nombreuses éd. isolées signalées par les répertoires indiqués *infra* et dans *MB* ; deux éd. d'ensemble : É. Brayer et A.M. Bouly de Lesdain, *Les prières usuelles annexées aux anciennes trad. fr. du Psautier*, dans *Bull. IRHT*, t. 15 (1967-1968), p. 69-120. — P. Rézeau, *Les prières aux saints en français au Moyen Âge*, t. 1 : *Les prières à plusieurs saints* ; t. 2 : *Prières à un saint particulier*, Genève, 1983, 2 vol. (*Publ. romanes et françaises*, 163 et 166) [234 textes des XIIIe-XVIe]. — Récemment : G. Hasenohr, *Les traductions françaises du « Stabat mater dolorosa ». Textes et contextes (*XIVe-XVIe*)*, dans *Recherches augustiniennes*, t. 24 (1989), p. 243-355. — Recueil commenté de prières latines et vernaculaires en traduction : *Prier au Moyen Âge (*V^{e}-XVe*)*, Turnhout, 1991 *(Témoins de notre histoire)* [bibliogr.].

→ Répertoires de : É. Brayer, *Livres d'heures contenant des textes en français*, dans *Bull. IRHT*, t. 12 (1963), p. 31-102 ; *Catalogue des textes liturgiques et des petits genres religieux*, dans *GRLMA*, t. VI/2, n° 4-1176. — J. Sonet, *Répertoire d'incipit de prières en ancien français*, Genève, 1956 [2374 n^{os}] ; à compléter par K.V. Sinclair, *Prières en ancien français. Nouvelles références, renseignements complémentaires, indications bibliogr., corrections et tables des articles du « Répertoire » de Sonet*, Hamden, Connecticut, 1978. — Cet *addendum* a lui-même été revu et complété en 1987 : K.V. Sinclair, *Prières en ancien français Additions et corrections aux articles 1-2374 de Sonet. Supplément*, Townsville, 1987. Le répertoire de Sonet-Sinclair a été notablement enrichi par K.V. Sinclair, qui a porté de 2375 à 5375 le nombre des prières (ou textes assimilés, parfois extensivement) recensées, dans deux autres ouvrages : *French Devotional Texts of the Middle Ages, a Bibliographical Ms Guide*, Westport, Connecticut, 1979 (n°s 2376-3875) ; *First Supplement*, Wesport, Connecticut, 1982 (n°s 3876-5375). Les répertoires de Sonet et Sinclair ont eux-mêmes été complétés et encore enrichis par P. Rézeau, *Répertoire d'incipit des prières fr. à la fin du Moyen Âge. Addenda et corrigenda aux répertoires de Sonet et Sinclair, Nouveaux incipit*, Genève, 1986 [ajoute 1 375 textes]. — Cf. *MB* n°s 7752-7754, 7941 ; *S* 5957-5975. G.H.

Primat. Voir : *Chroniques de France (Grandes)*.

Prise d'Acre, Mort Godefroi et Chanson des rois Baudouin. Ce texte suit immédiatement la *Chrétienté Corbaran** et forme un ensemble assez hétérogène. Ces dernières branches renouent avec l'histoire, avec un certain nombre d'anachronismes et d'inexactitudes. Ces textes datent de la deuxième moitié du XIIIe siècle et, présentant une image inversée du déclin contemporain, veulent faire un retour au brillant passé en racontant l'histoire du puissant royaume de Jérusalem. Le texte commence aux derniers temps de Godefroi, décrit les exploits de Tancrède et du Sarrasin Dodequin, les brèves amours de Godefroi et de Matrone, sœur de Corbaran, raconte la mort du roi empoisonné par le jaloux patriarche de Jérusalem, Eracle (avec l'accord tacite de Tancrède) et l'histoire de ses successeurs (jusqu'à la mort de Baudouin IV, le roi lépreux et l'attaque de Saladin à la bataille de Hattin). Voir : Croisade (Cycle de la).

ŒUVRES. — Éd. P.R. Grillo *(The Old French Crusade Cycle*, vol. 7, t. 2), Alabama, 1987. I.W.

Prise d'Orange. Chanson de geste du cycle de Guillaume d'Orange comprenant 1 888 décasyllabes assonancés dans la rédaction *A* et composée vers la fin du XIIe siècle.

À Nîmes, un matin de mai, Guillaume s'ennuie lorsque surgit Guillebert, un prisonnier évadé d'Orange. Celui-ci vante si bien les charmes de la ville et de la reine Orable, femme de Tibaut et belle-mère d'Aragon, que le Narbonnais brûle de conquérir l'une et l'autre. Il entraîne dans sa folle équipée Guillebert et son neveu Guiélin. Travestis en émissaires païens, tous trois pénètrent à l'intérieur de la cité, et le comte profite de son déguisement pour menacer Aragon et brosser, devant Orable, un auto-portrait flatteur. Bientôt démasqué, il se retranche avec ses deux compagnons dans la tour de Gloriette où la dame, très éprise de Guillaume, leur fournit des armes. Les Sarrasins, plusieurs fois repoussés, parviennent à s'emparer des Français et les jettent au cachot. Délivrés par la reine, les chevaliers envoient Guillebert chercher des renforts à Nîmes. L'arrivée des troupes conduites par Bertrand provoque la déroute des infidèles. Baptisée sous le nom de Guibourc, la souveraine peut alors épouser Guillaume.

Par ses techniques, ses vers formulaires, son sujet principal (la prise d'une ville occupée par les mécréants), l'œuvre possède une tonalité épique incontestable. Toutefois le trouvère tend à innover par la courtoisie, le comique et la parodie. S'inspirant du roman et de la poésie lyrique (en particulier la reverdie et la chanson de malmariée), il introduit un décor, des sentiments, un lexique courtois et développe le rôle de la Sarrasine amoureuse. Il multiplie aussi les situations drôles, les « gabs », transformant la conventionnelle bataille entre chrétiens et païens en une joyeuse partie de cache-cache, et métamorphosant le guerrier sans peur et sans reproche, Guillaume Fierebrace, en soupirant transi, Guillaume l'Amïable, frère aîné d'Aucassin.

Jouant avec les traditions, le poète prend ses distances avec des poncifs tels que la prison, le siège ou le regret funèbre. La parodie relève de l'emploi malicieux de clichés inadaptés au contexte et de la transposition courtoise des personnages et des « topoi » de la chanson de geste classique. Adoptant une perspective ludique, le poète crée, avec lucidité et humour, une œuvre de divertissement, une « épopée bouffe », galante et plaisante.

ŒUVRE. — Éd. C. Régnier, Paris, 1966 [les trois rédactions A, C et D] ; Paris, 7e éd., 1986 [rédaction AB]. — Trad. C. Lachet et J.-P. Tusseau, Paris, 5e éd., 1986 [d'après l'éd. Régnier].

→ J. Frappier, *Les chansons de geste du cycle de Guillaume d'Orange*, t. 2, Paris, 2e éd., 1967, p. 255-317. — J. Dufournet, *La métamorphose d'un héros épique ou Guillaume Fierebrace dans les rédactions A et B de la Prise d'Orange*, dans *RLR*, t. 78 (1968), p. 17-51. — C. Knudson, *Le thème de la princesse sarrasine dans la « Prise d'Orange »*, dans *Romance Philology*, t. 22 (1969), p. 449-473. — W. Kibler, *Humor in the « Prise d'Orange »*, dans *Studi di letteratura francese*, t. 3 (1974), p. 5-25. — N. Andrieux, *Une ville devenue désir : la « Prise d'Orange » et la transformation du motif printanier*, dans *Mél. A. Planche*, Paris, 1984, t. 1, p. 21-32. — C. Lachet, *La Prise d'Orange ou la parodie courtoise d'une épopée*, Paris, 1986 ; *Les procédés parodiques dans la « Prise d'Orange »*, dans *Burlesque et formes parodiques, Actes du colloque du Mans (4-7 décembre 1986)*, Tübingen, 1987, p. 171-183 ; *Les vers similaires dans la « Prise d'Orange »*, dans *RLR*, t. 91 (1987), p. 55-70 ; *La place du message à Tibaut dans les Rédactions en vers de la Prise d'Orange, ibid.*, p. 71-80. — Cf. *MB* nos 295, 316, 647-649 ; *S* 910, 920, 1088, 1099, 1229, 1230, 1232, 1261, 1264, 1422-1435, 1424 *bis*, 4537. C.L.

Prise de Cordres et de Sebille. Chanson de geste du cycle d'Aymeri de Narbonne, écrite à la fin du XIIe siècle (suivant O. Densusianu) ou plutôt au début du XIIIe siècle ; elle comprend 2 948 décasyllabes assonancés transmis par un seul ms., BN, fr. 1448 (dialecte lorrain). Œuvre d'un épigone qui exploite un thème traditionnel, les amours d'un chevalier et d'une princesse païenne, et renchérit sur ses devanciers en combinant deux aventures. C'est une suite de *Guibert d'Andrenas* qui d'ailleurs s'accorde mal avec les textes que nous avons conservés : les noces de Guibert et de Gaiete sont troublées par l'arrivée d'une armée sarrasine ; Bertrand, Guillaume, Hernaut et Guibert sont faits prisonniers. Les trois premiers, enfermés à Cordoue, sont délivrés par Nubie que Bertrand épousera ; Guibert, conduit à Séville, se libère en tuant son rival Butor dans un combat singulier et gardera sa femme sans contestation. Personnages naïvement idéalisés ; mais le poète a le sens de la sobriété et du trait évocateur.

ŒUVRE. — Éd. O. Densusianu, Paris, 1886 *(SATF)*.

→ Le compte rendu de Ph.-A. Becker, dans *ZRPh*, t. 22 (1897), p. 417 sqq. — K. Morneau, *La Prise de Cordres et de Sebille : An Epic Poem of the Thirteenth Century*, Philadelphie, Univ. of Pennsylvania, 1975 [thèse dactylo.], dans *DAI*, t. 36 (1975-1976), 8042-8043 A. — Cf. *MB* no 646 ; *S* 1420. Cl.R.

Prise de Defur. Voir : *Roman d'Alexandre*.

Prisonnier Desconforté. Poème anonyme, conservé dans un ms. unique (Paris, BN, fr. 14975) copié à la fin du XVe siècle et dont le premier feuillet manque. En 235 huitains d'octosyllabes et neuf ballades intercalaires (ballade du Prisonnier Desconforté, ballade de douleur, ballade de la venue du roi, ballade de la mort, ballade de pitié, ballade des proverbes, ballade de l'amour, double ballade de pardon et ballade de compassion), l'auteur de ce poème (2 366 vers) se lamente sur sa captivité, qui lui suggère des réflexions morales et satiriques.

Le *Prisonnier Desconforté* se distingue par un ton de sincérité réelle : si l'auteur allégorise encore le tournoi des vices et des vertus, si le mouvement de sa pensée rappelle beaucoup le plan des encyclopédies morales du Moyen Âge, la plupart de ses expressions et de ses sentiments lui sont fournis par l'expérience de la douleur. Profondément malheureux, dans des conditions de détention très dures, assez introverti, le *Prisonnier Desconforté* va du repentir à la confiance en passant par un ressentiment proche de la révolte : ses vers les mieux venus vont loin dans l'angoisse du doute.

L'identité du poète reste mystérieuse : il était « *d'assez haulte geniture / en lignage legitimé* », sans grande fortune, mais d'une honnête aisance ; il remplissait un office public quand il fut révoqué par le roi, et il était déjà âgé lors de son arrestation. Il paraît avoir été victime d'une querelle de seigneurs de haut rang appartenant à l'entourage du roi avec le roi lui-même, peut-être la conspiration de 1488, durement réprimée par Charles VIII.

ŒUVRE. — *Le Prisonnier Desconforté du château de Loches, poème inédit du* XV*e siècle*, éd. P. Champion, Paris, 1908 (*Bibliothèque du* XV*e siècle*, 7).

→ R. Ménage, *Deux poètes en prison : Maître Jean Reynier et le prisonnier de Loches*, dans *Exclus et systèmes d'exclusion dans la littérature et la civilisation médiévales*, Aix-en-Provence, 1978, p. 239-249 (*Senefiance*, 5). — Cf. *GRLMA*, t. VIII/1, p. 273. — *MB* nos 5369 ; *S* 7065. F.F.H.

Prophéties de Merlin. Voir : *Merlin*.

Prosper d'Aquitaine (vers 400-après 463). Originaire d'Aquitaine (il naquit à Riez), Prosper, ayant reçu une éducation brillante qui fit de lui un savant en théologie *(uir religiosissimus)*, a consacré ses travaux aux débats qui agitaient les deux bords de la Méditerranée autour des difficiles problèmes que soulevait le rapport entre la grâce divine et le libre arbitre dans l'économie du salut individuel. Parti comme moine dans le vivier intellectuel de Marseille, il devint ensuite secrétaire du pape Léon Ier, avant d'être élu évêque de Reggio Emilia. Son œuvre est principalement consacrée à la défense des thèses d'Augustin (avec lequel il fut en correspondance en 427-430) sur la prédestination, contre les réticences qu'exprimaient en Provence essentiellement le moine Vincent et le célèbre Cassien (accusés alors de revenir aux doctrines de Pélage, déjà combattues comme hérétiques par Augustin) : *Réponses aux thèses contradictoires de Vincent ; Sur la grâce et sur le libre arbitre contre le Conférencier* (vers 430-432). Il est possible que deux autres traités sur ces mêmes controverses doivent lui être attribués : *Réponse en faveur d'Augustin aux thèses critiques des calomniateurs gaulois* (vers 430) et *Sur la vocation des gentils* (vers 450). En un poème d'un millier de vers *(Sur ceux qui refusent la grâce*, vers 429), Prosper créa un document « pédagogique » pour illustrer et diffuser les thèses augustiniennes. De toute façon, il fallut un appel au pape pour trancher le débat (d'où sans doute le départ du théologien pour Rome), sans pour autant le clore, puisqu'il se ranimera au IXe siècle (Gottschalk d'Orbais) et au XVIIe. Prosper s'est intéressé directement aux épreuves du siècle en rédigeant vers 455 une *Chronique*, sèche, parfois inexacte, mais irremplaçable pour l'histoire de la Gaule au Ve siècle. Enfin, son œuvre autobiographique serait importante si l'attribution de deux poèmes était assurée. Sans doute rédigé dans sa jeunesse, le *Poème sur le Providence* trace un tableau saisissant du choc physique et moral des invasions, tandis que celui qu'il a adressé *A son épouse* offre une brève et émouvante méditation sur le destin d'un couple chrétien affronté à la tourmente.

ŒUVRES. — *PL*, t. 51 ; *CSEL*, t. 30. — Éd. C.-T. Huegelmeyer, *De ingratis (Péri Acharistôn)*, Washington, 1961. — Éd. M.P. Mac Hugh, *Carmen de Providentia*, Washington, 1964.

→ M. Cappuyns, *Le premier représentant de l'augustinisme médiéval, Prosper d'Aquitaine*, dans *RTAM*, t. 1 (1929), p. 309-337. — E. Griffe, *La Gaule chrétienne à l'époque romaine*, Paris, 1964-1966, t. 3, p. 135-137, 353-380. — M. Simonetti, *La produzione letteraria latina fra Romani e Barbari (sec. V-VIII)*, Rome, 1986. — Schanz, t. IV/2, p. 491-501. M.B.

Proverbes en français. Un renouveau d'intérêt pour les études parémiologiques a suscité de nombreux travaux, esquissant l'histoire de ce procédé rhétorique ; beaucoup sont répertoriés dans les bibliographies spécialisées de W. Mieder : *Inter-*

national Bibliography of Explanatory Essays on Individual Proverbs and Proverbial Expressions, Berne, 1977, *Proverbs in Literature : An International Bibliography*, Berne, 1978 (*European University Papers, Series I. German Language and Literature*, 218) et *International Proverb Scholarship, An annotated Bibliography*, New York et Londres, 1982.

RECUEILS. — La plupart des proverbes français médiévaux sont publiés dans les recueils de : A.J.V. Le Roux de Lincy, *Le livre des proverbes français*, Paris, 1859 (réimp. Genève, 1968). — J. Morawski, *Proverbes français antérieurs au* XVe *siècle*, Paris, 1925 (*CFMA*, 47) ; *Proverbes français tirés de trois recueils anglonormands*, dans *ZRPh*, t. 56 (1936), p. 419-439. — J.W. Hassell, Jr., *Middle French Proverbs, Sentences and Proverbial Phrases*, Toronto, 1982 (*Subsidia Mediaevalia*, 12). — É. Schulze-Busacker, *Proverbes et expressions proverbiales dans la littérature narrative du Moyen Âge français, Recueil et analyse*, Paris, 1985 (*Nouvelle Bibliothèque du Moyen Âge*, 9).

Sur les *Proverbes au comte de Bretaigne*, voir l'éd. M.G. Diaferia, thèse Florida State Univ., 1988. — Cf. *GRLMA*, t. VI/1, p. 108 ; t. VI/2, n° 3064.

Sur les *Proverbes au vilain*, voir l'éd. A. Tobler, Leipzig, 1895 ; éd. E. Lommatzsch, Limburg am Lahn, 1935. — E. Rattunde, *Li Proverbes au vilain. Untersuchungen zur romanische Spruchdichtung des Mittelalters*, Heidelberg, 1966 (*Studia Romanica*, 11). — R.N.B. Goddard, *Marcabru, Li Proverbe au Vilain, and the Tradition of Rustic Proverbs*, dans *Neuphilologische Mitteilungen*, t. 88 (1987), p. 55-70. — Cf. *GRLMA*, t. VI/1, p. 107-108 ; t. VI/2, n° 3068. — *MB* n° 2711 ; *S* 5125.

Sur les *Proverbes Seneke*, voir : M. Oswald, *Les Enseignements Sénèque*, dans *Romania*, t. 90 (1969), p. 31-78 et 202-241 [édition] ; *Note additionnelle, ibid.*, t. 91 (1970), p. 106-113. — E. Ruhe, *Les Proverbes Seneke le philosophe. Zur Wirkungsgeschichte des « Speculum historiale » von Vinzenz von Beauvais und der « Chronique dite de Baudoin d'Avesnes »*, Munich, 1969 (*Beiträge zur romanische Philologie des Mittelalters*, 5) [édition]. — L.D. Reynolds, *The Medieval Tradition of Seneca's Letters*, Oxford, 1965. — Cf. *GRLMA*, t. VI/1, p. 104. — *MB S* 5126-5127.

→ Les volumes collectifs qui constituent des études d'ensemble : *Rhétorique du proverbe*, dans *Revue des Sciences humaines*, t. 41 (1976), n° 163. — *La culture populaire au Moyen Âge, Études présentées au 4e colloque de l'Institut d'études médiévales de l'Univ. Montréal (2-3 avril 1977)*, dir. P. Boglioni, Montréal, 1979 *(Exploration, Études médiévales)*. — *Richesse du proverbe, 1 : Le proverbe au Moyen Âge ; 2 : Typologie et fonctions*, études réunies par F. Suard et C. Buridant, Lille, 1984, 2 vol. (*Bien dire et bien aprandre*, 3). — Les études théoriques : K.V. Sinclair, *The Proverbial Question in French Literature*, dans *New Zealand Journal of French Studies*, t. 1 (1980), n° 2, p. 5-25. — É. Schulze-Busacker, *Proverbe ou sentence : essai de définition*, dans *La Locution, Actes du colloque international Univ. McGill, Montréal, 15-16 octobre 1984*, publiés par G. Di Stefano et R.G. McGillivray, Montréal, 1985, p. 134-167 (*Le Moyen Français*, 14-15) ; *Les proverbes romans au Moyen Âge. Étude sur la culture et la mentalité médiévales*, dans *Memini*, t. 15 (novembre 1988), p. 10-11. — Cf. *GRLMA*, t. VI/1, p. 102-108 ; t. VI/2, n°s 2996, 3000, 3004, 3008, 3012, 3016, 3020, 3022, 3024, 3028, 3032, 3036, 3040, 3044, 3048, 3052, 3056, 3060, 3072, 3080, 3084, 3088. — *MB S* 3574 ; 5113-5134 *bis*. On consultera aussi avec profit le *Dictionnaire des locutions en moyen français*, publié par G. Di Stefano, Montréal, 1991.

Voir aussi : *Caton (Distiques de)* ; *Dits et proverbes des sages* ; Guillaume de Tignonville ; *Salomon et Marcoul* ; *Samson de Nanteuil*.

F.F.H.

Ptolémée. Ce nom désignait un traité des différentes espèces d'oiseaux de chasse, des maladies de ces oiseaux et de leurs remèdes. Il passait pour avoir été écrit, sous la forme d'une lettre adressée à Ptolémée, roi d'Égypte, par trois savants qui traduisirent, chacun, l'Ancien Testament en grec : Aquila, un juif de Sinope, dont la traduction (vers 120) était vantée pour sa fidélité, Symmachus, un chrétien de Samarie (fin du IIe siècle), et Théodotion, un juif ébionite d'Éphèse (milieu du IIe siècle). *Ptolémée*, dont le titre complet apparaît généralement sous la forme développée *Epistola Aquilae Symmachi et Theodotionis ad Ptolemaeum regem Aegypti de re accipitraria*, remonte probablement au XIIe siècle et les noms employés dans le titre le sont fictivement ; conservé dans cinq mss latins (un pour la version longue, quatre pour la version courte), *Ptolémée* a été traduit en français (trois mss inédits) et en catalan *(« Assi comensa lo libre dell nudriment he de la cura dels ocels... »)*. Il fut utilisé par Thomas de Cantimpré* (*De naturis rerum*), Albert le Grand* (*De animalibus*) et Vincent de Beauvais* (*Speculum naturale*).

ŒUVRE. — N. Rigault, *Rei accipitrariae scriptores nunc primum editi*, Paris, 1612, p. 183-200 [éd. de la version catalane] et p. 201-211 [éd. du *Ptolémée* latin]. Éd. du *Ptolémée* latin, en préparation par B. Van den Abeele.

→ B. Van den Abeele, *La fauconnerie dans les lettres françaises du* XIIe *au* XIVe *siècle*, Louvain, 1990 (*Mediaevalia Lovaniensia*, séries

1, 18) ; *Les traités de fauconnerie latins du XIIe siècle. Manuscrits et perspectives*, dans *Scriptorium*, t. 44 (1990), p. 280-281, 285 [276-286].

G.T. et F.F.H.

Purgatoire de saint Patrice. La légende du Purgatoire de Saint Patrick (ou Patrice), attachée à un pèlerinage encore fréquenté de nos jours par les Irlandais et situé dans une île du Lac Rouge (comté de Donegal, Ulster), a reçu sa forme définitive dans un récit édifiant en prose latine écrit par le cistercien anglais Henri de Saltrey vers 1185, le *Tractatus de purgatorio s. Patricii.*

Dans les dernières années du XIIe siècle (après 1189), Marie de France* en fait une traduction dans un poème d'environ 2 300 octosyllabes. Elle raconte comment saint Patrice obtint de Dieu la révélation de ce lieu où peuvent descendre les pénitents. Ils y sont corporellement témoins des peines subies par les pécheurs, et sont — s'ils en reviennent — eux-mêmes purifiés de toutes leurs fautes. Ils doivent alors écrire le récit de leur épreuve. Cet « Espurgatoire Seint Patriz » est confié à un couvent de chanoines réguliers. Puis commence le récit le plus célèbre de « descente », celle du chevalier Owein.

Ayant reçu les recommandations du prieur du couvent, il pénètre dans le souterrain où il voit des moines mystérieux qui lui donnent de nouveaux conseils : il devra rejeter les promesses des démons de le reconduire sain et sauf sur terre (s'il acceptait, il serait perdu à jamais), et, au milieu des tourments, invoquer le nom de Jésus. Grâce à ce moyen, Owein réchappe avec succès des menaces et des tourments : il est jeté dans un brasier, conduit dans des vallées effrayantes où il voit des pécheurs suppliciés, parmi lesquels il reconnaît certains de ses anciens compagnons. Dieu le délivre aussi de la roue de feu, des fosses bouillantes, du fleuve fétide et glacé, du puits enflammé dont les étincelles sont des âmes. La dernière épreuve est celle du fleuve à l'eau « horrible e parfunde e puant » (v. 1327), embrasée et pleine de démons, sous laquelle se trouve le véritable Enfer. Un pont glissant et extrêmement étroit franchit ce fleuve. Owein invoque le nom de Jésus, qui fait élargir le pont. Mais les cris de rage impuissante des diables sont plus pénibles au chevalier que tout ce qu'il a subi jusqu'ici.

Voici qu'apparaît un mur élevé, dont s'ouvre la porte de métal précieux. Il en sort une procession solennelle pour accueillir le pénitent réconcilié, auquel deux archevêques font visiter le Paradis terrestre. Ils l'instruisent sur tout ce qu'il a observé : tous ceux qu'il a vu souffrir, sauf ceux que renferme le Puits d'Enfer, viendront en ce lieu, d'où ils partiront, après un temps plus ou moins long, pour le ciel. Cependant Owein doit s'en retourner par le même chemin, mais les démons s'enfuient à son approche. Il retrouve au lever du jour le couvent des chanoines et part pour la Terre sainte. Ici Marie de France diverge d'Henri de Saltrey. Chez ce dernier, Owein prend l'habit monastique. Chez Marie, il reste chevalier, ce qui ne l'empêche pas de faire une sainte mort. L'intention de Marie n'en est pas moins édifiante : la fin du récit proclame la gloire de Cîteaux, et l'histoire d'Owein est suivie d'autres exemples, empruntés à un continuateur d'Henri de Saltrey et destinés à prouver le caractère corporel des peines du Purgatoire. Marie a d'ailleurs prévenu, au début, des fins pieuses de son récit, allégué les Pères et résumé la doctrine de la purification après la mort.

Le *Purgatoire de saint Patrice* a également inspiré d'autres auteurs. Au début du XIIIe siècle, Béroul* en écrit une version anglo-normande en quatrains d'alexandrins. S'il abrège le récit de Marie de France, il l'amplifie aussi de propos moralisateurs, de descriptions de l'Irlande, d'une liste des péchés d'Owein, et d'un épilogue qui est une invitation à la confession et à la pénitence.

Il en existe aussi quatre versions anonymes en octosyllabes, trois anglo-normandes et une française ; toutes datent du XIIIe siècle, sauf une anglo-normande du XIVe siècle. Un récit en vers de la légende du *Purgatoire de saint Patrice* se trouve dans la *Bible des sept états du monde* de Geoffroi de Paris*. On en connaît aussi deux versions en prose : l'une du XIIIe siècle, anonyme, est très répandue, surtout dans les légendiers ; l'autre est due à un auteur dont on ne sait rien, Gilbert le Celerier.

À la fin du XIVe siècle, un chevalier du

Roussillon, Ramon de Perillos, s'inspirant pour partie du récit d'Henri de Saltrey, a composé une version occitane du *Purgatoire de saint Patrice* conservée dans deux mss.

Le thème du *Purgatoire* a connu un très grand succès dans toute l'Europe : on en connaît des versions latines, italiennes, espagnoles, allemandes, néerlandaises, anglaises, suédoises, polonaises, hongroises, tchèques.

ŒUVRES. Éd. *PL*, t. 180, col. 975-1004 [texte lat.]. — Éd. P. Tarbé, Reims, 1842 [version anonyme en prose du XIIIe]. — Éd. J. Vising, Göteborg, 1916 [version anonyme anglo-normande en 859 octosyllabes]. — *Le purgatoire de saint Patrice par Berol*, éd. M. Mörner, Lund, 1917. — Éd. M. Mörner, Lund, 1920 [version anonyme française en octosyllabes]. — Éd. dans C.M. Van der Zanden, *Étude sur le Purgatoire de saint Patrice*, Amsterdam, 1927 [version anonyme anglo-normande en 1 794 octosyllabes, avec éd. de la source latine]. — Adaptation en français moderne dans J. Marchand, *L'autre monde au Moyen Âge*, Paris, 1940.

→ E. Mall, *Zur Geschichte der Legende vom Purgatorium des heiligen Patricius*, dans *Romanische Forschungen*, t. 6 (1888-1891), p. 139-197. — M.D. Legge, *Anglo-Norman Literature and its Background*, Oxford, 1963, p. 204-205 et 239-240. — S. Leslie, *St Patrick's Purgatory. A record from history and literature*, Londres, 1932. — F. Bar, *Les routes de l'Autre Monde*, Paris, 1946. — D.D.R. Owen, *The Vision of Hell*, Edimbourg-Londres, 1970. — R. Easting, *Owein at St. Patrick's Purgatory*, dans *Medium Aevum*, t. 55 (1986), p. 159-170. — *The medieval pilgrimage to St Patrick's Purgatory, Lough Derg and the European tradition*, éd. par M. Haren et Y. de Pontfarcy, Monaghan (Irl.), 1988. Cf. *GRLMA*, t. VI/1, p. 204-206 ; t. VI/2, nos 4458-4502. *MB* nos 3346-3357, 7365, *S* 4782, 5632, 5651, 5653-5654, 5664.

Voir aussi : *Visions*.

Version de Marie de France :

ŒUVRE. — Éd. T.A. Jenkins, Philadelphie, 1894 ; Chicago, 1903 [avec éd. de la source latine] ; réimp. de la 1re éd., Genève, 1974. — Éd. K. Warnke, Halle, 1938. — Éd. Y. Otaka (Nistuinomiya), 1980 (*Publ. du Centre de recherches anglo-normandes*, 1) ; Tokyo, 1987.

→ L. Foulet, *Marie de France et la légende du Purgatoire de saint Patrice*, dans *Romanische Forschungen*, t. 222 (1908), p. 599-627. — K. Ringger, *Die altfranzösischen Verspurgatorien*, dans *ZRPh*, t. 88 (1972), p. 389-402. — G.S. Burgess, *Marie de France, an Analytical Bibliogr.*, Londres, 1977 (*Research Bibliogr. and Checklists*, 21). — Cf. *GRMLA*, t. VI/1, p. 181, 186, 206 ; t. VI/2, no 4486. — *MB* nos 3347-3352 ; *S* 5653-5654.

Version occitane ;

ŒUVRE. — Éd. partielle C. Brunel, *Sur la version provençale de la relation du voyage de Raimon de Perillos au Purgatoire de saint Patrice*, dans *Mél. R. Menendez Pidal*, t. 6 (1956), p. 3-21.

→ C. Brunel, nos 63 et 274 ; *Le Viatge de Raimon de Perillos al Purgatori de sant Patrici et la légende du Mantel Mautaillé*, dans *Mél. I. Frank*, Sarrebrück, 1957, p. 87-90. — G. Colón, *Sobre els textos llengadocians i català del « Viatge al Purgatori de sant Patrici »*, dans *Medioevo Romanzo*, t. 1 (1974), p. 44-60 [l'original serait catalan]. — E. Finazzi-Agro, *Originale provenzale o catalano ? Recenti contributi allo studio del « Viaggio al Purgatorio di sant Patrizio »*, dans *CN*, t. 34 (1974), p. 163-79 [Raimon aurait directement écrit en occitan ; c'est peu probable]. — G. Colón, *Filiation des textes du « Voyage au Purgatoire » de Raimon de Perillós. Mise au point*, dans *Medioevo Romanzo*, t. 7 (1980), p. 429-440 [maintient l'original catalan]. — W.C.M. Wüstefeld, *Two Versions of the Purgatory of saint Patrick and their Relation to Avignon*, dans *Mél. W. Noomen*, Groningue, 1984, p. 285-298.

F.B. et A.F.L.L.

Pyrame et Thisbé. Dans le quatrième livre des *Métamorphoses* d'Ovide* (v. 55-166), l'histoire des deux jeunes amants avait pour but d'expliquer pourquoi le fruit du mûrier, de blanc, était devenu noir. De ce mythe étiologique, l'auteur de la première adaptation française va faire un texte proprement romanesque, en insistant sur la réciprocité de l'amour de Pyrame et Thisbé, sur le tragique de leur double suicide ; en multipliant et amplifiant les monologues intérieurs et les complaintes. Le poème date du troisième quart du XIIe siècle ; son auteur est demeuré anonyme. La langue des manuscrits, peu dialectalisée, est peut-être picarde pour un éditeur (Branciforti), normande pour l'autre (De Boer). On pourrait pencher pour la seconde hypothèse dans la mesure où cette adaptation ressortit au groupe des romans antiques *(Roman de Thèbes*, Roman de Troie*, Eneas*)* et des *Ovidiana (Philomena*, Narcisse*)*. La composition du texte montre que son auteur connaissait bien les rhétoriques latine et française. Rappelons que les poèmes ovidiens faisaient partie des modèles choisis par les traités médiévaux de poétique. Par ailleurs, c'est un Ovide* glosé qui est la source principale de cette adaptation. La forme de ce *Pyrame et Thisbé* est complexe : aux passages narratifs en octosyllabes à rimes plates succèdent les monologues où un vers dissyllabique amorce une série variable (deux à cinq) d'octosyllabes sur la même rime. On a ainsi l'impression d'une alternance du récit et du chant ; et cela fait songer au lai « antique » chanté sur ce sujet par Tristan dans la version de Gottfried de Strasbourg*.

Un fragment, également ancien, d'une autre version en octosyllabes subsiste à côté du poème complet de *Pyrame et Thisbé*. Celui-ci connut d'abord, au XIIIe siècle, une tradition manuscrite autonome ; puis il fut inséré tel quel dans l'*Ovide moralisé** en vers du début du XIVe siècle. C'est de cette façon qu'il sera le plus diffusé. Ainsi le romanesque tendra à s'effacer au profit de la moralisation allégorique. Au XVe siècle, l'histoire de Pyrame et Thisbé subit le remaniement en prose de tout l'*Ovide moralisé*. Mais l'un de ces remaniements, écrit sans doute pour René d'Anjou* en 1466-1467, n'est conservé que par une copie et ne fut jamais imprimé. À la différence du second, qui est antérieur à 1480 et figure dans deux manuscrits. Mais dans cette version, le prosateur supprime l'allégorisation. Lorsque Colard Mansion* en édita le texte en 1484, il suppléa à ce manque en traduisant en français les moralités contenues dans le *Reductorium morale* de Pierre Bersuire* (XIVe). Celui-ci avait en effet, dans son livre XV, mis en prose latine les *Métamorphoses* ovidiennes. L'édition de Colard Mansion sera rééditée par Antoine Vérard puis recopiée assez souvent. La tendance à la moralisation de *Pyrame et Thisbé* trouvera son aboutissement dans une moralité, qui dépend entièrement de la version de Mansion. Dans ce court texte du XVIe (vers 1535), Pyrame représente Jésus-Christ et Thisbé l'âme chrétienne. Dans le dernier tiers du XIIIe siècle déjà, Jean Malkaraume avait inséré dans sa *Bible* l'histoire des deux amants, dans une traduction qui lui est propre. Ici, *Pyrame et Thisbé* constituerait une sorte d'exégèse du *Cantique des Cantiques*.

L'influence de cette histoire ovidienne, sous l'une ou l'autre de ses formes françaises, a été grande. Citons pêle-mêle *Erec, Yvain, Lancelot* de Chrétien de Troyes*, *Aucassin et Nicolette**, le *De Claris mulieribus* et la *Fiametta* de Boccace*, le *Livre de la cité des dames* de Christine de Pizan*, la *Legend of Good Women* de Geoffrey Chaucer*, la *Confessio amantis* de John Gower*... Et au-delà du Moyen Âge, Baïf, Théophile de Viau et bien sûr Shakespeare avec *Roméo et Juliette*.

ŒUVRE. — Le texte en vers du XIIe : éd. C. De Boer, Paris, 1921 (*CFMA*, 26) ; éd. F. Branciforti, Florence, 1959 ; éd. et trad. anglaise, R. Cormier dans *Three Ovidian Tales of Love*, New York-Londres, 1986 [utilise le texte de Branciforti qu'il corrige avec les mss].

Le fragment en vers : éd. W. Van Emden, *A Fragment of an Old French Poem in Octosyllabes* (...), dans *Mél. T.B.W. Reid*, Londres, 1984, p. 239-253 (*ANTS, Occasional Publ. Series*, 1).

La moralité du XVIe : éd. É. Picot, *Moralité nouvelle de Pyramus et Tisbé* (...), dans *Bulletin du bibliophile*, 1901, p. 1-35.

→ R. Cormier, *One Heart, one Mind : the Rebirth of Virgil's Hero in Medieval French Romance*, Univ. Mississippi, 1973 *(Romance Monographs)*. — A.M. Cadot, *Du récit mythique au roman : étude sur Piramus et Tisbé*, dans *Romania*, t. 97 (1976), p. 433-461. — M.-N. Lefay-Toury, *La tentation du suicide dans le roman français du XIIe siècle*, Paris, 1979 (*Essais*, 4), p. 13-34. — F. Schmitt von Mühlenfels, *Pyramus und Thisbe. Rezeptionstypen eines Ovidischen Stoffes in Literatur, Kunst und Musik*, Heidelberg, 1972 (*Studien zum Fortwirken der Antike*, 6). — W. Van Emden, *La légende de Pyrame et Thisbé : textes français des XVe, XVIe et XVIIe siècles*, dans *Mél. F. Lecoy*, Paris, 1973, p. 569-583. — B. Murdoch, *Pyramus und Thisbe : Spätmittelalterliche Metamorphosen einer Antiken Fabel*, dans *Zur deutschen Literatur und Sprache des 14. Jahrhunderts*, Heidelberg, 1983, p. 221-237 [sur les versions en moyen-haut allemand et moyen néerlandais]. — Cf. *MB* nos 1082-1083, 5866, 7293 ; *S* 2047, 2050, 2221-2228, 2773, 3443, 5550-5552.

S.L.

Q

Quant li solleiz. Incipit d'un poème en ancien français de 93 vers, contenu dans un sacramentaire latin de la BN à Paris (ms. lat. 2297), anciennement connu sous le nom de *Paraphrase du Cantique des Cantiques*. Le poète, s'inspirant en effet du Cantique des Cantiques, y chante sous une forme allégorique l'amour qui unit le Christ à son Église, identifiée à la Vierge Marie. Mais l'emploi fréquent de passages bibliques empruntés à la liturgie des fêtes de la Sainte Vierge a permis de conclure à la destination liturgique de l'œuvre. En outre, les données astronomiques du début indiquent que c'est pour la fête du 15 août qu'elle a été composée : elle devait être chantée immédiatement avant l'offertoire « *Ave Maria* », dont elle constitue une sorte de préface, au cours de la messe de l'Assomption (J. Acher, *Essai sur le poème « Quant li solleiz »*, dans *ZFSL*, t. 36, 1912). Le schéma strophique (deux décasyllabes suivis d'un tétrasyllabe formant refrain) que l'on retrouve dans certains drames liturgiques des cloîtres et des cathédrales aux XIIe et XIIIe siècles en latin, confirme cette appartenance liturgique (H. Lausberg, *Zum Altfranzösischen Assumptionstropus « Quant li solleiz »*, dans *Mél. J. Trier*, 1954). Il s'agit donc d'un trope liturgique, composé pour la fête de l'Assomption.

La copie qui nous a été conservée du poème date de la fin du XIe ou du début du XIIe siècle. C'est dire qu'elle prend place parmi les plus anciens textes en langue française. Elle se signale par des graphies curieuses (*t* et *d* parasites derrière *e* sourd, notation de la dentale instable à la fin des mots par *z, tz, dz*, graphies *sz* pour *s* pluriel, etc.), qui, si elles ne trahissent pas un phonétisme archaïque, peuvent s'expliquer par l'inhabileté du copiste à transcrire des textes en langue vulgaire. Les avis sont très partagés quant au dialecte dans lequel elle est écrite. Quelques graphies avaient fait attribuer la copie au domaine de l'Est (abbaye cistercienne d'Igny), mais la comparaison avec la *Vie de saint Alexis** et la *Chanson de Roland** montre sans conteste que ces graphies relèvent bien davantage de leur domaine dialectal, à savoir le normand ou l'anglo-normand. Par ailleurs, des particularités graphiques nombreuses et importantes semblent devoir écarter tout rapprochement avec des textes ayant passé entre les mains de copistes méridionaux, tels que le *Saint Léger**, la *Passion* et le *Sponsus** ; et même les traits nettement français du *Saint Léger* se distinguent nettement de ceux que nous reconnaissons au poème.

Le seul critère externe qui puisse trancher la question, est la provenance du codex renfermant la copie. En effet, un examen attentif du codex permet d'établir que le poème a dû être transcrit dans la même abbaye que le reste du sacramentaire, quoique à une date postérieure. Or les dévotions aux saints locaux relevés dans celui-ci désignent une abbaye bénédictine qui, à notre avis, a *le plus de chance* de s'être trouvée dans une région couvrant le Maine, la Touraine et l'Anjou, sans que la Normandie soit exclue (v. le résumé de notre communication dans les *Actes du 24e Vlaams Filologencongres*, Louvain, 1961). Le chanoine Leroquais (*Sacramentaires et missels*, t. 1, p. 110, n° 44), en revanche, la situerait plutôt en Bretagne, de même que M. Huglo (*Acta musicologica*, 1964, p. 67).

ŒUVRE. — W. Foerster et E. Koschwitz, *Altfranzösisches Uebungsbuch*, 7e éd. Leipzig, 1932.

→ E. Koschwitz, *Commentar zu den ältesten franz. Sprachdenkmälern*, Heilbronn, 1886. — G. Hamm, *Das altfranzösische Gedicht zu Mariae Himmelfahrt...*, Würzburg, 1938. — H. Lausberg, *Altfranzösischen Assumptionstropus*, dans *Archiv für das Studium der Neueren Sprachen und Literaturen*, t. 92. — H. Heisig, *Zur Paraphrase des Hohenliedes, ibid.*, t. 197 (1961),

p. 25-28. — F. Ohly, *Hohelied-Studien...*, Wiesbaden, 1958, p. 277-280. — J.R. Smeets, *Le nombre est sept : sur la structure de « Quant li solleiz... »*, dans *CCM*, t. 5 (1962), p. 203-204. — H. Lausberg, *Disponierter Lese-Text des altfranzösischen Tropus « Quant li solleiz... »*, dans *RCCM*, t. 7 (1965), p. 586-604. — Et les autres travaux cités dans l'article. — Cf. *MB S* n°s 5608, 5675-5678. M.V.

Queste del Saint Graal. Roman qui forme la quatrième partie du cycle de la *Vulgate* et qui a été écrit dans les années 1225-1230. Le roman commence un jour de Pentecôte, au moment où les chevaliers du roi Arthur se trouvent réunis autour de la Table Ronde, et une série de présages annonce l'arrivée du meilleur des chevaliers : il s'agit de Galaad qui s'assied sur le Siège Périlleux, réservé depuis l'époque de la Passion au chevalier parfait. Le Saint Graal apparaît au-dessus des chevaliers et, lorsqu'il disparaît, tous se disposent à partir à sa recherche et à mener à bien la quête du Saint Graal. Le roman s'attache ensuite aux aventures des principaux chevaliers de la cour arthurienne. Gauvain s'égare dans des entreprises étrangères à la quête et est couvert de reproches par des ermites à cause de ses péchés et de son impénitence ; Lancelot expie son péché (ses amours adultères avec la reine Guenièvre) et lutte désespérément contre les puissances qui l'empêchent de poursuivre la quête jusqu'au bout, mais son repentir et sa confession sincère, suivie d'une dure pénitence, transforment le chevalier amoureux d'antan en une sorte d'ascète. Un autre chevalier, Bohort, part lui aussi à la recherche du Graal en ascète, admire les ermites pour la pureté de leur âme et triomphe des fallacieuses tentations ourdies par le diable. Galaad, Perceval et Bohort, les trois chevaliers élus, se trouvent finalement réunis dans une nef merveilleuse qui fut construite par Salomon avec des arbres du Paradis terrestre et qui renferme un certain nombre de symboles de l'attente messianique, en particulier l'épée du roi David. Celle-ci ne se laisse empoigner que par Galaad, dernier descendant du roi et n'admet, en fait de baudrier, que les blondes tresses de la sœur de Perceval ; cette dernière a rejoint les trois chevaliers dans le vaisseau, les accompagne dans leurs aventures terrestres et ne tarde pas à mourir après avoir offert son sang pour guérir une lépreuse. Son corps est porté dans la nef mystérieuse que les élus ont quittée et que rejoindra bientôt Lancelot. Celui-ci, naviguant seul avec la jeune morte, débarquera au château de Corbenic, où il ne pourra qu'entrevoir les merveilles du Graal, car sa confiance en Dieu n'est pas absolue. Galaad, qui erre avec Perceval pendant cinq ans accomplissant des exploits prophétisés bien des siècles auparavant (guérison du roi Mordrain, aventure de la fontaine bouillonnante...), rejoint Bohort et tous trois parviennent au château de Corbenic. En compagnie de neuf autres chevaliers inconnus, ils célèbrent une sorte de répétition de la Sainte Cène au cours de laquelle apparaît Joseph d'Arimathie entouré d'anges et portant le Saint Graal ; Galaad guérit le Roi Mehaignié. Obéissant à un ordre divin, les trois élus s'embarquent de nouveau sur la nef de Salomon et cinglent vers Sarraz où se trouve le Palais Spirituel, soit la Jérusalem Céleste. Escorant, le roi païen de Sarraz, emprisonne pendant un an les trois chevaliers qui subsistent grâce à la présence du Graal. Le roi mort, une voix divine ordonne à ses sujets d'offrir la couronne à Galaad, qui l'accepte. Un an plus tard, les secrets du Graal lui sont révélés et, après avoir reçu la communion des mains de Joseph d'Arimathie, il meurt. À l'instant même, une main mystérieuse emporte au ciel le Saint Graal. Perceval se fait ermite et meurt au bout d'un an ; Bohort l'enterre au côté de sa sœur et de Galaad et revient à la cour du roi Arthur pour y raconter toutes ces aventures. Celles-ci, mises *en escrit* par des clercs d'Arthur, seront bien plus tard « translatées » en latin par Gautier Map, puis en français.

L'auteur, qui n'est évidemment pas Gautier Map, est sans doute différent de celui du *Lancelot* propre* et de celui de la *Mort le Roi Artu**, mais l'œuvre, la tradition manuscrite le prouve, n'a de sens que par rapport à ce qui la précéde et à ce qui la suit dans le cycle. On a depuis longtemps mis au jour l'originalité de cet écrivain au sein de la production romanesque du XIIIe siècle : proche de Cîteaux, sans pour autant être lui-même cistercien, l'auteur de la *Queste del Saint Graal* dresse dans une prose sobre et fine un tableau de la vie chrétienne et, plus précisément, à travers Galaad, un tableau de la vie ascétique et mystique selon Cîteaux. La *Queste* est alors, selon la formule célèbre d'E. Gilson, « le roman de la grâce ou, si l'on veut, la vie de la grâce dans l'âme chrétienne racontée sous forme de roman ». Romancier original qui semble à la fois être rompu aux méthodes de l'exégèse biblique et connaître parfaitement la matière arthurienne, il nous offre le miracle d'un récit où se côtoient jusqu'à se fondre des réminiscences évangéliques (Pentecôte du Graal...), et des données mythiques (le siège périlleux, l'épreuve de l'épée du perron...). De plus, il ne s'agit pas d'une quête traditionnelle, puisque le Graal s'offre en ouverture à tous les chevaliers de la Table Ronde réunis à Kamaalot, en cour plénière. La tâche des quêteurs n'est pas de prendre possession de l'objet, mais d'en affiner et d'en intérioriser la vision jusqu'aux deux ultimes théophanies : celle de Corbenic où le corps ensanglanté du crucifié surgit du Saint *Vessel* aux yeux des trois élus, celle de Sarraz où le seul Galaad se trouve en présence de l'indicible et des *merveilles de totes autres merveilles*. En fait, plutôt que de *Queste del Saint Graal*, il conviendrait de parler d'*Aventures del Saint Graal*, véritable titre de l'œuvre selon l'épilogue (cf. aussi le prologue de la *Mort Artu*). Ajoutons que la linéarité habituelle de la quête est ici constamment brisée par l'entrelacement — plusieurs personnages affrontent au même moment différentes aventures liées au Graal — et par les *senefiances* des ermites ou autres, qui restituent les aventures dans un cadre historique (biblique ou pseudo-biblique), ou eschatologique. Entrelacements et *senefiances*, synchronies et diachronies confèrent au récit une double épaisseur : hiérarchisation des quêteurs, de Galaad à Gauvain en passant par Perceval, Bohort et Lancelot ; profondeur historique depuis Adam (légende de l'Arbre de Vie) jusqu'à la fin prochaine du monde arthurien. En fait, la *Queste del Saint Graal* dessine moins un parcours linéaire que circulaire : le Saint Graal retourne dans son lieu originel à Sarraz, figure de la Jérusalem Céleste, tout comme Galaad revient sur la terre de ses ancêtres David et Joseph d'Arimathie ; seul Bohort accomplit le chemin traditionnel, lui aussi circulaire : cour d'Arthur — aventures extérieures — cour d'Arthur.

ŒUVRE. — Éd. A. Pauphilet, Paris, 1923 (*CFMA*, 33). — Trad. française 1) A. Béguin et Y. Bonnefoy, Paris, 1965. 2) E. Baumgartner, Paris, 1979.

→ A. Pauphilet, *Études sur la Queste del Saint Graal attribuée à Gautier Map*, Paris, 1921. — E. Gilson, *La mystique de la grâce dans la « Queste del Saint Graal »*, dans *Romania*, t. 51 (1925), p. 321-347. — J. Frappier, *Le Graal et la chevalerie, ibid.*, t. 75 (1954), p. 165-201. — F.W. Locke, *The Quest for the Holy Grail : A Literary Study of the Thirteenth-Century French Romance*, Stanford, 1960. — A. Béguin et Y. Bonnefoy, *La Quête du Graal*, Paris, 1965 (intro. à la trad. du texte). — E.C. Quinn, *The Quest of Seth, Salomon's Ship and the Grail*, dans *Traditio*, t. 21 (1965), p. 185-222. — T. Todorov, *Poétique de la prose*, Paris, 1971, p. 129-150 *(La quête du récit. Le Graal)*. — P. Matarasso, *The Redemption of Chivalry. A Study of the Queste del Saint Graal*, Genève, 1979. — E. Baumgartner, *L'arbre et le pain. Essai sur la Queste del Saint Graal*, Paris, 1981. — D. Poirion, *Semblance du Graal dans la « Queste »*, dans *Mél. J.R. Smeets*, Leyde, 1982, p. 227-241. — S.N. Ihle, *Malory's Grail Quest. Invention and Adaptation in Medieval Prose Romance*, Madison, 1983. — N. Freeman-Regalado, *La « chevalerie celestiel ». Spiritual Transformations of secular Romance in « La Queste del Saint Graal »*, dans *Romance. Generic Transformation from Chrétien de Troyes to Cervantes*, éd. K. Brownlee, Hanovre, 1985, p. 91-113. — Cf. *MB* n°s 1992-2013, 6403-6407, 7607-7618 ; *S* 3873, 3881, 3906, 3928, 3943, 3944, 3947, 3953, 3959, 3977, 4048-4089, 5982, 5983, 7865.

Voir aussi : *Graal* Cycle-Vulgate. J.M.F.

Quintilien au Moyen Âge. L'histoire de la survie de Quintilien à travers le Moyen Âge français est une histoire confuse : les lacunes de la tradition, l'étendue de la littérature médiévale, l'attention persistante portée à certaines « écoles » aux dépens de certaines autres, qui, faute d'une étude approfondie, pâtissent d'un injuste oubli, ont souvent mal orienté les jugements. Il apparaît pourtant qu'il faut distinguer trois périodes essentielles : du Ier siècle au XIIIe, de 1300 à 1416, de 1416 au seuil de la Renaissance.

L'un des faits les plus dignes de remarque est le silence à l'égard de Quintilien et de l'*Institution oratoire* pendant les trois cents années qui suivirent sa mort : une allusion obscure de Juvénal, deux cents ans d'oubli, une résurrection passagère à travers Lactance, Trebellius Pollion, Sidoine Apollinaire, Ausone, qui voient surtout en Quintilien l'auteur des *Déclamations*, thèse qu'on n'admet point aujourd'hui sans réserves, puis, quelques passages précis de saint Jérôme et de saint Cyprien (saint Hilaire de Poitiers*, quoi qu'on en ait dit, paraît l'ignorer), des emprunts importants faits par saint Augustin dans un *De rhetorica*, dont on lui refuse au reste la paternité d'un commun accord, voilà ce que la littérature latine offre à notre enquête comme liaison entre le Ier et le IVe siècle. S'adresse-t-on aux grammairiens et aux rhéteurs ? Il n'est pas moins étrange de voir que Priscien recourt assez souvent à Quintilien comme rhéteur, une fois seulement comme grammairien ; Fortunatianus le cite une fois, Rufinus trois, Isidore de Séville* trois, et ce sont enfin Cassiodore, qui invoque trente-deux fois son autorité et Julius Victor qui s'en nourrit, qui lui donnent quelque diffusion dans les lettres latines. Martianus Capella et Boèce*, qui dispensent un enseignement rhétorique, sont des « cicéroniens » et pendant deux siècles de plus, le silence s'étend sur la doctrine de Quintilien : ses préceptes, édulcorés et mélangés avec une mouture cicéronienne, horatienne, ovidienne, ne sont plus reconnaissables, d'autant qu'on voit les rhéteurs de cette époque s'inspirer de leurs précédesseurs immédiats et ne saisir, à aucun titre, l'originalité du rhéteur espagnol. Aldhelm, Bède*, Alcuin* — lequel avait pourtant à sa disposition les richesses de la bibliothèque d'York — Raban Maur* ne le citent point : il faut venir à Loup de Ferrières*, qui meurt vers 860, pour trouver des traces authentiques et des allusions décisives dans deux lettres, l'une adressée à l'abbé d'York, l'autre au pape, demandant l'une et l'autre une copie intégrale des 12 livres de l'*Institution*. Et c'est de nouveau la nuit : ni le Xe siècle, ni le XIe n'apportent une preuve de l'influence de Quintilien : à la fin du Xe, quand il expose les rapports de la grammaire et de la rhétorique, Gerbert* semble se rappeler la distinction du maître, mais le *discidium* qui sépare les deux disciplines était déjà si banal qu'on ne peut sûrement parler d'influence ; rien, dans l'œuvre de son élève Fulbert*, quoi qu'en dise Clerval dans son travail sur les *Écoles de Chartres*, n'atteste son ignorance ou sa connaissance de l'*Institution* : en revanche, quand Bernard de Chartres* prend en 1119 la direction de l'école, l'influence de Quintilien se manifeste dans l'enseignement qu'on y donne : ses successeurs, Guillaume de Conches* et Richard l'Évêque continuent son œuvre, dont le *Metalogicus* de Jean de Salisbury* porte témoignage.

À côté de l'école de Chartres, il y a lieu de signaler le rôle joué par un moine du Bec, Étienne de Rouen*, qui fit un résumé de la version mutilée qu'il avait à sa disposition et, par le choix des préceptes qu'il conserve, montre l'intérêt suscité par l'*Institution* comme ouvrage d'éducation ; de la même veine procèdent les recueils de *flores*, qui se multiplient alors, dont quatre sont parvenus jusqu'à nous. Il est à noter alors qu'à travers Wibald, abbé de Stavelot, puis de Corvey, à travers Giraud de Cambrai (XIIe), se maintient la tradition d'un Quintilien éducateur et pédagogue, plus riche en préceptes moraux à l'usage des enfants et des maîtres qu'en conseils techniques de grammaire ou d'éloquence. Au XIIIe siècle, c'est dans le même sens que s'oriente le *Speculum historiale* de Vincent de Beauvais*, qui le cite plus de soixante fois ; le *Speculum doctrinale*, le *Tractatus de educatione filiorum regalium* dont les titres disent assez bien le contenu, s'inspirent aussi de la « philosophie morale » de l'*Institution oratoire* et laissent dans l'ombre la rhétorique.

Non que le rhéteur soit tout simplement méconnu : pendant la même période, des allusions passagères, des catalogues de bibliothèques, des programmes scolaires attestent sa connaissance et sa diffusion chez nous. Alain de Lille* le place au premier rang des rhéteurs dans son *Anticlaudianus* (III, 3) et se couvre de son autorité dans un autre chapitre (II, 6) ; le *Sacerdos ad altare*, qui est attribué à Jean de Garlande* (?) et la *Biblionomia* de Richard de Fournival* (fin du XIIe) recommandent sa lecture, sur le même plan d'ailleurs que Cicéron* et la *Rhétorique à Herennius* ; et l'enquête faite par G. Becker sur les catalogues des bibliothèques révèle que, du VIIIe au XIIe siècle, Quintilien vient loin derrière les principaux poètes, Cicéron, Sénèque et Salluste, mais aussi loin devant César, Tite-Live et Aulu Gelle.

Le XIVe siècle, que nous étendrons ici, exceptionnellement, jusqu'à 1416, marque en revanche une étape décisive dans la survie de Quintilien. Ce n'est pas seulement en effet une période à laquelle il dut de connaître une brillante fortune, c'est celle qui se clôt par la découverte du Pogge* au monastère de Saint-Gall. Si l'on omet Pétrarque*, Italien sans doute, mais si important dans l'histoire des idées et de l'esthétique qu'on pourrait l'annexer sans erreur à nos lettres françaises, il faut signaler le rôle éminent joué par Coluccio Salutati, chancelier de Florence (mort en 1406), qui s'appuie constamment sur l'autorité de Quintilien et le cite fort souvent, et qui, surtout, par l'intermédiaire de son correspondant, Jean de Montreuil* et de l'ami de celui-ci, Nicolas de Clamanges*, tout pénétrés de la doctrine de l'*Institution*, ont préparé la voie à nos humanistes de la Renaissance sur les chemins de la rhétorique stoïcienne : Nicolas de Clamanges, dans une lettre de 1420 environ, appelle Quintilien *alterum artis oratoriae post Ciceronem decus* et atteste, par sa culture, une connaissance approfondie de l'*Institution*. Les citations éparses dans les œuvres des écrivains antérieurs ou contemporains prouvent que des copies circulaient — des copies d'extraits — qui se transmettaient de monastère en monastère et d'école en école, quand, en 1416, pendant le concile de Constance, le Pogge découvrit un manuscrit complet à Saint-Gall *plenum situ et puluere squalentem... in teterrimo quodam et obscuro carcere*, puis un autre, peu après, et ce fut en quelque sorte l'aube d'une résurrection totale, car à la découverte du Pogge vinrent s'ajouter d'autres trouvailles de manuscrits du même auteur : nos humanistes allaient se faire les hérauts de sa doctrine.

L'intérêt suscité par la connaissance de l'œuvre complet fut immense : non seulement en Italie, où l'on voit Laurent Valla écrire qu'il sait Quintilien par cœur (édition de 1543, p. 477), Politien vanter sa richesse supérieure à celle de Cicéron, Vittorino da Feltre se nourrir de l'*Institution oratoire*, Platina le suivre aveuglément, son élève Corraro versifier ses préceptes, Aeneas Silvius Piccolomini* (le pape Pie II) tirer du livre Ier les conseils qu'il envoie à Ladislas de Bohême, bien d'autres encore le piller et l'imiter, c'est le reste de l'Europe occidentale avec Érasme, Vivès, Melanchthon plus tard, qui s'attachent aux principes de ce *Quintilianus rediuiuus*, heureusement restitué par le Pogge.

Est-ce à dire qu'il se dégage de l'*Institution oratoire*, telle que l'a connue le Moyen Âge, une esthétique ou une morale ?

Il est un fait certain : le Moyen Âge a fait deux parts très nettes dans l'œuvre de notre rhéteur. Il a dégagé des chapitres initiaux de l'*Institution* les éléments d'une pédagogie, qui met en place marquante l'importance de l'éducation dans la formation du caractère, le rôle de la culture dans l'ouverture de l'esprit, les bienfaits de la lecture des grandes œuvres, notamment des poètes, pour l'enrichissement du cœur ou du commerce des historiens pour l'entraînement à la vertu, par imitation des grands capitaines et des exemples héroïques. À côté d'un néo-platonisme, qui vit et se développe parallèlement au christianisme, et non sans dommage pour lui, se diffuse un stoïcisme, encore mal étudié, mais réel, qui entre comme composante dans la pensée médiévale et vient opposer à la douceur mondaine de la courtoisie la rigueur de son immuable noblesse. Et Quintilien est l'un de ceux qui servirent — pour une part — à cette diffusion. Pourtant, le nom de Quintilien est assez peu connu du XIIe au XIVe siècle : l'*Institution oratoire* fournit la matière des cours de rhétorique à peu près au même degré que le *De oratore*, la *Rhétorique à Herennius* ou le *De inuentione*, mais c'est un ouvrage qui semble anonyme. On a voulu expliquer cet anonymat par le désir des moralistes et des pédagogues du temps, grands admirateurs de Sénèque, un Sénèque dont ils faisaient un chrétien, de taire le nom de celui qui avait si vivement critiqué leur idole : explication séduisante, mais qui n'emporte pas la conviction, quand on sait comment la mode des extraits a tôt fait de niveler les différences et de confondre les distinctions. Au vrai, les *Artes* sont un centon. Il n'en est pas de même du point de vue de l'esthétique : en matière de morale, la notion de nature pouvait se diversifier du néo-platonisme au positivisme païen des Goliards* et susciter aux côtés d'un christianisme orthodoxe des théories peu conformes à l'idéal de l'Église romaine ; en matière d'esthétique, le portail de Chartres, avec ses sept statues des arts libéraux, parmi lesquelles figure naturellement la Rhétorique avec

Cicéron à ses pieds, symbolise le rôle que pouvait jouer dans le domaine du goût l'auteur du *De inuentione*. Dame Rhétorique orne les mosaïques, les miniatures, les bibliothèques, les fontaines, les vases, les tapisseries, les autels et les tombeaux ; on la voit à Auxerre, à Bourges, à Clermont, à Laon, à Reims, à Rouen, à Saint-Omer, à Sens, à Soissons, rappelant souvent le portrait qu'en trace Martianus Capella dans les *Nuptiae Philologiae et Mercuri* (éd. Dick, Leipzig, 1925, p. 211), avec le rayonnement d'une souveraine beauté : elle règne aussi, cela va sans dire, dans le domaine des lettres, et si l'on a pu distinguer, avec raison, une influence prépondérante de Cicéron aux XIe et XIIe siècles, de Sidoine Apollinaire vers le milieu du XIIe, d'Horace à la fin, il y a un lien commun à ces écoles, celle de Marbode*, celle de Matthieu de Vendôme* ou celle de Jean de Hanville*, c'est le souci méticuleux des divisions, des distinctions, des figures, des procédés, et ce souci est inspiré par l'*Institution oratoire*, non par le *De inuentione*, le *De oratore*, les *Partitions oratoires* ou les *Topiques*, car l'*Institution* seule en parle en détail, non les autres traités. Plus que tout autre genre, la prédication révèle cette influence : que ce soit la *Rhetorica diuina* de Guillaume d'Auvergne*, le *Quo ordine sermo fieri debeat* de Guibert de Nogent*, la *Summa de arte praedicatoria* d'Alain de Lille (XIIe), le *De instructione praedicatorum* d'Humbert de Romans*, l'*Ars concionandi* attribué à saint Bonaventure*, les *Artes praedicandi* de Jean de La Rochelle* (XIIIe), de Jean de Châlons (XIVe) ou tel autre encore, tous les sermons respirent la rhétorique quintilianienne, soit directement puisée à la source, soit empruntée à des intermédiaires comme Boèce : si l'on y retrouve les principes de Cicéron *(docere, delectare, mouere)*, on y voit surtout des subdivisions en *thema* et *prothema*, puis des divisions *per uerba* (substitutions aux formes grammaticales du texte sacré de cas dérivés par le moyen de la conjugaison ou de la déclinaison ; substitution aux mots du texte sacré d'équivalents verbaux), une répartition de la matière selon les catégories d'Aristote (qui ? quoi ? pour quoi ? pour qui ? quand ? où ? etc.) ; on recourt à des modes de développement par définition, description, explication, étymologie, division, raisonnement (avec preuves techniques ou extra-techniques), *exempla**, appel à l'autorité d'un garant ou d'un texte, allégorie, etc. et tous ces procédés sont de pure tradition quintilianienne.

La survie de l'auteur de l'*Institution oratoire* est donc certaine, mais elle a passé par des étapes confuses et s'est manifestée de façon diffuse : moins aimé, moins connu que Cicéron, plus apprécié de ceux qui recherchent dans l'art de bien dire une voie qui conduise à l'art de bien penser et de bien vivre et surtout qui ont le souci d'une technique de l'éloquence, Quintilien devait être éclipsé à nouveau par Cicéron dans le grand mouvement des idées de la Renaissance.

→ E. Faral, *Les arts poétiques des XIIe et XIIIe siècles*, Paris, 1924. — A. Mollard, *La diffusion de l'Institution oratoire au XIIe siècle*, dans *Le Moyen Âge*, t. 44 (1934), p. 161-175. — H. Caplan, *Classical Rhetoric and the Mediaeval Theory of Preaching*, dans *Classical Philology*, t. 28 (1933), p. 73-96. — M. Winterbottom, *Fifteenth Century Mss of Quintilian*, dans *Classical Quarterly*, t. 17 (1967), p. 339-360. — J.J. Murphy, *Rhetoric in the Middle Ages. A History of Rhetorical Theory from St. Augustine to the Renaissance*, Berkeley-Los Angeles-Londres, 1974, pp. 123-130. — J. Cousin, *Recherches sur Quintilien, mss et éd.*, Paris, 1975, p. 1-73. — P. Cahn, *Ars poetica und Musica poetica. Quintilian und Horaz in der Musiktheorie und Kompositionslehre des 15. und 16. Jahrhunderts*, dans *Mél. H. Rahn*, Heidelberg, 1987, p. 23-33. — R. Sabbadini, *Storia e critica di testi latini*, Padoue, 1971 (2e éd.), p. 283-302. Je.C.

Quinze joies de mariage. Comme plusieurs auteurs dévots avaient célébré les joies de la Vierge dans les *Quinze joies de Notre Dame*, l'auteur des *Quinze joies de mariage* s'est proposé de décrire les « joies », c'est-à-dire en réalité les affreux malheurs, de l'homme dans le mariage. Sujet traditionnel et conventionnel s'il en fut, dont les thèmes sont définis déjà chez Théophraste cité par saint Jérôme dans son *Adversus Jovinianum* et se retrouvent bien souvent dans la littérature du Moyen Âge, en particulier sous la plume de Jean de Meun*, Matheolus et Jean Le Fèvre*, Eustache Deschamps*. Tributaire de cette tradition, l'auteur des *Quinze joies* s'irrite surtout de ce que l'homme prenne ses malheurs pour des joies. L'acuité de son analyse sans pitié s'applique à des situations concrètes, saisies dans le vif de la vie quotidienne, dont le réalisme fait oublier le caractère conventionnel du sujet. Drôlerie et justesse des détails, animation des dialogues dans une langue toute proche de la langue parlée font le principal mérite de ces 15 tableaux mi-satiriques mi-narratifs, qui marquent une étape importante dans l'histoire du réalisme littéraire et dans la « préhistoire » de la nouvelle française en prose.

L'auteur, la date et la patrie des *Quinze joies* sont inconnus. La charade où l'auteur a dissimulé son nom est restée jusqu'à ce jour indéchiffrable. Antoine de La Sale*, Lemonde, Pierre II abbé de Samer, Jean Wauquelin*, Simon de Hesdin*, Gilles Bellemère, Jean II duc de Bourbon, Abel Lemonde de Mers ont été successivement proposés. Le nom de *Lerse*, avancé par M. Desonay, nous paraît le plus proche de la solution, mais ce n'est qu'un nom. La date a varié, selon les critiques, de la fin du XIVe au milieu du XVe siècle. La mention des *Quinze joies* dans les *Cent Nouvelles nouvelles** parmi les « histoires anciennes » qui ont mal parlé des femmes suffit à écarter la seconde de ces dates. Comme, d'autre part, il nous est dit d'un valet qu'il porte une vieille épée que son maître gagna à la bataille de Flandre, c'est-à-dire à Rosebecque (1382), et que ce maître semble avoir au moment du récit une cinquantaine d'années, il est raisonnable de placer l'œuvre au début du XVe siècle. La patrie n'est pas mieux déterminée ; le milieu décrit est campagnard, la région exposée aux incursions anglaises, voilà tout ce que l'on peut dire.

Outre quatre mss, des impressions ont assuré le succès des *Quinze joies* de la fin du XVe au XVIIIe siècle. L'édition princeps est lyonnaise (1480-1490). Vinrent ensuite celles de Trepperel et celle de Rosset (vers 1595). Cette dernière fut reproduite aux XVIIe et XVIIIe siècles.

ŒUVRE. — Éd. F. Fleuret, Paris, 1936 [ms. de base : Rouen]. — Éd. J. Rychner, Genève-Paris, 1963 (*TLF*, 100). — Éd. J. Crow, Oxford, 1969 (*Blackwell's French Texts*, 26) [ms. de base : Phillips]. — Réimp. de l'éd. princeps du XVe siècle, F. Heuckenkamp, Halle, 1901 ; de l'éd. Trepperel, A. Fleig, Greifswald, 1903. — Trad. française, M. Santucci, Paris, 1986 *(Stock/Moyen Âge)*. — Trad. anglaise B.A. Pitts, New York, Berne, Francfort, 1985 (*American Univ. Studies, Romance Languages and Literature*, 26) [d'après l'éd. Rychner].

→ A. Coville, *Recherches sur quelques écrivains du XIVe et du XVe siècle*, Paris, 1935, p. 129-174. — M. Cressot, *Vocabulaire des Quinze joies de mariage*, Paris, 1939 (reprints Genève, 1974) [d'après la seconde éd. elzévirienne]. — F. Desonay, *Deux énigmes d'histoire littéraire du XVe siècle*, dans *Mél. M. Roques*, Paris, 1953, t. 2, p. 45-49 [sur la charade]. — J. Misrahi, *L'énigme des Quinze joies de mariage*, dans *Romance Philology*, t. 9 (1955-1956), p. 177-187 *[id.]*. — J. Rasmussen, *La prose narrative française du XVe siècle*, Copenhague, 1958. — J. Crow, *The Quinze Joyes de Mariage in France and England*, dans *MLR*, t. 49 (1964), p. 571-577. — K. Kasprzyk, *Les quinze joies d'un mariage*, dans *Mél. J. Frappier*, Genève, 1970, t. 1, p. 499-508. — L. Sozzi, *La nouvelle française au XVe siècle*, dans *CAIEF*, t. 23 (1971), p. 67-84. — G. Mermier, *La ruse féminine et la fonction morale des Quinze joies de mariage*, dans *Romance Notes*, t. 15 (1973-1974), p. 495-503. — R. Dubuis, *L'indifférence du genre narratif aux problèmes politiques du XVe siècle*, dans *Culture et politique en France à l'époque de l'Humanisme et de la Renaissance*, Turin, 1974, p. 213-227 ; *Les formes narratives brèves*, dans *GRLMA*, t. VIII/1, 1988, p. 178-196. — N. Rizk, *Didactisme et contestation dans les Quinze joies de mariage*, dans *Le Moyen Français*, t. 1 (1977), p. 33-89. — F.J. Albersmeier, *Les XV Joies de mariage und der « réalisme bourgeois » in der französischen Prosa des 15. Jahrhunderts*, dans *Fifteenth-Century Studies*, t. 8 (1983), p. 1-13. — P. Nykrog, *Entre le fabliau et la nouvelle : réflexions sur une longue absence*, dans *La nouvelle. Formation, codification et rayonnement d'un genre médiéval*, Montréal, 1983, p. 199-207 ; *Playing Games with Fiction* (...), dans *The Craft of Fiction, Essays of Medieval Poetics*, Rochester, 1984, p. 423-452. — J. Dauphine, *Le jeu de la transgression dans les XV joies de mariage*, dans *Amour, mariage et transgressions au Moyen Âge*, Göppingen, 1984, p. 471-479 (*Göppinger Arbeiten zur Germanistik*, 420). — B.A. Pitts, *Feast and Famine in the Quinze Joyes de mariage*, dans *Romance Notes*, t. 26 (1985-1986), p. 69-73. — M. Perret, *L'espace du texte : localisation et auto-référence dans la prose des XIVe et XVe siècles*, dans *Théories et pratiques de l'écriture au Moyen Âge*, Paris, 1988, *Littérales*, t. 4, p. 191-198. — M. Zimmermann, *Vom Hausbuch zur Novelle. Didaktische und erzählende Prosa im Frankreich des späten Mittelalters*, Düsseldorf, 1989, p. 79-232, (*Studia humaniora*, 12). — Cf. *MB* nos 4205-4225 *bis*, 6799-6804, 7872 ; *S* 4675, 5105, 6724, 6732, 6734, 6741-6755, 7613. J.Ry.

Quinze signes du Jugement dernier. À l'origine du thème, on trouverait une vision apocalyptique attribuée à Esdras, qui figure dans ce que la tradition latine nomme le « quatrième livre d'Esdras », mais n'a rien de commun avec le livre biblique qui porte son nom. Les *Quinze signes* ont été également attribués à saint Jérôme.

Le thème a connu beaucoup de succès dans toute l'Europe : il en existe des versions italiennes, espagnoles, allemandes, anglaises et provençales. H. Shields en recense trente à quarante versions en français, tant en prose qu'en vers, entre la fin du XIIe et la fin du XVIe siècle. La plus populaire a été celle du XIIe siècle, un poème d'environ trois cents octosyllabes dont on conserve 25 mss. Il en existe environ une dizaine d'autres versions en vers (en octosyllabes, en alexandrins et même en quatrains monorimes de vers de 16 syllabes), dont quelques-unes attestent l'influence de Bède le Vénérable*. On repère entre ces textes quelques différences qui, bien qu'elles ne soient pas fondamentales, ne manquent pas d'intérêt : certains contiennent des interventions de la part de la Vierge, qui demande en vain grâce pour les pécheurs ; d'autres font varier le contenu ou la durée des signes météorologiques ; d'autres encore ajoutent une exhortation ou un commentaire propres. On conserve également plusieurs rédactions en prose.

ŒUVRES. — Poème du XIIe siècle : éd. E. von Kraemer, Helsinki, 1966 [ms. BN, fr. 2094] ; éd. R. Mantou, Mons, 1966 [ms. BN, fr. 837]. — Poème du XIIe siècle et trois autres versions du XIIIe au XVe s. : éd. W. Heist, *Four Old French Versions of the Fifteen Signs before the Judgement*, dans *Mediaeval Studies*, t. 15 (1953), p. 187-198 [ms. BN, fr. 15212 pour la version la plus répandue ; fr. 1181, 17177 et 19397 pour les trois autres textes]. — Version du XVIe s. : éd. H. Shields, *Les Quinze signes descendus en Angleterre*, dans *French Studies*, t. 18 (1964), p. 112-122.

→ A.T. Baker, *The Fifteen Signs of Doomsday*, dans *Modern Languages Quarterly*, t. 1 (1898), p. 63-64. — W.W. Heist, *The Fifteen Signs Before the Judgement. Further Remarks*, dans *Mediaeval Studies*, t. 22 (1960), p. 192-203. — R. Mantou, *Le thème des Quinze signes du Jugement dernier dans la tradition française*, dans *RBPH*, t. 45 (1967), p. 827-842. — Cf. *GRLMA*, t. VI/1, nos 1836 ; 4326 ; 4338 ; 4366 ; 4370 ; 4374. — *MB* nos 3082-3085 ; 6595-6596 ; *S* 1193 ; 5655-5662. A.F.L.L. et S.I.J.

Quodlibet (ce qui plaît). Composition dans laquelle des mélodies et des textes bien connus apparaissent en combinaisons successives ou simultanées. Ce sont généralement des créations qui visent à l'humour et à la virtuosité technique ; elles peuvent contenir des onomatopées, énumérations plaisantes, etc.

Le premier à utiliser ce terme avec référence spécifique à la musique est W. Schmeltzl (*Guter seltzamer u.kunstreicher teutscher Gesang, sonderlich etliche künstliche Quodlibet*, Nuremberg, 1544), empruntant le mot à l'examen universitaire *disputatio de quolibet*. Passant de l'exercice sérieux de la scolastique médiévale à la parodie humoristique, il est largement accepté dans la littérature allemande du XVIe siècle où fleurissent les poèmes-catalogues comiques tel *Priamel.*

Ce terme a de nombreux équivalents : *centone, incatenatura, misticanza, messanza*, en Italie, *ensalada* en Espagne, *fricassée* en France, *medley* en Angleterre et enfin *pot-pourri* dans plusieurs pays.

On a tenté de diviser le Quodlibet en plusieurs catégories ; citons parmi les plus fréquemment représentées le Quodlibet-catalogue (par exemple le motet *Moriuntur, oriuntur* dans lequel une liste de syllabes sert de chanson à boire), le Quodlibet successif tel que l'exploite le motet enté (par exemple *La bele m'ocit/In seculum* qui cite dans une voix tout un patchwork de refrains). Le Quodlibet simultané est un centon polyphonique et le Quodlibet à *cantus firmus* doit réutiliser dans chaque voix un *cantus prius factus* (cf. *Glogauer Liederbuch* v. 1480).

Les exemples de Quodlibet ne se limitent pas à la musique ancienne et l'on pourrait citer la dernière variation Goldberg de J.S. Bach ou le dernier mouvement de la 2e symphonie de C. Ives.

→ I. Cazeaux, art. *Quodlibet*, dans *Dictionnaire de la Musique, Science de la Musique*, sous la direction de M. Honegger, t. 2, 856-857. — K. Gudewill, *Ursprünge und nationale Aspekte des Quodlibets*, dans *International Musicological Society Congress Report*, t. 8, New York, 1961, 1, p. 30 ; art. *Quodlibet*, dans *MGG*, t. 10, col. 1822-1832. N.S.

R

Raban Maur. Raban naît à Mayence en Germanie rhénane occidentale vers 780, de parents appartenant à l'élite franque. Il est présenté à l'âge requis (en 788) comme oblat au monastère de Fulda, que l'Anglo-Saxon Boniface a fondé moins d'un demi-siècle plus tôt au cœur de la Hesse. Remarqué au sein de l'école monastique, il est envoyé vers 797 comme *nutritus* à la cour carolingienne, où il se lie avec l'élite intellectuelle, alors engagée dans un vaste programme de réformes, et devient le disciple préféré d'Alcuin*. Ce dernier, maître à penser de Charlemagne, devenu depuis 796 abbé de la plus puissante abbaye du royaume à Tours, donne au jeune homme le surnom de Maur, reproduisant ainsi la dyade fameuse que formèrent Benoît et son élève.

À la mort d'Alcuin (804), Raban revient à Fulda où la direction de l'école lui est confiée jusqu'à ce que des conflits internes le contraignent à abandonner cette tâche. Des circonstances plus favorables font de lui l'abbé de Fulda en 822. Sa réputation littéraire, religieuse et culturelle y attire jusqu'à 600 moines sous son autorité.

Simultanément chargé de fonctions politiques dans l'Empire, il soutient constamment celui qui représente à ses yeux l'unité, Louis le Pieux d'abord (il sert de médiateur entre le souverain et ses fils révoltés), Lothaire ensuite. La défaite de ce dernier contraint Raban à une retraite provisoire en 842, jusqu'à sa réconciliation avec le vainqueur, Louis le Germanique, en 844. Ce dernier fait de lui l'archevêque de sa capitale, Mayence, où il meurt en 856, après y avoir présidé divers synodes et participé au grand débat sur la prédestination lancé par Gottschalk.

Élève doué des fondateurs de la renaissance carolingienne, Raban a composé une œuvre considérable en quantité et en qualité. Commencée certainement auprès d'Alcuin, sa première création, qui l'a rendu immédiatement célèbre dans tout l'Empire en 810, le recueil *Louanges de la sainte croix*, apporte sous une forme originale une contribution importante au débat qui agite alors la Chrétienté sur le rôle et le statut des images. Par ce document exceptionnel formé de poèmes figuratifs, lu des souverains et des papes, Raban prend une position prudente mais ferme en faveur des représentations plastiques du divin. Il organise la vie monacale avec un *Sur l'institution des clercs* (819) en trois livres, réorganisation minutieuse des legs de Cyprien, Augustin, Grégoire le Grand* et Isidore*. Il y réaffirme à son tour la nécessité de solides études « classiques ». La grammaire occupant parmi celles-ci une place éminente, il compose un *Abrégé de l'art grammatical de Priscien*. De brèves mais énergiques interventions pastorales sont l'occasion d'œuvres utilitaires, *Sur l'oblature des enfants, Pénitentiel, Commentaire sur Ezéchiel, Sur les tours de passe-passe des mages et sur les fausses divinations, Sur l'âme*. Enfin, à la fin de sa vie, il réussit à réunir une véritable encyclopédie dans les 22 livres *Sur l'univers*, dénommés également : *Sur la nature*. Par là, Raban, nouvel Isidore, offre la bibliothèque de son vaste savoir à la *Francia* germanique.

Loin d'être prisonnier des catégories et des savoirs de l'Antiquité tardive qu'il ranime brillamment, Raban participe à l'émergence de la langue, de la culture et de la littérature germaniques en plein essor. Une brève note *Sur l'invention des langues* est l'occasion de nous parler des alphabets « barbares ». Fidèle à sa mission pastorale, il tient compte de la spécificité linguistique de ses élèves en préparant lui-même, ou en faisant établir (parfois par son disciple Walafrid Strabon), de longues listes de gloses latin-vieil allemand à partir du vocabulaire biblique. Ses épigrammes latines sont souvent autant d'occasions de faire de l'anthroponymie franque en expliquant dans des distiques habiles le sens des noms de ses dédicataires. De la sorte, en pleine tourmente impériale, Raban Maur accomplit un immense effort de rassemblement, de conservation, d'adaptation et de transmission de savoirs vitaux pour la culture : élève de l'Europe carolingienne, il a, plus encore que ne le dit son beau titre de « précepteur de la Germanie », préparé l'épanouissement médiéval.

ŒUVRES. — *PL*, t. 107-112 ; *MGH, PAC*, t. 2 ; M. Perrin éd., *De laudibus sanctae crucis*, Paris-Amiens, 1988.

→ E. Heyze, *Hrabanus Maurus Enzyklopädie De rerum naturis. Untersuchungen zu den Quellen und zur Methode der Kompilation*, Munich, 1969. — R. Kottje, *Rhabanus Maurus, « Praeceptor Germaniae » ?*, dans *DAEM*, t. 31 (1975), p. 534-545. — M. Rissel, *Rezeption antiker und patristischen Wissenschaft bei Hrabanus Maurus. Studien zur karolingischen Geistesgeschichte*, Berne-Francfort, 1976. — J. McCullogh, *Rhabanus Maurus Martyrology : The Method of Composition*, dans *Sacris erudiri*, t. 23 (1978-1979), p. 417-461. — R. Kottje, H. Zimmermann, éd., *Hrabanus Maurus, Lehrer, Abt und Bischof*, Wiesbaden, 1982 ; — M. Perrin, *Le De laudibus sanctae crucis de Raban Maur et sa tradition manuscrite au IXe siècle*, dans *RHT*, t. 19 (1989), p. 191-256. — M. Banniard, *Rhabanus Maurus and the Vernacular Languages*, dans R. Wright éd., *Latin and Romande languages in the Early Middle Ages*, Londres-New York, 1991, p. 164-174. — Manitius, t. 1, p. 288-302. — Brunhölzl, trad. fr. 1991, t. 2, p. 84-98, 282-286. M.B.

Raffaele Marmora. Voir : *Aquilon de Bavière*.

Raimbaut d'Aurenga. Grand seigneur d'Orange, vassal des seigneurs de Montpellier et allié par sa mère aux comtes de Toulouse, il fut l'un des plus importants poètes provençaux du XIIe siècle Il naquit avant 1147 et mourut encore jeune, en 1173, célibataire et sans enfants. Il fut en relation avec les plus grands troubadours de son époque, tels que Giraut de Bornelh*, qui le désigne dans le *senhal* (pseudonyme) de *Linhaure* (PC 242, 65), et Peire d'Alvernha* (PC 323, 11). Tous deux fréquentèrent sa cour. Nous possédons de lui une quarantaine de poésies, qui révèlent en lui un adepte du *trobar clus** inauguré par Marcabru* ; et sa maîtrise de la langue et du vers est si savante qu'il fut considéré comme le représentant le plus insigne d'une forme particulière de la poésie des troubadours, le *trobar ric*. À travers 10 de ses *cansos*, Raimbaut mentionne une dame qui, sous le *senhal* de *Joglar* paraît être la trobairitz Azalaïs de Porcairagues*. Une autre dame, la comtesse d'Urgel, apparaît également dans ses vers. L'originalité de sa poésie consiste dans la recherche d'une technique raffinée et difficile, dans un savant entrelacement de rimes rares et sonores, prélude à la technique, plus savante encore, d'Arnaut Daniel* : quête exaspérée, caractérisée par la force des images et le renouvellement des procédés d'expression. Avec sa chanson : *Er resplan la flors enversa* (PC 389, 16), il ouvre la voie à une poésie nouvelle.

ŒUVRE. — Éd. W.T. Pattison, *The Life and Works of the Troubadour R. d'O.*, Minneapolis, 1952. — Éd. partielles : A. Kolsen, *Die Canzone des Trobadors R. d'O. « Ara.m so del tot conquis »*, dans *Neophilologus*, t. 26 (1940), p. 99-105 [PC 389, 11]. — K. Lewent, *On the Text of two Troubadour Poems*, dans *PMLA*, t. 59 (1944), p. 605-623 [PC 389, 11]. — J.H. Marshall, *On the Text and Interpretation of a poem of R. d'Orange*, dans *Medium Aevum*, t. 37 (1968), p. 12-36 [PC 389, 22] ; repris par M. Vuijlsteke, dans *Mél. J. Horrent*, Liège, 1980, p. 509-516. — M. de Riquer, *Los trovadores. Historia literaria y textos*, Barcelone, 1975, t. 1, p. 418-458 [PC 389, 32-18-28-21-31-16-12-6=46,3 et 10a=242,14].

→ PC 389. — M. Delbouille, *Les « senhals » littéraires désignant R. d'O. et la chronologie de ces témoignages*, dans *CN*, t. 17 (1957), p. 49-73. — A. Roncaglia, *« Carestia ». Une identification à propos de R. d'Orange, ibid.*, t. 18 (1958), p. 121-137. — P. Dronke, *Medieval Latin and the Rise of European Love-Lyrik*, 1, Oxford, 1965, 2e éd. 1968, p. 98-112. — E. Köhler, *No sai qui s'es - No sai que s'es*, dans *Mél. M. Delbouille*, Gembloux, 1969, t. 2, p. 349-366. — L. Pollmann, *« Trobar clus ». Bibel Exegese und hispano-arabische Literatur*, Münster, 1965, p. 76-80 [sur le *trobar ric* de R. d'Orange]. — J. Mouzat, *Remarques sur « Linhaure » et sa localisation*, dans *Mél. R. Lejeune*, Gembloux, 1969, p. 213-218. — S. Méjean, *Les mots composés chez Marcabru et R. d'O.*, dans *Mél. P. Fouché*, Paris, 1970, p. 93-107. — P. Cherchi, *Il mare amoroso e la « flors enversa » di Raimbaut d'Aurenga*, dans *Romania*, t. 93 (1972), p. 77-84. — F. Pirot, *Recherches sur les connaissances littéraires des troubadours occitans et catalans des XIIe et XIIIe siècles*, Barcelone, 1972, p. 463-468. — J.E. Rivers, *R. d'Orange and the Old Provençal « Gap ». A Reexamination*, dans *Annuale Medievale*, t. 12 (1972), p. 5-20. — L. Paterson, *Troubadours and Eloquence*, Oxford, 1975. —

L.T. Topsfield, *Troubadours and Love*, Cambridge, 1975. — L. Renzi, *Una lettura contestuale della « flors enversa » di R. d'Aurenga*, dans *Quaderni del circolo filologico linguistico padovano*, t. 8 (1976), p. 25-34. — M. Picone, *Osservazioni sulla poesia di R. d'Aurenga*, dans *Vox Romanica*, t. 36 (1977), p. 28-37. — R.A. Taylor, *La littérature occitane du Moyen Âge*, Toronto, 1977, n°s 533-537. — A. Roncaglia, *La critique textuelle et les troubadours*, dans *CN*, t. 38 (1978), p. 207-214 [utilise la *tenso* PC 389, 10a = 242,14]. — L. Milone, *Raimbaut d'Aurenga tra « fin'amor » e « no poder »*, dans *RZLG*, t. 7 (1983), p. 1-27 [adhésion ambiguë de R. d'Orange, à la *fin'amor*]. — C. Di Girolamo, *Tristano, Carestia e Chrétien de Troyes*, dans *Medioevo Romanzo*, t. 9 (1984), p. 17-26 [concerne le *senhal « Carestia »* dans PC 389, 32]. — M.-L. Meneghetti, *Il Pubblico dei trovatori. Ricezione e riuso dei testi lirici cortesi fino al* XIV *secolo*, Modène, 1984. — A. Planche, *Texte à l'endroit, monde à l'envers : sur une chanson de R. d'Aurenga, « Ar resplan la flors enversa »*, dans *Mél. P. Remy*, Kalamazoo, 1986, t. 1, p. 213-226 [PC 389, 16]. — J. Roubaud, *La fleur inverse. Essai sur l'art formel des troubadours*, Paris, 1986 [réflexions d'un poète]. — A. Serper, *Amour courtois et amour divin chez R. d'Orange, ibid.*, p. 279-289. — C. Di Girolamo, *« No say que s'es » e lo spazio lirico di R. d'Aurenga*, dans *Medioevo Romanzo*, t. 12 (1987), p. 261-273. — S. Kay, *Authority and Will in « The Jaufre », Guillaume IX and R. d'Aurenga*, dans *Medieval Perspectives*, t. 2 (1987), p. 105-112. — S. Thiolier-Méjean, *R. d'Orange et la composition des mots : recherche sur l'hermétisme*, dans *Actualité des troubadours*, Ventabren, 1987, p. 5-14. — L. Rossi, *Chrétien de Troyes e i trovatori : Tristan, Linhaure, Carestia*, dans *Vox Romanica*, t. 46 (1987), p. 26-62. — S. Gaunt, *Troubadours and Irony*, Cambridge, 1989. — S. Bianchini, *« L'alta marqesana qe fo de Monferato »*, dans *Mél. A. Roncaglia*, Modène, 1989, 1, p. 157-164. — *Bibliogr. de la littérature occitane du Moyen Âge*, dans *Bulletins de l'AIEO*, t. 5 (1990), p. 33. — M. Vuiflsteke, *Éléments de définition d'un mode de l'énoncé poétique : Raimbaut d'Orange et le « trobar clus »*, dans *Mél. P. Bec*, Poitiers, 1991, p. 597-598.

C.C. et G.B.L.

Raimbaut de Vaqueiras. Il naquit dans le Vaucluse, dans le château de Vaqueiras, qui appartenait aux seigneurs d'Orange et il mena probablement pendant sa jeunesse la vie de jongleur. D'origine modeste, il était fils d'un pauvre chevalier. C'est pourtant une des personnalités marquantes des dernières années du XIIe siècle et des premières du XIIIe, à cause surtout de sa carrière en Italie. Il fut, en effet, l'un des premiers troubadours provençaux à passer les Alpes, et il fut en relations à Gênes avec Obizzino Malaspina ; puis il dut errer en Lombardie, jongleur, pauvre et famélique, amoureux d'une dame de Tortona. Mais la protection de Boniface de Montferrat, auquel il demeura fidèle jusqu'à sa mort, le tira d'embarras. L'antique *Vida* dit également qu'il fut amoureux de Béatrice, sœur du marquis de Montferrat, dame qu'il chanta dans ses poèmes sous le pseudonyme de *Bel Cavalier*. Mais la critique a démontré que Béatrice était la fille et non la sœur du marquis, et on ne peut l'identifier avec la dame que le poète dissimule sous le *senhal* de *Bel Cavalier*. Raimbaut combattit pour son protecteur contre les Communes de Lombardie, puis en Sicile — où le marquis l'arma chevalier —, à la suite de Henri VI, contre les Normands, et enfin, en 1201, à la quatrième croisade, où Boniface obtint le royaume de Salonique après la conquête de Constantinople ; Raimbaut lui-même aurait reçu peut-être un fief de son seigneur, mais le fait demeure douteux. Mourut-il aux côtés de Boniface de Montferrat, qui périt en 1207 en combattant contre les Bulgares ? L'hypothèse est étayée par le fait qu'après cette date on ne sait plus rien du troubadour. Raimbaut présente un intérêt particulier pour l'Italie à cause de deux compositions : le « descort plurilingue » (PC 392, 4) et le « débat avec une dame génoise » (PC 392, 7). Le troubadour, qui a introduit dans ces textes des stances en italien, y a laissé l'un des plus anciens documents poétiques en langue vulgaire italienne que l'on connaisse. Ces deux poèmes donnent aussi, dans l'emploi de langues différentes, un témoignage de la recherche des nouveautés caractéristiques de la poésie des troubadours de cette époque. Sa production, assez copieuse, ne s'écarte guère des thèmes traditionnels, sauf dans quelques poèmes qu'il a composés en Orient, et où l'on sent vibrer une émotion plus personnelle. On citera de même, le *Carros* (PC 392, 32), composé autour de 1200 en l'honneur de Béatrice de Montferrat ; le poète y exprime une rêverie que lui ont peut-être suggérée certaines coutumes des Communes italiennes ; il imagine qu'un grand nombre de dames défendent le Charroi, emblême de la Commune, contre leur très belle rivale, Béatrice, qui l'emportera enfin grâce à sa jeunesse et à sa valeur. C'est un tournoi féminin, une chorégraphie imaginaire qui servira de modèle à d'autres compositions du même genre. Mais, tout à fait en dehors des genres habituels, l'« Épître épique » en trois laisses monorimes se rattache par sa forme aux chansons de geste. Elle donne un tableau intéressant de la vie de Raimbaut, de ses rapports avec le marquis de Montferrat en 1205, des aventures auxquelles le poète a pris part, et le tout est exprimé avec des accents émus et des protestations sincères de fidélité envers son seigneur. Les nouveautés que représentent, dans certains de ses poèmes, l'usage alterné de langues différentes, l'« Épître », certaines chansons enfin d'une émotion vibrante, font à Raimbaut une place exceptionnelle dans le monde des troubadours de son temps. Huit de ses vingt-six poésies sont conservées avec leur mélodie.

ŒUVRES. — Éd. T.H. Bergin, *Rambaldo di Vaqueiras : Liriche*, Florence, 1956. — J. Linskill, *The Poems of the Troubadour R. de Vaqueiras*, La Haye, 1964. — Éd. partielles : K.M. Fassbinder, *Raimbaut von Vaqueiras, Dichtung und Leben*, Halle, 1929, réimp. Genève, 1977. — V. Crescini, *Il discordo plurilingue di Rambaldo di Vaqueiras*, dans *Romanica fragmenta* (1932), p. 507-540. — J. Linskill, *A sirventes of R. de Vaqueiras*, dans *Mél. C.M. Girdlestone*, Newcastle-upon-Tyne, 1960, p. 181-191 [PC 392, 22]. — A. Pulega, *Ludi e spettacoli nel medioevo. I tornei di dame*, Milan, 1970, p. 67-72 et 77-80 [éd. du *Carros* et du *Garlembey*]. — M. de Riquer, *Los trovadores. Historia literaria y textos*, Barcelone, 1975, t. 2, p. 811-857 [PC 392, 7-1 = 15,1-10-32-9-4-5a-16a et l'Épître]. — R. Richter, *Die Troubadourzitate im « Breviari d'Amor »*, Modène, 1976, p. 382-392 [PC 392, 23-2-28-19-30].

→ PC 392. — F. Lecoy, *Notes sur le troubadour R. de Vaqueiras*, dans *Mél. M. Roques*, Paris, 1946, p. 23-38. — A. Monteverdi, *La Poesia provenzale en Italia*, Rome, 1956, p. 63-88. — F. Gennrich, *Die Deutungen der Rhythmik der Kalenda Maya. Melodie*, dans *Mél. G. Rohlfs*, Halle, 1958, p. 181-192 [PC 392, 9]. — G. Cusimano, *Raimbaut « larga pansa »*, dans *Mél. E. Li Gotti*, Palerme, 1962, t. 1, p. 427-442. — V. Bertolucci, *Posizione e significato del canzoniere di R. di V. nella storia della poesia provenzale*, dans *SMV*, t. 11 (1963), p. 9-68. — E. Paganuzzi, *« A l'entrada del tens clar » e « Kalenda maia » : arie de danza in notazione non proporzionale*, dans *Convivium*, t. 31 (1963), p. 272-279. — J. Linskill, *R. de Vaqueiras et Girart de Roussillon*, dans *Romania*, t. 89 (1968), p. 266-270 [PC 392, 14]. — J. Horrent, *« Altas undas que venez suz la mer »*, dans *Mél. J. Boutière*, Liège, 1971, t. 1, p. 305-316 [PC 392, 5a]. — J.-M. D'Heur, *Le motif du vent venu du pays de l'être aimé, l'invocation au vent, l'invocation aux vagues. Recherches sur une tradition de la lyrique romane des* XII*e*-XIII*e siècles*, dans *ZRPh*, t. 88 (1972), p. 69-104 [concerne PC 389, 5a]. — G.S. McPeek, *« Kalenda maia ». A Study in form*, dans *Mél. R. White Linker*, Valence, 1973, p. 141-154 [PC 392, 9 avec trad. angl.]. — F. Zufferey, *À propos de l'attribution de la pièce [o]i, altas undas (PC 392, 5a)*, dans *ZRPh*, t. 90 (1974), p. 494-496. — A. Tavera, *Les troubadours, « gens du voyage »*, dans *Senefiance*, nº 2 (1976), p. 441-444 [en Italie surtout]. — C. Cremonesi, *Conon de Béthune, Rambaldo di Vaqueiras e Peire Vidal*, dans *Mél. G. Favati*, Padoue, 1977, p. 233-244. — R.A. Taylor, *La littérature occitane du Moyen Âge*, Toronto, 1977, nºˢ 538-544. — A. Serper, *A propos « D'una dona.m tuelh e.m lays » de R. de Vaqueiras*, dans *Mél. E. Köhler*, Heidelberg, 1984, p. 268-276 [PC 392, 12]. — B. Spaggiari, *Il tema west-öslicher dell'aura*, dans *Studi medievali*, t. 25 (1984), p. 1-110 [PC 392, 5a]. — G. Tavani, *Sul discordo plurilingue di R. de Vaqueiras*, dans *Mél. E. Kölher*, Heidelberg, 1984, p. 277-287 ; *Accordi e disaccordi sul discordo plurilingue di R. de Vaqueiras*, dans *Studi provenzali e francesi*, 86/87, *Romanica vulgaria*, Quaderni 10/11, L'Aquila, 1989, p. 5-44. — M. Brea, *La Estrofa V del « Descort » plurilingue de R. de Vaqueiras*, dans *Mél. A. Galmés de Fuentes*, Oviedo-Madrid, 1985, t. 2, p. 49-64. — F. Brugnolo, *Appunti in margine al discorso plurilingue di R. de Vaqueiras*, dans *Mél. P. Remy*, Kalamazoo, 1986, t. 1, p. 45-66. — J. Barbaro, *Jeunesse de Raimbaud de Vaqueyras*, dans *Actualité des troubadours*, Ventabren, 1987, p. 31-44. — P. Bec, *Note philologique sur la cobla gasconne du descort plurilingue de Raimbaut de Vaqueyras*, dans *Medioevo Romanzo*, t. 12 (1987), p. 275-288. — S. Gaunt, *Sexual Difference and the Metaphor of Language in a Troubadour Poem*, dans *The Modern Language Review*, t. 83 (1988), p. 297-313. C.C.

Raimbert de Paris. Voir : *Chevalerie Ogier*.

Raimon d'Aguilers. Chapelain du comte de Toulouse, Raymond de Saint-Gilles, il l'accompagna à la première croisade, et fut, à son retour sans doute, nommé chanoine du Puy. Il a laissé le récit de cette croisade ou *Historia Francorum qui ceperunt Jherusalem*, ouvrage sans doute commencé au lendemain de la victoire sur Kerbogha ; il est probable qu'il en a écrit le début au jour le jour avec le chevalier Pons de Balazun ; ce dernier étant mort au siège d'Arcas, il a achevé seul le récit après son retour en Occident. L'histoire que Pierre Tudebode* a lui aussi laissée de la première croisade présente des points communs avec l'œuvre de Raimon d'Aguilers.

ŒUVRE. — Éd. J.H. et L.L. Hill, *Le Liber de Raymond d'Aguilers*, Paris, 1969 (*Documents relatifs à l'histoire des croisades. publ. par l'Acad. des Inscriptions et Belles Lettres*, 9) [à compléter par le compte rendu de J. Richard, *Raymond d'Aguilers, historien de la première croisade*, dans *Journal des Savants*, 1971, p. 206-212]. — Trad. anglaise J.H. et L.L. Hill, *Raymond d'Aguilers. Historia Francorum qui ceperunt Jherusalem*, Philadelphie, 1968 (*Memoirs of the American Philosophical Society*, 71).

→ C. Klein, *Raimund von Aguilers. Quellenstudie zur Geschichte unter ersten Kreuzzuges*, Berlin, 1892. — N. Iorga, *Les narrateurs de la première croisade*, Paris, 1928. — M.D. Coupe, *Peter the Hermit. A Reassesment*, dans *Nottingham Mediaeval Studies*, t. 31 (1987), p. 37-45. — Molinier n° 2122. G.T.L.

Raimon At de Montaut. Voir : Ramenat de Montaut.

Raimon d'Avignon. Voir : Roger de Salerne.

Raimon de Castelnou. On ne sait rien de la vie de ce troubadour de la deuxième moitié du XIIIe siècle, dont on a parfois fait un Catalan, mais qui semble originaire du Sud-Ouest, dans la période qui a suivi la croisade albigeoise. Il a laissé six pièces lyriques, dont un *sirventes* assez vigoureux contre les vices de plusieurs classes de la société.

Son œuvre la plus intéressante est le *Doctrinal*, en 400 vers de 12 syllabes, véritable traité du dogme et de la morale catholiques. Après une confession personnelle où il s'accuse et se repent d'avoir écrit des chants « mauvais » — *crois cantars* — il fait des développements sur le Credo, les Dix Commandements, les Sept Sacrements, les sept Œuvres de miséricorde, et termine par un acte d'humilité : « Que personne ne pense que je suis un lettré ; au contraire, je suis un chevalier de petite fortune ».

E negus hom no s'pesse qu'ieu sia hom letratz,
Ans son us cavaliers de paucas heretatz.

ŒUVRES. — Éd. A. Gianetti, *Raimon de Castelnou. Canzoni e dottrinale*, Bari, 1988.

→ PC 396. — C. Brunel, nos 21 et 297. J.S.

Raimon de Cornet (Le père de). On ne sait rien de la vie de ce poète occitan, qui dut vivre à Saint-Antonin du Rouergue, où naquit son fils, *frai Raimon*.

Il écrivit, probablement en 1305, un violent et éloquent *sirventes* concernant les malheurs qui accablaient alors le Toulousain et l'Albigeois, où les ordres religieux entretenaient entre eux d'incessantes querelles, et où le roi Philippe le Bel provoquait des sentiments de révolte par la dévaluation de la monnaie et par les levées perpétuelles de subsides ; « le bon roi saint Louis, dit le poète, ne nous traitait pas ainsi ».

ŒUVRE. — Éd. J.-B. Noulet et C. Chabaneau, *Deux mss provençaux du XIVe siècle...*, Montpellier et Paris, 1888, réimp. Genève, 1973, p. 77-80.

→ A. Jeanroy, *La Poésie provençale dans le Sud-Ouest de la France...*, dans *HLF*, t. 38, Paris (1941), p. 28-31. — F. Zufferey, *Bibliogr. des poèmes provençaux des XIVe et XVe siècles*, Genève, 1981, n° 557. J.S.

Raimon de Cornet. Raimon de Cornet, *frai Raimon*, fils du précédent, est un troubadour originaire de Saint-Antonin, petite ville du Rouergue, aujourd'hui dans le département du Tarn-et-Garonne. Il y naquit dans les dernières décennies du XIIIe siècle. Après avoir étudié à l'Université de Toulouse, il mena, de 1324 à 1330, une vie très agitée : d'abord prêtre du clergé séculier, il devint frère mineur, puis abandonna l'ordre franciscain où il avait souffert, réintégra les rangs du clergé séculier, fut en danger d'être compromis dans le procès des Béguins brûlés en Avignon sous Jean XXII. Cela ne l'empêcha pas de fréquenter les milieux littéraires et le Consistoire de Toulouse, d'entretenir des relations avec de nombreuses personnalités de son temps. En 1341, il était devenu chartreux, et c'est probablement au moustier de Pontaut, dans le diocèse d'Aire, qu'il termina sa vie comme avaient déjà fait d'autres troubadours, réfugiés dans leurs vieux ans à l'ombre d'un cloître.

Son œuvre, très abondante et très variée, a été conservée, pour la plus grande partie, par deux manuscrits toulousains aujourd'hui à l'Académie des Jeux Floraux. Nous avons de lui 13 *cansos* d'amour, 13 *vers* dont certains traitent de l'amour, d'autres de questions morales ou sociales, quatre *letras* en vers sur des sujets variés, six *sirventes* d'allure politique, six *tensos* ou *partimens*, un *planh*, plusieurs pièces de genres divers en latin et en occitan, parmi celles-ci une *versa* qui est une satire sociale, et un *Doctrinal de trobar* en 543 vers de six syllabes en couplets, sorte de Grammaire dont Joan de Castelnou* écrivit une « glose » ou commentaire rectificatif.

De l'ensemble de son œuvre, il résulte que Raimon de Cornet peut être considéré comme l'esprit le plus brillant de ce qu'on est convenu d'appeler l'École toulousaine du XIVe siècle, et peut disputer à Guiraut Riquier* la qualification de « dernier troubadour ».

Il a chanté l'amour, suivant les principes des troubadours classiques. Les détails réalistes ne manquent certes pas sous sa plume, mais il exalte l'*amor leyal, le perfieyt amor*, la joie d'amour qui illumine l'esprit, *El joy d'amor que. l pessamen aluca.* Il a célébré une dame, qu'on n'a pu identifier, et qu'il appelait *ma Roza*. Mais, suivant l'évolution qui se fait chez les troubadours de la décadence, cette *roza* devient chez lui la mère du Christ, celle qui s'incarnera plus tard à Toulouse en Dame Clémence.

Il y a plus d'originalité, du moins plus de personnalité, dans les idées politiques de Raimon de Cornet, qui, à l'occasion de plusieurs événements, en particulier des projets de croisade voués à l'échec par la politique du roi de France, se montre ennemi déclaré et irréductible de ce dernier. Il hait tous les rois de France, il ne voudrait jamais voir flotter les « fleurs de lis » sur les plaines du Midi. Il distribue autour de lui éloges et blâmes suivant qu'on favorise le roi de France ou qu'on le combat. Cette attitude intransigeante explique peut-être que le troubadour ait voulu mourir sur un territoire occupé par les Anglais.

Moraliste et satirique, Raimon de Cornet peut être comparé à Peire Cardenal*, à qui un manuscrit attribue d'ailleurs la *versa* de Cornet. Les religieux, surtout les frères mineurs, les prêtres, les prélats sont cruellement flagellés par celui qui les connaissait bien et qui avait pu évaluer leurs faiblesses.

Ayant entretenu des relations suivies avec de nombreuses personnalités du temps, Raimon de Cornet a pu faire connaître, à travers ses interlocuteurs, ses idées littéraires : il s'affirme l'héritier fidèle des anciens troubadours, le disciple respectueux des membres du Consistori* toulousain qui lui accordèrent une violette d'or ; il a une haute idée de l'art poétique. Esprit indépendant et frondeur, il s'est néanmoins contenté des formules d'un passé qu'il admirait. Dans la recherche des rimes en revanche, il fut un véritable virtuose.

ŒUVRE. — J.-B. Noulet et C. Chabaneau, *Deux mss provençaux du XIVe siècle contenant des pièces de Raimon de Cornet...*, Montpellier et Paris, 1888, réimp. Genève, 1973, p. 1-73 et 129-140.

→ C. Brunel, nos 37-45-265 et 310. — A. Jeanroy, *La poésie provençale dans le Sud-Ouest de la France...*, dans *HLF*, t. 38, Paris, 1941, p. 31-65. — F. Pirot, *Recherches sur les connaissances littéraires des troubadours occitans et catalans des XIIe et XIIIe siècles*, Barcelone, 1972, p. 26-35. — R. Nelli, *Écrivains anticonformistes du Moyen Âge occitan. I. La femme et l'amour, textes traduits et présentés*, Paris, 1977. — R. Taylor, *La littérature occitane du Moyen Âge*, Toronto, 1977, nos 565-566. — F. Zufferey, *Bibliogr. des poètes provençaux des XIVe et XVe siècles*, Genève, 1981, n° 558. — J.-C. Huchet, *Le style, symptôme de l'histoire (l'exemple du troubadour R. de Cornet)*, dans *Styles et valeurs. Pour une histoire de l'art littéraire au Moyen Âge*, Textes réunis par D. Poirion, Paris, 1990, p. 101-120. J.S.

Raimon Escrivan. De ce troubadour du XIIIe siècle, dont le nom très banal rend difficile l'identification, on ne conserve qu'un texte : le pittoresque débat fictif entre deux engins de guerre, le *trabuquet* (pièce d'artillerie de grande taille permettant de lancer des pierres) qui se trouvait aux mains des Toulousains, et la *gata* (sorte d'abri de bois grossier recouvert de peau de bœuf) qui servait aux Français pour s'approcher des murailles. Ce texte fut en effet écrit en juin 1218 dans la ville de Toulouse assiégée par l'armée française de Simon de Montfort. Or, le 25 juin 1218, suivant la *Canso de la Crozada* (204, v. 26 ; voir *Chanson de la Croisade contre les Albigeois*), les Toulousains se décidèrent à incendier la *gata*, au cri de *« Per Dieu, Na falsa gata, ja mais no prendretz ratz ! »* Simon de Montfort trouva la mort dans cette action et l'allégresse fut grande dans la cité. On reconnaît le même esprit dans le *sirventes* de Raimon Escrivan.

ŒUVRE. — Éd. M. de Riquer, *Los trovadores. Historia literaria y textos*, Barcelone, 1975, t. 2, p. 1108-1112 [PC 398, 1].

→ PC 398. — C. Brunel, *Sur l'identité de quelques troubadours*, dans *AM*, t. 66 (1954),

p. 250-251. G.B.L.

Raimon Feraut. Voir : *Vies de saints* (en occitan).

Raimon Gaucelm de Béziers. Ce troubadour n'est connu que par les rubriques d'un manuscrit. En effet, seules les dates qui apparaissent en face de quelques-unes de ses poésies copiées dans le chansonnier provençal *C*, permettent de situer sa production entre 1262 et 1275. On a conservé de Raimon Gaucelm de Béziers neuf compositions auxquelles la critique moderne a ajouté une chanson de croisade jusque-là attribuée à Gauceran de Saint-Didier (PC 168) : *sirventes* moraux (PC 401, 3 et 9), poésies religieuses (PC 401, 5 et 2), chansons de croisade (PC 401, 8 et 1) qui concernent le roi Louis IX* en 1268 et 1270, une *tenso* (PC 401,6 = 268, 1), mais aussi un *planh* pour la mort d'un bourgeois de Béziers, Guiraut de Linhan en 1262 (PC 401, 7). Ce dernier texte manifeste un changement de mentalité remarquable dans la thématique courtoise.

ŒUVRE. — Éd. G. Azaïs, *Les troubadours de Béziers*, Béziers, 1869, p. 9-39. — Éd. partielles : A. Sakari, *Une chanson de croisade*, dans *Neuphilologische Mitteilungen*, t. 14 (1963), p. 105-124 [PC 168]. — F.J. Oroz Arizcuren, *La lirica religiosa en la literatura provenzal antigua*, Pampelune, 1972, p. 398-409 [PC 401, 2 et 5]. — M. de Riquer, *Los trovadores. Historia literaria y textos*, Barcelone, 1975, t. 3, p. 1535-1539 [PC 401, 3].

→ PC 401 et 168. G.B.L.

Raimon Jordan. Ce vicomte de Saint-Antonin dans le Rouergue, est parmi les troubadours qui, comme Bertran de Born* et Raimon de Miraval*, représentent la noblesse occitane du Moyen Âge dans le chœur des chantres de l'amour. Car c'est l'amour, et l'amour seul qu'a chanté ce troubadour-gentilhomme. Il a laissé un *sirventes* ; mais, dans ce texte, il fait le procès des troubadours anciens, *antic trobador*, qui, comme le Gascon Marcabru*, étaient misogynes, avaient mal parlé des femmes, à l'instar des prédicateurs disant du mal des infidèles dans les églises. Il a laissé une *tenso* mais c'est précisément une discussion avec l'Amour.

Onze *cansos* dont deux avec notation mélodique ont été conservées de lui. On a pu les classer en deux séries, chacune de ces séries se rapportant à une des deux femmes qu'aurait successivement aimées le gentilhomme rouergat, une vicomtesse de Penne d'Albigeois, et dame Elis de Montfort, de la famille de Turenne.

La valeur poétique de ce troubadour est assez grande pour que son nom soit sauvé de l'oubli. Il décrit l'amour courtois suivant la tradition occitane, avec une finesse relevée de quelque sensualité. Nature simple, il manque d'idées originales. « Mais, dit son éditeur, il sait tirer de sa lyre des accords sincères et mélodieux. » Raimon Jordan redoutait les méchants, les jaloux, les *lausengier* : « Je ne serai pas trop locace en louant ma dame, car on comprendrait de qui je suis le chevalier, si je disais le quart de son mérite. »

De leis lauzar no'm farai trop parliers,
Qu'entendrion de cui sui cavaliers
S'eu dizia lo quart de sa valensa.

On peut situer entre les années 1160 et 1185 l'activité poétique de Raimon Jordan, vicomte de Saint-Antonin. Il vivait encore en 1195 date où le Monge de Montaudon* le fit figurer dans sa galerie de troubadours (PC 305, 16).

ŒUVRE. — Éd. avec trad. française : H. Kjellman, *Le troubadour R. Jordan, Vicomte de Saint-Antonin*, Uppsala-Paris, 1923. — Éd. partielles : M. de Riquer, *Los trovadores. Historia literaria y textos*, Barcelone, 1975, t. 1, p. 574-582 [PC 404, 5-3 et 8]. — R. Richter, *Die Troubadourzitate im « Breviari d'Amor »*, Modène, 1976, p. 394-395 [PC 404, 5].

→ PC 404. — J.H. Marshall, *Pour l'étude des Contrafacta dans la poésie des troubadours*, dans *Romania*, t. 101, (1980), p. 314-316 [PC 404, 4]. — J. Maillard, *À propos de deux mélodies de Raimon Jordan*, dans *Mél. P. Remy*, Kalamazoo, 1986, t. 1, p. 121-130. — E. Poe, *At the Boundary Between « Vida » and « Razo » : the Biography of R. Jordan*, dans *Neophilologus*, t. 72 (1988), p. 316-319.

J.S. et G.B.L.

Raimon Jourdan, Jordan (dit l'Idiota). Raimon Jourdan appartenait à une famille de Nîmes. Entré à l'abbaye d'Uzès, il y fut successivement chanoine, puis préchantre, enfin prévôt en 1377. Licencié en droit, il fut vicaire général de l'évêque de Maguelone, Gaucelme de Deux. Le pape ayant demandé à ce dernier d'éclaircir les circonstances d'un complot fomenté par les étudiants du collège Saint-Benoît de Montpellier contre leur professeur, ce fut Raimon qui fut chargé de l'enquête. Il continua à évoluer dans la sphère de la papauté avignonnaise jusqu'au jour où il devint abbé de Selles-sur-Cher, en 1381. C'est là qu'il mourut avant 1390.

Cet auteur mystique et fécond a laissé de nombreuses *Contemplationes* sur le misérable cours de la vie présente, sur la perte de l'innocence, sur la conversion, sur le conflit entre l'âme et la chair, sur les dons du Saint-Esprit et contre les péchés capitaux, sur l'Esprit saint, sur les béatitudes, sur la mort. Les plus connues portent sur l'amour divin et sur Marie. Ce sont de courtes méditations qui ne sont pas sans analogie avec celles de saint Anselme* et de saint Augustin. L'auteur reprend la théologie de la charité élaborée par les scolastiques des XIIe et XIIIe siècles, mais la débarrasse de toute sécheresse. L'Idiota vit intensément ce qu'il prie, il plaide pour la pureté de l'amour et manifeste une profonde expérience personnelle. Ses réflexions sur la Vierge Marie s'attardent à sa beauté, physique et morale, aux mystères de sa vie, à ses joies et à ses douleurs. Ses noms sont évoqués, invoqués, nos dettes envers elle sont soulignées. Il est encore l'auteur d'un traité sur l'état et la condition des religieux, sur les règles de la vie chrétienne, et de quelques notes sur le Psaume XV.

Demeuré longtemps anonyme, Raimon Jourdan ne fut identifié qu'au XVIIe siècle. Les multiples éditions que connut son œuvre, depuis celle que procura Lefèvre d'Étaples en 1519, témoignent de son influence. Au XIVe siècle, à une époque où la mystique est rare en France, Raimon Jourdan fait figure d'exception.

ŒUVRES. — Éd. T. Raynaud, *Raymundi Jordani... opera omnia*, Paris, 1654 [la plus complète].

→ *DTC, Tables*, 2 (1967) 2679-2680. — *DS*, 8 (1974) 1430-1434. — R. Piovesan, *Un mistico ignorato del XIV secolo, Raymundus Jordanus detto l'Idiota*, dans *Vita Christiana*, t. 17 (1948), p. 334-349, 429-439. M.H.P.

Raimon de Las Salas. Fils d'un bourgeois de Marseille, ce troubadour est connu par quelques compositions dont la plus intéressante est un *partimen* sur la primauté entre la Provence et la Lombardie. Ce débat entre le provençal Raimon — sans doute « de Las Salas » — et le Lombard Bertran — à ne pas identifier avec Bertran d'Avignon —, a du être écrit peu après août 1216.

ŒUVRE. — Éd. F.M. Chambers, *Raimon de las Salas*, dans *Mél. L.F. Solano*, Chapel Hill, 1970, p. 29-51. — Éd. partielle : M. de Riquer, *Los trovadores. Historia literaria y textos*, Barcelone, 1975, t. 2, p. 1094-1499 [PC 406, 16 = 83, 1].

→ PC 406. — R.A. Taylor, *La littérature occitane du Moyen Âge*, Toronto, 1977, n° 550. — S. Guida, *Nuovi documenti su alcuni trovatori del XIII secolo*, dans *CN*, t. 39 (1979), p. 81-105. G.B.L.

Raimon de Miraval. Chevalier du petit château de Miraval, dont on trouvera aujourd'hui les ruines au village de Miraval-Cabardès situé à quelques kilomètres au Nord de Carcassonne, il fut célébré comme poète courtois avant 1191, devint poète favori à la cour de Raimon VI de Toulouse, qu'il appela *Audiart*, et entretint des relations, souvent amicales, avec les grands seigneurs de la vicomté de Carcassonne, le roi Pierre II d'Aragon, le roi Alphonse VIII de Castille, le seigneur catalan Uc de Mataplana* et d'autres grands barons du Nord de l'Espagne. Sa carrière poétique se situe approximativement entre les années 1185 et 1213.

Son œuvre comprend 37 chansons (dont 24 dans une large variété de mss), cinq *sirventes* (dont trois *joglaresc* et deux concernant l'amour), des *coblas* échangées, un *partimen* avec un certain Ademar (probablement Adémar lo Negre*) et un *dompnejaire* ou salut d'amour. Les brefs détails fournis par les chansons sur les dames dont il a chanté les mérites (*Mais d'amic, Mantel*, la marquise de Minerve et Azalais de Boissezon de Lombers), ont fourni aux biographes provençaux de sa *vida* et des *razos* appartenant à ses poèmes la base d'un véritable roman d'amour, tout à fait fantaisiste. Il se peut que *Mais d'amic* soit la dame Loba de Pennautier, louée par Peire Vidal*. La dernière chanson du troubadour, *Bel m'es qu'ieu chant e coindei*, fut écrite peu avant la bataille de Muret (1213) pour invoquer le secours du roi aragonais et lui rappeler la promesse faite de rendre à Raimon son château de Miraval, pris par les croisés en 1209 ou 1211, et au comte Raimon VI son palais de Beaucaire. Après Muret, il est probable que Raimon s'enfuit en Catalogne et qu'il est mort à Lerida, peut-être après 1229.

Pour Raimon Vidal* et Matfre Ermengaud*, poètes didactiques du XIIIe siècle, Miraval représente le type idéal de l'amant courtois, celui *qui saup mai d'amor que*

Paris. C'est sans doute son dévouement aux principes de la courtoisie, lequel, par endroits, rappelle la doctrine déjà formulée par André le Chapelain*, qui lui valut cette renommée. La « Joie d'Amour » n'existe plus chez Miraval comme sentiment d'exaltation : le but du poète est la recherche par la voie de l'*Amor*, d'*onor*, de *valor* et surtout de *pretz*, idéaux qui demandent une connaissance approfondie de l'*art de plaire* courtois. C'est *Amor*, le code courtois, qui est capital, et qui exige qu'à son autorité se soumettent et la dame et l'amant. La soumission du poète à la dame est strictement limitée et dépend non de la « Joie d'Amour » qu'elle lui inspire, mais du *pretz*, de l'estime sociale, dont elle jouit comme dame courtoise. Le devoir du poète, c'est d'augmenter le *pretz* de sa dame ; si elle se montre indigne de ses louanges, il doit la rabaisser. L'*amor* est ainsi devenu souveraine doctrine courtoise, et l'amant, *auctor* et *conoisedor*, capable de juger des actions de la dame, de les critiquer et même de les condamner. Cette conception de l'amour, mondaine et sociale, marque comme une étape du développement de l'amour courtois dans le Midi et annonce l'œuvre de Guilhem Montanhagol*.

Miraval se proclame adversaire du *trobar clus**. Ses chansons de *lauzor*, élégantes, mais d'expression simple, sont des poésies de conversation, exemptes de toute fantaisie. Dans les chansons de *castiamen*, le style est clair, direct, et, à l'occasion, d'une robustesse qui tire sur le brutal.

Francesco da Barberino (1264-1348), dans son commentaire latin des *Documenti d'amore*, signale une nouvelle de Miraval comme source d'un de ses récits.

ŒUVRE. — Éd. L. Topsfield, *Les Poésies du troubadour R. de Miraval*, Paris, 1971 [avec trad.]. — M. Switten, *The « Cansos » of R. de Miraval : a Study of Poems and Melodies*, Cambridge (Mass.), 1985 [22 chansons avec musique ; 15 textes seuls]. — Éd. partielles : M. de Riquer, *Los trovadores. Historia literaria y textos*, Barcelone, 1975, t. 2, p. 983-1008 [PC 406, 21-37-28-30 et 12]. — R. Richter, *Die Troubadourzitate im « Breviari d'Amor »*, Modène, 1976, p. 396-403 [PC 406, 7-24-20-12]. — A. Rossell i Mayo, *Monodia Cortesana trobadoresca. Seixanta-quatre transcripcions inèdites de Mn. H. Anglès*, Barcelone, 1986, p. 181-185.

→ PC 406. — C. Brunel, *« La Loba » célébrée par les troubadours Peire Vidal et Raimon de Miraval*, dans *Mél. E. Hoepffner*, Paris, 1949, p. 261-264. — L.T. Topsfield, *R. de Miraval and the Art of Courtly Love*, dans *The Modern Language Review*, t. 51 (1956), p. 33-41 ; *« Cortez Ufana » chez R. de Miraval*, dans *Revue de langue et littérature d'Oc*, t. 12-13 (1962-1963), p. 102-110 ; *Troubadours and Love*, Cambridge, 1975. — R. Taylor, *La littérature occitane du Moyen Âge*, Toronto, 1977, n°s 546-549. — R. Nelli, *Raimon de Miraval : du jeu subtil à l'amour fou. Textes et traductions*, Paris, 1979 [anthologie de 22 chansons, éd. Topsfield]. — J.H. Marshall, *Pour l'étude des Contrafacta dans la poésie des troubadours*, dans *Romania*, t. 101 (1980), p. 302-304 [concerne PC 406, 22]. — W. Pfeffer, *Forme et fond chez R. de Miraval*, dans *Incidences*, n.s. 5 (1981), p. 27-32. — R. Nelli, *Le Roman du troubadour R. de Miraval*, Paris, 1986 [à lire avec réserves].

L.T.T.

Raimon de Perillos. Voir : *Purgatoire de saint Patrice*.

Raimon de Tors. Les rubriques des chansonniers manuscrits appellent toujours ce troubadour : Raimon de Tors de Marseille. On en a déduit qu'il était natif de cette ville, dans un quartier où l'évêque possédait beaucoup de tours et qui fut pour cette raison nommé « cité des tours ». Les six poésies conservées de lui ont été datées d'une période qui s'étend de 1257 à 1264-65. Toutes sont des *sirventes*, politiques ou moraux, où il débat des problèmes de son temps, en gardant assez de distance pour manifester la même sympathie à l'égard de l'infant Henri de Castille que de son rival Charles d'Anjou*. Il apprécie aussi Alphonse X le Sage. Comme beaucoup de ses contemporains, il attaque avec violence les mauvais clercs.

ŒUVRE. — A. Parducci, *Raimon de Tors, trovatore marsigliese del secolo* XIII, dans *Studi romanzi*, t. 7 (1911), p. 5-59 [voir compte rendu A. Jeanroy, dans *Romania*, t. 41 (1912), p. 138-143]. — Éd. partielles : M. de Riquer, *Los trovadores. Historia literaria y textos*, Barcelone, 1975, t. 3, p. 1392-1395 [PC 410, 4]. — A. de Bastard, *Joi d'Amor à Florence*, dans *Mél. C. Camproux*, Montpellier, 1978, p. 29-55 [PC 410, 1].

→ PC 410. G.B.L.

Raimon Vidal. Troubadour catalan de la première moitié du XIIIe siècle, originaire de Besalù (province de Gérone). On sait fort peu de chose sur sa vie. Ses œuvres conservées le montrent en relation avec des cours d'Espagne, de Catalogne et du Midi de la France, où se déroule l'action des trois nouvelles en vers octosyllabiques que nous avons de lui. Comme poète lyrique, il n'est connu que par trois strophes qu'il cite lui-même dans sa nouvelle *So fo* ; on lui attribue aussi deux chansons lyriques, qui ne sont peut-être pas de lui. En outre, il a composé un traité en prose sur la langue littéraire provençale.

La nouvelle *Abrils issi'e mays intrava* fut écrite avant 1213, puisque l'auteur y parle de Pierre II d'Aragon comme vivant. Le cadre du récit est fourni par la rencontre de l'auteur avec un jongleur, qui se plaignait du peu d'intérêt qu'on portait à la poésie, et qui décrivait la bonne réception qu'on lui avait accordée à la cour du Dalfin d'Alvernhe*. Celui-ci l'avait encouragé en lui répétant l'histoire du Sarrasin Almansor, histoire faite pour montrer comment on récompensait les qualités chevaleresques au bon vieux temps. Le jongleur était arrivé par la suite à la cour d'Uc de Mataplana*, présentée ici comme modèle de ce que devrait être une cour. Le récit du jongleur terminé, R. Vidal se prit à lui raconter ses souvenirs heureux de la cour d'Alphonse II d'Aragon, où il avait séjourné pendant sa jeunesse, à l'époque où la poésie était encore appréciée ; et il donna au jongleur des conseils sur son comportement et son métier.

Cette nouvelle, la plus longue de notre auteur, est un mélange assez maladroit de deux éléments : des plaintes sur le déclin de la poésie et de la vie courtoise, et l'*ensenhamen* pour un jongleur qui en forme la dernière partie. L'intention de célébrer certaines cours et de flatter certains mécènes, surtout Uc de Mataplana, y est fort marquée. Le caractère un peu pédant de l'auteur se montre dans de nombreuses citations tirées des chansons des troubadours classiques.

La nouvelle *So fo el temps c'om era jays* (connue aussi sous le titre de « Cour d'amour ») n'est pas datable. R. Vidal y raconte l'histoire d'un chevalier, pauvre mais doué de toutes les qualités chevaleresques, qui, ayant soupiré pendant sept ans pour sa dame, en vient à lui demander son amour. Elle le congédie avec hauteur, mais sa nièce promet au chevalier de lui accorder son amour dans un an, quand elle sera mariée. La dame cependant se ravise, mais sa nièce, tout en admettant que le chevalier est libre, ne consent pas à le congédier. Les deux femmes se décident à soumettre leur cas à Uc de Mataplana. Un jongleur raconte l'histoire à ce dernier, qui, en présence du jongleur et de R. Vidal, prononce son jugement : la dame a commis une faute contre l'amour en congédiant son amoureux, mais celui-ci doit la lui pardonner puisqu'elle s'en repent ; la demoiselle, cependant, commettrait une faute si elle voulait retenir plus longtemps le chevalier.

Comme le montre assez clairement le dernier épisode, Raimon Vidal a essayé ici la transposition narrative d'un thème de la casuistique amoureuse, du type qu'on discutait dans les *tensos* et les jeux-partis. L'auteur a étoffé ce sujet assez mince grâce à des développements narratifs, des esquisses de personnages et de milieux et, comme dans *Abrils*, des citations de troubadours ; mais la trame du récit reste assez simple. Cette nouvelle semble avoir été la plus goûtée des trois que R. Vidal composa, à en juger par les six mss ou fragments qui en restent.

Le *Castia-gilos* a dû être composé après 1214, puisque l'auteur y parle d'Alphonse VIII de Castille comme mort. Un jongleur raconte, devant la cour de ce dernier, l'histoire d'Alphonse de Barbastre, qui soupçonna sans cause les relations de sa femme Elvire avec le chevalier Bascol de Cotanda. Le mari s'éloigna de son château, puis revint la nuit pour éprouver la fidélité de sa femme. Son stratagème échoua, et n'eut pour résultat que de permettre à sa femme de donner librement son amour à Bascol. Le jongleur conclut en soulignant l'inutilité de la jalousie.

Il s'agit évidemment du thème du « mari trompé et content », dont les fabliaux français fournissent plusieurs exemples sans compter *Flamenca** ; R. Vidal le traite avec une certaine verve élégante. Le fabliau ne semble guère avoir été cultivé par les troubadours, et le *Castia-gilos* est l'un des rares spécimens conservés en langue d'oc.

Dans les *Razos de trobar*, R. Vidal a laissé l'une des premières grammaires de la langue des troubadours. Dans cette œuvre, composée à une date et dans des circonstances inconnues, il reproche aux poètes et au public de commettre des fautes en écrivant et en jugeant la poésie.

Il se propose donc de les instruire dans la *parladura de Lemosi*, expression qui signifie pour lui, non le parler du seul Limousin, mais celui de toutes les grandes provinces du Midi. Il se met à traiter de certaines questions de grammaire, en se servant de passages tirés des troubadours classiques comme exemples ; mais il en cite d'autres passages pour illustrer le mauvais usage.

Le contenu de l'œuvre est assez décevant, la grammaire y étant traitée d'une façon fort incomplète et dogmatique. On peut se demander à juste titre si ce troubadour catalan (dont les nouvelles, d'ailleurs, contiennent des formes linguistiques condamnées dans les *Razos* mêmes) avait bien le droit de citer comme des erreurs des formes admises par l'usage des meilleurs poètes du XIIe siècle. Il est légitime d'accepter la notion d'une langue littéraire que R. Vidal fut le premier à exprimer, tout en soupçonnant que sa conception des détails de cette langue était trop étroite et trop sujette à des jugements personnels. Son traité grammatical, en somme, n'est pas à accepter comme une autorité sur la langue des troubadours.

Les *Razos* semblent avoir joui d'un certain succès. Vers 1270-1280, Terramagnino de Pise* les mit en vers provençaux dans sa *Doctrina d'acort*. Elles inspirèrent, un peu plus tard, les *Regles de trobar* du Catalan Jofré de Foixà*. Et elles sont citées, au XIVe siècle, par les *Leys d'Amors**.

ŒUVRES. — Éd. W. Bohs, « *Abrils issi'e mays intrava* », dans *Romanische Forschungen*, t. 15 (1904), p. 204-316, présentation nouvelle de R. Teulat et A. Puygrenier, Cournon d'Auvergne, 1988 [compte rendu sévère par J.H. Marshall dans *Tenso*, t. 6.2 (1991), p. 81-83]. — I. Cluzel, *L'école des jaloux (castia gilos), fabliau du XIIIe siècle, par le troubadour catalan Raimon Vidal de Besalù*, Paris, 1958. — W.H.W. Field, *Raimon Vidal, Poetry and Prose*, vol. 2 [seul paru] : *Abril issia*, Chapel Hill, 1971 [avec trad. anglaise]. — J.H. Marshall, *The « Razos de trobar » and Associated Texts*, Londres, 1972.

→ PC 411. — M. de Riquer, *Historia de la Literatura Catalana*, Barcelone, 1964, t. 1, p. 111-123. — A. Limentani, *L'« io », la memoria e il giullare nelle novas di Ramon Vidal*, dans *Mél. R. Lejeune*, Gembloux, 1969, t. 1, p. 197-212. — F. Pirot, *Recherches sur les connaissances littéraires des troubadours occitans et catalans des XIIe et XIIIe siècles*, Barcelone, 1972, p. 503-510. — G. Tavani, *Per il testo delle « Razos de trobar » di Raimon Vidal*, dans *Mél. C. Rostaing*, Liège, 1974, p. 1059-1074. — G. Sansone, *Testi didattico-cortesi di Provenza*, Bari, 1977. — R. Taylor, *La littérature occitane du Moyen Âge*, Toronto, 1977, nos 314-675-677-691-692-718-719]. — J. De Caluwé, *La jalousie, signe d'exclusion dans la littérature médiévale en langue occitane*, dans *Senefiance*, n° 5, Aix-en-Provence, 1978, p. 165-177. — D.A. Monson, *Les « ensenhamens » occitans : essai de définition et de délimitation d'un genre*, Paris, 1981. — E.W. Poe, *From Poetry to Prose in Old Provençal. The Emergence of the « Vidas », the « Razos » and the « Razos de Trobar »*, Birmingham, AL, 1984. — M. del Pozo i Ferrer, *Algunes dades sobre Ramon Vidal de Besalù*, dans *Revista de Girona*, t. 30 (1984), p. 277-285 [synthèse d'art. antérieurs]. — W. Noomen, *Le Castia-Gilos : du thème au texte*, dans *Neophilologus*, t. 71 (1987), p. 358-371. — E.W. Poe, *The Meaning of « Saber » in Raimon Vidal's « Abril issia »*, dans *Mél. P. Remy*, Kalamazoo, 1987, t. 2, p. 169-178. — P. Swiggers, *Les premières grammaires occitanes : les « Razos de trobar » de Raimon Vidal et le « Donatz proensals » d'Uc (Faidit)*, dans *ZRPh*, t. 105 (1989), p. 134-147. J.H.M.

Raimond Etienne. Voir : Guillaume Adam.

Rambertino Buvalelli. Troubadour italien originaire de Bologne, qui écrivait en provençal au début du XIIIe siècle. Il occupa des charges officielles à Bologne, à Brescia, à Milan et dans d'autres villes d'Italie septentrionale ; il était podestat de Vérone lorsqu'il mourut en 1221. Sa participation continuelle à la vie publique ne l'empêcha pas de cultiver la poésie, et ce fut l'un des premiers poètes qui en Italie écrivirent en provençal ; son importance est due moins à ses poèmes, où il reprend les formes et les motifs traditionnels de la poésie d'amour, qu'à son appartenance au monde bourgeois, dans lequel la poésie des troubadours provençaux a désormais trouvé audience — ce même monde bourgeois du cénacle littéraire de Gênes, dont faisait partie Lanfranc Cigala* et sur lequel Buvalelli exerça peut-être quelque influence pendant la période où il séjourna à Gênes comme podestat (1218). Il fut également en relations avec le monde aristocratique des cours, comme le montrent les poèmes où il chante Béatrice d'Este, fille d'Azzo VI. Des poèmes parvenus jusqu'à nous, six seulement peuvent lui être attribués avec certitude ; ils sont écrits en vers simples et agiles, dans un style clair et aisé, éloigné des recherches du « trobar clus* », et dans un provençal impeccable.

ŒUVRES. — Éd. G. Bertoni, *R. Buvalelli trovatore bolognese e le sue rime provenzali*, Dresde, 1908. — E. Melli, *R. Buvalleli, Le Poesie*, Bologne, 1978 [éd. critique et trad. italienne, voir M. Pfister dans *ZRPh*, t. 99 (1983), p. 233-236]. — Éd. partielle : M. de Riquer, *Los trovadores. Historia literaria y textos*, Barcelone, t. 2, p. 1139-1143 [PC 281,5].

→ PC 281. — R. Taylor, *La littérature occitane du Moyen Âge*, Toronto, 1977, p. 152-153 [bibliogr.]. C.C.

Ramenat de Montaut. Seigneur de Puy-Daniel, localité située près d'Auterive (Haute-Garonne), au sud de Toulouse, Ramon At de Montaut, ou Ramenat, d'une famille favorable à la poésie, fut couronné par le Consistori* toulousain, d'après le manuscrit *D* de Barcelone (Bibl. central 146) qui a conservé de lui deux *cansos*.

ŒUVRES. — A. Jeanroy, *Poésies provençales inédites*, dans *AM*, t. 52 (1940), p. 244-245.

→ A. Jeanroy, *La littérature provençale*..., dans *HLF*, t. 38 (1941), p. 111-115. — F. Zufferey, *Bibliogr. des poètes provençaux des* XIVe *et* XVe *siècles*, Genève, 1981, n° 563. J.S.

Ramon Llull. Voir : Raymond Lulle.

Raoul Ardent. Raoul, qui devait recevoir le surnom d'Ardent en raison de son zèle et de la vivacité de son esprit, était né de parents nobles à Beaulieu, près de Bressuire (Deux-Sèvres). Envoyé à l'étude de bonne heure, peut-être à l'école cathédrale de Poitiers, il était docteur avant l'âge de trente ans et bientôt professeur. Il fut marqué par l'influence de Gilbert de la Porrée* et exerça son activité de prédicateur sans doute dans le diocèse de Poitiers. Il avait aussi des liens avec la chartreuse du Liget, dans le diocèse de Tours. Il fut à un moment « appelé à la cour du prince », Richard Ier Cœur de Lion* (duc d'Anjou, de Normandie et roi d'Angleterre de 1189 à 1199).

Raoul est l'auteur d'un *Speculum universale*, en 14 livres (dont le livre 6 n'a jamais été écrit). Cette encyclopédie de la foi chrétienne, composée entre 1193 et 1200, ne connut pas une grande diffusion et fut très vite remplacée par les nouvelles traductions de l'*Éthique à Nichomaque*. Au contraire, ses nombreux sermons et homélies (plus de 320) remportèrent un vif succès et furent édités dès le XVIe siècle. Raoul se plaît à rappeler fréquemment la double nature du Christ et par la suite sa fonction médiatrice. Il compare le mariage humain et l'union du Christ et de son Église, nouvelle Ève et mère des baptisés. Esprit pratique et concret, Raoul Ardent retient encore comme thème les vertus et les vices, et donne des recommandations précises. Il établit une nouvelle liste hiérarchique des vertus en reprenant celle du Sermon sur la montagne, les Béatitudes, et en développant chacune d'elles, sans tenir compte des classifications des philosophes et des écoles diverses. Il s'attaque longuement aux vices, qui s'appellent les uns les autres, et insiste particulièrement sur la gourmandise et les excès de la table, qui lui paraissent caractéristiques de ses compatriotes poitevins.

ŒUVRES. — *PL*, t. 155, col. 1301-1626, 1667-2118. — J. Gründel, *Das Speculum universale des Radulphus Ardens*, Munich, 1961 (*Mitteilungen d. Grabmann-Inst. d. Univ.* München, 5) [éd. de la table des chapitres seule]. — G. Wolf, *La préface perdue des sermons de Raoul Ardent, chapelain de Richard Ier*, dans *ADHLMA*, t. 42 (1979), p. 35-39.

→ *HLF*, t. 9, 1868, p. 254-265. — *Lexikon für Theologie und Kirche*, t. 8, 1963, col. 967-968. — *DTC, Tables*, t. 3, 1972, col. 3859. — B. Geyer, *Radulphus Ardens und das Speculum universale*, dans *Theologische Quartalschrift*, t. 93 (1911), p. 63-89. — M. Le Paul, *Le Speculum universale de Raoul Ardent, Positions des thèses de l'École des Chartes*, 1951, p. 107-109. — P.D. Van den Ende, *Précisions chronologiques sur quelques ouvrages théologiques du* XIIe *siècle*, dans *Antonianum*, t. 26 (1951), p. 241-243. — P. Michaud-Quantin, *Die Psychologie bei Radulphus Ardens, einem Theologen des ausgehenden* XII. *Jhts*, dans *Münchener theologische Zeitschrift*, t. 9, 1958, p. 81-96. — J. Gründel, *L'œuvre encyclopédique de Raoul Ardent, le Speculum universale*, dans *Cahiers d'histoire mondiale*, t. 9³ (1966), p. 553-570. — J.B. Schneyer, *Repertorium der lateinischen Sermones des Mittelalters*, t. 5, Münster, 1973, p. 1-16. — J. Longère, *Œuvres oratoires de maîtres parisiens au* XIIe *siècle*, Paris, 1975, t. 1, p. 30-61, 159-168, 337-346. — A. Vernet, *Le lieu de sépulture de Raoul Ardent*, dans *AHDLMA*, t. 42 (1979), p. 40-44. M.H.P.

Raoul de Beauvais. Trouvère actif vers le milieu du XIIIe siècle, Raoul était peut-être originaire de Beauvais (Oise) plutôt que de Beauvois (Pas-de-Calais, arr. Arras, cant. Saint-Pol-sur-Ternoise), de Beauvois-en-Cambrésis (Nord, arr. Cambrai, cant. Carnières) ou de Beauvois-en-Vermandois (Aisne, arr. Saint-Quentin, cant.

Vermand). Il paraît avoir été contemporain de Jean Erart*, à qui il faut restituer une chanson (R. 1375) parfois attribuée à Raoul.

Raoul de Beauvais est l'auteur d'au moins cinq pièces lyriques : trois chansons d'amour, aux thèmes assez conventionnels, un dialogue entre deux femmes au sujet de la jalousie du mari de l'une d'elles et une pastourelle, dont le héros, présenté sous un aspect assez flatteur, renonce à imposer sa volonté et respecte la prière de la bergère de ne pas lui faire violence. Sans révéler une inspiration ou une élégance remarquables, les œuvres de Raoul de Beauvais se distinguent par une utilisation originale des refrains : ce sont de gracieuses compositions, à la fois musicales et poétiques.

ŒUVRES. — T.H. Newcombe, *Les poésies du trouvère Raoul de Beauvais*, dans *Romania*, t. 93 (1972), p. 317-336.

⟶ J. Frappier, *La poésie lyrique française aux* XII

F.F.H.

Raoul de Caen. Né vers 1080, Raoul était originaire de Caen, où il fut l'élève du futur patriarche de Jérusalem, Arnoul. En 1107, il partit pour la Terre sainte et séjourna à Antioche, où il s'attacha tout particulièrement aux princes normands, Bohémond et Tancrède, issus de la famille de Hauteville. Il mourut après 1131.

Il a laissé un récit de la première croisade, ou *Gesta Tancredi*, qu'il dédia en 1112 à son ancien précepteur, le patriarche Arnoul ; celui-ci avait suivi en Orient, comme chapelain, le duc de Normandie Robert dit Courteheuse. Le texte des *Gesta*, qui est conservé par un manuscrit unique et lacunaire de la fin, s'arrête au cours de la relation du siège d'Apamée en 1105 ; il est en belle prose latine, coupée de parties en vers de longueur inégale. Raoul, homme cultivé et nourri des auteurs classiques, y fait référence à César, Virgile, Lucain. Sa chronique est une œuvre tendancieuse en faveur de Tancrède, qu'il érige en modèle, mettant en avant sa force et son intelligence, sa piété, sa largesse et sa magnanimité. L'auteur développe par ailleurs un chauvinisme d'homme du Nord, méprisant tout ce qui touche non seulement à l'Orient, mais aussi au Midi et vouant à Raimond de Saint-Gilles une vive hostilité (cf. l'affaire de l'invention de la Sainte Lance). Dès le début du livre, apparaît la mise en œuvre de cet orgueil nordique, lorsqu'il est question des rapports difficiles entre les Francs et les Grecs. Malgré sa partialité, la chronique est une source importante pour l'histoire de la première croisade, souvent originale et basée sur des récits de témoins.

ŒUVRE. — Éd. dans *Recueil des historiens des croisades. Historiens occidentaux*, t. 3, p. 602-716. — Trad. F. Guizot, dans *Coll. des Mémoires relatifs à l'Histoire de France*, t. 23, Paris, 1825 *(Faits et gestes du prince Tancrède pendant l'expédition de Jérusalem)*. — Trad. italienne d'extraits S. de Sandoli, *Itinera Hierosolymitana crucesignatorum (saec.* XII-XIII*)*, vol. 1, Rome, 1978, p. 172-189 [avec texte latin en regard].

⟶ H. Glaesener, *Raoul de Caen, historien et écrivain*, dans *RHE*, t. 46 (1951), p. 5-21. — R. Manselli, *Raoul di Caen nella cultura del sec.* XII, dans *Atti d. Academia naz. dei Lincei. Rendicontri d. Class di scienze morali, storiche e filologiche*, Rome, 1955, 8e sér., t. 10, p. 447-468. — L. Boehm, *Die Gesta Tancredi des Radulf von Caen. Ein Beitrag zur Geschichtsschreibung der Normannen um 1100*, dans *Historisches Jahrbuch*, t. 75 (1956), p. 47-72. — J.-C. Payen, *Une légende épique en gestation : les Gesta Tancredi de Raoul de Caen*, dans *Mél. R. Louis*, Saint-Père-sous-Vézelay, 1982, t. 2, p. 1051-1062. — Molinier, n° 2125. G.T.L.

Raoul de Cambrai. Chanson de geste du dernier quart du XIIe siècle, une des plus belles du « cycle » féodal. Le point de départ en est l'intention prêtée à l'empereur et roi de France, Louis, de donner à Gibouin, un baron manceau, les terres de feu Raoul Taillefer, comte de Cambrai, qui laisse cependant un fils, Raoul, le propre neveu du souverain par sa mère, Aalais. Celui-ci recevra, par une étrange compensation, les terres d'Herbert de Vermandois, dont les quatre fils seront ainsi déshérités. Or l'un d'eux, Ybert de Ribemont, a un fils naturel, Bernier, qui se trouve être l'écuyer de Raoul, et essaie en vain d'éviter le conflit qui l'enserre dans un tragique dilemme entre ses devoirs de fils et ses obligations de vassal. C'est aussi en vain qu'Aalais avertit Raoul, en termes frappants, que c'est la mort prématurée que lui a donnée le roi comme fief (« De mort novele, biax fix, te ravesti », v. 990). Il entraîne dans sa guerre, son oncle, Guerri le Roux (le Sor), d'abord hésitant, mais qui poursuivra inflexiblement la sanglante aventure. Dès le début se place un épisode très tragique, celui de l'abbaye d'Origny, dont la mère de Bernier, Marsent, était devenue la supérieure. Elle encourage son fils à rester fidèle à son seigneur, comme il y est décidé tout en l'estimant « plus fel que Judas » (v. 1381). Raoul, venu à Origny dans des intentions hostiles et profanatrices, se contient quelque temps, mais à la suite d'une rixe, fait incendier le bourg voisin de l'abbaye, où le feu se communique : bourgeois et nonnes sont brûlés vifs, et cela un Vendredi Saint ; Raoul se voit déjà vainqueur, et s'en vante devant Bernier, qui le lui reproche, ainsi que la mort de sa mère ; il répond par des injures, et finit par frapper violemment l'écuyer à la tête, « malvais loier » (v. 1737) de ses services. Toutefois, il lui offre une digne réparation, mais Bernier la refuse ; leur mort violente à tous deux est déjà en route. Le jeune homme se réfugie chez son père, Ybert, qui, après l'avoir rudoyé, s'émeut ; il décide d'autre part de résister à l'agression. Les fils d'Herbert et leurs alliés se réunissent sous Saint-Quentin. Une proposition d'accord est refusée par Raoul ; une autre, portée par Bernier, est rejetée par Guerri, et Bernier défie son seigneur, puis frappe le premier coup de la guerre. La mêlée s'ensuit, et, comme l'on peut s'y attendre, elle est longuement développée. Dans cette bataille sont tués les deux fils de Guerri ; l'épisode le plus dramatique met aux prises Ernaut de Douai, Raoul et Bernier. Après avoir fait grand carnage, Raoul poursuit sauvagement Ernaut, qui est l'oncle de Bernier et à qui il vient de trancher le poing ; il se moque du mutilé, lui refuse toute pitié, enfin se réjouit, en termes blasphématoires, de le tenir sous sa main. L'espoir renaît alors au cœur d'Ernaut. Survient Bernier, qui offre encore la paix, en invitant Raoul à renoncer à donner la chasse à « cel mort home » (v. 3079). Refus et menaces amènent un duel sans merci : Bernier vient à peine de blesser à mort son adversaire, qu'il le pleure, mais Ernaut l'achève. Guerri, survenant, prononce le « regret » funèbre ; il est obligé de quitter le champ de bataille avec de lourdes pertes, mais celles des fils d'Herbert le sont plus encore.

Raoul, pleuré par Aalais et par sa fiancée Héluis, est enseveli à Saint-Géri de Cambrai. Gautier, son jeune neveu, décide de le venger un jour. En effet, plusieurs années après, il est armé chevalier par Guerri, et ils envahissent le Vermandois. Après des alternances de succès et de revers, un combat singulier entre Bernier et Gautier ne donne pas de décision. Le souverain, Louis, convoque ses barons à une fête de Pentecôte, et réunit les ennemis à une même table. Une rixe s'ensuit, puis se place un nouveau duel qui cause aux champions, comme d'ailleurs le premier, de graves blessures. Le roi les fait séparer, mais, imprudemment, ils sont placés dans des lits voisins. Bernier incline à accepter l'accord que veut établir Louis et, pour l'amour de Jésus, s'humilie devant Gautier. Aalais, venue à Paris, essaie de tuer Bernier de sa main ; là encore, il se jette aux pieds de celle qui jadis l'éleva. Gautier, malgré Guerri, finit par céder. On se réconcilie contre le roi, qui est responsable de toute la guerre. Ici intervient, dans un passage assez confus, le thème bien connu de la révolte de grands vassaux contre un souverain incapable et injuste. La cité de Paris est incendiée et pillée par ceux du Vermandois et de Cambrai, puis les barons regagnent le Nord, tandis que Louis décide d'aller se venger d'eux sur leurs terres.

Jusqu'ici, le poème était rimé ; il est en laisses assonancées du vers 5556 à la fin. Béatrix, fille de Guerri, s'éprend de Bernier. Celui-ci venge, en un sens, Raoul en tuant un des principaux combattants de l'armée royale, le Manceau Gibouin « Qi... de la guere la commensaille fist » (v. 5922-5923) et les armes sont favorables aux seigneurs septentrionaux. Cependant, peu après le mariage de Bernier et de Béatrix, celle-ci est capturée par des soldats de l'armée royale et conduite à Paris, où Bernier et Guerri vont la reprendre.

Un jour, Bernier décide, pour expier le sang qu'il a versé, de se rendre en pèlerinage à Saint-Gilles. Sa femme l'y accompagne et y donne le jour à un fils, Julien. Deux rois païens attaquent la ville, et, selon le thème romanesque de la séparation forcée de ceux qui s'aiment, Bernier, accablé par le nombre, est fait prisonnier du roi Corsuble, Julien, de l'émir de Cordoue, et Béatrix, épargnée on ne sait trop comment, reste à Saint-Gilles avant de regagner Ribemont. Cependant, le bruit de la mort de Bernier s'étant répandu, le roi décide Guerri à donner en mariage sa fille à Herchambaut de Ponthieu ; elle réussit cependant à rester fidèle à Bernier.

Ce dernier a défendu Corsuble contre un autre chef païen et recouvré par là la liberté. Il parvient à Saint-Riquier, en Ponthieu, et y reprend sa femme ; ils ont un autre fils, nommé Henri. Plus tard, Bernier et son neveu Savari, partis à la recherche de Julien, se retrouvent chez Corsuble, attaqué cette fois-ci par l'émir de Cordoue et son terrible champion, qui n'est autre que Julien. Conformément à un motif qui se retrouve dans bien des littératures, père et fils se livrent, sans se connaître, un rude combat. Après la reconnaissance, Julien revient en France avec Bernier, et son parrain, le comte de Saint-Gilles, l'adopte. À Saint-Quentin, où Béatrix leur a fait un merveilleux accueil, Guerri arme chevalier Henri.

Au bout de quelque temps, Guerri et Bernier partent en pèlerins pour Saint-Jacques de Compostelle. Béatrix met en garde son époux contre le vieillard, en qui il y a « un poi de traïson » (v. 8319) ; un peu plus haut, le poète avait déjà annoncé qu'il tuerait Bernier. Le pèlerinage est résumé, et nous voici bientôt sur la route du retour, qui passe « ... sos Origni, En celle place ou Raous fu ocis » (v. 8371-8372). Bernier soupire profondément, et son compagnon exige de connaître la cause de ce soupir, puis s'irrite de ce qu'on lui rappelle la mort d'un être cher. Lors d'un arrêt à une fontaine, Guerri, cédant à l'impulsion du mauvais esprit, fracasse d'un coup d'étrier la tête de Bernier et s'enfuit. Le mourant maudit d'abord son meurtrier, puis, à l'exemple du Sauveur en croix, lui pardonne. Le deuil de Béatrix est exprimé de façon frappante.

Julien décide de venger son père, et les deux cents derniers vers sont de nouveaux occupés par une « vendetta », cette fois d'autant plus affreuse qu'elle oppose à Guerri, qu'assiste Gautier, ses propres petits-fils ; toutefois, Béatrix obtient de ceux-ci qu'ils se contentent, s'ils ont le dessus, de tenir le vieillard en prison. Ils l'assiègent dans Arras. Après une sortie où Gautier tue Savari, puis est tué à son tour par Julien, Guerri éprouve enfin le repentir ; à la nuit tombée, il sort de la ville ; que devint-il ? On croit qu'il se fit ermite ; conclusion brève et environnée de quelque mystère, ce qui n'est pas sans grandeur. Henri devient comte d'Artois, Julien a Saint-Quentin et sera plus tard comte de Saint-Gilles.

Le premier problème qui se pose est celui de l'unité du texte que nous venons d'analyser : on fait généralement peu de cas du récit romanesque, qui vient après les « scènes si grandes » (Bédier, *Lég. ép.*, t. 2, 1908, p. 331) de la première partie ; toutefois, le public du XIIe siècle en jugeait peut-être autrement. De plus, Bédier ne pouvait se résoudre à voir la main d'un remanieur dans l'épisode si dramatique de la mort de Bernier. Certains pensent aujourd'hui que le poème que nous lisons pourrait bien être d'une seule main. Le style des deux parties ne présente pas de disparate ; certes, on a tiré argument du changement dans la versification, mais *Jourdain de Blaye** est en partie assonancé, en partie rimé ; n'a-t-il pas existé un *genre* de chanson à versification mixte ? D'ailleurs, si le roman d'aventures constitue la partie de beaucoup la plus considérable de la portion assonancée de notre chanson, il ne coïncide pas exactement avec elle, et le « clivage » n'est pas si simple qu'il paraissait. On peut conjecturer que c'est un précédent rédacteur qui a intercalé ces aventures, en dédoublant le pèlerinage de Bernier (dans le texte actuel : à Saint-Gilles, v. 6586 s. et à Saint-Jacques, v. 8302 s.).

Une autre question, et beaucoup plus compliquée, est celle de la genèse du poème. Elle a opposé maints érudits les uns aux autres, et parmi les plus grands. Les uns soutiennent que le texte remonte à une complainte, ou à un récit, datant du Xe siècle, époque où, comme le rapporte la chronique de Flodoard, Raoul, fils de Raoul de Gouy, envahit les terres des fils d'Herbert et fut tué par eux. Ces savants attachent beaucoup d'importance à la rapide mention dans notre chanson (v. 2242-2451) d'un noble combattant, Bertolai de Laon, qui aurait décidé sur le champ de bataille de composer un poème relatif aux événements, et l'aurait effectivement rédigé. Les autres critiques nient l'existence de ce poème ; ils insistent sur les inexactitudes historiques que présente le texte que nous lisons, et, d'autre part, sur les rapports que paraît présenter ce texte avec diverses églises conventuelles des régions septentrionales de notre pays. Comme l'a noté M.I. Siciliano, chacun des deux partis a plutôt relevé ce que l'autre avançait d'hypothétique qu'il n'a établi ses propres positions ; il existe d'ailleurs des divergences à l'intérieur de chaque groupe d'érudits. S'il a existé une complainte contemporaine des faits historiques (telle que celles que nous possédons sur la bataille de Fontanet et sur le meurtre du duc Guillaume Longue-Épée, textes latins, d'ailleurs), il est difficile d'indiquer ce qui en témoigne dans le récit épique que nous avons sous les yeux. Quant aux rapports avec les églises, ils paraissent aussi difficiles à nier qu'à préciser. Le plus frappant, entre autres, fait difficulté : F. Lot a montré que la chronique latine de l'abbaye de Waulsort (texte reproduit dans l'édition, p. XCIX-CIV), qui résume une chanson de geste très voisine, pour l'essentiel, de la nôtre, n'est pas antérieure à 1152, et il a remarqué, de plus, que cette abbaye n'est pas nommée dans la chanson de geste conservée. Le fait, intéressant en lui-même, que les éditeurs localisent les deux parties de cette dernière, par des arguments de critique interne, dans le Nord de la Champagne, région voisine des événements et des lieux en question, ce fait paraît vouloir s'interpréter selon l'une ou l'autre des thèses en présence. On aimerait aussi pouvoir préciser un autre point important, à savoir la part qu'ont dû avoir dans la genèse de la chanson des traditions de familles seigneuriales, sur le rôle desquelles Bédier et Lot sont d'accord. Mme Matarasso y ajoute la tradition locale (mais non cléricale) du Vermandois.

Selon cette érudite, il a existé une transmission orale, remontant aux événements, mais assez floue et qui se bornait à quelques noms, ceux de Raoul, d'Ybert, des fils d'Herbert et d'un roi Louis. Une seconde étape, au XIe siècle, aurait introduit Bernier et sa mère dans la légende, et peut-être aussi Gautier ; le poème daterait, sous sa première forme que l'on ne peut qu'imaginer, de cette époque ou du premier quart du XIIe siècle. Cette version « primitive » aurait subi deux remaniements distincts, d'une part la chanson résumée par la chronique de Waulsort (où c'est Saint-Quentin que brûle Raoul, et où Guerri n'apparaît pas), d'autre part un texte voisin de celui que nous lisons, mais sans les aventures romanesques ; ce texte pourrait avoir subi l'influence de l'abbaye Saint-Géri de Cambrai. C'est à ce point de la tradition que serait, pensons-nous, intervenu l'interpolateur, avant qu'un dernier rédacteur reprît l'ensemble pour en faire le texte que nous lisons.

Le style de ce texte a justement retenu l'attention de nos critiques contemporains par ses qualités de précision et d'énergie ; l'auteur connaissait sa rhétorique, et excellait à la rendre vivante ; il sait en particulier manier — ou prêter à ses personnages — une ironie souvent terrible.

ŒUVRE. — Éd. P. Meyer et A. Longnon, Paris, 1882 (*SATF*, 14). — Adaptation P. Truffau, Paris, 1925 (5e éd.). — Adaptation C. La Roussarie, Paris, 1932. — Trad. R. Berger et F. Suard, La Ferté-Milon, 1986 (*Corps 9*).

→ J. Bédier, *Les légendes épiques*, Paris, t. 2 (1917), p. 338-463. — R.R. Bezzola, *De la Chanson de Roland à R. de Cambrai*, dans *Mél. E. Hoepffner*, Paris, 1949, p. 195-213. — F. Lot, *Études sur les légendes épiques françaises*, 1958, p. 23-72. — O. Jodogne, *Sur l'originalité de R. de Cambrai*, dans *La technique littéraire des chansons de geste*, Liège-Paris, 1959, p. 37-58 [avec bibliogr. de travaux antérieurs, p. 52, n. 16]. — P. Matarasso, *Recherches historiques et littéraires sur Raoul de Cambrai*, Paris, 1962. — W.C. Calin, *The Old French Epic of Revolt*, Genève, 1962 ; *Un univers de décomposition : Raoul de Cambrai*, dans *Actes du 6e congrès intern. de la Société Rencesvals, Aix,* 1974, p. 427-437. — D. Misonne, *Eilbert de Florennes. Histoire et Légende. La geste de Raoul de Cambrai*, Louvain, 1967. — C. Pica, *Raoul de Cambrai : crisi di un sistema*, dans *CN*, t. 40, (1980), p. 67-77. — E. Baumgartner, *Quelques remarques sur l'espace et le temps dans Raoul de Cambrai*, dans *Mél. R. Louis*, Saint-Père-sous-Vézelay, 1982, p. 1011-1019. — H. Legros, *Raoul de Cambrai et Dom Juan, ibid.*, p. 1021-1034. — S. Kay, *Raoul de Cambrai ou Raoul sans Terre ?*, dans *Neuphilologische Mitteilungen*, t. 84 (1983), p. 311-317 ; *The Epic Formula : A Revised Definition*, dans *ZFSL*, t. 93 (1983), p. 170-189 ; *La composition de Raoul de Cambrai*, dans *RBPH*, t. 63 (1985), p. 474-492. — T.S. Fenster, *The Son's Mother : Aalais and Marsent in Raoul de Cambrai*, dans *Olifant*, t. 12 (1987), p. 77-93. — S. Kay, *Le passé indéfini : problèmes de la représentation du passé dans quelques chansons de geste féodales*, dans *Senefiance*, t. 21 (1987), p. 697-715. — R.G. Koss, *Raoul de Cambrai : Inheritance Disputes in Feudal Society*, dans *Olifant*, t. 13 (1988), p. 97-110. — R. Colliot, *Un rapport dramatique mère/enfant dans le récit médiéval...*, dans *Senefiance*, t. 26 (1989), p. 161-174. — F. Denis, *Barons et chevaliers dans*

Raoul de Cambrai : autopsie d'un phénomène de glissement, New York, 1989. — C.M. Jones, *Recasting Raoul de Cambrai : the Loherain Version*, dans *Olifant*, t. 14 (1989), p. 3-18. — Cf. *MB* n°s 650-666, 6119 ; *S* 723, 787, 828, 1436-1452. F.B.

Raoul de Ferrières. Trouvère auquel on doit huit chansons d'amour. Raoul de Ferrières est probablement identique au seigneur normand du même nom, qui figure dans des documents d'archives en 1209 comme bienfaiteur de l'abbaye cistercienne de la Noë (Eure, arr. Évreux, cant. Conches, commune de la Bonnevile) : les barons de Ferrières étaient originaires de Ferrière-Saint-Hilaire (Eure, arr. Bernay, cant. Broglie). Cependant, une des compositions de Raoul de Ferrières est adressée à un certain Henri, demeurant à Saint-Denis.

Poète sans grands moyens, Raoul ressasse les lieux communs de la lyrique courtoise. Il se distingue pourtant quelque peu de ses émules par l'attention qu'il accorde à la beauté physique de sa dame. Les descriptions qu'il en donne sont sommaires et conventionnelles, mais leur fréquence dénote une sensibilité au charme féminin assez rare chez les chantres de l'amour courtois.

ŒUVRES. — *Les chansons de Messire Raoul de Ferrières*, éd. G. Trébutien, Caen, 1847. — J. Brakelmann, *Les plus anciens chansonniers français, II*, Marburg, 1896, p. 44-57. — *Poètes et romanciers du Moyen Âge*, éd. A. Pauphilet, nouv. éd., Paris, 1952, p. 923-924 (*Bibl. de la Pléiade*, 52) [une chanson].

→ P. Paris, *Chansonniers*, dans *HLF*, t. 23 (1856), p. 698. — Linker, n° 214. — Cf. *MB* n° 2382. G.M. et F.F.H.

Raoul Glaber (ou le « Chauve ») († 1047). Né en Bourgogne, il entra jeune au monastère de Saint-Germain d'Auxerre où il se forma au contact des œuvres léguées par les maîtres carolingiens de cette célèbre école monastique. Son esprit vagabond mais aussi ses dons littéraires le portèrent à changer souvent de maison (Moûtier-en-Puysaye ; Saint-Léger de Champeaux...). Il s'attacha à Guillaume de Dijon (ou de Volpiano), disciple de Maieul de Cluny, et abbé de Saint-Bénigne de Dijon dont il écrivit la vie. À Cluny, il commença une *Histoire universelle*, en cinq livres, qu'il acheva peu avant sa mort (1047), à Saint-Germain d'Auxerre. Cette œuvre a longtemps été tenue pour du bavardage de moine gyrovague et le préambule de ce texte (chap. 1 du livre 1), la méditation sur la quaternité divine, pour un exercice scolaire abscons. En fait, cette œuvre importante offre une excellente illustration des raffinements de l'historiographie clunisienne dans le premier quart du XIe siècle. En préliminaire au récit du passé, Glaber fait un peu de cosmologie et réfléchit sur l'ordre du monde. Cette méditation repose sur les enseignements conjugués d'Ambroise de Milan et de Maxime le Confesseur dont les *Ambigua*, traduites par Jean Scot*, se trouvaient à Saint-Germain d'Auxerre.

ŒUVRES. — Raoul Glaber, *Les cinq livres de ses Histoires (900-1044)*, éd. M. Prou, Paris, 1886 (*Collection de textes pour servir à l'étude et à l'enseignement de l'histoire*), trad. sur la base de cette éd. par E. Pognon, *L'an Mille*, Paris, 1947, p. 45-144. — Rodolfo il Glabro, *Cronache dell'anno mille (Storie)* éd. G. Cavallo et G. Orlandi, Fondazione Laurenzo Valla, 1989. — Rodulfus Glaber, *Opera*, éd. J. France, Oxford, 1989, (*Oxford Medieval Texts*) [*Histoires et Vie de Guillaume de Dijon*].

→ P.E. Dutton, *Raoul Glaber's « De Divina quaternitate » an Unoticed Reading of the « Ambigua » of Maxim the Confessor*, dans *Mediaeval Studies*, t. 42, (1980), p. 431-453. — J. France, *The Divine Quaternity of Rodulfus Glaber*, dans *Studia Monastica*, t. 18 (1975), p. 283-294 ; *Rodulfus Glaber and the French Politics in the Early Eleventh Century*, dans *Francia* 16/1 (1989), p. 101-112. — M.-C. Garand, *Un ms. d'auteur de Raoul Glaber ? Observations codicologiques et paléographiques sur le ms. Paris BN latin 10912*, dans *Scriptorium*, t. 37 (1983), p. 5-28. — E. Ortigues et D. Iogna-Prat, *Raoul Glaber et l'historiographie clunisienne*, dans *Studi Medievali*, 3e série, 26/2 (1985), p. 537-572.

Voir aussi : Cluny. D.I.P.

Raoul de Houdenc. Auteur de la fin du XIIe et de la première moitié du XIIIe siècle ; on peut proposer les dates approximatives de 1170-1230 : Huon de Méry*, qui écrivit son *Tournoiement Antéchrist* en 1234, parle de lui comme d'un écrivain mort. Il mena, semble-t-il, d'après une allusion du *Songe d'Enfer*, une vie pauvre et errante, et le panégyrique de Largesse (générosité) revient plus d'une fois sous sa plume. Il faut conclure avec L. Foulet qu'il n'était pas moine. D'après A. Fourrier, il pourrait être le fils du frère de Pierre le Chantre*, qui s'appelait Pierre de Houdenc (Hodenc-en-Bray, près de Beauvais). Mais il n'est pas sûr, malgré un vers du *Songe*, qu'il soit originaire de la Picardie, le Houdenc qui est dans son nom est plutôt Houdan des Yvelines.

Son œuvre comprend un roman arthurien, *Meraugis de Portlesguez*, et deux œuvres allégoriques, le *Songe d'Enfer* (678 vers) et le *Roman des Ailes* (660 vers). Il n'est nullement sûr que la *Vengeance Raguidel** et le poème allégorique et religieux de la *Voie de Paradis** soient de lui. Disciple et imitateur de Chrétien de Troyes*, il donne à la poésie allégorique une vogue que vont illustrer Huon de Méry, le *Roman de la Rose**, Rutebeuf*, etc.

L'écrivain est habile, mais non exempt de maniérisme ; Raoul affectionne la subtilité de la pensée et pousse les recherches de forme jusqu'à la bizarrerie ; il use volontiers de l'interrogation. Sa versification pratique l'enjambement et recherche la richesse des rimes.

1. *Meraugis de Portlesguez* a dû être composé vers 1200-1220. Il contient 5 938 octosyllabes et est conservé par cinq mss dont deux fragmentaires. Au tournoi de Lindesores, deux amis, Méraugis de Portlesguez et Gorvain Cadruz, s'éprennent de Lidoine et se brouillent : l'un, Méraugis, l'aime pour sa courtoisie, l'autre pour sa seule beauté. Les dames de la cour sont appelées à rendre un jugement ; estimant que le véritable amour repose sur l'estime et les qualités de cœur et d'esprit plus que sur l'attirance physique (problème simplement indiqué), elles accordent Lidoine à Méraugis.

Méraugis va courir les aventures, accompagné de son amie. Il a d'abord à lutter contre l'Outredouté dont il a abattu l'écu, mais ne parvient pas à le rejoindre. Ses pérégrinations l'amènent à la Cité sans nom, où il se bat contre un inconnu qui est Gauvain. Pour échapper à une coutume instaurée par la dame du lieu et qui oblige soit Méraugis, soit Gauvain à tuer son adversaire, Méraugis se fait passer pour mort et s'enfuit, la nuit venue, avec Gauvain. Mais il a oublié Lidoine à la Cité sans nom et doit la retrouver. Lidoine rentrait dans son pays de Cavalon, quand elle a été arrêtée et retenue par Belchis qui la destine à son fils Espinogre ; elle fait appel à son ancien prétendant, Gorvain Cadruz. Cependant, Méraugis a abattu l'Outredouté, mais il sort du duel plus mort que vif ; il est recueilli par Meliant de Lis qui l'amène à Monhaut, chez Belchis, où il apprend ce qui est arrivé à Lidoine. Vainqueur de Gorvain, qui est venu assiéger Monhaut pour délivrer la jeune fille, il l'oblige à lever le siège, arrache Lidoine à Belchis et, à la cour d'Arthur, bat Gorvain en combat singulier. Les deux amis se réconcilient.

L'influence de Chrétien de Troyes est très sensible dans ce roman, soit dans le choix des épisodes, soit dans la peinture assez maniérée des sentiments, dans l'art du monologue d'analyse et dans une recherche d'expression. Raoul reprend à *Erec* l'épisode de l'épervier. L'œuvre est habilement composée, écrite en un style vivant et rapide ; la versification est originale : Raoul de Houdenc pratique habilement le rejet et l'enjambement, jusqu'à désarticuler complètement le vers. *Meraugis* sera imité par *Durmart le Gallois**, par *Beaudous* de Robert de Blois* et, dans une moindre mesure, par *Fergus* de Guillaume Le Clerc*.

2. *Le Roman des Ailes* est une œuvre allégorique (premier tiers du XIIIe), en 660 octosyllabes à rimes plates, où sont énumérées les qualités et exposés les devoirs du parfait chevalier. La prouesse comporte deux ailes, Largesse et Courtoisie ; chaque aile a sept « pennes » (plumes). Pour Largesse : être en « largesse hardi », ne pas regarder à son avoir, donner sans attendre de récompense, tenir sa promesse quand on l'a faite, donner sans retard, ne jamais regretter le don qu'on a fait, offrir à manger largement. Pour Courtoisie : honorer la Sainte Église, ne pas être orgueilleux, ne pas être menteur ni vantard, aimer la joie et les chansons, se garder de l'envie, se garder de la médisance, aimer sincèrement sa dame. Raoul de Houdenc a adopté pour cet exposé didactique le symbole des ailes, qui se trouve déjà chez saint Grégoire (*Homélies sur Ezéchiel*) et assez fréquemment mis en œuvre dans la littérature scolastique, en particulier chez Pierre Lombard* et dans le *De sex alis Cherubim* d'Alain de Lille*. L'œuvre connut un certain succès.

3. *Le Songe d'Enfer*, autre poème allégorique de Raoul de Houdenc, de 682 octosyllabes, est destiné à édifier sous une forme plaisante. La date est incertaine,

peut-être vers 1210. Il nous en reste une dizaine de mss, témoins de son succès. Il est appelé aussi *Voie d'Enfer*. Le cadre en est voisin de celui des visions (cf. *Vision de Tondale*), mais la forme, et surtout le ton satirique, sont assez proches des fabliaux. L'auteur rêve qu'il a envie de voyager ; par un temps de carême et d'hiver, mais en suivant un chemin agréable — symbole transparent — il se dirige vers la « cité d'Enfer ». La première étape est la ville de Convoitise, en terre de Déloyauté. Au cours du voyage, l'auteur donne, aux vices personnifiés qu'il rencontre, des nouvelles des progrès qu'ils font dans le monde des humains. Il accède à Vile-Taverne en franchissant le fleuve de Gloutonie, où se noient beaucoup de vilains. Il y livre un assaut au bâton — qui tourne mal — contre « Versez », fils d'Ivresse. Puis cette dernière et Larcin, fils de Minuit, le mettent sur le chemin d'« enfer la grand forteresse », par Coupe-Gorge et le gibet de Meurtreville, Désespérance et Mort-Subite. La porte de la forteresse est grande ouverte, et chacun peut prendre part au festin maudit, sur des nappes faites de peaux d'usuriers, assis sur des corps de « publicains ». On y mange des usuriers, encore, lardés du bien d'autrui, d'autres plats analogues, et l'entremets consiste en langues de plaideurs. Raoul raconte son voyage au roi d'Enfer, qui lui fait lire un livre où sont décrits les vices de chacun et leur punition. Au moment où les démons, qui viennent de s'armer, montent à cheval pour tenter de conquérir le monde, le narrateur prend congé — et il s'éveille.

ŒUVRES. — 1) *Meraugis* : éd. H.V. Michelant, Paris, 1869. — Éd. M. Friedwagner, Halle, 1897. — Trad. M. Demaules, dans *La légende arthurienne. Le Graal et la Table Ronde*, Paris, 1989 (*Bouquins*), p. 751-839. — 2) *Roman des Ailes* : éd. A. Scheler, réimp. Genève, 1977 [réimp. de l'éd. Bruxelles, 1876]. — Éd. K. Busby, Amsterdam-Philadelphie, 1983 (*Utrecht Publ. in Gen. and Comp. Lit.*, 17). — Éd. M. Majorano, Bari, 1983 (*Testi e Saggi*, 8), avec trad. italienne. — 3) *Songe d'Enfer* : éd. A. Scheler, dans *Trouvères belges du* XIIe *au* XIVe *siècle*, réimp. Genève, 1977. — Éd. P. Lebesgue, Paris, 1908. — Éd. M.T. Mihm, Tübingen, 1984 (*Beihefte zur ZRPh*, 190).

→ W. von Zingerle, *Über Raoul de Houdenc und seine Werke*, 1880. — V. Jundert-Forrer, *Raoul de Houdenc, ein französischer Erzähler des* XIII *Jahrhunderts*, Berne, 1960 (*Studiorum Romanicorum collectio Turicensis*, 12). — A. Fourrier, *Raoul de Houdenc : est-ce lui ?*, dans *Mél. M. Delbouille*, Gembloux, 1964, t. 2, p. 165-193. — 1) *Sur Meraugis* : G. Paris, dans *HLF*, t. 30 (1888), p. 220-237. — G. Huet, *Le Lancelot en prose et Meraugis de Portlesguez*, dans *Romania*, t. 41 (1912), p. 518-540. — D.E. Campbell, *Form and Meaning in the Meraugis de Portlesguez*, dans *Genre*, t. 2 (1969), p. 9-20. — J.-C. Payen, *La destruction des mythes courtois dans le roman arthurien : la femme dans le roman en vers après Chrétien de Troyes*, dans *RLR*, t. 78 (1969), p. 213-228. — R.M. Spensley, *The Theme of Meraugis de Portlesguez*, dans *French Studies*, t. 27 (1973), p. 129-133. — M. Plouzeau, *Amour profane et art sacré : à propos d'un crucefiz, dans Meraugis de Portlesguez*, dans *Mél. P. Jonin, Senefiance*, n° 7 (1979), p. 543-558. — K. Busby, *Gauvain in Old French Literature*, Amsterdam, 1980, p. 263-272 (*Degré second*, 2) ; *Le Roman des Eles as Guide to the Sens of Meraugis de Portlesguez*, dans *The Spirit of the Court, Actes du 4e congrès int. de la Soc. int. de litt. courtoise, Toronto, 1983*, Cambridge, 1985, p. 79-89. — G. Peron, *Il debattito sull' amore dopo Andrea Cappellano : Meraugis de Portlesguez et Galeran de Bretagne*, dans *CN*, t. 40 (1980), p. 79-102. — M. Plouzeau, *Une vieille bien singulière (Méraugis 1463-1478)*, dans *Senefiance*, n° 19 (1987), p. 391-411. — R. Blumenfeld-Kosinski, *Arthurian Heroes and Convention : Meraugis de Portlesguez and Durmart le Galois*, dans *The Legacy of Chrétien de Troyes*, Amsterdam, 1988, t. 2, p. 79-92 (*Faux Titre*, 37). — 2) *Roman des Ailes* : A. Micha, *Une source latine du Roman des Ailes de Raoul de Houdenc*, dans *RMAL*, t. 1 (1945), p. 305-309. — G. Peron, *Raoul de Houdenc e la laicizzazione dell'Allegoria*, dans *Simbolo, Metafora, Allegoria. Atti del 14. Convegno italo-tedesco (Bressanone, 1976)*, 1980, p. 107-121. — K. Busby, *Le Roman des Eles as Guide to the Sens of Meraugis de Portlesguez*, dans *The Spirit of the Court...* (cf. *supra*). — 3) *Songe d'Enfer* : W. von Zingerle, *Zum Songe d'Enfer von Raoul de Houdenc*, dans *Romanische Forschungen*, t. 6 (1889), p. 293 sqq. — A. Micha, *Raoul de Houdenc est-il l'auteur de la Voie de Paradis et de la Vengeance Raguidel ?*, dans *Romania*, t. 68 (1945), p. 316-360 ; réimp. dans *De la chanson de geste au roman*, Genève, 1976, p. 487-531 (*Publ. romanes et françaises*, 139). — H.R. Jauss, *La transformation de la forme allégorique entre 1180 et 1240 : d'Alain de Lille à Guillaume de Lorris*, dans *L'Humanisme médiéval dans les littératures romanes du* XIIe *au* XIVe *siècle*, Paris, 1964, p. 107-146. — J.-V. Alter, *Les origines de la satire anti-bourgeoise en France*, Genève, 1966. — D.D.R. Owen, *The Vision of Hell. Infernal Journeys in Medieval French Literature*, Edimbourg-Londres, 1970. — B. Nolan, *The Gothic Visionary Perspective*, Princeton, 1977. — Voir aussi la bibliogr. sur les visions. — Cf. *GRLMA*, t. IV/2, n° 404 ;

t. IV/1, p. 355, 377, 382, 383, 388-389, 397 (*Meraugis*) ; t. VI/2, n° 4140 ; t. VI/1, p. 157 (*Roman des Ailes*) ; t. VI/2, n° 4550 ; t. VI/1, p. 210-213 (*Songe d'Enfer*). — *MB* n°s 2087-2098, 2115-2128, 2684-2687, 3512-3515, 3519, 3520, 6533 ; *S* 2341, 2611, 2848, 4194-4200, 4208-4213, 4486, 5135, 5878, 5879.

Voir aussi : *Voie de Paradis*. A.M. et F.B.

Raoul Lefèvre. On ne connaît ni la date de naissance ni celle de la mort de Raoul Lefèvre. Et il semble qu'il faille révoquer en doute le titre de chapelain du duc de Bourgogne qui lui est attribué dans certains manuscrits. Seuls, d'ailleurs, les volumes manuscrits ou imprimés de ses œuvres témoignent de son existence, de son origine sans doute picarde et du succès de son entreprise littéraire. Raoul compose vers 1460 son *Histoire de Jason* en prose, dédiée à Philippe le Bon. Puis il achève le *Recœil des Histoires de Troyes*, entre 1464 et 1465, « au commandement » du duc. Ces deux textes sont construits autour des figures de deux héros antiques : Jason et Hercule. Si le premier texte fait apparaître, dès le titre, le nom de celui qui en est le sujet, dans le second, ce n'est que peu à peu qu'Hercule a pris le pas sur l'histoire de Troie. Le projet initial comptait en effet quatre livres qui devaient s'achever chacun sur une destruction de Troie : la première et la seconde par Hercule, Laomédon ayant refusé de lui donner les chevaux promis puis ayant interdit aux Argonautes d'appareiller devant Troie, la troisième par les Grecs à cause d'Hélène et la quatrième par le consul romain Fimbria. Raoul Lefèvre n'écrivit finalement que les deux premiers livres et Hercule en devint le sujet essentiel. Pour cette biographie romancée du héros, il utilisa essentiellement la *Genealogia deorum gentilium* de Boccace* et les *Sumas de historia troyana* de Leomarte. Dès 1467, on se met à remanier le *Recœil des Histoires de Troyes* ; cela signifie peut-être que Lefèvre était alors mort. En effet, certains manuscrits, allant dans le sens indiqué par l'auteur, donnent, sous le titre de *Livre du fort Hercules*, les six derniers chapitres du livre I et le livre II. Cette version abrégée sera éditée de 1500 à 1520 environ. D'autre part, nombreux sont les manuscrits qui complètent l'œuvre en lui adjoignant une traduction française de l'*Historia destructionis Troiae* de Guido delle Colonne, rédigée avant 1460, qui fait office de troisième livre. C'est, d'ailleurs, à ce texte de Guido que Raoul avait puisé pour son *Histoire de Jason*.

Les deux œuvres de Raoul Lefèvre sont en résonance avec les préoccupations de la cour de Bourgogne d'alors. C'est en 1430 que Philippe le Bon crée l'ordre de la Toison d'Or, au moment de son mariage avec Isabelle de Portugal. Le milieu intellectuel de cette princesse semble, d'ailleurs, avoir joué un rôle important dans l'introduction et la traduction à la cour de Bourgogne d'un certain nombre d'œuvres d'allure humanistique. Et le *Recœil* servit au scénario des Travaux d'Hercule, mimodrame représenté en 1468 lors des noces du Téméraire et de Marguerite d'York, ainsi qu'Olivier de La Marche* le rapporte. Hercule et Jason inspirèrent également des cycles de tapisseries par le biais de l'œuvre de Raoul Lefèvre. Le succès esthétique et littéraire de ses deux romans se verra encore renforcé par leur passage à la publication : William Caxton et Colard Mansion* les éditent à Bruges en 1475-1476. Par ailleurs, encouragé par Marguerite d'York, Caxton traduit en anglais le *Recœil* entre 1469 et1471, puis l'imprime, certainement à Bruges, en 1473-1474. Il traduira et éditera également l'*Histoire de Jason* vers 1477. Editions françaises et anglaises seront souvent réimprimées, jusqu'au XVIe siècle, pour le texte français et jusqu'au XVIIIe siècle, avec des remaniements, pour le texte de Caxton. De plus, les deux œuvres traduites en hollandais paraîtront à Haarlem en 1485.

ŒUVRES. — *L'Histoire de Jason*, éd. G. Pinkernell, Francfort, 1971. — *The History of Jason*, éd. J. Munro, Londres, 1913 [trad. du texte de Raoul Lefèvre par W. Caxton]. — *Le Recœil des Histoires de Troyes*, éd. M. Aeschbach, Berne-Francfort-New York, 1987 [livres I et II]. — *The Recuyell of the historyes of Troye* (...), éd. H.O. Sommer, Londres, 1894 [trad. du texte de Raoul Lefèvre par W. Caxton].

→ A. Bayot, *La légende de Troie à la cour de Bourgogne*, Bruges, 1908. — G. Doutrepont, *La littérature française à la cour des ducs de Bourgogne*, Paris, 1909, p. 173-176. — M.-R. Jung, *Hercule dans la littérature française du XVIe siècle. De l'Hercule courtois à l'Hercule baroque*, Genève, 1966. — J.-P. Asselberghs, *La tapisserie tournaisienne au XVIe siècle*, Tournai, 1968 [catalogue d'expo.]. — G. Delmarcel, *Présence de Boccace dans la tapisserie flamande des XVe et XVIe siècles*, dans *Boccaccio in Europe*, Louvain, 1977, p. 67-90. — G. Pinkernell, *Die Hs. BN fr. 331 von Raoul Lefèvre Histoire de*

Jason und das Wirken des Miniaturisten Lievin van Lathem in Brügge, dans *Scriptorium*, t. 27 (1973), p. 295-301. — J. Frappier, *Orphée et Proserpine ou la lyre et la harpe*, dans *Mél. P. Le Gentil*, Paris, 1973, p. 277-294. — R.G. Keightley, *The Cronyques of Spaygne in Caxton's Version of the Trojan History of Raoul Le Fèvre*, dans *Medium Aevum*, t. 49 (1980), p. 72-89. — Woledge n°s 134, 180-184. — Cf. *MB* n° 1061 ; *S* 6609-6612. S.L.

Raoul Le Petit. Tel est le nom de celui qui rima les légendes des 40 dessins de l'histoire de *Fauvain* contenue dans le ms. BN fr. 571. Ce recueil de plusieurs textes, dont certains ont disparu du volume au cours des âges, fut écrit et enluminé à Valenciennes en 1326 lors des fiançailles en cette ville de Philippa de Hainaut et du futur Edouard III d'Angleterre. Le livre fut réalisé pour Philippa plutôt que pour Edouard, mais fut décoré par des artistes anglais travaillant à Valenciennes. Il est probable que Raoul Le Petit était originaire du nord de la France.

Reprenant le personnage du cheval, incarnation de la tromperie et de la fausseté, à *Renart le Nouvel* de Jacquemart Gielée* et au *Roman de Fauvel* de Gervais du Bus*, Raoul Le Petit résume en quelques tableaux les actions et enseignements amoraux et non chrétiens : refus de la charité aux pauvres, détournement d'héritage, refus de s'acquitter de ses dettes, meurtre de Loyauté. Mais l'histoire se retourne contre Fauvain : malade, la jument s'alite et fait son testament, puis rend son âme au diable qui la précipite dans la gueule d'enfer. L'âme de Loyauté, en revanche, est reçue par Dieu (reprise iconographique du couronnement de la Vierge). Au centre de l'œuvre, les légendes et images 19 et 20 illustrent l'expression qui sert de matrice au personnage : « chevaucher Fauvain » ou « Fauvel », c'est-à-dire tromper, être perfide.

Ce cycle d'images et de légendes est intéressant à plus d'un titre. Entre autres parce que le début du *Roman de Fauvel* se réfère à l'image comme à son lieu d'origine :

De Fauvel que tant voit torchier
Doucement, sans lui escorchier,
Sui entrés en milencolie,
Por ce qu'est beste si polie.
Souvent le voient en painture
Tiex qui ne seivent se figure
Moquerie, sens ou folie.

Outre ce rapport, fictif ou non à l'iconographie, une partie du *Roman de Fauvel* se constitue en commentaire d'une expression imagée, équivalente de « chevaucher Fauvain » : « torcher, étriller Fauvain ». D'ailleurs, le ms. de *Fauvain* sera décrit en 1396 comme « le livre de Estrille Fauveau » dans un document concernant la bibliothèque de Louis, duc d'Orléans. Et le terme Estrillefauveau désignera l'arriviste au moins jusqu'à la fin du XVe siècle (dans l'*Abuzé en cour** par exemple). Il n'est donc pas sans conséquence que le *Roman de Fauvel* ait été composé dans le milieu de la chancellerie royale française au début du XIVe siècle et l'histoire de *Fauvain* pour la future reine d'Angleterre : un certain esprit anti-curial se conjugue peut-être ici à des mises en garde dignes de miroirs du prince.

ŒUVRE. — Éd. A. Långfors, *L'Histoire de Fauvain*, Paris, 1914 [éd. suivie du fac-similé des dessins et légendes].

→ G. Paris, *HLF*, t. 32 (1898), p. 111-114. — F. Avril, P. Stirnemann, *Mss enluminés d'origine insulaire VIIe-XXe siècle*, Paris, 1987, n° 187, p. 149-152 et 2 planches. — Cf. *MB* n°s 5467-5468. S.L.

Raoul Le Tourtier (dit aussi Raoul Tortaire). Il fut moine à l'abbaye de Fleury au début du XIIe siècle où il fut chargé d'enseigner les lettres et la versification. Sa vie est mal connue. Il est né probablement à Gien, vers 1063 ; ses parents auraient possédé le domaine de Torte, d'où son nom *A Torta nomen habens*. Il est mort vraisemblablement à Fleury vers 1122. Il fit plusieurs voyages et échangea une correspondance avec certains évêques et personnages lettrés. On lui doit plusieurs ouvrages en vers et en prose ; le *De memorabilibus* est une version poétique en neuf livres des *Facta et dicta memorabilia* de Valère Maxime ; la *Passio et translatio sancti Mauri* raconte en 1 432 vers le martyre et les pérégrinations dont le corps du saint fut l'objet ; elle est suivie d'un hymne de 315 vers en l'honneur du martyr. Raoul a aussi transposé en vers l'*Historia Translationis* et les *Miracula sancti Benedicti* (les livres publiés avant lui, c'est-à-dire les livres I à VII) et a laissé 11 épîtres fort intéressantes en distiques élégiaques. La deuxième épître, adressée *ad Bernardum*, contient un récit de la légende d'Ami et Amile inspiré, selon toutes vraisemblances, d'une chanson de geste antérieure à celle qui nous est parvenue (*Ami et Amile**). Le récit n'est pas encore rattaché au cycle carolingien, car le roi que servent les deux amis est, non pas Charlemagne, mais l'aquitain Waïfre. La légende n'est pas présentée comme édifiante, bien que la tombe d'Ami et Amile à Mortara en Lombardie — où ils furent vénérés comme saints, ce que ne dit pas ce texte — soit mentionnée. Certaines épithètes semblent traduites directement du modèle épique en français qui s'est perdu. D'autre part, un détail probablement ajouté par Raoul montre qu'il connaissait la tradition présentant Roland comme neveu de Charlemagne et son champion contre les païens, ainsi que l'épée que l'empereur lui aurait donnée. Il est à noter que l'auteur avait séjourné dans le voisinage des Pyrénées et, comme il le dit explicitement, sur le chemin de Saint-Jacques. L'épître IX est un très curieux poème sur un voyage en Normandie. Raoul a participé à la grande entreprise des moines de Fleury commencée par Adrevald, continuée par Aimoin*, poursuivie par André, ce dernier ayant rédigé vers 1043 les livres IV à VII des *Miracula sancti Benedicti*. Dans le livre VIII, Raoul Le Tourtier s'est proposé de raconter des miracles qu'on avait négligé de consigner par écrit et survenus surtout dans les prieurés de l'abbaye. Il rapporte les faits merveilleux qui se sont produits dans toutes les possessions de Fleury, tant en Orléanais, qu'en Bourgogne et en Aquitaine depuis le règne de Henri Ier jusqu'au temps de Philippe Ier. Il se montre moins chroniqueur qu'André de Fleury, mais il est meilleur hagiographe. Sa langue est claire, sa phrase précise. C'est, du point de vue de la forme, le meilleur livre de tout le recueil des *Miracula*.

ŒUVRES. — *Œuvre poétique*, éd. M.B. Ogle et D.M. Schullian, *Rodulfi Tortarii Carmina*, Rome, 1933 (*Papers and Monographs of the American Academy in Roma*, 8). — *Epistula ad Bernardum*, éd. A. Monteverdi, dans *Studi Romanzi*, t. 19 (1928), p. 38 sqq. ; rééd. dans *Saggi Neolatini, Storia e letteratura*, 9, Rome, 1945, p. 249-287. — *Miracula sancti Benedicti* (livre 8), éd. E. de Certain, Paris, 1858 (*SHF*).

→ E. de Certain, *Raoul Tortaire*, dans *BEC*, t. 16 (1855), p. 489-521. — F. Bar, *Les épîtres latines de Raoul le Tourtier (1065 ?-1114 ?). Études et sources. La légende d'Ami et Amile*, Paris, 1937 [voir dans l'appendice, p. 279-288, les corrections aux éd. antérieures] ; *Raoul le Tourtier, moine de Fleury et poète latin à la fin du XIe siècle*, dans *Etudes ligériennes d'Histoire et d'Archéologie médiévales...*, Auxerre, 1975, p. 1-8. — A. Vidier, *L'historiographie à Saint-Benoît-sur-Loire et les miracles de saint Benoît*, Paris, 1965 [ouvrage posthume publ. par les moines de l'abbaye Saint-Benoît]. — M. de Giovannini, *Sulla Epistola VI di Rodolfo di Tortario*, dans *Maia*, t. 32 (1980), p. 283-289. — B. Gitton, *De l'emploi des chansons de geste pour entraîner les guerriers au combat*, dans *Mél. R. Louis*, Saint-Père-sous-Vézelay, 1982, t. 1, p. 3-12. — D.W. Rollason, *The Miracles of St Benedict : a Window on Early Medieval France*, dans *Mél. R. Davis*, Londres, 1985, p. 73-90. — Molinier n° 1103. — Cf. *MB* n°s 179, 180, 184, 185, 188, 189. F.B. et G.T.L.

Raoul de Montfiquet. D'origine normande (Montfiquet se situe dans l'arrondissement de Bayeux), Raoul appartenait à une famille de la petite noblesse régionale. Il fit ses études à Paris, au collège de maître Gervais, dont il finit par devenir le prieur. C'est là qu'il composa la plupart de ses œuvres et qu'il mourut, en 1501. Il était docteur en théologie et avait exercé la charge de recteur de l'Université (1475). Ses écrits se répartissent en deux groupes : les uns, à tendance pastorale, sont rédigés en français et adaptent, à l'occasion, des traités latins plus complexes. Ce sont : L'*Exposition de l'oraison dominicale* (traité sur la prière), l'*Exposition de la salutation angélique* (commentaire de l'*Ave Maria*) ; le *Livre du Saint Sacrement de l'autel* (abrégé du *Tractatus* de 1481, dont il atténue le caractère théorique), le *Traité du saint sacrement, estat et fruit de mariage* (exposé de morale conjugale pour l'essentiel). Tous nous ont été transmis par des éditions incunables, et la fortune de certains s'est prolongée jusqu'en plein XVIe siècle. Les autres ouvrages ressortissent à la théologie dogmatique : la *Stella fidei*, largement tributaire de saint Thomas, est une somme consacrée aux articles de la foi, dont l'exemplaire original nous a été conservé (ms. 181 de la Bibl. de la Sorbonne). Le *Tractatus de vera, reali atque mirabili existentia totius Christi in sanctissimo altaris sacramento* (1481), à la fois dogmatique, ascétique et allégorique, doit autant à Hugues de Saint-Victor* qu'à saint Thomas*. Les sources et la doctrine de Raoul de Montfiquet sont traditionnelles, mais il est un bon témoin des préoccupations pastorales (mariage, messe, eucharistie), qui animaient certains théologiens aux temps de la Préréforme.

→ *DSAM*, t. 10, 1980, col. 1684-1686. — P. Féret, *La Faculté de théologie de Paris... Époque moderne*, t. 2, Paris, 1901, p. 1-2. G.H.

Raoul de Presles. Fils adultérin d'un légiste de l'entourage de Philippe le Bel, Raoul de Presles est né en 1316. Il dut étudier le droit à Orléans mais sans parvenir toutefois à un grade universitaire, puisqu'il ne mentionne aucun titre dans aucune de ses œuvres. C'est à Jean d'Angerant, évêque de Chartres et conseiller royal, qu'il dédia sa première œuvre vers 1363 : le *Compendium morale de re publica*. Œuvre de circonstance, en ces temps troublés de la guerre et de la captivité du roi Jean, le *Compendium* est une dissertation politico-morale qui puise sa matière dans les textes antiques (Cicéron, César, Tite-Live...). Raoul y décrit les vices qui ont conduit les empires passés à leur perte et les vertus qui, au contraire, assurent la stabilité des États. Le second ouvrage de Raoul, certainement introduit auprès du roi par l'évêque de Chartres, est dédié à Charles V. Dans la *Musa* (après 1364), Raoul traite des mêmes sujets, en latin toujours, mais cette fois sous forme d'un récit de voyages imaginaires et non plus d'un exposé ordonné théoriquement. Prenant pour cadre les sites célèbres de l'Antiquité gréco-romaine, l'auteur, parti à la recherche des maux dont la France est accablée, va consulter les oracles, descend aux Enfers où il rencontre Charon, discute sur l'Aréopage avec un vieillard en qui il reconnaîtra bientôt saint Denis. Cette fiction, dont l'intention est à la fois didactique et morale, revêt une forme très originale : l'auteur, pour faire vrai, a émaillé son texte d'expressions, voire de membres de phrases empruntés aux Anciens. Dans ce travail de marqueterie sont mis à contribution Virgile, Ovide, Lucain, Claudien, Tite-Live, Valère Maxime et le Pseudo-Denys l'Aréopagite*. Malgré ses incohérences, sa syntaxe maladroite et une certaine absence d'art, l'œuvre est déjà toute pétrie d'humanisme.

À la demande du roi qui voulait répandre la lecture des grands auteurs de l'Antiquité, Raoul de Presles entreprit de traduire la *Cité de Dieu* de saint Augustin. Il fut à la tâche de 1371 à 1375, commentant son texte dès lors qu'il n'y avait point matière théologique, s'étendant avec aisance et complaisance sur les « histoires » et les « poëtries ».

Dans sa longue préface, Raoul de Presles revenait sur des thèmes qui lui sont chers : l'origine et le caractère du pouvoir royal, le lien étroit entre la royauté française et saint Denis... Sur ce point, il réutilise d'ailleurs son *Discours sur l'oriflamme*, texte français de 1369 (conservé dans une seule copie du XVIIe), où il décrivait le cérémonial de la levée de l'oriflamme par le roi, avant toute entrée en guerre. D'autre part, accablé par l'âge et le poids de la tâche que Charles V lui impose avec cette traduction de la *Cité de Dieu*, Raoul rappelle dans cette préface ses œuvres anciennes dont des *Chroniques en francais contemporisées*, aujourd'hui perdues. La *Cité de Dieu* en français, et spécialement les dix premiers livres, connut une bonne diffusion manuscrite. Elle fut également imprimée dès 1486 à Abbeville par Pierre Gérard et Jean du Pré ; rééditée à Paris en 1531 par Nicolas Savetier et Jean Petit. Par ailleurs, Henri Romain* en fit un abrégé dans son *Compendium historial* au début du XVe siècle. Le dernier travail d'envergure, commandé à Raoul de Presles par le roi, fut la traduction de la Bible. Elle s'inspire du texte de la Bible du XIIIe siècle (voir *Bible française*, § 7) et ne dépasse pas les *Psaumes*. Raoul donne une introduction à chaque livre et n'hésite pas à abréger son texte et à le munir de gloses explicatives pour le rendre accessible à tous. Tout comme son commentaire de la *Cité de Dieu* reprenait essentiellement ceux de Thomas Waleys et de Nicolas Trevet*, ici il puise surtout dans les *Postilles* de Nicolas de Lyre. Parallèlement à ces deux grandes entreprises, Raoul de Presles traduisit deux courts textes de la querelle bonifacienne. À la bulle de Boniface VIII, *Ausculta fili*, qui proclamait la suprématie papale, l'entourage de Philippe le Bel avait répondu notamment par la *Quaestio inter clericum et militem* et le *Rex pacificus*. La version française de ces traités intéressait Charles V qui, préoccupé de ce problème de la répartition des pouvoirs, fit écrire à la même époque le *Songe du vergier**.

Les différents travaux français de Raoul de Presles expriment tous une affirmation du pouvoir royal : indirectement lorsqu'il s'agit de la mise en français des grands textes de référence, directement avec la réactualisation des traités anti-bonifaciens. Il fut largement récompensé pour ses preuves d'attachement à la royauté : Raoul, qui avait commencé une carrière au Châtelet de Paris, fut promu en 1373 maître des requêtes de l'Hôtel de Charles V et le roi lui accorda des lettres de légitimation. La faveur dont il bénéficiait depuis près de dix ans fut désormais assortie d'une pension substantielle. Raoul de Presles mourut le 10 novembre 1382.

ŒUVRES. — Éd. de la trad. de la *Quaestio* dans M. Goldast, *Monarchia Sancti Romani Imperii*, t. 1, Hanovre, 1688, p. 34-57.

→ S. Berger, *La Bible française au Moyen Âge*, Paris, 1884, p. 244-249. — A. de Laborde, *Les mss à peintures de la Cité de Dieu de saint Augustin* Paris, 1909, t. 1 à 3. — H. Vallet, *La culture classique dans Raoul de Presles, d'après la traduction avec commentaires de la Cité de Dieu de saint Augustin*, dans *Positions... thèses... École des Chartes*, 1913, p. 99-102. — J. Decanter, *La Muse de Raoul de Presles, étude et édition, ibid.*, 1954, p. 31-35. — F. Chatillon, *Le roi Caudat*, dans *Mél. I. Frank*, Sarrebruck, 1957, p. 141-154. — R. Bossuat, *Raoul de Presles*, dans *HLF*, t. 40 (1974), p. 113-186 [notice très documentée ; longues analyses et citations des œuvres] ; *Raoul de Presles et les malheurs du temps*, dans *Mél. I. Siciliano*, Florence, 1966, p. 117-122. — N. Grévy-Pons, *Jean de Montreuil et Guillebert de Mets*, dans *RBPH*, t. 58 (1980), p. 565-587. — A. Lombard-Jourdan, *À propos de Raoul de Presles. Documents sur l'homme*, dans *BEC*, t. 139 (1981), p. 193-207. — S.D. Smith, *New Themes for the City of God around 1400 : The Illustrations of Raoul de Presles' Translation*, dans *Scriptorium*, t. 36 (1982), p.68-82. — P. Contamine, *À propos du légendaire de la monarchie française à la fin du Moyen Âge : le prologue de la traduction par Raoul de Presles de la Cité de Dieu et son iconograhie*, dans *Texte et image*, Paris, 1984, p. 201-214 ; *Le royaume de France ne peut tomber en fille (...)*, dans *Perspectives médiévales*, t. 13 (1987), p. 67-81. — Cf. *GRLMA*, t. VIII/1, p. 233, 242-243, 245-246, 263, 270-271. *MB* nos 5961 ; *S* 7, 8545-8554. J.De. et S.L.

Raoul de Soissons. Né aux environs de 1215, décédé après le mois de septembre 1272, Raoul de Soissons était le fils cadet du comte de Soissons, Raoul III de Nesle. Ce chevalier, poète amateur, hérita, à la mort de son père (1235), de la vicomté de Cœuvres (Aisne, arr. Soissons, cant. Vic-sur-Aisne). Cadet de famille remuant et ambitieux, Raoul de Soissons aimait fort l'aventure et les expéditions périlleuses. Il participa à trois croisades : en 1239 avec le comte Thibaut IV de Champagne*, en 1248 et en 1270 avec le roi Louis IX*. L'Orient semble l'avoir fasciné. Il fit de longs séjours en Palestine et caressa pendant un moment l'espoir d'obtenir la couronne du royaume de Jérusalem : il avait épousé pendant son premier séjour en Palestine (vers 1239-1240) Alix de Champagne, qui était veuve du roi de Chypre Hugues de Lusignan et qui mourut en 1246.

Des œuvres de Raoul de Soissons, il nous reste six chansons d'amour qu'il rima entre 1235-1240 et 1260, et un jeu-parti. Si le vicomte de Cœuvres s'élève rarement au-dessus des lieux communs du lyrisme courtois aristocratique, il introduit de temps en temps dans ses poèmes une note réaliste : il parle de sa goutte et fait allusion aux dangers courus outre-mer. Dans le jeu-parti plutôt grivois qu'il échange avec son ami Thibaut de Champagne, Raoul se moque de l'obésité du comte. Abstraction faite de ces traits personnels, sa poésie n'a guère d'autre mérite que sa forme. Bon ouvrier du vers et de la rime, ayant le sens du rythme et usant d'une langue claire, parfois imagée, Raoul de Soissons a façonné ses chansons avec un art très sûr : l'une de ses chansons (R. 2107) fut imitée par Adam de la Bassée* dans la chanson *O Constantie dignitas* (*Ludus super Anticlaudianum*).

ŒUVRES. — *Die Lieder Raoulz von Soissons*, éd. E. Winkler, Halle, 1914.

→ P. Paris, *Chansonniers*, dans *HLF*, t. 23 (1856) p. 698-707. — A. Långfors, *Notes et corrections aux chansons de Raoul de Soissons*, dans *Romania*, t. 44 (1915), p. 262. — R. Bossuat, *Une prétendue traduction de l'« Anticlaudianus » d'Alain de Lille*, dans *Mél. A. Jeanroy*, Paris, 1928, p. 273-274 [265-277]. — A. Hughes, *The « Ludus super Anticlaudianum » of Adam de la Bassée*, dans *Journal of the American Musicological Society*, t. 23 (1970), p. 11-12 et 22, n° 79. — W.M. Newman, *Les seigneurs de Nesle en Picardie (XIIe-XIIIe siècle), leurs chartes et leur histoire*, Paris, 1971, t. 1, p. 342 (*Bibl. de la Société d'Histoire du droit des pays flamands, picards et wallons*, 27). — M. Venturi, *Ancora un caso d'intertestualità fra trovieri e trovatori*, dans *Medioevo Romanzo*, t. 13 (1988), p. 321-329. — M.-M. Toury, *Raoul de Soissons : hier la croisade*, dans *Les Champenois et la croisade, Actes des 4e journées rémoises, 27-28 novembre 1987*, publ. sous la dir. de Y. Bellenger et D. Quéruel,

Paris, 1989, p. 97-107. — Linker, n° 215. — Cf. *MB* nos 2383 ; 6483. G.M. et F.F.H.

Rasse de Brunhamel. Originaire sans doute d'un village de l'Aisne (arr. de Laon) qui porte ce nom, Rasse de Brunhamel appartenait à l'entourage du comte de Luxembourg-Saint Pol. Tout comme Antoine de La Sale*, à qui il présente sa traduction française d'un récit de Nicolas de Clamanges* : *Floridan et Elvide* ; et sur l'ordre duquel il avait rédigé une compilation perdue, le *Petit nupcial traictant des mariages selon les decrez et les loys*. Le sujet de ce dernier travail et une bonne connaissance du latin, prouvée par sa traduction de Clamanges, peuvent faire croire à une formation universitaire, juridique de Rasse. On a beaucoup glosé sur ses rapports avec Antoine de La Sale : fut-il son secrétaire ? son collaborateur ? Il reste que la nouvelle de *Floridan et Elvide* est toujours jointe à *Jean de Saintré*, dans les mss et les éd. qui la conservent. Et l'éditeur moderne, héritier de la critique textuelle qui s'est exercée sur le roman d'Antoine de la Sale, a distingué une version primitive de *Floridan* et une version remaniée par Antoine de La Sale. Mais dans la mesure où les corrections apportées dans cette seconde rédaction ne sauraient être toutes d'Antoine, il faut abandonner cette idée d'un remaniement (souvent mauvais) qui lui serait dû.

Enfin, tout comme la rédaction des *Cent Nouvelles nouvelles** a été attribuée à Antoine, elle l'a été, plus rarement, à Rasse de Brunhamel. Il est vrai que son *Floridan et Elvide* y est inséré (nouvelle 98) ; mais la rédaction en est rendue plus pittoresque et surtout, le savant parallèle établi à la fin par Nicolas de Clamanges entre la conduite de Lucrèce et celle d'Elvide, est supprimé. Le cadre du recueil n'est plus le lieu d'une réflexion sur le tragique de cette histoire amoureuse et la justification d'un suicide. Seule la narration y importe.

ŒUVRE. — *Floridan et Elvide*, éd. H.P. Clive, Oxford, 1959 [reprise de *Medium Aevum*, t. 26 (1957) p. 154-185].

→ M. Prinet, *Sur le nom de Rasse de Brunehamel*, dans *Romania*, t. 48 (1922), p. 595-598. — A. Coville, *Recherches sur quelques écrivains du XIVe et du XVe siècle*, Paris, 1935, p. 209-244. — J.V. Fleming, *The Rustic Fête in Floridian et Elvide*, dans *Romance Notes*, t. 7 (1965-1966), p. 68-70. — Woledge n° 316. Cf. *MB* nos 4324 ; *S* 6779-6780. S.L.

Ratramne de Corbie. Né vers 800, il entra à Corbie après 825, du temps d'Adalhard* ou de Wala. Il y fut disciple de Paschase Radbert ; à son tour il forma Godescalc* et d'autres élèves. Sa carrière littéraire commence en 843 avec le *De corpore et sanguine Domini* et s'achève en 868 avec le *Contra Graecorum opposita*. Théologien réputé pour sa science et sa sagesse, il est consulté par des personnages influents, ce qui l'amène à écrire des ouvrages, peu nombreux, mais où, pour répondre à leurs interrogations sur la foi et la pratique chrétiennes, il aborde presque tous les problèmes religieux posés à son époque. Sa méthode est fondée sur la raison, l'Écriture et la Tradition, celle-ci étant représentée par des citations empruntées aux auteurs chrétiens et commentées. Le *De corpore et sanguine Domini*, son œuvre la plus connue, est un traité composé pour répondre aux questions de Charles le Chauve sur la théologie eucharistique. Il a le plus souvent été opposé au traité homonyme de Paschase Radbert*. Selon d'autres opinions, il ne faut pas en conclure sans preuves historiques à l'appui, à une polémique entre le moine de Corbie et son abbé. Cette polémique aurait été déduite plus tard par les tenants de l'opposition au réalisme eucharistique, au XIe siècle, et les théologiens de la Réforme. Il s'agirait surtout d'une différence d'approche, plus exégétique chez l'un, plus purement théologique chez l'autre, qui aurait d'ailleurs composé son ouvrage à une date postérieure. Ce traité parfaitement orthodoxe s'insère dans le courant augustinien. L'erreur est de l'extraire du contexte historique de sa composition. Pour informer Charles le Chauve qui l'avait interrogé au sujet de la prédestination, sujet de longs débats au IXe siècle, Ratramne composa deux traités *De predestinatione* avec dossiers de textes patristiques à l'appui, qu'il lui adressa vers la fin de 849 et au début de 850. Dans le premier, il pose le problème du « dessein divin » pour prouver que, dans l'univers, tout s'accomplit suivant les décisions de Dieu, et montre la prédestination des justes : dans le second, il définit les termes employés et distingue la prédestination des pécheurs, afin de prouver que Dieu ne veut pas la perte des impies. Ratramne se montre disciple d'Augustin et se garde, à la différence de Godescalc, d'expliquer la prédestination en dehors du dessein rédempteur de Dieu. Le sujet est traité avec ampleur et clarté, qualités qui, avec sa sérénité et une juste interprétation de la tradition en font le meilleur exposé de son siècle sur la prédestination. Son court traité sur l'infanticide involontaire, le *De infantibus incaute oppressis* a été inséré au canon 9 du concile de Constance (852), tout en lui étant antérieur. En commentant les versets Deut. 21, 1-6, il aboutit à une sentence de clémence.

Ratramne a composé deux traités *De anima*. Le premier (vers 853) en relation avec les questions soulevées par les thèses de Godescalc contraires à celles d'Hincmar de Reims*, montre que pour la tradition chrétienne (Augustin, Ambroise), l'âme n'est pas de nature matérielle et par conséquent ne peut être soumise aux limites ni au lieu. Le *De Nativitate Christi* (fin 853 ?) serait, de l'avis de J.-P. Bouhot, une lettre adressée par Odon abbé de Corbie à Warin abbé de Corwey, mais entièrement rédigée par Ratramne. Elle constitue une mise en garde contre une thèse ayant cours en Germanie, d'après laquelle le Christ serait né de façon extraordinaire et prodigieuse. Le *De anima ad Odonem Bellovacensem* fut écrit (fin 863 ?) à la demande d'Odon, l'ancien abbé de Corbie devenu évêque de Beauvais, pour réfuter l'interprétation faite par un moine de Saint-Germer de Fly d'un passage du *De quantitate animae* (39/69) d'Augustin et contestée par Odon. Ratramne estime que la thèse de l'âme universelle est contraire à la foi chrétienne aussi bien qu'à l'interprétation des philosophes païens, et qu'Augustin n'apporte aucun argument en sa faveur. L'*Epistula de cynocephalis*, adressée au prêtre Rimbert (avant 865), constitue le seul reste subsistant d'un échange de lettres sur la nature des cynocéphales. Ratramne estime, d'après les informations données par Rimbert, qu'il s'agit d'hommes monstrueux plutôt que d'animaux. Le *De propinquorum conjugiis* est le début, seul conservé, d'une lettre de Ratramne, postérieure à 865, adressée à Rimbert archevêque de Brême et à Adalgar abbé de Corvey. Destiné à réfuter les accusations des Grecs (867) contre les innovations dogmatiques et disciplinaires des Latins, le *Contra Graecorum opposita* (868) n'eut aucune diffusion en raison de la mort du pape Nicolas Ier et de la déposition du patriarche Photius. C'est cependant la plus considérable des œuvres qui aient traité ce sujet à son époque. Les trois premiers livres sont consacrés à la question du *Filioque*, l'auteur y justifie la foi de l'Eglise latine, et le dernier à des questions disciplinaires et juridiques. On suppose que Ratramne est mort vers 870.

ŒUVRES. — Éd. *PL* 121, col. 13-346 [incomplète]. — *De corpore et sanguine Domini* ; J.-N. Backhuisen Van den Brink, Amsterdam, 1974, 2e éd. (*Verhandelingen d. Koninklijke Nederlandse Akad. v. wetenschappen. Afd. letterkunde.* N.S., 87). — *De praedestinatione Dei*, éd. et trad. anglaise T.R. Roberts, Ann Arbor (Michigan), 1977. — *De infantibus incaute oppressis* : éd. G. Schmitz dans *Deutsches Archiv*, t. 38 (1982), p. 363-387. — *De anima* : éd. A Wilmart dans *Revue Bénédictine*, t. 43, (1931), p. 210-223. — Trad. italienne T. Tolomio, Milan, 1979 (*I classici del Pensiero, Ser. 2 : Medioevo e Rinascimento*). — *De Nativitate Christi* : éd. J.M. Canal dans *Marianum*, t. 30 (1968), p. 53-160. — *De anima ad Odonem Bellovacensem* : éd. C. Lambot, Namur, 1952 (*AMN*, 2). — *Epistula de cynocephalis* : éd. E. Dümmler, *MGH, Epist.*, t. 6, p. 155-157 [précédée d'extraits d'autres œuvres, p. 150-154] ; *De propinquorum coniugiis : ibid.*, p. 157-158.

→ A. Cavallin, *Ratramno di Corbia campione del primato romano*, dans *La Scuola cattolica*, t. 58 (1940), p. 254-274. — P. Delhaye, *Une controverse sur l'âme universelle au IXe siècle*, Namur, 1950 (*AMN*, 1). — J.-P. Bouhot, *Ratramne de Corbie. Histoire littéraire et controverses doctrinales*, Paris, 1976. — D. Ganz, *The Debate of Predestination*, dans *Charles the Bald : Court and Kingdom. Papers on a Colloquium Held in London in April 1979*, Oxford, 1981 (*BAR, Internat. Series*, t. 101, p. 353-373 ; *Corbie in the Carolingian Renaissance*, Sigmaringen, 1990 [bibl. abondante]. — Kennedy, *The Permanence of an Idea : The Ninth Century Frankisch Ecclesiastics and the Authority of the Roman See*, dans *Mél. F. Kempf*, Sigmarigen, 1983, p. 105-115. — *HLF*, t. 5 (1866), p. 332-351, 771. — J.-P. Bouhot, dans *DS*, t. 13 (1988), col. 549-550. — H. Peltier, dans *Catholicisme*, t. 12 (1990), col. 512-513.

M.d'H.

Rauf de Boun. Auteur du *Petit Bruit*, courte histoire des rois d'Angleterre depuis le légendaire Brut jusqu'à Édouard Ier († 1307), Rauf de Boun reste un inconnu. Il se peut qu'il ait appartenu à la famille normande des Bohun (localité du Cotentin) qui s'établit en Angleterre après la conquête ; les Bohun devinrent comtes de Hereford en 1199. Le *Petit Bruit* a été écrit vers 1309 pour Henri de Lacy, troisième comte de Lincoln, qui fut l'un des barons les plus en vue du règne d'Édouard Ier et son plus proche conseiller. Moins d'un an auparavant avait eu lieu une réunion où Henri de Lacy, Humphrey VIII de Bohun et d'autres seigneurs jurèrent de défendre le nouveau roi, Édouard II, les droits de la couronne et de corriger ce qui n'allait pas dans le pays. On connaît, d'autre part, l'intérêt manifesté par Henri pour la littérature ; il avait même été le héros d'une chanson courtoise composé par Walter de Bibbesworth*. Le prologue du *Petit Bruit* nous apprend que Henri avait demandé la rédaction d'un abrégé du *Grant Bruit*, texte qui n'a pas été identifié. En raison de son traitement fantaisiste des généalogies royales et de son accumulation de légendes, le *Petit Bruit* occupe une place à part dans la tradition des *Brut* — nom donné aux chroniques des rois d'Angleterre qui utilisent l'*Historia regum Britanniae* de Geoffroi de Monmouth* ; il en existe plusieurs versions aux titres divers, ainsi *Livre* ou *Livere de reis de Brittanie, Livere des reis de Engleterre*, dont la rédaction la plus longue va jusqu'en 1333. L'œuvre de Rauf de Boun n'est d'ailleurs plus conservée que par un seul manuscrit, très tardif puisqu'il date de la fin du XVIe ou du début du XVIIe siècle, et le texte en est assez corrompu.

ŒUVRE. — Éd. D.B. Tyson, Londres, 1987 (*ANTS, Plain Texts Series*, 4). — Éd. de deux extraits M.L. Meneghetti dans *I fatti di Bretagna. Cronache genealogiche anglo-normande del XII al XIV secolo*, Padoue, 1979.

→ P. Meyer, *Le livre des rois de Bretagne ; le Brut d'Angleterre par Raouf de Boün*, dans *Bulletin de la SATF*, t. 4 (1878), p. 108-113. — J. Vising, *Anglo-Norman Language and Literature*, Londres, 1923, p. 74. — C. Foltys, *Kritische Ausgabe der Anglonormannischen Chroniken : Brutus, Li rei de Engleterre, le Livere de reis de Engleterre*, Berlin, 1962 [éd. de ces textes]. — M.D. Legge, *Anglo-Norman Literature and its Background*, Oxford, 1963, p. 280-283. — D.B. Tyson, *An Early French Prose History of the Kings of England*, dans *Romania*, t. 96 (1975), p. 1-26. — Cf. *MB S*, n° 6158. G.T.L.

Rauf de Lenham. Mathématicien anglais, dont la vie reste inconnue. Rauf de Lenham (Kent) composa en 1256 un *comput* en vers anglo-normands (environ 1 200 octosyllabes), aujourd'hui conservé dans cinq manuscrits. Ce poème, écrit pour un patron qui n'est pas nommé, mais qui ne devait guère lire le latin, est intitulé : *Art de kalender par Rauf de Linham, romauncé, e ceo pur simple gent lettré* dans le ms. Oxford, Bodleian Libr., Bodley 399.

ŒUVRE. — *Rauf de Linham, Kalender*, éd. T. Hunt, Londres, 1983 (*ANTS, Plain Texts Series*, 1).

→ J.C. Russel, *Dictionary of Writers of Thirteenth Century England*, dans *Bull. of the Institute of Historical Research*, Spec. Suppl. n° 3, Londres, 1936 (réimp. 1967), p. 108-109. — Cf. *MB* nos 2859 ; *S* 5336. F.F.H.

Raymond Lulle (Ramon Llull). Raymond Lulle est, par sa vie, l'une des plus éminentes personnalités de l'histoire et de la culture chrétiennes, et, par son œuvre, le véritable patriarche des lettres catalanes.

Né à Palma de Majorque, vers 1232, d'une famille noble, il devint, après une éducation morale et physique très soignée, page à la cour du roi d'Aragon fréquentée par de nombreux troubadours, puis sénéchal de l'infant don Jaime. Marié, père de famille, il mena une vie mondaine de courtisan. Vers l'âge de trente ans, il se convertit, et, comme il convenait à sa nature ardente, après avoir réglé sa situation familiale, il prit des résolutions en harmonie avec son tempérament, ses capacités, et avec les soucis de l'époque : rechercher le martyre pour l'amour du Christ, exposer par écrit la foi catholique aux Infidèles, particulièrement aux Arabes, bâtir des collèges où les missionnaires apprendraient les langues des Infidèles, surtout l'arabe et le tartare, et se prépareraient au martyre.

Devenu ermite, pour la fête de saint François d'Assise, sur le mont Randa où il pouvait se livrer à la contemplation, il consacra vingt ans à l'étude du latin et de l'arabe en vue des missions. Pendant dix ans, il parcourut l'Europe : Perpignan, Bologne, Rome, Paris, Montpellier.

Il entreprit alors vainement des démarches auprès du roi de France Philippe le Bel, du pape Nicolas IV, s'en alla à Tunis, revint à Naples. Les souverains pontifes n'accédaient pas à ses demandes : fondations de collèges orientaux, rapprochement avec les églises grecques, croisade. Il combattit triomphalement l'averroïsme* à

Paris. A plus de soixante ans, il partit pour Chypre, disputant avec les hérétiques. On le vit à Gênes, Montpellier, Barcelone, Lyon, en Afrique où il subit la prison à Bougie ; il échoua près de Pise, à la suite d'un naufrage ; Avignon, Paris entendaient son enseignement, mais ses projets étaient toujours repoussés par les rois, par les papes, par le concile de Vienne en 1311. Vainement il demandait une conférence entre chrétiens et musulmans au roi de Sicile Frédéric II.

Revenu à Majorque, complètement découragé, il partit pour Tunis où, au cours de ses prédications il fut lapidé, et laissé pour mort. Recueilli par des Génois qui l'embarquèrent sur un navire, il mourut en vue de Majorque. C'était en 1315. Son corps fut recueilli dans l'église des Franciscains. « Peu de romans, a-t-on écrit, peuvent offrir à l'esprit plus d'épisodes et de péripéties. »

Écrivain polygraphe, Raymond Lulle a abordé une multitude de problèmes philosophiques, appliquant un rigoureux symbolisme syllogistique à toutes les sciences de son temps, ayant de la vie une vision encyclopédique portant les hommes, par la raison et par l'élévation mystique, à la perfection humaine et chrétienne. Son système philosophique, manquant parfois de clarté, valut au « Docteur illuminé » de vives critiques, mais ses vues mystiques sont un véritable enchantement. Sa pensée est proche de celle de Roger Bacon pour le but religieux à poursuivre et les méthodes employées, mais sur son cœur a pesé l'influence des troubadours et de saint François d'Assise.

Son œuvre écrite est immense. Nous contentant de parcourir par les sommets ses écrits en langue catalane, nous dirons qu'il fut le véritable créateur de la prose catalane, avec un vocabulaire très riche unissant harmonieusement les éléments populaires aux néologismes exigés par ses conceptions philosophiques.

Raymond Lulle a laissé des ouvrages encyclopédiques dans la manière du Moyen Âge : citons le *Llibre de la Contemplacio en Deu*, en 366 chapitres offrant un thème quotidien de méditation, admirable synthèse littéraire embrassant toutes les connaissances de l'époque, où les effusions d'amour et les sanglots de douleur au souvenir des Infidèles succèdent aux pages théologiques les plus fortement pensées. Dans le roman de *Blanquerna*, il expose un plan d'organisation chrétienne de la société, de telle sorte qu'il n'y ait dans le monde « qu'une langue, une croyance et une foi » : certaines parties de l'œuvre constituent des ouvrages à part, comme le « Livre de l'Ave Maria », le « Livre d'Ami et d'Aimé », deux perles de joie mystique, véritables modèles de prose poétique. Dans le *Llibre de Meravelles*, le héros, Félix, « cherche son perfectionnement intérieur dans la contemplation des merveilles du monde » ; c'est une encyclopédie populaire sous forme de dialogue, entremêlée de fables et d'anecdotes. Raymond Lulle a même écrit des ouvrages pédagogiques, comme son *Llibre del Ordre de Cavayleria*, véritable manuel du chevalier chrétien (voir au mot *Ensenhamen*) et sa *Doctrina pueril*, plan général d'éducation.

Il est le patriarche de la poésie catalane, par le sentiment qui l'inspire, par ses effusions lyriques, et aussi en raison de la langue qu'il emploie qui est celle des troubadours, et des formes, des mètres qu'il leur emprunte. Citons le *Plant de Nostra Dona Santa Maria* (Plainte de la Vierge), en 32 strophes monorimes, d'un lyrisme comparable à celui du « Stabat » de Jacopone, les *Hores de Nostra Dona Santa Maria*, poème en sept parties fait pour être chanté sur des airs d'église, *Els Cent noms de Deu*, comprenant trois mille vers en tercets monorimes composés pour être exécutés comme les versets de l'Alcoran chez les Sarrasins. Il faut mentionner surtout deux poèmes de caractère personnel, intime même : *El Desconort* (Le Découragement), poème élégiaque de 69 strophes monorimes de 12 alexandrins, œuvre maîtresse de la poésie catalane, où le poète exhale sa douleur devant les échecs successifs de ses projets apostoliques ; *Lo Cant de Ramon*, écrit à Paris en 1299, poème de 14 strophes monorimes de six octosyllabes, où la plainte du découragement se teinte de mélancolie et de suavité, « la poésie la plus sentimentale et la plus émouvante du Docteur illuminé » (Rubió i Ors). « Je suis un homme âgé, pauvre, méprisé ; je n'ai aucune aide d'homme né, et j'ai réclamé de trop grandes actions ; j'ai beaucoup demandé au monde, j'ai donné maint bon exemple, et je suis peu connu et aimé ».

Som hom veyll, paubre, menyspreat ;
No hay ajuda d'home nat,
E hay trop gran fayt emperat ;
Gran res hay del mon cercat,
Mant bon eximpli hay donat,
Pauch son conegut e amat.

ŒUVRES. — En catalan : *Obres. Edicio original*, 21 vol., Palma, 1906-1950 [*Els Nostres Classics*] ; *Obres essencials*, 2 vol., Barcelone, 1957-1960 ; *Obres selectes*, 2 vol., Palma, 1989. — En latin : *Opera latina*, 18 vol. parus, Palma-Turnhout, 1950-1990 [*CCCM*]. — En français : *Livre des bêtes*, éd. A. Llinares, Paris, 1964 ; *Livre du gentil et des trois sages*, Paris, 1966 ; *Doctrine d'enfant*, Paris, 1969 ; *Livre d'Evast et de Blaquerne*, Paris, 1970 ; *Livre de l'ordre de chevalerie*, éd. V. Minervini, Bari, 1972. — Trad. française : *Arbre des exemples* (A. Llinares), Paris, 1986 ; *Traité d'astrologie* (A. Llinares), Paris, 1988 [*Stock Plus, Moyen Âge*] ; *Principes et questions de théologie* (A. Llinares et R. Prévost), Paris, 1989 ; *L'Art bref* (A. Llinares), Paris, 1991 ; *Principes de médecine* (A. Llinares) Paris, 1992. — Trad. anglaise : A. Bonner, *Selected Works of. R. Llull (1232-1316)*, Princeton, 1985, 2 vol.

→ R. Brummer, *Bibliogr. lulliana (1870-1873)*, Hildesheim, 1976. — M. Salleras, *Bibliogr. lulliana (1974-1984)*, dans *Randa*, t. 19 (1986), p. 153-196. — M. Colomb Mateu, *Glossari general lullià*, Palma, 1982-1985, 5 vol. — E. Littré et B. Haurau, *Raymond Lulle*, dans *HLF*, t. 29 (1885), p. 1-386. — J.-H. Probst, *Caractère et origine des idées du Bienheureux Raymond Lulle*, Toulouse, 1912. — E. Longpré, *Raymond Lulle*, dans *DTC*, t. 9, 1926. — A. Llinares, *Raymond Lulle, philosophe de l'action*, Paris, 1964. — J.N. Hillgarth, *Ramon Lull and Lullism in Fourteenth Century France*, Oxford, 1971 ; *Ramon Lull's Early Life : New Documents*, dans *Mediaeval Studies*, t. 53 (1991), p. 337-347. — L. Sala-Molins, *La philosophie de l'amour chez Raymond Lulle*, Paris-La Haye 1974. — D. Urvoy, *Penser l'islam. Les présupposés islamiques de l'« Art » de Llull*, Paris, 1980. — A. Llinares, *Raymond Lulle*, Palma, 1983 ; *Raymond Lulle*, éd. Univ. Fribourg (Suisse), 1986. — *Raymond Lulle et le pays d'Oc*, Toulouse, 1987 (*Cahiers de Fanjeaux*, 22). — La revue *Estudios Lulianos* (1957-1990) est devenue *Studia Lulliana* (depuis 1991). J.S.

Razos. Voir : *Vidas*.

Razos de Trobar. Voir : Raimon Vidal.

Récits d'un Ménestrel de Reims. C'est le titre donné par Natalis de Wailly à un texte appelé par un précédent éditeur « chronique de Rains », et par un autre « chronique de Flandres et des croisades ». Il a été écrit, en effet, par un ménestrel originaire de Reims, car on y trouve le récit de faits appartenant à l'histoire de cette ville, tandis que les détails sur la Flandre y sont rares. L'intérêt de l'auteur, qui a écrit vers 1260, va à la France d'abord, aux croisades ensuite. L'ouvrage, selon Natalis de Wailly, était destiné à être récité devant un auditoire : en témoignent les formules utilisées pour rendre le récit vivant, parfois même comique, la liberté d'expression. Le ménestrel n'est pas un véritable chroniqueur, mais un conteur : il narre des anecdotes, propage un certain nombre de fables, comme celle de la passion de la reine Aliénor d'Aquitaine* pour Saladin, alors que ce dernier n'était âgé que de onze ou douze ans. Très intéressant pour l'histoire des mœurs et des coutumes au XIIIe siècle, il a plus de valeur littéraire qu'historique. Les *Récits* ont eu beaucoup de succès aux XIVe et XVe siècles, comme le montre le nombre de compilations qui les ont utilisés, ainsi les *Chroniques de Flandre** et de Normandie, la chronique de Pierre Cochon*, les *Gestes des nobles François**.

ŒUVRE. — Éd. N. de Wailly, Paris, 1876 (*SHF*). — Trad. anglaise N. Stone, *Three Old French Chronicles of the Crusades :... the Chronicles of Reims*, Seattle, 1939 (*Univ. of Washington, Publ. in the Social Sciences*, 10).

→ O. Moore, *The Young King in the Récits d'un Ménestrel de Reims and Related Chronicles*, dans *The Romanic Review*, t. 6 (1915), p. 103-110. — M. Hayez, *Un exemple de culture historique au XVe siècle : la Geste des nobles François*, dans *Mél. d'archéologie et d'histoire*, t. 75 (1963), p. 134-135. — D.W. Tappan, *The manuscripts of the Récits d'un ménestrel de Reims*, dans *Symposium*, t. 25 (1971), p. 70-78. — Molinier n° 2528. — Cf. *MB*, nos 3764-3768 ; 6710 ; *S* 6196, 6197. G.T.L.

Reclus de Molliens. Le reclus enfermé dans une cellule accolée à l'église Sainte-Marie de Molliens-Vidame était un moine de l'abbaye de Saint-Fuscien-au-Bois (Somme), nommé Barthélemy. On peut peut-être l'assimiler au moine du même nom appelé à l'abbatiat en 1225 et mort en 1231. Il a composé à la fin de sa vie deux ouvrages satiriques et moralisateurs, en douzains octosyllabiques ou « strophes d'Hélinant », à l'usage des laïcs aussi bien que des clercs connaissant le latin. Le *Roman de Carité*, écrit vers 1224, raconte la quête de la Charité qui n'est plus ni en France ni à Rome, et surtout pas dans les ordres religieux. Celui de *Miserere*, écrit vers 1230, après avoir exprimé un vif repentir personnel, pose un certain nombre de questions sur l'homme : d'où vient-il ? qui est-il ? etc., puis traque le péché à travers nos cinq sens, qui doivent être les fidèles serviteurs de Dieu. Le Reclus sait entremêler à son enseignement des anecdotes vivantes, et s'élever à une émouvante éloquence. Il garda longtemps une faveur considérable et méritée, ainsi qu'en témoigne le nombre des manuscrits (plus de 35 pour *Carité* et plus de 40 pour *Miserere*). Un fragment du *Miserere* a circulé indépendamment sous le titre de *Vergier de Paradis*. La parenté littéraire du *Miserere* avec le *Roman de la Rose** a été constatée dès le XIVe siècle par Gilles le Muisit*. *Carité* pour sa part a inspiré Baudouin et Jean de Condé*, Philippe de Mézières* (*Songe du viel pèlerin*).

ŒUVRES. — *Li romans de Carité et Miserere du Renclus de Molliens*, éd. A.G. Van Hamel, Paris, 1855 (*Bibl. des Hautes Etudes*, 61-62).

→ P.L. Guinguené, *Le reclus de Moliens ou de Mollens*, dans *HLF*, t. 14 (1869), p. 33-38. — A. Tobler, *Zu den Gedichten des Renclus von Moiliens*, dans *ZRPh*, t. 9 (1885), p. 413-418. — C.-V. Langlois, *La vie en France au Moyen Âge d'après quelques moralistes du temps*, Paris, 1908, p. 113-152. — J.V. Alter, *Les origines de la satire antibourgeoise en France*, Genève, 1966. — J. Batany, *Les lignages du peuple des mots : l'« interpretatio » chez le Reclus de Molliens*, dans *La linguistique fantastique* (J. Clims éd.), Paris, 1985, p. 103-113. — Cf. *GRLMA*, t. VI/2, nos 4144, 4148. *MB* nos 3548-3549 ; *S* 5080-5081, 5867, 5981, 7496.

J.C.P. et A.F.L.L.

Refrain. Le mot *refrain* vient de *refrangere* : la notion à laquelle il est primitivement associé est donc celle de la fracture, et non celle de la répétition. Il désigne à l'origine un fragment de texte et de mélodie, ou de mélodie seule, qui se trouve à la fin de la strophe mais n'en fait pas réellement partie, soit qu'il s'agisse d'un simple mélisme final, soit qu'une rupture métrique, musicale ou relevant du sens le sépare d'elle. Mais l'idée de répétition s'introduit naturellement dès lors qu'un schéma strophique régulier amène le retour de cette cellule isolée.

Le refrain caractérisait aux yeux de certains les premières formes strophiques romanes. Les plus anciens fragments lyriques connus en langue romane, conservés pour avoir été insérés comme pointe finale (*kharja*) dans les *muwwashas* arabes d'Espagne, ont été parfois considérés comme des refrains. Absent du grand chant courtois, le refrain est présent dans les chansons dramatiques ou narratives du XIIe et du XIIIe siècle. Si dans certaines il revient identique à lui-même à la fin de chaque strophe, dans d'autres il est chaque fois différent de façon à fournir une sorte de citation appropriée. Il n'en est pas moins identifiable comme tel, non seulement pour des raisons formelles, mais aussi parce qu'il existe à cette époque un stock de refrains connus, plus ou moins interchangeables, parfois conservés et cités isolément, répandus et mis à la mode par les chansons à danser. Celles-ci pratiquent des formes fixes, peut-être dérivées du distique de carole (Paul Verrier), dont la plus répandue est le rondeau (ABaAabAB).

À la fin du Moyen Âge, les formes fixes (rondeau, virelai, ballade, chant royal, etc.) fournissent l'essentiel du lyrisme de cour. Le refrain est ainsi amené à jouer un rôle primordial dans les exercices de virtuosité de la poésie savante.

ŒUVRES. — N.H.J. Van den Boogaard, *Rondeaux et refrains du XIIe au début du XIVe siècle*, Paris, 1969.

→ A. Jeanroy, *Les origines de la poésie lyrique en France au Moyen Âge*, Paris, 1889, 4e éd. 1965, p. 102 sq. — P. Verrier, *Le vers français*, 3 vol. Paris, 1931-1932. — G. Lote, *Histoire du vers français. Première partie : le Moyen Âge*, 3 vol., Paris, 1949-1955. — P. Le Gentil, *Le virelai et le villancico, le problème des origines arabes*, Paris, 1954 ; *La strophe zadjalesque, les kharjas et le problème des origines du lyrisme roman*, dans *Romania*, 84 (1963), p. 1-27, 209-250, 409-411. — F. Gennrich, *Bibliogr. Verzeichnis der französischen Refrains des XII. und XIII. Jahrhunderts*, Langen, 1964. — D. Poirion, *Le poète et le prince. L'évolution du lyrisme courtois de Guillaume de Machaut à Charles d'Orléans*, Paris, 1965.

M.Z.

Règle des Hospitaliers de Saint-Jean de Jérusalem. Voir : Guillaume de Saint-Étienne.

Règles de seconde rhétorique. Voir : *Arts de seconde rhétorique*.

Règles de Trobar. Voir : Jofre de Foixà.

Regnaud Le Queux. Peu de choses sont connues de sa vie. Suivant l'acrostiche dont il signe son *Barâtre infernal*, Regnaud Le Queux serait originaire de Douai. D'ailleurs, Jean Bouchet, dans le *Temple de bonne renommée* (1516), le dit picard. Il fut en outre protégé à ses débuts par Charles de Gaucourt qui fut gouverneur de Picardie, mais aussi maître d'hôtel de Charles VII. C'est par son entremise certainement que Regnaud entra en contact avec la famille royale et spécialement, sans doute, avec l'épouse de Charles VII, Marie d'Anjou, et son fils cadet, Charles de Guyenne. On date de 1463 sa première œuvre conservée ; il s'agit justement d'une *Exclamation en la mort de Marie d'Anjou*. Ce long et beau prosimètre transforme la mort de la reine en une apothéose. Regnaud y revendique au passage un emploi d'historiographe royal car « Se l'acceptiés, il est digne a cas tel », jouant sur le nom de Jean Castel*, nommé par Louis XI à ce poste en 1461. Rappelons que Jean Castel fut lui aussi en relation avec Charles de Gaucourt. Un vibrant éloge de ce grand personnage, « vray amateur des muses », apparaît d'ailleurs dans le *Barâtre infernal* de 1480. Regnaud y rassemble, en vers et en prose encore, les images mythologiques et païennes de l'Enfer puis les images chrétiennes. L'érudition de Regnaud trouve sa source essentiellement dans la *Genealogia deorum* de Boccace*, pour la première partie, et dans la *Vision de Tondale** pour la seconde. Il cite aussi de nombreux auteurs italiens : Pétrarque*, Dante*, Marco Polo*, Roberto Valturio, Biondo Flavio. Ce texte seul conserve la trace d'une œuvre composée en 1471, le *Miroer de court*, qui devait recouper les critiques des guerres, tournois, jeux dressées dans le *Barâtre*. Enfin, les manuscrits de cette œuvre nous renseignent utilement sur la formation et les amitiés de Regnaud Le Queux. Il dédie un volume autographe à un juriste originaire de La Rochelle, Jean Pastureau, et se présente lui-même comme licencié en droit. Il énumère dans le texte les personnes au jugement desquelles il soumet son œuvre : Charles de Gaucourt bien sûr, mais aussi un docteur en théologie et ancien premier chapelain de Charles de Guyenne (mort en 1472), Jean Meschineau, et l'ancien trésorier des guerres du même Charles, devenu conseiller des finances de Louis XI, Jean Gaudeté. Ces liens de Regnaud avec ces deux serviteurs du frère du roi doivent remonter à 1469. Cette année-là voit la réconciliation de Louis XI et de Charles, qui reçoit alors le duché de Guyenne. Regnaud commémore l'événement dans sa *Doléance Mégère* : déesse de la zizanie, Mégère se désole de cet apaisement. Sans doute le poète était-il à cette époque dans la suite du roi ou dans celle du duc. On sait qu'il composa en 1470 pour Marie de Clèves, l'épouse de Charles d'Orléans*, un recueil perdu de rondeaux et ballades, en collaboration avec Robert du Herlin*, secrétaire du roi René d'Anjou*. Il dédicacera d'ailleurs un autre des manuscrits du *Barâtre* à André Giron, seigneur de la Garde, qui fut au service de Charles de Guyenne et participa également aux travaux littéraires de la cour de Blois. En 1480, au moment de la composition du *Barâtre*, Regnaud est précepteur de René de Brosse, dit de Bretagne, dont la mère Louise de Laval meurt cette même année. Vers 1490, Regnaud rédige vingt-cinq quatrains pour servir de dédicace à un volume d'Albumasar, qui appartint à un certain Jean Roussel, pour l'offrir à Charles VIII. Notre poète dut mourir vers 1500. Seul le Poitevin Jean Bouchet fit cas de son talent, et seul il nous renseigne sur une contre-partie perdue du *Barâtre*, la *Mansion céleste* (vers 1480-1485). La *Doléance* dont nous connaissons un unique manuscrit copié par François Robertet*, eut quelque diffusion en étant largement reprise par Antitus Favre* dans sa *Satyre Mégère* en 1499, puis éditée dans le *Jardin de Plaisance et Fleur de Rhétorique** dont la première édition à Paris en 1501, fut suivie de sept autres jusqu'en 1527. E. Droz et A. Piaget sont même allés jusqu'à attribuer à Regnaud Le Queux non seulement l'*Instructif de seconde rhétorique* et le *Donnet baillé au feu roi Charles VII* de ce recueil, mais aussi la maîtrise d'œuvre de toute la compilation publiée par Antoine Vérard. Ce sur la foi de rapprochements de vocabulaire essentiellement. Mais le *Donnet* sort plus certainement de la plume de Jean Molinet*, et l'on se demande pourquoi Regnaud, qui a signé toutes ses œuvres, aurait pris le pseudonyme de l'Infortuné pour écrire l'*Instructif*. Talent vite oublié de ses contemporains, méprisé par les critiques tels que P. Paris, E. Droz et A. Piaget, Regnaud Le Queux est cependant un digne représentant de la grande rhétorique de son temps.

ŒUVRES. — *Œuvres complètes*, éd. D. Lesourd, thèse, Paris-IV, 1974. — *Exclamacion*, éd. partielle C. Thiry dans *De la mort marâtre à la mort vaincue* (...), dans *Death in the Middle Ages*, Louvain, 1983, p. 256. — *Doléance Mégère*, éd. dans la repro. en fac-similé du *Jardin de Plaisance et Fleur de Rhétorique*, Paris, 1925, t. 1, f. 15-21. — *Dédicace de l'Albumasar*, éd. E. Droz et A. Piaget, *ibid.*, t. 2, p. 70-72.

→ E. Droz et A. Piaget, dans le *Jardin de Plaisance et Fleur de Rhétorique*, Paris, 1925, t. 2, p. 38-40, 60-87. — D. Lesourd, *Le Barâtre infernal de Regnaud Le Queux*, dans *Positions... thèses... École des Chartes*, 1969, p. 87-95 [avec éd.] ; compte rendu de G. Masters, *Jehan Thenaud. La lignée de Saturne*, dans *BEC*, t. 135 (1977), p. 180-183 [Thenaud a pu utiliser le *Barâtre*]. — D. Owen, *The Vision of Hell (...)*, Edimbourg-Londres, 1970, p. 253-259. — J. Monfrin, *Étapes et formes de l'influence des lettres italiennes en France au début de la Renaissance*, dans *Atti del quinto Congresso intern. di Bibliofili*, Venise, 1970, p. 19-43. — S. Bagoly, *De mainctz aucteurs une progression, un siècle à la recherche du Parnasse français*, dans *Le Moyen Français*, t. 17 (1985), p. 83-123. — P.Y. Badel, *Regnaud Lequeux glossateur du vocabulaire de son Barâtre infernal*, dans *Le Moyen Français : recherches de lexicologie et de lexicographie*. Actes du 6e colloque international sur le Moyen français, Milan, 1991, p. 163-177. — Cf. *MB S* n°s 7330-8399. S.L.

Reinbert (Roman de). Roman inachevé en prose du XIIIe siècle et du nord de la France, conservé dans les derniers folios d'un manuscrit. Il raconte les fourmillantes aventures de Reinbert, seigneur de Pannonie, qui, à la suite d'un rêve, part à la recherche du royaume prédit. Le roman s'arrête brusquement après le combat de Reinbert contre Ynart de Science, beau-fils du Prêtre Jean. Le roman semble avoir une dette envers la *Lettre du Prêtre Jean** apocryphe. La ressemblance est frappante entre certains passages.

ŒUVRE. — Éd. B. Woledge, dans *Medium Aevum*, t. 8 (1939), p. 85-117 et 173-192.

→ B.R. Griffiths, *La syntaxe du roman de Reinbert*, Londres, 1947 [thèse dactylo. de Master of Arts]. — Woledge, n° 137. — Cf. *MB* n° 1388. C.R.

Religieux de Saint-Denis. Depuis le milieu du XIIIe siècle, l'historiographie de la monarchie était confiée à l'abbaye de Saint-Denis. Le moine chroniqueur en titre devait composer en latin l'histoire du souverain régnant, texte qui serait, à la mort de ce dernier, déposé dans le fonds de l'abbaye et servirait de base à la rédaction en langue vulgaire des *Grandes chroniques de France**. Au temps de Charles VI, le Religieux, demeuré longtemps anonyme, qui fut chargé officiellement de rédiger l'histoire de son temps, nous a laissé une longue chronique en latin couvrant tout le règne. On a pu reconstituer quelques éléments de sa biographie. Né avant 1350, il se trouvait à l'abbaye dès 1368. Il effectua un bref séjour en Angleterre en 1381, puis il suivit le roi dans ses déplacements (1386 l'Écluse, 1392 Le Mans). En 1393 il fut chargé par le duc de Berry d'enregistrer tout ce qui se disait et se passait à la conférence de Leulinghem entre la France et l'Angleterre. Il se trouva au siège de Bourges en 1412, et avec l'armée devant Compiègne en 1414. Dans l'ensemble, mis à part ces quelques déplacements, il semble être demeuré à l'abbaye pendant près d'un demi-siècle, travaillant au calme, à portée de sa documentation. Son anonymat, qui a longtemps excité la curiosité des savants et suscité recherches et hypothèses variées, a été percé récemment, révélant le nom de Michel Pintoin, chantre et chroniqueur de Saint-Denis (1350-1421).

Le Religieux avait commencé la rédaction d'une vaste chronique universelle retraçant, sous forme d'annales latines, l'histoire des trois premières races, œuvre demeurée inachevée (certains chapitres n'existent que par leur titre, plusieurs transcriptions annoncées manquent, et les manuscrits conservés apparaissent comme des brouillons). Pour la constitution de ce corpus historique dont une grande partie n'a pas été retrouvée, il eut recours aux travaux de ses prédécesseurs (Suger*, Rigord*, Guillaume de Nangis*). Son œuvre propre, l'histoire du règne de Charles VI, comporte 43 livres, un par année du règne, allant de 1380 à 1420. Jean Chartier*, qui lui succédera comme historiographe, écrira les deux dernières années.

La chronologie du Religieux est exacte, l'information abondante, donnant à croire (à tort) qu'on a affaire à un témoin direct des événements. En fait, l'auteur, de par ses fonctions, avait accès à certains documents confidentiels émanant de la chancellerie royale, comme à des mémoires de première importance, communiqués par les ambassadeurs ou les hérauts revenant de mission. Il a aussi fait souvent œuvre de compilateur et puisé largement, par exemple, dans le journal de Jacques de Nouvion relatant l'ambassade de 1407. Le Religieux attribue parfois aux personnages qu'il met en scène des discours fictifs, mais il respecte toujours scrupuleusement les événements, son souci majeur étant la défense de la couronne. Homme de « juste milieu », ennemi des factions et des luttes fratricides, il n'hésite pas à adresser des reproches au duc d'Orléans et à ses partisans (surtout au moment des excès des Armagnacs), comme à réprouver fortement l'assassinat de ce dernier par le duc de Bourgogne.

ŒUVRE. — L. Bellaguet, *Chronique du Religieux de Saint-Denis concernant le règne de Charles VI, de 1380 à 1422* [avec trad. française], 6 vol., Paris, 1839-1852 *(Collection de documents inédits sur l'Histoire de France)*.

→ N. Valois, *Jacques de Nouvion et le Religieux de Saint-Denis*, dans *BEC*. t. 63 (1902), p. 233-262. — C. Samaran, *La chronique latine inédite de Jean Chartier*, Paris, 1928 ; *Un nécrologe inédit de l'abbaye de Saint-Denis (XIV*e *- XVII*e*)*, dans *BEC*, t. 104 (1943), p. 27-48. — N. Grévy-Pons, E. Ornato, *Qui est l'auteur de la Chronique latine de Charles VI ?, ibid.*, t. 134 (1976), p. 85-102. — Molinier, n° 3572. — *Lexikon des Mittelalters,* t. 2, col. 2033-2034. — *Nouveau Potthast,* t. 3, p. 432-433. M.H.P.

Remi d'Auxerre. Né vers 841, probablement parent de Loup de Ferrières* et élève d'Heiric* au monastère bénédictin de Saint-Germain d'Auxerre, il fut le dernier des grands maîtres de la célèbre école carolingienne. Appelé à Reims probablement vers 893 par l'archevêque Foulque pour rénover les écoles, puis installé à Paris après la mort de Foulque en 890, il mourut vers 908 ou peu après, après avoir formé de nombreux disciples. Les quatre vers inscrits en travers au f. 6v° du ms. Vatican, Pal. lat. 1649 conservent l'écho de la renommée de son enseignement à Reims, confirmé par l'*Historia Remensis ecclesiae* de Flodoard*. Il figure dans l'obituaire de la cathérale d'Auxerre à la date du 2 mai. Fruit de son enseignement, la production littéraire de Remi d'Auxerre reste encore mal connue à cause de son caractère scolaire et des difficultés provenant d'une tradition manuscrite extrêmement mouvante. Il nous a laissé le plus souvent anonymement et sous forme de gloses, une vingtaine d'œuvres tant exégétiques que grammaticales, la grammaire n'étant pour lui qu'une propédeutique à la théologie. Ses commentaires expliquent aussi bien la Messe que la Bible, les traités grammaticaux théoriques comme les auteurs païens et chrétiens lus alors dans les écoles. On peut regrouper ses œuvres en quatre catégories : les commentaires théologiques sur la *Genèse*, sur les *Psaumes*, sur les *Opuscula sacra* de Boèce* ainsi qu'une *Exposition de la Messe* destinée à tous les fidèles (le commentaire sur Matthieu n'est pas authentique d'après P. Tax) ; les commentaires grammaticaux à deux niveaux : sur l'*Ars minor* de Donat, l'*Ars de verbo* d'Eutychès, *l'Ars de nomine et verbo* de Phocas, l'*Institutio de nomine pronomine et verbo* de Priscien pour le niveau élémentaire, l'*Ars major* de Donat pour le niveau supérieur, complétés par les *Partitiones* de Priscien et les deux petits traités de Bède* pour la métrique. À ces traités théoriques, il ajoute la lecture des *auctores* aussi bien païens que chrétiens, essentiellement les poètes : les *Distiques* du Pseudo-Caton, les satires de Perse, mais aussi Prudence et le *Carmen Paschale* de Sedulius et surtout Martianus Capella et la *Consolatio Philosophiae* de Boèce. Il serait l'auteur de trois lettres, dont deux adressées à son ami Dadon, évêque de Verdun (880-923), dont la célèbre *lettre sur les Hongrois.* Avec Remi, le commentaire de texte prend une forme nouvelle dans un programme scolaire élargi rassemblant dans une unité organique profonde textes sacrés et textes profanes. Son œuvre a connu une large diffusion à travers toute l'Europe, mais on manque d'éditions critiques pour mieux connaître les sources et la méthode du dernier des grands maîtres auxerrois.

ŒUVRES. — État de la question et *Clavis* des œuvres de Remi par C. Jeudy, dans L'*École carolingienne d'Auxerre. De Murethach à Remi 830-908*, éd. D. Iogna-Prat, C. Jeudy, G. Lobrichon, Paris, 1991, p. 373-397 et 457-500 (*Entretiens d'Auxerre*, 1989) [beaucoup d'éd. partielles d'après un seul ms.]. — *Genèse*, éd. B. Van Name Edwards, *The Two Commentaries on Genesis Attributed to Remigius of Auxerre, with a Critical Edition of Stegmüller 7195* [*Diss. of History, Univ. Pennsylvania*, 1990], Ann Arbor, 1990, p. 171-411 (*UMI*, n°s 90-26547). — *Expositio missae*, éd. Marguerin de la Bigne, *Sacra Bibliotheca sanctorum Patrum...*, 2e éd. Paris, 1589, t. 6, col. 1149-1174, réimp. dans *Maxima bibliotheca veterum Patrum*, t. 16, Lyon, 1677, p. 952-961 ; comme chap. 40 du *De divinis officiis* du Ps. Alcuin : *PL*, t. 101, col. 1246C-1721B. — *In Boethii Opuscula sacra*, éd. d'extraits : E.K. Rand, *Johannes Scottus...*, Munich, 1906, p. 28-80, 99-106. — Commentaires grammaticaux : *In Bedae De arte metrica et De schematibus et tropis*, éd. M.H. King dans l'apparat critique de C.B. Kendall, *Bedae opera. Pars I. Opera didascalica*, Turnhout, 1975 (*CCSL*, 123 A). — *In Donati artem minorem*, éd. W. Fox, *Remigii Autissiodorensis in artem Donati commentum*, Leipzig, 1902 ; version longue, éd. d'extraits C. Jeudy, *Israël le grammairien et la tradition ms. du commentaire de Remi d'Auxerre à l'« Ars minor » de Donat*, dans *Studi Medievali*, 3e série, t. 18 (1977), p. 187-248. — *In Phocae artem de nomine et verbo*, éd. C. Jeudy, thèse, Paris-Sorbonne, 1973 [cf. *Annuaire EPHE IVe section*, 1973-1974, p. 849-856]. — *In Prisciani Institutionem de nomine pronomine et verbo*, éd. M. de Marco, *Remigiana inedita*, dans *Aevum*, t. 26 (1952), p. 503-517 [extraits de la 2e version : R.B.C. Huygens, *Remigiana, ibid.*, t. 28 (1954), p. 330-342]. — C. Jeudy, *L'Institutio... de Priscien. Mss et commentaires médiévaux*, dans *RHT*, t. 2 (1972), p. 72-79. — Commentaires d'« auteurs classiques » : *In Martianum Capellam*, éd. C.E. Lutz, 2 vol., Leyde, 1962 et 1965 ; liv. IX avec trad. anglaise P.M. Smith [Diss. Philos., Florida State Univ., 1987], Ann Abor, 1987 [*UMI*, nos 87-21860]. — *In Prudentium*, éd. J.M. Burnam, Paris, 1910. — Lettres : éd. E. Dümmler, dans *MGH. Epistulae Karolini aevi*, t. 5, 1889, p. 635-640 (*Ép.* 1) ; *PL*, t. 131, col 963-968 et 968-970 et R.B.C. Huygens, *Un témoin de la crainte de l'an 1000 : la lettre sur les Hongrois*, dans *Latomus*, t. 15 (1956), p. 229-239 (*ép.* 2 et 3).

→ F. Stegmüller, *Repertorium biblicum medii aevi*, t. 5, Madrid, 1955, nos 7188-7247 ; 9, *Suppl.*, 1977, nos 7194-7246 ; cf. aussi nos 5265 et 8550. — C.E. Lutz, *Remigius' Ideas on the Classification of Liberal Arts*, dans *Traditio*, t. 12 (1956), p. 82-86. — H. Silvestre, *Le schéma moderne des accessus*, dans *Latomus*, t. 16 (1957), p. 568-686. — C. Jeudy, *L'« Ars de nombre et uerbo » de Phocas. Mss et commentaires médiévaux*, dans *Viator*, t. 5 (1974), p. 61-156. — C. Leonardi, *Remigio d'Auxerre e l'eredità della scuola carolingia*, dans *I Classici nel medioevo e nell'umanesimo...* Gênes, 1975, p. 271-288 (*Pubblicazioni dell'Istituto di filologia classica e medievale dell'Università di Genova*, 42) ; *I commenti altomedievali ai classici pagani*, dans *La cultura antica nell'Occidente latino... (18-24 avril 1974)*, Spolète, 1975, p. 459-508. — J.-P. Bouhot, *Les sources de l'« Expositio missae » de Remi d'Auxerre*, dans *Revue des Etudes Augustiniennes*, t. 26 (1980), p. 118-169. — G. D'Onofrio, *Giovanni Scoto e Remigio di Auxerre...*, dans *Studi Medievali*, t. 22 (1981), p. 587-693. — C. Jeudy, *L'attitude de Remi d'Auxerre face aux innovations linguistiques de Jean Scot*, dans *Jean Scot écrivain. Actes du 4e colloque international, Montréal, 28 août-2 septembre 1983*, Montréal-Paris, 1986, p. 299-310. — *Intellectuels et artistes dans l'Europe carolingienne.* IXe-XIe *siècle, Abbaye Saint-Germain d'Auxerre, catalogue de l'exposition juillet-octobre 1990*, Auxerre, 1990, p. 44-57 67-69 et 274-277. — Art. de J.-P. Bouhot, B. Edwards, C. Jeudy, M. Pérès et P.W. Tax, dans l'*École carolingienne d'Auxerre..., op. cit. supra*, p. 373-442 et 447-500. — Cf. Manitius, t. 1, 1911, p. 504-519 ; t. 2, 1923, p. 452, 591, 659-660, 698, 808-809 ; t. 3, 1931, p. 1063 ; *Dictionnaire de théologie catholique*, t. 13/2, 1937, col. 2376-2377 (H. Peltier) ; *Lexikon für Theologie und Kirche*, t. 8, 1963, col. 1223-1225 [L. Scheffczyk] ; trad. française, t. 1, vol. 2, 1991, p. 238-241, 318-321. — Brunhölzl, t. 1, 1975, p. 486-489, 572-574. — *DS*, t. 13, 1987, col. 338-343.

C.J.

Renart le Contrefait. Dernier avatar du *Roman de Renart**, *Renart le Contrefait* est dû à un clerc de Troyes, qui, obligé pour cause de concubinage de quitter l'état de clerc, reprit le métier d'apothicaire de son père et, vers l'âge de quarante ans, se mit à écrire pour éviter l'oisiveté. Son propos est de se déguiser (se contrefaire) en Renart, et sous le couvert de ce masque, de flageller la société, surtout le haut clergé et la noblesse. Il écrivit ainsi, entre 1319 et 1322, environ 32 000 vers très nettement influencés par les anciennes branches et qui sont bien d'un débutant. Cette première rédaction conservée dans un seul manuscrit (BN fr. 1630), l'auteur la remania entre 1328 et 1342, supprimant certaines parties, mais ajoutant surtout de nouveaux développements qui portent à plus de 41 000 vers cette réfection où le talent s'affirme, en même temps que la satire tend à reculer devant un souci d'édifier et d'instruire qui donne à l'œuvre une allure encyclopédique fort éloignée du ton alerte des branches primitives.

ŒUVRE. — Éd. G. Raynaud et H. Lemaître, Paris, 1914, 2 vol.

→ [Outre la bibliogr. du *Roman de Renart**]. — G. Raynaud, *Renart le Contrefait et ses deux rédactions*, dans *Romania*, t. 37 (1908), p. 245-283. — A. Långfors, *Notes et corrections au Roman de Renart le Contrefait, ibid.*, t. 44 (1915-1917), p. 91 sqq. — J. Morawski, *Quelques sources méconnues du Roman de Renart le Contrefait*, dans *ZRPh*, t. 49 (1929), p. 536-544. — G.W. Fenley, *Faus-semblant, Fauvel and Renart le Contrefait. A Study in Kinship*, dans *The Romanic Review*, t. 23 (1932), p. 323-331. — E.B. Ham, *Renart le Bestourné*, Ann Arbor, 1947 (*Univ. Michigan Publ. in Language and Literature*, 29). — J. Flinn, *Le Roman de Renart dans la littérature française et dans les littératures étrangères au moyen âge*, Toronto,

1963 (*Univ. Toronto, Romance Series*, 4) [notamment le chap. 8]. — J.-V. Alter, *Les origines de la satire antibourgeoise en France*, Genève, 1966. — D.J.A. Ross, *The Iconography of the Alexander in Renart le Contrefait*, dans *Scriptorium*, t. 21 (1967), p. 74-83. — G.C. Belletti, *Il lupo e la volpe nel pozzo. Racconto e ideologia dal Roman de Renart al Renart le Contrefait*, dans *L'Immagine riflessa. Rivista... di Sociologia dei testi*, t. 3 (1979), p. 1-2. — E.J. Richards, *Poésie en tant que processus. La satire contre les ordres mendiants dans le Couronnement de Renart, Renart le Bestourné et la deuxième partie du Roman de la Rose*, dans *Third International Beast Epic, Fable and Fabliau Colloquium*, Münster, 1979, p. 312-329. — J. Batany, *Le rat des villes et le rat des champs : traditions littéraires et conjonctures sociales*, dans *Bien dire et bien apprandre*, t. 5 (1987), p. 27-46. — C. Beretta, *Una tarda rielaborazione del Lai de Bisclavret di Maria di Francia : l'episodio di Biclarel nella prima redazione di Renart le Contrefait*, dans *Medioevo Romanzo*, t. 14 (1989), p. 363-377. — Cf. *MB* n°s 5469-5474 ; 7019 ; *S* 2104 ; 4750 ; 4890-4892. H.R.

Renart le Nouvel. Voir : Jacquemart Gielée.

Renaut. Voir : *Galeran de Bretagne ; Lai d'Ignauré.*

Renaut d'Andon. *Le Contenz du monde*, c'est-à-dire *procès du monde*, est un poème de la seconde moitié du XIIIe siècle, écrit en vers alexandrins formant 94 quatrains monorimes. C'est une satire, composée probablement par un homme de loi, du nom de Renaut d'Andon, sur les tribunaux de la région d'Orléans, contre les juges corrompus et les avocats ignorants qui ne savent même pas traduire le latin de leurs documents légaux. L'auteur étale des invectives originales, sincères et fondées sur l'observation directe, et il emploie une diction colorée qui n'est pas sans intérêt.

ŒUVRE. — Éd. T.A. Jenkins, dans *Mél. A. Marshall Elliott*, Baltimore, 1911, t. 1, p. 53-79.

⟶ J.V. Alter, *Les origines de la satire antibourgeoise en France*, Genève, 1966. — Cf. *MB*, n° 2749. H.F.W.

Renaut (Le clerc). Il ne faut pas confondre l'auteur de *Galeran de Bretagne* et ce clerc du XIIIe siècle, auteur de la plus ancienne traduction en français de la *Vie de sainte Geneviève*. Il écrivit à la demande d'une « dame de Valois », qui désirait rendre accessible aux gens peu instruits, ignorant le latin, l'histoire édifiante d'une sainte qu'elle aimait. Certains historiens, dont C. Kohler, ont pensé à l'une des épouses de Charles de Valois, frère de Philippe le Bel, sans doute Marguerite de Sicile, ce qui situerait la composition de l'œuvre entre 1290 et 1299. Mais d'autres, dont L. Bohm, éditeur de la *Vie*, et récemment F. Avril, identifient la « dame de Valois » à Eléonore de Vermandois, comtesse de Saint-Quentin ; dans ce cas, Renaut aurait écrit entre 1182, date à laquelle Eléonore reçut le Vermandois, et 1214, année de sa mort. Des arguments d'ordre moral appuient cette identification : la réputation de piété de la comtesse Eléonore, sa dévotion envers sainte Geneviève, ses libéralités à l'égard de l'abbaye placée sous le patronage de la sainte. Renaut adapte une *Vie* latine, en suivant assez fidèlement l'ordre des épisodes. Il rapporte les origines de sainte Geneviève, patronne de Paris, née à Nanterre vers 420 et morte à Paris vers 500, ses vertus, son enfance pieuse, sa consécration et sa vie de pénitence à Paris et enfin ses miracles. Le dernier tiers du poème relate les miracles posthumes, survenus sur le tombeau de la sainte ou à l'occasion des translations de ses reliques. L'auteur se nomme dans l'épilogue et réaffirme sa fidélité aux sources. Le poème est écrit en couplets d'octosyllabes (3 632 vers) à rimes plates, dans une langue d'Île-de-France marquée de quelques picardismes. D'un texte latin qui présente les faits dans leur sécheresse, Renaut a tiré un récit vivant ; il met en scène le menu peuple, fait dialoguer les bonnes gens dans un langage direct, anime les foules qui s'émeuvent de tout événement. Ne perdant pas de vue l'intention édifiante de l'œuvre, il arrête parfois la narration pour en tirer la morale ou glisser un dicton.

Au début du XIVe siècle, l'œuvre de Renaut a fait l'objet d'une adaptation en prose, dédiée à une « dame de Flandres », transmise par sept manuscrits, dont l'un (Mazarine, 1716) paraît avoir eu un possesseur dans l'entourage familial de Philippe le Bel. L'auteur anonyme s'est contenté de briser le vers et d'effacer la rime.

On possède également une vie de saint Jean Chrysostome signée Renaut, mais la date, la langue, le style interdisent d'assimiler ce dernier à l'auteur de la *Vie de sainte Geneviève* (voir *Saint Jean Chrysostome, Vie de*).

ŒUVRES. — *La vie de sainte Geneviève de Paris*, éd. L. Bohm, Uppsala, 1955.

→ C. Kohler, *Étude critique sur le texte de la vie latine de sainte Geneviève de Paris*, Paris, 1881. — F. Avril, *L'atelier du psautier d'Ingeburge : problèmes de localisation et de datation*, dns *Mél. H. Landais*, Paris, 1987, p. 16-21. — Cf. *MB* n°s 3417-3419, 7793.

F.G.C. et A.F.L.L.

Renaut de Beaujeu. Auteur du *Guinglain* ou *Le Bel Inconnu*, pourrait être plus précisément Renaut de Bâgé (dans l'Ain), seigneur de Saint-Trivier, né en 1165 et mort en 1230. La famille de Bâgé, quoiqu'elle occupât une terre d'Empire, prit vivement parti pour le roi de France dans les conflits embrouillés qui mirent aux prises les divers potentats de la région dans la seconde moitié du XIIe siècle. L'élément le plus clair pour l'identification de Renaut est le blason du *Bel Inconnu*, décrit par deux fois dans le roman, qui assimile le héros à un membre de la famille de Bâgé. Il s'agit d'une pratique attestée pour diverses grandes lignées nobles, consistant à s'affirmer des origines fabuleuses (ici le héros est fils de Gauvain et d'une fée).

Le thème central du roman (6 266 octosyllabes), conservé par un seul manuscrit, est la délivrance par un jeune héros de la fille d'un roi de Galles, que deux enchanteurs, Mabon et Evrain, avaient transformée en guivre. Ginglain reçoit du monstre un baiser sur la bouche, le « fier baiser », qui met fin à l'enchantement et rend à Blonde Esmerée sa forme humaine. Il avait auparavant conquis la Fée aux Blanches Mains, gardée dans l'Île d'Or par Mauger le Gris. Après l'exploit du fier baiser, il rejoint la Fée, qui lui accorde son amour ; mais, attiré à la cour d'Arthur, il y épouse Blonde Esmerée.

Le conte de la belle transformée en bête et délivrée par un baiser est bien le motif générateur non seulement du *Bel Inconnu*, mais des romans qui lui sont plus ou moins étroitement apparentés : *Ly beaus Desconus* anglais, le *Carduino* italien d'A. Pucci (2e moitié du XIVe siècle) et le *Wigalois* du Bavarois Wirnt de Gravenberg. Il est vraisemblable que le poème français et le poème anglais ont traité un récit plus ancien, leur source commune, indépendamment l'un de l'autre. Plutôt que d'origine orientale (légende de la fille d'Hippocrate), le motif du fier baiser est d'origine irlandaise, et il existe sous de nombreuses formes, en particulier dans les *Aventures des Fils d'Eochaid Mugmedon*, d'un poète mort en 1204, et dont le schéma correspond à celui du roman français. En outre, l'influence d'*Erec* de Chrétien de Troyes* est évidente : il est non seulement des ressemblances verbales, mais des ressemblances de thèmes, la conquête de l'épervier, le combat contre les géants, les têtes empalées sur les pieux.

La composition est assez équilibrée, avec ses deux chapitres de l'Île d'Or (v. 1870-2491, 3915-5054) encadrant l'aventure du fier baiser et se rattachant à elle, puisque c'est la fée de l'Île d'or qui a appris elle-même son nom à Gauvain après sa réussite. La narration est souvent interrompue par des confidences personnelles et le roman reste ouvert à la fin. Claude Platin en a effectué une mise en prose, *L'hystorie de Giglan, filz de messire Gauvain, qui fut roy de Galles, et de Geoffroy de Maience son compagnon, tous deux chevaliers de la Table ronde*, dont il nous reste trois éditions du XVIe siècle.

On attribue à Renaut la chanson « Loiaus amours qu'est dedens fin cuer mise... »

ŒUVRE. — Éd. G.P. Williams, *Renaut de Beaujeu, le Bel Inconnu, roman d'aventure*, Paris, 1929 (*CFMA*, 38). — Trad. I. Weill, Paris, 1991 (*CFMA, Traductions*). — Éd. K. Frescoe et trad. anglaise C.P. Colleen P. Donaghar, New York-Londres, 1992 (*Garland Library in Medieval Literature*, 77).

→ G. Paris, *Guinglain ou le Bel Inconnu*, dans *Romania*, t. 15 (1886), p. 1-24 ; réimp. dans *HLF*, t. 30 (1888), p. 171-189. — A.H. Krappe, *Guinglain chez l'enchanteresse*, dans *Romania*, t. 58 (1932), p. 426-430. — H.R. Jauss, *Analyse comparative du Fierabras et du Bel Inconnu*, dans *Chanson de geste und höfischer Roman, Heidelberg Kolloquium, 1961*, Heidelberg, 1963, p. 61-77. — J.L. Grigsby, *The Narrator in Partonopeu de Blois, le Bel Inconnu and Joufroi de Poitiers*, dans *Romance Philology*, t. 21 (1968), p. 536-543. — F. Boiron et J.-C. Payen, *Structure et sens du Bel Inconnu de Renaut de Beaujeu*, dans *Le Moyen Âge*, t. 76 (1970), p. 15-26. — M. Tyssens, *Les sources de Renaut de Beaujeu*, dans *Mél. J. Frappier*, t. 2, Genève, 1970, p. 1043-1055. — P. Haidu, *Realism, Convention, Fictionality and the Theory of Genres in le Bel Inconnu*, dans *L'Esprit créateur*, t. 12 (1972), p. 37-60. — J. Lods, *« Le baiser de la Reine » et « le cri de la fée ». Étude structurale du Bel Inconnu de Renaut de Beaujeu*, dans *Mél. P. Jonin, Sene-*

fiance, n° 7 (1979), p. 413-426. — A. Guerreau, *Renaud de Bâgé : Le Bel Inconnu, Structure symbolique et signification sociale,* dans *Romania*, t. 103 (1982), p. 28-82. — E. Bozoky, *L'utilisation de l'analyse structurale du conte dans l'étude du roman médiéval. « Le Bel Inconnu »,* dans *Le Conte, Pourquoi ? Comment ?, Actes des journées d'études en littérature orale (Paris, 1982)*, Paris, 1984, p. 99-112. — G. Chandes, *Amour, mariage et transgressions dans le Bel Inconnu à la lumière de la psychologie analytique*, dans *Amour, mariage et transgressions au Moyen Âge, Actes du colloque d'Amiens (mars 1983)*, Göppingen, 1984, p. 325-333. — S. Lefèvre, *La première aventure de Giglan : son écriture*, dans *Le Roman de chevalerie au temps de la Renaissance*, Paris, 1987, p. 49-66. — V. Guérin, *Les masques du désir et de la hantise du passé dans le Bel Inconnu*, dans *Masques et déguisements dans la litt. médiévale*, Montréal, 1988, p. 55-63. — J. Monfrin, *Le Roman de Belris, Le Bel Inconnu, Carduino*, dans *Testi, Cotesti e contesti del franco-italiano. Atti dell simposio franco italiano (Bad Homburg, aprile 1987)*, Tübingen, 1988, p. 161-176. — M. Perret, *Atemporalités et effet de fiction dans le Bel Inconnu*, dans *Mél. P. Zumthor*, Paris, 1988, p. 225-235. — G. Chandes, *Le jeu du hasard et de la nécessité : À propos du Bel Inconnu de Renaut de Beaujeu*, dans *Arturus Rex*, t. 2, Louvain, 1990. - C. Corley, *Editing Le Bel Inconnu and Other Single Mss Texts*, dans *The Editor and the Text*, Edimbourg, 1990, p. 11-19. — Cf. Linker, n° 217. — Cf. *GRLMA*, t. IV/2, n° 416 ; t. IV/1, p. 107, 120, 276, 356, 377, 387-388, 458, 549, 599. — *MB* n°s 2066-2075 ; *S* 954, 4177-4190, 4757. A.M. et C.R.

Renaut de Louhans. Dominicain appartenant au couvent de Poligny dans le Jura, Renaut de Louhans (Saône-et-Loire) est le traducteur de deux œuvres d'importance et d'époque diverses mais dont la thématique est proche : au printemps 1336 ou 1337, il achève de traduire en vers la *Consolatio philosophiae* de Boèce* ; plus tard, c'est au tour du *Liber consolationis et consilii* d'Albertano da Brescia, qui dédia ce texte en 1246 à son fils. Le texte latin est une fable dialoguée dont les personnages principaux sont Melibeus et son épouse Prudentia, d'où le titre français *Mélibée et Prudence*. Melibeus, jeune seigneur bouillant, a été outragé par trois ennemis, Caro, Mundus et Diabolus. Ceux-ci ont malmené son épouse et blessé sa fille. Alors qu'il veut se venger, Prudentia, la bien nommée, réussira à l'en dissuader et à le réconcilier avec ses ennemis. Renaut de Louhans va donner à la symbolique transparente de ce récit plus de réalisme. De vertu, Prudence va devenir femme. Et ce texte qui voulait peut-être originellement combattre les guerres seigneuriales, fut lu dans son adaptation française comme un traité édifiant pour les femmes mariées. D'où son introduction dans le *Mesnagier de Paris** à côté de *Griseldis** ; d'où le fait qu'il fut assez souvent associé dans les manuscrits au *Livre du chevalier de la Tour Landry**, jusqu'à lui être incorporé dans l'édition de 1514 de Guillaume Eustace. *Mélibée et Prudence* connut par ailleurs cinq éditions entre 1491 et 1517, et sous forme manuscrite, 39 copies en subsistent. Enfin, le texte français fut à l'origine d'une version néerlandaise et d'une adaptation par Geoffrey Chaucer*.

Quant à sa traduction de Boèce, que Renaut signe par un acrostiche dans son prologue, elle connut également un certain succès aux XIVe et XVe siècles (plus de trente manuscrits). Cette fortune doit certainement aux talents de Renaut, peut-être aussi aux libertés qu'il prend avec le texte, élaguant ici, ajoutant là des exemples, tel celui du jeune homme instable, qui ne se satisfait d'aucun état, emprunté à la *Disciplina scolarium* du pseudo-Boèce (XIIIe siècle).

→ M. Roques, *Traduction en vers* [de Boèce] *par Renaut de Louhans* et *Le Livre de Melibee et Prudence par Renaut de Louhans*, dans *HLF*, t. 37 (1938), p. 470-488 ; 493-503. — D. Palomo, *What Chaucer Really did to Le Livre de Mellibee*, dans *Philological Quarterly*, t. 53 (1974), p. 304-320. — F. Nagel, *Die altfranzösische Übersetzung der Consolatio philosophiae des Boëthius von Renaut von Louhans*, dans *ZRPh*, t. 15 (1891), p. 1-23. — R.A. Dwyer, *Boethian Fictions Narratives in the Medieval French Versions of the Consolatio Philosophiae*, Cambridge (Mass.), 1976. — J.K. Atkinson et G.M. Cropp, *Trois traductions de la Consolatio Philosophiae de Boèce*, dans *Romania*, t. 106 (1985), p. 198-232. — A.L. Gabriel, *The Source of the Anecdote of the Inconstant Scholar*, dans *Classica et Medievalia*, t. 19 (1958), p. 152-176. — J. Batany, *Un Estat trop peu estable : navigation maritime et peur de l'eau*, dans *Senefiance* t. 15 (1985), p. 23-42. — G.M. Cropp, *Boethius' Donkey and Other Greek Quotations in the Medieval French Translations of the Consolatio philosophiae*, dans *New Zealand Journal of French Studies*, t. 9 (1988), p. 19-32. — J. Batany, *Bonheur et malheur dans les estats sociaux...*, dans *L'Idée du bonheur au Moyen Âge*, éd. D. Buschinger, Göppingen, 1990, p. 59-67. — Cf. *MB* n°s 2672-2676, 7708 ; *S* 4961-4962, 4984-4985, 7575. S.L.

Renaut de Montauban appelé aussi Chanson des *Quatre Fils Aymon*. Épopée de la fin du XIIIe siècle qui a pour thème une des légendes les plus populaires du Moyen Âge, vraisemblablement d'origine ardennaise. Longue, selon les manuscrits, de 14 300 à 28 000 alexandrins (cf. les plus récentes éditions), elle raconte les guerres qui mirent aux prises Charlemagne avec les fils révoltés d'un de ses vassaux, Aymes de Dordonne. Les quatre célèbres frères : Renaut, Alart, Guichart et Richard, sont bannis du royaume à la suite du meurtre du neveu de l'empereur, Berthelais, par Renaut. Avec l'aide de leur cousin, l'enchanteur Maugis, et de leur cheval-fée, Bayard, ils se réfugient dans les Ardennes, puis en Gascogne, édifiant chaque fois une forteresse imprenable, d'abord Montessor, ensuite Montauban. Le trouvère choisit en outre d'introduire dans la chanson les premiers exploits de Roland, dont les qualités, égales à celles de Renaut, en sont aussi la mesure. Ce n'est qu'après bien des tribulations qu'ils feront la paix avec Charlemagne. Renaut, pour expier ses fautes passées, quitte les siens, d'abord pour un pèlerinage à Jérusalem (qu'il contribue à délivrer des Infidèles), puis pour mourir en odeur de sainteté sur le chantier de la cathédrale de Cologne.

Le succès du poème fut considérable, comme en témoignent les nombreux manuscrits tant en vers qu'en prose qui en sont conservés ainsi que les multiples allusions qui y sont faites, soit dans les chansons de geste, soit dans les chroniques, et comme l'attestent ses développements cycliques, essentiellement consacrés à Maugis. De plus, à partir de la seconde moitié du XVe siècle, d'innombrables éditions virent le jour. De nombreuses adaptations furent très tôt composées à l'étranger, parmi lesquelles il convient de mentionner plus particulièrement la version néerlandaise ; en Italie, Renaut se mua en ce prestigieux Rinaldo qui devint, avec Orlando, le protagoniste du roman chevaleresque italien.

ŒUVRE. — *La Chanson des Quatre Fils Aymon*, éd. par F. Castets, Montpellier, 1909. — *Renaut de Montauban. Éd. critique du ms. de Paris BN fr., 764 (R)*, par P. Verelst, Gand, 1988. — *Renaut de Montauban. Éd. critique du ms. Douce*, par J. Thomas, Genève, 1989 (*TLF*, 371). — *Les Quatre Fils Aymon ou Renaut de Montauban*, trad. par M. de Combarieu du Grès et J. Subrenat, Paris, 1983 (*Folio*, 1501) [d'après l'éd. Castets ; comporte en notes des indications bibliogr.]. — *Histoire des Quatre Fils Aymon*, Bomal, 1975 [repr. une adaptation en prose éditée au XVIIIe]. — Cf. Woledge, n° 141 [versions en prose].

→ J. Thomas, *Les Mises en prose de R. de Montauban*, dans *Mél. R. Guiette*, Anvers, 1961 ; *R. de Montauban : tradition manuscrite et traditions parallèles*, dans *10e congrès de la Société Rencesvals*, Aix-en-Provence, 1987 (*Senefiance*, 20-21), p. 141-162. — W. Calin, *The Old French Epic of Revolt : Raoul de Cambrai, Renaud de Montauban, Gormond et Isembard*, Paris-Genève, 1962. — A. Adler, *Rückzug in epischer Parade*, Francfort-sur-le-Main, 1963 (*Analecta Romanica*, 11), p. 31-75. — G.-A. Beckmann, *Maugis d'Aigremont. Zur Genesis einer literarischen Gestalt*, dans *ZRPh*, t. 89 (1972), p. 148-166. — J. Thomas, P. Verelst et M. Piron, *Études sur R. de Montauban*, dans *Romanica Gandensia*, t. 18 (1981) [importante bibliogr.]. — J.H. Grisward, *Aymonides et Pandava : l'idéologie des trois fonctions dans les Quatre fils A. et le Mahabharata*, dans *Essor et fortune de la chanson de geste* (*9e congrès Rencesvals*, Modène, 1984, p. 77-85). — F. Suard, *Ogier le Danois et R. de Montauban*, *ibid.*, p. 185-202 ; *La prose manuscrite amplifiée de R. de Montauban*, dans *Actes du 4e colloque intern. sur le moyen français*, éd. par A. Dees, Amsterdam, 1985 (*Faux titre*, 16), p. 361-386. — M. Pagano, *Renaut au Paradis : proposition de refoulement*, dans *Medioevo Romanzo*, t. 10 (1985), p 63-76. — N. Wagner, *Ein Aquitanier in der Dichterepik*, dans *Zeitschrift für Deutsches Altertum und Deutsche Literatur*, t. 114 (1985), p. 92-95 [sur le personnage de Ripeu de Ribemont]. — W. Kibler, *The Old French Magicians : Maugis, Basin and Oberon*, dans *Romance Epic*, éd. par H.E. Keller, Kalamazoo, 1987, p. 173-187. — I. Spijker, *Le roi Yon : homme pitoyable ou traître félon ? (A propos d'un personnage du R. de Montauban et de son pendant néerlandais)*, dans *11e Congrès Rencesvals*, Barcelone, 1990 (*Memorias de la Real Acad. de Buenas Letras de Barcelona*, t. 22), p. 231-240. — P. Verelst, *R. de Montauban, textes apparentés et versions étrangères, essai de bibliogr. (additions et complément 1981-1987)*, dans *Olifant*, t. 12 (1987), p. 125-143 [complète la bibliogr. des *Etudes... de 1981*] ; *Traître de nature et traître occasionnel : le cas éclairant du R. de Montauban*, dans *11e Congrès Rencesvals*, Barcelone, 1990 (*Memorias de la Real Acad. de Buenas Letras de Barcelona*, t. 22), p. 331-346. — M. de Combarieu du Grès, *De l'étrange au merveilleux ou le recours aux forêts dans R. de Montauban*, dans *Senefiance*, t. 25 (1988), p. 127-155. — A.M. Mussons, *Vasallos rebeldes y ciclos épicos*, dans *11e Congrès Rencesvals*, Barcelone, 1990 (*Memorias de la Real Acad. de Buenas Letras de Barcelona*, t. 22), p. 107-118. — *BBSR*, t. 15, n° 345 ; t. 18, n° 271 ; t. 19, n° 238, 257 ; t. 20, n° 51 ; t. 21, n° 287. — Cf. *MB* n°s 266 ; 667-682 ; 6120 ; 7193-7195 ; *S* 1453-1465. F.C.T. et J.P.M.

Renaut de Montauban (Cycle de). Autour de la chanson de *Renaut de Montauban* proprement dite, texte fondateur et chef-d'œuvre incontesté de l'ensemble, s'est constituée à partir du XIIIe siècle une petite geste autonome avec le développement, en amont et en aval, des chansons suivantes :

1. *Maugis d'Aigremont.* Consacrée aux « enfances » de l'enchanteur, cette chanson (de longueur variable selon les manuscrits, elle comporte 9 078 alexandrins rimés dans la plus récente édition) a sans doute été composée au début du XIIIe siècle. Les enfants jumeaux de Beuve d'Aigremont sont enlevés à leur naissance et élevés, l'un, Maugis, par la fée Oriande dont le frère lui enseigne la magie, l'autre, Vivien, par Esclarmonde, femme du Sarrasin Sorgalant qui règne sur Monbranc. Maugis fait la conquête du cheval Bayard et de l'épée Froberge, participe victorieusement à divers combats contre des païens, tuant notamment Sorgalant, et, reconnu par sa tante, découvre ses origines. Il contribue ensuite à délivrer son grand-père maternel assiégé par Charlemagne, et son père assiégé par Vivien, nouveau roi (ou plutôt *aumaçor*) de Monbranc. Ce dernier, apprenant à son tour qui sont ses parents, se fait chrétien. À la fin de la chanson, Maugis donne Bayard et Froberge à son cousin Renaut.

Ce bref résumé ne peut que très partiellement rendre compte d'un foisonnant roman d'aventures qui répond d'abord aux exigences d'un récit d'« enfances » : mettre en place les éléments nécessaires aux exploits ultérieurs connus par une chanson plus ancienne et en annoncer certains motifs, mais s'attache aussi, non sans emprunts à l'inspiration arthurienne, à développer le thème des pouvoirs magiques du héros et introduit de nouveaux personnages, comme Vivien, Esclarmonde ou l'espion Fousifie, tout cela assaisonné d'aventures galantes et de traits parodiques.

Mort de Maugis. Cet autre poème consacré à l'enchanteur, mais beaucoup plus court (1 250 vers), assigne au héros une fin différente de celle qu'il a connue dans *Renaut de Montauban* : au lieu de finir ses jours dans un ermitage, il devient sénateur de Rome.

ŒUVRES. — *La Mort de Maugis*, éd. par F. Castets, dans *RLR*, t. 36 (1892), p. 281-314 et 401-415. — *Maugis d'Aigremont*, éd. par P. Vernay, Berne, 1980 (*Romanica Helvetica*, 93).

→ P. Verelst, *L'enchanteur d'épopée : prolégomènes à une étude sur Maugis*, dans *Romanica Gandensia*, 16 (1976), p. 119-162. — B.W.T. Duijvestijn, *Le personnage de Maugis dans la tradition littéraire néerlandaise*, dans *10e Congrès Rencesvals*, Aix-en-Provence, 1987 (*Senefiance*, 20-21), p. 461-472. — A. Negri, *Maugis ladro-mago nell'epica medievale*, dans *Quaderni di Filologia romanza della Fac. di Lettere e Filosofia dell'Univ. di Bologna*, t. 6 (1986), p. 25-47. — *BBSR*, t. 10, n° 354. — Cf. *MB*, n°s 4049-4060 *bis*, 6772.

2. *Vivien de Monbranc.* Ce court poème (1 100 alexandrins) fut composé au XIIIe siècle et constitue la suite de *Maugis d'Aigremont*, mais l'unique version que nous connaissons n'est sans doute que l'abrégé d'une plus ample chanson perdue. On y apprend comment Vivien, attaqué par les Infidèles à cause de sa conversion, est secouru par les membres de son lignage. Ce schéma très conventionnel est l'occasion de nouveaux exploits de Maugis et de son écuyer Fousifie.

ŒUVRE. — *Vivien de Monbranc. Chanson de geste du XIIIe siècle*, éd. par W. Van Emden, Genève, 1987 (*TLF*, 344).

→ W. Van Emden, *Le personnage du roi dans V. de Monbranc et ailleurs*, dans *Charlemagne et l'épopée romane*, Liège, 1978, p. 241-250. — J. Palermo, *V. de Monbranc : personnage épique ambivalent*, dans *8° Congresso Rencesvals*, Pampelune, 1981, p. 375-379. — Cf. *MB*, n° 4059.

3. *Bueve d'Aigremont.* Cette chanson nous est seulement parvenue comme préambule, dans de nombreux manuscrits, à *Renaut de Montauban* ; certains spécialistes lui ont d'ailleurs dénié toute existence autonome. Elle évoque les démêlés de Charlemagne avec son vassal rebelle, Bueve d'Aigremont, soutenu par ses frères, Girart de Roussillon et Doon de Nanteuil, et la mort tragique de Bueve.

L'intérêt de ce poème, dont on situe la forme primitive au troisième quart du XIIe siècle, réside dans le fait que le trouvère a établi des liens fraternels entre trois héros épiques, Bueve, Girart et Doon, que l'on n'oubliera plus. *Bueve d'Aigremont* constitue donc à ce titre le noyau primitif du cycle de *Doon de Mayence** sur lequel se sont greffées les compositions postérieures.

ŒUVRE. — K. Triebel, *Der Bués d'Aigremont nach der Venediger Hs. V*, diss. Greifswald, 1913. — K. Kaiser, *Der erste Teil des Buef d'Aigremont (Lohier-Episode) nach den Hss. Mz. M, A, P, D, der Quatre Fils Aymon*, diss. Greifswald, 1913. — Cf. *supra*, éd. de *Renaut de Montauban*.

→ F. Callu-Turiaf, c.r. de l'ouvrage de J. Thomas, *L'épisode ardennais de R. de M.*, 1962, dans *Romance Philology*, t. 18 (1964-1965), p. 231-234. — J. Thomas, *Signifiance des lieux, destinée de Renaud et unité de l'œuvre*, dans *Études sur R. de Montauban, Romanica Gandensia*, t. 18 (1981), p. 7-46. — Cf. *MB* n°s 265-267 ; 6064-6066. J.P.M.

Renaut de Trie. Poète lyrique du XIIIe siècle, actif avant 1250, auquel sont attribuées deux chansons. Il paraît possible de l'identifier avec Renaut Ier de Trie (Trie-la-Ville : Oise, arr. Beauvais, cant. Chaumont), seigneur de Vaumain et de Fontenay (Oise, arr. Senlis, cant. Crépy-en-Valois) : né vers 1195, fils de Jean Ier de Trie et d'Aélis de Dammartin, Renaut Ier de Trie participa à la bataille de Bouvines (1214).

L'une de ses chansons est adressée à son ami « Ancel de l'Isle », sans doute Ancel III, seigneur de l'Isle-Adam (Val-d'Oise, arr. Pontoise) de 1219 à 1252, auquel l'unissait, en outre, une parenté assez proche : Aélis de Trie, la grand-mère d'Ancel III, était la grand-tante de Renaut Ier de Trie.

ŒUVRES. — H. Petersen Dyggve, *Trouvères et protecteurs de trouvères dans les cours seigneuriales de France*, Helsinki, 1942, p. 136-197 (*Annales Academiae Scientiarum Fennicae*, B, 50).

→ Linker, n° 220. F.F.H.

René d'Anjou. Né en janvier 1409, René était le second fils de Louis II, duc d'Anjou, et de Yolande d'Aragon. Celle-ci fit en sorte que son cadet soit institué héritier de son grand-oncle le cardinal-duc de Bar, et qu'il épouse Isabelle de Lorraine en 1420. Ainsi René se retrouve-t-il à la tête des duchés de Bar et de Lorraine en 1430-1431. Mais la succession de Lorraine fut contestée par Antoine de Vaudémont, partisan du duc de Bourgogne et René, capturé en 1431, resta presque cinq ans prisonnier. Or, en 1434, la mort de son frère aîné, Louis, le fait duc d'Anjou et roi de Naples-Sicile. Mais ce dernier titre lui est contesté par Alphonse d'Aragon, un parent de sa mère. René parti en 1438 pour prendre possession de son royaume, fut battu au bout de quatre ans par Alphonse. Il conserva toutefois le nom de roi de Sicile et caressa toute sa vie l'espoir de retrouver ses territoires italiens. Revenu en France, il exerça une influence considérable sur Charles VII, son beau-frère. Fiancé à Marie d'Anjou en 1413, le futur roi avait, suivant la coutume, été élevé pendant quatre ans à la cour d'Anjou, auprès de René. Durant les trêves de la guerre franco-anglaise, René et Charles VII organisent de grands tournois dont le duc d'Anjou a fixé les normes entre 1445 et 1450 dans son *Traictié de la forme et devis d'un tournoy*, dédié à son plus jeune frère, Charles. Ces grandes fêtes chevaleresques (Nancy 1445, Saumur 1446, Dijon 1446, Tarascon 1449) sont racontées par les chroniqueurs, mais l'une d'entre elles a également fait l'objet d'un récit séparé : le *Pas d'armes de la bergiere* (1449) est l'œuvre de Louis de Beauvau*, sénéchal d'Anjou. Lors de ces tournois, ce sont en particulier les chevaliers de l'ordre du Croissant, créé par René en 1448, qui se couvrent de gloire afin d'illustrer la devise de l'ordre : « los en croissant » (louange allant en croissant).

Veuf en 1453, René d'Anjou se remarie en 1454 avec la jeune Isabelle de Laval. Il achève alors la rédaction de ses deux grandes œuvres allégoriques, en prose et vers : le *Mortifiement de vaine plaisance* (1455) et le *Livre du cuer d'amours espris* (1457). Ces deux textes forment comme un diptyque du cœur. Dans le premier pourtant, c'est l'Âme qui est personnifiée. Se lamentant sur son cœur, plein des illusions et des plaisirs du monde, elle est secourue par Crainte de Dieu et Contrition. Convaincue par elles de la nécessité de châtier et corriger son cœur, elle le leur confie. Et ce cœur, objet et organe, est porté vers une sorte de Calvaire où Foi, Espérance, Amour et Grâce, les quatre vertus théologales, le clouent sur une croix posée à terre. Vidé de son sang vicié par la gourmandise, l'envie, l'orgueil et la « vaine plaisance », il est rendu purifié à l'Âme. À ce traité ascétique, entièrement construit sur des systèmes symboliques complexes, imprégné d'une dévotion affective à ce qui deviendra le Sacré-Cœur et, plus généralement, du souvenir de la Passion du Christ, répond le *Livre du cuer d'amours espris*. Cette œuvre, apparemment inverse, reprend les structures de deux textes matriciels de la littérature médiévale : le songe allégorique du *Roman de la Rose** et le parcours de la *Queste del Saint Graal**. Cette fois, le Cœur est personnifié. Chevalier, il part avec Désir à la recherche de sa dame, Merci, tenue captive par Dangier. Après les épreuves de la fontaine de Fortune, les combats contre Souci et Courroux, un emprisonnement au Tertre sans Joie, Cœur et Désir parviennent à l'île d'Amour. Ils y visitent l'hôpital des amoureux malades et le cimetière des amants fidèles. Cœur réussit à obtenir un baiser de Merci, mais il ne peut la conduire jusqu'au château de Plaisance, car ils tombent dans une embuscade tendue par Dangier. Merci retrouve sa prison tandis que Cœur rejoint pour toujours l'hôpital d'Amour (voir Achille Caulier). Cet échec amoureux est un écho de celui du roman de Guillaume de Lorris*. En cela, René d'Anjou est tributaire des formes anciennes. Mais, renouvelées entre autres par l'introduction d'une dimension autobiographique (le cœur renvoyant au moi), ces formes ont un autre sens. Ainsi l'inachèvement de l'histoire amoureuse n'est plus un appel lyrique, constitutif de la poésie amoureuse des XIIe et XIIIe siècles, c'est une fin douloureuse et définitive. René d'Anjou appartient au temps de l'écriture mélancolique et d'une religiosité hantée par la mort.

Représentatif de son époque, le poète est aussi homme de livres (sa bibliothèque était fort riche dans tous les domaines) et homme du livre. Il inscrit quelques rondeaux dans l'album de Charles d'Orléans* ; il veille à l'écriture et à l'illustration de ses propres textes mais aussi des ouvrages qui entrent dans sa librairie. De grands enlumineurs, tel Barthélemy Van Eyck, que l'on identifie actuellement avec le « Maître du Cuer d'Amours espris » de Vienne, ont travaillé régulièrement pour le Roi René. La présence dans son entourage d'artistes (peintres, orfèvres...) d'origine flamande ou allemande, ne doit pas faire oublier les influences italiennes qui se sont exercées à la cour de René. S'il a toujours été déçu par ses entreprises politiques en Italie (1438-1442, 1453-1454, 1461), le roi est souvent rentré avec des trouvailles : artistiques, humaines, botaniques. Ainsi, à côté d'artistes de la vallée de la Loire, de Provence, trouve-t-on des Italiens, spécialement des sculpteurs. Et le besoin qu'a René de construire ou décorer ses nombreux châteaux, de préparer le tombeau où il sera couché auprès de sa première femme, exprime une passion du monument, de l'inscription qui se retrouve dans le cimetière des amants fidèles et des poètes amoureux du *Livre du cuer d'amours espris*. Parmi les premiers, René lui-même ; parmi les seconds, Ovide*, Guillaume de Machaut*, Boccace*, Jean de Meun*, Pétrarque* et Alain Chartier*. Ce Parnasse littéraire reflète bien la culture de René : entre France et Italie. Il est d'ailleurs l'un des premiers à parler de la poésie italienne de Pétarque. Et c'est dans son entourage que voient le jour le *Roman de Troyle et Criseida*, traduction française par Louis de Beauvau* du *Filostrato* de Boccace, et la traduction anonyme de la *Teseida* du même auteur.

Après l'avènement de son neveu Louis XI en 1461, René va perdre ses duchés de Bar et d'Anjou que le roi attache à la couronne de France. Retiré dans son comté de Provence, René meurt à Aix en 1480. Par ses héritages politiques, le « bon roi » s'est trouvé au carrefour géographique de plusieurs cultures. Par son œuvre littéraire, il a contribué à l'ultime épanouissement des formes allégoriques. Mécène, proche des peintres qu'il fait travailler plutôt que peintre lui-même, René d'Anjou a beaucoup souligné la dimension visuelle de sa vie et de son œuvre. Les images de son blason, du cœur et du mort transi peuvent résumer l'une et l'autre.

ŒUVRES. — *Œuvres complètes*, éd. T. de Quatrebarbes, Angers, 1844-1846, 4 vol. — *Le Livre des tournois*, éd. A. Champollion-Figeac, L.J.J. Dubois et C. Motte, Paris, 1826-1827 ; éd. E. Pognon, Paris, 1946 ; reprod. des illustrations du BN fr. 2695, ms. original, F. Avril, Paris, 1986. — *Le Livre du cuer d'amours espris*, éd. S. Wharton, Paris, 1980 (*Bibl. médiévale, 10/18)* ; repro. des miniatures du ms. Vienne 2597, M.-T. Gousset, D. Poirion, F. Unterkircher, Paris, 1981. — *Le Mortifiement de vaine plaisance*, éd. F. Lyna, Bruxelles-Paris, 1926 [éd. diplomatique d'un ms.]. — Six rondeaux : cinq dans l'album de Charles d'Orléans, *Poésies*, éd. P. Champion, Paris, 1924 (*CFMA*, 56), t. 2, n°s 5, 10, 11, 13, 15 ; un autre dans B. Inglis, *Le ms. BN n.a. fr. 15771,* Paris, 1985 (*Bibl. du XVe siècle*, 48), p. 56-57, n° 74.

→ A. Coville, *La vie intellectuelle dans les domaines d'Anjou-Provence de 1380 à 1435*,

Paris, 1941. — N. Coulet, A. Planche, F. Robin, *Le Roi René, le prince, le mécène, l'écrivain, le mythe*, Aix-en-Provence, 1982. — F. Robin, *La cour d'Anjou-Provence. La vie artistique sous le règne de René*, Paris, 1985. — C. de Mérindol, *Le Roi René et la seconde maison d'Anjou. Emblématique. Art. Histoire*, Paris, 1987. — L.M.J. Delaissé, *Les copies flamandes du Livre des tournois de René d'Anjou*, dans *Scriptorium*, t. 23 (1969), p. 187-198. — O. Pächt, *René d'Anjou-Studien I, II*, dans *Jahrbuch der Kunsthistorischen Sammlungen in Wien*, t. 69 (1973), p. 85-125 ; t. 73 (1977), p. 7-106 [sur les mss du roi]. — J. Monfrin, *Étapes et formes de l'influence des lettres italiennes en France au début de la Renaissance*, dans *Atti del quinto Congresso Internazionale di Bibliofili*, Venise, 1970, p. 19-43. — F. Simone, *La présence de Boccace dans la culture française du* XV*e* *siècle*, dans *JMRS*, t. 1 (1971), p. 17-32. — D. Poirion, *L'allégorie dans le Livre du cuer d'Amours espris de René d'Anjou*, dans *TraLiLi*, t. 9 (1971), p. 51-64 ; *Le cœur de René d'Anjou*, dans *les Angevins de la littérature*, Angers, 1979, p. 48-62. — G.A. Runnals, *René d'Anjou et le théâtre*, dans *Annales de Bretagne*, t. 88, 1981, p. 157-180. — F. Robin, *La politique religieuse des princes d'Anjou-Provence et ses manifestations littéraires et artistiques*, dans *La littérature angevine médiévale*, Angers, 1981, p. 155-176. — V. Bubenicek, *Le Mortifiement de vaine plaisance de René d'Anjou. Littérature et spiritualité, ibid.*, p. 177-198. — M. Zink, *La tristesse du cœur, dans Le Livre du Cuer d'Amour espris de René d'Anjou*, dans *Le récit amoureux*. Colloque de Cerisy, dir. D. Coste et M. Zéraffa, Seyssel-Paris, 1984, p. 22-38. — W. Wells, *French Fifteenth Century Miniature Painting. A New Hypothesis : Jean Perréal, from the René to the Bourbon Master*, dans *Apollo*, t. 124 (1986), p. 11-21. — M.-T. Gousset, *Le jardin d'Émilie*, dans *Revue de la BN*, t. 22 (1986), p. 7-24. — S. Rinne, *René d'Anjou and his Livre du cuer d'Amours espris : the Roles of Author, Narrator and Protagonist*, dans *Fifteenth-Century Studies*, t. 12 (1986), p. 145-163. — R. Scheidegger, *Couleurs, amour et fantaisie dans le Livre du cuer d'amours espris de R. d'Anjou*, dans *Senefiance*, t. 24 (1988), p. 387-399. — G. Polizzi, *Sens plastique : le spectacle des merveilles dans le Livre du cuer d'amours espris, ibid.*, t. 25 (1988), p. 393-430. — J. Blanchard, *L'effet autobiographique dans la tradition : le Livre du Cuer d'Amours Espris de René d'Anjou*, dans *Courtly Literature : Culture and Context,* Amsterdam-Philadelphie, 1990, p. 11-21. — D. Poirion, *Les tombeaux allégoriques et la poétique de l'inscription dans le Livre du cuer d'amours espris de René d'Anjou*, dans *CRAIBL*, 1990, p. 321-334. — Cf. *GRLMA*, t. VIII/1, p. 32-37, 155, 197-198, 206, 217, 293. — *MB* nos 4312-4323, 6814-6815 ; *S* 6711-6718, 6810, 6981, 7625, 7806-7808, 8399, 8439. S.L.

Résurrection ou **Seinte Resurrection.** Deux mss (BN, fr. 902, fol. 97-98 : 371 vers ; et British Libr., Add. Ms. 45103 : 552 vers) de la fin du XIIIe siècle conservent deux versions incomplètes d'une Résurrection anglo-normande. La version primitive de la *Seinte Resurrection* est probablement antérieure aux mss remaniés et doit être datée du XIIe siècle. Ce texte appartient au drame semi-liturgique, mais l'aspect « théâtral » apparaît assez nettement : ainsi les « mansions » et les « lius » sont décrits dans le prologue et les indications scéniques apparaissent en marge ou bien dans le corps même du texte. Cependant le manuscrit de la BN contient des vers narratifs au passé, qui permettent d'émettre l'hypothèse que le manuscrit était destiné à la lecture ou bien qu'une partie du texte était déclamée. Les sources de la *Seinte Resurrection* sont les Évangiles et le texte biblique, ainsi que l'Évangile de Nicodème et les drames liturgiques antérieurs ou contemporains.

ŒUVRE — T.A. Jenkins, J.M. Manly, M.K. Pope, J.C. Wright, *La Seinte Resurrection, from the Paris and Canterbury Mss*, Oxford, 1942 (*ANTS*, 4). — J.C. Wright, *La Resurrection du Sauveur*, Paris, 1931 (*CFMA*, 69).

→ R. Axton, *European Drama of the Early Middle Ages*, Londres, 1974, p. 108-112. — G. Frank, *The Medieval French Drama*, Oxford, 1954, p. 186-192. — O.B. Hardison, *Christian Rite and Christian Drama*, Baltimore, 1965. — A.A. Perry, *An Early Historical Play, The Seinte Resurrection*, dans *Indiana Social Studies*, 1978. — M.K. Pope, *Variant Readings to the Anglo-Norman Poems*, dans *Mél. R.L. G. Ritchie*, 1949, p. 172-180. — J.C. Wright, *A Study of the Themes of the Resurrection in the Mediaeval French Drama*, Bryn Mawr (Pennsylvania), 1935. — Cf. *MB* nos 3885-3889, 6733.

E.L.

Retour de Cornumaran. Voir : *Enfances Godefroi.*

Resverie, Fatrasie et Fatras. Longtemps dédaignée à cause de sa crudité, ou considérée comme une simple curiosité pour la richesse de son vocabulaire matériel, occulté dans les autres genres, la poésie du non-sens a dû attendre la seconde moitié de ce siècle pour être enfin véritablement étudiée.

Ce sont les villes du Nord du milieu du XIIIe siècle qui virent la naissance des premières formes fatrasiques. Ainsi les seules pièces qui ne soient pas anonymes, ont pour auteur le romancier et poète Philippe de Remy* (bourg du Beauvaisis), sire de Beaumanoir (né vers 1205-1210, mort avant 1265). La *resverie* (« plaisanterie, délire ») ou *oiseuse* (« oisiveté, sottise ») et la *fatrasie* (« rassemblement hétéroclite, incohérence ») sont contemporaines.

La *resverie* ou *oiseuse* a pour unité de base le distique. On en compte 75 dans les *Oiseuses* de Beaumanoir, 97 dans le *Dit des traverses* et 100 dans les *Resveries* anonymes. Ce distique est, dans les *Resveries*, composé d'un heptasyllabe (rime *a*) et d'un tétrasyllabe (rime *b*). Le premier vers du second distique reprend la rime *b*. On obtient ainsi une sorte de « bout-rimé absurde » (P. Zumthor). Absurde car, à la continuité rythmique et au respect de la syntaxe, s'oppose une rupture de sens entre les deux couplets. On passe du coq-à-l'âne :

Il i a bone cervoise
En Engleterre.
L'en dist qu'il a mult grant guerre
En Lombardie.
Je chant sovent por m'amie
Que j'aim tant.

De même, le *Dit des traverses*, qui se définit au dernier vers comme une *resverie*, et les *Oiseuses* sont bâtis sur un octosyllabe couplé à un tétrasyllabe. Mais dans les *Oiseuses*, le premier vers, grâce à sa rime intérieure, peut être coupé par moitié ; de sorte que l'on aboutit au schéma 4*a*-4*a* + 4*b*/4*b*-4*b* + 4*c*, etc. :

Bien sai, argent, meut mainte gent
En couvoitise.
Vostre chemise fu gehui mise
Envers l'envers.
Sire Robers faites vous vers
Qui pensés si ?

On le voit, le non-sens n'est ici que relatif : chaque distique énonce un discours raisonnable ; seul l'enchaînement boiteux des couplets crée l'inconséquence de l'ensemble. La *fatrasie*, au contraire, vise au non-sens absolu. L'unité de base est alors une strophe de onze vers, six pentasyllabes suivis de cinq heptasyllabes rimant *aabaab/babab*. La coupe métrique correspond à une coupe syntaxique (strophe 4 de la *Fatrasie* de Beaumanoir par exemple) :

Uns grans herens sors
Eut assis Gisors
D'une part et d'autre,
Et deus homes mors
Vinrent a esfors
Portant une porte.
Ne fust une vieille torte
Qui ala criant « A ! hors »,
Li cris d'une quaille morte
Les eüst pris a esfors
Desous un capel de fautre.

Un grand hareng saur
avait assiégé Gisors
de toutes parts,
et deux hommes morts
vinrent en renfort
portant une porte.
Sans une vieille tordue (ou une vieille [tarte)
qui se mit à crier « Ah ! dehors »,
le cri d'une caille morte
les aurait pris avec force
sous un chapeau de feutre.

Alors que la *resverie* et l'*oiseuse* pourraient théoriquement se poursuivre à l'infini, P. Uhl a montré que toutes les *fatrasies* conservées sont, comme celle de Beaumanoir, construites sur un système carré de onze onzains. Ainsi les 55 strophes des *Fatrasies d'Arras* sont-elles à lire comme cinq pièces d'auteurs différents. Le non-sens provient donc ici, non des ruptures de la forme, mais de la brisure sémantique des syntagmes, créant ainsi un non-sens absolu. La strophe citée le montre, la *fatrasie* fait naître un monde d'impossibles : objets animés (la vieille torte), animaux aux actions humaines (le hareng saur), démembrement irréaliste d'objet (le pied d'une selle, les tripes de la moutarde), combinaisons de mots qui s'excluent (le cri d'une caille morte)... L'étude du vocabulaire fait ressortir les caractères de ce monde sorti du néant : matériel, animal, bruyant, remuant, trivial voire obscène (surtout dans les *Fatrasies d'Arras*). Mais ce « réalisme » ou « surréalisme » ne doit pas faire illusion ; il « concerne moins les choses que le discours même qui les dit » (P. Zumthor). Un discours où le plaisir ne tient pas à une attente comblée comme dans les autres genres lyriques, mais à la surprise.

Le *fatras* qui a succédé à la *fatrasie*, en a repris le schéma de onze rimes. Mais tout comme la *resverie* et l'*oiseuse*, il se sert également d'un distique. La strophe en effet se constitue en glose d'un couplet (*AB*) dont elle reprend les rimes et les vers. On aboutit ainsi à une strophe de treize vers, le plus souvent heptasyllabiques, rimant : *AB AabaabbabaB*. Le couplet est le plus souvent emprunté à la chanson courtoise. Ainsi ce *fatras* de Watriquet de Couvin* :

Doucement me reconforte
Celle qui mon cuer a pris :
Doucement me reconforte
Une chatte a moitié morte
Qui chante tous les jeudis
Une alleluya si forte
Que li clichés de no porte
Dist que siens est li lendis
S'en fu uns leus si hardis
Qu'il ala maugré sa sorte
Tuer Dieu en paradis
Et dist « Compains, je t'aporte
Cele que mon cuer a pris.

Si le non-sens du *fatras* est encore absolu, le genre se construit en relation avec le genre courtois qu'il renverse par sa fréquente obscénité, qu'il parodie dans tous les cas. Tout comme le fait la *sotte chanson*. Cette dernière permet peut-être d'ailleurs de comprendre le passage de la *fatrasie* au *fatras*, par le rapprochement qui se réalise au début du XIVe siècle entre poésie du non-sens et parodie. En effet, la première des sottes chansons insérées dans le *Roman de Fauvel*, remanié par Chaillou de Pesstain* en 1316, inaugure la formule métrique d'un type de *fatras* octosyllabique, employé sept fois sur trente par Watriquet de Couvin. Les sottes chansons du *Fauvel* révèlent peut-être aussi quel était le mode d'actualisation des fatras. En effet, seuls les vers 1 et 11 (c'est-à-dire les vers repris du couplet de base) sont munis de musique. Le reste de la strophe, s'il était simplement récité, se serait donc fortement opposé à ces vers chantés, dont il était un commentaire parodique.

Au XVe siècle, le *fatras* va échapper au non-sens. Si Jean Régnier* dans son *Livre de la prison* et sa *Requeste au duc de Bourgogne* écrit encore des fatras incohérents, Baudet Hérenc* dans son *Doctrinal de seconde rhétorique* va distinguer, à côté du *fatras impossible*, un *fatras possible*. Ce dernier ne conserve plus du *fatras* traditionnel que son schéma strophique. De cette forme vidée de son contenu, Baudet Hérenc codifie d'ailleurs une variante, le *fatras double*. Le *fatras possible* sera un des genres poétiques exploités lors des puys. La poésie du non-sens va alors se réfugier ailleurs, en particulier au théâtre avec le personnage du fou, dans les monologues burlesques des mystères, mais aussi dans une pièce comme la *Sottie des Menus propos* (1461). Sorte de *resverie* à trois personnages, toute la pièce est un échange de propos incohérents (le plus souvent sous forme de distiques). Cette sottie rappelle le dialogisme qui fut certainement à l'origine des genres fatrasiques : jeux d'improvisation sur un vers donné pour la *resverie* et l'*oiseuse*, sur une rime dans le cas de la *fatrasie*, sur un couplet pour le *fatras*. L'incipit des fatras de Watriquet de Couvin* témoigne de cette origine (BN, fr. 14698) : « Ci commencent li fatras de quoi Rainmondin et Watriquet desputerent le jour de Pasques devant le roy Phelippe de France. » Le *fatras* est clairement présenté ici comme un débat, un concours d'adresse poétique. Ces jeux poétiques qui ont puisé à de multiples traditions (rhétorique antique de l'*adynaton, devinalh* des troubadours...) ont eu une assez courte existence : entre 1250 et 1350 environ, car les fatras de Jean Régnier* ne sont guère que des avatars isolés. L'absurde et le jeu verbal n'ont donc pas survécu tels quels aux siècles de la mélancolie. Même l'inventivité verbale des Rhétoriqueurs*, parfois extravagante pour nous, est le plus souvent sérieuse.

ŒUVRES. — Voir les bibliogr. de Philippe de Rémy, sire de Beaumanoir* ; Watriquet de Couvin*, Baudet Hérenc*, Jean Régnier*.

1. *Resveries* anonymes, éd. A. Jubinal dans *Jongleurs et trouvères*, Paris, 1835, p. 34-42 (reprints Genève, 1977). — *Fatrasies d'Arras*, éd. A. Jubinal, dans *Nouveau recueil de contes, dits et fabliaux*, Paris, 1839, t. 2, p. 208-228 (reprints Genève, 1975).

2. L.C. Porter a rééd. en annexe de son ouvrage les *fatrasies* d'Arras, celle de Philippe de Beaumanoir, les fatras de Watriquet de Couvin. — G. Angeli a rééd. les *Oiseuses* de Beaumanoir, les *Resveries* anonymes et le *Dit des Traverses*, en appendice de son livre de 1977. — *La Besturnee*, éd. G. Angeli, dans *Il Contributo dei giullari alla drammaturgia italiana delle origini*, Rome, 1978, p. 277-288.

3. A. Långfors, *Deux recueils de sottes chansons*, Helsinki, 1945. — E. Dahnk, *L'Hérésie de Fauvel*, Leipzig, 1935. — *Sottie des menus propos*, éd. E. Picot dans *Recueil général des sotties*, Paris, 1912, t. 1, p. 41-112 (*SATF*, 46).

→ L.C. Porter, *La Fatrasie et le Fatras. Essai sur la poésie irrationnelle en France au Moyen Âge*, Genève, 1960. — P. Zumthor, *Fatrasie et coq-à-l'âne. De Beaumanoir à Clément Marot*, dans *Mél. R. Guiette*, Anvers, 1961, p. 5-18 ; version élargie de cet art., sous le titre *Fatrasie, fatrassiers*, dans *Langue, texte, énigme*, Paris, 1975, p. 68-88. — P. Zumthor, E.-G. Hessing et R. Vijlbrief, *Essai d'analyse des procédés fatrasiques*, dans *Romania*, t. 84 (1963), p. 145-170. — J. Frappier, *Aspects de l'hermétisme dans la poésie médiévale*, dans *CAIEF*, t. 15 (1963), p. 9-24. — W. Kellermann, *Über die altfranzösischen Gedichte des Uneingeschränkten Unsinns*, dans *Archiv SNSL*, t. 205 (1968), p. 1-22 ; *Ein Sprachspiel des französischen Mittelalters : die Resveries*, dans *Mél. R. Lejeune*, Gembloux, 1969, t. 2, p. 1331-1346. — F. Nies, *Fatrasies und Verwandtes : Gattungen fester Form ? Zur Systematik altfranzösischer Unsinndichtung*, dans *ZRPh*, t. 92 (1976), p. 124-137. — P. Bec, *La lyrique française au Moyen Âge (XIIe-XIIIe siècle)*, Paris, 1977, t. 1, p. 162-183. — G. Angeli, *Il mondo rovesciato*, Rome, 1977 (*Biblioteca di Cultura*, 103) [la *resverie*, la *fatrasie*, le *fatras*, la *frottola* italienne] ; *Mundus inversus, mundus perversus de la fatrasie à la sottie*, dans *RLR*, t. 86 (1982), p. 127-132. — P. Uhl, *La poésie du non-sens en France au XIIIe et XIVe siècles. Diversité et solidarité des formes*, dans *Perspectives médiévales*, t. 14 (1988), p. 65-70 ; *La Bestourné de Richard, œuvre-carrefour de la poésie du non-sens au Moyen Âge*, dans *Le Moyen Âge*, t. 95 (1989), p. 225-253 ; *La réputation imméritée de la troisième resverie ou la tenace malchance du Dit des traverses (1303)*, dans *Neuphilologische Mitteilungen*, t. 90 (1989), p. 19-33. — Cf. *MB S* nos 4389-4397. S.L.

Rhétoriqueurs. Le terme de rhétoriqueur apparaît pour la première fois dans les *Droitz nouveaulx* (1480) de Guillaume Coquillart* fils. Dans cette parodie des livres de jurisprudence, le mot sert une critique moqueuse, non des poètes mais des avocats. Repris par Clément Marot et Jean du Bellay, *rhétoriqueur* reste péjoratif : sont ainsi désignés de médiocres rimeurs chez le premier, les théoriciens des *Arts de seconde rhétorique** chez le second. À partir de ces rares emplois anciens, le mot est passé dans la langue de l'histoire littéraire : C.-D. d'Héricault en 1861, Petit de Juleville en 1897. Influencés par les dédains des poètes de la Pléiade envers leurs devanciers et par une conception classique de la littérature, ces critiques du XIXe, suivis par ceux du début du XXe siècle, ont rangé sous l'appellation Rhétoriqueurs ou Grands Rhétoriqueurs les auteurs des règnes de Charles VIII et Louis XII, remontant parfois même jusqu'au XIVe siècle. Cette période assez mal définie chronologiquement était pour eux, de manière évidente, une époque de décadence.

Cependant, le terme générique de rhétoriqueur, pour être anachronique — aucun des auteurs de cette époque ne s'est ainsi désigné —, n'en est pas moins précieux. Tout comme le mot baroque pour une certaine littérature du tournant du XVIe et du XVIIe siècle, il a servi à redécouvrir des auteurs oubliés. Le nom a convoqué la chose. Et le mépris s'est aujourd'hui mué en intérêt et en sympathie.

Ceux que l'on étudie aujourd'hui sous l'appellation de Grands Rhétoriqueurs, ont vécu du temps de Louis XI, Charles VIII et Louis XII. Mais plus souvent qu'à la cour de France, ils ont appartenu à celles des ducs : ducs de Bourgogne avec Georges Chastellain*, Jean Molinet*, Jean Lemaire de Belges (passé ensuite au service de Louis XII), Olivier de La Marche* ; ducs de Bretagne avec Jean Meschinot* ; ducs de Bourbon avec Jean et François Robertet* (à cheval sur le Bourbonnais et la cour de France). La cour de France retrouva une certaine vitalité à la fin de la période avec Octovien de Saint-Gelais*, André de La Vigne*, Guillaume Crétin*, Jean d'Auton et Jean Bouchet*.

Poètes de cour et historiens officiels ou privés, ils sont les héritiers des grands écrivains des chancelleries de la fin du XIVe siècle : moins d'Eustache Deschamps*, parfois encore englobé dans les rhétoriqueurs, que d'Alain Chartier* et du mouvement humaniste des secrétaires royaux et pontificaux français. Ils ont en commun une même vision du sens moral de la politique : les princes sont les garants de la paix européenne, nécessaire en particulier à une guerre contre les Turcs, au service de la Chrétienté. D'autre part, leur relation de l'histoire princière s'appuie sur une conscience aiguë de leur dignité d'écrivain. Cette revendication du pouvoir de l'écriture, ultime aboutissement d'une réflexion devenue importante au XIVe siècle, explique leur travail poussé sur les formes rhétoriques : rhétorique première de la prose comme rhétorique seconde du vers. Les rhétoriqueurs mettent d'ailleurs au point une forme double, l'*opus magnum* de leur métier et maîtrise de la langue : le prosimètre. Leur prose se renouvelle par l'amplitude de la phrase, à l'exemple du renouveau de la prose latine mis en œuvre par les humanistes, mais aussi par le goût des mots neufs, calques latins ou grecs, et par l'emploi de toutes les couleurs de rhétorique : exclamation, interrogation, énumération, répétition... Le vers met systématiquement à contribution la complexité des rimes : équivoquées, redoublées, etc. ; le jeu de mots, le bilinguisme français-latin ; les lectures multiples ou figurées. Ce travail passionné, parfois plein d'humour, sur la langue française entend lui conférer un statut égal à celui du latin des humanistes ou à l'italien des Toscans. Cette fierté linguistique, presque superposable à un sentiment national, se trouve des héros : Jean de Meun*, comme déjà chez Laurent de Premierfait* traduisant Boccace*, est confronté à Dante*, dans le *Séjour d'Honneur* d'Octovien de Saint-Gelais et dans la *Concorde des deux langages* de Jean Lemaire. Mais ces héros, ce sont aussi tout simplement les grandes figures des rhétoriqueurs eux-mêmes : Chartier, Chastellain se voient rejoindre dans les éloges de leurs successeurs par Molinet, Saint-Gelais puis Crétin, Lemaire, Jean d'Auton, André de La Vigne... Chaque génération vient retrouver la précédente dans les monuments de la mémoire que sont le *Temple d'Honneur* de Lemaire ou le *Temple de Bonne Renommée* de Bouchet ; ou bien encore viennent s'inscrire auprès des grands princes auxquels on élève un tombeau littéraire, celui de l'épitaphe. Ainsi de l'*Exclamation en la mort de Marie d'Anjou* de Regnaud Le Queux* qui nomme Arnoul Gréban* et Jean Castel* ; ou de l'*Épitaphe de Philippe d'Autriche* de Nicaise Ladam, où se trouvent mentionnés Olivier de La Marche et Antitus Favre*. Princes de poésie, les grands écrivains sont eux aussi honorés d'un tombeau : Chastellain est ainsi célébré par Molinet et Jean Robertet*, Jean Lemaire donne une épitaphe commune à Molinet et Chastellain... La mort des grands de ce monde comme celle des bons « facteurs », qui s'entrelacent parfois, est ainsi surmontée par l'auréole de gloire et de vertu que le texte leur conserve.

Conscients d'appartenir à une communauté d'idées, de langue et de culture, les rhétoriqueurs entrent souvent en correspondance, sans attendre d'être réunis par la mort sous les mots d'une épitaphe ou dans les listes du Parnasse. Chastellain échange des textes, épîtres ou autres, avec Jean Castel, Jean Robertet ; Molinet correspond avec Guillaume Crétin... Même lorsqu'ils s'en tiennent à l'écart, l'œuvre des rhétoriqueurs reste une œuvre de cour. Sans être pour autant aristocratique, son point de départ et d'arrivée demeure la figure du prince, pivot de toute la société, idéal moral et politique. Figure de pouvoir, le prince peut aussi représenter chaque homme. Ainsi les *Lunettes des princes* de Jean Meschinot sont-elles une mise en garde destinée autant au prince qu'à l'humanité en général. Et il existe des mauvais princes : leur critique peut, certes, prendre l'allure d'un pamphlet contre un ennemi (les *Princes* de Chastellain comme les *Vingt-cinq Ballades* de Meschinot visent très certainement Louis XI), elle n'en est pas moins réelle. Cette volonté de l'historien-poète de s'ériger en conscience du prince et par là du pays, semble démentir, ou au moins atténuer, la lecture faite par P. Zumthor de ces auteurs. Écartelés entre un pouvoir aliénateur et leur rôle de courtisans, les rhétoriqueurs dérégleraient subrepticement le jeu de l'éloge et du panégyrique par leur usage du discours et de la rhétorique : la multiplicité des lectures possibles rendrait impossible l'assujettissement du texte au sens. La flamboyance des œuvres ne serait plus qu'écriture gratuite, que pure littérature, et la figure du prince un leurre ; la lumière ne serait plus qu'un masque. Ce vide, cet écart entre le fonds et la forme de l'œuvre des rhétoriqueurs est improbable. La grandeur de leur sujet : le prince, la vertu contre la fortune, fonde la grandeur de leur écriture et se confond avec elle. Le rhétoriqueur, comme D. Poirion le dit d'Alain Chartier, est le plus souvent « un poète de cour qui refuse de jouer son rôle de poète courtisan ». Et il se livre moins à « une déconstruction du langage poétique » qu'à « une tentative désespérée de le rendre adéquat à la dignité de sa mission » (C. Thiry).

Il s'agit donc de ne pas retomber dans les travers de la critique ancienne, qui ne voyait chez les rhétoriqueurs qu'amoncellement et abus de figures de rhétorique. Leur signature porte tout autant sur la thématique de leurs œuvres que sur sa lettre. Et le jeu si souligné des poètes sur leur propre nom : Chastellain-château, Molinet-moulin, Crétin-cretin (panier)..., participe souvent au topos de la fausse modestie de l'écrivain : paraphe étourdissant par sa virtuosité, il prouve en un seul moment l'importance de l'auteur et du texte qu'il clôt de son emblème.

ŒUVRES. — Voir les notices des auteurs cités ici et dans le vol. XVIe siècle.

P. Zumthor, *Anthologie des grands rhétoriqueurs*, Paris, 1978, (*10/18*) [extraits d'œuvres de Meschinot, d'Henri Baude*, de Molinet, Robertet, Octovien de Saint-Gelais, Lemaire, Crétin..., de l'*Abuzé en court**, du *Lion couronné**...].

→ Représentants de l'ancienne critique : H. Guy, *L'École des Rhétoriqueurs*, Paris, 1910 [dépassé]. — P. Champion, *Histoire poétique du XVe siècle*, Paris, 1923, t. 2 [chap. sur Arnoul Gréban, Jean Meschinot, Henri Baude et Jean Molinet ; à lire avec précaution en raison de certains jugements].

Les premiers nouveaux lecteurs des rhétoriqueurs : V.-L. Saulnier, *La littérature française de la Renaissance*, Paris, 1962, 6e éd. — F. Simone, *La scuola dei Rhétoriqueurs*, dans *Belfagor*, t. 4 (1949), p. 529-552, republié dans *Umanesimo, Rinascimento, Barocco in Francia*, Milan, 1968, p. 169-199. — A.-M. Schmidt, *L'Âge des rhétoriqueurs (1450-1530)*, dans *Encyclopédie de la Pléiade, Histoire des littératures*, Paris, 1963, t. 3, p. 175-190.

Leurs divers héritiers : F. Joukovsky, *La gloire dans la poésie française et néo-latine du XVIe siècle. Des Rhétoriqueurs à Agrippa d'Aubigné*, Genève, 1969 (*Travaux d'Humanisme et Renaissance*, 102). — P. Jodogne, *Les Rhétoriqueurs et l'humanisme. Problème d'histoire littéraire*, dans *Humanism in France at the End of the Middle Ages and the Early Renaissance*, New York-Manchester, 1970, p. 150-175 [excellent article]. — C. Martineau-Génieys, *Le thème de la mort dans la poésie française de 1450 à 1550*, Paris, 1978 (*Nouvelle Bibliothèque du Moyen Âge*, 6). — C. Thiry, *Lecture du texte de rhétoriqueur*, dans *Cahiers d'analyse textuelle*, t. 20 (1978), p. 85-101 ; *La poétique des grands rhétoriqueurs*, dans *Le Moyen Âge*, t. 86 (1980), p. 117-133 [compte rendu assez négatif de l'ouvrage de P. Zumthor]. — P. Zumthor, *Le Masque et la lumière. La poétique des grands rhétoriqueurs*, Paris, 1978 [premier essai d'analyse globale de la technique poétique, liée au statut social des Rhétoriqueurs]. — C. Strosetzky, *Réflexion moraliste chez les Rhétoriqueurs. Les actes du langage chez Deschamps*, dans *Actes du 3e colloque intern. sur le Moyen Français*, Tübingen, 1982, p. 241-252 (*Tübingen Beiträge zur Linguistik*, 175). — C.J. Brown, *The Rise of Literary Consciousness in Late Medieval France : Jean Lemaire de Belges and the Rhétoriqueur Tradition*, dans *JMRS*, t. 13 (1983), p. 51-74 ; *The Shaping of History and Poetry in Late Medieval France : Propaganda and Artistic Expression in the Works of the Rhétoriqueurs*, Birmingham, 1985. — S. Bagoly, *De mainctz aucteurs une progression. Un siècle à la recherche du Parnasse français*, dans *Le Moyen Français*, t. 17 (1985), p. 83-123. — *Les Grands Rhétoriqueurs. Actes du 5e colloque intern. sur le Moyen Français*, Milan, 1985, t. 1. — Cf. *MB* nos 4784-4886, 6908-6926, 7933-7938 ; *S* 7331-7445. S.L.

Ricau de Tarascon. À travers un certain nombre de documents d'archives, la critique a pu éclairer le milieu où vécut au XIIIe siècle ce chevalier originaire de Tarascon (Bouches-du-Rhône), à la cour de Raimon Berenger V. Il reste de lui une chanson d'attribution douteuse, et une *tenso** avec *Cabrit*, qui serait le *senhal* de Gui de Cavaillon*. L'auteur de la *Vida** qui lui est consacrée le qualifie de bon poète, auteur de bons *sirventes** et de bonnes *cansos** : faute de témoins suffisants conservés, on n'en peut juger.

ŒUVRES — Éd. A. Kolsen, *Dichtungen der Trobadors auf Grundaltprovenzalischer Handschriften...* Halle, 1916-1919, réimp. Genève, 1980, p. 208-213 [PC 422,2]. — S. Guida, *La tenzone fra Ricau de Tarascon e « Cabrit »*, dans *CN*, t. 47 (1987), p. 197-221 et dans *Mél. A. Roncaglia*, Modène, 1989, t. II, p. 637-661.

→ PC 422. — S. Guida, *Nuovi documenti su alcuni trovatori del XIII secolo*, dans *CN*, t. 39 (1979), p. 81-90. G.B.L.

Riccoldo da Monte di Croce. Voir : Jean Le Long ; *Voyages*.

Richard Ier Cœur de Lion. Né en 1157, deuxième fils d'Henri II Plantagenêt, roi d'Angleterre et duc de Normandie, et d'Aliénor d'Aquitaine*, Richard devint comte de Poitiers et duc d'Aquitaine en 1169. Il succéda à son père sur le trône d'Angleterre sous le nom de Richard Ier en 1189. À la fin de cette même année, il quitta l'Angleterre pour la troisième croisade : il participa à la cérémonie de Vézelay en 1190 et arriva à Chypre en 1191. Victorieux des musulmans à Arsouf (1191) et à Jaffa (1192), Richard traita avec Saladin : il obtint la libre circulation des pèlerins vers les Lieux saints et la création d'un État franc, le long du littoral, de Tyr à Jaffa. Il s'embarqua à Chypre en 1192 et, sur le chemin du retour, il fut fait prisonnier par le duc Léopold d'Autriche, qui le livra à l'empereur Henri VI. Richard ne fut libéré, contre une forte rançon, qu'en 1194. Il rentra en Angleterre, puis guerroya en

France, où il remporta sur le roi Philippe Auguste la victoire de Fréteval (1194). Atteint par une flèche tirée du château de Châlus, en Limousin, qu'il assiégait, il mourut en 1199. Ses aventures, sa générosité, sa bravoure folle, firent de lui, malgré son caractère changeant et tyrannique, une sorte d'idéal chevaleresque du XIIe siècle, d'où le surnom de « Cœur de Lion ».

Ami de nombreux poètes français et occitans, Richard composa lui-même deux chansons, que leur tonalité rapproche du *sirventes**. Leur style est sobre, le ton énergique et incisif. La première chanson — une rotrouenge célèbre, dont la langue a donné lieu à maintes controverses — fut écrite pendant la captivité en Autriche (1192-1194) : Richard s'y plaint de la perfidie du roi de France à son égard, ainsi que de l'indifférence égoïste de ses alliés et de ses vassaux. Sa deuxième chanson, en dialecte français du Poitou, date de 1196 : elle contient de vifs reproches et des menaces à l'adresse de son vassal le troubadour Dalfin d'Alvernhe* et du cousin de celui-ci, le comte Guy, qui n'avaient pas soutenu Richard dans sa lutte contre Philippe Auguste.

Le troubadour limousin Gaucelm Faidit* écrivit un beau *planh** à la mort de Richard.

ŒUVRES. — P. Bec, *La lyrique française au Moyen Âge (XIIe-XIIIe siècle)*, Paris, 1978, t. 2, p. 124-125 [édition]. — *Poètes et romanciers du Moyen Âge*, éd. A. Pauphilet, nouv. éd., Paris, 1952, p. 843-844 (*Bibl. de la Pléaide*, 52) [éd. la rotrouenge]. — J.K. Archibal, *La chanson de captivité du roi Richard*, dans *Épopées, légendes et miracles*, Montréal et Paris, 1974, p. 149-158 (*Cahiers d'études médiévales*, 1). — *Anthologie de la poésie lyrique française des XIIe et XIIIe siècles*, éd. bilingue J. Dufournet, Paris, 1989, p. 96-99 (*NRF/Poésie*) [éd. la rotrouenge].

→ R. Lejeune, *Rôle littéraire de la famille d'Aliénor d'Aquitaine*, dans *CCM*, t. 1 (1958), p. 320-322 [319-337]. — R. Pernoud, *Richard Cœur de Lion*, Paris, 1988 ; *Richard Cœur de Lion, histoire et légende*, Paris, 1989. — Linker, n° 241. — Cf. *GRLMA*, t. VI/1, p. 276, 285 ; VI/2, n° 5332. — Cf. *MB*, nos 2384 ; *S* 4504.

Voir aussi : *Croisade et Mort de Richard Cœur de Lion*. G.M. et F.F.H.

Richard de Fournival. Né à Amiens (10 octobre 1201), Richard de Fournival, fils de Roger de Fournival qui était médecin du roi Philippe Auguste, fut chanoine et chancelier du chapitre de Notre-Dame ; il fut aussi chanoine à Rouen et chapelain du cardinal Robert de Sommercote. Son demi-frère Arnoul fut évêque d'Amiens de 1236 à 1246. Outre la littérature, la philosophie et la théologie, Richard de Fournival se passionna pour les mathématiques, l'astrologie et la médecine : on peut supposer que c'est à Paris qu'il acquit les bases de sa formation « encyclopédique ». Un indult du pape Grégoire IX lui accorda le droit, exceptionnel pour un clerc, d'exercer la chirurgie, privilège qui lui fut confirmé par Innocent IV à Lyon en 1246. Richard eut une grande activité culturelle et rassembla, en partie pour la bibliothèque du chapitre d'Amiens, en partie pour sa bibliothèque personnelle, un nombre imposant de manuscrits. À sa mort (le 1er mars d'une année inconnue : 1259 ou 1260), cette dernière passa à Gérard d'Abbeville qui la légua, en 1272, au Collège parisien de la Sorbonne. Richard de Fournival avait rédigé, vers 1250, sous le titre de *Biblionomia*, le catalogue de sa propre bibliothèque. Certains des manuscrits décrits dans cette *Biblionomia* ont pu être identifiés dans l'actuel fonds de la Bibliothèque de la Sorbonne à Paris et à la BN.

À Richard de Fournival sont attribuées deux œuvres latines : un traité d'alchimie et un petit poème d'inspiration ovidienne, le *De vetula* qui fut traduit en français, sous la forme d'un poème en octosyllabes à rimes plates (*La Vieille*), par Jean Le Fèvre* de Ressons avant 1376 (date du *Respit de la mort*).

Ses écrits les plus importants, lyriques ou didactiques, sont en langue vulgaire. L'œuvre lyrique de Richard de Fournival, telle qu'elle a été conservée, comprend 21 pièces (15 chansons d'amour, deux rotruenges et un jeu-parti avec Gautier de Dargies*), dont trois sont d'attribution douteuse (une chanson d'amour, une chanson à la Vierge et une chanson de croisade) ; Richard figure, dans un autre jeu-parti, comme partenaire d'un certain Gautier. L'œuvre didactique de Richard de Fournival, en langue vulgaire, comprend le célèbre *Bestiaire d'Amours*, auquel il faut ajouter des traités sur le même thème, tantôt attribués à Richard par les manuscrits, tantôt conservés anonymement : le *Consaus d'amours*, la *Poissance d'Amours* et le *Commens d'Amours*.

Le *Bestiaire* de Pierre de Beauvais*

servit de modèle au *Bestiaire d'Amours* — également en prose —, dans lequel Richard, à la différence des autres œuvres du même genre, tire des propriétés des animaux des considérations générales sur la tactique amoureuse ; la technique de Richard se distingue très nettement de celle des bestiaires en ceci qu'il ne garde de chaque animal que la nature propre à illustrer son propos et qu'il refuse ainsi l'organisation habituelle par articles : dans le *Bestiaire d'Amours* (qui comprend un prologue, 57 exempla et un épilogue), plusieurs animaux (lion, loup, singe) apparaissent ainsi à diverses reprises, chaque fois représentés par une nature différente. Quatorze des 17 mss du *Bestiaire d'Amours* sont illustrés, suivant en cela la tradition des bestiaires ; dans deux autres mss, des emplacements, avec des instructions pour l'enlumineur, ont été ménagés pour des miniatures non exécutées.

Richard avait commencé à versifier lui-même son *Bestiaire d'Amours* : le ms. Paris, BN, fr. 25545 conserve un fragment de 360 vers, seul vestige de ce travail. La mise en rimes du *Bestiaire d'Amours*, est l'œuvre d'un poète anonyme, vers la fin du XIIIe ou le début du XIVe siècle : elle compte 3 718 octosyllabes et est conservée dans un ms. unique (Paris, BN, fr. 1951) ; elle tire certains éléments du *Bestiaire* de Pierre de Beauvais (source du *Bestiaire d'Amours*). Le *Bestiaire d'Amours* fit l'objet de plusieurs imitations-traductions : une en vers flamands, conservée à l'état de fragment, deux en italien, une en bas-francique et une en gallois. La *Response du Bestiaire* (conservée dans quatre mss), placée dans la bouche de la dame, est une contrepartie anonyme au *Bestiaire d'Amours*. Également en prose, la *Response* fut composée par un imitateur de Richard avant 1285 : sa seule source est le *Bestiaire d'Amours*.

Le *Consaus d'amours* (ms. unique : Paris, BN, fr. 25566), se présente comme un discours adressé à une jeune fille ; il traite de la naissance et de l'évolution du sentiment amoureux : l'auteur y distingue trois degrés : *amours commencie*, *amours affremee* et *amours acomplie*. La *Poissance d'Amours* était destinée à un jeune homme, amoureux timide, qui récapitulait à la fin de l'œuvre les enseignements reçus de l'auteur selon trois principes : étudier le caractère et les dispositions de sa dame ; lui montrer son amour par ses regards et ses soupirs ; enfin la prier *par biaus mos et par raisonnables sentences*. Ces deux arts d'aimer, qui contiennent à la fois une théorie de l'amour courtois et des notions pratiques, peuvent être attribués à Richard de Fournival.

Le *Commens d'Amours*, ainsi appelé *car c'est li commencemens et li entree d'amours*, est conservé dans un ms. unique (Dijon, Bibl. mun. 526 [ancien 299]), où il est dépourvu d'explicit et de nom d'auteur, mais illustré de 28 miniatures, exemples tirés *d'amoureuses hystoires, ou de Troies ou d'autres*. Le *Commens d'Amours* fut attribué à Richard de Fournival par Claude Fauchet : dans son seul témoin ms., il est entouré d'autres œuvres de Richard, le *Bestiaire d'Amours* (avec 58 illustrations) et la *Poissance d'Amours*, ainsi que du *Dit de la Rose*, de la *Response du Bestiaire*, des derniers vers de la *Prison d'Amours* de Baudouin de Condé*, et du *Roman de la Rose**. C'est une sorte de manuel de conversation galante, en prose, dans lequel se trouve insérée une chanson. Après avoir rappelé brièvement les deux premiers principes énoncés en conclusion de la *Poissance d'Amours*, le *Commens d'Amours* dévelope le troisième : *Comment il le doit requerre de s'amour ; et tout par examples d'amours et de chevalerie*. Son modèle le plus proche, parmi les arts d'aimer, est l'*Art d'Amours* de Jacques d'Amiens* qui combine l'*Ars amatoria* d'Ovide* et le *De Amore* d'André le Chapelain* ; l'originalité du *Commens d'Amours* réside dans l'insertion d'exemples empruntés à la littérature romanesque : l'art de la composition y annonce la brillante écriture du *Bestiaire d'Amours*. Si l'on admet que le *Bestiaire d'Amours* fut écrit aux environs de 1250, le *Commens d'Amours*, qui lui est antérieur, doit dater du second quart du XIIIe siècle.

Le *Bestiaire d'Amours* inspira également le salut d'amour anonyme intitulé l'*Arriereban d'Amours* (56 vers). Pierre Gringore fit des emprunts au *Bestiaire d'Amours* dans son poème, *Menus propos des amoureux* (dont la première édition, à Paris, date de 1521), composé à Nancy et dédié au duc de Lorraine, Antoine de Bourbon, dont il avait été pendant trois ans le héraut d'armes ; le derniers vers des *Menus propos des amoureux* témoigne d'une lucidité désenchantée : *Estre amoureux oste prudent sçavoir*.

ŒUVRES. — *Biblionomia*, éd. L. Delisle, dans *Cabinet des manuscrits*, Paris, 1874, t. 2, p. 520-535. — *De vetula*, éd. Klopsch, Leyde, 1967 (*Mittellateinische Studien und Texte*, 2) ; éd. D.M. Robathan, Amsterdam, 1968 ; trad. française par Jean Le Fèvre, éd. H. Cocheris, Paris, 1861. — Œuvre lyrique : éd. Y.G. Lepage, Ottawa, 1981 (*Publ. médiévales Univ. Ottawa*, 7). — *Bestiaire d'Amours* et *Response du Bestiaire* : éd. C. Segre, Milan-Naples, 1957 (*Documenti di filologia*, 2) ; trad. anglaise, J. Beer, Berkeley, Los Angeles et Londres, 1986 ; trad. italienne, F. Zambon, Parme, 1987 (*Biblioteca medievale*) ; trad. française du seul *Bestiaire*, G. Bianciotto dans *Bestiaires du Moyen Âge*, Paris, 1980, p. 125-168 (*Stock Plus, Moyen Âge*). — Trad. en bas-francique du *Bestiaire d'Amours* : éd. J. Holmberg, Uppsala, 1925 (*Filologiskt språkvetenskap och historisk vetenskaper*, 2) ; trad. italienne ancienne (version pisane) : éd. R. Crespo, Leyde, 1972 (*Collana romanistica Leidense*, 18) ; trad. galloise : éd. G.C.G. Thomas, Dublin, 1988 (*Mediaeval and Modern Welsh Series*, 9). — *Bestiaire d'Amours* anonyme en vers : éd. A. Thordstein, Lund-Copenhague, 1941 (*Études romanes de Lund*, 2). — *Consaus d'amours* : éd. G.B. Speroni, dans *Medioevo Romanzo*, t. 1 (1974), p. 217-278. — *Poissance d'Amours* : éd. G.B. Speroni, Florence, 1975 (*Pubblicazioni della Facoltà di lettere e filosofia dell'Università di Pavia*, 21). — *Commens d'Amours* : éd. A. Saly, dans *TraLiLi*, t. 10 (1972), p. 21-55. — *Arriereban d'Amours*, inspiré du *Bestiaire*, éd. A. Långfors, dans *Mél. J. Melander*, Uppsala, 1943, p. 284-290.

→ S. Vitte, *Richard de Fournival, Étude sur sa vie et ses œuvres, suivie de l'éd. du Bestiaire d'Amour, de la Réponse de la dame et des chansons*, dans *Positions... thèses... École des Chartes*, Paris, 1929, p. 223-227. — A. Birkenmajer, *Pierre de Limoges, commentateur de Richard de Fournival*, dans *Isis*, t. 40 (1949), p. 18-31 (réimp. dans *Études d'histoire des sciences et de la philosophie du Moyen Âge. Studia Copernica* I, Cracovie, 1970, p. 222-235). — P. Glorieux, *Études sur la « Biblionomia » de Richard de Fournival*, dans *RTAM*, t. 30 (1963), p. 205-231. — F. McCulloch, *Pierre Gringore's « Menus Propos des Amoureux » and Richard de Fournival's « Bestiaire d'Amour »*, dans *Romance Notes*, t. 10 (1968-1969), p. 150-159. — R.H. Rouse, *Manuscripts Belonging to Richard de Fournival*, dans *RHT*, t. 3 (1973), p. 253-269. — G. Bianciotto, *Sur le Bestiaire d'amour de Richart de Fournival*, dans *Épopée animale, fable, fabliau. Actes du 4e colloque de la Société internationale renardienne (Evreux, 7-11 septembre 1981)*, Paris, 1984, p. 107-119 (*Publ. Univ. Rouen*, 83). — J. Beer, *The New Naturalism of « Le Bestiaire d'Amours »*, dans *Reinardus*, t. 1 (1988), p. 16-21 ; *Richard de Fournival's Anonymous Lady. The Character of the Response to the « Bestiaire d'Amour »*, dans *Romance Philology*, t. 42 (1988-1989), p. 267-673. — P. Braeger, *Richard's « Bestiaire d'amour ». The Text and the Pictures in ms. Douce 308*, dans *Ball State University Forum*, t. 29 (1988), fasc. 1, p. 21-34. — R.H. et M.A. Rouse, *La bibl. du collège de Sorbonne*, dans *Histoire des Bibl. françaises. I : Les bibl. médiévales, du VIe siècle à 1530*, sous la dir. d'A. Vernet, Paris, 1989, p. 113-123. — Linker, n° 223. — Cf. *GRLMA*, t. VI/2, nos 3226, 3240, 3244, 4236, 4240, 4244, 4616 ; t. VI/1, p. 113-114. *MB* nos 2385 ; 2794-2795 ; 2881-2882 ; 5301 ; 6561-6562 ; 7729 ; *S* 5057-5069 ; 5349 ; 5371 ; 8295. F.F.H.

Richard de Gerberoy. Voir : *Saint Jean-Baptiste (Vie de)*.

Richard le Beau. Ce roman d'aventure du XIIIe siècle (5 450 octosyllabes), composé dans l'extrême nord du domaine picard, sinon en Wallonie, par un certain « Mestre Requis », complètement inconnu par ailleurs, donne un assez bon exemple de ces compositions dont la structure est claire dans ses grandes lignes, mais qui accumulent des péripéties sans grand rapport les unes avec les autres. Après un prologue où nous apprenons que Richard le Beau est le fils illégitime de Clarisse, fille du roi de Frise, et du chevalier Loys, qu'il a été élevé par un comte, un premier train d'aventures va permettre au bâtard de retrouver sa mère : elle est assiégée par le sultan de Carsidone, qui veut l'épouser. Le fils triomphe, et elle le reconnaît au tissu, au riche *sydone* dont elle l'avait enveloppé à sa naissance. Richard se met alors en quête de son père ; il le renverse en combat singulier au tournoi de Marchuel, le fait prisonnier et le prie, en guise de rançon, de raconter la meilleure aventure qui lui est arrivée : c'est celle qui a donné le jour à Richard, qui reconnaît ainsi son père. Une troisième partie, sans aucun lien avec les précédentes, fait de Richard l'époux de Rose, fille du roi de Montorgueil. Si Richard a pu briller dans les tournois où il dépense généreusement et se fait ainsi remarquer de Rose, c'est grâce à un chevalier, le Blanc Chevalier, dont il a payé la dette à un bourgeois qui avait exposé sur un balcon son cadavre gardé en gage, « en la grant cité d'Osterriche ». Ce fantôme reconnaissant n'exige, après le mariage du héros, que le cheval blanc qu'il lui avait prêté, et disparaît.

Richard revient alors à Mangorie chez ses parents ; il y apprend la mort de son grand-père et soutient les droits de son père Loys au trône de Frise contre deux usurpateurs qui voulaient s'emparer de la couronne.

Dans ces deux récits indépendants, l'histoire d'un bâtard, la gratitude d'un mort, de moindres aventures sont glissées, banales le plus souvent : un chevalier qui ne tolère pas qu'on boive à sa fontaine, Richard qui tranche la tête à un géant qui assiège la dame de Mirmandie pour la forcer à lui accorder sa main, épisode qui reparaît plus loin avec un nouvel adversaire, le comte Robert ; Richard purge le pays des brigands qui l'ont attiré dans un guet-apens, etc.

La peinture des sentiments est absente ; la dame de Mirmandie s'offre sans pudeur à Richard qui lui donne une leçon de courtoisie : « Qu'uns castiaus est de povre pris / Qui au premier assaut est pris ». Son fils Richard fait de même aux derniers vers du roman. Destins bien bourgeois. Il est vrai que l'on a assez subi de sièges et de batailles. Ce romancier est attiré par l'épopée : le siège des Frisons par le sultan prend plus de mille vers.

Richard le Beau est un assemblage, en apparence arbitraire, de deux motifs populaires, chacun largement répandu de son côté, mais qui primitivement ne présentaient rien de commun : celui de l'enfant trouvé parti à la recherche de ses parents, dont le rôle fonctionnel consiste à fournir au héros un cadre et une motivation suivie, et celui du mort reconnaissant, traité ici de manière originale.

ŒUVRE. — Éd. W. Foerster, *Richars li biaus...*, Vienne, 1874. — A.J. Holden, *Richars li biaus...*, Paris, 1983 (*CFMA*, 106).

→ D. Bohler, *Béances de la terre et du temps : la dette et le pacte dans le motif du Mort reconnaissant au Moyen Âge*, dans *L'Homme 111-112*, 29, n°s 3-4, *Littérature et Anthropologie* (1989), p. 161-178. — T. Bouché, *De « l'enfant trouvé » à « l'enfant prouvé » : Richars li beaus, une mise en scène du mythe d'Œdipe au* XIIIe *siècle*, dans *Senefiance*, n° 26 (1989), p. 143-159. — Cf. *MB* n°s 1389-1391, 6251 ; *S* 6543. A.M.

Richard Lescot. D'origine écossaise, Richard Lescot est né entre 1310 et 1320. Entré très jeune à Saint-Denis, il y fut reçu au nombre des moines à la veille de Noël 1329. Il est mort vers 1400. Il a eu une intense activité de copiste et d'historien. Mais un grand nombre des manuscrits qu'il a copiés sont perdus, de même qu'une grande partie de ses œuvres historiques. Il participa, en effet, à l'activité historiographique traditionnelle du monastère en rédigeant au moins deux chroniques, l'une en français, l'autre en latin, et des traités politiques. Sa chronique française, perdue, remontait jusqu'à Philippe Auguste. Elle ne nous est connue que par un passage d'une compilation du XVe siècle relatif à la bataille de Bouvines. Est perdu également son traité contre les prétentions des Anglais à la couronne de France qui est cité dans le *Mirouer historial abrégié de France**. En 1358, il rédigea à l'intention d'Anceau Choquard, conseiller du roi Jean, un court traité en latin contre les prétentions de Charles le Mauvais, roi de Navarre, à la couronne de France (ms. BN lat. 14663). Dans une sorte de post-scriptum à ce traité, *Genealogia aliquorum regum Franciae per quam apparet quantum attinere potest regi Francie rex Navarre*, est mentionnée pour la première fois la loi salique, qu'il invoque ici pour justifier la montée sur le trône en 1328 de Philippe de Valois. C'est toutefois d'après son traité contre les Anglais, perdu, et non d'après la *Genealogia*, qui en est peut-être le premier jet ou le résumé, que Jean de Montreuil* a repris, dans son traité *A toute la chevalerie*, le texte de la loi salique, en le modifiant légèrement ; le texte exact paraîtra dans un deuxième temps.

Entre 1344 et 1356, il a écrit une chronique latine, qui est son ouvrage le plus important ; elle se présente comme une continuation de la compilation d'un chroniqueur limousin du XIIIe siècle, Géraud de Frachet*. L'œuvre de Géraud, en effet, a été continuée à Saint-Denis à partir de 1268, mais il n'est pas sûr que Richard Lescot soit l'auteur de toute la seconde partie de la continuation, soit les années 1285-1344. La partie qui lui est due en propre semble ne commencer qu'en 1316, ou même en 1322 ; elle se termine en 1344. Jusqu'en 1340, il a utilisé et remanié les continuations de Guillaume de Nangis*. De 1340 à 1344, il semble avoir fait œuvre pleinement originale. Il a aussi révisé le texte des *Grandes Chroniques de France** de Primat, ce qui l'amena, tout au moins dans le manuscrit préparé pour

Jean de Normandie, à consigner dans les marges de nombreuses additions ; mais ces notes ne furent jamais incorporées au texte. Il semble, par contre, probable qu'il ait participé à la confection des *Grandes Chroniques* pour le règne de Philippe de Valois. Il semble aussi qu'il n'ait pas été étranger à la première rédaction de la chronique qui fait suite à la sienne (1344-1364), et a été écrite après 1344 par un autre religieux. On sait encore qu'il a annoté les *Sentences* de Pierre Lombard* et le traité du *Gouvernement des princes* de Gilles de Rome*. Son œuvre est celle d'un compilateur intelligent et consciencieux ; elle a servi de source quasi officielle au rédacteur des *Grandes Chroniques*.

ŒUVRES. — Éd. du début de la continuation de la chronique de Géraud de Frachet (1285-1328) dans *RHF*, t. 21, p. 5-70. — Éd. de la chronique de Richard Lescot (1328-1344), J. Lemoine, Paris, 1896 (*SHF* [suivie de la continuation jusqu'en 1364, p. 65-172, et de la *Genealogia*, p. 173-178].

→ C. Beaune, *Histoire et politique. La recherche de la loi salique de 1350 à 1450*, dans *Actes du 104e congrès national des Sociétés savantes (Bordeaux, 1979)*, Paris, 1981, p. 25-35. — Molinier n° 3097. G.T.L.

Richard Loqueville. Musicien français, mort à Cambrai en 1418. Chapelain et chantre de Robert, duc de Bar, il enseigne la harpe à son fils Jean et le plain-chant aux enfants de chœur. À partir de 1413 jusqu'à sa mort, il est maître de chant à la cathédrale de Cambrai. Il laisse quatre rondeaux et une ballade, mais aussi de la musique religieuse de style varié. On compte deux Gloria, un Gloria et un Credo associés, tous à trois voix ; un Sanctus, à quatre parties, utilise le trope *Qui januas mortis*. Enfin, son motet isorythmique emploie au ténor un *color* rétrograde.

ŒUVRES. — Éd. G. Reaney, *Early Fifteenth-Century Music*, dans *Corpus Mensurabilis Musicae*, t. 11/3, 1966.

→ G. Reaney, art. *Loqueville*, dans *The New Grove Dictionary of Music and Musicians*, t. 11, 1980, p. 228. N.S.

Richard de Poitiers. Voir : Cluny § 2.

Richard de Saint-Victor. Richard est, avec Hugues, une des figures les plus représentatives de l'école de Saint-Victor. Sa carrière nous est malheureusement mal connue. Venu sans doute d'Angleterre ou d'Écosse, il dut être admis de bonne heure dans le célèbre monastère parisien, dont il devint successivement sous-prieur, puis prieur. Il mourut à Saint-Victor le 10 mars 1173.

De nombreuses éditions de ses œuvres ont été publiées au cours du XVIe et du XVIIe siècle avant d'être reproduites par la *Patrologie latine* (t. 196). À l'exception d'un bref *De superexcellenti baptismo Christi,* dont le Prologue seul (col. 1011-1013) est de Richard et qui pour le reste (col. 1013-1018) est de Gautier de Saint-Victor*, ainsi que d'un *De gradibus caritatis* (col. 1195-1208) d'auteur inconnu, les ouvrages contenus dans cette édition paraissent bien être tous authentiques. Il faut y ajouter cependant plusieurs ouvrages imprimés parmi les œuvres de Hugues de Saint-Victor* et qui ont été restitués récemment à Richard : un *Liber exceptionum* (éd. J. Châtillon, Paris, 1958), une série de *Sermones centum* (*PL,* t. 177, col. 899-1210), et probablement aussi deux commentaires de Joël et d'Abdias (*PL,* t. 175, col. 322-406). Une explication allégorique des *Actes des Apôtres* (XII, 1-11), égarée parmi les œuvres de Fulbert de Chartres* (*PL,* t. 141, col. 277-306), doit enfin lui être aussi rendue.

Dans le *Liber exceptionum,* qui est un manuel d'introduction à l'Écriture sainte, Richard rassemble des notions de philosophie, de géographie et d'histoire, ainsi que de nombreuses explications de textes bibliques. Les éléments en sont empruntés souvent à des auteurs plus anciens, notamment à Hugues de Saint-Victor dont il adopte les principes fondamentaux en matière d'exégèse.

L'œuvre théologique de Richard est constituée en grande partie par des traités en forme de lettres adressées à divers correspondants. L'auteur s'y montre très informé des controverses de son temps. L'influence de Pierre Abélard*, de Pierre Lombard* et de Robert de Melun, souvent perceptible, ne compromet pas l'originalité et la profondeur de la pensée. Mais l'ouvrage le plus personnel de Richard est certainement son *De Trinitate,* dont deux nouvelles éditions ont été données (éd. J. Ribaillier, Paris, 1958 ; éd. trad. G. Salet, Paris, 1959). Bien qu'il se soit inspiré dans ce traité du *De Trinitate* d'Achard de Saint-Victor*, Richard met ici en œuvre une dialectique de l'amour réciproque et ordonné qui lui est propre et grâce à laquelle il veut parvenir à l'intelligence du mystère.

Richard cependant est surtout connu par son œuvre spirituelle, dont l'influence s'est exercée durant de longs siècles sur la plupart des écoles. Sa doctrine est fondée sur une anthropologie dont l'exposé le plus systématique est donné dans le *De statu interioris hominis* (*PL,* t. 196, col. 1115-1160). Les deux traités connus sous le nom de *Benjamin minor* (*ibid.*, col. 1-64) et de *Benjamin major* (col. 63-202) décrivent d'autre part les ascensions progressives de l'âme jusqu'aux plus hauts degrés de la contemplation et jusqu'à l'extase. Dans cette ascension, une place très large est faite à l'amour auquel Richard a consacré un admirable *De quatuor gradibus violentae caritatis,* réédité et traduit par G. Dumeige (Paris, 1955). L'enseignement spirituel de ces ouvrages doit être complété par les longs développements auxquels s'attarde Richard dans un grand nombre d'opuscules ou de traités, généralement d'origine oratoire, et plus particulièrement dans ses *Adnotationes mysticae in Psalmos* (col. 265-404) et son *Explicatio in Cantica Canticorum* (col. 405-524).

ŒUVRES. — Éd. Migne, *PL* 196. Quelques éd. récentes : Richard de Saint-Victor, *Sermons et opuscules spirituels inédits,* t. 1 : *L'édit d'Alexandre ou les trois processions,* texte latin, intro., et notes de J. Châtillon, trad. française de J. Barthélemy, Paris, 1951 ; *Les quatre degrés de la violente charité,* texte critique avec intro., trad. et notes de G. Dumeige, Paris, 1955 (*Textes philosophiques du Moyen Âge,* 3) ; *Liber exceptionum,* texte critique avec intro., notes et tables de J. Châtillon, Paris, 1958 (*Textes philosophiques du Moyen Âge,* 5) ; *De Trinitate,* texte critique avec intro., notes et tables de J. Ribaillier, Paris, 1958 (*Textes philosophiques du Moyen Âge,* 6) ; *La Trinité,* texte latin, intro., trad. et notes de G. Salet, Paris, 1959 (*SC,* 63) ; *Opuscules théologiques,* texte critique avec intro., notes et tables de J. Ribaillier, Paris, 1967 (*Textes philosophiques du Moyen Âge,* 15). — J. Ribaillier, *Richard de Saint-Victor. De statu interioris hominis,* dans *AHDLMA,* 34 (1967) [1968], p. 7-128. — J. Châtillon, *Trois opuscules spirituels de Richard de Saint-Victor,* textes inédits accompagnés d'études critiques et de notes, Paris, 1986. Plusieurs traductions d'ouvrages isolés de Richard existent, manuscrites ou imprimées, en français, anglais, néerlandais, vieil anglais ; aucun inventaire n'en a été dressé.

→ A.M. Ethier, *Le « De Trinitate » de Richard de Saint-Victor,* Paris-Ottawa, 1939 (*Publ. de l'Institut d'études médiévales,* 9). — G. Dumeige, *Richard de Saint-Victor et l'idée chrétienne de l'amour,* Paris, 1952 (*Bibliothèque de philosophie contemporaine*). — D. Van den Eynde, *Les commentaires sur Joël, Abdias et Nahum attribués à Hugues de Saint-Victor,* dans *Franciscan Studies,* t. 17 (1957), p. 363-372. — H. de Lubac, *Exégèse médiévale. Les quatre sens de l'Écriture,* 2e partie, I, Paris, 1961 (*Théologie,* 42), p. 361-435. — R. Roques, *Structures théologiques, de la gnose à Richard de Saint-Victor. Essais et analyses critiques,* Paris, 1962 (*Bibl. EPHE, Sect. des sciences religieuses,* t. 72). — R. Javelet, *Thomas Gallus et Richard de Saint-Victor mystiques,* dans *RTAM,* t. 29 (1962), p. 206-233 ; t. 30 (1963), p. 88-121. — G. Salet, *Les chemins de Dieu d'après Richard de Saint-Victor,* dans *Mél. H. de Lubac,* t. 2, Paris, 1964, p. 73-88. — Ph. Delhaye, *Les perspectives morales de Richard de Saint-Victor,* dans *Mél. R. Crozet,* Poitiers, 1966, p. 851-862. — R. Javelet, *Saint-Bonaventure et Richard de Saint-Victor,* dans *Mél. J.-G. Bougerol,* t. 1, Rome, 1988, p. 63-96. — J. Châtillon, *Richard de Saint-Victor,* dans *DS,* t. 13 (1988), col. 593-654 ; *Le « De duodecim patriarchis » ou « Beniamin minor » de Richard de Saint-Victor. Description et essai de classification des mss,* dans *RHT,* t. 21 (1991), p. 159-236. J.L.

Richart sans Peur. L'histoire de *Richart sans Peur* se présente sous deux formes, une version poétique connue comme le *Romant de Richart,* et une version en prose intitulée *Richart sans Paour.* Le roman versifié a été composé à la fin du XVe siècle, avant 1496. Il comprend 818 alexandrins (sans doute 820 à l'origine), combinés en quatrains monorimes. Il n'en existe pas de manuscrit. La seule copie connue est reliée avec une édition de *La Vie du terrible Robert le dyable,* qui sortit à Lyon en mai 1496 des presses de Pierre Mareschal et Bernabé Chaussart. Le texte y est intitulé *Le Romant de Richart, filz de Robert le dyable,* sans indication d'auteur, d'éditeur, de lieu ou de date d'édition. Cette rédaction fut ensuite adaptée en prose par Gilles Corrozet, libraire parisien (1510-1568), et imprimée au moins cinq fois au XVIe siècle, ce qui atteste un certain succès.

Le poème raconte les exploits de Richard sans Peur, ainsi nommé parce qu'il chevauche jour et nuit en quête d'aventure. Il est présenté comme le fils de Robert le Diable (le *Dit de Robert le Diable*, indique, en effet, que Robert eut un fils, Richard le Normand. Il est possible que l'auteur de *Richart sans Peur* ait cherché à exploiter la popularité de la légende). Dans une série de scènes, Richard affronte et parvient à vaincre des chevaliers (Hellequin est du nombre), des monstres et des diables, dont Brundamor, qui se déguise en femme, épouse Richard, et essaie en vain de le conquérir. La version en prose suit le poème très étroitement mais ajoute quelques épisodes (nouvelles prouesses de Richard, deuxième mariage avec Clarice, fille du roi Astolphe d'Angleterre, voyage en Terre sainte puis accession au trône d'Angleterre après la mort d'Astolphe). Les deux versions s'accordent sur la fin de sa vie qui est exemplaire : Richard vit saintement, fonde des abbayes et fait des donations aux pauvres.

Certains éléments historico-légendaires de ces deux rédactions se retrouvent dans le fonds des chroniques normandes en vers et en prose des XIIe et XIIIe siècles, le *Roman de Rou* de Wace*, la *Chronique des ducs de Normandie* de Benoît de Sainte-Maure*, l'*Histoire des ducs de Normandie et des rois d'Angleterre,* texte anonyme et en prose (ils passeront aussi dans la chronique du XIVe, dite *Grande chronique de Normandie ;* dans un groupe de mss de cette rédaction, Richard apparaît même avec le qualificatif de *sans peur*) ; mais il n'est pas sûr que l'auteur y ait puisé directement, il a pu emprunter à une source commune des légendes qui circulaient oralement.

Le héros, Richard sans Peur, est un avatar de Richard Ier, duc de Normandie, fils de Guillaume Longue-Épée et petit-fils de Rollon, qui régna de 943 à 996. Il fonda plusieurs abbayes en Normandie, Saint-Ouen de Rouen, Saint-Wandrille et la Sainte-Trinité à Fécamp, où il fut inhumé ainsi que son fils Richard II. Autour de cette sépulture, des récits légendaires se sont formés, le plus illustre étant celui du Précieux Sang que l'abbaye s'enorgueillissait de posséder. Il exista très tôt à Fécamp une confrérie de jongleurs, en relation étroite avec l'abbaye. On sait que la Trinité joua un rôle important dans la genèse et la diffusion de la littérature lyrico-épique normande en langue vulgaire du Xe au XIIIe siècle ; c'est par ces jongleurs que dut se répandre, en liaison avec ces poèmes, le personnage légendaire qu'était devenu Richard dans la littérature épique, la mention la plus ancienne se trouvant dans la *Chanson de Roland*,* où il est nommé *Richart li Viel, li sire des Normans.* Il est ensuite souvent compté parmi les douze pairs et figure dans nombre de chansons de geste comme un des principaux barons de Charlemagne (*Renaut de Montauban*, Fierabras*, Gui de Bourgogne**, etc.), mais sans rôle important : il est seulement cité. Le contexte tout à fait anachronique qui l'entoure laisse penser que le public était plus familier avec le personnage épique qu'avec le personnage historique.

La mise en prose du roman de *Richart sans Peur* a, certes, aidé à la diffusion du texte, mais les thèmes folkloriques et les nombreux épisodes diaboliques y ont certainement contribué aussi, à une époque où le surnaturel était en faveur. Le roman sera édité dans la Bibliothèque bleue, comme celui de *Robert le Diable**.

ŒUVRE. — Éd. D.J. Conlon, Chapel Hill, 1977 (*North Carolina Studies in the Romance Languages and Literatures,* 192).

→ Leroux de Lincy, *Essai... sur l'abbaye de Fécamp,* Rouen, 1840 [éd. d'un poème en français sur le Précieux sang, d'après le ms. BN fr. 1555, p. 139-173]. — J. Bédier, *Richart de Normandie dans les chansons de geste,* dans *The Romanic Review,* t. 1 (1910), p. 113-124. — G. Doutrepont, *Les mises en prose des épopées et des romans chevaleresques,* Bruxelles, 1939, p. 8, 304-308, 329, 364, 367, 375, 393 et 451. — M. de Boüard, *L'abbaye bénédictine de Fécamp,* Fécamp, 1959. — A. Moisan, *Répertoire des noms propres de personnes et de lieux cités dans les chansons de geste...,* t. 1, vol. 2, *Textes français,* Genève, 1986, n° 41, p. 828-829. — Cf. *MB* n°s 4156 ; *S* 6705. G.T.L.

Richard de Semilly. Trouvère inconnu, dont l'activité littéraire a dû se dérouler aux environs de 1200. Richard pourrait être originaire de Semilly (Saint-Blin-Semilly : Haute-Marne, arr. Chaumont). On a de lui 11 poèmes lyriques, de ton et de genre variés : sept chansons d'amour, deux pastourelles, une chanson de mal mariée et un *Tournoiement*, dont les champions sont deux dames de la noblesse (*la chastelaine devers Mon[t] le Heri* et *Jaqueline, qu'en claime de Vitri*). Cette dernière pièce, incomplète, ne compte que cinq sizains d'alexandrins monorimes et ne figure que dans un seul ms. (Paris, BN, nouv. acq. fr. 1050).

Richard de Semilly se montre un charmant poète, gracieux et spirituel, ne dédaignant ni les refrains de ton populaire, ni la vie et les amours rustiques ; il aime donner à ses compositions des formes étrangères à la tradition du lyrisme courtois. Comme il situe aux alentours de Paris les aventures qu'il relate dans trois de ses pièces, il est vraisemblable qu'il habitait cette ville ou du moins qu'il y séjourna pendant un certain temps.

ŒUVRES. — A. Jeanroy, *Notes sur le Tournoiement des dames,* dans *Romania,* t. 28 (1899), p. 235-237 [232-244]. — G. Steffens, *Der kritische Text der geschichte von Richart de Semilli,* dans *Mél. W. Foerster,* Halle, 1902, p. 331-362. — *Ludi e spettacoli nel medioevo. I Tornei di dame,* éd. A. Pulega, Milan, 1970, p. XXXII, 11-12, 99-101 (*Cattedra di Filologia romanza dell'università degli studi di Milano*).

→ Linker, n° 224. — Cf. *GRLMA,* t. VI/1, p. 278, 305 ; t. VI/2, n° 6344. — *MB* n°s 2386 ; *S* 4898. G.M. et F.F.H.

Richeut. Sous ce nom, un auteur anonyme conte l'histoire peu édifiante de Richeut, ancienne nonne devenue fille de joie, et de la naissance, de l'éducation et des exploits de son fils Sansonnet, dont un prêtre, un vieux chevalier et un riche bourgeois se partagent la paternité incertaine.

J. Bédier considérait *Richeut* comme le plus ancien fabliau, écrit vers 1159. Depuis, d'autres critiques en ont reculé la date au troisième quart du XIIe siècle (A. Varvaro) et même jusque vers 1189 (A. Vernet). Son appartenance au genre des fabliaux a également été contestée, en raison de sa longueur (1 315 vers) et de sa forme strophique (des strophes de deux à quatre octosyllabes monorimes, suivies d'un vers de quatre syllabes dont la rime est celle de la strophe suivante). On préfère y voir un conte, ou mieux un épisode d'un roman ou d'un cycle plus vaste. En effet le manuscrit est incomplet ou inachevé et le texte contient plusieurs allusions à des épisodes antérieurs. A. Vernet a retrouvé, servant de feuillet de garde à un manuscrit de Clairvaux (Troyes, Bibl. mun. 1511), un fragment d'une aventure dont Richeut est l'héroïne, et qui permet de reconstituer un *Moniage Richeut :* fille noble entrée dans un couvent cistercien, Richeut le quitte pour un prêtre, qu'elle fait assassiner lorsque cet amant devient encombrant.

ŒUVRE. — Éd. I.C. Lecompte, dans *The Romanic Review,* t. 4 (1913), p. 261-305. — *Fragments d'un « Moniage Richeut » ?,* éd. A. Vernet, dans *Mél. F. Lecoy,* Paris, 1973, p. 585-597 [éd. du fragment]. — Trad. italienne R. Brusegan, dans *Fabliaux. Racconti francesi medievali,* Turin, 1980. — Éd. P. Vernay, Berne, 1988.

→ J. Bédier, *Le fabliau de Richeut,* dans *Mél. G. Paris,* Paris, 1891, p. 23-31. — L. Foulet, *Le poème de Richeut et le roman de Renart,* dans *Romania,* t. 42 (1913), p. 321-330. — E. Faral, *Le conte de Richeut, ses rapports avec la tradition latine et quelques traits de son influence,* dans *Cinquantenaire de l'EPHE,* Paris, 1921 (*Bibl. EHE,* 230), p. 253-270. — L. Beltran, *La vieille's Past,* dans *Romanische Forschungen,* t. 84 (1972), p. 77-96. — Cf. *MB* n°s 2533-2535 *bis* ; *S* 4760-4765. A.F.L.L.

Richier. Voir : *Saint Remi (Vie de).*

Rigaut de Barbezieux. Ce troubadour angoumois, qui a eu son temps de gloire au XIIIe siècle, non seulement dans le domaine occitan, mais en Italie, en Catalogne et dans le nord de la France, n'est pas, comme on l'a cru longtemps, un épigone à marotte qui s'essouffle, vers la fin du XIIe siècle, à des comparaisons qu'on trouve partout depuis cinquante ans. Son identification avec un cadet de la famille des viguiers de Barbezieux, arrière-vassaux des comtes d'Angoulême, permet de le situer, avec assez d'exactitude, entre 1140 et 1163. Poète qui assiste ainsi à la fin de carrière de Cercamon* et de Marcabru* (qu'il paraphrase en certaines chansons), poète qui connaît également les débuts de Peire d'Alvernha* et de Bernart de Ventadorn*, c'est un « trouveur », au sens exact du terme. Il rompt volontiers avec les « attaques » traditionnelles des chansons (le renouveau, la nature, l'amour), impose ses curiosités multiples, apporte à la lyrique courtoise les ressources d'une science nouvelle : il donne une esthétique aux Bestiaires*. Connaisseur de l'Antiquité et de sa rhétorique, amateur d'Ovide* qu'il mentionne expressément, Rigaut de Barbezieux justifie pleinement le jugement que portait sur lui l'auteur de sa *Vida :* « Il se plaisait à faire en ses chansons des comparaisons sur les bêtes, les oiseaux et les hommes, et sur le soleil et les étoiles. Et cela pour trouver des moyens plus nouveaux, des moyens qui n'avaient pas encore été utilisés. »

On lui doit, bien avant Chrétien de Troyes*, une allusion explicite à une légende du Graal et de Perceval qui n'a absolument rien à voir avec le roman du grand maître champenois.

ŒUVRE. — Éd. M. Braccini, *Rigaut de Barbezieux, le canzoni,* Florence, 1960. — A. Varvaro, *Rigaut de Berbezilh, liriche,* Bari, 1960 [avec biogr., trad. italienne]. — Éd. partielles : M. de Riquer, *Los trovadores. Historia literaria y textos,* Barcelone, 1975, t. 1, p. 281-299 [PC 421, 2-3 et 10]. — R. Richter, *Die Troubadourzitate im « Breviari d'Amor »,* Modène, 1976, p. 405-411 [PC 421, 1-5-10]. — A. Rossell i Mayo, *Monodia cortesana trobadoresca. Seixanta-quatre transcripcions inédites de Mn. Higini Anglès,* Barcelone, 1976, p. 187-192 [éd. de la musique].

→ PC 421. — R. Lejeune, *Le troubadour R. de Barbezieux,* dans *Mél. I. Frank,* Sarrebruck, 1957, p. 269-295. — D'A.S. Avalle, *La Letteratura medievale in lingua d'oc nella sua tradizione manoscritta,* Turin, 1961, p. 159-178. — R. Lejeune, *Analyse textuelle et histoire littéraire. Rigaut de Barbezieux,* dans *Le Moyen Âge,* t. 68 (1962), p. 331-377 ; *La datation du troubadour R. de Barbezieux. Questions de détail et question de méthode, ibid.,* t. 70 (1964), p. 397-417 [1140-1160] ; repris dans *Marche Romane,* n° hors-série (1979), p. 237-249. — A. Varvaro, *Encore sur la datation de R. de Barbezieux,* dans *Le Moyen Âge,* t. 70 (1964), p. 377-395 [préfère 1170-1210]. — J. Duguet, *L'identification du troubadour Rigaud de Barbezieux,* dans *Bull. des Antiquaires de l'Ouest,* t. 9 (1968), p. 537-547. — K. Ruh, *R. de Barbezieux und der Gral,* dans *Zeitschrift für deutsches Altertum,* t. 97 (1968), p. 189-195. — C. Roth, *Du bestiaire divin au bestiaire d'amour,* dans *Études de lettres,* s. 3, t. 2 (1969), p. 197-216. — F. Pirot, *Recherches sur les connaissances littéraires des troubadours occitans et catalans des* XIIe *et* XIIIe *siècles,* Barcelone, 1972, p. 485-494. — R. Taylor, *La littérature occitane du Moyen Âge,* Toronto, 1977, n°s 552-557 [bibliogr.] ; *Les images allégoriques d'animaux dans les poèmes de R. de Barbezieux,* dans *CN,* t. 38 (1978), p. 251-259 [PC 421, 2]. — J.H. Martin Mc Cash, *Marie de Champagne and Eleanor of Aquitaine : a Relationship Reexamined,* dans *Speculum,* t. 54 (1979), p. 698-711. — S. Guida, *Problemi di datazione e di identificazione di trovatori. I. Rigaut de Berbezilh...,* dans *Studi provenzali e francesi* 86/87, *Romanica Vulgaria,* Quaderni 10/11, L'Aquila, 1989, p. 87-108.

Ri.L.

Rigord. Rigord se déclare lui-même *natione Gothus,* c'est-à-dire originaire du bas Languedoc (Alais ou Nîmes), où il naquit entre 1145 et 1150. Il fut d'abord médecin et exerçait encore dans son pays natal en 1186, tout en ayant déjà commencé à rédiger l'histoire de Philippe Auguste. Par la suite, il entra comme moine à Argenteuil, puis à Saint-Denis où on le trouve en 1189. Il mourut vers 1209.

C'est en 1196 que Rigord offrit au roi la première rédaction de ses *Gesta Philippi Augusti.* En 1200 il dédiait une rédaction abrégée de cet ouvrage au prince Louis (le futur Louis VIII). Il avait entre-temps composé pour le prieur Jean une courte histoire des rois de France, conçue pour illustrer les tombeaux de Saint-Denis (la fin manque à partir de 954). C'est un abrégé de l'histoire de France destiné aux visiteurs de l'abbaye. Le règne de chaque roi y est condensé en quelques lignes et se termine par l'explication de l'emplacement de son tombeau à Saint-Denis.

L'œuvre majeure de Rigord, les *Gesta,* fut écrite en plusieurs fois et la rédaction en fut poursuivie jusqu'en 1207-1208. L'auteur rapporte des faits dont il a été témoin, d'autres qui lui ont été relatés. Il a puisé dans les archives de Saint-Denis et utilisé des documents, des actes publics et de nombreuses lettres qu'il lui arrive de reproduire entièrement (comme le testament de Philippe Auguste ou certaines ordonnances). Il a consulté Aimoin de Fleury*, Hugues de Saint-Victor*, Geoffroi de Monmouth*. Continué par Guillaume Le Breton*, l'ouvrage fut traduit en français et inséré dans les *Grandes chroniques**. Rigord, qui s'intitulait *chronographus Francorum regis,* était un homme lettré et soigneux, témoignant d'un esprit indépendant. Au début l'ouvrage se présente un peu comme un panégyrique du roi (c'est Rigord qui le premier lui a donné le surnom d'Auguste, qui devait lui rester), puis le ton change et l'auteur ne se prive pas de porter des jugements sévères sur la conduite royale. Cela n'empêcha pas les *Gesta* d'être ensuite réunis aux chroniques officielles de la couronne.

ŒUVRES. — *Recueil des Historiens des Gaules et de la France,* t. 17, 1878, p. 1-60. — H.F. Delaborde, *Œuvres de Rigord et de Guillaume le Breton, historiens de Philippe Auguste,* t. 1, Paris, 1882, p. 1-187.

→ H.F. Delaborde, *Notice sur les ouvrages et sur la vie de Rigord, moine de Saint-Denis,* dans *BEC,* t. 45 (1884), p. 585-614. — E. Carpentier, *Histoire et informatique. Recherche sur le vocabulaire des biographies royales françaises,* dans *CCM,* t. 25 (1982), p. 3-30 ; *L'homme, les hommes et la femme. Étude sur le vocabulaire des biographies royales françaises (*XIe*-*XIIIe *siècle),* dans *Annales ESC,* t. 41 (1986), p. 325-346. — Molinier, 2211, 2212, 2530, t. 5, n° 162. — *Lexikon für Theologie und Kirche,* t. 8, 1963, col. 1310.

Voir aussi : *Chroniques de France (Grandes).*
M.H.P.

Riote du monde. Il existe plusieurs textes qui portent ce titre. Le plus connu, long de plus de 400 octosyllabes à rimes plates, est aussi appelé *Dit du jongleur d'Ely et de monseigneur le roi d'Angleterre.* Il a été composé en Angleterre dans la seconde moitié du XIIIe siècle. On connaît également trois versions en prose du XIIIe siècle, dont une en anglo-normand et une en picard, et un poème d'environ 200 octosyllabes en français, découvert par J. Ulrich.

Sous la forme d'un dialogue entre un jongleur et un roi qui se croisent sur une route, il s'agit d'un recueil d'anecdotes morales et de propos inspirés par la malveillance naturelle de l'homme. Sur un problème insoluble — comment se conduire dans la vie pour ne pas prêter à la médisance — l'auteur a composé une farce gaie, vivante et instructive, qui recèle, sous le badinage, des profondeurs d'ironie.

ŒUVRE. — *Le Roi d'Angleterre et le jongleur d'Ely,* éd. F. Michel, Paris, 1834. — *La Riote du Monde,* éd. J. Ulrich, dans *ZRPh,* t. 8 (1884), p. 275-289 [éd. le *Jongleur d'Ely* et les trois versions en prose] ; *Neue versionen der Riote du Monde, ibid.,* t. 24 (1900), p. 112-120 [nouv. version en octosyllabes]. — *La Riote di Monde, a New Fragment,* éd. G.E. Brereton, dans *Medium Aevum,* t. 4 (1935), p. 95-99 [fragment en prose].

→ C.-V. Langlois, *La vie en France au Moyen Âge d'après quelques moralistes du temps,* Paris, 1926, p. 129-140 [analyse et extraits]. — Cf. *GRLMA,* t. VI, n° 7088. *MB S* 5095. A.F.L.L.

Roau d'Arundel. Voir : *Lettre du Prêtre Jean.*

Robert d'Auxerre (1156-1212). Religieux de l'ordre des Prémontrés, Robert était chanoine à l'abbaye de Saint-Marien d'Auxerre. À la demande de son abbé, Milon de Trainel (1156-1202), il écrivit une chronique universelle que l'on considère comme une des meilleures du Moyen Âge. La partie primitive part de la Création et va jusqu'en 1181 ; ensuite elle a été poursuivie jusqu'en 1199 et à cette date copiée à l'abbaye de Pontigny ; enfin elle a été continuée par son auteur jusqu'en 1211. Robert utilise en premier lieu la chronique d'Eusèbe-Jérôme et celle de Sigebert de Gembloux* dans la version et avec la continuation dite de Prémontré qui mène le texte jusqu'en 1155. Deux autres textes lui fournissent une matière abondante : l'*Historia ecclesiastica* d'Hugues de Fleury* et le *Libellus de recordatione temporum* intitulé par L. Delisle *Chronique du pseudo Guillaume Godel.* De nombreux textes hagiographiques constituent des sources complémentaires. À partir de 1182, Robert d'Auxerre doit rédiger avec « ce qu'il a vu ou ce qu'il a appris par des récits dignes de foi », en s'appuyant cependant sur des lettres de croisades et des lettres pontificales.

On a conservé l'exemplaire original de la chronique, le ms. d'Auxerre 132, sur lequel on peut voir comment Robert a travaillé, corrigeant son texte primitif, ajoutant en interligne ou dans les marges des membres de phrases et des paragraphes plus ou moins étendus, supprimant par des grattages ou des signes d'annulation des passages qui lui paraissaient inexacts ; des notes tracées après coup avertissent le lecteur de quelques erreurs chronologiques et indiquent la place qui aurait le mieux convenu à certains articles. Robert a fait copier, sur un cahier ajouté en tête de la chronique, trois courts extraits : il s'agit d'une description de l'univers tirée d'Isidore de Séville* et d'Orose, d'une liste des rois de France depuis Priam jusqu'à Philippe Auguste, des empereurs de Charlemagne à Barberousse, des papes, des archevêques de Sens, Bourges, Canterbury, des évêques d'Auxerre, Troyes, Nevers et Paris, enfin un état des titres cardinalices et des archevêchés et évêchés de toute la Chrétienté.

Robert ne cache pas qu'il a utilisé de nombreuses sources, il en donne scrupuleusement la liste — il n'en cite pas moins de 42. Il précise même qui a écrit les textes qu'il utilise et comment ces textes se relient les uns aux autres. Il sait distinguer les compilations qui ont de la valeur de celles qui n'en ont pas. Cependant il n'est pas esclave de ses documents, il est même extraordinairement critique pour son époque. Il accueille avec méfiance les fables et les légendes. Il écarte les récits des « trouvères » qui sont entrés dans presque tous les textes de son temps. Bien que vraisemblablement il la connaisse, il ne fait pas une fois référence à la légende de Charlemagne, telle qu'elle figure dans la *Chronique du Pseudo-Turpin** et la *Descriptio qualiter.* Il fait un rapide exposé de la vie et des conquêtes du roi Arthur, mais incite son lecteur à la méfiance devant ce roi qui n'est mentionné que par Geoffroi de Monmouth*. Il démonte toutes les erreurs et les invraisemblances de la version de la légende de l'Invention de la Sainte Croix, donnée par le *Liber pontificalis* et conclut : « Il faut donc réfuter ce que l'Autorité et le raisonnement rejettent, et penser qu'il s'agit d'une fiction pleine de fausseté, puisqu'il n'y brille aucune parcelle de vérité. Si on affirme que ce texte doit être conservé parce qu'il est lu dans les églises du fait d'une longue tradition, qu'on sache que lorsque le raisonnement s'oppose à l'usage, l'usage doit nécessairement céder devant le raisonnement. » Cependant, Robert d'Auxerre ne cherche pas à s'effacer devant l'exposé des faits. Au contraire, toute sa chronique est inspirée par une véritable théologie de l'histoire, nourrie de saint Augustin, Orose et Hugues de Saint-Victor*. Deux thèmes la dominent : celui de l'instabilité du monde où tout change, où les royaumes s'accroissent les uns aux dépens des autres puis s'écroulent ; celui de l'intervention constante de Dieu dans l'histoire qui permet la croissance de l'Église et le triomphe de la piété.

Dans la dernière partie de sa chronique, sa documentation étant plus restreinte, l'horizon est lui aussi plus étroit. Il demeure bien informé sur la Terre sainte, l'empire byzantin et la croisade, son principal centre d'intérêt. Il ne prend pas parti dans le conflit entre Frédéric Barberousse et la papauté. Par contre, l'image qu'il donne de Philippe Auguste et du règne de celui-ci est loin d'être idéalisée : le roi, surtout dans les premières années de son gouvernement, apparaît comme un souverain qui n'a pas toujours respecté les droits des églises, ni la morale chrétienne du mariage, qui, à la différence de son père, a multiplié les guerres, et qui, s'il a reconquis la Normandie, n'a pas pu, ou n'a pas voulu, délivrer Jérusalem. Robert montre un très grand intérêt pour la fondation et l'histoire des monastères, de même que pour l'histoire des évêchés. Il consacre beaucoup de place à son ordre pour lequel il a une haute considération. Sa vision personnelle des événements, l'exactitude chronologique de ce qu'il rapporte, même si ce n'est pas toujours original, donnent une grande valeur à sa chronique. Son latin est bon et élégant.

La chronique de Robert d'Auxerre a été très utilisée par les historiens postérieurs, l'auteur anonyme du *Chronicon Turonense,* Guillaume de Nangis*, Géraud de Frachet*, dont la chronique sera parfois confondue avec celle de Robert, car les deux ouvrages ont le même incipit : « In primordio temporis ante omnem diem », l'anonyme auteur de l'*Historia Francorum usque ad annum 1214.* Plusieurs religieux de Saint-Marien ont jeté sur les deux derniers feuillets du ms. original des notes décousues relatives à des événements de l'histoire générale et de l'histoire locale du XIIIe et même du XIVe siècle ; une continuation embrassant les années 1211-1220, œuvre d'un religieux de Saint-Marien d'Auxerre, est conservée dans d'autres mss. Il existe aussi des traductions abrégées en français du milieu du XIIIe siècle.

ŒUVRE. — Éd. N. Camuzat, *Chronologia, seriem temporum et historiam rerum in orbe gestarum continens ab ejus origine usque ad annum a Christi ortu millesimum ducentesimum...,* Troyes, 1608 [éd. non intégrale et défectueuse]. — Éd. partielle O. Holder-Egger, dans *MGH, SS,* t. 26 (1882), p. 226-287 [à partir de l'année 1112 seulement]. — Éd. de l'abrégé en français, L. Delisle, dans *Notice sur un abrégé en français de la Chronique universelle de Robert de Saint-Marien d'Auxerre, d'après un ms. du musée Condé,* dans *BEC,* t. 58 (1897), p. 529-553.

→ L. Delisle, dans *HLF,* t. 32 (1898), p. 503-535. — R.N. Walpole, *Philip Mouskes and the Pseudo-Turpin Chronicle,* Berkeley-Los Angeles, 1947, p. 368-372 [pour l'utilisation de la chronique dans l'*Historia Francorum usque ad annum 1214*]. — N. Backmund, *Der Mittelalterlichen Geschichtsschreiber des Prämonstratenserordens,* Averbode Praemonstratensia, 1972 (*Bibliotheca analectorum Praemonstratensium,* fasc. 10), p. 260-267. — C.L. Neel, *The Medieval Historian at Work : the Autograph of Robert of Auxerre's Chronicle,* dans *Ninth Saint Louis Conference on Ms. Studies,* 1982 ; *Man's Restoration : Robert of Auxerre and the Writing of History in the Early Thirteenth Century,* dans *Traditio,* t. 44 (1988), p. 253-274. — Molinier n° 2514.

G.T.L.

Robert Bicket. De Robert Bicket, nous ne savons rien si ce n'est qu'il écrivit le *Lai du Cor* en anglo-normand, dans le deuxième tiers ou le troisième quart du XIIe siècle, et qu'il prétend tenir son histoire d'un abbé. P. Bennett pense qu'il écrit non en Angleterre mais dans l'Ouest de la France, peu avant 1200 ; mais C.T. Erickson ne reprend pas ces précisions à son compte. Le *Lai du Cor* (environ 600 vers de six syllabes) est probablement le plus ancien lai conservé. Il traite avec un humour plutôt cru d'un thème fréquent dans la littérature celtique et la « matière de Bretagne » : le test de chasteté des épouses. À la cour d'Arthur, à Cirencester (Chichester), un messager apporte un cadeau de Mangoun, roi de Moraine, à Arthur : un cor, c'est-à-dire une corne à boire, fabriqué par une fée. Aucun homme jaloux ou dont la femme est infidèle ne pourra y boire. C'est en vain qu'Arthur et ses chevaliers tentent l'épreuve ; seul Garadue — ou Caradoc — encouragé par sa femme, réussira. À la fin de son histoire, l'auteur se nomme : « Robert Bikez ».

ŒUVRE. — Éd. C.T. Erickson, Oxford, 1973 (*ANTS*, 24). — *Mantel et Cor, deux lais du* XIIe *siècle*, éd. P. Bennett, Exeter, 1975.

→ E. Hoepffner, *The Breton Lais*, dans *Arthurian Literature in the Middle Ages*, Oxford, 1959, p. 112-121. — M.D. Legge, *Anglo-Norman Literature and its Background*, Oxford, 1963, p. 132-133. — A. Bell, *Comments on the Lai du Cor*, dans *Medium Aevum*, t. 45 (1976), p. 265-278. — J. Rider, *Courtly Marriage in Robert Biket's Lai du cor*, dans *Romania*, t. 106 (1985), p. 173-197. — Cf. *MB* n°s 1538 ; *S* 2849-2850. A.F.L.L.

Robert de Blois. Poète courtois et didactique du XIIIe siècle. Nous n'avons que peu de renseignements sur sa vie. Il paraît avoir mené l'existence mouvementée d'un trouvère, après avoir reçu l'éducation d'un clerc, comme certaines allusions dans son œuvre le laissent présumer. Sa carrière littéraire se place vers le milieu du siècle. La dédicace de son œuvre dans un ms. de l'Arsenal s'adresse à Hue Tyrel, seigneur de Poix de 1230 à 1260, et à son fils Guillaume, de 1260 à 1302 ; il y mentionne encore Geoffroi de la Chapelle, beau-père de Hue, panetier de France, puis président au Parlement. Il a connu aussi Thierry, comte de Forbach, ce qui nous maintient au deuxième tiers de ce siècle, et Jean de Bruges (personnage du XIIIe siècle, difficile à identifier avec précision).

Robert est l'auteur d'un roman breton, *Beaudous*, d'un roman d'aventure, *Floris et Lyriopé*, d'une *Chanson d'Amors*. Ses œuvres didactiques sont : le *Chastoiement des Dames*, l'*Honneur des Dames*, l'*Enseignement des Princes ;* il faut ajouter deux poèmes religieux, *De la Trinité* et la *Création du Monde*, enfin trois poèmes lyriques.

Poète économe, qui ne voulait rien laisser perdre de ses œuvres, il utilise plusieurs fois certains passages. Après avoir préparé lui-même une édition de ses poésies, il la remanie plus tard pour en faire une édition nouvelle. Moraliste, il met au plus haut la qualité de modération. Écrivain, il tourne agréablement les vers, et, à défaut de vigueur, il évite la monotonie, redoutable écueil du genre didactique. Par l'ensemble de son œuvre, Robert représente à la fois la tradition courtoise et le didactisme de son époque.

1. *Beaudous*, son roman arthurien, raconte l'histoire du fils de Gauvain et de la demoiselle de Galles. Il a l'intention de quitter sa mère pour se rendre à la cour d'Arthur, où se dérouleront les cérémonies du couronnement de Gauvain qui a perdu son père, le roi Lot. La mère donne de longs conseils à son fils ; elle lui recommande, en particulier, de ne se faire connaître que sous le nom de Chevalier aux deux écus et l'adoube avant son départ. Beaudous rencontre une pucelle qui recherche pour sa maîtresse un chevalier assez brave pour la délivrer d'un prétendant brutal : elle est, en effet, assiégée par Mardoine qui veut l'épouser de force. Beaudous tire l'épée que porte la pucelle, et cette épreuve le désigne comme le champion de la dame. Tandis qu'il chemine à son secours, il triomphe d'Ermoleüs, que sa belle avait condamné à vaincre vingt chevaliers. La demoiselle — on apprendra plus loin qu'elle s'appelle Beauté — se réjouit en apprenant l'arrivée de son défenseur et son extraordinaire beauté. Mais Beaudous, qui a fait halte dans un château avant de fondre sur les assaillants, tombe dans un guet-apens monté par les gens de Mardoine et tue presque tous ses adversaires. Vainqueur ensuite des assiégeants, il est accueilli par Beauté, qui se nomme et lui donne d'instinct le nom de Beaudous. Une conversation amoureuse s'engage, bientôt suivie du premier baiser, d'une autre conversation précieuse et d'un rêve érotique de Beaudous. Mais il faut en finir avec Mardoine : c'est d'abord la mêlée générale, puis un combat singulier d'où notre

héros sort vainqueur : Mardoine se rendra prisonnier chez Arthur. La mère de Beaudous est justement arrivée à la cour et, très étonnée de n'y point trouver son fils, elle est heureuse d'avoir par Mardoine des nouvelles de lui. Beaudous a l'intention de prendre part au tournoi de Guincestre que vient de faire annoncer Arthur, se fiance avec Beauté et l'envoie à la cour. Quant à lui, il fait merveille au tournoi, en changeant d'écu chaque jour pour garder l'incognito. Après avoir désarçonné les plus vaillants chevaliers, il se mesure avec Gauvain ; le combat se termine sans qu'aucun des deux ait l'avantage ; mais quand Beaudous s'est retiré, il est reconnu grâce au double écu qu'il a laissé sur la place. Arthur le retrouve à Londres et on prépare le couronnement de Gauvain et de son fils.

Le manuscrit unique s'arrête là (v. 4610). L'œuvre est écrite avec une certaine aisance ; mais si Robert de Blois fait preuve d'une agréable facilité, thèmes, situations, détails sont empruntés à la littérature antérieure. Il connaît bien en particulier Chrétien de Troyes*, et spécialement son *Perceval :* les conseils de la mère à son fils sont une imitation directe de ce roman, et, dans une édition complète de ses œuvres, Robert a fait tenir dans ce « chastiement » tous ses écrits didactiques, y compris son *Floris et Lyriopé.* On trouve dans *Beaudous* une analyse assez fine de la jalousie.

2. *Floris et Lyriopé.* Dans ce petit roman de 1 748 octosyllabes, Robert de Blois s'est proposé de montrer les dangers d'un orgueil excessif, mais il faut avouer que le récit correspond assez mal à cet avertissement initial. Le livre s'ouvre par le portrait d'un parfait gentilhomme, Narcisse, duc de Thèbes, et par celui de sa fille, Lyriopé, plus belle qu'Hélène ; mais elle est orgueilleuse et méprise tous les chevaliers qui ont prétendu à sa main. Il y a à la cour du duc deux jumeaux, Floris et Florie, enfants d'un vavasseur ; ils se ressemblent tant qu'on ne peut les distinguer l'un de l'autre. Le duc a fait élever Florie en compagnie de sa fille ; ainsi Floris, en venant voir sa sœur, rencontre Lyriopé et il est bientôt amoureux d'elle. Cet amour sans espoir le plonge dans une détresse telle qu'il en devient malade ; la mère assiste, impuissante, à l'agonie de son fils. Mais le damoiseau confie son amour à sa sœur ; celle-ci consent à lui prêter sa robe et, sous ce travestissement, notre amoureux peut approcher la princesse qui le prendra pour sa sœur. Mais Lyriopé prend goût aux jeux nouveaux qu'on lui apprend ; un jour de mai, Floris se fait connaître, Lyriopé devient enceinte et son séducteur, craignant la colère du duc, s'exile pour un an, profitant de l'occasion pour faire son apprentissage des armes à la cour d'Arthur. Lyriopé, au grand désarroi de sa mère, met au monde un enfant, à qui on donne le nom de Narcisse et que, pour éviter le scandale, on fait passer pour le fils de Florie. Un devin prédit qu'il ne vivra que jusqu'au jour où il se connaîtra. Quand Floris apprend en Angleterre la mort du duc, il se hâte de rentrer et d'épouser Lyriopé ; il reconnaît bien entendu pour son fils le petit Narcisse, dont la beauté fait la fierté de ses parents. Le poème se termine par le mythe de Narcisse, d'après Ovide* (*Métamorphoses,* III), que Robert a directement traduit ou imité ; mais il remplace la nymphe Écho, amoureuse de Narcisse, par une beauté anonyme.

Robert a pris son sujet dans l'*Alda** de Guillaume de Blois, comédie latine ou plutôt fabliau latin du XIIe siècle, mais en le traitant dans un esprit tout différent. L'*Alda* est un conte grivois, dit E. Faral, *Floris* est un conte courtois. Ce conte ne manque pas de grâce, le récit est alertement mené, la versification en est souple. C'est, avec quelques vers sur la mort dans les *Poésies Religieuses,* la meilleure œuvre de Robert de Blois.

3. Œuvre didactique, le *Chastoiement des dames* est une sorte de code des convenances mondaines à l'usage des femmes, en vers octosyllabiques. Il est difficile de se bien conduire, constate d'abord l'auteur, si l'on veut éviter à la fois l'intempérance de paroles et le silence qui risquerait de passer pour fierté. Voici — entre autres — quelques préceptes : marcher dignement, regarder les hommes avec discrétion ; ne pas se vanter ; ne pas accepter de bijoux sans prudence ; ne pas donner dans la dispute comme une ribaude, et ne jamais répondre ; ne pas jurer, ne pas trop boire, ne pas trop manger, etc. Ce traité enseigne encore

comment se tenir à l'église, aux différents moments du culte, conseille de chanter en société sans se faire prier, indique quelques soins de beauté, comment se comporter à table. Il faut enfin fuir tout mensonge. La dernière partie est consacrée à la conduite à adopter en amour : une dame repousse par principe les avances d'un soupirant, mais sans dureté, de façon à ne pas le décourager. Robert nous donne alors, pour terminer, un exemple de conversation amoureuse.

Il y a, on le voit, quelque désordre dans ce traité qu'il faut rapprocher de nombreux « enseignements », où les auteurs dispensent complaisamment des leçons de maintien à ce public qui en est friand. Il est d'ailleurs destiné uniquement aux dames ; le dernier chapitre rappelle les casuistiques sentimentales d'André le Chapelain*. Le *Chastoiement* est en quelque sorte un Ovide moralisé* et rationalisé.

4. *L'Enseignement des Princes*, encore un poème didactique et moral, en vers octosyllabiques, est précédé, dans la plupart des manuscrits, d'un prologue-dédicace, où Robert déclare qu'il écrit pour amender le siècle et se livre à de vives critiques vis-à-vis des seigneurs et des prélats, dont la ladrerie fait scandale. Le poème lui-même se présente comme une suite de développements sans liens entre eux. Le premier, appelé dans quelques manuscrits *L'Honneur des Dames,* enseigne le respect qu'on doit aux femmes, eu égard à Notre Dame, mère du Sauveur, et parce que l'amour fait monter en prix les chevaliers ; le deuxième détaille le symbolisme des armes du chevalier (thème souvent traité) ; le troisième condamne la médisance ; le quatrième, l'envie, mal terrible et inguérissable ; le cinquième, l'orgueil, avec une paraphrase de l'histoire de Jonas ; le sixième conseille de ne jamais accorder sa confiance aux serfs (exemple de Darius et d'Alexandre). Viennent ensuite des chapitres contre les « losenjors » et les traîtres (mention de Ganelon et de *Guillaume d'Angleterre**), contre l'avarice (histoire d'Alexandre et de Porus, éloge d'Arthur et de sa largesse) et enfin sur la patience et la maîtrise de soi (exemple de César à Ilerda).

L'ouvrage, plein de souvenirs littéraires, témoigne de nombreuses lectures : Robert connaît en particulier *l'Alexandreis* de Gautier de Châtillon*. Rien, au reste, de très personnel dans ces portraits ou ces courtes analyses, où figurent bon nombre de lieux communs.

Le *Chastoiement* et l'*Enseignement* représentent, réunis, un véritable manuel d'éducation courtoise, fournissant aux dames et aux chevaliers des règles de conduite.

ŒUVRES. — Éd. des œuvres complètes : J. Ulrich, *Sämtliche Werke Robert von Blois,* Berlin, 3 vol., 1889-1895. — *Floris et Lyriopé* : éd. W. von Zingerle, *Floris et Liriopé,* Leipzig, 1891 ; P.E. Barrette, *Robert de Blois, Floris et Lyriopé,* Berkeley, 1968 (*Publ. in Modern Philology,* 92). — *Chastoiement des dames* et *Enseignement des princes* : J. Fox, *Robert de Blois, son œuvre didactique et narrative. Étude suivie d'une éd. critique de l'Enseignement des Princes et du Chastoiement des Dames,* Paris, 1950. — *L'Honneur des dames* : éd. P. Meyer, *Plaidoyer en faveur des femmes,* dans *Romania,* t. 6 (1877), p. 501-503.

→ A. Duval, dans *HLF,* t. 19, p. 833. — P. Paris, *ibid.,* t. 23, p. 735. — P. Meyer, *Note sur Robert de Blois,* dans *Romania,* t. 17 (1888), p. 282-284. — A.A. Hentsch, *De la littérature didactique du Moyen Âge s'adressant aux femmes,* Cahors, 1903, p. 75-80 (réimpr. Genève, 1975). — E. Faral, *Le fabliau latin au Moyen Âge,* dans *Romania,* t. 50 (1924), p. 323-385 [sur les rapports entre *Floris et Lyriopé* et l'*Alda* de Guillaume de Blois]. — C.V. Langlois, *La Vie en France au Moyen Âge d'après quelques moralistes du temps,* Paris, 2e éd., 1926, p. 176-204. — A. Micha, *Les éditions de Robert de Blois,* dans *Romania,* t. 69 (1946-1947), p. 248-256. — F. McCulloch, *La création du monde de Robert de Blois, ibid.,* t. 91 (1970), p. 267-277. — J.H. Winkelman, *Die Brücken pächter und die Turmwächterepisode im Trierer Floyris und in der Version « aristocratique » des altfr. Florisroman,* Amsterdam, 1977 (*Amsterdamer Publ. zur Sprache und Literatur,* 27). — Linker, n° 226. — Cf. *GRLMA,* t. IV/2, nos 424, 428 ; t. IV/1, p. 377, 378, 386, 459-460 ; t. VI/2, nos 2424, 2772, 2892, 2896. — *MB,* nos 2037-2046, 2387, 2688-2698, 6416-6417 ; *S* 4161-4162, 5637.

A.M.

Robert Blondel. Né entre 1380 et 1400 dans le Cotentin, Robert Blondel quitta la Normandie vers 1417-1418 après la conquête anglaise. Il s'installa à Angers, ville favorable à Charles VII. En 1436, on le trouve attaché à la maison de Yolande d'Aragon, reine de Sicile et duchesse d'Anjou. En 1449, il passe au service de la cour de Bretagne, où il est chargé de l'éducation de François, comte d'Étampes et futur duc de Bretagne. En 1454, il est « maître d'école » de Charles de France, duc de Berry, second fils survivant de Charles VII et de Marie d'Anjou. Il est mort après 1460.

Il a écrit principalement en latin, en prose et en vers, des ouvrages à caractère politique, dans lesquels il manifeste un ardent patriotisme ; ce sont essentiellement des appels à la résistance face à l'ennemi anglais. Le *De complanctu bonorum Gallicorum* (907 vers) a été composé peu après le traité de Troyes (1420). C'est un pamphlet dirigé contre l'alliance anglo-bourguignonne, dans lequel tous les « bons et loyaux Français » sont incités à se serrer autour du dauphin Charles, l'unique représentant des droits de la couronne de France. L'ouvrage fut immédiatement traduit et amplifié par un clerc du nom de Robinet, qui se dit, comme Blondel, exilé de Normandie, sous le titre : *La complaincte des bons François* (2 516 vers). Ses deux autres œuvres importantes sont à caractère plus nettement historique. Dans l'*Oratio historialis,* qui date de 1449, Blondel exhorte Charles VII à poursuivre sans trêve la guerre contre les Anglais. On y retrouve les arguments développés par Jean de Montreuil* et Jean Juvénal des Ursins* dans leurs traités polémiques, où ils s'efforcent de démontrer que les Anglais ne pouvaient prétendre à la couronne de France et avaient perdu tout droit sur leurs possessions continentales. À l'appui de son raisonnement, Blondel présente le tableau des guerres que l'Angleterre a faites à la France depuis le XIIe siècle et impute à sa déloyauté toutes les ruptures de trêves et de traités. Il invoque le souvenir de Philippe Auguste et de saint Louis. C'est un plaidoyer violent et éloquent contre les Anglais. Cet ouvrage fut remis à Charles VII, qui dut l'apprécier puisque, quelques années plus tard, il choisit Blondel comme précepteur pour son fils. Il en existe une traduction sous le titre : *Droits de la couronne de France.* Le second ouvrage historique de Blondel est la *Reductio Normanniae,* certainement écrite dès la fin de la guerre, donc après 1450. Il y fait le récit développé des événements qui se déroulèrent en Normandie et en Guyenne de mars 1449 à août 1450, date de la réduction de Cherbourg. L'ouvrage ne sera pas traduit, peut-être parce que le récit s'en trouvait déjà dans la chronique française de Jean Chartier* et dans une relation anonyme qui sera reprise par le héraut Berry* dans ses *Chroniques de Charles VII.* Robert Blondel enfin a traduit, pour Marie d'Anjou ou pour Charles de France, un traité latin moral sous forme de sermon auquel il a apporté quelques développements, les *Douze périls d'enfer.* Il est encore connu par une lettre en latin accompagnée d'une traduction ; cette épître est perdue, mais elle est mentionnée dans un mandement de Jean V de Bretagne, daté du 12 mai 1246, dans lequel le duc récompense Blondel et un autre poète, angevin lui aussi, Robert Regnault. L'intérêt de ce document est de montrer l'existence d'un petit centre littéraire à Angers au début du XVe siècle.

Robert Blondel est surtout un propagandiste au service de Charles VII. C'est aussi un défenseur des droits et des immunités de l'Église. À voir la sévérité avec laquelle il condamne les atteintes portées aux privilèges du clergé et au respect qui lui est dû, on peut en déduire que c'était un clerc.

ŒUVRES. — Éd. A. Héron, 2 vol., Rouen, 1891-1893 (*Publ. de la Société de l'Histoire de Normandie*) [éd. avec les trad.], réimp. Genève, 1974.

→ Vallet de Viriville, *Notice sur Robert Blondel, poète, historien et moraliste du temps de Charles VII,* dans *Mémoires de la Société des Antiquaires de Normandie,* t. 19 (1851), p. 161-226 ; *Nouvelles recherches sur la vie et les écrits de Robert Blondel,* dans *Notices et extraits des mss de la BN,* t. 127 (1851), p. 406-411. — J. Lemoine, *Un mandement de Jean V, duc de Bretagne, en faveur de Robert Blondel et de Robert Regnault,* dans *BEC,* t. 54 (1893), p. 123-127. — Molinier n° 4135. — Nouveau Potthast, t. 2, p. 540. G.T.L.

Robert de Boron (actif autour de 1190-1210). Auteur du *Roman de l'Estoire dou Graal.* Originaire du village de Boron (à l'est de Montbéliard), clerc ou chevalier, on ne sait, il a écrit son roman sous le patronage de Gautier de Montbéliard († 1212) ; peut-être a-t-il accompagné son protecteur en Orient et, en particulier, à Chypre, pour la quatrième croisade (hypothèse de P. Gallais). Son *Estoire dou Graal* ou *Joseph d'Arimathie* qui daterait des années 1200 (après 1212 selon P. Gallais) et qui se compose de 3 500 octosyllabes, christianise définitivement le *graal* en s'inspirant d'écrits apocryphes (*Evangelium Nicodemi...*) et en mettant en scène une sorte de *translatio religionis* à côté de la *translatio imperii et studii :* le Graal quitte Jérusalem pour l'Angleterre. Ainsi Joseph d'Arimathie, emprisonné par les juifs, se voit confier par Jésus la garde du *Veissel* dans lequel le Christ institua l'Eucharistie, le soir de la Cène, et qui servit ensuite à recueillir son sang lors de la descente de Croix ; Vespasien, guéri par le voile de Véronique, se convertit et libère Joseph ; celui-ci fonde, par l'intermédiaire de son beau-frère Bron, la pieuse lignée des gardiens du Graal, nouveau nom du Vase précieux, nom mis en rapport avec le verbe *agreer,* « servir à gré » ; Bron et sa descendance sont finalement appelés sur les ordres du Christ à aller en Occident dans les *vaus d'Avaron* (Avalon, soit Glastonbury) pour y garder, en Rois Pêcheurs, le Graal. L'origine de la légende reste obscure : genèse orientale (cf. P. Gallais) ou genèse occidentale (autour de l'abbaye de Glastonbury, lieu clé dans la fondation du mythe arthurien) ? La seconde hypothèse est plus séduisante, mais nous n'avons aucune preuve d'une relation précise entre la Franche-Comté et l'Angleterre. Dans l'unique manuscrit (BN fr. 20047), le *Joseph* est suivi d'un fragment de *Merlin* (502 octosyllabes), relatant la naissance diabolique de Merlin*. La trilogie du pseudo-Robert de Boron* (*Joseph, Merlin, Perceval*), appelée parfois aussi *Petit-Saint Graal,* peut ainsi être considérée comme une mise en prose de l'œuvre de Robert de Boron, du moins pour le *Joseph* et le *Merlin,* car il est difficile d'affirmer que Robert de Boron ait aussi écrit un *Perceval* en vers, dont le *Didot-Perceval* serait la version « dérimée ». Robert de Boron, en mettant le premier en roman la préhistoire du Graal — le Graal est ici objet d'une *Estoire* et non plus d'un *Conte,* comme chez Chrétien de Troyes —, en enracinant le Graal dans le temps du Christ, constituera très vite une autorité fictive, puisqu'aussi bien le *Petit-Saint Graal,* le *Merlin* de la *Vulgate* que tout le Cycle post-*Vulgate* se présenteront comme des œuvres de Robert de Boron. Les romanciers du XIIIe siècle forgeront même le personnage d'Hélie de Boron, parent et compagnon d'armes de Robert qu'ils présenteront comme l'auteur de *Guiron le Courtois** et le coauteur du *Tristan en prose**.

ŒUVRE. — Robert de Boron, *Roman de l'Estoire dou Graal,* éd. W.A. Nitze, Paris, 1927 (*CFMA,* 57) : éd. du *Joseph* et du fragment du *Merlin.* Le fragment du *Merlin* figure aussi au début de l'éd. du *Merlin en prose* d'A. Micha, Genève, 1979 (*TLF,* 281).

→ E. Hoepffner, *L'« Estoire dou Graal » de Robert de Boron,* dans *Lumière du Graal (Les Cahiers du Sud),* Paris, 1951, p. 139-150. — J. Marx, *Nouvelles recherches sur la littérature arthurienne,* Paris, 1965, p. 139-164. — J.C. Payen, *Sur Robert de Boron, « Joseph », v. 341 ss,* dans *Le Moyen Âge,* t. 71 (1965), p. 423-432. — L. Charvet, *Des Vaus d'Avalon à la Queste du Graal,* Paris, 1967. — K. Ruh, *Joachitische Spiritualität im Werke Roberts von Boron,* dans *Mél. M. Wehrli,* Zurich-Fribourg, 1969, p. 167-196. — P. Gallais, *Robert de Boron en Orient,* dans *Mél. J. Frappier,* t. 1, Genève, 1970, p. 313-319. — V.M. Lagorio, *Joseph of Arimathea : The Vita of a Grail Saint,* dans *ZRPh.,* t. 91 (1975), p. 54-68. — A. Micha, *De la chanson de geste au roman,* Genève, 1976, p. 183-230. — C. Méla, *La Reine et le Graal,* Paris, 1984, chap. 3. — F. Zambon, *Robert de Boron e i segreti del Graal,* Florence, 1984. — M. Insolera, *Robert de Boron, lo pseudo-Germano e Onorio Augustodunense : il Graal, e il mistero della transsustanziazione,* dans *Romania,* t. 108 (1987), p. 268-287. — Cf. *MB* n°s 1899-1907, 6387-6390, 7577-7579, 7595 ; *S* 2646, 3696, 3715, 3729, 3871, 3878, 3904, 3913, 3923-3933, 3989, 3990, 3992, 3993, 3995, 4002-4004, 5644, 5981.

Voir aussi : *Graal* Cycle Vulgate ; *Graal* Cycle Post-Vulgate. J.M.F.

Robert de Boron (Pseudo-). La trilogie en prose du *Joseph-Merlin-Perceval* (conservée dans deux mss : BN fr.n.a. 4166, ex. ms. Didot et Modène E. 39) se présente comme l'œuvre de Robert de Boron. En fait, ce texte n'est que la mise en prose anonyme du *Joseph,* du *Merlin* (incomplet) et peut-être du *Perceval* (perdu ?) de Robert de Boron. L'auteur attribue la rédaction de son *Merlin* et de son *Perceval* à Blaise (le confesseur de la mère de Merlin), qui aurait écrit sous la dictée de Merlin. Ce cycle, le premier cycle conservé qui a pour thème le Graal depuis son origine en Orient jusqu'à sa destinée dans l'univers arthurien, premier texte aussi à combiner la quête du Graal avec la fin du monde arthurien, est aussi le premier témoignage important de prose française (à moins que le *Perlesvaus* ne lui soit antérieur), puisqu'il daterait des années 1205-1210 ; il est sans doute postérieur aux deux premières *Continuations du Perceval** et antérieur au *Lancelot en prose**. Le *Joseph* relate l'histoire du Graal depuis ses origines en Orient jusqu'à son transfert en Occident à Avalon (voir Robert de Boron). Le *Merlin* a pour objet les événements qui séparent la naissance de Merlin de l'avènement d'Arthur : Merlin procède notamment à l'instauration de la Table Ronde par Uterpandragon et intervient lors de la conception d'Arthur. Le *Perceval* se présente comme une Quête du Graal par Perceval, où l'auteur mêle des épisodes du *Conte du Graal* de Chrétien et de la *Continuation Perceval* (épisode de la demoiselle à l'échiquier...) à des éléments nouveaux : sur les indications de Merlin, Perceval se dirige vers le château du Roi Pêcheur, le guérit et, à sa mort, lui succède. Cette quête est suivie d'une courte *Mort Artu** dont la matière est empruntée à Wace*. À la fin de l'œuvre, Merlin se retire dans son fameux et énigmatique *esplumoir.* Ce cycle que l'on a appelé parfois *Petit-Saint Graal* pose, par sa perspective globale (de l'Orient à l'Occident, du Christ à Perceval, de la Cène à la Table Ronde...) et par l'importance du thème de la prédestination, les bases du cycle du *Lancelot-Graal ;* mais si le *Joseph* est absorbé dans l'*Estoire del Saint Graal,* si le *Merlin** est repris tel quel dans le *Merlin-Vulgate,* le *Perceval,* lui, sera totalement repensé et transformé : Perceval laisse place à Galaad, fils de Lancelot, pour mener à bien la quête du Graal dans la *Queste** et un immense édifice sera intercalé, le *Lancelot en prose*,* afin de préparer la naissance de l'élu du Graal ; quant à la *Mort Artu,* très rapide dans le *Perceval,* elle formera un roman à part entière, qui marquera la fin du monde arthurien et l'achèvement du cycle romanesque.

ŒUVRE. — 1) Éd. de la trilogie du ms. de Modène par B. Cerquiglini [Robert de Boron, *Le roman du Graal,* Paris, 1981 (10/18)]. — 2) Éd. du *Joseph* par E. Hucher, *Le Saint Graal,* t. 1, Le Mans, 1875, p. 209-276 (BN fr. 748) et p. 277-333 (ms. Didot) et par G. Weidner, *Der Prosaroman von Joseph von Arimathia,* Oppeln, 1881 [éd. composite]. — 3) Éd. du *Merlin* d'après le BN fr. 747 par A. Micha [Robert de Boron, *Merlin,* Genève, 1979 (*TLF,* 281)]. — 4) Éd. critique du *Perceval* par W. Roach, *The Didot Perceval, according to the mss of Modena and Paris,* Philadelphie, 1941. — 5) E. Baumgartner a traduit la quasi-totalité du *Merlin* dans *Merlin le prophète ou le livre du Graal,* Paris, 1980 (*Stock plus*), p. 13-187, d'après le ms. Huth et le *Perceval* d'après le ms. de Modène dans *La légende arthurienne. Le Graal et la Table Ronde,* dir. D. Régnier-Bohler, Paris, 1989 (*Bouquins*), p. 354-430.

→ E. Brugger, *Der sog. Didot-Perceval,* dans *ZFSL,* t. 53 (1930), p. 389-459. — P. Zumthor, *Merlin le prophète : un thème de la littérature polémique, de l'historiographie et des romans,* Lausanne, 1943. — W.A. Nitze, *Messire Robert de Boron : Enquiry and Summary,* dans *Speculum,* t. 28 (1953), p. 279-296. — J.-C. Payen, *L'art du récit dans le « Merlin » de Robert de Boron, le « Didot-Perceval » et le « Perlesvaus »,* dans *Romance Philology,* t. 17 (1964), p. 570-585. — R.F. O'Gorman, *La tradition manuscrite du « Joseph d'Arimathie » en prose de Robert de Boron,* dans *RHT,* t. 1 (1971), p. 145-181. — F. Bogdanow, *La trilogie de Robert de Boron : le « Perceval en prose »,* dans *GRLMA,* t. IV/1, Heidelberg, 1978, p. 513-535. — A. Micha, *Étude sur le Merlin de Robert de Boron,* Genève, 1980. — B. Cerquiglini, *La parole médiévale,* Paris, 1981. — R.T. Pickens, *« Mais de çou ne parole pas Crestiens de Troies... » A Reexamination of the Didot « Perceval »,* dans *Romania,* t. 105 (1984), p. 492-510. — Cf. *MB* n°s 1908-1916, 6391-6394, 7575 ; *S* 3934-3940, 3955, 3995, 6564.

Voir aussi : *Graal* Cycle Vulgate ; *Graal* Cycle Post-Vulgate. J.M.F.

Robert de Castel. Auteur de six chansons et d'un jeu-parti où il a pour partenaire Jean Bretel*, juge dans un autre jeu-parti entre le même Jean Bretel et Jean de Grieviler*, Robert de Castel (ou dou Castel) est nommé dans les *Congés* de Baude Fastoul* : il vivait donc encore en 1272.

ŒUVRES. — A. Långfors, A. Jeanroy et L. Brandin, *Recueil général des jeux-partis français,* Paris, 1926, t. 1, p. 29 (*SATF,* 70). — J. Melander, *Les poésies de Robert de Castel, trouvère artésien du* XIIIe *siècle,* dans *Studia neophilologica,* t. 3 (1930), p. 17-43.

→ A. Hoffmann, *Robert de le Piere, Robert le Clerc, Robert de Castel, Zur Arraser Literaturgeschichte des 13 Jahrhunderts,* Halle, 1917. — R. Berger, *Le Nécrologe de la confrérie des jongleurs et des bourgeois d'Arras (1194-1361),* Arras, 1963, t. 1, p. 101 (*Mémoires de la Commission départementale des Monuments historiques du Pas-de-Calais,* XI, 1). — Linker, n° 232. F.F.H.

Robert Ciboule. Né à Breteuil en Normandie en 1403, mort à Paris en août 1458. Après des études à l'Université de Paris, Robert Ciboule se trouve étroitement mêlé à la vie politique et religieuse de son temps. Au moment où la lutte entre le pape et le concile ébranle la chrétienté, de nombreuses missions diplomatiques lui sont confiées, d'abord par l'Université, puis par le roi Charles VII. Curé de Saint-Jacques-de-la-Boucherie, il devient recteur de l'Université de Paris en 1437, puis chanoine de Notre-Dame en 1442. En 1451 il est chancelier de Notre-Dame et comme tel octroie la *licentia docendi ;* il s'occupe activement de la réforme de l'Université. Doyen du chapitre de la cathédrale d'Évreux, camérier du pape Nicolas V en 1454, il est nommé proviseur du collège d'Harcourt en 1455.

Parmi les œuvres de Ciboule qui nous sont parvenues se trouvent quelques ouvrages de caractère scolaire : *Quaestiones in Aristotelis politica, Expositio epistolae ad Romanos,* des lettres politiques écrites en collaboration avec Martin Berruyer, de très nombreux traités et opuscules religieux, dont le *Livre de perfection* et le *Livre de bonne et mauvaise conscience,* ainsi qu'une dizaine de sermons. Ses deux ouvrages les plus connus sont le *Mémoire sur le procès de Jeanne d'Arc,* de 1453, qui fait partie des pièces du procès de réhabilitation, et le *Livre de sainte méditation en congnoissance de soy,* qui date sans doute de 1452.

Comme Jean Gerson*, Ciboule possède les qualités du clergé de cette époque, qui a été souvent jugé trop sévèrement. Ses œuvres témoignent d'une solide formation ; il est un des rares théologiens français qui se soient aventurés à écrire en langue vernaculaire, forgeant un vocabulaire technique apte à rendre les concepts élaborés par les Victorins au XIIe siècle. Son style se recommande par sa clarté et sa tenue. Le caractère intellectuel et spéculatif du *Livre de sainte méditation* mérite d'être souligné, dans l'invasion affective qui submerge la spiritualité française du XVe siècle. Mais plus qu'un philosophe, Robert Ciboule est un auteur spirituel et mystique, qui, comme Gerson, cherche à édifier autant qu'à instruire.

ŒUVRES. — *Traité du Saint Sacrement de l'autel,* éd. N. Marzac, dans *Romania,* t. 86 (1965), p. 360-374. — *Sermon qui manducat me,* éd. N. Marzac, Cambridge, 1971 (*Modern Humanities Research Assoc., Diss. Ser.,* 4).

→ A. Combes, *Un témoin du socratisme chrétien au XVe siècle, Robert Ciboule (1403-1458),* dans *AHDLMA,* t. 8 (1933), p. 93-260 (cite de nombreux extraits du *Livre de sainte méditation*). — G. Boisard-Salleron, *Un prédicateur français du XVe siècle, Robert Ciboule...,* dans *Positions des thèses de l'École des Chartes,* 1956, p. 83-85. — Ch.H. Lohr, *Medieval Latin Aristotle Commentaries Authors,* dans *Traditio,* t. 29 (1973), p. 100. — C. Flueler, *Mittelalterliche Kommentare zur « Politik » des Aristoteles...,* dans *Bull. de Philosophie médiévale,* t. 29 (1987), p. 212. — Cf. *MB* n°s 5000, 7964 ; *S* 7839-7840, 7878. Ge.B. et G.H.

Robert de Clambigneul. Voir : *Sainte Elisabeth de Hongrie (Vie de).*

Robert de Clari. Robert de Clari (auj. Cléry-lès-Pernois, Somme), né vers 1170, mort après 1216, était un petit chevalier picard, vassal de Pierre d'Amiens. Sa vie n'est connue que par son œuvre. Avec son frère, le clerc Aleaume, il suivit en 1201 son seigneur à la croisade. Il en serait revenu en 1205, rapportant de Constantinople des reliques dont il fit don à l'abbaye de Corbie. Il a laissé le récit de l'expédition dans une chronique qui se compose de deux parties inégales : la partie la plus importante, soit les 112 premiers chapitres, est consacrée à la relation des faits depuis 1198 jusqu'à 1205 : les préparatifs de la croisade, le départ de Venise, le voyage, la prise de Constantinople par deux fois et l'établissement de l'Empire franc ; les sept derniers chapitres mentionnent de façon très sommaire les événements qui suivirent la bataille d'Andrinople (avril 1205), le dernier fait mentionné étant la mort de l'empereur Henri Ier (juin 1216). Cette partie très brève, dépourvue de la touche personnelle si frappante dans d'autres parties du récit, parfois inexacte, ne paraît plus l'œuvre d'un témoin oculaire, de sorte qu'on peut penser que Robert avait quitté Constantinople vers le milieu de 1205, après la mort du comte de Saint-Pol (14 avril 1205), autour duquel s'étaient ralliées les troupes de Pierre d'Amiens, qui lui-même était mort dans l'été 1204. C'est soit à Cléry, soit à l'abbaye de Corbie, où certains prétendent que Robert se serait retiré, que celui-ci a fait « mettre en écrit » ses souvenirs.

Robert de Clari a souvent été traité de naïf, alors que le plan de sa chronique révèle un certain degré d'organisation et de respect de la convention littéraire de l'époque. L'œuvre se présente en effet avec une introduction et une conclusion conventionnelles (dans un incipit formel, Robert de Clari donne une date — fausse — pour son histoire, ainsi que les noms du pape, du roi de France et de l'empereur d'Allemagne, poursuit avec la genèse religieuse de la quatrième croisade et une liste des croisés ; l'explicit contient le nom de l'auteur et une exhortation d'indulgence adressée aux lecteurs) ; l'ordre chronologique est soigneusement respecté, avec ses anecdotes et ses retours en arrière intellectuellement justifiés et organiquement entrelacés dans le reste du récit ; cette construction démontre qu'il ne s'agit pas d'une narration menée avec une « vivacité d'enfant », comme on l'a souvent qualifiée, mais au contraire, d'une composition organisée qui vise à imiter les œuvres historiques de l'époque (cf. P. Dembowski). Il ne faut toutefois pas nier la vivacité et la spontanéité de la chronique : ces traits sont surtout visibles dans l'emploi du discours direct, dans celui des incises glissées au cours du récit, qui donnent un caractère d'actualité au développement de la narration, et dans la façon de traiter des événements importants en les réduisant à une série d'anecdotes. Il est certain que Robert de Clari, « povre chevalier », comme il se qualifie lui-même dans la mention finale (dans l'histoire, il ne se nomme qu'une fois, et encore est-ce pour rapporter un trait de bravoure de son frère), était mal préparé non seulement pour saisir les subtilités de la politique internationale, mais aussi pour décrire les splendeurs de Constantinople. Il tâche néanmoins d'expliquer les événements, de relater les merveilles de l'Orient et même de communiquer ses impressions et ses vues personnelles. Il n'a pas de patron à glorifier ou à défendre, comme s'y emploie Henri de Valenciennes*, il ne cherche ni à expliquer ni à excuser les actes des Francs, comme le fait Geoffroi de Villehardouin*, il ne paraît pas en quête d'un salaire. Il a écrit pour raconter ce qu'il avait vu et entendu, sans raison politique ou pécuniaire. Ses plaintes fréquentes contre les méfaits des barons, contre leur cupidité, leur hypocrisie, leur manque de scrupule et leur ambition, montrent bien qu'il n'écrit pas pour les *haus hommes ;* il s'adresse à des gens simples comme lui, à ses compagnons ou aux clercs et moines qui étaient restés dans la patrie, comme le prouvent les explications dont il accompagne le vocabulaire militaire. Sa chronique est précieuse pour l'histoire de la quatrième croisade, sur laquelle il porte un regard très différent de celui de Villehardouin ; et elle l'est aussi comme document de la prose française du tout début du XIIIe siècle.

Un seul manuscrit de l'œuvre de Robert de Clari, écrit vers 1300, probablement à Corbie, nous est parvenu.

ŒUVRE. — Éd. P. Lauer, Paris, 1924 (*CFMA,* 40) ; réimp. 1956, 1974 [à compléter par *Romania,* t. 53 (1927), p. 392-393 et t. 82 (1961), p. 134-138]. — Éd. A. Pauphilet, dans *Historiens et chroniqueurs du Moyen Âge (La Pléiade),* Paris, 1952, p. 7-81. — Adaptation en français moderne dans J. Longnon, *Geoffroy de Villehardouin, Histoire de la conquête de Constantinople, suivi de De ceux qui se croisèrent... par Robert de Cléry,* Paris, 1981, p. 179-265. — Trad. anglaise E.H. Mac Neal, New York, 1936. — Trad. italienne A.M. Nada Patrone, Gênes, 1972 (*Coll. stor. di fonti e studi,* 13).

→ A. Pauphilet, *Le legs du Moyen Âge,* Melun, 1950, p. 219-238. — P.M. Schon, *Studien zum Stil der frühen französischen Prosa : Robert de Clari, Geoffroy de Villehardouin, Henri de Valenciennes,* Francfort, 1960 (*Analecta Romanica. Beihefte zu den Romanischen Forschungen,* 8). — P. Dembowski, *La chronique de Robert de Clari. Étude de la langue et du style,* Toronto, 1963. — J. Dufournet, *Villehardouin et Clari juges de Boniface de Montferrat,* dans *RLR,* t. 78 (1969), p. 29-58 ; *Les écrivains de la IVe croisade, Villehardouin et Clari,* Paris, 1973, p. 341-389 ; *Robert de Clari... juges de l'empereur Henri de Constantinople...,* dans *Mél. J. Lods,* Paris, 1978, t. 1, p. 183-202. — C.P. Bagley, *Robert de Clari's La conquête de Constantinople,* dans *Medium Aevum,* t. 40 (1971), p. 109-115. — J. Larmat, *Sur quelques aspects de la religion chrétienne dans les chroniques de Villehardouin et de Clari,* dans *Le Moyen Âge,* t. 80 (1974), p. 403-427. — R. Hartman, *La quête et la croisade. Villehardouin, Clari et le Lancelot en prose,* New York, 1977. — J. Longnon, *Les compagnons de Villehardouin. Recherches sur les croisés de la 4e croisade,* Genève, 1979. — J. Beer, *Narrative Conventions of Truth in the Middle Ages,* Genève, 1981. — W.N. Mair, *Elemente « Gesprochener Sprache » bei Robert de Clari. Überlegungen zum Problem der Verschriftlichung im Altfranzösischen,* dans *ZFSL,* t. 92 (1982), p. 193-219. — R. Colliot, *Images de la femme noble à Byzance au temps des premiers empereurs latins d'après les chroniqueurs contemporains,* dans *Senefiance,* n° 11 (1982), p. 101-127 ; *Fascination de l'or à Byzance d'après le chroniqueur Robert de Clari, ibid.,* n° 12 (1983), p. 91-110. — A. Ducellier, *Une mythologie urbaine : Constantinople vue d'Occident au Moyen Âge,* dans *Mél. de l'École française de Rome, Moyen Âge, Temps modernes,* t. 96 (1984), p. 405-424. — G. Jacquin, *Le style historique dans les récits français et latins de la*

4e croisade, Genève, 1986 [thèse Univ. Lille III]. — A. Varvaro, *Esperienza e racconto in Robert de Clari,* dans *Mél. A. Roncaglia,* Modène, 1989, t. 4, p. 1411-1427. — Molinier n° 2351. — Cf. *MB* n°s 3641-3654, 6668, 7812 ; *S* 3959, 6039-6041, 6044, 6045, 6075-6081. G.T.L.

Robert Gaguin. Né en 1433 à Calonne en Artois, possession bourguignonne, Gaguin fit ses premières études chez les trinitaires de Préavin près d'Arras. Ordonné prêtre, il fut envoyé en 1457, avec l'aide de la duchesse de Bourgogne Isabelle de Portugal, protectrice du couvent, à l'Université de Paris, où il suivit les cours de grec et de latin de l'italien Gregorio da Città di Castello et fut l'élève et l'ami de Guillaume Fichet*. Il reprendra au couvent des Mathurins les leçons de rhétorique que celui-ci donnait au collège de la Sorbonne et participa à ses côtés à l'établissement des presses de la Sorbonne (1470-1471).

Son activité fut multiple et variée. Il effectua plusieurs voyages pour son ordre et, conformément à la mission des trinitaires, racheta en 1465 des chrétiens captifs à Grenade ; il fut élu général de l'ordre en 1473 et promulgua de nombreux statuts (1497). Il composa un poème sur l'Immaculée Conception de la Vierge, qu'il reprendra plus tard dans un traité en prose. Ses études universitaires le conduisirent au grade de docteur en décret en 1480 ; nommé doyen de la Faculté trois ans plus tard, il le restera jusqu'à sa démission en 1500. Ce fut aussi un serviteur efficace de la royauté ; il accomplit pour Louis XI, puis Charles VIII, de nombreuses missions à l'étranger, en Allemagne en 1477, en Italie en 1485 et 1486, en Angleterre en 1489 et 1490, auprès de l'électeur palatin en 1492. Sa carrière diplomatique ne lui valut d'ailleurs pas la faveur royale mais, à l'en croire, seulement des rhumatismes. Il est mort à Paris le 22 mai 1501, à l'âge de soixante-huit ans.

Tout en s'acquittant de ses devoirs de religieux et d'ambassadeur, Gaguin fut, avant tout, un humaniste, préoccupé de restaurer les lettres latines. En 1473, il publia un *De arte metrificandi* dans lequel il recommande aux jeunes gens l'étude de Virgile, d'Horace, de Lucrèce et de Juvénal, avant d'aborder les poètes chrétiens. Pendant ses années d'étude, il avait copié l'*Enéide* et des extraits du *Commentaire* de Servius, Suétone et les *Verrines ;* il traduisit en français César*, Tite-Live (la troisième décade), la lettre de Pic de la Mirandole sur *Les ennuys et tribulations du monde* (1498) et mit en latin la traduction qu'un anonyme avait donnée du *De vita curiali* d'Alain Chartier*, que les contemporains, comme lui, attribuaient à Alain Chartier (ils ignoraient d'ailleurs l'existence du texte latin, supplanté dès ce moment par la version française). Gaguin fit cette traduction en 1473 à titre d'exercice de perfectionnement dans la langue latine et l'offrit en hommage à François de Tolède, qu'il avait connu à l'Université de Paris. C'est en 1485 qu'il présenta au roi Charles VIII sa version française du *De bello gallico,* traduction plus rigoureuse que celle de Jean Duchesne (voir *César dans la littérature du Moyen Âge*) : il suit de très près le texte original, n'ajoute que de courts membres de phrase destinés à préciser un détail, exclut toute paraphrase, toute glose didactique. Cette traduction, dont on connaît quatre mss, sera diffusée par l'imprimerie l'année même de son achèvement. Le succès de l'ouvrage fut si grand que les éditions s'en multiplièrent, soit isolées jusque vers 1520, soit, à partir de 1531, jointes à la traduction d'Étienne de Laigue. Auparavant il avait offert au roi une histoire de Charlemagne, dont rien n'a survécu, mais qui pourrait bien n'être qu'une adaptation de la Chronique du Pseudo-Turpin*. Dans la préface des *Commentaires,* comme dans celle de la troisième décade de Tite- Live, il exprime son intention que le roi puisse tirer parti des enseignements pratiques contenus dans ces textes, leur lecture étant la meilleure préparation à l'étude de l'histoire nationale. Il préludait ainsi à la rédaction de son œuvre majeure, le *Compendium de Francorum origine et gestis,* qu'il publia en 1495. C'est, dans la première édition, une histoire de France en dix livres, depuis Pharamond jusqu'aux préparatifs de l'expédition de Charles VIII en Italie. Une mise à jour de l'ouvrage parue en 1500 ajoute un onzième livre et mène le récit jusqu'en 1499. Cet essai de synthèse historique, dont Érasme fera l'éloge, est animé par un patriotisme qui en fait une histoire nationale, où cependant ce sont les rois de France et non le peuple français qui occupent le premier plan. À l'origine de cette œuvre longuement méditée, il y a la rivalité culturelle avec l'Italie et la longue controverse entre les humanistes italiens et français, née du mépris que les premiers, Pétrarque* surtout, affichaient pour la France ; il faut y ajouter le lourd contentieux qui se développe entre la France et l'Italie au moment des guerres d'Italie, auxquelles le Parlement de Paris et Gaguin étaient hostiles. Celui-ci d'ailleurs avait déjà essayé, dans les préfaces de ses traductions, de représenter au roi le danger qu'il y avait à se jeter dans une guerre sans y être préparé. Pour Gaguin, l'histoire a une double mission, instruire et éduquer, mais aussi mettre en lumière un passé qu'il veut aussi brillant que le passé romain. Aussi exalte-t-il la grandeur et la puissance des rois de France, dont il retrace l'histoire jusqu'à son temps, insistant surtout sur leur titre de rois très chrétiens, défenseurs de la papauté. Gaguin a voulu écrire à la manière des humanistes italiens, qui joignaient rhétorique et critique, et par là c'est un novateur : il rejette les légendes, le mythe troyen et celui de la *translatio studii,* se montre soucieux de vérité, attentif à la chronologie ; il a choisi la forme d'un abrégé par souci de style et de vérité, il a écrit en latin, élément unificateur d'une culture européenne. « Son œuvre, comme celle d'autres humanistes, un Guillaume Budé par exemple, prépare le développement des recherches sur la Gaule qui est une des caractéristiques du XVIe siècle ; elle annonce l'élaboration d'un mythe gaulois qui témoigne d'un sentiment national très proche du sien » (M. Chazan).

Le *Compendium* eut un énorme succès. En dehors des cinq éditions parues du vivant de Gaguin, 14 autres se succédèrent jusqu'en 1586 avec des continuations. Il a été traduit et continué par Pierre Desrey en 1514 sous le titre : *Les grandes croniques... par maistre Robert Gaguin,* et en 1518 sous celui de *La Mer des Croniques et Mirouer historial de France*. La traduction du livre XI est entrée dans la *Martiniane,* compilation du libraire Antoine Vérard ; une autre traduction a été jointe à la continuation des *Chroniques* de Monstrelet* de 1512.

Gaguin a échangé une correspondance active avec les lettrés d'Europe qui partageaient ses idéaux, Josse Bade, Jean Trithème, Guillaume Hermans, Philippe Béroald l'aîné, Marsile Ficin, ainsi qu'avec les humanistes français, Guillaume et Guy de Rochefort, Louis de Rochechouart, Pierre Bury. Particulièrement intéressantes sont les lettres dans lesquelles il expose son programme d'humaniste ou son orgueil patriotique. Ainsi c'est dans la lettre qu'il envoya en 1468, lors d'un voyage en Castille, à François Ferrebouc, notaire pontifical, qu'il donne pour la première fois une forme littéraire à l'expression de son sentiment national.

Robert Gaguin a aussi composé plusieurs poèmes et discours de circonstance. Il a également écrit quelques œuvres en français : le *Débat du laboureur, du prestre et du gendarme* (1480), dans lequel il imite le *Quadrilogue invectif* d'Alain Chartier* ; le *Passe-temps d'Oysiveté* (1489), dialogue coupé de proverbes et d'apologues, où il dispute des avantages et des inconvénients de la paix et de la guerre.

Robert Gaguin est d'abord et avant tout un humaniste, qui veut retrouver la pureté et l'éloquence de la langue latine, enseigner la grammaire et une rhétorique fondée sur la lecture directe des auteurs. Il est nourri de Pétrarque, il a lu Boccace*, il se réfère constamment aux Italiens. C'est aussi un chrétien et un homme d'Église, qui a écrit, poussé par l'amour de sa patrie.

ŒUVRES. — *Compendium,* éd. Paris, T. Kerver pour D. Gerlier et J. Petit, 1500-1501 [version en neuf livres] ; éd. de la trad. française de P. Desrey, pour Poncet le Preux et Galiot Du Pré, Paris, 1514 ; éd. de *La Mer des Croniques,* N. de La Barre, Paris, 1518. — *Poème sur la Vierge Marie,* éd. J. Dilenge, *Robert Gaguin poète et défenseur de l'Immaculée Conception. Édition critique des textes originaux parus à la fin du XVe siècle,* Marseille, 1960. — *De arte metrificandi,* éd. J. Petit, *Ars versificatoria Roberti Gaguini,* Paris, 1505. — *Lettres et discours,* éd. L. Thuasne, 2 vol., Paris, 1903 ; *Epistolae ad Petrum de Blarrorivo,* éd. C. Couderc, *Œuvres inédites de Pierre de Blarru d'après un ms. récemment acquis par la BN,* dans *Le Bibliographe moderne,* t. 4 (1900), p. 104-106. — Œuvres attribuées : *Carmina (4) ad sepulchrum Jacobi Ficheti,* éd. C. Couderc, *Documents inédits sur Guillaume Fichet et sa famille,* dans *Bull. du Bibliophile,* 1900, p. 141-144.

→ P. de Vaissière, *De Roberti Gaguini, ministri generalis sanctae Trinitatis, vita et operibus 1425 ?-1501,* Chartres, 1896 ; réimp. Genève, 1971. — A. Roersch, *Bibliogr. des œuvres de Robert Gaguin,* dans *Bibliotheca belgica* ou *Bibliogr. générale des Pays-Bas,* tiré à part, Gand, 1909. — A. Renaudet, *Préréforme et Humanisme à Paris pendant les premières* *guerres d'Italie,* Paris, 1916, 2e éd. 1953. — F. Simone, *Robert Gaguin e il suo cenacolo umanistico,* dans *Aevum,* t. 13 (1939), p. 410-476 ; *Il Rinascimento francese : studi e ricerche,* Turin, 1961. — R. Bossuat, *Traductions françaises des Commentaires de César à la fin du* XVe *siècle ; Traduction de Robert Gaguin,* dans *BHR,* t. 3 (1943), p. 373-411. — M. Schmidt-Chazan, *Histoire et sentiment national chez Robert Gaguin,* dans *Le travail de l'historien au Moyen Âge. Études sur l'historiographie médiévale,* Paris, 1978, p. 233-300. — J.-P. Boudet, *Les astrologues et le pouvoir sous le règne de Louis XI,* dans *Observer, lire, écrire le ciel au Moyen Âge. Actes du colloque d'Orléans (1989),* Paris, 1991, p. 7-61 [le *Compendium* est la source de Simon de Phares*, qui l'a enjolivée]. — Cf. *GRLMA,* t. VIII/1, p. 105, 108, 172, 245, 258. — *MB* nos 6010-6015 ; *S* 8393, 8601, 8604. G.T.L.

Robert de Gretham. Chapelain d'un certain seigneur Alain, peut-être apparenté à la famille de Montfort, le clerc anglo-normand Robert de Gretham est l'auteur, dans la première moitié du XIIIe siècle, d'une exposition versifiée des sept sacrements, intitulée le *Corset* (inédit). Seuls subsistent les 2 400 octosyllabes consacrés au mariage, à l'ordre, à la pénitence et à l'extrême-onction. La critique lui attribue également, avec toute vraisemblance, un recueil de sermons en vers accrochés aux évangiles des dimanches et fêtes présentés dans l'ordre de l'année liturgique, connu sous le nom de *Miroir* ou *Evangiles des domées* (à ne pas confondre avec le recueil homonyme en prose et de peu postérieur, originaire du diocèse de Cambrai, qui donne uniquement la traduction de l'évangile du jour). La source directe de Robert est à chercher dans les *Homeliae* de Grégoire le Grand*, à l'esprit duquel il reste très fidèle, que complètent les commentaires évangéliques de Bède* et d'Aymon d'Alberstadt. Quelques *exempla* sont empruntés aux *Vitae Patrum.* Le *Miroir* fut traduit en anglais au XIVe siècle.

ŒUVRE. — Éd. partielle du *Miroir* par S. Panunzio, Bari, 1974 [améliore l'éd. très défectueuse de 1967].

→ *DSAM,* t. 13, 1988, col. 721-722. — Y.H. Aitken, *Étude sur le Miroir ou les Evangiles des domées de Robert de Gretham,* Paris, 1922. — D. Legge, *Anglo-Norman Literature and its Background,* Oxford, 1963, p. 212-215. — L. Marshall, *The Authorship of the Anglo-Norman Poem « Corset »,* dans *Medium Aevum,* t. 42 (1973), p. 207-222. — Cf. *GRLMA,* t. VI/2, nos 2308 et 2428. — *MB* nos 3582-3584 ; *S* 5614-5615. G.H.

Robert Grosseteste (1168-1253). Né vers 1168, il conquiert la maîtrise ès arts et étudie la théologie à Paris de 1209 à 1214. Installé à Oxford, il y est successivement chancelier de l'Université (1215-1221) et lecteur des franciscains (1230-1235). Évêque de Lincoln en 1235, il le reste jusqu'à sa mort (octobre 1253).

Sachant le grec et ayant même acquis quelques rudiments d'hébreu, Grosseteste renouvelle les études bibliques : il leur donne une orientation qui annonce, à certains égards, l'érudition du XVIe siècle. Précurseur, il l'est également comme théoricien de la méthode expérimentale : il admet l'uniformité de la Nature et le principe dit d'économie. Très influencé par Aristote, il ne rompt pas cependant avec la tradition platonicienne et augustinienne. Fondant sur la lumière toute sa cosmologie, il met au premier rang des sciences de la nature l'optique géométrique et les branches des mathématiques qui s'y rattachent. Il ne fait, certes, lui-même, aucune découverte importante, mais il est à l'origine d'un important courant scientifique, dont le plus célèbre représentant semblera Roger Bacon* et dont la plus brillante réussite sera l'explication grosso modo correcte de l'arc-en-ciel par Thierry de Freiberg.

C'est par ses écrits en anglo-normand, autrement dit par des aspects très secondaires de sa pensée, que Robert Grosseteste appartient à l'histoire des lettres françaises.

Le *Château d'amour,* poème de plus de 1 700 octosyllabes rédigé aux alentours de 1215, conte sous forme allégorique l'histoire du salut, de la Création au Jugement dernier. Les deux parties principales sont la description du Château d'amour, habitation de Dieu formée des vertus de la Vierge et des vertus théologales et cardinales, et le débat des *Quatre filles de Dieu* (autre titre de l'œuvre), Vérité, Justice, Miséricorde et Paix, au sujet du rachat de l'homme pécheur. Robert Grosseteste développe dans le *Château d'amour* une intéressante théologie de la rédemption. Le poème a eu un grand rayonnement, dont témoignent quatre traductions en moyen-anglais. *Le Mariage des neuf filles du Diable** tente, pour ainsi dire, de « visualiser » l'enseignement moral de l'Église, car la simonie, l'hypocrisie, l'usure, la pompe séculière, la luxure, etc., ne trouvent que trop facilement l'occasion d'épouser clercs, religieux et chevaliers. On doit aussi à Robert Grosseteste un petit traité sur la confession, une prière pénitentielle, une oraison à sainte Marguerite, et surtout les *Reulles que le bon evesque de Nichole sein Robert fist a la contesse de Nichole de garder et de governer terres,* traité d'économie dédié à la comtesse de Lincoln. Plusieurs de ses écrits latins ont également été traduits en français aux XIIIe et XIVe siècles : son traité sur la sphère, sa version du *Testament des douze Patriarches* et les *Peines de Purgatoire.* L'attribution de ce dernier traité latin à Robert Grosseteste est contestée, mais la traduction française, qui a connu un certain succès (12 mss conservés), est à l'origine de deux œuvres en moyen-anglais, *The Pricke of Conscience* et *A Treatise of Ghostly Battles.*

ŒUVRES. — Éd. L. Baur, *Die philosophischen Werke des Robert Grosseteste*, Münster, 1912 (*Beiträge zur Geschichte der Philosophie des Mittelalters*, 9) [éd. 29 traités dont le *De Luce*, la seconde version du *De libero arbitrio*]. — *Commentarius in VIII Libros Physicorum Aristotelis*, éd. R.C. Dales, Boulder, Colorado, 1963. — *Commentarius in Posteriorum Analyticorum Libros*, éd. P. Rossi, Florence, 1981. — Traduction latine de la *Dialectica* de Jean Damascène, éd. O.A. Colligan, New York, 1953. — Traduction latine des *De divinis nominibus, De mystica theologia, De coelesti hierarchia* du Pseudo-Denys l'Aréopagite*, éd. dans *Dionysiaca*, Paris-Bruges, 1937-1950, 2 vol. ; éd. de la trad. et commentaire du *De mystica*, U. Gamba, Milan, 1942. — Traduction latine de l'*Éthique à Nicomaque* d'Aristote, éd. R. Gauthier, t. 26, fasc. 3 de l'*Aristoteles Latinus*, Leyde-Bruxelles, 1973. — Traduction latine des commentateurs grecs de l'*Éthique à Nicomaque* (Eustrate, Aspasius, Michel d'Éphèse et l'Anonyme) et *Notulae* de Grosseteste, éd. H.P.F. Mercken, Leyde, 1973, t. 1 (t. 2 et 3 à paraître). — Traduction latine du commentaire de Simplicius sur le *De caelo et mundo* d'Aristote, éd. F. Bossier, Louvain, 1975. — Traduction latine du Pseudo-Andronicus de Rhodes, *De Passionibus*, éd. A. Glibert-Thirry, Leyde, 1977. — *De modo confidenti et paenitentias injungendi*, éd. J. Goering et F.A. Mantello, dans *RTAM*, t. 54 (1987), p. 52-112. — *Templum Dei*, éd. J. Goering et F.A. Mantello, Toronto, 1984. — *De libero arbitrio* (1re version), éd. N. Lewis, dans *Mediaeval Studies*, t. 53 (1991), p. 1-88. Les ouvrages cités plus bas en bibliographie mentionnent des éditions d'autres œuvres latines de Grosseteste.

— *Château d'amour* : éd. J. Murray, Paris, 1918. — Éd. K. Sajavarra, *The Middle English Translation of Robert Grosseteste's Chateau d'amour*, Helsinki, 1967 (*Mémoires de la Soc. néophilologique de Helsinki*, 32). — *Confession* : éd. H. Urtel, dans *ZRPh*, t. 33 (1909), p. 571-575. — *Mariage des neuf filles du Diable* : éd. P. Meyer, dans *Romania*, t. 39 (1900), p. 54-72. — *Peines de Purgatoire* : éd. R.J. Relihan, *A Critical Edition of the Anglo-Norman and Latin Version of Les Peines de Purgatoire*, thèse Iowa, 1978 [cf. *DAI*, t. 39, n° 8 (février 1978), 4932A]. — *Reulles Saint Robert* et *Statuta Familiae*, éd. D. Oschinsky dans *Walter of Henley and Other Treatises on Estate Management and Accounting*, Oxford, 1971, p. 191-199, 387-415.

→ *DSAM*, t. 13 (1988), col. 722-734. — S.H. Thomson, *The Writings of Robert Grosseteste*, Cambridge, 1940 [notice et analyse de l'ensemble de l'œuvre latine et anglo-normande ; excellente bibliogr.]. — A.C. Crombie, *Robert Grosseteste and the Origins of Experimental Science*, Oxford, 1953. — *Robert Grosseteste, Scholar and Bishop*, éd. D.A. Callus, Oxford, 1955 (réimp. 1969). — C.H. Lohr, *Medieval Latin Aristotle Commentaries Authors*, dans *Traditio*, t. 19 (1973), p. 100-107 [liste des mss, des éd. de ses traductions et commentaires d'Aristote ; bibliogr.]. — J. McEvoy, *The Philosophy of Robert Grosseteste*, Oxford, 1982 [importante bibliogr. critique des œuvres]. — R.W. Southern, *Robert Grosseteste. The Growth of an English Mind in Medieval Europe*, Oxford, 1986. — J. Goering et F.A. Mantello, *Two Opuscula of R.G. : De universi complecione and Exposicio canonis misse*, dans *Mediaeval Studies*, t. 53 (1991), p. 89-123.

Sur les œuvres en langue vernaculaire : R.J. Dean, *An Anglo-Norman Version of Grosseteste, Part of his Suidas and Testamenta XII Patriarchorum*, dans *PMLA*, t. 51 (1936), p. 607-620. — M.D. Legge, *Anglo-Norman Literature and its Background*, Oxford, 1963, p. 222-224. — S. Gieben, *Robert Grosseteste and Medieval Courtesy Books*, dans *Vivarium*, t. 5 (1967), p. 47-74. — R.J. Relihan, « *Les Peines de Purgatoire* ». *The Anglo-Norman and Latin Manuscript Traditions*, dans *Manuscripta*, t. 22 (1978), p. 158-168. — M. Fumagalli, *Le quatro sorelle, il re e il servo. Studio sull'allegoria medievale del Ps. 84, 11*, Milan, 1981. — F. Möhren, *Wort und sachgeschichtliche Untersuchungen an fr. Land-Wirtschaftlichen Texten*, Tübingen, 1986. — Cf. *GRLMA*, t. VI/2, nos 260, 460, 532. — *MB* nos 2947, 3431, 3479, 3561-3565, 6653 ; *S* 5452-5453, 5870-5874, 5890-5891. — Bibliogr. rétrospective (1473-1969) par S. Gieben, dans *Collectanea franciscana*, t. 39 (1969), p. 362-418. G.B. et A.F.L.L.

Robert du Herlin. Secrétaire du roi René d'Anjou* en 1470, puis du dauphin Louis, futur Louis XI, puis du roi Charles VIII,

Robert du Herlin est plus connu comme traducteur que comme écrivain.

En 1466, Robert du Herlin compila, à partir de sources latines, un *Regimen de l'ame* en français, qu'il offrit à René d'Anjou. Il traduisit également du latin, en 1481 pour le duc Louis d'Orléans (futur Louis XII), un traité de divination, les *Influencia celi,* sous le titre *Influences celestes* (ms. unique : Paris, BN, fr. 2080) et, en 1492, un *Compte des 64 points de l'échiquier* (ms. unique : Paris, BN, fr. 2000). Enfin, il traduisit, à la fin du XVe siècle, sous le titre : *Débat du faucon et du lévrier,* la *Concertatio leporis et falconis,* attribuée à un certain Petrus ou Matheolus de Corvolio. Des trois mss qui ont conservé le texte latin, un seul offre également le texte de la traduction française (Paris, BN, fr. 1995) encore inédite.

Robert du Herlin dédia au roi Louis XI, en 1481, un petit poème religieux, le *Pommier de Douceur* (ms. unique : Paris, BN, fr. 2252). Il composa, en 1493, un traité en prose qu'il offrit à la reine de France, Anne de Bretagne, l'*Accord des medisans et bien disans* (ms. unique : Paris, Bibl. de l'Arsenal, 3658).

→ E. Picot, *Catalogue des livres composant la bibliothèque de feu M. le baron James de Rothschild,* Paris, 1912, t. 4, p. 17-18, n° 2746. — A. Långfors, *Notice du ms. français 24436 de la BN,* dans *Romania,* t. 41 (1912), p. 235-236. — *Concertatio leporis et falconis*, éd. G. Holmer, Stockholm, 1978. — Cf. *GRLMA*, t. VIII/1, p. 334. F.F.H.

Robert de Ho. Ho est situé en Angleterre, mais M.D. Legge pense que Robert était d'origine continentale. Il a signé en anagramme et en acrostiche les *Enseignements Trebor,* un poème didactique en vers, adressé par un père à son fils, pour parfaire son éducation. Le texte est traditionnellement daté des environs de 1260 ; l'éditeur, M.V. Young, en recule la date à 1192-1204, sans arguments décisifs toutefois. Robert de Ho mêle quelques fables, des allusions historiques, des descriptions du Jugement dernier, des remarques sur la confession et l'absolution, la vie sociale, etc. Il conseille l'aménité, condamne la colère, le mensonge et la médisance. Mais cette sagesse mondaine, fondée sur les règles les plus banales de la courtoisie, contraste avec une piété extrême. Robert cite ses sources : Salomon, Horace, Virgile* et Ovide* (qu'il ne semble pas pourtant avoir utilisé), et Caton*, qu'il a connu par l'intermédiaire des *Disticha Catonis* dans la traduction du bénédictin Elie de Winchester.

ŒUVRE. — *Les Enseignements de Robert de Ho, dits Enseignements Trebor,* éd. M.V. Young, Paris, 1901, réimp. Genève, 1978.

→ F. Mustanoja-Salminen, *Newly Discovered Extracts of the « Enseignements Trebor »,* dans *Neuphilologische Mitteilungen,* t. 43 (1942), p. 49-61. — M.D. Legge, *Anglo-Norman Literature and its Background,* Oxford, 1963, p. 182. — E. Ruhe, *Untersuchungen zu den altfranzösischen Übersetzungen der Disticha Catonis,* Munich, 1968, notamment p. 107-116 et 138-147. — Cf. *GRLMA*, t. VI, n° 2700. — *MB* nos 2699-2700. A.F.L.L.

Robert le Chartreux. L'identification de ce religieux n'est pas assurée. Profès de la chartreuse de Bourgfontaine (diocèse de Soissons) mort en 1387, pour les uns, profès de la chartreuse du Parc-en-Charnie (diocèse du Mans) mort en 1388, pour les autres, Robert dédia à sa cousine, religieuse de l'ordre de Fontevraud, un traité de spiritualité ascétique qui connut un certain succès hors même des cloîtres (18 mss) et fut traduit en portugais, le *Chastel perilleux.* La première partie du texte est un traité de confession ; la seconde développe avec minutie, laborieusement parfois, l'allégorie du château du cœur (comment l'édifier puis le défendre contre les assauts de l'ennemi), en s'inspirant principalement de la *Somme le roi* (voir Laurent frère) et du *De doctrina cordis* attribué à Gérard de Liège* ou Hugues de Saint-Cher* — ce qui a conduit G. Hendrix à suggérer pour le texte une datation plus haute que celle qui est traditionnellement retenue pour le personnage.

L'attribution du *Trésor de l'âme* composé par un certain Robert à l'intention de sa mère et de « tous les chrétiens » à notre chartreux reste douteuse, en dépit de l'autorité de M. Brisson et A. Devaux. Il s'agit d'une compilation d'*exempla,* de contes dévots, de récits hagiographiques et de miracles de Notre-Dame, encadrés d'exposés assez brefs sur la confession, la vie morale et spirituelle, les fins dernières, largement redevables au *Compendium theologicae veritatis* du dominicain Hugues Ripelin (XIIIe siècle). Son succès fut moindre.

ŒUVRES. — *Chastel perilleux :* éd. M. Brisson, Salzbourg, 1974 (*Analecta Cartusiana,*

19-20) ; une éd. ancienne, Paris, Michel Le Noir, 1503. Le petit traité des *Douze fruits du sacrement de l'autel* inséré dans le *Chastel* a été éd. séparément par C.P. Boeren, *La vie et l'œuvre de Guyard de Laon,* La Haye, 1956, p. 341-344. — *Trésor de l'âme* : une éd. ancienne, Paris, A. Vérard, 1499.

→ M. Brisson, *Frère Robert, chartreux du* XIVe, dans *Romania,* t. 87 (1966), p. 543-550 ; *Castelo perigoso, version portugaise..., ibid.,* t. 89 (1968), p. 256-266 ; *The influence of Frère Laurent's Somme le Roi on Frère Robert's Le Chastel Perilleux,* dans *Medium Aevum,* t. 36 (1967), p. 134-140. — A. Devaux, *Robert le Chartreux,* dans *DSAM,* t. 13, 1987, col. 702-704. — G. Hendrix, *Le De doctrina cordis, source directe du Chastel perilleux,* dans *RTAM,* t. 50 (1983), p. 252-266. — Cf. *MB S* nos 7809-7820. G.II.

Robert Le Clerc, d'Arras. Poète artésien, mort à la fin de l'année 1272. Robert Le Clerc figure, avec Pierre Wion (mort en 1268), comme juge d'un jeu-parti entre Jean Bretel* et Lambert Ferri* d'une part, le Trésorier d'Aire* et Jean Le Cuvelier* d'autre part. Auteur de *Vers de la Mort* (312 douzains d'octosyllabes) composés en 1266-1267 (d'après la mention du décès du financier Bertoul Verdière), Robert Le Clerc s'est inspiré de l'œuvre d'Hélinand de Froidmont* pour encourager ses compatriotes à prendre part à la huitième croisade : par la place qu'y occupe la satire locale la plus précise, ce poème est de première importance pour l'étude de l'école littéraire d'Arras.

ŒUVRE. — *Li Vers de la Mort, poème artésien anonyme du milieu du* XIIIe *siècle,* éd. C.A. Windahl, Lund, 1887. — J.-M. Paquette, *Poèmes de la mort, de Turold à Villon, choisis, traduits et présentés...,* Paris, 1979, p. 107-135.

→ A. Hoffmann, *Robert de le Piere, Robert le Clerc, Robert de Castel, Zur Arraser Literaturgeschichte des 13 Jahrhunderts,* Halle, 1917. — H. Roussel, *Notes sur la littérature arrageoise du* XIIIe *siècle,* dans *Revue des Sciences humaines,* n° 87 (1957), p. 266-274. — R. Berger, *Le Nécrologe de la confrérie des jongleurs et des bourgeois d'Arras (1194-1361),* Arras, 1963 et 1970, t. 1, p. 103 ; t. 2, p. 104 (*Mémoires de la Commission départementale des Monuments historiques du Pas-de-Calais,* XI, 1 et XIII, 2). — J.-C. Payen, *L'écriture comme prière : le cas de Robert Le Clerc,* dans *La prière au Moyen Âge (Littérature et civilisation),* Aix-en-Provence, 1981, p. 375-394 (*Senefiance,* 10). — Cf. *GRLMA,* t. VI/1, p. 63, 254 ; t. VI/2, n° 7344. H.R. et F.F.H.

Robert le Diable. La légende de Robert le Diable, dans la version d'Étienne de Bourbon* (vers 1250-1261), peut se résumer ainsi : une comtesse qui n'avait pas de descendance promet au diable de lui donner l'enfant s'il lui en fait avoir un. Elle conçoit un fils qu'elle nomme Robert. Celui-ci grandit dans les turpitudes. Robert obtient de sa mère qu'elle lui avoue la cause de sa méchanceté. Le pape, qu'il est allé implorer à Rome de lui donner une pénitence, l'envoie à un ermite. Celui-ci, par inspiration divine, lui enjoint de ne plus parler, de se faire « fou », d'arracher sa nourriture aux chiens. Robert se rend à la capitale du roi accomplir sa pénitence. Les Barbares font irruption dans le royaume. Le roi part au combat. Un ange apporte au pénitent armes et cheval que Robert cache après avoir mis en fuite l'ennemi. Ce que voit la fille du roi, mais elle est muette. Le roi cherche à savoir qui est ce chevalier. Sans résultat. Le manège se répète. La troisième fois, le roi ordonne de le capturer. Un chevalier plante sa lance dans la cuisse de Robert ; le fer reste dans la blessure. Robert s'en débarrasse mais la fille du roi s'en empare. Le roi déclare offrir sa fille en mariage et son royaume au chevalier vainqueur, s'il se présente. Le sénéchal du roi se blesse pour profiter de l'aubaine. Mais Dieu guérit la fille du roi qui raconte ce qu'elle a vu. L'ermite, arrivé sur les lieux, ordonne à Robert de parler. Mais Robert refuse fille et royaume et part vivre une vie érémitique.

Cette histoire apparaît dans un roman en français, de 5 078 vers octosyllabiques, composé à la fin du XIIe ou au début du XIIIe siècle. Elle devient chez Étienne de Bourbon un *exemplum* latin, destiné à la prédication, récit repris et résumé par le dominicain Jean Gobi* dans la *Scala celi* (entre 1322 et 1330). Premier chapitre des *Chroniques de Normandie* (XIVe), elle s'affirme comme un faux récit généalogique (car Robert n'a pas de descendance), destiné sans doute à doter la famille normande d'une *aura* diabolique. Un *Dit* de 254 quatrains monorimes, écrit et diffusé par des jongleurs au XIVe siècle, est aussitôt amplifié par le théâtre : le *Miracle de Nostre Dame de Robert le Diable,* drame en 2 279 vers, fait partie du répertoire d'une confrérie parisienne vouée au culte de la Vierge ; il est représenté le 6 décembre 1375. Dans ces deux dernières versions l'ascétisme premier se gauchit dans le sens d'une conciliation entre les exigences de la foi et la recherche du bonheur : Robert, au lieu de finir sa vie en ermite, épouse — mais sur injonction divine ! — la fille du roi. Des scènes burlesques sont ajoutées. Le *Dit* est mis en prose à la fin du XVe siècle : *La Vie du terrible Robert le dyable* sort en mai 1496 à Lyon des presses de Pierre Mareschal et Bernabé Chaussard. Ouvrage promis au plus grand succès, puisque, de 1496 à 1580, onze éditions se succèdent, à Paris, Lyon et Rouen ; la *Bibliothèque bleue* de Troyes le possédera dans son catalogue. Au XVe siècle, un récit en allemand — dont l'épilogue reste ascétique — et un roman anglais (*Sir Gowther*) reprennent la légende. La version française imprimée est traduite à partir du XVIe siècle dans presque toutes les langues européennes. La version portugaise gagnera le Brésil : le *folheto Roberto o Diabo* reste encore l'un des plus grands succès de la *leteratura de cordel* (littérature de colportage). L'un des derniers avatars occidentaux de la légende est l'opéra de G. Meyerbeer, sur un livret de Scribe et Delavigne (1831).

Cette légende qui, d'une version à l'autre, témoigne de l'adaptation d'un texte à l'attente du public, est un assemblage d'éléments chevaleresques, religieux et sans doute folkloriques, unis sous la structure du récit exemplaire. N'en citons que trois exemples : R.S. Crane, en 1914, a montré que circulait, dès le XIe siècle en Irlande, un récit hagiographique présentant d'étroites ressemblances avec la légende de Robert le Diable, et ce jusqu'à l'injonction de la pénitence au pécheur. Le thème de la folie simulée est emprunté à la tradition byzantine des « saints fous » (*saloi*). De même, la fin de la légende présente des affinités certaines avec le conte des frères Grimm, *Jean de Fer* (*Der Eisenhans*), ainsi qu'avec les contes regroupés sous le conte type 314 de la classification internationale de A. Aarne et S. Thompson, contes généralement placés sous l'intitulé du « Petit jardinier aux cheveux d'or » ou du « Teigneux ».

ŒUVRE. — Éd. G. Paris et U. Chevalier, dans *Les Miracles de Notre Dame,* Paris, t. 6, 1881 (*SATF,* 4), p. 1-77. — Éd. K. Breul, *Le Dit de Robert le Diable...,* dans *Mél. A. Tobler,* Halle, 1895, p. 464-509. — Éd. K. Breul, *Sir Gowther, eine englische Romanze aus dem XV Jahrhundert,* Oppeln, 1886 [voir également l'éd. plus accessible de M. Mills, *Six Middle English Romances,* Londres, 1973, p. 143-168]. — Éd. K. Borinski, *Eine ältere deutsche Bearbeitung von Robert le Diable,* dans *Germania,* 37 (1892), p. 44-62 [adapté par J.-L. Eichenlaub, dans J. Berlioz, Cl. Bremond et C. Velay-Vallentin, dans *Formes médiévales du conte merveilleux,* Paris, 1989 (*Stock Plus/Moyen Âge*), p. 41-54]. — Éd. E. Löseth, *Robert le Diable, roman d'aventures,* Paris, 1903 (*SATF,* 47).

→ R.S. Crane, *An Irish Analogue of the Legend of Robert the Devil,* dans *The Romanic Review,* t. 5 (1914), p. 55-67. — K. Wais, *Märchen und Chanson de geste. Themengeschichtliches zu Robert le Diable, Berte aux grans piés, Loher und Maler,* dans *ZFSL,* t. 87 (1977), p. 314-334. — J. Berlioz, *Métaphore, lieux communs et récit exemplaire : les images de la folie simulée dans la Vie du terrible Robert le Dyable (1496),* dans *Symboles de la Renaissance, Arts et langage,* t. 2, Paris, 1982, p. 89-108 et 231-236 ; *Dramma di famiglia e ideale cavalleresco : la leggenda di Roberto il Diavolo nelle' Chroniques de Normandie' (XIV secolo),* dans *La Paura dei padri nella società antica e medievale,* Rome-Bari, 1983, p. 155-169 (*Biblioteca di cultura moderna Laterza,* 880) ; *Les versions médiévales de l'histoire de Robert le Diable : présence du conte et sens des récits,* dans *Le Conte. Tradition orale et identité culturelle, Actes des rencontres de Lyon, 1986,* Lyon, Association Rhône-Alpes conte, Agence régionale d'ethnologie, 1988, p. 149-165. — Cf. *GRLMA*, t. IV/2, n° 440 ; t. IV/1, p. 480-481. — *MB* n°s 1392-1395, 4157 ; *S* 817, 2045, 2627, 6621. J.B.

Robert de Le Piere. Trouvère du Puy d'Arras, Robert de Le Piere était un riche patricien, issu d'une vieille famille arrageoise. Il fut échevin en 1255 et mourut en 1258. Quatre jeux-partis (avec Jean Bretel*, Lambert Ferri* et Matthieu de Gand*) et sept chansons d'amour constituent toute son œuvre. Ces pièces valent par la souplesse de la phrase et du rythme, et l'aisance du style plus que par l'invention : Robert apparaît comme un esprit timide et conformiste.

ŒUVRES. — A. Långfors, A. Jeanroy et L. Brandin, *Recueil général des jeux-partis français,* Paris, 1926, t. 1, p. 289 ; t. 2, p. 25, 139 et 142-143 (*SATF,* 70).

→ A. Hoffmann, *Robert de le Piere, Robert le Clerc, Robert de Castel, Zur Arraser Literaturgeschichte des 13 Jahrhunderts,* Halle, 1917. — R. Berger, *Le Nécrologe de la confrérie des jongleurs et des bourgeois d'Arras (1194-1361),* Arras, 1970, t. 2, p. 113 (*Mémoires de la Commission départementale des Monuments historiques du Pas-de-Calais,* XIII, 2). — Linker, n° 228. G.M.

Robert Mauvoisin. Trouvère auquel est attribuée une seule chanson (R. 1413). Il peut s'agir de Robert II Mauvoisin, seigneur de Courdimanche (Val d'Oise, arr. et cant. Pontoise) et d'Aulnay (Aulnay-lès-Bondy : Val-d'Oise, arr. Pontoise, cant. Gonesse) : Robert II avait pris part à deux croisades (en 1199 et en 1204), ainsi qu'aux guerres du Midi dans l'entourage de Simon de Montfort ; il avait rempli les fonctions d'ambassadeur pour le roi Philippe Auguste auprès du nouveau pape Honorius III en 1216, et il mourut en 1217. Mais on tend plutôt à attribuer cette chanson au neveu de Robert II, Robert III Mauvoisin : fils de Guillaume II, seigneur de Rosny (vraisemblablement Rosny-sous-Bois : Seine-Saint-Denis, arr. Bobigny), Robert III Mauvoisin paraît avoir succombé prématurément (en 1211), vraisemblablement au cours de l'expédition du Midi, où il avait dû suivre son oncle.

ŒUVRE. — H. Petersen Dyggve, *Trouvères et protecteurs de trouvères dans les cours seigneuriales de France,* Helsinki, 1942, p. 100-135 (*Annales Academiae Scientiarum Fennicae,* B, 50). — *Anthologie de la poésie lyrique française des XIIe et XIIIe siècles,* éd. bilingue J. Dufournet, Paris, 1989, p. 148-151 (*NRF/Poésie*).

→ Linker, n° 234. — Cf. *MB* nos 2156 ; 6481.
F.F.H.

Robert de Memberoles. Né à Memberolles (Loir-et-Cher, arr. Blois, cant. Ouzouer-le-Marché) près de Châteaudun, Robert de Memberolles, chevalier et poète amateur, prit la croix en 1238 avec le comte Thibaut IV de Champagne* et revint sain et sauf de l'expédition de 1239 en Terre sainte. Il est l'auteur de deux chansons (R. 244 ; R. 1629), composées vraisemblablement avant 1248.

ŒUVRES. — H. Petersen Dyggve, *Trouvères et protecteurs de trouvères dans les cours seigneuriales de France,* Helsinki, 1942, p. 90-99 (*Annales Academiae Scientiarum Fennicae,* B, 50). — *Anthologie de la poésie lyrique française des XIIe et XIIIe siècles,* éd. bilingue J. Dufournet, Paris, 1989, p. 192-195 (*NRF/Poésie*) [une chanson].

→ Linker, n° 230. — Cf. *MB* nos 2156 ; 6482.
F.F.H.

Robert Regnault. Voir : Robert Blondel.

Robert de Reims. Trouvère inconnu de la première moitié du XIIIe siècle, vraisemblablement originaire de Reims (Marne), Robert, surnommé La Chèvre, est l'auteur de neuf poèmes lyriques appartenant à des genres divers (chansons d'amour, pastourelles, chansons satiriques...). Ses œuvres se recommandent par la vivacité du style et le raffinement de la forme. Robert de Reims réussit souvent à donner un tour piquant à des thèmes rebattus. Rien ne permet d'identifier ce poète aimable et parfois malicieux avec l'auteur appelé La Chèvre qui, à la fin du XIIe siècle, écrivit un roman de *Tristan** aujourd'hui perdu.

ŒUVRES. — W. Mann, *Die Lieder des Dichters Robert de Rains, genannt La Chievre,* dans *ZRPh,* t. 23 (1899), p. 79-116 [cf. *Romania,* t. 28 (1899), p. 456-457]. — *S'ensuyvent les Chansons de Robert la Chievre de Reims, trouvère du XIIIe siècle,* éd. F. Lachèvre et B. Grégan, Paris, 1914.

→ Linker, n° 231. — Cf. *MB* n° 2390. G.M.

Robert de Sablœil. Robert IV de Sablœil ou Sablé (Sarthe, arr. La Flèche), l'un des principaux barons du Maine, se croisa en 1189 avec le roi d'Angleterre Richard Cœur de Lion, qui lui confia une charge parmi les commandants de la flotte. Après la mort de sa femme Clémence de Mayenne (1190 ou 1191), Robert de Sablœil entra dans l'ordre du Temple, dont il devint le grand maître en 1191 ; il le resta jusqu'à sa mort en 1196.

Renommé pour sa piété et son humilité, Robert de Sablœil est l'auteur d'une curieuse chanson (R. 1229), où les attaques contre l'amour alternent avec les protestations de repentir : composée vraisemblablement avant son départ pour la croisade (1190), cette chanson, dont il existe deux versions — la seconde semblant l'œuvre d'un remanieur maladroit —, fait de Robert de Sablœil l'un des plus anciens chansonniers de l'Ouest, dont le nom soit connu.

ŒUVRE. — H. Petersen Dyggve, *Personnages historiques figurant dans la poésie lyrique française des XIIe et XIIIe siècles. XX. Renaut de Sablœil et la comtesse de Meulant,* dans *Neuphilologische Mitteilungen,* t. 45 (1944), p. 61-91. — *Anthologie de la poésie lyrique française des XIIe et XIIIe siècles,* éd. bilingue J. Dufournet, Paris, 1989, p. 92-95 (*NRF/Poésie*).

→ Linker, n° 219. G.M. et F.F.H.

Robert de Sorbon (1201-1274). Né à Sorbon près de Rethel le 29 octobre 1201, et fils de paysans, Robert est devenu maître en théologie après des études parisiennes, peut-être faites sous la direction de Guiard de Laon*. Chanoine à Cambrai au plus tard en 1249, puis à Paris à partir de 1258, il fut en son temps un maître aussi réputé que Thomas d'Aquin* et Bonaventure*, et un partisan résolu des frères mendiants. Il s'est d'ailleurs inspiré de l'organisation de leurs *studia,* et de leur style de vie communautaire, pour fonder en 1257 le collège qui devait le rendre célèbre. Il le réserva aux maîtres ès arts sans ressources, et désireux de faire des études de théologie.

Il fut introduit assez tôt à la cour de saint Louis, dont il devint peut-être l'un des confesseurs attitrés, et il y côtoya Joinville* qui a laissé sur lui un témoignage savoureux. Robert a ainsi bénéficié de l'aide du roi, après celle d'autres bienfaiteurs, pour sa fondation, à laquelle il consacra ensuite une grande part de son activité. Premier proviseur du collège, il en rédigea les statuts, et il en arrondit les possessions, y joignant finalement ses propres biens immobiliers (en 1270) et ses manuscrits (en 1274). Il continua aussi jusqu'à sa mort à enseigner, à prêcher, à prendre part à la vie du chapitre cathédral, et à écrire.

En dehors de quelques gloses assez banales sur le début de l'*Anticlaudianus* d'Alain de Lille*, sa production littéraire, probablement rédigée après 1260 et, en grande partie, toujours inédite, est tout entière d'ordre pratique et pastoral. Orateur et pédagogue plus qu'écrivain, Robert de Sorbon a probablement dispensé d'abord sous forme de sermons l'enseignement contenu dans ses traités. Le texte publié par B. Hauréau comme un opuscule sur le mariage n'a même jamais existé tel quel : c'est une reconstruction arbitraire de l'éditeur, qui a fondu ensemble les différentes versions manuscrites connues des propos que Robert de Sorbon tint sur le mariage, sans doute à l'occasion de ses prédications.

Pierre de Limoges, l'un des disciples de Robert, qui compte parmi les premiers sociétaires de la Sorbonne, a pour sa part recueilli près de 70 sermons authentiques, pour les années 1260-1264. C'est là sans doute que se déploient le mieux la verve et la bonhomie souriante qui firent la réputation de Robert. Parmi les autres œuvres, les plus connues sont le *De consciencia,* où le Jugement dernier est comparé à un examen de licence, et le *De tribus dietis,* qui décrit le voyage de pénitence sur terre en trois étapes (contrition, confession, satisfaction). L'une et l'autre visaient à préparer auditeurs et lecteurs à une bonne pratique du sacrement de pénitence. Assez souvent associées, voire confondues en un seul traité dans certains manuscrits, ces œuvres ont été une seule fois traduites en français. On en connaît aussi des versions françaises dérivées, et, pour le *De tribus dietis,* la traduction d'une paraphrase latine faite par un disciple de Robert.

En outre, Robert de Sorbon a rédigé plusieurs modèles d'examen de conscience, un directoire à l'usage des confesseurs, et un traité sur l'eucharistie, le *De saporibus,* qui expose les 32 saveurs du pain sacramentel.

ŒUVRES. — *De consciencia* et *De tribus dietis,* éd. F. Chambon, Paris, 1903.

→ B. Hauréau, *Notices et extraits des mss de la BN,* Paris, 1890-1893. — P. Glorieux, *Répertoire des maîtres en théologie du XIIIe siècle,* t. 1, Paris, 1933, p. 340-342, n° 159 ; *Aux origines de la Sorbonne,* t. 1 : *Robert de Sorbon. L'homme, le collège, les documents,* t. 2 : *Le Cartulaire,* Paris, 1965-1966. — J.-B. Schneyer, *Repertorium der lateinischen Sermones des Mittelalters,* t. 5, Münster, 1974, p. 224-230. — N. Bériou, *Robert de Sorbon,* dans *DS,* t. 13 (1988), col. 816-824. — B. Hauréau, *Les propos de maître Robert de Sorbon,* dans *Mémoires de l'Institut National de France* (A.I.B.L.), t. 31/2, 1884, p. 133-149. — P. Michaud-Quantin, *Sommes de casuistique et manuels de confession au Moyen Âge,* Louvain-Lille-Montréal, 1962. — N. Bériou et D. d'Avray, *The Image of the Ideal Husband in Thirteenth Century France,* dans *Revue Mabillon,* n.s., t. 1 [= t. 62] (1990), p. 111-141.

Voir aussi : *Voies de Paradis.* N.B.

Robert de Torigny († 1186). Né à Torigny (Manche), il entra en 1128 à l'abbaye du Bec où il fut bibliothécaire ; il fut ensuite prieur du Mont-Saint-Michel et en 1154 en devint l'abbé. Son élection mit fin à une longue période de troubles. Il fut un excellent administrateur. Comme Suger*, il a réuni des pièces relatives à son administration abbatiale et a contribué largement à la collecte des documents du cartulaire de l'abbaye. Il a laissé une œuvre historique importante, mais qui est surtout un travail de compilation.

Sa première œuvre, qui date sans doute d'avant 1142, est une continuation de la première entreprise historique d'Orderic Vital*, qui avait continué et interpolé les *Gesta Normannorum ducum* de Guillaume de Jumièges* et qui s'était arrêté au règne de Guillaume le Conquérant. Robert révisa et continua le texte d'Orderic. Ses additions concernent le règne de Henri Ier avec une courte introduction sur Henri II. Cette histoire repose sur les traditions de l'abbaye du Bec ; Robert tire abondamment parti de l'*Historia ecclesiastica* d'Orderic Vital. Mais sa tâche principale fut la continuation de la chronique de Sigebert de Gembloux* pour lequel il avait beaucoup d'admiration et qu'il voulut compléter ; l'histoire de l'Angleterre et de la Normandie, en effet, avait été peu traitée par Sigebert, qui n'avait à sa disposition que Bède le Vénérable* et Marianus Scotus. Prenant la suite de Sigebert à l'année 1100, il mène le récit jusqu'en 1182 en trois rédactions successives, la première rédigée au Bec et les deux autres à l'abbaye du Mont-Saint-Michel. Avant 1200, ses manuscrits seront recopiés à Savigny, à Jumièges, à Fécamp et une copie gagnera l'Angleterre. Dans sa continuation, il intègre des passages entiers de l'œuvre de Henri de Huntington, mais n'utilise l'*Historia ecclesiastica* que de manière sporadique. Parmi ses œuvres mineures, on peut compter le traité *De immutatione ordinis monachorum,* qu'il a écrit en 1153, dans lequel il retrace l'origine de diverses congrégations monastiques contemporaines ; c'est un texte peu original, en grande partie une compilation littérale d'Orderic Vital, en d'autres endroits fortement abrégé. Il a laissé aussi des catalogues ecclésiastiques, des préfaces à divers ouvrages, les actes de son abbatiat. Enfin, il reste de lui deux lettres. Robert de Torigny fait preuve d'une absence totale d'esprit critique ; son naturel superstitieux l'amène à parsemer son récit de prodiges dont il fait autant de présages, sans plus chercher à comprendre ou à expliquer les phénomènes naturels. Il ne critique pas ses témoignages, il ne classe pas ses sources, cite rarement ses autorités, ne fait pas volontiers appel au témoignage direct. Il écarte délibérément tout ce qui à ses yeux est susceptible de nuire à la foi ou à la piété, à la réputation de l'ordre monastique ou à celle des rois Henri Ier et Henri II, ce qui s'explique par sa position d'abbé du Mont-Saint-Michel, sa manière de travailler et son tempérament. Bibliophile érudit et curieux, c'était un collectionneur de faits, de notes, de livres, un compilateur patient. Son travail, parfois hâtif, comporte des erreurs de dates. Robert est un annaliste, un chronographe, il écrit l'histoire événementielle. Cependant, sa chronique a été très populaire. Très rapidement elle est devenue une véritable mine de renseignements pour les écrivains de l'âge postérieur, une source classique pour les historiens anglais de la génération suivante.

ŒUVRES. — *Chronique et opuscules religieux,* éd. L. Delisle, 2 vol., Rouen, 1872-1873 (*Publ. de la Soc. de l'hist. de Normandie*). — *Gesta Normannorum ducum,* éd. J. Marx, dans l'éd. des *Gesta Normannorum ducum* de Guillaume de Jumièges, Rouen, Paris, 1914, p. 199-334. — *Epistula ad Gervasium S. Serenici priorem,* éd. Migne, *PL,* t. 202, col. 1307-1310 ; *Epistula ad Rogerium abbatem Beccensem, ibid.*, t. 160, col. 34-35, note 132.

→ M. Mathieu, *Le ms. 162 d'Avranches ou Robert de Torigni et Robert Guiscard,* dans *Sacris erudiri,* t. 17 (1966), p. 66-70. — M. Chibnall, *Orderic Vitalis and Robert of Torigni,* dans *Millénaire monastique du Mont-Saint-Michel,* t. 2, Paris, 1967, p. 133-139 ; *Charter and Chronicle. The Use of Archiv Sources by Norman Historians,* dans *Mél. C.R. Cheney,* Cambridge, 1976, p. 1-7. — R. Foreville, *Robert de Torigni et Clio,* dans *Millénaire monastique...,* t. 2, Paris, 1967, p. 141-153. — M. Gibson, *History at Bec in the Twelfth Century,* dans *Mél. R.W. Southern,* Oxford, 1981, p. 167-187. — E. Van Houts, *The Adaptation of the Gesta Normannorum Ducum by Wace and Benoît,* dans *Mél. W. Noomen,* Groningue, 1984, p. 115-124 ; *Robert of Torigni as Genealogist,* dans *Mél. R.A.*, Woodbridge, 1989, p. 215-233. — A. de Mandach, *Robert de Torigni, abbé du Mont-Saint-Michel, auteur de l'épisode de Baligant,* dans *Colloque Histoire et littérature,* Amiens, 1985. — M. Pigeon, *La physionomie de Robert de Torigni,* dans *Les Annales du Mont-Saint-Michel,* 1986, p. 38-43, 69-75. — Molinier nos 1020, 1988, 2204. G.T.L.

Robinet. Voir : Robert Blondel.

Roger d'Andeli. Poète lyrique, Roger d'Andeli (Les Andelys, Eure) est probablement identique au baron normand du même nom, qui figure dans des documents d'archives à partir de 1190 et qui était seigneur d'Hermanville (Seine-Maritime, arr. Dieppe, cant. Bacqueville-en-Caux). Nommé châtelain de Lavardin (Sarthe, arr. Le Mans, cant. Conlie), par le roi d'Angleterre Jean sans Terre en 1201, Roger d'Andeli participa à la croisade albigeoise ; il combattit au siège de Toulouse en 1217 et mourut avant 1223.

Des deux chansons attribuées à Roger d'Andeli, l'une (R. 997) paraît bien être de lui, l'autre (R. 1872, 1876a, 1884) est à restituer au Châtelain de Coucy*.

ŒUVRE. — *Chansons de Roger d'Andeli,* éd. A. Héron, Rouen, 1883. — J. Brakelmann, *Les plus anciens chansonniers français, II,* Marbourg, 1896, p. 115-118 (*Ausgaben und Abhandlungen aus dem Gebiete der romanischen Philologie,* 94) [éd. la seule chanson authentique].

→ Linker, n° 237. — Cf. *MB,* n° 2391.

G.M. et F.F.H.

Roger d'Argenteuil. Voir : *Bible française* § 3.

Roger Bacon. Les historiens font varier entre 1214 et 1220 la date de la naissance en Angleterre de Roger Bacon. On sait qu'il étudia et enseigna les arts à Paris et qu'il y connut Alexandre de Halès* (1245), mais la date de ses séjours à Oxford n'est pas précise, non plus que celle de son entrée dans l'ordre franciscain (vers 1257). Il est certain qu'il fut longtemps en difficulté avec son ordre et que la période la plus calme de son existence correspondit au pontificat de Clément IV (1265-1268) qui le protégeait. Ses idées sur l'astrologie furent englobées dans la fameuse condamnation portée par Étienne Tempier en 1277. Quelle fut exactement la gravité de l'emprisonnement auquel il fut condamné en 1278 ? Il en était libéré en 1292, date à laquelle il composa son dernier écrit. La date de sa mort est inconnue.

On a pu dire de Roger Bacon que « seul au XIIIe siècle et peut-être même jusqu'à Auguste Comte, il a rêvé d'une synthèse totale du savoir, scientifique, philosophique et religieux, pour en faire le lien d'une société universelle, coextensive au genre humain ». Et il est vrai que, sans tomber dans l'excès qui consisterait à faire de ce franciscain médiéval un homme de notre siècle, on peut le situer en contraste avec l'esprit de son temps. On l'en verra d'ailleurs à la fois très proche, car pour lui comme pour ses contemporains, il y a « une science unique qui domine les autres, la théologie », et très différent, en ce qu'il a radicalement uni dans son effort de recherche les sciences profanes à la science divine.

La philosophie est, pour Bacon, le résultat d'une influence de l'illumination divine dispensée par un maître auquel il donne le nom d'intellect agent et qui est le Verbe de Dieu. Elle a été l'objet d'une révélation faite au premier homme et aux Patriarches. Cette révélation est tout entière incluse dans l'Écriture et il reste à la développer, tâche qui ne sera jamais terminée et à laquelle toutes les sciences sont conviées à participer. Les sciences profanes ne sont donc pas pour lui seulement une étude distrayante ou utile ; elles sont plus encore le moyen d'atteindre la certitude de la démonstration — *certificatio,* selon un terme qui lui est habituel.

Bacon a touché à toutes les disciplines de son temps. L'énumération en serait fastidieuse, d'autant plus qu'il ne semble avoir fait aucune découverte propre à changer la face de l'une d'elles ; mais deux d'entre elles se dégagent en raison de leur rôle « certificateur » particulièrement important. C'est d'abord, à la suite de Robert Grosseteste* qui fut l'un de ses maîtres, la science mathématique. Bacon demande à celle-ci la « démonstration vraie » que les arguments dialectiques et moins encore la méthode d'autorité, si en vogue à l'époque, ne sauraient donner. « Il est impossible de savoir quelque chose de ce monde si on ne sait la mathématique ». Et même, on peut expliquer mathématiquement les causes de tous les phénomènes ; la mathématique est donc nécessaire non seulement aux autres sciences, mais à la théologie.

La « science expérimentale » — le vocable est neuf — est plus précieuse encore. Il faut l'entendre chez Roger Bacon plus comme une discipline parmi les autres que comme une méthode applicable à toutes les sciences. Elle seule donne l'évidence de la vérité et permet d'atteindre la complète certitude que raisonnement et démonstration, même mathématiques, ne peuvent fournir à l'esprit. Ici l'expérience ne sert pas de principe à un raisonnement, comme il arrive dans les autres sciences ; la science expérimentale porte en elle-même sa raison d'être, en ce sens qu'elle seule aboutit à une connaissance directe et intuitive de l'objet. Elle recouvre tout le savoir humain directement vérifiable, tant dans l'ordre sensible que dans l'ordre spirituel. Il ne faut donc pas s'étonner que Dieu soit lui-même objet de science expérimentale. « Le meilleur moyen de connaître Dieu est une expérience de douleur ; c'est un moyen bien plus excellent, plus noble et plus délectable que l'argumentation. » Ici, Roger Bacon s'inscrit dans la lignée des théoriciens de la connaissance mystique ; il est particulièrement proche de Thomas Gallus*, dont il connaissait très probablement les œuvres. On sait que ce grand Victorin fut l'ami d'Adam de Marsh, lui-même maître admiré de Bacon. Mais on connaît à ce dernier un autre maître, Pierre de Maricourt, qui lui enseigna l'importance de l'opération manuelle. Le génie propre de Roger Bacon est probablement à chercher dans la synthèse qu'il sut faire, à partir de sa découverte de la valeur unique de l'expérience, des formes les plus hautes et les plus matérielles du savoir humain.

ŒUVRES. — *Commentaires sur Aristote et ouvrages scientifiques* : éd. Robert Steele, *Opera hactenus inedita fratris Rogeri Baconis,* Oxford, 1905-1940. Le vol. I, s. d., est une œuvre théologique : *Metaphysica fratris Rogeri.* — II-IV, *Liber primus communium naturalium, Liber secundus communium naturalium,* 1905, 1911, 1913. — V, *Secretum Secretorum cum glossis et notulis Fratris Rogeri,* 1920. — VI, *Computus Fratris Rogeri,* 1926 (serait de Gilles de Lessines, op.). — VII, *Quaestiones supra undecimum prime philosophie Aristotelis,* 1926. — *VIII, Quaestiones supra libros quatuor Physicorum Aristotelis,* éd. F. Delorme, 1928. — IX, *De retardatione accidentium senectutis cum aliis opusculis de rebus medicinalibus,* éd. A.G. Little et E. Withington, 1928 (authenticité rejetée par Crawley). — X, *Quaestiones altere supra libros prime philosophie,* 1930. — XI, *Quaestiones supra quatuor libros prime philosophie, Quaestiones supra librum de Plantis,* 1932. — XII, *Quaestiones supra Librum de Causis,* 1935. — XIII, *Quaestiones altere supra libros octo Physicorum Aristotelis,* éd. F. Delorme, 1935. — XIV, *Liber de sensu et sensato, Summa de sophismatibus et destruccionibus,* 1937. — XV, *Summa grammatica, Summulae dialectices,* 1941. — XVI, *Communia mathematica Fratris Rogeri,* I et II, 1940 ; ajouter : E. Nolan et S.A. Hirsch, *The Greek Grammar of Roger Bacon, and a Fragment of his Hebrew Grammar,* Cambridge, 1902. — S.H. Thomson, *An Unnoticed Treatise by Roger Bacon on Time and Motion,* dans *Isis,* t. 27 (1937), p. 219-224. — F. Delorme, *Le prologue de R. Bacon à son traité De influentiis agentium,* dans *Antonianum,* t. 18 (1943), p. 81-90. — *Œuvres théologiques : Opus majus,* éd. J.H. Bridges, Oxford, 1897-1900, 3 vol. à compléter par : *Rogeri Baconis Moralis philosophia,* éd. F. Delorme et E. Massa, Zurich, 1953. — *Fr. Rogeri Bacon Opera quaedam hactenus inedita,* éd. J.S. Brewer, Londres, 1859 (*Rerum Britannicarum Medii Aevi Scriptores*) I, *Opus tertium.* — II, *Opus minus.* — III, *Compendium philosophiae.* — IV, *De secretis operibus artis et de nullitate magiae,* à compléter par : P. Duhem, *Un fragment inédit de l'Opus tertium de Roger Bacon, précédé d'une étude sur ce fragment,* Quaracchi, 1909. — A.G. Little, *Part of the Opus tertium of Roger Bacon, Including a Fragment Now Printed for the First Time,* Aberdeen, 1912. — *Fr. Rogeri Bacon Compendium studii theologiae,* éd. H. Rashdall, Aberdeen, 1911. — Il existe une traduction anglaise de l'*Opus majus :* R.B. Burke, *The « Opus majus » of Roger Bacon,* 2 vol., Philadelphie, 1928.

→ Exposés généraux : E. Gilson, *History of Christian Philosophy in the Middle Ages,* New York, 1955, p. 294-312, 673-677. — F. Van Steenberghen, *La philosophie au* XIIIe *siècle,* Louvain-Paris, 1966, p. 143-151, 421-425 (*Philosophes médiévaux,* 9). — J. Jolivet, *La philosophie médiévale en Occident,* dans *Histoire de la philosophie (Encyclopédie de la Pléiade),* t. 1, Paris, 1969, p. 1395-1402. — Études d'ensemble : R. Carton, *L'expérience physique chez Roger Bacon ; L'expérience mystique de l'illumination intérieure chez Roger Bacon ; La synthèse doctrinale de Roger Bacon,* Paris, 1924 (*Études de philosophie médiévale,* 2, 3, 4). — Stewart C. Easton, *Roger Bacon and his Search for a Universal Science,* Oxford, 1952. — E. Heck, *Roger Bacon. Ein mittelalterlicher Versuch einer historischen und systematischen Religionwissenschaft,* Bonn, 1957 (*Abhandlungen zur Philosophie, Psychologie und Pädagogik,* 13). — F. Alessio, *Mito e scienza in Ruggero Bacone,* Milan, 1957 (*Pubblicazione della Facoltà di Filosofia e Lettere dell'Università di Pavia*). — Problèmes particuliers et points de vue récents : A.G. Molland, *Roger Bacon as a Magician,* dans *Traditio,* t. 30 (1974), p. 445-460. — D.C. Lindbergh, *Lines of Influence in XIIIth Century Optics : Bacon, Witelo and Peckham,* dans *Speculum,* t. 46 (1970), p. 66-83. — Th.S. Maloney, *The Semiotics of Roger Bacon,* dans *Mediaeval Studies,* t. 45 (1983), p. 120-154. — I. Rosier, *Grammaire, logique, sémantique. Deux positions opposées au* XIIIe *siècle : Roger Bacon et les Modistes,* dans *Histoire, Epistémologie, Langage,* t. 6 (1984), p. 35-48. — Bibliogr. F. Alessio, *Un secolo di studi su Ruggero Bacone (1848-1957),* dans *Rivista critica di storia della filosofia,* t. 14 (1959), p. 81-102. — M. Huber, *Bibliographie zu Roger Bacon,* dans *Franziskanische Studien,* t. 65 (1983), p. 98-102. J.Ba.

Roger Bernart comte de Foix. On connaît trois comtes de Foix de ce nom. *Roger Bernart Ier, dit le Gros,* comte en 1149, mort en 1188, avec qui Bertran de Born* fut en relation. C'est de lui qu'il s'agit dans le *sirventes* de Bertran : *Lo coms m'a mandat...* (PC 80, 23). Puis *Roger Bernart II, dit le Grand,* qui lutta farouchement, au côté du comte de Toulouse, contre les croisés, dans la guerre contre les Albigeois. Obligé de signer le traité de conciliation et de paix à Saint-Jean-de-Verges, en 1229, il protesta dignement contre la violence qui lui était faite : « Ce n'est pas la crainte qui m'ébranle au gré de vos exigences, et qui me contraint de traîner ma liberté par terre, pour en faire fumier et litière... Mais, poussé par la crainte généreuse de la misère de mes sujets et de la ruine de mon pays, désirant ne pas passer pour le boute-feu de l'Aquitaine, je me plie à cette extrémité... » Roger Bernart exprimait là les sentiments mêmes de l'idéal des troubadours de son époque, transposés sur le plan politique. Protecteurs des troubadours, hérétiques ou non, les comtes de Foix furent eux-mêmes poètes parfois, tel *Roger Bernart III* (PC 182), comte en 1265, qui mourut en 1302. Petit-fils de Roger Bernart II, il connut et protégea Guiraut Riquier* (PC 248, 12). Deux *sirventes* lui sont attribués par les manuscrits. Il s'agit plutôt de strophes qu'il échangea dans une dispute poétique où intervinrent cinq troubadours, durant l'été 1285 au moment de la guerre entre la France et la couronne d'Aragon. Beau-frère de Peire III d'Aragon* et de Jacques de Majorque par son mariage avec leur sœur Esclarmonde, Roger Bernart III défendit la cause des Français, à ses dépens.

ŒUVRE. — Éd. M. de Riquer, *Los trovadores. Historia literaria y textos,* Barcelone, 1975, t. 3, p. 1590-1600.

→ PC 182. — F. Pasquier et H. Courteault, *Chroniques romanes des comtes de Foix par Arnaud Esquerrier et Miégeville,* Foix-Toulouse, Paris-Pau, 1895. — A. Jeanroy, *Los Coblas provençales relatives à la croisade aragonaise de 1285,* dans *Mél. Menendez-Pidal,* t. 3, Madrid, 1952, p. 77-88. — Coincy Saint-Palais, *Esclarmonde de Foix,* Toulouse, 1956.

C.Ca. et G.B.L.

Roger de Salerne. Médecin et chirurgien, actif vers 1170 à Salerne. Roger (Rogerius filius Frugardi) fut l'auteur du premier traité de chirurgie (*Practica chirurgica*) de l'Occident, dans lequel il se fondait sur les œuvres de Constantin l'Africain, mais aussi beaucoup sur ses expériences personnelles : parmi les innovations, une description d'une remarquable technique d'herniotomie et l'utilisation du mercure contre les parasites et pour soigner les dermatoses. Comprenant quatre parties (1 : lésions de la tête ; 2 : lésions du cerveau et du cou ; 3 : lésions du corps à partir de l'omoplate ; 4 : lésions des membres inférieurs) précédées d'un prologue, la *Practica chirurgica* fut imprimée à Venise en 1546, à la suite de la *Chirurgia* de Gui de Chauliac*.

La *Practica chirurgica* fit l'objet de nombreuses gloses en latin : celle de Guido d'Arezzo au XIIe siècle, la « première glose de Salerne » (vers 1200), la glose (avec des additions importantes) due à Roland de Parme au XIIIe siècle, la « deuxième glose de Salerne », dite « glose des quatre maîtres » dans la deuxième moitié du XIIIe siècle, et un commentaire établi à Montpellier au XIIIe siècle sur le texte original.

La *Practica chirurgica,* base de l'enseignement médiéval de la médecine, fut traduite textuellement en français dès le XIIIe siècle, dans des compilations où elle voisine avec des recettes et des extraits médicaux de toutes sortes (Londres, Brit. Libr., Sloane 1977 et 3525 ; Cambridge, Trinity College, 1044) sous l'incipit : *Le chief est plaiez en diverses manieres...*, avec le prologue : *Aprés ce que Deus out criez le munde...* Une autre traduction du XIIIe siècle (Cambridge, Trinity College, 1044) est dépourvue de prologue.

Il existe plusieurs traductions françaises plus récentes de la *Practica chirurgica* glosée par Guido d'Arezzo (Londres, Wellcome Hist. Med. Libr., 546, recueil du XIVe siècle, et Paris, BN, fr. 1288, copie du XVe siècle).

En langue d'oc, la *Practica chirurgica* fit l'objet de deux traductions. L'une est en vers (129 vers) et fut faite avant 1209, par le médecin et chirurgien (inconnu par ailleurs) Raimon d'Avignon : elle porte sur les trois premiers livres de la *Practica chirurgica,* sous le titre : *Incipit cirurgia magistri Rogerii Salernitatensis translata in lingua romana a magistro Raimundo Avinionense* (manuscrit unique : Bologne, Bibl. univ., 2836 [ancien 1530]). L'autre est en prose et date également du XIIIe siècle (manuscrit unique : Bâle, Öffentliche Bibl. der Universität, D II, 11).

La *Practica chirurgica* fut aussi traduite en catalan (Séville, Bibl. capitular « Colombina », 5.5.20).

L'influence de la *Practica chirurgica* apparaît nettement dans les œuvres des chirurgiens flamands Jan Bertrand, Jan Yperman et Thomas Schelling et dans le réceptaire allemand dû à Ortolf von Baierland. Sa diffusion fut assurée, outre les gloses latines, par des gloses en allemand et en anglais.

ŒUVRES. — K. Sudhoffs, *Illustrationen zu den französischen Bearbeitungen der Chirurgie des Roger von Salerno,* dans *Beiträge zur Geschichte der Chirurgie im Mittelalter,* Leipzig, 1914, t. 1, p. 17-42 (*Studien zur Geschichte der Medizin,* 10) ; *Die Chirurgie des Roger Frugardi von Salern, ibid.,* 1918, t. 2, p. 148-236 (*Studien zur Geschichte der Medizin,* 11-12) [éd., avec des extraits de la glose de Guido et le texte de la glose de Montpellier : p. 237-296]. — U. Cianciòlo, *Il compendio provenzale verseggiato della Chirurgia di Ruggero da Salerno,* dans *Archivum romanicum,* t. 25 (1941), p. 1-85 [éd. du poème en langue d'oc].

→ A. Thomas, *La Chirurgie de Roger de Parme en vers provençaux, notice sur un ms. de la Bibl. de Bologne,* dans *Romania,* t. 10 (1881), p. 63-74 ; *La versification de la Chirurgie provençale de Raimon d'Avignon, ibid.,* t. 11 (1882), p. 203-212. — P. Meyer, *Les manuscrits français de Cambridge, III. Trinity College, ibid.,* t. 32 (1903), p. 78-82 ; *Manuscrits médicaux en français, ibid.,* t. 44 (1915-1917), p. 163-172, 191-194. — G. Sarton, *Introduction to the History of Sciences,* Baltimore, 1931, t. 2, p. 435-436. — Brunel, n° 288. — P. Huard et M.D. Grmek, *Mille ans de chirurgie en Occident,* Paris, 1966, fig. 28-32, 53, 56-95, 145. — G. Beaujouan, *Manuscrits médicaux du Moyen Âge conservés en Espagne,* dans *Mél. de la Casa de Velasquez,* t. 8 (1972), p. 197. — G. Keil et W. Löchel, *Gestaltwandel und Zersetzung Roger Urtext und Roger-Glose vom 12. bis ins 16. Jahrhundert,* dans *Der Kommentar in der Renaissance,* Bonn, 1975, p. 209-224. — W. Löchel, *Die Zahnmedizin Rogers und der Roger-glossen,* Würzburg, 1976, p. 12-48 (*Würzburger medizinhistorische Forschungen,* 4). — W. Rothwell, *Medical and Botanical Terminology from Anglo-Norman Sources,* dans *ZFSL,* t. 86 (1976), p. 221-260. — Cf. *GRLMA,* t. VIII/1, p. 311. — *MB S* 5497. F.F.H.

Roi Flore et la belle Jeanne. Conservée dans une unique copie dont la langue est picarde-wallonne, cette nouvelle en prose du XIIIe siècle est une version du conte de la gageure. En effet la chasteté de Jeanne y fait l'objet d'un pari entre son époux Robert — chevalier de la marche de Flandre et Hainaut — et Raoul. À la suite d'une tromperie de ce dernier, Robert perd son pari et sa terre. Il part et Jeanne le suit à son insu, déguisée en homme. Après les tribulations habituelles de ce cycle, le couple se reforme. L'originalité du traitement tient ici à l'insertion du conte dans l'histoire du roi Flore. Marié deux fois, celui-ci n'a pu avoir d'enfant. Un conseiller lui narre l'histoire de Jeanne, devenue veuve, pour lui montrer toute la valeur de cette femme. Le roi l'épouse et en a deux enfants : Florent, pourfendeur de Sarrasins, et Florie qui épouse le fils du roi de Hongrie.

ŒUVRE. — Éd. dans F. Wolfzettel, *Französische Schicksalsnovellen des 13. Jahrhunderts...,* Munich, 1986 (*Klassische Texte des romanischen Mittelalters in zweisprachigen Ausgaben,* 26) [avec trad. allemande].

→ G. Paris, *Le cycle de la gageure,* dans *Romania,* t. 32 (1903), p. 481-551 [particulièrement p. 532-534]. — R. Levy, *Le roi Flore et la belle Jehane,* dans *Philological Quarterly,* t. 14 (1935), p. 253-262 [glossaire]. — Cf. *MB* nos 1317-1318, 6051. S.L.

Roi Rambaux de Frise (Livre du). Ce court roman en prose du troisième quart du XVe siècle met en scène deux types de héros : le pieux et vieux roi Rambaux de Frise, sa fille Florissant et son amoureux d'origine espagnole, Othon, d'une part, et le cruel et rusé Brunor de Danemark de l'autre. Ce dernier, prétendant dépité à la main de Florissant et aux États de Rambaux, entre en Frise et la dévaste. Othon se fait alors le champion du vieux roi, bat et tue Brunor en combat singulier et obtient la main de Florissant. Viennent alors les scènes de son mariage, du baptême de son fils puis de son couronnement, à la mort de Rambaux. Histoire exemplaire inspirée de souvenirs historiques, de légendes épiques et hagiographiques concernant Rambaux, ce roman s'inscrit aussi dans les préoccupations dynastiques du duc de Bourgogne, Philippe le Bon. Ses États dépendent toujours légalement des royaumes de France et d'Allemagne. Mais, dès 1436, il réserve ses droits à la couronne de Frise, province tombée sous l'obédience bourguignonne depuis le mariage de Jean sans Peur avec Marguerite de Bavière (1385). Roi de droit de cet ancien royaume, exalté par les écrivains bourguignons de l'époque, Philippe affirmait ainsi son indépendance.

ŒUVRE. — Éd. B. Nelson Sargent, Chapel Hill, 1967 (*Univ. of North Carolina, Studies in the Romance Languages and Literatures,* 69) [un seul ms].

→ J. Huizinga, *L'État bourguignon, ses rapports avec la France, et les origines d'une nationalité néerlandaise,* dans *Le Moyen Âge,* t. 40 (1930), p. 175-176. — Y. Lacaze, *Le rôle des traditions dans la genèse d'un sentiment national au XVe siècle. La Bourgogne de Philippe le Bon,* dans *BEC,* t. 129 (1971) [notamment p. 351-357]. — Woledge n° 133. — Cf. *MB S* n° 6704. S.L.

Roland (Chanson de). Chacun a en mémoire le récit épique de la bataille de Roncevaux. En sept ans, Charlemagne a conquis toute l'Espagne. Seule, la Saragosse du roi Marsile reste invaincue. Elle est dans l'angoisse et, pour éloigner l'armée française, délègue à Charles l'astucieux Blancandrin. Les chefs francs sont divisés sur la conduite à suivre. Roland veut la guerre, Ganelon la paix. Charlemagne décide, sur la proposition de Roland, d'envoyer Ganelon apporter la paix à Saragosse. Colère du messager : Ganelon lance un défi à Roland, qui ricane. À Saragosse, Ganelon le pacifiste pousse les Sarrasins à la guerre, pour que celle-ci anéantisse Roland, le meilleur chevalier français. Marsile se laisse peu à peu convaincre. De retour au camp de Charles, Ganelon n'a nulle peine, faisant parler l'orgueil de Roland, d'imposer le neveu de l'empereur comme chef de l'arrière-garde. Le gros de l'armée française s'éloigne. Roland et ses amis restent à Roncevaux. Les montagnes avoisinantes se couvrent de guerriers sarrasins. Olivier, le cher compagnon de Roland, s'aperçoit de leur présence innombrable. Il faut sonner du cor et rappeler Charlemagne. Roland reste inflexible : on n'appelle pas au secours sans déshonneur avant que le combat ne vous ait mis en péril. Les 100 000 Sarrasins attaquent en vagues successives les 20 000 Français. Ils essuient des pertes énormes, mais bientôt les Français ne sont plus que 60. Maintenant que l'honneur est sauf et l'héroïsme prouvé, Roland soufflerait volontiers dans son olifant. Olivier, rancunier, s'y oppose. L'archevêque Turpin apaise la querelle des amis et conseille d'appeler Charlemagne. La voix du cor retentit dans les montagnes. Roland, soufflant à perte d'haleine, a la bouche en sang. Une veine rompue aura raison d'une vie dont ne triomphera nul Sarrasin. Le combat se poursuit, les quelques survivants français s'acharnent. Olivier tombe, frappé dans le dos. Les clairons de Charles répondent à l'appel du cor et sonnent le retour de l'armée française. Les Sarrasins effrayés décochent une dernière grêle de traits avant de prendre la fuite. Roland et Turpin sont maîtres du champ de bataille. Turpin, blessé, épuisé, bientôt trépasse, et Roland reste seul, invaincu. Il meurt, hautain et solitaire, sur un tertre, entouré de hautes montagnes, en conquérant agréé par Dieu. Roland est mort, Charlemagne débouche à Roncevaux. Les Français talonnent les Sarrasins en fuite. Grâce au jour miraculeusement prolongé, ils les pressent sur les bords d'un fleuve. Les païens s'y jettent et se noient. Marsile regagne Saragosse à temps pour accueillir les émissaires de son grand suzerain, l'émir de Babylone Baligant, arrivé à point pour le venger et pour se mesurer avec son seul rival, l'empereur des chrétiens. Les Français avaient regagné Roncevaux pour enterrer leurs morts, quand surgissent sans nombre les armées de Baligant. Le combat solennel va s'engager, où s'affrontent la Chrétienté et la Païenie. La lutte est longue et difficile. À la tombée de la nuit, Charlemagne et Baligant se reconnaissent dans la mêlée. Duel suprême, qui doit décider du monde. Charles, réconforté par un ange de Dieu, triomphe enfin, et avec lui triomphe la Chrétienté. Les Sarrasins fuient. Ruée des chrétiens dans Saragosse, mort pitoyable de Marsile, salut de la reine Bramimonde, purification de la ville par le feu, le fer et le baptême. L'armée française regagne la France, enterre les morts illustres de Roncevaux à Blaye. De retour à Aix-la-Chapelle, Charlemagne voit mourir de douleur la belle Aude, la fiancée de Roland, dernière victime, et combien innocente, de la félonne machination de Ganelon. Le traître enchaîné est conduit devant ses juges, des juges bien hésitants, et il s'en tirerait si la justice divine n'était plus clairvoyante que la justice humaine. Un duel judiciaire a raison du garant de Ganelon, et celui qui n'a pas compris qu'en faisant tuer Roland il portait atteinte à l'Empire, finit écartelé. Au terme de sa longue journée, Charlemagne voudrait reposer sa douleur, mais hélas ! il n'y a pas de repos pour le défenseur de la Chrétienté.

Tel est le récit classique de la *Chanson de Roland.* À partir de l'apparition de Baligant, l'Orient païen intervient dans l'affabulation. Intervention belliqueuse, s'il en est, qui donne à la lutte une envergure mondiale. La conception de deux mondes hostiles qui s'affrontent, celle de la première croisade, permet de dater le récit de l'époque de Godefroid de Bouillon, des environs de 1100. Le poète, qui s'est inspiré de l'idéal des croisés, n'était pas animé d'un nationalisme étroit. Son âme chrétienne exalte tous les peuples groupés sous la bannière de Charlemagne. Mais elle en préfère un, qui est peut-être le sien, le peuple de la France royale.

La *Chanson de Roland* de 1100 environ n'a pas été conservée comme telle mais par l'entremise de versions plus tardives plus ou moins remaniées. Ces versions se ressemblent toutes et sont toutes différentes. La plus ancienne, celle qui reflète fidèlement le poème de 1100, encore qu'avec des variations accidentelles ou intentionnelles, est celle d'*Oxford* (ms. Digby 23, XIIe s., Bibl. Bodléienne, langue anglo-normande), que Turoldus a signée, en qui on a vu le copiste du ms., le remanieur de la version d'Oxford, le poète de la *Chanson de Roland,* l'auteur de son modèle, le récitant de la version d'*Oxford.* Cette version est en laisses décasyllabiques assonancées. Bon nombre de celles-ci s'achèvent par l'énigmatique *Aoi,* sans doute indication marginale à l'usage du récitant. Une autre version vénérable et, pour certains érudits, concurrente d'*Oxford,* est conservée à la Bibl. Saint-Marc de Venise. C'est celle de *Venise IV* (ms. 225, XIVe, langue franco-italienne). Curieuse compilation hybride, qui, après avoir présenté le début de la chanson sous une forme analogue à celle d'*Oxford,* en raconte la fin sous une forme remaniée et en interpolant le récit écourté de la prise de Narbonne par les Français de retour d'Espagne. La *Chanson de Roland* assonancée de 1100, connue en Angleterre et dans le Nord de l'Italie, s'est répandue aussi, sous des formes partiellement différentes, en Allemagne, en pays flamand, en Scandinavie et au Pays de Galles, comme l'attestent respectivement le *Ruolantes Liet* de Konrad (deuxième moitié du XIIe), le *Roelantslied* (deuxième moitié du XIIe), la *Saga af Runzivals Bardaga,* huitième branche de la *Karlamagnus saga* (première moitié du XIIIe) et le *Campeu Charlyamen,* achevé en 1336, ainsi que dans la Péninsule hispanique, comme le laissent entendre le catalan Guiraut de Cabrera*, dans son *Cabra Joglar* (troisième quart du XIIe) et le Portugais Alfonso Lopes de Baião dans sa *Gesta de maldizer* (un peu avant 1250).

Vers le milieu du XIIe siècle, à la chanson assonancée, allongée de laisses assez vulgaires, se substitue peu à peu une chanson rimée décasyllabique, et le changement métrique s'accompagne de modifications narratives. Celles-ci apparaissent surtout après la mort de Roland et le triomphe de Charlemagne. Le retour des Français inspire au remanieur des scènes d'une émotion facile et forte. Il développe le pittoresque funèbre de la quête des morts, insiste sur le pathos de la mort d'Aude, imagine avec un certain sens du rebondissement que Ganelon échappe à la vigilance de ses gardiens, trace sur la Via Jacobitana un itinéraire détaillé et vraisemblable. Il s'écarte de l'épique moins pour faire du romanesque que du mélodramatique. Ce *Roland* rimé provient sans doute des régions occidentales de la France. Il ne nous est pas mieux parvenu que le *Roland* assonancé de 1100. Ce que nous en possédons, ce sont des remaniements des XIIIe, XIVe et XVe siècles. L'abondance des versions conservées nous éclaire sur le succès qu'a dû connaître le *Roland* rimé au cours du Moyen Âge. Rappelons tout d'abord *Venise IV* pour sa dernière partie. Ensuite il y a deux versions assez fidèles et assez proches l'une de l'autre, composées en Italie dans un français fort pur : *Venise VII,* de la Bibl. Saint-Marc de Venise (ms. 251, fin du XIIIe s.) et *Châteauroux,* Bibl. municipale 1 (1300 env.). La Lorraine semble s'être aussi vivement intéressée au récit rimé. De cette province nous sont restées, à l'état fragmentaire, au moins trois versions différentes : *Paris* qui est assez fidèle (BN fr. 860, XIIIe, ms. acéphale), les fragments lorrains, découverts dans la région de Metz (XIIIe), les fragments découverts par C. Lavergne. L'Ouest de la France, enfin, a maintenu longtemps la tradition du *Roland* rimé, comme le prouve la version de *Cambridge* (Trinity College Libr., R. 3.32, acéphale, fin du XVe). Un nouveau fragment qui pourrait provenir du Centre-Ouest de la France a été publié (Londres, British Library, Add. 41295, fin du XIIIe) ; sa caractéristique essentielle et son originalité au sein de la tradition conservée est d'achever les laisses par un petit vers

« orphelin ». La plus originale des versions du *Roland* rimé est celle de *Lyon* (Bibl. municipale 984, XIVe). Le Bourguignon ou le Franc-Comtois qui en est l'auteur abrège le poème et le réduit au seul récit de la bataille livrée par Roland.

Comme la chanson assonancée, la chanson rimée a connu le succès hors de France, en Allemagne (voir le *Karl* du Stricker, vers 1230, et le *Karl Meinet* des débuts du XIVe), en Espagne (voir le *Roncesvalles* du XIIIe), en Italie (voir les *Fatti di Spagna,* la *Rotta di Roncisvalle,* la *Spagna in rima,* la *Spagna in prosa* des XIVe et XVe).

Pour la tradition rolandienne dans le Midi de la France, voir *Ronsasvals** et *Rollan a Saragossa**.

Tandis que la *Chanson de Roland* se renouvelait en France et se répandait à l'étranger, qu'elle inspirait les doctes, la *Chronique du Pseudo-Turpin** (milieu du XIIe), le versificateur du *Carmen de prodicione Guenonis* (fin du XIIIe), elle devait aussi, sous sa forme rimée, coopérer avec le *Pèlerinage de Charlemagne** à la naissance d'un nouveau récit, celui de *Galien le Restoré**, qui allait faire fortune et petit à petit se substituer dans le goût du public à *Roland.*

Jusqu'à 1500, la *Chanson de Roland* a vécu d'une existence active. Sa transmission de version en version n'a pas été inerte, paralysée par une fidélité absolue au modèle ancien. Elle a été vivante, grâce au constant renouvellement dont elle a été l'objet. Malheureusement, les innovations successives n'ont pas amélioré le poème : la version assonancée est restée inégalée, elle surpasse, et de haut, celles qui l'ont remplacée.

Les diverses versions du *Roland* forment la tradition manuscrite du poème. Les érudits diffèrent d'avis sur les relations qui unissent ces versions. Leur désaccord porte essentiellement sur la place à assigner à *Venise IV,* première partie : pour les uns, il forme groupe avec *Oxford* ; pour les autres, il forme groupe avec les mss du *Roland* rimé, et *Oxford* reste isolé, en face du reste de la tradition, son témoignage valant à lui seul autant que celui de tous les autres mss réunis. Les opinions varient aussi sur la valeur primitive d'*Oxford* : tantôt celui-ci est considéré comme proche de l'archétype de la tradition, voire du poème original, tantôt il est regardé comme une version conservatrice mais renouvelée sur certains points, tantôt il voit sa précellence gravement battue en brèche et son témoignage ramené au niveau de celui d'une quelconque des autres versions.

Il n'en est pas moins vrai qu'il reste le ms. le plus ancien et le seul à donner d'un bout à l'autre la version assonancée des environs de 1100.

Cette version, qui pour le lecteur moderne représente la *Chanson de Roland,* est-elle vraiment la *Chanson de Roland* originale ? Ou n'est-elle pas, comme les versions qui lui ont succédé, un simple remaniement, un remaniement qui cette fois aurait une haute qualité artistique ? Les versions concurrentes d'*Oxford,* le *Pseudo-Turpin,* le *Carmen,* la saga, *Venise IV,* Konrad ont été interrogées : on a cru y trouver des traces de versions antérieures à *Oxford,* mais à ces avis s'oppose l'opinion accréditée qui veut que les textes concurrents utilisent des versions qui, dans l'évolution de la tradition, appartiennent au même stade qu'*Oxford.* On a également interrogé *Oxford* lui-même. Certains y ont découvert des traces de remaniement, des indices, par exemple, que l'épisode de Baligant est postiche, que le personnage de Blancandrin est adventice, etc. ; d'autres, par contre, ont loué la forte et belle unité structurelle de la version de 1100. Ces différences de jugement ont de graves conséquences. Les partisans de l'unité voient dans la version de 1100 le poème original, précédé ou non d'antécédents plus ou moins réussis. Les autres refusent à cette version le titre de premier *Roland* et recherchent celui-ci plus haut dans le temps. Mais leurs sentiments diffèrent sur la date à lui assigner et sur la façon de se le représenter. Tel entrevoit un *Roland* premier mieux centré sur le personnage de Roland et le date des alentours de 1000, tel autre croit que cette version hypothétique a été elle-même précédée par d'autres versions composées au cours des Xe et XIe siècles, et date la toute première version, qui serait moins un original qu'une amorce de tradition, de l'époque contemporaine de l'événement historique de base, la défaite encourue par l'arrière-garde de Charlemagne en 778 à Roncevaux.

Les innombrables études sur la genèse

de la *Chanson de Roland* ont pour ambition de répondre à la question : comment relier les années 778 et 1100 ? Accepterons-nous encore la thèse des légendes locales, entretenues dans les monastères des voies de pèlerinage, et livrées par le moine au jongleur de la chanson de geste, à la fin du XIe siècle ? Supposerons-nous, au contraire, le poète de la chanson s'informant, à quelque date que ce soit, de l'événement de Roncevaux pour composer son œuvre héroïque ? Ou plutôt verrons-nous la défaite de 778 inspirant sur-le-champ une œuvre poétique, lyrico-épique ou narrative qui, de transformation en transformation, aurait abouti à l'œuvre de 1100, et qui, après 1100, se serait transformée encore jusqu'au XVe siècle, le poème de 1100 n'étant qu'un chaînon de la longue chaîne traditionnelle ? Nous pouvons imaginer aussi une suite continue faite de récits oraux, de moins en moins historiques et de plus en plus légendaires, qui un beau jour inspirent un ou des poètes, ou croire à « une activité légendaire » suivie d'une « activité épique latente », qui préparerait l'œuvre du poète. Autant de propositions, autant d'hypothèses. Hypothèses fondées sur des documents que l'on considère comme des indices de l'existence d'une tradition rolandienne, définie, il est vrai, de façon variable (mise en forme poétique ou légende restée à l'état « informe »). Ces documents sont pour le XIe siècle la liste des couples de frères, baptisés Roland et Olivier, attestés en 1096, 1091, 1082-1106, 1050-1055, 999-1031 (?) ; la mention de nombreux *Olivier* dans le Nord et le Sud de la France, à partir de l'an 1000, en Catalogne et en Italie ; la *Nota emilianense,* résumé latin, daté habituellement du troisième quart du XIe siècle, d'un récit rolandien, dans lequel il est bien difficile de ne pas voir une œuvre composée. Pour les siècles antérieurs, l'historiographie, la diplomatique, la numismatique carolingiennes sont consultées (*Vita Karoli* d'Eginhard*, *Annales* royales*, annales monastiques, *Vita Hludowici* de l'Astronome* limousin, *De Gestis Caroli Magni* du Poète saxon, Chronique de Réginon, fausse donation de l'abbé Fulrad de Saint-Denis), mais leurs témoignages sont entendus d'une oreille différente par ceux qui croient à la permanence de la tradition et par ceux qui préfèrent le scepticisme critique.

Autre sujet de débat, uni du reste au précédent : la plus ou moins grande « historicité » de la *Chanson*. Insistent sur son caractère historique, c'est-à-dire carolingien, les partisans de la tradition continue. Relèvent ses écarts historiques et soulignent sa conformité avec l'esprit du XIe siècle, ou même avec celui des croisades, les défenseurs de l'originalité poétique de la *Chanson* de 1100. Tout naturellement, ces derniers vantent le génie français qui imprègne l'œuvre, tandis que les premiers sont enclins à rappeler son esprit franc, germanique.

La haute qualité de l'œuvre de 1100 a attiré l'attention sur le travail artistique du poète. On a mis en rapport sa technique littéraire, fort élaborée, avec celle des œuvres latines du Moyen Âge ou de l'Antiquité, et on l'a inscrite dans la tradition des œuvres cléricales. Cette assimilation du poète à un clerc trouve d'énergiques opposants parmi les défenseurs du « jongleur cultivé et inspiré », auteur aussi bien qu'interprète de la geste. En tout cas, l'auteur était très au fait des choses militaires, politiques et diplomatiques, mais également sensible aux problèmes psychologiques et moraux de la vassalité.

Le tableau de la critique rolandienne est fort bigarré. C'est que la matière en discussion est composée de peu d'éléments décisifs et présente tant d'incertitudes et d'inconnues que la moindre variation dans l'interprétation de ce dont on dispose peut entraîner les plus graves conséquences doctrinales.

Toutefois il semble acquis que la tradition rolandienne s'est transformée sans cesse, tout en restant elle-même, qu'elle a présenté en même temps des formes différentes ; que les versions conservées ne sont pas, loin s'en faut, les seules à avoir été composées. Chacune de celles-ci est l'œuvre d'un (ou de plusieurs) poète(s) et constitue une réalité littéraire analysable en soi. Les poètes, diversement doués, forment une collectivité d'individualités créatrices. La tradition rolandienne a un point de départ : elle a commencé le jour où un premier poète a donné une forme artistique au souvenir de la bataille de Roncevaux.

Mais quel est ce jour ? A cette question

aucune réponse définitive n'a encore été donnée.

Les amateurs de recherches historiques s'en plaindront à juste titre. Les passionnés de beauté artistique pourront ne pas trop le regretter, car s'ils ne savent pas à coup sûr comment s'est constituée la *Chanson de Roland,* ils ont dans sa version d'Oxford, malgré ses imperfections et son état peut-être tardif, un authentique chef-d'œuvre.

Ce *Roland* est la plus sévère des gestes françaises, celle qui offre les lignes les plus pures et dont la noblesse de ton ne fléchit pas. Cette souveraine continuité, assez exceptionnelle, classe *Roland* à part et au-dessus des autres gestes, dont la texture est plus mêlée. *Roland* plane au-dessus du concret quotidien, survole la géographie réelle. C'est la vision grandiose et lumineuse d'une réalité extraordinaire, d'un triomphe militaire qui intéresse Dieu et les hommes. D'une noble élévation, la chanson n'est pas uniforme. Elle est composée de contrastes calculés et animée d'une vie psychologique intense. Rien n'est plus passionné : les caractères de Roland, d'Olivier, de Ganelon vibrent d'un étonnant frémissement, le cœur de l'empereur Charlemagne est dépeint dans sa faiblesse humaine, tendre et partial. Ces passions sont fonctionnelles, elles commandent l'action.

Poème où la psychologie dirige la manœuvre, qui se refuse au terre à terre et met en scène des êtres hors du commun, le *Roland* est une œuvre classique, analogue dans sa conception aux grandes tragédies du XVIIe siècle français.

ŒUVRE. — Éd. R. Mortier, Paris, 1940-1949, 9 vol. [éd. toutes les versions]. — Éd. et trad. G. Moignet, Paris, 1969. — Éd. C. Segre, Naples, 1971 ; nouv. éd. revue et trad. de l'italien par M. Tyssens, Genève, 1989, 2 vol. (*TLF*, 368). — Éd. J.G. Brault, Londres, 1978, 2 vol. — Trad. en français moderne P. Jonin, Paris, 1979 (*Folio*). — Éd. et trad. en français moderne I. Short, Paris, 1990 (*Lettres gothiques*). — *The Song of Roland*, trad. anglaise G. Burgess, Londres, 1990 (*Penguin Classics*). — Pour les nombreuses autres traductions, se reporter à la bibliographie de J.J. Duggan (cf. *infra*) et au *Manuel* de Bossuat.

→ Des ouvrages fondamentaux : — G. Paris, *Histoire poétique de Charlemagne*, Paris, 1865, 2e éd. 1905. — P. Rajna, *Le Origini dell'epopea francese*, Florence, 1884. — J. Bédier, *Les légendes épiques*, t. 3, Paris, 1912, 3e éd. 1925 ; *La Chanson de Roland commentée*, Paris, 1927. — P. Boissonade, *Du nouveau sur la Chanson de Roland*, Paris, 1923. — E. Faral, *La Chanson de Roland*, Paris, 1932. — A. Pauphilet, *Sur la Chanson de Roland*, dans *Romania*, t. 59 (1933), p. 161-198. — R. Fawtier, *La Chanson de Roland*, Paris, 1933. — G. Chiri, *L'epica latina medioevale e la Chanson de Roland*, Gênes, 1936. — M. Wilmotte, *L'Épopée française, origine et élaboration*, Paris, 1939. — E. Mireaux, *La Chanson de Roland et l'histoire de France*, Paris, 1943. — M. de Riquer, *Los cantares de gesta franceses*, Madrid, 1952 (trad. française, Paris, 1957). — J. Horrent, *La Chanson de Roland dans les littératures française et espagnole au Moyen Âge*, Paris, 1951. — P. Le Gentil, *La Chanson de Roland*, Paris, 1955. — J. Rychner, *La Chanson de Geste. Essai sur l'art épique des jongleurs*, Genève, 1955. — F. Lot, *Études sur les légendes épiques françaises*, Paris, 1958. — R. Menendez-Pidal, *La Chanson de Roland y el neo-tradicionalismo*, Madrid, 1959 (*Origenes de la épica romanica*) ; *La Chanson de Roland et la tradition épique des Francs*, Paris, 1960. — I. Siciliano, *Les chansons de geste et l'épopée : Mythes, histoire, poèmes*, Turin, 1968. — En dehors de ces ouvrages, et en raison de l'abondance de la bibliographie, seuls sont indiqués ci-dessous des travaux datant des vingt dernières années. Pour le reste, on se reportera encore une fois au *Manuel* de Bossuat et à J.J. Duggan, *A Guide to Studies on the Chanson de Roland*, Londres, 1976 (*Research Bibliographies and Checklists*, 15). — P. Aebischer, *Préhistoire et protohistoire du Roland d'Oxford*, Berne, 1972 (*Biblioteca romanica*, series prima : *Manualia et Commentationes*, 12). — J.J. Duggan, *The Song of Roland : Formulaic Style and Poetic Craft*, Berkeley-Los Angeles-Londres, 1973. — E.A. Heinemann, *Composition stylisée et technique littéraire dans la Chanson de Roland*, dans *Romania*, t. 94 (1973), p. 1-28. — J. Horrent, *L'équipée espagnole de Charlemagne en 778 avant et après la bataille des Pyrénées*, dans *Mél. P. Le Gentil*, Paris, 1973, p. 377-397. — C. Samaran, *Sur la date approximative du Roland d'Oxford*, dans *Romania*, t. 94 (1973), p. 523-527. — P. Aebischer, *Éléments traditionnels et interventions personnelles dans les textes annalistiques et historiographiques relatifs à l'expédition franque de 778 en Espagne*, dans *Des Annales carolingiennes à Doon de Mayence : Nouveau recueil d'études sur l'épique française médiévale*, Genève, 1975 (*Publications romanes et françaises*, 129), p. 3-23. — R. Lejeune, *La légende de Roland et la fausse donation de Fulrad*, dans *Le Moyen Âge*, t. 81 (1975), p. 191-210. — H.-E. Keller, *The Song of Roland : a Mid-Twelfth Century Song of Propaganda for the Capetian Kingdom*, dans *Olifant*, t. 3 (1975-1976), p. 242-258. — G.J. Brault, « *Sapientia* » *dans la Chanson de Roland*, dans *French Forum*, t. 1 (1976), 2, p. 99-118, et dans *Société Rences-*

vals, Proceedings of the Fifth International Conference (Oxford, 1970), Salford, 1977, p. 85-104. — J. Thomas, *La traîtrise de Ganelon*, dans *Romanica Gandensia*, t. 16 (1976), p. 91-117. — A. Burger, *Turold, poète de la fidélité. Essai d'explication de la Chanson de Roland*, Genève, 1977 (*Publications romanes et françaises*, 145). — L.S. Crist, *Roland, héros du vouloir : Contribution à l'analyse structurale de la Chanson de Roland*, dans *Mél. J. Wathelet-Willem*, Liège, 1978, p. 77-101. — A. Planche, *Roland fils de personne. Les structures de la parenté du héros dans le manuscrit d'Oxford*, dans *Charlemagne et l'épopée romane*, Paris, 1978, p. 595-604. — R.-H. Bautier, *La campagne de Charlemagne en Espagne (778). La réalité historique*, dans *Actes du colloque de Saint-Jean-Pied-de-Port (12 août 1978)*, Bayonne, 1979, p. 1-52 (*Bulletin de la Société des sciences, lettres et arts de Bayonne*, 135). — M. Du Pouget, *La légende carolingienne à Saint-Denis : la Donation de Charlemagne au retour de Roncevaux*, *ibid.*, p. 53-60. — R. Lejeune, *Le héros Roland, mythe ou personnage historique ?*, dans *Académie royale de Belgique. Bulletin de la classe des lettres et des sciences morales et politiques*, 5e série, t. 65 (1979), p. 145-165. — M. de Riquer, *Chanson de Roland/Cantar de Roldán y el Roncesvalles navarro*, Barcelone, 1983 (*Biblioteca Filologica*, 1). — H. Chanteux, *Recherches sur la Chanson de Roland*, Caen, 1985 (*Mémoires de l'Académie nationale des Sciences, Arts et Belles Lettres de Caen*, nouv. série 22). — A. Roncaglia, *Roland e il peccato di Carlomagno*, dans *Mél. M. de Riquer*, Barcelone, 1986, p. 315-348 [propose d'accepter comme historiquement vraie la légende de l'inceste de Charlemagne et de sa sœur Gisla]. — Plusieurs articles sont consacrés à la *Chanson de Roland* dans *Senefiance*, t. 20-21 (1987). — R.F. Cook, *The Sense of the Song of Roland*, Ithaca-Londres, 1987. — S.E. Farrier, *A Linguistic Dating of the Oxford Chanson de Roland and Stylistic Analysis of the Resultant Strata*, dans *Olifant*, t. 13 (1988), p. 3-28 [dresse un état du problème de la datation]. — M. Hecht, *La Chanson de Turold. Essai de déchiffrement de la Chanson de Roland*, Paris, 1988 [se propose de démontrer que Roland est organisé suivant une symétrie arithmétique]. — J. Enders, *The Logic of the Debates in the Chanson de Roland*, dans *Olifant*, t. 14 (1989), p. 83-100. — E.J. Mickel, *Ganelon, Treason, and the Chanson de Roland*, Pennsylvania, 1989. — H.E. Keller, *Autour de Roland : Recherches sur la chanson de geste*, Paris, 1989. — C. Segre et C. Beretta, *Il Codice V⁴ della Chanson de Roland*, dans *Testi, Cotesti e Contesti del franco-italiano*, Atti del 1° Simposio franco-italiano (Bad Homburg, aprile 1987) Tübingen, 1989, p. 128-142. — R. Lafont, *La Geste de Roland*, 2 tomes, Paris, 1991 [I : *L'épopée de la frontière* ; II : *Espaces, textes, pouvoirs*]. — Cf. *GRLMA*, t. III/1,2, p. 5-16 et t. III/2,2, p. 35-36 et nos 237-240. — *BBSR* et les volumes d'*Actes des Congrès internationaux de la Société Rencesvals*. — Cf. *MB* nos 139-140 ; 684-838 ; 6121-6186 ; 7197-7259 ; *S* 910 ; 915 ; 920 ; 945 ; 971 ; 994 ; 1149 ; 1180 ; 1195 ; 1200 ; 1203 ; 1286 ; 1292 ; 1364 ; 1402 ; 1410 ; 1414 ; 1466-1949 ; 2057 ; 5675 ; 6304 ; 6470 ; 6503 ; 6512 ; 7586 ; 7975. J.H.

Roland de Reims. Poète lyrique dont l'activité littéraire peut être fixée dans les deux premières décennies du XIVe siècle. Tout renseignement sur sa vie et sa condition sociale fait défaut. Son nom peut indiquer qu'il était originaire de Reims (Marne). Les 18 jeux-partis, à la rédaction desquels il collabora, permettent de connaître certains de ses partenaires et de ses amis, originaires soit du Barrois, soit de Lorraine, ou bien ayant vécu dans l'une de ces régions. Ce sont : Jean († 1317) et Thibaut de Bar († 29 mai 1312) — ce dernier était évêque de Liège — tous deux fils du comte Thibaut II de Bar (1240-1291) et Gilles II d'Avocourt pour le Barrois, Jacques de Longuyon*, l'auteur des *Vœux du Paon,* Jeanne d'Aspremont, comtesse de Linange, et sa sœur Mahaut d'Aspremont, dame de Commercy, pour la Lorraine.

À l'exception de deux d'entre eux, qui sont d'ordurières parodies imitées de sottes chansons, les jeux-partis de Roland et de ses partenaires ne diffèrent guère, quant au fond, de ceux que les poètes de l'école arrageoise composèrent en grande quantité entre 1240 et 1270 : ce sont des discussions plus ou moins subtiles sur des questions de casuistique amoureuse. Pour donner une apparence de nouveauté à ce genre sclérosé, pour y apporter quelque nouveauté aussi, Roland et ses amis modifièrent certaines des données formelles du jeu-parti classique : leurs jeux-partis ont parfois sept strophes, souvent cinq (contre six habituellement) et, dans la majorité des cas, ces strophes sont plus longues. Quant aux envois, au nombre de deux dans les *partures* anciennes, ou bien ils sont omis, ou bien leur structure est aberrante ; il arrive aussi qu'il n'y en ait qu'un.

La valeur littéraire de la plupart de ces pièces est médiocre. Leur principal intérêt est de nous révéler l'existence d'un milieu aristocratique lorrain et barrois où, au début du XIVe siècle, on continuait à cultiver un des genres du lyrisme courtois, délaissé depuis quelques années déjà dans le reste de la France.

ŒUVRES. — A. Långfors, A. Jeanroy et L. Brandin, *Recueil général des jeux-partis français*, Paris, 1926, t. 2, p. 213-301 (*SATF*, 70).

→ P. Marot, *Identifications de quelques partenaires et juges des « unica » des jeux-partis du chansonnier d'Oxford*, dans *BEC*, t. 88 (1927), p. 268. — Linker, n° 242 [Rolant] et 243 [Rolant de Reims]. G.M.

Rolandin. Chanson de geste franco-italienne, appelée également *Enfances Roland*, conservée par un manuscrit unique du XIVe siècle à la Bibl. Marciana de Venise. De dimensions modestes (475 vers), elle met en scène divers épisodes de l'enfance de Roland, neveu de Charlemagne et héros de la célèbre chanson.

ŒUVRE. — Éd. A. Mussafia, dans *Romania*, t. 14 (1885), p. 192-206. — Éd. C. Cremonesi, *Berta e Milon. Rolandin. Codice Marciano XIII*, Milan, 1973.

→ G. Paris, *Histoire poétique de Charlemagne*, Paris, 2e éd. 1905, p. 172. — C. Cremonesi, *A proposito del Codice Marciano fr.* XIII, dans *Mél. R. Lejeune*, t. 2, 1969, Gembloux, p. 747-755. — L. Renzi, *Il francese come lingua letteraria e il franco lombardo. L'epica carolingia nel Veneto*, dans *Storia della cultura veneta. Dalle origini al Trecento*, Vicence, 1976. — H. Krauss, *Epica feudale e pubblico borghese. Per la storia poetica di Carlomagno in Italia*, Padoue, 1980, p. 142, 215 (*Ydioma Tripharium*, 6). — L. Bartolucci-Chiecchi, *Quelques notes sur Rolandin du ms. V13 de la Bibl. de Saint-Marc*, dans *Actes du 9e congrès international de la Société Rencesvals, Padoue, 1982*, Modène, 1984, t. 2, p. 647-654. — S.M. Cingolani, *Innovazione e Parodia nel Marciano* XIII *(Geste Francor)*, dans *Romanistisches Jahrbuch*, t. 38 (1987), p. 61-77. — Cf. *MB* n° 1077. C.R.

Rollan a Saragossa. La découverte, en 1912, dans un même manuscrit du XIVe siècle, de deux poèmes épiques en langue d'oc, *Ronsasvals** et *Rollan a Saragossa*, soulève le problème de l'existence d'une épopée occitane appartenant au cycle de Charlemagne.

Le texte conservé est une copie, dont l'original pourrait remonter au premier quart du XIIe siècle, en Provence. Le troubadour catalan Guilhem de Berguedan* fait une allusion au thème du *Rollan a Saragossa* dans deux vers d'une poésie antérieure à 1180-1185 (PC 210, 1 v. 17-18), où il couvre de sarcasmes son adversaire dans un tournoi :

Ja del tornei no.us cal gabar ni feigner
c'anc non valc tant Rotlans a Serragosa.

Une discussion s'est ouverte sur l'auteur de la chanson de geste : l'hypothèse du clerc français utilisant une adaptation saintongeaise de la *Chronique du Pseudo-Turpin**, soutenue par H.-E. Keller, s'oppose à celle de J. Horrent qui croit le poème d'origine catalane. La question n'est pas résolue.

D'auteur anonyme, incomplet au début, *Rollan a Saragossa* compte 1 410 vers répartis en dix-huit laisses.

Ronsavals est un poème héroïque, *Rollan a Saragossa* un poème héroï-comique. D'esprit plus chevaleresque qu'épique, il raconte une équipée de Roland (Rollan). Appelé par l'aimable Bramimonde (Braslimonda), reine de Saragosse, il se rend seul dans la ville ennemie pour briller aux yeux de l'élégante Sarrasine. Une foule de païens tombent sous ses coups, et le sang qu'il verse à flots donne tout son éclat à son triomphe. Mais pour mener à son terme son aventure héroïque et galante, il a refusé à Olivier l'honneur d'entrer avec lui dans Saragosse. Son ami s'est vexé, et quand sur le chemin du retour, notre glorieux, fatigué, se trouvera en fâcheuse posture, Olivier se fera prier pour l'aider. Il le dégagera, mais refusera son amitié. De retour au camp français, il se plaindra avec rancœur de l'injure que lui a faite Roland, en le soustrayant aux périls de l'entrée dans Saragosse. Sans doute pour montrer aussi son savoir-faire, il s'éclipse soudain et réussit en secret un fructueux coup de main contre un convoi et un château sarrasins. Quand Roland tout empanaché de ses succès, le manteau de Bramimonde à l'arçon, vient présenter ses civilités à Charlemagne, celui-ci apprend qu'Olivier a disparu. Il tance vertement son neveu et le prie de retrouver le fugitif. Roland prend la route, combat un Sarrasin, qui n'est autre qu'Olivier travesti, et le mettrait à mal si celui-ci n'était secouru par la troupe française qui l'a aidé dans sa razzia. La réconciliation des deux amis traîne encore un peu, mais c'est chose faite quand s'achève le récit. Au fond leur amitié n'avait jamais cessé.

C'est un des traits touchants de cette aventure narquoise que cette persistance secrète. Sans elle, le poème perdrait son fond d'humanité, tendrait à la simple caricature. Mais il est plus subtil qu'une simple raillerie. Mi-sérieux, mi-moqueur, il loue et plaisante ses personnages : Roland est brave et bravache, égoïste et séduisant ; Olivier, c'est la droiture, mais aussi le dépit boudeur. *Rollan a Saragossa* est tout clins d'yeux et tout sourires, et celui de Bramimonde, qui dissimule son inclination sous la grâce courtoise, n'est pas le moins engageant. Récit romanesque, enlevé avec une prestesse qui annonce de loin l'Arioste, où les grands coups d'épée servent surtout à donner un cadre épique à un tableau sentimental aux nuances délicates, tel est le *Rollan a Saragossa*. La versification (laisses décasyllabiques assonancées et rimées, avec des alexandrins) concourt au même effet ambigu et charmant.

ŒUVRE. — Éd. M. Roques, *Roland à Saragosse, poème épique méridional du* XIVe *siècle*, Paris, 1956 (*CFMA*, 83). — C. Alvar, *Roldán en Zaragoza (Poema épico provenzal), estudio, edición bilingüe*, Saragosse, 1978 [éd. M. Roques avec trad. espagnole]. — Éd. et trad. G. Gouiran et R. Lafont, *Le Roland occitan*, Paris, 1991, p. 35-128 [*10/18*].

→ C. Brunel, n° 62. — M. Roques, *Roland à Saragosse, poème épique provençal*, dans *Romania*, t. 67 (1942-1943), p. 289-330 ; *ibid*, t. 68 (1944), p. 18-42 ; *ibid.*, t. 69 (1946-1947), p. 317-361. — M. de Riquer, *Un aspecto zaragozano del « Rollan a Saragossa » provenzal*, dans *La leyenda del Graal y temas épicos medievales*, Madrid, 1968. — H.-E. Keller, *« Roland à Saragosse » : Rencontre de deux cultures*, dans *Mél. R. Lejeune*, Gembloux, 1969, p. 137-158. — F. Pirot, *Olivier de Lausanne et Olivier de Verdu(n), ibid.*, p. 247-265. — M. de Riquer, *La Fecha del « Ronsasvals » y del « Rollan a Saragossa » según el armamento*, dans *Boletín de la Real Academia española*, t. 49 (1969), p. 211-251. — F. Pirot, *Charlemagne et les épopées occitanes*, dans *Olifant*, t. 4 (1976-1977), p. 145-146. — R. Taylor, *La littérature occitane du Moyen Âge*, Toronto, 1977, n°s 625-627. — R. Lejeune, *L'esprit de croisade dans l'épopée occitane*, dans *Littérature et société occitane au Moyen Âge, Marche romane*, hors série, 1979, p. 29-46. — J. Horrent, *Nouvelle rêverie sur l'épopée en langue d'oc. À propos de « Roland à Saragosse »*, dans *Mél. P. Remy*, Kalamazoo, 1986, t. 2, p. 75-80. — H.-E. Keller, *« Roland à Saragosse » : sa position dans la production rolandienne, ibid.*, p. 93-106. J.H. et G.B.L.

Roman d'Alexandre. Au IIe siècle de notre ère, un Grec d'Alexandrie, le pseudo Callisthène, avait composé une histoire fabuleuse d'Alexandre le Grand. Elle fut traduite en latin au IVe siècle par un certain Julius Valérius, et cette traduction fut à son tour résumée, au IXe siècle, en un *Epitome*. À la fin du XIe siècle ou dans les premières années du XIIe, cet *Epitome* fut exploité par un trouvère du Sud-Est de la France, Albéric de Pisançon (ou de Briançon), qui en tira un poème dont il ne nous reste plus que les cent cinq premiers vers, écrits en franco-provençal et disposés en quinze laisses d'octosyllabes monorimes. Bientôt après, un rimeur poitevin remania le poème d'Albéric en soixante-dix-sept tirades de vers de dix syllabes. Il fut continué par deux poèmes, dont l'un écrit par Lambert le Tort de Châteaudun, qui renouvelèrent et amplifièrent en vingt mille vers de douze syllabes, — d'où le nom d'« alexandrins » donné aux vers de ce type, — la version poitevine, et c'est leur œuvre collective que l'on désigne proprement sous le nom de *Roman d'Alexandre*.

On y distingue quatre branches principales. La première, qui renouvelle le remaniement en décasyllabes, raconte l'enfance du héros et ses premières conquêtes. La deuxième, composée par un certain Eustache, est constituée essentiellement par l'épisode du « fuerre de Gadres », récit d'une sorte de razzia exécutée par ordre d'Alexandre dans la région de Gaza. La troisième, la plus longue, a pour point de départ Lambert le Tort et comprend les événements qui vont de la défaite de Darius au complot des traîtres qui préparent l'empoisonnement d'Alexandre. La quatrième, due pour une partie à Alexandre, dit de Paris, né à Bernay en Normandie, pour une autre partie à Pierre de Saint-Cloud, raconte la mort du conquérant, ses funérailles et le partage de son empire.

Il semble que, de tous ces remanieurs, Alexandre de Bernay soit celui qui ait donné au *Roman* sa forme définitive, en refondant ces textes, ainsi que d'autres, en un vaste ensemble de 16 000 alexandrins. C'est lui probablement qui a disposé les quatre branches dans l'ordre où elles se trouvent dans la plupart des manuscrits, qui a repris en alexandrins la première branche primitivement écrite en décasyllabes, qui a composé les vers de raccord entre les différents développements et rédigé la quatrième branche en incorporant dans sa compilation l'œuvre de Pierre de Saint-Cloud.

Au cours de ces remaniements successifs, d'autres sources sont venues s'adjoindre à l'*Epitome* originairement utilisé par Albéric : Quinte-Curce, Justin, Orose, pour quelques détails, mais surtout des œuvres médiévales comme l'*Historia de Preliis*, la pseudo-correspondance d'Alexandre avec Dindimus, roi des Brahmanes ; l'*Alexandri Magni iter ad Paradisum*, la *Lettre* apocryphe d'*Alexandre à Aristote sur les merveilles de l'Inde*, la *Lettre du Prêtre Jean**, le *Liber monstrorum*, etc. Ainsi traitée, l'histoire du héros macédonien n'est plus qu'un roman d'aventures à décor oriental : pays étranges, lieux enchantés, palais resplendissants de soie, d'ivoire, d'or et de pierres précieuses, flore et faune monstrueuses de l'Inde, Amazones, Sirènes, filles-fleurs qui au printemps naissent de la terre, arbres prophétiques, fontaine de jouvence, etc., voilà surtout ce que les lecteurs du Moyen Âge ont trouvé dans le *Roman d'Alexandre*. C'est là d'ailleurs la grande nouveauté et l'originalité de cette œuvre : avec elle, « la lumière du merveilleux oriental, l'éblouissement des fables de l'hellénisme décadent pénètrent dans les imaginations françaises » (E. Faral), et ces visions éclatantes se refléteront pendant deux siècles dans les autres productions de notre littérature narrative, en particulier dans nos romans courtois et nos romans d'aventures. Ajoutons qu'Alexandre, représenté comme l'incarnation de toutes les vertus chevaleresques, paraîtra le type accompli du preux, et l'on se plaira à voir en lui le roi magnifique, le « large donneur », le véritable modèle de la « largesse », vertu que le Moyen Âge a exaltée presque à l'égal de la prouesse.

Au *Roman d'Alexandre* proprement dit s'ajoutèrent assez rapidement des continuations, le *Vengement Alixandre* de Gui de Cambrai* et la *Vengeance Alixandre* de Jean Le Nevelon*, avant 1191 : la mort d'Alexandre se devait d'être vengée. D'autres poèmes se rattachent également au *Roman*, tels la *Prise de Defur*, du XIIIe siècle, en 1 654 alexandrins, qui raconte une série de nouvelles aventures d'Alexandre, notamment amoureuses, et le *Voyage d'Alexandre au paradis terrestre*. Cet épisode écrit entre 1270 et 1350, en 503 alexandrins, sera fréquemment interpolé dans le *Roman* d'Alexandre de Paris après la *Prise de Defur*. Signalons également les *Vœux du Paon* de Jacques de Longuyon* et la vie anglo-normande indépendante d'Alexandre par Thomas de Kent*. Il nous reste du XIIIe siècle une version en prose, adaptée de l'*Historia de Preliis*, et d'autres versions en prose plus tardives (voir Jean Wauquelin*). Par ailleurs, la diffusion à l'étranger a été considérable, en Angleterre, en Allemagne, en Espagne. On voit quelle fut au Moyen Âge la fortune d'Alexandre de Macédoine.

BIBLIOGRAPHIE. — A. Petit, *Le Roman d'Alexandre : suppléments bibliogr.*, dans *Bien dire et bien aprandre*, n° 6 (1988), « *Le Roman d'Alexandre* », p. 97-110 [bibliogr. de 1980 à 1988 et compléments aux bibliogr. existantes antérieures].

ŒUVRE. — Éd. *The Medieval French Roman d'Alexandre*, 6 vol., Princeton : t. 1 : *Text of the Arsenal and Venice Versions*, par M.S. La Du, 1937 (*Elliott Monographs*, 36) ; t. 2 : *Version of Alexandre de Paris Text*, par E.C. Armstrong, D.L. Buffum, B. Edwards et L.F.H. Lowe, 1937 (*ibid.*, 37) ; t. 3 : *Version of Alexandre de Paris. Variantes and notes to Branch I*, par A. Foulet, 1949 (*ibid*, 38) ; t. 4 : *Le Roman du Fuerre de Gadres d'Eustache*, par E.C. Armstrong et A. Foulet, 1942, réimp. New York, 1965 (*ibid.*, 39) ; t. 5 : *Version of Alexandre de Paris : Variants and Notes to Branch II*, par E.C. Armstrong et F.B. Agard, 1942, réimp. New York, 1965 (*ibid*, 40) ; t. 7 : *Version of Alexandre de Paris. Variants and Notes to Branch IV*, par B. Edwards et A. Foulet, 1955, réimp. New York, 1965 (*ibid*, 41) ; t. 6 : *Version of Alexandre de Paris, Introduction and Notes to Branch III*, par A. Foulet, 1976 (*ibid*, 42). — *Prise de Defur* et *Voyage d'Alexandre au paradis terrestre* : éd. L.P.G. Peckham et M.S. La Du, Princeton, 1935 (*ibid.*, 35). — *Mise en prose* : éd. R.N. Liscinsky, *Les fais et concquestes du noble roy Alexandre...*, Ann Arbor, 1980 (*Monographs Publ. Sponsor Series*). — Trad. anglaise : D.M. Kratz, *The Romances of Alexander*, New York, 1990.

→ 1) *Généralités et sources* : P. Meyer, *Alexandre le Grand dans la littérature française du Moyen Âge*, Paris, 1886, 2 tomes (*Bibl. française du Moyen Âge*, 4). — E. Faral, *Une source latine de l'histoire d'Alexandre : la lettre sur les merveilles de l'Inde*, dans *Romania*, t. 43 (1914), p. 199-215 et 353-370. — B. Axelson, *Zum Alexanderroman des Julius Valerius*, dans *Bull. soc. royale de Lund*, 1935-1936. — A. Agel, *Le Roman d'Alexandre, légendaire médiéval*, Bruxelles, 1955. — G. Cary, *The Medieval Alexander*, Cambridge, 1956. — D.J.A. Ross, *Alexander historiatus. A Guide to Medieval Illustrated Alexander Literature*, Londres, 1963 (*Warburg Institute Surveys*, 1) ; 2e éd. Francfort, 1988. — P. Kunstmann, *La légende d'Alexandre le Grand dans la littérature française du Moyen Âge*, dans *Cahiers des études anciennes*, t. 2 (1973), p. 67-77. — *Alexandre le Grand. Image et réalité*, éd. E. Badian et D. Van Bekchem, Vandœuvres-Genève, 1976. — R.M. Lumiansky, *Legends of Alexander the Great*, dans *A Manual of the Writings in Middle English, 1050-1500*, éd. J. Burke-Severs, New Haven, 1977, p. 104-113 [liste des textes en ancien anglais et en ancien français]. — *Alexander the Great in the Middle Ages. Ten Studies on the Last Days of Alexander in Literary and Historical Writings. Actes du colloque Groningue, oct. 1977*, Nimègue, 1978 (*Mediaevalia Groningana*, 1). — A. Cizek, *Considérations sur la réception du thème d'Alexandre le Grand au Moyen Âge. Actes du colloque Littérature et société (mai 1978)*, Amiens, 1978, p. 201-230. — M. Gosman, *Le Roman d'Alexandre et les juvenes. Une approche socio-historique*, dans *Neophilologus*, t. 66 (1982), p. 328-339. — *The Medieval Alexander Legend and Romance Epic*, dans *Mél. D.J.A. Ross*, Millwood, 1982. — M. Gosman, *Alexandre le Grand et le statut de la noblesse ou le plaidoyer pour la permanence*, dans *Mél. W. Noomen*, Groningue, 1984, p. 81-93. — *Vincent de Beauvais and Alexander the Great. Studies on the Speculum Majus and its Translations into Medieval Vernaculars*, Groningue, 1986 (*Mediaevalia Groningana*, 7). — E. Caldarini, *Fantasie e « mirabilia » nel Roman d'Alexandre*, dans *Stud. Lett. franc.*, t. 13 (1987), p. 17-29. — *Le Roman d'Alexandre, Bien dire et bien aprandre*, t. 6 (1988) [contient six articles]. — 2) *Sur Albéric de Pisançon* : V. Crescini, *Alberico de Pisançon*, dans *Studi medievali*, t. 2 (1929), p. 196-197. — A. Roncaglia, *L'Alexandre d'Albéric et la séparation entre chanson de geste et roman*, dans *Chanson de geste und höfischer Roman*, Heidelberg, 1963, p. 37-52. — 3) *Sur le remaniement en décasyllabes* : M. Mezzetti Fumagali, *Note sulla redazione in decasillabi del Roman d'Alexandre*, dans *Rendiconti dell'Istituto lombardo, Accademia di Scienze e Lettere, Classe di Lettere, Scienze morali e storiche*, t. 104 (1970), p. 369-413. — 4) *Sur le Fuerre de Gadres* : D.J.A. Ross, *The Fuerre de Gadres of Eustache and the I³ Historia de Preliis*, dans *Classica et Medievalia*, t. 22 (1961), p. 205-221. — 5) *Sur Alexandre de Paris et Lambert le Tort* : A. Henry, *Étude sur les sources du Roman d'Alexandre de Lambert li Tors et Alexandre de Bernay. Importance de l'Historia de Preliis*, dans *Romania*, t. 62 (1936), p. 433-480. — 6) *Sur Pierre de Saint-Cloud* : A. Henry, *Pierre de Saint-Cloud et le Roman d'Alexandre*, dans *Romania*, t. 62 (1936), p. 102-116. — 7) *Sur la version en prose du* XIIIe *siècle* : D.J.A. Ross, *Some Notes on the Old French Alexander Romance in Prosa*, dans *French Studies*, t. 6 (1952), p. 135-147 et 353. — F. Arnold, *The Prophecy of Daniel in the French Prose Alexander, ibid.*, t. 17 (1963), p. 324-330. — Woledge, n°s 4-8. — Cf. *GRLMA*, t. IV/2, n°s 12, 20, 24, 28, 32, 176, 236, 304, 392, 492 ; t. IV/1, notamment p. 145-152, et *passim*. — *MB*, n°s 940-1006, 6197-6203, 7278-7284 ; *S* 957, 2102-2130, 3748, 4891, 6505, 6596.

[Pour les romans antiques en général, se reporter à la bibliogr. des articles *Eneas*, *Roman de Thèbes* et *Roman de Troie*.] L.F.F. et C.R.

Roman de Fauvel. Voir : Gervais du Bus ; Chaillou de Pesstain.

Roman de la Rose. Sans compter le texte du même nom dû à Jean Renart*, il existe deux *Roman de la Rose* : celui dit de Guillaume de Lorris* et celui de Jean de Meun*.

Le premier *Roman de la Rose* (un peu plus de 4 000 octosyllabes) se situe à l'aboutissement d'une première tradition d'œuvres allégoriques en langue vulgaire : le cadre en est un songe, comme dans le *Songe d'enfer* de Raoul de Houdenc* ; l'auteur-narrateur y est aussi acteur, comme dans le *Tournoiement Antéchrist* de Huon de Méry*. L'originalité de Guillaume de Lorris est de greffer l'allégorie sur le genre romanesque dont le vecteur est la quête, et d'informer l'ensemble par la lyrique*, le grand chant courtois. Ainsi, après le prologue et la mise en place du songe, l'auteur-narrateur se réveille-t-il dans le monde lyrique de la *reverdie* (retour du printemps, retour du chant). Arrivé au mur d'enceinte d'un merveilleux verger, il en contemple les dix repoussantes figures (Haine, Félonie, Tristesse, Vieillesse, Pauvreté...). Ces images statiques s'opposent au groupe des personnifications qui peuplent le verger, dont la porte est ouverte au jeune homme par l'une d'elles, Oiseuse (Oisiveté). Celle-ci lui présente Liesse, Courtoisie, Beauté, Richesse, Jeunesse, Amour, etc., et le maître du verger, Déduit (Plaisir), qui sont en train de danser. Le narrateur pénètre alors plus avant dans le jardin, en découvre la richesse infinie, poursuivi sans le savoir par Amour devenu chasseur. Et c'est la scène de la fontaine de Narcisse*. Dans cette fontaine « perilleuse » où s'est perdu Narcisse, le narrateur découvre en deux temps, comme en un miroir merveilleux, la totalité du verger. Il distingue ainsi un buisson de rosier puis une rose. Amour alors se manifeste et lui décoche ses flèches. Touché au cœur par la blessure de l'œil, le jeune homme se rend au dieu et lui prête serment. Amour énonce ses lois.

L'amant va maintenant tenter d'approcher la rose. Aidé par Bel Accueil, Franchise, Pitié puis Vénus, repoussé par Dangier aidé de Honte, Jalousie et Male Bouche, l'amant obtient une feuille puis un baiser. Cette dernière audace est punie par la construction, autour des rosiers, du château de Jalousie, où Bel Accueil est enfermé et gardé par la Vieille. Le texte s'achève sur les plaintes désespérées de l'amant.

Illustration de l'idéal d'une société courtoise très exclusive, Oisiveté, Richesse, Jeunesse, Déduit président au verger, présenté dans d'autres textes comme le paradis d'Amour. Le texte énonce aussi, par la bouche d'Amour, des commandements traditionnels pour un amant : règles de civilité, bienséance du vocabulaire, générosité, exploits... On ne saurait voir dans cette très banale théorie, qui ressortit à la veine des Arts d'aimer*, l'expression des promesses du prologue : « *Ce est li Romanz de la Rose, / ou l'art d'amors est tote enclose.* » L'art d'amour est ailleurs. Et d'abord dans l'inachèvement de la conquête : comme dans le grand chant courtois, l'accomplissement amoureux est différé ; l'amour demeure désir du désir. Cet art d'amour est ensuite un art d'écrire : aimer et chanter sont synonymes dans la lyrique. Et le lecteur attend en vain la révélation promise du sens caché (la *senefiance*) de la lettre allégorique. Or, exposée en termes de narration réaliste, l'allégorie du roman se réduirait à une banale histoire d'initiation amoureuse. C'est donc du côté de l'écriture qu'il faut chercher la vérité de cette œuvre, qui élève la fiction au carré en tant que roman en vers et roman en songe. De fait, à l'image de la fontaine de Narcisse, sorte de figure matricielle pour son écriture, ce qui fonde la vérité et la valeur du texte, c'est la fascination pour des figures de la rhétorique : la métaphore et l'image, reflets médiatisés du réel. Là résident la beauté et l'équilibre exceptionnels du premier *Roman de la Rose*.

Quelque quarante ans après le travail de Guillaume de Lorris, suivant le calendrier établi par le dieu d'Amour en personne (v. 10557-10560, éd. Lecoy), Jean de Meun donna une continuation au *Roman de la Rose*. Cette suite de près de 18 000 vers considère donc le roman antérieur comme inachevé et conduit l'aventure de l'amant à son terme naturel mais non nécessaire : l'assaut du château de Jalousie, la cueillette de la rose, la fin du songe et l'éveil du dormeur. Mais la fiction du songe autobiographique vacille, puisque l'amant et le narrateur se dédoublent ; et le fil narratif tend à se rompre sous la multiplication des discours des personnifications anciennes (Raison, Ami, la Vieille), ou nouvelles (Faux-Semblant, Nature et Genius). Cette prolifération de la parole, qui menace d'éclatement la forme héritée de Guillaume de Lorris, répond à une volonté totalisatrice. Jean de Meun insère dans son œuvre la somme du savoir de son temps : cosmologie, philosophie naturelle et morale, mais aussi traditions cléricales comme la misogynie... Pourtant ce *speculum* savant se constitue encore en « Miroir aux amoureux ». Toutes ces connaissances doivent servir à l'amant de cadre conceptuel à une entreprise amoureuse qui s'achève dans une simple défloration de la rose. L'étonnant emblème de Guillaume de Lorris se transforme ainsi en banal symbole sexuel. C'est que l'enseignement de Jean de Meun est « naturaliste », dans la tradition, entre autres, d'Alain de Lille* : il ne s'agit donc pas d'hédonisme révolutionnaire ou de communisme sexuel. Faire œuvre de nature permet à la Création de se perpétuer, et le respect orthodoxe de cette loi naturelle a une récompense toute spirituelle : l'éternité dans le parc de l'agnelet, promise par Genius. Ce parc est une image qui fait pièce au verger de Guillaume de Lorris : rond et non pas carré, la fontaine de vie, triple et une, y coule à la place de la fontaine périlleuse de Narcisse. Tout le texte de Jean de Meun est donc à lire comme une glose de celui de Guillaume de Lorris. Glose critique et ironique, qui met en parallèle une lettre considérée comme morte avec la lettre de vie qui se multiplie et dont les registres se diversifient à l'infini : universitaire, comique, voire d'actualité avec les ordres mendiants incarnés par Faux-Semblant. L'allégorie de Jean de Meun ou les plaisirs du vertige littéraire.

Le *Roman de la Rose*, textes de Guillaume de Lorris et de Jean de Meun, sera une des œuvres les plus copiées jusqu'à la fin du XVe siècle : plus de trois cents manuscrits en subsistent. Remanié par Gui de Mori*, traduit en flamand au XIIIe siècle en anglais par Geoffrey Chaucer*, mis en 232 sonnets par le toscan Durante au XIVe siècle, il sera finalement mis en prose française par deux fois au XVe siècle. L'une de ces adaptations est de Jean Molinet*. Imprimé dès 1480, plusieurs éditions du roman parurent, portant un texte plus ou moins rajeuni. Celle de 1526 est due à Clément Marot. Le succès du roman, peut-être redevable à la continuation de Jean de Meun, a pourtant imposé avant tout les procédés de Guillaume de Lorris. Le songe autobiographique, toutes ses personnifications courtoises se sont répandues dans la littérature, narrative comme lyrique, mais aussi dans l'iconographie. Quant à l'encyclopédie de discours, citations et sentences de Jean de Meun, elle était d'abord destinée à des lecteurs lettrés. Ce sont donc des écrivains et des poètes qui en usèrent surtout, citant un certain nombre de hauts lieux du texte, comme le discours de Genius ou les plaintes du jaloux dans le discours d'Ami. Le débat sur le Roman de la Rose (voir *infra*) qui éclate au début du XVe siècle met en cause uniquement Jean de Meun ; Jean Gerson* le distingue soigneusement de Guillaume de Lorris. Et cette querelle est moins littéraire que morale : la lecture trop souvent morcelée que l'on faisait du texte conduit à une incompréhension de son système global ; les morceaux antiféministes ou qui prônent la liberté sexuelle y sont donc entendus pour eux-mêmes. Le roman survivra cependant à cette mise en cause et deviendra même au début du XVIe siècle un réservoir d'exemples linguistiques pour les premières grammaires françaises. Le *Roman de la Rose* sera alors érigé en antique chef-d'œuvre national. Sa richesse, aujourd'hui, continue de s'offrir à la glose interprétative des critiques.

ŒUVRE. — Éd. E. Langlois, Paris, 1914-1924, 5 vol. (*SATF*) [éd. « historique »]. — Éd. F. Lecoy, Paris, 1965-1970, 3 vol. (*CFMA*, 92). — Éd. D. Poirion, Paris, 1974 (*GF*). — Trad. A. Lanly, Paris, 1971-1975, 5 vol. (*CFMA Traductions*). — Éd. de la version attribuée à Clément Marot par S.F. Baridon, Milan-Varèse, 1954-1957. — Éd. de la trad. anglaise ancienne par R. Sutherland, *The Romaunt of Rose* (...), Oxford, 1967. — Trad. allemande K.A. Ott, Munich, 1976-1979, 3 vol. (*Klassische Texte des romanischen Mittelalters in zweisprachigen Ausgaben*, 15). — Trad. anglaise, C. Dahlberg, Hanovre-Londres, 1984.

→ E. Langlois, *Origines et sources du Roman de la Rose*, Paris, 1891 ; *Les manuscrits du Roman de la Rose. Description et classement*, Lille, 1910. — A.F. Gunn, *The Mirror of Love. A Reinterpretation of the Roman of the Rose*, Lubbock, 1952. — G. Hilder, *Der scholastische Wortschatz bei Jean de Meun. Die Artes liberales*, Tübingen, 1972 (*Beihefte zur Zeitschrift für romanische Philologie*, 129). — J. Batany, *Approches du Roman de la Rose*, Paris, 1973. — D. Poirion, *Le Roman de la Rose*, Paris, 1974 (*Connaissance des Lettres*, 64). — J.-C. Payen, *La rose et l'utopie. Révolution sexuelle et communisme nostalgique chez Jean de Meung*, Paris, 1976. — K.A. Ott, *Der Rosenroman*, Darmstadt, 1980. — P.-Y. Badel, *Le Roman de la Rose au XIVe siècle. Étude de la réception de l'œuvre*, Genève, 1980 (*Publ. romanes et françaises*, 153). — A. Strubel, *Le Roman de la Rose*, Paris, 1984 (*Études littéraires*, 4) ; *La Rose, Renart et le Graal. La littérature allégorique en France* (...), Paris-Genève, 1989 (*Nouvelle Bibliothèque du Moyen Âge*, 11). — *Études sur le Roman de la Rose de Guillaume de Lorris*, recueillies par J. Dufournet, Paris, 1984 (*Unichamp*, 4). — D. Hult, *Self fulfilling Prophecies. Readership and Authority in the First Roman de la Rose*, Cambridge, 1986. — P. Nykrog, *L'amour et la rose. Le grand dessein de Jean de Meun*, Lexington, 1986 (*Harvard Studies in Romance Languages*, 41). — D. Brüning, *Clement Marots Bearbeitung des Rosenromans (1526). Studien zur Rezeption des Rosenromans im frühen sechzehnten Jahrhundert*, Berlin, 1972.

Pour les articles, trop abondants pour être cités, on se reportera au manuel de Bossuat et aux volumes de Klapp, mais aussi aux bibliogr. des ouvrages cités. — Cf. *MB* nos 2806-2851, 5385-5398, 6551-6558, 7718-7727 ; *S* 3823, 4675, 4918, 4922, 4930, 4932, 4935-4936, 4940, 4948, 4950, 4952, 4954, 5052, 5083, 5099, 5105, 5135, 5152-5323, 5365, 5379, 5758, 6853-6854, 6864, 6920, 6974, 7040, 7178, 7197, 7411, 7526, 7558, 7562, 7904, 8384.

S.L.

Roman de la Rose (Débat sur le). Le débat sur le Roman de la rose, première querelle écrite de la littérature française, était déjà présent en germe dans le *Roman de la Rose** de Jean de Meun*. C'est la multiplicité des lectures possibles de son œuvre (scolastique, ironique, naturaliste...), telle que le travail des critiques modernes continue à l'illustrer, qui est à l'origine du débat sur la responsabilité de l'auteur (au-delà des personnifications, c'est bien l'auteur qui est engagé) quant aux positions exprimées sur les femmes et le langage du sexe (le jaloux développe une misogynie extrême ; Raison pousse les jeunes filles à la luxure et autorise l'usage sans détour de mots crus, au nom de l'innocence du langage). D'autre part, c'est le succès du *Roman de la Rose*, texte et images, qui a autorisé la publication de ce débat.

De fait, les premières passes d'armes furent discrètes et connues seulement d'un petit cercle, celui des gens de plume, des écrivains professionnels. Il semble que la querelle soit née d'un entretien entre Christine de Pizan* et Jean de Montreuil*. Celui-ci soutenait les mérites de Jean de Meun contre Christine. C'est sans doute après, vers mai 1401, qu'il composa en français son traité perdu, à la louange ou plutôt à la défense du *Roman de la Rose*. Il en envoya un exemplaire à un « notable clerc », vraisemblablement Pierre d'Ailly*, en escomptant une approbation. Mais celui-ci achevait au même moment son *Jardin amoureux*, œuvre religieuse qui reprend en partie le schéma du *Roman de la Rose* pour en faire une critique voilée. Jean de Montreuil communiqua une autre copie de son texte à Christine de Pizan. Celle-ci rétorqua en juin-juillet par une lettre au prévôt de Lille, où elle réfutait l'argumentation du traité. Jean de Montreuil* ne daigna pas répondre directement à la poétesse et fit intervenir son ami Gontier Col*, celui-là même qui lui aurait fait lire le *Roman de la Rose*. C'est alors que commença l'échange de lettres entre Gontier et Christine (septembre 1401). Or, à la mi-janvier 1402, le duc et la duchesse d'Orléans instituèrent l'Ordre de la Rose, ordre chevaleresque dévolu à la défense des femmes, dans la tradition courtoise du premier *Roman de la Rose*, celui de Guillaume de Lorris*. Christine réunit donc sa lettre à Jean de Montreuil et sa correspondance avec Gontier Col en un recueil, qu'elle dédicaça à la reine Isabeau de Bavière d'une part et à Guillaume de Tignonville* d'autre part. Le 14 février 1402, Christine présenta le *Dit de la Rose*, poème qui consacrait la fête de l'Ordre du mois précédent. La publication des premières pièces du débat, ainsi prise entre ces deux manifestations courtoises et poétiques, pourrait répondre à un souci de publicité pour le *Dit de la Rose*, pièce d'une poétesse connue pour sa défense des femmes ; elle n'aurait donc pas été destinée à provoquer directement l'adversaire. De la même manière, le poème de 1399, l'*Épître au Dieu d'Amour*, considéré à tort depuis sa publication en 1511 sous le titre de *Contre-roumant de la Rose ou le Gratia Dei* comme le point de départ de la querelle, ressortit à la même veine : non pas polémique mais traditionnellement courtoise. La publication de 1402 relance cependant le débat. Jean de Montreuil tente de trouver de nouveaux appuis : il contacte, en vain, un grand poète (Eustache Deschamps* ou Honoré Bovet* ?). Enfin, Jean Gerson*, qui dès août 1401 stigmatisait les partisans de Jean de Meun dans un sermon, achève le 18 mai 1402 son *Traictié d'une vision contre le Ronmant de la Rose*. Adoptant le cadre même du *Roman*, le songe, Gerson assiste au procès du Fol Amoreux (Jean de Meun) devant la cour de Chrétienté. La plaignante, Chasteté, est défendue par Éloquence théologienne. L'auteur-narrateur retrouve ses sens avant que la sentence ne soit prononcée. Comme le recueil de lettres présenté par Christine au jugement de grands personnages, le traité de Gerson semble se plier à la tradition des jugements littéraires et courtois que l'on soumet à l'arbitrage du dédicataire. C'est Pierre, le frère de Gontier Col, qui, à la fin de l'été 1402, va répondre en une longue lettre tout à la fois à Christine et à Gerson, son collègue au chapitre de Notre-Dame de Paris. Christine lui répondra par une dernière lettre, le 2 octobre, où elle entend se retirer du débat pour revenir à ses propres occupations littéraires. Gerson, de son côté, adressera pendant l'hiver 1402-1403 une épître latine à Pierre Col, où il critique la superficialité et l'impiété de ses arguments et le prie, chrétiennement, de cesser ses moqueries et plaisanteries au profit de plus saines études. Parallèlement à cet écrit intime, Gerson stigmatisa publiquement dans ses sermons de l'Avent de 1402 les péchés de gourmandise et de luxure, en reprenant ses exemples et explications contre le *Roman de la Rose*. Ainsi s'acheva la querelle. Et en novembre 1402, Christine dont les thèses avaient trouvé un soutien en Gerson, et donc une nouvelle aura, remania son premier recueil en y incorporant sa réponse à Pierre Col, mais en s'abstenant bien d'y insérer la lettre même de Pierre, porteuse de l'idéologie contraire. C'est grâce à un volume copié par un partisan de Jean de Meun que ce texte de Pierre Col a pu échapper à une censure définitive. Grâce aux travaux de E. Hicks, la querelle peut à nouveau nous apparaître dans toute sa clarté, ou presque. Née par hasard, elle pose les questions essentielles pour des littérateurs : le statut et la liberté de l'écrivain, les droits et les limites d'une langue de création.

ŒUVRES. — E. Hicks, *Christine de Pisan, Jean Gerson, Jean de Montreuil, Gontier et Pierre Col. Le débat sur le Roman de la Rose*, Paris, 1977 (*Bibliothèque du XVe siècle*, 43) [trad. les textes latins ; remplace l'éd. de C.F. Ward, *The Epistles on the Romance of the Rose and Others Documents in the Debate*, Chicago, 1911]. — Trad. anglaise de 23 des pièces du débat dans J.L. Baird et J.R. Kane, *La Querelle de la Rose. Letters and Documents*, Chapel Hill, 1978 (*North Carolina Studies in the Romance Languages and Literatures*, 199) [trad. essentiellement basée sur le texte de Ward ; proposent une chronologie différente de celle de E. Hicks].

→ A. Piaget, *Chronologie des épîtres sur le Roman de la Rose*, dans *Mél. G. Paris*, Paris, 1891, p. 113-120. — P. Potansky, *Der Streit um den Rosenroman*, Munich, 1972 (*Münchener Romanistische Arbeiten*, 33). — G. Hilder, *Der Streit um den Rosenroman. Eine kritische Auseinandersetzung mit P. Potansky*, dans *ZRPh*, t. 91 (1975), p. 79-94. — E. Hicks et E. Ornato, *Jean de Montreuil et le débat sur le Roman de la Rose*, dans *Romania*, t. 98 (1977), p. 34-64, 186-219. — P.-Y. Badel, *Le Roman de la Rose au XIVe siècle. Étude de la réception de l'œuvre*, Genève, 1980, chap. 8, p. 411-482. — J.L. Baird, *Pierre Col and the Querelle de la Rose*, dans *Philological Quarterly*, t. 60 (1981), p. 273-288. — Cf. *MB* n°s 5385-5398 ; *S* 7556-7567. S.L.

Roman de Renart. Le *Roman de Renart* pose de multiples problèmes. Son titre, tout d'abord : il est trompeur, puisqu'il ne s'agit pas d'une narration suivie des aventures de Renart le goupil, mais d'une série de « branches », récits plus ou moins courts conçus par des auteurs multiples à des époques diverses (entre 1170 et 1250 environ). Regroupées différemment suivant les manuscrits, on peut dire grossièrement que les branches renardiennes se constituent en trois arborescences : la famille A (17 à 20 récits) ; la famille B (24 récits environ) ; la famille C (24 ou 25 récits). La première commence avec le *Jugement de Renart* (branches I-Ia-Ib suivant la numérotation de Martin) et s'achève soit avec *Renart empereur* (XI), soit avec la *Mort de Renart* (XVII). Il semble que le classement tienne ici compte à la fois de la chronologie de composition des récits et de la célébrité acquise par le *Jugement*, qui l'autorise ainsi à ouvrir la collection. Les principes organisateurs de la famille B sont plus composites et moins facilement discernables, tandis que ceux de la dernière famille, la plus récente, semblent avant tout viser la reconstruction logique d'une histoire linéaire : elle commence avec la naissance de Renart et d'Isengrin (XXIV) et s'achève avec la mort du héros (XVII), précédée de son apothéose (XI). La présentation de ces trois familles réifie, certes, la fluidité et l'originalité d'organisation de chaque manuscrit, mais permet une première approche des textes. Ceux-ci se lisent, se disent ou s'écoutent, en effet, en séries, en séquences d'où le désordre n'est jamais complètement exclu, car il est constitutif de la vie des personnages, de celle de Renart en particulier : héros qui sont mutilés, presque morts dans une branche et à nouveau parfaitement vivants dans la suivante ; Renart qui trompe en semant la confusion.

Le noyau primitif serait bien constitué, comme le disait L. Foulet, des branches II et Va. La première, attribuée par les auteurs anonymes des branches I et XVI, à un certain Pierre de Saint-Cloud, commence par un prologue qui signale l'originalité de la matière traitée : non plus un sujet antique comme le *Roman de Troie* de Benoît de Sainte-Maure*, ou l'histoire de Tristan, mais celle de la guerre de Renart et d'Isengrin. Ce conflit pseudo-épique est motivé par les mauvais tours que Renart joue successivement au coq Chantecler, à la mésange, au chat Tibert, au corbeau Tiécelin (même thème que la fable trop fameuse de La Fontaine) et enfin au loup Isengrin. Renart humilie ses louveteaux, le trompe avec sa femme Hersent, puis la viole en sa présence. Dans la branche Va, Isengrin et Hersent viennent demander justice à la cour de Noble, le lion. Les animaux de la cour sont partagés sur la sentence ; on décide de faire jurer à Renart qu'il réparera ses torts. Hersent lui tend un piège avec l'aide du chien Roënel, faussement mort et faussement saint. Renart déjoue la ruse et échappe de justesse à la meute lancée à ses trousses. Les branches suivantes accumuleront les mauvais tours joués par Renart à Isengrin, animal fort, mais bête. Feignant une apparente réconciliation, il le tonsure en lui versant de l'eau bouillante sur la tête et l'emmène à la pêche dans un étang glacé où il perdra sa queue (III) ; enfin il le fait descendre au fond d'un puits, où il l'abandonne à la merci des hommes (IV). Quoi d'étonnant qu'Isengrin s'en plaigne au roi Noble, le lion, afin d'obtenir justice ? Mais Renart s'abstient de venir à la cour, bien qu'il y ait de nombreux partisans. Le roi lui-même hésite à prendre parti quand Chantecler et Pinte lui amènent le corps mutilé de Coupée la poule, nouvelle victime de Renart. Noble se décide à agir et dépêche au rebelle plusieurs messagers, que Renart met à mal jusqu'au moment où il consent à suivre son cousin Grimbert le blaireau. Condamné à la potence, il y échappe sur la promesse d'accomplir un pèlerinage en Terre sainte. Aussitôt libre, il jette la croix et le bourdon, et se sauve en couvrant le roi d'injurieux quolibets (I). C'est en vain que celui-ci assiégera l'imprudent goupil en son château de Malpertuis (Ia) ; Renart poursuit impunément ses méfaits, berne Isengrin chaque fois qu'il en a l'occasion et se livre à mille folies. La branche VIII nous le montre encore partant en pèlerinage avec l'âne et le mouton, qui n'ont pas à se louer de sa compagnie. Un autre jour, il dévore Hubert le milan qui vient de recevoir sa confession (VII). Plus tard, il séduit la reine et tente d'usurper le pouvoir (XI). Bref, d'aventure en aventure, il finit par trouver son maître. Mortellement blessé, on l'enterre magnifiquement, à la grande joie de ses victimes ; après quoi il ressuscite, prêt à renouveler ses fredaines (XVII).

Au début du XIIIᵉ siècle, la volonté de donner des enfances aux héros épiques et romanesques se manifeste dans la matière renardienne : la branche XXIV (après 1205) imagine une création parodique du goupil et du loup par Adam et Ève, après leur éviction du Paradis terrestre. Les deux héros animaux vont alors être de plus en plus tirés vers la satire : Renart devient l'odieux symbole de l'hypocrisie, du mensonge et de la trahison. Dans les premières branches, il était au contraire un trompeur sympathique qui faisait rire des défauts et travers d'une société à mi-chemin entre la réalité et la fable : l'imagination comique l'emportait alors sur un certain réalisme satirique. Cette progression du réalisme se marque d'ailleurs par un anthropomorphisme croissant. Alors que le corps animal restait très présent dans les premiers récits, que les mutilations de la queue foisonnaient, et que les chevaux montés par ces nobles chevaliers s'évanouissaient tout soudain pour nous faire retrouver des bêtes courant à quatre pattes, les animaux s'humanisent de plus en plus et se rapprochent du monde purement humain des paysans et du bas clergé. La juxtaposition si riche et si drôle, dans les premières branches, du noble monde des animaux de la cour du lion et du simple monde des personnages humains s'évanouit.

Mais pourquoi des animaux ? Et d'où venait cette prétendument nouvelle matière de Pierre de Saint-Cloud ? Le XIXᵉ et le début du XXᵉ siècle ont vu s'affronter sur ce sujet deux thèses farouchement opposées : celle de l'origine folklorique et orale (Jacob Grimm, L. Sudre) et celle de l'origine savante et écrite (P. Paris, L. Foulet). Dans la critique actuelle, pour qui les frontières entre écrit et oral, culture populaire et culture savante se sont estompées, le *Roman de Renart* se révèle comme un lieu de chevauchements, un creuset où des éléments divers se sont mêlés pour donner un texte neuf, fondateur à son tour d'une tradition et générateur d'épigones. Aux sources du *Roman de Renart*, on trouve donc pêle-mêle l'influence des fables ésopiques gréco-latines, qui furent traduites et interprétées en français dans des recueils comme l'*Isopet** et l'*Avionnet*, reprises par Marie de France*, et dont le texte latin était un des premiers livres de lecture au Moyen Âge ; l'empreinte d'un folklore universel du personnage du « décepteur », présent par exemple dans les récits unitaires du *Kalila et Dimna* arabe ; souvenir retravaillé de personnages historiques, les comtes Renart de Sens, qui eurent des conflits d'ordre féodal avec le roi de France aux Xᵉ-XIᵉ siècles. À ce soubassement général, il faut ajouter des prémisses plus précises : l'*Ecbasis captivi* (XIᵉ), poème allégorique sur les dangers du monde pour un jeune veau en fugue (un moine), séduit par le loup (un laïc) et sauvé par le renard (un moine habile) ; mais surtout l'*Ysengrimus**, long récit en vers, écrit vers 1148-1149. On y trouve déjà un certain nombre d'épisodes repris dans les branches du texte français, mais surtout l'individualisation des animaux par l'attribution de noms propres : Ysengrimus pour le loup, Reinardus pour le goupil... S'il est certain que les auteurs du *Roman de Renart* étaient des clercs, fortement marqués par la culture et la littérature latines, si une des motivations du masque animal put être de ridiculiser une partie de la noblesse, forte mais rude, il n'en reste pas moins que ces textes furent composés en français. C'est d'abord en cela qu'ils sont un roman : une œuvre en ancien français, langue romane. Roman, ils le sont aussi par le jeu subtil d'intertextualités qui se dessine d'une branche à l'autre ; outre le retour des mêmes personnages, on assiste à la reprise de schémas semblables : par exemple l'affrontement de Renart et d'un vilain (branches IX et XVI), le jugement de Renart (Va, I, VI), les rapports de Renart et Tibert le chat avec le monde des prêtres (XII et XV)... D'un texte à l'autre s'entend une même voix, une instance d'énonciation plus présente que celle de l'auteur qui gomme son nom le plus souvent. Cette voix, c'est celle de Renart, c'est-à-dire celle de « l'engin », à la fois ruse et intelligence, qui s'incarne dans l'art du discours, donc de la littérature. Renart ou comment faire de l'art avec rien, avec de l'air, avec des mots.

La légèreté drôle de la plupart des branches en explique le rapide succès : les allusions littéraires se multiplient et le nom générique du goupil est progressivement remplacé par le nom du héros : Renart. Dès 1180 environ, un Alsacien, Heinrich der Glichezaere, donne une adaptation en vers allemands des premières branches, sous forme d'une narration linéaire. C'est le *Reinhart Fuchs*. Entre 1190 et 1250 (la datation est très discutée), un certain Willem écrit *Van den Vos Reynarde*, adaptation en vers néerlandais.

Après les branches les plus récentes (entre 1205 et 1250), qui ne sont souvent que des variations sur des schémas narratifs déjà traités (XXV-XXVI) et où Isengrin se substitue à Renart (XVIII-XXI), vinrent de nouveaux textes dans la seconde moitié du XIIIe siècle et le début du XIVe siècle. Il ne s'agit plus véritablement de branches et Renart n'est plus le joyeux et spirituel héros d'autrefois. Il incarne désormais le mal, la perfidie diabolique. Ce qui était en germe dans les branches les plus récentes s'est donc développé dans les œuvres indépendantes du *Roman* que sont *Renart le Bestourné* de Rutebeuf*, le *Couronnement de Renart**, *Renart le Nouvel* de Jacquemart Gielée* et *Renart le Contrefait**.

Le polymorphisme de Renart lui permettra de résister à ce durcissement de son personnage, qui le rapprochait plus de la figure surnaturelle du diable que de celle, fraternelle et ennemie, de l'homme. La relecture des fables antiques par La Fontaine lui redonnera le sourire ; et le dessin animé prêtera ses traits au gentil Robin des Bois...

ŒUVRES. — Éd. E. Martin, Strasbourg-Paris, 1882-1887, 3 vol. [collection A]. — Éd. M. Roques, Paris, 1948-1963, 6 vol. (*CFMA* 78, 79, 81, 85, 88, 90) [collection B] ; la branche I a été trad. par H. Rey-Flaud et A. Eskénazi en 1981 (2e éd.) et les branches X et XI ont été trad. par J. Dufournet, en 1989, dans la coll. *CFMA Traductions*]. — Éd. N. Fukumoto, N. Harano et S. Suzuki, Tokyo, 1983-1985, 2 vol. [collection C]. — Trad. M. de Combarieu du Grès et J. Subrenat, Paris, 1981, 2 vol. *(10/18)* [treize branches en éd. bilingue, texte de A]. — Trad. J. Dufournet et A. Meline, Paris, 1985, 2 vol. *(Garnier Flammarion)* [huit branches entières en éd. bilingue d'après le texte de Martin ; résumés des autres].

G. Tilander, *Lexique du Roman de Renart*, Göteborg, 1924 (reimpr. Genève, 1984). — M. de Combarieu du Grès et J. Subrenat, *Le Roman de Renart : index des thèmes et des personnages*, Aix-en-Provence, 1987 (*Senefiance*, 22).

→ L. Foulet, *Le Roman de Renard*, Paris, 1914 (*Bibl. de l'École des Hautes Études*, 211). — R. Bossuat, *Le Roman de Renard*, Paris, 1957 *(Connaissance des Lettres)*. — J. Flinn, *Le Roman de Renart dans la littérature française et dans les littératures étrangères au Moyen Âge*, Paris-Toronto, 1963 (*Univ. of Toronto, Romance Series*, 4). — H.R. Jauss, *Untersuchungen zur mittelalterlichen Tierdichtung*, Tübingen, 1959. — K. Varty, *Reynard the Fox. A Study of the Fox in Medieval English Art*, Leicester Univ., 1967. — C. Reichler, *La diabolie : la séduction, la renardie, l'écriture*, Paris, 1979. — E. Suomela-Härmä, *Les structures narratives dans le Roman de Renart*, Helsinki, 1981 (*Annales academiae scientiarum fennicae dissertationes humanarum litterarum*, 26). — *Le Roman de Renard, On the Beast Epic*, dans *Revue canadienne d'études néerlandaises*, n° spécial, t. 4, 1983. — J. Batany, *Scènes et coulisses du Roman de Renart*, Paris, 1989. —

J. Scheidegger, *Le Roman de Renart ou le texte de la dérision*, Genève, 1989 (*Publ. romanes et françaises*, 188). — *Le Goupil et le Paysan* (...), Paris, 1990 (*Unichamp*, 22) [recueil d'études sur la branche X].

À défaut de donner ici une bibliogr. complète, nous renvoyons aux articles des colloques suivants : *Aspects of the Medieval Animal Epic*, Louvain, 1975 (*Mediaevalia Lovaniensia*, 3) ; *Épopée animale, fable et fabliau*, Liège, 1978 ; Paris, 1984 ; *Third International Beast Epic, Fable and Fabliau Colloquium*, Cologne-Vienne, 1981 ; *Atti del 5 Colloquio della Intern. Beast Epic, Fable and Fabliau Society*, Alexandrie (Italie), 1987 ; *Comique, satire et parodie dans la tradition renardienne et les fabliaux*, Göppingen, 1983 (*Göppinger Arbeiten zur Germanistik*, 391) ; *Reinardus. Yearbook of the International Reynard Society*, Grace, 1988.

Suivent les titres de quelques articles anciens, qui donnent des orientations de lecture, ainsi que les titres les plus récents : J. Rychner, *Renart et ses conteurs ou le style de la sympathie*, dans *TraLiLi*, t. 9 (1971), p. 309-322. — G. Bianciotto, *Renart et son cheval*, dans *Mél. F. Lecoy*, Paris, 1973, p. 27-42. — O. Jodogne, *L'anthropomorphisme croissant dans le Roman de Renart, ibid.*, p. 25-41. — J. Batany, *La cour du lion. Autour du Pantchatantra et du Jugement de Renard*, dans *Marche Romane*, t. 28 (1978), p. 17-25 ; *Renart et les modèles historiques*, dans *Third International* (...), Cologne-Vienne, 1981, p. 1-24. — R. Dragonetti, *Renart est mort, Renart est vif, Renart règne*, dans *Critique*, t. 34 (1978), p. 783-798. — A. Lomazzi, *L'eroe come trickster nel Roman de Renart*, dans *Cultura neolatina*, t. 40 (1980) *[Mél. G. Folena]*, p. 55-65. — J. Deroy, *Les discours du chameau, légat papal, dans le Roman de Renard (branche Va)*, dans *Third International* (...), 1981, p. 102-110. — A. Lodge et K. Varty, *Pierre de Saint Cloud's Roman de Renart : Foulet's Theses Re-Examined, ibid.*, p. 189-195. — E. Schulze-Busacker, *Renart, le jongleur étranger (...), ibid.*, p. 380-391. — K. Varty, *Back to the Beginning of the Romans de Renart*, dans *Nottingham Medieval Studies*, t. 29 (1985), p. 44-72 ; *La mosaïque de Lescar et la datation des contes de Renart le goupil*, dans *RLR*, t. 90 (1986), p. 1-12 ; *The Transformations of Pierre de Saint-Cloud's Roman de Renart within the Renart manuscripts*, dans *Mél. J.-C. Payen*, Caen, 1989, p. 419-435. — J. Subrenat, *Le Roman de Renart et la parodie littéraire (recherche de quelques avant-textes)*, dans *Comique (...)*, 1983, p. 125-138. — J. Scheidegger, *Renart dans les branches : comique et réflexivité, ibid.*, p. 113-123. — E. Charbonnier, *Animalité et anthropomorphisme dans le Pèlerinage de Renart : du déguisement à la métamorphose*, dans *Métamorphose et bestiaire fantastique au Moyen Âge*, Paris, 1985 (*Coll. de l'ENSJF*, 28), p. 165-184. — R. Bellon, *Trichery as an Element of the Character of Renart*, dans *Forum for Modern Language Studies*, t. 22 (1986), p. 34-52. — E. Suomela-Härmä, *Des roux et des couleurs*, dans *Senefiance*, t. 24 (1988), p. 401-421. — M. Bonafin, *Intertestualità nel Roman de Renart*, dans *Medioevo Romanzo*, t. 14 (1989), p. 77-96. — A. Lodge, *Syntactic Variables and the Authorship of Renart II-Va*, dans *The Editor and the Text*, Edimbourg, 1990, p. 46-57. — K. Varty, *An État Présent of Roman de Renart Studies*, dans *Mél. J. Wathelet-Willem*, Liège, 1978, p. 699-716 ; *First List of Recent Publications and Research in Progress for 1975-1977*, dans *Marche romane*, t. 28 (1978), p. 225-246 [sur toute la littérature animalière médiévale]. — Cf. *GRLMA*, t. VI/1, p. 247 sq., 257 sq. ; t. VI/2, n° 7004. — *MB* n°s 2560-2601, 6517-6522, 7688-7702 ; *S* 551, 809, 2759, 4395, 4577, 4635, 4656, 4750, 4778, 4787, 4794-4882, 5076. R.B. et S.L.

Roman de Thèbes. Le *Roman de Thèbes* est le plus ancien, si l'on excepte le *Roman d'Alexandre** mutilé d'Albéric, le plus attachant aussi des « romans antiques » que nous possédons. Son auteur, un clerc normand, est demeuré anonyme. L'œuvre date approximativement de 1150 ; des tentatives récentes pour la rajeunir ne sont pas convaincantes. Mais ce roman a eu assez de succès pour que nous le connaissions dans plusieurs versions de longueur différente (entre 10 et 15 000 octosyllabes), sans que nous puissions dire quelle part le premier auteur a prise à ces « rééditions ».

Le poète français a suivi assez fidèlement la trame de la *Thébaïde* de Stace, mais fort librement son texte ; nous ne retrouvons plus dans *Thèbes* l'inspiration initiale de la légende grecque, déjà estompée quelque peu chez Stace, rien de ce qu'elle avait de monstrueux, de ce poids du destin sur une race maudite, de l'égale réprobation qui frappait « les frères ennemis ». Le romancier a ses préférés, les Argiens, *les Grecs* ; c'est dans ce camp que se trouvent ses héros favoris, *Tydeüs, Partonopeus* ; mais, s'il maltraite parfois *Etioclès*, il parle avec sympathie des autres, et surtout des couples d'amoureux, *Ates* et *Ysmeine*, *Partonopeus* et *Antigone*.

Son récit commence avant celui de Stace, qu'il fait précéder, pour la clarté, de la légende d'Œdipe ; ensuite, il retrouve la *Thébaïde* : exil de Polynice, rencontre avec Tydée et combat, suspendu par le roi d'Argos qui marie ses deux filles aux deux princes, ambassade de Tydée à Thèbes, refus d'Étéocle de respecter l'alternance au pouvoir, embuscade vainement tendue à l'ambassadeur, et c'est la guerre. Les Argiens en campagne souffrent de la soif, la « nurse » d'un enfant royal les guide à une source ; après cet épisode, diversement allégé dans les diverses versions, le roman insère un épisode étranger à Stace : un château avancé, Montflor, couvre Thèbes ; Polynice en exige la reddition comme suzerain, et pose aux assiégés un problème de casuistique féodale : quel est le vrai roi ? Montflor est pris grâce à une ruse de guerre et l'armée campe sous Thèbes. L'épisode de la conciliation tentée par Jocaste entre ses fils a été fort amplifié, et c'est ici que le poète a logé les scènes charmantes de l'idylle entre Antigone et Parthénopée et de leurs fiançailles ; rien de tel chez Stace. Après l'échec de Jocaste, le récit des premières mêlées doit beaucoup à l'invention du romancier : en particulier, celui de la mort d'Aton, avec de très belles « déplorations » funèbres, des obsèques, suivies de la retraite d'Ismène qui fonde une abbaye où elle va pleurer et prier pour l'âme de son ami. Nous n'avons pas à suivre le détail des combats ; notons que l'auteur réussit à rendre émouvantes la mort de Tydée, et plus tard celle de Parthénopée, en les traitant différemment et dans un registre plus viril que la mort d'Aton. Nouvelles additions à la Thébaïde avec l'épisode du ravitaillement de l'armée (inspiré des Croisades) et surtout avec l'épisode de Daire le Roux : ce chef thébain, insulté par son roi et sollicité par Polynice, a livré aux Argiens un coin de rempart ; mais il est pris et le conseil des barons discute de son sort — débat accru de 600 vers dans telle version, de 1 500 dans telle autre. Étéocle ne fléchit que devant les larmes de la fille de Daire, dont il est épris. Puis nous retrouvons les mêlées de la *Thébaïde*, la mort des deux frères qui s'entre-tuent, la défaite finale des Argiens ; mais le roman français insiste en conclusion sur la pitoyable marche des femmes d'Argos qui viennent ensevelir leurs morts, et, après le refus de Créon, les fait intervenir à l'attaque du rempart, aux côtés des chevaliers de Thésée, « duc d'Athènes », dans l'assaut vengeur et la victoire.

Le banquet en l'honneur d'Apollon, la légende du massacre des Lemniens, la scène mélodramatique où Capanée défie Jupiter ont été généralement laissés à Stace par les diverses versions de *Thèbes* ; mais il n'est pas nécessaire de recenser ces omissions pour nous convaincre que nous avons affaire à une œuvre médiévale ; qu'il s'agisse de la vie collective, avec les processions, les funérailles, l'élection épiscopale, ou des sentiments privés, touchés avec beaucoup de délicatesse par le poète, nous sommes en présence de la civilisation et des mœurs du XIIe siècle, présentées de façon directe et savoureuse, et c'est l'un des charmes du roman de *Thèbes* ; car il a cet autre intérêt d'être à la rencontre de deux courants littéraires, celui qui vient des chansons de geste et celui qui porte les romans ; ce privilège ne se retrouvera plus, celui d'une œuvre agréable, sans les fadeurs ou les prétentieuses surcharges qui sont l'écueil du genre, préservée par ce qu'elle a conservé encore des façons simples et viriles des chanteurs de geste.

ŒUVRE. — Éd. L. Constans, Paris, 1890, 2 vol. (*SATF*, 30). — Éd. G. Raynaud de Lage, Paris, 1966-1968, 2 vol. (*CFMA*, 94 et 96). — Trad. anglaise : J.S. Coley, New York, 1986 (*Garland Libr. Med. Lit.*, 44).

→ J.J. Salverda de Grave, *Recherches sur les sources du Roman de Thèbes*, dans *Mél. M. Wilmotte*, Paris, 1910, t. 2, p. 595-618. — E. Faral, *Recherches sur les sources latines des contes et romans courtois du Moyen Âge*, Paris, 1913. — G.R. Sarolli, *Il Roman de Thèbes. Fonti e Datazione. Parte I, II, III* dans *Rendiconti dell'Istituto Lombardo. Accademia di Scienze e Lettere. Classe di Lettere e Scienze morali e storiche*, t. 87 (1954), p. 283-320. — G. Raynaud de Lage, *Les Romans antiques et la représentation de l'Antiquité*, dans *Le Moyen Âge*, t. 67 (1961), p. 247-251. — P.B. Grout, *The Trial of Daire and the Dating of the Roman de Thèbes*, dans *French Studies*, t. 19 (1965), p. 392-395 ; *Contemporary Life and Society in the Roman de Thèbes*, dans *Medium Aevum*, t. 38 (1969), p. 262-276. — J.-C. Payen, *Structure et sens du Roman de Thèbes*, dans *Le Moyen Âge*, t. 76 (1970), p. 493-513. — L.G. Donovan, *Recherches sur le Roman de Thèbes*, Paris, 1975. — J.-C. Payen, *La mise en roman de la matière antique : le cas du Roman de Thèbes*, dans *Mél. J. Horrent*, Liège, 1980, p. 325-332. — P. Bancourt, *Or antique, or épique, or d'occident et d'orient dans le Roman de Thèbes*, dans *Senefiance*, n° 12 (1983), p. 25-39. — R. Blumenfeld-Kosinski, *The Gods as Metaphor in the Roman de Thèbes*, dans *Modern Philology*, t. 83 (1985), p. 1-11. — A. Petit, *Naissances du roman. Les techniques littéraires dans les romans antiques du XIIe siècle*, Paris, 1985, 2 t. ; *L'anachronisme dans les romans antiques du XIIe siècle*, Lille, 1987 (*Centre Études* inéd. de Lille). — D. Rieger, « *Aufgehobene* » *Genera. Gattungszitate und Gattungsinstrate im altfranzösischen Thebenroman*, dans *Vox Romanica*, t. 46 (1987), p. 67-86. — *Actes du colloque sur le Roman de Thèbes (Göttingen, 1987)*, parus dans *RZLG — Cahiers d'histoire des littératures romanes*, t. 12, n°s 1/2 (1988), avec, entre autres : D. Rieger, *Genres « insérés ». Citations et « instrats » de genres littéraires dans le Roman de Thèbes*, p. 197-202 ; T. Baum, *Courtois(ie) dans le Roman de Thèbes*, p. 202-204 ; K. Reichardt, *La description de la beauté dans le Roman de Thèbes*, p. 205-208 ; D. Kullmann, *Le remaniement du VIIe chant de la Thébaïde par l'auteur du Roman de Thèbes*, p. 217-219 ; A. Papp, *Destin et fortune dans le Roman de Thèbes*, p. 211-213 ; F. Quintin, *Péché et pénitence dans le Roman de Thèbes*, p. 213-217 ; M. Heintze, *La réception des plus anciens troubadours dans le Roman de Thèbes*, p. 226-241. — U. Schöning, *Thebenroman-Eneasroman-Trojaroman. Studien zur Rezeption der Antike in der französischen Literatur des 12. Jahrhunderts*, Tübingen, 1990 (*Beihefte zur ZRPh*, 235). — Cf. *GRLMA*, t. IV/2, n° 460 ; t. IV/1, p. 61, 84, 86, 87, 104, 105, 107, 108, 109, 110, 120, 145, 146, 147, 148, 166, 170-174, 175, 176, 177, 178, 179, 180, 191, 232, 257, 265, 267, 282, 283, 289, 495, 647. — *MB* n°s 139, 1007-1016, 6204-6207, 7285-7286 ; *S* 859, 2034, 2074, 2131-2159, 2170, 3533, 3810, 4780, 5777, 5997, 5998, 6498. G.R.L.

Roman de Troie. Voir : Benoît de Sainte-Maure.

Roman de vrai amour. Poème spirituel en 69 quatrains d'alexandrins monorimes dû à un auteur anonyme originaire de Suisse romande (XIVe). Le thème central en est l'amour de Dieu pour l'homme, qui se réalise dans l'Incarnation et culmine dans la Passion. Le poème se termine par une louange lyrique de l'amour, calqué sur l'hymne à la charité de saint Paul.

ŒUVRE. — Éd. A.S. Bates, Ann Arbor, 1958, à compléter par le compte rendu de C. Régnier, dans *Romance Philology*, t. 14 (1960-1961), p. 179-184. G.H.

Roman des Romans. Poème anglo-normand en 257 quatrains de décasyllabes monorimes du milieu du XIIe. À un tableau de la misère de la condition humaine et de la dégénérescence du monde, fait suite une longue satire des abus qui se sont introduits dans la société ecclésiastique ; l'auteur stigmatise particulièrement la simonie et s'en prend vivement à la vénalité des cours de justice.

ŒUVRE. — Éd. F.J. Tanquerey, Paris, 1922.

→ J. Batany, *Normes, types et individus : la présentation des modèles sociaux au XIIe*, dans *Littérature et société au Moyen Âge*, Amiens, 1978, p. 177-200. G.H.

Roman des Sept Sages et ses continuations. Le thème des Sept Sages jouit d'une grande vogue dans les littératures médiévales de presque tous les pays de l'Europe ; et bien avant le Moyen Âge on l'avait traduit de langue en langue en Asie. C'est en effet en Orient qu'il faut chercher l'origine de ce recueil. Par analogie avec d'autres ouvrages du même genre, on a longtemps pensé que le *Livre de Sindbad*, prototype oriental du *Roman des Sept Sages*, avait été composé en sanscrit. Cette affirmation est aujourd'hui contestée et l'on estime qu'il aurait pu être écrit en pehlevi à une époque très reculée.

Les plus anciennes versions qui dérivent de ce texte perdu sont la version syriaque (VIIIe siècle) et la version grecque de Michel Andreopoulos, longtemps considérée comme la source de la tradition occidentale (fin du XIe siècle). Il existe également des rédactions arabes, dont certaines furent insérées dans le recueil des *Mille et une nuits*, des rédactions persanes et une version hébraïque (XIIe siècle) connue sous le titre de *Paraboles de Sendabar sur la ruse des femmes*.

L'Espagne seule eut un accès direct aux versions arabes. La France et les autres pays occidentaux connaissent le texte des *Sept Sages* à travers la version hébraïque. On ne sait si celle-ci gagna l'Europe par Byzance et l'Italie ou si elle fut rapportée par les croisés de Terre Sainte.

Mais le *Livre de Sindbad* n'était plus à ce moment qu'un lointain souvenir : dans les versions orientales, le prince a un seul précepteur, ce sont sept conseillers qui prennent la parole et racontent chacun deux histoires. Dans les versions françaises des *Sept Sages*, chaque sage raconte une seule histoire ; quatre contes seulement du recueil original se retrouvent mêlés à des thèmes populaires, sans plus aucune tendance moralisatrice.

Le *Roman des Sept Sages* connut une certaine célébrité dès le XIIe siècle. Il est composé, dans la forme la plus répandue, de 15 contes qui s'intercalent dans la trame d'un récit bien simple, suivant le principe des romans à tiroirs. Dans ces contes, la vie d'un héros est chaque jour remise en question : à Rome, le fils de Dioclétien, en butte à la jalousie de la seconde épouse de son père, demeure entre la vie et la mort sept jours durant. Au cours de cette semaine, où il doit se taire, car il a lu dans les astres que toute parole lui serait fatale, les sept sages qui l'ont élevé s'efforcent de répondre aux manœuvres de la marâtre qui veut le perdre ; ils racontent, chacun leur tour, une histoire à l'empereur pour lui prouver qu'il aurait tort d'agir à la légère en suivant les conseils de sa femme. Celle-ci, chaque soir, narre un conte dont l'effet détruit celui produit par le conte de chacun des vieillards, jusqu'au huitième jour où le prince peut parler et confond l'impératrice qui finit sur le bûcher. Ce roman très antiféministe fut assez célèbre pour être utilisé et même inséré dans plusieurs œuvres profanes et religieuses.

Différent du *Roman des Sept Sages* mais inspiré des mêmes sources, le *Roman de Dolopathos* fut écrit en latin au XIIe siècle par le moine Jean de Haute-Seille en Lorraine et dédié à l'évêque Bertrand de Metz. Jean de Haute-Seille dut s'inspirer d'une version perdue du roman qu'il rapporte sans doute de mémoire : Virgile, précepteur du jeune Lucinien, fils de Dolopathos roi de Sicile, en est le héros principal. Les sept sages sont des vieillards sans caractère commandés par l'illustre poète. La marâtre n'a plus aucune action puisqu'elle ne prend jamais la parole. Des huit contes du *Dolopathos*, trois se retrouvent dans le roman français des *Sept Sages* et un seul rappelle le *Livre de Sindbad*. Ce texte latin peu diffusé fut traduit en octosyllabes par un certain Herbert qui l'offrit à Louis VIII. Le *Roman de Dolopathos* ne connut cependant pas une destinée comparable à celle du *Roman des Sept Sages*.

On ne peut affirmer qu'il a existé une version latine du *Roman des Sept Sages* dont Jean Gobi (junior)* se serait inspiré au XIVe siècle. Le texte latin proposé par certains manuscrits de la *Scala celi* de Jean Gobi, à l'article *femina*, est un abrégé très bien fait où les détails inutiles ont été supprimés. Mais doit-on penser que le texte qu'il avait sous les yeux était écrit en latin ? Il est possible que Jean ait composé son article d'après un texte français, car la version qu'il nous offre est très proche de la majeure partie des versions françaises en prose.

Toujours au XIVe siècle, à partir d'un texte français en prose (version A), fut écrite l'*Historia septem sapientum*, œuvre remaniée d'un copiste érudit qui se singularise par l'insertion de nouveaux contes. Ce texte latin fut à son tour mis en français (version H) puis retraduit en diverses langues vulgaires et souvent édité.

La première rédaction française, faite dès le XIIe siècle au plus tard, et copiée en toute probabilité sur le texte hébreu, le *Mishle Sendabar*, n'existe plus ; mais nous possédons deux versions en couplets octosyllabiques qui datent du commencement du XIIIe siècle, ms. BN fr. 1553 (poème de 5 068 vers) et ms. Chartres, Bibl. Mun. 620 (fragment de 2 022 vers). Il a existé probablement d'autres recensions du poème. La version dérimée dite D a dû être composée sur un texte plus court où l'ordre des contes était différent. Et c'est à partir d'une troisième version du poème que fut écrite la première rédaction en prose.

La version en prose la plus répandue, dès le XIIIe siècle, que G. Paris a désignée par la lettre A, offre la particularité de suivre jusqu'au conte du sixième sage le texte de la version L, première en date des versions en prose, peu répandue ; à partir du conte du sixième sage, le scribe s'est inspiré du poème où il puisa directement. Travaillait-il sur un manuscrit mutilé ? Pensait-il qu'il fallait une fin plus cohérente que celle de L, où le septième sage et le prince ne prennent pas la parole et où les deux dernières histoires racontées par le sixième vieillard et l'impératrice sont de peu d'intérêt ? On ne sait, et le problème est délicat à résoudre, car le texte latin de la *Scala celi* propose une fin où sont réunis les traits particuliers de ces deux rédactions. Il arrive aussi que des copistes se soient plu à proposer des textes où se trouvaient réunis tous les contes qui terminaient les deux versions. Ainsi possédons-nous des manuscrits où le récit compte 16, voire 17 exemples.

Il existe 38 mss des versions en prose L et A, et un incunable qui propose une version L dont la langue est rajeunie.

Les versions occidentales de cette tradition, conservées dans presque toutes les langues de l'Europe, ont été généralement traduites à partir des versions A et H.

Malgré le grand succès de ces versions

dérimées du *Roman des Sept Sages de Rome*, dont le premier ms. clairement daté, ms. Arras, Bibl. Mun. 657, est de 1278, et le dernier, ms. Paris BN fr. 93, fait par Micheau Gonneau, « prebtre demourant a Crosant », porte la date de 1466, cette collection de petits contes folkloriques n'est pas sans une certaine aridité. Vers 1260, un poète français inconnu conçut l'idée de composer une première continuation, intitulée *Le roman de Marques de Rome*. Ce poème n'existe plus. Une version dérimée (publiée par J. Alton, Tübingen, 1889), survit dans 20 mss : et ce n'est que grâce à une étude minutieuse de Heinrich Gelzer intitulée *Zum Marques de Rome (Zeitschrift für französische Sprache und Literatur*, t. 43, 1915, p. 75-81), que l'on peut postuler l'existence antérieure du poème. *Le roman de Marques de Rome* est un deuxième roman à tiroirs : il comprend 12 historiettes, mais le prologue est beaucoup plus développé que n'est celui du *Roman des Sept Sages de Rome*, et ce nouveau roman à tiroirs est presque un roman d'aventures.

Vers 1260 également parut la deuxième continuation du cycle : *Le roman de Laurin, fils de Marques le Sénéchal* (publié par Lewis Thorpe, Cambridge, 1960), roman d'aventures écrit directement en prose. L'auteur inconnu du *Roman de Laurin* connaissait à fond les ouvrages de ses prédécesseurs : mais il n'eut pas l'intention de faire une troisième compilation de contes. Il décrit les guerres en Grèce de Laurin, jeune empereur de Constantinople, fils de ce Marques qui était sénéchal de Fiseus de Rome, lui-même fils du Dioclétien du *Roman des Sept Sages de Rome* ; ensuite il transporte son héros en Grande-Bretagne, comme Chrétien de Troyes* avait transporté Cligès. De roman d'aventures, son ouvrage devient roman arthurien, et nous renouons connaissance avec le roi Arthur, la reine Guenièvre et les chevaliers Baudemagus, Gauvain, Mordret, Lancelot. Il invente de nouveaux chevaliers errants, membres de la Table Ronde, Synador de Puille, Mirador d'Esquarre, Curiez li Paoureus, et de nouvelles héroïnes, Galyenne de Corfou, Jagonce de Radoul, Celydoisne. Son procédé est celui de l'*entrelacement ;* son style est limpide et son invention fertile ; et il a la longue haleine de la Vulgate arthurienne. *Le roman de Laurin* existe dans 8 mss, dont 3 en picard et 5 en francien. Trois de ces mss sont cycliques, dans le sens qu'ils contiennent le *Roman des Sept Sages de Rome* et toutes ses continuations, c'est-à-dire qu'ils ajoutent aux trois romans trois suites : les romans de *Cassidorus*, d'*Helcanus* et de *Peliarmenus*, et celui de *Kanor*.

BIBLIOGRAPHIE. — H.R. Runte, J.F. Wikeley, A.J. Farrell, *The Seven Sages of Rome and the Book of Sindbad. An Analytical Bibliography*, New York, 1984. — Bibliographie courante annuelle dans la *Newsletter of the Society of the Seven Sages* (depuis 1976).

ŒUVRES. — *Texte hébreu* : éd. P. Cassel, Berlin, 1888 ; éd. M. Epstein, New York, 1957. — *Dolopathos* : *texte latin*, éd. H. Œsterley, Strasbourg, 1873 [à compléter par le compte rendu de G. Paris dans *Romania*, t. 2 (1873), p. 481-503] ; éd. A. Hilka, *Historia septem sapientum*, t. 2, Heidelberg, 1913 ; trad. anglaise, B.B. Gilleland, *Johannes de Alta Silva. Dolopathos or the King and the Seven Wise Men*, Binghamton, 1981 ; *trad. française versifiée de Herbert*, éd. C. Brunet et A. de Montaiglon, Paris, 1856 (*Bibl. elzévirienne*). — *Historia septem sapientum* : éd. G. Buchner, Erlangen et Leipzig, 1889 ; *trad. française médiévale* (version H), éd. G. Paris dans *Deux rédactions du roman des Sept Sages de Rome*, Paris, 1876 (*SATF*), p. 55-205 [reproduit le texte imprimé à Genève en 1492]. — *Textes français du Roman des Sept Sages :* versions en vers : éd. M.B. Speer, Lexington, 1989 [versions K (Paris, BN fr. 1553) et C (Chartres 1420). L'introd. comporte une longue étude de langue] ; versions en prose : 1 — Éd. Le Roux de Lincy dans A. Loiseleur Deslongchamps, *Essai sur les fables indiennes...*, Paris, 1838 [version L] ; 2 — Reprod. diplomatique, O. Derniame, M. Henin, H. Naïs, *Les Sept Sages de Rome. Roman en prose du* XIIIe *s. d'après le ms. 2137 de la BN*, Nancy, 1981 (*CRAL*, 13) [version A] ; 3 — Éd. H.R. Runte, *Li ystoire de la male Marastre*, Tübingen, 1974 [version M] ; 4 — éd. G. Paris, *op. cit.*, p. 1-54 (version D] ; version écossaise : éd. C. Van Buuren, *The Buke of the Sevyne Sagis. A Middle Scots Version of the Seven sages of Rome Edited from the Asloan Ms. (NLS Acc. 433)*, Leyde, 1982. — *Continuations du Roman des Sept Sages* : — *Marques de Rome*, éd. J. Alton, Tübingen, 1889. — *Laurin*, éd. L. Thorpe, Cambridge, 1960. — *Cassidorus*, éd. J. Palermo, 2 vol., Paris, 1963-1964 (*SATF*, 90). — *Helcanus*, éd. H. Niedzielski, Genève, 1966 (*TLF*, 121).

→ A.H. Krappe, *Studien in the Seven Sages of Rome*, dans *Archivum romanicum*, t. 8 (1924), p. 384-395 ; t. 9 (1925), p. 345-368 ; t. 11 (1927), p. 163-176 ; t. 16 (1932), p. 271-282. — M. Aïache, *Les versions françaises en prose du Roman des Sept Sages*, dans *Positions des thèses* de *l'École des Chartes*, 1966, p. 8-13. — L. Thorpe, *Les « contes desrimez » et les premiers romans en prose*, dans *Mél. J. Frappier*, t. 2, Paris, 1970, p. 1031-1041. — *Studies on the Seven Sages of Rome and Other Essays in Medieval Literature*, dans *Mél. Misrahi*, vol. 2, Columbia, 1977 [articles variés et importants]. — P. Skårup, *La filiation des versions françaises et latines du Roman des Sept Sages*, dans *(Pré)Publications*, t. 44 (1981), p. 32-53. — B.B. Gilleland, *The French and Latin Versions of Historia septem Sapientum*, dans *Classica et Mediaevalia*, t. 33 (1981-1982), p. 229-237. — M.B. Speer, *Editing the Formulaic Romance Style : the Poetics of Repetition in the Roman des Sept Sages,* dans *L'Esprit créateur*, t. 27 (1987), p. 34-52.

Dolopathos : R. Colliot, *Aspects de l'ermite dans la littérature épico-romanesque des* XIIe *et* XIIIe *siècle*, dans *Senefiance*, n° 7, *Mél. P. Jonin*, 1979, p. 159-180. — *Marques de Rome* : M.B. Speer et A. Foulet, *Is Marques de Rome a Derhymed Romance ?*, dans *Romania*, t. 101 (1980), p. 336-365. — M.B. Speer, *Beyond the Frame : Verisimilitude, Clergie and Class in the Roman de Marques de Rome*, dans *Romance Philology*, t. 35 (1981-1982), p. 305-334. — *Laurin* : D. Adams et L. Thorpe, *Li Hystoire de Giglan et le Roman de Laurin*, dans *Romania*, t. 96 (1975), p. 389-402. — *Cassidorus* : J. Palermo, *Les limites du roman de Cassidorus. L'apport des mss de Bruxelles*, dans *Romance Philology*, t. 13 (1960), p. 22-27. — J. N. Carman, *New Light on the Roman de Cassidorus, ibid.*, t. 21 (1967), p. 212-222. — M.B. Speer, *Cassidorus : the Fallen Hero, ibid.*, t. 27 (1974), p. 479-487. — *Helcanus* : H. Niedzielski, *Le monde chevaleresque et courtois du Roman de Helcanus*, dans *Society of the Seven Sages, Newsletter* 12, sept. 1985, p. 7-12. — *Kanor* : J. Palermo, *A la recherche du « seigneur devant nommé » du roman de Kanor,* dans *Romance Philology*, t. 12 (1958-1959), p. 243-251. — Cf. *MB* nos 1396-1412, 6253-6256, 7318, 7319 ; *S*, 817, 2045, 2472-2504, 2615. M.A.B.

Roman du Graal. Voir : *Graal. Cycle Post-Vulgate.*

Roman du lis. Sous ce titre doublement emblématique (lys de la virginité/lys de France), se cache une vie de Marie et de Jésus en 4 200 vers de mètres très divers, qu'un prédicateur (ou prêcheur ?) anonyme dédia, dans les premières années du XIVe siècle, à une « suer Marie... des lis de France née ». On a reconnu en cette princesse Marie de France, fille de saint Louis, qui, une fois veuve du roi de Castille, s'était retirée en compagnie de sa mère chez les clarisses du Faubourg-Saint-Antoine (1275). Le récit, fondé sur les Évangiles canoniques et, dans une moindre mesure, sur les apocryphes, est coupé d'amplifications lyriques dont certaines, inspirées du *Cantique des Cantiques* ou des plaintes mariales, ne manquent pas de beauté ; des commentaires exégétiques et dogmatiques mettent en relief la dimension sacrée du récit. Dans cet ensemble bien venu, il est des passages qui manifestent une délicatesse de sentiment et une finesse d'analyse incontestables. Et l'alternance des mètres double efficacement celle des registres.

ŒUVRE. — Éd. F.C. Ostrander, New York, 1915.

→ F. Castets, *Li Roman dou lis*, dans *RLR*, t. 60 (1918-1919) p. 1-56. — M.L. Archangeli-Marenzi, *Aspetti del tema della Vergine nella letteratura francese del Medio Evo*, Venise, 1968, p. 64-71. G.H.

Rondeau. Appelé aussi rondel, rondet, rondellus, redondel..., il est l'une des « formes fixes » de la poésie et de la musique des XIVe et XVe siècles français et consiste en une alternance d'un refrain et de couplets. On en trouve les premiers exemples dans les insertions lyriques du *Roman de Guillaume de Dole*, de Jean Renart*, au début du XIIIe siècle. Le rondeau est monodique ou polyphonique, profane ou sacré, et trouve un emploi caractéristique dans les drames liturgiques où, dès le XIVe siècle, il intervient dans les changements de scène.

La structure la plus courante au XIVe siècle comporte huit vers, soit : *A B a A a b A B* (les majuscules représentant le refrain). Deux parties musicales α et β correspondent respectivement à A (ou *a*) et B (ou *b*). Le rondeau s'élargira au XVe siècle en rondeau quatrain (18 vers), voire cinquain comptant 21 vers.

→ F. Gennrich, *Rondeaux, virelais und Balladen*, 1, Dresde, 1921 ; 2, Göttingen, 1927 ; 3, Langen, 1963. — N.H.J. Van den Boogard, *Rondeaux et refrains du* XIIe *s. au début du* XIVe, Paris, 1969. — *New Oxford History of Music*, 3, Londres-New York-Toronto, 1960. A.I.A.

Ronsasvals. Le poème épique en langue d'oc — ainsi appelé par son éditeur — a sans doute été écrit en Provence ; sa rédaction primitive remonterait au début du XIIe siècle. Il est conservé dans un manuscrit unique du XIVe siècle, auquel il manque deux feuillets dans le corps du texte. Ce ms., copié au début d'un registre d'actes de 1398, appartenait alors à Me

Rostan Bonet, notaire à Apt, et se trouve aujourd'hui dans la même localité du Vaucluse, en l'étude de son lointain successeur.

L'auteur anonyme de cette œuvre héroïque en 1 802 vers, raconte la bataille de Roncevaux — *Ronsasvals* dans le texte, d'où le titre proposé par Mario Roques —, d'une façon différente de la *Chanson de Roland** d'Oxford.

Le récit, bien construit et où les moments d'émotion ne sont pas rares, ressemble par certains côtés à celui de *Galien**. Nous y voyons apparaître en effet le fils d'Olivier : Galian se fait adouber par Charlemagne (Karle Mayne), court à Roncevaux retrouver son père, le venge et est laissé mourant après avoir durement combattu. Roland (Rollan) est toujours la vaillance indomptable et l'orgueil héroïque personnifiés : il refuse avec hauteur de sonner de l'olifant, mais comme enfin il s'y résout au souvenir de la belle Aude (Auda, Belauda), nous sentons qu'un cœur amoureux bat dans sa poitrine valeureuse. Olivier de Lauzana reste son digne second. L'archevêque Turpin est plus prêtre que soldat. Certains personnages prennent du relief : Gondelbuef (Gandelbuon) est un éclaireur inquiet et courageux, un émissaire intrépide ; le sage Naimes (Nayme) joue surtout les prêcheurs et les moralisateurs. D'autres, plus fugitifs, restent aussi dans la mémoire : le formidable pourfendeur sarrasin Falsabroni, Angelier, dont l'amie est la Vierge, Garin d'Anseüne (G. de Sayna), qui est fait prisonnier et expédié à Luiserne, le chevaleresque Sarrasin Falceron, qui recueille le dernier souffle de Roland. Malgré certaines inconséquences, la vérité psychologique de chacun des personnages est respectée. Le poème est dramatique. On y ménage un contraste poignant entre le beau temps de mai et la sinistre bataille. On y oppose en un raccourci saisissant la grâce familière et le pathétique touchant dans le récit parfait de la mort d'Aude. Un ordre rigoureux préside à la composition générale. Les scènes sont d'un dessin net, malgré quelques bavures. L'œuvre est empreinte d'une vibrante éloquence où s'exprime la dévotion mariale. La part militaire n'en est pas réduite pour autant : le poète montre même un vif penchant pour les descriptions méthodiques et brillantes des armements et des harnachements. Il apporte enfin un soin particulier dans l'utilisation expressive des formules, des répétitions épiques et des possibilités de la versification (laisse décasyllabique assonancée et rimée, avec des alexandrins).

Poème d'une belle élévation, plus proche que le *Roland* assonancé de la vie guerrière courante (tentes, écuyers, escorte, etc.), d'une souveraineté moins irréelle, le *Ronsasvals* mérite le bon renom littéraire dont il jouit.

Son auteur est inconnu. L'émotion avec laquelle il raconte la mort du jongleur Portajoyas, révèle-t-elle un jongleur ? Les connaissances religieuses et morales qu'il prête à certains héros, son goût pour le prône et la confession sont-elles d'un clerc ? Le *Rollan a Saragossa**, qui précède *Ronsasvals* dans le ms., est-il dû à sa plume ? Autant de questions qui ont suscité des hypothèses variées.

Ronsasvals a une forte concentration thématique : il nous jette en plein combat, sans en rapporter les préliminaires et sans en donner d'autre conséquence que l'émouvante mort d'Aude ; il se sert de plusieurs incidents narratifs qu'il n'explique pas et dont l'explication se trouve ailleurs. Aussi apparaît-il comme « un poème épisodique extrait d'une composition de plan plus étendu » (M. Roques) ou, du moins, présuppose-t-il l'existence d'une telle composition. En relation directe ou non avec le *Galien* et avec le *Roland* rimé, il fait partie d'une tradition épique originale plus ancienne, attestée dans le Midi au XIIIe siècle par les *Gesta Karoli Magni ad Carcassonam et Narbonam*, au XIIe siècle par le Catalan Guilhem de Berguedan* (entre 1180 et 1185), peut-être par son compatriote Guiraut de Cabreira* (troisième quart du s.), par le Limousin Gregori Bechada (*Canso d'Antiocha**, entre 1130 et 1142). Peut-être cette tradition serait-elle en liaison avec celle dont les couples de Roland et d'Olivier permettent de supposer l'existence au XIe siècle dans les régions méridionales (Actes de Saint-Pé-de-Générès 1096 ; de Béziers 1091, de Saint-Victor de Marseille 1050-1055, de Saint-Julien de Brioude 999-1031 ?).

ŒUVRE. — Éd. M. Roques, « *Ronsasvals* », *poème épique provençal*, dans *Romania*, t. 58 (1932), p. 1-28 et 161-189. — Éd. et trad. G.

Gouiran et R. Lafont, *Le Roland occitan*, Paris, 1991, p. 131-254 [*10-18*].

→ Brunel, n° 62. — M. Roques, dans *Romania*, t. 66 (1940-1941), p. 433-480 ; t. 69 (1946-1947), p. 330-361 ; *Poèmes épiques provençaux du* XIVe *siècle*, dans *HLF*, t. 39 (1962), p. 151-168. — R. Lejeune, *Une allusion méconnue à une « Chanson de Roland »*, dans *Romania*, t. 75 (1954), p. 145-164 ; repris dans *Marche romane*, hors série, 1979, p. 15-28. — M. de Riquer, *La antigüedad del « Ronsasvals » provenzal*, dans *Coloquios de Roncesvalles*, Saragosse, 1956, p. 245-251 ; repris dans *La leyenda del Graal y temas épicos medievales*, Madrid, 1968, p. 189-199 [date le poème du XIIe siècle] ; *La fecha del « Ronsasvals » y del « Rollan a Saragossa » según el armamento*, dans *Boletín de la Real Academia española*, t. 49 (1969), p. 211-251. — J. Subrenat, *Aude et Iseut devant la mort*, dans *Mél. C. Rostaing*, Liège, 1974, t. 2, p. 1049-1057. — A. Pézard, *La mort de Roland dans « Ronsasvals »*, dans *Romania*, t. 97 (1976), p. 145-194 [analyse du passage essentiel v. 1373-1423]. — R.A. Taylor, *La littérature occitane du Moyen Âge*, Toronto, 1977, n°s 628-631. — E. Schulze-Busacker, *La complainte des morts dans la littérature occitane*, dans *Le sentiment de la mort au Moyen Âge*, Montréal, 1979, p. 229-248 ; *Réminiscences lyriques dans l'épopée occitane de « Ronsasvals »*, dans *Actes du 8e congrès international de la Société Rencesvals*, Paris, 1978, p. 707-718 ; *Particularités des éléments religieux dans « Ronsasvals »*, dans *Mél. J. Horrent*, Liège, 1980, p. 397-407. — M. Bensi, *Ancora sul « Ronsasvals »*, dans *Actes du 8e Congrès de la Société Rencesvals*, Pampelune, 1981, p. 49-55. — J. Horrent, **Galans à Ronçasvals. Nouvel examen...*, dans *Romania*, t. 102 (1981), p. 18-45 [*Ronsasvals* est dépendant de la *Chanson d'Antioche*]. — C. Segre, *Il sogno di Alda tra chanson de geste, chanson de femme e romance*, dans *Medioevo Romanzo*, t. 8 (1983), p. 3-9. — H.-E. Keller, *Propos sur la structure de Ronsasvals*, dans *Mél. M. de Riquer*, Barcelone, 1986, t. 2, p. 567-577. — G. Mermier, *Roncevaux-« Ronsasvals » : More about the Originality of the Old Provençal Poem within the Tradition of the « Song of Roland »*, dans *Mél. P. Remy*, Kalamazoo, 1986, t. 2, p. 153-168. — E. Schulze-Busacker, *La datation de « Ronsasvals »*, dans *Romania*, t. 110 (1989), à paraître en 1992.

J.H.

Roscelin. Né vers 1050. Chanoine à Compiègne où il enseigne, et ensuite à Tours, à Loches, à Besançon. Il meurt vers 1120. Moins mal connu que d'autres maîtres du XIe siècle, il ne l'est pourtant que de seconde main, pour l'essentiel de ses doctrines, et généralement par le témoignage d'adversaires : tels saint Anselme de Cantorbéry*, et Pierre Abélard* — qui, après avoir été son élève à Loches, abandonna sa théorie de l'universel et critiqua sa théologie. Sur le premier de ces points, Roscelin soutient la *sententia vocum* : genres, espèces, ne sont nullement des choses, mais des sons articulés (*voces*), des émissions de voix (*flatus vocis*) ; seuls sont des choses les individus existant concrètement : cet homme que voici, ou le mot « homme » que je prononce ; non point l'espèce « homme ». Même les parties d'un tout n'ont pas d'existence, à proprement parler ; et un tout dont on retranche une partie change de nature et de nom. Il semble d'après tout cela que l'ontologie implicite de Roscelin ait pour foyer, au moins virtuel, l'idée que l'individu, comme réalité indécomposable, est seul réel. Sa théologie de la Trinité paraît cohérente avec sa philosophie, Père, Fils, Esprit, doivent être considérés comme trois substances, qu'identifient leur pouvoir et leur vouloir ; à les décrire comme une seule, on serait conduit à admettre que l'incarnation a été le fait des trois Personnes. Roscelin fut accusé, au concile de Soissons (1092), d'enseigner qu'il y avait trois dieux ; il est probable que sa doctrine n'allait pas si loin, qu'elle n'innovait que par rapport à la tradition latine et, peut-on présumer, selon une conception du sens des mots qu'on ne peut suffisamment reconstruire dans l'état actuel des documents. Pour saint Anselme, celui qui ne comprend pas que « plusieurs hommes en sont un seul dans l'espèce » ne peut comprendre que les trois Personnes divines sont un seul Dieu (ce qui postule une entière solidarité entre l'orthodoxie et le réalisme). De l'autre côté, Abélard s'efforcera de montrer, contre les « dialecticiens, ou plutôt pseudo-dialecticiens », que la formulation traditionnelle du dogme de la Trinité peut se développer en des jugements logiquement valides. A propos des querelles entre le maître et son ancien disciple, notons l'existence d'une lettre de Roscelin à Abélard qui nous est parvenue ; l'auteur y défend savamment sa théologie trinitaire, et s'y livre à des attaques personnelles très vives contre Abélard, critiquant ses mœurs et moquant sa castration ; sur ce dernier point, il fait servir à sa satire la grammaire et la logique du langage (sens du genre masculin, signification des noms...) ; c'est un texte assez curieux pour qu'on le signale.

→ Études et textes : J. Reiners. *Der Nominalismus in der Frühscholastik*, Münster, 1910, 25-41 (*Beiträge zur Geschichte der Philosophie des Mittelalters*, VIII, 5). — F. Picavet, *Roscelin philosophe et théologien d'après la légende et d'après l'histoire...*, Paris, 1911. J.J.

Rosier des guerres. Miroir des princes destiné à l'éducation du dauphin, le futur Charles VIII. L'œuvre, anonyme, a été attribuée soit à Louis XI, soit à son médecin et astrologue Pierre Choisnet*. A. Stegmann, qui se propose de publier une étude détaillée du texte, a repris la thèse soutenue par C. Samaran pour qui le *Rosier* a été rédigé par Pierre Choisnet sous la dictée royale, dans les années 1481-1482, donc à la fin du règne de Louis XI. Ce serait le testament politique du roi. L'ouvrage s'accompagne d'une chronique abrégée qui va des origines troyennes à 1470. Le *Rosier* proprement dit comprend huit chapitres : il s'ouvre par un éloge de la raison, de l'expérience et de l'histoire ; viennent ensuite des généralités sur la nature humaine, puis une définition de la fonction royale et de sa mission. Les chapitres suivants traitent de la justice, du bien commun, du rôle et du choix des chevaliers, de la conduite de l'armée, des préparatifs de bataille. L'œuvre se termine par vingt maximes sur les devoirs du prince.

ŒUVRE. — *Le Rosier des guerres, enseignements de Louis XI roy de France pour le dauphin son fils, transcription du manuscrit*, par M. Diamant-Berger, Paris, 1930.

→ C. Samaran, *Pierre Choisnet. Le « Rosier des guerres » et le « Livre des trois eages »*, dans *BEC*, t. 87 (1926), p. 372-379. — A. Stegmann, *Le Rosier des guerres : testament politique de Louis XI*, dans *La France de la fin du XVe siècle. Colloque..., Tours, 1983*, Paris, 1985, p. 313-323. — Molinier, n° 4665. — *MB* nos 5603-5607 ; *S* 7620-7622. G.T.L.

Rustican. Nom donné à la traduction française anonyme des *Ruralium commodorum libri XII* de Pierre de Crescens*. Exécutée en 1373, sur l'ordre du roi Charles V, cette traduction porte souvent le titre de *Livre des Proffits champestres et ruraulx*. L'exemplaire de dédicace à Charles V, s'il a jamais existé, est aujourd'hui perdu, mais la traduction est conservée dans 15 mss : neuf d'apparat, dont le plus célèbre a appartenu à Antoine, Grand Bâtard de Bourgogne (Paris, Bibl. de l'Arsenal, 5064), et six de travail, dont le plus important pour la tradition manuscrite est Bruxelles, Bibl. royale, 10227. La première édition imprimée est celle d'Antoine Vérard (Paris, 1486) : elle fournit, ainsi qu'un autre incunable, un bon texte ; en revanche, les nombreuses éditons du XVIe siècle (11 éditions entre 1500 et 1540) rivalisent d'erreurs. Il paraît impossible d'attribuer à Jean Corbechon*, comme on a parfois été tenté de le faire, cette traduction à la maladresse ingénue et lourde : le traducteur semble être un religieux, originaire de la France du Nord, que les italianismes de Pierre de Crescens ont beaucoup gêné, mais qui a poussé le souci de son information au point de se procurer au moins deux exemplaires du texte latin. Les remanieurs de cette traduction française n'ont plus eu recours au texte latin : une fois établie, la traduction a été considérée comme un texte original. Hormis quelques contresens, cette traduction n'ajoute rien aux *Ruralium commodorum libri XII* et ne peut faire connaître l'agriculture française en face de l'italienne. Si son principal intérêt est d'ordre lexicologique, le *Livre des Proffits champestres et ruraulx* permet aussi de saisir assez bien les méthodes de travail des scribes de la fin du Moyen Âge et des premiers imprimeurs.

Une seconde traduction fut établie par le frère Nicole, du couvent des dominicains de Dijon, en 1413. Son seul témoin manuscrit (Dijon, Bibl. mun., 453) étant incomplet de plus de la moitié, il n'est pas possible de savoir si cette traduction était intégrale à l'origine.

ŒUVRE. — H. Naïs, *Introduction au Rustican*, thèse dactyl., Paris, 1960.

→ H. Naïs, *Le Rustican, Notes sur la traduction française du Traité d'Agriculture de Pierre de Crescens*, dans *BHR*, t. 19 (1957), p. 103-132 ; *Sur un manuscrit du Rustican, note complémentaire, ibid.*, t. 20 (1958), p. 556-559. — Cf. *GRLMA*, t. VIII/1, p. 306-307. — *MB* nos 5528-5529, 5964, 8007-8008. H.N. et F.F.H.

Rusticien de Pise. Auteur, entre 1272 et 1298, d'une compilation en prose d'aventures arthuriennes, pour laquelle il s'inspira essentiellement de *Guiron le Courtois** et du *Tristan en prose**. Il déclare dans le préambule avoir « translaté » son roman d'un livre que lui aurait donné le roi Edouard d'Angleterre (parti pour la croisade de 1270, devenu roi en 1272 et rentré dans son royaume en 1274). La tradition manuscrite du texte est très complexe. La caractéristique d'une famille de manuscrits est l'interpolation centrale d'une partie plus ou moins longue du *Guiron le Courtois*, ce qui a pu entraîner, postérieurement, dans les premières éditions, une confusion entre ce dernier et la *Compilation*. Par ailleurs, on constate que plusieurs aventures du texte de Rusticien sont données aussi par des manuscrits du *Tristan en prose*, sans qu'on puisse toujours distinguer avec certitude où est la source et où est l'imitation. Selon E. Löseth, on ne sait pas toujours déterminer la part réelle qui revient à Rusticien. En tout cas, une étude plus approfondie de la *Compilation* reste à faire.

Ses emprunts à *Guiron le Courtois* lui servent à faire entrer le héros dans la famille des Bruns, tous originaires du Val Brun. Cette tentative d'écrire l'histoire d'un lignage demeure inachevée. Le *Tristan en prose* sert de point de départ à une série d'aventures diverses.

L'épisode de Branor le Brun a été l'objet de plusieurs traductions en italien. Il est la source d'un poème grec de la fin du XIIIe siècle.

Rusticien serait aussi le prisonnier à qui le Vénitien Marco Polo* dicta le récit de ses voyages, à Gênes, en 1298.

ŒUVRE. — Voir les éd. de *Guiron le Courtois*, du *Tristan en prose* et du *Lancelot-Graal*.

→ Outre la bibliogr. concernant les trois œuvres citées *supra* : Guingené, dans *HLF*, t. 15 (1869), p. 497-500. — E. Löseth, *Le Roman en prose de Tristan, le Roman de Palamède et la Compilation de Rusticien de Pise d'après les mss de Paris*, Paris, 1890 (*Bibl. de l'EPHE*, 82). — A.A. Michelli, *Chi fu e che cosa fece Rusticiano di Pisa ?*, dans *Atti della reale Acad. di Napoli*, t. 84 (1924-1925), p. 321-337. — E.G. Gardner, *The Arthurian Legend in Italian Literature*, Londres, 1930. — F. Bogdanow, *A New Ms. of the Enfances Guiron and Rusticien de Pise's Roman du roi Artus*, dans *Romania*, t. 88 (1967), p. 323-349. — P. Gathercole, *Illuminations on the Mss of Rusticien de Pise*, dans *Italica*, t. 44 (1967), p. 400-408. — R. Lathuillère, *Le ms. de Guiron le Courtois de la Bibl. Martin Bodmer à Genève*, dans *Mél. J. Frappier*, t. 2, Genève, 1970, p. 567-574. — M.J. Baker, *France's First Sentimental Novel and Novels of Chivalry*, dans *BHR*, t. 36 (1974), p. 33-45. — Cf. Woledge, nos 110 et 152. — *GRLMA*, t. IV/2, no 444 ; t. IV/1, p. 601, 611, 612, 623, 672. — *MB* nos 1673, 1678 ; *S* 3192, 3193, 3195, 8089, 8092.

C.R.

Rutebeuf. Auteur, mort vers 1285, de quelque 56 poèmes d'importance capitale pour l'histoire littéraire et politique du XIIIe siècle. Ce recueil d'environ 14 000 vers comprend des parodies de plaintes personnelles, des polémiques acérées contre les ordres mendiants, des plaidoyers ardents en faveur des maîtres séculiers de la faculté de théologie à Paris, des exhortations peu convaincantes à prendre la croix, des pièces à rire (dont cinq fabliaux), des narrations religieuses. On peut hésiter à donner tel ou tel poème comme le chef-d'œuvre de Rutebeuf, mais à titre d'exemple signalons quelques ouvrages de mérite : *Complainte de Guillaume de Saint-Amour* (maître régent de la faculté de théologie), *Nouvelle Complainte d'outre-mer, Miracle de Théophile, Mariage Rutebeuf, Dit de l'herberie.*

De la vie de Rutebeuf, rien n'est connu que d'après les témoignages peu instructifs de ses propres écrits. Il n'est même pas prouvé que *Rutebeuf* soit rien de plus qu'un nom de guerre. Son influence sur des écrivains contemporains et postérieurs a dû être minime : au Moyen Âge en tout cas, il n'est jamais fait mention de lui, même dans l'abrégé de sa *Marie l'Égyptienne* dans *Renart le Contrefait**. Il ne faut faire confiance à ses lamentations dites personnelles ni quant à sa biographie ni quant à sa manière de vivre : ce sont plutôt des traits qui rappellent les protestations humoristiques d'un Colin Muset*, d'un Adam de La Halle* (voir le *Jeu de la feuillée*), d'un François Villon* et même d'un Montaigne : *caveat lector*. Que Rutebeuf ait connu la pauvreté, c'est ce qu'il n'est pas permis de tenir pour assuré ; qu'il ait profité de relations avec des personnages importants, c'est ce qui est établi surtout par les poèmes concernant les Croisades et l'Université. Ses poèmes relatifs à la querelle universitaire utilisent des arguments développés par son ami Guillaume de Saint-Amour*. Ses poèmes sur la croisade le montrent familier des thèmes et de la rhétorique en usage dans les sermons sur ce sujet. Sa connaissance de l'Écriture sainte et de la liturgie apparaît en plusieurs endroits de son œuvre, et révèle une formation de clerc.

Il est fort possible que Rutebeuf fût

d'origine champenoise, mais c'est surtout à Paris qu'il fit carrière, peut-être à l'Université même. Pourtant, grâce à une belle découverte d'Edmond Faral à propos du *Dit des Cordeliers*, on sait qu'en 1249 le poète se trouvait à Troyes. Rappelons aussi que Rutebeuf a composé des vers ayant trait au comte Thibaut V et à d'autres chefs champenois. Tandis que la langue de ses poèmes est en général celle de la région parisienne, elle accuse çà et là de menues particularités qui font penser à l'Est (ou bien ne doit-on y reconnaître que des licences poétiques ou même de simples faits d'imitation ?). Mais, comme sa période champenoise (s'il y en a une) n'est que secondaire dans les activités de Rutebeuf, seules ses productions parisiennes restent à commenter ici.

Le principe foncier qui semble animer tous les poèmes sérieux de Rutebeuf est dû à un ferme conservatisme imprégné de la nostalgie des usages d'autrefois. En s'opposant aux empiètements des frères prêcheurs sur les dirigeants de l'Université de Paris, le poète se fait par là le défenseur du *statu qûo*. Tout en tenant compte des déchéances qui, au XIIIe siècle, réduisaient les croisades à l'état d'un vain simulacre, Rutebeuf aurait préféré pouvoir se raccrocher aux nobles promesses des premières expéditions en Terre sainte. En fustigeant les abus auxquels se livraient bien des ecclésiastiques, il fait toujours montre d'une piété traditionnelle et fervente. Dans la partie la moins originale de son œuvre (fabliaux, vies de saintes), Rutebeuf s'en tient docilement aux habitudes littéraires de ses prédécesseurs.

Malgré bon nombre de problèmes textuels qui restent à éclaircir, les critiques modernes s'accordent en général sur l'interprétation des écrits de Rutebeuf, exception faite des éléments autobiographiques et de la prédication de la croisade. Il y a eu trop tendance à prendre les poèmes personnels au pied de la lettre et, en ce qui concerne la Palestine, à affubler Rutebeuf d'un quichottisme excessif. Bien qu'on ne puisse affirmer que la façon dont il prêche parfois la croisade dérive d'une conviction authentique, on hésite par contre à affirmer que ses appels ont été écrits uniquement sur commande. Par exemple, sur les 540 vers des deux *Complaintes d'outre-mer*, le poète en consacre presque cinq cents à des vices politiques et sociaux, alors qu'il est censé prôner la guerre contre l'Infidèle. Si pour la forme, Rutebeuf fait par moments l'éloge de Louis IX, il exhale son mépris pour lui à maintes reprises, surtout dans *Les Ordres de Paris, Renart le Bestorné* (poème violent et énigmatique qui aura eu pour but de condamner d'avance la croisade de 1270) et le *Dit de Guillaume de Saint-Amour* (où Saint Louis se serait prêté au cynisme du pire mensonge). À tout prendre, il est permis de s'imaginer que Rutebeuf dénigrait les expéditions outre-mer du XIIIe siècle finissant, dans la mesure même où il exécrait les frères prêcheurs.

L'œuvre d'un poète aux talents aussi variés justifie une conclusion mêlée : convenons d'abord qu'il était versificateur peu exceptionnel, imitateur trop servile de modèles médiocres, amateur de jeux de mots puérils, publiciste-pamphlétaire privé de tout successeur voulant se réclamer de ses idées. Pour l'appréciation des mérites de Rutebeuf, rien n'égale les belles pages que, dès 1894, lui a consacrées G. Lanson : « Individualité fortement caractérisée, qui se retrouve dans les ouvrages les plus divers... Ouvrier avisé qui s'est fait un art, des procédés... Témoin qui dépose sans crainte et sans flatterie... Mordantes épigrammes... L'ampleur, le mouvement, la vigueur de sa poésie... poésie intime, attendrie et souriante à la fois, dont la simplicité touche puissamment ». E.B.H.

Le *Miracle de Théophile*, conservé dans un manuscrit unique, fut composé vers 1260. Il contient 663 vers et huit personnages (Théophile, Salatins, Li Deables, Li Evesques, Pinceguerre, Pierre et Thomas, compagnons de Théophile, Nostre Dame). Rutebeuf a puisé ses sources dans les légendes de Théophile donnant son âme au diable et sauvé par la Vierge, composées par Paul Diacre* et Gautier de Coinci*, mais il a composé un Miracle par personnages — premier exemple du genre au XIIIe siècle —, dans lequel on retrouve son génie poétique ; d'où le succès de la pièce. La versification est relativement complexe (vers de huit syllabes mais aussi de six et douze syllabes). E.L.

ŒUVRES. — I. *Œuvres complètes* : E. Faral et J. Bastin, 2 vol., Paris, 1959-1960 (*Fondation Singer-Polignac*) [œuvres classées par thèmes d'inspiration]. — Éd. et trad. M. Zink, 2 vol., Paris, 1989-1990 (*Classiques Garnier*) [œuvres classées par ordre chronologique]. — II. *Éditions partielles* : H. Lucas, *Les poésies personnelles de Rutebeuf...*, Paris, 1938 ; *Rutebeuf, Poèmes concernant l'Université de Paris*, Manchester, 1952. — J. Bastin et E. Faral, *Onze poèmes de Rutebeuf concernant la croisade*, Paris, 1946 (*Doc. relatifs à l'histoire des croisades publ. par l'Acad. des Inscriptions*, 1). — A. Henry, *Chrestomathie de la littérature en ancien français*, 4e éd., Berne, 1967. — *Fabliaux* : éd. A. Limentani, Venise, 1976 [éd. et trad. en italien]. — *Miracle de Théophile* : éd. G. Frank, Paris, 2e éd., 1949 (*CFMA*, 49). — *Renart le Bestorné* : éd. E.B. Ham, Ann Arbor, 1947 (*The Univ. of Michigan. Contrib. in Mod. Philol.*, 9). — *Vie de sainte Marie l'Égyptienne*, Ann Arbor, 1949 (*ibid.*, 10). — III. *Traductions* : R. Dubuis, *Le Miracle de Théophile*, Paris, 1987 [avec texte original]. — J. Dufournet, *Poésies traduites en français moderne*, Paris, 1977 (*CFMA Trad.*, 25) ; *Poèmes de l'infortune et poèmes de la croisade*, Paris, 1979 (*ibid.*, 28) ; *Poèmes de l'infortune et autres poèmes*, Paris, 1986 (*Folio*) [donnés avec le texte de l'éd. Faral-Bastin] ; *Miracle de Théophile*, Paris, 1987 [avec texte original]. — R. Guiette, *Le Mariage Rutebeuf*, Paris, 1950. — A. Limentani, *I Fabliaux*, Venise, 1976 [trad. italienne avec texte de l'éd. Faral-Bastin].

→ L. Clédat, *Rutebeuf*, Paris, 4e éd. 1934. — E.B. Ham, *Rutebeuf and the Tunis Crusade*, dans *Romance Philology*, t. 9 (1955-1956), p. 133-138. — L.G. Pesce, *Le portrait de Rutebeuf. Sa personnalité morale*, dans *Revue de l'Univ. d'Ottawa*, t. 28 (1958), p. 55-118. — E.B. Ham, *Rutebeuf, Pauper and Polemist*, dans *Romance Philology*, t. 11 (1957-1958), p. 226-239 ; *Rutebeuf and Louis IX*, Chapel Hill, 1962. — M. Delbouille, *En relisant Rutebeuf*, dans *Marche Romane*, t. 10 (1960), p. 147-158. — A. Henry, *Rutebeuf et Troyes en Champagne*, dans *TraLiLi*, t. 2 (1964), p. 205-206 ; repris dans *Automne. Études de philologie, de linguistique et de stylistique*, Paris-Gembloux, 1977, p. 105-107. — P. Keins, *Politische Satire und « poésie personnelle » bei Rutebeuf*, dans *ZFSL*, t. 74 (1964), p. 241-262. — J.-V. Alter, *Les origines de la satire anti-bourgeoise en France*, Genève, 1966. — A. Serper, *Le roi Louis et le poète Rutebeuf*, dans *Romance Notes*, t. 9 (1967), p. 134-140 ; *Rutebeuf, poète satirique*, Paris, 1969. — O. Jodogne, *L'anticléricalisme de Rutebeuf*, dans *Les Lettres romanes*, t. 23 (1969), p. 219-244. — N.F. Freeman, *Poetic Patterns in Rutebeuf : a Study in non-Courtly Poetic Modes of the Thirteenth Century*, New Haven-Londres, 1970 (*Yale Romanic Studies*, 21). — C. Camproux, *Cardenal et Rutebeuf, poètes satiriques*, dans *RLR*, t. 79 (1971), p. 3-28. — M.-M. Dufeil, *Guillaume de Saint-Amour et la polémique universitaire parisienne, 1250-1259*, Paris, 1972. — A. Serper, *La manière satirique de Rutebeuf : le ton et le style*, Naples, 1972 (*Romanica neapolitana*, 7). — J. Frappier, *Rutebeuf, poète du jeu, du guignon et de la misère*, dans *Du Moyen Âge à la Renaissance. Études d'histoire et de critique littéraire*, Paris, 1976, p. 123-132. — C. Lee, A. Riccadonna, A. Limentani et A. Miotto, *Prospettive sui fabliaux. Contesto, sistema, realizzazioni*, Padoue, 1976. — J. Dufournet, *Rutebeuf et le Roman de Renart*, dans *L'Information littéraire*, n° 1 (1978), p. 7-15 ; *À la recherche de Rutebeuf. Un sobriquet ambigu. Rutebeuf et la poésie de l'eau*, dans *Mél. C. Foulon*, t. 1, Rennes, 1980, p. 105-114. — M.-M. Dufeil, *L'œuvre d'une vie rythmée : chronographie de Rutebeuf*, dans *Musique, littérature et société au Moyen Âge, Actes du Colloque (Amiens, mars 1980)*, Paris, 1981, p. 279-294 ; *La repentance Rutebeuf ou le mot de la fin*, dans *Mél. J. Stiennon*, Liège, 1982, p. 175-187 ; *Deux poètes du Moyen Âge en face de la mort, Rutebeuf et Villon*, dans *Dies Illa. Death in the Middle Ages*, Manchester-Liverpool, 1984, p. 155-175 ; *Rutebeuf et les moines mendiants*, dans *Neuphilologische Mitteilungen*, t. 85 (1984), p. 152-168. — P. Rousset, *Histoire d'une idéologie : la croisade*, Lausanne, 1983 (*Cheminements des pratiques des sciences de l'homme*). — J. Dufournet et F. de La Bretèque, *L'univers poétique et moral de Rutebeuf*, dans *RLR*, t. 88 (1984), p. 39-78. — J. Dufournet, *Rutebeuf et la Vierge*, dans *Bien dire et bien aprandre*, t. 5 (1987), p. 7-25. — M. Zink, *La subjectivité littéraire. Autour du siècle de saint Louis*, Paris, 1985. — P.R. Szittya, *The Antifraternal Tradition in Medieval Literature*, Princeton, 1986. — J.-P. Bordier, *L'Antéchrist au Quartier latin selon Rutebeuf*, dans *Milieux universitaires et mentalité urbaine au Moyen Âge, Colloque, Paris, 1987*, Paris, 1987 (*Cultures et civilisations médiévales*, 6). — R. Spencer, *Sin and Retribution, and the Hope of Salvation, in Rutebeuf's Lyrical Works*, dans *Mél. K. Varty*, Cambridge, 1987, p. 149-164. — M. Zink, *Bonheurs de l'inconséquence dans le texte de Rutebeuf*, dans *L'Esprit créateur*, t. 27 (1987), p. 79-89. — D.A. Trotter, *Medieval French Literature and the Crusades (1100-1300)*, Genève, 1988 (*Histoire des idées et crit. litt.*, 256). — *Miracle de Théophile* : — J. Reed, *Le Miracle de Théophile de Rutebeuf*, dans *Bull. des jeunes romanistes*, t. 11-12 (1965), p. 34-55. — G. Gabel, *Le Miracle de Théophile, ein Wortindex*, Berlin, 1973. — G. Dahan, *Salatin, du Miracle de Théophile de Rutebeuf*, dans *Le Moyen Âge*, t. 83 (1977), p. 445-468. — S. Gompertz, *Du dialogue perdu au dialogue retrouvé. Salvation et détour dans le Miracle de Théophile de Rutebeuf*, dans *Romania*, t. 100 (1979), p. 519-528. — J. Dufournet, *Rutebeuf et le Miracle de Théophile*, dans *Mél. A. Planche*, Nice, 1984, p. 185-197. — D. Lalande, *De la « chartre » de Théophile à la « lettre commune » de Satan. Le Miracle de Théophile de Rutebeuf*, dans *Romania*, t. 108 (1987), p. 548-558. — J. Ribard, *Rutebeuf et Théophile : du jeu métaphorique au jeu métaphy-*

sique, dans *Bien dire et bien aprandre*, t. 5 (1987), p. 89-100. — R. Dubuis, *Le jeu narratif dans le Miracle de Théophile de Rutebeuf*, dans *Mél. J.-C. Payen*, Caen, 1989, p. 151-160. — Cf. *GRLMA*, t. VI, nos 5512 ; 776, p. 14 ; 4608, p. 67, 222, 302 ; 6284 (n° 13) ; 6284 (n° 41) ; 5652, p. 293, 302 ; 6254 ; 867, p. 7, 15 ; 6284 (n° 20), p. 211, 277, 302 ; 6256, p. 167, 302 ; 6284 (n° 19) ; 5656, p. 293 ; 5516 ; 5512, p. 252, 289 ; 5516, p. 289 ; 7220, p. 255 ; 6260, p. 302 ; 5656, p. 277, 298 ; 6284 (n° 37), p. 253 ; 6264, p. 302 ; 7224 ; 6268, p. 253 ; 1133, p. 20 ; 5656 ; 6284 (n° 7) ; 6272 ; 7228, p. 167, 253, 256 ; 7348, p. 256 ; 6284 (n° 10), p. 302 ; 5516 ; 6284 (n° 40) ; 5656 ; 6276 ; 6284 (n° 38) ; 6280, p. 302 ; 7352, p. 256 ; 5656, p. 302 ; 6284 (n° 39) ; 6284 (n° 6), p. 302 ; 7004 ; 7272 ; 6284 (n° 34), p. 257, 313 ; 996, p. 19 ; 6284 (n° 18), p. 256, 294 ; 5656 ; 6284 (n° 14). — *MB*, nos 2392-2394, 2415-2430 *bis*, 3413, 3433, 3922-3928, 6493-6497, 6604, 6641, 6652, 6750-6753, 7669-7674 ; *S* 4225, 4509 *bis*, 4538-4583, 4665, 4829, 4948, 5083, 5699, 5830, 5854, 5878, 5984, 6252, 6255, 6257, 6260-6262, 6308, 6364-6371, 6379, 7132 *bis*.

Voir aussi : *Dit, Fabliaux, Sainte Élisabeth de Hongrie, Sainte Marie l'Égyptienne, Voie de Paradis.* E.B.H.

S

Sacrifice d'Abraham. Isaac étant un des personnages de l'Ancien Testament qui préfigurent le Christ, le sacrifice d'Abraham fut souvent représenté sous forme de mystère. On signale des représentations à Chartres (5 juin 1507), Laval (1507), Caen (cf. Bourgueville), Metz (1520), Auriol (Bouches-du-Rhône, 1527), Dijon (1532), la Cadière près de Toulon (1534), à l'hôtel de Flandre par les Confrères parisiens de la Passion, devant le roi (26 mai 1539), à Lyon (1539), à Barjols (1550), à Rumilly en Savoie (1550), à Saint-Jean-de-Maurienne (1562), à Correns près de Brignoles (1576), à Signes près de Toulon (1600).

Le plus souvent, le texte était tiré du *Mystère du Vieil Testament**, qui fut imprimé trois fois entre 1500 et 1542. Entre 1500 et 1540, il y eut quatre éditions séparées de la partie qui concerne le sacrifice d'Abraham. Le texte imprimé en 1539 est celui que les Confrères venaient de jouer ; le réviseur avait fait des suppressions et de copieuses additions.

Théodore de Bèze, dans son *Abraham Sacrifiant* (1550), et le curé belge Jean Rosier (*Poèmes françois*, 1616) se sont inspirés de ce mystère.

Un mystère manuscrit de l'*Immolation d'Abraham* (1532) faisait partie de la collection Soleinne.

ŒUVRE. — *Le mistere du Viel Testament*, éd. J. de Rothschild, Paris, (*SATF*), t. 1, 1878, p. XXVIII-XXX ; t. 2, 1879, p. I-VIII, 1-79 et Add. ; t. 6, 1891, p. 238-246 et 262-264. — Éd. B. Craig, *The Evolution of a Mystery Play. A Critical Edition of « Le Sacrifice d'Abraham » of « Le Mistere du Viel Testament »*. Orlando, 1983.

→ L. Petit de Julleville, *Les Mystères*, Paris, 1880, t. 2, p. 363-368. — R. Lebègue, *La tragédie religieuse*, Paris, 1929, p. 31-32, 301-308. — N.C. Brooks, *Notes on Performances of French Mystery Plays*, dans *Modern Language Notes*, t. 39 (1934), p. 276-279. — E. Droz, *Le recueil Trepperel*, Paris, 1935, p. XV-XVII. — B. Craig, *The Moralité du Sacrifice d'Abraham of the Recueil Trepperel : An Assessment of its Literary Importance*, dans *Mél. J. Misrahi*, Columbia, 1977, p. 265-283 ; *Prefiguration and Literary Creativity in the Sacrifice d'Abraham of the Mistere du Viel Testament*, dans *Mél. J.D. Powell et R. Hodgins*, Philadelphie, 1977, p. 183-198. — Cf. *MB* n°s 5774-5775, 5850 ; *S* 8208.

Ra.L.

Sacristine. Miracle de Notre-Dame : une nonne, sacristine de son couvent et particulièrement dévote à la Vierge, s'enfuit et va vivre au siècle. Lorsque, repentante, elle rentrera dans son monastère, elle apprendra que Notre-Dame l'a suppléée et que nul ne s'est aperçu de son absence. Le thème a été traité de diverses manières, en latin, en français et en d'autres langues, tant en vers qu'en prose : on le relève dans plus de 50 textes. Césaire d'Heisterbach († 1240) semble avoir été le premier à noter cette légende. On en connaît des versions narratives et dramatiques.

Pour l'ancien français, on note un conte de la *Vie des Pères** ; deux versions anonymes en octosyllabes du XIIIe siècle, l'une de 276 vers (éd. R. Guiette) et l'autre de 406 vers (éd. G. Gröber) ; un miracle de la fin du XIIIe ou du début du XIVe siècle écrit par un dominicain du couvent des Jacobins de Soissons et une œuvre de forme théâtrale, un miracle à 16 personnages du XVe siècle. Le thème apparaît également dans les *Miracles de Notre Dame* de Gautier de Coinci*, dans ceux de Jean Miélot* vers 1456, et, de façon presque identique, dans la *Fleur des Histoires* de Jean Mansel*. La légende a pour but de faire voir la miséricorde de la Vierge à l'égard de ses dévots, et de rendre l'espoir aux pécheurs. Elle a été localisée, tour à tour, à Parc-les-Dames, à l'Olive, à Vienne, à Fontevrault, Cambrai, Cologne, Gräfrath, etc. Dans maint texte, l'héroïne porte le nom de Beatrix.

ŒUVRES. — Éd. D.M. Méon, dans *Nouveau recueil de fabliaux et contes inédits*, Paris, 1823, t. 2, p. 154-172 [*Vie des Pères*]. — H.

Kjellmann, *Le miracle de la Sacristine*, dans *Mél. J. Melander*, Uppsala, 1943, [éd. trois versions en vers]. — *D'une nonain ki issi de son abbeïe*, éd. R. Guiette, dans *Romanica Gandensia*, t. 1 (1953), p. 7-22 [en octosyllabes]. — Éd. G. Paris et U. Robert, dans *Miracles de Notre Dame par personnages*, Paris, 1876, t. 1, p. 311-351 (*SATF*, 4) [miracle à 16 personnages]. — *Two Miracles. La nonne qui laissa son abbaie and Saint Valentin*, éd. N. Wilkins, Édimbourg, 1972 [miracle à 16 personnages]. — *Ein Marienmirakel*, éd. G. Gröber, dans *Mél. W. Foerster*, Halle, 1902, p. 421-442 [en octosyllabes].

→ E. Schwann, *La vie des anciens Pères*, dans *Romania*, t. 13 (1884), p. 223-263. — R. Guiette, *La légende de la sacristine*, Paris, 1927 ; *Forme et senefiance*, Genève, 1978 (*Publ. romanes et françaises*, 148) [recueil d'art. de R.G. dont plusieurs concernent la *Sacristine*]. — Cf. *MB* n° 3184. R.Gu. et A.F.L.L.

Saint Adrien (Mystère de). Drame de 9 587 vers à 89 personnages, dont le manuscrit unique (Chantilly 620, 1603) a été achevé le 1er juin 1485. C'est l'histoire du martyre de Nicomédie (303) développée comme un mystère évangélique.

Au début de la pièce, le roi des Parthes, inspiré par l'Enfer, organise une coalition contre Rome. L'empereur réunit ses alliés parmi lesquels Adrien, gouverneur de Nicomédie. Avant le départ de celui-ci, sa femme Nathalie lui déclare qu'elle est chrétienne. Les Romains sont victorieux et l'empereur Maximien se rend à Nicomédie, confère le titre de sénéchal à Adrien et, endoctriné par Satan, proclame la persécution des chrétiens. Quatre d'entre eux sont arrêtés ; Adrien, lors d'une visite qu'il leur fait, se convertit, car sa femme n'avait cessé de prier à cette intention. Adrien renonce à revenir au culte des dieux ; il est emprisonné et sa femme vient l'encourager à persévérer dans sa nouvelle foi. Après de nombreux supplices, il expire et son corps est transporté secrètement à Constantinople. Nathalie, sa veuve, apprend que le juge de Nicomédie veut l'épouser ; elle s'enfuit à Constantinople, où elle meurt après avoir revu le corps de son mari et après avoir ressoudé miraculeusement au bras du martyr la main qu'elle avait gardée. L'action des hommes est dirigée par des puissances supérieures : celle des démons qui s'acharnent contre les chrétiens, celle du Paradis qui soutient ses fidèles dans leur résistance et leur évite souvent les pièges que leur tendent les païens.

Parmi les personnages se trouve le rôle d'un *Rusticus*, dont les répliques sont restées en blanc. La langue du texte avait laissé croire à E. Picot que l'œuvre provenait de Grammont (Belgique, Flandre orientale), où l'on connaissait un pèlerinage célèbre à saint Adrien. H. Lingqvist et H. Châtelain ont démontré que la pièce était originaire plus probablement de l'Est, de Bourgogne très vraisemblablement.

La pièce comprend de nombreuses variétés métriques, entre autres le petit vers de quatre syllabes. Un mystère de saint Adrien fut joué à Forcalquier en 1474.

ŒUVRE. — E. Picot, *Le livre et mystère du glorieux seigneur et martir saint Adrien*, Mâcon, 1895 [compte rendu A. Tobler, dans *ZRPh*, t. 20 (1896) p.408-412].

→ L. Petit de Julleville, *Les mystères*, Paris, 1880, t. 2, p. 466-467. — H. Lingqvist, *Étude sur la langue du Mistere de saint Adrien*, Lünd, 1909. — H. Châtelain, *Recherches sur le vers français au XVe siècle*, Paris, 1908 [localisation de l'œuvre par la langue, p. 7, 16, 77-8, 232] ; *Notes sur le Mistere de saint Adrien*, dans *Romania*, t. 42 (1913), p. 264-268. — Y. Le Hir, *Sur le mystère de saint Adrien*, dans *Revue du Nord*, t. 69, n° 273, (1987), p. 295-298. — Cf. *MB* n°s 5779-5782. O.J.

Saint Alban (Vie de). Saint Alban, né à Verulamium, aujourd'hui Verulam, au nord-ouest de l'Angleterre, passe pour avoir été, sous le règne de Dioclétien, le premier martyr de l'Angleterre. Matthieu Paris* (vers 1200-1259), abbé de Saint-Alban, lui a consacré vers 1230-1240 une *Vie* en laisses d'alexandrins monorimes (1 846 vers). Il utilise comme source la *Vita* latine écrite entre 1166 et 1188 par un moine de Saint-Alban nommé Guillaume (*BHL*, 213). Selon une hypothèse de F. McCulloch, Matthieu Paris aurait composé ce texte à l'occasion de l'anniversaire de la translation à Saint-Alban d'une relique, la croix dite d'Amphibalus (un des compagnons martyrs de saint Alban).

On connaît également deux vies en prose de saint Alban, toutes deux inédites : l'une, du XIVe siècle, de Jean de Mandeville*, qui décrit la ville de Saint-Alban et raconte aussi les miracles du saint, l'autre, anonyme (P. Meyer, *HLF*, 33, p. 452).

ŒUVRES. — *Vie de Saint Auban, a Poem in Norman French Ascribed to Matthew Paris*, éd. M.R. Atkinson, Dublin-Londres, 1876. — *La vie de seint Alban*, éd. A.R. Harden, Oxford, 1968 (*ANTS*, 19).

→ H. Suchier, *Über die Matthaeus Paris*

zugeschriebene Vie de saint Alban, Halle, 1876. — W.R.L. Lowe et M.R. James, *Illustrations to the Life of saint Alban*, Oxford, 1924. — M.D. Legge, *Anglo-Norman Literature in the Cloisters*, Édimbourg, 1950, p. 21-24 ; *Anglo-Norman Literature and its Background*, Oxford, 1963, p. 268-269. — W. McLeod, *Alban and Amphibal : some Extant Lives and a Lost Life*, dans *Mediaeval Studies*, t. 42 (1980), p. 407-430. — F. McCulloch, *Saint Alban and Amphibalus in the Works of Matthew Paris*, dans *Speculum*, t. 56 (1981), p. 761-785. — Cf. *MB* n°s 3206, 6621-6622 ; *S* 5735-5742, 6182.

A.F.L.L.

Saint Alexis (Vie de). Noble romain chrétien, Alexis s'enfuit le soir même de ses noces, par mépris du siècle et des amours terrestres. À Édesse, il distribue ses biens aux pauvres et vit d'aumônes parmi eux. Des envoyés de sa famille lui font la charité sans le reconnaître, et ses parents et sa femme vivent dans la tristesse. Après dix-sept ans de cette vie, Alexis, craignant les honneurs, fuit jusqu'à Rome. Il s'y fait héberger, méconnaissable, comme mendiant, dans la maison de ses parents, sous l'escalier. Au bout de dix-sept ans encore de pieuse misère, il meurt après avoir mis sa vie en écrit. Cet écrit révèle la vérité aux parents désolés. Alexis est aussitôt reconnu pour saint, et son corps est entouré de la vénération universelle.

Deux légendes, une syriaque du ve siècle et une grecque, ont été fusionnées à la fin du xe siècle par l'archevêque de Damas, Serge, en exil à Rome. C'est cette dernière version qui est considérée comme la source de la *Vie* française de saint Alexis en laisses de décasyllabes assonancés (625 vers). Écrit probablement vers le milieu du xie siècle, c'est-à-dire avant la *Chanson de Roland** (du moins dans l'état où nous la possédons), ce texte est donc un des tout premiers de notre littérature. De là l'intérêt considérable qu'il présente, tant pour l'histoire de la langue que pour celle de certaines formes littéraires. Les qualités littéraires de cette œuvre sont déjà certaines, notamment le souci d'une composition équilibrée, d'une narration qui fasse aller de pair la vie du saint et celle de sa famille ; mais ses mérites principaux se manifestent surtout dans le discours des personnages, l'expression de leurs sentiments, et la répétition assez touchante des apostrophes lyriques, telle qu'elle se retrouve dans le *Roland*. Le ms. le plus ancien qui nous ait conservé le poème est le célèbre Psautier de Saint-Alban, confectionné dans les années 1120 à l'intention de la recluse Christina de Markyate († 1155).

Cette première version en a inspiré de nombreuses autres. Les deux remaniements les plus directs sont une version en 1 356 vers, de la deuxième moitié du xiie siècle, qui introduit des épisodes et des détails interpolés, et un poème de 196 quatrains d'alexandrins monorimes, du xive. Mais il en existe également quatre versions en vers du xiiie siècle : une en couplets d'octosyllabes rimés (934 vers), écrite dans le Perche ou le Maine au début du siècle, la seconde en décasyllabes en picard, la troisième en laisses d'alexandrins monorimes ; seule la quatrième, de la première moitié du siècle (1 254 octosyllabes) est restée inédite. Une autre version, due à Eustache, prieur de Fontaine-Notre-Dame, est intégrée dans le *Tombel de Chartrose**. On connaît enfin cinq versions en prose de la *Vie de saint Alexis*, dont une seule est éditée.

ŒUVRES. — Éd. G. Keidel, Baltimore, 1856 [version en prose]. — Éd. G. Paris, dans *Romania*, t. 8 (1879), p. 163-180 [version en couplets d'octosyllabes]. — Éd. C.E. Stebbins, *ibid*, t. 92 (1971), p. 1-34 [en laisses d'alexandrins] ; *id.*, Tübingen, 1974 (*Beihefte zur ZRPh*, 145) [Eustache de Fontaine-Notre-Dame]. — Éd. C.J. Odenkirchen, Brookline (Mass.) et Leyde, 1978 (avec trad. anglaise, et versions grecque et latine) [version xie s]. — Éd. A.G. Elliott, Chapel Hill, 1983 [version de la fin du xiie et version picarde en décasyllabes].

→ A. Amiaud, *La légende syriaque de saint Alexis, l'homme de Dieu*, Paris, 1889. — P. Meyer, *Légendes hagiographiques en français*, dans *HLF*, t. 33 (1906), p. 328-458, part. p. 338. — C. Kriele, *Untersuchungen zu Alexiuslegende des « Tombel de Chartrose » (14 Jhd.)*, Münster, 1967 [version d'Eustache de Fontaine Notre-Dame]. — C. Storey, *La Vie de saint Alexis*, Paris, 1968. — C.E. Stebbins, *Les Origines de la légende de saint Alexis*, dans *RBPH* t. 51 (1973), p. 497-507. — B. Cazelles et P. Johnson, *Le vain siècle guerpir*, Chapel Hill, 1979. — O. Pächt, C.R. Dodwell, F. Wormald, *The Saint Albans Psalter*, Londres, 1960, 2 vol. — C. Storey, *An Annotated Bibliogr. and Guide to Alexis studies (La Vie de saint Alexis)*, Genève, 1987 [bibliogr. des éd. et études jusqu'en 1983). — Cf. *MB* n°s 2-3, 39-65 *bis*, 3207, 6024-6033 ; *S* 538-539, 591, 647-693, 825, 880, 5544, 5675, 5723, 5729, 5731, 5824-5825. A.P. et A.F.L.L.

Saint André (Mystère de). Mystère de 7 741 vers (avec le vers de quatre syllabes en fin de tirade), 86 personnages, connu seulement par une édition chez Pierre Sergent (« S'ensuyt la vie et mistere de saint Andry, nouvellement composée et imprimée à Paris »). Retrace les miracles de saint André en divers pays, jusqu'à son arrivée en Achaïe, où le préfet Egeas, dont il a cependant guéri la femme, lui fait subir le martyre. Après le supplice du saint, Egeas meurt et son âme est emportée par les diables dans une brouette, mais ils la « laissent aller parmi le jeu et courent tous après, comme le chat après la souris, quand il s'en joue ». Ce mystère aurait été représenté à Abbeville en 1458. Il existe un autre Mystère de saint André, mais en provençal, de Marcellin Richard, qui fut joué près de Besançon en 1512. On conserve aussi un rôle pour un personnage de ce mystère (Gap, Arch. dép. Hautes-Alpes, E 299 *bis*).

ŒUVRES. — K. Wolkenhauer, *Das Mystère de saint André*, Greifswald, 1905 [éd. d'environ 1 000 vers]. — Éd. du mystère provençal : abbé J. Fazy, *Le mystère de saint André*, Aix-en-Provence 1883. — Éd. du rôle : abbé P. Guillaume, *La Moralité de saint Eustache*, Montpellier, 1891.

→ L. Petit de Julleville, *Les mystères*, Paris, 1880, t. 2, p. 467-470. — É. Lalou, *Les rôles d'acteurs médiévaux*, dans *Congrès des sociétés savantes, Avignon, 1990*, Paris, 1991. — Cf. C.J. Stratman, *Bibliography of Medieval Drama*, Berkeley, 1954, 2e éd. augm. New York, 1972, nos 7414-7415 — *MB* no 5783.

G.C. et E.L.

Saint Antoine (Vie de). Cet ermite d'Égypte des IIIe-IVe siècles est un des pères du monachisme oriental. Sa vie, écrite très peu de temps après sa mort par saint Athanase, patriarche d'Alexandrie et docteur de l'Église, décrit surtout ses visions et ses tentations. Son culte s'est largement développé en Occident à la fin du Moyen Âge, car il était invoqué contre la peste, le « feu sacré » et le « mal des ardents », maladie due à l'ergot de seigle. On possède donc un bon nombre de textes en ancien français contant sa vie, mais aussi l'invention de ses reliques, leur translation d'Égypte à Constantinople, puis de là en Viennois (Dauphiné) et enfin à l'abbaye de Saint-Antoine-des-Champs.

La vie écrite en grec par saint Athanase et traduite en latin par Évagre d'Antioche (*BHL*, 609) a été traduite deux fois en français : vers 1400 par un auteur anonyme, puis vers la fin du XVe siècle par le dominicain Pierre de Lannoy, qui y ajoute le récit de la translation à Constantinople et dédie son œuvre à Claude de Saix, conseiller de Charles VIII. On recense aussi :

— Une vie en vers (76 quatrains d'alexandrins monorimes), dite de saint Antoine en Viennois, composée au XIVe siècle dans le Nord de la France, sans doute à l'occasion d'une épidémie de peste ou de « feu sacré ».

— Une version en prose, dite « champenoise », écrite peu avant 1229 pour Blanche de Navarre, comtesse de Champagne.

— Deux versions en prose, dont une traduite de la *Légende dorée**.

— Deux versions dans la *Vie des Pères**, l'une anonyme et l'autre extraite de la traduction faite peu avant 1212 par Wauchier de Denain* pour Philippe, marquis de Namur. Un autre extrait de la *Vie des Pères* a circulé indépendamment sous le titre de *Voiages que saint Antoines fist en la terre d'Outremer*.

— Un texte composite comprenant une partie de la vie de saint Paul ermite, une adaptation de la vie de saint Antoine et un récit d'invention des reliques de ce dernier.

Selon Ginguené, la Chronique de Lambert d'Ardres* mentionnerait une vie traduite en français au XIIe siècle par Alfrius, mais il s'agit peut-être d'une erreur d'interprétation.

ŒUVRES. — Éd. A. Tobler et Molinier, dans *Itinera Hierosolymitana et descriptiones terrae sanctae*, Genève, 1879, t. 1, p. 383-391 [éd. des *Voiages*]. — *La légende de saint Antoine ermite (histoire, poésie, art, folklore). Avec une vie inconnue de saint Antoine en vers français du XIVe siècle*, Poznan, 1939, éd. J. Morawski [Vie dite de saint A. en Viennois]. — *Le modèle latin de la vie brève de saint Antoine en français*, éd. P. Nooderloos, dans *Revue Bénédictine*, t. 72 (1962), p. 138-149 [une vie anonyme]. — *Le vie saint Antonne*, éd. P. Boland, Liège, 1978-1979, mémoire dactylo [trad. anonyme de *BHL*, 609].

→ Ginguené, *Poètes français, Alfrius*, dans *HLF* t. 13 (1869), p. 112-114. — P. Nooderloos, *La translation de saint Antoine en Dauphiné*, dans *Anal. Bollandiana*, t. 60 (1942), p. 68-81. — P.B. Lavaud, *Antoine le Grand père des moines*, Lyon, 1943. — L. Bouyer, *La vie de saint Antoine*, Saint-Wandrille, 1950. Cf. *GRLMA* t. VIII/2, nos 29540, 30020. — *MB* no 3213.

A.F.L.L.

Saint Benoît (Vie de). Saint Benoît de Nursie, né vers 480, fut d'abord ermite puis cénobite à Subiaco, avant de fonder une abbaye au Mont-Cassin où il mourut vers 547. Sa *Règle* écrite pour les moines se caractérise par un juste équilibre entre la liturgie, la prière personnelle et le travail, et par une grande souplesse, qui sera un des facteurs de son succès. Adoptée par la plupart des monastères d'Europe, elle a valu à saint Benoît le titre de « père des moines d'Occident ».

La vie de saint Benoît nous est surtout connue grâce à Grégoire le Grand*, mort en 604, qui lui consacre le livre II de ses *Dialogues*, écrits vers 593-594, soit à peine cinquante ans après la mort du saint. C'est de ce récit que dépendent la plupart des textes hagiographiques consacrés à saint Benoît, notamment celui de la *Légende dorée**. C'est lui que traduit au XIIIe siècle Wauchier de Denain*, dans un mélange de prose et de vers. La traduction de Wauchier eut un grand succès : elle est conservée dans une vingtaine de mss et figure dans de nombreux légendiers. On recense également une dizaine de versions en ancien français de la *Vie de saint Benoît*, dont plusieurs sont des traductions de la *Légende dorée*, ainsi qu'un récit de la translation des reliques du saint à l'abbaye de Fleury-sur-Loire.

Au XVe siècle, c'est encore des *Dialogues* que s'inspire un moine bénédictin de Saint-Laurent de Liège, Jean de Stavelot* († 1449) pour composer une œuvre plus originale : un poème trilingue sur saint Benoît, formé de 70 séries de trois quatrains d'octosyllabes à rimes croisées. Chaque série, illustrée par un tableau, comporte un quatrain latin, un français et un flamand. Jean de Stavelot rapproche des épisodes de la vie de saint Benoît et des scènes de l'Ancien Testament.

ŒUVRES. — *Grégroire le Grand. Dialogues*, t. 2 (livres 1 à 3) éd. et trad. A. de Vogüé et Paul Antin, Paris, 1978-1980 (*Sources chrétiennes*, 251, 260 et 265). — Jean de Stavelot, éd. A. Henry, dans *Latomus*, t. 1 (1937), p. 187-210. — *Règle de saint Benoît. Texte, traduction, concordance*, éd. P. Schmitz et A. Borias, Turnhout, 1987 [le t. 1 comprend une excellente intro. et une orientation bibliogr.].

→ O.L. Kaspner, *A Benedictine Bibliogr.*, Collegeville, 1982. — P. Schmitz, dans *DHGE*, t. 8, col. 225-241 et dans *DS*, t. 1, col. 1371-1409. — L. Salvatorelli, *San Benedetto e l'Italia del suo tempo*, Bari, 1929. — *Le culte et les reliques de saint Benoît et de sainte Scholastique*, Saint-Benoît-sur-Loire, 1979 (*Studia Monastica*, 21). — A. de Vogüe, *Saint Benoît. Sa Vie et sa Règle. Études choisies*, Bégrolle-en-Mauges, 1981 (*Vie monastique*, 12). — L. Delisle, *Le livre de Jean de Stavelot*, dans *Notices et extraits des mss de la BN*, t. 39 (1916), p. 179-209. — P. Meurgey, *Les principaux mss à peinture du musée Condé*, Paris, 1930, p. 75-78. A.F.L.L.

Saint Bernard de Menthon (Mystère de). Ce mystère en deux journées de 4 340 vers est conservé dans un seul manuscrit incomplet (le début manque). Le mystère était sans doute destiné à être joué à la fête du saint à l'hospice du Grand-Saint-Bernard. Peut-être est-il l'œuvre d'un des religieux. La pièce suit pas à pas la vie de saint Bernard de Menthon écrite vers 1400 par le prétendu Richard de Val d'Isère, en réalité Jean Chamosii, chanoine de Saint-Bernard, prieur de Séez en Tarentaise. Cette vie tirait ses éléments de renseignements fournis par les familles de Menthon et de Duingt. Ces mêmes familles ont peut-être inspiré la composition d'un mystère destiné à divulguer la légende selon laquelle saint Bernard, fondateur des hospices du Mont-Joux, aurait appartenu à la famille de Menthon. Une telle prétention permettait à ces fidèles vassaux du duc de Savoie, le « portier des Alpes », d'avoir un contrôle sur les hospices, et par là même sur les cols ; elle leur fut reconnue officiellement par le duc de Savoie en 1481. À côté de la vie de saint Bernard, le mystère a aussi emprunté des épisodes à la *Vie de saint Alexis**.

ŒUVRE. — A. Lecoy de la Marche, *Le mystère de saint Bernard de Menthon*, Paris, 1888 (*SATF*).

→ L. Petit de Julleville, *Les mystères*, Paris, 1880, t. 2, p. 488-90. — P. Aebischer, *Neuf études sur le théâtre médiéval*, Genève, 1972, p. 95-116. — A. Donnet, *Saint Bernard et les origines des hospices du Mont-Joux*, Saint-Maurice, 1942. — S. Duparc-Quioc, *Saint Bernard des Alpes*, dans *Mél. C. Brunel*, Paris, 1955, p. 401-408. — J. Chocheyras, *La place du mystère de saint Bernard de Menthon dans le théâtre de son époque*, dans *Histoire linguistique de la vallée d'Aoste du Moyen Âge au XVIIIe siècle, Actes du séminaire de Saint-Pierre, 16-18 mai 1983*, Aoste, 1985, p. 185-9. — Cf. C.J. Stratman, *Bibliography of Medieval Drama*, Berkeley, 1954, 2e éd. augm. New York, 1972, nos 7423-7426 — *MB* nos 5785-5787.

S.D.Q.

Saint Bon (Vie de). Les deux textes en ancien français consacrés à ce saint ne sont pas à proprement parler des récits de sa vie, mais des poèmes sur un miracle dont il est le héros, miracle dont il n'est pas question dans la *Vita* latine du saint. Saint Bon, évêque de Clermont de 859 à 892 succédant à son frère saint Avit, passait nombre de ses nuits en prière dans l'église. Une nuit, il eut la vision d'une procession de saints, prophètes et patriarches. La Vierge lui demanda de chanter la messe pour cette assemblée, malgré sa timidité. Pour le remercier, elle lui offrit une chasuble liturgique de fabrication divine. Voyant les miracles effectués par la chasuble, le successeur de saint Bon sur le siège épiscopal de Clermont s'imagina pouvoir obtenir la même faveur, mais il s'endormit dans l'église et se réveilla dans son lit.

Ce miracle a inspiré deux auteurs : au XIIe siècle, Adgar* intègre dans ses *Miracles de Notre Dame* un *Miracle de saint Bon* en couplets d'octosyllabes (212 vers) ; Gautier de Coinci* raconte ce miracle dans ses *Miracles de la Vierge* en octosyllabes, en ajoutant au récit proprement dit une morale de cent vers qui flétrit le péché de gourmandise et d'ivresse (dont se rend coupable le successeur) et exalte la sobriété. Cette anecdote a profité de la très large diffusion et du succès des *Miracles* de Gautier de Coinci.

ŒUVRES. — *De saint Bon, évêque de Clermont : Miracle versifié par Gautier de Coinci*, éd. G. Lozinski, Helsinki, 1938 (*Annales Acad. Scientiarum Fennicae*, B. 40/1). — *Adgar. Le Gracial*, éd. P. Kunstmann, Ottawa, 1982.

→ M.D. Legge, *Anglo-Norman Literature and its Background*, Oxford, 1963, p. 190. — P. Johnson et B. Cazelles, *Le vain siècle guerpir*, Chapel Hill, 1979. — Cf. *MB* n° 3225. A.F.L.L

Saint Christophe (Mystères de). Les deux pièces sont indépendantes. « Le mistere du tresglorieux martir Monsieur sainct Christofle par personnages » est connu seulement par deux éditions du XVIe siècle (chez la veuve Jehan Trepperel et Jehan Jehannot, Paris). C'est un mystère de 2 440 vers, composé probablement au XIVe siècle, tout à fait différent du mystère suivant. Il comprend octosyllabes et vers de quatre syllabes. Il aurait été représenté à Compiègne en 1464.

→ Éd. G.A. Runnalls, *Le Mystère de saint Christofle*, Exeter, 1973 (*Textes littéraires*) [à compléter par le compte rendu de M.B. Speer, dans *Romance Philology*, t. 31 (1977), p. 139-144]. — G.A. Runnalls, *Le mystère de St. Christofle, a Newly Discovered XIVth Century French Play ?*, dans *Romance Philology*, t. 24 (1971), p. 464-477 ; *The Linguistic Dating of Middle French Texts*, dans *The Modern Language Review*, t. 71 (1976), p. 757-765. — Éd. du XVIe réimp. par H. de Chateaugiron et Artaud, *Le mystère de saint Christofle*, Paris, 1833.

« La vie de sainct Christofle elegamment composee en rime françoise et par personnages par maistre Chevalet jadis souverain maistre en telle compositure » est connue par une éd. grenobloise d'environ 1530 (chez Anemond Amalberti). Mystère en quatre journées, 20 000 vers environ et 120 personnages. La représentation du 16 au 19 juin 1527 est bien connue. Elle eut lieu juste après la mort de Claude Chevalet qui avait composé le mystère entre 1512 et 1515.

→ L. Petit de Julleville, *Les mystères*, Paris, 1880, t. 2, p. 599-605. — J. Chocheyras, *Le théâtre religieux en Dauphiné*, Genève, 1975 (*Publ. romanes et françaises*, 128), p. 29-36, 257-285. — Cf. *GRLMA*, t. XII/1 : *Le théâtre religieux français* (sous presse) — *MB* n° 5788.

E.L.

Saint Christophe (Légende de). — Saint Christophe est un martyr de l'Asie Mineure (?), appartenant probablement au IIIe siècle ; son culte fut introduit en Occident au VIe-VIIe siècle et connut au Moyen Âge une popularité immense.

Selon les légendes grecques, saint Christophe appartenait à la tribu barbare des Cynocéphales (d'où les représentations du saint avec une tête de chien). Incorporé de force dans l'armée impériale, il se convertit au christianisme et confessa la foi au sein des plus terribles supplices. On possède une adaptation en langue franco-provençale du XIIIe siècle de la légende ancienne dont circulaient de nombreuses versions latines.

La *Légende dorée** de Jacques de Voragine, au milieu du XIIIe siècle, introduit dans le cycle occidental de saint Christophe les épisodes qui vont devenir familiers à toute la chrétienté médiévale, celui de la recherche du maître le plus puissant et celui du géant porte-Christ, dont l'iconographie remonte au moins à la deuxième moitié du XIIe. L'auteur de la *Légende dorée* ne fait que reprendre, dit-il, plusieurs vieux auteurs ; il n'est plus possible aujourd'hui de les identifier.

Les productions littéraires inspirées par le culte de saint Christophe sont nombreuses en langue latine comme en langues populaires. Pour la France, outre la légende franco-provençale citée plus haut, on doit mentionner une vie en vers du XIIIe siècle et deux du XIVe, l'une de 40 strophes de cinq vers (éd. Waterman) et l'autre en quatrains d'alexandrins monorimes (éd. Kleist).

On connaît également huit vies en prose française écrites entre le XIIIe et le XVe siècle ; la plupart sont traduites d'après la *Légende dorée** de Jacques de Voragine, et toutes sont inédites. Signalons aussi deux Mystères (cf. *supra*). P. Meyer (*Bulletin historique et philologique du Comité des travaux historiques et scientifiques*, 1887, p. 323) évoque aussi une *Épître farcie* du XIIIe siècle, dont le texte paraît perdu.

ŒUVRES. — *Zur Christophle-legende*, éd. A. Mussafia, Vienne, 1893 (*Sitzungs. der phil.-hist. Classe der Akad. der Wissenschaften*, 129) [version franco-provençale]. — *Old French Poems on Saint Leu and Saint Christopher*, éd. R.P. Waterman, thèse dactylo., Yale, s.d. (1946 ?). — Éd. W. Kleist, *Die erzählende französische Dit-Literatur in « Quatrains alexandrins monorimes »*, Hambourg, 1973.

→ A. Masseron, *Saint Christophe*, Paris, 1933. — Cf. *GRLMA*, t. VI/2, n° 568 ; t. VIII/2, nos 30060-30080. — *MB* nos 5788 [sur le Mystère] ; *S* 5764. D.G.O. et A.F.L.L.

Saint Clément (Mystère de). Le manuscrit unique de ce mystère (Bibl. mun. Metz, 968 [218]) qui compte 10 000 vers et 71 personnages a disparu pendant la première guerre. L'édition de C. Abel est donc très précieuse. Le texte date du XVe siècle et rapporte la vie de saint Clément.

ŒUVRE. — C. Abel, *Le Mystère de saint Clément*, Metz, 1861.

→ L. Petit de Julleville, *Les mystères*, Paris, 1880, t. 2, p. 493-498. — G. Gröber, *Grundriss der Romanischen Philologie*, Strasbourg, 1902, p. 1222. — Cf. *MB* nos 5789-5790. E.L.

Saint Crépin et saint Crépinien (Mystère de). La pièce est conservée dans deux versions :

1) « La vie et le martyre de monseigneur saint Crispin et Cripinien par personnages » fut mis en scène « des derniers de l'ostel de la charité Dieu mons. saint Martin, saint Remy, saint Crispin et Crispinien » à Rouen le 4 juillet 1443. Ce texte, conservé dans le ms. 619 du musée Condé à Chantilly, comprend 3 773 vers et 48 personnages.

2) Quatre « ystoires » (mais la première ayant disparu) du mystère de saint Crépin et saint Crépinien appartenaient à la confrérie des cordonniers parisiens et furent mises en scène « aux Carniaux » par un certain « Challot Chandellier » le 14 mai 1458 et en 1459. Les parties qui nous restent comptent 1 792, 1 740 et 1 064 vers. Le mystère entier devait compter 6 000 vers environ. Les deuxième et troisième « ystoires » sont indépendantes du ms. de Chantilly, en revanche la quatrième (1 064 vers) est semblable au texte qui fut copié à Rouen (v. 2713-3773) et dont l'original datait peut-être du XIVe siècle.

Les deux pièces furent copiées et mises en scène pour les confréries de cordonniers à Rouen et Paris. Des *Mystères de saint Crépin* furent joués aussi à Compiègne en 1488 et à Aix-en-Provence en 1443. Ils narraient la vie et le martyre de saint Crépin et saint Crépinien, patrons des cordonniers. Les deux frères ayant quitté Rome pour évangéliser Soissons, se font cordonniers et convertissent leurs clients. Dénoncés, ils sont livrés par Maximien à des supplices dont ils échappent miraculeusement. Ils sont finalement décapités et les corps saints sont déposés dans une chapelle par saint Cyr et saint Éloi, suivis du pape.

ŒUVRE. — L. Dessalles et P. Chabaille, *Le Mystère de saint Crépin et saint Crépinien*, Paris, 1836 (éd. du ms. parisien). — É. Lalou, *Le Mystère de saint Crépin et Crépinien*, thèse dactylo., voir *Positions des thèses de l'École des Chartes*, 1980, p. 105-109.

→ L. Petit de Julleville, *Les Mystères*, Paris, 1880, t. 2, p. 16-17, 27-28, 498-502. — O. Ostrowski, *Le Mystère de saint Crépin et Crépinien nach dem Ms n° 219 der Bibl. in Chantilly*, Greifswald, 1899. — É. Lalou, *Les cordonniers metteurs en scène des mystères de saint Crépin et saint Crépinien*, dans *BEC*, t. 143 (1985), p. 91-115. — Cf. *MB* nos 5791-5793 ; *S* 8216-8217. O.J. et E.L.

Saint Denis (Mystères de). La *Conversion saint Denis* est contenue dans le ms. 1131 de la Bibl. Sainte-Geneviève (470 vers, huit personnages). Le *Geu saint Denis* (1 496 v., 29 personnages) est contenu dans le même ms. Voir *Mystères hagiographiques du ms. 1131 de la Bibl. Sainte-Geneviève (Cycle de)*.

Le mystère de saint Denis contient quelques passages qui rappellent les deux autres pièces, mais il est beaucoup plus développé. Il est conservé dans le ms. B.N. fr. 1041 et le ms. Rothschild 1075 (I, 1, 16). Il date du milieu du XVIe siècle. Il s'agit de deux fragments (8 000 v. et 4 000 v. environ) d'un très long mystère qui devait comprendre plus de 30 000 vers. Les fragments correspondent au début de la première journée et à la sixième et dernière journée dans le premier fragment, à la troisième journée dans le second. Le manuscrit contient des indications scéniques intéressantes et les noms des acteurs qui permettent de localiser la représentation à Paris vers 1540. L'auteur du *Mystère des Actes des Apôtres** joué à Bourges connaissait une autre version d'un *Mystère de saint Denis* auquel il a emprunté des vers.

→ O. Erler, *Das Mystere de Saint Denis*, Marburg, 1896 [avec extraits publiés]. — G.A. Runnalls, *The Theatre in Paris at the End of the Middle Ages : Le Mystère de saint Denis*, dans *Mél. J. Wathelet-Willem*, Liège, 1978, p. 619-635. — R. Lebègue, *Le Mystère des Actes des Apôtres*, Paris, 1929, p. 105-109. — Cf. *MB* nos 5784 ; *S* 8218-8219. E.L.

Saint Denis (Vie de). Le premier évêque de Paris, décapité avec ses compagnons Rustique et Éleuthère, est l'objet d'un culte à Paris, en particulier à Montmartre, lieu de son martyre, et jouit d'une grande popularité, qui se manifeste dans la toponymie. Deux poèmes en ancien français lui ont été consacrés. L'un, en sixains d'octosyllabes (près de 900 v.) date du XVe siècle ; l'autre, de la fin du XIVe siècle, est un court poème en alexandrins, qui serait une Passion chantée à la messe, le jour de la fête du saint.

On connaît en outre plus de douze versions en prose, qui sont inspirées soit de la vie latine de Hilduin (*BHL*, 2172), soit de la *Légende dorée**. Saint Denis est également le héros d'un *Jeu* de la fin du XIVe siècle et de plusieurs *Mystères* (voir ci-dessus).

ŒUVRES. — Éd. dans C.J. Liebman, *Étude sur la vie en prose de saint Denis*, Genève-New York, 1942 [étudie toutes les versions en prose et en édite six]. — *The Octosyllabic « Vie de saint Denis »*, éd. J.H. Baltzell, Genève, 1953. — Éd. J.H. Baltzell dans *Le Moyen Âge*, t. 62 (1956), p. 331-334 [vie en alexandrins].

→ H. Moretus-Plantin, *Les Passions de saint Denys*, dans *Mél. Cavallera*, Paris, 1948, p. 215-230. — R.I. Loenertz, *La légende parisienne de saint Denys l'Aréopagite. Sa genèse et son premier témoin*, dans *Anal. Bollandiana*, t. 69 (1951), p. 217-237. — R. Bossuat, *Traditions populaires relatives au martyre et à la sépulture de saint Denys*, dans *Le Moyen Âge*, t. 62 (1956), p. 479-509. — Cf. *GRLMA*, t. VIII/2, nos 30140-30200. — *MB* nos 3240, 5794, 6629, 7772-7773 ; *S* 5765. A.F.L.L.

Saint Dominique (Vie de). La vie de saint Dominique, fondateur de l'ordre des frères prêcheurs, mort en 1221, qui s'est illustré dans la lutte contre les hérétiques, a été racontée surtout par des dominicains, dont le plus célèbre, Jacques de Voragine, auteur de la *Légende dorée**.

L'unique vie française en vers, écrite vers 1256-1259, est en couplets d'octosyllabes rimés. Sa source est la vie écrite en latin par le dominicain espagnol Pierre Ferrand vers 1234-1239 (*BHL* 2235). Il n'est pas sûr que Pierre Ferrand ait connu personnellement saint Dominique. Mais l'éditeur du texte français, W.F Manning, pense que le traducteur anonyme a pu connaître Pierre Ferrand. À la langue et à certaines allusions du texte, on peut déduire que le traducteur serait un dominicain, natif du Beauvaisis, mais vivant peut-être au couvent Saint-Jacques à Paris. Il écrit pour l'édification d'un groupe de laïcs qui pourrait être une communauté de béguines. Cependant, la légende de saint Dominique a surtout circulé dans des légendiers, et profité du succès de la *Légende dorée*. En effet, la plupart des vies françaises en prose, toutes inédites, sont des versions plus ou moins fidèles de la traduction de la *Légende dorée* par Jean de Vignay*. On trouve aussi une traduction du XVe siècle de la vie écrite par le dominicain Thierry d'Apolda à la fin du XIIIe siècle (*BHL* 2226).

ŒUVRES. — Éd. W.F. Manning, Cambridge (Mass.), 1944 (*Harvard Studies*, 20) [vie en vers].

→ P. Meyer, *Notice sur le ms. 307 (anc. 851) de la Bibl. d'Arras*, dans *Romania*, t. 17 (1888), p. 366-400 [notamment p. 394-398]. — M.-H. Vicaire, *Histoire de saint Dominique*, Paris, 1957, réimp. 1982, 2 vol. — Cf. *MB* nos 3241-3242 ; *S* 5766-5769. A.F.L.L.

Saint Edmond le Roi (Vie de). Le culte de saint Edmond, roi d'Est-Anglie, tué en 870 par des Vikings, s'est développé uniquement en Angleterre. Seuls en témoignent dans la littérature française médiévale quatre textes anglo-normands du XIIe siècle. L'un est dû à un clerc de Bury-Saint-Edmond, Denis Piramus*. Le deuxième, de la seconde moitié du XIIe siècle, est en prose ; il se fonde sur la *Passio s. Aedmundi* composée par Abbon de Fleury* dès la fin du IXe siècle. Le troisième, qui utilise la même source, est le plus tardif (vers 1200) ; il est en quatrains d'octosyllabes monorimes (1 700 vers). La quatrième version, plus ancienne, figure dans l'*Estoire des Engleis* de Geffrei Gaimar* (vers 1135-1140), aux lignes 2 565 à 2 928. Gaimar se sert de la *Passio* d'Abbon de Fleury, mais aussi de l'*Anglo-Saxon Cronicle*.

ŒUVRES. — Éd. L.B. Richardson, Columbia, 1967, thèse dactylo [voir *DAI*, t. 28 (1967), n° 1794A, vie en prose]. — Éd. J. Grant, Londres, 1978 (*ANTS*, 36) [vie en octosyllabes]. — Éd. G. Delville, Liège, 1983, mémoire dactylo [vie en prose].

→ A. Bell, *Notes on two Anglo-Norman Saints Lives*, dans *Philological Quarterly*, t. 35 (1956), p. 48-59. — M.D. Legge, *Anglo-Norman Literature and its Background*, Oxford, 1963, p. 245. — B. Cazelles et P. Johnson, *Le vain siècle guerpir*, Chapel Hill, 1979, p. 224-227. — J. Grant, *The Ms. Tradition of the Old French Prose Life of Saint Edmund of East Anglia*, dans *Notes and Queries*, t. 224, ns 26 (1979), p. 204-206. — Cf. *MB* n[os] *S* 5570-5773.

A.F.L.L.

Saint Édouard le Confesseur (Vie de). On connaît deux versions anglo-normandes en vers de la vie de ce saint roi d'Angleterre (1042-1066). La plus ancienne a été écrite par Matthieu Paris*, abbé de Saint-Alban, entre 1236 et 1245, pour la reine Éléonore, femme d'Henri III (1207-1272). Elle compte 4 684 octosyllabes. Elle est fondée essentiellement sur la *Genealogia regum Anglorum* d'Aelred de Rievaulx* et sa *Vita Edwardi* (*BHL*, 2423). Mais Matthieu Paris a également utilisé une chronique de Saint-Alban.

Quelques années après Aelred, entre 1163 et 1170, une nonne anonyme de Barking écrivit dans un anglo-normand assez rude une vie en couplets d'octosyllabes (environ 7 000 vers), qui nous est conservée par trois manuscrits. La vie et les miracles posthumes de saint Édouard y sont précédés d'une brève généalogie des rois d'Angleterre depuis Alfred le Grand. La source utilisée par la nonne de Barking est la *Vita* écrite en 1163 par Aelred de Rievaulx. On a rapproché cette *Vie* d'une vie de sainte Catherine écrite à Barking vers les mêmes années par une nonne nommée Clémence. Faut-il assimiler Clémence de Barking* et la nonne anonyme ? Les spécialistes sont partagés. Il existe également deux versions en prose française de la vie de saint Édouard, datant toutes deux du XIVe siècle. L'une est une mise en prose du texte de la nonne de Barking.

ŒUVRES. — Éd. P. Meyer, dans *Romania*, t. 40 (1911), p. 41-64 [éd. partielle de la mise en prose du texte de la nonne de Barking]. — *La Estoire de seint Aedward le Rei*, éd. M.R. James, Oxford, 1920 [repr. du ms. Cambridge, Univ. Libr. Ee 3, récit de Matthieu Paris]. — Éd. Ö. Södergard, Uppsala, 1948 [nonne de Barking]. — *La Estoire de Seint Aedward le Rei, Attributed to Matthew Paris*, éd. K.Y. Wallace, Londres, 1983 (*ANTS*, 41).

→ R. Fritz, *Über Verfasser und Quellen der altfranzösischen Estoire de Seint Aedward Le Rei*, Heidelberg, 1910. — M.D. Legge, *Anglo-Norman Literature in the Cloisters*, Édimbourg, 1950, p. 24-25 [Matthieu Paris], p. 49-50 [nonne de Barking] ; *Anglo-Norman Literature and its Background*, Oxford, 1963, p. 60-66 et 246-247 [nonne de Barking]. — R. Foreville, *La typologie du roi dans la littérature historiographique anglo-normande aux XIe et XIIe s.*, dans *Mél. E.R. Labande*, Poitiers, 1974, p. 275-292. Cf. *GRLMA*, t. VIII/2, n° 30560. — *MB* n°s 3248-3251, 6630 ; *S* 5774-5775 [Matthieu Paris], 5731 [nonne de Barking].

A.F.L.L.

Saint Éleuthère ou Lehire (Vie de). Sur la vie et le martyre de cet évêque de Tournai, mort en 531, fêté le 20 février, on conserve un poème anonyme de 1 600 alexandrins accouplés, écrit au XIIIe siècle dans la région de Tournai, dans une langue très marquée de traits dialectaux. En outre, deux versions en prose de la fin du XVe, inédites, sont intégrées dans des légendiers en picard écrits dans le Nord de la France (Lille et Cambrai). Il existe un autre Éleuthère, évêque en Apulie et martyr en Sicile vers 130, fêté le 18 avril, dont une vie en prose, inédite, figure dans les mêmes légendiers picards.

ŒUVRE. — *La vie de saint Éleuthère, évêque de Tournai*, éd. J. Bastin, dans *RLR*, t. 42 (1923), p. 306-358.

→ J. Warichez, *Les origines de l'Église de Tournai*, Louvain-Paris, 1902, p. 41-57. — P. Meyer, *Légendes hagiographiques en français*, dans *HLF*, t. 33 (1906), p. 328-458. — P. Rolland, *Saint Éleuthère, premier évêque de Tournai*, dans *Collationes diocesis Tornacensis*, t. 26 (1930-1931), p. 57-76, 125-146, 189-211. — Cf. *MB* n° 3252. A.F.L.L.

Saint Eustache (Vie de). Eustache ou Placide, noble romain, chef des armées de

Trajan, se convertit, un jour qu'il était à la chasse, à la vue d'un cerf qui portait une croix entre les bois et qui lui reprocha de persécuter les chrétiens. La suite de sa légende est un parfait roman d'aventures, avec pirates s'emparant de la femme du héros, bêtes sauvages enlevant ses deux fils, retour glorieux du héros à la tête de l'armée de Trajan, retrouvailles émouvantes de toute la famille miraculeusement protégée des périls, et enfin martyre sous l'empereur Adrien.

Cette légende a eu énormément de succès au Moyen Âge. H. Petersen-Dyggve en recense 11 versions en vers français et plus de dix versions en prose. Selon lui, toutes ces versions en ancien français sont issues de la même source latine (*BHL*, 2760). Pour plus de facilité, nous reprendrons ici la numérotation des différentes versions en vers telle qu'il la donne dans son article du t. 48 de la *Romania.*

La première version se trouve dans l'œuvre de Benoît*, moine de Saint-Alban. Seul un fragment de 360 alexandrins en laisses monorimes nous est parvenu. La seconde version (2 052 octosyllabes) a été écrite dans la première moitié du XIIIe siècle, par un auteur anonyme originaire de Normandie. La troisième, du début du XIIIe siècle, longue d'environ 1 700 octosyllabes à rimes léonines, est due à Pierre de Beauvais*. La quatrième, en anglo-normand, compte près de 2 300 octosyllabes à rimes plates. La cinquième (900 alexandrins en anglo-normand) a été attribuée à Guillaume de Ferrières*, mais serait en fait l'œuvre d'un certain William de Ferrers, de la famille des comtes de Derby. C'est également en Angleterre qu'a été composée au XIIIe siècle la sixième version (1 250 vers de six à dix syllabes). La septième version, de la seconde moitié du même siècle, est en quatrains de décasyllabes monorimes. Puis viennent deux versions du XIVe siècle : la huitième, en octosyllabes, et la neuvième, anglo-normande, en sixains d'hexasyllabes. La version dix, en quatrains d'alexandrins monorimes, date de la fin du XIVe ou du début du XVe siècle. La onzième enfin date du XVe siècle.

Pour ce qui est des versions en prose, une seule est éditée : c'est une rédaction de la première moitié du XIIIe siècle, qui a connu un grand succès. Plusieurs des versions en prose sont traduites de la *Légende dorée**, et l'une donne le texte du *Speculum historiale* de Vincent de Beauvais*, dans la traduction de Jean de Vignay*.

ŒUVRES. — Éd. partielle H. Stengel, dans *Codex Ms. Digby 86*, Halle, 1871 [version 9]. — *Fragment d'une vie de saint Eustache en alexandrins monorimes*, éd. P. Meyer, dans *Romania*, t. 36 (1907), p. 12-28 [version 1]. — *Das altfranzösische Eustachiusleben*, éd. A.C. Ott, Erlangen, 1912 ou dans *Romanische Forschungen* t. 32 (1912) [version 7]. — *La vie de saint Eustache par Pierre de Beauvais*, éd. J.R. Fisher, dans *The Romanic Review*, t. 8 (1917), p. 1-67 [version 3]. — Éd. M. Esposito, dans *Textes et études de littérature ancienne et médiévale (Florence)* fasc. 1 (1921), p. 27-61 [version 6]. — *Deux versions de la Vie de saint Eustache en vers français du Moyen Âge*, éd. H. Petersen-Dyggve, dans *Mémoires de la société néo-philologique de Helsingfors*, t. 7 (1924), p. 51-242 [versions 10 et 11] ; *Trois versions inédites de la légende de saint Eustache en vers français*, dans *Romania*, t. 48 (1922), p. 365-402 ; t. 51 (1925), p. 363-396 ; t. 52 (1926), p. 37-74 [versions 4, 5 et 8]. — Éd. H. Petersen-Dyggve, Paris, 1928 (*CFMA*, 58) [version 2]. — *Vie de saint Eustache, version en prose française du XIIIe siècle*, éd. J. Murray, Paris, 1929 (*CFMA*, 60) [éd. aussi la source latine ; voir analyse par H. Petersen-Dyggve, dans *Neuphilologische Mitteilungen* t. 33 (1932), p. 26-34].

→ P. Meyer, *Notice sur deux anciens mss français BN Moreau 1715-1719. I Vie de Saint Eustache, en vers, par Pierre*, dans *Notices et extraits des mss de la BN*, t. 33¹ (1889), p. 9-12. — G.H. Gerould, *Forerunners, Congeners, and Derivatives of the Eustace Legend*, dans *PMLA*, t. 19 (1904), p. 335-448. — H. Petersen-Dyggve, *Les origines de la légende de saint Eustache*, dans *Neuphilologische Mitteilungen*, t. 26 (1925), p. 65-86. — L. Braswell, *"Sir Isumbras" and the Legend of saint Eustace*, dans *Mediaeval Studies*, t. 27 (1965), p. 128-151. — T.J. Hefferman, *An Analysis of the Narrative Motif in the Legend of saint Eustace*, dans *Medievalia et Humanistica*, t. 6 (1975), p. 63-89. — Cf. *MB* nos 3254-3269 ; *S* 5778-5780. A.F.L.L.

Saint Évroul (Vie de). Saint Évroul (ou Évroult) semble être né à Bayeux vers 626. Selon la tradition, il fonda dans la forêt d'Ouche, en Normandie (aujourd'hui département de l'Orne), quinze monastères, dont un, celui de Saint-Évroult-N.-D.-du-Bois, après des vicissitudes diverses, devait durer jusqu'en 1790. Au Moyen Âge, cette abbaye eut un très lointain rayonnement. Un de ses abbés, Robert de Grandmesnil, évêque de Messine, en porta le renom en Italie en fondant Sant'Eufemia de Calabre, où il introduisit le chant monastique d'Ouche. Sa demi-sœur, Judith d'Évreux, qui devait épouser à Palerme le grand-comte de Sicile, Roger de Hauteville, avait été élevée à l'abbaye de Saint-Évroul. Saint Évroul mourut le 29 décembre 706.

La vie de saint Évroul est racontée dans une *Vita* anonyme (*Vita A*), généralement attribuée au VIIIe siècle. Cette *Vita* a été augmentée, à une époque incertaine, par un remanieur demeuré lui aussi inconnu (*Vita B*). Au XIIe siècle, l'anglo-normand Orderic Vital*, moine de Saint-Évroul, qui devait être un des témoins les plus précieux de son époque, inséra au livre VI de son *Historia Ecclesiastica* la vie du fondateur de son abbaye. Cette version est fondée sur la *Vita B*. Une quatrième version, également due à Orderic Vital, est interpolée dans les *Gesta Normannorum Ducum* de Guillaume de Jumièges*, livre VII, chap. XXIII. Cette version, qui a été rédigée avant avril 1109, semble établie sur des sources orales. Une autre vie latine très brève du XIIIe siècle, sans grand intérêt, est publiée par l'abbé Blin en appendice à son édition de la version française. Une adaptation en vers français de 4 398 octosyllabes du XIVe siècle (BN f. fr. 19687), faite par un Normand anonyme, repose sur la version de l'*Histoire ecclésiastique* d'Orderic Vital.

ŒUVRES. — Versions latines : L. Hommey, dans *Bull. Soc. hist. de l'Orne*, t. 6 (1878), p. 273-292. — Mabillon, *Acta SS. OSB*, Paris, 1668-1701, I, p. 354-361. — *The Ecclesiastical History of Orderic Vitalis*, 6 tomes, éd. M. Chibnall, Oxford, 1969-1980, t. 3, p. 264-346. — L'abbé Blin, dans *Bull. Soc. hist. de l'Orne*, t. 6 (1878), p. 72-73. — Version française : l'abbé Blin, *ibid.*, p. 1-71. — F. Danne, *Das altfranz. Ebrulfsleben*, diss. Münster et dans *Romanische Forschungen*, t. 32, 1913, p. 748-893.

→ *DHGE*, t. 16, col. 217-220. — *La vie et les Miracles de Saint Évroult*, Chartres, 1835. — J. Corblet, *Hagiographie du diocèse d'Amiens*, Amiens, 1868, t. 1, p. 596-609. — G. Goyaux, *La Normandie bénédictine*, Paris, 1940, p. 194. — B. Cazelles et P. Johnson, *Le vain siècle guerpir*, Chapel Hill, 1979, p. 239-242. — Cf. *MB* n° 3270. R.H. et Sv.S.

Saint Fiacre (Mystères de).

1. ***Mystère de saint Fiacre***. « La vie monseigneur saint Fiacre rimée en françoys » date de la fin du XIVe ou du début du XVe siècle. C'est un mystère court (984 vers, essentiellement des octosyllabes) à 25 personnages. Une farce (277 vers, 25 personnages) est contenue dans l'édition.

→ Éd. J.F. Burks, B.M. Craig, M.E. Porter, *La Vie monseigneur saint Fiacre*, Lawrence, Kansas, 1960. — Éd. E. Fournier, *Le théâtre en France avant la Renaissance*, Paris, 1872, p. 18-35. — L. Petit de Julleville, *Les mystères*, Paris, 1880, t. 2, p. 511-514. — G. Frank, *The Medieval French Drama*, Oxford, 1954, p. 139-141. — D. Evans, *La farce du Mystère de Saint Fiacre*, dans *Le théâtre au Moyen Âge. Actes du colloque SITM d'Alençon*, Montréal, 1981, p. 147-157.

2. ***Mystère de saint Fiacre***. « La vie de monsieur sainct Fiacre, filz du roy d'Écosse, par personnages contenant comment il vint en France et comment il demoura a Brie, avec plusieurs beaulx miracles, a 15 personnages » édité chez Jehan Sainct Denis, à Paris dans le troisième tiers du XVIe siècle contient un mystère indépendant du texte précédent. « C'est un mystère court (1 600 vers) qui par sa forme fait penser aux miracles du XIVe siècle, mais par son style aux grands rhétoriqueurs. » Il aurait été associé pour sa représentation et sa publication au *Mystère de sainte Venice**.

→ L. Petit de Julleville, *Les mystères*, Paris, 1880, t. 2, p. 513-515. — M.E. Porter et J.H. Baltzell, *The Medieval Lives of Saint Fiacre*, dans *Modern Language Quarterly*, t. 17 (1956), p. 21-27.

3. ***Vie de saint Fiacre***. Une vie de saint Fiacre est contenue dans le ms. 1131 de la Bibl. Sainte-Geneviève. La pièce compte 1 260 vers et 25 personnages. Le jeune Fiacre échappe, sur l'ordre de Dieu, au pouvoir de ses parents, qui voulaient le marier, alors qu'il souhaitait se garder pour Dieu. Il s'installe en France, près de Meaux, sous la protection de saint Faron. La jeune fille que ses parents lui destinaient réussit à trouver son ermitage, mais Dieu accorde à Fiacre la grâce d'être méconnaissable. Dieu est satisfait de ses mérites et le rappelle à lui. Saint Faron est le témoin des nombreuses guérisons qu'opère sa sépulture. O. Jodogne jugeait que « l'œuvre très terne était d'un autre auteur que le reste du recueil ». Après la mort de saint Fiacre, la pièce est interrompue par une farce dans laquelle un vilain, un brigand et un sergent se disputent.

ŒUVRE. — *La Vie Monseigneur Saint Fiacre (A play from Ms. 1131 of the Bibl. Sainte-Geneviève)*, éd. J.F. Burks, B.M. Craig, M.E. Porter, Lawrence, Kansas, 1960. E.L.

Saint Fiacre (Vie de). L'histoire de ce saint a inspiré également au XVe siècle une *Vie* en huitains d'octosyllabes, connue par des mss et par des éditions anciennes, ainsi que quelques vies en prose, dont une fait partie de la traduction de la *Légende dorée** par Jean de Vignay*, et des prières (éd. P. Rézeau, *Prières aux saints...*, t. 2, Genève, 1983, n° XXXVII).

→ M.E. Porter et J.H. Baltzell, *The Medieval French Lives of saint Fiacre*, dans *Modern Language Quarterly*, t. 17 (1956), p. 21-27. — L. Gougaud, *Le culte de saint Fiacre ermite*, dans *Revue Mabillon*, t. 26 (1936), p. 197-201. — Dom J. Dubois, *Un sanctuaire monastique au Moyen Âge : Saint-Fiacre-en-Brie*, Genève, 1976. — *13e centenaire de saint Fiacre : Actes du congrès de Meaux, 1970*, Paris, 1972. — Cf. *MB S* 8221. E.L.

Saint Genis (Mystère de) de Jean Oudin. « L'ystoire et la vie du glorieux corps saint Genis » date du début du XVIe siècle. La pièce compte 4 078 vers et 50 personnages et est écrite en octosyllabes. Le manuscrit de 81 feuillets (BN, fr. 12537) est très intéressant : il a dû servir à plusieurs représentations dont une en 1507 indiquée dans le manuscrit et des additions ou modifications du texte ont été faites. Le nom de l'auteur apparaît en anagramme à la fin du texte : « Dompnus Johannes Oudini. »

ŒUVRE. — Éd. W. Mostert et E. Stengel, *Jean Oudin, L'Ystoire et la vie de saint Genis*, Marburg, 1895.

→ L. Petit de Julleville, *Les mystères*, Paris, 1880, t. 2, p. 520-522. — Cf. *MB* n° 5795. E.L.

Saint Georges (Vie de). Ce saint guerrier, originaire de Cappadoce, vainqueur du dragon, aurait été martyrisé sous Dioclétien. Son culte s'est développé de bonne heure, tant en Orient qu'en Occident, et a pris une ampleur extraordinaire au Moyen Âge, grâce aux croisades. Saint Georges est le patron de l'Angleterre. On connaît cinq vies en vers français : un poème en heptasyllabes, de l'extrême fin du XIIe, dû à Simon de Freine* ; un récit de 478 octosyllabes, qui a été attribué à tort à Wace* par V. Luzarche ; deux poèmes du XIVe siècle. L'un d'eux, très bref (42 vers) a été édité par H. Petersen-Dyggve, et l'autre (551 octosyllabes à rimes plates) par J.E. Matzke. Le plus tardif, du XVe siècle, en hexasyllabes et octosyllabes, est encore inédit. Il existe également huit versions en prose au moins, dont deux sont éditées.

ŒUVRES. — *La Vie de la Vierge Marie de maître Wace, suivie de la vie de saint Georges du même trouvère*, éd. V. Luzarche, Tours, 1858. — Éd. J.E. Matzke, dans *PMLA*, t. 18 (1903), p. 99-171 [vie du XIVe en octosyllabes]. — Éd. H. Petersen-Dyggve, dans *Neuphilologische Mitteilungen*, t. 27 (1926), p. 1-7. — Éd. H. Stimm, dans *Altfrankoprovenzalische Übersetzungen hagiographischer lateinischer Texte*, Wiesbaden, 1955 [une vie en prose].

→ J.E. Matzke, *Contributions to the History of the Legend of saint Georges*, dans *PMLA*, t. 17 (1902), p. 464-535 ; t. 18 (1903), p. 99-171. — F. Cumont, *Les plus anciennes légendes de saint Georges*, dans *Revue d'histoire des religions*, t. 114 (1936). — P. Johnson et B. Cazelles, *Le vain siècle guerpir*, Chapel Hill, 1979 [notamment p. 248-255]. — Cf. *GRLMA*, t. VIII/2, nos 30950-31000. — *MB* nos 3273-3277. A.F.L.L.

Saint Grégoire (Légende de). Poème en octosyllabes à rimes plates (2 078 vers), où l'on raconte la vie et les aventures d'un saint Grégoire dont l'auteur prétend qu'il a été pape. Le personnage central de ce poème ne semble pourtant ressembler à aucun pape de ce nom. Sa légende présente des similitudes avec le mythe d'Œdipe. Il s'agit d'un garçon né de l'union incestueuse d'une jeune fille et de son frère. Exposé sur mer la nuit même de sa naissance, il est accueilli dans une abbaye. Adulte, il apprend son histoire et part à la recherche de plus amples détails. Il se rend au pays de sa mère et l'épouse. Découverte de leur parenté réelle ; le fils-époux devient ermite sur une île déserte d'où, après dix-sept ans, Dieu le fait nommer pape. Sans le connaître, sa mère vient à lui en pénitente, et tous deux finissent leurs jours en des œuvres saintes.

Aucun des six manuscrits qui ont conservé la *Légende* n'est original. On les divise traditionnellement en deux groupes, ou versions, A et B, dont chacune est conservée dans trois mss. Mario Roques se fonde sur des indices assez ingénieux pour estimer que la version B est plus proche de l'original que A. Cette dernière ne serait, selon lui, que l'œuvre d'un remanieur modernisant qui a supprimé les traces, que Roques a pensé trouver dans B, d'un poème original fait pour une présentation musicale.

Au contraire de la *Vie* (v. *infra*), ce poème provient d'un original en langue vulgaire ; du moins, il ne renferme aucune mention d'un traducteur. De même que dans la *Vie*, la version la plus ancienne remonte au moins jusqu'aux dernières années du XIIIe siècle, tandis que l'autre appartient au XIVe. Encore à la différence de la *Vie*, la *Légende* s'est prêtée, en raison sans doute du grand nombre d'événements romanesques qu'elle rapporte, à de nombreuses adaptations dans d'autres littératures. Elle fut traduite, au XIIIe siècle déjà, par Hartmann von Aue*, et imprimée en 1838 sous le titre de *Gregorium auf dem Steine*. Vers la fin du XIVe siècle, elle fut mise en prose latine par l'auteur des *Gesta Romanorum*, puis, à nouveau en français, en 1521, comme le *Violier des Hystoires Rommaines*. Et nous connaissons bien entendu l'ouvrage plus récent de Thomas Mann.

ŒUVRE. — *La légende de saint Grégoire, rédaction du XIVe siècle*, éd. C. Fant, Uppsala, 1887. — *La vie du pape saint Grégoire. Huit versions françaises médiévales de la légende du Bon pécheur*, éd. H. Sol, Amsterdam, 1977 [version en octosyllabes, d'après ses deux rédactions, versions en alexandrins, version en prose (Laur Med pal 141)].

→ W. Miehle, *Das Verhältnis der Handschriften des altfranzösische Gregorius*, dans *ZRPh*, t. 10 (1886), p. 321-362. — P. Meyer, *Légendes hagiographiques en français*, dans *HLF*, t. 33 (1906), p. 328-458 [notamment p. 352]. — C.G. Allen, *The Relation of the German « Gregorius auf dem Stein » to the Old French Poem « La Vie de saint Grégoire »*, dans *Mél. J.E. Matzke*, Stanford, 1911, p. 49-56. — M. Roques, *Sur deux particularités métriques de la vie de saint Grégoire en ancien français*, dans *Romania*, t. 48 (1922), p. 41-61. — G. Krause, *Die Handschrift von Cambrai der altfranzösischen « Vie de saint Grégoire »*, Halle, 1932 (*Romanistische Arbeiten*, 19). — A.H. Krappe, *La légende de saint Grégoire*, dans *Le moyen français*, t. 46 (1936), p. 161-177. — P. Johnson et B. Cazelles, *Le Vain Siècle guerpir*, Chapel Hill, 1979, p. 262-266. — B. Herlem-Prey, *Le Gregorius et la Vie de saint Grégoire*, Göppingen, 1979 (*Göppinger Arbeiten zur Germanistik*, 215) [importante bibliogr.]. — J.-M. Pastré et B. Herlem-Prey, *Hartmann von Aue Gregorius. Traduction française. La Vie de saint Grégoire. Édition du ms. A2*, Göppingen, 1986 (*Göppinger Arbeiten zur Germanistik*, 331) [éd. du ms. qui a servi de base à Hartmann von Aue]. — A. Guerreau-Jalabert, *Inceste et sainteté. La « Vie de saint Grégoire » en français (XIIe)*, dans *Annales ESC*, t. 43 (1988), p. 1291-1319. — Cf. *GRLMA*, t. VIII/2, n° 31660. — *MB* nos 3291, 7777-7778 ; *S* 5781-5788. L.C.P.

Saint Grégoire (Vie de). Poème en vers octosyllabiques à rimes plates, où l'on raconte la vie et les faits du premier pape de ce nom. Rédigée d'abord au IXe siècle en latin, par Jean le Diacre, cette *Vie* a donné lieu par la suite à deux traductions françaises. La plus ancienne est celle de frère Angier*, qui dit y avoir mis la dernière main le 30 avril 1214. L'autre datée du Vendredi saint 1326 est anonyme, mais a parfois été attribuée à Jean de Justice*. La traduction de frère Angier est plus longue que l'autre (2 954 vers contre 2 378), mais il est évident que les deux traducteurs ont eu sous les yeux le même texte latin et qu'ils l'ont suivi assez fidèlement. On y trouve les mêmes renseignements sur les parents et l'origine (légitime et sénatoriale) du personnage central. En outre, sur une vingtaine d'anecdotes prises dans la carrière de Grégoire, les deux traductions en rapportent 18 en commun, avec un accord entier de détails et selon le même ordre de progression.

Bien des détails rapportés dans la *Vie* latine ont été retranchés dans les deux versions françaises, de sorte que celles-ci ne possèdent pas plus de valeur historique que de mérite littéraire. Leur importance, pour nous, réside dans un tout autre domaine. Puisque les deux traductions sont datées de façon si précise, elles servent à nous renseigner assez exactement sur l'état du dialecte anglo-normand au début du XIIIe siècle et au commencement du XIVe.

Ce poème n'est pas à confondre avec celui qui est fondé sur la légende de saint Grégoire (v. *supra*).

ŒUVRES. — *La Vie de saint Grégoire le Grand*, éd. A. de Montaiglon, dans *Romania*, t. 8 (1879), p. 509-544. — Éd. O. Sandqvist, Lund, 1989 [*Vie* anonyme]. — *La Vie de saint Grégoire le Grand traduite du latin par frère Angier*, éd. P. Meyer, dans *Romania*, t. 12 (1883), p. 145-208.

→ M.K. Pope, *Étude sur la langue de frère Angier*, Paris, 1903 [à compléter par A. Thomas, dans *Romania*, t. 33 (1904), p. 440-443]. — P. Meyer, *Légendes hagiographiques en français*, dans *HLF*, t. 33 (1906), p. 328-458 [notamment p. 352]. — M.D. Legge, *La date des écrits de frère Angier*, dans *Romania*, t. 79 (1958), p. 512-514 ; *Anglo-Norman Literature and its Background*, Oxford, 1963, p. 208-209. — Cf. *GRLMA*, t. VIII, n° 31040. — *MB* nos 3284-3299, 7777-7781 ; *S* 5789-5790. L.C.P.

Saint Hubert (Vie de). Voir : Colard Mansion.

Saint Jacques le Majeur (Vie de). Après la Pentecôte, l'apôtre Jacques le Majeur, frère de Jean l'Évangéliste, partit prêcher en Espagne, mais sans succès. Il revint donc subir le martyre en Judée. Mais son corps, sur un bateau guidé par des anges, revint en Galice où il convertit la reine Louve et le roi d'Espagne.

La légende du sanctuaire de Compostelle a été élaborée peu à peu entre le VIIe et le XIIe siècle. Le culte reste local malgré la découverte des reliques vers 800. Le pèlerinage ne se développe qu'à partir de la Reconquête (XIe). Favorisé par l'action convergente des milieux laïcs (les rois d'Espagne qui veillent à la sécurité et à l'état des routes) et ecclésiastiques (l'ordre de Cluny et les monastères installés le long de la route), il voit son apogée aux XIIe-XIIIe siècles, mais reste fréquenté jusqu'au XVe siècle.

Le culte de saint Jacques le Majeur est lié au pèlerinage. La plupart des *Vies* contiennent le récit de la translation en Galice et surtout une abondance de miracles liés au pèlerinage. Si on ne connaît aucun récit français en vers, treize *Vies* en prose témoignent de la faveur du culte. Certaines ont été très largement diffusées : l'une d'elles est conservée dans plus de vingt-cinq manuscrits. Seules les deux plus anciennes, du XIIIe siècle, sont éditées. L'une est la mise en prose d'un poème perdu. La seconde est en dialecte lyonnais. Les autres s'échelonnent jusqu'au XVe siècle. La *Légende dorée** a fourni l'inspiration de plusieurs de ces treize *Vies*.

Le pèlerinage a également suscité beaucoup de guides dans toute l'Europe. Le plus connu est le *Guide du pèlerin de Saint Jacques* attribué à Aimeri Picaud (voir aussi Pseudo-Turpin), clerc de Parthenay en Poitou (vers 1130-1140). Il décrit les pays traversés, leur population, les hospices sur le chemin, la qualité de l'eau des puits et des rivières, la nourriture, l'argent à prévoir, les sanctuaires à visiter, etc. Le guide, écrit par Nompar II, seigneur de Caumont* (1417), indique seulement les étapes et les distances qui les séparent.

Le *Guide du pèlerin* d'Aimeri Picaud est la cinquième et dernière partie du *Liber sancti Jacobi*, dont les livres II et III, c'est-à-dire les *Miracles* et le *Livre de la Translation* (qui contient le récit de l'évangélisation de l'Espagne, du martyre et de la translation en Galice), ont été adaptés en français en 1212 par Pierre de Beauvais* pour la comtesse Yolande de Saint-Pol.

ŒUVRES. — Éd. A. Mussafia et T. Gartner, dans *Altfranzösische Prosalegenden*, Vienne, 1895 [version lyonnaise]. — Éd. P. Meyer dans *Romania*, t. 31 (1902), p. 252-273 [mise en prose du XIIIe]. — *Le Guide du pèlerin de Saint Jacques*, éd. J. Vielliard, Mâcon, 1950 [éd. et trad. du *Guide* d'Aimeri Picaud]. — *The Liber Sancti Jacobi. The French Adaptation by Pierre de Beauvais*, éd. M.L. Berkey, dans *Romania*, t. 86 (1965), p. 77-103.

→ Y. Bottineau, *Les chemins de Saint Jacques*, Paris, 1964. — P.-A. Sigal, *Les marcheurs de Dieu*, Paris, 1974 (*U Prisme*). — *Saint Jacques de Compostelle*, sous la dir. d'A. Dupront, Turnhout, 1985 *(La Quête du sacré)* [ces 3 vol. portent sur le pèlerinage]. — Cf. *MB* nos 3302, 6633. A.F.L.L.

Saint Jean Baptiste (Vie de). Le culte du Précurseur, très répandu, a donné lieu à de nombreux récits de sa nativité, sa vie et sa passion, fondés sur les Évangiles. À côté de très nombreux textes français en prose, tous inédits, on relève quatre *Vies* en vers. La plus ancienne, en alexandrins de la fin du XIIe siècle, a été éditée par G. Paris et A. Bos en appendice à la *Vie de saint Gilles* par Guillaume de Berneville*. Une *Vie* en octosyllabes est datée de 1322 (éd. Gieber) et deux *Vies* en quatrains d'octosyllabes ont été composées respectivement dans le troisième quart du XIVe siècle (éd. Sinclair) et au XVe siècle (éd. Montaiglon).

Il existe également une traduction en français du récit latin (*BHL*, 4298) attribué à Richard de Gerberoy, évêque d'Amiens, qui conte la découverte du chef de saint Jean Baptiste par le clerc Wallo, chanoine de Picquigny, et sa translation à Amiens en 1206.

ŒUVRES. — Éd. A. de Montaiglon et J. de Rothschild, dans *Recueil de poésies françaises des XVe et XVIe siècles*, Paris, 1875, t. 10, p. 295-304. — *La vie de saint Gilles par Guillaume de Berneville*, éd. G. Paris et A. Bos, Paris, 1881 (*SATF*, 14). — *La Vie de saint Jehan Baptiste*, éd. R. Gieber, Tübingen, 1978 (*Beihefte zur ZRPh*, 164). — *Une nouvelle vie rimée de saint Jean-Baptiste en ancien français*, éd. K.V. Sinclair, dans *Romania*, t. 103 (1982), p. 529-546.

→ C. Salmon, *Histoire du chef de saint Jean Baptiste*, Amiens, 1876, notamment p. 197-203. Cf. *GRLMA* t. VIII/2, nos 22480, 31120-31140. — *MB* nos 3305-3308 ; *S* 5794. A.F.L.L.

Saint Jean Chrysostome ou Bouche d'Or (Vie de). Patriarche de Constantinople au IVe siècle, docteur de l'Église, Jean Chrysostome doit son surnom à ses talents d'orateur (*chrysostomos* signifie « bouche d'or »). Ce surnom évocateur a donné naissance à une légende qui n'a que peu à voir avec la réalité historique : une jeune veuve, mère d'un garçon, quitte le monde pour vivre sous un habit d'homme dans un monastère. De là, elle soutient par sa prière, sans se faire connaître, son fils devenu prêtre et en butte à la calomnie. Ce n'est qu'après sa mort qu'elle sera reconnue par sa propre mère et par son fils. Ce dernier est devenu le chapelain d'un roi juste et bon. Mais la fille du roi, séduite par un jeune homme et enceinte, accuse le saint homme, qui est exilé dans un désert, où il vit en ermite et écrit des vies de saints. C'est alors qu'a lieu le miracle auquel il doit son surnom : le diable ayant cassé son encrier, sa salive se transforme en encre d'or. La princesse avoue la vérité, saint Jean Bouche d'Or est réhabilité et devient évêque. De nouveau victime de la calomnie, il finit par triompher grâce aux prières de sa mère.

Les points communs avec la vie du saint historique sont minces : le patriarche de Constantinople, fils d'une jeune veuve, fut déposé à la suite d'une accusation calomnieuse, avant de connaître un retour triomphal.

Quant au thème de la jeune fille enceinte qui accuse un saint, il est fréquent dans la littérature hagiographique : on le trouve notamment dans des contes de la *Vie des pères**, et dans les vies de saint Cuthbert, saint Gilles, de sainte Théodore et de sainte Marine.

À la fin du XIIIe siècle, un poète nommé Renaut écrivit en dialecte picard une *Vie de saint Jean Bouche d'Or* (870 octosyllabes à rimes riches), en conservant seulement l'épisode du miracle de la salive d'or, depuis l'accusation de la jeune fille jusqu'à la réhabilitation.

Un récit moins fantaisiste, celui de la *Légende dorée**, est à l'origine de cinq brèves vies françaises anonymes, toutes inédites. Il existe aussi un *Miracle de Notre-Dame**, du XVe siècle, dont le héros est saint Jean Chrysostome.

ŒUVRES. — *Miracle de Nostre Dame, de saint Jean Chrisosthome et de Anthure, sa mère*, éd. C. Wahlund, Uppsala, 1875. — Éd. A. Weber, dans *Romania*, t. 6 (1877), p. 328-340 [vie par Renaut]. — *Vie de saint Jean Bouche d'or et la vie de sainte Dieudonnée sa mère*, éd. H. Dirickx Van der Straeten, Liège, 1931 [récit par Renaut, et vie de ste Dieudonnée en 712 quatrains d'alexandrins, qui raconte la même histoire du point de vue de la mère du saint].

→ L. Gnädinger, *Eremitica. Studien zur altfranzösischen Heiligenvita des 12. und 13. Jahrhunderts*, Tübingen, 1971 (*Beihefte zur ZRPh*, 130). — B. Cazelles, *Le corps de sainteté d'après Jehan Bouche d'Or, Jehan Paulus et quelques vies des XIIe et XIIIe siècles*, Genève, 1982. — Cf. *MB* nos 3309-3310 ; *S* 5723, 5731. A.F.L.L.

Saint Jean l'Aumônier (Vie de). La vie de ce patriarche d'Alexandrie du début du VIIe siècle, qui s'illustra dans la lutte contre l'hérésie monophysite et dans la pratique de la justice sociale, a fait l'objet, dans le premier tiers du XIIIe siècle, d'un poème de près de 8 000 octosyllabes à rimes plates. Son auteur, un clerc anglo-normand, utilise la *Vie* latine par Anastase le Bibliothécaire (*BHL*, 4388), mais il introduit aussi des commentaires de son propre cru. On connaît également plusieurs vies inédites en prose française de ce saint, notamment dans la traduction de la *Légende dorée** du dominicain Jacques de Voragine.

ŒUVRE. — *The Life of Saint John the Almsgiver*, éd. K. Urwin, 2 vol., Londres, 1980-1981 (*ANTS*, 38 et 39).

→ M.D. Legge, *Anglo-Norman Literature and its Background*, Oxford, 1963, p. 253-254. — Cf. *MB* nos 3303-3304 ; *S* 1313, 5791-5793.

A.F.L.L.

Saint Jean Paulus (Vie de). La légende de saint Jean Paulus a joui d'une grande popularité au Moyen Âge. Il en existe une douzaine de rédactions, en vers et en prose, qui se répartissent entre la France, l'Italie, l'Espagne et l'Allemagne. Le nom du héros varie selon les pays : Jean Paulus en France, Jean Gari en Espagne ; il est identifié, en Italie et en Allemagne, avec saint Jean Chrysostome. Trois vies en ancien français lui sont consacrées : la plus ancienne, picarde, du milieu du XIIIe siècle, écrite en octosyllabes ; la deuxième, du XIVe siècle, en prose et la dernière, de 94 quatrains d'alexandrins monorimes, datée de 1477.

On ne sait rien de l'auteur de la *Vie* du XIIIe. Dans deux des trois mss, elle s'intègre au milieu des *Miracles de Notre Dame* de Gautier de Coinci*, ou leur fait suite, ce qui a conduit à certaines confusions entre Gautier et l'auteur de la *Vie*. Rien ne prouve cette identification.

L'ermite Jean Paulus succombe à la tentation diabolique : il viole la fille d'un roi, la tue et l'enfouit dans un puits. Devenu pénitent, il mène la vie d'un animal dans la forêt. Capturé par le roi, père de la morte, il est emprisonné au palais. Un jour qu'il est exhibé au cours d'un festin, un nouveau-né lui prédit que ses péchés seront pardonnés. L'ermite confesse son crime, ressuscite la princesse et deviendra évêque.

Saint Jean Paulus est également le héros d'un *Miracle de Notre Dame** à 23 personnages, long de 1 600 octosyllabes, composé au XVe siècle.

ŒUVRES. — *The German Legends of the Hairy Anchorite*, éd. C.A. Williams et L. Allen, Urbana, 1935 [éd. la vie attribuée à Gautier de Coinci et la vie en prose]. — Éd. W. Kleist, dans *Die erzählende französische Dit-Literatur in « Quatrains alexandrins monorimes »*, Hambourg, 1973. — Éd. G. Paris et U. Robert, dans *Miracles de Notre-Dame par personnages*, Paris, 1880, t. 5, p. 89-151 (*SATF*, 4).

→ L. Karl, *La légende de saint Jehan Paulus (la légende en vers, en prose et le miracle)*, dans *RLR*, t. 56 (1913), p. 424-445. — J. Morawski, *La vie de saint Jean Paulus ; origines et évolution d'une légende médiévale*, dans *Les Lettres romanes*, t. 1 (1947), p. 9-36. — B. Cazelles, *Le corps de sainteté d'après Jehan Bouche d'Or, Jehan Paulus et quelques vies des XIIe et XIIIe*, Genève, 1982. — Cf. *GRLMA*, t. VIII/2, n° 31160. — *MB* nos 3314-3317, 6636 ; *S* 5857.

C.R. et A.F.L.L.

Saint Julien (Vie de). Il existe trois saints de ce nom, dont les légendes ont parfois été mêlées : un évêque du Mans, un martyr en Auvergne (dont saint Mamert, évêque de Vienne, retrouva le chef), et l'Hospitalier, dont la légende merveilleuse a facilement inspiré les hagiographes. Julien, un jeune noble, se trouve à la chasse lorsqu'un cerf lui prédit qu'il tuera son père et sa mère ; il fuit pour échapper au destin et se marie. Mais ses parents le recherchent et arrivent chez lui un jour en son absence. Sa femme les fait coucher dans le lit conjugal. Par méprise, croyant surprendre sa femme avec un amant, Julien les tue. Désespéré, il s'enfuit avec sa femme, crée un hôpital et vit dans la pénitence.

Cette légende pathétique a eu un très grand succès. Avant 1267, un poète nommé « Rogier » dont on ne sait rien, compose, à l'intention d'un « comte Philippe » qui n'est pas davantage identifié, un poème de près de 5 000 octosyllabes. Du XIIIe siècle également, une version en prose écrite en Picardie ou en Vermandois figure dans plus de 25 mss. C'est un de ces manuscrits qui aurait inspiré la nouvelle de Flaubert. J.-P. Perrot pense que cette version serait un dérimage d'un poème perdu, antérieur à celui de Rogier.

Au XVe siècle, Guillaume Danicot, historiographe de Louis XI et moine de Saint-Julien en Auvergne, traduit la vie de saint Julien de Vienne et dédie son œuvre à Charlotte de Savoie, seconde femme de Louis XI (1443-1485).

On connaît aussi une dizaine de vies en prose des saints Julien du Mans ou de Vienne, inspirées de la *Légende dorée** et de Grégoire de Tours*.

Enfin, un *Dialogue de saint Julien et de son disciple*, traduit du *Prognosticon Futuri Saeculi* de Julien de Tolède, a également été traduit au milieu du XIIIe siècle, en 2 000 vers, par un auteur anglo-normand. Ce traité, qui se divise en trois parties (origines de la mort ; ce qu'il advient des âmes en attendant la résurrection ; la résurrection), ne vise pas à l'originalité : il regroupe toute une série d'arguments connus sur ce sujet.

ŒUVRES. — Éd. A. Tobler, dans *Archiv SNSL*, t. 101 (1898), p. 339-364 ; t. 102 (1899), p. 109-178 [éd. la *Vie* par Rogier] ; *Die Prosafassung der Legende vom heiligen Julian, ibid.*, t. 106 (1901), p. 294-323 ; t. 107 (1902), p. 79-102 [*Vie* du XIIIe en prose]. — *Dialogue de saint Julien et de son disciple*, éd. A. Bonjour, Oxford, 1949 (*ANTS*, 8). — *The Old French Prose Legend of Saint Julian the Hospitaller*, éd. C.T. Swan, Tübingen, 1977 (*Beihefte zur ZRPh*, 160) [*Vie* du XIIIe en prose].

→ J. Lesellier, *Un historiographe de Louis XI demeuré inconnu, Guillaume Danicot*, dans *Mél. d'archéologie et d'histoire de l'École française de Rome*, t. 43 (1926), p. 1-29. — F.S. Tanquerey, *Originalité du Dialogue entre saint Julien et son disciple*, dans *Mél. A. Thomas*, Paris, 1927, p. 437-444. — C. Samaran, *Un ouvrage de Guillaume Danicot, historiographe de Louis XI*, dans *Mél. d'archéologie et d'histoire de l'École française de Rome*, t. 45 (1928), p. 8-20. — B. de Gaiffier, *La légende de saint Julien l'Hospitalier*, dans *Analecta Bollandiana*, t. 63 (1945), p. 145-219. — J.-P. Perrot, *Le sens de l'errance dans la plus ancienne version française de la Vie de saint Julien l'Hospitalier*, dans *Senefiance*, t. 2 (1976), p. 473-489. — B. Bart et R.F. Cook, *The legendary sources of*

Flaubert's "Saint Julien", Toronto, 1977. — J. Larmat, *Julien dans les textes du Moyen Âge*, dans *L'empereur Julien. De l'histoire à la légende (331-1715)*, Paris, 1978, p. 269-294. — C. Manhes et J.-P. Deremble, *Deux récits, textuel et iconique de la légende de saint Julien*, dans *Art et littérature, Actes du congrès de la Soc. fr. de littérature générale et comparée, Aix, 1986*, Aix, 1988, p. 409-423. — Cf. *MB* nos 3327-3328, 6638-6639 ; *S* 5795-5800. A.F.L.L.

Saint Laurent (Mystères de). Un Mystère de 8 818 vers et 56 personnages, connu par un imprimé du XVIe siècle (« S'ensuyt la vie de monseigneur sainct Laurens par personnaiges. Avec le martire de sainct Ypolite », chez Alain Lotrian et Denis Janot, Paris), aurait été joué à Chambéry en 1460, à Compiègne en 1467 et à Metz en 1488. La mise en scène est connue par des didascalies précises et les indications du prologue.

Un second mystère met en scène la vie de saint Laurent : le général Decius, qui a usurpé l'empire sur Philippe, persécute les chrétiens. Jeté en prison à Rome, Laurent y convertit un haut dignitaire de l'Empire, Hippolyte. Laurent meurt brûlé sur un gril tandis qu'Hippolyte est écartelé.

ŒUVRE. — W. Söderhjelm et A. Wallensköld, *Le Mystère de saint Laurent*, Helsingfors, 1891.

→ L. Petit de Julleville, *Les mystères*, Paris, 1880, t. 1, p. 385, 396 ; t. 2 p. 28-29, 31, 55, 524-527. — D. Carnahan, *The Prologue in the Old French Mysteries*, New Haven, 1905, p. 177-179. — H. Rey-Flaud, *Le Cercle magique*, Paris, 1973, p. 73-76. — Cf. *MB* n° 5796.

Le *Mystère de saint Laurent* joué à Lanslevillard en 1553, connu par un inédit des archives de Savoie (E suppl. II 3) est en deux journées, à 46 personnages. Il y a des relations entre ce mystère, le *Mystère de la Patience de Job*, jouée en 1542 et le *Mystère de saint Sébastien** joué en 1567, tous trois à Lanslevillard.

→ L. Chocheyras, *Le théâtre religieux en Savoie*, Genève, 1971, p. 54-58, p. 130-140. — Cf. *GRLMA*, t. XII/1 : *Le théâtre religieux français* (sous presse). E.L.

Saint Laurent (Vie de). Après le martyre du pape Sixte, l'empereur Decius tenta en vain de se faire donner par le diacre Laurent le trésor de l'Église, dont celui-ci avait la garde. Emprisonné parce qu'il refusait de sacrifier aux idoles, torturé, Laurent convertissait sans cesse des païens. Decius le fit finalement rôtir sur un gril. Ce saint très populaire, dont la vie figure notamment dans la *Légende dorée** du dominicain Jacques de Voragine, a fait l'objet de nombreux récits en prose française, tous inédits, échelonnés du XIIIe au XVe siècle. La plus ancienne de ces *Vies*, largement diffusée (plus de vingt manuscrits conservés), a été écrite en Picardie ou en Vermandois au XIIIe siècle. Plusieurs des *Vies* en prose sont adaptées de la *Légende dorée.*

On ne connaît qu'une *Vie* en vers, écrite en anglo-normand entre 1140 et 1170. L'auteur en serait une femme, sans doute la prieure ou l'abbesse d'un couvent dédié à saint Laurent. Son poème, de près de 1 000 octosyllabcs à rimes plates, s'inspire de la *Passio Polychronii* du Ve siècle. Mais le poème français montre davantage de préoccupations didactiques : l'auteur s'écarte parfois de sa source pour commenter l'attitude des personnages, ou expliquer et amplifier des notations morales incidentes.

D'autres textes sont également consacrés à saint Laurent : des *Mystères* (voir *supra*) et un *Miracle de Notre-Dame** à 29 personnages du XVe siècle en octosyllabes.

ŒUVRES. — *Miracles de Notre-Dame par personnages*, éd. G. Paris et U. Robert, t. 7, Paris, 1883 (*SATF*, 4). — Éd. W. Söderhjelm, Paris, 1888 [éd. le ms. Paris BN fr. 19525] ; *Le poème de Saint Laurent dans Egerton 2710*, éd. W. Söderhjelm, dans *Mémoires de la Soc. néophilologique de Helsingfors*, t. 1 (1893), p. 21-31 [les deux éd. de Söderhjelm, rendues caduques par celle de Russell, sont à consulter surtout pour leur intro.]. — Éd. D.W. Russell, Londres, 1976 (*ANTS*, 34) [vie en anglo-normand].

→ A. Labosse, *Histoire de Saint Laurent*, Lille, 1862. — M.D. Legge, *Anglo-Norman Literature and its Background*, Oxford, 1963, p. 251-252. — Cf. *MB* nos 3329-3330 ; *S* 5731, 5740, 5801. A.F.L.L.

Saint Léger (Vie de). Poème narratif de 240 vers octosyllabiques assonancés deux par deux, réunis en couplets de six. La notation neumatique est incomplète. La narration, qui comporte une *vita* (v. 1-150) et une *passio* (v. 151-240), suit en l'abrégeant une version remaniée de la *Passio* latine écrite par le moine poitevin Ursinus à une époque où les cendres du saint reposaient encore à Saint-Maixent (Deux-Sèvres).

Léger *(Leodegarius)* est un saint mérovingien authentique, dont les démêlés politiques avec le maire du palais Ebroïn amenèrent la mort violente (679 ou 680) ; son « natalice » tombe le 2 octobre.

Notre poème, l'un des plus anciens textes français, fut recopié vers l'an mil dans un codex du trésor de la cathédrale de Clermont (voir aussi *Passion de Jésus-Christ*). Le culte de saint Léger, à cette époque reculée, peut être localisé avec certitude à l'abbaye de Saint-Léger à Ébreuil en Bourbonnais, fondée en 865 ou 866 par le roi d'Aquitaine Charles l'Enfant, en faveur de moines poitevins chassés de Saint-Maixent par les incursions des Normands.

G. de Poerck estime que le poème fut peut-être composé à Ébreuil même et qu'il faut attribuer sa langue au sud du domaine français. À l'inverse, H. Suchier et J. Linskill pensent que l'original appartient au nord du domaine d'oïl. D'A.S. Avalle soutient également une origine wallone du texte. M. Delbouille adopte une position moyenne : la langue du texte lui paraît de l'extrême nord-est de la région d'oïl, avec des traits wallons ou picards, mais un scribe remanieur, sans doute à Saint-Maixent, lui a donné une forte coloration méridionale, poitevine.

À côté de ce poème, on connaît aussi neuf vies en prose française, toutes inédites, de saint Léger.

ŒUVRE. — Éd. J. Linskill, *Saint Léger. Étude de la langue du manuscrit de Clermont-Ferrand*, Paris, 1937. — *Sant Lethgier*, éd. D'A.S. Avalle dans *Studia Ghisleriana, Serie speziale per il Centenario del Collegio Ghisleri in Pavia*, 1967, p. 349-362 [à compléter par F. Lecoy, dans *Romania*, t. 90 (1969), p. 286-287].

→ E. Auerbach, *Über das altfranzösische Leodegarlied*, dans *Mél. E. Gamillscheg*, Tübingen, 1957, p. 35-42. — J.W.B. Zaal, *« A lei francesca ». Étude sur les chansons de saints gallo-romanes du XIe s.*, Leyde, 1962. — G. de Poerck, *Les plus anciens textes de la langue française comme témoins de l'époque*, dans *RLingR*, t. 27 (1963), p. 1-33 ; *Le ms. Clermont-Ferrand 240*, dans *Scriptorium*, t. 18 (1964), p. 11-33. — G. Hilty, *La séquence de sainte Eulalie et les origines de la langue littéraire française*, dans *Vox Romanica*, t. 27 (1968), p. 4-18. — D'A.S. Avalle, *I Vallonismi del « Sant Lethgier »*, dans *Mél. A. Henry*, Strasbourg, 1970, p. 45-50. — C. Segre, *Des vies de saints aux chansons de geste : technique et centres culturels*, dans *Actes du 6e congrès international de la Société Rencesvals*, Aix-en-Provence, 1974, p. 303-313. — G. Bianchi, *La funzione agiografica nel « Sant Lethgier »*, dans *Testi e interpretazioni, Studi del Seminario di Filologia Romanza dell'Univ. di Firenze*, Milan-Naples, 1978, p. 147-168. — Cf. *GRLMA* t. I/1, p. 564-566 et t. I/2, n° 30. — *MB* nos 2-5, 34-38, 7117 ; *S* 643-646, 945. G.D.P. et A.F.L.L.

Saint Louis (Mystères de). Le *Jeu saint Loys* fut écrit sous le règne de Louis XI vers 1470 et met en scène la vie de Saint Louis*, du sacre et du mariage à la prise de Damiette, de l'emprisonnement après Mansourah au retour à Paris, de l'arrivée à Tunis à la mort. Le mystère compte trois journées, 232 personnages et 19 197 vers. Les indications scéniques sont très riches. On note que les Anglais parlent le jargon franco-anglais. Les diables sont originaux : Pluton, Tityvillus et Panthagruel obéissent à Lucifer. Un ex-libris prouve que le manuscrit unique (BN, fr. 24331) a appartenu aux Confrères de la Passion après avoir appartenu à Denis Frete, en 1472, et avant d'appartenir au Collège de Navarre. Le ms. copié par plusieurs mains, comprend des remaniements importants.

ŒUVRE. — F. Michel, *Le Mystère de saint Louis*, Londres, 1871. — D. Smith, *Le jeu saint Loys*, thèse Paris-III, 1987.

→ L. Petit de Julleville, *Les mystères*, Paris, 1880, t. 2, 527-531. — Cf. C.J. Stratman, *Bibliogr. of Medieval Drama*, Berkeley, 1954, 2e éd. augm. New York, 1972, nos 7437-7439. *MB* n° 5797.

Le *Mystère de saint Louis* de Pierre Gringore (1475-1544) compte 6 972 vers et 61 personnages. Il est divisé en neuf livres dont la représentation s'étalait sur plusieurs années. Tout à fait indépendant du jeu saint Louis.

ŒUVRE. — A. de Montaiglon et Ch. d'Héricault, *Œuvres complètes de Pierre Gringore*, Paris, 1858, t. 2, réimpression Slatkine, Genève, 1970 [avec intro. par J.-C. Aubailly].

→ L. Petit de Julleville, *Les mystères*, Paris, 1880, t. 2, p. 583-597. — C. Oulmont, *Pierre Gringore*, Paris, 1911, rééd. Strasbourg, 1969, p. 158-159. — Cf. *MB* nos 5876-5878

O.J. et E.L.

Saint Louis (Vie de). Voir : Jean de Joinville, Guillaume de Saint-Pathus, Louis IX ; voir aussi *Saint Louis (Mystères de)*.

Saint Martin (Mystères de). Il reste trois Mystères de saint Martin :

1. ***Mystère de saint Martin***. Pièce de 4 000 vers environ (auxquels manquent 100 vers au milieu) à 53 personnages. Le mystère n'est connu que par une édition du XVIe siècle, mais il pourrait dater du

XVe siècle. La mise en scène est décrite dans le prologue.

2. ***Mystère de saint Martin*** d'André de La Vigne*. Mystère de 10 445 vers, à 152 personnages. Divisé en trois journées, il fut représenté les 10, 11, 12 octobre 1496 à Seurre, en même temps que la *Moralité de l'aveugle et du boiteux* et la *Farce du Meunier de qui le diable emporte l'âme en enfer* qui l'accompagnent (mss BN, fr. 24432 et Tours, Bibl. Mun. 928). Les derniers feuillets renferment le procès-verbal de la représentation et la liste des personnages.

3. ***Mystère de saint Martin.*** Mystère de 3 771 vers en deux journées à 76 personnages intitulé : « Cy commence l'hystoire de la vie sainct Martin composée pour la communauté de S. Martin de la Porte en Maurienne en l'an 1565 », qui serait apparenté au *Mystère de saint Martin* d'André de La Vigne. Noter : un personnage de sot qui patoise.

ŒUVRES. — 1) Éd. Doublet de Boisthibault, *Le Mystère de saint Martin*, dans *Collection de Poésies*, Paris, 1841. — 2) Éd. A. Duplat, *Le Mystère de Saint Martin*, Genève, 1979 (*TLF*, 277). — 3) Éd. F. Truchot, dans *Société d'histoire et d'archéologie de Maurienne*, t. 1, 5.

→ L. Petit de Julleville, *Les Mystères*, Paris, 1880, t. 2, p. 67-73 (2) et 535-538 (1). — 1) D. Carnahan, *The Prologue of the Old French Mysteries*, New Haven, 1905, p. 176-177. — 2) G.A. Runnalls, *The Staging of André de la Vigne's Mystère de S. Martin*, dans *Tréteaux*, t. 3 (1981), p. 68-79. — G. Roques, *Étude lexicologique du M. de S.M. d'A. de la Vigne (v. 1 à 2500)* dans *Du mot au texte. Actes du 3e colloque intern. sur le Moyen Français (Düsseldorf)*, Tübingen, 1982, p. 103-114. — A. Duplat, *La Moralité de l'Aveugle et du boiteux d'Andrieu de la Vigne*, dans *TraLiLi*, t. 21 (1983), p. 41-79. — 3) J. Chocheyras, *Le théâtre religieux en Savoie*, Genève, 1971, p. 59-64, 141-153. — Cf. C.J. Stratman, *Bibliogr. of Medieval Drama*, Berkeley, 1954, 2e éd. augm. New-York, 1972, nos 7440-7442. — *GRLMA*, t. XII/1 [sous presse]. — *MB* nos 5798-5803 ; *S* 8225-8226.

E.L.

Saint Martin de Tours (Vie de). Ce saint militaire, né en Pannonie (Hongrie), disciple d'Hilaire de Poitiers*, fondateur des monastères de Ligugé et de Marmoutier, évêque de Tours, doit à son apostolat vigoureux le titre d'« apôtre de la Gaule ». Sa renommée s'établit de son vivant et le culte se développa très largement dès sa mort en 338, comme en témoignent la fréquence du toponyme Saint-Martin et le grand nombre de récits de sa vie. Sa ville épiscopale, Tours, devint rapidement un grand centre de pèlerinage.

La plupart des *Vies* sont inspirées des *Dialogues* de son contemporain Sulpice Sévère*. En français, on connaît plus de douze versions en prose anonymes et inédites, mais également des récits de sa translation et des recueils de miracles. Retenons particulièrement la vie en prose par Wauchier de Denain* (XIIIe siècle), d'après Sulpice Sévère, conservée dans plus de quinze manuscrits, le récit de la translation par le même Wauchier, le *Dialogue de Postumien et de Gallus sur saint Martin* (XIVe siècle) inspiré du livre II des *Dialogues* de Sulpice Sévère, et surtout le long poème (10 295 octosyllabes), inspiré lui aussi de Sulpice Sévère, composé vers 1250 par le chanoine de Saint-Martin de Tours Péan Gastineau*, connu par un seul manuscrit. Une mise en prose du poème de Péan Gastineau (XVe siècle) ne nous est parvenue que par un manuscrit incomplet.

ŒUVRES. — *Das altfranzösische Martinsleben des Pean Gastineau aus Tours*, éd. W. Söderhjelm, Helsingfors, 1899.

→ A. Lecoy de la Marche, *Saint Martin*, Tours, 1881. — W. Söderhjelm, *Die Sprache in dem altfranzösischen Martinsleben des Pean Gastineau aus Tours*, dans *Mémoires de la Soc. néophilologique de Helsingfors*, t. 4 (1906), p. 51-233. — P. Meyer, *Légendes hagiographiques en français*, dans *HLF*, t. 33 (1906), p. 328-458, notamment p. 369 et 371. — Cf. *GRLMA*, t. VIII/2, no 31620. — *MB* nos 3335-3337.

A.F.L.L.

Saint Nicolas (Vie de). Patron des marins, des marchands et des enfants, Nicolas est peut-être le saint le plus populaire de toute la Chrétienté. Il a été évêque de Myre en Asie Mineure au IVe siècle. Tout le reste est purement légendaire, en particulier ses miracles les plus célèbres, toujours représentés : celui des trois bourses données pour dot aux trois jeunes filles et celui des trois enfants dans le saloir. Le culte de saint Nicolas était déjà bien implanté en Angleterre depuis le début du XIe siècle, lorsque Wace* lui consacra un poème d'environ 1 500 octosyllabes à rimes plates. On connaît aussi une hymne bilingue (latin et français) du XIIIe siècle ; une vie en octosyllabes écrite sous la forme d'une épître farcie* ; plus de dix récits en prose de la vie du saint et de la translation de ses reliques de Myre à Bari, presque tous fondés sur la *Légende dorée** ; des recueils de miracles ; plusieurs prières. Parmi celles-ci, une longue prière en décasyllabes est l'œuvre de Nicolas Bassereau, membre de la confrérie du saint à Saint-Nicolas-du-Port en Lorraine au début du XVIe siècle.

ŒUVRES. — *Li Jus s. Nicolai par Jean Bodel*, éd. L.J.N. Monmerqué, Paris, 1834 *(Soc. des Bibliophiles français)* [éd. en appendice une vie en prose et un récit de la translation]. — Éd. C. Samaran, dans *Romania*, t. 51 (1925), p. 191-197 ; t. 53 (1927), p. 297-299 [*Miracle*]. — *Une hymne bilingue à saint Nicolas*, éd. A. Jeanroy, dans *Speculum*, t. 6 (1931), p. 107-109. — *La Vie de saint Nicolas, par Wace*, éd. E. Ronsjö, Lund, 1942 (*Études romanes de Lund*, 5). — *The « Epitre Farcie » de saint Nicholas*, éd. C. Murphy, Yale, s.d. [1946-1947], thèse dactylo. — Prières, éd. dans P. Rézeau, *Les prières aux saints en ancien français à la fin du Moyen Âge*, t. 2, Genève, 1983 (*Publ. romanes et françaises*, 166).

→ P. Signoriello, *Storia della vita, miracoli, translazione e culto di santo Nicola, arcivesco di Mira*, Naples, 1855. — I. Del Valle de Paz, *La leggenda di s. Nicola nella tradizione poetica medioevale in Francia*, Florence, 1921. — E. Crozier, *The Life and Legends of Saint Nichols, Patron Saint of Children*, Londres, 1945. — A. Rahmer, *Nikolauslegenden. Leben und Legenden des heiligen Bischofs von Myra*, Munich, 1964. — P. Johnson et B. Cazelles, *Le vain siècle guerpir*, Chapel Hill, 1979. — Cf. *GRLMA*, t. VIII/2, n° 2346. — *MB* nos 3338-3342, 5804-5806 ; *S* 5803. A.F.L.L.

Saint Nicolas (Représentations dramatiques).

1. Saint Nicolas fut le héros de nombreuses pièces dont la plus ancienne et la plus célèbre est le *Jeu de saint Nicolas* de Jean Bodel*. Connu par un ms. unique (BN, fr. 25566), long de 1 533 vers et riche de 22 personnages, c'est une des rares pièces du XIIIe siècle français. Il fut probablement joué en 1417 à Saint-Omer. On ne connaît pas la source précise employée par Jean Bodel. Il est très difficile de caractériser le *Jeu* : vu tantôt comme une comédie profane envahie par le thème de l'argent, tantôt comme un drame spirituel qui montre le triomphe final de la foi, il est à la fois tout cela. L'expressivité des dialogues, la psychologie individualisée des personnages, l'animation pittoresque des scènes en font un petit chef-d'œuvre.

ŒUVRE. — Éd. A. Jeanroy, *Jean Bodel, Le jeu de saint Nicolas*, Paris, 1925 (*CFMA*, 48). — Éd. A. Henry, *Le jeu de saint Nicolas de Jehan Bodel...*, 3e éd. remaniée, Bruxelles, 1981 (*Académie royale de Belgique. Mémoire de la Classe des Lettres*, 2e série, t. 65, fasc. 2) ; *Jehan Bodel, le Jeu de saint Nicolas*, Genève, 1981 (*TLF*, 290). — Trad. anglaise : R. Axton et J. Stevens, dans *Medieval French Plays*, Oxford, 1971. — Éd. et trad. italienne : M. Infurna, *Jean Bodel, Il miracolo di san Nicola*, 1987. — Trad. allemande : K.H. Schrœder, W. Nitsch, M. Wenzel, *Jean Bodel. Das Spiel vom heiligen Nikolaus*, Munich, 1975 (*Klassische Texte des rom. Mittelalters in zweisprachigen Ausgaben*, 14).

→ C. Foulon, *L'œuvre de Jehan Bodel*, Paris, 1958 [notamment part. p. 603-704]. — J. Frappier, *Le théâtre profane en France au Moyen Âge, XIIIe et XIVe siècles*, Paris, 1960, p. 35-51. — F.W. Marshall, *The Rhyme Schemes of the Jeu de Saint Nicolas as an Indication of Staging*, dans *Australian Journal of French Studies*, t. 1 (1964), p. 225-256 ; *The Staging of the Jeu de saint Nicolas, an Analysis of Movement*, *ibid.*, t. 2 (1965), p. 9-38. — H.S. Robertson, *Structure and Comedy in Le Jeu de Saint Nicolas*, dans *Studies in Philology*, t. 4 (1967), p. 551-563. — J.-C. Payen, *Les éléments idéologiques dans le Jeu de saint Nicolas*, dans *Romania*, t. 94 (1973), p. 484-499. — T. Hunt, *A Note on the Ideology of Jean Bodel's Jeu de saint Nicolas*, dans *Studi francesi*, t. 20 (1976), p. 67-72. — M. Zink, *Le Jeu de saint Nicolas de Jean Bodel, drame spirituel*, dans *Romania*, t. 99 (1978), p. 31-46. — H. Rey-Flaud, *Le sentiment religieux dans le Jeu de saint Nicolas*, dans *Mél. P. Jonin*, Aix, 1979, p. 569-577 ; *Pour une dramaturgie du Moyen Âge*, Paris, 1980 (*Littératures modernes*, 22). — J. Rychner, *La bataille épique du Jeu de saint Nicolas de Jean Bodel*, dans *Mél. R. Louis*, Saint-Père-sous-Vézelay, 1982, p. 1235-1242. — R. Dragonetti, *Le Jeu de saint Nicolas de Jean Bodel*, dans *The Craft of Fiction, Essays in Medieval Poetics*, éd. L. Arrathoon, Rochester, 1984, p. 369-391. — A. Arens, *Untersuchungen zu Jean Bodels Mirakel Le Jeu de saint Nicolas*, Stuttgart, 1986. — A. Saly, *À propos du Jeu de saint Nicolas de Jehan Bodel : Tervagan, le « nicolai » et la communion des saints*, dans *TraLiLi*, t. 25, 2 (1987), p. 33-48. — M. Rousse, *Le Jeu de saint Nicolas : du clerc au jongleur*, dans *Mél. J.-C. Payen*, Caen, 1989, p. 311-321. — Cf. *MB* nos 3911-3921, 6742-6749, 7847-7851 ; *S* 4527, 6250, 6257, 6263, 6283, 6330-6363, 6373, 6374, 6376.

2. Du XVe siècle nous restent quatre textes : 1) Le *Miracle de saint Nicolas et d'un Juif*, à 18 personnages, jeu anonyme imprimé à Paris par la veuve Jehan Trepperel et Jehan Jehannot (Paris, BN, Rés. Yf 1586), est une pièce de 1 600 vers environ qui dut être jouée en 1496 à Nancy devant le roi Charles VIII. — 2) *Une*

« Moralité de Monseur sant Nicholas a XII personnages », comptant 780 vers, mise en scène en Avignon vers 1470. Le ms. se trouve à Florence à la Laurentienne (ms. Ashburnham 115). — 3) Des fragments en forme de rôle d'acteur, conservés aux Archives nationales (M 877 B n° 15), conservent plusieurs rédactions du prologue d'un *Jeu de saint Nicolas* qui devait être représenté au cimetière Saint-Nicolas de Blois par les enfants de l'école du faubourg « du Foix » au milieu du XVe siècle. 247 vers sont lisibles. — 4) On sait en outre qu'un *Miracle de saint Nicolas* fut représenté en 1478 devant le Roi René à Saint-Nicolas-du-Port. — 5) Enfin, 25 feuillets contenant des *Miracles de saint Nicolas* dramatisés furent vendus chez Sotheby's en 1988.

ŒUVRE. — 1) Éd. O. Jodogne, *Le Miracle de saint Nicolas et d'un juif*, Genève, 1982 (*TLF*, 302).

→ 1) L. Petit de Julleville, *Les Mystères*, Paris, 1880, t. 1, p. 253 ; t. 2, p. 66 et 541-544. — O. Jodogne, *Saint Nicolas*, dans *Mél. M. Delbouille*, Gembloux, 1964, t. 2, p. 313-328. — 2) P. Aebischer, *Un miracle de saint Nicholas représenté en Avignon vers 1470*, dans *Annales d'Avignon et du Comtat Venaissin*, t. 17 (1932), p. 5-40 ; *Neuf études sur le théâtre médiéval*, Genève, 1972, p. 37-65. — 3) C. Samaran, *Fragments de mss. des archives nationales...*, dans *Romania*, t. 51 (1925), p. 191-197 ; t. 53 (1927), p. 297-298. — 5) *Catalogue of a Sale of Mss on December 6th 1988, Sotheby*, Londres, p. 96, n° 44. — Cf. *GRLMA*, t. XII/1 [sous presse]. — *MB* n°s 5804-5806. E.L.

Saint Pierre et le Jongleur. Fabliau anonyme de la première moitié du XIIIe siècle, en 420 octosyllabes. Lucifer confie un jour la garde de l'Enfer à l'âme d'un jongleur qui a vécu dans la débauche. Arrive saint Pierre qui propose au jongleur une partie de dés avec, pour enjeu, de l'argent contre des âmes. L'Enfer est vide lorsque la partie s'achève. Quand Lucifer rentre, il expulse le jongleur, qui trouve hospitalité auprès de saint Pierre au Paradis. Ce fabliau donne une description très minutieuse de deux jeux de dés, le *hasart* et *a plus poinz*.

ŒUVRE. — *Fabliaux*, éd. R.C. Johnston et D.D.R. Owen, Oxford, 1957, réimp. 1965. — *Trois fabliaux*, éd. M. Walters-Gehrig, Tübingen, 1961 (*Beihefte zur ZRPh*, 102). — Éd. W. Noomen et N.J. Van den Boogaard, dans *Nouveau recueil complet des fabliaux*, t. 1, Assen, 1983. — Trad. anglaise P. Rickard, *Medieval Comic Tales*, Cambridge, 1972. — *Fabliaux*, trad. G. Rouger, Paris, 1978 (*Folio*). — Trad. italienne R. Brusegan, *Fabliaux. Racconti francesi medievali*, Turin, 1980.

→ D.D.R. Owen, *The Element of Parody in « Saint Pierre et le Jongleur »*, dans *French Studies*, t.9 (1955), p. 60-63. — J. Rychner, *Contribution à l'étude des fabliaux*, Neuchâtel-Genève, 1960. — K. McGillavry, *Le jeu de dés dans le fabliau de Saint Pierre et le Jongleur*, dans *Marche romane*, t. 28 (1978), p. 175-179. — Cf. *MB S* 4591, 4702, 4738-4739, 5651.

A.F.L.L.

Saint Quentin (Mystère de) par Jean Molinet*. L'œuvre n'est pas signée mais l'attribution certaine à Molinet d'une des ballades comme aussi l'examen des rimes et des formes métriques ont amené E. Langlois, H. Châtelain et N. Dupire à attribuer ce Mystère au célèbre rhétoricien, malgré l'avis contraire d'A. Piaget et d'E. Droz.

Le mystère comprend 24 115 vers, 150 personnages parlants (plus 69 et 48 personnages pour chacune des deux Inventions). L'édition de Châtelain a été faite à partir de deux mss de la Bibl. de Saint-Quentin dont un seul (du XVIe siècle) demeure, l'autre (datant de 1450 environ) ayant disparu pendant la guerre. Le Mystère comprend six parties inégales qu'on a pu exécuter en quatre journées : la conversion de saint Quentin et son départ pour la Gaule, sa prédication à Amiens et son arrestation par Rictiovaire, son évasion et sa nouvelle arrestation suivie de supplices inopérants, sa décapitation à Aouste en Picardie où le corps a été jeté dans la Somme et est arrivé à Soissons ; l'Invention de ses restes par la pieuse aveugle Eusèbe, puis par saint Éloi, occupe les deux dernières parties. Appartiennent au Mystère des épisodes assez longs des vies des saints Marcellin, Crépin et Crépinien et Éloi. L'auteur se serait inspiré d'un Mystère perdu joué à Abbeville en 1451 en plus des emprunts aux vies de saints. Le texte contient quelques indications scéniques intéressantes et un rôle de Fol. Il aurait été joué à Mons en 1510 par la confrérie Saint-Quentin.

Le texte se distingue par des qualités littéraires certaines, la richesse de son vocabulaire et la multiplicité de ses ornements métriques.

ŒUVRE. — *Le Mistere de Saint-Quentin suivi des Invencions du corps de saint Quentin par Eusèbe et par Éloi*, éd. H. Châtelain, Saint-Quentin, 1909.

→ L. Petit de Julleville, *Les mystères*, Paris, 1880, t. 2, p. 549-555. — N. Dupire, *Jean-Molinet, La vie, Les œuvres*, Paris, 1932, p. 144-169. — G. Cohen, *Notes sur le Mystère de Saint Quentin*, dans *Romania*, t. 39 (1910), p. 92-93. — H. Schulze, *Martyrdom as an Act of Fortitude : Theme and Structure in the Mystère de Saint Quentin, ibid.*, t. 98 (1977), p. 398-409. — Cf. *MB* n°s 5808-5813 ; *S* 8228. O.J. et E.L.

Saint Quentin (Vie de). Citoyen romain, saint Quentin vint évangéliser la Picardie et le Vermandois ; il aurait été martyrisé à Amiens par le préfet Rictiovar vers la fin du IIIe siècle. Son culte ne fut vraiment instauré qu'au VIe siècle par saint Éloi, évêque de Noyon, et devint dès lors très populaire, essentiellement dans le Nord de la France et en Belgique.

À côté d'une *Vie* en octosyllabes due à Huon le Roi de Cambrai* et d'un *Mystère*, qui aurait, selon toute vraisemblance, été composé par Jean Molinet* on a conservé plusieurs récits français anonymes de la *Vie de saint Quentin* : deux versions en vers et huit en prose. La première des versions en vers, du XIVe siècle, en quatrains d'alexandrins monorimes, est connue par un seul manuscrit (éd. Söderjhelm). L'autre (éd. Branner), du milieu du même siècle, en octosyllabes à rimes plates est conservée dans un manuscrit en rouleau, qui appartenait à l'église Saint-Quentin de Louvain. Il s'agit en fait de légendes accompagnant les dessins qui illustrent les divers épisodes de la vie du saint. Un manuscrit français semble, selon Branner, avoir été le modèle commun de ce rouleau et de la clôture sculptée du chœur de l'église Saint-Quentin. Les huit versions en prose s'échelonnent du XIIIe au XVe siècle. La plupart ont pour récit de la *Légende dorée** du dominicain Jacques de Voragine. Trois seulement, une du XIIIe, une du XIVe siècle, et la troisième adaptée de la *Légende dorée*, ont été éditées.

ŒUVRES. — *Une vie de saint Quentin en vers français*, éd. W. Söderhjelm, dans *Mémoires de la Société Néophilologique de Helsingfors*, t. 3 (1902), p. 443-525 [éd. en appendice les trois versions en prose]. — *La vie de saint Quentin, par Huon le Roi de Cambrai*, éd. A. Långfors et W. Söderhjelm, dans *Acta Soc. scient. Fennicae*, t. 38, 1909. — *The Saint Quentin Rotulus*, éd. R. Branner, dans *Scriptorium*, t. 21 (1968), p. 252-260.

→ J. Corblet, *Hagiographie du diocèse d'Amiens*, Amiens, 1873, t. 3, p. 345-410. — Cf. *GRLMA*, t. VIII/2, n°s 31400-31420. — *MB* n°s 3369-3370. A.F.L.L.

Saint Remi (Vie de). À la fin du XIIIe siècle, un poète nommé Richier a écrit une *Vie de saint Remi*, évêque de Reims, longue d'environ 8 250 octosyllabes à rimes plates. Il recompose son récit à partir de trois sources : la *Vita* par Hincmar* (*BHL* 7152-7159), l'*Historia Ecclesiae Remensis* de Flodoard* et le récit de la *Vision de Charles le Chauve*, ainsi peut-être que la *Vita* rédigée par Fortunat*. Mais Richier, qui écrit dans un style assez contourné, ajoute des épisodes qui ne figurent pas dans ses sources.Une dizaine de vies françaises en prose inédites, dont plusieurs sont traduites de la *Légende dorée**, témoignent d'un culte plus large.

ŒUVRE. — Éd. W.N. Bolderston, Londres-Rennes, 1912 [par Richier].

→ P. Meyer, *Légendes hagiographiques en français*, dans *HLF*, t. 33 (1906), p. 328-458 [notamment p. 374] ; *Notice de deux mss de la vie de saint Remi en vers français ayant appartenu à Charles V*, dans *Notices et extr. des mss de la BN*, t. 35[1] (1896), p. 117-130. — Cf. *MB* n°s 3371. A.F.L.L.

Saint Remi (Mystère de). Ce mystère inédit est conservé dans un seul ms. (Bibl. de l'Arsenal, 3364). Il comprend environ 14 300 vers, 144 personnages. Il met en scène les miracles de saint Remi, entre autres la guérison d'une fille folle.

→ L. Petit de Julleville, *Les mystères*, Paris, 1880, t. 2, p. 555-556. — B. Hinrichs, *Le Mystère de Saint Remy*, Greifswald, 1907. E.L.

Saint Romain (Vie de). On a conservé deux importants fragments (15 et 31 quatrains) d'une vie en quatrains d'alexandrins monorimes consacrée à cet évêque de Rouen du VIIe siècle, et composée dans la première moitié du XIVe. Il existe également une brève vie en prose du XVe, inédite. Petit de Julleville mentionne aussi (*Mystères*, t. 2, p. 39) un Mystère joué à Rouen en 1476, mais dont le texte ne nous a pas été conservé.

ŒUVRE. — *La Vie de saint Romain*, éd. A. Tougard, Rouen, 1899 (*Soc. des bibliophiles normands*). — A. Långfors, *Notice du Ms. français 12483 de la BN*, dans *Notices et extraits des mss de la BN*, t. 39[2] (1916), p. 502-665, part. 28-634 [deux fragments en alexandrins].

→ Cf. *GRLMA*, t. VIII/2, n°s 17600, 31440. — *MB* n° 3372 *bis*. A.F.L.L.

Saint Sébastien (Mystère de). Un mystère de saint Sébastien de 6 642 vers en deux journées à 54 personnages dont un

« vilain », est contenu dans un ms. de la BN (nouv. acq. fr.1051). Ce ms. est de format agenda. Cette pièce aurait été représentée à Chambéry après 1446.

ŒUVRE. — Éd. L.R. Mills, *Le Mystère de saint Sébastien*, Genève, 1965 (*TLF*, 114).

→ L. Petit de Julleville, *Les Mystères*, Paris, 1880, t. 2, p.560-561. — G. Mermier, *À propos du Mystère de Saint Sébastien*, dans *Mél. P. Jonin*, Aix, 1979, p. 462-468 ; *Structure, Nature and Importance*, dans *Tréteaux*, t. 1 (1978), p. 71-76 ; *The Mystère de St. Sebastien : Structure, Psychology of an Exemplum*, dans *Fifteenth-Century*, t. 3 (1980), p. 115-146. — Cf. C.J. Stratman, *Bibliography of Medieval Drama*, Berkeley, 1954, 2e éd. augm. New York, 1972, nos 7455-7456. — *MB S* 8229-8230.

La première journée d'un mystère de saint Sébastien écrit par Antoine Platon, notaire de Lanslevillard, au XVIe siècle pour la représentation de mai 1576 est inspirée du texte contenu dans le ms. fr. 12539 de la B.N. La pièce contient 4 500 vers et 52 personnages. Le texte, qui remonte peut-être au XVe siècle, aurait été remanié pour être mis en scène au XVIe en Maurienne. L'auteur serait celui du *Mystère de saint Laurent**.

ŒUVRE. — Éd. F. Rabut, *Le Mystère de monseigneur saint Sébastien*, dans *Mémoires et doc. publ. par la Soc. savoisienne d'hist. et d'archéo.*, Chambéry, t. 13 (1872), p. 257-452.

→ J. Chocheyras, *Le théâtre religieux en Savoie*, Genève, 1971, p. 47-53, 155-158. E.L.

Saint Silvestre (Vie de). L'épisode le plus connu de la légende de saint Silvestre, pape de 313 à 335, est un miracle lié au baptême de Constantin ; l'empereur avait été frappé de la lèpre, en punition de sa cruauté envers les chrétiens. L'ayant ramené à de meilleurs sentiments, Silvestre l'aurait guéri puis baptisé.

La vie de ce saint nous est parvenue par un poème français de 1 500 octosyllabes, de la fin du XIIe ou du tout début du XIIIe siècle, composé en Anjou, qui aurait été la source de Jacques de Voragine pour son chapitre de la *Légende dorée**. Dans le manuscrit en partie mutilé de ce premier poème, la *Vie de saint Silvestre* est suivie presque sans transition par une *Invention de la sainte Croix*. L'enchaînement est logique, puisque cette légende met en scène, autour de sainte Hélène, mère de Constantin, l'empereur lui-même et le pape. Il existe aussi huit versions françaises anonymes de la *Vie de saint Silvestre*, dont plusieurs sont traduites de la *Légende dorée*, et un *Miracle de Notre-Dame** qui conte le récit du baptême de Constantin.

ŒUVRES. — *La vie de saint Silvestre en vers français*, éd. P. Meyer, dans *Romania*, t. 28 (1899), p. 280-286 [en octosyllabes]. — Éd. A. Planchenault, dans *Cartulaire du chapitre de Saint-Laud d'Angers*, Angers, 1903 (*Documents historiques sur l'Anjou*, 4) [*Vie* du XIIe].

→ L. Delisle, *Notice sur un manuscrit appartenant à Monsieur le Marquis de Villoutreys*, dans *BEC*, t. 59 (1898), p. 535-537. — P. Meyer, *Légendes hagiographiques en français*, dans *HLF*, t. 33 (1906), p. 328-458, notamment p. 395. — Cf. *MB* nos 3375 ; *S* 6259. A.F.L.L.

Saint Thibaut de Provins (Vie de). Né à Provins dans la famille des comtes de Brie et de Champagne, Thibaut devint prêtre puis ermite en Italie, près de Vicence. Après sa mort en 1066, ses reliques furent rapportées en Brie. Sa *Vie* nous est conservée dans trois versions françaises, toutes du XIIIe siècle. L'une, longue de plus de 1 000 alexandrins monorimes, est l'œuvre de Guillaume d'Oye, vicaire de Tremblins dans le Pas-de-Calais (1267) ; l'autre, en octosyllabes, est anonyme, tout comme la troisième, inédite, en prose. Cette dernière a connu un certain succès, puisque nous en conservons près de dix manuscrits. Il existe aussi une *Épître farcie** consacrée à saint Thibaut.

ŒUVRES. — Éd. H.E. Manning, New York, 1929 [version de Guillaume d'Oye]. — *Two Old French Poems on Saint Thibaut*, éd. R.T. Hill, New Haven, 1936 [Guillaume d'Oye et la Vie en octosyllabes].

→ R. Lucas, *The Golden Section in the Structure of an Old French Poem*, dans *Romance Notes*, t. 8 (1966-1967), p. 315-323. — Cf. *MB* nos 3378-3379 ; *S* 5811. A.F.L.L.

Saint Thomas Becket (Vie de). La fin tragique de l'archevêque de Cantorbéry, Thomas Becket*, assassiné dans sa propre cathédrale le 29 décembre 1170, à l'instigation du roi Henri II, a ému le peuple chrétien et l'Église. Le culte se met en place aussitôt : dévotion populaire — avec notamment des pèlerinages à Cantorbéry —, premiers récits hagiographiques commencés avant même la canonisation en 1173 par Alexandre III.

Deux poèmes français lui ont été consacrés peu après sa mort par Guernes de Pont-Sainte-Maxence et Benoît de Saint-Alban.

Guernes de Pont-Sainte-Maxence* est

un clerc qui connaît bien le latin. C'est juste après la mort de Thomas qu'il entreprend un poème de plus de 6 000 alexandrins en strophes monorimes de cinq vers. En effet, il écrit son œuvre, dont nous n'avons que le deuxième état, en Angleterre entre 1172 et 1174. Malgré son rôle d'hagiographe, il fait un effort d'historicité, allant jusqu'à prendre ses renseignements à Cantorbéry même. Il puise aussi dans deux *Vitae* latines, celle d'Édouard Grim (*BHL*, 8182) achevée en 1172, et celle de Guillaume de Cantorbéry (*BHL*, 8184), écrite entre 1172 et 1174. L'œuvre de Guernes, qui a eu un certain succès (on en conserve six manuscrits et un fragment), a elle-même inspiré le récit latin (*BHL* 8183) de Roger de Pontigny (1176-1177).

À Benoît* ou Beneit, moine de l'abbaye bénédictine de Saint-Alban, on doit un poème de plus de 2 000 vers, qui s'inspire d'une biographie latine écrite entre 1172 et 1177 par Robert de Cricklade, prieur de Sainte-Frideswide (aujourd'hui Christ Church) à Oxford. Cette vie latine, perdue, dut jouir d'une certaine réputation, puisque E. Walberg en a retrouvé des imitations dans trois sagas islandaises relatives à saint Thomas. Le poème de Benoît a été écrit entre 1183 et 1189 (date de la mort d'Henri II Plantagenêt), et sans doute en 1184. Ce serait, estime J.-G. Gouttebroze, un récit tout à la louange du roi, commandé par celui-ci à Benoît en 1184.

Mais la renommée de saint Thomas Becket ne s'arrête pas là : un demi-siècle plus tard, dans le deuxième quart du XIIIe siècle, est composé en Angleterre un long poème en octosyllabes, dont on ne conserve que 433 vers, et qui a été attribué à tort à Matthieu Paris*. On connaît aussi huit versions inédites en prose, écrites entre le XIIIe et le XVe siècle, dont une nous a été transmise par quinze manuscrits. On conserve également plusieurs récits de Miracles de saint Thomas. Un miracle anonyme anglais des environs de 1180 raconte, en 19 quatrains d'alexandrins monorimes, la guérison en Périgord d'un médecin hydropique. Un miracle de la *Vie des Pères** conte l'aventure d'un prêtre pécheur du diocèse de Cantorbéry, suspendu par son archevêque saint Thomas et réhabilité par la Vierge. Enfin, saint Thomas intervient dans un des *Miracles de Notre-Dame* de Jean Le Conte*, inspiré de la *Légende dorée**.

ŒUVRES. — *Fragments d'une vie de saint Thomas de Cantorbéry*, éd. P. Meyer, Paris, 1885 [fragment attribué à tort à Matthieu Paris]. — *Guernes de Pont-Sainte-Maxence, Vie de saint Thomas Becket*, éd. E. Walberg, Paris, 1936 [éd. en appendice le miracle anonyme]. — *La vie de saint Thomas Becket par Benoît*, éd. B. Schlyter, Lund, 1941 (*Études romanes de Lund*, 4). — *La légende de saint Thomas et du prêtre qui ne connaissait qu'une messe*, éd. P. Kunstmann, dans *Romania*, t. 92 (1971), p. 99-117 [éd. deux *Miracles*, le *Conte de la Vie des Pères* et Jean Le Conte]. — *An Early Draft of Guernes's Vie de saint Thomas Becket*, éd. I. Short, dans *Medium Aevum*, t. 46 (1977), p. 20-34 [éd. un fragment d'une première rédaction]. — *Garnier's Becket*, trad. anglaise par J. Shirley, Londres, 1975.

→ J.C. Robertson, *Materials for the History of Thomas Becket*, Londres, 1875-1885, 7 vol. (*Rolls Series*, 67). — M.L. Halphen, *Les biographes de Thomas Becket*, dans *Revue Historique*, t. 102 (1909), p. 35-45. — E. Walberg, *La tradition hagiographique de saint Thomas Becket avant la fin du XIIe siècle*, Paris, 1929, réimp. Genève. — M.D. Legge, *Anglo-Norman Literature in the Cloisters*, Édimbourg, 1950, p. 19-20, 25-26 ; *Anglo-Norman Literature and its Background*, Oxford, 1963, p. 250-251. — *Thomas Becket. Actes du colloque international de Sédières*, éd. R. Foreville, Paris, 1975. — B. Cazelles et P. Johnson, *Le vain siècle guerpir*, Chapel Hill, 1979. — J.-G. Gouttebroze, *Henry II Plantagenêt patron des historiographes normands*, dans *La littérature angevine médiévale. Actes du colloque d'Angers, 1980*, Angers, 1981, p. 91-109. — R. Foreville, *Thomas Becket dans la tradition historique et hagiographique*, Londres, 1981 [regroupe 16 articles de l'auteur, dont plusieurs sur le culte de Thomas Becket en France jusqu'au XIVe siècle]. — I. Short, *The Patronage of Beneit's Vie de Thomas Becket*, dans *Medium Aevum*, t. 56 (1987), p. 239-256. — Molinier nos 152 et 1998. — Cf. *MB* nos 3381-3393 ; *S* 5812-5814. A.F.L.L.

Saint Vincent (Mystère de). « La vie et mystère de saint Vincent en vers et par personnages » est conservée dans un seul ms. inédit (BN, fr. 12538). Ce mystère de 15 000 vers environ, en trois journées à 59 personnages, fut représenté à Angers devant le Roi René* en 1471 mais aussi au Lude en 1476. En plus du prologue qui décrit la mise en scène, les didascalies sont nombreuses. Le rôle du Villain est partiellement laissé en blanc.

→ L. Petit de Julleville, *Les mystères*, Paris, 1880, t. 1, p. 350, 384, 402 ; t. 2, p. 34, 561-3. — D. Carnahan, *The Prologue in the Old French Mysteries*, New Haven, 1905, p. 179-181. —

G.A. Runnalls, *René d'Anjou et le théâtre* dans *Annales de Bretagne*, t. 88 (1981), p. 157-180. E.L.

Sainte Agathe (Mystère de). A. Bossuat a édité deux fragments (104 et 123 vers) d'un mystère de sainte Agathe, qu'il pensait composé en Bourbonnais ou en Auvergne à la fin du XVe siècle. Un autre fragment de 227 vers a été retrouvé à Clermont-Ferrand (Arch. dép. F 129) et ancre bien le mystère en Auvergne.

ŒUVRE. — A. Bossuat, *Fragments d'un mystère de sainte Agathe (XVe siècle)*, dans *BHR*, t. 8 (1946), p. 182-196.

→ G.A. Runnalls, *Le théâtre en Auvergne au Moyen Âge* dans *Revue d'Auvergne*, t. 97 (1983), p. 90-91. — Cf. *GRLMA*, t. XII/1 : *Le théâtre religieux français* (sous presse). — *MB* n° 5814. E.L.

Sainte Agathe (Vie de). La légende veut que sainte Agathe ait été martyrisée au IIIe siècle à Catane en Sicile, et que ses bourreaux lui aient arraché les seins.

On ne connaît qu'une seule *Vie* en vers français de sainte Agathe, celle composée dans la première moitié du XIVe siècle par le franciscain anglo-normand Nicole Bozon*. Il s'agit d'un court poème de 206 octosyllabes à rimes plates, conservé dans un seul manuscrit, et qui suit assez fidèlement le récit de la *Légende dorée** du dominicain Jacques de Voragine. C'est également la *Légende dorée* qui a inspiré la plupart des nombreuses versions en prose (plus de dix), dont une seule, en dialecte lyonnais, a été éditée.

ŒUVRES. — *Vie de sainte Agathe (rédaction anglo-normande en vers)*, éd. L. Brandin, dans *Mél. É. Picot*, Paris, 1913, p. 91-100 [Nicole Bozon]. — *Seven More Poems by Nicholas Bozon*, éd. M.A. Klenke, Saint-Bonaventure (NY), 1951. — *Altfrankoprovenzalischer Übersetzungen hagiographischer lateinischer Texte*, éd. H. Stimm, Wiesbaden, 1955 [version en dialecte lyonnais].

→ Cf. *MB* nos 3396, 5814, 7003. A.F.L.L.

Sainte Agnès (Vie de). Outre la *Vie* due à Nicole Bozon*, cette martyre romaine a inspiré deux *Vies* en ancien français : la *Vie* ou *Martyre de sainte Agnès*, du XIIIe siècle, longue de 68 dizains d'alexandrins, et, de la fin du même siècle, un poème de 246 quatrains de décasyllabes monorimes. On compte aussi plus de dix versions anonymes en prose de sa vie ; une seule, copiée dans plus de 20 mss, est éditée. Il existe également un *Sermon sur sainte Agnès* en prose, du XIIIe siècle, qui serait, selon l'éditeur R. Taylor, un texte picard transcrit dans la région wallone. Un *Mystère de sainte Agnès*, dont le texte a disparu, fut représenté à Compiègne en 1457 ; mais nous possédons le texte d'un drame provençal du XIVe siècle, le *Jeu de sainte Agnès**.

ŒUVRES. — *An Anglo-French Life of Saint Agnes*, éd. A.J. Denomy, dans *Harvard Studies*, t. 16 (1934), p. 51-68 ; *The Old French Lives of Saint Agnes*, Cambridge (USA), 1939 [éd. les deux *Vies* en vers anonymes et une *Vie* en prose]. — *Sermon anonyme sur sainte Agnès, texte du XIIIe siècle*, éd. R. Taylor, dans *TraLiLi*, t. 7 (1969), p. 241-253.

→ F. Jubaru, *Sainte Agnès*, Paris, 1909. — Cf. *MB* nos 3397-3399, 5815-5818, 7003 ; *S* 5815. A.F.L.L.

Sainte Apolline (Mystère de). Il est certain qu'a existé un mystère perdu consacré à sainte Apolline. Ce mystère figure parmi d'autres pièces perdues dans le catalogue d'un libraire de Tours du XVe siècle (éd. par G. Runnalls). Jean Fouquet a peint une miniature dans le livre d'heures d'Estienne Chevalier conservé au musée Condé, à Chantilly, représentant le martyre de sainte Apolline mis en scène sur un théâtre. Cette miniature est célèbre par les éléments qu'elle apporte à l'étude de la mise en scène des mystères : le théâtre est « en rond », spectateurs et acteurs sont mêlés sur les échafauds et sur l'aire de jeu. Deux échafauds semblent réservés aux dames. Dans l'échafaud du Paradis siègent Dieu et ses anges, à côté des musiciens ; de la gueule d'Enfer s'échappent des démons. On distingue aussi le palais de l'empereur, reconnaissable à sa cathèdre. Un rideau le ferme au besoin. La scène du supplice se déroule au centre de l'aire de jeu, fermée par des palissades. Les bourreaux entourent la sainte en présence de l'empereur, du meneur de jeu qui tient en main le « livre de conduite » et un bâton, des démons et du fou.

→ G. Cohen, *Histoire de la mise en scène dans le théâtre religieux français du Moyen Âge*, Paris, 2e éd., 1926. — H. Rey-Flaud, *Le cercle magique*, Paris, 1973. — G.A. Runnalls, *The Catalogue of the Tours Book-Seller and Antoine Vérard*, dans *Pluteus*, t. 2 (1984), p. 163-174 ; *The Catalogue of the Tours Book-Seller and Late Medieval French Drama*, dans *Le Moyen Français*, t. 11 (1982), p. 112-128. G.C. et E.L.

Sainte Barbe (Mystères de).

1. **Mystère de sainte Barbe en cinq**

journées (ms. BN fr. 976 et copies modernes : BN, fr. 24335-39, Arsenal 3496-3497) datant de la fin du XVᵉ ou du début du XVIᵉ siècle, qui compte 22 000 vers environ et 100 personnages. De nombreuses didascalies généralement en latin indiquent une mise en scène complexe. Des représentations nombreuses sont attestées à Amiens (1448), Compiègne (1475, 1476), Angers (1484), Metz (1485), Laval (1493), Nancy (1505), Domalain (1509), Limoges (1533), Péronne (1534), Saint-Nicolas-du-Port (1537) et Tirepied (1539).

ŒUVRE. — L. Pottier, *La vie et histoire de Madame sainte Barbe, le mystère joué à Laval en 1493 et les peintures de Saint-Martin de Connée*, Laval, 1902 [extr. *Revue archéologique du Maine*, t. 50 (1901)].

→ L. Petit de Julleville, *Les mystères*, Paris, 1880, t. 2, p. 478-486. — É. Picot, *Le monologue dramatique dans l'ancien théâtre français*, dans *Romania*, t. 15 (1886), p. 358-422, notamment p. 359. — Cf. *MB* nᵒˢ 5819-5821.

2. **Mystère de sainte Barbe en deux journées**. « La Vie et hystoire de madame saincte Barbe par personnaiges avec plusieurs des miracles d'icelle », titre d'une des éditions du début du XVIᵉ siècle, désigne un mystère de 3 500 vers environ, à 38 personnages. Dans le prologue, l'acteur décrit les personnages et les échafauds.

ŒUVRE. — Éd. P. Seefeldt, *Le Mystère de sainte Barbe*, Greifswald, 1908.

→ L. Petit de Julleville, *Les mystères*, Paris, 1880, t. 2, p. 486-8. — J. Chocheyras, *Le théâtre religieux en Savoie*, Genève, 1971, p. 41-46, 93-108. — D. Carnahan, *The Prologue in the Old french Mysteries*, New Haven, 1905, p. 173-175.

3. **Rôle de sainte Barbe**. Un fragment de rôle contient 450 vers de 8 syllabes. Il se présente sous la forme d'un cahier contenant les répliques du personnage de sainte Barbe, séparées par la moitié du dernier vers prononcé par le personnage lui donnant la réplique. Il y a un rapport entre ce rôle et le *Mystère de sainte Barbe en deux journées*. Ce mystère fut représenté en Maurienne au XVIᵉ siècle.

ŒUVRE. — Éd. J. Chocheyras, *Le théâtre religieux en Savoie*, Genève, 1971, p. 42-43, 93-108.

→ É. Lalou, *Les rôles d'acteurs médiévaux*, dans *Actes du colloque des sociétés savantes d'Avignon, 1990*, Paris, 1991, p. 51-72. E.L.

Sainte Barbe ou Barbara (Vie de). Sainte entièrement légendaire, d'origine probablement orientale, qui fut extrêmement populaire dans la chrétienté, tant grecque que latine, au Moyen Âge. La légende rapporte que Barbe, fille du noble Dioscore, étant d'une rare beauté, son père l'enferma dans une tour pour mettre sa vertu à l'abri. Barbe fit percer une troisième fenêtre à sa tour, en l'honneur de la sainte Trinité, se déclarant ainsi chrétienne. Son père tenta en vain de la faire apostasier. Il lui trancha lui-même la tête, mais fut sur-le-champ réduit en cendres par la foudre. C'est pourquoi sainte Barbe, invoquée contre la foudre et l'incendie, est la patronne des artificiers, des artilleurs et des métiers liés au feu. Son iconographie est très abondante : elle est habituellement représentée avec sa tour. Dans la littérature française, trois vies en vers et plusieurs en prose, des mystères et de nombreuses prières témoignent de son culte. La plus ancienne des vies en vers date de la fin du XIIIᵉ siècle et est en octosyllabes. La seconde, du XIVᵉ ou du XVᵉ siècle, est en quatrains d'alexandrins monorimes. La troisième, du XVᵉ siècle, en sixains de décasyllabes, est rédigée en forme de prière ; c'est la seule qui soit encore inédite.

ŒUVRES. — *An Old French Life of Saint Barbara*, éd. A.J. Denomy, dans *Mediaeval Studies*, t. 1 (1939), p. 431-438 [vie en octosyllabes]. — Éd. W. Kleist, dans *Die erzählende französische Dit-Literatur in « Quatrains alexandrins monorimes »*, Hambourg, 1973 [vie en quatrains d'alexandrins]. — *Old French Lives of Saint Barbara*, éd. H.F. Williams, dans *Proceedings of the American Philosophical Society*, t. 119 (1975), p. 156-185 [vie en quatrains d'alexandrins et une des vies en prose].

→ A. P. Frutaz, *Paterno in onore di santa Barbara*, Rome, 1977. — Cf. *GRLMA*, t. VIII/2, nᵒˢ 30280-30300. — *MB* nᵒˢ 3400, 5819-5821 ; *S* 5816-5817, 5857.L.R. et A.F.L.L.

Sainte Catherine d'Alexandrie (Vie de). La légende de sainte Catherine d'Alexandrie racontée pour la première fois au Xᵉ siècle par le Ménologe de Basile, connut en Occident, surtout à partir des croisades, une prodigieuse carrière. Fille de roi et célèbre par sa sagesse, Catherine fut convertie par un ermite, qui lui annonça Jésus et le lui proposa comme unique fiancé digne d'elle. De là est née, au XVᵉ siècle, la légende du *Mariage mystique* de sainte Catherine, illustrée par Hans Memling et Gérard David au XVᵉ, le Corrège, le Titien et le Tintoret au XVIᵉ, Murillo et Rubens au XVIIe. Assistée par un ange, Catherine soutint un *Tournoi philosophique* où elle défit cinquante docteurs d'Alexandrie et les convertit à la foi ; le tyran lui fit expier son exploit ; le martyre des philosophes convertis fut le prélude du sien : elle subit le supplice des roues dentées et fut ensuite décapitée. Les anges transportèrent miraculeusement son corps au sommet du Sinaï.

Le Moyen Âge occidental fit de sainte Catherine la patronne des jeunes filles, des clercs et des universitaires, et de tous les métiers qui se servent de roues : charrons, meuniers, tourneurs, potiers, rémouleurs, fileuses, etc.

L'abondance des traductions et adaptations françaises de sa légende, du XIIIe siècle à la fin du XVe siècle, témoigne de l'étendue et de la vigueur du culte. Sainte Catherine a suscité vingt vies anonymes : huit, toutes inédites, en prose, et douze en vers (six du XIIIe siècle et six du XVe).

Catherine a aussi inspiré de nombreux auteurs : au XIIe siècle la nonne anglaise Clémence de Barking*. Dans la première moitié du XIIIe, le moine Aumeric* et un trouvère nommé Gui, auteur d'une assez plate vie en octosyllabes. Dans la deuxième moitié du XIVe siècle, Étienne Lanquelier, laïc, peintre en titre du duc Jean de Berry pour qui il enlumine des manuscrits, compose une vie sous forme de prière, en douzains d'octosyllabes, conservée dans un livre d'heure du XVe. Son récit, sans grand intérêt littéraire, suit de près la *Légende dorée**, mais ajoute des allusions au mariage mystique. On doit également deux vies au polygraphe Jean Miélot* (prose, 1457) et au chartreux Destrées* (vers, 1505).

ŒUVRES. — Éd. dans P. Meyer, *Recueil d'anciens textes bas-latins, provençaux et français*, Paris, 1877 [vie anonyme en septains écrite sous forme de prière, XIIIe]. — Éd. H.A. Todd, dans *PMLA*, t. 15 (1900), p. 17-73 [par le trouvère Gui]. — Éd. A. Långfors, dans *Romania*, t. 39 (1910), p. 54-60 [Étienne Lanquelier]. — *Eine gereimte altfr.-veronesische Fassung der Legende der heiligen Katharina*, éd. H. Breuer, Halle, 1919 [vie en octosyllabes en franco-vénitien, milieu XIIIe]. — *Les vies de sainte Catherine d'Alexandrie en ancien français*, éd. E.C. Fawtier-Jones, dans *Romania*, t. 56 (1930), p. 80-104 [vie anglo-normande en décasyllabes, XIIIe], et t. 58 (1932), p. 206-217 [vie en sixains de décasyllabes, XIIIe]. — *A Critical Edition of Le Vie Me Damme Sainte Kateline...*, éd. M.P. Trenkle, thèse, Univ. Alabama, 1976, cf. *DAI*, t. 37, n° 12 (1977), 7741A [une des deux vies du XIIIe en octosyllabes]. — *De sainte Katerine. An Anonymous Picard Version of the Life of St. Catherine of Alexandria*, éd. W. Mc Bain, Fairfax, 1987 [version en vers du XIIIe ; avec éd. de la source latine et trad. en anglais moderne]. — Trad. M. Sepet, Paris, 1881 [trad., modernisée et amputée, de la fin de la vie par Jean Miélot].

→ K. Manger, *Die französischen Bearbeitung der Legende der h. Katharina von Alexandrien*, Tübingen, 1901. — G. Guéry, *Le culte de sainte Catherine d'Alexandrie*, Paris, 1912. — B. Bronzini, *La leggenda di S. Caterina d'Alessandria. Passioni greche e latine*, Rome, 1960. — Cf. *GRLMA*, t. VIII/2, nos 21220, 30380-30460. — *MB* nos 3401-3406, 6640, 7793 ; *S* 5818-5823, 7754. D.G.O. et A.F.L.L.

Sainte Christine (Vie de). Jeune noble tyrienne, Christine fut martyrisée au IIIe siècle par son père, pour avoir refusé de sacrifier aux idoles. Gautier de Coinci* composa entre 1114 et 1119 (selon C. Ott) une *Vie de sainte Christine* en quatrains d'alexandrins monorimes (3 800 vers), qui nous est conservée par deux manuscrits. Ce n'est pas le meilleur poème de Gautier, qui y introduit de longs développements d'un fanatisme extrême. Au milieu du XIVe siècle, c'est le frère mineur Nicole Bozon* qui écrivit une vie de la sainte, en s'inspirant de la *Légende dorée** de Jacques de Voragine. Du XVe siècle, on conserve deux *Vies* anonymes en octosyllabes, inédites (*GRLMA*, t. VIII, nos 30480 et 30500). Il existe également cinq versions en prose, dont une seule, en dialecte lyonnais, est éditée.

ŒUVRES. — *Gautier de Coincy's Christinnenleben*, éd. C. Ott, Erlangen, 1922. — *Altfrankoprovenzalische Übersetzungen hagiographischer lateinischer Texte*, éd. H. Stimm, Wiesbaden, 1955 [version lyonnaise].

→ Cf. *MB* nos 3407, 7003. A.F.L.L.

Sainte Colette (Vie de). Née à Corbie en 1381, Colette Boylet fut d'abord recluse dans une cellule accolée à l'église de Corbie. En 1406, elle fit profession de clarisse devant l'antipape Benoît XIII, lui-même ancien franciscain, qui lui donna mission de réformer l'ordre de saint François. Fondations et affiliations se succèdent : peu après sa mort, plus de 300 couvents d'hommes et de femmes suivaient ses constitutions. Sa vie, ses voyages de prédication, sa spiritualité orientée vers l'Eucharistie, la pauvreté et la pénitence, nous sont bien connus grâce au récit écrit immédiatement après la mort de Colette en 1447, par son confesseur le franciscain Pierre de Reims ou de Vaux.

Cette *Vie* fut traduite de français en latin dès 1450 par Étienne de Juilly (*BHL*, 1869), puis de latin en flamand en 1450-1451. Elle a été ensuite retraduite de flamand en français en 1509 par Robert Van Ynghsem, confesseur des Brigittines de Termonde. L'ouvrage de Pierre de Reims a été complété en 1471 ou 1474 par Perrine de la Roche et de Baume, franciscaine née en 1408, compagne de sainte Colette pendant trente ans et nièce de son « assistant » depuis 1406, le franciscain Henri de Baume. Perrine n'écrit pas une histoire complète de la vie de sainte Colette, mais un recueil d'anecdotes et de miracles dont elle a été le témoin direct. Ces deux textes ont circulé séparément et dans une version mixte.

ŒUVRES. — Éd. dans J. Corblet, *Hagiographie du diocèse d'Amiens*, Amiens, 1868, I, p. 357-530 [éd. modernisée]. — *Les vies de sainte Colette Boylet de Corbie*, éd. Ubald d'Alençon, Paris, 1911 (*Archives franciscaines*, 4) [éd. des trois versions, Pierre de Reims, Perrine de la Roche et la version mixte].

→ Sbaralea, *Suppl. Script. Francisc.*, 1806, n°s 579, 606, 612. — *Vita Sanctae Coletae (1381-1447)*, Leyde, 1982 [recueil d'articles sur la vie de la sainte, le texte de Pierre de Reims et un ms. enluminé conservé par les clarisses de Gand]. — M. Somme, *Sainte Colette de Corbie et la réforme franciscaine en Picardie et en Flandre au* XV*e siècle*, dans *Horizons marins. Itinéraires spirituels* (V*e*-XVIII*e*) ; *1. Mentalités et sociétés*, sous la dir. de H. Dubois, J.-C. Hocquet, A. Vauchez, Paris, 1987, p. 255-264. A.F.L.L.

Sainte Élisabeth de Hongrie (Vie de). Exemple d'une extrême charité, distribuant largement les aumônes, fondant des hôpitaux, sainte Élisabeth de Hongrie, veuve très jeune du landgrave Louis IV de Thuringe, est une des figures maîtresses du tiers-ordre franciscain. Morte en 1231 à Marburg où elle avait fondé un hôpital, elle a été canonisée dès 1235 par Grégoire IX. Plusieurs poèmes en ancien français lui sont consacrés. Entre 1255 et 1271, Rutebeuf* compose, pour Isabelle, fille de Louis IX* et femme de Thibaut de Navarre, un long poème de plus de 2 000 octosyllabes. À la fin du XIIIe siècle ou au début du XIVe siècle, un poète anonyme picard écrit une *Vie* de près de 1 000 octosyllabes en couplets. Il utilise d'une part l'épître adressée par Conrad de Marburg au pape Grégoire IX et d'autre part la *Vie de sainte Élisabeth* écrite par Thierry d'Apolda, dominicain d'Erfurt, entre 1289 et 1297. Ce poème anonyme picard a été réutilisé en partie par Robert de Clambigneul (XIVe siècle). On ne sait rien de ce poète, si ce n'est qu'il n'a fait là qu'une œuvre de compilateur sans originalité, tirant sa matière des diverses *Vies* latines et empruntant surtout des passages entiers (plus de 500 vers) au poème anonyme. Nicole Bozon* composa lui aussi une *Vie de sainte Élisabeth* au XIVe siècle. On connaît également six versions anonymes en prose française, échelonnées du XIIe au XVe siècle, et toutes inédites.

ŒUVRES. — *Vie de sainte Élisabeth de Hongrie*, éd. L. Karl, dans *ZRPh*, t. 34 (1910), p. 295-314 [Nicole Bozon] et p. 708-733 [poème anonyme]. — Éd. E. Faral et J. Bastin, *Œuvres complètes de Rutebeuf*, Paris, 1960, t. 2, p. 60-166 ; éd. et trad. M. Zink, Paris, 1990, *Rutebeuf, Œuvres complètes*, t. 2, p. 118-225 [poème de Rutebeuf].

→ M. de Montalembert, *Histoire de sainte Élisabeth de Hongrie*, Paris, 1836. — L. Karl, dans *RLR*, t. 51 (1908), p. 1-38 ; t. 52 (1909), p. 163-180. — J. Ancelet-Hustache, *L'or dans la fournaise. Vie de sainte Élisabeth de Hongrie*, Paris, s.d. [1947]. — E. Faral, *Trois remarques sur la « Vie de sainte Elysabeth » de Rutebeuf*, dans *Studi Medievali*, t. 17 (1951), p. 93-113. — O. Reber, *Die Gestaltung des Kultes Weiblicher Heiligen im Spätmittelalters, die Verehrung des heiligen Elisabeth, Klara, Hedwig und Birgitta, Hersbruch*, 1963. — Cf. *MB* n°s 3413-3414, 7003. A.F.L.L.

Sainte Eulalie (Cantilène ou Séquence de). Premier poème connu et conservé en langue française, de la fin du IXe siècle, transcrit au verso d'un feuillet de manuscrit non utilisé. En 29 vers, il raconte la vie, la passion et la gloire d'une petite sainte, Eulalie, qui se refusa à abjurer sa foi chrétienne, souffrit le martyre sur l'ordre du roi païen Maximien et s'envola au ciel sous la forme d'une colombe ; le poème finit sur une exhortation à prier pour obtenir son intercession. Le caractère narratif et édifiant domine dans ce court poème, qui paraît inspiré de l'hymne du poète Prudence, célébrant le martyre de sainte Eulalie de Mérida. Un poème latin sur le même sujet, mais copié d'une main différente, le précède immédiatement au recto du feuillet et porte le même nombre de couplets. Ce poème latin est essentiellement d'inspiration lyrique ; les éléments narratifs sont peu nombreux et même peu concordants avec ceux de notre poème. *Sainte Eulalie* passe généralement pour une séquence, caractérisée par une structure métrique dominée par la mélodie alléluiatique qui en fournit la division et la clef. Le texte appartient à la partie paraliturgique d'un office et peut par ailleurs avoir été l'objet d'un chant individuel, choral, alterné, ou même d'une chanson de danse. On y retrouve très nettement les caractères de la poésie latine rythmique continuatrice de la poésie métrique classique ; il est tout entier, sauf le versiculet final, en décasyllabes unis deux à deux par l'assonance, sinon par la rime. La langue dans laquelle est écrite la séquence a fait jusqu'à maintenant l'objet de longues discussions. On s'accorde à voir aujourd'hui en elle un idiome littéraire mixte, commun à plusieurs provinces de l'extrême nord de la Gaule, et comportant aussi quelques traits de la langue du centre. Le poème est suivi de la première partie du texte germanique du *Ludwigslied*, copiée de la même main. Les trois œuvres, liées deux à deux — latine/française et française/germanique —, ont été transcrites sur les feuillets non utilisés terminant un exemplaire de la traduction par Rufin de huit traités de Grégoire de Naziance, et montrent de toute évidence l'existence d'un milieu culturel trilingue. L'examen codicologique et paléographique de ce manuscrit complique et obscurcit quelque peu les données : du début du IXe siècle, conservé à l'abbaye de Saint-Amand avant d'être déposé à la bibliothèque de Valenciennes, rien ne prouve qu'il ait été copié dans le scriptorium de cette abbaye : il proviendrait d'un atelier de la région lotharingienne, tandis que l'écriture de la séquence romane, plus tardive, ne s'apparente à aucune écriture connue de Saint-Amand.

ŒUVRE. — *Les plus anciens monuments de la langue française (IXe, Xe siècle)*, éd. G. Paris, Paris, 1875 *(SATF)* [planche reproduisant l'original]. — Éd. E. Stengel, *Eulalialied*, dans *Die ältesten französischen Sprachdenkmäler*, Marbourg, 1901. — W. Foerster et E. Koschwitz, *Altfranzösisches Übungsbuch, zum Gebrauch bei Vorlesungen und Seminarübungen*, Erster Teil : *Die ältesten Sprachdenkmäler*, mit einem Faksimile, Leipzig, 7e éd. A. Hilka, 1932. — D'A.S. Avalle, *Alle origini della letteratura francese : I Giuramenti di Strasburgo e la Sequenza di Santa Eulalia*, Turin, 1966 (*Corsi universitari*).

→ G. De Poerck, *Les plus anciens textes de la langue française comme témoins de l'époque*, dans *RLR*, t. 27 (1963), p. 1-34. — G. Hilty, *La Séquence de sainte Eulalie et les origines de la langue littéraire française*, dans *Vox Romanica*, t. 27 (1968), p. 3-18. — M. Delbouille, *Comment naquit la langue française ?*, dans *Mél. G. Straka*, Lyon-Strasbourg, 1970, p. 187-199 ; *À propos de deux séquences d'Eulalie et du Ludwigslied*, dans *Mél. M. Wandruszka*, Tübingen, 1971, p. 26-38 ; *L'évolution des formes et de l'esprit de la littérature française des origines au XIIIe siècle*, dans *Concetto, Storia, Miti e Immagini del Medio Evo*, éd. V. Branca, Firenze, 1973, p. 225-245. — G. Hilty, *Les Serments de Strasbourg et la séquence de Sainte Eulalie*, dans *Vox Romanica*, t. 37 (1978), p. 126-150. — *La Cantilène de sainte Eulalie, Actes du colloque, 21 mars 1989*, éd. par M.-P. Dion, Valenciennes, 1990. — Cf. *GRLMA*, t. I, n° 15, et p. 21, 34, 36, 41, 75, 266, 471, 481, 561, 564, 571, 574, 576, 580, 582, 585. — *MB* nos 2-6, 25-30, 6020-6022 ; *S* 592, 609, 625, 629-641.
G.D.P. et C.R.

Sainte Geneviève (Miracles de). C'est le titre commode qu'A. Jubinal a donné à une collection de miracles de la sainte, qui suit immédiatement l'évocation scénique de sa naissance. Les rubriques du ms. de la Bibliothèque Sainte-Geneviève nous renseignent sur la division de cet ensemble de 3 127 vers et 56 personnages : 1° *Le miracle comment les anges firent joye quant madame saincte Genevieve fut nee* (naissance ; la sainte guérit sa mère devenue aveugle parce qu'elle avait souffleté sa fille, l'empêchant de se rendre à l'église avec elle) ; 2° *Partie des miracles que Nostre Seigneur fist par les merites madame sainte Genevieve depuis qu'elle vint a Paris* : guérison de la chambrière de sainte Céline, pieux réconfort des Parisiens qui craignaient les Huns, maladie de la sainte au cours de laquelle l'archange Raphaël lui fait découvrir l'enfer et le paradis, entretien avec une nonne que la sainte amène à se confesser d'un péché de luxure, résurrection d'un enfant noyé avant son baptême, guérison d'un bourgeois d'Orléans puni de maladie pour avoir maltraité son valet, construction d'une église à Lectrée, près du tombeau de saint Denis et de ses compagnons, début d'un miracle à propos d'un cierge éteint qui se rallume et fin d'une guérison de fous (il y a une lacune importante dans le manuscrit), guérison de divers infirmes, guérison d'une aveugle qui le devint parce qu'elle avait dérobé les souliers de la Vierge.

Après la guérison des fous de Lectrée, l'auteur, dans sa rubrique, parle du *Jeu de saint Denis*, ce qui semble indiquer que la construction de l'église en l'honneur du saint et les prodiges réalisés sur place pouvaient constituer une pièce particulière, en rapport toutefois avec la biographie de sainte Geneviève. C'est ce qui justifie la présence dans ce manuscrit d'œuvres relatives à saint Denis et à la patronne de Paris.

De plus, d'autres rubriques (p. 281 de l'éd. Jubinal) nous éclairent sur le sens et l'utilité de la farce : « Miracles de plusieurs malades, pour cause de brieté, et a parmy farsses entees, afin que le jeu soit moins fades et plus plaisans. » En fait, *farce* ne désigne pas ici une œuvre dramatique, mais des passages plaisants dans le rôle des personnages sérieux. Beaucoup de rubriques, enfin, nous prouvent que ce manuscrit pouvait servir à la représentation et aussi à la lecture : des résumés précèdent plusieurs scènes.

Ces pièces sont intéressantes : on les devine composées par l'auteur d'autres œuvres mineures du recueil, car on y retrouve son style clair et très coloré, son rythme rapide, ses expressions figurées, la trivialité voulue de ses dialogues entre gens du peuple, le comique de certains rôles comme celui de l'aveugle. De plus, nous assistons à un débat sur le libre arbitre auquel sainte Geneviève fait appel pour amener la nonne à se repentir. Notons, au hasard, ses trouvailles lexicales : aux religieux il fait conseiller la vie dans le cloître plutôt que le *villoter* (la fréquentation de la ville) qui « fait mains et maintes assoter ». *Crucefetart* est pour lui un terme de mépris pour le Crucifié ; *merdefins* est un calembour pour les médecins. Parmi ces piécettes, retenons comme la meilleure, le « miracle » de sainte Geneviève et de la nonne pécheresse.

ŒUVRES. — *Mystères inédits du* XVe *siècle*, éd. par A. Jubinal, Paris, 1837, t. 1, p. 169-303. — *Les Miracles de sainte Geneviève*, par C. Sennewaldt, Francfort, 1937 [corrections nombreuses par A. Långfors, dans *Romania*, t. 65 (1939), p. 262-265 ; par G. Lozinski, *ibid.*, t. 66, (1940-1941), p. 538-540 ; et dans *Literaturblatt für germanische und romanische Philologie*, t. 63 (1942), p. 149-152].

→ L. Petit de Julleville, *Les mystères*, Paris, 1880, t. 2, p. 515-520. — S. Corbin, *Une parodie du Sanctus*, dans *Romania*, t. 73 (1952), p. 240-241. — Cf. *MB* n°s 5822-5823. O.J.

Sainte Geneviève (Vie de). Malgré son titre de patronne de Paris, sainte Geneviève a assez peu inspiré les hagiographes français. Outre le long poème composé par le clerc Renaut* et son dérimage, on connaît quatre vies anonymes en prose des XIVe et XVe siècles, toutes inédites, plusieurs prières en vers et en prose, et deux recueils de miracles. L'un, anonyme, regroupe en 3 125 octosyllabes quatorze courtes scènes, dont certaines sont comiques, voire parodiques. Le second, composé de neuf courts récits et daté de 1367, est l'œuvre de Thomas Benoît, hagiographe auquel on doit également une traduction en vers de la règle de saint Augustin.

ŒUVRES. — *Miracles de sainte Geneviève à Paris,* XIIe-XIVe *siècle. Rédaction française attribuée à Thomas Benoît*, éd. J. Havet, Paris, 1889. — *Les Miracles de sainte Geneviève*, éd. C. Sennewaldt, Francfort, 1957. — *Les prières aux saints en français à la fin du Moyen Âge*, éd. P. Rézeau, t. 2, Genève, 1983 (*Publ. romanes et françaises*, 166).

→ M. Heinzelmann et C.-J. Poulin, *Les vies anciennes de sainte Geneviève de Paris. Études critiques*, Paris, 1986. — Cf. *MB* n°s 3417-3419. A.F.L.L.

Sainte Julienne (Vie de). Cette sainte fut martyrisée par son fiancé le préfet de Nicomédie, parce qu'elle refusait de sacrifier aux idoles et de l'épouser tant qu'il ne serait pas chrétien. Sa légende raconte qu'elle traîna enchaîné, par toute la ville, un démon qui avait voulu la tromper. Julienne apparaît dans la *Chanson de Roland**, où son culte est particulièrement lié à l'Espagne.

Son histoire a inspiré un poète anonyme de la fin du XIIe ou du début du XIIIe siècle, qui a écrit dans une langue de l'Est de la France une *Vie de sainte Julienne* de près de 2 000 octosyllabes assonancés. Il existe également une *Vie* par Nicole Bozon* et sept versions inédites en prose française.

ŒUVRE. — Éd. H. von Feilitzen, dans *Li ver del Juise*, Uppsala, 1883 [éd. en appendice la version de l'Est de la France].

→ E. Brunöhler, *Über einige lateinische, englische, französische und deutsche Fassungen der Julianen-Legende*, Bonn, 1912. — K.E. Geith, *Priester Arnolds Legende von der Heilige Juliana*, Fribourg, 1965. — P. Barrette, *La légende de sainte Julienne et ses rapports avec la Chanson de Roland*, dans *Charlemagne et l'épopée romane, Actes du 7e congrès de la Société Rencesvals, Liège, 1976*, Paris, 1978. — Cf. *MB* nos 3420-3421, 7003. A.F.L.L.

Sainte Marguerite (Vie de). Sainte Marguerite, martyrisée à Antioche par le préfet Olibrius parce qu'elle refusait de l'épouser et de sacrifier aux idoles, a connu un culte fort populaire pendant tout le Moyen Âge, comme protectrice des femmes en couches : elle serait, selon la légende, sortie indemne de la gueule d'un dragon qui l'avait dévorée. On ne compte pas moins de quatorze versions en vers français de sa vie, écrites presque toutes en anglo-normand du XIIe au XVIe siècle (témoins d'une dévotion particulièrement développée en Angleterre), et dix-huit en prose, ces dernières inédites.

Toutes ces *Vies* sont anonymes, sauf quatre. Vers 1135-1150, Wace*, s'inspirant de deux récits latins (les versions dites « Mombritius » et « Caligula »), lui consacre un poème en octosyllabes écrit en anglo-normand, qui est sans doute le quatrième plus ancien texte hagiographique français après la *Cantilène de sainte Eulalie** et les vies de saint Léger* et de saint Alexis*. Au milieu du XIIIe siècle, Fouque compose une vie de près de 500 octosyllabes, qui accentue l'aspect merveilleux de la légende. Un siècle plus tard, c'est le frère mineur Nicole Bozon* qui écrit à son tour une vie de 300 octosyllabes, puis, vers 1500, le chartreux Destrées* en compose une en hexamètres.

ŒUVRES. — *Deux rédactions diverses de la légende de sainte Marguerite en vers français*, éd. A. Scheler, Bruxelles, 1877. — Éd. A. Joly, Paris, 1879 [Wace et en appendice, version anonyme en anglo-normand, mi-XIIIe siècle, n° 3 de Meyer]. — *La vierge Marguerite substituée à la Lucine antique*, éd. F. Soleil, Paris, 1889 [éd. un fragment en octosyllabes, XVe siècle, sans indication de provenance]. — Éd. F. Spencer, thèse Leipzig, 1889 [deux versions en anglo-normand : n° 6 de Meyer, fin XIIe siècle en alexandrins ; n° 2 de Meyer, XIIIe siècle]. — Éd. dans P. Meyer, *Notice du ms. Sloane 1611 du Musée Britannique*, dans *Romania*, t. 40 (1911), p. 532-558, notamment p. 539-558 [version anonyme en anglo-normand, XIIIe siècle, n° 8 de Meyer]. — *An Anglo-Norman Legend of St Margaret (ms. BM Add 38664)*, éd. K. Reichl, dans *Romania*, t. 96 (1975), p. 53-66 [version n° 9 de Meyer en quatrains de décasyllabes, XIIIe siècle, éd. partielle]. — *Due versioni della leggenda di s. Margherita d'Antiocha*, éd. G. Tammi, Plaisance, 1978 [éd. la version de Fouque et une version anonyme en octosyllabes du XIVe siècle ; abondante bibliogr. et solide étude des sources, du culte, des versions françaises et étrangères].

→ P. Meyer, *Notice sur deux anciens manuscrits ayant appartenu au duc de la Clayette*, dans *Notices et extraits des mss de la BN*, t. 33[1] (1889), p. 1-90, notamment p. 19-22. — F. Spencer, *The Legend of St Margaret*, dans *Modern Language Notes*, t. 4 (1889), p. 392-402 ; t. 5 (1890), p. 71-75, 107-111, 141-150 et 213-221 ; t. 6 (1891), p. 174. — J. Merk, *Die literarische Gestaltung des altfranzösischen Heiligenleben bis Ende des 12. Jahrhunderts*, Affoltern am Albis, 1946. — M.D. Legge, *Anglo-Norman Literature and its Background*, Oxford, 1963, p. 258. — H.E. Keller, *Wace. La vie de sainte Marguerite*, Tübingen, 1990 (*Beihefte zur ZRPh*, 229) [avec intro. sur le culte et toutes les versions françaises]. — Cf. *GRLMA*, t. VIII/2, nos 30640-30660. — *MB* nos 3422-3429, 7794 ; *S* 5727, 5731, 5839-5841. A.F.L.L.

Sainte Marie l'Égyptienne (Vie de). La légende de cette sainte a frappé les imaginations : courtisane par plaisir, Marie se joint à un bateau de pèlerins partant pour Jérusalem. Là, une force surnaturelle l'empêchant d'entrer dans une église, elle se repent et prie. Sur l'ordre de la Vierge, elle se retire dans le désert au-delà du Jourdain, où elle demeure quarante ans. Elle rencontre alors un ermite, Zozime, à qui elle raconte sa vie. Il lui donne la communion et, revenant l'année suivante, la trouve morte et l'enterre avec l'aide d'un lion. Cette légende a eu un grand succès : on en connaît 14 versions françaises en prose et quatre en vers. Celles-ci sont toutes en octosyllabes et datent à peu près de la même époque, la fin du XIIe et le XIIIe siècle. Trois sont anonymes et ont été écrites en anglo-normand. L'une d'elles, une courte vie de 140 octosyllabes, figure dans un manuscrit des *Miracles de Notre-Dame* d'Adgar* et a été, à ce titre, éditée en même temps par Neuhaus, bien qu'elle ne semble pas être de cet auteur. La quatrième est un poème de Rutebeuf*. Les 14 versions en prose s'étalent du XIIIe au XVe siècle.

ŒUVRES. — *Versions anonymes : Adgar's Marien Legenden*, éd. C. Neuhaus, Heilbronn, 1886. — *La vie de sainte Marie l'Égyptienne*, éd. A.T. Baker, dans *RLR*, t. 59 (1916-1917), p. 145-401 [étude générale et éd. de deux versions en vers]. — *La vie de sainte Marie l'Égyptienne. Versions en ancien et moyen français*, éd. P.F. Dembowski, Genève, 1977 (*Publ. romanes et françaises*, 144) [étudie l'ensemble du dossier et éd. 10 versions en prose et les trois versions anonymes en vers]. — *The Life of saint Mary of Egypt : An Edition and Study of the Medieval French and Spanish Verse Redactions*, éd. M. Schiavone de Cruz Saens, Barcelone, 1979 [éd. la version T de Dembowski]. — *Poème de Rutebeuf : Œuvres complètes de Rutebeuf*, éd. E. Faral et J. Bastin, t. 2, Paris, 1960, p. 9-59 ; éd. et trad. M. Zink, t. 1, Paris, 1989, p. 397-469.

→ M. Weitzorek, *Die Legenden der Thais und der Marie Aegyptica in den romanischen Literaturen vornehmlich des Mittelalters*, Lingerrich, 1938. — D. Robertson, *Twelfth-Century Experience : The Life of Saint Mary the Egyptian*, dans *Pacific Coast Philology*, t. 22 (1987), p. 71-77. — Cf. *GRLMA*, t. VIII/2, n° 30680. — *MB* n°s 3430-3438 ; *S* 5731, 5827-5838.

A.F.L.L.

Sainte Marie-Madeleine (Mystère de). Mystère court (1 922 vers, 22 personnages) conservé seulement par un imprimé lyonnais de 1605 qui lui donne pour titre : « Vie de Marie Magdeleine contenant plusieurs beaulx miracles, comment elle, son frere le Lazare et Marthe sa sœur vindrent a Marseille et comme elle convertit le duc et la duchesse. » Le mystère, inspiré de la *Légende dorée**, fut mis en scène à Lyon en 1500 et l'édition conserve probablement le texte de cette représentation.

ŒUVRE. — J. Chocheyras et G.A. Runnalls, *La Vie de Marie Magdeleine par personnages (BN de Paris, Réserve Yf 2914)*, Genève, 1986 (*TLF*, 342).

→ L. Petit de Julleville, *Les mystères*, Paris, 1880, t. 2, p. 533-555, 644. E.L.

Sainte Marie-Madeleine (Vie de). Le Moyen Âge vénère en sainte Marie-Madeleine trois figures féminines des Évangiles, Marie de Magdala, Marie de Béthanie et la pécheresse anonyme de Luc, VII, assimilables par un commun amour du Christ et l'utilisation de parfum. Le pape Grégoire le Grand* (fin VIe siècle) est à l'origine de cette théorie de l'unicité et du développement du culte. Le Moyen Âge voit en cette pécheresse pardonnée, digne de voir le Ressuscité, l'allégorie de l'Église appelée à la rédemption. Espoir des pénitents, elle joue un rôle médiateur entre Ève et la Vierge Marie et illustre par ses larmes le courant contritionniste du XIIe siècle. La légende voulait qu'après la Passion elle ait navigué jusqu'à Marseille, donné miraculeusement un enfant aux seigneurs de la ville et évangélisé la Provence. Elle aurait ensuite mené une longue vie érémitique dans la grotte de la Sainte-Baume. Vézelay, qui revendiquait la possession de ses reliques, fut un important centre de pèlerinage, avant d'être supplanté par la Provence. La querelle en Sorbonne de Lefèvre d'Étaples sur l'unicité de la Madeleine affaiblit fortement au début du XVIe siècle le culte médiéval.

Parmi les innombrables écrits médiévaux sur Marie-Madeleine, on citera : les homélies 25 et 33 de Grégoire le Grand* ; un sermon d'Odon de Cluny* ; le *Sermo in sollemnitate sancte Marie Magdalene* anonyme. Pour la littérature française, outre les poèmes de Guillaume le Clerc* de Normandie et de Nicole Bozon*, on connaît notamment :

— trois vies en vers composées entre le XIIIe et le XIVe s. La plus ancienne, anglo-normande, du début du XIIIe s., a été éditée par Suchier ;
— une vie en langue d'oc du XIVe siècle, en vers ;
— seize vies en prose jusqu'à la fin du XVe s., dont deux sont éditées ;
— un *Poème sur la pécheresse de l'Évangile*, en quatrains d'alexandrins, du début du XIVe siècle ;
— un recueil de miracles ;
— un *Sermon sur la Madeleine*, écrit en prose à la fin du XIIe siècle dans l'ouest de la Picardie, et conservé dans deux versions, courte et longue ;
— enfin plusieurs prières.

Témoin de la Résurrection, Marie-Madeleine joue un rôle majeur dans les drames liturgiques et les mystères de la Passion médiévaux, tout particulièrement dans celui de Jean Michel*.

ŒUVRES. — Grégoire le Grand, éd. *PL*, t. 76, col. 1238-1246. — Odon de Cluny, éd. dans Mgr. Faillon, *Monuments inédits sur l'apostolat de sainte Marie-Madeleine en Provence*, Paris, 1848. — *Sermo in sollemnitate*, éd. V. Saxer, dans *Mél. M Andrieu*, Strasbourg, 1956. — Vie fr. en vers du XIIIe, éd. H. Suchier, dans *ZRPh*, t. 4 (1880), p. 362-364. — *Poème en quatrains sur la pécheresse de l'Évangile*, éd. P. Meyer, dans *Romania*, t. 31 (1902) 379-381. — Vies en prose : éd. dans H. Stimm, *Altfrankoprovenzalische Übersetzungen hagiographischer lateinischer Texte*, Wiesbaden, 1955 ; éd. C. Corcoran, J. Hassel et *alii*, dans *ZRPh*, t. 98 (1982), p. 20-42. — Sermon fr., éd. C. Platz, dans *Bulletin des Jeunes Romanistes*, t. 13 (1966), p. 14-18 et t. 15 (1968), p. 16-35. — Prières, éd. dans P. Rézeau, *Les prières aux saints en ancien français à la fin du moyen-âge*, t. 2, Genève, 1983 (*Publ. romanes et fr.*, 166).

→ H.M. Garth, *Saint Mary Magdelene in*

medieval Literature, diss. Baltimore, 1950. — A. Dust, *Die Magdelenenszenen in franz. und provenzal. geistlichen Spiel des Mittelalters*, thèse, Münster, 1939. — G. Cohen, *Marie-Madeleine dans le drame religieux français du Moyen Âge*, dans *Convivium*, t. 24 (1956), p. 141-163. — V. Saxer, *Le culte de Marie-Madeleine en Occident, des origines à la fin du Moyen Âge*, 2 vol., Auxerre, 1959 ; *Le culte et la tradition de sainte Marie-Madeleine en Provence*, dans *Mém. Acad. Vaucluse*, t. 6 (1985), p. 41-55. — J. Szöverffy, « *Peccatrix quondam femina* » *: a Survey of the Mary Magdalen Hymns*, dans *Traditio*, t. 19 (1963), p. 79-148. — E. Duperray, *Marie-Madeleine dans la mystique, les arts et les lettres*, Paris, 1989. — Cf. *GRLMA* t. VIII/2, n°s 17540, 30700-30740. — *MB* n°s 3439-3442 ; 5824 ; 6642-6643 ; *S* 5949-5950. E.M.P. et A.F.L.L.

Sainte Osith (Vie de). Au VIIe siècle, la princesse Osith œuvra pour la consolidation du christianisme dans la région anglaise de l'Essex, notamment en fondant à Chichester un monastère où elle finit sa vie. Un poème anonyme anglo-normand, du XIIIe siècle, lui est consacré.

ŒUVRE. — Éd. A.T. Baker, dans *The Modern Language Review*, t. 6 (1911), p. 476-502 ; t. 7 (1912), p. 74-93 et 167-192.

→ P. Meyer, *Légendes hagiographiques en français*, dans *HLF*, t. 33 (1906), p. 328-458 [notamment p. 371]. — J. Vising, *Anglo-Norman Language and Literature*, Londres, 1923, p. 55. — M.D. Legge, *Anglo-Norman Literature and its Background*, Oxford, 1963, p. 259-261. — Cf. *MB* n°s 3344, 7775 ; *S* 5727, 5740. A.F.L.L.

Sainte Paule (Vie de). Cette grande dame romaine, restée veuve avec cinq enfants, leur partagea ses biens et suivit saint Jérôme en Terre sainte. Là, elle fonda à Bethléem deux monastères, un pour les hommes et un pour les femmes où elle finit sa vie en 404. La lettre 108 de saint Jérôme retrace l'existence de la sainte. Flodoard* a composé un poème dans lequel il fait son éloge.

En ancien français on connaît une *Vie* en octosyllabes, de la deuxième moitié du XIIIe siècle, et quatre versions en prose, toutes inédites, dont trois sont des adaptations de la *Légende dorée**.

ŒUVRES. — Hieronymus, *Epistula* 108 : *PL*, t. 22, col. 878-906. — Flodoardus, *De triumphis Christi et Sanctorum Palaestinae*, II, 8 : *PL*, t. 185, col. 519-520. — J. Labourt, *Saint Jérôme, Lettres*, t. 5, Paris, 1955, p. 159-201 (*Collection des Universités de France*). — J.W. Smit, *Vita dei Santi*, t. 4, Vérone, 1975, p. 148-236. — *La Vie de Sainte Paule*, éd. K. Grass, Halle, 1908 (*Romanische Bibliothek*, 19) [version française en vers].

→ *BHL*, 6548-6550. — P. Meyer, *Légendes hagiographiques en français*, dans *HLF*, t. 33 (1906), p. 328-458 [notamment p. 373]. — F. Lagrange, *Histoire de sainte Paule*, Paris, 1931. — Cf. *MB* n° 3445. A.F.L.L.

Sainte Thaïs (Vie de). Convertie par l'ermite Paphnuce, cette courtisane égyptienne se fit enfermer dans une cellule de recluse. On trouve un récit en octosyllabes de sa vie dans la *Vie des Pères**. Un autre récit, en quatrains d'alexandrins monorimes, qui s'inspire du précédent, figure dans le *Poème moral**. Ce dernier récit a circulé indépendamment du recueil, soit seul soit dans des légendiers. Sainte Thaïs a également inspiré un auteur anglais du XIIIe siècle, Henri d'Arci*, qui lui consacra un poème en alexandrins. On connaît enfin plusieurs *Vies* anonymes en prose ; l'une d'entre elles, inspirée de la version de la *Vie des Pères*, a été traduite au XIIIe siècle pour Blanche de Navarre, comtesse de Champagne.

ŒUVRES. — Éd. F. Lecoy, *La Vie des Pères*, t. 1, Paris, 1987, p. 72-90 *(SATF)*. — *Le Poème moral*, éd. A. Bayot, Bruxelles-Liège, 1929. — *Henri d'Arci : The Shorter Works*, éd. R.P.C. Perman, dans *Mél. A. Ewert*, Oxford, 1961, p. 279-321.

→ M. Weitzorek, *Die Legenden der Thaïs und der Maria Aegyptica in den romanischen Literaturen vornehmlich des Mittelalters*, Lingerrich, 1938. — Cf. *MB* n°s 3446-3447, 3555 ; *S* 5734. A.F.L.L.

Sainte Valérie de Chambon (Vie de). Un poème du XVe siècle, d'environ 1 500 octosyllabes assez irréguliers à rimes plates, est consacré à sainte Valérie, une martyre limousine des premiers siècles. Le récit de sa vie est suivi de celui de la translation de ses reliques de Limoges à Chambon-sur-Voueize (Creuse), où un culte lui est rendu. Le poème se caractérise par une langue qui, sans être de la langue d'oc, est émaillée de nombreux traits d'occitan.

ŒUVRE. — *Die altfranzösische Vita der heiligen Valeria*, éd. G. Meyer, Heidelberg, 1987 (*Studia Romanica*, 68). A.F.L.L.

Sainte Venice (Mystère de). Courte pièce de 875 vers à sept personnages, qui contient des épisodes tirés du *Mystère de la Vengeance* publié par Vérard en 1491. La pièce n'est connue que par une édition du XVIe siècle dont l'incipit est : « S'ensuyt le mystere comment saincte Venice apporta a Vaspasien la Veronique de quoy il fut guery de sa messelleryе. »

ŒUVRE. — Éd. G.A. Runnalls, *Le Mystère de sainte Venice*, Exeter, 1979 *(Textes français)*.

→ J. Babelon, *La Bibliothèque française de Fernand Colomb*, Paris, 1913, p. 142. — G.A. Runnalls, *Le Mystère de Sainte Venice, a Recently Discovered Late French Mystery Play*, dans *Tréteaux*, t. 1 (1978), p. 77-87. E.L.

Saladin. Voir : *Jean d'Avesnes*.

Salh d'Escola. En 1195, ce troubadour jouissait déjà d'un certain prestige. En effet, le Monge de Montaudon*, dans sa fameuse galerie satirique de troubadours (PC 305, 16), le cite comme un jongleur de Bergerac devenu bourgeois et marchand, qui fréquentait la cour d'Ermengarde de Narbonne. Celle-ci mourut en 1197. Son nom curieux de « maître d'école » lui viendrait d'un ancêtre ou d'un trait de son caractère. Les sources manuscrites lui attribuent plusieurs compositions poétiques. Une seule est sûrement de lui.

ŒUVRE. — Éd. M. de Riquer, *Los trovadores. Historia literaria y textos*, Barcelone, 1975, t. 2, p. 675-678 [PC 430, 1].

→ PC 430. — C. Brunel, *Le nom du troubadour Sail d'Escola*, dans *Mél. K. Michaëlsson*, Göteborg, 1952, p. 68-73. G.B.L.

Salomon et Marcoul. Il existe en latin, depuis le IXe siècle peut-être, un *Salomonis et Marculphi dialogus*, d'origine germanique, dans lequel le roi Salomon, irrité contre un rustre très malicieux qui lui a fait une farce grossière, lui ordonne de veiller toute la nuit avec lui sous peine de mort. Cinq fois de suite, Salomon entend Marculphe ronfler et lui dit : « Tu dors Marculphe ? — Je ne dors pas, je pense. — Que penses-tu ? — Qu'il y a dans le plumage de la pie autant de plumes blanches que de plumes noires. — Si tu ne le prouves lorsqu'il fera jour, tu mourras, etc. » Au jour, Marculphe prouve la véracité de ses cinq assertions.

Entre les dialogues français de *Salomon et Marcoul* et le dialogue latin, il n'y a de commun que les personnages et le dialogue, mais pas un seul des dits et contredits français ne rappelle ceux du latin. Dans les dialogues français ne se retrouve jamais non plus l'affabulation qui sert de prétexte au dialogue.

En français, Salomon et Marcoul échangent des proverbes*. Il s'agit là d'un type de dialogue assez commun, dont le prototype est peut-être *Li proverbe au vilain*. Un petit poème anglo-normand s'intitule : *Li respit del curteis et del vilain* : à un proverbe courtois répond un proverbe vilain ; c'est exactement la donnée du *Salomon et Marcoul* : Salomon est le courtois, Marcoul est le vilain.

Huit mss nous ont conservé trois rédactions de *Salomon et Marcoul*. Si deux de ces rédactions (éd. Méon ; éd. Mone ; éd. Kemble) se caractérisent par des plaisanteries obscènes et scatologiques, la troisième (éd. Crapelet) est d'une bonne tenue littéraire. Ces rédactions, anonymes, datent du milieu du XIIIe siècle. La troisième rédaction débute, dans le ms. unique (Paris, BN, fr. 19152), par la formule : « *Ci commence de Marcoul et de Salomon que li quens de Bretaigne fist* », qui fit attribuer l'œuvre à un comte de Bretagne qui serait également l'auteur des *Proverbes au comte de Bretaigne*, composition moralisatrice influencée par *Li proverbe au vilain*. L'attribution au comte Pierre Mauclerc (1213-1250), proposée par Gaston Paris, n'est pas retenue.

Il a vraisemblablement existé une version de *Salomon et Marcoul* en langue d'oc : dans la première moitié du XIVe siècle, le dominicain Armand de Belvézer en cite six vers dans ses *Collationes Psalterii*. Aucun autre témoin de cette version n'a été retrouvé.

D'esprit assez différent est la courte nouvelle en prose *De la demande Salmon a Marchus* (ms. unique : Vatican, Reg. lat. 1716), qui date du XVe siècle : le roi Salomon pose deux questions à Marchus, qui est un grand philosophe et non plus un vilain ; aucun des deux ne cite de proverbe.

La littérature allemande conserve des dialogues entre Salomon et Marcol (ou Morolf, ou Markolf) remontant à différentes époques.

ŒUVRES. — Éd. dans D.-M. Méon, *Nouveau recueil des fabliaux et contes inédits*, Paris, 1823, t. 1, p. 416-436. — Éd. dans G.-A. Crapelet, *Proverbes et dictons populaires aux XIIIe et XIVe siècles*, Paris, 1831, p. 189-200. — Éd. F. Mone, dans *Anzeiger für Kunde der deutschen Altertum*, t. 5 (1836), p. 58. — Éd. dans J.M. Kemble, *Anglo-Saxon Dialogues of Salomon and Saturn*, Londres, 1848, p. 78. — E. Langlois, *Nouvelles françaises inédites du XVe siècle*, Paris, 1908, p. 112-113 (*Bibliothèque du

XVe *siècle*) [éd. de la nouvelle en prose]. — A. Thomas, *Armand de Belvézer, frère prêcheur*, dans *HLF*, t. 36 (1927), p. 293 [éd. de l'extrait en langue d'oc]. — M.-A. Stadtler, *Salemon et Marcoul. Éd. critique et étude littéraire*, thèse dactyl., Paris, 1979.

→ É. Cosquin, *Le conte du chat et de la chandelle*, dans *Romania*, t. 40 (1911), p. 374-384 [371-430] et 529-531 [481-531]. — W. Lenk, *Zur Sprichwort-Antithetik im Salomon-Markolf-Dialog*, dans *Forschungen und Fortschritte*, t. 39 (1965), p. 151-155. — A. Wishard, *Oral formulaic Composition in the Spielmannsepik : an Analysis of Salman und Morolf*, Göppingen, 1984 (*Göppinger Arbeiten zur Germanistik*, 181). — Cf. *GRLMA*, t. VI/1, p. 108 ; t. VI/2, n° 3076. — *MB* n°s 3057-3060, 6592 ; *S* 5128.

R.M. et F.F.H.

Salut d'Amour. Épître en vers adressée à sa dame par l'amant courtois, et qui tire son nom de la formule de salutation par laquelle elle débute. Raynouard rangeait dans l'espèce *domnejaire* ou *donaire* les saluts occitans commençant et se terminant par le mot *domna* et, faisant de ce détail extérieur une caractéristique du genre, allait jusqu'à une assimilation totale du salut au *domnejaire*. Mais il apparaît nettement que ni la salutation initiale à la dame, ni l'emploi du mot *domna* ne sauraient être considérés comme essentiels. C'est par leur caractère épistolaire et la tonalité de leur lyrisme que les saluts se distinguent avant tout des autres genres poétiques troubadouresques, leur forme n'ayant en général rien d'original : la plupart en effet offrent la structure ordinaire des nouvelles, à savoir le vers octosyllabique à rimes plates.

Ce genre de poème a fleuri à la fois dans le Nord et dans le Midi, mais l'antériorité des saluts occitans ne semble pas faire de doute. On sait que c'est un troubadour, Arnaut de Mareuil* qui a été, sinon l'inventeur, du moins le maître incontesté du genre et que c'est sur lui que les autres auteurs de lettres d'amour ont dû plus ou moins s'aligner. Des dix-neuf saluts provençaux dont nous avons conservé les textes, cinq sont sûrement de lui et deux peuvent lui être attribués avec assez de vraisemblance. D'ailleurs, le type classique du salut, en passant au nord de la Loire, s'est plus ou moins mêlé d'éléments allogènes, tels que la division strophique ou l'introduction d'un refrain, se constituant ainsi en un genre assez original appelé parfois *complainte d'amour*, et dont le ton rappelle davantage celui de la lyrique populaire.

Les thèmes des saluts d'amour sont les thèmes traditionnels de l'érotique courtoise et se retrouvent, pour la plupart, dans la chanson. Mais l'importance qui leur est accordée y est plus grande, surtout en ce qui concerne la *descriptio puellae*, le rêve et les amants célèbres. La composition plus libre du salut permettait au poète, en marge du cadre formel, si strict, de la chanson, de leur consacrer de plus longs passages. Ce qui ne veut pas dire que le sens de la composition en soit absent : on voit au contraire que certaines épîtres (celles d'Arnaut de Mareuil en particulier), témoignent d'un réel souci d'agencer avec pertinence les différentes parties du poème. À cela il faut ajouter une certaine tendance à la didactique courtoise, proche de l'*ensenhamen**, ce qui achève de faire du salut un genre poétique parfaitement original.

Mais si le salut, quant à son contenu, se rattache nettement au lyrisme courtois du Midi de la France, il semble bien que sa forme présente d'indéniables rapports avec les traditions épistolographiques latines du Moyen Âge. De nombreux éléments de sa composition trouvent en effet leur justification dans l'ambiance de l'*ars dictandi* médiéval. L'introduction du salut, par exemple, rappelle de très près la *salutatio* rhétorique, cette création si originale de l'épistolographie et l'épître proprement dite, la *narratio*, souvent mêlée à la *captatio benevolentiae*. Certes, avec beaucoup moins de rigueur dans la disposition, le salut étant peut-être essentiellement, du moins à l'origine et quant à sa forme, une amplification poétique de la *salutatio*.

→ P. Meyer, *Le salut d'amour dans la littérature provençale et française*, dans *BEC*, t. 28 (1867), p. 124-170. — A. Parducci, *La « lettera d'amore » nell'antico provenzale*, dans *Studi Medievali*, nouv. série, t. 15 (1942), p. 69-110. — P. Bec, *Les saluts d'amour du troubadour Arnaut de Mareuil*, Toulouse, 1961 ; *Pour un essai de définition du salut d'amour (...)*, dans *Estudis Romanics*, t. 9 (1961), p. 191-201. — E. Melli, *I « salut » e l'epistolografia medievale*, dans *Convivium*, t. 30 (1962), p. 385-398. — E. Ruhe, *De amasio ad amasiam. Zur Gattungsgeschichte des mittelalterlichen Liebesbriefes*, Munich, 1975. — Cf. *GRLMA*, t. II/1, fasc. 5, p. 76-87.

P.Be.

Salvien de Marseille. Salvien est né vers 390, probablement à Trèves dont il connut la troisième prise et la destruction, vers 418-420 (*De Gubernatione Dei*, VI, 76). Il ne semble cependant pas y avoir subi l'occupation franque comme certains de ses parents. Issu d'une famille chrétienne et distinguée, peut-être aristocratique, il reçut une éducation soignée et une excellente instruction, qui firent de lui un maître admiré. Gennade de Marseille*, son confrère et concitoyen, l'appellera « le maître des évêques ». Il connaît la rhétorique et le droit, mais ignore le grec. Il cite Pythagore, Platon, les stoïciens, Virgile, Cicéron et les épicuriens : c'est l'instruction des jeunes gens aisés de son époque. Il se maria très jeune avec une jeune fille païenne, Palladia, qu'il convertit au christianisme. Il en eut une fille, Auspiciola. Vers 424, le jeune couple résolut de se convertir et de se retirer, avec leur enfant, dans la solitude de Lérins, auprès de la célèbre communauté de moines et de son fondateur, saint Honorat, avant son élection, en 427, à l'épiscopat d'Arles. Cette résolution, que Salvien appelle leur *conversiuncula*, suscita chez ses beaux-parents, Hypatius et Quieta, un ressentiment jamais entièrement apaisé (*Epist.* IV). À Lérins, Salvien fut chargé, avec le prêtre Vincent, auteur du célèbre *Commonitorium*, et Hilaire, futur évêque d'Arles, de l'instruction des deux fils de l'évêque Eucher de Lyon, Salonius qui sera, en 441 lors du concile d'Orange, évêque de Genève et sera le destinataire du *De Gubernatione Dei*, et Veranus qui devint peut-être évêque de Vence. Salvien était-il alors déjà prêtre ou le devint-il aussitôt avant la première attestation de son appartenance à l'église de Marseille, au début de l'année 429 ou 430 ? Il passa dans cette ville le reste de sa vie, suivant la notice de Gennade écrite vers 470 (*De viris illustribus*, chap. 68), donnant la liste de ses œuvres et se terminant par les mots : « *vivit usque hodie in senectute bona* ». Accueilli à Marseille par le remuant évêque Proculus, homme ambitieux et cultivé, Salvien y connut la jeune abbaye de Saint-Victor, récemment fondée par Jean Cassien*, y rencontra Gennade, prêtre comme lui, Paulin de Pella, peut-être Prosper d'Aquitaine* et bien d'autres *Sancti* qui durent se faire l'écho de sa réputation de maître. On ne connaît ses activités pastorales que par une brève allusion du *De Gubernatione Dei* (IV, 74-75). Son style est élégant, châtié ou familier, sa rhétorique fougueuse, son éloquence passionnée. Son œuvre, abondante et variée, suivant Gennade qui dit n'en avoir lu qu'une partie, est en partie perdue (traités exégétiques). De sa correspondance, il ne reste que neuf lettres (*Epistularum liber unus*), choix sans doute très ancien. Témoignant d'un autre style d'éloquence, elles laissent entrevoir un Salvien plus clément que dans ses traités. Le traité intitulé *Adversus avaritiam libri IV*, dont le titre original, donné par Salvien lui-même, est *Ad Ecclesiam*, est présenté sous forme d'épître adressée par l'apôtre Timothée à l'Église universelle. Écrite entre 435 et 439, de style tour à tour didactique, oratoire, poétique ou réaliste, animée d'un souffle puissant, cette œuvre exprime la préoccupation de Salvien : atteindre les valeurs permanentes des préceptes évangéliques relatifs à la pauvreté. Formant en quelque sorte une introduction au traité *De Gubernatione Dei*, importante pour la compréhension de Salvien, cette œuvre de la maturité, à la pensée robuste et puissamment religieuse, traite de l'avarice. Au-delà, elle dénonce la corruption généralisée des chrétiens. Toutefois, il n'y a pas encore d'allusion à l'injustice sociale, que stigmatise le *De Gubernatione Dei*. Ce dernier traité, œuvre maîtresse de Salvien, figure en troisième position dans la liste de Gennade, sous le titre *De praesenti judicio*. La tradition manuscrite l'intitule *De justo Dei praesentique judicio*, composé de cinq livres précédés du *Liber unus satisfactionis ad Salonium episcopum*. Les deux traités, fusionnés par Salvien lui-même en un seul ouvrage, devinrent le *De Gubernatione Dei* en huit livres que les deux premiers ouvrent par une sorte de préface théologique et exégétique. Salvien l'écrit dans la deuxième partie de sa vie, en tout cas après 439 et sans doute avant 451, car il ne dit rien de l'invasion d'Attila en Gaule. Méditation tonique sur les desseins de la Providence en cette époque de malheurs, le *De Gubernatione Dei* est l'occasion de constater que « l'Empire ou était mort, ou en était à son dernier souffle dans cette région où il paraissait encore vivant », et d'accuser la société romaine d'être responsable du désastre, pour des raisons soit spirituelles (elle avait mérité le châtiment divin par son immoralisme), soit sociales (les pauvres y étaient écrasés par les riches), soit historiques (de nouveaux peuples apportaient une civilisation plus pure). Toute la puissance de la rhétorique classique y est ainsi mise au service d'une analyse sévère où confluent les courants moralistes de Salluste et de Juvénal (on retrouve la fameuse condamnation « Rome, sentine des vices »), ethnocentrique de Tacite (l'appel de l'Est), théologique d'Augustin (la Cité des chrétiens est loin de la Cité de Dieu), et prophétique de la tradition vétérotestamentaire. La raideur des thèses soutenues prend violemment à parti le lecteur, pris entre des invectives diatribiques et des images de visionnaire : tout un genre psychagogique se mit ainsi en place, satire des mœurs, indignité du chrétien, corruption des clercs, cruauté de la société, dont le Moyen Âge retrouverait le sens et les figures.

ŒUVRES. — *PL*, t. 53, col. 25-238. — C. Halm, dans *MGH, Auctores Antiqui*, I, 1, Berlin, 1877. — F. Pauly, dans *Corpus scriptorum Ecclesiasticorum Latinorum*, t. 8, Vienne, 1883. — Éd. et trad. française G. Lagarrigue, *Salvien de Marseille, les lettres, les livres de Timothée à l'Église*, Paris, 1971 (*SC*, 176) ; *Du gouvernement de Dieu*, Paris, 1975 (*SC*, 220). — *Ad Ecclesiam* : trad. allemande A. Mayer et N. Brox, dans *Schriften der Kirchenväter*, t. 3, Munich, 1983. — Trad. italienne E. Marotta, dans *Collana di testi Patristici*, t. 10, Rome, 1977. — *De Gubernatione Dei* : E.M. Sanford, New York, 1930. — J.F. O'Sullivan, dans *Coll. the Fathers of the Church*, t. 3, Washington, 1947 (rééd. 1962).

→ L. Rochus, *La latinité de Salvien*, Bruxelles, 1934. — L.F. Barmann, *Salvian of Marseille Re-Evaluated*, dans *Rev. de l'Univ. d'Ottawa*, t. 33 (1963), p. 79-97. — P. Lebeau, *Hérésie et Providence selon Salvien*, dans *Nouv. Rev. Théol.*, t. 85 (1963), p. 160-175. — R. Kamienik, *Quelques problèmes bibliogr. concernant Salvien de Marseille, restés sans solution*, dans *Annales univ. Mariae Curiae Sklodowska*, sect. F, t. 20 (1965 [1968]), p. 74-110. — W. Blum, *Das Wesen Gottes und das Wesen des Menschen nach Salvian von Marseille*, dans *Münchener Theologische Zeitschrift*, t. 2 (1970), p. 327-341. — P. Bardot, *La Notice de Gennade relative à Salvien*, dans *Revue Bénédictine*, t. 84 (1974), p. 352-366. — L.J. Van der Lof, *Die Gotteskonzeption und das Individuum bei Salvianus*, dans *Studia Patristica*, t. 13 (1975), p. 322-329. — H. Fischer, *Die Schrift des Salvian von Marseille an die Kirche. Eine Historisch-Theologische Untersuchung*, Berne, 1976 (*Europaïsche Hochschulschriften*, 23, 57). — C. Leonardi, *Alle origini della cristianità medievale : Giovanni Cassiano e Salviano di Marsiglia*, dans *Studi Medievali*, t. 18 (1977), p. 491-608. — J. Badewien, *Geschichtstheologie und Sozialkritik im Werk Salvians von Marseille*, dans *Forschungen zur Kirchen und Dogmengeschichte*, t. 32, Göttingen, 1980, 211 p. — S. Teillet, *Des Goths à la nation gothique*, Paris, 1984. — P. Amargier, *Salvien de Marseille*, dans *Cisterciensia*, t. 49 (1987), p. 63-76. — J.-U. Krause, *Spätantike Patronats formen im Westem des Romischen Reiches*, Munich, 1987, chap. 6 : *Das Landliche Patrocinium bei Salvian von Marseille*, p. 233-283. — *DS*, t. 14 (1990), col. 290-297 (G. Lagarrigue). — Schanz, IV/2, p. 523-530. — Manitius, I, 368-370. — Molinier, n°s 135, 154. F.G. et M.B.

Samson de Nanteuil. Ce poète anglo-normand qui écrivait à l'époque du roi Étienne Ier († 1154), traduisit les *Proverbes de Salomon*, à la demande d'Adélaïde ou Aeliz de Condet, veuve de Rannulf (ou Osbert), seigneur de Horncastle (Lincolnshire), et de son fils Roger. Malgré sa longueur (presque 12 000 octosyllabes), le poème s'arrête au chapitre 19 du *Livre des Proverbes* de la Bible. Samson alterne traduction pure et commentaires personnels : il traduit quelques versets du livre biblique, et les accompagne d'une longue glose, qui fait appel non seulement à des maximes et des sentences toutes faites, à des références religieuses, mais aussi à une vaste culture antique. Il cite Horace, Cicéron, Virgile et de nombreux classiques latins, dont il a une connaissance très familière.

ŒUVRE. — *Les Proverbes de Salemon by Sanson de Nantuil*, éd. C. Isoz, Londres, 1988, 2 vol. (*ANTS*, 44-45) [texte seul, sans intro. ; celle-ci doit paraître ultérieurement].

→ Ginguené, *Poètes anglo-normands*, dans *HLF*, t. 13, 1869, p. 59-66. — I.C. Le Compte, *The Sources of the Anglo-French Commentary on the Proverbs of Salomon*, Collegeville, 1906. — M.D. Legge, *Anglo-Norman Literature and its Background*, Oxford, 1963, p. 36-43 ; *La « courtoisie » en anglo-normand*, dans *Mél. R.R. Bezzola*, Berne, 1978, p. 235-239. — T.J. Durnford, *The Incomplete Nature of Les Proverbes de Salemon*, dans *Romance Notes*, t. 22 (1981-1982), p. 362-366. — Cf. *MB* n°s 3039-3040 ; *S* 5605, 6117.

Voir aussi : *Bible française*. A.F.L.L.

Sarrasin. Auteur de la région de Péronne (Somme), qui écrivit en 1278 le *Roman du Hem*, poème dont il nous reste 4 600 octosyllabes conservés dans un unique manuscrit mutilé. Il raconte un tournoi qui eut lieu au Hem, petit hameau situé sur la Somme. L'auteur a lui-même assisté à ce tournoi de trois jours, où dames et seigneurs se sont déguisés en personnages de la légende arthurienne. Il connaît Chrétien de Troyes*, cite le *Conte du Graal* et décrit le cérémonial de manière romanesque. La valeur littéraire est médiocre. Le texte présente plutôt un intérêt historique par la figuration à ce tournoi d'un grand nombre de représentants de la noblesse du Nord.

ŒUVRE. — Éd. A. Henry, *Sarrasin, Le Roman du Hem*, Paris, 1939 (*Travaux de la Fac. de Phil. et Lettres Univ. de Bruxelles*, 9).

→ A. Peigné-Delacourt, *Analyse du roman du Hem*, dans *Congrès scientifique de France*, 20e session, t. 2 (1854), p. 334-373. — V. Le Clerc, dans *HLF*, t. 23 (1856), p. 469-478. — A. Henry, *Le théâtre du Roman de Ham : Ham-sur-Somme ou Hem-Monacu (Tournoi de 1278)*, dans *Romania*, t. 62 (1936), p. 386-391. — Cf. *GRLMA*, t. IV/2, n° 448 ; t. IV/1, p. 379, 447, 448, 476, 477. — *MB* nos 2076-2081 ; *S* 134.

G.W. et C.R.

Sauvage. Voir : *Doctrinal Sauvage.*

Sauvage de Béthune. Trouvère inconnu, peut-être originaire de Béthune (Pas-de-Calais), Sauvage composa une chanson (R. 550) que cinq chansonniers médiévaux sur les dix qui la conservent, attribuent à Gace Brulé*. Le schéma métrique de cette chanson, en quatre strophes de huit décasyllabes, et la musique ont servi de modèle pour la chanson latine *O quam fallax est mundi gloria* du *Ludus super Anticlaudianum*, composé par le chanoine lillois Adam de la Bassée* († 25 février 1286). Sauvage de Béthune est aussi l'auteur d'un jeu-parti (R. 926) avec Robert de Béthune : le sujet en est le mariage de Robert qui, tout en prenant femme, avait fait fortune.

ŒUVRE. — A. Dinaux, *Trouvères, jongleurs et ménestrels du Nord de la France et du Midi de la Belgique, III. Les trouvères artésiens*, Paris et Valenciennes, 1843 (réimp. Genève, 1969), p. 436-438. — *Gace Brulé, trouvère champenois. Éd. des chansons et étude historique*, éd. H. Petersen Dyggve, Helsinki, 1951, p. 419-422 (*Mémoires de la Société néophilologique d'Helsinki*, 16) [éd. de la chanson].

→ R. Bossuat, *Une prétendue traduction de l'« Anticlaudianus » d'Alain de Lille*, dans *Mél. A. Jeanroy*, Paris, 1928, p. 272-273 [265-277]. — A. Hughes, *The « Ludus super Anticlaudianum » of Adam de la Bassée*, dans *Journal of the American Musicological Society*, t. 23 (1970), p. 3-4 et 22, n° 37. — Linker, n° 249.

F.F.H.

Savaric de Mauléon. Troubadour et surtout protecteur de troubadours (Uc de Saint-Circ*, Gausbert de Puycibot*, Bertran de Born le fils*), Savaric fut un grand seigneur poitevin qui passa sa vie à guerroyer au service des uns et des autres. Il naquit peu avant 1180 et fut seigneur de Mauléon (depuis 1736 : Châtillon-sur-Sèvre), situé entre Nantes et Poitiers. En outre, il possédait de grandes propriétés en Aquitaine et en Poitou, qu'il ne cessa d'accroître durant une existence mouvementée. Parmi ses contemporains, il jouit d'un grand prestige que manifeste la *Vida* écrite par Uc de Saint-Circ, un de ses protégés. En raison de ses prétentions sur des terres situées en domaine anglais, français ou aquitain, suivant les hasards de l'histoire, il connut tour à tour la prison et les honneurs auprès de Jean sans Terre, de Philippe Auguste, puis à nouveau du parti anglais. Il se rendit en Angleterre, en Castille et en Aragon, et même en Orient comme croisé. En 1220, il avait regagné son Poitou natal. Il mourut avant novembre 1231.

On ne conserve que trois poésies de Savaric de Mauléon : une *cobla*, un curieux *partimen* avec Gaucelm Faidit* et Uc de la Bacalaria* (PC 167, 26 = 432, 2 = 449, la) et un autre avec le prévôt de Valence (PC 384, 1 = 432, 3) sur un problème de casuistique amoureuse, où les juges sont des dames.

ŒUVRE. — H.J. Chaytor, *Savaric de Mauléon, Baron et Troubadour*, Cambridge, 1939. — Éd. partielle : A. Kolsen, *Dichtungen der Trobadors...*, Halle, 1916-1919, réimp. Genève, 1980, p. 14-21 [PC 432, 3]. — M. de Riquer, *Los trovadores. Historia literaria y textos*, Barcelone, 1975, t. 2, p. 941-950 [PC 432, 2 et 1].

→ PC 432. — M.S. La Du, *Chartes et documents poitevins du* XIIIe *siècle en langue vulgaire*, t. 1, Poitiers, 1960, p. 291, n° 188. — R.A. Taylor, *La littérature occitane du Moyen Âge*, Toronto, 1977, n° 558. G.B.L.

Sébastien Mamerot. Clerc originaire de Soissons, Sébastien Mamerot fut chapelain et serviteur de Louis de Laval, gouverneur du Dauphiné, de Gênes et de Champagne. Il semble avoir travaillé presque exclusivement pour ce dernier, qui le chargea d'écrire et de traduire différents ouvrages. C'est pour lui qu'il traduisit, en 1458, la chronique latine universelle de Martin de Troppau, ou *Chronicon pontificum et* *imperatorum*, dans laquelle Martin, dit aussi le Polonais († 1278), passe en revue la suite des chefs de la Chrétienté latine. Cet abrégé d'histoire universelle eut une grande diffusion et fut à plusieurs reprises continué ; il en subsiste un grand nombre de manuscrits répartis à travers toute l'Europe. Sébastien Mamerot a traduit une rédaction de la chronique continuée par Werner, chanoine de Liège, pour les années 1277-1370, puis de façon anonyme pour 1370 à 1424 (pontificat de Benoît XIII). La traduction de Mamerot, dite *Chronique martinienne*, forme la première partie de la compilation historique publiée en 1503 par Antoine Vérard sous le titre de *Chronique martiniane*. En 1460, toujours sur ordre du gouverneur du Dauphiné, il écrivit l'*Histoire des Neuf Preux et des Neuf Preuses*, dont le thème avait été fixé par Jacques de Longuyon* en 1312 dans ses *Vœux du Paon*. On sait par le prologue de l'ouvrage que Louis de Laval, dont la grand-mère avait épousé en 1374 Bertrand Du Guesclin, veuf de sa première femme, avait commandé à son chapelain une vie du connétable à ajouter aux Neuf Preux, et de même en addition aux Neuf Preuses une vie de Jeanne d'Arc, dont la mémoire était fidèlement honorée dans la famille de Laval ; ces deux textes ont disparu, s'ils ont jamais été écrits. Poursuivant son office de traducteur, en 1466, à Troyes, Sébastien Mamerot dédia à son maître, Louis de Laval, une seconde version française du *Romuleon*, ou histoire fabuleuse de Rome, de Roberto della Porta, que venait de traduire Jean Miélot* (1463). En 1473, devenu chantre et chanoine de la collégiale de Saint-Étienne de Troyes, Sébastien Mamerot composa, fidèlement dédiée à Louis de Laval, une histoire de croisade intitulée les *Passages d'Outremer faits par les François contre les Turcs depuis Charlemagne jusqu'à 1462*, ouvrage en partie légendaire qui a souvent été confondu avec une autre histoire des croisades moins développée, ayant pour titre : *Les passages d'Outremer du noble Godefroy de Buillon, qui fut roy de Hierusalem, du bon sainct Loys et de plusieurs vertueux princes qui se sont croisez pour augmenter et soustenir la foy crestienne*. Avant 1488, Sébastien Mamerot partit pour la Terre sainte ; à son retour, il publia la *Compendieuse description de la Terre de promission*.

On peut vraisemblablement lui attribuer, vers 1472, un texte intitulé *Les Trois Grands* : dans ce traité, on assiste à une confrontation entre Alexandre, Pompée et Charlemagne, chacun d'eux essayant de justifier par une harangue son titre de « Grand », et de montrer en quoi il est supérieur aux deux autres. En effet, dans un des manuscrits qui contient ce texte, le ms. Paris BN fr. 5594, il figure parmi d'autres œuvres qui sont expressément dites avoir été composées par Sébastien Mamerot sur l'ordre de Louis de Laval, comme les *Passages d'outremer*, déjà cités, ou encore *L'Ordre des regnes et regnans en France*, brève chronologie des rois de France jusqu'en 1474. D'autre part, une version interpolée de l'ouvrage se trouve dans la vie d'Alexandre contenue dans l'unique manuscrit de l'*Histoire des Neuf Preux et des Neuf Preuses*.

ŒUVRE. — *Passages d'outremer*, éd. dans la trad. de Bernard de Breydenbach par Nicole Le Huen, *Le Grant voyage de Hierusalem, 2e partie, Paris, s.d.* — *Les Trois Grands*, éd. D.J.A. Ross, *Les Trois Grands. A Humanist Historical Tract of the Fifteenth Century*, dans *Classica et Mediaevalia*, t. 27 (1966), p. 375-396 [éd. des deux rédactions, française et latine, cette dernière étant la trad.] ; *Les Trois Grands : a New Ms. and the Identity of the Author*, dans *Medium Aevum*, t. 55 (1986), p 261-265 [confirme l'attribution à Sébastien Mamerot].

→ P. Champion, *Cronique martiniane. Édition critique d'une interpolation originale pour le règne de Charles VII restituée à Jean Le Clerc*, Paris, 1907, p. IV-VIII. — M. Lecourt, *Notice sur l'Histoire des Neuf Preux et des Neuf Preuses*, dans *Romania*, t. 37 (1908), p. 529-537. — A. Thomas, *Notes biographiques et bibliogr. sur Sébastien Mamerot, ibid.*, p. 537-539. — D.J.A. Ross, *Alexander Historiatus. A Guide to Medieval Illustrated Alexander Literature*, Londres, 1963, p. 108-109. — H. Schroeder, *Der Topos der Nine Worthies in Literatur und bildender Kunst*, Göttingen, 1971. — C. Schaefer, *Die Romuleon Handschrift (78 D 10) des Berliner Kupferstichkabinetts*, dans *Jahrbuch der Berliner Museen*, t. 23 (1981), p. 129-130. — Woledge, n° 104, 150, 187. — Molinier, n° 4140. — Cf. *MB* n°s 5161-5164 ; *S* 8574.

G.T.L.

Secret des secrets. Toutes les versions connues du *Secret des secrets* remontent à un original arabe *Kitâb Sirr al-'asrâr*, dont le plus ancien fragment existant daterait de 941. D'après son prologue, l'œuvre se prétend traduite du grec en syriaque, puis du syriaque en arabe par un célèbre traducteur du IXe siècle, Yahyâ ibn al-Bitrîq († 815). Plus vraisemblablement, le *Kitâb Sirr al-'asrâr*, remonterait, à travers diverses réélaborations, au plus ancien « *speculum principis* » islamique, *as-Siyâsatu-l-'âmmiyyah*, composé par un écrivain hermétiste de l'entourage de Sâlim Abû-l-'Alâ, le puissant secrétaire du calife Hisâm ibn 'Abdi-l-Malik (724-743) : cet auteur inconnu se serait inspiré des traditions politiques iraniennes d'une part, et d'autre part de la littérature grecque classique et byzantine.

La forme adoptée est celle d'une longue lettre adressée par Aristote à Alexandre le Grand, au moment de la conquête de la Perse. Au « *speculum principis* » originel, réunissant des conseils moraux et politiques, vinrent s'ajouter, au cours d'une longue évolution, des informations variées sur des sujets pseudo-scientifiques, qui en firent une sorte d'encyclopédie, avec des chapitres d'astrologie, de physiognomonie, d'alchimie et de médecine magique, d'autres sur les plantes et les pierres magiques. L'original arabe comportait également un traité d'onomancie.

Le *Kitâb Sirr al-'asrâr* (au moins 50 mss conservés) est connu sous deux états : l'un en 7 ou 8 livres (rédaction courte), l'autre en 10 livres (rédaction longue). Son immense succès est attesté par l'existence de traductions en hébreu, latin, français, italien, castillan, catalan, portugais, allemand, anglais, islandais, russe, tchèque, croate, turc et persan.

Parmi les traductions hébraïques, on distingue une traduction de la rédaction courte, et une autre appelée *Sôd-ha-sôdôt* (fin du XIIIe siècle ou début du XIVe) et faite également sur la rédaction courte, auxquelles on peut ajouter une version arabe longue, écrite en caractères hébreux.

La plus ancienne traduction en langue vernaculaire est le *Poridat de las Poridades*, version en castillan, établie par un anonyme d'après un texte plutôt arabe qu'hébreu (la question n'est pas résolue) dans le premier quart du XIIIe siècle. Cette version castillane en huit livres (conservée dans quatre mss) fut traduite en catalan et incorporée sous cette dernière forme dans le *Libre de la Saviesa*.

À l'exception de cette traduction castillane et de la traduction russe, toutes les traductions en langues vernaculaires furent établies à partir des traductions latines. La première version latine de base est celle du clerc mozarabe Johannes Hispalensis (Jean de Séville), identifié habituellement avec Jean, fils de David (Jean Avendeath), médecin juif converti, traducteur d'œuvres médicales et astronomiques. Cette traduction (environ 150 mss), faite entre 1135 et 1153, ou peut-être (hypothèse peu probable) pour la reine Thérèse de Portugal († 1130), fille d'Alfonse VI de Castille, ne porte que sur un extrait de la rédaction courte et est connue sous le titre *De regimine sanitatis* ou *Epistola Alexandro de dieta servanda*. La seconde version latine est due à Philippe de Tripoli, dans la première moitié du XIIIe siècle, d'après un modèle arabe encore inconnu appartenant à la rédaction longue. Il ne subsiste aucun témoin de la forme originelle de la traduction de Philippe : elle a subi de nombreuses révisions qui sont à l'origine des textes latins aujourd'hui connus (plus de 350 mss). Ainsi le *Secretum secretorum* de Philippe comporte aujourd'hui un certain nombre de pièces liminaires : la dédicace de Philippe à « Guido Vere de Valencia », une table des chapitres, un premier prologue relatif aux rapports entre Aristote et Alexandre (incluant les deux lettres échangées entre le philosophe et son disciple après la conquête de la Perse), le prologue de Yahyâ ibn al-Bitrîq rappelant les circonstances de la découverte du livre et les étapes de la traduction ; le texte proprement dit débute par le chapitre *De epistola Aristotelis*, suivent des chapitres consacrés à l'enseignement moral, puis des conseils d'hygiène et de médecine (incorporant le chapitre de la rédaction arabe courte, traduit par Johannes Hispalensis sous le titre *Epistola Alexandro de dieta servanda*), un régime alimentaire, des recettes particulières et des chapitres de médecine astrologique ; des développements d'allure philosophique, teintés d'occultisme, des chapitres consacrés aux collaborateurs du prince et aux chefs de guerre précèdent la physiognomonie qui termine l'ouvrage. L'hétérogénéité des sujets abordés et l'absence de structure immédiatement perceptible, permettaient des suppressions de chapitres ; les copistes, traducteurs et adaptateurs ne se privèrent pas de choisir, de retrancher ou d'amplifier : à travers ces versions latines, c'est la rédaction longue, traduite par Philippe de Tripoli, qui connut une grande vogue au Moyen Âge.

Le *Secretum secretorum*, dans sa rédaction longue, a été lu par Albert le Grand*. Roger Bacon* en donna, après 1268, une version latine glosée (en quatre parties, et non plus 10 livres) d'après la traduction de Philippe de Tripoli. Gilles de Rome* (Egidio Colonna) (vers 1245-1316) l'utilisa dans la composition du *De Regimine principum* qu'il dédia à son élève, le futur Philippe le Bel. Une autre compilation latine du *Secretum secretorum* est due au bénédictin allemand Engelbert d'Admont (vers 1250-1331) ; elle est connue sous les titres de *Epistola Alexandri ad Arystotelem de Regiminis Interrogacione* et de *Arystotelis de Regimine Regum* ; le plus ancien manuscrit la conservant date d'environ 1287. En 1501, Alexander Achillini, médecin et juriste bolonais, publia à Bologne, avec des additions, un *Secretum secretorum* qui sera reproduit dans les éditions imprimées ultérieurement. Le dernier arrangement latin du *Secretum secretorum* est l'œuvre de l'humaniste italien Francisco Tegio et fut imprimé à Pavie, en 1516, dans une collection d'auteurs gnomiques.

Le *Secretum secretorum* a fait l'objet de deux traductions françaises intégrales : l'une, anglo-normande, du XIIIe siècle (Paris, BN, fr. 571), l'autre du XIVe siècle (conservée dans cinq mss), et de nombreuses autres traductions « par choix ». Tout un groupe de ces traductions (au moins sept différentes, dont deux lorraines et une anglo-normande) réduit le *Secret des secrets*, par la suppression des passages astrologiques et philosophiques, à un traité de morale et d'hygiène : c'est sous cette forme qu'il a connu le plus grand succès en France. Le plus ancien remaniement en français est le poème anglo-normand (2 384 vers) de Pierre d'Abernun († 1293) : appelée *Secré de Secrez* et postérieure à la composition de la *Lumiere as lais* (1267), cette traduction est conservée dans un manuscrit unique (Paris, BN, fr. 25407). Un autre remaniement, le *Secré des Secrés* (manuscrit unique : Paris, BN, fr. 1822), dû à la collaboration d'un dominicain sans doute irlandais, Jofroi de Waterford, et d'un personnage d'origine wallonne, Servais Copale, supprime aussi les chapitres cosmologiques, astrologiques et magiques, et distingue trois parties : la formation morale du prince, son hygiène physique, la composition de son entourage (complétée par un traité de physiognomonie, adapté de la *Physiognomica* du Pseudo-Aristote d'après la version latine exécutée par Barthélemy de Messine à la cour du roi Manfred de Sicile entre 1258 et 1266) ; ce remaniement emprunte de nombreux éléments aux *Dietis universalibus et particularibus* d'Isaac le Juif (Yishaq b. Slomoh) pour la diététique, au *Breviloquium* de Jean de Galles, à la *Formula vitae honestae* de Martin de Braga* et à la *Légende dorée** de Jacques de Voragine pour les conseils moraux, ainsi qu'au commentaire de Thomas d'Aquin* sur l'*Éthique à Nicomaque*. Le *Secré des Secrés* de Jofroi et Servais fut adapté en anglais, en 1422, par James Yonge pour James Butler, comte d'Ormonde, représentant d'Henri V en Irlande. Toutes les traductions françaises — à une exception près — utilisent des versions latines longues adaptées du texte de Philippe de Tripoli.

Se rattachent également au texte de Philippe de Tripoli :

— Deux versions napolitaines « longues » : l'une est conservée dans le manuscrit Paris, BN, ital. 917 ; l'autre est l'œuvre du Napolitain Cola de Jennaro qui occupa sa longue captivité à Tunis en traduisant un exemplaire catalan, trouvé par lui à Tunis, dans son dialecte napolitain, traduction qu'il intitula *Secreto dil Sicreti* et qu'il dédia à son souverain, le roi Ferdinand d'Aragon (manuscrit original : Paris, BN, ital. 447, exécuté en 1479).

— Une traduction aragonaise faite par Juan Fernández de Heredia au XIVe siècle, sous le nom de *Secreto de los secretos*, dont le succès, ainsi que celui des autres versions en langue vulgaire, éclipsa assez vite le *Poridat de las Poridades* dans la péninsule ibérique.

— Une traduction catalane (conservée dans trois mss).

— Une traduction abrégée en moyen-néerlandais, œuvre du poète Jacob Van Maerlant vers 1266 et dédiée au jeune comte Floris V de Hollande sous le titre *Heimelijkheid der Heimelijkheden* (2 158 vers).

— Une version en moyen-haut-allemand, en prose avec un prologue en vers, achevée en 1282 par une traductrice âgée de vingt-sept ans : Hiltgart von Hürnheim, religieuse cistercienne du monastère de Zimmern.
— Un poème en moyen-allemand (3 073 vers), composé au XIVe siècle.
— Une traduction allemande en prose (imprimée en 1530-1531) due à Johann Lorchner qui utilise le texte d'Hiltgart von Hürnheim à côté du texte latin.
— Diverses traductions et adaptations partielles faites dans les pays germaniques : une adaptation de l'*Epistola Aristotelis ad Alexandrum* en 368 vers, une adaptation des préceptes moraux du *Secretum secretorum* en 450 vers (qui fera l'objet d'un remaniement ultérieur), une rédaction abrégée en prose de ces mêmes préceptes moraux et politiques, faite non d'après un texte latin mais d'après l'œuvre d'Hiltgart von Hürnheim, une traduction en prose de l'*Epistola*, une rédaction en vers de la seule Physiognomonie, une adaptation encore abrégée de la rédaction en prose des préceptes moraux et politiques (dans le chansonnier de Clara Hätzlerin), et de nombreuses adaptations du chap. 25 : *De puella venenata.*
— Onze traductions en moyen-anglais et en anglais, dont les plus anciennes datent du début du XVe siècle : *Certeyne Reules of Phisonomy* et *A Calculacion to knowe by, of two Men feghtyng togidere, whether sale be ouercomen* (physiognomonie et onomancie), un *Secrete of Secretes* (traduction complète d'après un texte latin), l'adaptation du *Secré des Secrés* de Jofroi et Servais faite par James Yonge pour James Butler, seigneur d'Ormonde, en 1422, le *Priuyté of Priuyteis*, traduction faite par Johannes de Caritate pour Miles Stapleton, le *Decretum Aristotelis : the secrete of secretes, and tresore incomperable* copié par John Shirley et traduit d'un modèle français, le *Governance of Kynges and of Prynces* traduit par John Shirley vers 1440 d'après un modèle français, un autre *Secrete of Secretes* (traduction anonyme d'un modèle français), le *Buke of the Governaunce of Princis*, traduit en 1456 par Sir Gilbert of the Haye d'après un autre modèle français, le *Secrete of Secretes* traduit par Robert Copland d'après un modèle français et imprimé en 1528, *The Pleasaunt Poesye of Princelie Practise*, poème adapté du texte latin par Sir William Forrest en 1548, et *Aristotle's Secret of Secrets Contracted* (nettement plus tardif et imprimé en 1702).
— Deux traductions tchèques : la première a été faite directement sur le texte latin ; la seconde, exécutée au XVIe siècle, se présente comme traduite d'une version croate (dont il ne subsiste aucun témoin connu) et est l'œuvre de Czech Bavor Rodovsky, alchimiste et traducteur du *Roman d'Alexandre.*

Le texte latin de Johannes Hispalensis (rédaction courte) servit de base à :
— Une traduction en langue d'oc, faite vraisemblablement au XIVe siècle, sous la forme d'un poème (tantôt 448, tantôt 393 octosyllabes) consacré à l'hygiène et à la diététique ; ce poème est conservé dans deux rédactions distinctes, dont la plus courte paraît issue d'une région proche de la Catalogne.
— Une troisième traduction napolitaine.
— Deux traductions en moyen-anglais : le *Booke of Goode Governance and Guyding of the Body* (XVe siècle) et le *Tyrocaesar* de Jenkin Gwynne en 1569.

La traduction en dialecte russe, qui date de la fin du XVe ou du début du XVIe siècle, dérive d'une version hébraïque en huit livres (rédaction courte). Appelée *Tainaya Tainykh*, elle fut faite en Lituanie, ou au moins par un traducteur plus familiarisé avec le biélorussien qu'avec le grand-russe. Elle contient de nombreuses interpolations provenant du *De Venenis* de Maïmonide, du *De Coïtu*, des *Ad regem Mansorem libri X* de Râzî, et certains des manuscrits qui la conservent y ajoutent une préface expliquant le lien entre Aristote et Alexandre, tirée des histoires russes d'Alexandre. Le succès de cette traduction russe est lié à la popularité de la légende d'Alexandre dans le monde slave et n'a pas peu contribué au développement de la littérature politique russe.

A une époque beaucoup plus récente, quand le *Secretum Secretorum* était déjà oublié en Occident, le *Kitâb Sirr al-'asrâr* fit l'objet d'une traduction de l'arabe en turc, conservée dans un seul manuscrit, et d'une traduction de l'arabe en persan (son unique manuscrit possède la caractéristique de faire suivre chaque chapitre arabe de sa traduction persane).

La popularité des récits dérivés du Pseudo-Callisthène et l'existence de lettres apocryphes d'Alexandre à Aristote et d'Aristote à Alexandre dans la littérature latine avaient disposé les Occidentaux à accepter l'attribution du *Secretum secretorum* à Aristote. Mais, tout comme leurs contemporains musulmans, les scolastiques devaient nourrir des doutes sur l'authenticité de cette attribution, et cela bien avant que Pierre de Candie exposât ses réserves à la fin du XIVe siècle. Laissé de côté, en raison de son caractère apocryphe devenu évident, par les humanistes qui dirigeaient les éditions des *Opera* d'Aristote en version latine, le *Secretum secretorum* fut imprimé isolément tant en latin qu'en langues vulgaires.

Le patronage fictif d'Aristote ne suffit pas à expliquer le succès du *Secretum secretorum* : l'aspect éthique et politique de l'œuvre a intéressé non seulement les écrivains, mais aussi certains souverains, bien que les sections médicales et la physiognomonie aient aussi été appréciées.

ŒUVRES. — Éd. du *Sirr al-'asrâr* : A. Badawi, dans *Fontes graecae doctrinarum politicarum islamicarum*, Le Caire, 1954. — Éd. du *Sôd-ha-sôdôt* : M. Gaster, dans *Journal of the Royal Asiatic Society*, 1907, p. 879-912 (réimpr. dans *Studies and Texts*, vol. 2-3, Londres, 1925-1928 ; réimp. New York, 1970). — Versions latines : éd. de la version glosée par Roger Bacon par R. Steele, dans *Opera hactenus inedita Rogeri Baconi*, Oxford, 1920, t. 5, p. 1-172, 176-266, 287, 313 [éd. aussi la trad. anglaise moderne d'Ismail Ali et le *Secré de Secrez* de Pierre d'Abernun] ; éd. de la compilation due à Engelbert par G.B. Fowler, dans *AHDLMA*, t. 44 (1977), p. 207-242. — Versions françaises : éd du *Secré de Secrez* de Pierre d'Abernun par O.A. Beckerledge, Oxford, 1944 (*ANTS*, 5) ; éd. partielle du poème en langue d'oc, dans H. Suchier, *Denkmäler provenzalischer Literatur und Sprache*, Halle, 1883, t. 1, p. 203-213 ; éd. intégrale du même texte par Y. Ruggieri, dans *Atti della reale Accademia delle Scienze di Torino*, t. 65 (1930), p. 203-219. — Éd. de la version castillane, *Poridat de las Poridades* par L.A. Kasten, Madrid, 1957. — Éd. de la trad. russe, des deux trad. tchèques et de deux *Epistolae de regimine sanitatis* en latin par M.N. Speransky, *Iz istorii otrechennykh knig. IV Aristotelevi vrata ili Tainaya Tainykh*, Saint-Pétersbourg, 1908 (*Pamyatniki drevnei pis'mennosti i iskusstva*, 171). — Éd. de la trad. en moyen-néerlandais de Jacob Van Maerlant par A.A. Verdenius, Amsterdam, 1917. — Éd. de la trad. en moyen-haut-allemand de Hiltgart von Hürnheim par R. Möller, Berlin, 1963 (*Deutsche Texte des Mittelalters*, 56) [éd. aussi le texte latin qu'a suivi Hiltgart]. — Versions anglaises éd. de la trad. de James Yonge par R. Steele dans *Three Prose Versions of the Secretum Secretorum*, Londres, 1898, p. 119-248 (*EETS* 74) ; éd. de la trad. de Gilbert of the Haye par J.H. Stevenson, Edimbourg, 1914 (*STS*, 62) éd. de neuf autres versions anglaises par M.A Manzalaoui, Oxford-New York, 1977 (*EETS*, 276).

→ M.A. Manzalaoui, *The « Secreta secretorum » in English Thought and Literature from the Fourteenth to the Seventeenth Century*, Oxford, 1954. — J. Monfrin, *Sur les sources du « Secret des Secrets » de Jofroi de Waterford et Servais Copale*, dans *Mél. M. Delbouille*, Gembloux, 1964, t. 2, p. 509-530. — F. Wurms, *Studien zu den deutschen und den lateinischen Prosafassungen des pseudo-aristotelischen « secretum secretorum »*, Hambourg, 1970. — M. Grignaschi, *L'origine et les métamorphoses du Sirr al-'asrâr (Secretum secretorum)*, dans *AHDLMA*, t. 43 (1976), p. 7-112 ; *La diffusion du « Secretum secretorum » (Sirr al-'asrâr) dans l'Europe occidentale, ibid.*, t. 47 (1980), p. 7-70. — *Pseudo Aristotle, the Secret of Secrets, Sources and Influences*, éd. W.F. Ryan et C.B. Schmitt, Londres, 1982 (*Warburg Institute Surveys*, 9) [vol. collectif ; synthèses qui présentent le dernier état de la question]. — A. Henry, *Un texte oenologique de Jofroi de Waterford et Servais Copale*, dans *Romania*, t. 107 (1986), p. 1-37. — Cf. *GRLMA*, t. VIII/1, p. 331, 343. *MB* nos 2939-2944, 7737 ; *S* 5393-5399. F.F.H.

Secrets des dames. Adaptation française du *De Secretis mulierum* attribué à Albert le Grand* (car constitué en grande partie d'extraits du *De Animalibus*, spécialement du livre 9) et composé au XIIIe siècle en douze chapitres qui traitent de l'embryologie, des accidents d'accouchements, des preuves de la stérilité et des insuffisances de l'allaitement.

Cette adaptation française, en prose, porte comme titre : « *Cy commance le livre des secrez des dames, lequel est deffendu a reveler sur peine d'escomeniment* » et est conservée dans huit mss. Ces *Secrets des dames*, rédigés au XVe siècle, se présentent comme une traduction du latin : l'œuvre est antérieure à 1453, date à laquelle un certain Étienne Beludet copia le ms. Paris, BN, fr. 19994.

Il existe une traduction en toscan, très fidèle, des *Secrets des dames*, faite au XVe siècle sous le titre : « *Qui apresso sono iscritti i segreti delle femmine, traslatado di latino in volgare.* »

ŒUVRE. — *Ce sont les Secrés des Dames*

deffendus à révéler, éd. A. et C.-E. Colson, Paris, 1880.

→ C. Ferckel, *Die Secreta mulierum und ihr Verfasser*, dans *Archiv für Geschichte der Medizin*, t. 38 (1954), p. 267-274. — L. Thorndike, *Further Consideration of the « Experimenta », « Speculum Astronomiae » and « De Secretis mulierum » ascribed to Albertus Magnus*, dans *Speculum*, t. 30 (1955), p. 427-443. — B. Kusch, *Zur « Secreta mulierum »-Forschung*, dans *Janus*, t. 82 (1975), p. 103-123. — D. Corsi, *« Les secrés des dames », tradition, traductions*, dans *Médiévales : La culture sur le marché*, t. 14 (1988), p. 47-57. F.F.H.

Secrets des femmes. Attribués à tort à Arnaut de Villeneuve* (vers 1240-1311), les *Secrets des femmes* sont, comme les *Secrets des dames**, une adaptation en prose française du *De Secretis mulierum* composé au XIIIe siècle et mis sous le nom d'Albert le Grand* (car constitué en grande partie d'extraits du *De Animalibus*, spécialement du livre 9). Conservés dans au moins trois manuscrits (Paris, Bibl. de l'Arsenal 2889, Bibl. Mazarine 3636 et Vatican, Reg. lat., 1264), les *Secrets des femmes* datent du XVe siècle et restent inédits.

Au XIVe siècle, un poète anonyme rima une traduction (1 782 vers) en moyen-néerlandais du *De Secretis mulierum*, intitulée : *Der vrouwen Heimelykheid*. Le *De Secretis mulierum* fut également traduit en moyen-anglais *(Sekenesse of wymmen)* et en moyen-allemand (traduction glosée, commencée par le médecin et écrivain bavarois Johann Hartlieb [vers 1400-1468] dans sa soixantième année).

ŒUVRES. — *Der vrouwen Heimelykheid*, éd. P. Blommaert, Gand, 1843 (*Maetschappy der Vlaemsche Bibliophilen*, 2e série, 3). — *The « Sekenesse of wymmen » : A Middle English Treatise on Diseases of Women*, éd. M.R. Hallaert, Bruxelles, 1982 (*Scripta : Mediaeval and Renaissance Texts and Studies*, 8). — *« Secreta mulierum » mit Glosse in der deutschen Bearbeitungen von Johann Hartlieb*, éd. K. Bosselman-Cyran, Pattensen et Hanovre, 1985.

→ E. Langlois, *Notices des manuscrits français et provençaux de Rome antérieurs au XVIe siècle*, dans *Notices et extraits mss BN*, t. 33[2] (1889), p. 107 [notice du ms. Vatican, Reg. lat. 1264]. — B. Kusch, *Zur « Secreta mulierum »-Forschung*, dans *Janus*, t. 82 (1975), p. 103-123. F.F.H.

Sedulius Scottus. Venu d'Irlande, où il avait acquis sa vaste culture, Sedulius Scottus (= l'Irlandais) fut accueilli avec quelques compagnons, vers 845-848, par l'évêque de Liège, Hartgar. Il enseigna probablement à l'école cathédrale et a peut-être séjourné aussi à Cologne et à Metz. On perd sa trace après 858-859. En relation avec des personnages importants dont l'empereur Lothaire Ier et sa famille, il composa de nombreux poèmes, surtout de circonstance et plusieurs commentaires grammaticaux : un commentaire complet de l'*Ars major* de Donat, un de l'*Ars minor*, un de l'*Ars de uerbo* d'Eutychès, enfin le début seulement d'un commentaire ou plutôt des réflexions sur les livres 17 et 18 *(De constructione)* des *Institutiones grammaticae* de Priscien. On lui doit aussi deux œuvres de caractère moral : le *Collectaneum miscellaneum*, florilège d'auteurs classiques et chrétiens, dont le seul manuscrit complet, copié à Trèves dans la deuxième moitié du XIIe moitié et conservé à Kues, est de qualité médiocre. Il regroupe à la fois des florilèges antérieurs et les propres lectures de Sedulius, qui exploite entre autres Augustin, Grégoire le Grand*, Isidore* et surtout Jérôme. Dans son *Liber de rectoribus christianis* en 20 chapitres, sorte de « miroir des princes » composé probablement pour Lothaire II entre 855 et 859, il recourt souvent aux *exempla** et recommande particulièrement au prince comme modèles à suivre Constantin et Théodose. Il emprunte surtout à l'*Historia Augusta* et à l'*Historia tripartita* de Cassiodore et reprend plusieurs extraits de son *Collectaneum*. Sedulius est aussi un exégète, qui nous a laissé un choix de gloses sur les *Epîtres de saint Paul*, tirées en partie d'Origène dans la traduction de Rufin, de l'Ambrosiaster, de Jérôme, d'Alcuin* et aussi de Pélage, dont il utilise souvent le commentaire, sans être pour autant « pélagien » lui-même. Ses « explications » sur les *Évangiles de Matthieu, Marc et Luc* suivent le schéma des sept *circumstanciae* ou questions que l'on doit se poser à propos de chaque œuvre *(quis ? quid ? quando ? ubi ? quomodo ? quare ? qua materia vel facultate ?)*. Il a commenté aussi les lettres de Jérôme au pape Damase sur la révision du texte latin des Évangiles et composé un *Collectaneum* sur le début de l'*Évangile de Matthieu*. Réputé pour ses poèmes et pour ses œuvres grammaticales et morales, Sedulius a beaucoup contribué, parallèlement, à une meilleure compréhension des Écritures. Il est aussi remarquable par sa connaissance du grec, auquel il recourt pour mieux interpréter les textes bibliques et grammaticaux. Nous avons conservé à la Bibl. de l'Arsenal de Paris (ms. n° 8047), un psautier grec-latin, copié de sa main et signé de son nom en belles capitales grecques.

ŒUVRES. — *PL*, t. 103, col. 9-352 [commentaires exégétiques et *Liber de rectoribus christianis*]. — *Carmina* : éd. L. Traube, *Sedulii Scotti carmina*, Berlin, 1896, p. 151-237 (238-240 : *dubia*) et 750-751 (*MGH*, Poetae latini aevi Carolini, 3). éd. I ; Meyers, Turnhout, 1991 (*CCCM*, 117) [trad. française en cours]. — Commentaires grammaticaux : éd. B. Löfstedt, *Sedulius Scottus. In Donati artem maiorem*, Turnhout, 1977 (*CCCM*, 40 B) ; *In Donati artem minorem. In Priscianum. In Eutychem*, Turnhout, 1977 (*CCCM*, 40 C). — *Collectaneum miscellaneum* : éd. D.W. Simpson, Turnhout, 1988 (*CCCM*, 67) ; F. Dolbeau, *Supplementum*, Turnhout, 1990 (*CCCM*, 67 Supplem.). — *Liber de rectoribus christianis* : éd. S. Hellmann, *Sedulius Scottus*, Munich, 1906, p. 19-91 (*Quellen und Untersuchungen zur lateinischen Philologie des Mittelalters*, I, 1). — *Collectaneum in Epistulas s. Pauli* : éd. critique partielle H.J. Frede, *Pelagius, der irische Paulustext, Sedulius Scottus*, Fribourg-en-Brisgau, 1961 (*Aus der Geschichte der lateinischen Bibel*, 3). — *Collectaneum in Matthaeum* : éd. B. Löfstedt, *Sedulius Scottus. Kommentar zum Evangelium nach Matthäus* I, 1-11, 1, Fribourg-en-Brisgau, 1989 (*Aus der Geschichte der lateinischen Bibel*, 14).

→ L. Traube, « *O Roma nobilis* » *: Philologische Untersuchungen aus dem Mittelalter*, dans *Abhandlungen der Königlichen Bayerischen Akademie der Wissenschaften*, t. 19 (1892), p. 297-395. — J.F. Kenney, *The Sources of the Early History of Ireland : Ecclesiastical*, New York, 1929, 2ᵉ éd. 1966, p. 553-569. — P. Lehmann, *Mitteilungen aus Handschriften*, dans *Sitzungsberichte der bayerischen Akademie der Wissenchaften, philol. hist. Klasse*, 1929, p. 53-55 et 1930, p. 45. — G. Martini, *Un codice sconosciuto del « De rectoribus christianis » di Sedulio Scotto*, dans *Bolletino dell'Istituto storico italiano*, t. 50 (1935), p. 49-62. — M.L.W. Laistner, *Thought and Letters in Western Europe A.D. 500-900*, 2ᵉ éd., Londres, 1957. — L. Bieler, *Irland : Wegbereiter des Mittelalters*, Olten, 1961, p. 126-131. — G. Bernt, *Das lateinische Epigramm im Übergang von der Spätantike zum frühen Mittelalter*, Munich, 1968, p. 272-277 (*Münchener Beiträge zur Mediävistik und Renaissance-Forschung*, 2). — R. Düchting, *Sedulius Scottus. Seine Dichtungen*, Munich, 1968 ; *Sedulius Scottus und P. Optatianus Porfyrius*, dans *Mittellateinisches Jahrbuch*, t. 5 (1968), p. 24-28. — W. Huber, *Heliand und Matthäusexegese : Quellenstudien insbesondere zu Sedulius Scottus*, Munich, 1969. — R. Düchting, *Vom Hammel, den ein Hund gerissen...*, dans *Das Tier in der Dichtung*, éd. U. Schwab, Heidelberg, 1970, p. 114-127. — L. Holtz, *Sur trois commentaires irlandais de l'« Art majeur » de Donat*, dans *RHT*, t. 2 (1972), p. 45-72. — D.M. Kratz, *Aeneas or Christ ?*, dans *The Classical World*, t. 69 (1975-1976), p. 319-323. — T. Latzke, *Der Fürstinnenpreis*, dans *Mittelateinisches Jahrbuch*, t. 14 (1979), p. 40-45. — B. Munk Olsen, *Les classiques latins dans les florilèges médiévaux antérieurs au* XIIIᵉ *siècle*, dans *RHT*, t. 9 (1979), p. 47-121 ; t. 10 (1980), p. 115-164. — L. Holtz, *Donat et la tradition de l'enseignement grammatical...*, Paris, 1981 *(Documents, études et répertoires publiés par l'IRHT)*. — R. Düchting, *Sedulius Scottus — ein Heilger Drei König mehr aus dem Abendland*,dans *Die Iren und Europa im früheren Mittelalter*, éd. H. Löwe, t. 2, Stuttgart, 1982, p. 866-875. — B. Löfstedt, *Zu Sedulius Scottus Kommentar zu Donatus maior*, dans *Sacris erudiri*, t. 27 (1984), p. 433-442. — M.W. Haslam, *On the Sedulius Commentary on Donatus Ars maior*, dans *RHT*, t. 18 (1986), p. 243-256. — J. Meyers, *L'art de l'emprunt dans la poésie de Sédulius Scottus*, Paris, 1986 (*Bibliothèque de la Faculté de philosophie et lettres de l'université de Liège*, 245). — L. Holtz, *L'enseignement de la grammaire au temps de Charles le Chauve*, dans *Giovanni Scotto nel suo tempo, Atti del 24 Convegno storico internazionale (Todi, 11-14 octobre 1987)*, Spolète, 1989, p. 154-165. — Manitius, 1, p. 315-323, 2, p. 802 ; 3, p. 1062 ; *Biographie nationale de Belgique*, t. 22, 1914-1920, col. 140-146 (H. Pirenne) ; *DTC*, t. 14, 1941, col. 1766-1767 (J. Reviron) ; *Lexikon für Theologie und Kirche*, t. 9, 1964, col. 564 (L. Bieler). — *Index Scriptorum Operumque Latino-Belgicorum Medii Aevi*, t. 1, Bruxelles, 1973, p. 47-64 [A. Stainier]. — Brunhölzl, 1, p. 449-466 et 568 ; trad. française, t. 1, vol. 2, 1991, p. 205-221, 309-310. — M. Lapidge et R. Sharpe, *A Bibliogr. of Celtic Latin Literature 400-1200*, Dublin, 1985, nᵒˢ 672-686, 737, 756. — *DS*, t. 14, 1989, col. 513-516 [A. Solignac].

Voir aussi : *Grammaire latine médiévale.*

C.J.

Segretain moine. Un moine meurt, encorné par un bélier, lors d'une visite galante à une bergère. La bergère dépose le corps à la porte d'un voisin. Le fils de celui-ci frappe d'un coup de hache celui qu'il prend pour un visiteur importun, puis, reconnaissant le moine, jette le corps dans la Seine d'où le sortent des pêcheurs. Le juge chargé de l'affaire la règle par un combat judiciaire : le sang qui se met à couler des plaies du mort accuse le bélier.

Ce fabliau d'inspiration héroï-comique existe dans quatre versions, toutes de la première moitié ou du milieu du XIIIe siècle. La première, en picard, compte 500 octosyllabes et n'est conservée que par un manuscrit. La seconde (816 octosyllabes en picard) a été la plus répandue : il nous en reste six manuscrits. La troisième (610 octosyllabes) est signée dans l'unique manuscrit par Jean le Chapelain. Nous ne savons de lui que ce que le texte permet de déduire : qu'il était chevalier et normand. Enfin, l'unique manuscrit qui conserve la quatrième (445 vers) est incomplet du début et situe l'aventure à Nogent.

ŒUVRES. — Éd. A. de Montaiglon et G. Raynaud, dans *Recueil général des fabliaux*, Paris, t. 5, 1883, p. 115-131 [version 1] et p. 215-242 [version 2], t. 6, 1890, p. 117-137 [version 3], p. 243-254 [version 4]. — *Le moine sacristain*, éd. H. Malatesta, Paris, 1912 [version 4]. — *Du segretain moine*, éd. V. Vänääen, Helsinki, 1949 [version 2]. — Éd. T.B.W. Reid, dans *Twelve Fabliaux from the ms. fr. 19152 of the Bibliothèque Nationale*, Manchester, 1958 [version 2]. — Éd. et trad. anglaise P. Brians, dans *Bawdy Tales form the Courts of Medieval France*, New York, 1972. — Éd. B. Levy et C.E. Pickford, dans *Selected Fabliaux*, Hull, 1978.

→ V. Le Clerc, *Fabliaux*, dans *HLF*, t. 23, 1856, p. 69-215, notamment p. 115 et 155-157. — J. Rychner, *Contribution à l'étude des fabliaux*, Neuchâtel-Genève, 1960, t. 2, p. 32-37. — A. Varvaro, *Il Segretain Moine ed il realismo dei Fabliaux*, dans *SMV*, t. 14 (1966), p. 195-213. — A. Bancourt, *Chansons de geste, roman, romance et fabliaux : À propos de deux scènes hippiques des fabliaux*, dans *Comique, satire et parodie dans la tradition renardienne, Actes du colloque des 15 et 16 janvier 1983, Amiens*, Göppingen, 1983 (*Göppinger Arbeiten zur Germanistik*, 391). — Cf. *MB* nos 2519, 6510 ; *S* 4593, 4602, 4737. A.F.L.L.

Seigneurs de Gavre (Histoire des). Ce roman en prose, écrit à la cour de Bourgogne au milieu du XVe siècle, se rattache aux nombreuses œuvres qui combinent fiction et éléments de l'histoire réelle d'une noble lignée : *Gilles de Chin*, Gillion de Trazegnies*, Comte d'Artois**... Ici il s'agit des seigneurs de Gavre. Guy de Gavre, à la suite d'une remarque malheureuse de sa femme, la chasse avec son jeune fils Louis. Elle se réfugie auprès de son père, le seigneur de Wavrin. Lorsque Louis, né en 1285, atteint ses dix-huit ans, il part à l'aventure et se couvre de gloire en Italie puis en Grèce. Là, il se met au service du duc d'Athènes, Anthénor, que combat le duc d'Andrinople parce qu'Anthénor lui a refusé la main de sa fille Ydorye. Louis sauve l'armée athénienne et finit par épouser Ydorye. Il rentre au pays et participe au tournoi historique de Compiègne. Il y triomphe et finit par réconcilier ses parents. Ydorye mettra au monde deux fils, dont Baudouin.

L'œuvre subsiste dans trois mss (deux du XVe, un de 1533) qui représentent deux versions différentes, mais elle a aussi connu un abrégé sous le titre de *Baudouin de Gavre* (un ms. du XVe) et une traduction flamande en vers dont il ne reste que la dernière page de l'édition anversoise parue entre 1500 et 1520. Pour R. Morse, l'auteur du texte ne serait autre que Jean de Wavrin*.

ŒUVRE. — Fac-similé du ms. de Bruxelles, décoré par le Maître de Wavrin, E. Gachet, *Histoire des Seigneurs de Gavre. Roman du XVe siècle*, Bruxelles, 1845.

→ G. Doutrepont, *La littérature française à la cour des ducs de Bourgogne*, Paris, 1909, p. 57, 68. — G. de Liedekerke, *Histoire de la maison de Gavre et de Liedekerke*, Bruxelles, 1958. — C. Thiry, *Une rédaction du XVIe siècle de L'Histoire des Seigneurs de Gavre*, dans *Mél. P. Le Gentil*, Paris, 1974, p. 839-850. — R. Morse, *Historical Fiction in Fifteenth-Century Burgundy*, dans *The Modern Language Review*, t. 75 (1980), p. 48-64 [attribution à Jean de Wavrin]. — R. Stuip, *L'Histoire des Seigneurs de Gavre. Sa popularité à la fin du Moyen Âge*, dans *Mél. J.R. Smeets*, Leyde, 1982, p. 281-292 ; *L'Histoire des Seigneurs de Gavre. Quelques remarques sur la langue des deux manuscrits du XVe siècle*, dans *Le Moyen Français*, t. 8-9 (1981), p. 253-263 ; *L'histoire des Seigneurs de Gavre dans la bibl. d'Antoine de Lalaing en 1548*, dans *Les sources littéraires et leurs publics dans l'espace bourguignon (XIVe-XVIe s.)*, Neuchâtel, 1991, p. 189-198 (*Publ. du Centre européen d'études bourguignonnes*, 31). — Woledge, no 163. — Cf. *MB S* 6706. S.L.

Sénéchaucée (Traités de). Voir : Walter de Henley.

Séquence de sainte Eulalie. Voir : *Sainte Eulalie* (*Cantilène* ou *Séquence de*).

Serlon de Bayeux. Poète normand de la fin du XIe et du début du XIIe siècle. Né vers le milieu du XIe siècle dans la région de Caen, fils de prêtre, il fut lui-même prêtre, propriétaire de dîmes et d'églises, et se trouva pour cette raison en conflit d'intérêts avec les moines de Saint-Étienne de Caen. Appartenant à l'entourage immédiat de l'évêque Odon de Bayeux, frère de Guillaume le Conquérant, il fut nommé grâce à son protecteur au chapitre de

Bayeux, citadelle en ce temps de l'esprit séculier. Il fut sinistré lors du siège de 1105. Sa mort se place sans doute entre 1113 et 1122.

Personnalité vigoureuse, Serlon fut un polémiste et un satirique de talent, qui s'employa surtout à défendre les vieux usages ecclésiastiques normands contre les réformateurs, et les séculiers contre les réguliers. Il manie avec verve l'hexamètre léonin et, bien qu'assez pédant, est capable d'un certain élan quand il aborde des sujets qui lui sont chers, comme la défense des fils de prêtres ou l'avarice des prélats romains. Son œuvre est une source de premier ordre pour l'histoire du clergé anglo-normand et de la résistance à la réforme grégorienne, et aussi pour la connaissance de Bayeux au début du XIIe siècle. Elle comprend une douzaine de poèmes, d'attribution plus ou moins certaine (les principaux sont le *De capta Bajocensium civitate*, relation du siège de 1105 ; *Ad Odonem Bajocensem*, relatif à un événement de 1087, ainsi que trois invectives contre les moines et une *Defensio pro filiis presbyterorum*).

ŒUVRES. — Les principaux poèmes sont publiés par T. Wright, *Anglo-latin Satirical Poets and Epigrammatists of the Twelfth Century (Rolls Series)*, 2, 1872, p. 232-258 (attributions peu sûres, erreurs textuelles). — L. Delisle, *Historiens de la France*, t. 19, p. 90-97. — A. Boutemy, *Deux poèmes inconnus de Serlon de Bayeux*, dans *Le Moyen Âge*, t. 51 (1938), p. 241-269. De la *Defensio pro filiis presbyterorum*, la meilleure éd. est celle de H. Böhmer et E. Dümmler, *Libelli de lite*, dans *MGH*, in-4°, t. 3, p. 579-583.

→ Vue d'ensemble et critique textuelle : H. Böhmer, *Der sogennante Serlo von Bayeux und die ihm zugeschriebenen Gedichte*, dans *Neues Archiv*, t. 22, 1897, p. 701-738. — Sur le milieu ecclésiastique en général : R. Foreville et J. Leclercq, *Un débat sur le sacerdoce des moines au XIe siècle, Studia Anselmiana*, 41, *Analecta Monastica*, 4e sér., 1955, p. 8-51. — Sur certains chanoines de Bayeux : L. Musset, *A-t-il existé en Normandie au XIe siècle une aristocratie d'argent ?* dans *Annales de Normandie*, t. 9 (1959), p. 285-299, notamment p. 295-298.

L.M.

Serments de Strasbourg. Les romanistes désignent ainsi en abrégé les serments prononcés dans cette ville en 842, qui engageaient l'un envers l'autre Louis le Germanique et Charles le Chauve, et scellaient leur alliance défensive contre leur aîné, l'empereur Lothaire. Pour donner plus de force à ces engagements, les deux armées réunies à Strasbourg y furent associées, comme témoins et comme parties, d'où quatre formules de serments qui se répondent deux à deux réciproquement, ceux des princes, et ceux, collectifs, des soldats. Louis et les troupes de Charles s'exprimèrent en français (que Nithard* appelle « romana lingua »), Charles et les fidèles de Louis, dans cette variété de francique, dit rhénan, qui est à la fois une langue littéraire (celle du *Ludwigslied*, par exemple, voir sous *Sainte Eulalie*), et la langue officielle des Carolingiens. Nithard, l'historien des démêlés des fils de Louis le Pieux, personnage considérable, et témoin bien placé, a annexé le texte intégral de ces serments à son livre, dont le seul exemplaire qui nous soit parvenu, copié vers la fin du Xe siècle, sans doute à Saint-Médard de Soissons (aujourd'hui à la Bibliothèque Nationale), témoigne d'un soin qui laisse préjuger favorablement de la transcription de nos serments français. Ces derniers constituent un remarquable spécimen de langue juridique évoluée et déjà stéréotypée, à la syntaxe complexe et savante, au vocabulaire technique précis, dont les formules se retrouvent plus ou moins inchangées dans la lignée des engagements similaires pris entre 840 et 867 par les princes carolingiens, mais transmis sous forme latine. L'existence de ces calques linguistiques mis en évidence par M. Roques s'explique moins, à notre sens, par l'influence de la langue savante sur la langue vulgaire (il n'y a pas de latinismes manifestes dans les *Serments*), que par l'effet d'une tradition, constituée dès avant la réforme carolingienne et à laquelle le latin juridique carolingien n'aurait pu se soustraire entièrement. En fait, il serait vain de rechercher dans ce spécimen de langue figée et officielle le reflet de quelque parler du temps.

En lisant le texte des serments en langue vulgaire dans Nithard, on ne négligera pas de se reporter à l'*adnuntiatio* ou exposé des motifs, en latin, qui les précède immédiatement.

ŒUVRE. — Éd. et trad. P. Lauer, *Nithard, Histoire des fils de Louis le Pieux*, Paris, 1964 (*Classiques de l'Histoire de France au Moyen Âge*) [avec un fac-similé et un commentaire]. — Éd. D'A.S. Avalle, *Latino « circa romançum » et « rustica romana lingua ». Testi del VII, VIII e IX secolo*, Padoue, 2e éd., 1970 (*Vulgari eloquentes. Collana di testi e manuali per la scuola universitaria*, 2).

→ G. De Poerck, *Le manuscrit B.N. lat. 9768 et les Serments de Strasbourg*, dans *Vox Romanica*, t. 15 (1956), p. 188-214. — D'A.S. Avalle, *Protostoria delle lingue romanze (dal sec. VII ai Giuramenti di Strasburgo e con particolare riguardo al territorio gallo-romanzo)...*, Turin, 1965 ; *Alle origini della letteratura francese : I Giuramenti di Strasburgo e la Sequenza di Santa Eulalia*, Turin, 1966 (*Corsi universitari*). — F. Sabbatini, *Dalla « scripta latina nustica » alle « scriptae romanze »*, dans *Studi medievali*, t. 9 (1968), p. 320-358. — G. Folena, *« Textus Testis » : caso e necessità nelle origini romanze*, dans *Concetto, Storia, Miti e Immagini del Medio Evo*, éd. V. Branca, Florence, 1973. — G. Hilty, *Les Serments de Strasbourg*, dans *Mél. P. Imbs*, Strasbourg, 1973, p. 511-524. — R. Wright, *Speaking, Reading and Writing Late Latin and Early Romance*, dans *Neophilologus*, t. 60 (1976), p. 178-189. — M. Van Uytfanghe, *Latin mérovingien, latin carolingien et rustica romana lingua : continuité ou discontinuité*, dans *Revue de l'Univ. Libre de Bruxelles*, 1977, p. 65-86. — A. Castellani, *Nouvelles remarques au sujet de la langue des serments de Strasbourg*, dans *Mél. J. Rychner*, Strasbourg, 1978, p. 61-73. — G. Hilty, *Les Serments de Strasbourg et la Séquence de Sainte Eulalie*, dans *Vox Romanica*, t. 37 (1978), p. 126-150. — R. Wright, *Late Latin and Early Romance in Spain and Carolingian France*, Liverpool, 1982 ; thèse discutée par T.J. Walsh, *Latin and Romance in the Early Middle Ages*, dans *Romance Philology*, t. 40 (1986-1987), p. 199-214, et par H. et W. Berschin, *Mittellatein und Romanisch*, dans *ZRPh*, t. 103 (1987), p. 1-19. — R. Balibar, *L'institution du français. Essai sur le colinguisme des Carolingiens à la République*, Paris, 1985. — Cf. *GRLMA*, t. I/2, n° 55, et I/1, p. 559-560 et 694. — *MB*, n°s 2-6, 14-24, 6017-6019, 7110-7115 ; *S* 591, 592, 613-628. G.D.P.

Sermon joyeux. Genre répandu dans le théâtre profane des XVe et XVIe siècles (le plus ancien manuscrit date de 1450). Le sermon, d'une longueur moyenne de 200 vers, joue sur la parodie. Il suit souvent la structure d'un sermon, mais contient des exemples et des exhortations tout à fait profanes, cultive les enchaînements de jeux de mots susceptibles de multiples interprétations. Proches en cela de la littérature facétieuse de l'époque (par exemple, de celle de Boccace*), les sermons joyeux se distinguent des autres monologues dramatiques par leur lien parodique avec la prédication sérieuse. Liés à la tradition du charivari, ils étaient primitivement représentés devant un public campagnard à l'occasion de noces ou de fêtes villageoises ; plus tard, après qu'ils eurent pris un aspect politique, ils furent joués dans les grandes villes pour un public plutôt estudiantin. Parmi les textes les plus connus figurent les *Sermons* de Saint Raisin, de Monseigneur Saint Jambon et de Madame Sainte Andouille et *de la Choppinerie.*

ŒUVRES. — *Recueil de farces, moralités et sermons joyeux*, éd. Le Roux de Lincy et F. Michel, Paris, 1837, 4 vol. (réimp. Genève, s.d.). — *Ancien théâtre français*, éd. Viollet le Duc, Paris, 1854-1857. — *Recueil de poésies françaises des XVe et XVIe siècles*, éd. A. de Montaiglon et J. de Rothschild, Paris, 1865-1873, 13 vol. *(Bibl. Elzévirienne)*. — Éd. J. Koopmans, *Recueil général des sermons joyeux français (XVe-XVIe siècle)*, [éd. de 31 sermons], Leyde, 1987. — Le Dit du Jolys Cul, éd. M. de Greve, Bruxelles, 1961. — *Le Sermon de la Choppinerie*, éd. J.-C. Aubailly, dans *RLR*, t. 80 (1972), p. 73-88 ; éd. G. Almanza, dans *Studi Romanzi*, t. 35 (1974), p. 41-105. — *Sermon des Barbes et Brayes*, éd. J.-C. Aubailly, dans *Mél. C. Camproux*, Montpellier, 1978, vol. 2, t. 1, p. 251-262. — J. Lemaire, *À propos du monologue dramatique médiéval : un sermon joyeux sur le mariage*, dans *Mél. P. Delsemme*, Bruxelles, 1983, p. 117-134. — *Quatre sermons joyeux*, éd. J. Koopmans, Genève, 1984 (*TLF*, 327) [*Saint Jambon et sainte Andouille, Frappe-culs, Cardier de mouton, Saint Velu*, plus le *Sermon de Bacchus* et la *Réponse de la dame*, et une bibliogr.]. — Recueil de sermons joyeux, éd. J. Koopmans, Genève, 1988 (*TLF*, 362).

→ E. Picot, *Le monologue dramatique dans l'ancien théâtre français*, dans *Romania*, t. 15 (1886), p. 358-422 ; t. 16 (1887), p. 438-542. — S.L. Gilman, *The Parodic Sermon in European Perspective : Aspects of Liturgical Parody From the Middle Ages to the XXth Century*, Wiesbaden, 1974 (*Beiträge zur Literatur des XV. bis XVIII. Jahrhunderts*, 6). — L.C. Porter, *Le rire au Moyen Âge*, dans *L'Esprit créateur*, t. 16 (1976), p. 5-15. — J. Delumeau, *Les mentalités religieuses saisies à travers les farces, les sotties et les sermons joyeux (XVe-XVIe siècle)*, dans *Actes du 99e congrès national de sociétés savantes, Besançon, 1974*, Paris, 1977, t. 1, p. 181-195. — S.M. Taylor, *Saints for Sinners : The Transitional Role of the Fifteenth-Century Sermon Joyeux*, dans *Fifteenth-Century Studies*, t. 8 (1983), p. 21-226. — J. Koopmans, *Sermon joyeux et théâtre profane (XVe et XVIe siècles)*, dans *Rapports Het Franse Boek*, t. 55 (1985), p. 97-110. — J. Koopmans et P. Verhuyck, *Quelques sources et parallèles des sermons joyeux des XVe et XVIe siècles*, dans *Neophilologica*, t. 70 (1986), p. 168-184. — J. Koopmans, *Folklore, tradition et révolte. Le fonctionnement social des sermons joyeux français de la fin du Moyen Âge*, dans *Fifteenth-Century Studies*,

t. 13 (1988), p. 457-470. — P. Verhuyck, *Parole et silence dans le sermon joyeux*, *ibid.*, p. 31-49. — Cf. Lewicka, n°s 870-950. — *MB* n°s 8296-8302 ; *S* 106-120.

Voir aussi : *Théâtre profane*. S.I.J.

Sermon sur Jonas. Voir : Sermons et sermonnaires.

Sermons occitans. En dialecte limousin, des « sermons et préceptes » datant de la première moitié du XIIe siècle ont été conservés dans un manuscrit unique provenant de Saint-Martial de Limoges. Outre ces précieux textes, les sermons occitans transcrits et préservés sont peu nombreux. Sans doute, plus qu'au nord de la France, cette rareté peut s'expliquer par le caractère essentiellement oral du genre. Cependant les traces de la langue d'oc ne manquent pas dans des recueils de sermons latins originaires du Midi : articulations de la démonstration, exemples tirés de la vie quotidienne. Sous l'exercice littéraire que constitue la mise par écrit du sermon, en préparation ou déjà prononcé, percent ainsi des indices non négligeables de l'oralité en langue vulgaire. Les saints honorés dans les sermons occitans isolés sont Marie-Madeleine, Jean-Baptiste, François d'Assise ; les fêtes célébrées : Noël, le carême, la Semaine sainte et Pâques, la Pentecôte, l'Assomption ; on conserve en occitan un sermon fameux prononcé par saint Vincent Ferrier* à Toulouse, le Vendredi saint de l'année 1416. Les prédicateurs méridionaux ont à cœur également d'entretenir la vie spirituelle de leurs ouailles en les exhortant à la pénitence et en leur parlant du péché pour les préparer au Jugement dernier. L'histoire religieuse du Midi pendant la période médiévale, et notamment à partir de la croisade albigeoise, éclaire — et ne peut que recevoir à son tour un éclairage neuf de — l'étude de la littérature homilétique en langue d'oc et des sermons latins rédigés dans le Midi par ces polyglottes, ou pour le moins bilingues, qu'étaient les prédicateurs du temps.

→ M. Zink, *Sur un sermon catalano-provençal du XIIe siècle*, dans *Mél. C. Rostaing*, Liège, 1974, p. 1245-1251 ; *La prédication en langue romane avant 1300*, Paris, 1976. — M.H. Vicaire, *La place des œuvres de miséricorde dans la pastorale en pays d'Oc*, dans *Cahiers de Fanjeaux*, n° 13 (1978), p. 21-44. — J. Moran i Ocerinjauregui, *Les homelies d'Organyà en relacio amb les homelies provençals de Tortosa*, dans *Mél. P. Bohigas*, Montserrat, 1982, t. 2, p. 67-84 [la source provençale commune serait à Saint-Ruf d'Avignon ; voir *Cahiers de Fanjeaux*, n° 24 (1989)]. — N. Lemaître, *Le Rouergue flamboyant : clergés et paroisses du diocèse de Rodez (1417-1563)*, Paris, 1988. — Cf. Brunel, p. 124. G.B.L.

Sermon des plaies. Petit poème en quatrains monorimes d'alexandrins, destiné à la méditation des religieux, peut-être à des franciscains, qui ne se piquaient pas d'être lettrés et qui faisaient des plaies du Sauveur un objet particulier de leurs touchantes méditations. Écrit dans un ton assez élevé, sauf quelques expressions crues, le poème ne manque pas d'intérêt et il est par endroits émouvant. Il a été publié pour la première fois en 1896, à Strasbourg, par Henri Ehrismann, d'après un ms. de la bibliothèque de Mons en Belgique, qui en donne 56 quatrains. On a jugé son écriture de la fin du XIIIe siècle, poème lorrain (Ehrismann) ou plutôt wallon (Gaston Paris).

ŒUVRE. — Éd. H. Ehrismann, *Le sermon des Plaies*, suppl. au rapport annuel du Gymnase protestant de Strasbourg, Heitz, 1896 [à compléter par G. Paris dans *Romania*, t. 26 (1897), p. 465-468].

→ Cf. *GRLMA*, t. VI/2, n° 2276. — *MB* n° 3544. G.A.B.

Sermons et sermonnaires. La prédication médiévale ne cesse depuis le XVIe siècle de susciter la curiosité de théologiens, d'érudits et d'hommes de lettres ; tout le monde y a butiné, réformateurs, apologistes, humanistes, moralistes, romanciers à l'affût de la réalité vécue des siècles gothiques ou barbares. Son étude dépasse les limites d'un seul article, aussi n'offrirai-je ici qu'une simple esquisse.

Sous le nom de *sermon* on comprend une partie considérable de ce qui a été écrit ou prononcé au Moyen Âge : homélie sur les péricopes (évangiles et épîtres) de la messe, commentaire biblique, sermon synodal, catéchèse et catéchisme, sermon universitaire, instruction doctrinale, traité mystique ou dévote méditation, discours adressé au peuple dans telle ou telle cérémonie publique. Une partie de cette littérature est à jamais perdue. Ce qu'on en possède n'est pas toujours identique, sous sa forme écrite, à ce qui fut réellement prononcé : les textes se basent sur des notes prises à l'audition, sur un brouillon d'auteur élaboré par un disciple, ou bien sur une rédaction faite après coup par le prédicateur, « à tête et à veine reposée ». Pour la récitation improvisée d'un sermon, on employait le verbe *dicere* ; par *dictare* on entendait la composition formelle d'un texte littéraire qu'il fallait ensuite faire recopier *(scribere)*.

Le sermon patristique et médiéval pose donc des problèmes non seulement d'ordre liturgique ou doctrinal, mais aussi de technique littéraire et de transmission des textes. Confronté au travail d'imitateurs, de continuateurs, de plagiaires, voire de faussaires (Pontet, p. 25), par les attributions des copistes, les insuffisances des catalogues et les imprudences de ses devanciers, l'historien doit décider, avant même d'aborder sa tâche, de l'authenticité de nombreux textes, mal édités ou restés manuscrits. On enregistre dans ce domaine des erreurs insignes : ainsi Beaugendre imprimait sous le nom de Hildebert du Mans (1056-1133) 141 sermons dont à peine six lui appartiennent ; ainsi le cardinal Mai, en plein XIXe siècle, restituait à saint Augustin plus de 200 sermons, dont la critique a retenu une trentaine... Dom Morin et Dom Wilmart ont introduit dans ces études de la clarté et de la précision.

Dans le domaine germanique, les travaux définitifs remontent à la fin du XIXe siècle ; de même la publication de nombreux sermons en vieil et moyen-anglais. Les recherches sur les *Artes Praedicandi* furent entreprises par É. Gilson. Ont suivi : les travaux de M.-M. Davy et de P. Glorieux sur les sermons universitaires (déjà exploités par Lecoy de la Marche) ; les deux livres, fort instructifs, de G.R. Owst à base de matériaux inédits de l'époque de Wyclif ; une littérature considérable autour de Gerson ; de nouveaux travaux sur Maurice de Sully ; l'établissement d'un fichier des sermons du Moyen Âge à l'Institut de Recherche et d'Histoire des Textes ; enfin les recherches, sur les sermonnaires latins des XIIIe et XIVe siècles, de J.-B. Schneyer.

Pour délimiter un peu le domaine, je ne parlerai que du sermon en prose et surtout en langue française jusqu'au début du XVe siècle ; consulter aussi l'article Jean Gerson.

Catéchèse antique et homélie épiscopale. Dans l'évolution de la pensée et de la littérature médiévale, on a souvent établi une ligne de faîte vers l'an 1100. Cette division ne doit pas nous induire à méconnaître la survivance des traditions antérieures : à travers les renouveaux monastiques et les « renaissances » successives, la prédication chrétienne restait solidaire de la tradition patristique. C'était, comme à l'antiquité finissante, une exposition scripturaire, où l'évêque ou l'abbé rompait le pain de la parole devant sa famille chrétienne.

Dans l'organisation diocésaine du IVe siècle, le ministère de la parole fut expressément réservé à l'évêque, qui remplissait également le rôle de catéchiste.

« C'est l'instruction pastorale qui est le type originaire de l'éloquence de la chaire, laquelle suppose toujours une voix autorisée et un auditoire chrétien. Cette instruction avait un autre caractère que les harangues sublimes, colorées, énergiques, adressées aux païens pour les convertir. Plus doctrinale et surtout plus familière, elle consistait moins dans un discours que dans un entretien ou dans une conférence, si l'on veut laisser à ce mot son acception propre ; car le pontife et le peuple s'interrogeaient mutuellement. Aussi les Grecs lui donnèrent-ils le nom de conversation ou d'*homilia*, que les Latins, tout en adoptant le même terme, traduisirent par *tractatus popularis*. La dénomination de *sermo*, qui le remplaça plus tard, comporte un sens analogue. L'homélie avait lieu à la messe, et portait encore sur l'Évangile. Après que le lecteur eut fait entendre à l'assemblée le passage désigné pour ce jour-là, l'évêque en développait le sens moral ou allégorique. » (Lecoy de la Marche)

Un peu avant Pâques, l'évêque exposait aux catéchumènes le symbole de la foi, puis il leur commentait au fur et à mesure les rites d'initiation : onction, renonciation au siècle, profession de foi, baptême. Enfin il leur expliquait la liturgie eucharistique et l'oraison dominicale. Ce faisant, il leur enseignait l'interprétation mystique de l'Ancien Testament.

Cette catéchèse baptismale, très ancienne comme genre oral, n'a eu comme forme littéraire qu'une courte existence, se perdant avec les rites baptismaux pour les adultes. L'homélie épiscopale, également ancienne, s'est perpétuée, dans un style à moitié figé et « formulé », à travers les siècles barbares, se transmuant dans le prône des églises gallicanes. On en trouve sans doute le reflet dans les expositions des évangiles *per circulum anni* des XIIe et XIIIe siècles.

Exégèse biblique et prédication populaire. Dans la prédication latine, saint Augustin tient une place à part. Ses *Enarrationes in Psalmos*, élaborées entre 403 et 418 à Carthage, furent sans doute le plus grand legs de l'antiquité latine à la prédication médiévale. Il en existe une adaptation, encore inédite, en prose française du XIIe siècle.

Un critique récent y a vu « une histoire spirituelle de l'humanité », faisant contrepartie à la *Cité de Dieu* ; un tel dessein suppose « l'auditoire de la grande ville ». Mais il y voit encore un ouvrage d'un « lettré de la décadence, qui aux prises avec la masse biblique la traite, et bien souvent à contresens, selon les lois de la vieille rhétorique latine » (Pontet, p. 387-388, 196).

Pour saint Augustin commentateur des psaumes, l'auteur sacré ne parle pas en son propre nom : ses paroles s'entendent de Jésus-Christ ou de ses fidèles. C'était à l'exégète de distinguer. On aperçoit, comme dans une galerie des glaces, les sens spirituels multiples qui se reflètent mutuellement et dont quelques-uns y existent à l'insu de l'auteur inspiré. La grande tare de ce système d'exégèse n'est pas de proposer un symbolisme dont l'esthétique moderne s'accommoderait sans doute facilement, mais de l'échafauder pour ainsi dire *verticalement*, sur des versets pris isolément, et de sacrifier ainsi l'ensemble des valeurs sociales et humaines qui dépendent du contexte. « À la limite, la Bible se présente comme un immense assortiment de cubes de mosaïque, versets isolés et courts passages, que le commentateur peut déplacer et grouper à son gré, chacun d'eux étant chargé d'un enseignement, d'une autorité particulière ». (H. Marrou, *S. Augustin et la fin de la culture antique*, Paris, p. 429)

Lourd héritage qui, en dépit des progrès réalisés par les écoles des XIIe et XIIIe siècles, sera transmis par l'ensemble de l'exégèse médiévale jusqu'aux Réformateurs inclusivement, et qui pèsera longtemps sur le biblicisme protestant.

À côté de l'élite hellénisée des grandes villes, les populations indigènes entraient dans l'église : peuples celto-ibériques à l'ouest, sémite, berbère ou copte en Afrique. Les *Sermones* de saint Augustin représentent sa prédication provinciale ou campagnarde, faite à Hippone ou à Chemtou. Ces sermons n'étaient pas rédigés à l'avance, ni revus après : *dicti, non didacti*. Après une méditation préalable sur les textes, l'évêque prenait place dans sa cathèdre et improvisait. Assis, l'évêque dialogue avec les fidèles, qui répondent, acclament, chuchotent, réprouvent, complètent des versets bibliques à demi énoncés. Sollicité par cette foule vibrante, l'ancien rhéteur rejette le nombre oratoire, les clausules protocolaires, et, revenant à une étape archaïque, adopte les ornements de la prose populaire, « assonances, rimes, allitérations, petites incises, parallélismes... jeux de mots, répétitions, cliquetis et sonnailles » (Pontet, p. 87-89). L'auditoire se tenait debout, des tachygraphes *(notarii, exceptores)*, parfois les fidèles eux-mêmes prenaient des notes, d'où sont sortis les divers recueils apportés d'Afrique en Europe méridionale lors de l'invasion vandale. De là les recueils composites formés surtout par saint Césaire d'Arles* (470-543), grande source de la tradition médiévale augustinienne.

L'Antiquité chrétienne ne s'est pas transformée du jour au lendemain, mais lentement ; à travers les siècles barbares, la discipline sacramentelle s'est profondément modifiée. Les rites baptismaux tombaient en désuétude avec le baptême des nouveau-nés ; à la fréquente communion, on substituait la communion deux fois par an, à Noël et à Pâques, avec exhortation préalable à la pénitence. La confession auriculaire se développait d'abord en pays celtique, et, dans tous les pays à régime tribal, la structure urbaine et diocésaine de l'Église du IVe siècle subissait l'empreinte des institutions monastiques. Pourtant le ministère de la parole, ainsi que la célébration de la liturgie eucharistique, incombait toujours à l'évêque aidé par les diacres (il est encore question au Xe, et même parfois au XIIe siècle, de la prédication diaconale, voir Lecoy de la Marche p. 25-26). Cette responsabilité ne fut accordée que peu à peu aux simples prêtres de paroisse (*ibid.*, p. 21-24).

Quoi qu'il en fût, on dut de bonne heure

s'adapter au langage populaire compris par les foules. La prédication en langue vulgaire, entre le VIe siècle et le XIIe siècle finissant, soulève de gros problèmes. Avec quelques rares exceptions — tel le sermon sur le livre de Jonas, feuille en partie tachygraphiée, au texte mi-latin, mi-roman, du Xe siècle — on ne possède pas de témoignage valable de la prédication romane avant le dernier quart du XIIe siècle. De saint Bernard* même il ne reste que des textes latins ; les manuscrits français, assez nombreux et dont quelques-uns remontent à l'an 1200, ne sont que des traductions.

En quelle langue a-t-on prêché, et que faisait-on pour se faire comprendre par les grands féodaux, par les frères convers et par les « simples gens » ? Ces questions ont beaucoup suscité la critique qui, naguère encore, ne faisait état que des textes « officiels », faisant montre d'une toilette littéraire impeccable. On sait aujourd'hui que, dès l'époque de saint Ambroise, il existait un autre latin, plus vulgaire, dont on se servait dans le débit oral et qui se rapprochait, par les tournures syntaxiques et les préférences lexicales, des parlers romans. De même, les sermons en langue vulgaire ne furent conservés que dans des *reportationes* latines. (Voir à ce sujet, l'importante discussion de Lecoy de la Marche, 2e éd., p. 233-269).

Traditions gallicanes et renaissance carolingienne. Aux pays romans, le sermon de l'évêque prononcé *inter missarum sollemnia* était de tradition. C'était là un rite liturgique, mentionné dans l'*ordo* gallican du VIIIe siècle étudié par Duchesne et Wilmart, se rattachant aux litanies diaconales devenues par la suite prières du prône.

Or l'évêque intervenait une seconde fois à la fin de la messe pour prononcer la triple bénédiction, dont la formulation n'était souvent qu'une transposition syntaxique de la collecte. De ces importantes formules, bien conservées dans les liturgies anglaises du Moyen Âge et dans certains diocèses français à une époque bien plus récente (cf. encore la Bénédiction du Cierge Pascal retenue par le rite romain), on trouve des reflets dans les homélies de S. Césaire et jusque dans certaines homélies en langue vulgaire du XIIe siècle :

Qui voluit pro redemptione humani generis causam experiri, voluit octava die quam hodie celebramus in corpore circumcidi (S. Césaire, *Sermones*, éd. Morin, p. 737) ; — *Omnipotens Deus, cuius Unigenitus hodierna die ne legem solveret quam adimplere venerat corporalem suscepit circumcisionem...* (Bénédiction du Pontifical de Paris, XIIIe). — *E.N.S. que era venguz el mond per adimplir la leg, si con diz e l'auangeli : non veni solvere legem sed adimplere, eu no ueng per destruir la leg mas adimplir, et el medeis e l'octau dia de pos la sua natiuitat N.S. uolc esser circuncis* (Sermons en langue d'oc du XIIe siècle, n° A IX) ; — *Nos trovons lisant en la sainte evangile d'ui, que Nostre Sire Deus, por ço qu'il par soi meismes volt garder la loi qu'il avoit donee, qu'il a l'uisme jor de sa naisence, qui hui est, volt estre circuncis* (Maurice de Sully, éd. Robson, p. 87).

Cette formule se combine dans l'homélie de Maurice de Sully avec la condamnation, fort ancienne, de la coutume des *étrennes*. De ces éléments se trouvait constituée l'homélie traditionnelle du Jour de l'An.

À la Saint-Jean, des leçons évangéliques et des antiennes formaient également la base conventionnelle de l'homélie : *plus quam propheta, inter natos mulierum non surrexit major* (Matth. XI 9, 11), *in nativitate ejus multi gaudebunt* (Luc, I, 14). Ces formules sont diversement combinées dans Maurice de Sully, homélie 55 et dans les sermons en langue d'oc A II, B VII. Le poète de *Flamenca** fait sans doute allusion à ces procédés dans les vers suivants :

L'evesques de Clarmon chantet
Aquel jorn la messa major ;
Sermo fes de Nostre Senor
Comen san Joan tant amet
Que plus que propheta.l clamet. (v. 474-478).

Sur le cycle annuel, on peut se renseigner dans le petit recueil d'homélies en langue d'oc que nous venons de citer ; elles s'y groupent en deux séries A et B qu'on peut subdiviser ainsi :

A IX-XI	Jour de l'An, Pâques ;
A XII-XV	Chandeleur, Carême ; Rameaux, *Annonciation* ;
B I-VI	Dim. de la Passion, Rameaux ; *Semaine sainte*, Pâques ;
A XVI-XVIII	*Semaine sainte,* Pâques ; *évangile du voyage à*

	Emmaüs ;
B V-VIII (cp. A I-III)	Ascension, Pentecôte ; Nativité de saint Jean, saints Pierre et Paul ;
B IX-XII (cp. A IV-V)	Assomption, *Nativité de la BVM* ; saint Michel, Toussaint.

A VI-VIII sont des fragments sans rapport avec le calendrier liturgique. Comparer le cycle sanctoral, très réduit, du recueil de Maurice (surtout n°s 55-59 = B VII-IX, XI-XII), qui ne contient pas les fêtes mises en italiques dans la liste ci-dessus.

Avec l'adoption aux VIIIe-IXe siècles de l'*ordo* romain et du chant grégorien, on se trouvait pourvu d'un recueil d'homélies toutes faites sur les péricopes évangéliques en usage à Rome : les 40 Homélies de saint Grégoire le Grand*. Le sermonnaire de Paul Diacre* les incorporait *in toto*, et comblait les vides par des extraits de Bède*. Haymon de Halberstadt, en développant les mêmes sources, en fit un homiliaire encore plus agrandi, qui fut adopté dans les lectionnaires de nombre de diocèses français et anglais.

Dès l'an 813, la langue populaire, romane ou germanique, fut prescrite dans un Capitulaire de Charlemagne pour les homélies épiscopales. Pourtant cette prescription, qui suppose un sérieux effort pour traduire les homiliaires latins *(« studeant transferre... »)*, resta lettre morte dans la Romania et ne fut accueillie que dans les pays germaniques, surtout au sud de l'Angleterre, où l'on finit par constituer, vers l'an 1000, de véritables homiliaires en langue anglaise. Le recueil dit *Sermones Catholici* d'Aelfric d'Eynsham (mort vers 1020) fut le point de départ d'une vaste littérature : de 150 manuscrits en vieil anglais des Xe-XIIe siècles, une trentaine sont des homiliaires. Wulfstan, archevêque de York vers 1010, a légué un ouvrage indépendant, où l'emphase prophétique et les recettes de la rhétorique septentrionale font contraste avec l'élégance classique d'Aelfric. La tradition se perpétua même après la conquête et jeta ses derniers feux dans l'*Ancren Riwle**, chef-d'œuvre de la spiritualité en moyen anglais, composé en un dialecte de l'Ouest, fort archaïque, et bientôt traduit en français (vers le commencement du XIIIe siècle).

Évêques et réformateurs. La prédication fut ranimée, dès l'aube du XIIe siècle, par l'essor de la théologie en France, par les efforts des réformateurs grégoriens et par l'entrée en scène de brillants talents littéraires. Ainsi, travaux scolaires et dialectique qui donnent à la prédication une solide charpente intellectuelle, événements contemporains qui lui confèrent une vibrante actualité, contemplation mystique qui l'approfondit, amour de la sainte Écriture qui lui inspire un appel à la pénitence et à la réforme, et jusqu'à la vie civile et laïque qui lui donne peu à peu une teinte mondaine et frivole — tout conspire au XIIe siècle à revigorer l'éloquence de la chaire et à lui proposer de nouveaux thèmes qui lui imprimeront un caractère spécifiquement occidental.

Ce fut dès l'abord un âge de petits cercles lettrés, groupés autour des évêques, ou se rattachant aux vieilles fondations monastiques. Recrutés dans tous les rangs de la société, très conscients de leur supériorité vis-à-vis du monde laïque mal dégrossi, c'étaient des groupements d'avant-garde, ouverts aux idées nouvelles de tout ordre venues du monde islamique ou de Byzance. On s'y attend : ils ont beaucoup prêché. Hildebert de Lavardin*, évêque du Mans (1096-1125) et archevêque de Tours (1125-1133), mêlé à la politique de l'époque anglo-normande, a légué une abondante œuvre poétique, mais peu de sermons (*PL*, n°s 54, 88, 97, 100, 101 = 141-144, et *Revue Bénédictine*, t. 39, 1927, 307-311 et t. 47, 1935, 39-45). La plupart de ces sermons furent prononcés devant un synode ou un concile et trahissent des préoccupations ecclésiologiques ; par ex., devant le concile de Chartres, Hildebert reprend le thème de l'Église épouse du Christ et, dans cette perspective, il recommande aux prêtres le célibat, l'abstention de la simonie et l'activité désintéressée au profit des fidèles. Geoffroi Babion, écolâtre d'Angers (1103-1110), archevêque de Bordeaux, défenseur du pape Innocent II, célébra en 1137 le mariage de Louis VII avec Aliénor d'Aquitaine*. On lui a restitué une cinquantaine de sermons, surtout des sermons synodaux, dont certains furent traduits en moyen-haut-allemand. Un sermon de Raoul d'Escures, archevêque de Cantorbéry (1114-1122), fut même traduit en anglais (ms. Cotton Vespasian D XIV). On trouve dans ce même manuscrit des extraits du *Lucidaire* d'Honorius Augustodunensis*, mystérieux personnage, le plus grand vulgarisateur de son siècle, qui laissa aussi un manuel de prédication, *Speculum Ecclesiae*, contenant de nombreux schémas de sermons.

Saint Bernard et la mnémotechnique victorine*. La haute figure de Bernard de Clairvaux domine la génération suivante.

Le saint esquissait, pour ses sermons comme pour ses lettres, des canevas en « mots clés » qu'il laissait rédiger ensuite par un secrétaire (quelques-uns des schémas recueillis parmi ses *Sentences* ont été pris au vol par un auditeur). On possède par ailleurs des *reportationes* de sermons réellement prononcés devant les moines et, enfin, les textes officiels mis au net et distribués à ses relations en divers pays par Clairvaux (en certain cas, le sermon est devenu traité). Ainsi pour le sermon sur la Circoncision (*PL*, t. 183, col. 138-142) on possède jusqu'à cinq rédactions : un résumé, une *reportatio*, une rédaction dérivée de celle-ci et deux rédactions du texte officiel ; pour « l'allégorie des dents » on a gardé deux textes rédigés par deux secrétaires ; enfin pour les 86 *Sermones in Cantica* on possède une ébauche, de caractère assez indépendant, la *Brevis Commentatio*. Celle-ci se tient assez près du texte littéral, et n'admet pas les digressions personnelles finalement introduites dans ces « sermons sublimes », où le saint, emporté par un souffle d'en haut, fait pour son temps ce que seul Origène avait fait pour le sien.

Les canevas de saint Bernard, dont quelques-uns sont également attribués à Hugues de Saint-Victor*, se rattachent aux *divisiones* :

	ut sciamus:	*curiositas est.*
	ut sciamur:	*vanitas est.*
Volumus scire	*ut vendamus:*	*simonia est.*
	ut aedificemur:	*humilitas est.*
	ut aedificemus:	*caritas est.*

Éléments du vaste patrimoine mnémotechnique des clercs, dont les origines remontent très loin dans le passé, mais dont l'élaboration doit beaucoup à l'école d'Anselme de Laon*, aux grands vulgarisateurs comme Honorius*, et à l'école victorine. Les canevas servant de base à l'exposition des évangiles se retrouvent à peu près identiques dans le *Speculum Ecclesiae*, dans les *Allegoriae in Novum Testamentum* de Richard de Saint-Victor* et dans l'œuvre de Maurice de Sully* :

Luc, X, 23-37 : *Homo, in Jericho descendit, latrones despoliaverunt eum ;*
semivivum... sacerdos, levita ;
Samaritanus, jumentum, oleum, vinum ;
Stabulum, duo denarii, quidcumque supererogaveris, reddam tibi.

Matth., XXII, 1-14 : *Rex, filius, sponsa, nuptiae ; tauri, altilia, occisa, omnia parata ;*
invitati, servi, alii, occiderunt ;
rex iratus, exitus viarum, quoscumque inveneritis, impletae sunt ;
intravit rex, vestis nuptialis, ligatis manibus, fletus et stridor dentium.

Ici les éléments se groupent par quatre ; d'ordinaire on les groupe par cinq ou par sept, comme dans le *De Quinque Septenis*, commentaire typiquement victorin du *Pater* dont une forme dérivée fut de bonne heure traduite en gallois (voir I. Foster, *The Book of the Anchorite*, dans *Proceedings of the British Academy*, t. 36, 1949, p. 204-206).

Textes français du XIIe siècle. Le recueil d'homélies *per circulum anni* attribué à Maurice de Sully*, évêque de Paris (1160-1196), représente l'aboutissement des diverses tendances discutées ci-dessus. Bréviaire des traditions homilétiques héritées des siècles gallicans, il donne également des résumés des expositions allégoriques des évangiles des dimanches (d'après saint Grégoire* et Haymon* surtout), le tout précédé d'un sermon synodal où l'évêque propose à ses prêtres un triple idéal de conduite : *sancta vita, recta scientia, praedicatio continua*. On possède de ce sermon deux versions, une latine, où la charpente est alourdie par des emprunts à saint Grégoire et à Richard de Saint-Victor ; une autre, française, dont le texte est élargi avec plus de goût et de discrétion. Le prédicateur suit le système d'exposition tripartite de saint Grégoire (texte, allégorie, moralité) ; il fait écho dans sa prose française à l'entrelacement antiphonal du chant liturgique :

Nostre Sire, qui savoit bien que li cuer des apostres estoient triste et torblé de sa Passion, si les conforta si com dist l'evangiles d'ui, e si lor dist, le juesdi absolu devant sa Passion : « Vos ploërrés », dist Nostre Sire a ses aposteles, « e li mondes avra joie ; mais ne vos esmaiés pas, quar la vostre tristece sera müee en joie, e en tele joie que jamais ne le perdrés, ne nus ne le vos pora tolir ». Issi com il lor dist, ensi lor avint ; quar il furent triste de sa Passion, qu'il soffri a l'endemain, e furent en grant deshait jusqu'al tierc jor qu'il le virent monter el ciel, e qu'il le jor de la Pentecoste lor envoia le Saint Esperit. Lors fu la tristece müee en joie ; e quant meesmement en la fin de lor vies de la dolor de cest siecle les traist en sa gloire, lors fu veraiement lor tristece muee en joie, en tele joie que jamais ne perdront.

Je ne cite pas le texte français intégral, mais le noyau primitif (sermon 18, 1. 4-6, 10-13, 21-28) qui correspond au texte latin. Seule la version française contient les imitations des bénédictions gallicanes (par ex., sermon 2, 74-80). Le ton de l'ouvrage n'admet pas l'intervention personnelle de l'auteur et reste très en deçà de l'éloquence enflammée d'un saint Bernard ; on n'y trouve que de rares échos de la morale victorine ou abélardienne (voir sermon I, 126-133 ; 33-78 ; etc.).

Vingt-deux sermons anonymes composés probablement dans la région de Verceil vers la fin du XIIe siècle, comptent parmi les plus anciens témoins du dialecte piémontais (Éd. W. Babilas, *Untersuchungen zu den sermoni subalpini*, Munich, 1968).

Le *Commentaire sur le Psautier*, libre adaptation des *Enarrationes* de saint Augustin, s'est élaboré au cours du XIIe siècle, d'abord en Brabant, en terre d'Empire, ensuite à Paris et en Angleterre. Le premier volume (ps. I-L) — le seul, sauf exception (voir Liebman, dans *Scriptorium*, t. 13, p. 65, n. 30-31), à contenir les allusions contemporaines — est conservé dans un excellent manuscrit de la cathédrale de Beauvais, actuellement à New York, ms. Pierpont Morgan 338, qui, par le style des enluminures, se rattache au Psautier de la reine Ingeburge (Paris, vers 1200). Il en existe une copie fragmentaire à Hereford (ps. I-XVI, I) et de longs extraits dans un manuscrit de Marmoutier, à la suite du ms. *T* de Maurice de Sully. Ce volume, ou du moins son noyau primitif (surtout ps. XXXII-XXXVIII, contenant la plupart des allusions personnelles), fut dédié à une fille de Thierry d'Alsace, Laurette, qui, après trois mariages successifs, se retira vers 1163 dans le couvent de Forest-lez-Bruxelles, et à sa belle-mère Sibylle, morte à Jérusalem en 1165. L'auteur, ancien élève de l'école de Laon, fait allusion dans son commentaire du ps. XXXIII, 9-11, à des personnages et à des événements du premier quart du siècle (texte publié par Liebman, dans t. 76, *Romania*, p. 467-470).

À l'invocation « Bele Lorete » (fol. 129v°), une seconde main a ajouté à l'interligne « e vos bele Elyanor » (*Scriptorium*, t. 13, pl. 12*a*), allusion évidente à Éléonore de Vermandois (1152-1213), belle-fille de Laurette, qui devint l'amie fidèle de la reine Ingeburge. On entrevoit la possibilité d'une révision parisienne de ce volume vers 1190 ; il est même permis de penser à une intervention de quelque membre du cercle d'Étienne de Tournai par l'intermédiaire duquel ce commentaire a pu passer en Angleterre. Quoi qu'il en soit, le second volume (ps. LI-C) se trouve uniquement dans des manuscrits insulaires (Musée brit., Royal 19 C v ; fragment, ps. LXVIII, 3-C, dans un ms. de la Bodléienne, Laud Misc. 91). Ces deux volumes furent recopiés à Durham, sans doute pour l'évêque Hugues du Puiset mort en 1195 ; on y ajouta un troisième volume (ps. CI-CL), mais dans un autre format et copié par d'autres mains. Le premier volume est assez connu par les extraits de Lecoy de la Marche (p. 183-184, 207, 310, 311, 343-344, 349, 355, 364) et de Liebman (*Romania*, t. 76, p. 462-476 ; *Scriptorium*, t. 13, p. 62-63, pl. 12) ; les volumes supplémentaires, nés dans un milieu insulaire, attendent encore une étude détaillée.

Le XIIIe siècle. Le siècle de saint Louis, où la civilisation médiévale atteignit son point culminant, nous a légué une abondante littérature homilétique, dont la plupart des œuvres s'est conservée en latin. On sait toutefois que Saint Louis* discutait avec ses évêques et avec les frères mendiants qui l'entouraient, qu'il rapportait des traits de spiritualité et même qu'il faisait, à l'occasion, le commentaire du texte sacré. D'ailleurs, la Bible tout entière fut traduite avant la fin du siècle. Il faut supposer qu'on a beaucoup prêché en français ; en effet, la prédication, sous l'impulsion des Universités et des ordres mendiants, envahissait tous les domaines de la vie civile. Il devint bien vite un devoir, pour tous les gens bien élevés, d'assister aux sermons, devoir conservé jusqu'au XIXe siècle, le sermon n'étant remplacé que de nos jours par les discours politiques.

Un des genres les mieux connus était le sermon universitaire : à Paris, à toutes les fêtes où il n'y avait pas de cours à la Faculté de théologie, on faisait un sermon le matin, une *collatio* le soir. Quelques-uns des maîtres étaient parmi les personnages ecclésiastiques les plus marquants : ainsi, dans le recueil de 1230-1231 découvert par Lecoy de la Marche et publié par M.-M. Davy, on trouve huit sermons de Guiard de Laon*, qui avait joué un grand rôle lors de la vacance du siège de Paris en 1227-1228 et qui devint par la suite évêque de Cambrai (1238-1248). On trouve, dans le même recueil, des sermons de Guillaume d'Auvergne*, évêque de Paris (1228-1249), familier de saint Louis qui raconta à Jean de Joinville* un trait édifiant à son sujet (*Vie de saint Louis*, § 46-49), de Philippe le Chancelier* et d'Eudes de Châteauroux*, plus tard cardinal-légat, qui accompagna Saint Louis en Terre sainte. On a gardé des recueils semblables pour les années 1267-1268, 1272-1273, 1281-1283 et 1301-1302, et un recueil de sermons des maîtres oxoniens pour les années 1290-1293 (Cf. M.-M. Davy, *Les sermons universitaires parisiens de 1230-1231. Contribution à l'histoire de la prédication médiévale*, Paris, 1931).

L'homélie du prône gardait encore son caractère sacré (pour sa place exacte au cours de la messe à cette époque, voir Owst, *Preaching in Medieval England*, App. I, p. 355-356). Mais on prêchait toujours à l'office de prime, à la première heure du jour, comme on l'avait fait anciennement à l'office de matines. On avait établi des sermons du soir, le dimanche (cp. Owst, App. II, p. 356-357) ; c'étaient les *collationes*, qui continuaient le sermon du matin en commentant souvent le même texte. Cette coutume se reflète dans le recueil de 34 sermons en français continental, actuellement à Hereford, Bibl. capit. P. 3, IX, qui contient deux sermons pour chaque solennité. Dans le Carême on prêchait plus souvent, en principe tous les jours (cf. toutefois la modeste série de 11 sermons français pour le carême, BN fr. 423, fol. 64^{a}-79^{a}).

Le décor matériel de la prédication s'était peu à peu transformé. Au lieu de rester au fond de l'abside, l'évêque se plaçait dans un des ambons élevés de chaque côté de l'autel pour servir à la lecture de l'évangile ou de l'épître. De bonne heure, une tribune fut placée devant la grille du chœur, à l'entrée de la nef, avec une petite chaire et un pupitre (c'est d'ailleurs de cette grille, le *prosne* ou *prorne*, du gréco-latin *prothyra* « vestibule », que le sermon sacré tire son nom). Mais déjà on prêchait hors de l'église, près d'une croix dressée dans le cimetière, dans les processions de Pâques-Fleuries (cf. Maurice de Sully 14, 79-80) et des Rogations, ou au temps des malheurs publics. Les Mendiants prêchaient partout, aux réunions publiques, aux veillées mortuaires, dans les marchés et dans les foires, où ils parlaient du haut d'un petit échafaud portatif.

De ce vaste effort homilétique du XIIIe siècle, les manuscrits français ont gardé peu de chose ; le sermon français restait genre oral. Pourtant les manuscrits de Maurice de Sully formaient assez souvent le noyau d'un recueil composite dont le contenu variait à l'infini.

Le recueil liturgique de sermons, par l'addition de vies de saints supplémentaires, finit par se confondre avec le légendier par ordre liturgique : ainsi dans le ms. *R*, remarquable volume de 377 feuilles, à raison de 2 ou 3 colonnes d'écriture par page, véritable encyclopédie biblique, hagiographique et homilétique, copié pour une comtesse de Flandre vers l'an 1275 ; on y demande au lecteur ses prières pour *Me Guiart le vesque de Cambray*. Il en fut ainsi pour *I*, légendier de Chartres aux magnifiques enluminures, brûlé en 1940, pour *P*, manuscrit enluminé dans le style italien qui appartenait aux Visconti. — En dehors des quatorze sermons ajoutés au ms. *K*, copie poitevine publiée par Boucherie, toutes ces additions au recueil de Maurice de Sully sont encore inédites. Il en va de même pour les quelques recueils indépendants des XIIIe et XIVe siècles.

Je finirai cette esquisse en signalant deux ouvrages d'un érudit anglais, études qui, plus encore que l'œuvre méritoire de Lecoy de la Marche, fournissent la clé de cette littérature méconnue. Il s'agit des livres de G.R. Owst, parus à Cambridge en 1926 et 1933, à un moment où personne, ou peu s'en faut, ne s'occupait de littérature homilétique et où l'on croyait volontiers que les peuples d'avant la Réforme croupissaient dans l'ignorance et la stagnation spirituelle. Owst eut l'heureuse idée de se restreindre à un petit nombre de personnages de second plan qui vivaient dans ce grand siècle de l'intellectualisme anglais, le XIVe : Thomas Walleys, dont il analysa l'*Ars Praedicandi*, John Myrc, auteur d'un *Festiall* (vies de saints par ordre liturgique) en anglais, Richard Fitzralph, archevêque d'Armagh, Brunton, Rypon, Bromyard. Il exposa, tour à tour, les genres fondamentaux de cette littérature (*Preaching in Medieval England*, p. 222-278), les manuels de prédication (p. 279-308) et l'art de la composition du sermon (p. 309-354). Tout en insistant sur l'esprit de satire et de révolte, qui prélude aux revendications plus âpres de la Réforme (*Literature and Pulpit*..., p. 210-470), il fit ressortir chez des prédicateurs très orthodoxes du XIVe siècle des traits qui les apparentent aux puritains d'une époque assez postérieure. Ainsi son étude frayait un sentier neuf en soulignant une certaine continuité à travers la Réforme dans la vie religieuse anglaise.

→ L. Bourgain, *La chaire française au XIIe siècle d'après les mss*, Paris, 1879, réimp. Genève, 1973. — A. Lecoy de La Marche, *La chaire française au Moyen Âge spécialement au XIIIe siècle d'après les mss contemporains*, 2e éd., Paris, 1886, réimp. Genève, 1974. — G.R. Owst, *Preaching in Mediaeval England... c. 1350-1450*, Cambridge, 1926 ; *Literature and Pulpit in Mediaeval England*, Cambridge, 1933, 2e éd. Oxford, 1961. — M. Pontet, *L'exégèse de saint Augustin prédicateur*, Paris, 1944. — J. Leclercq, *Recueil d'études sur saint Bernard et ses écrits*, 4 vol., Rome 1962, 1966, 1969, 1987 (*Storia e letteratura*, 92, 104, 114, 167). — J. Longère, *Œuvres oratoires de maîtres parisiens au XIIe siècle. Étude historique et doctrinale*, 2 vol., Paris, 1975. — N. Bériou, *La prédication au béguinage de Paris pendant l'année liturgique 1272-1273*, dans *Recherches augustiniennes*, t. 13 (1978), p. 105-229. — L.-J. Bataillon, *Les instruments de travail des prédicateurs au XIIIe siècle*, dans *Culture et travail intellectuel dans l'Occident médiéval*... publié par G. Hasenohr et J. Longère, Paris, 1981, p. 197-209. — J. Longère, *La prédication médiévale*, Paris, 1983 [consulter en particulier la bibliogr., p. 247-263 : Ouvrages anciens, Encyclopédies ; Dictionnaires ; Revues d'ordre général. Histoire de la prédication. Rhétorique. Prédication biblique. Homéliaires. Ordres religieux. Répertoires. Éd. de sermons latins. Prédications en langue vernaculaire]. — L.J. Bataillon, *« Similitudines » et « exempla » dans les sermons du XIIIe siècle*, dans *Mél. B. Smalley*, Oxford, 1985 (*Studies in Church History, Subsidia* 4), p. 190-205 ; *Les problèmes de l'édition des sermons et des ouvrages pour prédicateurs au XIIIe siècle*, dans *The Editing of Theological and Philosophical Texts from the Middle Ages*, Stockholm, 1986 (*Studia latina Stockholmiensia*, 30), p. 105-120. — *De la « lectio » à la « praedicatio ». Commentaires bibliques et sermons au XIIIe siècle*, dans *Revue des sciences philosophiques et théologiques*, t. 70 (1986), p. 559-575 ; *Sermons rédigés, sermons reportés (XIIIe siècle)*, dans *Medioevo e Rinascimento*, t. 3 (1989), p. 69-83. — C. Buridant, *Les proverbes et la prédication au Moyen Âge*, dans *Richesse du proverbe*, vol. 1 : *Le proverbe au Moyen Âge*, Lille, 1984, p. 23-54. — J. Hamesse, *« Reportatio » et transmission de textes*, dans *The Editing of Theological and Philosophical Texts, op. cit.*, p. 11-34. — R.H. and M.A. Rouse, *Preachers, Florilegia and Sermons. Studies on the « Manipulus florum » of Thomas of Ireland*, Toronto, 1979 (*Studies and Texts*, 47). — R.H. Rouse, *L'évolution des attitudes envers l'autorité écrite : le développement des instruments de travail au XIIIe siècle*, dans *Culture et travail intellectuel, op. cit.*, p. 115-144. — N. Bériou, *La prédication de Ranulphe de La Houblonnière*, Paris, 1987, 2 vol. — D.L. d'Avray, *The Preaching of the Friars*..., Oxford, 1985. — H. Martin, *Le métier de prédicateur en France septentrionale à la fin du Moyen Âge (1350-1520)*, Paris, 1988. — M. Zink, *La prédication en langue romane avant 1300*, Paris, 1976[2] ; *Le traitement des « sources exemplaires » dans les sermons occitans, catalans, piémontais du XIIIe siècle*, dans *La religion populaire en Languedoc du XIIIe siècle à la moitié du XIVe siècle, Cahiers de Fanjeaux*, t. 11 (1976), p. 161-186 ; *Les destinataires des recueils de sermons en langue vulgaire au XIIe et au XIIIe siècle. Prédication effective et prédication dans un fauteuil*, dans *La piété populaire au Moyen Âge. Actes du 99e congrès nat. des Soc. savantes, Besançon, 1974*, Paris, 1977, p. 59-74. — *Rhétorique et histoire. L'« exemplum » et le modèle de comportement dans les discours antique et médiéval, Table ronde, Rome 18 mai 1979 = Mél. de l'Ecole française de Rome. Moyen Âge-Temps modernes*, t. 92 (1980), 1, 179 p. — *Faire croire. Modalités de la diffusion et de la réception des messages religieux du XIIe au XVe siècle. Table ronde, Rome 22-23 juin 1979*, Rome, 1981 (*Coll. de l'Ecole française de Rome*, 51). — *Prêcher d'exemples. Récits de prédicateurs du Moyen Âge*, présentés par J.-Cl. Schmitt, Paris, 1985 *(Stock, Moyen Âge)*. —

Prédication et propagande au Moyen Âge. Islam, Byzance, Occident, Pen-Paris, Dumbarton Oaks Colloquia III, Session des 20-25 oct. 1980, organisé par G. Makoisi, D. Sourdel, J. Sourdel-Thomine, Paris, 1983.

Éditions. — Beaucoup de sermons patristiques sont éd. dans *PL*, le *Corpus Scriptorum Ecclesiasticorum Latinorum (CSEL)* de Vienne, le *Corpus Christianorum. Series latina (CCSL)*, Turnhout. Des sermons d'auteurs médiévaux sont publiés dans le *Corpus Christianorum. Continuatio Mediaevalis (CCCM)*, Turnhout. — Des collections de sermons patristiques et médiévaux sont trad. et commentées dans la coll. *Sources chrétiennes*, Paris. — Voir aussi C.A. Robson, *Maurice of Sully and the Medieval Vernacular Homily,* Oxford, 1952 ; J. Longère, *Les sermons latins de Maurice de Sully évêque de Paris (1196). Contribution à l'histoire de la tradition manuscrite*, Steenbrugge-Dordrecht, 1988.

Répertoires. — Sermons des Pères de l'Église et des auteurs du Haut Moyen Âge : E. Dekkers, *Clavis Patrum latinorum*, Steenbrugge, 1961, *(Sacris erudiri)*. — R. Grégoire, *Homéliaires liturgiques médiévaux. Analyse de mss*, Spolète, 1980 (*Biblioteca degli studi medievali*, 12). Sermons des auteurs médiévaux : J.B. Schneyer, *Wegweiser zu lateinischen Predigtreihen des Mittelalters*, Munich, 1965 (*Bayer Akad. der Wissenschaften*, 1). — *Repertorium des lateinischen sermones des Mittelalters für die zeit von 1150-1350*, 11 vol., Münster, 1969-1990. — Les plus anciens sermons en français sont indiqués dans Woledge et Clive, p. 111-118. — Voir également : B. Hauréau, *Sermonnaires*, dans *HLF*, t. 26 (1873), p. 387-468. — Th.M. Charland, *Artes praedicandi. Contribution à l'histoire de la rhétorique au Moyen Âge*, Paris-Ottawa, 1936 (*Publ. de l'Inst. d'études médiév. d'Ottawa*, 7). — H. Caplan, *Mediaeval Artes praedicandi. A Hand-List*, New York, 1934 (*Cornell Studies in Classical Philology*, 25) ; *A Supplementary Hand-List*, New York, 1936 (*Cornell Studies...*, 26). — C. Chabaneau, *Sermons et préceptes en langue d'oc du* XIIe *siècle*, dans *RLR*, t. 18 (1880), p. 105-147 ; t. 22 (1882), p. 157-179 ; t. 23 (1883), p. 53-70, 157-169. — K.V. Sinclair, *Anglo-Norman Studies : the Last Twenty Years*, dans *Australian Journal of French Studies*, t. 2 (1965), p. 113-155 et 225-278 [Répertoire des sermons anglo-normands et de leurs éd. ; liste de mss (p. 141-149)]. — C. Delcorno, *Rassegna di studi sulla predicazione medievale e umanistica*, dans *Lettere italiane*, t. 33 (1981), p. 250-257 [années 1970-1980]. — K. Morvay, D. Grube, *Bibliogr. der deutschen Predigt des Mittelalters Veröffentliche Predigten*, Munich, 1974 [cette bibliogr. intéresse les sermons allemands éd. depuis environ 1800. Les matériaux sont présentés selon l'ordre chronologique depuis le VIIIe. Table des incipit latins et allemands, des thèmes et des noms]. — A.-M. Bouly de Lesdain et E. Brayer, *Recueils manuscrits de sermons en prose française du Moyen Âge*, dans *Bull. d'information de l'IRHT*, t. 8 (1959), p. 47-68. — Cf. C. Brunel, p. 124. — *GRLMA*, t. VI/2 [sermons en prose et en vers, cycles de sermons en vers]. — *MB* n°s 3521-3581, 6649-6651, 6654, 6655, 7796 ; *S* 5907-5915. C.A.R.

Sidoine Apollinaire (431-vers 490). Né à Lyon, fils et petit-fils de préfets du prétoire des Gaules, appartenant à l'élite de l'aristocratie impériale, gendre du futur empereur Avitus, préfet de la Ville (468), puis évêque de Clermont (471), Sidoine a activement participé aux derniers fastes de l'Empire et à la résistance romaine au démembrement de la Gaule, avant de passer dans la *militia christi* et de composer avec les nouveaux maîtres. Fin lettré, nourri d'une vaste culture classique, mais aussi habitué aux analyses politiques délicates, il a composé des *Poèmes*, dont les principaux sont des *Panégyriques impériaux* (Avitus, Majorien), où la réflexion politique la plus ferme et la plus fine est exprimée par le biais d'éloges de facture traditionnelle, qui prolongent brillamment la poésie aulique illustrée par l'œuvre de Claudien. Sidoine a également laissé une étincelante *Correspondance* en style raffiné, témoignage exceptionnel sur son siècle, sa vie, ses combats et ses espérances.

ŒUVRES. — *PL*, t. 58. — *MGH, AA*, 8. — W.B. Anderson, W.H. Semple, E.H. Warmington (éd. et trad. anglaise), 1965, Oxford, 2 vol. — Éd. A. Loyen, Paris, 1960-1970, 3 vol.

→ C.E. Stevens, *Sidonius Apollinarius and his Age*, Oxford, 1933. — A. Loyen, *Sidoine Apollinaire et l'esprit précieux en Gaule aux derniers jours de l'empire*, Paris, 1943. — K.F. Stroheker, *Der senatorische Adel im spätantike Gallien*, Tübingen, 1948. — I. Gualandri, *Furtiua lectio. Studi su Sidonio Apollinare*, Milan, 1979. — M. Reydellet, *L'idée de royauté dans la littérature latine de Sidoine Apollinaire à Isidore de Séville*, Rome, 1981, p. 45-87. — Schanz, t. IV/2, p. 43-55. M.B.

Sidrac. L'encyclopédie en prose française intitulée *Livre de Sydrac le philosophe* ou *Livre de la fontaine de toutes sciences* est l'un des ouvrages médiévaux qui ont eu le plus de succès. Une datation a été avancée (C.-V. Langlois) pour sa composition : après 1268, voire après 1291. L'hypothèse de C.-V. Langlois qui voit dans son auteur, inconnu, un « Franc » de l'Orient latin, a été reprise et développée, dans une étude approfondie du vocabulaire, par A. Thomas. Le nom de *Sidrac* a été donné à cette encyclopédie, non pas en souvenir de Jesus ben Sira, auteur présumé de l'*Ecclésiastique*, mais par allusion au Shadrach du livre de *Daniel* (I, 7), qui refuse, comme Sidrac, de s'incliner devant les idoles.

Sidrac peut se décomposer en un premier prologue, une table des questions, un deuxième prologue, et le texte proprement dit sous la forme d'un dialogue entre le philosophe Sidrac et le roi Boctus de Bactriane, ce dernier interrogeant le philosophe.

Le premier prologue (qui porte comme date et lieu de rédaction : « 1268 » et « Tolède ») retrace l'origine du livre, fort compliquée et, au moins en partie, fabuleuse : le sage Sidrac, descendant de Noé, choisi par Dieu pour convertir le roi païen Boctus, aurait composé à la demande de celui-ci le livre que l'on désigne habituellement par son nom ; ce *Sidrac* aurait été traduit en français à Tolède, d'une version latine, retrouvée à Antioche mais faite sur l'ordre de l'empereur Frédéric II* d'après un texte « sarrasinois », lui-même exécuté en Espagne sur la traduction latine d'un original grec. En dépit de cette généalogie merveilleuse — qui rappelle celle que s'attribuent notamment le *Secret des secrets** et les *Kiranides* — on s'accorde aujourd'hui pour voir en *Sidrac* une œuvre rédigée directement en français.

Le deuxième prologue raconte comment le roi Boctus, désireux de bâtir une tour à la frontière du royaume de son voisin et ennemi le roi Garrab, fut amené à consulter l'astronome du roi Tractabar, le chrétien Sidrac ; à la prière de Sidrac, plusieurs prodiges s'accomplirent qui provoquèrent la conversion de Boctus, puis celle de son peuple, et la fuite du diable, précédemment adoré sous la forme d'une idole ; Sidrac qui avait déjà expliqué à Boctus le mystère de la sainte trinité, accepta de poursuivre son enseignement au bénéfice du roi converti.

Le texte rassemble de 613 questions (version courte) à 1 225 voire davantage (version longue), suivant les mss (au moins 63 mss pour le seul texte français). Ces questions affectent un grand désordre : les sujets abordés sont volontairement morcelés, dispersés et enchevêtrés afin d'imiter naïvement une conversation à bâtons rompus. Par l'hétérogénéité des sujets abordés et par l'absence de structure immédiatement perceptible, *Sidrac* se prêtait à des suppressions de chapitres, comme à des additions ; copistes, traducteurs et adaptateurs ne se priveront pas de choisir, de retrancher, d'amplifier.

L'auteur primitif de *Sidrac* apparaît comme un vulgarisateur médiocre, mais au style naïf et vivant ; épicurien, pacifiste, conservateur et cynique, il fait montre d'un caractère très personnel et son texte ne manque pas d'une certaine saveur populaire.

L'une des sources principales de *Sidrac* est la version en prose de l'*Image du monde* de Gossuin de Metz* ; l'auteur a connu aussi le *Secret des secrets* ; il a utilisé la traduction française n° 1 de l'*Elucidarium* d'Honorius*, et, en latin ou dans des traductions françaises aujourd'hui perdues, la *Philosophia mundi* de Guillaume de Conches*, l'*Introductorium in Astronomiam* d'Albumazar, ainsi que, pour la version longue, la *Somme le Roi* de frère Laurent*. *Sidrac* conserve des traces de la cosmogonie aristotélicienne et ptolémaïque et a subi l'influence des théories médicales d'Avicenne.

Sidrac a figuré dans toutes les bibliothèques princières du XIVe et du XVe siècle, tant celle des rois de France que celles des ducs de Bourgogne, des Sforza, des Gonzague de Mantoue et des ducs de Ferrare. Le texte français a été imprimé pour la première fois par Antoine Vérard (Paris) en 1486, puis réimprimé plus de neuf fois jusqu'en 1537. Traduit en langue d'oc dès le XIIIe siècle (deux mss médiévaux), en italien (au moins quatre versions différentes), en catalan (deux mss) et en flamand (cinq mss) au XIVe siècle, en anglais (une traduction en vers par Hugo de Campeden et une traduction anonyme en prose), en allemand (deux mss, dont un daté de 1479) et en danois (deux mss) au XVe siècle, *Sidrac* connut une diffusion considérable, la plupart de ses traductions ayant été très lues sous des formes manuscrites ou imprimées.

Sidrac apparaît ainsi comme un témoignage très précieux sur les connaissances et les préoccupations de l'« homme de la rue » à la fin du Moyen Âge.

ŒUVRES. — Texte français : S.M. Steiner, *Un témoignage de la diffusion encyclopédique au XIIIe siècle, le Livre de Sydrach. Éd. critique et commentaire d'après les mss de Paris et de Rome (Premier prologue, catalogue des questions, second prologue)*, thèse Paris-IV, 1984 [éd. partielle ; à paraître, Berne-Paris, 1993]. — Éd. en préparation, dir. E. Ruhe (Würzburg). — Traductions : A. Bartoli, *Il libro di Sidrach. Testo inedito del secolo* XIV, Bologne, 1868 [éd. de la rédaction toscane]. — V. De Bartholomaeis, *Un'antica versione del « Libro di Sydrac » in volgare di terra d'Otranto*, dans *Archivio Glottologico Italiano*, t. 16 (1902-1905), p. 28-68 [éd. de la rédaction des Pouilles]. — H. Jellinghaus, *Das Buch Sidrach. Nach der Kopenhagener mittelniederdeutschen Handschrift von Jahre 1479 herausgegeben*, Tübingen, 1904 [éd. de la trad. allemande]. — G. Knudsen, *Sydrack efter haandskriftet Ny Kgl. Saml. 236. 4*[to] *udgivet for Universitetsjubilaeets Danske Samfund*, Copenhague, 1921 [éd. de la trad. danoise]. — J.F.J. Van Tol, *Het Boek van Sydrak in de Nederlanden*, Amsterdam, 1936 [éd. de la trad. flamande]. — V. Minervini, *Il « Libro di Sidrac ». Versione catalana*, Bari, 1982.

⟶ K.D. Bülbring, *Sidrac in England*, dans *Mél. W. Foerster*, Halle, 1902, p. 443-478. — C.-V. Langlois, *La vie en France... La connaissance de la nature et du monde d'après les écrits français à l'usage des laïcs*, Paris, 1927, t. 3, p. 198-275. — A. Thomas, *L'anc. franç. « pichar » et l'étimolojie du franç. « cloporte ». Réponse à une question*, dans *Romania*, t. 56 (1930), p. 161-177. — R. Marichal, *La langue de la traduction provençale du « Livre de Sidrac » (Paris, BN, ms. fr. 1158)*, dans *Mél. C. Brunel*, Paris, 1955, p. 205-222. — O. Parlangeli, *Appunti per un'edizione del « Libro di Sidrac »*, dans *Actes du 10*e *congrès international de linguistique et philologie romanes (Strasbourg, 1962)*, Paris, 1965, t. 2, p. 553-562. — R. Marichal, dans *Rapports sur les conférences*, dans *Annuaire-Bull. EPHE (IV*e *Section)*, 1973-1974, p. 410-413. — P. Sgrilli, *Preliminari all'edizione del « Sidrac » salentino*, dans *SMV*, t. 25 (1977), p. 171-200. — Cf. *MB* nos 2929-2938, 7736 ; *S* 5371, 5400-5404. R.M. et F.F.H.

Siège de Barbastre (fin XIIe-début XIIIe, environ 7 400 alexandrins assonancés mêlés de rimes). Chanson de geste appartenant au « grand cycle » de Guillaume d'Orange*, consacrée à une branche collatérale (celle de Beuve de Commarchis, frère de Guillaume) et dont le récit est parfois enchâssé en « incidences » dans celui des *Enfances Vivien* (autre neveu de Guillaume ; voir Vivien).

Beuve et ses deux fils, Girart et Guielin, sont faits prisonniers par les païens et emmenés à Barbastre, en Aragon ; mais, avec l'aide d'un neveu hostile à l'émir, ils se rendent vite maîtres de la ville où ils seront eux-mêmes assiégés par l'armée sarrasine. Après de longs mois d'affrontements, la victoire est assurée aux Français par la rescousse armée de leurs parents et du roi Louis. Girart épouse Malatrie, la fille de l'émir et s'établit à Cordoue.

Type déjà devenu classique d'un récit à la fois de captivité et de siège, où une belle Sarrasine s'éprend d'un prisonnier chrétien et qui se termine par des conversions, des baptêmes, des mariages, il sera réécrit dans une forme un peu plus longue par Adenet le Roi* sous le nom de *Beuve de Commarchis*.

ŒUVRE. — *Le Siège de Barbastre. Chanson de geste du* XIIe *siècle*, éd. J.L. Perrier, Paris, 1926 (*CFMA*, 54).

⟶ A. Micha, *Le Siège de Barbastre. Structure et technique*, dans *TraLiLi*, t. 6 (1968), p. 37-52 [= *De la chanson de geste au roman*, p. 39-54]. — T.E. Vesce, *Feudal and Courtly Values in the Siege de Barbastre and the Beuvon de Conmarchis*, Millwood, 1969. — B. Guidot, *L'état d'esprit du chevalier dans le Siège de Barbastre*, dans *Charlemagne et l'épopée romane*, Liège, 1978, p. 629-642 ; *Recherches sur la chanson de geste au* XIIIe *siècle d'après certaines œuvres du cycle de Guillaume d'Orange*, Aix-en-Provence, 1986, (2 vol.). — R. Colliot, *L'étrange et les belles étrangères dans le Siège de Barbastre*, dans *Senefiance*, *De l'étranger à l'étrange ou la conjointure de la merveille*, t. 25, 1988, p. 89-107. — Cf. *MB* nos 850, 851 ; *S* 1954-1958. N.A.R.

Sigebert de Gembloux. Né vers 1028-1029 dans le pays mosan, Sigebert entra au monastère de Gembloux à l'époque où celui-ci devenait un des plus brillants centres intellectuels du diocèse de Liège. Sa formation achevée, il vint à Metz et fut pendant quinze à vingt ans écolâtre de Saint-Vincent, abbaye fondée et richement dotée par l'évêque Thierry Ier (965-984). Il y enseigna et y écrivit divers ouvrages parmi lesquels une vie de Thierry Ier, qui est beaucoup plus une histoire du monastère qu'une biographie de son fondateur, trois textes consacrés à sainte Lucie, dont les reliques avaient été rapportées d'Italie par Thierry Ier, une vie du roi saint Sigisbert, fondateur des abbayes de Cugnon, Stavelot-Malmédy et Saint-Martin-devant-Metz, enfin un éloge de Metz, où il célèbre la ville sanctifiée par ses églises et leurs reliques, comblée de bienfaits par la nature. Dans les manuscrits, ce texte sera intégré à la *Vita Deoderici*. En 1071-1072 au plus tard, Sigebert rentra à Gembloux dont la bibliothèque, beaucoup plus importante que celle de Metz, allait lui fournir la documentation dont il avait besoin pour ses travaux historiques. Désormais fixé à Gembloux, il allait pendant quarante ans participer activement à la vie de son monastère, enseigner, écrire et jouer par sa plume un rôle important dans le conflit qui dressa les empereurs contre les papes au tournant du XIe et du XIIe siècle. Il continua de pratiquer l'hagiographie, composant des Passions, des Vies et des leçons pour les offices des saints. Il écrivit aussi l'histoire des abbés de son monastère, un ouvrage de chronologie universelle ou *Liber Decennalis*, et, juste avant sa mort, un catalogue des écrivains chrétiens depuis un légendaire Marcellus, disciple de saint Pierre, jusqu'à lui-même. En même temps, il s'engagea dans la polémique qui opposait la majorité du haut clergé liégeois au pape Grégoire VII et à ses successeurs, s'affirmant comme un défenseur convaincu du parti impérial dans la querelle des Investitures. Mais son œuvre majeure est sa chronique universelle dont il rédigea, à partir de 1082, une première version qu'il conduisit jusqu'au couronnement impérial de Henri IV en 1084. Une seconde version revue et augmentée mène le texte jusqu'au couronnement impérial de Henri V en 1111. La première version parut entre 1086 et 1106, la seconde en 1113. La chronique, qui est contemporaine des écrits polémiques de Sigebert, a été écrite dans une optique politique pour donner, comme eux, des arguments et des preuves aux défenseurs de la cause impériale. Sigebert a voulu faire l'histoire des relations entre le Sacerdoce et l'Empire pour justifier la place que les empereurs Henri IV et Henri V revendiquaient dans l'Église et pour dénoncer dans les papes grégoriens de dangereux perturbateurs de la paix et de l'ordre du monde. La chronique est à la fois une histoire de l'Empire et une histoire de l'Église. Sigebert prend comme point de départ l'année 381, date à laquelle s'était arrêté saint Jérôme, traducteur et continuateur d'Eusèbe de Césarée, et termine avec le triomphe des empereurs saliens sur la papauté. Il marque ainsi la permanence de l'Empire romain. Mais il fait aussi l'histoire de l'Église à travers celle des saints, des missionnaires, des fondateurs de monastères, des évêques et des docteurs. Son souci majeur est d'être exhaustif et de dater avec précision les faits connus. Le système de datation de la chronique est particulièrement bien adapté à ces exigences. Après un prologue divisé en chapitres, le texte se présente sous la forme de notices annalistiques, précédées d'une série de chiffres correspondant aux années de règne des différents souverains. Ceux-ci, dans la marge supérieure de chaque feuillet, sont identifiés par le nom du peuple ou du royaume sur lequel ils règnent. Dans les marges latérales, l'année de l'Incarnation est régulièrement indiquée (tous les dix ans) à droite. D'un seul coup d'œil, le lecteur peut dater n'importe quel fait selon l'année de l'Incarnation, l'année impériale et les diverses années royales. La chronique est tout entière animée par l'attachement à la Lotharingie : terre où les saints sont plus nombreux, la vie religieuse plus fervente et plus pure, les sciences sacrées et profanes plus cultivées que partout ailleurs dans la chrétienté, elle est le cœur spirituel de l'Empire. Ce n'est pourtant pas dans l'Empire que la chronique de Sigebert a trouvé le succès, mais en France. En effet, 30 mss sur les 65 dénombrés (en ajoutant aux 44 mss connus les 11 cités dans les catalogues de bibliothèques médiévales et les 10 dont un certain nombre d'interpolations ou de continuations révèlent l'existence), ont été copiés dans un *scriptorium* du royaume de France et cinq ont appartenu à une bibliothèque du même royaume. C'est la seconde édition qui connut le succès. Des copies circulèrent et se répandirent par le canal des abbayes bénédictines, prémontrées et cisterciennes, où la chronique fut interpolée et continuée. Dans l'Empire, c'est d'abord à Gembloux que la chronique fut continuée, en premier lieu par l'abbé Anselme jusqu'en 1135, puis par deux autres moines jusqu'en 1148. À Afflighem, entre Gand et Bruxelles, l'œuvre de Sigebert reçut une importante continuation s'étendant jusqu'en 1163. À l'abbaye Saint-Sauveur d'Anchin, à la frontière du Hainaut et de l'Artois, fut rédigée vers 1201 une autre continuation qui sera utilisée dans le Nord de la France. Car c'est en France que la chronique eut le plus de succès et que les continuations furent les plus nombreuses. Les plus importantes et les plus utilisées furent la continuation d'un prémontré du diocèse de Laon ou de Reims, qui poursuit jusqu'en 1154 sa matière, qu'il tire de la *Vie de saint Norbert*, la *Continuatio Belvacensis* (celle du ms. de Beauvais, copié pour Henri de France, frère de Louis VII, évêque de Beauvais puis archevêque de Reims), la continuation réalisée dans l'abbaye cistercienne de Mortemer, la *Continuation d'Ourscamp*, qui fait la synthèse des trois précédentes, ainsi que de celle de Gembloux. La *Continuation d'Ourscamp* sera la plus utilisée. À ces continuations, il faut encore ajouter celle de Robert de Torigny*, qui obtint une copie du ms. de Beauvais et le prit pour point de départ de sa propre chronique qu'il mena jusqu'en 1182. La chronique, qui s'est donc largement diffusée dans l'Empire et dans la France du Nord et de l'Ouest, a servi de source principale à toutes les grandes chroniques universelles rédigées dans le royaume de France entre la fin du XIIe siècle et le début du XIVe siècle, celle du cistercien Hélinand de Froidmont*, celle du prémontré Robert d'Auxerre*, celle du dominicain Vincent de Beauvais*. Elle fut même traduite en français à Saint-Denis au milieu du XIIIe siècle et Primat, sans doute l'auteur de cette traduction, emprunta à Sigebert des renseignements complémentaires qu'il insérera dans les *Grandes Chroniques*. Le successeur de Primat, Guillaume de Nangis*, recourut aussi à Sigebert pour sa propre chronique universelle achevée en 1300, tandis que Jean de Saint-Victor* tira parti de la copie qui avait été léguée à son abbaye par Henri de France, pour rédiger entre 1309 et 1322 son *Memoriale historiarum*. Aux XIVe et XVe siècles, la chronique est encore recopiée, mais le succès du *Speculum historiale* de Vincent de Beauvais* et de la *Chronique des papes et des empereurs* de Martin de Troppau la rejette dans l'ombre.

Il peut sembler paradoxal que la chronique de Sigebert ait eu tant de succès en France, alors que cette dernière y occupe si peu de place. Mais, d'une part, elle offrait une histoire religieuse rigoureusement datée, d'autre part, la forme annalistique se prêtait à toutes les extensions, à la possibilité de développer ou de donner un caractère régional à cette histoire religieuse. C'est ainsi que les copistes ont pris beaucoup de libertés avec le texte, en retranchant les pages de la chronique où se manifestait le plus son caractère impérial et lotharingien, chacun ayant à cœur d'insérer dans son manuscrit l'histoire de son propre monastère, celle de l'ordre auquel il appartenait, la succession des évêques et les grands moments de l'histoire religieuse du diocèse dont il relevait. Cette présentation permettait aussi d'étoffer considérablement l'histoire de l'Angleterre et surtout celle de la France, particulièrement sommaire chez Sigebert, à partir de la fin des Carolingiens de Francie occidentale.

Le succès français de la chronique de Sigebert explique pourquoi c'est en France qu'elle a été imprimée pour la première fois, en 1513, à la demande de Guillaume Petit, confesseur du roi Louis XII.

ŒUVRES. — *Chronica, PL*, t. 160, col. 57-546 [avec toutes les continuations] ; éd. L. Bethmann, *MGH, SS*, t. 6, p. 268-374 et 406-436 [contin.] ; éd. P. Gorissen, *Sigeberti Gemblacensi Chronographiae auctarium Affligemense*, Bruxelles 1952. — *Gesta abbatum Gemblacensium, PL*, col. 595-658 ; éd. Pertz, *MGH, SS*, t. 8, p. 523-557. — *Liber decennalis*, éd. J. Wiesenbach, Weimar, 1986 (*MGH. Quellen zur Geistesgeschichte des Mittelalters*, 12) [ce traité était considéré comme perdu]. — *Catalogus de viris illustribus*, éd. R. Witte, Francfort, 1974 (*Lateinische Sprache und Literatur des MAs*, 1) [dans la dernière notice du *Liber*, Sigebert dresse la liste de ses œuvres, voir p. 103-106]. — *Epistolae de jejuniis quatuor temporum* [réponse à une consultation du clergé de Trèves sur le début du Carême, avec une 2e lettre pour expliquer certains points], *PL*, t. 160, col. 813-825, 826-830 ; éd. J. Schumacher, *L'œuvre de Sigebert de Gembloux. Études philologiques*, Louvain, 1975, p. 193-203 [la suite de la 1re réponse de Sigebert]. — *Adversus laicorum in presbyteros conjugatos contumeliam* (adressé à Henri, doyen de Saint-Lambert de Liège, vers 1075), éd. E. Sackur, *MGH, Libelli de lite*, t. 2, p. 436-448. — *Officium S. Guiberti*, éd. C.G. Roland, *Fragment d'une œuvre inédite de Sigebert de Gembloux*, dans *Bull. de la Commission royale d'Histoire de Belgique*, t. 86 (1922), p. 225-228. — *Passio sanctae Luciae*, éd. E. Dümmler, dans *Abhandlungen des Königlichen Akademie der Wissenschaften zu Berlin*, Phil.-hist. Klasse, 1, 1893, p. 23-43 ; *Passio sanctorum Thebeorum, ibid.*, p. 44-125. — *Sermo de s. Lucia, PL*, t. 160, col. 811-814. — *Vita Deoderici, ibid.*, col. 691-726 ; éd. Pertz, *MGH, SS*, t. 4, p. 461-483. — *De laude urbis Mettensis* [inséré dans la *Vita Deoderici*], éd. et trad. E. de Bouteiller, *Éloge de Metz par Sigebert de Gembloux*, Paris, 1881, p. 40-59. — *Vita Lamberti [Vita prima et Vita altera], PL*, t. 160, col.

759-782 et 781-810. — *Vita Maclouii, ibid.*, col. 729-746. — *Vita Sigeberti regis, ibid.*, t. 87, col. 303-314 [J. Schumacher a démontré que seule la *Vita altera Sigebert regis* est l'œuvre de Sigebert de Gembloux] et 725-730 [vie brève]. — *Vita et Passio sancti Theodardi episcopi et martyris*, éd. J. Schumacher, dans *Bull. de la Soc. d'Art et d'histoire du diocèse de Liège*, t. 51 (1971-1975), p. 1-43. — *Vita Wicberti* [fondateur de Gembloux], *PL*, t. 160, col. 661-690 ; éd. Pertz, *MGH, SS*, t. 8, p. 507-513. — *Leçons pour l'office de saint Guibert*, fragment, éd. C.G. Roland, *Fragment d'une œuvre inédite de Sigebert de Gembloux*, dans *Bull. de la Commission royale d'Histoire...*, t. 86 (1922), p. 217-228. — Lui est attribué le traité *De investitura episcoporum*, éd. J. Krimm-Beumann, *Der Traktat De investitura episcoporum von 1109*, dans *Deutsches Archiv für Erf. des Mittelalters*, t. 33 (1977), p. 37-83.

→ R. Gauchie, *La querelle des Investitures dans les diocèses de Liège et de Cambrai*, Paris, 1890. — A. Boutemy, *En lisant Sigebert de Gembloux*, dans *RBPH*, t. 15 (1936), p. 987-996 ; *Fragments d'une œuvre perdue de Sigebert de Gembloux (le Commentaire métrique de l'Ecclésiaste)*, dans *Latomus*, t. 2 (1938), p. 196-220 ; *Notes de Sigebert de Gembloux préparatoires à la rédaction de sa chronique*, dans *RBPH*, t. 26 (1948), p. 805-806. — R. Folz, *Vie posthume et culte de S. Sigebert roi d'Austrasie*, dans *Mél. P.E. Schramm*, t. 1, 1964, p. 7-26. — J.M.A.F. Smits Van Waesberghe, *Neue Kompositionen des Johannes von Metz (um 975), Hucbalds von St. Amand und Sigeberts von Gembloux*, dans *Mél. H. Husmann*, Munich, 1970, p. 285-303. — N. Backmund, *Der mittelalterlichen Geschichtsschreiber des Prämonstratenserordens*, Averbode, 1972 (*Bibliotheca analectorum Praemonstratensium*, 10), p. 252-254 *[Die Continuatio Praemonstratensis der Chronik des Sigebert von Gembloux]*. — D. Beumann, *Sigebert von Gembloux und der Traktat De investitura episcoporum*, Sigmaringen, 1976 (*Vorträge und Forschungen*, 20). — M. de Waha, *Sigebert de Gembloux faussaire ? Le chroniqueur et les « Sources anciennes » de son abbaye*, dans *RBPH*, t. 56 (1977), p. 989-1036 ; *Quelques rapprochements entre les « Annales Sancti Jacobi » et l'œuvre de Sigebert de Gembloux*, dans *Sacris erudiri*, t. 24 (1980), p. 41-66. — J. Wiesenbach, *Der Liber decennalis in der Hs. Rom. Biblioteca Angelica 1413, als Werk Sigeberts von Gembloux*, dans *Deutsches Archiv*, t. 33 (1977), p. 171-181. — J. Ziese, *Bischofsamt und Königtum*, dans *Historisches Jahrbuch*, t. 97-98 (1978), p. 108-130 [étude de la vie de saint Lambert de Liège]. — A.C. Fraëys de Veubeke, *La version longue du chap. 68 du De viris illustribus de Sigebert de Gembloux : texte original ou interpolation*, dans *Latomus*, t. 37 (1978), p. 193-198 ; *Un nouveau ms. de Gembloux ? Note sur l'origine du ms. Leyde, Bibl. Univ. BPL 114 A*, dans *Mél. F. Masai*, Gand, 1979, t. 1, p. 217-228. — P. Petitmengin, *Le « De viris illustribus » de Sigebert de Gembloux*, dans *Le Moyen Âge*, t. 85 (1979), p. 317-322. — J.L. Kupper, *Liège et l'Église impériale* XIᵉ-XIIᵉ *siècle*, Paris, 1981. — A.J. Stoclet, *Le sacre de Pépin le Bref dans la chronique universelle de Sigebert de Gembloux et dans le Tractatus de Investitura episcoporum : le problème des sources*,dans *Latomus*, t. 40 (1981), p. 618-623. — M. Paulmier-Foucart et M. Schmidt-Chazan, *La datation dans les chroniques universelles françaises du* XIIᵉ *au* XIVᵉ *siècle*, dans *CRAIBL*, (1982), p. 778-819. — E. Dekkers, *Sigebert van Gembloux en Zijn De viris illustribus*, dans *Sacris erudiri*, t. 26 (1983), p. 57-102. — W. Milde, *Jean-Baptiste Maugenard et le ms. en l'honneur de sainte Lucie de Sigebert de Gembloux*, dans *Mél. R. Mandrou*, Paris, 1985, p. 469-480. — M.C. Duchenne, *Un historien et sa source. L'utilisation de la chronique de Sigebert de Gembloux par Vincent de Beauvais*, dans *Spicae. Cahiers de l'atelier Vincent de Beauvais*, 1986, p. 31-79. — R. Folz, *Un évêque ottonien : Thierry Iᵉʳ de Metz (965-984)*, dans *Mél. K.F. Werner*, Paris, 1989, p. 139-155. — A.D. von den Brincken, *Contemporalitas regnorum*, dans *Mél. E.J. Schmale*, Darmstadt, 1989, p. 199-211. — M. Schmidt-Chazan, *La chronique de Sigebert de Gembloux : succès français d'une œuvre lotharingienne. À propos d'un exemplaire de l'éd. princeps conservé à la bibl. mun. de Metz*, dans *Les Cahiers lorrains*, 1990, p. 1-26. — Molinier nº 2193. G.T.L.

Siger de Brabant. Né vers 1240, chanoine de Saint-Paul à Liège (Belgique), S. de Brabant fit ses études à Paris et devint maître ès arts vers 1264-1267. Il appartient au courant que F. Van Steenberghen appelle *aristotélisme radical ou hétérodoxe* et que Mandonnet appelait moins heureusement, semble-t-il, *averroïsme latin*. Peut-être a-t-on quelque peu exagéré l'importance de Siger au détriment d'autres penseurs, mais il reste bien établi que Siger fut un chef d'école, au tempérament impétueux, en même temps qu'un penseur vigoureux et de grande valeur. Suspect d'hérésie, il est cité devant le tribunal de l'Inquisition en 1276 : on le retrouve à Orvieto, en résidence forcée (semble-t-il) à la curie pontificale ; il y meurt entre 1281 et 1284.

Œuvres. On peut distinguer trois groupes d'œuvres : celles dont l'authenticité est indiscutable, celles qui lui sont attribuées par certains et dont l'authenticité est rejetée ou mise en doute par d'autres, et les œuvres aujourd'hui perdues. On en trouvera la liste dans Van Steenberghen et C. Graiff, cités *infra*.

Doctrine. C'est vers 1265 que Siger et d'autres maîtres de la Faculté des arts inaugurèrent un mouvement *strictement philosophique* qui se voulait purement rationnel et qui, en fait, était inconsciemment plus traditionnel et moins original que celui d'autres aristotéliciens de l'époque ; ceux-ci recherchaient de nouvelles voies en philosophie, alors que Siger écrivait : *quaerendo intentionem philosophorum in hoc magis quam veritatem, cum philosophice procedamus.*

L'école n'avait qu'un maître : Aristote, interprété par Averroès.

Le système de Siger est dominé par la théorie aristotélicienne de la connaissance. Pour Siger, la base de la valeur absolue des jugements repose sur l'ordre abstrait du monde éternel et de toutes les *species*. Sa métaphysique est une fusion d'éléments aristotéliciens et néoplatoniciens. Le principe de toute chose est le Premier Être, absolu, éternel, personnel. L'effet immédiat de Dieu est unique, nécessaire et éternel : c'est la première des Intelligences séparées. De celles-ci émanent les autres intelligences et les choses du monde sensible, soumises à la génération et à la corruption, suivant la loi de l'éternelle nécessité. La dernière des Intelligences est l'Intellect de l'humanité. Les autres créatures ne sont pas distinctes de Dieu par une composition d'essence et d'existence, mais par leur *potentia ad esse* et par leur participation analogique et limitée à l'Être premier. En psychologie, Siger reprend les thèses d'Averroès sur l'intellect possible unique pour tous les hommes (monopsychisme). La volonté est une puissance passive, actuée par les motifs présentés par l'intellect (ici Siger frise le déterminisme psychologique). Il n'y a pas d'immortalité individuelle ni de sanctions dans la vie future. Probablement sous l'influence de saint Thomas d'Aquin*, Siger atténua quelque peu l'outrance de ses positions. En tout cas, il n'a aucunement professé la doctrine de la *double vérité* (qui n'apparaîtra que plus tard) et, s'il souligne avec vigueur les divergences entre les conclusions philosophiques qu'il croit dûment établies et la foi, il se rallie toujours et sincèrement, semble-t-il, à cette dernière.

ŒUVRES. — Voir la bibliogr. de Van Steenberghen, 1977, *cit. infra*. — *Quaestiones in metaphysicam : Reportation de Munich*, éd. W. Dunphy, Louvain, 1981 (*Philosophes médiévaux*, 24) ; *Reportation de Cambridge*, éd. A. Maurer, Louvain, 1983 (*id.*, 25).

→ F. Van Steenberghen, *Siger de Brabant d'après ses œuvres inédites*, 2 vol., Louvain, 1931-1942 (*Les philosophes belges*, 12-13) ; *Maître Siger de Brabant*, Louvain, 1977 (*Philosophes médiévaux*, 21). — P. Glorieux, dans *DTC*, t. 14 (1941), col. 2041-2052. — C.A. Graiff, dans *Enciclopedia Filosofica*, t. 4 (1957), col. 604-609 [excellente mise au point]. M.G.

Silence (Roman de). Voir : *Heldris de Cornouailles*.

Silly (Moine de). Auteur d'une pièce satirique contre le roi Édouard Ier et les Anglais, de la fin du XIIIe siècle, en vers alternativement latins et français (24 huitains d'octosyllabes). Le vers français ajoute un complément explicatif à l'exposé latin du vers précédent.

ŒUVRE. — Éd. A. Mussafia, dans les Comptes rendus de l'Académie de Vienne, 1870, p. 579.

→ O. Müller, *Das lateinische Einschiebsel in der französischen Literatur des Mittelalters*, Zurich, 1919. — P. Zumthor, *Un problème d'esthétique médiévale : l'utilisation poétique du bilinguisme*, dans *Le Moyen Âge*, t. 66 (1960), p. 301-336, notamment p. 331-332. C.R.

Simon. Simon, auteur d'un poème en anglo-normand intitulé les *Trois ennemis de l'homme*, serait un moine anglais du début du XIIIe siècle. Son poème, long de plus de 3 300 octosyllabes à rimes plates, traite des tentations du monde. Les *trois ennemis* sont la chair, le monde et le diable, auxquels s'opposent les trois personnes de la Trinité. Simon tire de nombreux exemples de l'Écriture, de l'histoire sainte et de vies de saints.

Le thème des trois ennemis est fréquent dans la littérature édifiante latine et vernaculaire depuis le XIIe siècle. Souvent ils se partagent les sept péchés capitaux. De nombreux auteurs médiévaux français y ont fait allusion : Guillaume le Clerc de Normandie* dans le *Besant de Dieu*, Achille Caulier* dans un *Lai en l'honneur de la Vierge*, Gilles le Muisit*, Jean de Journi* dans la *Dime de Pénitence*, Jean Molinet* dans ses *Faictz et Dictz*, Robert Grosseteste* dans le *Chateau d'Amour*, Gautier de Coinci* dans le *Miracle de l'empereris*. On le voit aussi dans le *Dit des sept vices et des sept vertus*, chez le troubadour Guilhem de l'Olivier*, ou à la fin du XVe siècle dans la *Moralité de Mundus, Caro et Demonia.*

ŒUVRE. — Éd. P. Meyer, dans *Romania*, t. 16 (1887), p. 1-72 [éd. partielle].

→ S. Wenzel, *The Three Enemies of Man*, dans *Mediaeval Studies*, t. 29 (1967), p. 47-66. — Cf. *MB* n°s 3560 ; *S* 4437, 4439. A.F.L.L.

Simon d'Authie. Chanoine d'Amiens, Simon d'Authie (Somme, arr. Amiens, cant. Acheux) intervint à partir de 1222 dans différents procès, comme avocat de l'abbaye de Saint-Vaast à Arras. Il mourut le 18 novembre 1231.

À Arras, il se lia d'amitié avec Adam de Givenchy* et Gilles le Vinier*, ecclésiastiques et poètes comme lui. Son œuvre littéraire comprend quatre chansons d'amour, une pastourelle, une chanson contre les femmes et trois jeux-partis (avec Gilles le Vinier et avec « Hues li Maronniers »). D'un style vif et imagé, le jeu-parti qu'il échangea avec Gilles le Vinier (R. 572), est certainement la pièce de ce genre la plus remarquable et la plus spirituelle qui ait été composée. Les autres poèmes de Simon sont d'invention beaucoup plus pauvre.

ŒUVRES. — A. Långfors, A. Jeanroy et L. Brandin, *Recueil général des jeux-partis français*, Paris, 1926, t. 2, p. 122-133 (*SATF*, 70). — F. Gennrich, *Simon d'Authie, ein pikardischer Sänger des XIII. Jahrhunderts*, dans *ZRPh*, t. 67 (1951), p. 49-104.

→ R. Berger, *Le Nécrologe de la confrérie des jongleurs et des bourgeois d'Arras (1194-1361)*, Arras, 1970, t. 2, p. 118 (*Mémoires de la Commission départementale des Monuments historiques du Pas-de-Calais*, XIII, 2) ; *Archidiacres, officiaux, dignitaires du chapitre d'Arras (1093-1300). Essai de chronologie*, dans *Bull. de la Commission départementale des Monuments historiques du Pas-de-Calais*, t. 8, fasc. 5 (1970), p. 505-541. — Linker, n° 252. — Cf. *MB* n° 6485. G.M. et F.F.H.

Simon Bourgouin. Simon Bourgouin, valet de chambre à la cour de Louis XII, est l'auteur ou le compilateur d'une *Moralité de l'homme juste et de l'homme mondain*, signée en acrostiche à la fin du texte. Cette très longue pièce de 30 000 vers, à 84 personnages, plus des figurants muets, a été représentée à Tarascon en 1476. Le texte présente de nombreux parallèles avec celui de la *Moralité de l'Homme pécheur**. Une première partie conte le voyage allégorique, au milieu des vices ou des vertus, de deux personnages humains qui suivent des voies contraires jusqu'à la mort. La seconde partie, récit du voyage de l'âme de l'Homme juste dans l'au-delà, à travers l'enfer, le purgatoire et le paradis, s'apparente davantage à la littérature visionnaire, comme le *Pèlerinage de l'âme* de Guillaume de Digulleville*. L'*Homme juste et l'homme mondain* est la seule moralité qui combine les trois grands motifs allégoriques du combat des vices et des vertus, du procès de Paradis et du jugement de l'âme.

On doit également à Simon Bourgouin des traductions des *Triomphes* de Pétrarque* et de quelques-unes des *Vies des hommes illustres* de Plutarque (Scipion, Pompée, Cicéron et Hannibal).

ŒUVRE. — *Moralité de l'homme juste et de l'homme mondain*, réimpr. en fac-similé de l'éd. Paris, Antoine Vérard, s. d., dans W. Helmich, *Moralités françaises*, Genève, 1980, t. 1, p. 423-881.

→ A.H. Nelson, *Mechanical Wheels of Fortune (1100-1547)*, dans *JWCI*, t. 43 (1980), p. 227-233. — A.E. Knight, *The Condemnation of Pleasure in Late Medieval French Morality Plays*, dans *French Review*, t. 57 (1983), p. 1-9. Cf. Lewicka, n° *S* 158-159. — *MB S* 8265, 8267, 8279. A.F.L.L

Simon Chèvre d'Or. Voir : *Virgile au Moyen Âge.*

Simon Doria, de Gênes, fut un poète-magistrat comme il y en avait tant dans le Nord de l'Italie au XIIIe siècle. Il fut podestat en plusieurs villes, particulièrement à Savone vers 1265. Il n'a laissé que cinq *tensos* échangées avec Lanfranc Cigala*, Albert et Jacme Grill : elles traitent de thèmes communs dans la poésie courtoise.

ŒUVRE. — Éd. G. Bertoni, *I Trovatori d'Italia*, Modène, 1915 réimpr. 1967, p. 384-405.

→ PC 436. — R.A. Taylor, *La littérature occitane du Moyen Âge*, Toronto, 1977, p. 152-153 [bibliogr. sélective et critique]. J.S.

Simon de Freine. Né avant 1147 dans le village de Sutton, chanoine de la cathédrale de Hereford, Simund de Freine écrivit vers 1189-1200 et mourut entre 1216 et 1224. On connaît de lui des poèmes et des lettres en latin, notamment à Giraud de Cambrie, chapelain du roi d'Angleterre, dont il était l'ami et l'admirateur, ainsi que deux textes en français signés en acrostiche : une *Vie de saint Georges* et une traduction du *De consolatione philosophiae* de Boèce*. Cette dernière, qui porte le nom de *Roman* *de philosophie* ou *Roman de Fortune*, est plutôt un libre remaniement, qui abrège et modifie le texte de Boèce. Il s'agit d'un débat entre un clerc et la philosophie : fortune et infortune sont choses vaines ; le seul vrai bien est l'amour de Dieu.

La *Vie de saint Georges* en heptasyllabes a été composée sans doute à l'occasion de la troisième croisade. Elle semble être un texte original et non pas une traduction d'une version connue, latine, copte, syriaque ou arabe.

ŒUVRES. — *Les œuvres de Simund de Freine*, éd. J.-F. Matzke, Paris, 1909 *(SATF)*.

⟶ C.-V. Langlois, *La vie en France au Moyen Âge... IV : La vie spirituelle*, 1928, p. 293-302. — M.D. Legge, *Anglo-Normand Literature and its Background*, Oxford, 1963, p. 183-187. — Cf. *MB* n°s 2660-2662, 3273, 6530 ; *S* 5731.

A.F.L.L.

Simon Gréban. Frère d'Arnoul Gréban*. Chanoine du Mans. Auteur avec son frère du *Mystère des Actes des Apôtres**.

⟶ *MB* n°s 5745-5757, 5768 ; *S* 8031, 8033.

E.L.

Simon de Hesdin. En 1363, Simon était docteur en théologie et commandeur de la maison des Hospitaliers de Saint-Jean-de-Jérusalem à Éterpigny, en Picardie. C'est en 1375 qu'il achève de traduire pour Charles V le premier livre des *Facta et dicta memorabilia* de Valère-Maxime ; en 1377, le second livre. Il ira jusqu'au chapitre quatre du septième livre avant de s'interrompre au plus tard en 1383, année de sa mort. Mais peut-être avait-il cessé son travail dès 1380, après la mort du roi, son dédicataire.

La faveur royale récompensa Simon de Hesdin. En 1377, le roi intervenait auprès du prieur de l'ordre des Hospitaliers en France pour que son traducteur puisse obtenir la commanderie de Senlis, plus proche de Paris, à la place de celle d'Éterpigny. C'est dans cette maison de Senlis que Simon mourut en 1383.

Sa traduction glosée de Valère Maxime, qui puise beaucoup au commentaire latin de Dionigi da Borgo San Sepolcro, fut achevée par Nicolas de Gonesse* en 1400-1401. L'ensemble du texte eut beaucoup de succès. Par ailleurs, l'on sait que la partie due à Simon, fut largement copiée par Antoine de La Sale*, dans sa *Salade*. Antoine connaissait-il un des manuscrits qui ne contenaient que la traduction de Simon (une dizaine) ? A-t-il sélectionné seulement des passages des six premiers livres ? Ou M. Lecourt a-t-il artificiellement privilégié la première partie des *Facta* dans son étude ? En tout cas, Simon de Hesdin apparaît comme un des grands théologiens traducteurs du XIVe siècle, à côté de Jean Golein*, Nicole Oresme*...

⟶ M. Lecourt, *Une source d'Antoine de La Sale : Simon de Hesdin*, dans *Romania*, t. 76 (1955), p. 39-83. — A. Luttrell, *Jean and Simon de Hesdin : Hospitalers, Theologians, Classicists*, dans *RTAM*, t. 31 (1964), p. 137-140. Voir aussi la bibliogr. de Nicolas de Gonesse, à propos de Valère-Maxime. — Cf. *GRLMA*, t. VIII/1, p. 223, 245-246, 250, 258. — *MB* n°s 5962 ; *S* 5805, 8535-8537, 8543.

S.L.

Simon de Marville. Chanoine et trésorier de la cathédrale de Metz, Simon de Marville (Meuse, arr. Verdun, cant. Montmédy) semble avoir été l'un des hommes de confiance du comte Henri de Luxembourg, qui le chargea de plusieurs missions politiques à Francfort, au moment de son élection à l'Empire (1308) sous le nom d'Henri VII, en Avignon et à Paris en 1309. On attribue à Simon de Marville l'épopée intitulée les *Vœux de l'Epervier*, conservée de façon anonyme dans un manuscrit unique (Metz, Bibl. mun. 831) détruit en 1944, qui présentait des traits dialectaux messins. Le nom de *Vœux de l'Épervier* fut donné par les critiques modernes, le manuscrit portant comme titre : *Si aprés trouverés les voulz que les noblez princes et seigneurs vowont et firent ondit voiaige de Romme en acompaignant ledit emperour Hanrey ondit voiaige de Romme.*

Les *Vœux du Paon*, roman chevaleresque et galant (dont l'action se situe au temps d'Alexandre le Grand) qui fut achevé avant mai 1312 par Jacques de Longuyon*, avaient lancé la mode des vœux sur un oiseau. Simon de Marville utilisa ainsi une recette à succès, sans toutefois devoir rien d'autre aux *Vœux du Paon* : au contraire de ces derniers, les *Vœux de l'Épervier* (562 alexandrins en 30 laisses monorimes) sont une chanson d'actualité, qui relate l'expédition de l'empereur Henri VII en Italie en 1310 et les événements qui aboutirent à sa mort (24 août 1313). Les *Vœux de l'Épervier* doivent beaucoup à une épopée politique consacrée à Charles d'Anjou* et composée entre 1283 et 1285, la *Chanson du roi de*

Sicile d'Adam de la Halle* : analogie de composition, forme épique donnant plus d'efficacité aux intentions politiques qui, pourtant, s'opposaient chez ces deux poètes, Adam, tenant des Guelfes, exaltant l'Angevin, roi de Naples, aux dépens de Manfred de Hohenstaufen, et Simon, partisan des Gibelins, célébrant l'empereur victime des machinations de Robert de Naples. Composés vers 1315 en l'honneur d'un héros posthume, paré de toutes les vertus du chevalier chrétien, les *Vœux de l'Épervier* s'achèvent sur une déploration. Le poème combine la matière antique (la réputation d'Alexandre), la matière de Bretagne et la matière de France : l'auteur, qui prit quelques libertés avec la chronologie, prêtait à son héros le projet (d'ailleurs gratuit) de partir en croisade contre les Sarrasins et d'instituer un patriarche à Constantinople.

Le dialogue direct pour une partie de la narration soutient l'intérêt dramatique et met en valeur les principaux personnages de l'entourage de l'empereur : Thibaut de Bar, évêque de Liège, Léopold d'Autriche, le duc Rudolf de Bavière. Trop asservi, par moments, à la tradition épique, Simon de Marville, plus porté par le désir de dénoncer les meurtriers d'Henri VII que par la poésie pure, fait moins œuvre d'art qu'œuvre de cœur.

ŒUVRE. — *Les Vœux de l'Épervier. Kaiser Heinrichs VII Romfahre*, éd. G. Wolfram et F. Bonnardot, Metz, 1895.

→ F. Gégou, *Du Roi de Sicile aux Vœux de l'Épervier*, dans *Mél. J. Misrahi*, Columbia, 1977, p. 71-88 ; *Chansons d'actualité. Simon de Marville à l'école d'Adam de La Halle*, dans *Charlemagne et l'épopée romane, Actes du 7e congrès international de la Société Rencesvals, Liège, 28 août-4 septembre 1976*, Liège, 1978, t. 2, p. 669-681. — J.L. Grisby, *Gab épique, mais gab lyrique ?*, dans *Marche romane*, t. 23 (1983), nos 2-4, p. 109-122. — R. Blumenfeld-Kosinski, *Historiography and Matière Antique : The Emperor Henry VII as New Alexander in the Fourteenth-Century Vœux de l'Épervier*, dans *Medievalia et Humanistica*, t. 14 (1986), p. 17-35. — Cf. *MB S* 7960-7961. F.F.H.

Simon de Montfort (Chant funèbre pour). Simon de Montfort et son fils Henri, révoltés contre le roi d'Angleterre Henri III (Voir : *Chant des Barons*), avaient été battus et tués à Evesham le 4 août 1265. Leurs noms demeurèrent populaires dans le parti qui les avait soutenus. D'aucuns comparaient Simon à Thomas Becket* et parlaient même d'une canonisation possible, ce qui était sans doute fort exagéré. Un clerc anonyme qui participait à cet état d'esprit rima, vers 1267 ou 1268, un poème en anglo-normand de huit strophes de 12 vers irréguliers suivis du refrain :

Ore est ocys
La flur de pris
Qe taunt savoit de guere,
Li quens Mountfort,
Sa dure mort
Molt emplorra la terre.

Cette déploration funèbre n'a guère de mérite littéraire, mais n'est pas dépourvue de valeur historique.

ŒUVRE. — Éd. et trad. anglaise dans I.S.T. Aspin, *Anglo-Norman Political Songs*, Oxford, 1953 (*ANTS*, 11), p. 24-35 ; reprint New York-Londres, 1971. — Éd. H. Shields, *The Lament for S. de Montfort*, dans *Medium Aevum*, t. 41 (1972), p. 202-207.

→ Spanke, 1843. — Cf. *MB S* 6190. R.H.

Simon de Phares. Astrologue qui composa, sous le règne de Charles VIII, un *Recueil des plus célèbres astrologues et quelques hommes doctes*, dans lequel il inséra son autobiographie.

Né à une date inconnue, peut-être à Meung-sur-Loire, Simon alla à l'école à Châteaudun avec les deux fils du comte de Dunois (la date de naissance de l'aîné est inconnue : Dunois épousa Marie d'Harcourt en 1439 et leur deuxième fils naquit en 1447) et y resta jusqu'à l'âge de douze ans. Après un an à Beaugency et trois années d'études de droit à Orléans, il vint à Paris suivre les leçons de la Faculté des arts : ce fut l'occasion de son premier contact avec l'astrologie. Simon de Phares entra au service du premier président Mathieu de Nanterre, puis à celui du duc Jean de Bourbon, auprès de qui il se trouvait en 1470 au moment de la naissance du dauphin Charles (futur Charles VIII). Il fréquenta ensuite l'Université d'Oxford pendant trois ans et voyagea en Écosse et en Irlande. À son retour en France, il passa trois années à étudier la médecine à Montpellier, puis il voyagea à nouveau et se rendit à Rome, Venise, Le Caire et Alexandrie. Simon reprit ses fonctions auprès du duc de Bourbon ; il repoussa les offres du roi Louis XI qui aurait désiré se l'attacher, et se réfugia en Savoie et en Suisse. À la mort de Louis XI (1483), il revint à la cour de Moulins et resta au service du duc de Bourbon jusqu'à la mort de celui-ci (1er avril 1488).

Simon s'installa alors à Lyon, près de la cathédrale Saint-Jean, avec sa femme, ses quatre fils et sa fille. La visite de Charles VIII, qui vint le consulter en 1490, excita l'envie, puis la médisance. L'évêque d'Autun, Antoine de Chalon, administrateur de l'archevêché de Lyon, engagea des poursuites contre lui : Simon connut la prison, la condamnation et la confiscation de ses livres pour examen par des théologiens. Il fit appel devant le Parlement de Paris (avant le 14 juin 1491), mais le rapport de la Faculté de théologie lui fut défavorable et la condamnation qui s'ensuivit rappela l'interdiction de recourir à l'art divinatoire et confirma la confiscation de sa bibliothèque. Simon, qui avait quitté Lyon pour Paris, tenta de se justifier auprès de Charles VIII en lui dédiant une défense de l'astrologie : son *Recueil des plus célèbres astrologues et quelques hommes doctes*, rédigé entre 1494 et 1498. Des trois parties prévues, la deuxième qui devait traiter des fondements de l'astrologie, et la troisième consacrée aux arts magiques, n'ont peut-être jamais été écrites. Seule la première partie nous est parvenue : Simon veut prouver l'excellence de l'astrologie par la qualité des hommes qui l'ont cultivée, il retrace ainsi une histoire de l'astrologie, contenant une centaine de notices biographiques qui se font plus précises à mesure qu'elles sont plus récentes ; il distingue radicalement astrologie et prophétie, et fait montre à l'égard de cette dernière d'une réserve ambiguë.

Le *Recueil* (ms. unique : Paris, BN, fr. 1357) contient beaucoup de détails intéressant le folklore et l'histoire des sciences.

ŒUVRE. — *Symon de Phares, Recueil des plus célèbres astrologues et quelques hommes doctes*, éd. E. Wickersheimer, Paris, 1929.

→ D. Jacquart, *Le milieu médical en France du XIIe au XVe siècle, En annexe 2e supplément au « Dictionnaire » d'Ernest Wickersheimer*, Genève, 1981, p. 479 (*Hautes Études médiévales et modernes*, 46). — J.-P. Boudet, *Simon de Phares et les rapports entre astrologie et prophétie à la fin du Moyen Âge*, dans *Mél. de l'École Française de Rome, Moyen Âge*, t. 102 (1990) p. 617-648. — Cf. *GRLMA*, t. VIII/1, p. 308, 319, 334-335. — *MB* nos 2870, 5498.

F.F.H.

Simon de Pouille. Cette chanson de geste fait partie de la *Geste de Garin de Monglane** ; le héros éponyme se vante de sa parenté avec *Aymeri de Narbonne** et serait le petit-fils de Garin. Le poème est conservé dans trois manuscrits qui contiennent, après une partie commune, deux versions au ton très différent. La version courte, plus truculente, cultive le style héroï-comique ; la version longue, plus tardive, est nettement influencée par la courtoisie.

L'action, vivement menée, se passe essentiellement au Proche-Orient, dans un triangle formé par Jérusalem, Abilant, Babylone. Le thème principal est la lutte entre les fois chrétienne et païenne, et la conversion spontanée de plusieurs païens. La ruse et la simulation y servent d'armes épiques au même titre que la vaillance : Simon et les barons français feignent d'être fous pour duper les Sarrasins. Le rythme est alerte, avec des aventures nombreuses, des rebondissements, des situations renversées.

ŒUVRE. — Éd. J. Baroin, Genève, 1968 (*TLF*, 149) [éd. de la version courte ; voir aussi son intro.] ; *Simon de Pouille*, Lille, 1978 [thèse 1974 ; éd. de la version longue et étude de la chanson]. — *Simon de Pouille*, éd. D.J. Conlon, Francfort-Berne-New York, 1987 [éd. insuffisante qui a ignoré la somme de travail critique de J. Baroin].

→ L. Gautier, *Les épopées françaises*, Paris, t. 2, 1867, p. 287-294 ; t. 3, 1880, p. 346-352. — J. Baroin, *Rutebeuf et la terre Lincorinde*, dans *Romania*, t. 95 (1974), p. 317-328. — H.F. Williams, *A Note on Rutebeuf and Simon de Pouille*, dans *Olifant*, t. 3 (1975-1976), p. 82-85. — J. Baroin, *Un couple de sarrasins hors du commun*, dans *Mél. P. Jonin*, Aix-en-Provence, 1979, p. 89-101. — Cf. *GRLMA*, t. III/1, p. 44-46 ; t. III/2 n° 255. — *MB S* 1959-1961, 4571, 4573.

A.F.L.L.

Simon de Tournai (v. 1130 - v. 1203). Il fut l'un des premiers théologiens des écoles parisiennes. Né à Tournai, où il fit ses premières études, il vint ensuite à l'école du Cloître de Notre-Dame. Il y étudia sous la direction d'Odon de Soissons, dont il devint le collaborateur et le protégé. Nommé maître de théologie en 1165, il fut un brillant professeur, qui attira nombre d'étudiants. Connu pour son caractère mordant et son mépris de ses collègues, il n'était pas d'un commerce facile et il suscita fréquemment la jalousie des autres professeurs. Il fut l'un des premiers maîtres de Paris à suivre Aristote. Il a mérité son renom de dialecticien subtil. Simon fit partie du premier groupe des maîtres de Paris qui, entre 1180 et 1230, fit la réputation de l'Université en créant un vocabulaire technique et des définitions claires, et en faisant les distinctions qui fixèrent les résultats des analyses spéculaties. Il mourut subitement vers 1203.

ŒUVRES. — J. Warichez, *Les « Disputationes » de Simon de Tournai*, Louvain, 1932 (*Spicilegium sacrum Louaniense*, 12). — *Institutiones in sacram paginam*, ou *Summa theologica*. Éd. d'extraits par M. Schmaus, *Die Texte der Trinitätslehre in den Sententiae des Simon von Tournai*, dans *RTAM*, t. 4 (1932), p. 59-72, 187-198, 294-307 ; par M.-T. d'Alverny, *Alain de Lille. Textes inédits*, Paris (1965), p. 307-312 ; par R. Heinzman, *Die « Institutionen in sacram paginam » des Simon von Tournai. Einleitung und quaestiones Verzeichnis*, Munich, 1967 [table détaillée des huit *Distinctiones* que comprennent les *Institutiones*]. — On a proposé d'attribuer à Simon de Tournai un commentaire sur le psautier écrit en français pour Laurette d'Alsace ; C.J. Liebmann, *Le commentaire français du Psautier et le ms. Morgan 338. Pour l'attribution à Simon de Tournai*, dans *Romania* t. 76 (1955), p. 433-476 ; *Remarks on the ms. Tradition of the French Psalter Commentary*, dans *Scriptorium*, t. 13 (1959), p. 61-69 ; *The Old French Psalter Commentary. Contribution to a Critical Study of the Text Attributed to Simon of Tournai*, Canandaigua (N.Y.), USA, 1982. Une autre étude conclut de l'examen des sources latines et des références biographiques incluses dans le texte que, loin d'être attribuable à Simon de Tournai, ce psautier est l'œuvre de 3 auteurs ; le premier a écrit en 1165-1166 et a rédigé les commentaires des psaumes 1-50 et 68C : S. Gregory, *The Twelfth Century Psalter Commentary in French Attributed to Simon of Tournai*, dans *Romania*, t. 100 (1979), p. 289-340. — Simon de Tournai a écrit un commentaire sur le Symbole des Apôtres ; il l'a ensuite remanié en intégrant des données du commentaire qu'il a rédigé du symbole *Quicumque*. Éd. des 2 traités sur le Symbole des Apôtres : N.M. Häring, *Two Redactions of a Commentary on a Gallican Creed by Simon of Tournai*, dans *AHDLMA*, t. 41, 1974 (1975), p. 38-112 ; éd. du traité sur le Symbole *Quicumque, Simon of Tournai's Commentary on the So-Called Athanasian Creed, ibid.*, t. 43, 1976 (1977), p. 135-199. Ancienne éd. de l'*Expositio symboli Athanasii (= Quicumque)* par J.B. Pitra, *Florilegium Casinense*, t. 4 (1880), p. 322-346. — L'authenticité du sermon *Timeo ne quis inter vos* publié par J. Warichez, *Les Disputationes...*, p. 301-307, est mise en doute par M.-T. d'Alverny, *op. cit.*, p. 138, qui l'attribuerait plutôt à Alain de Lille. — Ouvrages inédits : outre la plus grande partie des *Institutiones in sacra pagina*, une *Questio* relative à la Trinité et *Abbreviatio in Sententias Petri Lombardi*. Les indications sur les mss données par J. Warichez, *Les Disputationes*, p. 33-34 sont à compléter par P. Glorieux, *Simon de Tournai*, dans *DTC*, t. 14, 2 (1940), col. 2124-2130 et par Stegmüller, 1, n° 819, p. 384.

→ P. Glorieux, *Répertoire*, t. 1 (1933), n° 101, p. 232-233. — D. Van den Eynde, *Deux sources de la Somme théologique de Simon de Tournai*, dans *Antonianum*, t. 24 (1949), p. 19-42 [vers 1165-1180 Hugues de Saint-Victor et Rufin, *Summa decretorum*]. — J.N. Garvin, *Peter of Poitiers and Simon of Tournai on the Trinity*, dans *RTAM*, t. 16 (1949), p. 314-316. — O. Lottin, *Alain de Lille, une des sources des « Disputationes » de Simon de Tournai, ibid.*, t. 17 (1950), p. 174-186. — H.F. Dondaine, *Cinq citations de Jean Scot chez Simon de Tournai, ibid.*, t. 17 (1950), p. 303-311. — N.M. Häring, *Simon of Tournai and Gilbert of Poitiers*, dans *Mediaeval Studies*, t. 27 (1965), p. 325-330. Ja.C.

Sirventes. Voici la définition que donnent de ce genre littéraire les *Leys d'Amors** : « Le *sirventes* doit traiter de blâme, de reproches généraux pour corriger les fous et les méchants ; on y peut aussi traiter, si l'on veut, du fait de quelque guerre. » Il « sert » la *canso** en ce qu'il lui emprunte sa mélodie, étant ainsi un genre inférieur, au service d'un autre. De là son nom. Ce mot désignerait aussi, peut-être, le chant d'un *sirven*, composé par un *sirven*, à l'honneur, au profit de son maître.

Les contemporains appréciaient moins les *sirventes* que les *cansos*. Ils nous intéressent davantage, car on peut y retrouver, mieux que dans les chansons, un reflet de l'opinion de l'époque, un écho des préoccupations du temps. Sans doute n'en sont-ils pas un miroir fidèle, car les troubadours étaient trop souvent à la solde de tel ou tel prince ou seigneur ; du moins leurs auteurs ont-ils pour une part contribué eux-mêmes à l'opinion publique.

La forme du *sirventes* est exactement la forme de la *canso*, et ce sont les meilleurs auteurs de chansons qui ont fourni aux auteurs de *sirventes* le plus grand nombre de modèles.

D'après leur matière, on peut classer les *sirventes* en *sirventes* personnels, *sirventes* moraux, et *sirventes* historiques.

Le sirventes personnel. « Le sirventes qui avait pour objet la satire personnelle se distinguait par une causticité sans mesure, une moquerie trop amère, une rudesse insolente et souvent présomptueuse. » (Raynouard) C'étaient des chapelets d'injures basses et grossières, des allusions et insinuations plus que désobligeantes, des accusations basses et répugnantes rappelant des aventures grotesques. Les meilleurs troubadours ne répugnaient pas à ce genre. Il y avait même le *sirventes joglaresc*, que le troubadour composait pour un jongleur qui l'avait sollicité, plein des pires méchancetés à son adresse.

On peut ranger dans cette catégorie les *sirventes* dits « littéraires », comme les galeries de portraits que nous ont laissés Peire d'Alvernha* et le Monge de Montaudon*. La verve des troubadours s'exerçait, non sur l'œuvre elle-même des poètes en question, mais sur leur personne, sur leurs défauts dans l'attitude et le chant. Ces pièces montrent ainsi, d'ailleurs, l'importance qu'avait la présentation (musique, voix, tenue) dans la réputation littéraire des troubadours.

Le sirventes moral. « C'est surtout dans les pièces de ce genre que la franchise sévère et quelquefois hardie des troubadours donna des leçons à leurs contemporains, dont ils dénonçaient hautement les erreurs, les excès et les vices. » (Raynouard) Là, sans doute, une cause de faiblesse réside dans l'excès de généralités, l'abondance des lieux communs. Cependant, on y trouve souvent un accent de sincérité profonde, comme chez Peire Cardenal*, dont le cœur est tourmenté par les problèmes de la destinée humaine. La satire s'exerce contre toutes les classes de la société, surtout contre les chevaliers qui ont perdu le sens de la libéralité, contre les clercs dont les vices provoquent plutôt la colère que la moquerie.

Le sirventes historique. « Le *sirventes* qui traitait de la politique avait principalement pour objet de poursuivre les auteurs des discordes civiles, de blâmer les actes des souverains et de la cour de Rome... Ce genre de *sirventes* fut aussi consacré à des chants guerriers, par lesquels les troubadours, mêlant l'injure aux exhortations, ranimaient tantôt l'animosité des peuples et des rois, tantôt celle des seigneurs, et les excitaient les uns contre les autres à des guerres longues et cruelles. Quelquefois aussi, accusant l'indifférence des chrétiens, ils les appelaient sous la bannière de la Croix, leur présageaient la délivrance de Sion, et leur vantaient avec enthousiasme les plaisirs sanglants du carnage et de la victoire. » (Raynouard)

Les *chants de croisade* sont parmi les plus beaux de ces *sirventes* historiques : chants des croisades d'Espagne, chants des croisades d'Orient. Les croisades d'Espagne, qui avaient pour l'Occitanie un intérêt particulier, inspirèrent des troubadours comme Marcabru*, qui dès 1137, entonna le « chant du lavoir » : la guerre contre les Infidèles est mystiquement figurée comme une sorte de piscine, de lavoir spirituel. « Dieu veut éprouver à son lavoir les hardis et les doux. »

Dieus vol los arditz e·ls suaus
Assajar a son lavador.

Folquet de Marseille* chantait sa *predicansa* en faveur du roi de Castille Alphonse VIII après la déroute d'Alarcos (1195) ; Gavaudan* fut le Tyrtée de la campagne qui aboutit à la victoire de Las Navas de Tolosa (1212) en pleine croisade contre les Albigeois.

L'épopée magnifique des croisades d'Orient n'a pas suscité de grand génie qui la célébrât. On en trouve cependant l'écho dans les chants des troubadours ; ils exhortent les chrétiens à « faire le saint passage » ; ils se croisent parfois eux-mêmes, et vont mourir en Terre sainte comme Pons de Capdueil* ; ils prennent part à ce mouvement grandiose, surtout à partir de la troisième croisade (1190), qui vit partir en Orient Frédéric Barberousse, Philippe Auguste et Richard Cœur de Lion*, et jusque vers 1220 après la cinquième croisade.

La plupart de ces chants sont inspirés de lieux communs réédités des sermons et des prédications, et manquent parfois d'intérêt. Certains cependant présentent une émotion, un enthousiasme qui rajeunissent les thèmes de la pénitence et du salut, en parlant au cœur plus directement. Ils évoquent tantôt l'étoile de Bethléem avec Pons de Capdueil, tantôt le Calvaire avec Falquet de Romans*. Ici, l'idée religieuse se concilie avec la galanterie de l'époque emmenée par les croisés sur les rivages de l'Orient ; là, règne seule l'idée religieuse, avec une note personnelle, et des images qui ne sont pas dans le langage ordinaire de l'Église. Certains hésitent, quand il leur faut, pour se croiser, abandonner leur dame, tels Bertran de Born* et Raimbaut de Vaqueiras*, tel encore ce Peirol* qui se dispute avec l'Amour pour s'en aller vers les Lieux Saints, mais qui, arrivé là-bas, après avoir vu le Jourdain et le Saint-Sépulcre, remercie Dieu et le prie de lui faciliter bonne route, bon vent, bonne nef et bons pilotes, « car je veux en hâte, dit-il, m'en retourner à Marseille ». *Qu'a Marcelha m'en vuelth tornar de cors.* Les dernières croisades, qui furent des essais infructueux, des projets sans lendemain dont profitaient les rois pour prélever des dîmes et grossir leur trésor, provoquèrent chez les troubadours des chants de regret cuisant et de violente colère.

Parmi les *sirventes* historiques on range encore des chants d'intérêt local, c'est-à-dire ayant trait à des événements survenus dans le propre pays des troubadours et les intéressant personnellement. On voit bien, alors, que la guerre était, après l'amour, le thème favori de la poésie héroïque des troubadours. Ils chantaient la guerre pour elle-même, parce qu'ils l'aimaient. « La guerre me plaît », dit le provençal Blacasset* ; « la guerre me réjouit », dit le limousin Bertran de Born.

Les troubles politiques et les guerres qui, dans l'Ouest de la France, mirent aux prises les rois de France et d'Angleterre pour s'y disputer l'héritage d'Aliénor d'Aquitaine* (1180-1194), donnèrent occasion à un troubadour seigneur du pays, Bertran de Born, de prendre parti tantôt pour les uns, tantôt pour les autres, soufflant et provoquant la discorde, brouillant entre eux les princes anglais ; il mérita, pour cela, d'être mis en enfer par Dante*, mais cela nous valut des chants magnifiques.

Les épisodes de la croisade contre les Albigeois (1208-1241), qui eut dans le pays d'Occitanie une portée et un retentissement plus considérables, pourraient être illustrés, en dehors de la *Chanson de la Croisade** par les *sirventes* des troubadours : mort de Raimon-Roger Trencavel dans sa prison de Carcassonne (relatée par un troubadour inconnu), intervention du roi Pierre d'Aragon (encore un anonyme), reprise d'Avignon et de Beaucaire par le Comte Jeune (Tomier et Palazi*, Guilhem Rainol d'Apt*), capitulation d'Avignon (encore Tomier et Palazi), paix désastreuse de 1229 (Bernart de la Barta), ligue infructueuse de 1241 organisée, semble-t-il, par Raimon VII avec l'aide des troubadours (Peire del Vilar, Bernart de Rovenac*, Guilhem de Montanhagol*).

Si l'on excepte Folquet de Marseille* devenu évêque de Toulouse, les troubadours enveloppent dans la même haine les clercs et les Français, ceux qui ont prêché la croisade et ceux qui l'ont faite : Guilhem Figueira* écrit son fameux *sirventes* contre Rome ; Guilhem de Montanhagol s'indigne contre les excès de l'Inquisition ; Peire Cardenal maudit les Français buveurs et les clercs assassins. Tous ont le regret de la civilisation disparue dans cet ouragan meurtrier. Tous pourraient signer les vers désolés de Bernart Sicart de Marvéjols* : « Hélas ! Toulouse et Provence, terre d'Argence, de Béziers et de Carcassonne, comme je vous vis et comme je vous vois ! » :

Ai ! Toloza e Proensa
E la terra d'Argensa,
Bezers e Carcassey,
Quo vos vi e quo·us vey.

L'installation de la domination angevine en Provence, en application de la politique matrimoniale de Blanche de Castille (1246-1260), mieux acceptée par les seigneurs du pays que par les Communes, provoqua les colères de certains troubadours (Guilhem de Montanhagol, Aimeric de Peguilhan*). Cependant la domination française prenait racine, et Boniface de Castellane* ne pouvait que se lamenter, ironiquement et cruellement, sur le nouvel état de choses.

Le *sirventes* a produit des chefs-d'œuvre dans la littérature occitane.

→ E. Köhler, *Sirventes-Kanzone : genre bâtard, legitime Gattung ?*, dans *Mél. R. Lejeune*, Gembloux, 1969, t. 1, p. 159-183 [49 textes]. — K.W. Klein, *The Partisan Voice. A Study of the Political Lyric in France and Germany 1180-1230*, La Haye, 1971 [concerne surtout Bertran de Born et Walther Von der Vogelweide]. — S. Méjean, *Contribution à l'étude du « sirventes joglaresc »*, dans *Mél. J. Boutière*, Liège, 1971, t. 1, p. 377-395. — F. Pirot, *Recherches sur les connaissances littéraires des troubadours occitans et catalans des* XII*e et* XIII*e siècles : Les « sirventes-ensenhamens » de Guerau Cabrera, Guiraut de Calanson et Bertrand de Paris*, Barcelone, 1972. — M. de Riquer, *Il significato politico del sirventese provenzale*, dans *Concetto, storia, miti e immagini del medio evo*, Florence, 1973, p. 287-309 ; *Los trovadores. Historia literaria y textos*, Barcelone, 1975, t. 3, p. 1590-1600 [le cycle de *sirventes* de 1285]. — M. Mancini, *Gattungen und Gattungsbezeichnungen der Trobadorlyric. Untersu-*

chungen zum altprov. sirventes, Tübingen, 1976, p. 45-301 [influencé par E. Köhler]. — R.H. Bloch, *Medieval French Literature and Law*, Berkeley-Los Angeles-Londres, 1977 [chap. 4]. — R.A. Taylor, *La littérature occitane du Moyen Âge*, Toronto, 1977, n°s 102, 214-218, 352 [bibliogr. sélective]. — S. Thiolier-Méjean *Les poésies satiriques et morales des troubadours du* XIIe *à la fin du* XIIIe *siècle*, Paris, 1978. — D. Rieger, *Das Sirventes*, dans *GRLMA*, II/1, fasc. 4, p. 9-61. — G. Crémieux, *Sirventes politiques du* XIIIe *siècle : la Croisade albigeoise*, dans *Perspectives médiévales*, t. 9 (1983), p. 43 [thèse Poitiers, 1982]. — C. Camproux, *Dante et les troubadours*, dans *Écrits sur les troubadours et la civilisation occitane du Moyen Âge*, Montpellier, 1985, t. 2, p. 39-51 [du *sirventes* à la *Divine Comédie*, pas de solution de continuité]. — S. Thiolier-Méjean, *De la rupture comme principe esthétique du « sirventes »*, dans *Mél. P. Remy*, Kalamazoo, 1986, t. 1, p. 313-322. — G. Gasca Queirazza, *Exercices d'interprétation du texte d'un « sirventes » inédit*, dans *Actes du 1er congrès internat. de l'AIEO*, Londres, 1987, p. 213-217. — A. Rieger, *Un « sirventes » féminin — la trobairitz Gormonda de Monpeslier, ibid.*, p. 423-455. — E.M. Ghil, *L'Âge de Parage. Essai sur le poétique et le politique en Occitanie au* XIIe *siècle*, New York-Berne-Francfort-sur-le-Main-Paris, 1989, p. 219-294 [« le lyrisme dans le combat »]. J.S.

Smaragde de Saint-Mihiel. Bénédictin d'origine méridionale et de culture wisigothique, sans doute protégé de Théodulf* puis écolâtre dans un monastère du sud de la Gaule avant de devenir abbé de Saint-Mihiel-sur-Meuse vers 805-810 et *missus dominicus* de Louis le Pieux. En relation étroite avec la Cour palatine, il était réputé comme exégète ; il fut consulté sur la question du *Filioque* et intervint dans la réforme monastique. Vers 805-807, il rédigea pour ses élèves la première grammaire latine née sur le sol de l'ancienne Gaule depuis trois siècles et émanant d'un continental. Son *Liber in partibus Donati* sur les huit parties du discours s'appuie sur le livre II de l'*Ars major* de Donat et le corrige ou l'augmente grâce à Priscien, à Pompée et aussi grâce aux grammaires médiévales qui l'ont précédé. À la demande de l'empereur, il a substitué aux patronymes grecs de Donat toute une liste de patronymes francs. Sans évacuer les exemples profanes, il recourt essentiellement aux exemples chrétiens empruntés à la Bible, à la liturgie et aux poètes chrétiens, constituant ainsi une grammaire chrétienne et monastique. Attestée par une vingtaine de manuscrits surtout de la deuxième moitié du IXe siècle, elle est utilisée très tôt dans les monastères armoricains (gloses en vieux breton). Son commentaire sur les psaumes, avec la préface en vers à tradition indépendante, date de la même période. En 809 lors du synode d'Aix-la-Chapelle, il adressa au pape Léon III sur requête de Charlemagne, un essai sur la procession du Saint-Esprit. Son *Liber comitis* (*comes* = lectionnaire) ou *Expositio libri comitis* est un florilège de textes lus à l'office (épîtres et évangiles) avec commentaires extraits des Pères et dépendant beaucoup de Bède*. La *Via Regia* ou *Voie royale* en 32 chapitres est un manuel exposant aux princes chrétiens les qualités qu'ils doivent avoir. Dans ce « miroir des princes » (cf. aussi Jonas d'Orléans*), Smaragde s'appuyant surtout sur le *Sagesse* et les *Proverbes*, exprime sa conception spirituelle et morale du pouvoir royal, suivant l'exemple des rois bibliques. Le *Diadema monachorum*, dédié aux moines de Saint-Mihiel, est un guide de la vie monastique en 100 chapitres, où il expose ses valeurs essentielles en recourant aux textes patristiques et aux apophtegmes orientaux. Ce « miroir des moines » fut largement répandu (plus de 120 mss). En 817, à l'occasion du synode d'Aix-la-Chapelle, il composa un commentaire de la règle de saint Benoît, base intellectuelle et spirituelle du monarchisme carolingien, illustrée de nombreuses citations bibliques, patristiques ainsi que d'auteurs monastiques. On lui doit aussi de nombreux poèmes, le plus souvent insérés à l'intérieur de ses œuvres. Toutes reflètent l'orientation profondément spirituelle et monastique ainsi que la vaste culture scripturaire et patristique de l'abbé de Saint-Mihiel.

ŒUVRES. — *PL*, t. 102, col. 13-970 (toutes les œuvres, sauf la grammaire et les *Carmina*). — *Liber in partibus Donati*, éd. B. Löfstedt, L. Holtz, A. Kibre, Turnhout, 1986 (*CCCM*, 68). — *De processione Sancti Spiritus* : *PL*, t. 98, col. 923-929 ; A. Werminghoff dans *MGH. Concilia II*, 1, n° 33 A, p. 236-239. — *Liber comitis* : F. Rädle, *op. cit. infra*, p. 113-194 et 203-223. — *Via regia* : trad. française J. Leclercq, La Pierre-qui-Vire, 1952 ; éd. en cours par O. Eberhardt. — *Expositio in Regulam S. Benedicti* : A. Spannagel et P. Engelbert, Siegburg, 1974 (*Corpus consuetudinum monasticarum*, 8). — *Carmen in psalterio auriculato*, éd. I. Schmale-Ott, *Ein unbekanntes Gedicht des Smaragdus*, dans *Deutsches Archiv*, t. 10 (1954), p. 504-506 [peut-être destiné à un commentaire du psautier perdu]. — *Carmina* : éd. E. Dümmler, Berlin, 1881-1964, p. 605-619 (*MGH Poetae latini aevi carolini*, 1) ; H. Hagen, *Carmina medii aevi*, Berne, 1877, p. 93-96.

→ Étude d'ensemble : F. Rädle, *Studien zu Smaragd von Saint-Mihiel*, Munich, 1974 (*Medium Aevum*, 29). — M. Manitius, *Zur karolingischen Literatur. Zu Smaragd*, dans *Neues Archiv*, t. 36 (1911), p. 60-75. — J. Leclercq, *Smaragde et la grammaire chrétienne*, dans *RMAL*, t. 4 (1948), p. 15-22. — A. Marsili, *De Smaragdi opere quod « Liber in partibus Donati » vulgo inscribitur*, dans *SMV*, t. 2 (1954), p. 71-96. — J. Scharf, *Studien zu Smaragdus und Jonas*, dans *Deutsches Archiv*, t. 17 (1961), p. 333-384. — O. Eberhardt, *« Via Regia ». Der Fürstenspiegel Smaragds von St. Mihiel und seine literarische Gattung*, Munich, 1977 (*Münstersche Mittelalter-Schriften*, 28). — J.D. Broekart, *Bibliogr. de la Règle de saint Benoît...*, t. 1, Rome, 1978, p. 79-80 et 171 ; t. 2, p. 607-608 et 639-640. — R. Grégoire, *Homéliaires liturgiques médiévaux. Analyse de mss*, Spolète, 1980, p. 32, 38-39, 130 (*Biblioteca Studi Medievali*, 12). — B. Bischoff, *Die ältesten Handschriften der Regula S. Benedicti in Bayern*, dans *Studien und Mitteilungen zur Geschichte des Benediktinerordens*, t. 92 (1981), p. 7-16. — E. Junod, *Smaragde... cite-t-il des textes d'Origène non tranmis par ailleurs ?* dans *Bulletin de littérature ecclésiastique*, t. 82 (1981), p. 57-59. — A.M. Albareda, *Bibliogr. de la regla benedictina*, Montserrat, 1983, p. 327. — B. Löfstedt, *Zu Smaragdus Kommentar der Benediktinerregel*, dans *Actos*, t. 18 (1984), p. 37-43. — R. Grégoire, *La tradizione manoscritta del « Diadema monachorum » di Smaragdo († ca. 830)*, dans *Inter fratres*, t. 34 (1984), p. 1-20. — L. Holtz, *La tradition ancienne du « Liber in partibus Donati » de Smaragde de Saint-Mihiel*, dans *RHT*, t. 16 (1986), p. 171-200. — P.-Y. Lambert, *Note additionnelle. Les gloses en vieux breton à la grammaire de Smaragde, ibid.*, p. 201-211. — R. Étaix, *Le « Smaragde » de Cordoue...*, dans *Miscellania catalana*, t. 4 (1990), p. 13-27. — *HLF*, t. 4, 1866, p. 439-447. — B. Hauréau, *Singularités historiques et littéraires*, Paris, 1894, p. 100-126. — Manitius, I, p. 461-468. — *DTC*, t. 14, 1941, col. 2246-2250 [H. Peltier]. — P. Schmitz, *Histoire de l'ordre de S. Benoît*, t. 2, Maredsous, 1942, p. 381-382. — *Lexikon für Theologie und Kirche*, t. 9, 1964, col. 836-837 [D. Misonne]. — Brunhölzl, I, p. 444-449 et 567 ; trad. française, I/2, p. 192-197, 306-307. — *DS*, t. 14, 1990, col. 959-961 [R. Grégoire]. C.J.

Solage. Compositeur français actif entre 1370 et 1390. Trois de ses dix pièces, contenues dans le ms. Chantilly 564*, font penser qu'il fut proche de la maison royale de France (vers 1380). Une ballade *S'aincy estoit* est dédiée à Jean de Berry, deux autres font allusion au mariage de « Cathelline », sans doute Catherine de France, sœur du roi Charles VI. Alors que ces ballades portent toutes les marques de l'*ars subtilior*, les autres œuvres (ballades et virelais à quatre parties notamment) sont proches du style de Guillaume de Machaut*. Le rondeau *Fumeux fume par fumee*, original dans son harmonie et le choix du registre, mérite une attention particulière.

ŒUVRES. — Éd. W. Apel, *French secular Compositions of the Fourteenth Century*, dans *Corpus Mensurabilis Musicae*, t. 53/1, 1970.

→ U. Günther, art. *Solage* dans *The New Grove Dictionary of Music and Musicians*, t. 17, 1980, p. 448. — G. Reaney, *The Manuscript Chantilly, Musée Condé 1047*, dans *Musica Disciplina*, t. 8 (1954), p. 76. N.S.

Solmisation. Procédé de solfège, dont l'invention a été attribuée à Guy d'Arezzo, destiné à résoudre la difficulté produite par le caractère mobile de l'une des notes de la gamme (celle que nous appelons aujourd'hui *si* et qui était tantôt à 1/2 ton, tantôt à 1 ton de la précédente). Auparavant, les notes étaient désignées par des lettres, de sorte que cette note, B, pouvait avoir deux hauteurs différentes. La solmisation imagina de les nommer au moyen de syllabes conventionnelles, telles que le demi-ton mobile fût toujours désigné par les mêmes syllabes, *mi-fa*. Ces deux syllabes une fois en place, on en déduisait les autres, dans l'ordre : *Ut ré mi fa sol la*, emprunté à une hymne à saint Jean-Baptiste. Les syllabes n'étaient donc pas la doublure des lettres, car la même lettre pouvait recevoir plusieurs syllabes au choix selon la place du demi-ton, par exemple *C sol-fa-ut* ; à l'inverse, une même syllabe, *mi* par exemple, pouvait prendre place sur les lettres A, B ou E (nous dirions aujourd'hui *la, si* ou *mi*, c'est-à-dire sur toute note dont la voisine fût à 1/2 ton d'elle, le *si* pouvant être bémol ou bécarre). Le système était excellent tant que la mélodie ne dépassait pas les six notes (hexacorde) ainsi dénommées. Si elle les dépassait, il fallait changer de nomenclature, et ce changement, dit *muance* ou *mutation*, était d'une redoutable complication. Bientôt le *si bémol* ne fut plus la seule altération, et le système qui n'avait été conçu que pour lui se trouva impuissant à suivre l'évolution. On s'en tira, fort mal, avec le système stupide de la *musica falsa* ou *musique fausse*. Ce n'est qu'au XVIIIe siècle que l'on abandonna les mutations, après avoir (au XVIIe) donné également un nom, *si*, à la 7e note. Il ne resta plus qu'un seul hexacorde, celui appelé *naturel*, dans lequel la note *Ut* (que l'on avait modifiée depuis peu en *Do*) correspondait à la lettre C. Mais dès lors, lettres et syllabes se doublaient inutilement. Selon les pays, on abandonna tantôt les unes et tantôt les autres, sans pouvoir se mettre d'accord sur une nomenclature normalisée qui fait encore défaut aujourd'hui.

→ G. Lange, *Zur Geschichte der Solmisation*, dans *Sammelbände der Internationalen Musik-Gesellschaft*, I (1899-1900), p. 535-622. — J. Smits Van Waesberghe, éd. *Micrologus Guidonis Aretini*, dans *Corpus Scriptorum de Musica*, t. 4, 1955. — R. V. Henderson, *Solmization Syllabes in Musical Theory, 1100 to 1600*, thèse, Columbia University, 1969. — C. Parrish, *A Renaissance Music Manual for Choirboys*, dans *Mél. G. Reese*, New York, 1966, p. 649-664.

J.Ch.

Sone de Nansay. Roman de 21 324 vers (sans compter environ 2 400 vers disparus à la suite de la perte du treizième cahier du ms. L.I.13 de la BN de Turin) composé vers 1270-1280 par un clerc brabançon.

Éconduit plusieurs fois par Yde de Doncheri, Sone de Nansay (peut-être Nambsheim ou Nancy) cherche à oublier la fière demoiselle dans son apprentissage d'écuyer puis dans un lointain voyage jusqu'en Norvège dont il aide le souverain à repousser l'attaque des Irlandais et des Écossais. Revenu en France, il s'illustre dans diverses mêlées et joutes, organisées à Châlons, Machault et Montargis. Il retourne en Norvège afin d'épouser Odée, la fille du roi défunt auquel il succède sur le trône. Pressé par le souverain pontife de se rendre à Rome, il devient empereur et défend la sainte chrétienté menacée par les Sarrasins. Avant de mourir, il assiste au triomphe de ses fils, Houdiant, roi de Norvège, Margon, roi de Sicile, Henri, roi de Jérusalem et Milon, élu pape.

Ce roman biographique et dynastique (Sone est présenté dans le prologue en prose comme l'ancêtre du *Chevalier au cygne**) constitue un véritable microcosme de la littérature des XIIe et XIIIe siècles. L'auteur doit beaucoup à Chrétien de Troyes* auquel il reprend en particulier plusieurs figures féminines : l'« Orgueilleuse d'amour », la veuve éprise du meurtrier de son mari, la suivante malicieuse et la messagère hideuse. Il s'inspire aussi de Jean Renart* en développant l'influence des ménestrels (Rommenal et Papegai) et en insérant deux rondets de carole et un lai à l'intérieur du récit. Le trouvère soigne la composition de l'œuvre dont l'unité est assurée par l'omniprésence du protagoniste, la conjonction des deux intrigues sentimentales et tout un jeu d'échos, de gradations ou d'antithèses. Fin psychologue, il analyse de surcroît les états d'âme de ses héros, s'attarde sur leur langueur mélancolique, donne du relief aux personnages secondaires (la courtoise comtesse de Champagne, Margon, un Templier joyeux luron, le marin Gratien ou le héraut Plumelen). Enfin il prône une éthique plus humaine et naturelle, fondée sur un amour conjugal sincère, bien supérieur aux chimères de la « fine amor ».

Roman d'éducation, *Sone de Nansay* rassemble les principales activités chevaleresques : guerre privée, croisade, duel judiciaire, « bataille aramie », tournoi et « table ronde ». Roman exotique, il offre une peinture pittoresque de la Norvège. Roman pieux, il rationalise et christianise les données énigmatiques du Graal* et accorde un rôle important à Joseph d'Arimathie. Roman d'aventures, il suscite curiosité, pitié, peur et admiration, sentiments entretenus par le goût du secret, la suprématie de la mort, des situations pathétiques et des techniques propres à l'écriture du suspens. Cette histoire d'un orphelin puîné, récompensé de ses mérites par la couronne impériale, glorifie l'individu.

ŒUVRE. — Éd. M. Goldschmidt, Tübingen, 1899, (*Bibl. des lit. Vereins in Stuttgart*, 216). — Éd. C. Lachet [nouvelle éd. en préparation].

→ K. Nyrop, *Sone de Nansai et la Norvège*, dans *Romania*, t. 35 (1906), p. 555-569. — C.-V. Langlois, *La vie en France au Moyen Âge, de la fin du XIIe siècle d'après des romans mondains du temps*, Paris, 1926, p. 286-309 ; réimp. Paris-Genève, 1981. — K. Normand, *A Study of the Old French Romance of Sone de Nansay*, Univ. of Pennsylvania, 1975. — M. Parisse, *Tournois et tables rondes dans Sone de Nansay*, dans *Mél. A. Lanly*, Nancy, 1980, p. 275-286. — C. Lachet, *L'exotisme dans « Sone de Nansay », fantaisie et réalisme*, dans *Exotisme et création, Actes du colloque international de Lyon, 1983*, Lyon, 1985, p. 41-53 ; *Sone de Nansay et le roman d'aventures en vers au XIIIe siècle*, Paris, 1992. — Cf. *GRLMA*, t. IV/2, n° 456 ; t. IV/1,

p. 378, 458, 460-461. — *MB* n°s 1413-1417 ; *S* 2505, 2611. C.L.

Songe vert. Ce texte en octosyllabes (1 822 vers) appartient au corpus des songes allégoriques. Le narrateur-songeur ne participe pas à la joie de la « reverdie » ; elle ne fait même qu'aggraver la peine qu'il a de la mort de son amie survenue : *En l'annee de Dieu maudite / Que fu la grant mortalité.* Son sommeil va se peupler : la reine d'Amour, Loiauté, Plaisance, Desir et Bon Espoir lui apparaissent. Et Amour va le détourner de son désir de mort par la promesse d'une nouvelle amie, qu'elle va concrétiser, après qu'elle s'est évanouie avec sa suite, sous la forme d'une fleur de lys. Grimpé sur un arbre pour mieux voir cette fleur merveilleuse, le narrateur aperçoit près d'elle un hideux chardon. Il veut aller l'arracher mais tombe de l'arbre et se réveille. La vérité de son songe pourtant est manifeste : Amour lui avait ôté son vêtement noir pour l'habiller de vert ; or à son réveil, il est toujours paré de vert. L'histoire de ce songe, c'est à son frère qu'il l'envoie.

Ce texte anonyme a été daté de 1348, année de la Grande Peste en France, par son éditeur. Mais E. Seaton, en faisant un texte de circonstance, le situe plutôt vers 1395, année où Richard II (veuf d'Anne, morte de la peste qui sévissait en Essex en 1393) eut le projet de se remarier avec Isabelle de France (le lys). Elle propose, en outre, d'en attribuer l'écriture à John Gower*. D'autres critiques anglo-saxons ont, eux, relevé des parallèles thématiques importants entre ce texte et une œuvre de Geoffrey Chaucer*, *The Book of the Duchess.*

ŒUVRE. — Éd. L. Constans dans *Romania*, t. 33 (1904), p. 490-539.

→ C.-V. Langlois, *Anonyme, auteur du Dit Le Songe Vert*, dans *HLF*, t. 36 (1927), p. 642-644. — W.O. Sypherd, *Le songe vert and Chaucer's Dream-Poems*, dans *Modern Language Notes*, t. 24 (1909), p. 46-47. — E. Seaton, *Le Songe vert : its Occasion of Writing and its Author*, dans *Medium Aevum*, t. 29 (1950), p. 1-16. — J.B. Severs, *The Source of the Book of the Duchess*, dans *Mediaeval Studies*, t. 25 (1963), p. 355-362. S.L.

Songe de la pucelle. Cette œuvre du XVe siècle, composée de 68 septains octosyllabiques dont chacun se termine par une sentence à l'allure proverbiale, raconte l'apparition dans le sommeil d'une jeune fille, un soir de premier mai, de deux entités allégoriques qui vont opposer leurs arguments de strophe en strophe : Amour et Honte. La première invite à jouir de la vie, la seconde craint pour l'honneur de la pucelle. Celle-ci ne tranchera pas mais, à son réveil, fera écrire le souvenir de son rêve. Cette sorte de leçon de morale connaîtra de son temps au moins deux éditions.

ŒUVRE. — P. Aebischer, *Le songe de la pucelle. Poème moral du XVe siècle publié d'après le texte du manuscrit Supersaxo 97 bis*, dans *Vallesia*, t. 16 (1961), p. 225-241. S.L.

Songe du Vergier. Long dialogue sur les rapports de la puissance ecclésiastique et de la puissance séculière, et plus particulièrement sur les pouvoirs respectifs du pape et du roi de France, à la fin du XIVe siècle. Il débute par un prologue adressé à Charles V, où l'auteur raconte qu'il s'est endormi dans un verger et que lui sont apparus le roi, la Puissance spirituelle, la Puissance temporelle, puis un clerc et un chevalier choisis comme avocats par les deux puissances pour discuter des points litigieux entre elles. La discussion s'étend sur 468 chapitres (chaque réplique du dialogue, même très courte, formant un chapitre) répartis en deux livres. Puis vient un épilogue où l'auteur s'éveille et présente son œuvre au roi.

L'esprit de l'ouvrage est bien défini dès le prologue, où le roi se dit lui-même « vicaire de Dieu en la temporalité ». Et si la discussion est menée avec une grande impartialité, si l'auteur affirme aussi bien dans le prologue que dans l'épilogue sa volonté de se soumettre aux décisions de l'Eglise, c'est tout de même le clerc qui est finalement vaincu — de fort peu d'ailleurs. Au cours du dialogue, des questions étrangères à la querelle sont abordées et discutées ; elles ont trait à des sujets d'actualité intéressant particulièrement Charles V : question bretonne, question anglaise, retour du pape à Rome, succession des femmes, etc.

L'ouvrage fut composé sur l'ordre de Charles V en 1376. Écrit en latin sous le titre de *Somnium Viridarii*, il fut très rapidement traduit en français, cette traduction, terminée en 1378, étant en même temps un profond remaniement, une réduction, une mise en forme du texte latin qui semble bien n'avoir été en quelque sorte qu'un brouillon (beaucoup de chapitres ont été déplacés ou supprimés : le *Somnium* en comportait 552, soit 84 de plus que le *Songe*.

Le texte latin copie, souvent mot pour mot, un grand nombre de textes sur la querelle des deux pouvoirs. C'est un érudit allemand, Karl Müller, qui le premier, à la fin du XIXᵉ siècle, démontra que l'ouvrage était une vaste compilation. Après lui, on découvrit de nouvelles sources. En voici la liste : la *Disputatio inter militem et clericum*, la *Quaestio de potestate Papae*, ou *Rex pacificus* ; les *Octo quaestionum decisiones* et le *Dialogus* de Guillaume d'Occam ; le *De origine jurisdictionum* de Durand de Saint-Pourçain* et Pierre Bertrand ; le *Somnium*, le *De principatu* et le *Tractatus de bello, de represaliis et de duello* de Jean de Legnano ; le *Tractatus de insigniis et armis*, le *De dignitatibus* et le *Tractatus de tyrannia* de Bartole de Sassoferrato ; le *Defensor pacis* de Marsile de Padoue ; plusieurs lettres de Pierre de Blois* ; la lettre III de Michel de Césène ; la bulle *Quia vir reprobus* ; le discours prononcé devant le pape Urbain V en 1367 et attribué à Ancel Choquart ; la *Summa theologica* de saint Thomas d'Aquin* (les emprunts à cet ouvrage sont peut-être de seconde main) ; le *Traité de la divination* de Nicole Oresme*. Le texte français ajoute le *Tractatus de conceptione Beatae Mariae Virginis* de Pierre Auriol*.

On a longtemps cherché qui pouvait être l'auteur de ce gros ouvrage. Alfred Coville, le premier, opta pour Évrard de Trémaugon (universitaire parisien, docteur en droit civil et canon, conseiller et maître des requêtes de l'Hôtel de Charles V), mais sans fournir de preuves convaincantes. C'est en revenant sur cette attribution qu'on a découvert dans le texte d'une leçon de droit conservée d'Évrard de Trémaugon la source — mot pour mot — de deux importants chapitres. Approfondissant cette recherche en confrontant l'*Explicit* du *Somnium* et les éléments connus de la biographie d'Évrard de Trémaugon, on aboutit à la conclusion, généralement admise aujourd'hui, qu'Évrard de Trémaugon est bien l'auteur du *Somnium Viridarii* et du *Songe du Vergier*.

Le texte français, plus original que le latin, présente une forme souvent élégante et recherchée. On y trouve un grand nombre de mots utilisés pour la première fois en français ou utilisés dans un sens nouveau. Le *Songe du Vergier* a joui d'une faveur continue jusqu'en 1789 en raison des arguments qu'il fournissait dans la querelle du gallicanisme. Après la Révolution, les érudits du XIXᵉ siècle s'attachèrent à en découvrir l'auteur, en formulant souvent des attributions fantaisistes.

Il existe dix-sept manuscrits français, sept manuscrits latins, deux éditions incunables, la première ayant été reproduite par J.-L. Brunet au tome 2 du *Traitez des droits et libertez de l'Eglise gallicane* et réimprimée par F. Châtillon aux tomes 13 et 14 de la *Revue du Moyen Âge latin*.

ŒUVRE. — *Le Songe du Vergier*, éd. M. Schnerb-Lièvre, Paris, CNRS, 1982, 2 vol. [éd. établie d'après le ms. Royal 19 C IV de la British Library, qui est le ms. original remis à Charles V].

→ K. Müller, *Ueber das Somnium Viridarii...*, dans *Zeitschrift für Kirchenrecht... hgg von R. Dove*, t. 14 (1877), p. 134-205. — G. de Lagarde, *Le Songe du Verger et les origines du gallicanisme*, Thouars, 1934. — J.P. Royer, *L'Église et le royaume de France au XIVᵉ siècle d'après le Songe du Vergier et la jurisprudence du Parlement*, Paris, 1969. — J. Quillet, *La philosophie politique du Songe du Vergier (1378). Sources doctrinales*, Paris, 1977. — M. Schnerb-Lièvre, *Évrart de Trémaugon et le Songe du Vergier*, dans *Romania*, t. 104 (1980), p. 527-530 ; *L'auteur du « Somnium Viridarii » en est-il le traducteur ?*, dans *RMAL*, t. 42 (1986), p. 37-40. M.S.L.

Songe véritable. Voir : *Pastoralet*.

Sordel. Sordel de Mantoue, en Lombardie, est, de tous les troubadours italiens, le plus célèbre, le mieux et le plus connu. Sa vie très agitée, au moins dans ses premières années, son œuvre d'une importance et d'un intérêt assez considérables, surtout le portrait qu'a tracé de lui Dante* et la place qu'il lui a donnée dans sa *Divine Comédie*, ont valu à Sordel l'attention des historiens de la littérature occitane.

Né vers l'an 1200 dans un château des environs de Mantoue, Sordel fut dans sa jeunesse, « séduisant, bon chanteur, bon troubadour, grand amoureux, mais fort truand et déloyal à l'égard des femmes et des barons ses protecteurs », d'après la *Vida* : *« Fo avinens hom de sa persona, e fo bos chantaire e bons trobaire e grans aimaire. Mas mout fo truans e fals vas dompnas e vas los barons ab cui el estava.* »

Ses aventures galantes, auxquelles fait allusion son « biographe », ne dénotent pas un très noble caractère et contrastent avec ses théories littéraires : rapt de la comtesse Cunizza, de Vérone, accompli peut-être à la suite de dissensions familiales, mariage secret avec la jeune Otha, de la marche de Trévise, fuite de château en château, pour échapper aux poursuites, sur de bons coursiers et avec de nombreuses compagnies de chevaliers.

La vie étant devenue dangereuse pour lui dans son pays natal, Sordel quitte celui-ci. On le voit en Provence et en Languedoc, en Espagne où il demeure deux ans dans les cours des rois d'Aragon, de Castille et de León (1229-1230), puis en Provence de nouveau à la cour de Raimon-Bérenger IV (1230-1245), et familier de Blacatz* et de Barral de Vaux, seigneurs du pays. Il célèbre la beauté de princesses comme Guida de Rodez, il fréquente les autres poètes ; il gravit les échelons de la société et vit en chevalier fortuné. Il continue de séjourner en Provence après l'avènement (1246) sur le trône du comté de Charles d'Anjou*, frère de Saint Louis, et accueille le nouveau souverain à qui les poètes du pays manifestent une vive hostilité ; il refuse toutefois de l'accompagner à la croisade et sert alors le comte Barral des Baux. Il se décide enfin à le suivre quand il part, en 1265, pour les guerres d'Italie. Tandis que le roi s'embarque à Marseille, le troubadour qui n'aime vraiment pas la mer, rentre dans son pays par le col de Tende avec le gros de l'armée française, après une absence de trente-cinq ans.

Que de changements ! Combien de morts ! Seule vit encore Cunizza, d'ailleurs remariée. Le chevalier-troubadour prend-il part à la bataille de Bénévent en 1266 ? On l'ignore. Mais on sait qu'il se trouve en prison au mois de septembre de la même année, à Novare. Le pape Clément IV — l'ancien troubadour Gui Folqueys* — intervient alors auprès de Charles d'Anjou en faveur de son confrère en poésie, qui est alors libéré. Il meurt durant l'été en 1269, nous ignorons en quelles circonstances.

L'œuvre de Sordel compte 43 poésies et un poème didactique. Dans la douzaine de *cansos* conservées se trouvent exprimés tous les principes de l'amour courtois : souffrance de l'éloignement, tourment de l'amour et douceur de ce tourment, dévotion du troubadour à sa dame dont il se proclame le vassal, et dont il redoute la présence. On peut s'étonner, avec certains de ses contemporains, de ce contraste entre l'homme et le poète, entre le ravisseur de Cunizza et le théoricien de l'amour pur. Il y a cependant sous la plume de Sordel, comme chez plusieurs troubadours à la fin de l'âge classique, une transformation de la poésie vers une idéalisation progressive qui, trouvant dans l'amour une source de vertu prépara le *Dolce Stil Nuovo*, et Dante avec sa Béatrice.

L'homme ardent, vigoureux, le partisan se révèle surtout dans les sept *sirventes* conservés, plus particulièrement dans les *sirventes* politiques et moraux. Il en est un où Sordel regrette le temps passé et se plaint du temps présent, si laid, si corrompu ; il en est un autre où le poète discerne les raisons de cette décadence, le mal commençant chez les grands et se continuant avec les petits. Ses *sirventes* ont la forme de débats avec d'autres troubadours, notamment Peire Bremon Ricas Novas* dans six poèmes. L'*ensenhamen d'onors* est un traité de haute morale en vers. Il faut craindre, non la mort du corps, mais la mort de l'honneur ; il faut vivre pour l'honneur, non pour les honneurs.

La pièce qui fit plus que toutes les autres la renommée de Sordel et fut cause de sa gloire, est le *planh* (PC 437, 24) ou complainte funèbre qu'il écrivit à la mort de son ami et protecteur le chevalier-poète provençal Blacatz*, survenue vers 1237. Dans ce chant célèbre, le troubadour utilise habilement le motif alors répandu du « cœur mangé ». Blacatz est mort. Qu'on prenne son cœur, qu'on le donne à manger à tous ces barons qui vivent privés de cœur, et ils en auront suffisamment. N'ont-ils pas tous besoin de cette nourriture étrange ? Et le cortège se déroule sous nos yeux évoquant une danse macabre, où passent tour à tour avec des considérations sur leur vie et leur politique, Saint Louis*, roi de France, le roi de Castille Ferdinand III, le roi d'Aragon Jacques Ier, le roi de Navarre Thibaut Ier de Champagne*, le comte de Toulouse Raimon VII, « s'il se souvient de ce qu'il possédait et de ce qu'il possède », enfin le comte de Provence Raimon-Bérenger IV, « s'il se souvient que c'est peu de chose qu'un homme qui consent à être déshérité ». Et Sordel termine par un sarcasme : si les barons ne font guère cas du troubadour, lui, de son côté, ne se gêne pas pour leur dire leurs vérités. On voit, par les allusions historiques, comment les troubadours, ces « nouvellistes » de leur temps, étaient bien au courant des événements politiques et militaires de l'époque. Grâce à ce poème, Sordel put passer pour un satirique violent, un redresseur de torts, un vengeur de la justice.

Sordel jouit d'une gloire peu commune dès le XIIIe et au XIVe siècle. Il fut en relations avec de nombreux troubadours ; plusieurs de ses pièces, en particulier le *planh*, furent imitées par certains d'entre eux ; ses poésies ont été conservées par de nombreux manuscrits.

C'est Dante* qui dans la *Divine Comédie*, lui donna une gloire incomparable. Il a connu les œuvres de Sordel, son *planh* notamment, et c'est dans le *planh* qu'il pouvait trouver de quoi justifier l'attitude fière et dédaigneuse qu'il donne à Sordel, au chant VI du Purgatoire : Dante et Virgile, se trouvant dans l'Antépurgatoire, voient une âme altière et dédaigneuse. Virgile s'approche de ce personnage et lui demande le chemin. Mais celui-ci ne répond pas et demande à son tour : « Qui êtes-vous ? D'où êtes-vous ? » Et Virgile s'apprête à répondre docilement : « Mantoue... *Mantova...* » Il n'en dit pas plus long. « L'ombre toute repliée sur elle-même, se dressa vers lui du lieu où elle se tenait jusqu'alors, en disant : Mantouan, je suis Sordel, je suis de ton pays... »

... *« O Mantovano, io son Sordello,*
Della tua terra ! » E l'un l'altro abbracciava.

Et ils se tenaient embrassés.

Devant ce magnifique, émouvant spectacle d'affection, Dante se rappelle le triste état des villes italiennes qui s'entredéchirent sans cesse ; sa douleur et sa colère éclatent dans la célèbre invective à l'Italie et à Florence : « Ah ! Italie esclave, hôtellerie de douleurs, navire sans nocher par les grandes tempêtes... » Virgile et Sordel se tiennent embrassés tant que dure cette frémissante apostrophe.

Sans doute, le Sordel de Dante n'a guère de points communs avec le Sordel de l'histoire. Le *planh* sur la mort de Blacatz ne pouvait lui-même fournir au poète florentin matière à buriner un portrait si haut en relief. Le portrait de Sordel par Dante est vraiment une création. Mais Dante était un génie, et, pour un génie, la matière était suffisante. L'image, le symbole du « cœur mangé » ne pouvaient que plaire à Dante. Le *desdegno* qu'il attribue à Sordel n'est pas du mépris ; c'est une attitude de réserve et de méditation propre aux grandes âmes. Sordel est de Mantoue comme Virgile. Il sera pour Dante, qui aime passionnément sa patrie, le symbole de la tendresse passionnée des grands cœurs pour leur terre natale. Et Sordel embrassant Virgile, l'étreignant sans arrêt durant tout le cours de l'apostrophe du poète à l'Italie, sera le symbole de la fraternité idéale des citoyens d'une même patrie s'opposant aux divisions intestines que la victoire fallacieuse d'un parti n'empêche pas d'être cause de ruine et de mort.

C'est ainsi que, sur quelques données restreintes, surgit, dans la pensée géniale de Dante, un Sordel patriote, sévère aux mauvais bergers des peuples, et d'une ressemblance frappante avec Dante lui-même. C'est son âme, c'est sa passion, que le poète florentin projeta dans ces pages frémissantes.

Pour la langue occitane, que Sordel a su manier dès sa jeunesse avec sensibilité et simplicité, c'est un grand honneur d'avoir inspiré à Dante, dans sa *Divina Commedia*, parmi tant de fresques splendides, un profil immortel.

ŒUVRES. — Éd. M. Boni, *Sordello, Poesie, nuova ediz. critica con studio, introd., traduz., note e glossario*, Bologne, 1954. — J.J. Wilhelm, *The Poetry of Sordello*, New York, 1986 [éd. complète, avec trad. anglaise]. — Éd. partielles : A.R. Press, *Anthology of Troubadour Lyric Poetry*, Edimbourg, 1971 [trad. anglaise de six poèmes]. — M. de Riquer, *Los trovadores. Historia literaria y textos*, Barcelone, 1975, t. 3, p. 1455-1472 [PC 437, 1-24-20 et 18, avec trad. espagnole].

→ PC 437. — L. Cocito, *Pro Sordello : la personalità*, dans *Lettere Italiane*, t. 4 (1952), p. 105-121. — C.M. Bowra, *Dante and Sordello*, dans *Comparative Literature*, t. 5 (1953), p. 1-15 [PC 437, 24]. — M. Boni, *Note intorno alla metrica delle liriche di Sordello*, dans *SMV*, t. 2 (1954), p. 7-12 ; *Nuovi documenti riguardanti*

Sordello, dans *Studi Danteschi*, t. 32 (1954), p. 29-36. — F.G. Léonard, *Les Angevins de Naples*, Paris, 1954. — M. Boni, *Nuovi documenti sul soggiorno di Sordello alla corte di Raimondo Berengario V di Provenza*, dans *Mél. L. Bianchi*, Bologne, 1960, p. 1-10 ; *Sordel et Raimon Berenger V*, dans *Revue de langue et littérature provençales*, t. 7-8, (1961-1962), p. 36-41 [PC 437, 21]. — R.M. Ruggieri, *Aspects dantesques inconnus ou peu connus de deux troubadours italiens : Sordel et Lanfranc Cigala*, dans *Revue de langue et littérature d'Oc*, n°s 12-13 (1962-1963), p. 79-87 ; *L'umanesimo cavalleresco italiano*, Rome, 1962, p. 67-76. — T.G. Bergin, *Dante's Provençal Gallery*, dans *Speculum*, t. 40 (1965), p. 15-30. — G. Favati, *Sordello*, dans *Cultura e Scuola*, 1965, p. 551-565 [bibliogr.]. — L. Peirone, *Note dantesche. 2. Il Sordello dantesco*, dans *Giornale italiano de filologia*, t. 19 (1966), p. 16-20. — J. Salvat, *Dante e las literaturas occitana e francesa*, dans *Mél. R. Lejeune*, Gembloux, 1969, t. 1, p. 291-317. — M. Boni, *Sordello. Con una scelta di liriche tradotte e commentate*, Bologne, 1970 [vie, œuvre, fortune]. — F. Pirot, *Recherches sur les connaissances littéraires des troubadours occitans et catalans des* XIIe *et* XIIIe *siècles*, Barcelone, 1972. — V. Bertolini, *Verona nel canto dei trovatori*, dans *Speculum*, t. 26 (1974-1975), p. 113-116. — R.A. Taylor, *La littérature occitane du Moyen Âge*, Toronto, 1977, n°s 559-561 [bibliogr.]. — D.A. Monson, *Les « ensenhamens » occitans. Essai de définition et de délimitation du genre*, Paris, 1981. — Cf. Brunel, n° 311. J.S.

Sotte Chanson. Voir : *Resverie, Fatrasie et Fatras.*

Spiritualité et mystique. La Chrétienté médiévale forme un tout ; sa pensée, si variés que soient les domaines où elle s'exprime, ignore pratiquement les frontières, servie qu'elle est par l'unité de langue, le latin. Il en va de même pour la spiritualité ; il n'y a pas de fissure dans la foi commune et avant le XIVe siècle il est rare de rencontrer un traité spirituel en langue nationale. Sur toute l'aire de la Chrétienté occidentale, les hommes vivent de la même vie surnaturelle, puisée aux mêmes sources. Ceci est vrai surtout pour la période anté-scolastique où la pensée religieuse s'est concentrée dans les monastères. Elle est marquée par la fidélité à un double héritage : aux lettres antiques et à la patristique grecque et latine. Le Moyen Âge apporte à vivre cette culture littéraire et spirituelle une sensibilité déjà presque moderne.

À partir du XIIe siècle, la systématisation de la théologie en une science autonome, possédant ses lois propres et ses méthodes rigoureuses, modifiera quelque peu les données du problème. Tandis que se prolonge et s'épanouit la culture monastique — et le XIIe est son siècle le plus fécond —, les « écoles » élaborent parallèlement une nouvelle forme de pensée qui va influer profondément sur la spiritualité des âges postérieurs. Le XIIe siècle est donc le pivot de cette histoire : le Moyen Âge patristique et monastique y coexiste avec le Moyen Âge scolastique.

On peut faire débuter l'histoire de la spiritualité médiévale à saint Grégoire le Grand*, qui forme la jonction entre la patristique proprement dite et ses prolongements médiévaux. La doctrine qu'il construit au contact des grands auteurs de l'Antiquité chrétienne, va devenir le bien commun des siècles postérieurs. À travers lui, de nombreux auteurs médiévaux apprendront à connaître les Pères ; ils puiseront dans son œuvre leur programme spirituel. Si tant de ses développements nous paraissent maintenant lieux communs de la spiritualité, c'est parce qu'ils ont imprégné durant de longs siècles la pensée chrétienne et n'ont jamais été remis en question. À cet égard, la spiritualité contemporaine vit encore sur cet héritage. Les caractéristiques de saint Grégoire sont peut-être un intense désir de Dieu, exprimé non au moyen du vocabulaire de l'affectivité, mais en termes de connaissance, une absence totale de retour sur lui-même, une insistance sur la pureté de la foi et de la prière. À cela il joint des analyses très pénétrantes de l'âme humaine qui témoignent d'une psychologie poussée, et impressionneront les auteurs postérieurs.

Pendant ce temps, à l'autre extrémité de l'Occident, l'Irlande, restée à l'écart des invasions et christianisée depuis peu, élaborait une culture originale latino-celte qui allait déferler sur la Gaule, la Germanie et le nord de l'Italie, avec la vague des moines pérégrinants. Saint Colomban* et ses disciples apporteront le témoignage d'un idéal monastique vécu intensément et des leçons de renoncement héroïque. Ils répandent surtout des pratiques et formules de prière, ils habituent les Gallo-Romains et les Francs à des attitudes chrétiennes déterminées : un sens très vif de la culpabilité humaine et la nécessité de la pénitence. L'individualisme celte devait laisser une durable empreinte.

Dans le sillage de saint Grégoire, les royaumes barbares vivent longtemps sans progresser : les courants fusionnent lentement. Les œuvres originales sont rares. Bède le Vénérable* est l'écrivain le plus fécond et le plus personnel de cette période : il puise à pleines mains dans saint Augustin, saint Jérôme, les sources monastiques anciennes et saint Grégoire. Les docteurs de la péninsule Ibérique sont davantage tributaires du dernier : parmi eux, saint Isidore de Séville* joue un rôle important grâce à ses *Sentences*. La période post-grégorienne est l'âge d'or des *Excerptiones*, des *Deflorationes*, extraits tirés des Pères et groupés selon des lois propres à chacun des compilateurs. Le *Livre des étincelles* de Defensor de Ligugé*, ainsi composé, aura une vaste diffusion. L'hagiographie présente une doctrine spirituelle en action, dans le concret, et se trouve par là bien adaptée à un milieu de culture rudimentaire. Elle doit beaucoup à la *Vie de saint Antoine* par saint Athanase, à celle de *saint Martin* par Sulpice Sévère*, et aux écrits de Grégoire de Tours* qui servent de modèles.

La dévotion s'oriente avec prédilection vers la croix du Christ, les reliques et les tombeaux des saints, vers la Mère du Sauveur. Rares sont les auteurs qui livrent des confidences sur leur propre vie d'oraison ; on cite saint Valère.

La renaissance carolingienne se traduit dans l'histoire de la spiritualité par un foisonnement d'écrits qui ne prétendent pas tous à l'originalité ; ils attestent, par contre, la vitalité spirituelle de l'époque. L'ascèse tient une plus large place que la mystique.

Les ouvrages s'adressent d'abord aux moines à qui Benoît d'Aniane, secondé par le pouvoir temporel, a imposé la règle de saint Benoît : tels le *Conflit des Vertus et des Vices* d'Ambroise Autpert*, abbé de Vulturne (un peu antérieur), le *Livre des Vertus et des Vices* d'Alcuin*. Raban Maur* traite des mêmes sujets. Les écrits de Smaragde*, abbé de Saint-Mihiel, condensent son expérience monastique ; Hildemar commente la *Règle de Saint Benoît*.

Les clercs viennent de faire l'objet d'une réforme tendant à leur conférer quelque chose de la physionomie monastique ; ils trouvent des normes de vie dans les *Devoirs des clercs* de Raban Maur et d'autres écrits analogues.

Mais on assiste aussi à l'éclosion d'une nouvelle forme de littérature religieuse, les traités pour laïcs. Ils sont nombreux au IXe siècle et s'adressent exclusivement à l'élite gouvernante : ce sont le *De institutione laicali* et le *De institutione regia* de Jonas d'Orléans* († 844), le *De ordine Palatii* d'Adalhard* de Corbie ; Agobard* de Lyon, Hincmar de Reims*, Paulin d'Aquilée* témoignent de préoccupations identiques ; Dhuoda*, femme de Bernard de Septimanie, écrit son *Liber manualis* à l'intention de son fils (843). Quant aux *Livrets de prières*, ils sont aussi bien destinés aux laïcs cultivés qu'aux clercs.

Deux traits ont marqué en profondeur la spiritualité carolingienne : l'amour de la Bible et de la prière de l'Église. Le culte public rendu à Dieu polarise les activités même temporelles de la Chrétienté. À cet égard, une réalisation du type de Saint-Riquier, où Angilbert* crée une sorte de ville sainte en laquelle les occupations de 7 000 personnes sont finalisées par la splendeur du culte, est révélatrice d'une mentalité. On copie les livres de la Bible sur de merveilleux parchemins, on en révise et corrige avec soin le texte. On écrit des *Commentaires* pour toutes les catégories de chrétiens. La littérature liturgique s'enrichit de compositions variées, toutes accordées avec l'esprit de la prière publique. Le Christ y apparaît comme le roi de gloire, le Rédempteur victorieux de la mort, triomphant pour l'éternité. La messe, la sainte communion sont le centre de la piété.

Un Irlandais du nom de Jean*, que l'on nommera « le Scot », arrive en 850 à la cour de Charles le Chauve. Il introduit la pensée grecque dans les milieux carolingiens, grâce à ses traductions du Pseudo-Denys*, de Maxime le Confesseur, de saint Grégoire de Nysse. En fait de doctrine spirituelle, saint Grégoire le Grand reste son maître ; son influence sera tardive, mais féconde, en ce qu'il acclimate le platonisme dans la pensée chrétienne occidentale.

Après la belle éclosion carolingienne, on est presque surpris de revenir à une période où les œuvres se raréfient. Les Xe et XIe siècles voient s'accentuer la décadence des institutions, tandis qu'à l'inverse les mouvements de réforme monastique et religieuse préparent et commencent de merveilleux renouveaux. Saint Odon de Cluny* apporte une doctrine dense sur le rôle de la vie monastique dans l'Église, tandis que Rathier de Vérone écrit ses *Méditations du cœur dans l'exil*, destinées à servir de leçons pour les diverses catégories de chrétiens. Abbon de Fleury* et Gerbert* sont plus des écolâtres que des maîtres de vie intérieure.

Le XIe siècle connaît une littérature spirituelle relativement peu abondante, mais d'une réelle beauté. Otloh de Saint-Emmeran traduit son expérience intime en des accents personnels. Saint Odilon* et Anselme de Lucques rédigent de belles formules de prière. En Italie, le mouvement érémitique trouve son docteur en saint Pierre Damien, dont la pensée forte et aimante est rendue en un style d'une grande beauté, mais il appartient plus à l'Italie qu'à la France ; Jean de Fécamp*, dit « Jeannelin », un Italien, mais venu se fixer en France, est un contemplatif qui s'entretient avec Dieu et exprime son désir du Christ avec tendresse, ardeur et confiance. Il exerça une influence très marquante sans être connu, car ses œuvres ont longtemps figuré sous le nom de saint Ambroise et de saint Anselme de Cantorbéry*.

La réforme monastique des Xe-XIe siècles avait repris, sans les modifier sensiblement, les conceptions et les idées de Benoît d'Aniane. Dès le milieu du siècle, certaines adaptations de cet idéal sont appliquées aux clercs vivant en communauté, qui de ce fait se muent en véritables religieux : les chanoines réguliers. À la fin du siècle, un nouveau mouvement se dessine, marqué par un retour résolu aux origines : pauvreté plus effective, séparation totale du monde, travail des mains. Des monastères nouveaux surgissent, loin des centres habités, tel Cîteaux* ; dans le même temps, des ermites itinérants entraînent à leur suite les foules qu'ils ont gagnées à un évangélisme intégral. Le mouvement s'institutionnalise assez vite dans le cadre monastique traditionnel, mais plus dépouillé et moins « confortable ». Savigny, Tiron, Obazine, Fontevrault naissent ainsi. Saint Norbert aux origines de Prémontré ne semble pas avoir agi autrement. Ces noms ne doivent pas faire oublier la multitude des petits ordres locaux ou des monastères isolés issus du même mouvement. La Chartreuse et Grandmont sont plus résolument des ordres érémitiques ; leurs fondateurs n'ont pas mis en branle des populations entières comme saint Norbert ou Robert d'Arbrissel.

Croisades et Reconquête espagnole favorisent l'éclosion d'une vie monastique de forme très originale, adaptée à la vie des chevaliers chrétiens : Templiers, Hospitaliers adoptent les règles des chanoines réguliers ou de Cîteaux ; les ordres de la péninsule Ibérique se placent dans la mouvance des monastères cisterciens.

Prémontré, la plus belle réussite de l'ordre canonial, a donné d'éminents auteurs spirituels : Anselme d'Havelberg, Philippe de Harvengt comptent parmi les plus connus. Celui dont l'influence resta durable fut Adam Scot, qui passa ensuite à la Chartreuse. Par sa doctrine, il est très proche de la tradition monastique. Saint Bruno, fondateur de la Chartreuse, n'a guère laissé d'œuvres écrites ; son cinquième successeur, Guigues*, est l'auteur de *Lettres* et de *Pensées*, rédigées en un style sobre, sévère, mais d'une densité spirituelle étonnante.

La tradition monastique ancienne continue à satisfaire un grand nombre d'âmes. Saint Anselme de Cantorbéry* marque la transition entre le XIe siècle et le grand essor monastique du XIIe. On le connaît comme théologien, puisque sa pensée rigoureuse prépare la voie à la scolastique ; mais il est aussi père spirituel. Ses *Lettres* révèlent un cœur sensible, attentif aux besoins des âmes, plein de tact et de discernement dans leur direction. Surtout, il a su faire de sa théologie une contemplation et en vivre. Il reste un peu à part en son siècle par sa méthode qui ne trouvera pas tout de suite d'imitateurs. Pierre le Vénérable* rappelle saint Anselme par son humanité dans la conduite des âmes, mais il est moins théologien. Les moines noirs sont encore représentés en France, par Pierre de Celle*, Arnauld de Bonneval, Hervé de Bourg-Dieu ; en Angleterre par l'école de Cantorbéry : Eadmer, Odon, Gilbert Crispin ; en Allemagne par Honorius* Augustodunensis ; en pays rhénan par Rupert de Liège et deux grandes moniales contemporaines et amies dont la vie mystique est connue par des relations circonstanciées, sainte Hildegarde et Élisabeth de Shönau.

Les formules de dévotion personnelle deviennent plus nombreuses et plus longues ; une sensibilité affinée s'y exprime. Il y a un progrès très net vers l'intériorité. Une tendresse inconnue aux siècles passés se fait jour.

Ceci est surtout sensible dans l'école cistercienne, qui pourrait, par sa richesse, offusquer ses contemporaines. Le plus grand spirituel du XIIe siècle est, en effet, un cistercien, saint Bernard* de Clairvaux, le dernier des Pères et non des moindres. Pour ses contemporains, c'est le saint, celui qu'une légende entoure, même de son vivant. Physionomie en contrastes, timide et ardent, extrêmement sensible, doué pour l'action et avide de solitude ; continuellement malade, il n'en dirige pas moins quelque 800 moines à Clairvaux et les 68 filiales de son monastère ; il parcourt l'Europe pour les affaires de l'Église. Le recueil de ses *Lettres* en fait l'épistolier le plus fécond de son siècle. Le *Commentaire sur le Cantique* suffirait à lui assurer la première place parmi les mystiques de son époque. Sa doctrine n'est pas sensiblement nouvelle, mais son génie lui permet de faire vivre intensément la tradition, de lui conférer un éclat incomparable ; « toutes ses œuvres sont des chefs-d'œuvre ». Il n'est pratiquement pas d'auteur postérieur qui ne se réfère à lui et ne lui doive une bonne part de sa doctrine.

Si intense a été le rayonnement de sa personnalité que la tradition manuscrite lui a attribué un nombre important d'écrits cisterciens. Ils étaient pourtant l'œuvre de personnalités fort attachantes et bien individualisées, tels Guillaume de Saint-Thierry*, un ancien abbé « noir » de Reims qui subit l'influence des pères grecs, Aelred de Rievaulx*, auteur d'un *Speculum caritatis* écrit vers 1142 et d'une *Règle des recluses* dédiée à sa sœur. Moins connus sont Guerric d'Igny*, Isaac de l'Étoile*, Gilbert de Hoyland, continuateur du *Commentaire sur le Cantique*, Hélinand de Froidmont*, Adam de Perseigne*...

Les cisterciens, plus attentifs aux données psychologiques que les moines noirs, attachés, eux, presque exclusivement à l'aspect objectif et au déroulement historique des mystères du salut, ont préparé les analyses de l'ascension mystique. Ils ont, en outre, introduit dans le langage dévot une manière respectueuse et aimante de parler de l'humanité du Christ et de Marie, la Mère du Sauveur, dont les accents émeuvent toujours.

On a parlé plus haut de la systématisation théologique du XIIe siècle, de la création de méthodes nouvelles pour l'investigation des vérités révélées. Les grands scolastiques du XIIIe siècle ont eu des précurseurs. Retenons comme importants pour l'histoire de la spiritualité les maîtres de l'école victorine. L'abbaye de Saint-Victor, créée au pied de la montagne Sainte-Geneviève autour de l'ermitage de Guillaume de Champeaux*, ne tarda pas à devenir un centre théologique et spirituel des plus actifs. Hugues* et Richard de Saint-Victor* prolongent la manière monastique d'étudier les Pères. Leur théologie est plus ordonnée et plus rigoureuse, mais ignore les cloisonnements entre étude, contemplation et prière. La méditation, au sens spirituel du terme, a sa place dans la recherche théologique. Les victorins commentent le Pseudo-Denys*, qui trouve son plus ardent disciple en Thomas Gallus*, apôtre de l'union à Dieu moyennant le renoncement préalable à toute représentation imaginative et intellectuelle.

Les moines se sont nourris de la Bible et des Pères, mais leur dévotion recherche aliment et soutien en tout ce qui peut rappeler, évoquer, rendre présente l'existence concrète et historique du Sauveur. Ils éprouvent le besoin de toucher du doigt, de sentir. Pour les laïcs, la même attitude peut se constater, avec une base doctrinale plus restreinte. De là, l'attrait pour les pèlerinages, celui de Terre sainte avant tous les autres : voir les lieux que le Seigneur a sanctifiés, mettre ses pas dans les siens. Le Moyen Âge pratique la dévotion au nom de Jésus, il est très dévot depuis le XIIe siècle à la présence réelle du Seigneur dans l'Eucharistie. L'attachement croissant envers la Vierge se traduit en une floraison de légendes, de récits, dont la poésie n'a d'égale que la tendresse.

Le courant d'intense vie spirituelle qui donna origine à tant de monastères et d'ordres nouveaux au XIIe siècle trouva un écho parmi les laïcs. Nombreux sont les « convertis » des deux sexes qui s'agrègent par un lien plus ou moins lâche aux nouvelles familles religieuses. Parallèlement s'organisent des groupements de laïcs dévots, désireux de pratiquer intégralement l'Évangile dans la pauvreté et le renoncement. Plusieurs de ces associations, faute d'une direction doctrinale solide, glisseront dans l'hétérodoxie (cathares, vaudois, certains groupes patares d'Italie) ; mais une âme de la trempe de saint François d'Assise* saura canaliser les aspirations des meilleurs, les orienter dans la soumission à l'Église, satisfaire leurs désirs de dépouillement effectif. Sa première *Règle* est destinée aux frères et sœurs « vivant dans leurs maisons », « continents », « pénitents ». Les ordres fondés au XIIIe siècle, mendiants mineurs ou prêcheurs, font une place dans leur organisation même aux chrétiens qui, sans quitter le monde, veulent vivre plus proches de l'Évangile.

Deux docteurs franciscains surtout ont laissé une œuvre écrite qui devait se survivre : saint Antoine de Padoue, prédicateur populaire, et saint Bonaventure*, auteur de l'*Itinerarium mentis ad Deum*, qui décrit les étapes de la vie d'oraison. L'un et l'autre sont fidèles à la tradition augustinienne. La dévotion au Christ prend chez eux une couleur plus subjective. Les *Meditationes Vitae Christi* attribuées à tort à saint Bonaventure font une place importante à l'affectivité et renchérissent encore sur les âges antérieurs. Les mystiques franciscains ne nous retiendrons pas, car ils appartiennent soit à l'Italie, comme Jacopone de Todi, Angèle de Foligno, soit à l'Espagne comme Raymond Lulle*.

L'ordre fondé en 1216 par saint Dominique dans le Toulousain est mendiant à l'instar de celui de saint François. Il est, dès ses origines, clérical et missionnaire. Les circonstances feront que son apostolat s'exercera d'abord dans le domaine de la doctrine ; les prêcheurs se consacreront avant tout au rayonnement de la vérité. C'est en théologie spéculative que se situent leurs conquêtes les plus notables ; les noms d'Albert le Grand* et de saint Thomas d'Aquin* dominent l'histoire doctrinale du XIIIe siècle. Moins connus, mais plus proches des fidèles, sont deux prêcheurs dans les richesses desquels le Moyen Âge a puisé sans discontinuer : Vincent de Beauvais*, auteur du *Speculum majus*, encyclopédie sur l'histoire de l'Ancien et du Nouveau Testament, où les manifestations concrètes de la sainteté sont en bonne place ; et Jacques de Voragine, compilateur et poète de la *Légende dorée**.

Le clergé séculier, de son côté, se préoccupe de relever le niveau moral et religieux du peuple fidèle. La prédication se fait plus fréquente, mieux adaptée. Les recueils de *Sermons*, les *Pénitentiels* vulgarisent la doctrine des théologiens. La *Somme le Roi* du dominicain Laurent* d'Orléans traite des commandements de la loi chrétienne, des vertus et des vices ; un *Manuel des péchés**, écrit en anglo-normand vers 1260, sera honoré de traductions en diverses langues. L'iconographie religieuse prêche aux illettrés l'histoire du salut et les exigences de la morale.

La piété populaire, canalisée par les deux ordres nouveaux, ne semble plus chercher de débouché hors de l'Église ; c'est tout juste si l'on peut citer à l'encontre les *Fiefs d'Amour* de Jacques de Baisieux*, manuel d'une confrérie de « fidèles d'amour » unis en société secrète, qui ne rend pas un son parfaitement orthodoxe. Les groupements spirituels de laïcs connus sous le nom de Béguines et Bégards, qui cherchèrent dans le monde un équivalent du cadre conventuel, ont parfois éveillé la suspicion des autorités ecclésiastiques, certains de leurs adeptes ayant donné dans une sorte de quiétisme ; le *Miroir des simples âmes* de Marguerite Porete* (morte à Paris sur le bûcher en 1310), contient en effet plusieurs propositions susceptibles d'interprétations inquiétantes ; mais l'ensemble des Bégards et Béguines s'est tenu à l'écart de ces déviations. Ils étaient très nombreux aux Pays-Bas, en Rhénanie et dans le Nord de la France ; les meilleurs représentants du mouvement spirituel sont Marie d'Oignies († 1213), Julienne du Mont-Cornillon († 1258), à qui l'on doit l'institution de la Fête-Dieu, Béatrice de Nazareth († 1268), devenue sur le tard cistercienne.

À partir du XIVe siècle, le centre spirituel de la Chrétienté paraît se déplacer : la France et l'Italie cèdent le pas à l'Allemagne (surtout la Rhénanie), aux Pays-Bas et à l'Angleterre. Les pays de langue française ne connaissent plus que des auteurs secondaires, tributaires des grands spirituels rhénans ou flamands. Gerson est la seule glorieuse exception. On pourra donc traiter assez rapidement de la spiritualité du Moyen Âge à son déclin.

Les anciens ordres continuent de cultiver leurs traditions propres, en tentant d'assimiler les nouvelles orientations spirituelles : méditation méthodique, dévotion affective à l'humanité du Christ. Ainsi les deux chartreux Hugues de Balma*, prieur de Meyriat (Ain) à la fin du XIIIe siècle, auteur d'une *Théologie mystique* longtemps attribuée à saint Bonaventure, et Guigues du Pont* († 1297) qui décrit *La Contemplation* en termes dionysiens. Les bénédictins ont influencé Nicolas de Clamanges* (1368-1437), qui écrivit de fort belles prières ; les chanoines réguliers ont Raimon Jourdan*, abbé de Selles-sur-Cher († av. 1400), qui se nommait par humilité l'« Idiota ».

Les docteurs dominicains du XIIIe siècle avaient fait progresser la théologie et préparé, sans peut-être en avoir bien conscience, le magnifique essor contemplatif de leur ordre au XIVe. Les sept couvents de Strasbourg donnèrent le branle et la contagion gagna de proche en proche : Colmar, Constance, Cologne, le pays souabe. Maître Eckhart († 1327), Tauler († 1361) un Strasbourgeois, le tendre Henri Suso* († 1366) élaborent une doctrine de la contemplation où les thèmes essentiels du thomisme se mêlent au courant dionysien ; par la contemplation de la vérité, l'âme tend à s'unir à l'Être incréé, après s'être purifiée des images et des formes mentales en un dépassement douloureux. Les disciples des maîtres rhénans furent nombreux sans avoir leur envergure : Rulman Merswin, ancien banquier strasbourgeois, prit la direction de la communauté des johannites, à l'Île-Verte en Alsace.

En France, les religieux s'effacent derrière les « maîtres séculiers » qui réagissent contre l'intellectualisme décadent de leur époque, et esquissent un retour aux sources. Pierre d'Ailly* (1350-1420), chancelier de Paris puis évêque du Puy et de Cambrai, aura le souci de systématiser la méditation. Jean Gerson*, lui (1363-1429), se rattache à la tradition patristique ancienne. Il écrivit un long traité, *De la Théologie mystique, spéculative et pratique*, où il pose les bases d'une synthèse féconde entre la théologie scientifique et la mystique, qui malheureusement trouvera peu d'adeptes à son époque. Robert Ciboule* (1403-1458) a laissé le *Livre de saincte méditation en cognoissance de soy*, où l'on a reconnu une sorte de socratisme chrétien.

Les excès et les dangers du mysticisme, les abus de l'intellectualisme ont, à la même époque, suscité aux Pays-Bas un courant de réaction. Gérard Groote († 1384) et les frères de la Vie commune dégagent la spiritualité de toute recherche et même de toute curiosité intellectuelle ; ils mettent l'accent sur la pureté du cœur, la délicatesse de la conscience, le renoncement, l'amour pur. De ce mouvement nouveau, moralisant et psychologue, nommé par Jean Busch *Devotio moderna*, sortit le petit livre de l'*Imitation de Jésus-Christ**, écrit par Thomas a Kempis, chef-d'œuvre et classique de la spiritualité chrétienne ; très tôt, il fut traduit en français et diffusé en notre pays par l'imprimerie.

En fait, cette école, loin d'avoir tué la mystique par son anti-intellectualisme outré, a préparé silencieusement les renouveaux du XVIe siècle et l'éclosion de sainteté de la Réforme catholique.

→ Les notices individuelles ou thématiques du *DSAM* constituent la meilleure des introductions, en particulier, *Spiritualité : le mot et l'histoire*, t. 14, 1990, col. 1142-1160 (A. Solignac), et *Mystique. La littérature mystique au Moyen Âge*, t. 10, 1980, col. 1902-1912 (A. Deblaere) ; les articles relatifs aux ordres religieux doivent être recherchés au nom de leur fondateur : ainsi *Robert de Molesme* pour *Cîteaux*. — On pourra également se reporter à des études générales, telles que : P. Pourrat, *La spiritualité chrétienne*, t. II, *Le Moyen Âge*, Paris, 1924. — F. Vernet, *La spiritualité médiévale*, Paris, 1929. — J. Leclercq - F. Vandenbroucke, *La spiritualité au Moyen Âge*, dans *Histoire de la spiritualité chrétienne*, t. 2, Paris, 1961 ; J. Leclercq, *L'amour des lettres et le désir de Dieu. Initiation aux auteurs monastiques du Moyen Âge*, Paris, 1957, rééd. 1991 ; *Aux sources de la spiritualité occidentale*, 3 vol., Paris, 1964-1966 ; *Spiritualità del medioevo, da S. Gregorio a S. Bernardo (sec. VI-XII)*, Bologne, 1969. — A. Vauchez, *La spiritualité du Moyen Âge occidental (VIIIe-XIIe)*, Paris, 1975. — P. Brezzi, *La crisi della religiosità cristiana alla fine del Medioevo*, Naples, 1957. — R.C. Petry, *Late Medieval Mysticism*, Londres, 1957. — Concernant plus précisément un courant, un milieu ou une époque : R. Javelet, *Psychologie des auteurs spirituels du XIIe siècle*, Strasbourg, 1959. — N. Scivoletto, *Spiritualità medievale e tradizione scolastica nel secolo XII in Francia*,

Naples, 1954. — U. Berlière, *L'ascèse bénédictine des origines à la fin du XIIIe siècle*, Paris, 1927. — F. Vandenbroucke, *La morale monastique du XIe au XVIe siècle*, Louvain-Lille, 1966 (*Analecta med. namurcensia* 20). — M.-H. Vicaire, *L'initiation des apôtres. Moines, chanoines et mendiants, IVe-XIIIe siècle*, Paris, 1963. — L. Bouyer, *La spiritualité de Cîteaux*, Paris, 1955. — A. Fracheboud, *Les premiers spirituels cisterciens*, Paris, 1982. — F. Petit, *La spiritualité des Prémontrés aux XIIe et XIIIe siècles*, Paris, 1947. — J. Becquet, *Vie canoniale en France aux Xe-XIIe siècles*, Londres *(Variorum Reprints)*, 1985. — D.L. Jeffrey, *The Law of Love. Spirituality in the Age of Wycliff*, Crescent, 1988. — H. Delacroix, *Essai sur le mysticisme spéculatif en Allemagne au XIVe siècle*, Paris, 1899. — F.X. de Hornstein, *Les grands mystiques allemands du XIVe siècle*, Lucerne, 1922. — L. Cognet, *Introduction aux mystiques rhéno-flamands*, Tournai, 1968. — A. de Libera, *Introduction à la mystique rhénane. D'Albert le Grand à maître Eckhart*, Paris, 1984. — S. Axters, La *spiritualité des Pays-Bas*, Louvain-Paris, 1948 ; *Geschiedenis van de vroomheid in de Nederlanden*, Anvers, 1950-1953, 3. vol. — R.R. Post, *The Modern Devotion*, Leyde, 1968. — G. Epiney-Burgard, *Gerard Grote (1340-1384) et les débuts de la Dévotion moderne*, Wiesbaden, 1970. — Choix de textes traduits : G. Epiney-Burgard et E. Zum Brunn, *Femmes troubadours de Dieu*, Turnhout-Paris, 1988. — *Prier au Moyen Âge. Pratiques et expériences (Ve-XVe siècle),* sous la dir. de N. Bériou, J. Berlioz et J. Longère, Turnhout-Paris, 1991. — Bibliogr. courante : *Bibliogr. internationalis spiritualitatis* (Rome) ; *RHE* (Louvain) ; *Rivista di storia e letteratura religiosa* (Florence).

D.G.O.

Sponsus. Drame liturgique anonyme, appelé également le *Drame de l'époux* ou le *Mystère des vierges sages et des vierges folles*. Sa composition doit remonter au XIe siècle. Texte bilingue de 87 vers (47 en latin, 40 en occitan), il s'inspire de la parabole des vierges sages et des vierges folles d'après l'Évangile de Matthieu (XXV, 1-13). Une variante proviendrait d'un texte de saint Jérôme. Une notation musicale très précieuse pour les spécialistes a été conservée par le manuscrit unique (Paris, BN, lat. 1139, f. 53-55 v°) qui provient de l'abbaye Saint-Martial de Limoges.

Le drame s'ouvre sur l'annonce de l'arrivée imminente du Christ, l'Époux. Le groupe des vierges est exhorté à veiller pour l'accueillir. Les vierges folles, qui ont gaspillé l'huile de leur lampe, demandent vainement aux vierges sages de partager avec elles celle qui leur reste. Elles font ensuite appel aux marchands, qui les renvoient, puis se lamentent de ne pouvoir entrer dans la salle des noces. Elles implorent le Christ ; il refuse de leur ouvrir et leur annonce qu'elles seront emportées par les démons.

Le texte est composé de 23 strophes en latin et occitan alternés, de types variés avec ou sans refrain, auxquelles s'adapte un jeu bien défini de mélodies. L'ensemble ainsi constitué pose aux historiens de la littérature un certain nombre de problèmes sur l'origine de cette composition mêlée. D'après la critique actuelle, l'agencement du latin et de la langue vernaculaire forme un tout relativement très équilibré. L'alternance linguistique souligne le jeu dramatique des deux groupes de vierges.

Le *Sponsus*, remarquable par sa valeur artistique, peut être considéré comme une première manifestation de la dramaturgie en langue vulgaire. Œuvre intéressante pour sa versification et sa musique, elle témoigne des habitudes aquitaines au XIe siècle, à la charnière entre le monde latin et le monde roman.

ŒUVRE. — Éd. en fac-similé, B. Gillingham, Ottawa, 1987. — Éd. W. Cloetta, *Le Mystère de l'Époux*, dans *Romania*, t. 22 (1893), p. 177-229. — L.P. Thomas, *Le Sponsus, mystère des vierges sages et des vierges folles...*, Paris, 1951 (*Univ. libre de Bruxelles. Travaux de la Fac. de Philosophie et Lettres*) [bibliogr., étude critique et philologique, transcription musicale]. — *Sponsus. Dramma delle Vergini prudenti e delle Vergini stolte*, éd. D'A.S. Avalle. Testo musicale éd. R. Monterosso, Milan-Naples, 1965 (*Documenti di Filologia*, 9) [bibliogr., étude de la langue, analyse de la mélodie et de la métrique].

→ A. Beck, *Le jeu des vierges du ms. Paris, BN lat. 1139*, dans *Revue Romane*, t. 19 (1984), p. 245-283. — Cf. C. Brunel, n° 203. — *GRLMA*, t. I/2, n° 50, et t. I/1, p. 570-571. — *MB* nos 2, 4, 3874-3884, 6729-6731 ; *S* 591, 6252, 6262, 6283, 6385.

G.B.L. et C.R.

Suger. Suger est né en 1081, d'une famille de condition modeste de la région de Saint-Denis ou d'Argenteuil. Son père Hélinand, ainsi que ses frères et certains de ses neveux, figurent au nécrologe ou dans certaines chartes de l'abbaye de Saint-Denis. Voué par son père à Saint-Denis dès 1091, il passe dix ans (1094-1104) à l'école du prieuré de l'Estrée, à Saint-Denis même, où il se lie d'amitié avec le jeune prince Louis, fils du roi Philippe Ier, puis termine son éducation dans une abbaye du centre de la France, Fontevrault, Saint-Benoît-sur-Loire ou Marmoutiers. Il revient enfin à l'abbaye de Saint-Denis, en 1106, et fréquente les maîtres parisiens, surtout Joscelin, qui devait devenir évêque de Soissons (1126-1152), qui fut son ami et, avec lui, un des conseillers les plus écoutés des rois Louis VI et Louis VII. Dès ce moment, Suger fréquente la cour et vit dans l'intimité de la famille royale. En même temps, ayant acquis la confiance de son abbé, Adam, il l'accompagne dans ses voyages et participe à l'administration de l'abbaye. Il assiste dès juin 1106 au concile de Poitiers, rencontre le pape Pascal II à La Charité-sur-Loire, devant qui il défend les privilèges de son abbaye ; il acquiert dès lors une réputation de brillant plaideur. En 1107 il assiste à l'entrevue du pape et des envoyés de l'empereur, à Châlons-sur-Marne. Cette même année, il est envoyé par son abbé comme prévôt du prieuré de Berneval en Normandie, puis de Toury-en-Beauce, menacé par les seigneurs du Puiset, où il fait preuve d'un grand talent d'administrateur. À partir de l'avènement du roi Louis VI, Suger participe étroitement au gouvernement, accompagne le jeune roi dans la plupart de ses expéditions militaires, est chargé des missions les plus délicates, à Rome, au concile de Latran (1112), à Maguelonne, au-devant du pape Gélase, réfugié en France (1118). À partir de 1120, Suger tient auprès du roi les rênes du pouvoir. En 1122, pendant son retour d'Italie où le roi l'avait envoyé négocier avec le pape Calixte II, il apprend la mort de l'abbé Adam et sa propre élection comme abbé de Saint-Denis (12 mars 1122) : il devait trouver l'abbaye dans une situation morale et matérielle fort médiocre, très critiquée par saint Bernard*, qui en dénonçait à la fois le luxe et le relâchement, comme il reprochait à Suger lui-même une vie trop mondaine et trop occupée aux affaires du siècle. L'abbé de Saint-Denis était alors, en effet, sans cesse à la cour ou en voyage pour le service du roi. En 1127 enfin, cédant aux exhortations de l'abbé de Clairvaux, avec qui il scelle une sorte d'armistice, Suger se consacra à la réforme de son abbaye, s'appliqua à y faire accepter la fidèle observance de la règle, loin certes de l'austérité et de la rigueur prêchées par saint Bernard, mais faite de mesure et de simplicité. Suger entretenait, en effet, avec la vie contemplative une simple relation de bienveillance. Il améliora la vie matérielle des moines, réglementa la vie spirituelle et la liturgie, réduisant même son propre train de vie, et entreprit les premiers travaux d'agrandissement des bâtiments claustraux, organisa les domaines et administra remarquablement les biens de l'abbaye. Grâce à une bonne connaissance des archives de la maison, il récupéra peu à peu tout ce qui avait été perdu, abandonné, négligé, et obtint du roi la confirmation des privilèges de l'abbaye. Après avoir ainsi rétabli les finances de la maison, Suger entreprit, à partir de 1130, la reconstruction de l'église, l'ancienne étant devenue trop petite et dangereuse, et la fit somptueusement décorer, dans un goût flamboyant et ostentatoire qui lui fut reproché par ses moines, mais qui correspondait à ses idées en matière de théologie, car Suger partageait avec Hugues de Saint-Victor* la notion du transfert du visible à l'invisible, du matériel à l'immatériel ; il avait, en outre, un sens de la synthèse et de la mise en scène qui lui permit d'allier le goût de l'antique aux innovations technologiques, de relier le passé au présent, les morts aux vivants. Il concentra des artistes « de toutes les parties du royaume », inaugurant une grande synthèse de tous les styles qui aboutira au style gothique, et sanctionna le professionnalisme urbain alors naissant. On a dit de Suger qu'il était vaniteux, car il fit inscrire son nom ou son image sur un grand nombre d'objets, sur les murs et les vitraux ; mais cette ostentation dépassait sa personne : il s'identifiait en effet à son abbaye, comme il s'identifiait à la France, mécène pour la gloire de Dieu. À la mort du roi, en 1137, Suger, âgé de cinquante-cinq ans, revient au premier rang de la scène politique. Il avait déjà négocié le mariage du prince Louis avec Aliénor d'Aquitaine*. C'est à ce moment qu'il commence à composer ses travaux littéraires. À la fois tuteur et conseiller du jeune roi, il mène une politique de paix et de réconciliation avec les vassaux. Quand le roi, à l'instigation de saint Bernard, prend la croix, en 1146, Suger, qui s'était vainement efforcé de le détourner de cette périlleuse aventure, devient régent du royaume, gouvernant avec prudence et fermeté, faisant respecter l'autorité royale et se conciliant l'attachement de la plupart des grands prélats. Au retour du roi, il reste au premier plan dans le gouvernement, négocie la réconciliation avec le roi d'Angleterre et s'efforce de dissuader le roi de rompre avec Aliénor. Il projetait une expédition en Terre sainte, quand il mourut, à l'âge de soixante-dix ans, le 13 janvier 1151.

L'œuvre de Suger est celle d'un homme d'action et non de plume, mais d'un homme cultivé. Bon connaisseur des poètes latins profanes *(gentiles)*, il a une préférence pour Lucain, dont il imite le style concis et énergique. Son écriture est un composé curieux d'emprunts poétiques, de réminiscences bibliques, de fragments de phrases traduits mot à mot du français, avec des fautes de langue et des gallicismes, mais pittoresque et vivant. Sa *Vie de Louis le Gros,* commencée vers 1137, achevée vers 1144, dédiée à Joscelin évêque de Soissons, est un panégyrique, mais bien documenté et impartial. Très développée jusqu'en 1131, plus brève ensuite, elle est divisée en 32 chapitres, chacun formé de trois parties : la relation d'un événement ou d'un désordre, l'intervention du roi, la conclusion exposant l'accord conclu ou le retour à l'ordre. La chronologie n'est pas toujours respectée, l'année n'est presque jamais indiquée et parfois des événements d'époques différentes sont réunis dans un même chapitre. Mais c'est le règne plus que le roi qui est examiné, et par là cette œuvre inaugure le grand mouvement de l'historiographie royale (voir *Grandes Chroniques* de France*). Dans le *Liber de rebus in administratione sua gestis*, l'abbé de Saint-Denis, à la demande de ses moines, en 1145, expose les résultats de son administration depuis vingt-trois ans : la deuxième partie de cette œuvre, consacrée à la construction et à l'ornement de la basilique, a été très étudiée par les historiens de l'art et les archéologues. Le *De consecratione ecclesie sancti Dionisii*, écrit un peu avant l'œuvre précédente, probablement au moment même de la consécration de la nouvelle basilique, relate les circonstances de la reconstruction et de la dédicace. L'auteur y a intercalé un long passage d'une charte relative à la pose de la première pierre, donnée vers 1140. Il nous reste 26 lettres de Suger, de la dernière période de sa vie (1146-1151), qui témoignent de sa sollicitude pour le roi et pour le destin du royaume, et de ses derniers conseils politiques. Enfin les chartes, la partie la moins connue de l'œuvre de Suger (13 chartes conservées), témoignent de l'activité de l'abbé de Saint-Denis : la plus connue est son testament, rédigé en 1137, quelques semaines avant la mort de Louis VI, qui révèle l'élévation de son esprit. Suger avait entrepris d'écrire aussi une histoire du règne du roi Louis VII : la mort interrompit son entreprise, de sorte qu'il ne nous en a laissé qu'un fragment correspondant à la première année du règne (1137-1138).

ŒUVRE. — *PL*, t. 186, col. 1211-1446. — A. Lecoy de la Marche, Paris, 1867 (*SHF*). — *Vie de Louis VI* : éd. A. Molinier, Paris, 1887 (*Coll. de textes pour servir à l'étude et à l'enseign. de l'hist.*) [suivie de la *Vie de Louis VII*] ; éd. et trad. H. Waquet, Paris, 1929, réimpr. 1964 (*Les class. de l'hist. de Fr. au M.A.*). — *De consecratione ecclesie sancti Dionisii* : trad. J. Leclercq, *Comment fut construit Saint-Denis*, Paris, 1945 ; éd. et trad. anglaise E. Panofsky, *Abbot Suger on the Abbey Church of Saint-Denis and its Art Treasures*, Princeton, 1946. — *Lettres* : trad. fr. partielle Baudouin, *Le Ministre fidèle*, Paris, 1640.

→ A. Huguenin, *Suger et la monarchie française*, Paris, 1857, réimp. Genève, 1974. — O. Cartellieri, *Abt. S. von Saint-Denis, 1081-1151*, Berlin, 1898 *(Historische Studien, Heft 11).* — M. Aubert, *Suger*, Saint-Wandrille, 1950 *(Figures monastiques)*. — M. Bur, *Suger, abbé de Saint-Denis, régent de France,* Paris, 1991. — E. Panofsky, *Architecture gothique et pensée scolastique*, trad. et postface de P. Bourdieu, Paris, 1967. — E.R. Labande, *Memoria Suggerii abbatis*, dans *CCM*, t. 25 (1982), p. 121-127. — L. Grodecki, *Abélard et Suger*, dans *Le Moyen Âge retrouvé : de l'an mil à 1200*, Paris, 1986 [recueil d'articles précédemment parus]. — *Abbot Suger and Saint-Denis, a Symposium...* éd. P.L. Gerson, *Symposium de New York, 10-12 avril 1981*, New York, 1986. — Manitius, t. 3, p. 174, 320, 322, 601-603. — Molinier, t. 2, n°s 1845-1850. F.G.

Suite-Huth. Voir : *Merlin* ; *Graal. Cycle Post-Vulgate.*

Sulpice-Sévère (vers 360-vers 420). Né en Aquitaine, issu d'une puissante famille, doté d'une vaste culture, formé aux meilleures écoles de rhétorique — alors florissantes — à Bordeaux, il commença une belle carrière d'avocat avant d'entrer par son mariage dans les milieux de l'aristocratie sénatoriale. Il fit partie du cercle des amis « bordelais » (Ausone, Paulin de Nole*), avant d'entrer en relations de plus en plus étroites avec Martin, le futur saint, dont la personnalité hors du commun et l'activité missionnaire le marquèrent profondément. Veuf, il décida, tout en restant laïc, de fonder une communauté ascétique dans une de ses propriétés, sise à *Primuliacum* (non loin de Carcassonne), où il vécut jusqu'au terme de sa vie (peut-être après 420). À côté d'une *Histoire sacrée* en deux livres et de *Lettres*, Sulpice a écrit une des œuvres les plus célèbres du Moyen Âge, fondant en Occident latin le genre de la *Vie* de saint, avec sa *Vie de saint Martin**. Ce texte, relativement bref, dense, constitue un document historique parfois controversé, mais exceptionnel, et surtout représente la réussite exemplaire d'un plaidoyer énergique en faveur du saint, composé par un écrivain maître d'une latinité pluriséculaire pour instruire, charmer et convaincre les publics les plus divers. Deux livres de *Dialogues* ont en outre permis à Sulpice de donner la parole aux témoins de la *Vita Martini*, afin de compléter cette biographie dans un style où les règles du *decorum* oratoire sont soutenues par l'emploi d'une langue dont l'*elegantia* n'est pas sans chaleur.

ŒUVRES. — *PL*, t. 20. — *SC*, t. 133.

→ J. Fontaine, éd. et commentaires de la *Vita Martini*, 3 vol., dans *SC*, t. 133-135. — C. Stancliffe, *St Martin and his Hagiographers. History and Miracles in Sulpicius Severus*, Oxford, 1983. — Schanz, t. IV/2, p. 472-480.

M.B.

Syracon. La *Chanson de Syracon* n'est connue que par un fragment de 150 vers alexandrins, datant de la fin du XIIe siècle. Elle avait pour héros le fils d'un roi d'Espagne, dépouillé de son héritage paternel et amené dans les Indes, où ses prouesses lui avaient valu la main d'une princesse et un trône royal. La chanson s'interrompt au moment où Syracon entrait en relation avec le roi de France Clodove pour reconquérir son royaume d'Espagne.

Le nom du héros évoque celui de l'oncle de Saladin, Shirkûh, conquérant de l'Égypte et redoutable adversaire des Francs de Syrie, qui l'appelaient *Siracon* ; mais la carrière du héros n'a aucun rapport avec celle de Shirkûh, encore qu'il y ait des analogies entre les aventures de Syracon et celles qui sont prêtées à la mère de Saladin dans la *Fille du comte de Pontieu**. L'intérêt principal de ce fragment est de témoigner de la curiosité qu'on éprouvait en Occident pour l'Inde au XIIe siècle.

ŒUVRE. — Éd. E. Stengel, dans *Die Chanson de geste. Handschriften der Oxforder Bibliotheken*, dans *Romanische Studien* (Halle), t. 1 (1871-1875), p. 380.

→ J. Richard, *La chanson de Syracon et la légende de Saladin*, dans *Journal asiatique*, t. 237 (1949), p. 155-158. — Cf. *MB* n° 852.

J.R.

T

Taillevent. Voir : Guillaume Tirel.

Tapissier. Voir : Jean Tapissier.

Teneur, n.f. (lat. *tenor*). Nom donné dans la polyphonie à la mélodie préexistante sur laquelle se fonde le déchant (*quia discantum fundat et tenet*) selon Jacques de Liège. La première source musicale où apparaît la voix fondamentale, désignée comme « teneur », est le *Roman de Fauvel* de Chaillou de Pesstain* (1316) au f.B de la table : *Motez à tenures sans trebles*. La réalité musicale lui préexiste largement avec les teneurs de motets depuis Léonin*, leur adaptation au 5e mode rythmique par Pérotin*, et les emprunts plus ou moins fragmentaires au chant liturgique de soliste.

Avec le motet double à trois voix, le choix des teneurs va s'élargir au domaine profane (refrains de rondeaux notamment) dans la deuxième moitié du XIIIe siècle. Désormais instrumentales, leur rythme se fait plus complexe, et l'on exploite la répétition mélodique dans ce qui aboutira au XIVe siècle à l'*isorythmie*. La teneur contrepointée, à partir de Philippe de Vitri*, par la contreteneur conserve tout d'abord son caractère de voix fondamentale, teneur et contre-teneur étant dans la même tessiture. Elle deviendra voix moyenne avec Guillaume Dufay* qui crée le Bourdon (grave), ultérieurement dénommé *contra tenor bassus* puis *bassus*.

On utilise ce terme dans une autre acception : corde de récitation. La pratique s'en manifeste dans les *toni communes* de la messe, pour les leçons et les oraisons ; la note de répercussion est UT, sauf pour le *tonus solemnis* et le *tonus antiquior* qui conserve l'ancienne teneur LA. Les teneurs des huit tons des psaumes sont respectivement les teneurs des huit modes médiévaux.

→ K. Gudewill, art. *Tenor* dans *MGG*, t. 13, col. 231-241. N.S.

Tenso. Par son étymologie, le mot — du bas-latin *tentionem*, de *tendere* — indique une discussion. *Tensos*, disent les *Leys d'Amors**, *es contrastz o debatz en lo qual cascus mante e razona alcun dic o alcun fag*. C'est une discussion ou un débat dans lequel chacun maintient et discute quelque parole ou action.

Il s'agit d'un genre dialogué. C'est un débat, généralement entre deux interlocuteurs, pouvant porter sur toutes sortes de thèmes : amour, politique, questions personnelles. On a pu rattacher ce genre au dialogue platonicien, à l'églogue virgilienne, au *conflictus* carolingien, à la coutume des concours de poésie sur un sujet donné, aux habitudes jongleresques pour provoquer et soutenir l'attention des auditeurs.

Demandes et réponses s'échangent de couplet à couplet, les couplets étant identiques, de nombre toujours pair, parfois suivis d'une ou deux *tornadas** ou « envois », où il est fait souvent appel à un arbitrage, le jugement du débat étant parfois confié à une personne de condition, à une dame noble et cultivée, ce qui aurait été à l'origine de la légende des Cours d'Amour. La *tenso*, bâtie d'ordinaire sur le plan d'une *canso**, pouvait être dotée d'une mélodie, la même pour tous les couplets.

La question se pose de savoir si ces pièces dialoguées sont l'œuvre d'un ou de deux auteurs. Parfois, il est hors de doute qu'on a affaire à deux compositeurs, les injures, les reproches « ne pouvant avoir été dictés que par la violence de la haine ou par l'âpreté d'une franchise grossière » (Raynouard) ; en d'autres cas, la forme dialoguée ne semble être qu'un artifice de composition, le même auteur faisant demande et réponse : ainsi en est-il de deux *tensos* du Monge de Montaudon* où Dieu lui-même est l'interlocuteur du poète, ou de la *tenso* de Raimon Escrivan* où le dialogue s'établit entre deux machines de guerre, la « Chatte » et le « Trébuchet ».

Ce genre était celui qui tendait le plus à se confondre avec les genres didactiques. La casuistique amoureuse offrait des thèmes sans nombre où l'esprit imaginatif des troubadours se donnait libre carrière. Qu'y a-t-il de plus grand, la joie ou la souffrance causées par l'amour ? Qu'est-ce qui maintient le mieux l'amour, les yeux ou le cœur ? Parfois on se querelle sur la bonté ou la perversité des femmes, ou bien on oppose l'une à l'autre deux situations sociales, deux professions, deux vertus, ou bien encore on discute sur le *trobar clus** ou style obscur. Ces discussions finissaient par être oiseuses et stériles. Les questions politiques tentaient moins souvent les auteurs de *tenso*, comme par exemple les revers subis en Terre sainte par les derniers croisés. Des questions d'ordre personnel étaient souvent débordantes d'injures, même d'obscénités, et beaucoup de pièces demeurent obscures pour nous.

Les *tensos*, même si elles n'ont pas grande valeur poétique, et il en est ainsi très souvent, offrent cependant un réel intérêt, car elles nous renseignent sur les mœurs du temps, le genre admettant la familiarité, la malice, le réalisme. « La *tenso*, dit J. Anglade, est comme la *canso* un produit de la société courtoise du temps. Elle reste comme un écho de cette société. Dans son cadre un peu grêle, elle la fait revivre avec sa courtoisie et aussi son amour de la préciosité et de la convention, et on peut voir, dans les *tensos* à trois ou quatre personnages qui nous restent, les origines lointaines de la comédie de salon. »

ŒUVRE. — Éd. partielle : M.-A. Bossy, *Medieval Debate Poetry : Vernacular Works*, New York, 1987. — S. Guida, *La tenzone fra Ricau de Tarascon e « Cabrit »*, dans *Mél. A. Roncaglia*, Modène, 1989, 2, p. 637-661.

→ D.J. Jones, *La tenson provençale*, Paris, 1934 [enregistre 65 *tensos*]. — R.H. Bloch, *Medieval French Literature and Law*, Berkeley-Los Angeles-Londres, 1977 [chap. 4]. — R.A. Taylor, *La littérature occitane du Moyen Âge*, Toronto, 1977, n°s 102, 219-221, 372 [bibliogr. sélective]. — M. Shapiro, *Tenson et partimen : la tenson fictive*, dans *Actes du 14e congrès intern. de linguistique et philologie romanes*, Naples, 1981, t. 5, p. 287-301. — E.M. Ghil, *L'Âge de Parage. Essai sur le poétique et le politique en Occitanie au* XIIIe *siècle*, New York-Berne-Francfort-sur-le-Main-Paris, 1989, p. 219-294. — Cf. *GRLMA*, t. II/1, fasc. 5, p. 1-15.

J.S.

Teodorico Borgognoni. Originaire de Bologne, fils du médecin Ugo de Lucques et médecin lui-même, le Dominicain Teodorico Borgognoni écrivit en latin, outre des sermons et deux traités d'alchimie (*De sublimatione arsenici* et *De aluminibus et salibus*), une *Chirurgia* (qui sera traduite en catalan), un traité de fauconnerie (*De cura accipitrum*) et un traité d'hippiatrie. Ce dernier ouvrage, la *Mulomedicina* (comptant 116 chapitres en trois parties), fut peut-être rédigé après sa nomination, en 1266, à l'évêché de Cervia, où, du reste, il ne résida pas. Il mourut en 1298.

La *Mulomedicina* fit l'objet d'une traduction abrégée en langue d'oc sous le titre de *Libre dels cavals* : cette traduction ne porte que sur 21 chapitres, relatifs à autant de maladies du cheval ; elle est conservée aujourd'hui dans deux manuscrits du début du XIVe siècle (Aurillac, Arch. mun., AA 4 et Paris, BN, nouv. acq. fr. 11151) et une copie moderne.

ŒUVRE. — A. Thomas, *Traduction provençale abrégée de la « Mulomedicina » de Teodorico Borgognoni, suivie de Recettes pour le vin*, dans *Romania*, t. 40 (1911), p. 353-370 [éd. : p. 358-367].

→ A. Thomas, *Un ms. provençal retrouvé*, dans *Romania*, t. 41 (1912), p. 612-614. — Y. Poulle-Drieux, *L'hippiatrie dans l'Occident latin du* XIIIe *au* XVe *siècle*, dans *Médecine humaine et vétérinaire à la fin du Moyen Âge*, Genève-Paris, 1966, p. 22-24 (*Hautes Études médiévales et modernes*, IV, 2). — Cf. *MBS* n° 7703.

F.F.H.

Terramagnino de Pise. Vers la fin du XIIIe siècle, l'Italien Terramagnino de Pise écrivit une paraphrase en vers, intitulée *Doctrina de Cort*, des *Razos de trobar* du Catalan Raimon Vidal* de Besalú. Cet ouvrage a été conservé par deux mss, l'un à Barcelone et l'autre à Madrid.

ŒUVRE. — Éd. A Ruffinatto, *Terramagnino da Pisa. Doctrina d'Acort*, Rome, 1968. — J. H. Marshall, *The « Razos de trobar » of Raimon Vidal and associated texts*, Londres, 1972, p. 29-53.

→ G. Bertoni, *Noterelle provenzali, I : Terramagnino da Pisa*, dans *RLR*, t. 56 (1913), p. 413-415. — R.A. Taylor, *La littérature occitane du Moyen Âge*, Toronto, 1977, n°s 691 et 693 [bibliogr.]. — C. Brunel, n°s 37 et 45. J.S.

Théâtre profane au* XVe *et dans la première moitié du* XVIe *siècle. À la fin du

Moyen Âge, les acteurs du théâtre profane sont souvent organisés en confréries ou en « bandes », composées surtout d'amateurs, avec quelques professionnels ou semi-professionnels : ainsi les Clercs de la Basoche, les Enfants sans Souci à Paris, les Conards à Rouen. Les textes conservés sont pour la plupart anonymes ; les rares auteurs du théâtre profane que nous connaissions sont des acteurs qui écrivent pour leur « bande », tels André ou Andrieu de la Vigne* (né à La Rochelle vers 1468, mort vers 1525), Pierre Gringore (né vers 1475, probablement en Normandie, mort en 1538 ou 1539) ou Jean de l'Espine, dit Jean du Pont-Alais (mort vers 1540).

Les représentations des mystères sont des festivités exceptionnelles qui durent souvent plusieurs jours. Les représentations du théâtre profane sont très différentes : elles sont montées à bien moindres frais par les comédiens eux-mêmes, sous le contrôle des autorités locales, mais elles ont lieu plus fréquemment (aux Jours Gras, par exemple, ou pour la fête d'un saint patron, ou à l'occasion du passage d'une troupe) et offrent un programme très varié. D'habitude, le spectacle commence par la sottie, et se continue par le monologue ou *sermon joyeux** ; puis vient la moralité (parfois remplacée par un court mystère) ; la farce termine le tout.

1. *La Sottie*. C'est le « lever de rideau », la pièce qui doit mettre le public dans une ambiance d'euphorie : de là son allure décousue et fantaisiste. Une sottie présente obligatoirement un ou plusieurs « sots », auxquels peuvent s'adjoindre le Prince des Sots (ou Mère Sotte), un personnage allégorique (le Monde, Chacun, Bon Temps, Folie) et un comparse comme le Badin. En moyenne, elle comprend entre 300 et 500 octosyllabes. Parfois il n'y a pas d'action, et tout se ramène à une conversation entre sots ; parfois à cette conversation succède une courte intrigue. Par définition, les sots se croient tout permis : non seulement les billevesées, les calembours, le jargon, les incohérences systématiques (voyez *Les Menus Propos*, Rouen, 1461), les répétitions, les énumérations vertigineuses ; non seulement les pirouettes, les gambades et les acrobaties spectaculaires (voyez *Les Sobres Sots*) ; mais aussi les déguisements les plus saugrenus et les allusions les plus irrespectueuses : on dénonce un scandale privé, comme dans la *Sottie pour le Cri de la Basoche*, ou un abus social, comme dans la *Folie des Gorriers* ; parfois encore, on critique la politique intérieure, par exemple dans la *Sottie de l'Astrologue* ou dans *Les Sots Ecclésiastiques* ; une fois même, Gringore ne craignit pas de ridiculiser le pape Jules II en le présentant sous les traits de la Mère Sotte dans sa *Sottie du Prince des Sots* (1512).

2. *Le Sermon Joyeux* et le Monologue dramatique*. Dans le sermon joyeux, l'acteur est déguisé en prédicateur et commence souvent son discours (d'une longueur moyenne de 200 vers) par un texte en latin de cuisine ; puis il fait un panégyrique facétieux (*Sermons de Saint Raisin, de Monseigneur Saint Jambon et de Madame Sainte Andouille, Les grands et merveilleux faits du Seigneur Nemo*), développe une exhortation burlesque (*Sermon des maux que l'homme a en mariage*), publie un mandement de sots (*Monologue des Nouveaux Sots de la Joyeuse Bande*) ou récite une anecdote de haute graisse (*Sermon d'un fiancé qui emprunte un pain sur la fournée*). — Dans le monologue dramatique proprement dit, qui est sensiblement plus long que le sermon, l'acteur fait discourir et vivre, suivant la tradition des « dits » du XIIIe siècle, un personnage bien déterminé : par exemple, un amoureux (*Monologue de la Botte de foin ou Monologue Coquillart*, Reims, 1460), ou un homme qui sait tout faire (*Wavelet de tous mestiers, Maistre Hambrelin*). Le chef-d'œuvre du genre est sans conteste *Franc Archer de Bagnolet** (Paris, 1468), que l'on a pu attribuer à François Villon*, et qui fut imité dans *Le Franc Archer de Cherré* (Angers, 1524).

3. *La Moralité*. La moralité se définit par l'introduction de personnages allégoriques et la volonté de donner une leçon. Mais il faut distinguer entre les moralités courtes, qui n'ont que quatre ou cinq acteurs et comptent seulement quelques centaines de vers ; et les moralités longues, qui dépassent facilement le millier de vers et mettent en scène une douzaine, voire une vingtaine de personnages ou plus encore. — Les moralités courtes ne comportent pas d'action véritable : elles se bornent à décrire quelques personnages représentatifs, après

quoi un incident ou un geste symbolique met fin au jeu. Le comique propre à la sottie (postures burlesques, calembours, fantaisie verbale) y trouve assez souvent place. Enfin, ces pièces sont nettement satiriques d'intention. Voyez *Marchebeau, Science et Anerie, La moralité de l'Aveugle et du Boiteux, La farce des Théologastres, La bergerie de Mieux que Devant*. — Les moralités longues nous font assister à toute une histoire édifiante et usent des mêmes moyens dramatiques que les mystères (gestes spectaculaires et décisifs, intermèdes de fols, personnages antagonistes ou hésitant entre le bien et le mal). Exemples : *Les Enfants de Maintenant, La Vie et l'Histoire du Mauvais Riche, La moralité d'un Empereur qui tua son Neveu, La moralité de Charité, Le Chevalier qui donna sa Femme au Diable, La Condamnation de Banquet* (de Nicole de La Chesnaye*, 1507). Certaines, par leur étendue et le nombre des acteurs, atteignent aux dimensions des grands mystères : ainsi la *Moralité de Bien Avisé, Mal Avisé** (Rennes, 1439), *L'Homme Juste et l'Homme Mondain*, de Simon Bourgoin* (Tarascon, 1476).

4. *La Farce*. En moyenne, la farce a entre 300 et 400 vers et ne comporte que trois ou quatre personnages, avant tout définis par leur condition (le mari, la femme, le badin, le valet, l'amoureux). Les farces sans action (comme *Messieurs de Mallepaye et de Baillevent*) sont rares ; généralement l'intrigue est rudimentaire, mais elle a le mérite d'exister. Elle vise surtout à donner le spectacle de la sottise (*Mahuet, Maistre Mimin qui va à l'école, Le Clerc qui fut refusé à être prêtre*), et utilise donc la ruse comme ressort essentiel *(Canteleux, Barat et le Vilain, Les Femmes qui font bayer leur mari aux corneilles, Les trois Amoureux de la Croix)*. Mais souvent la ruse tourne à la confusion de celui qui l'a imaginée, et tel est pris qui croyait prendre. C'est ce renversement de situation qui fait la durable gaieté de nos plus célèbres farces : *Le Meunier, La Cornette, Un Gentilhomme et Naudet, Le Cuvier*, Le Pâté et la Tarte*, et même *Pathelin**. Comme la représentation se termine avec la farce, il faut faire vite et fort, et on souligne ce comique fondamental par des procédés simples et sûrs comme les coups et les violences diverses, les déguisements, les jargons et les accumulations d'injures. La farce est-elle réaliste ? Oui, sans doute, car elle fournit maint précieux renseignement sur la vie domestique de l'époque. Et pourtant, quelle stylisation dans le dessin des différents types, et quel parti pris de laideur réjouissante dans la peinture de cette humanité quotidienne ! C'est qu'il faut faire rire le spectateur à gorge déployée, et, pour le renvoyer content, lui donner clairement à entendre qu'il n'est pas de ce monde-là.

ŒUVRES. — A. de Montaiglon, *Recueil de poésies françaises des XVe et XVIe siècles*, Paris, 1865-1878, 13 vol. — É. Picot et C. Nyrop, *Nouveau recueil de farces françaises des XVe et XVIe siècles,* Paris 1880. — E. Picot, *Recueil général des Sotties*, Paris, 1902-1912, 3 vol. — E. Philipot, *Trois farces du Recueil de Londres*, Rennes, 1931. — E. Droz, *Le Recueil Trepperel*, t. 1 : *Les Sotties*, Paris, 1935 ; t. 2 : *Les Farces*, Genève, 1961. — E. Philipot, *Six farces normandes du Recueil La Vallière*, Rennes, 1939. — G. Cohen, *Recueil de farces françaises inédites du XVe siècle*, Cambridge (USA), 1949. — *Moralités françaises*, rééd. W. Helmich, Genève, 1980, 3 vol. — J. Koopmans, *Recueil de sermons joyeux*, Genève, 1988 (*TLF*, 362) ; *Quatre sermons joyeux*, Genève 1984 (*TLF*, 362). — A. Tissier, *Recueil des farces*, Genève 1986-1989 (*TLF*, 336, 350, 358, 367, 374).

→ H. Lewicka, *Bibliogr. du théâtre profane français des XVe et XVIe siècles*, Paris, Wroclaw, 1980 ; et T. Jaroszewska, *Supplément*, 1987. — L. Petit de Julleville, *Répertoire du théâtre comique en France au Moyen Âge*, Paris 1886. — É. Picot, *Le monologue dramatique dans l'ancien théâtre français*, dans *Romania*, t. 15 (1886), p. 358-422 ; t. 16 (1887), p. 438-542 ; t. 17 (1888), p. 207-275. — R. Garapon, *La fantaisie verbale et le comique dans le théâtre français*, Paris, 1957. — B. Bowen, *Les caractéristiques essentielles de la farce française et leur survivance dans les années 1550-1620*, Urbana, 1964. — H. Lewicka, *Études sur l'ancienne farce française,* Paris, 1974. — J.C. Aubailly, *Le monologue, le dialogue et la sottie. Essai sur quelques genres dramatiques de la fin du Moyen Âge et du début du XVIe siècle,* Paris, 1976. — H. Rey-Flaud, *La farce ou la machine à rire*, Genève, 1984 (*Publ. Romanes et fr.*, 167). — Cf. *MB* nos 5862-5941, 7091-7101, 8047-8059 ; *S* 8233-8386. R.G.

Théodulf. Théodulf est né vers 760, peut-être dans la région de Sarragosse, d'une famille wisigothique qui avait sans doute fui l'invasion arabe et avait trouvé refuge en Septimanie. Il reçut une excellente instruction en grammaire, poésie et littérature chrétienne. Au cours d'un voyage en Italie il fut présenté à Charlemagne qui, séduit par ses connaissances et ses talents, l'attacha à sa suite et l'admit dans le cercle de la cour. Dans un poème adressé au roi, il décrit tous les savants qui composent l'académie du palais, en leur donnant des noms empruntés à l'Antiquité. Lui même se fait nommer Pindare, en raison de ses qualités de poète. Placé, quelques années plus tard, à la tête de l'évêché d'Orléans, il reçoit une après l'autre les principales abbayes de l'Orléanais : Saint-Aignan, Saint-Lifard de Meung, Saint-Mesmin et surtout, en 801, Fleury (Saint-Benoît-sur-Loire). Tout près de là, dans sa villa de Germigny-des-Prés, il fit édifier une église qui subsiste encore aujourd'hui et qui témoigne de l'architecture carolingienne. Préoccupé avant tout de pastorale, il réalisa dans sa province le programme de réforme intellectuelle, condition nécessaire à la réforme du clergé. Il rédigea très tôt sa *Paraenesis ad episcopos* qui est une mise au point de l'organisation religieuse, et deux recueils de préceptes adressés par l'évêque à ses prêtres, les *Capitularia ad presbyteros*, dont le premier, en 45 chapitres, fut très diffusé, et dont le deuxième est un pénitentiel. Désigné par Charlemagne comme *missus dominicus*, avec Leidrade, métropolitain de Lyon, en Provence et en Septimanie, il rend compte de sa mission dans un poème, *Versus contra judices*, contre le droit populaire et les juges germaniques. Alcuin* nous apprend, par une de ses lettres (*epist*, IV, 24) que Théodulf fut appelé à se prononcer sur Félix d'Urgel et l'adoptianisme espagnol, mais on ignore la nature de sa participation aux conciles sur cette question. Mieux connue, en revanche, est son intervention dans l'affaire du *filioque*, puisqu'il participa au concile d'Aix-la-Chapelle qui affirma la doctrine de la double procession, et écrivit, en 809, à la demande de Charlemagne, un traité sur le Saint-Esprit. Théodulf participa aussi à la querelle sur l'iconoclasme par la réponse faite par Charlemagne aux Byzantins sur l'adoration des images, dans le capitulaire *De imaginibus*, appelé généralement *Libri carolini*, dont la rédaction lui est aujourd'hui attribuée. Il y représente bien le courant espagnol, hostile aux images, dont il reconnaît pourtant la valeur artistique et la fonction pédagogique. À la demande de Charlemagne, Théodulf et Alcuin travaillèrent plusieurs années aux alentours de l'an 800 à la révision de la Bible, insérant dans la Vulgate certains passages conservés dans les Septante. Six Bibles de Théodulf sont conservées, où la décoration, faite de rinceaux, arcatures et tresses, révèle ses idées iconographiques hostiles à la représentation des figures humaines. En 814, Théodulf fut appelé à co-signer le testament de Charlemagne. À la différence d'Alcuin ou Adalhard*, il ne se préoccupa guère de politique. Ce fut avant tout un poète. La poésie constitue, en effet, la plus grande partie de son œuvre, celle dans laquelle il mit le meilleur de lui-même : poèmes abondants et faciles, où se révèlent sa haute culture et sa sensibilité, sur tous les sujets et en toutes circonstances, personnelles ou officielles. On lui doit l'hymne *Gloria laus et honor*, dont est extrait le processionnal chanté le dimanche des Rameaux jusqu'à la récente réforme liturgique. C'est pourtant un rôle politique qu'il joue quand il chante la mission divine de Charlemagne, et crée par ses écrits et par sa présence l'atmosphère impériale, dont il célèbre l'aboutissement par le couronnement de Noël 800. À la mort de Charlemagne, Théodulf écrit à Louis le Pieux et le reçoit à Orléans pour lui exprimer son loyalisme. Deux ans plus tard, accompagnant le pape Étienne IV à Reims pour le sacre de l'empereur, il reçut le *pallium*. Cependant le partage de l'empire l'inquiète. Impliqué dans la révolte de Bernard d'Italie, neveu de l'empereur, et accusé de complicité, il fut proscrit et envoyé en exil, en même temps qu'Adalhard, Wala et Leidrade, mais il fut traité plus sévèrement que les autres : emprisonné dans le monastère Saint-Aubin d'Angers, il se refuse à toute compromission pour recouvrer la liberté. Il ne vécut pas assez longtemps pour bénéficier de l'amnistie générale de 821. On ne sait où se trouve son tombeau.

ŒUVRES. — L'œuvre de Théodulf est donc multiple : poétique, théologique, liturgique, pastorale, exégétique et spirituelle.

Poésie : *PL*, t. 105, col. 283-380. — E. Dümmler, *MGH, Poet., lat. aev. carol.*, t. 1, Berlin, 1881, p. 437-581 ; rééd. en 1978. — D. Schaller, *Philologische Untersuchungen zu den Gedichten Theodulfs von Orleans*, dans *DAEM*, t. 18 (1962), p. 13-91.

Théologie : *De spiritu Sancto Veterum patrum sententiae quod a Patre Filioque pro-*

cedat : florilège de textes patristiques précédés d'une préface en vers adressée à Charlemagne : *PL*, t. 105, col. 259-276. — Éd. de la préface : E. Dümmler, *op. cit.*, t. 1, p. 527-528.

Liturgie : *Liber de ordine baptismi*, adressé à son métropolitain Magnus, évêque de Sens : c'est une réponse au questionnaire adressé par Charlemagne aux métropolitains pour l'introduction en Gaule de la liturgie baptismale romaine : l'ouvrage y expose les différentes étapes de l'initiation chrétienne et du catéchuménat ; on y trouve deux allusions aux controverses du temps : l'adoptianisme et le *Filioque* : *PL*, t. 105, col. 223-240. — E. Dümmler, *MGH, Epist.*, IV, p. 533 n° 24. *Expositio missae Dominus vobiscum*, dont l'attribution à Théodulf a été mise en cause par Don Wilmart (*DACL*, t. 5, 1922, col. 1019-1020), est peut-être son œuvre : éd. I.M. Hansens, *Amalarii... opera liturgica omnia*, t. 1, Vatican, 1948, p. 284-336.

Œuvre pastorale : deux recueils de préceptes adressés aux prêtres de son diocèse, *Capitulare primum* et *Capitulare secundum ad presbyteros*, importants pour la connaissance de la législation religieuse et l'organisation diocésaine et paroissiale. *PL*, t. 105, col. 191-208 et 208-224. — Éd. critique C. de Clercq, *La législation religieuse franque de Clovis à Charlemagne (507-814)*, Louvain-Paris, 1936, p. 323-351 [analyse, p. 262-274]. — P. Brommer, *MGH, Capitula episcoporum*, t. 1, Hanovre, 1984, p. 73-184. — Éd. et trad. anglaise H. Sauer, *Theodulfi capitula in England. Die Altenglische Übersetzungen, Zusammen mit den lateinischen text*, Munich, 1978 [éd. p. 295-402] (*Münchener Universitäts schriften. Institut für englische Philol. Texte und Untersuchungen zur Englischen Philologie*, 8).

Exégèse : révision de la Bible pour mettre en ordre les textes aux variantes multiples qui circulaient. Théodulf tend à ne sacrifier aucune variante intéressante, principalement celles des Septante, et suit l'ordre des livres des Bibles hébraïques. Il voulut que les Bibles sorties de son *scriptorium* fussent assorties d'une chronique, inspirée d'Isidore, d'une clef pour l'interprétation symbolique, et d'un *speculum* ou recueil de préceptes moraux pris dans saint Augustin. Préfiguration des éd. critiques, mais trop compliquées, les Bibles de Théodulf n'eurent pas grand succès. *Prologi metrici in Biblia* : éd. H. Quentin, *Biblia Sacra juxta latinam Vulgatam versionem ad codicum fidem, Jussu Pii PP XI edita*, I : *Librum Genesis cum prologis*, Rome, 1926, p. 52-60. — L. Delisle, *Les Bibles de Théodulf*, dans *BEC*, t. 40 (1879), p. 5-47. — B. Fischer, *Bibeltext und Bibelreform unter Karl dem Grossen*, dans *Karl der Grosse*, 2, *Das Geistige leben*, Düsseldorf, 1967, p. 156-216 ; *Lateinische Bibelhandschriften im frühen Mittelalter*, Fribourg-en-Brisgau, 1985, p. 101-202. — E. Dalhaus-Berg, *Nova Antiquitas et Antiqua Novitas. Typologische Exegese... Theodulfs von Orleans*, Cologne-Vienne, 1975 (*Kölner Historische Abhandlungen*, 23). — M. Vieillard-Troïekouroff, *Les Bibles de Théodulf et leur décor aniconique*, dans *Études ligériennes d'histoire et d'archéologie médiévale*, Paris, 1975, p. 345-383.

Œuvre pastorale : *Libri carolini* ou capitulaire *De imaginibus*, rédigé entre 791 et 794, après le concile de Nicée réuni en 787 par l'impératrice Irène, qui mettait fin à la querelle des images. Après avoir attribué cette œuvre à Alcuin, on estime aujourd'hui que Théodulf en est l'auteur, par l'analyse de rapprochements entre ces textes et les textes liturgiques wisigothiques de cette époque. Éd. H. Bastgen, *MGH, Concilia*, t. 2 *Supplementum*, Hanovre-Leipzig, 1924.

→ A. Freeman, *Theodulf of Orleans and the Libri Carolini*, dans *Speculum*, t. 32 (1957), p. 663-705 ; *Further Studies in the Libri Carolini, ibid.*, t. 40 (1965) p. 203-289 ; *Theodulf of Orleans and the psalm citations of the libri carolini*, dans *Revue Bénédictine*, t. 97 (1987), p. 195-224. — S. Gero, *The libri carolini and the Image Controversy*, dans *The Greek Orthodox Theological Review*, t. 18 (1973), p. 7-34. — L. Wallach, *Diplomatic Studies in Latin anf Greek Documents from the Carolingian Age*, Ithaca-Londres, 1977. — P. Meyvaert, *The Authorship of the Libri Carolini, Observations prompted by a Recent Book*, dans *Revue Bénédictine* t. 89 (1979), p. 29-57. — C. Chazelle, *Matter, Spirit and Image in the Libri Carolini* dans *Recherches augustiniennes*, t. 21 (1986), p. 163-184. — Baunard, *Theodulf évêque d'Orléans et abbé de Fleury-sur-Loire*, Orléans, 1860. — C. Cuissard, *Theodulf d'Orléans, sa vie, ses œuvres*, Orléans, 1892. — Brunhölzl, p. 288-299. — *DS*, fasc. 96-98, 1990, col. 437-441 (P. Riché). — Manitius, 1, p. 535-543. — Molinier, introd., n°s 33, 90, 107, t. 1, p. 183 et 186, et n°s 759, 789. F.G.

Theseus de Cologne. Le roman de Theseus, remaniement d'un poème antérieur perdu, mais dont on peut supposer l'existence, comprend, dans sa version la plus longue, plus de 25 000 vers alexandrins. Un premier état, postérieur à l'année 1361 et sans doute plus voisin de l'original, racontait l'histoire du jeune Theseus, fils de Floridas, roi de Cologne, qui, s'étant épris, sans l'avoir vue autrement qu'en effigie, de la belle Flore, fille de l'empereur de Rome Esmeré, réussit à pénétrer dans sa chambre, en s'enfermant dans un aigle d'or offert en cadeau à la jeune fille. Il s'en fait aimer, l'épouse clandestinement et l'enlève. La nef qui emporte les fugitifs est interceptée par la flotte d'Abilant, empereur de Constantinople. Tandis que Theseus est emmené à Antioche par le roi Aceré, Flore est contrainte d'épouser Abilant. Elle met au monde un fils né de Theseus, qui lui est enlevé dès sa naissance.

Irrité par le départ de sa fille, Esmeré met le siège devant Cologne qui succombe. Le roi, la reine et leur fille Bandour (la future sainte Bathilde) sont emmenés captifs à Rome. Dagobert envoie contre Esmeré, qu'il tient pour responsable, un nouveau contingent sous les ordres d'un traître, Lambert d'Anjou. Cependant Theseus, revenu d'Antioche, s'apprête à recouvrer son héritage. Il reprend Cologne, délivre ses parents et, revenu dans son pays, déjoue les intrigues d'un chambellan félon et marie sa sœur avec Ludovis, héritier du trône de France. De retour à Antioche avec ses compagnons de lutte, Ludovis et Assaillant, comte de Dammartin, Theseus tombe aux mains des Grecs, tandis que Lambert, en l'absence de Ludovis, tente d'usurper la couronne à la mort de Dagobert.

Dans l'intervalle, l'enfant de Flore baptisé Gadifer, a atteint l'âge de dix-sept ans. Il épouse Osane, fille de son père adoptif, et ses aventures vont désormais prendre le pas sur celles de Theseus. Proclamé empereur de Constantinople, il retrouve son père et sa mère. Après maintes aventures, Theseus et son fils retournent à Rome, et Gadifer se hâte de regagner la Grèce, où l'attendent de nouvelles et rudes épreuves. Sa femme Osane, calomniée, se voit enlever ses enfants qui seront recueillis par un charbonnier. Osane se réfugie à Jérusalem, ce qui permet de transférer l'action en Orient. Après diverses péripéties, la famille de Theseus est enfin réunie, et l'histoire du héros paraît terminée. Au moment où l'autorité de Charles V s'affirme à l'intérieur comme à l'extérieur, un continuateur s'avise de poursuivre le récit en développant les aventures des enfants issus de Gadifer. C'est de nouveau une famille dispersée qu'il s'agit de réunir à travers une succession d'épisodes assez habilement calqués sur les précédents. Certains d'entre eux se déroulent à Paris et dans la région parisienne, où s'illustrent, au service de la monarchie, Assaillant, comte de Dammartin, et son fils Gérard.

Exemple caractéristique des procédés en usage chez les remanieurs du XIVe siècle, le roman de *Theseus*, comme la plupart des œuvres similaires conçues à l'intention de la foule, dans le dessein plus ou moins déguisé de peser sur l'opinion, tirent leur matière de chansons plus anciennes utilisées directement ou d'après de plus récentes adaptations, comme *Baudouin de Sebourc**, le *Chevalier au Cygne**, *Florent et Octavien**, *Dieudonné de Hongrie** et beaucoup d'autres. Les thèmes éprouvés de l'épopée décadente y sont exploités sans vergogne : la belle-mère jalouse, la reine faussement accusée, la séparation des familles, l'opposition entre « nature et nourriture ». Le théâtre de l'action se déplace en divers lieux d'Europe et jusqu'en Orient, car les Sarrasins ont leur place indiquée dans des romans qui veulent passer pour des chansons de geste. Bien entendu, l'actualité contemporaine est discrètement évoquée, comme apparaît la haute figure de Dagobert qui sut procurer à ses descendants la protection de saint Denis.

L'ouvrage, dans sa forme la plus étendue, fut mis en prose au XVe siècle. Il nous en reste des impressions du XVIe siècle. De cette mise en prose dérivent trois abrégés qui, négligeant la plupart des allusions au règne de Charles V, mettent l'accent sur les faits de l'histoire mérovingienne en s'inspirant des *Grandes Chroniques de France**. Ainsi le roman d'aventures issu du conte de l'aigle d'or, désormais négligé, se survit sous la forme d'une chronique familiale à la gloire de la maison de Dammartin et de son plus illustre représentant, Antoine de Chabannes.

→ P. Paris, dans *HLF*, t. 26 (1873), p. 26. — R. Bossuat, *Theseus de Cologne*, dans *Le Moyen Âge*, t. 65 (1959), p. 97-133, 293-320, 539-577 ; *Le roi Dagobert, héros de romans du Moyen Âge*, dans *CRAIBL*, 1964, p. 361-367. — L. Theis, *Dagobert, Saint-Denis et la royauté française au Moyen Âge*, dans *Le métier d'historien au Moyen Âge. Études sur l'historiographie médiévale*, Paris, 1977, p. 19-30 ; *Dagobert, un roi pour son peuple*, Paris, 1982. — N. Laborderie, *Florent et Octavien, Chanson de geste du XIVe siècle*, Paris, 1991 (*Nouvelle Bibliothèque du Moyen Âge*). — Cf. *MB* nos 4066, 7858 ; *S* 6549-6550. R.B.

Thibaut. Nom donné en acrostiche à l'amoureux-auteur du *Roman de la Poire*, daté du milieu du XIIIe siècle. Malgré le titre de *roman*, il s'agit plutôt d'une variation sur le thème du Salut d'amour*, qui se situe nettement dans le domaine de la lyrique et se distingue des romans de chevalerie. Y sont présents les thèmes propres à la courtoisie, dans une sophistication et un raffinement poussés à l'extrême. La figure allégorisée d'Amour, médiateur entre l'auteur et la dame aimée dans le secret, tient la première place. Le narrateur raconte en 3 000 vers comment il tombe amoureux d'une dame, comment Amour prend son cœur et l'envoie à la dame, comment elle tombe amoureuse de lui et lui envoie son cœur à son tour, comment les amoureux communiquent à travers un échange de refrains et comment il décide de mettre par écrit l'histoire de cet amour. La figure d'Amour est escortée de couples célèbres, tels Tristan* et Iseut ou Pyrame* et Thisbé, dont certains épisodes de la vie sont évoqués. Une vingtaine de refrains sont insérés, entourés quelquefois d'un fragment de chanson, chantés par l'auteur-amoureux (dont le nom est révélé par les initiales des refrains), par la dame ou par un des nombreux personnages allégoriques comme Leautez, Sostif Pensee, Douz Regart, Contenance, Mesure, qui prouvent une étroite correspondance avec la première partie du *Roman de la Rose** écrite par Guillaume de Lorris*.

La versification est originale et complexe, en particulier dans la longue partie qui sert d'introduction. Le texte se complique encore d'énigmes : anagrammes, acrostiches, avec ajouts ou suppressions éventuels de lettres, accroissant les difficultés de résolution et brouillant les pistes — celle de l'autobiographie et celle du roman, ou plutôt du chant d'amour —, dans la matérialité de la lettre.

ŒUVRE. — Éd. C. Marchello-Nizia, *Le Roman de la Poire par Tibaut*, Paris, 1984 (*SATF*).

→ M.-R. Jung, *Études sur le poème allégorique en France au Moyen Age*, Berne, 1971, p. 310-317 (*Romanica Helvetica*, 82). — A. Ladd, *Attitude toward Lyric in the Lai d'Aristote and some Later Fictional Narratives*, dans *Romania*, t. 96 (1975), p. 194-208. — A. Serper, *Thèmes et allégorie dans le Roman de la Poire de Thibaut*, dans *Atti del 14 Congresso int. di Linguistica e Filologia romanza, Napoli, 15-20 aprile 1974*, Naples-Amsterdam, 1980, p. 397-403. — S. Huot, *From Roman de la Rose to Roman de la Poire : the Ovidian Tradition and the Poetics of Courtly Literature*, dans *Medievalia et Humanistica*, t. 13 (1985), p. 95-111. — Cf. *MB* n°s 2802 ; *S* 4921, 5069 *bis*-5071, 6846. C.R.

Thibaut d'Amiens. Trouvère inconnu, que l'on peut supposer originaire d'Amiens (Somme). Thibaut est l'auteur d'une remarquable chanson pieuse en l'honneur de la Vierge. Conservée dans 15 mss, dont un fragment, cette prière, en 16 strophes de 12 pentasyllabes, fut composée à la fin du XIIe ou au début du XIIIe siècle : son accent prenant et discret renouvelle un genre vite sclérosé par le recours aux images stéréotypées et aux traditionnelles litanies.

ŒUVRE. — A. Långfors, *La Prière de Thibaut d'Amiens*, dans *Mél. J. Orr*, Manchester, 1953, p. 134-157. — P. Bec, *La lyrique française au Moyen Âge (XIIe-XIIIe siècle)*, Paris, 1978, t. 2, p. 80-84 [édition]. — *Anthologie de la poésie lyrique française des XIIe et XIIIe siècles*, éd. bilingue J. Dufournet, Paris, 1989, p. 200-209 *(NRF/Poésie)*.

→ Linker, n° 253. — Cf. *GRLMA*, t. VI/1, p. 7, 20 ; t. VI/2, n° 1144. — *MB* n°s 6591 ; 6606. G.M. et F.F.H.

Thibaut de Blaison. Poète lyrique, dont le nom est mentionné à partir de 1200. Seigneur de Blaison (Blaison-Gohier : Maine-et-Loire, arr. Angers, cant. des Ponts-de-Cé), Thibaut l'était aussi de Mirebeau (Vienne, arr. Poitiers) et de Mauzé (Mauzé-Thouarsais : Deux-Sèvres, arr. Bressuire, cant. Thouars). Après avoir participé à la campagne de Las Navas de Tolosa en juillet 1212, Thibaut de Blaison prit part également à la croisade albigeoise. Il assista au sacre du jeune roi Louis IX en novembre 1226. Sénéchal du Poitou pour le roi de France, entre 1227 et 1229, il fut, en juin 1228, arbitre du renouvellement des trêves conclues en 1227 entre Louis IX et Henri III d'Angleterre. Il mourut en 1229.

Ami du comte Thibaut de Champagne*, pour qui il fut peut-être une sorte de lien entre la poésie méridionale et la poésie du Nord, Thibaut de Blaison a certainement composé une pastourelle, une chanson de malmariée et sept chansons d'amour, dont une en langue provençalisée : aussi bien poitevin qu'angevin, Thibaut pratiquait la langue d'oc comme celle d'oïl. Une autre chanson (R. 1918) doit être restituée au vidame de Chartres, Guillaume de Ferrières* ; une pastourelle (R. 575) et un motet sont d'attribution douteuse.

ŒUVRES. — *Les poésies de Thibaut de Blaison*, éd. T.H. Newcombe, Genève, 1978 (*TLF*, 253). — *Anthologie de la poésie lyrique française des XIIe et XIIIe siècle*, éd. bilingue J.

Dufournet, Paris, 1989, p. 158-165 *(NRF/ Poésie)* [deux chansons].

→ P. Wunderli, *Amors, ge ne me planh mia...*, dans *Mél. H. Friedrich*, Francfort-sur-le-Main, 1975, p. 930-953 ; *Can se reconïan auzeus...*, dans *Mél. R.R. Bezzola*, Berne, 1978, p. 377-393. — A.M. Raugei, *Una lirica di Thibaut de Blaison (Spanke 738)*, dans *Acme* (sett. dic. 1978), p. 491-510. — Linker, n° 255. — Cf. *MB S* n° 4505-4508. F.F.H.

Thibaut de Champagne. Né le 30 mai 1201, fils posthume de Thibaut III de Champagne et de Blanche de Navarre, petit-fils de Marie de Champagne, la protectrice de Chrétien de Troyes*, de Gace Brulé* et de bien d'autres poètes, et arrière-petit-fils d'Aliénor d'Aquitaine*, le comte Thibaut IV de Champagne passa une partie de son enfance à la cour du roi Philippe Auguste ; il commença à régner en 1214, d'abord sous la tutelle de sa mère ; il épousa successivement Gertrude de Metz (1220) et Agnès de Beaujeu (1223). Il participa aux campagnes du roi Louis VIII contre les Anglais, et en 1224 au siège de La Rochelle. En 1226, en plein siège d'Avignon, il abandonna son suzerain, Louis VIII, pour regagner son fief ; le roi étant décédé peu après son départ, Thibaut fut accusé de l'avoir empoisonné. Il prit, en 1227, le parti des grands feudataires du royaume contre Blanche de Castille, la veuve de Louis VIII, qui exerçait la régence pour son fils Louis IX mineur. Bientôt détaché de la coalition par l'habile diplomatie de la reine mère, il fut attaqué par ses anciens alliés et sauvé grâce à l'intervention de l'armée royale. En 1228, quand les Anglais débarquèrent en Normandie, il vint au secours de la reine mère ; il fut médiateur entre la monarchie et le comte Raymond VII de Toulouse, en 1229. Après la mort de sa seconde femme Agnès, il épousa en 1232 Marguerite de Bourbon. Il devint roi de Navarre en 1234, son oncle maternel, le roi Sanche le Fort, étant mort sans héritier direct. Quelques mois plus tard, il participa de nouveau à une rébellion des grands féodaux contre la couronne (1235), mais il fut rapidement obligé de se soumettre définitivement (1236). En 1239, il dirigea contre les musulmans de Terre sainte une croisade qui fut un échec. Rentré en France dès 1240 (alors que beaucoup de croisés restaient prisonniers), il combattit contre les Anglais, en 1242, aux côtés de Louis IX lors des batailles de Taillebourg et de Saintes. En 1245, il effectua un pèlerinage de pénitence à Rome et mourut à Pampelune en 1253.

Ce vassal inconstant, ce politique médiocre et versatile, était lettré et se plaisait dans la compagnie des poètes. Influencé par Gace Brulé, Thibaut de Champagne fut en relation poétique avec Chardon de Croisilles*, Philippe de Nanteuil*, Raoul de Soissons*, Thibaut de Blaison* et, peut-être, Guillaume le Vinier*. Trouvère estimé de son vivant, Thibaut est l'auteur de 71 compositions lyriques, conservées dans 32 mss ; 18 autres morceaux sont encore mis sous son nom dans certains chansonniers, mais l'authenticité de dix d'entre eux est douteuse et les huit derniers ne sont pas de lui. Dans cette œuvre imposante, les chansons d'amour — il y en a 37 — prédominent nettement. On a cru pendant longtemps qu'elles avaient été rimées pour Blanche de Castille et l'on a expliqué par la passion qu'il aurait nourrie pour elle les revirements de la politique du comte. C'est là une pure légende, qui se fonde uniquement sur les calomnies concernant les amours coupables de la régente et du Champenois, que leurs ennemis firent courir dans le public.

Dans ses chansons amoureuses, Thibaut ne se montre pas un novateur. Il se contente de reprendre les thèmes et les clichés de la poésie courtoise. Il tente, en revanche, de varier et d'égayer le contenu de ses pièces par un mélange de sentiment et d'humour, de gravité et d'enjouement. La désinvolture aristocratique dont, parfois, il fait preuve à l'égard des conventions de « la fine amour », la liberté de ton avec laquelle il lui arrive de les traiter sont en effet peu communes. Sur ses vers, si conformes pourtant aux normes de la tradition lyrique, il passe de temps à autre un souffle d'ironie, nous prévenant qu'il ne faut pas prendre ses déclamations passionnées au pied de la lettre. Certes, il se peint toujours sous les traits d'un amoureux transi, fidèle et dévoué à sa dame. Mais le prince perce sous l'amant : la conscience qu'il avait de son rang, sa confiance en lui et sa bonne humeur nuancent ses protestations d'humilité et de soumission d'une pointe de condescendance ou d'un brin de malice. Il accomplit le « service d'amour » en grand seigneur, et se plie aux règles et aux rites de la courtoisie comme à ceux d'un jeu noble, digne de lui.

C'est donc par son attitude face à la matière qu'il traite, et non point par l'originalité de celle-ci, que Thibaut se distingue et parvient à rendre vivante une poésie déjà fort usée. Son art, du reste, n'est pas moins remarquable que son tour d'esprit, et l'étendue de son registre poétique témoigne de sa maîtrise tout autant que de sa curiosité littéraire. Bon musicien, écrivain plein de ressources et de souplesse, virtuose sans excès du rythme et de la rime, il s'essaie dans les genres les plus divers. Outre des « grands chants » ou chansons d'amour courtoises, son œuvre comprend en effet deux pastourelles et un serventois mi-politique mi-religieux, neuf jeux-partis et cinq débats, trois chansons de croisade et cinq chansons, dont un lai, en l'honneur de la Vierge. Nombre de ces pièces sont très réussies. L'auteur y passe avec aisance du sourire à l'émotion, du naturel au maniérisme. Aristocrate écrivant pour un public choisi et blasé, il verse volontiers dans la préciosité : il raffine sur les motifs courtois déjà si recherchés, sème ses vers de pointes et de jeux de mots, se plaît aux allusions littéraires, aux métaphores filées et aux images développées en allégories. Si cette afféterie du language nuit à la spontanéité de l'expression, elle fait rarement tort par contre à la clarté de la phrase, car le poète manie la rhétorique galante avec un savoir-faire souverain. Il la rajeunit même, en l'enrichissant de métaphores et de comparaisons nouvelles, empruntées au règne animal et aux *Bestiaires**, aux œuvres de la nature et aux activités de l'homme. Il possède enfin le sens de la composition, si rare chez les trouvères, et sait développer les thèmes avec facilité, en un style brillant et ferme, qui ne sent pas l'effort.

Le comte de Champagne jouit d'une grande réputation auprès de ses contemporains. Dans la seconde moitié du XIIIe siècle, ses poèmes passaient, avec ceux de Gace Brulé, pour *les plus belles chançons et les plus delitables et melodieuses qui onques feussent oïes en chançon ne en viele*. Au début du siècle suivant, Dante* rangea Thibaut parmi les « poètes illustres ». On mesure la haute estime que l'on avait pour lui au nombre de ses compositions que les recueils de chansons médiévaux nous ont transmises et à la place qu'on leur assignait dans ces anthologies, où elles se présentent souvent en tête du volume. Aujourd'hui, Thibaut reste un des meilleurs représentants de la lyrique courtoise de langue française. Par la grâce et l'ingéniosité de l'invention, la légèreté du ton et la délicatesse de l'expression, il annonce dans ses pièces les mieux venues la manière de Charles d'Orléans*.

ŒUVRES. — *Les chansons de croisade*, éd. J. Bédier et P. Aubry, Paris, 1909 (réimp. New York, 1971), p. 169-206. — *Les chansons de Thibaut de Champagne, roi de Navarre*, éd. A. Wallensköld, Paris, 1925 (*SATF*, 69). — A. Långfors, A. Jeanroy et L. Brandin, *Recueil général des jeux-partis français*, Paris, 1926, t. 1, p. XIX-XXII et 11-47 (*SATF*, 70). — *Poètes et romanciers du Moyen Âge*, éd. A. Pauphilet, nouv. éd., Paris, 1952, p. 891-905 (*Bibl. de la Pléiade*, 52) [11 chansons]. — P. Bec, *La lyrique française au Moyen Âge (XIIe-XIIIe siècle)*, Paris, 1978, t. 2, p. 47-48, 98-99, 133-134 [trois pièces]. — *Thibaut de Champagne, Bestiaire d'un poète*, dans *Bestiaires du Moyen Âge*, trad. G. Bianciotto, Paris, 1980, p. 117-124 (*Stock Plus, Moyen Âge*, 35). — *Anthologie de la poésie lyrique française des XIIe et XIIIe siècles*, éd. bilingue J. Dufournet, Paris, 1989, p. 166-177 *(NRF/Poésie)* [trois chansons]. — *The Lyrics of Thibaut de Champagne*, éd. et trad. K.J. Brahney, New York, 1989 (*Garland Library of Medieval Literature*, series A, 21).

→ J. Frappier, *La poésie lyrique française aux XIIe et XIIIe siècles*, Paris, 1954 (rééd. 1966), p. 173-195. — M.R. Dolly et R.J. Cormier, *Aimer, souvenir, souffrir : les chansons d'amour de Thibaut de Champagne*, dans *Romania*, t. 99 (1978), p. 311-346. — A. Arens, *Traditionnelles und Originelles bei Thibaut IV von Champagne : die Kanzonen « Por conforter ma pesance »*, dans *Mél. G. Rohlfs*, Tübingen, 1980, t. 2, p. 435-447. — M. Faure, *« Aussi com l'unicorne sui » ou le désir d'amour et le désir de mort dans une chanson de Thibaut de Champagne*, dans *Poètes du XIIIe siècle, RLR*, t. 88 (1984), p. 15-21. — *Thibaut de Champagne, prince et poète au XIIIe siècle, Actes du colloque organisé par le Centre de Recherche sur la littérature du Moyen Âge et de la Renaissance de l'Univ. de Reims (janvier 1986)*, sous la dir. de Y. Bellenger et D. Quéruel, Lyon, 1987 *(Archives de Champagne)* [cf. *Romania*, t. 108 (1987), p. 427-428]. — R. Pensom, *Thibaut de Champagne and the Art of the Trouvere*, dans *Medium Aevum*, t. 57 (1988), p. 1-26. — Linker, n° 240. — Cf. *GRLMA*, t. VI/1, p. 292 ; t. VI/2, n° 5660. — *MB* n°s 2395-2398, 6486 ; *S* 4276 ; 4315 ; 4386 ; 4452 ; 4465 ; 4509-4512 ; 4567 *bis* ; 5349.

G.M. et F.F.H.

Thibaut de Marly. Probablement fils du

connétable Matthieu Ier de Montmorency, seigneur de Marly-le-Roi, et de sa première femme Aline, fille naturelle d'Henri Ier d'Angleterre, Thibaut de Marly naquit entre 1130 et 1135. Vers la quarantaine, il décida de partir en pèlerinage et réalisa peut-être son dessein entre 1173 et 1175. Quelles que soient les circonstances précises de sa conversion, il entra dans l'ordre de Cîteaux : on le trouve en 1185 à l'abbaye du Val-Notre-Dame (Yvelines). Il mourut en 1190. C'est au moment de se séparer de son frère pour entrer en religion, entre 1182 et 1185, qu'il composa un poème moral d'environ 850 alexandrins répartis en 17 laisses monorimes de longueur irrégulière. Le prologue présente un raccourci de l'histoire sainte, de la création et la chute à la rédemption, qui forme la base théologique de l'enseignement. Celui-ci développe, à grand renfort de peintures effrayantes de l'enfer, les thèmes du mépris du monde et de la fuite du siècle, que relève une virulente satire des différents états de la société, dont Thibaut définit les devoirs en même temps qu'il en stigmatise les vices. Guichard de Beaujeu, Simon de Crépy et quelques autres contemporains à la destinée remarquable sont proposés en exemples aux auditeurs, que doit terroriser, et donc inciter au repentir, une mise en scène apocalyptique baignant dans le macabre. Il subsiste trois copies de ce poème « lourd et barbare mais sincère », de la même veine, talent littéraire en moins, que les *Vers de la mort* d'Hélinand*.

ŒUVRE. — Éd. H.K. Stone, Paris, 1932 [à compléter par le compte rendu d'E. Walberg, dans *Studia neophilologica*, t. 6 (1933-1934), p. 104-119].

→ J.-C. Payen, *Y a-t-il un repentir cistercien dans la littérature française médiévale ?*, dans *Cîteaux*, t. 12 (1961), p. 120-132 ; *Le sens du péché dans la littérature cistercienne en langue d'oïl*, *ibid.*, t. 13 (1962), p. 281-295 ; *Le motif du repentir dans la littérature française médiévale*, Paris, 1967, p. 489-515. — R. Bultot, *Les vers moraux de Thibaut de Marly*, dans *Cîteaux*, t. 19 (1968), p. 68-73. — G.S. Williams, *The Vision of Death : A Study of the Memento Mori Expressions in Some Latin, German and French Didactic Texts of the 11th and 12th Centuries*, Göppingen, 1976. — Cf. *GRLMA* t. VI/2, n° 2284. — *MB* nos 3550 ; *S* 4225, 5863, 5868, 5981. G.H.

Thibaut de Vernon. Vers le milieu du XIIe siècle, un chanoine de la cathédrale de Rouen, Thibaut de Vernon, aurait traduit plusieurs vies de saintes (Thaïs*, Marie l'Égyptienne* et Catherine*) qui ne nous sont pas parvenues. Thibaut serait aussi l'auteur de deux miracles, *le Miracle du clerc de Rouen* (142 octosyllabes), prêt à se marier et rappelé à la sagesse par la Vierge, et l'*Aventure au chevalier* (326 octosyllabes), qui conte comment un chevalier, rebuté par une maîtresse ingrate, est guéri de sa passion malheureuse par la Vierge. Ces derniers miracles sont conservés dans un manuscrit unique du XIIIe siècle (Paris, BN, fr. 23112). On a voulu lui attribuer d'autres vies de saints latines en vers, en particulier une *Vie de saint Alexis** en vers léonins.

→ V. Le Clerc, dans *HLF*, t. 23 (1856), p. 116. — Guinguené, *ibid.*, t. 13 (1869), p. 112-114. — L. Herrmann, *Thiébaut de Vernon*, dans *Le Moyen Âge*, t. 50 (1940), p. 30-43.
A.F.L.L. et S.I.J.

Thierry de Chartres. On a cru longtemps que Thierry était le frère du chancelier Bernard de Chartres*. Cette opinion reçue a été ébranlée en 1965 par la critique de Sir Richard Southern. Il faut reconnaître en effet que, si la parenté de Bernard et de Thierry n'a en soi rien d'impossible ni d'invraisemblable, elle est loin cependant d'être démontrée. En revanche, on ne peut contester que Thierry ait appartenu à l'École de Chartres*. Les documents qui le prouvent ont été rassemblés par B. Hauréau (1812-1896), A. Clerval (1859-1918) et N. Häring (1909-1982). Thierry y est mentionné comme archidiacre de Dreux et chancelier du chapitre de la cathédrale. Il est vrai qu'on a prétendu que Thierry se contentait d'encaisser à Chartres les substantiels revenus attachés à ses hautes charges et qu'il passait le plus clair de son temps à les dépenser ailleurs, notamment à Paris. En fait, comme l'a justement fait remarquer Peter Dronke, le point le moins assuré dans la carrière de Thierry est son prétendu « enseignement parisien », que l'on fixe sans pouvoir en fournir de preuve décisive entre 1130 et 1140.

Quelques dates — les unes sûres, les autres probables — jalonnent la carrière de Thierry de Chartres. En 1121, au concile de Soissons, un certain Maître d'école nommé Thierry *(Terricus quidam scolaris magister)* intervient en faveur de Pierre Abélard*. S'agit-il de Thierry de

Chartres ? On le croit généralement, et non sans raison. Si cette interprétation est correcte, il faut conclure que, dès 1121, alors qu'il n'était pas encore chancelier, Thierry enseignait déjà à Chartres. En 1136, il a la charge de l'un des six archidiaconés qui composent le diocèse de Chartres, celui de Dreux. En 1141 il succède à Gilbert de la Porrée* comme chancelier de Notre-Dame. En 1148 il assiste au concile réuni à Reims pour juger Gilbert de la Porrée : il figure parmi les *Magistri scolarum*. En 1149 « Maître Gerland de Besançon et Maître Thierry de Chartres » — *duos fama et gloria doctores nostri temporis excellentissimos* — accompagnent l'archevêque Albéron de Trèves à la diète de Francfort.

Une épitaphe, découverte par André Vernet et publiée par lui en 1955, nous apprend que sur la fin de sa vie Thierry se retira dans un monastère. Cette épitaphe, composée soit par un disciple soit par un clerc qui connaissait bien la vie et les écrits du Maître, confirme ce que nous savions d'ailleurs, à savoir que Thierry a enseigné dans la ville dont le nom est toujours associé au sien. Chartres, y lisons-nous, a possédé en lui *(Hunc habuit Cartis)* un professeur *(doctorem)*, un archidiacre *(protholevitam)* et un chancelier *(logothetem)* tels qu'elle pourra difficilement en retrouver de pareils *(uix habitura parem)*.

Thierry fut un maître fameux et respecté. Bernard Silvestre* a dédié sa *Cosmographia* « au très grand lettré et ami des philosophes Maître Thierry, chancelier et archidiacre de l'Église de Chartres ». Hermann de Carinthie a dédié au même Thierry sa traduction du *Planisphère* de Ptolémée*. Clarembaud d'Arras*, qui a suivi ses leçons, voit en lui le plus important philosophe de toute l'Europe. Jean de Salisbury* place Thierry « ce très studieux investigateur des Arts » aux côtés de Guillaume de Conches* parmi les Maîtres courageux qui surent défendre la culture contre les « Cornificiens ». L'historien des Croisades Guillaume de Tyr* nous apprend que plusieurs de ses professeurs, tels que Bernard de Moëlan*, Pierre Hélie* et Yves doyen de Chartres, avaient été pendant de nombreuses années les élèves de Maître Thierry « homme très lettré ».

L'œuvre de Thierry a progressivement été tirée de l'oubli. Dans son « Histoire de la philosophie scolastique » (1872) B. Hauréau avait attribué à Thierry un petit traité anonyme intitulé *De sex dierum operibus*, dont il devait publier le texte en 1890. Le Commentaire sur le *De Inuentione Rhetorica* de Cicéron a été retrouvé en 1884 par P. Thomas : il a été édité par M. Fredborg en 1988. L'*Heptateucon*, recueil de textes destinés à l'étude des sept arts libéraux, a été révélé en 1888 par A. Clerval. Les deux manuscrits qui le contenaient (Chartres, Bibl. mun. 497 et 498), ont brûlé en 1944 ; des microfilms exécutés avant le sinistre en ont heureusement préservé le texte. L'*Heptateucon*, dans son ensemble, est demeuré inédit ; seul le prologue a été édité, une première fois en 1954, une seconde en 1964 par l'auteur de la présente notice. En 1926, W. Jansen publia sous le nom de Thierry de Chartres des extraits d'un commentaire du *De Trinitate* de Boèce*, le *Librum hunc* : les ressemblances entre ce Commentaire et le *De sex dierum operibus* d'une part et le commentaire de Clarembaud sur le même opuscule boétien d'autre part lui semblaient une raison suffisante pour attribuer le *Librum hunc* à Thierry de Chartres. Le P. N. Häring augmenta encore la production de Thierry en lui ajoutant deux autres commentaires du *De Trinitate* de Boèce. Selon ce grand érudit, qui a bien mérité de l'École de Chartres, Thierry aurait écrit trois commentaires distincts du même opuscule boétien, qu'il appelle respectivement *Commentum, Lectiones, Glosa*. Le P. L. Bataillon a émis quelques doutes concernant l'attribution de ces trois commentaires au même auteur. Cette attitude, sagement critique, est à recommander. À cause même du succès remporté par l'enseignement de Thierry, il n'est pas impossible que l'un ou l'autre de ces commentaires soit l'œuvre d'un disciple. Il est certain, en tout cas, qu'un manuscrit du XIIe siècle (Oxford, Bodl. Lyell 49) attribue le *Commentum* à Pierre Hélie. Nous n'avons pas de raison sérieuse pour rejeter cette attribution. L. Bataillon et M. Fredborg l'ont acceptée. Il n'y aurait rien d'étonnant à ce que Pierre Hélie, ayant suivi les leçons de Maître Thierry, ait commenté le *De Trinitate* de Boèce à la manière de son maître.

Thierry de Chartres réalise, pourrait-on dire, la synthèse des deux courants, en apparence opposés, qui traversent l'École de Chartres en la première moitié du XIIe siècle : le courant « naturaliste » représenté par Guillaume de Conches, le courant « théologique » représenté par Gilbert de la Porrée. Comme le premier, Thierry s'efforce d'exposer le récit de la Genèse en recourant aux seules lois de la physique ; comme le second — avec lequel il est d'ailleurs parfois en désaccord — il commente les opuscules théologiques de Boèce. Alors que ses contemporains voyaient en lui un disciple d'Aristote *(Dignus Aristotelis successor)*, les historiens modernes insistent plutôt sur les éléments platonisants, voire pythagorisants de sa doctrine. Pour exposer les dogmes de la création et de la Trinité, Thierry a recours au langage des mathématiques, à celui de l'arithmétique en particulier. Il résume le premier de ces dogmes dans l'aphorisme suivant : *Creatio numerorum rerum est creatio*. Quant au second, Thierry le condense en une formule trinitaire, héritée de saint Augustin, mais qu'il s'efforce de justifier par ce qu'il appelle des *probationes arithmeticae* : « Dans le Père est l'*Unité*, dans le Fils est l'*Égalité de l'Unité*, dans le Saint-Esprit est la *Concorde* (ou *Connexion*) de l'une et de l'autre. » Clarembaud d'Arras se fera l'écho de ces spéculations pythagorisantes, qui trouveront le moyen de revivre au XVe siècle dans la *Docte Ignorance* de Nicolas de Cues (1401-1464).

ŒUVRES. — N.M. Häring, *Commentaries on Boethius by Thierry of Chartres and His School*, Toronto 1971. — É. Jeauneau, *Le Prologus in Epatheucon de Thierry de Chartres*, dans *Mediaeval Studies*, t. 16 (1954), p. 1-12, rééd. dans *Lectio philosophorum*, Amsterdam 1973, p. 37-39 et 87-91. — K.M. Fredborg, *The Latin Rhetorical Commentaries by Thierry of Chartres*, Toronto, 1988.

→ A. Vernet, *Une épitaphe inédite de Thierry de Chartres*, dans *Mél. C. Brunel*, t. 1, Paris, 1955, p. 660-670, rééd. dans *Études médiévales*, Paris, 1981, p. 160-170. — R.B.C. Huygens, *Guillaume de Tyr étudiant. Un chapitre (XIX, 12) de son Histoire retrouvé*, dans *Latomus*, t. 21 (1962), p. 811-829 : cf. *CCCM*, t. 63, p. 879-882. — E. Maccagnolo, *Rerum uniuersitas : Saggi sulla filosofia di Teodorico di Chartres*, Florence, 1976. — L. Bataillon, *Sur quelques éd. de textes platoniciens médiévaux*, dans *Revue des sciences philosophiques et théologiques*, t. 61 (1977), p. 253-260. — P. Dronke, *Thierry of Chartres*, dans *A History of Twelfth-Century Western Philosophy*, Cambridge, 1988, p. 358-385. É.J.

Thomas. Clerc qui rédigea dans la deuxième moitié du XIIe siècle un roman de lignage anglo-normand, le *Roman de Horn*, comme il en fut écrit un certain nombre outre-Manche : poème central d'une trilogie consacrée aux faits héroïques de Horn, de son père Aälof et de son fils Hadermod, il se situe géographiquement dans le triangle formé par le Devon du Sud, la Bretagne et l'Irlande.

Thomas aurait utilisé pour composer son poème le même modèle, écrit en anglais, que l'auteur du poème en moyen-anglais *King Horn*. *Horn* constitue une sorte d'état intermédiaire entre la chanson de geste et le roman, compte tenu des nombreuses affinités qu'il présente avec les deux genres. Il narre les aventures de Horn, fils du roi Aälof, qui, devenu orphelin, a été enlevé du palais par des Sarrasins. Ceux-ci, finalement, l'abandonnent en mer avec quinze de ses compagnons. L'esquif qui les porte finit par toucher terre en Grande-Bretagne. Accueilli par le roi Hunlaf et élevé par le sénéchal Herland, il grandit en beauté et en courtoisie, au point que Rigmel, fille du souverain, devient amoureuse de lui. Horn refuse de répondre à son amour, s'estimant trop mince seigneur pour elle.

Bientôt, deux rois sarrasins viennent assaillir le royaume d'Hunlaf. Horn s'arme contre eux, défie un de ces mécréants, Marmorin, le vainc et lui tranche le chef. Pour le récompenser, Hunlaf le fait connétable. Bientôt les Sarrasins sont mis en déroute complète. Puis, nouvelle aventure : Horn, sous le nom prétendu de Gudmod, passe en Irlande où il se couvre à nouveau de gloire en triomphant d'autres Sarrasins. Il ne se révèle que plus tard pour ce qu'il est au roi Gudreche. La fille de celui-ci, Lenburc, tombe à son tour amoureuse de lui. Mais Horn se récuse et repasse en Grande-Bretagne. Il vient ensuite retrouver le roi Hunlaf en sa cité de Lions.

Après diverses péripéties et, notamment, un aguet disposé par Horn dans la forêt voisine, suivi de nouveaux combats contre les éternels Sarrasins, et de la reconquête du royaume paternel par le héros, Rigmel finit par épouser son chevalier.

On ne sait si ce Thomas est le même que celui qui rédigea une version de *Tristan**.

ŒUVRE. — Éd. M.K. Pope, vol. 1 : *Text, Critical Intro. and notes*, Oxford, 1955 (*Anglo-Norman Texts*, 9-10) ; vol. 2 : *Descriptive Intro., Explicatives Notes and Glossary*, Oxford, 1964 (*Anglo-Norman Texts*, 12-13).

→ W. Söderhjelm, *Sur l'identité du Thomas auteur de Tristan et du Thomas auteur de Horn*, dans *Romania*, t. 15 (1886), p. 575-596. — W.H. Schofield, *The Story of Horn and Rimenhild*, dans *PMLA*, t. 18 (1903), p. 10 sqq. — F. Lot, *Sur les deux Thomas poètes anglo-normands du XIIe siècle*, dans *Romania*, t. 53 (1927), p. 177-186. — M.K. Pope, *The Romance of Horn and King Horn*, dans *Medium Aevum*, t. 25 (1956), p. 164-167. — S. Hofer, *Horn et Rimel. Ein Beitrag zur Diskussion über die Ursprungsfrage*, dans *Romanische Forschungen*, t. 70 (1958), p. 278-322. — M.D. Legge, *Anglo-Norman Literature and its Background*, Oxford, 1963. — H. Nimchinsky, *Orfeo, Guillaume and Horn*, dans *Romance Philology*, t. 22 (1968), p. 1-14. — W. Arens, *Die anglo-normannische und die englischen Fassungen des Hornstoffes*, Francfort-sur-le-Main, 1973 (*Studienreihe Humanitas Akademische Verlegsgesellschaft*). — J.D. Burnley, *The Roman de Horn : its Hero and its Ethos*, dans *French Studies*, t. 32 (1978), p. 385-397. — J. Chailley, *Du Tu Autem de Horn à la musique des chansons de geste*, dans *Mél. R. Louis*, Saint-Père-sous-Vézelay, 1982, p. 21-32. — S. Dannenbaum, *Anglo-Norman Romances of English Heroes : « Ancestral romances » ?*, dans *Romance Philology*, t. 35 (1982), p. 601-608. — S. Crane, *Insular Romance. Politics, Faith and Culture in Anglo-Norman and Middle English Literature*, Berkeley-Los Angeles, 1986. — Cf. *MB* nos 519-524, 7177-7179 ; *S* 1307-1313, 2779, 3346. R.H. et C.R.

Thomas d'Angleterre. Auteur d'un *Tristan** parvenu sous forme de huit fragments de longueur inégale (3 146 vers au total), répartis sur cinq mss (Oxford-Douce, Oxford-Sneyd, Cambridge, Turin et Strasbourg, ces deux derniers détruits). Les deux fragments les plus importants relatent le mariage de Tristan avec Iseut aux Blanches Mains (ms. Sneyd) et la mort des amants qui est aussi la fin de l'œuvre (ms. Douce). On peut connaître le contenu de l'ensemble de l'œuvre (18 000 vers selon l'évaluation de J. Bédier) par l'adaptation en allemand de Gottfried de Strasbourg* (v. 1200-1210) et celle en norrois de frère Robert (*Tristrams saga*, 1226). Thomas, peut-être originaire du continent, était vraisemblablement un clerc vivant dans l'Angleterre d'Henri II Plantagenêt, puisqu'il fait une description élogieuse de Londres, *mult riche cité*. A. Fourrier place la rédaction de son œuvre entre 1172 (date de la mainmise de l'Angleterre sur l'Irlande) et 1176 (date probable du *Cligès*) ; mais rien ne nous prouve que Chrétien de Troyes* avait sous les yeux le *Tristan* de Thomas en plus de la version commune. Toujours est-il que Thomas se montre dans son poème tout pénétré de rhétorique et de dialectique : nombreux monologues à travers lesquels le personnage analyse ses sentiments, développement parallèle du discours allégorique, recours systématique à l'*ornatus*, perspective didactique (il écrit *pur essample*, si l'on en croit l'épilogue). Surtout, Thomas, à la différence d'Eilhart von Oberg* ou de Béroul*, ne se contente pas de transmettre avec plus ou moins d'originalité la légende des amants de Cornouailles. Il la transforme et procède à un certain nombre de déplacements décisifs. Ainsi, le philtre a désormais une durée illimitée, cessant d'être la cause de la passion fatale pour devenir son symbole, le drame vassalique si important chez Béroul est ici escamoté au profit du seul conflit des cœurs et des corps. Le cadre spatio-temporel lui-même est modifié : l'action se déplace de Cornouailles en Angleterre et le roi Marc devient un roi anglais ; le roman ne se déroule plus au temps du roi Arthur, mais une ou deux générations après. Ces déplacements répondent à un projet bien précis : intégrer le mythe de Tristan dans le cadre courtois de la *fin'amor* (cf. l'épilogue) ; mais cette intégration échoue en un sens, puisque les deux amants sont condamnés à la mort. Partant de ce constat d'échec, on a pu dire que le *Tristan* de Thomas est un texte anti-courtois ou, du moins, dénonçant les impasses de l'idéologie courtoise (voir P. Jonin et T. Hunt).

ŒUVRE. — 1. Texte seul : éd. J. Bédier, 2 vol., Paris, 1902-1905 *(SATF)* ; éd. B.H. Wind, Genève, 1960 (*TLF*, 92). — 2. Texte et trad. française : J.C. Payen, *Tristan et Yseut. Les Tristan en vers*, Paris, 1974 ; P. Walter (et D. Lacroix), *Tristan et Iseut. Les poèmes français. La saga norroise*, Paris, 1989 *(Lettres Gothiques)*.

→ V. Bertolucci-Pizzorusso, *La Retorica nel « Tristano » di Thomas*, dans *SMV*, t. 6-7 (1959), p. 25-61. — A. Fourrier, *Le courant réaliste dans le roman courtois en France au Moyen Âge*, Paris, 1960, p. 19-109. — J. Frappier, *Sur le mot raison dans le « Tristan » de Thomas d'Angleterre*, dans *Mél. H.A. Hatzfeld*, Washington, 1964, p. 163-176. — E. Vinaver, *La Forêt de Morois*, dans *CCM*, t. 11 (1968), p. 1-13. — A. Roncaglia, *La statua d'Isotta*, dans *Cultura Neolatina*, t. 31 (1971), p. 41-67. — P. Le Gentil, *Sur l'épilogue du « Tristan » de Thomas*, dans *Mél. J. Lods*, t. 1, Paris, 1978, p. 365-370. — P. Kunstmann, *Texte, intertexte et autotexte dans le « Tristan » de Thomas d'Angleterre*, dans *The Nature of Medieval Narrative*, éd. M. Grunmann-Gaudet et R.F. Jones, Lexington, 1980, p. 173-189. — T. Hunt, *The Signifiance of Thomas's « Tristan »*, dans *Reading Medieval Studies*, t. 7 (1981), p. 41-61. — M.R. Blakeslee, *The Autorship of Thomas « Tristan »*, dans *Philological Quarterly*, t. 64 (1985), p. 555-572. — G.N. Bromiley, *Thomas's Tristan and the Folie Tristan d'Oxford*, Londres, 1986. — A. Punzi, *Materiali per la datazione del « Tristan » di Thomas*, dans *Cultura Neolatina*, t. 48 (1988), p. 9-71. — Cf. *MB* n°s 1610-1640, 6301, 6304, 6306, 7376, 7392, 7399 *bis*, 7400 ; *S* 2943-2982. J.M.F.

Thomas d'Aquin (saint). Né en 1225 à Rocca Secca près de Naples, entre chez les Prêcheurs en 1244, élève d'Albert le Grand* à Cologne de 1248 à 1252, arrive à Paris en 1252, y enseigne comme bachelier de 1252 à 1256, comme maître en théologie de 1256 à 1259. Après un séjour de dix ans en Italie, il reprend son enseignement à Paris de 1269 à 1272, retourne à Naples en 1272 et meurt à Fossanova (entre Naples et Rome) le 7 mars 1274, âgé de quarante-neuf ans ; il se rendait au concile œcuménique de Lyon. Son œuvre littéraire occupe trente-quatre volumes dans l'édition de Paris (Vivès) ; elle en comptera cinquante dans l'édition léonine. Elle comprend : 1. des commentaires philosophiques sur Aristote et sur le *Liber de causis* (commentaire de trente-deux propositions tirées de l'*Elementatio theologica* de Proclus) ; 2. des commentaires scripturaires ; 3. des commentaires théologiques sur Boèce*, le Pseudo-Denys et Pierre Lombard* ; 4. des ouvrages de synthèse théologique : *Summa contra Gentiles, Summa theologiae, Compendium theologiae* ; 5. des disputes scolaires : *Quaestiones disputatae ordinariae* et *Quaestiones quodlibetales* ; 6. de nombreux opuscules sur des sujets variés. Thomas d'Aquin a eu une haute conscience de sa vocation de docteur, au service de la vérité. Il s'est rendu compte de la révolution intellectuelle qui s'accomplissait en Occident depuis le début du siècle, sous l'influence de la philosophie païenne, et, en particulier, de l'aristotélisme*. Il s'est donné comme tâche d'élaborer une philosophie authentique, à la mesure des besoins de la chrétienté de son temps, puis de repenser, à l'aide de cette philosophie, tous les problèmes théologiques. La philosophie de Thomas d'Aquin est vraiment une philosophie nouvelle, fruit d'une synthèse originale de l'aristotélisme et du néoplatonisme ; c'est la première philosophie digne de ce nom qu'ait produite la civilisation chrétienne. Portant à un haut degré de perfection l'œuvre de ses devanciers, Thomas d'Aquin a donné aux sciences philosophiques et théologiques le développement maximal dont elles étaient capables dans le milieu culturel du XIIIe siècle. Th. d'Aquin a vécu à Paris une partie notable de son existence ; il y a passé exactement la moitié (dix ans et demi) des vingt et un ans que dura sa carrière professorale (1252-1273). Ce n'est pas un effet du hasard, mais l'heureux résultat de la perspicacité de ses supérieurs, qui connaissaient le rayonnement de Paris, métropole intellectuelle de la chrétienté médiévale. Dès sa jeunesse, ils envoient Thomas d'Aquin à Paris pour y prendre ses titres en théologie (1252-1256), puis y occuper une des deux chaires que les Prêcheurs détenaient à la Faculté de théologie (1256-1259). Pendant ce premier séjour parisien, il eut à combattre une première fois les adversaires des Mendiants ; il composa son commentaire sur les *Sentences*, ses importantes questions *De veritate* et le début de la *Summa contra Gentiles*. Après une absence de dix ans, il reparaît à Paris en janvier 1269 : contrairement aux usages, ses supérieurs le renvoyaient dans la grande cité universitaire, parce que le développement de la situation exigeait la présence du plus prestigieux de leurs maîtres. Celui-ci fut à la mesure de la mission qui lui était confiée : pendant ce séjour parisien de trois ans et demi, il déploie une activité professorale, scientifique et littéraire prodigieuse ; il combat sur tous les fronts : contre les ennemis des Mendiants, qui avaient repris la lutte, contre Siger de Brabant* et son groupe, contre Jean Peckham et les théologiens conservateurs ; il poursuit la rédaction de ses commentaires aristotéliciens, il explique le *De causis* et plusieurs livres de la Bible ; il écrit la *secunda pars* (la plus volumineuse) de la *Summa theologiae* et une série impressionnante de questions disputées, ainsi que six questions quodlibétiques ; enfin il publie divers opuscules, dont le célèbre *De unitate intellectus contra averroistas parisienses* (1270). Si l'on songe au rôle joué par l'Université de Paris au XIIIe siècle et pendant toute la suite du Moyen Âge, on ne saurait trop souligner l'influence qu'y exerça celui qui deviendrait un jour, aux yeux de l'Église, le *Doctor communis*. Il avait à Paris des amis et des admirateurs nombreux, à commencer par le roi de France, saint Louis*. Il y laissa de fervents disciples, non seulement parmi ses jeunes confrères (Bernard de Treille, Gilles de Lessines*, Bernard d'Auvergne*, etc.), mais aussi parmi les maîtres de la Faculté des arts (en particulier Pierre d'Auvergne, *fidelissimus discipulus* selon le témoignage de Ptolémée de Lucques ; Pierre compléta deux commentaires laissés inachevés par le maître, le *De Caelo* et la *Politique*).

ŒUVRES. — *Opera omnia*, éd. Vivès, Paris, 34 vol., 1871-1880 et 1889-1890 ; éd. en cours, dite *Léonine* (du nom du pape Léon XIII), depuis 1882, 31 vol. parus, Rome. — Éd. latin-français commentée : *Somme théologique* (*Summa theologiae*), 61 vol., Paris, 1925-1972 ; nouv. trad. [français seulement], A. Roguet et A. Raulin, 4 vol., Paris, 1984. — *Summa contra Gentiles* : liv. I, trad. R. Bernier et M. Corvez, Paris, 1961 ; liv. II, trad. M. Corvez et L.J. Moreau, 1954 ; liv. III, trad. M.J. Gerlaud, 1951 ; liv. IV, trad. R. Bernier et F. Kerovanton, 1957.

→ M.D. Chenu, *Introduction à l'étude de saint Thomas d'Aquin*, Montréal, 1950. — A. Walz, *Saint Thomas d'Aquin*, adaptation française par P. Novarina, Louvain, 1962. — J.A. Weisheipl, *Friar Thomas d'Aquino*, 2e éd. New York, 1983. — F. Van Steenberghen, *Le thomisme*, Paris, 1983 (*Que sais-je ?*, 587) ; *La philosophie au XIIIe siècle*, 2e éd. mise à jour (sous presse).

F.V.S.

Thomas Basin. Né en 1412 à Caudebec-en-Caux dans une famille de marchands aisés (Charles VII anoblira son père en mars 1450), Thomas Basin erra de ville en ville pendant son enfance pour échapper aux Anglais qui depuis 1415 occupaient la Normandie. Sa famille retrouva Caudebec et Rouen en 1419. De 1424 à 1437, il étudia, d'abord à la Faculté des Arts à Paris, puis à l'Université de Louvain, enfin à la Faculté de Théologie de Pavie. À la fin de ses études, il est maître ès arts, licencié en droit civil et en droit canon. Après un bref séjour en Normandie, il retourna en Italie et s'arrêta à Bologne. Bien que n'ayant reçu aucun des ordres majeurs, il fut nommé en septembre 1437 recteur de l'église paroissiale de Saint-Germain-de-Carville au diocèse de Rouen. Il fit des séjours de courte durée en Normandie, voyagea, surtout en Italie où il fréquenta la curie papale et bénéficia de protections qui influenceront sa future carrière ; il se trouva mêlé à de grands événements : sessions du concile de Ferrare-Bologne et discussions autour du *filioque*, projet d'une croisade contre les Turcs. Il fut même chargé d'une mission en Hongrie (1439-1440). Le pape le récompensa en lui octroyant un canonicat à Rouen. À Florence, il eut l'occasion de fréquenter les humanistes italiens et partagea son temps entre la curie, l'étude des lettres, les cours à l'université ; il rencontra le Pogge. Il quitta l'Italie en 1441 et regagna Rouen, où il résida six mois. En novembre, Henri VI le chargea d'enseigner le droit canon à Caen, où existait depuis 1432 un *studium generale*. C'est à Zenone Castiglioni, évêque de Bayeux, qu'il avait connu en Italie, que Basin doit cette nomination. Zenone était aussi l'homme de confiance des autorités anglaises et joua un rôle actif entre 1435 et 1449. Il associa à ses activités politiques Basin, qui devint official et vicaire général de l'évêché de Bayeux. En 1442, ce dernier fut élu recteur de l'Université, puis vice-conservateur des privilèges et, en 1447, il fut nommé, à trente-cinq ans, évêque-comte de Lisieux : il prêta serment de fidélité au roi anglais. Deux ans plus tard, lors de la reconquête de la Normandie, il négocia habilement la capitulation de sa cité et prêta un nouveau serment de fidélité au roi de France, cette fois. Il entra par ailleurs dans le Conseil royal et reçut une pension. Il composa des mémoires de doctrine et de politique qui le firent connaître comme l'un des consulteurs les plus écoutés en matière administrative, financière, judiciaire et même théologique. Ainsi, en 1453, écrivit-il un long traité pour démontrer que Jeanne d'Arc avait été injustement condamnée. Ainsi participa-t-il aux délibérations qui présidèrent à la grande ordonnance d'avril 1454 pour la réformation de la justice. Il est alors l'une des figures les plus en vue du clergé normand. L'avènement de Louis XI allait porter un coup fatal à son ascension. À l'entrée du nouveau souverain à Paris, il lui présenta un libelle dans lequel il lui exposait son programme de réforme pour alléger les impôts et rendre ses libertés au royaume ; le roi n'en tiendra aucun compte. Déçu par la politique de Louis XI, Basin accueillit favorablement le Bien public, mais l'échec de la conjuration et le traité de Meaux qui mit fin à la guerre lui valurent la défaveur royale. Aussi préféra-t-il quitter le royaume pour s'installer à Louvain en janvier 1466, où il se remit à enseigner le droit. Non seulement il ne put retourner dans son diocèse normand, mais encore l'année suivante il fut envoyé en exil dans le sud du royaume, comme chancelier de Roussillon et Cerdagne. Ne pouvant supporter le climat du Midi, il déserta son poste et quitta à nouveau le royaume en 1468. Il mena une vie errante entre Genève, Bâle, Louvain, Trèves en 1471 où il commença à écrire son œuvre historique. En 1474, il alla à Rome négocier sa renonciation à son évêché de Lisieux et reçut en compensation le titre d'archevêque de Césarée et une belle pension. Il retourna à Trèves où il écrivit son *Apologie*, repartit pour Louvain, puis Utrecht. C'est là qu'il se trouvait en 1483 lorsqu'il apprit la mort de son ennemi le roi Louis XI. C'est là qu'il mourut en 1489.

Thomas Basin a essentiellement écrit pour s'expliquer et se justifier. Son œuvre historique comprend l'*Histoire de Charles VII* en cinq livres, composée en 1471-1472 ; l'*Histoire de Louis XI*, rédigée en plusieurs étapes : en 1472, les livres 1 et 2 (jusqu'en 1469), en 1475-1476, les livres 3 et 4 (jusqu'aux trêves de Souleuvres en 1475), le livre 5 en 1477 (jusqu'à la mort du Téméraire), les livres 6 et 7 en 1483-1484 (jusqu'à la mort de Louis XI) ; l'*Apologie*, ou histoire détaillée de ses relations mouvementées et parfois dramatiques avec Louis XI et Charles de France, frère cadet de ce dernier, entre 1461 et 1468. Cet ouvrage se compose de deux parties inégales ; la première est consacrée au récit des faits, la seconde aux consolations que tire l'auteur de persécutions semblables aux siennes et à l'attitude qui doit être celle d'un chrétien nourri de saines lectures. Il fut terminé en 1475. Enfin en 1488, Basin écrivit un petit traité ou *Breviloquium* où il énumère, à la façon de Moïse qui cite les quarante-deux stations faites dans le désert par les Juifs avant d'atteindre la Terre promise, les quarante-deux stations qu'il avait faites au cours de sa longue vie.

Thomas Basin est avant tout un homme d'Église, un grand prélat nourri de culture classique, traditionnel, cultivé. Comme historien, il tient un place originale. Il n'utilise pratiquement pas de sources écrites. Il a pu, certes, tirer parti de l'*Histoire de Charles VI* de Jean Juvénal des Ursins*, d'une relation anonyme sur les événements d'Angleterre en 1471, utiliser quelques documents d'archives. Mais ce n'est pas un érudit. Il ne veut pas faire une compilation comme Bernard Gui*. Il n'aime pas les descriptions qui faisaient les délices de l'école historique bourguignonne. Pour lui, l'histoire est un récit qui suit l'ordre chronologique et donne des dates. Par contre, il n'hésite pas à interrompre son récit pour donner des portraits, plus ou moins longs, des protagonistes, pour faire part de son opinion, exposer en de longues digressions les idées qui lui sont chères. D'autre part, écrivant en latin, il s'écarte des traditions françaises et bourguignonnes qui triomphaient de son temps. Son latin n'est d'ailleurs pas si mauvais qu'on a voulu le dire. C'est un bon technicien de la langue latine, qui nous livre souvent une pensée personnelle en des phrases claires où tous les mots comptent. Il n'est guère étonnant que sa bibliothèque n'ait été constituée que d'œuvres d'historiens de la latinité classique.

Se servant d'un minimum de documentation écrite, mais puisant dans les nouvelles qui lui parvenaient, les témoignages de ceux qu'il approchait et ses souvenirs personnels, il a écrit une histoire de ton très personnel, qui non seulement raconte l'histoire de son temps mais aussi livre des fragments autobiographiques d'un exceptionnel intérêt. Le souci qu'il a eu d'expliquer pourquoi il avait manqué sa vie a fait de lui un des plus grands historiens du XVe siècle.

ŒUVRES. — *Histoire de Charles VII*, t. 1 (1407-1444) : éd. C. Samaran, Paris, 1933 (*Les classiques de l'histoire de France au Moyen Âge*, 15) ; t. 2 (1444-1450) : éd. C. Samaran et H. Surirey de Saint-Remy, Paris, 1944 (*Les classiques...*, 21). — *Histoire de Louis XI*, t. 1 (1461-1469) : éd. C. Samaran, Paris, 1963 (*Les classiques...*, 26) ; t. 2 (1470-1477) et t. 3 (1477-1483) : éd. C. Samaran et M.C. Garand, Paris,

1966 et 1972 (*Les classiques...*, 29 et 30). — *Apologie* : éd. C. Samaran et G. de Groër, Paris, 1974 (*Les classiques...*, 31). — *Avis de Mr de Lisieux* : éd. J. Quicherat, dans *Histoire des règnes de Charles VII et de Louis XI par Thomas Basin*, Paris, 1859 *(SHF)*, t. 4, p. 73-90 [mémoire pour le rétablissement de la Pragmatique Sanction de Bourges, seul ouvrage en français, vers 1464]. — *Breviloquium peregrinationis et mansionum* XLII *quae in deserto hujus saeculi nequam habuit Thomas* : éd. J. Quicherat, *op. cit.*, t. 4, p. 7-25. — *Contra errores et blasphemias Pauli de Middelburga* : éd. J. Quicherat, *op. cit.*, t. 4, p. 105-122 [réplique à un traité de comput pascal de Paul de Middelburg, médecin du duc d'Urbin].

→ C. Samaran, *Un ennemi de Louis XI. Thomas Basin et son Apologie*, dans *Journal des savants*, n° 2 (1974), p. 128-132. — C. Samaran et A. Vernet, *Les livres de Thomas Basin*, dans *Latomus*, t. 145 (1976), p. 324-339. — P. Contamine, *Charles le Téméraire vu par un adversaire de Louis XI, Thomas Basin, évêque de Lisieux, archevêque de Césarée (1412-1491)*, dans *Le pays lorrain*, t. 58 (1977), p. 41-52. — G. de Groër, *La formation de Thomas Basin en Italie et le début de sa carrière*, dans *BEC*, t. 142 (1984), p. 271-285. — B. Guenée, *Entre l'Église et l'État. Quatre vies de prélats français à la fin du Moyen Âge*, Paris, 1987 *(Bibliothèque des histoires)*, p. 301-435. — Molinier n° 4137. — Nouveau Potthast, t. 2, p. 463-464. G.T.L.

Thomas Becket (saint). Né à Londres le 21 décembre 1120, Thomas de Londres est de souche normande : sa mère appartenait à la bourgeoisie de Caen et son père, Gilbert Becket, établi à Cheapside près de la Halle aux Merciers, à celle de Rouen. Il parfit son éducation dans la maison de Thibaut du Bec archevêque de Cantorbéry, puis à Bologne où il étudia le droit. Il remplit diverses missions à la Curie et assista au concile général de Reims (1148). Créé archidiacre de Cantorbéry, il entre bientôt au service du nouveau roi, Henri II Plantagenêt, dans les fonctions de chancelier (vers Noël 1154). De haute stature, de maintien distingué, amateur de belles armes, de beaux manuscrits, prodigue de sa personne et de ses biens, il affecte un certain panache et s'honore de la camaraderie du roi, cependant qu'il domine l'entourage royal par le charme d'une personnalité attirante mais réservée, et fait preuve de hautes qualités dans la restauration du pouvoir royal. L'archevêque Thibaut étant mort en 1161, le roi désigne son chancelier aux suffrages des électeurs canoniques. Élu au siège primatial le 21 mai 1162, élevé à la prêtrise le 2 juin, sacré le 3, honoré du pallium le 10 août, Thomas ne tarde pas à se démettre de l'office de chancelier afin de couper court à toute compromission. Les contemporains sont frappés d'un changement de vie radical : il s'adonne à l'étude, à la prière, tourne ses libéralités en aumônes, s'entoure de jeunes clercs érudits, prend pour modèle son prédécesseur Anselme*, de sainte mémoire.

Les premières dissenssions entre le roi et le primat s'élèvent au cours de l'été 1163 ; elles ne cessent de s'aggraver lors des assemblées de Westminster (octobre 1163) et de Clarendon (janvier 1164) pour atteindre leur paroxysme à Northampton (octobre 1164), d'où Thomas Becket partira secrètement pour un exil de plus de six années. L'enjeu du conflit — les Constitutions de Clarendon ou dignités du royaume visant à intégrer les hauts dignitaires ecclésiastiques dans le double système d'un État féodal fortement structuré autour du prince et d'une Église territoriale quasi fermée — marquait un recul de quelque trente ans sur la pratique de l'Église anglaise, dont les libertés avaient été confirmées par Étienne de Blois en 1136, et sur le droit canonique tel qu'il se dégageait du *Décret* de Gratien et des Actes pontificaux. Leur codification transposait des usages en lois du royaume, premier document de la coutume royale unificatrice, the *Common Law* (Charles Duggan, *The Significance of the Becket Dispute in the History of the British Church,* dans *Ampleforth Journal*, t. 85 [1970], p. 365-375).

De son exil en France, le primat élève le débat sur le plan doctrinal (lettres à Henri II). Il subit la confiscation du temporel de son archevêché et le bannissement de tous ses proches. Le conflit s'avère sans issue en dépit des censures fulminées par l'archevêque en 1166 et 1169 et des négociations laborieusement menées par le roi de France Louis VII et divers légats pontificaux. En 1170 cependant — à la suite du couronnement de Henri le Jeune, fils aîné du Plantagenêt, par l'archevêque d'York au mépris des droits de l'Église primatiale — une paix fallacieuse est conclue à Fréteval (22 juillet), mais Henri II refuse d'échanger le baiser de paix avec son adversaire. Thomas retourne finalement à Cantorbéry (2 décembre). Moins d'un mois plus tard (29 décembre), il est mis à mort dans sa propre cathédrale par quatre chevaliers venus de Normandie, dont la colère royale avait armé le bras.

Le 21 février 1173, le pape Alexandre III l'inscrit au catalogue des saints ; les miracles éclatent sur la tombe du martyr dans la crypte de la cathédrale et son culte se répand d'Occident en Orient. Le 7 juillet 1220, ses restes sont placés dans une châsse précieuse. Bien que plusieurs de ses amis et contemporains aient rédigé des biographies historiques (entre 1173 et 1186), la légende s'empare de lui et en fait, dès le début du XIIIe siècle, le fils d'une princesse sarrasine convertie par amour pour le chevalier londonien Gilbert Becket (*Quadrilogue* de Roger de Croyland, vers 1212-1213, erronément qualifié de « second » en raison d'une éd. plus tardive, 1495).

Du XIIIe au XVe siècle, la célébration des jubilés commémora le martyre (1170) et la translation (1120). En 1970, le huitième centenaire du martyre, solennellement célébré en Angleterre, fut marqué en France par l'évocation de la survie de Thomas Becket devant la critique moderne XVIe-XXe siècle (R. Foreville, *Mort et survie de saint Thomas Becket, CCM*, t. 14 [1971], p. 21-37). L'expression a été reprise par J.-M. Grassin pour évoquer le processus de mythification, parallèle à l'essor de la recherche historique. « Nul ne saurait nier l'importance de la création littéraire à propos de Thomas Becket », manifestant la *survie* du personnage dans les esprits et sa permanence à l'époque moderne. À titre exemplaire, la « liturgie dramatique » reprise dans les œuvres théâtrales, le drame psychanalytique de T.S. Eliot, *Murder in the Cathedral,* joué en France après le festival de Cantorbéry, par Jean Vilar ; la pièce bouffonne et anachronique de Jean Anouilh, *Becket ou l'honneur de Dieu*. La permanence du mythe Thomas Becket éclate dans l'étude typologique de Grassin qui a relevé 50 œuvres théâtrales éditées de 1540 à 1970, dans lesquelles Thomas joue un rôle notable (*Le mythe littéraire de Thomas Becket à l'époque moderne,* dans *Sédières,* p. 285-297).

Correspondance. Thomas n'a pas laissé d'œuvre littéraire. Toutefois, de ses entretiens, est sorti le *Policraticus,* manuel de l'homme d'État, que Jean de Salisbury* dédia au chancelier. Le *Metalogicon* n'est pas exempt de son influence (*DS*, t. 8, col. 717-18). La *familia* de l'archevêque comptait une vingtaine d'hommes de haute culture, les *Eruditi sancti Thomae,* pour la plupart demeurés fidèles à l'exilé : des Anglais, tels Jean de Salisbury et Herbert de Bosham, des Lombards, tels Lombard de Plaisance plus tard archevêque de Bénévent, Humbert de Milan plus tard archevêque de ce siège, et une pléiade de futurs évêques (Herbert, *Vita S. Thomae,* livre 7). Nous sont parvenus 45 *Actes* du pontificat, retrouvés, authentifiés et publiés par C.R. Cheney, et la correspondance transmise en diverses collections contemporaines, issues des archives de l'archevêque, de celles de Jean de Salisbury ou de Gilbert Foliot, évêque de Londres. La plus considérable est celle d'Alain prieur de Christ Church, puis abbé de Tewkesbury (cf. Anne Duggan, *A Textual History*...). L'éd. Robertson and Sheppard des *Materials for the history of Thomas Becket* compte plus de 800 documents. La nouvelle éd. en préparation par Anne Duggan, sur un total de 329 lettres (une 329e a été découverte dans le ms *Alcobaça* CCXC/123, F. 142v°-146v°, datable de 1185, de la Bibl. Nacional de Lisbonne, cf. A. Duggan, *A New Becket Letter. Sepe quidem cogimur*, dans *Historical Research,* t. 63 [1990], p. 86-99), comportera 197 lettres dictées par Thomas (194 dans les *Materials,* t. 5-7), 3 par les *coexsules* et 129 adressées à Thomas.

Des lettres de Thomas, on retiendra deux orientations essentielles qui relèvent de la fidélité à l'Église de Rome et de l'exaltation de l'Église de Cantorbéry, alors bafouée dans son droit comme dans son chef. La pensée de Thomas s'inscrit dans la tradition de saint Anselme maintenue par Thibaut du Bec, mais affermie par l'essor du droit canonique selon la doctrine grégorienne transmise par le *Décret*. D'une part, l'Église de Cantorbéry, la première en Angleterre par son antiquité, car établie par saint Augustin, l'apôtre des Anglais envoyé par Grégoire Ier* en 596. D'autre part, largement développée au cours de la controverse, l'affirmation de la « liberté » de l'Église. Au paroxysme de la crise (printemps 1166), trois lettres successivement adressées au roi : *Loqui de Deo ; Desiderio desideravi ; Expectans expectavi*, constituent, dans l'argumentation polémique et la gradation dramatique, une incontournable trilogie.

Parler de Dieu : « Je vous prie mon seigneur, souffrez que je vous avertisse. La tribulation et l'angoisse m'étreignent. Je suis placé entre deux positions également redoutables : le silence ou l'admonestation... »

« *J'ai désiré d'un grand désir* voir votre face et vous parler... Que mon seigneur écoute, s'il lui plaît, le conseil de son fidèle, l'avertissement de son évêque, la réprimande de son père spirituel... Si vous désirez le salut de votre âme... souvenez-vous de la profession que vous avez prononcée et dont vous avez déposé la charte sur l'autel lorsque notre prédécesseur vous consacra roi... »

« *J'ai espéré d'un grand espoir* votre conversion et votre pénitence... Si vous ne m'écoutez pas, moi qui, chaque jour, prie pour vous dans les larmes et les gémissements, alors je m'écrierai : "Levez-vous, mon Dieu, jugez votre cause" (Ps. 73)... Puissiez-vous suivre l'exemple du bon et très pieux roi David qui s'est humilié devant le Seigneur, a fait pénitence, a obtenu son pardon. »

L'idéal de la royauté biblique n'était pas étranger à la mentalité chrétienne. Cependant, Thomas l'enchâsse dans son argumentation. À maintes reprises, il use d'exemples et de citations bibliques, allant au-delà du sens littéral des psaumes ou des prophètes, sous la conduite de son « maître en Écriture sainte », Herbert de Bosham, disciple d'André de Saint-Victor*, et commentateur du psautier d'après l'*Hebraïca*. Le roi est un homme susceptible de pécher : David s'est soumis devant le prophète Nathan. Thomas développe le sens moral de l'exemple. Cf. A. Graboïs, *L'idéal de la royauté biblique dans la pensée de Thomas Becket*, dans *Sédières*, p. 104-110 ; B. Smalley, *The Becket Conflict...*, p. 73-86.

De caractère officiel, les lettres de Thomas sont peu propices à l'expression de sentiments personnels. Aussi, D. Knowles eut-il beau jeu de dénoncer « la sécheresse de cœur » de l'archevêque qui « n'aurait jamais suscité d'affection personnelle ou désiré une amitié » *(Thomas Becket : A Character Study)*. Assertions récemment encore reprises par F. Barlow. Or, on le surprend parfois à épancher son cœur dans un cœur ami : près de Conrad de Wittelsbach, évêque de Salzbourg lui aussi exilé, « la moitié saine de (son) âme » ; ou encore près d'Humbaud, cardinal d'Ostie, dans une missive où, décrivant la persécution des siens bannis du royaume, il dénonce la cruauté du décret par lequel « cet autre Hérode, sans égard à la condition, à l'ordre, au sexe, à l'âge des victimes..., a condamné à l'exil les enfants au berceau... et s'est attaché à perdre tant d'innocents pour *faire souffrir sa victime* » (de même dans *Sepe quidem cogimur*).

Seuls les documents relatifs à la controverse ont été archivés, du vivant même de Thomas. On lui attribue trois prières en l'honneur de la Vierge, dont les *Gaudes* ou joies spirituelles de Marie : *Gaude flore virginali*. L'impact de l'École de Saint-Victor, à la cause de Thibaut du Bec, l'amitié de Richard de Saint-Victor* suggèrent que Thomas n'était étranger ni à l'essor de la théologie mystique, ni à la *Hiérarchie céleste* attribuée au Pseudo-Denys l'Aréopagite*.

ŒUVRES. — *Vies et Lettres de Thomas*, éd. C. Lupus, 2 vol., Bruxelles, 1682 ; éd. J.A. Giles (coll. *Patres ecclesiae anglicanae*), Oxford, 1845 (reprise dans *PL*, t. 190). — J.C. Robertson et J.B. Sheppard, *Materials for the history of Th. B.*, 7 vol., Londres, 1875-1883 *(Rolls Series)*. — Pour mémoire : *Thomas Saga Erkibyskups*, éd. Magnusson *(Rolls Series)*. — Éd. récente d'une épopée en 314 hexamètres léonins (vers 1220-1230) : A. Vernet, *La « Thomaïde » poème latin inédit consacré à Thomas Becket (Sédières)*. — *English Episcopal Acta II, Canterbury 1162-1190*, éd. C.R. Cheney et B.E.A. Jones, Londres, 1986 *(The British Academy)*. — *The Correspondence of Thomas Becket Archbishop of Canterbury*, éd. A.J. Duggan, 2 vol., 1992 *(Oxford Medieval Texts)*. — Étienne Langton, *Sermo III* (Rome, 29 décembre 1220), éd. P.B. Roberts, *Selected Sermons of Stephen Langton*, Toronto, (*Toronto, Medieval Latin Texts*, 10), p. 53-54 (*PL*, t. 190, col. 407-424). — Henri d'Avranches, *De vita et passione s. Thome ; De translatione b. Thome martiris*, éd. J.C. Russel et J.P. Hieronimus. *The Shorter Latin Poems...*, Cambridge (Mass.), 1935, *The Medieval Academy of America*, p. 69-78.

→ Mgr G. Darbois, *Thomas Becket, archevêque de Cantorbéry, sa vie et ses lettres*, 2 vol., Paris, 1858 (trad. éd. J.A. Giles, cf. *supra*). — R. Foreville, *L'Église et la royauté en Angleterre sous Henri II Plantagenêt*, Paris, 1943 ; *Le jubilé de saint Thomas Becket du* XIIIe *au* XVe *siècle (1220-1470). Étude et documents*, Paris,

1958 ; éd. de *Thomas Becket, Actes du colloque intern. de Sédières (1973)*, Paris, 1975 ; *Thomas Becket dans la tradition historique et hagiographique*, Londres, 1981 [recueil d'articles] ; *Thomas Becket*, dans *DS*, t. 15, 1991, col. 773-780. — M.D. Knowles, *Archbishop Thomas Becket. A Character Study*, dans *Proceedings of the British Academy*, t. 35, 1949 ; *The Episcopal Colleagues of Archbishop Thomas Becket*, Cambridge, 1951. — J.W. Alexander, *The Journal of British Studies*, t. 9, 1970, p. 1-26. — B. Smalley, *The Becket Conflict and the Schools*, Oxford, 1973. — A.J. Duggan, *Thomas Becket. A Textual History of his Letters*, Oxford 1980. — F. Barlow, *Thomas Becket*, Berkeley, 1986. — P. Aubé, *Thomas Becket*, Paris, 1988 (trad. italienne, Milan, 1990).

Voir aussi : *Saint Thomas Becket (Vie de)*.

R.F.

Thomas Benoît. Voir : *Sainte Geneviève (Vie de)*.

Thomas de Cantimpré. Thomas, à qui l'on a parfois attribué à tort d'autres prénoms (Nicolas, Guillaume, Henri, Jean) naquit vers 1201 à Leeuw-Saint-Pierre (Sint-Pieters-Leeuw, Brabant), d'où son surnom de *Brabantinus*. Il appartenait à la famille noble De Monte ou Du Mont, qui résidait à Belleghem (Bellingen, près de Sint-Pieters-Leeuw), d'où un second surnom *Van Bellenghem*. Il fut élevé dès l'âge de cinq ans aux écoles de Liège. Vers 1215, Thomas rencontra Jacques de Vitry*, qui prêchait alors la croisade contre les Albigeois, et conçut pour lui une profonde vénération. Thomas entra, vers l'âge de dix-sept ans, à l'abbaye de Cantimpré, près de Cambrai : c'est elle qui lui valut le surnom de *Cantipratensis*. Devenu chanoine régulier de Saint-Augustin et ordonné prêtre, il fut nommé confesseur. S'estimant mieux doué pour l'étude, il obtint l'autorisation de passer aux Frères prêcheurs, dont il prit l'habit à Louvain entre 1230 et 1232. Peu après, il partit poursuivre ses études à Cologne, où il suivit les cours d'Albert le Grand*. Puis, il résida au couvent Saint-Jacques à Paris de 1237 à 1240, au moins. De retour à Louvain en 1246, Thomas sera désigné comme lecteur, puis prédicateur général dans une région qui couvre une partie de l'Allemagne, de la Belgique et de la France. Thomas de Cantimpré décéda un 15 mai, sans que le nécrologe de son couvent indique de date certaine : vraisemblablement 1270-1272.

Thomas composa de nombreuses vies de saints : une *Vita Johannis abbatis primi monasterii Cantipratensis*, une *Vita sanctae Christinae*, une *Vita piae Liutgardis* (qui fut traduite en français, dans sa rédaction primitive, avant 1274, mais le manuscrit unique de cette traduction, Louvain, Bibl. de la Faculté de Théologie, 124, date du XVIe siècle), et il ajouta un troisième livre à la *Vita beatae Mariae Oigniacensis* († 1213) de Jacques de Vitry*. Il composa aussi un hymne en l'honneur du premier maître général des Frères prêcheurs, l'*Hymnus in honore Jordani Saxoni* († 1237), qui fut traduit en français au XIVe siècle (manuscrit : Bruxelles, Bibl. royale, 9507). On lui attribue également un supplément à la Vie de la bienheureuse Marguerite d'Ypres.

Son souci de l'édification des fidèles et son intérêt pour les choses de la nature dans les années 1230-1240 amenèrent Thomas de Cantimpré à compiler un *De naturis rerum*. La première rédaction de cette encyclopédie date de 1228 et comprend 19 livres : 1. le corps humain ; 2. l'âme ; 3. les hommes monstrueux d'Orient ; 4. les quadrupèdes ; 5. les oiseaux ; 6. les monstres marins ; 7. les poissons ; 8. les serpents ; 9. les vers ; 10. les arbres communs. ; 11. les arbres aromatiques et médicinaux ; 12. les propriétés des plantes aromatiques et médicinales ; 13. les sources ; 14. les pierres précieuses ; 15. les sept métaux ; 16. les sept régions célestes ; 17. la sphère et les sept planètes ; 18. les mouvements de l'air ; 19. les quatre éléments. La seconde rédaction, en 20 livres (les 19 cités précédemment et un vingtième livre d'additions, qui n'est autre que la *Sphaera materialis* de John Holywood), date de 1244. À ces deux rédactions authentiques, il faut encore ajouter un remaniement. Des extraits du *De naturis rerum* passèrent dans le *De animalibus* d'Albert le Grand, dans le *Speculum naturale* de Vincent de Beauvais*, dans le *De proprietatibus rerum* de Barthélemy l'Anglais* et, au siècle suivant, dans le *Reductorium morale* de Pierre Bersuire*.

Le *De naturis rerum* fut adapté en vers flamands par Jacob Van Maerlant dans la deuxième moitié du XIIIe siècle sous le titre *Der naturen bloeme* ; ce poème de 16 515 vers, achevé vers 1272, comprend 13 livres : 1. l'homme ; 2. les quadrupèdes ;

3. les oiseaux ; 4. les monstres marins ; 5. les poissons ; 6. les serpents ; 7. les vers et les insectes ; 8. les arbres communs ; 9. les arbres aromatiques et médicinaux ; 10. les plantes aromatiques et médicinales ; 11. les sources ; 12. les pierres précieuses ; 13. les métaux. En allemand, la traduction due à Konrad von Megenberg (1309-1374), *Das Buch der Natur*, date de 1349-1350. En prose, avec un court prologue en vers, le *Buch der Natur* est également une adaptation qui raccourcit certains chapitres et en développe d'autres ; il se divise en huit livres : 1. le corps humain ; 2. le ciel et les planètes ; 3. les animaux ; 4. les arbres ; 5. les plantes médicinales ; 6. les pierres précieuses ; 7. les métaux ; 8. les sources merveilleuses. Le *Buch der Natur* est considéré comme le premier livre d'histoire naturelle rédigé en langue allemande.

Le *Liber de monstruosis hominibus Orientis*, troisième livre du *De naturis rerum*, fit l'objet d'une adaptation en français, suivie d'interprétations morales sous le titre : *La maniere et les faitures des monstres des homes qui sont en Orient et le plus en Inde*. Cette traduction-adaptation se présente sous la forme d'un poème de 1 755 octosyllabes à rimes plates, date du XIVe siècle et est conservée aujourd'hui dans le seul ms. Paris, BN, fr. 15106.

Par la suite, sous l'influence d'une certaine hostilité envers les études scientifiques prévalant dans l'ordre dominicain, Thomas de Cantimpré abandonna les sciences pour se consacrer désormais au bien des âmes et il composa son dernier ouvrage, le *Bonum universale de apibus*, recueil d'exemples édifiants (en deux livres) dédié à Humbert de Romans*, maître général des Frères prêcheurs de 1254 à 1263. L'ouvrage, qui prend comme point de départ le chapitre *De apibus* dans le livre 9 du *De naturis rerum*, connut deux « éditions », la première sans doute produite en 1262, la seconde au début de 1263. Le *Bonum universale de apibus* fit l'objet d'une traduction française commandée par le roi Charles V à Henri du Trévou (manuscrit unique : Bruxelles, Bibl. royale, 9507, datant de 1372 et ayant appartenu à Charles V), sous le titre de *Bien universel des mouches à miel*. Il fut également traduit, au XVe siècle, en moyen-néerlandais sous le titre *Der Bien Boeck* (cinq mss), puis un témoin de cette traduction servit, vraisemblablement dans la deuxième moitié du XVe siècle, de modèle pour une traduction en moyen-bas-allemand, le *Boek der Byen*.

ŒUVRES. — 1) « De natura rerum » : *Thomas Cantimpratensis Liber de natura rerum, I : Text*, éd. H. Boese, Berlin-New York, 1973 [éd. de la 2e rédaction, en 20 livres] ; J. Block Friedman, *Thomas of Cantimpré « De naturis rerum » Prologue, Book III and Book XIX*, dans *Cahiers d'études médiévales, II, la science de la nature : théories et pratiques*, Montréal et Paris, 1974, p. 107-154 [éd. partielle]. — Traduction flamande : *Jacob Van Maerlant's Naturen Bloeme*, éd. E. Verwijs, Groningue, 1878 (*Bibliotheek van middelnederlandsche Letterkunde*, 7, 14, 18, 21). — Traduction allemande : *Das Buch der Natur von Konrad von Megenberg, die erste Naturgeschichte in deutscher Sprache*, éd. F. Pfeiffer, Stuttgart, 1861 ; *Das Buch der Natur von Conrad von Megenberg, die erste Naturgeschichte in deutscher Sprache*, trad. H. Schulz, Greifswald, 1897 [trad. en allemand moderne]. — Traduction française partielle : *Eine altfranzösische moralisierende Bearbeitung des Liber de monstruosis Orientis aus Thomas von Cantimpré De naturis rerum*, éd. A. Hilka, Berlin, 1933 (*Abhandlungen der Gesellschaft der Wissenschaften zu Göttinger Philologisch-historische Klasse*, 3. 7) [à compléter par : L.-F. Flûtre, *À propos de l'édition Hilka du poème des Monstres des Hommes*, dans *ZRPh*, t. 71 (1955), p. 422-448]. — 2) « Bonum universale de apibus » : *Der Bien Boeck*, Zwolle, Peter Van Os, 1488 [éd. princeps de la traduction flamande] ; *Die mittelniederdeutsche Version des Bienenbuches von Thomas von Chantimpré, Das erste Buch*, éd. N.O. Heinertz, Lund, 1906 [éd. de la traduction allemande]. — 3) « Vita Lutgardis » : G. Hendrix, *Primitive versions of Thomas de Cantimpré's Vita Lutgardis*, dans *Cîteaux*, t. 29 (1978), p. 153-206 [éd. de la traduction française].

→ M.-A. Palewska, *Recherches sur le « Bonum universale de apibus » de Thomas de Cantimpré, suivies de l'édition des « exempla » d'après la traduction française faite pour Charles V*, dans *Positions... thèses... École des Chartes*, Paris, 1958, p. 109-114. — M. de Gandillac, *Encyclopédies prémédiévales et médiévales*, dans *La pensée encyclopédique au Moyen Âge*, Neuchâtel, 1966, p. 1-42. — G.J.J. Walstra, *Thomas de Cantimpré, De naturis rerum, État de la question*, dans *Vivarium*, t. 5 (1967), p. 146-171 ; t. 6 (1968), p. 46-61. — H. Boese, *Zur Textüberlieferung von Thomas Cantimpratensis Liber de natura rerum*, dans *Arch. Frat. Praedicat.*, t. 39 (1969), p. 53-68. — P. Kibre, *Thomas of Cantimpré*, dans *Dictionary of Scientific Biography*, t. 13 (1976), p. 347-349. — H. Platelle, *Le recueil de miracles de Thomas de*

Cantimpré et la vie religieuse dans les Pays-Bas et le Nord de la France au XIIIe *siècle*, dans *Actes du 97e Congrès national des Sociétés savantes, Nantes, 1972, Philologie et histoire*, 1979, p. 469-498. — Cf. *MB* n°s 2945, 5965-5966, 8064 ; *S* 5826, 7657-7663. F.F.H.

Thomas Gallus. Appelé aussi Thomas de Saint-Victor, ou simplement *Vercellensis*, ce maître a reçu le plus souvent le nom de Thomas Gallus qui témoigne de sa naissance française. Entré d'abord chez les chanoines réguliers de Saint-Victor de Paris, sans doute au début du XIIIe siècle, il fut emmené en Italie, en 1218 ou 1219, par le cardinal Guala Bicchieri afin de contribuer à la fondation du monastère des chanoines réguliers de Saint-André de Verceil. Élu prieur en 1224, puis abbé en 1226, Thomas fut chassé de Verceil en 1243 par l'arrivée au pouvoir du parti guelfe. Il se retira alors à Ivrée, terre gibeline. Certains biographes pensent qu'il put revenir à Verceil avant sa mort, survenue le 5 décembre 1246.

Fidèle à une longue tradition victorine, Thomas Gallus est d'abord un exégète. S'inspirant des travaux de Richard de Saint-Victor* et d'Étienne Langton*, il paraît avoir été un des premiers à établir des concordances bibliques. Il avait aussi composé à Paris un commentaire d'*Isaïe*, aujourd'hui perdu, mais il nous a laissé trois commentaires du *Cantique des Cantiques* : seul le premier a été publié par Pez, en 1721 (*Thes. anecdot. novissimus*, t. II, col. 503-590). Thomas Gallus est surtout un des commentateurs les plus profonds des écrits du Pseudo-Denys avec lesquels il avait commencé à se familiariser à Saint-Victor. Dès 1224, il avait rédigé une série de gloses sur la *Hiérarchie céleste* et la *Théologie mystique*. En 1238, il compose une *Extractio* du Corpus dionysien, imprimée parmi les œuvres de Denys le Chartreux (t. XV-XVI, Tournai, 1902), suivie bientôt d'*Explanationes* qui embrassent l'ensemble de l'œuvre du Pseudo-Denys. Thomas Gallus est aussi l'auteur d'un *De septem gradibus contemplationis* attribué longtemps à saint Bonaventure*. (Cf. *Opera S. Bonaventurae*, Lyon, 1668, t. VII, p. 96-98).

Cette œuvre, dont la plus grande partie est encore inédite, paraît avoir exercé une influence considérable. De son vivant déjà, Thomas Gallus avait entretenu d'étroites relations avec l'ordre franciscain et plus particulièrement avec saint Antoine de Padoue qu'il initia aux mystères de la théologie dionysienne. Il sera lu et fréquemment cité par les spirituels de l'école carthusienne. La mystique anglaise s'est inspirée aussi de ses commentaires dont on a remarqué l'influence dans le célèbre *Cloud of Unknowing*. Nicolas de Cues connaissait également ses œuvres.

→ G. Théry, *Thomas Gallus : aperçu biographique*, dans *AHDLMA*, t. 12 (1939), p. 141-208 ; *Chronologie des œuvres de Th. Gallus*, dans *Divus Thomas* (Piacenza), t. 37, 1934, p. 265-277, 365-385, 469-496. — M.T. d'Alverny, *Le second commentaire de Th. Gallus, abbé de Verceil, sur le Cant. des Cant.*, dans *AHDLMA*, t. 13 (1942), p. 391-401. — A. Dondaine, *Un ms. de l'Expositio de Th. Gallus sur les cinq premières lettres du Ps. Denys*, dans *RTAM*, t. 17 (1950), p. 311-315. — J. Châtillon, *De Guillaume de Champeaux à Th. Gallus*, dans *RMAL*, t. 8 (1952), p. 268-272. J.C.

Thomas Hérier. Trouvère picard, dont l'activité littéraire s'est déroulée entre 1240 et 1270 environ. Thomas Hérier est l'auteur d'un *descort*, de 11 chansons d'amour et d'un jeu-parti burlesque (R. 1191), dans lequel il a pour partenaire Gilbert de Berneville*. Il composa peut-être un autre jeu-parti (R. 842) avec Guillaume le Vinier*. Ami de Jacques de Cysoing*, à qui il envoya l'une de ses chansons (R. 2034), Thomas fut en relation avec le Puy d'Arras et chanta parfois devant la comtesse Jeanne de Ponthieu, à laquelle il rendit hommage dans une chanson (R. 467) où il lui conservait son titre de *roïne* : fille aînée de Simon de Dammartin et de Marie de Ponthieu, Jeanne devint dame de Ponthieu comme héritière de sa mère en 1251 ; elle avait épousé, dès 1237, Ferdinand III dit le Saint, roi de Castille (1217) et de León (1230), d'où l'appelation de *roïne* ; veuve le 30 mai 1252, Jeanne de Ponthieu se remaria en 1260 avec Jean III de Nesle, seigneur de Falvy, et mourut le 15 mars 1279.

ŒUVRES. — A. Långfors, A. Jeanroy et L. Brandin, *Recueil général des jeux-partis français*, Paris, 1926, t. 1, p. XLV ; t. 2, p. 92-94 et 149-152 (*SATF*, 70). — H. Petersen Dyggve, *Personnages historiques figurant dans la poésie lyrique française des* XIIe *et* XIIIe *siècles. XVII. Thomas Hérier et ses protecteurs*, dans *Neuphilologische Mitteilungen*, t. 44 (1943), p. 55-98 [éd. du *descort* et de 11 chansons]. — *Anthologie de la poésie lyrique française des* XIIe *et* XIIIe *siècles*, éd. bilingue J. Dufournet, Paris, 1989, p. 288-291 *(NRF/Poésie)* [une chanson].

→ W.M. Newman, *Les seigneurs de Nesle en Picardie (XIIe-XIIIe siècle), leurs chartes et leur histoire*, Paris, 1971, t. 1, p. 328 (*Bibl. de la Société d'histoire du droit des pays flamands, picards et wallons*, 27). — Linker, n° 259. — Cf. *MB* n°s 6487-6488. G.M. et F.F.H.

Thomas de Kent. Auteur insulaire du XIIe siècle, sans doute clerc, à qui l'on attribue une vie anglo-normande d'Alexandre le Grand : le *Roman de Toute Chevalerie*, en alexandrins, conservé par cinq manuscrits. L'œuvre représente une tradition légendaire remontant au Pseudo-Callisthène, et se fonde pour l'essentiel sur l'*Epitomé* de Julius Valerius et sur l'*Epistola Alexandri Magni ad Aristotelem*, deux textes latins du IXe siècle. La forme interpolée du texte, la seule parvenue jusqu'à nous, contient le *Fuerre de Gadres* (branche 2 du *Roman d'Alexandre** d'Alexandre de Paris) et une partie de la branche 4 (mort du héros et lamentations de ses vassaux), ajouts ne faisant pas partie du texte original. Thomas de Kent connaissait la version de Lambert le Tort, mais n'aurait pas connu celle, postérieure, d'Alexandre de Paris. Ceci permet de dater son récit des alentours de 1175.

ŒUVRE. — Éd. B. Foster (avec I. Short), *The Anglo-Norman Alexander (Le Roman de toute chevalerie) by Thomas de Kent*, 2 vol., Londres, 1976 et 1977 (*ANTS*, 29-31 et 32-33).

→ G.L. Hamilton, *Quelques notes sur l'histoire de la légende d'Alexandre le Grand en Angleterre au Moyen Âge*, dans *Mél. A. Thomas*, Paris, 1927, p. 195-202. — B. Foster, *The Roman de toute chevalerie, its Date and Author*, dans *French Studies*, t. 9 (1955), p. 154-158 et 348-351 [discussion]. — B.H. Wind, *Faut-il identifier Thomas, auteur de Tristan, avec Thomas de Kent ?*, dans *Mél. E. Li Gotti*, Palerme, 1962, p. 479-490 [conclut par la négative]. — A. Foulet, *La date du Roman de toute chevalerie*, dans *Mél. R. Lejeune*, Gembloux, 1969, t. 2, p. 1205-1210. — E. Baumgartner, *L'Orient d'Alexandre*, dans *Bien dire et bien aprandre*, t. 6 (1988), p. 7-15. — M. Gosman, *Le Roman de toute chevalerie et le public visé. La légende au service de la royauté*, dans *Neophilologus*, t. 72 (1988), p. 335-343. — Cf. *GRLMA*, t. IV/2, n° 468 ; t. IV/1, p. 152, 484-486. — *MB* n°s 981, 985-987 ; *S* 2125-2128, 2946. C.R.

Thomas Malory. Écrivain anglais, mort le 14 mars 1471, auteur d'un recueil de romans arthuriens publié en 1485 par William Caxton sous le titre de *Le Morte Darthur*. Un manuscrit plus proche de l'original a été découvert il y a une quarantaine d'années. À l'exception d'un récit tiré d'un poème épique anglais intitulé *The Noble Tale of King Arthur and the Emperor Lucius*, l'œuvre de Malory est une adaptation, parfois même une traduction, d'un choix de textes français du XIIIe siècle appartenant au cycle de la Table Ronde. On y retrouve, sous une forme sensiblement abrégée, la *Suite du Merlin**, quelques fragments du *Lancelot en prose**, un roman perdu de Gaheret, frère de Gauvain, les deux premiers livres du *Tristan en prose** et les deux dernières branches du *Lancelot-Graal** : la *Queste del Saint Graal** et la *Mort le Roi Artu**, source du plus beau et du plus original des romans de Malory, *The Tale of the Death of King Arthur*, qui se rattache au cycle Post-Vulgate. Maintes fois réimprimé, *Le Morte Darthur*, demeure, en Angleterre, un livre classique ; sans lui, dans le monde anglo-saxon d'aujourd'hui, le grand public, sinon le public lettré, ignorerait sans doute la légende du roi Arthur* et de ses chevaliers. L'auteur doit ce succès tout d'abord à la qualité de sa langue, sobre et riche à la fois, savamment rythmée et pourtant toute proche du langage parlé ; et puis, et surtout, à la structure compacte et simplifiée des récits détachés de leur contexte cyclique. À l'optique des cycles romanesques il substitue celle de la nouvelle en prose, qui annonce déjà la facture et le rythme du roman moderne.

ŒUVRE. — Éd. E. Vinaver, *The Works of Sir Thomas Malory in Three Volumes*, 2e éd. Oxford, 1967 ; *The Works of Sir Thomas Malory*, 2e éd. Oxford, 1971. — Trad. M.-M. Dubois, *Le Roman d'Arthur et des chevaliers de la Table Ronde*, Paris, 1948.

→ E. Vinaver, *Malory*, Oxford, 1929. — R.S. Loomis, *Arthurian Literature in the Middle Ages*, Oxford, 1959. — K.O. Brogsitter, *Artusepik*, Stuttgart, 1965 (*Sammlung Metzler*, 38). — E. Soudek, *Studies in Lancelot Legend*, Houston, 1972 (*Monographs in Comparative Literature, Rice Univ. Studies*, 58, n° 1). — E.D. Kennedy, *Malory's King Mark and King Arthur*, dans *Medieval Studies*, t. 37 (1975), p. 190-234. — M. Hynes-Berry, *Language and Meaning : Malory's Translation of the Grail Story*, dans *Neophilologus*, t. 60 (1976), p. 309-319. — B. Dillon, *A Malory Handbook*, Boston, 1978. — D.B. Mahonney, *Malory's Tale of Sire Tristan Source and Setting Reconsidered*, dans *Medievalia et Humanistica*, t. 9 (1979), p. 175-198. — P.W. Life, *Sir Thomas Malory and the Morte Darthur : A Survey of Scholarship and Anno-*

tated Bibliogr., Charlottesville, 1980. — E. Vinaver, *Landmarks in Arthurian Romance*, dans *The Expansion and Transformation of Courtly Literature*, éd. N.B. Smith et J.T. Snow, Athens, 1980, p. 17-31. — Cf. *MB* n°s 1680, 2016-2019, 2027, 2028, 6411-6413, 7619-7633 ; *S* 3175, 3177, 3462, 3485, 3966, 3975, 3976, 4087-4089, 4129-4132, 4147.

Voir aussi : *Graal*. Cycle Post-Vulgate. E.V.

Thomas III de Saluces. Lorsque le marquis Frédéric II de Saluces, petit prince piémontais, mourut en 1394, son fils Thomas III se trouvait alors à Turin, prisonnier du comte de Savoie, où il resta encore deux ans, n'ayant pu payer sa rançon. Le conflit entre la maison de Savoie et la maison de Saluces durait depuis de longues années et Thomas dut finalement se reconnaître vassal d'Amédée VIII, auquel il prêta hommage le 22 juin 1413. Il mourut deux ans après.

Il est l'auteur du *Chevalier errant*, vaste roman en prose entrecoupé de pièces en vers, qu'il entreprit vraisemblablement en 1394, alors qu'il était en prison.

C'est une œuvre hétéroclite bâtie sur le modèle d'une quête de la sagesse et dans laquelle Thomas a incorporé tout ce qui pouvait aider son personnage principal, derrière lequel il se cache, à apprendre à vivre et à mourir. Il y a inséré des éléments d'une grande variété : contes, légendes, abrégés de romans arthuriens, *exempla*, traité de morale, portraits de ses contemporains et résumés d'événements historiques, ainsi qu'une histoire de l'humanité divisée en cinq âges avec une longue digression sur l'histoire des papes, des Romains et de Griseldis*, personnage de conte identifié à la marquise de Saluces.

La narration de Thomas s'arrête au début du Grand Schisme d'Occident, dont il se fait l'écho. Il veut mettre ainsi l'accent sur les difficultés de l'Église. Dans ses conclusions, il montre que le Saint-Siège est en train de perdre sa puissance universelle en Occident.

Le poème est conservé dans deux manuscrits : le ms. Paris, BN fr. 12559, luxueux et richement illustré, a été fait à Paris vers 1403-1404 pour l'auteur lui-même qui était en France où naquit son premier fils ; le ms. Turin BN L.V.6, réalisé dix ans plus tard, est plus modeste et un peu abrégé.

ŒUVRE. — Éd. M.J. Ward, thèse non publiée. Résumé dans *DAI*, t. 45 (1984), p. 1111 A-1112 A. — Éd. partielle A. Cornagliotti, *Carados Brebas, un eroe arturiano nello Chevalier errant di Tommaso III di Saluzzo*, dans *Mél. R. Gandolfo*, Turin, t. 1, 1975, p. 75-96 [l'épisode de Carados].

→ E. Gorra, *Il cavaliere errante di Tommaso III di Saluzzo*, dans *Studi di critica letteraria*, Bologne, 1892. — N. Jorga, *Thomas III, marquis de Saluces. Étude historique et littéraire...*, Leipzig, 1893. — D.J.A. Ross, *Alexander and the Wonderstone in Le Chevalier errant*, dans *French Studies*, t. 19 (1965), p. 159-163. — A. Cornagliotti, *La leggenda di Aleramo nel Chevalier errant di Tommaso III di Saluzzo*, dans *Rivista di Storia, Arte e Archeologia per le Provincie di Alessandria e Asti*, t. 77 (1968), p. 61-83 ; *Le tre matieres nello Chevalier Errant di Tommasso III di Saluzzo*, dans *Studi Piemontesi*, t. 18 (1989), p. 3-24. — A.M. Finoli, *Le Chevalier errant di Tommaso di Saluzzo alla corte d'amore*, dans *Cultura italiana e francese a confronto nella zona alpina. Atti dell'VIII Convegno della Societa Universitaria per gli Studi di lingua e letterature francese (Aoste, 1979)*, Fasano, 1982, p. 9-22. — M.J. Ward, *Another Occurence of the Virgil Legends : Thomas III, marquis de Saluces « Le Livre du chevalier errant » and Gossouin de Metz « L'image du monde »*, dans *Medioevo Romanzo*, t. 10 (1985), p. 371-389 ; *Le début du Grand Schisme d'Occident dans le Livre du Chevalier Errant de Thomas III, marquis de Saluces, ibid.*, t. 11 (1986), p. 401-410. — Cf. *MB* n°s 5363-5365 ; *S* 6719-6722. D.C. et G.T.L.

Thomas de Strasbourg. Né à Haguenau, cet ermite de l'ordre de Saint-Augustin est très peu connu. Il a commenté les *Sentences* à Paris peu après 1330 et avant 1335. Prieur général de 1345 jusqu'à 1357, il s'occupait de la réorganisation et de la réforme des études dans son ordre, d'abord en s'appuyant sur les statuts en vigueur puis, entre 1351-1354, en rédigeant et promulguant des statuts nouveaux, dits *Mare magnum*. Il est décédé en 1357 à Vienne, en Autriche. Thomas a laissé une seule œuvre, ses *Commentaria in IV libros Sententiarum*, pourvus des quatre *Principia*, dont trois (II-IV) remaniés sont placés à la fin du commentaire. Connu et loué pour la clarté de sa langue et de son exposé, Thomas reste fidèle à la doctrine de Gilles de Rome*. Dans une certaine mesure ce choix est dicté par la décision du chapitre général des ermites de 1287 imposant les doctrines de Gilles de Rome à tous les étudiants de l'ordre. Toutefois, l'appartenance à l'école égidienne ne l'empêche pas de suivre aussi Thomas d'Aquin*, Augustin d'Ancône (Triumphus), etc., ou de rester indépendant sur un sujet précis. Traditionnaliste dans ses sources, Thomas montre dans les *Principia*, où il critique Pierre Auriol* et ses partisans franciscains, une bonne connaissance des doctrines contemporaines et un réel talent de spéculation. C'est là qu'il est le plus moderne. Ses *Commentaria* ont influencé l'enseignement théologique à Prague au XIVe siècle et à Cracovie au siècle suivant.

ŒUVRES. — Éd. des *Commentaria* à : Strasbourg 1490 (réimp. Francfort, 1971), Venise 1564 (réimp. Londres, 1964), Venise 1588 et Gênes 1585. Les statuts de Thomas sont publiés par E. Ypma, *Le « Mare Magnum ». Un code médiéval du couvent augustinien de Paris*, dans *Augustiniana*, t. 6 (1956), pp. 275-321.

→ D. Trapp, *Augustinian Theology of the 14th Century,* dans *Augustiniana*, t. 6 (1956), p. 175-182. — La littérature récente est répertoriée dans *Bibliogr. historique de l'Ordre de Saint-Augustin, ibid.*, t. 26 (1976), t. 28 (1978), t. 31 (1981), t. 35 (1985). Z.K.

Tombel de Chartreuse. Recueil de 31 contes pieux dédié par un clerc normand à Eustache, prieur (1325-1339) de la Chartreuse de Bourg-Fontaine, au diocèse de Soissons, et à ses moines afin qu'ils fassent mémoire de lui dans leur prières. De même que le *Chant du Rossignol*, traduction de la *Philomena* attribuée à tort à saint Bonaventure*, le *Tombel* aurait été entrepris par l'auteur à la demande d'un de ses amis alors décédé, que J. Monfrin a pu identifier avec Thomas de Molay, ancien pénitencier de l'église de Coutances, entré à la Chartreuse en 1330 et mort entre 1337 et 1339. C'est donc au cours de ces années que l'œuvre aurait été achevée. Les récits, parmi lesquels figurent trois miracles de Notre-Dame, sont écrits en octosyllabes (près de 14 200 au total) et accompagnés d'une moralité. La plupart se rencontrent dans d'autres recueils analogues, en particulier la *Vie des Pères** et, pour les miracles, celui de Gautier de Coinci*, dont l'auteur fait l'éloge. Sauf exception, les sources hagiographiques sont traditionnelles (saint Grégoire*, Jean Cassien*, Bède*, Vincent de Beauvais*...), mais il y aurait lieu de s'intéresser aussi aux croyances et aux traditions folkloriques sous-jacentes (âmes du purgatoire, vertus de la messe, danseurs maudits...).

ŒUVRE. — E. Walberg, *Contes pieux en vers du XIVe tirés du recueil intitulé le Tombel de Chartrose*, Lund, 1946 [éd. 9 contes]. — E. Kooiman, *Dix-huit contes français tirés du recueil intitulé le Tombel de Chartreuse*, Amsterdam, 1975. — S. Sandqvist, *Trois contes français du XIVe tirés du recueil intitulé le Tombel de Chartreuse*, Stockholm, 1982. — Publiés isolément : E. Walberg, *Deux anciens poèmes inédits sur St Simon de Crépy...*, Lund, 1909 [conte 11] ; *L'histoire de maître Silon*, dans *Studia neophilologica*, t. 15 (1942), p. 209-229 ; *La vision de saint Foursi*, dans *Mél. J. Melander*, Uppsala, 1943, p. 203-221 ; Ch. E. Stebbins, *A Critical Ed. of the 13th and 14th Centuries Old French Poem Versions of the « Vie de saint Alexis »*, Tübingen, 1974 [conte 18]. — M. Jackson, *Two Chapters from the Tombel de Chartrose...*, dans *Romania*, t. 96 (1975), p. 528-547. — *La mort du roi Sauvain*, éd. S. Sandqvist, Stockholm, 1985.

→ C.V. Langlois, *Anonyme auteur du Tombel de Chartrouse et du chant du Roussigneul*, dans *HLF*, t. 36 (1927), p. 225-237.- J. Morawski, *Mélanges de littérature pieuse*, dans *Romania*, t. 64 (1938), p. 471-472. — J. Monfrin, *À propos du Tombel de Chartrose*, *ibid.*, t. 70 (1948), p. 245-251 ; *Le miracle de Ségovie. Sur la source d'un conte du Tombel de Chartrose*, dans *Mél. I. Frank*, Sarrebruck, 1957, p. 454-471. — C.E. Stebbins, *Une étude comparative des trois grandes versions en vers français de la Vie de Saint Alexis...*, dans *RLR*, t. 83 (1978), p. 379-403. — Cf. *MB* nos 64, 4896-4902, 7943 ; *S* 692, 693, 7760, 7761. G.H.

Tomier et Palaizi. Ces deux troubadours sont toujours cités ensemble dans les manuscrits qui nous ont conservé leurs œuvres. C'étaient « deux chevaliers de Tarascon », dont il nous est resté deux pièces, deux *sirventes*, auxquels la critique moderne a ajouté un troisième (PC 231, 1a) que les manuscrits attribuent à différents troubadours. Deux d'entre eux furent composés en 1216, quand les comtes de Toulouse, revenant du concile de Latran qui les avait dépouillés, rentrèrent triomphalement en Provence : protestation contre le concile, appel au peuple en faveur des Raimon, louange d'Avignon « noble comtesse ».

Un autre (PC 442,1) fut écrit en 1226, pour soutenir les défenseurs d'Avignon par la promesse d'un secours problématique, lorsque la ville, ayant refusé de livrer passage à Louis VIII, roi de France, fut assiégée par celui-ci : évêques et cardinaux français occuperaient mieux leur temps et leurs ressources s'ils allaient au secours des Lieux saints. Deux vers terminent chaque strophe en guise de refrain :

Segur estem, seignors,
E ferm de ric socors.

Soyons fermes, seigneurs,
et comptons sur un puissant secours.

Certains historiens sont portés, à cause de ce refrain, à voir dans ce *sirventes* un spécimen d'un genre lyrique spécial du nom d'*esdemessa*, terme employé par les auteurs pour désigner leur composition.

ŒUVRES. — Éd. I. Frank, *Tomier et Palaizi, troubadours tarasconnais (1199-1226)*, dans *Romania*, t. 78 (1957), p. 46-85. — Éd. partielle : M. de Riquer, *Los trovadores. Historia literaria y textos*, Barcelone, 1975, t. 2, p. 1154-1160 [PC 231, 1a].

→ PC 442 et 231, 1a. — S. Guida, *Nuovi documenti su alcuni trovatori del* XIII *secolo*, dans *CN*, t. 39 (1979), p. 81-105. J.S.

Tornada. La *canso**, telle qu'elle est constituée dès le XIIe siècle, offre, après un nombre variable de couplets (*coblas*), une ou plusieurs *coblas* plus courtes et qui contiennent l'« envoi » ou les « envois » du poète : ce type de couplet final, souvent un demi-couplet, était appelé *tornada* par les troubadours*. C'est donc, en somme, le même procédé que celui des trouvères* avec la *reprise* ou des Italiens avec le *commiato*.

Avant les troubadours, les poètes latins du Moyen Âge utilisaient parfois, à la fin de leurs poèmes, des « clausules » avec dédicaces, nettement détachées, et parfois marquées par l'emploi d'un mètre différent. C'est ainsi qu'une épître d'Alcuin* à Charlemagne se termine par cet envoi :

Cartula, percurrens colles camposque liquentes
Disticon hoc cantet semper in ore suo...

Le procédé de la *tornada* n'est donc pas particulier aux troubadours, et ses traits de ressemblance avec la clausule sont évidents. Pour V. de Bartholomaeis, la *tornada* devait occuper, sur les rouleaux de parchemin (les *breus de parguamina* de Jaufré Rudel*), la place de l'adresse épistolaire, c'est-à-dire le côté extérieur du rouleau. Suivant cette théorie, que Jeanroy n'accepte pas sans réserves, « on a pu désigner par *tornar* l'opération de rouler le parchemin après y avoir écrit, et, par conséquent, la *tornada* était l'action de rouler, c'est-à-dire de clore la pièce à expédier ». Toutefois, l'érudit italien reconnaît que sa théorie ne rend compte que de la « tornade-adresse », et non de la « tornade-épilogue ». Par cette dernière expression, il faut entendre à peu près ce que les trouvères appelaient la *reprise*, « partie d'un morceau, qui se répète, après avoir été jouée, chantée une première fois ». Dans ce sens, on pourrait donc accepter l'explication de Raynouard, selon lequel le troubadour, dans la *tornada*, répétait une pensée déjà exprimée dans la pièce.

R. Dragonetti paraît cependant donner une solution éclectique au problème, en estimant que la *tornada* (répétition mélodique primitive) s'est transformée en *envoi* à partir du moment où l'on s'est avisé d'associer à la *reprise* mélodique un texte qui n'est pas un refrain. « Or c'est bien de ce type de *reprise*, entendu au sens d'envoi, qu'il est question dans la chanson courtoise puisqu'elle n'a pas de refrain. »

Les personnages pouvant figurer dans les *tornadas* sont, en général, outre la Dame elle-même, soit un ami, soit un protecteur ou une protectrice du troubadour. Du point de vue structural, la *tornada* reproduit, avec leur disposition, les mêmes rimes que la dernière partie de la *cobla* précédente. Elle compte de deux à quatre vers, parfois davantage. Comme nous l'avons noté, le nombre des *tornadas* est variable ; s'il est en majorité de deux, on en compte souvent une seulement, et parfois trois ; parfois aussi il n'y en a pas du tout.

Voici, à titre d'exemple, l'une des plus anciennes *tornadas* connues (de Guilhem IX*) :

A Narbona, mas ieu no˙ i vau
Sia˙l prezens
Mos vers, e vuelh que d'aquest lau˙
M˙sia guirens...

→ V. de Bartholomaeis, *Du rôle et des origines de la tornade*, dans *Annales du Midi*, t. 19, p. 449-464. — A. Jeanroy, *La poésie lyrique des troubadours*, Paris, 1934, t. 2, p. 93. — R. Dragonetti, *La technique poétique des trouvères dans la chanson courtoise*, Bruges, 1960, p. 304-317. — U. Mölk, *Deux remarques sur la « tornada »*, dans *Metrica*, t. 2 (1982), p. 3-14. — F.M. Chambers, *An Introduction to Old Provençal Versification*, Philadelphie, 1985. I.M.C.

Tote l'istoire de France. On désigne sous ce nom la première partie d'une chronique connue sous le nom de *Chronique saintongeaise*, dont la deuxième partie contient une rédaction de la *Chronique* dite du Pseudo-Turpin*. Selon A. de Mandach, l'origine saintongeaise de la chronique, qui lui a valu son appellation, en raison de son langage mi-occitan, mi-langue d'oïl, et surtout à cause de ses interpolations sur la Saintonge, doit être rejetée. Pour lui, elle a été écrite dans une scripta franco-occitane, vers 1205-1220, par un historien qui paraît avoir des liens étroits avec Saint-Seurin de Bordeaux. La version originale est perdue ; il en subsiste trois adaptations poitevinisées aux rapports complexes, conservées dans deux manuscrits du XIIIe siècle et un manuscrit du XIVe (ce dernier ne contient pas *Tote l'istoire de France*). L'auteur de la *Chronique dite saintongeaise* eut d'abord pour intention de compléter le récit de Turpin sur les campagnes de Charlemagne dans le Sud-Ouest en y adjoignant divers récits détaillés sur les fondations pieuses et les victoires héroïques de l'empereur ; ensuite, il eut vraisemblablement l'idée de placer en tête une introduction historique sur les Mérovingiens et les Carolingiens, et notamment sur leurs fondations pieuses dans la même région. Pour cette partie historique, le chroniqueur a utilisé comme base de travail l'*Historia* d'Adémar de Chabannes*, qu'il a traduite et remaniée, ce qui explique l'intérêt qu'il porte au centre religieux de Limoges et l'utilisation qu'il fait des ouvrages de l'abbaye de Saint-Martial. Il a aussi orné son texte de récits souvent uniques sur les églises du Sud-Ouest, leurs cimetières, leurs trésors et leurs saints, sur la reine Berthe, sur Gerbert de Mez, Mainet*, Roland* et Eaumont, le fils d'Agoland, et même Girart de Roussillon*.

ŒUVRE. — Éd. F. W. Bourdillon, Londres, 1897. — Éd. d'extraits E. Darley, *Fragments d'anciennes chroniques d'Aquitaine d'après les mss du XIIIe siècle*, Bordeaux, 1906 [éd. des interpolations].

→ A. de Mandach, *Chronique dite saintongeaise. Texte franco-occitan inédit « Lee ». À la découverte d'une chronique gasconne du XIIIe siècle et de sa poitevinisation*, Tübingen, 1970 (*Beihefte zur ZRPh*, 120) ; *À propos de la chronique dite saintongeaise, un regain*, dans *ZRPh*, t. 89 (1973), p. 454-467 ; *À propos de la périphérie occitane : la chronique dite saintongeaise*, dans *Mél. J. Hubschmid*, Berne, 1982, p. 867-897. — C. Buridant, *La traduction de la Chronique d'Adémar de Chabannes dans Tote l'Istoire de France*, dans RLingR, t. 40 (1976), p. 57-115. — B. De Marco Schurfranz, *The Chronique dite saintongeaise and the Geste des Loherens : Correspondences in Events, People and Places*, dans *Romance Philology*, t. 29 (1975), p. 209-214. — Cf. *MB* nos 3763 ; *S* 6194, 6195, 6214. G.T.L.

Tournoiement des dames. On appelle ainsi une sorte de poésie énumérative où la relation d'un tournoi fictif, dont les champions sont des femmes, fournit à l'auteur l'occasion de magnifier les belles d'une région ou d'une cité. En français, quatre de ces « panégyriques collectifs » ont été conservés. Les plus anciens, ceux des trouvères Huon d'Oisy* et Richard de Semilly*, datent de la fin du XIIe siècle et se présentent sous une forme lyrique. Les deux autres, de forme narrative (octosyllabes à rimes plates), furent écrits vers 1265 par un auteur anonyme *(Tournoiement aus dames)* et aux environs de 1270 (ou au moins avant 1292) par Pierre Gencien* le vieil *(Tournoiement des dames de Paris)*. Tous ces textes ont en commun les particularités suivantes : le tournoi décrit est censé avoir lieu le long de la Marne, non loin de Paris ; les combattantes appartiennent à l'aristocratie féodale, sauf dans le poème de Pierre Gencien, qui choisit ses héroïnes dans la bourgeoisie parisienne.

Les *tournoiements* en langue d'oc sont tous de forme lyrique. Dans ce genre, le troubadour Raimbaut de Vaqueiras* composa, sans doute à l'automne de 1200, un curieux poème appelé le *Carros* (PC 392, 32). Pendant son séjour à la cour du marquis Boniface de Montferrat, il offrit à celui-ci, en l'honneur de sa fille Béatrice, ce récit allégorique d'un tournoi de dames, parodique, où ne manquaient ni l'ironie ni les allusions politiques : la jeune Béatrice, par sa seule valeur *(pretz)* y mettait en pièces la forteresse des nobles — et vieilles — dames de Lombardie.

ŒUVRES. — M. Pelaez, *Le Tournoiement des dames de Paris*, dans *Studi romanzi*, t. 14 (1917), p. 1-68 [édition]. — *The Poems of the Troubadour Raimbaut de Vaqueiras*, éd. J. Linskill, La Haye, 1964, p. 204-210 [avec une trad. en anglais moderne]. — *Ludi e spettacoli nel medioevo. I tornei di dame*, éd. A. Pulega, Milan, 1970 *(Cattedra di Filologia romanza dell'Università degli studi di Milano)* [éd. du *Tournoiement des dames* de Huon d'Oisy, du *Tournoiement* de Richard de Semilly, du *Tournoiement aus dames* anonyme et du *Carros* de Raimbaut de Vaqueiras]. — M. de Riquer, *Los Trovadores, Historia literaria y textos*, Barcelone, 1975, t. 2, p. 827-833 [reproduit le texte du *Carros* d'après l'éd. Linskill].

→ A. Jeanroy, *La poésie lyrique des troubadours*, Paris et Toulouse, 1934, t. 1, p. 252-254. — H. Petersen Dyggve, *Personnages historiques figurant dans la poésie lyrique française des XIIe et* XIII*e siècles, III. Les dames du « Tournoiement » de Huon d'Oisi*, dans *Neuphilologische Mitteilungen*, t. 36 (1935), p. 65-84 ; *Les Personnages du Tournoiement aus Dames (Paris, BN, fr. 837), ibid.*, t. 36 (1935), p. 145-192 ; *V. L'Yolent à l'écu déchiqueté du « Tournoiement » de Huon d'Oisi, ibid.*, t. 37 (1936), p. 257-261 ; *X. « Deux dames du Tournoiement » de Huon d'Oisi, ibid.*, t. 41 (1940), p. 157-180. — A. Pulega, *Considerazioni sulla metrica del « Tournoiement des dames » di Huon d'Oisi e del « Carros » di Rambaldo di Vaqueiras*, dans *Filologia romanza*, t. 5 (1958), p. 247-255. — C. Cremonesi, *A proposito di alcuni versi (55-63) del « Tournoiement des dames » di Huon d'Oisy*, dans *Studi francesi*, t. 19 (1975), p. 81-84. — F. Maillard, *Note sur le Tornoiement as dames de Paris*, dans *Romania*, t. 89 (1968), p. 539-541. — Cf. *MB* n°s 2633-2635 ; *S* 4898-4901 ; 4940.

G.M. et F.F.H.

Toute Chevalerie (Roman de). Voir : Thomas de Kent.

Trahisons de France (Livre des). Cette œuvre historique en prose, composée vers 1467 et de caractère très bourguignon, fait le récit des démêlés entre la maison de France et celle de Bourgogne. C'est un libelle acerbe et véhément, qui prend la défense de tout ce qu'ont fait les ducs de Bourgogne et attaque le roi de France. Le *Livre* suit au début la *Geste des ducs de Bourgogne*, chronique en vers de plus de dix mille alexandrins, écrite à la gloire de Philippe le Hardi et de Jean sans Peur, qui s'étend de 1389 à 1412 ou 1420 (suivant les manuscrits) ; il la résume souvent mais poursuit beaucoup plus loin, puisqu'il va jusqu'au sac de Dinant (1466). Dans un des manuscrits de la *Geste*, ce texte est précédé de celui de la *Chronique normande abrégée* (voir *Chronique normande du* XIV*e siècle*), formant ainsi une seule chronique à la gloire de la maison de Bourgogne.

ŒUVRE. — Éd. Kervyn de Lettenhove, *Chroniques relatives à l'histoire de la Belgique sous la domination des ducs de Bourgogne*, dans *Commission royale d'Histoire*, sér. in-4°, 13, 2, Bruxelles, 1873, p. 1-258 [n'éd. pas le début].

→ G. Doutrepont, *La littérature française à la cour des ducs de Bourgogne*, Paris, 1909, p. 439-441. — Cf. Molinier n° 3953. — *MB* n° 5197.

G.T.L.

Trebor. Compositeur de la fin du XIVe siècle, bien représenté dans le manuscrit Chantilly 564* où six ballades lui sont attribuées. Quatre de ces textes font référence aux cours méridionales de Foix et d'Aragon. Sans l'identifier à Trebol, musicien au service de Martin Ier d'Aragon en 1409 puisque Chantilly précise bien Trebor, on doit noter que cette graphie constitue la forme inversée de Robert. Or il y a plusieurs musiciens de ce nom à l'époque et notamment des chantres à la cour pontificale d'Avignon (en 1371, puis en 1394). L'un de ceux-ci a sans doute écrit les ballades à trois voix du manuscrit de Chantilly.

ŒUVRES. — Éd. W. Apel, *French Secular Compositions of the Fourteenth Century*, dans *Corpus Mensurabilis Musicae*, t. 53/1, 1970.

→ G.K. Greene, art. *Trebor* dans *The New Grove Dictionary of Music and Musicians*, t. 19 (1980), col. 126.

N.S.

Trente (Combat des). Le samedi 26 mars 1351 eut lieu, au champ de la Mi-voie, entre Ploërmel et Josselin (Morbihan), une bataille entre trente Anglais et trente Bretons : elle se termina par la défaite des Anglais qui se rendirent et furent faits prisonniers. Un poème en laisses d'alexandrins relate les événements. Il en subsiste deux versions, une version bretonne (495 vers), contemporaine, et un remaniement picard de très peu postérieur (519 vers). Ce document poétique est un des plus pittoresques et des plus remarquables qui nous soient restés de la guerre de Cent Ans. La véracité historique des faits est attestée par Jean le Bel*, historien scrupuleux, qui signale le combat, auquel il n'a pas assisté mais dont il a entendu parler par des témoins. Jean Froissart* le cite aussi.

ŒUVRE. — Éd. H.R. Brush, *La bataille de Trente... A Middle-French Poem of the Fourteenth Century*, Chicago, 1912, tirage à part de *Modern Philology*, t. 9 (1911), p. 511-544 et t. 10 (1912), p. 82-136. — Éd. R. de Laigue, 1913 *(Société des bibliophiles bretons)*.

→ A. Coville, *Poème sur « La bataille de trente Englois et de trente Bretons »*, dans *HLF*, t. 38 (1949), p. 288-314. — G. Saffroy, *Bibliogr. généalogique, héraldique et nobiliaire de la France*, t. 1, Paris, 1968, n°s 3224-3244 [liste de publications et de recueils mss.]. — Molinier n° 3246. — Nouveau Potthast, t. 2, p. 464. — Cf. *MB* n°s 5112-5113.

G.T.L.

Tresces (Fabliau des) ou **La dame qui fit entendant son mari.** Ce fabliau anonyme, d'environ 300 octosyllabes à rimes plates, a été écrit en Île-de-France dans le premier tiers du XIIIe siècle. Le thème est celui du mari qui se sait trompé, et que sa femme arrive à persuader qu'il a rêvé.

ŒUVRE. — Éd. P. Ménard, dans *Fabliaux français du Moyen Âge*, t. 1, Genève, 1979 (*TLF*, 270). — Éd. W. Noomen, dans *Nouveau recueil complet des fabliaux*, t. 6, Assen, 1991. — *Les Tresces : Semi-Tragical Fabliau*, trad. J. Du Val, dans *Publications of the Missouri Philological Association*, t. 3 (1979), p. 7-16.

→ J. Rychner, *Contribution à l'étude des fabliaux*, Neuchâtel-Genève, 1960, t. 1, p. 92 ; t. 2, p. 136-148. — J.-C. Huchet, *De la perversion en littérature*, dans *Poétique*, t. 71 (1987), p. 271-290. — Cf. *MB S* n°s 4594, 4740.

A.F.L.L.

Trésorier d'Aire. Poète lyrique du milieu du XIIIe siècle. Ce titre de « trésorier » était celui d'un fonctionnaire de l'église abbatiale de Saint-Pierre d'Aire (Aire-sur-la-Lys, Pas-de-Calais, arr. Saint-Omer), mais ne permet pas de l'identifier. Il apparaît, avec Jean Bretel*, Jean Cuvelier*, Jean de Grieviler* et Lambert Ferri*, comme partenaire dans un jeu-parti et comme juge dans deux autres.

ŒUVRES. — A. Långfors, A. Jeanroy et L. Brandin, *Recueil général des Jeux-Partis français*, Paris, 1926, t. 1, p. 179-183, 324-326 ; t. 2, p. 1-4 (*SATF*, 70).

→ Linker, n° 260. A.J. et F.F.H.

Triple (Triplum, triplex). Termes de la théorie musicale médiévale désignant principalement tout d'abord une polyphonie à trois voix. C'est aussi la troisième voix d'une composition polyphonique, une voix indépendante contrepointant le tenor et le *duplum* (ou *motetus*). Le terme *triplum* est utilisé au XIIIe siècle dans l'organum et le motet*. On conserve cette terminologie au XIVe siècle et au XVe (en concurrence avec *triplex*) jusqu'au remplacement par *cantus* et *superius*. La forme anglaise, *treble*, est utilisée dans les traités de déchant anglais au début du XVe siècle.

Triplex est aussi le nom donné à la plus aiguë des parties séparées dans la musique imprimée aux XVIe et XVIIe siècles. N.S.

Tristan (Légende de). La légende de Tristan et d'Iseut est, avec le Graal, le plus grand mythe qu'ait conçu l'Occident médiéval, mythe de l'amour fatal menant à la mort. Caractéristique du mythe serait l'extraordinaire diversité des formes que la légende a pu revêtir. Il surgit au croisement de trois aires linguistiques : celtique, française, anglaise ; il envahit textes et images (l'iconographie des *Tristans* — peintures, coffrets d'ivoire, tapisseries — rivalise par sa richesse avec l'iconographie religieuse) ; et, parmi les textes, il investit le vers comme la prose (le *Tristan en prose* est avec le *Lancelot* le roman le plus relu et le plus recopié au cours du Moyen Age), les formes miniatures (les 120 vers du *Lai du Chèvrefeuille* de Marie de France*, qui renferme lui-même une sorte de quintessence du mythe dans le couplet : *Bele amie, si est de nus : / Ne vus sanz mei, ne mei sanz vus*) comme les vastes formes cycliques (les 500 fol. de certains mss du *Tristan en prose*). Le mythe transcende en même temps les distinctions génériques ; les *Tristans* de Béroul* ou de Thomas* sont-ils des romans, des poèmes... ? La plasticité du mythe se vérifierait enfin dans le nombre des adaptations étrangères médiévales (voir *infra*), sans compter les prolongements modernes de Wagner à Cocteau.

Contenu de la légende. Nous donnons le contenu de la version commune tel qu'on peut la lire en partie dans le fragment de Béroul et en totalité dans le *Tristrant* allemand d'Eilhart von Oberg* (vers 1170).

1. *De la naissance au philtre*. Tristan, fils de Rivalen, roi de Léonois et de Blanchefleur, sœur du roi Marc de Cornouailles, ayant perdu très tôt ses parents, est élevé par son oncle, le roi Marc. Devenu un vigoureux chevalier, il tue en combat singulier un géant irlandais, le Morholt, qui, à dates fixes, exigeait un tribut de jeunes gens de Cornouailles. Plus tard, parti à la recherche d'une épouse pour son oncle, il aborde en Irlande où il demande la main de la jeune Iseut, fille du roi et de la reine d'Irlande. Les parents y consentent. Elle part donc, emmenant Brangien, sa suivante, qui emporte un philtre préparé par la mère d'Iseut. Il doit être bu le jour des noces par les époux qu'il unira à jamais d'un amour inaltérable. Mais sur le navire, Brangien, par erreur, apporte à Iseut et à Tristan le breuvage magique. Voilà les deux jeunes gens poussés désormais l'un vers l'autre par une force infrangible.

2. *Du mariage de Marc au retour de la forêt du Morois*. Le mariage de Marc et d'Iseut a lieu, mais Brangien prend la place d'Iseut dans le lit royal sans que Marc s'en aperçoive. Les deux amants se donnent d'audacieux rendez-vous révélés au roi par les ennemis de Tristan. Au pied d'un arbre dans lequel est dissimulé Marc

(ici s'ouvre le fragment de Béroul), ils sont sauvés par la ruse d'Iseut qui, ayant vu l'ombre du roi, tient des propos édifiants d'où l'amour est exclu. Peu après, le nain Frocin qui a parsemé de farine la chambre de la reine fait surprendre les deux amants. Pris en flagrant délit, les coupables vont être livrés au bûcher, mais Tristan s'évade et Iseut, abandonnée à des lépreux, est délivrée par son ami. Tous deux vont se réfugier dans la forêt du Morois où ils vivent misérablement. Leur longue solitude est marquée par deux rencontres : la première avec l'ermite Ogrin qui voudrait les ramener dans le devoir, la seconde avec le roi Marc qui les surprend endormis et séparés par une épée dans laquelle il voit dans sa bienveillance un symbole de chasteté. Puis ils se quittent et Iseut, revenue à la cour de Marc, accepte de se laver par une justification solennelle de l'accusation qui pèse encore sur sa personne. Elle s'entend avec Tristan pour que, déguisé en lépreux le jour du jugement, il l'aide à traverser un bourbier en la portant sur son dos. Elle peut désormais jurer qu'elle n'a jamais serré dans ses bras d'autre homme que son mari... et le lépreux secourable (scène de l'*escondit*). Tristan se venge ensuite des barons félons (c'est sur le meurtre de l'un deux, Godoïne, que se termine le fragment de Beroul).

3. *Des retours de Tristan à la mort des amants*. Tandis qu'Iseut vit auprès de Marc, Tristan reste soit à proximité, soit dans une terre étrangère. Ainsi, il porte secours au roi Hoël de Petite Bretagne, père de Kaherdin et d'Iseut aux Blanches Mains. Kaherdin lui propose d'épouser sa sœur ; séduit par l'identité des noms, Tristan accepte le mariage avec Iseut, mais ne le consomme pas. Il est un jour obligé de l'avouer à Kaherdin (épisode de l'*eau hardie*) et justifie son attitude en lui révélant qu'il a en Cornouailles une amie beaucoup plus belle que sa femme. Arrivé à la cour de Marc avec Tristan et mis en présence d'Iseut, Kaherdin doit en convenir. Tristan, chassé de Cornouailles par Iseut à la suite d'un malentendu, revient à plusieurs reprises à la cour de Marc sous divers déguisements (pèlerin, jongleur, fou). Bédénis qui a surpris les amours de sa femme avec Kaherdin, tue ce dernier et blesse grièvement Tristan. Personne ne peut guérir le héros si ce n'est Iseut à qui il envoie un messager. S'il revient avec Iseut, le messager doit hisser la voile blanche. Iseut accepte sans hésitation de partir, mais lorsque la nef arrive en vue du rivage, Iseut aux Blanches Mains, qui connaît le signal convenu, annonce à son mari que la voile est noire. Tristan meurt aussitôt et Iseut ne tarde pas à le suivre dans la mort. Marc, lorsqu'il apprend la nouvelle, regrette de les avoir séparés et ordonne de les ensevelir dans une même tombe.

Genèse du mythe. La genèse est délicate, car les textes français du XIIe siècle ou bien sont fragmentaires (Béroul, Thomas...), ou ont disparu (conte *del roi Marc et d'Ysalt la blonde* de Chrétien de Troyes* mentionné dans le prologue de son *Cligés*, *Tristan* d'un certain La Chièvre mentionné au début de la branche II du *Roman de Renart**). Les érudits du début du siècle (Bédier, Schoepperle...) ont développé la thèse de l'archétype : au milieu du siècle, un écrivain (peut-être l'énigmatique La Chièvre) aurait mis par écrit la légende et tous les autres textes tristaniens dériveraient de cette *Estoire* (le terme figure chez Béroul aux v. 1267 et 1789) ; on a même proposé la date de 1158, si l'on voit dans le récit de la bataille de Nantes, tel qu'il figure chez Eilhart (v. 8600 sq.) et dans les parties anciennes du *Tristan en prose** (version du ms. BN, fr. 103) un reflet d'événements historiques qui se sont déroulés en Bretagne entre 1156 et 1158 ; le *Tristrant* d'Eilhart von Oberg*, écrit vers 1170 à la cour de Brunswick en Saxe, représenterait une traduction assez fidèle de ce texte primitif. Ce point de vue a été de nos jours considérablement nuancé et même remis en cause (voir A. Varvaro) ; la tradition écrite et orale de la légende était multiple dès la première moitié du XIIe siècle : en témoignent les allusions à Tristan chez un troubadour comme Cercamon* (v. 1135-1145), les interventions de Béroul qui se différencie des *conteor* pour se présenter comme le narrateur autorisé de la bonne version (v. 1265 sq.), celles de Thomas, qui mentionne un certain Bréri, sans doute analogue au *fabulator Bledhericus* ou Bledri, conteur gallois attesté par plusieurs documents avant 1150 ; ajoutons que le motif du chèvrefeuille que développe Marie de France est absent d'Eilhart, preuve qu'il existait des traditions parallèles à celle de l'éventuelle *Estoire*.

La préhistoire du mythe est longue et complexe : la légende semble avoir son origine en Écosse (mais on a aussi soutenu, plus récemment, l'hypothèse d'une origine cornique, voir O.J. Padel) et de là s'être progressivement diffusée vers le sud dans les autres territoires celtiques, non sans s'enrichir : Tristan est un héros picte (peuple du Nord de l'Écosse), Iseut est Irlandaise, Marc est lié au pays de Galles et à la Cornouaille (cf. les toponymes de Lantien et de Tintagel) ; enfin, il est possible que l'épisode du mariage de Tristan avec Iseut aux Blanches Mains, fille du roi Hoël de Petite-Bretagne, ait été intégré à la légende lorsque celle-ci a atteint la Bretagne continentale. Ce ne sont pas que les personnages qui sont d'origine celtique, mais bien des motifs appartiennent au même univers. On a ainsi pu rapprocher la légende de Tristan et d'Iseut de plusieurs récits irlandais, en particulier celui de *Diarmaid et Grainne* (attesté dès le Xe siècle), où Diarmaid s'éprend de Grainne, la femme de son oncle, le roi Finn ; malgré des ressemblances troublantes (*geis* ou sort qui unit les amants comme le philtre, motif de la vie sauvage, de l'eau hardie...), il s'agirait d'un récit parallèle et non d'une source de notre légende. La mise en roman du mythe s'est faite au milieu du XIIe siècle vraisemblablement à la cour d'Henri II d'Angleterre et d'Aliénor d'Aquitaine* et les romans antiques ont sans doute joué un rôle dans la mise en forme de cette matière celtique. En effet, les *Tristans* de Béroul, d'Eilhart ou de Thomas se présentent comme des romans biographiques qui suivent le personnage de sa naissance à sa mort. De plus, un certain nombre de motifs sont mystérieusement communs aux *Tristans* et à la mythologie grecque : Morholt qui est un autre Minotaure, motif de la voile blanche ou noire (mythe de Thésée), reconnaissance du héros par son chien à la fin des *Folies Tristan*, comme pour Ulysse dans l'*Odyssée*.

Diffusion et résistance. C'est donc dans la langue française que le mythe prend forme littéraire au cours de la seconde moitié du XIIe siècle. Cinq textes en vers sont conservés ; mais curieusement les deux versions complètes de la légende, celle de Béroul et celle de Thomas, nous sont parvenues fragmentairement, alors que les trois textes qui ne développent qu'un fragment du mythe sont complets (le *Lai du Chèvrefeuille* de Marie de France, les deux *Folies Tristan*). En définitive, par une sorte de malédiction, nous ne possédons que des fragments. Il ne peut s'agir là d'un simple hasard : le mythe de Tristan, en subvertissant par sa violence les valeurs courtoises et féodales, a suscité rapidement des résistances, de sorte que ces textes n'ont guère été diffusés en dehors de l'aire anglo-normande, leur lieu de naissance. Parler de « censure » est peut-être excessif et anachronique, mais l'œuvre de Chrétien de Troyes* témoigne bien de cette volonté de conjurer la force destructrice de la passion chez les amants de Cornouailles. Ainsi, à côté du roman *del roi Marc et d'Ysalt la blonde* perdu, mais dont le titre élude curieusement la figure de Tristan et donc l'adultère, *Erec et Enide* et surtout *Cligès* s'écrivent en partie contre les textes tristaniens ; même le *Chevalier de la Charrette* n'emprunte certains motifs aux *Tristans* (celui des draps tachés de sang en particulier) que pour mieux s'en démarquer : Lancelot n'est pas Tristan, l'adultère de Guenièvre et de son amant ne les conduit pas à la mort. Les deux versions de la légende, version commune (à laquelle on peut rattacher Béroul et la *Folie Tristan* de Berne) et version courtoise de Thomas (à laquelle on peut rattacher la *Folie Tristan* d'Oxford), survivront cependant à travers les adaptations étrangères : à la première appartient le *Tristrant* d'Eilhart von Oberg (v. 1170), à la seconde le *Tristan* inachevé de Gottfried de Strasbourg* (v. 1200-1210), la saga norroise (*Tristrams saga* de frère Robert, 1226) et le *Sir Tristrem* anglais (début du XIIIe siècle). Le XIIIe siècle confirme dans une certaine mesure le siècle précédent : les *Tristans* en vers resteront des fragments, des récits épisodiques (épisode de Tristan rossignol dans le *Donnei des Amanz** et celui de Tristan ménestrel dans la *Continuation du Perceval* de Gerbert de Montreuil*) : quant au vaste roman du *Tristan en prose**, il pliera le mythe aux exigences de la prose et de l'idéologie chevaleresque, le mythe s'est apprivoisé, sa virulence a été conjurée au milieu de cette vaste compilation associant monde arthurien, cour de Marc et quête de Graal. Paradoxalement, c'est dans cette version édulcorée du mythe que la légende sera diffusée, lue à travers tout le Moyen Âge, puis imprimée à la Renaissance. Il faudra attendre 1835 pour que Francisque Michel édite enfin les *Tristans* en vers.

ŒUVRE. — Les *Tristans* en vers (Béroul, Thomas, *Folies Tristan, Lai du Chèvrefeuille* de Marie de France) ont été éd. et trad. par J.-C. Payen, *Tristan et Yseut. Les Tristan en vers*, Paris, 1974, et par P. Walter, *Tristan et Iseut. Les poèmes français. La saga norroise*, Paris, 1989 (*Lettres Gothiques*), éd. qui contient aussi le texte et la trad. de l'épisode de Tristan rossignol du *Donnei des amanz* [éd. originale de G. Paris, dans *Romania*, t. 25 (1896), p. 497-541], et la trad. de la *Tristrams saga* par D. Lacroix. Essais de reconstitution d'un *Roman de Tristan* primitif ou complet par J. Bédier, *Le Roman de Tristan et Iseut, traduit et restauré*, Paris, 1900 (plus de 60 rééd.), et par R. Louis, *Tristan et Iseult renouvelé*, Paris, 1972. — Pour les textes germaniques, voir Eilhart von Oberg, *Tristrant*, texte et trad. française D. Buschinger, Göppingen, 1976 (trad. seule, Paris, 1986 [*10/18*]), et Gottfried de Strasbourg, *Tristan*, trad. française D. Buschinger et J.M. Pastré, Göppingen, 1980. Voir également la notice particulière à chaque œuvre.

→ Pour une bibliogr. jusqu'en 1978, voir D.J. Shirt, *The Old French Tristan Poems : a Bibliographical Guide*, Londres, 1980. — Sur le problème des origines et de l'archétype, voir J. Bédier, *Le Roman de Tristan par Thomas*, t. 2, Paris, 1905. — G. Schoepperle, *Tristan and Isolt. A study of the Sources of the Romance*, 2 vol., Francfort-sur-le-Main, 1913 (2e. éd., New York, 1960). — F.R. Schröder, *Die Tristansage und das persische Epos « Wîs und Râmîn »*, dans *GRM*, t. 11 (1961), p. 1-44. — M. Delbouille, *Le premier roman de Tristan*, dans *CCM*, t. 5 (1962), p. 273-286 et 419-435. — R. Lejeune, *L'allusion à Tristan chez le troubadour Cercamon*, dans *Romania*, t. 83 (1962), p. 183-209. — F. Lecoy, *L'épisode du harpeur d'Irlande et la date des « Tristan » de Béroul et de Thomas*, *ibid.*, t. 86 (1965), p. 538-545. — A. Varvaro, *La teoria dell'archetipo tristaniano*, *ibid.*, t. 88 (1967), p. 13-58 ; *L'Utilizzazione letteraria di motivi della narrativa populare nei romanzi di Tristano*, dans *Mél. J. Frappier*, t. 2, Paris, 1970, p. 1057-1075. — P. Gallais, *Genèse du roman occidental. Essais sur Tristan et Iseut et son modèle persan*, Paris, 1974. — L. Polak, *Tristan and Vis and Ramin*, dans *Romania*, t. 95 (1974), p. 216-234. — R.J. Cormier, *Open Contrast : Tristan and Diarmaid*, dans *Speculum*, t. 51 (1976), p. 589-601. — O.J. Padel, *The Cornish Background of the Tristan Stories*, dans *Cambridge Medieval Celtic Studies*, t. 1 (1981), p. 53-81. — Sur l'iconographie, voir R.S. et L.H. Loomis, *Arthurian Legends in Medieval Art*, Londres, 1938. — G.J. Brault, *Le Coffret de Vannes et la légende de Tristan au XIIe siècle*, dans *Mél. R. Lejeune*, t. 1, Gembloux, 1969, p. 653-668. — D. Fouquet, *Wort und Bild in der mittelalterlichen Tristantradition*, Berlin, 1971. — Études portant sur plusieurs versions : D. de Rougemont, *L'Amour et l'Occident*, Paris, 1939 (éd. définitive, Paris, 1972, rééd. *10/18*, 1979). — P. Le Gentil, *La légende de Tristan vue par Béroul et par Thomas. Essai d'interprétation*, dans *Romance Philology*, t. 7 (1953-1954), p. 111-129. — P. Jonin, *Les personnages féminins dans les romans en vers de Tristan au XIIe siècle*, Aix-en-Provence, 1958. — J. Frappier, *Structure et sens du Tristan : version commune, version courtoise*, dans *CCM*, t. 6 (1963), p. 255-280 ; 441-454. — J.-C. Payen, *Le motif du repentir dans la littérature française médiévale*, Genève, 1967, p. 331-364. — L. Gnädinger, *Hiudan und Petitcreiu : Gestalt und Figur des Hundes in der mittelalterlichen Tristandichtung*, Zurich, 1970. — F. Barteau, *Les romans de Tristan et Yseut. Introduction à une lecture plurielle*, Paris, 1972. — J.M. Ferrante, *The Conflict of Love and Honor. The Medieval Tristan Legend in France, Germany and Italy*, La Haye-Paris, 1973. — J.-C. Payen, *Lancelot contre Tristan ; la conjuration d'un mythe subversif*, dans *Mél. P. Le Gentil*, Paris, 1973, p. 617-632. — *La légende de Tristan au Moyen Âge* (Colloque d'Amiens, 1982), éd. D. Buschinger, Göppingen, 1982. — *Tristan et Yseut, mythe européen et mondial* (Colloque d'Amiens, 1986), éd. D. Buschinger, Göppingen, 1987. — E. Baumgartner, *Tristran et Iseut. De la légende aux récits en vers*, Paris, 1987. Sur les versions étrangères, voir E. Vinaver, *Le roman de Tristan et Iseut dans l'œuvre de Thomas Malory*, Paris, 1925. — D. Branca, *I Romanzi italiani di Tristano e la Tavola Ritonda*, Florence, 1968. — D. Buschinger, *Le Tristrant d'Eilhart von Oberg*, 2 vol., Paris, 1975. — La revue *Tristania*, publiée par l'université du Tennessee, est entièrement consacrée au mythe et aux textes tristaniens. — Cf. *MB* nos 1554-1690, 6293-6313, 7371-7423 ; *S* 2870-3130.

Voir aussi : Béroul, Thomas, *Folies Tristan, Tristan en prose.* J.M.F.

Tristan de Nanteuil. Voir : *Geste de Nanteuil.*

Tristan en prose. Vaste roman en prose du XIIIe siècle, qui se veut une réécriture du mythe de Tristan à la lumière du *Lancelot en prose**. L'œuvre, dont on connaît plus de 80 mss, a été constamment réécrite au cours du Moyen Âge. E. Baumgartner a distingué ainsi quatre versions principales : version I (BN fr. 756-757) ; version II ou *Vulgate*, version la mieux representée par la tradition manuscrite

(BN fr. 335-336 ; Vienne 2542...) ; version III qui combine les deux versions précédentes et interpole des éléments du *Lancelot* (BN fr. 97 et 100-101) ; version IV qui insère dans le récit des additions originales (BN fr. 99). La version III est élaborée avant 1300, la version IV au cours de la première moitié du XIVe siècle. Quant aux versions I et II, elles sont postérieures à 1240, puisqu'elles connaissent le cycle post-Vulgate. Mais ce dernier cycle, ainsi que *Guiron le Courtois** (avant 1240), connaît lui-même le *Tristan en prose* ; il faut donc en déduire l'existence d'une première rédaction de l'œuvre entre 1230 et 1235, rédaction dont la version I ne constitue pas un témoin, comme l'ont cru Löseth et surtout Vinaver, mais que l'on retrouve dans la première partie de l'œuvre commune à toutes les versions (= § 1-183 de l'analyse de Löseth). Il est possible en revanche que la dualité des auteurs — Luce del Gat cité dans les prologues et Hélie de Boron dans les épilogues — soit une trace de cette double rédaction du roman ; en effet, dans la partie primitive de l'œuvre, le récit est centré sur les amants de Cornouailles, alors que dans la suite la légende est noyée dans un flot croissant d'aventures étrangères au mythe tristanien et empruntées à la Vulgate arthurienne ou au Cycle post-Vulgate. De plus, l'auteur de la seconde rédaction, en faisant appel à la figure fictive d'Hélie de Boron (parent et compagnon d'armes de Robert de Boron* et également auteur du *Guiron**), cherche à asseoir la légitimité de son entreprise de remaniement. Cette entreprise est d'abord une tentative de synthèse entre, d'un côté, le mythe de Tristan (l'auteur connaissait aussi bien Béroul* que Thomas*, à qui il emprunte le motif du philtre à durée illimitée) et, de l'autre, le modèle esthétique, narratif et idéologique du *Lancelot-Graal** (procédé de l'entrelacement qui atteint ici son apogée, puisque toute la structure du récit est duelle [cour de Marc/cour d'Arthur, Tristan/Lancelot...], intervention de Merlin dans la naissance de Tristan, qui, comme l'élu du Graal, fait partie du lignage de Bron, le beau-frère de Joseph d'Arimathie, couple Tristan/Yseut modelé sur le couple Lancelot/Guenièvre...). De ce rapport de force entre le mythe et le roman de chevalerie, le second sort vainqueur : Tristan devient un chevalier de la Table Ronde, prenant part aux côtés de bien d'autres personnages à la quête du Graal ; le roman absorbe le mythe et le noie au milieu des aventures chevaleresques, combats et tournois, et au fur et à mesure que le roman s'écrit, Tristan et surtout Iseut se font de plus en plus rares. Le roman, malgré des longueurs, témoigne cependant d'une esthétique et d'une idéologie nouvelles : juxtaposition de registres très différents (insertion de pièces lyriques, figure humoristique de Dinadan, traitement ironique du roi Marc...), remise en cause de la démesure, sinon de l'idéal chevaleresque par des personnages comme Kahedin et surtout Dinadan. Alors que les *Tristans* en vers de Béroul et de Thomas sombreront rapidement dans l'oubli, le *Tristan en prose* ne cessera d'être recopié, remanié et lu jusqu'au XVIe siècle ; on en recense huit éditions complètes de 1489 à 1586. De plus, l'œuvre a été largement diffusée dans les littératures européennes du Moyen Âge : Italie (*Tristano Riccardiano* de la fin du XIIIe), Espagne (*Tristan de Leonis*), Angleterre (*The book of Sir Tristam de Lyones* de T. Malory).

ŒUVRE. — Le roman est encore en partie inédit. C.E. Pickford a publié un fac-similé de l'éd. du *Tristan* de 1489 (Londres, 1976). — Pour une analyse détaillée du roman, voir E. Löseth, *Le « Roman en prose de Tristan », le « Roman de Palamède » et la Compilation de Rusticien de Pise. Analyse critique d'après tous les mss*, Paris, 1891 (reprints New York, 1970). — Le début du roman (§ 1-92 de l'analyse de Löseth) a été éd. par R.L. Curtis d'après le ms. 404 de Carpentras (t. 1, Munich, 1963 ; t. 2, Leyde, 1973 ; t. 3, Cambridge, 1985). — P. Ménard dirige la suite et la fin de l'éd. d'après le ms. Vienne 2542 (t. 1, éd. P. Ménard, Genève, 1987 [*TLF*, 353] ; t. 2, éd. M.L. Chênerie et T. Delcourt, 1990 [*TLF*, 387] ; t. 3, éd. G. Roussineau, 1991 [*TLF* 398] ; t. 4, éd. J.-C. Faucon, 1991 [*TLF* 408] ; 9 t. prévus). Le t. 1 de l'éd. Ménard a été traduit en français moderne par M.L. Chênerie et P. Ménard, Paris, 1990. — L'épisode des deux captivités de Tristan a été éd. par J. Blanchard, *Le Roman de Tristan. Les deux captivités de Tristan*, Paris, 1976 [ms. BN fr. 772]. — Les « parties anciennes » du *Tristan* (proches des versions en vers) ont été éd. par J. Bédier, *Le Roman de Tristan par Thomas*, t. 2, Paris, 1905, p. 321-395 [ms. BN fr. 103]. — Pour l'éd. des lais, voir T. Fotitch et R. Steiner, *Les Lais du Roman de Tristan en prose*, Munich, 1974 [ms. Vienne 2542].

→ E. Vinaver, *Études sur le « Tristan en*

prose », *les sources, les mss, bibliogr. critique*, Paris, 1925 ; *Un chevalier errant à la recherche du sens du monde : Quelques remarques sur le caractère de Dinadan dans le « Tristan en prose* », dans *Mél. M. Delbouille*, t. 2, Gembloux, 1964, p. 667-686. — R.L. Curtis, *Tristan Studies*, Munich, 1969. — J.H. Grisward, *Un schème narratif du « Tristan en prose » : Le mythe d'Œdipe*, dans *Mél. P. Le Gentil*, Paris, 1973, p. 329-339. — E. Baumgartner, *Le « Tristan en prose », essai d'interprétation d'un roman médiéval*, Genève, 1975. — *Der altfranzösische Prosaroman. Funktion, Funktionswandel und Ideologie am Beispiel des « Roman de Tristan en prose », Colloque Würzburg, 1977*, Munich, 1979. — K. Busby, *The Likes of Dinadan : the Role of the Misfit in Arthurian Literature*, dans *Neophilologus*, t. 67 (1983), p. 161-174. — R.L. Curtis, *Who Wrote the « Prose Tristan » ? A New Look at an Old Problem, ibid.*, p. 35-41. — E. Baumgartner, *Luce del Gat et Hélie de Boron. Le chevalier et l'écriture*, dans *Romania*, t. 106 (1985), p. 326-340. — C.-A. Van Coolput, *« Aventures querant » et le sens du monde. Aspects de la réception productive des premiers romans du Graal cycliques dans le « Tristan en prose »* Louvain, 1986. — E. Baumgartner, *La Harpe et l'Épée. Tradition et renouvellement dans le Tristan en prose*, Paris, 1990. — *Nouvelles recherches sur le Tristan en prose*, études recueillies par J. Dufournet, Paris, 1990. — Cf. *GRLMA*, t. VI/1, p. 601-609. — *MB* n°s 1669-1690, 6313, 7402-7410 ; *S* 3131-3181. J.M.F.

Trobairitz. Une vingtaine de noms de femmes figurent dans la liste des troubadours*. Les *Vidas** les évoquent. À qui renvoient ces noms ? À des femmes historiques, auteurs d'œuvres lyriques ? À des *senhals* poétiques, permettant un jeu littéraire essentiellement masculin ? S'il s'agit de femmes qui ont eu une réelle existence historique, quelle était leur fonction : composer musique et paroles, c'est-à-dire *trobar* ? chanter, interpréter seulement ? On connaît en effet de ces femmes de troubadours qui les suivaient dans les cours et leur servaient de jongleurs. Elles sont représentées, jouant d'un instrument, dans les marges des chansonniers manuscrits. La critique moderne s'interroge et passe au crible les textes transmis par les manuscrits et attribués à des femmes. Replacés dans leur contexte historique et sociologique, ils n'ont pas fini de susciter l'interprétation des spécialistes. Comme elles prenaient part aux joutes poétiques et acceptaient d'arbitrer les querelles, il n'est pas rare de les voir figurer dans les échanges de *coblas* ou les *tensos** avec des partenaires masculins. Mais elles apparaissent parfois, comme auteurs à part entière, et dans le genre le plus relevé, la *canso** : Na Castelloza* ou la comtesse de Die* ont laissé de magnifiques pièces du plus haut lyrisme et d'une grande perfection formelle. Pour d'autres, telles Azalaïs de Porcairagues* ou Clara d'Anduze*, les hasards de la transmission ont peut-être été moins favorables. Dames de naissance plus ou moins élevée, tenant dans la société un rang honorable, certaines, telle Marie de Ventadour*, ont su jouer des rôles multiples et complexes : poète elle-même, en dialogue avec Gui d'Ussel*, elle en a inspiré d'autres et a pu arbitrer de célèbres débats courtois. La *fin'amor* méridionale tend à établir en effet une relation d'égalité entre les sexes, au point que masculin/féminin peuvent être interchangeables jusque dans l'expression poétique de la relation amoureuse... Dans le midi, aux XIIe-XIIIe siècles, la femme peut hériter de fief, la « loi salique » ne joue pas encore. Lire et écrire ne sont pas réservés aux seuls hommes et il reste nombre d'œuvres littéraires et savantes dues à des femmes cultivées, médecins, mystiques... L'université leur est interdite, mais à l'intérieur des châteaux, des maisons et des monastères, elles forgent leurs connaissances et s'interrogent sur les problèmes humains en proposant des solutions souvent moins conformistes que leurs contemporains masculins.

L'œuvre lyrique des *trobairitz* inspire actuellement la recherche. Ces textes viennent d'être publiés intégralement.

ŒUVRES. — Éd. O. Schultz-Gora, *Die provenzalischen Dichterinnen. Biographien und Texte*, Leipzig, 1888, réimp. Genève, 1975. — M. Bogin, *Anthology of Women Troubadours*, New York, 1975 ; *Les femmes troubadours*, trad. Paris, 1978 [textes de O. Schultz-Gora ; analyses à revoir]. — U. Mölk, *Romanische Frauenlieder*, Munich, 1989 [p. 52-77, textes occitans avec trad. allemande]. — A. Rieger, *Trobairitz. Der Beitrag der Frau in der altokzitanischen höfischen Lyrik. Ed. des Gesamtkorpus*, Tübingen, 1991.

→ P. Bec, *« Trobairitz » occitanes et chansons de femmes françaises*, dans *Perspectives médiévales*, n° 5 (1979), p. 59-76 ; *« Trobairitz » et chansons de femme. Contribution à la connaissance du lyrisme féminin au Moyen Âge*, dans *CCM*, t. 22 (1979), p. 235-262. — M. Liborio, *Storie di dame e trovatori di Provenza*, Milan, 1982. — P. Bec, *Burlesque et obscénité chez les troubadours : le contre-texte au Moyen Âge*, Paris, 1984 [la lyrique « féminine » appar-

[...]iendrait à une « contre-culture » misogyne]. — P. Dronke, *Women Writers of the Middle Ages : a Critical Study of Texts from Perpetua († 203) to Marguerite Porete († 1310)*, Cambridge, 1984. — A. Krispin, *Amours féminines dans la poétique lyrique en langue d'oc au Moyen Âge : trobairitz et genres objectifs*, dans *Perspectives médiévales*, t. 10 (1984), p. 76-77. — I. Kasten, *Weibliches Rollenverständnis in den Frauenliedern Reinmars und der Comtessa de Dia*, dans *GRM*, t. 37 (1987), p. 131-146. — R. Lejeune, *La femme dans les littératures française et occitane du XIe au XIIIe siècle*, dans R. Baader, *Das Frauenbild im literarischen Frankreich vom Mitellalter bis zur Gegenwart*, Darmstadt, 1988, p. 38-51 [déjà publié en 1977]. — U. Mölk, *Die frühen romanischen Frauenlieder. Überlegungen und Anregungen*, dans *Mél. K. von See*, Odense, 1988, p. 63-88. — S.G. Nichols, *Medieval Women Writers*, dans *Yale French Studies*, t. 75 (1988), p. 77-94. — U. Peters, *Frauenliteratur im Mittelalter ? Überlegungen zur Trobairitzpoesie, zur Frauenmystik und zur feministischen Literaturbetrachtung*, dans *GRM*, t. 38 (1988), p. 35-56. — W.D. Paden, *The Voice of the Trobairitz. Perspectives on the Women Troubadours*, Philadelphie, 1989. — U. Mölk, *Romanische Frauenlieder*, Munich, 1989. — M.R. Blakeslee, *La chanson de femme, les Héroïdes et la canso occitane à voix de femme*, dans *Mél. J.-C. Payen*, Caen, 1989, p. 67-75. — A. Rieger, « *En conselh ne deu hom voler femna » : les dialogues mixtes dans la lyrique troubadouresque*, dans *Perspectives Médiévales*, t. 16 (1990), p. 47-57 [26 *tensos* à voix féminine]. — G. Epinay-Burgard et E. Zum Brunn, *Femmes troubadours de Dieu*, Turnhout, 1990. — A. Rieger, *Alamanda de Castelnau : Une « trobairitz » dans l'entourage des comtes de Toulouse ?*, dans *ZRPh*, t. 107 (1991), p. 47-57.

G.B.L.

Trobar clus, trobar ric. Expressions par quoi on désigne certaines façons de la poésie des Troubadours* : « poésie fermée », « poésie riche » qui s'opposent au *trobar plan* : « poésie simple », « poésie facile ». On distingue ordinairement le *trobar clus* du *trobar ric* : on assimile le premier à la poésie hermétique, ésotérique ; le second ne serait qu'un art compliqué de la forme, visant à la virtuosité prise comme but suprême de la poésie. Le *trobar clus* proprement dit aurait été inventé par Marcabru* et surtout pratiqué par les troubadours qui précèdent la génération de la période dite classique. Parmi eux, les plus célèbres sont Peire d'Alvernha* et Raimbaut d'Aurenga*, auxquels il convient d'ajouter un disciple de Marcabru, Bernart Marti*. Mais si Raimbaut d'Aurenga dans une *tenso* célèbre avec Guiraut de Bornelh* se fait le champion du *trobar clus*, il avoue que le *trobar plan* « *es volguz tan* », est si demandé par le public qu'il se résout à le cultiver également. Les plus célèbres troubadours de la période classique qui ont illustré le *trobar ric* sont Guiraut de Bornelh et Arnaut Daniel* : Dante* plaçait d'abord Guiraut de Bornelh au-dessus de tous les autres chanteurs, avant de donner finalement la première place à Arnaut Daniel, qu'il met en tête de tous les écrivains ayant écrit vers ou prose en une langue vulgaire. Il est, d'ailleurs, assez artificiel de classer les troubadours en partisans du *trobar clus* et du *trobar ric* et partisans du *trobar plan*. Il semble bien que tous, à leurs heures, aient composé plus ou moins dans l'un et l'autre style. En tout cas, aucun ne s'est limité soit au *trobar clus*, soit au *trobar ric*. Par ailleurs, le *trobar ric* a eu ses partisans bien au-delà de la période classique. Ainsi Cerveri de Girona*, qui exerça son activité à la même époque que Guiraut Riquier*, est fier de souligner son habileté en ce domaine. Et le grand fantaisiste Peire Vidal* lui-même se vantait de son *car ric trobar*.

On discute toujours sur la nature du *trobar clus* et du *trobar ric*. Il semble bien que deux points au moins soient acquis. D'abord le désir de s'adresser ainsi à une élite intellectuelle. *Trobar clus* et *trobar ric* seraient l'équivalent dans les lettres vulgaires de l'*ornatus difficilis* de la rhétorique latine. C'est ainsi que, dans l'œuvre de Peire d'Alvernha, on peut découvrir facilement l'application de deux procédés de l'*amplificatio* (métaphores, apostrophes, personnifications) et de l'*abbreviatio* (condensation du discours, épiphonèmes) et le souci constant des métonymies, synecdoques, figures étymologiques, paronomases, homéotéleutes, chiasmes, allitérations, allusions érudites, allégories (A. del Monte). Ensuite la volonté d'enfermer dans une même enveloppe linguistique plusieurs significations. Marcabru déclare : *De pluzors sens/Sui ples e prens* (de plusieurs sens, je suis plein et gros). Son disciple Alegret* se vante d'enfermer deux sens divers dans le même texte. Bernart Marti se complaît à *entrebescar* (enchevêtrer) les significations. Ce second caractère serait davantage propre au *trobar clus*. Mais on peut le découvrir déjà chez Guillaume de Poitiers* et l'on a prétendu que le procédé était devenu courant chez les troubadours de la décadence, à la suite de la croisade contre les Albigeois. Quoi qu'il en soit, il est sûr que l'on ne peut séparer ce second aspect de la façon de penser, assez commune au XIIe siècle, qui croyait pouvoir découvrir un sens ou des sens cachés derrière toutes les apparences.

→ A. del Monte, *Studi sulla poesia ermetica medievale*, Naples, 1953 [chap. sur Bernart Marti, Arnaut Daniel, Gavaudan*]. — J. Frappier, *Aspects de l'hermétisme dans la poésie médiévale*, dans *CAIEF*, t. 15 (1963), p. 9-24. — L. Pollmann, « *Trobar clus* ». *Bibelexegese und hispano-aräbische Literatur*, Münster, 1965. — U. Mölk, « *Trobar clus* », « *trobar leu* » : *Studien zur Dichtungstheorie der Trobadors*, Munich, 1968. — M. Mancini, *Recenti interpretazioni del « trobar clus »*, dans *Studi di Lettere francese*, t. 105 (1969), p. 241-259. — A. Roncaglia, « *Trobar clus* » : *discussione aperta*, dans *CN*, t. 29 (1969), p. 5-55 [sur Marcabru]. — E. Köhler, « *Trobar clus* » : *discussione aperta*, *ibid.*, t. 30 (1970), p. 300-314. — P. Cherchi, *Gli « Adynata » dei trovatori*, dans *Modern Philology*, t. 68 (1971), p. 223-241. — A. Serper, *Guiraut de Borneil, le « gant », le « trobar clus » et Lignaure*, dans *RLR*, t. 80 (1974), p. 93-106. — L. Paterson, *Troubadours and Eloquence*, Oxford, 1975. — J.-C. Payen, *Le clos et l'ouvert dans la littérature française médiévale et les problèmes de la communication*, dans *Perspectives médiévales*, t. 2 (1976), p. 61-72. — R.A. Taylor, *La littérature occitane du Moyen Âge*, Toronto, 1977, n°s 52, 202-207, 317, 371, 449, 451, 536, 563 [bibliogr. sélective]. — C. Di Girolamo, *Trobar clus e trobar leu*, dans *Medioevo Romanzo*, t. 8 (1983), p. 11-35 [concerne Marcabru, Peire d'Alvernha, Raimbaut d'Aurenga et Arnaut Daniel]. — J. Gruber, *Die Dialektik des Trobar : Untersuchungen zur Struktur und Entwicklung des occitanischen und französischen Minnesangs des 12. Jahrhunderts*, Tübingen, 1983. C.Ca.

Trois dames qui troverent l'anel. Ce fabliau existe dans deux versions du XIIIe siècle assez nettement différentes. L'une, de 178 octosyllabes, est due à un jongleur nommé Haiseau*. L'autre, plus longue de cent vers, est anonyme. Il s'agit d'un récit à tiroirs, de trois historiettes ; les histoires 1 et 2 sont semblables mais en ordre inversé, la troisième diffère d'une version à l'autre.

Trois dames trouvent un anneau et décident de le donner à celle qui bernera le mieux son mari. La première enivre son mari, le tonsure, l'habille en moine et le dépose au seuil d'une abbaye. Réveillé, il voit là la volonté divine et demande à entrer en religion. Sa femme donne son accord et rejoint son amant. La seconde dame quitte son mari un vendredi pour aller cuire du poisson chez le voisin. Elle passe une semaine avec son amant et rentre le vendredi suivant avec son poisson juste cuit. Elle arrive à convaincre les voisins et son mari lui-même qu'il souffre de troubles d'esprit, le fait ligoter et invite son amant. Dans la version anonyme, la troisième dame réussit à se faire épouser par son amant avec le consentement de son mari, en se déguisant de façon à passer pour sa nièce. Chez Haiseau, la troisième dame convainc son mari qu'elle reçoit la visite d'une fée. Pendant la visite, il devra rester immobile, les yeux fermés et une torche à la main. Le mari va ainsi éclairer sans broncher un banquet et les ébats amoureux de sa femme.

ŒUVRES. — Éd. A. de Montaiglon et G. Raynaud, dans *Recueil général des fabliaux*, Paris, 1872, t. 1, p. 168-177 [version anonyme] ; et 1890, t. 6, p. 1-7 [Haiseau]. — Éd. W. Noomen et N.J. Van den Boogaard, dans *Nouveau recueil complet des fabliaux*, t. 2, Assen, 1984 [éd. les deux versions]. — Éd. G. Raynaud de Lage, dans *Choix de fabliaux*, Paris, 1986 (*CFMA*, 108) [version anonyme].

→ N.J. Van den Boogaard, *Amplification et abréviation : les contes de Haiseau*, dans *Mél. L. Geschière*, Amsterdam, 1975, p. 55-69. — R.J. Pearcy, *The Genre of William Dunbar's Tretis of the Tua Mariit Wemen and the Wedo*, dans *Speculum* t. 55 (1980), p. 67-73. — Cf. *MB S* n°s 4591, 4663. A.F.L.L.

Trois Maries. Il s'agit de la légende des trois filles de saint Anne, la Vierge Marie, Marie Cléophas et Marie Salomé. Sur ce thème on possède : une très brève vie anonyme en prose, qui est plutôt une généalogie ; une *Moralité des trois Maries* ; plusieurs mystères liés à la liturgie pascale ; une prière en octosyllabes du XVe siècle ; et, enfin, des poèmes dus à Wace*, à Pierre de Beauvais* et à Jean de Venette.

Le plus ancien des trois (XIIe siècle) est le récit en octosyllabes de Wace, qui forme la fin de son poème sur la *Vie de la Vierge*. Le poème de Pierre de Beauvais, du début du XIIIe siècle, compte 144 octosyllabes.

Jean Fillous ou Fillons, né à Venette dans l'Oise en 1307, était un carme, prieur du couvent de Paris en 1339, puis provincial de France et de Provence de 1341 à 1366. Outre l'*Histoire des Trois*

Maries, on lui doit peut-être une courte chronique latine de l'ordre des Carmes. Mais il ne faut pas le confondre avec l'auteur de la chronique latine s'étendant de 1340 à 1368, son contemporain, lui aussi carme et originaire de Venette (voir *Chronique dite de Jean de Venette*). Son *Histoire des Trois Maries*, composée avant 1357, est restée inédite à cause de sa longueur (35 à 40 000 octosyllabes selon les manuscrits). Elle est divisée en deux livres : le premier raconte, d'après les sources bibliques (Évangiles et Actes des Apôtres), l'histoire d'Israël, de Jésus-Christ et des trois Maries jusqu'à la mort de la Vierge. Dans le second livre, on trouve, après une ample description de la mort de la Vierge, la vie ultérieure des deux autres Maries : leur voyage à Rome, leur retraite et leur mort en Campanie, la translation de leurs reliques en Provence. L'*Histoire* fut mise en prose par un clerc amiénois, Jean Drouyn, en 1505.

ŒUVRES. — Éd. V. Luzarche, dans *La Vie de la Vierge Marie par maître Wace*, Tours, 1889, notamment p. 57-91 [par Wace]. — *Les Trois Maries, mystère liturgique de Reims*, éd. P. Meyer, dans *Romania*, t. 33 (1904), p. 239-245. — Éd. dans P. Rézeau, *Les prières aux saints en ancien français à la fin du Moyen Âge*, t. 2, Genève, 1983 (*Publ. romanes et françaises*, 166).

→ J. Bonnard, *Les Traductions de la Bible en vers français*, Paris, 1884, p. 196-206. — P. Meyer, *Notices sur deux anciens manuscrits... BN Moreau 1715-1719* ; XV. *Des Trois Maries par Pierre*, dans *Notices et extraits des mss de la BN*, t. 33[1] (1889), p. 43-45 ; *Légendes hagiographiques en français*, dans *HLF*, t. 33 (1906), p. 328-458, notamment p. 364-367. — L. Jordan, *Les Saintes-Maries-de-la-Mer und der Codex Monacensis Gall. 54*, dans *ZFSL*, t. 41 (1913), p. 170-185. — A. Coville, *Jean de Venette*, dans *HLF*, t. 38, 1949, p. 355-404. — M.T. Driscoll, *L'Histoire des trois Maries by Jean de Venette, o. Carm*, dans *Cahiers de Joséphologie*, 1975, p. 231-254. — *Molinier*, n° 3098. — Cf. *MB* n°s 3079, 3867 ; *S* 5620, 7748-7749.

A.F.L.L.

Trois morts et trois vifs (Légende des). La légende des trois vifs et des trois morts parut dans la deuxième moitié du XIIe siècle sous la forme où nous la connaissons aujourd'hui. Elle traite l'un des sujets les plus heureux de la littérature du Moyen Âge et elle a inspiré un assez bon nombre de remaniements qui dépendent — pour la plupart — des textes français contenant cette légende. Tandis que, d'un côté, celle-ci se rattache à la longue série des « débats » par quelques-uns de ses motifs, de l'autre, elle finit par se fondre dans la danse macabre avec laquelle elle présente plus d'une analogie. La diffusion extraordinaire dans beaucoup de pays de la représentation iconographique de la « rencontre » a posé le problème difficile de la dérivation ou de l'antériorité des textes latins par rapport aux peintures, et de celles-ci par rapport aux textes vulgaires. La thèse la plus probable est la suivante : les peintres se seront inspirés de quelque poème latin ou de quelque tradition populaire. Certainement l'esprit — sinon la lettre — qui amène la légende se retrouve dans certaines compositions sur le mépris du monde, attribuées à saint Bernard* (cf. Du Méril, *Poésies pop. lat. du M.Â*, Paris, 1847). Selon Künstle, le sujet littéraire est d'origine orientale et il apparut d'abord en Angleterre, pour ce qui regarde l'Occident. La première iconographie de la légende serait, elle aussi, orientale.

Les sources directes de la légende se trouvent dans un épisode de la vie de saint Macaire ; il est rapporté par les *Vitae Patrum* et nous le trouvons dans la littérature fort abondante des *Débats de l'âme et du corps**, mais surtout dans ceux qui sont présentés sous forme de vision. Toutefois dans aucun des *débats* qui ont précédé la légende il n'y a la découverte de l'état de l'homme après la mort, et encore moins le réalisme hallucinant, avec lequel est représentée la décomposition du corps.

La rédaction française la plus ancienne de la légende des trois vifs et des trois morts est conservée dans trois manuscrits du XIIIe siècle. On l'attribue à Baudouin de Condé* (mort en 1280). Le poème anonyme *Diex pour trois peceours retraire* a quelque ressemblance avec celui de Baudouin. Une autre composition, de structure légèrement différente, est attribuée au contraire à Nicole de Margival*, et de celle-ci dépend un autre poème anonyme : *Conpains, vois-tu ce que je voi* ? Le cinquième et dernier poème (*Se nous vous aportons nouvellez*) a eu deux rédactions, l'une contenant seulement le dialogue ; l'autre, beaucoup plus tardive, a un préambule et une conclusion. Les cinq poèmes racontent tous, avec des différences et des variantes qu'il n'est pas opportun de souligner ici, comment trois horribles cadavres apparaissent à trois jeunes gens. Le premier est tellement effrayé qu'il propose de fuir, le deuxième voit dans cette vision un avertissement de Dieu, le troisième se borne à remarquer l'aspect terrifiant des cadavres (ceux-ci, dans les peintures, sont souvent disposés selon l'état successif de décomposition). Chacun des trois morts répond à chacun des trois vivants (dans quelques poèmes le vivant et le mort alternent leur récit) : le premier parle de leur condition dans le monde, le deuxième rappelle que la mort est inévitable et le troisième conclut par une exhortation au bien afin d'échapper à la damnation. L'allégorie, dont le sens est fort clair, présente les mêmes caractères de symétrie et de structure interne, même si l'on ne retrouve pas toujours la même disposition, tant dans les trois rédactions allemandes (dont la plus ancienne remonte à la fin du XIVe siècle) que dans la version italienne (contenue dans un manuscrit du XIVe siècle de la Bibliothèque du Vatican).

Un poème latin, attribué à tort à saint Bernard*, est différent par son contenu de tous ceux dont nous venons de parler. Les cadavres n'y apparaissent point comme ressuscités, mais ce sont les vivants qui arrivent auprès des tombes ouvertes *(Cum apertam sepulturam / Viri tres adspicerent / Ac horribilem figuram / Intus esse cernerent)* et l'horrible spectacle suggère quelques réflexions : sur le néant de l'homme et sur la puissance de la mort, sur le déclin des splendeurs de ce monde, etc.

Selon Glixelli, le savant le mieux informé sur la légende, le poème latin a été écrit après les textes français et il dépend des représentations graphiques italiennes, dont l'exemple le plus fameux se trouve dans le *Campo Santo* de Pise (1350). Parmi les textes en langue vulgaire, si l'on compare les diverses rédactions, à côté de la grossièreté des styles italien et allemand, ressort la vivacité d'expression du poème de Baudouin, dont n'est point exclu un ton de vive mélancolie (*Priés pour nous au Patre nostre / S'en dites une patre nostre / Tout troi de boin cuer et de fin / Que Diex vous prenge a boin defin.*) Les thèmes prédominants dans la légende (*vos eritis qui nos sumus ; ubi sunt qui ante nos fuere ?* ; apparition des morts) se retrouvent aussi dans des œuvres mystiques et ascétiques antérieures. Mais dans les poèmes dont nous parlons, nous trouvons tout particulièrement le motif de l'aspect des morts, non plus comme fantômes ainsi que dans les *débats*, mais comme cadavres en pleine décomposition, ou comme squelettes.

La légende des trois vifs et des trois morts marque une atténuation de l'ascétisme monastique en faveur d'une idée éthico-religieuse substantiellement neuve. La description directe du destin du corps, qui toutefois avait un précédent retentissant dans le *De contemptu mundi*, peut suggérer la conversion par l'épouvante de la fin, mais elle peut aussi inspirer un ardent *amor vitae* par la répulsion pour l'anéantissement physique. Dans la sombre légende du XIIIe siècle, on commence déjà à pressentir cette mélancolique conscience de la fragilité des choses humaines qui s'enrichira — un siècle plus tard — des allusions satiriques de la danse macabre*.

ŒUVRE. — Poème latin attribué à saint Bernard, éd. P. Vigo, *Le danze macabre in Italia*, Bergame, 1901. — Textes français, éd. S. Glixelli, *Les cinq poèmes des trois morts et des trois vifs*, Paris, 1914. — Version italienne (ms. Ott. lat. 1220 de la Bibl. Vat.), éd. E. Monaci, dans *Giornale di filol. romanza*, t. 3 (1878), p. 243, et C. Guerrieri-Crocetti, *L'Antica poesia abruzzese*, Lanciano, 1914. — Versions allemandes, éd. K. Künstle, *Die Legende der drei Lebenden und der trei Toten und der Totentanz*, Fribourg-en-Brisgau, 1908.

→ R. Köhler, *Der Spruch der Toten an die Lebenden*, dans *Kleinere Schriften*, Weimar-Berlin, 1900. — E. Hœpffner, *Zu den altfranzösischen Dichtungen von den drei Toten und drei Lebenden*, dans *ZRPh*, t. 39 (1913), p. 446-463. — K. Künstle, *op. cit.* — H. Walther, *Das Streitgedicht in den lateinischen Literatur des Mittelalters*, Munich, 1920. — A. Tenenti, *Il senso della morte e l'amore della vita nel Rinascimento*, Turin, 1957. — W. Rotzler, *Die Begegnung der drei Lebenden und der drei Toten...*, Winterthur, 1961. — E. DuBruck, *The Theme of Death in French Pooetry of the M.A and the Renaissance*, La Haye, 1964. — Pour l'iconographie voir É. Mâle, *L'art religieux de la fin du Moyen Âge en France*, Paris, 1908. — A. Tenenti, *La vie et la mort à travers l'art du XVe s.*, Paris, 1952. — J. Baltrusaitis, *Le Moyen Âge fantastique*, Paris, 1955. — Cf. *GRLMA*, t. VI/2 n° 7360. — *MB* nos 3577-3580 ; 7013.

Voir aussi les indications bibliogr. données à *Danse macabre.* C.B.

Trope. Terme générique aux multiples significations. Du grec *tropos* (forme, tournure de phrase), en latin *tropus*, il appartient au vocabulaire de la rhétorique et passe rapidement dans celui de la théorie musicale. Il désigne alors l'espèce d'octave ou mode à partir du XVe siècle (Martianus Capella, Boèce*, ...). La liturgie byzantine l'emploie dans cette acception.

Cassiodore, au début du VIe siècle, assimile déjà, comme le feront plus tard les Carolingiens, *tropus* à *sonus, cantus*, donc au chant, à la mélodie. Les manuscrits musicalement notés indiquent, à partir du Xe siècle : *tropos*, *tropi*, *trophi* pour désigner les tropes du Propre de la Messe.

Cette greffe revêt trois aspects : adaptation d'un texte sous une vocalise préexistante, ajout d'un mélisme seul, composition nouvelle, texte et mélodie.

Le premier, sans doute pratiqué à Jumièges vers 851, est intitulé *prosa* et *prosula* dans les plus anciens manuscrits aquitains pour annoncer les tropes du *Kyrie*. On dénie parfois le nom de trope à la seconde catégorie car les formules sont généralement trop brèves pour constituer un mélisme séquentiel. Le cas le plus fréquent s'apparente au troisième aspect : il procède par interpolation ou introduction et juxtapose même les deux procédés dans une même pièce (cf. les premiers mss aquitains, tel Paris, BN, fonds latin 1240, et sangalliens, Stiftsbibl. 381 et 484).

Cette technique de la glose, appliquée aux domaines du texte et de la mélodie, va ouvrir une multitude de possibilités : ainsi créera-t-on un répertoire nouveau, lié par le sens et les tournures modales à la mélodie grégorienne.

ŒUVRES. — Les éd. du *Corpus Troporum*, vol. 1-7, Stockholm, 1975, donnent une large coll. de textes.

→ R. Steiner, art. *Trope*, dans *The New Grove Dictionary of Music and Musicians*, t. 19 (1980), p. 172-187. — J. Chailley, *L'école musicale de Saint-Martial de Limoges jusqu'à la fin du XIe siècle*, Paris, 1960. — J. Marshall, *A Late Eleventh-Century ms. from St. Martial de Limoges : Paris, BN, fonds latin 1139*, Ph.D. Yale University, 1961. — R. Crocker, *The Troping Hypothesis*, dans *Musical Quarterly*, t. 52 (1966), p. 183. — P. Evans, *The Early Trope Repertory of Saint Martial de Limoges*, Princeton, 1970. — A. Planchart, The *Repertory of Tropes at Winchester*, Princeton, 1977. — N. Sevestre, *The Aquitanian Tropes of the Easter Introit, a Musical Analysis*, dans *Journal of the Plainsong and Mediaeval Music Society*, t. 3 (1980), p. 26-39. N.S.

Trotula. Personnage légendaire de femme médecin de l'École de Salerne, qui se serait spécialisée dans la gynécologie et l'obstétrique. Si le nom de Trotula est assez répandu en Italie au XIIe siècle, l'existence de ce personnage reste très controversée, certains critiques n'hésitant pas à voir dans les écrits que la tradition lui attribue, l'œuvre d'un ou plusieurs médecins hommes ; d'autres soutenant, non sans vraisemblance, que ces écrits témoignent d'une influence féminine et d'une compréhension assez exceptionnelle des problèmes spécifiquement gynécologiques.

On devrait à « Trotula », outre une petite *Practica domine Trotta ad provocanda menstrua*, deux traités de gynécologie traitant de la menstruation, du déroulement et des complications de l'accouchement : un *De passionibus mulierum* ou *Trotula major* (qui cite Galien, Hippocrate, Oribase, Dioscoride, Paulus et Justinus ; incipit : « *Cum auctor universitatis Deus...* »), et le *Ut de curis* (dans lequel quelques cosmétiques s'ajoutent aux remèdes et qui ne cite aucune autorité ancienne, mais renvoie à Copho de Salerne, à magister Fararius, aux femmes de Salerne et à « Trotula »), ces deux ouvrages traitant souvent les mêmes sujets sous des formes différentes. Le *De passionibus mulierum* et le *Ut de curis* sont souvent associés dans les manuscrits et les imprimés, et suivis par un *De ornatu mulierum* ou *Trotula minor*, recueil de recettes de beauté également attribué à « Trotula ». Ces trois ouvrages, dont aucun témoin n'est antérieur à 1200, sembleraient avoir été écrits à Salerne et provenir d'une *Practica secundum Trotam* qui pourrait être l'œuvre originale de « Trotula », ce qui expliquerait les différences de ton entre le *De passionibus mulierum* et le *Ut de curis*.

En dépit de son attribution fantaisiste mais consacrée par l'usage, le *De passionibus mulierum*, né à Salerne et souvent adapté jusqu'au XIIIe siècle, semble être l'œuvre d'un médecin homme, inconnu : alliant l'héritage médical écrit de Constantin l'Africain et la tradition orale médiévale, le *De passionibus mulierum* connut un succès considérable, attesté par l'existence de nombreux manuscrits et éditions imprimées, et de traductions en français, en italien (sous le titre *Il Libro delle segrete cose delle donne* à Florence au XIVe siècle), en allemand, en anglais, en catalan (Madrid, Bibl. nac., 3356).

Le *De passionibus mulierum* fut traduit en vers français dès 1250 (Cambridge, Trinity Coll., 1044). Il en existe une autre traduction en vers (Cambridge, Trinity Coll., 1109).

Le *Livre de Trotule* est une traduction en prose du *De passionibus mulierum*, conservée dans un manuscrit incomplet : Paris, Sainte-Geneviève 1037 (XVe), avec pour incipit : « *Comme Dieu, faiseur de l'universel monde, devisast en la premiere constitucion du monde...* » Une autre traduction en prose du *De passionibus mulierum* se trouve dans le manuscrit Londres, Wellcome Medical Libr. 546, f. 46v°-49v° , sous l'incipit : « *Diex nostre sire quant il ot le secle estoré...* » Également mis sous le nom de « Trotula », un autre traité utilise le début de son livre sous deux incipit différents : « *Dieux nostre sires...* » (deux mss) et « *Quant Dex out estoré...* » (trois mss), les deux versions présentant des divergences notables.

Du XIIIe au XVe siècle, beaucoup de textes gynécologiques circulèrent sous le nom de « Trotula » ou se réclamèrent d'elle. La popularité des ouvrages qui lui étaient attribués fut considérable : dans la satire du *Dit de l'Herberie*, Rutebeuf* renvoie à « madame Trote de Salerne » et l'encyclopédie anonyme intitulée *Placides et Timeo** cite « Ypocras, Galien et Trotules ».

ŒUVRES. — *Il Libro delle segrete cose delle donne*, éd. G. Manuzzi, Florence, 1863. — A. Delva, *Vrouwengeneeskunde in Vlaanderen tijdens de late middeleeuwen*, Bruges, 1983 (*Vlaamse Historische Studies*, 2) [éd. de la version flamande tardive des traités attribués à « Trotula »].

→ P. Meyer, *Les manuscrits français de Cambridge*, dans *Romania*, t. 32 (1903), p. 87-90 et 101 ; *Manuscrits médicaux en français, ibid.*, t. 44 (1915-1917), p. 206-210 [sur « *Quant Dex out estoré...* »]. — K.C. Hurd-Mead, *Trotula*, dans *Isis*, t. 14 (1930), p. 349-367. — P. Diepgen, *Frau und Frauenheilkunden in der Kultur des Mittelalters*, Stuttgart, 1963, p. 80-81. — G. Beaujouan, *Mss médicaux du Moyen Âge conservés en Espagne*, dans *Mél. de la Casa de Velasquez*, t. 8 (1972), p. 199. — C.H. Talbot, *Dame Trot and her Progeny*, dans *Essays and Studies*, t. 25 (1972), p. 1-14. — S.M. Stuard, *Dame Trot*, dans *Signs : Journal of Women in Culture and Society*, t. 1 (1975), p. 537-542. — E.F. Tuttle, *The « Trotula » and Old Dame Trot, a Note on the Lady of Salerno*, dans *Bulletin of the History of Medicine*, t. 50 (1976), p. 61-72. — P. Cavallo Boggi, *Trotula de Ruggiero. Sulle malattie delle donne*, Turin, 1979. — J.F. Benton, *Trotula, Women's Problems, and the Professionalization of Medicine in the Middle Ages*, dans *Bulletin of the History of Medicine*, t. 59 (1985), p. 30-53. — D. Jacquart et C. Thomasset, *Sexualité et savoir médical au Moyen Âge*, Paris, 1985, p. 166-169. — M. Green, *Women's Medical Practice and Health Care in Medieval Europe*, dans *Signs*, t. 14 (1989), p. 434-473. F.F.H.

Troubadours. La poésie engendrée par ces pionniers de la lyrique moderne que furent les troubadours, est née au sud de la France dans les dernières années du XIe siècle. Composée en langue vulgaire, et même si ses liens d'origine avec la poésie religieuse latine sont peu à peu mis en lumière, elle se présente d'emblée comme un chef-d'œuvre laïque, élaborée dans les cours féodales du midi, Aquitaine et Provence, auxquelles se joignent plus tard celles de Catalogne et d'Italie septentrionale. Traditionnellement initié par le comte Guillaume de Poitiers-Guilhem IX*, neuvième duc d'Aquitaine, le mouvement s'arrête à la fin du XIIIe siècle : Guiraut Riquier* écrit sa dernière poésie en 1292. On peut cependant distinguer trois grandes époques : la première va des origines à 1140 environ ; elle est marquée par Guillaume de Poitiers, Jaufré Rudel* et Marcabru*. La seconde, la plus riche par le nombre des troubadours qui y fleurissent (Peire d'Alvernha*, Bernart de Ventadorn*, Raimbaut d'Aurenga*, Guiraut de Bornelh*, Arnaut Daniel*, Folquet de Marseille*, Bertran de Born*, Raimbaut de Vaqueiras*, Peire Vidal*, Raimon de Miraval*), s'étend de 1140 à 1250 environ ; la troisième enfin, va de 1250 à la fin du XIIIe siècle, avec Peire Cardenal*, les Italiens Sordel* et Bertolome Zorzi*, le Catalan Cerveri de Girona* et s'achève avec Guiraut Riquier*. Lyrique de cour, soutenue par les grands seigneurs, elle a cependant été l'œuvre d'hommes, les troubadours, et de femmes, les *trobairitz**, d'origine sociale diverse, princes ou roturiers, clercs réguliers ou séculiers, bourgeois ou marchands, riches ou pauvres, chevaliers ou non, tous capables de composer : *trobar*, texte et musique, et là se situe leur spécificité. Le troubadour est un auteur-compositeur par écrit (sur feuillets de parchemin), qui parfois chante ses œuvres, les confie à « son » jongleur ou les livre... à l'oralité. Le plus souvent en effet, dans la durée et l'espace, les poésies circulèrent grâce à l'exécution de jongleurs anonymes. Accompagnés d'un instrument de musique, ils véhiculaient texte et musique, de cour en cour dès les premiers jours du printemps. Cette poésie éphémère, écrite sur feuilles volantes, qui dura cependant deux siècles, ne put surmonter la grave crise qui secoua le Midi au XIIIe siècle. La croisade contre les Albigeois (1208-1229), détruisant le subtil système féodal des cours méridionales, supprima les conditions mêmes de cette poésie. Beaucoup de troubadours, pour échapper à la répression religieuse et aux contraintes imposées à l'inspiration même, trouvèrent refuge dans les cours d'Espagne ou d'Italie. En cette période de crise cependant, la lyrique au XIIIe siècle sut inventer, ou réinventer dans le cas du retour au chant épique, d'autres moyens d'expression : le *sirventes** politique d'un Guilhem de Montanhagol* ou d'un Peire Cardenal* ; l'épopée, *Canso de la Crozada* ; la nouvelle, exemplaire avec *Flamenca**, qui dans le cours du récit présente deux *trobairitz** capable de « trouver » un véritable poème. Dès la moitié du XIIIe siècle aussi, on assiste à une prise de conscience de la tradition passée soutenue par la volonté d'en transmettre les restes dans de grands recueils manuscrits. Ainsi naquirent les « chansonniers », vastes anthologies de chants des troubadours, copiés, pour les plus anciens et les plus nombreux, en Italie. Sous leur forme écrite, ils entrèrent alors en littérature et continuèrent d'exercer leur influence sur toutes les littératures en langue vulgaire du monde occidental. En 1323, la fondation du *Consistori del Gai Saber** par sept bourgeois de Toulouse, destiné à maintenir la science des anciens troubadours, signe en réalité son acte de décès. C'est désormais la culture et la langue française qui prédominent et celle des troubadours qui avait enchanté les oreilles d'un Dante* de Florence, d'un Alfonse de Castille comme d'un modeste jongleur de Provence, ne faisait plus vibrer que quelques académiciens de Jeux floraux qui n'avaient plus de printanier que le nom.

La poésie des troubadours était destinée au chant, donc ni à la lecture, ni à la récitation. La *canso**, sommet de l'art troubadouresque, associe habilement *los motz* et *lo so*, paroles et mélodie, pour créer le chef-d'œuvre, en tout cas une forme d'art unique en Occident. Quatre chansonniers manuscrits sur les 95 répertoriés par C. Brunel, conservent les notations musicales d'environ 260 poésies, soit le dizième du *corpus* intégral. À ces notations, il manque en outre les indications de rythme, élément essentiel de toute interprétation : ce silence des sources aboutit à une grande variété de théories musicologiques et par suite, de performances actuelles. Au raffinement et à la complexité de la technique musicale viennent se joindre étroitement ceux de la versification. Héritiers des poètes latins, les troubadours sont partis du système d'alternance entre syllabes longues et syllabes brèves, y ont substitué l'accent syllabique et l'ont enrichi en créant la rime. Combinés dans les limites d'un certain nombre de syllabes pour donner le vers, ces éléments ont formé la strophe qui constitue l'unité poétique fondamentale. Le vers occitan en effet n'est plus construit sur la mesure syllabique et sur le rythme binaire ou ternaire, comme le vers latin ; il est construit sur l'accent qui, tenant compte seulement du nombre de syllabes, leur imprime un caractère rythmique, la dernière syllabe accentuée devenant la rime. Celle-ci constitue la grande richesse de la poésie occitane, sur laquelle dès le XIe siècle est bâtie la *Chanson de sainte Foy**. Le jeu des rimes entre elles est complexe. Les vers sont groupés en strophes ou *coblas*, et celles-ci doivent être de structure identique puisqu'elles se chantent sur la même mélodie. La pièce compte de cinq à six strophes, ce qui aboutit à une longueur allant de 40 à 70 vers. La strophe forme un tout, comprenant généralement deux parties, dont la première se divise elle aussi en deux, ce qui crée le principe de la tripartition. Le plus souvent, la pièce se termine par la *tornada** ou envoi, qui reprend la deuxième partie de la strophe et qui contient le *senhal*, sorte de pseudonyme par lequel le troubadour, cachant le nom de sa dame ou de son ami, le désigne aux initiés. Il existe une variété infinie de strophes : I. Frank a répertorié plus de huit cents formes métriques différentes dans la lyrique troubadouresque. L'extrême subtilité de cette poésie qui associe une technique très élaborée à un grand raffinement des thèmes a parfois paru froide et formelle, mais le génie des troubadours a été capable d'animer ces structures complexes d'une force et d'une finesse d'expression que depuis le XIXe siècle on ne cesse de découvrir et d'admirer. Leur art a influencé toute la lyrique occidentale, de l'Angleterre à la Galice et au Portugal, de la France au nord à l'Allemagne, sans compter la Castille et l'Italie bien sûr : l'École sicilienne et Dante surtout.

ŒUVRES. — Éd. P. Bec, *Nouvelle anthologie de la lyrique occitane du Moyen Âge*, Avignon, 1954, refondue sans introd. : *Anthologie des troubadours*, Paris, 1979. — M. de Riquer, *Los trovadores. Historia literaria y textos*, 3 vol., Barcelone, 1975. — I. Fernandez de la Cuesta, *Las cançons dels trobadors*, Toulouse, 1979 [avec musique]. — G. Bettini Biagini, *La poesia provenzale alla Corte estense*, Pise, 1981. — M. Liborio, *Storia di dame e trovatori di Provenza*, Milan, 1982. — S. Guida, *« Jocs » poetici alla corte di Enrico II di Rodez*, Modène, 1983. — G.E. Sansone, *La poesia dell'antica Provenza. Testi e storia dei Trovatori*, I, Milan, 1984, II, Parme, 1986. — H. Van der Werf, *The Extant Troubadours Melodies*, New York, 1984.

→ A. Pillet et H. Carstens, *Bibliographie der Troubadours*, Halle, 1933 [= PC]. — C. Brunel, *Bibliogr. des mss littér. en anc. prov.*, Paris, 1935, réimp. Genève, 1973. — I. Frank, *Répertoire métrique de la poésie des troubadours*, 2 vol., Paris, 1953-1957. — A. Roncaglia, *La lingua dei trovatori. Profilo di grammatica storica del provenzale antico*, Rome, 1965. — G. Cropp, *Le vocabulaire courtois des troubadours de l'époque classique*, Genève, 1975. — L.M. Paterson, *Troubadours and Eloquence*, Oxford, 1975. — L.T. Topsfield, *Troubadours and Love*, Cambridge, 1975. — J.-P. Poly, *La Provence et la société féodale (879-1166)*, Paris, 1976. — A. Limentani, *L'eccezione narrativa. La Provenza medievale e l'arte del racconto*, Turin, 1977. — D. Rieger, *Mittelalterliche Lyrik Frankreichs. I : Lieder der Trobadors*, Stuttgart, 1980. — U. Mölk, *Trobadorlyrik. Eine Einführung*, Munich et Zurich, 1982. — J. Flori, *L'idéologie du glaive. Préhistoire de la chevalerie*, Genève, 1983. — J. Gruber, *Die Dialektik des Trobar : Untersuchungen zur Struktur und Entwicklung des occitanischen und französischen Minnesangs des 12. Jahrhunderts*, Tübingen, 1983. — W. Salmen, *Der Spielmann im Mittelalter*, Innsbruck, 1983. — P. Bec, *Burlesque et obscénité chez les troubadours. Le contre-texte au Moyen Âge*, Paris, 1984. — M. Mancini, *La gaia scienza dei trovatori*, Parme, 1984. — M.L. Meneghetti, *Il pubblico dei Trovatori. Ricezione e riuso dei testi lirici cortesi fino al* XIV *secolo*, Modène, 1984. — N.B. Smith et T.G. Bergin, *An Old Provençal Primer*, New York, 1984. — C. Camproux, *Écrits sur les troubadours et la civilisation occitane du Moyen Âge*, 2 vol., Montpellier, 1984-1985. — F.M. Chambers, *An Introduction to Old Provençal Versification*, Philadelphie, 1985. — M. D'Herde-Heiliger, *Répertoire des trad. des œuvres lyriques des troubadours du* XIe *au* XIIIe *siècle*, Béziers et Liège, 1985. — J. Gruber, *Singen und Schreiben, Hören und Lesen als Parameter der (Re-)Produktion und Rezeption des Occitanischen Minnesangs des 12 Jahrhunderts*, dans *ZRPh*, t. 57/58 (1985), p. 35-51. — M. Zink, *La subjectivité littéraire. Autour du siècle de saint Louis*, Paris, 1985. — J. Flori, *L'essor de la chevalerie (*XIe-XIIe *siècle)*, Genève, 1986. — J. Roubaud, *La fleur inverse. Essai sur l'art formel des troubadours*, Paris, 1986. — F.R. Hamlin, P.T. Ricketts et J. Hathaway, *Introduction à l'étude de l'ancien provençal*, 2e éd., Genève, 1987 [1re éd. : Genève, 1967]. — *The Troubadours and the Epic, Mél. M. Hackett*, Univ. of Warwick, 1987. — F. Zufferey, *Recherches linguistiques sur les chansonniers provençaux*, Genève, 1987. — P. Zumthor, *La lettre et la voix. De la « littérature » médiévale*, Paris, 1987. — J.-C. Huchet, *L'amour discourtois. La « fin'amors » chez les premiers troubadours*, Paris, 1987. — A. Aurell, *La vielle et l'épée. Troubadours et politique en Provence au* XIIIe *siècle*, Paris, 1989. — C. Di Girolamo, *I Trovatori*, Turin, 1989. — E.M. Ghil, *L'Âge de Parage. Essai sur le poétique et le politique en occitanie au* XIIIe *siècle*, New York, 1989. — L. Formisano, *La lirica*, Bologne, 1990. — *Actes du colloque intern. de Poitiers (26 janvier 1990) : Trouvères, troubadours et Minnesänger*, dans *Perspectives Médiévales*, t. 16 (1990), p. 7-69. — M. Mancini, *Il punto su : I trovatori*, Rome-Bari, 1991. — *Lyrique romane médiévale : La tradition des Chansonniers*, Actes du colloque de Liège, 1989, Liège, 1991. — Cf. *GRLMA*, t. I, p. 1-87 et t. II/1, p. 25-79.

G.B.L.

Trouvères lyriques. Le lyrisme courtois, c'est-à-dire la poésie strophique chantée ayant pour thème habituel « la fine amour » ou amour courtois, était cultivé dans les pays de langue d'oc depuis un bon demi-siècle déjà par les troubadours* et il y atteignait son époque classique, lorsque, aux abords de 1160, il fut importé dans le Nord de la France. On ignore par quelles voies et dans quelles circonstances il y pénétra. On peut supposer toutefois que des jongleurs et des poètes itinérants comme Guiot de Provins* par exemple ont servi d'intermédiaires. Accueillie avec faveur par l'aristocratie féodale qui s'éveillait à l'esprit de courtoisie et commençait à s'intéresser aux mystères du cœur et de l'amour — les *Romans antiques* en font foi —, la poésie méridionale devint rapidement l'objet d'un véritable engouement dans les principaux centres littéraires et mondains du nord de la Loire. On y délaissa les genres lyriques indigènes pour se mettre à l'école des troubadours. Ce fut le cas à la cour de Marie de Champagne († 1198), fille aînée du roi Louis VII et femme, depuis 1159, du comte Henri Ier de Champagne. Marchant sur les traces de sa mère Aliénor d'Aquitaine* — la petite-fille de Guilhem IX d'Aquitaine*, le plus ancien des troubadours connus —, Marie se passionna pour la doctrine érotique élaborée par les poètes occitans et la répandit autour d'elle.

C'est parmi ses sujets que l'on rencontre les trois premiers imitateurs français des troubadours, Guiot de Provins, Huon d'Oisy* et Chrétien de Troyes*. Ce dernier, le plus célèbre des auteurs protégés par la comtesse, laisse deux chansons d'amour d'un métier très sûr ; leur rédaction peut se placer aux alentours de 1170. Les rares pièces lyriques du ménestrel Guiot de Provins et du vicomte de Meaux Huon d'Oisy († 1189) qui ont été conservées sont plus récentes, mais c'est vers 1170 également que le premier commença sa carrière de poète de cour et que le second s'initia à l'art de *trouver*, c'est-à-dire de composer une chanson courtoise.

Trois autres trouvères champenois encore se produisirent sous le règne de Marie. Gace Brulé*, qui fréquenta sa cour, le plus fécond et le plus classique des chansonniers courtois français, fit ses débuts dans la poésie vers 1180 ; ses amis Gilles de Vieux-Maisons* et Pierre de Molins*, chevaliers de petite noblesse comme lui, firent les leurs à la veille de la troisième croisade (1189). Mais à ce moment, les Champenois n'étaient déjà plus les seuls en France à s'inspirer des troubadours et à chanter « la fine amour », ils avaient des émules en Picardie et en Artois. Propagée par Huon d'Oisy, qui possédait plusieurs fiefs dans le Cambrésis et l'Artois, adoptée par la comtesse Élisabeth de Vermandois († 1182), cousine de Marie de Champagne et femme du comte de Flandre Philippe d'Alsace († 1191), un des patrons de Chrétien de Troyes, la conception courtoise de l'amour eut très vite, en effet, des adeptes dans les parties les plus septentrionales du domaine d'oïl. Quatre trouvères y sont attestés entre 1175-1180 et 1200-1210. Conon de Béthune* († 1219 ou 1220), baron artésien de haut lignage formé à l'art de rimer vers 1175 par Huon d'Oisy son cousin, fut en rapport avec Marie de Champagne et, peut-être, avec le troubadour Bertran de Born* ; ses dix chansons, d'un style vigoureux et plein, volontiers oratoire, comptent parmi les meilleures du temps. Son ami Blondel de Nesle*, chevalier ou ménestrel picard, on ne sait, est l'auteur de poèmes savamment versifiés mais assez monotones dont certains eurent du succès. Le Châtelain de Coucy*, Guy de Thourotte († 1203), grand poète d'amour, laisse une quinzaine de belles et mélancoliques chansons. Du Hennuyer Gontier de Soignies* enfin, on a près de trente pièces d'une grâce à la fois simple et subtile ; le comte Othon Ier de Bourgogne († 1200) auquel il en dédia une avait épousé Marguerite de Blois, nièce de Marie de Champagne et veuve de Huon d'Oisy.

Comparé à celui de la Champagne et de la France du nord, l'apport des autres provinces d'oïl à la poésie d'influence occitane au XIIe siècle est peu de chose. L'œuvre lyrique d'Hugues IV de Berzé* († 1219 ou 1220), seigneur du Mâconnais dont on possède aussi une *Bible*, et celle de Guillaume de Ferrières*, vidame de Chartres († 1203), ne manquent pas de mérite, mais elles se réduisent à quelques pièces. Le bagage poétique des chansonniers de l'Ouest est plus léger encore : Maurice II de Craon († 1196) et Robert IV de Sablœil* (= Sablé ; † 1196), puissants barons angevins, sont des poètes mineurs, de simples dilettantes, tout comme deux des fils d'Henri Plantegenêt et d'Aliénor d'Aquitaine*, le roi Richard Cœur de Lion d'Angleterre* († 1199) et le comte de Bretagne Geoffroi Plantegenêt († 1186), qui échangea un jeu-parti avec Gaucelm Faidit* et un autre avec Gace Brulé. Aucun des chansonniers connus de la première génération n'est originaire de la Lorraine, du Bourbonnais, du Berry, de la Normandie ou du domaine royal.

Le legs des trouvères du XIIe siècle est moins riche que celui de leurs confrères du Midi. La diversité des inspirations y est moins grande, le registre poétique moins étendu. À quelques pièces près en effet, des chansons de croisade et des poèmes satiriques notamment, la production des auteurs français ne comprend que des *grands chants*, des chansons d'amour courtoises composées sur le modèle des *cansos** occitanes et leur empruntant leur vocabulaire, leur rhétorique et leurs thèmes. D'autre part, rien dans l'œuvre des poètes du Nord ne rappelle le *trobar clus* (obscur, hermétique) et le *trobar ric** (orné, artiste) pratiqués par plusieurs troubadours : les chansons françaises du XIIe siècle, d'une exécution raffinée pourtant, appartiennent toutes au *trobar leu* (simple, doux-coulant). Ce trait se conserve au siècle suivant. Chez les trouvères, l'esthétique du grand chant courtois se fonde presque entièrement sur de menues variations formelles d'ordre rhétorique et métrique dans le cadre étroit des règles fixées par l'usage. Il faut souligner enfin que les mélodies des trouvères ont été conservées en beaucoup plus grand nombre que celles des troubadours, que les innovations des derniers d'entre eux sont essentiellement d'ordre musical (Adam de la Halle*) et que le divorce entre la musique, rendue de plus en plus complexe par le développement de la polyphonie, et la poésie, marquera, avec la fin du grand chant courtois, la naissance d'une conception nouvelle du *lyrisme*.

Entre 1200 et 1230, le goût de la poésie courtoise gagne toutes les provinces de langue française. Il y reste très vif durant le règne de saint Louis (1226-1270). Le *grand chant* conserve la faveur des trouvères. Ces derniers toutefois cultivent volontiers d'autres genres, nouveaux ou peu appréciés jusque-là, comme le descort* et le lai lyrique*, le serventois politique et la chanson satirique ou polémique, le débat et le jeu-parti, la pastourelle*, la chanson de femme, c'est-à-dire la chanson mise dans la bouche d'une dame ou d'une jeune fille, la chanson pieuse (Gautier de Coinci*, † 1236), le motet* et le rondel enfin qui roulent parfois sur des thèmes populaires.

Bien que quantité de pièces composées alors soient anonymes, on connaît le nom d'un peu plus de deux cents trouvères du XIIIe siècle. L'œuvre de beaucoup d'entre eux n'est pas aisément inventoriable, car il arrive aux copistes médiévaux de différer sur l'attribution d'un poème, de se tromper (Jean de Brienne pour Jean de Braine*) ou de donner une indication fantaisiste (Dame de Fayel, Duchesse de Lorraine*). Par ailleurs, elle est très souvent pauvre en nombre et en valeur. La plupart des auteurs en effet sont médiocres. Si l'on excepte quelques vrais poètes — Adam de la Halle*, Colin Muset*, Thibaut de Champagne*, — et une trentaine de chansonniers au talent réel, agréable ou vigoureux, ce ne sont que des épigones, versificateurs habiles mais sans verve, ou des rimailleurs aussi insipides que prétentieux.

Ainsi qu'au XIIe siècle, le lyrisme courtois est toujours à la mode dans l'aristocratie féodale et de nombreux poèmes sont dus à des chevaliers, à des seigneurs, voire à de hauts personnages (Charles d'Anjou*, Jean de Braine*, Thibaut de Champagne*, les comtes de Bar*, de Bretagne*, de la Marche* et de Roucy, etc.). Même des princes et des barons étrangers se plaisent à écrire des vers français. C'est le cas du roi Pierre II d'Aragon († 1213), d'Henri III, duc de Brabant († 1261), de Philippe de Novare* († vers 1270), chevalier lombard établi à Chypre, et de Guillaume de Villehardouin, prince de Morée (= Péloponnèse) de 1245 à 1278 et petit-neveu du chroniqueur Geoffroi de Villehardouin*. Mais, et ceci est nouveau, la « courtoisie » sort des châteaux, pénètre dans les milieux bourgeois et suscite des vocations poétiques parmi les patriciens et les clercs des centres urbains alors en plein essor. Il est probable, d'autre part, que dans la foule des chansonniers pour lesquels les renseignements biographiques font défaut et dont il est impossible de préciser la condition sociale (Baude de La Quarière*, Bestourné*, le Chapelain de Laon*, Gautier*, Huon de Saint-Quentin*, Matthieu le Juif*, etc.), il y a des représentants d'autres classes que la noblesse et la bourgeoisie.

Les trouvères du XIIIe siècle se recrutent dans toutes les parties du domaine d'oïl. L'Île-de-France pour sa part en fournit un fort contingent : Robert Mauvoisin* (vers 1200), Bouchard I (vers 1200) ou Bouchard II de Marly (C), Renaut de Trie* (B), Philippe de Nanteuil* (C), Jean de Trie* (E), Gavaron Grazelle (K), Guiot de Brunoy (K), Oudard de Laceni (= Lassigny ; K) et Thibaud de Nangis (K) étaient des Franciens, ainsi que Moniot de Paris*

(K) et, vraisemblablement, Richard de Semilly* (vers 1200), les plus aimables des chansonniers qui exercèrent leur art dans la capitale capétienne et sa banlieue [1]. Quant à Eudes de la Courroierie*, qui s'installa à Arras en 1270, on ne sait s'il composa ses chansons avant ou après son départ de Paris.

Dans l'Ouest, les chanteurs ne sont guère plus nombreux qu'au XIIe siècle. On trouve parmi eux des Normands comme Roger d'Andeli* (vers 1200), Raoul de Ferrières* (A) et Pierre de Beaumarchais (K) ; des Angevins et des Manceaux comme Pierre de Craon († 1216), Thibaud de Blaison* († 1229), Hue de la Ferté*, auteur de serventois injurieux (1228-1230) contre Blanche de Castille, et Bernard de la Ferté, son fils, partenaire du comte de Bretagne Jean Ier* dans un jeu-parti des environs de 1253. La Touraine est représentée par Brunel de Tours* (K), à qui on doit deux charmantes chansons d'amour ; le Blésois par Robert de Memberoles* (C) et Robert de Blois* (E), le Gâtinais par Ernoul le Vieux* (A), meilleur musicien que poète.

La Bourgogne, elle, fut la patrie de Gautier de Bregi (= Berzé ; A), le fils du trouvère Hugues de Berzé*, de Jocelin* (A) et de Guiot de Dijon* (B), d'Eustache de l'Espinasse (F), de Gautier de Navilly (K), de Jean d'Auxerre (K) et de ce Jacques d'Autun* (K) dont l'unique et émouvante chanson est un petit chef-d'œuvre. Tous ces trouvères, sauf Guiot de Dijon, se classent parmi les *minores* qui n'ont laissé que quelques strophes.

Absente de la carte poétique au XIIe siècle, la Lorraine ne l'est plus à présent : si les chansons de Garnier d'Arches* (F) offrent peu d'intérêt, il n'en va pas de même pour celles du chevalier Gautier d'Épinal* (C) ni surtout pour celles de Colin Muset*, le plus original de tous nos trouvères, qui fit carrière, entre 1225-1230 et 1260 environ, dans les cours seigneuriales des confins de la Lorraine et de la Champagne.

Quant à celle-ci, berceau et terre d'élection du lyrisme galant au siècle précédent, elle est illustrée par Thibaut de Champagne. Maître du comté de 1214 à 1253 et roi de Navarre à partir de 1234, ce prince cultivé et bon musicien nous a légué une œuvre abondante et variée, où la fidélité aux normes courtoises n'exclut pas une note d'humour et d'originalité. Comparées aux siennes, les chansons rimées par Aubouin de Sézanne* (A), Eustache le Peintre* (C), Geoffroi de Châtillon-sur-Marne (D), Jean de Maisons (D), Robert de Reims* (D) et Jean de Louvois (E), ses compatriotes et contemporains, paraissent ternes et monotones.

Dans les provinces du Nord enfin, les trouvères furent légion. C'est là, en outre, que la bourgeoisie participa le plus activement à la vie littéraire. Voulant copier les manières de l'aristocratie, les patriciens des villes picardes, artésiennes et flamandes attirèrent les jongleurs et les ménestrels pour agrémenter leurs loisirs. Ils favorisèrent ainsi la naissance d'une littérature adaptée à leurs goûts et conforme à leur mentalité. Certains même, à l'instar des nobles toujours, s'adonnèrent à la poésie lyrique. Au temps de saint Louis, celle-ci fleurit à Arras surtout, où l'ascension économique et sociale de la bourgeoisie, amorcée au XIIe siècle, atteignait son apogée. Bien avant 1200, une « Confrérie des jongleurs et bourgeois d'Arras », la *Charité de Notre-Dame des Ardents*, s'était constituée dans la grande ville artésienne ; cette société d'entraide, mi-religieuse mi-littéraire, envahie par un nombre sans cesse croissant de bourgeois de toutes classes, en vint au XIIIe siècle à s'occuper principalement de l'organisation de fêtes et réjouissances publiques. Le *Puy Notre-Dame*, association de création plus récente réservée à la haute bourgeoisie, à la noblesse et aux poètes, était un cercle plus fermé et plus littéraire. Élu par ses confrères, le *prince* était choisi parmi les patriciens riches, car ses fonctions, temporaires, étaient dispendieuses. Il présidait les séances du Puy. Celles-ci étaient consacrées en ordre principal à des divertissements poétiques et à des concours au terme

1. Les lettres placées entre parenthèses derrière le nom des poètes indiquent, de façon approximative parfois, l'époque à laquelle ils ont composé leurs œuvres ou la plupart de celles-ci. A = premier quart du XIIIe s. — B = premier tiers. — C = deuxième quart. — D = première moitié du siècle, sans qu'on puisse préciser davantage. — E = aux alentours de 1250. — F = deuxième tiers. — G = troisième quart. — H = dernier tiers. — I = dernier quart. — J = seconde moitié du siècle, sans autre précision possible. — K = trouvère du XIIIe s. dont on ne peut dater les œuvres.

desquels les meilleures chansons étaient « couronnées ». Aussi — et sans négliger pour autant les autres genres lyriques en vogue dans le monde aristocratique — les trouvères arrageois composèrent-ils quantité de *grands chants*. Plusieurs toutefois, clercs ou négociants cossus, préférèrent échanger des jeux-partis entre eux : ils pouvaient y donner carrière à leur esprit de discussion. La futilité ou l'absurdité des questions de casuistique amoureuse qu'ils y débattaient, la façon dont ils s'y servaient des théories et des thèmes courtois dans le seul but de faire briller leur ingéniosité, tout prouve que ces poètes qui vivaient dans un milieu mercantile, ne prenaient plus guère au sérieux l'idéal de « la fine amour ».

Bien que Jean Bodel* († 1210), le grand poète épique et dramatique d'Arras, ait écrit des pièces lyriques (cinq pastourelles) avant 1200 déjà, la poésie de tradition occitane ne prit vraiment son essor dans la capitale artésienne qu'entre 1210-1220 et 1240. Les trouvères qui assurèrent son triomphe venaient de classes sociales différentes : le châtelain d'Arras* (A), Andrieu Contredit* (C) et Jean de Neuville* (C) descendaient de familles de petite noblesse ; Pierre de Corbie* (A), Simon d'Authie* (B), Adam de Givenchy* (C), Gilles le Vinier* (C) et son frère Guillaume* († 1245), un excellent poète, étaient des clercs, gens d'Église ou hommes de loi. Audefroi le Bâtard* (B), qui pasticha les *chansons de toile* anciennes, et Jean Erart* († 1258 ou 1259), auteur de remarquables pastourelles, furent peut-être des ménestrels comme Moniot d'Arras*, fin et délicat trouvère qui rima entre 1210 environ et 1240.

C'est aux abords de cette dernière année que les bourgeois, non contents de patronner les poètes, se mirent à rivaliser avec eux. Certes, dans la foule des artistes qui gravitèrent autour du Puy entre 1240 et 1280, il y a encore beaucoup de clercs (Baude au Grenon, Gaidifer d'Avion*, Guibert Kaudesel, Guillaume Veau, Henri Amion, Jean de Grieviler*, Lambert Ferri*, Matthieu de Gand*) ; des écrivains de métier aussi, tel Adam de la Halle* († vers 1288), l'une des gloires littéraires d'Arras et un des principaux musiciens du siècle. Mais Jean Bretel* († 1272), prince du Puy et chef de file des chansonniers arrageois de son temps, Robert de le Piere* (E), Sauvale Cosset (E), Audefroi Louchart (G), Matthieu le Tailleur (G) appartenaient au partriciat urbain, et plus d'un bourgeois figure probablement dans la longue liste des trouvères contemporains de Jean Bretel dont nous ignorons la condition sociale (Jean de Renty*, Colart le Bouteiller*, Jean le Cuvelier*, Thomas Herier*, Gilbert de Berneville*, Jacques le Vinier*, Robert de Castel*, etc.).

Le lyrisme courtois n'eut pas moins de succès, au XIIIe siècle, en Picardie, en Flandre et en Artois qu'à Arras et maints poètes exercèrent leurs talents — souvent fort modestes — dans ces contrées. L'un des plus estimables, le chevalier Gautier de Dargies* (environ 1190/1200-1230), vit le jour dans le Beauvaisis, de même, très probablement, que Perrin d'Angicourt* (E), auteur de chansons raffinées, d'une belle maîtrise d'expression, et que Philippe de Remi, père du juriste Philippe de Beaumanoir* (F). Dans l'Amiénois, à côté de rimeurs de second ordre tels que Vielart de Corbie (A) et Jacques d'Amiens* (G), on rencontre un trouvère de mérite, Richard de Fournival* (C), chancelier du chapitre d'Amiens ; en Flandre, toute une série de poètes mineurs : Jocelin* de Bruges (A), Maroie de Diergnau* (C), le Trésorier d'Aire* (E), Jean Frumel de Lille (E), Pierre le Borgne (K), de Lille également. Le seul dont le legs poétique soit digne d'attention est Jacques de Cysoing* (G). Dans le Cambrésis, Gilles de Beaumont (C) laisse quelques chansons assez quelconques ; de ses compatriotes Martin le Béguin* (J), Colin Pansace (K) et Rogeret (K), on ne connaît guère plus que le nom. Carasaus* (F), ménestrel à qui on doit de banales chansons d'amour, se rattache au Boulonnais. En Artois, on relève quelques noms comme ceux d'Alart de Cans* (C), Geoffroi de Baralle (D), Pierrequin de la Coupelle* (E) et Jacquemin de la Vente* (J). Chardon de Croisilles* (C), chansonnier monotone et charmant qui passa une partie de sa vie dans l'entourage de Thibaut de Champagne, était, lui aussi, un enfant de l'Artois.

C'est à Arras, avec Jean Bretel et les trouvères de sa génération, que la poésie de tradition troubadouresque avait jeté son dernier éclat. Après la disparition de ce groupe de poètes, aux environs de 1270-1280, les genres lyriques en vogue depuis plus d'un siècle cessent d'être productifs : la grande veine courtoise que le formalisme et la routine ont desséchée, se tarit. De plus, le goût littéraire change au cours des années qui suivent la mort de saint Louis (1270). On est lassé du *grand chant.* « Escoliers » et bourgeois le parodient dans des *sottes chansons.* D'autre part, un lyrisme non musical fait son apparition et les genres à forme fixe qui triompheront au XIVe siècle commencent à être cultivés dès les dernières décennies du XIIIe siècle : Adam de la Halle* et Guillaume d'Amiens* (I) composent des rondeaux ; Jean de Lescurel († 1303), des rondeaux et des ballades. De la vieille théorie de « la fine amour » il ne subsiste dans ces poèmes que certaines formules et certains thèmes.

La poésie courtoise traditionnelle ne s'éteignit cependant pas tout d'un coup. Sous les règnes de Philippe III (1270-1285) et de Philippe IV le Bel (1285-1314), elle tenta des attardés comme Gérardin de Boulogne (H), Guillaume de Béthune* (H), Jacques de Cambrai* (H), le Parisien Philippe ou Jeannot Paon (I), et quelques auteurs anonymes auxquels on doit surtout des estampies et des motets, pièces plus musicales que littéraires. Au début du XIVe siècle encore, un certain Roland de Reims* échangea des jeux-partis avec des dames et des seigneurs du Barrois et de la Lorraine. Il n'est pas impossible que plusieurs des chansons et autres compositions lyriques, tardives et anonymes, recueillies dans deux manuscrits copiés en Lorraine vers cette époque, aient été rimées par ou pour des amis de Roland. Quoi qu'il en soit, le milieu aristocratique fréquenté par celui-ci est, à notre connaissance, le dernier où la poésie courtoise de type occitan jouit de quelque faveur. Désormais, le lyrisme cesse d'être une poésie chantée, prend d'autres formes et s'inspire non plus des troubadours mais du *Roman de la Rose** de Guillaume de Lorris* et de Jean de Meun*.

→ H. Petersen Dyggve, *Onomastique des trouvères*, Helsinki, 1934. — R. Berger, *Le nécrologe de la confrérie des jongleurs et des bourgeois d'Arras. Introduction*, Arras, 1970 ; *Littérature et société arrageoises au* XIIIe *s.*, Arras, 1981. — Cf. *MB*, nos 2134-2409, 6423-6491, 7638-7665 ; *S* 4218-4533.

Pour le reste, voir la bibliogr. de *Lyrique (Poésie)* ainsi que les articles particuliers consacrés à chaque trouvère. G.M.

Trubert. Voir : Douin de Lavesnes.

Turberville (Poème sur la trahison de Thomas). Un manuscrit de la British Library (Cotton Caligula A. XVIII) renferme un poème de 98 vers en anglo-normand sur la trahison commise, en 1295, par un certain Thomas Turberville qui, fait prisonnier lors d'une expédition anglaise en Gascogne en 1295, se fit espion pour le roi de France. Un message, adressé par lui à « sire Charles » (soit le roi Philippe le Bel soit son frère, Charles de Valois, qui prit part aux hostilités cntre l'Angleterre en 1294 et 1301) et tombé aux mains d'Edouard Ier, révéla ses agissements. Il fut aussitôt arrêté, emprisonné à la Tour de Londres et finalement pendu.

Ce poème n'a guère qu'une valeur historique. Il éclaire un épisode peu connu de la lutte dès lors engagée entre la France et l'Angleterre. Il a été écrit entre 1295 et 1297.

ŒUVRE. — Éd. et trad. anglaise dans I.S.T. Aspin, *Anglo-Norman Political Songs*, Oxford, 1953 (*ANTS*, 11), p. 49-55 ; reprint New York, Londres, 1971. R.H. et G.T.L.

Turpin. Voir : *Chronique du Pseudo-Turpin.*

Twiti. Voir : William Twich.

U

Uc Faidit. Le *Donatz proensals*, rédigé en Italie par Uc Faidit vers le milieu du XIIIe siècle pour deux seigneurs italiens, est à la fois un traité de métrique et une grammaire de la langue d'oc, qui crée ses propres exemples au lieu de citer les troubadours. Il est accompagné d'une traduction latine. Il est plus développé que les *Razos de trobar* du Catalan Raimon Vidal* de Besalù. On en a plusieurs manuscrits et on en a fait plusieurs éditions. Il comprend notamment un glossaire de verbes, et une importante liste de rimes. Il fut connu de l'auteur des *Leys d'Amors**.

ŒUVRE. — Éd. J.H. Marshall, *The « Donatz Proensals » of Uc Faidit*, Londres et New York, 1969.

→ C. Brunel, nos 293, 305, 308, 310 et 332. — W. Rothwell, *Remarques sur la préfixation négative en ancien provençal*, dans *Actes du 6e congrès de Langue et Littérature d'Oc..., RLR*, t. 2 (1971), p. 443-451 [le texte original a été écrit en provençal, puis trad. en latin]. — R.M. Ruggieri, « *Escolhz id est color* ». *Un problema d'exegesi trovadorica*, dans *Actes du 5e congrès international de Langue et Littérature d'Oc...*, Nice, 1974, p. 429-437. — R.A. Taylor, *La littérature occitane du Moyen Âge*, Toronto, 1977, n° 695 [bibliogr.]. — P. Swiggers, *Les premières grammaires occitanes : les « Razos de trobar » de Raimon Vidal et le « Donatz proensals » d'Uc (Faidit)*, dans *ZRPh*, t. 105 (1989), p. 134-147. — D. Janzarik, *Uc de Saint-Circ — auteur du Donatz proensals ?, ibid.*, t. 105 (1989), p. 264-275. J.S.

Uc de la Bacalaria. Troubadour limousin, originaire de Corrèze, Uc de la Bacalaria a dû vivre à la fin du XIIe siècle ou au début du XIIIe. On conserve de lui une *alba* (PC 449, 3) inversée : l'amoureux esseulé souhaite le retour de l'aube qui chassera la nuit fastidieuse :

Dieus ! qual enueg
mi fay la nueg !
per qu'ieu dezir l'alba.

S'y ajoutent une *canso* du thème amoureux et quatre interventions dans les débats poétiques avec des troubadours contemporains : Savaric de Mauleon* et Gaucelm Faidit* (PC 449, la = 432,2 = 167, 26) ; ce dernier à nouveau (PC 449, 2 = 167, 44), dans un *partimen* dont Marie de Ventadour* et Dalfin d'Alvernhe* sont désignés comme juges ; enfin, deux autres *tensos* avec un certain Bertran.

ŒUVRE. — Éd. en cours G. Gonfroy, Limoges, 1991. — Éd. partielle : M. de Riquer, *Los trovadores. Historia literaria y textos*, Barcelone, 1975, t. 2, p. 1059-1062 [PC 449, 3]. — R. Richter, *Die Troubadourzitate im « Breviari d'Amor »*, Modène, 1976, p. 412 [PC 449, 5].

→ PC 449. G.B.L.

Uc de Mataplana. La famille seigneuriale de Mataplana est l'une des plus anciennes de Catalogne ; parmi les compagnons du légendaire Otger Catalon figure déjà un « Uc de Mataplana ». Le château de la famille, dépendance du comté de Cerdagne, s'élevait aux environs de Ripoll (province actuelle de Gérone). Les barons de Mataplana, presque tous prénommés Uc, sont attestés dès le Xe siècle.

Le troubadour de ce nom, auquel sont attribués un *sirventes* et un échange de *coblas* avec Blacasset*, peut être assez facilement identifié grâce aux relations qu'il entretint avec Raimon de Miraval*. Né vers 1175, il était le fils de Uc et d'une dame Béatrice (*Hugo de Mataplana et uxor mea Beatricis...*, document de 1185). Uc, désigné par le diminutif *Uguet* tant que vécut son père, paraît avoir été un mécène assez fastueux.

Uc, ou plutôt Uguet, était le neveu de Pons, dont le troubadour Guilhem de Berguedan* a chanté la mort en termes émouvants (PC 210, 9) après avoir composé contre lui de violents *sirventes*.

Le troubadour baron de Mataplana était présent à la bataille de Las Navas (1212) et à celle de Muret (1213). Les blessures qu'il reçut au cours de ce dernier combat causèrent sa mort la même année. Nous savons par Raimon de Miraval que la femme d'Uc se prénommait *Sanssa* (Sancha).

Des raisons d'ordre chronologique ont fait discuter l'attribution de l'échange de *coblas* avec Blacasset ; mais il pourrait plutôt s'agir, comme le suggère M. de Riquer, de Blacatz*.

Le *sirventes* d'Uc de Mataplana (PC 454, 1) est dirigé contre Raimon de Miraval, qui venait de congédier sa femme, Gaudairenca, dans des conditions probablement très différentes de celles que nous relate une *Razo* (mss *E, P* et *R*). Quoi qu'il en soit, Uc, en prodiguant ses louanges à Gaudairenca, juge sévèrement la conduite de Raimon. Le noble troubadour catalan semble exprimer dans ses vers l'opinion générale du public sur la conduite discourtoise d'un troubadour dont la *cortesia* était précisément légendaire.

→ PC 454. — A. Caboni, *Le poesie di Uc de Mataplana*, dans *CN*, t. 1 (1941), p. 216-221. — M. de Riquer, *Las poesias de Guilhem de Berguedan contra Pons de Mataplana*, dans *ZRPh*, t. 71 (1955), p. 1-32 ; *El trovador Huguet de Mataplana*, dans *Mél. R. Lapesa*, Madrid, t. 1, 1972, p. 455-494. I.M.C.

Uc de Saint-Circ. Puisque le troubadour Uc de Saint-Circ est connu pour être l'auteur de *Vidas*, on peut supposer que celle qui le concerne est une autobiographie. D'après ce texte, il était le fils d'un « pauvre vavasseur », originaire du « château de Saint-Circ, au pied de Sainte-Marie de Rocamadour ». Suivant la critique, son lieu de naissance pourrait avoir été la « grange de Saint-Cyr », voisine du village de Thégra, dans l'arrondissement actuel de Rocamadour. Uc de Saint-Circ, destiné à l'état de clerc par sa famille, fut envoyé à Montpellier pour faire des études ; or le jeune homme, au lieu d'apprendre les belles lettres et le latin, « apprit des chansons, des *vers*, des *sirventes*, des *tensos* et des couplets ». Aussi devint-il jongleur ; il parcourut le Languedoc en cette qualité, probablement entre 1210 et 1220. Il paraît avoir séjourné auprès du comte de Rodez (Henri Ier), du vicomte de Turenne (Raimon III ou IV ?), et du prince de la maison d'Albon connu sous le nom de Dalfin d'Alvernhe*. Grâce à la vicomtesse de Benauges, Uc aurait été mis en rapport avec son principal protecteur, Savaric de Mauléon*, troubadour lui-même et sénéchal du Poitou. Uc de Saint-Circ a participé, sous les ordres du comte Henri Ier de Rodez, aux opérations militaires de la croisade des Albigeois (1210-1213 ?), évidemment dans les rangs des troupes qui s'opposaient aux Français. La *Vida* nous apprend ensuite que le troubadour se rendit en « Catalogne, en Aragon et en Espagne » ; il séjourna plus tard en Provence, et finalement s'établit en Lombardie, où il épousa une femme de Trévise, selon certains manuscrits. Le séjour d'Uc de Saint-Circ en Italie est attesté par plusieurs poésies ; le troubadour mentionne notamment, parmi d'autres dames italiennes, Selvaggia d'Auramala, fille de Conrad Malaspina.

L'activité poétique d'Uc peut s'être exercée jusqu'en 1253 environ et a produit 15 *cansos*, 18 *sirventes* et *coblas*, neuf *tensos*, un *partimen* et un « salut d'amour ». En outre, Uc de Saint-Circ fut, suivant ses propres déclarations, l'auteur des *Vidas* de Bernart de Ventadorn* et de Savaric de Mauléon ; mais il est vraisemblable qu'il en composa plusieurs autres, parmi les textes biographiques anonymes. Certains critiques attribuent aussi un traité de grammaire provençale, le *Donatz proensals*, à Uc de Saint-Circ ; toutefois rien ne permet d'identifier notre troubadour avec le Uc Faidit* des manuscrits qui nous ont transmis le *Donatz*.

L'œuvre lyrique d'Uc de Saint-Circ n'a pas manqué de solliciter l'intérêt des historiens de la littérature en raison de la possibilité qu'elle offre de reconstituer les différentes phases d'un roman d'amour. Treize chansons sur un total de 15 ont permis à la critique de suivre le développement d'une aventure sentimentale : le poète constate qu'il s'est épris d'une coquette, sourde aux exhortations répétées de son amant, et qui n'hésite pas à accorder ses faveurs à d'autres soupirants. Le troubadour se résout alors à abandonner l'infidèle et rend son cœur à la dame qu'il aimait avant d'avoir subi la séduction de la coquette.

Pour la critique, il s'agit de savoir si le cycle poétique des 13 chansons se rapportait à des faits réels ou fictifs. Suivant une *Razo*, ou commentaire en prose, la coquette était une dame qui s'appelait Na Ponsa, et la première maîtresse abandonnée par Uc aurait été Clara d'Anduze*, peut-être la *trobairitz** dont les manuscrits nous ont transmis une chanson. Le principal argument contre la réalité de l'aventure est l'analogie qu'elle présente avec le roman d'amour de Raimon de Miraval* et de *Mais d'amic*. On pourrait donc être en présence d'une situation traditionnelle et purement littéraire. Quoi qu'il en soit, le style des chansons est élégant, leur versification aisée, et les sentiments, vrais ou feints, sont parfois exprimés en des accents harmonieusement passionnés. Il est évident que le problème de la sincérité des troubadours, si souvent débattu, peut difficilement trouver une solution, après les sept ou huit siècles qui nous séparent d'eux ; au demeurant, la solution devrait s'appliquer à un problème beaucoup plus général, celui de la sincérité de l'art. Il est artificiel, nous semble-t-il, d'isoler dans ce domaine le cas particulier du lyrisme provençal du Moyen Âge. Les poètes ont toujours sacrifié soit à la mode soit aux règles d'une école ; cette constatation est-elle suffisante pour faire rejeter, dans tous les cas, la sincérité des sentiments exprimés ?

Parmi les *sirventes*, il faut signaler la vigueur de la pièce relative à la résistance de Faenza, assiégée par Frédéric II (1240-1241). Le poème, violemment hostile à l'empereur, est écrit *en aquest son d'En Gui*, c'est-à-dire en vers alexandrins, quelle que soit l'allusion faite par Uc. Le troubadour exhorte les barons assiégés à rester « fermes dans leur fidélité » ; il souhaite que le roi de France et l'Église se portent au secours de Faenza, et termine en stigmatisant l'impiété de Frédéric II : *Quar selh qu'en Dieu non cre non deu terra tener...*

Uc de Saint-Circ est enfin l'auteur d'un « salut d'amour* ». Cette sorte de poème se distingue avant tout des autres genres poétiques par son caractère épistolaire. Comme la plupart des œuvres similaires d'Amanieu de Sescars*, d'Arnaut de Mareuil*, de Falquet de Romans*, ou de Raimbaut d'Aurenga*, le « salut » d'Uc de Saint-Circ s'exprime en vers octosyllabiques à rimes plates :

Bella donna gaja e valentz,
Pros e cortesza e conoissentz,
Flors de beltatz e flors d'onors,
Flors de joven e de valors,
Flors de sen e de corteszia...

ŒUVRE. — Éd. A. Jeanroy et J.-J. Salverda de Grave, *Poésies de Uc de Saint-Circ*, Toulouse, 1913, réimp. New York-Londres, 1971. — Éd. partielles : M. de Riquer, *Los trovadores. Historia literaria y textos*, Barcelone, 1975, t. 3, p. 1339-1348 [PC 457, 1 et 38]. — R. Richter, *Die Troubadourzitate im « Breviari d'Amor »*, Modène, 1976, p. 419-421 [PC 457, 3]. — N.B. Smith, *Guilhem Fabre, Uc de Saint-Circ and the Provençal Rime Dictionary*, dans *Romance Philology*, t. 29 (1976), p. 501-507 [éd. et trad. angl. de PC 457, 17]. — A. Krispin, *Deux poésies d'Uc de Saint-Circ de Thegra*, dans *Bulletin de la Société des Etudes... du Lot*, t. 105 (1984), p. 69-74 [PC 457, 20 et 33] ; *Une poésie du troubadour Uc de Saint-Circ, ibid.*, t. 106, (1985), p. 261-267 [éd. du *sirventes* ; PC 457, 42]. — A. Rossell i Mayo, *Monodia cortesana trobadoresca. Seixanta-quatre transcripcions inedites de Mn. H. Anglès*, Barcelone, 1986, p. 197-201 [éd. de la musique].

→ PC 457. — G. Favati, *La novella 64 del « Novellino » e Uc de Saint-Circ*, dans *Lettere Italiane*, t. 11 (1959), p. 133-173. — D. Rieger, *Bona domna und mala domna. Zum « roman d'amour » des Trobadors Uc de Saint-Circ*, dans *Vox Romanica*, t. 31 (1972), p. 76-91. — N.G.B. Fernandez Pereiro, *Uc de Saint-Circ et Dom Fernan Garcia Esgaravunha*, dans *Actes du 5e congrès international de langue et littérature d'Oc...*, Nice, 1974, p. 130-165. — F. Zufferey, *Un document relatif à Uc de Saint-Circ à la Bibliothèque Capitulaire de Trévise*, dans *CN*, t. 34 (1974), p. 9-14. — J. Luquet-Juillet, *Uc de Saint-Circ, troubadour du Haut-Quercy*, dans *Bulletin de la Société des Etudes... du Lot*, t. 97 (1976), p. 47-58. — R.A. Taylor, *La littérature occitane du Moyen Âge*, Toronto, 1977, nos 562-563 [bibliogr. sélective]. — A. Albert-Birot, *Du côté de Clara d'Anduze*, dans *Mél. J. Lods*, Paris, 1978, t. 1, p. 19-27. — D. Tecchio, *Uc de Saint-Circ e il « Cligès » di Chrétien de Troyes*, dans *Atti e Memorie dell'Academia Patavina di Scienze...*, t. 91 (1978-1979), p. 195-199. — D. Janzarik, *Uc de Saint-Circ — auteur du « Donatz Proensals » ?*, dans *ZRPh*, t. 105 (1989), p. 264-275. — P. Swiggers, *Les premières grammaires occitanes : les « Razos de trobar » de Raimon Vidal et le « Donatz proensals » d'Uc (Faidit), ibid.*, p. 134-147. — E.W. Poe, *Unraveling a Wolly Text : « Ma dompna cuit fasa sen »*, dans *Neophilologus*, t. 74 (1990), p. 527-535 [concerne PC 457, 19] ; *L'Autr'escrit of Uc de Saint Circ : The « Razos » for Bertran de Born*, dans *Romance Philology*, t. 44 (1990), p. 123-136. I.M.C.

Ugo d'Alvernia. Voir : Huon d'Auvergne.

Ulrich de Strasbourg. Dominicain né à Strasbourg vers 1225. Élève d'Albert le Grand* au *Studium generale* de Cologne entre 1248 et 1254 (selon le témoignage tardif de Denys le Chartreux reprenant une indication de Jean de Fribourg), lecteur au couvent de Strasbourg, puis provincial de Teutonie en 1272. Contemporain, voire condisciple, de Thomas d'Aquin*, il est envoyé à Paris en 1277, pour conquérir la maîtrise en théologie. Il y meurt sans avoir, apparemment, pu commenter les *Sentences*. Le *Tractatus de homine* que lui attribue la tradition étant du néoalbertiste Jean de Malines (Ian van Mechelen), la somme du *Bien suprême* est l'unique texte authentique d'Ulrich de Strasbourg connu à ce jour. Prévu en 8 livres articulés selon le cycle caractéristique de l'univers néoplatonicien (depuis le déploiement ou émanation, *exitus*, du créé à partir du Premier principe jusqu'à son « retour », *reditus*, en Lui), le *De summo bono* nous est parvenu inachevé : seuls les 6 premiers livres ont été rédigés. Œuvre originale dans sa forme — le *Bien suprême* est l'unique somme de théologie du XIIIᵉ siècle qui s'écarte délibérément de la structure de la question disputée et de l'unité de travail de l'« article » pour adopter une division en « traités, chapitres et paragraphes » permettant un exposé systématique, on dirait presque « axiomatique », des doctrines albertiniennes en matière de théologie et de philosophie. Ulrich de Strasbourg aborde ainsi successivement la question des principes et de l'objet de la théologie (livre I), celle de l'essence du Bien suprême et de ses propriétés (II), la théologie « commune » de Denys* (III) — c'est-à-dire les Personnes divines prises ensemble —, puis sa théologie *discrète* : le Père et la création (IV), le Fils et l'Incarnation (V), l'Esprit saint et la grâce (VI). Dans l'esprit d'Ulrich le livre VII devait être consacré aux sacrements, le VIII à une béatitude définie comme « participation au Bien suprême en tant que Bien suprême et fin ultime » de tout ce qui est. Véritable somme de l'albertisme, le *De summo bono* ne saurait être considéré comme le simple manifeste du « néoplatonisme allemand » : ignorant Proclus, pourtant traduit en 1268 par Guillaume de Moerbeke, Ulrich se veut — comme son maître Albert — un interprète philosophiquement fidèle du péripatétisme gréco-arabe. Sa lecture d'Aristote est donc puissamment imprégnée par celle du *Livre des causes* qu'il considère comme un exposé de l'authentique théologie aristotélicienne. C'est au péripatétisme d'Albert qu'il emprunte donc l'essentiel de ses doctrines : de la cosmologie des Intelligences à l'ontologie (distinction entre information et création, identification entre l'être, l'actualité formelle et la lumière), en passant par la noétique (théorie de la sanctification de l'intellect dans la connaissance naturelle, reprise du thème « averroïsant » de l'*assimilation* ou *continuation* de l'intellect de l'homme à l'intellect séparé, « conjonction » génératrice de « félicité intellectuelle »).

ŒUVRES. — *De summo bono*, livre I, éd. B. Mojsisch (*Corpus Philosophorum Teutonicorum Medii Aevi*, I, 1), Hambourg, 1989. — Livre II, 1-4, éd. A. de Libera (*CPTMA*, I, 2 [1]), Hambourg, 1987. — Livre IV, 1-2, 7, éd. S. Pieperhoff (*CPTMA*, I, 4 [1]), Hambourg, 1987.

→ B. Faes de Mottoni, *La distinzione tra causa agente e causa motrice nella « Summa de Summo Bono » di Ulrico di Strasburgo*, dans *Studi medievali*, t. 20 (1979), p. 313-355. — A. de Libera, *Introduction à la Mystique rhénane. D'Albert le Grand à Maître Eckhart*, Paris, 1984, p. 99-162 ; *Albert le Grand et la philosophie*, Paris, 1990. A. de L.

Urbain le Courtois. Le poème anonyme appelé *Urbain le Courtois* ou *L'Apprise de Nurture* ou *Le Ditié d'Urbain* est un traité de civilité, dont il existe en Angleterre huit versions. Le poème, en dialecte anglo-normand, est écrit en octosyllabes rimant deux à deux : sa longueur varie, suivant les manuscrits, de 128 à 320 vers. Il date du XIIIᵉ siècle.

Urbain le Courtois, dont l'incipit est *Un sage home de grant valour...* quelle que soit la longueur du poème, se présente comme un recueil de conseils donnés par un père à son fils au sujet de sa conduite dans la vie privée et publique : servir Dieu et la sainte Église, honorer ses parents, ne pas se gratter, n'être ni médisant ni dédaigneux ni orgueilleux, fuir les femmes légères et les tavernes, dépenser sagement..., tous préceptes sans grande originalité, mais dont la rédaction constitue une œuvre personnelle.

Le nom d'Urbain semble emprunté à un de ces poèmes latins qui contenaient des préceptes sur la manière de se comporter dans le monde : deux poèmes latins sur ce sujet, composés en Angleterre, ont porté le titre d'*Urbanus*, mais aucun d'eux ne semble avoir servi de modèle à *Urbain le Courtois*.

Sur le même thème, un autre traité de civilité a été intitulé *Apprise de Nurture* (237 vers), d'après son explicit : *Issi finist l'Apprise de nurture*. Conservé dans le ms. Oxford, Bodleian Libr., Bodley 9, ce poème débute par : *Beau dulce, esgardés...*

Il faut rapprocher d'*Urbain le Courtois* et de l'*Apprise de Nurture* trois autres petits traités anglo-normands, conservés chacun dans un manuscrit unique : le *Bon Enfant* en 89 vers (incipit : *Bon enfant doit a son lever...*) et *Edward* en 332 vers (incipit : *Edwars, entendez bonement...*) qui figurent tous deux dans le ms. Oxford, Bodleian Libr., Bodley 425 du XIVe siècle, et le *Petit traitise de Nurture* en 190 vers qui porte le titre donné par le ms. Oxford, Bodleian Libr., Bodley 9 (qui contient aussi l'*Apprise de Nurture* et date des environs de 1430) : *Issi commence un petet tretis de norture*.

ŒUVRES. — F. Spencer, *L'Apprise de Nurture (Cambridge Univ. MS.)*, dans *Modern Languages Notes*, t. 4 (1889), col. 101-106 [éd. d'*Urbain le Courtois* : version courte]. — *L'Urban cortese*, éd. L. Biadene, Pise, 1895 [version courte]. — P. Meyer, *Les manuscrits français de Cambridge*, dans *Romania*, t. 32 (1903), p. 68-73 [éd. d'*Urbain le Courtois* : version courte]. — H.R. Parsons, *Anglo-Norman Books of Courtesy and Nurture*, dans *PMLA*, t. 44 (1929), p. 383-455 [éd. de deux versions d'*Urbain le Courtois*, de l'*Apprise de Nurture*, du *Bon Enfant*, d'*Edward* et du *Petit traitise de Nurture*].

→ J.W. Nicholls, *The Matter of Courtesy : Medieval Courtesy Books and the Gawain-Poet*, Woodbridge, 1985. — Cf. *GRLMA*, t. VI/1, p. 87, 89 ; t. VI/2, n° 2712. — *MB* nos 2701-2702. H.F.W. et F.F.H.

Ussel (Troubadours d'). On désigne sous ce nom collectif les quatre châtelains troubadours (trois frères, Gui, Eble, Peire, et leur cousin Elias) qui ont illustré la maison seigneuriale d'Ussel en Limousin dans les dernières années du XIIe siècle et les premières années du XIIIe.

Les *Vidas* anciennes et les relations de Jean de Nostredame* fournissent sur leur vie des renseignements abondants et sans doute quelque peu romancés.

Le plus célèbre des quatre est Gui, que la transposition poétique de ses amours, littéraires ou réelles, avec la vicomtesse Marguerite d'Aubusson, la comtesse de Montferrand (épouse de Dalfin d'Alvernhe*) et surtout Guida de Montpellier, place dans la lignée du lyrisme courtois de la période « classique ». C'est à son aventure avec cette dernière que la tradition rapporte ses œuvres les plus connues de dialectique amoureuse : sa *tenso* avec Elias *Ara·m digatz vostre semblan* PC 194,2 (sur le sujet fameux : vaut-il mieux être l'amant d'une dame ou son mari ?) ; sa chanson de dépit amoureux *Si be·m partetz, mala domna, de vos* (PC 194,19) sa *tenso* enfin avec Marie de Ventadour* *Gui d'Uissel, be·m pesa de vos* (PC 194,9 = 195,1), où l'amour apaisé se sublime en idées générales sur les droits et devoirs réciproques des amants.

Mais la partie la plus originale, et la plus fraîche de l'œuvre de Gui d'Ussel est constituée par les pastourelles dans lesquelles, sur un rythme gracieux, il traite avec une discrète mélancolie le thème du seigneur poète, confident et envieux des amours simples de ses jeunes vassaux :

Et eu qu'era sols ab lor,
Quan vi qu'enoi lor fazia,
Laissei leis a l'amador :
Parti·m d'els, e tinc alhor.
Moi qui étais seul avec eux,
Quand je vis que je les gênais,
Je la laissai avec son amoureux :
Je me séparai d'eux...

Les œuvres de ses frères et de son cousin s'ordonnent essentiellement autour de la sienne, soit qu'ils lui servent d'interlocuteurs dans les *tensos* ou *partimens*, soit qu'ils se fassent l'écho de ses chansons ou de ses plaintes. Seul des trois, Elias semble se dégager de l'influence de Gui, tantôt pour dialoguer en *tensos* avec d'autres troubadours, Bernart (de Rovenac ?*), Aimeric (de Peguilhan ?*), tantôt pour échanger avec ses confrères, Gaucelm Faidit* en particulier, des *coblas* d'une assez lourde ironie.

L'ensemble des poésies des troubadours d'Ussel peut se répartir en : huit chansons et trois pastourelles de Gui, une *tenso* de Gui et de Rainaut (vraisemblablement le vicomte d'Aubusson, époux de Marguerite), quatre *tensos* de Gui et d'Elias, une *tenso* de Gui et de Marie de Ventadour, trois *tensos* de Gui et d'Eble, une *tenso* d'Elias et de Bernart, une *tenso* d'Elias et d'Aimeric, deux *coblas* d'Elias à l'adresse de Gaucelm Faidit, une *tenso* d'Eble et de Guilhem Guaysmar, une *cobla* de Peire. Cette œuvre mérite attention, et collectivement par ce qu'elle illustre de l'intégration de toute une famille de la noblesse au monde des troubadours, et en détail par les lumières qu'elle jette çà et là sur certains éléments de la société et de l'histoire occitanes aux confins du XIIe et du XIIIe siècle : relations entre les maisons seigneuriales du Limousin, de la Marche, d'Auvergne, du Languedoc, d'Aragon, rôle littéraire et mondain de quelques personnalités féminines marquantes, apparition de plusieurs personnages-vedettes (Marie de Ventadour* qui mourut en 1221, Gaucelm Faidit*), incidences de la quatrième croisade. Deux tempéraments poétiques se détachent en outre nettement sur le fond de l'érotique formelle caractéristique de cette « école » : Elias, au réalisme non dépourvu de crudité ; Gui, attesté en 1195, au lyrisme plus subtil et plus riche. Ce dernier a eu de tout temps — et dès le Moyen Âge, si l'on en juge par le nombre des mss, des citations et des pièces d'anthologies — sa place marquée parmi les grands troubadours (le dernier, avec Gaucelm Faidit, de la lignée limousine), à mi-chemin entre les poètes de la période « classique » et la génération de la croisade albigeoise. Il reste à la fois l'un des représentants les plus significatifs de la rhétorique courtoise du sentiment et l'un des maîtres de la pastourelle.

ŒUVRES. — Éd. J. Audiau, *Les poésies des quatres troubadours d'Ussel*, Paris 1922. — Éd. partielle : A. Kolsen, *Dichtungen der Trobadors auf Grund altprovenzalischer Handschriften...*, Halle, 1916-1919, réimp. Genève, 1980, p. 101-110 [PC 194, 3-12]. — M. de Riquer, *Los trovadores, Historia literaria y textos*, Barcelone, 1975, t. 2, p. 1009-1023 [PC 136,1 = 194,2 - 194,19 et 194,14]. — R. Richter, *Die Troubadourzitate im « Breviari d'Amor »*, Modène, 1976, p. 281 [PC 194,19]. — A. Rossell i Mayo, *Monodia cortesana trobadoresca. Seixanta-quatre transcripcions...*, Barcelone, 1986, p. 73-77 [éd. de la musique].

→ PC 194, 129, 361 et 136. — E. Hoepffner, *Les troubadours d'Ussel*, dans *Romance Philology*, t. 9 (1955), p. 138-144. — F. Pirot, *Recherches sur les connaissances littéraires des troubadours occitans et catalans des XIIe et XIIIe siècles*, Barcelone, 1972, p. 167-174. — C. Camproux, *On the Subject of an Argument Between Elias and his Cousin*, dans W.T.H. Jackson, *The Interpretation of Medieval Lyric Poetry*, New York, 1980, p. 61-90 [concerne PC 194,2 = 136,1]. — J.H. Marshall, *Pour l'étude des « Contrafacta » dans la poésie des troubadours*, dans *Romania*, t. 101 (1980), p. 289-335 [PC 194,16 est le *contrafactum* de PC 461, 148]. — L. Billet, *Généalogie de la famille d'Ussel. Les quatre troubadours d'Ussel, leur biographie et celle de la maison d'Ussel*, Egletons, 1982. — M.-R. Jung, *« Ben feira chanso » (PC 194,3)* dans *Mél. P. Remy*, t. 1, Kalamazoo, 1986, p. 101-108. — R. Laffont, *Un personnage textuel : Eble (d'Ussel ?)*, dans *Mél. P. Bec*, Poitiers, 1991, p. 285-294.

J.Maz.

V

Vaillant. Poète dont l'activité se situe dans les années 1445-1470 et, pour l'essentiel, en Touraine. Vaillant fut longtemps confondu avec Pierre Chastellain* en raison de la découverte, par A. Piaget en 1894, de la signature « Pierre Chastellain dit Vaillant » : cette mention figurait à l'explicit du *Temps perdu*, du fol. 33v° du ms. Turin, Bibl. reale, L. IV.3 (détruit en 1904).

Le poète qui portait le nom ou le surnom de « Vaillant » adressa à Jacques Cœur une ballade nécessairement antérieure à la disgrâce du financier, survenue en 1450. Deux poèmes signés « Vaillant » (une ballade et un rondeau) figurent dans les mss de Charles d'Orléans*, signe que le poète a participé aux activités littéraires de la cour de Blois vers 1455.

Si les détails biographiques concernant Pierre Chastellain ne sont pas absolument inconciliables avec le peu que nous savons de « Vaillant », comment expliquer pourquoi un seul et unique poète serait appelé, dans les comptes du roi René d'Anjou, Pierre Chastellain en 1448 et Jehan Vaillant en 1451 ? Et comment justifier les différences de ton et de style ? Une hypothèse récente (D. Poirion) identifie « Vaillant » avec Jean Vaillant, écuyer de Gaston IV, comte de Foix : le 14 mars 1457 ce Jean Vaillant offrit au roi René un « petit traicté d'amors » qui pourrait être *L'Embûche Vaillant,* dédiée à René d'Anjou* et Gaston IV de Foix.

Les œuvres signées « Vaillant » sont au nombre de 48, d'inégale importance. Le *Débat des deux sœurs* ou *L'Embûche Vaillant* (125 huitains d'octosyllabes ; 10 mss) est une discussion entre deux jeunes femmes, dont l'une, l'aînée, aime à s'entourer d'une nombreuse suite d'amoureux, tandis que l'autre, la cadette, n'en veut qu'un seul. *L'Embûche Vaillant* en appelle à l'arbitrage de Gaston IV, comte de Foix, qui mourut en 1472 et à celui du roi René d'Anjou, mort en 1480. Elle fait allusion à l'ordre du Croissant créé par René d'Anjou en 1448. *L'Embûche Vaillant* fut donc écrite entre 1450 et 1470. La *Cornerie des anges de Paradis* (53 octosyllabes ; cinq mss) est une jonglerie poétique en rimes équivoquées ; les *Lettres envoieez* (120 octosyllabes) et les *Lettres* en prose, toutes deux signées « Vaillant », dateraient également des années 1445-1470.

Dix-sept mss ont gardé des pièces poétiques à formes fixes, attribuées à Vaillant : ce sont 35 rondeaux, six bergerettes et trois ballades.

ŒUVRES. — *Rondeaux et autres poésies du* XVe, éd. G. Raynaud, Paris, 1889, p. XXXII-XXXIV et n°s VIII-IX, XI-XIX, XXI-XXII, LIV (*SATF*, 29). — E. Winkler, *Französiche Dichter des Mittelalters, I. Vaillant* Vienne, 1918, (*Sitzungsberichte der Kaiserliche Akademie der Wissenschaften in Wien, Phil.-hist. Klasse*, 186, 1) [édition]. — *Charles d'Orléans, Poésies complètes,* éd. P. Champion, Paris, 1923 (réimp. 1971), t. 1, p. 159-160 ; t. 2, p. 351-352 (*CFMA*, 34 et 56). — *Poètes et romanciers du Moyen Âge,* éd. A. Pauphilet, nouv. éd., Paris, 1952, p. 1122-1123 (*Bibliothèque de la Pléiade,* 52) [anthologie]. — *Les Œuvres de Pierre Chastellain et de Vaillant, Poètes du* XVe *siècle,* éd. R. Deschaux, Genève, 1982, p. 12-13 et 113-225 (*TLF*, 300). — *Une nouvelle collection de poésies lyriques et courtoises du* XVe *siècle : le ms BN Nouv. Acq. Fr. 15771,* éd. B. L. S. Inglis, Paris, 1985, p. 60-62 et n°s IV, VI, VIII, XI, XIX, XXIV, XXIX, XXXV, XL, LIV, LXXVII, LXXXI, LXXXVIII (*Bibliothèque du* XVe *siècle*, 48).

→ A. Piaget, *Pierre Chastellain, dit Vaillant,* dans *Romania,* t. 23 (1894), p. 257-259. — P. Champion, *Histoire poétique du* XVe *siècle,* Paris, 1923, t. 1, p. 339-392. — F. Pascal, *Pierre Chastellain, dit Vaillant, étude et éd.*, dans *Positions... thèses... École des Chartes*, Paris, 1944, p. 131-136. — D. Poirion, *Le Poète et le Prince. L'évolution du lyrisme courtois de Guillaume de Machaut à Charles d'Orléans*, Paris, 1965, p. 159 (*Univ. Grenoble, Publ. Fac. Lettres et Sciences humaines,* 35). — A. Angremy, *Un nouveau recueil de poésies françaises du* XVe *siècle : le ms. BN nouv. acq. fr. 15771,* dans *Romania,* t. 95 (1974), p. 21-22 [1-

53]. — Cf. *MB* n°s 4849-4852, 4854-4855 ; *S* 6814, 7147. F.F.H.

Valentin et Orson. Roman en prose, uniquement conservé par des éditions du XVIe siècle dont la plus ancienne remonte à 1489, lui-même remaniement d'un chanson de geste perdue du XIVe siècle, *Valentin et Sansnom*, qu'on connaît par son adaptation allemande de la première moitié du XVe, *Valentin und Namelos*. Sur un schéma assez complexe (on peut diviser le texte en huit sections narratives), le remanieur multiplie les aventures des deux héros frères, avec, entre autres, une incursion au royaume des morts, et surtout le grand thème de la femme persécutée. De très nombreuses références à des chansons de geste plus anciennes, telle que *Floovant**, *Renaut de Montauban**, *Lion de Bourges**, *Maugis d'Aigremont**, etc. ont sans doute contribué à sa popularité. Car, outre son adaptation allemande, *Valentin et Orson* fut traduit en anglais par Henry Watson vers 1510, ainsi qu'en italien, espagnol, suédois, néerlandais, témoignant ainsi de l'intérêt qu'on portait encore à cette époque à la chanson de geste dans toute l'Europe.

ŒUVRE. — Éd. du texte anglais : A. Dickson, *Valentine and Orson, Translated from the French by Henry Watson*, Londres, 1937.

→ A. Dickson, *Valentine and Orson, a Study in Late Medieval Romance*, New York, 1929. — A.H. Krappe, *Valentine and Orson*, dans *Modern Language Notes*, t. 48 (1932), p. 493-498. — R. Colliot, *Un prédécesseur de Tartuffe : l'archevêque de Constantinople dans Valentin et Orson (remaniement épique du XVe siècle)*, dans *Mél. J. Larmat*, Nice, 1983, p. 69-78 ; *Le prêtre séducteur dans les fabliaux et dans un remaniement épique du XVe siècle : Valentin et Orson*, dans *Épopée animale, fable, fabliau. Actes du 4e colloque de la soc. int. renardienne, Évreux, 1981*, Paris, 1984, p. 141-145. — D. Régnier-Bohler, *Jumeaux par contrat*, dans *Genre humain*, n° 16 (1988), p. 173-187. — Woledge, n° 188. — Cf. *GRLMA*, t. VIII/1, p. 162, 177. — *MB* n°s 4083-4084, 6777 ; *S* 2238, 6492. C.R.

Vasque de Lucène. Né vers 1435 au diocèse de Coïmbre, il a étudié à Cologne, puis à Paris, avant d'être attiré à la cour de Bourgogne par la duchesse Isabelle de Portugal. C'est au frère de Vasque, Fernand de Lucène*, qu'il faut attribuer le *Triomphe des dames* et la *Chaiere d'honneur*. Vasque lui-même ne doit pas être confondu avec le docteur Vasco Fernandez, comte de Lucena. Sa première traduction, les *Faiz d'Alexandre* (1468), de Quinte-Curce, dédiée à Charles le Téméraire, lui a été suggérée par la mère du prince, Isabelle, qu'il servait comme échanson. Charles lui commanda sa seconde traduction, le *Traitté des faiz et haultes prouesses de Cyrus* (1470). Échanson de la jeune duchesse Marguerite d'York, conseiller ducal, ambassadeur, appelé à des missions politiques et militaires, Vasque de Lucène partageait la vie de la cour aux Pays-Bas.

Il a comblé les lacunes du texte de Quinte-Curce à l'aide d'autres sources, notamment Plutarque, grâce à la traduction latine établie par Girolamo di Guarino Veronese ; et il s'est efforcé de dépouiller le héros macédonien des légendes recueillies par les chansons de geste et les romans courtois. Pour le *Traitté des faiz et haultes prouesses de Cyrus*, il a utilisé l'*Institutio Cyri*, traduction de la *Cyropédie* de Xénophon, due au Pogge (1445). Cet humaniste florentin avait une formation d'helléniste tardive et précaire ; il avait désiré faire œuvre de virtuosité personnelle. La traduction de Vasque, au contraire, retient l'intérêt par sa rigueur et sa fidélité : l'érudit portugais évite le plus souvent l'artifice du latinisme et recherche dans la langue française les termes techniques appropriés. Malgré les limites d'un vocabulaire qui revêt l'Antiquité gréco-perse d'un costume bourguignon, apparaît ici un esprit nouveau. Vasque de Lucène découvre çà et là ce qui sépare son temps de l'Antiquité et à ce titre mérite le nom d'humaniste.

Son œuvre se situe dans la tradition des *Miroirs des princes*. En concluant les *Faiz* d'Alexandre, il invite Charles le Téméraire à la croisade. Dans le long prologue aux *Faiz* de Cyrus, il lui prodigue des conseils de modération qui s'imposent en cet inquiétant début de règne ; il montre au duc, qui vient de tirer vengeance de la révolte des Liégeois, les dangers de la soumission née de la terreur. Là, il prend la suite des conseillers flamands de Philippe le Bon. Plus encore, il offre au prince, éveillé dès l'enfance à la culture antique, une pensée politique propre à informer la sienne et surtout un traité militaire destiné à l'aider dans la réorganisation de son armée et à inspirer sa stratégie. Après la fin tragique du Téméraire (1477), Vasque de Lucène conserva les faveurs des souverains, Charles de Castille puis Maximilien. Il mourut dans son pays d'accueil, le 31 décembre 1512, ayant comblé de bienfaits l'hôpital de Louvain et les carmes de Malines.

ŒUVRE. — D. Gallet-Guerne, *Vasque de Lucène et la Cyropédie à la cour de Bourgogne (1470). Le traité de Xénophon mis en français d'après la version latine du Pogge,* Genève, 1974 (*Travaux d'Humanisme et Renaissance*, 140) [éd. des livres 1 et 5, précédée de l'étude de la tradition latine et française].

⟶ R. Bossuat, *Vasque de Lucène, traducteur de Quinte-Curce (1468)*, dans *BHR*, t. 8 (1946), p. 197-245. — Cf. *GRLMA*, t. VIII/1, p. 242, 260, 262, 287. — *MB* n°s 5990-6001, 8070 ; *S* 8590. D.G.G.

Vengeance Fromondin. Voir : *Geste des Lorrains.*

Vengeance Raguidel. Roman arthurien de 6 182 octosyllabes, écrit selon toute probabilité vers le commencement du XIIIe siècle, dont le héros principal est Gauvain. Il est conservé par deux mss complets et deux fragmentaires. L'auteur s'y nomme à deux reprises « Raols », point de départ d'une longue discussion, toujours ouverte, sur l'attribution ou non du poème à Raoul de Houdenc*. D'après A. Micha, rien n'invite à l'y retrouver, ni la langue, ni le style, ni la versification, ni la psychologie, ni l'absence de la préciosité présente dans les autres œuvres de Raoul de Houdenc.

Le protagoniste est donc Gauvain, qui aide Yder à venger la mort de Raguidel tué par Guengasouain, possesseur d'armes enchantées. Cet Yder épouse à la fin du roman la fille de Guengasouain, qui avait décidé de ne la donner qu'à celui qui serait assez brave pour le tuer. L'auteur Raoul a inséré deux longs récits dans cette donnée primitive : d'abord l'épisode de la demoiselle du Gaut Destroit qui aime Gauvain sur sa seule renommée ; dédaignée par lui, elle est résolue à le mettre à mort, s'il tombe en son pouvoir ; elle l'accueille dans son château, mais apprend trop tard son identité, puis l'épisode de Gauvain et d'Ydain : Gauvain a délivré la belle Ydain des mains d'un chevalier félon, elle ne tarde pas à lui préférer un chevalier de rencontre ; Gauvain le tue et, sceptique devant les protestations d'amour de la belle, la cède volontiers à Druidain.

L'œuvre est composée de trois romans distincts entre lesquels Gauvain représente une précaire unité. On note de nombreux emprunts à Chrétien de Troyes*. L'épisode de Gauvain et d'Ydain rappelle le *Chevalier a l'epee**, avec moins de piquant.

Il nous reste une traduction abrégée, *Die Wrake van Raguisel,* due à Lodewijk van Velthem. Elle occupe les vers 11161-14136 du Livre III du *Lancelot* en moyen-néerlandais.

ŒUVRE. — Éd. C. Hippeau, Paris, 1862. — Éd. M. Friedwagner, Halle, 1909. — Éd. de *Die Wrake van Raguisel* : W.P. Gerritsen, 2 vol., Assen, 1963.

⟶ M. Kaluza, *Über den Anteil des Raoul de Houdenc an der Verfasserschaft der Vengeance Raguidel,* dans *Mél. G. Gröber*, Halle, 1899, p. 119-149. — J.L. Weston, *The Perlesvaus and the Vengeance Raguidel*, dans *Romania*, t. 47 (1921), p. 349-359. — A. Micha, *Raoul de Houdenc est-il l'auteur du Songe de Paradis et de la Vengeance Raguidel ?, ibid.*, t. 68 (1945), p. 316-360 ; réimp. dans *De la chanson de geste au roman,* Genève, 1976, p. 487-531 (*Publ. romanes et françaises*, 139). — L. Thorpe, *Notes sur le texte de la Vengeance Raguidel, ibid.*, t. 72 (1951), p. 387-396 ; t. 73 (1952), p. 93-108. — A. Adler, *Sur quelques emprunts de l'auteur de la Vengeance Raguidel à Chrétien de Troyes,* dans *Romanistisches Jahrbuch,* t. 11 (1960), p. 81-88. — V. Kundert-Forrer, *Raoul de Houdenc, ein französischer Erzähler des XIII. Jahrhunderts,* Berne, 1960 (*Studiorum Romanicorum collectio Turicensis,* v. 12). — N. De Paepe, *De Vengeance Raguidel en Die Wrake van Raguisel,* dans *Leuvense Bijdragen*, t. 54 (1965), p. 21-47 et 81-104. — B. Schmolke-Hasselmann, *L'intégration de quelques récits brefs arthuriens (Cor, Mantel, Espée) dans les romans arthuriens du XIIIe siècle,* dans *Actes du colloque d'Amiens « Le récit bref au Moyen Âge » (avril 1979),* Amiens, 1979, p. 107-128. — R.H. Thompson, *« Fors del sens » : Humour and Irony in Raoul de Houdenc's la Vengeance Raguidel,* dans *Thalia*, t. 2 (1979), p. 25-29. — W. Baird, *The Three Women in the Vengeance Raguidel,* dans *MLR*, t. 75 (1980), p. 269-274. — K. Busby, *Gauvain in Old French Literature,* Amsterdam, 1980, p. 272-294 (*Degré second,* 2). — A.-M. Cadot-Colin, *Images de la femme dans la Vengeance Raguidel,* dans *Mél. J.-C. Payen*, Caen, 1989, p. 113-121. — Cf. *GRLMA*, t. IV/2, n° 400 ; t. IV/1, p. 355, 377, 382. — *MB* n°s 2115-2128 ; *S* 2848, 4208-4213.
A.M. et C.R.

Ventadour (Maison de). La famille de *Ventadour* est l'une des quatre principales familles seigneuriales du Limousin à l'époque des troubadours, les autres étant celles de Limoges, de Comborn et de Turenne ; toutes les quatre au demeurant rapprochées par de nombreux mariages et également liées, par le mécénat ou la pratique poétique, à l'histoire du lyrisme occitan aux XIIe et XIIIe siècles.

Le nom de Ventadour, château situé à moins de 30 km d'Ussel (auj. comm. de Moustiers-Ventadour, près d'Egletons, Corrèze), demeure le plus célèbre des quatre dans l'histoire littéraire ; non seulement à cause de l'illustre Bernart, roturier du village et non membre de la famille, mais encore à cause du rôle joué par celle-ci même aux origines et dans l'évolution de la lyrique courtoise.

Trois figures surtout dominent son histoire.

Le plus ancien troubadour connu, outre Guilhem IX*, est un Ventadour, Eble II (attesté de 1096 à 1147), dit « Eble le Chanteur », vassal du comte de Poitiers, son émule et son ami, l'un des créateurs, le créateur peut-être, de l'idéalisme courtois, puisque Bernart lui-même parle de *l'escola n'Eblo*, encore qu'aucune des œuvres de celui-ci n'ait été conservée. La critique a tenté d'en reconstituer le *corpus*, conforme à une « école » de type idéaliste dont il aurait été l'initiateur.

La génération suivante, à défaut d'un poète, fournit une inspiratrice, la vicomtesse Marguerite, épouse d'Eble III, première *domna*, selon la tradition, des pensées de Bernart, et objet de la passion qui aurait provoqué l'exil du troubadour.

Enfin, aux confins des deux siècles, Marie de Ventadour († 1221), épouse d'Eble V, est connue à la fois comme *trobairitz** dialoguant en *tenso* avec Gui d'Ussel*, comme inspiratrice de plusieurs poètes, en particulier Gaucelm Faidit*, et comme arbitre de plusieurs débats célèbres dans la tradition des « cours d'amour ».

La Maison de Ventadour offre donc l'un des exemples les plus caractéristiques de la triple tradition des princes troubadours, des seigneurs mécènes, et des figures féminines autour desquelles s'est formée et ordonnée l'éthique de l'amour courtois, dont la petite cour limousine apparaît un peu, dans les grandes années du XIIe siècle, comme le centre de rayonnement et le symbole.

→ Sur Eble II : PC 130. — J. Mouzat, *Quelques hypothèses sur les poèmes perdus d'Eble II, vicomte de Ventadorn,* dans *CN*, t. 18 (1958), p. 111-120 ; *Les poèmes perdus d'Eble II, vicomte de Ventadorn. Recherches et suggestions,* dans *Actes et mémoires du 2e congrès intern. de langue et littér. du midi de la France*, Aix-en-Provence, 1961, p. 89-103. — L. Pollmann, *Die Liebe in der hochmittelalterlichen Literatur Frankreichs...,* Francfort, 1966, p. 103-116. — M. Dumitrescu, *Eble II de Ventadorn et Guillaume IX d'Aquitaine* dans *CCM*, t. 11 (1968), p. 379-412 [attribution des quatre pièces courtoises de Guillaume IX à Eble]. — U. Mölk, *Trobar clus, trobar leu. Studien zur Dichtungstheorie des Trobadors,* Munich, 1968, p. 18-19, 31-39. — M. Dumitrescu, « *L'Escola n'Eblon* » *et ses représentants,* dans *Mél. R. Lejeune*, t. 1, Gembloux, 1969, p. 107-118 [hypothèse fragile]. — E. Köhler, *Trobar clus : discussione aperta,* dans *CN*, t. 30 (1970), p. 300-314 — J. Mouzat, *Le « joy », apport des troubadours à l'humanisme médiéval*, dans *Annales de l'Inst. d'Études occitanes*, 4e série, t. 2, n° 5 (1970) p. 131-142. — F. Pirot, *Recherches sur les connaissances littéraires des troubadours occitans et catalans des XIIe et XIIIe siècles,* Barcelone, 1972, p. 165-174 ; *Le troubadour Eble de Saignes (avec des notes sur Eble de Ventadour et Eble d'Ussel),* dans *Mél. P. Le Gentil*, Paris, 1974, p. 641-659. — M. de Riquer, *Los trovadores. Historia literaria y textos*, Barcelone, 1975, t. 1, p. 142-147. — R. Rosenstein, *Retour aux origines du troubadour Jaufre Rudel : « L'Escola N'Eblo »*, dans *Mél. M. de Riquer*, Barcelone, 1986, t. 2, p. 603-611 ; *Les années d'apprentissage du troubadour Jaufre Rudel : de l'« Escola N'Eblo » à la « segura escola »*, dans *AM*, t. 100, n° 181 (1988), p. 7-15. Sur Marie de Ventadour : PC 295, 1 = 194,9.

J.Maz.

Vergier de Paradis. Voir : Reclus de Molliens.

Vers. On a beaucoup discuté sur la signification de ce terme, sur la nature des poésies qu'il désignait dans la littérature occitane du Moyen Âge.

Les plus anciennes compositions lyriques s'appelaient *vers*, Jaufré Rudel* et Bernart de Ventadorn* employaient ce terme, et non celui de *canso**, pour désigner leurs poésies. Jusqu'à la fin du XIIe siècle, le mot *vers* fut de plus en plus usité. Le contraire se produisit au début du XIIIe siècle, à mesure que l'élément musical devenait prépondérant. Une nouvelle réaction se produisit au milieu du XIIIe siècle, où l'on eut de l'engouement pour les formes anciennes. On appela alors du nom de *vers* les pièces didactiques ou satiriques qu'on n'osait pas appeler *sirventes**, ce terme ayant acquis, tout comme celui de *canso*, une signification trop précise.

Le titre de *vers* fut désormais réservé aux pièces qui revêtaient une forme indépendante, particulièrement à celles qui traitaient de morale, de religion, ou d'un fait historique. De nombreuses poésies de Guiraut Riquier* ont cette appellation. Le *vers* y manifeste au plus haut degré le *Saber* et l'art du poète. Les *Leys d'Amors** donnent au *vers* une longueur variant de cinq à dix strophes ; « Le vers, disent-ils, peut traiter d'amour, de louange, d'enseignement, et de satire ».

→ J.H. Marshall, *Le « vers » au XIIe siècle : genre poétique ?*, dans *Actes et mémoires du 4e congrès intern. de langue et littér. d'oc,* Bordeaux, 1965, t. 2, p. 55-63. — D. Reiger, *Gattungen und Gattungsbezeichnungen der Trobadorlyric. Untersuchungen zum altprovenzalischen Sirventes,* Tübingen, 1976 [l'évolution du « vers » est parallèle à celle du « sirventes »]. — R.A. Taylor, *La littérature occitane du Moyen Age*, Toronto, 1977, n° 213 [biblogr. sélective et critique]. — E. Köhler, *Zum Verhältnis von Vers und canso bei den Trobadors*, dans *Mél. J. Horrent*, Liège, 1980, p. 205-211. — M. Longobardi, *I « vers » del trovatore Guiraut Riquier,* dans *SMV*, t. 29 (1982-1983), p. 17-163 [éd. critique des 26 « vers »]. J.S.

Vers del Juïse. Ce sermon en alexandrins assonancés (400 vers environ), écrit aux alentours de 1140, probablement en Wallonie, traite de la perdition morale de l'homme et de sa punition dans l'au-delà. Son auteur utilise, outre la Bible, une version latine de la légende de saint Macaire et de la *Vision de saint Paul** ; il profite enfin des légendes dérivées de cette vision, où il est question du retour des âmes auprès de leurs corps. *Li Vers del juise* reproduit, d'après la révélation faite par un ange à un solitaire du désert d'Égypte, le récit de la séparation du corps et de l'âme d'un pécheur, puis d'un juste ; c'est le prétexte à une description des horreurs de l'enfer faite par deux damnés, dont certains détails recoupent l'eschatologie musulmane. La troisième partie, le débat de l'âme et du corps, le jour du Jugement dernier, figure dans une légende du Talmud, et on la retrouve également chez Bonvesin de la Riva. À la fin du sermon, l'auteur a joint un récit des signes du Jugement dernier. Cette œuvre d'édification est traitée avec des assonances et des répétitions épiques assez proches du style des chansons de geste. Une homélie anglaise du XIIe siècle, *De sancto Andrea*, donne, dans le même ordre que le sermon français, deux discours de l'âme au corps.

ŒUVRE. — Éd. H. Von Feilitzen, Uppsala, 1883. — Éd. E. Rankka, Uppsala, 1982.

→ T. Batiouchkof, *Le débat de l'âme et du corps,* dans *Romania*, t. 20 (1891), p. 1-55 et 513-578. — D.D.R. Owen, *The Vision of St Paul : The French and Provençal Versions and their Sources,* dans *Romance Philology*, t. 12 (1958), p. 33-51 ; *The vision of Hell,* Édimbourg-Londres, 1970. — Cf. *GRLMA*, t. VI, n° 4282. — *MB* nos 3542 ; *S* 5651, 5984. G.A.B. et A.F.L.L.

Versus. Terme générique aux nombreuses significations, souvent confondu avec son diminutif *versiculus* (verset), il désigne, à partir du XIe siècle, une sorte particulière de chant versifié latin non liturgique. Son texte emploie un schéma strophique libre et varié ; sa mélodie de style souvent neumatique, tient le plus grand compte du vers et rejoint là son homologue courtois.

Avant de constituer un équivalent latin du « vers » des troubadours, le mot *versus* a souvent été utilisé au haut Moyen Âge, dans des contextes divers. D'abord, au sens de petite unité de texte, sans implication de structure métrique, il désigne le verset, en particulier le verset de psaume et s'applique au v. d'*Introït,* de Graduel, d'*Alleluia* ou au Trait. Il est aussi l'antonyme de Répons (Cf. par exemple Versus « *Benedicamus domino* », Responsum « *Deo gratias* »).

À l'époque carolingienne, la rubrique *versus* est utilisée, concurremment à *rithmus* et *carmen*, pour désigner une poésie rythmique ou métrique, plus ou moins longue et parfois pourvue d'additions neumées (cf. la très belle anthologie poétique du ms. latin 1154 de la BN, Paris). On trouve aussi, dans différents répertoires, des *versus* qui introduisent des lectures, notamment l'Évangile ; c'est le cas, à Saint-Gall, des « *Versus Hartmanni ante Evangelium cum legatur canendi* » (Stiftsbibl. ms. 381, p.22).

L'influence de l'hymne, combinée au développement de la rime et des schémas accentuels réguliers, contribue à créer au XIe siècle, un nouveau *versus*. Basé sur l'accent de mot, rimé ou assonancé, ce chant monostrophique, libre puisqu'il demeure largement extra-liturgique, goûte les techniques du double cursus, adapte en vers rythmiques des *Benedicamus domino* en les tropant (cf. le corpus du ms. latin 1139 de la BN, Paris), imitant séquences et lais. Gardien du formulaire modal, le *versus* adapte alors les subtilités du nouveau chant courtois, combine les cordes fortes, les ouverts et les clos et modernise ainsi son style. Bien plus, il expérimente les nouvelles techniques de la polyphonie pratique débutante et constitue ainsi un véritable précurseur du conduit.

→ R.L. Crocker, art. *Versus* dans *The New Grove Dictionary of Music and Musicians*, t. 19, p. 682-683. — J. Chailley, *Les premiers troubadours et les « versus » de l'école d'Aquitaine*, dans *Romania*, t. 76 (1955), p. 212-239. — D. Schaller, *Lateinische Dichtungen des X. und XI. Jahrhunderts*, dans *Mél. Bulst*, Heidelberg, 1981, p. 186-220. — N. Sevestre, *Du Versus au conduit : Contribution à l'étude du chant versifié latin des* X*e et* XI*e siècles,* thèse de doctorat d'État, Paris, 1989 (à paraître). N.S.

Vidas et razos. Les *vidas* sont des notices biographiques sur des troubadours, datant du XIIIe siècle et, à deux exceptions près, anonymes. Certains chansonniers provençaux ne contiennent pas de ces brèves esquisses, qui, ordinairement, précèdent l'œuvre du poète dont il s'agit. Il y en a pour une centaine de troubadours (sur quelque 450 qui nous sont connus).

Ces notices sont de longueur et de valeur très inégales. Les plus courtes se limitent à indiquer le pays d'origine du troubadour et à caractériser brièvement ses qualités d'homme et de chanteur. Les plus longues donnent des récits assez circonstanciés des relations du poète avec les mécènes qui l'accueillirent et les dames qu'il célébra et dont, selon les *vidas*, il était amoureux. En général, on est d'accord pour accepter comme digne de foi les indications sur la patrie et l'origine sociale des troubadours. Les renseignements donnés sur les protecteurs semblent en principe assez exacts, bien qu'ils ne soient pas exempts d'erreurs historiques. Pour beaucoup, il n'y a pas moyen de contrôler les affirmations des biographes, qu'on peut souvent soupçonner d'avoir puisé une partie de leur matière dans les chansons mêmes. Les récits, parfois assez longs, que donnent les *vidas* sur la vie amoureuse de certains poètes, ne doivent sûrement pas être acceptés comme vrais : il s'agit là d'interprétations romanesques fondées plus ou moins sur la matière des chansons.

Les *razos* ont pour but d'éclaircir les circonstances de la composition d'un seul poème. En général, elles semblent plus récentes que les *vidas*. Celles qui visent à expliquer des chansons courtoises s'apparentent aux *vidas* les plus romanesques. Par contre, celles qui servent d'introduction à des poèmes politiques (surtout aux *sirventes* de Bertran de Born*), quoique non exemptes d'erreurs et de confusions, témoignent d'un effort honnête pour expliquer des œuvres dont les allusions étaient devenues obscures.

Il est probable qu'une *razo* servait à l'origine d'explication préliminaire à l'exécution d'une chanson. Les *vidas* semblent plutôt avoir été rédigées en vue de la compilation des anthologies qu'étaient les chansonniers provençaux.

ŒUVRE. — Éd. J. Boutière et A.H. Schutz, *Biographies des troubadours*, Toulouse-Paris, 1950 ; 2e éd. refondue par J. Boutière et I.M. Cluzel, Paris, 1964. — G. Favati, *Le biografie trovadoriche*, Bologne, 1961. — M. Egan, *The Vidas of the Troubadours*, New York-Londres, 1984 [trad. anglaise de l'éd. Boutière].

→ B. Panvini, *Le biografie provenzali : valor e attendibilità*, Florence, 1952. — C.J.M., *Le souvenir de Muret et de la dépossession des comtes de Toulouse dans les « Vidas » et les « Razos »*, dans *Annales de l'Institut d'Études Occitanes*, 1963, p. 11-22. — J. Boutière, *Quelques observations sur le texte des « Vidas » et des « razos » dans les chansonniers provençaux AB et IK*, dans *Mél. A.H. Schutz*, Ohio State Univ., 1964, p. 125-139. — R.A. Taylor, *La littérature occitane du Moyen Âge*, Toronto, 1977, n°s 632-635 [bibliogr. sélective et critique]. — E.W. Poe, *The Meeting of Fact and Fiction in Old Provençal Razo*, dans *L'Esprit créateur*, t. 19 (1979), p. 84-94. — M.S. Corradini Bozzi, *Concordance delle Biografie trovadoriche (A-L)*, Pise, 1982. — M. Liborio, *Storie di dame e trovatori di Provenza*, Milan, 1982 [*vidas* et *razos* de 48 troubadours]. — J. Janssens, *Sur l'origine des qualifications dépréciatives dans les « vidas »*, dans *CN*, t. 44 (1984), p. 49-83. — M.-L. Meneghetti, *Il Pubblico dei trovatori. Ricezione e riuso dei testi lirici cortesi fino al* XIV *secolo*, Modène, 1984 [les *vidas* ont pu jouer le rôle de règles de vie]. — E.W. Poe, *From Poetry to Prose in Old Provençal : the Emergence of the « Vidas », the « Razos » and the « Razos de trobar »*, Birmingham, 1984. — S. Spence, *Changing Life Styles : the « vidas » of Marcabru*, dans *Romance Notes*, t. 26 (1985), p. 164-170. — E.M. Ghil, *L'Âge de Parage. Essai sur le poétique et le politique en Occitanie au* XIII*e siècle*, New York-Berne-Francfort-sur-le-Main-Paris, 1989, p. 50-62. — J.-C. Huchet, *L'écrivain au miroir dans les « Vidas » et le roman occitan*, dans *Le Moyen Âge*, t. 96 (1990), p. 80-92. J.H.M.

Vie de Gent de religion. Vaste compilation anglo-normande composée en Angleterre à l'intention des religieux et religieuses et, au-delà, des laïcs dévots. À un enseignement de vie spirituelle de grande tenue (rectitude de cœur et de vie, garde des sens, tentations...) emprunté à l'*Ancren Riwle**, succèdent un traité des vices, puis un enseignement sur la pénitence et la confession, les dix commandements et les fins dernières, dans la tradition illustrée par le *Manuel des péchés** en Angleterre et la *Somme le roi* de Frère Laurent* en France. L'auteur, tout en combinant des sources diverses (*Ancren Riwle*, traité des *Peines du purgatoire* attribué à Robert Grosseteste*, *Summa de viciis*, etc. ; le *Miroir de Sainte Église* d'Edmond d'Abingdon* est interpolé dans une copie) a su former un ensemble cohérent, d'un intérêt et d'une portée qui mériteraient de le faire mieux connaître.

ŒUVRE. — Éd. des extraits de l'*Ancren Riwle* contenus dans la compilation par W.H. Trethewey, Londres, 1958 (EETS, 240).

→ H.E. Allen, *Wynkyn de Worde and a Second French Compilation from the Ancren Riwle*, dans *Mél. C. Brown*, New York, 1940, p. 182-219. — M. Thomas, *Une compilation anglo-normande de la fin du* XIIIe, *la Vie de gent de religion*, dans *Mél. C. Brunel*, t. 2, Paris, 1955, p. 586-598. — R.J. Relihan, « *Les peines du purgatoire : the Anglo-Norman and Latin Manuscrit Traditions*, dans *Manuscripta*, t. 22 (1978), p. 158-168. — Cf. *GRLMA*, t. VI/2, n° 2476. G.H.

Vie des Pères. Ce titre ne recouvre pas l'un des nombreux recueils médiévaux de traductions-adaptations des *Vitae Patrum*, de l'*Historia monachorum* ou des *Verba seniorum* (*PL*, t. 21, 73, 74), tels, parmi les plus anciens, ceux de Henri d'Arci* ou de Wauchier de Denain*, (cf. *HLF*, t. 33, 1906), mais un vaste recueil de contes pieux en vers du XIIIe siècle (plus de 30 000 octosyllabes), composite par les sources et les thèmes, n'ayant plus que des rapports épisodiques et lointains avec l'hagiographie de la Thébaïde. Le plus manifeste en est le cadre oriental symbolique dans lequel le narrateur du premier groupe de textes, dit « première *Vie des Pères* », se plaît à situer l'action et les personnages. Beaucoup de ces récits ont des correspondants dans les recueils d'*exempla* contemporains, dont la motivation est identique. Les 74 contes de la collection ne constituent pas un tout homogène. Une coupure nette apparaît après le n° 42, tant dans la tradition manuscrite que dans le genre et l'écriture des récits. Les 42 premiers, rédigés dans la première moitié du XIIIe siècle, narrés avec beaucoup de justesse, de sobriété et de pittoresque, dépeignent avant tout la lutte de l'homme, mettent en évidence la part qui lui revient dans l'œuvre du salut. La scène est souvent située en Égypte, et chaque historiette est précédée d'un prologue où l'auteur expose quelque vérité de foi ou d'expérience avant d'en venir au récit qui l'illustre, tandis qu'un épilogue en explicite la morale. Tels sont *Les copeaux, Thaïs, Fou, le Baril, le Sénéchal, le Prévôt d'Aquilée,* la *Feuille de chou,* par exemple. L'ensemble présente une grande unité de ton et d'inspiration.

Les continuateurs à qui l'on doit, vers le milieu du siècle, la seconde et la troisième *Vie des Pères* (pour nous en tenir à la division traditionnelle de Schwan-Morawski, supposant deux suites imbriquées : contes 43-50 + 64-74 et contes 51-63, répartition contestée par A. Bornäs et par F. Lecoy) n'ont pas le même souci d'unité et manifestent leur prédilection pour le genre des miracles : c'est au genre des Miracles de Notre-Dame qu'appartiennent près de la moitié des contes du premier continuateur, frère Ernoul de Lagny, et la quasi-totalité de ceux du second, alors qu'ils ne représentent que le cinquième des contes de la première *Vie des Pères*. La seconde *Vie* s'ouvre d'ailleurs sur ce titre « C'est li prologues de la *Vie des Pères* et des *Miracles Notre-Dame* la mère JC ». Simultanément, le prologue des récits disparaît, remplacé par un bref invitatoire ; l'épilogue se transforme en exhortation à servir Dieu et sa mère ; l'action se situe rarement en Égypte, mais plus volontiers en France ou dans les contrées voisines, non plus dans un passé mythique, mais dans un temps historique et proche (ainsi le *Renieur*, la *Femme aveugle*, la *Confession* ou la *Fenêtre*) ; une dévotion fervente envers la Vierge anime les récits ; l'écriture elle-même perd de sa sobriété : sous l'influence du maître du genre, Gautier de Coinci*, elle se charge de jeux de mots, de recherches métriques et rythmiques, de tous les artifices rhétoriques que celui-ci manie en virtuose et qui deviennent la marque d'un genre. La *Vie* *des Pères* connut un succès durable, dont témoignent plus de 50 mss et fragments ; elle était encore copiée en plein XVe siècle, et son influence sur la littérature narrative se fit sentir jusqu'à l'aube des temps modernes.

ŒUVRE. — Éd. partielles : F. Lecoy, Paris, 1988 *(SATF)* [n°s 1-21]. — G. Bornäs, Lund, 1968 (*Ét. romanes de Lund*, 15) [n°s 43-64-69]. — Parmi les éd. isolées, on signalera : F. Castets, dans *RLR* (1880), p. 53-75 [n° 17]. — J. Salverda de Grave, dans *Mél. M. de Vries*, Leyde, 1889 [n° 38]. — E. Wallensköld, Helsingfors, 1907 (*Acta Soc. Scient. Fennicae*, 34,1) [n° 11]. — P. Kunstmann, dans *Romania*, t. 92 (1971), p. 99-117 [n° 55]. — J. Chaurand, Genève, 1971 (*Publ. romanes et françaises*, 117) [n° 10, *Fou*]. — Les contes 9, 12, 13, 17, 18, 22, 24, 28, 31, 32, 35, 40, 42, 64 et 72 figurent dans le t. 2 du *Nouveau recueil de fabliaux* de Méon.

→ *HLF*, t. 19, 1838, p. 857-861. — E. Schwan, *La vie des anciens Pères*, dans *Romania*, t. 13 (1884), p. 233-263. — J. Morawski. *L'auteur de la seconde Vie des Pères, ibid.*, t. 47 (1921), p. 381 ; *Mél. de littérature pieuse, ibid.*, t. 61 (1935), p. 144-209. — J.C. Payen, *Le motif du repentir dans la littérature française médiévale*, Genève, 1967. — R. Köhler, *Le conte de la reine qui tua son sénéchal*, dans *Romania*, t. 11 (1882), p. 581-584. — F. Lecoy, *Une légende pieuse du Moyen-Âge, le conte du sénéchal*, dans *Mél. de philologie et de littérature romanes*, Genève, 1988, p. 417-427 ; *À propos du conte 56 de la Vie des Pères (âme en gage), ibid.*, p. 433-441. — F. Romanelli, *Le chevalier au barisel...*, dans *Medioevo Romanzo*, t. 11 (1980), p. 27-54. — Cf. *MB* n°s 3449-3454 ; *S* 5842-5847. G.H.

Vie de saint. Voir : *Saint* [nom du] (*Vie de*).

Vies de saints (en occitan). Les vies des Saints, en vers comme en prose, occupent une place importante dans la littérature occitane du Moyen Âge. La plupart du temps inspirées, parfois traduites du latin, elles se rapportent à des saints d'ordre général (sainte Marguerite), à des saints honorés dans le pays (sainte Madeleine), ou à des saints locaux (sainte Douceline).

1. Les vies de saints en vers ont généralement revêtu la forme de l'épopée sans parler de la célèbre *Chanson de sainte Foy**, poème des origines. Les autres vies sont postérieures.

Du XIIe siècle, on a connu des fragments d'une *Vie de saint Amans* en laisses monorimes et en vers de 12 syllabes : il y est question de deux sièges de Rhodes, la ville étant chaque fois délivrée par l'intercession du saint.

Du XIIIe siècle, on a conservé le *Planh de Sant Esteve*, appelé aussi *Épître farcie de saint Étienne*, parce qu'un paragraphe des Actes des Apôtres en latin est intercalé par fragments entre les strophes occitanes du poème, strophes de quatre vers monorimes de huit syllabes : ce *planh* relate la mort du premier martyr. De la même époque datent la *Vie de sainte Énimie*, du Rouergue, en 2 000 vers de huit syllabes, œuvre du troubadour Bertran de Marselha*, et la *Vida de sant Honorat*, qui fut écrite en 1300 par le prieur Raimon Feraut, moine de Lérins, auteur de nombreux ouvrages perdus : le poème a une allure vraiment épique.

Il faut citer encore, du XIVe siècle, une *Vie de saint Georges*, de la *Légende dorée** ; une *Vie de sainte Marguerite*, traduite d'un texte latin ; une *Vie de sainte Madeleine*, qui raconte l'existence de la célèbre pénitente et sa légende provençale ; une *Vie de saint Trophime*, qui enumère les miracles accomplis par ce saint en pays d'Arles, une *Vie de saint Alexis*, etc.

2. Les vie de saints en prose, toutes anonymes, sont moins nombreuses. Plusieurs versions occitanes, en divers dialectes, ont été faites de la *Légende dorée*, très répandue dans le Midi de la France et en Catalogne. Il est resté aussi plusieurs recueils de vies de saints et de saintes, ainsi que des recueils de légendes pieuses se rapportant à des saints réels et parfois à des saints imaginaires, tout cela datant du XIIIe et du XIVe siècle.

On a une *Vie de saint Elzéar de Sabran et de Delphine*, une *Vie de saint Bénézet*, qui sont des saints provençaux ; une *Vie de sainte Pétronille*, une *Vie de sainte Flour*, de Beaulieu-en-Quercy, une *Vida del glorios sant Frances*, adaptation de saint Bonaventure. D'autres vies de saints sont de simples traductions de textes latins.

Une mention spéciale doit être faite de la *Vie de sainte Douceline*. La *Vida de la benaurada sancta Doucelina*, conservée par un unique manuscrit de la BN (fr. 13503) de Paris, a été écrite en Provence au XIVe siècle. Renan, qui l'avait lue, disait qu'elle était « un des joyaux de la piété franciscaine ». Cette Vie, composée peut-être par une femme, Philippine de Porcellet, qui devait remplacer Douceline à la tête du béguinage de Roubaud, avait pour but la glorification de Douceline afin de préparer sa béatification et d'accroître son héritage spirituel. Sainte Douceline, née à Digne, fonda un béguinage sur les bords de la rivière de Roubaud, près d'Hyères. Ce béguinage s'installa plus tard à Marseille, où mourut la sainte. Douceline fut une affective, une mystique provençale, franciscaine, joachimite, célèbre par sa dévotion à saint François d'Assise, à Dame Pauvreté, et par ses ravissements. L'œuvre comprend 15 chapitres, dont le quatrième exalte toutes les vertus de la sainte et conte ses ravissements. La langue est pure, le récit est toujours noble, avec une note accentuée, très heureuse, de réalisme franciscain. « Par l'effet de son merveilleux ravissement, entre la terre et elle il y avait bien un empan ; aussi des gens lui baisaient-ils la plante des pieds durant ses extases », *motas ves, estant en aquel raubiment, li baizavan las solas desotz los pes.*

La vie de sainte Énimie en vers et la *Vie de sainte Douceline* en prose peuvent être considérées comme deux chefs-d'œuvre de la littérature hagiographique en langue d'oc.

ŒUVRES. — Éd. C. Chabaneau, *Sainte Marie-Madeleine dans la littérature provençale*, Paris, 1887. — R. Gout, *La vie de sainte Douceline*, Paris, 1927. — I. Suwe, *La vida de sant Honorat, poème provençal de Raimond Féraud*, Uppsala, 1943. — I. Arthur, *La vida del glorios sant Frances, version provençale de la Legenda maior sancti Francisci de saint Bonaventure*, Uppsala, 1955. — J. Cambell, ofm, *Vies occitanes de saint Auzias et de sainte Dauphine*, Rome, 1963. — J. Coromines, *Les « Vides de sants » rosselloneses,* dans *Lleures i converses d'un filoleg*, Barcelone, 1971, p. 276-362. — S.M. Cingolani, *La « vida de sant Alexi » catalana « Noves rimades » didattico-religiose fra Catalonia e Occitania,* dans *Romanica vulgaria*, t. 12 (1988), p. 79-112.

→ C. Brunel, p. 118, 120 et 123. — A. Vauchez, *La religion populaire dans la France méridionale au* XIVe *siècle, d'après les procès de canonisation*, dans *Cahiers de Fanjeaux*, t. 11 (1976), p. 91-107 [surtout celui de Dauphine de Sabran]. — R.A. Taylor, *La littérature occitane du Moyen Âge*, Toronto, 1977, nos 734 à 744 [bibliogr.]. — M. Aurell, *Une famille de la noblesse provençale au Moyen Âge : les Porcelet*, Avignon, 1986 [Felipa Porcelet serait l'auteur de la *Vida de santa Doucelina*]. — P. Roux, *Raimon Féraut et le pays varois dans « La vida de Sant Honorat »*, dans *Actualité des Troubadours,* Ventabren, t. 21 (1987), p. 52-65. — G. Brunel-Lobrichon. *Existe-t-il un christianisme méridional : l'exemple de Douceline, le béguinage provençal*, dans *Heresis*, t. 11 (1988), p. 41-51. — G. Gouiran, *Les saints et leurs familles dans les vies de saints occitanes*, dans *Senefiance*, n° 26, Aix-en-Provence, 1989, p. 469-486. — D. de Courcelles, *Les histoires des saints, la prière et la mort en Catalogne*, Paris, 1990. J.S.

Vierge (Poésies à la) dans la littérature occitane. La Vierge Marie a été l'objet de nombreux et de très beaux chants dans la littérature occitane du Moyen Âge. On ne peut que mentionner les principaux.

Déjà, dans la poésie primitive, nous trouvons un *Versus Sancte Mariae* où est développée l'opposition entre Ève et Marie, et qui semble un commentaire du *Felix Culpa* de saint Augustin (Voir Poésies religieuses).

La poésie des temps classiques chanta la Vierge avec une ferveur animée, au XIIIe siècle, par les frères prêcheurs de saint Dominique. Il y eut des paraphrases de l'*Ave Maria*, des « poèmes-litanies » que ne méprisèrent pas les grands troubadours comme Peire Cardenal*. Un poème anonyme de sept strophes monorimes de dix vers alexandrins abonde en expressions réalistes, avec des images brillantes que l'on retrouve dans les chants du *Libre vermell* du monastère de Montserrat en Catalogne : *Imperairitz de la ciutat joyosa...*

Au temps de la décadence, les troubadours chantèrent la Vierge : Folquet de Lunel*, Guiraut Riquier* qui montra les rapports intimes de la Vierge avec les mystères de la Trinité et de la Rédemption. Ils exaltèrent la puissance de Marie, tels les troubadours de Béziers, entre autres Bernart d'Aurillac*. Peire de Corbian*, l'auteur du *Tresaur,* développa dans un poème les titres de la Vierge à la louange des hommes. C'est surtout le majorquin Ramon Llull* qui chanta magnifiquement la Vierge avec son *Llibre de Santa Maria* où souffle l'esprit de saint Bernard, son *Llibre de Ave Maria*, commentaire puissant, riche et inégalé de la salutation angélique, ses *Horas de Nostra Dona Sancta Maria*, louange de la Vierge d'après les Heures de l'Office divin. Dans le *Breviari d'Amor* du Biterrois Matfre Ermengaud*, on peut lire un abondant traité de mariologie en près de 2 000 vers.

De nombreux traités anonymes furent alors consacrés à Marie : le *Tractat dels* *noms de la Mayre de Dieu*, un peu didactique, le *Gardacors de Nostra Dona Santa Maria verges e pieucela*, poème d'éloquent symbolisme. Même un curieux drame, l'*Esposalizi de Nostra Dona* (voir *Mystères en Occitanie**), le premier à mettre en scène le mariage de la Vierge.

Cantiques et prières abondèrent à l'adresse de la Vierge : citons le *Birolay de Madona Sancta Maria*, du *Llibre vermell* de Montserrat, le chant de pénitence et de prière appelé par son éditeur H. Suchier : *Le Repentir du Pécheur*, le célèbre poème *Flors de Paradis**, et de nombreux *Regina Caeli.*

Il faudrait parler longuement des poèmes à la Vierge présentés aux concours des Consistoires de Toulouse et de Barcelone aux XIVe et XVe siècles (Arnaut Vidal*, *Joies du Gai Savoir**), des beaux poèmes mariaux qui, œuvre probable du chancelier Guilhem Molinier, parsèment les feuillets des *Leys d'Amors**.

Un thème des plus riches fut alors chez de nombreux poètes anonymes, celui des *Sept Joies* de la Vierge : il inspira aussi un chant magnifique à Gui Folqueys*, l'évêque-troubadour qui devait devenir pape sous le nom de Clément IV. Le thème des *Sept Douleurs* vint souvent, lui aussi, sous les plumes occitanes : « Plainte sur plainte, douleur sur douleur, car le ciel et la terre ont perdu leur seigneur, et moi mon fils, et le soleil sa clarté ».

Planh sobre planh, dolor sobre dolor,
Que cel e terra an perdut lor senhor,
E yeu mon filh, e solelh sa clardor.

On a encore d'autres poèmes émouvants, le *Deuil de la Vierge,* le *Débat de la Vierge et de la croix,* et surtout le *Planh de Nostra Dona Sancta Maria* de Ramon Llull, qui a versé une intense effusion mystique dans ce poème, chant d'amour et de deuil.

Il me plaît de terminer cette note en mentionnant que, à la suite de la controverse née à propos de l'enseignement de Ramon Llull sur l'Immaculée Conception, un grand poète catalan, Jaume Roig prit parti sans hésiter en faveur de ce dogme marial.

ŒUVRES. — Éd. F.J. Oroz Arizcuren, *La lirica religiosa en la literatura provenzal antigua*, Pampelune, 1972. — B. Spaggiari, *La poesia religiosa anonima catalana o occitanica*, dans *Annali della Scuola Superiora di Pisa,* s. 3, t. 7, 1 (1977), p. 117-350.

→ C. Brunel, p. 119. — J. Salvat, *La Sainte Vierge dans la littérature occitane du Moyen Âge*, dans *Mél. I. Frank*, Sarrebruck, 1957, p. 614-656. — J.R. Secor, *The « Planctus Mariae » in Provençal Literature : a Subtle Blend of Courtly and Religious Traditions*, dans *The Spirit of the Court : Selected Proceedings of the Fourth Triennal Congress of the International Courtly Literature Society,* Toronto, 1983, p. 321-326. J.S.

Vilain Mire ou **Mire de Brai.** Un vilain jaloux bat sa femme chaque jour en partant travailler, pour qu'elle n'ait pas la tentation de le tromper en son absence. Par une vengeance de celle-ci, le voilà transformé en médecin malgré lui ; grâce à sa ruse, il sort de l'épreuve triomphant et comblé de richesses. Il peut alors cesser de travailler, et par conséquent de battre son épouse. On remarquera l'image un peu inhabituelle du vilain : malgré une entrée en matière qui ne le présente pas à son avantage, c'est un personnage sympathique, honnête et plein de bon sens. Ce fabliau de 400 octosyllabes, dont il subsiste trois mss, a été écrit dans la première moitié du XIIIe siècle. C. Zipperling a proposé de le localiser dans le nord de l'Île-de-France, mais ses arguments linguistiques fragiles n'ont pas convaincu les éditeurs ultérieurs.

Le thème du médecin malgré lui était promis à une belle carrière dans le théâtre comique : Rabelais cite au *Tiers Livre* une farce qui l'emploie ; on le retrouve dans la *Commedia dell'arte* italienne, avant qu'il n'atteigne la gloire avec Molière.

ŒUVRE. — Éd. A. de Montaiglon et G. Raynaud, dans *Recueil général des fabliaux*, Paris, 1878, t. 3, p. 156-169. — Éd. C. Zipperling, *Das altfranzösische Fablel « Du vilain mire »*, Halle, 1912. — *Fabliaux*, éd. R.C. Johnston et D.D.R. Owen, Oxford, 1957, réimp. 1965. — Éd. H.H. Christmann, *Zwei altfranzösische Fablels*, Tübingen, 1963, réimp. 1974 (*Sammlung Romanischer Übungstexte*, 47) [importante bibliogr.]. — Éd. P. Ménard, dans *Fabliaux français du Moyen Âge*, t. 1, Genève, 1979 (*TLF*, 270). — Éd. et trad. italienne R. Brusegan, *Fabliaux. Racconti francesi medievali*, Turin, 1980. — Éd. W. Noomen et N.J. Van den Boogaard, dans *Nouveau recueil complet des fabliaux*, t. 2, Assen, 1984. — *Fabliaux*, trad. G. Rouger, Paris, 1978 (*Folio*).

→ G.C. Belletti, *Su alcuni casi di presunta attenuazione della satira contro il villano nei fabliaux*, dans *Mél. G. Favati*, Padoue, 1977, t. 1, p. 91-113. — Cf. *MB* nos 2538 ; *S* 4591, 4594, 4672, 4742-4743. A.F.L.L.

Villehardouin. Voir : Geoffroi de Villehardouin.

Villon. Voir : François Villon.

Vincent de Beauvais (fin XIIe siècle, † 1264). Il fut de la première génération des dominicains établis à Paris en 1218. On le trouve, en 1246, sous-prieur du couvent dominicain de Beauvais. En 1246-1247, il devient lecteur à l'abbaye cistercienne de Royaumont. Il développe alors des relations suivies avec Louis IX et ses proches. Il séjourne un certain nombre d'années à Royaumont, mais, en 1260, il n'y réside plus.

C'est un compilateur. Le *Speculum majus*, achevé après plusieurs étapes de rédaction vers 1257-1258, est un immense florilège rendant compte de l'ensemble du savoir, suivant trois volets inspirés par la pensée des Victorins : la nature (*Speculum naturale*), les sciences (*Speculum doctrinale*), l'histoire (*Speculum historiale*). Le *Speculum morale* est un apocryphe de la fin du XIIIe. On doit à Vincent de Beauvais d'autres compilations, plus limitées quant à leur sujet. Les unes, très mal connues, sont des œuvres de spiritualité. Les autres appartiennent à la littérature didactique curiale : le *De eruditione filiorum nobilium* (vers 1247-1250, dédié à la reine Marguerite), le *Liber consolatorius pro morte amici* (1260, adressé au roi à l'occasion du décès de son fils aîné Louis), le *De morali principis institutione* (vers 1260-1262, complété à la demande de Louis IX et son gendre Thibaud de Champagne). Le *Speculum majus* est son œuvre qui connut la plus large diffusion au Moyen Âge.

Au XIVe siècle, quelques œuvres de Vincent de Beauvais sont mises en français, dans le milieu de la cour royale. En 1333, Jean de Vignay* présente à la reine Jeanne de Bourgogne le *Miroir historial*, qui sera assez bien diffusé jusqu'au début du XVIe. Un peu plus tard, Jean Daudin* traduit, pour Charles V, le *De eruditione filiorum nobilium* et le *Liber consolatorius pro morte amici*. On ne connaît qu'un seul manuscrit de ces deux traductions.

ŒUVRES. — Éd. critiques : A. Steiner, *Vincent of Beauvais : De eruditione filiorum nobilium*, Cambridge (Mass.), 1938. — Un extrait du *Liber consolatorius pro morte amici*, dans P. Von Moos, *Die Trotschrift des Vincenz von Beauvais für Ludwig IX ; Vorstudie zur Motiv- und Gattungsgeschichte der Consolatio*, dans *Mittellateinisches Jahrbuch*, t. 4 (1967), p. 173-218. — R.J. Schneider achève l'éd. du *De morali principis institutione*. — Éd. imprimées : le *Speculum majus* est le plus souvent cité à partir de l'éd. dite « de Douai 1624 » : *Bibliotheca Mundi Vincentii Burgundi... Speculum quadruplex*, 4, vol., réimp. anastatique Akademische Druck- und Verlagsanstalt, Graz, 1965. Il existe plusieurs éd incunables et du XVIe des différentes œuvres de V. de Beauvais. — Mss : M.C. Duchenne, G.G. Guzman, J.B. Voorbij, *Une liste des manuscrits du « Speculum historiale » de Vincent de Beauvais*, dans *Scriptorium*, t. 41 (1987), p. 286-294. — R.J. Schneider, J.B. Voorbij, *A Hand-list of Manuscripts of the Minor Treatises of Vincent of Beauvais*, dans *Vincent of Beauvais Newsletter*, éd. G. Guzman, nº 12, 1987, p. 3-11. — C.A. Chavannes-Mazel, dans les *Actes du colloque de Montréal*, cités *infra*, fournit la liste des mss du *Miroir historial*.

→ Orientation bibliogr. *Spicae, Cahiers de l'Atelier Vincent de Beauvais*, t. 1, 1978, p. 7-29. — S. Lusignan, A. Nadeau, M. Paulmier-Foucart, *Vincent de Beauvais : intentions et réceptions d'une œuvre encyclopédique au Moyen-Âge, Actes du colloque de Montréal, 1988*, Montréal-Paris, 1990. — M. Paulmier-Foucart, S. Lusignan, *Vincent de Beauvais et l'histoire du « Speculum majus »*, dans *Journal des Savants*, janvier-juin 1990, p. 97-124. — W.J. Aerts, E.R. Smits, J.B. Voorbij, *Vincent of Beauvais and Alexander the Great*, Groningue, 1986. — S. Lusignan, *Préface au « Speculum majus » de Vincent de Beauvais : réfraction et diffraction*, Montréal-Paris, 1979. S.Lu.

Vincent Ferrier (saint). Fils d'un Anglais installé en Espagne, Vicens Ferrer est né à Valence en 1350, mort à Vannes (Morbihan) en 1419. Il fut un des hommes les plus prestigieux de son temps et reçut très vite un culte populaire. Le pape Calixte III le canonisa en 1455 ; il est fêté le 5 avril.

Entré dans l'ordre dominicain à l'âge de dix-sept ans (1367), Vincent Ferrier avait fait des études à Toulouse, puis enseigné pendant une quinzaine d'années dans le couvent de sa ville natale, avant de rejoindre son compatriote Pedro de Luna, devenu le pape Benoît XIII qui l'appela en Avignon. Le Grand Schisme d'Occident déchirait l'Église latine depuis vingt ans déjà. Dans la nuit du 3 octobre 1398, Vincent Ferrier eut une vision qui fut décisive pour sa mission : saint Dominique et saint François lui apparurent, implorant le Christ de détourner sa colère du monde. Le Christ s'approcha de

Vincent et lui toucha le menton. Désormais le conseiller le plus proche du pape d'Avignon allait choisir de mener la vie itinérante des apôtres et des premiers frères Mendiants, pour appeler avec ferveur l'humanité pécheresse à la conversion : des vallées alpestres à l'Italie du Nord, des Espagnes à la Bretagne, il chemina durant vingt ans, consacrant les haltes à redire aux foules, sans répit, que le Jugement est proche et qu'elles doivent se convertir.

On a conservé environ quatre cents sermons prononcés de 1412 à 1418 à Valence, dans toutes les villes de Catalogne, du Midi de la France et d'autres contrées.

Vincent Ferrier parlait en langue valencienne, improvisant la forme sur les plans d'une dialectique savante et vigoureuse, dans un style où trois éléments emportaient l'adhésion du public : l'usage fréquent de l'exemple et de la parabole, l'emploi des expressions et du langage populaire, le recours à des procédés de phonétique et d'onomatopée. Le texte des sermons était généralement pieusement recueilli à l'audition par des clercs théologiens et juristes qui s'aidaient de leurs dialectes respectifs. Au cours de la première moitié du XVe siècle, on traduisit ses sermons en latin, pour leur assurer une plus grande audience dans le milieu des prédicateurs.

ŒUVRE. — Éd. J.M. de Garganta et V. Forcada, *Biografia y escritos de san Vicente Ferrer,* Madrid, 1956 [une des meilleures biographies, éd. complète et peut-être la meilleure trad. espagnole de ses œuvres]. — Éd. partielle : C. Brunel, *Le sermon en langue vulgaire prononcé à Toulouse en 1416*, Paris, 1954 [texte occitan].

→ M.-M. Gorce, *Les bases de l'étude historique de saint Vincent Ferrier,* Paris, 1923 ; *Saint Vincent Ferrier,* Paris, 1935. — C. Brunel, *Bibliogr. des mss littér. en ancien prov.*, Paris, 1935, réimp. Genève, 1973, n° 25. — J.E. Martinez Ferrando et F. Solsona Climent, *San Vicente Ferrer y la Casa real de Aragón*, dans *Analecta sacra Tarraconensia*, t. 26 (1953-1955), p. 1-143. — M. de Riquer. *Historia de la literatura catalana*, Barcelone, 1964, t. 2, p. 197-264. — B. Montagnes, *Saint Vincent Ferrier devant le Schisme*, dans *Genèse et début du Grand Schisme d'Occident, Actes du colloque CNRS, Avignon, 1978*, Paris, 1980, p. 607-613. — J.M. de Garganta, *San Vicente Ferrer, predicador de penitencia y de reforma*, dans *Agiografia nell'Occidente cristiano, sec. XIII-XV*, Rome, 1980, p. 129-165. J.S. et G.B.L.

Virelai. Terme assez équivoque qui apparaît dans l'aire linguistique d'oïl au XIIIe siècle et semble désigner une variété de rondeau. La revirade populaire « virenli-virenlot » serait à l'origine du nom, et Paul Meyer pense qu'il ne s'agit que d'une adaptation de la balette, plus ou moins apparentée à la chanson baladée. Certains historiens font remonter le virelai à des formes lyriques hispano-mauresques en usage vers le Xe siècle.

On a rattaché à la forme du virelai plusieurs des *Cantigas de Santa Maria* d'Alphonse le Sage, ainsi que certaines *laudi* italiennes du XIIIe siècle. Au XIVe siècle, le maître du genre est Guillaume de Machaut* dont 38 virelais nous ont été transmis.

La structure type débute par le refrain qui s'intercale ensuite entre les strophes. Celles-ci présentent un agencement musico-poétique inversé : AAB pour les vers, BBD pour la musique, l'incise D étant identique au refrain.

Aux XVe et XVIe siècles, Jean Molinet* et Thomas Sibilet appellent virelai une strophe de lai « en contradiction », c'est-à-dire dans laquelle les vers — de même longueur —, ont des rimes inversées dans les deux premiers et les deux derniers couplets : a a a b a a a b b b b a b b b a. « C'est ainsi, dit Thomas Sibilet dans son *Art poétique*, que vire le virelai. »

Le *villancico* est un intéressant surgeon du virelai en Espagne aux XVe-XVIe siècles.

→ P. Le Gentil, *Le virelai et le villancico, le problème des origines arabes*, Paris-Lisbonne 1954. — A. Machabey, *Guillaume de Machault*, Paris, 1955, t. 1, p. 139. — D. Poirion, *Le poète et le prince. L'évolution du lyrisme de Guillaume de Machaut à Charles d'Orléans*, Paris, 1965. J.Ma.

Virgile au Moyen Âge. Classique dès l'Antiquité, l'œuvre de Virgile a été transmise par un très grand nombre de manuscrits. Aux volumes, souvent luxueux, de la fin de l'Antiquité, ont succédé des manuscrits plus simples mais intensément utilisés. En effet, les *Bucoliques*, les *Géorgiques* et l'*Enéide*, avec le travail des commentateurs antiques (Servius, Donat) étaient devenues textes d'école : supports d'explications grammaticales, linguistiques, stylistiques. À l'époque carolingienne, Virgile fait d'ailleurs retour sur le continent, depuis les monastères insulaires, d'abord au travers de ces ouvrages scolaires. La prégnance de l'œuvre du poète s'explique ainsi, en grande partie, par l'imprégnation des esprits pendant l'enseignement élémentaire. Aussi, même si les Pères de l'Église comme Tertullien ou saint Augustin, ont montré de l'hostilité aux idées véhiculées par Virgile, ils n'en ont pas moins continué de le citer pour la beauté de ses vers ou la morale de certaines de ses sentences. De plus, la *Rhétorique à Hérennius,* texte pseudo-cicéronien, a défini trois grands styles littéraires à partir de la trilogie virgilienne : le style bas ou *humilis (Bucoliques)*, le style moyen ou *mediocris (Géorgiques)* et le style élevé ou *gravis (Enéide)*. C'est par rapport à ces trois styles, repris dans les arts poétiques latins des XIIe et XIIIe siècles, que la littérature médiévale latine et vernaculaire a pu se construire et se penser. Et s'il est faux de croire que l'*Enéide* a pu informer directement l'épopée médio-latine, l'idée du style *gravis*, des héros et des figures de rhétorique qu'il requérait, ainsi que le souvenir du texte virgilien lui-même ont guidé les auteurs épiques tels Gautier de Châtillon* (*Alexandréide*) ou Simon Chèvre d'or, chanoine de Saint-Victor de Paris au milieu du XIIe siècle. L'*Ilias* de ce dernier n'est pas originale, puisqu'il s'agit d'une paraphrase abrégée de l'*Enéide*, mais les moyens mis en œuvre témoignent avec éclat d'un projet d'écriture épique propre : faire une *Enéide* de style plus noble encore que celle du maître. Paraphrase, centon sont au départ des exercices scolaires qui vont perdurer jusqu'au XVIe siècle au moins ; l'œuvre de Virgile leur a souvent servi de texte-source. Quant aux traces de l'*Enéide* dans la chanson de geste*, si elles existent, elles seraient doublement médiatisées : par la théorie du style élevé et par une langue autre. Il vaut mieux chercher ailleurs les origines littéraires de l'épopée française. En revanche, l'élaboration du genre romanesque n'est pas sans lien avec les aventures d'Énée. Un des trois romans antiques, premiers modèles de ce genre propre à l'ancien français ou roman, reprend l'histoire de l'*Enéide* pour en faire l'*Eneas**. Cette œuvre, souvent traduction exacte des vers du poète, déplace pourtant certaines perspectives et devient ainsi un des textes fondateurs non seulement du genre mais aussi de sa thématique : l'amour, la fondation d'un lignage par la conquête d'une femme, la « remise en culture » d'une terre *gaste* (stérile). C'est seulement vers 1500 qu'Octovien de Saint Gelais* donnera de l'*Enéide* une traduction plus proche de nos normes actuelles.

Quant aux *Bucoliques*, elles connurent d'assez fidèles imitations avec les œuvres latines de deux hommes du XIIe siècle : Metellus von Tegernsee et Marcus Valerius. Certaines des particularités de l'églogue (scène pastorale, noms de bergers, dialogue) furent également exploitées dans des textes dont le contenu se détourne de celui des *Bucoliques* virgiliennes pour aller vers l'hagiographie ou le didactisme. Ainsi de la très diffusée *Ecloga Theoduli* du Xe siècle, qui nous fait revenir au monde de l'école. Enfin après le XIIe siècle, et surtout hors d'Italie, on constate une baisse de la fréquentation scolaire de Virgile et de la poésie métrique. Ce n'est qu'à la suite de Pétrarque*, admirateur passionné du poète, que le genre de l'églogue latine renaîtra (voir Nicolas de Clamanges, Jean Gerson...). Quant à la pastorale française, elle se situe au carrefour de la pastourelle vernaculaire et du souvenir des églogues les plus connues de Virgile, les plus commentées aussi, comme la quatrième.

L'enfant présent dans ce texte (« *Iam nova progenies caelo demittitur alto* ») a été rapidement assimilé, grâce au contexte pastoral, à l'Agneau pascal et au Bon Berger. Ainsi Virgile devenait-il prophète du Christ dans l'exégèse du Ve au XIe siècle. À partir du XIIe siècle au plus tard, cette figure chrétienne de Virgile a été abandonnée par les esprits cultivés. Virgile redevient poète et est occulté, pour un temps, par le succès grandissant d'Ovide*. À l'*aetas virgiliana* des siècles carolingiens succédait l'*aetas ovidiana*. Pourtant, dans le même temps, un curieux Virgile hantait la littérature : un Virgile magicien ou philosophe, mais amoureux et donc tourné en dérision. Les fondateurs de ce personnage de légende sont des auteurs latins : Conrad de Querfurt, Gervais de Tilbury* (*Otia imperialia*) et Alexandre Nequam* (*De naturis rerum*). Tous trois racontent les quatre épisodes suivants : Virgile fabrique une mouche de bronze qui chasse les mouches de Naples ; il construit un bâtiment où la viande ne se gâte pas ; il érige un clocher qui bouge en même temps que les cloches ; il imagine un jardin où il ne pleut jamais. Deux autres récits seront ajoutés dans le *Speculum historiale* de Vincent de Beauvais* (XIIIe) : la construction de bains merveilleux et celle de la *Salvatio Romae* : un temple orné de statues à clochettes, qui représentent chacune un peuple ; lorsque l'un d'eux se révolte, les clochettes de sa statue se mettent à sonner pour donner l'alerte. Tout ou partie de ces anecdotes légendaires se retrouve au XIVe siècle dans deux dictionnaires biographiques, le *Compendiloquium* de Jean de Galles et le *Liber de vita et moribus philosophorum* de Walter Burley. Tous deux ajoutent que Virgile débarrassa Naples de sangsues qui infestaient la ville et qu'il clôtura son jardin par un mur d'air où il entrait par un pont d'air. L'œuvre de Burley sera très répandue par les manuscrits puis des éditions aux XVe et XVIe siècles. Les anecdotes sur Virgile magicien eurent ainsi une grande diffusion et purent même être utilisées comme *exempla**.

L'autre figure légendaire est celle du savant changé en amoureux bafoué : Virgile, épris de Febille, une courtisane romaine, accepte de monter dans la tour où elle vit, par une corbeille. Mais la belle ne le hisse pas jusqu'en haut et l'abandonne à mi-parcours aux lazzi des passants. Ce thème, qui figure notamment dans le *Myreur des histors* de Jean d'Outremeuse*, sera bien souvent lié dans l'iconographie à celui d'Aristote, chevauché par la maîtresse d'Alexandre (voir Henri d'Andeli). Par exemple sur un chapiteau de Saint-Pierre de Caen, à l'entrée de la nef (XIVe) ou dans le cloître de Cadouin dans le Périgord (XVe).

Ces légendes donnèrent au poète une renommée supplémentaire : fausse sans doute, mais qui, d'une certaine façon, illustrait bien sa science, sa puissance et son humanité. Virgile était vraiment devenu un personnage médiéval.

→ D. Comparetti, *Virgilio nel medio evo*, Livourne, 1860 (reprints Florence, 1967). — *Virgilio nel medio evo*, n° spécial des *Studi medievali*, t. 5 (1932). — P. Demats, *Fabula. Trois études de mythographie antique et médiévale*, Genève, 1973 (*Publ. romanes et françaises*, 122). — P. Courcelle, *Lecteurs païens et lecteurs chrétiens de l'Enéide*, t. 1 : *Les témoignages littéraires* ; t. 2 : *Les manuscrits illustrés de l'Enéide du Xe au XVe siècle*, Paris, 1974 (*Mémoires AIBL*, 4). — *Présence de Virgile*, colloque, Paris, 1978, 582 p. — A. Vernet, *Virgile au Moyen Âge*, dans *CRAIBL*, 1982, p. 761-772. — *Anales de Historia Antiqua y Medievali*, t. 23 (1982) [n° consacré à Virgile médiéval]. — *Lectures médiévales de Virgile*, Rome, 1985 (*École française de Rome*, 80) [16 articles très précieux]. — *La Fortuna di Virgilio. Atti del Convegno internazionale*, Naples, 1986 [de l'Antiquité à l'époque moderne]. — F. Desonay, *Virgile selon Jean d'Outremeuse*, dans *Studi medievali*, t. 5 (1932), p. 317-324. — W. Spargo, *Virgil the Necromancer. Studies in Virgilian Legends*, Cambridge (Mass), 1934. — E. Faral, *Les arts poétiques du XIIe et du XIIIe siècle. Recherches et documents sur la technique littéraire du Moyen Âge*, Paris, 2e éd. 1971 (*BEPHE*, 238). — M. Leube, *Fortuna in Carthago. Die Aeneas-Dido-Mythe in den romanischen Literaturen von 14 bis zum 16. Jahrhundert*, Heidelberg, 1969. — J. Monfrin, *L'histoire de Didon et Enée au XVe siècle*, dans *Études littéraires sur le XVe siècle. Actes du 5e colloque sur le Moyen Français*, Milan, 1985, t. 3, p. 161-197. — W. Ziltener, *Chrétien und die Aeneis. Eine Untersuchung des Einflusses von Vergil auf Chrétien de Troyes*, Graz-Cologne, 1957. — R. Cormier, *An Exemple of Twelfth Century Adaptatio : The Roman d'Eneas Author's Use of Glossed Aeneid Manuscripts*, dans *RHT*, t. 19 (1989), p. 277-289. — A. Nebuloni Testa, *Su alcune postille del Virgilio Ambrosiano*, dans *Mél. G. Billanovich*, Rome, 1984, t. 2, p. 479-484 [sur le Virgile de Pétrarque]. — D. Schaller, *Vergil und die Wiederentdeckung des Epos im frühen Mittelalter*, dans *Medioevo e Rinascimento*, t. 1 (1987), p. 75-100. — J. Blanchard, *La pastorale en France aux XIVe et XVe siècles*, Paris, 1983 (*Bibliothèque du XVe siècle*, 45). — Cf. *MB* voir *Eneas* ; *S* nos 1654, 2165, 2167, 2178, 2182, 2185, 3629. S.L.

Vision de saint Paul. Le récit de la descente de saint Paul en Enfer, sous la conduite de saint Michel, est le plus ancien et le plus répandu de tous les récits de vision de l'autre monde. Cette vision apocryphe se rattache à la deuxième Épître aux Corinthiens (12, 2-4). Dès le IVe siècle, il en existait au moins deux versions grecques, perdues. La plus ancienne des traductions latines date du VIIIe siècle. Il en a existé au moins dix, dont sept sont conservées. Une des nombreuses rédactions abrégées (*Dies dominicus dies est electus in quo gaudebunt angeli*) est la source des six versions françaises rimées.

La plus ancienne des versions françaises a été écrite à la fin du XIIe siècle en anglo-normand par Adam de Ross (version 1), moine d'humble condition, originaire probablement de Ross-on-Wye dans le Herefordshire. Ce poème d'environ 350 octosyllabes à rimes plates, écrit pour un public très simple, regroupe de façon arbitraire des épisodes de la légende latine. Un autre poème anglo-normand (version 2), en alexandrins, datant de la fin du XIIe ou du début du XIIIe siècle, est attribué à Henri d'Arci* ; c'est une traduction servile de la version latine la plus répandue. À la fin du XIIIe ou au début du XIVe siècle, un auteur anonyme anglo-normand s'inspire du poème d'Henri d'Arci et d'une autre rédaction de sa source latine pour composer un poème d'environ 300 octosyllabes (version 3).

Les trois autres versions rimées, toutes du XIIIe siècle, sont en français continental. L'une (environ 600 octosyllabes) en dialecte d'Île-de-France, est riche de détails et d'images (version 4). La seconde (environ 600 alexandrins), intitulée *Des peines d'enfer* (version 5) est écrite en dialecte bourguignon ou d'Île-de-France ; c'est une interprétation originale du poème latin le plus répandu : elle est prolixe en descriptions et en remarques moralisatrices, et présente saint Paul à la fois comme un homme anxieux devant les peines d'enfer et comme un saint rendu imbattable par sa confiance en Dieu. C'est cette version que remanie Geoffroi de Paris* dans le livre III de sa *Bible des sept états du monde*. Il existe également deux rédactions en prose française inédites, l'une du XIIIe siècle, rédigée dans un style très simple, et l'autre du XVe siècle, intégrée dans un légendier, ainsi qu'une version en prose provençale du milieu du XIIIe siècle, et des rédactions en italien, en moyen-anglais et en danois. Dans la rédaction brève de l'*Image du monde*, Gossuin de Metz* reprend des variations sur le même thème.

Tel qu'il figure dans la version anglo-normande 3, le poème raconte comment saint Paul pénètre dans les enfers en compagnie de saint Michel ; ils voient successivement des pécheurs pendus à des arbres ardents ; un four en feu, une flamme de sept couleurs symbolisant sept peines : neige, feu, serpent, sang, glace, foudre, fumée fétide ; un fleuve horrible, un pont où passent les âmes des justes ; les pécheurs plongés dans l'eau jusqu'au ventre, au nombril ou aux yeux suivant leur faute ; un lieu ténébreux avec des serpents et des crapauds ; un lieu tout à la fois glacial et chaud ; des fruits que ne peuvent saisir ceux qui ont mal observé le jeûne ; un puits à sept seaux pour les mécréants ; des vers déchirant les damnés ; une âme emmenée par les démons et qui reçoit la charte de ses péchés ; celle d'un juste portée au ciel. Les pécheurs supplient les deux saints de demander grâce à Dieu pour eux. Avec les anges ils implorent le Seigneur, mais celui-ci, s'adressant aux mauvais prêtres, en leur rappelant ses tourments : « Qu'avez-vous fait pour moi en votre vie ? », accorde enfin une accalmie aux souffrances des damnés, de none le samedi à prime le lundi. Bien des traits ici notés se lisent dans des visions postérieures à l'archétype de celle-ci, par exemple dans les visions dues à saint Grégoire* (*Dialogues,* IV, 30 et 36), à Bède le Vénérable* (*Historia eccles.* V, 12-14) et dans la *Vision de Tondale**.

ŒUVRES. — *Visio S. Pauli*, éd. H. Brandes, Halle, 1885 [deux versions latines]. — Éd. P. Meyer, dans *Romania*, t. 24 (1895), p. 357-375 [version 3]. — *Les versions françaises inédites de la descente de saint Paul en enfer*, éd. L.E. Kastner, dans *RLR*, t. 48 (1905), p. 385-395 ; t. 49 (1906), p. 49-62, 321-351 et 427-450 [versions 2, 4, 5]. — *The Vision of saint Paul by the Anglo-Norman Trouvere Adam de Ross*, éd. L.E. Kastner, dans *ZFSL*, t. 29 (1906), p. 274-290 [version 1]. — *Henri d'Arci : the Shorter works*, éd. R.C.P. Perman, dans *Mél. A. Ewert*, Oxford, 1961, p. 279-321 [version 2 et source latine]. — *The Bodleian Fragment of the Anglo-Norman « Vision of saint Paul » by Adam de Ross*, éd. I. Short, dans *Mél. B. Woledge*, Genève, 1987, p. 175-189 (*Publ. romanes et françaises*, 180). — *Irish translations of Visio S.P.*, éd. J.E.C. Williams, dans *Eigse, Journal of Irish Studies*, t. 6 (1949-1951), p. 127-134.

→ T. Batiouchkof, *Le débat de l'âme et du corps*, dans *Romania*, t. 20 (1891), p. 1-55, notamment p. 25-27. — T. Silverstein, *The vision of saint Paul : new links and patterns in the western tradition*, dans *AHDL*, t. 26 (1959), p. 199-248. — V. Mertens, *Die frühmittelhochdeutsche « Visio S.P. »*, dans *Mél. K. Ruh, Medium Aevum Philol. Studies*, t. 31 (1975), p. 77-91. — P. Dinzelbacher, *La visio s. Pauli. Circulation et influence d'un apocryphe eschatologique*, dans *Apocrypha. Le champ des Apocryphes*, t. 2 (1991). — P. Meyer, *Légendes hagiographiques en français*, dans *HLF*, t. 33 (1906), p. 328-458, notamment p. 372. — W. Meiden, *Versions of the Descente de saint Paul*, dans *Romance Philology*, t. 8 (1954-1955), p. 92-95. — D.D.R. Owen, *The Vision of saint Paul : The French and Provençal Versions and their Sources*, dans *Romance Philology*, t. 12 (1958), p. 33-51. — M.D. Legge, *Anglo-Norman Literature and its Background*, Oxford, 1963, p. 274-

275. — D.D.R. Owen, *The Vision of Hell*, Londres-Édimbourg, 1970. — H. Shields, *Légendes religieuses en ancien français*, dans *Scriptorium*, t. 34 (1980), p. 59-71. — Stegmüller, nos 275-276. — Cf. *GRLMA*, t. VI/2, nos 4390-4426. — *MB* nos 3358-3362, 7785-7786 ; *S* 5864.

A.M. et A.F.L.L.

Vision de saint Philibert. Voir : *Débat de l'âme et du corps*.

Vision de Tondale. Le nom de *Vision de Tondale* regroupe une série d'œuvres morales à caractère eschatologique, censées relater la « vision de l'au-delà » dont était favorisé un individu en état de mort temporaire ou apparente. Ce voyage dans l'au-delà devint rapidement un topos de l'hagiographie, où il permettait de souligner la destinée exceptionnelle d'un personnage. Parallèlement, il donna naissance à un genre littéraire très en vogue au Moyen Âge, celui des « visions » qui développaient, au moyen d'un récit fantastique, l'idée de la pénitence et de la conversion.

Un chevalier irlandais bien peu édifiant, Tnugdal (le « Tondale » français), tombe gravement malade et meurt. À peine séparée du corps, son âme est menacée par les démons ; son ange gardien survient et l'invite à le suivre dans un voyage à travers l'Enfer et le Paradis. L'âme de Tnugdal assiste à différents supplices : elle traverse la vallée remplie de charbon brûlant, où sont frites les âmes des homicides, elle voit les diables armés de fourches poursuivre dans une région mi-brûlante, mi-glaciale les traîtres et les hypocrites, et elle regarde les orgueilleux subir l'épreuve du pont étroit, jeté sur une vallée d'où émane une odeur de chair brûlée. Elle doit elle-même partager un certain nombre de peines : elle traverse le corps du monstre Achéron, dont les mâchoires sont actionnées par deux géants et dont le ventre est peuplé de créatures acharnées à torturer les âmes des avares ; elle franchit, avec la vache volée autrefois par Tnugdal, un pont fort étroit et parsemé de clous, au-dessus d'un étang bouillant, qui abrite des monstres (châtiment des voleurs) ; elle découvre ensuite les tourments réservés aux âmes des luxurieux, puis les forges du démon Vulcain, où elle est travaillée comme du métal. On lui montre enfin l'Enfer : inévitable fosse profonde d'où jaillissent des flammes et des volutes de fumée, et où démons et damnés montent et descendent comme des flammèches. La vue de l'ennemi du genre humain, Satan, à la fois victime et bourreau, attaché sur un gril et pressant les âmes comme des raisins, impressionne très fortement l'âme de Tnugdal qui reconnaît là, avec horreur, plusieurs de ses anciens compagnons. Après une série de séjours intermédiaires, l'âme de Tnugdal pénètre ensuite parmi les bienheureux : elle franchit cinq enceintes, correspondant aux vertus de ceux qui y sont récompensés, et elle découvre le Paradis, où la lumière, les matières précieuses (soie, or, argent, gemmes) et la musique réjouissent les élus. De là, elle voit dans leur totalité le Ciel, la Terre et l'Enfer. Mais il lui faut rejoindre son corps qui ressuscite après trois jours de mort apparente. Tnugdal, dûment averti, change radicalement de vie ; il raconte à un ami son expérience, cause de sa conversion ; cet ami recueille son récit en langue vernaculaire (le gaélique ?), le met en latin et nous le transmet.

Le texte original, la *Visio Tnugdali* (une prose latine rimée), aurait été composé — selon la traduction allemande en vers (2 192 vers) que le poète Albert de Ratisbonne dédia, avant 1191, à Konrad von Winneberg — à Ratisbonne même par un moine irlandais, un certain frater Marcus, pour Gisila, l'abbesse (de 1138 à 1153) de la fondation bénédictine féminine de Saint-Paul-hors-les-Murs dans cette ville. Dans sa préface à la *Visio Tnugdali* latine, ce même Marcus prétendrait avoir rédigé son œuvre d'après le rapport authentique de Tnugdal, qui serait passé à Ratisbonne en 1149 au cours de son pèlerinage à Rome. Toutes les hypothèses concernant la vie de ce Marcus et son identité (Muir Mac Cormaic ?) sont contredites par l'analyse historique. Une récente étude (M.-O Garrigues en 1987) reprend et développe la proposition de A. Gwynn (en 1952) de voir dans Honorius* l'auteur de la *Visio Tnugdali* — le nom de Tnugdal (Tnúthgail en gaélique) étant utilisé pour traduire Tantale ; toutefois, un travail légèrement antérieur (C. Carozzi en 1981) voyait dans Honorius non l'auteur, mais « la victime » de la *Visio Tnugdali*, dans laquelle Marcus aurait délibérément contré les thèses d'Honorius sur l'au-delà. Si les éléments folkloriques sont rares dans ce qui est censé être le récit d'un chevalier irlandais inculte, les renseignements donnés sur l'Irlande sont fondés et d'origine savante : la *Visio Tnugdali* apparaît bien comme une création artistique et non comme le récit d'un événement.

L'histoire de Tnugdal a connu une popularité extrême et une grande diffusion, attestée par l'existence de plusieurs centaines de manuscrits dans quinze langues différentes. Elle a influencé Hélinand de Froidmont* (*Chronicon*) qui devait inspirer, entre 1440 et 1459, la *Chronica* du dominicain Antonin de Florence ; elle fut reprise de mémoire au chapitre 26 des *Fioretti* de saint François d'Assise* (*Visione del ladro convertito*) ; elle a suscité également des commentaires, comme celui du chartreux Johannes Hagen, le *Circa visionem Tundali* (manuscrit autographe : Oxford, Bodleian Library, Hamilton 54, daté de 1463 à Francfort).

Outre la version originale latine dite de Marcus (plus de 50 ms), écrite en Allemagne — vraisemblablement à Ratisbonne — et que suivent la plupart des versions populaires, l'histoire de Tnugdal a encore été traitée sous la forme d'un poème latin (1 600 vers), intégré dans les *Dialogues* de saint Grégoire* et dans les *Vitae patrum*, et d'une version latine abrégée, en prose, due à Vincent de Beauvais* (*Speculum historiale*, XXVII, 88-104) ; cette dernière fut très utilisée, notamment au XIVe siècle par Henry de Herford (*Chronicon*), John de Tynemouth (*Historia aurea* et *Sanctilogium britannicum*), Hermann de Bonn (Bononiensis ?) (*Viaticum narrationum*) et, au XVe siècle, par Hermann Korner (*Chronica novella*).

En français, on connaît trois traductions du XIIIe siècle de la *Visio Tnugdali* : la première (364 alexandrins en laisses monorimes), en anglo-normand, n'est conservée qu'à l'état de fragment (Dublin, Trinity College, 312) ; les deux autres, en prose, furent écrites respectivement dans le Nord-Est et dans le Sud-Est de la France. La version du XIIIe siècle en langue d'oc, dite *Vision de Godalh*, est aujourd'hui perdue (manuscrit unique : Turin, Bibl. naz., L. IV. 22). Après une nouvelle adaptation en prose française au XIVe siècle, l'histoire de Tnugdal, toujours très appréciée, donna lieu, au XVe siècle, à une nouvelle version en langue d'oc (Toulouse, Bibl. mun. 894) et à une autre en français, due à la plume de David Aubert* et datée de 1474 (Malibu, J. Paul Getty Museum, 30). Les versions en prose française insistent sur les personnages politiques rencontrés en Enfer et décrivent les supplices, avec une accumulation de détails qui pousse à l'extrême la cruauté de certaines scènes.

On connaît encore, de la *Visio Tnugdali*, de nombreuses versions allemandes (les premières traductions vernaculaires sont en allemand) : deux en vers — dont celle d'Alber — et cinq en prose — dont celle d'Heinrich Haller au XVe siècle —, ainsi que plusieurs adaptations de Vincent de Beauvais et une traduction qui utilise à la fois le texte dit de Marcus et celui de Vincent. Sa transmission sous une forme vernaculaire concerne aussi le néerlandais (deux versions en vers et trois en prose), l'italien (quatre versions), l'espagnol (une traduction imprimée à Tolède en 1526), le catalan (une version en prose), le portugais (deux versions), le moyen anglais (une version en vers d'environ 1400), le suédois, l'irlandais, l'islandais, le serbo-croate et le biélorussien, ces cinq dernières versions étant en prose.

La *Visio Tnugdali* inspira au jésuite Georg Bernardt un drame latin en trois actes, intitulé *Tundalus redivivus*, qui fut représenté à Ingolstadt en 1622 et 1646.

ŒUVRES. — A. Mussafia, *Sulla Visione di Tundalo*, Vienne, 1871 [éd. de la version de Vincent de Beauvais]. — *Visione di Tugdalo, volgarizzata nel sec. XIV*, éd. F. Corazzini, Bologne, 1872. — G. Baist, *Eine catalanische Version der Visio Tundali*, dans *ZRPh.*, t. 4 (1880), p. 318-329. — *Visio Tnugdali, lateinisch und altdeutsch*, éd. A. Wagner, Erlangen, 1882 [éd. de la prose rimée, du poème latin intégré dans les *Vitae Patrum* et des deux versions allemandes en vers]. — A. Bruckner, *Die Visio Tundali in böhmischer und russischer Übersetzung*, dans *Archiv für slavische Philologie*, t. 13 (1891), p. 199-212. — *Voyage au Purgatoire de saint Patrice, Visions de Tindal et de saint Paul, Textes languedociens du XVe siècle*, éd. A. Jeanroy et A. Vignaux, Toulouse, 1903. — J.J. Nunnes, *O visao de Tundalo ou o cavalleiro Tungullo*, dans *Revista Lusitana*, t. 8 (1903-1905), p. 239-262 [éd. de la version portugaise]. — *La Vision de Tondale (Tnugdal), Textes français, anglo-normands et irlandais*, éd. V.H. Friedel et K. Meyer, Paris, 1907 [éd. des trois versions françaises du XIIIe et de la version irlandaise]. — S. Ivšić, « *Tundalovo videnje* » *u Lulićevu zborniku*, dans *Starine*, t. 41 (1948), p. 119-157 [éd. de la version serbo-croate]. —

Tondolus der Rotter. Die von J. und C. Hist gedruckte Fassung, éd. N.F. Palmer, Munich, 1980 (*Kleine deutsche Prosadenkmäler des Mittelalters*, 13). — *The Vision of Tundale, edited from B.L. MS Cotton Caligula A II*, éd. R. Mearns, Heidelberg, 1985 (*Middle English Texts*, 18). — « *Tundalus redivivus* », *1622 : eine Jenseitsvision aus dem dreissigjahringen Krieg nach der mittelalterlichen Visio Tnugdali : lateinisch und deutsch*, éd. F. Radle, Amsterdam, 1985 (*Geistliche Literatur der Barockzeit*, 6) [avec trad. en allemand moderne]. — *The Vision of Tnugdal*, trad. J.-M. Picard, intro. Y. de Pontfarcy, Dublin, 1989 [trad. en anglais moderne].

→ F. Bar, *Les routes de l'Autre Monde. Descentes aux Enfers et Voyages dans l'Au-delà*, Paris, 1946. — J. Hennig, *Irish Saints in Early German Literature*, dans *Speculum*, t. 22 (1947), p. 358-374. — H.R. Patch, *The Other World Accorded to Descriptions in Medieval Literature*, Cambridge (Mass.), 1950. — E. Dünninger, *Politische und geistliche Elemente im mittelalterlichen Jenseitsvisionen bis zum Ende des 13. Jahrhunderts*, thèse, Würzburg, 1962. — D. D.R. Owen, *The Vision of Hell. Infernal Journeys in Medieval French Literature*, Édimbourg et Londres, 1970, p. 62-64 et 118-125. — H. Spilling, *Die Visio Tungdali. Eigenart und Stellung in der mittelalterlichen Visionsliteratur bis zum Ende des 12. Jahrhunderts*, Munich, 1975 (*Münchener Beiträge zur Mediävistik und Renaissance-Forschung*, 21). — R. Krebs, *Zu den Tundalusvisionen des Marcus und Alber*, dans *Mittellateinisches Jahrbuch*, t. 12 (1978), p. 164-198. — M. Aubrun, *Caractères et portée religieuse et sociale des « visiones » en Occident du* VI*e au* XI*e siècle*, dans *CCM*, t. 23 (1980), p. 109-130. — E. Gardiner, *The Translation into Middle English of the Vision of Tundale*, dans *Manuscripta*, t. 24 (1980), p. 14-19 ; *The visio Tundali : The Altered Perception of a Literary Work as seen Throughout its Manuscript Tradition*, *ibid.*, t. 25 (1981), p. 6. — C. Carozzi, *Structure et fonction de la vision de Tnugdal*, dans *Faire croire. Modalités de la diffusion et de la réception des messages religieux du* XII*e au* XV*e siècle (Rome, 22-23 juin 1979)*, Paris, 1981, p. 223-234 (*Collection de l'Ecole Française de Rome*, 51). — P. Dinzelbacher, *Vision und Visionsliteratur im Mittelalter*, Stuttgart, 1981 (*Monographien zur Geschichte des Mittelalters*, 23). — N. Palmer, *Visio Tnugdali. The German and Dutch Translations and their Circulation in the Later Middle Ages*, Munich, 1982 (*Münchener Texte und Untersuchungen zur deutschen Literatur des Mittelalters*, 76). — C. Carozzi, *La géographie de l'au-delà et sa signification pendant le Haut Moyen Âge*, dans *Popoli e paesi nella cultura altomedioevale, Settimane del Centro italiano di studi sull'alto medioevo, XXIX, 23-29 aprile 1981*, Spolète, 1983, t. 2, p. 423-481. — H. Braet, *Les visions de l'invisible (*VI*e-*XIII*e siècle)*, dans *Apocalypses et voyages dans l'Au-delà*, dir. C. Kappler, Paris, 1987, p. 405-419. — M.O. Garrigues, *L'auteur de la « Visio Tnugdali »*, dans *Studia Monastica*, t. 29 (1987), p. 19-62. — Cf. *GRLMA*, VI/1, p. 206-207 ; VI/2, n°s 4506-4517. — *MB* n°s 3394-3395 ; *S* 5663-5665. F.F.H.

Vital de Blois. Voir : *Aulularia, Geta.*

Vivien. Neveu de Guillaume d'Orange, il est une des figures les plus attachantes de la *Geste de Guillaume**. Il a peut-être été antérieurement le héros d'une légende indépendante. Dans la Geste, il apparaît comme victime de sa générosité : il a, en effet, fait le vœu de ne pas reculer devant l'ennemi et est très soucieux de rester fidèle à ce vœu. Son sacrifice, qui, ainsi que l'a fort finement remarqué J. Frappier, est comme un reflet du drame de la Passion, constitue l'essentiel de la première partie de la *Chanson de Guillaume*, dont la matière est reprise, avec un élargissement biographique, dans la *Chevalerie* (ou *Covenant*) *Vivien* (1 944 décasyllabes assonancés dans la version la plus longue, fin du XIIe, début du XIIIe siècle), œuvre d'un épigone, qui sert en quelque sorte de prélude, sans doute composé après coup, à *Aliscans**. Le texte n'est pas toujours démarqué de celui d'*Aliscans* qui en est la suite. L'auteur de la *Chevalerie*, s'il s'inspire manifestement de la *Chanson de Guillaume*, paraît avoir emprunté à la *Chanson de Roland** son thème essentiel : la démesure du héros est la cause de sa perte. Peut-être est-ce avec l'intention d'anoblir l'action qu'il n'a pas retenu l'épisode de Thiébaud et Estourmi avec les scènes burlesques qu'il contient.

Vivien est aussi le héros d'un autre récit que les manuscrits cycliques placent entre la *Prise d'Orange** et la *Chevalerie*, mais qui, comme tous les poèmes d'*Enfances*, est postérieur : ce sont les *Enfances Vivien* (environ 5 000 décasyllabes assonancés, début du XIIIe), où l'on raconte comment, livré comme prisonnier, en échange de son père, aux païens de Luiserne-sur-mer (en Espagne), Vivien échappe miraculeusement à la mort et finira par s'emparer de Luiserne, avec le secours de son père et de ses oncles.

ŒUVRES. — Éd. partielle de la *Chevalerie Vivien* par K. Busby, *Some Unpublished Epic Fragments* dans *Olifant*, t. 10 (automne 1982-été 1983), n°s 1-2, p. 3-23. — Éd. J.J. Duggan, *A Fragment of Les Enfances Vivien, National Library of Wales Ms 5043E*, Berkeley-Los Angeles-Londres, 1985 (*Univ. California Publications in Modern Philology*, 116).

→ D. McMillan, *La Chevalerie Vivien dans le ms. dit « de Savile ». Notes prolégoméniques*, dans *Mél. F. Lecoy*, 1973, p. 357-375 ; *Notes d'ecdotique : fantômes et mirages dans la Chevalerie Vivien*, dans *TraLiLi*, t. 16/1, 1978, *Mél. J. Rychner*, p. 353-362. — C. Roussel, *Tradition épique et innovation romanesque : remarques sur deux versions de La Chevalerie Vivien*, dans *Lettres Romanes*, t. 37 (1983), p. 5-30. — B. Guidot, *Recherches sur la chanson de geste au* XIIIe *siècle d'après certaines œuvres du cycle de Guillaume d'Orange*, Aix-en-Provence, 1986, 2 vol. — Cf. *MB* nos 335-338, 6188 ; *S* 1973-1974.

J.W.W.

Vivien de Monbranc. Voir : *Renaut de Montauban.*

Vocalise. Chant ou partie de chant qui s'exécute sur une ou plusieurs voyelles. Même si le terme vise plutôt à décrire des exercices vocaux et des études où la voix est traitée en instrument et cela depuis le XVIIIe siècle, la réalité musicale lui préexiste sous la forme du chant mélismatique.

Formule mélodique chantée au cours de l'Alleluia grégorien, elle est appelée *jubilus* et se chante le plus souvent sur la voyelle *a*. Par la suite, le sens s'élargit jusqu'à désigner toute figuration ornementale. Il convient toutefois de distinguer de la vocalise alléluiatique les mélismes plus courts introduits dans d'autres pièces du répertoire liturgique grégorien, les longs mélismes instrumentaux ou *flores* ornementaux de la musique profane des XIIe et XIIIe siècles, les ornements rencontrés dans certaines œuvres du XIVe siècle (par exemple le *Roman de Fauvel**), plus proches de la broderie ou du grupetto, ou certaines phrases incluant une grande construction interne, parfois sous forme « ouvert-clos », très semblable à une « cadence », qui apparaissent dès le XIVe siècle.

A.I.A.

Vœux du faisan. Le 17 février 1454 à Lille, Philippe le Bon offrit un banquet à la noblesse. Des « entremets » variés y figuraient une église, un navire, le château de Lusignan avec la fée Mélusine... Mais le plus important fut un intermède dramatique : l'Église, montée sur un éléphant conduit par un géant sarrasin, vient se plaindre des malheurs qu'elle subit du fait des Infidèles et en appelle aux chevaliers de la Toison d'Or. Le roi d'armes de l'Ordre (voir Jean Lefèvre de Saint-Rémy) paraît alors, escorté de deux chevaliers et de deux dames. Il porte un faisan, noble oiseau, qu'il présente au duc de Bourgogne pour que, selon la coutume, il prononce un vœu. Philippe, et à sa suite un certain nombre de nobles bourguignons, promettent alors de s'armer pour la croisade. Certains de ces vœux ont l'extravagance de la littérature : ainsi Philippe Pot (voir les *Cent Nouvelles nouvelles*) promet de ne pas porter d'armure au bras droit, ni de s'asseoir à table le mardi avant d'avoir participé à un combat où mille Sarrasins auront été battus... De fait, toute cette journée lilloise a baigné dans une atsmosphère romanesque. N'a-t-elle pas débuté par un pas d'armes dont la mise en scène reposait sur le *Chevalier au cygne** ? Et la coutume à laquelle Toison d'Or faisait allusion en parlant au duc, renvoyait autant aux *Vœux du héron**, prononcés par Edouard III et les nobles anglais en 1338, qu'à la fiction de Jacques de Longuyon*, les *Vœux du paon* et à ses diverses continuations (Jean de Le Mote*, Jean Le Court*). Ici histoire et littérature se croisent et se nourrissent mutuellement. Notons que Philippe le Bon, nouvel Alexandre, possédait plusieurs exemplaires des *Vœux du héron* comme des *Vœux du paon* et de ses suites.

Le texte des *Vœux du faisan* est en prose. Il est constitué par la description du banquet et la liste des vœux prononcés. On le trouve dans les *Mémoires* d'Olivier de La Marche* et la *Chronique* de Matthieu d'Escouchy* ; dans trois manuscrits, il forme un texte en soi. A quelques détails près, le récit du banquet y est identique. Aussi faut-il penser que les deux historiens ont inséré dans leur œuvre la relation officielle de la journée. Pour ce qui est des vœux, Matthieu d'Escouchy en rapporte 102 et, comme le ms. BN fr. 5739 (101 vœux), les intercale dans le récit de la fête. De son côté, Olivier de la Marche n'en cite délibérément que 23, mais comme le ms. BN fr. 11594, il les rejette après le récit. Enfin, après la journée lilloise, l'on fit campagne à Arras, Mons, Bruges et en Hollande pour recevoir d'autres vœux. Ainsi le BN fr. 11594, après 103 vœux lillois, est le seul à donner 112 vœux supplémentaires. Malgré cet enthousiasme réel, la croisade contre les Turcs restera, on le sait, à l'état de rêve. Un rêve que Philippe le Bon caressera jusqu'à la fin.

ŒUVRE. — Voir les éd. de Matthieu d'Escouchy et d'Olivier de La Marche. — Éd. d'extraits des vœux inédits par G. Doutrepont dans *Notice sur le ms. français 11594* (...), dans *Notices et extraits des mss de la BN*, Paris, t. 41 (1923), p. 1-28.

→ G. Doutrepont, *La littérature française à la cour des ducs de Bourgogne*, Paris, 1909, p. 106-117 ; *Les historiens du Banquet des vœux du faisan*, dans *Mél. C. Moeller*, Louvain-Paris, 1914, t. 1, p. 654-670. — A. Lafortune-Martel, *Fête noble en Bourgogne au XVe siècle : Le Banquet du Faisan (1454) : Aspects politiques, sociaux et culturels*, Montréal-Paris, 1984 (*Cahiers d'études médiévales*, 8). S.L.

Vœux du héron. Poème en laisses d'alexandrins monorimes, les *Vœux du héron* ont dû être composés entre 1340 et 1342. La scène est située en 1338 à la cour d'Angleterre, où Robert d'Artois, banni par le roi de France, cherche à réveiller l'ardeur guerrière d'Edouard III et de ses chevaliers qui ne pensent qu'à l'amour. Aussi leur offre-t-il de prononcer des vœux, conformes à leur lâcheté, sur un héron, le plus couard des oiseaux, tournant ainsi en dérision la coutume, attestée en littérature, de promesses de hauts faits d'armes prononcées sur un noble oiseau (voir les *Vœux du paon* de Jacques de Longuyon*, les *Vœux du faisan**). Edouard et ses nobles, fustigés par cet affront, promettent tous d'entrer en guerre sans tarder pour recouvrer le royaume de France, légitime héritage du roi d'Angleterre. Or, en 1338, Edouard III est déjà sur le continent et se prépare depuis plus de deux ans à la guerre. Les *Vœux du héron* valent donc moins comme document historique à proprement parler, que comme dramatisation littéraire d'un contexte réel.

ŒUVRE. — Éd. G. Bertoni, dans *Archivum Romanicum*, t. 5 (1921), p. 426-436 [d'après le ms. de Berne].

→ A. Coville, *Poèmes historiques*, dans *HLF*, t. 38 (1949), p. 268-282. — B.J. Whiting, *The Vows of the Heron*, dans *Speculum*, t. 20 (1945), p. 263-278. — J.L. Grigsby, *Gab épique, mais gab lyrique ?* dans *Marche romane*, t. 33 (1983), p. 109-122 ; *The Mss of Les Vœux du Héron*, dans *The Thirteenth Saint Louis Conférence on Ms. Studies*, 1986. — Cf. *MB* nos 5108-5110, 6976. S.L.

Voies de Paradis. Ce titre est commun à plusieurs textes plus ou moins allégoriques.

1. L'un d'eux attribué — et contesté — à Raoul de Houdenc*, se présente comme étant dû à un Raoul, du moins selon deux mss sur trois, le dernier donnant « Mikiel », qui pourrait être le véritable nom de l'auteur.

Pour des raisons d'ordre divers (chronologie, style, versification, ton général de l'œuvre), A. Micha a rendu vraisemblable que la *Voie de Paradis* n'était pas de Raoul de Houdenc, mais d'un auteur qui, s'il s'inspirait du *Songe d'Enfer*, mettait au service d'une intention nettement plus édifiante une science théologique et scripturaire que ne possédait pas l'auteur du *Songe*, et que cet auteur a bien pu être un moine.

L'auteur, en quête du Paradis, est d'abord accueilli à la maison d'Amour, et en compagnie de Foi et d'Espérance, s'achemine vers Contrition et Confession qui l'hébergent et le réconfortent ; mais il a à soutenir un assaut contre Tentation escortée des péchés capitaux. Après un retour chez Confession, il atteint enfin le Paradis par l'échelle des vertus et paraît devant le roi du ciel en majesté. L'œuvre se termine par l'évocation des supplices réservés aux damnés. Elle est un véritable sermon sur la nécessité de la pénitence et dénote un auteur habitué à la prédication.

ŒUVRE. — Éd. A. Jubinal, *Œuvres de Rutebeuf*, t. 2, Paris, 1830, pp. 277-60. — Éd. A. Scheler, dans *Trouvères belges*, t. 2, Bruxelles, 1879, p. 200-248 (réimpr. Genève, 1977). — Éd. P. Lebesgue, Paris, 1908.

→ *HLF*, t. 18 (1835), p. 786-790. — R. Zenker, *Ueber die Echtheit zweier dem R. de H. zugeschriebener Werke*, 1889. — M. Friedwagner, introd. à l'éd. de *Méraugis de Portlesguez*, Halle, 1897. — A. Micha, *Raoul de Houdenc est-il l'auteur de la Voie de Paradis et de la Vengeance Raguidel ?* dans *Romania*, t. 68 (1944-1945), p. 326-60. — V. Kundert-Forrer, *Raoul de Houdenc, ein französicher Erzähler des XIIIen Jahrhunderts*, Berne, 1960. — Cf. *GRLMA*, t. VI/2, n° 4550. — *MB* nos 3519-3520. A.M. et F.B.

2. C'est cependant un laïc, Rutebeuf*, qui a composé, vers 1265, une autre *Voie de Paradis*. Le début de ce poème oppose, suivant l'antique thème, les deux voies qui divergent : à la droite du pèlerin s'ouvre un chemin pénible, à sa gauche une route agréable, mais qui mène au pays maudit. C'est sur la première qu'il s'engage, et sa première étape sera la cité de Pénitence, où il loge chez Pitié, mari (*sic*) de Charité.

Cet hôte lui donne des conseils pour la suite du voyage : il descendra dans la maison de Confesse, mais devra éviter la façade, qui penche, du logis d'Orgueil, et ne pas fréquenter les gens maigres et pâles qui habitent chez Avarice : les sept péchés capitaux sont signalés ainsi, ce qui s'accorde plus ou moins bien avec le motif initial des voies divergentes. Il sera bon de loger chez Humilité, chez Abstinence, et c'est Chasteté qui conduira le pèlerin en vue de la ville de Paradis. Le texte se termine ici, et l'on peut se demander, surtout en considérant les récits analogues, s'il ne serait pas inachevé.

ŒUVRE. — Éd. E. Faral et J. Bastin, t. 1, Paris, 1959, p. 336-370 ; Éd. et trad. M. Zink, t. 1, Paris, 1989, p. 305-353.

Voir la bibliographie de l'article Rutebeuf.

F.B.

3. Un troisième texte, toujours du XIIIe siècle, est dû à Baudouin de Condé*. Si la lecture risque d'en paraître fastidieuse, vu le modeste talent de l'auteur et les répétitions qu'il se permet, il faut reconnaître que l'inspiration en est très élevée ; elle est nettement ascétique. Un sermon occupe un peu plus de la moitié du poème, ce qui laisse assez peu de place pour le récit du voyage allégorique. Au printemps, l'auteur a rêvé qu'il devait faire le pèlerinage de Paradis. En équipage complet de pèlerin, il part à midi passé (c'est-à-dire probablement, au milieu de sa vie), et se trouve bientôt à la bifurcation d'un chemin tortueux et usé et d'une voie droite et peu foulée, qu'en effet une masse de gens délaissent. Après avoir hésité, il se décide pour la route droite, bien qu'elle soit couverte de buissons épineux et très pénible à suivre. Il parvient à une croix, où Dieu lui envoie un vieux moine, de très bel aspect, qui lui apprend qu'on ne peut suivre cette route en gardant ses aises : ici commence donc le sermon, qui traite essentiellement de la pénitence, condition nécessaire pour parvenir au but — même si le repentir est tardif. Elle doit être accompagnée de larmes, et suivie de la confession et de la satisfaction. La Vierge Marie est puissante pour « laver » les âmes. Les dogmes de la chute et de la rédemption sont traités pour servir de base aux conseils pratiques. La bonne voie, qu'indique une main placée à droite de la croix, et qui est déserte, au moins ce jour-là, est donc celle du repentir. Beaucoup de gens, de conditions diverses, prennent la mauvaise, « vers le val dont nul ne revient ». Quant au pèlerin, le moine prend sur lui tous ses actes, et son âme éprouve une contrition mêlée de joie (« lie et dolante ») ; il se confesse au moine, qui l'absout et le dirige vers Satisfaction. Au moment où va reprendre ainsi le voyage, le saint homme est rappelé au ciel, et le voyageur laissé seul tombe en pâmoison. Revenu à lui, il reprend sa route au milieu des ronces, qui le déchirent ; le lendemain, sa condition est pire encore : il souffre de la faim, du chaud, puis du froid, il est exposé à la pluie. Il prend chez Abstinence un repas plus que frugal ; le suivant aura lieu chez Pénitence, qui, en son honneur, ajoute au pain et à l'eau de l'ordinaire des légumes en abondance. Avant qu'il se couche sur un simple tas de fougère, son hôtesse le bat avec une verge d'épine. Le jour suivant, à none, la collation ne consiste qu'en pain et eau ; y prennent part Discipline et Silence, cette dernière allégorie « en tel abit com grise nonne ». On rend grâces à Dieu, qui dirige les âmes dans le bon chemin. Il faut encore suivre une route pénible jusqu'à la demeure de Satisfaction, où le héros s'endort ; ici se place (un peu comme chez Dante qui, visitant le Purgatoire, aura des rêves) une vision dans la vision : Satisfaction retire le pénitent des misères mondaines, et les anges l'emportent en chantant jusqu'à la porte du Paradis, qui est ouverte. Il contemple Dieu face à face, tandis qu'anges et élus se réjouissent de sa conversion. Le réveil intervient assez brusquement, pour mettre fin à la fois à cette dernière vision et au voyage.

ŒUVRE. — Éd. A. Scheler, *Trouvères belges*, t. 1, Bruxelles, 1866, p. 205-231.

Voir la bibliographie de l'article Baudouin de Condé.

F.B.

4. On signalera encore, au XIVe siècle, la *Voie d'Enfer et de Paradis* de Jean de Le Mote* et, parmi les inédits : 1) *Le songe de la voie d'Enfer et de la voie de Paradis*, long poème de 7 400 octosyllabes environ, dont existe aussi une version remaniée, qui a elle-même donné naissance à une moralité. Œuvre d'un clerc du Nord de la France, qui écrivait dans les années 1315, elle contient de longs enseignements sur la contrition, la confession, les com-

mandements, les articles de la foi, etc. (Cf. A. Thomas, dans *HLF*, t. 36 (1928), p. 86-100). 2) Une *Voie de paradis* en prose, développant l'allégorie du banquet de Paradis, contenue dans cinq recueils de facture analogue étudiés par J. Morawski (*Dits et proverbes des Sages*, Paris, 1924, p. XII-XVIII ; cf. G.H. Keith, dans *The Romanic Review*, t. 58 (1967), p. 166-172). 3) Un poème du XVe siècle en 1 200 octosyllabes à rimes plates (ms. Bruxelles, Bibl. royale IV 823). G.H.

5. Enfin existe du début du XIVe siècle, une œuvre anonyme en prose, conservée dans quatre mss de la BN (fr. 1838, fr. 1608, fr. 9617, fr. 19355). Cette *Voie de Paradis* est un traité de morale consacré aux trois routes que l'homme doit suivre pour arriver au paradis : contrition, confession et satisfaction. L'auteur, un clerc (normand ?), s'étend beaucoup sur la seconde, qui occupe la plus grande partie de l'œuvre. Celle-ci n'est d'ailleurs, que la traduction d'un texte latin, le *Tractatus de tribus dietis paradisi,* longue paraphrase du *De tribus dietis de* Robert de Sorbon réalisée à la fin du XIIIe par un de ses disciples, qui l'amplifia d'emprunts aux autres ouvrages du maître, aux Victorins, à saint Bernard*, à Pierre Lombard*, à Raymond de Peñafort, etc. Une adaptation indépendante du même texte est représentée par l'anonyme *Traitiet des trois journées* du ms. Cambrai 403. Les deux principaux traités pénitentiels de Robert de Sorbon* (*De consciencia, De tribus dietis Paradisi*) et leurs remaniements inspirèrent plusieurs autres opuscules didactiques français, parmi lesquels il convient de mentionner, parce qu'il connut une assez large diffusion (plus de 20 copies), le *Livret* ou *Diète de salut,* traditionnellement attribué au jeune cardinal Pierre de Luxembourg († 1387), qui suit le même plan. En dépend aussi, bien qu'il renonce à l'allégorie des trois journées, le *Traité du jugement de Dieu et du sacrement de penance* (ms. Arsenal 2059, daté de 1351).

En dépit du titre et du sujet, *La Voie de paradis* en prose doit être distinguée des poèmes allégoriques de Raoul de Houdenc* (apocryphe) et de Guillaume de Digulleville*, ainsi que des ouvrages homonymes de Rutebeuf* et de Baudouin de Condé*, qui se montrent fidèles aux procédés traditionnels de l'allégorie (personnification des vices, songes, apparitions...). Quoiqu'elles aient la même fonction, instruire les laïcs, les *Voies* dérivées de l'enseignement de Robert de Sorbon font un emploi beaucoup plus restreint et toujours raisonné des paraboles et des images.

ŒUVRE. — Éd. F.N.M. Diekstra, *The Middle English Weye of Paradys and the Middle French Voie de Paradis. A Parallel Text Edition*, Leyde, 1991 [éd. de la *Voie de Paradis* et de sa trad. anglaise, précédée d'une riche introd.].

→ *DSAM*, notices Pierre de Luxembourg (t. 12, 1985, col. 1612-1614) et Robert de Sorbon (t. 13, 1988, col. 816-824). — C.V. Langlois et A. Thomas, *Anonyme auteur d'une Voie de Paradis en prose française*, dans *HLF*, t. 36 (1927), p. 624-627. — F.N.M. Diekstra, *Robert de Sorbon and the Sources and Analogues of the Weye of Paradis*, dans *English Studies*, t. 68 (1987), p. 40-65. G.K. et G.H.

Voir en outre, K.A. Nyman, *Quelques observations sur le cycle poétique des visions et la Voie d'Enfer et de Paradis de Jehan de La Mote*, dans *Neuphilologische Mitteilungen*, t. 13 (1911), p. 174-182. — S. Wenzel, *The Pilgrimage of Life as a Late Medieval Genre*, dans *Mediaeval Studies*, t. 35 (1973), p. 370-388. — B. Nolan, *The Gothic Visionary Perspective*, Princeton, 1977.

Voyage d'Alexandre au paradis terrestre. Voir : *Roman d'Alexandre.*

Voyage de saint Brendan. Voir : *Navigatio sancti Brendani.*

Voyages. Les voyages ou déplacements de grande ou de moyenne importance étaient, au Moyen Âge, plus fréquents qu'on ne se l'imagine d'habitude. À une époque où la cour des rois n'avait pas encore fixé sa résidence ; où la religion et la langue de la culture maintenaient une sorte d'unité supranationale, qui réduisait d'autant l'importance pratique des frontières ; où les pèlerins, précurseurs des touristes, affluaient de partout vers les trois grands centres de Jérusalem, de Rome et de Compostelle ; où, enfin, le mouvement commercial s'annexait des zones de plus en plus éloignées, les déplacements étaient chose courante, en dépit des difficultés de transport.

On ne saurait retracer ici l'histoire générale de ces voyages, seulement les examiner dans la mesure où ils ont produit des ouvrages intéressant la littérature ou l'histoire des idées.

C'est avec l'histoire des missions franciscaines et dominicaines au XIIIe siècle que commence la grande littérature géographique. Depuis les conquêtes de Gengis Khan qui, en 1206, s'était fait reconnaître comme maître unique, l'empire des Mongols s'était étendu à travers toute l'Asie et jusqu'en Europe. Cette suzeraineté dura jusqu'à l'avènement des Ming en 1268, qui déclencha la fermeture de la Chine aux Occidentaux, et cela pendant deux siècles. En 1245, un concile se tint à Lyon pour étudier les mesures susceptibles de conjurer le danger mongol. Parmi les initiatives prises, il fut décidé d'envoyer des missionnaires. C'est ainsi que le franciscain italien Jean de Plancarpin (Giovanni di Pian Carpino) reçut du pape Innocent IV la charge d'une première exploration en Mongolie (1245-1246). Sa relation de voyage, ou *Historia Mongolorum*, est un rapport fort compétent sur l'histoire du peuple mongol et les mœurs des habitants, avec des considérations sur les moyens à employer pour leur résister. Vincent de Beauvais* en inséra presque aussitôt des extraits dans son *Speculum historiale*, à côté de passages du récit de voyage de Simon de Saint-Quentin, l'*Historia Tartarorum*, bâti sur un modèle assez voisin. Quelques années plus tard, un autre frère mineur, le flamand Guillaume de Rubrouck*, fut chargé d'une mission analogue par saint Louis ; à son retour, en 1255, il adressait un véritable rapport au roi. Son talent de narrateur a fait de ce texte un des classiques de la littérature de voyage. D'autres messagers furent envoyés par le pape : André de Longjumeau chez les Mongols (de la relation ne subsistent que quelques indications recueillies dans les *Additamenta* de Matthieu Paris*) ; le dominicain Ascelin de Crémone en Perse (1247) ; le dominicain Riccoldo da Monte di Croce, missionnaire en Orient (1286-1287) et auteur d'un *Liber peregrinationis*, véritable relation de voyage à travers la Syrie et la Mésopotamie jusqu'à Bagdad, précédée d'un récit de pèlerinage en Terre sainte. En 1291, le franciscain Giovanni da Monte Corvino se vit confier par le pape Nicolas la mission de la découverte de la Chine. Il fut l'un des premiers Occidentaux, sinon le premier, à prendre la route maritime d'Extrême-Orient. Il mourra archevêque de Khambaluc (l'actuelle Pékin), en 1328, sans revenir en Europe. Ses lettres, véritables relations de voyage, ne furent connues du pape Clément V qu'en 1307 ; elles firent sensation et déterminèrent un effort d'organisation des missions d'Asie. Odoric de Pordenone* (Odoricus de Foro Julio), missionnaire en Méditerranée occidentale (1295-1313) avant d'être envoyé en Chine (1314-1329), donnera une allure particulière à sa relation de voyage, *Itinerarium de mirabilibus orientalium Tartarorum*, en s'attachant à y décrire les « merveilles » découvertes, c'est-à-dire les phénomènes surprenants, d'ordre géographique ou ethnographique, dont il avait été le témoin. Ce même désir anime un autre missionnaire, le dominicain Jourdain Cathala, originaire de Séverac en Rouergue, qui se consacra aux missions de l'Inde entre 1323 et 1328, dans son ouvrage principal, *Mirabilia descripta*, composé après son retour à Avignon, vers 1329. La vogue des merveilles de l'Inde remonte au fabuleux succès rencontré par la légende du Prêtre Jean ; cette légende était déjà solidement établie dans les années 1160, quand commença à circuler en Occident une *Lettre du Prêtre Jean**, faux fabriqué de toutes pièces à partir du démarquage de la légende d'Alexandre le Grand et de l'exploitation d'un certain nombre d'éléments traditionnels. Ces missionnaires n'étaient pas les seuls à entreprendre d'aussi longs voyages ; Rubrouck rencontrait déjà des Allemands déportés qui creusaient les mines du Caucase, des Hongrois à la cour de Batou Khan, une jeune Messine qui avait été enlevée par les Mongols et un orfèvre de Paris (qui avait été capturé à Belgrade), au service du Khan.

Avec le développement des missions et surtout grâce à la grande impulsion donnée à ces contacts par les croisades, les relations avec l'Orient étaient devenues suivies et régulières ; le souci des langues orientales se fit alors sentir très vivement. À l'arabe, auquel on s'intéressait depuis plus d'un siècle, s'ajoutèrent les diverses langues orientales (mongol, persan). Le premier enseignement de ces langues à Paris date de la création par le pape Innocent IV en 1248 de dix bourses pour des jeunes gens *tam in arabico quam in aliis linguis orientalibus peritos*, pour leur permettre de se former en théologie et d'aller ensuite instruire, dans les pays d'outre-mer, ceux qui parlaient ces langues. Vingt ans plus tard, Clément IV doublait le nombre de ces bourses. Un décret du concile de Vienne en 1312 prescrivit l'organisation de l'enseignement des langues orientales dans les principales universités d'Europe.

Toutes ces relations de mission étaient rédigées en latin. Au XIVe siècle, certaines furent traduites en français et rendues accessibles à un plus large public. C'est Jean de Vignay* qui traduisit, entre 1326 et 1341, la relation d'Odoric de Pordenone. Un peu plus tard en 1351, Jean Le Long*, abbé de Saint-Bertin, retraduisait le même ouvrage, qu'il fit entrer dans un recueil composite ; s'y trouvent les relations mises en français de Riccoldo da Monte Croce et de Guillaume de Boldensele, le *Livre de l'Etat du grand Khan* (texte latin à l'origine, attribué à Guillaume Adam* ou à son successeur à Sultanieh, Jean de Core), la *Flor des estoires* de Hayton* (ouvrage d'abord écrit en français puis traduit en latin et retraduit en français par Jean Le Long), enfin les lettres envoyées par le Khan au pape en 1338.

C'est un autre but que l'évangélisation des infidèles que se proposait le jeune Marco Polo*, lorsqu'il entreprit le voyage d'Asie avec son père et son oncle, des marchands vénitiens qui cherchaient des débouchés pour écouler leurs marchandises et avaient déjà effectué une première reconnaissance des lieux ; un certain souci missionnaire ne semble toutefois pas absent de leurs préoccupations. Le récit de Marco Polo, qui passa dix-sept années à la cour pékinoise de Qubilaï Khan, est essentiellement une description de la Chine et des pays avoisinants, son auteur est très attentif à la nature, à la vie sociale et religieuse, ainsi qu'aux étrangetés qui peuvent impressionner. Manuel destiné aux marchands pour certains, livre de géographie pour d'autres, le *Devisement du monde* eut un énorme succès et une rapide diffusion. On sait combien les descriptions de Marco Polo ont meublé les esprits des navigateurs et agité leurs imaginations ; Christophe Colomb en fut un fervent lecteur.

L'importance que connut le pèlerinage dans la vie religieuse des chrétiens occidentaux, depuis les premiers siècles de l'Église, rendait nécessaire l'élaboration de guides. Le plus célèbre fut le *Guide du Pèlerin à Saint-Jacques de Compostelle*, écrit en latin dans la première moitié du XIIe siècle, peut-être par le Poitevin Aimeri Picaud, et qui n'est qu'une partie de la compilation connue sous le nom de *Liber sancti Jacobi*. L'auteur conseille aux pèlerins un itinéraire, leur indiquant la longueur des étapes, les possibilités d'accueil et les précautions à prendre, la liste des sanctuaires à visiter, et leur présente une description détaillée de Compostelle. Les guides du pèlerin en Terre sainte se multiplièrent avec les croisades ; ce pouvait n'être qu'une simple description de la Terre sainte, tel le *Liber locorum sanctorum* rédigé par Rorgo Fretellus, archidiacre d'Antioche, vers 1140, qui fut traduit sous le nom de *Terre de promission*. Mais certaines descriptions comportent aussi un itinéraire pour se rendre en Palestine, ainsi les textes appelés d'après l'incipit *Innominati*. Malgré la prise de Jérusalem par Saladin, les pèlerinages continuèrent et nombre de guides datent du XIIIe siècle ; leur rédaction se poursuivit même après la fin de l'époque des croisades et jusqu'au XVe siècle. Mais le genre des récits de voyage tend à prendre le pas sur les guides proprement dits.

Les descriptions de la Terre sainte ne se proposent plus seulement de fournir aux voyageurs des informations pour la réalisation de leurs projets. Après la chute de Saint-Jean d'Acre (1291) et la perte des États latins d'Orient, la *recuperatio Terrae Sanctae* devient un impératif pour la Chrétienté. C'est alors que fait son apparition, à la fin du XIIIe et au début du XIVe siècle, la littérature des projets de croisade, dont le *Liber secretorum fidelium crucis* du Vénitien Marino Sanudo est l'un des exemples les plus connus. Parmi les trente projets « français » de croisade émis au début du XIVe siècle et étudiés par C. Samaran, on peut citer encore les deux versions, latine et française, d'un projet anonyme intitulé *Via ad Terram Sanctam* ; le *Directorium ad passagium faciendum*, traité anonyme attribué à Guillaume Adam* ou plus vraisemblablement à Raimond Étienne, dominicain comme Guillaume Adam avec lequel il avait voyagé en Perse et à travers l'océan Indien (le *Directorium* sera traduit en français par Jean Miélot* en 1455, en prévision de la croisade projetée au temps de la prise de Constantinople par les Turcs en 1453 ; le traducteur omettra un passage, pourtant exceptionnel, sur les dimensions du monde) ; les traités de Raymond Lulle*, de Pierre Dubois*, etc. Guillaume Adam est l'auteur d'un rapport, *De modo Saracenos extirpandi*, qui contient aussi un plan de croisade ; il y émet l'idée d'une alliance avec la Perse et l'Éthiopie pour relancer la croisade. La *Fleur des estoires d'Orient* de l'Arménien Hayton* répond à la même préoccupation. Celui-ci remit les quatres livres de son ouvrage au pape en 1307 à Poitiers. Le quatrième livre, qu'il dicta à un certain Nicolas Falcon, renferme un plan de reconquête de la Terre sainte. L'ouvrage sera traduit en latin puis remis en français par Jean Le long* en 1351. Plus tard, une nouvelle chronique d'Arménie et de l'Orient latin fut écrite par Jean Dardel*, un franciscain qui avait été le confesseur et le confident de Léon V, roi d'Arménie prisonnier des Sarrasins (1375-1379) et avait contribué à sa mise en liberté.

Les projets de croisade ne furent pas abandonnés pendant le XVe siècle. Bien au contraire, ils connurent un véritable renouveau, du fait de la politique orientale particulièrement active des ducs de Bourgogne. C'est pour Philippe le Bon que Bertrandon de La Broquière* traduisit, en 1439, l'*Advis sur la conqueste de Grece et de la Terre sainte* de Jean Torzelo, chambellan de l'empereur de Constantinople. Au même moment, le Vénitien Emmanuel Piloti, issu d'une famille de marchands établie en Crète, qui lui-même passa plus de quarante ans au Levant, de 1396 à 1438 environ pour ses affaires, adressait au pape Eugène IV un traité pour le convaincre d'une expédition sur Alexandrie qui ouvrirait la voie vers Jérusalem. Il écrivit d'abord un brouillon en dialecte vénitien, qu'il dut commencer en 1420 et qu'il mit peut-être en latin à l'intention du pape. Le traité sera ensuite traduit en français en 1441, par Piloti ou par un autre traducteur (le texte ne le précise pas). Cette traduction, qui a peut-être été faite pour Philippe le Bon, est le seul état du texte qui subsiste actuellement. C'est encore l'intérêt pour la croisade qui motive le *Debat du crestien et du sarrazin* (1450), suivi du *Discours du voyage d'outremer* (1452), œuvres de Jean Germain* — qui apparaît sans conteste comme le champion de l'idée de croisade et de l'orthodoxie la plus intransigeante à l'égard des musulmans —, et l'anonyme *Epistre faite en la contemplation du saint voyage de Turquie, adressant à la tres chrestienne et tres heureuse maison de Bourgogne*, en 1464. Le mot voyage doit, bien entendu, s'entendre comme une expédition militaire à l'état de projet ; il ne faut pas confondre cette littérature théorique avec les véritables descriptions.

Les voyages « littéraires » se multiplièrent à partir des premières années du XVe siècle, grâce surtout à deux circonstances nouvelles ; la domination française qui s'établit à Gênes et les projets de croisade contre le Turc. Le *Livre des Faits de Jean Le Meingre, dit Boucicaut** raconte l'activité déployée par le maréchal avec l'occupation militaire de Gênes, qui dura de 1401 à 1409, depuis l'expédition à Constantinople (1399), avec la campagne de Syrie (1403), puis le nouveau projet d'expédition contre Alexandrie (1407). Après la victoire du prince tatare Tamerlan sur les Turcs (28 juillet 1402), des ambassades furent dépêchées auprès du nouveau maître de l'Asie ; on ne renonçait pas au vieux rêve d'une alliance de revers contre la puissance ottomane : Tamerlan n'offrait-il pas le moyen d'une revanche quelques années après l'effondrement à Nicopolis de la dernière croisade (1396) ? La politique orientale des ducs de Bourgogne les poussa à organiser quelques voyages d'information, qui contribuèrent à répandre en France des connaissances plus exactes sur l'Orient.

L'évêque arménien Jean IV de Sultanieh (Iran) rendit visite à Tamerlan avant de venir en 1398 à Rome ; il revint à Paris et à Londres en 1404, parcourut l'Italie de 1404 à 1408, se vit chargé d'une mission à Constantinople en 1409 et mourut au cours d'une mission diplomatique en Ukraine. Il est l'auteur d'un mémoire où il décrit la cour turque et les possibilités d'échanges commerciaux. Ce fut sur l'ordre de Philippe le Bon que Bertrandon de La Broquière* et Gilbert de Lannoy* entreprirent un long voyage en Orient avec mission de s'informer sur les possibilités d'une croisade. Le *Livre de la description des pays* décrit les pays où Gilles le Bouvier* dut probablement aller lors de ses nombreuses missions diplomatiques. Mais il rentre dans la littérature géographique plutôt que dans la littérature de voyage, car l'auteur n'y fait figurer aucun souvenir personnel.

Enfin, parmi les simples pèlerinages, on peut citer le *Journal d'un pèlerin français en Terre sainte et au Sinaï au* XVe *siècle*, bien que ce ne soit qu'un fragment des comptes d'un pèlerinage accompli en 1383. Le *Saint voyage de Jherusalem*, effectué du 16 juillet 1395 au 22 juin 1396 par Ogier VIII*, seigneur d'Anglure (1360-1412), est d'une tout autre envergure. Mentionnons aussi le *Voyage d'outremer en Jherusalem*, que rédigea Nompar de Caumont*, relation d'un voyage effectué en 1418, un an après son pèlerinage à Compostelle ; un *Guide du pèlerin en Terre sainte*, en 1420 ; le *Journal du voyage à Jérusalem* de Louis de Rochechouart, évêque de Saintes (1461) ; le *Voyage de la saincte cyté de Hyerusalem*, d'un auteur inconnu qui a décrit les lieux (1480) ; le *Voyage à Venise, Rome, Jérusalem, le mont Sinay et le Kayre*, fait en 1485-1486 par Georges Lengherand, mayeur de Mons ; *Les sainctes peregrinations de Jherusalem et des anvirons et des lieux prochains du mont de Sinay*, rédigé en 1483 par le Hessois Bernard de Breidenbach (le récit fut publié en latin en 1486 et traduit par le carme Nicole le Huen, en 1488) ; le *Voyage a Jerusalem*, fait en 1490 par Philippe de Voisins, seigneur de Montault ; la *Compendieuse description de la terre de promission*, publiée par Sébastien Mamerot* au retour de Syrie (1492). Voir la bibliographie pour d'autres textes.

Le trop petit nombre des relations de pèlerinages autres que ceux accomplis aux Lieux saints, à Rome et Compostelle, empêche d'en reconstituer l'historique. Le Purgatoire de saint Patrice* était un centre de pèlerinage célèbre, situé dans le Lough Derg (comté de Donegal, Irlande), où les pèlerins médiévaux allaient chercher des visions d'outre-tombe. Le premier texte connu, le *Tractatus de purgatorio sancti Patricii*, relate la visite du chevalier Owen (vers 1153) ; il a inspiré plusieurs compositions en langue vulgaire ; mais c'est à partir du XIVe siècle que se multiplièrent les récits, parmi lesquels ceux de Louis d'Auxerre et de Laurent de Pasztho, textes fort brefs sur le voyage, qui rentrent plutôt dans le cadre de la littérature des visions.

Les voyages qui se proposent des objectifs différents de celui du pèlerinage constituent de très rares exceptions. La chronique de l'expédition de Jean de Béthencourt et de son compagnon Gadifer de La Salle aux Canaries (1402-1412) en est une ; ce dernier essaie d'ailleurs de justifier l'aventure en la présentant comme une attaque de biais contre la puissance musulmane en Afrique. Quant aux voyages africains du Toulousain Anselme Ysalguier vers la fin du XIVe siècle, il ne faut pas en tenir compte, car ils relèvent d'une fantaisie romanesque échafaudée au XVIIe siècle. Il faudra attendre la fin du XVe siècle pour revoir des bateaux français dans ces mêmes parages d'Afrique ; encore fallait-il passer inaperçu des Portugais qui s'étaient attribués l'exclusivité des côtes africaines et interdisaient tout trafic avec les Africains. Les prohibitions et une rigoureuse surveillance maritime ne parvenaient cependant pas à empêcher des explorateurs de Castille et d'Aragon, de France et des Pays-Bas de fréquenter les rivages africains. Cela nous procure de nouveaux témoignages, celui d'un habitant de Tournai, Eustache de La Fosse, embarqué à L'Écluse en 1479 pour un voyage commercial en Guinée, qui sera fait prisonnier par les Portugais ; échappant à la pendaison, il s'enfuira avec la complicité de son gardien vers l'Espagne. Il a écrit bien plus tard, après 1515, un récit de ses aventures particulièrement intéressant, dans lequel il décrit non seulement son voyage maritime par les Canaries, le rio de Oro, le cap Blanc, le banc d'Arguin, le cap Vert, les îles de Los, la Sierra Leone, le cap Sainte-Anne, mais aussi la Mine, point névralgique du commerce portugais sur le golfe de Guinée, et son récit fourmille de détails illustrant les progrès de l'exploration.

À l'Asie et à l'Afrique, aux croisades et aux voyages d'exploration, il faut ajouter le Nord et l'Est européen qui eurent, pour les hommes du XIVe et du début du XVe siècle, un certain parfum d'exotisme. Pour l'aristocratie chevaleresque, la « croisade de Prusse » constituait une exaltante revanche de l'impossible « passage » en Terre sainte. On se contentera de renvoyer aux auteurs suivants qui, dans certaines parties de leurs ouvrages, racontent ces expéditions : Gaston Phébus*, Philippe de Mézières*, Gilbert de Lannoy*, Antoine de La Sale*, Guillaume Fillastre*, enfin Aeneas Silvius Piccolomini*, le futur pape Pie II.

Ce tableau de la littérature des voyages ne serait pas complet, si l'on ne tenait pas compte des voyageurs en chambre, c'est-à-dire des écrivains de métier, qui décrivirent des voyages imaginaires. Ce genre, qui prouve assez la vogue des récits de voyage auprès du public, n'est pas une nouveauté : le pèlerinage de saint Brendan en est un premier exemple. Cette histoire, qui appartient au genre hagiographique, décrit l'odyssée de sept années entreprise par l'abbé irlandais saint Brendan (VIe siècle) et de ses quatorze moines pour visiter le Paradis et l'Enfer. La version la plus ancienne, la *Navigatio sancti Brendani**, est en latin, elle date du Xe siècle et est attribuée à un Scottus inconnu ; elle sera adaptée par un certain Benoît en un poème anglo-normand d'environ 2 000 vers, dont le succès donnera lieu à un remaniement en picard, à des traductions en latin et des mises en prose française, qui insérées dans des légendiers, auront une large diffusion. Traduit dans un grand nombre de langues vulgaires et très largement diffusé, le *Voyage de saint Brendan* deviendra vite partie intégrante du folklore de l'Europe médiévale. Bien que ce ne soit autre chose qu'un voyage en pleine allégorie, il s'y trouve cependant des données bien réelles sur l'Atlantique septentrional, de même que des éléments géographiques que les moines celtiques avaient pu recueillir au cours de leurs navigations. C'est également à des personnages allégoriques que Philippe de Mézières* a confié, dans le *Songe du Vieil pelerin*, le soin de visiter la terre au cours d'un voyage accompli par la voie des airs : la reine Vérité et ses compagnes parcourent les divers pays pour rechercher celui où l'on forge une monnaie de bon aloi, c'est-à-dire qui est gouverné selon les lois de la morale chrétienne. Or ce voyage se réalise dans un cadre géographique parfaitement conforme aux connaissances du temps, d'après les souvenirs de voyage de Philippe et des informations provenant de récits déjà publiés ou de témoignages oraux. Son récit de voyage est géographique, en ce sens qu'il présente un « état du monde » dont la forme allégorique ne doit pas dissimuler l'exactitude de l'information, en suivant la mappemonde (cf. J. Richard). Le récit du franciscain castillan, auteur du *Libro del conoscimiento*, écrit également au XIVe siècle, est celui d'un voyage imaginaire, mais il apporte une description du monde plus complète que bien d'autres, et a été considéré comme une narration authentique par les hommes de la fin du XIVe siècle ; le *Canarien** se réfère à lui comme à une autorité sur le Prêtre Jean et l'empire africain. Parmi les ouvrages géographiques plus ou moins fictifs, il faut encore rappeler les célèbres « Voyages » attribués à Jean de Mandeville*, qui donnèrent lieu à nombre de controverses.

Avec le XVIe siècle qui commence s'ouvre, pour la littérature française, l'ère des grandes découvertes géographiques. C'est l'époque où se multiplient les livres, le plus souvent imprimés tout de suite, qui décrivent le pèlerinage traditionnel en Terre sainte : Jacques Le Saige (1520), frère Jean Thénaud (1520), Bertrand de Salignac (1525), Greffin Agaffart (1533) ; mais c'est aussi celle où commencent les grandes aventures océaniques, avec les premières relations de découverte de Gonneville (Brésil), des frères Verrazzano (côte orientale de l'Amérique du Nord), des Dieppois Jean et Raoul Parmentier (Sumatra) et de Jacques Cartier (Canada).

→ C. de La Roncière, *La découverte de l'Afrique au Moyen Âge*, 3 vol., Le Caire, 1925-1927. — A.P. Newton, *Travel and Travellers of the Middle Ages*, Londres, 1926. — R. Hennig, *Terrae incognitae*..., 2e éd., Leyde, 4 vol., t. 2, 3 et 4, 1950-1956 [éd. refondue et augmentée]. — J.K. Wright, *The Geographical Lore of the Time of the Crusades*, New York, 2e éd., 1965 (*American Geographical Society*, 15). — R. Newton, *Medieval Chronicles and the Rotation of the Earth*, Baltimore, 1972. — M. Mollat, *Grands voyages et connaissance du monde du milieu du XIIIe siècle à la fin du XVe siècle*, Paris, 1966, 2 fasc. ronéot. (*Les cours de la Sorbonne*) ; *Les explorateurs du XIIIe au XVIe siècle*, Paris, 1984. — *Voyage, Quête, Pèlerinage dans la civilisation médiévale*, *Senefiance*, n° 2, 1976 ; *Images et scènes de l'Orient dans l'Occident médiéval, ibid.*, n° 11, 1982. — J.-P. Roux, *Les explorateurs au Moyen Âge*, Paris, 1985. — C. Verlinden et E. Schmitt, *Dokumente zur Geschichte der europaïschen Expansion*, t. 1 : *Die mittelalterlichen Ursprünge der europ. Exp.*, Munich, 1985. — N. Ohler, *Reisen im Mitte-*

lalter, Munich, 1986. — *L'Europe et l'Océan au Moyen Âge. Contribution à l'histoire de la navigation*, Paris, 1989 *(Société des historiens médiévistes de l'Enseignement supérieur)*. — J. Favier, *Les grandes découvertes. D'Alexandre à Magellan...*, Paris, 1991. — J. Richard, *Les récits de voyages et de pèlerinages*, Turnhout, 1981 (*Typologie des sources du Moyen Âge occidental*, fasc. 38) [mise au point essentielle avec bibliogr.] ; *Les Relations de pèlerinages au Moyen Âge et les motivations de leurs auteurs*, dans *Wallfahrt kennt keine Greuzen, Themen zu einer Austellung des Bayerischen National museums und des Adalbert Stifter Vereins*, Munich, Zurich, 1984, p. 143-154.

Sur les missions : G. Gobulovich, *Biblioteca bio-bibliografica della Terra Santa e dell' Oriente francescano*, Quaracchi, 1906-1927, 5 vol. — Éd. Van den Wingaert, *Relationes Fratrum minorum saec.* XIII *et* XIV, Quaracchi, 1929 (*Sinica franciscana*, 1). — J. Richard, Éd. de *Simon de Saint-Quentin, Historia Tartarorum*, Paris, 1965 ; *L'enseignement des langues orientales en Occident au Moyen Âge*, dans la *Revue des études islamiques*, t. 44 (1976), p. 149-164 ; *La papauté et les missions d'Orient au Moyen Âge*, Rome, Paris, 1977 ; *Les causes des victoires mongoles d'après les historiens occidentaux du* XIIIe, dans *Croisés, missionnaires et voyageurs*, Londres, 1983, XI, p. 104-117. — Jourdain Cathala de Severac, *Mirabilia descripta*, éd. et trad. française H. Cordier, 1925. — Éd. J. Vielliard, *Le guide du pèlerin de Saint-Jacques de Compostelle*, 1re éd., Mâcon, 1938, dernière éd., Paris, 1984. — Éd. P.C. Boeren, *Rorgo Fretellus de Nazareth et sa description de la Terre sainte. Histoire et éd. du texte*, Amsterdam, 1980 ; pour la trad. anonyme du texte, voir H. Shields, *Légendes religieuses en ancien français*, dans *Scriptorium*, t. 34 (1980), p. 69. — *Innominati I à IX* [brèves descriptions de Terre sainte par des auteurs anonymes], éd. T. Tobler, *Descriptiones Terrae sanctae...*, Leipzig, 1874 ; voir aussi Nouveau Potthast, t. 6, p. 252-254 ; cf. trad. française de *Innominatus I, Ci sunt li saint leu de Jerusalem*. — Éd. H. Michelant et G. Raynaud, *Itinéraires à Jérusalem et descriptions de la Terre sainte, rédigés en français aux* XIe, XIIe *et* XIIIe, Paris, Genève, 1882, réimp. Osnabrück, 1966. — R. Pernoud, *Un guide du pèlerin en Terre sainte au* XVe *siècle*, Paris, 1940 [l'un des plus complets du genre, avec une partie historique, une partie géographique].

C. Samaran, *Projets français de croisade de Philippe le Bel à Philippe de Valois*, dans *HLF*, t. 41 (1941), p. 32-74. — *Traité* d'Emmanuel Piloti, éd. P.H. Dopp, Louvain et Paris, 1958. — *Epistre faite en la contemplation...*, éd. G. Doutrepont, dans *Analectes pour servir à l'hist. de la Belgique*, t. 2 (1906), p. 144-195. — H. Moranvillé, *Mémoires sur Tamerlan et sa cour*, dans *BEC*, t. 55 (1894), p. 433-464. — A.S. Atiya, *The Crusade in the Later Middle Ages*, Londres, 1938.

Journal d'un pèlerin fr. ..., éd. H. Omont, dans *Revue de l'Orient latin*, t. 3 (1895), p. 457-459. — *Guide du pèlerin... en 1420*, éd. *id.*, dans *Mél. G. Schlumberger*, Tours-Paris, 1924, p. 436-450. — *Journal de... L. de Rochechouart*, éd. C. Couderc, Paris, 1893. — *Voyage de la sainte cité de Jerusalem*, éd. C. Scheffer, Paris, 1882. — *Voyage de G. Lengherand*, éd. Godefroy-Ménilglaise, Mons, 1861. — *Voyage à Jérusalem de Philippe de Voisins*, éd. Tamisey de Larroque, Paris, 1883. — *Un pèlerinage en Terre sainte et au Sinaï au* XVe *s.*, éd. H. Moranvillé, dans *BEC*, t. 66 (1905), p. 70-106. — *Le voyage de Pierre Barbastre à Jérusalem* (1480), éd. P. Tucoo-Chala et N. Pinzuti, dans *Annuaire-Bull. Soc. de l'hist. de France*, 1972-1973, p. 75-172 [voir dans l'introd. une étude sur la littérature des pèlerinages en Terre sainte au XVe]. — *L'itinéraire d'Anselme Adorno en Terre sainte (1470-1471)*, éd. et trad. J. Heers et G. de Groer, Paris, 1978. — P. Cantoni, *Les pèlerinages à Jérusalem et au Mont Sinaï du* XIVe *au* XVIe, dans *Positions des thèses de l'École des Chartes*, 1972, p. 33-42. — B. Dansette, *Les pèlerinages occidentaux en Terre sainte : une pratique de la « Dévotion moderne ». Relation inédite d'un pèlerinage effectué en 1486*, dans *Arch. Francisc. Hist.*, t. 72 (1979), p. 106-133 et 330-428. — D.R. Howard, *Writers and Pilgrims. Medieval Pilgrimage Narratives and their Posterity*, Berkeley, Univ. of Calif., 1980. — A. Surdel, *Oultremer, la Terre sainte et l'Orient vu par les pèlerins du* XVe *siècle*, dans *Senefiance*, n° 11 (1982), p. 325-329. — L.B. Hagemann, *Missions theoretische Anvätze in De rationatibus fidei*, dans *Thomas von Aquin...*, Berlin, New York, 1988 (*Miscellanea Medievalia*, 19), p. 460-462 [donne une bibliogr. sur l'histoire des missions des mineurs]. — A. Graboïs, *Les pèlerins occidentaux en Terre sainte au Moyen Âge*, dans *Studi Medievali*, t. 30 (1989), p. 15-48. — U. Ganz-Blätter, *Andacht und Arbentener. Berichte europaïscher Jerusalem- und Santiago-Pilger (1320-1520)*, Tübingen, 1990 (*Jakobus Studiens*, 4). — Voir aussi M. Balard (éd.), *Bibliogr. de l'histoire médiévale en France* (1965-1990), Paris, 1992, p. 57-58, 312. — Cf. *GRLMA*, t. XI/1, p. 259-283 [F. Hassaner, *Volksprachliche Reise Literatur : Faszination des Reisens und raümlicher Ordo.*]

A.C. et G.T.L.

W-Y

Wace. Né dans l'île de Jersey vers 1110, Wace fut amené tout jeune à Caen où il fut « mis a lettres ». Il poursuivit ses études, soit à Chartres, soit à Paris. De retour à Caen il se consacra à la carrière littéraire. On ne sait pas grand-chose sur ses fonctions, sinon qu'il occupa celle de « clerc lisant » sous trois rois anglais du nom d'Henri de 1135 à 1170. Il faut sans doute y voir une fonction ecclésiastique mineure. Sa situation matérielle fut en effet d'abord précaire. Plus tard, sa réputation établie, il fréquenta la cour royale et dut appartenir à l'entourage littéraire des Plantagenêts. Le roi Henri II lui accorda une prébende à Bayeux entre 1165 et 1169. On ignore la date de sa mort.

Avant 1155, Wace composa divers ouvrages en langue vulgaire, poèmes de circonstance, opuscules pieux, traductions de vies de saints, etc. De cette première période d'activité littéraire, il ne subsiste que trois pièces : la *Vie de sainte Marguerite**, dont le culte était fort populaire en Angleterre, la *Conception Notre Dame* et la *Vie de saint Nicolas**. Dans la *Vie de sainte Marguerite*, le style de Wace est encore dépouillé : pas d'interrogations oratoires, pas de rhétorique pompeuse, pas de redondances. Mais il évolue peu à peu : l'introduction devient prologue, les ornements apparaissent en même temps que les explications d'auteur. Dès la *Conception Notre Dame* se manifeste l'un des procédés caractéristiques de l'œuvre à venir : la répétition immédiate d'une même phrase. La *Vie de saint Nicolas* voit fleurir la juxtaposition de synonymes souvent soulignés par des allitérations. L'apostrophe à l'auditeur devient plus fréquente, et on y constate pour la première fois la brisure du couplet d'octosyllabes.

Viennent ensuite les deux compositions majeures du poète, le *Roman de Brut* et le *Roman de Rou*. Le *Brut*, achevé en 1155 et dédié à la reine Aliénor, est une traduction et une paraphrase de l'*Historia regum Britanniae* de Geoffroi de Monmouth* et la base du *Brut* de Layamon. Le récit, qui compte quelque 15 000 vers octosyllabiques, raconte l'histoire des rois bretons depuis l'arrivée dans le pays d'un descendant d'Enée, Brut, le conquérant de la Grande-Bretagne, jusqu'à la disparition du roi Arthur, à la fin du VIIe siècle. Agrémenté de dialogues et dc passages descriptifs tout en se conformant au récit de l'*Historia*, c'est un ouvrage très coloré au style soigné. C'est le premier texte en langue française consacré, en partie, à la légende arthurienne que véhiculait l'*Historia* de Geoffoi de Monmouth. Il est le premier à mentionner l'existence de la Table Ronde, qui est absente de l'*Historia*. Il est possible que Wace se soit rendu en Angleterre où il aurait pris connaissance de traditions celtiques orales ou écrites. C'est certainement grâce à sa traduction que l'œuvre de Geoffroi a remporté un grand succès. La traduction de Wace, à la suite de l'*Historia*, a contribué à la transformation du personnage d'Arthur en un roi chevaleresque, entouré d'une cour élégante et raffinée, caractéristiques qui ont survécu au XIIe siècle.

Le *Roman de Rou*, entrepris avec l'approbation du roi Henri II, sinon sur son ordre, se présente comme la suite logique du *Brut* : une geste des Normands venant s'ajouter à la geste des Bretons, pour former une immense œuvre de propagande en faveur des Plantagenêts. Le *Rou* fut commencé en 1160. Mais la majeure partie du poème, soit 11 440 vers octosyllabiques, se place après 1170, sans qu'on connaisse la raison de cette interruption ni sa durée exacte. Le poème se compose en effet de deux parties :

— Une 1re partie divisée en trois sections :
  la première section (751 octosyllabes) est consacrée à la carrière du pirate scandinave Hasting,
  la seconde (4 425 alexandrins) décrit la fondation du duché par Rollon et l'histoire des premiers ducs jusqu'en 965,

la troisième, ou *Chronique ascendante* (315 alexandrins), est un résumé en ordre inverse du poème entier ;
— Une 2e partie (11 440 vers octosyllabiques) reprend le récit là où il s'était interrompu.

Ces différentes étapes de composition montrent que Wace a dû changer son plan en cours de route. Mais soit que la composition en alexandrins ait dérouté son public, soit que le roi lui ait retiré sa faveur, peut-être à cause de sa lenteur, l'entreprise ne fut jamais menée à son terme. Ayant appris que son patron royal avait confié à Benoît de Sainte-Maure*, auteur du *Roman de Troie*, la tâche de composer une nouvelle histoire des ducs de Normandie, Wace renonça à terminer son propre ouvrage, qui s'interrompt au début du règne de Henri Ier, en 1106, avec la bataille de Tinchebray.

Wace a tiré sa matière de chroniques latines : ses principales sources sont Dudon de Saint-Quentin*, Guillaume de Jumièges*, et à partir du règne de Guillaume le Bâtard, Guillaume de Poitiers*, Orderic Vital* et les *Gesta regum* de l'historien anglais Guillaume de Malmesbury. Mais il y a ajouté un certain nombre d'éléments originaux. La valeur documentaire du poème réside plus dans le reflet qu'on y retrouve du monde où vivait l'auteur que dans l'exactitude des faits qu'il prétend raconter. L'importance littéraire et linguistique est grande. L'œuvre de Wace, l'une des plus considérables du XIIe siècle, est un des modèles les plus achevés que nous ayons conservé de l'ancienne langue et témoigne de la vitalité de la culture normande.

ŒUVRES. — *Roman de Brut* : éd. I. Arnold, 2 vol., Paris, 1938-1940 *(SATF)* ; éd. partielle I. Arnold et M. Pelan, *La partie arthurienne du Roman de Brut*, Paris, 1962 (*Bibliothèques françaises et romanes. Série B. Textes et documents*, 1) [éd. d'un extrait du ms. BN fr. 794]. — *Roman de Rou* : éd. J. Holden, 3 vol., Paris, 1970-1973 *(SATF)*. — Trad. J. Lepetit, *La Normandie sous les premiers ducs d'après le Roman de Rou de Wace*, dans *Art de Basse-Normandie*, n° 63 (1974) [trad. de 3 420 vers]. — Éd. et trad. d'extraits A.J. Holden et R. Lepelley, *Guillaume le duc, Guillaume le roi. Extraits du Roman de Rou*, Centre de Publications de l'Univ. de Caen, 1987.

→ M. Pelan, *L'influence du « Brut » de Wace sur les romans français de son temps*, Genève, 1931 ; réimp. Slatkine Reprints, 1974. — H.E. Keller, *Le vocabulaire de Wace*, Berlin, 1953 ; *Wace et les Bretons,* dans *Actes du 14e congrès intern. arthurien 1984*, Rennes, 1985, p. 354-370 ; *De l'amour dans le Roman de Brut*, dans *Mél. J.L. Grigsby*, Birmingham, 1989, p. 318-324. — U.T. Holmes, *Norman Literature and Wace*, dans *Medieval Secular Literature. Four Essays*, Berkeley et Los Angeles, 1965, p. 46-67. — M. Bennett, *Poetry as History ? The « Roman de Rou » of Wace as a Source for the Norman Conquest*, dans *Proceedings of the Battle Conference. Anglo-Norman Studies*, t. 5 (1982), p. 21-39. — E. Van Houts, *The Adaptation of the « Gesta Normannorum ducum » by Wace and Benoît*, dans *Mél. W. Noomen*, Groningue, 1984, p. 115-124. — M.B. Shichtman, *Gawain in Wace and Lazamon. A Case of Metahistorical Evolution*, dans *Medieval Texts and Contemporary Readers*, Ithaca et Londres, 1987, p. 103-119. — Cf. *GRLMA*, t. XI/1, p. 318-324. — *MB* nos 3274, 3338-3342, 3422-3424, 3708-3736, 6686-6700, 7819-7827 ; *S* 2526, 2571, 2572, 2605, 2961, 5671-5673, 5727, 5803, 6118-6157, 6166, 6169. G.T.L.

Waldef. Long roman lignager anglo-normand, anonyme, du début du XIIIe siècle. Il reste 22 300 octosyllabes de ce texte amputé de la fin, conservé par un manuscrit unique. Une traduction latine du début du XVe siècle, du moine Johannes Bramis, permet de combler les lacunes.

Le roman appartient au petit groupe de textes anglo-normands — tels *Fergus* de Guillaume Le Clerc*, *Fouke Fitz Warin*, Gui de Warewic** — qui célèbrent les exploits d'une grande famille anglaise, réelle ou imaginaire. Le héros tire son nom du célèbre Waltheof, comte de Huntingdon et de Northampton, un des rares dignitaires saxons à avoir survécu après la conquête normande. Mais la réalité historique s'arrête là : l'allusion dans le prologue à une source anglo-saxonne est sans fondement, et les innombrables aventures chevaleresques du héros s'inscrivent dans une longue tradition romanesque et conventionnelle, largement documentée.

Après un long préambule qui nous fait remonter à l'occupation romaine, l'auteur — anonyme — nous fait partager, dans un cadre géographique limité qu'il a l'air de bien connaître, la vie mouvementée du héros, son mariage, ses pérégrinations, sa mort, puis les exploits héroïques de ses fils Guiac et Gudlac. On y retrouve les thèmes des amours clandestines, des séparations douloureuses, des reconnaissances inespérées dans les moments critiques, des voyages périlleux, des combats entre personnages ignorant l'identité de l'adversaire, ainsi que celui de la dispersion d'une famille, thème essaimé par les légendes de saint Eustache* et d'Apollonius de Tyr*. *Waldef* est lié à *Gui de Warewic* pour lequel il a dû servir de modèle.

ŒUVRE. — Éd. A.J. Holden, *Le roman de Waldef (Cod. Bodmer, 168)*, Cologny-Genève, 1984 (*Bibliotheca Bodmeriana ; Textes*, 5).

→ A. Monteverdi, *La Leggenda di S. Eustachio*, dans *Studi Medievali*, t. 3 (1909), p. 169-229 ; t. 4 (1910), p. 392-498. — B.J. Levy, *Waltheof, « Earl » de Huntingdon et de Northampton : la naissance d'un héros anglo-normand*, dans *CCM*, t. 18 (1975), p. 183-196. — S. Dannenbaum, *Anglo-Norman Romances of English Heroes : Ancestral Romance ?*, dans *Romance Philology*, t. 35 (1981-1982), p. 601-608. — S. Crane, *Insular Romance. Politics, Faith and Culture in Anglo-Norman and Middle English Literature*, Berkeley-Los Angeles-Londres, 1986. — Cf. *GRLMA*, t. IV/2, n° 500 ; t. IV/1, p. 283-291. — *MB* n°s 1418, 7320 ; *S* 2456. C.R.

Walter de Bibbesworth. Auteur d'un traité pour l'enseignement de la langue française (vers 1280-1290). Ce traité a été composé pour Dionysia de Murchensy, dame noble de l'Essex, afin qu'elle s'en servît dans l'éducation de sa fille, également nommée Dionysia. Il comprend 1134 vers écrits en dialecte anglo-normand. Il commence par des conseils sur la manière de soigner les jeunes enfants, énumère les parties du corps, puis traite du vocabulaire rural, etc. L'auteur a cherché à fournir un vocabulaire étendu et précis. Le texte est accompagné d'assez nombreuses gloses en anglais. Le *Tretis* a connu une grande diffusion : les quinze manuscrits conservés en témoignent. Le traité *Femina nova*, daté de 1415, en offre un remaniement sans originalité. Walter de Bibbesworth est également l'auteur de quelques chansons et d'un *Dit équivoque*.

ŒUVRE. — *Le traité de Walter de Bibbesworth sur la langue française*, éd. A. Owen, Paris, 1929. — *Walter de Bibbesworth, Le Tretiz*, éd. W. Rothwell, Londres, 1990 (*ANTS, Plain Texts Series*, 6). — *Femina*, éd. W.A. Wright, Londres, 1909.

→ P. Meyer, *Notice et extraits du ms. 8336 de la Bibliothèque de sir Thomas Phillipps à Cheltenham*, dans *Romania*, t. 13 (1884), p. 497-541, notamment, p. 500-503 et 531-532. — E.J. Arnould, *Les sources de Femina nova*, dans *Mél. M.K. Pope*, Manchester, 1939, p. 1-9. — A.C. Baugh, *The Date of Walter of Bibbesworth's Traité*, dans *Mél. W. Fischer*, Heidelberg, 1959, p. 21-33. — A. Bell, *Notes on Walter of Bibbesworth's Treatise*, dans *Philological Quarterly*, t. 41 (1962), p. 361-372. — W. Rothwell, *The Teaching of French in Medieval England*, dans *The Modern Language Review*, t. 63 (1968), p. 37-46 ; *A Mis-judged Author and a Mis-used Text : Walter de Bibbesworth and his Tretiz, ibid.*, t. 77 (1982), p. 282-293. — Cf. *GRLMA*, t. VI/2, n° 3376. — *MB* n°s 2979, 6583 ; *S* 5466. Voir aussi : *Grammaire française médiévale.* G.G. et A.F.L.L.

Walter de Henley. Ce personnage serait né vers 1240 et aurait acquis son expérience de l'agriculture en administrant comme bailli un domaine de l'ouest des Midlands, avant d'entrer dans l'ordre dominicain vers 1280. Il écrivit à l'usage des baillis un traité d'économie rurale, dit *Housebondrie*, entre 1276 et 1290, très probablement en 1286 ; il mourut vers 1290 ou 1300.

Son traité se présente sous la forme d'avis donnés par un vieux père à son fils, et est émaillé de proverbes et de conseils de sagesse. Il traite de trois thèmes : l'administration d'un domaine, la culture des céréales et l'élevage. Inspiré d'un autre traité d'agriculture écrit une dizaine d'années plus tôt en anglo-normand, le traité de *Seneschaucee, Housebrondie* le dépasse largement par sa diffusion (plusieurs versions et plus de trente manuscrits conservés) et par sa postérité. Malgré l'évolution des systèmes agricoles, il resta en vogue chez les auteurs traitant de l'agriculture ou de la nature, et continua à être copié, traduit (en latin ou en anglais), et plagié jusqu'à la fin du XVIe siècle.

ŒUVRE. — *Walter of Henley's Husbandry, Together with Anonymous Husbandry, Seneschaucie and Robert Grosseteste's Rules*, éd. E. Lamond, Londres, 1890. — Éd. D. Oschinsky, *Walter of Henley and Other Treatise on Estate Management and Accounting*, Oxford, 1971.

→ F. Möhren, *Wort-und sachgeschichtliche Untersuchungen an französischen landwirtschaftlichen Texten, 13, 14 und 18 Jhdt : Seneschaucie, Menagier, Encyclopédie*, Tübingen, 1986. — Cf. *GRLMA* t. VI/2, n° 3616. — *MB* n°s 2947 ; *S* 5452-5453. A.F.L.L.

Watriquet de Couvin. Watriquet Brasseniex ou Brassenel, originaire de Couvin, village du Hainaut proche de Namur, exerça son activité littéraire de 1319 à 1329. Il fut attaché aux maisons de Chimay, de Châtillon et de Blois-Avesnes, qui étaient alliées. Il a été en particulier au service de Gaucher de Châtillon, connétable de France (dont il fait l'éloge dans le *Dit du connétable de France*) et de son neveu Gui de Châtillon, comte de Blois et seigneur d'Avesnes.

On doit à Watriquet 32 petites pièces ou *dits**, écrits avec verve et grâce. Son champ poétique est large, de l'éloge politique au rire. Nombre de ses dits sont étroitement liés à sa situation de poète de cour. Ce sont des poèmes politiques de circonstance : *De l'arbre royal* (sur les règnes de Louis X, Philippe V et Charles IV), les *Quatre sièges* (éloge de quatre comtes des familles de Valois, de Hainaut, de Châtillon, de Flandre), *Du roi* (exhortation à Philippe de Valois), la *Fête du comte de Flandre* (épithalame pour le mariage de Louis de Flandre). Il s'attache aussi à enseigner aux nobles les devoirs de leurs rangs, avec *Li enseignemens du jone fils de prince, Le Miroir aux princes, De haute honneur, Du Preu chevalier, De l'iraigne et du crapot* (allégorie sur les rapports entre les seigneurs et le peuple), *Des mahommés* (critique des favoris de cour). Mais la plupart de ses écrits sont d'ordre moral : *De fortune* (sur l'instabilité des choses humaines), *La noix* (sur la pratique des vertus), *Des trois vertus, Des sept vertus, De loyauté, Dépit du monde*, etc. Il ne dédaigne pourtant pas la poésie amoureuse (*La Fontaine d'amour*, l'*École d'amour*) ou le rire, avec deux fabliaux*, les *Trois chanoinesses de Cologne* et les *Trois dames de Paris* ; il va même jusqu'à la grossièreté avec son *Fatras*.

Dans son enseignement aux nobles comme dans ses textes moraux, il prône les vertus et flétrit les vices, prêche les principes de la soumission à l'Église, de la loyauté, de la justice, de la protection du faible, de la bravoure, de la largesse, de la courtoisie.

ŒUVRES. — *Dits de Watriquet de Couvin*, éd. A. Scheler, Bruxelles, 1868 [éd. l'ensemble de l'œuvre sauf le *Dit des sept vertus*]. — Éd. A. de Montaiglon et G. Raynaud, dans *Recueil général des fabliaux*, Paris, 1878, t. 3, p. 137-155 [*Trois dames* et *Trois chanoinesses*]. — Éd. L.C. Porter, dans *La Fatrasie et le Fatras. Essai sur la poésie irrationnelle au Moyen Âge*, Genève-Paris, 1960 [*Fatras*]. — Éd. C.H. Livingston, dans *Ms. retrouvé d'œuvres de Watriquet de Couvin*, dans *Mél. M. Delbouille*, Gembloux, 1964, t. 2, p. 443-446 [éd. le *Dit des sept vertus*, qui ne figure pas dans l'éd. Scheler]. — Éd. P. Ménard, *Fabliaux français du Moyen Âge*, t. 1, Genève, 1979 (*TLF*, 270) [*Trois dames de Paris*].

→ C.-V. Langlois, *Watriquet, ménestrel et poète français*, dans *HLF*, t. 35, 1921, p. 394-421 ; *La vie en France au Moyen Âge d'après des romans mondains du temps*, Paris, 1926, p. 320-323, 336-340. — J.-C. Payen, *Le « dit des VII vertus » de Watriquet de Couvin et le « Livre de philosophie » d'Alard de Cambray*, dans *Romania*, t. 86 (1965), p. 386-393. — R.J. Pearcy, *Realism and Religious Parody in the Fabliaux : Watriquet de Couvin's « Les trois dames de Paris »*, dans *RBPH*, t. 50 (1972), p. 744-754 ; *The Genre of William Dunbar's Tretis of Tua Mariit Wemen and the Wedo*, dans *Speculum*, t. 55 (1980), p. 58-74 [*Trois chanoinesses de Cologne*]. — C. Lachet, *Composition et signification des Trois dames de Paris de Watriquet de Couvin*, dans *Le Moyen Âge*, t. 92 (1986), p. 405-415. — J. Ribard, *Littérature et société au XIVe siècle, le ménestrel Watriquet de Couvin*, dans *Court and Poet. Selected Proceedings of the Third Congress of the Internat. Courtly Literature Society, Liverpool, 1980*, Liverpool, 1981, p. 277-286. — M. Zink, *La subjectivité littéraire*, Paris, 1985, p. 149-161. — M.-F. Notz, *Le Mot de la Fin ; Le Dit et sa définition chez Watriquet de Couvin* dans *Écrire pour dire. Études sur le dit médiéval*, Paris, 1990, p. 49-66. — B. Ribémont, *Jeu des signes, jeu de couleurs : Le Dit des VIII couleurs de Watriquet de Couvin, ibid.*, p. 67-92. — Cf. *MB* n°s 2804 ; *S* 4389, 4594, 4663, 4709, 5150-5151. Voir aussi : *Resverie, Fatrasie, Fatras*.

A.F.L.L.

Wauchier de Denain. Cet auteur fécond a travaillé au début du XIIIe siècle pour la famille souveraine de Flandre, notamment pour Philippe de Namur, fils de Baudouin de Flandre, et peut-être pour Jeanne de Flandre. On lui doit une traduction partielle en français des *Vitae Patrum*, en prose quelquefois mêlée de passages versifiés (Vies de saint Paul l'ermite, de saint Hilarion, de saint Malchus, de saint Antoine*) ; une traduction des *Verba seniorum* ; une traduction de l'*Historia Monachorum* de Rufin d'Aquilée ; une traduction des trois premiers livres des *Dialogues* de saint Grégoire Ier le Grand* (dont la Vie de saint Benoît*), dans laquelle il nous donne son nom. On lui attribue de manière quasi sûre une vie de sainte Marthe. Il pourrait avoir rédigé aussi la compilation de l'*Histoire ancienne jusqu'à César**, et serait l'auteur de la seconde *Continuation* du *Conte du Graal* de Chrétien de Troyes*.

→ P. Meyer, *Les premières compilations françaises d'histoires anciennes*, dans *Romania*, t. 14 (1885), p. 36-76 ; *HLF*, t. 33 (1906), p. 258-292 [donne l'éd. du prologue, des incipit et explicit des différents textes hagiographiques et de quelques passages remarquables] ; *Wauchier de Denain*, dans *Romania*, t. 32 (1903), p. 583-586. — C. Corley, *Wauchier de Denain et la deuxième Continuation de Perceval, ibid.*, t. 105 (1984), p. 351-359. — M. Szkilnik, *Le choix de Wauchier de Denain. Écrire en vers, écrire en prose, ibid.*, t. 107 (1986), p. 208-230. — Cf. *MB* n°s 1849, 1851, 1862, 1863, 3797 ; *S* 3866, 3890. Voir aussi : *Vie des Pères* C.R.

Wenceslas de Bohême. Né à Prague le 28 février 1337, Wenceslas était fils du roi de Bohême Jean l'Aveugle et de Béatrix de Bourbon. À la mort de son père en 1346, il devint comte de Luxembourg ; son frère, l'empereur Charles IV, érigea pour lui les principautés luxembourgeoises en duché le 13 mars 1354. Wenceslas de Bohême avait épousé en 1347 Jeanne de Brabant, fille aînée et héritière du duc de Brabant, Jean III le Triomphant. Devenu, à la mort de son beau-père en 1355, duc de Brabant et de Limbourg, du chef de sa femme, il dut faire face aux prétentions du comte de Flandre, Louis de Mâle, mais réussit à reconquérir sur celui-ci toutes les terres brabançonnes, sauf Malines, à la fin de 1356. À la paix d'Ath (1357), il céda également Anvers au comte de Flandre. Battu et fait prisonnier par le duc de Gueldre à la bataille de Bastweiler le 22 août 1371, Wenceslas fut libéré le 21 juin 1372. Il mourut à Luxembourg le 7 ou le 8 décembre 1383.

Protecteur de Jean Froissart* qui parut pour la première fois à la cour du duc et de la duchesse à Bruxelles en 1366, Wenceslas de Bohême aurait contribué à faire donner (1373) au chroniqueur-poète la cure d'Estinnes-au-Mont (Hainaut) et orienté ses travaux littéraires vers la poésie. Wenceslas composa au moins 52 rondeaux, 11 ballades et 16 virelais, que Froissart a insérés dans la deuxième rédaction, amplifiée, de son roman arthurien *Méliador* (commandé par Wenceslas), achevée après la mort du duc (cf. le propre témoignage de Froissart dans son *Dit du Florin*, v. 298-302).

Froissart se sert généralement de ces poésies pour faire comprendre les sentiments des personnages. Dans cet effort de fidélité à l'œuvre lyrique de son protecteur, Froissart apporta beaucoup de soin et d'ingéniosité.

ŒUVRE. — *Méliador. Roman comprenant les poésies lyriques de Wenceslas de Bohême*, éd. A. Longnon, Paris, 1895-1899, 3 vol. (*SATF*, 35).

→ Outre la bibliogr. concernant le *Méliador* de Jean Froissart, voir : J. Lods, *Les poésies de Wenceslas et le « Méliador » de Froissart*, dans *Mél. C. Foulon*, Rennes, 1980, t. 1, p. 205-216. — Cf. *MB S* n° 6582. F.F.H.

Wilart de Corbie. Des quatre chansons que l'on peut attribuer, avec une bonne probabilité, à ce trouvère picard, deux (R. 233 et R. 998) sont aussi, dans certains chansonniers, mises sous le nom de Gace Brulé*. Bien versifiées, elles eurent quelque succès, puisque la forme et la mélodie de l'une d'elles (R. 2030) furent imitées par Gautier de Coinci* (qui mourut en 1236) dans une chanson à la Vierge (R. 1677) et qu'une autre œuvre de Wilart (R. 233) inspira deux des chansons d'Eudes de la Courroierie* (R. 215 et R. 1740).

ŒUVRES. — N.H.J. Van den Boogaard, *Les chansons attribuées à Wilart de Corbie*, dans *Neophilologus*, t. 55 (1971), p. 123-141.

→ Linker, n° 99 [Guillaume de Corbie] et 263 [Vielart de Corbie]. — Cf. *MB S* n° 4513.
F.F.H.

William Giffard. Voir : *Bible française*, § 2.

William Twich (dit Twiti). Veneur à la cour du roi Édouard II d'Angleterre (1307-1327), William Twich composa un *Art de Vénerie* avant 1328, date de sa mort. Son nom, d'origine noroise, signifie « terre défrichée » et se rencontre dans de nombreux toponymes en Angleterre et en Normandie (Thuit, Bliquetuit, Vautuit, Brennetuit).

Dialogue en prose entre un chasseur expérimenté et son élève, la *Vénerie*, écrite en anglo-normand, rapporte des procédés de chasse analogues à ceux de la *Chace dou cerf** et à ceux que décrivent Gaston Phébus*, Henri de Ferrières* et Hardouin de Fontaine-Guérin* : elle est conservée dans 2 manuscrits (Londres, Brit. Libr., Add. 46919 et Cambridge, Gonvile and Caïus College, 424). Il en existe 2 versions en moyen anglais : la version I, assez maladroite et non exempte d'erreurs, mais qui suit l'ordre de la *Vénerie* et présente de fréquents gallicismes (Londres, Brit. Libr., Cotton Vespasian B. XII) et la version II qui adopte un ordre un peu différent, mais possède une langue nettement plus correcte (Phillipps 12086 et Londres, Brit. Libr., Lansdowne 285) ; la version II est connue sous le nom de *Craft of Venery*.

La *Vénerie* est la source du *Boke of Huntyng*, poème précédé d'un court prologue en prose, composé par une certaine

Julians Barnes, dans le Sud du Yorkshire ou le Nord-Est du Midland au XVᵉ siècle : le poème adopte, comme la *Vénerie*, la forme d'un dialogue entre la dame ou un maître et un ou plusieurs élèves. Conservé dans deux manuscrits (Oxford, Bodleian Libr., Rawlinson Poet. 143 et Londres, Lambeth Palace, 491), le *Boke of Huntyng* fut imprimé pour la première fois à Saint-Albans en 1486, dans le recueil appelé *Boke of Saint-Albans* : c'est cet incunable, et non les manuscrits, qui donne le titre du poème et le nom de son auteur. La *Vénerie* inspira également les trois derniers chapitres du *Master of Game*, œuvre du duc Édouard d'York, tué en 1415 à la bataille d'Azincourt ; les chapitres précédents du *Master of Game* sont une traduction d'une trentaine des premiers chapitres de la *Chasse* de Gaston Phébus.

ŒUVRE. — *La Vénerie de Twiti. Le plus ancien traité de chasse écrit en Angleterre. La version anglaise du même traité et Craft of Venery*, éd. G. Tilander, Uppsala, 1956 (*Cynegetica*, 2). — *Gynegetica Anglica 1 : William Twiti, The Art of hunting 1327*, éd. B. Danielsson, Stockholm, 1977 (*Acta Universitatis Stockholmiensis, Stockholm Studies in English*, 27) [éd. le *Craft of Venery*]. — *Julians Barnes, Boke of Huntyng*, éd. crit. avec trad. française moderne par G. Tilander, Karlshamn, 1964 (*Cynegetica*, 11).

→ J. Thiébaud, *Bibliographie des ouvrages français sur la chasse*, Paris, 1934, col. 45 (*Maîtres de la vénerie*, 9). — A. Zettersten, *The Lambeth Ms. of the « Boke of Hunting »*, dans *Neuphilologische Mitteilungen*, t. 70 (1969), p. 106-121. — Cf. *MB* nᵒˢ 7738, 8009 ; *S* 7728.

G.T. et F.F.H.

Wistasse le Moine. Roman anonyme du XIIIᵉ siècle, de 2 307 octosyllabes, fondé en partie sur des faits historiques. Eustache (Wistasse) le Moine apparaît en effet dans des actes d'archives du Boulonnais. Vassal de Jean sans Terre, il lutta farouchement contre le comte de Boulogne, servit tour à tour le roi d'Angleterre et le roi de France, et eut la tête coupée par les Anglais le 24 août 1217. Le roman nous livre un personnage réel et imaginaire, tout à la fois seigneur félon, moine, magicien, brigand, pirate. Le sujet en est essentiellement la guerre de ruse qu'il mena contre le comte de Boulogne, qui lui avait confisqué ses biens. On peut y distinguer trois parties, tout à fait inégales : la première nous décrit l'apprentissage de la magie par Eustache à Tolède et ses premiers maléfices ; la seconde sa naissance, la mort de son père, la perte de tout son avoir, mais surtout sa lutte contre le comte, les pièges, les ruses, les duperies, les déguisements, les vols, le brigandage et les poursuites sur les grands chemins et à travers les bois du Boulonnais ; dans la troisième partie, Eustache est tel que nous le décrivent les chroniques, écumeur de mer au service de Jean sans Terre, puis du roi de France, décapité à la fin par les Anglais.

Le roman, plein de verve, est conservé dans un unique manuscrit ; il représente une source historique pour le Boulonnais.

ŒUVRE. — Éd. W. Foerster et J. Trost, Halle, 1891, reprint Genève 1976. — Éd. D.J. Conlon, Chapel Hill, 1972 (*Studies in the Romance Languages and Literatures*, 126). — Trad. R. Berger et A. Petit, dans *Contes à rire du Nord de la France*, La Ferté-Milon, 1987 [*Trésors litt. méd. du Nord de la France*, 4].

→ A. Duval, dans *HLF*, t. 19 (1838), p. 729-734. — A.D. Kapferer, *Banditisme, roman, féodalité : le Boulonnais d'Eustache le Moine*, dans *Mél. E. Perroy*, Paris, 1973, p. 220-240 ; *Mépris, savoirs et tromperies dans le roman boulonnais d'Eustache le Moine (XIIIᵉ s.)*, dans *Littérature et société au Moyen Âge. Actes du colloque (mai 1978)*, Amiens, 1978, p. 333-351. — Cf. *MB* nᵒˢ 1419-1421 ; *S* 2429, 2507-2509.

C.R.

Wolfram von Eschenbach. La gloire du noble de Franconie orientale Wolfram von Eschenbach (1170 ?-1220 ?) repose avant tout sur son roman en vers *Parzival* (premières années du XIIIᵉ siècle), qui est l'adaptation du *Conte du Graal* de Chrétien de Troyes*, œuvre inachevée qui comportait deux romans quasiment juxtaposés — la partie Perceval et la partie Gauvain —, tous deux restés fragmentaires. Wolfram, qui était décidé à faire de Parzival son héros principal, a donc dû écrire à partir des deux parties presque indépendantes un roman qui ait une unité, et trouver de surcroît un dénouement. Parmi les techniques de composition que Wolfram utilise à cette fin, citons le *parallélisme* : parallélisme de l'action Parzival et de l'action Gawan ; parallélisme du monde chevaleresque arthurien et du monde chevaleresque oriental, musulman, que Wolfram ajoute à son modèle, et qui est l'égal de la chevalerie arthurienne pour ce qui est des qualités chevaleresques, supérieur pour ce qui est des richesses, encore qu'inférieur, selon la conception chrétienne, par l'absence de baptême : en introduisant dans la littérature vernaculaire le monde musulman, qui est presque l'égal du monde chrétien, Wolfram propage l'idée de tolérance religieuse entre chrétiens et musulmans dès le Moyen Âge ; parallélisme enfin de Schastel Marveil — qui fait partie du monde arthurien et dont le héros est Gawan — et de Munsalvaesche (Mont sauvage), dont Wolfram fait tout un monde, le monde du Graal, et dont le héros est Parzival ; *contraste* aussi : contraste entre le monde musulman et le monde arthurien d'un côté et le monde du Graal de l'autre, avec sa dynastie et son ordre chevaleresque, à la fois supérieur au monde musulman et au monde arthurien.

Le chemin de Parzival conduit le héros du stade de l'enfant naïf et privé par sa mère de l'éducation conforme à son rang, jusqu'à la royauté du Graal par l'intermédiaire du chevalier arthurien. L'admission à la Table Ronde, idéal du chevalier arthurien typique, n'est pour Parzival qu'une étape intermédiaire sur la route qui mène à un but supérieur. Cependant, lors de sa première visite au monde du Graal, Parzival ne pose pas la question qu'on attend de lui. Cette faute entraîne l'exclusion du héros du monde arthurien ; se considérant injustement puni par Dieu, Parzival rompt avec lui. Ce n'est que cinq ans plus tard qu'assumant la responsabilité de sa faute, il se réconcilie avec Dieu, est réintégré dans le monde arthurien et finit par être appelé à la royauté du Graal.

Le propos de Wolfram était d'ébaucher, à l'intention de la noblesse de son époque, un modèle idéal de société aristocratique et chevaleresque, englobant l'Orient et l'Occident, directement au service de Dieu sans l'intermédiaire de l'Église et représentant une communauté harmonieuse, caractérisée par la tolérance et le respect mutuel de ses membres, responsable du bonheur de tous les hommes. Par là est repoussée la revendication de l'Église d'être le seul médiateur entre Dieu et l'humanité, et se développe une nouvelle relation entre Dieu et les hommes, indépendante de l'Église, qui se réalise non dans l'ascèse et la négation du monde, mais pour le bien de l'ensemble de l'humanité au service de Dieu. Et il est symptomatique que cet idéal de vie, ce modèle utopique de société, Wolfram les présente dans les parties de son œuvre qu'il a justement ajoutées au *Conte du Graal* inachevé de Chrétien pour le rendre *endehaft*, c'est-à-dire pour l'achever. Il écrivit aussi, dans la même forme métrique que *Parzival*, une adaptation — inachevée — d'une chanson de geste qui fait partie d'un cycle sur la vie de saint Guillaume, vainqueur des Sarrasins : *Willehalm*. On possède également de Wolfram un poème inachevé, en strophes : *Titurel*, qui est une histoire d'amour. Il a enfin écrit 8 chansons d'amour, dont 5 aubes, qui célèbrent l'amour conjugal.

ŒUVRES. — *Wolfram von Eschenbach*, éd. complète des œuvres par K. Lachmann, Berlin, 1965. — *Willehalm*, éd. W. Schröder, Berlin-New York 1978. — *Parzival*, texte trad. et présenté par D. Buschinger, W. Spiewok et J.M. Pastré, Paris, 1989. — *Parzival : l'histoire de Gawan*, trad. française D. Buschinger, J.M. Pastré et W. Spiewok, Göppingen, 1990. — *Titurel*, trad. J. Fourquet, dans *Lumière du Graal*, Paris, 1951.

→ J. Fourquet, *Wolfram d'Eschenbach et le Conte del Graal*, Paris, 1938, rééd. Paris, 1966. — J. Bumke, *Wolfram von Eschenbach*, Stuttgart, 1981. — Cf. *MB* n°s 1840, 1844, 1845, 7505-7544 ; *S* 1009, 1253, 1295, 2155, 3440, 3527, 3692, 3696, 3832-3858, 5242. D.B.

Yder. Roman anonyme d'environ 7 000 octosyllabes, des premières années du XIIIe siècle, composé dans l'ouest de la France, et dont il manque le début. Il est conservé par un manuscrit unique. Yder, qui s'est mis à la recherche de son père qu'il ne connaît pas, s'est épris de la reine Guenloïe et, pour être digne d'elle, va tenter l'aventure. Il offre ses services à Talac de Rongemont assiégé par Arthur. Traîtreusement blessé par Keu, il est soigné par Guenloïe, puis guéri dans une abbaye. Il apprend que Guenloïe l'aime et il la retrouve à la cour d'Arthur, après avoir retrouvé d'abord son père Nuc, duc d'Allemagne. À Guenloïe venue demander un époux au roi, Arthur donne Yder qui a réalisé la prouesse exigée par la dame : tuer deux géants redoutables et rapporter leur couteau. Parmi de nombreuses aventures, le valeureux jeune homme aura à soutenir un corps à corps avec un ours féroce qui, à l'épouvante générale, avait pénétré dans la chambre de la reine Guenièvre.

Ce roman raconte les années d'apprentissage du héros et comment, à travers différentes épreuves (tentation sexuelle, lutte contre un ours, combat contre son père, victoire sur deux géants), il va acquérir petit à petit la chevalerie, être reçu à la Table Ronde, découvrir son identité et son lignage, et enfin conquérir la royauté. L'intrigue est bâtie sur un scénario d'initiation, avec des références à Chrétien de Troyes*, et avec certains traits originaux, notamment la jalousie d'Arthur devant l'admiration de la reine pour Yder.

Ce roman, influencé par Chrétien de Troyes, s'est servi d'une légende, à mythologie guerrière, qui devait comporter — entre autres — un combat contre un ours.

ŒUVRE. — Éd. H. Gelzer, *Der altfranzösische Yderroman*, Dresde, 1913. — Éd. et trad. anglaise A. Adams, *The Romance of Yder*, Cambridge, 1983 (*Arthurian Studies*, 8).

⟶ E.C. Southward, *The Knight Yder and the Beowulf Legend in Arthurian Romance*, dans *Medium Aevum*, t. 15 (1949), p. 1-47. — A. Adams, *La conception de l'unité dans le roman médiéval en vers*, dans *Studia neophilologica*, t. 50 (1978), p. 101-112. — J.H. Grisward, *Ider et le tricéphale : d'une « aventure » arthurienne à un mythe indien*, dans *Annales ESC*, t. 33 (1978), p. 279-293. — K. Busby, *Gauvain in Old French Literature*, Amsterdam, 1980, p. 294-298 (*Degré second*, 2). — B. Schmolke-Hasselmann, *King Arthur as Villain in the Thirteenth-century Romance Yder*, dans *Reading Medieval Studies*, t. 6 (1980), p. 31-44. — A. Adams, *The Roman d'Yder. The Individual and Society*, dans *The Legacy of Chrétien de Troyes*, t. 2, Amsterdam, 1988, p. 71-77. — Cf. *GRLMA*, t. IV/2, n° 504 ; t. IV/1, p. 377, 381, 391. — *MB* n°s 2129-2133 ; *S* 4214-4217.

A.M. et C.R.

Yon. Voir : *Geste des Lorrains.*

Ysaye le Triste. Roman en prose anonyme de la fin du XIVe siècle, conservé par deux manuscrits. Ysaye, fils de Tristan de Leonnois et d'Yseut de Cornouaille, dont le nom dérive de ceux de ses parents, est élevé dans une forêt. Il reçoit l'aide du valet nain Tronc (personnage comique), tombe amoureux de Marte, nièce du roi Yrion de Blamir, leur fils Marc, dit Marc l'Exilé, qu'Yrion enlève, aimera la princesse Orimonde, fille de l'Amiral de Perse, convertie au christianisme. Le roman se termine par la victoire de Marc et Ysaye sur les Sarrasins, et par le double mariage Ysaye-Marte et Marc-Orimonde.

Le roman prend donc en quelque sorte la suite du *Tristan** et raconte l'histoire des fils des principaux chevaliers de la Table Ronde, en de multiples exploits chevaleresques et galants, dans un monde arthurien en décomposition. Des parties lyriques en vers, sortes de lais* amoureux et de vœux, s'intercalent dans le texte, ainsi qu'un roman d'un millier de vers — roman de Marte —, accordant à ce personnage un rôle important et original.

Ysaye a joui d'une popularité certaine au XVIe siècle ; en témoignent les quelques éditions imprimées de cette époque.

ŒUVRE. — Éd. A. Giacchetti, *Ysaÿe le Triste, roman arthurien du Moyen Âge tardif*, Rouen, 1989 (*Publ. de l'Univ. de Rouen*, 142).

⟶ A. Giacchetti, *Ysaye le Triste et l'Écosse*, dans *BBSIA*, t. 15 (1963), p. 109-119 ; *ibid.*, t. 16 (1964), p. 121 ; *Une nouvelle forme du lai apparue à la fin du XIVe siècle*, dans *Mél. F. Lecoy*, Paris, 1973, p. 147-155. — B.F. Beardsmore, *Les Enfances Auberon dans Ysaye le Triste et leur importance dans la structure du roman*, dans *Mél. P. Jonin*, Aix-en-Provence, 1979, p. 103-113 ; *Ysaye le Triste : A Tale of Two Heroes*, dans *ZRPh*, t. 105 (1989), p. 254-263. — Woledge, n° 82. — Cf. *MB* n°s 4088 ; *S* 6558, 6592-6595.

C.R.

Ysengrimus. Œuvre en hexamètres dactyliques latins, composée en 1148-1149 par un auteur de Gand, traditionnellement appelé Nivard, mais qui pourrait être Simon, abbé de Saint-Bertin, l'*Ysengrimus* est un des avant-textes du *Roman de Renart**. Il en diffère pourtant par bien des points : sa langue, sa structure continue très forte qui insère de multiples schémas de fables, et son ton assez sombre.

ŒUVRE. — E. Voigt, Halle, 1884 (reprints Hildesheim-New York, 1974). — Trad. française E. Charbonnier, Paris, 1991 *(La Roue à livres)* [éd. débarrassée des coquilles de l'éd. parue en 1983, à Vienne *(Wiener Arbeiten zur germanischen Altertumskunde und Philologie)*]. — Trad. anglaise, F.J. et E. Sypher, New York, 1980.

⟶ H.R. Jauss, *Untersuchungen zur mittelalterlichen Tierdichtung*, Tübingen, 1959. — T. Erb, *Pauper et dives im Ysengrimus*, dans *Philologus*, t. 115 (1971), p. 93-100. — J. Mann, *Luditur illusor : the Cartoon World of the Ysengrinus*, dans *Neophilologus*, t. 61 (1977), p. 495-509. — F.P. Knapp, *Das lateinische Tierepos*, Darmstadt, 1979 (*Erträge der Forschung*, 121) [sur l'*Ysengrimus* et l'*Ecbasis captivi*]. — L. Peeters, *Kirchliches Leben und kirchliche Politik in Ysengrinus*, dans *Third International Beast Epic, Fable and Fabliau Colloquium*, Cologne-Vienne, 1981, p. 290-311. — D. Yates, *Isengrinus à clef, ibid.*, p. 517-536. — J.R. Scheidegger, *Le conflit des langues :*

écriture et fiction dans l'Ysengrimus, dans *Revue canadienne d'études néerlandaises*, t. 4 (1983), p. 9-17. — K. Varty, *Love, Marriage and Family Relationships in the Ysengrimus and the Roman de Renart, ibid.*, p. 39-52. — E. Charbonnier, *Le folklore dans l'Ysengrimus, ibid.*, p. 19-23 ; *Animalité et anthropomorphisme dans le Pèlerinage de Renart. Du déguisement à la métamorphose*, dans *Métamorphose et bestiaire fantastique*, Paris, 1985, p. 164-184 (*Coll. de l'ENSJF*, 28) ; *Permanence et réinvention de la fable dans l'Ysengrimus*, dans *Atti del 5 Colloquio della Intern. Beast Epic, Fable and Fabliau Society*, Alexandrie (Italie), 1987, p. 93-102. — Cf. *MB* n°s 2581, 7699 ; *S* 4817, 4866. S.L

Yves (Frère). Yves, moine de Saint-Denis, est l'auteur d'un recueil latin qui, commandé par Philippe le Bel vers 1313 ou 1314, fut présenté à Philippe le Long vers 1316 ou 1317 par Gilles de Pontoise, abbé de Saint-Denis. Celui-ci rédigea la lettre préliminaire adressée au roi et prit une part prépondérante à la composition des derniers chapitres consacrés à certains épisodes du règne de Philippe le Bel. Selon le plan exposé par le moine Yves, le recueil est divisé en trois parties. Les deux premières rapportent la vie et les actes de saint Denis jusqu'à son martyre, la dernière présente un résumé de l'histoire de France en liaison avec le culte du saint. La source principale de l'ouvrage est une compilation dyonisienne composée en 1233, ou peu après, à l'usage des moines de l'abbaye. Intitulée *Vita et actus beati Dyonisii*, elle est mi-hagiographique, mi-historique. Pour la dernière partie, Yves a eu aussi recours à d'autres sources, dont certaines proviennent de son abbaye. L'auteur du recueil de 1233 avait copié ses textes sans respecter leur ordre chronologique ; le moine dyonisien restitue cet ordre dans la dernière partie. Le texte suit la succession des règnes, qui sont entrecoupés de récits hagiographiques. Il devient plus développé à partir de Philippe Auguste. Pour le règne de Philippe le Bel, Yves se montre véritablement historien, commentant avec sagesse et pertinence les événements dont il a été témoin. Sa chronique est une importante contribution à l'histoire de ce règne complexe. S'il a eu recours à certaines sources latines qu'avait utilisées Primat avant lui dans les *Grandes Chroniques de France**, il n'y a toutefois que de lointaines analogies entre cette troisième partie et l'œuvre de Primat : les passages historiques sont peu nombreux, cette partie de l'ouvrage est fondée en premier lieu sur les écrits recueillis dans les *Vita et actus*.

Le recueil sera traduit par un certain Boitbien après la mort de Philippe le Bel. Cette traduction, dont le but était de faciliter l'intelligence du texte latin qu'elle accompagnait, est littérale et dépourvue de style. Elle est disposée soit à pleine page, jointe au texte latin dans le manuscrit qui fut présenté à Philippe V (BN fr. 2090-2092, dans ce ms. la troisième partie manque), soit dans les marges du texte latin, à la manière d'une glose (BN lat. 13836).

ŒUVRE. — Éd. fragmentaire dans *RHF*, t. 20 et 21 [la chronique y est attribuée au copiste Guillaume Lescot].

→ L. Delisle, *Notice sur un recueil historique présenté à Philippe le Long par Gilles de Pontoise*, dans *Notices et extraits des mss de la BN*, t. 21, p. 249-265. — H. Martin, *Légende de saint Denis ; reproduction de miniatures du ms. original présenté au roi Philippe le Long*, Paris, 1908. — C.J. Liebman, *Étude sur la vie en prose de saint Denis*, Genève, New York, 1942 [voir p. XXXII-XXXVIII]. — B. Grémont, *La Chronique d'Yves de Saint-Denis*, dans *Positions des thèses de l'École des Chartes*, Paris, 1952, p. 61-62. — G.M. Spiegel, *The Chronicle Tradition of Saint-Denis. A Survey*, Brookline, Leyde, 1978, p. 113-115 ; *The Cult of Saint-Denis and Capetian Kingship*, dans *Journal of Medieval History*, t. 1 (1975), p. 46-56. — *Mise en page et mise en texte du livre manuscrit*, Paris, 1990, p. 305-306, 310-311 (G. Hasenohr).

G.T.L.

Composition réalisée par NORD-COMPO

Achevé d'imprimer
Collection 02 / N° Édition 01
Dépôt légal 1499 - 11/1992
ISBN 2-2530-5662-6

Imprimé en Italie par G. Canale & C. S.p.A. - Borgaro T.se - Torino

31/3102/6